To Prof. Peter
Devlt

Albert Koch

March

Heinrich Foglar-Deinhardstein
Nora Aburumieh
Alexandra Hoffenscher-Summer (Hrsg)

GmbHG
Gesetz über Gesellschaften
mit beschränkter Haftung

Mit Branchenvorschriften, dGmbHG
und Wirtschaftsstrafrecht

2. Auflage

2024

Kommentar

Redaktion: Julie Vinazzer-Hofbauer

Mag. Heinrich Foglar-Deinhardstein, LL.M.
Rechtsanwalt und Partner bei CERHA HEMPEL Rechtsanwälte GmbH

Dr. Nora Aburumieh
emeritierte Rechtsanwältin und Partnerin bei urbanek lind schmied reisch Rechtsanwälte OG

Dr. Alexandra Hoffenscher-Summer
Notarsubstitutin bei öffentlichem Notar Mag. Clemens Schmölz, LL.M.

Zitiervorschläge (Bsp):

Kurzform: *A. Winkler/M. Winkler* in FAH, GmbHG² § 1
Szöky in FAH, GmbHG² § 16a

Langform: *R. Winkler* in H. Foglar-Deinhardstein/Aburumieh/Hoffenscher-Summer (Hg), GmbHG² § 30a
Weiß in H. Foglar-Deinhardstein/Aburumieh/Hoffenscher-Summer (Hg), GmbHG² § 30f

Das Werk ist urheberrechtlich geschützt.
Die dadurch begründeten Rechte, insbesondere die der Übersetzung, des Nachdruckes, der Entnahme von Abbildungen, der Funksendung, der Wiedergabe auf fotomechanischem oder ähnlichem Wege und der Speicherung in Datenverarbeitungsanlagen, bleiben, auch bei nur auszugsweiser Verwertung, vorbehalten.

Produkthaftung: Sämtliche Angaben in diesem Fachbuch/wissenschaftlichen Werk erfolgen trotz sorgfältiger Bearbeitung und Kontrolle ohne Gewähr. Eine Haftung der Herausgeber:innen, der Autor:innen oder des Verlages aus dem Inhalt dieses Werkes ist ausgeschlossen.

© 2017 und 2024 Verlag Österreich GmbH, Wien
www.verlagoesterreich.at
Gedruckt in Deutschland

Lektorat: Julie Vinazzer-Hofbauer, LL.M.
Satz: Jung Crossmedia Publishing GmbH, 35633 Lahnau, Deutschland
Druck: C. H. Beck, 86720 Nördlingen, Deutschland

Bibliografische Information der Deutschen Nationalbibliothek
Die Deutsche Nationalbibliothek verzeichnet diese Publikation in der Deutschen Nationalbibliografie; detaillierte bibliografische Daten sind im Internet über http://dnb.d-nb.de abrufbar.

ISBN 978-3-7046-6788-5 1. Aufl Verlag Österreich
ISBN 978-3-7046-8871-2 2. Aufl Verlag Österreich

Vorwort

Die GmbH und ihr Gesetz sind eine richtige österreichische Erfolgsgeschichte: Die GmbH ist die beliebteste Rechtsform österreichischer Unternehmen. Und das GmbHG wirkt fast 120 Jahre nach seinem Inkrafttreten – es entstammt der Werkstatt des großen *Franz Klein*[1] – immer noch jugendlich frisch sowie – mit seiner geschlossenen und in sich ruhenden Systematik – zugleich robust und kompakt. Auch das FlexKapGG, mit dem die neue Rechtsform der FlexCo geschaffen wurde, kommt daher nicht ohne Generalverweis auf das GmbHG aus.

Die 1. Auflage unseres Kommentars wurde von Rechtsprechung, Literatur und Praxis sehr freundlich aufgenommen. Die vorliegende 2. Auflage des FAH ist nach wie vor von unserem Motto „**aus der Praxis für die Praxis**" geprägt. Ganz im Sinne dieses Leitworts erschien es passend, die Kommentierung auch auf die **branchenspezifischen Spezialvorschriften für GmbHs** zu erstrecken. Dazu kommen als weitere „Zugaben" ein kurzer **Überblick zur FlexCo**, ein **Rechtsvergleich mit dem deutschen GmbH-Recht** sowie die bereits aus der Erstauflage bekannten **Exkurse zum IPR und zum Wirtschaftsstrafrecht**.

GesRÄG 2023 und **GesDigG 2023**, die unmittelbar vor Drucklegung erlassen wurden, konnten in der Kommentierung noch berücksichtigt werden.

An der Zweitauflage hat wiederum eine große Zahl von Autorinnen und Autoren aus unterschiedlichen Bereichen der juristischen Praxis und aus verschiedenen Teilen Österreichs – und nunmehr auch aus Deutschland – mitgewirkt. Ihnen allen gilt unser besonderer Dank für die Bereitschaft, neben ihren jeweiligen anspruchsvollen beruflichen Tätigkeiten bei diesem Werk mitzuarbeiten.

Wir danken auch dem Verlag Österreich, namentlich Frau Mag. *Doris Pummer* für ihre professionelle und zugleich sehr persönliche Begleitung

---

1 Näher dazu *P. Doralt* in Doralt/Kalss, Franz Klein 5 (9); *Kalss/G. Eckert* in Doralt/Kalss, Franz Klein 13 (18); *Kleinszig*, BRGÖ 2021, 35 (38 ff).

des Projekts sowie Herrn Mag. *Wolfgang Dollhäubl* für die sachkundige Betreuung der Produktion.

Frau Rechtsanwältin *Julie Vinazzer-Hofbauer*, LL.M. danken wir herzlich für ihren außergewöhnlichen, stilsicheren und unermüdlichen Einsatz in Lektorat und Redaktion; sie hat – wie schon für die 1. Auflage – abermals alle Texte mit hoher sprachlicher Präzision und juristischer Kompetenz redigiert.

Über Anregungen, Hinweise, Kritik, aber auch Lob freuen wir uns.

Wien/St. Pölten/Bregenz,   *Heinrich Foglar-Deinhardstein*
im Frühling 2024   *Nora Aburumieh*
    Alexandra Hoffenscher-Summer

Aus dem Vorwort zur 1. Auflage

Die Gesellschaft mit beschränkter Haftung (GmbH) ist die beliebteste Rechtsform österreichischer Unternehmen und steht daher im Blickpunkt der gesellschaftsrechtlichen Praxis.

Die Entwicklung der wirtschaftlichen Bedeutung der GmbH spiegelt sich in der einschlägigen Fachliteratur:[1] *„Nach Verabschiedung des GmbH-Gesetzes im Jahre 1906 sind zunächst primär auf die praktische Anwendung des neuen Gesetzes ausgerichtete Bücher erschienen. [...] Auch in der 2. Republik [blieb] trotz der zunehmenden praktischen Bedeutung [...] eine systematische wissenschaftliche Aufarbeitung [vorerst] zurück."* In den 1980er- und 1990er-Jahren setzte dann eine intensive wissenschaftliche Beschäftigung mit dem GmbH-Recht ein, sodass heute eine große Zahl an fundierten Kommentaren und systematischen Darstellungen zur Verfügung steht.

Im Licht dieser Entwicklung lag es nunmehr – etwas mehr als 110 Jahre nach Einführung der GmbH – nahe, durch einen eigenen **Praxiskommentar** den Brückenschlag zwischen Literatur mit wissenschaftlichem Anspruch einerseits und Literatur zur praktischen Anwendung des GmbH-Rechts andererseits zu wagen.

Die vorliegende Kommentierung – der **FAH**[2] – ist daher dem Motto **„von Praktikern für Praktiker"** verpflichtet. Im Fokus stehen somit – wenig überraschend – Fragestellungen mit besonderer Praxisrelevanz. Präzise Ausführungen zu Risiken und Rechtsfolgen sowie zahlreiche Beispiele und Musterformulierungen bringen das GmbH-Recht für Praktiker lebensnah auf den Punkt. Abgerundet wird der Kommentar durch einen Exkurs in die neuesten Entwicklungen zum immer vordringlicheren Bereich Wirtschaftsstrafrecht.

---

1 Dazu und zum Folgenden *Ch. Nowotny*, RdW 1994, 70.
2 Diese Abkürzung steht für die Namen der drei Herausgeber und soll – aus nachvollziehbaren Überlegungen – das Zitieren aus dem Kommentar erleichtern.

Aus dem Vorwort zur 1. Auflage

Wir hoffen, dass mit dem FAH ein umfassendes Werk für Praktiker entstanden ist, das im täglichen Rechtsleben mit der und rund um die GmbH eine umfassende Hilfestellung bietet.

Wir danken auch dem Verlag Österreich für die Initiative zu diesem Kommentar, namentlich Frau Dr. *Stefanie Kühnberg*, die das Projekt ursprünglich mit uns aus der Taufe gehoben hat.

Benutzerhinweise

Der vorliegende Kommentar will als **Praxiskommentar** nicht alle akademisch relevanten GmbH-rechtlichen Themen aufarbeiten. Kriterium für Themenwahl und Themenschwerpunkte der jeweiligen Kommentierung ist in erster Linie die Praxisrelevanz. Die Kommentierung richtet sich somit an Praktiker und soll rasch einen **Überblick** über die geltende Rechtslage geben.

Sofern eine Bestimmung nicht der **Stammfassung** des GmbHG entspricht, folgt nach dem aktuellen Gesetzeswortlaut in kursiver Schrift der Hinweis auf jenes **BGBl**, mit dem die Bestimmung zuletzt novelliert worden ist. Anpassungen durch das BGBl 1991/10 werden allerdings übersprungen und daher nicht ausgewiesen, sofern mit diesen keine inhaltlichen Änderungen verbunden waren.

Gestrichene Paragrafen werden nicht dargestellt.

Auf die Darstellung der **historischen Entwicklung** der Norm wird in der Kommentierung grundsätzlich verzichtet, es sei denn diese wäre bei der Auslegung von besonderer Relevanz.

Jeder Bestimmung wird die **§§-spezifische Literatur** vorangestellt. Werke von allgemeiner Relevanz sind (nur) im **Verzeichnis abgekürzt zitierter Literatur** enthalten.

Nach dem §§-spezifischen Literaturverzeichnis folgt jeweils eine **§§-spezifische Inhaltsübersicht**.

Das Zitierwesen des Kommentars ist knapp gehalten. Bei den **Zitaten** liegt der Fokus auf bemerkenswerten, instruktiven Quellenstellen, insbesondere solchen von praktischer Relevanz. Die Vollständigkeit der Quellennachweise ist daher kein primäres Ziel.

Standardliteratur wird in den Fußnoten durchgehend abgekürzt zitiert (vgl das Verzeichnis abgekürzt zitierter Literatur und das Abkürzungsverzeichnis).

Judikatur-Zitate sind nur dann mit Quellenangaben versehen, wenn die Entscheidung nicht ohnedies im RIS auffindbar ist.

Paragrafen ohne Gesetzesangabe beziehen sich stets auf das GmbHG.

Benutzerhinweise

Das **Stichwortverzeichnis** ist zur besseren Übersicht in einen allgemeinen, die Kommentierung zum GmbHG und zum deutschen GmbH-Recht betreffenden Teil sowie einen speziellen Teil für die **branchenspezifischen Vorschriften** gegliedert.

Inhaltsverzeichnis

Abkürzungsverzeichnis XIX
Verzeichnis abgekürzt zitierter Literatur XLIII
Autorenverzeichnis LI
Bearbeiterverzeichnis LVII

Gesetz über Gesellschaften mit beschränkter Haftung

I. Hauptstück. Organisatorische Bestimmungen

Erster Abschnitt. Errichtung der Gesellschaft

§ 1.	....	3
§ 2.	....	11
§ 3.	....	21
§ 4.	....	30
§ 5.	....	67
§ 6.	....	100
§ 6a.	....	112
§ 7.	....	121
§ 8.	....	126
§ 9.	....	132
§ 9a.	Vereinfachte Gründung	140
§ 10.	....	151
§ 10a.	....	165
§ 10b.	Gründungsprivilegierung	169
§ 11.	....	175
§ 12.	....	190

Zweiter Abschnitt. Die gesellschaftlichen Organe

1. Titel. Die Geschäftsführer (Der Vorstand)

§ 15.		192
§ 15a.		221
§ 16.		242
§ 16a.	Rücktritt der Geschäftsführer	260
§ 17.		272
§ 18.		290
§ 19.		308
§ 20.		315
§ 21.		326
§ 22.		333
§ 23.		357
§ 24.		367
§ 24a.	Auskunftspflicht der Geschäftsführer	383
§ 24a.		383
§ 25.		389
§ 26.		428
§ 27.		430
§ 28.		434
§ 28a.	Bericht an den Aufsichtsrat	440

2. Titel. Der Aufsichtsrat

§ 29.	448
§ 30.	497
§ 30a.	503
§ 30b.	520
§ 30c.	549
§ 30d.	560
§ 30e.	566
§ 30f.	573
§ 30g.	580
§ 30h.	637
§ 30i.	647
§ 30j.	662
§ 30k.	701
§ 30l.	711

§ 31. 725
§ 32. 743
§ 33. 744

3. Titel. Die Generalversammlung

§ 34. 757
§ 35. 784
§ 36. 866
§ 37. 885
§ 38. 898
§ 39. 921
§ 40. 953
§ 41. 957
§ 42. 1052
§ 44. 1071

4. Titel. Minderheitsrechte

§ 45. 1073
§ 46. 1100
§ 47. 1105
§ 48. 1111

Dritter Abschnitt. Abänderungen des Gesellschaftsvertrages

1. Titel. Allgemeine Bestimmungen

§ 49. 1140
§ 50. 1154
§ 51. 1163

2. Titel. Erhöhung des Stammkapitals

§ 52. 1165
§ 53. 1238

3. Titel. Herabsetzung des Stammkapitals

§ 54. 1245
§ 55. 1259
§ 56. 1269

§ 57. 1277
§ 58. 1283
§ 59. 1287
§ 60. 1309

II. Hauptstück. Rechtsverhältnisse der Gesellschaft und der Gesellschafter

Erster Abschnitt. Rechtsverhältnisse der Gesellschaft

§ 61. 1319

Zweiter Abschnitt. Die Stammeinlagen

§ 63. 1347
§ 64. 1379
§ 65. 1383
§ 66. 1389
§ 67. 1399
§ 68. 1403
§ 69. 1408
§ 70. 1411
§ 71. 1417

Dritter Abschnitt. Nachschüsse

§ 72. 1418
§ 73. 1434
§ 74. 1439

Vierter Abschnitt. Die Geschäftsanteile

§ 75. 1449
§ 76. 1463
§ 77. 1496
§ 78. 1510
§ 79. 1519
§ 80. 1534
§ 81. 1545
§ 82. 1606
§ 83. 1823

III. Hauptstück. Auflösung

Erster Abschnitt. Auflösung

§ 84.	1881
§ 86.	1922
§ 88.	1927

Zweiter Abschnitt. Liquidation

§ 89.	1933
§ 90.	1952
§ 91.	1963
§ 92.	1980
§ 93.	1989
§ 94.	2003
§ 95.	2005

Dritter Abschnitt. Verschmelzung

§ 96.	Begriff der Verschmelzung	2008
§ 97.	Vorbereitung der Verschmelzung	2045
§ 98.	Beschluß der Gesellschafter	2050
§ 99.	Besondere Zustimmungserfordernisse	2062
§ 100.	Bericht der Geschäftsführer, Prüfung der Verschmelzung	2070
§ 101.	Erhöhung des Stammkapitals	2083

V. Hauptstück. Behörden und Verfahren

§ 102.	2117
§ 104.	2127

VI. Hauptstück. Ausländische Gesellschaften

§ 107.	Zweigniederlassungen von Gesellschaften mit beschränkter Haftung mit Sitz im Ausland	2131
§ 112.		2132
§ 113.	Auflösung der Niederlassung	2132
§ 114.		2132

Exkurs: Internationales Gesellschaftsrecht 2153

§ 10 IPRG 2153
§ 12 IPRG 2153

VII. Hauptstück. Konzerne

§ 115. 2197

VIII. Hauptstück. Strafbestimmungen, Schlussbestimmung

§ 125. 2215

Exkurs: Wirtschaftsstrafrecht 2223

§ 127. 2297

Branchenspezifische Vorschriften

Ärzte-GmbH 2307

Bank-GmbH 2386

Investmentfonds-GmbH 2473

Rechtsanwalts-GmbH 2537

Wertpapierfirmen (§ 3 WAG 2018) 2607

Ziviltechniker-GmbH 2660

Rechtsvergleich Deutschland (dGmbHG)

§ 2 dGmbHG	Form des Gesellschaftsvertrags	2693
§ 4a dGmbHG	Sitz der Gesellschaft	2694
§ 5 dGmbHG	Stammkapital; Geschäftsanteil	2694
§ 5a dGmbHG	Unternehmergesellschaft	2694
§ 15 dGmbHG	Übertragung von Geschäftsanteilen	2705
§ 30 dGmbHG	Kapitalerhaltung	2715
§ 31 dGmbHG	Erstattung verbotener Rückzahlungen . . .	2715
§ 33 dGmbHG	Erwerb eigener Geschäftsanteile	2758
§ 34 dGmbHG	Einziehung von Geschäftsanteilen	2768
§ 35 dGmbHG	Vertretung der Gesellschaft	2790
§ 43 dGmbHG	Haftung der Geschäftsführer	2800
§ 47 dGmbHG	Abstimmung	2808
§ 47 dGmbHG Anh	Beschlussmängel	2814
§ 73 dGmbHG	Sperrjahr	2844
§ 179a dAktG	Verpflichtung zur Übertragung des ganzen Gesellschaftsvermögens	2848

Exkurs: FlexKapGG 2859

Stichwortverzeichnis 2877

Stichwortverzeichnis Branchenspezifische Vorschriften 2921

Abkürzungsverzeichnis

A	Ansicht, Auffassung
aA	anderer Ansicht
aaO	am angegebenen Ort
AB	Ausschussbericht
ABGB	Allgemeines Bürgerliches Gesetzbuch JGS 1811/946 idgF
AbgÄG	Abgabenänderungsgesetz
ABl	Amtsblatt der Europäischen Union
abl	ablehnend
Abs	Absatz
abw	abweichend
AC	„Sammlung von Entscheidungen zum Handelsgesetzbuch", hrsg von *Adler* und *Clemens*, fortgeführt von *Friedländer* (1863–1913)
AcP	„Archiv für die civilistische Praxis" (dt)
ADHGB	Allgemeines Deutsches Handelsgesetzbuch von 1861
aE	am Ende
AEUV	Vertrag über die Arbeitsweise der Europäischen Union
aF	alte Fassung
AG	Aktiengesellschaft
AGB	Allgemeine Geschäftsbedingungen
AHGB	Allgemeines Handelsgesetzbuch von 1863 RGBl 1863/1
AIF	Alternativer Investmentfonds
AIFM	Alternative Investmentfonds Manager
AIFMG	Alternative Investmentfonds Manager-Gesetz BGBl I 2013/135 idgF
AktG	Aktiengesetz 1965 BGBl 1965/98 idgF
AktRÄG 2009	Aktienrechtsänderungsgesetz 2009 BGBl I 2009/71

AktRÄG 2019	Aktienrechtsänderungsgesetz 2019 BGBl I 2019/63
allg	allgemein (-e, -er, -es)
allgM	allgemeine Meinung
AltFG	Alternativfinanzierungsgesetz BGBl I 2015/114 idgF
aM	anderer Meinung
AML	Anti-Money Laundering (Geldwäscheprävention)
AmtsLG	Amtslöschungsgesetz dRGBl 1934 I S 914
AN	Arbeitnehmer
AnfO	Anfechtungsordnung RGBl 1914/337 idgF
AngG	Angestelltengesetz BGBl 1921/292 idgF
Anh	Anhang
Anl	Anlage
Anm	Anmerkung
AnwBl	„Anwaltsblatt"
ao	außerordentlich (-e, -er, -es)
AOG	Aktienoptionsgesetz BGBl I 2001/42
aoGV	außerordentliche Generalversammlung
aoHV	außerordentliche Hauptversammlung
APRÄG	Abschlussprüfungsrechts-Änderungsgesetz 2016 BGBl I 2016/43
AR	Aufsichtsrat
AR aktuell	„Aufsichtsrat aktuell"
ArbSlg	„Sammlung arbeitsrechtlicher Entscheidungen"
ArbVG	Arbeitsverfassungsgesetz BGBl 1974/22 idgF
ARD	„ARD-Betriebsdienst"
AReG	Aktienrückerwerbsgesetz BGBl I 1999/187
arg	argumento
ARGE	Arbeitsgemeinschaft
Art	Artikel
AR-VO	Aufsichtsratsverordnung (Verordnung über die Entsendung von Arbeitnehmervertretern in den Aufsichtsrat) BGBl 1974/343 idgF
ASVG	Allgemeines Sozialversicherungsgesetz BGBl 1955/189 idgF
AT	Allgemeiner Teil
ATS	österreichischer Schilling

AÜG	Arbeitskräfteüberlassungsgesetz BGBl 1988/196 idgF
ausf	ausführlich
AuslBG	Ausländerbeschäftigungsgesetz BGBl 1975/218 idgF
AußStrG	Außerstreitgesetz BGBl I 2003/111 idgF
AVG	Allgemeines Verwaltungsverfahrensgesetz 1991 BGBl 1991/51 idgF
AVRAG	Arbeitsvertragsrechts-Anpassungsgesetz BGBl 1993/459 idgF
B-VG	Bundes-Verfassungsgesetz BGBl 1930/1 idgF
BAG	Bundesarbeitsgericht (dt)
BAO	Bundesabgabenordnung BGBl 1961/194 idgF
BaSAG	Bundesgesetz über die Sanierung und Abwicklung von Banken BGBl I 2014/98 idgF
BayObLG	Bayerisches Oberstes Landesgericht
BB	„Der Betriebs-Berater" (dt)
Bd	Band
BeckRS	beck-online.Rechtsprechung (dt)
Begr	Begründung, Begründer
betr	betreffend (-e, -er, -es)
betriebl	betrieblich (-e, -er, -es)
BetrR	Betriebsrat
BewG	Bewertungsgesetz 1955 BGBl 1955/148 idgF
BFH	Bundesfinanzhof (dt)
BG	Bundesgesetz; Bezirksgericht
BGB	Bürgerliches Gesetzbuch (dt)
BGBl	Bundesgesetzblatt
BGE	Bundesgericht Schweiz
BGFA	Bundesgesetz über die Freizügigkeit der Anwältinnen und Anwälte (Schweiz)
BGH	Bundesgerichtshof (dt)
BGHZ	Entscheidungen des Bundesgerichtshofs in Zivilsachen (dt)
BKA	Bundeskanzleramt
Blg	Beilage(n)

BlgNR	Beilagen zu den Stenographischen Protokollen des Nationalrates
BM	Bundesminister(ium)
BMAW	Bundesminister(ium) für Arbeit und Wirtschaft
BMF	Bundesminister(ium) für Finanzen
BMG	Bundesminister(ium) für Soziales, Gesundheit, Pflege und Konsumentenschutz
BMI	Bundesminister(ium) für Inneres
BMJ	Bundesminister(ium) für Justiz
BMSVG	Betriebliches Mitarbeiter- und Selbständigenvorsorgegesetz BGBl I 2002/100 idgF
BörseG 2018	Börsegesetz 2018 BGBl I 2017/107 idgF
BR	Bundesrat
BRÄG	Berufsrechts-Änderungsgesetz BGBl I 2009/141 idgF
BRAO	Bundesrechtsanwaltsordnung (dt)
BRIS-UmsG	BRIS-Umsetzungsgesetz BGBl I 2017/60
Bsp	Beispiel(e)
BSpG	Bausparkassengesetz BGBl 1993/532 idgF
BStFG	Bundes-Stiftungs- und Fondsgesetz 2015 BGBl I 2015/160 idgF
BT	Besonderer Teil
BudgetbegleitG	Budgetbegleitgesetz
BV	Betriebsvereinbarung
BVwG	Bundesverwaltungsgericht
BWG	Bankwesengesetz BGBl 1993/532 idgF
bzgl	bezüglich
bzw	beziehungsweise
ca	circa
cic	culpa in contrahendo (Verschulden beim Vertragsschluss)
COVID-19-GesE	Erlass vom 8. April 2020 zur Verordnung der Bundesministerin für Justiz zur näheren Regelung der Durchführung von gesellschaftsrechtlichen Versammlungen ohne physische Anwesenheit der Teilnehmer und von Beschlussfassungen auf andere Weise (COVID-19-GesV)

COVID-19-GesG	Gesellschaftsrechtliches COVID-19-Gesetz BGBl I 2020/16 idgF
COVID-19-GesV	Gesellschaftsrechtliche COVID-19-Verordnung BGBl II 2020/140 idgF
CRD IV	Richtlinie 2013/36/EU des Europäischen Parlaments und des Rates vom 26. Juni 2013 über den Zugang zur Tätigkeit von Kreditinstituten und die Beaufsichtigung von Kreditinstituten und Wertpapierfirmen, zur Änderung der Richtlinie 2002/87/EG und zur Aufhebung der Richtlinien 2006/48/EG und 2006/49/EG, ABl L 176 vom 27.6.2013, 338
CRD V	Richtlinie 2019/878/EU des Europäischen Parlaments und des Rates vom 20. Mai 2019 zur Änderung der Richtlinie 2013/36/EU im Hinblick auf von der Anwendung ausgenommene Unternehmen, Finanzholdinggesellschaften, gemischte Finanzholdinggesellschaften, Vergütung, Aufsichtsmaßnahmen und -befugnisse und Kapitalerhaltungsmaßnahmen, ABl L 150 vom 7.6.2019, 253
CRR	Verordnung (EU) 575/2013 des Europäischen Parlaments und des Rates vom 26. Juni 2013 über Aufsichtsanforderungen an Kreditinstitute und Wertpapierfirmen und zur Änderung der Verordnung (EU) Nr. 648/2012, ABl L 176 vom 27.6.2013, 1
d, dt	deutsch (-e, -er, -es)
dAktG	deutsches Aktiengesetz idgF
DB	„Der Betrieb" (dt)
dBGBl	Bundesgesetzblatt (dt)
DepotG	Depotgesetz BGBl 1969/424 idgF
DelVO	delegierte Verordnung (EU)
dementspr	dementsprechend (-e, -er, -es)
DeregulierungsG	Deregulierungsgesetz 2017 BGBl I 2017/40
dGmbH	deutsche GmbH
dGmbHG	deutsches GmbHG idgF
dgl	dergleichen

Abkürzungsverzeichnis

dh	das heißt
DHG	Dienstnehmerhaftpflichtgesetz BGBl 1965/80 idgF
dHGB	deutsches Handelsgesetzbuch
dhL	deutsche herrschende Lehre
dhM	deutsche herrschende Meinung
diesbzgl	diesbezüglich (-e, -er, -es)
Digitalisierungs-RL	Richtlinie 2019/1151/EU des Europäischen Parlaments und des Rates vom 20. Juni 2019 zur Änderung der Richtlinie 2017/1132/EU im Hinblick auf den Einsatz digitaler Werkzeuge und Verfahren im Gesellschaftsrecht, ABl L 186 vom 11.7.2019, 80
dInsO	deutsche Insolvenzordnung idgF
Diss	Dissertation
dLit	Literatur (dt)
DN	Dienstnehmer
DNotZ	Deutsche Notar-Zeitschrift (dt)
DRdA	„Das Recht der Arbeit"
dRGBl	deutsches Reichsgesetzblatt
DSG	Datenschutzgesetz 2000 BGBl I 1999/165 idgF
DSt	Disziplinarstatut für Rechtsanwälte und Rechtsanwaltsanwärter idgF
DStR	Deutsches Steuerrecht (dt)
Dtl	Bundesrepublik Deutschland
dUmwG	deutsches Umwandlungsgesetz
dZPO	deutsche Zivilprozessordnung idgF
€	Euro
E	Entscheidung
EB	Erläuternde Bemerkungen
EBA	Europäische Bankenaufsichtsbehörde (European Banking Authority)
ebd	ebenda
EBRV	Erläuternde Bemerkungen zur Regierungsvorlage
ecolex	„ecolex", Fachzeitschrift für Wirtschaftsrecht
EDV	Elektronische Datenverarbeitung

EG	Europäische Gemeinschaft
EGBGB	Einführungsgesetz zum Bürgerlichen Gesetzbuch (dt)
EGV	Vertrag zur Gründung der Europäischen Gemeinschaft
ehem	ehemalige (-r, -s)
Einf	Einführung
Einl	Einleitung
EIRAG	Bundesgesetz über den freien Dienstleistungsverkehr und die Niederlassung von europäischen Rechtsanwältinnen und Rechtsanwälten sowie die Erbringung von Rechtsdienstleistungen durch international tätige Rechtsanwältinnen und Rechtsanwälte in Österreich BGBl I 2000/27 idgF
EKE	Eigenkapitalersatz
EKEG	Eigenkapitalersatz-Gesetz BGBl I 2003/92 idgF
EKV 2016	Eigentümerkontrollverordnung 2016 BGBl I 2015/425 idgF
ENG	Elektronische Notariatsform-Gründungsgesetz BGBl I 2018/71
entspr	entsprechend (-e, -er, -es)
EO	Exekutionsordnung RGBl 1896/79 idgF
EPG	Eingetragene Partnerschaft-Gesetz BGBl I 2009/135 idgF
Erg	Ergänzung
Erl	Erläuterung(-en)
ErlRV	Erläuterungen zur Regierungsvorlage
ERV	Elektronischer Rechtsverkehr
ERV 2006	Verordnung der Bundesministerin für Justiz über den elektronischen Rechtsverkehr BGBl II 2005/481 idgF
ERV 2021	Verordnung der Bundesministerin für Justiz über den elektronischen Rechtsverkehr BGBl II 2021/587 idgF
ESAEG	Einlagensicherungs- und Anlegerentschädigungsgesetz BGBl I 2015/117 idgF

ESG	*Environmental, Social, Governance* (Umwelt, Soziales und verantwortungsvolle Unternehmensführung)
ESMA	Europäische Wertpapier- und Marktaufsichtsbehörde (*European Securities and Markets Authority*)
ESt	Einkommensteuer
EStG	Einkommensteuergesetz 1988 BGBl 1988/400 idgF
etc	et cetera
EU	Europäische Union
EU-GesRÄG 1996	EU-Gesellschaftsrechtsänderungsgesetz 1996 BGBl 1996/304
EuGH	Europäischer Gerichtshof
EU-InsVO	Verordnung (EU) 2015/848 des europäischen Parlaments und des Rates vom 20. Mai 2015 über Insolvenzverfahren (Neufassung), ABl L 141 vom 5.6.2015, 19
EU-RL	Richtlinie der Europäischen Union/Gemeinschaft
EU-RL 98/5/EG	Richtlinie 98/5/EG des Europäischen Parlaments und des Rates vom 16. Februar 1998 zur Erleichterung der ständigen Ausübung des Rechtsanwaltsberufs in einem anderen Mitgliedstaat als dem, in dem die Qualifikation erworben wurde, ABl L 77 vom 14.3.1998, 36
EU-RL 2005/56/EG	Richtlinie 2005/56/EG des Europäischen Parlaments und des Rates vom 26.10.2005 über die Verschmelzung von Kapitalgesellschaften aus verschiedenen Mitgliedstaaten, ABl L 210 vom 25.11.2005, 1
EU-RL 2009/102/EG	Richtlinie 2009/102/EG des Europäischen Parlaments und des Rates vom 16. September 2009 auf dem Gebiet des Gesellschaftsrechts betreffend Gesellschaften mit beschränkter Haftung mit einem einzigen Gesellschafter, ABl L 258 vom 1.10.2009, 20

EU-RL 2010/43/EU	Richtlinie 2010/43/EU der Kommission vom 1. Juli 2010 zur Durchführung der Richtlinie 2009/65/EG des Europäischen Parlaments und des Rates im Hinblick auf organisatorische Anforderungen, Interessenkonflikte, Wohlverhalten, Risikomanagement und den Inhalt der Vereinbarung zwischen Verwahrstelle und Verwaltungsgesellschaft, ABl L 164 vom 10.7.2010, 42
EU-RL 2019/2034/EU	Richtlinie (EU) 2019/2034 des Europäischen Parlaments und des Rates vom 27. November 2019 über die Beaufsichtigung von Wertpapierfirmen und zur Änderung der Richtlinien 2002/87/EG, 2009/65/EG, 2011/61/EU, 2013/36/EU, 2014/59/EU und 2014/65/EU, ABl L 314 vom 5.12.2019, 64
1. Euro-JuBeG	1. Euro-Justiz-Begleitgesetz BGBl I 1998/125
1. Euro-UmstellungsG	1. Euro-Umstellungsgesetz-Bund BGBl 2001/98
EUV	Vertrag über die Europäischen Union
EU-VerschG	EU-Verschmelzungsgesetz BGBl I 2007/72
EU-VO	Verordnung der Europäischen Union/Gemeinschaft
EU-VO 2016/438/EU	Delegierte Verordnung (EU) 2016/438 der Kommission vom 17. Dezember 2015 zur Ergänzung der Richtlinie 2009/65/EG des Europäischen Parlaments und des Rates in Bezug auf die Pflichten der Verwahrstellen, ABl L 78 vom 24.3.2016, 11
EU-VO 2017/565/EU	Delegierte Verordnung (EU) 2017/565 zur Ergänzung der Richtlinie 2014/65/EU in Bezug auf die organisatorischen Anforderungen an Wertpapierfirmen u die Bedingungen für die Ausübung ihrer Tätigkeit sowie in Bezug auf die Definition bestimmter Begriffe für die Zwecke der genannten Richtlinie, ABl L 87 vom 31.3.2017, 1

Abkürzungsverzeichnis

EU-VO 2019/2033/EU	Verordnung (EU) 2019/2033 des Europäischen Parlaments und des Rates vom 27. November 2019 über Aufsichtsanforderungen an Wertpapierfirmen und zur Änderung der Verordnungen (EU) Nr. 1093/2010, (EU) Nr. 575/2013, (EU) Nr. 600/2014 und (EU) Nr. 806/2014, ABl L 314 vom 5.12.2019, 1
eV	eingetragener Verein
EvBl	„Evidenzblatt der Rechtsmittelentscheidungen" (abgedruckt in „Österreichischer Juristen-Zeitung")
EVHGB	Einführungsverordnung zum Handelsgesetzbuch (ohne Zahlenangabe: 4. EVHGB) dRGBl 1938 I S 1999
EVI	Elektronische Verlautbarungs- und Informationsplattform des Bundes
EVÜ	Übereinkommen von Rom über das auf vertragliche Schuldverhältnisse anzuwendende Recht vom 19. Juni 1980
EWG	Europäische Wirtschaftsgemeinschaft
EWR	Europäischer Wirtschaftsraum
EWS	Europäisches Währungssystem
EZB	Europäische Zentralbank
f, ff	folgend(e)
Fa	Firma
FA	Finanzamt
FamFG	Gesetz über das Verfahren in Familiensachen und in den Angelegenheiten der freiwilligen Gerichtsbarkeit (dt, ersetzt das Gesetz über die Angelegenheiten der freiwilligen Gerichtsbarkeit)
FB	Firmenbuch
FBG	Firmenbuchgesetz BGBl 1991/10 idgF
FinStrG	Finanzstrafgesetz BGBl 1958/129 idgF
FLAG	Familienlastenausgleichsgesetz 1967 BGBl 1967/376 idgF
FlexCo	Flexible Company (nach dem FlexKapGG)

FlexKapG	Flexible Kapitalgesellschaft (nach dem FlexKapGG)
FlexKapGG	Flexible Kapitalgesellschaften-Gesetz BGBl I 2023/179
FMA	Finanzmarktaufsicht
FMABG	Finanzmarktaufsichtsbehördengesetz BGBl I 2001/97 idgF
FMAG	Finanzmarktaufsichtsgesetz BGBl I 2001/97 idgF
FM-GwG	Finanzmarkt-Geldwäschegesetz BGBl I 2016/118 idgF
FN	Fußnote
FS	Festschrift
G	Gesetz
GA	Gutachten
GBlÖ	„Gesetzblatt für das Land Österreich" (1938–1940)
GBU	„GmbH-Bulletin"
GedS	Gedächtnisschrift, Gedenkschrift
gegenst	gegenständlich (-e, -er, -es)
gem	gemäß
Gen	Genossenschaft
GenG	Genossenschaftsgesetz RGBl 1873/70 idgF
Geo	Geschäftsordnung für die Gerichte I. und II. Instanz BGBl 1951/264 idgF
gerichtl	gerichtlich (-e, -er, -es)
GES	„Zeitschrift für Gesellschaftsrecht und angrenzendes Steuerrecht"
GesAusG	Gesellschafter-Ausschlussgesetz BGBl I 2006/75 idgF
GesbR	Gesellschaft bürgerlichen Rechts
GesbR-RG	GesbR-Reformgesetz BGBl I 2014/83
GesDigG 2022	Gesellschaftsrechtliches Digitalisierungsgesetz 2022 BGBl I 2022/186
GesDigG 2023	Gesellschaftsrechtliches Digitalisierungsgesetz 2023 BGBl I 2023/178
gesetzl	gesetzlich (-e, -er, -es)
GesR	Gesellschaftsrecht

Abkürzungsverzeichnis

GesRÄG	Gesellschaftsrechtsänderungsgesetz (1982: BGBl 1982/371; 1993: BGBl 1993/458; 2004: BGBl I 2004/67; 2005: BGBl I 2005/59; 2007: BGBl I 2007/72; 2011: BGBl I 2011/53; 2013: BGBl I 2013/109; 2023: BGBl I 2023/178)
GesRZ	„Der Gesellschafter" – Zeitschrift für Gesellschafts- und Unternehmensrecht
GesV	Gesellschaftsvertrag
gesv	gesellschaftsvertraglich (-e, -er, -es)
gew	gewerberechtlich (-e, -er, -es)
gewGF	gewerberechtlicher Geschäftsführer
GewO	Gewerbeordnung 1994 BGBl 1994/194 idgF
GF	Geschäftsführer
GFMA-G	Gleichstellungsgesetz von Frauen und Männern im Aufsichtsrat BGBl I 2017/104
ggf	gegebenenfalls
GGG	Gerichtsgebührengesetz BGBl 1984/501 idgF
ggt	gegenteilig (-e, -er, -es)
GKK	Gebietskrankenkasse
GlU	„Sammlung von civilrechtlichen Entscheidungen des k.k. Obersten Gerichtshofes", hrsg von *Glaser* und *Unger*
GlUNF	„GlU", Neue Folge
GmbH	Gesellschaft mit beschränkter Haftung
GmbHG	Gesetz über Gesellschaften mit beschränkter Haftung RGBl 1906/58 idgF
GmbHR	„Rundschau für GmbH" (dt)
GmbH-Stb	„Der GmbH-Steuerberater" (dt)
GO	Geschäftsordnung
GoA	Geschäftsführung ohne Auftrag
GoB	Grundsätze ordnungsmäßiger Buchführung
GOG	Gerichtsorganisationsgesetz RGBl 1896/217 idgF
GP	Gesetzgebungsperiode
GRAU	„GRAUZONEN"
grds	grundsätzlich (-e, -er, -es)
GrEStG	Grunderwerbsteuergesetz BGBl 1987/309 idgF
GSpG	Glücksspielgesetz BGBl 1989/620 idgF

GSVG	Gewerbliches Sozialversicherungsgesetz BGBl 1978/560 idgF
GuV	Gewinn- und Verlustrechnung
GV	Generalversammlung, Gesellschafterversammlung
GZ	Geschäftszahl
H	Heft
hA	herrschende Ansicht (Auffassung)
HaRÄG	Handelsrechts-Änderungsgesetz (1991: BGBl 1991/10; 1998: BGBl I 1998/158; 2000: BGBl I 2000/61; 2001: BGBl I 2001/41; 2004: BGBl I 2004/14; 2005: BGBl I 2005/120)
hdM	herrschende deutsche Meinung
HfD	Hofdekret
HG	Handelsgericht
Hg	Herausgeber
HGB	Handelsgesetzbuch dRGBl 1897 S 219 (nunmehr Unternehmensgesetzbuch BGBl I 2005/120) idgF
hL	herrschende Lehre
hM	herrschende Meinung
Hptst	Hauptstück
HR	Handelsrecht, Handelsregister
hRsp	herrschende Rechtsprechung
hrsg	herausgegeben
HS	„Handelsrechtliche Entscheidungen", derzeit hrsg von *Eckert*
HV	Hauptversammlung
idF	in der Fassung
idgF	in der geltenden Fassung
idR	in der Regel
idS	in diesem Sinne
IDW	„Institut für Wirtschaftsprüfer" (dt)
idZ	in diesem Zusammenhang
ieS	im engeren (eigentlichen) Sinne
IESG	Insolvenz-Entgeltsicherungsgesetz BGBl 1977/324 idgF

IFRS	International Financial Reporting Standards
IHK	Internationale Handelskammer
IKS	Internes Kontrollsystem
IKT	Informations- und Kommunikationstechnologie
ImmoInvFG	Immobilien-Investmentfondsgesetz BGBl I 2003/80 idgF
insb	insbesondere
int	international (-e, -er, -es)
InvFG	Investmentfondsgesetz 2011 BGBl I 2011/77 idgF
IO	Insolvenzordnung RGBl 1914/337 idgF
IPR	Internationales Privatrecht
IPrax	„Praxis des Internationales Privat- und Verfahrensrechts" (dt)
IPRG	Bundesgesetz über das Internationale Privatrecht BGBl 1978/304 idgF
IRÄ-BG	Insolvenzrechtsänderungs-Begleitgesetz BGBl I 2010/58
IRÄG	Insolvenzrechtsänderungsgesetz
iS	im Sinne
iSd	im Sinne des (der)
iSe	im Sinne einer(-s)
iSv	im Sinne von
iVm	in Verbindung mit
iW	im Wesentlichen
iwS	im weiteren Sinn
iZm	im Zusammenhang mit
iZw	im Zweifel
JA	Jahresabschluss
JAB	Justizausschussbericht
JABl	Amtsblatt der österreichischen Justizverwaltung
JAP	„Juristische Ausbildung und Praxisvorbereitung"
JB	Jahrbuch
JBl	„Juristische Blätter"
jew	jeweilig (-e, -er, -es); jeweils
JGS	Justizgesetzsammlung
JN	Jurisdiktionsnorm RGBl 1895/111 idgF

jP	juristische Person
JuAu	Justizausschuss
Jud	Judikatur; Judikat
jur	juristisch (-e, -er, -es)
jurPers	juristische Person
JUS	Jus-Extra, Beilage zur Wiener Zeitung
JW	„Juristische Wochenschrift" (dt)
JZ	„Juristenzeitung" (dt)
KAKuG	Krankenanstalten- und Kuranstaltengesetz BGBl 1957/1 idgF
Kap	Kapitel
KapBG	Kapitalberichtigungsgesetz BGBl 1967/171 idgF
KapGes	Kapitalgesellschaft
KapGesR	Kapitalgesellschaftsrecht
Kapital-RL	Zweite Richtlinie 77/91/EWG des Rates vom 13. Dezember 1976 zur Koordinierung der Schutzbestimmungen, die in den Mitgliedstaaten den Gesellschaften im Sinne des Artikels 58 Absatz 2 des Vertrages im Interesse der Gesellschafter sowie Dritter für die Gründung der Aktiengesellschaft sowie für die Erhaltung und Änderung ihres Kapitals vorgeschrieben sind, um diese Bestimmungen gleichwertig zu gestalten, ABl L 026 vom 31.1.1977, 1
KartG	Kartellgesetz 2005 BGBl I 2005/61 idgF
KEG	Kommandit-Erwerbsgesellschaft
KESt	Kapitalertragsteuer
KFS/RL 25	Fachgutachten des Fachsenats für Unternehmensrecht und Revision der Kammer der Steuerberater:innen und Wirtschaftsprüfer:innen zur Rechnungslegung bei Umgründungen vom 3. Dezember 2012, zuletzt überarbeitet im März 2020
KG	Kommanditgesellschaft; (früheres) Kreisgericht; Kammergericht (Oberlandesgericht in Berlin)
KMG	Kapitalmarktgesetz BGBl 1991/625 (außer Kraft gesetzt durch das KMG 2019)
KMG 2019	Kapitalmarktgesetz 2019 BGBl I 2019/62 idgF

Abkürzungsverzeichnis

Komm	Kommentar
KöSt	Körperschaftsteuer
krit	kritisch
KSchG	Konsumentenschutzgesetz BGBl 1979/140 idgF
KStG	Körperschaftsteuergesetz 1988 BGBl 1988/401 idgF
KStR	Körperschaftsteuerrichtlinien
KVG	Kapitalverkehrsteuergesetz dRGBl 1934 S 1058 idgF
KYC	Know-Your-Customer
L	Lehre
leg cit	legis citatae (der zitierten Vorschrift)
LG	Landesgesetz; Landesgericht, Landgericht (dt)
LGBl	Landesgesetzblatt
LGZ	Landesgericht für Zivilrechtssachen
lit	litera
Lit	Literatur
LS	Leitsatz
lt	laut
Ltd	Limited Company
LVwG	Landesverwaltungsgericht
M	Meinung
Mat	Materialien
maW	mit anderen Worten
ME	Ministerialentwurf
mE	meines Erachtens
mglw	möglicherweise
MietSlg	„Mietrechtliche Entscheidungen"
MiFID	Richtlinie 2004/39/EG des Europäischen Parlaments und des Rates vom 21. April 2004 über Märkte für Finanzinstrumente, zur Änderung der Richtlinien 85/611/EWG und 93/6/EWG des Rates und der Richtlinie 2000/12/EG des Europäischen Parlaments und des Rates und zur Aufhebung der Richtlinie 93/22/EWG des Rates, ABl L 145 vom 30.4.2004, 1 (außer Kraft getreten durch MiFID II)

MiFID II	Richtlinie 2014/65/EU des Europäischen Parlaments und des Rates vom 15. Mai 2014 über Märkte für Finanzinstrumente sowie zur Änderung der Richtlinien 2002/92/EG und 2011/61/EU (Neufassung), ABl L 173 vom 12.6.2014, 349
mind	mindestens
Mio	Million(en)
mN	mit Nachweis(en)
MoMiG	Gesetz zur Modernisierung des GmbH-Rechts und zur Bekämpfung von Missbräuchen (dt)
Mrd	Milliarde(n)
MRG	Mietrechtsgesetz BGBl 1981/520 idgF
MRK	Europäische Menschenrechtskonvention
MTF	Multilaterales Handelssystem
mwN	mit weiteren Nachweisen
Nachw	Nachweis(e)
NaDiVeG	Nachhaltigkeits- und Diversitätsverbesserungsgesetz BGBl I 2017/20
natPers	natürliche Person
nF	neue Fassung
NJW	„Neue Juristische Wochenschrift" (dt)
NJW-RR	„NJW-Rechtsprechungsreport Zivilrecht" (dt)
NO	Notariatsordnung RGBl 1871/75 idgF
NotariatsaktsG	Notariatsaktsgesetz RGBl 1871/76 idgF
Nov	Novelle
NowakNF	„Entscheidungen des k.k. Obersten Gerichtshofes in Zivilsachen", hrsg von *Nowak* ua, neue Folge
Nr	Nummer
NR	Nationalrat
NRsp(r)	„Neue Rechtsprechung des OGH" (abgedruckt in „Österreichischer Juristen-Zeitung")
NTG	Notariatstarifgesetz BGBl 1973/576 idgF
NZ	„Österreichische Notariats-Zeitung"
NZG	„Neue Zeitschrift für Gesellschaftsrecht" (dt)
NZI	„Neue Zeitschrift für Insolvenz und Sanierungsrecht" (dt)

Abkürzungsverzeichnis

Ö	Österreich
ö	österreichisch (-e, -er, -es)
ÖBA	„Österreichisches Bankarchiv"
OBDK	Oberste Berufungs- und Disziplinarkommission für Rechtsanwälte und Rechtsanwaltsanwärter
obiter	obiter dictum/dicta (nebenbei Gesagtes)
ÖBl	„Österreichische Blätter für gewerblichen Rechtsschutz und Urheberrecht"
öCGK	Österreichischer Corporate Governance Kodex idgF
OEG	Offene Erwerbsgesellschaft
OeNB	Oesterreichische Nationalbank
OG	Offene Gesellschaft
OGA	Organismus/Organismen für gemeinsame Anlagen
OGAW	Organismus/Organismen für gemeinsame Anlagen in Wertpapieren
OGAW-RL	Richtlinie 2009/65/EG des Europäischen Parlaments und des Rates vom 13. Juli 2009 zur Koordinierung der Rechts- und Verwaltungsvorschriften betreffend bestimmte Organismen für gemeinsame Anlagen in Wertpapieren (OGAW), ABl L 302 vom 17.11.2009, 32
OGH	Oberster Gerichtshof
ÖGK	Österreichische Gesundheitskasse
oGV	ordentliche Generalversammlung
OHG	Offene Handelsgesellschaft
öhM	österreichische herrschende Meinung
oHV	ordentliche Hauptversammlung
ÖJT	Österreichischer Juristentag
ÖJZ	„Österreichische Juristen-Zeitung"
ÖJZ-LSK	Leitsatzkartei in der ÖJZ
OLG	Oberlandesgericht
OÖ	Oberösterreich
ÖRAK	Österreichischer Rechtsanwaltskammertag
österr	österreichisch (-e, -er, -es)
ÖStZ	„Österreichische Steuer-Zeitung"
ÖStZB	Beilagen zur ÖStZ
OTF	Organisiertes Handelssystem

oV	ohne Angabe des Verfassers
ÖZW	„Österreichische Zeitschrift für Wirtschaftsrecht"
pa	per annum, pro anno
PersGes	Personengesellschaft
PersGesR	Personengesellschaftsrecht
Pkt	Punkt
ppa	per procura
PrimVG	Primärversorgungsgesetz BGBl I 2017/131 idgF
PSG	Privatstiftungsgesetz BGBl 1993/694 idgF
PuG	Publizitätsrichtlinie-Gesetz BGBl I 2006/103
PUG	Privatuniversitätengesetz BGBl I 2011/74 idgF
PVE	Primärversorgungseinheit
RA	Rechtsanwalt
RÄ-BG 2015	Rechnungslegungsänderungs-Begleitgesetz 2015 BGBl I 2015/68
RÄG	Rechnungslegungsänderungsgesetz (2010: BGBl I 2009/140; 2014: BGBl I 2015/22)
RAK	Rechtsanwaltskammer
RAO	Rechtsanwaltsordnung RGBl 1868/96 idgF
RATG	Rechtsanwaltstarifgesetz BGBl 1969/189 idgF
RdA	„Recht der Arbeit"
RdW	„Österreichisches Recht der Wirtschaft"
ReLÄG 2004	Rechnungslegungsänderungsgesetz BGBl I 2004/161
RG	Reichsgericht
RGBl	Reichsgesetzblatt (Jahr und Seite, allenfalls auch Teil: dt; Jahr und Nummer: österr)
RGZ	Entscheidungen des (dt) Reichsgerichts in Zivilsachen
RIS	Rechtsinformationssystem des Bundes
RIS-Justiz RS	Rechtssätze des Rechtsinformationssystems des Bundes
RIW	„Recht der Internationalen Wirtschaft" (dt)
RL	Richtlinie
RLG	Rechnungslegungsgesetz BGBl 1990/475

Abkürzungsverzeichnis

Rom I-VO	Verordnung (EG) Nr. 593/2008 des Europäischen Parlaments und des Rates vom 17. Juni 2008 über das auf vertragliche Schuldverhältnisse anzuwendende Recht, ABl L 177 vom 4.7.2008, 6
Rom II-VO	Verordnung (EG) Nr. 864/2007 des Europäischen Parlaments und des Rates vom 11. Juli 2007 über das auf außervertragliche Schuldverhältnisse anzuwendende Recht, ABl L 199 vom 31.7.2007, 40
RpflG	Rechtspflegergesetz BGBl 1985/560 idgF
RS	Rechtssatz
Rsp	Rechtsprechung
RV	Regierungsvorlage
RWZ	„Österreichische Zeitschrift für Rechnungswesen"
RZ	„Österreichische Richterzeitung"
Rz	Randziffer, Randzahl
S	Seite, Satz
s	siehe
SCE	Societas Cooperativa Europaea – Europäische Genossenschaft
SCEG	Gesetz über das Statut der Europäischen Genossenschaft BGBl I 2006/104 idgF
SCE-VO	Verordnung (EG) Nr. 1435/2003 des Rates vom 22. Juli 2003 über das Statut der Europäischen Genossenschaft, ABl L 207 vom 18.8.2003, 1
SchiedsRÄG	Schiedsrechts-Änderungsgesetz (2006: BGBl I 2006/7; 2013: BGBl I 2013/118)
SE	Societas Europaea – Europäische Gesellschaft
SEG	Gesetz über das Statut der Europäischen Gesellschaft BGBl I 2004/67 idgF
SE-VO	Verordnung (EG) Nr 2157/2001 des Rates vom 8.10.2001 über das Statut der Europäischen Gesellschaft (Societas Europaea), ABl L 294 vom 10.11.2001, 1
SFr	Schweizer Franken
Slg	Sammlung
sog	sogenannt (e-, er, es)

SpaltG	Spaltungsgesetz BGBl 1996/304 idgF
SSM-VO	Verordnung (EU) Nr 1024/2013 des Rates vom 15.10.2013 zur Übertragung besonderer Aufgaben im Zusammenhang mit der Aufsicht über Kreditinstitute auf die Europäische Zentralbank, ABl L 287 vom 29.10.2013, 63
stG (stGes)	stille Gesellschaft
StGB	Strafgesetzbuch BGBl 1974/60 idgF
str	strittig
StRÄG 2015	Strafrechtsänderungsgesetz 2015 BGBl I 2015/112
stRsp	ständige Rechtsprechung
stv	stellvertretend (-e, -er, -es)
SV	Sachverhalt
SVSlg	„Sozialversicherungsrechtliche Entscheidungen", hrsg von *Teschner/Zach*
SWI	„Steuer und Wirtschaft International"
SWK	„Österreichische Steuer- und Wirtschaftskartei"
SZ	„Entscheidungen des österreichischen Obersten Gerichtshofes in Zivil-(und Justizverwaltungs-) Sachen", veröffentlicht von seinen Mitgliedern
TN	Teilnovelle
TS	Teilsatz
tw	teilweise (-r, -s)
Tz	Textzahl, Textziffer
u	und
ua	und andere (-r, -s); unter anderem
uä	und ähnliche (-r, -s)
uam	und andere (-r, -s) mehr
ÜbG	Übernahmegesetz BGBl I 1998/127 idgF
ÜbRÄG 2006	Übernahmerechts-Änderungsgesetz 2006 BGBl I 2006/75
udgl	und dergleichen
udglm	und dergleichen mehr
uE	unseres Erachtens
UG	Unternehmergesellschaft (dt)
ÜbG	Übernahmegesetz BGBl I 1998/127 idgF

Abkürzungsverzeichnis

ÜbRÄG 2006	Übernahmerechts-Änderungsgesetz 2006 BGBl I 2006/75
UGB	Unternehmensgesetzbuch BGBl I 2005/120 (vormals Handelsgesetzbuch dRGBl 1897 S 219) idgF
UmgrStG	Umgründungssteuergesetz BGBl 1991/699 idgF
UmwG	Umwandlungsgesetz BGBl 1996/304 idgF
UNK	UN-Kaufrecht
unstr	unstrittig
Untersch	Unterschied
untersch	unterschiedlich (-e, -er, -es)
URÄG	Unternehmensrechts-Änderungsgesetz BGBl I 2008/70
URG	Unternehmensreorganisationsgesetz BGBl 1997/114 idgF
USP	Unternehmensserviceportal (https://www.usp.gv.at)
USt	Umsatzsteuer
UStG 1994	Umsatzsteuergesetz 1994 BGBl 1994/663 idgF
usw	und so weiter
uU	unter Umständen
UWG	Gesetz gegen den unlauteren Wettbewerb BGBl 1984/448 idgF
uzw	und zwar
v	von, vom
va	vor allem
VAG	Versicherungsaufsichtsgesetz 2016 BGBl I 2015/34 idgF
VbVG	Verbandsverantwortlichkeitsgesetz BGBl I 2005/151 idgF
VdRÖ	Vereinigung der Diplomrechtspflegerinnen und Diplomrechtspfleger Österreichs – VDRÖ
VerG	Vereinsgesetz 2002 BGBl I 2002/66 idgF
versch	verschieden (-e, -er, -es)
verst	verstärkter
VersVG	Versicherungsvertragsgesetz BGBl 1959/2 idgF
VfGH	Verfassungsgerichtshof

VfSlg	„Ausgewählte Entscheidungen des Verfassungsgerichtshofes"
vgl	vergleiche
VirtGesG	Virtuelle Gesellschafterversammlungen-Gesetz BGBl I 2023/79 idgF
VO	Verordnung
Vorb (Vorbem)	Vorbemerkung
VStG	Verwaltungsstrafgesetz 1991 BGBl 1991/52 idgF
VUG	Vereinbarungsumsetzungsgesetz 2024 BGBl I 2023/191
VVaG	Versicherungsverein auf Gegenseitigkeit
VwG	Verwaltungsgericht
VwGH	Verwaltungsgerichtshof
VwSlg	„Sammlung der Erkenntnisse und wichtigsten Beschlüsse des Verwaltungsgerichtshofes"
WAG 2007	Wertpapieraufsichtsgesetz 2007 BGBl I 2007/60 (außer Kraft getreten durch das WAG 2018)
WAG 2018	Wertpapieraufsichtsgesetz 2018 BGBl I 2017/107 idgF
WBl/wbl	„Wirtschaftsrechtliche Blätter" – Zeitschrift für österreichisches und europäisches Wirtschaftsrecht, Beilage zu „Juristischen Blättern"
WiEReG	Wirtschaftliche Eigentümer Registergesetz BGBl I 2017/136 idgF
WKO	Wirtschaftskammer Österreich
WM	„Wertpapier-Mitteilungen" (dt)
WoBl/wobl	„Wohnrechtliche Blätter"
WPFG	Wertpapierfirmengesetz BGBl I 2022/237
WrZ	„Wiener Zeitung"
WT	Wirtschaftstreuhänder
WTBG	Wirtschaftstreuhandberufsgesetz BGBl I 2017/137 idgF
WZEVI-G	Bundesgesetz über die Wiener Zeitung GmbH und Einrichtung einer elektronischen Verlautbarungs- und Informationsplattform des Bundes BGBl I 2023/46 idgF

Abkürzungsverzeichnis

Z	Ziffer, Zahl
ZÄG	Zahnärztegesetz BGBl I 2005/126
Zak	„Zivilrecht aktuell"
ZÄKG	Zahnärztekammergesetz BGBl I 2005/154
ZAS	„Zeitschrift für Arbeitsrecht und Sozialrecht"
zB	zum Beispiel
ZBl	„Zentralblatt für die juristische Praxis"
ZfRV	„Zeitschrift für Europarecht, Internationales Privatrecht und Rechtsvergleichung"
ZFS	„Zeitschrift für Stiftungswesen"
ZfVB	„Die administrativrechtlichen Entscheidungen des VwGH und die verwaltungsrechtlich relevanten Entscheidungen des VfGH in lückenloser Folge", (ehemalige) Beilage zur „Zeitschrift für Verwaltung"
ZGR	„Zeitschrift für Unternehmens- und Gesellschaftsrecht" (dt)
ZHR	„Zeitschrift für das gesamte Handels- und Wirtschaftsrecht" (dt)
ZIK	„Zeitschrift für Insolvenzrecht & Kreditschutz"
ZIP	„Zeitschrift für Wirtschaftsrecht" (dt)
zit	zitiert (-e, -er, -es)
ZPO	Zivilprozessordnung RGBl 1895/113 idgF
zT	zum Teil
ZT	Ziviltechnik(er)
ZTG	Ziviltechnikergesetz 2019 BGBl I 2022/113 idgF
zust	zustimmend (-e, -er, -es)
ZuStG	Zustellgesetz BGBl 1982/200 idgF
zutr	zutreffend (-e, -er, -es)
zw	zwischen

Verzeichnis abgekürzt zitierter Literatur

Werk	Kurzzitat
Aburumieh/Adensamer/ H. Foglar-Deinhardstein, Praxisleitfaden Verschmelzung (2015)	*Aburumieh/Adensamer/H. Foglar-Deinhardstein*, Verschmelzung VII. B Rz 5
Adensamer/Mitterecker (Hg), Handbuch Gesellschafterstreit (2021)	*Autor* in Adensamer/Mitterecker, HB GesStreit, Rz…
Artmann (Hg), Kommentar zum UGB Band I³ (2019)	*Autor* in Artmann, UGB³ §… Rz…
Artmann/Karollus (Hg), Kommentar zum AktG⁶ (2018/2019)	*Autor* in Artmann/Karollus, AktG⁶ §… Rz…
Artmann/Rüffler, Gesellschaftsrecht² (2020)	*Artmann/Rüffler*, GesR² Rz…
Artmann/Rüffler/U. Torggler (Hg), Die GmbH & Co KG ieS nach OGH 2 Ob 225/07p – eine Kapitalgesellschaft? (2011)	*Autor* in Artmann/Rüffler/Torggler, GmbH & Co KG … [erste Seite des Beitrags] (… [konkrete Seite])
Artmann/Rüffler/U. Torggler (Hg), Die Verbandsverfassung zwischen Satzung, Syndikatsvertrag und zwingendem Gesellschaftsrecht (2013)	*Autor* in Artmann/Rüffler/Torggler, Verbandsverfassung … [erste Seite des Beitrags] (… [konkrete Seite])
Artmann/Rüffler/U. Torggler (Hg), Die Organhaftung zwischen Ermessensentscheidung und Haftungsfalle (2013)	*Autor* in Artmann/Rüffler/Torggler, Organhaftung … [erste Seite des Beitrags] (… [konkrete Seite])

Verzeichnis abgekürzt zitierter Literatur

Werk	Kurzzitat
Artmann/Rüffler/U. Torggler (Hg), Unternehmensbewertung und Gesellschaftsrecht (2014)	*Autor* in Artmann/Rüffler/Torggler, Unternehmensbewertung … [erste Seite des Beitrags] (… [konkrete Seite])
Artmann/Rüffler/U. Torggler (Hg), Gesellschafterpflichten in der Krise (2015)	*Autor* in Artmann/Rüffler/Torggler, Gesellschafterpflichten … [erste Seite des Beitrags] (… [konkrete Seite])
Artmann/Rüffler/U. Torggler (Hg), Gesellschaftsrecht und Erbrecht (2016)	*Autor* in Artmann/Rüffler/Torggler, Gesellschaftsrecht und Erbrecht … [erste Seite des Beitrags] (… [konkrete Seite])
Artmann/Rüffler/U. Torggler (Hg), Beschlussmängel (2018)	*Autor* in Artmann/Rüffler/Torggler, Beschlussmängel … [erste Seite des Beitrags] (… [konkrete Seite])
Artmann/Rüffler/U. Torggler (Hg), Konzern – Einheit oder Vielheit (2019)	*Autor* in Artmann/Rüffler/Torggler, Konzern … [erste Seite des Beitrags] (… [konkrete Seite])
Artmann/Rüffler/U. Torggler (Hg), Gesellschaftsrecht und IPR (2020)	*Autor* in Artmann/Rüffler/Torggler, IPR … [erste Seite des Beitrags] (… [konkrete Seite])
Artmann/Rüffler/U. Torggler (Hg), Unternehmensfinanzierung (2023)	*Autor* in Artmann/Rüffler/Torggler, Unternehmensfinanzierung … [erste Seite des Beitrags] (… [konkrete Seite])
Bergmann/Kalss (Hg), Handbuch Rechtsformwahl (2020)	*Autor* in Bergmann/Kalss, HB Rechtsformwahl, Rz …
Bergmann/Ratka (Hg), Handbuch Personengesellschaften² (2016)	*Autor* in Bergmann/Ratka, HB Personengesellschaften² Rz …
Brandl/Karollus/Kirchmayr/Leitner (Hg), Handbuch Verdeckte Gewinnausschüttung³ (2021)	*Autor* in Brandl/Karollus/Kirchmayr/Leitner, HB vGA³, … [erste Seite des Beitrags] (… [konkrete Seite])

Verzeichnis abgekürzt zitierter Literatur

Werk	Kurzzitat
P. Doralt/Ch. Nowotny/Kalss (Hg), Kommentar zum AktG³ (2021)	Autor in Doralt/Nowotny/Kalss, AktG³ §… Rz…
Duursma/Duursma-Kepplinger/ M. Roth (Hg), Handbuch zum Gesellschaftsrecht (2007)	Duursma et al, HB GesR, Rz…
G. Eckert, Internationales Gesellschaftsrecht (2010)	Eckert, Int GesR … [Seite]
G. Eckert/Schopper (Hg), AktG-ON (2021)	Autor in Eckert/Schopper, AktG-ON §… Rz…
Fleischer/Goette (Hg), Münchener Kommentar zum GmbHG⁴ – Bände I, III (2021) und II (2022)	Autor in MüKo GmbHG⁴ §… Rz…
H. Foglar-Deinhardstein (Hg), Handbuch Verdeckte Gewinnausschüttung (2020)	Autor in Foglar-Deinhardstein, HB vGA, Rz…
Fritz/Klement, Die Gesellschaft bürgerlichen Rechts. Kurzkommentar mit Praxismustern² (2018)	Fritz/Klement, GesbR² §… Anm…
Geiger/M. Huber/Sindelar, Handbuch Managervergütungen (2019)	Autor in Geiger/Huber/Sindelar, HB Managervergütungen … [Seite]
Gellis (Begr), fortgeführt von Feil, GmbH-Gesetz⁷ (2009)	Gellis/Feil, GmbHG⁷ §… Rz…
Geppert/Moritz, Gesellschaftsrecht für Aufsichtsräte (1979)	Geppert/Moritz, Gesellschaftsrecht … [Seite]
Geppert/Moritz, Gesellschaftsrechtsänderungsgesetz (1984)	Geppert/Moritz, GesRÄG … [Seite]
Goette/Habersack/Kalss (Hg), Münchener Kommentar zum AktG⁵ – Bände III, IV, VI und VII (2019 ff)	Autor in MüKo AktG⁵ §… Rz…

Verzeichnis abgekürzt zitierter Literatur

Werk	Kurzzitat
Goette/Habersack/Kalss (Hg), Münchener Kommentar zum AktG⁶ Bände I, II und V (2023)	*Autor* in MüKo AktG⁶ § … Rz …
M. Gruber/Harrer (Hg), GmbHG Kommentar² (2018)	*Autor* in Gruber/Harrer, GmbHG² § … Rz …
M. Gruber/Kalss/K. Müller/ Schauer, Erbrecht und Vermögensnachfolge² (2018)	*Autor* in Gruber/Kalss/Müller/ Schauer, Vermögensnachfolge² § … Rz …
Haberer, Zwingendes Kapitalgesellschaftsrecht – Rechtfertigung und Grenzen (2009)	*Haberer*, Zw KapGesR … [Seite]
Haberer/Krejci (Hg), Handbuch Konzernrecht (2016)	*Autor* in Haberer/Krejci, HB Konzernrecht Kap … Rz …
Henssler/Spindler/Stilz (Hg), beck-online. GROSSKOMMENTAR zum Aktienrecht	*Autor* in BeckOGK Aktienrecht § … Rz …
Hirschler (Hg), Kommentar zum Bilanzrecht I + II² (2019/2021)	*Autor* in Hirschler, BilR² § … Rz …
Hirte/Mülbert/Roth (Hg), Großkommentar zum AktG⁵ (2015 ff)	*Autor* in GroßKo AktG⁵ § … Rz …
Jennewein, Praxiskommentar zum FBG (2020)	*Jennewein*, FBG § … Rz …
Kalss, Verschmelzung – Spaltung – Umwandlung³ (2021)	*Kalss*, VSU³ § … Rz …
Kalss/G. Eckert, Zentrale Fragen des GmbH-Rechts (2005)	*Kalss/Eckert*, Zentrale Fragen … [Seite]
Kalss/Kunz (Hg), Handbuch für den Aufsichtsrat² (2016)	*Autor* in Kalss/Kunz, HB AR², Kap … Rz …
Kalss/Ch. Nowotny/Schauer, Österreichisches Gesellschaftsrecht² (2017)	*Autor* in Kalss/Nowotny/Schauer, GesR² Rz …

Werk	Kurzzitat
Kalss/Probst, Familienunternehmen – Gesellschafts- und zivilrechtliche Fragen (2013)	*Kalss/Probst*, Familienunternehmen, Rz …
Kalss/P. Schörghofer/St. Frotz (Hg), Handbuch für den Vorstand (2017)	Autor in Kalss/Schörghofer/Frotz, HB Vorstand, Kap … Rz …
Kalss/U. Torggler (Hg), Einlagenrückgewähr (2014)	Autor in Kalss/Torggler, Einlagenrückgewähr … [erste Seite des Beitrags] (… [konkrete Seite])
Kalss/U. Torggler (Hg), Compliance (2016)	Autor in Kalss/Torggler, Compliance … [erste Seite des Beitrags] (… [konkrete Seite])
Kalss/U. Torggler (Hg), Treuepflichten (2018)	Autor in Kalss/Torggler, Treuepflichten … [erste Seite des Beitrags] (… [konkrete Seite])
Kalss/U. Torggler (Hg), Aktuelle Fragen bei M&A (2019)	Autor in Kalss/Torggler, M&A … [erste Seite des Beitrags] (… [konkrete Seite])
Kalss/U. Torggler (Hg), Das Stimmrecht (2021)	Autor in Kalss/Torggler, Stimmrecht … [erste Seite des Beitrags] (… [konkrete Seite])
Kalss/U. Torggler (Hg), Reform des Gesellschaftsrechts (2022)	Autor in Kalss/Torggler, Reform … [erste Seite des Beitrags] (… [konkrete Seite])
Kalss/U. Torggler (Hg), Der Sideletter (2023)	Autor in Kalss/Torggler, Sideletter … [erste Seite des Beitrags] (… [konkrete Seite])
Kastner/Doralt/Nowotny, Handbuch zum österreichischen Gesellschaftsrecht[5] (1990)	*Kastner/Doralt/Nowotny*, GesR[5], [Seite]
Klang (Begr), fortgeführt von *Fenyves/Kerschner/Vonkilch* (Hg), Großkommentar zum ABGB[3], Band §§ 1175 bis 1216e (2017)	Autor in Klang, ABGB[3] § … Rz …

Verzeichnis abgekürzt zitierter Literatur

Werk	Kurzzitat
J. Koch, Aktiengesetz[17] (2023)	*Koch*, AktG[17] § … Rz …
Kofler-Senoner (Hg), Compliance-Management für Unternehmen (2016)	*Autor* in Kofler-Senoner, HB Compliance, Rz …
Koller/Lovrek/Spitzer (Hg), Insolvenzordnung Kommentar[2] (2023)	*Autor* in Koller/Lovrek/Spitzer, IO[2] § … Rz …
Konecny/Schubert, Kommentar zu den Insolvenzgesetzen (2009 ff)	*Autor* in Konecny/Schubert, Insolvenzgesetze § … KO/IO, Rz …
Koppensteiner/Rüffler, GmbH-Gesetz Kommentar[3] (2007)	*Koppensteiner/Rüffler*, GmbHG[3] § … Rz …
Kunz, Gesellschaftsrechtliches Aufsichtsrats-Know-How (2014)	*Kunz*, AR … [Seite]
Lutter/Hommelhoff, GmbH-Gesetz: Kommentar[21] (2023)	*Lutter/Hommelhoff*, GmbHG[21] § … Rz …
Münchener Kommentar	s unter *Fleischer/Goette* und *Goette/Habersack/Kalss*
Napokoj, Praxishandbuch Spaltung[2] (2015)	*Napokoj*, Spaltung[2], … [Seite]
Napokoj/H. Foglar-Deinhardstein/Pelinka (Hg), AktG Praxiskommentar (2020)	*Autor* in Napokoj/Foglar-Deinhardstein/Pelinka, AktG § … Rz …
Noack/Servatius/Haas, GmbHG[23] (2022)	*Autor* in Noack/Servatius/Haas, GmbHG[23] § … Rz …
Ch. Nowotny/Fida, Kapitalgesellschaftsrecht – Umgründungsrecht – Übernahmerecht[3] (2015)	*Nowotny/Fida*, KapGesR[3] Rz …
Ch. Nowotny/O. Winkler (Hg), Wiener Vertragshandbuch – Kommentierte Vertragsmuster Band III (Kapitalgesellschaften)[3] (2020)	*Autor* in Nowotny/Winkler, WrVHB III[3], … [Seite]
Ratka/Rauter (Hg), Handbuch Geschäftsführerhaftung[2] (2011)	*Autor* in Ratka/Rauter, Geschäftsführerhaftung[2] Rz …

Werk	**Kurzzitat**
Ratka/Rauter/Völkl, Unternehmens- und Gesellschaftsrecht – Band I Unternehmensrecht⁴ (2020) und Band II Gesellschaftsrecht⁴ (2020)	*Ratka/Rauter/Völkl*, Unt- u GesR I⁴/II⁴, ... [Seite]
J. Reich-Rohrwig, Das österreichische GmbH-Recht in systematischer Darstellung (1983)	*Reich-Rohrwig*, GmbHR ... [Seite]
J. Reich-Rohrwig, Das österreichische GmbH-Recht in systematischer Darstellung I² (1997)	*Reich-Rohrwig*, GmbHR I² Rz ...
J. Reich-Rohrwig, Grundsatzfragen der Kapitalerhaltung (2004)	*Reich-Rohrwig*, Kapitalerhaltung ... [Seite]
J. Reich-Rohrwig/Ginthör/Gratzl (Hg), Handbuch Generalversammlung der GmbH² (2021)	Autor in Reich-Rohrwig/Ginthör/Gratzl, HB GV² Rz ...
Rieder/Huemer, Gesellschaftsrecht⁶ (2024)	*Rieder/Huemer*, GesR⁶, ... [Seite]
Rowedder/Pentz, Gesetz betreffend die Gesellschaften mit beschränkter Haftung: GmbHG⁷ (2022)	Autor in Rowedder/Pentz, GmbHG⁷ § ... Rz ...
Rummel/Lukas, Kommentar zum ABGB⁴, Teilband §§ 1175–1292 (2019)	Autor in Rummel/Lukas, ABGB⁴ § ... Rz ...
Runggaldier/G. Schima, Manager-Dienstverträge – Gesellschaftsrecht – Arbeitsrecht – Steuerrecht⁴ (2014)	*Runggaldier/Schima*, Manager-Dienstverträge⁴, ... [Seite]
Scholz (Begr), Kommentar zum GmbHG¹³ (2022)	Autor in Scholz, GmbHG¹³ § ... Rz ...
Straube/Ratka/Rauter (Hg), UGB Wiener Kommentar I⁴ (2013 ff), II³ (2012 ff)	Autor in Straube/Ratka/Rauter, UGB I⁴/II³ § ... Rz ...

Verzeichnis abgekürzt zitierter Literatur

Werk	**Kurzzitat**
Straube/Ratka/Rauter (Hg), GmbHG Wiener Kommentar (2014 ff)	*Autor* in Straube/Ratka/Rauter, GmbHG § … Rz …
Temmel, Der Aufsichtsrat (2003)	*Temmel*, Aufsichtsrat … [Seite]
U. Torggler (Hg), UGB Kommentar³ (2019)	*Autor* in Torggler, UGB³ § … Rz …
U. Torggler (Hg), GmbHG Kurzkommentar (2014)	*Autor* in Torggler, GmbHG § … Rz …
Umfahrer, GmbH Handbuch für die Praxis⁷ (2021)	*Umfahrer*, GmbH⁷ Rz …
Walch, Die subsidiäre Anwendbarkeit des allgemeinen Zivilrechts im GmbHG (2014)	*Walch*, Anwendbarkeit … [Seite]
Wiener Kommentar	S unter *Straube/Ratka/Rauter*
Wiesner/Hirschler/Mayr (Hg), Handbuch Umgründungen (20 Lfgen ab 2002)	*Autor* in Wiesner/Hirschler/Mayr, HB Umgründungen … [Seite]
Wünsch, Kommentar zum GmbH-Gesetz (1987 ff)	*Wünsch*, GmbHG § … Rz …
Zib/Dellinger (Hg), UGB Großkommentar (2010 ff)	*Autor* in Zib/Dellinger, UGB § … Rz …
Zöllner/Noack (Hg), Kölner Kommentar zum AktG³ (2009 ff)	*Autor* in KölnKo AktG³ § … Rz …

Autorenverzeichnis

Dr. Nora *Aburumieh*, emeritierte Rechtsanwältin und Partnerin bei
urbanek lind schmied reisch Rechtsanwälte OG
aburumieh@ulsr.at
§§ 29–30, 30b–30d, 35–38, 96–101

Dr. Nikolaus *Adensamer*, Rechtsanwalt und Partner
bei Wess Kux Kispert & Eckert Rechtsanwalts GmbH
n.adensamer@wkk.law
§§ 96–101, 107, 112–114, Exkurs Internationales Gesellschaftsrecht

Dr. Marie-Agnes *Arlt*, LL.M., Rechtsanwältin in Wien
arlt@a2o.legal
§§ 35–38

Dr. Roger *Bartens*, Rechtsanwalt und Partner bei
STOLZENBERG Rechtsanwälte Partnerschaft mbB
bartens@stolzenberg-legal.de
dGmbHG

Mag. Irene *Beck*, BA, Rechtsanwältin und Director
bei PwC Legal oehner & partner rechtsanwaelte gmbh
irene.beck@pwc.com
WAG

Mag. Klaus *Berger*, öffentlicher Notar in Wien
office@notar-klaus-berger.at
§§ 4, 5

MMag. Dr. Ulrich *Edelmann*, MIM (CEMS),
Richter am Handelsgericht Wien
ulrich.edelmann@justiz.gv.at
§§ 22–24a

Dr. Andreas *Foglar-Deinhardstein*, Rechtsanwalt in Wien
andreas.fd@foglar-deinhardstein.com
§§ 30g–31

Autorenverzeichnis

Mag. Heinrich *Foglar-Deinhardstein*, LL.M., Rechtsanwalt und Partner
bei CERHA HEMPEL Rechtsanwälte GmbH
heinrich.foglar-deinhardstein@cerhahempel.com
§§ 81–83, 89–101

MMag. Elisabeth *Gruber*, Sektionsleiterin der Präsidialsektion
im Bundesministerium für Finanzen
eli.gruber@bmf.gv.at
§§ 35–38

Mag. Jakob *Hartig*, LL.M., Rechtsanwalt und Partner bei
CERHA HEMPEL Rechtsanwälte GmbH
jakob.hartig@cerhahempel.com
§§ 96–101, Exkurs FlexKapGG

Dr. Verena *Haumer*, Rechtsanwältin bei
BEURLE Rechtsanwälte GmbH & Co KG
verena.haumer@beurle.eu
§ 125, Exkurs Wirtschaftsstrafrecht

Mag. Matthias *Hinteregger*, Notarsubstitut bei öffentlichem Notar
Mag. Clemens Schmölz, LL.M.
hinteregger@notariat-feldkirch.at
§§ 75, 77–80, 127

Dr. Alexandra *Hoffenscher-Summer*, Notarsubstitutin bei öffentlichem
Notar Mag. Clemens Schmölz, LL.M.
hoffenscher-summer@notariat-feldkirch.at
§§ 75, 77–80, 127

MMag. Sabrina *Hoppel*, Rechtsanwältin bei urbanek lind schmied reisch
Rechtsanwälte OG
hoppel@ulsr.at
§§ 29–30, 30b–30d, 84, 86, 88

MMag. Dr. Felix *Hörlsberger*, Rechtsanwalt und Partner bei
DORDA Rechtsanwälte GmbH
felix.hoerlsberger@dorda.at
§§ 25–26, 32–33

Dr. Mirjam *Hörlsberger*, LL.M., Advisor bei OMV Aktiengesellschaft
mirjam.hoerlsberger@omv.com
§ 115

Mag. Thomas *Huf*, LL.M., öffentlicher Notar in Götzis
office@notar-goetzis.at
§ 76

Dr. Andreas *Joklik*, LL.M., Rechtsanwalt und Partner bei
Joklik Katary Richter Rechtsanwälte GmbH & Co KG
andreas.joklik@jkr.at
ÄrzteG

Dr. Peter *Knobl*, Rechtsanwalt und Partner bei CERHA HEMPEL
Rechtsanwälte GmbH, Bankkaufmann
peter.knobl@cerhahempel.com
BWG

Mag. Georg *Kudrna*, Rechtsanwalt in Wien
office@r-k.legal
§§ 15–15a

Mag. Johannes *Lackner*, Wirtschaftskammer Steiermark,
Landesinnung Bau
johannes.lackner@wkstmk.at
ZTG

Dr. Christian *Lind*, Rechtsanwalt und Partner bei
urbanek lind schmied reisch Rechtsanwälte OG
lind@ulsr.at
§ 84

MMag. Dr. Florian *Linder*, Rechtsanwalt und Partner bei Viehböck
Breiter Schenk Nau & Linder Rechtsanwälte GmbH & Co KG
florian.linder@vbsn.at
§§ 41–44

Dr. Gabriele *Meusburger-Hammerer*, MES, Rechtsanwältin und
Partnerin bei Thurnher Wittwer Pfefferkorn & Partner
Rechtsanwälte GmbH
gabriele.meusburger@twp.at
RAO

Dr. Elke *Napokoj*, LL.M., Rechtsanwältin und Partnerin bei
bpv Hügel Rechtsanwälte GmbH
elke.napokoj@bpv-huegel.com
§§ 64–71

Mag. Michael *Nayer*, Wirtschaftsprüfer/Steuerberater und Partner bei KPMG Austria GmbH Wirtschaftsprüfungs- und Steuerberatungsgesellschaft
mnayer@kpmg.at
§ 22

Dr. Philipp *Nierlich*, LL.M., öffentlicher Notar in Wien
nierlich@nhp.at
§§ 49–51

Mag. Christoph *Pálffy*, MBA, Head of Legal and Regulatory Management bei LLB Invest Kapitalanlagegesellschaft m.b.H.
christoph.palffy@llb.at
InvFG

Dr. Nina *Palmstorfer*, LL.M., verfassungsrechtliche Mitarbeiterin am Verfassungsgerichtshof
n.palmstorfer@vfgh.gv.at
§ 16

Mag. Stefan *Paulmayer*, Rechtsanwalt und Partner bei CMS Reich-Rohrwig Hainz Rechtsanwälte GmbH
stefan.paulmayer@cms-rrh.com
InvFG

Dr. Michaela *Pelinka*, LL.M., Rechtsanwältin und Partnerin bei bpv Hügel Rechtsanwälte GmbH
michaela.pelinka@bpv-huegel.com
§§ 61, 63

MMag. Johannes *Prinz*, Rechtsanwalt und Partner bei CERHA HEMPEL Rechtsanwälte GmbH
johannes.prinz@cerhahempel.com
§§ 52–60, 72–74

Dr. Bernhard *Rieder*, Rechtsanwalt und Partner bei DORDA Rechtsanwälte GmbH
bernhard.rieder@dorda.at
§§ 18–21, 27–28a

Autorenverzeichnis

Hon.-Prof. Dr. Michael *Rohregger*, Rechtsanwalt und Partner bei
Rohregger Rechtsanwalts GmbH
michael.rohregger@rwk.at
§§ 15–16, 125, Exkurs Wirtschaftsstrafrecht

Dr. Volker *Schad*, Rechtsanwalt und Partner bei
STOLZENBERG Rechtsanwälte Partnerschaft mbB
schad@stolzenberg-legal.de
dGmbHG

DDr. Harald *Schröckenfuchs*, Rechtsanwalt in Wien
hs@schroeckenfuchs.eu
§§ 45–48

Amtsdirektor Martin *Szoka*, Dipl. Rpfl. in Firmenbuchsachen am
Handelsgericht Wien
martin.szoka@justiz.gv.at
§§ 3, 9, 11–12

Amtsdirektor Regierungsrat Walter *Szöky*, Dipl. Rpfl. in Firmenbuchsachen am Handelsgericht Wien
walter.szoeky@justiz.gv.at
§§ 16a–17, 102

Dr. Thomas *Trettnak*, LL.M./CM, Rechtsanwalt und Partner bei
CERHA HEMPEL Rechtsanwälte GmbH
thomas.trettnak@cerhahempel.com
§§ 89–95

Julie *Vinazzer-Hofbauer*, LL.M., Rechtsanwältin bei
Jakober Rechtsanwälte
julie@vinazzer.com
§ 9a

Amtsdirektorin Regierungsrätin Dagmar *Weiß*, Dipl. Rpfl. in Firmenbuchsachen am Handelsgericht Wien
dagmar.weisz@justiz.gv.at
§§ 30f, 104

Mag. Alexander *Winkler*, öffentlicher Notar in Wien
  kanzlei@notar-winkler.at
  §§ 1, 2, 6–8, 10–10b

Mag. Margit *Winkler*, Notarsubstitutin bei öffentlichem Notar
  Mag. Alexander Winkler
  kanzlei@notar-winkler.at
  §§ 1, 2, 6–8, 10–10b

Dr. Robert *Winkler*, Rechtsanwalt und Partner bei
  Wiedenbauer Mutz Winkler & Partner Rechtsanwälte GmbH
  robert.winkler@wmwp.at
  §§ 30a, 30e, 34, 39–40

Dr. Thomas *Zivny*, LL.M., Rechtsanwalt und Partner bei
  CERHA HEMPEL Rechtsanwälte GmbH
  thomas.zivny@cerhahempel.com
  ÄrzteG

Lektorat und Redaktion

Julie *Vinazzer-Hofbauer*, LL.M., Rechtsanwältin bei
  Jakober Rechtsanwälte
  julie@vinazzer.com
  alle Kommentierungen und Exkurse

Bearbeiterverzeichnis

§§ 1, 2	Mag. Alexander *Winkler*, öffentlicher Notar in Wien (kanzlei@notar-winkler.at)
	Mag. Margit *Winkler*, Notarsubstitutin bei öffentlichem Notar Mag. Alexander Winkler (kanzlei@notar-winkler.at)
§ 3	Amtsdirektor Martin *Szoka*, Dipl. Rpfl. in Firmenbuchsachen am Handelsgericht Wien (martin.szoka@justiz.gv.at)
§§ 4, 5	Mag. Klaus *Berger*, öffentlicher Notar in Wien (office@notar-klaus-berger.at)
§§ 6–8	Mag. Alexander *Winkler*, öffentlicher Notar in Wien (kanzlei@notar-winkler.at)
	Mag. Margit *Winkler*, Notarsubstitutin bei öffentlichem Notar Mag. Alexander Winkler (kanzlei@notar-winkler.at)
§ 9	Amtsdirektor Martin *Szoka*, Dipl. Rpfl. in Firmenbuchsachen am Handelsgericht Wien (martin.szoka@justiz.gv.at)
§ 9a	Julie *Vinazzer-Hofbauer*, LL.M., Rechtsanwältin bei Jakober Rechtsanwälte (julie@vinazzer.com)
§§ 10–10b	Mag. Alexander *Winkler*, öffentlicher Notar in Wien (kanzlei@notar-winkler.at)
	Mag. Margit *Winkler*, Notarsubstitutin bei öffentlichem Notar Mag. Alexander Winkler (kanzlei@notar-winkler.at)
§§ 11, 12	Amtsdirektor Martin *Szoka*, Dipl. Rpfl. in Firmenbuchsachen am Handelsgericht Wien (martin.szoka@justiz.gv.at)
§§ 15, 15a	Hon.-Prof. Dr. Michael *Rohregger*, Rechtsanwalt und Partner bei Rohregger Rechtsanwalts GmbH (michael.rohregger@rwk.at)

	Mag. Georg *Kudrna*, Rechtsanwalt in Wien (office@r-k.legal)
§ 16	Hon.-Prof. Dr. Michael *Rohregger*, Rechtsanwalt und Partner bei Rohregger Rechtsanwalts GmbH (michael.rohregger@rwk.at)
	Dr. Nina *Palmstorfer*, LL.M., verfassungsrechtliche Mitarbeiterin am Verfassungsgerichtshof (n.palmstorfer@vfgh.gv.at)
§§ 16a, 17	Amtsdirektor Regierungsrat Walter *Szöky*, Dipl. Rpfl. in Firmenbuchsachen am Handelsgericht Wien (walter.szoeky@justiz.gv.at)
§§ 18–21	Dr. Bernhard *Rieder*, Rechtsanwalt und Partner bei DORDA Rechtsanwälte GmbH (bernhard.rieder@dorda.at)
§ 22	MMag. Dr. Ulrich *Edelmann*, MIM (CEMS), Richter am Handelsgericht Wien (ulrich.edelmann@justiz.gv.at)
	Mag. Michael *Nayer*, Wirtschaftsprüfer/Steuerberater und Partner bei KPMG Austria GmbH Wirtschaftsprüfungs- und Steuerberatungsgesellschaft (mnayer@kpmg.at)
§§ 23–24a	MMag. Dr. Ulrich *Edelmann*, MIM (CEMS), Richter am Handelsgericht Wien (ulrich.edelmann@justiz.gv.at)
§§ 25, 26	MMag. Dr. Felix *Hörlsberger*, Rechtsanwalt und Partner bei DORDA Rechtsanwälte GmbH (felix.hoerlsberger@dorda.at)
§§ 27–28a	Dr. Bernhard *Rieder*, Rechtsanwalt und Partner bei DORDA Rechtsanwälte GmbH (bernhard.rieder@dorda.at)
§§ 29, 30	Dr. Nora *Aburumieh*, emeritierte Rechtsanwältin und Partnerin bei urbanek lind schmied reisch Rechtsanwälte OG (aburumieh@ulsr.at)
	MMag. Sabrina *Hoppel*, Rechtsanwältin bei urbanek lind schmied reisch Rechtsanwälte OG (hoppel@ulsr.at)
§ 30a	Dr. Robert *Winkler*, Rechtsanwalt und Partner bei Wiedenbauer Mutz Winkler & Partner Rechtsanwälte GmbH (robert.winkler@wmwp.at)

§§ 30b–30d	Dr. Nora *Aburumieh*, emeritierte Rechtsanwältin und Partnerin bei urbanek lind schmied reisch Rechtsanwälte OG (aburumieh@ulsr.at)
	MMag. Sabrina *Hoppel*, Rechtsanwältin bei urbanek lind schmied reisch Rechtsanwälte OG (hoppel@ulsr.at)
§ 30e	Dr. Robert *Winkler*, Rechtsanwalt und Partner bei Wiedenbauer Mutz Winkler & Partner Rechtsanwälte GmbH (robert.winkler@wmwp.at)
§ 30f	Amtsdirektorin Regierungsrätin Dagmar *Weiß*, Dipl. Rpfl. in Firmenbuchsachen am Handelsgericht Wien (dagmar.weisz@justiz.gv.at)
§§ 30g–31	Dr. Andreas *Foglar-Deinhardstein*, Rechtsanwalt in Wien (andreas.fd@foglar-deinhardstein.com)
§§ 32–33	MMag. Dr. Felix *Hörlsberger*, Rechtsanwalt und Partner bei DORDA Rechtsanwälte GmbH (felix.hoerlsberger@dorda.at)
§ 34	Dr. Robert *Winkler*, Rechtsanwalt und Partner bei Wiedenbauer Mutz Winkler & Partner Rechtsanwälte GmbH (robert.winkler@wmwp.at)
§§ 35–38	Dr. Nora *Aburumieh*, emeritierte Rechtsanwältin und Partnerin bei urbanek lind schmied reisch Rechtsanwälte OG (aburumieh@ulsr.at)
	Dr. Marie-Agnes *Arlt*, LL.M., Rechtsanwältin in Wien (arlt@a2o.legal)
	MMag. Elisabeth *Gruber*, Sektionsleiterin der Präsidialsektion im Bundesministerium für Finanzen (eli.gruber@bmf.gv.at)
§§ 39, 40	Dr. Robert *Winkler*, Rechtsanwalt und Partner bei Wiedenbauer Mutz Winkler & Partner Rechtsanwälte GmbH (robert.winkler@wmwp.at)
§§ 41–44	MMag. Dr. Florian *Linder*, Rechtsanwalt und Partner bei Viehböck Breiter Schenk Nau & Linder Rechtsanwälte GmbH & Co KG (florian.linder@vbsn.at)
§§ 45–48	DDr. Harald *Schröckenfuchs*, Rechtsanwalt in Wien (hs@schroeckenfuchs.eu)
§§ 49–51	Dr. Philipp *Nierlich*, LL.M., öffentlicher Notar in Wien (nierlich@nhp.at)

§§ 52–60	MMag. Johannes *Prinz*, Rechtsanwalt und Partner bei CERHA HEMPEL Rechtsanwälte GmbH (johannes.prinz@cerhahempel.com)
§§ 61, 63	Dr. Michaela *Pelinka*, LL.M., Rechtsanwältin und Partnerin bei bpv Hügel Rechtsanwälte GmbH (michaela.pelinka@bpv-huegel.com)
§§ 64–71	Dr. Elke *Napokoj*, LL.M., Rechtsanwältin und Partnerin bei bpv Hügel Rechtsanwälte GmbH (elke.napokoj@bpv-huegel.com)
§§ 72–74	MMag. Johannes *Prinz*, Rechtsanwalt und Partner bei CERHA HEMPEL Rechtsanwälte GmbH (johannes.prinz@cerhahempel.com)
§ 75	Dr. Alexandra *Hoffenscher-Summer*, Notarsubstitutin bei öffentlichem Notar Mag. Clemens Schmölz, LL.M. (hoffenscher-summer@notariat-feldkirch.at) Mag. Matthias *Hinteregger*, Notarsubstitut bei öffentlichem Notar Mag. Clemens Schmölz, LL.M. (hinteregger@notariat-feldkirch.at)
§ 76	Mag. Thomas *Huf*, LL.M., öffentlicher Notar in Götzis (office@notar-goetzis.at)
§§ 77–80	Dr. Alexandra *Hoffenscher-Summer*, Notarsubstitutin bei öffentlichem Notar Mag. Clemens Schmölz, LL.M. (hoffenscher-summer@notariat-feldkirch.at) Mag. Matthias *Hinteregger*, Notarsubstitut bei öffentlichem Notar Mag. Clemens Schmölz, LL.M. (hinteregger@notariat-feldkirch.at)
§§ 81–83	Mag. Heinrich *Foglar-Deinhardstein*, LL.M., Rechtsanwalt und Partner bei CERHA HEMPEL Rechtsanwälte GmbH (heinrich.foglar-deinhardstein@cerhahempel.com)
§ 84	MMag. Sabrina *Hoppel*, Rechtsanwältin bei urbanek lind schmied reisch Rechtsanwälte OG (hoppel@ulsr.at) Dr. Christian *Lind*, Rechtsanwalt und Partner bei urbanek lind schmied reisch Rechtsanwälte OG (lind@ulsr.at)
§§ 86, 88	MMag. Sabrina *Hoppel*, Rechtsanwältin bei urbanek lind schmied reisch Rechtsanwälte OG (hoppel@ulsr.at)

§§ 89–95	Mag. Heinrich *Foglar-Deinhardstein*, LL.M., Rechtsanwalt und Partner bei CERHA HEMPEL Rechtsanwälte GmbH (heinrich.foglar-deinhardstein@cerhahempel.com)
	Dr. Thomas *Trettnak*, LL.M./CM, Rechtsanwalt und Partner bei CERHA HEMPEL Rechtsanwälte GmbH (thomas.trettnak@cerhahempel.com)
§§ 96–101	Dr. Nora *Aburumieh*, emeritierte Rechtsanwältin und Partnerin bei urbanek lind schmied reisch Rechtsanwälte OG (aburumieh@ulsr.at)
	Dr. Nikolaus *Adensamer*, Rechtsanwalt und Partner bei Wess Kux Kispert & Eckert Rechtsanwalts GmbH (n.adensamer@wkk.law)
	Mag. Heinrich *Foglar-Deinhardstein*, LL.M., Rechtsanwalt und Partner bei CERHA HEMPEL Rechtsanwälte GmbH (heinrich.foglar-deinhardstein@cerhahempel.com)
	Mag. Jakob *Hartig*, LL.M., Rechtsanwalt und Partner bei CERHA HEMPEL Rechtsanwälte GmbH (jakob.hartig@cerhahempel.com)
§ 102	Amtsdirektor Regierungsrat Walter *Szöky*, Dipl. Rpfl. in Firmenbuchsachen am Handelsgericht Wien (walter.szoeky@justiz.gv.at)
§ 104	Amtsdirektorin Regierungsrätin Dagmar *Weiß*, Dipl. Rpfl. in Firmenbuchsachen am Handelsgericht Wien (dagmar.weisz@justiz.gv.at)
§§ 107, 112–114	Dr. Nikolaus *Adensamer*, Rechtsanwalt und Partner bei Wess Kux Kispert & Eckert Rechtsanwalts GmbH (n.adensamer@wkk.law)
Exkurs IntGesR	Dr. Nikolaus *Adensamer*, Rechtsanwalt und Partner bei Wess Kux Kispert & Eckert Rechtsanwalts GmbH (n.adensamer@wkk.law)
§ 115	Dr. Mirjam *Hörlsberger*, LL.M., Advisor bei OMV Aktiengesellschaft (mirjam.hoerlsberger@omv.com)
§ 125	Hon.-Prof. Dr. Michael *Rohregger*, Rechtsanwalt und Partner bei Rohregger Rechtsanwalts GmbH (michael.rohregger@rwk.at)

	Dr. Verena *Haumer*, Rechtsanwältin bei BEURLE Rechtsanwälte GmbH & Co KG (verena.haumer@beurle.eu)
§ 127	Dr. Alexandra *Hoffenscher-Summer*, Notarsubstitutin bei öffentlichem Notar Mag. Clemens Schmölz, LL.M. (hoffenscher-summer@notariat-feldkirch.at)
	Mag. Matthias *Hinteregger*, Notarsubstitut bei öffentlichem Notar Mag. Clemens Schmölz, LL.M. (hinteregger@notariat-feldkirch.at)
Exkurs WiStR	Hon.-Prof. Dr. Michael *Rohregger*, Rechtsanwalt und Partner bei Rohregger Rechtsanwalts GmbH (michael.rohregger@rwk.at)
	Dr. Verena *Haumer*, Rechtsanwältin bei BEURLE Rechtsanwälte GmbH & Co KG (verena.haumer@beurle.eu)
ÄrzteG	Dr. Andreas *Joklik*, LL.M., Rechtsanwalt und Partner bei Joklik Katary Richter Rechtsanwälte GmbH & Co KG (andreas.joklik@jkr.at)
	Dr. Thomas *Zivny*, LL.M., Rechtsanwalt und Partner bei CERHA HEMPEL Rechtsanwälte GmbH (thomas.zivny@cerhahempel.com)
BWG	Dr. Peter *Knobl*, Rechtsanwalt und Partner bei CERHA HEMPEL Rechtsanwälte GmbH, Bankkaufmann (peter.knobl@cerhahempel.com)
InvFG	Mag. Christoph *Pálffy*, MBA, Head of Legal and Regulatory Management bei LLB Invest Kapitalanlagegesellschaft m.b.H. (christoph.palffy@llb.at)
	Mag. Stefan *Paulmayer*, Rechtsanwalt und Partner bei CMS Reich-Rohrwig Hainz Rechtsanwälte GmbH (stefan.paulmayer@cms-rrh.com)
RAO	Dr. Gabriele *Meusburger-Hammerer*, MES, Rechtsanwältin und Partnerin bei Thurnher Wittwer Pfefferkorn & Partner Rechtsanwälte GmbH (gabriele.meusburger@twp.at)
WAG	Mag. Irene *Beck*, BA, Rechtsanwältin und Director bei PwC Legal oehner & partner rechtsanwaelte gmbh (irene.beck@pwc.com)

ZTG	Mag. Johannes *Lackner*, Wirtschaftskammer Steiermark, Landesinnung Bau (johannes.lackner@wkstmk.at)
dGmbHG	Dr. Volker *Schad*, Rechtsanwalt und Partner bei STOLZENBERG Rechtsanwälte Partnerschaft mbB (schad@stolzenberg-legal.de)
	Dr. Roger *Bartens*, Rechtsanwalt und Partner bei STOLZENBERG Rechtsanwälte Partnerschaft mbB (bartens@stolzenberg-legal.de)
Exkurs FlexKapGG	Mag. Jakob *Hartig*, LL.M., Rechtsanwalt und Partner bei CERHA HEMPEL Rechtsanwälte GmbH (jakob.hartig@cerhahempel.com)

Gesetz über Gesellschaften mit beschränkter Haftung

Gesetz über Gesellschaften
mit beschränkter Haftung

I. Hauptstück.
Organisatorische Bestimmungen

Erster Abschnitt.
Errichtung der Gesellschaft

§ 1. (1) Gesellschaften mit beschränkter Haftung können nach Maßgabe der Bestimmungen dieses Gesetzes zu jedem gesetzlich zulässigen Zweck durch eine oder mehrere Personen errichtet werden.

(2) Von dem Betriebe von Versicherungsgeschäften sowie von der Tätigkeit als politische Vereine sind solche Gesellschaften jedoch ausgeschlossen.

idF BGBl 1996/304

Literatur: *Aicher*, Zivil- und gesellschaftliche Probleme, in Funk, Die Besorgung öffentlicher Aufgaben durch Privatrechtssubjekte (1981) 191; *Auer*, Sind Personen- und Kapitalgesellschaften „erlaubte Körper" iS von §§ 1472, 1485 ABGB? JBl 2015, 477; *Birnbauer*, Zur Änderung des Firmenbuchgesetzes durch das ReLÄG 2004, GES 2005, 99; *Brugger/Schopper*, Keine Anwendung von § 1184 Abs 2 ABGB auf die GmbH und AG, NZ 2015, 405; *Dellinger*, Die Genossenschaft als Gesellschafter – Genossenschaftliche Zulässigkeitsgrenzen der Beteiligung an anderen Rechtsträgern, in FS Krejci (2001) 523; *Fuith*, Tiroler Grundverkehrsgesetz[6] (2017); *Harrer*, Die Reform der Gesellschaft bürgerlichen Rechts, wbl 2015, 121; *M. Heidinger*, Änderungen im GmbH-Recht durch EU-Anpassung, SWK 1996, B 1, 1; *Kalss*, Die GmbH – eine Gestaltungsalternative der Privatstiftung? in Gassner/Göth/Gröhs/Lang (Hg), Privatstiftungen (2000) 187; *Koppensteiner*, Gesellschafts- und Kartellrecht, wbl 2011, 185; *Koppensteiner*, Zur Neuregelung der Einmann-GmbH in Österreich, in FS Claussen (1997) 213; *Koppensteiner*, Einpersonengesellschaften. Eine Skizze, GES 2015, 5; *Koppensteiner*, Die GesbR neuer Prägung und der allgemeine Teil des Gesellschaftsrechts, wbl 2015, 301, G. H. *Roth*, Gründungsprobleme bei der Einmann-GmbH, JBl 1995, 142; *G. H. Roth/Fitz*, Bezugsrechtsausschluß, Sacheinlagen, Einpersonengründung um EU-GesRÄG, RdW 1996, 1; *Rüffler*, Ausgliederung: Zivil- und gesellschaftliche Fragen, in Potacs/Sturm (Hg), Reform der Kärntner Gemeindeverwaltung (2006) 199; *U. Torggler*, Treuepflichten im faktischen GmbH-Konzern (1996/2007); *Walch*, Die subsidiäre Anwendbarkeit des allgemeinen Zivilrechts im GmbHG (2014); *Walch*, Die subsidiäre Anwendbarkeit der GesbR-Bestimmungen im GmbH-Recht nach der GesbR-Reform, RdW 2015, 78, *Winner*, Öffentlich-rechtliche Anforderungen und gesellschaftsrechtliche Probleme bei Ausgliederungen, ZfV 1998, 104.

Inhaltsübersicht

I.	Regelungsgegenstand	1
II.	Allgemeines zur Rechtsform der GmbH	2–4
	A. Subsidiäre Anwendung des ABGB	4
III.	Gesellschaftszweck	5–13
	A. Einleitung	5
	B. Unterschied zum Unternehmensgegenstand	6, 7
	C. Unerlaubter Zweck	8–12
	D. Erlaubter Zweck	13
IV.	Gründer/Gesellschafter	14–17
	A. Stellvertretung	16
	B. Einpersonengründung	17

I. Regelungsgegenstand

1 Der erste Abschnitt des ersten Hauptstücks befasst sich mit der „Errichtung der Gesellschaft" u bezeichnet damit den gesamten Gründungsvorgang v Abschluss des GesV bis zur Eintragung der GmbH im FB u der Bekanntmachung der Eintragung.[1] Die „Errichtung" der Gesellschaft erfolgt bereits mit Abschluss des GesV,[2] die Eintragung im FB bewirkt die Vollrechtsfähigkeit. § 1 normiert die Universalität der GmbH, dh sie kann nicht nur zu wirtschaftlichen Zwecken gegründet werden, der Ausschluss einzelner Zwecke in Abs 2 hat historische Bedeutung u ist Zeichen öffentlich-rechtlicher Vorbehalte.[3] § 1 bestimmt weiters, wer als Gründer bzw Gesellschafter einer GmbH in Frage kommt u wie vieler Gründer/Gesellschafter die Errichtung einer GmbH bedarf.

II. Allgemeines zur Rechtsform der GmbH

2 Eine Legaldefinition der GmbH hat der Gesetzgeber bewusst unterlassen u der L überlassen,[4] Wesen u Merkmale der GmbH ergeben sich aus den Bestimmungen des GmbHG. Die **GmbH ist eine jP**, eine Körperschaft, mit einem oder mehreren Gesellschaftern u einem satzungsmäßig

---

1 *Koppensteiner/Rüffler*, GmbHG³ § 1 Rz 2.
2 *U. Torggler*, Verbandsgründung 30, 90 ff.
3 *Enzinger* in Straube/Ratka/Rauter, GmbHG § 1 Rz 4.
4 *Enzinger* in Straube/Ratka/Rauter, GmbHG § 1 Rz 7.

bestimmten Stammkapital (s dazu §§ 4, 6). Für Verbindlichkeiten der Gesellschaft haftet ausschließlich das Gesellschaftsvermögen (s dazu § 61 Rz 27). Die Beteiligung an der GmbH erfolgt über Einlagen auf das Stammkapital (s § 6). Die Geschäftsanteile sind unter Einhaltung der Notariatsaktsform frei übertragbar (s § 76 Rz 42 ff). Die GmbH ist unabhängig v Gesellschaftszweck u Unternehmensgegenstand **Unternehmerin kraft Rechtsform** gem § 2 UGB.[5]

§ 1 normiert mit in Abs 2 bestimmten, nicht abschließenden Ausnahmen die grds **Zweckoffenheit der GmbH**. Damit wird auch zum Ausdruck gebracht, dass die Gründung der GmbH an sich sowie die Festlegung des Gesellschaftszweckes grds **keiner behördlichen Bewilligung** bedürfen. Bei Vorliegen der im GmbHG aufgestellten formellen Voraussetzungen ist die Gesellschaft ins FB einzutragen, es gilt das sogenannte Normativsystem.[6] Das Vorliegen einer iZm der Geschäftstätigkeit der GmbH allenfalls erforderlichen gew Bewilligung ist – abgesehen v besonderen gesetzl geregelten Fällen[7] – nicht Gegenstand einer Prüfung durch das FB-Gericht u daher keine Eintragungsvoraussetzung[8] (s zur Prüfung des FB-Gerichts § 11 Rz 3 ff).   3

A. Subsidiäre Anwendung des ABGB

Gemäß § 1175 Abs 4 ABGB idF GesbR-RG[9] sind die Regelungen des 27. Hptst des ABGB „Von der Gesellschaft bürgerlichen Rechts" auf andere Gesellschaften, u somit auch auf die GmbH, **anzuwenden**, wenn keine besonderen Vorschriften bestehen u die Anwendung der Bestimmungen auch unter Berücksichtigung der für die jew Gesellschaft geltenden Grundsätze angemessen ist. Aufgrund der hohen Regelungsdichte des GmbHG ist die **praktische Bedeutung** dieser subsidiären Anwendbarkeit des 27. Hptst des ABGB **gering**.[10] Die L sieht eine mögliche Anwendung bei der Frage des Gesellschafterausschlusses aus wichtigem Grund ohne Grundlage in der Satzung[11] (Näheres dazu s § 66 Rz 25 ff u   4

---

5 Vgl *Straube/Ratka* in Straube/Ratka/Rauter, UGB[4] § 2 Rz 2 ff.
6 *Enzinger* in Straube/Ratka/Rauter, GmbHG § 1 Rz 5; *Ch. Nowotny* in Kalss/Nowotny/Schauer, GesR, Rz 4/43; *Koppensteiner/Rüffler*, GmbHG[3] § 1 Rz 2.
7 S dazu *Koppensteiner/Rüffler*, GmbHG[3] § 1 Rz 11.
8 *Enzinger* in Straube/Ratka/Rauter, GmbHG § 1 Rz 5.
9 BGBl I 2014/83, gültig ab 1.1.2015.
10 *Walch*, RdW 2015, 78.
11 *Walch*, aaO.

§ 73 Rz 5 f) u bei der Frage, ob die Gesellschafter eine Nachschussobliegenheit gem § 1184 Abs 2 ABGB trifft[12] (Näheres dazu s § 72 Rz 4 f). Weiters hat der OGH der A zugestimmt, dass §§ 1194 iVm 1175 Abs 4 ABGB (idF des GesbR-RG) als positive Grundlage für den allg u umfassenden Informationsanspruch zu sehen ist, der dem GmbH-Gesellschafter (über § 22 Abs 2 hinaus) gegen die Gesellschaft zusteht.[13]

III. Gesellschaftszweck

A. Einleitung

5   Wesentliches Charakteristikum jeder Gesellschaft ist die Verfolgung eines vertraglich festgelegten Zwecks.[14] Dieser Zweck kann ideeller oder wirtschaftlicher Natur sein. Die GmbH kann gem der gesetzl Anordnung **zu jedem gesetzl zulässigen Zweck** gegründet werden. Einschränkungen ergeben sich aus den Anordnungen in Abs 2 sowie aus anderen gesetzl Bestimmungen. Der Gesellschaftszweck gibt an, ob die GmbH eigennützige Aktivitäten zu Erwerbszwecken der Gesellschafter verfolgt oder nicht-kommerzielle, bspw ideelle, Zwecke verfolgt.[15] Ebenso kann eine GmbH auch Träger einer Privatuniversität oder einer Fachhochschule nach den jew Gesetzen (Privatuniversitätsgesetz, Fachhochschul-Studiengesetz) sein.

Der Gesellschaftszweck ist zumeist im GesV nicht ausdrücklich festgelegt; idR ergibt sich aus der Satzung, insb dem Unternehmensgegenstand, die gewinngerichtete Zielsetzung der GmbH u ist damit mittelbar notwendiger Satzungsbestandteil[16] (Näheres dazu § 4 Rz 9 ff). Für die Inanspruchnahme steuerlicher Begünstigungen ist die ausdrückliche Festlegung eines entspr gemeinnützigen, mildtätigen oder kirchlichen Zwecks in der Satzung notwendig.[17]

---

12 Für Nachschussobliegenheit *Walch*, aaO, u *Koppensteiner*, wbl 2015, 301, **dagegen** *Harrer*, wbl 2015, 125, *Brugger/Schopper*, NZ 2015, 405.
13 OGH 20.2.2020, 6 Ob 166/19h.
14 Vgl *F. Bydlinski*, System 454 f; *Kastner/Doralt/Nowotny*, GesR⁵, 20 f; *Pucher*, ÖJZ 2013/14, 105 (108) mwN.
15 *Koppensteiner/Rüffler*, GmbHG³ § 1 Rz 5.
16 *Koppensteiner/Rüffler*, GmbHG³ § 1 Rz 5 f; *U. Torggler* in Torggler, GmbHG § 1 Rz 7.
17 §§ 34 ff BAO.

B. Unterschied zum Unternehmensgegenstand

Gesellschaftszweck u Unternehmensgegenstand sind nicht synonym, der Gesellschaftszweck ist der weitere Begriff.[18] Der in § 4 Abs 1 Z 2 vorgesehene Unternehmensgegenstand bezeichnet den konkreten Tätigkeitsbereich, in dem die Gesellschaft ihren Zweck verfolgt.[19] Der Unternehmensgegenstand ist notwendiger Bestandteil der Satzung (s § 4 Rz 9 ff), im FB ist eine kurze Bezeichnung des Geschäftszweiges nach eigener Angabe einzutragen.[20]

Die **Änderung des Gesellschaftszweckes** bedarf gem hM[21] derselben Mehrheit wie die Änderung des Unternehmensgegenstandes, somit der **Einstimmigkeit** (s § 50 Rz 12 ff).

C. Unerlaubter Zweck

Unzulässig sind iSd § 879 ABGB **sittenwidrige** oder **strafrechtswidrige** Gesellschaftszwecke oder solche, die gegen nationales oder europäisches Kartellrecht verstoßen,[22] sowie Gesellschaften zu Zwecken des Sozialbetrugs.[23]

Ausdrücklich durch § 1 ausgeschlossen ist der Betrieb v Versicherungsgeschäften u die Tätigkeit als politischer Verein. Zulässig ist hingegen die Vermittlung v Versicherungsgeschäften oder die Gründung v Tochtergesellschaften politischer Vereine, diese Tochter-GmbH darf sich ihrerseits aber nicht politisch betätigen.[24]

Einschränkungen bestehen für bestimmte Gesellschaftszwecke im Bereich der **Bankgeschäfte**,[25] nicht in Form einer GmbH betrieben werden können Bausparkassen[26] oder Pensionskassen[27]. Bis zur Auf-

---

18 *U. Torggler* in Torggler, GmbHG § 1 Rz 7.
19 *Frenzel*, GesRZ 2015, 308.
20 § 3 Abs 1 Z 5 FBG.
21 *Koppensteiner/Rüffler*, GmbHG³ § 1 Rz 5; *Enzinger* in Straube/Ratka/Rauter, GmbHG § 1 Rz 13.
22 *Schmidsberger/Duursma* in Gruber/Harrer, GmbHG² § 1 Rz 12.
23 *Birnbauer*, GES 2005, 99.
24 *Schmidsberger/Duursma* in Gruber/Harrer, GmbHG² § 1 Rz 10.
25 S dazu *Enzinger* in Straube/Ratka/Rauter, GmbHG § 1 Rz 18.
26 § 5 Abs 1 Z 1 BSpG.
27 § 6 Abs 1 PKG.

hebung des HypBG[28] u des SchiffsbankG[29] war auch die Ausübung v Hypothekenbankgeschäften u Schiffspfandbriefbanken in Form einer GmbH unzulässig. Ausgeschlossen ist auch der Betrieb einer Fahrschule[30] oder die Ausübung des Rauchfangkehrergewerbes.[31] Die **Ausübung freiberuflicher Tätigkeit** in Form einer GmbH ist möglich für Ziviltechniker u Architekten,[32] Wirtschaftstreuhänder,[33] RA,[34] Patentanwälte[35] sowie Ärzte,[36] Zahnärzte[37] u Tierärzte,[38] wobei die jew berufsrechtlichen Einschränkungen, bspw für die Gesellschafterstellung oder Geschäftsführungs- u Vertretungsbefugnisse, in den jew Berufsrechten zu berücksichtigen sind. Die Ausübung des **Apothekerberufs**[39] oder des Amtes des **Notars**[40] in der Rechtsform der GmbH ist **gänzlich unzulässig.**

11 Das **FB-Gericht** hat den Gesellschaftszweck anhand des Unternehmensgegenstands[41] zu **prüfen** u bei unzulässigem Zweck die **Eintragung**, ggf nach einer aufzutragenden Verbesserung, **abzuweisen**[42] (s dazu u zur Möglichkeit, den Eintragungsbeschluss zu bekämpfen, § 11 Rz 43 ff).

12 Wurde die GmbH mit einem unzulässigen Gesellschaftszweck im FB eingetragen oder wird der Gesellschaftszweck der eingetragenen GmbH in einen unzulässigen Gesellschaftszweck geändert, ist die GmbH aus Gründen des Verkehrsschutzes weiterhin als bestehender Rechtsträger zu behandeln.[43] Der **unzulässige Gesellschaftszweck bleibt** dennoch weiter **nichtig**,[44] die Gesellschafter können mittels satzungsänderndem

---

28 § 39 Abs 2 PfandBG, BGBl I 2022/199.
29 2. BRGB, BGBl I 2018/61.
30 § 109 KFG.
31 § 121 GewO.
32 § 21 ZTG.
33 § 66 WTBG.
34 § 1a RAO.
35 § 1a PatentanwaltsG.
36 § 52a Abs 1 Z 1 ÄrzteG.
37 § 26 Abs 1 Z 2 ZÄG.
38 § 15a TierärzteG.
39 § 12 Abs 3 ApG.
40 §§ 22 ff NO.
41 *Enzinger* in Straube/Ratka/Rauter, GmbHG § 1 Rz 27.
42 *Schmidsberger/Duursma* in Gruber/Harrer, GmbHG² § 1 Rz 13.
43 *Enzinger* in Straube/Ratka/Rauter, GmbHG § 1 Rz 30.
44 *Schmidsberger/Duursma* in Gruber/Harrer, GmbHG² § 1 Rz 13.

Beschluss den unzulässigen Gesellschaftszweck in einen zulässigen Gesellschaftszweck ändern.[45]

Zur Möglichkeit einer Nichtigkeitsklage analog zu § 216 AktG[46] s § 84 Rz 38, zur Auflösung durch die Verwaltungsbehörde bzw Rücknahme der bankrechtlichen Konzession s § 86. In Betracht kommt auch die amtswegige Löschung gem § 10 Abs 2 FBG oder die Eintragung der Nichtigkeit gem § 10 Abs 3 FBG (s auch § 84 Rz 33 ff).

D. Erlaubter Zweck

Unter Beachtung der oben ausgeführten Einschränkungen kann die GmbH zu **beliebigen Zwecken** gegründet werden oder diese aufnehmen. Zulässig ist ua die Beteiligung an anderen Gesellschaften, insb als Konzernmutter, Holding-Gesellschaft oder Komplementärin einer GmbH & Co KG[47] weiters Land- u Forstwirtschaft oder die Verwaltung eigenen Vermögens.[48]

IV. Gründer/Gesellschafter

Gründer u folglich Gesellschafter kann jede natPers oder jP, sowohl des privaten als auch des öffentlichen Rechts, sein.[49] Die Beteiligung einer jP an einer GmbH muss durch die für diese geltenden Vorschriften u allenfalls durch die statutarischen Vorgaben ermöglicht sein.[50] Berufsrechtliche Sondervorschriften können den Kreis möglicher Gesellschafter einschränken (s bspw § 21 c RAO; §§ 65, 68, 70, 74 WTBG; §§ 45, 52 bis 52 d ÄrzteG; § 26 ZTG), ebenso wie die Satzung der GmbH, bspw kann diese bestimmte Qualifikationen für die Gesellschafter vorsehen.[51]

---

45 *Koppensteiner/Rüffler*, GmbHG³ § 1 Rz 14.
46 *Schmidsberger/Duursma* in Gruber/Harrer, GmbHG² § 1 Rz 13.
47 *Koppensteiner/Rüffler*, GmbHG³ § 1 Rz 16; *U. Torggler* in Torggler, GmbHG § 1 Rz 8.
48 *Enzinger* in Straube/Ratka/Rauter, GmbHG § 1 Rz 17.
49 *Enzinger* in Straube/Ratka/Rauter, GmbHG § 1 Rz 8.
50 *Enzinger* in Straube/Ratka/Rauter, GmbHG § 1 Rz 10.
51 OLG Wien 27.4.1983, 5 R 18/83, NZ 1984, 65.

15 Die öffentliche Hand kann sich der Rechtsform sowohl zu Erwerbszwecken als auch zu gemeinwirtschaftlichen Zwecken bedienen, auch die Besorgung öffentlicher Aufgaben kann mittels einer GmbH erfolgen.[52]

A. Stellvertretung

16 Die Gründung ist kein höchstpersönlicher Vorgang, die rechtsgeschäftliche Stellvertretung ist möglich, zur Form der Vollmacht s § 4 Rz 43 ff. Ebenso ist die Gründung durch einen Treuhänder, also in dessen eigenen Namen aber auf fremde Rechnung, möglich. Tritt ein Treuhänder bei der Gründung auf oder erwirbt ein Treuhänder für einen Treugeber Anteile an einer GmbH, kann dies eine Veränderung des wirtschaftlichen Eigentums iSd WiEReG darstellen. Sind nur natPers als Gesellschafter beteiligt, ist die GmbH gem § 6 Abs 2 WiEReG v der Meldepflicht an das Register Wirtschaftlicher Eigentümer befreit u werden die Daten der wirtschaftlichen Eigentümer aus dem FB übernommen. Sind andere als die im FB eingetragenen natPers wirtschaftliche Eigentümer, wie dies bei treuhändig gehaltenen GmbH-Anteilen der Fall sein kann, ist die GmbH als Rechtsträger iSd WiEReG zur Meldung gem § 5 Abs 1 WiEReG verpflichtet. Die Abgabe einer unrichtigen oder unvollständigen Meldung, wenn dadurch die wirtschaftlichen Eigentümer nicht offen gelegt werden, ist ein Finanzvergehen[53] u bei Vorsatz mit einer Geldstrafe bis zu € 200.000 bzw bei grob fahrlässiger Begehung mit einer Geldstrafe v bis zu € 100.000 bedroht.[54]

B. Einpersonengründung

17 Durch das EU-GesRÄG 1996 wurde in Umsetzung der Vorgaben der 12. RL[55] ausdrücklich normiert, dass die **Gründung** der Gesellschaft auch durch einen **einzigen Gesellschafter** erfolgen kann, in diesem Fall

---

52 *Aicher* in Funk, Die Besorgung öffentlicher Aufgaben durch Privatrechtssubjekte, 191.
53 § 15 Abs 1 Z 1 WiEReG.
54 § 15 Abs 1 WiEReG.
55 Zwölfte Richtlinie 89/667/EWG des Rates vom 21. Dezember 1989 auf dem Gebiet des Gesellschaftsrechts betreffend Gesellschaften mit beschränkter Haftung mit einem einzigen Gesellschafter, ABl L 395 vom 30.12.1989, 40 ff.

erfolgt die Gründung nicht durch Abschluss eines GesV, sondern durch Abgabe einer Errichtungserklärung in Notariatsaktsform, s § 3 Rz 3.

§ 2. (1) ¹Vor der Eintragung in das Firmenbuch besteht die Gesellschaft als solche nicht. ²Wird vorher im Namen der Gesellschaft gehandelt, so haften die Handelnden persönlich zur ungeteilten Hand (Gesamtschuldner).

(2) Übernimmt die Gesellschaft eine vor ihrer Eintragung in ihrem Namen eingegangene Verpflichtung durch Vertrag mit dem Schuldner in der Weise, daß sie an die Stelle des bisherigen Schuldners tritt, so bedarf es zur Wirksamkeit der Schuldübernahme der Zustimmung des Gläubigers nicht, wenn die Schuldübernahme binnen drei Monaten nach der Eintragung der Gesellschaft vereinbart und dem Gläubiger von der Gesellschaft oder dem Schuldner mitgeteilt wird.

(3) Verpflichtungen aus Vereinbarungen über Sacheinlagen können nicht übernommen werden.

idF BGBl 1991/10

Literatur: *Fantur*, Das Haftungssystem der Vorgesellschaft (1997); *Fantur/Kreil*, Arbeitsverträge mit einer GmbH in Gründung und Insolvenz, RdW 1999, 727; *Geist*, Grundprobleme der Kapitalvorgesellschaft (1991); *Geist*, Vorverein – Der OGH im Kampf mit einem Phantom? – Anmerkungen zu OGH 1.9.1993, 7 Ob 15/93, JBl 1994, 635; *Grünwald*, Gedanken zum Verhältnis zwischen der Vorgesellschaft und der „fertigen" Kapitalgesellschaft, GesRZ 1996, 19; *Harrer*, Haftungsprobleme bei der GmbH (1990); *Heil*, Die Rechtsnatur der Einpersonen-Vor-GmbH (2007); *Kastner*, Zum Vorgründungsvertrag und zur Vorgesellschaft, NZ 1955, 154; *Kautz*, Die Vorgesellschaft im Körperschaftssteuerrecht (2000); *Koppensteiner*, Acht Thesen zur Haftungsverfassung der Vor-GmbH, JBl 1991, 352; *Ostheim*, Die Vorgesellschaft im österreichischen Recht, in G.H. Roth (Hg), Die Zukunft der GmbH (1983) 183; *Ostheim*, Gedanken zu § 2 GmbHG idF der Novelle BGBl 1980/320, GesRZ 1982, 124; *Priester*, Die Unversehrtheit des Stammkapitals bei Eintragung der GmbH – ein notwendiger Grundsatz? ZIP 1982, 1141; *Rauch*, Das Vorbereitungsgeschäft, wbl 2015, 485; *Reich-Rohrwig*, Tod eines GmbH-Gesellschafters vor Registrierung einer GmbH, ecolex 1991, 389; *Reich-Rohrwig*, Zur Schuldübernahme der GmbH von Verpflichtungen, die (designierte) Organwalter vor Gründung der GmbH begründet haben, ecolex 2022/147, 207; *U. Torggler*, Die Verbandsgründung – de lege lata betrachtet (2009); *U. Torggler*, Plädoyer für eine Gründergesellschaft österreichischen Zuschnitts, in FS Straube (2009) 153; *Ulmer*, Abschied vom Vorbelastungsverbot im Gründungsstadium der GmbH, ZGR 1981, 593; *Weilinger*, Zum Entstehen von

Unternehmern kraft Rechtsform, in FS Doralt (2004) 671; *Weilinger*, Zur rechtlichen Einordnung der „Vorgesellschaft" – vor allem zur Vor-GmbH und Vor-AG, GesRZ 1996, 146, 229; *Wünsch*, Die Haftung der Gründer einer GmbH, GesRZ 1984, 1; *Zollner*, Vorgesellschaft als Dienstgeber iSd ASVG, RdW 2005/633, 557; *Zöllner*, Die sogenannte Gründerhaftung, in FS Wiedemann (2000).

Inhaltsübersicht

I.	Regelungsgegenstand	1
II.	Vorgesellschaft	2–16
	A. Zeitlicher Ablauf der Gründung	2
	B. Die Vorgründungsgesellschaft	3–5
	C. Die Vorgesellschaft	6–16
	1. Innenverhältnis der Vorgesellschaft	9–12
	2. Außenverhältnis der Vorgesellschaft	13–16
III.	Entstehen der Gesellschaft	17
IV.	Haftung für die Vorgesellschaft	18–23
	A. Haftung der Gründer	19
	B. Handelndenhaftung	20–23
V.	Vorgesellschaft der Einpersonen-GmbH	24

I. Regelungsgegenstand

1 § 2 regelt neben dem **Beginn der Rechtspersönlichkeit** der GmbH mit der konstitutiven FB-Eintragung die Haftungsfolgen für Vertretungshandlungen vor Eintragung durch **Haftung des Handelnden**. Die Verpflichtung kann, entspr den Regelungen des Abs 2 erleichtert, v der dann entstandenen Gesellschaft mit schuldbefreiender Wirkung für den Handelnden übernommen werden.

II. Vorgesellschaft

A. Zeitlicher Ablauf der Gründung

2 Der zeitliche Ablauf der Gründung der Gesellschaft beginnt mit dem Vorgründungsstadium vor dem Abschluss eines rechtswirksamen GesV, in dieser Phase besteht eine **Vorgründungsgesellschaft**. Nach Abschluss des Vertrages in der vorgeschriebenen Form u Eintritt allfälliger aufschiebender Bedingungen oder Ablauf aufschiebender Befristungen vor FB-Eintragung besteht die **Vorgesellschaft**.

B. Die Vorgründungsgesellschaft

Gleich dem Abschluss anderer Rechtsgeschäfte entsteht bereits vor Vertragsschluss eine Sonderrechtsbeziehung zw den künftigen Vertragsparteien, diese erzeugt **vorvertragliche Treue- u Schutzpflichten**,[1] deren Verletzung aber mangels durchsetzbarem Erfüllungsanspruch nur auf den Ersatz des Vertrauensschadens beschränkt ist. Auf die Vorgründungsgesellschaft sind die Regelungen des GmbHG nicht anwendbar.[2] Der Vorgründungsvertrag stellt einen Vorvertrag iSd § 936 ABGB dar, die Vorgründungsgesellschafter bilden eine GesbR.[3] Eine durchsetzbare Verpflichtung zum Abschluss eines GesV besteht nur bei Einhaltung der Notariatsaktsform für den Vorgründungsvertrag.[4] Beendet wird die Vorgründungsgesellschaft gem § 1175 ff ABGB durch Zweckerreichung, somit Abschluss des GesV, Ablauf der vereinbarten Zeit oder endgültiger Vereitelung des gemeinsamen Zwecks.[5]

3

Die **Vorgründungsgesellschaft** ist ihrem Zweck nach grds bloße **Innengesellschaft**.[6] Treten deren Gesellschafter im Rechtsverkehr nach außen hin auf, insb, wenn ein Unternehmen betrieben wird, gelten die Regelungen der GesbR u somit die solidarische, persönliche u unbeschränkte Haftung der Gesellschafter der Vorgründungsgesellschaft.[7]

4

Durch Abschluss des GesV hat die **Vorgründungsgesellschaft** ihren Zweck erreicht u ist gem § 1205 ABGB **aufgelöst**.[8] Hat die Vorgründungsgesellschaft Vermögen erworben oder ist sie Verpflichtungen eingegangen, gehen diese nicht eo ipso auf die Vorgesellschaft oder auf die durch Eintragung im FB entstandene GmbH über,[9] da keine Identität besteht.[10] Der Vermögensübergang ist nach den Grundsätzen der Sachbringung im Wege vertraglicher Übertragungen vorzuneh-

5

---

1 *Enzinger* in Straube/Ratka/Rauter, GmbHG § 2 Rz 122.
2 OGH 4.3.2013, 8 Ob 100/12g.
3 *Enzinger* in Straube/Ratka/Rauter, GmbHG § 2 Rz 125.
4 OGH 27.3.1979, 4 Ob 115/78, DRdA 1980, 314 (*Ostheim*); *Enzinger* in Straube/Ratka/Rauter, GmbHG § 2 Rz 127; *Koppensteiner/Rüffler*, GmbHG[3] § 2 Rz 7.
5 *Enzinger* in Straube/Ratka/Rauter, GmbHG § 2 Rz 128 mwN.
6 *Enzinger* in Straube/Ratka/Rauter, GmbHG § 2 Rz 129.
7 OGH 21.4.1998, 2 Ob 2254/96a; *Schmidsberger/Duursma* in Gruber/Harrer, GmbHG[2] § 1 Rz 6.
8 *Enzinger* in Straube/Ratka/Rauter, GmbHG § 2 Rz 135.
9 OGH 7.12.2004, 5 Ob 82/04a.
10 *Koppensteiner/Rüffler*, GmbHG[3] § 2 Rz 8.

men.[11] Allfällige Leistungen der Gründer in der Vorgründungsphase befreien nicht v der Einlageverpflichtung,[12] eingegangene Haftungen der Gründer erlöschen nicht durch Errichtung des rechtswirksamen GesV, ein Übergang nach § 38 UGB ist denkbar.[13]

C. Die Vorgesellschaft

6 Mit rechtswirksamem Abschluss des GesV entsteht die Vorgesellschaft.[14] Ihre **Rechtsnatur** ist im Gesetz nicht geregelt u wurde v der älteren L u Rsp[15] u v vereinzelten aktuellen M[16] als GesbR oder OHG eingeordnet. Die überwiegende neuere L[17] u dieser folgend die Rsp[18] sieht in der Vorgesellschaft eine Rechtsform sui generis.

7 Auf die Vorgesellschaft sind die **Regelungen** des GesV u des GmbHG anwendbar, soweit diese nicht v der Eintragung abhängen.[19]

8 Kommt es nicht zur Eintragung, ist die Vorgesellschaft aufgelöst u nach den Bestimmungen der §§ 89 ff abzuwickeln u zu liquidieren.[20] Als weitere **Auflösungsgründe** kommen Zeitablauf, Auflösungsbeschluss der Mitglieder oder Eröffnung eines Insolvenzverfahrens[21] über die Vorgesellschaft in Betracht.

1. Innenverhältnis der Vorgesellschaft

9 Alle Gründer werden durch Mitwirkung am Gründungsakt **Mitglieder der Vorgesellschaft**.[22] Die Mitglieder sind verpflichtet, an allen zur Ent-

---

11 *Koppensteiner/Rüffler*, GmbHG³ § 2 Rz 8.
12 *Enzinger* in Straube/Ratka/Rauter, GmbHG § 2 Rz 137.
13 *Koppensteiner/Rüffler*, GmbHG³ § 2 Rz 8.
14 *Enzinger* in Straube/Ratka/Rauter, GmbHG § 2 Rz 14; *Koppensteiner/Rüffler*, GmbHG³ § 2 Rz 4; OGH 5.5.1981, 5 Ob 570/81.
15 ZB *Kastner/Doralt/Nowotny*, GesR⁵, 7; OGH 19.12.1975, 1 Ob 312/75.
16 *U. Torggler*, GmbHG § 2 Rz 18.
17 *Enzinger* in Straube/Ratka/Rauter § 2 Rz 28; *Koppensteiner/Rüffler*, GmbHG³ § 2 Rz 5; *Schmidsberger/Duursma* in Gruber/Harrer, GmbHG² § 2 Rz 8; *Ch. Nowotny* in Kalss/Nowotny/Schauer, GesR, Rz 4/84; jew mwN.
18 OGH 13.7.1995, 6 Ob 570/94; 4.3.2013, 8 Ob 100/12g.
19 RIS-Justiz RS0111555; *Enzinger* in Straube/Ratka/Rauter, GmbHG § 2 Rz 29 mwN.
20 *Enzinger* in Straube/Ratka/Rauter, GmbHG § 2 Rz 49 ff.
21 *Koppensteiner/Rüffler*, GmbHG³ § 2 Rz 18.
22 *Enzinger* in Straube/Ratka/Rauter, GmbHG § 2 Rz 31.

stehung der GmbH erforderlichen Handlungen mitzuwirken, wie Leistung der Einlage,[23] Bestellung der GF u Beseitigung allfälliger Eintragungshindernisse.[24] Es gilt bereits im Stadium der Vorgesellschaft die Beitrags- u wechselseitige Treuepflicht der Gesellschafter, deren Verletzung Schadenersatzpflichten auslösen kann.[25]

Die Mitglieder der Vorgesellschaft haben bereits im Gründungsstadium **Gewinnansprüche** nach Maßgabe des GesV.[26]

10

Die **Vorschriften über die GV** (§§ 34 ff) sind nach einhelliger A[27] auch auf die Vorgesellschaft anzuwenden, Satzungsänderungen bedürfen aber nach überwiegender M der Zustimmung aller Gesellschafter.[28] Mit guten Gründen aA ist *Enzinger*,[29] nach welcher die E der Gründer für eine GmbH auch die dispositiven Regelungen für die Satzungsänderung beinhaltet u eine Unterscheidung zw der Vorgesellschaft u der eingetragenen GmbH in dieser Hinsicht nicht begründbar ist, somit auch die Regelungen des GmbHG über die Satzungsänderung auf die Vorgesellschaft anwendbar sind.

11

Auch für die **Übertragung v Anteilen** – im Stadium der Vorgesellschaft auch als Mitgliederwechsel der Vorgesellschaft anzusehen – vertritt die überwiegende A[30] das Erfordernis der Zustimmung aller Gesellschafter, da vor Eintragung noch keine übertragbaren Anteile bestehen; eine Vererblichkeit wird aber zugelassen. Auch hier wendet sich *Enzinger*[31] mit guten Gründen dagegen, uzw mit ähnlichen Argumenten wie bei der Frage des Mehrheitserfordernisses bei Satzungsänderungen, sodass auf die Frage des Mitgliederwechsels der Vorgesellschaft die Regelungen des GesV u des GmbHG anwendbar sein sollen. *Enzinger* ver-

12

---

23 OGH 13.7.1995, 6 Ob 570/94.
24 *Koppensteiner/Rüffler*, GmbHG³ § 2 Rz 10.
25 *Enzinger* in Straube/Ratka/Rauter, GmbHG § 2 Rz 35; OGH 13.7.1995, 6 Ob 570/94.
26 *Enzinger* in Straube/Ratka/Rauter, GmbHG § 2 Rz 35; OGH 10.12.1952, 1 Ob 547/52.
27 ZB *Enzinger* in Straube/Ratka/Rauter, GmbHG § 2 Rz 42 ff.
28 *Koppensteiner/Rüffler*, GmbHG³ § 2 Rz 15; *Schmidsberger/Duursma* in Gruber/Harrer, GmbHG² § 2 Rz 20; OGH 11.7.1995, 4 Ob 547/95.
29 *Enzinger* in Straube/Ratka/Rauter, GmbHG § 2 Rz 46 unter Hinweis auf *K. Schmidt* in Scholz, GmbHG¹¹ § 11 Rz 57.
30 Ua *Koppensteiner/Rüffler*, GmbHG³ § 2 Rz 16; *Schmidsberger/Duursma* in Gruber/Harrer, GmbHG² § 2 Rz 21.
31 *Enzinger* in Straube/Ratka/Rauter, GmbHG § 2 Rz 48 unter Berufung auf *K. Schmidt* in Scholz, GmbHG¹¹ § 11 Rz 50.

langt aber konsequenterweise die wohl nachträgliche Eintragung des Gesellschafterwechsels im Gründungsstadium im FB, um die Interessen des rechtsgeschäftlichen Verkehrs zu berücksichtigen.

2. Außenverhältnis der Vorgesellschaft

13 Die **Vorgesellschaft** ist **nur teilrechtsfähig**,[32] die Vollrechtsfähigkeit bedingt die FB-Eintragung. Im Rechtsverkehr tritt die Vorgesellschaft nicht unter der Fa der GmbH auf, da diese erst konstitutiv mit der Eintragung entsteht.[33] In der Praxis wird dem Firmenwortlaut der in Gründung befindlichen GmbH ein Zusatz „in Gründung" bzw „i.G." nachgestellt, dies ist aber kein Rechtsformzusatz gem § 17 UGB.

Die Vorgesellschaft ist **insolvenzfähig** u kann **im Grundbuch eingetragen** werden.[34] Die Angabe der FB-Nr gem § 27 GBG ist nicht möglich; da diese Angabe aber nur bei im FB eingetragenen Rechtsträgern verpflichtend ist, hindert dies die Eintragung nicht. Laut *Enzinger*[35] ist die Vorgesellschaft unter ihrem Namen, dh mit Zusatz „in Gründung" im Grundbuch einzutragen. Nach erfolgter Eintragung im FB wird die Namensänderung gem § 136 GBG anzumerken sein, da nach hL die eingetragene Gesellschaft die Vorgesellschaft iSe Gesamtrechtsnachfolge fortsetzt (s Rz 17).[36]

14 Vertreten wird die Vorgesellschaft durch die bestellten GF der GmbH, deren **Vertretungsrecht** war nach bisheriger M[37] gleich der eingeräumten Geschäftsführungsbefugnis. Die neuere L[38] geht zutr v der Unbeschränktheit der Vertretungsbefugnis aus, da mangels Erkennbarkeit einer allfälligen Beschränkung durch Einsicht ins FB der Rechtsverkehr durch die Unbeschränktheit in seinem Vertrauen auf die Befugnis der Geschäftsführung geschützt wird. Im Rahmen ihrer Befugnis können die GF bereits im Stadium der Vorgesellschaft ein allfälliges als Sacheinlage eingebrachtes Vermögen, wie bspw ein Unternehmen, ordnungsgemäß verwalten u weiterführen.[39]

---

32 *Enzinger* in Straube/Ratka/Rauter, GmbHG § 2 Rz 52; OGH 4.3.2013, 8 Ob 100/12g.
33 *Enzinger* in Straube/Ratka/Rauter, GmbHG § 2 Rz 57.
34 *Ch. Nowotny* in Kalss/Nowotny/Schauer, GesR, Rz 4/85.
35 *Enzinger* in Straube/Ratka/Rauter, GmbHG § 2 Rz 59.
36 *Schmidsberger/Duursma* in Gruber/Harrer, GmbHG² § 2 Rz 36.
37 *Koppensteiner/Rüffler*, GmbHG³ § 2 Rz 22.
38 S *Enzinger* in Straube/Ratka/Rauter, GmbHG § 2 Rz 66 mwN.
39 *Schmidsberger/Duursma* in Gruber/Harrer, GmbHG² § 2 Rz 16.

Die Eintragung des Beginns der Vertretungsbefugnis v GF der Vorgesellschaft im FB, dh für einen Zeitraum vor Eintragung der GmbH im FB, ist nicht zulässig.[40]

Die Vorgesellschaft kann **Gesellschaftsrechte an Pers- oder KapGes** erwerben, sodass die Einbringung v Geschäftsanteilen oder die Gründung einer GmbH & Co KG möglich sind.[41] Die L[42] folgt daraus, dass auch eine Abspaltung auf eine Vorgesellschaft möglich ist, die aber erst zeitgleich mit der Eintragung der Gesellschaft u Eintragung der Spaltung im FB wirksam wird.

Die **GF** haben die gleichen **Pflichten** wie bei eingetragener GmbH, uzw zur Aufstellung der Eröffnungsbilanz u allenfalls zur Stellung eines Insolvenzantrages bei Vorliegen eines Insolvenzgrundes.[43] Mangels Eintragung der Vorgesellschaft im FB ist diese aber nicht zur Offenlegung des JA gem § 277 Abs 1 UGB verpflichtet.[44]

III. Entstehen der Gesellschaft

Die selbständige Rechtspersönlichkeit der GmbH (s § 61) beginnt mit der konstitutiven Eintragung im FB, nicht erst mit der Veröffentlichung.[45] Aus der teilrechtsfähigen Vorgesellschaft wird die vollrechtsfähige GmbH.[46] Das Vermögen der Vorgesellschaft, auch Verbindlichkeiten,[47] geht eo ipso auf die GmbH iSd **Identitätstheorie**[48] ohne Einschränkungen über, dies gilt auch für eingebrachte Sacheinlagen. Die Übertragung erfolgt ohne weitere sachenrechtliche Übertragungsakte,[49] es bedarf weder einer Vertragsübernahme noch eines gesetzl Überganges der Rechtsverhältnisse iSd § 38 UGB.[50] Anhängige Gerichtsverfahren

---

40 OGH 22.6.2012, 6 Ob 97/12a.
41 *Koppensteiner/Rüffler*, GmbHG³ § 2 Rz 21.
42 *Fantur*, GES 2003, 55; diesem folgend *Enzinger* in Straube/Ratka/Rauter, GmbHG § 2 Rz 60.
43 *Schmidsberger/Duursma* in Gruber/Harrer, GmbHG² § 2 Rz 17.
44 OLG Innsbruck 12.9.2011, 3 R 154/11p, GES 2011, 445.
45 OGH 24.4.1991, 9 ObA 60/91.
46 *Enzinger* in Straube/Ratka/Rauter, GmbHG § 2 Rz 101.
47 *Koppensteiner/Rüffler*, GmbHG³ § 2 Rz 32.
48 *Koppensteiner/Rüffler*, GmbHG³ § 2 Rz 28.
49 *Enzinger* in Straube/Ratka/Rauter, GmbHG § 2 Rz 103.
50 *Enzinger* in Straube/Ratka/Rauter, GmbHG § 2 Rz 104.

werden mit der GmbH fortgesetzt, es handelt sich um einen gesetzl Parteiwechsel u es ist bloß die Berichtigung der Parteibezeichnung vorzunehmen.[51] **Grundbucheintragungen** der Vorgesellschaft sind wegen Identität des Rechtssubjektes durch Anm der Namensänderung im Grundbuch vorzunehmen.[52] Eine zw Unterfertigung des Kaufvertrages u grundbücherlicher Einverleibung erfolgte Änderung des Firmenwortlauts hindert die Einverleibung nicht.[53] Übernimmt die Gesellschaft eine vor ihrer Eintragung in ihrem Namen eingegangene Verpflichtung durch Vertrag mit dem Schuldner, sodass sie an die Stelle des Schuldners tritt, bedarf dies zur Wirksamkeit nicht der Zustimmung des Gläubigers, wenn die Schuldübernahme binnen drei Monaten nach der Eintragung der GmbH vereinbart u dem Gläubiger v Schuldner oder der GmbH mitgeteilt wird. Die Verständigung des Gläubigers kann auch konkludent u sogar durch schlüssig erkennbares Stillschweigen erfolgen.[54]

IV. Haftung für die Vorgesellschaft

18 Aufgrund ihrer Teilrechtsfähigkeit kann die Vorgesellschaft durch ihre Organe im Rahmen dieser Teilrechtsfähigkeit handeln u sich berechtigen u verpflichten,[55] rechtsgeschäftliche Erklärungen der Organe sind der Vorgesellschaft zuzurechnen u gehen mit Eintragung der GmbH auf diese über.

A. Haftung der Gründer

19 Neben der Haftung der Vorgesellschaft kommt eine Haftung der Gründer für die Handlungen der Vorgesellschaft in Frage, die Natur u das Ausmaß der Haftung der Gründer steht im engen Zusammenhang mit der Frage der Rechtsnatur der Vorgesellschaft. Die ältere A, welche die Vorgesellschaft als GesbR bzw OG ansieht, leitet daraus die persönliche unmittelbare u unbeschränkte Haftung der Gründer gem § 128

---

51 *Enzinger* in Straube/Ratka/Rauter, GmbHG § 2 Rz 105.
52 S *Rassi* in Kodek, Grundbuchsrecht[2] § 10 Rz 6.
53 OGH 25.1.1962, 5 Ob 22/62.
54 OGH 15.11.2021, 6 Ob 164/21t.
55 *Koppensteiner/Rüffler*, GmbHG[3] § 2 Rz 23.

UGB bzw § 1203 ABGB ab.[56] Die zutr neue L[57] sieht wegen der Rechtsnatur der Vorgesellschaft als Gebilde sui generis **keine Anwendung des § 128 UGB** u wohl auch des § 1203 ABGB. Im Übrigen ist die Vorgesellschaft selbst Gläubigerin der wesentlichen Leistung der Einlageverpflichtung der Gründer, u nicht die Gläubiger der Vorgesellschaft.[58] Da somit die **Gründer** als Gesellschafter eine **bloße Innenhaftung** auf die Einlagenleistung trifft u der Sondertatbestand der Handelndenhaftung des Abs 1 S 2 besteht, bleibt kein Raum für eine direkte Außenhaftung der Gründer als Mitglieder der Vorgesellschaft.[59] Das Innenhaftungskonzept hat keine Verschlechterung der Rechtsposition der Gläubiger zur Folge.[60]

B. Handelndenhaftung

Die Natur der Handelndenhaftung ist in der Vergangenheit lebhaft diskutiert worden u hat einen Funktionswandel erlebt.[61] Die neuere L sieht in der Handelndenhaftung eine Art **Garantiehaftung**, um die Unsicherheiten, die durch Teilnahme einer nicht vollrechtsfähigen Gesellschaft am rechtsgeschäftlichen Verkehr in haftungs- aber auch vertretungsrechtlicher Natur entstehen, zu beseitigen.[62] Ein weiteres Argument für diese Garantiehaftung ist die Tatsache, dass die Vorgesellschaft in keinem Register eingetragen ist u die Organe der Vorgesellschaft nicht ohne weiteres evident sind (s dazu Rz 13). Wenn, wie in der neueren L, die unbeschränkte Außenhaftung der Gründer abgelehnt wird (s Rz 17), kommt dieser Garantiefunktion große Bedeutung zu,[63] in diese Richtung tendiert auch die Rsp,[64] die die Handelndenhaftung als Schutzbestimmung zu Gunsten Dritter deutet.

20

---

56 *Zollner* in Doralt/Nowotny/Kalss, AktG² § 34 Rz 27; *Geist*, Grundprobleme der Vorgesellschaft 143 ff; *Ostheim*, JBl 1978, 337 (350 ff) ua.
57 *Enzinger* in Straube/Ratka/Rauter, GmbHG § 2 Rz 71; *Koppensteiner/Rüffler*, GmbHG³ § 2 Rz 25; *Schmidsberger/Duursma* in Gruber/Harrer, GmbHG² § 2 Rz 32; je mwN.
58 S ua *Enzinger* in Straube/Ratka/Rauter, GmbHG § 2 Rz 71; *Koppensteiner/Rüffler*, GmbHG³ § 2 Rz 24 ff, 40.
59 *Enzinger* in Straube/Ratka/Rauter, GmbHG § 2 Rz 72.
60 *Schmidsberger/Duursma* in Gruber/Harrer, GmbHG² § 2 Rz 32.
61 S ausf dazu *Enzinger* in Straube/Ratka/Rauter, GmbHG § 2 Rz 84 ff.
62 *Enzinger* in Straube/Ratka/Rauter, GmbHG § 2 Rz 86 mwN.
63 *Enzinger* in Straube/Ratka/Rauter, GmbHG § 2 Rz 86.
64 OGH 14.3.1978, 4 Ob 10/78, GesRZ 1978, 133.

21 Handelnde iSd § 2 Abs 1 können **nur GF der Vorgesellschaft** sein,[65] da die Handelndenhaftung eine **Organhaftung** ist.[66] Die hL sieht auch faktische GF als Handelnde iSd Abs 1 S 2 an,[67] nicht aber sonstige Bevollmächtigte, wie Prokuristen[68] oder Gesellschafter der in Gründung befindlichen GmbH,[69] es sei denn, sie sind faktische oder tatsächliche GF oder haben das Handeln des GF veranlasst.[70] Überschreitet der Handelnde seine Vertretungsmacht, haftet er selbst als *falsus procurator*.[71] Die tatsächliche Vertretungsbefugnis ist nicht v Bedeutung, da die Haftung auf dem Gesetz beruht u nicht auf Rechtsscheingesichtspunkten.[72] Das Wissen des Dritten, ob die Gesellschaft bereits eingetragen ist oder der Handelnde ausreichend vertretungsbefugt ist, ist seit der GmbHG-Novelle 1980 nicht v Relevanz.[73] Da den Gesellschaftern die Innenverhältnisse bekannt sind, sind diese nicht durch die Handelndenhaftung geschützt.[74]

22 Die **Handelndenhaftung ist unmittelbar, primär, unbeschränkt u verschuldensunabhängig**, kann somit über das Stammkapital hinausgehen[75] u richtet sich primär auf Erfüllung. Der Gläubiger soll nicht besser oder schlechter gestellt werden, als wenn er mit der entstandenen Gesellschaft kontrahiert hätte.[76]

23 Die Handelndenhaftung **endet mit der Eintragung** der GmbH im FB[77] u der Genehmigung des Geschäfts durch die GmbH.[78]

---

65 OGH 16.1.1991 1 Ob 625/90, ecolex 1991, 251.
66 *Enzinger* in Straube/Ratka/Rauter, GmbHG § 2 Rz 93 mwN.
67 *Koppensteiner/Rüffler*, GmbHG³ § 2 Rz 40; *Enzinger* in Straube/Ratka/Rauter, GmbHG § 2 Rz 94 mwN.
68 OGH 9.7.1986, 3 Ob 534/86.
69 BGH 26.1.1967, II ZR 122/64, BGHZ 47, 25.
70 OGH 19.12.1975, 1 Ob 312/75.
71 *Koppensteiner/Rüffler*, GmbHG³ § 2 Rz 39.
72 *Enzinger* in Straube/Ratka/Rauter, GmbHG § 2 Rz 95.
73 *Koppensteiner/Rüffler*, GmbHG³ § 2 Rz 41; OGH 22.10.1987, 6 Ob 659/85.
74 *Enzinger* in Straube/Ratka/Rauter, GmbHG § 2 Rz 96.
75 OGH 22.10.1987, 6 Ob 659/85; *Enzinger* in Straube/Ratka/Rauter, GmbHG § 2 Rz 98; *Schmidsberger/Duursma* in Gruber/Harrer, GmbHG² § 2 Rz 47.
76 *Enzinger* in Straube/Ratka/Rauter, GmbHG § 2 Rz 97; *Koppensteiner/Rüffler*, GmbHG³ § 2 Rz 42.
77 *Enzinger* in Straube/Ratka/Rauter, GmbHG § 2 Rz 111.
78 *Schmidsberger/Duursma* in Gruber/Harrer, GmbHG² § 2 Rz 49.

V. Vorgesellschaft der Einpersonen-GmbH

Mit Einführung der Einpersonengesellschaft durch Umsetzung der 24
Einpersonengesellschaftsrichtlinie wurde die Vorgesellschaft der Einpersonen-GmbH nicht gesondert geregelt. Die L sieht in der E des Gesetzgebers, in Kenntnis der Rechtsfragen der **Vorgesellschaft keine Sonderregelungen** für das Gründungsstadium v Einpersonen-GmbH vorzusehen, die Absicht, keine Sonderbehandlung anzuwenden. Daher sind die allg Regelungen über die Gründungsphase, insb über die Vorgesellschaft, auch auf die Einpersonen-GmbH anzuwenden.[79] Vor Aufsetzen der Errichtungserklärung kann eine Vorgründungsgesellschaft der Einpersonen-GmbH mangels Personenmehrheit nicht bestehen.[80]

§ 3. (1) Die Eintragung einer Gesellschaft mit beschränkter Haftung in das Firmenbuch hat zur Voraussetzung:

1. den Abschluß des Gesellschaftsvertrages;
2. die Bestellung der Geschäftsführer (des Vorstandes).

(2) ¹Wird die Gesellschaft nur durch eine Person errichtet, so wird der Gesellschaftsvertrag durch die Erklärung über die Errichtung der Gesellschaft ersetzt. ²Auf diese Erklärung sind die Vorschriften über den Gesellschaftsvertrag sinngemäß anzuwenden.

idF BGBl 1996/304

Literatur: *Achatz-Kandut*, Ablauf der Gründung einer Gesellschaft mit beschränkter Haftung, RFG 2003/22, 87; *Arnold*, Kommentar zum PSG³ (2013); *Fantur*, Die neue Ärzte-GmbH aus Sicht des Vertragserrichters, GES 2010, 158; *Fasching/Konecny*, Kommentar zu den Zivilprozessgesetzen² (2002); *Feil*, Die Gesellschaft mit beschränkter Haftung (1991); *Graschopf*, Die Gesellschaft mbH in Urkunden und Schriftsätzen (1956); *Gruber*, Die Rechtsanwalts-GmbH, RdW 2000/42, 65; *Grunewald*, Die Auslegung von Gesellschaftsverträgen und Satzungen, ZGR 1995, 68; *Haberer*, Zwingendes Kapitalgesellschaftsrecht (2009); *Hahn*, Der Vorvertrag zur Errichtung einer Gesellschaft m.b.H., NZ 1955, 116; *Kalss*, Gesellschaftsrechtliche Implikationen des Grundverkehrs, wobl 1996, 1; *Kasper*,

---

79 *Enzinger* in Straube/Ratka/Rauter, GmbHG § 2 Rz 118; *Koppensteiner/Rüffler*, GmbHG³ § 2 Rz 44.
80 OGH 4.3.2012, 8 Ob 100/12g.

Bedeutung der Gewerbeberechtigung bei der Firmenprotokollierung, JBl 1966, 18; *Koppensteiner*, Zur Neuregelung der Einmann-GmbH in Österreich, in FS Claussen (1997) 213; *Reich-Rohrwig*, Tod eines GmbH-Gesellschafters vor Registrierung der GmbH, ecolex 1991, 389; *Schmidsberger*, Gestaltung von GmbH-Verträgen (2011); *Schummer*, Gedanken zur Bestellung des Geschäftsführers im Gesellschaftsvertrag, GesRZ 1994, 124; *H. Torggler*, Die Rechtsstellung des GmbH-Geschäftsführers, GesRZ 1974, 4.

Inhaltsübersicht

I. Grundsätzliches und Regelungsinhalt	1–3
II. Allgemeiner Gründungsakt	4–8
III. Gesellschaftsvertrag (Abs 1 Z 1)/Errichtungserklärung (Abs 2)	9–20
A. Rechtsnatur	9–12
B. Gesellschafter	13–16
C. Beitrittsmängel	17–19
D. Vorverträge	20
IV. Bestellung der Geschäftsführer	21, 22

I. Grundsätzliches und Regelungsinhalt

1 Der ursprüngliche § 3 bestand aus drei Abs, wobei Abs 1 seit Einführung des GmbHG 1906 nahezu unverändert geblieben ist. Lediglich die Bezeichnung „Handelsregister" wurde durch die Bezeichnung „Firmenbuch" mit dem BGBl 1991/10 ersetzt.

In den Abs 2 u 3 waren ursprünglich Konzessionszwänge geregelt, welche aber mit der Novelle 1980 (BGBl 1980/320) aufgehoben wurden. Praktisch hat sich dadurch jedoch nichts geändert.

2 Abs 1 enthält ausdrücklich zwei **Eintragungsvoraussetzungen**, wobei aber jedenfalls festzuhalten ist, dass noch weitere Eintragungsvoraussetzungen gegeben sein müssen. Diese sind in den §§ 4 bis 10 normiert, auf welche gegenständlich nicht näher eingegangen werden muss. Bei diesen beiden handelt es sich aber um die wesentlichsten Voraussetzungen für die Eintragung ins FB.

3 Mit Einführung des Abs 2 im Zuge des EU-GesRÄG 1996 wurde die sog Einpersonen-Gesellschafts-RL (Zwölfte RL 89/667/EWG des Rates v 21.12.1989) umgesetzt. Mit Inkrafttreten dieser Bestimmung am 1.7.1996 wurde somit die Gründung einer GmbH durch nur einen Gesellschafter ermöglicht. Bei der **Einpersonen-Gründung** liegt kein Vertrag, sondern eine **Errichtungserklärung** vor. Dabei handelt es sich um eine einseitige, nicht empfangsbedürftige Willenserklärung des Gründers,[1] welche dem herkömmlichen GesV gleichgestellt ist. Die Gültigkeit des Gründungsaktes hängt aber nicht an der Bezeichnung „Errichtungserklärung". Auch bei einer falschen Bezeichnung (GesV bei nur einem Gesellschafter) bleibt das Rechtsgeschäft entspr aufrecht.

II. Allgemeiner Gründungsakt

Die Gründung einer GmbH erfolgt durch die sog Einheitsgründung; 4
wobei beim **Gründungsakt** zw der Errichtung u der Entstehung zu unterscheiden ist. Errichtet wird die GmbH mit wirksamen Abschluss des GesV bzw Unterfertigung der Errichtungserklärung in der erforderlichen Form (vgl § 4). In weiterer Folge entsteht die GmbH erst mit der darauffolgenden Eintragung ins FB, durch welche die GmbH auch Rechtspersönlichkeit erlangt.[2]

Die einzelnen **Gründungsschritte** sind:[3] 5

- **Abschluss des GesV** bzw Unterfertigung der Erklärung über die Errichtung einer GmbH bei nur einem Gesellschafter – zwingend in Form des Notariatsaktes (s § 4 Abs 3). Eine Bevollmächtigung ist hierbei möglich, wobei dafür eine beglaubigt unterfertigte Spezialvollmacht Voraussetzung ist.
- **Bestellung** der ersten GF, sofern diese nicht bereits im GesV bestellt wurden (vgl Rz 21 f sowie § 9 Rz 15, s § 15).
- **Leistung der Einlagen** durch die Gesellschafter im vereinbarten u jedenfalls gesetzl festgelegten Umfang. Diese Leistung ist durch die Vorlage einer Bestätigung des Kreditinstitutes nachzuweisen (s § 10 Abs 3). Zusätzlich ist durch die GF zu erklären, dass die einbezahlten Stammeinlagen sich in ihrer freien Verfügung befinden (s § 10 Abs 3).
- **Wahl der ersten AR-Mitglieder** für den Fall einer gesetzl oder gesv Verpflichtung (vgl § 29 Rz 4, 56).
- **Anmeldung der Eintragung** der Gesellschaft ins FB beim dafür zuständigen Gerichtshof erster Instanz. Der Antrag ist v sämtlichen GF beglaubigt zu unterfertigen u hat sämtliche im FBG normierten Ein-

---

1 ErlRV 20 BlgNr 20. GP 106 f.
2 *Ch. Nowotny* in Kalss/Nowotny/Schauer, GesR[2] Rz 4/48; *Aicher/Feltl* in Straube/Ratka/Rauter, GmbHG § 3 Rz 6.
3 *Schmidsberger/Duursma* in Gruber/Harrer, GmbHG[2] § 3 Rz 3 ff; *Aicher/Feltl* in Straube/Ratka/Rauter, GmbHG § 3 Rz 13.

tragungstatbestände konkret zu bezeichnen. Zwingend beizulegen sind der GesV bzw die Erklärung über die Errichtung der Gesellschaft, die Urkunden über die Bestellung der GF u des AR sowie die Musterzeichnungen der GF in beglaubigter Form (vgl auch § 9 Rz 12 f).

- Je nach näherer Ausgestaltung der GmbH können dem Antrag noch weitere Urkunden bzw Beilagen beizufügen sein, zB:
  - im Zuge einer Sachgründung die dazu erforderlichen Unterlagen (s § 6 Abs 4),
  - GA der zuständigen Interessenvereinigung über den Firmenwortlaut,
  - behördliche Konzessionen (zB nach dem BWG),
  - Pflegschafts- oder verlassenschaftsgerichtliche Genehmigungen,
  - Genehmigungen nach den Grundverkehrsvorschriften,
  - Nachweise der Erfüllung der berufs- bzw standesrechtlichen Erfordernisse.

6 Nach Einreichung des Antrages u der notwendigen Beilagen beim zuständigen FB-Gericht hat dieses den Antrag u die Beilagen sowohl in **formeller** als auch in **materieller Hinsicht** zu **prüfen**. Liegen behebbare Mängel vor, ist den Antragstellern die Möglichkeit einer Verbesserung zu geben (vgl auch § 9 Rz 11). Bei Vorliegen v nicht behebbaren Mängel ist der Antrag auf Eintragung der Gesellschaft ins FB mittels Beschlusses abzuweisen.

Nach erfolgter Prüfung durch das FB-Gericht erfolgt die **Eintragung der Gesellschaft ins FB** u die Veröffentlichung der Eintragung (vgl § 11 Rz 44 u § 12 Rz 1 f). Mit dieser erlangt die Gesellschaft Rechtspersönlichkeit, u ist somit „entstanden".

7 Liegen sämtliche gesetzl Voraussetzungen für die Gründung einer GmbH vor, muss die Eintragung ins FB durch das FB-Gericht durchgeführt werden. Eine Verweigerung der Eintragung ist nicht möglich, es gilt hier das Normativsystem.[4]

8 Vom FB-Gericht nicht geprüft wird das Vorliegen einer eventuell erforderlichen Gewerbeberechtigung, da dies gesellschaftsrechtlich nicht relevant ist. Eine **Gewerbeberechtigung** muss erst mit Aufnahme des Betriebes vorliegen (vgl aber § 4 Rz 13 FN 34). Da mit der Eintra-

---

[4] *Aicher/Feltl* in Straube/Ratka/Rauter, GmbHG § 3 Rz 7; *Gellis/Feil*, GmbHG[7] § 3 Rz 1; auch *Ch. Nowotny* in Kalss/Nowotny/Schauer, GesR[2] Rz 4/43.

gung der Gesellschaft ins FB nicht die gleichzeitige u sofortige Aufnahme des Betriebes erforderlich ist, handelt sich um keine Eintragungsvoraussetzung.

III. Gesellschaftsvertrag (Abs 1 Z 1)/ Errichtungserklärung (Abs 2)

A. Rechtsnatur

Die **Errichtung der Gesellschaft** erfolgt durch den Abschluss des GesV 9
bzw der Errichtungserklärung in der erforderlichen Form (Notariatsakt, s § 4 u vgl § 9 Rz 12 f u 18).

Der GesV begründet einerseits schuldrechtliche Beziehungen zw den Gesellschaftern u konstituiert andererseits die Gesellschaft in Verbindung mit ihrer Eintragung im FB als jP. Er legt die Organisation der Gesellschaft u ihre Beziehung zu den Mitgliedern fest.[5] Der Vertrag ist somit durch seine Doppelnatur geprägt (vgl auch § 4 Rz 5).

Nach erfolgter Eintragung der Gesellschaft ins FB kommt dem **GesV** va die Funktion als **Verfassung der Gesellschaft** zu. Dies zeigt sich va darin, dass der GesV auch künftige Gesellschafter an seinen Inhalt bindet, ohne dass dafür ein Vertrag mit allen Gesellschaftern oder der GmbH erforderlich ist vgl auch § 4 Rz 5).

Weitere Besonderheiten des GesV als sog „**Organisationsvertrag**" bestehen darin, dass Änderungen des Vertrages nur v einer qualifizierten Mehrheit (s § 50 Abs 1) beschlossen werden können, u dass vertrags- oder gesetzwidriges Verhalten v Gesellschaftern nur der Gesellschaft Ansprüche verschafft (vgl § 41 Rz 71 f zu Beschlussanfechtungen u § 61 Rz 30 f iZm Treuepflichten).[6]

Gibt es nur einen **einzigen Gesellschafter** als Gründer, legt die 10
Errichtungserklärung nur Rechte u Pflichten dieses Gesellschafters gegenüber der Gesellschaft fest.

Wie bereits erwähnt sind Änderungen des GesV regelmäßig mit einer 11
qualifizierten Mehrheit zu beschließen (s § 50 Abs 1). Dies gilt allerdings

---

5 *Koppensteiner/Rüffler*, GmbHG³ § 3 Rz 8.
6 *Koppensteiner/Rüffler*, GmbHG³ § 3 Rz 8; *Aicher/Feltl* in Straube/Ratka/Rauter, GmbHG § 3 Rz 15; *Schmidsberger/Duursma* in Gruber/Harrer, GmbHG² § 3 Rz 4.

nur für Änderungen des GesV **nach** Eintragung der Gesellschaft ins FB. Soll der GesV bereits **vor** Eintragung der Gesellschaft geändert werden, bedarf es dafür eines einstimmigen Beschlusses der Gesellschafter. Die §§ 49 ff sind dafür nicht maßgebend.[7]

12 Beim GesV handelt es sich um einen **entgeltfremden Vertrag**, da er nicht auf Leistung u Gegenleistung, sondern auf die Verfolgung eines gemeinsamen Zwecks gerichtet ist. Der Gesellschafter erbringt zwar eine Leistung in Form der Einzahlung seiner übernommenen Stammeinlage, er bekommt dafür aber keine Gegenleistung im herkömmlichen Sinn. Er zieht vielmehr aus seinem Engagement den Anteil an dem erzielten Gewinn.[8]

Durch die Anerkennung als entgeltfremder Vertrag wird jedenfalls zum Ausdruck gebracht, dass weder die Bestimmungen des ABGB über unentgeltliche Verträge, noch jene über entgeltliche Verträge pauschal Anwendung auf GesV finden. Hier kommt es regelmäßig auf die einzelnen Bestimmungen des GesV an.

B. Gesellschafter

13 Aus dem Begriff „Gesellschafts**vertrag**" ergibt sich, dass mind zwei Personen an der Vertragserrichtung beteiligt sein müssen. Eine bestimmte **Höchstzahl** an beteiligten **Gesellschaftern** gibt es nicht. Es können somit beliebig viele Gesellschafter an der GmbH beteiligt sein (ab 51 Gesellschaftern kann AR-Pflicht entstehen, vgl § 29 Rz 4).

14 Seit Inkrafttreten des EU-GesRÄG 1996 u der damit verbundenen Einführung des Abs 2 ist zwar die Gründung durch einen **einzigen Gesellschafter** möglich, in diesem Fall spricht man allerdings nicht v einem GesV, sondern v der Erklärung über die Errichtung einer Gesellschaft. Dabei handelt es sich um eine einseitige Willenserklärung des Gründers gegenüber dem Notar. Auf diese Erklärung sind allerdings die Bestimmungen u Vorschriften über den GesV sinngemäß anzuwenden.

15 Bis zum Inkrafttreten des EU-GesRÄG 1996 war erforderlich, dass zum Zeitpunkt der Eintragung der Gesellschaft ins FB mind zwei Ge-

---

7 *Koppensteiner/Rüffler*, GmbHG[3] § 2 Rz 15; *Schmidsberger/Duursma* in Gruber/Harrer, GmbHG[2] § 3 Rz 5.

8 *Koppensteiner/Rüffler*, GmbHG[3] § 3 Rz 9; *Aicher/Feltl* in Straube/Ratka/Rauter, GmbHG § 3 Rz 17; *Haberer*, Zwingendes Kapitalgesellschaftsrecht 14; *Gellis/Feil*, GmbHG[7] § 3 Rz 2.

sellschafter vorhanden waren. War es bisher schon möglich, nach der Eintragung alle Geschäftsanteile in einem Gesellschafter zu vereinen, wurde dies mit dem EU-GesRÄG 1996 auch bereits zum Zeitpunkt der Gründung ermöglicht. Ebenso spricht keine Bestimmung dagegen, dass eine Person als Treuhänder des anderen Gesellschafters auftritt.

Als **Gesellschafter einer GmbH** kommen sowohl natPers als auch jP in Betracht. Ebenso können auch PersGes als Gesellschafter eingetragen werden. Ausgeschlossen hingegen sind GesbR, da es diesen an der Rechtspersönlichkeit fehlt.[9] Dies gilt naturgemäß auch für ausländische natPers u jP. Die Grenze liegt allein an der Tatsache des Vorhandenseins der Rechtspersönlichkeit.

16

Beschränkungen bzw Einschränkungen im Hinblick auf die **Gesellschafterfunktion** können aber in anderen Gesetzen oder im GesV normiert sein bzw werden. Möglich wäre im GesV die Einschränkung des Gesellschafterkreises auf bestimmte Eigenschaften, wie zB berufliche Qualifikation, Familienzugehörigkeit, usw. Aber auch in anderen Gesetzen, wie zB im ÄrzteG (für Ärzte-Gesellschaften), in der RAO (für RA-Gesellschaften) oder dem WTBG (für Wirtschaftstreuhandgesellschaften) sind Vorschriften über einen eingeschränkten Gesellschafterkreis vorhanden.

Bei **Vereinen** ist zu beachten, dass sich diese nur dann **als Gesellschafter** einer GmbH beteiligen dürfen, wenn dies in den Statuten ausdrücklich normiert ist.[10] Ähnlich verhält es sich bei Gen. Bei Gen muss die Beteiligung an einer jP in den Gen-Vertrag aufgenommen werden (§ 5a Abs 1 Z 2 GenG) u muss die Beteiligung geeignet sein, dem Gen-Zweck zu dienen.[11]

C. Beitrittsmängel

Beitrittsmängel sind Mängel des GesV, die aus persönlichen Umständen eines Gesellschafters oder aus besonderen Verboten resultieren. Diese wirken nur gegenüber den betr Gesellschaftern. Sie sind v Inhaltsmängeln des GesV zu unterscheiden.

17

Jedenfalls nichtig ist der Beitritt eines Geschäftsunfähigen oder aber eines beschränkt Geschäftsfähigen, wenn der Vertrag nicht wirksam

---

9 *Duursma et al*, HB GesR, Rz 14 ff; *Koppensteiner/Rüffler*, GmbHG³ § 3 Rz 5.
10 OGH 28.2.1979, 6 Ob 1/79.
11 *Koppensteiner/Rüffler*, GmbHG³ § 3 Rz 5.

genehmigt wird. Ebenso, wenn der Gesellschafter zum Beitritt mit Gewalt oder einer Drohung genötigt oder mittels arglistiger Täuschung dazu verleitet wird. Auch bei Fehlen v bestimmten gesetzl Voraussetzungen (zB RA-Gesellschaften, Wirtschaftstreuhandgesellschaften, Ziviltechniker, usw) ist der Betritt als Gesellschafter zu einer GmbH nichtig.[12]

Derartige Beteiligungen hindern grds die Eintragung der GmbH ins FB. Werden allerdings nur Qualifikationen, die im GesV gefordert sind (zB Mindestalter, Familienzugehörigkeit, usw) nicht erfüllt, hindert dies eine Eintragung der Gesellschaft ins FB nicht.

18 Die **Rechtsfolge v nichtigen Beitritten** besteht darin, dass der entspr Geschäftsanteil des jew Gesellschafters nicht entsteht. Mit diesem Anteil werden keine Rechte u Pflichten verbunden. Die Gesellschaft selbst darf aber auch nicht ins FB eingetragen werden. Wurden seitens des „nichtig" beigetretenen Gesellschafters bereits Leistungen erbracht, so können diese zurückgefordert, u v der Gesellschaft auch ohne Rücksicht auf das Verbot der Einlagenrückgewähr (s § 82) zurückbezahlt werden, da die betr Personen ja gar nicht erst Gesellschafter werden.[13]

19 Ist die Gesellschaft **trotz** des Vorliegens v **Nichtigkeit** begründenden Beitrittsmängeln **ins FB eingetragen** worden, so ist sie auch wirksam entstanden. Aufgrund der Tatsache, dass der betroffene Geschäftsanteil aber nicht wirksam entstanden ist, stimmt nun die Summe der Stammeinlagen nicht mit dem Stammkapital überein. Ist das Mindestkapital (s § 6 Abs 1) dennoch aufgebracht, kann das Stammkapital auf den durch die Stammeinlagen übernommenen Betrag herabgesetzt werden. Die Bestimmungen über die Kapitalherabsetzung (s §§ 54 ff) sind jedenfalls anzuwenden.

Ebenso kann v einem Gesellschafter oder einem Dritten ein Betrag in Höhe des nichtigen Geschäftsanteiles übernommen werden, sodass nun wiederum der Betrag der übernommenen Stammeinlagen mit dem beschlossenen Stammkapital übereinstimmt. Hier sind die Bestimmungen über die Kapitalerhöhung (s §§ 52 ff) jedenfalls anzuwenden.

---

12 *Schmidsberger/Duursma* in Gruber/Harrer, GmbHG[2] § 3 Rz 16; *Koppensteiner/Rüffler*, GmbHG[3] § 3 Rz 11; *Aicher/Feltl* in Straube/Ratka/Rauter, GmbHG § 3 Rz 37 ff.
13 *Koppensteiner/Rüffler*, GmbHG[3] § 3 Rz 11; *Reich-Rohrwig*, GmbHR I[2] Rz 1/713; *Wünsch*, GmbHG § 3 Rz 37; Duursma et al, HB GesR, Rz 2627; *Aicher/Feltl* in Straube/Ratka/Rauter, GmbHG § 3 Rz 39.

Eine Verpflichtung der verbliebenen Gesellschafter, in irgendeiner Weise tätig zu werden, besteht allerdings nicht. Wird der Fehlbetrag v den weiteren Gesellschaftern nicht aufgebracht bzw wird v diesen überhaupt nicht reagiert, kommt eine Löschung der Gesellschaft gem § 10 Abs 2 FBG in Betracht.[14] Ebenso verhält es sich mE in dem Fall, in dem das Mindeststammkapital nicht aufgebracht wird.

D. Vorverträge

Ein sog **Vorvertrag** ist eine Vereinbarung über die Gründung einer GmbH. Vorverträge müssen die wesentlichen Bestimmungen des GesV u den Abschlusszeitpunkt enthalten u bedürfen zwingend der Form des Notariatsaktes. Weist ein Vorvertrag diese Merkmale auf, so stellt er einen auf Abschluss des GesV klagbaren Vertrag dar. 20

IV. Bestellung der Geschäftsführer

Zwingende **Eintragungsvoraussetzung** ist gem Abs 1 Z 2 die **Bestellung der GF**. Die Bestellung erfolgt grds mit Beschluss der Gesellschafter mit einfacher Mehrheit – dies vorbehaltlich anderer Regelungen im GesV (vgl auch § 9 Rz 15 u 18 sowie § 15 Rz 24–26). 21

Gesellschafter können auch im GesV zu GF bestellt werden. Die Funktion eines derartig bestellten GF ist aber zwingend mit seiner Gesellschafterstellung verbunden. Sobald er als Gesellschafter aus der Gesellschaft ausscheidet, endet auch seine Vertretungsbefugnis als GF (vgl auch § 9 Rz 15, § 15 Rz 28 sowie § 16 Rz 41).

Die Bestellung v GF ist in § 15 geregelt. Diese Bestimmung ist auch bereits im Gründungsstadium anwendbar, weshalb auf die Kommentierung des § 15 verwiesen wird. 22

---

14 *Koppensteiner/Rüffler*, GmbHG³ § 3 Rz 11; *Reich-Rohrwig*, GmbHR I² Rz 1/713; *Wünsch*, GmbHG § 3 Rz 37; *Duursma et al*, HB GesR, Rz 2627; *Aicher/Feltl* in Straube/Ratka/Rauter, GmbHG § 3 Rz 39.

§ 4. (1) Der Gesellschaftsvertrag muß bestimmen:

1. die Firma und den Sitz der Gesellschaft,
2. den Gegenstand des Unternehmens,
3. die Höhe des Stammkapitals,
4. den Betrag der von jedem Gesellschafter auf das Stammkapital zu leistenden Einlage (Stammeinlage).

(2) Bestimmungen, die den Vorschriften dieses Gesetzes widersprechen, dürfen im Gesellschaftsvertrage nicht getroffen werden und haben keine rechtliche Wirkung.

(3) [1]Der Gesellschaftsvertrag bedarf der Form eines Notariatsakts, wobei dieser auch elektronisch unter Nutzung einer elektronischen Kommunikationsmöglichkeit (§ 69b NO) errichtet werden kann. [2]Die Unterzeichnung durch Bevollmächtigte setzt eine besondere, auf dieses einzelne Geschäft ausgestellte beglaubigte Vollmacht voraus, die dem Vertrage anzuschließen ist.

idF BGBl I 2018/71

Literatur: *Arnold*, Die Unternehmereigenschaft des Gesellschafters – Das KSchG im Spannungsfeld des Trennungsprinzips, GesRZ 2016, 78; *Auer*, Existenz, Gründung und Verwendung von Mantelgesellschaften, wbl 2001, 245; *Czernich*, OGH zu Geschlechterklauseln in Gesellschaftsverträgen: Diskriminierung von Frauen unzulässig, NZ 2019,373; *Entleitner*, Ausgewählte Beschränkungen der vertraglichen Gestaltungsfreiheit im GmbH-Recht, NZ 2018, 281; *Fantur*, Die GmbH – Gestaltungsfragen aus der anwaltlichen Praxis, GES 2006, 335; *Feltl*, GmbHG (2022); *Frenzel*, Handbuch Gesellschafterwechsel bei der GmbH (2020); *Fischerlehner*, Abfindungsklauseln im Gesellschaftsrecht (2016); *Gaggl*, Anwendbarkeit des NeuFöG auf Mantelgründung und -kauf, ecolex 2007, 36; *Gonaus/Schmidsberger*, Aufgriffsrechte für den Fall der Insolvenz eines Gesellschafters zulässig! RdW 2020/626, 896; *Gonaus/Schmidsberger*, Aufgriffsrechte im Lichte der aktuellen Judikatur, RdW 2021/484, 607; *Hartlieb/Simonishvili/Zollner*, Aufgriffsrechte und Gesellschafterinsolvenz, ecolex 2021, 129; *Kalss*, Wie sichtbar muss der Syndikatsvertrag sein? in FS Koppensteiner (2016) 155; *Liebscher/Zeiler*, Der OGH und § 617 ZPO, ecolex 2014, 425; *Milchrahm*, Zur Heilung eines Formmangels des GmbH-Gesellschaftsvertrages, GesRZ 2016, 287; *Schmidsberger*, Gestaltung von GmbH-Verträgen[2] (2020); *Schopper/Walch*, Aufgriffsrechte in der Insolvenz eines GmbH-Gesellschafters, NZ 2019, 441; *Schopper/Walch*, Erbrechtliche Fragen zu Aufgriffsrechten bei GmbH-Geschäftsanteilen, NZ 2020, 161; *Schopper/Walch*, Zur Anwendbarkeit der §§ 1072 ff ABGB auf GmbH-Aufgriffsrechte, ecolex 2020, 519; *Skarics*, (Kein) Verbraucherschutz für interzedierende GmbH-Gesellschafter? NZ 2017, 81; *Tichy*, Syndikatsvertrag als Beschlußanfechtungsgrund, ecolex

2000, 204; *Torggler*, Gestaltungsfreiheit bei der GmbH, GesRZ 2010, 185; *Umfahrer*, Formfragen bei Abänderung des GmbH-Vertrages, ecolex 1996, 99; *Weinstich/Albl*, Praxishandbuch Gesellschaftsvertrag² (2021).

Inhaltsübersicht

I. Grundlagen	1–5
A. Regelungsinhalt und Normzweck	2–4
B. Auslegung des Gesellschaftsvertrags	5
II. Mindestinhalt des Gesellschaftsvertrags	6–27
A. Allgemeines	6
B. Firma	7
C. Sitz	8
D. Gegenstand des Unternehmens	9–19
1. Begriff, Abgrenzung	9, 10
2. Bildung und Konkretisierung	11–15
3. Änderung	16, 17
4. Mantel- und Vorratsgesellschaften	18, 19
E. Stammkapital	20–22
F. Stammeinlagen	23–25
G. Möglicher weiterer zwingender Inhalt bei Bestehen eines Aufsichtsrats	26
H. Relativ zwingender Inhalt	27
III. Fakultativer Inhalt des Gesellschaftsvertrags	28–38
A. Grundlagen, Unterscheidung materielle u formelle Satzungsbestandteile	28–33
B. Ausgewählte Fragen zu häufigen fakultativen Satzungsbestimmungen	34–38
1. Vinkulierung von Geschäftsanteilen	34, 35
2. Aufgriffsrechte	36–37b
3. Schiedsvereinbarungen	38
IV. Unzulässige Satzungsbestandteile	39–40a
V. Berufsrechtliche Sondervorschriften	41
VI. Form des Gesellschaftsvertrags	42
VII. Vollmacht zum Abschluss des Gesellschaftsvertrags	43–45
VIII. Mängel des Gesellschaftsvertrags	46, 47
A. Formmängel	46
B. Inhaltsmängel	47
IX. Nebenvereinbarungen	48–50

I. Grundlagen

1 Mit Abschluss des GesV bzw der Unterzeichnung der Errichtungserklärung wird die GmbH errichtet, was wiederum notwendiger Bestandteil des Gründungsvorgangs ist, durch den die GmbH entsteht (vgl zu den einzelnen Gründungsschritten § 3 Rz 4 ff).

A. Regelungsinhalt und Normzweck

2 § 4 Abs 1 legt durch taxative Aufzählung[1] den Mindestinhalt des GesV fest, normiert also dessen **essentialia negotii**. Diese Regelungen müssen daher im GesV enthalten sein, um die Eintragungsvoraussetzung des § 3 Abs 1 Z 1 zu erfüllen. Mit Vereinbarung dieses **Mindestinhalts** ist der GesV vollständig u die GmbH **wirksam errichtet**.[2] Unter bestimmten Umständen können aber weitere Festlegungen im GesV erforderlich sein. Ist etwa ein AR vorgesehen, so sind im GesV die Betragsgrenzen iSd § 30j Abs 5 Z 4, 5 u 6 zu normieren (s Rz 26);[3] sollen Gründungskosten v der Gesellschaft getragen werden, so ist ein entspr Höchstbetrag im GesV festzulegen (§ 7 Abs 2).

3 Absatz 2 ordnet die **Unwirksamkeit** v im GesV getroffenen Regelungen an, die den Vorschriften des GmbHG **widersprechen**. Gemeint ist damit freilich nur **zwingendes GmbH-Recht**.[4] Grundsätzlich gilt für die Gestaltung des GesV vorwiegend das Prinzip der **Vertragsfreiheit**.[5] Seine Grenze findet die gesv Gestaltungsmöglichkeit aber darin, dass die getroffenen Regelungen nicht den Grundprinzipien des GmbH-Rechts (vgl dazu Rz 28 u 40) widersprechen oder sonst gegen

---

[1] *Schmidsberger/Duursma* in Gruber/Harrer, GmbHG² § 4 Rz 1; *Aicher/Feltl* in Straube/Ratka/Rauter, GmbHG § 4 Rz 3; letztere unter Verweis auf die EBRV 236 BlgHHB 17. Sess 56.

[2] *Koppensteiner/Rüffler*, GmbHG³ § 4 Rz 17; *Aicher/Feltl* in Straube/Ratka/Rauter, GmbHG § 4 Rz 3; *Gellis/Feil*, GmbHG⁷ § 4 Rz 1.

[3] Ein Fehlen der Betragsgrenzen im GesV führt jedoch nicht zu dessen Unwirksamkeit, vgl dazu *Koppensteiner/Rüffler*, GmbHG³ § 4 Rz 2.

[4] *Schmidsberger/Duursma* in Gruber/Harrer, GmbHG² § 4 Rz 2; *Koppensteiner/Rüffler*, GmbHG³ § 4 Rz 2.

[5] *Koppensteiner/Rüffler*, GmbHG³ § 4 Rz 19; *Schmidsberger/Duursma* in Gruber/Harrer, GmbHG² § 4 Rz 66; auch der OGH spricht in seiner E v 10.12.1975, 8 Ob 253/75 v der den Gesellschaftern „*durch das GmbHG eingeräumten Vertragsfreiheit*"; vgl auch *Umfahrer*, GmbH⁷ Rz 3.20.

zwingendes Recht (auch außerhalb des GmbHG) oder die guten Sitten verstoßen dürfen (§ 879 ABGB).[6] Trotzdem der reine Wortlaut des § 4 Abs 2 nahelegt, dass das GmbHG iZw zwingend ist, geht die hA davon aus, dass nicht nur jene Bestimmungen des GmbHG, die ausdrücklich ihre Dispositivität zum Ausdruck bringen, nachgiebiges Recht sind, sondern auch all jene, aus denen umgekehrt nicht der zwingende Charakter hervorgeht (sei es aus der Norm selbst oder den erwähnten Grundprinzipien), sodass die Vertragsfreiheit die Regel u nicht die Ausnahme ist.[7] § 4 Abs 2 sagt selbst nämlich nicht aus, was den Vorschriften des GmbHG widerspricht, sondern setzt dieses Urteil voraus u knüpft daran die Folge der Rechtsunwirksamkeit.[8]

In seinem dritten Abs legt § 4 die Errichtung des GesV als **Notariatsakt** als **erforderliche Form** fest (dazu näher Rz 42) u bestimmt, dass es für die Unterzeichnung des GesV durch einen Bevollmächtigten einer beglaubigten Spezialvollmacht bedarf, welche dem Vertrag anzuschließen ist (dazu näher Rz 43).

B. Auslegung des Gesellschaftsvertrags

Die bis dahin str Frage,[9] ob der GesV einer GmbH objektiv (normativ iSd der Auslegungsgrundsätze der §§ 6 u 7 ABGB) oder iSd Ermittlung der wahren Parteienabsicht (Vertragsauslegung gem §§ 914, 915 ABGB) auszulegen ist, hat der OGH beginnend mit seiner grundlegenden E v 25.11.1997[10] u seitdem in stRsp[11] dahingehend beantwortet, dass die als

---

6 *Umfahrer*, GmbH[7] Rz 3.20; *Koppensteiner/Rüffler*, GmbHG[3] § 4 Rz 2; *Schmidsberger/Duursma* in Gruber/Harrer, GmbHG[2] § 4 Rz 66; *Aicher/Feltl* in Straube/Ratka/Rauter, GmbHG § 4 Rz 34.
7 Dazu ausf *Haberer*, Zw KapGesR 250, mwN; entgegen dieser hM sieht *U. Torggler* (in Torggler, GmbHG § 4 Rz 8; sowie ausf in GesRZ 2010, 185 ff) in § 4 Abs 2 keine bloße Rechtsfolgenanordnung, sondern die Normierung des Grundsatzes, dass das GmbHG grds, also vorbehaltlich abw Einzelregelungen, zwingend ist u geht damit v einem gegenüber der hA genau umgekehrten Regel-Ausnahmeverhältnis aus.
8 *Koppensteiner/Rüffler*, GmbHG[3] § 4 Rz 19; *Haberer*, Zw KapGesR 250 f, mwN.
9 Zur älteren uneinheitlichen Rsp: *Schmidsberger/Duursma* in Gruber/Harrer, GmbHG[2] § 4 Rz 13.
10 OGH 25.11.1997, 1 Ob 61/97w.
11 Zuletzt zB in OGH 13.10.2011, 6 Ob 202/10i; 19.12.2012, 6 Ob 233/12a.

Satzung im materiellen Sinn zu qualifizierenden **korporativen Regelungen** nach deren Wortlaut u Zweck in ihrem systematischen Zusammenhang **objektiv zu interpretieren** sind.[12] Es kommt daher nicht auf die Parteienabsicht an u sind auch bloß auf den GesV Bezug nehmende außenstehende Unterlagen, selbst wenn alle Gesellschafter v diesen Kenntnis haben, zur Auslegung des GesV nicht heranzuziehen.[13] Als solche materielle Satzung (korporative Satzungsbestandteile) ist die Summe jener Bestimmungen des GesV zu bezeichnen, die einerseits den notwendigen (§ 4 Abs 1 Z 1 bis 4), aber auch den fakultativen Satzungsinhalt regeln u die **organisatorische Grundlage der Gesellschaft** bilden.[14] Solche materiellen Satzungsbestandteile haben „*dinglichen Charakter*"[15] u binden nicht nur die Vertragsbeteiligten (also die Gründungsgesellschafter), sondern gelten auch für einen unbestimmten Personenkreis, zu dem sowohl gegenwärtige als auch zukünftige Anteilseigner zählen u haben auch für Gläubiger der Gesellschaft Bedeutung.[16] Demgegenüber sind **bloß formelle Satzungsbestandteile** (nicht korporative Regelungen), welche in bloß formalem Zusammenhang mit dem GesV stehen, aber auch außerhalb desselben geregelt werden können u nur die beteiligten Gesellschafter untereinander binden, im Wege der Vertragsauslegung gem §§ 914 f ABGB zu interpretieren.[17] Zu den Begrifflichkeiten der materiellen u formellen Satzungsbestandteile u zur Abgrenzung zw diesen s auch Rz 28 ff.

II. Mindestinhalt des Gesellschaftsvertrags

A. Allgemeines

6   Als **notwendigen Mindestinhalt** (s bereits Rz 2) muss der GesV gem § 4 Abs 1 die Fa u den Sitz (Z 1), den Gegenstand des Unternehmens (Z 2), die Höhe des Stammkapitals (Z 3) u die v jedem Gesellschafter zu leistende Einlage (Stammeinlage, Z 4) festlegen.

---

12 Dazu krit u differenzierend *U. Torggler* in Torggler, GmbHG § 4 Rz 22.
13 *Kalss* in FS Koppensteiner 155 (160) mwN.
14 *Umfahrer*, ecolex 1996, 99; *Umfahrer*, GmbH[7] Rz 9.2.
15 *Umfahrer*, ecolex 1996, 99.
16 *Koppensteiner/Rüffler*, GmbHG[3] § 3 Rz 17; *Umfahrer*, GmbH[7] Rz 9.2; idS auch OGH 25.11.1997, 1 Ob 61/97w; 16.6.2011, 6 Ob 99/11v.
17 Vgl *Schmidsberger/Duursma* in Gruber/Harrer, GmbHG[2] § 4 Rz 16.

B. Firma

Die GmbH ist als Unternehmerin kraft Rechtsform (§ 2 UGB) berechtigt u verpflichtet, eine Fa zu führen. Die Fa ist zwingender Satzungsbestandteil (§ 4 Abs 1 Z 1). Im Sinne des § 17 Abs 1 UGB ist unter Fa der in das FB eingetragene **Name der GmbH** zu verstehen. Im Einzelnen dazu, insb zum Begriff der Fa, den Firmengrundsätzen sowie den Firmenbildungsvorschriften, s § 5 Rz 1 bis 58.

C. Sitz

Im GesV (Errichtungserklärung) ist als **Sitz** der Gesellschaft der Ort im Inland (s dazu § 5 Rz 65) zu bestimmen, an dem die Gesellschaft einen **Betrieb** hat, an dem sich die **Geschäftsleitung** befindet oder an dem die **Verwaltung** geführt wird. Davon kann aus wichtigem Grund abgewichen werden. Im Einzelnen dazu, insb zu den Begrifflichkeiten der gesetzl Anknüpfungspunkte für die Sitzwahl u zur Sitzverlegung, s § 5 Rz 59–65.

D. Gegenstand des Unternehmens

1. Begriff, Abgrenzung

Der Gegenstand des Unternehmens ist zwingend im GesV festzulegen (§ 4 Abs 1 Z 2). Er ist v **Gesellschaftszweck** zu **unterscheiden**. Während letzterer dem gemeinsamen Ziel der Gesellschafter einer GmbH entspricht,[18] beschreibt der Unternehmensgegenstand Bereich u Art der Tätigkeit, mit der die GmbH ihren Zweck verfolgt.[19] Die beiden Begriffe stehen daher zueinander in einer **Mittel-Zweck-Relation**.[20] Der Gesellschaftszweck ergibt sich im Regelfall implizit aus dem Unternehmensgegenstand.[21] Der Geschäftsverkehr wird durch den Unternehmens-

---

18 Dies können – was der praktisch häufigere Fall ist – erwerbswirtschaftliche Zwecke, aber auch ideelle Zwecke sein. S dazu *Enzinger* in Straube/Ratka/Rauter, GmbHG § 1 Rz 13.
19 *Umfahrer*, GmbH[7] Rz 3.73.
20 *Aicher/Feltl* in Straube/Ratka/Rauter, GmbHG § 4 Rz 11.
21 *Enzinger* in Straube/Ratka/Rauter, GmbHG § 1 Rz 14; *Koppensteiner/Rüffler*, GmbHG[3] § 1 Rz 5; vgl auch *Ch. Nowotny* in Kalss/Nowotny/Schauer, GesR[2] Rz 4/29.

gegenstand daher auch über den Zweck der Gesellschaft informiert.[22] Im **Innenverhältnis** zieht der Unternehmensgegenstand für die GF deutliche, nur durch Abänderung des GesV verrückbare **Grenzen**, was den zweiten wichtigen Normzweck darstellt.[23] Bedeutsam ist die Unterscheidung zw Gesellschaftszweck u Unternehmensgegenstand iZm § 50 Abs 3, welcher (dispositiv – s dazu Rz 16) vorsieht, dass für eine Abänderung des Unternehmensgegenstands ein einstimmiger Gesellschafterbeschluss erforderlich ist (s auch § 50 Rz 12ff).[24] Zum Gesellschaftszweck s ausf § 1 Rz 5 ff.

10 Der Gesellschaftszweck ist, im Untersch zum Unternehmensgegenstand, nicht in die Satzung aufzunehmen[25] u erfolgt auch keine diesbzgl **Eintragung im FB**. Seit Inkrafttreten des FBG wird aber auch der Unternehmensgegenstand an sich nicht mehr im FB eingetragen, sondern nur der Geschäftszweig nach eigener Angabe (§ 3 Abs 1 Z 5 FBG), die firmenbücherliche Publizität des Unternehmensgegenstands ist aber durch die zwingende Aufnahme in den GesV, welcher wiederum in die Urkundensammlung des FB-Gerichts zu erlegen ist, gegeben.[26]

2. Bildung und Konkretisierung

11 Nach § 1 Abs 1 kann eine GmbH zu jedem **gesetzl zulässigen Zweck** errichtet werden. Das Gesetz spricht hier v Zweck der Gesellschaft. Für den Unternehmensgegenstand als Beschreibung der Gesellschaftszweck umsetzenden Tätigkeit kann nichts anderes gelten. In diesem Zusammenhang wird auch v Gesellschaftszweck als der weitere Begriff, der den des Unternehmensgegenstandes in sich miteinschließt, gespro-

---

22 *Umfahrer*, GmbH[7] Rz 3.74.
23 *Umfahrer*, GmbH[7] Rz 3.74; *Schmidsberger/Duursma* in Gruber/Harrer, GmbHG[2] § 4 Rz 36.
24 *Schmidsberger/Duursma* in Gruber/Harrer, GmbHG[2] § 4 Rz 35; *Koppensteiner/Rüffler*, GmbHG[3] § 1 Rz 5, welche davon ausgehen, dass auch eine Änderung des Gesellschaftszwecks dem erhöhten Mehrheitserfordernis des § 50 Abs 3 unterliegt, da dies mind ebenso „fundamental" sei wie die Änderung des Unternehmensgegenstands.
25 Eine Festlegung in der Satzung kann aber dann sinnvoll oder sogar geboten sein, wenn zwar die Art der Tätigkeit (Unternehmensgegenstand) eine typischerweise erwerbswirtschaftliche ist, die Gesellschaft aber (auch) ideelle oder gemeinwohlorientierte Ziele damit verfolgt; s *Aicher/Feltl* in Straube/Ratka/Rauter, GmbHG § 4 Rz 14.
26 *Koppensteiner/Rüffler*, GmbHG[3] § 4 Rz 10.

chen.[27] Vom Betrieb v Versicherungsgeschäften sowie v der Tätigkeit als politischer Verein ist die GmbH jedoch gem § 1 Abs 2 ausgeschlossen. Auch aus anderen Gesetzen kann sich die **Unzulässigkeit v bestimmten Unternehmensgegenständen** ergeben, so kann etwa eine Pensionskassa gem § 6 Abs 1 PensionskassenG nur in der Rechtsform einer AG, nicht aber als GmbH geführt werden, gleiches gilt für Bausparkassen (§ 5 Abs 1 BSpG).[28] Ebenso ist die Rechtsform der GmbH den freien Berufen nicht zugänglich, dies allerdings mit Ausnahme der RA, Patentanwälte, Ziviltechniker u der Wirtschaftstreuhänderberufe (Wirtschaftsprüfer, Steuerberater).[29]

Das **Erfordernis einer Konzession** für einen bestimmten Unternehmensgegenstand ist gesellschaftsrechtlich nur dann relevant, wenn die Konzessionserteilung Eintragungsvoraussetzung ist.[30] Dies ist bspw gem § 5 Abs 2 BWG bei Bankgeschäften der Fall. Wird ein Unternehmensgegenstand gewählt, der thematisch nahe am Bankgeschäft angesiedelt ist, oder wird eine Beschreibung gewählt, bei der sprachlich denkmöglich ist, dass auch solche konzessionspflichtigen Tätigkeiten umfasst sind, ohne dass solche tatsächlich ausgeübt werden sollen, empfiehlt es sich, in den GesV eine entspr Klarstellung aufzunehmen.[31] Wird in den Unternehmensgegenstand bspw die Tätigkeit der Vermögensverwaltung aufgenommen, ist die Präzisierung angebracht, dass es sich nicht um die Verwaltung fremder Gelder iSd § 1 Abs 1 Z 1 BWG handelt.[32]

12

Da eine **gew Bewilligung** erst dann erforderlich ist, wenn eine bewilligungspflichtige Tätigkeit aufgenommen wird, ist eine solche nicht schon deswegen erforderlich, weil eine solche Tätigkeit gesv in den Un-

13

---

27 *Aicher/Feltl* in Straube/Ratka/Rauter, GmbHG § 4 Rz 12; idS auch OGH 23.1.2003, 6 Ob 81/02h.
28 S dazu näher *Koppensteiner/Rüffler*, GmbHG³ § 1 Rz 9 f; wobei das dort noch angeführte HypBG mit Einführung des Pfandbriefgesetzes (BGBl I 2021/199) per 7.7.2022 weggefallen ist.
29 § 1a RAO, § 1a PatentanwaltsG, § 23 ZTG 2019, § 61 WTBG 2017.
30 *Koppensteiner/Rüffler*, GmbHG³ § 1 Rz 11; *Schmidsberger/Duursma* in Gruber/Harrer, GmbHG² § 4 Rz 37.
31 In der Praxis findet sich dazu häufig die Formulierung: *„Konzessionspflichtige Bankgeschäfte sind vom Unternehmensgegenstand aber jedenfalls ausgeschlossen"* oder dgl.
32 *Schmidsberger/Duursma* in Gruber/Harrer, GmbHG² § 4 Rz 37; *Schmidsberger*, Gestaltung von GmbH-Verträgen², 9.

ternehmensgegenstand aufgenommen wird.[33] Dementsprechend sind auch **keine diesbzgl Nachw** im Eintragungsverfahren vorzulegen. Durch die Ergänzung des § 1 GewO in dessen Abs 4[34] hat der Gesetzgeber klargestellt, dass die gesetzl vorgesehene Eintragung der Bezeichnung des Geschäftszweigs in das FB noch kein der Ausübung des Gewerbes gleichzuhaltendes Anbieten der bezeichneten gewerblichen Tätigkeit iSd § 1 Abs 4 GewO 1994 darstellt. Die durch die E des VwGH vom 23.11.2016[35] entstandene diesbzgl Problematik wurde somit beseitigt. Die frühere umgekehrte gew Bedingung, wonach die GmbH ein Gewerbe nur ausüben durfte, wenn u soweit dieses im Unternehmensgegenstand erfasst war, gilt nicht mehr.[36]

14 Der Unternehmensgegenstand sollte so genau gefasst werden, dass er seine Aufgaben, nämlich die Offenlegung des Gesellschaftszwecks u dessen konkreter Umsetzung gegenüber dem Geschäftsverkehr sowie die Abgrenzung des Tätigkeitsfelds der Gesellschaft im Innenverhältnis gegenüber den GF (s bereits Rz 9), erfüllt.[37] Wird der Unternehmensgegenstand andererseits zu eng gefasst, so würde eine (wesentliche) Ausdehnung der Tätigkeit eine Änderung des Unternehmensgegenstandes u somit des GesV notwendig machen.[38] Allzu unbestimmte Angaben genügen jedenfalls nicht, der **Schwerpunkt** der **Geschäftstätigkeit** muss

---

33 *Schmidsberger*, Gestaltung von GmbH-Verträgen[2] 9.
34 Mit BGBl I 2018/45 wurde dem Abs 4 des § 1 GewO folgende Ergänzung angefügt: *„Die Veröffentlichung über eine den Gegenstand eines Gewerbes bildenden Tätigkeit in Registern gilt nicht als Ausübung, wenn die Veröffentlichung auf Grund von gesetzlichen Verpflichtungen erfolgt."* Damit gilt die in § 3 Abs 1 Z 5 FBG gesetzl vorgesehene Eintragung einer kurzen Bezeichnung des Geschäftszweigs in das FB nicht als Gewerbeausübung.
35 VwGH 23.11.2016, Ra 2016/04/0098. In dieser E hat der VwGH zunächst auf seine bisherige Jud verwiesen, wonach der Tatbestand des der eigentlichen Gewerbeausübung gleichzuhaltenden Anbietens iSd § 1 Abs 4 GewO 1994 dann erfüllt ist, wenn eine an einen größeren Personenkreis gerichtete Ankündigung den Eindruck erwecken kann, dass eine unter den Wortlaut der Ankündigung fallende gewerbliche Tätigkeit entfaltet wird, u hat sodann die Veröffentlichungen im FB darunter subsumiert. Somit war iSd E schon die gesetzl in § 3 Abs 1 Z 5 FBG vorgesehene Eintragung der Bezeichnung des Geschäftszweigs der Gesellschaft im FB als Gewerbeausübung zu qualifizieren. S dazu ausf in der Vorauflage Rz 13 FN 34.
36 Die Wortfolge „im Rahmen ihres Wirkungsbereiches" in § 9 Abs 1 GewO aF wurde mit dem FBG aufgehoben – s dazu näher *Umfahrer*, GmbH[7] Rz 3.78.
37 Vgl *Umfahrer*, GmbH[7] Rz 3.77.
38 *Schmidsberger*, Gestaltung von GmbH-Verträgen[2] 8.

erkennbar sein.[39] Der Unternehmensgegenstand muss im GesV zumindest **gattungsmäßig umschrieben** sein.[40] Eine Umschreibung der beabsichtigten wesentlichen Geschäftstätigkeit durch Zitierung der dafür in Betracht kommenden gew Grundlagen nach der GewO kann hinreichend sein.[41] Umschreibungen, die praktisch nichts aussagen („**inhaltsleere Formulierungen**") sind keine ausreichende Angabe zum Unternehmensgegenstand.[42] Unzureichend ist daher idS:[43] Etwa die Umschreibung „jegliche gesetzl kaufmännische oder nicht kaufmännische Erwerbs-, Verwaltungs- u Betriebstätigkeit". Ebenso unzulässig ist die ganz allg Bezeichnung „Betrieb v Handelsgeschäften"[44] oder auch eine katalogartige Aufzählung v allen erdenklichen Tätigkeitsfeldern.[45] Uneinheitlich wird in der Jud die Frage beantwortet, ob „Handel mit Waren aller Art" eine ausreichend konkrete Angabe zum Unternehmensgegenstand darstellt[46] u wird zT eine ergänzende gattungsmäßige Umschreibung verlangt.[47] Meines Erachtens sollte dafür aber ausreichend sein, die gegenständliche Formulierung um ein „insb v" samt Anführung v gattungsmäßig bezeichneten Warenarten zu ergänzen, da damit der Schwerpunkt der Geschäftstätigkeit klar erkennbar ist u eine abschließende Benennung ja nicht erforderlich ist.[48] Ähnlich werden in älteren E[49] Umschreibungen wie „Beteiligung an u Verwaltung v Gesell-

---

39 OGH 20.2.1980, 6 Ob 21/79, NZ 1981, 8; gem dieser E nicht ausreichend: „Handel, Import und Export von Waren aller Art".
40 *U. Torggler* in Torggler, GmbHG § 4 Rz 6 unter Hinweis auf OGH 20.4.1971, 8 Ob 48/71, NZ 1972, 222; VwGH 19.10.1993, 92/04/0271; *Umfahrer*, GmbH[7] Rz 3.77 FN 377.
41 OGH 31.5.1990, 6 Ob 11/90.
42 *Gellis/Feil*, GmbHG[7] § 4 Rz 7.
43 *U. Torggler* in Torggler, GmbHG § 4 Rz 6 mwN aus der Rsp.
44 *Gellis/Feil*, GmbHG[7] § 4 Rz 7 mwN.
45 *U. Torggler* in Torggler, GmbHG § 4 Rz 6 mwN aus der Rsp.
46 *U. Torggler* in Torggler, GmbHG § 4 Rz 6 mwN aus der Rsp.
47 OGH 20.2.1980, 6 Ob 21/79.
48 Generell setzt die Verwendung der Beschreibung „Handel mit Waren aller Art" aber jedenfalls voraus, dass tatsächlich der Handel mit versch Gattungen v Waren Gegenstand des Unternehmens sein soll, dagegen wäre ein bloß „auf Vorrat" möglichst weit gefasster Unternehmensgegenstand nicht zulässig; vgl auch *Koppensteiner/Rüffler*, GmbHG[3] § 4 Rz 6.
49 In der E v 20.2.1980, 6 Ob 21/79, verlangt der OGH etwa, dass *„die Art und Weise der Beteiligungen und Verwaltungen wenigstens im Sachbereich bestimmt umschrieben werden"*; OLG Innsbruck, 15.12.1986, 5 R 390/86 (*„Beteiligung an anderen Unternehmen mit gleichem oder ähnlichem Geschäfts-*

schaften aller Art" als zu wenig konkret angesehen. Im Hinblick darauf, dass im modernen Wirtschaftsleben eine Vielzahl v Gesellschaften am Rechtsverkehr teilnimmt, deren oft einzige Tätigkeit tatsächlich in der Beteiligung an anderen verschiedenartigsten Gesellschaften besteht u daher dem Publikum solche reinen Beteiligungsgesellschaften als Typus bekannt u geläufig sind, kann mE auch eine relativ weit gefasste Umschreibung einer solchen **Holdingfunktion** den Zweck der Information des Geschäftsverkehrs (s Rz 9) erfüllen u kann der so beschriebene Tätigkeits-Typus auch eine ausreichend konkrete Leitlinie u Grenzziehung für die Geschäftsführung der Gesellschaft im Innenverhältnis (s Rz 9) sein. Dies setzt natürlich voraus, dass tatsächlich Beteiligungen v sehr hoher Diversität Gegenstand des Unternehmens sein sollen.[50] Davon ausgehend können mE solche typischen „Holding-Klauseln" als zulässig angesehen werden. Jedenfalls ausreichend sollte aber (s bereits oben) eine solche Formulierung ergänzt um ein „insb v" samt Anführung v gattungsmäßig bezeichneten Beteiligungsobjekten (sachlicher Tätigkeitsbereich der Gesellschaften an denen Beteiligungen eingegangen werden sollen) sein.

15 Der Unternehmensgegenstand der **Komplementär-GmbH** einer GmbH & Co KG ist ausreichend beschrieben, wenn er auf die Aufgabe hinweist, die Geschäfte der KG unter Übernahme der unbeschränkten Haftung wahrzunehmen.[51]

3. Änderung

16 Die Änderung des Unternehmensgegenstands bedeutet eine **Änderung des GesV** u bedarf daher eines notariell beurkundeten Gesellschafterbeschlusses (§ 49 Abs 1).[52] Über die allg Beschlusserfordernisse für GesV-Änderungen (§ 50 Abs 1) hinaus bedarf die Änderung des Gegen-

---

zweck und der Übernahme von Geschäftsführungen"); vgl dazu auch *U. Torggler* in Torggler, GmbHG § 4 Rz 6; *Koppensteiner/Rüffler*, GmbHG[3] § 4 Rz 6.

50 Andernfalls wäre das ein unzulässiger Unternehmensgegenstand „auf Vorrat", ohne Rücksicht auf tatsächlich geplante oder mögl Tätigkeitsfelder der Gesellschaft – s dazu auch *Koppensteiner/Rüffler*, GmbHG[3] § 4 Rz 6.
51 *Koppensteiner/Rüffler*, GmbHG[3] § 4 Rz 9; *Aicher/Feltl* in Straube/Ratka/Rauter, GmbHG § 4 Rz 17; *Schmidsberger/Duursma* in Gruber/Harrer, GmbHG[2] § 4 Rz 42; *Gellis/Feil*, GmbHG[7] § 4 Rz 7.
52 *Koppensteiner/Rüffler*, GmbHG[3] § 4 Rz 7; *Aicher/Feltl* in Straube/Ratka/Rauter, GmbHG § 4 Rz 16; *Gellis/Feil*, GmbHG[7] § 4 Rz 7.

stands des Unternehmens gem § 50 Abs 3 eines **einstimmigen Beschlusses**, wenn im GesV nichts anderes festgelegt ist. Das Mehrheitserfordernis **kann** somit gesv bis zur Dreiviertelmehrheit (§ 50 Abs 1) **herabgesetzt** werden.

Eine Änderung des Unternehmensgegenstands liegt jedenfalls iSv § 50 Abs 3 noch nicht vor, wenn die Gesellschaft ihr **Aktionsfeld** auf einen Teil des vertraglich zulässigen Tätigkeitsbereichs **einschränkt**.[53] Hilfsgeschäfte sind jedenfalls v der Haupttätigkeit mitumfasst.[54] Eine **faktische Änderung** des Unternehmensgegenstands ohne Änderung der Satzung kann v jedem Gesellschafter bekämpft werden.[55] Auch erscheint in solch einem Fall *„ein Mangel einer wesentlichen Voraussetzung"* iSd § 10 Abs 2 FBG gegeben u damit eine amtswegige Löschung durch das Gericht möglich.[56] S näher § 50 Rz 12 ff.

4. Mantel- und Vorratsgesellschaften

Unter Mantel- oder Vorratsgesellschaften werden KapGes, die über kein Betätigungsfeld, über kein eigenes Unternehmen verfügen, sondern sich sozusagen als leere Hülse (Gesellschaftsmantel) darstellen, verstanden.[57] Dies können einerseits vormals aktive Gesellschaften sein, die ihre wirtschaftliche Tätigkeit eingestellt haben, also funktions- u/oder vermögenslos gewordenen Rechtsträger, oder aber andererseits vorerst inaktive, erst für eine spätere Teilnahme am Wirtschaftsleben gegründete Gesellschaften (Vorratsgesellschaften).[58] Im letzteren Fall spricht man auch v **Mantelgründung**.[59] Eine solche ist dann unproblematisch, wenn die Vorratsgründung **offen gelegt** wird, dazu geeignet ist etwa die Umschreibung des Unternehmensgegenstands mit „Verwaltung eigenen

---

53 *Koppensteiner/Rüffler*, GmbHG³ § 4 Rz 7, § 50 Rz 8; *Gellis/Feil*, GmbHG⁷ § 4 Rz 7; *Aicher/Feltl* in Straube/Ratka/Rauter, GmbHG § 4 Rz 16.
54 *Koppensteiner/Rüffler*, GmbHG³ § 4 Rz 7.
55 *Gellis/Feil*, GmbHG⁷ § 4 Rz 7 mwN; *Aicher/Feltl* in Straube/Ratka/Rauter, GmbHG § 4 Rz 16.
56 *Aicher/Feltl* in Straube/Ratka/Rauter, GmbHG § 4 Rz 16; *Koppensteiner/Rüffler*, GmbHG³ § 4 Rz 7.
57 *Auer*, wbl 2001, 245, vgl auch *Gaggl*, ecolex 2007, 36.
58 *Auer*, wbl 2001, 245; *Schmidsberger/Duursma* in Gruber/Harrer, GmbHG² § 4 Rz 43.
59 Praktisch dient eine solche Mantelgründung der raschen u einfachen Verfügbarkeit einer GmbH für potenzielle Interessenten (vgl *Schmidsberger/Duursma* in Gruber/Harrer, GmbHG² § 4 Rz 44).

Vermögens".⁶⁰ Soll dagegen der im GesV festgelegte Unternehmensgegenstand gar nicht oder nicht in absehbarer Zeit verwirklicht werden, so handelt es sich um eine **verdeckte Mantelgründung**, welche unzulässig ist u die Nichtigkeit der betr Satzungsbestimmung nach § 879 ABGB zur Folge hat.⁶¹ Da in solch einem Fall somit ein zwingender Satzungsbestandteil nicht wirksam festgelegt wurde, ist ohne entspr Korrektur die Eintragung ins FB zu verweigern.⁶²

19 Werden Anteile an einer GmbH erworben, die bloß auf Vorrat gegründet wurde oder deren Unternehmen eingestellt wurde („leerer Mantel"), um sie als Unternehmensträger für eine neue unternehmerische Tätigkeit zu verwenden, so spricht man v **Mantelkauf**.⁶³ Motive dafür in der Praxis sind meist Zeitgewinn u Kostenminimierung. Ein solcher Mantelkauf ist **zulässig** u stellt **keine Umgehung** der Gründungsvorschriften dar, welche deren Anwendbarkeit zur Folge hätte.⁶⁴ Eine Haftung wegen Unterkapitalisierung ist aber in Einzelfällen denkbar.⁶⁵

E. Stammkapital

20 Im GesV muss die Höhe des Stammkapitals bestimmt werden. Dieses bezeichnet das **bei Gründung** der Gesellschaft **durch Einlagen** der Gesellschafter (Stammeinlagen), uzw entweder durch Bareinlage oder Ein-

---

60 *Aicher/Feltl* in Straube/Ratka/Rauter, GmbHG § 4 Rz 19; *Koppensteiner/Rüffler*, GmbHG³ § 4 Rz 10; *Schmidsberger/Duursma* in Gruber/Harrer, GmbHG² § 4 Rz 45; *Feltl*, GmbHG § 4 E 8; krit *Auer*, wbl 2001, 247, für den die Umschreibung „Verwaltung eigenen Vermögens" den Vorratscharakter zu wenig zum Ausdruck bringt.
61 *Aicher/Feltl* in Straube/Ratka/Rauter, GmbHG § 4 Rz 19.
62 So auch *Aicher/Feltl* in Straube/Ratka/Rauter, GmbHG § 4 Rz 19 mwN.
63 *Koppensteiner/Rüffler*, GmbHG³ § 4 Rz 10a.
64 *Ch. Nowotny* in Kalss/Nowotny/Schauer, GesR² Rz 4/126 mwN; *Schmidsberger/Duursma* in Gruber/Harrer, GmbHG² § 4 Rz 46; *Aicher/Feltl* in Straube/Ratka/Rauter, GmbHG § 4 Rz 22; ausf. *Koppensteiner/Rüffler*, GmbHG³ § 4 Rz 10a f; **aA** die dRsp, welche bei Unterbilanz die Gründungsvorschriften (Kapitalaufbringungsvorschriften) für anwendbar hält – s dazu *Koppensteiner/Rüffler*, GmbHG³ § 4 Rz 10a sowie *Aicher/Feltl* in Straube/Ratka/Rauter, GmbHG § 4 Rz 22.
65 *Koppensteiner/Rüffler*, GmbHG³ § 4 Rz 10a f, halten bei Verwendung vermögensloser Mäntel eine Haftung wegen materieller Unterkapitalisierung für möglich.

bringung v Sachwerten (s § 6 Rz 13 u § 6a), **aufzubringende Gesellschaftsvermögen** (ursprüngliche Eigenkapitalausstattung).[66] Es soll einerseits die eigene Funktionsfähigkeit gewährleisten u dient andererseits, als **Ersatz einer persönlichen Haftung** der Gesellschafter, in erster Linie der Aufbringung u Erhaltung des Gesellschaftsvermögens.[67] Es soll den Garantiefonds der Gesellschaft bilden.[68] Eine solche **Gläubigerschutzfunktion** kann das Stammkapital aber nur **eingeschränkt** erfüllen. Da das Gesetz einen einheitlichen, starren Mindestbetrag für das Stammkapital unabhängig v jew Zweck der Gesellschaft u dem damit zu erwartenden Eigenmittelbedarf vorsieht, kann auch eine GmbH mit einer den Bedürfnissen ihrer unternehmerischen Tätigkeit nicht entspr Eigenmittelausstattung am Rechtsverkehr teilnehmen, ohne gegen § 6 zu verstoßen.[69]

Das Stammkapital ist v **Gesellschaftsvermögen** zu unterscheiden. **21** Während das Stammkapital eine starre rechnerische Größe darstellt, ist das Gesellschaftsvermögen die einer laufenden Veränderung unterliegende Summe aller Vermögenswerte der Gesellschaft.[70]

Gemäß § 6 Abs 1 haben Stammkapital u Stammeinlage auf einen **in €** **22** bestimmten Nennbetrag zu lauten. Das Stammkapital ist die rechnerische Summe der Stammeinlagen der einzelnen Gesellschafter u muss **mind € 10.000** (Mindeststammkapital) erreichen (zum Erfordernis eines höheren Mindeststammkapitals nach Sondergesetzen für bestimmte Rechtsträger s § 6 Rz 3). Vom Mindeststammkapital zu unterscheiden sind die Vorschriften über die **Mindesteinzahlung** auf das Stammkapital gem §§ 10, 10a, 10b (s Näheres in der Kommentierung dazu). Die **Gründungsprivilegierung** iSd § 10b (s Kommentierung dort), welche noch bis 31.12.2023 im FB eingetragen werden konnte, konnte nur im GesV, nicht aber auch später durch eine Abänderung desselben in Anspruch genommen werden. Mit dem GesRÄG 2023 wurde § 10b mit Ablauf des 31.12.2023 aufgehoben. Gemäß der Übergangsbestimmung des § 127 Abs 30 ist auf GmbH, bei denen die Gründungsprivilegierung am

---

66 *Aicher/Feltl* in Straube/Ratka/Rauter, GmbHG § 4 Rz 23.
67 *Umfahrer*, GmbH[7] Rz 3.79.
68 *Aicher/Feltl* in Straube/Ratka/Rauter, GmbHG § 4 Rz 23.
69 *Schmidsberger/Duursma* in Gruber/Harrer, GmbHG[2] § 4 Rz 48. Allerdings kann es in solchen Fällen einer anfänglichen qualifizierten Unterkapitalisierung zu einem Haftungsdurchgriff auf die Gesellschafter kommen; s *Koppensteiner/Rüffler*, GmbHG[3] § 6 Rz 3, § 61 Rz 35.
70 *Gellis/Feil*, GmbHG[7] § 4 Rz 8.

1.1.2024 im FB eingetragen war, § 10b mit der Maßgabe weiterhin anzuwenden, dass es abw v § 10b Abs 5 S 2 zu keiner Beendigung der Gründungsprivilegierung durch Zeitablauf kommt. In einer solchen GmbH kann eine Abänderung des GesV, die nach dem 31.12.2024 zum FB angemeldet wird, nur eingetragen werden, wenn im abgeänderten GesV die Bestimmungen über die Gründungsprivilegierung beseitigt wurden.

F. Stammeinlagen

23 Die im GesV festzulegende **Stammeinlage** ist der in € ausgedrückte Betrag, der v jedem Gesellschafter als Einlage auf das Stammkapital zu leisten ist.[71] Die Stammeinlage eines Gesellschafters muss mind € 70 betragen (§ 6 Abs 1). Dazu weiterführend sowie ausf zur Leistung der Stammeinlagen durch Bar- oder Sacheinlage s § 6 Rz 7 ff.

Diese verpflichtende Angabe der einzelnen Gesellschafter u der v ihnen übernommenen Einlageverpflichtungen (Stammeinlagen) entfällt jedenfalls nach Eintragung der GmbH im FB u Erfüllung der Einlageverpflichtungen.[72] Nach neuerer A, welcher beizupflichten ist, ist dafür nicht die vollständige Erfüllung der Einlageverpflichtungen erforderlich, da ohnehin auf Grundlage der FB-Akten nachgeprüft werden kann, inwieweit die Einlagen geleistet wurden bzw dies aus dem FB hervorgeht[73]. Dementsprechend kann nach FB-Eintragung, welche ja gem § 10 den Nachw der Erbringung der vor Anmeldung eingeforderten Einlagenleistungen voraussetzt, die Angabe iSd § 4 Abs 1 Z 4 im GesV entfallen.[74]

---

71 OGH 29.4.2013, 8 Ob 36/13x.
72 *Schmidsberger/Duursma* in Gruber/Harrer, GmbHG[2] § 4 Rz 62; *Koppensteiner/Rüffler*, GmbHG[3] § 4 Rz 15; *Aicher/Feltl* in Straube/Ratka/Rauter, GmbHG § 4 Rz 30; OGH 22.12.1958, 3 Ob 402/58; s auch *Feltl*, GmbHG § 4 E 13.
73 OLG Wien, 20.4.2009, 28 R 53/09h; s auch *Koppensteiner/Rüffler*, GmbHG[3] § 4 Rz 15 mwN.
74 Wenn die im GesV angeführten Gesellschafter nach einem Gesellschafterwechsel nicht mehr mit den (aus dem FB ersichtlichen) aktuellen Gesellschaftern übereinstimmen, besteht zwar keinerlei rechtlich zwingende Veranlassung zur Anpassung des GesV, es empfiehlt sich aber aus praktischer Sicht, eine Änderung der betr Regelung im GesV auf eine „personenneutrale" Formulierung. Hier kommt etwa eine den Punkt Stammkapital u Stammeinlagen zusammenfassende Textierung in Frage, zB „Das Stammkapital der Gesellschaft beträgt € 35.000,– u ist voll u bar geleistet."

Von der Stammeinlage zu unterscheiden ist der **Geschäftsanteil**, 24
welcher die Summe der gesv Rechte (Mitgliedschafts- u Vermögensrechte), die mit der Stammeinlage verbunden sind, darstellt.[75] Soweit im
GesV nicht anders festgelegt, richtet sich der Geschäftsanteil nach der
Höhe der übernommenen Stammeinlage (§ 75 Abs 1).

Weiters bestimmt die Höhe der übernommenen Stammeinlage das 25
Stimmrecht (§ 39 Abs 2, Näheres s Kommentierung dort), die Berechti-
gung zur Ausübung gesetzl **Minderheitenrechte**,[76] das **Bezugsrecht** im
Kapitalerhöhungsvorgang (§ 52 Abs 3, Näheres s Kommentierung dort).

G. Möglicher weiterer zwingender Inhalt bei Bestehen eines Aufsichtsrats

Hat die Gesellschaft einen AR oder muss sie einen solchen haben (s § 29 26
Rz 4 ff), sind im GesV die Betragsgrenzen iSd § 30j Abs 5 Z 4, 5, 6 zu
normieren. Ein Fehlen dieser Festlegungen führt allerdings nicht zur
Unwirksamkeit des GesV,[77] sondern unterliegen diesfalls alle in den vor-
erwähnten Bestimmungen genannten Geschäfte der Zustimmung des
AR, ohne dass es auf das Erreichen einer Betragsgrenzen ankommen
würde.[78] Zum Thema weiterführend s § 30j Rz 81 ff.

H. Relativ zwingender Inhalt

Die nachfolgenden **relativ zwingenden Satzungsbestimmungen** kön- 27
nen zwar auch außerhalb der Satzung vereinbart werden, entfalten jedoch nur dann absolute Wirkung nach außen u gegenüber neu eintretenden Gesellschaftern, wenn sie im GesV vereinbart werden:[79]

---

75 *Umfahrer*, GmbH[7] Rz 3.82 mwN.
76 Einen Überblick zu diesen bietet etwa *Schmidsberger*, Gestaltung von GmbH-Verträgen[2] 81 ff.
77 *Schmidsberger/Duursma* in Gruber/Harrer, GmbHG[2] § 4 Rz 65 mwN; *Koppensteiner/Rüffler*, GmbHG[3] § 4 Rz 2.
78 OGH 19.12.1991, 8 Ob 595/90; so auch *Schmidsberger/Duursma* in Gruber/Harrer, GmbHG[2] § 4 Rz 65; *Straube/Rauter* in Straube/Ratka/Rauter, GmbHG § 30j Rz 111; *Koppensteiner/Rüffler*, GmbHG[3] § 30j Rz 22, welche jedoch davon ausgehen, dass die Eintragung der Gesellschaft bei Fehlen der Betragsgrenzen abzulehnen ist.
79 *Ch. Nowotny* in Kalss/Nowotny/Schauer, GesR[2] Rz 4/129 mwN.

- Die Einräumung v Sonderrechten (Begünstigungen) an Gesellschafter gem § 6 Abs 4 (s näher § 6 Rz 23 ff);
- Die Festlegung, dass ein im GesV bestellter GF nur aus wichtigem Grund abberufbar sein soll (s näher § 16 Rz 31 ff);
- Die Vinkulierung v Geschäftsanteilen gem § 8 Abs 2, § 76 Abs 2 (s näher § 76 Rz 12 ff);
- Die Vereinbarung, dass die Gesellschafter über die Pflicht zur Leistung v Nachschüssen iSd § 72 beschließen können (s näher § 72 Rz 15 ff).

Sollen in der GmbH **virtuelle** oder **hybride Gesellschafterversammlungen** (GV) iSd Virtuelle Gesellschafterversammlungen-Gesetz (VirtGesG)[80] abgehalten werden können, so ist dies im GesV entspr vorzusehen, insofern sind solche Regelungen daher gegebenenfalls relativ zwingender Inhalt des GesV. Dabei ist auch zu regeln, ob diese Versammlungen stets virtuell durchzuführen sind oder ob das einberufende Organ über die Form der Durchführung entscheidet (§ 1 Abs 2 VirtGesG). Im GesV kann auch vorgesehen werden, dass stets eine Versammlung durchzuführen ist, bei der sich die einzelnen Teilnehmer zw einer physischen Teilnahme u einer virtuellen Teilnahme entscheiden können („hybride Versammlung") oder dass die E, ob eine hybride Versammlung durchgeführt wird, dem einberufenden Organ obliegt (§ 1 Abs 4 VirtGesG). Durch das VirtGesG werden (andere) gesetzl oder gesv Regelungen, nach denen die Durchführung einer GV ohne physische Anwesenheit der Teilnehmer zulässig ist, nicht berührt (§ 1 Abs 8 VirtGesG).

Vergleiche zum Thema auch § 36 Rz 5 u betr die Einberufung virtueller oder hybrider Versammlungen § 38 Rz 10.

---

80 BGBl I 2023/79.

III. Fakultativer Inhalt des Gesellschaftsvertrags

A. Grundlagen, Unterscheidung materielle u formelle Satzungsbestandteile

Wie bereits zu Rz 3 näher dargestellt, kommen im österr GmbH-Recht den Gesellschaftern **weitgehende** gesv **Gestaltungsmöglichkeiten** zu, da vorwiegend das Prinzip der Vertragsfreiheit gilt, soweit nicht gegen die Grundprinzipien des GmbH-Rechts (wie zB Gläubigerschutzvorschriften, Fernhaltung der Geschäftsanteile v Kapitalmarkt u Minderheitenschutzbestimmungen sowie die Sicherheit des Rechtsverkehrs)[81] verstoßen wird. Es bedarf daher nicht die Zulässigkeit, sondern die Unzulässigkeit einer v Gesetz abw gesv Regelung einer gesonderten Begr.[82] In versch Hinsicht ist hier nach hA[83] die **Unterscheidung** zw **materiellen** („korporativen" oder auch „echten") u **formellen** („nichtkorporativen" oder auch „unechten") **Satzungsbestandteilen** relevant (s zu dieser Unterscheidung auch bereits Rz 5). Insbesondere ist diese Differenzierung bedeutsam für: 28

- Die **Auslegung** der Bestimmungen, da korporative Satzungsbestandteile objektiv u nicht-korporative Bestimmungen nach Vertragsauslegungsgrundsätzen unter Berücksichtigung der Parteienabsicht zu interpretieren sind (s näher Rz 5);
- Die **Rechtswirkung** gegenüber neu hinzutretenden Gesellschaftern, da echte Satzungsbestandteile auch künftige Gesellschafter binden, während bloß formelle Satzungsbestandteile nur zw den vertragsschließenden Parteien (*„inter partes"*) ihre Wirkung entfalten, nicht aber auch gegenüber künftigen Gesellschaftern;
- Die **Erfordernisse, welche** für eine wirksame **Abänderung** der betr Satzungsbestandteile zu erfüllen sind, da korporative Regelungen nur nach Maßgabe des § 49 mit dem Erfordernis der qualifizierten Mehrheit des § 50 Abs 1 (drei Viertel der abgegebenen Stimmen) geändert werden können, während für die Änderung nicht-korporati-

---

81 *Ch. Nowotny* in Kalss/Nowotny/Schauer, GesR[2] Rz 4/128; *Koppensteiner/Rüffler*, GmbHG[3] § 4 Rz 19.
82 *Koppensteiner/Rüffler*, GmbHG[3] § 4 Rz 19.
83 *Aicher/Feltl* in Straube/Ratka/Rauter, GmbHG § 4 Rz 37; *Schmidsberger/Duursma* in Gruber/Harrer, GmbHG[2] § 4 Rz 66 mwN; *Koppensteiner/Rüffler*, GmbHG[3] § 4 Rz 17; *Umfahrer*, GmbH[7] Rz 9.2.

ver Satzungsbestimmungen nach wohl hA die einfache Stimmenmehrheit ausreichend ist[84] (s auch § 49 Rz 14 ff u § 50 Rz 11 f – dort auch zur ggt A).

29 Unter den **korporativen Regelungen** des GesV (materielle Satzungsbestandteile) sind jedenfalls solche zu verstehen, die nicht nur für derzeitige, sondern auch für künftige Gesellschafter u Dritte v Bedeutung sind, also der Komplex der Gesellschaftsorganisation als Verbandsverfassung.[85] Das sind jene Bestimmungen des GesV, die einerseits den notwendigen (§ 4 Abs 1 Z 1 bis 4), aber auch den fakultativen Satzungsinhalt regeln u die organisatorische Grundlage der Gesellschaft bilden.[86] Auf Grund ihres „dinglichen Charakters"[87] binden sie nicht nur die Vertragsbeteiligten (also die Gründungsgesellschafter), sondern gelten auch für einen unbestimmten Personenkreis, zu dem sowohl gegenwärtige als auch zukünftige Anteilseigner zählen, u haben auch für Gläubiger der Gesellschaft Bedeutung.[88] Materielle Satzungsbestimmungen nehmen Einfluss auf die Rechtsverhältnisse der Gesellschaft u deren Beziehung zu den Gesellschaftern u müssen daher zu ihrer Wirksamkeit im GesV geregelt werden.[89]

30 Dagegen werden Satzungsbestandteile, die auch außerhalb des GesV mit Wirkung *inter partes* oder mit einem Dritten vereinbart werden könnten, die Beteiligten nur schuldrechtlich binden u in der Satzungsurkunde bloß „verlautbart" werden, als bloß **formelle Satzungsbestandteile** (nicht-korporative Regelungen) bezeichnet.[90] Sie stehen daher in bloß formalem Zusammenhang mit dem GesV u sind zwar tatsächlicher, aber nicht rechtlicher Bestandteil der Satzung.[91]

---

84 *Koppensteiner/Rüffler*, GmbHG³ § 4 Rz 20; *Umfahrer*, GmbH⁷ Rz 9.2; *Umfahrer*, ecolex 1996, 99 f; *Schmidsberger/Duursma* in Gruber/Harrer, GmbHG² § 4 Rz 68; *Diregger* in Torggler, GmbHG § 50 Rz 6; *Rauter/Milchrahm* in Straube/Ratka/Rauter, GmbHG § 50 Rz 40 ff, mwN – dort auch ausf Darstellung des Meinungsstands u wN auch zur ggt A.
85 OGH 25.11.1997, 1 Ob 61/97w; 3.11.2005, 6 Ob 231/05x; 16.6.2011, 6 Ob 99/11v.
86 *Umfahrer*, ecolex 1996, 99; *Umfahrer*, GmbH⁷ Rz 9.2.
87 *Umfahrer*, ecolex 1996, 99.
88 *Koppensteiner/Rüffler*, GmbHG³ § 3 Rz 17; *Umfahrer*, GmbH⁷ Rz 9.2; idS auch OGH 25.11.1997, 1 Ob 61/97w; 16.6.2011, 6 Ob 99/11v.
89 *Aicher/Feltl* in Straube/Ratka/Rauter, GmbHG § 4 Rz 38.
90 *Koppensteiner/Rüffler*, GmbHG³ § 4 Rz 17.
91 *Umfahrer*, GmbH⁷ Rz 9.2.

Grundsätzlich ergibt sich die **Zuordnung** zu der einen oder anderen Kategorie aus dem **Gegenstand der Regelung** (s auch Rz 32 f).[92] Es können aber auch Regelungen, die weder formelle noch materielle Satzungsbestandteile wären, als materielle Satzungsbestandteile aufgenommen werden (sog **indifferente Satzungsbestimmungen**).[93] Ob mit einer solchen Aufnahme in den GesV tatsächlich die korporative Wirkung gewollt war u die Regelung damit insb den Bestimmungen über die Satzungsänderung unterstellt werden sollte, ist durch Auslegung zu ermitteln.[94] Eine solche korporative Wirkung müsste sich aber aus einer sorgfältigen Auslegung des Vertragsinhalts eindeutig ergeben.[95] In der Regel indiziert die Aufnahme einer Bestimmung in den GesV deren Qualität als materieller Satzungsbestandteil.[96] Diese **Zweifelsregel** findet keine Anwendung auf die Bestellung v Gesellschafter-GF im GesV,[97] schuldrechtliche Nebenabreden mit Nichtgesellschaftern[98] u die Begr v Rechten u Pflichten zw ganz bestimmten einzelnen Gesellschaftern.[99]

31

Abgesehen v gesetzl zwingenden Mindestinhalt der Satzung sind **typischerweise** organisatorische Regelungen über Gesellschaftsorgane, wie etwa Bestimmungen zur Einberufung der GV oder grds Regelungen zur Geschäftsführung u Vertretung der Gesellschaft sowie auch die Einrichtung fakultativer Gesellschaftsorgane samt Ausgestaltung derer Organkompetenzen, **als materielle Satzungsbestandteile anzusehen**.[100]

32

---

92 *Koppensteiner/Rüffler*, GmbHG³ § 4 Rz 17.
93 *Umfahrer*, GmbH⁷ Rz 9.3 mwN.
94 *Koppensteiner/Rüffler*, GmbHG³ § 4 Rz 17.
95 *Schmidsberger/Duursma* in Gruber/Harrer, GmbHG² § 4 Rz 69 mwN.
96 *Gellis/Feil*, GmbH⁷ § 4 Rz 2; *Aicher/Feltl* in Straube/Ratka/Rauter, GmbHG § 4 Rz 46; *Umfahrer*, GmbH⁷ Rz 9.3; *Koppensteiner/Rüffler*, GmbHG³ § 4 Rz 20; *Schmidsberger/Duursma* in Gruber/Harrer, GmbHG² § 4 Rz 69.
97 Es kann ohne zusätzliche Anhaltspunkte nicht angenommen werden, dass durch die Bestellung im GesV auch die Beschränkung der Abberufbarkeit gem § 16 Abs 2 gewollt war; ein Sonderrecht auf Geschäftsführung wäre jedenfalls ausdrücklich einzuräumen, s *Koppensteiner/Rüffler*, GmbHG³ § 4 Rz 20.
98 Diese können nur formelle Satzungsbestandteile sein, da der GesV für Nichtgesellschafter nicht verbindlich ist, s *Umfahrer*, ecolex 1996, 99 mwN.
99 *Umfahrer*, ecolex 1996, 99; *Aicher/Feltl* in Straube/Ratka/Rauter, GmbHG § 4 Rz 46; *Schmidsberger/Duursma* in Gruber/Harrer, GmbHG² § 4 Rz 69.
100 *Schmidsberger/Duursma* in Gruber/Harrer, GmbHG² § 4 Rz 70 mwN.

Nach der **Rsp** gelten als solche insb:[101]

- Die freiwillige Einrichtung eines AR;[102]
- Die Instituierung eines Schiedsgerichts für Streitigkeiten, die sich aus dem GesV ergeben;[103]
- Von der gesetzl Regelung des Stimmgewichts abw Bestimmungen,[104] nicht aber auch Stimmbindungsverträge;[105]
- Regelungen zur Übertragung v Geschäftsanteilen, wie insb Aufgriffsrechte;[106]
- Die Festlegung eines unentziehbaren Sonderrechts auf Geschäftsführung;[107]
- Die Regelung bestimmter Anforderungen an die Qualifikation v Anteilserwerbern;[108]
- Die Verpflichtung mehrerer Miterben eines Geschäftsanteils zur Nominierung eines gemeinsamen Vertreters;[109]
- Die Vereinbarung der Gründungsprivilegierung gem § 10b.[110]

33 Als **formelle Satzungsbestandteile** sind bspw zu nennen:

- Zw den Gesellschaftern abgeschlossene Stimmrechtsbindungsvereinbarungen bzw Syndikatsverträge;[111]
- Die Vereinbarung v Aufgriffsrechten, Vorkaufsrechten, Optionsrechten oder Andienungsrechten (Put-Option) im GesV zugunsten eines bestimmten einzelnen Gesellschafters;[112]

---

101 Umfassende Aufzählung dazu in *Aicher/Feltl* in Straube/Ratka/Rauter, GmbHG § 4 Rz 39.
102 OGH 10.12.1975, 8 Ob 253/75.
103 OGH 29.6.2006, 6 Ob 145/06a; solche Schiedsklauseln sind nach hA zulässig – s dazu je mwN *Aicher/Feltl* in Straube/Ratka/Rauter, GmbHG § 4 Rz 40; *Schmidsberger/Duursma* in Gruber/Harrer, GmbHG² § 4 Rz 74.
104 OGH 13.10.2011, 6 Ob 202/10i.
105 *Aicher/Feltl* in Straube/Ratka/Rauter, GmbHG § 4 Rz 39 mwN.
106 OGH 25.11.1997, 1 Ob 61/97w; 3.11.2005, 6 Ob 231/05x; wobei solche Regelungen nur dann materieller Satzungsbestandteile sind, wenn sie alle Gesellschafter in gleicher Weise verpflichten u begünstigen – s dazu *Schmidsberger/Duursma* in Gruber/Harrer, GmbHG² § 4 Rz 71.
107 OGH 16.6.2011, 6 Ob 99/11v.
108 *Aicher/Feltl* in Straube/Ratka/Rauter, GmbHG § 4 Rz 39 mwN.
109 OGH 15.9.1954, 3 Ob 570/54.
110 *Aicher/Feltl* in Straube/Ratka/Rauter, GmbHG § 4 Rz 39.
111 *Schmidsberger/Duursma* in Gruber/Harrer, GmbHG² § 4 Rz 71 mwN.
112 OGH 10.7.1957, 3 Ob 243/57, HS 2241/125.

– Sowie überhaupt Vereinbarungen zw Gesellschaftern, die den einen verpflichten u den anderen in bestimmter Weise begünstigen.[113]

Wie bereits zu Rz 31 dargestellt, können solche grds als formelle Satzungsbestandteile zu qualifizierende schuldrechtliche Vereinbarungen durch Aufnahme in die Satzung zum materiellen Satzungsbestandteil werden, wenn diese Wirkung gewollt ist, was durch objektive Auslegung zu ermitteln ist. So können etwa auch grds den formellen Satzungsbestandteilen zuzurechnende Rechte zugunsten bestimmter einzelner zum Kreis der Gesellschafter gehörender Personen auch materieller Satzungsbestandteil sein, wenn aus der Gestaltung des GesV hervorgeht, dass sie auch gegenüber künftigen Gesellschaftern Wirkung entfalten sollen. Dies ist jedenfalls dann der Fall, wenn das Recht als gesv Sonderrecht definiert ist.

B. Ausgewählte Fragen zu häufigen fakultativen Satzungsbestimmungen

1. Vinkulierung von Geschäftsanteilen

Der Geschäftsanteil eines Gesellschafters ist gem § 76 Abs 1 grds übertragbar u vererblich (s näher § 76 Rz 4 ff).[114] Im GesV kann die Übertragung v weiteren Voraussetzungen abhängig gemacht werden. Dies wird in der Praxis häufig in der Form verwirklicht, dass die Übertragung der Zustimmung durch die übrigen Gesellschafter, die GV[115] (mit festgelegtem Mehrheitserfordernis) oder die Gesellschaft bedarf (sog **"Vinkulierung"**; s näher § 76 Rz 12 ff). Einer Vinkulierung im GesV kommt absolute Wirkung zu, somit ist eine Übertragung bis zur Erteilung der Zustimmung schwebend unwirksam.[116] Im Falle der Verweigerung der Zustimmung kann diese gem § 77 durch E des FB-Gerichts ersetzt werden.[117] Die nach-

34

---

[113] Aicher/Feltl in Straube/Ratka/Rauter, GmbHG § 4 Rz 45; Schmidsberger/Duursma in Gruber/Harrer, GmbHG² § 4 Rz 71.
[114] Die Vererbbarkeit ist zwingend; gesv Regelungen, die einen *ipso iure*-Übergang bei Tod eines Gesellschafters auf die übrigen Gesellschafter vorsehen, sind unwirksam – stRsp: etwa OGH 5.9.1990, 2 Ob 593/90; 7.8.2008, 6 Ob 150/08i.
[115] Hierzu ist bei der Vertragsgestaltung zu beachten, dass auch der betroffene Gesellschafter stimmberechtigt ist; s dazu OGH 4.11.1996, 2 Ob 2146/96v.
[116] Schmidsberger, Gestaltung von GmbH-Verträgen² 36; Koppensteiner/Rüffler, GmbHG³ § 76 Rz 7; vgl auch Umfahrer, GmbH⁷ Rz 15.32.
[117] Die Zustimmung des Gerichts ist, vorausgesetzt die Stammeinlage des betr Gesellschafters ist voll einbezahlt, zu erteilen, wenn ausreichende Gründe

trägliche **Aufnahme** einer Anteilsvinkulierung bedarf nach hM u Rsp der Zustimmung aller betroffenen Gesellschafter.[118] Die Änderung oder **Aufhebung** einer gesv Vinkulierungsregelung stellt eine Änderung des GesV dar u bedarf jedenfalls eines GV-Beschlusses mit satzungsändernder Mehrheit. Sieht die Vinkulierungsklausel selbst ein höheres Zustimmungsquorum vor, so bedarf auch die Änderung bzw Aufhebung der Vinkulierungsbestimmung dieses höheren Quorums, da ansonsten die Vinkulierung umgangen werden könnte.[119] Ausführlich zum Thema s § 76 Rz 12 ff.

35 Eine **Teilung** v Geschäftsanteilen ist (ausgenommen im Fall der Vererbung) nur dann zulässig, wenn diese Möglichkeit im GesV vorgesehen ist (§ 79 Abs 1). Dies sollte bei der Satzungsgestaltung bedacht werden, da ansonsten die Abtretung v bloß Teilen eines Geschäftsanteils nicht wirksam möglich wäre (s dazu näher § 79 Rz 4 ff).

2. Aufgriffsrechte

36 Neben den oben beschriebenen Vinkulierungsregelungen werden in der Praxis häufig auch Vorkaufs- oder **Aufgriffsrechte** für den Fall der v einem Gesellschafter beabsichtigten Übertragung seines Geschäftsanteils zugunsten der übrigen Gesellschafter vereinbart (s dazu ausführlich § 76 Rz 24 ff). Dies etwa für den Fall der gerichtl Ersetzung einer gesv vorgesehenen Zustimmung (s dazu Rz 34). Neben den Fällen v (beabsichtigten) rechtsgeschäftlichen Anteilsübertragungen werden Aufgriffsrechte oft auch für andere Fälle vorgesehen, wie etwa im Falle der Ausübung eines gesv vorgesehenen Rechts, die Gesellschaft aufzukündigen,[120] der Eröffnung eines Insolvenzverfahrens über das Vermögen eines Gesellschafters, der Abweisung eines Antrages auf Eröffnung eines solchen Verfahrens mangels kostendeckenden Vermögens, der Bewilligung der Exekutionsführung auf den Geschäftsanteil eines Gesellschaf-

---

für die Verweigerung der Zustimmung nicht vorliegen u die Übertragung ohne Schädigung der Gesellschaft, der übrigen Gesellschafter u der Gläubiger erfolgen kann.

118 *Koppensteiner/Rüffler*, GmbHG³ § 76 Rz 4; *Umfahrer*, GmbH⁷ Rz 15.39; *Schmidsberger*, Gestaltung von GmbH-Verträgen² 38 mwN; OGH 21.12.2017, 6 Ob 104/17p.
119 *Schmidsberger*, Gestaltung von GmbH-Verträgen² 39 mwN.
120 Meist wird für den Fall der Aufkündigung der Gesellschaft deren Auflösung u Liquidation vorgesehen, wenn nicht die übrigen (nicht kündigenden) Gesellschafter den Geschäftsanteil des kündigenden Gesellschafters binnen bestimmter Frist aufgreifen u die Gesellschaft fortsetzen.

ters, ferner, wenn die Exekution nicht binnen bestimmter Frist eingestellt wird oder auch in dem Fall, dass sich bei einem Gesellschafter, der keine natPers ist, die unmittelbaren oder mittelbaren Beteiligungsverhältnisse mehrheitlich ändern („Change of Control") oder auch bei Tod eines Gesellschafters.[121] **Nur im GesV vereinbarte Aufgriffsrechte haben absolute Wirkung.**[122]

Im Falle der Aufnahme solcher Aufgriffsrechte in die Satzung **sollte** zur Schaffung klarer rechtlicher Verhältnisse jedenfalls **geregelt werden**: 37

– Die klar formulierte Festlegung, ob es sich um ein Aufgriffsrecht iSe bei Vorliegen bestimmter Tatbestandsvoraussetzungen durch einseitige Willenserklärung ausübares Gestaltungsrecht oder um die gesv festgelegte Pflicht handelt, seinen Gesellschaftsanteil in solch einem Fall den übrigen Gesellschaftern zu einem bestimmten Abfindungspreis zum Erwerb anzubieten (Anbotspflicht).[123] Diese Unterscheidung ist auch iZm der Formpflicht bei der Ausübung v Aufgriffsrechten v praktischer Bedeutung;[124]

---

121 Hier ist zu beachten, dass die in § 76 Abs 1 vorgesehene Vererblichkeit des Geschäftsanteils zwingend ist u daher im GesV nicht ausgeschlossen werden kann. Regelungen, die einen *ipso iure*-Übergang auf die übrigen Gesellschafter vorsehen, sind unzulässig, wohl aber können gesv Aufgriffsrechte vereinbart werden, die dann gegenüber den jew erbrechtlichen Rechtsnachfolgern bzw, soweit es solche noch nicht gibt, gegenüber dem ruhenden Nachlass auszuüben sind. Weiters können iZm der Höhe des gesv vorgesehenen Ablösepreises beim Aufgriff im Todesfall eines Gesellschafters (insb, wenn dieser deutlich unter dem Verkehrswert liegt) pflichtteilsrechtliche Konsequenzen eintreten bzw zu beachten sein. S dazu auch § 76 Rz 27 sowie weiterführend *Umlauft*, Hinzu- und Anrechnung² 267 ff; *Schopper/Walch*, NZ 2020, 161 (172).
122 *Schmidsberger*, Gestaltung von GmbH-Verträgen² 38 mwN.
123 Im letzteren Fall hat der betroffene Gesellschafter zunächst (in Notariatsaktsform) ein entspr Abtretungsangebot an die übrigen Gesellschafter zu legen, bevor diese (durch Angebotsannahme) ihr Aufgriffsrecht ausüben können. Bei Säumigkeit muss der verpflichtete Gesellschafter daher zunächst auf die Abgabe des Angebots geklagt werden. Liegt dagegen ein Aufgriffsrecht ieS vor, wird der betroffene Gesellschafter durch die Ausübung des Aufgriffsrechts durch die übrigen Gesellschafter unmittelbar verpflichtet. Näher dazu *Umfahrer*, GmbH⁷ Rz 15.33 mwN.
124 Erfolgt die Veräußerung des Geschäftsanteils in Form v Angebot u Annahme u somit in getrennten Urkunden, bedürfen beide der Notariatsaktsform. Nur wenn sich die Voraussetzungen für das Aufgriffsrecht in einer jeden Zweifel ausschließenden Deutlichkeit bereits unmittelbar aus dem GesV ergeben, entfällt die Notwendigkeit eines eigenen Angebots mittels Nota-

- Die genaue Definition des SV, der das Aufgriffsrecht auslöst (Aufgriffsfall)[125] u ggf Ausnahmen zur Regel (wie etwa ein bestimmter Personenkreis, an welchen abgetreten werden kann, ohne den Aufgriffsfall auszulösen);
- Festlegung des Ablaufs des Aufgriffsverfahrens (Verständigung v Eintritt des Aufgriffsfalls, Fristen, Fristbeginn, Form der abzugebenden Erklärungen,[126] Rechtsfolge u weiterer Ablauf bei Nichtausübung des Aufgriffsrechts durch einzelne [etwa anteilige Anwachsung des Rechts bei den übrigen Aufgriffsberechtigten], Regelung, ob nur ein insgesamt vollständiger Aufgriff des Geschäftsanteils oder auch ein bloß tw möglich sein soll);
- Regelungen zur Ermittlung des Abtretungspreises[127] (etwa Festlegung einer Berechnungsformel oder Bewertungsmethode, ggf Verfahren u Fristen zur Bestellung v Sachverständigen).

37a Betreffend die **Höhe des Abtretungspreises** (s zum Thema auch § 76 Rz 26 ff) ist zu beachten, dass zwar grds dessen Festlegung auch unter dem Verkehrswert zulässig ist, jedoch die Bestimmung eines Abtretungspreises, der eine Abfindung weit unter dem Verkehrswert vorsieht,[128] unwirksam sein kann.[129] Vor diesem Hintergrund werden va

---

riatsakt. Die Ausübung des Aufgriffsrechts selbst ist natürlich auch in diesem Fall notariatsaktspflichtig. S dazu OGH 17.12.2020, 6 Ob 240/20t; 25.11.2020, 6n Ob 198/20s.

125 Betr den Aufgriffsfall der beabsichtigten Veräußerung sollte die Definition etwa auch festlegen, ob umfassend alle Veräußerungsarten oder nur einzelne erfasst sind.
126 Zu beachten ist hier, dass das Anbieten des Geschäftsanteils zum Erwerb durch die übrigen Gesellschafter oder auch die Ausübung des Aufgriffsrechts selbst bei sonstiger Unwirksamkeit in Notariatsaktsform zu erfolgen hat u diese Formpflicht durch den GesV nicht abbedungen werden kann; s OGH 17.12.2020, 6 Ob 240/20t; 25.11.2020, 6 Ob 198/20s; 25.10.2017, 6 Ob 180/17i. Durch eine erst nach Ablauf der Aufgriffsfrist zur Ausübung des Aufgriffsrechts erfolgte Errichtung eines Notariatsakts tritt keine rückwirkende Heilung der ursprünglich bloß schriftlichen u damit unwirksamen Aufgriffserklärung ein; s OGH 15.4.2021, 6 Ob 62/21t.
127 Fehlt eine Bestimmung zur Ermittlung des Abtretungspreises oder ist die getroffene Regelung unwirksam, so ist der volle objektive Verkehrswert heranzuziehen, s OGH 25.9.2003, 2 Ob 189/01k; *Koppensteiner/Rüffler*, GmbHG³ Anh § 71 Rz 17; *Umfahrer*, GmbH⁷ Rz 15.40.
128 S *Gonaus/Schmidsberger*, RdW 2021/484, 607 (610) mwN: 50 % des Verkehrswertes werden v Teilen der L (unter Berücksichtigung der Wertung

auch sog Buchwertklauseln krit gesehen.[130] Die Zulässigkeit v Klauseln, die die Abfindung unter dem Verkehrswert vorsehen, ist insb unter dem Gesichtspunkt der Sittenwidrigkeit zu beurteilen.[131] Dabei ist maßgeblich, ob die Abfindungsregelung ein Minimum an Chancengleichheit zw den verbleibenden Gesellschaftern einerseits u dem Ausgeschiedenen, seinen Erben u Gläubigern andererseits gewährleisten kann.[132]

37b Mit seiner E v 16.9.2020[133] hat der OGH entgegen der jüngsten Rsp des OLG Linz[134] klargestellt, dass gesv Aufgriffsrechte für den Fall der Insolvenz eines Gesellschafters zulässig sind. Dabei kommt das Höchstgericht zum Ergebnis, dass solche Aufgriffsrechte nicht unter § 26 Abs 3 IO zu subsumieren sind u auch die §§ 25a u 25b IO auf GesV nicht anwendbar sind. In dieser E sowie auch jener v 12.5.2021[135] hat der OGH zugleich auch den Rahmen für die Zulässigkeit v Abfindungsbeschränkungen, die in den Fällen der Insolvenz u Exekution greifen sollen, näher festgelegt. Demnach müssen unter dem Gesichtspunkt des Gläubigerschutzes freiwilliges Ausscheiden u das Ableben eines Gesellschafters einerseits sowie Exekution bzw Insolvenz andererseits als Fälle des Aufgriffsrechts gleich behandelt werden.[136] Eine Abfindungsbeschränkung unter den Verkehrswert (Schätzwert) des Geschäftsanteils in den Fällen der Exekution u Insolvenz des Gesellschafters ist darüber hinaus nur zulässig, wenn sie nicht nur in diesen Fällen greift, sondern eine entspr Reduktion des Abfindungsanspruchs

---

des Gesetzgebers zur laesio enormis) als krit Grenze angesehen, andere Autoren vertreten, dass der Abschlag max 25 % betragen dürfe. Ein Abschlag v 20 % v Verkehrswert wurde v OGH in seiner E v 25.11.2020, 6 Ob 96/20s, (hinsichtlich einer KG) als „angemessene Abfindung" angesehen, so dass ein solcher jedenfalls auch nicht sittenwidrig sein kann.

129 *Umfahrer*, GmbH[7] Rz 15.41f mwN; vgl auch *Schmidsberger*, Gestaltung von GmbH-Verträgen[2] 48.
130 *Schmidsberger*, Gestaltung von GmbH-Verträgen[2] 48; *Weinstich/Albl*, Praxishandbuch Gesellschaftsvertrag 158.
131 *Umfahrer*, GmbH[7] Rz 15.41; *Fischerlehner/Kunisch* in Frenzel, Handbuch Gesellschafterwechsel bei der GmbH 60.
132 *Umfahrer*, GmbH[7] Rz 15.42 unter Verweis auf OGH 30.3.2016, 6 Ob 35/16i u 16.9.2020, 6 Ob 64/20k; vgl auch *Wednik* in Frenzel, Handbuch Gesellschafterwechsel bei der GmbH 136.
133 OGH 16.9.2020, 6 Ob 64/20k; eine ausf Besprechung dieser E findet sich in *Gonaus/Schmidsberger*, RdW 2020/626, 896.
134 OLG Linz 27.8.2019, 6 R 95/19m.
135 OGH 12.5.2021, 6 Ob 86/21x.
136 OGH 16.9.2020, 6 Ob 64/20k.

für jede Konstellation des freiwilligen (insb der Anteilsübertragung) u des unfreiwilligen Ausscheidens des Gesellschafters vereinbart wird.[137] Dieses Gleichbehandlungsgebot gilt dabei nicht nur für alle im GesV tatsächlich vorgesehenen Aufgriffsfälle, sondern für sämtliche Fälle eines Gesellschafterwechsels.[138] Zudem muss ein Gläubiger eine Beschränkung des Abfindungsanspruchs dann nicht gegen sich gelten lassen, wenn im Einzelfall besondere Hinweise auf eine ausnahmsweise mit der Abfindungsbeschränkung v vornherein verfolgte sittenwidrige Schädigungsabsicht vorliegt.[139] Es besteht somit auch dann, wenn die Abfindungsbeschränkung bei sämtlichen Fällen des Ausscheidens greifen soll, ein gewisses (wohl aber geringes) Risiko der Unwirksamkeit der betr Vertragsklausel.[140]

Im Lichte dieses neuen strengen Ansatzes des OGH wird in der Gestaltungspraxis v GmbH-GesV gut zu überlegen sein, ob Beschränkungen des Abfindungsanspruchs für Aufgriffsfälle der Insolvenz bzw Exekution aufgenommen werden sollen.[141] Zum Thema s auch § 76 Rz 26 ff u 83 ff.

3. Schiedsvereinbarungen

38 In der Praxis besteht mitunter das Bedürfnis, Streitigkeiten aus dem Gesellschaftsverhältnis (zw Gesellschaft u Gesellschaftern u zw den Gesellschaftern untereinander) vor einem Schiedsgericht auszutragen.[142] Die Aufnahme einer solchen **Schiedsvereinbarung** in den GesV (materieller

---

137 OGH 16.9.2020, 6 Ob 64/20k.
138 OGH 12.5.2021, 6 Ob 86/21x; gemäß dieser E ist es folglich unzulässig, wenn nicht für v Aufgriffsrechten betroffene Fälle des Gesellschafterwechsels der für Aufgriffsrechte festgelegte Abtretungspreis nicht gilt, sondern dieser frei vereinbart werden kann; s *Gonaus/Schmidsberger*, RdW 2021/484, 607 (608f). Diese gehen mit guten Argumenten davon aus, dass es zur gesv Umsetzung dieser Vorgaben ausreicht, für sämtliche Ausscheidensfälle ein mit einer Abfindungsbeschränkung im selben Ausmaß verbundenes Aufgriffsrecht vorzusehen. Eine gesv Generalklausel, welche es einem Gesellschafter verunmöglicht, zu einer höheren Abfindung als der für die Fälle der Insolvenz u der Exekution vorgesehenen aus der Gesellschaft auszuscheiden, wäre demnach nicht erforderlich. *Gonaus/Schmidsberger* räumen aber ein, dass die gegenst E des OGH auch anders gelesen werden kann.
139 OGH 16.9.2020, 6 Ob 64/20k.
140 *Gonaus/Schmidsberger*, RdW 2020/626, 896.
141 Vgl *Gonaus/Schmidsberger*, RdW 2021/484, 607 (612).
142 Vgl *Schmidsberger/Duursma* in Gruber/Harrer, GmbHG² § 4 Rz 73.

Satzungsbestandteil) ist nach hA[143] grds zulässig u hat sodann auch Verbindlichkeit für später hinzutretende Gesellschafter. Die nachträgliche Aufnahme einer Schiedsklausel in den GesV bedarf der Zustimmung aller Gesellschafter.[144] Mit dem SchiedsRÄG 2006 sind alle vermögensrechtlichen Ansprüche schiedsfähig geworden.[145] Da gesellschaftsrechtlichen Streitigkeiten stets vermögensrechtliche Ansprüche zugrunde liegen, kann grds v deren Schiedsfähigkeit ausgegangen werden.[146] Während die wohl hL die A vertritt, dass die konsumentenschutzrechtlichen Bestimmungen des § 617 ZPO dahingehend teleologisch zu reduzieren sind, dass sie nicht auf Schiedsklauseln in GesV anwendbar sind,[147] hat der OGH in einer jüngeren E ausgesprochen, dass eine teleologische Reduktion des § 617 ZPO im Bereich des Gesellschaftsrechts nicht zulässig ist.[148] Die Verbraucher- bzw Unternehmereigenschaft des Gesellschafters einer GmbH iZm konsumentenschutzrechtlichen Gesetzesbestimmungen ist in wirtschaftlicher Betrachtungsweise zu beurteilen. Maßgeblich ist dabei, inwieweit der Gesellschafter Einfluss auf die GF der Gesellschaft nehmen kann,[149] was nicht immer einfach zu beurteilen ist.[150] Dies bedeutet für die Praxis eine erhebliche Rechtsunsicherheit, da die Zulässigkeit u volle Wirksamkeit einer Schiedsvereinbarung im GesV schon dann nicht gegeben ist, wenn auch nur ein Gesellschafter als Verbraucher iSd § 617 ZPO anzusehen ist.[151] Somit wird in vielen Fällen die Aufnahme einer Schiedsklausel in den GesV nicht wirksam möglich sein.

In einer älteren E hat der OGH die Einsetzung eines Schiedsgerichts zur Überwindung einer Patt-Stellung, wenn die Erreichung eines Mehrheitsbeschlusses unter den Gesellschaftern unmöglich ist, für unzulässig

---

143 OGH 15.9.1998, 7 Ob 221/98w; 3.4.2001, 4 Ob 37/01x; 29.6.2006, 6 Ob 145/06a; *Aicher/Feltl* in Straube/Ratka/Rauter, GmbHG § 4 Rz 40 mwN; *Schmidsberger/Duursma* in Gruber/Harrer, GmbHG[2] § 4 Rz 74 mwN.
144 OGH 21.12.2017, 6 Ob 104/17p.
145 Davor waren etwa Fragen der Kapitalaufbringung nicht schiedsfähig – s näher *Koppensteiner/Rüffler*, GmbHG[3] § 10 Rz 2a.
146 *Koppensteiner/Rüffler*, GmbHG[3] § 63 Rz 4; *Schmidsberger/Duursma* in Gruber/Harrer, GmbHG[2] § 4 Rz 74.
147 *Schmidsberger/Duursma* in Gruber/Harrer, GmbHG[2] § 4 Rz 75 ff; *Aicher/Feltl* in Straube/Ratka/Rauter, GmbHG § 4 Rz 43 mwN.
148 OGH 16.12.2013, 6 Ob 43/13m; krit *Liebscher/Zeiler*, ecolex 2014, 425.
149 OGH 20.10.2021, 6 Ob 88/21s; 28.2.2018, 6 Ob 14/18d; s dazu ausf *Umfahrer*, GmbH[7] Rz 2.14.
150 S auch *Schmidsberger/Duursma* in Gruber/Harrer, GmbHG[2] § 4 Rz 76.
151 *Umfahrer*, GmbH[7] Rz 3.21.

erklärt, was aber wohl nur für jene Fälle gelten kann, in denen die ausschließlich Zuständigkeit der Gesellschafter gesetzl zwingend ist.[152]

Siehe näher zum Thema u mit umfassender Darstellung des Meinungsstands § 35 Rz 20.

IV. Unzulässige Satzungsbestandteile

39 Im Sinne der im GmbH-Recht grds geltenden Vertragsfreiheit (s dazu näher Rz 3, 28) sind v GmbHG abw Regelungen des GesV nur dann unzulässig u unwirksam, wenn sie gegen zwingendes Recht verstoßen, was einzelfallbezogen zu beurteilen ist. **Unzulässige Satzungsbestandteile** liegen regelmäßig dann vor, wenn Gläubigerrechte oder Minderheitenrechte beschnitten werden, das v GmbHG bezweckte Fernbleiben der Geschäftsanteile v Kapitalmarkt konterkariert oder ganz allg die Sicherheit des Rechtsverkehrs beeinträchtigt wird.[153] Die Aufnahme gleichheitswidriger Bestimmungen in den GesV bei Vertragsabschluss ist grds zulässig, da zu diesem Zeitpunkt – anders als bei einer späteren Beschlussfassung – ohnehin noch jedenfalls die Zustimmung aller Gesellschafter erforderlich ist, diese daher insofern in gleich starker Position sind u somit kein Schutzbedürfnis besteht.[154]

40 Als gegen zwingendes Recht verstoßend u damit unzulässig u unwirksam wurden v der Rsp zB[155] angesehen:
- Die Herabsetzung der Sorgfaltspflichten der GF oder des AR (vgl § 25 Rz 19);[156]
- Die Abänderung der gesetzl Minderheitenrechte zum Nachteil der Minderheit (vgl die Übersicht zu Minderheitsrechten bei § 45 Rz 2);[157]

---

152 *Aicher/Feltl* in Straube/Ratka/Rauter, GmbHG § 4 Rz 42.
153 *Koppensteiner/Rüffler*, GmbHG³ § 4 Rz 19 mwN; so auch *Schmidsberger/Duursma* in Gruber/Harrer, GmbHG² § 4 Rz 130.
154 *Koppensteiner/Rüffler*, GmbHG³ § 4 Rz 19; so auch *Schmidsberger/Duursma* in Gruber/Harrer, GmbHG² § 4 Rz 130.
155 Ausf Aufzählungen finden sich etwa bei *Aicher/Feltl* in Straube/Ratka/Rauter, GmbHG § 4 Rz 48; *Schmidsberger/Duursma* in Gruber/Harrer, GmbHG² § 4 Rz 131; *Koppensteiner/Rüffler*, GmbHG³ § 4 Rz 19; s auch *Entleitner*, NZ 2018, 281.
156 OLG Wien 14.7.1959, 4 R 68/59, NZ 1960, 13.
157 *Reich-Rohrwig*, GmbHR I² Rz 1/57.

- Der Verzicht auf die Notariatsaktsform bei Abtretung v Geschäftsanteilen (vgl zur Formpflicht § 76 Rz 42f);[158]
- Die freie Festlegung des Ortes der GV durch die GF (vgl auch § 36 Rz 5);[159]
- Der entschädigungslose Verfall des Geschäftsanteils bei Verletzung eines Wettbewerbsverbots;[160]
- Die Festlegung einer Gewinnbezugsgarantie;[161]
- Die Vereinbarung v Übernahmepflichten im Fall der Kapitalerhöhung, wenn nicht der Betrag bereits feststeht oder ein Höchstbetrag vereinbart ist (§ 72 Abs 2);[162]
- Die Bestimmung, dass das Stimmrecht eines (minderjährigen) Gesellschafters solange auf den Mehrheitsgesellschafter übergehe, solange die Stimmrechtsausübung der Mitwirkung eines Dritten (Pflegschaftsgericht; gesetzl Vertreter) bedarf (sittenwidrige Beschränkung des Stimmrechts).[163]

Gemäß der jüngeren Rsp sind geschlechtsspezifische Bestimmungen, welchen keine sachliche Rechtfertigung für die Ungleichbehandlung nach Geschlecht in der betr Vertragsbestimmung zugrunde liegt, so zu lesen, dass sie beide (allenfalls: alle) Geschlechter umfassen.[164]   **40a**

V. Berufsrechtliche Sondervorschriften

Das Berufsrecht bestimmter Berufsgruppen, insb v Freiberuflern, sieht weitgehende Organisationsvorschriften vor, die auch Auswirkungen   **41**

---

158 OGH 26.4.1990, 6 Ob 542/90 („*Die erforderliche Notariatsaktform kann durch den Gesellschaftsvertrag nicht abbedungen werden. Durch den Gesellschaftsvertrag sind zwar Erschwerungen bei der Übertragung von Geschäftsanteilen, nicht aber Erleichterungen von der Formvorschrift möglich.*").
159 *Schmidsberger/Duursma* in Gruber/Harrer, GmbHG § 4 Rz 131 mwN aus der Rsp.
160 OGH 9.7.1958, 2 Ob 49/58.
161 OGH 25.10.1978, 1 Ob 719/78.
162 OLG Wien 25.2.1988, 6 R 108/87.
163 OLG Innsbruck 27.12.1989, 3 R 376/89, Rpfl 1990, 1. 40.
164 OGH 24.1.2019, 6 Ob 55/18h; s auch *Czernich*, Besprechung zu OGH 24.1.2019, 6 Ob 55/18h, NZ 2019, 373.

auf die Gestaltung des GesV haben.[165] Diese Regelungen betreffen va die Frage, wer Gesellschafter u wer GF der Gesellschaft sein darf, sowie Bestimmungen zum Unternehmensgegenstand u zur Übertragungsmöglichkeit v Geschäftsanteilen. Insbesondere sind hier die Bestimmungen für die Wirtschaftstreuhänderberufe (§§ 51 bis 58 WTBG 2017), die RA (§§ 1a, 1b, 21a, 21c bis 21f RAO), Ziviltechniker (§§ 23 bis 30 ZTG 2019) u für Gruppenpraxen v Ärzten u Zahnärzten (§§ 52a ff ÄrzteG u §§ 26 ff ZÄG) zu nennen. Zu den Besonderheiten bei der Bildung der Fa bei solchen Gesellschaften s § 5 Rz 44 bis 49.

Siehe zum Thema ausf die Kommentierung in den Exkursen zum ZTG, ÄrzteG u zur RAO.

VI. Form des Gesellschaftsvertrags

42 Der GesV (Errichtungserklärung) bedarf gem § 4 Abs 3 der Form des **Notariatsakts**.[166] Ausreichend ist auch eine notarielle Bekräftigung (Solennisierung) iSd § 54 NO, nicht aber die notarielle Beurkundung (§ 76 NO).[167] Zur Ausnahme v dieser Formpflicht im Rahmen einer vereinfachten Gründung v Ein-Personen GmbH iSd Deregulierungsgesetz 2017 s ausf die Kommentierung zu § 9a. Der **Normzweck** dieser Pflicht zur Notariatsaktsform besteht im Schutz jedes Gesellschafters durch die Beratungs- u Belehrungspflicht des Notars sowie im Schutz der Allgemeinheit durch die Form der öffentlichen Urkunde, welche die

---

165 *Schmidsberger/Duursma* in Gruber/Harrer, GmbHG² § 4 Rz 94, dort auch ausf Darstellung der konkreten Regelungen in den einzelnen Berufsrechten (Rz 94 bis 128).
166 Dieser kann nunmehr gem dem mit BGBl I 2018/71 (Elektronische Notariatsform-Gründungsgesetz – ENG) geänderten § 4 Abs 3 iVm § 69b NO elektronisch (online) errichtet u beurkundet werden. Voraussetzung hierfür sind die Identitätsfeststellung gem § 69b Abs 2 NO sowie die Einhaltung der in der VO des BMJ (Notar-E-Identifikations-VO BGBl II 2019/1) u der RL der ÖNK v 17.1.2019 für das Verfahren nach § 69 Abs 2 Z 1 u 2 NO angeordneten rechtlichen u technischen Sicherungsmaßnahmen. S dazu *Umfahrer*, GmbH[7] Rz 3.7.
167 OGH 20.11.1957, 2 Ob 493/57; 25.2.1999, 6 Ob 241/98d; *Umfahrer*, GmbH[7] Rz 3.4; *Schmidsberger/Duursma* in Gruber/Harrer, GmbHG² § 4 Rz 144; *Aicher/Feltl* in Straube/Ratka/Rauter, GmbHG § 4 Rz 51; *Koppensteiner/Rüffler*, GmbHG³ § 4 Rz 22; *Gellis/Feil*, GmbHG[7] § 4 Rz 11.

Rechtssicherheit fördert.[168] Die Notariatsaktspflicht gilt auch für Änderungen des GesV vor FB-Eintragung der Gesellschaft (sog Nachtrag zum GesV)[169] sowie für Vorverträge.[170] Die erforderliche Form wird nach hA[171] grds nur durch Errichtung durch einen **österr Notar** erfüllt, da nur dadurch die zweifelsfreie u ausreichende Belehrung der Vertragsparteien nach österr Recht gewährleistet werden kann. Ausnahmsweise kann eine ausländische Beurkundung dann als ausreichend angesehen werden, wenn diese sowohl hinsichtlich der Urkundsperson als auch des Beurkundungsvorgangs der inländischen gleichwertig ist.[172] Dies ist nach überwiegender A für die Beurkundung durch einen dt Notar möglich.[173] In einer jüngeren E hat der OGH jedoch iZm Geschäftsanteilsabtretungen hervorgehoben, dass Zweck der Formvorschrift des § 76 Abs 2 auch die Belehrung über die mit dem Erwerb v Geschäftsanteilen

---

168 *Schmidsberger/Duursma* in Gruber/Harrer, GmbHG² § 4 Rz 144 unter Verweis auf OGH 13.12.1988, 4 Ob 631/88; *Koppensteiner/Rüffler*, GmbHG³ § 4 Rz 22; *U. Torggler* in Torggler, GmbHG § 4 Rz 2; *Umfahrer*, GmbH⁷ Rz 3.6.
169 *Aicher/Feltl* in Straube/Ratka/Rauter, GmbHG § 4 Rz 54 mwN.
170 *Schmidsberger/Duursma* in Gruber/Harrer, GmbHG² § 4 Rz 144 mwN.
171 Zu Darstellung u Nachw dieser hA: *Aicher/Feltl* in Straube/Ratka/Rauter, GmbHG § 4 Rz 55.
172 *Umfahrer*, GmbH⁷ Rz 3.12 u 15.12, welcher auch eine gleichwertige Rechtsbelehrungspflicht als erforderlich ansieht; s auch *Koppensteiner/Rüffler*, GmbHG³ § 4 Rz 23, welche jedoch meinen, dass es auf eine dem Niveau eines österr Notars entspr Belehrung nicht ankomme, da die Parteien sich eine Belehrung nicht aufdrängen lassen müssen u mit der Inanspruchnahme eines ausländischen Notars dahingehend eine entspr Wahl treffen. Auch *Breisch/Mitterecker*, WBL 2018, 372 f, sehen einen solchen Verzicht auf die Belehrung nach österr Recht in der Wahl einer ausländischen Urkundsperson.
173 Dies wird va mit der Ähnlichkeit des österr u dt GmbH-Rechts begründet: So etwa *Aicher/Feltl* in Straube/Ratka/Rauter, GmbHG § 4 Rz 55; *Schmidsberger/Duursma* in Gruber/Harrer, GmbHG² § 4 Rz 143. Der OGH hat die Errichtung durch einen dt Notar im Fall einer Anteilsabtretung (23.2.1989, 6 Ob 525/89) für zulässig erklärt, wobei dies durch Anbot u Annahme zu Stande kam u nur eine der Rechtsgeschäftserklärungen in Dtl in der dort vorgeschriebenen Form (notarielle Beurkundung nach dem dt BeurkundungsG) erfolgte u die andere in österr Notariatsaktsform. **AA** *U. Torggler* in Torggler, GmbHG § 4 Rz 14, der meint, dass gemessen an der bezweckten Gültigkeitskontrolle (Schutz der Allgemeinheit durch Kontrolle der Gültigkeit des GesV u Herstellung der diesbzgl Rechtssicherheit) die Gleichwertigkeit einer ausländischen Form nicht vorliegen kann.

einer GmbH typischerweise verbundenen besonderen Gefahren u Risiken ist. Dementsprechend wurde in dieser E die Beurkundung nach dem dKonsG als keine dem österr Notariatsakt gleichwertige Urkundsform angesehen, da eine entspr Belehrung nicht gewährleistet ist.[174] Da aber auch ein dt Notar gem § 17 Abs 3 dBeurkG nicht zur Belehrung über den Inhalt ausländischer Rechtsordnungen verpflichtet ist, ist fraglich, ob diese Bedenken des OGH auch auf eine Beurkundung durch einen dt Notar zutreffen.[175] Im Hinblick darauf, dass der Normzweck der Gewährleistung der Rechtsbelehrung auch auf die Formvorschrift des § 4 Abs 3 zutrifft, steht im Lichte dieser neuen Rsp die Gleichwertigkeit der Beurkundung durch einen dt Notar mit der Form des österr Notariatsakts zur Errichtung eines GmbH-GesV in Frage.[176]

Zur Auswirkung eines Formmangels s Rz 46.

VII. Vollmacht zum Abschluss des Gesellschaftsvertrags

43 Der Abschluss des GesV (oder die Zeichnung der Errichtungserklärung) durch Bevollmächtigte ist zulässig. Es bedarf dazu gem § 4 Abs 3 einer beglaubigten **Spezialvollmacht**, welche dem GesV anzuschließen ist. Diese muss unzweideutig erkennen lassen, dass sie zum Abschluss des betr GesV ermächtigt. Zu dieser **notwendigen Individualisierung des Geschäfts** in der Vollmacht ist es nicht erforderlich, alle in § 4 Abs 1 genannten Bestimmungen in die Vollmacht aufzunehmen.[177] Demnach wird es ausreichen, wenn die zu gründende Gesellschaft nach Fa, Sitz u/oder Unternehmensgegenstand wiedererkennbar u die Stammeinlage des Machtgebers zumindest durch eine Bandbreite konkretisiert wird.[178]

---

174 OGH 23.4.2020, 6 Ob 59/20z.
175 Vgl *Aburumieh/Hoppel*, Besprechung zu OGH 23.4.2020, 6 Ob 59/20z, GesRZ 2020, 423.
176 Vgl auch *Umfahrer*, GmbH[7] Rz 15.12 (zur Anteilsabtretung).
177 OGH 18.12.2009, 6 Ob 119/09g; in dieser E wurde eine Vollmacht, die mit Ausnahme des Unternehmensgegenstands alle Bestimmungen, die der GesV gem § 4 Abs 1 enthalten muss, umfasste u zudem auch den einzigen Gesellschafter, mit dem der Vertrag abgeschlossen werden sollte, nannte, als ausreichende Individualisierung des abzuschließenden GesV angesehen.
178 *U. Torggler* in Torggler, GmbHG § 4 Rz 17; vgl auch *Koppensteiner/Rüffler*, GmbHG[3] § 4 Rz 24, die für die Individualisierung der zu gründenden GmbH die Angabe v Fa u Unternehmensgegenstand als ausreichend ansehen (so auch OLG Wien 24.11.1993, 6 R 23/93).

Die Bevollmächtigung eines Mitgesellschafters oder eines gemeinsamen Bevollmächtigten durch mehrere Gesellschafter ist zulässig, erfordert aber, dass die Zustimmung der jew Vollmachtgeber zum **Insichgeschäft** bzw zur **Doppelvertretung** in der Vollmacht enthalten ist.[179]

Als notwendige **Form** der Vollmacht ist die Privaturkunde mit **beglaubigten Unterschriften** vorgesehen. Die Beglaubigung durch ein ausländisches Gericht, einen ausländischen Notar oder auch eine österr Vertretungsbehörde im Ausland ist ausreichend.[180] Ebenso kann die Bevollmächtigung durch eine öffentliche Urkunde ausgewiesen werden.[181] Ein **Formmangel** der Vollmacht heilt durch die (rechtswidrige) Eintragung der Gesellschaft im FB.[182]

44

Nach hA muss die beglaubigte Vollmacht bereits **vor Vertragsabschluss** vorliegen u dem beurkundenden Notar zu Beginn seiner Tätigkeit ausgehändigt werden.[183] Sie ist dem GesV gem § 69 Abs 2 NO in Urschrift, beglaubigter Fotokopie oder notarieller Ausfertigung (falls die Vollmacht selbst ein Notariatsakt ist) anzuschließen. Liegt eine schriftliche, aber unbeglaubigte Vollmacht vor, so kann der GesV gem § 69a NO errichtet werden, erlangt aber erst dann die Kraft einer öffentlichen Urkunde, wenn die Vollmacht in der vorgeschriebenen Form beim Notar binnen 30 Tagen nach Errichtung des Notariatsakts oder einer in diesem bestimmten längeren (höchstens aber sechsmonatigen) Frist beim Notar einlangt. Es handelt sich diesfalls also um eine Art „**bedingte Errichtung**" des Notariatsakts.[184]

45

---

179 OLG Wien 24.11.1993, 6 R 23/93; *U. Torggler* in Torggler, GmbHG § 4 Rz 18; *Aicher/Feltl* in Straube/Ratka/Rauter, GmbHG § 4 Rz 61; *Schmidsberger/Duursma* in Gruber/Harrer, GmbHG[2] § 4 Rz 154.
180 *Aicher/Feltl* in Straube/Ratka/Rauter, GmbHG § 4 Rz 60; *Schmidsberger/Duursma* in Gruber/Harrer[2], GmbHG § 4 Rz 155; *Gellis/Feil*, GmbHG[7] § 4 Rz 13.
181 Da § 4 Abs 3 diese Frage nicht regelt, ist diese Lücke durch die allg Bestimmung des § 69 NO zu schließen, s dazu *Umfahrer*, GmbH[7] Rz 3.15; *Aicher/Feltl* in Straube/Ratka/Rauter, GmbHG § 4 Rz 60.
182 *Schmidsberger/Duursma* in Gruber/Harrer, GmbHG[2] § 4 Rz 156; *Aicher/Feltl* in Straube/Ratka/Rauter, GmbHG § 4 Rz 66; *Koppensteiner/Rüffler*, GmbHG[3] § 4 Rz 28.
183 *Koppensteiner/Rüffler*, GmbHG[3] § 4 Rz 24 mwN; so auch *Aicher/Feltl* in Straube/Ratka/Rauter, GmbHG § 4 Rz 64.
184 *Umfahrer*, GmbH[7] Rz 3.15.

VIII. Mängel des Gesellschaftsvertrags

A. Formmängel

46 Ein GmbH-GesV, der nicht in der Form eines Notariatsakts errichtet worden ist, ist absolut nichtig u lässt keine Verpflichtungen entstehen.[185] Ein solcher Formmangel wird auch nicht durch die Leistung der Stammeinlagen geheilt.[186] Die Eintragung der Gesellschaft ins FB ist abzulehnen.[187] Erfolgt (irrtümlich) dennoch die Eintragung im FB, so ist der Mangel der Notariatsaktsform nach hA als geheilt anzusehen u kommt dann auch eine Amtslöschung der GmbH wegen des Formmangels nicht in Betracht.[188]

B. Inhaltsmängel

47 Ein **inhaltlicher Mangel** des GesV liegt vor, wenn darin enthaltene Bestimmungen gegen zwingende Bestimmungen des GmbHG oder andere (zwingende) Normen verstoßen oder sittenwidrig sind. Die betr Vertragsbestimmung ist dann **nichtig**.[189] Die Eintragung der Gesellschaft im FB ist daher zur Gänze zu versagen, wenn auch nur eine einzige Bestimmung des GesV inhaltlich gesetzwidrig ist.[190] Wird die Gesellschaft dennoch im FB eingetragen, so führt dies aus Verkehrsschutzgründen zwar nicht zur Heilung, doch entsteht die Gesellschaft mit der Eintra-

---

185 *Koppensteiner/Rüffler*, GmbHG³ § 4 Rz 26; *Umfahrer*, GmbH⁷ Rz 3.10; *Aicher/Feltl* in Straube/Ratka/Rauter, GmbHG § 4 Rz 67.
186 *Aicher/Feltl* in Straube/Ratka/Rauter, GmbHG § 4 Rz 67 mwN.
187 *Koppensteiner/Rüffler*, GmbHG³ § 4 Rz 26; *Aicher/Feltl* in Straube/Ratka/Rauter, GmbHG § 4 Rz 67 mwN; so auch OLG Wien 23.3.1992, 6 R 146/91, NZ 1992, 299.
188 OGH 17.9.2014, 6 Ob 35/14m; 23.2.2016, 6 Ob 207/15g; so auch *Aicher/Feltl* in Straube/Ratka/Rauter, GmbHG § 4 Rz 67; *Koppensteiner/Rüffler*, GmbHG³ § 4 Rz 26; *Schmidsberger/Duursma* in Gruber/Harrer, GmbHG² § 4 Rz 144; *Gellis/Feil*, GmbHG⁷ § 4 Rz 11.
189 *Schmidsberger/Duursma* in Gruber/Harrer, GmbHG² § 4 Rz 141 mwN aus der Rsp; *Ch. Nowotny* in Kalss/Nowotny/Schauer, GesR² Rz 4/76; *Koppensteiner/Rüffler*, GmbHG³ § 4 Rz 27; *Aicher/Feltl* in Straube/Ratka/Rauter, GmbHG § 4 Rz 68.
190 *Koppensteiner/Rüffler*, GmbHG³ § 4 Rz 27; *Schmidsberger/Duursma* in Gruber/Harrer, GmbHG² § 4 Rz 141 mwN.

gung (**vorläufiger Bestandschutz**).[191] Gemäß § 10 Abs 3 FBG ist in solch einem Fall die Nichtigkeit der der Gesellschaft im FB einzutragen. Sofern ein wesentlicher Mangel vorliegt, ist nach Verstreichen einer angemessenen Frist zur Mängelbehebung auch eine Amtslöschung gem § 10 Abs 2 FBG möglich.[192] Auch wenn eine solche nicht erfolgt, werden die gesetzes- oder sittenwidrigen Bestimmungen des GesV nicht verbindlich.

IX. Nebenvereinbarungen

Für die **vertragliche Gestaltung** einer GmbH kommt nicht nur der GesV, sondern auch **Nebenvereinbarungen** in Frage.[193] Der Grund für eine Regelung außerhalb des GesV liegt meist darin, dass bestimmte Regelungen entweder nicht der breiten Öffentlichkeit zugänglich gemacht werden sollen oder nicht alle Gesellschafter daran gebunden sein sollen.[194] Grundsätzlich kann in solchen Nebenurkunden alles geregelt werden, was nicht zwingender Satzungsbestandteil (s Rz 6 ff) ist. Zu bedenken ist allerdings, dass solche Nebenvereinbarungen rein schuldrechtlichen Charakter haben, ihnen **keine Drittwirkung** zukommt u sie daher – anders als der GesV – nicht auch gegenüber künftigen Gesellschaftern Wirkung entfalten. Vielmehr wäre hier jew eine ausdrückliche gesonderte vertragliche Rechtsüberbindung erforderlich, etwa bei Ausscheiden eines Gesellschafters, der auch Partei einer Nebenvereinbarung ist, an seinen Rechtsnachfolger im Anteilseigentum.[195] So kommt etwa einer Anteilsvinkulierung nur dann absolute Wirkung zu, wenn sie im GesV vereinbart wurde (s Rz 34).

48

Der praktisch häufigste Fall ist der **Syndikatsvertrag** (auch Stimmbindungsvertrag oder Gesellschaftervereinbarung genannt). Unter „Syndikatsverträgen" werden im Regelfall rechtsgeschäftliche Bindungen zukünftigen Abstimmungsverhaltens zw den Gesellschaftern verstanden. Vertragsgegenstand des Syndikatsvertrags ist die Ausübung

49

---

191 *Koppensteiner/Rüffler*, GmbHG³ § 4 Rz 27; *Aicher/Feltl* in Straube/Ratka/Rauter, GmbHG § 4 Rz 68 mwN.
192 *Koppensteiner/Rüffler*, GmbHG³ § 4 Rz 27; *Aicher/Feltl* in Straube/Ratka/Rauter, GmbHG § 4 Rz 68 mwN.
193 *Fantur*, GES 2006, 335.
194 *Schmidsberger*, Gestaltung von GmbH-Verträgen² 85.
195 *Fantur*, GES 2006, 335.

des Stimmrechts in der Gesellschaft. Er ist eine Ergänzung des GesV, ohne jedoch unmittelbar in die gesellschaftliche Organisationsstruktur einzugreifen.[196] Syndikatsverträge **binden** – weil sie nicht zum Bestandteil der (formgerechten, publiken u v FB-Richter geprüften) Satzung gemacht worden sind – **nur die Beteiligten**, nicht die Gesellschaft.[197] Das hat grds auch für andere, bloß schuldrechtliche Vereinbarungen zw Gesellschaftern zu gelten, die nicht unmittelbar als Stimmbindungsvertrag zu qualifizieren sind.[198]

50 Da ein Syndikatsvertrag die Gesellschaft nicht bindet, ist eine **syndikatswidrige Stimmabgabe** bei der GV **wirksam**.[199] Auch eine **Anfechtung** des Gesellschafterbeschlusses wegen syndikatswidriger Stimmabgabe scheidet aus, sofern sich die Bindung nicht darauf beschränkt, die – auch für den Syndikatsvertrag gegebene – Treuepflicht der Gesellschafter zu konkretisieren.[200] Davon abw hat der OGH in seiner E v 26.8.1999[201] ausgesprochen, es erscheine in einigen Fällen sachgerecht, dass ein Gesellschafterbeschluss, der gegen einen zw allen abgeschlossenen („**omnilateralen**") **Stimmbindungsvertrag** verstößt, angefochten werden kann, wobei dieser „Durchgriff" sich nur rechtfertigen lasse, wenn er in der ausgeprägten personalistischen Struktur der Gesellschaft begründet sei, weil in einer solchen Gesellschaft aufgrund der geringen Zahl u der in der Person jedes einzelnen Gesellschafters gelegenen Bedeutung der Gesellschafter für die Gesellschaft selbst, diese nicht losgelöst v ihren Gesellschaftern betrachtet werden könne.[202] Vgl zum Thema auch § 41 Rz 102.

---

196 OGH 5.12.1995, 4 Ob 588/95; 24.1.2001, 9 Ob 13/01d; 28.4.2003, 7 Ob 59/03g.
197 OGH 22.7.2009, 3 Ob 72/09y.
198 OGH 22.7.2009, 3 Ob 72/09y.
199 StRsp, s etwa OGH 28.4.1993, 6 Ob 9/93; 26.2.2008, 1 Ob 180/07p; 21.5.2014, 3 Ob 73/14b; 17.9.2014, 6 Ob 35/14m, so auch *Ch. Nowotny* in Kalss/Nowotny/Schauer, GesR² Rz 4/133; *U. Torggler* in Torggler, GmbHG § 4 Rz 27.
200 OGH 24.1.2001, 9 Ob 13/01d; 13.10.2011, 6 Ob 202/10i; so auch *U. Torggler* in Torggler, GmbHG § 4 Rz 27; *Koppensteiner/Rüffler*, GmbHG³ § 39 Rz 21 mwN; *Enzinger* in Straube/Ratka/Rauter, GmbHG § 34 Rz 31 mwN; **aA** insb *Tichy*, Syndikatsverträge bei Kapitalgesellschaften 150 ff, 159 ff.
201 OGH 26.8.1999, 2 Ob 46/97x.
202 Zust *Tichy*, ecolex 2000, 204 ff; **abl** *Koppensteiner/Rüffler*, GmbHG³ § 39 Rz 21; s auch *Enzinger* in Straube/Ratka/Rauter, GmbHG § 34 Rz 31 mwN.

§ 5. (1) Die Firma der Gesellschaft muss, auch wenn sie nach § 22 UGB oder nach anderen gesetzlichen Vorschriften fortgeführt wird, die Bezeichnung „Gesellschaft mit beschränkter Haftung" enthalten; die Bezeichnung kann abgekürzt werden.

(2) ¹Als Sitz der Gesellschaft ist der Ort zu bestimmen, an dem die Gesellschaft einen Betrieb hat, an dem sich die Geschäftsleitung befindet oder an dem die Verwaltung geführt wird. ²Von dieser Vorschrift darf aus wichtigem Grund abgewichen werden.

idF BGBl I 2005/120

Literatur: *Binder*, Das UGB-Firmenrecht (2013); *Dehn/Birnbauer*, Das neue Firmenrecht nach dem UGB – erste Erfahrungen, NZ 2008/54, 193; *Dehn/Krejci*, Das neue UGB² (2010); *Epicoco/Walch*, Der Rechtsformzusatz der GmbH & Co KG, NZ 2019/1, 1; *Fuchs*, Zustimmungsrecht des namensgebenden Gesellschafters zur Firmenfortführung? NZ 2010/35, 129; *Gamerith*, Firmenmarke bei Unternehmensübergang in Gefahr? ÖBl 2006/36, 153; *Haberer*, Zustimmung des ausscheidenden GmbH-Gesellschafters zur Fortführung der Namensfirma?, ecolex 2007, 940; *Höller*, @ – Möglicher Bestandteil einer Firma? RdW 2002/126, 142; *Kanduth-Kristen/Steiger/Wiedenbauer* (Hg), Die Rechtsanwalts-GmbH² (2021); *Mitterecker*, Grenzüberschreitende Sitzverlegungen – Handbuch (2015); *Schuhmacher/Fuchs*, Besprechung zu 6 Ob 242/08v, wbl 2009/181, 408; *Szoka*, § 30 HGB – Die Firmenausschließlichkeit, NZ 2004/15, 67; *Torggler*, Die Firma als Unternehmenskennzeichen, ipCompetence 2010 H 3, 28; *Traar*, die Verlegung des Verwaltungssitzes österreichischer Gesellschaften in das Ausland, GES 2010, 68; *Umfahrer*, Grenzen der Firmenbildung, in FS Woschnak (2010) 581; *Verweijen*, Ist die Kleinschreibung von Firmenwortlauten zulässig? NZ 2002/125, 321; *J. Zehetner/U. Zehetner*, Liberalisierung des Firmenrechts durch das UGB, GBU 2006/07–08/13, 30.

Inhaltsübersicht

I. Firma	1–58
A. Allgemeines	1
B. Firmengrundsätze und Firmenbildung	2–50
1. Allgemeines	2
2. Firmeneinheit	3
3. Kennzeichnungskraft	4–9
4. Unterscheidungskraft	10–13
5. Irreführungsverbot	14–25
6. Rechtsformzusatz	26–29
7. Firmenkontinuität	30–36
8. Firmenausschließlichkeit	37–43
9. Sondervorschriften zur Firmenbildung	44–49
10. Firmenöffentlichkeit	50

    C. Firma der Zweigniederlassung 51, 52
    D. Firma der GmbH & Co KG 53–55
    E. Schutz der Firma 56–58
II. Sitz 59–65
    A. Allgemeines 59
    B. Sitzwahl 60–63
    C. Sitzverlegung 64, 65

I. Firma

A. Allgemeines

1 Unter Fa ist iSd § 17 Abs 1 UGB der in das FB eingetragene Name der GmbH zu verstehen. Die GmbH ist als Unternehmerin kraft Rechtsform (§ 2 UGB) berechtigt u verpflichtet, eine Fa zu führen. Die Fa ist zwingender Satzungsbestandteil (§ 4 Abs 1 Z 1).

Mit dem **HaRÄG 2005**, mit welchem für alle Rechtsformen eine Liberalisierung des Firmenrechts vorgenommen worden ist,[1] sind auch die bis dahin geltenden rechtsformspezifischen Firmenbildungsvorschriften im GmbHG entfallen. Lediglich die Pflicht zur Führung des sog **Rechtsformzusatzes** (s dazu Rz 26 ff) ist noch in § 5 Abs 1 geregelt. Ansonsten gelten für die Fa der GmbH die einschlägigen **Vorschriften des UGB** (§§ 17 ff).

Die **Firmengrundsätze**, worunter insb die Prinzipien der Firmenwahrheit (nunmehr Irreführungsverbot, s Rz 14), der Firmenkontinuität (s Rz 30), der Firmenausschließlichkeit (nunmehr einerseits abstrakte Unterscheidungskraft iSd § 18 UGB – s Rz 10 – u andererseits konkrete Unterscheidbarkeit gem § 29 UGB – s Rz 37), der Firmeneinheit (s Rz 3) u der Firmenöffentlichkeit (s Rz 50) zu verstehen sind, wurden durch das HaRÄG 2005 in einzelnen Punkten adaptiert, iW aber beibehalten.[2] Neu geschaffen wurde der Grundsatz der Kennzeichnungskraft (§ 18 UGB).[3]

Zur Fa als Eintragungstatbestand s auch § 11 Rz 10 bis 18.

---

1 Vgl *Ratka* in Straube/Ratka/Rauter, GmbHG § 5 Rz 4; *J. Zehetner/ U. Zehetner*, GBU 2006/07–08/13, 30; *Umfahrer* GmbH[7] Rz 3.25.
2 Vgl *Umfahrer*, GmbH[7] Rz 3.25.
3 EBRV 1058 BlgNr 22. GP 24f.

B. Firmengrundsätze und Firmenbildung

1. Allgemeines

Gemäß den einschlägigen Bestimmungen des UGB ist für die GmbH grds jede Fa zulässig, die Kennzeichnungskraft für das Unternehmen (vgl Rz 4 ff) u Unterscheidungskraft zu anderen Firmen (s dazu Rz 10 ff) besitzt u nicht verkehrsrelevant zur Irreführung geeignet ist (s dazu Rz 14 ff). Es sind daher insb Personenfirmen, Sachfirmen u auch Fantasiefirmen sowie Mischformen zulässig.

Diese **Firmenbildungsvorschriften** gelten nicht nur für die ursprüngliche Fa, sondern auch für jede Änderung einer eingetragenen Fa, uzw auch dann, wenn Bestandteile, die schon in der alten Fa enthalten waren, weiterverwendet werden.[4]

Die Fa entsteht mit der **Eintragung** in das FB.[5] Die Vorgesellschaft ist zwar im Rahmen ihrer Teilrechtsfähigkeit grds firmenfähig, kann sich aber nicht auf Bestimmungen berufen, welche die FB-Eintragung voraussetzen[6] (wie etwa § 29 Abs 1 UGB). Die Fa erlischt bei einer KapGes erst mit deren **Löschung** aus dem FB unter der Voraussetzung der Vollbeendigung der Gesellschaft[7] (vollständige Vermögensabwicklung; s dazu auch § 93 Rz 1 u 5).

Da die **Änderung** der Fa auch eine Änderung des GesV bedeutet, wird sie gem § 49 Abs 2 erst mit der Eintragung im FB wirksam.

2. Firmeneinheit

Die GmbH kann nur eine einheitliche Fa haben, da sie durch diese identifiziert wird. Dies gilt auch dann, wenn sie zwei völlig getrennt betriebene Unternehmen führt.[8] Die Verwendung v Firmenabkürzungen u Firmenschlagworten im Geschäftsverkehr ist grds zulässig.[9] Wird durch

---

4 OGH 13.9.2007, 6 Ob 188/07a.
5 *Umfahrer* in Zib/Dellinger, UGB § 17 Rz 13.
6 *Ratka* in Straube/Ratka/Rauter, GmbHG § 5 Rz 44.
7 *Umfahrer* in Zib/Dellinger, UGB § 17 Rz 16.
8 *Dehn* in Gruber/Harrer, GmbHG² § 5 Rz 8 mwN; *Ratka* in Straube/Ratka/Rauter, GmbHG § 5 Rz 58 mwN.
9 *Schuhmacher/Fuchs* in Straube/Ratka/Rauter, UGB § 17 Rz 10 mwN; *Umfahrer* in Zib/Dellinger, UGB § 17 Rz 25; wie dort dargestellt ist es zB zulässig, auf Geschäftspapier im Briefkopf eine bloße Geschäftsbezeichnung oder auch eine grafisch gestaltete Wortbildmarke (deren Wortanteil in der Fa enthalten ist) zu

die Verwendung einer Firmenabkürzung im Geschäftsverkehr aber der Eindruck einer zweiten Fa erweckt, was insb bei Verwendung eines Rechtsformzusatzes zu einer Abkürzung oder einem Schlagwort der Fall ist, so verletzt dies den Grundsatz der Einheit der Fa.[10]

3. Kennzeichnungskraft

4   Gemäß § 18 Abs 1 UGB muss die Fa zur Kennzeichnung des Unternehmens geeignet sein, also die GmbH **im Rechtsverkehr individualisierbar** machen können. Die Fa muss demnach die Eignung haben, im Geschäftsverkehr als Name der Gesellschaft wahrgenommen zu werden (Namensfunktion),[11] (s auch § 11 Rz 13).

Dies können etwa Namensbezeichnungen (Personenfirma), Sachbezeichnungen (Sachfirma), Geschäftsbezeichnungen, Fantasiebezeichnungen, Abkürzungen oder auch Kombinationen daraus sein.

Da die Fa eine sprachliche Kennzeichnung ist,[12] muss sie **ausgesprochen werden können**.[13] Dafür kommen jedenfalls Wörter u sonst aussprechbare Buchstabenkombinationen, jew auch in Kombination mit Zahlen, in Frage.

Die Fa kann auch fremdsprachig sein, muss aber jedenfalls in **lateinischen Buchstaben** geschrieben sein.[14] Ein Anspruch auf eine **bestimmte Schreibweise** im FB, etwa bestimmte Schriftzüge, besteht nicht.[15]

5   Nicht erfüllt wird die Kennzeichnungsfunktion durch bloß einen einzelnen Buchstaben, als zulässige Untergrenze werden zwei Buchstaben angesehen,[16] v österr FB-Gerichten werden zT aber auch mind drei Buchstaben gefordert.[17] Ebenso wenig kennzeichnungsgeeignet ist die

---

verwenden, wenn der vollständige Firmenwortlaut an anderer Stelle angeführt wird.
10 OGH 8.2.2005, 4 Ob 235/04v.
11 *Umfahrer* in Zib/Dellinger, UGB § 18 Rz 8.
12 *Ratka* in Straube/Ratka/Rauter, GmbHG § 5 Rz 20.
13 Vgl *Dehn* in Gruber/Harrer, GmbHG[2] § 5 Rz 12; *Ratka* in Straube/Ratka/Rauter, GmbHG § 5 Rz 20; *Umfahrer*, GmbH[7] Rz 3.29; *Dehn* in Krejci, UGB § 18 Rz 22; differenzierend betr Buchstabenkombinationen: *Koppensteiner/Rüffler*, GmbHG[3] § 5 Rz 7.
14 OGH 16.3.2011, 6 Ob 67/10m.
15 OGH 13.9.2007, 6 Ob 188/07a; aA *Jennewein* in Torggler, UGB[3] § 18 Rz 4 mwN.
16 Vgl *Umfahrer* in Zib/Dellinger, UGB § 18 Rz 17.
17 *Dehn/Birnbauer*, NZ 2008/54, 193 (194); so etwa auch die Praxis des HG Wien.

bloße Aneinanderreihung gleicher Buchstaben (A. A. A. A. A.)[18] oder sonst unaussprechlich-sinnlose **Buchstabenreihen**.[19]

Bloße **Bildzeichen** (zB „#" oder „*"),[20] Logos, Bilder, Bildmarken oder Wappen erfüllen keine Namenfunktion u sind daher nicht firmenfähig.[21] Dies gilt auch für das Zeichen „_" (*Underscore*).[22] Nach der jüngeren öRsp kann aber die Verwendung eines Bildzeichens zulässiger Bestandteil einer Namensfirma sein, wenn die namensgebende Muttergesellschaft eine in einem Mitgliedstaat der EU eingetragene KapGes ist, eben ein solches Bildzeichen in ihrer Fa führt, der österr Tochtergesellschaft sohin die Bildung einer Namensfirma ermöglicht u die Fa der österr Gesellschaft mit dem Firmenwortlaut der ausländischen Muttergesellschaft wort- u abbildgetreu übereinstimmt.[23]

Sonderzeichen (Satzzeichen u Logogramme)[24] sind dann nicht eintragungsfähig, wenn sie entweder nicht aussprechbar sind oder Ihre Aussprache objektiv mehrdeutig ist.[25] Die Eintragung v Satzzeichen wie „.", „,", „;", „!", „?" oder „:" werden idS als zulässig angesehen, da bei ihnen klar ist, dass sie nicht ausgesprochen werden.

Als Firmenbestandteil geeignet angesehen wird das kaufmännische „&", da hier die Aussprache mit „und" als eindeutig gilt.[26] Eine solche eindeutige Aussprache wird v der L auch dem „+" attestiert, doch hat der OGH jüngst aufgegriffen, dass ein Teil der L diese Eindeutigkeit in der Aussprache als „und" u ein anderer als „plus" sieht u ist selbst zu dem Schluss gekommen, dass dem Zeichen „+" die Voraussetzung einer Eindeutigkeit der Aussprache fehlt. Gemäß dieser E ist eine Fa, die mit

---

18 *Ratka* in Straube/Ratka/Rauter, GmbHG § 5 Rz 23 mwN.
19 *Dehn* in Gruber/Harrer, GmbHG² § 5 Rz 12.
20 OGH 7.11.2007, 6 Ob 218/07p zum „*"-Zeichen („mister*lady GmbH").
21 Vgl *Ratka* in Straube/Ratka/Rauter, GmbHG § 5 Rz 21 mwN; *Dehn* in Gruber/Harrer, GmbHG² § 5 Rz 12; *Koppensteiner/Rüffler*, GmbHG³ § 5 Rz 7.
22 OGH 27.2.2019, 6 Ob 37/19p; *Dehn* in Gruber/Harrer, GmbHG² § 5 Rz 12 mwN; s auch *Birnbauer* in Dehn/Krejci, Das neue UGB², 36.
23 OGH 7.11.2007, 6 Ob 218/07p zum „*"-Zeichen; vgl auch *Umfahrer* in Zib/Dellinger, UGB § 18 Rz 15.
24 Zu dieser begrifflichen Unterscheidung näher *Umfahrer* in FS Woschnak 581 (583).
25 Vgl *Dehn* in Krejci, UGB § 18 Rz 20; *Birnbauer* in Dehn/Krejci, Das neue UGB², 36; *Umfahrer*, GmbH⁷ Rz 3.29.
26 Vgl *Umfahrer* in Zib/Dellinger, UGB § 18 Rz 15; *Ratka* in Straube/Ratka/Rauter, GmbHG § 5 Rz 25.

dem Zeichen „+" beginnt, jedenfalls dann unzulässig, wenn die übrigen Firmenbestandteile eine Allerweltsbezeichnung darstellen.[27]

8 Da die geforderte sprachliche Eindeutigkeit v Sonderzeichen v der Verbreitung, also der Häufigkeit der Verwendung, u Bekanntheit in der Öffentlichkeit abhängt, unterliegt sie einem zeitlichen Wandel.[28] In diesem Sinn wird die str Frage der Eintragungsfähigkeit des **@-Zeichens** als wortersetzendes Zeichen v der neueren L bejaht.[29] Dem ist zuzustimmen, da die weite Verbreitung u der Bekanntheitsgrad in der Öffentlichkeit, welcher die Eindeutigkeit der Aussprache in den angesprochenen Verkehrskreisen mit „et" (für englisch „at") gewährleistet, ohne Zweifel gegeben ist. Davon zu unterscheiden ist die Verwendung des @-Zeichens als grafisch besonders gestaltete Schreibweise des Buchstabens „a" (sog „ornamentales a"). Dieser Verwendungsart wird in v einem Teil der L[30] unter Hinweis darauf, dass nach der Rsp (s dazu oben Rz 4) im Firmenrecht kein Anspruch auf eine bestimmte, grafische Schreibweise besteht, die Eintragungsfähigkeit abgesprochen. Es ist mE aber der wohl inzwischen v überwiegenden Teil der L vertretenen Gegenmeinung[31] der Vorzug zu geben, welche darin kein Eintragungshindernis sieht, wenn aus der Gestaltung klar ersichtlich ist, dass das @-Zeichen im konkreten Fall als „a" ersetzend verwendet u daher auch als „a" ausgesprochen wird.[32]

---

27 OGH 6.6.2013, 6 Ob 30/13z; dazu krit *Walch*, NZ 2013/116, 278; nach *Umfahrer*, GmbH[7] Rz 3.29 ist die notwendige sprachliche Eindeutigkeit gegeben, wenn „+" das Bindewort „und" ersetzt.

28 Vgl *Umfahrer* in FS Woschnak 581 (584); *Umfahrer* in Zib/Dellinger, UGB § 18 Rz 14.

29 Vgl *Jennewein* in Torggler, UGB[3] § 18 Rz 4; *Umfahrer* in FS Woschnak 581 (584); *Umfahrer* in Zib/Dellinger, UGB § 18 Rz 15; *Dehn* in Gruber/Harrer, GmbHG[2] § 5 Rz 12 mwN; *Birnbauer* in Dehn/Krejci, Das neue UGB[2], 36, *Schuhmacher/Fuchs* in Straube/Ratka/Rauter, UGB § 18 Rz 10; *Umfahrer*, GmbH[7] Rz 3.29.

30 *Schuhmacher/Fuchs* in Straube/Ratka/Rauter, UGB § 18 Rz 11.

31 *Dehn/Birnbauer*, NZ 2008/54, 193 (196); *Umfahrer* in Zib/Dellinger, UGB § 18 Rz 15, welcher auf die Eigenschaft des @-Zeichens als eigenständiges Logogramm verweist, womit der fehlende Anspruch des Firmenwerbers auf Eintragung einer Fa in bestimmter Schriftart kein Eintragungshindernis darstelle; *Umfahrer*, GmbH[7] Rz 3.29; *Jennewein* in Torggler, UGB[3] § 18 Rz 4.

32 ME ist die Verwendung des @-Zeichens als „a" dann klar ersichtlich, wenn dieses innerhalb eines Wortes an die Stelle des „a" gesetzt wird u es sich um ein entspr bekanntes, im alltäglichen Sprachgebrauch stehendes Wort handelt, bei welchem dem Publikum beim Lesen sofort klar ist, dass das „@" nur für

Reine Zahlenkombinationen für sich alleine sind nur ausnahmsweise dann kennzeichnungsgeeignet, wenn sie über eine entspr Verkehrsgeltung verfügen u daher der Verkehrskreis ein bestimmtes Unternehmen damit assoziiert (zB 0664).[33] Wort-Zahlenkombinationen oder **Buchstaben-Zahlenkombinationen** werden unter der Voraussetzung ihrer Aussprechbarkeit als zulässig angesehen.[34]

4. Unterscheidungskraft

Als weiteres Merkmal der Fa wird in § 18 Abs 1 UGB die Unterscheidungskraft angeführt, was die generell-abstrakte Fähigkeit bedeutet, den mit der Fa bezeichneten Unternehmer v anderen zu unterscheiden u somit im Geschäftsverkehr zu individualisieren (**Individualisierungsfunktion**),[35] s auch § 11 Rz 13.

Davon zu trennen ist das Erfordernis der konkreten Unterscheidbarkeit v anderen Firmen iSd § 29 UGB.

Keine solche Unterscheidungskraft kommt bloß beschreibenden Angaben, wie reinen **Sach-, Branchen- oder Gattungsbezeichnungen** oder auch rein **geografischen Bezeichnungen** sowie **Begriffen der allg Sprache** oder Fachsprache der angesprochenen Verkehrskreise ohne zusätzliche Individualisierungsmerkmale zu.[36] Dies gilt auch für Kombinationen ausschließlich solcher Bezeichnungen. In diesem Sinn hat die Jud etwa den Firmen „Managementkompetenz im Gesundheitswesen",[37] „Sun Services GmbH",[38] „karriere.at GmbH"[39] u „Gsiberger GmbH"[40]

---

ein „a" stehen kann. Dies trifft etwa auf das v *Umfahrer* in Zib/Dellinger, UGB § 18 Rz 15 angeführte Bsp „IT-Pr@xis" zu. In solchen Fällen ist mE dann auch die v der Jud geforderte eindeutige Aussprechbarkeit des Zeichens, uzw aufgrund der Verwendungsart, gegeben.

33 Vgl *Birnbauer* in Dehn/Krejci, Das neue UGB[2], 47; *Umfahrer*, GmbH[7] Rz 3.29.
34 *Ratka* in Straube/Ratka/Rauter, GmbHG § 5 Rz 24.
35 Vgl *Dehn* in Krejci, UGB § 18 Rz 24.
36 Vgl *Schuhmacher/Fuchs* in Straube/Ratka/Rauter, UGB § 18 Rz 29; *Dehn* in Krejci, UGB § 18 Rz 27; *Umfahrer* in Zib/Dellinger, UGB § 18 Rz 21; *Koppensteiner/Rüffler*, GmbHG[3] § 5 Rz 8; *Ratka* in Straube/Ratka/Rauter, GmbHG § 5 Rz 29. Hinsichtlich geografischer Bezeichnungen abw Rsp-Linie des OLG Innsbruck – vgl *Jennewein* in Torggler, UGB[3] § 18 Rz 11 mwN.
37 OGH 13.9.2007, 6 Ob 188/07a.
38 OGH 19.2.2009, 6 Ob 242/08v.
39 OGH 18.12.2009, 6 Ob 133/09s.
40 OLG Innsbruck 17.4.2008, 3 R 63/08a, NZ 2009/Z 10, 28 (*Andrae*).

(mundartlich für „Vorarlberger") sowie „RegionalMedien Services GmbH"[41] die Individualisierungsfähigkeit abgesprochen.

Die Unzulässigkeit v solchen reinen Gattungsbezeichnungen oder Branchenangaben als alleiniger Firmenbestandteil wird auch mit der Verletzung des **Freihaltebedürfnisses** des Rechtsverkehrs sowie der darin liegenden „Selbstberühmung", der alleinige oder wichtigste Unternehmer einer bestimmten Gattung zu sein, begründet.[42]

Die erforderliche Unterscheidungskraft kann durch entspr individualisierende Zusätze erreicht werden. Sie ist bei einer bloßen Branchen- oder Gattungsbezeichnung auch dann ausnahmsweise gegeben, wenn diese Bezeichnung überwiegend mit einem bestimmten Unternehmen assoziiert wird u somit **Verkehrsgeltung** erlangt hat,[43] wobei an eine solche hohe Anforderungen zu stellen sind.[44]

Je mehr sich die gewählte Fa v einer rein beschreibenden Gattungsbezeichnung in Richtung eines fantasievoll-eigentümlichen, mglw zusammengesetzten Begriffs bewegt, desto eher wird die Unterscheidungskraft zu bejahen sein, wie etwa bei „Floratec" oder „Meditec".[45]

12 Hat ein **fremdsprachiges Wort** zwar in eben dieser Sprache eine bestimmte Bedeutung, ist es aber im österr Sprachgebrauch nicht gängig u somit kein allg Begriff, so ist es als Fantasiebezeichnung zu werten u als solche grds unterscheidungskräftig.[46]

13 Die str Frage, ob einer allein durch einen „**Allerweltsnamen**" einer natPers gebildeten Fa (wie „Müller", „Meier" oder „Berger") Unterscheidungskraft zukommt, ist iSe generell-abstrakten Unterscheidbarkeit (vgl Rz 10) zu bejahen.[47] Bei mehreren gleichlautenden Firmen am selben Ort ist freilich ein entspr Zusatz erforderlich, um die konkrete Unterscheidbarkeit iSd § 29 UGB zu gewährleisten.

---

41 OGH 18.5.2022, 6 Ob 28/22v.
42 OGH 13.9.2007, 6 Ob 188/07a.
43 *Schuhmacher/Fuchs* in Straube/Ratka/Rauter, UGB § 18 Rz 37.
44 OGH 13.9.2007, 6 Ob 188/07a.
45 OGH 15.11.2021, 6 Ob 128/21y, 19.2.2009, 6 Ob 242/08v; vgl auch *Schuhmacher/Fuchs* in Straube/Ratka/Rauter, UGB § 18 Rz 42.
46 OLG Wien 23.6.2010, 28 R 35/10p, NZ 2011/F20, 153 („Ron Handelsgesellschaft m.b.H"); vgl auch *Ratka* in Straube/Ratka/Rauter, GmbHG § 5 Rz 29.
47 Vgl *Dehn* in Krejci, UGB § 18 Rz 29; *Umfahrer* in Zib/Dellinger, UGB § 18 Rz 21; *Koppensteiner/Rüffler*, GmbHG³ § 5 Rz 8; *Ratka* in Straube/Ratka/Rauter, GmbHG § 5 Rz 30.

5. Irreführungsverbot

Die Fa[48] darf keine Angaben enthalten, die geeignet sind, über geschäftliche Verhältnisse, die für die angesprochenen Verkehrskreise wesentlich sind, irrezuführen (§ 18 Abs 2 UGB), s auch § 11 Rz 14. Das Irreführungsverbot dient va dem **Verkehrsschutzinteresse**.[49] Es kommt dabei auf die **Eignung** zur Irreführung an. Ob eine **Irreführungsabsicht** vorliegt oder sich die Irreführungsgefahr tatsächlich verwirklicht, ist dagegen nicht relevant.[50] **14**

Unter **geschäftlichen Verhältnissen** iSd § 18 Abs 2 UGB sind Umstände zu verstehen, die den Unternehmer betreffen, wie etwa Art u Umfang des Betriebs, Branchenbezug, Waren- oder Dienstleistungen.[51] Der Begriff der geschäftlichen Verhältnisse ist im Interesse des Geschäftsverkehrs weit auszulegen.[52] Für die Auslegung kann auch die beispielhafte Aufzählung des § 2 Abs 1 UWG herangezogen werden.[53] **15**

Die irreführungsgeeigneten Angaben über geschäftliche Verhältnisse müssen für die angesprochenen Verkehrskreise **wesentlich** sein. Angaben v bloß nebensächlicher Bedeutung für die wirtschaftliche E der angesprochenen Verkehrskreise oder v nur geringer wettbewerblicher Bedeutung sind für die Irreführungseignung der Fa nicht zu berücksichtigen.[54] **16**

Die **angesprochenen Verkehrskreise** werden va v den spezifischen Marktteilnehmern, Lieferanten, Kreditgebern, sonstigen Vertragspartnern u Konkurrenten gebildet.[55] Prüfungsmaßstab der Irreführung ist dabei die Sicht eines durchschnittlich aufmerksamen, informierten Angehörigen des betr Personenkreises bei verständiger Würdi- **17**

---

48 Gegenstand des Irreführungsverbotes nach dem UGB ist der gesamte Firmenwortlaut (Firmenkern samt allen Zusätzen), während § 18 Abs 2 HGB noch bestimmt hatte, dass der Fa kein täuschungsgeeigneter Zusatz beigefügt werden darf.
49 *Jennewein* in Torggler, UGB³ § 18 Rz 12 mwN.
50 *Ratka* in Straube/Ratka/Rauter, GmbHG § 5 Rz 31 mwN.
51 Vgl *Birnbauer* in Dehn/Krejci, Das neue UGB², 39; *Schuhmacher/Fuchs* in Straube/Ratka/Rauter, UGB § 18 Rz 51.
52 Vgl *Dehn* in Gruber/Harrer, GmbHG² § 5 Rz 16; *Dehn* in Krejci, UGB § 18 Rz 34.
53 *Dehn* in Krejci, UGB § 18 Rz 34.
54 *Birnbauer* in Dehn/Krejci, Das neue UGB², 39; *Dehn* in Gruber/Harrer, GmbHG² § 5 Rz 16 mwN; *Dehn* in Krejci, UGB § 18 Rz 35.
55 Vgl *Dehn* in Gruber/Harrer, GmbHG² § 5 Rz 17; *Jennewein* in Torggler, UGB³ § 18 Rz 14.

gung.⁵⁶ Maßgeblich ist daher nicht, ob einzelne Personen oder „ein nicht unerheblicher Teil"⁵⁷ der angesprochenen Verkehrskreise irregeführt werden können, sondern ob die Täuschungseignung objektiviert gem vorgenanntem Maßstab u umgelegt auf die Sicht des im obigen Sinn durchschnittlichen Angehörigen der relevanten Adressatengruppe gegeben ist.⁵⁸ Dieser materiellrechtliche Maßstab des § 18 UGB steht auch im Einklang mit dem iSd europarechtlichen Jud⁵⁹ ausgelegten wettbewerbsrechtlichen Maßstab des UWG.⁶⁰

Mit einem solchen Maßstab, der auf die Erwartungen der angesprochenen Verkehrskreise abstellt, wird auch berücksichtigt, dass sich die Verkehrsanschauung zu bestimmten Wörtern u Begriffen im Laufe der Zeit ändern kann.

18 Eine formelle Einschränkung des Irreführungsverbots wird durch den zweiten S des § 18 Abs 2 UGB angeordnet. Im **FB-Verfahren** wird die Irreführungseignung nur berücksichtigt, wenn sie **ersichtlich** ist. Dies ist der Fall, wenn das Täuschungspotenzial für einen objektiven Betrachter nicht allzu fern liegt oder ohne umfangreiche Beweisaufnahmen angenommen werden kann.⁶¹ Das FB-Gericht hat die Prüfung daher ohne weitere Ermittlungstätigkeit nach dem jew Aktenstand vorzunehmen.⁶² Eine materielle Einschränkung erfährt das Irreführungsverbot durch diese verfahrensrechtliche Regelung nicht, sodass dadurch die Schutzansprüche Dritter nach § 37 UGB oder nach dem UWG nicht beschränkt werden.⁶³ Im Verhältnis zum Wettbewerbsrecht soll hier das Firmenrecht nur als Grobfilter wirken.⁶⁴

---

56 Vgl *Koppensteiner/Rüffler*, GmbHG³ § 5 Rz 11; *Dehn* in Gruber/Harrer, GmbHG² § 5 Rz 17 mwN.
57 An diesem „nicht unerheblichen Teil" der durch die Fa angesprochenen Verkehrskreise war die Prüfung der Täuschungseignung in Anlehnung an die frühere Interpretation des § 2 UWG vor dem Inkrafttreten des UGB orientiert – s dazu *Ratka* in Straube/Ratka/Rauter, GmbHG § 5 Rz 34.
58 Vgl *Dehn* in Gruber/Harrer, GmbHG² § 5 Rz 17; *Umfahrer* in Zib/Dellinger, UGB § 18 Rz 26; *Koppensteiner/Rüffler*, GmbHG³ § 5 Rz 11.
59 *Jennewein* in Torggler, UGB³ § 18 Rz 14.
60 Dies entgegen der Annahme der EBRV 1058 BlgNr 22. GP 24 f – ausf dazu *Koppensteiner/Rüffler*, GmbHG³ § 5 Rz 11; vgl auch *Umfahrer* in Zib/Dellinger, UGB § 18 Rz 26 mwN.
61 EBRV 1058 BlgNr 22. GP 24 f; vgl auch *Dehn* in Krejci, UGB § 18 Rz 43.
62 *Umfahrer* in Zib/Dellinger, UGB § 18 Rz 27.
63 *Dehn/Birnbauer*, NZ 2008/54, 193 (199).
64 EBRV 1058 BlgNr 22. GP 24 f.

Durch eine wegen **Änderung der Umstände** (zB Branchenwechsel) nach ihrer rechtskräftigen Eintragung im FB unwahr gewordene Fa kann eine Irreführung ebenso entstehen[65] wie durch die unmittelbare Übernahme einer gerade frei gewordenen Fa am selben Ort.[66]

19

Die **Jud** zum Irreführungsverbot ist umfangreich u kasuistisch.[67] Im Hinblick auf die durch das HaRÄG 2005 erfolgte Liberalisierung des Firmenrechts (vgl Rz 1) kann die davor ergangene Rsp nur mit Vorbehalt für die aktuelle Beurteilung herangezogen werden.[68]

20

In der Praxis bieten auch die v der **WKO** herausgegebenen **RL** für die Begutachtung v Firmenwortlauten[69] eine Orientierung, welche aber für die Gerichte nicht bindend sind.

Neben den weiteren nachstehend angeführten Fallgruppen ist auch die **geografische Bezeichnung** als Firmenbestandteil häufig Gegenstand der Rsp. Die bisherige OGH-Jud[70] hat dazu den Grundsatz herausgebildet, dass geografische Zusätze eine wirtschaftliche Tätigkeit im bezeichneten Gebiet sowie auch eine führende Bedeutung (überragende Marktstellung) in diesem voraussetzen. In der neueren Lit wird demgegenüber dieses Erfordernis als überholt angesehen, da ein solcher Zusatz nicht zuletzt aufgrund der Internationalisierung der Märkte v Publikum als Hinweis auf den Sitz des Unternehmens wahrgenommen u eben nicht als Hinweis auf eine besondere Bedeutung für den bezeichneten Raum verstanden würde.[71] Auch v Teilen der zweitinstanzlichen Rsp wurde

21

---

65 *Schuhmacher/Fuchs* in Straube/Ratka/Rauter, UGB § 18 Rz 50; vgl auch *Umfahrer* in Zib/Dellinger, UGB § 18 Rz 24.
66 *Schuhmacher/Fuchs* in Straube/Ratka/Rauter, UGB § 18 Rz 48 mwN.
67 Ausf Darstellungen dazu: *Ratka* in Straube/Ratka/Rauter, GmbHG § 5 Rz 36 ff; *Schuhmacher/Fuchs* in Straube/Ratka/Rauter, UGB § 18 Rz 59 ff; *Umfahrer* in Zib/Dellinger, UGB § 18 Rz 28 ff.
68 *Schuhmacher/Fuchs* in Straube/Ratka/Rauter, UGB § 18 Rz 59.
69 Die letztaktuelle Fassung (zuletzt geändert Jänner 2022) dieser RL ist als PDF-Broschüre über die Homepage der WKO (www.wko.at) abrufbar.
70 So die höchstgerichtliche Jud-Linie, zuletzt in OGH 20.1.2000, 6 Ob 98/99g („Energie Oberösterreich AG") u 16.5.2001, 6 Ob 67/01y („Sparkasse Niederösterreich AG"); für die Zusätze „Austria" oder „Österreich" würde als zweite Möglichkeit deren zulässiger Aufnahme in die Fa nach dieser Rsp auch genügen, dass Erzeugnisse typisch österr Gepräges oder wesentlich höherer Qualität hergestellt werden.
71 *Umfahrer* in Zib/Dellinger, UGB § 18 Rz 34 mwN; vgl auch *Dehn* in Gruber/Harrer, GmbHG[2] § 5 Rz 18 unter Hinweis auf die neuere Rsp des OLG Innsbruck.

das Erfordernis einer solchen überragenden Marktstellung zuletzt verneint.[72] Dieser neuen A ist mE entgegen der Jud-Linie des OGH iSe geänderten Verkehrsanschauung zu solchen geografischen Zusätzen sowie auch zur Vermeidung v Nachteilen v österr Unternehmen gegenüber Mitbewerbern im EU-Raum zu folgen.

Auch für Zusätze wie **„Austria"**, „Austro" „Österreich", **„Euro"**, „European", **„international"**, „Inter" uä wird v der Jud eine entspr Größe u Marktstellung des Unternehmens für den jew betroffenen Markt verlangt.[73] Auch dazu wird v der neueren Lit mit oben angeführten Argumenten v einer geänderten Wahrnehmung der Verkehrskreise iSe bloßen Hinweises auf den Unternehmenssitz ausgegangen.[74] Hierzu wird auch auf die große Zahl v Unternehmen, die etwa mit einem „Euro"-Zusatz auf den Markt getreten sind, verwiesen. Dies wird als Mitgrund dafür angeführt, dass diese Zusätze nicht mehr als Kennzeichen für eine Spitzenstellung wahrgenommen werden.[75] Nach neuerer M hat sich die Bedeutung des Firmenzusatzes „international" darauf reduziert, dass überhaupt eine grenzüberschreitende Tätigkeit vorliegt.[76] Dem ist aus oben genannten Gründen zuzustimmen. Der Firmenbestandteil „Austria" bzw „Österreich" oä wird unabhängig v der vorstehend beschriebenen Frage einer herausragenden Marktstellung auch dann als zulässig angesehen, wenn es sich um einen Zusatz handelt, der auf den Sitz einer inländischen Tochtergesellschaft eines multinationalen Unternehmens hinweist.[77] Im Zusammenhang mit geographischen Bezeichnungen wird v FB-Gerichten häufig die zuständige gesetzl Interes-

---

72 OLG Innsbruck zuletzt 7.6.2013, 3 R 60/13t, GES 2013, 396 (Jud-Linie seit 2007). In dieser E wird auch damit argumentiert, dass eine Aufrechterhaltung des Erfordernisses einer führenden Bedeutung im betr Raum für die Verwendung eines geografischen Firmenzusatzes eine Inländerdiskriminierung gegenüber EU-ausländischen Gesellschaften darstellen würde, welche auch gerade nach der Rsp des OGH (etwa OGH 5.4.2005, 4 Ob 31/05w) vermieden werden solle. Als Nachw der Inländer-Schlechterstellung wird auf das dt Firmenrecht verwiesen, welches seit der dortigen Liberalisierung des Firmenrechts durch das HRefG 1998 keine solche Spitzenstellung im geografischen Raum mehr verlange.
73 Vgl *Schuhmacher/Fuchs* in Straube/Ratka/Rauter, UGB § 18 Rz 68 mwN.
74 *Umfahrer* in Zib/Dellinger, UGB § 18 Rz 48 („Austria"), Rz 55 („Euro").
75 *Umfahrer* in Zib/Dellinger, UGB § 18 Rz 55 mwN aus der dRsp.
76 *Umfahrer* in Zib/Dellinger, UGB § 18 Rz 60 mwN aus der dRsp.
77 *Umfahrer* in Zib/Dellinger, UGB § 18 Rz 48 mwN; *Umfahrer*, GmbH[7] Rz 3.58.

senvertretung (Wirtschaftskammer) gem § 14 Abs 1 FBG zur Stellungnahme aufgefordert. Es empfiehlt sich daher, eine solche Stellungnahme bereits vorab einzuholen,[78] um die Erledigungsdauer beim FB-Gericht kurz zu halten.

Für die Bildung einer **Personenfirma** kommen, neben dem eigentlichen **Namen**, auch Künstlernamen oder Abkürzungen sowie in der Schreibweise abw Verwendungen des Namens in Frage. Eine Irreführungseignung kann aber gegeben sein, wenn die Abwandlung oder Abkürzung des Namens bei den angesprochenen Verkehrskreisen eine falsche Vorstellung bewirken kann. 22

Auch die **Namensgleichheit** mit einer **bekannten Persönlichkeit**, insb bei Branchengleichheit, wie etwa „Thomas Muster Tennisschule GmbH", kann einen Verstoß gegen das Irreführungsverbot darstellen.[79]

Die für die GmbH firmenrechtlich grds zulässige Verwendung v **Namen** oder Namensteilen v **Nichtgesellschaftern** als Firmenbestandteil (s dazu auch § 11 Rz 15) ist dann auch nicht irreführungsgeeignet, wenn der Name (Namensteil) für die angesprochenen Verkehrskreise keine Relevanz hat u dieser auch nicht eine überregional bekannte Persönlichkeit bezeichnet, die dem Unternehmer einen Wettbewerbsvorteil verschaffen könnte.[80] Die Zulässigkeit eines solchen Fremdnamensgebrauchs kann sich auch daraus ergeben, dass der verwendete Name Inhalt (oder Teil des Inhalts) einer zugunsten der betr GmbH registrierten Marke ist. Wird in diesem Fall gesv festgelegt, dass Gegenstand des Unternehmens (ua) eine bestimmte Tätigkeit unter Verwendung dieser registrierten Marke ist, so kann auf diesem Weg eine Fa unter Verwendung dieser Marke gebildet werden, die dann wahrheitsgemäß einen Hinweis auf den Unternehmensgegenstand der Gesellschaft gibt u im Regelfall somit keine unzulässige Täuschungseignung hat.[81] Zur Frage der Fortführung einer (Firmen-)Marke s Rz 32.

Der **Sachbestandteil** einer Fa kann täuschungsfähig sein, wenn er keine Deckung im Unternehmensgegenstand der Gesellschaft findet. Eine Täuschungseignung ist aber zu verneinen, wenn eine mehrdeutige 23

---

[78] Antragsformulare können über die Homepage der WKO (www.wko.at) heruntergeladen werden.
[79] *Birnbauer* in Dehn/Krejci, Das neue UGB[2], 44; *Schuhmacher/Fuchs* in Straube/Ratka/Rauter, UGB § 18 Rz 56.
[80] *Umfahrer* in Zib/Dellinger, UGB § 18 Rz 29 mwN.
[81] Vgl dazu auch *Schmidsberger/Duursma* in Gruber/Harrer, GmbHG[2] § 4 Rz 20.

Allgemeinbezeichnung mit geringer Kennzeichnungskraft verwendet wird, da mit einer solchen keine ausreichend konkrete inhaltliche Aussage getroffen wird u deswegen das Publikum gar nicht in die Irre geführt werden kann.[82] In diesem Sinn wurde der Firmenbestandteil „**Analytical**" v der Rsp als mehrdeutige Allgemeinbezeichnung angesehen u die Fa „Hilger Analytical Gesellschaft m.b.H." als nicht täuschungsgeeignet qualifiziert.[83]

Von der Jud als irreführend angesehen wurde die Fa „**Sun Services GmbH**" für eine im Bereich Unternehmensberatung tätige Gesellschaft, da mit der Bezeichnung Dienstleistungen im Bereich Solarien, Sonnenenergie oder Sonnenschutz assoziiert würden.[84]

23a Bei **Fantasiefirmen** ist im gegebenen Zusammenhang zu prüfen, ob die Fantasiebezeichnung geeignet ist, beim Verkehr unzutreffende Assoziationen hinsichtlich des Gegenstands des Unternehmens auszulösen.[85] In diesem Sinn ist etwa die Fa „Sportex GmbH" für ein Unternehmen, das sich weder mit Sportartikeln noch Textilien befasst, oder die Fa „computronic OHG" für ein Bettenhaus als zur Irreführung geeignet anzusehen.[86]

24 Wenn eine Fa den wahrheitswidrigen Anschein einer **Beziehung** zu einer **öffentlichen Einrichtung** erweckt, ist sie täuschungsfähig. So ver-

---

82 *Koppensteiner/Rüffler*, GmbHG³ § 5 Rz 12.
83 OGH 11.7.1985, 6 Ob 22/85; dieser E lag der SV zugrunde, dass der gesv festgelegte Gegenstand des Unternehmens der Handel mit Waren aller Art sowie die Tätigkeit eines Handelsagenten war u die gesv bestimmte Fa unter Heranziehung des Namens der ausländischen Mehrheitsgesellschafterin mit „Hilger Analytical Gesellschaft m.b.H." gebildet wurde. Zu beurteilen war ua, ob der Firmenbestandteil „Analytical" v Publikum als irreführend hinsichtlich des Unternehmensgegenstands der Gesellschaft verstanden würde. Der OGH verneinte dies mit der Begr, dass der Begriff „Analytical" ein mehrdeutiges, ohne Bezugswort nicht auf einen konkreten Begriff hinweisendes Eigenschaftswort u durchaus nicht als unternehmens- oder geschäftskennzeichnend deutbar sei. Dazu verwies der OGH auf seine bereits zu 23.5.1985, 6 Ob 15/85 getroffene Aussage: Wer sich nichts Konkretes vorstellen kann, mag sich mangelhaft unterrichtet fühlen, kann sich aber nicht als getäuscht erachten. Das wäre nur der Fall, wenn in ihm konkrete tatsachenwidrige Vorstellungen erweckt würden.
84 OGH 19.2.2009, 6 Ob 242/08v; dazu krit *Schuhmacher/Fuchs* in Straube/Ratka/Rauter, UGB § 18 Rz 71, welche die Verkehrswesentlichkeit der Irreführung verneinen.
85 OGH 15.11.2021, 6 Ob 128/21y; 19.2.2009, 6 Ob 242/08v.
86 Vgl auch OGH 15.11.2021, 6 Ob 128/21y; 19.2.2009, 6 Ob 242/08v.

mittelt die Verwendung des Begriffs „**Institut**" im Bereich der Forschung u Wissenschaft gewöhnlich den Eindruck der Zugehörigkeit zu einer Universität u wurde die Fa „Institut für Wirtschaftsrecht, o. Univ.-Prof. Dr. Bruno Binder Gesellschaft mit beschränkter Haftung" als irreführend angesehen, da keine über den Alleingesellschafter hinausgehende Verbindung zu einer Universität bestand.[87] Keine Täuschungseignung besteht dagegen bei Begriffen wie „Bestattungsinstitut", „Heiratsinstitut" oder „Schönheitsinstitut",[88] da die genannten Dienstleistungen in keinem Zusammenhang mit Einrichtungen der Forschung u Wissenschaft stehen. Bei Verwendung des Begriffs „Institut" in der Fa muss mit entspr Zusätzen ein Gesamteindruck des Firmenwortlautes geschaffen werden, der den privatwirtschaftlichen Charakter des Unternehmens so deutlich belegt, dass eine Irreführungsgefahr nicht besteht.[89]

Auch der Begriff „**Akademie**" („Academy") ist in Ö nicht bestimmten Einrichtungen vorbehalten u nicht spezifisch geschützt, so dass eine Verwendung für privatwirtschaftlich tätige Unternehmen grds möglich ist,[90] wobei auch hier die Grenze der Täuschungseignung zu beachten ist.[91] Genereller Bezeichnungsschutz besteht neben den diesbzgl im BWG genannten Begriffen (s Rz 25) bspw auch für „gemeinnützige Bauvereinigung",[92] „Universität" u „Fachhochschule".[93]

Schutz vor Irreführung sollen in Ergänzung der firmenrechtlichen Bestimmungen auch **sondergesetzliche Vorschriften** im Bereich der Finanz- u Kreditwirtschaft gewährleisten. Hier ist insb § 94 BWG zu nennen, welcher ua die Bezeichnungen „Geldinstitut", „**Kreditinstitut**", „**Bank**", „Sparkasse", „Finanzinstitut", „Wertpapierfirma", „Volksbank", „Raiffeisen", „Bausparkasse" u die „Landes-Hypothekenbank"

25

---

87 OGH 5. 10. 2000, 6 Ob 204/00v.
88 Vgl *Schuhmacher/Fuchs* in Straube/Ratka/Rauter, UGB § 18 Rz 70 mwN.
89 OLG Graz 20. 5. 2008, 4 R 64/08a.
90 OGH 16. 3. 2011, 6 Ob 67/10m (englische Gesellschaft „Academy of Business Consulting LTD" mit österr Zweigniederlassung u dem Tätigkeitsfeld Unternehmensberatung).
91 *Umfahrer* in Zib/Dellinger, UGB § 18 Rz 39.
92 Gemäß § 37 WGG darf nur eine Bauvereinigung, die nach dem WGG als gemeinnützig anerkannt ist, sich öffentlich oder im Geschäftsverkehr als gemeinnützige Bauvereinigung bezeichnen. Die Fa anderer Rechtsträger darf nicht die Bezeichnung „gemeinnützig" enthalten.
93 *Jennewein* in Torggler, UGB³ § 18 Rz 18; ausf *Hauser*, ZFHR 8, 73 ff; s auch § 116 Abs 1 Z 1 UG 2002, § 24 FHStG.

besonders schützt. Die dort angeführten Bezeichnungen (oder Bezeichnungen, in denen diese Worte enthalten sind) dürfen nur v den in der genannten Gesetzesbestimmung angeführten Rechtsträgern in ihrer Fa geführt werden. Liegt keine Tätigkeit iSd BWG vor, so müssen bei Verwendung v Firmenzusätzen wie „**Finanz-**" oder „**Finanzierung**" entspr weitere einschränkende Zusätze in den Firmenwortlaut aufgenommen werden, welche dies klarstellen, so etwa bei einer bloßen Vermittlungstätigkeit.[94]

Die Begriffe „**Finanzvermittlung**" oder „**Finanzierungsberatung**" fallen nicht unter den Vorbehalt des § 94 BWG.[95]

Weiters sind Begriffe, die auf **Kapitalanlagegesellschaften** hinweisen,[96] durch § 130 InvFG geschützt u dürfen nur in die Fa v Verwaltungsgesellschaften iSd § 3 Abs 2 Z 1 InvFG[97] aufgenommen werden.[98]

6. Rechtsformzusatz

26 Die Fa der GmbH hat zwingend den **Rechtsformzusatz „Gesellschaft mit beschränkter Haftung"** oder eine Abkürzung davon zu enthalten (s auch § 11 Rz 18). Dies gilt auch, wenn sie gem § 22 UGB oder einer anderen gesetzl Bestimmung fortgeführt wird. Normzweck ist die In-

---

94 OGH 20.3.1986, 6 Ob 3/86: Hier wurde die Fa „CSC Leasing und Finanzierung Gesellschaft mbH" wegen des Firmenbestandteils „Finanzierung" als täuschungsfähig angesehen, da das Unternehmen die Fremdfinanzierungen bloß vermittelte, nicht aber selbst die Finanzierung vornahm.
95 Vgl *Umfahrer* in Zib/Dellinger, UGB § 18 Rz 42; nach den WKO-RL kann der Begriff „Finanzvermittlung" für sich alleine dennoch täuschungsfähig sein, da die Vermittlung v Kapitalwerten zT typisches Bankgeschäft sei.
96 Darunter fallen: „Kapitalanlagegesellschaft", „Kapitalanlagefonds", „Investmentfondsgesellschaft", „Investmentfonds", „Miteigentumsfonds", „Wertpapierfonds", „Aktienfonds", „Obligationenfonds", „Investmentanteilscheine", „Investmentzertifikate", „Pensionsinvestmentfonds", „Spezialfonds", „Indexfonds", „Anleihefonds", „Rentenfonds", „Dachfonds", „thesaurierende Kapitalanlagefonds", „OGAW-ETF", „UCITS ETF", „ETF", „Exchange-Traded Fund" oder gleichbedeutende Bezeichnungen oder Abkürzungen.
97 Solche Kapitalanlagegesellschaft sind Gesellschaften gem § 5 oder Art 6 der RL 2009/65/EG, deren reguläre Geschäftstätigkeit in der Verwaltung v OGAW (Organismus zur gemeinsamen Veranlagung in Wertpapieren) gem § 2 InvFG u ggf v Alternativen Investmentfonds (AIF) gem dem 3. Teil des InvFG besteht.
98 Das Beteiligungsfondsgesetz, welches in seinem § 13 einen Bezeichnungsschutz für auf Beteiligungsfondsgesellschaften hinweisende Zusätze enthalten hatte, wurde mit BGBl I 2013/135 aufgehoben.

formation des Geschäftsverkehrs über Haftungsverhältnisse der Gesellschaft.[99] Bei Abgabe v rechtsgeschäftlichen Erklärungen für die Gesellschaft ohne Führung eines Rechtsformzusatzes kann es für die handelnde Person zu einer persönlichen **Haftung kraft Rechtsscheins** kommen.[100]

Als **Abkürzungen** des Rechtsformzusatzes kommen bspw „GmbH", „G.m.b.H.", „Ges.m.b.H.", „GesmbH" oder „Gesellschaft m.b.H" in Frage. Als unzulässig angesehen wurde jedoch die Abkürzung „GsmbH", da im Geschäftsverkehr unbekannt u daher missverständlich.[101]

27

Die Fa u somit auch der Rechtsformzusatz können auch **klein geschrieben** werden („gmbh"), sofern dies durchgängig erfolgt.[102] Der Rechtsformzusatz muss dann **nicht** zwingend **am Schluss** des Firmenwortlauts stehen, wenn die Fa dadurch nicht unklar oder täuschend wird.[103] Das Wort „Gesellschaft" muss auch **nicht in unmittelbarer Verbindung** zur Wortfolge „mit beschränkter Haftung" (oder deren Abkürzung) geschrieben werden.[104] Auch eine Trennung des sachlichen u persönlichen Bestandteils einer Fa durch den Rechtsformzusatz ist grds zulässig, soweit keine Täuschungsfähigkeit dadurch bewirkt wird.[105]

28

---

99 OGH 20.1.2000, 6 Ob 98/99a; 26.3.2009, 6 Ob 46/09x.
100 Vgl *Umfahrer*, GmbH[7] Rz 3.32 mwN.
101 OGH 26.3.2009, 6 Ob 46/09x (da mit einer solchen Abkürzung der Normzweck der Information des Geschäftsverkehrs über die Haftungsverhältnisse nicht erfüllt werde).
102 *Verweijen*, NZ 2002/125, 321 (322).
103 OGH 20.1.2000, 6 Ob 98/99a zur AG („Energie AG Oberösterreich"); da die Formulierung in § 5 Abs 1 nunmehr jener in § 4 AktG entspricht, muss dies nun ebenso für die GmbH gelten. So auch *Koppensteiner/Rüffler*, GmbHG[3] § 5 Rz 9, *Dehn/Birnbauer*, NZ 2008/54, 193 (202); *Ratka* in Straube/Ratka/Rauter, GmbHG § 5 Rz 42.
104 *Birnbauer* in Dehn/Krejci, Das neue UGB[2], 43 mwN.
105 Die Aussage des OGH in seiner E v 21.10.2004, 6 Ob 29/04i, dass eine solche Trennung („Steuerberatungsgesellschaft bmH K ...") deswegen unzulässig sei, weil dadurch der Eindruck einer OHG oder KG mit einer GmbH als persönlich haftender Gesellschafterin entstehen könne, ist wegen des mit dem HaRÄG 2005 geänderten § 19 UGB, welcher nunmehr in seinem Abs 1 Z 1 u 2 das zwingende Erfordernis zur Aufnahme des Rechtsformzusatzes „OG" bzw „KG" normiert, als überholt anzusehen, s *Dehn/Birnbauer*, NZ 2008/54, 193 (202 FN 90).

29 Befindet sich die Gesellschaft im **Liquidationsstadium**, so hat sie gem § 90 iVm § 153 UGB einen darauf hinweisenden Zusatz in die Fa aufzunehmen (zB „in Liquidation", „in Liqu." oder „i. L."). Dies stellt keine Änderung der Fa iSe Änderung des GesV dar (s § 84 Rz 8, § 90 Rz 17).

7. Firmenkontinuität

30 Unter bestimmten Voraussetzungen kann die ursprüngliche Fa beibehalten werden, auch wenn dadurch der Grundsatz der Firmenwahrheit durchbrochen wird. Dies berücksichtigt, dass die Fa selbst einen **schützenswerten Vermögenswert** darstellt[106] u durch die Kontinuität der Fa deren Wert („good will") erhalten wird.[107] Dieses Prinzip der Firmenbeständigkeit findet in § 21 UGB (Fortführung bei Namensänderung), § 22 UGB (Fortführung bei Unternehmenserwerb) u § 24 UGB (Fortführung bei Änderung im Gesellschafterbestand) Niederschlag. In allen Fällen der Firmenfortführung muss aber jedenfalls der Rechtsformzusatz korrekt angeführt werden (§ 5 Abs 1).

31 Wird der **Name einer** in der Fa genannten **Person geändert**, so kann die bisherige Fa fortgeführt werden (§ 21 UGB). Unter „Person" sind dabei nicht nur natPers, sondern auch jP als Namensgeber zu verstehen.[108] Die Fa einer GmbH kann somit unverändert fortgeführt werden, wenn deren Gesellschafter seinen Namen bzw seine Fa (wenn der namensgebende Gesellschafter eine jP ist) ändert. Die Anwendung des § 21 UGB setzt eine bestehende Fa[109] voraus. Liegt ein bloßer Namenswechsel beim Gesellschafter vor, so darf kein Nachfolgezusatz in die Fa aufgenommen werden, da dies eine unzulässige Irreführung wäre. Da § 21 UGB lediglich die Firmenfortführung regelt, aber kein eigenes Namensrecht gegenüber Dritten begründet, bleiben allfällige Unterlassungsansprüche Dritter (etwa aus dem Titel des Namensrechts, des Markenrechts oder Wettbewerbsrechts) unberührt.[110]

---

106 *Verweijen* in Zib/Dellinger, UGB § 21 Rz 1.
107 *Ratka* in Straube/Ratka/Rauter, GmbHG § 5 Rz 54 mwN; *Umfahrer* GmbH[7] Rz 3.33.
108 *Verweijen* in Zib/Dellinger, UGB § 21 Rz 4 mwN.
109 Hierzu ist zu beachten, dass gem § 17 UGB die Fa erst mit der FB-Eintragung entsteht.
110 Dazu ausf *Verweijen* in Zib/Dellinger, UGB § 21 Rz 11 f.

Zur **Fortführung der Fa beim Unternehmenserwerb** regelt § 22 **32**
UGB, dass derjenige, der ein bestehendes Unternehmen unter Lebenden
oder v Todes wegen erwirbt, für das Unternehmen die bisherige Fa, auch
wenn sie den Namen des bisherigen Unternehmers enthält, mit oder
ohne Beifügung eines das Nachfolgeverhältnis andeutenden Zusatzes
fortführen darf, wenn der bisherige Unternehmer oder dessen Erben in
die Fortführung der Fa ausdrücklich einwilligen. Dies gilt auch, wenn
das Unternehmen durch Nießbrauch, Pacht oder ein ähnliches Verhältnis übernommen wird (§ 22 Abs 2 UGB). **Voraussetzung** ist, dass ein
Übergang des Unternehmens im Großen u Ganzen (also im Unternehmenskern) stattfindet[111] u somit eine Betriebsfortführung möglich ist.
Die Fa kann nicht ohne das Unternehmen, für das sie geführt wird, veräußert werden (Verbot der Leerübertragung gem § 23 UGB). Umgehungen des § 23 UGB durch Übertragung einer Marke ohne Unternehmen
zum ausschließlichen Zweck der Verwendung in der Fa können nach
dem Telos der Norm zur Nichtigkeit des Rechtsgeschäfts führen.[112]

Wird der erworbene Betrieb endgültig[113] eingestellt, erlischt das
Recht zur Firmenfortführung, welches sich ja auf das erworbene Unternehmen bezieht, die bisherige Branche bzw der Tätigkeitsbereich muss
gewahrt werden (Unternehmenskontinuität iSe Übernahme u Fortführung der bisherigen Kerntätigkeit des Unternehmens).[114] Besteht die
fortgeführte Fa in ihrem Kern aus einer Markenbezeichnung u wurden
mit dem Unternehmen auch die betr Markenrechte erworben,[115] so er-

---

111 OGH 24.4.2001, 4 Ob 84/01h.
112 *Verweijen* in Zib/Dellinger, UGB § 23 Rz 3.
113 Eine bloß vorübergehende Einstellung des Geschäftsbetriebs schadet nicht, solange nur der Tätigkeitsbereich des Unternehmens als solcher noch besteht, also Möglichkeit u Absicht besteht, den eingestellten Betrieb innerhalb eines solchen Zeitraums fortzusetzen, dass die Stilllegung nach der Verkehrsauffassung noch als vorübergehend angesehen werden kann; s *Schuhmacher* in Straube/Ratka/Rauter, UGB § 22 Rz 9 mwN.
114 *Umfahrer* GmbH[7] Rz 3.33; *Schuhmacher* in Straube/Ratka/Rauter, UGB § 22 Rz 10; dazu ausf *Verweijen* in Zib/Dellinger, UGB § 22 Rz 47, welcher diesbzgl auch darauf verweist, dass nach dem Telos des § 22 UGB der Firmenwert, der sich ja nur auf das bisherige Betätigungsfeld des Unternehmens beziehen kann, geschützt wird. Dieses Schutzinteresse fehle demnach dann, wenn der Unternehmensgegenstand zur Gänze geändert wird, nicht aber bei bloßer Umorganisation.
115 Auch Marken, welche Personennamen oder eine Personenfirma enthalten, können nach der MarkenRL bei Übertragung des Unternehmens v Erwerber

weitert dies mE die Möglichkeiten an Änderungen im Tätigkeitsfeld ohne das Fortführungsrecht zu verlieren. Dies dann, wenn die Marke einen entspr Bekanntheitsgrad hat, deren Verwertung im Zentrum der Unternehmenstätigkeit gestanden ist u damit für sich allein stehend den größten Teil des Firmenwerts repräsentiert. Diesfalls wird wohl auch dann, wenn zwar das bisherige Tätigkeitsfeld aufgegeben, aber eine zumindest ähnliche, branchenverwandte Tätigkeit unter Verwertung der Marke aufgenommen wird, die noch eine Assoziation des Publikums mit dem übernommenen, in der Verkehrswahrnehmung eben stark durch die Marke geprägten Unternehmen zulässt, der Normzweck des § 22 UGB (Erhaltung des Firmenwerts, s dazu FN 110) erfüllt u bleibt die Firmenfortführung zulässig.[116] Wird diese Grenze überschritten, schlägt das Interesse des Veräußerers, mit dem Unternehmen nicht mehr in Verbindung gebracht zu werden, durch. Diesfalls ist eine sich v der alten Fa entspr unterscheidende neue Fa zu wählen, die freilich wiederum den Markennamen enthalten darf.

33 Die Fa des übernommenen Unternehmens muss grds **unverändert** (abgesehen v einer allenfalls erforderlichen Anpassung des Rechtsformzusatzes) **fortgeführt** werden.[117] Zulässig sind Änderungen, die nach der Verkehrsanschauung unwesentlich sind u an der Identität der bisherigen mit der fortgeführten Fa keine Zweifel aufkommen lassen, wobei die fortgeführte Fa nicht geeignet sein darf, im Rechtsverkehr unzutreffende Vorstellungen über Art, Umfang u Rechtsverhältnisse des Unternehmens hervorzurufen.[118] Die Fortführung der Fa durch den Erwerber setzt im Allg voraus, dass der **bisherige Firmeninhaber** die durch den

---

weitergeführt werden, selbst wenn damit eine gewisse Publikumstäuschung verbunden ist. S dazu *Schuhmacher* in Straube/Ratka/Rauter, UGB § 22 Rz 7 unter Verweis auf EuGH 30.3.2006, C-259/04; so auch *Gamerith*, ÖBl 2006/36, 153.

116 Denkbar ist hier etwa der Fall, dass die Marke für mehrere Tätigkeitsbereiche (nach der Nizza-Klassifikation) geschützt war u sich die geänderte (aber artverwandte) Tätigkeit auf einen bisher nicht genutzten geschützten Bereich bezieht, so dass auch durch die neue Betätigung einerseits eine Deckung zw Fa u Unternehmensgegenstand besteht u andererseits der Normzweck des Schutzes des erworbenen Firmenwerts erfüllt wird.

117 OGH 24.4.2001, 4 Ob 84/01h.

118 OGH 29.3.2000, 6 Ob 45/00m, diese E spricht auch aus, dass der Grundsatz der Firmenwahrheit nicht in jedem Fall hinter jenem der Firmenkontinuität zurückzutreten hat, sondern vielmehr eine Harmonisierung der beiden einander widersprechenden Grundsätze herbeizuführen ist.

Erwerber fortgeführte Fa selbst **nicht mehr benutzt** u macht auch die mglw in der Zukunft eintretende Änderung der älteren Fa eine Neueintragung (der fortgeführten Fa) nicht zulässig.[119]

Die Fortführung des erworbenen Unternehmens unter dessen bisheriger Fa unter gleichzeitiger Beibehaltung der eigenen Fa würde dem Grundsatz der **Firmeneinheit** widersprechen u ist daher unzulässig (s dazu Rz 3). Möglich ist die Firmenfortführung aber, wenn das erworbene Unternehmen als Zweigniederlassung fortgeführt wird u in die fortgeführte Fa ein Zusatz aufgenommen wird, der die Eigenschaft als Zweigniederlassung der Hauptniederlassung (erwerbender Rechtsträger) eindeutig ausweist.[120]

34

Auch auf Firmenfortführungen nach **Umgründungsvorgängen**, wie Verschmelzungen, Spaltungen oder Umwandlungen nach dem UmwG, findet § 22 UGB Anwendung.[121] Bei grenzüberschreitenden Verschmelzungen muss die fortzuführende Fa der übertragenden ausländischen Gesellschaft den österr Erfordernissen der Firmenbildung entsprechen, damit sie tatsächlich v der übernehmenden österr Gesellschaft fortgeführt werden darf.[122]

35

Da sich durch das Eintreten oder Ausscheiden v Gesellschaftern in eine GmbH am Rechtsträger nichts ändert, ist § 24 Abs 1 UGB für die GmbH ohne praktische Bedeutung. Für die Aufnahme des Namens einer Person in die Fa der GmbH bedarf es dessen Zustimmung. Ob aber das in § 24 Abs 2 UGB festgelegte Erfordernis der Zustimmung

36

---

119 OGH 29.3.2000, 6 Ob 45/00m; 29.6.2006, 6 Ob 41/06g. In der erstgenannten E wurde ua ausgesprochen, dass auch in Fällen der Veräußerung eines gemeinschuldnerischen Unternehmens u Fortführung der Fa durch den Erwerber bei vollständiger Einstellung des Geschäftsbetriebs der Gemeinschuldnerin es dann, wenn auch die Gemeinschuldnerin für die Dauer ihrer zeitlich befristeten Abwicklung die bisherige Fa fortführt, dieser ein Liquidationszusatz angefügt werden u der Unternehmensübergang gem § 3 Z 15 FBG bei übertragender u übernehmender Gesellschaft angemeldet u eingetragen werden muss, um eine Täuschung der Verkehrsteilnehmer zu vermeiden. Die Aussicht, dass wegen der Abwicklung der Gemeinschuldnerin deren Fa ohnehin in Zukunft erlöschen wird, ist dazu nicht ausreichend.
120 Vgl *Ratka* in Straube/Ratka/Rauter, GmbHG § 5 Rz 56 mwN; *Verweijen* in Zib/Dellinger, UGB § 22 Rz 57.
121 Die früheren umgründungsrechtlichen Sondervorschriften, insb betr den zwingenden Nachfolgezusatz bei Umwandlungen nach UmwG, bestehen nicht mehr.
122 *Ratka* in Straube/Ratka/Rauter, GmbHG § 5 Rz 56.

eines **ausscheidenden namensgebenden Gesellschafters** zur Firmenfortführung auch auf KapGes u somit auf die GmbH anzuwenden ist, ist **str**. Der OGH verneint dies, wobei sich die zuletzt zu dieser Frage ergangenen E[123] noch auf § 24 Abs 2 HGB bezogen u auch darin verwendete maßgebliche Argumente auf der alten, durch das HaRÄG 2005 inzwischen geänderten Rechtslage basieren.[124] Ein Teil der L vertritt dies auch zur Rechtslage nach dem UGB[125] u sieht die unbeschränkte Zustimmung zur Firmenfortführung als durch die Unterfertigung des GesV stillschweigend vorab erteilt an. Die Vertreter der Gegenmeinung erachten § 24 Abs 2 UGB als auch auf KapGes anwendbar u eine Zustimmung als iZw nur für die Dauer der Gesellschaftereigenschaft wirksam.[126] Für diese A wird va vorgebracht, dass den bisherigen Argumenten der Rsp, aufgrund derer die Nichtanwendbarkeit des Zustimmungserfordernisses auf KapGes angenommen wurde, durch die mit dem HaRÄG 2005 geänderte Rechtslage die Grundlage entzogen sei: Es sind die untersch Firmenbildungsvorschriften v Pers- u KapGes weggefallen u PersGes sind nunmehr voll rechtsfähig u selbst Rechtsträger der Fa.[127] Meines Erachtens hat diese neuere M die besseren Argumente

---

123 OGH 25.3.1999, 6 Ob 17/99i; 16.1.2001, 4 Ob 311/00i; in der letztgenannten E wird auch ausgesprochen, dass in der Insolvenz des Unternehmens der Masseverwalter (Insolvenzverwalter) auch ohne Zustimmung des Namensträgers das Unternehmen mit dem Recht auf Firmenfortführung veräußern, oder auch den Gebrauch der Fa (bzw v Firmenbestandteilen) beschränkt auf den Verkauf der Konkursware gestatten kann.

124 So argumentierte das Höchstgericht in OGH 25.3.1999, 6 Ob 17/99i ua damit, dass (nach damaliger Rechtslage) der Personenhandelsgesellschaft die Bildung einer Sachfirma verwehrt war u der Gesellschafter verpflichtet war, seinen Namen zur Firmenbildung zur Verfügung zu stellen, so dass diesem nur die Bestimmung des § 24 Ab 2 HGB als Behelf zur Verhinderung der Weiterverwendung seines Namens in der Fa nach seinem Ausscheiden zur Verfügung stand, während die Verwendung des Namens eines Gesellschafters einer KapGes in deren Fa dessen Zustimmung voraussetzte.

125 *Koppensteiner/Rüffler*, GmbH[3] § 5 Rz 14; *Gellis/Feil*, GmbHG[7] § 5 Rz 5; *Haberer*, ecolex 2007, 940; *Umfahrer*, GmbH[7] Rz 3.31; *Birnbauer* in Dehn/Krejci, Das neue UGB[2], 45.

126 *Verweijen* in Zib/Dellinger, UGB § 24 Rz 36 f; *Dehn* in Gruber/Harrer, GmbHG[2] § 5 Rz 22; eher idS (letztendlich aber offen lassend): *Ratka* in Straube/Ratka/Rauter, GmbHG § 5 Rz 57; Darstellung des Meinungsstands bei *Schuhmacher* in Straube/Ratka/Rauter, UGB § 24 Rz 15 ff.

127 Ausf Darstellung bei *Verweijen* in Zib/Dellinger, UGB § 24 Rz 34 ff, welcher auch den Aspekt der systematischen Interpretation aufgreift (Rz 36).

für sich. In der Praxis wird man aber wohl die bestehende Jud-Linie des OGH zu berücksichtigen haben. Zur Schaffung v Rechtssicherheit ist eine klare diesbzgl Regelung im GesV empfehlenswert.[128] Eine Beschränkung der Zustimmung zur Namensverwendung in der Fa ist (etwa auf die Dauer der Gesellschaftereigenschaft) ja jedenfalls möglich.[129]

8. Firmenausschließlichkeit

Jede neue Fa muss sich v allen an demselben Ort oder in derselben Gemeinde bereits bestehenden u in das FB eingetragenen Firmen deutlich unterscheiden (§ 29 Abs 1 UGB), s auch § 11 Rz 16. Hiermit wird über die abstrakte Unterscheidungsfähigkeit iSd § 18 Abs 1 UGB (vgl Rz 10) hinaus die konkrete regionale Unterscheidbarkeit v bereits bestehenden Firmen als weiteres Prüfungskriterium der Eintragungsfähigkeit der Fa festgelegt. Diese Frage der regionalen Verwechselbarkeit ist nur nach § 29 UGB, welcher insofern auch lex specialis zu § 18 Abs 2 UGB (Irreführungseignung) ist, zu beurteilen, während etwa eine überregionale Verwechslungsgefahr allenfalls unter dem Aspekt der Irreführung (§ 18 Abs 2 UGB) zu prüfen wäre.[130] Normzweck ist der Schutz einerseits der Inhaber v bereits bestehenden Firmen u andererseits des Publikums, wobei letzterem vorrangige Bedeutung zukommt.[131] Auch mit Zustimmung des Inhabers einer bestehenden Fa kann daher eine v dieser nicht deutlich unterscheidbare neue Fa nicht an demselben Ort oder in derselben Gemeinde eingetragen werden.[132] Prüfungsmaßstab für die konkrete Verwechslungsgefahr ist die Verkehrsauffassung.[133]

37

Unter „neuer Fa" iSd Bestimmung ist jede bisher noch nicht in der betr Gemeinde bzw am betr Ort eingetragene Fa zu verstehen, sodass auch eine bereits im FB eingetragene Fa im Falle einer Sitzverlegung der Unterscheidbarkeitsprüfung des § 29 UGB am neuen Sitz unterliegt.[134] Nicht entscheidend ist dabei, ob die sitzverlegende Gesellschaft schon

38

---

128 Vgl *Verweijen* in Zib/Dellinger, UGB § 24 Rz 38.
129 So auch schon OGH 25.3.1999, 6 Ob 17/99i.
130 Dazu ausf *Dehn* in Krejci, UGB § 29 Rz 2 ff.
131 Vgl *Umfahrer* in Zib/Dellinger, UGB § 29 Rz 1 mwN.
132 OGH 5.9.1991, 6 Ob 10/91.
133 *Ratka* in Straube/Ratka/Rauter, GmbHG § 5 Rz 62; *Umfahrer* in Zib/Dellinger, UGB § 29 Rz 13; je mwN.
134 *Szoka*, NZ 2004/15, 67; s auch OGH 30.5.2016, 6 Ob 102/16t; 31.5.1990, 6 Ob 10/90; OLG Wien, 28.3.2018, 6 R 7/18w.

bisher am neuen Ort unternehmerisch tätig war.[135] „**Bestehende Fa**" bedeutet im FB eingetragen u mit Unternehmereigenschaft[136] als Firmenfähigkeitsvoraussetzung.[137] Eine bestehende Fa idS hat auch die in Liquidation befindliche Gesellschaft bis zu deren Löschung.[138]

39 Unter **Gemeinde** ist die politische Gemeinde zu verstehen, der Begriff **Ort** bestimmt sich nach der Verkehrsauffassung. Diese kann ergeben, dass mehrere politische Gemeinden als ein Ort anzusehen sind.[139]

40 Für die v Gesetz verlangte deutliche Unterscheidbarkeit ist nicht der vollständige Firmenwortlaut, sondern die **im Geschäftsverkehr verwendete Form** oder der **Firmenkern**, regelmäßig also das erste Wort der Fa, wenn dieses deren Charakteristikum bildet, maßgeblich.[140] Es kommt auf den Gesamteindruck unter Berücksichtigung v Wortsinn, Wortbild u Wortklang an.[141] Bei Branchennähe bzw gleichem Unternehmensgegenstand sind strengere Anforderungen an die Unterscheidbarkeit zu stellen.[142] Bei Sach- oder Fantasiefirmen ist wegen der größeren Auswahlmöglichkeit u dem größeren Irreführungspotenzial ein strengerer Maßstab anzulegen als bei Personenfirmen.[143]

41 Dasselbe Schlagwort darf grds nur bei völlig untersch Unternehmensgegenstand verwendet werden. Eine Ausnahme dazu besteht für Gesellschaften die zueinander im **Konzernverhältnis**[144] stehen. Diese

---

135 OGH 30.5.2016, 6 Ob 102/16t.
136 Bei der GmbH kraft Rechtsform gegeben (§ 2 UGB).
137 *Umfahrer* in Zib/Dellinger, UGB § 29 Rz 8.
138 *Umfahrer* in Zib/Dellinger, UGB § 29 Rz 10 mwN.
139 IdS hat die Rsp zB Wien u Schwechat als einen Ort angesehen (OLG Wien 22.10.1990, 6 R 105/90, NZ 1992, 75), nicht aber Wien u Mödling (19.11.1980, 5 R 131/80, NZ 1982, 173) u ebenso wenig Wien u Klosterneuburg (OGH 15.12.2004, 6 Ob 279/04d) oder Wien u Vösendorf (OLG Wien 26.9.1990, 6 R 80/90, NZ 1992, 74). Zu den Beurteilungsmaßstäben der Ortseinheit ausf *Umfahrer* in Zib/Dellinger, UGB § 29 Rz 5.
140 StRsp, OGH 14.9.2011, 6 Ob 139/11a; 6.10.2005, 6Ob139/05t ua.
141 Vgl *Umfahrer* in Zib/Dellinger, UGB § 29 Rz 13; s auch OGH 30.5.2016, 6 Ob 102/16t.
142 OGH 14.9.2011, 6 Ob 139/11a.
143 *Schuhmacher* in Straube/Ratka/Rauter, UGB § 29 Rz 16 mwN.
144 Zum Begriff s § 115; in der Rsp wurde es dafür bereits als ausreichend angesehen, dass sowohl angesichts der Gesellschafterverhältnisse als auch im Hinblick auf die Person des oder der GF mit einflusskonformem Verhalten der Geschäftsführung zu rechnen ist. Vgl OGH 15.11.2021, 6 Ob 128/21y; 14.9.2011, 6 Ob 139/11a.

müssen zwar grds auch voneinander unterscheidbar sein, doch dürfen Firmenschlagworte, die am Anfang der Fa stehen u das Charakteristikum oder den Firmenkern bilden, auch bei ähnlichem Unternehmensgegenstand gleichlautend für mehrere Unternehmen (Gesellschaften) im Konzern verwendet werden.[145] Die Grenzen dieses größeren Freiraums für Konzerngesellschaften hat der OGH jüngst aufgezeigt u ausgesprochen, dass die Gefahr einer Verwechselbarkeit der Firmen in einem Konzern keineswegs als völlig obsolet zu betrachten ist.[146] Konkret wurden in dieser E die Firmen zweier Konzerngesellschaften, in denen zwei Schlagworte (nämlich die Nachnamen der beiden Konzernchefs) je den ausschließlichen Firmenwortlaut bildeten, welche sich nur durch die untersch Reihenfolge der Nachnamen u die Verbindung derselben einmal mit einem „-" u einmal mit einem „&" voneinander unterschieden, als verwechslungsfähig iSd § 29 UGB u damit unzulässig angesehen.

Umgekehrt sind aber Firmen (Firmenbestandteile) unzulässig, die den **unzutreffenden Eindruck** einer wirtschaftlichen oder rechtlichen **Zusammengehörigkeit** oder Verflechtung der betr Gesellschaften vermitteln.[147] Eine solche Täuschung kann etwa auch darin liegen, dass der Anschein erweckt wird, dass eine GmbH persönlich haftende Gesellschafterin einer bestimmten KG ist, obwohl dies tatsächlich nicht der Fall ist.[148] **42**

Ein bloß untersch **Rechtsformzusatz** ist für die erforderliche deutliche Unterscheidbarkeit nicht ausreichend.[149] Eine Ausnahme dazu bildet die GmbH & Co KG, wenn sich deren Fa nur durch den Rechtsformzusatz v jener ihrer Komplementär-GmbH unterscheidet, weil dadurch der enge wirtschaftliche Zusammenhang den Gläubigern der **43**

---

145 OGH 14.9.2011, 6 Ob 139/11a („M***** Spedition GmbH", „M***** Transport GmbH").
146 OGH 14.1.2016, 6 Ob 186/15v („U**** – D**** GmbH", „D**** & U**** GmbH"); hervorgehoben wurde in dieser E, dass der wesentliche Untersch zu dem in der E 6 Ob 139/11a behandelten SV darin besteht, dass dort neben den identen Schlagworten ein untersch Sachfirmenanteil enthalten war (Spedition/Transport), während hier nunmehr die beiden Firmenschlagworte jew den ausschließlichen Firmenwortlaut bildeten.
147 OGH 31.5.1990, 6 Ob 10/90.
148 OGH 17.3.2005, 6 Ob 22/05m („A*****GmbH", „A*****GmbH & Co KG").
149 *Umfahrer* in Zib/Dellinger, UGB § 29 Rz 14; *Schuhmacher* in Straube/Ratka/Rauter, UGB § 29 Rz 18, je mwN.

KG erkennbar wird.[150] Zu weitergehenden Schutz bestehender Firmen durch Namens-, Marken- u Wettbewerbsrecht s Rz 58.

9. Sondervorschriften zur Firmenbildung

44 Bei Angehörigen eines freien Berufes muss die Fa gem § 19 Abs 1 Z 4 UGB, soweit die berufsrechtlichen Vorschriften nichts anderes vorsehen, einen Hinweis auf den ausgeübten Beruf enthalten. Solche berufsrechtlichen Regelungen bestehen etwa für die nachstehend angeführten Berufsgruppen.

45 Die Fa einer **RA-Gesellschaft** darf gem § 1b Abs 1 RAO nur die Namen eines oder mehrerer der folgenden Personen enthalten: Eines Gesellschafters, der RA iSd § 21c Z 1 lit a RAO ist (also inländische RA u RA iSd Anl zum EIRAG sowie international tätige RA unter den Voraussetzungen u im Ausmaß des § 41 Abs 2 EIRAG) oder eines ehem RA, der auf die Rechtsanwaltschaft verzichtet hat u im Zeitpunkt der Verzichtleistung Gesellschafter war oder dessen als RA-Gesellschaft oder Einzelunternehmen geführte Kanzlei v der Gesellschaft fortgeführt wird. Die Namen anderer Personen dürfen in die Fa nicht aufgenommen werden.[151] Niedergelassene europäische RA haben die Berufsbezeichnung zu verwenden, die sie im Herkunftsland zu führen berechtigt sind, wobei sie bei einer demnach zulässigen Verwendung der Bezeichnungen „Rechtsanwalt" oder „Anwalt" zusätzlich die Berufsorganisation anzugeben haben, welcher sie im Herkunftsland jew angehören.[152] Als Sachbestandteil ist jedenfalls ein Hinweis auf die Ausübung der Rechtsanwaltschaft aufzunehmen. Darüber hinaus können seit dem BRÄG 2020 (BGBl I 2020/19) weitere Zusätze aufgenommen werden, soweit diese nicht irreführend sind u auch nicht den Eindruck einer fachlichen oder örtlichen Alleinstellung bewirken.[153]

Siehe zum Thema auch Exkurs zur RAO, Rz 41 ff.

---

150 OGH 5.3.1987, 6 Ob 9/87; 17.3.2005, 6 Ob 22/05m; s auch *Umfahrer* in Zib/Dellinger, UGB § 29 Rz 14; diese Thematik hat mit dem HaRÄG 2005 an praktischer Relevanz verloren, da nach dem UGB kein Zwang mehr besteht, den Namen des Komplementärs in die Fa der KG aufzunehmen.
151 Insb ist daher auch die Aufnahme des Namens des Ehegatten oder des Kindes eines Gesellschafters nicht zulässig - s dazu *Wiedenbauer* in Kanduth-Kristen/Steiger/Wiedenbauer, Die Rechtsanwalts-GmbH² Rz 1.47.
152 *Dehn/Birnbauer*, NZ 2008/54, 193 (203) unter Verweis auf § 12 Abs 1 EIRAG, BGBl I Nr 27/2000.
153 § 1b Abs 1 RAO idF des BRÄG 2020, BGBl I 2020/19.

Notare können zum Zweck der Ausübung ihres Berufs OG u KG (Notar-Partnerschaften) bilden, die Rechtsform der GmbH steht ihnen dafür aber nicht offen (§ 22 NO). 46

§ 26 Abs 1 ZTG 2019[154] bestimmt, dass **Ziviltechnikergesellschaften** ihrer Fa den Zusatz „Ziviltechnikergesellschaft" beifügen müssen. Das Wort „Ziviltechniker" darf mit „ZT" abgekürzt werden. 47

Siehe zum Thema auch Exkurs zum ZTG, Rz 29 ff.

Für **Wirtschaftstreuhandgesellschaften** bestimmt § 55 Abs 1 WTBG 2017[155], dass deren Fa die Bezeichnung des ausgeübten WT-Berufs[156] zu enthalten hat. 48

Ärzte-GmbH („Gruppenpraxen") iSd § 52 a ÄrzteG haben in ihrer Fa jedenfalls den Namen eines Gesellschafters u die in der Gruppenpraxis durch die Gesellschafter vertretenen Fachrichtungen anzuführen (§ 52 a Abs 2 ÄrzteG). Zusätzlich können unter Beachtung des Standesrechts auch Sach- oder Fantasiebegriffe in den Firmenwortlaut aufgenommen werden.[157] 49

Siehe zum Thema auch Exkurs zum ÄrzteG, Rz 26, 109 f, 132 f.

10. Firmenöffentlichkeit

Die Fa gehört gem § 3 Abs 1 Z 2 FBG zu den eintragungspflichtigen Tatsachen. Ebenso muss die Änderung der Fa (§ 30 Abs 1 UGB) oder deren Erlöschen (§ 30 Abs 2 UGB) zur Eintragung ins FB angemeldet werden. Auch ist die Fa Teil der Pflichtangaben auf Geschäftspapieren u Webseiten des Unternehmens (§ 14 Abs 1 UGB). 50

C. Firma der Zweigniederlassung

Die Fa einer Zweigniederlassung kann mit jener der Hauptniederlassung übereinstimmen, ein auf die Zweigniederlassung hindeutender Zusatz kann angefügt werden. Nach hA[158] **kann aber die Fa der Zweigniederlassung auch v jener der Hauptniederlassung abweichen**, doch bedarf es dann eines Zusatzes aus dem der Zusammenhang zw Zweig- u 51

---

154 Ziviltechnikergesetz 2019 BGBl I 2019/29.
155 Wirtschaftstreuhandberufsgesetz 2017 BGBl I 2017/137.
156 Hierunter fallen gem § 1 WTBG 2017 die Berufe des Steuerberaters u des Wirtschaftsprüfers.
157 *Ratka* in Straube/Ratka/Rauter, GmbHG § 5 Rz 47 mwN.
158 *Schuhmacher/Fuchs* in Straube/Ratka/Rauter, UGB, Vor § 17 Rz 29 mwN.

Hauptniederlassung deutlich erkennbar ist.[159] Auch die Fa der Zweigniederlassung hat sich nach allg Grundsätzen v allen am Ort oder in der Gemeinde bereits bestehenden Firmen deutlich zu unterscheiden. Besteht dort bereits eine gleichlautende Fa, so ist ein entspr unterscheidungskräftiger Zusatz erforderlich (vgl § 29 Abs 3 UGB; s Rz 37 ff).

52 Nach hA richtet sich nach internationalem Privatrecht (§ 13 Abs 1 IPRG) die Fa einer Gesellschaft grds nach dem Gesellschaftsstatut.[160] Maßgeblich für die Anforderungen an die **Fa einer ausländischen Gesellschaft** u auch einer ggf v dieser abw Fa der Zweigniederlassung in Ö ist damit das ausländische Gesellschaftsstatut.[161] Trotz dieser grds Maßgeblichkeit des jew ausländischen Firmenrechts sind nach hL u Jud im Weg einer international-privatrechtlichen Sonderanknüpfung zentrale Grundsätze österr Firmenrechts zu beachten, namentlich der Grundsatz der Firmenwahrheit (das Irreführungsverbot) u der Grundsatz der Firmenunterscheidbarkeit.[162] Für Zweigniederlassungen EU-ausländischer Unternehmen ist jedoch die **europarechtliche Niederlassungsfreiheit** zu beachten u muss unter diesem Gesichtspunkt die im Gründungsstaat zulässig gebildete Fa einer nach dem Recht eines Mitgliedstaats gegründeten Gesellschaft grds unverändert u ohne Zusätze auch für im Inland errichtete Zweigniederlassungen verwendet werden dürfen.[163] Zum Thema vgl ausf §§ 107–114 Rz 10 ff.

D. Firma der GmbH & Co KG

53 Seit dem HaRÄG 2005 sind auch PersGes nicht mehr zur Führung einer Namensfirma verpflichtet. Für den Fall, dass in einer OG oder einer KG keine natPers unbeschränkt haftet, ordnet daher § 19 Abs 2 UGB an,

---

159 *Schuhmacher/Fuchs* in Straube/Ratka/Rauter, UGB, Vor § 17 Rz 29 mwN; *Ratka* in Straube/Ratka/Rauter, GmbHG § 5 Rz 60; *Dehn* in Gruber/Harrer, GmbHG² § 5 Rz 27; *Zib* in Zib/Dellinger, UGB, Vor § 12 Rz 44; *Koppensteiner/Rüffler*, GmbHG³ § 5 Rz 16.
160 Vgl *Brugger* in Gruber/Harrer, GmbHG² § 107 Rz 39; *Ratka* in Straube/Ratka/Rauter, GmbHG § 5 Rz 45; je mwN.
161 *Ratka* in Straube/Ratka/Rauter, GmbHG § 107–114 Rz 137; mwN.
162 OGH 16.3.2011, 6 Ob 67/10m.
163 OGH 16.3.2011, 6 Ob 67/10m; 7.11.2007, 6 Ob 218/07p (zur Eintragbarkeit des nach österr Maßstäben aufgrund Unaussprechlichkeit unzulässigen Bildzeichens „*" als Teil einer ausländischen Fa bei der österr Zweigniederlassung („mister*lady GmbH").

dass dieser Umstand aus der Fa **erkennbar** sein muss, um das Publikum über die **besonderen Haftungsverhältnisse** zu informieren.[164] Der praktisch häufigste Fall einer solchen Konstellation ist jener, in welchem eine GmbH die einzige Komplementärin einer KG ist. Zur Kennzeichnung im vorstehenden Sinn geeignet sind etwa die **Zusätze** „GmbH & Co KG" oder „GmbH & Co Kommanditgesellschaft", nicht aber ungebräuchliche u daher im Geschäftsverkehr wenig verständliche Zusätze, welche nur allg auf eine Haftungsbeschränkung hinweisen, wie „beschränkt haftende KG", „b.H. OG" oder „OG" mit beschränkter Haftung".[165]

Die Fa der KG muss zwar nicht, kann aber als **Namensfirma mit dem Firmenwortlaut der Komplementär-GmbH** gebildet werden, uzw auch am selben Ort bzw in derselben Gemeinde, da hier ausnahmsweise der Rechtsformzusatz als Unterscheidungsmerkmal iSd § 29 UGB ausreicht (s Rz 43). Wird eine solche Personenfirma gebildet, ist das Weglassen v Teilen der Fa der GmbH unzulässig.[166] Die aus dem Namen eines Gesellschafters der Komplementär-GmbH gebildete Fa derselben kann dann für die Bildung einer Namensfirma der KG verwendet werden, wenn dadurch keine Irreführung über die bloß beschränkte Haftung des Komplementärs verursacht wird. Eine solche Täuschung wird durch die Verwendung eines ohnedies zwingend zu führenden Zusatzes gem § 19 Abs 2 UGB – wie insb „GmbH & Co KG" – verhindert[167] (daher zulässig „Josef Bauer GmbH & Co KG", wenn die Komplementär-GmbH die Fa „Josef Bauer GmbH" führt). **54**

Wenn bisher neben der GmbH auch natPers unbeschränkt haftende Gesellschafter einer KG oder OG waren u diese dann ausscheiden oder Kommanditisten werden, sodass nur noch die **GmbH als Komplementärin übrig bleibt**, so ist ungeachtet des Prinzips der Firmenbeständig- **55**

---

164 S dazu ausf *Dehn* in Krejci, UGB § 19 Rz 17 ff; gem OGH 27.2.2019, 6 Ob 28/19i, muss die Haftungsbeschränkung bei einer mehrstöckigen Gesellschaft in der Fa immer nur dann zum Ausdruck gebracht werden, wenn auf keiner der Stufen eine natPers haftet. Ein Einschränkung dahin, dass eine natPers auf der ersten Ebene haften müsse, ist aus § 19 Abs 2 UGB nicht abzuleiten.
165 *Dehn* in Krejci, UGB § 19 Rz 17.
166 OGH 31.8.2006, 6 Ob 157/06s („Müller Bau GmbH", „Müller GmbH & Co KEG").
167 *Koppensteiner/Rüffler*, GmbHG³ § 5 Rz 21.

keit die Fa iSd § 19 Abs 2 UGB anzupassen, also ein entspr **Zusatz** in die Fa **aufzunehmen** (also zB „GmbH & Co KG").[168]

Wandelt sich die Komplementär-GmbH einer GmbH & Co KG in eine AG um, muss der Rechtsformzusatz „GmbH & Co KG" in der Fa der KG nicht geändert werden, weil der Umstand des Vorliegens einer verdeckten KapGes aus der fortgeführten Fa ohnehin hervorgeht.[169]

E. Schutz der Firma

56 Die Eintragung einer unzulässig gebildeten Fa ist v FB-Gericht abzulehnen. Demjenigen, der sich durch eine Eintragung in seinen Rechten iSd § 29 UGB (Ausschließlichkeitsrecht) verletzt erachtet, kommt **Rekurslegitimation** im Eintragungsverfahren zu.[170] Die Rekursfrist beginnt in solchen Fällen gegenüber dem Inhaber der prioritätsstärkeren Fa ab Kundmachung des gegenst Eintragungsbeschlusses zu laufen.[171]

57 Gemäß § 37 UGB kann derjenige, der in seinen Rechten dadurch verletzt wird, dass ein anderer eine Fa unbefugt gebraucht, v diesem die **Unterlassung** des Gebrauchs der Fa verlangen. Keine Anwendung findet § 37 UGB jedoch, wenn der Firmengebrauch gegen andere als firmenrechtliche Vorschriften, wie zB solche des Namensrechts, des Wettbewerbsrechts oder des Markenrechts, verstößt u aus diesem Grund unzulässig ist.[172] Einen umfassenden Firmenschutz gewährleistet diese Bestimmung nämlich nicht.

58 Unterlassungs- bzw Beseitigungsansprüche können bei Vorliegen eines Eingriffs in Individualrechte durch Eintragung oder Gebrauch einer Fa auch nach § 43 ABGB (Namensrecht), § 9 UWG (Wettbewerbsrecht) oder § 12 MSchG (Markenrecht) bestehen. Dies auch dann, wenn kein Verstoß gegen das Firmenausschließlichkeitsgebot des § 29 UGB vorliegt.

---

168 Vgl *Ratka* in Straube/Ratka/Rauter, GmbHG § 5 Rz 51.
169 OLG Innsbruck 19.12.2017, 3 R 67/17b; zust *Epicoco/Walch*, NZ 2019/1, 1.
170 OGH 13.2.1997, 6 Ob 2274/96x.
171 OGH 13.2.1997, 6 Ob 2274/96x; eine Zustellung an den sich verletzt erachtenden Firmeninhaber gem §§ 18, 21 FBG hat nämlich nicht zu erfolgen, da „Betroffener" iSd Bestimmungen nur derjenige ist, in dessen Rechtsstellung einzugreifen objektiv gerade das gewollte oder doch unvermeidlich bewusste Ziel der gerichtl Verfügung ist (OGH 8.5.1996, 6 Ob 2040/96k).
172 OGH 8.2.2005, 4 Ob 235/04v (zur Vorgänger-Bestimmung § 30 HGB).

II. Sitz

A. Allgemeines

Der Sitz der Gesellschaft ist zwingender Satzungsbestandteil (§ 4 Abs 1 Z 1). Im GesV (Errichtungserklärung) ist als Sitz der Gesellschaft der Ort zu bestimmen, an dem die Gesellschaft einen **Betrieb** hat, an dem sich die **Geschäftsleitung** befindet oder an dem die **Verwaltung** geführt wird (s auch § 11 Rz 19). Davon kann aus wichtigem Grund abgewichen werden. Diese mit dem HaRÄG 2005 eingeführte Formulierung entspricht nunmehr jener der Parallelbestimmung im AktG (§ 5). Es soll vermieden werden, dass die Gesellschaft ohne Bezug zu ihrer Tätigkeit missbräuchlich einen willkürlichen Sitz wählt, etwa um sich durch Sitzverlegungen dem Zugriff der Gläubiger zu entziehen[173] oder etwa zur Wahl eines Gerichtsstands oder Erwirkung einer Eintragung.[174] Als Sitz kann nur ein Ort im Inland gewählt werden (s Rz 64 u § 11 Rz 19). Der Sitz der Gesellschaft ist maßgeblich für die Zuständigkeit des FB-Gerichts (§ 120 JN), den allg Gerichtsstand (§ 75 Abs 1 JN) u, soweit in der Satzung nicht anders geregelt ist, auch für den Ort der GV (§ 36 Abs 1).

59

B. Sitzwahl

Als Anknüpfungspunkt für die **Sitzwahl** stehen daher der räumliche Tätigkeitsschwerpunkt des Unternehmens (Betrieb), der Ort, an dem das oberste Entscheidungsgremium seine Funktion ausübt (Geschäftsleitung) u der Ort, an dem die tatsächliche (verwaltungsmäßige) Umsetzung der E der Geschäftsleitung erfolgt (Verwaltung), zur Auswahl. Der Begriff des **Orts** richtet sich nach der Verkehrsauffassung, sodass ein Ort auch mehrere Gemeinden umfassen kann (vgl auch Rz 39 iZm der Firmenausschließlichkeit). Der Sitz kann auch nur mit einer nach der Verkehrsauffassung als eindeutig anzuerkennenden **Ortsbezeichnung** benannt werden, auch wenn es sich dabei nicht um den Namen einer politischen Gemeinde, sondern etwa nur um den Namen einer Ortschaft[175] innerhalb des Ge-

60

---

173 EBRV 1058 BlgNr 22. GP 74.
174 *Hofer-Zeni-Rennhofer* in Gruber/Harrer, GmbHG² § 5 Rz 37.
175 So ist bspw Frauenhofen eine Ortschaft, welche Teil der politischen Gemeinde Tulln ist, oder die mit eigener PLZ ausgestattete Ortschaft (Dorf) Langschwarza Teil der politischen Gemeinde Schrems.

meindegebietes handelt.[176] Falls die Bezeichnung des Sitzes nicht mit der **politischen Gemeinde**[177] übereinstimmt, ist außerdem die politische Gemeinde, in welcher der Sitz liegt, ins FB einzutragen (§ 3 Abs 1 Z 4 FBG). Ein Mehrfachsitz ist nicht zulässig.[178]

61 Ein wichtiger Grund für ein zulässiges Abweichen iSd § 5 Abs 2 S 2 kann etwa vorliegen, wenn die Voraussetzungen für die ursprüngliche Sitzwahl nachträglich wegfallen u die Gesellschaft aus besonderen, plausiblen Gründen an ihrem Sitzort festhalten möchte (etwa wegen einer besonderen mit dem Ort verbundenen Tradition).[179] Es müssen wohl jedenfalls gewichtige schutzwürdige Interessen der Gesellschaft vorliegen.

62 Seit Inkrafttreten des FBG muss der Sitz der Gesellschaft nicht mit der Geschäftsanschrift[180] des Unternehmens übereinstimmen (s auch § 11 Rz 24).[181] So könnte etwa der Sitz am Ort des räumlichen Tätigkeitsschwerpunktes (Betrieb, bspw bei einem Erzeugerunternehmen) gewählt werden u die Geschäftsanschrift an einem anderen Ort, wo sich etwa die Verwaltung u/oder die Geschäftsleitung des Unternehmens befindet u damit eine taugliche Abgabestelle[182] besteht.

63 Bei **unzulässiger Sitzwahl** hat das FB-Gericht die Eintragung zu verweigern; erfolgt die Eintragung dennoch, kommt aber eine amtswegige Löschung gem § 10 Abs 2 FBG nicht in Betracht.[183]

C. Sitzverlegung

64 Die Verlegung des Betriebs, der Geschäftsleitung oder der Verwaltung (also der Anknüpfungspunkte für die Sitzfestlegung) ist zwar ein rein faktischer Vorgang, eine **Änderung des Satzungssitzes** bedarf aber einer Abänderung des GesV (Errichtungserklärung), die gem § 49 Abs 1

---

176 OGH 27.8.1992, 6 Ob 19/92.
177 Die politischen Gemeinden in Ö mit den dazugehörigen Ortschaften können online etwa unter www.gemeinden.at, http://iam.at/austria/ oder über den österr online-Amtskalender (www.jurnet.at/amtskalender) aufgefunden werden.
178 *Hofer-Zeni-Rennhofer* in Gruber/Harrer, GmbHG[2] § 5 Rz 41 mwN.
179 *Ratka* in Straube/Ratka/Rauter, GmbHG § 5 Rz 78.
180 Dh eine „*für Zustellungen maßgebliche Geschäftsanschrift*" iSd § 3 Abs 1 Z 4 FBG.
181 OGH 12.2.1998, 6 Ob 267/97a.
182 ISd § 2 Z 4 ZustellG – s auch § 11 Rz 22.
183 *Hofer-Zeni-Rennhofer* in Gruber/Harrer, GmbHG[2] § 5 Rz 44 mwN.

erst mit der Eintragung ins FB wirksam wird. Wenn durch die faktische Änderung der Sitz-Anknüpfungspunkte (Betrieb, Geschäftsleitung, Verwaltung) der satzungsmäßige Sitz nicht mehr § 5 Abs 2 S 1 entspricht, ist eine Satzungsänderung verpflichtend vorzunehmen u zur Eintragung beim FB anzumelden.[184] Die Änderung des Sitzes ist durch sämtliche GF[185] beim Gericht des bisherigen Sitzes anzumelden (§ 13 Abs 1 UGB), welches im Falle der Zuständigkeitsänderung (§ 120 JN) einen Abtretungsbeschluss fasst. Dem neuen Sitzgericht obliegt sodann gem § 13 Abs 2 UGB die Prüfung, ob der Sitz ordnungsgemäß verlegt[186] u § 29 UGB (Firmenausschließlichkeit) beachtet worden ist.

Nach bisher hA[187] muss der Satzungssitz[188] im Inland liegen u ist eine Verlegung des Satzungssitzes in einen Drittstaat demnach nicht möglich. Ein Beschluss auf Satzungsänderung, womit der **Sitz ins Ausland verlegt** wird, bewirkt nach älterer A die Auflösung der Gesellschaft, nach neuerer zutr M ist ein solcher Beschluss aber bloß nichtig analog § 199 Abs 1 Z 3 AktG[189] (zur Frage, inwieweit diese innerösterr

65

---

184 OGH 18.2.2010, 6 Ob 10/10d.
185 § 51 Abs 1 (Änderung des GesV).
186 Dies bedeutet bei der GmbH, dass die Änderung des GesV (Errichtungserklärung) ordnungsgemäß beschlossen worden ist u der gewählte Sitz den Anforderungen des § 5 Abs 2 entspricht.
187 *Koppensteiner/Rüffler*, GmbHG[3] § 4 Rz 4; *Aicher/Feltl* in Straube/Ratka/Rauter, GmbHG § 4 Rz 9; *Ratka* in Straube/Ratka/Rauter, GmbHG § 5 Rz 80; *Burgstaller/Pilgerstorfer* in Jabornegg/Artmann, UGB[2] § 13 Rz 7; vgl auch *Traar*, GES 2010, 68; s aber zu der aufgrund des Anwendungsvorrangs des Gemeinschaftsrechts im Anwendungsbereich der im EGV normierten Niederlassungsfreiheit anzunehmenden Überlagerung der in § 10 IPRG statuierten Sitztheorie durch die Gründungstheorie *Umfahrer*, GmbH[7] Rz 22.4.
188 V Satzungssitz zu unterscheiden ist der Verwaltungssitz, welcher kollisionsrechtlicher Anknüpfungspunkt nach IPRG ist.
189 *Koppensteiner/Rüffler*, GmbHG[3] § 4 Rz 4a; *Burgstaller/Pilgerstorfer* in Jabornegg/Artmann, UGB[2] § 13 Rz 19; *Torggler* in Torggler, GmbHG § 5 Rz 16; vgl zum Thema auch: *Brugger* in Gruber/Harrer, GmbHG[2] § 107 Rz 125, welcher – zumindest für den Bereich des EWR – die Satzungssitzverlegung durch Wegzug („Export-Sitzverlegung") gem Wegzugsjudikatur des EuGH für zulässig hält, wenn gleichzeitig auch die Hauptverwaltung verlegt wird u der Zuzugsstaat den Zuzug ermöglicht; zum Thema weiterführend auch *Mitterecker*, Grenzüberschreitende Sitzverlegungen, 87 (auch zur Notwendigkeit der Differenzierung zw sachen- u kollisionsrechtlicher Beurteilung).

sachrechtliche Beurteilung durch die europarechtliche Niederlassungsfreiheit u die diesbzgl Wegzugsjudikatur des EuGH überlagert wird, vgl Exkurs: Internationales Gesellschaftsrecht Rz 35 ff, s dort auch ausf zur Frage der grenzüberschreitenden Satzungssitzänderung samt Umwandlung in einen Rechtsträger des Zuzugsstaats sowie zu den entspr europarechtlichen Implikationen u dem mit 1.8.2023 in Kraft getretenen EU-UmgrG[190]).

§ 6. (1) [1]**Stammkapital und Stammeinlage müssen auf einen in Euro bestimmten Nennbetrag lauten.** [2]**Das Stammkapital muß mindestens 10 000 Euro erreichen und besteht aus den Stammeinlagen der einzelnen Gesellschafter, deren jede mindestens 70 Euro betragen muß.**

(2) **Der Betrag der Stammeinlage kann für die einzelnen Gesellschafter verschieden bestimmt werden.**

(3) **Kein Gesellschafter darf bei Errichtung der Gesellschaft mehrere Stammeinlagen übernehmen.**

(4) **Soll einem Gesellschafter die Vergütung für Vermögensgegenstände, die von der Gesellschaft übernommen werden, auf die Stammeinlage angerechnet oder sollen einem Gesellschafter besondere Begünstigungen eingeräumt werden, so sind die Person des Gesellschafters, der Gegenstand der Übernahme, der Geldwert, wofür die Vermögensgegenstände übernommen werden, und die besonders eingeräumten Begünstigungen im Gesellschaftsvertrage im einzelnen genau und vollständig festzusetzen.**

idF BGBl I 2023/179

Literatur: *Arnold*, Zeitangaben im GmbHG, in FS Doralt (2004) 1; *Beiser*, Der OGH und die „GmbH light" – über den VfGH zurück zum GesRÄG 2013?, NZ 2014/131, 361; *Birnbauer*, Die GmbH und der Euro, RPfl 2000/1, 26; *Bruckbauer*, Sacheinlage, Sachübernahme und unbare Entnahmen als Vergütung – Festsetzung in der Satzung bei Gesellschaft mit beschränkter Haftung und Aktiengesellschaft, NZ 2007/60, 257; *Cavin/Taufner*, Zur Reform der verdeckten Sacheinlage in Österreich, JBl 2015, 225; *Diregger*, zur Gesellschaftsvertragspublizität von Sacheinlagen im GmbHG-Recht: kein Ende der Diskussion, RdW 2008/402, 439; *Drygala*, Stammkapital heute – Zum Veränderten Verständnis von System des festen Kapitals und seinen Konsequenzen, ZGR 2006, 587; *H. Foglar-Deinhardstein/Trettnak*, Agio oder Gesellschafterzuschuss? RdW 2010/504, 500; *Gellis*, Sacheinlagen bei der Gesellschaft m.b.H., NZ 1962, 150; *Gelter*, Kapital-

---

190 Vgl BGBl I 2023/78.

erhaltung und internationale Rechnungslegung, GesRZ 2004, 177; *Gerharter/ Kotschnigg*, ecolex-spezial: Die Umstellung auf den Euro (1999); *J. Gruber*, Unbare Entnahmen und verdeckte Sacheinlagen, GesRZ 2004, 315; *Herda*, GmbH „light" – Die Reform der Reform, wbl 2014, 361; *Herzog/Fehringer/Buchtela*, Kapitalaufbringung durch Immaterialgüterrecht bei Kapitalgesellschaften, ecolex 2010, 160, 257; *Hirschler/Strimitzer*, Unbare Entnahmen und deren Auswirkungen auf die handelsrechtliche Bilanzierung, GES 2003, 237; *Hoffmann-Becking*, Der Einbringungsvertrag zur Sacheinlage eines Unternehmens oder Unternehmensteil in die Kapitalgesellschaft, in FS Lutter (2000) 453; *Kastner*, Zur Auslegung des GmbH-Gesetzes, JBl 1978, 404; *Kleindiek*, Krisenvermeidung in der GmbH: Gesetzliches Mindestkapital, Kapitalschutz und Eigenkapitalersatz, ZGR 2006, 335; *Kloiber*, 1. Euro-Justiz-Begleitgesetz, ÖJZ 1998, 777; *L. König*, Spezielle Rechtsfragen bei Gesellschaften mit beschränkter Haftung, die nach dem 31.12.1998 mit einem Stammkapital in Schilling zur Eintragung angemeldet und bis zum 31.12.2001 im Firmenbuch eingetragen wurden, NZ 2002/69, 169; *Konwitschka*, Verdeckte Sacheneinlagen bei sanierenden Kapitalerhöhungen und deren Heilung, ecolex 2001, 183; *Konwitschka/R. Perner*, Entwurf zum GesRÄG 2013 – (Finanzielle) Erleichterungen für die Gründung von GmbHs, RWZ 2013/30, 107; *Koppensteiner*, Über verdeckte Sacheinlagen, unzulässige Zuwendungen aus dem Gesellschaftsvermögen und freie Verfügung, GES 2007, 280; *Kostner*, Die „kleinen" Probleme der GmbH-Novelle, NZ 1980, 161, NZ 1981, 55; *Krejci*, Zum Entwurf eines GesRÄG 2013, GES 2013, 171; *Luschin*, Ausnahmen verdeckten Sacheinlage oder: Privilegierung von Banken? RdW 2004/665, 714; *Mader*, GmbH und Währungsumstellung – Hinweise für die Praxis, wbl 2000, 193; *Mädl/G. Nowotny*, Einbringung und verdeckte (verschleierte) Sacheinlage im GmbH-Recht, in FS Wiesner (2004) 267; *Mayr*, Drittanstellung von Vorständen zulässig? RdW 2008/384, 420; *Moser*, OGH bestätigt verdeckte Sacheinlagen auch in der AG und im Konzern, GES 2014, 371; *Ch. Nowotny*, Aufbringung des Grund und Stammkapitals durch Devisen? – verschleierte Sacheinlage? in FS Frotz (1993) 307; *Ch. Nowotny*, Die GmbH und der Euro, RdW 1999, 58; *Ch. Nowotny*, Verdeckte Sacheinlagen und Erhaltung von Bareinzahlungen? RdW 2004/350, 392; *G. Nowotny*, Die Prüfpflicht des Firmenbuchgerichts in Umgründungs- und Sacheinlagefällen, NZ 2006/64, 257; *Pilgerstorfer*, Einbringungen mit „unbaren Entnahmen" – ein Problem der verdeckten Sacheinlage, wbl 2004, 353; *Pucher*, Gedanken zur Sachübernahme, GesRZ 2009, 321; *Reich-Rohrwig*, Startschuss zur GmbH-Reform, ecolex 2008, 138; *Rauter*, GmbH-Gründung – alt und neu zugleich, JAP 2013/2014, 26; *Reich-Rohrwig/Größ*, Einbringung eines durch unbare Entnahmen überschuldeten Unternehmens in eine GmbH, ecolex 2003, 680; *Reiner/Grafl/Chini*, Gesellschaftsrechtsänderungsgesetz 2013: Ein missglücktes Reformvorhaben? SWK 2013, 847; *Robertson*, Gesellschaftsrecht und Änderungsgesetz 2013 – eine „kleine" GmbH-Reform, GesRZ 2013, 68; *G. H. Roth*, Die freie Verfügung über die Einlage, in FS Semler (1993) 299; *G. H. Roth*, Die Reform der verdeckten Sacheinlage, in FS Hüffer (2009) 853; *G. H. Roth*, Gläubigerschutz und Mindestkapital und er GmbH nach den österreichischen und deutschen Gesetzesnovellen vom 1.1.1981, GesRZ 1982, 137; *Rüffler*, Gläubigerschutz durch Mindestkapital und Kapitalerhaltung in der GmbH – überholtes oder sinnvolles Konzept, GES 2005, 140; *Rüffler*, Reform des Gesellschaftsrechts: Firmenbuch und Gläubigerschutz, NZ 2021/142, 530; *Schopper*, Fallgruppen zur Lehre von der verdeckten Sacheinlage, NZ 2009/76, 257; *Stanek*, Die Mindestkörperschaftsteuer der GmbH nach dem AbgÄG 2014, GES 2015, 236; *Taufner*, Die verdeckte Sacheinlage (2010); *Taufner*, Verdeckte Sacheinlagen: Fallstricke für die Beratungspraxis, ÖJZ 2011/42, 389; *Thurnher*, Die Vermeidung verschleierter Sacheinlagen, bei der Einbringung von Betrieben mit Entnahmen nach § 16 Abs 5 UmgrStG, GesRZ 2005, 10; *U. Torggler/H. Torggler*, Zur Einlageleistung durch Aufrechnung, in FS Ch. Nowotny (2015); *Umlauft*, Zulässigkeit der Einbringung einer Kommanditgesellschaft in die eigene Komplementär-GmbH gegen Kapitalerhöhung? NZ 2000, 65; *Warto*, GmbH-Novelle 2013 – Die Neuerungen im Überblick, wbl 2013, 361; *Wieneke*, Die Festsetzung des Gegenstands der Sacheinlage nach §§ 27, 183 AktG, AG 2013, 437; *J. Wilhelm*, Rechtswissenschaft und Rechtsprechung im Gesellschaftsrecht, in GedS *Knobbe-Keuk* (1997) 321; *Winner*, Die Rechtsfolgen verdeckter Sacheinlagen – ein Fall für den Gesetzgeber, RdW 2010/487, 467; *Wolf*, Fehlerquellen bei den unbaren Entnahmen, taxlex 2005, 506; *Wöss*, Die gründungsprivilegierte GmbH – Reform, die keine ist? NZ 2014/69, 181.

Inhaltsübersicht

I. Regelungsgegenstand	1, 2
II. Stammkapital	3–6
A. Festsetzung, Mindestbetrag	3–6
III. Stammeinlage	7–12
A. Festsetzung, Mindestbetrag	7–10
B. Schilling-Währung, Euro-Währung	11, 12
IV. Sacheinlage (Abs 4)	13–22
A. Sachübernahme oder Sacheinlage	13, 14
B. Beschreibung der Sacheinlage	15, 16
C. Zulässige Sacheinlage	17, 18
D. Unzulässige Sacheinlage	19, 20
E. Verdeckte Sacheinlage	21, 22
V. Besondere Begünstigungen	23, 24
A. Mögliche Begünstigungen	23, 24

I. Regelungsgegenstand

1 § 6 normiert mit der **Festlegung der Stammeinlagen u des Stammkapitals** Grundlagen der GmbH. Die österr GmbH hat ein v konkreten Unternehmenszweck grds unabhängiges Mindeststammkapital, dieses setzt sich aus den Stammeinlagen der Gesellschafter zusammen. Im Gegensatz zur AG ist die Beteiligung auf den Gesellschafter ausgerichtet u nicht auf den Anteil, es bestehen keine untersch Anteilsgattungen. § 6

Abs 4 regelt, unter welchen Voraussetzungen Sachübernahmen auf die Stammeinlage eines Gesellschafters angerechnet werden können.

Das fixe Mindeststammkapital der österr GmbH bzw dessen Höhe ist in den letzten Jahren auch bedingt durch den Zuzug v KapGes aus anderen Rechtsordnungen, welche keine derartigen Regelungen kennen, in steter u breiter jur u va politischer Diskussion.[1] Wiederholt wurde durch den OGH[2] eine behauptete Verfassungswidrigkeit v Gesetzesänderungen beim VfGH releviert, diese Anträge wurden allerdings bislang zurückgewiesen bzw abgewiesen.[3] Letztlich verneinte der OGH selbst ebenfalls die Verfassungswidrigkeit der Gesetzesänderungen.[4] 2

Im Interesse einer prägnanten u praxisorientierten Darstellung werden die rechtsdogmatischen u rechtspolitischen Gründe für die **Vorgabe eines fixen Mindeststammkapitals** u dessen Höhe sowie die historischen Entwicklungen nicht dargestellt.[5]

II. Stammkapital

A. Festsetzung, Mindestbetrag

Das Stammkapital beträgt im Regelfall zumindest € 10.000, zur Ausnahme der für Neugründungen bis zum 31.12.2023 möglich gewesenen gründungsprivilegierten GmbH s § 10b. Das Stammkapital setzt sich aus der Gesamtsumme der Stammeinlagen der Gesellschafter zusammen, welche in Summe nicht unter dem Betrag des Stammkapitals liegen dürfen.[6] 3

---

1 S beispielhaft die Darstellungen bei *van Husen/Krejci* in Straube/Ratka/Rauter, GmbHG § 6 Rz 4.
2 OGH 9.10.2014, 6 Ob 111/14p, zurückgewiesen durch VfGH 19.6.2015, G 211/2014; OGH 31.8.2015, 6 Ob 147/15h, zurückgewiesen durch VfGH 25.2.2016, G 495/2015; OGH 31.8.2015, 6 Ob 74/16z, zurück- bzw abgewiesen durch VfGH G 311/2016.
3 VfGH 19.6.2015, G 211/2014; VfGH 25.2.2016, G 495/2015 zuletzt VfGH G 311/2016.
4 OGH 19.4.2017, 6 Ob 65/17b.
5 S dazu ua *van Husen/Krejci* in Straube/Ratka/Rauter, GmbHG § 6 Rz 4 ff; *Koppensteiner/Rüffler*, GmbHG³ § 6 Rz 1 ff; *Zollner* in Gruber/Harrer, GmbHG² § 6 Rz 2.
6 Vgl OGH NZ 1917, 29.

Sonderregelungen bestehen ua für:

- Kreditinstitute (§ 5 Abs 1 Z 5 BWG): Anfangskapital € 5 Mio, bei betriebl Vorsorgekassengeschäft (§ 3 Abs 7 lit a BWG) Anfangskapital € 1,5 Mio,
- Investmentfondsgesellschaften (§ 6 Abs 1 Z 5 InvFG): Anfangskapital € 2,5 Mio,
- Wertpapierdienstleistungsgesellschaften (§ 3 Abs 6 WAG iVm § 13 WPFG): Anfangskapital € 75.000, bei entspr Voraussetzungen € 150.000 oder € 750.000,
- Glücksspielgesellschaften (§ 14 Abs 2 Z 3 GspG): € 109 Mio einbezahlt,
- Gemeinnützige Wohnbaugesellschaften (§ 6 Abs 2 WGG): € 3 Mio voll einbezahlt,
- Gesellschaften, die aufgrund gesetzl Anordnungen gegründet wurden, bspw Austro Control GmbH (BGBl 1993/898) ATS 1 Mio.

4 Zur Höhe der einzubezahlenden Stammeinlage s § 10, zum reduzierten Stammkapital der gründungsprivilegierten GmbH s § 10b. Zur Erhöhung des Stammkapitals s §§ 52 f, zur Herabsetzung s §§ 54 ff.

5 Das Stammkapital kennt nur die gesetzl Mindestsumme, jedoch **keine Höchstgrenze**. Eine Umwandlungspflicht in eine AG abhängig v Stammkapital ist dem GmbHG fremd.[7]

6 Die Vorgabe, dass Stammkapital u Stammeinlage auf einen Euro-Betrag lauten müssen, ist als Bezugnahme auf die gesamte Währung zu sehen u erlaubt daher auch Beträge, die keine vollen Euro-Beträge darstellen, aber **volle Eurocent-Beträge**.[8]

III. Stammeinlage

A. Festsetzung, Mindestbetrag

7 Die Stammeinlage ist der **jew Anteil des Gesellschafters** am Stammkapital, der gesetzl Mindestbetrag ist € 70.[9] Ein Höchstbetrag der Stammein-

---

7 *Koppensteiner/Rüffler*, GmbHG³ § 6 Rz 5.
8 *Birnbauer*, RPflg 2000/1.
9 Zu Höhe u Zweck der gesetzl Festlegung eines Mindestbetrages s ua *Koppensteiner/Rüffler*, GmbHG³ § 6 Rz 7.

lage ist, wie beim Stammkapital, im Gesetz nicht vorgesehen, auch bestehen neben der Mindesthöhe keine Vorgaben, in welchem Verhältnis die Stammeinlagen der Gesellschafter zueinander stehen müssen.[10]

Jedem **Gesellschafter steht nur eine Stammeinlage** zu (zum Grundsatz der Einheitlichkeit des Geschäftsanteils s § 75 Rz 13), die Höhe der Stammeinlage kann untersch sein. Erwirbt ein Gesellschafter weitere Anteile, kommt es zur Anwachsung;[11] bei Teilbarkeit der Stammeinlage (s § 79) kann diese unter Berücksichtigung der Erhaltung des Mindeststammkapitals (Rz 3) durch Abtretung reduziert werden. 8

Die Vereinbarung v Einlageverpflichtungen unter dem Betrag der Stammeinlage („**Unterpari-Emission**") ist **unzulässig**.[12] 9

Zusätzlich zur Stammeinlage kann ein **Aufgeld** („**Agio**") vereinbart werden (Überpari-Emission). Dieses ist nicht Teil der Stammeinlage u daher auch nicht des Stammkapitals u ist gem § 229 Abs 2 Z 1 UGB als Kapitalrücklage auszuweisen. *Koppensteiner/Rüffler*[13] sehen das Aufgeld als gesellschaftsrechtliche Nebenleistungsverpflichtung u nicht als Element des Stammkapitals. 10

B. Schilling-Währung, Euro-Währung

Mit Einführung des Euro in Ö am 1.1.1999 als Buchgeld u am 1.1.2002 als Bargeld wurde durch das 1. Euro-JuBeG angeordnet, dass auf ATS lautende Stammeinlagen mit dem festgelegten Umrechnungskurs **auf zwei Kommastellen gerundet auf Euro-Beträge umzurechnen** sind. Die Verhältnisse der Stammeinlagen zueinander u zum Stammkapital hatten unverändert zu bleiben, Unterschiedsbeträge aus der Umrechnung waren bei großen GmbH in die gebundene Kapitalrücklage einzustellen bzw aus Rücklagen gem § 12 Abs 3 1. Euro-JuBeG zu entnehmen. Bei kleinen GmbH waren diese in die GuV aufzunehmen. Für die dadurch veranlassten Änderungen des GesV samt Erhöhung oder Herabsetzung des Stammkapitals bestehen erleichterte Voraussetzungen (vgl §§ 13 ff 1. Euro-JuBeG). 11

GmbH, welche bereits vor dem 1.1.1999 im FB eingetragen oder zur Eintragung angemeldet waren, müssen die formale Umstellung der

---

10 *Koppensteiner/Rüffler*, GmbHG³ § 6 Rz 10.
11 *Koppensteiner/Rüffler*, GmbHG³ § 6 Rz 9.
12 *Koppensteiner/Rüffler*, GmbHG³ § 6 Rz 8.
13 *Koppensteiner/Rüffler*, GmbHG³ § 6 Rz 8.

Stammeinlagen auf Euro gem 1. Euro-JuBeG vornehmen, wenn Beschlüsse über die Erhöhung oder Herabsetzung des Stammkapitals zur Eintragung im FB angemeldet werden (Art X §5 1. Euro-JuBeG). GmbHs, welche nach dem 31.12.1998 u vor dem 31.12.2001 zur Eintragung angemeldet wurden, müssen die Umstellung der Stammeinlagen auf Euro gem 1. Euro-JuBeG bei jeder Änderung des GesV vornehmen (Art X §6 1. EuroJuBeG).

12 Gründungen vor dem 1.1.1999 waren nur in ATS möglich, Gründungen mit Anmeldung nach dem 31.12.1998 bis spätestens 31.12.2001 waren in ATS oder Euro möglich. **Seit dem 1.1.2002 sind Gründungen nur in Euro möglich.**

IV. Sacheinlage (Abs 4)

A. Sachübernahme oder Sacheinlage

13 Die Regelung des Abs 4 beschreibt die Erfüllung der grds Bareinlageverpflichtung durch eine Tilgungsabrede. Dies wird in der L als **Sachübernahme** bezeichnet, im Gegensatz zur **Sacheinlage**, bei dieser wird die Einlageverpflichtung des Gesellschafters vorweg bereits nicht in Geld, sondern in anderer Weise ausgedrückt.[14] Dessen ungeachtet wendet die hL[15] Abs 4 auf Sacheinlagen an. Aus Gläubigersicht ist erheblich, welche Gegenstände in welchem Wert v welchem Gesellschafter in die GmbH eingebracht wurden, aber nicht, welche rechtstechnische Variante zum Erwerb durch die Gesellschaft gewählt wurde,[16] sodass hier in der Folge der Begriff der „Sacheinlage" verwendet wird.

14 Vor Eintragung ist die **Änderung der Einlageverpflichtung** v Bareinlage in Sacheinlage oder v Sacheinlage in Bareinlage jederzeit möglich, die L[17] verlangt in beiden Fällen eine Abänderung des GesV; die Rsp fordert daneben mangels Erfordernis einer Gründungsprüfung eine Werthaltigkeitsprüfung durch das FB-Gericht.[18] Gleiches gilt für die Ände-

---

14 *Koppensteiner/Rüffler*, GmbHG³ §6 Rz 12.
15 *Koppensteiner/Rüffler*, GmbHG³ §6 Rz 13; *Kastner/Doralt/Nowotny*, GesR⁵, 355; *van Husen/Krejci* in Straube/Ratka/Rauter, GmbHG §6 Rz 131 ff.
16 *Koppensteiner/Rüffler*, GmbHG³ §6 Rz 13.
17 *Van Husen/Krejci* in Straube/Ratka/Rauter, GmbHG §6 Rz 189, 192; *Koppensteiner/Rüffler*, GmbHG³ §6 Rz 20.
18 OLG Graz 15.5.2008, 4 R 60/08p.

rung des Einlagegegenstands.[19] Übersteigt der Wert der ursprünglichen Sacheinlage den Wert der Stammeinlage (Überpari-Emission), erhöht die Änderung der Sacheinlageverpflichtung in eine Bareinlageverpflichtung die Leistungsverpflichtung des Gründers auf die Höhe des Wertes der Sacheinlage. Nach zutr A[20] ist eine Reduktion der Einlageverpflichtung auf die Höhe der übernommenen Stammeinlage nur durch Änderung des GesV möglich.

B. Beschreibung der Sacheinlage

Im GesV sind die Sacheinlagen genau u vollständig anzugeben. Die **Bezeichnung** muss zwar keine Anführung eines jeden Gegenstandes enthalten, aber die Kontrolle u Beurteilung des Vermögens der Gesellschaft als Kreditunterlage leicht ermöglichen.[21] Nachträgliche Präzisierungen ungenauer Angaben bedürfen der Notariatsaktsform.[22] Die bilanzielle Darstellung der eingebrachten Vermögenswerte kann aufgrund spezieller Vorschriften bei Spaltungen oder Umgründungsvorgängen, aber auch gem § 92 BWG oder § 61 a ff VAG zwingend notwendig sein. Die L geht davon aus, dass auch außerhalb dieser speziellen Regelungen die bilanzielle Darstellung als Beilage zum GesV verlangt werden muss.[23]

15

Der Abschluss eines **gesonderten Einbringungsvertrages** ist gesellschaftsrechtlich **nicht notwendig**.[24] Im Falle der Einbringung nach den Vorschriften des Art III UmGrStG kann auch die Festlegung im GesV die Anforderung des schriftlichen Einbringungsvertrages iSd § 12 Abs 1 UmGrStG erfüllen.[25]

16

---

19 *Zollner* in Gruber/Harrer, GmbHG² § 6 Rz 49.
20 *Van Husen/Krejci* in Straube/Ratka/Rauter, GmbHG § 6 Rz 189; aA *Koppensteiner/Rüffler*, GmbHG³ § 6 Rz 20.
21 OGH NZ 1917, 17, NZ 1917, 252.
22 OGH NZ 1917, 252, ZBl 1916/440.
23 *Van Husen/Krejci* in Straube/Ratka/Rauter, GmbHG § 6 Rz 187; *Koppensteiner/Rüffler*, GmbHG³ § 6 Rz 19.
24 *U. Torggler*, GmbHG § 6 Rz 18.
25 *Reich-Rohrwig*, GmbHR I² Rz 1/190.

C. Zulässige Sacheinlage

17 Die in Ö hA erachtet Sachen oder Rechte als **sacheinlagefähig, wenn diese bilanz- bzw aktivierungsfähig** sind.[26] Die dhL[27] geht v der Bilanz- bzw Aktivierungsfähigkeit ab u stellt einen „gegenwärtig fassbaren Vermögenswert" als Kriterium für die Sacheinlagefähigkeit auf. Die in Ö hL hat sich nach Auseinandersetzung mit den Argumenten des „gegenwärtig fassbaren Vermögenswertes" für die Beibehaltung der Anforderung der Bilanzierbarkeit bzw Aktivierungsfähigkeit ausgesprochen.[28] Unterschiede der beiden Ansätze zeigen sich bspw bei Immaterialgüterrechten, welche zwar einen fassbaren Wert haben können, aber nicht aktivierungsfähig sind. Neben der Frage der Zulässigkeit stellt sich auch die Frage der Bewertung (Näheres dazu s § 6 a).

18 Zulässige Sacheinlagen wären:

– körperliche u unkörperliche Sachen, die in der freien Verfügung des Gründers stehen,
– Forderungen des Gründers gegen einen Dritten,
– Sachgesamtheiten wie Unternehmen, (Teil-)Betriebe[29] oder Warenlager bzw Geschäftseinrichtungen,[30]
– Klientenstock,[31]
– Marken, Patente,
– nicht geschützte Erfindungen,[32]

---

26 *Van Husen/Krejci* in Straube/Ratka/Rauter, GmbHG § 6 Rz 139; *Koppensteiner/Rüffler*, GmbHG³ § 6 Rz 15; je mwN; u OGH 3.12.1973, 9 Os 96/73.
27 *Ulmer* in Ulmer, GmbHG § 5 Rz 41 f.
28 *Van Husen/Krejci* in Straube/Ratka/Rauter, GmbHG § 6 Rz 149; *Koppensteiner/Rüffler*, GmbHG³ § 6 Rz 15, die diese Frage als „Henne-Ei-Problem" bezeichnen; wohl **aA** *U. Torggler*, GmbHG § 6 Rz 13.
29 *Koppensteiner/Rüffler*, GmbHG³ § 6 Rz 17 mwN; *van Husen/Krejci* in Straube/Ratka/Rauter, GmbHG § 6 Rz 168 sprechen v einem aus Sachenrechten u schuldrechtlichen Rechtspositionen sowie sonstigen Rechten bestehenden Sondervermögen, welches einen mehr oder weniger gut eruierbaren Wert darstellt.
30 OGH R II 864/14 ZBl 1915, 418.
31 OGH 13.2.1997, 6 Ob 2110/96d; **aA** *U. Torggler*, GmbHG § 6 Rz 15 mit dem Vorbehalt, dass ein Kundenstock nur gemeinsam mit einem Unternehmen einlagefähig ist.
32 OGH ZBl 1916/389, einschränkend *Koppensteiner/Rüffler*, GmbHG³ § 6 Rz 16.

- Domainnamen,[33]
- Beteiligungen an KapGes,[34]
- Beteiligungen an PersGes,[35]
- Kommanditanteile bei Einbringung in die Komplementär-GmbH,[36]
- Anteile an Gen, sofern dies nicht eng mit der natPers des Genossenschafters verbunden sind, daher möglich, wenn der Genossenschafter eine jP ist,[37]
- Mietrechte bei Anwendbarkeit des § 12a MRG bei gemeinsamer Übertragung mit einem Unternehmen, da diese v Vermieter nicht gekündigt werden können,[38]
- künftige Rechtspositionen nur, wenn diese bis zur Anmeldung der GmbH entstanden sind,[39]
- Forderungen eines Gründers gegen die Gesellschaft,[40] im Gründungsstadium ist dies regelmäßig nicht v Bedeutung, wohl aber bei Kapitalerhöhungen (s dazu § 52 Rz 55),
- ein Vorkaufsrecht.[41]

D. Unzulässige Sacheinlage

Unzulässig sind Sacheinlagen, welche trotz eines möglichen Vermögenswertes nicht aktiviert werden können oder ohne Zustimmung eines Dritten nicht übertragen werden können.[42]

19

---

33 *Sosnitza*, GmbHR 2002, 821.
34 *Reich-Rohrwig*, GmbHR I² Rz 1/276.
35 OGH 20.4.1949, 1 Ob 178/49; *Reich-Rohrwig*, GmbHR I² Rz 1/276 ff.
36 OGH NZ 2001, 337 (*Umlauft*).
37 *Van Husen/Krejci* in Straube/Ratka/Rauter, GmbHG § 6 Rz 177; *Koppensteiner/Rüffler*, GmbHG³ § 6 Rz 18. Gegen die Eignung als Sacheinlage: OGH NZ 1917, 138.
38 *Reich-Rohrwig*, GmbHR I² Rz 1/206.
39 *Van Husen/Krejci* in Straube/Ratka/Rauter, GmbHG § 6 Rz 157.
40 OGH 14.7.1993, 7 Ob 548/93; *Reich-Rohrwig*, GmbHR I² Rz 1/208; **aA** *Gellis/Feil*, GmbHG⁷ § 6 Rz 7.
41 OGH 20.3.1997, 6 Ob 45/97d.
42 *Koppensteiner/Rüffler*, GmbHG³ § 6 Rz 15, 18.

20 Unzulässige Sacheinlagen wären:

- Ansprüche auf Dienstleistungen,[43]
- Forderungen gegen den Gründer, die nicht vor Anmeldung aus dessen Vermögen ausgesondert wurden,[44]
- Forderungen gegen einen Mitgesellschafter,[45]
- Einräumung einer Darlehensforderung,[46]
- Versprechen einer Bürgschaftsübernahme,[47]
- Werknutzungsrechte ohne Übertragung des Unternehmens, zu dem dieses Recht gehört (vgl § 28 UrhG),
- Liegenschaften, auf welchen ein Belastungs- u Veräußerungsverbot intabuliert ist.[48]

E. Verdeckte Sacheinlage

21 Eine verdeckte oder verschleierte Sacheinlage ist (nach außen hin) eine Bareinlage, welche aber mit einem Rechtsgeschäft zw der Gesellschaft u dem einlegenden Gesellschafter derart gekoppelt ist, dass wirtschaftlich der Erfolg einer Sacheinlage erreicht wird, weil bspw die Bareinlage als Entgelt oder Gegenleistung umgehend an den einlegenden Gesellschafter zurückfließen. Wird der Erwerb v Gesellschafter aber nicht aus der Bareinlage, sondern aus einer freiwilligen Zuzahlung finanziert, liegt keine verdeckte Sacheinlage vor. Regelmäßig dient die verdeckte Sacheinlage der **Umgehung der Sachgründungsvorschriften**.[49] Ist die Sacheinlagevereinbarung nichtig, ist die Bareinlageverpflichtung unerfüllt geblieben.[50]

22 Eine **Heilung durch Nachgründung** analog den aktienrechtlichen Bestimmungen der §§ 45 ff AktG wurde v OGH[51] **abgelehnt**. Ob eine Heilung durch nachträgliche Satzungsänderung möglich ist, wurde aus-

---

43 *Reich-Rohrwig*, GmbHR I² Rz 1/214.
44 *Van Husen/Krejci* in Straube/Ratka/Rauter, GmbHG § 6 Rz 178.
45 *Van Husen/Krejci* in Straube/Ratka/Rauter, GmbHG § 6 Rz 179 mwN.
46 *Van Husen/Krejci* in Straube/Ratka/Rauter, GmbHG § 6 Rz 180.
47 *Reich-Rohrwig*, GmbHR I² Rz 1/215.
48 OGH 15.12.1992, 5 Ob 1602/92; OGH 31.8.2006, 6 Ob 123/06s.
49 OGH 30.8.2000, 6 Ob 132/00f.
50 *U. Torggler*, GmbHG § 6 Rz 22.
51 OGH 30.8.2000, 6 Ob 132/00f.

drücklich offengelassen.[52] Die neuere L[53] u zweitinstanzliche Rsp[54] sprechen sich für die Heilung durch Satzungsänderung aus, die Bareinlageverpflichtung ist in eine Sacheinlageverpflichtung zu ändern u die Vorschriften über die Sacheinlage sind einzuhalten. Offen ist, ob die Satzungsänderung der Zustimmung aller Gesellschafter bedarf u zu welchem Zeitpunkt die Werthaltigkeit der Sacheinlage zu beurteilen ist.[55] Möglich ist jedenfalls die Heilung durch Kapitalherabsetzung u nachfolgende Sachkapitalerhöhung.[56]

V. Besondere Begünstigungen

A. Mögliche Begünstigungen

Neben Sacheinlagen sind auch besondere Begünstigungen im GesV genau u vollständig festzusetzen, dies dient dem Schutz der Gläubigerinteressen u dem Schutz zukünftiger Anteilserwerber.[57] Solche Begünstigungen können einzelnen Gesellschaftern zustehen (**Individualrechte**) oder mehreren Gesellschaftern (**Gruppenrechte**) u können auch auf spätere Erwerber des Anteils übergehen.   23

Eine Gegenleistung für die Einräumung eines Sondervorteils ist nicht erforderlich.[58] Die Begünstigung kann vermögensrechtlich sein, wie bspw bestimmte Gewinnanteile oder Bevorzugung bei Kapitalerhöhungen,[59] oder herrschaftsrechtlich, wie bspw die Befugnis zur Geschäftsführung (s dazu auch § 15) oder Entsendungs-, Benennungs- oder Zustimmungsrechte.

Besondere Begünstigungen können dem berechtigten Gesellschafter nur mit dessen Zustimmung entzogen werden (s auch § 50 Abs 4).[60]   24

---

52 *Zollner* in Gruber/Harrer, GmbHG[2] § 6 Rz 56.
53 Bspw *U. Torggler*, GmbHG § 6 Rz 22; *Koppensteiner/Rüffler*, GmbHG[3] § 6 Rz 20; *Schopper*, NZ 2009, 267.
54 OLG Graz 15.5.2008, 4 R 60/08p.
55 *Zollner* in Gruber/Harrer, GmbHG[2] § 6 Rz 56.
56 *Zollner* in Gruber/Harrer, GmbHG[2] § 6 Rz 56; *Schopper*, NZ 2009/76, 257.
57 *Koppensteiner/Rüffler*, GmbHG[3] § 6 Rz 26.
58 *Koppensteiner/Rüffler*, GmbHG[3] § 6 Rz 25.
59 *Koppensteiner/Rüffler*, GmbHG[3] § 6 Rz 25.
60 *Koppensteiner/Rüffler*, GmbHG[3] § 6 Rz 27.

§ 6a. (1) Mindestens die Hälfte des Stammkapitals muß durch bar zu leistende Stammeinlagen voll aufgebracht werden, sofern diese nicht gemäß Abs. 2 bis 4 niedriger sind.

(2) ¹Wird eine Gesellschaft zum ausschließlichen Zwecke der Fortführung eines seit mindestens fünf Jahren bestehenden Unternehmens errichtet und sollen ihr nur der letzte Inhaber (Mitinhaber) des Unternehmens, dessen Ehegatte und Kinder (Stief-, Wahl- und Schwiegerkinder) als Gesellschafter angehören, so findet die Bestimmung des Absatzes 1 nur für denjenigen Teil des Stammkapitals Anwendung, der in anderer Weise als durch die Anrechnung des Unternehmens auf die Stammeinlagen der bezeichneten Gesellschafter aufgebracht wird. ²Wird die Gesellschaft zu dem angeführten Zwecke erst nach dem Tode des Inhabers (Mitinhabers) errichtet, so stehen den bezeichneten nahen Angehörigen sonstige zum Nachlaß des bisherigen Inhabers (Mitinhabers) berufene Personen gleich.

(3) Die Bestimmungen des Absatzes 2 finden unter den dort angegebenen Voraussetzungen sinngemäß Anwendung, wenn eine Gesellschaft zum ausschließlichen Zwecke der Fortführung zweier oder mehrerer Unternehmen errichtet wird.

(4) Soweit nach dem Gesellschaftsvertrag Stammeinlagen nicht bar zu leisten sind und den aktienrechtlichen Vorschriften über die Gründung mit Sacheinlagen entsprochen wird, ist Abs. 1 nicht anzuwenden; in diesem Fall sind die §§ 20, 24 bis 27, 29 Abs. 2 und 4, §§ 39 bis 44 sowie § 25 Abs. 4 und 5 Aktiengesetz 1965 sinngemäß anzuwenden.

idF BGBl I 2008/70

Literatur: *Fellner,* verspätete Anmeldung von Umgründungsvorgängen – Anmerkungen zu 6 Ob 124/97 x, ecolex 1998, 704; *Grünwald,* Art III Einbringung – Handelsrecht, in Helbich/Wiesner/Bruckner (Hg), Handbuch der Umgründungen (2002 ff) Rz 93; *Herda,* Die sog privilegierte Gründung nach § 6a Abs 2 und 3 GmbHG, wbl 2015, 554; *Hirschler/Strimitzer,* Unbare Entnahmen und deren Auswirkungen auf die handelsrechtliche Bilanzierung, GES 2003, 237; *Kastner,* Zu § 6a das Gesellschaft mbH-Gesetzes, NZ 1961, 82; *Koppensteiner,* Agio und Kapitalaufbringung, GesRZ 2015, 6; *Kostner,* Die „kleinen" Probleme der GmbH-Novelle, NZ 1980, 161, NZ 1981, 55; *Mädel/G. Nowotny,* Einbringung und verdeckte (verschleierte) Sacheinlage im GmbH-Recht, in FS Wiesner (2004) 267; *Mühlehner,* Zum Begriff der Umgründung im Handels- und Steuerrecht, ecolex 1999, 191; *Ch. Nowotny,* Verdeckte Sacheinlagen und Prüfung von Bareinzahlungen? RdW 2004/350, 392; *G. Nowotny,* Die Prüfpflicht des Firmenbuchgerichts in Umgründungs- und Sachenlagefällen, NZ 2006/64, 257; *Thurn-*

her, Die Vermeidung verschleierter Sacheinlagen bei der Einbringung von Betrieben mit Entnahme nach § 16 Abs 5 UmgrStG, GesRZ 2005, 10; *Toms*, Finanzieller Nachteil einer gründungsprivilegierten GmbH bei hohen Gründungskosten, RdW 2014/762, 699; *Umlauft*, Zulässigkeit der Einbringung einer Kommanditgesellschaft in die eigene Komplementär-GmbH gegen Kapitalerhöhung? NZ 2000, 65; *Weigand*, Euro-Umstellung bei der GmbH – Glättung der Stammeinlagen durch Barkapitalerhöhung ohne Einzahlung? in FS Krejci (2001) 995; *Wolf*, Fehlerquellen bei den unbaren Entnahmen, taxlex 2005, 506.

Inhaltsübersicht

I. Regelungsgegenstand	1
II. Hälfteklausel	2–4
A. Bewertung von Sacheinlagen	4
III. Unternehmensfortführung	5–13
A. Gesellschafter	5, 6
B. Eingebrachtes Unternehmen	7–12
1. Unternehmen	7
2. Bestanddauer	8
3. Einbringungsberechtigte	9–11
4. Bewertung des Unternehmens	12
C. Art III UmGrStG	13
IV. Gründungsprüfung	14–28
A. Aktienrechtliche Bestimmungen	14
B. Festsetzung der Sacheinlagen	15, 16
C. Gründungsbericht und Gründungsprüfung	17–20
D. Beilagen zur Anmeldung	21
E. Haftung der Gründer	22–24
F. Haftung der Geschäftsführer und des Aufsichtsrates	25
G. Haftung Dritter	26, 27
H. Haftung der Gründungsprüfer	28

I. Regelungsgegenstand

§ 6a ergänzt die in § 6 grundgelegte Möglichkeit, das **Stammkapital** abw v gesetzl vorgesehenen Normalfall der Bargründung durch **Sacheinlagen** aufzubringen, dies ist jedenfalls zulässig, wenn nicht mehr als die Hälfte des Stammkapitals durch Sacheinlagen aufgebracht wird.

1

Absatz 2 u 3 schaffen eine Privilegierung für die Fortführung in anderen Rechtsformen bestehender Unternehmen unter bestimmten Voraussetzungen.

Übersteigt die durch Sacheinlage aufgebrachte Stammeinlage die Hälfte des Stammkapitals u liegt keine privilegierte Unternehmensfortführung vor, muss eine Gründungsprüfung nach aktienrechtlichen Vorschriften vorgenommen werden. Zweck der Regelungen, die noch nicht Teil der Stammfassung waren, sondern 1924, 1980 u 1994 Teil des GmbHG wurden, ist die Verbesserung des Gläubigerschutzes gegen überbewertete Sacheinlagen.

II. Hälfteklausel

2   Als Grundregel muss zumindest die **Hälfte des Stammkapitals durch Bareinlagen** aufgebracht werden. Die Regelung bezieht sich auf das Stammkapital u nicht die einzelne Stammeinlage.[1] Daher kann bspw ein Gründer nur dann eine Sacheinlage leisten, wenn andere Gründer zumindest eine gleichwertige Stammeinlage in bar leisten.

3   Dennoch muss die in bar zu leistende Stammeinlage nicht bei der Gründung zur Gänze einbezahlt werden (s dazu § 10 Abs 1). Wird ein privilegiertes Unternehmen als Sacheinlage geleistet, ist die Hälfteklausel auf das übrige Stammkapital anzuwenden. Geprüfte Sacheinlagen gem Abs 4 bleiben unberücksichtigt, sodass ungeprüften Sacheinlagen Bareinlagen in zumindest demselben Wert gegenüber stehen müssen.[2] Geprüfte u ungeprüfte Sacheinlagen können somit in einer Gründung eingebracht werden.[3]

A. Bewertung von Sacheinlagen

4   Das Gesetz nennt **keine Regeln über die Bewertung v Sacheinlagen**. Aus dem Gesetzeswortlaut u aus Gläubigerschutzgründen wird die Verpflichtung abgeleitet, den wirklichen Wert der eingebrachten Sachen zu ermitteln.[4] Die allg Bewertungsgrundsätze der §§ 201 ff UGB verlangen eine vorsichtige Bewertung, wie sie für die Eröffnungsbilanz der GmbH erforderlich ist.[5] Der Ansatz eines Firmenwertes ist umstritten, die Rsp[6]

---

1 *Koppensteiner/Rüffler*, GmbHG³ § 6a Rz 4.
2 *Zollner* in Gruber/Harrer, GmbHG² § 6a Rz 8, 23.
3 *Ch. Nowotny* in Kalss/Nowotny/Schauer, GesR, Rz 4/58.
4 *Koppensteiner/Rüffler*, GmbHG³ § 6a Rz 6.
5 *Koppensteiner/Rüffler*, GmbHG³ § 6a Rz 6 f.
6 OGH 5.6.2002, 9 Ob A 97/02h.

u die L[7] lassen die Aktivierung des Firmenwertes bei vorsichtiger Bewertung zu.

III. Unternehmensfortführung

A. Gesellschafter

Kraft gesetzl Anordnung können neben dem **bisherigen Inhaber** bzw den Inhabern nur **dessen engste Verwandte** Gesellschafter werden, wenn eine privilegierte Unternehmenseinbringung in Anspruch genommen werden soll. Aus analoger Anwendung ergibt sich, dass auch Kinder eines eingetragenen Partners sowie eingetragene Partner eigener Kinder Gesellschafter werden können.[8] Wird die Gesellschaft nach dem Tod des bisherigen Inhabers gegründet, ist der Kreis der möglichen Gesellschafter erweitert um die Erben u Vermächtnisnehmer, wenn das Unternehmen als Vermächtnis ausgesetzt wurde.[9]

5

Eine früher normierte **Behaltefrist** wurde durch die GmbHG-Nov 1980 **aufgehoben**, sodass eine Anteilsabtretung der iSd § 6a Abs 2 privilegierten Gesellschafter bereits unmittelbar nach Eintragung der Gesellschaft im FB möglich ist.[10]

6

B. Eingebrachtes Unternehmen

1. Unternehmen

Einbringungsgeeignet iSd Abs 2 sind **jegliche Unternehmen**, eine Einschränkung auf Unternehmen gem §§ 1 ff UGB ist nicht normiert.[11] Die Einbringung v allen Anteilen an einer PersGes ist der Einbringung v

7

---

7 Überblick bei *Koppensteiner/Rüffler*, GmbHG³ § 6a Rz 7; *Koller/Kristen* in HBA § 202 Rz 27 ff.
8 *U. Torggler*, GmbHG § 6a Rz 15.
9 *Zollner* in Gruber/Harrer, GmbHG² § 6a Rz 19.
10 *Zollner* in Gruber/Harrer, GmbHG² § 6a Rz 20.
11 *Zollner* in Gruber/Harrer, GmbHG² § 6a Rz 13.

Unternehmen gleichgestellt.¹² Unklar ist, ob bloße Teilbetriebe auch einbringungsgeeignet sind.¹³

2. Bestanddauer

8   Das eingebrachte Unternehmen hat eine **Mindestbestanddauer v fünf Jahren** vor Abschluss des GesV aufzuweisen.¹⁴ Es kommt auf den Bestand des Unternehmens an, nicht auf den Inhaber, Inhaberwechsel während der fünfjährigen Mindestbestanddauer schaden nicht.

3. Einbringungsberechtigte

9   Berechtigt zur **privilegierten Sachgründung** sind nicht nur natPers, **auch PersGes** können ihr Unternehmen (oder die Gesellschafter ihre Anteile an der PersGes) nach den Bestimmungen des Abs 2 in eine neu gegründete GmbH einbringen.¹⁵ Die Einbringung v KapGes ist str.¹⁶ Das historische Motiv des Gesetzgebers¹⁷ der Inanspruchnahme einer Haftungsbeschränkung für zuvor unbeschränkt haftende Gesellschafter spricht gegen die Zulässigkeit der Einbringung v KapGes nach Abs 2, im Übrigen wäre die Einbringung nach Gründungsprüfung gem Abs 4 auch für KapGes bzw Anteile an diesen möglich.

10 Die Einbringung soll die Fortführung des bisherigen Unternehmens bezwecken, ungeachtet dessen muss der Geschäftszweig nicht auf die Fortführung beschränkt sein, sondern können auch neue Geschäftszweige eröffnet werden,¹⁸ die **Fortführung des eingebrachten Unter-**

---

12 *Van Husen* in Straube/Ratka/Rauter, GmbHG § 6a Rz 162; *Koppensteiner/Rüffler*, GmbHG³ § 6a Rz 8.
13 Für diese Möglichkeit sprechen sich *Wünsch*, GmbHG § 6a Rz 8 u *Kastner*, NZ 1961, 84 aus. **Dagegen** *Koppensteiner/Rüffler*, GmbHG³ § 6a Rz 8; wohl **dagegen** auch *van Husen* in Straube/Ratka/Rauter, GmbHG § 6a Rz 178; *U. Torggler*, GmbHG § 6a Rz 13; wohl **dafür** *Zollner* in Gruber/Harrer, GmbHG² § 6a Rz 13, wenn der Teilbetrieb als Unternehmen weitergeführt werden kann.
14 EB GmbHG-Nov 1924, 6.
15 *Van Husen* in Straube/Ratka/Rauter, GmbHG § 6a Rz 172.
16 **Dagegen** *Koppensteiner/Rüffler*, GmbHG³ § 6a Rz 11; *van Husen* in Straube/Ratka/Rauter, GmbHG § 6a Rz 177; **dafür** *Reich-Rohrwig*, GmbHR I² Rz 1/223; *Wünsch*, GmbHG § 6a Rz 10; *U. Torggler*, GmbHG § 6a Rz 13; vorsichtig **dafür** *Zollner* in Gruber/Harrer, GmbHG² § 6a Rz 14.
17 EB GmbHG-Nov 1924, 6.
18 OGH 23.1.2003, 6 Ob 81/02h.

nehmens in seinen wesentlichen Bestandteilen muss aber sichergestellt sein.[19] Nach Eintragung ist die Änderung des Geschäftszweiges möglich u kann bis zur Aufgabe des fortzuführenden Unternehmens führen,[20] wobei bereits zum Zeitpunkt der Gründung bestehende Absichten, nach privilegierter Sachgründung die Fortführung zu beenden, als unzulässige Umgehungen anzusehen sind.[21]

Bei Einbringung zur Unternehmensfortführung **haftet** der einbringende Gesellschafter **gem §§ 38 f UGB** weiter für bestehende Verbindlichkeiten.

11

4. Bewertung des Unternehmens

Die **Bewertung** des eingebrachten Unternehmens ist **nicht gesetzl gefordert**, Teile der L[22] fordern, dass der Unternehmenswert zumindest dem Stammkapital entspricht u sprechen sich für eine Prüfungsbefugnis des FB-Gerichtes aus. Die Rsp[23] verpflichtet das FB-Gericht bei Vorliegen v Verdachtsmomenten zur Erhebung der Werthaltigkeit des eingebrachten Unternehmens. Die Bewertung hat nach Ertragswertverfahren zu erfolgen.[24]

12

C. Art III UmGrStG

Treffen die Voraussetzungen des Art III UmgrStG auf das eingebrachte Unternehmen zu, können die **Begünstigungen des UmgrStG** in Anspruch genommen werden. Die umgründungssteuerliche Einbringung muss grds gegen Ausgabe neuer Anteile erfolgen,[25] bei einer Neugründung ist dies regelmäßig der Fall. Weichen die Beteiligungsverhältnisse nach der Einbringung v den Wertverhältnissen ab, gelten die abw Beteiligungen als unter den Gesellschaftern unentgeltlich zugewendet. Eine umgründungssteuerliche Einbringung hat auf Grundlage einer

13

---

19 *Van Husen* in Straube/Ratka/Rauter, GmbHG § 6a Rz 166.
20 *Van Husen* in Straube/Ratka/Rauter, GmbHG § 6a Rz 168.
21 *Zollner* in Gruber/Harrer, GmbHG² § 6a Rz 16.
22 Bspw *Zollner* in Gruber/Harrer, GmbHG² § 6a Rz 17; *Koppensteiner/Rüffler*, GmbHG³ § 6a Rz 13; das Problem darstellend ohne Festlegung *van Husen* in Straube/Ratka/Rauter, GmbHG § 6a Rz 196 f.
23 OGH 31.8.2006, 6 Ob 123/06s.
24 OGH 31.8.2006, 6 Ob 123/06s.
25 Art III § 19 UmgrStG.

Einbringungsbilanz zu erfolgen u muss längstens neun Monate nach dem Bilanzstichtag zur Eintragung im FB angemeldet werden. Sind die steuerlich maßgeblichen Werte u das Einbringungskapital im Einbringungsvertrag beschrieben, kann die Bilanz entfallen.[26]

IV. Gründungsprüfung

A. Aktienrechtliche Bestimmungen

14 Sollte die Hälfteklausel nicht eingehalten werden u liegt keine privilegierte Unternehmensfortführung vor, bedarf die Sachgründung einer an die aktienrechtlichen Vorschriften angelehnten **Gründungsprüfung**, um für einen angemessenen Schutz der Gesellschaftsgläubiger zu sorgen.

Folgende Voraussetzungen sind daher gem Abs 4 einzuhalten:

– Festsetzung der Sacheinlagen u Sachübernahmen im GesV (§ 20 AktG),
– Gründungsbericht u Gründungsprüfung (§§ 24 bis 27 AktG),
– Beilagen zur Anmeldung (§ 29 Abs 2, 4 AktG),
– Haftung der Gründer u anderer Personen (§§ 39 bis 44 AktG),
– Auswahl der Gründungsprüfer (§ 25 Abs 5 AktG).

B. Festsetzung der Sacheinlagen

15 Im Untersch zur Regelung des § 6 Abs 4 – dieser ordnet die Festsetzung der Sachübernahmen an, welche in Anrechnung auf die Einlagenpflicht erfolgen – sind die Regelungen des § 20 AktG unabhängig v einer Vergütung an den einlegenden Gesellschafter. In der Praxis zeigt dieser Untersch aber keine Folgen, zur Vermeidung verdeckter Sacheinlagen müssen auch ohne ausdrückliche Anordnung der Geldwert u die Sacheinlage festgehalten werden.[27]

16 Fehlt die Festsetzung der Sacheinlage im GesV, hat dies die Unwirksamkeit der Sacheinlagevereinbarung zur Folge[28] u der Gesellschafter ist

---

26 Art III § 15 UmgrStG.
27 *Zollner* in Gruber/Harrer, GmbHG[2] § 6a Rz 25.
28 *Kalss* in Kalss/Nowotny/Schauer, GesR, Rz 3/211.

uE weiterhin zur Leistung der Bareinlage verpflichtet; eine Heilung durch Satzungsänderung nach Eintragung im FB ist nicht möglich (§ 20 Abs 3 S 4 AktG).[29]

C. Gründungsbericht und Gründungsprüfung

Die Gründer haben einen **schriftlichen Bericht** über den Hergang der Gründung zu erstatten, der Mindestinhalt ergibt sich aus § 24 Abs 2 AktG.

Die GF u, soweit vorhanden, die Mitglieder des AR haben den Hergang der Gründung zu prüfen, darüber hinaus hat das FB-Gericht einen **Gründungsprüfer** aus dem Kreis der Wirtschaftsprüfer oder Wirtschaftsprüfungsgesellschaften zu bestellen. Nicht zum Gründungsprüfer bestellt werden dürfen GF der GmbH, deren AR-Mitglieder oder Angestellte sowie Personen oder Gesellschaften, für deren Rechnung Gründungsgesellschafter Stammeinlagen übernommen haben, die auf die Gesellschaft maßgeblichen Einfluss haben oder die gem den §§ 271, 271a UGB nicht zum Abschlussprüfer bestellt werden können (§ 25 Abs 5 AktG).

Die zur Prüfung der Gründung Berufenen haben die Angaben der Gründer über Einlagen, va Sacheinlagen, auf Vollständigkeit zu prüfen u darauf, ob der Wert der Sacheinlagen den Betrag der dafür gewährten Stammeinlagen samt allenfalls vereinbartem Agio erreicht (§ 26 Abs 1 AktG). Der **Bericht über die Prüfung** hat **schriftlich** zu erfolgen, die Gegenstände sind zu bezeichnen u die Bewertungsmethode darzulegen (§ 26 Abs 2 AktG). Die Organe u die Gründungsprüfer haben gesondert zu berichten, der Bericht ist jew in zweifacher Ausfertigung zu erstatten, einer für das FB-Gericht zur weiteren öffentlichen Einsicht, einer für die Geschäftsführung (§ 26 Abs 3 AktG).

Meinungsverschiedenheiten zw den Gründern u den Gründungsprüfern über den Umfang der Aufklärungen u Nachw der Gründer **hat das Gericht zu entscheiden**. Kommen die Gründer dieser E nicht nach, wird der Gründungsbericht der Gründungsprüfer nicht erstattet (§ 27

---

29 *Eckert/Schopper/Caramanica* in Eckert/Schopper, AktG-ON § 20 Rz 26; *Heidinger/Schneider* in Jabornegg/Strasser, AktG[5] § 20 Rz 37; *Bruckbauer*, NZ 2007/70, 265; die Heilungsmöglichkeit unter Einhaltung der aktienrechtlichen Gründungsvorschriften analog zu anderen Fällen der Sachgründung offen lassend *Zollner* in Gruber/Harrer, GmbHG[2] § 6a Rz 25.

Abs 1 AktG). Die Gründungsprüfer haben Anspruch auf Ersatz der Barauslagen u eine angemessene Entlohnung, diese wird durch das Gericht bestimmt, dessen E angefochten werden kann (§ 27 Abs 2 AktG).

D. Beilagen zur Anmeldung

21 Der Anmeldung sind anzufügen: Die Verträge über die Sacheinlage, der Bericht der Gründer, die Prüfberichte der Geschäftsführung u, falls vorhanden, des AR, sowie der Bericht der Gründungsprüfer samt Beilagen. Alle diese Unterlagen sind im Original im Wege des ERV über elektronische Archive gem § 91c GOG dem Gericht zur Aufnahme in die Urkundensammlung vorzulegen. Als Teil der Urkundensammlung des FB sind diese Unterlagen öffentlich einsehbar.

E. Haftung der Gründer

22 Die **Gründer haften der Gesellschaft gegenüber** als Gesamtschuldner für die Richtigkeit u Vollständigkeit der Angaben über Sacheinlagen (§ 39 Abs 1 AktG). Hat ein Gründer die Gesellschaft durch eine Sacheinlage vorsätzlich oder grob fahrlässig geschädigt, haften alle Gründer solidarisch (§ 39 Abs 2 AktG). Weiters haften alle Gründer solidarisch für den Ausfall eines zahlungsunfähigen Gründers, wenn sie dessen Beteiligung in Kenntnis der Zahlungsunfähigkeit angenommen haben (§ 39 Abs 4 AktG). Die solidarische Haftung entfällt, wenn bewiesen werden kann, dass die Gründer keine Kenntnis v den haftungsbegründenden Tatsachen hatten oder bei Sorgfalt eines ordentlichen Geschäftsmannes keine Kenntnis haben konnten (§ 39 Abs 3 AktG).

Die Haftung bezieht sich nur auf geprüfte Sacheinlagen. Einlagen, welche gem Abs 1 bis 3 ungeprüft eingebracht werden, sind nicht v dieser Haftung umfasst.[30]

23 Vergleiche u Verzichte der Gesellschaft gegenüber den Gründern gehen nicht zu Lasten der Gläubiger der Gesellschaft.[31]

24 Die **Ansprüche der Gesellschaft** gegen die Gründer **verjähren fünf Jahre nach Eintragung** der Gesellschaft im FB (§ 44 AktG).

---

30 *Koppensteiner/Rüffler*, GmbHG³ § 6a Rz 26.
31 *U. Torggler*, GmbHG § 6a Rz 34.

F. Haftung der Geschäftsführer und des Aufsichtsrates

Neben den Gründern haften Geschäftsführung u AR für Verletzung 25
v Sorgfaltspflichten jeglichen Verschuldensgrades, wenn die Pflichtverletzung iZm einer Sacheinlage gem Abs 4 steht (§ 41 AktG).[32]

G. Haftung Dritter

Neben den Gründern haften auch Personen, für deren Rechnung die 26
Gründer Stammeinlagen übernommen haben, in gleicher Weise. Kenntnisse der Gründer müssen sich diese Personen zurechnen lassen (§ 39 Abs 5 AktG).

Dritte, die an einer vorsätzlichen oder grob fahrlässigen Schädigung 27
wissentlich mitgewirkt haben, haften als Gesamtschuldner mit den Gründern (§ 40 Z 2 AktG).

H. Haftung der Gründungsprüfer

Gründungsprüfer, die pflichtwidrig gehandelt haben, haften nach Maß- 28
gabe der Abschlussprüferhaftung (§§ 275 Abs 1 bis 4 UGB). Eine direkte Haftung gegenüber dem Sachgründer besteht nicht.[33]

---

§ 7. (1) Eine Belohnung für die Gründung der Gesellschaft oder deren Vorbereitung darf einem Gesellschafter aus dem Stammkapitale nicht gewährt werden; insbesondere ist deren Anrechnung auf die Stammeinlage unzulässig.

(2) Ersatz der Kosten der Errichtung der Gesellschaft kann nur innerhalb des für die Gründungskosten im Gesellschaftsvertrage festgesetzten Höchstbetrages begehrt werden.

idF BGBl 1991/10

Literatur: *Birnbauer*, Ersteintragung einer Gesellschaft mit beschränkter Haftung, GES 2013, 302; *G. Nowotny*, Die Prüfpflicht des Firmenbuchgerichts in Umgründungs- und Sacheinlagefällen, NZ 2006/64, 257; *Toms*, Finanzieller

---

32 *Van Husen* in Straube/Ratka/Rauter, GmbHG § 6a Rz 307.
33 OGH 9.3.2006, 6 Ob 39/06p.

Nachteil einer gründungsprivilegierten GmbH bei hohen Gründungskosten, RdW 2014/762, 699.

Inhaltsübersicht

I. Regelungsgegenstand 1
II. Gründerlohn (Abs 1) 2–7
   A. Unzulässiger Gründerlohn 5
   B. Zulässiger Gründerlohn 6, 7
III. Gründungskosten (Abs 2) 8–13
   A. Allgemeines 8–11
   B. Ersatzfähige Gründungskosten 12, 13

I. Regelungsgegenstand

1 Absatz 1 verbietet aus historischen Gründen ausdrücklich die Gewährung einer **Gründungsprovision** oder **Gründerlohnes**.[1] Absatz 2 gestattet grds den **Ersatz der durch die Gründung entstandenen Kosten**, der Höchstbetrag dieser Kosten muss jedoch im GesV festgesetzt sein. Zweck beider Anordnungen ist der Schutz der Gläubiger u der Gesellschafter durch Publizität.[2] Absatz 3 der Stammfassung, welcher die Aktivierung der Gründungskosten untersagte, wurde durch die GmbHG-Nov 1980 aufgehoben.

II. Gründerlohn (Abs 1)

2 Als Gründerlohn werden Zuwendungen an einen Gesellschafter bezeichnet, welche als Gegenleistung für die Mitwirkung an der Gründung oder deren Vorbereitung erbracht werden.[3] Diese Zuwendungen können in Geld oder anderen Begünstigungen bestehen.[4] Die Frage des Gegensatzes zu den besonderen Begünstigungen iSd § 6 Abs 4 stellt sich nur bei Einschränkung auf eine Geldleistung. Kein Gründerlohn ist

---

1 S dazu ua *van Husen* in Straube/Ratka/Rauter, GmbHG § 7 Rz 4 ff.
2 *U. Torggler*, GmbHG § 7 Rz 1.
3 *Koppensteiner/Rüffler*, GmbHG[3] § 7 Rz 4.
4 *Koppensteiner/Rüffler*, GmbHG[3] § 7 Rz 5; *van Husen* in Straube/Ratka/Rauter, GmbHG § 7 Rz 17; *Gellis/Feil*, GmbHG[7] § 7 Rz 1; *Wünsch*, GmbHG § 7 Rz 4, welcher auf Geldleistung als Gründerlohn einschränkt.

das Gehalt v GF, welche als Gesellschafter an der Gründung beteiligt waren.[5]

Die Zuwendung eines Gründerlohnes ist nach hM jedenfalls im GesV festzusetzen,[6] wobei auch durch eine nachträgliche Satzungsänderung ein Gründerlohn vereinbart werden kann;[7] dies wäre als Gewinnverteilungsregelung zu verstehen.[8] Das FB-Gericht hat nur bei unzulässigem Gründerlohn (s dazu Rz 5) die Eintragung abzulehnen,[9] die Höhe eines zulässigen Gründerlohnes hat das Firmenbuchgericht nicht zu überprüfen.[10]

Ein **unzulässiger** oder nicht in der Satzung verankerter **Gründungslohn verpflichtet die GmbH** nach hM[11] **nicht**, erbrachte Leistungen können gem § 83 zurückgefordert werden, GF haften gem § 25.

A. Unzulässiger Gründerlohn

Gemäß § 7 Abs 2 ist die Gewährung v **Gründerlohn aus dem Stammkapital** gesetzl **ausgeschlossen**.[12] Begründet wird dies durch die Sicherung des Stammkapitals.[13]

B. Zulässiger Gründerlohn

Zuwendungen an die Gründer **aus anderen Mitteln**, als dem Stammkapital, werden für **zulässig** erachtet, in Frage kommen Zuwendungen im Ausmaß u nach Maßgabe zukünftiger Gewinne.[14] Bei Überpari-Emission einer kleinen oder mittleren GmbH iSd § 221 UGB kann ein Gründerlohn aus dem Agio vereinbart werden, ob bei großen GmbH iSd § 221 UGB die Bestimmung des § 229 Abs 2 Z 1 UGB der Gewäh-

---

5 OGH 27.3.1918, JBl 1918, 484; *Reich-Rohrwig*, GmbHR I² Rz 1/434 f.
6 *Van Husen* in Straube/Ratka/Rauter, GmbHG § 7 Rz 30; *Koppensteiner/Rüffler*, GmbHG³ § 7 Rz 8.
7 *Van Husen* in Straube/Ratka/Rauter, GmbHG § 7 Rz 32.
8 *Koppensteiner/Rüffler*, GmbHG³ § 7 Rz 8.
9 *Koppensteiner/Rüffler*, GmbHG³ § 7 Rz 9.
10 *Van Husen* in Straube/Ratka/Rauter, GmbHG § 7 Rz 37.
11 Vgl *van Husen* in Straube/Ratka/Rauter, GmbHG § 7 Rz 35 f.
12 S *van Husen* in Straube/Ratka/Rauter, GmbHG § 7 Rz 16 ff; *Koppensteiner/Rüffler*, GmbHG³ § 7 Rz 6.
13 *Duursma et al*, HB GesR, Rz 2666.
14 *Van Husen* in Straube/Ratka/Rauter, GmbHG § 7 Rz 23.

rung v Gründerlohn aus dem Agio entgegensteht, ist nicht einheitlich beantwortet.[15]

7   Nicht gesetzl ausgeschlossen ist **Gründerlohn an Nichtgesellschafter** im Rahmen der gesetzl Einschränkungen, die L ist uneinheitlich.[16] Voraussetzung für Gründerlohn an Nichtgesellschafter ist neben der Zulässigkeit u der Festlegung in der Satzung, dass der Nichtgesellschafter Gründer der GmbH war, aber nicht Gesellschafter wurde, aus welchem Grund auch immer.

III. Gründungskosten (Abs 2)

A. Allgemeines

8   Im Gegensatz zum Gründerlohn können die **Gründungskosten aus dem Stammkapital** entnommen werden,[17] aus Gründen der Publizität ist in der Satzung nach hM ein Höchstbetrag festzuhalten.[18] Die hM sieht als Obergrenze der erstattungsfähigen Gründungskosten 20% des gebundenen Kapitals[19] (Stammkapital zzgl gebundener Rücklagen u einer Ausschüttungssperre gem § 235 UGB unterliegenden Kapitals), im Falle einer gem § 10b gegründeten gründungsprivilegierten GmbH sind die übernommenen gründungsprivilegierten Stammeinlagen zu berücksichtigen.[20] Übersteigt das Stammkapital den Mindestbetrag des § 6 Abs 1 um ein Vielfaches, wird ein Teil v 10% in der Rsp als angemessen angesehen.[21]

---

15 Für Zulässigkeit *U. Torggler*, GmbHG § 7 Rz 2; einschränkend *van Husen* in Straube/Ratka/Rauter, GmbHG § 7 Rz 24 ff; gegen Zulässigkeit *Koppensteiner/Rüffler*, GmbHG³ § 7 Rz 6.
16 Zust *Koppensteiner/Rüffler*, GmbHG³ § 7 Rz 7; grds zust *van Husen* in Straube/Ratka/Rauter, GmbHG § 7 Rz 28 f; ohne Festlegung *Duursma et al*, HB GesR, Rz 2668; **dagegen** *Gellis/Feil*, GmbHG⁷ § 7 Rz 1; *Wünsch*, GmbHG § 7 Rz 1.
17 *Koppensteiner/Rüffler*, GmbHG³ § 7 Rz 13; *van Husen* in Straube/Ratka/Rauter, GmbHG § 7 Rz 45.
18 *Koppensteiner/Rüffler*, GmbHG³ § 7 Rz 11; *van Husen* in Straube/Ratka/Rauter, GmbHG § 7 Rz 49.
19 *G. Nowotny*, NZ 2006, 266.
20 S dazu *van Husen* in Straube/Ratka/Rauter, GmbHG § 7 Rz 47; *Zollner* in Gruber/Harrer, GmbHG² § 7 Rz 11a; *Umfahrer*, GmbH⁷ Rz 3.122.
21 *U. Torggler*, GmbHG § 7 Rz 8; *Zollner* in Gruber/Harrer, GmbHG² § 8 Rz 11 mwN.

Der Ersatz der Gründungskosten ist in der Satzung zu vereinbaren, die Regelung muss den Höchstbetrag ziffernmäßig festlegen u zum Ausdruck bringen, dass nur tatsächlich angefallene Auslagen ersatzfähig sind.[22] Das FB-Gericht hat die Angemessenheit der Gründungskosten zu prüfen u bei Unangemessenheit einen Verbesserungsauftrag zu erteilen. Bei dessen Nichtbefolgung ist die Eintragung abzulehnen.[23] Fehlt eine Regelung der Gründungskosten im GesV, hat dies nach hRsp ebenfalls die Ablehnung des Eintragungsgesuchs zur Folge.[24] Eine Vereinbarung durch Satzungsänderung nach Eintragung ist wegen Gläubigergefährdung unzulässig.[25]

Unzulässig getragene Gründungskosten können v der GmbH als **ungerechtfertigte Bereicherung** zurückgefordert werden,[26] es handelt sich um einen Fall der Einlagenrückgewähr.[27]

Nicht ersatzfähig mangels Zusammenhang mit der Gründung sind **Kosten für die Errichtung, Leitung oder Weiterführung nach Einbringung des Unternehmens** der Gesellschaft,[28] wozu wohl auch die Kosten der Erteilung der für das Unternehmen notwendige Gewerbeberechtigung zählen.

Die mittlerweile abgeschaffte Kapitalverkehrsteuer aus Anlass der Gründung einer GmbH stellte keine Gründungskosten dar, da die Steuerschuld erst mit Eintragung entstand u Steuerschuldner die eingetragene GmbH war.[29]

B. Ersatzfähige Gründungskosten

Die L unterscheidet tw zw gesetzl Gründungskosten, welche die Gesellschaft selbst aufgrund v gesetzl Anordnungen zu tragen habe (wie bspw die gerichtl Eingaben- u Eintragungsgebühr)[30], u weiteren Gründungskosten (wie bspw Kosten der Rechtsberatung durch Notar oder RA

---

22 *Koppensteiner/Rüffler*, GmbHG³ § 7 Rz 11.
23 *Van Husen* in Straube/Ratka/Rauter, GmbHG § 7 Rz 45, 52 mwN.
24 *Koppensteiner/Rüffler*, GmbHG³ § 7 Rz 14 mit Hinweis auf die Rsp.
25 *Van Husen* in Straube/Ratka/Rauter, GmbHG § 7 Rz 50; *Koppensteiner/Rüffler*, GmbHG³ § 7 Rz 12; OLG Wien 10.2.1975, 3 R 20/75, NZ 1976, 31.
26 *Zollner* in Gruber/Harrer, GmbHG² § 8 Rz 12.
27 *Van Husen* in Straube/Ratka/Rauter, GmbHG § 7 Rz 43.
28 OGH 27.3.1918, JBl 1918, 484.
29 *Zollner* in Gruber/Harrer, GmbHG² § 7 Rz 8.
30 *Koppensteiner/Rüffler*, GmbHG³ § 7 Rz 10.

oder Barauslagen)[31]. Die hL[32] sieht auch die **gesetzl Gründungskosten** v den Regelungen des § 7 Abs 2 **umfasst**, sodass diese nur dann v der Gesellschaft zu tragen sind, wenn diese im vorbehaltenen Höchstbetrag Deckung finden. Vereinzelt[33] wird unter Hinweis auf die gesetzl Verpflichtung der Gesellschaft zur Tragung dieser Kosten u mit der Begr, dass diese bekannt sind u deren Umfang leicht zu ermitteln sei, geschlossen, dass diese nicht unter den Begriff der Gründungskosten des § 7 Abs 2 fallen. Aus Gründen des Gläubigerschutzes ist der hM der Vorzug zu geben, insb da die Gründungskosten das Stammkapital mindern.

13   Neben den gesetzl Gründungskosten sind auch Gerichts- u Notarkosten, Kosten für die Bewertung v Sacheinlagen, die Kosten der Gründungsprüfung[34] sowie der den Gründern iZm der Gründung entstandene Baraufwand, wie zB Reisekosten, erfasst.[35]

§ 8. (1) **Wenn ein oder mehrere Gesellschafter sich neben den Stammeinlagen zu wiederkehrenden, nicht in Geld bestehenden, aber einen Vermögenswert darstellenden Leistungen verpflichten, so sind Umfang und Voraussetzung dieser Leistung sowie für den Fall des Verzuges allenfalls festgesetzte Konventionalstrafen, dann die Grundlagen für die Bemessung einer von der Gesellschaft für die Leistungen zu gewährenden Vergütung im Gesellschaftsvertrage genau zu bestimmen.**

(2) **Daselbst ist auch festzusetzen, daß die Übertragung von Geschäftsanteilen der Zustimmung der Gesellschaft bedarf.**

idF BGBl 1991/10

Literatur: *Ehrlich,* Kündigungsverzicht als zulässige gesellschaftliche Nebenverpflichtung, RdW 2006/29, 27; *Ostheim,* Probleme der personalistischen GmbH, GesRZ 1974, 70.

Inhaltsübersicht

I. Regelungsgegenstand 1
II. Anteilsgebundene Nebenleistungspflichten 2–15

---

31 *Van Husen* in Straube/Ratka/Rauter, GmbHG § 7 Rz 42.
32 *Van Husen* in Straube/Ratka/Rauter, GmbHG § 7 Rz 39 mwN.
33 ZB *Koppensteiner/Rüffler,* GmbHG³ § 7 Rz 10.
34 Dazu *U. Torggler,* GmbHG § 7 Rz 5.
35 Weitere Bsp: OGH NZ 1917, 130.

A. Natur der Nebenleistungspflichten	2–4
B. Inhalt der Nebenleistungspflicht	5–7
C. Gegenleistung für die Nebenleistung	8
D. Festlegung im Gesellschaftsvertrag	9–14
1. Gründung	9, 10
2. Nachträgliche Satzungsänderung	11
3. Beendigung der Nebenleistungspflichten	12–14
E. Durchsetzung der Nebenleistungspflicht	15
III. Anteilsunabhängige Nebenleistungspflichten	16

I. Regelungsgegenstand

Der seit der Stammfassung unverändert gebliebene § 8 ermöglicht die Vereinbarung **wiederkehrender Nebenleistungen**, historischer Grund dieser parallel auch in § 50 AktG normierten Vorschrift waren Rübenlieferungspflichten der Teilnehmer v Zuckerfabriksgesellschaften. Heute werden neben Sachleistungen auch Dienstleistungen als Nebenleistungspflicht anerkannt, keinesfalls aber Geldleistungen, dies wären Nachschussverpflichtungen iSd § 72.

1

II. Anteilsgebundene Nebenleistungspflichten

A. Natur der Nebenleistungspflichten

Nebenleistungspflichten iSd § 8 sind sozietär bzw **anteilsbezogen**, treffen als solche nicht nur den vertragsschließenden Gesellschafter, sondern den jew Inhaber des Geschäftsanteils u gehen mit dessen Übertragung auf den Erwerber über.[1] Schuldrechtliche Nebenleistungsverpflichtungen, die nicht auf einen Anteilserwerber übergehen, müssen nicht den Vorgaben des § 8 genügen u können auch außerhalb des GesV vereinbart werden.[2]

2

Ob eine Nebenleistungspflicht iZw sozietärer oder schuldrechtlicher Natur ist, ist nicht einheitlich gelöst, *Koppensteiner/Rüffler*[3] gehen bei

3

---

1 *Koppensteiner/Rüffler*, GmbHG³ § 8 Rz 2.
2 *Koppensteiner/Rüffler*, GmbHG³ § 8 Rz 5; Zollner in Gruber/Harrer, GmbHG² § 8 Rz 3.
3 *Koppensteiner/Rüffler*, GmbHG³ § 8 Rz 5.

Aufnahme in den GesV iZw v sozietärer Nebenleistungspflicht aus, *U. Torggler*[4] schränkt weiter ein, *van Husen*[5] geht iZw v schuldrechtlicher Nebenleistungspflicht aus. Da die Regelungen des § 8 die Interessen zukünftiger Anteilserwerber einerseits u der Gesellschaft andererseits schützen sollen, wird der strengen A der Vorzug zu geben sein, **dass iZw eine schuldrechtliche Nebenleistungspflicht** vereinbart wurde, welche nicht auf den Anteilserwerber übergeht.

4   Nebenleistungspflichten können gegen den gesellschaftsrechtlichen Gleichbehandlungsgrundsatz verstoßen.[6]

B. Inhalt der Nebenleistungspflicht

5   Sozietäre Nebenleistungspflichten sind **jedenfalls wiederkehrende Leistungen**, keinesfalls einmalige Leistungen oder Dauerleistungen.[7] Zulässig wären Dienstleistungen in regelmäßigen Abständen, ein Unterlassen[8] oder Duldungspflichten. Der Zeitpunkt oder Anlass der Leistungsverpflichtung muss nicht feststehen.[9] Die Nebenleistungspflicht muss für die Gesellschaft einen Vermögenswert haben, auch wenn dieser nicht mit Sicherheit realisiert werden kann.[10]

Zulässig sind bspw:[11]

- Warenlieferungen,
- Abtretung von künftigen Erfindungen,
- Wettbewerbsverbote,
- Andienungspflichten gegenüber einer gemeinsamen Verkaufsgesellschaft,
- GF-Pflichten.[12]

---

4 *U. Torggler* in Torggler, GmbHG § 8 Rz 2 sieht bei namentlicher Nennung des verpflichteten Gesellschafters und fehlender Anteilsvinkulierung iZw eine anteilsunabhängige Nebenleistungspflicht.
5 *Van Husen* in Straube/Ratka/Rauter, GmbHG § 8 Rz 22 ff.
6 *Koppensteiner/Rüffler*, GmbHG³ § 8 Rz 6.
7 *Zollner* in Gruber/Harrer, GmbHG² § 8 Rz 4.
8 *Zollner* in Gruber/Harrer, GmbHG² § 8 Rz 4.
9 *U. Torggler* in Torggler, GmbHG § 8 Rz 3.
10 *Van Husen* in Straube/Ratka/Rauter, GmbHG § 8 Rz 20.
11 Vgl *van Husen* in Straube/Ratka/Rauter, GmbHG § 8 Rz 12, *Koppensteiner/Rüffler*, GmbHG³ § 8 Rz 4.
12 *Koppensteiner/Rüffler*, GmbHG³ § 8 Rz 4, offenlassend AC 3028.

Unzulässig iSd § 8 sind **einmalige Leistungen**[13] u **Dauerleistungen**, so bspw ein Arbeitsverhältnis zur Gesellschaft, die Pflicht zur Zugehörigkeit zu einer bestimmten Partei oder Religionsgemeinschaft etc[14], Geldleistungen wären Nachschusspflichten iSd § 72.[15]

Unzulässig sind auch Nebenleistungspflichten, die **sittenwidrig** iSd § 879 ABGB sind,[16] gegen arbeitsrechtliche Normen verstoßen[17] oder wettbewerbswidrig sind,[18] daher müssen auch die Regelungen des KartG u des Art 101 AEUV (vormals Art 81 EGV) als Grenzen beachtet werden.

C. Gegenleistung für die Nebenleistung

Die **Nebenleistungspflicht** muss nicht unentgeltlich sein, eine Gegenleistung muss **angemessen** sein, u kann **unabhängig v Reingewinn** ausbezahlt werden (s dazu § 82 Rz 61). Die Überschreitung der Angemessenheit wäre ein Eintragungshindernis u auch nach Eintragung teilnichtig.[19] Mangels Vereinbarung der Unentgeltlichkeit gebührt ein Entgelt in Höhe des gemeinen Wertes der Nebenleistung, keinesfalls aber mehr als eine angemessene Vergütung als Gegenleistung für die Nebenleistung.[20]

D. Festlegung im Gesellschaftsvertrag

1. Gründung

Sozietäre Nebenleistungspflichten iSd § 8 sind nach Umfang u Voraussetzung der Leistung genau zu bestimmen u in Hinblick auf den Informationsbedarf zukünftiger Anteilserwerber[21] zu konkretisieren[22], so-

---

13 OGH 13.2.1952, 2 Ob 91/52.
14 Ausf dazu s *Zollner* in Gruber/Harrer, GmbHG² § 8 Rz 4.
15 OLG Innsbruck 15.9.1986, 5 R 281/86.
16 *Van Husen* in Straube/Ratka/Rauter, GmbHG § 8 Rz 27.
17 *Ehrlich*, RdW 2006/29, 27 (29).
18 OGH 5.11.1958, 1 Ob 268/58.
19 *U. Torggler* in Torggler, GmbHG § 8 Rz 6.
20 *Eckert/Schopper* in Eckert/Schopper, AktG-ON § 50 Rz 8, iZw für Unentgeltlichkeit *U. Torggler* in Torggler, GmbHG § 8 Rz 6.
21 *Zollner* in Gruber/Harrer, GmbHG² § 8 Rz 9.
22 *Van Husen* in Straube/Ratka/Rauter, GmbHG § 8 Rz 32.

dass **keine E über Einzelheiten einer späteren Absprache oder E eines Gesellschaftsorgans oder Dritten**, auch Schiedsgerichts, vorbehalten sein sollte.[23] Gleich der Leistung ist die Gegenleistung oder eine vorgesehene Konventionalstrafe im GesV anzugeben.[24] Zur Frage der Entgeltlichkeit bei Fehlen einer konkreten Gegenleistung s Rz 8.

10 Das **FB-Gericht** hat die Regelungen über sozietäre Nebenleistungen zu **prüfen** u bei Unklarheiten eine Klarstellung des GesV zu verlangen (s dazu § 11 Rz 43).[25]

2. Nachträgliche Satzungsänderung

11 Die Vereinbarung sozietärer Nebenleistungspflichten ist auch **durch Satzungsänderung möglich**,[26] es bedarf vorbehaltlich anderer gesv Regelungen einer Mehrheit v drei Vierteln der abgegebenen Stimmen u Zustimmung der betroffenen Gesellschafter gem § 50 Abs 4.

3. Beendigung der Nebenleistungspflichten

12 Sozietäre Nebenleistungsverpflichtungen können **durch Fristablauf, Bedingungseintritt** oder bei vorgesehener **ordentlicher Kündigung**[27] sowie **Satzungsänderung**[28] beendet werden.

13 Die Möglichkeit der **ao Kündigung** ist **umstritten**,[29] wegen der engen Verknüpfung der sozietären Nebenleistungspflicht mit dem Anteil[30] ist iZw die bloße Kündigung der Nebenleistungspflicht nicht möglich, es empfiehlt sich die ausdrückliche Regelung, ob eine Kündigung ohne Austritt aus der Gesellschaft möglich ist.

---

23 *Koppensteiner/Rüffler*, GmbHG³ § 8 Rz 7.
24 *Koppensteiner/Rüffler*, GmbHG³ § 8 Rz 8.
25 *Zollner* in Gruber/Harrer, GmbHG³ § 8 Rz 8; *Kodek* in Kodek/Nowotny/Umfahrer, FBG § 15 Rz 30.
26 *Koppensteiner/Rüffler*, GmbHG³ § 8 Rz 9.
27 *Zollner* in Gruber/Harrer, GmbHG² § 8 Rz 14.
28 *Koppensteiner/Rüffler*, GmbHG³ § 8 Rz 9.
29 Gegen die Möglichkeit der ao Kündigung *Koppensteiner/Rüffler*, GmbHG³ § 8 Rz 13, ohne Festlegung *Zollner* in Gruber/Harrer, GmbHG² § 8 Rz 14; *van Husen* in Straube/Ratka/Rauter, GmbHG § 8 Rz 48, für die Möglichkeit bei der AG *Saurer* in Doralt/Nowotny/Kalss, AktG § 50 Rz 22, die Beendigung aus wichtigem Grund befürwortend *Eckert/Schopper* in Eckert/Schopper, AktG-ON § 50 Rz 11.
30 *Koppensteiner/Rüffler*, GmbHG³ § 8 Rz 12.

Da die sozietäre Nebenleistungspflicht mit dem Anteil verbunden ist, **geht diese mit Anteilsübertragung nicht unter**, vielmehr ändert sich die Person des Verpflichteten.[31]

E. Durchsetzung der Nebenleistungspflicht

Zur Durchsetzung der sozietären Nebenleistungspflichten stehen jedenfalls die im Gesetz genannte Möglichkeit der **Konventionalstrafe** u allg schuldrechtliche **Rechtsfolgen wie Schadenersatz**, offen.[32] Bei entspr gesv Regelung können auch Wirkungen auf das gesellschaftsrechtliche Grundverhältnis vorgesehen werden.[33] Diese können bis zur **Abtretungsverpflichtung** eines Gesellschafters gehen, welcher seine Nebenleistungspflichten verletzt hat; ob auch ein **Ausschluss aus der Gesellschaft** vereinbart werden kann, ist **str**.[34] Bei entspr Vereinbarung kann die Verletzung sozietärer Nebenleistungspflichten einen **Auflösungsgrund** iSd § 84 Abs 2 bilden.

III. Anteilsunabhängige Nebenleistungspflichten

Neben den sozietären Nebenleistungspflichten können anteilsunabhängige oder **schuldrechtliche Nebenleistungspflichten** vereinbart werden.[35]

Diese sind **nicht zwingend in den GesV aufzunehmen**, sondern können auch außerhalb vereinbart werden, bei Aufnahme bilden sie einen formellen Satzungsbestandteil.[36]

Die Arten der möglichen schuldrechtlichen Nebenleistungen sind nicht eingeschränkt u können nur vertragsbeteiligte Gründer betreffen.[37]

Zur Frage, ob iZw schuldrechtliche oder sozietäre Nebenleistungspflicht vorliegt, s Rz 3.

---

31 *Zollner* in Gruber/Harrer, GmbHG² § 8 Rz 16.
32 *Zollner* in Gruber/Harrer, GmbHG² § 8 Rz 12.
33 *Koppensteiner/Rüffler*, GmbHG³ § 8 Rz 14.
34 *Zollner* in Gruber/Harrer, GmbHG² § 8 Rz 12.
35 *Zollner* in Gruber/Harrer, GmbHG² § 8 Rz 5.
36 *Koppensteiner/Rüffler*, GmbHG³ § 8 Rz 5.
37 *Koppensteiner/Rüffler*, GmbHG³ § 8 Rz 5.

§ 9. (1) Die Eintragung der Gesellschaft in das Firmenbuch kann nur auf Grund einer Anmeldung erfolgen, die von sämtlichen Geschäftsführern unterzeichnet ist.

(2) Der Anmeldung sind beizuschließen:

1. der Gesellschaftsvertrag in notarieller Ausfertigung;
2. die Urkunden über die Bestellung der Geschäftsführer und gegebenenfalls des Aufsichtsrats in beglaubigter Form.

(3) Zugleich mit der Anmeldung haben die Geschäftsführer ihre Unterschrift vor dem Firmenbuchgerichte zu zeichnen oder die Zeichnung in beglaubigter Form vorzulegen.

idF BGBl I 2006/103

Literatur: *Birnbauer*, Muster-Anmeldungen zum Firmenbuch: Anmeldung einer GmbH-Gründung gem § 6a Abs. 2 GmbHG, GES 2005, 195; *Birnbauer*, Muster-Anmeldungen zum Firmenbuch: Anmeldung einer GmbH-Gründung, GES 2006, 312; *Eiselsberg/Schenk/Weißmann*, Firmenbuchgesetz (1991); *G. Fellner*, OGH zu Registerpublizität der Urkundensammlung des Firmenbuches, RdW 2000/564, 582; *Fend*, Die Bedeutung des Wohnsitzes des Geschäftsführers bei der Gesellschaft mit beschränkter Haftung, NZ 1960, 37; *Graschopf*, Die Gesellschaft mbH in Urkunden und Schriftsätzen (1956); *Gruber*, Die Rechtsanwalts-GmbH, RdW 2000/42, 65; *Hofmann*, Gewillkürte Stellvertretung und Berufung auf die erteilte Vollmacht im Firmenbuchverfahren, NZ 2005/58, 225; *Kodek*, Die elektronische Urkundensammlung im Firmenbuch, NZ 2006/44, 193; *Rauter*, Firmenbuchpublizität noch „elektronischer", JAP 2006/2007, 159; *Schenk*, Anmeldung zum Firmenbuch, ecolex 1991, 98; *Szoka*, Firmenbuch – Ausländische Rechtsträger im österreichischen Firmenbuch; *Szöky*, Das Firmenbuchverfahren (2004); *Szöky*, Die Neueintragung einer GmbH – häufige Fehler, NZ 2006/17, 87; *Szöky*, Firmenbuch – Vermeidung von Verbesserungsaufträgen (2006); *Reg. Rat Wolfgang Vatter*, Verträge und Urkunden im Rechtsverkehr mit dem Ausland 33. Erg. Lfg. Juridica Verlag.

Inhaltsübersicht

I. Grundsätzliches und Regelungsinhalt	1, 2
II. Anmeldung der Eintragung (Abs 1)	3–11
III. Beilagen	12–18
A. Gesellschaftsvertrag (Abs 2 Z 1)	12–14
B. Geschäftsführer- und Aufsichtsratsbestellung (Abs 2 Z 2)	15, 16
C. Weitere Beilagen	17, 18
IV. Musterzeichnungen (Abs 3)	19

I. Grundsätzliches und Regelungsinhalt

§ 9 Abs 1 u 3 entsprechen nach wie vor der Stammfassung u gelten daher unverändert seit 1906. Lediglich Abs 2 wurde dazwischen geändert – letztmals mit dem PuG. Damit wurde die Pflicht zur Vorlage des GF-Verzeichnisses samt Vertretungsbefugnis, einer AR-Liste u der Gesellschafterliste entfernt. Gleichzeitig wurde allerdings § 3 FBG derart geändert, dass nunmehr bei der Eintragung natPers ins FB deren Anschrift ersichtlich zu machen ist (vgl § 11 Rz 22 f) u wurde somit eine Publizitätseinschränkung dahingehend verhindert. 1

Mit § 9 Abs 1 wird klargestellt, dass die **Eintragung** einer GmbH ins FB **nicht v Amts wegen** erfolgt, sondern dafür zwingend ein Antrag (auch Anmeldung genannt) der GF notwendig ist. Eine öffentlich-rechtliche Verpflichtung zur Vornahme der Anmeldung besteht aber grds nicht u kann daher auch nicht mit Zwangsstrafen erwirkt werden. 2

Abs 2 normiert die **Vorlage des GesV** sowie der **Bestellungsurkunden** der GF u eines möglichen AR. In weiteren Vorschriften werden aber zusätzliche Vorlagepflichten geregelt, sodass diese Regelung keinesfalls abschließend ist.

Die durch Abs 3 verpflichtend vorzulegenden Musterzeichnungen sind jedenfalls in die Urkundensammlung aufzunehmen u dienen in weiterer Folge als **Unterschriftenprobe**.[1]

II. Anmeldung der Eintragung (Abs 1)

Mit der **Anmeldung** wird das FB-Verfahren zur Eintragung der Gesellschaft ins FB eingeleitet. Antragsteller ist grds die Gesellschaft, welche durch sämtliche GF vertreten wird. Die Anmeldung ist v sämtlichen GF beglaubigt zu unterfertigen. Aus dieser Bestimmung gemeinsam mit § 16 FBG ergibt sich die zwingende **Schriftlichkeit der Anmeldung**.[2] 3

Die geforderte **Unterschriftsbeglaubigung** der GF wird idR bei einem österr Notar durchgeführt. Sie kann aber auch bei einer Beglaubigungsstelle bei den BG (§ 426 GeO), bei einer österr Vertretungsbehörde im Ausland (Botschaft oder Konsulat) oder einem ausländischen Notar durchgeführt werden. 4

---

1 *U. Torggler*, GmbHG § 9 Rz 2.
2 *Petrasch/Verweijen* in Straube/Ratka/Rauter, GmbHG § 9 Rz 10.

Im Fall einer Beglaubigung beim österr Notar, einem BG oder einer österr Vertretungsbehörde im Ausland sind keine weiteren Vorschriften zu beachten. Im Falle der Beglaubigung bei einem **ausländischen Notar** ist allerdings der **diplomatische Beglaubigungszug** zu beachten, wonach zwingend eine Zwischen- bzw Überbeglaubigung erforderlich ist.

Ausgenommen davon sind Länder, die dem **Haager Beglaubigungsübereinkommen** beigetreten sind. Bei Beglaubigungen aus diesen Ländern ist lediglich das Anbringen einer **Apostille**, welche die Zwischen- u Überbeglaubigung ersetzt, erforderlich.

Zusätzlich hat Ö mit einigen Ländern noch sog **bilaterale Abkommen** geschlossen. Bestehen derartige bilaterale Abkommen, so kann tw auch das Anbringen einer Apostille unterbleiben.[3]

5   Auch eine **Vertretung** der GF bei der Anmeldung der Eintragung der GmbH ist grds möglich. Jedenfalls uneingeschränkt zulässig ist die Einbringung der Anmeldung bei Gericht durch einen Bevollmächtigten (§ 23 FBG).

Aber auch bei der Unterfertigung des Antrages können sich die GF – uzw sämtliche – v einem Bevollmächtigten vertreten lassen. Notwendig dafür ist, wie bei allen FB-Anmeldungen, eine **Generalvollmacht**, welche die gleiche Form wie der Antrag selbst haben muss. Im Fall der Anmeldung der Eintragung der GmbH ins FB muss die Vollmacht also in beglaubigter Form unterfertigt sein.[4]

Lediglich bei der Abgabe der Erklärung der Einzahlung des Stammkapitals (§ 10 Abs 4) herrscht tw Uneinigkeit in der L. Vor allem unter dem Hinweis auf die höchstpersönliche Haftung der GF nach § 10 Abs 4 wird v einem Teil der L eine Bevollmächtigung bei der Anmeldung ausgeschlossen. Zumindest dann, wenn die entspr Erklärung der Einzahlung der Stammeinlagen in der Anmeldung enthalten ist. Wird diese Erklärung allerdings in einer eigenen, v Antrag getrennten Eingabe abgegeben, so ist eine Vertretung durch einen Bevollmächtigten möglich.

Meines Erachtens ist unter Berücksichtigung der jüngeren Rsp aber auch dann eine Bevollmächtigung möglich, wenn diese Erklärung im Antrag inkludiert ist. Zu verlangen ist dabei allerdings nicht mehr eine

---

3   Vgl *Reg. Rat Wolfgang Vatter*, Verträge und Urkunden im Rechtsverkehr mit dem Ausland, Juridica Verlag; Broschüre v *FOI Karl Heinz Fabsits*, Überbeglaubigungsstelle beim LG für ZRS Wien; *Szoka*, Firmenbuch – Ausländische Rechtsträger im österreichischen Firmenbuch 359 ff.
4   Vgl *Schenk/Ratka* in Straube/Ratka/Rauter, UGB I⁴ § 11 Rz 7.

General-, sondern eine entspr **Spezialvollmacht**, die die konkrete Ermächtigung zur Abgabe der Erklärung enthält.[5]

Berufsmäßige Parteienvertreter (Notare u RA) können sich, wenn die Anmeldung v ihnen im Vollmachtsnamen unterfertigt wird, grds gem § 5 Abs 4 a NO u § 8 RAO iSd § 30 Abs 2 ZPO in der Eingabe auf die erteilte **Vollmacht berufen**. Da aber wie bereits ausgeführt für die Anmeldung der Eintragung einer GmbH ins FB uU eine entspr Spezialvollmacht notwendig ist, müssen sie sich auch auf die erteilte Spezialvollmacht berufen.[6]

Um das Verfahren zur Eintragung der neu gegründeten GmbH so schnell u ökonomisch wie möglich erledigen zu können, hat die Anmeldung gem § 16 FBG die **begehrten Eintragungen bestimmt zu bezeichnen**. Das heißt, dass der Antrag zumindest jene Daten zu enthalten hat, die tatsächlich gem § 11 bzw den §§ 3 u 5 FBG ins FB eingetragen werden müssen. Die Führung des FB als Datenbank macht es unumgänglich, dass der Inhalt der begehrten Eintragungen entspr dem Vorbild des § 85 Abs 2 GBG zur Sicherstellung eines geordneten u beschleunigten Verfahrensablaufs so präzise wie möglich formuliert wird. Ausführlicher dazu § 11.

Erforderlich ist jedenfalls, dass Daten aus den beigelegten Dokumenten in den Antrag aufgenommen werden, da es nicht Aufgabe des FB-Gerichtes ist, dies aus den Beilagen herauszusuchen (zB die Art der Vertretungsbefugnis der GF, usw).

Eine eigene **SV-Darstellung** ist zwar gesetzl nicht geboten, jedoch sinnvoll, da damit uU Ermittlungen des FB-Gerichtes entbehrlich werden können u daher die Eintragung rascher erfolgen kann. Bei divergierenden Angaben zw SV u Eintragungsantrag werden (nur) jene Angaben des Antrages herangezogen, welche schlüssig sind. Ein übertrieben formalistisches Vorgehen seitens des FB-Gerichtes ist aber nicht geboten.[7]

Der Antrag ist jedenfalls in schriftlicher Form beim zuständigen FB-Gericht einzubringen. **Unvertretene Parteien** können den Antrag samt den erforderlichen Beilagen entweder persönlich bei Gericht abgeben oder aber **postalisch** übermitteln.

---

5 OGH 18.10.2001, 6 Ob 169/01y; 29.8.2002, 6 Ob 163/02t; 11.9.2003, 6 Ob 149/03k; auch *Petrasch/Verweijen* in Straube/Ratka/Rauter, GmbHG § 9 Rz 13.

6 OGH 29.3.2000, 6 Ob 64/00f (VdRÖ-FB-029-2015).

7 Vgl Bericht des JuAu zu § 16 FBG; *Eiselsberg/Schenk/Weißmann*, FBG § 16 Rz 2; OLG Wien 18.9.2003, 28 R 33/03h.

Erfolgt die Einreichung allerdings durch einen **Notar** oder einen **RA**, so hat diese zwingend gem den Bestimmungen des ERV 2006 im Wege des **elektronischen Rechtsverkehrs** stattzufinden. Gemäß § 89 Abs 5 GOG sind RA u Notare verpflichtet, FB-Eingaben u deren Beilagen (Urkunden) in elektronischer Form bei den FB-Gerichten einzubringen. Aufgrund der geforderten beglaubigten Form sind sowohl der Antrag als auch alle weiteren beglaubigten Beilagen, nach der Beglaubigung in ein Urkundenarchiv gem § 91c GOG einzustellen u dem FB-Gericht als Beilage elektronisch zu übermitteln.

9 Der Antrag ist beim zuständigen Gericht einzubringen, wobei irrtümlich beim unzuständigen Gericht eingebrachte Eingaben nach § 44 JN an das zuständige Gericht zu überweisen sind.[8]

Die funktionelle Zuständigkeit ist in § 22 Abs 2 lit b RpflG geregelt, wonach für GmbH mit einem Stammkapital **ab € 70.000 ein Einzelrichter** zuständig ist. Das wiederum bedeutet, dass für GmbH **bis € 69.999,99 ein Diplomrechtspfleger** über die Eintragung der GmbH entscheidet.

10 Da **keine** öffentlich-rechtliche **Pflicht zur Anmeldung** der Eintragung der GmbH ins FB besteht u es sich bei der Eintragung gem § 2 um eine konstitutive Eintragung handelt, ist unstr, dass ein Antrag auf Eintragung der GmbH ins FB auch zurückgezogen werden kann; uzw bis zur tatsächlichen Eintragung im FB. Bei der **Zurückziehung** müssen wiederum sämtliche GF mitwirken,[9] wobei die Unterschrift nicht der beglaubigten Form bedarf.

11 § 17 FGB normiert für den Fall, dass der Eintragung aufgrund eines Antrages ein **behebbarer Mangel** entgegensteht, die Erteilung eines **Verbesserungsauftrages** an den Einschreiter bzw Antragsteller. Erst wenn ein Mangel auch nach Erteilung eines Verbesserungsauftrages nicht behoben wird, kann es zu einer Ablehnung der Eintragung kommen.

Gleiches gilt im Übrigen auch für inhaltliche Mängel des GesV. Wird bei Vorliegen v inhaltlichen Mängeln die GmbH dennoch eingetragen, wird angenommen, dass die Eintragung die Anmeldungsmängel heilt. Die Gesellschaft entsteht somit rechtswirksam.[10]

---

8 Vgl *Schenk/Völkl* in Straube/Ratka/Rauter, UGB I[4] § 8 FBG Rz 3; *Koppensteiner/Rüffler*, GmbHG[3] § 9 Rz 11.
9 OGH 13.2.2003, 8 Ob 260/02x.
10 *Petrasch/Verweijen* in Straube/Ratka/Rauter, GmbHG § 9 Rz 21; *Koppensteiner/Rüffler*, GmbHG[3] § 4 Rz 26 ff.

Ein Rechtsmittel gegen einen Verbesserungsauftrag ist nicht zulässig (§ 17 Abs 2 FBG).[11]

In sehr seltenen Fällen können auch **nicht behebbare Mängel** bestehen, diesfalls ist die Eintragung **sofort abzulehnen**. Ein derartiger nicht behebbarer Mangel wäre es zB, wenn zum Zeitpunkt der Anmeldung der GesV noch gar nicht abgeschlossen war. Ebenso verhält es sich, wenn ein Formmangel vorliegt (keine Notariatsaktsform). In diesem Fall heilt aber die „irrtümliche" Eintragung der Gesellschaft ins FB den Mangel.[12]

III. Beilagen

A. Gesellschaftsvertrag (Abs 2 Z 1)

Der **GesV** ist zwingend in **notarieller Ausfertigung** (§ 49 NO) vorzulegen. Das bedeutet einerseits, dass die Urschrift nicht notwendig, u anderseits aber eine beglaubigte Abschrift nicht ausreichend ist. Im Falle einer Einpersonengründung tritt an die Stelle des GesV die Erklärung über die Errichtung der GmbH (vgl § 3 Rz 9 f). 12

Dem **GesV** sind weiters **sämtliche Urkunden beizufügen**, die für dessen rechtmäßiges Zustandekommen erforderlich sind. Dies können ua folgende Urkunden sein: 13

– Vollmachten,
– FB-Auszüge (zB zum Vertretungsnachweis v jP, vgl unten Rz 14),
– Gerichtl Genehmigungen (zB bei Beteiligung v beschränkt geschäftsfähigen Personen),
– Amtsbestätigungen (zB aus dem Vereinsregister oder v ausländischen Registerbehörden),
– Ausländische Registerauszüge,
– Bestätigungen v ausländischen Notaren über die Vertretungsbefugnis.

Im Fall der Beteiligung v **ausländischen jP** ist grds deren **Rechtspersönlichkeit** u die **Vertretungsbefugnis** der handelnden natPers **nachzuweisen**. Meist geschieht dies durch Vorlage eines Registerauszuges des aus- 14

---

11 OLG Wien 14.3.2013, 28 R 73/13f (VdRÖ-FB-009-2015).
12 OGH 23.2.2016, 6 Ob 207/15g.

ländischen Eintragungsamtes bzw -gerichtes. Es können aber auch Amtsbestätigungen oder Bestätigungen v ausländischen Notaren analog der Bestimmung des § 89a NO dafür herangezogen werden. In seltenen Fällen – nämlich dann, wenn keine andere Art des Nachweises möglich ist – kann eine Bescheinigung auch mittels einer eidesstättigen Erklärung der handelnden Personen, welche jedenfalls beglaubigt unterfertigt sein muss, erfolgen.

Sofern diese **Bescheinigungen** im GesV integriert sind, u somit auch in die öffentliche Urkundensammlung aufgenommen werden, müssen diese **v einem gerichtl beeideten österr Dolmetscher übersetzt werden**. Eine entspr Übersetzung empfiehlt sich aber auch in jenen Fällen, in denen die Urkunde nur als Nachweis u nicht als Bestandteil des GesV vorgelegt wird, da nicht angenommen werden kann, dass jedes Entscheidungsorgan auch die jew Sprache beherrscht.[13]

B. Geschäftsführer- und Aufsichtsratsbestellung (Abs 2 Z 2)

15 § 15 Abs 1 normiert die **Bestellung der GF** einer GmbH. Demnach erfolgt die Bestellung durch Beschluss der Gesellschafter oder können GF, sofern es sich um Gesellschafter handelt, direkt im GesV bestellt werden. Des Weiteren (§ 15 Abs 3) kann die Bestellung durch den Bund, ein Land oder eine anderen öffentlich-rechtliche Körperschaft vorbehalten werden (vgl zu alledem § 15 u § 3 Rz 21, 22).

Werden GF bei der Gründung mittels **Beschlusses der Gesellschafter** bestellt, so ist im Zuge der Anmeldung darüber der Nachweis zu erbringen. Es ist also der Gesellschafterbeschluss, welcher v sämtlichen Gesellschaftern beglaubigt unterfertigt ist, als Beilage zum Antrag vorzulegen.

Im Fall der Bestellung durch den Bund, ein Land oder eine andere **öffentlich-rechtliche Körperschaft** ist die entspr Urkunde vorzulegen.

Bei Bestellung im **GesV** wird die geforderte beglaubigte Form durch das ohnehin bestehende Notariatsaktserfordernis (§ 4 Abs 3) erfüllt.

16 Ebenfalls ist ein Nachweis in beglaubigter Form über die **Bestellung** eines eventuell vorhandenen **AR** der Anmeldung beizulegen. Hier gilt gleiches wie bei der Bestellung der GF. Im Fall der Bestellung im GesV ersetzt die geforderte Notariatsaktsform die beglaubigte Form. Bei Be-

---

13 Vgl *Szoka*, Firmenbuch – Ausländische Rechtsträger im österreichischen Firmenbuch 40.

stellung per Gesellschafterbeschluss ist eine beglaubigte Unterfertigung durch sämtliche Gesellschafter Voraussetzung für die Eintragung.

C. Weitere Beilagen

§ 9 Abs 2 normiert die Vorlage v Beilagen bzw Urkunden aber nicht abschließend. In weiteren Vorschriften sind zusätzliche Vorlagepflichten geregelt. Es folgt eine Aufstellung der jedenfalls vorzulegenden Beilagen u eine Auswahl an unter bestimmten Umständen vorzulegenden Urkunden bzw Beilagen.

Obligatorische Beilagen sind:

– GesV bzw Errichtungserklärung in notarieller Ausfertigung (vgl schon Rz 12 f sowie § 3 Rz 9 f),
– Nachweis der GF-Bestellung in beglaubigter Form, sofern diese nicht im GesV bestellt worden sind (vgl schon Rz 15 sowie § 3 Rz 21),
– beglaubigt unterfertigte Musterzeichnungen sämtlicher GF (vgl Rz 19),
– beglaubigt unterfertigte Einzahlungserklärung der GF gem § 10 Abs 3, sofern diese nicht in der FB-Anmeldung enthalten ist (s dazu § 10),
– Bankbestätigung über die erfolgte Einzahlung der Bareinlagen eines österr Kreditinstitutes (vgl dazu § 10 Rz 17).

Fakultative Beilagen sind zB:

– Nachweis der AR-Bestellung in beglaubigter Form, sofern diese nicht im GesV bestellt worden sind,
– erforderliche Urkunden im Zuge einer Sachgründung gem § 6a (Gründungsbericht [vgl § 6a Rz 17], Prüfungsbericht der GF [vgl § 6a Rz 18 u 19] bzw allenfalls des AR [vgl § 6a Rz 18 u 19]),
– beglaubigt unterfertigte Musterzeichnungen sämtlicher Prokuristen,
– GA der zuständigen Interessensvertretung über die Zulässigkeit des Firmenwortlautes (vgl § 5 Rz 20),
– GA der zuständigen Interessensvertretung hinsichtlich der Berufsausübung (zB RA-Kammer, Kammer der Wirtschaftstreuhänder, usw),
– diverse Konzessionen (zB Wertpapierdienstleistungskonzession der FMA, usw),

- Bescheinigung der Rechtspersönlichkeit sowie der aufrechten Vertretungsbefugnis bei inländischen u ausländischen jP (Registerauszüge, Amtsbestätigungen, vgl oben Rz 14),
- Vereinsstatuten (zB im Falle der Beteiligung eines Vereins an der Gesellschaft u wenn der Nachw der Vertretungsbefugnis erforderlich ist).

IV. Musterzeichnungen (Abs 3)

19 Zweck dieser Bestimmung ist es, die Prüfung zukünftiger Unterfertigungen der vertretungsbefugten Organe der Gesellschaft zu ermöglichen. Der Unterfertigende hat daher auf der **Musterzeichnung** so zu unterfertigen, wie er in Zukunft auch für die Gesellschaft unterfertigen wird. Es muss weder der vollständige Name verwendet werden noch muss auf die Fa Bezug genommen werden, noch ist die Lesbarkeit der Unterschrift notwendig.

Zwingend vorgeschrieben ist die Abgabe der Musterzeichnung in beglaubigter Form, nicht aber die Abgabe der Unterschrift auf einem eigenen Blatt. Es wäre daher auch möglich, die Musterzeichnung in der Anmeldung abzugeben. Aufgrund der Tatsache, dass die Musterzeichnung aber jedenfalls in die Urkundensammlung aufzunehmen ist, wäre eine gesonderte Vorlage der Musterzeichnung vorteilhaft.

Vereinfachte Gründung

§ 9a. (1) Eine Gesellschaft kann nach Maßgabe der Abs. 2 bis 8 vereinfacht gegründet werden, wenn es sich um eine Gesellschaft gemäß § 3 Abs. 2 handelt, deren einziger Gesellschafter eine natürliche Person und zugleich einziger Geschäftsführer ist, und wenn ein Kreditinstitut die in Abs. 6 und 7 genannten Leistungen erbringt.

(2) Das Stammkapital beträgt 10 000 Euro; darauf sind 5 000 Euro bar einzuzahlen.

(3) Die Erklärung über die Errichtung der Gesellschaft beschränkt sich auf den Mindestinhalt des § 4 Abs. 1 und die Bestellung des Geschäftsführers sowie gegebenenfalls auf Regelungen über den Ersatz der Gründungskosten (§ 7 Abs. 2) bis zu einem Höchstbetrag von 500 Euro und über die Verteilung des Bilanzgewinns, wenn sie

einer besonderen Beschlussfassung von Jahr zu Jahr vorbehalten wird (§ 35 Abs. 1 Z 1).

(4) ¹Die Erklärung über die Errichtung der Gesellschaft bedarf abweichend von § 4 Abs. 3 nicht der Form eines Notariatsakts, sondern hat in elektronischer Form auf eine Weise zu erfolgen, bei der die Identität des Gesellschafters zweifelsfrei festgestellt werden kann. ²Der Bundesminister für Justiz hat den Inhalt der Errichtungserklärung sowie die technischen Details der bei der Abgabe der Erklärung einzuhaltenden Vorgangsweise durch Verordnung näher zu regeln.

(5) ¹Die Anmeldung der Gesellschaft zur Eintragung im Firmenbuch bedarf abweichend von § 11 Abs. 1 UGB nicht der beglaubigten Form, sondern hat in elektronischer Form auf eine Weise zu erfolgen, bei der die Identität des Gesellschafters zweifelsfrei festgestellt werden kann. ²Der Bundesminister für Justiz hat den Inhalt der Anmeldung zum Firmenbuch sowie die technischen Details der bei der Anmeldung einzuhaltenden Vorgangsweise durch Verordnung näher zu regeln.

(6) ¹Das Kreditinstitut gemäß § 10 Abs. 2 hat anlässlich der Einzahlung der bar zu leistenden Stammeinlage auf ein neu eröffnetes Konto des zukünftigen Gesellschafters und Geschäftsführers dessen Identität durch persönliche Vorlage seines amtlichen Lichtbildausweises festzustellen und zu überprüfen (§ 6 FM-GwG). ²Dies gilt auch dann, wenn der Gesellschafter und Geschäftsführer bereits Kunde des Kreditinstituts ist. ³Der Gesellschafter und Geschäftsführer hat überdies abweichend von § 9 Abs. 3 seine Unterschrift vor dem Kreditinstitut zu zeichnen (Musterzeichnung).

(7) ¹Das Kreditinstitut hat nach Einholung einer entsprechenden Entbindung vom Bankgeheimnis (§ 38 Abs. 2 Z 5 BWG) die Bankbestätigung, eine Kopie des Lichtbildausweises des zukünftigen Gesellschafters und Geschäftsführers sowie die Musterzeichnung auf elektronischem Weg direkt an das Firmenbuch zu übermitteln. ²Der Bundesminister für Justiz hat die technischen Details der bei dieser Übermittlung einzuhaltenden Vorgangsweise durch Verordnung näher zu regeln.

(8) Die gemäß Abs. 4, 5 und 7 übermittelten Dokumente gelten als Originalurkunden.

idF BGBl I 2023/179

Literatur: *N. Arnold,* Editorial, GesRZ 2016, 365; *Arlt/von Schrader,* Die vereinfachte GmbH-Gründung, ecolex 2017, 139; *Kerschbaumer-Gugu,* Rechtliche Analyse der vereinfachten Gründung nach § 9a GmbHG, NZ 2017/102, 281; *Rauter,* Die „vereinfachte Gründung", JAP 2017/2018/12, 105; *Schopper/Walch,* Die vereinfachte Gründung nach § 9a GmbHG, ÖBA 2018, 379; *Szöky,* Vereinfachte GmbH-Gründung nach dem Deregulierungsgesetz, GES 2018, 4; *Szöky,* Vereinfachte GmbH-Gründung gemäß § 9a GmbHG – Erfahrungen der Firmenbuchgerichte, GES 2019, 283; *Taufner/Reinfeld,* Zur vereinfachten GmbH-Gründung nach dem Deregulierungsgesetz 2017, AR aktuell 1/2017, 20; *Zib,* Zur vereinfacht gegründeten GmbH nach § 9a GmbHG, in FS Bittner (2018) 851.

Inhaltsübersicht

I. Allgemeines	1–5
II. Vereinfachte Gründung	6–19
A. Ablauf der vereinfachten Gründung	6–9
B. Die Standard-GmbH	10–13
C. Elektronische Errichtung und Anmeldung	14–16
D. Elektronische Identifizierung	17, 18
E. Verbesserungsverfahren	19
III. Praxistauglichkeit der vereinfachten Gründung	20–32
A. Unzulänglichkeiten der automationsunterstützt generierten Errichtungserklärung	20–23
B. Mögliche Problem- und Fehlerquellen	24–30
C. Alternative Möglichkeiten der One-Stop-Shop-Gründung	31, 32

I. Allgemeines

1 Ziel des seit 1.1.2018 in Kraft stehenden § 9a ist die Ermöglichung einer (zumindest weitgehend) elektronischen GmbH-Gründung nach dem One-Stop-Shop-Prinzip (vgl aber Rz 31).[1] Der vereinfachte Gründungsvorgang nach § 9a läuft ohne Beiziehung eines Notars ab, uzw (i) unter Einschaltung eines Kreditinstituts u (ii) unter Verwendung des USP. Durch die Möglichkeit der vereinfachten Gründung soll eine Verwaltungsentlastung bewirkt u ein unkomplizierter, beschleunigter u verbilligter Weg der Unternehmensgründung eröffnet werden.[2] Zunächst war vorgesehen, dass § 9a *„entsprechend dem generellen Anliegen, neue gesetzliche Regelungen nach Möglichkeit nur befristet zu erlassen ("Sun-*

---

1 EBRV 1457 BlgNR 25. GP 15 f.
2 BegWFA 266/ME 25. GP 1; AB 1569 BlgNR 25. GP 3.

set Clause')"[3] mit Ablauf des 31.12.2020 wieder außer Kraft tritt (§ 127 Abs 23 idF BGBl I 2018/71). Mit BGBl I 2020/157 wurde die Befristung ersatzlos gestrichen; demnach bleibt die Möglichkeit der vereinfachten Gründung bis auf Weiteres bestehen.

Die **vereinfachte Gründung** kann ausschließlich bei Errichtung einer sog **Standard-GmbH** in Anspruch genommen werden, deren **einziger Gründer u Gesellschafter zugleich GF** der zu errichtenden GmbH ist (vgl Rz 10 ff). 2

Nähere Details zum Ablauf u zu den zwecks Übermittlung der Gründungsunterlagen ans FB zu verwendenden elektronischen Medien regelt die Verordnung des BMJ zur näheren Regelung der Vorgangsweise bei der vereinfachten GmbH-Gründung nach § 9a GmbHG („**Vereinfachte GmbH-Gründungsverordnung**" oder „**VGGV**", BGBl II 2017/363). 3

Sind die Voraussetzungen für eine vereinfachte Gründung gegeben, so **kann** diese in Anspruch genommen werden; allerdings ist es dem Gründer nicht verwehrt, sich stattdessen an einen Notar zu wenden u den klassischen Gründungsweg zu beschreiten, der ja auch weiterhin für jede andere als die Standard-GmbH (s Rz 10 ff) beschritten werden muss. 4

Wird eine Standard-GmbH unter Einbeziehung eines Notars gegründet, so kommt ein mit dem DeregulierungsG 2017 eingeführter, stark (um etwa 95%) vergünstigter Tarif zur Anwendung (vgl § 5 Abs 8a NTG), der auch in anderen Gründungsfällen (zB auch wenn keine Identität zw dem einzigen Gesellschafter u dem GF besteht) eine verbilligte Errichtung ermöglicht. Ein günstigerer Tarif gilt außerdem für Gründungen durch bis zu vier natPers (§ 5 Abs 8 S 3 NTG – als Bemessungsgrundlage des Tarifs wird in diesen Fällen die Hälfte des Stammkapitals an Stelle des Gesamtbetrags herangezogen). 5

II. Vereinfachte Gründung

A. Ablauf der vereinfachten Gründung

Aus Sicht des Gründers läuft die vereinfachte Gründung in zwei Schritten ab: Im ersten Schritt sucht der Gründer zunächst ein Kreditinstitut 6

---

[3] AB 1569 BlgNR 25. GP 4.

auf, um die **Bareinlage** (€ 5.000) auf ein neu eröffnetes, auf ihn (als GF, vgl § 10 Abs 2) lautendes Konto einzubezahlen (eine Vorgesellschaft, auf deren Konto die Einlage geleistet werden könnte [s § 3 Rz 9 ff], gibt es mangels Errichtung der GmbH noch nicht). Vor bzw anlässlich der Leistung der Einlage erfolgt die **physische Identifizierung** durch das entgegennehmende u bestätigende Kreditinstitut. Dieses erhebt zu diesem Zweck eine Kopie eines gültigen Lichtbildausweises u eine Musterzeichnung, welche es, nach schriftlich einzuholender Entbindung v Bankgeheimnis durch den Gründer, gemeinsam mit der Bankbestätigung direkt per ERV ans FB übermittelt. Dabei wird die IBAN des Kontos als Ordnungsbegriff angeführt, um dem FB die Zuordnung der späteren Eingabe des Gründers (dazu sogleich) zu ermöglichen.[4] Kreditinstitute sind nicht verpflichtet, diese Dienstleistung anzubieten, können aber, sofern sie sich dafür entscheiden, für die Erbringung der Dienstleistung ein gesondertes Entgelt verlangen.[5]

7   Nach der Einlagenleistung erfolgt, im zweiten Schritt, die eigentliche „**Online-Gründung**" über das USP. Der Gründer loggt sich elektronisch, unter Verwendung der Bürgerkarte bzw ID Austria, in das USP ein, wodurch eine neuerliche – nunmehr elektronische – Identifizierung erfolgt. Im USP steht ein Formular zur Verfügung, in welchem die erforderlichen Daten einschließlich der IBAN des Einlagenkontos eingegeben werden können. Name u Geburtsdatum des einzigen Gesellschafters u GF werden aus der Bürgerkarte bzw ID Austria übernommen. Anhand der eingegebenen u übernommenen Daten werden automationsunterstützt die Errichtungserklärung u die Anmeldung zum FB erstellt. Vor der Signatur u Absendung dieser Unterlagen hat der Antragsteller die Möglichkeit zur Durchsicht u Korrektur. Die Übermittlung der Errichtungserklärung, der Anmeldung zum FB u ggf der Erklärung über die Neugründung (§ 4 Abs 4 NeuFöG) an die Justiz erfolgt ebenfalls über den ERV.[6]

8   Die Klarstellung des Abs 8, nach welcher es sich bei den übermittelten Dokumenten um die Originalurkunden handelt, ist notwendig, weil diese Dokumente als Grundlage für die Eintragung der GmbH im FB dienen sollen.[7]

---

4   Vgl § 2 Vereinfachte GmbH-Gründungsverordnung.
5   EBRV 1457 BlgNR 25. GP 15 f.
6   Vgl § 1 Vereinfachte GmbH-Gründungsverordnung.
7   EBRV 1457 BlgNR 25. GP 17.

Bei der Anmeldung zum FB (zweiter Schritt, vgl Rz 7) ist ein v Einlagekonto versch Konto anzugeben, v welchem die **Eingabengebühr** gem § 4 Abs 4 GGG eingezogen wird. Der Gründer kann dabei auch zustimmen, dass die **Eintragungsgebühren** ebenfalls v angegebenen Konto eingezogen werden.[8]

B. Die Standard-GmbH

Die sog **Standard-GmbH**, für welche die vereinfachte Gründung in Anspruch genommen werden kann, muss folgende Eigenschaften aufweisen:

- Die GmbH hat nur einen einzigen Gesellschafter (**Einpersonen-Gründung**), der eine natPers u zugleich einziger GF ist (§ 9a Abs 1).
- Das **Stammkapital** beträgt € 10.000, wovon € 5.000 bar einbezahlt werden.
- Die Errichtungserklärung weist lediglich einen standardisierten Inhalt auf („**Mustersatzung**"), nämlich den verpflichtenden Mindestinhalt nach § 4 Abs 1 (Sitz, Fa, Unternehmensgegenstand, Stammkapital udgl; vgl § 4 Rz 6 bis 27) sowie die Bestellung des ersten GF, ggf Regelungen zum Gründungskostenersatz bis zu maximal € 500 u zur Verteilung des Bilanzgewinns, falls diese der jährlichen Beschlussfassung durch die GV gem § 35 Abs 1 Z 1 vorbehalten werden soll (§ 9a Abs 3).

Eine Standard-GmbH liegt daher bspw nicht vor, wenn die GmbH v einer jurPers oder mehreren natPers gegründet wird oder es sich um eine Sachgründung mit Gründungsprüfung handelt (vgl § 6a Rz 14 ff).

Laut den EBRV handelt es sich bei etwa 38 % der jährlich ca 10.000 in Ö gegründeten GmbH um Standard-GmbH.[9]

Selbstverständlich ist es auch möglich, die vereinfacht gegründete Standard-GmbH im Nachhinein umzustrukturieren, also (wo erforderlich unter Änderung des GesV) zB weitere GF zu bestellen oder Gesellschafter hinzuzunehmen. Diese Änderungen müssen allerdings unter Beachtung der allg formellen u materiellen Vorschriften erfolgen.[10]

---

8 Vgl § 3 Abs 1 Vereinfachte GmbH-Gründungsverordnung.
9 EBRV 1457 BlgNR 25. GP 15.
10 EBRV 1457 BlgNR 25. GP 16.

C. Elektronische Errichtung und Anmeldung

14 Die Errichtung u Anmeldung der Standard-GmbH wird v einzigen Gründer u GF (nach physischer Identifikation ggü dem Kreditinstitut, Einzahlung des Stammkapitals u Leistung einer Musterzeichnung vor dem Kreditinstitut) eigenständig online über das USP (https://www.usp.gv.at) vorgenommen.

15 Die Erklärung über die Errichtung der GmbH bedarf daher bei Inanspruchnahme der vereinfachten Gründung abw v § 4 Abs 3 **keiner Notariatsaktsform**, sondern wird anhand eines vorgegebenen Musters, das v Gründer eigenständig ausgefüllt wird, elektronisch erstellt u auch ausschließlich in elektronischer Form ans FB übermittelt.

16 Auch die Anmeldung der GmbH zum FB erfolgt nicht mittels beglaubigten FB-Antrags, sondern auf elektronischem Weg. Der Antrag wird, nach erfolgter elektronischer Identifizierung, online durch den Gründer erstellt u v diesem als GF über das verwendete Portal (s Rz 8) elektronisch ans FB übermittelt.

D. Elektronische Identifizierung

17 Entgegen der eigentlichen Anpreisung im Gesetzesvorschlag sowie den Vorgaben des Ministervortrags „Reformdialog Verwaltungsvereinfachung 2015" erfolgt die Identifizierung des Gründers der Standard-GmbH **nur zT elektronisch** über das USP oder das Webportal der Justiz.

18 Zur Verhinderung v Wirtschaftskriminalität[11] (zB Sozialbetrug durch Gründung v Scheinfirmen) soll nämlich weiterhin die **physische Identifizierung** des Gründers erfolgen, uzw durch die Bank, bei welcher die Bareinlage einbezahlt u durch welche die Bestätigung über deren Leistung ausgestellt wird. Dies bietet sich an, da die Ausstellung der Bestätigung ohnedies bereits nach bankenrechtlichen Vorschriften eine Identifizierung des einzahlenden Gründers erfordert (vgl § 6 FM-GwG). Die Identifizierung ist auch dann (nochmals) erforderlich, wenn der Gesellschafter bereits Kunde der Bank ist.

---

[11] EBRV 1457 BlgNR 25. GP 15.

E. Verbesserungsverfahren

Erteilt das Gericht dem Gründer hinsichtlich der v ihm übermittelten Unterlagen (Errichtungserklärung, Anmeldung, Neugründungserklärung) einen **Verbesserungsauftrag**, ist bzw sind die verbesserte/n Unterlage/n unter Anführung der Fr-Zahl neuerlich über das USP einzubringen. Betrifft der Mangel die v Kreditinstitut übermittelten Dokumente (Bankbestätigung, Ausweiskopie, Musterzeichnung), wird die Verbesserung ebenso dem Gründer, nicht dem Kreditinstitut aufgetragen. Daher muss der Gründer darauf hinwirken, dass das Kreditinstitut die verbesserte/n Unterlage/n dem Gericht fristgerecht unter Anführung der Fr-Zahl neuerlich über den ERV übermittelt.[12]

19

III. Praxistauglichkeit der vereinfachten Gründung

A. Unzulänglichkeiten der automationsunterstützt generierten Errichtungserklärung

Die bei der Gründung einer Standard-GmbH nach § 9a zwingend zu verwendende, automationsunterstützt generierte Errichtungserklärung ist (zT nicht nachvollziehbar) **unflexibel**. So kommt als mögliches **Stammkapital** ausschließlich der in § 9a Abs 2 genannte Betrag v € 10.000 in Frage. Höhere Beträge sind nicht möglich. Nach dem Wortlaut der Bestimmung ist überdies auch die mögliche Einzahlung auf exakt € 5.000 limitiert.[13] Freiwillige Mehrleistungen sind zwar möglich, können jedoch nicht auf die Stammeinlage angerechnet werden.[14] Auch die Wahl eines abw **Geschäftsjahrs** ist nicht möglich.[15]

20

Hinsichtlich der **Gewinnausschüttung** ermöglicht die v USP generierte Errichtungserklärung ein Abweichen v der grds Vollausschüttung (§ 35 Abs 1 Z 1). Der Gründer kann stattdessen ankreuzen,

21

---

12 § 4 Vereinfachte GmbH-Gründungsverordnung; vgl *Szöky*, GES 2018, 4 (9).
13 Vgl zB *Kerschbaumer-Gugu*, NZ 2017, 281 (283); *Rauter*, JAP 2017/2018, 105 (106); *Schopper/Walch*, ÖBA 2018, 379 (386); *Szöky*, GES 2018, 4 (6f).
14 *Schopper/Walch*, ÖBA 2018, 379 (401).
15 *Szöky*, GES 2018, 4 (6).

dass die Verteilung des Bilanzgewinns einer besonderen Beschlussfassung vorbehalten wird. Abweichende Regelungen sind nicht möglich.[16]

22 Überdies können bei Inanspruchnahme der vereinfachten Gründung diverse zukunftsgerichtete Klauseln nicht in die Errichtungserklärung aufgenommen werden. So ist der Geschäftsanteil des Gründers mangels entspr Regelung in der Errichtungserklärung **nicht teilbar** (§ 79 Abs 1). Bei Aufnahme weiterer Gesellschafter (etwa Investoren), ob durch Teilung des Geschäftsanteils oder durch Kapitalerhöhung, ist demnach jedenfalls eine Satzungsänderung unter Beiziehung eines Notars erforderlich.

23 Überdies sieht die im USP automatisch generierte Errichtungserklärung vor, dass der Gründer zum GF „mit selbstständiger **Vertretungsbefugnis**" bestellt wird. Da diese Regelung über den Mindestinhalt nach § 4 Abs 1 hinausgeht, steht ein Verstoß gegen § 9a Abs 3 im Raum u bleibt fraglich, inwieweit diese Bestimmung für künftige GF Wirksamkeit entfaltet. Nach derzeit wohl hA gilt für weitere GF die **Gesamtvertretung**, was nicht immer gewünscht sein wird u wiederum eine nachträgliche Satzungsänderung erforderlich macht.[17] Bei Bestellung eines weiteren bzw mehrerer GF wäre jedenfalls eine entspr Neuregelung im GesV anzuraten.[18]

B. Mögliche Problem- und Fehlerquellen

24 Nach aktueller Praxis des FB darf zw der Ausstellung der Bankbestätigung über die Einlagenleistung u dem Einlangen der FB-Anmeldung (maximal) ein Zeitraum v zwei Wochen liegen. Ist dies dem Gründer nicht bewusst u nimmt er die Online-Gründung im USP erst nach Ablauf dieses Zeitraums vor, führt dies notwendigerweise zu einem Verbesserungsverfahren. In der Praxis wird diese Frist bei Gründungen nach § 9a immer wieder überschritten.[19]

25 Als problematisch kann sich auch die Notwendigkeit erweisen, bei der vereinfachten Gründung der Standard-GmbH das **Stammkapital auf ein (Privat-)Konto des Gründers** einzahlen zu müssen. Damit

---

16 *Schopper/Walch*, ÖBA 2018, 379 (387).
17 *Schopper/Walch*, ÖBA 2018, 379 (383); *Zib* in FS Bittner, 851 (859).
18 Ausf *Schopper/Walch*, ÖBA 2018, 379 (383).
19 *Szöky*, GES 2019, 283 (285).

steigt nämlich die Gefahr, dass die Einlage nicht „zur freien Verfügung" (vgl zu diesem Erfordernis § 10 Rz 13 ff) der GF geleistet wird, wenn etwa der einzahlende Gründungsgesellschafter der kontoführenden Bank gegenüber Verbindlichkeiten hat. Diesfalls wird alleine aufgrund der AGB des Kreditinstituts nicht davon gesprochen werden können, dass die Einlageleistung durch keinerlei Gegenforderung beschränkt ist.[20]

Da das Konto – anders als bei einer Gründung im klassischen Weg – nicht auf die Vorgesellschaft, sondern auf den Gründer lautet, kommt es zu keinem (*ex lege*) Übergang des Kontos auf die später gegründete GmbH. Es sind daher weitere Schritte (zB Vertragsübernahme) zur Übertragung des Kontos auf die GmbH erforderlich.[21] 26

Bereits vor Inkrafttreten des § 9a wurde im Schrifttum darauf hingewiesen, dass der Notar nicht nur eine verlässliche Identifizierung der Gründer gewährleiste, sondern ihm auch eine wichtige **Beratungsfunktion** (va) im Hinblick auf den Inhalt des GesV zukomme.[22] Freilich ist diese Funktion bei der GmbH-Gründung durch nur eine Person mglw v geringerer Bedeutung, va weil sich im Fall der Standard-GmbH keine Fragen der internen Willensbildung stellen.[23] Auch das v Gründer übernommene (Haftungs-)Risiko ist hier nicht größer als bei der Gründung eines Einzelunternehmens. Allerdings wird sich der Gründer uU über Pflichten, Mehraufwand u Mehrkosten, welche mit der **Wahl der GmbH als Unternehmensform** (an Stelle des Einzelunternehmens) verbunden sind – zB doppelte Buchhaltung, KöSt – nicht bewusst sein u könnte die Beratung durch einen Notar so mancher Fehlentscheidung vorbeugen.[24] 27

In der Praxis hat sich auch die vorab geäußerte Befürchtung bewahrheitet, ein ohne Belehrung durch den Notar u/oder Beratung mit einem RA gewählter **Firmenwortlaut** werde oftmals bzw öfter als bisher nicht den gesetzl Vorgaben des UGB (vgl § 5 Rz 1 bis 58) entsprechen.[25] Häu- 28

---

20 Stellungnahme der österr Notariatskammer, 22/SN-266/ME 25. GP 9; vgl auch die Stellungnahme der WKO, 30/SN-266/ME 25. GP 7.
21 *Schopper/Walch*, ÖBA 2018, 379 (390).
22 ZB *Arlt/von Schrader*, ecolex 2017, 139 (140).
23 EBRV 1457 BlgNR 25. GP 15.
24 Vgl auch die Stellungnahme der österr Notariatskammer, 22/SN-266/ME 25. GP 4. Weiterführend *Taufner/Reinfeld*, AR aktuell 2017, 20 (22 f).
25 Vgl zB die Stellungnahme der Vereinigung der österr Richterinnen u Richter, 9/SN-266/ME 25. GP 2.

fig geben Gründer den erforderlichen Rechtsformzusatz nicht an, in der Annahme, dieser sei doch „logisch". Weiters weisen die gewählten Firmenwortlaute oft nicht die erforderliche Kennzeichnungs- u Unterscheidungskraft auf oder verstoßen gegen das Irreführungsverbot (zB aufgrund unzulässiger geografischer Zusätze).[26] Auch die Gefahr v Verstößen gegen Wettbewerbsbestimmungen durch den unerfahrenen Neugründer dürfte erhöht sein.[27]

29 Wie erwartet[28] sind daher die FB-Gerichte vermehrt mit telefonischen Anfragen u der Einholung v entspr Auskünften befasst u mussten die betr Anträge durch Erteilung v Verbesserungsaufträgen (gem § 17 FBG) bearbeitet werden. Der oftmals (bei rd 30 % der Neugründung nach § 9a) notwendige Durchlauf des Verbesserungsprozederes führt schließlich – entgegen der Intention der Neuregelung – im Schnitt sogar zu einer Verlängerung der durchschnittlichen Eintragungsdauer v idR fünf Tagen auf ca zwei bis drei Wochen.[29]

30 Potentielle Fehlerquelle bildet ferner die richtige Wahl des Unternehmensgegenstands. In vielen Fällen wird der Gründer als jur Laie einen unzulässigen, weil etwa zu unbestimmten Unternehmensgegenstand wählen.[30]

C. Alternative Möglichkeiten der One-Stop-Shop-Gründung

31 Entgegen der entspr Intention[31] handelt es sich bei der Gründung nach § 9a um **keine One-Stop-Shop-Gründung**, zumal der Gründer zwei separate Gründungsschritte absolvieren muss (vgl Rz 6). Eine solche ist vielmehr beim Notar möglich: Nach § 10 kann die Einlageleistung auch auf ein Anderkonto des die Gründung beurkundenden Notars als Treuhänder vorgenommen werden (vgl § 10 Rz 27 ff). Wählt der Gründer diese Variante, bestätigt der Notar die Einlageleistung direkt gegenüber dem FB u kann die Errichtung u Anmeldung der GmbH in einem Zug

---

26 *Szöky*, GES 2019, 283 (286).
27 Stellungnahme der österr Notariatskammer, 22/SN-266/ME 25. GP 8.
28 Vgl die Stellungnahme der Vereinigung der Diplomrechtspflegerinnen u Diplomrechtspfleger, 19/SN-266/ME 25. GP 2; s auch *N. Arnold*, GesRZ 2016, 365.
29 *Szöky*, GES 2019, 283 (287 ff).
30 *Schopper/Walch*, ÖBA 2018, 379 (385).
31 EBRV 1457 BlgNR 25. GP 15 f.

realistischerweise innerhalb v 48 Stunden durchführen. So erspart sich der Gründer nicht nur den Weg zur Bank, sondern auch die Online-Eingabe der Daten der zu gründenden GmbH in einem der vorgesehenen Portale.[32] Die Gründung einer Einpersonen-GmbH ist auf diesem Weg aufgrund des speziellen Tarifs gem § 5 Abs 8a NTG besonders kostengünstig; ebenso die Gründung durch bis zu vier natPers (§ 5 Abs 8 S 3 NTG).

Eine Alternative der gänzlich **elektronischen** One-Stop-Shop-Gründung bietet die Errichtung eines elektronischen Notariatsakts nach § 69b NO. Diese Bestimmung ermöglicht seit 1.1.2019 eine vollelektronische Gründung unter Nutzung elektronischer Kommunikationsmöglichkeiten („optische und akustische Zweiweg-Verbindung in Echtzeit", sprich Videokonferenz). Bei dieser Gründungsform entfällt das Erfordernis, dass sämtliche Gründer bei Errichtung des Notariatsakts zeitgleich persönlich vor dem Notar anwesend sein müssen. Auch Fernbeglaubigungen sind nach diesen Bestimmungen möglich. 32

§ 10. (1) ¹Auf jede bar zu leistende Stammeinlage muß mindestens ein Viertel, jedenfalls aber ein Betrag von 70 Euro eingezahlt sein; soweit auf eine Stammeinlage weniger als 70 Euro bar zu leisten sind, muß die Bareinlage voll eingezahlt sein. ²Auf die bar zu leistenden Einlagen müssen mindestens insgesamt 5 000 Euro eingezahlt sein; sind sie gemäß § 6a Abs. 2 bis 4 niedriger, müssen sie bar voll eingezahlt sein. ³Insofern auf eine Stammeinlage nach dem Gesellschaftsvertrag die Vergütung für übernommene Vermögensgegenstände angerechnet werden soll, muß die Leistung sofort im vollen Umfang bewirkt werden.

(2) ¹Der vor der Anmeldung der Gesellschaft eingeforderte Betrag kann nur durch Gutschrift bei einem inländischen Kreditinstitut oder einem CRR-Kreditinstitut im Sinn des § 9 BWG auf ein Konto der Gesellschaft oder der Geschäftsführer zu deren freien Verfügung oder auf ein Anderkonto des beurkundenden Notars als Treuhänder zur Verfügung des Treuhänders und Weiterleitung an die Gesellschaft nach Eintragung derselben eingezahlt werden. ²Forderungen der Geschäftsführer aus diesen Einzahlungen gegen Kreditinstitute gelten als Forderungen der Gesellschaft.

---

32 Vgl. die Stellungnahme der österr Notariatskammer, 22/SN-266/ME 25. GP 6 f.

(3) ¹In der Anmeldung ist die Erklärung abzugeben, daß die bar zu leistenden Stammeinlagen in dem eingeforderten Betrag bar eingezahlt sind und daß die eingezahlten Beträge sowie die Vermögensgegenstände, die nach dem Gesellschaftsvertrag nicht bar auf die Stammeinlagen zu leisten sind, sich in der freien Verfügung der Geschäftsführer oder des Treuhänders gemäß Abs. 2 befinden. ²Es ist nachzuweisen, daß die Geschäftsführer in der Verfügung über den eingezahlten Betrag nicht, namentlich nicht durch Gegenforderungen, beschränkt sind. ³Der Nachweis der Einzahlung der in bar zu leistenden Einlagen ist jedenfalls durch Vorlage einer schriftlichen Bestätigung eines Kreditinstituts oder des Notars als Treuhänder zu führen; für die Richtigkeit der Bestätigung ist das Kreditinstitut oder der Notar als Treuhänder der Gesellschaft verantwortlich. ⁴Sind von dem eingezahlten Betrag Abgaben, Gebühren und Kosten bezahlt worden, so ist dies nach Art und Höhe der Beträge nachzuweisen.

(4) Für einen durch falsche Angaben verursachten Schaden haften die Geschäftsführer der Gesellschaft persönlich zur ungeteilten Hand.

(5) Diese Ersatzansprüche verjähren in fünf Jahren von der Eintragung der Gesellschaft an.

(6) Vergleiche und Verzichtleistungen hinsichtlich solcher Ansprüche haben keine rechtliche Wirkung, soweit der Ersatz zur Befriedigung der Gläubiger erforderlich ist.

idF BGBl I 2023/179

Literatur: *Auinger*, Die Auswirkung der Währungsunion auf das Recht der Kapitalgesellschaften, ecolex 1998, 689; *Birnbauer*, Die GmbH und der Euro, RPfl 2000/1, 26; *Dellinger*, Bankenhaftung auch § 10 Abs 3 GmbHG bei Rückfluß der bestätigten Stammeinlagen durch Gesellschafter-Geschäftsführergehalt, ÖBA 2002, 633; *Diregger*, Besteht eine Vorleistungspflicht für Sacheinlagen auch bei Gesamtrechtsnachfolge?, SWK 2000, W 37; *P. Doralt*, Die GmbH-Novelle 1980, ÖStZ 1981, 74; *Fellner/Kaindl*, Zur Bankbestätigung gemäß § 29 Abs 1 AktG und § 10 Abs 3 GmbHG, ÖBA 2006, 103; *G. Frotz/Dellinger*, Zur aktuellen „kleinen GmbHG-Novelle", ecolex 1994, 18; *Gellis*, Einiges über die GmbH, AnwBl 1970, 123; *Gerharter/Kotschnigg*, ecolex-spezial: Die Umstellung auf den Euro (1999); *Görlich*, Ab wann dürfen Bareinlagen bei der GmbH geleistet werden? JBl 1980, 643; *Größ*, Die 2. Novelle zum 1. Euro-JuBeG, ecolex 2002, 666; *Gruber*, Die Haftung der Bank für Ihre Bestätigung nach § 10 Abs 3 Satz 3 GmbHG (§ 29 Abs 1 Satz 3 AktG), ÖBA 2003, 641, 734; *Högler-Pracher*, Kapitalaufbringung bei der Einmann-GmbH, GesRZ 1994, 129; *Honsell*, Umwandlung von Kredit in Haftkapital, in FS Frotz (1993) 307; *Huemer*, Bankbestätigung für Agio erforderlich? – Neues aus der Firmenbuchpraxis, GesRZ 2007, 319; *Ihrig*, Die endgültige freie Verfügung über die Einlage von Kapitalgesellschaften (1991); *Karollus/Lukas*, Dritthaftung der Bank aus einer unrichtigen Bankbestätigung? JBl 2004, 686: *Kastner*, Zur Auslegung des GmbH-Gesetzes, JBl 1978, 404; *Kloiber*, 1. Euro-Justiz-Begleitgesetz, ÖJZ 1998, 777; *Konwitschka*, Kapitalerhöhung durch Verrechnung der Gesellschaftsforderungen (1998); *Koppensteiner*, Über verdeckte Sacheinlagen, unzulässige Zuwendungen aus dem Gesellschaftsvermögen und freie Verfügung, GES 2007, 280; *Koppensteiner*, Agio und Kapitalaufbringung, GesRZ 2015, 6; *Kostner*, Die „kleinen" Probleme der GmbH-Novelle, NZ 1980, 161, NZ 1981, 55; *Kostner*, Wie „beschränkt" haftet der GmbH-Gesellschafter?, GesRZ 1978, 62; *Koziol*, Haftung der Bank bei Bestätigung der freien Verfügung über Bareinlagen (§ 10 Abs 3 GmbHG), ÖBA 1996, 272; *L. König*, Spezielle Rechtsfragen bei Gesellschaften mit beschränkter Haftung, die nach dem 31.12.2001 im Firmenbuch eingetragen wurden, NZ 2002/69, 169; *Mädel/ G. Nowotny*, Einbringung und verdeckte (verschleierte) Sacheinlage im GmbH-Recht, in FS Wiesner (2004) 167; *Mader*, GmbH und Währungsumstellung – Hinweise für die Praxis, wbl 2000, 193; *Meusburger*, Kapitalaufbringungsvorschriften und Cash-Pooling: Ein Überblick über diskutierte Gestaltungsvarianten und die Lösungsansätze des deutschen MoMiG, GesRZ 2008, 216; *Ch. Nowotny*, Die GmbH und der Euro, RdW 1999, 58; *Ch. Nowotny*, Haftung der Bank bei unrichtiger Einzahlungsbestätigung über eine Kapitalerhöhung, RdW 1991, 282; *Reich-Rohrwig*, Zur Euro-Umstellung im Gesellschaftsrecht, SWK 1998, W 162; *Reiner*, SchiedRÄG 2006, Wissenswertes zum neuen österreichischen Schiedsrecht, ecolex 2006, 468; *G. H. Roth*, die freie Verfügung über die Einlage, in FS Semler (1993) 299; *Rüffler*, Gläubigerschutz durch Mindestkapital und Kapitalerhaltung in der GmbH – überholtes oder sinnvolles Konzept, GES 2005, 140; *K. Schmidt*, Barkapitalaufbringung und „freie Verfügung" bei der Aktiengesellschaft und der GmbH, AG 1986, 106; *W. Schuhmacher*, Die Haftung der Bank gemäß § 29 Abs 1 Satz 3 AktienG, in FS Krejci (2001) 852; *Sukz*, Das Stammkapital der kleinen GmbH und der Euro, SWK 1999, W 141; *Szöky*, Die Neueintragung der GmbH – häufige Fehler, NZ 2006/17, 87; *Terlitza/Weber*, Zur Schiedsfähigkeit gesellschaftlicher Streitigkeiten nach dem SchiedsRÄG 2006, ÖJZ 2008/2, 1; *Thiery*, zur Mindesteinzahlung bei GmbH-Kapitalerhöhung, ecolex 1990, 549; *H. Torggler/U. Torggler*, Zur Einlageleistung durch Aufrechnung, in FS Nowotny (2015); *U. Torggler*, Die GmbH & Co KG in Gründung, in GedS Arnold (2011) 55; *U. Torggler*, Verbandsgründung (2009); *U. Torggler*, 1. Euro Justiz-Begleitgesetz – 1. Euro-JuBeG, BGBl I 1998/125, GBU 1998/09/13; *Wartlsteiner*, Zur Beweislast bei der Differenzhaftung im GmbH-Recht, GesRZ 1993, 147; *Zeiler*, Schiedsverfahren neu, RWZ 2006/39, 133.

Inhaltsübersicht

I. Regelungsgegenstand	1
II. Bareinlage	2–30
A. Mindestbetrag der Stammeinlage	2, 3
B. Mindestbetrag des Stammkapitals	4, 5
C. Agio	6
D. Art und Zeitpunkt der Leistung	7–12
E. Freie Verfügbarkeit	13–26
1. Bestätigung durch Geschäftsführer	17–19
2. Bankbestätigung	20, 21
3. Sonstige Nachweise	22
4. Haftung für Bestätigung	23–26
F. Notar als Treuhänder	27–30
III. Sacheinlage	31–38
A. Art und Zeitpunkt der Leistung	31
B. Freie Verfügbarkeit der Leistung	32–38
1. Bestätigung durch Geschäftsführung	37, 38

I. Regelungsgegenstand

1 Die Regelung des § 10 ist wesentlicher **Kern** der Vorschriften über die **Kapitalaufbringung**, in welchem Umfang u zu welchem Zeitpunkt das Stammkapital der Gesellschaft zur Verfügung stehen muss. Normiert wird, wie der Nachw für die Eintragung über das zur Verfügung stehende Stammkapital zu erbringen ist u welche Folgen bei unrichtigen Erklärungen eintreten. Absatz 6 stellt klar, dass die Regelungen dem Gläubigerschutz dienen.

II. Bareinlage

A. Mindestbetrag der Stammeinlage

2 Die Mindesteinzahlung der Stammeinlage jedes einzelnen Gesellschafters ist abhängig v der Höhe der in bar zu leistenden Stammeinlage, Sacheinlagen haben keinen Einfluss auf die Mindestbareinlagenerfordernis.[1] Auf jede in bar zu leistende Stammeinlage sind **mind € 70** vor Eintragung einzubezahlen, Stammeinlagen unter € 70 sind vor Eintragung

---

[1] *Koppensteiner/Rüffler*, GmbHG³ § 10 Rz 3.

zur Gänze zu leisten. Stammeinlagen über € 70 sind grds zu einem Viertel vor Eintragung zu leisten, wegen der Mindesteinzahlung greift diese Regel erst bei in bar zu leistenden Stammeinlagen über € 280.

Die Regelungen sind Mindesterfordernisse, der GesV kann höhere Einzahlungen vorsehen.[2]

Volleinzahlungspflicht besteht gem **sondergesetzlicher Regelung** 3 ua für gemeinnützige Bauvereinigungen, Investmentfondsgesellschaften, Kreditinstitute u Glücksspielgesellschaften, s § 6 Rz 3.[3]

B. Mindestbetrag des Stammkapitals

Gleich der Mindesterfordernisse der einzelnen Stammeinlagen unterliegt 4 auch das Stammkapital als Summe der Stammeinlagen gesetzlichen Mindestanforderungen.

Das vereinbarte in bar zu leistende **Stammkapital** muss **zumindest zu einem Viertel** vor Eintragung einbezahlt werden, **jedenfalls** muss das Stammkapital mit **zumindest € 5.000** einbezahlt sein, die Regelungen des ehem § 10b sind auf Neugründungen nach dem 31.12.2023 nicht mehr anwendbar . Im Ergebnis bedeutet dies, dass bei Gründung mit dem gesetzl Mindestkapital v € 10.000 u Bareinzahlungsverpflichtung die Hälfte des Stammkapitals vor Eintragung einzubezahlen ist.

Die Regelungen des § 10 geben nur den Mindestgesamtbetrag des 5 Stammkapitals u die Mindesteinzahlung der einzelnen Stammeinlage an, nicht aber in welchem Verhältnis die Gesellschafter die Differenz zw den Mindeststammeinlagen u dem Mindeststammkapital aufzubringen haben. § 63 Abs 2 sieht die Verpflichtung zur Einzahlung nach dem Verhältnis der in bar zu leistenden Stammeinlagen vor, dennoch ist eine abw Vereinbarung im GesV zulässig, vorausgesetzt diese entspricht den Regelungen über die jew Mindeststammeinlage.[4]

---

2 *Koppensteiner/Rüffler*, GmbHG[3] § 10 Rz 3; *Zollner* in Gruber/Harrer, GmbHG[2] § 10 Rz 10.
3 *U. Torggler* in Torggler, GmbHG § 10 Rz 6.
4 *Zollner* in Gruber/Harrer, GmbHG[2] § 10 Rz 9.

C. Agio

6 Das GmbHG kennt keine Regelungen über ein mögliches Aufgeld (Agio), anders das AktG[5]. Die Zulässigkeit einer Agiovereinbarung bei der GmbH ist in L u Rspr unstr,[6] bei der Berechnung u Kontrolle der **Mindesteinzahlung** ist das **Aufgeld aber nicht einzubeziehen**.[7]

D. Art und Zeitpunkt der Leistung

7 Bareinlagen müssen der Gesellschaft **vor Anmeldung durch Gutschrift auf ein Konto** der Gesellschaft an die Gesellschaft (vor Eintragung ist dies die Vorgesellschaft, s § 2 Rz 6 ff) geleistet werden u zu deren Verfügung stehen. Verfügung der Gesellschaft bedeutet Verfügung der GF. Der Anspruch entsteht mit Abschluss des GesV u wird ohne anderslautende Regelung sofort fällig.[8] Zu Säumnisfolgen siehe § 65, die Kaduzierung vor Eintragung ist möglich,[9] s auch § 66. Der Erlag durch gesetzl Zahlungsmittel, somit Geld in Euro, wurde durch das GesDigG 2022, in Kraft getreten am 1.12.2022, abgeschafft, weil der Erlag in barem Geld durch die verpflichtende Vorlage einer Bankbestätigung in der Praxis obsolet geworden ist.[10]

8 Die **Leistung** muss **nicht durch den Gesellschafter** erfolgen, auch Dritte oder andere Gesellschafter können die Einlage leisten.[11] Wird die Einlage zu Lasten der GmbH finanziert oder die Finanzierung durch die GmbH besichert, wirkt diese Zahlung nicht schuldbefreiend.[12] Die ursprüngliche Form der Einlageleistung bzw das konkrete Bankkonto muss nicht bis zur Eintragung beibehalten werden.[13]

---

5 § 28a Abs 1 iVm § 28 Abs 2 AktG.
6 *Zollner* in Gruber/Harrer, GmbHG² § 10 Rz 12.
7 *Koppensteiner/Rüffler*, GmbHG³ § 10 Rz 4; *U. Torggler* in Torggler, GmbHG § 10 Rz 17.
8 OGH 13.7.1995, 6 Ob 570/94; *Koppensteiner/Rüffler*, GmbHG³ § 10 Rz 5; aA *U. Torggler* in Torggler, GmbHG § 10 Rz 8: fällig mit Einforderung durch die GF.
9 *Geist/Karollus*, JBl 1996, 528; *Koppensteiner/Rüffler*, GmbHG³ § 10 Rz 5.
10 ErlME 214 BlgNR 27. GP 11.
11 *Zollner* in Gruber/Harrer, GmbHG² § 10 Rz 11 mwN.
12 OGH 28.4.1994, 6 Ob 563/94; *Koppensteiner/Rüffler*, GmbHG³ § 10 Rz 15.
13 *Koppensteiner/Rüffler*, GmbHG³ § 10 Rz 16.

Gesetzliches Zahlungsmittel ist ausschließlich **Geld in €**.[14] Die Leistung durch Übergabe eines Schecks oder Wechsels ist nicht ausreichend, in diesem Falle ist die Einlösung des Schecks oder Wechsels erforderlich, um die Einlageleistung zu erfüllen.[15] Wegen der Notwendigkeit der Vorlage einer Bankbestätigung iSd Abs 3 war das Bargeld durch die GF auf ein Bankkonto einzubezahlen u ist die Zahlung in barem Geld in der Praxis unbedeutend geworden. Der Gesetzgeber hat dem in der Nov durch das GesDigG 2022 Rechnung getragen u den ausschließlichen Erlag auf ein Bankkonto oder Erlag beim beurkundenden Notar als Treuhänder vorgesehen.

Das Konto, auf welches die Bareinzahlung zu leisten ist, muss gem gesetzl Anordnung bei einem **Kreditinstitut im Inland** oder einem CRR-Kreditinstitut geführt sein. Der Begriff „Kreditinstitut" bestimmt sich nach § 1 BWG,[16] sodass auch Sparkassen umfasst sind; der Begriff „CRR-Kreditinstitut" bestimmt sich nach § 9 BWG u umfasst Banken aus dem EWR, die aufgrund der Niederlassungsfreiheit oder Dienstleistungsfreiheit zum Betreiben v Bankgeschäften in Ö befugt sind. Da das GmbHG auf die Währung Euro Bezug nimmt, sind Bareinlagen jedenfalls in Euro zu leisten u das Konto in Euro zu führen.[17] Erfolgt der Erlag in anderer Währung, muss die Konvertierung in Euro erfolgten, um die Pflicht zur Leistung der übernommenen Stammeinlage zu erfüllen. Ist ein Kreditinstitut (Mit-)Gründer der GmbH, ist umstritten,[18] ob die Zahlung auf ein Konto bei diesem Kreditinstitut möglich ist. Auch wegen der Unabhängigkeit des die Einlage gem Abs 3 bestätigenden Kreditinstituts ist dies problematisch.[19]

Das Kreditinstitut hat das **Konto nicht** bis zur Eintragung **zu sperren oder zu überwachen**.[20] Im Rahmen ihrer Teilrechtsfähigkeit ist die

---

14 *Van Husen* in Straube/Ratka/Rauter, GmbHG § 10 Rz 118.
15 OGH 27.6.1989, 4 Ob 555/89; *Koppensteiner/Rüffler* GmbHG³ § 10 Rz 7; *Zollner* in Gruber/Harrer, GmbHG² § 10 Rz 14.
16 *Van Husen* in Straube/Ratka/Rauter, GmbHG § 10 Rz 121.
17 EB IAIA 2893/A XXVII. GP.
18 Wohl **dafür**: *van Husen* in Straube/Ratka/Rauter, GmbHG § 10 Rz 120; *Wünsch*, GmbHG § 10 Rz 26; **dagegen** OGH in AC 3003; offen lassend *Koppensteiner/Rüffler*, GmbHG³ § 10 Rz 7; wohl **dagegen** *Zollner* in Gruber/Harrer, GmbHG² § 10 Rz 4.
19 *Zollner* in Gruber/Harrer, GmbHG² § 10 Rz 35, fordert Unabhängigkeit des bestätigenden Kreditinstituts.
20 OGH 8.7.2004, 6 Ob 288/03a, ÖBA 2005, 130 (*Rüffler*); *van Husen* in Straube/Ratka/Rauter, GmbHG § 10 Rz 400; *Koppensteiner/Rüffler*, GmbHG³ § 10 Rz 26.

Vorgesellschaft zur Verfügung über dieses Konto berechtigt, insb können kraft gesetzl Anordnung Gebühren, Abgaben u Kosten bezahlt werden (s Rz 16).

12 Die Möglichkeit der Zahlung auf ein Konto der GF iSd Abs 2 ist nur historisch begründbar u soll Unsicherheiten aufgrund der fehlenden Eintragung im FB abhelfen.[21] Heute ist die **Kontofähigkeit** im Rahmen der Teilrechtsfähigkeit **der Vorgesellschaft** (s § 2 Rz 13) anerkannt. Das GF-Konto darf kein Privatkonto der GF sein, vielmehr muss die Organstellung in der Kontenbezeichnung ausgedrückt werden.[22] Forderungen aus diesem Konto müssen der Gesellschaft zustehen, in der Insolvenz des GF steht der GmbH ein Aussonderungsrecht gem § 44 IO zu u bei Einzelzwangsvollstreckung die Exzindierungsklage gem § 37 EO.[23]

E. Freie Verfügbarkeit

13 Die Zahlung muss zur **endgültigen freien Verfügung der GF** stehen u effektiv der Gesellschaft zufließen. Einschränkungen durch den Einleger hindern die freie Verfügung genauso wie Scheinzahlungen bei vereinbarter Einlagenrückzahlung. Ebenso nicht frei verfügbar sind Leistungen, die durch Kreditgewährung an die Gesellschaft mittelbar aus Gesellschaftsvermögen geleistet wurden. Wesentlich ist eine wirtschaftliche Betrachtungsweise u nicht die Rechtsposition des Einlegers u der Gesellschaft.[24]

14 Die freie Verfügung hindern außerdem **Vereinbarungen zur zukünftigen Einlagenrückgewähr oder Herbeiführung einer verdeckten Sacheinlage** (s dazu § 6 Rz 21 f), bloße Verwendungsabreden mit den GF, die nicht derartige Zwecke verfolgen, sind aber zulässig.[25]

15 Die Einzahlung auf ein **debitorisches** (überzogenes bzw beschränktes) **Konto** ist **zulässig**, wenn eine entspr Kreditlinie weiter gestattet wird u die GmbH über die zugeflossenen Mittel frei verfügen kann. Zahlungen auf ein gesperrtes oder verpfändetes Konto genügen dieser Anforderung nicht u wirken nicht schuldbefreiend.[26] Regelmäßig treten

---

21 *Koppensteiner/Rüffler*, GmbHG³ § 10 Rz 9.
22 *Koppensteiner/Rüffler*, GmbHG³ § 10 Rz 9.
23 *Van Husen* in Straube/Ratka/Rauter, GmbHG § 10 Rz 139.
24 Ausf *Zollner* in Gruber/Harrer, GmbHG² § 10 Rz 19 f.
25 *Zollner* in Gruber/Harrer, GmbHG² § 10 Rz 22.
26 *Zollner* in Gruber/Harrer, GmbHG² § 10 Rz 25.

diese Fragen nicht bei der Gründung auf, sondern bei der Kapitalerhöhung (s dazu § 52 Rz 51).

Vor Eintragung können gem Abs 3 aus den geleisteten Einlagen **Abgaben, Gebühren u Kosten** bezahlt werden, die Grenzen des § 7 sind einzuhalten u die tatsächlich geleisteten Zahlungen sind im Eintragungsverfahren nachzuweisen.[27] Ob weitere Verfügungen über das Stammkapital vor Eintragung durch die Vorgesellschaft möglich sind, ist umstritten, die hL steht der weiteren Verfügungsmöglichkeit ablehnend gegenüber,[28] dies hat eine starke Einschränkung der Handlungsfähigkeit der Vorgesellschaft zur Folge.

16

1. Bestätigung durch Geschäftsführer

Bei Anmeldung zur Eintragung im FB haben **alle GF** zu **bestätigen**, dass die eingeforderten in bar zu leistenden Stammeinlagen u die Sacheinlagen bzw Sachübernahmen in der freien Verfügung der GF stehen. Die Erklärung kann durch auch eine v der Anmeldung äußerlich getrennte Mitteilung erfolgen, diese muss den Formerfordernissen der Anmeldung genügen u v allen GF notariell oder gerichtlich beglaubigt unterfertigt sein.[29] Ist wegen Beanstandungen des FB-Gerichtes eine erneute Anmeldung erforderlich, muss auch die Erklärung wiederholt werden.[30]

17

Wurden aus dem einbezahlten Betrag Abgaben, Gebühren oder Kosten bezahlt, sind diese aufgegliedert nach Art u Höhe der Beträge in der Erklärung anzugeben.[31] Gleiches gilt unter der Prämisse der Zulässigkeit für sonstige Aufwendungen der Vorgesellschaft, welche aus dem Stammkapital getätigt wurden (s dazu Rz 16).

18

Die **Erklärung** muss sich auf den **aktuellen Stand bei Anmeldung** der Gesellschaft beziehen,[32] eine in Vergangenheitsform ausgestellte Erklärung ist nicht ausreichend, in der Praxis gestatten FB-Gerichte Erklä-

19

---

27 *Koppensteiner/Rüffler*, GmbHG³ § 10 Rz 22.
28 Für die Verfügungsmöglichkeit *Koppensteiner/Rüffler*, GmbHG³ § 10 Rz 27; gegen die Verfügungsmöglichkeit über den Rahmen des Abs 3, letzter S, hinaus: *van Husen* in Straube/Ratka/Rauter, GmbHG § 10 Rz 436 ff; ebenso *Reich-Rohrwig*, GmbHR I² Rz 1/606; ohne Festlegung *Zollner* in Gruber/Harrer, GmbHG² § 10 Rz 38.
29 *Koppensteiner/Rüffler*, GmbHG³ § 10 Rz 20.
30 *Koppensteiner/Rüffler*, GmbHG³ § 10 Rz 20.
31 *Koppensteiner/Rüffler*, GmbHG³ § 10 Rz 22.
32 *U. Torggler* in Torggler, GmbHG § 10 Rz 27.

rungen aus einem Zeitraum bis zu 14 Tage vor Einbringung des Antrags auf Eintragung.

2. Bankbestätigung

20 Die Erklärung der GF hinsichtlich der einbezahlten Stammeinlagen ist durch die **kontoführende Bank** zu bestätigen; dies gilt sowohl für inländische Banken als auch CRR-Kreditinstitute. Während das Gesetz nach dessen Wortlaut nur die Bestätigung der Einzahlung verlangt, erweitern die hL[33] u Rsp[34] diese Verpflichtung unter Hinweis auf die EB zum IRÄG 1994 dahin, dass das Kreditinstitut darüber hinaus zu bestätigen hat, dass die Einlagen zur freien Verfügung der GF geleistet wurden u dass die GF in der Verfügung nicht, namentlich nicht durch Gegenforderungen, beschränkt sind.[35] S dazu aber Rz 22. Die Bank trägt grds keine Verantwortung für Veränderungen des Kontostands zw Ausstellung der Bestätigung u der Eintragung der Gesellschaft, eine Kontosperre würde dem Nachw, dass die GF in der Verfügung nicht, namentlich nicht durch Gegenforderungen, beschränkt sind, widersprechen.[36]

21 Die **Bankbestätigung** muss **zeitnah** zur Anmeldung ausgestellt werden, die Praxis der FB-Gerichte gestattet einen Zeitraum v zwei Wochen.[37]

3. Sonstige Nachweise

22 **Nachweise**, die nicht durch die Bankbestätigung belegt werden können, müssen dem FB-Gericht **auf andere Weise** erbracht werden. Die Freiheit v Gegenforderungen ist nach Teilen der L[38] nicht durch das Kreditinstitut oder den GF zu bestätigen, hiezu wäre der Einlageschuldner berufen. Die Rsp[39] sieht bei Einzahlung auf ein Konto der GmbH das Kreditinstitut berufen, dies zu bestätigen.

---

33 *Van Husen* in Straube/Ratka/Rauter, GmbHG § 10 Rz 419, *Zollner* in Gruber/Harrer, GmbHG² § 10 Rz 33, *Rüffler*, Besprechung zu 6 Ob 288/03a, ÖBA 2005, 130; aA *Koppensteiner/Rüffler*, GmbHG³ § 10 Rz 26.
34 OGH 14.7.1994, 8 Ob 629/93; 8.7.2004, 6 Ob 288/03a.
35 *Zollner* in Gruber/Harrer, GmbHG² § 10 Rz 33.
36 OGH 22.10.1991, 4 Ob 546/91.
37 *Szöky*, NZ 2006/17, 87.
38 *Koppensteiner/Rüffler*, GmbHG³ § 10 Rz 26b; *Zollner* in Gruber/Harrer, GmbHG² § 10 Rz 39.
39 OGH 20.10.1991, 4 Ob 546/91.

4. Haftung für Bestätigung

Die **GF** trifft für Schäden, die der Gesellschaft aus einer falschen Erklärung entstehen, eine **solidarische Haftung**. Diese ist entgegen der Intention des historischen Gesetzgebers[40] keine verschuldensunabhängige Haftung, sondern nach hL[41] u stRsp[42] verschuldensabhängig. Eine Haftung gegenüber den Gläubigern der Gesellschaft besteht nicht.[43] Die Haftung u der daraus folgende Schadenersatzanspruch entsteht nicht bereits bei Abgabe der Erklärung, sondern erst mit Eintragung, da die Erklärung bis zur Eintragung zurückgenommen oder korrigiert werden kann.[44] 23

Neben der zivilrechtlichen Haftung trifft die GF eine **strafrechtliche Verantwortlichkeit** gem § 163a Abs 1 Z 5 StGB, es droht eine Freiheitsstrafe bis zu zwei Jahren. Bis zum 31.12.2015 betrug die Strafdrohung ein Jahr oder 360 Tagessätze u war in § 122 Abs 2 Z 1 normiert. 24

Das **Kreditinstitut haftet** nach Rsp[45] u hL[46] **verschuldensabhängig** für die Differenz zw bestätigter u tatsächlich erbrachter Leistung im Rahmen einer Ausfallshaftung. Für darüberhinausgehende Schäden kann eine Ersatzpflicht nach allg schadenersatzrechtlichen Grundsätzen außerhalb der Besonderheiten des Abs 3 das Kreditinstitut treffen. Haftet das Kreditinstitut nach Abs 3 kann es **keinen Mitverschuldenseinwand** erheben,[47] keine Gegenforderungen aufrechnen[48] u fehlende Kausalität einwenden.[49] 25

Die **Haftung** der GF u des Kreditinstitutes **verjährt in fünf Jahren** ab Eintragung der Gesellschaft.[50] Verzichte u Vergleiche der Gesellschaft 26

---

40 *Van Husen* in Straube/Ratka/Rauter, GmbHG § 10 Rz 454.
41 *Van Husen* in Straube/Ratka/Rauter, GmbHG § 10 Rz 455; *Koppensteiner/Rüffler*, GmbHG³ § 10 Rz 28; *Zollner* in Gruber/Harrer, GmbHG² § 10 Rz 53, je mwN.
42 OGH 20.10.1991, 4 Ob 546/91; 8.3.1977, 5 Ob 510/77.
43 *Koppensteiner/Rüffler*, GmbHG³ § 10 Rz 28.
44 *Koppensteiner/Rüffler*, aaO.
45 OGH 4 Ob 546/91, SZ 64/143; zuletzt GesRZ 2008, 227.
46 *Van Husen* in Straube/Ratka/Rauter, GmbHG § 10 Rz 475, *Koppensteiner/Rüffler*, GmbHG³ § 10 Rz 29, *Zollner* in Gruber/Harrer, GmbHG² § 10 Rz 49, *Fellner/Kaindl*, ÖBA 2006, 109.
47 *Zollner* in Gruber/Harrer, GmbHG² § 10 Rz 50.
48 *Koppensteiner/Rüffler*, GmbHG³ § 10 Rz 29.
49 OGH 20.10.1991, 4 Ob 546/91. Bsp für Haftungen des Kreditinstituts finden sich bei *Zollner* in Gruber/Harrer, GmbHG² § 10 Rz 52.
50 *Koppensteiner/Rüffler*, GmbHG³ § 10 Rz 31.

mit GF oder dem Kreditinstitut[51] zu Lasten der Gläubiger sind unwirksam.

F. Notar als Treuhänder

27 Mit dem DeregulierungsG 2017[52] wurde neben der vereinfachten Gründung ohne individuelle Anpassung des GesV, s dazu § 9a, zur Beschleunigung des Gründungsvorgangs die Möglichkeit geschaffen, das bar einzuzahlende **Stammkapital bei** demjenigen **Notar** zu **erlegen**, der den GesV oder die Errichtungserklärung beurkundet, auch wenn dies im Rahmen einer Bekräftigung einer Privaturkunde gem § 54 NO erfolgt. Der Notar kann bereits im Vorgründungsstadium oder auch nach Errichtung des GesV bzw der Errichtungserklärung die bar einzuzahlende Stammeinlage mit dem Auftrag zur Verwahrung u Auszahlung nach Eintragung der GmbH im FB entgegennehmen u dem FB-Gericht dies bestätigen. Diese Bestätigung ist der Bankbestätigung gleichzuhalten. Die Weiterleitung des bar einbezahlten Stammkapitals an die Gesellschaft kann erst nach Eintragung im FB erfolgen.[53]

28 Der Notar hat die ihn treffenden berufsrechtlichen Vorschriften zu beachten, die in der NO sowie in den einschlägigen RL des Delegiertentages der Österr Notariatskammer, insb die Treuhand-RL (THR) u die RL für die Buchführung u Kassagebarung (BFR) normiert u auf der Homepage der Österr Notariatskammer (www.notar.at) in der jew aktuellen Fassung abrufbar sind.

Den Notar trifft anders als den GF keine strafrechtliche Verantwortlichkeit,[54] die zivilrechtliche Verantwortlichkeit entspricht der Verantwortlichkeit des Kreditinstitutes, s Rz 25.

29 Grundlage der Verwahrung des Notars ist eine schriftliche **Treuhandvereinbarung** der Gründer mit dem Notar. Mindestinhalt dieser Treuhandvereinbarung ist der durch die Erleger unwiderrufliche Auftrag an den Notar, die Verwahrung u Ausfolgung an die Gesellschaft

---

51 *Gruber*, ÖBA 2003, 734 (744); *van Husen* in Straube/Ratka/Rauter, GmbHG § 10 Rz 511.
52 BGBl I 2017/40, Inkrafttreten 1.1.2018 für Anmeldungen zur Eintragung im FB nach dem 31.12.2017.
53 EBRV 1457 BlgNR 25. GP.
54 *Zollner* in Gruber/Harrer, GmbHG[2] § 10 Rz 29j.

nach Eintragung unter Berücksichtigung der berufsrechtlich notwendigen Inhalte einer notariellen Treuhandvereinbarung zu bewerkstelligen.

Ziel ist die Auszahlung des bar einzuzahlenden Stammkapitals an die eingetragene Gesellschaft. Aus Gründen der Hintanhaltung v **Geldwäsche** u Terrorismusfinanzierung wird das erlegte Stammkapital auf ein Bankkonto der Gesellschaft zur Auszahlung kommen. Wünschen die Gründer bzw nach Eintragung der GmbH im FB, die Gesellschaft vertreten durch die GF die Auszahlung in bar, wird dies eine ungewöhnliche Transaktion iSd § 36b Abs 6 NO darstellen und erhöhte Sorgfaltspflichten des Notars u erforderlichenfalls eine Verdachtsmeldung gem § 36c Abs 1 NO indizieren, wäre aber nicht undenkbar.

Die Treuhandvereinbarung sollte auch Regelungen für den Fall enthalten, dass die Eintragung nicht erfolgen kann, bspw die Rückzahlung des bar erlegten Stammkapitals an die Gründer.

Da **keine Sonderregelungen** für die **Gebarung** des Notars mit der übernommenen bar einbezahlten Stammeinlage bestehen, gilt das für den Erlag auf einem Bankkonto oben zu Rz 16 ausgeführte für das beim Notar erlegte, bar einzubezahlende Stammkapital. Verfügungen vor Eintragung der Gesellschaft im FB sind nur zulässig, wenn diese in der Treuhandvereinbarung vorgesehen sind u den in Rz 16 dargestellten Zwecken dienen.

III. Sacheinlage

A. Art und Zeitpunkt der Leistung

Sacheinlagen u Sachübernahmen müssen **zum Zeitpunkt der Anmeldung zur Gänze** in die freie Verfügung der Geschäftsführung geleistet sein.[55]

B. Freie Verfügbarkeit der Leistung

Bewegliche Sachen werden mit **Übergabe** an die GF geleistet. Den GF muss die Verwendung uneingeschränkt nach eigenem Ermessen möglich sein.[56] Aufschiebend bedingte Eigentumsübertragungen, wie bspw ein

---

55 *Zollner* in Gruber/Harrer, GmbHG² § 10 Rz 41.
56 *Zollner* in Gruber/Harrer, GmbHG² § 10 Rz 42.

Eigentumsvorbehalt, bewirken keine freie Verfügung, ebenso nicht Übertragungen durch Besitzkonstitut.[57]

33 **Forderungen** sind durch **formfreie Zession** zur freien Verfügung geleistet, nach Verständigung des Schuldners kann dieser nur an die Vorgesellschaft u nach Eintragung an die GmbH schuldbefreiend leisten.[58]

34 Bei Übertragung v **Unternehmen** sind die für die **einzelnen** Vermögenswerte **notwendigen Übertragungsarten** einzuhalten, die Übergabe durch Zeichen gem § 427 ABGB kommt ebenfalls in Betracht.[59] Gehen unternehmensbezogene Rechtsverhältnisse über, ist § 38 UGB anwendbar, wonach diese auch ohne Zustimmung des Vertragspartners auf den Unternehmenserwerber übergehen.[60]

35 Es findet nach hL[61] u stRspr[62] grds **keine Gesamtrechtsnachfolge bei Einbringung eines Unternehmens** als Sacheinlage statt. Dennoch kann es zur Gesamtrechtsnachfolge zB bei Anwendbarkeit des § 142 UGB kommen, wenn der vorletzte Gesellschafter einer PersGes ausscheidet u das Vermögen der Gesellschaft auf den letzten Gesellschafter übergeht.[63] Andere sondergesetzliche Vertragsübernahmen können bei Unternehmenseinbringung wirksam sein.

36 Die Übertragung v **Liegenschaften** hat durch **bücherliche Einverleibung der Vorgesellschaft** zu erfolgen,[64] dies folgt aus der neueren L zur Rechtsfähigkeit der Vorgesellschaft (s § 2 Rz 13).[65] Die nach älterer L[66] ausreichende bloße Übergabe v Dokumenten, wie Aufsandungserklärungen u Rangordnungsbeschlüssen, ist keine Leistung zur freien Verfügung der Gesellschaft, da der Einleger weiterhin bücherlicher Eigentümer bleibt.[67]

---

57 *Zollner* in Gruber/Harrer, GmbHG² § 10 Rz 43.
58 *Van Husen* in Straube/Ratka/Rauter, GmbHG § 10 Rz 231.
59 *Koppensteiner/Rüffler*, GmbHG³ § 10 Rz 12.
60 *Van Husen* in Straube/Ratka/Rauter, GmbHG § 10 Rz 247.
61 *Van Husen* in Straube/Ratka/Rauter, GmbHG § 10 Rz 214; *Koppensteiner/Rüffler*, GmbHG³ § 10 Rz 14.
62 Ua OGH 19.10.2006, 3 Ob 217/06t; 29.8.2002, 6 Ob 161/02y.
63 *Van Husen* in Straube/Ratka/Rauter, GmbHG § 10 Rz 245 mwN.
64 OGH 29.8.2002, 6 Ob 161/02y; *van Husen* in Straube/Ratka/Rauter, GmbHG § 10 Rz 228.
65 *Zollner* in Gruber/Harrer, GmbHG² § 10 Rz 46 mwN.
66 *Umfahrer*, GmbHG⁷ Rz 3.91.
67 *Koppensteiner/Rüffler*, GmbHG³ § 10 Rz 12.

1. Bestätigung durch Geschäftsführung

Die Leistung der vereinbarten Sacheinlagen ist ebenfalls durch die Geschäftsführung zu bestätigen, der Inhalt u die Folgen der Erklärung gleichen der Erklärung bei Bareinlagen. Sie muss enthalten, dass sich die auf die nicht in bar zu leistenden Stammeinlagen zu leistenden Vermögensgegenstände in der freien Verfügung der Geschäftsführung befinden. 37

Der Nachw der Sacheinlageleistungen ist nicht gesetzl gefordert.[68] Das FB-Gericht kann aber einen Nachw über die wertgleiche Deckung bei Verfügungen über Sacheinlagen vor Eintragung verlangen.[69] 38

§ 10a. (1) Erreicht der Wert einer Sacheinlage im Zeitpunkt der Anmeldung der Gesellschaft zur Eintragung in das Firmenbuch nicht den Betrag der dafür übernommenen Stammeinlage, so hat der Gesellschafter in Höhe des Fehlbetrags eine Einlage in Geld zu leisten.

(2) Der Anspruch der Gesellschaft verjährt in fünf Jahren seit der Eintragung der Gesellschaft in das Firmenbuch.

idF BGBl 1994/153

Literatur: G. *Frotz/Dellinger,* Zur aktuellen „kleinen-GmbH-Novelle", ecolex 1994, 18; *Ch. Nowotny,* Insolvenzrechtsänderungsgesetz 1994: Neuerungen im Handelsrecht, RdW 1994, 99; *Priester,* Die Unversehrtheit des Stammkapitals bei Eintragung der GmbH – ein notwendiger Grundsatz? ZIP 1982, 1141; *Trölitzsch,* Differenzhaftung für Fehlbeträge bei Sacheinlagen in Gesellschaften mit beschränkter Haftung, RDW 1995, 170; *Trölitzsch,* Differenzhaftung für Sacheinlagen in Kapitalgesellschaften (1998); *Ulmer,* Das Vorbelastungsverbot im Recht der GmbH-Vorgesellschaft – notwendiges oder überholtes Dogma? in FS Ballerstedt (1975) 279; *van Husen,* Zu Funktion und Wesen der Differenzhaftung nach § 10a GmbHG, in FS Straube (2009) 165; *Wartlsteiner,* Zur Beweislast bei der Differenzhaftung im GmbH-Recht, GesRZ 1993, 147.

Inhaltsübersicht

```
  I. Regelungsgegenstand ........................... 1
 II. Berechnung der Differenz ...................... 2–4
     A. Bewertung der Sacheinlage ................. 2
     B. Agio ...................................... 3
     C. Zeitpunkt der Berechnung .................. 4
```

---

68 Krit *Koppensteiner/Rüffler,* GmbHG³ § 10 Rz 26b; *van Husen* in Straube/Ratka/Rauter, GmbHG § 10 Rz 433.
69 *Zollner* in Gruber/Harrer, GmbHG² § 10 Rz 48.

III. Prüfung im Eintragungsverfahren 5
IV. Folgen der Unterbewertung 6–10
   A. Haftung des Einlegers 7, 8
   B. Haftung weiterer Gesellschafter 9
   C. Verjährung 10

I. Regelungsgegenstand

1 § 10a normiert die **Differenzhaftung für unterbewertete Sacheinlagen** u verpflichtet den Einleger der unterbewerteten Sacheinlage, die Differenz zur übernommenen Stammeinlage in bar zu leisten.

II. Berechnung der Differenz

A. Bewertung der Sacheinlage

2 Die Haftung tritt ein, wenn die **Sacheinlage** nach objektivem Maßstab **unter der übernommenen Stammeinlage** zurückbleibt, der Gesellschaft als Gläubiger steht kein Bewertungsermessen zu.[1] Ist kein objektiver Wert ermittelbar, ist der niedrigere Wertansatz zu berücksichtigen.[2] Kommt es zur Buchwertfortführung, sind nicht die Buchwerte, sondern die objektiven Werte ausschlaggebend.[3]

B. Agio

3 Entgegen dem AktG[4] kennt das GmbHG **keine Pflicht** zur Einforderung **eines Agios**. Da das Agio bei der Berechnung der Mindesteinzahlung nicht zu berücksichtigen ist (s § 10 Rz 6), bleibt das Agio auch bei der Berechnung der Differenz außer Betracht.[5]

---

1 *Reich-Rohrwig*, GmbHR I² Rz 1/728; *Koppensteiner/Rüffler*, GmbHG³ § 10a Rz 4.
2 *Van Husen* in Straube/Ratka/Rauter, GmbHG § 10a Rz 23.
3 *Koppensteiner/Rüffler*, GmbHG³ § 10a Rz 4.
4 § 28a Abs 1 AktG.
5 *U. Torggler* in Torggler, GmbHG § 10a Rz 3; *Koppensteiner/Rüffler*, GmbHG³ § 10a Rz 5; aA *van Husen* in Straube/Ratka/Rauter, GmbHG § 10a Rz 28 ff, *Zollner* in Gruber/Harrer, GmbHG² § 10a Rz 6.

C. Zeitpunkt der Berechnung

Maßgeblicher Zeitpunkt für die Berechnung des Wertes der Sacheinlage u damit der Differenzhaftung ist die **Anmeldung zur Eintragung ins FB**, Wertveränderungen vor der Anmeldung gehen zugunsten oder zulasten des Einlegers, Wertveränderungen danach sind nicht mehr bedeutsam für die Differenzhaftung.[6] Gleiches gilt für die Überbewertung einer Sacheinlage bei einer Kapitalerhöhung, auch hier ist der Zeitpunkt der Anmeldung, genauer der Zeitpunkt des Eingangs der Anmeldung beim FB,[7] maßgeblich (zur Sacheinlage bei Kapitalerhöhung s näher § 52 Rz 54).

III. Prüfung im Eintragungsverfahren

Im Eintragungsverfahren hat das **FB-Gericht** die **Bewertung der Sacheinlagen zu prüfen** u hat bei festgestellter Überbewertung nach vorheriger Erteilung eines Verbesserungsauftrages zur Sanierung die Eintragung zu verweigern.[8] Als Sanierung käme eine Änderung des GesV in Frage, mit welcher die Bewertung der Sacheinlage richtiggestellt wird u die ergänzende Bareinlageverpflichtung vereinbart wird. Ohne Änderung des GesV müsste die Differenz in bar geleistet wird u entspr nachgewiesen werden.[9] Diese Form kann aber nur das Eintragungshindernis beseitigen, eine mögliche Differenzhaftung kann aufrecht bleiben.[10]

IV. Folgen der Unterbewertung

Der Differenzanspruch ist eine **ergänzende Bareinlageverpflichtung**, somit weder Gewährleistungs- noch Schadenersatzanspruch.[11]

---

6 *Koppensteiner/Rüffler*, GmbHG³ § 10a Rz 2.
7 *Van Husen* in Straube/Ratka/Rauter, GmbHG § 10a Rz 41.
8 *Koppensteiner/Rüffler*, GmbHG³ § 10a Rz 8.
9 *Koppensteiner/Rüffler*, GmbHG³ § 10a Rz 10, *Zollner* in Gruber/Harrer, GmbHG² § 10a Rz 9.
10 *Van Husen* in Straube/Ratka/Rauter, GmbHG § 10a Rz 64.
11 *Zollner* in Gruber/Harrer, GmbHG² § 10a Rz 10.

A. Haftung des Einlegers

7 Der Einleger haftet der Gesellschaft gegenüber für die Unterbewertung. Die Haftung ist **verschuldensunabhängig**,[12] Verschulden Dritter befreit den Einleger nicht v der Differenzhaftung.[13]

8 Die **Beweislast** trifft grds die **Gesellschaft**,[14] die alleinige Beweislast der Gesellschaft steht aber im Widerspruch zur alleinigen Beweislast des Einlegers gem § 10, sodass die L[15] v einer Beweislastumkehr zulasten der Gesellschafter bei Verdachtsmomenten ausgeht, erfolgt die Sacheinlage ungeprüft gem § 6a Abs 1 bis 3, so gilt die Beweislastumkehr; bei geprüften Sacheinlagen gem § 6a Abs 4 wird keine Beweislastumkehr angenommen.

B. Haftung weiterer Gesellschafter

9 Da die Differenzhaftung eine ergänzende Bareinlageverpflichtung ist, haften die **übrigen Gesellschafter gem § 70** für die Differenz.[16]

C. Verjährung

10 Der Anspruch entsteht mit der Verpflichtung der Sacheinlageleistung, somit mit Abschluss des GesV,[17] fällig wird der Anspruch mit Bezifferbarkeit, einer Beschlussfassung durch die Gesellschafter bedarf es nicht.[18] Der **Anspruch verjährt fünf Jahre nach Eintragung** der Gesellschaft im FB.

---

12 *Koppensteiner/Rüffler*, GmbHG³ § 10a Rz 6; *van Husen* in Straube/Ratka/Rauter, GmbHG § 10a Rz 34.
13 *Koppensteiner/Rüffler*, GmbHG³ § 10a Rz 6.
14 *Koppensteiner/Rüffler*, GmbHG³ § 10a Rz 7.
15 *Zollner* in Gruber/Harrer, GmbHG² § 10a Rz 14; *Koppensteiner/Rüffler*, GmbHG³ § 10a Rz 7; *van Husen* in Straube/Ratka/Rauter, GmbHG § 10a Rz 35 ff; **aA** *U. Torggler* in Torggler, GmbHG § 10a Rz 4; *Umfahrer*, GmbH⁶ Rz 141.
16 *Zollner* in Gruber/Harrer, GmbHG² § 10a Rz 12.
17 *Koppensteiner/Rüffler*, GmbHG³ § 10a Rz 11.
18 *Zollner* in Gruber/Harrer, GmbHG² § 10a Rz 16.

Gründungsprivilegierung

§ 10b. (1) Im Gesellschaftsvertrag, nicht jedoch durch eine Abänderung des Gesellschaftsvertrags (§ 49), kann vorgesehen werden, dass die Gesellschaft die Gründungsprivilegierung nach Maßgabe der folgenden Absätze in Anspruch nimmt.

(2) ¹Im Gesellschaftsvertrag ist für jeden Gesellschafter auch die Höhe seiner gründungsprivilegierten Stammeinlage festzusetzen, die nicht höher als die jeweils übernommene Stammeinlage sein darf. ²Die Summe der gründungsprivilegierten Stammeinlagen muss mindestens 10 000 Euro betragen.

(3) ¹Auf die gründungsprivilegierten Stammeinlagen müssen abweichend von § 10 Abs. 1 insgesamt mindestens 5 000 Euro bar eingezahlt werden. ²Sacheinlagen sind ausgeschlossen.

(4) ¹Während aufrechter Gründungsprivilegierung sind die Gesellschafter abweichend von § 63 Abs. 1 nur insoweit zu weiteren Einzahlungen auf die von ihnen übernommenen Stammeinlagen verpflichtet, als die bereits geleisteten Einzahlungen hinter den gründungsprivilegierten Stammeinlagen zurückbleiben. ²Dies gilt auch für den Fall, dass während aufrechter Gründungsprivilegierung ein Insolvenzverfahren über das Vermögen der Gesellschaft eröffnet wird.

(5) ¹Die Gründungsprivilegierung gemäß Abs. 2 bis 4 kann durch eine Änderung des Gesellschaftsvertrags beendet werden, wobei vor Anmeldung der Änderung zum Firmenbuch (§ 51) die Mindesteinzahlungserfordernisse nach § 10 Abs. 1 zu erfüllen sind. ²Ansonsten endet die Gründungsprivilegierung spätestens zehn Jahre nach der Eintragung der Gesellschaft im Firmenbuch. ³Die Eintragungen betreffend die Gründungsprivilegierung im Firmenbuch (§ 5 Z 2a und 6 FBG) können erst entfallen, wenn zuvor die Mindesteinzahlungserfordernisse nach § 10 Abs. 1 erfüllt wurden.

idF BGBl I 2014/13 – Aufhebung BGBl I 2023/179

Literatur: *Adensamer/Kerschbaum*, Zur kleinen österreichischen GmbH im Abgabenänderungsgesetz 2014, NZG 2014, 452; *Bachner*, Die gründungsprivilegierte GmbH, RdW 2014/147, 115; *Beiser*, Der OGH und die „GmbH light" – über den VfGH zurück zum GesRÄG 2013? NZ 2014/131, 361; *Birnbauer*, Ersteintragung einer „gründungsprivilegierten Gesellschaft mit beschränkter Haftung", GES 2014, 123; *Birnbauer*, Freiwillige Beendigung der Gründungsprivilegierung einer GmbH, GES 2014, 394; *Fida/Pflug*, die vereinfachte Gründung einer GmbH, SWK 2014, 508; *Herda*, GmbH „light" – Die Reform der Reform, wbl 2014, 361; *Hirschfeld*, Limitiertes KG-Modell statt GmbH light, GmbHR 2014, 196; *Kanduth-Kristen/Gregori*, GmbH „light" – Änderungen durch das AbgÄG 2014, taxlex 2014, 112; *Moser*, Das neue „Gründungsprivileg" im GmbH-Gesetz, GES 2014, 103; *Moser*, Das neue Gründungsprivileg im GmbHG und dessen Steuerrechtlichen Auswirkungen, ecolex 2014, 369; *Rauter*, GmbH-Gründung – alt und neu zugleich, JAP 2013/2014, 233; *Reich-Rohrwig*, Firmenbucheingabe für neu gegründete gründungsprivilegierte GmbH, ecolex 2014, 339; *Reich-Rohrwig*, GmbH alt/neu/gründungsprivilegiert, ecolex 2014, 295; *Roupec/Wiedermann*, Gründungsprivilegierung statt GmbH light, in Gröhs/Kovar/Lang/Wipplinger (Hg), Abgabenänderungsgesetz 2014, SWK-Spezial März 2014, 11; *Schopper/Walch*, Offene Fragen zur gründungsprivilegierten GmbH im System der Kapitalaufbringung, NZ 2014/70, 186; *Schopper/Walch*, Kapitalerhöhung bei einer gründungsprivilegierten GmbH, NZ 2020/75, 268; *Schörghofer/Krausler*, Gründungsprivilegierung nach § 10b GmbHG, GesRZ 2014, 168; *Stanek*, Die Mindestkörperschaftsteuer nach dem AbgÄG 2014, GES 2015, 236; *Toms*, Finanzieller Nachteil einer gründungsprivilegierten GmbH bei hohen Gründungskosten, RdW 2014/762, 699; *Walch*, Die Gründungsprivilegierte GmbH nach dem Abänderungsgesetz 2014, ecolex 2014, 335; *Wöss*, die gründungsprivilegierte GmbH, NZ 2014/69, 181.

Inhaltsübersicht

I. Regelungsgegenstand	1–3
II. Gründungsphase	4–8
III. Stammeinlage	9–11
IV. Einlageleistung	12, 13
V. Aufhebung	14

I. Regelungsgegenstand

1   Die Bestimmung ermöglichte seit Inkrafttreten mit 1.3.2014[1] bis zum 31.12.2023 die Gründung einer GmbH mit damals **reduziertem Stammkapital v € 10.000** unter den Voraussetzungen des § 10b, wobei das ehem „normale" Stammkapital v € 35.000 ungeachtet der Gründungserfordernisse weiter beibehalten wurde.

2   Die für kurze Zeit zuvor v 1.7.2013 bis 29.2.2014 bestehende Regelung des GmbHG idF GesRÄG 2013 senkte das Stammkapital allg auf den Betrag v € 10.000 herab, ohne dass dies bestimmter Voraussetzungen bedurfte, somit konnten Gründungen ohne Weiteres mit einem Stamm-

---

1   AbgÄG 2014 BGBl I 2014/13.

kapital v € 10.000 erfolgen. Ebenso konnten Kapitalherabsetzungen zuvor gegründeter GmbH auf € 10.000 vorgenommen werden.

Gesellschaften, deren Stammkapital weniger als € 35.000 beträgt, hatten nach Absicht des historischen Gesetzgebers **bis zum 1.3.2024 das Stammkapital auf € 35.000 zu erhöhen** (s § 127 Abs 16). 3

Der OGH hat die Anhebung des Stammkapitals durch das AbgÄG 2014 bereits dreimal[2] wegen möglicher Verfassungswidrigkeit dem VfGH zur Prüfung vorgelegt,[3] der VfGH hat die Prüfung bereits dreimal abgelehnt.[4] Letztlich verneinte der OGH selbst ebenfalls die Verfassungswidrigkeit der Gesetzesänderungen.[5] Mit dem AbgÄG 2014 wurde die Mindest-KSt für neu gegründete GmbH reduziert (s § 24 Abs 4 Z 3 iVm § 26c Z 51 KStG).[6]

Nach nunmehriger Aufhebung des § 10b durch das GesRÄG 2023 (s näher Rz 14) sind die Bestimmungen auf bestehende gründungsprivilegierte GmbH weiterhin anzuwenden, es kommt aber durch Zeitablauf zu keiner Beendigung der Gründungsprivilegierung. Änderungen des GesV können nach dem 31.12.2023 nur im FB eingetragen werden, wenn die Bestimmungen über die Gründungsprivilegierung beseitigt wurden (§ 127 Abs 30).

II. Gründungsphase

Die Inanspruchnahme der Gründungsprivilegierung ist **nur bei der Gründung** möglich, nicht aber bei einer späteren Änderung des GesV nach Eintragung der Gesellschaft im FB. Die Änderung des GesV vor 4

---

2 OGH 9.10.2014, 6 Ob 111/14p, zurückgewiesen durch VfGH 19.6.2015, G 211/2014; OGH 31.8.2015, 6 Ob 147/15h, zurückgewiesen durch VfGH 25.2.2016, G 495/2015; OGH 31.8.2015, 6 Ob 74/16z, zurück- bzw abgewiesen durch VfGH 14.03.2017, G 311/2016.
3 OGH 9.10.2014, 6 Ob 111/14p; 31.8.2015, 6 Ob 147/15h; 20.7.2016, 6 Ob 74/16z.
4 VfGH 19.6.2015, G 211/2014; 25.2.2016, G 495/2015; VfGH G 311/2016. Zur rechtspolitischen Diskussion über die Höhe des Stammkapitals u den Grund verpflichtender Regelungen s ua *van Husen* in Straube/Ratka/Rauter, GmbHG § 10b.
5 OGH 19.4.2017, 6 Ob 65/17b.
6 *Kanduth-Kristen/Gregori*, taxlex 2014, 112; *Stanek*, GES 2015, 236.

5   Die Gründungsprivilegierung kann bis zu einem Zeitraum v **höchstens zehn Jahren** ab Eintragung der Gesellschaft im FB andauern. Eine Beschlussfassung der Gesellschafter[8] oder eine Satzungsänderung ist nicht erforderlich,[9] wohl aber die Anpassung des unrichtig gewordenen GesV u des ebenfalls unrichtigen FB,[10] die Geschäftsführung hat die Mindesteinzahlung auf das tatsächliche Stammkapital einzufordern u nach deren Einzahlung dies zur Eintragung im FB anzumelden.[11] Erfolgt keine Einzahlung, kann das FB-Gericht nicht mit Zwangsstrafen oder Löschung wegen Nichtigkeit iSd § 10 Abs 3 FBG vorgehen.[12] Einzelne säumige Gesellschafter können bei Nichtzahlung des ausständigen Betrages ausgeschlossen werden[13] (s § 66).

Eintragung zur Inanspruchnahme der Gründungsprivilegierung ist möglich.[7]

6   Durch Gesellschafterbeschluss kann die Gründungsprivilegierung **vor Ablauf dieses Zeitraumes beendet** werden, es gelten dann die allg Regelungen über das Stammkapital. Der entspr Beschluss bedarf der Einstimmigkeit gem § 50 Abs 4 iVm Abs 5.

7   Vor Anmeldung des die Gründungsprivilegierung beendenden Beschlusses sind die **Mindesteinzahlungsverpflichtungen zu erfüllen** u dem FB bei der Anmeldung nachzuweisen.[14] Der Nachw ist gem § 10 Abs 3 zu erbringen.[15] Gleichzeitig mit der Anmeldung der Satzungsänderung ist die **Löschung der Gründungsprivilegierung** zu beantragen.[16]

8   Während der Dauer der Gründungsprivilegierung **besteht keine Pflicht zur Bildung einer Gewinnrücklage**, aus der das Stammkapital nach Ablauf der Gründungsprivilegierung zu erhöhen wäre.[17] Eine

---

7   EBRV 24 BlgNR 25. GP 27; *U. Torggler* in Torggler, GmbHG § 10b Rz 4.
8   *Adensamer/Kerschbaum*, NZG 2014, 452.
9   *Van Husen* in Straube/Ratka/Rauter, GmbHG § 10b Rz 216.
10 *Zollner* in Gruber/Harrer, GmbHG² § 10b Rz 39.
11 *Schörghofer/Krausler*, GesRZ 2014, 168.
12 *Zollner* in Gruber/Harrer, GmbHG² § 10b Rz 40.
13 *Adensamer/Kerschbaum*, NZG 2014, 452.
14 *Birnbauer*, GES 2014, 394.
15 *U. Torggler* in Torggler, GmbHG § 10b Rz 18; OGH 24.9.2019, 6 Ob 112/19t.
16 *U. Torggler* in Torggler, GmbHG § 10b Rz 18.
17 *Walch*, ecolex 2014, 335 (338).

nach außen klar erkennbare Unterscheidung zu regulären GmbH, bspw durch einen ergänzten Rechtsformzusatz, besteht nicht.[18]

III. Stammeinlage

Während der Gründungsprivilegierung ist das **Stammkapital** u somit auch die Stammeinlage **zweigeteilt**, uzw in einen einforderbaren (gründungsprivilegierten) Teil, welcher zumindest € 10.000 zu betragen hat, u den nicht-einforderbaren (den gründungsprivilegierten Teil übersteigenden) Teil. Dieser nicht-einforderbare Teil ist die Differenz des einforderbaren Teils auf das gesv reguläre Stammkapital v zumindest € 35.000, dieses kann aber auch höher sein.[19] Während der Dauer der Gründungsprivilegierung haften die Gesellschafter nur für den einforderbaren Teil der Stammeinlage,[20] auch im Insolvenzfall kann nur der einforderbare Teil der Stammeinlage v den Gesellschaftern gefordert werden. 9

Tritt im Zuge einer Kapitalerhöhung einer mit Gründungsprivilegierung gegründeten GmbH ein neuer Gesellschafter bei, kann dieser keine gründungsprivilegierte Stammeinlage übernehmen; somit können während der Dauer der Gründungsprivilegierung Gesellschafter mit gründungsprivilegierter Stammeinlage u Gesellschafter ohne gründungsprivilegierte Stammeinlage bestehen.[21]

Im **FB anzumelden u einzutragen** sind gem § 11 S 4 die Tatsache der Inanspruchnahme der **Gründungsprivilegierung**, das **gründungsprivilegierte Stammkapital** im Mindestbetrag v € 10.000 u das **Stammkapital** im Mindestbetrag v € 35.000 sowie die jew gründungsprivilegierten Stammeinlagen u die Stammeinlagen der einzelnen Gesellschafter (s § 11 Rz 28). 10

Die gründungsprivilegierte Stammeinlage ist Anknüpfungspunkt für die verpflichtende Einberufung der GV gem § 36 Abs 2,[22] (s dazu § 36 Rz 8, 69 ff). Bei freiwillig gemachten Angaben auf Geschäftsbrie- 11

---

18 *Wöss*, NZ 2014/69, 181 (184).
19 *Zollner* in Gruber/Harrer, GmbHG[2] § 10b Rz 8; *Walch* in ecolex 2014, 335 (337); zust OGH 25.3.2020, 6 Ob 54/20i.
20 *Birnbauer*, GES 2014, 123.
21 OGH 25.3.2020, 6 Ob 54/20i.
22 *Zollner* in Gruber/Harrer, GmbHG[2] § 10b Rz 32.

fen über das Kapital sind sowohl das gründungsprivilegierte Stammkapital u die darauf noch ausstehenden Einlagen als auch das tatsächliche Stammkapital u die darauf noch ausstehenden Einlagen anzugeben.[23] Für die Einberufung der aoGV gem § 36 Abs 2 wegen Verlust der Hälfte des Stammkapitals ist die gründungsprivilegierte Stammeinlage maßgeblich.[24]

IV. Einlageleistung

12   Auf die gründungsprivilegierte Stammeinlagen sind zusammen **zumindest € 5.000** bar einzubezahlen. Die Leistung v **Sacheinlagen** ist **ausgeschlossen**, dies gilt auch für die nicht-einforderbaren Stammeinlagen.[25] Nach erfolgter Gründung ist die **Kapitalerhöhung durch Sacheinlagen möglich**.[26]

13   Ungeachtet der Gründungsprivilegierung hat die jew **Stammeinlage** des einzelnen Gesellschafters **zumindest € 70** zu betragen u ist in voller Höhe zu leisten, wenn diese € 70 beträgt.[27] Die Pflicht zur Leistung eines Viertels gem § 10 Abs 1 S 1 gilt auch für die gründungsprivilegierte Stammeinlage.

V. Aufhebung

14   Mit Einf der FlexKap durch das FlexKapGG bzw das GesRÄG 2023 BGBl I 2023/179, wurde das „normale" Stammkapital der GmbH auf € 10.000 abgesenkt, dadurch wurde die Gründungsprivilegierung für Neugründungen obsolet u § 10b mit Wirkung ab 1.1.2024 aufgehoben. Bestehende Gesellschaften können die Gründungsprivilegierung beibehalten (§ 127 Abs 29), die speziellen Vorschriften über die Bilanzie-

---

23 *Zollner* in Gruber/Harrer, GmbHG² § 10b Rz 33.
24 *Zollner* in Gruber/Harrer, GmbHG² § 10b Rz 32.
25 *Schopper/Walch*, NZ 2014/70, 186; aA *Zollner* in Gruber/Harrer, GmbHG² § 10b Rz 17.
26 *Schopper/Walch*, NZ 2014/70, 186.
27 *U. Torggler* in Torggler, GmbHG § 10b Rz 5; *Zollner* in Gruber/Harrer, GmbHG² § 10b Rz 13.

rung des Eigenkapitals gründungsprivilegierter GmbH (§ 229 Abs 1 S 2 UGB) bleiben daher vorerst aufrecht.[28]

Im FB zum 1.1.2024 eingetragene gründungsprivilegierte Gesellschaften bleiben unverändert bestehen. Es kommt zu keiner Beendigung der Gründungsprivilegierung durch Zeitablauf, bei Änderung des GesV nach dem 31.12.2024 müssen die Bestimmungen über die Gründungsprivilegierung beseitigt werden. Entsprechen die nach Änderung des GesV übernommenen Stammeinlagen den gründungsprivilegierten Stammeinlagen, ist ein Gläubigeraufruf nicht erforderlich (§ 127 Abs 30).

§ 11. ¹Die Eintragung der Gesellschaft wird durch Eintragung des Gesellschaftsvertrags in das Firmenbuch vorgenommen. ²Bei der Eintragung sind die Firma, der Sitz sowie die für Zustellungen maßgebliche Geschäftsanschrift der Gesellschaft, der Tag des Abschlusses des Gesellschaftsvertrags, die Höhe des Stammkapitals, Name und Geburtsdatum der Gesellschafter, gegebenenfalls die Firmenbuchnummer, die Höhe ihrer Stammeinlagen und der darauf geleisteten Einzahlungen, Name und Geburtsdatum des Vorsitzenden, seines Stellvertreters und der übrigen Mitglieder des Aufsichtsrats, allfällige Bestimmungen des Gesellschaftsvertrags über die Zeitdauer der Gesellschaft sowie Name und Geburtsdatum der Geschäftsführer anzugeben. ³Ferner ist einzutragen, welche Vertretungsbefugnis die Geschäftsführer haben. ⁴Gegebenenfalls sind auch die Inanspruchnahme der Gründungsprivilegierung nach § 10b und die Höhe der für die einzelnen Gesellschafter festgesetzten gründungsprivilegierten Stammeinlagen einzutragen.

idF BGBl I 2014/13

Literatur: *Birnbauer*, Zur Änderung des Firmenbuchgesetzes durch das ReLÄG 2004, GES 2005, 99; *Eiselsberg/Schenk/Weißmann*, Firmenbuchgesetz (1991); *Fucik/Kloiber*, AußStrG (2005); *Kastner*, Zur Reform des GmbH-Rechtes, JBl 1973, 169; *Kodek/Nowotny*, Das neue AußStrG und das Verfahren vor dem Firmenbuchgericht, NZ 2004/78, 257; *G. Nowotny*, Die Prüfpflicht des Firmenbuchgerichts in Umgründungs- und Sacheinlagefällen, NZ 2006/64, 257; *G. Nowotny*, Rechtsmittel im Firmenbuchverfahren, NZ 2003/70, 274; *Rauter*, Firmenbuchpublizität noch „elektronischer", JAP 2006/2007, 159; *Reich-Rohr-*

---

28 EBRV 2320 BlgNR 27. GP 15.

wig, Gesellschaftsrechtsänderungsgesetz 1993, ecolex 1993, 602; *Schenk*, Anmeldung zum Firmenbuch, ecolex 1991, 98; *Weigand*, Firmenbuchrechtliche Prüfungspflicht bei Anmeldungen von Bestellung und Abberufung vertretungsbefugter Personen, NZ 2003/23, 65; *Zehetner/Zehetner*, GmbH-Gründung: Vereinfachung bei der Firmenbuchanmeldung, GBU 2006/10/09, 39; *Zehetner/Zehetner*, GmbH-Gründung: Eintragungsgegenstände und Firmenbuchantrag, GBU 2007/05/08, 19; *Zib*, Das Firmenbuchgesetz, wbl 1991, 44.

Inhaltsübersicht

I.	Grundsätzliches und Regelungsinhalt	1, 2
II.	Prüfpflicht des Firmenbuchgerichts	3–6
III.	Eintragungstatbestände bzw eintragungspflichtige Tatsachen	7–42
	A. Gesellschaftsvertrag/Errichtungserklärung	7–9
	B. Firma	10–18
	C. Sitz	19–21
	D. Geschäftsanschrift	22–25
	E. Tag des Abschlusses des Gesellschaftsvertrages	26
	F. Höhe des Stammkapitals	27–29
	G. Name und Geburtsdatum der Gesellschafter	30
	H. Firmenbuchnummer	31
	I. Höhe der Stammeinlage und darauf geleistete Einzahlungen	32, 33
	J. Name und Geburtsdatum des Vorsitzenden, des Stellvertreters und der übrigen Mitglieder des Aufsichtsrates	34–36
	K. Allfällige Bestimmungen des Gesellschaftsvertrages über die Zeitdauer der Gesellschaft	37
	L. Name und Geburtsdatum der Geschäftsführer	38
	M. Vertretungsbefugnis der Geschäftsführer	39, 40
IV.	Entscheidung des Gerichts	41–42
V.	Rechtsmittel	43–46
VI.	Wirkung der Eintragung	47

I. Grundsätzliches und Regelungsinhalt

1 Der frühere § 11 regelte bis zum Inkrafttreten des heutigen FBG in Abs 1 die Prüfungsobliegenheiten des FB-Gerichts u Bestimmungen zum Beschluss über die Eintragung in das FB. Diese Regelung ist aber durch den nunmehr in § 15 Abs 1 FBG iVm dem AußStrG eingeführten **Untersuchungsgrundsatz** entbehrlich geworden u wurde daher aus dem GmbHG entfernt.

Der jetzige § 11 behandelt die **Ersteintragung** der Gesellschaft u korrespondiert mit den §§ 3 u 5 FBG, in welchen die allg u die besonderen Eintragungstatbestände normiert sind.

Im Konkreten **zählt § 11 auf, was im Hauptbuch des FB einzutragen ist**. Er enthält aber keine taxative Aufzählung der Eintragungstatbestände, sondern ergeben sich die anzumeldenden u einzutragenden Tatsachen nur iVm den §§ 3 u 5 FBG.

Satz 1 der Bestimmung ist dahingehend unzulänglich, dass die Eintragung der Gesellschaft nicht durch die Eintragung des GesV vorgenommen wird. Es erfolgt zwar die Eintragung des Tages des GesV, nicht aber die Eintragung dessen Inhaltes. Dieser terminologisch falsche Begriff ist aber „nicht ernst zu nehmen".[1]

II. Prüfpflicht des Firmenbuchgerichts

Im FB-Verfahren gilt der **Untersuchungsgrundsatz** (§ 16 Abs 1 AußStrG iVm § 15 Abs 1 FBG). Das heißt, dass sowohl die Anmeldung als auch die vorgelegten Beilagen **v Amts wegen zu prüfen** sind, uzw in formeller u in materieller Hinsicht.[2]

Im Zuge der **formellen Prüfung** ist zunächst die Zuständigkeit zu prüfen. Diese ergibt sich aus § 120 JN, wonach jenes FB-Gericht zuständig ist, in dessen Sprengel die Gesellschaft ihren Sitz hat.

Anschließend sind Anmeldung u Beilagen auf ihre Vollständigkeit zu prüfen. Wenn sämtliche notwendigen Unterlagen (vgl §§ 9 u 10) übermittelt wurden, erfolgt die Prüfung der **formellen Gesetzmäßigkeit**.

In diesem Zusammenhang sind va die geltenden Formvorschriften (zB beglaubigte Unterschrift der GF, Notariatsaktspflicht, usw), aber auch die Antragslegitimation u die Eintragungsfähigkeit der beantragten Eintragungstatbestände zu prüfen. Bei etwaigen Unzulänglichkeiten ist ein entspr Verbesserungsauftrag (§ 17 FBG) zu erteilen.

Anschließend hat die **materielle Prüfung** der Anmeldung u der vorgelegten Beilagen zu erfolgen. Dies ergibt sich zwar nicht ausdrücklich aus den geltenden Bestimmungen (Abs 1 aF hat dies aus-

---

1 *Petrasch/Verweijen* in Straube/Ratka/Rauter, GmbHG § 11 Rz 2; *Koppensteiner/Rüffler*, GmbHG³ § 11 Rz 1.
2 OGH 27.5.2004, 6 Ob 271/03a.

drücklich vorgeschrieben), aber wurde dies v der Rsp immer wieder bestätigt.³

Dabei handelt es sich um die **Prüfung**, ob auch der **Inhalt der Anmeldung u der Beilagen** den gesetzl Bestimmungen entsprechen. Festzuhalten ist, dass es sich hierbei um eine sog „**Plausibilitätsprüfung**" handelt, dh grds ist v der Richtigkeit der angemeldeten u beschlossenen Tatsachen auszugehen. Erst wenn die Entscheidungsorgane Zweifel an der Richtigkeit der Angaben haben, sind diese berechtigt – aber auch verpflichtet – eine weitere u auch konkretere Prüfung vorzunehmen, wobei jedenfalls darauf Bedacht zu nehmen ist, dass die (materielle) Prüfung nicht überzogen werden soll.⁴

Die **materielle Prüfung** umfasst va:

- Zulässigkeit der Fa (§§ 17 ff UGB),
- Zulässigkeit des Zwecks (§ 1 Abs 1),
- Ausschließlichkeit der Fa (§ 29 UGB),
- Übereinstimmung der FB-Anmeldung u des Eintragungsantrages mit dem Inhalt der vorgelegten Urkunden,
- Gesetzmäßigkeit des zwingenden Inhaltes des GesV (vgl § 4),
- bestehende Widersprüche zw fakultativem Inhalt des GesV u den gesetzl Vorschriften,
- Rechtspersönlichkeit der (in- u ausländischen) jP als Gesellschafter (vgl schon § 3 Rz 13 f u § 9 Rz 14 f),
- aufrechte Vertretungsbefugnis der Organe für (in- u ausländische) jP (vgl schon § 3 Rz 13 f u § 9 Rz 14).

6 Liegen Zweifel an angemeldeten Tatsachen vor u kommt das Gericht zu dem Schluss, dass eine weitere Prüfung erforderlich ist, können alle zweckdienlichen Erhebungen durchgeführt werden.⁵ Dazu gehört ua auch das Befassen der zuständigen Interessenvertretung (§ 14 FBG).

---

3 Vgl zB OGH 17.12.1997, 6 Ob 342/97f; OLG Wien 29.3.1996, 28 R 3/96h; *Koppensteiner/Rüffler*, GmbHG³ § 11 Rz 6.
4 *Kodek* in Kodek/Nowotny/Umfahrer, FBG § 15 Rz 20; *Weigand*, NZ 2003/23, 65 (71).
5 Vgl *Kodek* in Kodek/Nowotny/Umfahrer, FBG § 15 Rz 11.

III. Eintragungstatbestände bzw eintragungspflichtige Tatsachen

A. Gesellschaftsvertrag/Errichtungserklärung

Wie bereits erwähnt wird nicht der Inhalt des GesV in das Hauptbuch eingetragen, sondern nur dessen **Abschlusstag** (vgl Rz 26). Der GesV bzw die Errichtungserklärung wird allerdings mit seinem/ihrem gesamten Inhalt zur Urkundensammlung genommen.

Der zwingend erforderliche **Inhalt des GesV** ist in § 4 normiert, welcher eine taxative Aufzählung enthält. Demnach müssen Bestimmungen über die Fa, den Sitz, den Gegenstand des Unternehmens, der Höhe des Stammkapitals u den Betrag der Stammeinlagen der Gesellschafter u die darauf eingezahlten Beträge zwingend im GesV geregelt sein.

Alle weiteren Bestimmungen des GesV (zB Regelungen über Aufgriffsrechte, Kündigungen, AR, usw) sind fakultativ (vgl dazu näher § 4 Rz 28 f).

Im Zuge der materiellen Prüfung des GesV durch das Entscheidungsorgan hat dieses darauf zu achten, dass keine Bestimmung im Widerspruch mit gesetzl Bestimmungen steht.

Der **GesV** ist in Form des **Notariatsakt**es abzuschließen (§ 4 Abs 3) u dem FB als Ausfertigung zu übermitteln. Andere Formen des GesV haben zwingend dessen Nichtigkeit zur Folge, wobei bei „irrtümlicher" Eintragung eines aufgrund der fehlenden Form nichtigen GesV ins FB der Mangel geheilt wird.[6]

Grundsätzlich ist der **GesV** durch einen **österr Notar** bzw Notarsubstitut (s § 123 NO) zu errichten. Der Abschluss des GesV durch einen **ausländischen Notar** wurde nach der älteren Rsp nicht zugelassen. Diese Form ist aber – nach der jüngeren Rsp bzw L[7] – dann durch eine Beurkundung eines ausländischen Notars ersetzbar, wenn die in den jew ausländischen Gesetzen für die Errichtung einer solchen Beurkundung vorgeschriebenen Förmlichkeiten mit den Bestimmungen der öNO qualitativ in Bezug auf den Zweck des Formgebotes vergleichbar u gleichwertig ist (vgl „Internationale Union des Notariats" – UINL, Vertreterin der lateinischen Notariate sowie Konferenz der Notariate

---

6 OGH 23.2.2016, 6 Ob 207/15g (VdRÖ-FB-016-2016).
7 OLG Wien 4.11.2008, 28 R 194/08t (VdRÖ-FB-020-2009); *Umfahrer*, GmbH[6] Rz 44; *Koppensteiner/Rüffler*, GmbHG[3] § 4 Rz 23.

der EU – CNUE). Diese Gleichwertigkeit ist aber in jedem Einzelfall streng zu prüfen u fällt in die Kompetenz des FB-Richters, weil ausländisches Recht anzuwenden ist (vgl dazu auch § 76 Rz 62 u § 16 Abs 2 Z 6 RpflG).

9 Bei Abschluss des GesV kann sich jeder Gesellschafter v einem **Bevollmächtigten** vertreten lassen. Notwendig dafür ist eine beglaubigt unterfertigte **Spezialvollmacht**, die nach dem OGH zumindest den wesentlichen Mindestinhalt des GesV enthält. Das OLG Wien fordert für die Spezialvollmacht allerdings den kompletten Mindestinhalt des GesV.[8]

Die Vollmacht muss **vor** Vertragsabschluss vorliegen u dem Notar ausgehändigt werden. Sie ist dem Vertrag als Beilage anzuhängen. Wird dem beurkundenden Notar bei der Beurkundung eine schriftliche, aber unbeglaubigte Vollmacht vorgelegt, kann der GesV trotzdem errichtet werden (§ 69a NO). Er wird jedoch nur dann wirksam, wenn dem Notar innerhalb v 30 Tagen eine Vollmacht in der vorgeschriebenen (beglaubigten) Form vorgelegt wird. Erst dann darf der Notar Ausfertigungen oder Abschriften des GesV herstellen u aushändigen.[9]

B. Firma

10 Die **Fa der GmbH** ist ein erforderlicher Bestandteil des GesV (§ 4 Abs 1 Z 1, vgl § 4 Rz 7). Unter der Fa versteht man den im FB eingetragenen **Namen des Unternehmens**, unter dem es seine Geschäfte betreibt u seine Unterschrift abgibt (§ 17 Abs 1 UGB).

Da eine GmbH erst mit der Eintragung im FB entsteht u keinen sonstigen Namen sondern ausschließlich eine Fa hat, muss sie unter der Fa auftreten.

11 Mit Einführung des UGB (HaRÄG) wurden die **allg Firmenbildungsvorschriften** grundlegend geändert. Es erfolgte eine weitgehende Liberalisierung der Firmenbildungsvorschriften. Die bis dahin geltenden Bestimmungen (Namensfirma, Sachfirma, usw) wurden aus den jew Gesetzen (zB § 5 Abs 1 GmbHG-alt) entfernt.

Nunmehr ist es möglich, jegliche Art v Fa zu bilden. Die Grenzen der Möglichkeiten normieren die §§ 17 ff UGB. Scheinen in der Fa aka-

---

[8] OGH 18.12.2009, 6 Ob 119/09g (VdRÖ-FB-038-2010); OLG Wien 24.3.2009, 28 R 252/08x (VdRÖ-FB-008-2010).
[9] Umfahrer, GmbH[6] Rz 47.

demische Titel bzw die Standesbezeichnung „Ingenieur" auf, so ist die Berechtigung zur Führung dieses Titels bzw der Standesbezeichnung zu bescheinigen.

Die Fa der GmbH muss **folgende Eigenschaften** besitzen bzw folgenden Vorgaben gerecht werden (§ 18 UGB): **12**

– Kennzeichnungskraft,
– Unterscheidungskraft,
– Irreführungsverbot.

Die **Kennzeichnungseignung** kann als abstrakte Eignung zur Individualisierung irgendeines Unternehmers definiert werden. Die Unterscheidungskraft ist hingegen die konkrete Individualisierungseignung auf einen ganz bestimmten Unternehmer (vgl § 5 Rz 4–9). **13**

Man kann sagen: Die Kennzeichnungseignung fungiert als „Grobfilter", der alle Begriffe herausfiltert, die nicht zur Individualisierung irgendeines Unternehmens geeignet ist. Danach wird bei der **Unterscheidungskraft** geprüft, ob ein Begriff zur Individualisierung eines ganz bestimmten Unternehmens geeignet ist (vgl § 5 Rz 10–13).

Zur Individualisierung grds nicht geeignet sind **reine Sachfirmen** (bestehend allein aus Gattungs- u Branchenbezeichnungen; zB „Handels GmbH"), geografische Bezeichnungen (jedenfalls dann, wenn sie alleine verwendet werden) u Begriffe des allg Sprachgebrauchs (zB „Wasser GmbH"). Derartige Begriffe dürfen zwar in die Fa aufgenommen werden, bedürfen aber, um Kennzeichnungseignung u Unterscheidungsfähigkeit zu erlangen, eines sog individualisierenden Zusatzes. In der Regel sind dies Abkürzungen bzw Aneinanderreihungen v Buchstaben u Buchstaben-Zahlenkombinationen, also Fantasiebezeichnungen. Diese alleine sind hingegen sehr wohl zur Kennzeichnung geeignet u auch unterscheidungsfähig (vgl § 5 Rz 4 f).

§ 18 Abs 2 UGB enthält den Grundsatz der **Firmenwahrheit**. Nach dem Gesetzeswortlaut dürfen keine Angaben im Firmenwortlaut enthalten sein, die geeignet sind, über geschäftliche Verhältnisse, die für die angesprochenen Verkehrskreise wesentlich sind, irrezuführen; uzw sowohl im Firmenkern als auch in eventuellen Firmenzusätzen (vgl § 5 Rz 14). **14**

Der Begriff „geschäftliche Verhältnisse" umfasst Angaben über den Inhaber, Art u Umfang des Betriebes u auch den Branchenbezug; dh sowohl Angaben über die Inhaber, die Größe bzw den Umfang des Unternehmens, aber auch Angaben über die Tätigkeit müssen den tatsächlichen Gegebenheiten entsprechen (vgl § 5 Rz 15).

Irreführungseignung liegt nur bei Wesentlichkeit der Irreführung vor. Erforderlich ist somit eine gewisse Bedeutung für den durchschnittlichen Angesprochenen. Nicht relevant sind nebensächliche Angaben, die keinen Einfluss auf die wirtschaftliche E des Geschäftsverkehrs haben (vgl § 5 Rz 16).

Außerdem muss die Irreführungseignung ersichtlich sein, um berücksichtigt zu werden; sie muss also einem objektiven Betrachter bereits ohne weitere Erhebungen bzw ohne umfangreiche Beweisaufnahme auffallen u in den Sinn kommen.

15 In die Fa v protokollierten Einzelunternehmern u PersGes (OG, KG) dürfen Namen anderer Personen als jener des Einzelunternehmers bzw des/der unbeschränkt haftenden Gesellschafter/s nicht aufgenommen werden (§ 19 UGB). Dieses Verbot besteht grds nicht für die Fa der GmbH.

Die Grenze der Zulässigkeit der **Aufnahme v fremden Namen** in die Fa der GmbH bildet das Irreführungsverbot gem § 18 Abs 2 UGB.

16 Jede neue, aber auch jede geänderte Fa der GmbH muss sich v allen am selben Ort oder in der selben politischen Gemeinde bestehenden u bereits protokollierten Firmen **deutlich unterscheiden** (§ 29 UGB).

17 Die Zulässigkeit einer Fa nach Wettbewerbs- u Markenrecht ist für das FB-Verfahren nicht relevant.[10]

18 § 5 Abs 1 normiert, dass die Fa einer GmbH zwingend den **Rechtsformzusatz** „Gesellschaft mit beschränkter Haftung" führen muss. Dieser Rechtsformzusatz kann allerdings auch abgekürzt werden u muss nicht zwingend aE des Wortlautes stehen. Auch muss das Wort „Gesellschaft" nicht direkt iVm den Worten „mit beschränkter Haftung" stehen (s § 5, vgl § 5 Rz 25 f).

C. Sitz

19 Der **Sitz der Gesellschaft** ist ebenfalls zwingender Bestandteil des GesV u kann sich an folgenden Orten befinden (§ 5 Abs 2, s auch § 5 Rz 59):

- Wo die Gesellschaft einen **Betrieb** hat: Dies ist jener Ort, an dem der **räumliche Schwerpunkt** der Unternehmenstätigkeit liegt. Liegen mehrere Betriebe vor, ist an einem davon der Sitz.

---

10 *Umfahrer*, GmbH[6] Rz 53.

– Wo sich die **Geschäftsleitung** befindet: Dies ist jener Ort, v dem aus die GF ihre Leitungsfunktion wahrnehmen.
– Wo die **Verwaltung** geführt wird: Dies ist jener Ort, an dem die Geschäftsleitung kraft erkennbarer Organisation ausgeübt wird.

Da an die Sitzwahl (inländische) Behördenzuständigkeiten **geknüpft sind, muss der Sitz der GmbH nach wie vor im Inland (inländische Gemeinde) sein**,[11] obwohl dies im GmbHG nicht mehr ausdrücklich geregelt ist (s auch § 5 Rz 59).

Der Sitz ist grds der Name der politischen Gemeinde, kann aber auch der Name einer Ortschaft innerhalb einer politischen Gemeinde sein. 20

Maßgeblich ist der Sitz der GmbH ua für den Ort der GV (§ 36 Abs 1), die Gerichtszuständigkeit (§ 120 Abs 1 Z 1 JN), die Behördenzuständigkeit (Verwaltungsverfahren – zB der Gewerbebehörde) u die Firmenausschließlichkeitsprüfung (§ 29 UGB). 21

D. Geschäftsanschrift

Vom Sitz, welcher Bestandteil des GesV ist, ist die **Geschäftsanschrift**, welche nicht im GesV, sehr wohl aber in die FB-Anmeldung (**Eintragungstatbestand**) aufgenommen werden muss u auch in die FB-Datenbank eingetragen wird, zu unterscheiden.[12] Sie ist die für Zustellungen maßgebliche Geschäftsanschrift u muss eine **taugliche Abgabestelle** iSd § 4 ZustellG sein. 22

Im Zuge des Eintragungsverfahrens hat das FB-Gericht zu prüfen, ob eine taugliche Geschäftsanschrift vorliegt. Ist dies nicht der Fall, wird der Antrag auf Eintragung der GmbH abzulehnen sein. 23

Die Jud[13] bejaht die Möglichkeit des **Auseinanderfallens des Sitzes u der Geschäftsanschrift**, u kann somit auch mE ohne weiteres ins FB eingetragen werden. 24

Der Eintragungstatbestand der „**unbekannten Geschäftsanschrift**" ist durch das RÄG 2004 mit 1.1.2005 in Kraft getreten. 25

Bevor jedoch die Tatsache der unbekannten Geschäftsanschrift in das FB beim betr Rechtsträger eingetragen wird, sind v FB-G – v Amts

---
11 *Koppensteiner/Rüffler*, GmbHG³ § 4 Rz 4.
12 OGH 18.2.2010, 6 Ob 10/10d.
13 OGH 12.2.1998, 6 Ob 267/97a.

wegen – genaue Erhebungen zur Ermittlung einer (eventuell vorhandenen neuen) Abgabestelle zu tätigen. Für den Fall, dass eine neue Abgabestelle (neue Geschäftsanschrift) durch die berechtigten bzw auch verpflichteten Organe zur Eintragung ins FB angemeldet wird, ist die Tatsache der unbekannten Geschäftsanschrift gem § 10 Abs 1 FBG wieder zu löschen.

E. Tag des Abschlusses des Gesellschaftsvertrages

26 Einzutragen ist hier das **konkrete Datum**, an dem der **GesV** bzw die Errichtungserklärung **abgeschlossen** wurde. Für den Fall, dass der GesV mittels eines Nachtrages bereits vor der Ersteintragung der Gesellschaft abgeändert wurde, ist auch das Datum des Nachtrages in das Hauptbuch einzutragen.

F. Höhe des Stammkapitals

27 Das **Stammkapital** stellt einen im GesV festgesetzten Betrag dar, der zum Zeitpunkt der Anmeldung der GmbH zur Eintragung ins FB vorhanden sein muss (vgl § 10 Rz 7 f). **Nach** der **Eintragung** bzw dem Beginn der Tätigkeit der GmbH ist das Stammkapital nur noch eine **buchhalterische Größe**, welches auf der Passivseite der Bilanz aufzuscheinen hat. Das im FB aufscheinende Stammkapital gibt auch keinen korrekten Überblick auf das wahre Vermögen bzw über die reale wirtschaftliche Bonität der GmbH.

28 Das Stammkapital ist rechnerisch die **Summe der Stammeinlagen** sämtlicher Gesellschafter u muss bei der Neugründung einer GmbH auf einen in Euro bestimmten Nennbetrag lauten. Das Mindeststammkapital, das sich aus den Stammeinlagen der Gesellschafter zusammensetzt, muss € 10.000 betragen (§ 6 Abs 1, vgl § 6 Rz 3); die Mindeststammeinlage eines jeden Gesellschafters muss € 70 betragen (§ 6 Abs 1, vgl § 6 Rz 7). Allerdings gibt es hier auch Ausnahmen, welche einerseits im GmbHG, aber auch in anderen Gesetzen geregelt sind. Kreditinstitute müssen ein Mindeststammkapital v € 5.000.000 aufweisen (§ 5 Abs 2 Z 5 BWG), Glücksspielgesellschaften mind ein Kapital v € 109.000.000 (§ 14 Abs 2 Z 3 GspG) u gemeinnützige Bauvereinigungen ein Mindeststammkapital v € 726.700 (§ 6 Abs 2 WGG).

Der Begriff des **Aufgeldes bzw „Agio"** ist im GmbHG nicht extra geregelt. Dennoch wird die Vereinbarung – sowohl bei der Gesellschaftsgründung als auch bei einer Kapitalerhöhung (sofern jedoch vertraglich geregelt) – als zulässig erachtet. Das Aufgeld – als zusätzliche Leistung des Gesellschafters an die Gesellschaft – ist auch nicht Bestandteil des Stammkapitals, es stellt jedoch eine Forderung der GmbH gegenüber dem Gesellschafter dar (vgl dazu im Detail §§ 6, 10 Rz 6 bzw § 52). 29

G. Name und Geburtsdatum der Gesellschafter

Es sind der konkrete **Name u das Geburtsdatum** jedes Gesellschafters samt der Anschrift einzutragen. Die **Anschrift ist** nach § 3 Abs 2 FBG idF des PuG **ersichtlich zu machen**, wobei festgehalten wird, dass nicht zwingend die Privatanschrift des Gesellschafters eingetragen werden muss. Es reicht auch, wenn zB die Geschäftsanschrift als Anschrift des Gesellschafters eingetragen wird. 30

H. Firmenbuchnummer

Bei jP als Gesellschafter ist deren **FB-Nr einzutragen**. Handelt es sich um eine ausländische jP, so ist – sofern vorhanden – deren **Registrierungsbehörde** samt **Registernummer** einzutragen. 31

I. Höhe der Stammeinlage und darauf geleistete Einzahlungen

Unter **Stammeinlage** versteht man den in € bestimmten Betrag, welcher v jedem Gesellschafter als Einlage auf das Stammkapital übernommen wird u zu leisten ist. Jeder Gesellschafter kann nur eine Stammeinlage besitzen. Erwirbt ein Gesellschafter weitere Stammeinlagen, so wachsen diese seiner bereits übernommenen Stammeinlage zu (§ 75 Abs 2). Die Stammeinlagen der Gesellschafter können gem § 6 Abs 2 versch hoch sein, doch muss jede mind € 70 betragen (§ 6 Abs 1, vgl § 6 Rz 7–9). Die v jedem Gesellschafter übernommenen Stammeinlagen bilden die Grundlage für die Ausübung des Stimmrechts (vgl § 39 Rz 1 f). 32

Nicht zu verwechseln mit der Stammeinlage ist der **Geschäftsanteil** (s § 75). Dieser bezeichnet die **Summe der Rechte** (Mitgliedschafts- u 33

Vermögensrechte) **u Pflichten** (zB Einzahlung der Stammeinlage) jedes einzelnen Gesellschafters, welche mit der Stammeinlage verbunden sind (vgl § 75 Rz 4).

Der Geschäftsanteil ist grds unteilbar. Eine Teilung ist nur dann zulässig, wenn dies im GesV ausdrücklich für zulässig erklärt worden ist (§ 79: Abtretung durch Teilung sowie Erwerb durch mehrere Personen im Erbweg, vgl § 79 Rz 4 f).

J. Name und Geburtsdatum des Vorsitzenden, des Stellvertreters und der übrigen Mitglieder des Aufsichtsrates

34 Eine gesetzl Pflicht zur **Bestellung eines AR** bei der GmbH besteht gem § 29 Abs 1 ua dann, wenn entweder das Stammkapital der GmbH € 70.000 u zusätzlich die Anzahl der Gesellschafter 50 übersteigt **oder** die GmbH mehr als 300 AN hat (vgl dazu im Detail bei § 29).

Aber auch in anderen Gesetzen können AR-Pflichten einer GmbH normiert sein, so zB im InvFG, WGG, GspG, usw (vgl auch § 29 FN 1).

35 Ist ein AR für die GmbH aufgrund des GmbHG oder anderer gesetzl Bestimmungen nicht einzurichten, so kann trotzdem ein AR für die GmbH eingerichtet werden, sofern dies im GesV vorgesehen ist (§ 29 Abs 6, sog „**fakultativer AR**", vgl § 29 Rz 53 ff).

36 Egal ob es sich um einen fakultativen oder um einen obligatorischen AR handelt, sind Vor- u Zuname, Geburtsdatum u Anschrift des jew AR-Mitgliedes in das Hauptbuch einzutragen. Die Anschrift ist nach § 3 Abs 2 FBG idF des PuG ersichtlich zu machen, wobei nicht zwingend die Privatanschrift des AR-Mitgliedes eingetragen werden muss. Es reicht auch, wenn zB die Geschäftsanschrift als Anschrift eingetragen wird.

K. Allfällige Bestimmungen des Gesellschaftsvertrages über die Zeitdauer der Gesellschaft

37 Im GesV kann die **Dauer der Gesellschaft** bestimmt werden. In der Praxis wird praktisch jede GmbH aber auf unbestimmte Dauer errichtet. Diese Tatsache wird aber nicht im FB eingetragen. Eingetragen würde lediglich ein bestimmter Endtermin – was in der Praxis aber nicht vorkommt.

L. Name und Geburtsdatum der Geschäftsführer

Da die **GmbH** zwar rechts- u parteifähig, **nicht** aber **handlungsfähig** ist, **handeln für sie primär die GF** (§ 18 Abs 1). Diese müssen bereits im Gründungsstadium der GmbH bestellt worden sein (§ 3 Abs 1 Z 2) u müssen dementsprechend auch zur Eintragung in das Hauptbuch beantragt werden.

Die GmbH muss **mind einen, kann jedoch auch zwei oder mehrere GF haben** (§ 15 Abs 1). Sondergesetze können allerdings das Vorhandensein v mehreren GF fordern (zB Kreditinstitute – mind zwei GF).

Zu GF können nur **physische Personen** bestellt werden, denen **volle Handlungsfähigkeit** zukommen muss (§ 15 Abs 1, vgl § 15 Rz 10). Die Anzahl der GF kann im GesV festgelegt werden.

Auch hier sind Vor- u Zuname, Geburtsdatum u Anschrift sämtlicher GF in das Hauptbuch einzutragen. Die Anschrift ist nach § 3 Abs 2 FBG idF des PuG ersichtlich zu machen, wobei nicht zwingend die Privatanschrift des GF eingetragen werden muss. Es reicht auch, wenn zB die Geschäftsanschrift als Anschrift eingetragen wird.

38

M. Vertretungsbefugnis der Geschäftsführer

Grundsätzlich vertreten alle GF die Gesellschaft gemeinsam, sofern der GesV nichts anderes bestimmt (§ 18 Abs 3, vgl § 18 Rz 16). Der GesV kann aber auch die Vertretung durch zwei GF gemeinsam oder einen GF gemeinsam mit einem Prokuristen vorsehen. Auch eine selbständige **Vertretungsbefugnis** eines einzelnen GF ist möglich. Im Hauptbuch einzutragen ist immer die konkrete Vertretungsbefugnis des jew GF.

Ebenso ist der **Beginn der Vertretungsbefugnis** des jew GF konkret im FB einzutragen. Im Zuge einer Neugründung wird dies naturgemäß der Tag der FB-Eintragung sein, da dies der Tag der Entstehung des Rechtsträgers ist. Ein vor diesem Datum liegender Beginn der Vertretungsbefugnis ist schon aus dem Grund unzulässig, dass die Eintragung der Vorgesellschaft im FB nicht gesetzl vorgesehen ist.[14]

39

40

---

14 OGH 22.6.2012, 6 Ob 97/12a (VdRÖ-FB-017-2014).

Bei nachfolgenden GF-Bestellungen kann als Beginn der Vertretungsbefugnis entweder das Datum des Gesellschafterbeschlusses oder ein in der Zukunft liegendes Datum angenommen werden. Eine rückwirkende Bestellung ist nicht möglich.

IV. Entscheidung des Gerichts

41 Liegen im Falle eines Eintragungsantrages behebbare Mängel vor, so hat das Gericht gem § 17 FBG die Verbesserung der Mängel beschlussmäßig aufzutragen. Gegen diesen Beschluss ist gem § 17 Abs 2 FBG kein gesondertes Rechtsmittel zulässig. Liegen nicht behebbare Mängel vor (zB wenn der GesV gegen zwingende Normen verstößt), so ist die Eintragung zu verweigern. Wird einem Verbesserungsauftrag Folge geleistet oder liegen keine Mängel des Antrages oder der Beilagen vor, so ist dem Antrag stattzugeben.

42 Jede Endentscheidung des Gerichts erfolgt mit Beschluss. Ein ab- bzw zurückweisender Beschluss hat zwingend eine Begr zu enthalten. Ein stattgebender Beschluss hat den Wortlaut der FB-Eintragung zu enthalten. Eine gesonderte Begr kann dann unterbleiben, wenn keine Einwendungen geltend gemacht werden.[15] Die Zustellungen richten sich nach § 21 FBG.

V. Rechtsmittel

43 Das **Rechtsmittel** gegen eine E über den Eintragungsantrag ist der Rekurs (§ 15 Abs 1 FBG iVm §§ 45 ff AußStrG). Der Rekurs ist binnen einer Frist v 14 Tagen beim Entscheidungsgericht einzubringen. Die **Rekursfrist** beginnt grds mit dem **Tag der Zustellung** des Beschlusses zu laufen. Für all jene, denen der Beschluss nicht zugestellt wird, beginnt die Rekursfrist mit der **Bekanntmachung** zu laufen, wobei diese gem § 10 Abs 1 UGB durch **Aufnahme in die Ediktsdatei** erfolgt.[16]

---

15 *Koppensteiner/Rüffler*, GmbHG³ § 11 Rz 14.
16 *Petrasch/Verweijen* in Straube/Ratka/Rauter, GmbHG § 11 Rz 37; *Kodek/Nowotny*, NZ 2004/78, 257 (270 ff, 277).

Voraussetzung für die Erhebung eines Rechtsmittels ist zumindest die Behauptung subjektiver rechtlich geschützter Interessen. Die Beeinträchtigung bloß wirtschaftlicher Interessen begründet keine Rechtsmittellegitimation. Nach § 2 AußStrG sind daher **im Falle des Eintragungsantrages** auf Eintragung einer neuen GmbH der Antragsteller, Personen, die unmittelbar in ihren subjektiven Rechten beeinträchtigt sind, u Personen, die aufgrund anderer gesetzl Bestimmungen in das Verfahren eingebunden sind, rekursberechtigt (vgl auch Rz 47).[17]

44

Einen „Sonderfall" normiert § 14 Abs 3 FBG für die gesetzl Interessenvertretungen. Diese haben zur Wahrung öffentlicher Interessen ein gesondertes Rekursrecht.

Im Falle eines **Abweisungsbeschlusses** ist somit **nur der Antragsteller** – also die Gesellschaft selbst – zur Erhebung eines Rechtsmittels berechtigt. Geschäftsführer u Gesellschafter sind grds nicht rekursberechtigt.

45

Gegen einen **stattgebenden Beschluss** ist derjenige rekursberechtigt, in dessen firmenbuchrechtlichen Rechtssphäre eingegriffen wird. Dies betrifft in erster Linie den älteren, bereits eingetragenen Rechtsträger im Falle der Verletzung der Firmenausschließlichkeit.

Gegen den Beschluss des Rekursgerichtes ist der **Revisionsrekurs** an den OGH zulässig (§§ 62 ff AußStrG).

46

VI. Wirkung der Eintragung

Mit **rechtskräftiger Eintragung** der Gesellschaft ins FB entsteht die GmbH u wird damit zur jP. Aus der bisherigen Vorgesellschaft wird eine GmbH. Sämtliches Vermögen der Vorgesellschaft geht auf die GmbH über u die Handelndenhaftung endet.[18]

47

---

17 *Koppensteiner/Rüffler*, GmbHG³ § 11 Rz 15.
18 *Koppensteiner/Rüffler*, GmbHG³ § 11 Rz 20; *Petrasch/Verweijen* in Straube/Ratka/Rauter, GmbHG § 11 Rz 40.

§ 12. Für die Veröffentlichung der Eintragung gilt § 10 UGB mit der Maßgabe, dass die Bekanntmachung im Amtsblatt zur Wiener Zeitung unterbleibt. In die Veröffentlichung sind gegebenenfalls auch folgende Bestimmungen des Gesellschaftsvertrags aufzunehmen:

1. Bestimmungen über die Art, in der die von der Gesellschaft ausgehenden Bekanntmachungen zu veröffentlichen sind;
2. die in § 6 Abs. 4 bezeichneten Bestimmungen.

idF BGBl I 2013/109

1   § 10 UGB normiert die **Veröffentlichungspflichten** nach der Eintragung einer GmbH ins FB. Demnach hat das Eintragungsgericht alle Eintragungen entspr zu veröffentlichen.

Bei der **Ersteintragung** der GmbH sind die FB-Nr, die Rechtsform, die Fa, der Sitz, die für Zustellungen maßgebliche Geschäftsanschrift, allfällige Zweigniederlassungen, der Tag des Abschlusses des GesV, die Höhe des Stammkapitals, die Namen der Gesellschafter sowie deren Anschrift, die Höhe ihrer übernommenen Stammeinlagen u die darauf geleisteten Einzahlungen, die Namen samt Geburtsdaten eines eventuellen AR, allfällige Bestimmungen über die Zeitdauer der Gesellschaft, Namen samt Geburtsdaten u Anschriften der GF u Prokuristen sowie Beginn u Art von deren Vertretungsbefugnis, sowie alle weiteren Eintragungen der §§ 3 u 5 FBG zu veröffentlichen.

2   § 12 stellt dazu eine **ergänzende Norm** dar. Zusätzlich zu den Veröffentlichungspflichten gem § 10 UGB sind **eventuelle Bekanntmachungsbestimmungen im GesV** u Bestimmungen über Sacheinlagen u besondere Begünstigungen v Gesellschaftern (§ 6 Abs 4) ebenfalls zu veröffentlichen. Darüber hinaus wird die nach § 10 UGB grundsätzlich normierte Bekanntmachung in der Wiener Zeitung durch die gegenständliche Spezialnorm unterbunden.

3   Die **Durchführung der Veröffentlichung** – uzw sowohl jene nach § 10 UGB als auch jene nach § 12 – **obliegt dem eintragenden FB-Gericht**. Die Tatsachen sind lediglich in der Ediktsdatei (§ 89j GOG) zu veröffentlichen.

Die Bekanntmachung in der Ediktsdatei muss mind über einen Monat unter www.edikte.justiz.gv.at abfragbar sein. Ab dem Tag der **Aufnahme in die Ediktsdatei** gilt die **Veröffentlichung als vorgenommen** u beginnt damit auch die Rechtsmittelfrist zu laufen; zumindest für jene Betroffenen, denen der Beschluss über die Eintragung nicht zugestellt wird (§ 21 Abs 2 FBG).

Die Kosten der Veröffentlichung in der Ediktsdatei sind v TP 10 GGG gedeckt. Durch den Wegfall der Bekanntmachungspflicht in der Wiener Zeitung fallen keine zusätzlichen Kosten mehr an.

4

Zweiter Abschnitt.
Die gesellschaftlichen Organe

1. Titel. Die Geschäftsführer (Der Vorstand)

§ 15. (1) ¹Die Gesellschaft muß einen oder mehrere Geschäftsführer haben. Zu Geschäftsführern können nur physische, handlungsfähige Personen bestellt werden. Die Bestellung erfolgt durch Beschluß der Gesellschafter. ²Werden Gesellschafter zu Geschäftsführern bestellt, so kann dies auch im Gesellschaftsvertrage geschehen, jedoch nur für die Dauer ihres Gesellschaftsverhältnisses.

(1a) ¹Geschäftsführer darf nicht sein, wer von einem inländischen Gericht rechtskräftig zu einer mehr als sechsmonatigen Freiheitsstrafe verurteilt worden ist, sofern die Verurteilung ausschließlich oder auch wegen zumindest einer der folgenden strafbaren Handlungen erfolgt ist (Disqualifikation): Betrug (§ 146 StGB), Untreue (§ 153 StGB), Geschenkannahme durch Machthaber (§ 153a StGB), Förderungsmissbrauch (§ 153b StGB), Vorenthalten von Dienstnehmerbeiträgen zur Sozialversicherung (§ 153c StGB), Betrügerisches Anmelden zur Sozialversicherung oder Bauarbeiter-Urlaubs- und Abfertigungskasse (§ 153d StGB), Organisierte Schwarzarbeit (§ 153e StGB), Betrügerische Krida (§ 156 StGB), Schädigung fremder Gläubiger (§ 157 StGB), Begünstigung eines Gläubigers (§ 158 StGB), Grob fahrlässige Beeinträchtigung von Gläubigerinteressen (§ 159 StGB), Unvertretbare Darstellung wesentlicher Informationen über bestimmte Verbände (§ 163a StGB), Geldwäscherei (§ 165 StGB), Wettbewerbsbeschränkende Absprachen bei Vergabeverfahren (§ 168b StGB), Ausgabenseitiger Betrug zum Nachteil der finanziellen Interessen der Europäischen Union (§ 168f StGB), Missbräuchliche Verwendung von Mitteln und Vermögenswerten zum Nachteil der finanziellen Interessen der Europäischen Union (§ 168g StGB), Abgabenbetrug (§ 39 FinStrG) oder Grenzüberschreitender Umsatzsteuerbetrug (§ 40 FinStrG). ²Die Rechtsfolge der Disqualifikation endet drei Jahre nach Rechtskraft der Verurteilung.

(1b) Abs. 1a gilt auch für eine derartige Verurteilung wegen einer vergleichbaren strafbaren Handlung durch ein ausländisches Gericht.

(2) Wenn im Gesellschaftsvertrage sämtliche Gesellschafter zu Geschäftsführern bestellt sind, so gelten nur die der Gesellschaft bei

Festsetzung dieser Bestimmung angehörenden Personen als die bestellten Geschäftsführer.

(3) Im Gesellschaftsvertrag kann die Bestellung von Geschäftsführern durch den Bund, ein Land oder durch eine andere öffentlich-rechtliche Körperschaft vorbehalten werden.

idF BGBl 2023/178

Literatur: *P. Bydlinski/Haas*, Besonderheiten bei Haftungsübernahme eines geschäftsführenden Alleingesellschafters für Schulden seiner GmbH, ÖBA 2003, 11; *Ettmayer*, Die Rechtsstellung von Unternehmensleitern, ÖJZ 2011, 581; *Geist*, Das Wettbewerbsverbot bei Vorstandsmitgliedern von Erwerbs- und Wirtschaftsgenossenschaften, ÖJZ 1992, 292; *B. Jud*, Konsumentenschutz in der Rechtsprechung, ÖJZ 2004/16, 241; *Kalss*, Die Nichtbestellung eines Gesellschafters zum Geschäftsführer aus wichtigem Grund, RdW 2010/485, 461; *Mosler*, Arbeitsrechtliche Aspekte der Beendigung des Anstellungsverhältnisses des Geschäftsführers einer GmbH, wbl 2002, 49; *Resch*, Drittanstellung von Organpersonen und Arbeitsrecht, GesRZ 2005, 76; *Runggaldier/Schima* (Hg), Managerdienstverträge[3] (2006); *Schrammel*, Bestellung und Abberufung von GmbH-Geschäftsführern aus arbeitsrechtlicher Sicht, ecolex 1990, 697; *Stritzke*, Die Bestellung und Anstellung von Leitungsorganen. Von der Durchbrechung der Trennungstheorie, GesRZ 2022, 21; *Torggler*, Die Rechtsstellung des GmbH-Geschäftsführers, GesRZ 1974, 8, 44; *Wiesner*, Vorteil aus dem Dienstverhältnis und Vorteilsausgleich im Zusammenhang mit verdeckten (Gewinn-)Ausschüttungen, RdW 1990, 355; *Wünsch*, Zur gesellschaftsinternen Bestellung des GmbH-Geschäftsführers, GesRZ 1990, 57.

Inhaltsübersicht

I.	Grundlagen	1–4
II.	Geschäftsführer als notwendiges Gesellschaftsorgan	5, 6
III.	Anzahl und Eigenschaft der Geschäftsführer	7–14
	A. Anzahl der Geschäftsführer	7–9
	B. Eigenschaft der Geschäftsführer	10–14
IV.	Aufgaben und Pflichten	15–18
V.	Disqualifikation	18a–18c
VI.	Bestellung	19–44
	A. Auswahl	23
	B. Bestellungsakt	24–34
	1. Bestellung durch Beschluss	24–26
	2. Bestellung im Gesellschaftsvertrag	27–30
	3. Fehlerhafte Beschlüsse	31–34
	a) Anfechtbare Beschlüsse	31, 32
	b) Unwirksame Beschlüsse	33, 34
	C. Wirksamkeit	35–38
	D. Anmeldung	39–44

VII. Beendigung der Organstellung 45–47
VIII. Anstellungsverhältnis 48–69
   A. Beispiele keines (direkten) Anstellungsverhältnisses ... 50, 51
   B. Arbeitnehmereigenschaft 52–54
   C. Anstellungsvertrag 55–64
      1. Grenzen des Anstellungsvertrags 55, 56
      2. Abschlussberechtigte 57–59
      3. Inhalt 60–63
      4. Formerfordernisse 64
   D. Beendigung des Anstellungsverhältnisses 65–68
   E. Gerichtszuständigkeit 69
IX. Faktischer Geschäftsführer 70–72
X. Gewerberechtlicher Geschäftsführer 73–76
XI. Auswirkungen einer Insolvenz 77–80
   A. Insolvenz der GmbH 77–79
   B. Insolvenz des Geschäftsführers 80

I. Grundlagen

1 Die Norm enthält **grundlegende Bestimmungen** zum GF einer GmbH. Der GF entspricht – wie die Überschrift indiziert[1] – funktional dem Vorstand einer AG. Im Detail bestehen aber durchaus substantielle Untersch zw der rechtlichen Stellung eines GmbH-GF einerseits u einem AG-Vorstand andererseits, insb was die Weisungsunterworfenheit betrifft. Der Terminus „Vorstand" in der Überschrift zu § 15 ist daher eher missverständlich, er wird ansonsten nur iZm dem Vorstand einer AG verwendet.

2 § 15 **Abs 1** stellt zunächst klar, dass es sich bei den GF um ein notwendiges, zwingend zu bildendes Organ einer GmbH handelt. Zudem legt Abs 1 fest, wer GF einer GmbH sein kann u wie dessen Bestellung vor sich zu gehen hat.[2]

3 **Absatz 2** enthält eine Auslegungs-/Zweifelsregel für den Fall, dass der GesV sämtliche Gesellschafter zu GF bestellt.[3]

4 **Absatz 3** sieht die – in der Praxis kaum vorkommende – Möglichkeit vor, im GesV die Bestellung v GF durch den Bund, ein Land oder durch eine andere öffentlich-rechtliche Körperschaft vorzubehalten.

---

1 *Straube/Ratka/Stöger/Völkl* in Straube/Ratka/Rauter, GmbHG § 15 Rz 1.
2 *Koppensteiner/Rüffler*, GmbHG³ § 15 Rz 2; *Straube/Ratka/Stöger/Völkl* in Straube/Ratka/Rauter, GmbHG § 15 Rz 2.
3 *Koppensteiner/Rüffler*, GmbHG³ § 15 Rz 2.

II. Geschäftsführer als notwendiges Gesellschaftsorgan

Als jP kann die GmbH nur durch ihre Organe handeln.[4] Hierzu sind die GF berufen.[5] Der hL[6] u Rsp[7] folgend sind die GF nicht als Bevollmächtigte, sondern als Organ der Gesellschaft anzusehen.[8] Neben der GV sind die GF in jedem Fall **notwendiges Organ der Gesellschaft**.[9] Dies ergibt sich schon aus dem Wortlaut des Abs 1 S 1, wonach die Gesellschaft einen oder mehrere GF haben „muss".

Die Gesellschafter trifft eine **Verpflichtung**, für die Vertretungsfähigkeit der Gesellschaft – also die Bestellung v GF – zu sorgen.[10] Kein anderes Organ der Gesellschaft kann die GF (dauerhaft) ersetzen.[11] Ohne bestellte GF kann die Gesellschaft nicht ins FB eingetragen werden (vgl § 3 Abs 1 Z 2).[12] Geschäftsführer müssen somit schon im Gründungsstadium bestellt werden u haben die errichtete Gesellschaft zum FB anzumelden.[13] Wesentlich ist somit, dass die GF wirksam bereits vor der geplanten Eintragung der Gesellschaft ins FB bestellt wurden. Dies kann, muss aber nicht notwendigerweise gleichzeitig mit der Errichtung des GesV geschehen.[14]

---

4 RIS-Justiz RS0035042.
5 Statt aller *Koppensteiner/Rüffler*, GmbHG³ § 15 Rz 5.
6 *Gellis/Feil*, GmbHG⁷ § 15 Rz 3; *N. Arnold/Pamperl* in Gruber/Harrer, GmbHG² § 15 Rz 6; *Koppensteiner/Rüffler*, GmbHG³ § 15 Rz 5; *Reich-Rohrwig*, GmbHR I² Rz 2/25; *Straube/Ratka/Stöger/Völkl* in Straube/Ratka/Rauter, GmbHG § 15 Rz 1; *Umfahrer*, GmbH⁷ Rz 4.2.
7 S nur OGH 26.9.1991, 6 Ob 607/91.
8 *Straube/Ratka/Stöger/Völkl* in Straube/Ratka/Rauter, GmbHG § 15 Rz 1; OGH 26.9.1991, 6 Ob 607/91.
9 *N. Arnold/Pamperl* in Gruber/Harrer, GmbHG² § 15 Rz 6; ein AR ist hingegen nur unter bestimmten Voraussetzungen (vgl § 29 Abs 1 Z 1 bis 4) zwingend zu bestellen.
10 RIS-Justiz RS0122598.
11 *Umfahrer*, GmbH⁷ Rz 4.5.
12 Der Wegfall sämtlicher GF nach Eintragung hat idZ jedoch keine unmittelbaren Konsequenzen, insb führt er nicht zur Auflösung oder amtswegigen Löschung der Gesellschaft, die Gesellschaft ist jedoch in einem solchen Fall nicht mehr handlungsfähig; s dazu *Koppensteiner/Rüffler*, GmbHG³ § 15 Rz 6 mwN; vgl § 15a.
13 *Reich-Rohrwig*, GmbHR I² Rz 2/26.
14 *N. Arnold/Pamperl* in Gruber/Harrer, GmbHG² § 15 Rz 7.

III. Anzahl und Eigenschaft der Geschäftsführer

A. Anzahl der Geschäftsführer

7 Aus Abs 1 S 1 ergibt sich, dass eine Gesellschaft **einen oder mehrere GF** haben muss. Sie muss sohin zumindest einen, kann aber auch mehrere haben. Eine höhere Mindestmitgliederzahl kennt das GmbHG als Grundregel nicht. Eine solche kann sich allerdings aus sondergesetzlichen Vorschriften ergeben.[15] Zudem kann[16] der GesV Regelungen über die Anzahl der GF enthalten. Zu denken ist an Mindest- u/oder Höchstzahlen oder an die Festlegung einer fixen Zahl an GF. Ein Abgehen v diesen Vorgaben ist grds nur durch Änderung des GesV (vgl §§ 49 ff) möglich.

8 Eine v der gesetzl Regelung **abw Regelung** der Vertretungsmacht der GF u der Vertretung der Gesellschaft ist im GesV abschließend vorzunehmen u kann nicht auf ein Organ der Gesellschaft, etwa die GV, übertragen werden.[17]

9 Zur – selten wahrgenommenen – Möglichkeit v **GF-Stellvertretern** s § 27.

B. Eigenschaft der Geschäftsführer

10 Absatz 1 S 2 legt fest, dass nur **physische, handlungsfähige** Personen zu GF bestellt werden können. Juristische Personen sind somit v der Geschäftsführung einer GmbH ebenso ausgeschlossen wie nicht handlungsfähige (vgl § 21 ABGB) natPers.[18]

11 Abgesehen v Umstand, dass GF grds[19] nicht dem AR angehören dürfen,[20] sieht das GmbHG keine weiteren **Anforderungen** an die

---

15 S etwa § 5 Abs 1 Z 12 BWG; § 3 Abs 1 Z 13 BörseG; § 6 Z 10 InvFG bzw hinsichtlich einer größenabhängigen Gestaltung § 13 Abs 1 E-GeldG; § 19 Abs 1 ZaDiG. *N. Arnold/Pamperl* in Gruber/Harrer, GmbHG² § 15 Rz 12; *Straube/Ratka/Stöger/Völkl* in Straube/Ratka/Rauter, GmbHG § 15 Rz 20.

16 Im Gegensatz zu der Satzung einer AG muss er dies allerdings nicht; vgl § 17 Z 5 AktG.

17 RIS-Justiz RS0049329.

18 *N. Arnold/Pamperl* in Gruber/Harrer, GmbHG² § 15 Rz 18; zulässig ist jedoch die Bestellung einer jP zum Liquidator einer AG u einer Bank-GmbH nach § 206 AktG bzw § 82 Abs 4 BWG; vgl *Reich-Rohrwig*, GmbHR I² Rz 2/31 FN 20.

19 Vgl § 30e Abs 2.

20 Vgl § 30e Abs 1.

Eigenschaft der GF einer GmbH vor.[21] Weder verlangt das Gesetz nach einer bestimmten (förmlichen) Befähigung noch nach einer fachlichen Eignung. Auch das Begehen oder die Verurteilung wegen einer strafbaren Handlung oder der Umstand, dass sich die zu bestellende Person bereits in Haft befindet, ist kein Hinderungsgrund.[22] Konsequenterweise verliert ein GF auch durch seine Inhaftierung seine Organstellung nicht.[23] Unter Umständen ist die Bestellung eines Not-GF möglich oder sogar geboten (vgl § 15a Rz 8). Geschäftsführer können grds Gesellschafter oder Dritte sein.[24] Es ist auch nicht maßgeblich, ob sie österr Staatsbürger sind oder nicht.[25] Es ist ausreichend, wenn zumindest ein GF seinen gewöhnlichen Aufenthalt im Inland hat (vgl § 15a Abs 2).[26]

Aus diesen – weitgehend fehlenden – Anforderungen an den (unternehmensrechtlichen) GF wird auch der Untersch zum **gewGF** (zu diesem unten Rz 73 ff) klar: Letzterer ist für die Einhaltung der gew Vorschriften verantwortlich u muss daher – damit man v einer Eignung hiefür ausgehen kann – bestimmte Anforderungen erfüllen. Die Terminologie ist verwirrend u die Bezeichnung „GF" für den gewGF eigentlich irreführend. Passender wäre, den gewGF als gew „Verantwortlichen" zu bezeichnen, um den Untersch zum unternehmensrechtlichen GF als vertretungsbefugtes Organ zum Ausdruck zu bringen.

Weitere Eigenschaften, die v potenziellen GF erfüllt werden müssen, können **im GesV** festgelegt werden. In Betracht kommt insb ein bestimmtes Mindestalter, die Notwendigkeit zu einem bestimmten Berufs-

12

---

21 *N. Arnold/Pamperl* in Gruber/Harrer, GmbHG² § 15 Rz 15 f; *Reich-Rohrwig*, GmbHR I² Rz 2/33; *Straube/Ratka/Stöger/Völkl* in Straube/Ratka/Rauter, GmbHG § 15 Rz 25.
22 Vgl OGH 27.10.1994, 6 Ob 28/94; Zu beachten ist jedoch, dass das Begehen bestimmter strafbarer Handlungen durch einen GF zur Verweigerung bzw zum Entzug der Gewerbeberechtigung der Gesellschaft führen kann, vgl § 13 Abs 7 GewO.
23 *Straube/Ratka/Stöger/Völkl* in Straube/Ratka/Rauter, GmbHG § 15 Rz 24 f.
24 RIS-Justiz RS0059878; Ausnahmen bestehen für Gesellschaften bestimmter Berufsgruppen, wie etwa für RA, vgl etwa § 21c Z 9a RAO. Zu den Ausnahmen s *Koppensteiner/Rüffler*, GmbHG³ § 15 Rz 15.
25 *N. Arnold/Pamperl* in Gruber/Harrer, GmbHG² § 15 Rz 30; *Reich-Rohrwig*, GmbHR I² Rz 2/31 ff. Eine Klausel im GesV, welche Unionsbürger diskriminiert, wäre nach A des EuGH rechtswidrig; vgl EuGH 6.6.2000, C-281/98 – *Angonese*; *Koppensteiner/Rüffler*, GmbHG³ § 15 Rz 15.
26 Dies folgt im Umkehrschluss aus § 15a Abs 2; vgl § 15a Rz 15; RIS-Justiz RS0059872.

stand, die Absolvierung einer bestimmten Ausbildung oder ein bestimmtes Verwandtschaftsverhältnis. Erfüllt ein bestellter GF nicht die im GesV vorgesehenen Voraussetzungen, so ist der Bestellungsbeschluss anfechtbar.[27] Auch wenn im GesV keine Qualifikationserfordernisse vorgesehen sind, so kann sich aus der Treuepflicht ergeben, dass keine völlig ungeeignete Person zum GF bestellt werden darf,[28] u kann ein solcher Bestellungsbeschluss ebenfalls angefochten werden.[29]

13 Zu beachten sind weiters uU sondergesetzliche **Unvereinbarkeiten**, wie sie etwa § 56 BDG, § 2 UnvereinbarkeitsG oder Art 126 B-VG normieren. Ob Bestellungsbeschlüsse, welche diese Verbote verletzen, anfechtbar sind, ist fraglich.[30] Die Bestellung v GF in GmbH, die der Kontrolle des Rechnungshofes unterliegen, hat nach den Vorschriften des Stellenbesetzungsgesetzes zu erfolgen.[31]

14 Ein GF einer GmbH ist in dieser Eigenschaft nicht automatisch **Unternehmer**.[32] Doch kann uU auch der GF in Einzelfällen als Unternehmer zählen. Entscheidend hierfür ist die Unternehmereigenschaft des Prinzipals u damit der GmbH iSd § 2 UGB.[33] Der GF ist sohin grds Verbraucher iSd KSchG;[34] nicht jedoch der Alleingesellschafter-GF. Maßgeblich ist, ob der betroffene Vertragspartner angesichts der Interessenidentität zw Gesellschafter u Gesellschaft in Wahrheit selbst unternehmerisch tätig wird. Auch wenn dies bei einem Allein- bzw Mehrheitsgesellschafter-GF oftmals am ehesten zu bejahen sein wird, steht der Unternehmereigenschaft nicht entgegen, dass ein Gesellschafter nur Minderheitsgesellschafter ist. Der bloße Umstand, ob der Gesellschafter

---

27 *Koppensteiner/Rüffler*, GmbHG³ § 15 Rz 15; *Reich-Rohrwig*, GmbHR I² Rz 2/36; *Straube/Ratka/Stöger/Völkl* in Straube/Ratka/Rauter, GmbHG § 15 Rz 33.
28 *Reich-Rohrwig*, GmbHR I² Rz 2/36.
29 *Straube/Ratka/Stöger/Völkl* in Straube/Ratka/Rauter, GmbHG § 15 Rz 34.
30 Vgl *Reich-Rohrwig*, GmbHR I² Rz 2/37 mwN.
31 § 1 Bundesgesetz über Transparenz bei der Stellenbesetzung im staatsnahen Unternehmensbereich, BGBl I 1998/26.
32 RIS-Justiz RS0059726.
33 *Straube/Ratka/Stöger/Völkl* in Straube/Ratka/Rauter, GmbHG § 15 Rz 15 ff mwN; Der OGH bejahte die Unternehmereigenschaft bspw für einen geschäftsführenden Mehrheitsgesellschafter (OGH 24.4.2012, 2 Ob 169/11h) u zwei zu jew 50% an einer GmbH beteiligten Gesellschafter-GF mit jew Einzelvertretungsbefugnis, wobei aber insgesamt eine wirtschaftliche Betrachtungsweise ausschlaggebend sei (OGH 24.6.2010, 6 Ob 105/10z).
34 Vgl RIS-Justiz RS0065238.

auch GF ist, ist ebenfalls nicht ausschlaggebend.[35] Ob ein bestimmtes Geschäft auf Seiten des GF in den Schutzbereich des KSchG fällt, hat dieser zu beweisen.[36]

IV. Aufgaben und Pflichten

Einem bestellten GF obliegen die im GmbHG geregelten sowie die im GesV vorgesehenen Rechte u Pflichten (s §§ 18 ff). Im Innenverhältnis treffen den GF die Pflichten gem §§ 1002 ff ABGB.[37] Die GF nehmen die **Arbeitgeberfunktionen** der Gesellschaft wahr.[38] 15

Der **ordentliche u gewissenhafte GF** ist verpflichtet, das Unternehmen nach gesicherten u praktisch bewährten betriebswirtschaftlichen Erkenntnissen zu leiten, sich über alle relevanten wirtschaftlichen Umstände u Entwicklungen zu informieren u sich stets ein genaues Bild v der Lage des Unternehmens, insb hinsichtlich des Gangs der Geschäfte, der Umsatzentwicklung u der Konkurrenzfähigkeit des Angebots zu machen.[39] 16

Zu den **Pflichten** des GF einer GmbH gehört es sohin, das Unternehmen unter Beachtung aller maßgebenden Rechtsvorschriften zu leiten, sich stets ein genaues Bild v der Lage des Unternehmens, insb v seiner Liquidität, zu verschaffen u alle Maßnahmen zu treffen, die geeignet sind, eine Schädigung dritter Personen, insb durch Eingehung neuer Verbindlichkeiten nach Eintritt der Zahlungsunfähigkeit, hintanzuhalten. Zu diesem Zweck hat der GF uU Weisungen an Handlungsbevollmächtigte zu erteilen, sich den Abschluss v Rechtsgeschäften vorzubehalten oder erteilte Handlungsvollmacht zu widerrufen bzw einzuschränken.[40] Dem GF kommen wegen der Verwaltung fremden 17

---

35 Eine Unternehmereigenschaft kann auch bei zwei jew selbstständig vertretungsbefugten GF zu bejahen sein, obwohl der eine GF Mehrheitsgesellschafter mit 51 % der Geschäftsanteile u der andere Minderheitsgesellschafter mit 49 % der Geschäftsanteile ist; vgl OGH 27.6.2016, 6 Ob 95/16p; *P. Bydlinski/Haas*, ÖBA 2003, 11; *B. Jud*, ÖJZ 2004/16, 241 (242 f); *Koppensteiner/Rüffler*, GmbHG³ § 15 Rz 16.
36 OGH 18.2.2010, 8 Ob 84/09z.
37 RIS-Justiz RS0019588; *Reich-Rohrwig*, GmbHR I² Rz 2/44.
38 *Geist*, ÖJZ 1992, 292; *Koppensteiner/Rüffler*, GmbHG³ § 15 Rz 16.
39 RIS-Justiz RS0059774 (T3).
40 OGH 9.1.1985, 3 Ob 521/84; 21.3.1989, 11 Os 158/88; 26.1.1990, 11 Os 23/89; 26.4.1990, 8 Ob 563/89; 1.9.1999, 9 ObA 101/99i.

Vermögens treuhänderische Funktionen u eine besondere Vertrauensstellung zu.[41] In strafrechtlicher Hinsicht unterfallen GF insb § 153 StGB.

18 Geschäftsführer, die ihre Obliegenheiten verletzen, **haften** der Gesellschaft nach den Bestimmungen des § 25 (s daher ausf § 25). Das DN-Haftungsprivileg findet nach hA auf GF keine Anwendung.[42]

V. Disqualifikation

18a Die Digitalisierungs-RL[43] wurde größtenteils mit dem GesDigG 2022 umgesetzt. Mit dem GesDigG 2023 wurde auch der Art 13i, welcher sich mit „**disqualifizierten Geschäftsführern**" befasst, in das nationale Recht übernommen. Mit dem GesDigG 2023 wurde § 15 um Abs 1a u Abs 1b ergänzt. Das **Ziel dieser Regelungen** ist es, betrügerisches Verhalten zu verhindern u den Schutz aller Personen sicherzustellen, die mit Gesellschaften interagieren. Personen, die bestimmte verpönte Handlungen (s dazu Gründe für eine Disqualifikation) begangen haben, sollen für eine gewisse Zeit nicht als vertretungsbefugte Organe einer KapGes in das FB eingetragen werden können. Die Regelung soll auch auf Vorstandsmitglieder v Gen angewendet werden, sofern die Tätigkeit mit jener v GF einer GmbH u Vorstandsmitgliedern einer AG vergleichbar ist. Daneben haben die Mitgliedstaaten ein **System zum grenzüberschreitenden Informationsaustausch** über disqualifizierte GF einzurichten. Behörden anderer EU-Mitgliedstaaten können über das System der Registervernetzung (BRIS) Informationen über Disqualifikationen anfordern.[44]

18b Die **Gründe für eine Disqualifikation** konnten v den Mitgliedstaaten festgelegt werden, aber im Allg sollten nur **wirtschaftsnahe Delikte** relevant sein, wie insb Betrug (§ 146 StGB), Untreue (§ 153 StGB) bis hin zu Abgabenbetrug (§ 39 FinStrG) – s hierfür § 15 Abs 1a. Außerdem führen strafgerichtliche Verurteilungen erst ab einer bestimmten Schwelle zu einer Disqualifikation. Die Grenze liegt bei einer Verurtei-

---

41 RIS-Justiz RS0059774 (T4).
42 *Koziol*, Haftpflichtrecht II³, A6 Rz 288; *Straube/Ratka/Stöger/Völkl* in Straube/Ratka/Rauter, GmbHG § 15 Rz 105; OGH 30.1.1979, 5 Ob 686/78, ÖJZ 1979/135; ASG Wien 25.4.1991, 4 Cga 3013/8, ARD 4325/16/16/91; OGH 26.1.2000, 9 ObA 326/99b.
43 RL 2019/1151/EU.
44 Vgl ErlRV 2228 BlgNR 27. GP 1.

lung zu einer sechs Monate übersteigenden Freiheitsstrafe, unabhängig davon, ob diese Strafe unbedingt verhängt oder bedingt nachgesehen wurde. Dasselbe gilt sinngemäß für derartige – also die Erheblichkeitsschwelle überschreitende – Verurteilungen wegen vergleichbarer Straftatbestände im Ausland (s Abs 1b). Die **Rechtsfolge der Disqualifikation** tritt *ex lege* ein u stellt ein **Hindernis** für die Bestellung oder weitere Ausübung der Funktion dar. Die Disqualifikation ist v FB-Gericht amtswegig zu beachten u als Eintragungshindernis zu werten. Der Antrag auf die – nur deklarativ wirkende – Eintragung eines disqualifizierten GF ist daher abzuweisen. Bei einem bereits eingetragenen GF ist eine nachträgliche Disqualifikation ein Grund für ein Vorgehen nach dem (ebenfalls mit GesDigG 2023 eingeführten) § 19a Abs 5 FBG. Ein disqualifizierter GF darf daher aufgrund einer Vorprüfung nicht im FB eingetragen werden oder bleiben. Kommt es allerdings dennoch zu einer solchen Eintragung oder wird sie nicht behoben, muss die Gesellschaft die an sich unrichtige bzw unrichtig gewordene Eintragung im Geschäftsverkehr mit Dritten gegen sich gelten lassen (§ 15 Abs 3 UGB). Ein Verstoß gegen diese Vorschriften macht daher die Bestellung oder Vertretungshandlungen nicht unwirksam.[45]

Die Disqualifikation ist zeitlich mit drei Jahren befristet. Liegt die Rechtskraft der Verurteilung mehr als drei Jahre zurück, erlischt die Disqualifikation u die verurteilte Person darf wieder zum GF einer GmbH bestellt werden.[46] § 15 Abs 1a u 1b sind mit 1. Jänner 2024 in Kraft getreten u sind auf Verurteilungen anzuwenden, deren Rechtskraft nach dem 31. Dezember 2023 eingetreten ist.[47]

18c

VI. Bestellung

Die Bestellung kann durch Beschluss der Gesellschafter oder – wenn Gesellschafter zu GF bestellt werden – im GesV erfolgen.[48] Es handelt sich dabei um einen **körperschaftsrechtlichen Organisationsakt**.[49] In

19

---

45 Vgl ErlRV 2228 BlgNR 27. GP 2 f.
46 Vgl ErlRV 2228 BlgNR 27. GP 3.
47 Vgl ME zum GesDigG 2023, 286/ME 27. GP, wonach diese Rechtsfolge für Verurteilungen nach dem 31.11.2023 vorgesehen war.
48 RIS-Justiz RS0059816 (T2).
49 *Koppensteiner/Rüffler*, GmbHG³ § 15 Rz 7. Zu einer differenzierenden A, ob die Bestellung als „körperschaftsrechtlicher Organisationsakt" bzw als

beiden Fällen kommt § 15 Abs 1 zur Anwendung u ist dieser zu beachten.[50] Jedenfalls trifft die Zuständigkeit die Gesellschafter, die durch Beschluss entscheiden u die diesbzgl Erklärungen gegenüber dem zu bestellenden GF abgeben. Eine Übertragung der Zuständigkeit der Gesellschafter zur Bestellung der GF auf den AR ist nicht zulässig (vgl auch § 29 Rz 69).[51]

20 Die **erstmalige Bestellung** der GF muss bereits in der Gründungsphase erfolgen, denn die Eintragung der Gesellschaft ins FB kann nur aufgrund einer Anmeldung erfolgen, die v sämtlichen GF unterzeichnet ist.[52]

21 Im GesV kann die Bestellung v GF durch den Bund, ein Land oder durch eine andere öffentlich-rechtliche Körperschaft vorbehalten werden (Abs 3). Eine solche Delegierung kann bspw dann sinnvoll sein, wenn die **öffentlich-rechtliche** Körperschaft zwar nicht Mehrheitsgesellschafter ist, jedoch die Gesellschaft wesentlich finanziert. Auch wenn der GF gem Abs 3 bestellt wurde, unterliegt dieser Weisungen der entspr Mehrheit.[53] Bei der Bestellung v GF in GmbH, welche der Kontrolle des Rechnungshofs unterliegen, hat eine öffentliche Ausschreibung nach den Bestimmungen des StellenbesetzungsG zu erfolgen.[54]

22 Zur Bestellung eines Not-GF s § 15a Rz 26 ff.

A. Auswahl

23 Durch den GesV können die Gesellschafter an die Wahl der v einer Gesellschaftergruppe namentlich vorgeschlagenen Person zum GF gebunden werden (**Namhaftmachungsrechte**).[55] Gesellschaftern können

---

Rechtsgeschäft zw Gesellschaft u GF zu qualifizieren ist; vgl *Straube/Ratka/Stöger/Völkl* in Straube/Ratka/Rauter, GmbHG § 15 Rz 35 f mwN.
50 RIS-Justiz RS0059829.
51 RIS-Justiz RS0132585; dies gilt auch für ein die Gesellschafter bindendes Nominierungsrecht des AR, RIS-Justiz RS0132585 (T1); *Straube/Ratka/Stöger/Völkl* in Straube/Ratka/Rauter, GmbHG § 15 Rz 40 mwN; zur aA, wonach die Bestellungskompetenz ggf auf ein anderes Organ übertragen werden kann, s *Koppensteiner/Rüffler*, GmbHG³ § 15 Rz 14.
52 Vgl § 9 Abs 11; *Straube/Ratka/Stöger/Völkl* in Straube/Ratka/Rauter, GmbHG § 15 Rz 7.
53 *Straube/Ratka/Stöger/Völkl* in Straube/Ratka/Rauter, GmbHG § 15 Rz 4.
54 §§ 1 f Stellenbesetzungsgesetz.
55 RIS-Justiz RS0059702; das Bestellungsorgan ist an das Vorschlagsrecht grds gebunden, es sei denn, dass wichtige Gründe iSd § 16 Abs 2 gegen eine Bestel-

auch **Zustimmungsvorbehalte** u **Entsendungsrechte** eingeräumt werden. In Syndikatsverträgen können Entsendungsrechte zw Gesellschaftern, aber auch Nichtgesellschaftern eingeräumt werden.[56] Bei deren Ausübung muss die Treuepflicht u das Gesellschaftsinteresse beachtet werden.[57] Liegt ein wichtiger Grund vor, hat die GV gewisse Möglichkeiten, zu reagieren, wie insb – je nach vorliegender Situation – die Nichtbestellung, Erzwingung einer Zustimmung u Abberufung.[58]

B. Bestellungsakt

1. Bestellung durch Beschluss

Der Bestellungsbeschluss kann – wie grds alle Gesellschafterbeschlüsse – auf folgende drei **Arten** erfolgen: 24

- Im Rahmen einer GV (GV-Beschluss);
- Als Umlaufbeschluss (§ 34, wenn alle Gesellschafter mit einem Umlaufbeschluss einverstanden sind);[59]
- Formlos (wenn alle Gesellschafter mit einem solchen Verfahren, aber va auch inhaltlich einverstanden sind).[60]

Eine notarielle Beurkundung ist im Rahmen der Beschlussfassung nicht notwendig.[61] Zum Formerfordernis betr den **Nachw** der Bestellung bei Eintragung ins FB vgl Rz 40.

Eine einfache **Mehrheit** ist grds ausreichend,[62] es sei denn, dass im GesV etwas anderes vorgesehen ist. Wird der Bestellungsbeschluss hingegen vor Eintragung der Gesellschaft gefasst, muss dieser einstimmig erfolgen.[63] Dies gilt auch für Bestellungen im GesV vor Eintragung der 25

---

lung sprechen; vgl *Straube/Ratka/Stöger/Völkl* in Straube/Ratka/Rauter, GmbHG § 15 Rz 41 mwN.
56 *Straube/Ratka/Stöger/Völkl* in Straube/Ratka/Rauter, GmbHG § 15 Rz 41.
57 *Koppensteiner/Rüffler*, GmbHG³ § 15 Rz 12; *Reich-Rohrwig*, GmbHR I² Rz 2/70; *Straube/Ratka/Stöger/Völkl* in Straube/Ratka/Rauter, GmbHG § 15 Rz 41.
58 *Koppensteiner/Rüffler*, GmbHG³ § 15 Rz 12.
59 RIS-Justiz RS0059822.
60 *Straube/Ratka/Stöger/Völkl* in Straube/Ratka/Rauter, GmbHG § 15 Rz 47.
61 RIS-Justiz RS0059822.
62 § 39 Abs 1.
63 *Straube/Ratka/Stöger/Völkl* in Straube/Ratka/Rauter, GmbHG § 15 Rz 49 mwN.

Gesellschaft (vgl Rz 27). Wenn ein Gesellschafter selbst zum GF bestellt (oder als solcher abberufen) werden soll, so ist er bei der Beschlussfassung in der Ausübung seines Stimmrechtes nicht beschränkt.[64]

26 Die Bestellung eines GF kann entweder auf unbestimmte Zeit oder auch lediglich auf eine bestimmte Zeit beschlossen werden.[65] Auch wenn eine **befristete Bestellung** erfolgt, kann der GF grds jederzeit abberufen werden (vgl § 16).[66] Davon zu unterscheiden ist die Frage, ob u wann ein schuldrechtliches Verhältnis (Anstellungsvertrag etc) mit dem GF beendet werden kann.

2. Bestellung im Gesellschaftsvertrag

27 Neben einer Bestellung durch einen Gesellschafterbeschluss (vgl Rz 24 ff) können Gesellschafter im **GesV** zum GF bestellt werden (Abs 1 S 4). Die Möglichkeit der Bestellung im GesV steht ausschließlich für Gesellschafter offen u ist auf die Dauer ihrer Gesellschafterstellung beschränkt. Die Bestellung im GesV muss bis zur Eintragung der Gesellschaft einstimmig erfolgen.[67]

28 Im GesV kann auch eine beschränkte **Dauer** der Bestellung vorgesehen sein (vgl Rz 26). Die Bestellung endet aber, wie bereits erwähnt, jedenfalls bei Beendigung der Gesellschafterstellung.[68] Scheidet ein Gesellschafter-GF, der im GesV zum GF bestellt wurde, aus der Gesellschaft aus, erlischt seine GF-Stellung ipso iure.[69] Auch wenn der ausgeschiedene Gesellschafter zu einem späteren Zeitpunkt wieder eintritt, wird er ohne weitere Bestellung (Bestellungsbeschluss oder Änderung des GesV) nicht wieder zum GF.[70]

---

64 § 39 Abs 5; *Koppensteiner/Rüffler*, GmbHG[3] § 15 Rz 11.
65 Bei Gesellschafter-GF beachte jedoch § 15 Abs 1 letzter S, wonach die Bestellung eines Gesellschafter-GF nur für die Dauer des Gesellschafterverhältnisses erfolgen kann; *Straube/Ratka/Stöger/Völkl* in Straube/Ratka/Rauter, GmbHG § 15 Rz 39.
66 *Kalss/Nowotny/Schauer*, GesR[2] Rz 4/150.
67 *Straube/Ratka/Stöger/Völkl* in Straube/Ratka/Rauter, GmbHG § 15 Rz 49; *Umfahrer*, GmbH[7] Rz 4.10 mwN.
68 *Koppensteiner/Rüffler*, GmbHG[3] § 15 Rz 8.
69 *Straube/Ratka/Stöger/Völkl* in Straube/Ratka/Rauter, GmbHG § 15 Rz 57.
70 *Koppensteiner/Rüffler*, GmbHG[3] § 15 Rz 8; *Straube/Ratka/Stöger/Völkl* in Straube/Ratka/Rauter, GmbHG § 15 Rz 36; *Wünsch*, GesRZ 1990, 58; OGH 27.3.1957, 2 Ob 2/57.

Die Möglichkeit der Bestellung eines Gesellschafter-GF durch GesV besteht nicht nur vor der Eintragung der GmbH, sondern kann durch eine Satzungsänderung jederzeit erfolgen. Eine solche **Satzungsänderung** (nach der Gründung) benötigt eine qualifizierte Mehrheit[71] u ist der Beschluss der GV notariell zu beurkunden.[72] Die Bestellung wird in einem solchen Fall erst mit Eintragung ins FB wirksam.[73] 29

Werden im GesV sämtliche Gesellschafter zu GF bestellt, so gelten gem Abs 2 nur die der Gesellschaft bei Festsetzung dieser Bestimmung angehörenden Personen als die bestellten GF. Es handelt sich dabei um eine **Auslegungsregel** für Zweifelsfälle u ist diese daher auch nicht zwingend.[74] 30

3. Fehlerhafte Beschlüsse

a) Anfechtbare Beschlüsse

Ein Bestellungsbeschluss ist unter Einhaltung der Voraussetzungen des § 41 **anfechtbar**, wenn er gegen das Gesetz,[75] den GesV[76] oder die allg Treuepflicht bzw das Gesellschaftsinteresse verstößt.[77] Eine anfechtbare Bestellung liegt bspw vor, wenn mehr GF bestellt werden als im GesV vorgesehen, wenn gesv Qualifikationserfordernisse oder gesv Benennungsrechte nicht eingehalten wurden, wenn Entsendungsrechte missachtet wurden oder wenn die Zustimmung eines Gesellschafters, welchem ein Zustimmungsvorbehalt eingeräumt wurde, fehlt.[78] Ein Beschluss über die Bestellung eines Gesellschafter-GF ist auch dann an- 31

---

71 § 50 Abs 1.
72 *Straube/Ratka/Stöger/Völkl* in Straube/Ratka/Rauter, GmbHG § 15 Rz 58.
73 *Straube/Ratka/Stöger/Völkl* in Straube/Ratka/Rauter, GmbHG § 15 Rz 58; *Umfahrer*, GmbH[7] Rz 4.54 f mwN; *Reich-Rohrwig*, GmbHR I[2] Rz 2/45.
74 Entspr können auch zukünftige Gesellschafter durch Bestellungsbeschluss im GesV automatisch zu GF bestellt werden; vgl *Straube/Ratka/Stöger/Völkl* in Straube/Ratka/Rauter, GmbHG § 15 Rz 60; *Koppensteiner/Rüffler*, GmbHG[3] § 15 Rz 9.
75 Bspw keine ordnungsgemäße Einberufung der GV.
76 Bspw wenn vorgesehene Qualifikationserfordernisse, die festgesetzte Anzahl der GF oder Nominierungsrechte nicht (ausreichend) beachtet wurden.
77 *Koppensteiner/Rüffler*, GmbHG[3] § 15 Rz 17; *Reich-Rohrwig*, GmbHR I[2] Rz 2/74; *Straube/Ratka/Stöger/Völkl* in Straube/Ratka/Rauter, GmbHG § 15 Rz 51.
78 *Koppensteiner/Rüffler*, GmbHG[3] § 15 Rz 17; *Reich-Rohrwig*, GmbHR I[2] Rz 2/30.

fechtbar, wenn der Gesellschafter-GF bereits vor seiner Bestellung einen wichtigen Grund iSd § 16 Abs 2 verwirklicht, welcher seine Abberufung rechtfertigen würde (vgl § 16 Rz 42).[79]

32 Das **FB-Gericht** hat bei der bloß deklarativ wirkenden Eintragung auf eine allenfalls dieser entgegenstehende Bestimmung im GesV keine Rücksicht zu nehmen.[80] Auch wenn der Beschluss anfechtbar ist, hat das Gericht daher die angemeldete Eintragung des GF vorzunehmen, es sei denn, es unterbricht das Verfahren gem § 19 FBG.[81]

b) Unwirksame Beschlüsse

33 Ein Bestellungsbeschluss ist **unwirksam,** wenn der bestellte GF handlungsunfähig ist (vgl Rz 10). Auch wenn der Bestellungsbeschluss durch ein unzuständiges Organ erfolgt ist, handelt es sich um einen unwirksamen Beschluss.[82]

34 Bei unwirksamen Bestellungsbeschlüssen kann eine **Feststellungsklage** erhoben werden. Das FB-Gericht muss eine solche Unwirksamkeit des Beschlusses beachten.[83]

C. Wirksamkeit

35 Die Bestellung wird mit **Zustimmung** des GF sofort wirksam. Der GF muss der Übernahme des Amtes zustimmen, das Amt somit zumindest schlüssig annehmen.[84] Eine schlüssige Annahme der Bestellung wird in der Praxis im Regelfall dann vorliegen, wenn der zu bestellende GF eine Musterzeichnung abgibt oder an der eigenen Eintragung im FB mitwirkt.[85]

---

79 *Kalss*, RdW 2010/485, 461; *Straube/Ratka/Stöger/Völkl* in Straube/Ratka/Rauter, GmbHG § 15 Rz 52.
80 *N. Arnold/Pamperl* in Gruber/Harrer, GmbHG² § 15 Rz 14; *Koppensteiner/Rüffler*, GmbHG³ § 15 Rz 17; *Reich-Rohrwig*, GmbHR I² Rz 2/30.
81 *Straube/Ratka/Stöger/Völkl* in Straube/Ratka/Rauter, GmbHG § 15 Rz 53; *Reich-Rohrwig*, GmbHR I² Rz 2/75; **aA** *Gellis/Feil*, GmbHG⁷ § 15 Rz 5; OGH 10.11.1994, 6 Ob 31/94.
82 *Straube/Ratka/Stöger/Völkl* in Straube/Ratka/Rauter, GmbHG § 15 Rz 61; OGH 14.10.1993, 8 Ob 621/93.
83 *Straube/Ratka/Stöger/Völkl* in Straube/Ratka/Rauter, GmbHG § 15 Rz 53.
84 RIS-Justiz RS0059717.
85 *Straube/Ratka/Stöger/Völkl* in Straube/Ratka/Rauter, GmbHG § 15 Rz 37; dies jedoch nicht, wenn der avisierte GF die Musterzeichnung „quasi blind" abgibt, vgl VwGH 15.12.2021, Ra 2021/13/0078.

Nicht ausreichend für die Annahme einer schlüssigen Annahme der Bestellung ist die bloße Anwesenheit des zu bestellenden GF in der GV oder die Enthaltung des Gesellschafter-GF beim Bestellungsbeschluss.[86] Die Zustimmung kann zeitlich schon vor der Bestellung abgegeben werden.[87]

Die **Eintragung** ins FB hat lediglich deklarative Wirkung u ist daher für die Wirksamkeit der Bestellung nicht erforderlich. Daraus folgt, dass die GF auch vor ihrer Eintragung im Rahmen des § 15 zu Vertretungshandlungen für die Gesellschaft berechtigt sind.[88] Eine Ausnahme davon stellt die Bestellung eines Gesellschafter-GF im Rahmen einer Änderung des GesV dar (vgl Rz 27 ff).[89] Ebenso haftet der GF bereits vor Eintragung im FB nach den einschlägigen Bestimmungen (vgl § 25).[90] **36**

Durch die angenommene Bestellung zum GF werden direkte **Rechtsbeziehungen** nur zw dem GF u der Gesellschaft begründet;[91] denn Parteien des Rechtsverhältnisses sind die GmbH u der GF, nicht der/die Gesellschafter u der GF.[92] Der GF ist daher nur der Gesellschaft gegenüber zur Tätigkeit verpflichtet, verantwortlich u haftbar, nicht aber gegenüber den einzelnen Gesellschaftern.[93] **37**

Eine **Prokura**, welche für den nunmehr bestellten GF erteilt wurde, erlischt mit der Bestellung zum GF.[94] Das Erlöschen der Prokura ist (wohl im Regelfall unter einem mit der Anmeldung der GF-Bestellung) beim FB anzumelden u die Löschung zu beantragen. **38**

---

86 *Straube/Ratka/Stöger/Völkl* in Straube/Ratka/Rauter, GmbHG § 15 Rz 38.
87 *Duursma et al*, HB GesR, Rz 2830; *Straube/Ratka/Stöger/Völkl* in Straube/Ratka/Rauter, GmbHG § 15 Rz 55.
88 RIS-Justiz RS0059880.
89 Gem § 49 Abs 2 hat die Abänderung des GesV nämlich keine rechtliche Wirkung, bevor sie ins FB eingetragen ist.
90 Vgl iZm der abgabenrechtlichen Haftung trotz fehlender FB-Eintragung VwGH 15.12.2021, Ra 2021/13/0078.
91 RIS-Justiz RS0059354 (T1).
92 RIS-Justiz RS0059354.
93 RIS-Justiz RS0059354 (T2).
94 *Koppensteiner/Rüffler*, GmbHG³ § 15 Rz 16; OLG Wien 23.5.1975, 3 R 110/75, NZ 1976, 43.

D. Anmeldung

39 Die jew GF u das Erlöschen oder eine Änderung ihrer Vertretungsbefugnis sind ohne Verzug **zum FB anzumelden**.[95] Die Anmeldung ist v den GF in vertretungsbefugter Zahl vorzunehmen, die Gesellschafter trifft keine Anmeldepflicht iSd § 24 FBG.[96]

40 Der Anmeldung ist der **Nachw der Bestellung** oder der Änderung in beglaubigter Form beizufügen.[97] Als solcher Nachw kommen ein notarielles Protokoll, ein Privatprotokoll mit notarieller Beglaubigung aller Unterschriften, eine Privaturkunde des Bestellungsbeschlusses in der GV oder der Beschlussfassung nach § 34 mit notarieller Beglaubigung aller Unterschriften in Frage (zur erforderlichen Form einer Stimmrechtsvollmacht zur Bestellung eines GF vgl § 39 Rz 43).[98]

41 Zugleich haben die neuen GF ihre Unterschrift vor dem FB-Gericht zu zeichnen oder die Zeichnung in beglaubigter Form vorzulegen (**Musterzeichnung**, vgl § 17).[99] Weiters ist eine Zustellanschrift bei der Anmeldung anzugeben.[100]

42 Verweigert ein anderer GF seine hierfür notwendige **Mitwirkung**, so kann er dazu nur v der Gesellschaft im Klageweg verhalten werden.[101]

43 Die Bestellung eines GF kann auch unter einer aufschiebenden oder auflösenden Bedingung erfolgen.[102] Ist die Bestellung zum GF bis zur FB-Eintragung **aufschiebend bedingt**, kann sich ein anderer GF, der seine Mitwirkung zur Anmeldung ohne stichhaltigen Grund verweigert hat, nicht auf den Nichteintritt der Bedingung berufen.[103]

---

95 § 17 Abs 1.
96 *Straube/Ratka/Stöger/Völkl* in Straube/Ratka/Rauter, GmbHG § 15 Rz 62.
97 § 17 Abs 1 2. Satz.
98 *Straube/Ratka/Stöger/Völkl* in Straube/Ratka/Rauter, GmbHG § 15 Rz 62; *Umfahrer*, GmbH[7] Rz 4.57; OGH 22.10.1987, 6 Ob 17/87.
99 § 17 Abs 1 S 3.
100 Nicht erforderlich ist die Anschrift eines Wohnsitzes; vgl *Kalss/Nowotny/Schauer*, GesR[2] Rz 4/143.
101 RIS-Justiz RS0059923. Für die ordnungsmäßige Vertretung der Gesellschaft hierbei kann erforderlichenfalls durch die Bestellung eines Kollisionskurators, wenn es lediglich um die Durchsetzung der Anmeldung geht, oder durch die Bestellung eines Not-GF nach § 15a gesorgt werden; vgl § 15a Rz 57.
102 *Koppensteiner/Rüffler*, GmbHG[3] § 15 Rz 7; *Zöllner/Noack* in Baumbach/Hueck, GmbHG[21] § 35 Rz 16; BGH 24.10.2005, II ZR 55/04, ZIP 2005, 2255.
103 RIS-Justiz RS0059923 (T3).

Wenn vorgesehen ist, dass die Vertretungsbefugnis ab Eintragung ins FB beginnt, so ist davon das **Eintragungsbegehren** selbst noch nicht umfasst.[104] In einem solchen Fall muss die FB-Anmeldung durch andere vertretungsbefugte Organe erfolgen. Eine solche Klausel ist in der Praxis daher nicht empfehlenswert. Von FB-Gerichten akzeptiert wird bei Neueintragungen v GmbH aber der Hinweis in der FB-Anmeldung, dass die GF „ab dem Zeitpunkt der Eintragung der Gesellschaft ins FB" vertreten. Dies ist insoweit konsistent, als genau dieser Tag im ersten FB-Auszug auch als Beginn der Vertretungsbefugnis aufscheint. Dass ein Handeln schon vor der Eintragung Rechtswirkungen für die später eingetragene Gesellschaft hervorrufen kann, schadet hier nicht.

44

VII. Beendigung der Organstellung

Die Organstellung eines GF endet durch:

45

- Abberufung (vgl § 16);
- Rücktritt des GF (vgl § 16a);
- Tod des GF;[105]
- Verlust der Handlungsfähigkeit;
- Eintritt einer auflösenden Bedingung bzw der Befristung.

Durch die Beschränkung der vollen u unbeschränkten **Handlungsfähigkeit** des GF einer GmbH (zB Bestellung eines Erwachsenenvertreters)) endet *ex lege* seine Organstellung als GF.[106] Der für den GF bestellte Erwachsenenvertreter ist daher nicht ohne Weiteres zur Vertretung der GmbH im Prozess befugt.[107] Wenn die (übrigen) Gesellschafter einer GmbH die Geschäftsunfähigkeit des bestellten u im FB eingetragenen GF erkennen konnten u dessen Handeln für die Gesellschaft hätten verhindern können, sie aber nicht unverzüglich u ziel-

46

---

104 RIS-Justiz RS0059923 (T4).
105 Die Verlassenschaft tritt nicht in die Organstellung ein; vgl *Umfahrer*, GmbH[7] Rz 4.6; OLG Wien 21.10.1993, 6 R 67/93, NZ 1994, 214.
106 RIS-Justiz RS0129579.
107 RIS-Justiz RS0000619.

führend darauf reagierten, haftet die GmbH nach Rechtsscheingrundsätzen für das v geschäftsunfähigen GF geschlossene Geschäft.[108]

47 Sollte der Fall eintreten, dass **sämtliche GF** nach Eintragung der Gesellschaft wegfallen, so führt dies nicht zur Auflösung oder Amtslöschung der Gesellschaft.[109] Unter Umständen ist jedoch ein Not-GF zu bestellen (vgl § 15a).

VIII. Anstellungsverhältnis

48 Wie bei Vorstandsmitgliedern der AG ist auch bei den GF der GmbH zw ihrer auf einem Gesellschafterbeschluss (§ 15 Abs 1 S 3) oder dem GesV (§ 15 Abs 1 S 4) beruhenden **Bestellung** – welche ihnen die körperschaftsrechtliche Funktion als vertretungsbefugte Organe der Gesellschaft verleiht – u dem die rein schuldrechtlichen Beziehungen im Innenverhältnis zur Gesellschaft regelnden **Anstellungsverhältnis** zu unterscheiden.[110] Durch den Beschluss der Gesellschafter wird nur die Vertretungsmacht erteilt, während das innere Verhältnis der Gesellschaft zum GF durch Vertrag begründet wird.[111] Im Einzelfall können sich Willenserklärungen auf beide Rechtsverhältnisse beziehen.[112]

49 Durch die Trennung zw Organ- u Anstellungsfunktion ergibt sich, dass wenn die Gesellschaft den Anstellungsvertrag verletzt, der GF seine organschaftlichen Pflichten nicht mit der Berufung auf die **Zug-um-Zug-Einrede** verweigern darf.[113]

---

108 RIS-Justiz RS0114554; § 15 UGB schützt somit nicht das Vertrauen auf die Handlungsfähigkeit des Eingetragenen; vgl *Straube/Ratka/Stöger/Völkl* in Straube/Ratka/Rauter, GmbHG § 15 Rz 21.
109 *Koppensteiner/Rüffler*, GmbHG³ § 15 Rz 6; *Straube/Ratka/Stöger/Völkl* in Straube/Ratka/Rauter, GmbHG § 15 Rz 7.
110 RIS-Justiz RS0027940; zum Meinungsstreit: *Stritzke*, GesRZ 2022, 21.
111 RIS-Justiz RS0059829.
112 VwGH 25.6.1990, 89/15/0158; *Straube/Ratka/Stöger/Völkl* in Straube/Ratka/Rauter, GmbHG § 15 Rz 4, 66 ff.
113 *Koppensteiner/Rüffler*, GmbHG³ § 15 Rz 19; *Straube/Ratka/Stöger/Völkl* in Straube/Ratka/Rauter, GmbHG § 15 Rz 108.

A. Beispiele keines (direkten) Anstellungsverhältnisses

Übt der GF seine Tätigkeit **ehrenamtlich** aus, so bedarf es keines Anstellungsverhältnisses.[114] Wirtschaftlich kann dies seinen Grund darin haben, dass der GF (Allein-)Gesellschafter der Gesellschaft ist u ihm somit das Ergebnis seiner Tätigkeit auf anderem Wege als durch Gehaltszahlungen etc zukommt. Mitunter lauern hier steuer- u sozialversicherungsrechtliche Fallen, wenn etwa Vorabentnahmen als versteckte Gehaltszahlungen qualifiziert werden. 50

Insbesondere bei Konzerngesellschaften ist es nicht unüblich, dass der GF einen Anstellungsvertrag (nur) mit der Konzernobergesellschaft (oder einer anderen verbundenen Gesellschaft) abschließt. Bei diesen sog **„Drittanstellungen"** handelt es sich um typische Fälle der Arbeitskräfteüberlassung.[115] Das Weisungsrecht des Überlassers (aufgrund des Anstellungsvertrags zw GF u Drittem) darf bei einer Drittanstellung keinesfalls dem gesellschaftsrechtlichen Weisungsrecht der Beschäftiger-GmbH oder der Sorgfaltspflicht des GF widersprechen. Ein solcher Anstellungsvertrag wäre daher teilnichtig.[116] Solche Drittanstellungen sind insb bei Konzernen u bei GmbH & Co KG der Fall.[117] 51

B. Arbeitnehmereigenschaft

Die Frage, ob ein GF einer GmbH auch **AN** iSd §§ 1151 ff ABGB ist, hängt v Inhalt der getroffenen Vereinbarung ab.[118] Dass ein GF nicht AN iSd privatrechtlichen AN-Begriffs wäre, kann allein aus seiner Stellung als GF nicht abgeleitet werden.[119] 52

Der **Anstellungsvertrag** v GF der GmbH muss keineswegs immer ein Dienstvertrag iSd §§ 1151 ff ABGB sein; nach dem Inhalt der zw der Gesellschaft u dem GF getroffenen Vereinbarungen kann der Anstellung im Einzelfall auch ein sog „freier Dienstvertrag", ggf aber auch nur ein 53

---

114 Auch wenn der GF ein Entgelt in einer Höhe erhält, welches lediglich als Aufwandsentschädigung anzusehen ist, liegt Ehrenamtlichkeit vor; vgl VwGH 3.11.1981, 81/14/0041 (RS3).
115 *Straube/Ratka/Stöger/Völkl* in Straube/Ratka/Rauter, GmbHG § 15 Rz 75 ff mwN.
116 *Resch*, GesRZ 2005, 76 mwN.
117 *Koppensteiner/Rüffler*, GmbHG³ § 15 Rz 20.
118 RIS-Justiz RS0027929 (T3).
119 RIS-Justiz RS0027940 (T1).

Werkvertrag oder ein Auftragsverhältnis zugrunde liegen.[120] Bei einer Drittanstellung (vgl Rz 51) ist die AN-Eigenschaft des überlassenen GF im Verhältnis zur Überlasser-Gesellschaft zu prüfen.[121] Wird zB ein RA für einige wenige Tätigkeiten zum GF bestellt, liegt uU kein Anstellungsverhältnis, sondern ein Mandats- oder Werkvertrag vor.[122] Bei Gesellschafter-GF, welche nach dem GSVG pflichtversichert sind (das sind va jene, die über 25% an einer GmbH beteiligt sind) zählen auch Gewinnausschüttungen zur Bemessungsgrundlage für die Festsetzung der Sozialversicherungsbeiträge.[123] Seit 1.1.2016 sind im Rahmen der KESt-Anmeldung Ausschüttungen an nach dem GSVG pflichtversicherte Gesellschafter-GF anzugeben.

54 Je nach konkreter Stellung des GF u der rechtlichen Qualifikation finden die entspr **arbeits-, sozial- u steuerrechtlichen Bestimmungen** Anwendung oder nicht.[124]

C. Anstellungsvertrag

1. Grenzen des Anstellungsvertrags

55 Der Anstellungsvertrag darf nicht dem Organisationsrecht des GmbHG widersprechen. **Widerspricht** der Anstellungsvertrag dem Gesetz, so ist er zumindest in jenem Ausmaß nichtig (§ 879 ABGB).[125] Widerspricht

---

120 RIS-Justiz RS0027929; *Straube/Ratka/Stöger/Völkl* in Straube/Ratka/Rauter, GmbHG § 15 Rz 83 ff, 102 ff; im Regelfall wird es sich aber um einen Arbeitsvertrag oder einen freien Dienstvertrag handeln; vgl *Ettmayer*, ÖJZ 2011/63, 583 mwN.

121 *Resch*, GesRZ 2005, 76; VwGH 7.11.1978, 1285/77, RdA 1979, 146.

122 *Straube/Ratka/Stöger/Völkl* in Straube/Ratka/Rauter, GmbHG § 15 Rz 67.

123 § 25 Abs 1 GSVG.

124 Für die sozialversicherungsrechtliche Beurteilung ist relevant, ob der GF DN iSd § 4 Abs 2 ASVG ist. Für die steuerrechtliche Behandlung ist relevant, ob der GF an der Gesellschaft „wesentlich beteiligt" iSd § 22 Z 2 EStG ist. Ist der GF als AN (bzw AN-ähnlich) zu qualifizieren, sind ASGG, AuslBG, AngG, ASPG, AVRAG, UrlG, KautSchG, BEstG u BMVG anzuwenden; vgl ausf *Straube/Ratka/Stöger/Völkl* in Straube/Ratka/Rauter, GmbHG § 15 Rz 102 ff; *Koppensteiner/Rüffler*, GmbHG³ § 15 Rz 27 mwN.

125 Dies gilt auch dann, wenn im GesV Bestimmungen enthalten sind, welche auf das Anstellungsverhältnis rechtliche Wirkung entfalten, aber den gesetzl Bestimmungen widersprechen: Vgl *Straube/Ratka/Stöger/Völkl* in Straube/Ratka/Rauter, GmbHG § 15 Rz 80; *Koppensteiner/Rüffler*, GmbHG³ § 15 Rz 19.

ein Anstellungsvertrag dem GesV, so sind solche Bestimmungen zwar nicht unwirksam, aber organisationsrechtlich unbeachtlich.[126] Für den GF ist in Hinblick auf seine Pflichten daher in erster Linie das Gesetz (insb GmbHG), in zweiter Linie der GesV u erst dann der Anstellungsvertrag beachtlich. Bestimmungen des Anstellungsvertrags sind nur in dem Ausmaß relevant, als durch Gesetz u GesV ein Regelungsspielraum offen steht.[127] Innerhalb des Rahmens des GesV kann der Anstellungsvertrag die Befugnisse des GF erweitern (zB Verzicht auf die Erteilung v Weisungen).[128] Solange der GF sich im Rahmen seiner gesv vorgegebenen Befugnisse verhält, kann die Gesellschaft keine Verletzung des Anstellungsvertrags geltend machen.[129]

Der Regelungsspielraum ist sohin jedenfalls durch gesellschaftsrechtliche, gesetzl Bestimmungen u den GesV begrenzt, sowie wenn der GF als AN oder AN-ähnlich zu qualifizieren ist (Rz 52 ff), weiters durch arbeits- u sozialrechtliche gesetzl Bestimmungen.[130]   **56**

2. Abschlussberechtigte

Der Anstellungsvertrag wird v Seiten der Gesellschaft idR durch Gesellschafterbeschluss abgeschlossen,[131] dies gilt auch für das Gründungsstadium.[132] Der GV obliegt Abschluss, Abänderung u Beendigung des Anstellungsvertrags, sie vertritt die Gesellschaft gegenüber dem (künftigen) oder bestehenden) GF.[133] Gegenüber einem ehem GF, also wenn die Organstellung bereits beendet wurde, obliegt die Vertretung der Gesellschaft bzgl der Beendigung des Anstellungsverhältnisses den zu diesem Zeitpunkt bestehenden GF.[134]   **57**

---

126 Dies wäre bspw der Fall, wenn im GesV eine Beschränkung der Geschäftsführungsbefugnis nicht vorgesehen ist, im Anstellungsvertrag hingegen schon; *Koppensteiner/Rüffler*, GmbHG³ § 15 Rz 19.
127 *Straube/Ratka/Stöger/Völkl* in Straube/Ratka/Rauter, GmbHG § 15 Rz 80 ff.
128 *Koppensteiner/Rüffler*, GmbHG³ § 15 Rz 19.
129 *Koppensteiner/Rüffler*, GmbHG³ § 15 Rz 19.
130 *Straube/Ratka/Stöger/Völkl* in Straube/Ratka/Rauter, GmbHG § 15 Rz 101 f.
131 *Koppensteiner/Rüffler*, GmbHG³ § 15 Rz 20; *Straube/Ratka/Stöger/Völkl* in Straube/Ratka/Rauter, GmbHG § 15 Rz 66 mwN; OGH 27.3.1979, 5 Ob 526/79, GesRZ 1980, 94.
132 RIS-Justiz RS0059405.
133 *Straube/Ratka/Stöger/Völkl* in Straube/Ratka/Rauter, GmbHG § 15 Rz 72; OGH 22.2.2012, 3 Ob 217/11z.
134 *Straube/Ratka/Stöger/Völkl* in Straube/Ratka/Rauter, GmbHG § 15 Rz 72; *Mosler*, wbl 2002, 49; OGH 15.7.2011, 8 ObA 49/11f, mwN.

58 Ein **Gesellschafter-GF** ist an der Mitwirkung beim Abschluss des Anstellungsvertrags nicht gehindert, es handelt sich dabei nicht um ein Insich-Geschäft (vgl auch § 24).[135]

59 Durch Gesellschafterbeschluss (oder im GesV) kann ein **Dritter** zum Abschluss des Anstellungsvertrags im Namen der Gesellschaft bevollmächtigt werden (aber nicht für die Bestellung zum GF, vgl Rz 19). In Frage kommen hierfür jedenfalls andere Organe der Gesellschaft wie zB ein AR oder sonstiger Beirat, aber auch ein Dritter.[136] Ob hierfür die Gesellschaft zustimmen muss, ist umstritten[137] (bzgl Drittanstellungen vgl Rz 51).

3. Inhalt

60 Die **Hauptpflichten** des GF sind bereits durch das GmbH-Recht weitgehend normiert,[138] sodass diese im Anstellungsvertrag nicht genauer geregelt werden müssen. Den Vertragsparteien steht es jedoch offen, die Pflichten des GF im Anstellungsvertrag innerhalb der Grenzen (vgl Rz 55) zu konkretisieren. So kann zB ein über § 25 Abs 1 hinausgehender Sorgfaltsmaßstab vereinbart werden. Eine Lockerung oder Änderung der Pflichten selbst würde dem GmbHG widersprechen; eine solche Vereinbarung wäre daher unwirksam.[139]

61 Im Anstellungsvertrag wird im Regelfall die **Vergütung** des GF geregelt. Bei Gesellschafter-GF kann die Regelung der Vergütung bereits im GesV erfolgen.[140] Neben einem Fixum können gewinn- oder umsatz-

---

[135] *Koppensteiner/Rüffler*, GmbHG³ § 15 Rz 21; *Straube/Ratka/Stöger/Völkl* in Straube/Ratka/Rauter, GmbHG § 15 Rz 73; VwGH 1.7.1980, 2812/79, Arb 9885.

[136] *Koppensteiner/Rüffler*, GmbHG³ § 15 Rz 21 mwN; *Reich-Rohrwig*, GmbHR I² Rz 2/92; *Duursma et al*, HB GesR, Rz 2835; *Straube/Ratka/Stöger/Völkl* in Straube/Ratka/Rauter, GmbHG § 15 Rz 72; OGH 27.9.2006, 9 ObA 130/05s. In OGH 15.7.2011, 8 ObA 49/11f ließ der OGH die Frage der Zulässigkeit einer solchen Delegation offen, erachtete eine Bevollmächtigung im Einzelfall jedenfalls für zulässig.

[137] *Koppensteiner/Rüffler*, GmbHG³ § 15 Rz 20 mwN.

[138] *Koppensteiner/Rüffler*, GmbHG³ § 15 Rz 21; *Straube/Ratka/Stöger/Völkl* in Straube/Ratka/Rauter, GmbHG § 15 Rz 90.

[139] *Straube/Ratka/Stöger/Völkl* in Straube/Ratka/Rauter, GmbHG § 15 Rz 90.

[140] *Koppensteiner/Rüffler*, GmbHG³ § 15 Rz 21; *Straube/Ratka/Stöger/Völkl* in Straube/Ratka/Rauter, GmbHG § 15 Rz 91 mwN.

bezogene Tantiemen vereinbart werden.[141] Werden Tantiemen vereinbart, so empfiehlt es sich, hierfür eine möglichst detaillierte Regelung bereits im Anstellungsvertrag (oder GesV) vorzusehen.[142] Bezüglich der Höhe der Vergütung bestehen bei Fremd-GF nur die allg zivilrechtlichen Grenzen. Die Höhe der Vergütung für Gesellschafter-GF wird durch § 82 Abs 1 beschränkt, sodass ihnen keine überhöhten Vergütungen bezahlt werden dürfen.[143] Die Überwälzung der GF-Entlohnung bloß auf eine Gruppe v Gesellschaftern stellt sich als eine Verletzung des Grundsatzes der gleichmäßigen Behandlung der Gesellschafter dar. Wird gesetzwidrig eine Entlohnung zuerkannt, so schmälert diese den Reingewinn aller Gesellschafter. Wird sie gesetzwidrig oder statutenwidrig einem einzelnen Gesellschafter oder einer Gruppe v Gesellschaftern angelastet, dann verbleibt diesen der Anspruch auf den Reingewinn, der ihrem Anteil entspricht, weil sich der einzelne Gesellschafter eine rechtswidrige Belastung nicht gefallen lassen muss.[144]

Die Regelung v **Nebenpflichten** u -ansprüchen kann – u sollte – ebenfalls im Anstellungsvertrag vereinbart u festgehalten werden. Geschäftsführer haben nach hM einen gesetzl Anspruch auf Ersatz sämtlicher betriebl bedingter Aufwendungen, welcher im Anstellungsvertrag begrenzt, erweitert oder ausgeschlossen werden kann (soweit dies nicht § 879 ABGB widerspricht).[145] Auch Regelungen bzgl Urlaub, Entgeltfortzahlung im Krankenstand, Arbeitszeit, Wettbewerbsverbote u Konkurrenzklauseln können im Einzelfall sinnvoll sein.[146] 62

Zur Frage, inwieweit **Haftungsbeschränkungen**, -ausschlüsse oder Schad- u Klagloshaltungsvereinbarungen zw GF u Gesellschaft wirksam vereinbart werden können s ausf § 25 Rz 18 f. Jedenfalls kann die Gesellschaft dem GF den Abschluss einer D&O-Versicherung, bei welcher die 63

---

141 *Reich-Rohrwig*, GmbHR I² Rz 2/96; *Koppensteiner/Rüffler*, GmbHG³ § 15 Rz 22.
142 *Koppensteiner/Rüffler*, GmbHG³ § 15 Rz 22.
143 *Koppensteiner/Rüffler*, GmbHG³ § 15 Rz 22.
144 RIS-Justiz RS0059857.
145 *Straube/Ratka/Stöger/Völkl* in Straube/Ratka/Rauter, GmbHG § 15 Rz 101; *Reich-Rohrwig*, GmbHR I² Rz 2/100; *Koppensteiner/Rüffler*, GmbHG³ § 15 Rz 23.
146 *Straube/Ratka/Stöger/Völkl* in Straube/Ratka/Rauter, GmbHG § 15 Rz 101.

Gesellschaft Versicherungsnehmer u der GF Versicherter ist, zusichern (s § 25 Rz 39).[147]

4. Formererfordernisse

64 Eine bestimmte **Form** ist für den Anstellungsvertrag nicht erforderlich, sodass er auch mündlich oder konkludent abgeschlossen werden kann.[148] Aus praktischen Gründen (zB Beweissicherungsgründe, Vorlage zur Beweissicherung) empfiehlt sich jedoch jedenfalls der schriftliche Abschluss des Anstellungsvertrags.[149]

D. Beendigung des Anstellungsverhältnisses

65 Bei gleichzeitiger Abberufung als GF der GmbH u Kündigung des Anstellungsvertrages ist dasselbe Organ der Gesellschaft wie schon für die Bestellung u Anstellung, nämlich die GV, **zuständig**.[150] Die Kündigung des GF-Dienstvertrags des GF der Komplementärgesellschaft einer GmbH & Co KG vor seiner gesellschaftsrechtlichen Abberufung fällt ebenso in die Kompetenz der Gesellschafter der GmbH wie die Kündigung eines unmittelbar zur GmbH bestehenden GF-Vertrags.[151] Die Gesellschafter können natPers zum Ausspruch der Kündigung bevollmächtigen.[152]

66 Da die Beendigung des Angestelltenverhältnisses jedenfalls keinen strengeren **Anforderungen** unterliegen kann als die Abberufung des Gesellschafter-GF, kann mit der Stimme des Mehrheitsgesellschafters die Entlassung des GF (= Minderheitsgesellschafter) wirksam beschlossen werden, auch, wenn der GF Minderheitsgesellschafter ist.[153]

---

147 *Straube/Ratka/Stöger/Völkl* in Straube/Ratka/Rauter, GmbHG § 15 Rz 106.
148 *Wiesner*, RdW 1990, 355; *Reich-Rohrwig*, GmbHR I² Rz 2/79; *Straube/Ratka/Stöger/Völkl* in Straube/Ratka/Rauter, GmbHG § 15 Rz 68; OGH 6.12.2000, 9 ObA 273/00p.
149 *Koppensteiner/Rüffler*, GmbHG³ § 15 Rz 20.
150 RIS-Justiz RS0059817 (T1).
151 OGH 18.12.2020, 8 ObA 80/19a.
152 OGH 15.7.2011, 8 ObA 49/11f.
153 RIS-Justiz RS0059817.

Der GF einer GmbH ist zu einer **Klage** nach den §§ 105, 106 ArbVG 67
nicht legitimiert.[154] Auch der gekündigte GF einer GmbH, dessen Bestellung zum GF widerrufen wurde, wird damit allein nicht „einfacher"
Angestellter, sondern bleibt bis zum Ende des Dienstverhältnisses leitender Angestellter iSd § 36 ArbVG u ist somit v Entlassungsschutz des
§ 106 ArbVG ausgenommen.[155]

Die **Rechtsfolgen** aus der v der Beendigung der körperschaftsrechtlichen Funktion als GF der GmbH unabhängigen vorzeitigen Auflösung des Anstellungsvertrages sind nach den Bestimmungen des
AngG abzuhandeln, soweit nicht der Anstellungsvertrag anderes vorsieht.[156] 68

E. Gerichtszuständigkeit

Das **Arbeits- u Sozialgericht** ist zuständig für Ansprüche AN-ähnlicher 69
GF u AN-GF.[157] Für die anderen GF ist das **HG** zuständig (§ 51 Abs 1
Z 6 JN), ausgenommen davon sind faktische GF.[158]

IX. Faktischer Geschäftsführer

Der „faktische GF" wird zumeist als Person definiert, die das Unternehmen leitet, ohne wirksam zum unternehmensrechtlichen GF bestellt 70
worden zu sein. Dies ist häufig dann der Fall, wenn die eigentlich bestellten GF als Strohmänner ihre Organfunktionen nicht ausüben u stattdessen ein anderer (meist ein Mehrheitsgesellschafter) die Gesellschaft **tatsächlich** leitet.[159] Eine faktische Geschäftsführung liegt weiters vor,

---

154 Hinsichtlich des AN-Begriffs des zweiten Teils des ArbVG, der die gesetzl
Betriebsverfassung behandelt, ist nämlich nicht v allg AN-Begriff auszugehen, wie er v L u Rsp aufgrund des § 1151 ABGB entwickelt wurde,
sondern v dem davon abw Begriff des § 36 ArbVG. Vgl RIS-Justiz
RS0050959.
155 RIS-Justiz RS0050970.
156 RIS-Justiz RS0028944.
157 *Runggaldier/Schima*, Manager-Dienstverträge[4], 18 ff; OGH 14.2.1990,
9 ObA 41/90.
158 OGH 14.9.2011, 6 Ob 202/11s; *Straube/Ratka/Stöger/Völkl* in Straube/
Ratka/Rauter, GmbHG § 15 Rz 121.
159 RIS-Justiz RS0126308.

wenn eine Person aufgrund eines unwirksamen Bestellungsakts tätig wird (auch wenn die Unwirksamkeit unerkannt bleibt u sohin auch nicht einmal dem faktischen GF bekannt ist).[160]

71 Dem faktischen GF, mag er Gesellschafter oder Nichtgesellschafter sein, kommt **keine Befugnis** zu, die GmbH im rechtsgeschäftlichen Verkehr organschaftlich zu vertreten. Die Beurteilung seiner Vertretungsbefugnis hat ausschließlich nach vollmachtrechtlichen Grundsätzen zu erfolgen.[161] Ebenso hat der wirtschaftliche Eigentümer iSd WiEReG keine Vertretungskompetenz, soweit er nicht auch zugleich Vertretungsorgan oder Bevollmächtigter ist.[162]

72 Den faktischen GF treffen im Grunde die gleichen Pflichten wie den organschaftlich bestellten GF.[163]

X. Gewerberechtlicher Geschäftsführer

73 Der v der GewO als „gewGF" bezeichnete gew Verantwortliche muss keinesfalls auch organschaftlicher Vertreter der GmbH sein, die selbst Träger des Gewerberechts ist[164] (zur Terminologie oben Rz 11).

74 Der v Gewerbeinhaber bestellte gewGF ist gem § 39 Abs 1 GewO dem Gewerbeinhaber gegenüber für die fachlich einwandfreie Ausübung des Gewerbes u der Behörde gegenüber für die Einhaltung der **gew Vorschriften** verantwortlich. Seine Aufgabe ist es demnach (nur), auf die Einhaltung der gew Vorschriften zu achten.

75 Es kommt zu einem Vertrag zw der GmbH u dem gewGF.[165] Der gewGF ist daher gegenüber der GmbH für Schäden durch v ihm verschuldete Verletzungen gew Vorschriften zivilrechtlich haftbar.[166] Der

---

160 *Koppensteiner/Rüffler*, GmbHG³ § 15 Rz 2; *Straube/Ratka/Stöger/Völkl* in Straube/Ratka/Rauter, GmbHG § 15 Rz 8.
161 RIS-Justiz RS0126307.
162 RIS-Justiz RS0126307 (T2).
163 Zu einer differenzierenden A in Einzelfällen s *Straube/Ratka/Stöger/Völkl* in Straube/Ratka/Rauter, GmbHG § 15 Rz 10.
164 RIS-Justiz RS0049461.
165 *Straube/Ratka/Stöger/Völkl* in Straube/Ratka/Rauter, GmbHG § 15 Rz 139.
166 OGH 21.11.2006, 4 Ob 137/06k; *Koppensteiner/Rüffler*, GmbHG³ § 15 Rz 4; *Straube/Ratka/Stöger/Völkl* in Straube/Ratka/Rauter, GmbHG § 15 Rz 125.

gewGF haftet hingegen nicht für Verletzungen v AN-Schutzvorschriften,[167] Vorschriften betr die wirtschaftliche Führung des Unternehmens, des AuslBG,[168] des AÜG[169] u baurechtlicher Bestimmungen[170] (sehr wohl aber im Rahmen v Betriebsanlagen).[171] Er haftet gegenüber Dritten uU, wenn er eine drittschützende gew Vorschrift verletzt.[172]

Der **unternehmensrechtliche GF** ist v der Gewerbebehörde zu bestrafen, wenn er die Bestellung eines gewGF unterlässt.[173] Die Strafen für Verstöße gegen die gew Vorschriften sind dann ebenfalls gegen ihn zu verhängen.[174] Die Verhängung einer Verwaltungsstrafe gegenüber dem unternehmensrechtlichen GF kommt weiters in Frage, wenn dieser den gewGF nicht sorgfältig ausgewählt hat oder er duldet, dass der gewGF seine Pflichten verletzt.[175]

XI. Auswirkungen einer Insolvenz

A. Insolvenz der GmbH

Die Tatsache, dass das Vermögen der GmbH konkursverfangen ist, kann weder Abberufung noch Neubestellung des GF hindern.[176] Die Bestellung, aber auch die Abberufung des GF einer GmbH ist eine rein gesellschaftsinterne organisatorische Maßnahme, die für sich genommen auf die Vermögensverhältnisse der Gesellschaft keinen Einfluss nimmt.[177] Es bedarf daher in der Insolvenz der Gesellschaft **keiner Mitwirkung v Insolvenzorganen**,[178] außer eine solche E führte zu Ansprüchen des GF gegenüber der Gesellschaft.[179]

---

167 § 23 Arbeitsinspektionsgesetz.
168 VwGH 7.5.1997, 95/09/0187.
169 VwGH 22.11.1990, 90/09/0132.
170 *Reich-Rohrwig*, GmbHR I² Rz 2/75.
171 *Straube/Ratka/Stöger/Völkl* in Straube/Ratka/Rauter, GmbHG § 15 Rz 128 mwN.
172 *Koppensteiner/Rüffler*, GmbHG³ § 15 Rz 4 mwN.
173 § 367 Z 1, 2 GewO; VwGH 10.7.1962, 914/61, JBl 1963, 583.
174 § 9 VStG iVm § 370 Abs 1 GewO.
175 § 370 Abs 3 GewO; *Koppensteiner/Rüffler*, GmbHG³ § 15 Rz 4.
176 RIS-Justiz RS0059903 (T1).
177 RIS-Justiz RS0059891.
178 RIS-Justiz RS0059903.
179 RIS-Justiz RS0059903 (T1).

78 Die **Insolvenzeröffnung** über das Vermögen der GmbH hat auch nicht die Beendigung des Anstellungsvertrages zw der Gesellschaft u dem GF zur Folge, wenn dies nicht im Anstellungsvertrag ausdrücklich vorgesehen ist. Auch wenn der GF an der Gesellschaft beteiligt ist, steht dem Masseverwalter dennoch ein aus § 21 IO ableitbares ao Kündigungsrecht zu. Der Anstellungsvertrag ist nach Eröffnung der Insolvenz bis zu dem durch die Kündigung bestimmten Endigungstermin v Masseverwalter aus der Konkursmasse voll zu erfüllen u es sind alle Vergütungsansprüche aus diesem Vertrag für die genannte Zeit Masseforderungen nach § 46 Abs 1 Z 4 IO. Hingegen sind Abfertigungsansprüche, Urlaubsentschädigungsansprüche u andere Vergütungsansprüche, die aufgrund der Auflösung des Vertrages oder erst nach seiner Auflösung (zB Ruhegeldansprüche) entstehen, Insolvenzforderungen.[180]

79 Ob der GF Anspruch auf Insolvenzausfallsgeld nach dem IESG hat, richtet sich danach, ob AN-Eigenschaft vorliegt.[181]

B. Insolvenz des Geschäftsführers

80 Ein GF einer GmbH, über dessen Vermögen Insolvenz eröffnet wurde, bleibt für die Gesellschaft weiter vertretungsbefugt.[182] Die Bestellung eines GF gehört nicht zu den die Insolvenzmasse betr Rechtshandlungen. Anders verhält es sich bei Verfügungen über den Geschäftsanteil, aber diese trifft die betr Person in ihrer Funktion als Gesellschafter, aber nicht in ihrer Funktion als GF.[183] Eine Person, über deren Vermögen die Insolvenz eröffnet wurde, kann auch danach noch als GF bestellt werden.[184]

---

180 RIS-Justiz RS0059835.
181 *Straube/Ratka/Stöger/Völkl* in Straube/Ratka/Rauter, GmbHG § 15 Rz 99; OGH 23.2.2009, 8 ObS 4/09k.
182 *Kalss/Nowotny/Schauer*, GesR² Rz 4/142.
183 RIS-Justiz RS0113250; OGH 24.2.2000, 6 Ob 188/99m; RIS-Justiz RS0111974; OGH 27.5.1999, 8 Ob 281/98a; 7.6.1999, 8 Ob 280/98d.
184 *Straube/Ratka/Stöger/Völkl* in Straube/Ratka/Rauter, GmbHG § 15 Rz 21 mwN.

§ 15a. (1) Soweit die zur Vertretung der Gesellschaft erforderlichen Geschäftsführer fehlen, hat sie in dringenden Fällen das Gericht auf Antrag eines Beteiligten für die Zeit bis zur Behebung des Mangels zu bestellen.

(2) Dies gilt auch, wenn kein Geschäftsführer seinen gewöhnlichen Aufenthalt im Inland hat.

(3) Der Beschluss über die Bestellung des Geschäftsführers ist mit dessen Zustimmung sowie, sofern im Beschluss nichts anderes angeordnet ist, mit Zustellung an den Geschäftsführer wirksam.

idF BGBl I 2004/161

Literatur: *Griehser/Likar*, Die (angemessene) Entlohnung des Notgeschäftsführers – Probleme in der Praxis, RdW 2008/470, 508; *Kögel*, Die Not mit dem Notgeschäftsführer bei der GmbH, NZG 2000, 20; *Pöltner*, Checkliste Notgeschäftsführer, ecolex 2002, 520; *Pöltner*, Der Notgeschäftsführer in der GmbH (2002); *Pöltner*, Zum Entlohnungsanspruch des Notgeschäftsführers, wbl 2000, 102; *Schummer*, Zum Entlohnungsanspruch gerichtlich bestellter Funktionsträger, insbesondere des Notgeschäftsführers, NZ 1990, 113; *Westermann*, Der Notgeschäftsführer – ein Mann zwischen den Fronten, in FS Kropf (1997) 681; *Wünsch*, Der Notgeschäftsführer iSd § 15a GmbHG, GesRZ 1985, 157; *Wünsch*, Die Organe der GmbH im Lichte der Novelle 1980, GesRZ 1980, 165.

Inhaltsübersicht

I. Allgemeines und Zweck	1–4
II. Voraussetzungen	5–25
A. Allgemeines	5–7
B. Vertretungsmangel	8–17
1. Formelles Fehlen	11
2. Faktisches Fehlen	12–14
3. Kein gewöhnlicher Aufenthalt im Inland (Abs 2)	15, 16
4. Keine Fälle eines Vertretungsmangels	17
C. Dringlichkeit	18–25
1. Keine zumutbaren sonstigen Möglichkeiten	21, 22
2. Fehlende Dringlichkeit	23–25
III. Verfahren	26–41
A. Antragslegitimation und Beteiligte	26–28
B. Antrag	29, 30
C. Entscheidung und Auswahl des Notgeschäftsführers	31–37
D. Wirksamkeit (Abs 3)	38–41
IV. Aufgaben und Tätigkeitsbereich	42–44
V. Entlohnung und Kostenersatz	45–52
VI. Beendigung	53–56
VII. Alternativen	57–63

I. Allgemeines und Zweck

1 § 15a bildet die gesetzl Grundlage für die Bestellung des sog „**Not-GF**". Die Bestellung eines solchen hat (nur) in dringenden Fällen auf Antrag eines Beteiligten durch das Gericht zu erfolgen, soweit die zur Vertretung der Gesellschaft erforderlichen GF fehlen u solange ein Vertretungsmangel vorliegt.

2 Zweck des § 15a ist – soweit diese Bestimmung überhaupt nicht nur dem Schutz der Gesellschaft, sondern auch v Dritten dient –, die Rechtsdurchsetzung gegen die Gesellschaft auch dann zu ermöglichen, wenn keine Organe zu deren Vertretung vorhanden sind.[1] § 15a soll den Eintritt eines Zustandes mangelnder aktiver Vertretung verhindern, da eben dieser der Gesellschaft, ihren Gläubigern u AN schweren Schaden zufügen kann.[2] § 15a wurde mit der Nov 1980 eingefügt. Es wurde hierfür die damals bereits bewährte Bestimmung des § 76 AktG übernommen.[3] Die Bestellung eines Not-GF soll nur ein Vertretungsdefizit beseitigen, nicht aber dazu dienen, Rechtshandlungen der Gesellschaft zu erzwingen.[4]

3 Die Bestellung eines Not-GF ist gegenüber der gesellschaftsautonomen Vorsorge für die Vertretung subsidiär. Sie soll auch nicht dazu dienen, Rechtshandlungen der Gesellschaft zu erzwingen.[5] Es handelt sich dabei um eine **Ultima Ratio**, die nur bei **kumulativem** Vorliegen der erforderlichen Voraussetzungen möglich ist.[6] Sobald ein Bestellungsmangel nicht mehr vorliegt, ist der gerichtl bestellte GF mittels gerichtl Enthebungsbeschlusses v seiner Funktion zu entheben (vgl Rz 54).

4 Ein Not-GF ist – bei Vorliegen der Voraussetzungen – auch in der Liquidationsphase zu bestellen („**Notliquidator**").[7] Ob bereits für eine

---

1 OGH 26.1.2006, 6 Ob 10/06y.
2 *Koppensteiner/Rüffler*, GmbHG[3] § 15a Rz 1; *Nowotny* in Doralt/Nowotny/Kalss, AktG[3] § 76 Rz 2.
3 EBRV 5 BlgNR 15. GP 6.
4 OGH 24.10.2019, 6 Ob 71/19p.
5 OGH 6.4.2006, 6 Ob 53/06x.
6 *Ratka* in Straube/Ratka/Rauter, GmbHG § 15a Rz 7; *Pöltner*, Der Notgeschäftsführer in der GmbH 62; *Altmeppen/Roth*, GmbHG[7] § 6 Rz 55; *Nowotny* in Doralt/Nowotny/Kalss, AktG[3] § 76 Rz 2.
7 Vgl § 92; wichtige Gründe iSd § 89 sind jedoch nicht der Prüfungsmaßstab für die Frage der Bestellung eines Notliquidators; andernfalls würde die Beschränkung der Antragslegitimation nach § 89 unterlaufen werden, vgl RIS-Justiz RS0132583.

vertretungslose **Vorgesellschaft** ein Not-GF bestellt werden kann, ist fraglich, nach hA aber wohl zu bejahen.[8] Ob bzw inwiefern für **Auslandsgesellschaften** mit tatsächlichem Verwaltungssitz im Inland die Bestellung eines Not-GF möglich ist, ist unklar.[9]

II. Voraussetzungen

A. Allgemeines

Die Bestellung eines Not-GF ist ausschließlich bei **kumulativem** Vorliegen folgender Voraussetzungen möglich: 5

- Vertretungsmangel (vgl Rz 8 bis 17),
- Dringlichkeit (vgl Rz 18 bis 25),
- Keine zumutbaren sonstigen Möglichkeiten (vgl Rz 21 bis 22),
- Auf Antrag eines Beteiligten (vgl Rz 26 bis 30).

Da es sich um einen einschneidenden Eingriff in die Willensbildung der   6
Gesellschaft handelt, sind die Voraussetzungen für die Bestellung eines Not-GF durch das FB-Gericht **streng auszulegen**.[10]

Die Frage, ob bzw wann ein Not-GF zu bestellen ist, ist einzelfall-   7
bezogen zu beurteilen u wirft regelmäßig **keine erhebliche Rechtsfrage** auf, es sei denn, dem Rekursgericht wäre eine auffallende Fehlbeurteilung unterlaufen.[11]

B. Vertretungsmangel

Die gerichtl Bestellung eines Not-GF setzt voraus, dass entweder über-   8
haupt keine GF vorhanden sind oder vorhandene GF ganz allg oder im Einzelfall nicht handeln können.[12] Die zur Vertretung der Gesellschaft erforderlichen GF fehlen schon dann, wenn die **aktive Vertretungsmacht** nicht mehr vorliegt.[13] Ob es sich dabei um ein „formelles Feh-

---

8 *Koppensteiner/Rüffler*, GmbHG[3] § 15a Rz 8 mwN.
9 *Ratka* in Straube/Ratka/Rauter, GmbHG § 15a Rz 6 mwN.
10 RIS-Justiz RS0059953; *Ratka* in Straube/Ratka/Rauter, GmbHG § 15a Rz 7.
11 OGH 26.4.2018, 6 Ob 67/18y.
12 OGH 26.1.2006, 6 Ob 10/06y.
13 *Wünsch*, GesRZ 1985, 157; diese ist nach § 18 Abs 2 u 3 zu beurteilen.

len"[14] oder „faktisches Fehlen" handelt, ist irrelevant.[15] Die Bestellung eines Not-GF ist auch möglich (u uU geboten), wenn ein GF zwar vorhanden ist, aber eine **Interessenkollision** vorliegt.[16]

9 In folgenden Fällen fehlt es an (ausreichender) aktiver Vertretungsmacht u liegt sohin ein Vertretungsmangel vor:

- Wegfall des einzigen (letzten) GF,
- Wegfall aller GF,
- Wegfall so vieler GF, dass die gesv vereinbarte Kollektivvertretung nicht mehr möglich ist.

10 Auf eine **FB-Eintragung** kommt es nicht an, weil diese nur **deklarativ** wirkt.[17]

1. Formelles Fehlen

11 Ein „formelles Fehlen" liegt insb bei einer **Abberufung**,[18] einem **Rücktritt**,[19] **Tod**,[20] dauerhaftem Verlust der **Geschäftsfähigkeit**,[21] **Ausscheiden** des in der Satzung bestellten Gesellschafter-GF, **Unwirksamkeit** des Bestellungsaktes u **Amtsbeendigung** aus sonstigen Gründen vor.[22]

2. Faktisches Fehlen

12 Ein „faktisches Fehlen" liegt vor, wenn zwar ausreichend viele GF bestellt sind, diese jedoch aus faktischen oder rechtlichen Gründen an der Vertretung der Gesellschaft **gehindert** sind oder ihre **Amtstätigkeit verweigern** u die Vertretung sohin lahmgelegt ist.[23] So kann die verwei-

---

14 *Koppensteiner/Rüffler*, GmbHG³ § 15a Rz 3.
15 *Ratka* in Straube/Ratka/Rauter, GmbHG § 15a Rz 9.
16 OGH 24.10.2019, 6 Ob 71/19p.
17 *Ratka* in Straube/Ratka/Rauter, GmbHG § 15a Rz 9; *Kögel*, NZG 2000, 20 (21); *Wünsch*, GesRZ 1985, 157.
18 § 16; Ein Fehlen wird bereits dann vorliegen, wenn eine Abberufungsklage erhoben u zu deren Sicherung eine einstweilige Verfügung erlassen wurde; vgl *Ratka* in Straube/Ratka/Rauter, GmbHG § 15a Rz 13, 23.
19 § 16a.
20 OLG Wien 16.3.1993, 6 R 48/92, NZ 1993, 176.
21 *Reich-Rohrwig*, GmbHR I² Rz 2/31 mwN; *Wünsch*, GesRZ 1985, 157.
22 *Pöltner*, Der Notgeschäftsführer in der GmbH 11 ff; *Ratka* in Straube/Ratka/Rauter, GmbHG § 15a Rz 13.
23 RIS-Justiz RS0060010; *Koppensteiner/Rüffler*, GmbHG³ § 15a Rz 3; *Ratka* in Straube/Ratka/Rauter, GmbHG § 15a Rz 14 ff; *Reich-Rohrwig*, GmbHR I² Rz 2/55; *Wünsch*, GesRZ 1985, 157 (158).

gerte Mitwirkung eines kollektivvertretungsbefugten GF uU einen Vertretungsnotstand bei der Verfügung über ein Konto der GmbH ergeben, welchem durch Bestellung eines Not-GF abgeholfen werden kann.[24]

Lehnt ein GF bloß einzelne Geschäftsführungsakte ab, weil er der A ist, es würde damit der Gesellschaft Schaden zugefügt werden, liegt es an der GV, die ihr notwendig erscheinenden Maßnahmen – zB Weisungsbeschlüsse oder eine Abberufung gem § 16 Abs 1 – zu ergreifen, u liegt sohin nach hA grds noch kein Fall für die Bestellung eines Not-GF vor.[25] **13**

Rechtliche Gründe, die in Handlungsverboten fußen, wie insb iZm **Interessenkollisionen, Prozessführung** zw Gesellschaft u GF oder **Befangenheit** u **Stimmverboten**, führen ebenfalls zu einem faktischen Fehlen u sohin zu einem Vertretungsmangel.[26] Bei einer lang andauernden schweren **Krankheit** oder einer **Inhaftierung** kann es ebenfalls zu einem faktischen Fehlen kommen.[27] **14**

3. Kein gewöhnlicher Aufenthalt im Inland (Abs 2)

Die Bestellung eines Not-GF hat auch dann zu erfolgen, wenn kein GF seinen gewöhnlichen Aufenthalt im Inland hat (Abs 2). Diese Norm ist insb deswegen zweckmäßig, weil mangels wenigstens eines GF mit gewöhnlichem Aufenthalt im Inland behördliche Zustellungen – je nach Aufenthalt des GF – erschwert oder unmöglich gemacht werden.[28] Dass nach dem Wortlaut des Abs 2 ein Not-GF auch dann zu bestellen ist, wenn kein GF seinen gewöhnlichen Aufenthalt im Inland hat, hingegen **15**

---

24 OGH 18.2.2021, 6 Ob 148/20p.
25 RIS-Justiz RS0059994; *Wünsch*, GesRZ 1985, 157 (158); vgl *Pöltner*, Der Notgeschäftsführer in der GmbH 49 ff; *Ratka* in Straube/Ratka/Rauter, GmbHG § 15a Rz 24: Die Rsp bejahte in Einzelfällen eine Not-GF-Bestellung auch bei Weigerung der Vornahme einzelner Vertretungshandlungen, so zB wenn eine Interessenkollision dadurch herbeigeführt wird, dass ein kollektivvertretungsbefugter GF an der Anmeldung eines neu bestellten weiteren kollektivvertretungsbefugten GF zum FB nicht mitwirkt u er als Gesellschafter Weisungen zur Vornahme der Anmeldung verhindern kann (OGH 16.10.1986, 6 Ob 36/85) oder wenn ein Gesellschafter-GF zu Unrecht seine Alleingesellschafterstellung behauptet u daher seinen Verpflichtungen aus dem GesV nicht nachkommt (OLG Wien 24.2.2006, 28 R 284/05y, NZ 2006, G 35). AA *Koppensteiner/Rüffler*, GmbHG[3] § 15a Rz 3.
26 Ausf *Ratka* in Straube/Ratka/Rauter, GmbHG § 15a Rz 18 ff mwN.
27 *Wünsch*, GesRZ 1985, 157.
28 JAB 421 BlgNR 15. GP 2.

aber sehr wohl innerhalb der EU, erscheint aus unionsrechtlicher Sicht bedenklich.[29] Handelt es sich lediglich um einen **vorübergehenden Auslandsaufenthalt**, der jederzeit beendet werden kann, liegen die Voraussetzungen für die Bestellung eines Not-GF nicht vor.[30] In diesem Fall muss ein dringender Fall vorliegen, damit eine Bestellung eines Not-GF möglich ist.[31]

16 Sobald auch nur ein GF seinen gewöhnlichen Aufenthalt in Ö hat, kommt eine Anwendung des Abs 2 nicht mehr in Frage.[32] Absatz 2 findet jedoch analog Anwendung, wenn **kein GF** (längerfristig) **erreichbar** oder **mit bekanntem Aufenthalt** vorhanden ist.[33]

4. Keine Fälle eines Vertretungsmangels

17 Wenn ausreichend GF vorhanden sind, diese jedoch für die Ausübung der Geschäftsführung **ungeeignet** erscheinen, weil es ihnen an den erforderlichen Kenntnissen fehlt, liegt noch kein Vertretungsmangel vor.[34] Wenn sich die Gesellschafter auf keinen GF einigen können u **keine für eine Bestellung erforderliche Mehrheit** zustande kommt, ist grds kein Not-GF zu bestellen, es sei denn, dass die Erfüllung gesetzl Verpflichtungen gefährdet ist oder ein Dritter ein berechtigtes Interesse an einer Not-GF-Bestellung hat.[35] Auch der Umstand, dass die Gesellschaft in Person des alleinvertretungsbefugten GF Auskunfts- bzw Herausgabeverpflichtungen nicht nachkommt, begründet kein Interesse an der Bestellung eines anderen GF.[36]

---

29 *Ratka* in Straube/Ratka/Rauter, GmbHG § 15a Rz 16.
30 Es sei denn, der GF weilt zB aus Furcht vor Strafverfolgung im Ausland; vgl *Wünsch*, GesRZ 1985, 157 (158).
31 *Koppensteiner/Rüffler*, GmbHG³ § 15a Rz 5; *Pöltner*, Der Notgeschäftsführer in der GmbH 33; *Ratka* in Straube/Ratka/Rauter, GmbHG § 15a Rz 16; *Reich-Rohrwig*, GmbHR I² Rz 2/59.
32 *Koppensteiner/Rüffler*, GmbHG³ § 15a Rz 4; *Ratka* in Straube/Ratka/Rauter, GmbHG § 15a Rz 16.
33 *Ratka* in Straube/Ratka/Rauter, GmbHG § 15a Rz 17; *Reich-Rohrwig*, GmbHR I² Rz 2/60.
34 *Ratka* in Straube/Ratka/Rauter, GmbHG § 15a Rz 9; *Wünsch*, GesRZ 1985, 157 (158).
35 *Ratka* in Straube/Ratka/Rauter, GmbHG § 15a Rz 11.
36 OGH 26.4.2018, 6 Ob 67/18y.

C. Dringlichkeit

Dringlichkeit liegt vor, wenn **ohne unverzügliche Abhilfe erhebliche Nachteile** für die Gesellschaft, ihre Gesellschafter oder für Dritte drohen.[37] Ob ein dringender Fall vorliegt, ist immer aus der Sicht der Person, die ihn geltend macht, zu beurteilen.[38] Irrelevant ist, ob die Vertretung für eine rechtsgeschäftliche Handlung oder für einen Rechtsstreit erforderlich wird[39] (vgl aber Rz 57 bis 63). 18

Ein dringender Fall iSd § 15a liegt zB dann vor, wenn es darum geht, dass der der gesellschaftlichen Wirklichkeit (Bestellung eines GF) entspr **FB-Stand** herbeigeführt werden soll;[40] wenn die zeitgerechte Erstellung u Offenlegung des **JA** gefährdet ist; wenn die Gesellschaft an der Ausübung ihres **Stimmrechts** in einer Beteiligungsgesellschaft gem § 39 Abs 4 rechtlich verhindert ist, weil der GF der Obergesellschaft zugleich ihr beherrschender Gesellschafter ist;[41] wenn eine **Interessenkollision** vorliegt, die bewirkt, dass der GF die Gesellschaft in einem Prozess nicht vertreten kann;[42] oder wenn (abgabenbehördliche) Zwangsstrafen der Gesellschaft oder deren Gesellschaftern drohen.[43] 19

Für einen **Gläubiger**, der nicht gleichzeitig Gesellschafter ist, liegt ein dringender Fall bereits dann vor, wenn kein vertretungsbefugtes Organ bestellt ist, dem gegenüber er wirksam Erklärungen abgeben kann u ihm dadurch ein Schaden droht.[44] 20

1. Keine zumutbaren sonstigen Möglichkeiten

Ein dringender Fall ist jedenfalls dann nicht anzunehmen, wenn die Gesellschaftsorgane in der Lage sind, den Mangel in angemessener Frist zu 21

---

37 RIS-Justiz RS0059953.
38 *Koppensteiner/Rüffler*, GmbHG³ § 15a Rz 5f.
39 *Wünsch*, GesRZ 1985, 157.
40 RIS-Justiz RS0059946.
41 *Ratka* in Straube/Ratka/Rauter, GmbHG § 15a Rz 21, 26.
42 *Koppensteiner/Rüffler*, GmbHG³ § 20 Rz 25; OGH 24.1.2008, 6 Ob 270/07k.
43 OLG Wien 16.5.2022, 6 R 21/22k.
44 *Koppensteiner/Rüffler*, GmbHG³ § 15a Rz 5; **aA** (wonach passive Vertretungsmacht unerheblich sein soll) *Wünsch*, GmbHG § 15a Rz 3; OGH 30.4.1997, 9 ObA 78/97d; OLG Wien 16.3.1993, 6 R 48/92, NZ 1993, 176; auf die grds Behebbarkeit des Vertretungsmangels durch die Gesellschaft kann es hierbei nicht ankommen; vgl *Ratka* in Straube/Ratka/Rauter, GmbHG § 15a Rz 28.

22 beseitigen⁴⁵ bzw dem Dritten **andere zumutbare Mittel** zur Schadensabwehr zur Verfügung stehen.⁴⁶

Der Antragsteller (vgl Rz 27) muss daher vor einer Antragstellung auf Bestellung eines Not-GF die ihm zustehenden u zumutbaren Mittel ergriffen haben, um eine **gesellschaftsinterne Behebung** des Vertretungsmangels auf „ordnungsgemäßem Weg" (insb in Form eines GV-Beschlusses) herbeizuführen.⁴⁷ Dies gilt jedoch nicht für Fälle, bei denen die Bestellung eines Not-GF besonders dringlich erscheint, was wohl dann der Fall ist, wenn zB bereits durch die Dauer der Einberufungsprozedur erhebliche Nachteile drohen.⁴⁸ Ein dringender Fall für einen Gesellschafter wird daher wohl im Regelfall nur dann vorliegen, wenn seine Beteiligung für die Herbeiführung eines Bestellungsbeschlusses nicht ausreicht.⁴⁹ Steht einem Gesellschafter aufgrund seiner Beteiligung ein Einberufungsrecht für eine GV zu, so wird er wohl zuerst versuchen müssen, eine solche einzuberufen.⁵⁰

2. Fehlende Dringlichkeit

23 Der **Rücktritt eines GF** rechtfertigt noch nicht die Bestellung eines Not-GF, sofern der Gesellschafter nicht den Nachw dafür erbracht hat, dass er vergeblich versucht hat, eine Behebung des Vertretungsmangels durch einen Beschluss der GV zu erwirken.⁵¹

24 Ein Prozess, im Rahmen dessen ein Prozesskurator (vgl Rz 57) bestellt worden ist, begründet für sich allein noch kein rechtliches Interesse an der Bestellung eines Not-GF. Wenn bereits ein **Prozesskurator** nach

---

45 RIS-Justiz RS0059953.
46 *Pöltner*, Der Notgeschäftsführer in der GmbH 53 ff; *Ratka* in Straube/Ratka/Rauter, GmbHG § 15a Rz 25.
47 *Ratka* in Straube/Ratka/Rauter, GmbHG § 15a Rz 7; *Pöltner*, Der Notgeschäftsführer in der GmbH 64; *Koppensteiner/Rüffler*, GmbHG³ § 15a Rz 6; *Reich-Rohrwig*, GmbHR I² Rz 2/61; *Wünsch*, GesRZ 1985, 157 (158); OGH 27.2.2019, 6 Ob 26/19w; OLG Wien 21.6.1982, 5 R 70/82, NZ 1983, 77; 3.2.1994, 6 R 151/93, NZ 1994, 263.
48 *Ratka* in Straube/Ratka/Rauter, GmbHG § 15a Rz 7; *Pöltner*, Der Notgeschäftsführer in der GmbH 65; *Koppensteiner/Rüffler*, GmbHG³ § 15a Rz 6; *Reich-Rohrwig*, GmbHR I² Rz 2/61; OLG Wien 12.4.2006, 28 R 42/06m, NZ 2007, G 45; 21.6.1982, 5 R 70/82, NZ 1983, 77.
49 OGH 21.5.2003, 6 Ob 250/02m.
50 Vgl *Ratka* in Straube/Ratka/Rauter, GmbHG § 15a Rz 27; *Reich-Rohrwig*, GmbHR I² Rz 2/61; *Wünsch*, GesRZ 1985, 157 (158).
51 OLG Innsbruck 10.11.1995, 3 R 170/95.

§ 8 ZPO bestellt wurde u keine weiteren dringenden Vertretungsagenden als jene der konkreten Prozessführung anstehen, besteht mangels Dringlichkeit kein Anlass zur Bestellung eines Not-GF.[52] Auch dann, wenn die handlungsunfähige Gesellschaft in gegen sie angestrengten Zivilprozessen durch prozessbevollmächtigte RA vertreten ist, ist die Bestellung eines Not-GF nicht erforderlich.[53] Ebenso ist eine Dringlichkeit aus Sicht des Gläubigers nicht gegeben, wenn ein Anspruch gegen die GmbH besteht, aber noch nicht alle passiv vertretungsberechtigten Personen weggefallen sind.[54]

Bei einer **Klageerhebung** nach § 48 ist die Bestellung eines Not-GF nicht erforderlich, da nicht die Gesellschaft den Prozess führt, sondern ein oder mehrere Gesellschafter.[55]

III. Verfahren

A. Antragslegitimation und Beteiligte

§ 15a hält fest, dass die Bestellung eines Not-GF lediglich **auf Antrag** eines Beteiligten erfolgen kann. Von Amts wegen kann das Gericht jedenfalls nicht vorgehen.[56] Das Gesetz überlässt es somit den wirtschaftlich interessierten Beteiligten, die Bestellung eines Not-GF zu beantragen.[57]

Antragslegitimiert u "beteiligt" iSd § 15a sind grds alle, die ein Interesse an der ordnungsgemäßen Organzusammensetzung geltend machen können.[58] Das sind insb:

- Gesellschafter,[59]
- Organmitglieder der Gesellschaft,[60]

---

52 RIS-Justiz RS0113944; *Koppensteiner/Rüffler*, GmbHG³ § 15a Rz 5.
53 OGH 21.2.2008, 6 Ob 26/08d.
54 OGH 27.2.2019, 6 Ob 26/19w.
55 *Ratka* in Straube/Ratka/Rauter, GmbHG § 15a Rz 27; OGH 12.11.1992, 7 Ob 621/92.
56 RIS-Justiz RS0113945.
57 OGH 13.9.2007, 6 Ob 170/07d.
58 RIS-Justiz RS0113161.
59 OGH 26.1.2006, 6 Ob 10/06y.
60 OGH 6.4.2006, 6 Ob 53/06x; für den AR vgl *Ratka* in Straube/Ratka/Rauter, GmbHG § 15a Rz 30.

- Dritte, die einen Anspruch gegen die Gesellschaft durchsetzen wollen,[61] inklusive Erwerber eines Geschäftsanteils, die noch nicht im FB eingetragen sind,[62]
- Personen, die gegenüber der GmbH eine Pflicht erfüllen wollen,[63]
- Kommanditisten einer GmbH & Co KG bei der Komplementär-GmbH,[64]
- Bestellte Prozesskuratoren,[65]
- Verbliebene GF, die bei in der Satzung festgelegter Kollektivvertretung keine Vertretungshandlungen mehr vornehmen können,[66]
- Hoheitsträger im Rahmen ihrer hoheitlichen Tätigkeit im öffentlich-rechtlichen Interesse,[67]
- AN,[68] wenn sie wegen der Handlungsunfähigkeit der Gesellschaft ein Recht nicht durchsetzen oder ausüben können.[69]

Keine Antragslegitimation haben faktische GF,[70] bloß weil gegen sie der Vorwurf eines Fehlverhaltens erhoben wird.[71]

28 **Parteistellung** im Verfahren zur Bestellung eines Not-GF genießen neben dem Antragsteller die Gesellschafter u der zu bestellende (bzw bestellte) Not-GF, nicht aber ein verbliebener GF im eigenen Namen[72] oder AR-Mitglieder.[73] **Rekursberechtigt** sind die Parteien unter der Voraussetzung einer Beschwer.[74]

---

61 RIS-Justiz RS0113945; auch Personen, die gegenüber der GmbH eine Pflicht erfüllen wollen, kommen als „Beteiligte" iSd § 15a in Betracht; vgl *Fritz*, Gesellschafts- und Unternehmensformen³ Rz 2364; *Ratka* in Straube/Ratka/Rauter, GmbHG § 15a Rz 31; *Wünsch*, GesRZ 1985, 157 (158).
62 OGH 26.1.2006, 6 Ob 10/06y.
63 Wie zB als abgabenbehördlicher Vertreter, OLG Wien 16.5.2022, 6 R 21/22k.
64 OLG Wien 16.5.2022, 6 R 21/22k.
65 OGH 20.1.2000, 6 Ob 125/99x.
66 RIS-Justiz RS0060013; nicht jedoch, wenn eine aktive Einzelvertretungsbefugnis des verbleibenden GF vorliegt; vgl *Ratka* in Straube/Ratka/Rauter, GmbHG § 15a Rz 30.
67 *Reich-Rohrwig*, GmbHR I² Rz 2/61.
68 *Pöltner*, Der Notgeschäftsführer in der GmbH 76.
69 *Ratka* in Straube/Ratka/Rauter, GmbHG § 15a Rz 31.
70 OGH 20.10.1994, 6 Ob 1031/94.
71 *Ratka* in Straube/Ratka/Rauter, GmbHG § 15a Rz 30.
72 RIS-Justiz RS0120628.
73 *Ratka* in Straube/Ratka/Rauter, GmbHG § 15a Rz 33.
74 *Koppensteiner/Rüffler*, GmbHG³ § 15a Rz 9; diese fehlt zB, wenn das Amt des Not-GF vor der Rekursentscheidung beendet ist.

B. Antrag

Bezüglich des **Inhalts** des Antrags bestehen keine besonderen gesetzl 29
Anforderungen. Der Antrag kann daher auch bloß auf Bestellung eines
oder mehrerer GF lauten.[75] Der Antragsteller hat dem FB-Gericht – unter Anlegung eines strengen Maßstabes – zu **bescheinigen**, dass zumutbare gesellschaftsrechtliche Mittel zur Behebung des Mangels aussichtslos sind u im Einzelfall Dringlichkeit vorliegt.[76] Im Sinne einer raschen
Abwicklung des Verfahrens empfiehlt es sich, diese Bescheinigung
gleich im Antrag vorzunehmen.[77]

Eine **Pflicht** zur Antragstellung besteht nicht. Wer ihn unterlässt, 30
kann sich jedoch uU nicht auf die gesetzl vorgesehene passive Vertretungsmacht der Gesellschafter berufen.[78]

C. Entscheidung und Auswahl des Notgeschäftsführers

Über einen Antrag auf Bestellung eines Not-GF entscheidet der Richter 31
im **Außerstreitverfahren**.[79] Das Gericht hat zu prüfen, ob die Voraussetzungen der Bestellung eines Not-GF vorliegen u geeignete Personen
als Not-GF zu erheben.[80] Es hat zw dem Eingreifen in die Willensbildung der Gesellschaft u jenen Nachteilen, die der Vertretungsmangel
voraussichtlich nach sich ziehen wird, **abzuwägen**.[81] Dabei hat das
Gericht insb zu berücksichtigen, ob trotz der Behinderung eine gesellschaftsinterne Lösung des Vertretungsproblems möglich ist, anstehende
Vertretungshandlungen Aufschub dulden, die Behinderung Vertretungshandlungen überhaupt nicht zulässt oder dies nur mit Schwierig-

---

75 *Koppensteiner/Rüffler*, GmbHG³ § 15a Rz 7; *Pöltner*, ecolex 2002, 520; *Ratka* in Straube, GmbHG § 15a Rz 29.
76 *Ratka* in Straube/Ratka/Rauter, GmbHG § 15a Rz 7; OGH 15.04.1993, 6 Ob 8/93.
77 *Pöltner*, ecolex 2002, 520; *Ratka* in Straube/Ratka/Rauter, GmbHG § 15a Rz 29.
78 So *Koppensteiner/Rüffler*, GmbHG³ § 15a Rz 7; **aA** OGH 30.4.1997, 9 ObA 78/97d.
79 § 102.
80 *Ratka* in Straube/Ratka/Rauter, GmbHG § 15a Rz 32; *Reich-Rohrwig*, GmbHR I² Rz 2/62.
81 *Ratka* in Straube/Ratka/Rauter, GmbHG § 15a Rz 25; OGH 21.2.1985, 6 Ob 1/85.

keiten verbunden ist u ob den Beteiligten diese Schwierigkeiten zumutbar sind.[82] Liegen diese Voraussetzungen vor, muss das Gericht einen Not-GF bestellen.[83]

32 Die **Auswahl** des zu bestellenden Not-GF oder Notliquidators obliegt dem Gericht. Der Antragsteller kann eine bestimmte Person zwar vorschlagen, er hat jedoch kein subjektives Recht auf deren Bestellung. Sein Vorschlag ist vielmehr (nur) eine Anregung, der das Gericht nicht nachkommen muss.[84] Daher ist der bloße Antragsteller (wenn er nicht zugleich Gesellschafter oder bestellter Not-GF ist) auch nicht rechtsmittellegitimiert, wenn ein Not-GF bestellt wurde, die bestellte Person jedoch nicht seinen Wünschen entspricht.[85] Die Gesellschaft sowie der allfällig noch übriggebliebene GF, AR-Mitglieder u Gesellschafter sind nach Tunlichkeit vor der Bestellung eines Not-GF **anzuhören**.[86]

33 Das Gericht hat jedenfalls allfällige **gesetzl Voraussetzungen** (zB Qualifikationsvoraussetzungen gem § 5 Abs 1 Z 6 ff BWG, die Zugehörigkeit zum Berufsstand der Wirtschaftstreuhänder für GF einer Wirtschaftstreuhand-GmbH gem § 29 Abs 2 WTBO, Unvereinbarkeiten gem § 56 BDG, ua) zu beachten.[87] In der Praxis vertreten einzelne Gerichte die A, dass lediglich RA als Not-GF in Frage kämen. Für diese einschränkende Interpretation besteht jedoch keine rechtliche Grundlage. Mag es in der Praxis auch den Regelfall darstellen, dass ein RA als Not-GF bestellt wird (weswegen in den RAK tw „Bereitschaftslisten" vorliegen), ist dies keinesfalls zwingend. Im Einzelfall kann es uE sogar geboten erscheinen, statt oder neben einem RA eine sonstige fachkundige Person – wie insb einen WT – zum Not-GF zu bestellen.

34 Die Zahl u die Art der Vertretungsbefugnis der Not-GF können v Gericht situationsabhängig bestimmt werden.[88] Ob das Gericht an die in der **Satzung** vorgesehenen **Vertretungsregelungen** gebunden ist,

---

82 *Fritz*, GmbH[2] Rz 4/30.
83 *Ratka* in Straube/Ratka/Rauter, GmbHG § 15a Rz 32; *Umfahrer*, GmbH[7] Rz 4.31.
84 RIS-Justiz RS0118770.
85 OGH 4.7.2013, 6 Ob 114/13b; **aA** *Pöltner*, Der Notgeschäftsführer in der GmbH 82; *Ratka* in Straube/Ratka/Rauter, GmbHG § 15a Rz 34.
86 *Wünsch*, GesRZ 1985, 157 (160).
87 *Ratka* in Straube/Ratka/Rauter, GmbHG § 15a Rz 35.
88 *Ratka* in Straube/Ratka/Rauter, GmbHG § 15a Rz 35; *Wünsch*, GesRZ 1985, 157 (158).

ist umstritten. Die hA bejaht eine solche Bindung.[89] UE können gelegentlich Gründe dafür sprechen, dass bspw zwei Personen kollektivzeichnungsberechtigt zu Not-GF bestellt werden, obwohl in der Satzung eine Einzelvertretung vorgesehen ist.[90] Dass hier v der gesv Regelung abgewichen wird, lässt sich dadurch rechtfertigen, dass die Notwendigkeit zur Bestellung eines Not-GF ja gerade eine Situation darstellt, die v den grds anwendbaren Regelungen offenbar nicht verhindert werden konnte, sodass besonderer – über die geregelten Fälle hinausgehender – Handlungsbedarf besteht. Die Bindung an die gesv Regelung könnte hier der Lösung entgegenstehen. In einer jüngeren E[91] hielt der OGH fest, dass einem verbleibenden Gesellschafter Alleinvertretungsbefugnis eingeräumt werden kann. Auch wenn dieser S für sich betrachtet missverständlich sein mag, scheint – unter Beachtung des dieser E zu Grunde liegenden SV – der OGH die A zu vertreten, dass bei einer GmbH, welche grds zwei GF mit Kollektivvertretungsbefugnis hat, bei Wegfall eines GF die Bestellung eines Not-GF dahingehend erfolgen kann, dass dem verbliebenem GF Alleinvertretungsbefugnis eingeräumt wird.

Die Bestellung eines Not-GF ist – wenn die Voraussetzungen des Abs 3 erfüllt sind – jedenfalls auch dann wirksam, wenn sich das Gericht nicht an die Vertretungsregeln der Satzung gehalten hat.[92]

Werden in der Satzung **sonstige Anforderungen** an den GF gestellt, so hat sich das Gericht an der Satzung bloß „zu orientieren", es ist daran jedoch nach hA nicht gebunden.[93] Genau so wenig ist das Gericht an das Stellenbesetzungsgesetz gebunden.[94]

Als Not-GF scheiden **AR-Mitglieder** der Gesellschaft sowie in Konkurrenzunternehmen tätige Personen aus. Oftmals werden auch

---

89 HA: *Koppensteiner/Rüffler*, GmbHG³ § 15a Rz 10 mwN; **aA** *Fritz*, GmbH² Rz 4/38; *Ratka* in Straube/Ratka/Rauter, GmbHG § 15a Rz 36; *Reich-Rohrwig*, GmbHR I² Rz 2/63.
90 Bspw zum Zweck der Kontrolle oder bei einer Gesellschaft in erheblicher Größe; OGH 23.10.1986, 6 Ob 11/86.
91 OGH 14.9.2021, 6 Ob 159/21g.
92 *Koppensteiner* in Rowedder/Schmidt-Leithoff, GmbHG⁶ § 35 Rz 77, *Koppensteiner/Rüffler*, GmbHG³ § 15a Rz 11.
93 *Koppensteiner/Rüffler*, GmbHG³ § 15a Rz 10 mwN; OLG Wien 23.10.2012, 28 R 143/12y, GES 2013, 72.
94 *Ratka* in Straube/Ratka/Rauter, GmbHG § 15a Rz 35.

frühere Angestellte sowie ehem Gesellschafter oder frühere GF der GmbH als Not-GF ausscheiden.[95]

37 Eine „vorläufige" Bestellung durch **„einstweilige Verfügung"** bis zur Behebung des Vertretungsmangels ist nicht möglich.[96]

D. Wirksamkeit (Abs 3)

38 Die Organstellung des Not-GF wird gem § 15a Abs 3 **bereits mit der Zustellung** des gerichtl Bestellungsbeschlusses **u der Zustimmung des Bestellten**, sofern im Bestellungsbeschluss nichts anderes angeordnet ist, rechtswirksam (u sohin nicht erst nach Rechtskraft).[97] Es handelt sich dabei um eine **lex specialis** zu den §§ 43 f AußStrG,[98] wonach die Verbindlichkeit der Rechtsgestaltung erst mit Rechtskraft eines Beschlusses (bzw wenn er v keiner Partei mehr angefochten werden kann) eintreten würde (es sei denn, es würde eine vorläufige Zuerkennung v Verbindlichkeit oder Vollstreckbarkeit gem § 44 AußStrG erfolgen). Keine Voraussetzung für die Wirksamkeit stellt die Bekanntgabe an die Gesellschaft oder an noch vorhandene weitere GF dar.[99]

39 Im Bestellungsbeschluss kann auch ein **anderer Wirksamkeitsbeginn** als die Zustellung an den Not-GF u dessen Zustimmung festgelegt werden.[100] Dass ein rückwirkender Wirksamkeitsbeginn festgesetzt wird, ist uE aber jedenfalls dann abzulehnen, wenn der Bestellte davon noch gar nicht in Kenntnis war.

40 Die erforderliche **Zustimmung** kann auch schlüssig erteilt werden. Eine solche schlüssige Zustimmung ist wohl bei einem faktischen Ausüben der Funktion anzunehmen.[101] Die Zustimmung des Bestellten kann bereits vor der Zustellung erfolgen.[102] Der bestellte Not-GF ist

---

95 *Ratka* in Straube/Ratka/Rauter, GmbHG § 15a Rz 35; *Wünsch*, GesRZ 1985, 157 (160).
96 *Ratka* in Straube/Ratka/Rauter, GmbHG § 15a Rz 29.
97 RIS-Justiz RS0119046; *Ratka* in Straube/Ratka/Rauter, GmbHG § 15a Rz 1.
98 *Ratka* in Straube/Ratka/Rauter, GmbHG § 15a Rz 1.
99 *Wünsch*, GesRZ 1985, 157 (160).
100 *Koppensteiner/Rüffler*, GmbHG³ § 2 Rz 12.
101 *Ratka* in Straube/Ratka/Rauter, GmbHG § 15a Rz 38.
102 *Pöltner*, ecolex 2002, 520.

nicht verpflichtet, der Bestellung zuzustimmen; auch nicht ein zum Not-GF bestellter Gesellschafter.[103]

Wurde ein Not-GF rechtskräftig bestellt, so darf das Prozessgericht die Notwendigkeit u die Voraussetzungen der Bestellung des Not-GF nicht überprüfen. Es ist an den rechtskräftigen Bestellungsbeschluss gebunden.[104] Die Eintragung des Not-GF ins **FB** erfolgt v Amts wegen.[105] Sie hat lediglich deklarative Wirkung.[106] 41

IV. Aufgaben und Tätigkeitsbereich

Der Not-GF hat grds die **gleichen Rechte u Pflichten** wie ein herkömmlicher GF. Er ist ein **Organ** der Gesellschaft. Er ist sohin auch genauso verpflichtet, bei seiner Geschäftsführung die **Sorgfalt** eines ordentlichen Geschäftsmannes anzuwenden, andernfalls er sich **haftbar** macht.[107] 42

Die **Vertretungsmacht** des Not-GF entspricht jener eines GF. Sie ist im Außenverhältnis nach hA grds unbeschränkt.[108] Die **Geschäftsführungsbefugnis** kann v Gericht auf bestimmte Arten v Geschäften bzw sogar auf einzelne Rechtshandlungen eingeschränkt 43

---

103 *Koppensteiner/Rüffler*, GmbHG³ § 2 Rz 12; *Ratka* in Straube/Ratka/Rauter, GmbHG § 15a Rz 38; OGH 21.3.2000, 10 Ob 214/99i; auch nicht für den (Mehrheits-)Gesellschafter: *Pöltner*, Der Notgeschäftsführer in der GmbH 96 f.
104 RIS-Justiz RS0119047.
105 § 34 Abs 4 UGB; § 89 Abs 4 analog; *Kodek/Nowotny/Umfahrer*, FBG § 3 Rz 14; *Ratka* in Straube/Ratka/Rauter, GmbHG § 15a Rz 32; OLG Wien 30.9.1985, 5 R 55/85, NZ 1986, 135.
106 *Wünsch*, GesRZ 1985, 157 (160); ob Not-GF mit gegenüber dem GesV eingeschränkter Geschäftsführungsbefugnis ins FB einzutragen sind, ist fraglich, aber wohl zu bejahen; vgl *Wünsch*, GesRZ 1985, 157 (160); aA *Koppensteiner/Rüffler*, GmbHG³ § 2 Rz 10.
107 *Koppensteiner/Rüffler*, GmbHG³ § 2 Rz 12; *Pöltner*, Der Notgeschäftsführer in der GmbH 111 f; *Ratka* in Straube/Ratka/Rauter, GmbHG § 15a Rz 42; *Rauter/Ratka* in Ratka/Rauter, Geschäftsführerhaftung² Rz 2/193 ff; OGH 16.3.2007, 6 Ob 34/07d.
108 *Koppensteiner/Rüffler*, GmbHG³ § 2 Rz 11 mwN; *Pöltner*, Der Notgeschäftsführer in der GmbH 104 ff; *Ratka* in Straube/Ratka/Rauter, GmbHG § 15a Rz 40; RIS-Justiz RS0113946; OGH 29.1.2001, 3 Ob 3/01i; 15.2.2007, 6 Ob 292/06v; 16.6.2011, 6 Ob 79/11b; obiter 11.2.1997, 4 Ob 7/97a.

werden.[109] Es ist daher zulässig, den Tätigkeitsbereich des Not-GF auf die einzelne dringend notwendig gewordene Rechtshandlung zu beschränken. Wird die Bestellung eines Not-GF zur Vertretung der Gesellschaft, die keinen GF hat u für die auch noch kein Prozesskurator bestellt wurde, in einem gegen sie zu führenden Verfahren beantragt, könnte dessen Wirkungskreis auf diesen Aufgabenbereich eingeschränkt werden.[110] Die v FB-Gericht verfügte **Beschränkung des Tätigkeitsbereiches** wirkt jedoch nur im Innenverhältnis.[111] Soweit sich die Beschränkung des Tätigkeitsbereichs ausschließlich aus der Begr des Bestellungsbeschlusses ergibt, wirkt sie nicht einmal im Innenverhältnis.[112] Eine Beschränkung des Tätigkeitsbereichs des Not-GF kann im FB eingetragen werden,[113] muss jedoch nicht.[114] Ein **Irrtum** über das Ausmaß der Vertretungstätigkeit kann nicht zur Enthebung des Not-GF führen.[115]

44   Der Not-GF ist an den GesV u an die Gesellschafterbeschlüsse grds **gebunden**.[116] Geschäfte gem § 35 Abs 1, § 30j Abs 5 sind auch bei einem bestellten Not-GF zustimmungspflichtig.[117]

---

109   *Ratka* in Straube/Ratka/Rauter, GmbHG § 15a Rz 40.
110   RIS-Justiz RS0113946.
111   OGH 29.1.2001, 3 Ob 3/01i; 15.2.2007, 6 Ob 292/06v; 16.6.2011, 6 Ob 79/11b.
112   OGH 23.1.2022, 6 Ob 190/19p.
113   OGH 15.2.2007, 6 Ob 292/06v.
114   Insb dann nicht, wenn der Not-GF zur Vornahme einer einzelnen Rechtshandlung bestellt wird u sich seine Tätigkeit daher in der Durchführung derselben erschöpft; vgl OGH 21.11.1985, 6 Ob 31/85. Ein Not-GF, dessen Geschäftsführungsbefugnis gegenüber der Satzung eingeschränkt ist, ist nach der hA nicht ins FB einzutragen; vgl *Ratka* in Straube/Ratka/Rauter, GmbHG § 15a Rz 40 mwN.
115   OGH 23.1.2020, 6 Ob 190/19p.
116   *Koppensteiner/Rüffler*, GmbHG³ § 15a Rz 11; ob eine Weisungsbindung durch das Gericht aufgehoben werden kann, ist fraglich; vgl *Ratka* in Straube/Ratka/Rauter, GmbHG § 15a Rz 41; OGH 6.4.2006, 6 Ob 53/06x.
117   *Ratka* in Straube/Ratka/Rauter, GmbHG § 15a Rz 41; OGH 6.4.2006, 6 Ob 53/06x.

V. Entlohnung und Kostenersatz

Durch die gerichtl Bestellung erhält der Not-GF nur die Organstellung; **45**
ein Anstellungsverhältnis erfolgt durch diesen per se nicht.[118] Der Not-GF hat aber jedenfalls gegen die Gesellschaft **Anspruch** auf Ersatz v Barauslagen u auf eine angemessene Entlohnung. Dieser ist im **Verfahren außer Streitsachen** durchzusetzen, es sei denn es gibt eine vertragliche Grundlage (vgl Rz 47).[119] Zuständig ist das bestellende FB-Gericht.[120] Der Rechtsgrund der Entlohnung ist str, doch ist als solcher wohl **§ 1152 ABGB analog** heranzuziehen.[121] Eine Vereinbarung ist für einen Entgeltanspruch nicht erforderlich.[122]

Der Entlohnungsanspruch entsteht mit der Annahme der Bestellung. **46**
Die der Gesellschaft dadurch allenfalls entstandenen Kosten könnten auch durch eine nachträgliche Abänderung des Bestellungsbeschlusses nicht mehr vermieden werden.[123] Der Entlohnungsanspruch wird grds nach erfolgter Beendigung der Notgeschäftsführung (vgl Rz 53 ff) enden. Durchaus denkbar ist jedoch, dass in Einzelfällen auch nach der Beendigung ein Entlohnungsanspruch entsteht.[124]

Aus Gründen der Rechtssicherheit ist es für die Praxis empfeh- **47**
lenswert, die Entlohnung (sowie weitere Rechte bzw Pflichten) zw Not-GF u Gesellschaft **vertraglich** zu vereinbaren.[125] Besteht eine vertragliche Grundlage für einen Entlohnungsanspruch (zB gegen die Gesellschafter oder Dritte), ist dieser im streitigen Verfahren, ansons-

---

118 *Wünsch*, GesRZ 1985, 157 (160).
119 RIS-Justiz RS0108683; *Schummer*, NZ 1990, 113 (113 ff); *Griehser/Likar*, RdW 2008/470, 508 (508 ff).
120 *Koppensteiner/Rüffler*, GmbHG³ § 2 Rz 12.
121 *Koppensteiner/Rüffler*, GmbHG³ § 2 Rz 12; *Ratka* in Straube/Ratka/Rauter, GmbHG § 15a Rz 43 mwN.
122 *Ratka* in Straube/Ratka/Rauter, GmbHG § 15a Rz 43; bspw OGH 9.2.1999, 10 Ob 269/98a.
123 OGH 18.10.2001, 6 Ob 253/01a.
124 So zB, wenn es eine vertragliche Grundlage gibt (vgl Rz 47) u der Not-GF diese nach Beendigung noch vertragsmäßig erfüllt.
125 *Ginthör/Hasch/Guggenberger*, GmbH-Geschäftsführer², 54; *Koppensteiner/Rüffler*, GmbHG³ § 2 Rz 12; *Pöltner*, Der Notgeschäftsführer in der GmbH 125 ff. Für die Frage, wer hier Vertragspartner wird u durch wen die Gesellschaft beim Vertragsabschluss vertreten wird, gelten die allg Regelungen für Rechtsbeziehungen zw Gesellschaft u GF.

ten im Außerstreitverfahren beim bestellenden FB-Gericht durchzusetzen.[126]

48 Die Gesellschafter haften grds nicht für das Honorar des Not-GF. Eine **Zahlungspflicht der Gesellschafter** oder Dritter (insb v Antragstellern) könnte sich allerdings aus einer mit dem Not-GF getroffenen ausdrücklichen oder stillschweigenden Vereinbarung etwa iSe Schuldbeitritts ergeben.[127] Der v Not-GF gegen die Gesellschafter auf Bereicherung, Verwendung u Schadenersatz gestützte Anspruch ist im Rechtsweg geltend zu machen.[128]

49 Der für eine beklagte Partei bestellte Not-GF hat für seine Tätigkeit **im Zivilprozess** Anspruch auf Kostenersatz gegen die klagende Partei gem § 10 ZPO.[129] Der Not-GF hat sohin für seine Tätigkeit im Zivilprozess grds Anspruch auf Kostenersatz gegenüber der Gegenpartei. Dies aber nur unter der Voraussetzung, dass der Gegner seine Bestellung oder zumindest die Mitwirkung des bereits bestellten Not-GF (etwa durch einen Antrag auf Klagszustellung an diesen) veranlasst hat. Wenn der Not-GF hingegen v sich aus – ohne darauf abzielenden Antrag der Gegenpartei – im Verfahren einschreitet u Anträge stellt, kann v einer „Veranlassung" nicht mehr gesprochen werden.[130] Bei der Bestimmung der Kosten nach § 10 ZPO handelt es sich um ein amtswegiges, an das außerstreitige Verfahren angelehntes Verfahren, dem der Zuspruch v Rechtsmittelkosten fremd ist.[131]

50 Der als Not-GF bestellte RA hat in Verfahren einen Anspruch auf Honorierung seiner Tätigkeit nach dem **RATG**. Die Bemessungsgrundlage richtet sich nach § 10 RATG. Dieses Honorar stellt Barauslagen des die Bestellung veranlassenden Gegners dar.[132]

51 Ist das Entlohnungsbegehren des Not-GF auch nur tw berechtigt, so hat das FB-Gericht nicht bloß den Anspruch des Not-GF auf Ersatz seiner Barauslagen u Entlohnung zu bestimmen, sondern einen in das Vermögen der GmbH vollstreckbaren **Exekutionstitel** zu schaf-

---

126 *Ratka* in Straube/Ratka/Rauter, GmbHG § 15a Rz 45 mwN.
127 RIS-Justiz RS0113472.
128 RIS-Justiz RS0111571.
129 RIS-Justiz RS0114537.
130 LG St. Pölten 1.9.2000, 36 R 189/00p.
131 OLG Wien 15.1.1997, 7 Ra 360/96d.
132 LG ZRS Wien 9.3.1999, 40 R 685/98a. Eine analoge Anwendung des § 10 ZPO im Außerstreitverfahren kommt dagegen nicht in Betracht. Vgl OLG Wien 31.1.2000, 28 R 89/99k, NZ 2001, 385.

fen.¹³³ Eine Rekurslegitimation der Gesellschafter gegen diesen Beschluss besteht nicht.¹³⁴ Der Not-GF hat keinen Anspruch gegen den Staat oder den Antragsteller.¹³⁵

Erbringt der Not-GF nach einer Insolvenzeröffnung Leistungen, gebührt ihm hierfür kein Entlohnungsanspruch, außer er wird v Masseverwalter für konkrete Aufgaben herangezogen, welche die Auskunfts- u Mitwirkungspflicht eines Gemeinschuldners bzw dessen GF übersteigt.¹³⁶ Entlohnungsansprüche aus der Zeit vor der Insolvenzeröffnung sind grds als Konkursforderungen geltend zu machen.¹³⁷

52

VI. Beendigung

Eine **automatische Beendigung** der Bestellung des Not-GF tritt bei Behebung des Vertretungsmangels¹³⁸ ein. Gleiches gilt in Fällen des Abs 2, wenn ein GF wieder seinen gewöhnlichen Aufenthalt im Inland hat.¹³⁹ Die **Insolvenzeröffnung** über das Vermögen der Gesellschaft beendet die Bestellung des Not-GF hingegen nicht.¹⁴⁰

53

Vor Beendigung der Vertretungsnotlage verliert der gerichtl bestellte Not-GF seine Funktion nicht durch seine Erklärung gegenüber dem Gericht, sondern erst durch **gerichtl Enthebungsbeschluss**.¹⁴¹ Dazu be-

54

---

133 OGH 20.6.2002, 6 Ob 184/01d.
134 *Koppensteiner/Rüffler*, GmbHG³ § 2 Rz 12; OGH 5.5.2004, 9 Ob 19/04s.
135 *Koppensteiner/Rüffler*, GmbHG³ § 2 Rz 12.
136 *Koppensteiner/Rüffler*, GmbHG³ § 2 Rz 12; *Ratka* in Straube/Ratka/Rauter, GmbHG § 15a Rz 48 mwN; OGH 23.2.1995, 8 Ob 13/93; 20.6.2002, 6 Ob 184/01d.
137 *Koppensteiner/Rüffler*, GmbHG³ § 2 Rz 12.
138 *Koppensteiner/Rüffler*, GmbHG³ § 2 Rz 13; *Ratka* in Straube/Ratka/Rauter, GmbHG § 15a Rz 48; *Umfahrer*, GmbH⁷ Rz 4.33; *Wünsch*, GesRZ 1985, 157 (161); OLG Wien 29.7.1999, 28 R 253/98a, NZ 2000, 124.
139 *Koppensteiner/Rüffler*, GmbHG³ § 15a Rz 13; *Ratka* in Straube/Ratka/Rauter, GmbHG § 15a Rz 48; *Reich-Rohrwig* verlangt aus Rechtssicherheitsgründen auch in solchen Fällen einen gerichtl Beschluss; vgl *Reich-Rohrwig*, GmbHR I² Rz 2/65.
140 *Ratka* in Straube/Ratka/Rauter, GmbHG § 15a Rz 48; OGH 20.6.2002, 6 Ob 184/01d; 23.2.1995, 8 Ob 13/93; 26.4.1984, 6 Ob 9/84.
141 RIS-Justiz RS0059971. **AA**, wonach kein erheblicher Enthebungsbeschluss erforderlich sei, *Koppensteiner/Rüffler*, GmbHG³ § 2 Rz 13 mwN.

darf es eines triftigen Enthebungsgrunds.[142] Der Enthebungsgrund für eine vorzeitige Enthebung darf bei der Bestellung noch nicht vorhersehbar gewesen sein. In die materielle Rechtskraft des Bestellungsbeschlusses kann nur eingegriffen werden, wenn sich der SV nachträglich ändert.[143] Ein Irrtum über das Ausmaß der Vertretungstätigkeit kann nicht zur Enthebung des Not-GF führen.[144] Eine Willensänderung des Not-GF allein reicht nicht für seine Enthebung aus. Wenn bspw ein Not-GF vorhersehen hätte können bzw müssen, dass Insolvenzgefahr besteht u er womöglich keine (angemessene) Entlohnung erhält, kann er sich nicht auf eine nicht erfolgte oder eingeschränkte Entlohnung als Enthebungsgrund berufen.[145]

Tritt der Not-GF ohne wichtigen Grund zurück, kann er sich schadenersatzpflichtig machen.[146]

55 Der Not-GF kann aus wichtigem Grund v Gericht **abberufen** werden. Als solcher sind insb grobe Pflichtverletzung, Unfähigkeit zur ordnungsgemäßen Geschäftsführung oder Vertretung, Gefährdung der Belange der Gesellschaft u Unzumutbarkeit für die Gesellschaft anzusehen.[147] Da der Widerruf der Bestellung zum GF nach der gesellschaftsrechtlichen Kompetenzverteilung (§ 16 Abs 1) den Gesellschaftern zusteht u der Not-GF primär nicht die Interessen Dritter wahrzunehmen hat, können nur die Gesellschafter (u allenfalls vorhandene andere GF) die Abberufung des Not-GF beantragen.[148] Ob das Gericht amtswegig tätig werden kann, ist fraglich.[149] Eine Abberufung durch Gesellschafterbeschluss bzw den Alleingesellschafter ist jedenfalls nicht möglich.[150]

---

142 RIS-Justiz RS0059971.
143 OGH 15.2.2007, 6 Ob 292/06v. Ein triftiger Grund liegt bspw vor, wenn die Gesellschafter sich unerwartet weigern, den Not-GF zu entlohnen; vgl OGH 6.4.1995, 6 Ob 10/95. Die Vermögenslosigkeit der Gesellschaft, auf welche der Not-GF vor seiner Bestellung hingewiesen wurde, ist kein ausreichender Grund; vgl OLG Wien 31.3.1998, 28 R 143/97y, NZ 1998, 379.
144 OGH 23.1.2020, 6 Ob 190/19p.
145 OGH 23.1.2020, 6 Ob 190/19p.
146 OLG Wien 29.5.2000, 28 R 263/99y, NZ 2001, 237.
147 *Pöltner*, Der Notgeschäftsführer in der GmbH 164 ff; *Ratka* in Straube/Ratka/Rauter, GmbHG § 15a Rz 49.
148 OLG Wien 1.9.1995, 6 R 14/94.
149 *Koppensteiner/Rüffler*, GmbHG³ § 2 Rz 13; *Wünsch*, GmbHG § 15a Rz 32; *Pöltner*, Der Notgeschäftsführer in der GmbH 166.
150 *Ratka* in Straube/Ratka/Rauter, GmbHG § 15a Rz 50.

Weiters ist davon auszugehen, dass die Bestellung des Not-GF auch 56
dann endet, wenn dieser formell (zB Verlust der Geschäftsfähigkeit)
oder faktisch fehlt (vgl Rz 11 ff). Inwiefern das bestellende Gericht bereits
im Bestellungsbeschluss eine konkrete Beendigung vorsehen kann
(zB ein Datum), ist fraglich. Nachdem aber eine Bestellung auch nur für
einen bestimmten Tätigkeitsbereich bestellt werden kann, ist es naheliegend,
auch eine zeitlich befristete Bestellung zu ermöglichen.[151]

VII. Alternativen

Als Alternativen zur Bestellung eines Not-GF kommen die Bestellung 57
eines **Prozess-, Kollisions- oder Abwesenheitskurators** in Betracht.[152]
Diese Alternativen (vgl dazu auch § 35 Rz 94) sind jedoch nur dann
möglich, wenn keine anderen dringenden Vertretungshandlungen als
jene der konkreten Prozessführung anstehen. Entsprechend müssen allenfalls
für die Prozessführung erforderliche Gesellschafterbeschlüsse
bereits vorliegen, andernfalls (nur) die Bestellung eines Not-GF in Frage
kommt.[153] Die Bestellung eines Kurators dient nämlich nicht der dauerhaften
Behebung eines Vertretungsnotstands iSd § 15 a.[154]

Die Bestellung eines Prozess-, Kollisions- oder Abwesenheitskura- 58
tors ist weiters nur dann möglich, wenn noch **kein Not-GF** bestellt worden
ist. Ist ein Kurator bestellt, so begründet der Prozess allein auch kein
rechtliches Interesse an der Bestellung eines Not-GF.

Ein Kurator ist gem § 8 ZPO auf Antrag u (zumindest vorläufig) auf 59
Kosten des Gegners in einem Zivilprozess zu bestellen, wenn gegen
einen Prozessunfähigen, der keinen gesetzl Vertreter hat, eine Prozesshandlung
vorgenommen werden soll u für den Prozessgegner Gefahr in
Verzug besteht (s auch § 35 Rz 94).

Keine Alternative zur Bestellung eines Not-GF stellt die Bestellung 60
eines Abwesenheitskurators für einen abwesenden GF statt für die Gesellschaft
dar, da der Not-GF die Rechte Letzterer zu wahren hat.[155]

---

151 Vgl dazu *Westermann* in FS Kropf 681 (689).
152 *Koppensteiner/Rüffler*, GmbHG³ § 15 a Rz 2.
153 OGH 24.10.2019, 6 Ob 71/19p.
154 *Ratka* in Straube/Ratka/Rauter, GmbHG § 15 a Rz 2.
155 OGH 4.5.2005, 8 Ob 41/05w.

61 In einem Insolvenzeröffnungsverfahren ist ein bestellter Prozesskurator nicht ausreichend u es muss daher in einem solchen ein Not-GF bestellt werden.[156] Für ausschließliche Zustellungen im **Insolvenzverfahren** benötigt es keinen Not-GF, da alle Zustellungen durch Aufnahme in die Ediktsdatei ohne Bestellung eines Kurators erfolgen können.[157]

62 Wird für den GF ein Erwachsenenvertreter bestellt, ist dieser nicht weiter zur Vertretung der GmbH befugt, denn die Organstellung des GF endet ex lege mit dem Verlust seiner Handlungsfähigkeit.[158]

63 Auch eine **gerichtl Hinterlegung** für eine vertreterlose Gesellschaft analog zu § 8 ZustG kommt nicht in Betracht, da eben auch dann, wenn ein Not-GF nicht bestellt worden ist, wie dargestellt, die Bestellung eines Prozess- oder Abwesenheitskurators möglich ist.[159]

§ 16. (1) Die Bestellung zum Geschäftsführer kann unbeschadet der Entschädigungsansprüche aus bestehenden Verträgen durch Beschluß der Gesellschafter jederzeit widerrufen werden.

(2) ¹Ein Geschäftsführer kann aus einem wichtigen Grund durch gerichtliche Entscheidung abberufen werden. ²Ist er zugleich Gesellschafter, so sind die § 117 Abs. 1 und § 127 UGB sinngemäß anzuwenden. ³Sonst können jene Gesellschafter, die nicht für die Abberufung des Geschäftsführers gestimmt haben, auf Zustimmung geklagt werden. ⁴Dem Geschäftsführer ist gerichtlich der Streit zu verkünden. ⁵Das Gericht kann zur Sicherung des Anspruchs auf Abberufung aus wichtigem Grund dem Geschäftsführer die weitere Geschäftsführung und Vertretung der Gesellschaft durch einstweilige Verfügung untersagen, wenn ein der Gesellschaft drohender unwiederbringlicher Nachteil glaubhaft gemacht wird.

(3) ¹Wenn die Bestellung der Geschäftsführer im Gesellschaftsvertrag erfolgt ist, kann die Zulässigkeit des Widerrufes auf wichtige Gründe beschränkt werden. ²In diesem Fall ist der Widerruf der Bestellung wirksam, solange nicht über seine Unwirksamkeit, insbesondere auch über das Vorliegen eines wichtigen Grundes rechtskräftig entschieden ist (§§ 41, 42 und 44).

---

156 OLG Wien 19.7.2011, 28 R 81/11d, GES 2012, 308.
157 *Ratka* in Straube/Ratka/Rauter, GmbHG § 15a Rz 12.
158 OLG Wien 16.5.2004, 4 R 99/04i; 13.1.2012, 28 R 265/11p, ZIK 2012.
159 OGH 22.8.2012, 9 ObA 83/12i.

(4) Die Bestimmungen der vorhergehenden Absätze finden keine Anwendung auf Geschäftsführer, die gemäß einer Festsetzung des Gesellschaftsvertrages vom Bund, einem Land oder einer anderen öffentlichrechtlichen Körperschaft bestellt worden sind.

idF BGBl I 2005/120

Literatur: *Eckert*, Die Abberufung des GmbH-Geschäftsführers (2003); *Ettmayer*, Die Rechtsstellung von „Unternehmensleitern", ÖJZ 2011/63, 581; *Fantur/Zehetner*, Zur Beendigung des Anstellungsverhältnisses des GmbH-Geschäftsführers, insbesondere des Gesellschafter-Geschäftsführers, ecolex 1997, 846; *Frenzel*, Die Verletzung von Präsenzquoren bei Beschlussfassungen in der GmbH – Beschlussanfechtung und Schadenersatz, GES 2016, 209; *Frotz*, Zur Abberufung eines Gesellschafter-Geschäftsführers bei der GmbH, GesRZ 1987, 93; *Herzeg*, Die arbeitsrechtliche Stellung der Vorstandsmitglieder von AG und Geschäftsführer von GmbH, JAP 2008/2009/12, 93; *Horn/Robertson*, Aspekte der Beseitigung des Sonderrechts auf GmbH-Geschäftsführung, ecolex 2013, 885; *Kalss*, Die Nichtbestellung eines Gesellschafters zum Geschäftsführer aus wichtigem Grund, RdW 2010/485, 461; *Rauter*, Der Anfang vom Ende. Themen innerhalb und außerhalb der Generalversammlung, JAP 2021/2022/4, 32; *Reich-Rohrwig*, Zur Abberufung eines Geschäftsführers einer GmbH mit Sonderrecht, ecolex 2021, 651; *Reich-Rohrwig*, Zur gerichtlichen Abberufung des GmbH-Geschäftsführers, ecolex 1990, 87; *Reich-Rohrwig/Thiery*, Dauerkrankheit des Geschäftsführers als Abberufungsgrund, ecolex 1990, 685; *Simonishvili*, Entlastungsbeschlüsse im Aktien- und GmbH-Recht (2016); *Stoll*, GmbH-Geschäftsführer-Abberufung: Trennung Gesellschaftsrecht von Arbeitsrecht, ASoK 2012, 183; *Umlauft*, Gesellschaftsvertragliche Gestaltungsmöglichkeiten bei Bestellung und Abberufung von GmbH-Geschäftsführern unter besonderer Berücksichtigung des Nominierungsrechts, NZ 1992, 89; *Weber*, Der „wichtige Grund" für Gesellschafterausschluss und Geschäftsführerabberufung (2016); *Zackl*, Einstweiliger Rechtsschutz im Gesellschaftsrecht (2006); *J. Zehetner/U. Zehetner*, Abberufung durch Gesellschafterbeschluss oder Abberufungsklage, GBU 6/2004, 24.

Inhaltsübersicht

I.	Einleitung	1–6
	A. Regelungsinhalt	1, 2
	B. Normzweck	3–6
II.	Abberufung durch Gesellschafterbeschluss	7–28
	A. Allgemeines	7–15
	B. Abstimmungsquorum	16, 17
	C. Zugang und Eintragung der Abberufungserklärung	18–21
	D. Rechtsmittel gegen die Abberufung	22–28
	1. Anfechtung fehlerhafter Abberufungsbeschlüsse	22–24
	2. Anfechtungslegitimation	25, 26

3. Vertretung der Gesellschaft 27
4. Einstweilige Verfügung 28
III. Beschränkung der Abberufungsmöglichkeit im Gesellschaftsvertrag (Abs 3) 29–39
    A. Beschränkung der Abberufung auf wichtige Gründe . . 31–35
    B. Sonderrecht auf Geschäftsführung 36–38
    C. Qualifizierte Mehrheit für die Abberufung 39
IV. Gerichtliche Abberufung (Abs 2) 40–47
    A. Allgemeines 40
    B. Abberufung eines Gesellschafter-Geschäftsführers (Abs 2 S 2) 41–45
        1. Abberufungsklage als Rechtsgestaltungsklage 41, 42
        2. Vorliegen eines wichtigen Grundes 43–45
    C. Abberufung eines Fremd-Geschäftsführers (Abs 2 S 3) . . 46, 47
V. Beendigung des Anstellungsverhältnisses 48–51

I. Einleitung

A. Regelungsinhalt

1 § 16 regelt folgende Punkte:

– Abberufung des GF durch Gesellschafterbeschluss (Abs 1),
– Abberufung des GF aus wichtigem Grund durch gerichtl E (Abs 2 S 2),
– Abberufung des GF mittels Zustimmungsklage (Abs 2 S 3),
– Absicherungsmöglichkeit des GF gegen eine Abberufung (Abs 3).

2 Der **Rücktritt** des GF wird in § 16a geregelt.

B. Normzweck

3 In **Abs 1** wird der **Grundsatz der jederzeitigen freien Abberufungsmöglichkeit** des GF normiert, um es den Gesellschaftern zu ermöglichen, Maßnahmen zur Gesellschaftsorganisation effektiv u schnell setzen zu können.[1] Dieser Grundsatz kann in bestimmten Fällen durchbrochen bzw eingeschränkt werden, nämlich durch eine **Beschränkung der Abberufbarkeit auf das Vorliegen wichtiger Gründe (Abs 3)**. In

---

[1] *Krejci*, Gesellschaftsrecht I 112; *Ratka* in Straube/Ratka/Rauter, GmbHG § 16 Rz 1.

der freien u begründungslosen Abberufbarkeit des GF einer GmbH liegt einer der ganz wesentlichen Strukturunterschiede zur AG, in welcher der Vorstand nur bei Vorliegen wichtiger Gründe abberufen werden kann, ansonsten aber für eine bestimmte Dauer fix bestellt ist.[2]

In **Abs 2** wurde die Möglichkeit geschaffen, Gesellschafter-GF bei Vorliegen eines wichtigen Grundes gerichtl abzuberufen (**Abberufungsklage**). Diese Regelung zielt auf den Schutz der Minderheitsgesellschafter ab u soll Problemen der Abberufung eines Gesellschafter-GF in der Praxis vorbeugen.[3]

Um die Stellung eines abzuberufenden Gesellschafter-GF zu verbessern, wurde mit **S 2** in **Abs 3** geregelt, dass das Gericht – neben den formellen Voraussetzungen – auch zu entscheiden hat, ob ein wichtiger Grund für die Abberufung tatsächlich vorliegt.[4]

In **Abs 4** wird klargestellt, dass weder die Gesellschafter noch das Gericht einen gem § 15 Abs 3 bestellten GF einer öffentlich-rechtlichen Körperschaft abberufen können, sondern diese Kompetenz nur der bestellenden öffentlich-rechtlichen Körperschaft zukommt (s § 15 Rz 21).[5] Diese Regelung entspricht dem **Grundsatz, dass das Bestellungsorgan auch zur Abberufung zuständig sein soll.**[6]

II. Abberufung durch Gesellschafterbeschluss

A. Allgemeines

Die Bestellung zum GF kann durch Beschluss der Gesellschafter **jederzeit u mit sofortiger Wirkung**[7] widerrufen[8] werden. Dieses Abberu-

---

2 § 75 AktG.
3 *N. Arnold/Pampel* in Gruber/Harrer, GmbHG² § 16 Rz 4.
4 EBRV 5 BlgNR 15. GP 6 (GmbHG-Nov 1980); zum Vorliegen eines wichtigen Grundes: RIS-Justiz RS0059403.
5 *Ratka* in Straube/Ratka/Rauter, GmbHG § 16 Rz 66.
6 *N. Arnold/Pampel* in Gruber/Harrer, GmbHG² § 16 Rz 6, 36. Der VfGH hegt keine Bedenken gegen diese Regelung (vgl VfGH 24.6.2021, G 174/2021).
7 *N. Arnold/Pampel* in Gruber/Harrer, GmbHG² § 16 Rz 7; *Ch. Nowotny* in Kalss/Nowotny/Schauer, GesR² Rz 4/158.
8 Entgegen dem gesetzl Wortlaut („Widerruf") ist die Verwendung des Begriffs „Abberufung" jedoch passender. Vgl *Paefgen* in Ulmer/Habersack/Löbbe, GmbHG² § 38 Rz 4.

fungsrecht besteht auch dann, wenn die Gesellschaft dadurch kein vertretungsbefugtes Organ mehr hat.[9]

8   Die Beschlussfassung erfolgt durch die **Gesellschafter** (§ 16 Abs 1). Die Kompetenz der Gesellschafter zur Abberufung ist nach hA[10] **zwingend**[11] u kann nicht an ein anderes Organ delegiert werden.[12] Zum Ausspruch der Kündigung des Anstellungsvertrages können jedoch natPers bevollmächtigt werden.[13] Wurde der GF durch eine öffentliche Körperschaft bestellt, ist diese auch für seine Abberufung zuständig (§ 16 Abs 4).[14]

Es bestehen keine besonderen **Formerfordernisse** hinsichtlich der Beschlussfassung.[15] Die Abberufung erfolgt grds in der GV, auch ein schriftlicher Umlaufbeschluss (§ 34 Abs 1) ist zulässig.[16] Die schriftliche Abstimmung kann durch elektronische Erklärungen der Gesellschafter mit qualifizierter Signatur erfolgen.[17] Im GesV kann uE die Zulässigkeit einer schriftlichen Erklärung auch ohne qualifizierte Signatur vereinbart werden. Die förmliche GV oder schriftliche Abstimmung kann bei Alleingesellschaftern[18] oder erklärter Willensübereinstimmung entfallen, wenn der Rechtsfolgewille klar erkennbar ist.[19] Zu den Formen der Beschlussfassung s ausf § 34 Rz 30 ff.

---

9   *Paefgen* in Ulmer/Habersack/Löbbe, GmbHG² § 38 Rz 10.
10 Zum Meinungsstreit: *N. Arnold/Pampel* in Gruber/Harrer, GmbHG² § 16 Rz 32.
11 *Reich-Rohrwig*, GmbHR I² Rz 2/601 FN 5; *Ratka* in Straube/Ratka/Rauter, WK GmbHG § 16 Rz 5 mwN.
12 *Ch. Nowotny* in Kalss/Nowotny/Schauer, GesR² Rz 4/149, 4/158, 4/281; *Ratka* in Straube/Ratka/Rauter, GmbHG § 16 Rz 5 mwN; *Zib* in Torggler, GmbHG § 16 Rz 2; *Koppensteiner/Rüffler*, GmbHG³ § 16 Rz 5.
13 OGH 15.7.2011, 8 Ob A 49/11f.
14 *Nowotny/Fida*, KapGesR³ Rz 1/110.
15 *Reich-Rohrwig*, GmbHR I² Rz 2/599; *Koppensteiner/Rüffler*, GmbHG³ § 16 Rz 11; *Paefgen* in Ulmer/Habersack/Löbbe, GmbHG² § 38 Rz 164.
16 *Ch. Nowotny* in Kalss/Nowotny/Schauer, GesR² Rz 4/158; *Ratka* in Straube/Ratka/Rauter, GmbHG § 16 Rz 11 mwN.
17 Mit dem Hinweis, dass es sich dabei um keinen Fall des § 4 Abs 2 Z 3 SigG handelt; *Zib* in Torggler, GmbHG § 16 Rz 3.
18 OGH 26.6.1997, 8 ObA 170/97a.
19 OGH 24.4.1998, 9 ObA 36/98d; *Koppensteiner/Rüffler*, GmbHG³ § 34 Rz 26; *Zib* in Torggler, GmbHG § 16 Rz 3; *Fantur/Zehetner*, Besprechung zu OGH 8 ObA 170/97a, ecolex 1998, 239 (241); **aA** OGH 12.11.1992, 6 Ob 28/92.

Eine **Begr** ist für die Abberufung ebenso wenig erforderlich[20] wie – soweit in der Satzung nicht anderes festgelegt – das Vorliegen eines wichtigen Grundes.[21] Grenzen der freien Abberufbarkeit bilden jedoch der Rechtsmissbrauch einerseits u die Treuepflicht andererseits.[22]

Die Gesellschafter können dem GF die **Weisung** erteilen, sich der Organtätigkeit zu enthalten, wenn diese erst klären müssen, ob eine Abberufung erfolgen soll oder ob ein wichtiger Grund für eine Abberufung vorliegt.[23] Eine solche Weisung hat jedoch keinen Einfluss auf die gesetzl Mindestpflichten u die Vertretungsmacht des GF.[24]

Anstelle einer Abberufung kann ein GF auch nur vorläufig des Amtes enthoben werden (**Suspendierung**). Ob auch dem AR, soweit es einen solchen gibt, ein Suspendierungsrecht zusteht, ist umstritten.[25]

§ 16 Abs 1 gilt nicht gegenüber **Gesellschafter-GF**, deren Abberufung gem Abs 3 gesv auf wichtige Gründe eingeschränkt oder denen ein Sonderrecht auf Geschäftsführung eingeräumt wurde.[26] Wird der Beschluss angefochten, erfolgt gem Abs 3 eine gerichtl Überprüfung der Abberufung.

Ein Anstellungsvertrag kann Abs 1 nicht modifizieren.[27]

Die grds Abberufbarkeit eines **Fremd-GF** kann auch im GesV nicht verhindert werden.[28] Diese kann aber zumindest erschwert werden, indem ein qualifiziertes Beschlussquorum gesv vereinbart wird.

Die Abberufung eines im GesV bestellten GF bedeutet nach überwiegender A keine Änderung des GesV.[29]

---

20 *Koppensteiner/Rüffler*, GmbHG³ § 16 Rz 3; *Nowotny/Fida*, KapGesR³ Rz 1/103.
21 *Ratka* in Straube/Ratka/Rauter, GmbHG § 16 Rz 1. Anderes gilt im Falle eines in der Satzung bestellten Gesellschafter-GF, dazu Rz 2; *Ch. Nowotny* in Kalss/Nowotny/Schauer, GesR² Rz 4/161.
22 *Ratka* in Straube/Ratka/Rauter, GmbHG § 16 Rz 12.
23 *Zib* in Torggler, GmbHG § 16 Rz 13.
24 Abermals *Zib* in Torggler, GmbHG § 16 Rz 13.
25 Dazu ausf *Koppensteiner/Rüffler*, GmbHG³ § 16 Rz 17 f; aber auch *Zib* in Torggler, GmbHG § 16 Rz 13 f.
26 *Koppensteiner/Rüffler*, GmbHG³ § 16 Rz 4.
27 *Koppensteiner/Rüffler*, GmbHG³ § 16 Rz 6, § 15 Rz 19; *Ratka* in Straube/Ratka/Rauter, GmbHG § 16 Rz 6.
28 *N. Arnold/Pampel* in Gruber/Harrer, GmbHG² § 16 Rz 11.
29 *Ratka* in Straube/Ratka/Rauter, GmbHG § 16 Rz 14; *Reich-Rohrwig*, GmbHR I² Rz 2/599, 2/626; s auch OGH 17.7.1997, 6 Ob 2371/96m.

B. Abstimmungsquorum

16 Für den Abberufungsbeschluss gelten zunächst die gleichen Voraussetzungen wie für die Bestellung des GF.[30] Sofern der GesV kein anderes Quorum vorsieht, gelten die allg Beschlusserfordernisse. Die GV hat mit **einfacher Mehrheit** der abgegebenen Stimmen zu entscheiden (§ 39 Abs 1).[31] Umstritten ist, ob dies auch vor Eintragung der Gesellschaft gilt.[32] Es ist jedoch davon auszugehen, dass vor Eintragung der GmbH, wenn im GesV nichts anderes vereinbart ist, zur Abberufung des GF Einstimmigkeit erforderlich ist.[33]

Gesellschafter-GF können ihre Abberufung uU verhindern, weil sie bei der Beschlussfassung stimmberechtigt sind (§ 39 Abs 5), selbst wenn ein wichtiger Grund gegen sie geltend gemacht wird.[34] Abs 2 schafft hier eine Lösungsmöglichkeit.

17 Inwieweit **höhere Zustimmungsquoren** für die Abberufung im GesV vereinbart werden können, wird uneinheitlich beantwortet.[35] Ist im GesV ein höheres Zustimmungsquorum vorgesehen, ist die einfache Mehrheit auch bei Vorliegen wichtiger Gründe nicht ausreichend.[36] Wird jedoch im GesV lediglich für die Bestellung des GF ein höheres Quorum vorgesehen, so bedeutet dies nicht automatisch, dass auch für die Abberufung des GF diese qualifizierte Mehrheit erreicht werden muss.[37]

---

30 *Umfahrer*, GmbH[7] Rz 4.38.
31 *Ch. Nowotny* in Kalss/Nowotny/Schauer, GesR[2] Rz 4/159.
32 **Dafür** *Torggler*, Verbandsgründung 548; *Koppensteiner/Rüffler*, GmbHG[3] § 16 Rz 3 mwN; **aA** *Ratka* in Straube/Ratka/Rauter, GmbHG § 16 Rz 8 mwN.
33 *Ratka* in Straube/Ratka/Rauter, GmbHG § 16 Rz 8 mwN; *Ch. Nowotny* in Kalss/Nowotny/Schauer, GesR[2] Rz 4/159; *Umfahrer*, GmbH[7] Rz 4.38.
34 OGH 26.4.1988, 3 Ob 549/86; s auch 11.7.1991, 7 Ob 559/91; *Ch. Nowotny* in Kalss/Nowotny/Schauer, GesR[2] Rz 4/159; *Umfahrer*, GmbH[6] Rz 4.38. Genauso ist der Gesellschafter bei seiner Bestellung zum GF stimmberechtigt; vgl *Kalss*, RdW 2010/485, 461 (463).
35 Mit einem Überblick über den Meinungsstand: *Ratka* in Straube/Ratka/Rauter, GmbHG § 16 Rz 9.
36 OGH 7.11.1978, 5 Ob 611/78, GesRZ 1979, 81.
37 OGH 16.6.2011, 6 Ob 99/11v.

C. Zugang und Eintragung der Abberufungserklärung

Sofern der GF bei der Beschlussfassung nicht anwesend war, wird die **18** Abberufung nach überwiegender A erst mit dem **Zugang** der Erklärung an den GF **wirksam**.[38]

Dabei wird die Gesellschaft durch die abberufende GV vertreten, weshalb diese einen Gesellschafter, GF oder Dritten als Erklärungsboten einsetzen kann.[39] Der Zugangszeitpunkt richtet sich nach der **Empfangstheorie**; eine Kenntnisnahme durch den GF ist daher nicht erforderlich.[40] Mit der Abberufung enden die organschaftlichen Pflichten u Befugnisse des betroffenen GF.[41] Daran ändert auch eine allenfalls bestehende Nebenpflicht aus dem uU parallel bestehenden Anstellungsvertrag nichts.[42]

Eine rückwirkende Abberufung ist nicht möglich.[43] Die Abberufung **19** kann jedoch **aufschiebend** bedingt bzw zu einem zukünftigen Termin erfolgen.[44]

Der Eintragung der Abberufung ins FB kommt nur **deklarative** **20** Wirkung zu.[45] Dritte sind jedoch bis zur FB-Eintragung durch § 15 Abs 1 UGB geschützt. Wenn die Vertretungsbefugnis im FB gelöscht ist, kommt ein Vertrauen Dritter auf den FB-Stand nicht mehr in Betracht.[46]

Die verbliebenen GF haben in vertretungsbefugter Anzahl die Ab- **21** berufung zum FB **anzumelden**. Das Erlöschen der Vertretungsbefugnis kann auch v abberufenen GF angemeldet werden (§ 17 Abs 2). Dafür ist ein Nachw der Abberufung, jedoch keine beglaubigte Form notwendig.[47]

---

38 OGH 28.1.1999, 6 Ob 290/98k; 15.2.2007, 6 Ob 14/07p; *Koppensteiner/Rüffler*, GmbHG³ § 16 Rz 14; *Reich-Rohrwig*, GmbHR I² Rz 2/628; *Eckert*, Abberufung 16; *Ch. Nowotny* in Kalss/Nowotny/Schauer, GesR² Rz 4/160.
39 *Eckert*, Abberufung 17; *Ch. Nowotny* in Kalss/Nowotny/Schauer, GesR² Rz 4/160.
40 *Zib* in Torggler, GmbHG § 16 Rz 6.
41 *Koppensteiner/Rüffler*, GmbHG³ § 16 Rz 14.
42 In diesem Sinne *Zib* in Torggler, GmbHG § 16 Rz 6 mwV.
43 OGH 28.1.1999, 6 Ob 290/98k.
44 *Zib* in Zib/Dellinger, UGB § 7 Rz 89.
45 *Ch. Nowotny* in Kalss/Nowotny/Schauer, GesR² Rz 4/52.
46 OGH 17.7.1997, 6 Ob 2371/96m.
47 *Rieder/Huemer*, GesR⁵, 257 f. Zu den Formerfordernissen s bereits unter Rz 8.

D. Rechtsmittel gegen die Abberufung

1. Anfechtung fehlerhafter Abberufungsbeschlüsse

22 Es ist zw Abberufungsbeschlüssen, die absolut nichtig u damit unwirksam sind, u solchen, die zwar mangelhaft, aber wirksam sind, zu unterscheiden. Ein Beschluss, der wegen seines Mangels als nichtig zu qualifizieren ist, kann mittels **Klage auf Feststellung der Nichtigkeit** bekämpft werden (s ausf § 41 Rz 49 ff).[48] Ein fehlerhafter, aber wirksamer Abberufungsbeschluss ist mittels **Anfechtungsklage** zu bekämpfen (s ausf § 41 Rz 119 ff).[49]

23 Sofern keine absolute Nichtigkeit vorliegt,[50] ist die Abberufung solange wirksam, bis der Gesellschafterbeschluss durch rechtskräftiges Urteil aufgehoben wird.[51]

24 Als Anfechtungsgründe kommen **Verfahrensmängel** oder **materielle Mängel** in Frage.[52] Ein unter Verletzung des gesetzl bzw des statutarisch festgelegten Präsenzquorums zur Beschlussfassung in der GV zustande gekommener Abberufungsbeschluss ist somit anfechtbar.[53]

2. Anfechtungslegitimation

25 Eine Anfechtungsklage kann v den Gesellschaftern (§ 41 Abs 2) sowie den verbleibenden GF erhoben werden. Ein allenfalls bestehender AR ist auch anfechtungslegitimiert (vgl § 41 Rz 141). Der abberufene Fremd-GF ist jedoch keinesfalls berechtigt, eine Anfechtungsklage zu erheben, weil seine Organstellung bereits beendet ist.[54]

26 Gegen den **Beschluss des FB-Gerichts** auf Eintragung der Abberufung des GF kommt diesem mangels Parteistellung kein Rekursrecht zu.[55]

---

48 *Ratka* in Straube/Ratka/Rauter, GmbHG § 16 Rz 27.
49 *Ratka* in Straube/Ratka/Rauter, GmbHG § 16 Rz 28.
50 OGH 21.12.2000, 8 Ob 233/99v; *Koppensteiner/Rüffler*, GmbHG³ § 16 Rz 14, 16; *N. Arnold/Pampel* in Gruber/Harrer, GmbHG² § 16 Rz 43 f.
51 RIS-Justiz RS0060077. Vgl *Strigl*, AnwBl 1981, 143 (146).
52 OGH 21.12.2000, 8 Ob 233/99v; 27.2.1986, 8 Ob 515/86; 19.6.1986, 7 Ob 538/86; 2.2.2022, 6 Ob 213/21y; *Reich-Rohrwig*, GmbHR I² Rz 2/631.
53 Dazu *Frenzel*, GES 2016, 209 (209 ff).
54 *Ratka* in Straube/Ratka/Rauter, GmbHG § 16 Rz 29; OGH 15.3.2021, 6 Ob 38/21p; 22.10.2020, 6 Ob 33/20a.
55 OGH 16.3.2007, 6 Ob 35/07a.

3. Vertretung der Gesellschaft

Die Anfechtungsklage hat sich gegen die Gesellschaft zu richten, wobei diese, sofern möglich, durch verbliebene GF vertreten wird (s § 42 Rz 2). Hilfsweise vertritt ein allenfalls bestehender AR.[56] Für den Fall, dass kein AR besteht oder GF u AR-Mitglieder gemeinsam klagen, hat das Gericht einen Prozesskurator zu bestellen (§ 42 Abs 1). Ist die Abberufung u Neubestellung eines GF Streitgegenstand, gilt derjenige als vertretungsbefugt, der im Fall eines Obsiegens der Gesellschaft GF ist.[57] Besteht ein über den Anfechtungsprozess hinausgehender Vertretungsbedarf, kann unter den Voraussetzungen des § 15a ein Not-GF eingesetzt werden.

27

4. Einstweilige Verfügung

Liegt eine **konkrete Gefährdung** der Gesellschaft oder des abberufenen GF vor, kann der Kläger eine einstweilige Verfügung beantragen, um eine Aufschiebung der Wirksamkeit des angefochtenen Abberufungsbeschlusses zu erreichen (§ 42 Abs 4).[58] Der Kläger hat in seinem Antrag sowohl seinen Anspruch als auch die Gefährdung, sprich den unwiederbringlichen Schaden, zu bescheinigen.[59] Eine bloß theoretische Möglichkeit einer Gefährdung reicht nicht aus, wenn diese nicht bescheinigt werden kann.[60] Eine mangelnde Bescheinigung kann nicht durch eine Sicherheitsleistung ersetzt werden.[61]

28

Eine einstweilige Verfügung kann auch nach Löschung des GF aus dem FB beantragt werden. Wird einer solchen einstweiligen Verfügung stattgegeben, hat diese eine neuerliche vorübergehende Änderung der Vertretungsbefugnis zur Folge. Die durch die einstweilige Verfügung bewirkte Änderung ist ins FB einzutragen u der abberufene GF wieder ins FB einzutragen.[62]

---

56 *Ratka* in Straube/Ratka/Rauter, GmbHG § 16 Rz 30.
57 OGH 29.11.1989, 1 Ob 695/89.
58 *Ratka* in Straube/Ratka/Rauter, GmbHG § 16 Rz 29; *Ch. Nowotny* in Kalss/Nowotny/Schauer, GesR² Rz 4/168.
59 § 381 Z 2 EO, § 389 Abs 1 EO iVm § 42 Abs 4. Weiterführend *Zackl*, Einstweiliger Rechtsschutz.
60 *Zib* in Torggler, GmbHG § 16 Rz 11.
61 OGH 17.12.2010, 6 Ob 230/10g.
62 *Koppensteiner/Rüffler*, GmbHG³ § 16 Rz 16 mit Verweis auf RdW 1997, 535; *Zib* in Torggler, GmbHG § 16 Rz 12; *Ratka* in Straube/Ratka/Rauter,

III. Beschränkung der Abberufungsmöglichkeit im Gesellschaftsvertrag (Abs 3)

29 Der Umstand, dass ein Gesellschafter im GesV zum GF bestellt wird, schützt nicht vor der Abberufung mit einfacher Mehrheit. Der GesV kann jedoch eine Stärkung des Gesellschafter-GF vorsehen, indem:

– eine Abberufung auf **wichtige Gründe** beschränkt wird (§ 16 Abs 3),
– dem Gesellschafter ein **Sonderrecht** auf Geschäftsführung eingeräumt wird, oder
– eine **qualifizierte Mehrheit** für die Abberufung vorgesehen wird.

30 Bei diesen gesv Regelungen handelt es sich um materielle Satzungsbestandteile, die gem stRsp[63] nach ihrem Wortlaut u Zweck in ihrem systematischen Zusammenhang **rein objektiv** auszulegen sind.

A. Beschränkung der Abberufung auf wichtige Gründe

31 Eine Beschränkung der Abberufung auf **wichtige Gründe** ist möglich, wenn ein **Gesellschafter** im GesV zum GF bestellt wurde. Wird ein Gesellschafter-GF ohne wichtigen Grund abberufen, so ist der Beschluss anfechtbar.[64]

Das Gesetz definiert die wichtigen Gründe nicht. Unter wichtige Gründe sind jedoch sämtliche Umstände zu subsumieren, welche die Belange der Gesellschaft gefährden u ihr die Beibehaltung des GF unzumutbar machen.[65] Die Konkretisierung dieser Gründe erfolgt wie bei der gerichtl Abberufung gem § 16 Abs 2.[66]

Für die erfolgreiche Abberufung reicht das Vorliegen eines einzigen wichtigen Grundes.[67]

GmbHG § 16 Rz 29; *Ch. Nowotny* in Kalss/Nowotny/Schauer, GesR² Rz 4/168.
63 OGH 21.12.2011, 6 Ob 221/11k.
64 *Ch. Nowotny* in Kalss/Nowotny/Schauer, GesR² Rz 4/162.
65 OGH 26.4.1990, 8 Ob 563/89.
66 *Koppensteiner/Rüffler*, GmbHG³ § 16 Rz 25.
67 OGH 21.11.2011, 6 Ob 221/11k; s auch *Ratka* in Straube/Ratka/Rauter, GmbHG § 16 Rz 15.

Nach hM[68] kann der GesV an sich unwichtige Gründe zu wichtigen Gründen erklären.[69] Strittig ist hingegen, ob es zulässig ist, wichtige Gründe in der Satzung für unwichtig zu erklären. Für die Möglichkeit, die Abberufung auf bloß bestimmte wichtige Gründe zu beschränken, spricht va, dass seit der Einführung des Abs 2 eine gerichtl Abberufung wegen der für eigentlich unwichtig erklärten Gründe dennoch möglich ist.[70]

Die Geltendmachung eines wichtigen Abberufungsgrundes ist an **keine Frist** gebunden. Jene Zeit, die das Abberufungsorgan jedoch zw Kenntniserlangung des Grundes u Abberufungsbeschluss verstreichen lässt, kann Indizwirkung haben, ob der im Abberufungsbeschluss genannte Grund als ein wichtiger zu qualifizieren ist.[71]

Mangels anderslautender gesv Regelung hat die **GV** den Abberufungsbeschluss – mit **einfacher Mehrheit** – zu fassen.[72] Der betroffene Gesellschafter-GF kann mitstimmen.[73]

Die Abberufung ist auch bei einer Beschränkung auf wichtige Gründe **solange wirksam**, als nicht über ihre Unwirksamkeit, insb das Vorliegen eines wichtigen Grundes, rechtskräftig entschieden wurde (§ 16 Abs 3 S 2). Folglich muss das FB-Gericht bei der Anmeldung der Abberufung das Vorliegen eines wichtigen Grundes nicht amtswegig prüfen.[74] Wird einer Anfechtung rechtskräftig stattgegeben, wird die Abberufung **ex tunc** unwirksam u der Gesellschafter rückwirkend wieder GF.[75]

---

68 *Ratka* in Straube/Ratka/Rauter, GmbHG § 16 Rz 16; *Ch. Nowotny* in Kalss/Nowotny/Schauer, GesR² Rz 4/162. Beachte jedoch den in *N. Arnold/Pampel* in Gruber/Harrer, GmbHG² § 16 Rz 25 aufgezeigten Meinungsstreit.
69 So auch nach der Rsp, vgl OGH 18.9.1973, 4 Ob 587/73; 2.10.1985, 3 Ob 555/85.
70 **Dagegen** OGH 18.9.1973, 4 Ob 587/73; 26.4.1990, 8 Ob 563/89; *Reich-Rohrwig*, GmbHR I² Rz 2/618. **Dafür** *Ch. Nowotny* in Kalss/Nowotny/Schauer, GesR² Rz 4/162; *Koppensteiner/Rüffler*, GmbHG³ § 16 Rz 9; *Eckert*, Abberufung 32. Offenlassend *Ratka* in Straube/Ratka/Rauter, GmbHG § 16 Rz 16.
71 *Koppensteiner/Rüffler*, GmbHG³ § 16 Rz 10. So etwa bei Umständen, die bereits zum Zeitpunkt der Beschlussfassung über die Entlastungserteilung bekannt waren; *Simonishvili*, Entlastungsbeschlüsse, 87.
72 *Koppensteiner/Rüffler*, GmbHG³ § 16 Rz 11.
73 S bereits Rz 16. Den vormaligen Meinungsstreit darstellend: *Koppensteiner/Rüffler*, GmbHG³ § 16 Rz 11.
74 OGH 24.2.2011, 6 Ob 195/10k; *Koppensteiner/Rüffler*, GmbHG³ § 17 Rz 10.
75 OGH 24.2.2011, 6 Ob 195/10k; *Reich-Rohrwig*, GmbHR I² Rz 2/614.

B. Sonderrecht auf Geschäftsführung

36 Im GesV kann einem Gesellschafter ein Sonderrecht auf Geschäftsführung eingeräumt werden (§ 50 Abs 4)[76], sodass es für eine Abberufung neben der Beschlussfassung durch die GV auch der Zustimmung des Sonderrechtsinhabers bedarf.[77] Ein Sonderrecht ergibt sich nicht bereits aus der bloßen Bestellung zum GF im GesV,[78] vielmehr muss sich aus der Auslegung des GesV ergeben, dass dem Begünstigten ein ohne seine Mitwirkung nicht entziehbares Recht verschaffen werden sollte.[79] Ebenso wenig kann aus der in § 15 Abs 1 S 4 enthaltenen Formulierung „für die Dauer des Gesellschaftsverhältnisses" oder aus dem Umstand, dass für die Bestellung eines neuen GF eine qualifizierte Mehrheit erforderlich ist, ein derartiges Sonderrecht abgeleitet werden.[80]

37 Ein Abberufungsbeschluss ohne Zustimmung des Sonderrechtsinhabers ist **schwebend unwirksam**.[81] Dieser Umstand kann ohne Bindung an die Anfechtungsfrist des § 41 Abs 4 mit Feststellungsklage geltend gemacht werden u ist v FB-Gericht **amtswegig** zu beachten.[82]

Verweigert der Sonderrechtsinhaber seine Zustimmung, ist eine gerichtl Abberufung aus **wichtigem Grund** zulässig.[83] Der GF behält bis zur rechtskräftigen E über die Abberufungsklage (bzw bis zum Zugang der E an den GF) seine Organstellung.[84] Darin liegt ein wesentlicher Untersch zur „bloßen" Beschränkung der Abberufung auf wichtige Gründe: Der mit Sonderrecht auf Geschäftsführung ausgestattete GF bleibt bis zur rechtskräftigen Klagsstattgebung in seiner Funktion, wäh-

---

[76] OGH 26.4.1989, 1 Ob 529/89; 2.10.1985, 3 Ob 555/85d, RdW 1986, 42; 17.1.1984, 2 Ob 600/82; ausf *Umfahrer*, GmbH[7] Rz 4.13.
[77] OGH 26.4.1990, 8 Ob 563/89, ecolex 1991, 324; *Eckert*, Abberufung 44.
[78] *Zib* in Torggler, GmbHG § 16 Rz 25. S auch OGH 16.6.2011, 6 Ob 99/11v.
[79] *Ch. Nowotny* in Kalss/Nowotny/Schauer, GesR[2] Rz 4/163.
[80] OGH 19.12.1967, 8 Ob 349/67; 16.6.2011, 6 Ob 99/11v.
[81] Dazu *Horn/Robertson*, ecolex 2013, 885; **dagegen** *Reich-Rohrwig*, ecolex 2021, 651. In seiner neueren Jud scheint der OGH davon auszugehen, dass ein solcher Beschluss mit Nichtigkeitsklage zu bekämpfen ist (vgl OGH 15.3.2021, 6 Ob 39/21k). Diese A ist aufgrund des eindeutigen Wortlautes u des besonderen Charakters des Sonderrechts abzulehnen (vgl *Karollus*, GES 2021, 115 [115 ff] mwN).
[82] *Zib* in Torggler, GmbHG § 16 Rz 26.
[83] *Ch. Nowotny* in Kalss/Nowotny/Schauer, GesR[2] Rz 4/163. Dazu Rz 40 ff.
[84] OGH 26.4.1990, 8 Ob 563/89; *Ratka* in Straube/Ratka/Rauter, GmbHG § 16 Rz 22 mwN.

rend der Gesellschafter-GF mit Zugang des Beschlusses seine Organstellung verliert.[85]

Die Abberufung des Sonderrechtsinhabers ist überwiegend als **GesV-Änderung** zu qualifizieren[86] u daher v sämtlichen GF zum FB anzumelden (§ 51). Die Änderung wird erst mit Eintragung wirksam (§ 49 Abs 2). **38**

C. Qualifizierte Mehrheit für die Abberufung

Im GesV kann für die Abberufung eine **qualifizierte Mehrheit** vorgesehen werden. Ein gesv gefordertes Quorum der **Einstimmigkeit** – auch bei Fremd-GF – wird ebenso für zulässig erachtet.[87] **39**

IV. Gerichtliche Abberufung (Abs 2)

A. Allgemeines

Gerichtliche Abberufung bedeutet eine Abberufung auf Basis einer Klage. Dabei ist zu unterscheiden zw: **40**

– Abberufung eines **Gesellschafter-GF** durch **Abberufungsklage** (Abs 2 S 2) u
– Abberufung eines **Fremd-GF** durch **Zustimmungsklage** (Abs 2 S 3).

Nach neuerer Rsp ist auch dann eine Zustimmungsklage (u keine Abberufungsklage) zu erheben, wenn der Fremd-GF nur „formell" Fremd-GF ist, er wegen der tatsächlichen wirtschaftlichen Identität mit einem Gesellschafter der GmbH aber denselben beherrschenden Einfluss wie der Gesellschafter selbst ausüben kann.[88] Die Bestimmungen über die gerichtl Abberufung sind **zwingend** u können im GesV nicht erschwert werden.[89]

---

85 Anschaulich *Umlauft*, NZ 1992, 89 (92).
86 *Reich-Rohrwig*, GmbHR I[2] Rz 2/620, 2/626; *Umfahrer*, GmbH[7] Rz 4.14; *Eckert*, Abberufung 47.
87 *Koppensteiner/Rüffler*, GmbHG[3] § 16 Rz 4 mwN, insb OGH 26.8.1999, 2 Ob 46/97x.
88 OGH 17.11.2010, 6 Ob 212/10k.
89 *Koppensteiner/Rüffler*, GmbHG[3] § 16 Rz 20, 30a.

B. Abberufung eines Gesellschafter-Geschäftsführers (Abs 2 S 2)

1. Abberufungsklage als Rechtsgestaltungsklage

41 Die Abberufungsklage ist eine **Rechtsgestaltungsklage**. Bei dieser ist nicht die GmbH, sondern der abzuberufende Gesellschafter-GF Beklagter. Jedenfalls kann eine Abberufungsklage gegen einen Gesellschafter-GF erhoben werden, der aufgrund seines Geschäftsanteils oder ihm eingeräumter Sonderrechte einen Abberufungsbeschluss verhindern kann. Die Rsp[90] lässt eine Abberufungsklage weiters gegen Minderheitsgesellschafter-GF zu, die ihre Abberufung mit Hilfe anderer Gesellschafter verhindern können.[91] Es haben alle Gesellschafter für die Erhebung der Klage mitzuwirken.[92] Die Mitwirkung kann mittels Klage erzwungen werden.[93] Diesen Mitwirkungsanspruch kann jeder Gesellschafter selbständig geltend machen.[94] Das rechtskräftige Urteil ersetzt die Mitwirkung. Die Abberufungsklage kann mit einer Klage auf Zustimmung der verbleibenden Gesellschafter verbunden werden.[95]

42 Der Klagsführung muss kein **Abberufungsversuch** durch einen Gesellschafterbeschluss vorausgehen.[96]

2. Vorliegen eines wichtigen Grundes

43 Die gerichtl Abberufung ist nur bei Vorliegen eines wichtigen Grundes zulässig.[97] Zum wichtigen Grund s Rz 31. § 16 Abs 2 nennt iVm §§ 117,

---

90 RIS-Justiz RS0059607.
91 Die hL hält eine Abberufungsklage gegen einen Minderheitsgesellschafter-GF ohne Sonderrecht auf Geschäftsführung u ohne blockierendes Stimmgewicht mangels Rechtsschutzinteresses für unzulässig, vgl *Koppensteiner/Rüffler*, GmbHG³ § 16 Rz 23 mwN; *Zib* in Torggler, GmbHG § 16 Rz 34.
92 *Ratka* in Straube/Ratka/Rauter, GmbHG § 16 Rz 39; *Ch. Nowotny* in Kalss/Nowotny/Schauer, GesR² Rz 4/166.
93 *Ratka* in Straube/Ratka/Rauter, GmbHG § 16 Rz 32; 40.
94 *Koppensteiner/Rüffler*, GmbHG³ § 16 Rz 20, 30a.
95 *Koppensteiner/Rüffler*, GmbHG³ § 16 Rz 20, 30a; *Ratka* in Straube/Ratka/Rauter, GmbHG § 16 Rz 40; *Fantur/Zehetner*, ecolex 1997, 846 (849).
96 OGH 11.7.1991, 7 Ob 559/91; *Koppensteiner/Rüffler*, GmbHG³ § 16 Rz 22; *N. Arnold/Pampel* in Gruber/Harrer, GmbHG² § 16 Rz 56; *Reich-Rohrwig*, ecolex 1990, 87.
97 *Ch. Nowotny* in Kalss/Nowotny/Schauer, GesR² Rz 4/165.

127 UGB grobe Pflichtverletzung oder Unfähigkeit zur ordnungsgemäßen Geschäftsführung u Vertretung als Bsp für einen wichtigen Grund.

Unter **grobe Pflichtverletzung** des GF fallen zB: **44**

- Untreue iSd § 153 StGB,
- Generelle Amtsverweigerung,
- Stellen eines Insolvenzantrages, obwohl erkennbar nur eine rein rechnerische Überschuldung vorliegt,[98]
- persönliche Schwierigkeiten, wie familiäre Probleme,[99] wenn sich diese nachteilig auf das Ansehen der GmbH/den GF auswirken[100] oder
- Verletzung des gesetzl Wettbewerbsverbots.[101]

Keine „Unfähigkeit zur ordnungsgemäßen Geschäftsführung" u somit **45** **keinen wichtigen Grund** für die Abberufung stellt etwa die Uneinigkeit zw einem GF u den Gesellschaftern über die Geschäftspolitik dar.[102] Eine solche Pflichtverletzung setzt vielmehr voraus, dass sich der GF über den erklärten Willen der Gesellschafter hinwegsetzt.[103] Auch die dauerhafte Erkrankung des GF stellt per se keinen wichtigen Abberufungsgrund dar, soweit eine tw Fähigkeit zur Geschäftsführung noch besteht.[104]

C. Abberufung eines Fremd-Geschäftsführers (Abs 2 S 3)

Eine Abberufungsklage gem § 16 Abs 2 kommt auch dann in Betracht, **46** wenn ein Fremd-GF trotz Vorliegens eines wichtigen Grunds nicht v der GV abberufen wird. Diesfalls richtet sich die Klage, anders als im Verfahren gegen einen Gesellschafter-GF, gegen die übrigen Gesellschafter u ist auf die **Zustimmung zur Abberufung** des Fremd-GF ge-

---

98 OGH 15.9.2004, 9 Ob 33/04z.
99 Persönliche Animositäten oder Familienstreitigkeiten bilden im Regelfall keinen wichtigen Grund für den Entzug der GF-Befugnis (OGH 20.5.2020, 6 Ob 55/20m).
100 *Eckert*, Abberufung, 42; *Kalss*, RdW 2010/485, 461.
101 *Frotz*, GesRZ 1987, 93 (93 ff).
102 *Rauter*, JAP 2021/2022/4, 32.
103 OGH 17.12.2008, 6 Ob 213/07b.
104 OGH 30.5.1990, 4 Ob 507/90. Dazu *Reich-Rohrwig/Thiery*, ecolex 1990, 685.

richtet.[105] Die Abberufung muss zuvor jedoch durch Gesellschafterbeschluss zumindest versucht worden sein.[106]

47 Jeder Gesellschafter, der gegen den Antrag auf Abberufung des Fremd-GF gestimmt hat, ist **Beklagter** der Zustimmungsklage. Der Fremd-GF selbst ist nicht Beklagter, ihm ist durch das Gericht der **Streit zu verkünden** u er kann als streitgenössischer Nebenintervenient dem Verfahren beitreten.[107]

V. Beendigung des Anstellungsverhältnisses

48 Die Abberufung impliziert nicht zwangsläufig, dass auch das Anstellungsverhältnis beendet ist, dies ist vielmehr gesondert zu beurteilen.[108] § 16 Abs 1 hebt hervor, dass die Abberufung unbeschadet der Entschädigungsansprüche aus bestehenden Verträgen erfolgt. In der Praxis ist es jedoch üblich, eine **Verknüpfungsklausel** vorzusehen, wonach mit der Beendigung der organschaftlichen Stellung auch eine Beendigung des Dienstverhältnisses einhergeht.[109]

Die untersch Behandlung v Organ- u Anstellungsverhältnis zeigt sich weiters darin, dass das **Stimmrecht** des abzuberufenden Gesellschafter-GF betr den Abberufungsbeschluss nicht auch für die Beschlussfassung hinsichtlich des Anstellungsvertrages gilt.[110]

49 Beruft die GV den GF lediglich v seiner Organstellung ab u wurde nicht auch gleichzeitig das Anstellungsverhältnis beendet, so ist in aller Regel auf den Einzelfall abzustellen, ob dieses – u wenn ja, in welcher Form – fortgesetzt wird. Hierbei ist va die vertragliche Vereinbarung zw Gesellschaft u GF maßgeblich.[111]

---

105 *Ratka* in Straube/Ratka/Rauter, GmbHG § 16 Rz 55; *Ch. Nowotny* in Kalss/Nowotny/Schauer, GesR² Rz 4/165; OGH 17.11.2010, 6 Ob 212/10k.
106 *J. Zehetner/U. Zehetner*, GBU 6/2004, 24.
107 OGH 17.11.2010, 6 Ob 212/10k.
108 OGH 11.7.1991, 7 Ob 559/91; *Ratka* in Straube/Ratka/Rauter, GmbHG § 16 Rz 68; *Zib* in Torggler, GmbHG § 16 Rz 58.
109 *Ratka* in Straube/Ratka/Rauter, GmbHG § 16 Rz 69. Dazu *Stoll*, ASoK 2012, 183.
110 § 39 Abs 5 kommt hier nicht zur Anwendung; *Ch. Nowotny*, in Kalss/Nowotny/Schauer, GesR² Rz 4/176; *Ratka* in Straube/Ratka/Rauter, GmbHG § 16 Rz 68.
111 *Ratka* in Straube/Ratka/Rauter, GmbHG § 16 Rz 70.

Das Anstellungsverhältnis kann, je nachdem, ob ein unbefristeter **50** oder befristeter Vertrag vorliegt, durch ordentliche **Kündigung** u/oder durch **Entlassung** aus wichtigem Grund aufgelöst werden.[112]

Bei der **Auflösung aus wichtigem Grund** ist danach zu unterscheiden, ob der GF AN ist,[113] in diesem Fall ist § 27 AngG einschlägig, oder nicht, was zur Anwendung des § 1162 ABGB führt.[114] Der Ausspruch der Entlassung hat nach allg arbeitsrechtlichen Grundsätzen **unverzüglich** zu erfolgen.[115] In diesem Zusammenhang erweisen sich Fälle, in denen erst in einem gerichtl Verfahren über die Abberufung des GF aus wichtigem Grund – welcher auch einen Entlassungsgrund darstellt – abgewartet werden, als problematisch. Der Gesellschaft als Arbeitgeberin darf keine Verzögerung angelastet werden. Je nach organisationsrechtlichen Möglichkeiten werden entspr Maßnahmen zu treffen sein (insb Dienstsuspendierung). Ob die Einhaltung der Frist für die Einberufung der GV der Unverzüglichkeit uU schaden kann, ist uE anhand der organisationsrechtlichen Möglichkeiten im Einzelfall zu beurteilen.[116] Mit der hA[117] ist jedoch davon auszugehen, dass mit der Einbringung der Abberufungsklage zum Ausdruck gebracht wird, dass das Anstellungsverhältnis nicht fortgesetzt werden soll.

Die Entscheidungs- u Vertretungszuständigkeit ist bei der Entlassung **51** gleich wie bei der ordentlichen Kündigung zu beurteilen (vgl § 15 Rz 65 ff).[118] Die Auflösung des Anstellungsvertrages erfordert eine **Beschlussfassung** der GV,[119] die nach allg Grundsätzen zu erfolgen hat.[120] Wurde jedoch der GF lediglich seiner Organfunktion enthoben (u nicht auch gleichzeitig das Anstellungsverhältnis beendet), so liegt die weitere Vorgehensweise in der Verantwortung des verbliebenen oder eines neu bestellten GF.[121] Eine neuerliche Beschlussfassung durch die GV ist in

---

112 *Ratka* in Straube/Ratka/Rauter, GmbHG § 16 Rz 72.
113 Dazu *Herzeg*, JAP 2008/2009/12, 93 (95); *Ettmayer*, ÖJZ 2011, 581 (583 f).
114 *Koppensteiner/Rüffler*, GmbHG³ § 16 Rz 36.
115 *Koppensteiner/Rüffler*, GmbHG³ § 16 Rz 36.
116 Ob eine Obliegenheit zur schriftlichen Beschlussfassung besteht, wenn eine solche im GesV vorgesehen ist, erscheint jedoch fraglich; *Reich-Rohrwig*, GmbHR I² Rz 2/663.
117 *Ratka* in Straube/Ratka/Rauter, GmbHG § 16 Rz 73; *Koppensteiner/Rüffler*, GmbHG³ § 16 Rz 36.
118 *Koppensteiner/Rüffler*, GmbHG³ § 16 Rz 36.
119 Vgl OGH 18.12.2020, 8 ObA 80/19a.
120 *Ratka* in Straube/Ratka/Rauter, GmbHG § 16 Rz 76.
121 *Zib* in Torggler, GmbHG § 16 Rz 59.

diesem Fall für die Abwicklung des Anstellungsvertrags nicht erforderlich.[122]

Rücktritt der Geschäftsführer

§ 16a. (1) Geschäftsführer können unbeschadet der Entschädigungsansprüche der Gesellschaft ihnen gegenüber aus bestehenden Verträgen ihren Rücktritt erklären; liegt ein wichtiger Grund hiefür vor, kann der Rücktritt mit sofortiger Wirkung erklärt werden, sonst wird der Rücktritt erst nach Ablauf von 14 Tagen wirksam.

(2) [1]Der Rücktritt ist gegenüber der Generalversammlung, wenn dies in der Tagesordnung angekündigt wurde, oder gegenüber allen Gesellschaftern zu erklären. [2]Hievon sind allfällige Mitgeschäftsführer und, wenn ein Aufsichtsrat besteht, dessen Vorsitzender zu verständigen.

(3) Ist oder wird ein Geschäftsführer nach § 15 Abs. 1a oder 1b disqualifiziert, so hat er unverzüglich seinen Rücktritt zu erklären; dieser wird nach Ablauf von 14 Tagen wirksam.

idF BGBl I 2023/178

Literatur: *Ebner/Natlacen*, Rücktritt eines GmbH-Geschäftsführers, GesRZ 2020, 146; *Fellner*, Der Rücktritt des Geschäftsführers gem § 16a GmbHG im Lichte der Business Judgement Rule, GES 2020, 64; *Rohrer*, Firmenbuchanmeldung des Rücktritts des Geschäftsführers, EvBl-LS 2020/44; *Szöky*, Firmenbuch-Vermeidung von Verbesserungsaufträgen (2009); *Szöky*, Der Geschäftsführer-Rücktritt aus Sicht der Firmenbuchpraxis, GES 2003, 155; *Szöky*, GmbH-Geschäftsführer in der Firmenbuchpraxis, GES 2015, 208; *Szöky/Szoka*, Anträge und Anmeldungen zum Firmenbuch (2015); *Weigand*, Firmenbuchrechtliche Prüfungspflicht bei Anmeldungen von Bestellung und Abberufung vertretungsbefugter Personen, NZ 2003/23, 65.

Inhaltsübersicht

I. Überblick	1
II. Rücktritt	2–6
A. Wirksamkeit	2, 3
B. Wichtiger Grund	4
C. Adressaten der Rücktrittserklärung	5
D. Verständigungen	6
III. Firmenbuchverfahren	7–22

---

122 *Ratka* in Straube/Ratka/Rauter, GmbHG § 16 Rz 76.

A. Firmenbuchanmeldung 7–11
B. Vollmachten 12
C. Beilagen 13–15
D. Entscheidungsorgane 16
E. Prüfung und Entscheidung des Gerichtes 17–19
F. Zustellungen und Benachrichtigungen 20, 21
G. Veröffentlichungen 22

I. Überblick

Bis zum Inkrafttreten des **Insolvenzrechtsänderungsgesetzes 1997** – **IRÄG 1997**[1] war der **Rücktritt** des GF einer GmbH u die damit verbundene Löschung aus dem FB ein oft sehr schwieriges, langwieriges u auch kostenintensives Vorhaben bzw Verfahren. 1

Mit Inkrafttreten des IRÄG 1997 wurde der Rücktritt des GF gesetzl geregelt (vgl §§ 16a, 17 Abs 2).

Damit verbunden wurde normiert:
– die Wirksamkeit des Rücktrittes,
– die Nennung der Erklärungsempfänger u
– die Antragslegitimation.

Die nunmehrigen gesetzl Bestimmungen entsprechen auch voll u ganz dem Publizitätsprinzip des österr FB (§ 15 UGB).

Nach der Rsp u L ist auch der Rücktritt eines Allein-GF/Alleingesellschafters einer GmbH zulässig.[2]

II. Rücktritt

A. Wirksamkeit

Der Rücktritt des GF einer GmbH ist gem Abs 1 aus **wichtigem Grund sofort**, in allen anderen Fällen erst nach **Ablauf v 14 Tagen** rechtswirksam. 2

Liegt kein wichtiger Grund für den sofortigen Rücktritt vor oder wird dieser in der entspr Rücktrittserklärung bzw in der FB-Anmeldung

---
1 BGBl I 1997/114.
2 OLG Wien 24.7.1998, 28 R 61/98s, NZ 2000, 22.

nicht behauptet, so erfolgt die Löschung des GF aus dem FB erst nach Ablauf der gesetzl normierten 14-Tagesfrist.

Die betr FB-Anmeldung über den GF-Rücktritt wird, sofern die 14-tägige Frist noch nicht abgelaufen ist, v zuständigen Diplomrechtspfleger „kalendiert". Nach Ablauf des gesetzten Kalenders wird der bereits elektronisch geführte Akt wieder dem zuständigen Diplomrechtspfleger über den elektronischen Workflow zugeordnet; v diesem wird sodann die entspr Eintragung in der FB-Datenbank vorgenommen (vgl § 20 FBG).

3 Die gesetzl normierte Frist v 14 Tagen beginnt mit dem **Zugang der Rücktrittserklärung** an den letzten Empfänger zu laufen[3] u wird der Rücktritt mit Ablauf dieser Frist wirksam.[4]

Der Rücktritt kann auch unter der aufschiebenden Bedingung der Löschung aus dem FB erfolgen, wobei dieses Problem durch die nunmehrige Anmeldebefugnis des § 17 Abs 2 entschärft ist.[5]

Wenn eine zum GF bestellte Person disqualifiziert ist oder wird (s § 15 Abs 1a, 1b), muss sie gem § 16a Abs 3 unverzüglich ihren Rücktritt erklären. Obwohl die Disqualifikation selbst einen wichtigen Grund iSd § 16a Abs 1 zweiter HS darstellt, soll der GF-Rücktritt erst nach Ablauf v 14 Tagen wirksam werden, um der Gesellschaft die Gelegenheit zu geben, einen neuen bzw weiteren (kollektiven) GF zu bestellen, damit die Gesellschaft nicht vertretungslos wird (s § 16a Abs 3). Die Bestimmungen über die Disqualifikation der GF (s §§ 15 Abs 1a u 1b, 16a Abs 3) sind mit 1.1.2014 in Kraft getreten u auf Verurteilungen anzuwenden, deren Rechtskraft nach dem 31.12.2023 eingetreten ist (s § 127 Abs 28).

B. Wichtiger Grund

4 Der v G geforderte wichtige Grund für den sofortigen Rücktritt des GF ist nicht näher definiert. Dies wurde auch in der L bereits mehrfach kritisiert.[6] Als **wichtige Gründe** könnten – beispielhaft – angenommen werden:[7]

---

3 *Szöky*, GES 2003, 155 (156).
4 *Ratka* in Straube/Ratka/Rauter, GmbHG § 16a Rz 12.
5 *Zib* in Torggler, GmbHG § 16a Rz 9.
6 *Ratka* in Straube/Ratka/Rauter, GmbHG § 16a Rz 2.
7 *Koppensteiner/Rüffler*, GmbHG³ § 16a Rz 7; *Ratka* in Straube/Ratka/Rauter, GmbHG § 16a Rz 12; *Reich-Rohrwig*, GmbHR I² Rz 2/668; *Szöky*, GES 2003, 155.

- Hinderung des GF an der ordnungsgemäßen Wahrnehmung seiner Aufgaben,
- Verweigerung der Gesellschaft der Auszahlung v Ansprüchen des GF,
- Unzulässige Schmälerung des GF-Gehaltes,
- Nichtfeststellung der v GF aufgestellten Bilanz durch die Gesellschafter.

Das Vorliegen einer Krisensituation der GmbH stellt jedoch für sich allein noch keinen wichtigen Grund für die Rücklegung dar.[8] Bei Auffassungsunterschieden zw GF u Gesellschaftern zu den Themen Sanierungsmaßnahmen u Weiterführung des Unternehmens wird ein Rücktritt aus wichtigem Grund als für zulässig erachtet.[9]

Auch eine Disqualifikation des GF iSd § 15 Abs 1a u 1b stellt einen wichtigen Grund für einen Rücktritt dar.

In der Rücktrittserklärung des GF u sodann auch in der betr FB-Anmeldung ist jedoch das Vorliegen eines wichtigen Grundes zumindest zu behaupten. Ob tatsächlich ein wichtiger Grund für die sofortige Wirksamkeit der Rücktrittserklärung vorliegt, wird v den meisten für das FB-Verfahren zuständigen Diplomrechtspflegern jedoch keiner weiteren Überprüfung unterzogen.

Beinhaltet also die Rücktrittserklärung u die FB-Anmeldung nicht die Behauptung des Vorliegens eines wichtigen Grundes, so ist der Rücktritt dennoch wirksam[10] u erfolgt die Löschung des GF aus dem FB erst nach 14 Tagen ab dem Datum des Zuganges der Rücktrittserklärung an den letzten Empfänger (s auch obige Ausführungen zur Wirksamkeit, Rz 2 f).

C. Adressaten der Rücktrittserklärung

Der Rücktritt des GF ist eine zugangsbedürftige, bedingungslose Willenserklärung.[11] **Empfänger** einer wirksamen Rücktrittserklärung sind die **Gesellschafter** der GmbH. Der Rücktritt ist gem § 16a Abs 2 in der GV – wenn der Rücktritt in der Tagesordnung angekündigt wurde –

---

8 *Ratka* in Straube/Ratka/Rauter, GmbHG § 16a Rz 13.
9 *Ratka* in Straube/Ratka/Rauter, GmbHG § 16a Rz 13.
10 *Zib* in Torggler, GmbHG § 16a Rz 3.
11 *Koppensteiner/Rüffler*, GmbHG³ § 16a Rz 3; *Ratka* in Straube/Ratka/Rauter, GmbHG § 16a Rz 3.

oder gegenüber allen Gesellschaftern zu erklären. Eine Rücktrittserklärung des GF, die lediglich gegenüber dem zuständigen FB-Gericht abgegeben worden ist, ist nicht ausreichend.[12]

D. Verständigungen

6   Gemäß § 16a Abs 2 S 2 sind die allenfalls vorhandenen **Mitgeschäftsführer** des zurückgetretenen GF sowie ein allenfalls vorhandener **AR** (in concreto der Vorsitzende des AR) v erfolgten Rücktritt zu verständigen. Diese unverzügliche Verständigungspflicht trifft den zurückgetretenen GF zwar, ist aber für die Wirksamkeit des Rücktritts unwesentlich.[13] Auch muss dem zuständigen FB-Gericht im **Eintragungsverfahren** gegenüber **nicht bescheinigt** werden, dass die v G geforderten Verständigungen an allenfalls vorhandene Mitgeschäftsführer u an einen allenfalls vorhandenen AR vorgenommen worden sind.

III. Firmenbuchverfahren

A. Firmenbuchanmeldung

7   Zur Löschung des zurückgetretenen GF aus dem FB bedarf es einer **FB-Anmeldung** an das zuständige (vgl § 120 JN) FB-Gericht.

8   Übermittelt der zurückgetretene GF die FB-Anmeldung selbständig dem FB-G, so ist diese Anmeldung entweder im **Original** oder in **beglaubigter Kopie** vorzulegen.

Wird der betr GF v **berufsmäßigen Parteienvertretern** (RA u Notare) vertreten, so sind diese verpflichtet, die FB-Anmeldung sowie sämtliche erforderlichen Beilagen in **elektronischer Form** dem FB-Gericht zu übermitteln (§ 89c Abs 5 GOG). Ein Verstoß gegen diese Verpflichtung ist ein **Formmangel** u zieht einen gerichtl **Verbesserungsauftrag** (besser bekannt als Vorerledigung des FB-Gerichts) nach sich (§ 89c Abs 6 GOG iVm § 17 FBG).

Gemäß § 1 Abs 3 Z 1 ERV 2021 haben zum elektronischen Rechtsverkehr verpflichtete teilnehmende Personen (s § 89c Abs 5 u 5a GOG) in der nicht im elektronischen Rechtsverkehr übermittelten Eingabe zu

---

12 *Ratka* in Straube/Ratka/Rauter, GmbHG § 16a Rz 5.
13 *Koppensteiner/Rüffler*, GmbHG³ § 16a Rz 6.

bescheinigen, dass die konkreten technischen Möglichkeiten im Einzelfall für eine Nutzung des elektronischen Rechtsverkehrs nicht vorliegen.

Dieser Personenkreis hat nach Maßgabe der technischen Möglichkeiten ab 1.7.2022 ua auch **FB-Gesuche in strukturierter Form**, die eine automationsunterstützte Weiterverarbeitung ermöglichen, dem zuständigen FB-Gericht zu übermitteln (s § 1 Abs 3 Z 3 iVm § 14 Abs 1 ERV 2021). Ein Verstoß gegen die verpflichtete Vorlage in strukturierter Form ist wie ein Formmangel zu behandeln und ist ein Verbesserungsauftrag iSd § 17 FBG zu erlassen (s § 1 Abs 6 ERV 2021).

Die **FB-Anmeldung** zur Eintragung der Löschung v zurückgetretenen GF bedarf gem § 11 Abs 1 UGB der **gerichtl oder notariell beglaubigten Form**. 9

Sie ist nach Beglaubigung in ein **Urkundenarchiv einer Körperschaft öffentlichen Rechts** (§ 91c GOG) einzustellen u dem Gericht elektronisch zu übermitteln (s § 13 Abs 3 ERV 2021). Die Übermittlung der Anmeldung mittels **PDF-Anhang** ist **nicht zulässig** (s § 13 Abs 3 ERV 2021).

Die jew **Beglaubigungsklauseln** müssen entweder in **dt Sprache** verfasst sein[14] oder mit einer **Übersetzung** eines inländischen allg beeideten gerichtl zertifizierten **Dolmetschers** ergänzt sein.

Ob die ausländische Beglaubigungsklausel mit einer **Zwischen- bzw Überbeglaubigung** ergänzt werden muss, ist auch davon abhängig, ob der betr Staat, auf dessen Staatsgebiet diese Beglaubigungsklausel ausgestellt worden ist, mit der Republik Ö ein **bilaterales Abkommen** geschlossen hat oder ob er dem **Haager Beglaubigungsübereinkommen** beigetreten ist.[15] Die dafür erforderlichen Überbeglaubigungsmodalitäten u -stellen können der Homepage des BM für Europa, Integration u Äußeres (Außenministerium)[16] entnommen werden.

Das Problem der Übersetzung der Beglaubigungsklausel u Einholung v Apostille u Überbeglaubigungen könnte auch dadurch gelöst werden, dass – sofern es sich um einen österr Staatsbürger handelt – der Unterzeichner seine Unterschrift vor Beamten einer **österr Vertretungsbehörde** (Botschaft oder Konsulat) leistet u dies durch eine konsularische Beglaubigung bestätigt wird. Meines Erachtens sollten idZ auch Unterschriftsbeglaubigungen v dt Vertretungsbehörden ohne weiteres akzeptiert werden.

---

14 Amtssprache ist Deutsch – s § 53 Geo.
15 Um dies festzustellen ist *Vatter*, Verträge und Urkunden im Ausland, Juridica-Verlag sehr hilfreich.
16 www.bmeia.gv.at.

10   Die FB-Anmeldung hat gem § 16 FBG eine **konkrete Antragstellung** der begehrten Eintragung zu enthalten.
Bsp für eine konkrete Antragstellung in der FB-Anmeldung:

- ~~Max Mustermann, geb. 1.1.1960~~
  Funktion gelöscht
- # Max Mustermann, geb. 1.1.1960
  # Funktion gelöscht

Die Wirksamkeit (das Datum) des GF-Rücktrittes (speziell des Rücktrittes aus wichtigen Gründen mit sofortiger Wirkung) ist zwar in der in der FB-Anmeldung üblicherweise enthaltenen Sachverhaltsdarstellung anzugeben, jedoch ist sie nicht konkret zur Eintragung anzumelden.

Das konkrete **Ende der Vertretungsbefugnis** ist – anders als der Beginn der Vertretungsbefugnis – kein im FBG normierter Eintragungstatbestand (vgl § 3 Abs 1 Z 8 FBG) u wird daher in der Datenbank auch **nicht eingetragen**. Eingetragen wird lediglich die Tatsache der Beendigung der Vertretungsbefugnis des GF:[17]

Max Muster, geb. 1.1.1960, 1010 Wien, Mustergasse 1
 # Vertritt seit 1.1.2015 selbständig
 # Funktion gelöscht

11   Die **FB-Anmeldung** ist primär durch die bei der betr GmbH im FB eingetragenen u **aktiv legitimierten GF** in der **zur Vertretung berechtigten Anzahl** zu unterfertigen.

Die Anmeldung kann nach § 17 Abs 2 jedoch auch v **zurückgetretenen GF** selbst – allerdings nur in gerichtl oder notariell beglaubigter Form – vorgenommen werden. Wird die FB-Anmeldung jedoch durch den zurückgetretenen, dh nicht mehr vertretungsbefugten GF vorgenommen, dürfen mit dem Antrag auf Eintragung der Löschung des (zurückgetretenen) GF **keine weiteren Anträge** (zB Eintragung der neuen Geschäftsanschrift, Eintragung eines Gesellschafterwechsels etc) verbunden werden.[18]

Sofern die gesetzl Bestimmungen nicht die Unterfertigung durch sämtliche gesetzl Vertreter fordern (zB bei der FB-Anmeldung zur Neueintragung der GmbH – vgl § 9 Rz 3 [GmbH-Eintragung]) ist mE die Unterfertigung der FB-Anmeldung zur Eintragung der Löschung des

---

17 OLG Wien 30.4.2004, 28 R 17/04g, VdRÖ-FB-050-2009.
18 *Verweijen* in Straube/Ratka/Rauter, GmbHG § 17 Rz 30.

zurückgetretenen GF auch durch **Prokuristen** – jedoch nur **in Gemeinschaft mit kollektiv vertretungsbefugten aktiven GF** – zulässig.[19]

B. Vollmachten

Für die **FB-Anmeldung** zur Eintragung eines GF, der Änderung der Vertretungsbefugnis oder der Löschung eines GF ist idR eine **Gattungsvollmacht** vorzulegen.[20] Diese Gattungsvollmacht muss „zur Vornahme v FB-Anmeldungen" berechtigen. Sie bedarf der **gerichtl oder notariell beglaubigten Unterfertigung** des Vollmachtgebers (s § 11 Abs 2 UGB).

Scheint auf einer FB-Anmeldung ein RA oder Notar als Einschreitervertreter auf (s Briefkopf bzw die jew Stampiglie), so darf nur dieser die FB-Anmeldung in elektronischer Form einbringen. Wird die FB-Anmeldung jedoch durch eine andere Person (Erfüllungsgehilfen) elektronisch eingebracht, muss diese erteilte „**Subvollmacht**" auf der FB-Anmeldung konkret ersichtlich sein. Ein gänzliches Fehlen dieses Vermerkes ist ein (verbesserungsfähiger) Formmangel u ist v FB-Gericht ein Verbesserungsverfahren iSd § 17 FBG einzuleiten.[21]

Vollmachten sind in einem Urkundenarchiv einer Körperschaft öffentlichen Rechts (§ 91c GOG) einzustellen. Bei der elektronischen Vorlage ist auf diese Einstellung hinzuweisen u unter Bekanntgabe eines eindeutigen Urkundenidentifizierungsbegriffs die Ermächtigung zum Zugang zu den Daten der gespeicherten Vollmacht zu erteilen (s § 13 Abs 1 ERV 2021).

C. Beilagen

Der GF hat gem § 16a Abs 2 seinen (mittels Tagesordnung zur GV bereits angekündigten) Rücktritt **in der GV zu erklären** oder sämtliche **Gesellschafter** – nachweislich – davon zu verständigen.

Die Bescheinigung dieses Rücktrittes in der GV ist durch Vorlage des entspr **GV-Protokolls** zu tätigen. In einem (idR notariellen) GV-Protokoll ist durch die Anwesenheitsbestätigung des Notars oder – sofern nicht alle Gesellschafter anwesend waren – durch Bescheinigung der

---

19 OLG Wien 21.10.2005, 28 R 210/05s, NZ 2006, 96.
20 *Pilgerstorfer* in Artmann, UGB³ § 11 Rz 35.
21 OLG Wien 25.2.2009, 28 R 31/09y; VdRÖ-FB-045-2009.

ordnungsgemäßen Ladung samt Tagesordnung gewährleistet, dass **sämtliche Gesellschafter** v Rücktritt des GF in **Kenntnis** gesetzt worden sind. Auch ein Umlaufbeschluss nach § 34 (unbeglaubigt unterfertigt v sämtlichen Gesellschaftern) kann als Bescheinigung für den ordnungsgemäßen Rücktritt vorgelegt werden.

15 Die – nachweisliche – **Verständigung der Gesellschafter** außerhalb einer GV ist dem zuständigen FB-Gericht durch Vorlage der **Gleichschrift bzw allenfalls Kopie der Rücktrittserklärung** sowie mittels nachstehender **Bescheinigungsmittel** (wahlweise) zu bescheinigen:[22]

– Unterschriften (= Kenntnisnahme) sämtlicher Gesellschafter auf dem Rücktrittsschreiben selbst,
– Vorlage des Rückscheins der Post,
– Vorlage der Bestätigung eines Kurierdienstes über die erfolgte Zustellung,
– Vorlage des Postaufgabescheins (wird jedoch nicht v allen Entscheidungsorganen der FB-Gerichte akzeptiert),
– Vorlage des Fax-Sendeprotokolls, sofern der Sendebericht die Nr des Empfängers zweifelsfrei erkennen lässt, u Vorlage einer Kopie aus dem Telefonbuch oder eines Ausdruckes zB aus dem „Herold Internet Telefonverzeichnis",
– Vorlage eines E-Mails (adressiert an alle Gesellschafter) über den GF-Rücktritt u E-Mail-Antwort der Gesellschafter über den Erhalt des Rücktrittsschreibens,[23]
– urkundliche Angabe v Zeugen des erfolgten GF-Rücktrittes.

Der **Postaufgabeschein** (der ohnedies nicht v allen Entscheidungsorganen der FB-Gerichte akzeptiert wird) ist allein dann **nicht tauglich**, wenn gleichzeitig – wie in der FB-Praxis bereits erfolgt – sodann in der FB-Anmeldung behauptet wird, dass der Gesellschafter v der **zuletzt bekannten Anschrift** (leider) **unbekannt verzogen** ist.

Das Aufstellen einer **allg gültigen** u v sämtlichen Diplomrechtspflegern **akzeptierten Regelung** der tauglichen bzw ausreichenden **Bescheinigungsmittel** ist insofern schwierig, als die jew Bescheinigungsmittel für den jew **konkreten Fall** zu würdigen sind. Auch sind die bisher zu diesem Thema ergangenen E der OLG **nicht einheitlich**.[24]

---

22 *Szöky*, GES 2003, 155.
23 *Schmidbauer*, Zak, 2008/151 S 83.
24 *Verweijen* in Straube/Ratka/Rauter, GmbHG § 17 Rz 33.

Zusammenfassend kann allerdings gesagt werden, dass die Vorlage eines notariellen GV-Protokolls, eines unbeglaubigten Gesellschafterbeschlusses u eines **Rücktrittschreiben mit den Unterschriften sämtlicher Gesellschafter** die idealen u v allen Diplomrechtspflegern auch stets anerkannte Bescheinigungsmittel darstellen.

Gerade aber auch im Hinblick auf die v Gesetzgeber mit dem IRÄG 1997 wohl unzweifelhaft gewollte **Vereinfachung** der Behandlung des **GF-Rücktritts** sollte mE idR die Bescheinigung des GF-Rücktritts durch die Vorlage der **Rücktrittserklärung u des Postaufgabescheines** als ausreichend anerkannt werden. Dies wird jedoch nicht v allen Entscheidungsorganen der FB-Gerichte so gesehen.

Denn das – mE strenge – Verlangen einiger Entscheidungsorgane, den postalischen Übernahmeschein vorzulegen, dokumentiert lediglich die Absendung u Zustellung eines eingeschriebenen Briefs; damit wird jedoch nicht zweifelsfrei bescheinigt, dass die Briefsendung auch tatsächlich das Rücktrittsschreiben des GF enthielt.

Werden mit einer FB-Anmeldung mehrere Beilagen vorgelegt u bilden diese keine inhaltliche Einheit, so sind diese gem § 1 Abs 4 ERV 2021 als getrennte Anhänge zu übermitteln.

Auch sämtliche Beilagen sind in einem Urkundenarchiv einer Körperschaft öffentlichen Rechts (s § 91c GOG) einzustellen. Bei der elektronischen Vorlage ist auf diese Einstellung hinzuweisen u unter Bekanntgabe eines eindeutigen Urkundenidentifizierungsbegriffs die Ermächtigung zum Zugang zu den Daten der gespeicherten Vollmacht zu erteilen (s § 13 Abs 1 ERV 2021).

D. Entscheidungsorgane

Das **österr B-VG** normiert in Art 87a BVG, dass einzelne – konkret zu bezeichnende – Angelegenheiten der Gerichtsbarkeit erster Instanz besonders ausgebildeten **nichtrichterlichen Bediensteten (Diplomrechtspflegern)** übertragen werden können.

16

Im Speziellen enthalten die §§ 16, 22 RpflG die strikt einzuhaltende **Kompetenzaufteilung** v Richter- u Diplomrechtspflegeragenden.[25]

Gemäß § 22 RpflG fallen somit – ausgenommen der Rücktritt eines durch den Richter bestellten Not-GF (vgl § 15a) – die **FB-Eintragun-**

---

25 *Kodek* in Kodek/Nowotny/Umfahrer, FBG § 15 Rz 65.

gen der Löschung v zurückgetretenen GF in die **Kompetenz der Diplomrechtspfleger**.[26]

E. Prüfung und Entscheidung des Gerichtes

17 Die idR zuständigen Diplomrechtspfleger (vgl §§ 16, 22 RpflG) prüfen die vorgelegten **FB-Anmeldungen u Urkunden** in **formeller u materieller Hinsicht**.[27]

Die genaue **Art u Weise bzw die Intensität** der formellen u materiellen Prüfpflicht des FB-Gerichts ist den gesetzl Bestimmungen nicht zu entnehmen.[28] Erhebungen des FB-Gerichts sind jedoch – grds – auf eine **Plausibilitätsprüfung** beschränkt.[29]

18 Sind die FB-Anmeldungen u die vorzulegenden Urkunden unvollständig oder mit einem sonstigen, jedoch **behebbaren, Mangel**[30] behaftet, so haben die Entscheidungsorgane des FB-Gerichts (in diesen Fällen die Diplomrechtspfleger) dem Antragsteller verpflichtend die **Verbesserung des Mangels** innerhalb einer angemessenen **Frist** (idR drei bis vier Wochen) aufzutragen (§ 17 Abs 1 FBG).

Verbesserungsfähig sind dabei sowohl **Formmängel als auch Inhaltsmängel** der FB-Anmeldung u der vorzulegenden Urkunden.

19 Das FB-Gericht entscheidet über einen eintragungsfähigen FB-Antrag mit der **Datenfreigabe** u der **FB-Eintragung**. Gleichzeitig generiert das EDV-System einen, idR nicht begründeten, **Beschluss** (§ 36 Abs 1 AußStrG).[31] Der Eintragungsbeschluss hat den gesamten Wortlaut der jew FB-Eintragung zu enthalten (§ 20 Abs 1 FBG).

Gemäß § 20 Abs 1 letzter S FBG ist der **Eintragungsbeschluss** sofort in der **Datenbank** des FB **zu vollziehen**, es sei denn, im Beschluss selbst wird der **Vollzug nach Rechtskraft** angeordnet.[32] Der Vollzug nach Rechtskraft kommt jedoch in der FB-Praxis sehr selten vor.

---

26 *Szöky* in Szöky, RpflG § 22 Rz 129.
27 *Potyka* in Straube/Ratka/Rauter, UGB I⁴ § 7 Rz 38.
28 *Kodek* in Kodek/Nowotny/Umfahrer, FBG § 15 Rz 11.
29 *Kodek* in Kodek/Nowotny/Umfahrer, FBG § 15 Rz 20; *Potyka* in Straube/Ratka/Rauter, UGB I⁴ § 7 Rz 40.
30 *Szöky* in Straube/Ratka/Rauter, UGB I⁴ § 17 FBG, Rz 1.
31 *Jennewein*, FBG § 20 Rz 2.
32 *Jennewein*, FBG § 20 Rz 4; *Szöky* in Straube/Ratka/Rauter, UGB I⁴ § 20 FBG Rz 6.

Die entspr **FB-Eintragung** (hier die Löschung des zurückgetretenen GF) u die v Entscheidungsorgan zur öffentlichen Einsicht freigegebenen **Urkunden** sind jedoch erst **nach dem Tageswechsel** (00:00 Uhr des der Datenfreigabe folgenden Tages) in der FB-Datenbank ersichtlich.[33]

F. Zustellungen und Benachrichtigungen

Der **Eintragungsbeschluss** ist gem § 21 FBG zuzustellen: 20

– Dem Antragsteller bzw dessen berufsmäßigem Parteienvertreter (RA oder Notar),
– Der zuständigen gesetzl Interessensvertretung,
– Allen Betroffenen (zB der betr Gesellschaft).[34]

Die konkreten **Zustellempfänger** u die **Art der Zustellungen** (idR erfolgt diese mit Fensterkuvert) sind stets v Diplomrechtspfleger konkret mit der Eintragungsverfügung anzuordnen.[35]

Von der **FB-Eintragung** der Löschung eines zurückgetretenen GF 21 sind nachstehende Institutionen **zu benachrichtigen** (§ 22 FBG); diese Benachrichtigungen erfolgen automatisch durch das EDV-System des FB:

– FA Österreich,
– Sozialversicherungsanstalt der Selbständigen,
– OeNB (soweit diese die Daten für ihre gesetzl oder gemeinschaftsrechtlich zugewiesenen Aufgaben benötigt).

G. Veröffentlichungen

Die FB-Eintragung der Löschung des zurückgetretenen GF wird in der 22 **Ediktsdatei** (vgl § 89j GOG) sowie auf der elektronischen Verlautbarungs- u Informationsplattform des Bundes (EVI) bekannt gemacht u – soweit nicht das G etwas anderes vorschreibt – ihrem gesamten Inhalt nach veröffentlicht (§ 10 Abs 1 UGB iVm § 5 Abs 1 WZEVI-G).

Mit dem in § 89j Abs 1 letzter S GOG genannten Zeitpunkt gilt die Bekanntmachung der Eintragung (welche einen Monat lang abfragbar sein muss) als vorgenommen.

---

33 *Szöky* in Straube/Ratka/Rauter, UGB I[4] § 20 FBG Rz 7.
34 *Jennewein*, FBG § 20 Rz 2; *Szöky* in Straube/Ratka/Rauter, UGB I[4] § 21 Rz 3.
35 *Szöky* in Straube/Ratka/Rauter, UGB I[4] § 21 FBG Rz 7.

§ 17. (1) ¹Die jeweiligen Geschäftsführer und das Erlöschen oder eine Änderung ihrer Vertretungsbefugnis sind ohne Verzug zum Firmenbuch anzumelden. ²Der Anmeldung ist der Nachweis der Bestellung oder der Änderung in beglaubigter Form beizufügen. ³Zugleich haben neue Geschäftsführer ihre Unterschrift vor dem Gerichte zu zeichnen oder die Zeichnung in beglaubigter Form vorzulegen.

(2) Das Erlöschen der Vertretungsbefugnis kann auch vom abberufenen oder zurückgetretenen Geschäftsführer unter Bescheinigung der Abberufung oder des Zugangs der Rücktrittserklärung zur Eintragung in das Firmenbuch angemeldet werden.

(3) Ist eine Person als Geschäftsführer eingetragen oder bekanntgemacht, so kann ein Mangel ihrer Bestellung einem Dritten nur entgegengehalten werden, wenn der Mangel diesem bekannt war.

idF BGBl I 1997/114

Literatur: *Birnbauer*, Geschäftsführerbestellung bei einer bestehenden GmbH, GES 2014, 178; *Birnbauer*, Umfang der Vertretungsbefugnis des neu bestellten Geschäftsführers zur Anmeldung seiner Eintragung ins Firmenbuch, GesRZ 2014, 247; *Birnbauer*, Bestellung eines GmbH-Geschäftsführers mittels beglaubigten Gesellschafterbeschlusses, GES 2016, 172; *Szöky*, Firmenbuch – Vermeidung von Verbesserungsaufträgen (2009); *Szöky*, Der Geschäftsführer-Rücktritt aus Sicht der Firmenbuchpraxis, GES 2003; *Szöky*, GmbH-Geschäftsführer in der Firmenbuchpraxis, GES 2015, 208; *Szöky*, Vereinfachte GmbH-Gründung nach dem Deregulierungsgesetz, GES 2018, 4; *Szöky/Szoka*, Anträge und Anmeldungen zum Firmenbuch (2015); *Weigand*, Firmenbuchrechtliche Prüfungspflicht bei Anmeldungen von Bestellung und Abberufung vertretungsbefugter Personen, NZ 2003/23, 65.

Inhaltsübersicht

I. Allgemeines	1–4
II. Anmeldepflichtige Tatsachen	5–13
A. Geschäftsführereintragung	5–10
B. Änderung der Vertretungsbefugnis	11, 12
C. Geschäftsführerlöschung	13
III. Firmenbuchverfahren	14–36
A. Firmenbuchanmeldung	14–18
B. Vollmachten	19, 20
1. Vollmacht für die Firmenbuchanmeldung	19
2. Vollmacht für den Gesellschafterbeschluss	20
C. Beilagen	21–28
1. Allgemein	21
2. Geschäftsführereintragung	22–25

      3. Änderung der Vertretungsbefugnis   26
      4. Namensänderung   27
      5. Geschäftsführerlöschung   28
    D. Entscheidungsorgane   29
    E. Prüfung und Entscheidung des Gerichtes   30–33
    F. Zustellungen und Benachrichtigungen 34, 35
    G. Veröffentlichungen   36
  IV. Zwangsstrafverfahren 37, 38
  V. Schutz dritter Personen   39

I. Allgemeines

Für den **Rechtsverkehr** u im Hinblick auf das **Publizitätsprinzip** des österr FB (s § 15 UGB) ist es maßgeblich, dass aus der FB-Datenbank – so wie bei allen eingetragenen Rechtsträgern (vgl § 2 FBG) – auch die zur **Vertretung der GmbH berechtigten GF** ersichtlich sind. Daher ordnet § 17 Abs 1 S 1 die **unverzügliche Anmeldung** v neu bestellten, abberufenen bzw zurückgetretenen GF sowie die Änderung ihrer Vertretungsbefugnis an. Diese Verpflichtung zur unverzüglichen Anmeldung findet sich auch in § 10 Abs 1 FBG u ist v den aktiv legitimierten vertretungsbefugten Organen der GmbH (den GF) auch mittels **Zwangsstrafverfahren** (s § 24 FBG) einzufordern.   **1**

Zur Eintragung anzumelden sind auch **Namens- u Anschriftenänderungen** (vgl § 3 Abs 2 FBG) **der GF**.[1] Dabei wird jedoch die Frage, ob die betr FB-Anmeldung in beglaubigter oder unbeglaubigter Form vorzunehmen ist, v den als Entscheidungsorganen tätigen Diplomrechtspflegern nicht einheitlich beurteilt. Es wird daher empfohlen, die zuständigen Entscheidungsorgane – wie in der FB-Praxis durchaus üblich – vorab zu kontaktieren oder sicherheitshalber die (jedenfalls richtige) beglaubigte Form der FB-Anmeldung zu wählen.

Der FB-Anmeldung ist gem § 17 Abs 1 S 2 der **Nachweis** der GF-Bestellung, der GF-Abberufung, des Rücktrittes (vgl § 16a Rz 15) sowie der Änderung der Vertretungsbefugnis in **beglaubigter Form** anzuschließen. Als zugehörige Nachweise kommen etwa eine **Sterbeurkunde** (bei Tod des GF), das **GV-Protokoll**, ein **Gesellschafterbeschluss** sowie das **Rücktrittschreiben** samt **Zugangsbescheinigungen** in Frage. Hierbei sind jedoch lediglich die Bestellung u die Än-   **2**

---

[1] *Koppensteiner/Rüffler*, GmbHG³ § 17 Rz 2.

derung der Vertretungsbefugnis der GF in **beglaubigter Form** zu bescheinigen.

3   Neu bestellte GF haben gem § 17 Abs 1 letzter S eine **gerichtl oder notariell beglaubigte Namenszeichnung** abzugeben. In der FB-Praxis wird – sofern diese Namenszeichnung der FB-Anmeldung nicht angeschlossen worden ist – ein Verbesserungsauftrag iSd § 17 FBG erteilt. Wird diesem Verbesserungsauftrag innerhalb der gesetzten Frist nicht entsprochen, so wird der neue GF in die FB-Datenbank eingetragen u gegen ihn ein Zwangsstrafverfahren gem § 24 FBG eingeleitet.

4   **Grundsätzlich** sind FB-Anmeldungen v den **aktiven Organen der Gesellschaft** in der zur **Vertretung berechtigten Anzahl** vorzunehmen. Ob **sämtliche Organe** oder **Organe in vertretungsbefugter Anzahl** die FB-Anmeldung zu unterfertigen haben, regeln die jew gesetzl Bestimmungen (vgl §§ 9 Abs 1, 51 Abs 1).

§ 17 Abs 2 normiert hier – eingeführt durch das **IRÄG 1997** – insofern eine **Ausnahme**, als auch **abberufene oder zurückgetretene GF**, also nicht mehr aktive Organe, die betr FB-Anmeldung zur Löschung der GF-Funktion selbst unterfertigen dürfen.

II. Anmeldepflichtige Tatsachen

A. Geschäftsführereintragung

5   Gemäß § 17 Abs 1 S 1 ist die **Bestellung der jew GF** zur Eintragung ins FB anzumelden.

Konkret zur Eintragung anzumelden (s § 16 FBG) sind idZ **Name, Geburtsdatum** sowie **Beginn u Art der Vertretungsbefugnis** der GF (vgl auch § 3 Abs 1 FBG). Weiters sind die **Anschriften v natPers**, so auch die der GF, in der FB-Datenbank ersichtlich zu machen (§ 3 Abs 2 FBG).

6   Beim Eintragungstatbestand des Namens werden **Vor- u Zuname** des GF eingetragen. Sofern dies in der Anmeldung beantragt u durch Vorlage v Urkunden oder zumindest in der gerichtl oder notariellen Beglaubigungsklausel auch bescheinigt wird, werden auch **akademische Grade** u/oder Qualifikationsbezeichnungen wie „Ingenieur" eingetragen. **Nicht eintragungsfähig** sind idZ jedoch sämtliche **Berufstitel** (Professor, Hofrat, Regierungsrat, Ökonomierat).

7   Das **Geburtsdatum** der einzutragenden GF wird primär durch die gerichtl oder notarielle Beglaubigungsklausel bescheinigt. Weitere Be-

scheinigungen (zB durch Vorlage eines amtlichen **Lichtbildausweises** oder der **Geburtsurkunde**) sind idR nicht erforderlich.

Der **Beginn der Vertretungsbefugnis** der GF richtet sich primär nach dem in der Bestellungsurkunde genannten Datum.

Ausgenommen v diesem Grundsatz sind jene GF, die im Zuge der **Neueintragung einer GmbH** bestellt u zur Eintragung ins FB angemeldet werden. Da eine neu gegründete GmbH erst mit **Eintragung ins FB** entsteht (§ 2 Abs 1, vgl § 2 Rz 2 ff [Vorgesellschaft]), kommt als Datum des Beginnes der Vertretungsbefugnis der bestellten GF nur der **Tag der FB-Eintragung** in Betracht u muss diese Wirksamkeit auch dementspr in der FB-Anmeldung zur Neueintragung der GmbH aufgenommen werden.[2]

Als **Wirksamkeitszeitpunkt** der GF-Bestellung kann zulässigerweise vorgesehen werden:

- Sofortige Wirkung (dh Datum des Gesellschafterbeschlusses),
- Ein in der Zukunft liegendes u bestimmtes Datum (zB Gesellschafterbeschluss v 1.5.2023 mit Wirksamkeit für den 5.5.2023).

Sieht der **Gesellschafterbeschluss** für den Beginn der Vertretungsbefugnis eine sofortige Wirkung vor u wird v (mehreren) Gesellschaftern an **untersch Orten u zu versch Zeitpunkten** unterschrieben, so ist die GF-Bestellung, Änderung der Vertretungsbefugnis oder GF-Abberufung erst mit der **Unterfertigung des letzten Gesellschafters** wirksam.

Unzulässig als **Wirksamkeitszeitpunkt** für die GF-Bestellung sind:

- Rückwirkende Bestellung (zB Gesellschafterbeschluss datiert mit 5.5.2023, Wirksamkeit mit 1.5.2023),[3]
- Ein in der Zukunft liegendes u unbestimmtes Datum (zB Gesellschafterbeschluss 1.5.2023, Wirksamkeit per Ende der nächsten Woche),
- Datum der FB-Eintragung.[4]

Das **Ende der Vertretungsbefugnis** eines bestellten GF wird – auch wenn dies im Bestellungsbeschluss bereits festgelegt worden ist – in der FB-Datenbank nicht eingetragen, da das Ende der Vertretungsbefugnis keinen Eintragungstatbestand iSd FBG darstellt (vgl § 3 Abs 1 FBG).

---

2 OGH 22.6.2012, 6 Ob 97/12a, GES 2012, 44.
3 OLG Wien 28.1.2009, 28 R 295/08w, VdRÖ-FB-044-2009.
4 OLG Wien 14.10.2005, 28 R 230/05g, VdRÖ-FB-031-2006.

9 Die im FB einzutragende u dem GesV bzw der Errichtungserklärung nicht widersprechende **Art der Vertretungsbefugnis** des GF kann eine **selbständige oder eine gemeinsame (kollektive) Vertretungsbefugnis** sein (s auch § 18 Rz 16 [Vertretungsbefugnis]).

Auch die **Art der Vertretungsbefugnis** des GF ist in der FB-Anmeldung konkret zu bezeichnen (s auch § 11).

Handelt es sich um einen gemeinsam (kollektiv) vertretungsbefugten GF, so ist diese gemeinsame (kollektive) Vertretungsbefugnis in dem in der FB-Anmeldung enthaltenen Eintragungsantrag konkret bekannt zu geben. Eine nicht hinreichend konkretisierte Formulierung im Antrag – etwa lediglich die Anmeldung eines „kollektiv vertretungsbefugten" GF – ist somit nicht ausreichend.[5]

Ausreichende konkrete Formulierungen wären bspw:

- „Sie/Er vertritt gemeinsam mit einem weiteren Geschäftsführer/in."
- „Sie/Er vertritt gemeinsam mit einem Geschäftsführer/in oder mit einem Prokuristen/in."
- „Sie/Er vertritt gemeinsam mit dem Geschäftsführer N.N."
- „Sie/Er vertritt gemeinsam mit sämtlichen Geschäftsführer/innen."

10 In der FB-Datenbank sind beim betr Rechtsträger auch die **Anschriften** v natPers, somit auch jene der GF, ersichtlich zu machen (§ 3 Abs 2 FBG).

Nach dem Vorbild des § 12 Abs 4 GUG wurde mit dem PuG eine ausdrückliche Grundlage für die Eintragung der (Zustell-)Anschriften aller natPers geschaffen. Die Anschrift muss **nicht zwingend die Privatanschrift** des GF sein, es muss sich jedoch um eine **taugliche Abgabestelle** der betr Person iSd § 2 Z 4 ZustG handeln.

Grundsätzlich kann eine (geänderte) u v FB-Gericht erhobene neue **Zustellanschrift** einer natPers auch **v Amts** wegen ins FB eingetragen werden. Allerdings muss die betr Person im Rahmen des Verständigungsverfahrens gem § 18 FBG vorab verständigt u ihr die Möglichkeit zur Bekanntgabe einer (allenfalls anderen) Zustellanschrift gegeben werden.

---

5 OLG Wien 23.6.2009, 28 R 113/09g, VdRÖ-FB-045-2010.

B. Änderung der Vertretungsbefugnis

Gemäß § 17 Abs 1 ist auch die **Änderung der Vertretungsbefugnis**, also die Umwandlung einer selbständigen in eine kollektive oder einer kollektiven in eine selbständige Vertretungsbefugnis, zur Eintragung ins FB anzumelden. **11**

Sind **zwei GF mit kollektiver Vertretungsbefugnis** im FB eingetragen u erklärt bspw ein GF seinen Rücktritt oder wird v den Gesellschaftern abberufen, so wird der **verbleibende GF** dadurch **nicht** ipso iure zum **selbständig vertretungsbefugten GF**. Maßgeblich ist in diesem Fall die Regelung im GesV bzw der Errichtungserklärung oder des seinerzeitigen Bestellungsbeschlusses des betr GF. Wurde der (nunmehr alleinige) GF im Bestellungsbeschluss ausdrücklich zu einem kollektiv vertretungsbefugten GF bestellt, so kann dies nur durch Beschluss der Gesellschafter wieder geändert werden (s dazu § 18 Rz 16 [Vertretungsbefugnis]).[6] **12**

C. Geschäftsführerlöschung

Als Gründe für das **Erlöschen der Geschäftsführungsbefugnis** lassen sich primär nennen: **13**

- Tod des GF,
- Abberufung des GF durch GV-Beschluss bzw Beschluss der Gesellschafter (s § 34),
- Rücktritt des GF (s § 16a),
- Disqualifikation des GF (s § 15a Abs 1a u 1b).

Lediglich in sehr **wenigen Fällen** (zumindest betr die FB-Praxis beim HG Wien) endet die GF-Funktion mittels **Abberufung durch Klage** (s dazu § 16 Rz 40 ff [Abberufungsklage]).

Bei einer der GF-Disqualifikation nach § 15 Abs 1a oder 1b auslösenden Verurteilung durch ein inländisches Gericht wird das für die Gesellschaft zuständige FB-Gericht automationsunterstützt v der Verurteilung der betr Person verständigt (s § 19a Abs 4 FBG).

Das zuständige FB-Gericht hat die betr GmbH aufzufordern, den disqualifizierten GF unverzüglich abzuberufen u ggf für einen anderen

---

[6] OLG Wien 9.6.2004, 28 R 26/04f, VdRÖe-FB-054-2009.

gesetzl Vertreter zu sorgen. Kommt die GmbH dieser Aufforderung nicht binnen einer Frist v längstens zwei Monaten nach, so ist der disqualifizierte GF v Amts wegen gem § 10 Abs 2 FBG zu löschen. Nach Rechtskraft des gerichtl Löschungsbeschlusses u Ablauf einer Frist v 15 Tagen nach der Eintragung der Löschung gilt der GF als abberufen. Auf diese Rechtsfolge ist im gerichtl Löschungsbeschluss hinzuweisen (s § 19a Abs 5 FBG).

Das **Ende der Vertretungsbefugnis** des GF wird in der Datenbank des FB **nicht eingetragen**, da die gesetzl Bestimmungen lediglich die Eintragung des Beginns vorsehen (§ 3 Abs 1 Z 8 FBG). Dem Sachverhalt u dem **Eintragungsantrag** muss aber sehr wohl entnommen werden können, dass die **GF-Funktion** – auf welche Art auch immer – **beendet** worden ist (s auch § 16 FBG).

Bsp für die konkrete Antragstellung in der FB-Anmeldung:

- ~~Max Mustermann, geb.1.1.1960~~
  Funktion gelöscht
- # Max Mustermann, geb. 1.1.1960
  # Funktion gelöscht

III. Firmenbuchverfahren

A. Firmenbuchanmeldung

14 Zur Eintragung der GF, Änderung v deren Vertretungsbefugnis sowie Löschung v GF aus dem FB bedarf es einer **FB-Anmeldung** an das zuständige FB-Gericht (vgl § 120 JN).

15 Wird diese FB-Anmeldung v Rechtsträger bzw den vertretungsbefugten Organen selbst dem FB-Gericht übermittelt, so ist sie entweder im **Original** oder in **beglaubigter Kopie** vorzulegen. Wird die FB-Anmeldung inklusive sämtlicher erforderlichen Beilagen v **berufsmäßigen Parteienvertretern** (RA oder Notar) übermittelt, so ist die Übermittlung verpflichtend in **elektronischer Form** vorzunehmen (§ 89c Abs 5 GOG). Ein Verstoß gegen diese Verpflichtung ist einem **Formmangel** gleichzusetzen, der einen gerichtl **Verbesserungsauftrag** (besser bekannt als Vorerledigung) zur Folge hat (§ 89c Abs 6 GOG iVm § 17 FBG).

Vor der elektronischen Übermittlung an das zuständige FB-Gericht sind sowohl die **FB-Anmeldung** als auch **sämtliche Beilagen** in ein

GOG-Archiv ("Archivium" bei RA oder "CyberDOC" bei Notaren – s § 91c GOG) einzustellen u dem **FB-Gericht elektronisch** zu übermitteln (s § 13 Abs 3 ERV 2021). Die Übermittlung der Anmeldung mittels **PDF-Anhang** ist **nicht zulässig** (s § 13 Abs 3 ERV 2021).

Gemäß § 1 Abs 3 Z 1 ERV 2021 haben zum elektronischen Rechtsverkehr verpflichtete teilnehmende Personen (s § 89c Abs 5 u 5a GOG) in der nicht im elektronischen Rechtsverkehr übermittelten Eingabe zu bescheinigen, dass die konkreten technischen Möglichkeiten im Einzelfall für eine Nutzung des elektronischen Rechtsverkehrs nicht vorliegen. Dieser Personenkreis hat nach Maßgabe der technischen Möglichkeiten ab 1.7.2022 ua auch **FB-Gesuche in strukturierter Form**, die eine automationsunterstützte Weiterverarbeitung ermöglichen, dem zuständigen FB-Gericht zu übermitteln (s § 1 Abs 3 Z 3 iVm § 14 Abs 1 ERV 2021). Ein Verstoß gegen die verpflichtete Vorlage in strukturierter Form ist wie ein Formmangel zu behandeln und ist ein Verbesserungsauftrag iSd § 17 FBG zu erlassen (s § 1 Abs 6 ERV 2021).

Die **FB-Anmeldung** zur Eintragung der GF, der Änderung v deren Vertretungsbefugnis oder der Löschung v GF ist gem § 11 Abs 1 UGB in **gerichtl oder notariell beglaubigter Form** vorzunehmen.

Einen Sonderfall stellt die **Namensänderung der GF** dar. Einige Diplomrechtspfleger akzeptieren die betr FB-Anmeldung in unbeglaubigter Form, andere wiederum verlangen eine gerichtl oder notariell beglaubigte Unterfertigung der FB-Anmeldung, weil GF-Namensänderungen nicht im Katalog des § 11 FBG (vereinfachte FB-Anmeldungen) enthalten sind. Es ist daher empfehlenswert, die zuständigen Entscheidungsorgane – wie in der FB-Praxis oft üblich – vorweg zu kontaktieren oder sicherheitshalber die (jedenfalls richtige) beglaubigte Form der FB-Anmeldung zu wählen. Die **Adressänderung** der GF wird jedoch allg in **unbeglaubigter Form** akzeptiert.

Die **Beglaubigungsklausel** muss entweder in **dt Sprache** verfasst sein[7] oder mit einer **Übersetzung** eines inländischen allg beeideten gerichtl zertifizierten **Dolmetschers** ergänzt sein.

Ob eine ausländische Beglaubigungsklausel mit einer **Zwischen- bzw Überbeglaubigung** ergänzt werden muss, ist auch davon abhängig, ob der Staat, auf dessen Staatsgebiet die Beglaubigungsklausel ausgestellt worden ist, mit der Republik Ö ein **bilaterales Abkommen** geschlossen

---

[7] Amtssprache ist Deutsch – s § 53 Geo.

hat oder ob er dem **Haager Beglaubigungsübereinkommen** beigetreten ist.[8]

Die dafür erforderlichen Überbeglaubigungsmodalitäten u -stellen können der Homepage des BM für Europa, Integration u Äußeres (Außenministerium) entnommen werden.

Übersetzung der Beglaubigungsklausel u Einholung v Apostille u Überbeglaubigungen könnten mE – insb sofern es sich beim Unterzeichnenden um einen österr Staatsbürger handelt – durch Leistung der Unterschrift vor Beamten einer **österr Vertretungsbehörde** (Botschaft oder Konsulat) ersetzt werden, sofern dies durch eine konsularische Beglaubigung bestätigt wird. ME sollten idZ auch Unterschriftsbeglaubigungen v dt Vertretungsbehörden akzeptiert werden.

17 Die FB-Anmeldung hat gem § 16 FBG eine **konkrete Antragstellung** der begehrten Eintragung zu enthalten.

Die **Neueintragung** eines GF ist wie folgt zu beantragen:
Max Muster, geb. 1.1.1963, 1010 Wien, Mustergasse 1
Er vertritt seit 1.5.2023 selbständig

Die **Änderung der Vertretungsbefugnis** eines GF ist wie folgt zu beantragen:
Max Muster, geb. 1.1.1963, 1010 Wien, Mustergasse 1
 # Er vertritt seit 1.1.2016 selbständig
Er vertritt seit 1.5.2023 gemeinsam mit einem weiteren Geschäftsführer

Die **Löschung** eines GF ist wie folgt zu beantragen:
Max Muster, geb. 1.1.1963, 1010 Wien, Mustergasse 1
 # Er vertritt seit 1.1.2016 selbständig
 # Funktion gelöscht

18 Die FB-Anmeldung ist primär durch die bei der betr GmbH eingetragenen u **aktiv legitimierten GF** in der **zur Vertretung berechtigten Anzahl** vorzunehmen. Die Anmeldung kann jedoch – seit dem IRÄG 1997 – nach § 17 Abs 2 auch v **abberufenen bzw zurückgetretenen GF** selbst (allerdings auch in gerichtl oder notariell beglaubigter Form) vorgenommen werden. In diesem Fall dürfen mit dem Antrag auf Eintragung der Löschung des GF **keine weiteren Anträge** (zB Ein-

---

[8] Um dies festzustellen sind *Vatter*, Verträge und Urkunden im Ausland, Juridica-Verlag, sowie die website www.fabsits.heimat.eu sehr hilfreich.

tragung der neuen Geschäftsanschrift, Eintragung eines Gesellschafterwechsels etc) verbunden werden.[9]

Sofern die gesetzl Bestimmungen nicht die Unterfertigung durch sämtliche gesetzl Vertreter fordern (zB bei der FB-Anmeldung zur Neueintragung der GmbH, vgl § 9 Rz 3 [GmbH-Eintragung]), ist mE die Unterfertigung der FB-Anmeldung auch durch **Prokuristen** – jedoch nur in **Gemeinschaft mit kollektiv vertretungsbefugten aktiven GF** – zulässig.[10]

B. Vollmachten

1. Vollmacht für die Firmenbuchanmeldung

Für die **FB-Anmeldung** zur Eintragung eines GF, der Änderung der Vertretungsbefugnis oder der Löschung eines GF ist idR eine **Gattungsvollmacht** ausreichend.[11] Die Vollmacht bedarf der **gerichtl oder notariell beglaubigten Unterfertigung** des Vollmachtgebers (s § 11 Abs 2 UGB). 19

Scheint auf einer FB-Anmeldung ein RA oder Notar als Einschreitervertreter auf (s Briefkopf bzw die jew Stampiglie), so darf nur dieser die FB-Anmeldung in elektronischer Form einbringen. Wird die FB-Anmeldung jedoch durch eine andere Person (Erfüllungsgehilfen) elektronisch eingebracht, muss diese erteilte „**Subvollmacht**" auf der FB-Anmeldung konkret ersichtlich sein. Ein gänzliches Fehlen dieses Vermerkes ist ein (verbesserungsfähiger) Formmangel u ist v FB-Gericht ein Verbesserungsverfahren iSd § 17 FBG einzuleiten.[12]

Sämtliche Vollmachten (FB-Anmeldung u auch für den Gesellschafterbeschluss) sind in einem Urkundenarchiv einer Körperschaft öffentlichen Rechts (s § 91c GOG) einzustellen. Bei der elektronischen Vorlage ist auf diese Einstellung hinzuweisen u unter Bekanntgabe eines eindeutigen Urkundenidentifizierungsbegriffs die Ermächtigung zum Zugang zu den Daten der gespeicherten Vollmacht zu erteilen (s § 13 Abs 1 ERV 2021).

---

9 *Verweijen* in Straube/Ratka/Rauter, GmbHG § 17 Rz 30.
10 OLG Wien 21.10.2005, 28 R 210/05s, VdRÖ-FB-017-2006.
11 *Pilgerstorfer* in Artmann, UGB³ § 11 Rz 35.
12 OLG Wien 25.2.2009, 28 R 31/09y, VdRÖ-FB-045-2009.

2. Vollmacht für den Gesellschafterbeschluss

20 Die Vollmacht zur **Ausübung des Stimmrechtes** in der GV bzw zur Unterfertigung des Gesellschafterbeschlusses bedarf **keiner beglaubigten Unterfertigung** des Vollmachtgebers.[13]

Wird die Vollmacht v einer nicht im österr FB eingetragenen (in- oder ausländischen) jP erteilt, so muss die aufrechte **Vertretungsbefugnis des/r** (natürlichen) **Unterzeichner/s bescheinigt** werden (wobei dies bei im österr Vereinsregister eingetragenen Vereinen nicht erforderlich ist).[14]

Diese Bescheinigung der Vertretungsbefugnis – begründet in der Prüfpflicht bzw dem Prüfungsrecht der FB-Gerichte[15] – kann durch folgende Urkunden erbracht werden:

- Beglaubigte Handelsregisterauszüge,
- Beglaubigte Amtsbestätigungen,
- Bestätigung eines ausländischen Notars (ausgenommen der US-Notary Public[16]) analog der Bestätigung eines inländischen Notars gem § 89 NO.

Auch bei den oben genannten Bescheinigungsmitteln ist das Thema „**bilaterales Abkommen**" bzw „**Haager Beglaubigungsübereinkommen**" zu beachten (vgl Rz 16).

Die betr Urkunden müssen im **Original** oder in **beglaubigter Kopie** (bei privaten Antragstellern) oder bei Vorlage durch berufsmäßige Parteienvertreter (RA oder Notar) über die Systeme **Archivium bzw CyberDoc** vorgelegt werden. Das Ausstellungsdatum der jew Bestätigung muss die Vertretungshandlung (Unterfertigung der natPers) abdecken bzw umfassen.

Einige Entscheidungsorgane der FB-Gerichte (so auch der Autor) akzeptieren bei nicht vorhandenen Registerstellen (zB tw in den USA) bzw bei nicht aussagekräftigen Urkunden über die Art der Vertretungsbefugnis, die Vorlage einer **eidesstättigen Erklärung**.

In dieser eidesstättigen Erklärung erklärt der Unterzeichner, dass die v ihm vertretene jP nach wie vor **Rechtspersönlichkeit** besitzt u er/sie

---

13 *Koppensteiner/Rüffler*, GmbHG³ § 39 Rz 27.
14 *Szöky*, NZ 11/2003, 325.
15 *Kodek* in Kodek/Nowotny/Umfahrer, FBG § 15 Rz 11 ff.
16 *Czernich*, GesRZ 2002, 19.

am Tage der Unterzeichnung selbständig (bzw gegebenenfalls kollektiv) **vertretungsbefugt** war.

Sie muss außerdem wie folgt beschaffen sein:[17]

- Vorlage im Original oder in beglaubigter Kopie bei privaten Antragstellern,
- Vorlage im Wege eines GOG-Archives (Archivium oder CyberDOC) bei Überreichung durch berufsmäßige Parteienvertreter (RA oder Notar),
- Gerichtl oder notarielle Beglaubigung der Unterschrift(en) eventuell ergänzt mit Apostille (vgl Rz 16).

Zum Thema „Bescheinigung der Rechtspersönlichkeit u der Vertretungsbefugnis" wird empfohlen, vor der Errichtung der jew Urkunden mit dem betr Entscheidungsorgan des FB-Gerichts Rücksprache zu halten.

C. Beilagen

1. Allgemein

Werden die der FB-Anmeldung anzuschließenden **Beilagen** v Rechtsträger bzw dessen vertretungsbefugten Organen selbst übermittelt, so sind sie entweder im **Original** oder in **beglaubigter Kopie** vorzulegen.

Übermittelt die FB-Anmeldung sowie sämtliche erforderlichen Beilagen ein **berufsmäßiger Parteienvertreter** (RA oder Notar), so ist dies verpflichtend in **elektronischer Form** vorzunehmen (§ 89c Abs 5 GOG). Ein Verstoß gegen diese Verpflichtung ist einem **Formmangel** gleichzusetzen; ein gerichtl Verbesserungsauftrag (besser bekannt als Vorerledigung) ist die Folge (§ 89c Abs 6 GOG iVm § 17 FBG).

Vor der elektronischen Übermittlung an das zuständige FB-Gericht sind **sämtliche Beilagen** sowie die **FB-Anmeldung** zur Eintragung, Änderung der Vertretungsbefugnis u Löschung v GF in ein **GOG-Archiv** (Archivium oder CyberDOC – s § 91c GOG) einzustellen. Die Übermittlung der Beilagen mittels **PDF-Anhang** ist **nicht** zulässig (s § 13 Abs 3 ERV 2021).

---

17 *Szöky*, Firmenbuch – Vermeidung von Verbesserungsaufträgen 92.

2. Geschäftsführereintragung

22 Gemäß § 17 Abs 1 S 2 ist der FB-Anmeldung der **Nachweis der GF-Bestellung** in beglaubigter Form anzuschließen.

Dieser **Nachweis der Bestellung** kann erbracht werden durch:

- GV-Protokoll in notarieller Beurkundung,
- Privates Protokoll mit der Beglaubigung der Unterschriften aller Anwesenden,
- Bestellungsbeschluss (Umlaufbeschluss) mit der Beglaubigung sämtlicher Unterschriften (§ 34).

23 Bei nicht zur GV erschienenen Gesellschafter ist die ordnungsgemäße Ladung zu bescheinigen (Vorlage des Einladungsschreibens u des betr Postaufgabescheines).

Wird das **Stimmrecht in der GV** oder der **Gesellschafterbeschluss** v einer nicht im österr FB eingetragenen (in- oder ausländischen) jP ausgeübt bzw unterfertigt, so muss die aufrechte Vertretungsbefugnis der (natürlichen) Unterzeichner bescheinigt werden (s hierzu auch Rz 20).[18]

24 Erfolgt ein **Beschluss** zur Bestellung der GF, Änderungen der Vertretungsbefugnis oder Abberufung der GF bereits durch die aufgrund eines vorher abgeschlossenen **Abtretungsvertrages** „neuen" u noch nicht im FB eingetragenen **Gesellschafter** u wird der betr GF-Wechsel u Gesellschafterwechsel bereits durch die **neu bestellten GF** zur Eintragung ins FB angemeldet, so ist der betr **Abtretungsvertrag** der FB-Anmeldung unbedingt anzuschließen (vgl § 78).

Der Abtretungsvertrag ist jedoch dann nicht vorzulegen, wenn der Gesellschafterwechsel in einer separaten FB-Eingabe – unterfertigt jedoch durch die zum Zeit des Abtretungsvertrages „aktiven" GF – zur Eintragung ins FB angemeldet wird. Einige Einschreitervertreter lösen dieses Problem auch dahingehend, dass der Gesellschafterbeschluss durch „alle" Gesellschafter (alt u neu) u die FB-Eingabe durch „alle" GF (abberufene u bestellte GF) unterfertigt wird.

25 Neue, in das FB einzutragende **GF** haben eine gem § 17 Abs 1 letzter S gerichtl oder notariell beglaubigte **Namenszeichnung** abzugeben.

Auch die **Beglaubigungsklausel** auf dieser Namenszeichnung muss – s auch hierzu Rz 16 – entweder in **dt Sprache** verfasst sein[19]

---

18 *Szöky*, NZ 2003/84, 325.
19 Amtssprache ist Deutsch – s § 53 Geo.

oder mit einer **Übersetzung** eines inländischen allg beeideten gerichtl zertifizierten Dolmetschers ergänzt sein.

3. Änderung der Vertretungsbefugnis

Der **Nachweis der Änderung der Vertretungsbefugnis** v GF kann erbracht werden durch: 26

- GV-Protokoll in notarieller Beurkundung,
- Privates Protokoll mit der Beglaubigung der Unterschriften aller Anwesenden,
- Beschluss mit der Beglaubigung sämtlicher Unterschriften (§ 34),

Auch in diesem Fall ist die ordnungsgemäße Ladung v nicht zur GV erschienenen Gesellschafter zu bescheinigen (s Rz 23).

Die neuerliche Vorlage einer Namenszeichnung ist, da sie bereits dem FB-Gericht vorliegt, entbehrlich.

4. Namensänderung

Die betr **GF** haben – da sich sehr wahrscheinlich auch die Unterschrift durch die Namensänderung unterscheiden wird – eine neue, gerichtl oder notariell beglaubigt unterfertigte **Namenszeichnung** abzugeben. 27

Jene Diplomrechtspfleger, die auch die betr FB-Anmeldung in beglaubigter Form verlangen, verlangen auch die Bescheinigung der Namensänderung (zB durch Vorlage der Heiratsurkunde).

5. Geschäftsführerlöschung

Der **Nachweis des Erlöschens der Vertretungsbefugnis v GF** kann erbracht werden durch: 28

- Sterbeurkunde, Bestätigung des Verlassenschaftskommissärs oder Einantwortungsurkunde des Verlassenschaftsgerichtes,
- GV-Protokoll in notarieller Beurkundung,
- Privates Protokoll mit der Beglaubigung der Unterschriften aller Anwesenden,
- Beschluss (s § 34) sämtlicher Gesellschafter ohne Beglaubigung.

Zur Bescheinigung der ordnungsgemäßen Ladung v nicht zur GV erschienenen Gesellschafter s Rz 23.

Zum Erlöschen der Geschäftsführungsbefugnis infolge Rücktrittes u die als Nachweis geforderten Bescheinigungsmittel wird auf die Kommentierung zu § 16a verwiesen.

D. Entscheidungsorgane

29 Das österr B-VG normiert in Art 87a BVG, dass einzelne – konkret zu bezeichnende – Angelegenheiten der Gerichtsbarkeit erster Instanz besonders ausgebildeten **nichtrichterlichen Bediensteten (Diplomrechtspflegern)** übertragen werden können. Im Speziellen enthalten die §§ 16, 22 RpflG die strikt einzuhaltende **Kompetenzaufteilung** v Richter- u Diplomrechtspflegeragenden.[20] Gemäß § 22 RpflG fallen somit – ausgenommen der Rücktritt eines durch den Richter bestellten Not-GF (vgl § 15a) – die **Eintragungen, Änderungen der Vertretungsbefugnis u Löschungen v GF** in die **Kompetenz der Diplomrechtspfleger**.[21]

E. Prüfung und Entscheidung des Gerichtes

30 Die idR zuständigen Diplomrechtspfleger (vgl §§ 16, 22 RpflG) prüfen die vorgelegten **FB-Anmeldungen u Urkunden** in **formeller u materieller Hinsicht**.[22]

Die **Art u Weise bzw die Intensität** dieser (formellen u materiellen) Prüfungspflicht des FB-Gerichts ist den gesetzl Bestimmungen nicht zu entnehmen.[23]

Erhebungen des FB-Gerichtes sind jedoch grds auf eine **Plausibilitätsprüfung** beschränkt.[24]

31 Das zuständige FB-Gericht hat gem § 19a Abs 1 FBG auch v Amts wegen zu prüfen, ob ein zur Eintragung angemeldeter GF disqualifiziert ist (s § 15 Abs 1a oder 1b). Diese amtswegige Prüfung erfolgt durch eine automationsunterstützte Abfrage aus dem Strafregister u erforderlichenfalls durch die Einholung einer Strafregisterauskunft.

---

20 *Kodek* in Kodek/Nowotny/Umfahrer, FBG § 15 Rz 65.
21 *Szöky* in Szöky, RpflG § 22 Rz 129.
22 *Potyka* in Straube/Ratka/Rauter, UGB I⁴ § 7 Rz 38.
23 *Kodek* in Kodek/Nowotny/Umfahrer, FBG § 15 Rz 11.
24 *Kodek* in Kodek/Nowotny/Umfahrer, FBG § 15 Rz 20; *Potyka* in Straube/Ratka/Rauter, UGB I⁴ § 7 Rz 40.

Das FB-Gericht kann auch gem § 19a Abs 2 FBG prüfen, ob der angemeldete GF nach dem Recht eines anderen Mitgliedsstaats der EU oder Vertragsstaats des Abkommens über den EWR disqualifiziert ist. Diese Abfrage erfolgt idR über das System der Registervernetzung BRSIS (s § 37 FBG).

Sind die FB-Anmeldungen u die vorzulegenden Urkunden unvollständig oder mit einem sonstigen, jedoch **behebbaren, Mangel**[25] behaftet, so haben die Entscheidungsorgane der FB-Gerichte (Diplomrechtspfleger) verpflichtend dem Antragsteller die **Verbesserung des Mangels** innerhalb einer angemessenen Frist aufzutragen (§ 17 Abs 1 FBG).

Verbesserungsfähig sind sowohl **Formmängel** als auch **Inhaltsmängel** der FB-Anmeldung u der vorzulegenden Urkunden.

Das FB-Gericht entscheidet über einen eintragungsfähigen FB-Antrag mit der **Datenfreigabe** u der **FB-Eintragung**. **32**

Gleichzeitig generiert das EDV-System einen, idR nicht begründeten, **Beschluss** (§ 36 Abs 1 AußStrG). Dieser Eintragungsbeschluss hat jedoch den gesamten Wortlaut der jew FB-Eintragung zu enthalten (§ 20 Abs 1 FBG).

Der **Eintragungsbeschluss** ist gem § 20 Abs 1 letzter S FBG sofort in der **Datenbank des FB** zu vollziehen, außer es wird – was jedoch im FB-Verfahren sehr selten vorkommt – im Beschluss selbst der Vollzug nach Rechtskraft angeordnet.

Die entspr **FB-Eintragung** u die v Entscheidungsorgan zur öffentlichen Einsicht freigegebenen **Urkunden** (zB der Gesellschafterbeschluss) sind jedoch erst **nach dem Tageswechsel** (00:00 Uhr des der Datenfreigabe folgenden Tags) in der FB-Datenbank ersichtlich.

Der Vollständigkeit halber sei hier noch erwähnt, dass **FB-Anmeldungen** betr der Eintragung (ausgenommen die Ersteintragung der GmbH), Änderung u Löschung v GF mE **nicht zurückgezogen** werden können.[26] Ein Teil der L[27] ist jedoch ggt A. **33**

---

25 *Szöky* in Straube/Ratka/Rauter, UGB I⁴ § 17 FBG Rz 1.
26 OGH 21.5.2003, 6 Ob 229/02y; RIS-Justiz RS0107636.
27 *G. Nowotny* in Kodek/Nowotny/Umfahrer, FBG § 12 HGB Rz 6 f; *Pilgerstorfer* in Artmann, UGB³ § 11 Rz 9 ff.

F. Zustellungen und Benachrichtigungen

34 Der **Eintragungsbeschluss** ist gem § 21 FBG zuzustellen:

- Dem Antragsteller bzw dessen berufsmäßigem Parteienvertreter (RA oder Notar),
- Der zuständigen gesetzl Interessensvertretung,
- Allen Betroffenen (zB der betr Gesellschaft).[28]

Die konkreten **Zustellempfänger** u die **Art der Zustellungen** (idR erfolgt diese mit Fensterkuvert) sind stets v Diplomrechtspfleger konkret mit der Eintragungsverfügung anzuordnen.[29]

35 Von der **FB-Eintragung** der Löschung eines zurückgetretenen GF sind nachstehende Institutionen **zu benachrichtigen** (§ 22 FBG); diese Benachrichtigungen erfolgen automatisch durch das EDV-System des FB:

- FA Österreich,
- Sozialversicherungsanstalt der Selbständigen,
- OeNB (soweit diese die Daten für ihre gesetzl oder gemeinschaftsrechtlich zugewiesenen Aufgaben benötigt).

G. Veröffentlichungen

36 Die FB-Eintragung wird in der **Ediktsdatei** (vgl § 89j GOG) sowie auf der elektronischen Verlautbarungs- u Informationsplattform des Bundes (EVI) bekannt gemacht u – soweit nicht das G etwas anderes vorschreibt – ihrem gesamten Inhalt nach veröffentlicht (§ 10 Abs 1 UGB iVm § 5 Abs 1 WZEVI-G).

Mit dem in § 89j Abs 1 letzter S GOG genannten Zeitpunkt gilt die Bekanntmachung der Eintragung (welche einen Monat lang abfragbar sein muss) als vorgenommen.

---

28 *Jennewein*, FBG § 20 Rz 2; *Szöky* in Straube/Ratka/Rauter, UGB I⁴ § 21 FBG Rz 3.
29 *Szöky* in Straube/Ratka/Rauter, UGB I⁴ § 21 FBG Rz 7.

IV. Zwangsstrafverfahren

Die **Verpflichtung** zur Vorlage der betr **FB-Anmeldungen** der Neueintragung, Änderung der Vertretungsbefugnis bzw Löschung v GF kann v den aktiven GF durch die Entscheidungsorgane der FB-Gerichte (*in concreto* die Diplomrechtspfleger) mittels Zwangsstrafen erzwungen werden (s § 24 Abs 1 FBG).

Auch im Falle der **Nichtvorlage einer Namenszeichnung** (s § 17 Abs 1) kann das FB-Gericht Zwangsstrafen gegen die säumigen GF verhängen (§ 24 Abs 1 FBG).[30]

In der Regel werden die Verpflichteten vorerst **aufgefordert**, ihrer Verpflichtung innerhalb einer angemessenen Frist nachzukommen u wird die Verhängung einer **Zwangsstrafe angedroht**. Bei Nichtbefolgung der gerichtl Aufforderung wird sodann die Zwangsstrafe verhängt.

Der gesetzl **Rahmen der Zwangsstrafen** reicht zwar bis € 3.600 (s § 24 Abs 1 FBG), doch wird idR vorerst eine **Zwangsstrafe v € 700** (analog der Bestimmungen für Zwangsstrafverfügungen gem § 283 UGB = Nichtvorlage des JA) verhängt.[31]

37

38

V. Schutz dritter Personen

§ 17 Abs 3 – welcher auch für die Liquidatoren der GmbH zu gelten hat (vgl § 92) – enthält eine dem **europäischen Gesellschaftsrecht** entspr **Verkehrsschutzbestimmung**.[32]

Für die **Wirksamkeit** der Erteilung der Geschäftsführungsbefugnis, Änderung der Vertretungsbefugnis u des Erlöschens der GF-Funktion ist die **FB-Eintragung** – da diese Eintragungen lediglich mit deklarativer Wirkung ausgestattet sind – **nicht maßgeblich**. **Dritte Personen** können allerdings auf die **Richtigkeit der FB-Datenbank** vertrauen. Die Gesellschaft muss daher auch einen zu Unrecht eingetragenen GF gegen sich gelten lassen. Ausgenommen sind jedoch jene Fälle, in denen **dritten Personen** die **Unrichtigkeit der Eintragung** bekannt ist.

39

---

30 *Szöky* in Straube/Ratka/Rauter, UGB I⁴ § 24 FBG Rz 5.
31 *Szöky* in Straube/Ratka/Rauter, UGB I⁴ § 24 FBG Rz 13.
32 *Verweijen* in Straube/Ratka/Rauter, GmbHG § 17 Rz 36.

§ 18. (1) Die Gesellschaft wird durch die Geschäftsführer gerichtlich und außergerichtlich vertreten.

(2) ¹Zu Willenserklärungen, insbesondere zur Zeichnung der Geschäftsführer für die Gesellschaft bedarf es der Mitwirkung sämtlicher Geschäftsführer, wenn im Gesellschaftsvertrage nicht etwas anderes bestimmt ist. ²Die Zeichnung geschieht in der Weise, daß die Zeichnenden zu der Firma der Gesellschaft ihre Unterschrift hinzufügen.

(3) Der Gesellschaftsvertrag kann, wenn mehrere Geschäftsführer vorhanden sind, zur Vertretung der Gesellschaft auch einen Geschäftsführer in Gemeinschaft mit einem Prokuristen, der zur Mitzeichnung der Firma berechtigt ist (§ 48 Abs. 2 UGB), berufen.

(4) Die Abgabe einer Erklärung und die Behändigung von Vorladungen und anderen Zustellungen an die Gesellschaft geschieht mit rechtlicher Wirkung an jede Person, die zu zeichnen oder mitzuzeichnen befugt ist.

(5) ¹Über Rechtsgeschäfte, die der einzige Gesellschafter sowohl im eigenen Namen als auch im Namen der Gesellschaft abschließt, ist unverzüglich eine Urkunde zu errichten. ²Dabei ist vorzusorgen, daß nachträgliche Änderungen des Inhaltes und Zweifel über den Zeitpunkt des Abschlusses ausgeschlossen sind; die Bestellung eines Kurators ist nicht erforderlich.

(6) Eine Urkunde muß nicht errichtet werden, wenn das Geschäft zum gewöhnlichen Geschäftsbetrieb gehört und zu geschäftsüblichen Bedingungen abgeschlossen wird.

idF BGBl I 2005/120

Literatur: *Aicher/U. Torggler*, Insichgeschäfte des GmbH-Alleingesellschafters nach dem EU-GesRÄG, GesRZ 1996, 197; *Birnbauer*, Zur Änderung des Firmenbuchgesetzes durch das ReLÄG 2004, GES 2005, 99; *Braumann*, Personenbezogene Gestaltung der gemischten Gesamtvertretung bei Personengesellschaften, NZ 1981, 70; *Bruckbauer*, Halbseitige Vertretungsverhältnisse, RPfl 1992/2, 29; *F. Bydlinski*, Gesamtvertretung und Verkehrsschutz, JBl 1983, 627; *P. Doralt*, Die Geschäftsführer der GmbH & Co im Handelsrecht, in Kastner/Stoll (Hg), GmbH & Co KG² (1977) 235; *Geist*, Das Insichgeschäft des GmbH-Geschäftsführers nach dem EU-Gesellschaftsrechtsänderungsgesetz, SWK 1996, B 99; *Griehsler*, Form und Zuordnung gesellschaftsrechtlicher Vertretungshandlungen im Handelsrecht, GesRZ 1973, 36; *Hannak*, Alleinvertretung durch ein gesamtvertretungsbefugtes Organmitglied, GesRZ 1982, 107; *Harrer*,

Grenzen der Zulässigkeit einer „gemischten Gesamtprokura", RdW 1984, 34; *Hiermanseder*, Das Mitwirken von Prokuristen an der gemischten Vertretung der Handelsgesellschaften, NZ 1988, 152; *Hügel*, Rechtsscheinhaftung bei nicht offengelegter Haftungsbeschränkung im Rahmen einer ständigen Geschäftsverbindung, RdW 1985, 34; *M. Kraus*, Kompetenzverteilung bei der GmbH, ecolex 1998, 631; *Leupold*, Prokuraerteilung an den Geschäftsführer der Komplementär-GmbH, RdW 2008/149, 191; *C. Nowotny*, Selbstkontrahieren im Gesellschaftsrecht, RdW 1987, 35; *Schleinzer*, Die Registrierung der GmbH & Co, in Kastner/Stoll (Hg), GmbH & Co KG[2] (1977) 215; *Stern*, Firmenbuchanmeldungen durch Prokuristen, RdW 1998, 451; *H. Torggler*, Die Rechtsstellung des GmbH-Geschäftsführers, GesRZ 1974, 4, 44; *U. Torggler*, Interessenkonflikte, insb bei „materiellen Insichgeschäften", ecolex 2009, 920; *U. Torggler*, Insichgeschäfte, insb Doppelvertretung bei der Einpersonen-GmbH, wbl 2000, 389; *Weigand*, Firmenbuchrechtliche Prüfungspflicht bei Anmeldungen von Bestellung und Abberufung vertretungsbefugter Personen, NZ 2003/23, 65; *Wünsch*, Zur Ausübung der Vertretungsmacht durch GmbH-Geschäftsführer, GesRZ 1992, 229.

Inhaltsübersicht

I. Allgemeines	1–9
II. Aktivvertretung (Abs 1 bis 3)	10–22
A. Allgemeines	10
B. Gesetzliche Regelung	11–15
1. Allgemeines	11–14
2. Umfang	15
C. Gestaltungsmöglichkeiten	16
D. Ausübung der Vertretungsmacht	17–22
III. Passivvertretung (Abs 4)	23, 24
IV. Insichgeschäfte (Abs 5 f)	25–38
A. Allgemeines	25–30
B. Insichgeschäft des Alleingesellschafters	31–38

I. Allgemeines

§ 18 regelt die organschaftliche **Vertretung** („Können") der Gesellschaft, dh die Befugnis, die Gesellschaft durch Abgabe u Entgegennahme v Willenserklärungen im Außenverhältnis zu berechtigen u zu verpflichten. Im Untersch dazu dient die **Geschäftsführung** („Dürfen"; § 20) der Verwirklichung des Gesellschaftszwecks im Innenverhältnis.   **1**

2 Die Vertretungsmacht der GF ist **ausschließlich**.[1] Diese Regelung ist **zwingend**.

3 **Ausnahmsweise** wird die Gesellschaft durch den AR (vgl § 30l) oder die Gesellschafter organschaftlich vertreten.[2]

4 Sofern ein **AR** eingerichtet ist, ist er zuständig:
- für die Vornahme v Rechtsgeschäften mit den GF (§ 30l Abs 1),
- für die Beauftragung v Sachverständigen im Rahmen der Überwachung der Geschäftsführung (§ 30j Abs 3),
- für Rechtsstreitigkeiten, die die Gesellschaft gegen die GF führt (§ 30l Abs 1 bis 3) u
- in Verfahren, in denen die GF selbst auf Nichtigerklärung eines Gesellschafterbeschlusses klagen (§ 42 Abs 1).

5 Die **Gesellschafter** vertreten die Gesellschaft insb bei:
- Bestellung (§ 15) u Abberufung (§ 16) der GF einschließlich Abschluss, Änderung u Beendigung des Anstellungsvertrags,[3]
- Befreiung der GF v Wettbewerbsverbot (§ 24),
- Bestellung u Abberufung v AR-Mitgliedern (§ 30b), Mitgliedern anderer Organe (zB Beirat; vgl dazu allg § 29 Rz 58 ff) oder Prozessvertretern (§ 35 Abs 1 Z 6) u
- Bestellung des Abschlussprüfers, wobei den Prüfungsvertrag die GF abschließen, falls kein AR besteht (§ 270 Abs 1 UGB).

6 Die Vertretungsbefugnis des GF **beginnt** mit Annahme seiner Bestellung (s § 15 Rz 35), auch wenn er noch nicht im FB eingetragen ist.[4] Sie **endet** mit der Beendigung seiner Organstellung, wobei die Gesellschaft Vertretungshandlungen eines bereits abberufenen GF gegen sich gelten lassen muss, solange dieser nicht im FB gelöscht wurde, es sei denn, dass dem Dritten die Abberufung bekannt war.[5]

---

[1] RIS-Justiz RS0108225.
[2] *Reich-Rohrwig*, GmbHR I² Rz 2/198 f; *U. Torggler* in Torggler, GmbHG § 18 Rz 4; *Enzinger* in Straube/Ratka/Rauter, GmbHG § 18 Rz 34; *Rieder/Huemer*, GesR⁵, 257 f.
[3] *Koppensteiner/Rüffler*, GmbHG³ § 18 Rz 8; *Enzinger* in Straube/Ratka/Rauter, GmbHG § 18 Rz 35.
[4] RIS-Justiz RS0059816.
[5] § 17 Abs 1 iVm § 15 Abs 1 UGB; OGH 15.10.1974, 4 Ob 58/74; RIS-Justiz RS0059690.

Ein GF, über dessen Vermögen ein **Insolvenzverfahren** eröffnet wurde, bleibt für die Gesellschaft weiter vertretungsbefugt. Nichts anderes kann für die Organtätigkeit eines Gesellschafters gelten. Die Bestellung eines GF gehört nicht zu den Rechtshandlungen, welche die Masse in der Insolvenz des Gesellschafters betreffen. Anders verhält es sich höchstens bei Verfügungen über den Geschäftsanteil.[6]

Die Beurteilung der Vertretungsmacht der Organe einer **ausländischen** Gesellschaft richtet sich nach dem maßgeblichen Gesellschaftsstatut.[7]

Nachgewiesen werden kann die Vertretungsbefugnis etwa durch Vorlage eines FB-Auszugs oder einer notariellen Bestätigung gem § 89a NO.[8]

II. Aktivvertretung (Abs 1 bis 3)

A. Allgemeines

Aktive Vertretung ist die **Abgabe** v Willenserklärungen.

B. Gesetzliche Regelung

1. Allgemeines

Gesetzlicher **Regelfall** ist die **Gesamtvertretung**. Dies bedeutet, dass rechtsgeschäftliche Erklärungen der Gesellschaft erst wirksam werden, wenn sich **sämtliche** GF oder die nach dem GesV erforderliche Zahl daran beteiligen (§ 18 Abs 2 S 1).[9] Dies gilt auch bei Gefahr in Verzug.[10] Der aufgrund eines Sonderrechts entsandte GF ist ebenfalls v § 18 Abs 2 umfasst, sofern der GesV für den entsandten GF keine andere Regelung

---

6 RIS-Justiz RS0113250.
7 RIS-Justiz RS0077060.
8 OGH 16.5.2000, 5 Ob 116/00w.
9 RIS-Justiz RS0052924.
10 *Umfahrer*, GmbH[7] Rz 4.64; *Enzinger* in Straube/Ratka/Rauter, GmbHG § 18 Rz 17; *U. Torggler* in Torggler, GmbHG § 18 Rz 7; *Ch. Nowotny* in Kalss/Nowotny/Schauer, GesR[2] Rz 4/201.

vorsieht. Mangels Regelung im GesV kann auch mittels GV-Beschlusses v der Gesamtvertretung des entsandten GF abgegangen werden.[11] **Zweck** ist, die Gesellschaft durch die wechselseitige Kontrolle der GF zu schützen.[12]

12 Hat eine Gesellschaft nur **einen** GF, ist dieser alleine vertretungsbefugt; dh, dass die Handlungsfähigkeit der Gesellschaft nach der gesetzl Regelung gesichert ist, solange sie zumindest einen GF hat.

13 Rechtserhebliche **Wissenserklärungen**, etwa Bestätigung der Zessionsverständigung durch den Zessionar, kann bei organschaftlicher Gesamtvertretung jeder der einzelnen GF abgeben.[13]

14 Auch bei Gesamtvertretung besteht in bestimmten Fällen **gesetzl Einzelvertretung**. So kann etwa eine Prokura durch jeden GF alleine widerrufen werden (§ 28 Abs 2). Weiters kann u muss der Antrag auf Eröffnung eines Insolvenzverfahrens unabhängig v der Vertretungsbefugnis v jedem GF alleine gestellt werden (vgl § 30d Rz 7 zum Antrag auf gerichtl Bestellung des AR).[14]

2. Umfang

15 Die Vertretungsmacht des GF ist inhaltlich **unbeschränkt u unbeschränkbar** (§ 20 Abs 2; vgl § 20 Rz 24 ff).[15] Demgegenüber kann die Geschäftsführungsbefugnis beschränkt werden. Der GF kann also nach außen mehr als er im Innenverhältnis darf. Die Gesellschaft wird grds auch durch einen pflichtwidrigen Vertretungsakt wirksam vertreten. Dann kann der GF aber nach § 25 haften.[16]

---

11 OGH 15.4.2021, 6 Ob 23/21g; 15.4.2021, 6 Ob 22/21k; 23.6.2021, 6 Ob 112/21w; 23.6.2021, 6 Ob 114/21i.
12 OGH 25.4.1995, 1 Ob 538/95; *N. Arnold/Pampel* in Gruber/Harrer, GmbHG² § 18 Rz 26.
13 RIS-Justiz RS0110639; **aA** *Koppensteiner/Rüffler*, GmbHG³ § 18 Rz 3.
14 *Koppensteiner/Rüffler*, GmbHG³ § 18 Rz 13; *Enzinger* in Straube/Ratka/Rauter, GmbHG § 18 Rz 18; *N. Arnold/Pampel* in Gruber/Harrer, GmbHG² § 18 Rz 40; *U. Torggler* in Torggler, GmbHG § 18 Rz 12.
15 RIS-Justiz RS0059720; RS0060021.
16 *N. Arnold/Pampel* in Gruber/Harrer, GmbHG² § 18 Rz 10.

C. Gestaltungsmöglichkeiten

Die Gesellschafter können: 16
- im GesV selbst abw Regelungen vorsehen oder
- im GesV die nähere Ausgestaltung der Vertretung an das Bestellungsorgan übertragen.[17]

In der Praxis kommen insb folgende Regelungen vor:
- Es wird Gesamtvertretung durch eine bestimmte Anzahl v GF vorgesehen.[18]
- Jedem GF wird Einzelvertretungsbefugnis eingeräumt.[19]
- Einzelnen GF wird Einzelvertretungsbefugnis eingeräumt, andere sind nur kollektivvertretungsbefugt.[20]
- Die Einzelvertretungsbefugnis wird befristet eingeräumt oder an eine auflösende Bedingung geknüpft, mit deren Eintritt die GF gesamtvertretungsbefugt werden.[21]
- Es können auch namentlich bestimmte Vertretungspaare gebildet werden, so etwa dass A u B sowie C u D gemeinsam vertreten.[22]
- Ein gesamtvertretungsbefugter GF wird an die Mitwirkung eines einzelvertretungsbefugten GF gebunden (halbseitige Gesamtvertre-

---

[17] *Umfahrer*, GmbH[7] Rz 4.73; *Koppensteiner/Rüffler*, GmbHG[3] § 18 Rz 21; *Enzinger* in Straube/Ratka/Rauter, GmbHG § 18 Rz 27; *N. Arnold/Pampel* in Gruber/Harrer, GmbHG[2] § 18 Rz 41; *U. Torggler* in Torggler, GmbHG § 18 Rz 8; *Rieder/Huemer*, GesR[5], 258.

[18] *Koppensteiner/Rüffler*, GmbHG[3] § 18 Rz 20; *Enzinger* in Straube/Ratka/Rauter, GmbHG § 18 Rz 30; *U. Torggler* in Torggler, GmbHG § 18 Rz 10.

[19] *Reich-Rohrwig*, GmbHR I[2] Rz 2/201; *Umfahrer*, GmbH[7] Rz 4.69; *Koppensteiner/Rüffler*, GmbHG[3] § 18 Rz 20; *Enzinger* in Straube/Ratka/Rauter, GmbHG § 18 Rz 30; *N. Arnold/Pampel* in Gruber/Harrer, GmbHG[2] § 18 Rz 41; *U. Torggler* in Torggler, GmbHG § 18 Rz 10; *Rieder/Huemer*, GesR[5], 258.

[20] *Koppensteiner/Rüffler*, GmbHG[3] § 18 Rz 20; *Enzinger* in Straube/Ratka/Rauter, GmbHG § 18 Rz 30; *N. Arnold/Pampel* in Gruber/Harrer, GmbHG[2] § 18 Rz 41; *Rieder/Huemer*, GesR[5], 258.

[21] *Reich-Rohrwig*, GmbHR I[2] Rz 2/201; *N. Arnold/Pampel* in Gruber/Harrer, GmbHG[2] § 18 Rz 41.

[22] *Wünsch*, GesRZ 1992, 229 (234); *Reich-Rohrwig*, GmbHR I[2] Rz 2/201; *Umfahrer*, GmbH[7] Rz 4.69.

tung).²³ Dies kann in Hinblick auf die passive Vertretung der Gesellschaft (§ 18 Abs 4) sowie den Widerruf einer Prokura (§ 28 Abs 2) auch durch einen gesamtvertretungsbefugten GF alleine in Einzelfällen sinnvoll sein.²⁴

– In der Praxis wird manchmal im GesV vorgesehen, dass GF gesamtvertretungsbefugt sind, ohne den Fall zu regeln, dass nur ein einziger GF bestellt ist. Dies führt dazu, dass immer dann, wenn alle bis auf einen GF ausscheiden, dieser letzte GF die Gesellschaft alleine nicht wirksam vertreten kann, weil auch er nur kollektivvertretungsbefugt ist.²⁵ Dasselbe gilt auch dann, wenn der GesV für den Fall, dass nur ein GF bestellt ist, zwar ausdrücklich die Einzelvertretungsbefugnis vorsieht, der verbleibende GF aber nur zur Gesamtvertretung bestellt wurde, dh die Kollektivvertretung im Bestellungsbeschluss zum Ausdruck kommt.²⁶ Der erste Fall lässt sich nur durch Bestellung eines weiteren GF oder eine Änderung des GesV sanieren, der zweite Fall auch durch Änderung der Vertretungsbefugnis des letzten GF durch Gesellschafterbeschluss (zur Bestellung eines Not-GF s § 15a).

– Der GesV kann auch vorsehen, dass die Gesellschaft durch einen GF gemeinsam mit einem Prokuristen vertreten werden kann, wenn mehrere GF vorhanden sind (§ 18 Abs 3; **„gemischte" oder „unechte Gesamtvertretung"**).²⁷ Neben einzelvertretungsbefugten GF

---

23 *Wünsch*, GesRZ 1992, 229 (238); *Reich-Rohrwig*, GmbHR I² Rz 2/202; *Koppensteiner/Rüffler*, GmbHG³ § 18 Rz 20; *Enzinger* in Straube/Ratka/Rauter, GmbHG § 18 Rz 30; *N. Arnold/Pampel* in Gruber/Harrer, GmbHG² § 18 Rz 42; *Rieder/Huemer*, GesR⁵, 258; **aA** OLG Wien 28.7.1989, 6 R 10/89, NZ 1990, 234; vgl RIS-Justiz RS0087454.
24 *Wünsch*, GesRZ 1992, 229 (238) *Reich-Rohrwig*, GmbHR I² Rz 2/202; *Koppensteiner/Rüffler*, GmbHG³ § 18 Rz 20; *N. Arnold/Pampel* in Gruber/Harrer, GmbHG² § 18 Rz 42; OGH 11.10.1990, 6 Ob 19/90; **aA** OLG Wien 28.7.1989, 6 R 10/89, NZ 1990, 234.
25 RIS-Justiz RS0059809; RS0059925.
26 OGH 12.12.2007, 6 Ob 230/07b.
27 OGH 29.11.1983, 4 Ob 145/83; der Prokurist des Abs 3 muss nicht Gesamtprokurist iSv § 48 Abs 2 UGB sein (*Koppensteiner/Rüffler*, GmbHG³ § 18 Rz 22); eine halbseitige Gesamtprokura – die Zeichnungsberechtigung eines Gesamtprokuristen gemeinsam mit einem alleinvertretungsbefugten Prokuristen – oder eine halbseitig gemischte Gesamtprokura – die Zeichnungsberechtigung eines Gesamtprokuristen gemeinsam mit einem v mehreren alleinvertretungsbefugten organschaftlichen Vertretern – sind zulässig (RIS-Justiz RS0049334).

können auch solche bestellt werden, die nur gemeinsam mit einem Prokuristen zeichnen können.[28] Eine Bindung der Vertretungsmacht der GF an die Mitwirkung v Prokuristen derart, dass die GF **nur mit einem Prokuristen** gemeinschaftlich **vertreten** können, ist **unzulässig**, weil in jedem Fall die Möglichkeit bestehen muss, dass die Gesellschaft v der Geschäftsführung auch ohne die Mitwirkung des Prokuristen vertreten werden kann.[29] Bei der gemischten Gesamtprokura bestehen die sonst vorgesehenen Beschränkungen der Vertretungsmacht eines Prokuristen nicht. Im Falle einer Beteiligung des Prokuristen an der Vertretung der GmbH werden seine Befugnisse (als an sich gewillkürter Stellvertreter) um sog **organschaftliche Funktionen** erweitert („Organprokurist"),[30] sodass sich die Befugnisse, die dem Prokuristen im Rahmen der Ausübung der gemischten Gesamtvertretung zukommen, nach dem Umfang der Vertretungsmacht der GF richten. Der an einer gemischten Gesamtvertretung beteiligte Prokurist verfügt damit (in dieser Funktion) über umfangreichere Befugnisse als sie das G einem Prokuristen an sich gewährt.[31] Strittig ist, ob ein Prokurist auch mitwirken kann, wenn eine FB-Anmeldung in vertretungsbefugter Zahl ausreicht (va bei vereinfachten Anmeldungen nach § 11 FBG oder der Anmeldung der Eintragung oder Löschung einer Prokura gem § 53 UGB), solange nicht die eigene Prokura betroffen ist.[32] Dies ist wohl zu bejahen. Die Mitwirkung eines Organprokuristen ist zB nicht möglich bei Eintragung der Gesellschaft gem § 9, Änderung des GesV gem § 51, Einforderung weiterer Einzahlungen nicht voll eingezahlter Stammeinlagen gem § 64 oder der Unterzeichnung des JA.[33] Strittig

---

28 RIS-Justiz RS0059933.
29 RIS-Justiz RS0059956.
30 RIS-Justiz RS0059950.
31 RIS-Justiz RS0049503.
32 **Dafür** *Wünsch,* GesRZ 1992, 229 (236); *Reich-Rohrwig,* GmbHR I² Rz 2/204; *Enzinger* in Straube/Ratka/Rauter, GmbHG § 18 Rz 31; *N. Arnold/Pampel* in Gruber/Harrer, GmbHG² § 18 Rz 43; *U. Torggler* in Torggler, GmbHG § 18 Rz 11; OLG Wien 21.10.2005, 28 R 210/05s, NZ 2006, V17; **aA** *Hochedlinger* in Gruber/Harrer, GmbHG² § 28 Rz 23; *Warto* in Straube/Ratka/Rauter, UGB I⁴ § 53 Rz 7; *Stern,* RdW 1998, 451; OLG Linz 2.12.1993, 6 R 247/93, NZ 1994, 214.
33 *N. Arnold/Pampel* in Gruber/Harrer, GmbHG² § 18 Rz 43.

ist, ob die Mitwirkung bei der Auflösung der Gesellschaft gem § 88 möglich ist.[34]

- Es ist auch eine Kombination der erwähnten Möglichkeiten denkbar. So wird häufig im GesV geregelt, dass die Gesellschaft, wenn nur ein GF vorhanden ist, v diesem alleine vertreten wird. Sind aber mehrere GF bestellt, wird die Gesellschaft durch diese gemeinsam vertreten, allenfalls zusätzlich v einem GF gemeinsam mit einem Prokuristen.[35]

D. Ausübung der Vertretungsmacht

17 „Zeichnung" bedeutet Vertretungshandlung in **Schriftform**.[36] Die GF haben zur **Fa** der Gesellschaft ihre **Unterschriften** hinzuzufügen (§ 18 Abs 2 Z 2). Freilich sind neben der Schriftform alle anderen Formen der Willenserklärung (zB mündlich oder konkludent) möglich.[37]

18 Es muss **erkennbar** sein, dass für die Gesellschaft gezeichnet wurde, worüber nach der **Verkehrssitte** zu entscheiden ist.[38] Es ist zwar üblich, aber nicht unbedingt erforderlich, dass der Vertreter seinen Namen unter die Fa der v ihm vertretenen Gesellschaft schreibt.[39] Ob die rechtsgeschäftliche Erklärung der GmbH oder dem GF persönlich zuzurechnen ist, richtet sich nach der **Vertrauenstheorie**, also danach, wie die Erklärung des GF v einem redlichen u verständigen Erklärungsempfänger aufzufassen war (vgl auch § 19 Rz 1 ff).[40]

19 Die **Gesamtvertretung** kann **ausgeübt** werden durch:

- Abgabe einer **gemeinschaftlichen Erklärung** (etwa durch gemeinsame Zeichnung eines Schriftstücks oder durch gemeinsame Anwesenheit bei einem mündlichen Vertragsabschluss)[41],

---

34 *N. Arnold/Pampel* in Gruber/Harrer, GmbHG² § 18 Rz 43.
35 *N. Arnold/Pampel* in Gruber/Harrer, GmbHG² § 18 Rz 45; *U. Torggler* in Torggler, GmbHG § 18 Rz 10.
36 RIS-Justiz RS0059778.
37 *N. Arnold/Pampel* in Gruber/Harrer, GmbHG² § 18 Rz 59.
38 RIS-Justiz RS0059895.
39 RIS-Justiz RS0059895.
40 RIS-Justiz RS0059974; vgl auch RS0059978 u RS0059904.
41 RIS-Justiz RS0052927.

– Abgabe externer **Teilerklärungen** aller Vertreter (wobei zumindest aus den Umständen erkennbar sein muss, dass die einzelnen Erklärungen als Teil der Gesamterklärung gelten sollen;[42] ist auch nur eine Teilerklärung nichtig oder entspricht auch nur eine Teilerklärung nicht einer geforderten Formvorschrift, ist der Vertretungsakt nicht wirksam;[43] zu widersprechenden Erklärungen s § 19 Rz 4),
– **Ermächtigung eines Gesamtvertreters** zur Vornahme v Rechtsgeschäften (in analoger Anwendung v § 125 Abs 2 S 2, § 150 Abs 2 S 1 UGB, § 71 Abs 2 S 2 u § 210 Abs 2 S 3 AktG kann ein Gesamt-GF vorher oder nachträglich, ausdrücklich oder auch bloß konkludent durch den oder die übrigen GF ermächtigt werden, die Erklärung mit Wirkung für alle abzugeben, womit dem Handelnden organschaftliche Einzelvertretungsmacht eingeräumt wird;[44] können Kollektivvertreter gemeinschaftlich einen Dritten wirksam voll – also zur Einzelvertretung – bevollmächtigen, müssen sie erst recht einen aus ihrer Mitte durch Erg seiner Vertretungsmacht zur Alleinvertretung befähigen können;[45] s dazu auch § 28 Rz 3) sowie
– die (vorherige oder nachträgliche) **Zustimmung der übrigen Gesamtvertreter** zu einer rechtsgeschäftlichen Willenserklärung eines v ihnen (s dazu im Detail sogleich in Rz 20).[46]

Strittig ist allerdings, in welchem Umfang gesamtvertretungsbefugte GF **20** ihre Vertretungsmacht auf einen Einzelnen, sei es auf einen einzelnen GF, sei es auf einen Dritten, übertragen können.[47] Zweck der Kollektivvertretung ist ja die wechselseitige Kontrolle der GF bei Ausübung der Vertretungsmacht. Dieser Schutz kann verloren gehen, wenn die Vertretungsmacht v den GF auf eine einzelne Person übertragen wird.[48] Da die

---

42 RIS-Justiz RS0052927.
43 *Wünsch*, GesRZ 1992, 229 (230) *Reich-Rohrwig*, GmbHR I² Rz 2/209; *Enzinger* in Straube/Ratka/Rauter, GmbHG § 18 Rz 19; *N. Arnold/Pampel* in Gruber/Harrer, GmbHG² § 18 Rz 33; differenzierend *Ch. Nowotny* in Kalss/Nowotny/Schauer, GesR² Rz 4/205.
44 RIS-Justiz RS0059910.
45 RIS-Justiz RS0019398.
46 RIS-Justiz RS0059914.
47 *N. Arnold/Pampel* in Gruber/Harrer, GmbHG² § 18 Rz 36.
48 *N. Arnold/Pampel* in Gruber/Harrer, GmbHG² § 18 Rz 36; *F. Bydlinski*, JBl 1983, 627 (628 f).

GF nach außen wirksam Prokura oder Handlungsvollmacht erteilen können, auch wenn kein oder ein entgegenstehender Gesellschafterbeschluss existiert, wird auch die Erteilung einer umfassenden Vollmacht im Außenverhältnis wirksam sein. Jedenfalls gilt dies für **Einzel-, Gattungs- u Generalhandlungsvollmachten**.[49] Strittig ist, ob dies auch für die Einräumung einer **Generalvollmacht** gilt.[50] Für die Zulässigkeit sprechen Verkehrsschutzüberlegungen, dagegen, dass damit die Gesamtvertretung umgangen werden könnte.[51] Liegt der Generalvollmacht ein Gesellschafterbeschluss zugrunde, sprechen mE die besseren Gründe dafür, eine Generalvollmacht zuzulassen. Gegebenenfalls kann eine Generalvollmacht in eine Generalhandlungsvollmacht umgedeutet werden.[52] Im Untersch zur Generalhandlungsvollmacht stellt die Generalvollmacht den Bevollmächtigten einem organschaftlichen Vertreter gleich; demgegenüber beschränkt sich die Generalhandlungsvollmacht auf gewöhnliche Geschäfte des konkreten Geschäftsbetriebs, sodass weder außergewöhnliche noch v Geschäftsbetrieb nicht gedeckte Geschäfte noch die gesetzl den GF vorbehaltenen Rechtshandlungen v ihr umfasst sind.[53] Im Innenverhältnis handeln die GF bei Erteilung einer Generalvollmacht ohne ermächtigenden Gesellschafterbeschluss pflichtwidrig u machen sich damit ggf schadenersatzpflichtig. All dies gilt sowohl für die Erteilung einer Vollmacht an einen gesamtvertretungsbefugten GF als auch einen Dritten gleichermaßen (vgl § 28 Abs 1; vgl § 28 Rz 3 ff).[54]

---

49 Generalhandlungsvollmacht unzulässig nach *Wünsch*, GesRZ 1992, 229 (230).
50 **Dafür** RIS-Justiz RS0059852 u RS0059734, wobei die in den RS angeführten E die Frage zT offen lassen, wie zuletzt etwa OGH 15.9.2010, 2 Ob 238/09b; bejahend etwa OGH 24.2.2004, 5 Ob 89/03d; *Reich-Rohrwig*, GmbHR I² Rz 2/192; *Ch. Nowotny* in Kalss/Nowotny/Schauer, GesR² Rz 4/205 FN 217; *N. Arnold/Pampel* in Gruber/Harrer, GmbHG² § 18 Rz 38; **aA** *Wünsch*, GesRZ 1992, 229 (230); *Koppensteiner/Rüffler*, GmbHG³ § 18 Rz 6, § 28 Rz 5; *Enzinger* in Straube/Ratka/Rauter, GmbHG § 18 Rz 6; *Edelmann* in Straube/Ratka/Rauter, GmbHG § 28 Rz 16/1; *Hannak*, GesRZ 1982, 107 (108).
51 OGH 16.4.2009, 6 Ob 43/09f; offen lassend 15.9.2010, 2 Ob 238/09b; *Wünsch*, GesRZ 1992, 229 (230); *Edelmann* in Straube/Ratka/Rauter, GmbHG § 28 Rz 16/1; *Hochedlinger* in Gruber/Harrer, GmbHG² § 28 Rz 8; *Hannak*, GesRZ 1982, 107 (108).
52 *Koppensteiner/Rüffler*, GmbHG³ § 28 Rz 5; *Hochedlinger* in Gruber/Harrer, GmbHG² § 28 Rz 8.
53 *Koppensteiner/Rüffler*, GmbHG³ § 28 Rz 5.
54 *N. Arnold/Pampel* in Gruber/Harrer, GmbHG² § 18 Rz 36 ff.

Ein **allein handelnder Gesamtvertreter** ist *falsus procurator*.[55] Ein 21
auf der Willenserklärung eines bloß allein handelnden Gesamtvertreters
beruhendes Rechtsgeschäft ist **schwebend unwirksam**, solange es nicht
durch die übrigen Gesamtvertreter (ausdrücklich oder schlüssig) genehmigt ist.[56] Wird das Geschäft nicht nachträglich genehmigt, haftet der
alleinhandelnde Gesamtvertreter entspr den Regeln über die Stellvertretung ohne Vollmacht.[57]

Eine **Duldungsvollmacht** oder **Anscheinsvollmacht** liegt nur dann 22
vor, wenn der äußere Tatbestand v den Kollektivvertretungsberechtigten
gemeinsam gesetzt wird, weil sonst die Gesamtvertretungsbefugnis
durch das Verhalten eines der Kollektivvertretungsbefugten illusorisch
gemacht würde.[58] Der das Vertrauen auf die Vertretungsmacht rechtfertigende äußere Tatbestand muss immer v demjenigen – absichtlich oder
fahrlässig – gesetzt worden sein, gegen den er sich auswirkt; im Falle der
Kollektivvertretung muss dieser Tatbestand daher mit **Zutun beider**
(oder aller) kollektiv Vertretungsbefugten zustande gekommen sein.[59]
Stammt eine Erklärung nur v einem Vertretungsbefugten, genügt es,
dass zugleich v weiteren Gesamtvertretern ein äußerer Tatbestand geschaffen wird, der die Annahme der Einzelvertretungsmacht rechtfertigt. Die Verwendung v Geschäftspapier, Firmenstempel u Fax-Gerät
durch einen Kollektivvertreter allein rechtfertigt aber kein Vertrauen
auf den äußeren Tatbestand für seine Einzelvertretungsbefugnis.[60] Der
Gebrauch des Firmenstempels durch einen GF ist im Geschäftsverkehr
geradezu selbstverständlich u vermag der echten Unterschrift des handelnden GF keine erhöhte Beurkundungskraft für eine vollständige firmenmäßige Fertigung zu verleihen.[61]

---

55 *N. Arnold/Pampel* in Gruber/Harrer, GmbHG² § 18 Rz 32.
56 RIS-Justiz RS0059890; OGH 1.12.2005, 6 Ob 127/05b; zum Ausspruch
 einer Kündigung nur durch einen gesamtvertretungsbefugten GF s OGH
 7.11.2002, 8 ObA 209/02x.
57 RIS-Justiz RS0059890.
58 RIS-Justiz RS0048336; RS0017976; zur Anscheins- u Duldungsvollmacht im
 Allg s § 1029 ABGB.
59 RIS-Justiz RS0017976.
60 RIS-Justiz RS0017976.
61 RIS-Justiz RS0059740.

III. Passivvertretung (Abs 4)

23 Passive Vertretung ist die **Entgegennahme** v Willenserklärungen. Bei der passiven Vertretung gilt **Einzelvertretungsmacht**, selbst wenn die GF aktiv nur gesamtvertretungsbefugt sind. Die Gesellschaft wird daher bereits durch den Zugang v Erklärungen u anderen Zustellungen an nur eine vertretungsbefugte Person berechtigt u verpflichtet.[62] Diese Regelung ist **zwingend**.[63] Offen ist, ob dies auch für jeden Prokuristen gilt, unabhängig davon, ob er im Rahmen (i) unechter Gesamtvertretung („Organprokurist")[64] oder (ii) normaler Prokura[65] tätig wird, soweit dabei nicht der Umfang der Prokura überschritten wird.

24 Für die Zurechnung v **Wissen** gilt Folgendes: Das Wissen eines GF ist der Gesellschaft zuzurechnen. Es ist gleichgültig, ob der wissende GF einzel- oder gesamtvertretungsberechtigt ist u ob er mit dieser Sache im Einzelfall tatsächlich befasst war oder nicht.[66] Das Wissen v Prokuristen u Handlungsbevollmächtigten wird der Gesellschaft nur insoweit zugerechnet, als es sich auf das im konkreten Fall diesen Bevollmächtigten übertragene Aufgabengebiet erstreckt u sie mit der speziellen Sache auch tatsächlich befasst waren (s auch § 19 Rz 8 ff).[67]

---

62 *Enzinger* in Straube/Ratka/Rauter, GmbHG § 18 Rz 24, 40; *N. Arnold/Pampel* in Gruber/Harrer, GmbHG² § 18 Rz 48.
63 *Koppensteiner/Rüffler*, GmbHG³ § 18 Rz 19; *Enzinger* in Straube/Ratka/Rauter, GmbHG § 18 Rz 24, 40; *N. Arnold/Pampel* in Gruber/Harrer, GmbHG² § 18 Rz 49; *Wünsch*, GesRZ 1992, 229 (238); *Ch. Nowotny* in Kalss/Nowotny/Schauer, GesR² Rz 4/201.
64 *Koppensteiner/Rüffler*, GmbHG³ § 18 Rz 19; *N. Arnold/Pampel* in Gruber/Harrer, GmbHG² § 18 Rz 50.
65 So wohl OGH 9.4.2002, 4 Ob 91/02i.
66 RIS-Justiz RS0009172; RS0059970.
67 RIS-Justiz RS0034415.

IV. Insichgeschäfte (Abs 5 f)

A. Allgemeines

Vertritt der GF bei Abschluss eines Rechtsgeschäfts die GmbH u tritt er **25** bei diesem Rechtsgeschäft auch im eigenen Namen (**Selbstkontrahieren**) oder als Bevollmächtigter eines Dritten (**Doppelvertretung**) auf, liegt ein **Insichgeschäft** vor. Die Regelungen über Insichgeschäfte werden wegen der vergleichbaren Gefahr einer Interessenkollision auch auf mittelbare Insichgeschäfte angewendet, dh auf jene Fälle, bei denen:

– sich der GF beim Insichgeschäft durch einen Dritten vertreten lässt oder
– er die Gesellschaft bei einem Geschäft mit einer anderen Gesellschaft vertritt, an der er selbst wirtschaftlich beteiligt ist u an deren wirtschaftlichen Wohlergehen er daher Interesse hat.[68]

Insichgeschäfte sind insoweit **zulässig**, als: **26**

– keine Interessenkollision droht u
– der Abschlusswille derart geäußert wird, dass die Erklärung unzweifelhaft feststeht u nicht unkontrollierbar zurückgenommen werden kann.[69]

Danach sind Insichgeschäfte zulässig, wenn **keine Interessenkollision** **27** droht, dh wenn:

– das Geschäft dem Vertretenen nur Vorteile bringt,
– keine Gefahr der Schädigung des Vertretenen besteht oder
– der Vertretene – durch vorherige Einwilligung (etwa im GesV oder durch individuellen, aber wohl auch generellen Gesellschafterbeschluss) oder nachträgliche Genehmigung – zustimmt, wobei darauf zu achten ist, dass die Zustimmung oder Genehmigung nicht wieder v Vertreter erteilt werden kann.[70]

---

68 OGH 12.4.2000, 4 Ob 71/00w.
69 RIS-Justiz RS0059793.
70 RIS-Justiz RS0019350; nach OGH 11.6.1992, 6 Ob 10/92 kann die Selbstkontrahierungsbefugnis nicht in das FB eingetragen werden; zur Einwilligung im GesV s *Reich-Rohrwig*, GmbHR I² Rz 2/234; *Ch. Nowotny* in Kalss/Nowotny/Schauer, GesR² Rz 4/208 FN 226; *Koppensteiner/Rüffler*, GmbHG³

28 Geschäftsführer haben daher – sofern nicht das Geschäft der Gesellschaft nur Vorteile bringt oder keine Gefahr der Schädigung der Gesellschaft besteht – vor Abschluss eines Insichgeschäfts die **Zustimmung** des AR oder, wenn kein AR eingerichtet ist, sämtlicher übriger GF einzuholen, anderenfalls haften sie der GmbH für den aus diesem Rechtsgeschäft erwachsenen Schaden (§ 25 Abs 4). Eine Haftung kann etwa dann eintreten, wenn das Rechtsgeschäft nicht zu fremdüblichen Konditionen abgeschlossen wird.[71] Ist nur ein GF vorhanden (bzw nur ein weiterer gesamtvertretungsbefugter GF)[72] u kein AR bestellt, hat der selbstkontrahierende GF die Zustimmung der Gesellschafter einzuholen.[73] Die Zuziehung eines Kollisionskurators oder Not-GF wäre ebenfalls möglich.[74] Die Genehmigung der Gesellschafter als oberstes Willensbildungsorgan kann auch anstelle der Zustimmung der übrigen GF oder eines AR eingeholt werden.[75] Formvorschriften für die Zustimmung bestehen keine.[76]

29 Solange die Voraussetzungen nicht vorliegen, ist das Geschäft **schwebend unwirksam** (§ 1016 ABGB).[77]

30 Das Insichgeschäft muss weiters in einer **Form** abgeschlossen werden, durch die hinreichend deutlich zum Ausdruck kommt, dass die Er-

---

§ 20 Rz 23; *Enzinger* in Straube/Ratka/Rauter, GmbHG § 18 Rz 41; *N. Arnold/Pampel* in Gruber/Harrer, GmbHG² § 18 Rz 61.
71 *Rieder/Huemer*, GesR⁵, 259.
72 OGH 7.4.1992, 5 Ob 67/92.
73 RIS-Justiz RS0059477; RS0059772.
74 *N. Arnold/Pampel* in Gruber/Harrer, GmbHG² § 18 Rz 64.
75 *Koppensteiner/Rüffler*, GmbHG³ § 20 Rz 23; *S.-F. Kraus/U. Torggler* in Torggler, GmbHG § 25 Rz 17; *Feltl/Told* in Gruber/Harrer, GmbHG² § 25 Rz 116; möglich erscheint eine Genehmigung durch Gesellschafter einer „Unternehmenskette" nach oben in einer Konzernstruktur, sodass kein Kollisionskurator bestellt werden muss; vgl dazu OGH 29.10.1998, 6 Ob 175/98y.
76 OGH 24.5.2006, 6 Ob 298/05z; 31.8.2010, 5 Ob 39/10m; vgl aber OGH 21.2.2014, 5 Ob 110/13g, nach der die Einwilligung des Machtgebers nicht als Willenserklärung, sondern als Vollmacht zum Insichgeschäft zu verstehen ist. Daraus könnte man ableiten, dass bei formpflichtigen Rechtsgeschäften auch die als Vollmacht zu verstehende Zustimmungserklärung formpflichtig sein kann. Dies kann im GesR aber mE nicht gelten, weil bei Insichgeschäften die Vertretungsbefugnis bei den GF bleibt u nicht auf ein anderes Organ übergeht; damit ist die Genehmigung durch das zust Organ nicht als Vollmacht zu qualifizieren.
77 *U. Torggler*, wbl 2000, 389 (391); *N. Arnold/Pampel* in Gruber/Harrer, GmbHG² § 18 Rz 62.

klärung feststeht u v Vertreter nicht einseitig u nachträglich eine Änderung oder Rückgängigmachung der Erklärung behauptet werden kann.[78] Strittig ist, ob ein solcher Manifestationsakt **Wirksamkeitsvoraussetzung ist.**[79] Als Manifestationsakt kommen etwa in Frage:

- Notarielle Beglaubigung,
- Notariatsakt,
- ordnungsgemäße Aufnahme in die Geschäftsbücher,
- ausdrückliche Erklärung oder Mitteilung gegenüber dem vertretenen oder einem Dritten,
- gerichtl Protokoll,
- Anzeige beim FA oder
- Anmeldung bei einem öffentlichen Register.[80]

B. Insichgeschäft des Alleingesellschafters

§ 18 Abs 5 sieht für das **Selbstkontrahieren** eines **Alleingesellschafters** eigene Regelungen vor. Unerheblich ist, in welcher Funktion der Alleingesellschafter die Gesellschaft vertritt, dh ob zB als GF, Prokurist oder sonstiger Bevollmächtigter[81] oder ob er einzelvertretungsbefugt ist oder als Gesamtvertretungsbefugter mitwirkt.[82] § 18 Abs 5 gilt auch dann, wenn sich der Gesellschafter vertreten lässt oder die Gesellschaft v einem Dritten vertreten wird, der seine Vertretungsbefugnis v Alleingesellschafter ableitet.[83] Ebenso ist § 18 Abs 5 (analog) auf jene Fälle anzuwen-

31

---

78 RIS-Justiz RS0108252; RS0049183.
79 Wirksamkeitsvoraussetzung: Wohl OGH 15.12.1982, 3 Ob 647/82, EvBl/39, S 159; *U. Torggler*, ecolex 2009, 920 (921) („Abschlusserfordernis"); keine Wirksamkeitsvoraussetzung: *Aicher/U. Torggler*, GesRZ 1996, 197 (211 f); *U. Torggler*, wbl 2000, 389 (390); *Koppensteiner/Rüffler*, GmbHG³ § 18 Rz 23b, § 20 Rz 23; *Enzinger* in Straube/Ratka/Rauter, GmbHG § 18 Rz 56.
80 Vgl auch OGH 3.7.1985, 3 Ob 51/85; *U. Torggler*, wbl 2000, 389 (390); *N. Arnold/Pampel* in Gruber/Harrer, GmbHG² § 18 Rz 65.
81 *Aicher/U. Torggler*, GesRZ 1996, 197 (200 f); *Koppensteiner/Rüffler*, GmbHG³ § 18 Rz 23b; *Enzinger* in Straube/Ratka/Rauter, GmbHG § 18 Rz 50; *N. Arnold/Pampel* in Gruber/Harrer, GmbHG² § 18 Rz 67.
82 *Aicher/U. Torggler*, GesRZ 1996, 197 (200); *Koppensteiner/Rüffler*, GmbHG³ § 18 Rz 23b; *N. Arnold/Pampel* in Gruber/Harrer, GmbHG² § 18 Rz 67.
83 *Koppensteiner/Rüffler*, GmbHG³ § 18 Rz 23b; *Enzinger* in Straube/Ratka/Rauter, GmbHG § 18 Rz 51; *N. Arnold/Pampel* in Gruber/Harrer, GmbHG² § 18 Rz 67 stellen auf eine Abhängigkeit v Alleingesellschafter ab; dies ist mE

den, bei denen die Anteile mittelbar über eine (oder mehrere) 100%ige Tochtergesellschaften (in der Form einer GmbH) gehalten werden, weil sich bei diesen ebenfalls die Gefahr einer Interessenkollision materialisiert.[84] § 82, insb die Frage der Drittüblichkeit v Geschäften zw der Gesellschaft u einem Gesellschafter, ist zu beachten.[85]

32 Strittig ist, ob v § 18 Abs 5 nur Selbstkontrahieren oder auch **Doppelvertretung** (ggf analog) umfasst ist.[86]

33 Ist der GF **nicht Alleingesellschafter**, kommen die oben unter Rz 25 ff dargestellten allg Regelungen zur Anwendung.

34 Über Rechtsgeschäfte, die der einzige Gesellschafter sowohl im eigenen Namen als auch im Namen der Gesellschaft abschließt, ist unverzüglich eine Urkunde zu errichten (**Dokumentationspflicht**). Dabei ist sicherzustellen, dass nachträgliche Änderungen des Inhaltes u Zweifel über den Zeitpunkt des Abschlusses ausgeschlossen sind. Zweifel über den Zeitpunkt des Abschlusses können zB ausgeschlossen werden durch:

– Notarielle Form[87] oder
– Ein Protokoll über eine Tagsatzung zur mündlichen Streitverhandlung, in dem eine rechtsgeschäftliche Erklärung des Alleingesellschafters festgehalten wird,[88] aber auch

---

nicht v Wortlaut gedeckt, sondern allenfalls im Wege der Analogie denkbar; vgl dazu ausf *Aicher/U. Torggler*, GesRZ 1996, 197 (201 ff).

84 *Koppensteiner/Rüffler*, GmbHG³ § 18 Rz 23 b; **aA** *N. Arnold/Pampel* in Gruber/Harrer, GmbHG² § 18 Rz 63, die ein persönliches Interesse am geschäftlichen Erfolg ausreichen lassen. Wenn die zwischengeschaltete Gesellschaft eine AG ist, kann man auch zu einem anderen Ergebnis kommen, weil bei einer AG kein Weisungsrecht der HV gegenüber dem Vorstand oder dem AR besteht. Wenn man nicht rein auf die formalen Aspekte der Kompetenzverteilung der AG Rücksicht nimmt, ist hingegen faktisch auch bei einer zwischengeschalteten AG die Realisierung der gleichen Interessenkonflikte wie beim GmbH-Konzern denkbar.
85 S dazu die Kommentierung bei § 82.
86 Für Anwendung auf Doppelvertretung *Aicher/U. Torggler*, GesRZ 1996, 197 (206 ff); *U. Torggler*, wbl 2000, 389 (395 f); *Koppensteiner/Rüffler*, GmbHG³ § 18 Rz 23 b; *Enzinger* in Straube/Ratka/Rauter, GmbHG § 18 Rz 54; *Reich-Rohrwig*, GmbHR I² Rz 2/236; **dagegen** RIS-Justiz RS0112611; *N. Arnold/Pampel* in Gruber/Harrer, GmbHG² § 18 Rz 68; *Geist*, SWK 1996, B 99 (100).
87 OGH 28.1.1997, 1 Ob 2044/96m.
88 RIS-Justiz RS0124489.

– Auf eine andere Art, zB Kündigungsschreiben, Rechnung, Mitteilung an andere Gesellschaftsorgane oder Dritte oder Dokumentation auf Datenträgern, solange die wesentlichen Inhalte vorhanden sind u eine nachträgliche Manipulation ausgeschlossen werden kann.[89]

Zu dokumentieren sind die wesentlichen Punkte wie:

– Zustandekommen des Geschäfts,
– Abschlusszeitpunkt,
– Art u Höhe der übernommenen Leistungen.[90]

Diese **Dokumentationspflicht** ist nach hA **kein Wirksamkeitserfordernis**.[91] Ein Verstoß gegen die Dokumentationspflicht kann aber zu Ersatzansprüchen der Gesellschaft führen.[92]

Die Bestellung eines **Kurators** ist nicht erforderlich, wenn die Dokumentationspflicht eingehalten wurde.[93]

---

89 *Aicher/U. Torggler*, GesRZ 1996, 197 (211); *Koppensteiner/Rüffler*, GmbHG³ § 18 Rz 23c; *Enzinger* in Straube/Ratka/Rauter, GmbHG § 18 Rz 59; *N. Arnold/Pampel* in Gruber/Harrer, GmbHG² § 18 Rz 71; *U. Torggler* in Torggler, GmbHG § 18 Rz 22.

90 *Aicher/U. Torggler*, GesRZ 1996, 197 (210); *Geist*, SWK 1996, B 99 (102); *U. Torggler*, wbl 2000, 389 (393); *Koppensteiner/Rüffler*, GmbHG³ § 18 Rz 23c; *Enzinger* in Straube/Ratka/Rauter, GmbHG § 18 Rz 58; *N. Arnold/Pampel* in Gruber/Harrer, GmbHG² § 18 Rz 71; *U. Torggler* in Torggler, GmbHG § 18 Rz 22.

91 Vgl OGH 17.12.2008, 2 Ob 246/08b; *Aicher/U. Torggler*, GesRZ 1996, 197 (211); *Geist*, SWK 1996, B 99 (101); *Koppensteiner/Rüffler*, GmbHG³ § 18 Rz 23b; *Enzinger* in Straube/Ratka/Rauter, GmbHG § 18 Rz 61; *U. Torggler* in Torggler, GmbHG § 18 Rz 23; *Rieder/Huemer*, GesR⁵, 260; nach *Umfahrer*, GmbHG⁷ Rz 4.80 ist das Geschäft schwebend unwirksam, solange keine Urkunde errichtet wurde; zur Differenzierung zw Manifestationsakt u Beurkundung s *Reich-Rohrwig*, GmbHR I² Rz 2/236; *Aicher/U. Torggler*, GesRZ 1996, 197 (212); *N. Arnold/Pampel* in Gruber/Harrer, GmbHG² § 18 Rz 72.

92 *Aicher/U. Torggler*, GesRZ 1996, 197 (212 f); *Koppensteiner/Rüffler*, GmbHG³ § 18 Rz 23d; *Enzinger* in Straube/Ratka/Rauter, GmbHG § 18 Rz 62; *N. Arnold/Pampel* in Gruber/Harrer, GmbHG² § 18 Rz 73; *U. Torggler* in Torggler, GmbHG § 18 Rz 23; ob ein direkter Anspruch v Gesellschaftsgläubigern gegen den Alleingesellschafter besteht ist str; **dafür** etwa *Geist*, SWK 1996, B 99 (100).

93 *Rieder/Huemer*, GesR⁵, 260.

37 Eine Urkunde muss nicht errichtet werden, wenn das Geschäft zum **gewöhnlichen Geschäftsbetrieb** gehört u zu geschäftsüblichen Bedingungen (va Marktpreis) abgeschlossen wird (§ 18 Abs 6).[94]

38 Der **Zweck** der Dokumentationspflicht des § 18 Abs 5 ist primär im **Schutz der Interessen der Gläubiger** zu sehen; diese sollen davor bewahrt werden, dass nachträglich Änderungen vorgenommen u die Erklärungen einseitig zurückgenommen werden (Beweissicherung).[95]

§ 19. Die Gesellschaft wird durch die von den Geschäftsführern in ihrem Namen geschlossenen Rechtsgeschäfte berechtigt und verpflichtet; es ist gleichgültig, ob das Geschäft ausdrücklich im Namen der Gesellschaft geschlossen worden ist oder ob die Umstände ergeben, daß es nach dem Willen der Beteiligten für die Gesellschaft geschlossen werden sollte.

Literatur: *Graf*, Stille Refinanzierung, Wissenszurechnung und Aufklärungspflicht, ÖBA 1997, 428; *Hügel*, Probleme des Offenlegungsgrundsatzes bei Rechtsgeschäften im Unternehmensbereich, JBl 1983, 449, 523; *Iro*, Banken und Wissenszurechnung (Teil I), ÖBA 2001, 3; *Kalss*, Leitung der Gesellschaft, in Kalss/Frotz/Schörghofer, Handbuch für den Vorstand (2017) 307; *Rabl*, Culpa in contrahendo: Zur Haftung des geschäftsführenden Gesellschafters, ecolex 1997, 82; *Roth*, Haftungsbeschränkung kontra Gläubigerschutz bei Überschuldung der GmbH, GesRZ 1985, 1; *K. Schmidt*, Offene Stellvertretung, JUS 1987, 425.

Inhaltsübersicht

I. Zurechnung von Vertretungshandlungen	1–5
II. Zurechnung bei culpa in contrahendo	6, 7
III. Wissenszurechnung	8–11
IV. Zurechnung deliktischen Verhaltens	12–14
V. Zurechnung strafbaren Verhaltens	15, 16

---

94 *Koppensteiner/Rüffler*, GmbHG³ § 18 Rz 23c; *Enzinger* in Straube/Ratka/Rauter, GmbHG § 18 Rz 47; *U. Torggler* in Torggler, GmbHG § 18 Rz 21; *Rieder/Huemer*, GesR⁵, 260; nach *N. Arnold/Pampel* in Gruber/Harrer, GmbHG² § 18 Rz 74 ist nach allg Zivilrecht dennoch ein Manifestationsakt als Wirksamkeitsvoraussetzung für das Insichgeschäft erforderlich; vgl dazu oben Rz 31.
95 RIS-Justiz RS0124490; OGH 12.4.2000, 4 Ob 71/00w.

I. Zurechnung von Vertretungshandlungen

§ 19 regelt die Zurechnung rechtsgeschäftlicher Vertretungshandlungen der GF zur Gesellschaft. Den allg zivilrechtlichen Grundsätzen entspr wird die Gesellschaft nur dann berechtigt u verpflichtet, wenn der GF *„in ihrem Namen"* handelt (**Offenlegungsgrundsatz**; vgl auch § 18 Rz 18).[1] Eine Zurechnung erfolgt nicht nur dann, wenn der GF ausdrücklich im Namen der Gesellschaft auftritt, sondern auch dann, wenn sich aus den Umständen klar erkennbar ergibt, dass das Geschäft nach dem Willen der Beteiligten für die Gesellschaft geschlossen werden soll.[2] Für eine Zurechnung ist ausreichend, wenn aus den Umständen erkennbar ist, dass der GF in Vertretung der Gesellschaft handelt.[3] Maßgeblich ist dabei die Sicht des jew Erklärungsempfängers (**Vertrauenstheorie**).[4] Demnach kommt es für die Zurechnung darauf an, wie die Erklärung des GF v einem redlichen u verständigen Erklärungsempfänger zu verstehen war (objektiver Empfängerhorizont).[5] War dem redlichen u verständigen Erklärungsempfänger das Handeln des GF nicht eindeutig als Vertretungshandlung für die Gesellschaft erkennbar, ist dieses dem handelnden GF selbst zuzurechnen (Eigengeschäft). Das Geschäft kommt in diesem Fall mit ihm persönlich u nicht mit der Gesellschaft zustande.[6] Im Zweifel ist daher ein Eigengeschäft des Handelnden anzunehmen.[7]

Ein Handeln im Namen der Gesellschaft wird sich idR etwa ergeben, wenn der GF mit einem Dritten über Angelegenheiten der Gesellschaft verhandelt, im Schriftverkehr über Angelegenheiten der Gesellschaft Geschäftspapier mit entspr Briefkopf oder eine E-Mail-Signatur mit Hinweis auf die Fa verwendet oder der Geschäftsabschluss in den Räumen der Gesellschaft erfolgt.[8]

---

1 RIS-Justiz RS0019427; *Enzinger* in Straube/Ratka/Rauter, GmbHG § 19 Rz 1; *N. Arnold/Pampel* in Gruber/Harrer, GmbHG² § 19 Rz 2; *U. Torggler* in Torggler, GmbHG § 19 Rz 1.
2 OGH 18.4.1991, 7 Ob 10/91; 24.4.2001, 1 Ob 72/01x.
3 RIS-Justiz RS0019393; OGH 28.3.1985, 6 Ob 779/83; *N. Arnold/Pampel* in Gruber/Harrer, GmbHG² § 19 Rz 7; *U. Torggler* in Torggler, GmbHG § 19 Rz 1.
4 RIS-Justiz RS0059974; vgl auch OGH 13.9.1977, 5 Ob 578/77.
5 OGH 16.6.1987, 4 Ob 555/87.
6 *N. Arnold/Pampel* in Gruber/Harrer, GmbHG² § 19 Rz 9.
7 RIS-Justiz RS0019516; RS0019540.
8 OGH 28.3.1985, 6 Ob 779/83; *N. Arnold/Pampel* in Gruber/Harrer, GmbHG² § 19 Rz 8.

3   Ist eine Person GF mehrerer GmbH u kann seine Vertretungshandlung bei einem unternehmensbezogenen Geschäft nicht eindeutig einer der Gesellschaften zugeordnet werden, ist iZw ein Eigengeschäft anzunehmen.[9] Ist klar, dass es sich nicht um ein Eigengeschäft des GF handelt, müssen alle in Betracht kommenden Gesellschaften die Vertretungshandlung gegen sich gelten lassen.[10] Es handelt sich nicht bloß deshalb um ein Eigengeschäft des GF, weil bei Abschluss des Geschäfts nicht klar erkennbar war, für welche der Gesellschaften er handeln wollte.[11]

4   Geben mehrere einzelvertretungsbefugte GF einander widersprechende Erklärungen ab, gilt die zeitlich frühere.[12] In der späteren Erklärung kann eine Rückgängigmachung der früheren gesehen werden, wenn die Erklärung korrigierbar ist.[13] Geben die GF die widersprüchlichen Erklärungen gleichzeitig ab, gilt keine der Erklärungen.[14]

5   Sonstige Zurechnungsfragen wie *cic*, Wissenszurechnung oder die Zurechnung v deliktischem u strafbarem Verhalten der GF regelt § 19 nicht.[15]

II. Zurechnung bei culpa in contrahendo

6   Verletzen GF vorvertragliche Pflichten (*cic*), wird dies der Gesellschaft nach den Regeln des § 1313a ABGB zugerechnet.[16]

7   Geschäftsführer haften selbst, wenn sie ein erhebliches u unmittelbares eigenwirtschaftliches Interesse am Zustandekommen des Vertrages

---

9. Vgl dazu *Enzinger* in Straube/Ratka/Rauter, GmbHG § 19 Rz 4.
10. OGH 14.2.1990, 9 ObA 369/89.
11. *Reich-Rohrwig*, GmbHR I² Rz 2/227; *N. Arnold/Pampel* in Gruber/Harrer, GmbHG² § 19 Rz 13.
12. *Koppensteiner/Rüffler*, GmbHG³ § 19 Rz 3; *Enzinger* in Straube/Ratka/Rauter, GmbHG § 19 Rz 8; *N. Arnold/Pampel* in Gruber/Harrer, GmbHG² § 19 Rz 14; *U. Torggler* in Torggler, GmbHG, § 19 Rz 2.
13. *Reich-Rohrwig*, GmbHR I² Rz 2/221; *Koppensteiner/Rüffler*, GmbHG³ § 19 Rz 3; *N. Arnold/Pampel* in Gruber/Harrer, GmbHG² § 19 Rz 14.
14. *Reich-Rohrwig*, GmbHR I² Rz 2/221; *Koppensteiner/Rüffler*, GmbHG³ § 19 Rz 3; *Enzinger* in Straube/Ratka/Rauter, GmbHG § 19 Rz 8; *N. Arnold/Pampel* in Gruber/Harrer, GmbHG² § 19 Rz 14; *U. Torggler* in Torggler, GmbHG § 19 Rz 2.
15. *N. Arnold/Pampel* in Gruber/Harrer, GmbHG² § 19 Rz 2.
16. *N. Arnold/Pampel* in Gruber/Harrer, GmbHG² § 19 Rz 17; *U. Torggler* in Torggler, GmbHG § 19 Rz 3; vgl *Enzinger* in Straube/Ratka/Rauter, GmbHG § 18 Rz 77.

haben oder bei den Vertragsverhandlungen im besonderen Maße persönliches Vertrauen in Anspruch genommen u die Vertragsverhandlung dadurch beeinflusst haben (vgl auch § 25 Rz 31).[17] Strittig ist, wann aufgrund einer Beteiligung des GF an der GmbH als Gesellschafter ein Eigeninteresse besteht. Vertreten werden dazu folgende Positionen:[18]

- Eine Beteiligung v 50 % bzw 49 % alleine begründet kein unmittelbares eigenwirtschaftliches Interesse,[19]
- Ein Mehrheits- oder Alleingesellschafter haftet,[20]
- Nicht einmal eine 100 %-Beteiligung allein begründet eine Haftung des Vertreters.[21]

Kann das Verhalten des GF der Gesellschaft nicht zugerechnet werden, haftet der GF als *falsus procurator*, nicht aber die GmbH.[22]

III. Wissenszurechnung

Derjenige, der sich einer arbeitsteiligen Organisation bedient, soll zum Schutz des Rechtsverkehrs auch die Nachteile, die dadurch entstehen, tragen.[23] Die GmbH muss sich daher das Wissen ihrer GF unabhängig v der Vertretungsbefugnis so zurechnen lassen, wie sich natPers ihr eigenes Wissen zurechnen lassen müssen.[24] Unerheblich ist, ob der GF das Wissen dienstlich oder privat erlangt hat.[25]

8

---

17 *N. Arnold/Pampel* in Gruber/Harrer, GmbHG² § 19 Rz 18; *U. Torggler* in Torggler, GmbHG § 19 Rz 3.
18 Vgl *N. Arnold/Pampel* in Gruber/Harrer, GmbHG² § 19 Rz 18.
19 OGH 4.10.1989, 3 Ob 519/89.
20 *Roth*, GesRZ 1985, 1 (4).
21 OGH 27.6.2006, 3 Ob 75/06k.
22 *Th. Rabl*, ecolex 1997, 83; *N. Arnold/Pampel* in Gruber/Harrer, GmbHG² § 19 Rz 18.
23 *N. Arnold/Pampel* in Gruber/Harrer, GmbHG² § 19 Rz 19; *Iro*, ÖBA 2001, 3 (8).
24 RIS-Justiz RS0009172; *Reich-Rohrwig*, GmbHR I² Rz 2/195 stellt darauf ab, ob das Wissen den zuständigen GF im Rahmen einer ordnungsgemäß organisierten Gesellschaft weitergegeben worden wäre; vgl auch *Graf*, ÖBA 1997, 428 (432); gegen diese Unterscheidung *N. Arnold/Pampel* in Gruber/Harrer, GmbHG² § 19 Rz 21.
25 *Koppensteiner/Rüffler*, GmbHG³ § 18 Rz 24; *Enzinger* in Straube/Ratka/Rauter, GmbHG § 18 Rz 68; *N. Arnold/Pampel* in Gruber/Harrer, GmbHG² § 19 Rz 19 ff; *Iro*, ÖBA 2001, 3 (10).

9 Das Wissen eines rechtsgeschäftlich Bevollmächtigten (wie Prokuristen, Handlungsbevollmächtigter oder sonstiger Bevollmächtigter) wird der Gesellschaft nur dann zugerechnet, wenn es sich auf das im konkreten Fall dem Bevollmächtigten übertragene Aufgabengebiet erstreckt u er auch mit der Angelegenheit befasst war.[26] Nur in diesem Bereich können u müssen die GF nämlich dafür sorgen, dass der Bevollmächtigte den GF über die Tatsachen unverzüglich berichtet.[27] Privat erlangtes Wissen dieser Bevollmächtigten wird der Gesellschaft grds nicht zugerechnet (s auch § 18 Rz 24).[28]

10 Strittig ist, ob dann, wenn die Gesellschaft durch den AR oder die GV vertreten wird, Wissen immer zugerechnet wird[29] oder nur dann, wenn das Wissen iZm der Repräsentantenfunktion steht.[30]

11 Im Konzern kann das Wissen einer Gesellschaft einer anderen ua zugerechnet werden:

- wenn eine andere Gesellschaft als Gehilfe eingesetzt wird,
- wenn die Gesellschaften besonders stark konzernmäßig verbunden sind (starke Eingliederung),
- bei Organidentität[31] oder
- bei aktivem Datenaustausch.[32]

---

26 RIS-Justiz RS0034415.
27 *N. Arnold/Pampel* in Gruber/Harrer, GmbHG² § 19 Rz 23; **abl** *Iro*, ÖBA 2001, 3 (11 ff).
28 *N. Arnold/Pampel* in Gruber/Harrer, GmbHG² § 19 Rz 23; *Enzinger* in Straube/Ratka/Rauter, GmbHG § 18 Rz 69; nach *Iro*, ÖBA 2001, 3 (11) ist privates Wissen des Gehilfen ausnahmsweise dann zu berücksichtigen, wenn er in ausschlaggebenden Bereichen eigenständig an Stelle des Geschäftsherrn tätig wird.
29 So *Koppensteiner/Rüffler*, GmbHG³ § 18 Rz 24; wohl auch *N. Arnold/Pampel* in Gruber/Harrer, GmbHG² § 19 Rz 22.
30 So *Enzinger* in Straube/Ratka/Rauter, GmbHG § 18 Rz 69.
31 Krit *Kalss* in Kalss/Frotz/Schörghofer, HB Vorstand, Rz 12/143.
32 *N. Arnold/Pampel* in Gruber/Harrer, GmbHG² § 19 Rz 26.

IV. Zurechnung deliktischen Verhaltens

Deliktisches Verhalten der GF kann der Gesellschaft zugerechnet werden, wenn ein GF das schädigende Verhalten in Ausführung seiner Aufgaben gesetzt hat (§ 26 ABGB, § 3 VbVG analog).[33] Der handelnde GF kann daneben auch persönlich haften.[34] Eine deliktische Haftung der Gesellschaft für GF besteht nicht, wenn als dessen allein relevantes Verschulden ausschließlich Fehler in Betracht kommen, die mit seiner GF-Funktion in keinem erkennbaren Zusammenhang stehen u der Gesellschaft daher nicht zuzurechnen sind.[35] Die GmbH haftet aber nicht nur für deliktisches Verhalten der GF, sondern auch **sonstiger Repräsentanten**, dh jener Personen, die in der Organisation der GmbH eine leitende Stellung innehaben u dabei mit eigenverantwortlicher Entscheidungsbefugnis ausgestattet sind.[36] Entscheidend ist auch hier, ob das schädigende Verhalten in Ausführung der Aufgaben gesetzt wurde.[37]

Darüber hinaus kann die GmbH haften, wenn sie ein **Organisationsverschulden** trifft: Ist die GmbH so organisiert, dass Mitarbeiter, ohne Organmitglied zu sein, Aufgaben zu erfüllen haben, die nach ihrer Bedeutung u dem Maß der Verantwortung eigentlich durch Organmitglieder zu erfüllen wären, muss sie auch für Schäden einstehen, die diese Mitarbeiter Dritten verursachen.[38] Nach aA haftet die GmbH dann, wenn durch Verschulden der GF keine ausreichende Leitungs- u Überwachungsorganisation als solche eingerichtet wurde (dh Verletzung der Compliance-Pflicht).[39]

Nach § 18 UWG kann die Gesellschaft auch für unlautere Handlungen haften, wenn:

– die Handlungen im Betrieb des Unternehmens begangen wurden u

---

33 RIS-Justiz RS0028637; *Enzinger* in Straube/Ratka/Rauter, GmbHG § 18 Rz 75; *N. Arnold/Pampel* in Gruber/Harrer, GmbHG² § 19 Rz 29; *U. Torggler* in Torggler GmbHG § 19 Rz 5.
34 RIS-Justiz RS0120155.
35 RIS-Justiz RS0106863.
36 RIS-Justiz RS0009113.
37 *Enzinger* in Straube/Ratka/Rauter, GmbHG § 18 Rz 75; *N. Arnold/Pampel* in Gruber/Harrer, GmbHG² § 19 Rz 29; *U. Torggler* in Torggler GmbHG § 19 Rz 5; vgl auch RIS-Justiz RS0028626.
38 Vgl RIS-Justiz RS0009185; *Posch* in Schwimann/Kodek, ABGB⁵ § 26 Rz 33.
39 *Aicher* in Rummel/Lukas, ABGB⁴ § 26 Rz 33.

- dem Unternehmensinhaber die Handlung bekannt war oder bekannt sein musste.[40]

V. Zurechnung strafbaren Verhaltens

15 Eine GmbH ist nach § 3 Abs 1 VbVG (s zum VbVG auch Exkurs WiStR Rz 154 ff)[41] für eine Straftat verantwortlich, wenn:

- die Straftat zu ihren Gunsten begangen worden ist oder
- durch die Straftat Pflichten verletzt worden sind, die die GmbH treffen.

Die Straftat muss nach § 3 VbVG:

- durch einen Entscheidungsträger (GF, Prokuristen, AR-Mitglieder oder sonstige Personen mit maßgeblichem Einfluss auf die Geschäftsführung[42]) rechtswidrig u schuldhaft begangen werden, oder
- durch einen Mitarbeiter rechtswidrig u schuldhaft begangen werden u die Tatbegehung wird erst durch die mangelnde Sorgfalt der Entscheidungsträger bei deren Kontrolle u Überwachung ermöglicht oder wesentlich erleichtert.

16 Kommt es aufgrund der Zurechnung eines v GF gesetzten strafbaren Verhaltens zu einer Sanktionierung der GmbH unter dem VbVG, ist der Regress gegen die GF gem § 11 VbVG ausgeschlossen. Erfasst v Regressverbot sind Sanktionen u Rechtsfolgen aufgrund des VbVG, somit verhängte Geldbußen, Kosten v Weisungen, Kosten für im Rahmen einer Diversion erbrachte Leistungen, aber auch Verteidigungskosten.[43] Möglich bleibt ein Regress allerdings für jene Beträge, die v der Gesellschaft aufgrund einer Weisung im Rahmen des Schadenersatzes geleistet werden, weil der v der Gesellschaft ersetzte Schaden nicht auf dem VbVG, sondern auf der entspr schadenersatzrechtlichen Bestimmung beruht[44] (s dazu auch § 25 Rz 31).

---

40 *N. Arnold/Pampel* in Gruber/Harrer, GmbHG² § 19 Rz 30; *Enzinger* in Straube/Ratka/Rauter, GmbHG § 18 Rz 76.
41 Zu Finanzvergehen s § 1 Abs 2 iVm § 28a FinStrG. Vgl auch Exkurs WiStR Rz 194 ff.
42 *Enzinger* in Straube/Ratka/Rauter, GmbHG § 18 Rz 79.
43 *Lehmkuhl/Zeder* in Höpfel/Ratz, WK² VbVG § 11 Rz 3.
44 *Lehmkuhl/Zeder* in Höpfel/Ratz, WK² VbVG § 11 Rz 4.

§ 20. (1) Die Geschäftsführer sind der Gesellschaft gegenüber verpflichtet, alle Beschränkungen einzuhalten, die in dem Gesellschaftsvertrage, durch Beschluß der Gesellschafter oder in einer für die Geschäftsführer verbindlichen Anordnung des Aufsichtsrates für den Umfang ihrer Befugnis, die Gesellschaft zu vertreten, festgesetzt sind.

(2) [1]Gegen dritte Personen hat eine Beschränkung der Vertretungsbefugnis jedoch keine rechtliche Wirkung. [2]Dies gilt insbesondere für den Fall, daß die Vertretung sich nur auf gewisse Geschäfte oder Arten von Geschäften erstrecken oder nur unter gewissen Umständen oder für eine gewisse Zeit oder an einzelnen Orten stattfinden soll, oder daß die Zustimmung der Gesellschafter, des Aufsichtsrates oder eines anderen Organes der Gesellschaft für einzelne Geschäfte gefordert wird.

idF BGBl Nr 10/1991

Literatur: *Artmann*, Offene Fragen der gesellschaftsrechtlichen Anfechtungsklage, GES 2007, 3; *Auer*, Missbrauch der Vertretungsmacht im Handels- und Gesellschaftsrecht, GesRZ 2000, 137; *P. Bydlinski*, Der sogenannte „Mißbrauch" unbeschränkter Vertretungsmacht, in FS F. Bydlinski (2001) 19; *Enzinger*, Shareholder Value – Modisches Schlagwort oder gesellschaftsrechtlich relevanter Begriff, GesRZ 1997, 218; *Feltl*, Zur Weisungsgebundenheit des GmbH-Geschäftsführers gegenüber dem Aufsichtsrat, AR aktuell 4/2008, 12; *Gassner*, Steuergestaltung als Vorstandspflicht, in FS Krejci (2001) 605; *Heber*, Geschäftsführertätigkeit – eine umsatzsteuerrelevante Tätigkeit? JBl 2013, 85; *Karollus*, Ungültigkeit von Bürgschaftsverträgen wegen Verstoßes gegen Kapitalerhaltungsvorschriften, GesRZ 2011, 110; *Kraus*, Kompetenzverteilung bei der GmbH, ecolex 1998, 631; *Krejci*, Die Kapitalgesellschaft als Spender und Förderer, Grenzen der Vertretungs- und Geschäftsführungsbefugnis, GesRZ 1984, 146, 199; *Kutschera*, Zur Haftung des Geschäftsführers gemäß § 35 GmbHG, GesRZ 1982, 243; *Lutter*, Die Business Judgment Rule in Deutschland und Österreich, GesRZ 2007, 79; *Ch. Nowotny*, Zur Spendenverantwortung des Vorstandes, RdW 2002/263, 258; *Schima*, Der GmbH-Geschäftsführer und der Wille des Mehrheitsgesellschafters, GesRZ 1999, 100, 159; *Schima/Toscani*, Handbuch GmbH-Geschäftsführer[2] (2020); *Thiery*, Kreditgewährung an Vorstandsmitglieder, ecolex 1993, 88; *U. Torggler*, Business Judgment Rule und unternehmerische Ermessensentscheidungen, ZfRV 2002, 133; *U. Torggler*, Fünf (Anti-)Thesen zum Haftungsdurchgriff, JBl 2006, 85; *U. Torggler*, Interessenkonflikte, insbesondere bei „materiellen Insichgeschäften", ecolex 2009, 920; *Walcher*, Satzungsdurchbrechung bei AG und GmbH, GES 2019, 114; *Winner*, Öffentlich-rechtliche Anforderungen und gesellschaftsrechtliche Probleme bei Ausgliederungen, ZfV 1998, 104.

Inhaltsübersicht

I.	Allgemeines	1–23
	A. Leitung der Gesellschaft	2–23
	1. Geschäftsführung	2
	2. Grenzen	3–23
	a) Gesetz	4, 5
	b) Gesellschaftsvertrag	6–8
	c) Weisungsbeschlüsse der Gesellschafter	9–15
	d) Aufsichtsratsbeschlüsse	16–18
	e) Außergewöhnliche Geschäftsführungsmaßnahmen	19–20a
	f) Grundlagengeschäfte	21
	g) Grundsätze der Unternehmenspolitik	22
	h) Anstellungsvertrag	23
II.	Unbeschränkte und unbeschränkbare Vertretungsmacht	24–29
	A. Allgemeines	24
	B. Grenzen der Vertretungsmacht	25–29
	1. Grundlagengeschäfte	25
	2. Missbrauch der Vertretungsmacht	26, 27
	3. Gesellschaftsinterne Geschäfte	28
	4. Insolvenz	29

I. Allgemeines

1   § 20 normiert, dass:

– GF verpflichtet sind, bei der Vertretung alle Beschränkungen einzuhalten, die ihnen gesellschaftsintern auferlegt wurden u
– solche internen Beschränkungen der Vertretungsmacht Dritten gegenüber keine rechtliche Wirkung haben.

Die **Vertretungsmacht** ist somit **unbeschränkt u unbeschränkbar**.[1] Dies dient dem Schutz des Rechtsverkehrs.[2]

---

1 RIS-Justiz RS0059720, RS0060021.
2 *N. Arnold/Pampel* in Gruber/Harrer, GmbHG[2] § 20 Rz 4; *Enzinger* in Straube/Ratka/Rauter, GmbHG § 20 Rz 4; *Koppensteiner/Rüffler*, GmbHG[3] § 20 Rz 1.

A. Leitung der Gesellschaft

1. Geschäftsführung

Die **Geschäftsführung** umfasst alle Maßnahmen organisatorischer, 2
kaufmännischer, technischer u personeller Art, die **erforderlich** sind,
um mit den der Gesellschaft zur Verfügung stehenden personellen, sachlichen u finanziellen Mitteln den Unternehmensgegenstand zu verwirklichen.[3] Dazu zählen etwa:

– Buchführung u Bilanzierung einschließlich des IKS (§§ 22 f),
– Erstellung v Berichten (§§ 28 a, 30 j),
– Einberufung der GV (§§ 36 ff),
– Mitteilung v Beschlüssen (§ 40 Abs 2),
– FB-Anmeldungen,
– Antrag auf Eröffnung des Insolvenzverfahrens (§ 69 IO),
– Einforderung ausständiger Einlagen u Nachschüsse (§§ 64, 72).

2. Grenzen

Maßnahmen der gewöhnlichen Geschäftsführung obliegen den GF u 3
bedürfen daher keiner Zustimmung der Gesellschafter.[4] Gewöhnlich
sind alle Geschäftsführungsmaßnahmen, die der Betrieb des Unternehmens laufend u routinemäßig mit sich bringt.[5] Es gibt jedoch einige
Grenzen, die die GF einzuhalten haben:

a) Gesetz

Geschäftsführer müssen vor Maßnahmen, die der Beschlussfassung der 4
Gesellschafter unterliegen (§ 35 Abs 1), die **Zustimmung der Gesellschafter** einholen[6] oder, wenn ein **AR** eingerichtet ist u die Maßnahme
der Beschlussfassung des AR unterliegt (§ 30 j Abs 5), die Zustimmung

---

3 *Umfahrer*, GmbH[7] Rz 4.83; *N. Arnold/Pampel* in Gruber/Harrer, GmbHG[2]
§ 20 Rz 6; *Enzinger* in Straube/Ratka/Rauter, GmbHG § 20 Rz 11; *Nowotny*
in Kalss/Nowotny/Schauer, GesR[2] Rz 4/177.
4 *Reich-Rohrwig*, GmbHR I[2] Rz 2/252; *N. Arnold/Pampel* in Gruber/Harrer,
GmbHG[2] § 20 Rz 8.
5 *Reich-Rohrwig*, GmbHR I[2] Rz 2/252; *N. Arnold/Pampel* in Gruber/Harrer,
GmbHG[2] § 20 Rz 8.
6 RIS-Justiz RS0122187.

des AR. Dies gilt auch dann, wenn es sich um eine gewöhnliche Geschäftsführungsmaßnahme handelt.[7]

5 Immer dann, wenn es das **Gesellschaftsinteresse** erfordert (§ 36 Abs 2), müssen die GF ebenfalls die Gesellschafter befassen (vgl § 36 Rz 24 ff).[8] Dies gilt auch dann, wenn mit dem **Widerspruch der Gesellschafter** gerechnet werden muss.[9]

b) Gesellschaftsvertrag

6 Die GF haben im **GesV**, insb durch den Unternehmensgegenstand festgelegte Grenzen zu beachten.

7 Aus diesem Grund bedürfen auch Maßnahmen **außerhalb des Unternehmensgegenstands** der Zustimmung der Gesellschafter. Hilfsgeschäfte sind allerdings zulässig, etwa die Veranlagung aktuell im Kerngeschäft nicht benötigter Mittel oder die Vermietung aktuell nicht benötigter Liegenschaften.[10]

8 Im GesV können die gesetzl **Zustimmungsvorbehalte** (§ 35 u § 30j Abs 5) sowohl **erweitert** als auch **reduziert** werden.[11] Auch eine **Weisungsfreistellung** der GF ist möglich.[12]

c) Weisungsbeschlüsse der Gesellschafter

9 Die Gesellschafter können, als oberstes Willensbildungsorgan der Gesellschaft, immer – eigeninitiativ u umfassend – durch Beschluss in die Geschäftsführung eingreifen. Den Gesellschaftern steht daher ein **Weisungsrecht** zu.[13] Die Erlassung einer **GO** durch die Gesellschafter wird

---

[7] *N. Arnold/Pampel* in Gruber/Harrer, GmbHG[2] § 20 Rz 9.
[8] *N. Arnold/Pampel* in Gruber/Harrer, GmbHG[2] § 20 Rz 9.
[9] *Reich-Rohrwig*, GmbHR I[2] Rz 2/254; *Koppensteiner/Rüffler*, GmbHG[3] § 20 Rz 4; *Enzinger* in Straube/Ratka/Rauter, GmbHG § 20 Rz 27; *N. Arnold/Pampel* in Gruber/Harrer, GmbHG[2] § 20 Rz 9; *Nowotny* in Kalss/Nowotny/Schauer, GesR[2] Rz 4/178.
[10] *Enzinger* in Straube/Ratka/Rauter, GmbHG § 20 Rz 28; *N. Arnold/Pampel* in Gruber/Harrer, GmbHG[2] § 20 Rz 14; *U. Torggler* in Torggler, GmbHG § 20 Rz 13.
[11] *Reich-Rohrwig*, GmbHR I[2] Rz 2/255 ff; *Enzinger* in Straube/Ratka/Rauter, GmbHG § 20 Rz 29; *N. Arnold/Pampel* in Gruber/Harrer, GmbHG[2] § 20 Rz 23 mit Bsp; Einschränkung v § 30j Abs 5 str; s Rz 16.
[12] OGH 22.12.1976, 1 Ob 797/76, (1 Ob 802/76), SZ 49/163.
[13] RIS-Justiz RS0130392.

als (generelle) Weisung angesehen.[14] Die GF sind grds verpflichtet, Gesellschafterbeschlüsse zu befolgen (§ 20 Abs 1).

Zur Erteilung einer Weisung ist ein Beschluss der Gesellschafter mit **einfacher Mehrheit** erforderlich.[15] Im GesV kann eine abw Mehrheit vorgesehen sein. Aber auch einzelnen Gesellschaftern kann eine Weisungsbefugnis eingeräumt werden (zu den Auswirkungen einer Weisung auf die Haftung vgl § 25 Rz 17).[16] **10**

Ob es einen **weisungsfreien Mindestbereich** gibt, ist str, wird aber mE zu Recht überwiegend verneint.[17] **11**

Damit Weisungsbeschlüsse für die GF verbindlich sind, dürfen sie nicht rechtswidrig sein.[18] An **nichtige** Weisungsbeschlüsse (etwa wegen Verstoßes gegen § 82[19] oder weil sie strafbares Verhalten darstellen[20]) sind die GF nicht gebunden.[21] Bei **anfechtbaren** Weisungsbeschlüssen ist zu unterscheiden: Ist die Anfechtung nicht mehr möglich, sind sie nach überwiegender u mE zutr A verbindlich (vgl § 25 Rz 17).[22] Ist die Anfechtung noch möglich, sind die GF wohl nicht verpflichtet, den Weisungsbeschluss anzufechten (str), weil die GF den Willen der Gesellschafter als oberstes Willensbildungsorgan der Gesellschaft zu befolgen **12**

---

14 *Koppensteiner/Rüffler*, GmbHG³ § 20 Rz 9; *Enzinger* in Straube/Ratka/Rauter, GmbHG § 20 Rz 32; *Nowotny* in Kalss/Nowotny/Schauer, GesR² Rz 4/179; *Rieder/Huemer*, GesR⁵, 260.
15 *Enzinger* in Straube/Ratka/Rauter, GmbHG § 20 Rz 31.
16 *Enzinger* in Straube/Ratka/Rauter, GmbHG § 20 Rz 31.
17 So *Reich-Rohrwig*, GmbHR I² Rz 2/259; *Enzinger*, GesRZ 1997, 218 (223); *Koppensteiner/Rüffler*, GmbHG³ § 20 Rz 8 f; *Enzinger* in Straube/Ratka/Rauter, GmbHG § 20 Rz 32; *U. Torggler* in Torggler, GmbHG, § 20 Rz 17; nach *Schima*, GesRZ 1999, 100 (101 f) kann in die gesetzl Mindestkompetenzen, wie Verpflichtung zur Buchführung, Vornahme der erforderlichen FB-Anmeldungen u Stellung eines Insolvenzantrags, nicht eingegriffen werden; zur Ressortverteilung s OGH 11.7.1979, 3 Ob 622/78.
18 *Koppensteiner/Rüffler*, GmbHG³ § 20 Rz 9; *Enzinger* in Straube/Ratka/Rauter, GmbHG § 20 Rz 32.
19 OGH 22.10.2003, 3 Ob 287/02f.
20 RIS-Justiz RS0130392; RS0060037; OGH 22.12.1976, 1 Ob 797/76 (1 Ob 802/76), SZ 49/163.
21 RIS-Justiz RS0130392; RS0118354; RS0060037.
22 *U. Torggler*, JBl 2006, 85 (92 FN 91); *Koppensteiner/Rüffler*, GmbHG³ § 20 Rz 9; *Enzinger* in Straube/Ratka/Rauter, GmbHG § 20 Rz 34; *Reich-Rohrwig*, GmbHR I² Rz 2/259; aA *Kutschera*, GesRZ 1982, 243 (248).

haben.[23] Bei noch anfechtbaren u bereits angefochtenen Beschlüssen haben die GF die Vorteile einer unverzüglichen Beschlussausführung gegen die Wahrscheinlichkeit einer erfolgreichen Anfechtung abzuwägen.[24]

13 Die GF haben Weisungen, die gegen den **GesV verstoßen**, jedenfalls dann zu befolgen, wenn die Weisung mit satzungsändernder Mehrheit gefasst wurde,[25] jedenfalls nach ungenütztem Verstreichen der Anfechtungsfrist;[26] davor bzw bei Anfechtung nach Abwägung der Wahrscheinlichkeit einer erfolgreichen Anfechtung u Abschätzung der Folgen.[27]

14 Bei Vorliegen der Voraussetzungen haben die GF auch dann zwingend einen Antrag auf Eröffnung eines **Insolvenzverfahrens** zu stellen, wenn es einen ggt Gesellschafterbeschluss gibt.[28]

15 Ändern sich nach Fassung eines Weisungsbeschlusses die Verhältnisse oder haben die GF ernsthafte Bedenken gegen die Weisung, haben die GF die **Gesellschafter zu informieren**.[29] Ob die GF an die ursprüngliche Weisung gebunden sind, ist jew im Einzelfall zu entscheiden u hängt v der Änderung der Verhältnisse u den Bedenken ab.

d) Aufsichtsratsbeschlüsse

16 Geschäftsführer haben, sofern ein **AR** eingerichtet ist, bei den in § 30j Abs 5 angeführten Maßnahmen die Zustimmung des AR einzuholen. Im GesV kann dieser Katalog erweitert werden.[30] Der AR selbst kann

---

23 Gegen eine Anfechtungspflicht: *Enzinger* in Straube/Ratka/Rauter, GmbHG § 20 Rz 34; *Koppensteiner/Rüffler*, GmbHG³ § 20 Rz 9; ausf: *Artmann*, GES 2007, 3 (12).
24 *U. Torggler*, JBl 2006, 85 (92 FN 91); *Koppensteiner/Rüffler*, GmbHG³ § 20 Rz 9.
25 *Enzinger* in Straube/Ratka/Rauter, GmbHG § 20 Rz 35.
26 So auch *Walcher*, GES 2019, 114 (126).
27 *U. Torggler* in Torggler, GmbHG § 20 Rz 17.
28 *N. Arnold/Pampel* in Gruber/Harrer, GmbHG² § 20 Rz 19.
29 *U. Torggler*, JBl 2006, 85 (92 FN 91); *Koppensteiner/Rüffler*, GmbHG³ § 20 Rz 9; *Enzinger* in Straube/Ratka/Rauter, GmbHG § 20 Rz 36; *U. Torggler* in Torggler, GmbHG § 20 Rz 17.
30 Einschränkung des Katalogs str: **dafür** *Enzinger* in Straube/Ratka/Rauter, GmbHG § 20 Rz 38; **dagegen** *Koppensteiner/Rüffler*, GmbHG³ § 20 Rz 14; *U. Torggler* in Torggler, GmbHG § 20 Rz 18.

den Katalog erweitern (§ 30j Abs 5 aE).[31] Auch Zustimmungsrechte etwa eines **Beirats** können im GesV vorgesehen werden (s § 29 Rz 65 ff).[32]

Dem AR kommt **kein Weisungsrecht** zu[33], sofern ein solches nicht im GesV vorgesehen ist.[34] 17

Bei **divergierenden** E der Gesellschafter u des AR geht die E der Gesellschafter vor.[35] 18

e) Außergewöhnliche Geschäftsführungsmaßnahmen

Bei der Vornahme außergewöhnlicher Geschäftsführungsmaßnahmen haben die GF die **Zustimmung der Gesellschafter** einzuholen.[36] Außergewöhnliche Geschäftsführungsmaßnahmen sind v besonderer Wichtigkeit für die Gesellschaft, fallen aber noch nicht unter die Grundlagengeschäfte, etwa die Veräußerung v Betriebsliegenschaften, unübliche Investitionen, wesentliche Änderungen des Betriebs.[37] 19

Kommt bei einer außergewöhnlichen Geschäftsführungsmaßnahme aufgrund einer Pattstellung unter den Gesellschaftern kein wirksamer Gesellschafterbeschluss zustande, liegt die Entscheidungskompetenz bei den GF.[38] Maßgeblich für den Übergang der (internen) Entscheidungskompetenz v den Gesellschaftern auf die GF ist, dass über mehrere Handlungsalternativen zu einer außergewöhnlichen Maßnahme zu entscheiden ist, die den Gesellschaftern vorgelegt wurden u die Gesellschafter dazu keine Mehrheit (für eine konkrete Maß- 20

---

31 *Enzinger* in Straube/Ratka/Rauter, GmbHG § 20 Rz 38; *N. Arnold/Pampel* in Gruber/Harrer, GmbHG² § 20 Rz 30; *U. Torggler* in Torggler, GmbHG § 20 Rz 18.
32 *Enzinger* in Straube/Ratka/Rauter, GmbHG § 20 Rz 38; *N. Arnold/Pampel* in Gruber/Harrer, GmbHG² § 20 Rz 31; *U. Torggler* in Torggler, GmbHG § 20 Rz 19.
33 RIS-Justiz RS0116172.
34 *Koppensteiner/Rüffler*, GmbHG³ § 20 Rz 18; *Enzinger* in Straube/Ratka/Rauter, GmbHG § 20 Rz 39; *N. Arnold/Pampel* in Gruber/Harrer, GmbHG² § 20 Rz 30; *Feltl*, AR aktuell 2008, 12 (14); *Rieder/Huemer*, GesR⁵, 260.
35 *Koppensteiner/Rüffler*, GmbHG³ § 20 Rz 13; *Enzinger* in Straube/Ratka/Rauter, GmbHG § 20 Rz 39.
36 RIS-Justiz RS0122187.
37 *N. Arnold/Pampel* in Gruber/Harrer, GmbHG² § 20 Rz 12.
38 OGH 23.5.2007, 3 Ob 59/07h; *N. Arnold/Pampel* in Gruber/Harrer, GmbHG² § 20 Rz 13; *Schima/Toscani*, Handbuch GmbH-Geschäftsführer², 10.

nahme) finden. Meines Erachtens geht es dabei um all jene Fälle, in denen die Geschäftsführung eine konkrete Weisung zum weiteren Vorgehen benötigt (zB wenn es um die Frage geht, ob eine für die Gesellschaft unbrauchbar gewordene Anlage verkauft oder – um etwaige höhere Kosten in der Zukunft zu vermeiden – verschrottet oder vorerst behalten werden soll). Das bedeutet im Umkehrschluss allerdings, dass ein Übergang der Entscheidungskompetenz auf die GF dann nicht in Frage kommt, wenn die GF den Gesellschaftern eine außergewöhnliche Maßnahme zur Zustimmung vorlegen, die Zustimmung aber nicht erteilt wird; bspw, wenn die GF die Zustimmung der Gesellschafter zum Verkauf einer Liegenschaft einholen, in der GV (oder im Umlaufweg) der Beschluss aber nicht die einfache Stimmenmehrheit (oder ein gesv höheres Konsensquorum) erreicht u der Beschlussantrag damit als nicht angenommen gilt bzw abgelehnt wird. Andernfalls würde bei jeder (iSd Antrags der GF) negativen E (Nichterreichen der erforderlichen Beschlussmehrheit) die Entscheidungskompetenz immer auf die GF übergehen. Das würde allerdings den Status der GV als oberstes Willensbildungsorgan der Gesellschaft untergraben u dazu führen, dass die GF immer jene Handlung setzen dürften, für die sich unter den Gesellschaftern gerade keine Mehrheit gefunden hat. Der diesbzgl E des OGH[39] lag aber gerade ein SV zugrunde, bei dem sich die Gesellschafter der GmbH nicht auf eine v zwei Alternativen einigen konnten.

20a Kommt kein klarer Weisungsbeschluss zustande, müssen die GF sorgfaltsgemäß selbst entscheiden wie vorzugehen ist, um Schaden v der Gesellschaft abzuwenden. Ein pflichtwidriges Handeln der GF ist ausgeschlossen, wenn diese Grundsätze beachtet werden.[40]

f) Grundlagengeschäfte

21 Grundlagengeschäfte bedürfen stets der **Zustimmung der Gesellschafter**. Grundlagengeschäfte sind etwa die Änderung des GesV u Geschäfte,

---

39 In der E ging es inhaltlich um die Frage, ob u in welchem Ausmaß Jahresgewinne (samt Gewinnvorträgen aus Vorjahren) ausgeschüttet oder Rücklagen gebildet werden sollen. Es ging also nicht um die Zustimmung zu einer Maßnahme, sondern um die Wahl zw zwei Alternativen (ausschütten oder Rücklagen bilden).
40 OGH 23.5.2007, 3 Ob 59/07h.

die einer Änderung des GesV gleichkommen, etwa Abschluss v Unternehmensverträgen.[41]

g) Grundsätze der Unternehmenspolitik

Nach überwiegender u mE zutr A liegt die Kompetenz zur Festlegung der allg **Grundsätze der Geschäftspolitik** bei den Gesellschaftern.[42] Die Formulierung u Festlegung der Grundsätze der Geschäftspolitik obliegt jedenfalls dann den GF, wenn u soweit sich die Gesellschafter nicht äußern.[43] Grundsätze der Unternehmenspolitik umfassen insb die Unternehmensziele u die Festlegung der Strategien, um die Ziele zu erreichen.[44]

22

h) Anstellungsvertrag

Im Anstellungsvertrag kann die Geschäftsführungsbefugnis (schuldrechtlich) ebenfalls eingeschränkt oder aber Weisungsfreiheit zugesichert werden.[45]

23

II. Unbeschränkte und unbeschränkbare Vertretungsmacht

A. Allgemeines

Die Vertretungsmacht der GF ist **unbeschränkt u unbeschränkbar**. Dies gilt auch für Handlungen, die gegen den GesV verstoßen, etwa v

24

---

41 *N. Arnold/Pampel* in Gruber/Harrer, GmbHG[2] § 20 Rz 15; *Rieder/Huemer*, GesR[5], 261; *Nowotny* in Kalss/Nowotny/Schauer, GesR[2] Rz 4/177.
42 *Reich-Rohrwig*, GmbHR I[2] Rz 2/251; *Enzinger*, GesRZ 1997, 218 (223); *Enzinger* in Straube/Ratka/Rauter, GmbHG § 20 Rz 12; *N. Arnold/Pampel* in Gruber/Harrer, GmbHG[2] § 20 Rz 16; *Koppensteiner/Rüffler*, GmbHG[3] § 20 Rz 4.
43 OGH 23.5.2007, 3 Ob 59/07h.
44 *Reich-Rohrwig*, GmbHR I[2] Rz 4/362; *Koppensteiner/Rüffler*, GmbHG[3] § 30j Rz 21; *N. Arnold/Pampel* in Gruber/Harrer, GmbHG[2] § 20 Rz 16.
45 *Koppensteiner/Rüffler*, GmbHG[3] § 20 Rz 10 f; *Enzinger* in Straube/Ratka/Rauter, GmbHG § 20 Rz 41; *N. Arnold/Pampel* in Gruber/Harrer, GmbHG[2] § 20 Rz 32; *U. Torggler* in Torggler, GmbHG § 20 Rz 20; nach *Kraus*, ecolex 1998, 631 (636) erfordert dies eine gesv Regelung.

Unternehmensgegenstand nicht gedeckt sind, sofern nicht eine der unten angeführten Grenzen greift.[46] Wird bei einer **zustimmungspflichtigen Maßnahme** die Zustimmung nicht eingeholt, macht dies die Maßnahme idR nicht unwirksam (s aber zB unten Rz 28).[47] Ein Widerspruch gem § 21 Abs 2 GmbHG führt ebenfalls nicht zur Unwirksamkeit der Vertretungshandlung nach außen.[48] Wird ein Not-GF bestellt u dessen Tätigkeitsbereich auf einzelne dringend notwendig gewordene Rechtshandlungen beschränkt, hat diese Beschränkung (die sich aus dem Bestellungsbeschluss ergeben muss) lediglich für das Innenverhältnis Bedeutung – die Beschränkung wirkt nicht gegenüber Dritten.[49]

B. Grenzen der Vertretungsmacht

1. Grundlagengeschäfte

25 Zu **Satzungsänderungen** können die GF die Gesellschaft nicht verpflichten.[50] Dies gilt auch für Maßnahmen, die auf eine materielle Satzungsänderung hinauslaufen, etwa der Abschluss v Unternehmensverträgen oder die Veräußerung des wesentlichen Geschäftsbetriebs.[51] In diesen Fällen ist ein Gesellschafterbeschluss Wirksamkeitsvoraussetzung.

2. Missbrauch der Vertretungsmacht

26 Überschreitet ein GF die bloß intern bindende Geschäftsführungsbefugnis (**Missbrauch der Vertretungsmacht**), ist die Vertretungshandlung

---

46 *Reich-Rohrwig*, GmbHR I² Rz 2/189; *Koppensteiner/Rüffler*, GmbHG³ § 20 Rz 20; *Enzinger* in Straube/Ratka/Rauter, GmbHG § 20 Rz 44; *N. Arnold/Pampel* in Gruber/Harrer, GmbHG² § 20 Rz 38.
47 *Enzinger* in Straube/Ratka/Rauter, GmbHG § 20 Rz 27, 45; *Ch. Nowotny* in Kalss/Nowotny/Schauer, GesR² Rz 4/199.
48 OGH 12.5.2021, 6 Ob 33/21b; vgl auch OGH 25.4.2019, 6 Ob 35/19v zur Privatstiftung.
49 RIS-Justiz RS0113946.
50 *Reich-Rohrwig*, GmbHR I² Rz 2/197; *Koppensteiner/Rüffler*, GmbHG³ § 20 Rz 21; *Enzinger* in Straube/Ratka/Rauter, GmbHG § 20 Rz 49; *N. Arnold/Pampel* in Gruber/Harrer, GmbHG² § 20 Rz 38; *U. Torggler* in Torggler, GmbHG § 20 Rz 25.
51 *Enzinger* in Straube/Ratka/Rauter, GmbHG § 20 Rz 50.

grds dennoch wirksam.[52] Wirkt der GF dabei aber mit einem Dritten zusammen (**Kollusion**), ist der Vertretungsakt u damit das Rechtsgeschäft unwirksam.[53] Dies gilt auch dann, wenn der GF bewusst zum Nachteil der Gesellschaft handelt u der Dritte zwar mit dem GF nicht zusammenwirkt, v Missbrauch der Vertretungsmacht aber weiß (positive Kenntnis)[54] oder sich dem Dritten der Missbrauch geradezu aufdrängen musste (Evidenz)[55]. Ob die Vertretungshandlung auch bei grob fahrlässiger Unkenntnis des Dritten unwirksam ist, ist umstritten.[56] Bei Überschreitung gesetzl Schranken der Geschäftsführungsbefugnis schadet jedenfalls bereits grobe Fahrlässigkeit, weil sich diese Schranken bereits aus dem G ergeben u der Dritte daher keine Erkundigungen einholen muss.[57]

Ob ein **Schaden** Voraussetzung für die Unwirksamkeit der Vertretungshandlung ist, ist umstritten.[58] Auf das Vorliegen einer **Schädigungsabsicht** aufseiten des Vertreters kommt es nach hA nicht an.[59] 27

---

52 *Reich-Rohrwig*, GmbHR I² Rz 2/241; *N. Arnold/Pampel* in Gruber/Harrer, GmbHG² § 20 Rz 39; *Rieder/Huemer*, GesR⁵, 261 f.
53 RIS-Justiz RS0016733; RS0016736; RS0019606; RS0026587.
54 RIS-Justiz RS0016733; zuletzt OGH 25.4.2019, 6 Ob 35/19v.
55 RIS-Justiz RS0016733 [T2]; *Koppensteiner/Rüffler*, GmbHG³ § 20 Rz 26; *Enzinger* in Straube/Ratka/Rauter, GmbHG § 20 Rz 56; *N. Arnold/Pampel* in Gruber/Harrer, GmbHG² § 20 Rz 42; *U. Torggler* in Torggler, GmbHG, § 20 Rz 27; *Rieder/Huemer*, GesR⁵, 261.
56 Nach RIS-Justiz RS0061579 trifft den Dritten eine Prüfungspflicht nur dann, wenn besondere Umstände ihm den Verdacht eines bewussten Missbrauchs der Vertretungsmacht nahelegen; nach aA trifft den Dritten grds keine Nachforschungsobliegenheit, sodass bei grob fahrlässiger Unkenntnis die Vertretungshandlung wirksam ist: *Auer*, GesRZ 2000, 138 (149); *Koppensteiner/Rüffler*, GmbHG³ § 20 Rz 26; *Enzinger* in Straube/Ratka/Rauter, GmbHG § 20 Rz 56; *N. Arnold/Pampel* in Gruber/Harrer, GmbHG² § 20 Rz 42; *U. Torggler* in Torggler GmbHG, § 20 Rz 27.
57 *Koppensteiner/Rüffler*, GesRZ 1999, 144 (148); *Auer*, GesRZ 2000, 138 (150); *Koppensteiner/Rüffler*, GmbHG³ § 20 Rz 26; *Enzinger* in Straube/Ratka/Rauter, GmbHG § 20 Rz 56; *N. Arnold/Pampel* in Gruber/Harrer, GmbHG² § 20 Rz 42; vgl RIS-Justiz RS0105536 zur Einlagenrückgewähr; einschränkend *Karollus*, GesRZ 2011, 112.
58 Vgl *Auer*, GesRZ 2000, 138 (139); *N. Arnold/Pampel* in Gruber/Harrer, GmbHG² § 20 Rz 39.
59 *Auer*, GesRZ 2000, 138 (139); *Koppensteiner/Rüffler*, GmbHG³ § 20 Rz 26; *Enzinger* in Straube/Ratka/Rauter, GmbHG § 20 Rz 56; *P. Bydlinski* in FS F. Bydlinski 19 (28 ff); offengelassen: *Reich-Rohrwig*, GmbHR I² Rz 2/243.

3. Gesellschaftsinterne Geschäfte

28 Schließen die GF mit Organmitgliedern oder Gesellschaftern Geschäfte ab, sind den Vertragspartnern die Beschränkungen idR bekannt (auf die tatsächliche Kenntnis oder schuldhafte Unkenntnis kommt es nicht an).[60] Sie sind daher nicht schutzwürdig u können sich nicht auf § 20 Abs 2 berufen.[61]

4. Insolvenz

29 In der Insolvenz der Gesellschaft vertritt anstelle der GF der Insolvenzverwalter die Gesellschaft, soweit es sich um die Masse betr Rechtshandlungen handelt.[62]

§ 21. (1) Sind mehrere Geschäftsführer vorhanden, so darf, wenn im Gesellschaftsvertrage nicht etwas anderes bestimmt ist, keiner allein die zur Geschäftsführung gehörenden Handlungen vornehmen, es sei denn, daß Gefahr im Verzug ist.

(2) Ist nach dem Gesellschaftsvertrage jeder Geschäftsführer für sich allein zur Geschäftsführung berufen, so muß, wenn einer unter ihnen gegen die Vornahme einer zur Geschäftsführung gehörenden Handlung Widerspruch erhebt, dieselbe unterbleiben, es sei denn, daß der Gesellschaftsvertrag etwas anderes bestimmt.

idF BGBl Nr 10/1991

Literatur: *Althuber/Vavrovsky*, Zivil-, abgaben- und finanzstrafrechtliche Aspekte interner Geschäftsverteilungen, AR aktuell 2/2007, 10; *Dellinger*, Vorstands- und Geschäftsführerhaftung im Insolvenzfall (1991); *P. Doralt*, Die Geschäftsführer der GmbH & Co im Handelsrecht, in Kastner/Stoll (Hg), GmbH & Co KG² (1977) 235; *Harrer*, Haftungsprobleme bei der GmbH (1990);

---

60 *Koppensteiner/Rüffler*, GmbHG³ § 20 Rz 22; *Enzinger* in Straube/Ratka/Rauter, GmbHG § 20 Rz 53.
61 *Koppensteiner/Rüffler*, GmbHG³ § 20 Rz 22; *Enzinger* in Straube/Ratka/Rauter, GmbHG § 20 Rz 53; *N. Arnold/Pampel* in Gruber/Harrer, GmbHG² § 20 Rz 47.
62 *Koppensteiner/Rüffler*, GmbHG³ § 20 Rz 27; *Enzinger* in Straube/Ratka/Rauter, GmbHG § 20 Rz 59. Im Sanierungsverfahren mit Eigenverwaltung kann der GF die Gesellschaft grds weiterhin vertreten. Rechtshandlungen, die nicht zum gewöhnlichen Unternehmensbetrieb gehören, muss der Sanierungsverwalter genehmigen (vgl §§ 169 ff IO).

A. Heidinger, Einzelentlastung der GmbH-Geschäftsführer und Stimmverbot, GesRZ 1997, 237; *Karollus*, Grenzen des Widerspruchsrechts des Geschäftsführers nach § 21 Abs 2 GmbHG, ecolex 2007, 18; *Kastner*, Zur Auslegung des GmbH-Gesetzes, JBl 1978, 404; *Luschin*, Zur Geschäftsführerhaftung bei Geschäftsverteilung, RdW 2000/2, 6; *Perner/Steinhart*, Zuständigkeit des Gesamtvorstandes/der Gesamtgeschäftsführung bei AG und GmbH, RdW 2010/14, 9; *Straube/Rauter*, Wege aus dem Labyrinth? JAP 2007/2008, 168; *H. Torggler*, Die Rechtsstellung des GmbH-Geschäftsführers, GesRZ 1974, 4, 44; *Weilinger*, Die Aufstellung und Feststellung des Jahresabschlusses im Handels- und Gesellschaftsrecht (1997).

Inhaltsübersicht

I. Allgemeines 1, 2
II. Gesamtgeschäftsführung 3, 4
III. Gefahr in Verzug 5, 6
IV. Abweichende Regelungen 7–17
  A. Überblick 7, 8
  B. Regelungskompetenz 9
  C. Einzelgeschäftsführung 10–12
  D. Ressortverteilung 13–17

I. Allgemeines

Grundsätzlich ist – in Übereinstimmung mit der Vertretungsregelung – Gesamtgeschäftsführung vorgesehen. Die Regelung ist allerdings dispositiv. Wurde Einzelgeschäftsführung angeordnet, haben die übrigen GF ein Widerspruchsrecht. **1**

Von § 21 umfasst ist die gesamte Geschäftsführung (s § 20); auch außergewöhnliche Geschäfte.[1] Nicht umfasst ist die Vertretung. Diese ist in § 18 geregelt. Geschäftsführungs- u Vertretungsbefugnis müssen nicht übereinstimmen.[2] Strittig ist, ob iZw auch Einzelgeschäftsführungsbefugnis anzunehmen ist, wenn Einzelvertretungsbefugnis vorgesehen ist.[3] **2**

---

1 *N. Arnold/Babinek* in Gruber/Harrer, GmbHG[2] § 21 Rz 3; *U. Torggler* in Torggler, GmbHG § 21 Rz 1.
2 *Koppensteiner/Rüffler*, GmbHG[3] § 21 Rz 8; *N. Arnold/Babinek* in Gruber/Harrer, GmbHG[2] § 21 Rz 36.
3 **Dafür** *Koppensteiner/Rüffler*, GmbHG[3] § 21 Rz 8; *Reich-Rohrwig*, GmbHR I[2] Rz 2/261; aA *N. Arnold/Babinek* in Gruber/Harrer, GmbHG[2] § 21 Rz 37; *U. Torggler* in Torggler, GmbHG § 21 Rz 8.

II. Gesamtgeschäftsführung

3   Für jede Geschäftsführungshandlung ist die **Zustimmung sämtlicher GF** erforderlich, sodass faktisch jeder GF ein Vetorecht hat. Dies gilt auch bei gewöhnlichen Geschäftsführungsmaßnahmen. Liegt nicht die Zustimmung aller GF vor, hat eine Maßnahme zu unterbleiben.[4] Geschäftsführungshandlungen **ohne** die erforderliche **Zustimmung** sind pflichtwidrig.[5] Die Zustimmung darf nicht willkürlich **verweigert** werden. Strittig ist, ob die Maßnahme durchgeführt werden darf, wenn die Zustimmung willkürlich verweigert wird.[6]

4   Die Zustimmung ist eine **empfangsbedürftige Willenserklärung**; es gelten die allg Regeln; dh auch konkludente Zustimmung ist möglich. Bei Geschäftsführung im Innenverhältnis wird die Zustimmung eines GF dann angenommen, wenn er keinen Widerspruch erhoben hat[7] – wohl unter der Voraussetzung, dass er auch Kenntnis v der Maßnahme hatte[8] – oder die GF einstimmig für bestimmte Maßnahmen im Vorhinein ihre Zustimmung erteilt haben.[9] Eine **Ressortverteilung** kann eine Vorab-Zustimmung darstellen (s unten Rz 13 ff).[10]

III. Gefahr in Verzug

5   Gefahr in Verzug liegt vor, wenn der Gesellschaft ein Schaden droht, wenn mit der Maßnahme bis zur Einholung der erforderlichen Zustim-

---

4   *Koppensteiner/Rüffler*, GmbHG³ § 21 Rz 5; *Enzinger* in Straube/Ratka/Rauter, GmbHG § 21 Rz 10.
5   *Enzinger* in Straube/Ratka/Rauter, GmbHG § 21 Rz 11.
6   Für Durchführung: *Enzinger* in Straube/Ratka/Rauter, GmbHG § 21 Rz 10; **dagegen**: *N. Arnold/Babinek* in Gruber/Harrer, GmbHG² § 21 Rz 16, weil die Unwirksamkeit einer ausdrücklichen Verweigerung noch nicht die Zustimmungserklärung substituiert.
7   RIS-Justiz RS0059783.
8   *Kastner*, JBl 1978, 404 (405 FN 17); *Ch. Nowotny* in Kalss/Nowotny/Schauer, GesR² Rz 4/182; nach *Koppensteiner/Rüffler*, GmbHG³ § 21 Rz 5 u *N. Arnold/Babinek* in Gruber/Harrer, GmbHG² § 21 Rz 13 gilt dies auch, soweit mit dem Einverständnis der übrigen GF ohne Weiteres gerechnet werden kann.
9   *Enzinger* in Straube/Ratka/Rauter, GmbHG § 21 Rz 9.
10 *Enzinger* in Straube/Ratka/Rauter, GmbHG § 21 Rz 9.

mung zugewartet wird;[11] nach der überwiegenden A ist v Gefahr in Verzug auch ein (drohender) Gewinnentgang erfasst.[12] Krankheit oder Abwesenheit eines GF *per se* reichen nicht.[13]

Bei Gefahr in Verzug kann jeder GF alleine eine Geschäftsführungsmaßnahme vornehmen.[14] Auch bei Gefahr in Verzug ist aber soweit wie möglich die Zustimmung der übrigen GF einzuholen.[15] Die nachträgliche Billigung der Maßnahme ist möglich u beseitigt die Rechtswidrigkeit dieser Maßnahme.[16] Erhebt ein GF Widerspruch, hat die Maßnahme auch bei Gefahr in Verzug zu unterbleiben;[17] eine dennoch gesetzte Vertretungshandlung bleibt davon unberührt.[18]

IV. Abweichende Regelungen

A. Überblick

Möglich sind etwa folgende v der Gesamtgeschäftsführung abw Gestaltungsvarianten:[19]

– Einzelgeschäftsführung,
– Gesamtgeschäftsführung durch jew zwei oder mehrere GF,
– Mehrheitsentscheidungen der GF,

---

11 *Koppensteiner/Rüffler*, GmbHG³ § 21 Rz 6; *Enzinger* in Straube/Ratka/Rauter, GmbHG § 21 Rz 16; *N. Arnold/Babinek* in Gruber/Harrer, GmbHG² § 21 Rz 15.
12 *Enzinger* in Straube/Ratka/Rauter, GmbHG § 21 Rz 16 mwN; *N. Arnold/Babinek* in Gruber/Harrer, GmbHG² § 21 Rz 14.
13 *Enzinger* in Straube/Ratka/Rauter, GmbHG § 21 Rz 16; *N. Arnold/Babinek* in Gruber/Harrer, GmbHG² § 21 Rz 14; nach *Koppensteiner/Rüffler*, GmbHG³ § 21 Rz 6 darf ein GF bei einer Betriebsstörung das Notwendige veranlassen, gleichgültig ob nur ein Gewinnentgang zu befürchten ist oder ob ein anderer GF dauernd oder vorübergehend abwesend ist.
14 RIS-Justiz RS0060045.
15 *Enzinger* in Straube/Ratka/Rauter, GmbHG § 21 Rz 16; *U. Torggler* in Torggler, GmbHG § 21 Rz 5.
16 *N. Arnold/Babinek* in Gruber/Harrer, GmbHG² § 21 Rz 15.
17 RIS-Justiz RS0060040.
18 OGH 12.5.2021, 6 Ob 33/21b; s dazu auch § 20 Rz 24.
19 *Koppensteiner/Rüffler*, GmbHG³ § 21 Rz 10; *Enzinger* in Straube/Ratka/Rauter, GmbHG § 21 Rz 18.

- Bestellung eines Vorsitzenden der Geschäftsführung mit oder ohne Dirimierungsrecht,
- Kombination v Einzel- u Gesamtgeschäftsführung (Differenzierung zB nach Bedeutung der E; Katalog an Maßnahmen, die der Gesamtgeschäftsführung zugewiesen werden) oder
- Ressortverteilung.

Die Gestaltungsfreiheit ist mit den zwingenden Regelungen begrenzt. So unterliegen bestimmte Maßnahmen zwingend der Gesamtgeschäftsführung (Kardinalpflichten),[20] zB:

- Rechnungswesen u IKS samt Aufstellung u Offenlegung des JA (§§ 22 f),
- Festlegung der allg Grundsätze der Unternehmenspolitik,
- außergewöhnliche Geschäftsführungsmaßnahmen,
- verpflichtende Berichte (§ 28 a u § 30 j Abs 2) u
- bestimmte Anmeldungen zum FB.

8 Die Geschäftsführung kann einem GF nicht ganz genommen werden. Sie kann auch nicht so weit reduziert werden, dass der GF mit Vertretung ohne Geschäftsführung, sohin mit Vollmacht ohne Auftrag, dasteht. Eine Vereinbarung, durch die ein GF v jeder Mitwirkung an der Geschäftsführung ausgeschlossen würde, ist unwirksam.[21]

B. Regelungskompetenz

9 Abweichende Regelungen bedürfen entweder einer gesv Verankerung oder eines Gesellschafterbeschlusses, der einer satzungsändernden Mehrheit bedarf.[22] In der Satzung oder per Gesellschafterbeschluss kann die Regelungsbefugnis auch an ein anderes Organ delegiert werden.[23]

---

20 RIS-Justiz RS0023825.
21 RIS-Justiz RS0059832.
22 OGH 18.7.2011, 6 Ob 121/11d; *Kastner*, JBl 1978, 404 (407); *Enzinger* in Straube/Ratka/Rauter, GmbHG § 21 Rz 19; einschränkend *Koppensteiner/Rüffler*, GmbHG[3] § 21 Rz 11; differenzierend *N. Arnold/Babinek* in Gruber/Harrer, GmbHG[2] § 21 Rz 27; *U. Torggler* in Torggler, GmbHG § 21 Rz 6.
23 *Koppensteiner/Rüffler*, GmbHG[3] § 21 Rz 8; *Enzinger* in Straube/Ratka/Rauter, GmbHG § 21 Rz 19; *N. Arnold/Babinek* in Gruber/Harrer, GmbHG[2]

C. Einzelgeschäftsführung

Ist Einzelgeschäftsführung vorgesehen, darf jeder GF **allein**, dh ohne v 10
der Mitwirkung der übrigen GF abhängig zu sein, die Geschäfte führen.[24]

Bei Einzelgeschäftsführung steht jedem GF ein **Widerspruchsrecht** 11
zu. Diese Regelung ist dispositiv.[25] So kann etwa das Widerspruchsrecht nur bestimmten GF oder nur für bestimmte Geschäftsführungsmaßnahmen eingeräumt werden oder eine Ressortverteilung unter Ausschluss des Widerspruchsrechts vorgesehen werden (zur Regelungskompetenz s Rz 9).[26]

Erhebt ein GF Widerspruch, hat die Maßnahme – auch bei Gefahr in Verzug – zu unterbleiben bzw muss sie rückgängig gemacht werden, wenn sie bereits gesetzt wurde.[27] Wird sie dennoch durchgeführt, handelt der betr GF pflichtwidrig.[28] Für den Widerspruch gelten die allg Regeln für empfangsbedürftige Willenserklärungen. Strittig ist, ob das Widerspruchsrecht nur nach pflichtgemäßem Ermessen ausgeübt werden darf,[29] der Widerspruch auf Verlangen zu begründen ist[30] oder er keiner sachlichen Rechtfertigung bedarf.[31] Ein pauschaler Widerspruch ist un-

---

§ 21 Rz 24; *U. Torggler* in Torggler, GmbHG § 21 Rz 6; *Ch. Nowotny* in Kalss/Nowotny/Schauer, GesR² Rz 4/183.

24 *Enzinger* in Straube/Ratka/Rauter, GmbHG § 21 Rz 21; *N. Arnold/Babinek* in Gruber/Harrer, GmbHG² § 21 Rz 32; *U. Torggler* in Torggler, GmbHG § 21 Rz 8.

25 *Reich-Rohrwig*, GmbHR I² Rz 2/265; *Enzinger* in Straube/Ratka/Rauter, GmbHG § 21 Rz 23.

26 *Koppensteiner/Rüffler*, GmbHG³ § 21 Rz 10; *N. Arnold/Babinek* in Gruber/Harrer, GmbHG² § 21 Rz 21; *U. Torggler* in Torggler, GmbHG § 21 Rz 6.

27 OGH 21.9.1953, 4 Ob 184/53, HS 2181/35; *Koppensteiner/Rüffler*, GmbHG³ § 21 Rz 9; *Enzinger* in Straube/Ratka/Rauter, GmbHG § 21 Rz 24 u 28; *N. Arnold/Babinek* in Gruber/Harrer, GmbHG² § 21 Rz 33; *U. Torggler* in Torggler, GmbHG § 21 Rz 11.

28 *Enzinger* in Straube/Ratka/Rauter, GmbHG § 21 Rz 28.

29 Vgl RIS-Justiz RS0061598; RS0061616; OGH 14.6.1977, 4 Ob 511/77, GesRZ 1977, 136; 30.7.1980, 3 Ob 596/79, GesRZ 1981, 106 (108); ausf dazu *Karollus*, ecolex 2007, 184.

30 *Enzinger* in Straube/Ratka/Rauter, GmbHG § 21 Rz 26; *N. Arnold/Babinek* in Gruber/Harrer, GmbHG² § 21 Rz 34; *U. Torggler* in Torggler, GmbHG § 21 Rz 11.

31 *Reich-Rohrwig*, GmbHR I² Rz 2/265; *Koppensteiner/Rüffler*, GmbHG³ § 21 Rz 9; *Ch. Nowotny* in Kalss/Nowotny/Schauer, GesR² Rz 4/185.

zulässig. Ein Widerspruch kann auch nach Beginn der Umsetzung einer Maßnahme u sogar nach vollständiger Umsetzung einer Maßnahme erhoben werden. Ein solcher Widerspruch führt dazu, dass die Umsetzung der Maßnahme unterbrochen bzw rückgängig gemacht werden muss, sofern der Gesellschaft daraus kein Schaden entsteht.[32] Freilich können handlungswillige GF einen Weisungsbeschluss der Gesellschafter einholen.[33]

12 Damit die GF Widerspruch erheben können, bestehen auch dann, wenn Einzelgeschäftsführung vorgesehen ist, wechselseitige **Informationspflichten**;[34] dies ist jew im Einzelfall zu beurteilen; je bedeutender eine Maßnahme ist, desto umfangreicher ist zu informieren.[35]

D. Ressortverteilung

13 Eine **Ressortverteilung**[36] ist eine Aufteilung der Geschäftsführungsbefugnisse.

14 Wird sie v den **GF** beschlossen, bedarf sie der Zustimmung sämtlicher GF.[37] Jedoch bleibt deren volle Verantwortung für den gesamten Geschäftsbereich bestehen.[38]

15 Eine Ressortverteilung kann aber auch v den **Gesellschaftern** beschlossen werden. Jeder GF ist in diesem Fall primär für das ihm zugewiesene Ressort verantwortlich.[39] Die übrigen GF trifft allerdings wegen der Gesamtverantwortung eine **Überwachungspflicht**.[40] Der

---

32 Gruber/Harrer, GmbHG² § 21 Rz 33 mwN.
33 *N. Arnold/Babinek* in Gruber/Harrer, GmbHG² § 21 Rz 34; *U. Torggler* in Torggler, GmbHG § 21 Rz 11.
34 *Enzinger* in Straube/Ratka/Rauter, GmbHG § 21 Rz 25; *N. Arnold/Babinek* in Gruber/Harrer, GmbHG² § 21 Rz 32; *U. Torggler* in Torggler, GmbHG § 21 Rz 10.
35 *Enzinger* in Straube/Ratka/Rauter, GmbHG § 21 Rz 25.
36 Vgl RIS-Justiz RS0023840.
37 *Kastner*, JBl 1978, 404 (407); *Koppensteiner/Rüffler*, GmbHG³ § 21 Rz 11; *Enzinger* in Straube/Ratka/Rauter, GmbHG § 21 Rz 12; *N. Arnold/Babinek* in Gruber/Harrer, GmbHG² § 21 Rz 28.
38 OGH 9.3.2000, 6 Ob 5/00d; *Reich-Rohrwig*, GmbHR I² Rz 2/266; *Ch. Nowotny* in Kalss/Nowotny/Schauer, GesR² Rz 4/183; *Umfahrer*, GmbH⁷ Rz 4.87; *Reich-Rohrwig* in Straube/Ratka/Rauter, GmbHG § 25 Rz 27; *Rieder/Huemer*, GesR⁵, 262.
39 RIS-Justiz RS0023840.
40 RIS-Justiz RS0023825.

ressortzuständige GF hat jew zu entscheiden, ob u in welchem Umfang er wegen der Bedeutung einer Maßnahme die übrigen GF informiert.[41] Ein unzuständiger GF darf sich auf die Angaben des zuständigen GF verlassen, sofern keine besonderen Anhaltspunkte bestehen.[42] Auch bei Ressortverteilung hat jeder GF den anderen gegenüber ein umfassendes Auskunftsrecht.[43]

Jeder GF kann die E der **gesamten Geschäftsführung** verlangen[44] u eine Maßnahme auch den **Gesellschaftern** zur E vorlegen.[45]   **16**

Grundlegende Geschäftsführungsmaßnahmen müssen trotz Ressortverteilung v allen GF getroffen werden (dazu oben Rz 7).   **17**

§ 22. (1) Die Geschäftsführer haben dafür zu sorgen, daß ein Rechnungswesen und ein internes Kontrollsystem geführt werden, die den Anforderungen des Unternehmens entsprechen.

(2) ¹Jedem Gesellschafter sind ohne Verzug nach Aufstellung des Jahresabschlusses samt Lagebericht und des Konzernabschlusses samt Konzernlagebericht Abschriften zuzusenden. ²Er kann innerhalb von vierzehn Tagen vor der zur Prüfung des Jahresabschlusses berufenen Versammlung der Gesellschafter oder vor Ablauf der für die schriftliche Abstimmung festgesetzten Frist in die Bücher und Schriften der Gesellschaft Einsicht nehmen. ³Eine Bestimmung, daß den Gesellschaftern das Einsichtsrecht nicht zustehe, oder daß es innerhalb einer kürzeren Frist auszuüben oder sonstigen Beschränkungen unterworfen sei, darf in den Gesellschaftsvertrag nur aufgenommen werden, wenn ein Aufsichtsrat zu bestellen ist.

(3) Ist das Einsichtsrecht der Gesellschafter gemäß Abs. 2 ausgeschlossen, die hiefür bestehende gesetzliche Frist verkürzt oder

---

41 *Enzinger* in Straube/Ratka/Rauter, GmbHG § 21 Rz 13.
42 OGH 9.7.1981, 8 Ob 517/81, GesRZ 1981, 56 (57); *Harrer*, Haftungsprobleme bei der GmbH 94 f; *Reich-Rohrwig*, GmbHR I² Rz 2/267; *Luschin*, RdW 2000/2, 6 (8); *Koppensteiner/Rüffler*, GmbHG³ § 21 Rz 12; *Enzinger* in Straube/Ratka/Rauter, GmbHG § 21 Rz 13; *N. Arnold/Babinek* in Gruber/Harrer, GmbHG² § 21 Rz 44.
43 *Enzinger* in Straube/Ratka/Rauter, GmbHG § 21 Rz 13; *U. Torggler* in Torggler, GmbHG § 21 Rz 7.
44 *Koppensteiner/Rüffler*, GmbHG³ § 21 Rz 13; *Enzinger* in Straube/Ratka/Rauter, GmbHG § 21 Rz 14; *U. Torggler* in Torggler, GmbHG § 21 Rz 7.
45 OGH 22.11.1988, 5 Ob 626/88; *Koppensteiner/Rüffler*, GmbHG³ § 21 Rz 5; *Enzinger* in Straube/Ratka/Rauter, GmbHG § 21 Rz 10.

sonstigen Beschränkungen unterworfen worden, so sind der Lagebericht, der Vorschlag der Geschäftsführer für die Gewinnverteilung, der Prüfungsbericht und der Konzernprüfungsbericht jedem Gesellschafter unverzüglich zuzusenden.

idF BGBl I 1997/114

Literatur: *Barbist/Ahammer/Fabian/Löffler*, Compliance in der Unternehmenspraxis[2] (2015); *Bertl/Deutsch/Hirschler*, Buchhaltungs- und Bilanzierungshandbuch[11] (2019); *Csoklich*, Gesetzliches Informationsrecht des GmbH-Gesellschafters, in FS Torggler (2013) 155; *Edelmann*, Informationsaustausch im Kartellrecht (2015); *Grünwald*, Grenzen des allgemeinen Informationsrechtes des GmbH-Gesellschafters, ecolex 1991, 245; *A. Harrer*, Zum Missbrauch des Informationsanspruches im Recht der GmbH, GES 2015, 263; *Kalss*, Ausgewählte Fragen zum Informationsrecht des GmbH-Gesellschafters, GesRZ 2017, 15; *Koppensteiner*, Die GesBR neuer Prägung und der allgemeine Teil des Gesellschaftsrechts, wbl 2015, 301; *Löffler/Ahammer/Kerschbaumer/Nayer*, Handbuch zum Internen Kontrollsystem[2] (2011); *D. Mandl*, Rechnungswesen und Internes Kontrollsystem, RWZ 1997, 356; *Rassi*, Fragen der Bucheinsicht im Gesellschaftsrecht, ecolex 1999, 546; *Stritzke*, Wer suchet, der findet: Die gesetzliche Grundlage des allgemeinen Informationsanspruchs des GmbH-Gesellschafters, GesRZ 2020, 396.

Inhaltsübersicht

I. Aufbau der Norm	1
II. Rechnungswesen und internes Kontrollsystem (Abs 1)	2–29
A. Grundlagen	2, 3
B. Rechnungswesen	4–16
1. Begriff	4
2. Allgemeines zur Rechnungslegungspflicht	5–7
3. Praktische Aspekte	8–15
a) IT-Systeme	8
b) Aufbewahrungspflicht	9
c) Ausländische Tochtergesellschaften	10, 11
d) Ausländische Muttergesellschaft	12, 13
e) *Outsourcing* des Rechnungswesens in *shared service centers*	14, 15
4. Internes Rechnungswesen	16
C. Internes Kontrollsystem	17–29
1. Begriff & Zweck des internen Kontrollsystems	18
2. Anforderungen an das Unternehmen	19–21
3. Internes Kontrollsystem und Abschlussprüfung	22
4. Verhältnis IKS – *Compliance*	23, 24
5. Praktische Aspekte des IKS	25–29
III. Informations- und Einsichtsrechte der Gesellschafter (Abs 2 und 3)	30–47b

A. Einleitung 30
B. Zusendung des Jahresabschlusses 31, 32
C. Bucheinsichtsrecht 33–41
   1. Allgemeines 33
   2. Berechtigte Personen 34
   3. Frist 35
   4. Ort und Modus der Einsichtnahme 36, 37
   5. Umfang des Einsichtsrechts 38, 39
   6. Einschränkung des Einsichtsrechts 40, 41
D. Allgemeines Informationsrecht der Gesellschafter 42–47b
IV. Rechtsdurchsetzung 48, 49

I. Aufbau der Norm

§ 22 regelt zwei untersch Bereiche: Während Abs 1 die Pflicht des GF **1**
normiert (Rz 2 ff), in der Gesellschaft ein Rechnungswesen u ein IKS zu
etablieren, betreffen die Abs 2 u 3 Informationsrechte der Gesellschafter
(Rz 30 ff).

II. Rechnungswesen und internes Kontrollsystem (Abs 1)

A. Grundlagen

Die Rechnungslegung u die Einführung eines IKS gehören zu den **2**
Hauptpflichten eines GF. Damit soll ein System etabliert werden, das
den Schutz mehrerer Personenkreise vor Augen hat. Zum einen legen
die *Agenten* (GF) gegenüber ihren *Prinzipalen* (**Gesellschafter**) Rechnung über die Verwaltung des Gesellschaftsvermögens. Andererseits bildet der Bilanzgewinn in dem v den GF erstellten JA die Grundlage für
mögliche Ausschüttungen an die Gesellschafter, sodass durch eine funktionierende Rechnungslegung auch die **Gläubiger** geschützt werden.
Schließlich wird auch die **öffentliche Hand** dadurch geschützt, da die
nach den Vorgaben des UGB aufgestellte Bilanz auch für die Bestimmung der v der Gesellschaft an den Fiskus zu leistenden Steuern als
Grundlage *maßgeblich*[1] ist.

---

1 Zur Maßgeblichkeit vgl *Bertl/Deutsch/Hirschler*, Buchhaltungs- und Bilanzierungshandbuch[11], 239 f.

3 Die Pflichten nach § 22 Abs 1 zählen zu den **Kardinalpflichten** der GF.[2] Das bedeutet, dass jeder einzelne GF für die Erfüllung verantwortlich ist,[3] selbst wenn diese nach der gesellschaftsintern vereinbarten Ressortverteilung (vgl dazu § 21 Rz 13) v einem anderen GF zu besorgen ist.

B. Rechnungswesen

1. Begriff

4 Der Begriff (betriebl) **Rechnungswesen** ist ein Sammelbegriff für Finanzrechnung, Betriebsrechnung u Sonderrechnungen. **Finanzrechnung** umfasst die Bestands- u Erfolgsrechnung der Gesellschaft, dh die Buchhaltung, die GuV sowie die Bilanz. **Betriebsrechnung** ist die Kosten- u Leistungsrechnung. **Sonderrechnungen** erfassen sonstige Planungsrechnungen, Sonderbilanzen im Zuge v Umgründungen etc.[4] Zusammenfassend betrifft § 22 Abs 1 daher sowohl die externe Rechnungslegung als auch das interne Rechnungswesen,[5] sodass die Vergangenheit ebenso wie auch die Zukunft abgebildet werden soll.[6] In der Folge soll lediglich ein grober Überblick über die Pflichten des GF iZm der Rechnungslegungspflicht gegeben werden. Für detaillierte Ausführungen wird auf die dazu breit vorhandene Spezialliteratur[7] verwiesen.

2. Allgemeines zur Rechnungslegungspflicht

5 Im Zentrum der Pflicht der GF, ein Rechnungswesen zu führen, steht die Rechnungslegungspflicht („externes Rechnungswesen"). Diese bestimmt sich bei der GmbH nach dem Dritten Buch (§§ 189 ff) des UGB. Geschäftsführer haben Bücher zu führen u dabei die GoB einzuhalten (§ 190 UGB, vgl auch Rz 8). Sie haben innerhalb v fünf Monaten[8] nach

---

[2] Statt vieler *Mollnhuber/Suesserott* in Torggler, GmbHG § 22 Rz 11.
[3] Erstmals OGH 11.7.1979, 3 Ob 622/79 (RIS-Justiz RS0023825).
[4] *Bertl/Deutsch/Hirschler*, Buchhaltungs- und Bilanzierungshandbuch[11], 1.
[5] *Mollnhuber/Suesserott* in Torggler, GmbHG § 22 Rz 4.
[6] *Mandl*, RWZ 1997, 356 (356 ff).
[7] Statt vieler seien an dieser Stelle genannt *Hirschler*, Bilanzrecht Einzelabschluss[2]; *Hirschler*, Bilanzrecht Konzernabschluss; *Zib/Dellinger*, UGB; *Straube/Ratka/Rauter*, UGB; *Bertl/Deutsch/Hirschler*, Buchhaltungs- und Bilanzierungshandbuch[11].
[8] Diese Frist ist zwingend u kann seit dem IRÄG 1994, BGBl 153/1994 nicht mehr erstreckt werden.

Ende eines jeden Geschäftsjahres einen **JA zu erstellen (aufzustellen)**, der nach UGB aus Bilanz, GuV u Anh besteht, wobei das Ausmaß der notwendigen Angaben im Anh v der Größe (§ 221 UGB) der GmbH abhängt. Der JA muss v allen GF unterzeichnet u dem AR – sofern vorhanden – vorgelegt werden (§ 222 Abs 1 UGB). Überdies müssen mittelgroße u große GmbHs einen **Lagebericht** aufstellen (§ 243 UGB), in dem der Geschäftsverlauf u die Lage des Unternehmens so dargestellt werden sollen, dass ein möglichst getreues Bild der Vermögens-, Finanz- u Ertragslage vermittelt wird u die wesentlichen Risiken u Ungewissheiten beschrieben werden. Große Gesellschaften u Unternehmen v öffentlichem Interesse, die in der mineralgewinnenden Industrie oder auf dem Gebiet des Holzeinschlags in Primärwäldern tätig sind, haben zudem einen Bericht über Zahlungen an staatliche Stellen zu erstellen (§ 243d UGB). Bestimmte in § 212 UGB u § 132 Abs 1 BAO genannte Geschäftsunterlagen sind (zumindest) sieben Jahre lang **aufzubewahren** (s auch unten Rz 9).

Der JA einer mittelgroßen u großen GmbH ist v einem **Abschlussprüfer** zu prüfen; selbiges gilt für aufsichtsratspflichtige kleine GmbHs (§ 268 UGB).[9] Der Abschlussprüfer hat überdies zu prüfen, ob der Lagebericht im Einklang mit dem JA steht (§ 269 Abs 3 UGB). Spätestens neun Monate nach Ende eines jeden Geschäftsjahres haben der JA u der Lagebericht beim FB-Gericht eingereicht zu werden (§§ 277 ff UGB mit größenabhängigen Erleichterungen), widrigenfalls das Gericht Zwangsstrafen verhängen kann (§ 283 UGB). **6**

Ist eine GmbH Mutterunternehmen iSd § 244 Abs 1 UGB, so haben ihre GF einen **Konzernabschluss** u **-lagebericht** nach den Vorschriften der §§ 244 ff UGB aufzustellen u v Konzernabschlussprüfer prüfen zu lassen (§ 268 Abs 2 UGB). Unter Umständen kann auch die Aufstellung eines Konzernabschlusses nach IFRS geboten sein. § 245a UGB erlaubt österr Mutterunternehmen die Aufstellung des Konzernabschlusses nach IFRS. **7**

3. Praktische Aspekte

a) IT-Systeme

Die Führung der Bücher erfolgt in der Praxis überwiegend durch IT-gestützte Systeme. Die Komplexität reicht dabei, je nach Anforderung, v **8**

---

[9] Zur Bestellung des Abschlussprüfers vgl § 35 Rz 28.

einem einfachen PC-Programm bis zum integrierten ERP-System.[10] In jedem Fall sind die oben erwähnten GoB zu beachten. Darunter versteht man:[11]

- Pflicht zur Führung v Büchern (§ 190 Abs 1 UGB)
- Nachvollziehbarkeit (§ 190 Abs 1 UGB)
- Vollständigkeit (§ 190 Abs 3 UGB)
- Richtigkeit (§ 190 Abs 3 UGB)
- Zeitgerechtheit (§ 190 Abs 3 UGB)
- Ordnung (§ 190 Abs 3 UGB)
- Unveränderbarkeit (§ 190 Abs 4 UGB)
- inhaltsgleiche, vollständige u geordnete Wiedergabe (§ 190 Abs 5 UGB).

Als Orientierungshilfe für die Besonderheiten beim Einsatz v IT-Buchführungen dient das v Fachsenat für Datenverarbeitung der Kammer der Wirtschaftstreuhänder beschlossene **Fachgutachten KFS/DV 1**.[12]

b) Aufbewahrungspflicht

9 § 212 UGB u § 132 BAO normieren die **Aufbewahrungspflicht** v Büchern u weiteren Geschäftsunterlagen. Neben den in der Lit schon ausf beschriebenen diversen schriftlichen Nachweisen entwickeln sich aktuell zusätzliche Dokumente, die Eingang in die Unterlagen eines ordnungsgemäßen Rechnungswesens finden. Einerseits steht die Bestrebung, die aus dem Einsatz v modernen Kommunikationsmitteln oftmals nur bruchstückhaft vorhandene Dokumentationskette zusammenzufassen, im Vordergrund. Andererseits achten GF verstärkt darauf, sich bei ihren Entscheidungen für den Haftungsfall „abzusichern". Unter diese Aufzeichnungen fallen Analysen zu nicht wahrgenommenen Geschäften samt der Dokumentation der Gründe für deren Ablehnung sowie ausf Beschreibungen zur Abbildung bestimmter Transaktionen im JA. Diese zweite Strömung resultiert aus der verstärkten **Bilanzierung nach IFRS**, bei der aufgrund der viel detaillierter ausformulierten Re-

---

10 „*Enterprise-Resource-Planning*".
11 *Bertl/Deutsch/Hirschler*, Buchhaltungs- und Bilanzierungshandbuch[11], 11 f.
12 Fachgutachten des Fachsenats für Datenverarbeitung zur Ordnungsmäßigkeit von IT-Buchführungen der Kammer der Wirtschaftstreuhänder vom 23. März 2011 (abrufbar unter: http://www.kwt.or.at/PortalData/1/Resources/fachgutachten/52-KFS-DV1.pdf [1.3.2023]).

geln eine erweiterte Würdigung v SV u anzuwendenden Regeln geboten ist.

c) Ausländische Tochtergesellschaften

Im Allgemeinen richtet sich die Rechnungslegungspflicht v ausländischen Tochtergesellschaften nach dem jew ausländischen Recht. Sobald allerdings bestimmte Informationen im Anh des JA einer österr GmbH über Beteiligungen in anderen Ländern gegeben werden müssen, stellt sich die Frage nach den v österr GF sinnvollerweise einzuhaltenden Bestimmungen. Das **Rechnungswesen der Tochtergesellschaft** sollte sich daher – abgestimmt auf die jew Bedürfnisse – **an jenem der Muttergesellschaft orientieren**. Dies besonders dann, wenn das ausländische Tochterunternehmen in die Konzernbilanz des österr Mutterunternehmens konsolidiert wird. So empfiehlt es sich insb, soweit rechtlich zulässig, einheitliche Bilanzstichtage u Bewertungsgrundsätze einzuführen.

In der Praxis schreibt die inländische Muttergesellschaft ihren ausländischen Tochtergesellschaften vor, wie sie ihr Rechnungswesen zu organisieren haben. Auch hier gibt es eine breite Palette möglicher **Maßnahmen – abhängig v Größe u Komplexität der Organisation der Tochtergesellschaft**: Das Spektrum reicht hier v einfachen Maßnahmen wie dem Einsatz v Organisationsanweisungen u einheitlichen Kontenplänen über standardisierte *Reporting-Packages* samt detaillierten Konzernbilanzierungsrichtlinien bis hin zu einem voll integrierten *ERP*-System samt engem *Monitoring* durch die Konzernmuttergesellschaft. Als Qualitätssicherung kommen der regelmäßige *Controller*-Besuch vor Ort, das Entsenden der internen Revision – falls vorhanden – u die externe Wirtschaftsprüfung – uU mit erweiterten Inhalten wie zB einer Gebarungsprüfung – zum Einsatz.

d) Ausländische Muttergesellschaft

Beim umgekehrten Szenario des österr Tochterunternehmens einer ausländischen Muttergesellschaft ergeben sich weitergehende Themen: Bei stark integrierten internationalen Konzernen sind sowohl handelnde Personen (GF) als auch Nachweise für einzelne Transaktionen (sowie deren Hintergründe) nicht direkt mit der Gesellschaft in Zusammenhang zu bringen. So kommt in der Praxis vor, dass Kreditverträge mit ausländischen Schwestergesellschaften abgeschlossen werden u bei der österr Gesellschaft nicht alle relevanten Unterlagen vorliegen.

13 Neben dem manchmal **mangelhaften Informationsfluss** hinsichtlich bestimmter Transaktionen – u der damit verbundenen Gefahr der unvollständigen bzw falschen Führung der Bücher – stehen v ausländischen Konzern in die österr Tochtergesellschaft entsendete GF vor der Anforderung der Einhaltung aller österr Regelungen. Nicht selten passieren gerade in Zeiten erhöhter Mitarbeiterfluktuation in solchen Tochtergesellschaften grobe Verstöße mit uU schwerwiegenden (Haftungs-)Folgen für den ausländischen GF. Die zu beachtenden Gesetze mitsamt ihren Rechtsfolgen bei Verstoß sind dabei je nach Erfahrung des jew GF für diesen unbekannt, was ihn aber idR v seiner zivil- oder (verwaltungs-)strafrechtlichen **Haftung** freilich nicht befreit (vgl § 25 Rz 10). In der Praxis haben sich dabei zB im GmbHG die Pflicht zur Einrichtung eines AR ab Überschreiten einer bestimmten Anzahl v Mitarbeitern (samt der Anzeige an das zuständige FB-Gericht; vgl § 29 Rz 43 ff) oder die Einhaltung der österr AN-Schutzbestimmungen erwiesen. Besonders zu beachten bei Unternehmenskrisen sind das österr Insolvenzrecht, das bei Insolvenzverschleppung *qua* Schutzgesetz eine unmittelbare Haftung des GF gegenüber den Gläubigern normiert (vgl § 25 Rz 31). Außerdem kann sich der österr GF der Tochtergesellschaft bei Finanzierung der in der Krise befindlichen Muttergesellschaft durch die Tochtergesellschaft – zB über ein Konzern-*Cash-Pooling* (vgl § 82 Rz 131) – mit zivil- (insb § 25 Abs 3 Z 1) u evtl auch strafrechtlichen Haftungsfolgen (insb § 153 StGB [Untreue]) konfrontiert sehen.

e) *Outsourcing* des Rechnungswesens in *shared service centers*

14 Bei *Outsourcing* müssen ebenfalls die GoB eingehalten werden. Der GF eines Unternehmens, das sich eines *Outsourcing*-Partners bedient, bleibt für die Ordnungsmäßigkeit direkt verantwortlich. Professionelle *Outsourcing*-Dienstleister lassen deshalb regelmäßig ihre eigenen Abläufe zertifizieren bzw sind auch darauf vorbereitet, wenn Auftraggeber bei ihnen vor Ort die Ordnungsmäßigkeit der Prozesse überprüfen.

15 Die häufigsten **Zertifikate** iZm ausgelagertem Rechnungswesen sind Prüfungszertifikate nach dem *International Standard on Assurance Engagements (ISAE) 3402* Typ 1 u Typ 2.[13] Bei Typ 1 erfolgt lediglich eine Prüfung des Kontrolldesigns u der Implementierung der Kontrollen ohne eine Untersuchung der Wirksamkeit der festgelegten Kon-

---

13 Veröffentlicht im Dezember 2009 v *International Auditing and Assurance Standards Board* (IAASB).

trollmaßnahmen. Demgegenüber wird bei der Zertifizierung nach Typ 2 in Stichproben auch die tatsächliche Durchführung der festgelegten Kontrollen über einen bestimmten Zeitraum überprüft.

4. Internes Rechnungswesen

Der Begriff des **internen Rechnungswesens** ist gesetzl nicht definiert. Gemäß § 22 Abs 1 muss in Unternehmen ein internes Rechnungswesen installiert werden, das den konkreten Erfordernissen des Unternehmens entspricht.[14] Dabei ist insb auf die Größe, die Branche oder die finanzielle Situation des Unternehmens abzustellen. Geschäftsführer haben daher für die Zukunft **Planrechnungen** zu erstellen,[15] mit der die zukünftige Vermögens-, Ertrags- u Liquiditätssituation des Unternehmens antizipiert werden soll. Insbesondere bei unternehmerischen Entscheidungen sollte der GF auf die Planrechnungen des internen Rechnungswesens zurückgreifen u diese entspr dokumentieren, um sich nicht gegenüber der Gesellschaft einem Haftungsrisiko auszusetzen.[16]

16

C. Internes Kontrollsystem

Die Ausgestaltung u praktische Organisation derartiger Systeme haben sich im Zeitablauf wesentlich verändert u laufend weiterentwickelt.[17] Das IKS umfasst **sämtliche operative Unternehmensbereiche** u ist nicht auf den Bereich Rechnungswesen oder die unternehmerische Verwaltung beschränkt; es sind daher auch Qualitätskontrolle, Personalprozesse etc umfasst. In Sondergesetzen sind mitunter besondere Anforderungen an IKS gestellt (zB für Kreditinstitute § 39 BWG).

17

1. Begriff & Zweck des internen Kontrollsystems

Unter IKS sind **Maßnahmen u Vorkehrungen** mit folgenden Zielen zu verstehen:[18]

18

---

14 ErlRV 734 BlgNR 20. GP 64, 68.
15 *Bertl/Deutsch/Hirschler*, Buchhaltungs- und Bilanzierungshandbuch[11], 1.
16 Vgl dazu statt vieler *Reich-Rohrwig* in Straube/Ratka/Rauter, GmbHG § 25 Rz 38.
17 *Löffler/Nayer* in Löffler et al, Handbuch zum Internen Kontrollsystem[2], 13.
18 *Löffler/Nayer* in Löffler et al, Handbuch zum Internen Kontrollsystem[2], 17.

- Bewahrung u Sicherung des vorhandenen Vermögens des Unternehmens, einschließlich Sicherung des Unternehmens vor Unterschlagungen,
- Gewährleistung der Zuverlässigkeit des Rechnungswesens als Basis für eine aussagekräftige (interne u externe) Finanzberichterstattung,
- Sicherstellung der betriebl Überwachung u Kontrolle v wesentlichen Unternehmensbereichen u externen Einflüssen auf das Unternehmen
- Verbesserung der Effizienz betriebl Abläufe u Steigerung der betriebl Leistungsfähigkeit,
- zur Sicherung der Einhaltung der Geschäftspolitik u
- Einhaltung der entspr Gesetze u VO.

2. Anforderungen an das Unternehmen

19 Das IKS eines Unternehmens entwickelt sich mit dem Unternehmen u seinen Anforderungen. Mit zunehmender Größe u steigender Komplexität werden immer mehr Regelungen u Anweisungen formuliert. Mit Berichten wird abteilungsübergreifend Information ausgetauscht. Für besonders sensible Bereiche sucht man zusätzliche Sicherheit – diese Information wird genauer überwacht u kontrolliert. Um qualitative Standards festzulegen, werden **Abläufe vorgegeben** u – damit diese verständlich bleiben – **Erläuterungen** dazu **formuliert**. Überdies sehen IKS regelmäßig auch vor, dass Kontrolleure die Einhaltung der vorgegebenen Regeln überwachen.

20 Da das IKS immer reaktiv auf die Gegebenheiten des Unternehmens weiterentwickelt wird, hinkt dieses notwendigerweise regelmäßig einen Schritt „hinterher". Daher sehen IKS auch Prozesse vor, dass **bei wesentlichen Änderungen** in einem Teil des Unternehmens „automatisch" über **Konsequenzen für das IKS** nachgedacht wird. Auch ist erforderlich, das IKS regelmäßig auf seine Funktionsfähigkeit zu überprüfen u *à jour* zu halten.[19]

21 Aus rein praktikablen Gründen wird daher in jedem (erfolgreichen) Unternehmen über die Zeit ein IKS ausgebaut u laufend verbessert. In den meisten Fällen reicht es auch, wenn das IKS einfach „funktioniert". In bestimmten Situationen ist jedoch notwendig, dass das Vorhandensein u Funktionieren des IKS auch **nachgewiesen** werden können. Dies ist insb dann v Bedeutung, wenn GF zur Abwehr v Haftungsansprüchen

---

19 OGH 26.8.2020, 9 ObA 136/19v.

der Gesellschaft beweisen müssen, dass sie ihrer Dokumentationspflicht nachgekommen sind u damit ihre Sorgfaltspflichten (vgl § 25) erfüllt haben.

3. Internes Kontrollsystem und Abschlussprüfung

Hinsichtlich des IKS hat der Abschlussprüfer nur eingeschränkte Pflichten. § 273 Abs 2 verpflichtet den Abschlussprüfer unverzüglich seine **Redepflicht** auszuüben, wenn er im Rahmen seiner Tätigkeit **wesentliche Schwächen im IKS des Rechnungslegungsprozesses** erkennt. Hier ist zu beachten, dass die Prüfung nur auf die Identifikation v Kontrollschwächen ausgerichtet ist, wenn sich das Prüfungsurteil auf funktionierende Kontrollen stützen soll. Ein uneingeschränkt erteilter Bestätigungsvermerk bedeutet somit nicht gleichzeitig, dass es ausgeschlossen ist, dass noch Schwächen im IKS eines Unternehmens bestehen. Für jeden GF empfiehlt sich deshalb mit dem Abschlussprüfer den Zustand des IKS im Unternehmen im Rahmen oder abseits der Prüfung zu erörtern u allfällige Schwächen zu beseitigen.

22

4. Verhältnis IKS – *Compliance*

Mit dem Begriff *Compliance* wird die Einhaltung aller Gesetze, VO u RL sowie v vertraglichen Verpflichtungen u freiwillig eingegangenen Selbstverpflichtungen bezeichnet.[20] In Verbindung mit der oben dargelegten Definition des IKS bedeutet das, dass das IKS folgende Dienste für eine funktionierende Unternehmens-*Compliance* übernehmen kann:

23

– Einrichten v ausreichenden u angemessenen Kontrollen, um die bestehenden *Compliance*-Risiken abzudecken, sowie
– Sicherstellen, dass diese Kontrollen auch wirksam durchgeführt werden.

Von den Begriffen IKS, Risikomanagementsystem u Compliance Management System stellt das IKS die „handwerkliche Basis" dar. Dabei geht es bspw um Soll-Ist-Vergleiche oder ein Vier-Augen-Prinzip. Das *Risikomanagement* erweitert die Steuerung u Kontrolle der Organisation um die strategische, zukunftsorientierte Komponente. Dabei werden in einem Regelkreis Risiken identifiziert, bewertet u es wird erwo-

24

---

20 *Barbist/Ahammer* in Barbist/Ahammer/Fabian/Löffler, Compliance in der Unternehmenspraxis², 2 f.

gen, wie damit umzugehen ist. Ein *Compliance Management System* findet sich in der Praxis erst ab einer gewissen Komplexität des Unternehmens. So bedingt zB eine Kapitalmarktorientierung,[21] dass alle damit einhergehenden Zusatzregeln (zB Ad-Hoc-Pflichten oder *Directors' Dealings*) eingehalten werden. Weitere hierfür einschlägige Themengebiete sind Kartellrecht, Anti-Diskriminierungs-Politik oder IT-Compliance (zB Datenschutz [DSGVO]).

5. Praktische Aspekte des IKS

25 Für jedes IKS eines Unternehmens gilt der Grundsatz: „So wirksam wie nötig, so schlank wie möglich." Um diesen ausgewogenen Zustand zu erreichen u zu erhalten, soll jeder GF folgende wiederkehrende Überlegungen zum IKS seines Unternehmens anstellen:

– Über welche IKS-Einrichtungen verfügt das Unternehmen – wie ist die Ist-Situation?
– Bezogen auf diese Ist-Situation – was wäre ein grober Soll-Zustand iSe effizienten u sinnvollen Steuerung?
– Welche Abläufe u Dokumentationen sind nötig bzw sollten verbessert werden?
– Wie kann das verbesserte IKS zu einem schlanken u effizienten IKS zusammengefasst werden?
– Wer ist im laufenden Betrieb im Unternehmen dafür zuständig u üben diese Mitarbeiter ihre Aufgabe auch aus?

26 Besonders der vierte Aspekt – die Zusammenfassung – wird in der Praxis oft vernachlässigt. Dabei bleibt ein IKS ohne diese Zusammenfassung eher kursorisch u ist schon deshalb weit v einem „System" – geschweige denn v einem effizienten System – entfernt.

27 Zu jeder einzelnen Kontrolle empfiehlt sich, zu überlegen:

– Ist die Kontrolle nötig?
– Existiert die Kontrolle?
– Ist die Kontrolle beschrieben?
– Funktioniert die Kontrolle?
– Ist die Kontrolldurchführung nachweisbar?

---

21 Diese Pflichten können sowohl dann auftreten, wenn die Gesellschaft selbst kapitalmarktorientiert ist, als auch wenn sie an solchen Unternehmen beteiligt ist; vgl dazu § 23 Rz 6.

In zahlreichen Lehrbüchern wird das „perfekte IKS" – sofern ein solches überhaupt existiert – regelmäßig so dargestellt, dass alle Kontrollen genau definiert sein sollen. Modellhaft werden bunte *Flow-Charts* mit einer ausf Beschreibung der implementierten Kontrollen abgebildet. Neben diesen genauen Beschreibungen, die insb zB beim Ableiten der erforderlichen Kontrollen sehr hilfreich sein können, bedarf es auch der Sicherheit, dass die Kontrolle gelebt wird u daher *in praxi* funktioniert. In bestimmten wohlüberlegten Fällen sollte auch auf eine Archivierung u somit Nachweisbarmachung geachtet werden. 28

Um für die mehrmals genannte Verlässlichkeit zu sorgen, dass die Kontrollen tatsächlich gelebt werden, ist es unumgänglich, im praktischen Betrieb zu prüfen, ob die Kontrollen durchgeführt werden. Hier können interne oder externe Revisionen sinnvoll eingesetzt werden. 29

III. Informations- und Einsichtsrechte der Gesellschafter (Abs 2 und 3)

A. Einleitung

Die Abs 2 f statuieren Informations- u Einsichtsrechte der Gesellschafter gegenüber der Gesellschaft. Abs 2 S 1 sieht vor, dass den Gesellschaftern Abschriften ua des JA zuzusenden sind (Rz 31 f). Abs 2 S 2 normiert ein Bucheinsichtsrecht der Gesellschafter, das der Kontrolle der Rechnungslegung durch die Gesellschafter dient (Rz 33 ff). Dieses kann unter gewissen Voraussetzungen eingeschränkt werden (Rz 40 f). Schließlich besteht nach der gefestigten, im Jahr 2020 bestätigten Rsp über den Wortlaut des § 22 hinaus ein umfassendes Informationsrecht der Gesellschafter (Rz 42 ff). 30

B. Zusendung des Jahresabschlusses

Gemäß Abs 2 S 1 sind den Gesellschaftern Abschriften des JA samt Lagebericht sowie ggf des Konzernabschlusses samt Konzernlagebericht ohne Verzug nach Aufstellung **zuzusenden**; dieses Recht ist nicht beschränkbar.[22] Ein ordnungsgemäß iSv § 222 Abs 1 UGB auf- 31

---

[22] *Mollnhuber/Suesserott* in Torgler, GmbHG § 22 Rz 24; *Temmel/Peric* in Gruber/Harrer, GmbHG² § 22 Rz 52.

gestellter JA hat auch die Unterschriften der gesetzl Vertreter zu enthalten. Die Versendung v „Entwürfen" oder JA ohne Unterschrift genügt dem Erfordernis dieser Bestimmung daher nicht. Ebenso ist nach Rsp u hL der **Gewinnverteilungsvorschlag** zu übersenden.[23] Diese Pflicht trifft grds die Gesellschaft selbst, die jedoch durch ihre GF organschaftlich vertreten wird.[24] Die Dokumente müssen den Gesellschaftern an die der Gesellschaft zuletzt bekannt gegebene Adresse gesandt werden, selbst wenn diese v Stand des FB abweichen sollte. Gesellschaftern ist jew nur der aktuelle JA, nicht aber JA aus vergangenen Geschäftsjahren zuzustellen; ein solcher Anspruch kann jedoch aus dem allg Informationsrecht (s unten Rz 42) abgeleitet werden.[25] Die Zustellung muss ohne Verzug, das bedeutet **ohne schuldhaftes Zögern**,[26] erfolgen.

32 Praktisch v Bedeutung ist die Frage, in welcher **Form die Zusendung** zu erfolgen hat. Zweifellos müssen keine Originale, sondern lediglich Kopien (arg „Abschriften") übersandt werden; eine Beglaubigung der Kopien ist nicht erforderlich. Das Gesetz geht v der Zustellung der Dokumente in gedruckter Form per Post als Standardfall aus. Ebenso zulässig sind wohl die persönliche Übergabe sowie der Versand per Fax, E-Mail oder die Übersendung eines Datenträgers.[27] Schranke für die Zulässigkeit v zur Briefpost alternativen Übersendungsformen ist die Zumutbarkeit für den Gesellschafter.[28] Allein die Tatsache, dass Unterlagen einen Umfang v mehreren hundert Seiten haben, macht die Übergabe in digitaler Form uE nicht *per se* unzumutbar.[29] Selbiges gilt im Falle einer Übergabe in digitaler Form an Gesellschafter, die keinen Computer besitzen, zumal solche Gesellschafter sich die erforderliche Unterstützung auch durch Dritte (zB in *Copy-Shops*) einholen können. Gängige moderne Medien sind jedenfalls die Zustellung per E-Mail oder auf einem USB-Stick oder per Download-Link aus einer Cloud; zu akzeptierende Dateiformate sind die gängigen *Office*-Produkte, die mit handels-

---

23 OGH 10.4.2008, 6 Ob 33/08h; *Koppensteiner/Rüffler*, GmbHG³ § 22 Rz 35; *Mollnhuber/Suesserott* in Torggler, GmbHG § 22 Rz 17, 25; *Ch. Nowotny* in Straube/Ratka/Rauter, UGB § 222 Rz 10.
24 *Temmel/Peric* in Gruber/Harrer, GmbHG² § 22 Rz 31 mwN.
25 *Koppensteiner/Rüffler*, GmbHG³ § 22 Rz 27.
26 *Koppensteiner/Rüffler*, GmbHG³ § 22 Rz 27; *Mollnhuber/Suesserott* in Torggler, GmbHG § 22 Rz 17 mit Verweis auf § 121 BGB.
27 *Temmel/Peric* in Gruber/Harrer, GmbHG² § 22 Rz 31 mwN.
28 *Temmel/Peric* in Gruber/Harrer, GmbHG² § 22 Rz 32.
29 **AA** *Temmel/Peric* in Gruber/Harrer, GmbHG² § 22 Rz 32 (FN 55).

üblichen PCs geöffnet werden können, wie *Word*, *Excel*, *PowerPoint* oder *PDF*-Dokumente. Nicht akzeptiert werden muss uE hingegen bspw die Zustellung in Dateiformaten, die den Besitz einer besonders teuren, nicht verkehrsüblichen Software voraussetzt.

C. Bucheinsichtsrecht

1. Allgemeines

Das Bucheinsichtsrecht gem § 22 Abs 2 steht den Gesellschaftern innerhalb v **vierzehn Tagen** vor jener GV zu, die über die **Feststellung** des JA beschließt. Gesellschaftern soll dadurch die Möglichkeit eingeräumt werden, den zuvor übersandten JA auf seine Richtigkeit zu überprüfen u ihr Stimmrecht in der GV entspr auszuüben u so für eine funktionierende *Corporate Governance* in der Gesellschaft zu sorgen.

33

2. Berechtigte Personen

Zur Einsicht **berechtigt** ist der **Gesellschafter** oder dessen gesetzl Vertreter sowie der Testamentsvollstrecker oder Masseverwalter.[30] Das bloße wirtschaftliche Interesse am Erfolg der Gesellschaft, zB durch den Treugeber oder den Genussberechtigten aus einem Geschäftsanteil, berechtigt nicht zur Bucheinsicht,[31] zumal es sich um ein Gesellschafterrecht handelt. Die in der Einsicht erlangten Informationen müssen v Gesellschafter Dritten gegenüber geheim gehalten werden.[32] Der Gesellschafter darf nach hA zur Einsicht auch **Dritte** in unbeschränkter Anzahl[33] beiziehen, wenn hierfür eine sachliche Rechtfertigung besteht.[34] In Frage kommen dabei va einschlägig Sachverständige wie RA oder Wirtschaftstreuhänder. Unseres Erachtens können jedoch auch sonstige Sachverständige herangezogen werden. In jedem Fall kann die

34

---

30 *Koppensteiner/Rüffler*, GmbHG[3] § 22 Rz 31; *Mollnhuber/Suesserott* in Torggler, GmbHG § 22 Rz 20.
31 OLG Wien 26.6.1995, 6 R 120/94.
32 *Ch. Nowotny* in Kalss/Nowotny/Schauer, GesR[2] Rz 4/331; *Kalss*, GesRZ 2017, 15 (19).
33 OGH 30.5.2016, 6 Ob 89/16f mit der Einschränkung, dass darin kein Rechtsmissbrauch liegt.
34 *Mollnhuber/Suesserott* in Torggler, GmbHG § 22 Rz 20; *Temmel/Peric* in Gruber/Harrer, GmbHG[2] § 22 Rz 41; *Rassi*, ecolex 1999, 546 (547); *Koppensteiner/Rüffler*, GmbHG[3] § 22 Rz 28.

Gesellschaft uE verlangen, dass sich diese Hilfspersonen gegenüber der Gesellschaft vertraglich zur Geheimhaltung der erlangten Informationen verpflichten (idR durch Abschluss einer Verschwiegenheitsvereinbarung [*non-disclosure agreement*, „NDA"]); denn auch Personen, die berufsrechtlich zur Geheimhaltung verpflichtet sind, trifft diese Geheimhaltung nur im Verhältnis zu ihrem Auftraggeber, nicht aber zur Gesellschaft. Dass auch Dritte hinzugezogen werden können, ist praktisch va deshalb v Bedeutung, weil Gesellschaftern oft die **Sachkenntnis** fehlt, ihre Kontrollrechte effektiv auszuüben.[35] Die direkte Heranziehung der Sachverständigen zur Bucheinsicht ist prozessual idR für alle Beteiligten effizienter als der Umweg, bei dem der Gesellschafter die Kopien in großem Umfang anfertigt, diese seinem Berater vorlegt u dann uU noch weitere Termine bei der Gesellschaft in Anspruch nehmen muss, um in weitere relevante Unterlagen Einsicht zu nehmen. Unseres Erachtens kann der Sachverständige für den Gesellschafter auch alleine die Bucheinsicht wahrnehmen, uzw unabhängig davon, ob der Gesellschafter aus triftigen Gründen daran gehindert ist.[36] Der Mehrwert, dass der Gesellschafter „als bloßer Statist" neben dem einsehenden Sachverständigen auftreten soll, ist nicht ersichtlich. Eine sachliche Rechtfertigung für die Vertretung kann uE auch aus **organisatorischen Gründen** bestehen; so kann der Gesellschafter eine Hilfskraft (zB einen Sekretär) alleine zur Einsicht schicken, um die entspr Kopien anzufertigen; hier wird jedoch wohl ein NDA notwendig sein. Schließlich kann das Recht des Gesellschafters, einen Sachverständigen beizuziehen, auch im GesV verankert, aber auch konkretisiert (etwa ausschließlich berufliche Parteienvertreter als zulässige Dritte) werden.[37]

3. Frist

35 Wie bereits eingangs erläutert besteht der Zweck des Bucheinsichtsrechts darin, dass die Gesellschafter die Möglichkeit haben sollen, sich vor der Beschlussfassung über die Feststellung des JA u die Gewinnverteilung (§ 35 Abs 1 Z 1) ein detailliertes Bild über die Gesellschaft zu machen. Das Einsichtsrecht flankiert daher die Pflicht zur Zustellung des JA (s oben Rz 31 f). Das Recht besteht daher nur für einen **Zeitraum v vierzehn Tagen** vor der beschlussfassenden GV, bei Beschlussfassung

---

35 *Temmel/Peric* in Gruber/Harrer, GmbHG[2] § 22 Rz 41.
36 AA *Koppensteiner/Rüffler*, GmbHG[3] § 22 Rz 28.
37 *Rassi*, ecolex 1999, 546 (547) mwN.

im Umlaufweg vor Ablauf des letzten Tags der Frist zur schriftlichen Abstimmung.[38] Fassen die Gesellschafter einstimmig den Beschluss, die Feststellung formal im Umlaufweg zu beschließen, ohne eine Frist hierfür zu vereinbaren, besteht das Einsichtsrecht vierzehn Tage ab Einigung über den Modus.[39] Stellen die Gesellschafter den JA mittels Beschlusses einstimmig in einer GV fest, ohne dass diese Versammlung einberufen wurde, entfällt uE das Bucheinsichtsrecht, weil in diesem Fall der Zweck desselben – nämlich die Vorbereitung auf die Beschlussfassung – nicht erfüllt werden kann. Unseres Erachtens führt die vierzehntägige Einsichtsfrist dazu, dass die Einberufungsfrist zur oGV (§ 38) v sieben auf vierzehn Tage verlängert wird, sofern die Einberufung u der Versand des JA gleichzeitig erfolgen (vgl auch § 38 Rz 8).[40] Aufgrund des bloß vierzehntägigen Zeitraums ist wohl auch eine sehr kurzfristige Einsicht möglich, da die Gesellschaft damit rechnen muss, dass Einsicht genommen wird. Sie muss daher bereits vor Beginn des Zeitraums entspr Vorbereitungen treffen u darf die Einsicht nicht verzögern – oder gar verweigern –, weil diese noch nicht getroffen worden sind.

4. Ort und Modus der Einsichtnahme

Die Einsichtnahme hat in den **Geschäftsräumlichkeiten** der Gesellschaft zu erfolgen.[41] Ob auch der Aufbewahrungsort der Bücher als Ort der Einsicht[42] in Frage kommt, hängt wohl v dessen Belegenheitsort ab. Befindet sich dieser weiter entfernt oder gar in einem anderen (Bundes-) Land, wird dies für den Gesellschafter wohl nicht zumutbar sein. Gesellschafter können v den Unterlagen **Kopien** oder Scans anfertigen;[43] auch Fotos mit Smartphones oder Tablets dürfen angefertigt werden.[44] Aller-

36

---

38 *Koppensteiner/Rüffler*, GmbHG³ § 22 Rz 30.
39 *Mollnhuber/Suesserott* in Torggler, GmbHG § 22 Rz 19.
40 *Bankler/Ginthör/Thierrichter* in Reich-Rohrwig/Ginthör/Gratzl, Generalversammlung² Rz 2.102; mglw weitergehend *Unger* in Straube/Ratka/Rauter, GmbHG § 22 Rz 30.
41 OGH 30.8.2000, 6 Ob 197/00i; *Mollnhuber/Suesserott* in Torggler, GmbHG § 22 Rz 22.
42 *Rassi*, ecolex 1999, 546 (549); *Mollnhuber/Suesserott* in Torggler, GmbHG § 22 Rz 20.
43 OGH 2.9.2020 6 Ob 11/20s; OLG Wien, 26.1.1996, 6 R 179 ua/95; *Kalss*, GesRZ 2017, 15 (17).
44 OGH 17.12.2010, 6 Ob 175/10v.

dings können Gesellschafter v der Gesellschaft nicht die Zusendung der Kopien verlangen.[45]

37 Hinsichtlich der **Kosten** der Einsichtnahme ist zu differenzieren: Während die Gesellschaft für die Schaffung der Infrastruktur der Einsicht aufzukommen hat, muss der Gesellschafter alle darüber hinaus gehenden Kosten tragen.[46] Beispielsweise sind allenfalls die notwendige Raummiete für die Einsicht oder die Verbringung der Unterlagen v Aufbewahrungsort zu den Geschäftsräumlichkeiten v der Gesellschaft, die Erstellung v Kopien hingegen v Gesellschafter zu bezahlen; freilich darf die Gesellschaft hier nur ihre Selbstkosten für die Kopien an den Gesellschafter weiterverrechnen. Auch Kosten für v Gesellschafter bestellte Sachverständige, Berater etc sind v ihm selbst zu bestreiten, nicht hingegen für Sachverständige, die die Gesellschaft bei der Einsicht selbst heranziehen möchte; hier ist bspw an den Rechtsanwalt oder Steuerberater der Gesellschaft, der die Einsicht rechtlich begleitet, zu denken. Allerdings ist jener Aufwand des Gesellschafters v der Gesellschaft zu tragen, der der Gesellschaft zuzurechnen ist; dies betrifft bspw Kosten, die daraus resultieren, dass die Bücher u Schriften der Gesellschaft in einem unordentlichen Zustand sind.[47]

5. Umfang des Einsichtsrechts

38 Dabei kann in **alle Bücher u Schriften** Einsicht genommen werden, wobei freilich auch digitale Aufzeichnungen davon erfasst sind.[48] Das betrifft insb auch den Bericht des Abschlussprüfers (§ 273 Abs 1 UGB) oder den *management letter*.[49] Die Gesellschaft hat hier v sich aus alle Bücher u Schriften offenzulegen. Der Gesellschafter muss daher nicht v sich aus die Dokumente, in die er Einsicht nehmen möchte, nennen (anders beim allg Informationseinsichtsrecht; s unten Rz 42). Ebenso ist den Gesellschaftern Einsicht in die Bücher v 100 %-Tochtergesellschaften zu gewähren. Hinsichtlich verbundener Unternehmen, an denen die Gesellschaft keine 100 %-Beteiligung hält, besteht lediglich ein Auskunftsrecht (s dazu noch unten Rz 42 ff).[50]

---

45 OLG Wien 31.5.2001, 28 R 43/01a.
46 *Temmel/Peric* in Gruber/Harrer, GmbHG² § 22 Rz 40; aA *Rassi*, ecolex 1999, 546 (548); letzterem folgend *Koppensteiner/Rüffler*, GmbHG³ § 22 Rz 30.
47 *Rassi*, ecolex 1999, 546 (548, FN 29) mwN.
48 *Koppensteiner/Rüffler*, GmbHG³ § 22 Rz 30.
49 *Ch. Nowotny* in Kalss/Nowotny/Schauer, GesR² Rz 4/325.
50 *Temmel/Peric* in Gruber/Harrer, GmbHG² § 22 Rz 37.

Die Grenze des Einsichtsrechts liegt in seiner **rechtsmissbräuchlichen Ausübung.** Die Inanspruchnahme des Individualrechtes des Gesellschafters auf Information ist dann rechtsmissbräuchlich, wenn damit gesellschaftsfremde, die Gesellschaft schädigende Interessen verfolgt werden.[51] Dies ist bspw dann der Fall, wenn Fragen offenbar überflüssig oder unbedeutender Natur sind u nicht der Aufklärung in der Sache dienen.[52] Die begehrte Information muss nach Art u Inhalt so bemessen sein, wie dies erforderlich ist, um dem Informationsinteresse zu genügen.[53] Zudem darf die Geltendmachung des Einsichtsrechts nicht zu einer unnötigen u mutwilligen Belastung der Gesellschaft führen.[54] Dies kann bspw durch die ständige Beschäftigung der GF aufgrund „tröpfchenweise" gestellter Informationsbegehren der Fall sein,[55] bei denen die sukzessive Abfrage aber keinen objektiven Mehrwert hat. Allerdings ist noch kein Rechtsmissbrauch anzunehmen, wenn das Recht bereits früher einmal ausgeübt wurde, da der Gesellschafter uU ein Detail vertieft prüfen möchte, etwa weil die Gesellschaft nur sehr spärlich Informationen herausgibt. Sehr wohl kann Rechtsmissbrauch aber bei exzessiver Inanspruchnahme ohne sachliche Rechtfertigung anzunehmen sein.[56] Ebenso darf die Information verweigert werden, wenn dadurch ein **gesetzl Verbot** verletzt würde. Dies ist zB dann der Fall, wenn ein konkurrierender Gesellschafter die Einsicht in wettbewerbsrelevante Informationen begehrt.[57] Darin könnte auch eine Verletzung des Kartellverbots (Art 101 AEUV bzw §§ 1 ff KartG) liegen.[58] Freilich ist das Einsichtsrecht des Mitbewerbers nur hinsichtlich der wettbewerbsrechtlich (strategisch) relevanten, nicht jedoch hinsichtlich aller anderen Informationen zu versagen.[59] Allerdings kann uE auch ein konkurrierender Gesellschafter verlangen, dass ein ihm gegenüber zur Verschwiegenheit verpflichteter Sach-

39

---

51 OGH 19.6.1997, 6 Ob 33/97i (stRsp); RIS-Justiz RS0107752.
52 *Grünwald*, ecolex 1991, 245 (246); *Temmel/Peric* in Gruber/Harrer, GmbHG² § 22 Rz 42 mwN.
53 OLG Wien 22.10.2009, 28 R 130/09g.
54 OGH 30.9.1996, 6 Ob 7/96.
55 *Grünwald*, ecolex 1991, 245 (248).
56 Zum allg Informationsanspruch OGH 20.7.2016, 6 Ob 128/16s.
57 Statt vieler *Koppensteiner/Rüffler*, GmbHG³ § 22 Rz 29 mwN.
58 OGH 20.2.2020, 6 Ob 166/19h; vgl zu dieser Thematik im Detail monografisch *Edelmann*, Informationsaustausch im Kartellrecht.
59 *Temmel/Peric* in Gruber/Harrer, GmbHG² § 22 Rz 41.

verständiger das Einsichtsrecht für ihn ausübt, welcher ihm dann sein abstraktes Urteil über die Einsicht mitteilt, ohne aber über Details u Inhalte der Verträge u Unterlagen zu berichten (Stichwort: *Clean Team*).[60] Einem (ehemaligen) Mitbewerber der Gesellschaft ist die Bucheinsicht jedenfalls dann nicht zu verweigern, wenn die Gesellschaft in diesem Zeitpunkt bereits insolvent ist u das Unternehmen v Insolvenzverwalter geschlossen wurde.[61]

6. Einschränkung des Einsichtsrechts

40 Gesellschaftsvertraglich kann das Einsichtsrecht ausgeschlossen oder hierfür eine kürzere Frist vereinbart werden, wenn ein AR zu bestellen ist. Nach hA u Rsp gilt dies sowohl bei der gesetzl (§ 29 Abs 1) als auch bei der gesv (§ 29 Abs 6) **AR-Pflicht** (vgl § 29 Rz 4 ff, 53 ff).[62] Ist es hingegen dem Ermessen der GV überlassen, einen AR zu bestellen, kann das Einsichtsrecht nicht beschränkt werden. Jedenfalls bedarf es einer **gesv Bestimmung** hierzu; die AR-Pflicht der GmbH allein schränkt das Einsichtsrecht grds nicht ein.[63]

41 Ist das Einsichtsrecht eingeschränkt, sind dem Gesellschafter nach Abs 3 zusätzlich zu den in Abs 2 S 1 genannten Unterlagen der Lagebericht, der Gewinnverteilungsvorschlag u der (Konzern-)Prüfbericht nach § 273 Abs 1 UGB unverzüglich zuzusenden. Dies ist hinsichtlich des Lageberichts u des Gewinnverteilungsbeschlusses freilich kein Plus an Information.

D. Allgemeines Informationsrecht der Gesellschafter

42 Nach stRsp u einem Teil des Schrifttums steht jedem GmbH-Gesellschafter „ein nicht näher zu begründender" **umfassender Informa-**

---

60 IdS wohl *Koppensteiner/Rüffler*, GmbHG³ § 22 Rz 29; *Mollnhuber/Suesserott* in Torggler, GmbH § 22 Rz 20 mwN; *Ch. Nowotny* in Kalss/Nowotny/Schauer, GesR² Rz 4/332.
61 OLG Graz 8.3.2017, 4 R 217/16p.
62 OGH 30.9.1996, 6 Ob 7/96; *Koppensteiner/Rüffler*, GmbHG³ § 22 Rz 33; *Mollnhuber/Suesserott* in Torggler, GmbH § 22 Rz 24; *Ch. Nowotny* in Kalss/Nowotny/Schauer, GesR² Rz 4/333; offenbar **aA** zur gesv AR-Pflicht *Temmel/Peric* in Gruber/Harrer, GmbHG² § 22 Rz 53.
63 *Unger* in Straube/Ratka/Rauter, GmbHG § 22 Rz 44; OGH 30.9.1996, 6 Ob 7/96.

tionsanspruch gegen die Gesellschaft zu".[64] Dies wird ua damit begründet, dass das zeitlich beschränkte Einsichtsrecht nach § 22 Abs 2 kein Recht statuiere, sondern ein iZm der Feststellung des JA einzuhaltender Vorgang sei.[65]

Methodisch stützt die Rsp diesen umfassenden Informationsanspruch, der zuvor v einer breiten Front im Schrifttum abgelehnt wurde,[66] seit 2015 auf §§ 1194 iVm 1175 Abs 4 ABGB.[67] Konkret ordne § 1175 Abs 4 ABGB subsidiär die Anwendung des GesbR-Rechts an, soweit (i) zur jew Gesellschaft keine besonderen Regelungen bestehen u (ii) die Anwendung dieser Bestimmungen auch unter Berücksichtigung der für die jew Gesellschaft geltenden Grundsätze angemessen ist. **42a**

Auch wenn das GmbH-Recht keine über den § 22 Abs 2 hinausgehenden, besonderen Regeln zum allg Informations- u Bucheinsichtsrechts kennt, wie das etwa im Recht der KG in § 166 Abs 3 UGB vorgesehen ist, haben Gesellschafter der GmbH nach ganz hA u stRsp das Recht, in der GV Fragen zu den Beschlussgegenständen zu stellen, um dort das Stimmrecht mit einer entspr Informationsgrundlage ausüben zu können (s auch § 34 Rz 13).[68] Die Anwendung v § 1194 ABGB u damit eine vollständige Bucheinsicht jedes Gesellschafters – sei seine Beteiligung noch so gering – scheitert daher schon am ersten Anwendungskriterium des § 1175 Abs 4 ABGB. **42b**

Doch auch das zweite Kriterium ist nicht erfüllt, zumal § 1194 ABGB nicht mit den Grundsätzen u dem Gesamtgefüge des GmbH-Rechts vereinbar ist. Denn das GmbH-Recht sieht ein elaboriertes Sys- **42c**

---

64 OGH 6.9.1990, 6 Ob 17/90; 20.7.2016, 6 Ob 128/16s; 20.2.2020, 6 Ob 166/19h; 2.9.2020, 6 Ob 11/20s; dazu auch *Reich-Rohrwig*, GmbHG² Rz 2/745 ff.
65 *Ch. Nowotny* in Kalss/Nowotny/Schauer, GesR² Rz 4/328 mwN; OGH 31.8.1989, 6 Ob 14/89.
66 *Koppensteiner/Rüffler*, GmbHG³ § 22 Rz 37; *Mollnhuber/Suesserott* in Torggler, GmbHG § 22 Rz 26; *Geist*, ÖJZ 1993, 641 (646 ff); *Enzinger* in Straube/Ratka/Rauter, GmbHG § 34 Rz 45; *Ch. Nowotny* in Kalss/Nowotny/Schauer, GesR² Rz 4/335; *Duursma et al*, HB GesR, Rz 2726 (FN 1450); *Csoklich* in FS Torggler 155 (163 ff); vgl auch die Vorauflage; **dafür** spricht sich zuletzt *Stritzke*, GesRZ 2020, 396 (396 ff) aus, uzw unter Heranziehung v § 20 Abs 1 GmbHG als Begründung.
67 OGH 20.2.2020, 6 Ob 166/19h; *A. Harrer*, GES 2015, 263; *Koppensteiner*, wbl 2015, 301 (306); *Kalss* in Kalss/Nowotny/Schauer, GesR² Rz 2/21.
68 *Koppensteiner/Rüffler*, GmbHG³ § 22 Rz 38; zust *Enzinger* in Straube/Ratka/Rauter, GmbHG § 34 Rz 44 f.

tem an Minderheitenrechten vor, mit bestimmten Mindestschwellen, ab denen eine Geltendmachung der jew Rechte möglich ist (s etwa § 45 Rz 1 ff). Beispielhaft besteht die Möglichkeit, einen Sonderprüfer aus wichtigem Grund zu beantragen, erst ab einer Beteiligung v 10 % (§ 45; vgl dort Rz 5 ff). Das GmbH-Recht kennt daher – neben der Bucheinsicht im Vorfeld der oGV (§ 22 Abs 2) u dem allg Rede-, Frage- u Auskunftsrecht in der GV – auch weitere Möglichkeiten eines (qualifizierten) Minderheitsgesellschafters, die Gebarung der Gesellschaft prüfen zu lassen. Bemerkenswert ist freilich, dass der OGH zuletzt in der E 6 Ob 11/20s – in der Sache zu Recht – für die AG eine subsidiäre Anwendbarkeit v § 1194 ABGB abgelehnt hat, weil das AktG das Auskunftsrecht u das Institut der Sonderprüfung auf Minderheitsantrag kenne.[69] Diese Begründung ist uE auch für die GmbH heranzuziehen.

Eines über § 22 Abs 2 u das Auskunftsrecht in der GV hinaus gehenden Auskunftsanspruches des einzelnen Gesellschafters bedarf es uE hingegen (weiterhin) nicht u passt dieser auch nicht in das Gefüge der GmbH, weshalb die subsidiäre Anwendbarkeit v § 1194 ABGB nicht geboten ist. Viel näher liegt § 118 AktG, der das Auskunftsrecht der Aktionäre auf die HV beschränkt,[70] oder auch § 166 UGB, der das Auskunftsrecht v Kommanditisten deutlich restriktiver handhabt.[71] Fehlen etwa einem Gesellschafter für die Fassung eines Gesellschafterbeschlusses erforderliche Informationen, kann er der Beschlussfassung im Umlaufwege widersprechen. In diesem Fall ist eine GV einzuberufen, in der dem Gesellschafter dann das Auskunftsrecht zukommt.

43 Dessen ungeachtet hat die Rsp (spätestens) mit der E 6 Ob 166/19h das allg **Informationsrecht für alle Gesellschafter** bekräftigt u damit wohl in Stein gemeißelt, sodass für die Praxis geboten sein wird, dieser stRsp zu folgen. In diesem Fall ist das Informationsrecht allen **aktuellen Gesellschaftern** zuzuerkennen, uzw ohne Glaubhaftmachung eines konkreten Informationsinteresses.[72] Ausgeschiedenen Gesellschaftern steht das Recht nur hinsichtlich Informationen betr Tatsachen zu, die

---

[69] OGH 2.9.2020, 6 Ob 11/20s (Erwägungsgrund 4.6), unter Berufung auf *Kodek* in Artmann/Karollus, AktG[6] § 214 Rz 30.
[70] **AA** zuletzt *Stritzke*, GesRZ 2020, 396 (398).
[71] Vgl *Koppensteiner/Rüffler*, GmbHG[3] § 22 Rz 38.
[72] OGH 20.2.2020, 6 Ob 166/19h; *Mollnhuber/Suesserott* in Torggler, GmbHG § 22 Rz 29 mwN.

bis zum Zeitpunkt ihres Ausscheidens aufgetreten sind; sie müssen überdies ein Informationsinteresse bescheinigen.[73]

Der Anspruch erfasst nach der Rsp grds **alle rechtlichen u wirtschaftlichen Verhältnisse** innerhalb der GmbH u gegenüber Dritten, wobei der Gesellschafter spezifizieren muss, in welche konkreten Dokumente er Einsicht nehmen oder hinsichtlich welchen konkreten Geschäftsfalls er Informationen erhalten möchte (anders als beim Bucheinsichtsrecht; s oben Rz 38 f); zu weit gefasste Informationsverlangen können wegen exzessiver Inanspruchnahme des Rechts uU rechtsmissbräuchlich sein. Bei Insolvenz der Gesellschaft sind uE jedoch auch weit formulierte Informationsbegehren zulässig, da hier ein besonders hohes Informationsinteresse des Gesellschafters besteht. 44

Beim Informationsanspruch ist der **Verhältnismäßigkeitsgrundsatz** einzuhalten. Das bedeutet, dass der Anspruch nur so weit besteht, als das Informationsinteresse des Gesellschafters dadurch erfüllt wird.[74] Ein solches Informationsinteresse liegt wohl hinsichtlich aller Geschäftsentscheidungen vor, sodass – die stRsp als *Datum* hinnehmend (zur Kritik daran s oben Rz 42 ff) – uE v Einsichtsrecht bspw auch Verträge mit Kunden oder Lieferanten (zur kartellrechtlichen Schranke s oben Rz 39), geschäftliche Korrespondenz, Protokolle v Sitzungen der GF u des AR (s dazu § 30c Rz 6), JA inklusive Prüfberichte oder Analysen v nicht wahrgenommenen Geschäften (s oben Rz 9) erfasst sind. Der Einwand der Gesellschaft, eine Einsicht würde gegen das Datenschutzrecht verstoßen, überzeugt hingegen regelmäßig nicht. 45

Die Grenze besteht im Übrigen auch hier im **Rechtsmissbrauch** (s oben Rz 39).[75] Bei der Einsicht sind alle Gesellschafter gleich zu behandeln,[76] sofern nicht bspw das Konkurrenzverhältnis eines Gesellschafters gegen die Einsichtnahme spricht u eine Ungleichbehandlung der Gesellschafter sachlich rechtfertigt. Die Gesellschaft hat sowohl die 46

---

73 OGH 21.5.2003, 6 Ob 69/03w (Irrtums- oder Listanfechtung eines anlässlich des Ausscheidens geschlossenen Vergleichs); 20.7.2016, 6 Ob 128/16s (Geltendmachung eines Anspruchs auf Auszahlung eines Auseinandersetzungsguthabens); *Koppensteiner/Rüffler*, GmbHG³ § 22 Rz 28.
74 OGH 30.9.1996, 6 Ob 7/96.
75 Zuletzt OGH 22.10.2020, 6 Ob 191/20m.
76 *Temmel/Peric* in Gruber/Harrer, GmbHG² § 22 Rz 48; *Kalss*, GesRZ 2017, 15 (19).

Einsicht in die Bücher als auch Auskunft zu gewähren; diese beiden Behelfe stehen in keinem Rangverhältnis.[77]

47 Hinsichtlich mit der GmbH **verbundenen Unternehmen** besteht ein Auskunfts- u Informationsrecht.[78] Schuldnerin des Informationsanspruchs bleibt dabei stets die GmbH, an der der Gesellschafter seinen Anteil hält, nicht deren verbundene Unternehmen.[79] Dabei haben die GF die Informationen v verbundenen Unternehmen, das nicht zu 100 % im Eigentum der Gesellschaft steht, zu beschaffen.[80]

47a Ein Einsichtsrecht in Unterlagen des verbundenen Unternehmens besteht jedoch (ausnahmsweise) bei einer 100 %-**Tochtergesellschaft**.[81] Dem ist jener Fall gleichzuhalten, in dem zwar die GmbH nicht zu 100 % an der Tochtergesellschaft beteiligt ist, aber alle weiteren Gesellschafter der Tochtergesellschaft auch an der GmbH beteiligt sind;[82] diesfalls sind nämlich keine Interessen gesellschaftsfremder Dritter berührt.[83] Dasselbe muss uE auch bei einer indirekten 100 %-Beteiligung der GmbH an der Tochtergesellschaft gelten.

47b Das Einsichtsrecht auf Ebene der 100 %-Tochtergesellschaft besteht nach der Rsp allerdings nur soweit, als der GmbH gesellschaftsrechtlich selbst das Recht zukommt, Einsicht in die Unterlagen der Tochtergesellschaft zu nehmen, was bei einer AG wegen § 118 AktG nicht der Fall sei.[84] In diesem Fall hat sich die GmbH – ähnlich wie bei verbundenen Unternehmen (Rz 47a) – zu beschaffen u ihren Gesellschaftern darüber Auskunft zu erteilen.

---

77 OLG Wien 22.10.2009, 28 R 130/09g.
78 OGH 2.9.2020, 6 Ob 11/20s; *Koppensteiner/Rüffler*, GmbHG³ § 22 Rz 39; *Temmel/Peric* in Gruber/Harrer, GmbHG² § 22 Rz 37; *Mollnhuber/Suesserott* in Torggler, GmbHG § 22 Rz 30; *Bankler/Ginthör/Thierrichter* in Reich-Rohrwig/Ginthör/Gratzl, Generalversammlung² Rz 2.121.
79 OGH 30.9.1996, 6 Ob 7/96; 30.8.2000, 6 Ob 197/00i; 2.9.2020, 6 Ob 11/20s.
80 OGH 2.9.2020, 6 Ob 11/20s; *Mollnhuber/Suesserott* in Torggler, GmbHG § 22 Rz 30.
81 RIS-Justiz RS0060051; OGH 23.1.1992, 6 Ob 18/91; 30.8.2000, 6 Ob 197/00i.
82 OGH 2.9.2020, 6 Ob 11/20s (Erwägungsgrund 3.7).
83 OGH 2.9.2020, 6 Ob 11/20s (*obiter*, Erwägungsgrund 3.8).
84 OGH 2.9.2020, 6 Ob 11/20s.

IV. Rechtsdurchsetzung

Die Rechtsdurchsetzung erfolgt gem § 102 im **Außerstreitverfahren**, uzw unabhängig davon, ob der Antragsteller aktueller oder ehemaliger Gesellschafter ist.[85] Passivlegitimiert ist nur die Gesellschaft, nicht aber etwa deren (auch 100 %-)Tochtergesellschaften, die GF oder Mitgesellschafter.[86] **48**

Fraglich ist, ob die **Gesellschaft in der Insolvenz** hinsichtlich der Gewährung des Bucheinsichtsrechts v Insolvenzverwalter oder weiterhin v GF vertreten wird. Entscheidend ist, ob das allg Informationsrecht eine Rechtshandlung ist, die die Erfüllung der Obliegenheiten des Amtes des Insolvenzverwalters mit sich bringt (§ 83 Abs 1 IO).[87] Daneben bleibt die Funktion des GF unberührt;[88] er ist auch weiter handlungsbefugt (s dazu § 84 Rz 17 f).[89] Die Rechnungslegung fällt in die Zuständigkeit des Insolvenzverwalters, nicht des GF.[90] Daraus folgerte das OLG Graz, dass die **Zuständigkeit für die Gewährung der Bucheinsicht beim Insolvenzverwalter** liegt.[91] Für die Praxis empfiehlt es sich daher, jedenfalls den Insolvenzverwalter bei der Geltendmachung einzubinden, um Verzögerungen bei der Bucheinsicht zu vermeiden. **49**

§ 23. Auf große Gesellschaften (§ 221 UGB) sind § 229 Abs. 4 bis 7 UGB und § 260 AktG sinngemäß anzuwenden.

idF BGBl I 2013/109

Literatur: *Bergmann/Ratka*, Handbuch Personengesellschaften² (2016); *Bergmann/Schörghofer*, RÄG 2014: Keine Anwendung des kapitalgesellschaftlichen Kapitalerhaltungsregimes auf verdeckte Kapitalgesellschaften!, GesRZ 2014, 340;

---

85 OGH 31.8.1989, 6 Ob 14/89; RIS-Justiz RS0060098.
86 OGH 30.8.2000, 6 Ob 197/00i; 2.9.2020, 6 Ob 11/20s; *Mollnhuber/Suesserott* in Torggler, GmbHG § 22 Rz 31; *Ch. Nowotny* in Kalss/Nowotny/Schauer, GesR² Rz 4/334; zum GF aA *Reich-Rohrwig* in Straube/Ratka/Rauter, GmbHG § 25 Rz 257.
87 Vgl dazu *Hierzenberger/Riel* in Konecny/Schubert, Insolvenzgesetze § 83 KO, Rz 16 f.
88 OGH 4.3.1975, 5 Ob 30/75.
89 OGH 9.9.2003, 11 Os 76/03; *Haberer/Zehetner* in Straube/Ratka/Rauter, GmbHG § 84 Rz 47.
90 OGH 16.3.2007, 6 Ob 154/05y.
91 OLG Graz, 20.7.2016, 4 R 113/16v (rechtskräftig, die ordentliche Revision wurde zugelassen, aber nicht erhoben).

Bertl/Deutsch-Goldoni/Hirschler, Buchhaltungs- und Bilanzierungshandbuch[11] (2019); *Bertl/Mandl* (Hg), Handbuch zum RLG[19] (2015); *Dokalik*, Die neue Bilanz-Richtlinie 2013/34/EU und ihre Umsetzung im österreichischen Recht, RWZ 2013/77, 297; *H. Foglar-Deinhardstein/Trettnak*, Agio oder Gesellschafterzuschuss?, RdW 2010/504, 500; *Fraberger*, Handbuch Sonderbilanzen I (2010); *Gruber*, Kommentar BörseG 2018/MAR (2020); *Hirschler/Dokalik*, SWK-Spezial: RÄG 2014 – Reform des Bilanzrechts (2015); *Ch. Nowotny*, Gebundene Rücklagen, GesRZ 1996, 68; *Trettnak/H. Foglar-Deinhardstein*, „Genehmigtes Kapital" bei der GmbH – Beschleunigte Equity-Investments von Neuinvestoren, CFO aktuell 2012, 210; *Wenger*, Zweifelsfragen zur Anwendung von § 229 Abs 4 bis 7 UGB über die gebundenen Rücklagen auf die „verdeckte Kapitalgesellschaft", RWZ 2010/43, 173; *Wünsch*, Zur Rechnungslegung „großer Gesellschaften mbH", GesRZ 1991, 173.

Inhaltsübersicht

I. Grundlagen	1
II. Große Kapitalgesellschaften	2–7
III. Gebundene Rücklagen	8–21
A. Allgemeines	8
B. Gebundene Kapitalrücklage	9–16
C. Gesetzliche Rücklage	17
D. Rechtsfolgen	18–20
E. GmbH & Co KG	21
IV. Gemeinnützige Bauvereinigungen	22

I. Grundlagen

1 § 23 stellt eine Verweisnorm dar, die einerseits die Pflicht für große GmbHs, gebundene Rücklagen gem § 229 Abs 4 bis 7 UGB zu bilden, (klarstellend) normiert; andererseits wird auf § 260 AktG verwiesen, wonach auf gemeinnützige Bauvereinigungen in der Rechtsform der GmbH einige Bestimmungen des Dritten Buchs des UGB anwendbar sind u andere explizit nicht zur Anwendung gelangen sollen.

II. Große Kapitalgesellschaften

2 Der Verweis in § 23 bezieht sich nach dem Wortlaut nur auf **große KapGes**.[1] Die Differenzierung erfolgt nach § 221 UGB. Das UGB unter-

---

1 Zu gemeinnützigen Bauvereinigungen s allerdings unten Rz 21.

scheidet hier zw Kleinst-KapGes (Abs 1 a *leg cit*), kleinen KapGes (Abs 1 *leg cit*), mittelgroßen KapGes (Abs 2 *leg cit*) u großen KapGes (Abs 3 *leg cit*). Kleinst-, kleine u mittelgroße KapGes genießen bestimmte, gesetzl vorgeschriebene größenabhängige Erleichterungen.[2]

Die Einteilung der versch Größenklassen erfolgt über **Größenmerkmale**. Das bedeutet, dass stets zwei v drei Schwellenwerten überschritten sein müssen, um als kleine, mittelgroße oder große KapGes zu gelten.[3] Bei Kleinst-KapGes müssen je zwei der drei in Abs 1a genannten Kriterien *nicht* überschritten sein, damit diese Größenklasse erreicht wird.

Die **Schwellenwerte** betragen nunmehr: 4

	Bilanzsumme	Umsatz	Arbeitnehmer
Kleinst-KapGes[4]	€ 350.000	€ 700.000	10
kleine KapGes	€ 5 Mio	€ 10 Mio	50
mittelgroße KapGes	€ 20 Mio	€ 40 Mio	250

Bsp: Hat eine GmbH eine Bilanzsumme v € 21 Mio, einen Umsatz v € 50 Mio u im Jahresdurchschnitt 150 Arbeitnehmer, erfüllt sie zwei der drei Größenkriterien u ist daher als große KapGes iSd § 221 Abs 3 UGB bzw § 23 zu qualifizieren.

Maßgeblicher Zeitpunkt für die Berechnung der Bilanzsumme ist 5 der Bilanzstichtag.[5] Für den Umsatz ist als **Referenzgröße** der entspr GuV-Posten (§ 231 Abs 2 Z 1 bzw Abs 3 Z 1 UGB) heranzuziehen, so-

---

2 Vgl *Casey* in Hirschler, BilR[2] § 221 Rz 2.
3 Die in € ausgedrückten Schwellenwerte wurden zuletzt durch das RÄG 2014 innerhalb der europarechtlich in der Bilanz-RL (EU-RL 2013/34/EU, ABl L 2013/182, 19) vorgegebenen Bandbreite um knapp 4 % erhöht, um die Inflation zu berücksichtigen. Von einer Indexierung der Schwellenwerte zu deren automatischer Anpassung wurde Abstand genommen. Der Gesetzgeber ist jedoch dann zur Erhöhung verpflichtet, wenn die Werte nicht mehr innerhalb des unionsrechtlich vorgegebenen Rahmens liegen. Die Europäische Kommission hat gem Art 3 Abs 13 Bilanz-RL mind alle fünf Jahre die Schwellenwerte zu überprüfen u sie allenfalls durch delegierten Rechtsakt zu ändern. Die Zahl der Arbeitnehmer blieb freilich unberührt. Der BMJ ist ermächtigt, die Schwellenwerte in Abs 1, 1a u 2 *qua* Verordnung anzupassen (§ 221 Abs 7 UGB); vgl dazu *Hirschler/Dokalik*, SWK-Spezial: RÄG 2014, 56; *Dokalik*, RWZ 2013/77, 297.
4 Kleinst-KapGes dürfen als zusätzliches (negatives) Tatbestandsmerkmal keine Investmentunternehmen oder Beteiligungsgesellschaften sein.
5 *Casey* in Hirschler, BilR[2] § 221 Rz 16; *Ch. Nowotny* in Straube/Ratka/Rauter, UGB § 221 Rz 13; *Schiebel* in Torggler, UGB[3] § 221 Rz 5; zum Rumpfgeschäftsjahr *Wünsch*, GesRZ 1991, 173 (173).

fern kein Rumpfgeschäftsjahr vorliegt.[6] Die durchschnittliche Anzahl der AN ist nach der Anzahl an den jew Monatsletzten im Geschäftsjahr[7] zu berechnen (§ 221 Abs 6 UGB; vgl dazu auch § 29 Abs 1 Z 2 zur AR-Pflicht).[8] Der Begriff **AN** iSd § 221 UGB folgt – anders als § 29 Abs 1 Z 2 (s dazu § 29 Rz 12) – den arbeitsrechtlichen u nicht den arbeits*verfassungs*rechtlichen Vorschriften;[9] darunter fallen alle Beschäftigten eines Unternehmens außer freie DN.[10]

6 Gemäß § 221 Abs 3 UGB gilt eine GmbH auch dann als „groß", wenn v ihr ausgegebene Wertpapiere an einem geregelten Markt iSd § 1 Z 2 BörseG[11] oder an einem anerkannten, für das Publikum offenen, ordnungsgemäß funktionierenden Wertpapiermarkt in einem Vollmitgliedstaat der OECD zum Handel zugelassen sind („**kapitalmarktorientierte Gesellschaft**"). Dabei ist bspw an eine GmbH zu denken, deren Anleihen oder Genussscheine an einem geregelten Markt notieren.[12] Weiters gelten Unternehmen v öffentlichem Interesse iSd § 189a Z 1 UGB stets als große KapGes (s dazu § 29 Rz 37 ff).

7 Zum **Wechsel der Größenklassen** vgl § 221 Abs 4 UGB u die weiterführende Lit.[13]

---

6 *Casey* in Hirschler, BilR² § 221 Rz 20; *Ch. Nowotny* in Straube/Ratka/Rauter, UGB § 221 Rz 17; zum Rumpfgeschäftsjahr vgl *Schiebel* in Torggler, UGB³ § 221 Rz 4, 7.

7 Auch im Rumpfgeschäftsjahr; vgl *Schiebel* in Torggler, UGB³ § 221 Rz 10; noch aA *Wünsch*, GesRZ 1991, 173 (174 ff).

8 *Casey* in Hirschler, BilR² § 221 Rz 27; *Ch. Nowotny* in Straube/Ratka/Rauter, UGB § 221 Rz 19.

9 *Ch. Nowotny* in Straube/Ratka/Rauter, UGB § 221 Rz 20; *Schiebel* in Torggler, UGB³ § 221 Rz 11.

10 *Bertl/Deutsch-Goldoni/Hirschler*, Buchhaltungs- und Bilanzierungshandbuch¹¹, 262 f; zur AN-Eigenschaft v Mitgliedern der GF vgl *Schrammel* in Marhold/Burgstaller/Preyer, AngG § 1 Rz 14 ff.

11 Vgl zum Begriff *Leitner-Baier* in Gruber, BörseG/MAR, § 1 BörseG, Rz 15 ff.

12 *Ch. Nowotny* in Kalss/Nowotny/Schauer, GesR² Rz 4/367; *Temmel* in Gruber/Harrer, GmbHG² § 23 Rz 4; die Zulässigkeit anerkennend *Wünsch*, GesRZ 1991, 173 (176).

13 *Ch. Nowotny* in Straube/Ratka/Rauter, UGB § 221 Rz 25 ff; *Schiebel* in Torggler, UGB³ § 221 Rz 21 ff.

III. Gebundene Rücklagen

A. Allgemeines

Große GmbHs müssen aufgrund des Verweises auf § 229 Abs 4 bis 7 UGB gebundene Rücklagen ausweisen. Die gebundenen Rücklagen bestehen nach dem Wortlaut des Abs 4 *leg cit* aus der gebundenen Kapitalrücklage u der gesetzl Rücklage.

8

B. Gebundene Kapitalrücklage

Kapitalrücklagen sind Leistungen der Gesellschafter, die iZm Einlagen zum Erwerb v Geschäftsanteilen oder eines Vorteils stehen, sowie andere Zuwendungen an die Gesellschaft, die ihr Eigenkapital stärken.[14] Den zur Verfügung gestellten Mitteln stehen keine Forderungs- oder Gläubigerrechte gegenüber.[15] Kapitalrücklagen sind daher als **Außenfinanzierung** zu qualifizieren.[16] Innerhalb der Kapitalrücklagen wird zw den gebundenen u nicht gebundenen Kapitalrücklagen unterschieden; diese sind bilanziell getrennt auszuweisen, da § 229 Abs 7 UGB die Auflösung gebundener Kapitalrücklagen beschränkt.[17]

9

Als **gebundene Kapitalrücklagen** sind jene Beträge einzustellen, die in § 229 Abs 2 Z 1 bis 4 UGB genannt sind. Darunter fallen:

10

- Agio (s Rz 11 ff),
- Zuzahlungen (s Rz 14),
- Beträge aus einer vereinfachten Kapitalherabsetzung (s Rz 15).

Das **Agio** („Aufgeld") bei der **Ausgabe v Anteilen** bei der Gründung der Gesellschaft oder bei Kapitalerhöhungen (Z 1) ist die Differenz zw Nenn- u Ausgabebetrag („Überpari-Emission") u kann bei Bar- u Sacheinlagen entstehen.[18] Die Abgrenzung des Aufgelds zu bloßen Gesell-

11

---

14 *Hübner-Schwarzinger/Konezny* in Hirschler, BilR² § 229 Rz 15.
15 *Christian* in Torggler, UGB³ § 229 Rz 12.
16 *Bertl/Deutsch-Goldoni/Hirschler*, Buchhaltungs- und Bilanzierungshandbuch¹¹, 641; *Christian* in Torggler, UGB³ § 229 Rz 12.
17 *Hofians/Ressler* in Straube/Ratka/Rauter, UGB § 229 Rz 14; *Hübner-Schwarzinger/Konezny* in Hirschler, BilR² § 229 Rz 16; s unten Rz 17.
18 *Bertl/Deutsch-Goldoni/Hirschler*, Buchhaltungs- und Bilanzierungshandbuch¹¹, 641; *Hofians/Ressler* in Straube/Ratka/Rauter, UGB § 229 Rz 16; *Hübner-Schwarzinger/Konezny* in Hirschler, BilR² § 229 Rz 18.

schafterzuschüssen, die in die ungebundene Kapitalrücklage einzustellen sind (s dazu unten Rz 16), kann im Einzelfall schwierig sein. So ist ein Agio anzunehmen u eine gebundene Kapitalrücklage wohl auch dann einzustellen, wenn Gesellschafter Zuschüsse zeitnah zu einer Kapitalerhöhung leisten u diese mit Letzterer auch in sachlichem Zusammenhang stehen.[19] Bei Sacheinlagen ist die Differenz zw Nennbetrag der Anteile u dem Verkehrswert der Einlage anzusetzen.[20] Eine gebundene Kapitalrücklage kann auch dann zu bilden sein, wenn Anteile aus Anlass einer Umgründung ausgegeben werden: Übersteigt bei einer Verschmelzung bei der übernehmenden Gesellschaft der Bilanzwert des übertragenen Vermögens den Nennbetrag der ausgegebenen Anteile, ist nach hA die Differenz als Verschmelzungsgewinn in die gebundene Kapitalrücklage einzustellen.[21] Bei Umgründungen ist insb auch die Ausschüttungsbeschränkung des § 235 UGB zu beachten.

12 Auch das **Agio** („Aufgeld") für **Wandlungs- u Optionsrechte** bei der Ausgabe v Schuldverschreibungen (Z 2) ist als gebundene Kapitalrücklage einzustellen. Dies setzt voraus, dass die GmbH derlei Rechte überhaupt begeben kann.[22] Darunter fallen Wandelschuldverschreibungen oder Optionsanleihen. Im Gegensatz zur AG u neuerdings der FlexKapG sind das bedingte sowie das genehmigte Kapital für die GmbH – anders als in Dtl, wo das genehmigte Kapital seit 2008 in § 55a dGmbHG normiert wird[23] – nicht geregelt (s dazu auch § 81 Rz 85);[24] dies resultiert aus dem personalistischen Einschlag der GmbH.[25] Eine Analogie der aktienrechtlichen oder der FlexKapGG-Vorschriften scheitert (spätestens seit den langwierigen Diskussionen zur Einführung des FlexKapGG) jedenfalls an einer planwidrigen Lücke. Ebenso ist eine Lieferung aus eigenen Aktien aufgrund v § 81 idR nicht möglich (zu den Ausnahmen s § 81 Rz 11 ff). Bedingtes u genehmigtes Kapital sowie eigene Anteile der GmbH scheiden daher aus.

---

19 *H. Foglar-Deinhardstein/Trettnak*, RdW 2010, 500 (501 f).
20 *Christian* in Torggler, UGB³ § 229 Rz 13.
21 *Kalss*, VSU² § 220 Rz 63; *Ch. Nowotny*, GesRZ 1996, 68 (73 f); *Hübner-Schwarzinger/Konezny* in Hirschler, BilR² § 229 Rz 20; **aA** *Reich-Rohrwig*, Kapitalerhaltung 256.
22 Zur Zulässigkeit krit vgl *S. Bergmann* in Fraberger et al, Handbuch Sonderbilanzen I 395; gegen die Zulässigkeit *Wünsch*, GesRZ 1991, 173 (177 f).
23 Vgl zu Wandelschuldverschreibungen bei der dGmbH *Lutter/Bayer* in Lutter/Hommelhoff, GmbHG¹⁸ § 55 Rz 57.
24 *Ettmayer/Ratka* in Straube/Ratka/Rauter, GmbHG § 52 Rz 2; *C. Diregger* in Torggler, GmbHG § 52 Rz 2.
25 *C. Diregger* in Torggler, GmbHG § 52 Rz 2.

Möglich ist jene Gestaltungsvariante, bei der die übrigen Gesellschafter dem Vertrag zw dem Wandlungsberechtigten u der Gesellschaft beitreten u vereinbaren, dass sie bei Ausübung des Wandlungsrechts durch den Berechtigten eine ordentliche Kapitalerhöhung durchführen müssen u bereits *ex ante*, also bei Vereinbarung der Schuldverschreibung, auf ihr Bezugsrecht verzichten.[26] Eine andere Variante liegt darin, einen GmbH-Anteil „auf Vorrat" zu schaffen, der v einem Treuhänder gehalten wird u im Falle eines Investments an den neuen Investor übertragen wird. Im Abtretungsvertrag verpflichtet sich der Investor, der Gesellschaft Kapital zuzuschießen; die Übertragung des Anteils selbst erfolgt idR unentgeltlich. Der Treuhänder selbst verzichtet in solchen Konstellationen üblicherweise auf seine Gesellschafterrechte.[27]

Die Rücklage ist bereits **bei Ausgabe** der Anteile einzustellen.[28] Zur Höhe der Rücklage, insb zur Bewertung des Wandlungsrechts, vgl die weiterführende Lit.[29] Wird das Wandlungsrecht nicht ausgeübt, sind die Beträge in den gebundenen Rücklagen zu belassen.[30]

13

Weiters als gebundene Kapitalrücklage einzustellen sind **Zuzahlungen** gegen die **Gewährung eines Vorzugs** für die Anteile (Z 3). Dies sind lediglich gesellschaftsrechtlich abgesicherte Sonderrechte,[31] wie bspw ein Sonderrecht auf Geschäftsführung (s dazu § 15 Rz 27 ff), Entsendungsrechte in den AR (s dazu § 30c Rz 1 ff), ein Mehrstimmrecht eines bestimmten Geschäftsanteils (s dazu § 39 Rz 39) oder Vorrechte bei der Gewinnverteilung (s dazu § 82 Rz 48).[32] Ebenso kann die Abwendung v Nachteilen einen Vorzug iSd Z 3 darstellen.[33]

14

---

26 Zur Zulässigkeit des Verzichts auf das Bezugsrecht allg vgl OGH 15.10.1985, 5 Ob 526/84; *Ettmayer/Ratka* in Straube/Ratka/Rauter, GmbHG § 52 Rz 71.
27 *Trettnak/H. Foglar-Deinhardstein*, CFO aktuell 2012, 210 (210 f).
28 *S. Bergmann* in Fraberger et al, Handbuch Sonderbilanzen I 395; *Hofians/Ressler* in Straube/Ratka/Rauter, UGB § 229 Rz 17.
29 *Hofians/Ressler* in Straube/Ratka/Rauter, UGB § 229 Rz 17 mwN.
30 *Bertl/Deutsch-Goldoni/Hirschler*, Buchhaltungs- und Bilanzierungshandbuch[11], 642; *Hofians/Ressler* in Straube/Ratka/Rauter, UGB § 229 Rz 17 mwN.
31 *Hofians/Ressler* in Straube/Ratka/Rauter, UGB § 229 Rz 16; *S. Bergmann* in Fraberger et al, Handbuch Sonderbilanzen I 395 f.
32 *Hübner-Schwarzinger/Konezny* in Hirschler, BilR[2] § 229 Rz 18.
33 *Chalupsky* in Bertl/Mandl, Handbuch zum RLG Abschnitt B III/3.2.e, 40; *S. Bergmann* in Fraberger et al, Handbuch Sonderbilanzen I 396; *Christian* in Torggler, UGB[3] § 229 Rz 15; *Hofians/Ressler* in Straube/Ratka/Rauter, UGB § 229 Rz 18.

15 Auch zu bindende Beträge aus einer vereinfachten **Kapitalherabsetzung** zur Verlustvermeidung gem § 59 GmbHG (Z 4) sind in eine gebundene Kapitalrücklage einzustellen.

16 Neben den gebundenen Kapitalrücklagen bestehen auch **ungebundene Kapitalrücklagen**. Darunter fallen nach § 229 Abs 2 Z 5 UGB alle sonstigen Zuzahlungen, die durch gesellschaftsrechtliche Verbindungen veranlasst sind, wie zB Zuschüsse an Tochter-, Enkel- oder sonstige Konzerngesellschaften.[34] Solche Zuzahlungen oder Zuwendungen können in Geld oder Sachen, nicht aber in Dienstleistungen bestehen.[35] Die Bewertung erfolgt mit dem im Zeitpunkt der Leistung beizulegenden Wert.[36] Bei Zuwendungen im zeitlichen oder sachlichen Zusammenhang zu Kapitalerhöhungen kann es jedoch geboten sein, eine gebundene Kapitalrücklage zu bilden, wobei dabei auf die Umstände des Einzelfalls Rücksicht zu nehmen ist.[37]

C. Gesetzliche Rücklage

17 Die **gesetzl Rücklage** ist Teil der Gewinnrücklagen u somit **Innenfinanzierung**. In die gesetzliche Rücklage sind mindestens 5 % des um einen Verlustvortrag geminderten Jahresüberschusses einzustellen, bis die gebundenen Rücklagen – dh gebundene Kapitalrücklagen u gesetzl Rücklage – insgesamt 10 % oder einen gesv bestimmten höheren Anteil des eingetragenen[38] Nennkapitals erreicht haben (vgl § 229 Abs 6 UGB).

D. Rechtsfolgen

18 Gebundene Rücklagen dürfen nur zum Ausgleich eines ansonsten auszuweisenden Bilanzverlusts **aufgelöst** werden. Diese Bestimmung dient der Kapitalerhaltung (§ 229 Abs 7 Satz 1 UGB).[39] Eine Pflicht zur Auf-

---

34 *Hofians/Ressler* in Straube/Ratka/Rauter, UGB § 229 Rz 20.
35 *Hübner-Schwarzinger/Konezny* in Hirschler, BilR[2] § 229 Rz 28; *Christian* in Torggler, UGB[3] § 229 Rz 15; *Hofians/Ressler* in Straube/Ratka/Rauter, UGB § 229 Rz 20.
36 *Christian* in Torggler, UGB[3] § 229 Rz 15.
37 Dazu ausführlich *H. Foglar-Deinhardstein/Trettnak*, RdW 2010/504, 500 (502).
38 Bei Kapitalerhöhungen ist die Eintragung im FB ausschlaggebend; vgl *S. Bergmann* in Fraberger et al, Handbuch Sonderbilanzen I 397.
39 *Reich-Rohrwig*, Kapitalerhaltung 40 ff.

lösung besteht freilich nicht.[40] Nach Satz 2 *leg cit* darf die gesetzl Rücklage – nicht aber die gebundene Kapitalrücklage – auch dann aufgelöst werden, wenn freie Rücklagen zur Verlustdeckung vorhanden sind.[41] Unter Umständen kann es im Zuge v Spaltungen zur Auflösung gebundener Rücklagen kommen (s dazu auch § 82 Rz 143 ff).[42]

Werden Rücklagen zu einer Zeit gebildet, zu der die GmbH noch keine „große GmbH" iSd oben dargestellten Größenkriterien war, bleiben die Rücklagen ungebunden.[43] Strittig ist die Behandlung der umgekehrten Konstellation, namentlich ob Rücklagen einer „großen GmbH" beibehalten werden müssen, wenn diese die Größenkriterien nicht mehr erfüllt. Die hA spricht sich aus Gründen des Gläubigerschutzes mE zur Recht für eine Beibehaltung der gebundenen Rücklagen aus.[44] Dasselbe gilt, wenn die gesv vereinbarte Zuweisungsquote höher als die gesetzl 10 % festgelegt u nachträglich verringert wird.[45]

19

Die GV der GmbH hat die Feststellung des JA zu beschließen. Wird dabei die gesetzl Rücklage nicht im gesetzl erforderlichen Ausmaß dotiert, führt dies wegen Verletzung zwingender Gläubigerschutzbestimmungen zur Nichtigkeit des Feststellungsbeschlusses. Werden Rücklagen in zu hohem Ausmaß zugewiesen, ist der Beschluss hingegen bloß anfechtbar.[46]

20

---

40 *Christian* in Torggler, UGB² § 229 Rz 30.
41 *Hübner-Schwarzinger/Konezny* in Hirschler, BilR² § 229 Rz 41; *Koppensteiner/Rüffler*, GmbHG³ § 23 Rz 7 mwN.
42 Vgl dazu im Detail *Kalss* in Kalss, VSU² § 17 Rz 82.
43 *Ch. Nowotny*, GesRZ 1996, 68 (70); *Koppensteiner/Rüffler*, GmbHG³ § 23 Rz 6.
44 *Hofians/Ressler* in Straube/Ratka/Rauter, UGB § 229 Rz 44; *Ch. Nowotny*, GesRZ 1996, 68 (70 ff); *Koppensteiner/Rüffler*, GmbHG³ § 23 Rz 6; *Mollnhuber/Suesserott* in Torggler, GmbHG § 23 Rz 6; **aA** *Unger* in Straube/Ratka/Rauter, GmbHG § 23 Rz 27 mit dem Argument, dass eine solche Auslegung sowohl dem Wortlaut als auch dem Zweck des Ausschlusses der mittelgroßen u kleinen GmbH v der Rücklagenbildung widerspreche.
45 *S. Bergmann* in Fraberger et al, Handbuch Sonderbilanzen I 397 f.
46 *Mollnhuber/Suesserott* in Torggler, GmbHG § 23 Rz 7; *Unger* in Straube/Ratka/Rauter, GmbHG § 23 Rz 30 f.

E. GmbH & Co KG

21 Bis zum RÄG 2014 war str, ob § 229 UGB u damit die Pflicht zur Rücklagenbildung auch auf **verdeckte KapGes** wie die GmbH & Co KG Anwendung findet.[47] Der Gesetzgeber stellte durch diese Novelle klar, dass verdeckte Kapitalgesellschaften keine gebundenen Rücklagen bilden müssen. Diese Klarstellung ist in der Sache zu begrüßen, zumal die Pflicht zur Rücklagenbildung auch dem Konzept einer PersGes widerspricht.[48]

IV. Gemeinnützige Bauvereinigungen

22 § 23 verweist schließlich auf § 260 AktG, wonach auf gemeinnützige Bauvereinigungen die §§ 201 bis 211, 260, 274 u 275 UGB[49] anzuwenden sind, was in der Sache nur klarstellende Wirkung hat: Gemäß § 23 Abs 2 WGG[50] hat die Rechnungslegung gemeinnütziger Bauvereinigungen unabhängig v deren Größe u Rechtsform nach den Vorschriften des UGB u § 260 AktG zu erfolgen.[51] Es besteht daher – entgegen dem Wortlaut des § 23 GmbHG – keine Erleichterung für kleine u mittelgroße GmbH.[52] Hingegen kommen die §§ 268 bis 273 u 276 UGB zur Prüfpflicht durch einen Abschlussprüfer bei gemeinnützigen Bauvereinigungen in der Rechtsform der GmbH nicht zur Anwendung. Grund hierfür ist die größenunabhängige Revisionspflicht nach den Vorschriften des WGG.[53]

---

47 *Bergmann/Schörghofer*, GesRZ 2014, 340 (340 f) mwN; *Mollnhuber/Suesserott* in Torggler, GmbHG § 23 Rz 8 mwN.
48 *Wenger*, RWZ 2010/43, 173 (175); *Mollnhuber/Suesserott* in Torggler, GmbHG § 23 Rz 8 mwN; *Edelmann* in Bergmann/Ratka, HB PersG² Rz 5/127.
49 Zu den verwiesenen Bestimmungen vgl *Kalss* in Doralt/Nowotny/Kalss, AktG² § 260 Rz 2; weiters die Kommentierung der jew Norm bei Hirschler, BilR oder Straube/Ratka/Rauter, UGB.
50 Wohnungsgemeinnützigkeitsgesetz idF BGBl I 2006/124.
51 *Kalss* in Doralt/Nowotny/Kalss, AktG² § 260 Rz 1; *Mollnhuber/Suesserott* in Torggler, GmbHG § 23 Rz 10; OGH 13.9.2012, 6 Ob 137/12h.
52 *Kalss* in Doralt/Nowotny/Kalss, AktG² § 260 Rz 1.
53 *Mollnhuber/Suesserott* in Torggler, GmbHG § 23 Rz 10.

§ 24.* (1) Die Geschäftsführer dürfen ohne Einwilligung der Gesellschaft weder Geschäfte in deren Geschäftszweige für eigene oder fremde Rechnung machen, noch bei einer Gesellschaft des gleichen Geschäftszweiges als persönlich haftende Gesellschafter sich beteiligen oder eine Stelle im Vorstande oder Aufsichtsrate oder als Geschäftsführer bekleiden.

(2) [1]Die Einwilligung kann hinsichtlich der zu Geschäftsführern bestellten Gesellschafter im Gesellschaftsvertrage allgemein ausgesprochen sein. [2]Sie ist außerdem schon dann anzunehmen, wenn bei Bestellung eines Gesellschafters zum Geschäftsführer den übrigen Gesellschaftern eine solche Tätigkeit oder Teilnahme desselben bekannt war und gleichwohl deren Aufgabung nicht ausdrücklich bedungen wurde. [3]Die Einwilligung ist jederzeit widerruflich.

(3) [1]Die Bestellung von Geschäftsführern, die das im ersten Absatze ausgesprochene Verbot übertreten, kann ohne Verpflichtung zur Leistung einer Entschädigung widerrufen werden. [2]Die Gesellschaft kann überdies Schadenersatz fordern oder statt dessen verlangen, daß die für Rechnung des Geschäftsführers gemachten Geschäfte als für ihre Rechnung geschlossen angesehen werden. [3]Bezüglich der für fremde Rechnung geschlossenen Geschäfte kann sie die Herausgabe der hiefür bezogenen Vergütung oder Abtretung des Anspruches auf die Vergütung begehren.

(4) Die vorstehend bezeichneten Rechte der Gesellschaft erlöschen in drei Monaten von dem Tage, an dem sämtliche Mitglieder des Aufsichtsrates oder, wenn kein Aufsichtsrat besteht, die übrigen Geschäftsführer von der sie begründenden Tatsache Kenntnis erlangt haben, jedenfalls aber in fünf Jahren von ihrem Entstehen an.

Literatur: *Feltl/Kraus*, Wettbewerbsverbot für Aufsichtsratsmitglieder, wbl 2011, 61; *Kastner/Doralt/Nowotny*, Grundriss[5] (1990); *Kraßnig*, Eine synoptische Darstellung der Rechte und Pflichten des Aufsichtsrats der Aktiengesellschaft und der GmbH (Teil I), Aufsichtsrat aktuell 2014 H 5, 5; *Marhold/Burgstaller/Preyer*, Kommentar zum Angestelltengesetz; *Mrvošević*, Die wichtigsten Änderungen im Arbeitsrecht ab 1.1.2016, ecolex 2016, 195; *Rabl/Herndl*, Die Auslegung gesellschaftsvertraglicher Wettbewerbsverbote für GmbH-Gesellschafter, NZ 2016, 241; *Schima*, Der Aufsichtsrat als Gestalter des Vorstandsverhältnisses (2016); *Schima/Liemberger/Toscani*, Der GmbH-Geschäftsführer (2015); *Schummer/Zierler*, Vorbereitungshandlungen für künftige Wettbewerbstätigkeiten als Ver-

---

* Basierend auf der Vorauflage von *Edelmann/Salcher*.

stoß iSd § 24 GmbHG?, GesRZ 2003, 264; *U. Torggler*, Zum Wettbewerbsverbot des Mehrheitsgesellschafters (GmbH), GesRZ 1995, 233; *Wünsch*, Das Wettbewerbsverbot des GmbH-Geschäftsführers, GesRZ 1982, 269.

Inhaltsübersicht

I. Allgemeines	1
II. Norminhalt	2–21
A. Normadressaten	2–6
B. Tatbestandsmerkmale und Verbotsinhalt (Abs 1)	7–16
1. Geschäfte im Geschäftszweig der Gesellschaft	7–9
2. Eigene/fremde Rechnung	10
3. Tätigkeit	11–13
4. Beteiligungen	14, 15
5. Organtätigkeit	16
C. Einwilligung (Abs 2)	17–21
III. Rechtsfolgen des Verstoßes (Abs 3, 4)	22–31
A. Abberufung, Schadenersatz und Eintrittsrecht	22–25
B. Weitere Ansprüche	26, 27
C. Fristen	28–31

I. Allgemeines

1   Das Wettbewerbsverbot ist eine besondere Ausprägung der **Treuepflicht** des GF als Verwalter fremden Vermögens.[1] Dadurch sollen Konflikte zw den eigenen Interessen der GF u jenen der Gesellschaft hintangehalten werden.[2] Der primäre **Normzweck** liegt nicht darin, die Arbeitskraft des GF für die Gesellschaft alleine zu sichern;[3] vielmehr sollen die Gesellschaft vor schädlichem Wettbewerb u ihre Geschäfts-

---

1 *U. Torggler* in Torggler, GmbHG § 24 Rz 1; *Temmel/Peric* in Gruber/Harrer[2], GmbHG § 24 Rz 3; vgl zur korrespondierenden Norm im UGB *Jabornegg/Artmann* in Artmann, UGB I.1[3] § 112 Rz 3; *Wünsch*, GmbH-Kommentar § 24 Rz 1.

2 *Schummer/Zierler*, GesRZ 2003, 264 (264); *Enzinger* in Straube/Ratka/Rauter, GmbHG, § 24 Rz 4; *Temmel/Peric* in Gruber/Harrer[2], GmbHG § 24 Rz 1; *Rauter/Ratka* in Ratka/Rauter, Geschäftsführerhaftung[2] Rz 2/79; *U. Torggler* in Torggler, GmbHG § 24 Rz 1; zu § 112 UGB vgl *Milchrahm* in Straube/Ratka/Rauter, UGB I[4] § 112 Rz 13.

3 *Enzinger* in Straube/Ratka/Rauter, GmbHG § 24 Rz 4 mwN; *Temmel/Peric* in Gruber/Harrer, GmbHG[2] § 24 Rz 2; zur abweichenden Rechtslage bei der AG (§ 79 AktG) vgl statt vieler *Strasser* in Jabornegg/Strasser, AktG II[5] §§ 77–84 Rz 73.

geheimnisse sowie das durch die GF in der Gesellschaft aufgebaute *Know-how* geschützt werden.[4] Durch § 24 soll auch die Weitergabe geschäftlicher Informationen der Gesellschaft an Dritte unterbunden werden.[5] Das Wettbewerbsverbot nach § 7 AngG kann mit § 24 kumulativ zur Anwendung gelangen, sofern der GF AN ist (s unten Rz 4).[6]

II. Norminhalt

A. Normadressaten

Primäre Normadressaten des § 24 sind die **GF**. Überdies gilt das Wettbewerbsverbot auch für deren Stellvertreter, sobald diese die Funktion ausüben[7] (§ 27) sowie für faktische GF.[8] **Nicht erfasst** gem § 24 sind (nur) gewGF,[9] Gesellschafter,[10] Liquidatoren (vgl § 89 Abs 5, ausgenommen bei Unternehmensfortführung)[11] u AR-Mitglieder (zum Sonderfall, wenn die GF kurzfristig als AR-Mitglieder agieren, vgl § 30e Rz 16 ff).[12] Ebenso wenig ist § 24 auf geschäftsführende Alleingesellschafter anwendbar, da diesfalls eine entspr Zustimmung des Gesellschafters zur konkurrierenden Tätigkeit angenommen werden kann;[13] das gilt nach der Rsp selbst dann, wenn der Alleingesellschafter seinen Geschäftsanteil zT treuhändig für einen Dritten hält.[14] Im Rahmen der privatauto-

2

---

4 *U. Torggler* in Torggler, GmbHG § 24 Rz 1; *Jabornegg/Artmann* in Artmann, UGB I.1³ § 112 Rz 3.
5 *Temmel/Peric* in Gruber/Harrer, GmbHG² § 24 Rz 2.
6 *Rauter/Ratka* in Ratka/Rauter, Geschäftsführerhaftung² Rz 2/79; *Ch. Nowotny* in Kalss/Nowotny/Schauer, GesR² Rz 4/214.
7 *Wünsch*, GmbH-Kommentar § 24 Rz 2.
8 *Temmel/Peric* in Gruber/Harrer, GmbHG² § 24 Rz 7.
9 *Koppensteiner/Rüffler*, GmbHG³ § 24 Rz 3; *Temmel/Peric* in Gruber/Harrer, GmbHG² § 24 Rz 7.
10 *U. Torggler* in Torggler, GmbHG § 24 Rz 2 mwN; zum beherrschenden Gesellschafter als Adressaten vgl *U. Torggler*, GesRZ 1995, 233 (233 ff).
11 *Ch. Nowotny* in Kalss/Nowotny/Schauer, GesR² Rz 4/221; *Temmel/Peric* in Gruber/Harrer, GmbHG² § 24 Rz 10; *U. Torggler* in Torggler, GmbHG § 24 Rz 2 mwN.
12 *Temmel/Peric* in Gruber/Harrer, GmbHG² § 24 Rz 12; s dazu im Detail *Feltl/Kraus*, wbl 2011, 61.
13 *Temmel/Peric* in Gruber/Harrer, GmbHG² § 24 Rz 7.
14 OGH 14.9.2021, 6 Ob 71/21s.

nomen Ausgestaltung des GesV können die Gesellschafter jedoch ein (auch nachvertragliches wirkendes) Wettbewerbsverbot für alle oder einzelne Gesellschafter vereinbaren.[15]

3   § 24 gilt beim GF ab dem Zeitpunkt der wirksamen Bestellung u endet mit dem Verlust der Organstellung durch Zeitablauf, Abberufung oder wirksamen Rücktritt;[16] dasselbe gilt bei Auflösung der Gesellschaft.[17] Der Eintragung oder der Löschung des GF im FB kommt dabei rein deklarativer Charakter zu.[18] Beim stv GF ist auf den Zeitpunkt der Aufnahme der Tätigkeit abzustellen.[19] Dasselbe gilt wohl auch beim faktischen GF. Das Wettbewerbsverbot erstreckt sich nicht auf den **ausgeschiedenen GF**,[20] auch wenn er seine Stellung als Gesellschafter nicht aufgibt.[21]

4   Freilich kann für ausgeschiedene GF ein **nachvertragliches Wettbewerbsverbot** etwa im GesV, in einem Syndikatsvertrag, formlos oder auch konkludent vereinbart werden.[22] Insbesondere in hoch kompetitiven technischen Branchen, die ein hohes Maß an *Know-how* der Mitarbeiter erfordern, werden GF u Führungskräfte im Allgemeinen oftmals v Konkurrenten abgeworben. Daher kann vereinbart werden, dass der GF für einen bestimmten Zeitraum nach Ende seiner Organtätigkeit in Unternehmen einer gewissen Sparte nicht arbeiten darf. Unterliegt der GF als **AN** dem **AngG**, sieht § 36 AngG[23] einige Ein-

---

15 *Koppensteiner/Rüffler*, GmbHG³ § 24 Rz 13; *Temmel/Peric* in Gruber/Harrer, GmbHG² § 24 Rz 7; OGH 2.4.2009, 8 Ob 141/08f.
16 OGH 12.5.1992, 4 Ob 30/92; 16.6.2011, 6 Ob 99/11v (beide zur Abberufung); *Enzinger* in Straube/Ratka/Rauter, GmbHG § 24 Rz 8; *Schima/Toscani*, Der GmbH-Geschäftsführer² 108; *Temmel/Peric* in Gruber/Harrer, GmbHG² § 24 Rz 7 f.
17 OGH 18.10.1961, 5 Ob 208/61 (zur OG).
18 *Schummer/Zierler*, GesRZ 2003, 264 (266); *Temmel/Peric* in Gruber/Harrer, GmbHG² § 24 Rz 7; *Wünsch*, GesRZ 1982, 269.
19 *Wünsch*, GesRZ 1982, 269 (269); *U. Torggler* in Torggler, GmbHG § 24 Rz 2.
20 *Enzinger* in Straube/Ratka/Rauter, GmbHG § 24 Rz 9; *Milchrahm* in Straube/Ratka/Rauter, UGB I⁴ § 112 Rz 78; *Temmel/Peric* in Gruber/Harrer, GmbHG² § 24 Rz 7 f; *U. Torggler* in Torggler, GmbHG § 24 Rz 2; OGH 18.10.1961, 5 Ob 208/61 (zur OG); 12.05.1992, 4 Ob 30/92; 11.8.2015, 4 Ob/15t (zur OG).
21 OGH 12.5.1992, 4 Ob 30/92; *Temmel/Peric* in Gruber/Harrer, GmbHG² § 24 Rz 9.
22 OGH 10.7.2007, 4 Ob 123/07b; 2.4.2009, 8 Ob 141/08f.
23 § 2c AVRAG enthält Regeln, die iW §§ 36 ff AngG entsprechen u ist auf Arbeitsverhältnisse, die auf einem privatrechtlichen Vertrag beruhen (§ 1 AV-

schränkungen für Konkurrenzklauseln vor.[24] So darf die Frist bei Angestellten einen Zeitraum v einem Jahr nicht überschreiten u überdies nur Dienstverhältnisse betreffen, bei denen das Entgelt das Zwanzigfache der täglichen Höchstbeitragsgrundlage nach § 45 ASVG übersteigt (2023 waren das € 3.900 monatlich).[25] Eine für den Fall des Verstoßes vereinbarte Konventionalstrafe darf das sechsfache Nettomonatsentgelt des GF nicht übersteigen (§ 37 Abs 3 S 1 AngG). Schließlich kann nach S 3 u 4 *leg cit* bei Vereinbarung eines Wettbewerbsverbots mit einem angestellten GF nur die Konventionalstrafe, nicht aber Erfüllung – das ist die Unterlassung der konkurrierenden Tätigkeit – verlangt werden.[26] Ist der Geschäftsführer **kein AN iSd AngG**,[27] gelten die Grenzen der §§ 36 bis 38 AngG für ihn nicht.[28] Eine derartige Vereinbarung unterliegt jedoch stets der Sittenwidrigkeitskontrolle des § 879 Abs 1 ABGB.[29]

Ein grds Spannungsverhältnis besteht wohl auch zw Wettbewerbsverbot u Kartellrecht. Ein Wettbewerbsverbot könnte nämlich durchaus auch wettbewerbsbeschränkende Wirkung entfalten u damit unter das Kartellverbot fallen. Hier ist stets im Einzelfall zu untersuchen, ob ein solcher Konflikt vorliegt. Für die Beurteilung ist ausschlaggebend, ob das Wettbewerbsverbot funktionsnotwendig ist.[30]

Nach stRsp des BGH sowie des OGH darf ein nachvertragliches Wettbewerbsverbot nach Art, Zeit u Gegenstand nicht über die schutzwerten Interessen des Begünstigten hinausgehen u den Verpflichteten nicht übermäßig in seiner Berufsausübung beschränken. Ein räumlich u inhaltlich breit gefasstes Wettbewerbsverbot darf dem ehem GF daher nur zeitlich begrenzt auferlegt werden. Dabei wird regelmäßig eine Frist

---

RAG) u auf die das AngG nicht anzuwenden ist (§ 2c Abs 1 AVRAG), anwendbar; vgl zur Nichtanwendbarkeit des AVRAG auf Gesellschafter-GF mit beherrschendem Einfluss OGH 17.10.2002, 8 ObA 68/02m.
24 Vgl dazu im Überblick *Mrvošević*, ecolex 2016, 195 (196).
25 Zu den weiteren Voraussetzungen vgl § 36 Abs 1 u 2 AngG.
26 Vgl dazu *Reissner* in Marhold/Burgstaller/Preyer, AngG § 37 Rz 51 ff.
27 Zu den Kriterien vgl *Schrammel* in Marhold/Burgstaller/Preyer, AngG § 1 Rz 14 ff.
28 *Schima/Toscani*, Der GmbH-Geschäftsführer² 209 ff.
29 *U. Torggler* in Torggler, GmbHG § 24 Rz 12; *Jabornegg/Artmann* in Artmann, UGB I.1³ § 112 Rz 36.
30 *Jabornegg/Artmann* in Artmann, UGB I.1³ § 112 Rz 35; *Milchrahm* in Straube/Ratka/Rauter, UGB I⁴ § 112 Rz 182 ff, jew mwN.

v zwei Jahren noch als angemessen angesehen.[31] Diese Frist erscheint mir zu lang u beruht auf einem historischen, weniger dynamischen Arbeitsmarktumfeld als dies heute der Fall ist. Das Bild des GF, der nach Erlangen seiner Position mehrere Jahre oder gar Jahrzehnte in seinem Amt bleibt, ist – gemessen an den heutigen Verhältnissen am Arbeitsmarkt – antiquiert. Der unternehmensübergreifende Wechsel v GF findet häufig statt, sodass ein zweijähriges Konkurrenzverbot die Interessen des GF mE wohl zu stark beeinträchtigen wird.

B. Tatbestandsmerkmale und Verbotsinhalt (Abs 1)

1. Geschäfte im Geschäftszweig der Gesellschaft

7   Das Verbot des § 24 stellt auf *Geschäfte im Geschäftszweig der Gesellschaft* ab. Was Teil des sachlichen Geschäftszweigs der jeweiligen Gesellschaft ist, richtet sich nicht (nur) nach dem satzungsmäßigen Unternehmensgegenstand, sondern nach dem **tatsächlichen Tätigkeitsbereich der Gesellschaft** ohne Hilfsgeschäfte.[32] In erster Linie kommt es auf den wirtschaftlichen Inhalt der Geschäfte an,[33] sodass eine wirtschaftliche Betrachtungsweise anzulegen ist.[34] Der Geschäftszweig darf daher nicht zu eng gefasst sein.[35] Ausschlaggebend ist, ob aufgrund der (teilweisen) Gleichartigkeit oder zumindest Substitutionsfähigkeit der angebotenen oder nachgefragten Leistungen ein Konkurrenzverhältnis besteht.[36]

8   Hinsichtlich der **örtlichen Begrenzung** des Verbots ist grds irrelevant, ob die Geschäfte im Inland oder im Ausland getätigt werden. Frag-

---

31 *Koppensteiner/Rüffler*, GmbHG³ § 24 Rz 13 mwN; *Lutter/Hommelhoff*, GmbH¹⁹ Anh zu § 6 Rz 25; *S.-F. Kraus* in Torggler, UGB³ § 112 Rz 17; OGH 2.4.2009, 8 Ob 141/08f; BGH 18.7.2005, II ZR 159/03.
32 *Schima/Toscani*, Der GmbH-Geschäftsführer² 95; *Schummer/Zierler*, GesRZ 2003, 264 (265); *S.-F. Kraus* in Torggler, UGB³ § 112 Rz 10; *U. Torggler* in Torggler, GmbHG § 24 Rz 3; *Temmel/Peric* in Gruber/Harrer, GmbHG² § 24 Rz 16 ff; OGH 10.10.1995, 4 Ob 52/954; 17.12.2008, 6 Ob 213/07b.
33 OGH 20.06.1989, 2 Ob 516/89; 10.10.1995, 4 Ob 52/95.
34 OGH 2.10.1985, 3 Ob 555/85; 21.4.2010, 7 Ob 23/10y; 21.3.2019, 6 Ob 43/19w.
35 OGH 15.5.1979, 1 Ob 596/79.
36 *Ch. Nowotny* in Kalss/Nowotny/Schauer, GesR² Rz 4/215; *Temmel/Peric* in Gruber/Harrer, GmbHG² § 24 Rz 16; *U. Torggler* in Torggler, GmbHG § 24 Rz 3.

lich ist, ob der Abschluss v Geschäften im Ausland bzw eine damit in Zusammenhang stehende Tätigkeit einen Verstoß gegen § 24 Abs 1 darstellt, wenn die Gesellschaft in dem anderen Staat gar nicht tätig ist oder möglicherweise gar nicht tätig werden kann.[37] Meines Erachtens ist auch hier die wirtschaftliche Betrachtungsweise ausschlaggebend: Werden also Tätigkeiten zwar im sachlichen, jedoch nicht im örtlichen Betätigungsfeld der Gesellschaft durchgeführt, liegt mangels Substitutionsfähigkeit der Leistung der eigenen Gesellschaft keine Verletzung des Wettbewerbsverbots vor.[38] Die Beurteilung des relevanten Markts ist stets im Einzelfall vorzunehmen.

Kommt es aufgrund einer Erweiterung der Tätigkeit der Gesellschaft zu einem Wettbewerbsverhältnis mit anderen Unternehmen, so hat der GF – sofern keine Einwilligung gemäß § 24 Abs 2 vorliegt – entsprechende Maßnahmen zu treffen, um eine Verletzung des Wettbewerbsverbots zu vermeiden, dh er hat die Tätigkeit letztlich einzustellen.[39]

2. Eigene/fremde Rechnung

Verboten sind gem § 24 Abs 1 geschäftliche Aktivitäten für eigene oder fremde Rechnung. Geschäfte auf eigene Rechnung schließt der GF zu seinem eigenen Vorteil ab, unabhängig davon, ob dies direkt oder indirekt – etwa über einen Treuhänder[40] – geschieht. Beim Handeln auf fremde Rechnung kommt das Geschäft nicht dem GF selbst, sondern einem Dritten zu Gute.[41] Hierfür genügt die Vorbereitung oder der Abschluss v Geschäften, wobei unbeachtlich ist, ob dies als Angestellter, Prokurist, sonstiger Vertreter oder Berater geschieht.[42] In der Praxis ist

---

37 *Temmel/Peric* in Gruber/Harrer, GmbHG[2] § 24 Rz 18.
38 Unterlässt es ein GF, das Unternehmen regional zu expandieren, u nimmt er diese Geschäftschancen stattdessen selbst wahr, wird man dies aus dem Blickwinkel der GF-Haftung krit prüfen müssen.
39 OGH 5.10.1976, 4 Ob 361/76; *Ch. Nowotny* in Kalss/Nowotny/Schauer, GesR[2] Rz 4/215; *Schima/Toscani*, Der GmbH-Geschäftsführer[2] 110; *Temmel/Peric* in Gruber/Harrer, GmbHG[2] § 24 Rz 17; *Reich-Rohrwig*, GmbH-Recht I[2] Rz 2/291.
40 *Koppensteiner/Rüffler*, GmbHG[3] § 24 Rz 5; *Temmel/Peric* in Gruber/Harrer, GmbHG[2] § 24 Rz 19.
41 *Koppensteiner/Rüffler*, GmbHG[3] § 24 Rz 5; *Temmel/Peric* in Gruber/Harrer, GmbHG[2] § 24 Rz 19.
42 *Koppensteiner/Rüffler*, GmbHG[3] § 24 Rz 5; *Schummer/Zierler*, GesRZ 2003, 264 (265); *Temmel/Peric* in Gruber/Harrer, GmbHG[2] § 24 Rz 19.

diese Beurteilung häufig obsolet, zumal va darauf abzustellen ist, ob das Geschäft der Gesellschaft zu Gute kommt, oder nicht.[43]

3. Tätigkeit

11 Unter das Wettbewerbsverbot fallende *Geschäfte* iSd § 24 Abs 1 sind jede Art geschäftlicher Tätigkeit unabhängig v deren Umfang.[44] Neben dem Abschluss v Geschäften können auch Vorbereitungsgeschäfte (vgl zu diesen Rz 12) u verwandte Tätigkeiten wie etwa die Beratung eines im selben Geschäftszweig tätigen Unternehmens erfasst sein. Auch das Unterlassen der Teilnahme an Ausschreibungen als GF der Gesellschaft, um sich damit (mittelbar) einen Vorteil zu verschaffen, kann unter das Wettbewerbsverbot fallen.[45] Geschäfte müssen nicht gewerbsmäßig, jedoch zu Erwerbszwecken ausgeübt werden.[46] Vom Wettbewerbsverbot nicht erfasst ist mE der Bezug v Waren oder Dienstleistungen durch den GF als Privatperson oder Unternehmer eines nicht konkurrierenden Unternehmens bei einem Konkurrenzunternehmen der GmbH. Andernfalls würde der GF über das notwendige Maß hinaus eingeschränkt. Überdies liegt ein solcher Erwerb nicht im Normzweck des Wettbewerbsverbots (s oben Rz 1).

12 Von großer praktischer Bedeutung ist idZ die Frage, inwieweit **vorbereitende Handlungen** zur Aufnahme einer Konkurrenztätigkeit, insb der Errichtung eines Konkurrenzunternehmens, tatbestandsmäßig sind. Hierbei ist zw mittelbar u unmittelbar schädigenden Vorbereitungshandlungen zu unterscheiden: Wird die Gesellschaft durch eine Vorbereitungshandlung nicht geschädigt, sondern droht der Gesellschaft dadurch bloß ein künftiger Schaden, der erst nach Ausscheiden des GF eintritt, so verstoßen derartige Handlungen grds nicht gegen § 24.[47] Sollte die Gesellschaft durch Handlungen des GF jedoch unmittelbar

---

43 *Milchrahm* in Straube/Ratka/Rauter, UGB I[4] § 112 Rz 31; *Temmel/Peric* in Gruber/Harrer, GmbHG[2] § 24 Rz 19.
44 *Koppensteiner/Rüffler*, GmbHG[3] § 24 Rz 5; *Temmel/Peric* in Gruber/Harrer, GmbHG[2] § 24 Rz 13.
45 *Enzinger* in Straube/Ratka/Rauter, GmbHG § 24 Rz 16; *Koppensteiner/Rüffler*, GmbHG[3] § 24 Rz 5; *Temmel/Peric* in Gruber/Harrer, GmbHG[2] § 24 Rz 13; *U. Torggler* in Torggler, GmbHG § 24 Rz 4.
46 *Milchrahm* in Straube/Ratka/Rauter, UGB I[4] § 112 Rz 133; *Temmel/Peric* in Gruber/Harrer, GmbHG[2] § 24 Rz 14; *U. Torggler* in Torggler, GmbHG § 24 Rz 4.
47 OGH 6.4.2005, 9 ObA 36/05t.

geschädigt werden – zu denken ist etwa daran, dass der GF bereits Werbetätigkeiten im Kundenkreis der Gesellschaft durchführt u die Kunden daher v einer Kontrahierung mit der Gesellschaft Abstand nehmen – so wird dies zu den verbotenen Vorbereitungshandlungen zählen.[48]

Geschäftsführer haben grds sich ergebende Geschäftschancen ("*corporate opportunities*") zu Gunsten der Gesellschaft wahrzunehmen. Diese sind zwar kein Anwendungsfall des § 24,[49] scheinen aber idZ dennoch v Interesse. Möchte ein GF eine Geschäftschance der Gesellschaft nutzen, hat er die Gesellschaft nicht nur über die ihr zustehende Geschäftschance, sondern auch darüber zu informieren, dass er diese Geschäftschance selbst wahrnehmen möchte. Selbst wenn die Gesellschaft das Geschäft nicht abschließen möchte, bedeutet dies noch nicht, dass der GF die Chance selbst wahrnehmen darf. Der GF sollte in solchen Fällen jedenfalls die Genehmigung der Gesellschaft einholen.[50]

4. Beteiligungen

Vom Verbot ebenfalls erfasst ist die Beteiligung eines GF als **persönlich haftender Gesellschafter** an einem Unternehmen desselben Geschäftszweigs, sei es als OG-Gesellschafter oder Komplementär einer KG. Solche persönlich haftenden Gesellschafter wirken idR an der Geschäftsführung mit (§ 114 UGB), sind vertretungsbefugt (§ 125 UGB) u können dadurch maßgeblichen Einfluss auf die Konkurrenzgesellschaft nehmen.[51] Hingegen erscheint eine teleologische Reduktion des § 24 für jenen Fall konsequent, in dem ein persönlich haftender Gesellschafter v der Geschäftsführung u Vertretung der konkurrierenden Gesellschaft ausgeschlossen ist u damit als reiner Finanzinvestor ohne Kontroll- u Beherrschungsrechte agiert (s auch Rz 15).[52] Ob die Beteiligungen an Gesellschaften im Inland oder im Ausland bestehen, ist grds irrelevant.[53]

---

48 *Enzinger* in Straube/Ratka/Rauter, GmbHG § 24 Rz 16 mwN; *Jabornegg/Artmann* in Artmann, UGB I.1³ § 112 Rz 23; *Milchrahm* in Straube/Ratka/Rauter, UGB I⁴ § 112 Rz 135; *Schummer/Zierler*, GesRZ 2003, 264 (269).
49 *Ch. Nowotny* in Kalss/Nowotny/Schauer, GesR² Rz 4/215 mwN.
50 *Schima/Toscani*, Der GmbH-Geschäftsführer 96; *Schima*, AR als Gestalter, Rz 231 ff.
51 *Schummer/Zierler*, GesRZ 2003, 264 (265); *Temmel/Peric* in Gruber/Harrer, GmbHG² § 24 Rz 22.
52 *Enzinger* in Straube/Ratka/Rauter, GmbHG § 24 Rz 17.
53 *Koppensteiner/Rüffler*, GmbHG³ § 24 Rz 6; *Temmel/Peric* in Gruber/Harrer, GmbHG² § 24 Rz 23.

15 Reine Kapitalbeteiligungen an Konkurrenzunternehmen – etwa als Aktionär, GmbH-Gesellschafter oder Kommanditist – sind dann mit § 24 Abs 1 vereinbar, wenn der GF diese in bloß geringem Ausmaß, etwa zur Kapitalanlage, hält. Entscheidend ist, dass ihm kein maßgeblicher Einfluss auf die Willensbildung der Gesellschaft zukommt.[54] Kann er jedoch aufgrund der Höhe seiner Beteiligung oder aufgrund v Sonderrechten rechtlichen oder faktischen Einfluss auf die Geschäftsführung dieser Gesellschaft ausüben, kommt dies einem Geschäftsführungsmandat gleich.[55] Diesfalls kann das Wettbewerbsverbot im Wege der Analogie auch auf Kommanditisten, stille Gesellschafter oder Genussrechtsinhaber Anwendung finden.[56]

5. Organtätigkeit

16 Durch das generelle Verbot der Organtätigkeit in einem konkurrierenden Unternehmen sollen Interessenskonflikte vermieden werden.[57] Verboten ist die Annahme eines Mandats in einem Leitungs- oder Aufsichtsorgan eines konkurrierenden Unternehmens. Dabei geht es vorrangig um die Mitgliedschaft im Vorstand oder AR einer AG, dualistischen SE oder Privatstiftung, im Verwaltungsrat oder geschäftsführenden Direktorium einer monistischen SE, oder als GF oder AR einer GmbH. Ob die Mitgliedschaft in einem Beratungsorgan wie etwa einem Beirat (s § 29 Rz 58 ff) *qua* Analogie erfasst ist, hängt v der konkreten Ausgestaltung der Beiratsfunktion ab. Das Verbot des § 24 Abs 1 schließt auch jene Personen ein, die zwar formell keine Organstelle bekleiden, eine Organposition jedoch faktisch ausüben.[58] Ob hingegen ein wirksam bestelltes Organ seine Position auch tatsächlich ausübt oder ob der GF als solcher tatsächlich auftritt, ist nicht v Bedeutung.[59]

---

54 OGH 21.3.2019, 6 Ob 43/19w; *Enzinger* in Straube/Ratka/Rauter, GmbHG § 24 Rz 18; *Koppensteiner/Rüffler*, GmbHG³ § 24 Rz 6; *Temmel/Peric* in Gruber/Harrer, GmbHG² § 24 Rz 21.
55 *Schima/Toscani*, Der GmbH-Geschäftsführer² 109.
56 *Enzinger* in Straube/Ratka/Rauter, GmbHG § 24 Rz 18 mwN; *Koppensteiner/Rüffler*, GmbHG³ § 24 Rz 6; *Schummer/Zierler*, GesRZ 2003, 264 (265).
57 *Koppensteiner/Rüffler*, GmbHG³ § 24 Rz 7.
58 *Ch. Nowotny* in Kalss/Nowotny/Schauer, GesR² Rz 4/215; *Koppensteiner/Rüffler*, GmbHG³ § 24 Rz 7; *Temmel/Peric* in Gruber/Harrer, GmbHG² § 24 Rz 24, 26; *U. Torggler* in Torggler, GmbHG § 24 Rz 5.
59 *Temmel/Peric* in Gruber/Harrer, GmbHG² § 24 Rz 26; OGH 17.3.1983, 6 Ob 796/81.

C. Einwilligung (Abs 2)

Das gesetzl Wettbewerbsverbot ist **dispositiv** u kann daher eingeschränkt – bspw auf bestimmte Tätigkeiten oder Branchen – oder gänzlich aufgehoben werden.[60] Die Aufhebung liegt in der Kompetenz der Gesellschafter,[61] die den betreffenden GF mittels **Gesellschafterbeschlusses** v Wettbewerbsverbot dispensieren können.[62] Der Beschluss bedarf der einfachen Mehrheit;[63] der betroffene Gesellschafter-GF unterliegt dem Stimmverbot nach § 39 Abs 4.[64] Ein solcher Beschluss kann sowohl bei Bestellung als auch nachträglich gefasst werden.[65] Die Einwilligung kann sich entweder auf eine konkrete oder pauschal auf alle Nebentätigkeiten beziehen. Im Zweifel ist v einer Einwilligung bzgl einer konkreten Tätigkeit, Beteiligung oder Mandatsübernahme auszugehen. Sie ist eine empfangsbedürftige Willenserklärung.[66]

17

Überdies kann die Einwilligung in die Nebentätigkeit auch im GesV erfolgen. Zwar gilt diese nach dem Wortlaut in § 24 Abs 2 S 1 nur für Gesellschafter-GF; allerdings lässt die hM einen solchen Dispens zu Recht auch zu Gunsten der Fremd-GF gelten.[67] Eine solche Bestimmung im GesV kann entweder bereits bei der Gründung der Gesellschaft vereinbart oder nachträglich aufgenommen werden.[68]

18

---

60 OGH 15.5.1979, 1 Ob 596/79; *Temmel/Peric* in Gruber/Harrer, GmbHG[2] § 24 Rz 28; *U. Torggler* in Torggler, GmbHG § 24 Rz 12; *Wünsch*, GmbH-Kommentar § 24 Rz 22.
61 *Enzinger* in Straube/Ratka/Rauter, GmbHG § 24 Rz 21; *Koppensteiner/Rüffler*, GmbHG[3] § 24 Rz 9.
62 *Koppensteiner/Rüffler*, GmbHG[3] § 24 Rz 10 f.
63 *Enzinger* in Straube/Ratka/Rauter, GmbHG § 24 Rz 21 mwN; *Temmel/Peric* in Gruber/Harrer, GmbHG[2] § 24 Rz 29; *U. Torggler* in Torggler, GmbHG § 24 Rz 6.
64 OGH 12.10.2006, 6 Ob 139/06v; zuletzt 14.9.2021, 6 Ob 71/21s; statt vieler *Koppensteiner/Rüffler*, GmbHG[3] § 24 Rz 10.
65 *Temmel/Peric* in Gruber/Harrer, GmbHG[2] § 24 Rz 29.
66 *Ch. Nowotny* in Kalss/Nowotny/Schauer, GesR[2] Rz 4/216; *Enzinger* in Straube/Ratka/Rauter, GmbHG § 24 Rz 27; *Koppensteiner/Rüffler*, GmbHG[3] § 24 Rz 9; *U. Torggler* in Torggler, GmbHG § 24 Rz 6; krit *Enzinger* in Straube/Ratka/Rauter, GmbHG § 24 Rz 26.
67 *Temmel/Peric* in Gruber/Harrer, GmbHG[2] § 24 Rz 28; *U. Torggler* in Torggler, GmbHG § 24 Rz 6.
68 *Enzinger* in Straube/Ratka/Rauter, GmbHG § 24 Rz 22; *U. Torggler* in Torggler, GmbHG § 24 Rz 12.

Weiters kann die Einwilligung überdies im **Anstellungsvertrag** erteilt werden.[69]

19 Die Einwilligung kann gemäß § 24 Abs 2 S 2 auch **konkludent** erfolgen, wenn die Konkurrenztätigkeit bei der Bestellung zum GF sämtlichen Gesellschaftern bekannt ist u diese Tätigkeit v den Gesellschaftern (ausdrücklich oder stillschweigend) gebilligt wird.[70] Auch die nachträgliche, rückwirkende Genehmigung ist grds möglich.[71]

20 Die Zuständigkeit für die Erteilung der Einwilligung zur konkurrierenden Tätigkeit des GF kann im GesV an ein anderes Organ, wie etwa einen (fakultativen oder obligatorischen) **AR**, delegiert werden.[72] Eine solche Delegation durch bloßen Gesellschafterbeschluss ist uE nicht möglich.[73]

21 Ein **Widerruf der Einwilligung** ist gemäß § 24 Abs 2 S 3 bei Gesellschafter-GF ebenso wie bei Fremd-GF jederzeit durch *contrarius actus* (insb durch Gesellschafterbeschluss) möglich,[74] selbst dann, wenn die Einwilligung im GesV erteilt wurde.[75] Allerdings müssen dabei mE angemessene Fristen eingehalten werden, damit der GF seine konkurrierende Tätigkeit, für die er ursprünglich die Zustimmung erhalten hatte, ordentlich beenden kann. Einzig im Falle eines Sonderrechts bedarf es entweder eines wichtigen Grundes oder der Zustimmung des Betroffenen.[76] Hinsichtlich der Beschlussquoren u der Stimmverbote (§ 39

---

69 *Enzinger* in Straube/Ratka/Rauter, GmbHG § 24 Rz 25; *Temmel/Peric* in Gruber/Harrer, GmbHG² § 24 Rz 29; *U. Torggler* in Torggler, GmbHG § 24 Rz 6.

70 OGH 2.10.1985, 3 Ob 555/85; 10.10.1995, 4 Ob 52/95; 14.9.2021, 6 Ob 71/21s; *Ch. Nowotny* in Kalss/Nowotny/Schauer, GesR² Rz 4/216; *Koppensteiner/Rüffler*, GmbHG³ § 24 Rz 10; *Schima/Toscani*, Der GmbH-Geschäftsführer² 110, 187; *S.-F. Kraus* in Torggler, UGB³ § 112 Rz 15; *Temmel/Peric* in Gruber/Harrer, GmbHG² § 24 Rz 30.

71 *Jabornegg/Artmann* in Artmann, UGB I.1³ § 112 Rz 30; So wohl auch *Koppensteiner/Rüffler*, GmbHG³ § 24 Rz 10; vgl auch die Wertungen des allg Zivilrechts (§ 1016 ABGB).

72 *Koppensteiner/Rüffler*, GmbHG³ § 24 Rz 9; *Kraßnig*, Aufsichtsrat aktuell 2014 H 5, 5 (12); *Temmel/Peric* in Gruber/Harrer, GmbHG² § 24 Rz 31.

73 *Koppensteiner/Rüffler*, GmbHG³ § 24 Rz 9; **aA** *Temmel/Peric* in Gruber/Harrer, GmbHG² § 24 Rz 31.

74 *Enzinger* in Straube/Ratka/Rauter, GmbHG § 24 Rz 28.

75 OGH 12.10.2006, 6 Ob 139/06v; *Koppensteiner/Rüffler*, GmbHG³ § 24 Rz 12; *Temmel/Peric* in Gruber/Harrer, GmbHG² § 24 Rz 32.

76 *Koppensteiner/Rüffler*, GmbHG³ § 24 Rz 12; *Temmel/Peric* in Gruber/Harrer, GmbHG² § 24 Rz 32.

Abs 4) gelten dieselben Voraussetzungen wie für den Dispens; der *contrarius actus* soll nicht an andere Voraussetzungen geknüpft werden als der ursprüngliche Beschluss.[77]

III. Rechtsfolgen des Verstoßes (Abs 3, 4)

A. Abberufung, Schadenersatz und Eintrittsrecht

Verstößt ein GF gegen das Wettbewerbverbot, kann seine **Bestellung** **widerrufen** werden, ohne dass eine Entschädigung für die Abberufung geleistet werden muss (§ 24 Abs 3 S 1). Dies bedeutet, dass auch der (befristete oder unbefristete) Anstellungsvertrag ohne Einhaltung v Kündigungsfristen oder -terminen beendet werden kann.[78] Überdies liegt bei einem Verstoß gegen § 24 Abs 1 regelmäßig ein wichtiger Grund (§ 16 Abs 3) zur Abberufung des GF vor.[79] Bei der Abstimmung über seine Abberufung kann der Gesellschafter-GF abstimmen; hingegen ist er bei der Frage der Entschädigungsleistung v Stimmrecht ausgeschlossen.[80] 22

Weiters kann die Gesellschaft gegenüber dem GF **Schadenersatzansprüche** geltend machen, deren Umfang sich grds nach §§ 1331 f ABGB richtet u nach den Regeln des allg Privatrechts verschuldensabhängig ist.[81] § 349 UGB (Ersatz des entgangenen Gewinns auch bei leichter Fahrlässigkeit) ist mangels Unternehmereigenschaft des GF idR nicht anwendbar;[82] die Beweislastumkehr gemäß § 1298 ABGB (Verschuldensvermutung) kommt hingegen zur Anwendung, da es sich um einen Schadenersatzanspruch *ex contractu* handelt.[83] Überdies kann eine Vertragsstrafe iSd § 1336 ABGB für den Fall des Wettbewerbsver- 23

---

[77] OGH 12.10.2006, 6 Ob 139/06v; s oben Rz 15.
[78] *Enzinger* in Straube/Ratka/Rauter, GmbHG § 24 Rz 30; *Koppensteiner/Rüffler*, GmbHG³ § 24 Rz 14; *Temmel/Peric* in Gruber/Harrer, GmbHG² § 24 Rz 37; *U. Torggler* in Torggler, GmbHG § 24 Rz 8; *Wünsch*, GmbH-Kommentar § 24 Rz 38.
[79] OGH 2.10.1985, 3 Ob 555/85; *Temmel/Peric* in Gruber/Harrer, GmbHG² § 24 Rz 37.
[80] OGH 7.11.1978, 5 Ob 611/78; *Umfahrer*, GmbH-Handbuch⁶ Rz 260.
[81] *Koppensteiner/Rüffler*, GmbHG³ § 24 Rz 14.
[82] *Enzinger* in Straube/Ratka/Rauter, GmbHG § 24 Rz 32; *Koppensteiner/Rüffler*, GmbHG³ § 24 Rz 14.
[83] *Koppensteiner/Rüffler*, GmbHG³ § 24 Rz 14 mwN; *Jabornegg/Artmann* in Artmann, UGB I.1³ § 113 Rz 2; *S.-F. Kraus* in Torggler, UGB³ § 113 Rz 2.

bots vereinbart werden.[84] Das Mäßigungsrecht gem § 1336 Abs 2 ABGB kommt dabei zur Anwendung. Zu den untersch Folgen beim angestellten u nicht angestellten (iSd AngG) GF vgl bereits oben Rz 4.

24 Alternativ zum Schadenersatzanspruch kann die Gesellschaft sich entschließen, in die gegen § 24 verstoßenden Geschäfte einzutreten u die v GF pflichtwidrig bezogene Vergütung zu verlangen bzw sich die Ansprüche abtreten zu lassen (**Eintrittsrecht**). Davon ist auch die Herausgabe des Gewinns erfasst.[85] Dieser Anspruch ist verschuldensunabhängig.[86] Dabei sind grds auch Provisionen oder sonstige Vergütungen herauszugeben.[87] Der GF hat zwar Anspruch auf Aufwandersatz, nicht aber auf Vergütung, was aus einem auftragsähnlichen Rechtsverhältnis resultiert.[88] Bei verbotenerweise eingegangenen Beteiligungen (s oben Rz 12 f) kann das Eintrittsrecht nur mit Zustimmung der Beteiligungsgesellschaft ausgeübt werden.[89]

25 Der Gesellschaft kommt hinsichtlich der alternativen Rechtsfolgen des Schadenersatzes oder des Eintrittsrechts ein **Wahlrecht** zu. Dieses kann nur einmalig ausgeübt werden u kann für mehrere Geschäfte, die in einer wirtschaftlichen Betrachtungsweise eine Einheit bilden, nur einheitlich geltend gemacht werden.[90] Erweist sich das Geschäft nach Eintritt durch die Gesellschaft als verlustträchtig, hat die Gesellschaft den dadurch entstehenden Verlust zu tragen.[91] Resultiert der Verlust allerdings aus sorgfaltswidrigem Handeln des GF, kann sich die Gesellschaft nach den Voraussetzungen des § 25 schadlos halten.

---

84 OGH 16.5.1979, 1 Ob 596/79.
85 *Enzinger* in Straube/Ratka/Rauter, GmbHG § 24 Rz 33.
86 *Enzinger* in Straube/Ratka/Rauter, GmbHG § 24 Rz 33; *Koppensteiner/Rüffler*, GmbHG³ § 24 Rz 14; **aA** *U. Torggler* in Torggler, GmbHG § 24 Rz 8; *Jabornegg/Artmann* in Artmann, UGB I.1³ § 113 Rz 3 („als gleichwertige Alternative zum Schadenersatz"); *Schauer* in Kalss/Nowotny/Schauer, GesR² Rz 2/414 (zur OG).
87 *Enzinger* in Straube/Ratka/Rauter, GmbHG § 24 Rz 33.
88 *Jabornegg/Artmann* in Artmann, UGB I.1³ § 113 Rz 3 mwN.
89 *Koppensteiner/Rüffler*, GmbHG³ § 24 Rz 14 mit der Einschränkung, bei nicht vinkulierten Anteilen an Kapitalgesellschaften eine Ausnahme zuzulassen.
90 *Temmel/Peric* in Gruber/Harrer, GmbHG² § 24 Rz 37 mwN; *Jabornegg/Artmann* in Artmann, UGB I.1³ § 113 Rz 4.
91 *Wünsch*, GmbH-Kommentar § 24 Rz 49.

B. Weitere Ansprüche

Daneben bestehen verschuldensunabhängige Ansprüche der Gesellschaft gegen den GF auf **Unterlassung** u **Beseitigung**[92] sowie auf **Auskunft** u **Rechnungslegung**.[93] Letzteres ist notwendig, damit die Gesellschaft ihr Wahlrecht informiert ausüben kann. Prozessual bietet sich hierfür die Stufenklage[94] an.[95] Die Stufenklage ist jedoch nicht zulässig, wenn die Gesellschaft bloße Erkundungen anstellen möchte, dh kein substantiiertes Vorbringen dazu erstattet oder erstatten kann, dass überhaupt ein wettbewerbsverbotswidriges Verhalten besteht.[96]

Alternativ zu § 24 GmbHG kann die Gesellschaft gegen den GF auch nach § 1 UWG nach der Fallgruppe des **Rechtsbruchs** vorgehen.[97]

C. Fristen

Schließlich sieht Abs 4 besondere **Fristen** für die Geltendmachung des Anspruchs der Gesellschaft gegen den GF vor. Diese sind *leges speciales* zu § 25 Abs 6.[98] Zum einen eine **dreimonatige Frist**, die ab Kenntnis sämtlicher[99] Mitglieder des AR oder, wenn kein solcher besteht, der übrigen GF v der die Rechte der Gesellschaft begründenden Tatsache Kenntnis erlangt haben. Die Kenntnis durch die Gesellschafter reicht

---

[92] OGH 10.10.1995, 4 Ob 52/95; 17.12.2008, 6 Ob 213/07b; 21.4.2010, 7 Ob 23/10y; 4.4.1978, 4 Ob 326/78 (zur Beseitigung bei der OG); *Jabornegg/Artmann* in Artmann, UGB I.1³ § 113 Rz 8; *Reich-Rohrwig*, GmbH-Recht I² Rz 2/296; *S.-F. Kraus* in Torggler, UGB³ § 113 Rz 6.

[93] *Kastner/Doralt/Nowotny*, Grundriss⁵, 396; *Ch. Nowotny* in Kalss/Nowotny/Schauer, GesR² Rz 4/217; *Enzinger* in Straube/Ratka/Rauter, GmbHG § 24 Rz 34.

[94] Vgl dazu Art XLII EGZPO; *Konecny* in Fasching/Konecny, Zivilprozessgesetze³ II/1 Art XLII EGZPO, Rz 109 ff.

[95] OGH 21.3.2019 6 Ob 43/19w; *Jabornegg/Artmann* in Artmann, UGB I.1³ § 113 Rz 7.

[96] OGH 21.3.2019 6 Ob 43/19w (mwN zur Diskussion im Schrifttum).

[97] OGH 10.10.1995, 4 Ob 25/95; *Enzinger* in Straube/Ratka/Rauter, GmbHG § 24 Rz 36; *Jabornegg/Artmann* in Artmann, UGB I.1³ § 113 Rz 10; **aA** *Koppensteiner/Rüffler*, GmbHG³ § 24 Rz 2.

[98] OGH 20.6.1989, 2 Ob 516/89; *U. Torggler* in Torggler, GmbHG § 24 Rz 11.

[99] OGH 2.10.1985, 3 Ob 555/85; *Koppensteiner/Rüffler*, GmbHG³ § 24 Rz 15; *S.-F. Kraus* in Torggler, UGB³ § 113 Rz 10; *U. Torggler* in Torggler, GmbHG § 24 Rz 11.

nicht aus;[100] sie sollte jedoch dann ausreichen, wenn die Gesellschaft keinen AR u nur einen GF, nämlich jenen, der gegen das Wettbewerbsverbot verstößt, hat.[101] Beim anspruchsbegründenden Tatbestand der verbotenen Mitwirkung in Organen oder bei Beteiligung beginnt die Frist ab der Kenntnis der genannten Personen v diesem Umstand; bei Geschäften im Geschäftszweig auf eigene oder fremde Rechnung beginnt die Frist hingegen für jedes Geschäft einzeln neu zu laufen.[102] Kennen müssen, dh fahrlässige Unkenntnis, genügt nicht.[103] Die dreimonatige Frist ist eine Verjährungsfrist, keine Präklusionsfrist.[104] Bei Verstreichen der dreimonatigen Frist kann ein Anspruch nicht mehr auf die fünfjährige Verjährungsfrist gestützt werden.[105]

29 Zu beachten ist weiter, dass § 35 Abs 1 Z 6 für die Geltendmachung der Ersatzansprüche einen Gesellschafterbeschluss verlangt;[106] vgl dazu auch § 35 Rz 87 ff. Dies kann eine zusätzliche Hürde im ohnehin engen Fristenregime darstellen. Das Erfordernis eines Gesellschafterbeschlusses gilt jedoch nicht im Provisorialverfahren, weshalb einstweilige Verfügungen auch ohne Gesellschafterbeschluss beantragt werden können.[107]

30 Die **fünfjährige Frist** ist ebenfalls als Verjährungsfrist zu qualifizieren.[108] Sie ist dann einschlägig, wenn die dreimonatige Frist mangels Kenntnis der genannten Personen nicht ausgelöst wurde. Sie beginnt im

---

100 *U. Torggler* in Torggler, GmbHG § 24 Rz 11 mwN; aA *Koppensteiner/Rüffler*, GmbHG³ § 24 Rz 15.
101 *Koppensteiner/Rüffler*, GmbHG³ § 24 Rz 15.
102 *Enzinger* in Straube/Ratka/Rauter, GmbHG § 24 Rz 38; *Koppensteiner/Rüffler*, GmbHG³ § 24 Rz 15.
103 OGH 2.10.1985, 3 Ob 555/85; 21.4.2010, 7 Ob 23/10y; *Koppensteiner/Rüffler*, GmbHG³ § 24 Rz 15; *Temmel/Peric* in Gruber/Harrer, GmbHG² § 24 Rz 41.
104 OGH 10.10.1995, 4 Ob 52/95; 21.4.2010, 7 Ob 23/10y; *Enzinger* in Straube/Ratka/Rauter, GmbHG § 24 Rz 32; *U. Torggler* in Torggler, GmbHG § 24 Rz 11; *Wünsch*, GmbHG § 24 Rz 66; aA *Koppensteiner/Rüffler*, GmbHG³ § 24 Rz 15; *Reich-Rohrwig*, GmbHR I² Rz 2/298; offen lassend *Temmel/Peric* in Gruber/Harrer, GmbHG² § 24 Rz 41.
105 OGH 20.6.1989, 2 Ob 516/89.
106 *Enzinger* in Straube/Ratka/Rauter, GmbHG § 35 Rz 89 mwN zur dt Rsp.
107 OGH 14.9.2021, 6 Ob 71/21s.
108 AllgM: *Enzinger* in Straube, GmbHG § 24 Rz 36; *Koppensteiner/Rüffler*, GmbHG³ § 24 Rz 15; *Temmel/Peric* in Gruber/Harrer, GmbHG² § 24 Rz 42; *U. Torggler* in Torggler, GmbHG § 24 Rz 11.

Zeitpunkt der Vornahme der wettbewerbsverbotswidrigen Handlung zu laufen.[109]

Das Fristenregime des § 24 Abs 4 ist grds auf alle Ansprüche anzuwenden, die aus einem Verstoß gegen das Wettbewerbsverbot resultieren können, nämlich jener auf Schadenersatz, Herausgabe (Eintrittsrecht) u Unterlassung.[110] Demgegenüber richtet sich die Verjährung einer allfällig vereinbarten Vertragsstrafe (s oben) nach der allg Regel des § 1489 ABGB.[111] **31**

Auskunftspflicht der Geschäftsführer

§ 24a. Geschäftsführer sind der Gesellschaft gegenüber für die Dauer von fünf Jahren nach Beendigung ihrer Organstellung verpflichtet, im Rahmen des Zumutbaren Auskunft über die Geschäfte und Vermögenswerte der Gesellschaft aller Art zu geben.

idF BGBl I 1997/114

Literatur: *Ch. Nowotny*, Aufsichtsrat: Pflicht zur Rückgabe von Geschäftsunterlagen? RdW 2008/709, 759; *Told*, Kein Anspruch des Alleingesellschafters auf Herausgabe von Geschäftsunterlagen der Gesellschaft, GesRZ 2014, 258.

Inhaltsübersicht

I. Einleitung	1, 2
II. Berechtigte und Verpflichtete	3, 4
III. Ausmaß der Auskunftspflicht	5–10
A. Sachlicher Umfang der Auskunftspflicht	5–9
B. Zeitliche Anwendbarkeit der Auskunftspflicht	10
IV. Rechtsdurchsetzung	11, 12
V. Vertragsgestaltung	13
VI. Weitere Pflichten nach Ausscheiden	14–16

---

109 *Enzinger* in Straube, GmbHG § 24 Rz 38.
110 *Enzinger* in Straube, GmbHG § 24 Rz 37; *Koppensteiner/Rüffler*, GmbHG³ § 24 Rz 15; zum Unterlassungsanspruch explizit OGH 10.10.1995, 4 Ob 52/95; 21.4.2010, 7 Ob 23/10y; aA zum Unterlassungsanspruch *U. Torggler* in Torggler, GmbHG § 24 Rz 11.
111 OGH 15.5.1979, 1 Ob 596/79; 25.11.2020, 6 Ob 219/20h.

I. Einleitung

1 Die Bestimmung fand im Zuge des IRÄG 1997 Eingang in das GmbHG. Damit wollte der Gesetzgeber vermeiden, dass der Gesellschaft wichtige Informationen fehlen, sofern in **Krisenzeiten** – u letztlich in der Insolvenz – keine GF mehr vorhanden sind.[1] Die Situation kann jedoch nicht nur in der Insolvenz auftreten; auch bei jedem anderen Wechsel der GF sollen u müssen die ehem Organwalter ihren Nachfolgern die notwendigen Informationen zur Verfügung stellen.[2]

2 Theoretisch sollte § 24a nicht einschlägig werden, weil die GF während ihrer Amtszeit die Pflicht trifft, eine **effiziente Unternehmensorganisation** einzurichten.[3] Dazu zählt auch – nicht zuletzt aus Eigeninteresse des GF zur Haftungsvermeidung bei unternehmerischen Entscheidungen[4] – die ordentliche Aufzeichnung u Dokumentation v Vorgängen.

II. Berechtigte und Verpflichtete

3 **Berechtigte** u damit Gläubigerin des Anspruchs auf Informationserteilung ist die Gesellschaft, vertreten durch den (die) (Not-)GF oder den Insolvenzverwalter.[5]

4 **Verpflichteter** bzw Schuldner des Informationsanspruchs ist der ausgeschiedene GF, sein Stellvertreter, der faktische GF sowie ein fehlerhaft bestellter GF.[6] Auch der nach § 30e Abs 2 befristet als GF entsandte AR fällt darunter. Diese Personen sind über einen Zeitraum v fünf Jahren ab Amtsende (vgl §§ 16 f; die Eintragung im FB hat dabei nur deklarative Wirkung u ist daher unbeachtlich)[7] oder beim faktischen GF ab

---

1 ErlRV 734 BlgNR 20. GP 67 f.
2 *Enzinger* in Straube/Ratka/Rauter, GmbHG § 24a Rz 2.
3 *Rauter/Ratka* in Ratka/Rauter, Geschäftsführerhaftung² Rz 2/46.
4 Vgl dazu *J. Reich-Rohrwig* in Straube/Ratka/Rauter, GmbHG § 25 Rz 33 ff; *Rauter/Ratka* in Ratka/Rauter, Geschäftsführerhaftung² Rz 2/102 f.
5 *U. Torggler* in Torggler, GmbHG § 24a Rz 5; *Enzinger* in Straube/Ratka/Rauter, GmbHG § 24a Rz 7.
6 *Enzinger* in Straube/Ratka/Rauter, GmbHG § 24a Rz 6; *Koppensteiner/Rüffler*, GmbHG³ § 24a Rz 2; *U. Torggler* in Torggler, GmbHG § 24a Rz 6.
7 *Temmel/Peric* in Gruber/Harrer, GmbHG² § 24a Rz 4.

der endgültigen Beendigung der faktischen GF-Tätigkeit verpflichtet, der Gesellschaft Auskunft zu geben.[8]

III. Ausmaß der Auskunftspflicht

A. Sachlicher Umfang der Auskunftspflicht

Die Auskunftspflicht der Verpflichteten (s oben Rz 4) bezieht sich auf die **Geschäfte u Vermögenswerte**[9] der Gesellschaft. Demnach müssen die ehem (faktischen) GF über alle Umstände Auskunft geben, die potenziell Einfluss auf die Vermögenslage der Gesellschaft nehmen können.[10] Verpflichtete müssen ihre Auskunft richtig u vollständig erteilen; überdies dürfen keine wesentlichen Umstände verschwiegen werden.[11] Geschuldet ist ausschließlich die Auskunft als solche; die Herausgabe eigener Aufzeichnungen des GF – bspw in einem Notizbuch – ist dabei nicht geschuldet (s dazu unten Rz 15 zur Herausgabe v Geschäftsunterlagen).[12]

Die (faktische) Grenze der Auskunftspflicht liegt stets in der **Erinnerung** des GF. Erklärt ein ehem GF, über bestimmte Vorgänge keine Erinnerung mehr zu haben, ist die Durchsetzung des Anspruchs idR schwierig.[13] Je länger der Zeitraum, in dem das auskunftspflichtige Ereignis stattgefunden hat, zurückliegt, desto weniger wird sich der ehem GF an die Details eines Ereignisses erinnern können (u müssen).[14]

Die rechtliche Grenze der Auskunftspflicht ist nach dem Wortlaut der Bestimmung die **Zumutbarkeit**. So muss der GF keinesfalls Tag u Nacht für Auskünfte zur Verfügung stehen; ein Auskunftsverlangen zur Unzeit ist daher idR nicht zumutbar,[15] sofern im Einzelfall nicht

---

8 *U. Torggler* in Torggler, GmbHG § 24a Rz 6.
9 Hierzu wird in der Lit zu Recht angemerkt, dass eine Abgrenzung der beiden Begriffe überflüssig ist; vgl *Koppensteiner/Rüffler*, GmbHG³ § 24a Rz 3; ihnen zust *Temmel/Peric* in Gruber/Harrer, GmbHG² § 24 Rz 6.
10 *Koppensteiner/Rüffler*, GmbHG³ § 24a Rz 3.
11 *Enzinger* in Straube/Ratka/Rauter, GmbHG § 24a Rz 8.
12 *Enzinger* in Straube/Ratka/Rauter, GmbHG § 24a Rz 8.
13 *Koppensteiner/Rüffler*, GmbHG³ § 24a Rz 4; dort wird die Auskunftspflicht auch metaphorisch als „stumpfe Waffe" bezeichnet.
14 *Temmel/Peric* in Gruber/Harrer, GmbHG² § 24 Rz 7.
15 *Koppensteiner/Rüffler*, GmbHG³ § 24a Rz 4.

eine besondere Eile zur Abwendung eines Schadens der Gesellschaft – etwa eine drohende Verjährung eines Anspruchs der Gesellschaft gegen einen Dritten (s auch unten Rz 8) – geboten ist. Überdies sind dabei die im Zeitpunkt des Informationsverlangens bestehenden beruflichen u privaten Verpflichtungen des ausgeschiedenen GF zu berücksichtigen.[16] Kann die Gesellschaft die Informationen auch aus eigenen Unterlagen erhalten, ist darauf mE primär zurückzugreifen, bevor man sich an den ausgeschiedenen GF wendet; dies auch dann, wenn dieser Prozess für die Gesellschaft zeitaufwendig sein sollte. Keinesfalls muss sich der GF dabei in eine Situation bringen, die ihn strafrechtlich oder zivilrechtlich haftbar macht.[17]

8 Hinsichtlich der **Frist**, binnen derer die Auskunft erteilt werden muss, ist auf die Umstände des jeweiligen Einzelfalls abzustellen. Eine Information, v der die Einbringung einer Klage über einen sonst verjährenden Anspruch abhängt, wird somit binnen kürzerer Frist erteilt werden müssen als bspw die Angabe, warum eine bestimmte Rückstellung in einem vergangenen Jahresabschluss (nicht) gebildet wurde. Abstrakt gesprochen ist die Auskunft daher nicht *unverzüglich*, sondern *binnen angemessener Frist* zu erteilen, wobei das Unternehmenswohl der die Information begehrenden GmbH mit der zeitlichen Vereinbarkeit des GF abzuwägen ist. So kann es ausnahmsweise auch zumutbar sein, einen ehem GF am Wochenende oder im Urlaub zu kontaktieren u v ihm die Auskunft zu verlangen,[18] sofern ansonsten – u nur dann – für die Gesellschaft ein erheblicher Schaden entstünde. Die aktuellen GF oder Liquidatoren oder der Insolvenzverwalter haben den ehem GF allenfalls darauf hinzuweisen, dass eine zu erteilende Information besonders zeitkritisch ist.

9 Dem GF steht hierfür **kein Entgelt**, sehr wohl aber der Ersatz für besondere Auslagen (§ 1014 ABGB) zu.[19]

---

16 *Temmel/Peric* in Gruber/Harrer, GmbHG² § 24 Rz 7.
17 *Enzinger* in Straube/Ratka/Rauter, GmbHG § 24a Rz 9; *Koppensteiner/Rüffler*, GmbHG³ § 24a Rz 4; **aA** *U. Torggler* in Torggler, GmbHG § 24a Rz 4 unter Bezugnahme auf BGH 30.4.1964, VII ZR 156/62.
18 **AA** *Temmel/Peric* in Gruber/Harrer, GmbHG² § 24a Rz 7.
19 *U. Torggler* in Torggler, GmbHG § 24a Rz 6; *Schopper*, Nachvertragliche Pflichten 423 ff.

B. Zeitliche Anwendbarkeit der Auskunftspflicht

Die zeitliche Anwendbarkeit der Regel beginnt mit dem Ende der Organfunktion des GF.[20] Dies schließt – insb bei Abberufung des GF – nicht aus, dass dieser noch in einem aufrechten Dienstverhältnis mit der Gesellschaft oder einem mit der Gesellschaft verbundenen Unternehmen steht; aus diesem kann sich ebenfalls die Pflicht zur Auskunftserteilung ergeben. Die Auskunftspflicht des GF nach § 24 a endet mit Ablauf v fünf Jahren nach Beendigung der Organstellung. Innerhalb dieses Zeitraums nimmt die Intensität der Auskunftspflicht ab,[21] was nicht zuletzt auch aus dem Umstand ableitbar ist, dass das Erinnerungsvermögen des GF nach bspw vier Jahren geringer sein wird als unmittelbar nach der Beendigung der Organstellung.

10

IV. Rechtsdurchsetzung

Der Anspruch auf Informationserteilung ist nach hA im **Außerstreitverfahren** geltend zu machen.[22] Ob eine gerichtl Geltendmachung sinnvoll ist, sei dahingestellt. Bringt der dann im Verfahren als Antragsgegner belangte GF nämlich vor, dass er sich nicht mehr erinnern könne, geht der Anspruch idR ins Leere,[23] sofern das Gegenteil nicht beweisbar ist, etwa durch zeitnahe Äußerungen des GF zu dieser Sache vor anderen Adressaten.

11

Erteilt der ehem GF die Auskunft gar nicht oder nicht im geforderten Umfang, haftet er gegenüber der Gesellschaft überdies nach den allg Regeln des § 25.[24]

12

---

20 *Enzinger* in Straube/Ratka/Rauter, GmbHG § 24 a Rz 1.
21 *Enzinger* in Straube/Ratka/Rauter, GmbHG § 24 a Rz 5.
22 *Enzinger* in Straube/Ratka/Rauter, GmbHG § 24 a Rz 10.
23 *Koppensteiner/Rüffler*, GmbHG³ § 24 a Rz 4; *Temmel/Peric* in Gruber/Harrer, GmbHG² § 24 a Rz 9.
24 *Enzinger* in Straube/Ratka/Rauter, GmbHG § 24 a Rz 11; *Koppensteiner/Rüffler*, GmbHG³ § 24 a Rz 2; *U. Torggler* in Torggler, GmbHG § 24 a Rz 6.

V. Vertragsgestaltung

13 § 24a ist **dispositiv**.[25] **Änderungen** können grds im Anstellungsvertrag vereinbart, *qua* Gesellschafterbeschluss vorgenommen oder in den GesV aufgenommen werden.[26] Eine Einschränkung für – nicht aber auf – den Insolvenzfall ist aufgrund v § 879 Abs 1 ABGB u den dokumentierten Motiven des historischen Gesetzgebers (s oben Rz 1) unzulässig. Verschärfungen müssen verhältnismäßig sein.[27] Für die Praxis empfiehlt es sich durchaus, die genauen Modalitäten der Auskunftspflicht des GF im Dienstvertrag festzuschreiben.

VI. Weitere Pflichten nach Ausscheiden

14 Neben der Auskunftspflicht des GF nach Ende der Organschaft treffen ihn eine Reihe v weiteren Pflichten: Dazu zählt die aus dem Auftragsrecht (§ 1025 ABGB) abgeleitete Pflicht, **unaufschiebbare Geschäfte** fortzusetzen. Auch eine geordnete **Amtsübergabe** schuldet der Alt-GF.[28] Den ausscheidenden einzigen GF trifft hingegen mE nicht die Verpflichtung, eine **GV** zur Wahl eines neuen GF einzuberufen; dies ist vielmehr Sache der Gesellschafter.[29] Die Insolvenzantragspflicht u -befugnis (§ 69 IO) wirken nicht nach.[30]

15 Überdies sind alle **Geschäftsunterlagen** der Gesellschaft **herauszugeben**, was auch aus dem Auftragsrecht (§ 1009 ABGB) abgeleitet werden kann;[31] dies gilt allerdings nur, wenn der Gesellschaft die Un-

---

25 *U. Torggler* in Torggler, GmbHG § 24a Rz 1.
26 *Enzinger* in Straube/Ratka/Rauter, GmbHG § 24a Rz 12.
27 *U. Torggler* in Torggler, GmbHG § 24a Rz 1 mwN; *Enzinger* in Straube/Ratka/Rauter, GmbHG § 24a Rz 12.
28 *Schopper*, Nachvertragliche Pflichten 408 ff; *U. Torggler* in Torggler, GmbHG § 24a Rz 8 mwN; *Enzinger* in Straube/Ratka/Rauter, GmbHG § 24a Rz 13.
29 *Enzinger* in Straube/Ratka/Rauter, GmbHG § 24a Rz 13; aA *U. Torggler* in Torggler, GmbHG § 24a Rz 8.
30 *Dellinger* in Konecny/Schubert, Insolvenzgesetze § 69 KO Rz 37 f mwN; zust *U. Torggler* in Torggler, GmbHG § 24a Rz 8.
31 Vgl dazu *Told*, GesRZ 2014, 258 (259 f); vage OGH 22.4.2010, 8 ObA 26/09w mit Zurückverweisung an das Erstgericht (s dort die rechtlichen Ausführungen des Berufungsgerichts OLG Innsbruck 15 Ra 4/09i-35); *Ch. Nowotny*, RdW 2008/709, 759 (für den AR); in OGH 25.3.2014, 9 ObA 16/14i wurde ein solcher Herausgabeanspruch aufgrund Aktivlegitimation

terlagen nicht auch selbst zur Verfügung stehen.[32] Sofern die Gesellschaft über die Dokumente selbst verfügt u der GF lediglich Kopien oder Datenträger mit den Dokumenten hat, kann der Anspruch nach hA nicht auf § 1009 ABGB gestützt werden.[33] Auch die Herausgabe v eigenen Aufzeichnungen des GF – zB eines Notizbuchs mit Besprechungsnotizen – ist nach dieser Bestimmung nicht geschuldet. Üblicherweise findet sich in der GO u/oder im Anstellungsvertrag mit dem GF eine entsprechende Regelung, dass alle Dokumente samt Kopien u Datenträgern zurückzustellen sind. Eine *gesetzl* Herausgabepflicht v Kopien u Dokumenten in digitaler Form kann hingegen wohl nur im Einzelfall aus Treuepflichterwägungen abgeleitet werden.[34] Sofern deren Herausgabe gewünscht ist, ist ratsam (und üblich), eine entspr Klausel in den Anstellungsvertrag aufzunehmen.

Schließlich ist der GF auch nach Ausscheiden aus seinem Amt zur **Verschwiegenheit** über Gesellschaftsinterna verpflichtet, was aus der nachwirkenden Treuepflicht des GF resultiert.[35]

16

§ 25. (1) Die Geschäftsführer sind der Gesellschaft gegenüber verpflichtet, bei ihrer Geschäftsführung die Sorgfalt eines ordentlichen Geschäftsmannes anzuwenden.

(1a) Ein Geschäftsführer handelt jedenfalls im Einklang mit der Sorgfalt eines ordentlichen Geschäftsmannes, wenn er sich bei einer unternehmerischen Entscheidung nicht von sachfremden Interessen leiten lässt und auf der Grundlage angemessener Information annehmen darf, zum Wohle der Gesellschaft zu handeln.

(2) Geschäftsführer, die ihre Obliegenheiten verletzen, haften der Gesellschaft zur ungeteilten Hand für den daraus entstandenen Schaden.

---

der Klägerin verneint. Inhaltliche Ausführungen fanden sich darin mangels Notwendigkeit nicht.
32 *Enzinger* in Straube/Ratka/Rauter, GmbHG § 24a Rz 14; *Haberer*, GES 2009, 22 (22 ff).
33 *Haberer*, GES 2009, 22 (22 ff); *Ch. Nowotny*, RdW 2008/709, 759.
34 *Haberer*, GES 2009, 22 (22 ff); strenger: BGH 7.7.2008, II ZR 71/07, der die Herausgabepflicht v Kopien aus dem Auftragsrecht ableitet.
35 *U. Torggler* in Torggler, GmbHG § 24a Rz 8; zur AG vgl *Ch. Nowotny* in Doralt/Nowotny/Kalss, AktG² § 84 Rz 17 mwN; BGH 7.7.2008, II ZR 71/07.

(3) Insbesondere sind sie zum Ersatze verpflichtet, wenn

1. gegen die Vorschriften dieses Gesetzes oder des Gesellschaftsvertrages Gesellschaftsvermögen verteilt wird, namentlich Stammeinlagen oder Nachschüsse an Gesellschafter gänzlich oder teilweise zurückgegeben, Zinsen oder Gewinnanteile ausgezahlt, für die Gesellschaft eigene Geschäftsanteile erworben, zum Pfande genommen oder eingezogen werden;
2. nach dem Zeitpunkte, in dem sie die Eröffnung des Insolvenzverfahrens zu begehren verpflichtet waren, Zahlungen geleistet werden.

(4) Ein Geschäftsführer haftet der Gesellschaft auch für den ihr aus einem Rechtsgeschäfte erwachsenen Schaden, das er mit ihr im eigenen oder fremden Namen abgeschlossen hat, ohne vorher die Zustimmung des Aufsichtsrates oder, wenn kein Aufsichtsrat besteht, sämtlicher übriger Geschäftsführer erwirkt zu haben.

(5) Soweit der Ersatz zur Befriedigung der Gläubiger erforderlich ist, wird die Verpflichtung der Geschäftsführer dadurch nicht aufgehoben, daß sie in Befolgung eines Beschlusses der Gesellschafter gehandelt haben.

(6) Die Ersatzansprüche verjähren in fünf Jahren.

(7) Auf diese Ersatzansprüche finden die Bestimmungen des § 10, Absatz 6, Anwendung.

idF BGBl I 2015/112

Literatur: *Bertel/Schwaighofer* Österreichisches Strafrecht – Besonderer Teil II[14] (2020); *M. Bollenberger*, Geschäftsführerhaftung[6] (2017); *R. Bollenberger/Wess*, Libro-Straferkenntnis: Untreue und Gesellschaftsrecht, RdW 2014, 247; *Eckert/Linder*, Verjährung von Ersatzansprüchen gegen Vorstandsmitglieder, ecolex 2005, 449; *Fabrizy*, Kurzkommentar zum Strafgesetzbuch[13] (2018); *Gassner/Wabl*, Insolvenzverschleppung und Zahlungsverbot: Aktuelle Entwicklungen und Bedeutung für Geschäftsführer, ecolex 2018, 908; *Harrer*, Zum Abschluss eines Geschäftsführervertrages – Bemerkungen aus aktuellem Anlass (6 Ob 55/20m), wbl 2021, 84; *Kapsch/Grama*, Business Judgement Rule: Pflichtwidrige oder bloß unglückliche Geschäftsentscheidung? ecolex 2003, 524; *Karollus*, Gesellschaftsrechtliche Verantwortlichkeit von Bankorganen bei Kredit- und Sanierungsentscheidungen – zugleich ein Beitrag zur Business Judgement Rule (§ 84 Abs 1a AktG und § 25 Abs 1a GmbHG), ÖBA 2016, 252; *M. Karollus*, Business Judgement Rule und Handeln auf Grundlage angemessener Information am Beispiel eines Vergleichs über Ansprüche gegen Dritte, in FS W. Jud (2012) 307; *M. Karollus*, Die neuen gesetzlichen Regelungen zur Business Judgment Rule im

Gesellschaftsrecht (§ 84 Abs 1a AktG und § 25 Abs 1a GmbHG) in Kodek (Hg), Untreue NEU: Wechselbeziehungen zwischen Straf-, Zivil- und Gesellschaftsrecht (2017) 43; *Kienapfel/Schmoller*, Strafrecht – Besonderer Teil II[2] (2017); *Koziol*, Österreichisches Haftpflichtrecht I[4] (2020); *Koziol*, Zurechnung ungetreuer Bankmitarbeiter, in Österreichische Bankwissenschaftliche Gesellschaft (Hg), Diskussionsreihe Bank & Börse XXXIII (2004); *Lewisch*, Korruption und Compliance, in Lewisch (Hg), Jahrbuch Wirtschaftsstrafrecht und Organverantwortlichkeit (2013) 43; *Lutter*, Die Business Judgement Rule in Deutschland und Österreich, GesRZ 2007, 79; *Madari*, Die Regressfähigkeit von Kartellgeldbußen nach § 84 AktG und § 25 GmbHG, GesRZ 2021, 14; *Muhri/Ertl/Gerlach/Griesmayr*, Persönliche Haftung der Geschäftsführer, Vorstände und Aufsichtsräte[2]: Gesellschaftsrecht, Arbeits- und Sozialrecht, Straf- und Zivilrecht (2019); *Ch. Nowotny*, Managerhaftung und Versicherungsschutz, in FS Fenyves (2013) 661; *Ch. Nowotny*, Unternehmerische Entscheidungen und Organhaftung, in FS Koppensteiner (2016) 193; *Obergruber/U. Torggler*, Ressortaufteilung unter GmbH-Geschäftsführern, RdW 2019/642, 811; *Pendl*, Die Verjährung von Schadenersatzansprüchen gegen Organmitglieder und Abschlussprüfer (2018); *Raschauer/Wessely* (Hg), Kommentar zum VStG[2] (2016); *Reich-Rohrwig*, Aktuelles zur Geschäftsführerhaftung, Anm zu OGH 9 ObA 416/97k, ecolex 1998, 767; *Reich-Rohrwig*, GmbH-Geschäftsführerhaftung und Beweislast, Anm zu OGH 3 Ob 34/97i, ecolex 1998, 774; *Reich-Rohrwig*, Ermessensspielraum für AR-Mitglieder bei „Golden Handshakes" an Vorstandsmitglieder für deren vorzeitiges Ausscheiden, Anm zu OGH 7 Ob 58/08t, ecolex 2008, 926; *Reich-Rohrwig/Zimmermann*, Strafrechtsänderungsgesetz 2015 setzt die Business Judgement Rule um, ecolex 2015, 677; *Riss*, Doppelorganschaft, Kollision von Treuepflichten und Business Judgement Rule, ecolex 2010, 156; *Rüffler*, Business Judgement Rule und Untreue, GES 2015, 261; *G. Schima*, Business Judgement Rule und Verankerung im österreichischen Recht, GesRZ 2007, 93; *G. Schima*, Reform des Untreuetatbestands und Business Judgement Rule im Aktien- und GmbH-Recht, GesRZ 2015, 286; *Schopper/Kapsch*, Beginn der fünfjährigen Verjährungsfrist für Ersatzansprüche gegen GmbH-Geschäftsführer erst ab Kenntnis des Schadens und des Schädigers, Anm zu OGH 9 ObA 148/05p, ecolex 2007, 41; *W. Schwarz*, Ansprüche aufgrund der Fortbestandsfiktion bei einer Verschmelzung Teil II – ein demonstrativer Überblick möglicher Ansprüche, GES 2019, 290; *Triffterer/Rosbaud/Hinterhofer* (Hg), Salzburger Kommentar zum Strafgesetzbuch 41. Lieferung (2019); *U. Torggler*, Business Judgement Rule und unternehmerische Ermessensentscheidungen, ZfRV 2002, 133; *U. Torggler*, Haftung des Notgeschäftsführers – analoge Anwendung des § 84 Abs 2 Satz 2 AktG auf die GmbH, Anm zu OGH 6 Ob 34/07d, GesRZ 2007, 271; *U. Torggler*, Treuepflichten im faktischen GmbH-Konzern – Zum Minderheitenschutz in der abhängigen GmbH (2007); *U. Torggler*, Abdingbarkeit, Umwälzbarkeit, Versicherbarkeit, in Artmann/Rüffler/U. Torggler (Hg), Organhaftung zwischen Ermessensentscheidung und Haftungsfalle (2013) 35; *Vavrovsky*, Der erfolgreiche Geschäftsführer: Rechte und Pflichten, Haftung und Insolvenz[2] (2017); *Vrba/Unger*, Persönliche Haftung des Geschäftsführers einer GmbH in Vrba (Hg), Schadenersatz in der Praxis, 43. Lieferung (2021); *Wagner*, Geschäftsführerhaftung und URG – Keine Haftung bei außergerichtlicher Reorganisation (1999); *Walbert*, Haftung von leitenden Angestellten und Geschäftsführern (2020); *Welser/Zöchling-Jud*, Bürgerliches Recht II[14] (2015).

Inhaltsübersicht

I. Überblick	1–5
II. Innenhaftung	6–23
A. Voraussetzungen	6–12
B. Geltendmachung der Haftung gegen einen Geschäftsführer	13, 14
C. Behauptungs- und Beweislast	15–16a
D. Weisung	17
E. Verzicht, Vergleich, Entlastung	18, 19
F. Verjährung	20–23
III. Business Judgement Rule (Abs 1a)	24–30
A. Ausgangslage	24, 25
B. Entwicklung	26
C. Zweck und Voraussetzungen	27–30
IV. Außenhaftung	31, 32
V. Sonstige Haftungen der Geschäftsführer	33–37
VI. GmbH & Co KG	38
VII. D & O-Versicherung	39
VIII. Rechtsverteidigungskosten bei Inanspruchnahme des Geschäftsführers	40, 41
IX. Deutsche GmbH	42

I. Überblick

1 § 25 ist – zusammen mit § 84 AktG – **die Zentralnorm** für die zivilrechtliche Haftung v GF gegenüber der Gesellschaft; über § 33 gilt iW dieselbe Regelung auch für AR-Mitglieder. Der Regelungsinhalt lässt sich analog auf die Geschäftsführungstätigkeit v Organen anderer jP, zB jene der Privatstiftungsvorstände,[1] anwenden.

2 Kernpunkt ist die Normierung eines **objektivierten Sorgfaltsmaßstabs** iSe Sachverständigenhaftung nach § 1299 ABGB[2] für GF (weitestgehend auch auf faktische GF anwendbar[3]). Handlungen u Unterlassungen der GF entgegen dem objektivierten Sorgfaltsmaßstab sind

---

1 Vgl OGH 23.2.2016, 6 Ob 160/15w.
2 HM: OGH 9.7.1981, 8 Ob 517/81.
3 *Reich-Rohrwig* in Straube/Ratka/Rauter, GmbHG § 25 Rz 10.

rechtswidrig (vgl Rz 9) u führen bei (jedem Grad des) eigenen Verschulden(s) (vgl Rz 11) zu einer gesamtschuldnerischen Haftung aller GF gegenüber der Gesellschaft (Innenhaftung, vgl Rz 6 ff), sofern dadurch kausal u adäquat (vgl Rz 8) ein Schaden (vgl Rz 7) verursacht wurde. Zur Klarstellung, dass vorbereitete u nicht im Eigeninteresse handelnde GF auch unternehmerische u damit per se riskante Geschäfte für die Gesellschaft tätigen dürfen (mE: sollen), hat der Gesetzgeber die **Business Judgement Rule** in Abs 1a eingefügt (s Rz 24 ff). Nach einhelliger M trifft den GF **keine Erfolgshaftung**.[4] Maßgeblich für die Beurteilung der Sorgfaltsmäßigkeit des Handelns (oder Unterlassens) ist der Zeitpunkt des Handelns (Unterlassens) des Organmitgliedes aus der Sicht ex ante.[5]

Als **haftungsbegründend** hebt der Gesetzgeber in Abs 3 demonstrativ die Einlagenrückgewähr,[6] den unzulässigen Erwerb eigener Anteile u insolvenzrechtlich verpönte Zahlungen, nämlich Zahlungen,[7] die nach Eintritt der materiellen Insolvenz geleistet werden (sog Zahlungsverbot),[8] hervor. Absatz 4 normiert iW denselben Regelungsinhalt für entgegen den internen Organisationsvorschriften eingegangene, im Außenverhältnis aber dennoch wirksame Geschäfte. Unstrittig ist, dass alle anderen denkbaren Verstöße gegen den objektivierten Sorgfaltsmaßstab ebenfalls pönalisiert werden.

3

---

4 RIS-Justiz RS0049459.
5 OGH 10.11.1983, 12 Os 97/83; 26.2.2002, 1 Ob 144/01k; 22.10.2003, 3 Ob 287/02f; 11.6.2008, 7 Ob 58/08t; BGH 6.6.1994, II ZR 292/91; *Reich-Rohrwig*, ecolex 1998, 767; *Krejci* in FS P. Doralt 351 (353 f).
6 Ob Einlagenrückgewähr vorliegt, ist nach der zutr Rsp in „wirtschaftlicher Betrachtungsweise" festzustellen: OGH 29.1.2015, 6 Ob 170/14i.
7 Der Begriff „Zahlungen" ist weit zu verstehen: OGH 26.9.2017, 6 Ob 164/16k.
8 Ausgenommen v Zahlungsverbot sind Zahlungen, die auch nach Eintritt der materiellen Insolvenz mit der Sorgfalt eines ordentlichen u gewissenhaften Geschäftsleiters vereinbar sind (§ 84 Abs 3 Z 6 2. HS AktG analog); zB Zahlungen an ohnehin voll zu befriedigende Aus- oder Absonderungsberechtigte in Höhe des Werts des Aussonderungs-/Sicherungsguts bzw der Gegenforderung oder Zahlungen innerhalb der Antragsfrist (§ 69 IO), die zur Unternehmensfortführung notwendig sind (etwa zweckmäßige Zug-um-Zug-Geschäfte), sowie vor dem Hintergrund des § 153c StGB u § 67 Abs 10 ASVG auch Zahlungen v DN-Beiträgen zur Sozialversicherung: OGH 26.9.2017, 6 Ob 164/16k; RIS-Justiz RS0131906.

4   **Handlungen oder Unterlassungen**, die auf einem **Gesellschafterbeschluss** beruhen, sind nur dann **haftungsbefreiend**, wenn die Haftung nicht zur Befriedigung der Gesellschaftsgläubiger dient. Nach der hA[9] besteht kein klagbares Recht auf Entlastung; werden Ansprüche behauptet kommt uU eine negative Feststellungsklage gem § 228 ZPO in Betracht (vgl § 35 Rz 65). Die Entlastung wirkt nach hM als Verzicht auf bekannte oder erkennbare Ansprüche der Gesellschaft gegen den GF (vgl Rz 18)[10]; dies kann aufgrund des klaren Gesetzeswortlauts (Abs 7) jedoch nicht in den Fällen des Abs 5 (notwendig für die Befriedigung der Gesellschaftsgläubiger) gelten. Eine Einziehungsermächtigung (Geltendmachung des Ersatzanspruches durch die Gläubiger) analog zu § 84 Abs 5 AktG scheidet nach hM mangels planwidriger Lücke aus.[11]

5   Die Bestimmung ist (mit Ausnahme des Abs 4) **zwingend**.[12] Im GesV kann daher der Haftungsmaßstab weder reduziert werden noch eine Haftungsfreistellung für leichte Fahrlässigkeit vereinbart werden.[13] Nach der Rsp kann der Sorgfaltsmaßstab allerdings verschärft werden.[14]

---

9 OGH 26.6.1996, 7 Ob 2006/96t; *Baumgartner/Mollnhuber/U. Torggler* in Torggler, GmbHG § 35 Rz 13. *Irreführend* RIS-Justiz RS0060019, dessen Leitentscheidung (OGH 7.1.1959, 1 Ob 482/58, SZ 32/2) durch OGH 26.6.1996, 7 Ob 2006/96t überholt ist, vgl auch RIS-Justiz RS0102987.
10 RIS-Justiz RS0060007; vgl zum AktG RIS-Justiz RS0049220.
11 RIS-Justiz RS0034493 (OGH 12.4.1989, 2 Ob 566/88); *Koppensteiner/Rüffler*, GmbHG³ § 25 Rz 5 mwN; die exekutive Einziehung auf Basis eines gültigen Titels (idR eines vollstreckbaren Urteils) ist jedoch nach allg Regeln möglich.
12 Vgl § 4 Abs 2; RIS-Justiz RS0059670, zuletzt: OGH 31.7.2015, 6 Ob 139/15g.
13 Umstritten, vgl für die hier vertretene A *S. Kraus/U. Torggler* in Torggler, GmbHG § 25 Rz 36; aA *Koppensteiner/Rüffler*, GmbHG³ § 25 Rz 25; sofern die GF auch Gesellschafter sind, kann die Haftung im Syndikatsvertrag jedoch beschränkt werden.
14 RIS-Justiz RS0059670.

II. Innenhaftung

A. Voraussetzungen

§ 25 Abs 2 enthält eine Anspruchsgrundlage für einen **Schadenersatz-** **6**
anspruch der Gesellschaft gegenüber ihren GF. Danach sind bei Pflichtverletzungen die GF der Gesellschaft zum Ersatz des daraus entstandenen Schadens – wenn bei jedem v ihnen Verschulden vorliegt – gesamtschuldnerisch verpflichtet (vgl § 33 Rz 8).[15] Entsprechend den allg Anforderungen der Verschuldenshaftung sind dabei erforderlich:

- ein Schaden der Gesellschaft
- Kausalität des Handelns des GF
- Rechtswidrigkeit des Handelns des GF sowie
- ein dem GF vorwerfbares Verschulden.

Demnach besteht eine Schadenersatzpflicht nur dann, wenn der Gesell- **7**
schaft aus dem Verhalten des GF ein (ersatzfähiger) **Schaden** erwachsen ist. Im Sinne des § 1293 ABGB versteht man darunter jeden Nachteil, den die Gesellschaft am Vermögen oder an Rechten erleidet. Die Ermittlung des Schadens ist entspr den allg zivilrechtlichen Grundsätzen anhand der Differenzmethode vorzunehmen. Dabei ist ein Vergleich der infolge des haftungsbegründenden Ereignisses entstandenen Vermögenslage mit jener, die ohne dieses Ereignis bestehen würde, anzustellen. Die Ersatzpflicht des GF umfasst neben dem positiven Schaden grds auch den entgangenen Gewinn, welcher in der Verhinderung einer Vermögensvermehrung, also der Vernichtung einer Erwerbschance, zu erblicken ist.[16] Aus § 349 UGB ergibt sich jedoch, dass der GF bei leichter Fahrlässigkeit nur dann für den entgangenen Gewinn einzustehen hat, wenn er als Unternehmer iSd UGB zu qualifizieren ist.[17]

Daneben besteht als weitere Haftungsvoraussetzung die **adäquat** **8**
kausale Verursachung des Schadens durch den GF (Kausalität). Im Rahmen der Äquivalenz- oder Bedingungstheorie ist ein Verhalten ursächlich für einen Erfolg, wenn es nicht weggedacht werden kann, ohne

---

15 *Reich-Rohrwig* in Straube/Ratka/Rauter, GmbHG § 25 Rz 171.
16 *Koppensteiner/Rüffler*, GmbHG[3] § 25 Rz 21; *Ratka/Rauter*, Geschäftsführerhaftung[2] Rz 2/5; *Welser/Zöchling-Jud*, Bürgerliches Recht II[14] Rz 1350.
17 *Edelmann/Ratka* in Torggler, UGB[3] § 349 Rz 6.

dass der Erfolg entfiele.[18] Die Adäquanz ist dabei Rechtsfrage; die für eine Haftungsbegrenzung wegen fehlender Adäquanz maßgebenden Umstände sind nach den allg Grundsätzen v Schädiger nachzuweisen.[19] Die Kausalität muss v der Gesellschaft behauptet u bewiesen werden.[20] Bei Kollegialentscheidungen ist die bloße Gegenstimme ebenso wie die Stimmenthaltung nicht ausreichend, um eine Haftung zu vermeiden, vielmehr muss der GF Überzeugungsarbeit leisten;[21] sinnvollerweise sollte dies auch protokolliert werden. In schweren Fällen sind AR(-Vorsitzender) u/oder (alle) Gesellschafter umgehend zu verständigen.[22]

9   **Rechtswidrig** ist ein Verhalten des GF (nach hA erfolgt keine Zurechnung v Dritten gem § 1313a ABGB[23]) nach allg zivilrechtlichen Grundsätzen dann, wenn es gegen eine (allg) Rechtsnorm,[24] gegen ein Schuldverhältnis oder gegen die guten Sitten verstößt (§ 1295 ABGB). Damit sind sämtliche Pflichten eines GF erfasst, die sich tw aus konkreten gesetzl Vorschriften, Bestimmungen des Gesellschafts- u Anstellungsvertrags, internen Richtlinien udgl sowie – als wichtiger Auffangtatbestand – aus der **allg Sorgfaltspflicht** iSd § 25 ergeben. Darunter versteht die hM[25] die **Sorgfalt**, die **Fähigkeiten u** die **Kenntnisse**, die v einem GF in dem betr **Geschäftszweig** u nach der **Größe des Unternehmens üblicherweise erwartet werden können**. Der Sorgfaltsmaßstab darf nicht überspannt werden. Die GF schulden dabei eine branchen-, größen- u situationsadäquate Bemühung, wobei sich die Situationsadäquanz des Verhaltens bei Transaktionen (auch) nach dem Transaktionswert zu richten hat.[26] Die objektive Sorgfaltswidrigkeit

---

18 *Welser/Zöchling-Jud*, Bürgerliches Recht II[14] Rz 1367; RIS-Justiz RS0022906; RS0022944; zu Folgeschäden aus mangelhafter Buchhaltung vgl OGH 28.11.1985, 6 Ob 757/83.
19 *Koziol*, Haftpflichtrecht I[4] D/7/58; OGH 3.8.2021, 8 ObA 109/20t.
20 RIS-Justiz RS0110283, darunter OGH 24.6.1998, 3 Ob 34/97i, ecolex 1998, 774 (*Reich-Rohrwig*) mit expliziter Nennung der Kausalität; zuletzt OGH 3.8.2021, 8 ObA 109/20t.
21 *Fleischer* in MüKo GmbHG I[3] § 43 Rz 249.
22 *Schnorbus* in Rowedder/Schmidt-Leithoff, GmbHG[6] § 43 Rz 47; *S. Kraus/ U. Torggler* in Torggler, GmbHG § 25 Rz 8.
23 *Koppensteiner/Rüffler*, GmbHG[3] § 25 Rz 16.
24 Insb auch Abs 4, welcher allerdings kein Verbot eines Insichgeschäfts darstellt, sondern im Gegenteil eine großzügige Haltung einnimmt; s *Harrer*, wbl 2021, 84.
25 RIS-Justiz RS0118177.
26 OGH 30.8.2016, 6 Ob 198/15h.

kann dabei durch Einholung fachlichen Rats bei einer verlässlichen, sachlich kompetenten Stelle ausgeschlossen werden, sofern diese über den gesamten SV informiert wurde.[27] Das GA ist zu plausibilisieren, wobei allg erkennbare Erkenntnisquellen miteinzubeziehen sind.[28] Bloße Gefälligkeitsgutachten exkulpieren nicht, wobei die (extrem geringe oder auffallend hohe) Höhe des Honorars ein Indiz für mangelnde Seriosität sein kann.[29] An die Beurteilung v Rechtsunkenntnis u Rechtsirrtum ist grds ein strenger Maßstab anzulegen; beruft sich der GF darauf, hat er sich freizubeweisen.[30] Auch Unterlassungen des GF sind haftungsbegründend, wenn ein aktives Tun des GF bei pflichtgemäßer Geschäftsführung geboten gewesen wäre.[31] Die Rechtswidrigkeit ergibt sich somit aus der **objektiv sorgfaltswidrigen Schlecht- oder Nichterfüllung der Leitungsaufgaben** durch den GF (dh unabhängig v den persönlichen Fähigkeiten des GF).[32] Dieser Maßstab ist für Rechtswidrigkeit u Verschulden relevant,[33] gilt allerdings nur für organbezogene Leitungsaufgaben.[34] Rechtswidrig ist dabei einerseits die **Überschreitung des eingeräumten Ermessensspielraums** u andererseits der **Missbrauch des eingeräumten Ermessens**. GF haben die Sorgfalt eines ordentlichen Geschäftsmannes in verantwortlich leitender Position bei selbständiger, treuhändiger Wahrnehmung fremder Vermögensinteressen einzuhalten.[35] Die Anforderungen dürfen freilich nicht überspannt werden.[36] Insbesondere trägt die Gesellschaft (u nicht der GF) das Unternehmerrisiko.[37]

– Der GF **überschreitet** den eingeräumten Ermessensspielraum, wenn er gegen konkrete Verhaltensgebote oder -verbote (Verpflichtungen

---

27 RIS-Justiz RS0089613; RS0084545.
28 OGH 30.8.2016, 6 Ob 198/15h; BGH 20.09.2011, II ZR 234/09 („Ision").
29 OGH 30.8.2016, 6 Ob 198/15h.
30 OGH 30.8.2016, 6 Ob 198/15h unter Hinweis auf *Posch* in Schwimann/Kodek, ABGB⁴ § 2 Rz 5.
31 *Reich-Rohrwig* in Straube/Ratka/Rauter, GmbHG § 25 Rz 169.
32 RIS-Justiz RS0026773.
33 RIS-Justiz RS0059556.
34 Ex causa mandati; er gilt daher nicht für bloß „gelegentlich" der Leitung (ex occasione mandati) begangene Schädigungen. Vgl *Beurskens* in Baumbach/Hueck, GmbHG²² § 43 Rz 6; *Fleischer* in MüKo GmbHG I³ § 43 Rz 247.
35 RIS-Justiz RS0116174; RS0059449.
36 OGH 17.10.2003, 1 Ob 20/03b.
37 *Karollus* in FS W. Jud, 307 (310 ff).

des GF) verstößt (etwa auch nur einmalige Missachtung des Zustimmungsvorbehalts der GV u/oder des AR für ein gewisses Geschäft; Missachtung einer/s zulässigen Gesellschafterweisung [vgl § 20 Rz 9 ff] oder AR-Beschlusses; in der Praxis va der Abschluss v Geschäften, bei denen ex ante erkennbar ist, dass sie zur Überschreitung des genehmigten Budgets führen werden, ohne AR/GV zu befragen; nach der Rsp bei größeren Gesellschaften das Unterlassen der Entwicklung sachgerechter Grundsätze der Geschäftspolitik u das Unterlassen der Einrichtung einer Organisation dergestalt, dass (i) die Realisierung des Gesellschaftszwecks optimal gefördert wird u (ii) der Informationsfluss im Unternehmen so gestaltet wird, dass sich die GF stets über betriebswirtschaftlich relevante Daten Gewissheit verschaffen können u nicht riskieren, über Fehlentwicklungen erheblichen Ausmaßes nicht unterrichtet zu werden;[38] **keine** Überschreitung des Ermessensspielraums, wenn Geschäfte innerhalb des Budgets u der sonstigen Beschlusslage, aber entgegen dem bekannten Willen eines Gesellschafters getätigt werden);
– Der GF **missbraucht** sein grds weites Ermessen,[39] wenn er zwar innerhalb des Ermessensspielraums handelt, aber unvertretbare, mangelhaft vorbereitete oder zu riskante E trifft (etwa Kauf eines Unternehmens ohne Due-Diligence-Prüfung u ohne ordentliche vertragliche Absicherung; das Eingehen v existenzgefährdenden Risiken ohne Befassung v AR/GV; Befassung nur mit einer v mehreren möglichen Alternativen; persönliche Eigeninteressen an einer E, die nicht mit denen der Gesellschaft übereinstimmen; Unterlassung v geeigneten u dem konkreten Unternehmen angepassten Compliance Maßnahmen, die Rechtsverstöße im Unternehmen hintanhalten sollen[40]). Die mit der E verbundenen Kosten sind ein wesentlicher, aber nicht der alleine entscheidende Faktor; auch mit isoliert betrachtet höheren Kosten verbundene E können innerhalb des Ermessens liegen (etwa Finanzierung der stillen Liquidation einer Tochtergesellschaft zur Vermeidung konkret zu befürchtender negativer Auswirkungen auf die [finanzierende] Muttergesellschaft bei öffentlichkeitswirksamer Insolvenz der Tochter). Nach sorgfältiger Ab-

---

38 OGH 3.8.2021, 8 ObA 109/20t; *Koppensteiner/Rüffler*, GmbH-Gesetz³ § 25 Rz 10 ff mwN.
39 *S. Kraus/U. Torggler* in Torggler, GmbHG § 25 Rz 11.
40 Vgl LG München 10.12.2013, HK O 1387/10 – *Siemens/Neubürger* (nicht rechtskräftig).

wägung vorgenommene E können grds nur bei eklatanter Überschreitung des Ermessensspielraums zur Haftung führen.[41]

Die Haftung des GF tritt trotz Rechtswidrigkeit seines Verhaltens jedoch dann nicht ein, wenn sich der Schaden auch bei pflichtgemäßem Verhalten ereignet hätte; dem GF steht somit der Einwand des **rechtmäßigen Alternativverhaltens** offen.[42] Für eine Verletzung v Organisations-, Kompetenz- oder Verfahrensvorschriften wird in der Lit jedoch tw eine Berufung auf rechtmäßiges Alternativverhalten ausgeschlossen[43] (mE ist die Berufung auf rechtmäßiges Alternativverhalten etwa bei der erforderlichen, aber nicht erfolgten Errichtung des AR nicht möglich; vgl § 29 Rz 50). **10**

Unter **Verschulden** versteht man die persönliche Vorwerfbarkeit rechtswidrigen Verhaltens.[44] Der GF muss vorsätzlich oder fahrlässig seine Verhaltenspflichten gegenüber der Gesellschaft, Gesellschaftern oder Dritten verletzt haben, wobei einfache Fahrlässigkeit genügt.[45] Eine solche subjektive Vorwerfbarkeit des Sorgfaltsverstoßes liegt grds immer dann vor, wenn das Verhalten des GF v jenem **objektiven Maßstab** abweicht, der sich aus der Wendung „*Sorgfalt eines ordentlichen Geschäftsmannes*" in § 25 Abs 1 ergibt. Fehlende individuelle u subjektive Fähigkeiten u Voraussetzungen für die übernommene GF-Position exkulpieren nicht. Das bedeutet, dass sich ein Verschulden danach richtet, ob ein entspr Handeln v einem objektiv sorgfaltsgemäß agierenden GF gesetzt worden wäre oder nicht.[46] Dienstnehmer der Gesellschaft sind nicht Erfüllungs- oder Besorgungsgehilfen des GF, sondern Gehilfen der Gesellschaft. Eine Eigenhaftung des GF kommt allerdings in Betracht, wenn er seine Organisations- u Überwachungspflichten schuld- **11**

---

41 Zum AR: RIS-Justiz RS0116166; dies ist mE verallgemeinerungsfähig.
42 *Ratka/Rauter*, Geschäftsführerhaftung² Rz 2/19; OGH 29.4.1998, 9 ObA 416/97k, ecolex 1998, 767 (*Reich-Rohrwig*); 9.1.1986, 3 Ob 521/84; 23.2.1989, 7 Ob 726/88; 14.7.1994, 1 Ob 553/94; 24.10.1990, 2 Ob 553/90; RIS-Justiz RS0027438; BGH 4.11.2002, II ZR 224/00. Zur Risikoerhöhung im Vergleich zum rechtmäßigen Alternativverhalten s jedoch OGH 26.2.2002, 1 Ob 144/01k; 16.3.2007, 6 Ob 34/07d; RIS-Justiz RS0022561; *Lehner*, GesRZ 2005, 128 (133).
43 Vgl *Ratka/Rauter*, Geschäftsführerhaftung² Rz 2/19.
44 *Welser/Zöchling-Jud*, Bürgerliches Recht II[14] Rz 1412.
45 Vgl RIS-Justiz RS0116174; RS0059723; RS0049459; zuletzt OGH 20.5.2020, 6 Ob 69/20w.
46 *Feltl/Told* in Gruber/Harrer, GmbHG² § 25 Rz 120.

haft verletzt.[47] Jeder GF haftet der Gesellschaft gegenüber grds nur für sein eigenes Verschulden u nicht für das Verschulden seiner GF-Kollegen. Zur solidarischen Haftung kommt es nur unter jenen Mit-GF, die den Schaden selbst pflichtwidrig verursacht haben.[48] Es kann dem GF jedoch ggf eine Verletzung der ihn hinsichtlich der anderen GF treffenden **Überwachungspflicht** (vgl § 21 Rz 15 ff; eine Ressortaufteilung kann somit zu einem Auseinanderfallen des Geschäfts- u Haftungsbereichs führen)[49] als eigenes Verschulden zum Vorwurf gemacht werden.[50] Grundsätzlich dürfen die GF auf die kompetente Geschäftsleitung ihrer Mit-GF vertrauen, bei Verdacht eines Missstands in einem anderen Ressort ist jedoch ein Handeln des GF erforderlich.[51] Die Überwachungsintensität ist im Einzelfall zu beurteilen u v vielen Faktoren, wie einer Ressortverteilung, dem Bestehen v Gesamt- oder Einzelgeschäftsführungsbefugnis[52] u der Relevanz der Aufgabe[53] abhängig. In Dtl wird eine Pflicht zur aktiven Überwachung bei gemeinschaftlichen Kardinalpflichten vertreten,[54] die manche Autoren auch für Ö übernehmen möchten;[55] mE ist dies nicht zutr, allerdings werden v der Rsp be-

---

47 RIS-Justiz RS0059528; OGH 20.1.2017, 6 Ob 94/16w; *J. Reich-Rohrwig* in Straube/Ratka/Rauter, GmbHG § 25 Rz 31; *Feltl/Told* in Gruber/Harrer, GmbHG § 25 Rz 72; *Ratka/Rauter*, Geschäftsführerhaftung² Rz 2/75; in OGH 20.8.2020, 9 ObA 136/19v wurde der GF der Muttergesellschaft zur Haftung herangezogen, weil er trotz massiver Beschwerden über eine Buchhalterin der Tochtergesellschaft u trotz Aufforderung der Gesellschafterin einzuschreiten, die Buchhalterin weiteren deliktischen Schaden (eigenmächtige Überweisungen) verursachen ließ. Bei Umgehung eines an sich eingerichteten Vier-Augen-Prinzips für Überweisungen iZm einem *Fake-President-Fraud* ohne Kenntnis v Beschwerden u Aufforderungen gibt es demgegenüber keine Haftung (OGH 3.8.2021, 8 ObA 109/20t).
48 RIS-Justiz RS0023923 (T1); *Lutter*, GmbHR 2000, 301 (302); *Obergruber/U. Torggler*, RdW 2019, 811.
49 *Feltl/Told* in Gruber/Harrer, GmbHG² § 25 Rz 171.
50 *Reich-Rohrwig*, GmbHR I² Rz 2/416; *Ratka/Rauter*, Geschäftsführerhaftung² Rz 2/23; *Feltl/Told* in Gruber/Harrer, GmbHG² § 25 Rz 169 ff.
51 *Obergruber/U. Torggler*, RdW 2019, 811.
52 *Obergruber/U. Torggler*, RdW 2019, 811.
53 *Feltl/Told* in Gruber/Harrer, GmbHG² § 25 Rz 172 f.
54 BGH 6.11.2018, II ZR 11/17, NZG 2019, 225 Rz 15; 1.3.1994, II ZR 81/94, ZIP 1994, 891.
55 *Obergruber/Torggler*, RdW 2019, 811 mwN; krit *Luschin*, RdW 2000, 6; *U. Torggler* in Straube/Ratka/Rauter, GmbHG § 21 Rz 9; *Dellinger*, Vorstands- und Geschäftsführerhaftung im Insolvenzfall 45 f.

sonders strenge Anforderungen an die Überwachungspflicht hinsichtlich den die Gläubiger schützenden Bestimmungen des GmbHG, insb für die Buchführung an sich, gefordert.[56] Der GF muss außerdem behaupten u beweisen, dass er nicht schuldhaft handelte, wenn er angesichts besonderer Umstände annehmen durfte, die ihm gesetzl, im GesV, im Anstellungsvertrag oder durch GO auferlegten Pflichten im besten Interesse der GmbH ausnahmsweise nicht erfüllen zu müssen, etwa weil die „schadenstiftende Angelegenheit" nicht in dessen Ressort fällt.[57] Weiters, wenn er wegen Eilbedürftigkeit (Gefahr im Verzug) rasch handeln musste u mit einer nachträglichen Zustimmung durch das zuständige Gesellschaftsorgan rechnen durfte[58] oder der beigezogene sachverständige Berater die gewählte Vorgangsweise empfohlen hat (wobei GA aber hinsichtlich der dort getroffenen [SV-]Annahmen u des denklogischen Aufbaus zu überprüfen sind).[59]

Zwischen zwei oder mehreren haftenden GF gibt es interne Regressansprüche nach dem Anteil ihres Verschuldens; nach allg Grundsätzen setzt dies die Zahlung der Schuld durch jenen GF, der Regress nehmen will, voraus (§ 896 ABGB). Der GmbH u dem Gesellschafter gegenüber kann ein Mitverschulden durch einen anderen GF (§ 1304 ABGB) nicht entgegengehalten werden.[60]

B. Geltendmachung der Haftung gegen einen Geschäftsführer

Die Gesellschaft ist zur prozessualen Durchsetzung des Haftungsanspruches gegen den GF aktiv legitimiert.[61] Materielle Voraussetzung der Geltendmachung v Schadensersatzansprüchen durch die GmbH ist ein entspr Gesellschafterbeschluss gem § 35 Abs 1 Z 6 (zu den in der Praxis relevanten Stimmverboten u Minderheitenrechten s § 35 Rz 86, 89). Gegen einen behaupteten Schadenersatzanspruch kann sich jeder Be-

---

56 RIS-Justiz RS0023854 u für die Buchführung RS0098457.
57 Vgl *Obergruber/U. Torggler*, RdW 2019, 811.
58 Vgl BGH 10.12.2007, II ZR 289/06.
59 OGH 10.5.1984, 7 Ob 565/84, GesRZ 1984, 218 (219); BGH 14.5.2007, II ZR 48/06; vgl auch FN 22, 23.
60 *Reich-Rohrwig* in Straube/Ratka/Rauter, GmbHG § 25 Rz 184; hinsichtlich des Gesellschafters: OGH 20.2.2014, 6 Ob 183/13z; hinsichtlich der Mitarbeiter der Gesellschaft: OGH 30.1.2017, 6 Ob 84/16w.
61 Vgl OGH 30.4.1980, 6 Ob 585/80.

troffene mit gegen die Gesellschaft zu richtender Feststellungsklage wehren (vgl § 33 Rz 5).

14 Die Gesellschaft wird im Schadenersatzprozess gegen einen GF grds durch den AR vertreten, sofern die Gesellschafter nicht einen besonderen **Prozessvertreter** bestellt haben (vgl § 30l Abs 2, Rz 29 ff). Strittig ist, ob bei Vorhandensein eines nicht betroffenen u auch nicht befangenen **AR** dessen Vertretungsbefugnis bei Anspruchsgeltendmachung gegen GF der Vertretungsbefugnis des besonderen Prozessvertreters (gem § 35 Abs 1 Z 6) vorgeht, was mE grds anzunehmen ist[62] (vgl § 35 Rz 94; gem § 30l Abs 2 sind die Gesellschafter trotz Bestehens eines AR bei der Bestellung eines Prozessvertreters allerdings grds frei, insb im Fall des Vertretungsmangels.[63]) Nicht möglich ist es hingegen nach hM, dass bei Bestehen mehrerer GF die Gesellschaft durch den/die anderen GF im Schadenersatzprozess gegen den beklagten GF vertreten wird.[64]

C. Behauptungs- und Beweislast

15 Die hM wendet die in § 84 Abs 2 S 2 AktG normierte Beweislastumkehr für das Verschulden eines Vorstandsmitglieds analog auf den GmbH-GF an.[65] § 84 Abs 2 S 2 AktG ordnet eine Umkehr der Darlegungs- u Beweislast zu Lasten des zum Schadenersatz herangezogenen Vorstandsmitglieds an.[66] Der **GF** hat daher den **Nachw eines fehlenden Verschuldens** zu erbringen. Werden eindeutige Regelungen überschritten (zB

---

62 Wie hier *Koppensteiner/Rüffler*, GmbHG³ § 35 Rz 39, *Adensamer/Eckert* in Kalss, Vorstandshaftung in 15 europäischen Ländern 165 [200f]; **anders** etwa *Harrer* in Gruber/Harrer, GmbHG § 35 Rz 63 u *Baumgartner/Mollnhuber/U. Torggler* in Torggler, GmbHG § 35 Rz 29 sowie die bei § 30l Rz 30 vertretene M; **aA** auch OGH 20.3.1986, 6 Ob 541/86.

63 *Rauter* in Straube/Ratka/Rauter, GmbHG § 30l Rz 19 mwN.

64 RIS-Justiz RS0060040; *Enzinger* in Straube/Ratka/Rauter, GmbHG § 18 Rz 17; *Wünsch*, GesRZ 1992, 232; *Weigand*, NZ 2003, 91.

65 RIS-Justiz RS0121916; *Reich-Rohrwig* in Straube/Ratka/Rauter, GmbHG § 25 Rz 200 mwN; *J. Reich-Rohrwig/Cl. Grossmayer/K. Grossmayer/Zimmermann* in Artmann/Karollus, AktG⁶ § 84 AktG Rz 440 ff; *Reischauer* in Rummel, ABGB³ § 1298 Rz 4–4c, 28; *Feltl/Told* in Gruber/Harrer, GmbHG² § 25 Rz 211 ff.

66 *Kalss* in Kalss/Nowotny/Schauer, GesR² Rz 3/532; *Lutter*, GesRZ 2007, 87; *U. Torggler*, ZfRV 2002, 137; *J. Reich-Rohrwig/Cl. Grossmayer/K. Grossmayer/Zimmermann* in Artmann/Karollus, AktG⁶ § 84 Rz 448; vgl § 84 Abs 2 S 2 AktG: „*Sie* [die Vorstandsmitglieder] *können sich von der Schaden-*

Zustimmungsvorbehalte), obliegt dem GF wegen der dadurch bewirkten Gefahrenerhöhung der Beweis, dass der Schaden auch bei rechtmäßigem Alternativverhalten eingetreten wäre.[67]

Dies hat zur Folge, dass die **Gesellschaft den Schaden dem Grunde u der Höhe nach, die Kausalität u die adäquate Verursachung**, nicht aber ein Verschulden zu behaupten u zu beweisen hat.[68] **Umstritten u v der Rsp uneinheitlich beantwortet ist allerdings die Frage, wem der Beweis der objektiven Pflichtwidrigkeit**, mithin der Rechtswidrigkeit (objektiven Sorgfaltswidrigkeit) des Handelns des GF **obliegt**. Der OGH[69] hat in früheren E den Nachw fehlender Rechtswidrigkeit regelmäßig dem beklagten GF zugewiesen. Diese A wurde sodann um den Zusatz ergänzt, dass die klagende Gesellschaft auch *„Tatsachen vorzutragen habe, aus denen ein Schluss auf die Pflichtwidrigkeit des GF gezogen werden kann. Kann aus diesem Vorbringen in Verbindung mit dem eingetretenen Erfolg der Schluss auf die Pflichtwidrigkeit des GF gezogen werden, ist es Sache des [GF], diese Indizwirkung zu erschüttern"*[70] (sog Substantiierungspflicht)[71]. Eine gänzliche Verlagerung der Beweislast hin zur Gesellschaft war damit jedoch offenbar nicht intendiert. So hielt der OGH in seiner E v 26.2.2002[72] ausdrücklich fest, dass *„nicht verhehlt werden soll, dass diese Beweislastumkehr [§ 84 Abs 2 S 2 AktG] ohne praktische Bedeutung bliebe, würde man sie bloß auf das Verschulden beschränken"*.

16

Bei unternehmerischen Ermessensentscheidungen kann der Beweis dadurch geführt werden, dass der GF darlegt, dass sein Verhalten im Rahmen des unternehmerischen Ermessens lag,[73] oder dass er die Voraussetzungen der Business Judgement Rule (s Rz 24 ff) eingehalten hat u es sohin zu einer Haftungsfreistellung kommt.[74] Grade in Bezug auf das negative Kriterium, dass keine Interessenkollision (s Rz 27) vorliegt,

16a

---

ersatzpflicht durch den Gegenbeweis befreien, daß sie die Sorgfalt eines ordentlichen und gewissenhaften Geschäftsleiters angewendet haben."
67 OGH 16.3.2007, 6 Ob 34/07d, GesRZ 2007, 271 (*U. Torggler*).
68 OGH 21.12.2010, 8 Ob 6/10f.
69 OGH 10.1.1978, 3 Ob 536/77; 2.1.1979, 5 Ob 699/78, GesRZ 1979, 122; 10.5.1984, 7 Ob 565/84, GesRZ 1984, 218; 9.1.1985, 3 Ob 521/84.
70 OGH 24.6.1998, 3 Ob 34/97i.
71 *Feltl/Told* in Gruber/Harrer, GmbHG² § 25 Rz 212.
72 OGH 26.2.2002, 1 Ob 144/01k.
73 OGH 24.6.1998, 3 Ob 34/97i.
74 *Feltl/Told* in Gruber/Harrer, GmbHG² § 25 Rz 213.

hat die klagende Gesellschaft vorzutragen, woraus sich die aus ihrer Sicht vorgelegenen sachfremden Interessen ergeben. Dem GF kann nicht zugemutet werden, alle denkmöglichen Interessenkollisionen widerlegen zu müssen.[75] Für das Kriterium der angemessenen Information bzw sorgfältigen Vorbereitung der E (s Rz 27) trifft hingegen grds den GF die Behauptungs- u Beweislast, zumal einzig der GF selbst beurteilen kann, auf welcher Basis er eine E getroffen hat.[76]

D. Weisung

17 Geschäftsführer haben Weisungen der Gesellschafter – oder den Beschluss des weisungsbefugten AR – zu befolgen (§ 20 Abs 1); weisungskonformes Handeln (vgl § 20 Rz 9) löst daher grds gerade keine Haftung aus. Außer in den Fällen des Abs 5 (notwendig für die Befriedigung der Gesellschaftsgläubiger) sind daher insb mangelfreie Weisungsbeschlüsse haftungsbefreiend; wobei es nicht darauf ankommen kann, ob das Wort „Weisung" im Beschluss enthalten ist. Dies gilt auch für anfechtbare, aber unangefochten gebliebene Weisungsbeschlüsse, es sei denn der Mangel ist so gravierend, dass sie nichtig sind.[77] Während der Anfechtungsfrist u ggf eines Anfechtungsprozesses haben die GF die Folgen der Ausführung bzw des Zuwartens damit sorgfältig unter Berücksichtigung der Erfolgsaussichten abzuwägen, sofern die Ausführung nicht einstweilig untersagt ist (§ 42 Abs 4; s § 42 Rz 22 ff). Weisungsbeschlüs-

---

75 *M. Karollus* in Kodek, Untreue NEU 43 (82).
76 *M. Karollus* in Kodek, Untreue NEU 43 (83). In der Lit werden untersch Lösungsansätze hinsichtlich der Beweisschwierigkeiten des ausgeschiedenen GF, der mit Beendigung seiner GF-Funktion alle Geschäftsunterlagen herauszugeben hat, diskutiert; s etwa *Feltl/Told* in Gruber/Harrer, GmbHG[2] § 25 Rz 214 (Einsichtsrecht des ehem GF in Nachwirkung der Treuepflicht der Gesellschaft; Zurückbehaltungsrecht an Kopien, wenn sie sicher u ausschließlich zur Entlastung in einem allfälligen Schadenersatzprozess zurückbehalten werden); *M. Karollus* in Kodek, Untreue NEU 43 (83) (prozessuale Mitwirkungspflicht der klagenden Gesellschaft; ausnahmsweise Verschiebung der Beweislast im Falle des Beweisnotstands); mE bestehen zumindest Urkundenvorlagerechte nach §§ 303 ff ZPO, die die den Anspruch stellende Gesellschaft nicht (§ 304 Abs 1 Z 3 ZPO; Urkunde, die im gemeinschaftlichen Interesse errichtet wurde) oder, wenn man nicht so weit gehen möchte, nur mit negativen Auswirkungen auf die Beweiswürdigung verweigern kann.
77 Vgl *S. Kraus/U. Torggler* in Torggler, GmbHG § 25 Rz 30; so auch OGH 23.2.2016, 6 Ob 171/15p; 30.8.2016, 6 Ob 198/15h.

sen stehen mE (formal richtige) Zustimmungsbeschlüsse u formlose Einflussnahmen sämtlicher Gesellschafter gleich; (bloße) Einflussnahmen des Mehrheitsgesellschafters begründen demgegenüber keine (entlastende) Folgepflicht.[78]

E. Verzicht, Vergleich, Entlastung

Die GmbH kann grds durch Gesellschafterbeschluss auf Ansprüche gegen ihren GF verzichten oder sich mit ihm vergleichen. Verzicht u Vergleich sind gem Abs 7 iVm § 10 Abs 6 unwirksam, soweit der Ersatz zur Gläubigerbefriedigung erforderlich ist; diesfalls soll auch keine Entlastung eintreten, auch nicht bei Vorliegen eines grds verbindlichen Beschlusses.[79] In der L wird tw (offenbar der engeren dt A, die durch § 43 dGmbHG gestützt wird, folgend) vertreten, dass dies nur für Ansprüche wegen Verletzung gläubigerschützender Bestimmungen gelten soll; die Rsp ist dem bisher mE zutreffenderweise nicht gefolgt. Der **Entlastungsbeschluss** stellt einen **Verzicht auf die erkannten u auch die erkennbaren**[80] **Ansprüche** dar. Die Entlastung führt daher nicht zu einer Haftungsbefreiung, wenn anspruchsbegründende Verstöße nicht (egal auf welche Weise) bekannt waren, erkennbar sind oder die Unterlagen (in zumindest einem relevanten, wesentlichen Punkt) unvollständig sind.[81] Die GmbH muss die fehlende Erkennbarkeit behaupten u beweisen.[82] Der Gesellschafter-GF selbst darf beim Beschluss über seine Entlastung sein Stimmrecht nicht ausüben; gleiches gilt bei der Beschlussfassung über die Entlastung eines anderen Gesellschafter-GF, wenn beiden eine gemeinschaftliche Pflichtverletzung vorgeworfen wird.[83]

18

Eine **Haftungsminderung**, wie sie das **DHG** für Fahrlässigkeit vorsieht, wird für Organmitglieder v KapGes ganz überwiegend abgelehnt.[84]

19

---

78 *U. Torggler*, Treuepflichten 286 ff.
79 *Reich-Rohrwig* in Straube/Ratka/Rauter, GmbHG § 25 Rz 217.
80 HM, zuletzt OGH 18.3.2016, 9 ObA 58/15t; vgl auch 4.8.2009, 9 ObA 149/08i, GesRZ 2000, 55 (*Artmann*).
81 RIS-Justiz RS0060019; OGH 4.8.2009, 9 ObA 149/08i, GesRZ 2010, 55 (*Artmann*); 16.2.2011, 7 Ob 143/10w, GesRZ 2011, 235 (*Koppensteiner*), zuletzt OGH 18.3.2016, 9 ObA 58/15t.
82 OGH 4.8.2009, 9 ObA 149/08i.
83 OGH 28.8.2013, 6 Ob 88/13d; OLG Wien 18.9.2008, 1 R 120/08m.
84 RIS-Justiz RS0054466; zuletzt OGH 31.7.2015, 6 Ob 139/15g; 26.1.2000, 9 ObA 326/99b; 31.10.1973, 1 Ob 179/73 (zur AG); 30.1.1979, 5 Ob 686/78,

Nach neuerer A in der Lit besteht die Möglichkeit, dass GF u Gesellschaft eine **haftungsbeschränkende Vereinbarung** schließen, die zu einer (tw) „Abmilderung" des Sorgfaltsmaßstabs führt.[85] Die Zulässigkeit u Grenzen derartiger Haftungsbeschränkungen sind jedoch umstritten; ausf Stellungnahmen zum Problem sind selten. Die (ältere) Rsp lehnt dies generell ab; neuere E gibt es nicht.[86]

F. Verjährung

20 Nach § 25 Abs 6 verjähren Ersatzansprüche für Innenansprüche in **fünf Jahren**. Dabei handelt es sich um eine **subjektive Frist**, die mit Kenntnis der Gesellschaft (eines nicht involvierten GF oder eines Prokuristen)[87] v Schaden u Schädiger zu laufen beginnt. Daneben kommen die §§ 1485 iVm 1472 ABGB zur Anwendung,[88] nach welchen neben der kurzen Verjährungsfrist auch die absolute, objektive lange Frist im Ausmaß v 30 Jahren[89] – nach aA v 40 Jahren[90] – gilt. Soweit der Schaden der Gesellschaft aus einer mit mehr als einjähriger Freiheitsstrafe bedrohten gerichtl strafbaren Handlung, die nur vorsätzlich begangen werden kann, entstanden ist, beträgt die Verjährungsfrist jedenfalls 30 Jahre u im Fall v jP 40 Jahre (§ 1489 S 2 ABGB; zB bei Untreuehandlungen).[91]

EvBl 1979/135; 8.5.1980, 8 Ob 505/80, HS 11.465; 29.8.1990, 9 ObA 209/90 (zur Gen); 26.1.2000, 9 ObA 326/99b, JBl 2000, 530 (*Kerschner*); *Reich-Rohrwig* in Straube/Ratka/Rauter, GmbHG § 25 Rz 47 mwN; *Koppensteiner/Rüffler*, GmbHG[3] § 25 Rz 15 mwN; *Honsell*, GesRZ 1984, 134 (136); *Jabornegg*, DRdA 1991, 8 (14 f); *Runggaldier/Schima*, Manager-Dienstverträge[4], 183 ff; **abl** *Reischauer*, DRdA 1978, 193 (195); *Wachter*, wbl 1991, 88; *Kerschner*, DHG[3] § 1 Rz 4 f; *Dirschmied*, DHG[3], 80 ff; *Harrer*, Organhaftung 9 ff; offenbar differenzierend *Stoll*, ASoK 2012, 183.

85 *Koppensteiner/Rüffler*, GmbHG[3] § 25 Rz 25 mwN auch der Gegenansicht.
86 OGH 17.6.1959, 5 Ob 202/59; vgl auch *Ratka/Rauter*, Geschäftsführerhaftung[2] Rz 2/277 ff.
87 *Reich-Rohrwig* in Straube/Ratka/Rauter, GmbHG § 25 Rz 219.
88 OGH 1.9.2015, 6 Ob 3/15g.
89 OGH 10.8.2010, 1 Ob 120/10v.
90 OGH 10.8.2010, 1 Ob 120/10v, EvBl 2011/2 (krit *Madl/Perner*); *Feltl/Told* in Gruber/Harrer, GmbHG[2] § 25 Rz 135.
91 *Reich-Rohrwig* in Straube/Ratka/Rauter, GmbHG § 25 Rz 218 mwN; BGH 17.3.1987, VI ZR 282/85, BGHZ 100, 190 (199 ff).

Erst die **Kenntnis v Schaden u Schädiger** löst nach hA den Lauf der Verjährungsfrist des § 25 Abs 6 aus.[92] Dabei kommt es auf die Kenntnis der wesentlichen anspruchsbegründenden SV-Elemente an. **21**

Wessen Kenntnis maßgeblich ist, hatte der OGH für KapGes bislang nicht zu entscheiden. In der Lit wird als ausreichend erachtet, wenn ein anderer, **in die schädigende Handlung nicht involvierter GF** oder ein mit „unechter Gesamtvertretungsbefugnis" ausgestatteter Prokurist **Kenntnis v Eintritt des Schadens u der Person des Ersatzpflichtigen** erlangt.[93] Die Kenntnis einer Person, zB des Mit-GF, die einer Interessenkollision unterliegt, etwa weil sie an der schädigenden Handlung mitgewirkt hat, reicht dagegen nicht aus.[94] **22**

Die Verjährungsfrist ist weder verkürzbar noch verlängerbar (§ 4 Abs 2; § 1502 ABGB), wird jedoch gehemmt solange nur der betroffene GF bestellt ist.[95] Da es sich bei § 25 um eine gesetzl zwingende Regelung handelt, ist eine vertraglich vereinbarte Verkürzung der in Abs 6 vorgesehenen Frist v fünf Jahren für die Geltendmachung v Ansprüchen unzulässig.[96] **23**

---

92 OGH 27.9.2006, 9 ObA 148/05p; RIS-Justiz RS0121358; *Feltl/Told* in Gruber/Harrer, GmbHG² § 25 Rz 135; *Reich-Rohrwig* in Straube/Ratka/Rauter, GmbHG § 25 Rz 217. Der BGH (29.9.2008, II ZR 234/07) stellt hingegen für die vergleichbare Regelung des § 43 Abs 4 dGmbHG auf die Entstehung des Anspruchs ab. S eingehend zum Beginn der Fünfjahresfrist *Pendl*, Die Verjährung von Schadenersatzansprüchen gegen Organmitglieder und Abschlussprüfer, insb 169 ff, der sich auch für die österr Rechtslage für einen objektiven Fristbeginn ab Anspruchsentstehung ausspricht.
93 *Reich-Rohrwig* in Straube/Ratka/Rauter, GmbHG § 25 Rz 219; vgl *Schopper/Kapsch*, Anm zu OGH 9 ObA 148/05p, ecolex 2007, 41 (43).
94 *Reich-Rohrwig* in Straube/Ratka/Rauter, GmbHG § 25 Rz 219; *Eckert/Linder*, ecolex 2005, 449 (452) unter Hinweis auf OGH 17.2.1966, 1 Ob 27/66, JBl 1966, 371 (372); *Kalss* in MüKo AktG⁵ § 93 Rz 425: „Befangenheitskonstellationen"; *Koziol*, Zurechnung ungetreuer Bankmitarbeiter 5 ff.
95 OGH 23.2.2016, 6 Ob 171/15p.
96 OGH 26.8.2020, 9 ObA 136/19v; RIS-Justiz RS0133277.

III. Business Judgement Rule (Abs 1a)

A. Ausgangslage

24 Das Risiko **unternehmerischer Ermessensentscheidungen**[97] wird grds v der GmbH bzw den Gesellschaftern als dahinterstehende Berechtigte getragen. Nach einhelliger L u Rsp scheidet damit eine reine **Erfolgshaftung** der GF aus.[98]

25 Der Sache nach war die Business Judgement Rule somit bereits bisher in der Lit anerkannt.[99] Auch der OGH sprach bereits aufgrund der alten Rechtslage mehrfach aus, dass Organmitgliedern bei ihren unternehmerischen E ein **weiter Ermessensspielraum** zukommt.[100]

B. Entwicklung

26 Während in § 93 des dAktG eine entspr Vorschrift zur genaueren Eingrenzung der Haftung des Vorstands schon 2005 eingefügt wurde,[101] wies das österr Recht bis zum 31.12.2015 keine vergleichbare, explizite Regelung auf. Im Zuge des **Strafrechtsänderungsgesetzes 2015** mit Wirkung zum 1.1.2016 fand die Business Judgement Rule nun ausdrücklich Eingang in § 25 Abs 1a (bzw § 84 Abs 1a AktG). Diese beiden Bestimmungen bringen die haftungsrechtliche Lage in Einklang mit der Neufassung des inhaltlich in engem Zusammenhang stehenden Untreuetatbestands im StGB, welcher vor der Reform als zu weitreichend[102] empfunden wurde (s § 25 Rz 31). Nach dem Willen des Gesetzgebers soll mit der Einführung des neuen Abs 1a bei der Kodifikation

---

97 Vgl *U. Torggler*, ZfRV 2002, 133; *Feltl/Told* in Gruber/Harrer, GmbHG² § 25 Rz 30, 32.
98 *Reich-Rohrwig* in Straube/Ratka/Rauter, GmbHG § 25 Rz 32; *Reich-Rohrwig*, Anm zu OGH 3 Ob 34/97i, ecolex 1998, 774; *Duursma/Duursma-Kepplinger/Roth*, HB GesR, Rz 2963.
99 *Kapsch/Grama*, ecolex 2003, 524; *Reich-Rohrwig* in Straube/Ratka/Rauter, GmbHG § 25 Rz 33 ff; *G. Schima*, GesRZ 2007, 93; aus rechtsvergleichender Sicht für Ö u Dtl *Lutter*, GesRZ 2007, 79.
100 Vgl etwa OGH 26.2.2002, 1 Ob 144/01k; 22.5.2003, 8 Ob 262/02s; 11.6.2008, 7 Ob 58/08t, ecolex 2008, 926 (*Reich-Rohrwig*).
101 Vgl *Spindler* in MüKo AktG⁵ § 93 Rz 43 ff.
102 Krit *R. Bollenberger/Wess*, Besprechung zu OGH 12 Os 117/12s (12 Os 118/12p), RdW 2014, 247.

bzw der genaueren Ausgestaltung des geforderten Sorgfaltsmaßstabs int Vorbildern gefolgt werden, wobei auch E aus Dtl u Liechtenstein zur Auslegung herangezogen werden können.[103]

C. Zweck und Voraussetzungen

Die Business Judgement Rule zielt iW auf die Einschränkung der Haftung der GF ab. Werden die nunmehr normierten Voraussetzungen für **unternehmerische Ermessensentscheidungen**[104] (dh E, die branchenspezifische Unternehmensrisiko ausmachen u alle anderen E, die aufgrund ihres Prognosecharakters unter Unsicherheit getroffen werden)[105] u/oder für Organisationsentscheidungen[106] eingehalten, kommt es zur Haftungsfreistellung.[107] Von der unternehmerischen Ermessensentscheidung ist **rechtlich gebundenes Verhalten**[108] zu unterscheiden; für rechtlich gebundenes Verhalten gilt die Business Judgement Rule **nicht**. Nach ihrem Wortlaut gilt die Business Judgement Rule auch bei unklarer Rechtslage nicht; diesfalls hat der GF nach der Rsp vielmehr unabhängigen Rechtsrat v einem sorgfältig ausgewählten, unabhängigen Sachverständigen einzuholen u das idR schriftlich zu erstattende GA, in dem der dem GA zu Grunde gelegte SV darzustellen ist, selbst einer Plausibilitätskontrolle zu unterziehen.[109]

27

Diese Einschränkung des Haftungsausmaßes wird durch eine Präzisierung des allg Sorgfaltsmaßstabs eines ordentlichen Geschäftsmanns erreicht, indem ein GF jedenfalls sorgfältig handelt, *„wenn er sich bei einer unternehmerischen Entscheidung **nicht** von sachfremden Interes-*

---

103 AB 728 BlgNR 25. GP 9; OGH 23.2.2016, 6 Ob 160/15w.
104 Ausf zum Begriff der unternehmerischen E *Feltl/Told* in Gruber/Harrer, GmbHG² § 25 Rz 31.
105 RIS-Justiz RS0130656; *Ch. Nowotny* in FS Koppensteiner 193 ff (200) mwN; nach OGH 23.2.2016, 6 Ob 160/15w auch für Gewinnausschüttungen; vgl *W. Schwarz*, GES 2019, 290 für Zweckmäßigkeit einer Verschmelzung oder Erwerb eines Unternehmens durch Einzelrechtsnachfolge.
106 ZB Ressortaufteilung unter GF; vgl *Obergruber/U. Torggler*, RdW 2019, 811.
107 So zB schon *Lutter*, GesRZ 2007, 79.
108 Vgl *Feltl/Told* in Gruber/Harrer, GmbHG² § 25 Rz 31.
109 OGH 30.8.2016, 6 Ob 198/15h (Punkt 4.5.3); BGH 20.9.2011, II ZR 234/09 – *Ision*; vgl auch *Karollus* in FS Jud, 326 mwN.

*sen leiten lässt und auf der Grundlage **angemessener Information** annehmen darf, zum **Wohle der Gesellschaft** zu handeln"*. Wenn der GF bei einer unternehmerischen Ermessensentscheidung, bei der er

- **keiner Interessenkollision** unterliegt (etwa wegen Eigeninteresse, aber auch Drittinteressen[110] oder bei Konzerntransaktion mit Doppelorganwalter u Interessensgegensätzen;[111] mE nicht jedoch bei Konzerntransaktionen, solange das zulässige Maß der Konzerninteressenwahrung eingehalten wird), u daher keine sachfremden Interessen für die Entscheidungsfindung kausal waren,[112]
- die er **sorgfältig vorbereitet** hat (die Anforderungen an die Informationseinholung hängen v Einzelfall ab u sind v den zeitlichen u finanziellen Rahmenbedingungen im Verhältnis zur Bedeutung der E abhängig)[113],
- vernünftigerweise (*ex ante*) annehmen durfte (der GF muss gutgläubig sein, dh persönlich überzeugt sein, dass die zu treffende E dem Wohle der Gesellschaft dient)[114],
- zum **Wohle der Gesellschaft** zu handeln, dh dass die Maßnahme geeignet ist, die Ertragslage und Wettbewerbsfähigkeit des Unternehmens zu fördern,[115] (was wohl nur dann nicht der Fall ist, wenn er das Risiko in völlig unvertretbarer Weise falsch einschätzt)[116],

kann er **keinesfalls** zur **Haftung** herangezogen werden.[117]

Zur Beurteilung des noch zulässigen Risikos, das der GF bei seinen E eingehen darf, sind potentiell nachteilige Auswirkungen mit deren Eintrittswahrscheinlichkeit abzuwägen.[118] Es soll durch die Business Judgement Rule eine Haftung vermieden werden, wenn sich in einem allfälligen späteren Rechtsstreit eine *ex ante* sorgfältig getroffene E *ex post* betrachtet (u durch nachträglich hinzugewonnene Erkenntnisse) als

---

110 *Feltl/Told* in Gruber/Harrer, GmbHG² § 25 Rz 36.
111 *Riss*, ecolex 2010, 156; *Mertens/Cahn*, KölnKo AktG³ § 93 Rz 28; *Spindler* in MüKo AktG⁵ § 93 Rz 69 ff; tendenziell ebenso *Rüffler*, GES 2015, 261.
112 *Feltl/Told* in Gruber/Harrer, GmbHG² § 25 Rz 36.
113 *Feltl/Told* in Gruber/Harrer, GmbHG² § 25 Rz 36.
114 *Feltl/Told* in Gruber/Harrer, GmbHG² § 25 Rz 36.
115 *Feltl/Told* in Gruber/Harrer, GmbHG² § 25 Rz 36.
116 IdS auch *Feltl/Told* in Gruber/Harrer, GmbHG² § 25 Rz 33.
117 IdS RIS-Justiz RS0130657.
118 *Karollus*, ÖBA 2016 (252) 261; *Feltl/Told* in Gruber/Harrer, GmbHG² § 25 Rz 36.

nachteilig herausstellt.[119] Die Kriterien der **fehlenden Interessenkollision** u der angemessenen Information bzw **sorgfältigen Vorbereitung** der E sollen die Gerichte in ihrem Entscheidungsspielraum dabei aber nicht zu sehr einengen.[120]

Der Formulierung des Abs 1a liegt der Gedanke des *Safe Harbor* zugrunde, wonach für GF, die sich mit schwierigen unternehmerischen Ermessensentscheidungen konfrontiert sehen, die ex ante betrachtet regelmäßig unsicher sind, ein nunmehr genauer bestimmtes Handlungsspektrum geboten werden soll, bei dessen Einhaltung keine nachteiligen Rechtsfolgen gefürchtet werden müssen; insb keine privatrechtliche Haftung oder gar strafrechtliche Verfolgung.[121] Schließlich könnte auch zu risikoscheues Verhalten nicht im Interesse der Gesellschaft liegen u sohin sorgfaltswidrig sein.[122] Dies umso mehr, als auch mehrere ggt Handlungsalternativen sorgfaltskonform sein können.[123] In der Praxis wird es wichtig sein, die Einhaltung der Business Judgement Rule, also insb die sorgfältige Vorbereitung u die Berücksichtigung der Folgen alternativer E, nachweislich zu **dokumentieren**.[124]

28

Durch das Adverb „jedenfalls" im Hauptsatz des Abs 1a wird klargestellt, dass Umkehrschlüsse unzulässig sind, wenn die Voraussetzungen der fehlenden Interessenkollision u der sorgfältigen Vorbereitung der E vorliegen. Es handelt sich somit um eine **unwiderlegliche Vermutung** zugunsten der Sorgfalt eines ordentlichen Geschäftsmanns. Umgekehrt gilt dies nicht: Sind die Voraussetzungen der Business Judgement Rule nicht erfüllt, ist – so wie vor Einführung des Abs 1a – zu prüfen, ob eine Sorgfaltsverletzung vorliegt. Demnach führt auch *nicht* Abs 1a entspr Handeln keinesfalls zwangsläufig zur Haftung.[125]

29

Aufgrund des bloßen Verweises in § 33 gilt die neue Regelung gleichermaßen für den **AR**. Ganz generell können diese Grundsätze auf an-

30

---

119 *U. Torggler*, ZfRV 2002/9, 133; *Feltl/Told* in Gruber/Harrer, GmbHG² § 25 Rz 32.
120 AB 728 BlgNR 25. GP 9; in den EBRV 689 BlgNR 25. GP erfolgt keine Bezugnahme auf § 25 Abs 1a.
121 AB 728 BlgNR 25. GP 7.
122 *Feltl/Told* in Gruber/Harrer, GmbHG² § 25 Rz 7, 30.
123 RIS-Justiz RS0049459 (T3); OGH 23.2.2016, 6 Ob 160/15w; zuletzt 3.8.2021, 8 ObA 109/20t.
124 IdS auch *Feltl/Told* in Gruber/Harrer, GmbHG² § 25 Rz 36, 103 ff.
125 Vgl AB 728 BlgNR 25. GP 7; krit zur Business Judgement Rule *Harrer*, wbl 2016, 709.

dere Verwalter fremder Vermögen angewendet werden, sofern v diesen Prognoseentscheidungen zu treffen sind;[126] also insb für Gen, Privatstiftungen[127] u Vereine.

IV. Außenhaftung

31 Der Wortlaut des § 25 sieht nur eine Innenhaftung (Haftung des GF gegenüber der Gesellschaft) vor; die gesetzl Ausgangslage spricht daher im Allg dagegen, GF Dritten gegenüber haftbar zu machen, wenn sie nur im Rahmen ihres gesellschaftsrechtlichen Verantwortungsbereichs agiert haben. Vielmehr ist für eine Dritthaftung die **Verletzung einer eigenen**, nicht nur der Gesellschaft obliegenden **Pflicht** zu fordern.[128] Zahlreiche Bestimmungen der Rechtsordnung geben solche Ansatzpunkte für eine Außenhaftung (direkte Haftung des GF gegenüber Gesellschaftern, Gläubigern oder sonstigen Dritten), namentlich im Fall einer **ausdrücklichen gesetzl Anordnung**, bei **vorsätzlicher sittenwidriger Gläubigerschädigung**, bei **gerichtl strafbaren Handlungen** oder **schuldhafter Verletzung eines Schutzgesetzes**.[129] Diese Außenhaftung unterliegt allg Regeln des Schadenersatzrechtes (§§ 1205 ff ABGB); für sie gelten daher insb weder die Beweislastregelungen noch die auf fünf Jahre verlängerte Verjährungsfrist des § 25.[130] Im Folgenden werden die in der Praxis wichtigsten Fälle demonstrativ dargestellt:[131]

- GmbHG
  - Nach § 56 Abs 3 haften die GF den Gläubigern für die Schädigung durch **falsche Nachw oder Erklärungen** anlässlich der **Herabsetzung des Stammkapitals**.
  - **Unrichtige Anmeldungen zum FB**: Nach § 64 Abs 2 haften GF, wenn sie Einforderungen auf das ausständige Stammkapital überhaupt nicht oder unrichtig zum FB anmelden. Zu ersetzen

---

126 HM; *Karollus*, ÖBA 2016, 256, *Schrank/Kollar*, AR aktuell 6/2016, 5.
127 OGH 23.2.2016, 6 Ob 160/15w.
128 *Koppensteiner*, GES 2015, 379 (379 f).
129 OGH 30.8.2016, 8 Ob 62/16z.
130 OGH 20.2.2020, 6 Ob 168/19b.
131 S dazu insb auch *Reich-Rohrwig* in Straube/Ratka/Rauter, GmbHG § 25 Rz 275 ff.

ist in diesem Fall der Schaden, den Gläubiger im Vertrauen auf die Richtigkeit der FB-Eintragung erleiden.
- IZm **Umgründungen** bzw Verschmelzungen ist in § 96 Abs 2 iVm § 227 Abs 1 AktG[132] bzw § 3 Abs 5 u 17 Z 5 SpaltG bzw § 2 Abs 3 UmwG die Haftung der GF bei Schädigung v (ehem) Gläubigern u/oder Gesellschaftern festgesetzt[133]; Haftungsvoraussetzung ist jew Verschulden (leichte Fahrlässigkeit genügt).
- § 1311 ABGB (Schutzgesetzverletzung) iVm[134]
- § 69 IO (**Insolvenzverschleppung**): Verletzt der GF schuldhaft seine Insolvenzantragspflicht oder verwirklicht er schuldhaft den Straftatbestand der grob fahrlässigen Beeinträchtigung v Gläubigerinteressen, so hat er zivilrechtlich den geschädigten Gläubigern den ihnen adäquat verursachten Schaden zu ersetzen. Die zivilrechtliche Schadenersatzhaftung setzt eine strafrechtliche Verurteilung des GF nicht voraus.[135] Ist die Verletzung einer Schutzvorschrift für den Schaden nicht kausal, gibt es keine Haftung.[136] Liegen die Voraussetzungen für die Insolvenzantragsstellung vor, ist jeder GF antragspflichtig. Sind die Voraussetzungen jedoch nicht eindeutig festzustellen, wird in der L der Rücktritt als GF vorgeschlagen.[137] Im umgekehrten Fall (Insolvenzantragstellung ohne Vorliegen der Voraussetzungen) gibt es grds keine Haftung, weil diesfalls das Insolvenzverfahren an sich gar nicht eröffnet werden sollte. Anderes gilt mE nur im Fall des Rechtsmissbrauchs (etwa wegen bewusster Falschangaben im Insolvenzeröffnungsverfahren).
- § 153 StGB (**Untreue**, vgl auch Exkurs WiStR Rz 54 ff):[138] Der GF kann sich als Verwalter fremden Vermögens (nämlich jenes

---

132 S dazu *Aburumieh/Adensamer/H. Foglar-Deinhardstein*, Verschmelzung VI. F, Rz 1 ff.
133 *W. Schwarz*, GES 2019, 290.
134 Die Haftung mangels Schutzgesetzverletzung abl OGH 30.8.2016, 8 Ob 62/16z.
135 OGH 15.12.1994, 8 Ob 629/92; 1.12.2005, 6 Ob 196/05z; 1.2.2007, 9 Ob 147/06t; RIS-Justiz RS0059566.
136 Vgl OGH 14.7.1994, 1 Ob 553/94; 26.2.2002, 1 Ob 144/01k.
137 *Reich-Rohrwig* in Straube/Ratka/Rauter, GmbHG § 25 Rz 145.
138 Vgl OGH 1.9.2015, 6 Ob 3/15g; *R. Bollenberger/Wess*, RdW 2014, 247. *Eckert/Spani/Wess*, ZWF 2015, 258 u ZWF 2016, 7; *Fuchs* in Lewisch, JB Wirtschaftsstrafrecht und Organverantwortlichkeit 2015, 345. *Karollus*,

der GmbH) auch der Untreue strafbar machen (Strafrahmen bis zu sechs Monaten bzw bei einem Vermögensschaden über EUR 5.000 bis zu drei Jahren Freiheitsstrafe bzw über EUR 300.000 1–10 Jahre). Der Tatbestand der Untreue ist erfüllt, wenn der GF seine Befugnis (idR das Setzen v Handlungen im Außenverhältnis, die im Innenverhältnis verboten sind)[139] wissentlich missbraucht u damit der Gesellschaft zumindest mit bedingtem Vorsatz einen Vermögensnachteil zufügt. Dies soll nach der strafrechtlichen Rsp vor dem Strafrechtsänderungsgesetz 2015 – entgegen der hA – auch bei Zustimmung aller Gesellschafter gelten können.[140] Ein Bereicherungsvorsatz ist dabei nicht erforderlich; im Verfahren wird daher idR nicht geprüft, wohin das Geld letztlich geflossen ist. In den letzten Jahren war die Untreue hochaktuell.[141] Kern dieser Strafbestimmung ist die Pönalisierung des wissentlichen **unvertretbaren**[142] **Befugnismissbrauchs** eines Machthabers. Mit der Einfügung des Worts „unvertretbar" soll – wohl auch entgegen dieser mE überschießenden strafrechtlichen Rsp – klargestellt werden, dass **gesellschaftsrechtlich zulässige Handlungen niemals strafrechtlich relevant sein können**. Steht dem Machthaber bei seinen E ein Ermessensspielraum zu, so ist die Grenze zum Missbrauch erst überschritten, wenn die konkrete Machthaberentscheidung *„außerhalb jeder vernünftigen Ermessensausübung liegt"*[143] bzw *„außerhalb des Bereichs des vernünftigerweise Argumentierbaren liegt"*.[144] In unvertretbarer Weise handelt nicht, wer der vertretbaren Rechtsauffassung sein durfte, sein Handeln sei zulässig. Wenn der GF aus zivilrechtlicher Sicht durch die Business Judgement Rule v einer Haftung befreit wird, liegt sohin auch kein Befugnismiss-

---

ÖBA 2016, 252; *Lewisch/N. Huber*, RdW 2014/627, 567; *McAllister*, ÖJZ 2015/103, 780; *McAllister*, ÖJZ 2014/4, 13; *Schellner*, GesRZ 2016, 197; *Wess*, CFO aktuell 2015, 224.
139 *Tipold* in Ratka/Rauter, Geschäftsführerhaftung² Rz 4/47.
140 OGH 30.1.2014, 12 Os 117/12s – *Libro*.
141 OGH 30.1.2014, 12 Os 117/12s – *Libro*; 2.7.2013, 13 Os 131/12g – *Hypo Alpe Adria*; 21.8.2012, 11 Os 19/12x – *Styrian Spirit*; 23.12.2010, 14 Os 143/09z – *BAWAG*.
142 IdF BGBl I 2015/112.
143 AB 728 BlgNr 25. GP 6.
144 IA 110 BlgNr 25. GP 4; AB 728 BlgNr 25. GP 10.

brauch iSd § 153 StGB vor.[145] Als Gefährdungsdelikt ist dieses Delikt verwirklicht, wenn der Vermögensschaden einmal eingetreten ist; das ist zB bei Auszahlung eines unbesicherten Kredits an einen insolventen Kreditnehmer der Fall. Ist der Kreditnehmer hingegen bei Kreditgewährung u Auszahlung „*bloß insolvenzgefährdet*", liegt in der Ausreichung der Kreditvaluta ungeachtet der gefährdeten Rückzahlung – seit dem Strafrechtsänderungsgesetz 2015 – gar kein Schaden des Machtgebers.[146] Für die Frage der Anrechenbarkeit eines mit der Untreue des GF einhergehenden Vermögensvorteils kommt es nach der strafrechtlichen Rsp auf das zeitgleiche Eintreten mit dem Vermögensnachteil an.[147]

- § 159 StGB: Nach § 159 StGB kann bestraft werden, **wer grob fahrlässig Gläubigerinteressen beeinträchtigt** (vgl auch Exkurs WiStR Rz 23 ff). Zweck dieser Regelung ist, das kridaträchtige Verhalten eines GF zu bestrafen. § 159 Abs 5 StGB zählt die Tatbestandselemente eines kridaträchtigen Handelns taxativ auf. Es geht im Grunde um Handlungen, die den Grundsätzen des ordentlichen Wirtschaftslebens widersprechen.[148] § 159 StGB ist ein Erfolgsdelikt, durch welches die Gläubiger benachteiligt werden müssen; es handelt sich bei dieser Norm daher um eine Gläubigerschutzbestimmung. Weiters ist § 159 StGB insofern ein Sonderpflichtdelikt, als der Täter auch gleichzeitig Schuldner sein muss.[149]

- § 146 StGB (**Betrug**)[150]: Der Tatbestand des Betrugs ist erfüllt, sobald der Täter, der sich oder einen Dritten durch das Verhalten des Getäuschten unrechtmäßig bereichern will, zu diesem Zeitpunkt vorsätzlich eine Täuschungshandlung setzt (vgl auch Exkurs WiStR Rz 72) u dadurch bei dem Getäuschten einen Irrtum

---

145 *M. Karollus* in Kodek, Untreue NEU 43 (84 ff).
146 Auch die „*Höhe der Differenz zwischen dem Nominale der Kreditforderung und deren wirtschaftlichem – mit dem Ausfallrisiko gewichteten – Wert*" ist diesfalls (noch) nicht der Schaden, vgl AB 728 BlgNR 25. GP 11; *Wess*, Haftung von Gesellschaftsorganen, RuSt 2016, Folie 36; **aA** *Kert/Komenda*, ÖZW 2015, 148 f.
147 RIS-Justiz RS0094565, zuletzt OGH 12.4.2016, 11 Os 53/15a.
148 *M. Bollenberger*, Geschäftsführerhaftung[5] 95 f.
149 *Rainer* in Triffterer/Rosbaud/Hinterhofer, StGB[6] § 159 Rz 7 ff.
150 IdF BGBl I 2015/154.

hervorruft, der diesen zu einer Vermögensverfügung verleitet, die sein Vermögen oder das eines anderen schädigt.[151] Der Erfolg eines Vermögensschadens muss tatsächlich eintreten.[152] Nicht erforderlich ist jedoch, dass die Bereicherung eingetreten ist.[153] Ein GF, der den Tatbestand des § 146 StGB verwirklicht, haftet dem Geschädigten für den verursachten Schaden.[154]

- §§ 153c u 153d StGB (**Sozialbetrug**, vgl auch Exkurs WiStR Rz 49 ff) erfassen SV, wonach eine GmbH nur über kurze Zeit geschäftlich tätig wird, Aufträge zu v vornherein klar ersichtlich unzureichenden Preisen annimmt, Gelder einkassiert, die sich die Geschäftsführung zueignet oder die nur an die Initiatoren (GF, Gesellschafter oder deren Hintermänner) oder „ausgewählte" Gläubiger bezahlt werden, wobei die GmbH aber weder ihre Mitarbeiter noch die Abgaben- u Sozialversicherungsgläubiger bezahlt.

- § 12a Abs 3 MRG (Unterlassene Anzeige des Machtwechsels): Die vertretungsbefugten Organe der jP des Hauptmieters einer Geschäftsräumlichkeit sind gem § 12a Abs 3 MRG verpflichtet, dem Vermieter entscheidende Änderungen der rechtlichen oder wirtschaftlichen Einflussmöglichkeiten an der Mietergesellschaft unverzüglich anzuzeigen. Durch die Anzeigepflicht sollen Gestaltungsmöglichkeiten des Mieters, Mietzinsanhebungen (§ 16 Abs 1 MRG) zu vermeiden, hinangehalten werden.[155] Der Vermieter soll vor Vermögensschäden infolge unterlassener Anhebung des Mietzinses auf den angemessenen Mietzins, aber auch vor weiteren vermögensrechtlichen Nachteilen (zB Kaufpreisschäden, die unmittelbar aus zu geringen Mieterlösen herrühren, weil der verminderte Mietzins den Ertragswerts der Liegenschaft bei deren Verwertung mindert), bewahrt werden.[156] GSpG:[157] Die Spielerschutzvorschriften des GSpG stellen Schutznormen iSd § 1311 ABGB dar. Ein geschädigter Spieler hat einen Schadenersatzanspruch für seine durch illegales Auto-

---

151 *Reich-Rohrwig* in Straube/Ratka/Rauter, GmbHG § 25 Rz 280.
152 *Kert* in Triffterer/Rosbaud/Hinterhofer, StGB[26] § 146 Rz 4.
153 *Fabrizy*, StGB[13] § 146 Rz 25.
154 RIS-Justiz RS0023677, zuletzt OGH 20.10.2015, 4 Ob 176/15h.
155 *Würth* in Rummel, ABGB[3] § 12a MRG Rz 2.
156 OGH 20.10.2020, 4 Ob 128/20g.
157 OGH 20.2.2020, 6 Ob 168/19b.

matenglücksspiel erlittenen Spielverluste, sowohl gegen die betreibende GmbH als auch gegen deren solidarisch haftende GF. § 1313 S 2 ABGB regelt das Verhältnis der Solidarschuldner untereinander. Der Regressanspruch der GmbH gegen ihre GF entsteht mit tatsächlicher Zahlung u ist mit der Höhe der Verbindlichkeit begrenzt.

- § 1300 S 2 ABGB (**wissentliche Fehlinformation an [potentielle] Anleger**)
- § 1295 Abs 2 ABGB (**sittenwidrige Schädigung v Gläubigern**[158])
- Der GF – sowie uU auch die Gesellschafter – können sich wegen **Vermögensvermischung** haftbar machen (vgl § 61 Rz 57).[159] Vermögensvermischung liegt vor, wenn das Vermögen der GmbH u das Privatvermögen des GF/Gesellschafters oder einer anderen Gesellschaft nicht hinreichend unterschieden werden können. Die GF/Gesellschafter können sich auf den „Grundsatz getrennter Sphären" nicht berufen, wenn sie diese in ihrem eigenen Gebaren vernachlässigen.[160]
- **Haftung wegen cic:** Bei der Inanspruchnahme v Kredit (iwS) durch die GmbH – wenn also der Vertragspartner vorleisten soll – regelmäßig aber nicht bei Zug-um-Zug-Geschäften u bei Geschäften, bei denen die GmbH vorleistet, trifft den GF gegenüber den Geschäftspartnern der GmbH grds die **Pflicht zur Aufklärung über die**

---

158 OGH 20.5.1992, 1 Ob 562/92 (bedingter Vorsatz genügt); 7.11.1985, 7 Ob 610/85; 22.12.1994, 2 Ob 591/94; 20.1.1994, 6 Ob 521/94; 27.11.2018, 4 Ob 222/18b (unberechtigter Vertragsrücktritt einer GmbH v einem Kaufanbot über eine Liegenschaft durch ihren GF); *Schopper* in FS Fenyves, 1009 (1024); etwa durch Gründung der GmbH in der Absicht der Gläubigerschädigung (BGH 25.4.1988, II 175/87, NJW-RR 1988, 1181; *Koppensteiner/Rüffler*, GmbHG³ § 25 Rz 34), durch die vorsätzliche Insolvenzverschleppung (BGH 26.6.1989, II ZR 289/88, BGHZ 108, 134; 18.12.2007, VI ZR 231/06, ZIP 2008, 361), oder durch vorsätzliches Tätigen verlustreicher Geschäfte.

159 *Kastner/Doralt/Nowotny*, GesR⁵, 397 FN 213; *Koppensteiner/Rüffler*, GmbHG³ § 61 Rz 36; *Honsell*, GesRZ 1987, 177; *Jabornegg*, wbl 1989, 52; *Artmann/Karollus* in Artmann/Karollus, AktG⁶ § 1 Rz 50, § 48 Rz 13, 18 f; *Fastrich* in Baumbach/Hueck, GmbHG²² § 13 Rz 45 f; *Mertens* in Hachenburg, GmbHG⁸ Anh § 13 Rz 49 ff; BGH 16.9.1985, II ZR 275/84, NJW 1986, 188 – *Autokran*; 13.4.1994, II ZR 16/93, ZIP 1994, 867; 14.11.2005, II ZR 178/03, ZIP 2006, 467; 16.7.2007, II ZR 3/04, NJW 2007, 2689 – *Trihotel*; obiter OGH 29.4.2004, 6 Ob 313/03b.

160 *Reich-Rohrwig* in Straube/Ratka/Rauter, GmbHG § 25 Rz 275 ff.

schlechte wirtschaftliche Lage der GmbH, wenn sich die GmbH bereits in einem Zustand befindet, in dem der Insolvenzantrag gestellt werden müsste oder wenn damit zu rechnen ist, dass die GmbH bei Fälligkeit zahlungsunfähig sein wird.[161]

– Eine Eigenhaftung des Vertreters der GmbH, insb des GF, kommt ferner dann in Betracht, wenn er in *besonderem Maß* **Vertrauen für sich selbst in Anspruch nimmt u die Vertragsverhandlungen dadurch beeinflusst**.[162] Das Vertrauen, das jedermann in seinen Vertragspartner oder Verhandlungspartner setzt, reicht für die Eigenhaftung nicht aus. Zur Abgrenzung, ob der GF – ausnahmsweise – als „Dritter" aufgefasst werden kann, der auf den Willen der GmbH einwirkt, oder ob er – so der Regelfall – als Organ der GmbH nur deren Willen bildet u kein ihm selbst im Außenverhältnis zurechenbares Verhalten setzt, ist wesentlich, ob er Eigeninteressen oder Interessen außenstehender Dritter verfolgt u ob ihm rechtswidrige Handlungen, die er als Organ in Vertretung der GmbH vorgenommen hat, zugleich auch als eigenes deliktisches Verhalten gegenüber dem Vertragspartner oder Gläubiger der GmbH zugerechnet wer-

---

161 Die Aufklärungspflicht bei Überschuldung bejahend, wenn die Überschuldung zur Vereitelung des Vertragszwecks führt: OGH 4.10.1989, 3 Ob 519/89; dazu auch *Dellinger*, ecolex 1990, 341; OGH 3.5.1994, 1 Ob 525/94 (Aufklärungspflicht u persönliche Haftung: Der GF muss bei einem Zug-um-Zug-Geschäft bei Ausstellung des später nicht eingelösten Schecks auf die Gefährdung der Einbringlichkeit hinweisen, wenn ihm erkennbar ist, dass die Zahlung des Kaufpreises durch die GmbH nur nach einer keinesfalls gesicherten Umschuldung zu erwarten ist); RIS-Justiz RS0026113; BGH 27.10.1982, VIII ZR 187/81, NJW 1983, 676 f; 2.3.1988, VIII ZR 380/86, GmbHR 1988, 258 f; 1.7.1991, II ZR 180/90, GmbHR 1991, 409; *Lutter/Hommelhoff*, GmbHG[18] § 43 Rz 73 f; **abl** *P. Ulmer*, NJW 1983, 1577; *Honsell*, GesRZ 1984, 134 (142).

162 RIS-Justiz RS0019726; OGH 4.10.1989, 3 Ob 519/89; 3.5.1994, 1 Ob 525/94; *Honsell*, GesRZ 1984, 134 (134 ff, 142); *Dellinger*, ecolex 1990, 341 (341 ff, 343 f); *Dellinger*, Vorstands- und Geschäftsführerhaftung 117 ff; OGH 5.4.2013, 8 Ob 66/12g; 18.2.2013, 7 Ob 178/11v; ausf *Rüffler*, JBl 2011, 69 (80 ff) mwN; *Wilhelm*, ecolex 2009, 929 (933 f); *Feltl/Told* in Gruber/Harrer, GmbHG[2] § 25 Rz 259; *Ziemons* in Michalski/Heidinger/Leible/J. Schmidt, GmbHG[3] § 43 Rz 599 ff; *Lutter/Hommelhoff*, GmbHG[18] § 43 Rz 74; etwa durch eine persönliche Zahlungszusage (OGH 4.10.1989, 3 Ob 519/89: Haftung für Vertrauensschaden; 3.5.1994, 1 Ob 525/94; 29.10.1996, 4 Ob 2308/96g; 11.10.2006, 7 Ob 219/06s; RIS-Justiz RS0023622).

den können.¹⁶³ Die schuldhafte Verletzung der Organisations- u Überwachungspflichten eines GF, der fachlich einwandfreien Leitung der Gesellschaft u Verantwortung bei der Gesamtgeschäftsführungsbefugnis,¹⁶⁴ können eine Eigenhaftung auslösen.¹⁶⁵

– Nach der Rsp ist ein die persönliche Haftung begründendes **wirtschaftliches Eigeninteresse des GF** anzunehmen, wenn er unmittelbar gegenüber dem Dritten sein eigenes wirtschaftliches Interesse verfolgt¹⁶⁶ oder wenn sein Interesse über das gesellschaftsvermögensrechtliche Interesse hinausgeht¹⁶⁷ u sein **Privatinteresse** mitumfasst – etwa wenn der GF die Gegenleistung des Gläubigers an der GmbH vorbei in seine eigene Tasche lenken will.¹⁶⁸

– GF können sich im Betrieb der GmbH gegenüber Dritten durch **Wettbewerbsverstöße**¹⁶⁹ u durch Verletzung v **Immaterialgüterrechten** persönlich haftbar machen (§§ 18 f UWG; § 159 PatG; § 91 UrhG; §§ 51 ff MarkSchG; §§ 34 ff MusterschutzG; §§ 41 f GebrauchsmusterG; § 21 HalbleiterschutzG; vgl auch § 26).

– Kein Regress der Gesellschaft u somit keine Haftung des GF für Kartellgeldbußen (anders bei Inanspruchnahme der Gesellschaft durch kartellgeschädigte Dritte), sogar bei vorsätzlichen Kartellverstößen aufgrund des § 11 VbVG.¹⁷⁰

– GF können ebenso eine Haftung aufgrund v Sondernormen des öffentlichen Rechts wie dem VStG, der BAO, dem ASVG u dem StGB auslösen (vgl dazu die folgenden Ausführungen).

---

163 OGH 30.8.2016, 8 Ob 62/16z unter Hinweis auf *Reich-Rohrwig* in Straube/Ratka/Rauter, GmbHG § 25 Rz 305 mwN.
164 *Koppensteiner/Rüffler*, GmbHG³ § 25 Rz 10, 13.
165 *Reich-Rohrwig* in Straube/Ratka/Rauter, GmbHG § 25 Rz 31.
166 OGH 13.3.1996, 5 Ob 506/96; 15.7.1997, 1 Ob 182/97i.
167 OGH 27.6.2006, 3 Ob 75/06k: arglistige Täuschung v Anlegern unter Einschaltung eines unwissenden Finanzdienstleisters; vgl *Klumpp*, Aktuelle Fragen der Haftung des GmbH-Geschäftsführers 77 (BGH 8.10.1987, IX ZR 143/86, WM 1987, 1432).
168 BGH 14.10.1985, II ZR 280/84, ZIP 1986, 30; 5.10.2001, V ZR 275/00, NJW 2002, 208; *Rüffler*, JBl 2011, 69 (84); krit *Ebenroth/Kräuter*, BB 1990, 571.
169 **AA** *Harrer/Neumayr*, in FS Danzl 57, wonach der GF im Innenverhältnis der Gesellschaft dazu verpflichtet ist, *"lauterkeitsrechtliche Konflikte nach Möglichkeit zu vermeiden"* u dass diese Innenbindung aber nicht in eine Außenbindung umgewandelt werden kann.
170 *Madari*, GesRZ 2021, 14.

32 Es gibt nach hM keinen Schadenersatzanspruch des Gesellschafters für Reflexschäden (Wertminderungen der GmbH-Anteile durch die Handlung des GF).[171] Der einzelne Gesellschafter kann daher nicht Zahlung des bei der GmbH bewirkten Schadens an sich selbst verlangen, auch nicht zu jenem Teil, der seiner Beteiligungsquote entspricht. Allerdings könnte die Vereitelung eines Auskunftsanspruchs durch den GF bei der Liquidation über einen Reflexschaden hinausgehen, sodass der GF diesbzgl direkt dem Gesellschafter deliktisch schadenersatzpflichtig werden kann.[172]

V. Sonstige Haftungen der Geschäftsführer

33 Nach **VStG**[173] **(Haftung für Verwaltungsstrafen)**: Das österr Verwaltungsstrafrecht basiert auf dem Schuldprinzip (§ 3 VStG) u richtet sich an natPers, also die GF einer GmbH (§ 9 Abs 1 VStG).[174] Sind mehrere GF zur Vertretung nach außen berufen, gilt eine kumulative Haftung aller GF.[175] Dem GF muss Verschulden (§ 5 VStG) vorgeworfen werden können,[176] was im Fall eines Scheingeschäftsführers mangels Einwirkungsmöglichkeit auf die tatsächliche Geschäftsführung fehlschlagen wird. Erhält ein solcher Scheingeschäftsführer aber entspr Entgelt u ist sich seines Unrechts klar bewusst, trifft diesen ebenfalls eine Haftung iSd § 9 VStG.[177] Setzt die Behörde eine Verfolgungshandlung gem § 32 Abs 2 VStG gegen einen GF u wird in weiterer Folge eine Geldstrafe oder sonstige in Geld bemessene Unrechtsfolge (Wertersatzstrafe, Verfall) verhängt, haftet die GmbH solidarisch mit dem GF für die Strafe u allfällige Verfahrenskosten (§ 9 Abs 7 VStG).[178] Folge davon ist, dass die belangte GmbH Parteistellung im Verfahren erhält u somit, genauso wie der verurteilte GF, rechtsmittelberechtigt ist.[179] In der Praxis ist es üb-

---

171 RIS-Justiz RS0060031; RS0059432.
172 OGH 14.3.2021, 6 Ob 248/20v mit Darstellung des Meinungsstands (im konkreten Fall abgelehnt).
173 IdF BGBl I 2013/33.
174 VwGH 17.12.2004, 2000/03/0231.
175 VwGH 30.10.2006, 2006/02/0248; 15.9.2005, 2003/07/0021.
176 *Wessely* in Raschauer/Wessely, VStG² § 9 Rz 3.
177 *Reich-Rohrwig* in Straube/Ratka/Rauter, GmbHG § 25 Rz 486.
178 *Ratka/Rauter*, Geschäftsführerhaftung² Rz 5/24.
179 VwGH 5.11.2010, 2010/04/0012.

lich, dass die GmbH die Strafe faktisch trägt; dies kann jedoch im Vorhinein nicht wirksam vereinbart werden.[180]

BAO[181] **(Haftung für Steuern u Abgaben)**: § 9 Abs 1 BAO sieht ebenso eine verschuldensabhängige Vertreterhaftung der GF vor (§ 80 Abs 1 BAO). Die GF (auch faktische GF)[182] haben insb dafür zu sorgen, dass die Abgaben aus den v ihnen verwalteten Mitteln entrichtet werden.[183] Voraussetzungen einer Haftung sind eine Abgabenforderung gegen die Gesellschaft, die Stellung als GF, die Uneinbringlichkeit der Abgabenforderung, eine Pflichtverletzung des GF, dessen Verschulden an der Pflichtverletzung u die Ursächlichkeit der Pflichtverletzung für die Uneinbringlichkeit. Es ist Aufgabe des GF, darzutun, weshalb er den auferlegten Pflichten nicht entsprechen u insb nicht habe Sorge tragen können, dass die Gesellschaft die angefallenen Abgaben entrichtet; widrigenfalls darf v der Abgabenbehörde eine schuldhafte Pflichtverletzung angenommen werden. Selbiges gilt für die Uneinbringlichkeit. Folge ist die Haftung des GF für die nicht entrichteten Abgaben der Gesellschaft. Diese Haftung trifft den GF auch dann, wenn die Mittel, die ihm für die Entrichtung aller Verbindlichkeiten der Gesellschaft zur Verfügung gestanden sind, nicht ausreichen. Anderes gilt nur, wenn er nachweist, dass er die vorhandenen Mittel anteilig für die Begleichung aller Verbindlichkeiten verwendet u die Abgabenschulden daher im Verhältnis nicht schlechter behandelt hat, als andere Verbindlichkeiten.[184]

BAO (Nachfolgerhaftung): Nach § 15 BAO haften bestimmte Personen, die erkannt haben, dass zur Festsetzung v Abgaben unrichtige, unvollständige oder pflichtwidrig gar keine Erklärungen abgegeben wurden, für die vorenthaltenen Abgabenbeträge. Verschulden wird v § 15 BAO nicht gefordert, es reicht bereits die objektive Unrichtigkeit aus.[185] In der Praxis ist der größte Anwendungsfall die Nachfolge eines Geschäftsleitungsorgans (dreimonatige Anzeigepflicht gem §§ 80 f iVm § 139 BAO).

ASVG[186] **(Haftung für Sozialversicherungsbeiträge)**: Einerseits trifft den GF die Pflicht, AN vor Dienstantritt bei der zuständigen

---

180 RIS-Justiz RS0016830.
181 IdF BGBl I 2015/163.
182 BFG 11.2.2015, RV/6100304/2009.
183 VwGH 15.6.2005, 2005/13/0035.
184 VwGH 13.4.2005, 2001/13/0190.
185 *Ratka/Rauter*, Geschäftsführerhaftung² Rz 7/11.
186 IdF BGBl I 2016/18.

GKK anzumelden u der GKK wegen etwaiger Auskünfte zur Verfügung zu stehen. Andererseits hat die GmbH als direkter Arbeitgeber DN-Beiträge einzubehalten u an die GKK abzuführen. Nach § 67 Abs 10 ASVG haften die zur Vertretung einer jP berufenen Personen im Rahmen ihrer Vertretungsmacht neben den durch sie vertretenen Beitragsschuldnern für die v diesen zu entrichtenden Beiträge, sobald die Beiträge infolge schuldhafter Verletzung der den Vertretern auferlegten Pflichten nicht eingebracht werden können. Das vertretungsbefugte Organ haftet damit unter bestimmten Voraussetzungen subsidiär für die Beitragsschulden der jP u wird selbst zum Beitragsschuldner. Mit dem BGBl I 2010/62 wurde in § 58 Abs 5 ASVG ein Aufgaben- u Pflichtenkatalog für Vertreter aufgenommen, der inhaltlich mit § 80 BAO ident ist.[187] § 111 ASVG normiert iVm § 9 VStG Strafbestimmungen für Verstöße gegen melderechtliche Vorschriften, § 114 Abs 2 ASVG (alt) als nunmehriger § 153c Abs 2 StGB die Verpflichtungen zur Abfuhr der einbehaltenen DN-Beiträge. Verschuldete Verstöße können eine Haftung des GF nach § 67 Abs 10 ASVG zur Folge haben. Durch Bestellung eines verantwortlichen Beauftragten kann für die sonst verantwortlichen Organe Straffreiheit erzielt werden, dies jedoch nur unter der Voraussetzung, dass diesem Beauftragten ausreichende Handlungs- u Anordnungsbefugnis eingeräumt wurde.[188]

37   **StGB – Korruption iSd § 309 StGB:** Durch § 309 StGB soll die Korruption im privaten Bereich bekämpft werden. Absatz 1 stellt die passive, Abs 2 die aktive Bestechung unter Strafe. Kernpunkt der Norm ist das Verbot, Rechtshandlungen im geschäftlichen Verkehr pflichtwidrig vorzunehmen oder pflichtwidrig zu unterlassen.[189] Dabei kommt es darauf an, dass die Vornahme oder Unterlassung der Rechtshandlung, die im funktionalen Zusammenhang mit der Bestechung oder Geschenkannahme steht, selbst pflichtwidrig ist.[190] Die pflichtgemäße Vornahme oder Unterlassung v Rechtshandlungen im Austausch gegen Vorteile ist daher nicht v § 309 StGB erfasst.[191] Das Delikt ist als schlichtes Tätigkeitsdelikt anzusehen, sodass für die Erfüllung des Tatbestands kein konkreter Schaden eingetreten sein muss.[192] Die Tathandlungen der ak-

---

187   OGH 5.6.2012, 10 ObS 43/12i.
188   *Kühteubl*, ZAS 2015/33, 204.
189   *Thiele* in Triffterer/Rosbaud/Hinterhofer, StGB[29] § 309 Rz 7.
190   OGH 26.2.2019, 17 Os 8/18g; RIS-Justiz RS0132511.
191   RIS-Justiz RS0132511.
192   *Bertel/Schwaighofer*, BT II[14] § 309 Rz 1.

tiven Bestechung (Anbieten, Versprechen oder Gewähren eines Vorteils) u der passiven Bestechung (Annahme, Sichversprechenlassen oder Fordern eines solchen Vorteils) bilden zueinander das Gegenstück.[193]

VI. GmbH & Co KG

Nach der Rsp[194] soll bei einer GmbH & Co KG abw v den allg Regeln (Anspruch KG gegen GmbH; Regressanspruch GmbH gegen GF) der **GF der Komplementärgesellschaft** der KG für die Führung ihrer Geschäfte mit der im § 25 Abs 1 umschriebenen Sorgfalt u der dortigen (längeren) Verjährungsfrist **unmittelbar verantwortlich** sein, sofern besondere Umstände hinzutreten: Personenidentität v Kommanditist, GmbH-Gesellschafter u GF oder Tätigkeit der GmbH ausschließlich zur Wahrnehmung der Geschäftsführungsaufgaben der KG. Begründet wird dies mit der engen gesellschaftsrechtlichen Verbindung u den sich daraus ergebenden Treue-, Schutz- u Sorgfaltspflichten bzw einer Art cic-Haftung; beides ist umstritten[195] u überzeugt mE nicht. 38

VII. D & O-Versicherung

Es ist zulässig, das Haftungsrisiko der GF zur Gänze (also auch ohne den in Dtl für AG [nicht jedoch für GmbH] vorgeschriebenen Selbstbehalt u in jeder denkbaren Höhe) durch den Abschluss der Managementhaftpflicht- oder D & O-Versicherung zu versichern.[196] Ein Versicherungsfall unter einer D & O-Versicherung setzt regelmäßig hinsichtlich der Abwehr die erstmalige **schriftliche Inanspruchnahme** des GF u hinsichtlich der Freistellung immer die **rechtswidrige, kausale u** 39

---

193 *Lewisch* in Lewisch, JB Wirtschaftsstrafrecht und Organverantwortlichkeit 2013, 43 (47).
194 RIS-Justiz RS0059661, jüngst OGH 23.2.2016, 6 Ob 171/15p; 30.8.2016, 6 Ob 198/15h u 25.3.2020, 6 Ob 189/19s.
195 Vgl *Schopper/Walch*, NZ 2016/55, 163 mwN; **dagegen**: *Harrer*, wbl 1991, 145; *Koppensteiner/Rüffler*, GmbHG³ § 25 Rz 30; *Koppensteiner/Auer* in Straube/Ratka/Rauter, UGB I⁴ § 161 Rz 20; *S.-F. Kraus/U. Torggler* in Torggler, GmbHG § 25 Rz 41; jüngst wieder *Schörghofer*, GesRZ 2016, 285 (Entscheidungsanmerkung).
196 *Ch. Nowotny* in FS Fenyves 661 (672) mwN.

schuldhafte (leicht oder grob fahrlässiges Verhalten, nach manchen Bedingungen ist auch bedingt vorsätzliches Verhalten gedeckt; wissentliche Pflichtverletzung oder gar Absicht sind immer ausgeschlossen) **Haftung des GF für einen ersatzfähigen Schaden** voraus. Eine derartige „Haftpflichtversicherung für Unternehmensleiter" („*Directors and Officers*"-Versicherung – D&O-Versicherung) kann entweder der GF selbst oder die Gesellschaft abschließen. Marktüblich ist die zweite Variante, wobei üblicherweise die Konzernholdinggesellschaft die D&O-Versicherung zu Gunsten aller Organe im Konzern als Versicherung für fremde Rechnung (§§ 74 ff VersVG) abschließt; die Organe sind aus einer solchen D&O-Versicherung grds nur bei ausdrücklicher Vereinbarung direkt berechtigt (weil den Versicherungsschein üblicherweise nur der Versicherungsnehmer, dh die abschließende Gesellschaft, innehat); dies hat va auch steuerliche Vorteile, zumal die Versicherungsprämie eine Betriebsausgabe ist, während der GF nach den Lohnsteuer-RL keinen Privatanteil bezahlen muss.[197] Umstritten[198] ist, ob der Abschluss einer D&O-Versicherung der Zustimmung der GV u/oder des AR bedarf. Die Jud geht davon aus, dass der Abschluss einer Rechtsschutzversicherung derselben Willensbildung wie der GF-Anstellungsvertrag bedarf (also idR der GV);[199] was richtig ist, zumal ein Rechtsschutzversicherungsvertrag zumindest im bei weitem überwiegenden Vorteil des GF liegt. Der Abschluss einer D&O-(Haftpflicht-)Versicherung beinhaltet demgegenüber nicht nur den Rechtsschutz, sondern insb auch einen Freistellungsanspruch; er ist daher va hinsichtlich Innenansprüchen zumindest auch im Interesse der Gesellschaft, hat keinen Vergütungscharakter[200] u fällt daher mE nicht in die Kompetenz der Gesellschafter.[201] ME ist insb aufgrund der durch die D&O-Versicherung idR

---

197 Vgl Rz 190.
198 Für Gesellschafterzuständigkeit: *U. Torggler* in Artmann/Rüffler/U. Torggler, Organhaftung 35 (52 ff) mwN;. wohl auch *Ch. Nowotny* in FS Fenyves 661 (672) mwN; dagegen: *Ratka/Rauter*, Geschäftsführerhaftung² Rz 8/12. *Gruber/Wax*, wbl 2010, 169.
199 Ableitbar aus OGH 30.6.1999, 9 ObA 68/99m.
200 Die Versicherungsprämie ist eine Betriebsausgabe ohne Sachbezug (Rz 393a Lohnsteur-RL). In Dtl wurde durch ein BMF-Schreiben (24.1.2002, IV C 5 – S 2332 – 8/02) klargestellt, dass bei üblichen D&O-Versicherungen (was anhand einiger Kriterien zu prüfen ist) kein geldwerter Vorteil beim GF vorliegt.
201 Nach *Gruber/Wax*, wbl 2010, 169 liegt nicht einmal eine außergewöhnliche Maßnahme vor, weil nach der Erfahrung der Autoren bereits bei rund 30 %

erst erzeugten Werthaltigkeit eines (hohen) Haftungsanspruchs das Geschäft in Wahrheit im Eigeninteresse der Gesellschaft; eine analoge Anwendung der Regeln zum Abschluss eines Dienst-/Anstellungsvertrags, womit das Erfordernis der Zustimmung der GV begründet wird, ist mE daher nicht überzeugend. D&O-Versicherungen unterliegen regelmäßig dem (außerhalb des dt Sprachraums für Haftpflichtversicherungen üblichen) *claims-made* oder „Anspruchserhebungs"-Prinzip, nach welchem der Versicherungsfall in der Versicherungsperiode eintritt, in der er erstmals (regelmäßig schriftlich) geltend gemacht wird, unabhängig davon, wann der Schaden eingetreten ist.[202] Daher kommt dem vor Vertragsabschluss regelmäßig abzugebenden **Fragebogen**, der bis zum Abschluss der Versicherung v Versicherungsnehmer bei (durch das *claims-made* Prinzip vorliegender) Rückwärtsversicheurng auch ungefragt zu aktualisieren ist[203] bzw der Schadenfreiheitserklärung, in dem insb auch mögliches Fehlverhalten der Vergangenheit abgefragt wird, bei Abschluss der Versicherung oft große Bedeutung zu. Im Fragebogen bekanntgegebenes mögliches Fehlverhalten u auch Fehlverhalten, das dort bekanntzugeben gewesen wäre, aber nicht bekannt gegeben wurde, ist v der Deckung ausgeschlossen.[204]

VIII. Rechtsverteidigungskosten bei Inanspruchnahme des Geschäftsführers

Die Gesellschaft ist gem § 1014 ABGB verpflichtet, die zur erforderlichen Rechtsverteidigung notwendigen Kosten ihres GF zu übernehmen, sofern die Geschäftsführung – auch gegenüber der Gesellschaft – ordnungsgemäß gewesen ist.[205] Wird ein GF im Zuge eines (Verwaltungs-)Strafverfahrens oder schadenersatzrechtlich (zu Unrecht) persönlich in Anspruch genommen, hat die Gesellschaft sohin die Rechtsverteidigungskosten zu tragen, sofern das Verfahren eingestellt wird oder mit Freispruch endet bzw wenn dem GF kein Sorgfaltsvertoß ge-

---

der mittelständischen Unternehmen eine D&O-Versicherung bestehe. Die Frage sei dann den Gesellschaftern vorzulegen, wenn Anlass zu der Vermutung besteht, diese könnten dem Abschluss widersprechen.
202 *Gruber*, GesRZ 2012, S. 94.
203 OGH 30.6.2021, 7 Ob 216/20w.
204 OGH 25.11.2020, 7 Ob 127/20g, ZVers 2021, 73 (*Wilhelmer*).
205 OGH 26.1.2000, 9 ObA 326/99b; RIS-Justiz RS0113223.

genüber der Gesellschaft anzulasten ist.[206] Zu beachten ist, dass es auf den Sorgfaltsverstoß im Innenverhältnis ankommt, der nicht zwangsläufig mit einer Rechtsverletzung im Außenverhältnis gleichzusetzen ist.[207]

41 Die Gesellschaft kann die Rechtsverteidigungskosten unter dem Vorbehalt übernehmen, dass kein Pflichtenverstoß des GF festgestellt wird.[208] Steht eine Sorgfaltswidrigkeit des GF im Raum, ist aber noch nicht hinreichend geklärt, kann die Gesellschaft dennoch verpflichtet sein, dem GF zumindest einen Vorschuss auf die Rechtsverteidigungskosten gem § 1014 ABGB zu gewähren.[209] Es ist ratsam, eine D&O-Versicherung für die Rechtsverteidigungskosten abzuschließen (vgl Rz 39 ff) u/oder, wenn keine D&O-Versicherung besteht oder diese leistungsfrei ist, für derartige Zahlungen eine Vereinbarung zu treffen; diese Vereinbarung sollte es der Gesellschaft auch ermöglichen, die geleisteten Zahlungen ggf zurückzuverlangen u eine Sicherheit für den potenziellen Rückforderungsanspruch zu fordern.[210]

IX. Deutsche GmbH

42 Trotz der gemeinsamen Geschichte des öGmbHG u des dGmbHG gibt es einige Untersch, welche in der Folge kurz erläutert werden:

- Im Gegensatz zur österr Rechtslage[211] ist der **Beginn der Verjährungsfrist** in Dtl kenntnisunabhängig, die Frist beginnt nämlich bereits mit Entstehung des Anspruchs.[212]
- In Dtl ist die Abhängigkeit einer **wirksamen Ressortverteilung** v der Schriftform nicht restlos geklärt. Der BFH verlangt stets – im Gegensatz zum BGH – explizit die Schriftform.[213]

---

206 OGH 26.1.2000, 9 ObA 326/99b; RIS-Justiz RS0113223; *Feltl/Told* in Gruber/Harrer, GmbHG² § 25 Rz 284 ff.
207 *Feltl/Told* in Gruber/Harrer, GmbHG² § 25 Rz 285.
208 *Feltl/Told* in Gruber/Harrer, GmbHG² § 25 Rz 285.
209 *Feltl/Told* in Gruber/Harrer, GmbHG² § 25 Rz 286; vgl auch OGH 26.1.2000, 9 ObA 326/99b.
210 *Feltl/Told* in Gruber/Harrer, GmbHG² § 25 Rz 286.
211 *Feltl/Told* in Gruber/Harrer, GmbHG² § 25 Rz 135; s auch Rz 20.
212 *Kleindiek* in Lutter/Hommelhoff, GmbHG²⁰ § 43 Rz 67; *Schnorbus* in Roewedder, GmbHG⁶ § 43 Rz 104.
213 *Buck-Heeb*, BB 2019, 584; *Schockenhoff*, GmbHR 2019, 514; *Lohr*, GmbH-StB 2019, 145.

- **Abbedingung der Haftung** wegen Fahrlässigkeit auch in Dtl str.[214]
- Bereits seit 2009 gibt es in Dtl verpflichtende Selbstbehalte für Vorstandsmitglieder bei der gesellschaftsfinanzierten **D&O-Versicherung** einer AG, nicht jedoch für die GmbH. Dies ist in Ö weder für GmbH noch für AG vorgesehen.[215]
- In Ö ist nicht restlos geklärt, ob es zu einer **Beweislastumkehr** (bzw Beweiserleichterung für die Gesellschaft) hinsichtlich der **Rechtswidrigkeit** kommt.[216] In Dtl besteht demgegenüber eine gefestigte Rsp, dass die Beweislast für die Rechtswidrigkeit auch den GF trifft.[217]
- **Strafrechtliche Verantwortlichkeit**: In Dtl ist str, ob ein Einverständnis der Gesellschafter ein Verwirklichen des Untreuetatbestands verhindern kann.[218] Hingegen wird in Ö die A vertreten, dass dieser Rechtsauffassung aufgrund des Schutzzwecks des § 153 StGB (Schutz des Vermögens des Vertretenen) nicht zu folgen ist.[219]
- Aufgrund einer wörtlichen Interpretation des Abs 5 hatte sich in Ö die A entwickelt, dass die Haftung des GF in sämtlichen Fällen des Ersatzes zur Befriedigung v Gläubigern greift – GF würden demnach sogar bei grds verbindlichen Weisungen haftbar bleiben, solange die Befriedigung der Gläubiger erforderlich ist. Die neuere, sich im Vordringen befindende u wohl auch überzeugendere A stellt eine historische Interpretation an u kommt dabei zu dem Ergebnis, dass sich Abs 5 bloß auf gegen Abs 3 verstoßende Weisungen bezieht.[220] Im Ergebnis ähnelt die A jener in Dtl. Auch in Dtl wird eine Haftungsfreistellung durch Weisung ausgeschlossen, wenn der GF damit gegen die Kapitalerhaltungsregeln der §§ 30 u 33 dGmbHG verstößt.[221]

---

214 *Feltl/Told* in Gruber/Harrer, GmbHG² § 25 Rz 144.
215 S aber: *Ramharter*, D&O-Versicherung 2/57 f.
216 *Reich-Rohrwig* in Straube/Ratka/Rauter, GmbHG § 25 Rz 199.
217 *Reich-Rohrwig* in Straube/Ratka/Rauter, GmbHG § 25 Rz 200/4; *Altmeppen*, GmbHG¹⁰ § 43 Rz 112; *Kleindiek* in Lutter/Hommelhoff, GmbHG²⁰ § 43 Rz 52; *Schnorbus* in Roedder, GmbHG⁶ § 43 Rz 86.
218 BGH 30.8.2011, 3 StR 228/11, ZIP 2011, 2475; *Reich-Rohrwig* in Straube/Ratka/Rauter, GmbHG § 25 Rz 288/3.
219 *Feltl/Told* in Gruber/Harrer, GmbHG² § 25 Rz 241.
220 *Feltl/Told* in Gruber/Harrer, GmbHG² § 25 Rz 158 ff.
221 BGH 18.2.2008, II ZR 62/07, ZIP 2008, 736; *Paefgen* in Ulmer/Habersack/Löbbe; GmbHG² § 43 Rz 227.

§ 26. (1) ¹Sobald der Gesellschaft der Übergang eines Geschäftsanteils, die Änderung des Namens, der für Zustellungen maßgeblichen Anschrift, einer Stammeinlage oder der geleisteten Einzahlungen eines Gesellschafters nachgewiesen wird, haben die Geschäftsführer in der zur Vertretung notwendigen Anzahl diese Tatsachen unverzüglich zum Firmenbuch anzumelden. ²Weiters haben sie jede Änderung der für Zustellungen an die Gesellschaft maßgeblichen Anschrift unverzüglich anzumelden.

(2) ¹Die Geschäftsführer haften für einen Schaden zur ungeteilten Hand, der durch schuldhaft falsche Angaben nach Abs. 1 oder eine schuldhaft verzögerte Einreichung dieser Angaben verursacht wurde; für die falsche oder verzögerte Angabe der für Zustellungen maßgeblichen Anschrift eines Gesellschafters jedoch nur bei grobem Verschulden. ²Ersatzansprüche der Gesellschaft verjähren in fünf Jahren nach Anmeldung der Angaben nach Abs. 1 zum Firmenbuch, Ersatzansprüche Dritter nach den allgemeinen Verjährungsregeln.

idF BGBl I 1991/10

Literatur: *Burgstaller/Pilgerstorfer*, Die Zurücknahme von Firmenbuchanmeldungen, NZ 2004/79, 278; *P. Bydlinski*, Veräußerung und Erwerb von GmbH-Geschäftsanteilen: Zugleich ein Beitrag zur Notariatsaktpflicht (1991); *P. Bydlinski*, Der Erwerb von GmbH-Geschäftsanteilen, ÖJZ 1992, 85; *Danzl*, Anmerkungen zum Rundschreiben des HG Wien „Anmeldung zum Firmenbuch", ecolex 1991, 164; *Danzl*, Das neue Firmenbuch, ecolex spezial (1991); *Hofmann*, Gewillkürte Stellvertretung und Berufung auf die erteilte Vollmacht im Firmenbuchverfahren, NZ 2005/58, 225; *Kodek*, Die elektronische Urkundensammlung im Firmenbuch, NZ 2006/44, 193; *Ch. Nowotny*, Anteilbuch, Firmenbuch und Gesellschafterstellung in der GmbH, RdW 1991, 71; *Oberhofer/Santner*, Die GmbH-Gesellschafter und das Firmenbuchgesetz, wbl 1991, 209; *Reich-Rohrwig*, Pfändung ausstehender Stammeinlagen nach dem Firmenbuchgesetz, ecolex 1991, 248; *Reich-Rohrwig*, 100 Jahre GmbH-Gesetz, ecolex 2006, 488; *Schopper*, Einzahlung ausständiger Stammeinlagen und Verfahrensvorschriften im Spiegel der Rechtsprechung, SWK 2005, W 35; *Schummer*, Zum Formgebot bei Übertragung eines GmbH-Anteils, ecolex 1991, 319; *Stern*, Firmenbuchanmeldungen durch Prokuristen, RdW 1998, 451; *Weigand*, Firmenbuchrechtliche Prüfungspflicht bei Anmeldungen von Bestellung und Abberufung vertretungsbefugter Personen, NZ 2003/23, 65.

§ 26 normiert eine Verpflichtung für die GF u, bei deren Verletzung, eine **Haftung der GF gegenüber Gesellschaftern, Gläubigern u der Gesellschaft selbst**.[1] Absatz 1 legt fest, dass Änderungen iZm verpflichtenden Eintragungen bzgl der Gründung der Gesellschaft, der Namen der Gesellschafter,[2] ihrem Geburtsdatum, übernommener Stammeinlagen, darauf geleisteter Einzahlungen, ggf ihrer FB-Nr sowie der Anschrift[3] umgehend beim FB anzumelden sind (§§ 9, 11 FBG, §§ 3 Abs 2 u 5 Z 6 PuG[4]). Eine Pflicht zur Anmeldung der Abberufung oder Neubestellung v AR-Mitgliedern sieht § 30f vor.

Der GF der v den **Änderungen** betr Gesellschaft ist zur **unverzüglichen Eintragung der Änderungen verpflichtet**. Er darf die Eintragung nicht schuldhaft verzögern. Die geänderten Tatsachen müssen nach alsbaldigem Nachw über die Änderung angemeldet werden, wobei hier auch die eigene Wahrnehmung durch einen GF ausreicht.[5] § 11 FBG[6] gilt für alle Tatbestände des § 26[7] u für die Anmeldung der Änderung reicht die vertretungsbefugte GF-Anzahl aus.[8] Der OGH lässt auch die Anmeldung durch einen Bevollmächtigten mit Spezialvollmacht ausreichen.[9] Eine Beglaubigung der Unterschriften ist nicht nötig.[10]

Für die Anmeldungen zum FB gilt, dass diese zwingend durchzuführen sind u nicht im Belieben der GF stehen. Die **Anmeldeverpflichtung** der GF einer GmbH ist mit (amtswegigen)[11] Zwangsstrafen nach § 24 FBG durchzusetzen.[12] Die Rsp u L sprechen sich für ein „stufenweises" Vorgehen durch Androhung u erst in weiterer Folge eine Verhängung einer Zwangsstrafe aus.[13] Bei unvollständiger Anmeldung

---

1 *Ratka/Rauter*, Geschäftsführerhaftung² Rz 2/112.
2 Das FB-Verfahren über die Anmeldung eines Gesellschafterwechsels einer GmbH wird bei Eröffnung eines Insolvenzverfahrens nicht unterbrochen, wenngleich der GmbH-Anteil des insolventen Gesellschafters zur Insolvenzmasse gehört: OLG Wien 27.2.2017, 6 R 34/17i.
3 RIS-Justiz RS0110249, darunter OGH 3.10.2008, 3 Ob 149/08w.
4 Publizitätsrichtlinie-Gesetz BGBl I 2006/103.
5 *Reich-Rohrwig*, ecolex 1991, 248 (249).
6 Vgl dazu RIS-Justiz RS0113392.
7 *Verweijen* in Straube/Ratka/Rauter, GmbHG § 26 Rz 1 ff.
8 *Koppensteiner/Rüffler*, GmbHG³ § 26 Rz 7.
9 OGH 11.9.2003, 6 Ob 149/03k.
10 *Verweijen* in Straube/Ratka/Rauter, GmbHG § 26 Rz 10.
11 *Ratka/Rauter*, Geschäftsführerhaftung² Rz 2/127.
12 *Zib* in Torggler, GmbHG § 26 Rz 15.
13 *Pilgerstorfer* in Artmann, UGB³ § 24 FBG Rz 48.

ist vor Verhängung einer Zwangsstrafe ein Verbesserungsauftrag zu erteilen.[14] Schon der Wortlaut des § 26 Abs 1 S 1 legt nahe, dass im Fall einer Übertragung v Geschäftsanteilen u Einzahlung auf Stammeinlagen der GF zwei nacheinander zu vollziehende Eintragungen ins FB beantragen muss.[15]

4 § 26 Abs 2 erfasst **schuldhaft falsche Angaben oder eine schuldhaft verzögerte Einreichung** dieser Angaben nach Abs 1. Hierunter fallen auch GF, die leicht fahrlässig handeln, weil es sich um einen Fall allg Verschuldenshaftung handelt.[16] Der höhere Verschuldensgrad der groben Fahrlässigkeit oder des Vorsatzes wird bloß bei der Adressänderung eines Gesellschafters gefordert. Durch das pflichtwidrige Handeln muss ein Schaden entstanden sein. Neben den GF ist als Gesamtschuldnerin[17] für diesen Schaden die Gesellschaft haftbar. Die **Verjährungsfrist** für allfällige Ansprüche der Gesellschaft beträgt **fünf Jahre ab einer falschen Anmeldung** einer der Angaben nach Abs 1. Hingegen ist nicht explizit festgelegt, wann (bzw ob) die Verjährung bei nicht angemeldeten Tatsachen beginnt.[18] Ersatzansprüche Dritter verjähren nach den allg Verjährungsregeln. Gemäß § 1489 ABGB ist ein Schadenersatzanspruch binnen drei Jahren ab Kenntnis des Schadens u des Schädigers geltend zu machen.[19] Ein allfälliger interner Regressanspruch richtet sich nach § 896 ABGB.[20]

§ 27. Die für die Geschäftsführer gegebenen Vorschriften gelten auch für die Stellvertreter der Geschäftsführer.

Literatur: *Durstberger*, Vorstandsorganisation (2019); *Fantur*, Zum Geschäftsführer-Stellvertreter (§ 27 GmbHG), GES 2008, 190; *Grünberg*, Das Gesetz über die Gesellschaften mit beschränkter Haftung seit dem Wirksamkeitsbeginn, NZ 1915, 189; *Hochedlinger*, Der stellvertretende GmbH-Geschäftsführer, ecolex 2012, 491; *Keinert*, Neues Verständnis der „Stellvertreter von Vorstandsmitgliedern" nach österreichischem und deutschem Recht, in FS Krejci (2001) 721; *Plöchl*, Die Stellvertreter des Vorstands, ecolex 1991, 771; *Schörghofer/Spitznagel*, Delegation

---

14 RIS-Justiz RS0107904, zuletzt OGH 29.6.2015, 6 Ob 95/15m.
15 OGH 30.8.2016, 6 Ob 103/16i.
16 *Temmel/Peric* in Gruber/Harrer, GmbHG² § 26 Rz 15.
17 *Zib* in Torggler, GmbHG § 26 Rz 21.
18 Vgl *Koppensteiner/Rüffler*, GmbHG³ § 26 Rz 17; *Verweijen* in Straube/Ratka/Rauter, GmbHG § 26 Rz 24.
19 *Reich-Rohrwig*, ecolex 1991, 248 (249).
20 *Verweijen* in Straube/Ratka/Rauter, GmbHG § 26 Rz 23.

von Geschäftsführungsaufgaben an leitende Angestellte, GRAU 2021/36, 132; *Wünsch*, Die Anmeldung der GmbH zum Handelsregister, GesRZ 1987, 165; *Zehetner*, Stimmrecht und Haftung von Stellvertretern von Vorstandsmitgliedern und stellvertretenden Vorstandsmitgliedern einer Aktiengesellschaft, GesRZ 1988, 11.

Inhaltsübersicht

I. Allgemeines	1–2b
II. Bestellung und Abberufung	3, 4
III. Innenverhältnis	5, 6
IV. Außenverhältnis	7

I. Allgemeines

Neben ordentlichen GF können auch stv GF bestellt werden. Diese unterliegen grds denselben Regelungen wie ordentliche GF; Abweichungen bestehen iW für das Innenverhältnis, nicht aber für das Außenverhältnis.[1] In der Praxis kommen stv GF nicht sehr häufig vor. 1

Alternativ zu stv GF könnte ein Geschäftsführer auch unter der aufschiebenden Bedingung bestellt werden, dass ein ordentlicher GF wegfällt; dieser ist vor Eintritt der Bedingung (mangels Rechtswirksamkeit des Gesellschafterbeschlusses) weder ordentlicher noch stv GF.[2] 2

Von stv GF sind die Mitglieder einer sog **erweiterten Geschäftsleitung** zu unterscheiden. Eine erweiterte Geschäftsleitung wird üblicherweise bei Konzernen mit Spartenorganisation oder Unternehmen, die als virtuelle Holdings organisiert sind, eingerichtet. Dabei werden zur Führung des operativen Geschäfts die GF der (operativen) Tochtergesellschaften bzw Personen der zweiten Führungsebene der Gesellschaft (die jew keine Mitglieder der GF der [Ober-]Gesellschaft sind) 2a

---

1 HM (etwa *Koppensteiner/Rüffler*, GmbHG³ § 27 Rz 1, 4; *Edelmann* in Straube/Ratka/Rauter, GmbHG § 27 Rz 2); nach einer Mindermeinung soll sich eine Bestellung zum Stellvertreter auch im Außenverhältnis, zB der Vertretungsmacht auswirken (so va *Hochedlinger*, ecolex 2012, 491); dieser M zufolge soll die Gleichstellung mit den ordentlichen GF nur im Vertretungsfall bestehen.
2 *J. Reich-Rohrwig*, GmbHR I² Rz 2/29; *Koppensteiner/Rüffler*, GmbHG³ § 27 Rz 1; *Edelmann* in Straube/Ratka/Rauter, GmbHG § 27 Rz 10; *Hochedlinger* in Gruber/Harrer, GmbHG² § 27 Rz 6; *Ebner/U. Torggler* in Torggler, GmbHG § 27 Rz 1.

mit den GF der (Ober-)Gesellschaft als erweiterte Geschäftsführung zusammengefasst.³

2b Die Einrichtung einer erweiterten Geschäftsleitung ist im Ergebnis eine Frage der **Delegation** v Geschäftsführungsmaßnahmen an nachgeordnete Unternehmensebenen bzw Dritte. Eine solche Delegation ist zulässig, sofern dadurch nicht die Leitungsaufgaben durch die GF abgegeben werden.⁴ Zulässig ist freilich auch bei Leitungsaufgaben die Delegation v Vorarbeiten, etwa die Aufbereitung v Entscheidungsunterlagen (*„decision shaping"*) – die finale Entscheidungsfindung (*„decision making"*), u damit die Letztverantwortung, hat hingegen bei den GF zu verbleiben.⁵

II. Bestellung und Abberufung

3 Für Bestellung u Abberufung gelten die Regelungen für ordentliche GF.⁶

4 Stellvertretende GF sind wie ordentliche GF (dh ohne Zusatz „Stellvertreter") ins FB einzutragen.⁷ Eine Musterzeichnung ist vorzulegen.⁸

---

3 S *Durstberger*, Vorstandsorganisation 122 f, 124; *J. Reich-Rohrwig* in Artmann/Karollus, AktG II⁶ § 70 Rz 61.
4 *Feltl/Told* in Gruber/Harrer, GmbHG² § 25 Rz 70; *Schörghofer/Spitznagel*, GRAU 2021/36, 132; *J. Reich-Rohrwig* in Straube/Ratka/Rauter, GmbHG § 25 Rz 28; zur AG *Adensamer* in Napokoj/Foglar-Deinhardstein/Pelinka, AktG § 70 Rz 7; *Durstberger*, Vorstandsorganisation 73 f; *Kalss* in Kalss/Frotz/Schörghofer, HB Vorstand, Kap 12 Rz 9, 12/58; *J. Reich-Rohrwig* in Artmann/Karollus, AktG II⁶ § 70 Rz 61.
5 *Durstberger*, Vorstandsorganisation 74 mwN; *J. Reich-Rohrwig* in Artmann/Karollus, AktG II⁶ § 70 Rz 31 spricht v „Entscheidungsverantwortung".
6 *Koppensteiner/Rüffler*, GmbHG³ § 27 Rz 2; *Edelmann* in Straube/Ratka/Rauter, GmbHG § 27 Rz 8; *Hochedlinger* in Gruber/Harrer, GmbHG² § 27 Rz 7; *Ebner/U. Torggler* in Torggler, GmbHG § 27 Rz 2; *Fantur*, GES 2008, 190.
7 *Koppensteiner/Rüffler*, GmbHG³ § 11 Rz 19; *Edelmann* in Straube/Ratka/Rauter, GmbHG § 27 Rz 13; *Ebner/U. Torggler* in Torggler, GmbHG § 27 Rz 2; zur AG s OLG Wien 22.6.1964, 4 R 162/64, NZ 1965, 9; für einen Zusatz *Hochedlinger*, ecolex 2012, 491 (493); zur AG *Keinert* in FS Krejci 721 (733 f); vgl *Hochedlinger* in Gruber/Harrer, GmbHG² § 27 Rz 8.
8 *J. Reich-Rohrwig*, GmbHR I² Rz 2/27; *Edelmann* in Straube/Ratka/Rauter, GmbHG § 27 Rz 12.

III. Innenverhältnis

Ist nichts anderes geregelt, sind stv GF nur bei Verhinderung (zB bei Abwesenheit, Krankheit oder Tod)[9] der GF, die sie vertreten, geschäftsführungsbefugt.[10] Die Geschäftsführungsbefugnis ist gestaltbar (zB Unterordnung, Gleichstellung).[11] Im Falle einer sog „bloßen Titelabstufung", ansonsten aber rechtlichen Gleichstellung des stv GF, ist der stv GF wie ein ordentlicher GF zu behandeln u zur (Gesamt-)Geschäftsführung (wie im GesV oder ggf im Bestellungsbeschluss vorgesehen) berufen – inklusive Stimm- u Widerspruchsrecht.[12] Im GesV oder Bestellungsbeschluss sollte definiert werden, wann genau ein Vertretungsfall vorliegt.

Ist Einzel- oder Gesamtgeschäftsführung für sämtliche GF vorgesehen u keine abw Regelung für stv GF, sind diese auch zur aktiven Überwachung u Ausübung ihres Widerspruchsrechts verpflichtet.[13]

Stellvertretende GF treffen die zwingenden Organpflichten auch dann, wenn kein Vertretungsfall vorliegt.[14] Sie müssen daher über alle erforderlichen Kontroll- u Handlungsrechte (Stimmrecht, Widerspruchsrecht etc) verfügen, damit sie diesen Pflichten nachkommen können.[15] Die genauen Pflichten der stv GF hängen v der gesv Ausgestaltung ihrer Geschäftsführungsbefugnisse ab.[16]

---

9 *Hochedlinger* in Gruber/Harrer, GmbHG² § 27 Rz 5.
10 *J. Reich-Rohrwig*, GmbHR I² Rz 2/28; *Koppensteiner/Rüffler*, GmbHG³ § 27 Rz 3; *Edelmann* in Straube/Ratka/Rauter, GmbHG § 27 Rz 18/1; *Hochedlinger* in Gruber/Harrer, GmbHG² § 27 Rz 11; aA *Fantur*, GES 2008, 190.
11 OLG Wien 25.5.1992, 6 R 31/92, NZ 1993, 16; *Edelmann* in Straube/Ratka/Rauter, GmbHG § 27 Rz 18; *Hochedlinger* in Gruber/Harrer, GmbHG² § 27 Rz 11; *Ebner/U. Torggler* in Torggler, GmbHG § 27 Rz 3.
12 *Edelmann* in Straube/Ratka/Rauter, GmbHG § 27 Rz 18 mwN.
13 *Ebner/U. Torggler* in Torggler, GmbHG § 27 Rz 3.
14 *Koppensteiner/Rüffler*, GmbHG³ § 27 Rz 3; *Edelmann* in Straube/Ratka/Rauter, GmbHG § 27 Rz 20; *Ebner/U. Torggler* in Torggler, GmbHG § 27 Rz 3.
15 *Hochedlinger*, ecolex 2012, 491 (493); *Hochedlinger* in Gruber/Harrer, GmbHG² § 27 Rz 11.
16 *Ebner/U. Torggler* in Torggler, GmbHG § 27 Rz 3.

IV. Außenverhältnis

7 Stellvertretende GF sind wie ordentliche GF aktiv u passiv vertretungsbefugt.[17] Ist im GesV nichts anderes vorgesehen, ist im Verhältnis zw einem ordentlichen u einem stv GF Gesamtvertretungsbefugnis anzunehmen.[18] Für die Zulässigkeit abw Gestaltungen gelten dieselben Regeln wie für ordentliche GF.[19] Im GesV sollte vorgesehen werden, dass ordentliche GF auch ohne Stellvertreter vertreten können u bei Vorliegen eines Vertretungsfalls stv GF auch ohne ordentliche GF.[20]

Die zwingenden gesetzl Pflichten, wie etwa Unterzeichnung des JA, Stellung eines Insolvenzantrags oder FB-Anmeldungen, treffen die stv GF wie die ordentlichen GF.[21]

§ 28. (1) ¹Der Betrieb von Geschäften der Gesellschaft sowie die Vertretung der Gesellschaft in diesem Geschäftsbetriebe kann auch einzelnen Geschäftsführern und sonstigen Bevollmächtigten oder Beamten der Gesellschaft zugewiesen werden. ²In diesem Falle bestimmt sich ihre Befugnis nach der ihnen erteilten Vollmacht; sie erstreckt sich im Zweifel auf alle Rechtshandlungen, welche die Ausführung derartiger Geschäfte gewöhnlich mit sich bringt.

(2) Wenn der Gesellschaftsvertrag nichts anderes bestimmt, kann die Bestellung eines Prokuristen nur durch sämtliche Geschäftsführer, der Widerruf der Prokura durch jeden Geschäftsführer erfolgen.

Literatur: *Auer*, Der Prokurist (2003); *F. Bydlinski*, Gesamtvertretung und Verkehrsschutz, JBl 1983, 627; *Böhler*, Die „Ermächtigung" unter Gesamtvertretern

---

17 *J. Reich-Rohrwig*, GmbHR I² Rz 2/28; *Koppensteiner/Rüffler*, GmbHG³ § 27 Rz 4; *Fantur*, GES 2008, 190; *Edelmann* in Straube/Ratka/Rauter, GmbHG § 27 Rz 14; *Ebner/U. Torggler* in Torggler, GmbHG § 27 Rz 2; aA *Hochedlinger*, ecolex 2012, 491 (492) u *Hochedlinger* in Gruber/Harrer, GmbHG² § 27 Rz 13, demzufolge Geschäftsführungs- u Vertretungsbefugnis erst im Fall der Verhinderung entstehen; zur AG *Keinert* in FS Krejci 721 (726 ff).
18 *Koppensteiner/Rüffler*, GmbHG³ § 27 Rz 4; *Edelmann* in Straube/Ratka/Rauter, GmbHG § 27 Rz 15.
19 *Edelmann* in Straube/Ratka/Rauter, GmbHG § 27 Rz 17.
20 *J. Reich-Rohrwig*, GmbHR I² Rz 2/28; *Hochedlinger*, ecolex 2012, 491 (492).
21 *Koppensteiner/Rüffler*, GmbHG³ § 27 Rz 3; *Ebner/U. Torggler* in Torggler, GmbHG § 27 Rz 2; aA *J. Reich-Rohrwig*, GmbHR I² Rz 2/27; *Hochedlinger*, ecolex 2012, 491 (492).

im Gesellschaftsrecht (I), GES 2021, 24; *Hannak*, Alleinvertretung durch ein gesamtvertretungsbefugtes Organmitglied, GesRZ 1982, 107; *Koppensteiner*, Anmeldung und Löschung einer Prokura bei der GmbH, GesRZ 2009, 111; *Krummel*, Bestellung, Widerruf und Eintragung von Prokuristen in das Handelsregister, NZ 1955, 65; *Leupold*, Prokuraerteilung an den Geschäftsführer der Komplementär-GmbH, RdW 2008/149, 191; *J. Reich-Rohrwig/Moser*, Anmeldung des Erlöschens der Prokura zum Firmenbuch, ecolex 2009, 117; *Schuhmacher*, Rechtsprechungsübersicht Handelsrecht (einschließlich Gesellschaftsrecht), ÖZW 1976, 87; *Stern*, Firmenbuchanmeldungen durch Prokuristen, RdW 1998, 451; *Weigand*, Firmenbuchrechtliche Prüfungspflicht bei Anmeldungen von Bestellung und Abberufung vertretungsbefugter Personen. Lösungsansätze zu täglichen Fragen der Firmenbuchpraxis, NZ 2003/7, 23; *Wünsch*, Zur Ausübung der Vertretungsmacht durch GmbH-Geschäftsführer, GesRZ 1992, 229.

Inhaltsübersicht

I. Allgemeines	1, 2
II. Handlungsbevollmächtigte (Abs 1)	3–6
III. Prokura (Abs 2)	7–12

I. Allgemeines

Nach § 28 Abs 1 kann **Handlungsvollmacht** erteilt werden. Dies ergibt sich auch aus §§ 2 u 54 ff UGB. Die GF können auch einem v ihnen Handlungsvollmacht erteilen. Daraus lässt sich die Zulässigkeit v Ressortverteilungen ableiten.[1] Strittig ist, ob die solcherart erteilte Vollmacht dem GF organschaftliche oder rechtsgeschäftliche Vertretungsmacht einräumt.[2] 1

§ 28 Abs 2 regelt die Kompetenz für die Erteilung u den Widerruf v Prokura (zur Prokura s §§ 2 u 48 ff UGB). Im Innenverhältnis entscheiden die Gesellschafter nach § 35 Abs 1 Z 4 darüber, ob überhaupt Prokura oder Generalhandlungsvollmacht erteilt werden soll. Im Außenverhältnis wird die Bestellung der konkreten Personen (dispositiv) den GF zugewiesen.[3] 2

---

1 *Hochedlinger* in Gruber/Harrer, GmbHG² § 28 Rz 10 mwN.
2 Vgl dazu *Böhler*, GES 2021, 24 (24 ff); *Edelmann* in Straube/Ratka/Rauter, GmbHG § 28 Rz 4 ff.
3 *Edelmann* in Straube/Ratka/Rauter, GmbHG § 28 Rz 3; *Hochedlinger* in Gruber/Harrer, GmbHG² § 28 Rz 5.

II. Handlungsbevollmächtigte (Abs 1)

3 **Vollmachtnehmer** können Angestellte („Beamte") u Dritte sein. Die Bevollmächtigung gesamtvertretungsbefugter GF zur (rechtsgeschäftlichen) Einzelvertretung ist ebenfalls möglich,[4] um die Gesamtvertretung in der Praxis zu erleichtern. Nicht möglich ist die Bevollmächtigung einzelvertretungsbefugter GF.

4 **Zuständig** für Erteilung u Widerruf einer Handlungsvollmacht sind die GF (bzw bei gemischter Gesamtvertretung auch die Prokuristen) in vertretungsbefugter Zahl.[5] Die Erteilung der Vollmacht kann **formlos**, auch schlüssig erfolgen.[6] Die Erteilung einer Handlungsvollmacht zum gesamten Geschäftsbetrieb bedarf eines Gesellschafterbeschlusses (§ 35 Abs 1 Z 4; diese Bestimmung ist dispositiv). Im GesV oder mit Gesellschafterbeschluss können sich die Gesellschafter vorbehalten, generell über die Bestellung v Handlungsbevollmächtigten zu entscheiden oder auch die E den GF oder einem anderen Organ übertragen.[7] Haben die GF eine Ressortverteilung (vgl § 21 Rz 13 ff) vorgesehen, kann darin ggf eine Ermächtigung nach § 28 Abs 1 gesehen werden.[8] Handlungsvollmacht kann jederzeit formlos, aber ausdrücklich u eindeutig, widerrufen werden, sofern nichts Abweichendes vorgesehen ist (§ 58 Abs 1 UGB).

5 Eine Handlungsvollmacht wird nicht zur Eintragung in das **FB** angemeldet.[9]

6 Im Zweifel erstreckt sich der **Umfang** einer Handlungsvollmacht auf alle Geschäfte u Rechtshandlungen, die der Betrieb eines derartigen Unternehmens oder die Vornahme derartiger Geschäfte gewöhnlich mit sich bringt (Generalhandlungsvollmacht). Abweichend davon kann vor-

---

4 OGH 25.4.1995, 1 Ob 538/95; vgl auch RIS-Justiz RS0019398; **aA** *Böhler*, GES 2021, 24 (31 f) mwN.

5 *J. Reich-Rohrwig*, GmbHR I[2] Rz 2/722; *Koppensteiner/Rüffler*, GmbHG[3] § 28 Rz 7; *Edelmann* in Straube/Ratka/Rauter, GmbHG § 28 Rz 12; *Hochedlinger* in Gruber/Harrer, GmbHG[2] § 28 Rz 1; *Ebner/U. Torggler* in Torggler, GmbHG § 28 Rz 4 ff.

6 *Wünsch*, GesRZ 1992, 229 (230); *Edelmann* in Straube/Ratka/Rauter, GmbHG § 28 Rz 14; *Hochedlinger* in Gruber/Harrer, GmbHG[2] § 28 Rz 9; *Ebner/U. Torggler* in Torggler, GmbHG § 28 Rz 4; zur Anscheinsvollmacht s die Kommentierung bei § 18 Rz 22.

7 *Koppensteiner/Rüffler*, GmbHG[3] § 28 Rz 7.

8 OGH 25.4.1995, 1 Ob 538/95.

9 *J. Reich-Rohrwig*, GmbHR I[2] Rz 2/721; *Hochedlinger* in Gruber/Harrer, GmbHG[2] § 28 Rz 13.

gesehen werden, dass sie sich auf bestimmte Arten v Geschäften (Arthandlungsvollmacht) oder einzelne konkrete Geschäfte (Einzelhandlungsvollmacht) erstreckt. Ob eine (unbeschränkte) Generalvollmacht, die anders als die Generalhandlungsvollmacht den Bevollmächtigten einem organschaftlichen Vertreter gleichstellt, auf Grundlage des § 28 Abs 1 möglich ist, ist str.[10]

III. Prokura (Abs 2)

Zu Prokuristen können natPers bestellt werden, sofern sie zumindest beschränkt geschäftsfähig sind (vgl § 865 ABGB).[11] Die Erteilung einer Einzelprokura sowohl an einzel- als auch an kollektivvertretungsbefugte GF ist unzulässig.[12] 7

Zuständig für Erteilung v Prokura sind im Außenverhältnis **sämtliche GF**, uzw unabhängig v einer allfälligen sonstigen Einzelvertretungsbefugnis.[13] Wegen des weiten Umfangs der Prokura soll Prokurist nur sein, wer das Vertrauen sämtlicher GF genießt.[14] Im GesV kann im Rahmen der Möglichkeiten des § 18[15] eine abw Regelung vorgesehen werden. Im Innenverhältnis ist ebenfalls die Zustimmung sämtlicher GF erforderlich, wenn im GesV nichts anderes vorgesehen ist.[16] Zu beachten ist, dass die E, ob überhaupt Prokura erteilt werden darf, nach § 35 Abs 1 Z 4 den Gesellschaftern obliegt. Auch davon kann im GesV oder durch Gesellschafterbeschluss abgewichen werden. So können die Gesellschafter: 8

- die E über die konkrete Person im Einzelfall an sich ziehen,
- für jede einzelne Bestellung ein Zustimmungserfordernis vorsehen,

---

10 S dazu die Kommentierung bei § 18 Rz 20; zur Auslegung des Umfangs einer erteilten Vollmacht vgl OGH 31.1.2017, 1 Ob 6/17i.
11 *Warto* in *Straube/Ratka/Rauter*, UGB I[4] § 48 Rz 46 f; *Schopper/Trenker* in Torggler, UGB[3] § 48 Rz 9.
12 OGH 14.6.2009, 6 Ob 43/09f mit ausf Auseinandersetzung mit ggt M.
13 *Koppensteiner/Rüffler*, GmbHG[3] § 28 Rz 10; *Edelmann* in Straube/Ratka/Rauter, GmbHG § 28 Rz 13/1; *Hochedlinger* in Gruber/Harrer, GmbHG[2] § 28 Rz 14.
14 OGH 1.10.2008, 6 Ob 181/08y.
15 S dazu die Kommentierung bei § 18 Rz 16 ff.
16 *Edelmann* in Straube/Ratka/Rauter, GmbHG § 28 Rz 13/2.

- die Zuständigkeit über die Entscheidung auf ein anderes Gesellschaftsorgan übertragen oder
- die Bestellung v Prokuristen überhaupt ausschließen.[17]

9 Wird entgegen § 35 Abs 1 Z 4 kein Genehmigungsbeschluss eingeholt, handeln die GF zwar pflichtwidrig, der Bestellungsbeschluss ist dennoch wirksam.[18] § 35 Abs 1 Z 4 gilt nur für die Bestellung, nicht aber für den Widerruf. Die Bestellung eines Gesamtprokuristen iSd § 18 Abs 3 (gemischte Gesamtvertretung auf organschaftlichem Niveau; vgl § 18 Rz 16) kann nur auf Grundlage einer gesv Regelung erfolgen.[19]

Die Prokura muss – im Untersch zur Handlungsvollmacht – **ausdrücklich** erteilt werden.[20] Sie ist empfangs-, aber nicht annahmebedürftig.[21]

Geschäftsführer in vertretungsbefugter Anzahl haben die Erteilung der Prokura zur Eintragung in das **FB anzumelden**.[22] Eine beglaubigte Musterzeichnungserklärung des Prokuristen ist vorzulegen (§ 53 Abs 2 UGB). Die Anmeldung zur Eintragung im FB kann auf Basis einer beglaubigten Vollmacht auch durch Vertreter erfolgen.[23] Ein Beschluss nach § 35 Abs 1 Z 4 ist nicht vorzulegen, weil sein Fehlen die Wirksam-

---

17 *Edelmann* in Straube/Ratka/Rauter, GmbHG § 28 Rz 13/2.
18 *Koppensteiner/Rüffler*, GmbHG³ § 28 Rz 10; *Umfahrer*, GmbH⁷ Rz 4.157; *Edelmann* in Straube/Ratka/Rauter, GmbHG § 28 Rz 13/2; *Hochedlinger* in Gruber/Harrer, GmbHG² § 28 Rz 14; *Ebner/U. Torggler* in Torggler, GmbHG § 28 Rz 10.
19 *Koppensteiner/Rüffler*, GmbHG³ § 28 Rz 9; *Edelmann* in Straube/Ratka/Rauter, GmbHG § 28 Rz 13/2; *Hochedlinger* in Gruber/Harrer, GmbHG² § 28 Rz 16.
20 *Warto* in Straube/Ratka/Rauter, UGB I⁴ § 48 Rz 12; *Schopper/Trenker* in Torggler, UGB² § 48 Rz 14; *Edelmann* in Straube/Ratka/Rauter, GmbHG § 28 Rz 15.
21 *Warto* in Straube/Ratka/Rauter, UGB I⁴ § 48 Rz 15; *Hochedlinger* in Gruber/Harrer, GmbHG² § 28 Rz 15; nach *Schopper/Trenker* in Torggler, UGB² § 48 Rz 13 ist sie annahmebedürftig.
22 OLG Wien 21.10.2005, 28 R 210/05s, NZ 2006, 96; *Edelmann* in Straube/Ratka/Rauter, GmbHG § 28 Rz 23; *Hochedlinger* in Gruber/Harrer, GmbHG² § 28 Rz 21; *Ebner/U. Torggler* in Torggler, GmbHG § 28 Rz 13; nach *Umfahrer*, GmbH⁷ Rz 4.162 haben sämtliche GF die Erteilung v Prokura anzumelden, soweit der GesV nichts anderes bestimmt.
23 *Edelmann* in Straube/Ratka/Rauter, GmbHG § 28 Rz 23.

keit unberührt lässt.[24] Die Eintragung ins FB ist nur deklarativ, erzeugt aber die Publizitätswirkung des § 15 Abs 2 UGB.

Der **Umfang** der Prokura ist in § 49 UGB festgelegt; er kann gegenüber Dritten nicht beschränkt werden (§ 50 Abs 1 UGB). Strittig ist, ob auch (Organ-)Prokuristen in gemischter Vertretung an einer FB-Anmeldung bei der eigenen Gesellschaft beteiligt sein dürfen[25] oder nicht.[26]

Prokura kann jederzeit formlos, aber ausdrücklich u eindeutig, **widerrufen**[27] werden (§ 52 Abs 1 UGB). Sowohl im Innen- als auch Außenverhältnis ist jeder einzelne GF für den Widerruf zuständig,[28] unabhängig davon, wie die Vertretung sonst geregelt ist,[29] weil Prokuristen v Vertrauen sämtlicher GF getragen werden sollten.[30] Im GesV kann etwas Abweichendes vorgesehen werden, etwa dass der Widerruf nur v GF in vertretungsbefugter Anzahl oder der Mehrheit der GF vorgenommen werden darf.[31]

Die **FB-Anmeldung** ist v den GF in vertretungsbefugter Anzahl zu unterfertigen (str).[32] Die Eintragung des Erlöschens der Prokura wirkt nur deklarativ.[33]

---

24 *Edelmann* in Straube/Ratka/Rauter, GmbHG § 28 Rz 23; vgl auch *J. Reich-Rohrwig*, GmbHR I² Rz 2/716.
25 So OLG Wien 21.10.2005, 28 R 210/05s, NZ 2006, 96; *J. Reich-Rohrwig*, GmbHR I² Rz 2/204; *Stern*, RdW 1998, 451.
26 So *Umfahrer*, GmbH⁷ Rz 4.162 zur Löschung; *Edelmann* in Straube/Ratka/Rauter, GmbHG § 28 Rz 25.
27 OGH 6.8.2021, 6 Ob 140/21p, Verlust der Gesellschafterstellung führt nicht automatisch zum Erlöschen der Prokura.
28 OGH 1.10.2008, 6 Ob 181/08y.
29 *J. Reich-Rohrwig*, GmbHR I² Rz 2/719; *Koppensteiner/Rüffler*, GmbHG³ § 28 Rz 13; *Edelmann* in Straube/Ratka/Rauter, GmbHG § 28 Rz 21; *Hochedlinger* in Gruber/Harrer, GmbHG² § 28 Rz 17; *Ebner/U. Torggler* in Torggler, GmbHG § 28 Rz 12.
30 OGH 1.10.2008, 6 Ob 181/08y.
31 *J. Reich-Rohrwig*, GmbHR I² Rz 2/718; *Edelmann* in Straube/Ratka/Rauter, GmbHG § 28 Rz 21; *Hochedlinger* in Gruber/Harrer, GmbHG² § 28 Rz 18.
32 OGH 1.10.2008, 6 Ob 181/08y; OLG Wien 21.10.2005, 28 R 210/05s, NZ 2006, 96; krit *Koppensteiner*, GesRZ 2009, 111; *J. Reich-Rohrwig/Moser*, ecolex 2009, 117; *Umfahrer*, GmbH⁷ Rz 4.162, anders noch in der Vorauflage. Nach *Ebner/U. Torggler* in Torggler, GmbHG § 28 Rz 4; *Edelmann* in Straube/Ratka/Rauter, GmbHG § 28 Rz 24, *Koppensteiner/Rüffler*, GmbHG³ § 28 Rz 13, *J. Reich-Rohrwig*, GmbHR I² Rz 2/717 genügt wohl die Anmeldung durch einen einzelnen GF.
33 OGH 1.10.2008, 6 Ob 181/08y.

Bericht an den Aufsichtsrat

§ 28a. (1) ¹Die Geschäftsführer haben dem Aufsichtsrat mindestens einmal jährlich über grundsätzliche Fragen der künftigen Geschäftspolitik des Unternehmens zu berichten sowie die künftige Entwicklung der Vermögens-, Finanz- und Ertragslage anhand einer Vorschaurechnung darzustellen (Jahresbericht). ²Die Geschäftsführer haben weiters dem Aufsichtsrat regelmäßig, mindestens vierteljährlich, über den Gang der Geschäfte und die Lage des Unternehmens im Vergleich zur Vorschaurechnung unter Berücksichtigung der künftigen Entwicklung zu berichten (Quartalsbericht). ³Bei wichtigem Anlaß ist dem Vorsitzenden des Aufsichtsrats unverzüglich zu berichten; ferner ist über Umstände, die für die Rentabilität oder Liquidität der Gesellschaft von erheblicher Bedeutung sind, dem Aufsichtsrat unverzüglich zu berichten (Sonderbericht).

(2) ¹Der Jahresbericht und die Quartalsberichte sind schriftlich zu erstatten und auf Verlangen des Aufsichtsrats mündlich zu erläutern; sie sind jedem Aufsichtsratsmitglied auszuhändigen. ²Die Sonderberichte sind schriftlich oder mündlich zu erstatten.

idF BGBl I 1997/114

Literatur: *Achatz/Jabornegg/Karollus*, Aktuelle Probleme im Grenzbereich von Arbeits-, Unternehmens- und Steuerrecht (1998) 121; *Bertl/Maresch*, Quartalsberichterstattung gemäß § 81 AktG, RWZ 2005/26, 86; *Egger*, Die Vorschaurechnung und der vierteljährige Soll-Ist-Vergleich gem. § 81 AktG (§ 28a GmbHG) idF IRÄG 1997, RWZ 1997, 327; *Frotz/Dellinger/Stockenhuber*, Das neugierige Aufsichtsratsmitglied, GesRZ 1993, 181; *Gedlicka*, Der Jahres- und Quartalsbericht für den Aufsichtsrat, JfB 2001, 4; *Gelbmann*, Strafrechtliche Absicherung der Corporate Governance, GesRZ 2003, 20; *Jaufer*, Berichtswesen bei Kapitalgesellschaften und ihre Wirkung auf die insolvenzrechtliche Fortbestehensprognose, RWZ 2004/57, 228; *Jud*, Der Informationsanspruch des einzelnen Aufsichtsratsmitgliedes in der Genossenschaft, GesRZ 1994, 88; *Kalss*, Der Aufsichtsratsvorsitzende im Informationsregime zwischen Vorstand und Aufsichtsrat, Aufsichtsrat aktuell 4/2008, 9; *Krejci*, Zur Berichtspflicht des AG-Vorstandes gegenüber dem Aufsichtsrat, in FS Frotz (1993) 367; *Lauss*, Zum Ausmaß der Berichtpflichten des Vorstandes gegenüber dem Aufsichtsrat insbesondere bei Konzernmuttergesellschaften, SWK 2004, 631; *Mandl*, Rechnungswesen und internes Kontrollsystem gem IRÄG 1997, RWZ 1997, 356; *Mildner*, Rechtliche und betriebswirtschaftliche Vorgaben für den Vorstandsbericht, GesRZ 2006, 72, 136; *Ch. Nowotny*, Neues für den Aufsichtsrat. Das Wichtigste aus dem IRÄG 1997, RdW 1997, 577; *Schmidl*, Quartalsberichterstattung des Vorstandes an den Aufsichtsrat im Sinne des § 81 AktG bzw 28a GmbHG, in FS W. Wundsam (2003) 597.

Inhaltsübersicht

I.	Allgemeines	1–3
II.	Regelberichte	4–9
	A. Allgemeines	4
	B. Inhalt	5–6a
	C. Form	7
	D. Verfasser und Adressaten	8, 9
III.	Sonderbericht	10–15
	A. Allgemeines	10–11a
	B. Inhalt	12
	C. Form	13
	D. Verfasser und Adressaten	14, 15
IV.	Abweichende Regelungen	16
V.	Rechtsfolgen eines Verstoßes	17–20

I. Allgemeines

Zentrale Aufgabe des AR ist es, die Geschäftsführung zu überwachen (s § 30j Rz 1). Damit der AR dieser Aufgabe nachkommen kann, muss er ausreichend informiert sein. Da er nur zumindest vier Mal pro Jahr zu einer Sitzung zusammentritt u regelmäßig nicht unmittelbar in die Geschäfte der GmbH involviert ist (s § 30j Rz 6), kann er sich nur schwer selbst die erforderlichen Informationen beschaffen. Die GF sind daher zur Erstattung v Berichten an den AR verpflichtet.[1] Ziel v § 28a ist daher die **Stärkung der Effizienz des Kontrollorgans AR**.[2]

§ 28a gilt sowohl bei obligatorisch als auch fakultativ eingerichteten AR.[3] Anstelle eines fakultativen AR könnte überlegt werden, einen **Beirat** (mit Überwachungsfunktion) zu installieren, um die mit dem Berichtswesen verbundenen Kosten zu vermeiden.[4] Dabei besteht freilich die Gefahr, dass der Beirat als aufsichtsratsähnlich zu qualifizieren ist[5] u da-

---

1 *Edelmann* in Straube/Ratka/Rauter, GmbHG § 28a Rz 1.
2 EBRV 734 BlgNr 20. GP 32, 34, 62 f; *Edelmann* in Straube/Ratka/Rauter, GmbHG § 28a Rz 3; *Hochedlinger* in Gruber/Harrer, GmbHG[2] § 28a Rz 1; *Hochedlinger* in Gruber/Harrer, GmbHG[2] § 28a Rz 2.
3 *Koppensteiner/Rüffler*, GmbHG[3] § 28a Rz 2; *Edelmann* in Straube/Ratka/Rauter, GmbHG § 28a Rz 5; *Hochedlinger* in Gruber/Harrer, GmbHG[2] § 28a Rz 4; *Eckert/Schopper* in Torggler, GmbHG § 28a Rz 1.
4 *Edelmann* in Straube/Ratka/Rauter, GmbHG § 28a Rz 5.
5 Vgl dazu die Kommentierung bei § 29.

mit auch die Berichtspflicht zwingend anzuwenden ist (s § 29 Rz 64 ff). Ob ein Überwachungsorgan ohne Berichtswesen sinnvoll ist, sei dahingestellt (s Rz 1).

3 § 28a sieht einerseits **Regelberichte** vor, die jährlich bzw vierteljährlich, andererseits **Sonderberichte**, die anlassbezogen zu erstatten sind. Darüber hinaus sieht § 30j Abs 2 **Anforderungsberichte** vor, dh der AR kann v den GF jederzeit einen Bericht über die Angelegenheiten der Gesellschaft einschließlich ihrer Beziehungen zu einem Konzernunternehmen verlangen (s § 30j Rz 17 ff). Weiters sind **Vorlageberichte** zu erstatten, wenn eine Beschlussfassung des AR nach § 30j Abs 5 erfolgen soll (s § 30j Rz 94).

II. Regelberichte

A. Allgemeines

4 Regelberichte sind der jährlich vor Beginn eines Geschäftsjahres[6] zu erstattende Jahresbericht u der vierteljährlich zu erstattende Quartalsbericht.

B. Inhalt

5 Der **Jahresbericht** besteht aus dem Berichtsteil u der Vorschaurechnung. Im **Berichtsteil** sind die künftige Geschäftspolitik des Unternehmens zu behandeln, also die Unternehmensziele, die zu deren Verwirklichung erforderlichen Mittel u die Art u Weise der Mittelbeschaffung.[7] Im zweiten Teil sind die zukünftige Entwicklung der Vermögens-, Finanz- u Ertragslage anhand einer aus der Gesamtplanung resultierenden **Vorschaurechnung** darzustellen, die aus einer Planbilanz, einer Plan-GuV u einer Plan-Geldflussrechnung zu bestehen hat.[8]

---

6 *Koppensteiner/Rüffler*, GmbHG[3] § 28a Rz 2; *Hochedlinger* in Gruber/Harrer, GmbHG[2] § 28a Rz 7.
7 *Koppensteiner/Rüffler*, GmbHG[3] § 28a Rz 2; *Edelmann* in Straube/Ratka/Rauter, GmbHG § 28a Rz 10 f; *Hochedlinger* in Gruber/Harrer, GmbHG[2] § 28a Rz 8; *Eckert/Schopper* in Torggler, GmbHG § 28a Rz 2.
8 *Mandl*, RWZ 1997, 356 (359); *Koppensteiner/Rüffler*, GmbHG[3] § 28a Rz 4; *Edelmann* in Straube/Ratka/Rauter, GmbHG § 28a Rz 10/2; *Hochedlinger* in

In den **Quartalsberichten** haben die GF über den Gang der Geschäfte u die Lage des Unternehmens im Vergleich zur Vorschaurechnung (Soll-Ist-Vergleich) unter Berücksichtigung der künftigen Entwicklung zu berichten. Dafür ist regelmäßig die Erstellung v Quartals-GuV mit Quartalsbilanzen u Quartalsgeldflussrechnungen erforderlich.[9] Zur künftigen Entwicklung ist über die Wahrscheinlichkeit der Planerreichung in der Zukunft zu berichten; dies auch dann, wenn in der Vergangenheit keine Abweichungen vorgekommen sind.[10] Die Berichte sind in einen statischen (Lage des Unternehmens) u einen dynamischen (Gang der Geschäfte) Teil zu gliedern.[11] Insbesondere bei größeren, internationalen Unternehmen sind einmonatige Kontrollperioden üblich.[12] Der Zeitpunkt der Berichterstattung orientiert sich an den gem § 30i Abs 3 vierteljährlich abzuhaltenden AR-Sitzungen, wobei die GF die Berichte in einem angemessenen Zeitabstand vor der Sitzung zur Verfügung stellen müssen.[13]

6

Zu berichten ist grds über das Unternehmen. Bei bestehender Verpflichtung zur Erstellung eines Konzernabschlusses sind alle in den Konzernabschluss einbezogenen Unternehmen auch bei der Berichterstattung aufzunehmen (konsolidierte Betrachtung); der gesonderte Ausweis v Tochtergesellschaften ist bei deren herausgehobener Bedeutung für den Konzern sinnvoll.[14]

6a

Gruber/Harrer, GmbHG² § 28a Rz 9; *Eckert/Schopper* in Torggler, GmbHG § 28a Rz 2.
9 *Edelmann* in Straube/Ratka/Rauter, GmbHG § 28a Rz 11f mwN; *Hochedlinger* in Gruber/Harrer, GmbHG² § 28a Rz 10.
10 *Koppensteiner/Rüffler*, GmbHG³ § 28a Rz 5; *Edelmann* in Straube/Ratka/Rauter, GmbHG § 28a Rz 11/1; *Hochedlinger* in Gruber/Harrer, GmbHG² § 28a Rz 10.
11 *Edelmann* in Straube/Ratka/Rauter, GmbHG § 28a Rz 11/1; *Hochedlinger* in Gruber/Harrer, GmbHG² § 28a Rz 10.
12 *Edelmann* in Straube/Ratka/Rauter, GmbHG § 28a Rz 11.
13 *Koppensteiner/Rüffler*, GmbHG³ § 28a Rz 5; *Edelmann* in Straube/Ratka/Rauter, GmbHG § 28a Rz 11; *Hochedlinger* in Gruber/Harrer, GmbHG² § 28a Rz 10.
14 *Edelmann* in Straube/Ratka/Rauter, GmbHG § 28a Rz 5/1 mwN.

C. Form

7 Die Berichte sind schriftlich zu verfassen. Eine Unterfertigung durch alle GF erscheint nicht erforderlich, wenn sich aus dem Bericht ergibt, dass er v sämtlichen GF getragen wird.[15] Auf Verlangen des AR haben die GF die Berichte mündlich zu erläutern.[16] Ein Berichtsschema existiert nicht. Die Berichte müssen abhängig v Unternehmensgegenstand, Größe u Grad der Diversifikation eine Überwachung durch den AR ermöglichen.[17] Zur Effizienzsteigerung empfiehlt sich eine unternehmensspezifische Standardisierung des Berichtswesens in formeller u materieller Hinsicht.[18] In der Praxis werden dazu **Berichtsmuster** (zur Sicherung des einheitlichen Erscheinungsbildes) mit dem AR vereinbart bzw über eine GO vorgegeben. In materieller Hinsicht bietet es sich an, bestimmte (branchenspezifische) **Kennzahlen** (*Key Performance Indicators – KPIs*) festzulegen, die sich in den periodischen Berichten wiederfinden u dem AR eine einfache u schnell erfassbare Übersicht über die Entwicklung seit dem letzten Bericht bieten.

D. Verfasser und Adressaten

8 Die Berichte sind v **sämtlichen GF** zu erstatten. Unabhängig v einer Ressortverteilung ist mangels abw Regelung ein einstimmiger GF-Beschluss erforderlich. Kommt ein solcher Beschluss wegen Uneinigkeit der GF nicht zustande, trifft die Berichtspflicht jeden GF. Ist Mehrheitsprinzip vorgesehen, können überstimmte GF den AR gesondert informieren.[19] Dazu sind sie verpflichtet, wenn ihre abw A (*„dissenting opinion"*) ein wesentlich anderes Gesamtbild der zu berichtenden Tatsachen gibt.[20]

---

15 *Edelmann* in Straube/Ratka/Rauter, GmbHG § 28a Rz 16; *Hochedlinger* in Gruber/Harrer, GmbHG² § 28a Rz 5.
16 *Edelmann* in Straube/Ratka/Rauter, GmbHG § 28a Rz 16; *Hochedlinger* in Gruber/Harrer, GmbHG² § 28a Rz 11.
17 *Edelmann* in Straube/Ratka/Rauter, GmbHG § 28a Rz 17.
18 *Edelmann* in Straube/Ratka/Rauter, GmbHG § 28a Rz 19; *Hochedlinger* in Gruber/Harrer, GmbHG² § 28a Rz 3.
19 *Edelmann* in Straube/Ratka/Rauter, GmbHG § 28a Rz 14; *Hochedlinger* in Gruber/Harrer, GmbHG² § 28a Rz 5.
20 *Edelmann* in Straube/Ratka/Rauter, GmbHG § 28a Rz 14.

Adressat ist der **AR** als Kollegialorgan. Die GF haben die Berichte daher jedem AR-Mitglied zur Kenntnis zu bringen;[21] eine Übermittlung an den AR-Vorsitzenden, der die Unterlagen in weiterer Folge an sämtliche AR-Mitglieder verteilt, ist ausreichend.[22]

III. Sonderbericht

A. Allgemeines

Die GF haben (i) bei Vorliegen eines **wichtigen Anlasses** sowie (ii) bei Eintreten v Umständen, die für die **Rentabilität oder Liquidität** der Gesellschaft v erheblicher Bedeutung sind, unverzüglich zu berichten. In der Regel wird ein Umstand, der für die Rentabilität oder Liquidität der Gesellschaft v erheblicher Bedeutung ist, auch einen wichtigen Anlass darstellen; die Unterscheidung ist daher nicht leicht zu treffen.[23] Maßgeblich wird wohl sein, ob sich der konkrete Anlass unmittelbar auf die Erfolgsaussichten oder die Liquiditätslage der Gesellschaft auswirkt.[24] Die Unterscheidung ist relevant, weil bei wichtigem Anlass die Kommunikation allein an den AR-Vorsitzenden genügt, ansonsten der gesamte AR zu informieren ist.

Wichtige Anlässe können erhebliche Betriebsstörung, Eintritt wesentlicher Verluste, Gefährdung größerer Außenstände, Arbeitskampf, Erteilung empfindlicher behördlicher Auflagen, erhebliche Steuernachforderungen, Liquiditätsprobleme wegen Kreditkündigung, negativer Ausgang eines wichtigen Gerichtsverfahrens, Rechtsstreitigkeiten mit wichtigen Kunden, Lieferanten oder Mitbewerbern, die Einleitung v Untersuchungen v Kartellbehörden oder plötzlich notwendig werdende Personalmaßnahmen sein.[25]

---

21 *Koppensteiner/Rüffler*, GmbHG³ § 28a Rz 6; *Edelmann* in Straube/Ratka/Rauter, GmbHG § 28a Rz 15; *Hochedlinger* in Gruber/Harrer, GmbHG² § 28a Rz 4, 11; *Mandl*, RWZ 1997, 356 (359).
22 *Kalss* in Kalss/Kunz, HB AR² Rz 26/112; *Rauter* in Straube/Ratka/Rauter, GmbHG § 30j Rz 44; *J. Reich Rohrwig/Cl. Grossmayer* in Artmann/Karollus, AktG II⁶ § 81 Rz 22 f.
23 *Edelmann* in Straube/Ratka/Rauter, GmbHG § 28a Rz 12; *Hochedlinger* in Gruber/Harrer, GmbHG² § 28a Rz 13.
24 *Edelmann* in Straube/Ratka/Rauter, GmbHG § 28a Rz 12.
25 *Edelmann* in Straube/Ratka/Rauter, GmbHG § 28a Rz 12/2; *Hochedlinger* in Gruber/Harrer, GmbHG² § 28a Rz 15.

11a Ein **Umstand**, der für die Liquidität der Gesellschaft v erheblicher Bedeutung sein kann, ohne zugleich einen wichtigen Anlass darzustellen, ist uU die Nachtragsausschüttung (s auch § 35 Rz 47); uzw dann, wenn die Gesellschafter eine in der Planrechnung für das laufende Geschäftsjahr nicht vorgesehene Ausschüttung v Bilanzgewinn beschließen, die zu einem entspr Abfluss (knapper) Liquidität führt. Sollte die Nachtragsausschüttung nicht die Gravität eines Umstands mit erheblicher Bedeutung erreichen (etwa weil die Gesellschaft den Abfluss der Liquidität leicht verkraften kann), wird zumindest im nächsten Quartalsbericht (s Rz 6) auf die Auswirkungen bei der Geldflussrechnung hinzuweisen sein.

B. Inhalt

12 Darzustellen sind der Grund der Erstattung, die Ursachen des Anlassfalles u seine Auswirkungen sowie die v der Geschäftsführung geplanten Maßnahmen.[26]

C. Form

13 Sonderberichte können schriftlich oder mündlich, innerhalb oder außerhalb einer AR-Sitzung erstattet werden, wobei idR ein schriftlicher Bericht erforderlich sein wird, wenn es die Dringlichkeit zulässt.[27]

D. Verfasser und Adressaten

14 Die Berichte sind v den **GF** zu erstatten (dazu oben Rz 8).

15 Adressat ist der **AR-Vorsitzende**, bei dessen Verhinderung sein Stellvertreter. Der AR-Vorsitzende hat zu entscheiden, ob er eine Sondersitzung einberuft oder eine Behandlung in der nächsten regulären AR-Sitzung ausreicht; in dieser ist dann jedenfalls zu berichten.[28]

---

26 *Mandl*, RWZ 1997, 356 (359); *Koppensteiner/Rüffler*, GmbHG³ § 28a Rz 7; *Edelmann* in Straube/Ratka/Rauter, GmbHG § 28a Rz 13; *Hochedlinger* in Gruber/Harrer, GmbHG² § 28a Rz 17; *Eckert/Schopper* in Torggler, GmbHG § 28a Rz 7.

27 *Edelmann* in Straube/Ratka/Rauter, GmbHG § 28a Rz 16/1.

28 *Edelmann* in Straube/Ratka/Rauter, GmbHG § 28a Rz 15.

IV. Abweichende Regelungen

§ 28a ist **zwingend**.²⁹ Zulässig ist daher nur eine Verschärfung der Berichtspflicht. Denkbar sind kürzere Berichtsintervalle oder die Definition weiterer Anlässe, bei deren Vorliegen Berichte zu erstatten sind.³⁰ **16**

V. Rechtsfolgen eines Verstoßes

Nach § 163a Abs 1 Z 1 StGB ist mit **Freiheitsstrafe bis zu zwei Jahren** zu bestrafen, wer als GF in einem an den AR oder den AR-Vorsitzenden gerichteten Bericht eine die Vermögens-, Finanz- oder Ertragslage der Gesellschaft betr oder für die Beurteilung der künftigen Entwicklung der Vermögens-, Finanz- oder Ertragslage bedeutsame wesentliche Information (§ 189a Z 10 UGB), einschließlich solcher Umstände, die die Beziehung der Gesellschaft zu mit ihr verbundenen Unternehmen betreffen, in unvertretbarer Weise falsch oder unvollständig darstellt, wenn dies geeignet ist, einen erheblichen Schaden für die Gesellschaft, deren Gesellschafter, Gläubiger oder Anleger herbeizuführen. Die vollständige Unterlassung einer Darstellung ist nicht tatbestandsmäßig nach § 163a Abs 1 StGB;³¹ Ebenso ist nach Abs 2 *leg cit* zu bestrafen, wer als GF einen Sonderbericht nicht erstattet, der angesichts der drohenden Gefährdung der Liquidität der Gesellschaft gesetzl geboten ist. **17**

§ 163a Abs 1 Z 1 StGB hat **Schutzgesetzcharakter**. In den Schutzbereich fallen die Gesellschaft selbst, deren Gesellschafter u Gläubiger.³² **18**

Ist der Gesellschaft ein Schaden entstanden, **haften die GF** bei einem Verstoß gegen § 28a gem § 25. Es kann auch ein wichtiger Grund für die vorzeitige Auflösung des GF-Vertrags u die Abberufung nach § 16 Abs 2 u 3 vorliegen.³³ **19**

---

29 *Edelmann* in Straube/Ratka/Rauter, GmbHG § 28a Rz 18.
30 *Edelmann* in Straube/Ratka/Rauter, GmbHG § 28a Rz 18.
31 *Rohregger*, Das neue Bilanzstrafrecht – ein erster Überblick, ÖZW 2015, 162 (167).
32 Vgl zur Vorgängerbestimmung (§ 122) *Gelbmann*, GesRZ 2003, 20 (26 f); *Edelmann* in Straube/Ratka/Rauter, GmbHG § 28a Rz 24; *Hochedlinger* in Gruber/Harrer, GmbHG² § 28a Rz 21; *Eckert/Schopper* in Torggler, GmbHG § 28a Rz 10.
33 *Edelmann* in Straube/Ratka/Rauter, GmbHG § 28a Rz 21; *Hochedlinger* in Gruber/Harrer, GmbHG² § 28a Rz 21; *Eckert/Schopper* in Torggler, GmbHG § 28a Rz 10.

20 Der AR kann nach § 33 **haften,** wenn er Informationsmängel feststellt, diese aber nicht nachfordert, keine mündliche Erörterung anfordert oder v seinem Fragerecht nicht Gebrauch macht.[34]

Strittig ist, ob der AR die Berichterstattung **klagsweise** durchsetzen kann;[35] mE spricht für die Klagbarkeit, dass der AR ohne ein durchsetzbares Recht auf Information u damit die Berichte gem § 28a seine Überwachungsfunktion nicht wahrnehmen kann. Freilich ist die klagsweise Geltendmachung dieses Anspruchs nicht v großer praktischer Relevanz. **Zwangsstrafen** sind in § 125 für Berichte nach § 28a nicht vorgesehen.[36]

2. Titel. Der Aufsichtsrat

§ 29. (1) Ein Aufsichtsrat muß bestellt werden, wenn

1. das Stammkapital 70 000 Euro und die Anzahl der Gesellschafter fünfzig übersteigen, oder
2. die Anzahl der Arbeitnehmer im Durchschnitt dreihundert übersteigt, oder
3. die Gesellschaft Aktiengesellschaften, aufsichtsratspflichtige Gesellschaften mit beschränkter Haftung oder Gesellschaften mit beschränkter Haftung im Sinn des Abs. 2 Z 1 einheitlich leitet (§ 15 Abs. 1 Aktiengesetz 1965) oder auf Grund einer unmittelbaren Beteiligung von mehr als 50 Prozent beherrscht und in beiden Fällen die Anzahl der Arbeitnehmer jener Gesellschaft und dieser Gesellschaften zusammen im Durchschnitt dreihundert übersteigt, oder
4. die Gesellschaft persönlich haftender Gesellschafter einer Kommanditgesellschaft ist und die Anzahl der Arbeitnehmer in ihrem

---

34 *Edelmann* in Straube/Ratka/Rauter, GmbHG § 28a Rz 21; *Hochedlinger* in Gruber/Harrer, GmbHG² § 28a Rz 22.
35 *Edelmann* in Straube/Ratka/Rauter, GmbHG § 28a Rz 21; *Hochedlinger* in Gruber/Harrer, GmbHG² § 28a Rz 23; bejahend *J. Reich-Rohrwig*, GmbHR I² Rz 4/328; *Eckert/Schopper* in Torggler, GmbHG § 28a Rz 10; **abl** *Koppensteiner/Rüffler*, GmbHG³ § 30j Rz 9.
36 Die Berichte nach § 28a sollen durch ein Versehen des Gesetzgebers nicht in § 125 aufgenommen worden sein; eine Analogie kommt nicht in Betracht; *Gelbmann*, GesRZ 2003, 20 (26); *Koppensteiner/Rüffler*, GmbHG³ § 28a Rz 6; *Edelmann* in Straube/Ratka/Rauter, GmbHG § 28a Rz 23; *Hochedlinger* in Gruber/Harrer, GmbHG² § 28a Rz 20.

Unternehmen und im Unternehmen der Kommanditgesellschaft im Durchschnitt zusammen dreihundert übersteigt, oder
5. aufgrund des VIII. Teils des Arbeitsverfassungsgesetzes die Organe zur Vertretung der Arbeitnehmer einer aus einer grenzüberschreitenden Verschmelzung hervorgehenden Gesellschaft das Recht haben, einen Teil der Mitglieder des Aufsichtsrates zu wählen oder zu bestellen oder deren Bestellung zu empfehlen oder abzulehnen oder
6. die Gesellschaft die Merkmale des § 189a Z 1 lit. a oder lit. d UGB hat.

(2) Keine Pflicht zur Bestellung eines Aufsichtsrats besteht
1. im Fall des Abs. 1 Z 2, wenn die Gesellschaft unter einheitlicher Leitung einer aufsichtsratspflichtigen Kapitalgesellschaft steht oder von einer solchen auf Grund einer unmittelbaren Beteiligung von mehr als 50 Prozent beherrscht wird und in beiden Fällen die Anzahl der Arbeitnehmer der Gesellschaft im Durchschnitt fünfhundert nicht übersteigt, oder
2. im Fall des Abs. 1 Z 4, wenn neben der Gesellschaft eine natürliche Person, die von der Vertretung der Kommanditgesellschaft nicht ausgeschlossen ist, persönlich haftender Gesellschafter der Kommanditgesellschaft ist.

(3) Der jeweilige Durchschnitt der Arbeitnehmeranzahl (Abs. 1 und 2) bestimmt sich nach den Arbeitnehmeranzahlen an den jeweiligen Monatsletzten innerhalb des vorangegangenen Kalenderjahrs.

(4) ¹Die Geschäftsführer haben in den Fällen des Abs. 1 Z 2 bis 4 nach Maßgabe der folgenden Bestimmungen jeweils zum 1. Jänner den Durchschnitt der Arbeitnehmeranzahl der im vorangegangenen Jahr beschäftigten Arbeitnehmer festzustellen. ²Übersteigt die Durchschnittszahl dreihundert bzw. fünfhundert, so haben sie dies dem Gericht unverzüglich mitzuteilen; die nächste Feststellung der Arbeitnehmeranzahl ist jeweils drei Jahre nach dem im ersten Satz genannten Stichtag zum 1. Jänner durchzuführen. ³Eine Änderung der Arbeitnehmeranzahl innerhalb der jeweiligen drei Jahre ist auf die Notwendigkeit des Vorhandenseins eines Aufsichtsrats ohne Einfluß. ⁴Wird bei einer der Feststellungen ermittelt, daß die Durchschnittszahl dreihundert bzw. fünfhundert nicht übersteigt, so ist die nächste Feststellung jeweils zum 1. Jänner der folgenden Jahre bis zur Feststellung der Überschreitung der Zahlen dreihundert bzw. fünfhundert zu wiederholen.

(5) Im Fall des Abs. 1 Z 3 haben die vertretungsbefugten Organe der dort genannten Gesellschaften den Geschäftsführern der Gesellschaft auf deren Verlangen die für die Feststellung (Abs. 4) erforderlichen Auskünfte rechtzeitig zu erteilen.

(6) In anderen als in den im Abs. 1 genannten Fällen kann die Bestellung eines Aufsichtsrats im Gesellschaftsvertrag festgesetzt werden.

idF BGBl I 2016/43

Literatur: *Aburumieh*, Mitwirkung des Aufsichtsrats bei Umstrukturierungen, AR aktuell 5/2011, 8; *Aburumieh/Wurzer*, Entsendung von Arbeitnehmern in das besondere Verhandlungsgremium bei SE-Gründung bzw. Verschmelzung nach dem EU-VerschG, RdW 2009/175, 214; *Assadi/Ettmayer*, Zum Verhältnis zwischen Aufsichtsrat und Generalversammlung, RWZ 2017, 373; *Auer*, Zum GmbH-Beirat, der ein fakultativer Aufsichtsrat sein soll, GES 2007, 183; *Dellinger* (Hg), Bankwesengesetz-Kommentar (2016); *Deutsch*, Bericht des Aufsichtsrats beim Gesellschafterausschluss, GesRZ 2019, 358; *Deutsch*, Entscheidungsbesprechung zu OGH 6 Ob 209/18f, GesRZ 2019, 358; *Diwok/Göth* (Hg), Kommentar zum Bankwesengesetz I (2005); *Dokalik/Hirschler*, RÄG 2014 – Reform des Bilanzrechts (SWK-Spezial)[2]; *Eckert/Schimka*, Die Arbeitnehmermitbestimmung bei grenzüberschreitenden Verschmelzungen nach dem EU-VerschG, wbl 2008, 201; *Ettmayer/Kusznier*, Gesellschaftsrechtliche Folgen bei Verletzung der Aufsichtsratspflicht, ecolex 2012, 404; *Fritz*, Beirat oder doch Aufsichtsrat ... das ist hier die Frage, AR aktuell 2/2007, 13; *Frotz/Kaufmann*, Aufsichtsratsbefreiung auch bei Genossenschaften als Obergesellschaften? RdW 2005/743, 661; *Frotz/Kaufmann* (Hg), Grenzüberschreitende Verschmelzung[2] (2013); *Gahleitner/Mosler* (Hg), Arbeitsverfassungsrecht (2015); *Ginthör/Barnert*, Der Aufsichtsrat – Rechte und Pflichten[3] (2019); *M. Gruber*, Aufsichtsratspflicht im grenzüberschreitenden GmbH(& Co)-Konzern, wbl 2001, 254; *Grünwald*, Die Aufsichtsratspflicht im GmbH-Konzern, NZ 1984, 228; *Grünwald*, Die Aufsichtsratspflicht im GmbH-Konzern, NZ 1985, 7; *Hable/Simonishvili*, Zur Aufsichtsratspflicht im GmbH-Konzern, GesRZ 2017, 162; *M. Heidinger*, Aufgaben und Verantwortlichkeit von Aufsichtsrat und Beirat der GmbH (1989); *Höhne*, Wann ist ein Vereinsorgan ein Aufsichtsorgan? ecolex 2013, 1079; *Huber*, Fakultativer Aufsichtsrat, Beirat und Arbeitnehmermitwirkung in der GmbH, ecolex 1995, 807; *Jabornegg*, Aufsichtsratsmitwirkung im Konzern mit Untergesellschaften in der Rechtsform der GmbH & Co KG, DRdA 1999, 433; *Jabornegg*, Zur Aufsichtsratspflicht der von einer EU-ausländischen Muttergesellschaft abhängigen österreichischen GmbH, DRdA 2009, 219; *Kalss*, Die Arbeitnehmermitbestimmung in Österreich, in Baums/Ulmer (Hg), Unternehmens-Mitbestimmung der Arbeitnehmer im Recht der EU-Mitgliedsstaaten, ZHR-Sonderheft 2004/72, 95; *Kastner*, GmbHGesetz-Novelle 1974, JBl 1974, 337; *Kastner*, Beiräte im österreichischen Gesellschaftsrecht, RdW 1983, 98; *Kastner*, Aufsichtsrat und Realität, in FS Strasser (1983) 843; *Kastner*, Zur Mitgliedschaft an mehreren Organen derselben Gesellschaft, in GedS *Schönherr* (1986) 193; *Kastner/Stoll* (Hg), Die GmbH & Co KG im Handels-, Gewerbe- und Steuerrecht[2] (1977); *Kaufmann*, Arbeitnehmermitbestimmung bei grenzüberschreitenden Verschmelzungen, RdW 2008/113, 150; *Koitz-Arko/Koitz*, Die Aufsichtsrats- und Prüfungspflicht begründende Arbeitnehmeranzahl einer GmbH, SWK 1994/31, 47; *Kostner*, Die Neuregelung der Bestellung eines Aufsichtsrats bei Gesellschaften mit beschränkter Haftung gemäß BGBl 82/1974, GesRZ 1974, 53; *Lindmayr*, Handbuch der Arbeitsverfassung[8] (2015); *Löschnigg*, Die Entsendung der Betriebsräte in den Aufsichtsrat. – Organisationsrechtliche Probleme des § 110 ArbVG (1985); *Löschnigg*, Die wirtschaftliche Mitbestimmung im Konzern und in der GesmbH & Co KG, ZAS 1981, 3; *Mayr*, Die Entsendung von Arbeitnehmervertretern in den Aufsichtsrat einer „Holding" gem § 110 Abs 6a ArbVG, DRdA 2002, 531; *Napokoj/Pelinka*, Der Beteiligungsvertrag (2017); *Neumayr/Reissner* (Hg), Zeller Kommentar zum Arbeitsrecht II[3] (2018); *Ch. Nowotny*, Handels- und gesellschaftsrechtliche Probleme einer Unternehmensteilung, DRdA 1989, 93; *Ch. Nowotny*, Beirat – Aufsichtsrat – Ausschuss, RdW 2008/647, 699; *Putzer*, Mitwirkung der Arbeitnehmerschaft im Aufsichtsrat (2005); *Putzer*, Mitwirkung der Arbeitnehmer im Beirat der GmbH, DRdA 2008, 166; *Reich-Rohrwig*, Der Beirat der GmbH, ÖJZ 1981, 509; *Rüffler/Aburumieh/Lind*, Kapitalerhaltung bei Nicht-Kapitalgesellschaften, in Jaufer/Nunner-Krautgasser/Schummer (Hg), Kapitalaufbringung und Kapitalerhaltung (2016) 71; *Schima*, Weisung und Zustimmungsvorbehalt als Steuerungsmittel in der GmbH, in FS Koppensteiner (2016) 259; *Schneiderbauer/Krebs*, Die Reichweite der Delegierbarkeit von Gesellschafterkompetenzen an einen Beirat, GesRZ 2018, 285; *Steiner*, Zur Aufsichtsratspflicht bei GmbH's der öffentlichen Hand, GesRZ 1997, 31; *Stingl*, Zur Haftung von Beiratsmitgliedern einer AG, GES 2005, 359; *Strasser/Jabornegg/Resch* (Hg), Kommentar zum ArbVG (2015); *Straube/Rauter*, § 29 GmbHG – „terra incognita"? ecolex 2008, 434; *Straube/Rauter*, Aufsichtsratspflicht und Konzernsachverhalte im GmbH-Recht, GES 2008, 88; *Talos/Winner* (Hg), EU-Verschmelzungsgesetz[2] (2016); *Torggler*, Gestaltungsfreiheit bei der GmbH, GesRZ 2010, 185; *Unterrieder/Fazekas*, Immer mitbestimmter Aufsichtsrat bei grenzüberschreitenden Verschmelzungen? RdW 2010/239, 227; *Walch*, Die Frauenquote im Aufsichtsrat, ÖBA 2018, 110; *Walzel*, Beirat einer GmbH und Mitgliedschaft von Arbeitnehmervertretern in derartigen Beiräten, SWK 2007/1, W 1, 31; *Wenger*, Beirat als Aufsichtsrat, RWZ 2006/105, 356.

Inhaltsübersicht

I. Grundlagen	1–3
A. Funktionen des Aufsichtsrats – gesetzliches Leitbild	1, 2
B. Unterschiede zur Aktiengesellschaft	3
II. Obligatorischer Aufsichtsrat (Abs 1 bis 5)	4–52
A. Stammkapital und Gesellschafterzahl (Abs 1 Z 1)	4, 5
B. Überschreiten der Arbeitnehmeranzahl (Abs 1 Z 2) und Ausnahme des Abs 2 Z 1	6–14
1. Grundregel und Ausnahme	6–10

       2. Konzernobergesellschaft 11, 12
       3. Konzernuntergesellschaft 13, 14
    C. Konzernaufsichtsrat (Abs 1 Z 3) 15–24
       1. Grundsätzliches 15, 16
       2. Konzernuntergesellschaft 17–19
       3. Zusammenrechnung der Arbeitnehmer 20–22
       4. Mehrstöckiger Konzern 23, 24
    D. GmbH & Co KG (Abs 1 Z 4) und Ausnahme
       des Abs 2 Z 2 25–30
       1. Grundregel und Ausnahme 25–27
       2. Zusammenrechnung der Arbeitnehmer 28–30
    E. Grenzüberschreitende Verschmelzung (Abs 1 Z 5) 31–36
    F. Unternehmen von öffentlichem Interesse (Abs 1 Z 6) .. 37–39
    G. Durchschnittliche Arbeitnehmeranzahl (Abs 3 bis 5) ... 40–49
       1. Begriff Arbeitnehmer 40, 41
       2. Ermittlung des Durchschnitts (Abs 3 und 5) 42
       3. Feststellung und Mitteilung an das Gericht (Abs 4) .. 43–49
          a) Feststellung durch Geschäftsführer 43–46
          b) Mitteilung an das Gericht 47–49
    H. Fehlen eines Aufsichtsrats 50–52
  III. Freiwilliger Aufsichtsrat (Abs 6) 53–57
  IV. Beirat 58–81
    A. Begriff 58–60
    B. Gesellschaftsrechtlicher Beirat 61–75
       1. Grundsätzliches 61–63
       2. Kernthema: Arbeitnehmermitbestimmung und
          Geltung von Aufsichtsratsrecht 64–73
       3. Grundsätze der Organisation 74, 75
    C. Schuldrechtlicher Beirat 76–81

I. Grundlagen

A. Funktionen des Aufsichtsrats – gesetzliches Leitbild

1   In der GmbH ist der AR grds ein **freiwilliges** Organ; nur[1] bei Erfüllung der Kriterien des § 29 Abs 1 iVm Abs 2 ist ein AR zwingend zu bestellen. § 29 bezweckt eine erhöhte Kontrolle bei bestimmten „großen" GmbH

---

[1] Vgl zur AR-Pflicht auch die sondergesetzl Anordnungen gem § 6 Abs 2 Z 3 InvFG 2011 u § 2 Abs 5 ImmoInvFG für Kapitalanlagegesellschaften, § 12 WGG für gemeinnützige Bauvereinigungen, § 14 Abs 2 Z 1 GSpG für Glücksspielgesellschaften. Zu Kreditinstituten vgl Rz 39. Vgl weiters die Anordnung in § 94 Abs 2 (vgl § 94 Rz 2). Zur AR-Pflicht bei der FlexKapG vgl § 6 FlexKapGG.

(vgl Z 1),² im Übrigen (Z 2 bis 5) geht es um die Verwirklichung der **AN-Mitbestimmung** (§ 110 ArbVG).³ Die mit dem APRÄG 2016 neu eingefügte Z 6 dient der Sicherstellung, dass jedes Unternehmen v öffentlichem Interesse über einen AR verfügt (vgl Rz 37 ff).⁴ Sind die Kriterien des Abs 1 iVm Abs 2 erfüllt, entsteht AR-Pflicht; auf eine gesv Regelung kommt es diesfalls (vgl aber zum fakultativen AR Rz 55) nicht an.⁵ Der AR hat jedenfalls (**zumindest**) dem gesetzl Leitbild zu entsprechen (**relativ zwingende** Bestimmungen), der GesV kann den AR jedoch innerhalb der gesetzl Schranken – zB durch Übertragung zusätzlicher Kompetenzen (vgl auch § 35 Rz 16) – ausgestalten.⁶

Die **GV** bleibt auch bei Einrichtung eines AR **oberstes Kontroll- u** **2** **Aufsichtsorgan** (vgl § 35 Rz 1), die GF sind hauptsächlich dieser verantwortlich; selbst bei Bestehen eines AR kann die GV den AR grds „overrulen" (vgl auch § 35 Rz 11), ihm aber keine Weisungen erteilen (vgl auch § 30g Rz 55 f, § 30j Rz 98; s zu entsandten AR bei § 30c Rz 4 f). Denkbar wäre aber dennoch die Übertragung v Kompetenzen der GV an den AR, zB die Etablierung eines Weisungsrechts des AR gegenüber den GF (vgl § 35 Rz 16). Bei Etablierung eines AR eröffnet das Gesetz umgekehrt punktuell die Möglichkeit zur Einschränkung v Gesellschafterrechten (Bucheinsichtsrecht, vgl § 22 Rz 40 f).

B. Unterschiede zur Aktiengesellschaft

In der Praxis wird bei Einrichtung des GmbH-AR oft im AktG Anleh- **3** nung gesucht, weil in der AG der – dort immer zwingende – AR eine viel höhere praktische Bedeutung hat. Im Einzelnen bestehen aber Untersch zw AG- u GmbH-AR.⁷ Ein wesentlicher Untersch liegt in der **Kom-**

---

2 HHB 272 BlgHH 17. Sess 9; ErlRV 236 BlgHH 17. Sess 67.
3 ErlRV 845 BlgNR 13. GP 2.
4 ErlRV 1109 BlgNR 25. GP 17.
5 *Reich-Rohrwig*, GmbHR I² Rz 4/44; *Kastner*, JBl 1974, 337 (339); *Straube/Rauter* in Straube/Ratka/Rauter, GmbHG § 29 Rz 13.
6 OGH 10.12.1975, 8 Ob 253/75 (Anpassung des AR an die individuellen Besonderheiten der Gesellschaft im Rahmen der gesetzl Schranken); *M. Heidinger* in Kalss/Kunz, HB AR² Kap 40 Rz 3; *A. Heidinger* in Gruber/Harrer, GmbHG² § 29 Rz 11; *Straube/Rauter* in Straube/Ratka/Rauter, GmbHG § 29 Rz 13, 84; *Reich-Rohrwig*, GmbHR I² Rz 1/51 ff; *Kastner*, JBl 1974, 337 (339).
7 Vgl auch *M. Heidinger* in Kalss/Kunz, HB AR² Kap 40 Rz 2, 6 u *Napokoj/Pelinka*, Der Beteiligungsvertrag 135 f.

petenzzuweisung an den AR; hier bleibt der GmbH-AR zugunsten erweiterter Gesellschafterkompetenzen hinter dem AG-AR zurück (Bestellung u Abberufung v GF [vgl § 15 Rz 19; § 16 Rz 8; vgl iZm Beirat auch noch Rz 69]; Mitwirkung bei der Erteilung v Prokura [vgl § 28 Rz 8 u § 35 Rz 74]; Feststellung des JA [vgl § 35 Rz 21 ff]). Zur Zuweisung weiterer Kompetenzen an den AR vgl Rz 1. Der Umfang der **Kontrollrechte** korreliert demgegenüber im AktG u GmbHG.[8] Im Detail bestehen weitere Untersch.[9]

II. Obligatorischer Aufsichtsrat (Abs 1 bis 5)

A. Stammkapital und Gesellschafterzahl (Abs 1 Z 1)

4   Gemäß Abs 1 Z 1 ist ein AR zu bestellen, wenn das **Stammkapital** € 70.000 u die **Anzahl der Gesellschafter 50 übersteigen**. Die beiden Tatbestandselemente (Stammkapital u Gesellschafterzahl) müssen **kumulativ** vorliegen;[10] fällt eine dieser Voraussetzungen nachträglich weg, erlischt die AR-Pflicht, u enden uE die AR-Funktionen automatisch, es sei denn, der GesV sieht verpflichtend die Errichtung eines AR vor (vgl Rz 46 aE). Beim Stammkapital kommt es auf das im GesV vorgesehene Stammkapital an; dieses muss nicht notwendigerweise bereits zur Gänze einbezahlt sein,[11] jedoch ist uE bei bestehenden Gesellschaften auch FB-Eintragung dieses Stammkapitals erforderlich, zumindest dann, wenn die Höhe des Stammkapitals bei Kapitalerhöhung alleine aufgrund des Kapitalerhöhungsbeschlusses (bei Festlegung eines „bis zu"-Erhöhungsbetrags, vgl dazu § 52 Rz 11) noch nicht feststeht. Im Gründungsstadium ist aber bei Erfüllung der Kriterien der AR bereits spätestens mit Anmeldung der Gesellschaft beim FB einzurichten (vgl auch noch Rz 56 u § 9 Rz 16, 18).[12]

5   Absatz 1 Z 1 ist praktisch nicht relevant, zumal die GmbH – insb aufgrund der stark ausgeprägten Immobilisierung der Anteile (Notariatsaktspflicht bei Anteilsübertragung, vgl § 76 Rz 42 ff) – als Anleger-

---

8   *Eckert/Schopper* in Torggler, GmbHG § 29 Rz 2.
9   Vgl generell zu Besonderheiten des GmbH-AR *M. Heidinger* in Kalss/Kunz, HB AR[2] Kap 40.
10 *Straube/Rauter* in Straube/Ratka/Rauter, GmbHG § 29 Rz 15 mwN.
11 *A. Heidinger* in Gruber/Harrer, GmbHG[2] § 29 Rz 16.
12 *Straube/Rauter* in Straube/Ratka/Rauter, GmbHG § 29 Rz 17.

gesellschaft mit Gesellschaftervielzahl eher gemieden wird. Unseres Erachtens ist Abs 1 Z 1 auch **nicht analog** auf eine Komplementär-GmbH anzuwenden, wenn die **GmbH & Co KG** die Kriterien des Abs 1 Z 1 erfüllt. Nur dann, wenn die GmbH & Co KG kapitalmarktorientiert iSd Abs 1 Z 6 ist, greift in dieser die AR-Pflicht (vgl dazu Rz 30).[13]

B. Überschreiten der Arbeitnehmeranzahl (Abs 1 Z 2) und Ausnahme des Abs 2 Z 1

1. Grundregel und Ausnahme

Gemäß Abs 1 Z 2 ist ein AR zu bestellen, wenn die **Anzahl der AN im Durchschnitt** (zur Ermittlung des Durchschnitts vgl Rz 42) **300** übersteigt. Die Bestimmung verwirklicht die AN-Mitbestimmung gem § 110 ArbVG im AR.

Absatz 2 Z 1 enthält die korrelierende **Ausnahmeregelung**, wonach keine Pflicht zur Bestellung eines AR besteht, „*wenn die Gesellschaft unter einheitlicher Leitung einer aufsichtsratspflichtigen Kapitalgesellschaft steht oder von einer solchen auf Grund einer unmittelbaren Beteiligung von mehr als 50 Prozent beherrscht wird und in beiden Fällen die Anzahl der Arbeitnehmer der Gesellschaft im Durchschnitt fünfhundert nicht übersteigt*"; maW: Ist die Konzernobergesellschaft eine AR-pflichtige KapGes (vgl sogleich Rz 11), ist eine Konzernuntergesellschaft nur dann AR-pflichtig, wenn die Anzahl ihrer[14] AN im Durchschnitt 500 übersteigt. Denn im Konzern reicht es aus, wenn die Mitbestimmung durch die AN im AR der Obergesellschaft erfolgt, zumal dort die Kernentscheidungen getroffen werden.[15]

Zu bedenken ist allerdings, dass der **Entsendung „v unten nach oben"** – zugunsten des entsendungsbefugten Organs der Obergesellschaft – gewisse Grenzen gesetzt sind (vgl im Einzelnen die Voraussetzungen des § 110 Abs 6 ArbVG). Hinzu kommt, dass in jenen Fällen, in

---

13 Zur Diskussion der analogen Anwendbarkeit v Abs 1 Z 3 zur GmbH & Co KG als Konzernspitze vgl Rz 29, vgl auch Rz 11.
14 Es erfolgt keine Zusammenrechnung mehrerer Gesellschaften, es geht um die AN der betr Gesellschaft, vgl *Straube/Rauter* in Straube/Ratka/Rauter, GmbHG § 29 Rz 27 mwN.
15 Vgl auch *Hable/Simonishvili*, GesRZ 2017, 162 (163); *Grünwald*, NZ 1984, 228 (229) mwN; *Reich-Rohrwig*, GmbHR I² Rz 4/20; *Heidinger* in Gruber/Harrer, GmbHG² § 29 Rz 18.

welchen in der Konzernobergesellschaft kein BetrR zu errichten ist,[16] eine durchgreifende Entsendung „nach oben" durch das Gesetz nicht verwirklicht ist, nämlich, wenn die Obergesellschaft nur ihre Beteiligungen verwaltet.[17] Erwägungen, diesfalls die Ausnahme des Abs 2 Z 1 einschränkend auszulegen (nämlich: Anwendung der Ausnahme nur, wenn die AN-Mitbestimmung der betr Tochter-Belegschaft in der Obergesellschaft sichergestellt ist),[18] mögen vor dem Hintergrund der AN-Mitbestimmung (auch) durch die AN der beherrschten Tochter einiges für sich haben, sind aber aus Rechtssicherheitserwägungen – aufgrund der klaren gesetzl Anordnungen in GmbHG u ArbVG – uE eher abzulehnen. Natürlich kann dies dazu führen, dass etwa bei „Hinaufziehen" einer AR-pflichtigen (vgl Abs 1 Z 3, vgl Rz 15 ff) Holding an die Konzernspitze, unter der einzelne AR-pflichtige Töchter hängen, die AR-Pflicht in den Töchtern wegen der Ausnahme in Abs 2 Z 1 entfällt, wenn diese jews nicht mehr als 500 AN haben. Die Praxis schafft hier aber zT durch eine enge Interpretation des Begriffs der reinen Beteiligungsverwaltung Abhilfe, um die Entsendung „nach oben" sicherzustellen.[19]

9 Die Anwendung der Ausnahme greift **sofort** bei Erfüllung der Voraussetzungen, ebenso wie deren Anwendung sofort bei Wegfall der Voraussetzungen endet.[20]

---

16 In Betrieben, in denen nicht dauernd mind fünf stimmberechtigte AN iSd § 36 ArbVG beschäftigt sind, besteht keine BetrR-Pflicht (vgl § 40 ArbVG).
17 Vgl die Einschränkung gem § 110 Abs 6a ArbVG, wenn die Obergesellschaft nur ihre Beteiligungen verwaltet, vgl dazu im Detail *Jabornegg* in Strasser/Jabornegg/Resch, ArbVG § 110 Rz 186 mwN; *Windisch-Graetz* in Neumayr/Reissner, Zeller Komm zum Arbeitsrecht³ § 110 ArbVG, Rz 18. Sofern das Vorliegen eines Konzerns bei reiner Beteiligungsverwaltung überhaupt verneint würde, hätte § 110 Abs 6a ArbvG nur klarstellende Bedeutung, vgl dazu noch Rz 13.
18 Vgl dazu *Straube/Rauter* in Straube/Ratka/Rauter, GmbHG § 29 Rz 26; *Straube/Rauter*, ecolex 2008, 434 sowie *Jabornegg*, DRdA 2009, 219 (224 f).
19 Vgl dazu *Mayr*, DRdA 2002, 531 (531 ff) mit Hinweis auf das Urteil des LG Steyr als ASG 29.10.2001, 9 Cga 66/00x.
20 *Eckert/Schopper* in Torggler, GmbHG § 29 Rz 5 aE; ausf dazu *Straube/Rauter* in Straube/Ratka/Rauter, GmbHG § 29 Rz 28 f, auch mit Hinweis darauf (Rz 29 aE), dass der Wegfall der Geltung der Ausnahme aufgrund Überschreitens der 500-AN-Schwelle allerdings nur zum 1.1. als maßgeblichen Stichtag zur Ermittlung der AN-Zahl möglich ist (s dazu Rz 43, 45). Vgl auch *Straube/Rauter*, ecolex 2008, 434 (435 f).

Sieht der **GesV** eine AR-Pflicht vor, ist trotz Erfüllung der Ausnahmekriterien des Abs 2 Z 1 ein AR einzurichten.[21] Im Vergleich zu § 29 strengere Regelungen sind zulässig (vgl auch noch Rz 53 zum fakultativen AR).[22]

2. Konzernobergesellschaft

Gemäß Abs 2 Z 1 muss es sich bei der **Konzernobergesellschaft** um eine **AR-pflichtige KapGes** handeln. Die Rechtsgrundlage für die AR-Pflicht ist irrelevant, bei der GmbH reicht ein gesv Muss-AR (vgl zum Begriff Rz 53), demgegenüber wäre ein gesv Kann-AR (vgl Rz 53) nicht ausreichend.[23] Zum Teil wird auch die Tauglichkeit der GmbH & Co KG[24] (als Quasi-KapGes), der AR-pflichtigen Gen,[25] der dualistischen (eher unproblematisch) u auch der monistischen SE als Konzernobergesellschaft iSd § 29 Abs 2 Z 1 diskutiert.[26] Unseres Erachtens könnte auch eine Privatstiftung Ober-„Gesellschaft" sein, zumal auch diese bei Leitungsfunktion einen AR einrichten muss.[27] Sofern es sich bei einer GmbH & Co KG ieS um ein Unternehmen v öffentlichem Interesse iSd § 189a Z 1 lit a oder lit d UGB handelt (vgl dazu Rz 38 f), entsteht *qua* § 221 Abs 5 UGB idF APRÄG 2016 AR-Pflicht in der GmbH & Co KG (vgl Rz 30) u könnte diese uE daher jedenfalls als Konzernobergesellschaft fungieren (wobei uE aber die Regelung des § 221 Abs 5 UGB idF APRÄG 2016 krit zu hinterfragen ist, vgl Rz 30).

Aufgrund des arbeitsverfassungsrechtlichen Territorialitätsprinzips[28] wird nach der hM gefordert, dass es sich bei der Konzernobergesellschaft um eine **ö Gesellschaft** handeln muss.[29] Unseres Erachtens

---

21 Vgl *Koppensteiner/Rüffler*, GmbHG³ § 29 Rz 10.
22 Vgl OGH 10.12.1975, 8 Ob 253/75.
23 Vgl auch *Hable/Simonishvili*, GesRZ 2017, 162 (163 f); *A. Heidinger* in Gruber/Harrer, GmbHG² § 29 Rz 19 mwN.
24 Vgl zur Thematik GmbH & Co KG als Konzernspitze auch Rz 29 u FN 38.
25 Vgl *Frotz/Kaufmann*, RdW 2005/743, 661 (661 f).
26 Ausf dazu *Straube/Rauter* in Straube/Ratka/Rauter, GmbHG § 29 Rz 23 f.
27 Vgl § 22 Abs 1 Z 2 PSG u OGH 1.12.2005, 6 Ob 217/05p; *Jabornegg* in Strasser/Jabornegg/Resch, ArbVG § 110 Rz 153, 156. Vgl auch § 22 Abs 4 PSG.
28 *Jabornegg*, DRdA 2009, 219 (222 f); vgl allg auch *Windisch-Graetz* in Neumayr/Reissner, Zeller Komm zum Arbeitsrecht³ § 33 ArbVG, Rz 4.
29 Vgl auch *Hable/Simonishvili*, GesRZ 2017, 162 (164); *Jabornegg*, DRdA 2009, 219 (219 ff); *Jabornegg* in Strasser/Jabornegg/Resch, ArbVG § 110 Rz 167; *Reich-Rohrwig*, GmbHR I² Rz 4/131; *A. Heidinger* in Gruber/Har-

ist aus Rechtssicherheitserwägungen u mit Blick auf den Gesetzeszweck (Umsetzung der AN-Mitbestimmung gem ArbVG, welche dem Territorialitätsprinzip folgt) daran festzuhalten.[30]

3. Konzernuntergesellschaft

13 Die Ausnahme des Abs 2 Z 1 greift nur, wenn die Konzernuntergesellschaft unter einheitlicher Leitung oder Beherrschung der Konzernobergesellschaft steht. Angeknüpft wird an den Konzernbegriff des § 115 (vgl dazu im Detail § 115), jedoch setzt die **Beherrschung** iSd Abs 2 Z 1 – anders als § 115 Abs 2 – eine **unmittelbare Beteiligung** v mehr als 50 % am Stammkapital[31] voraus. Eine mittelbare Beteiligung oder sonstige Beherrschungsformen (Verträge, personelle Verflechtungen, sonstige tatsächliche Umstände) reichen nach dem klaren Gesetzeswortlaut für die Beherrschung iSd Abs 2 Z 1 jedenfalls nicht aus.[32] Demgegenüber ist **einheitliche Leitung**[33] auch **mittelbar** möglich,[34] muss aber jedenfalls auch **tatsächlich** ausgeübt werden (vgl auch § 115 Rz 6).[35] Beim be-

---

rer, GmbHG² § 29 Rz 24; vgl auch *Eckert/Schopper* in Torggler, GmbHG § 29 Rz 5.

30 Anders *Straube/Rauter* in Straube/Ratka/Rauter, GmbHG § 29 Rz 25, unter Hinweis auf den mglw gegebenen Vorrang der unionsrechtlichen Niederlassungsfreiheit.

31 Vgl auch *Hable/Simonishvili*, GesRZ 2017, 162 (163); *Straube/Rauter* in Straube/Ratka/Rauter, GmbHG § 29 Rz 21; *A. Heidinger* in Gruber/Harrer, GmbHG² § 29 Rz 21.

32 *Reich-Rohrwig*, GmbHR I² Rz 4/21 FN 17; *Straube/Rauter* in Straube/Ratka/Rauter, GmbHG § 29 Rz 21; *A. Heidinger* in Gruber/Harrer, GmbHG² § 29 Rz 21 f; *Eckert/Schopper* in Torggler, GmbHG § 29 Rz 9.

33 Vgl zum Begriff der einheitlichen Leitung ausf auch *Hable/Simonishvili*, GesRZ 2017, 162 f.

34 So zur Frage der AR-Pflicht gem § 22 Abs 1 Z 2 PSG: OGH 1.12.2005, 6 Ob 217/05p (vgl Pkt V. der E).

35 Vgl OGH 1.12.2005, 6 Ob 217/05p (vgl insb Pkt III. 2. der E); *Enzinger/Kalss* in Kalss/Kunz, HB AR² Kap 31 Rz 17. Demgegenüber können uE die Aussagen des OGH in der zit (stiftungsrechtlichen) E zur Frage der Intensität der Ausübung der einheitlichen Leitung (vgl Pkt VI. der E) nicht unbesehen auf die GmbH übernommen werden (beachte einerseits § 1 PSG u die ausdrückliche Ausnahme v der AR-Pflicht bei bloßen Verwaltungstätigkeiten in § 22 Abs 1 Z 2 PSG andererseits) – s dazu auch Pkt VI. der zit E, wonach eine einheitliche Konzernleitung iSd § 22 Abs 1 Z 2 PSG schon bei einem wesentlich geringeren Ausmaß der Ausübung v unternehmerischen Leitungsfunktionen zu bejahen sei, als dies bei einer Beurteilung nach § 15 Abs 1 AktG der

herrschenden Einfluss kann dies anders sein, dh tatsächliche Ausübung der Beherrschung ist uE nicht unbedingt erforderlich (vgl auch § 115 Rz 8).[36]

Bei der Untergesellschaft muss es sich – naturgemäß (sonst wäre nicht § 29 zur Anwendung berufen) – um eine **inländische** handeln. Die Ausnahme des Abs 2 Z 1 ist auch auf einheitlich geleitete[37] (inländische) **Enkelgesellschaften** anzuwenden (vgl zu Mehrstockstrukturen Rz 23 f).[38]

C. Konzernaufsichtsrat (Abs 1 Z 3)

1. Grundsätzliches

Gemäß Abs 1 Z 3 ist ein AR zu bestellen, wenn die GmbH[39] (als Konzernobergesellschaft) AG, AR-pflichtige GmbH oder GmbH iSd Abs 2 Z 1 (vgl bereits oben Rz 7 ff; zur GmbH & Co KG vgl Rz 18 sowie 28 u 30) als Konzernuntergesellschaften **einheitlich leitet** oder aufgrund einer **unmittelbaren Beteiligung** v mehr als 50% **beherrscht u** in beiden Fällen die **Anzahl der AN** jener Gesellschaft u dieser Gesellschaften

---

Fall wäre. Vgl aus arbeitsrechtl Sicht dazu etwa *Gahleitner* in Kalss/Kunz, HB AR² Kap 10 Rz 24.

36 Vgl etwa *Eckert/Schopper* in Torggler, GmbHG § 29 Rz 9; *Enzinger/Kalss* in Kalss/Kunz, HB AR² Kap 31 Rz 18, jew mit Hinweis auf OGH 13.9.2000, 4 Ob 197/00z; anders aber *A. Heidinger* in Gruber/Harrer, GmbHG² § 29 Rz 21 (tatsächliche Ausübung v Beherrschung erforderlich); *Wünsch*, GmbHG § 29 Rz 6. Vgl dazu auch die arbeitsrechtlichen Kommentierungen (bei reiner Beteiligungsverwaltung kein Konzerntatbestand) vor dem Hintergrund der Entsende-Beschränkung des § 110 Abs 6a ArbVG, etwa *Jabornegg* in Strasser/Jabornegg/Resch, ArbVG § 110 Rz 186 ff; *Mayr*, DRdA 2002, 531 (533) mwN, s dazu schon oben FN 17.

37 Beherrschung einer inländischen Enkelin bei Zwischenschaltung einer ausländischen Tochter scheidet aus, da das Gesetz beim Beherrschungstatbestand auf den unmittelbaren Beteiligungsbesitz abstellt.

38 *Koppensteiner/Rüffler*, GmbHG³ § 29 Rz 9; *A. Heidinger* in Gruber/Harrer, GmbHG² § 29 Rz 23.

39 Zur analogen Anwendung auf die GmbH & Co KG als Konzernspitze u daher AR-Pflicht in der Komplementär-GmbH vgl etwa *M. Gruber*, wbl 2001, 254 (256, mit Bsp); *Koppensteiner/Rüffler*, GmbHG³ § 29 Rz 12 aE; *M. Heidinger* in Kalss/Kunz, HB AR², Kap 40 Rz 12; dies ist allerdings umstritten, vgl auch noch Rz 29.

zusammen im Durchschnitt 300 übersteigt.⁴⁰ Maßgeblich kommt es daher auf die AR-Pflicht in der Untergesellschaft, allenfalls in Kombination mit der Ausnahme des Abs 2 Z 1 an. Denn nur bei Gesellschaften, in welchen die AN überhaupt ein Mitbestimmungsrecht haben, sollen diese auch im AR der Obergesellschaft repräsentiert sein.⁴¹

16 Werden daher mehrere GmbH, die jew nicht mehr als 300 AN haben (u daher keiner AR-Pflicht unterliegen, vgl Rz 6), u auch sonst nicht AR-pflichtig sind (**nicht AR-pflichtige Schwestern**), durch eine Obergesellschaft einheitlich geleitet bzw beherrscht, greift die AR-Pflicht des Abs 1 Z 3 auch dann **nicht** ein, wenn die Gruppe zusammen mehr als 300 AN hat.⁴² Einschränkungen sind uE aufgrund des klaren gesetzl Wortlauts nicht zu machen.⁴³

2. Konzernuntergesellschaft

17 Sowohl **AG** als auch **GmbH**, die entweder AR-pflichtig sind oder unter die Ausnahme des Abs 2 Z 1 fallen, können maßgebliche Untergesellschaften sein. Bei der GmbH reicht ein gesv Muss-AR, nicht aber ein gesv Kann-AR (zu den Begriffen vgl Rz 53; vgl auch schon Rz 11).⁴⁴ Nach der hM ist die Regelung des Abs 1 Z 3 analog auch auf die (monistische oder dualistische) **SE** anzuwenden.⁴⁵

18 Sofern es sich bei einer **GmbH & Co KG ieS** um ein Unternehmen v öffentlichem Interesse iSd § 189 a Z 1 lit a oder lit d UGB handelt (vgl dazu Rz 37 f), entsteht *qua* § 221 Abs 5 UGB idF APRÄG 2016 AR-Pflicht in der GmbH & Co KG (vgl Rz 30) u könnte diese maßgebliche Konzernuntergesellschaft sein (diesfalls müsste auch § 110 Abs 6 ArbVG ergänzend ausgelegt werden). Im Untersch zu § 29 Abs 1 Z 4 (vgl Rz 28) käme es diesfalls – bei einheitlicher Leitung oder Beherr-

---

40 Vgl zur AR-Pflicht im GmbH-Konzern auch den zusammenfassenden Überblick bei *Hable/Simonishvili*, GesRZ 2017, 162 mwN.
41 Vgl *Hable/Simonishvili*, GesRZ 2017, 162 (162 ff); *Koppensteiner/Rüffler*, GmbH³ § 29 Rz 11; *Straube/Rauter*, GES 2008, 88 (89).
42 *A. Heidinger* in Gruber/Harrer, GmbHG² § 29 Rz 26; *Eckert/Schopper* in Torggler, GmbHG § 29 Rz 10; vgl auch *Grünwald*, NZ 1985, 7 (11).
43 Anders *Straube/Rauter* in Straube/Ratka/Rauter, GmbHG § 29 Rz 33 bei Missbrauch.
44 Vgl *Straube/Rauter* in Straube/Ratka/Rauter, GmbHG § 29 Rz 34 mit ausf Nachw zur hM.
45 Vgl dazu etwa *Straube/Rauter* in Straube/Ratka/Rauter, GmbHG § 29 Rz 35; *A. Heidinger* in Gruber/Harrer, GmbHG² § 29 Rz 27.

schung (s sogleich Rz 19) – zu einer Zusammenrechnung v AN (vgl Rz 20) der GmbH u all jener (AR-pflichtigen) KG, in Bezug auf welche die GmbH diese konzernleitende Funktion hat. Unseres Erachtens ist die AR-Pflicht gem APRÄG 2016 direkt in der GmbH & Co KG aber jedenfalls krit zu hinterfragen (vgl noch Rz 30).

Die einheitliche Leitung oder Beherrschung bloß **einer** Untergesellschaft ist ausreichend.[46] Beim Begriff der **einheitlichen Leitung** verweist das Gesetz auf § 15 Abs 1 AktG, welcher den Konzernbegriff definiert; dieselbe Definition ist auch in § 115 Abs 1 umgesetzt (vgl § 115 Rz 4 ff u oben Rz 13). Eine **Beherrschung** iSd Abs 1 Z 3 liegt (nur) dann vor, wenn die Konzernobergesellschaft die Untergesellschaft aufgrund einer **unmittelbaren Beteiligung** v mehr als 50 % (s dazu schon oben Rz 13) beherrscht.[47] **19**

3. Zusammenrechnung der Arbeitnehmer

Die **AN der Ober- u der Untergesellschaft(en) sind zusammenzurechnen** u die **Summe** der AN muss im **Durchschnitt 300 übersteigen**.[48] Unseres Erachtens sind AN, die bei mehreren relevanten Gesellschaften beschäftigt sind, nur ein Mal zu zählen (str),[49] da diese Dienstverhältnisse zumeist ihre maßgebliche Wurzel in einem dieser Dienstverhältnisse haben (zB Konzernentsendungsklausel); allenfalls ist aber gerade bei der Konzernentsendung überhaupt schon die mehrfache Subsumierung als AN iSd § 36 ArbVG zu verneinen (vgl dazu unten Rz 41). **20**

Nach hM[50] sind nur die AN v Gesellschaften **mit Sitz in Ö** zu berücksichtigen (vgl auch Rz 12). Die AN einer inländischen Großmutter **21**

---

46 Vgl etwa *Koppensteiner/Rüffler*, GmbHG³ § 29 Rz 11.
47 Zu Höchststimmrechten u diesbzgl Wegfall der Beherrschung vgl *Straube/Rauter* in Straube/Ratka/Rauter, GmbHG § 29 Rz 38 aE.
48 Bei Abs 2 Z 1-GmbHs ist die Schwelle daher automatisch überschritten, weil diese definitionsgemäß mehr als 300 AN haben, vgl *Straube/Rauter* in Straube/Ratka/Rauter, GmbHG § 29 Rz 33.
49 Wie hier *Hable/Simonishvili*, GesRZ 2017, 162 (163). *Eckert/Schopper* in Torggler, GmbHG § 29 Rz 7; zweifelnd *Straube/Rauter* in Straube/Ratka/Rauter, GmbHG § 29 Rz 39.
50 Vgl auch *Hable/Simonishvili*, GesRZ 2017, 162 (164); *M. Gruber*, wbl 2001, 254 (255); *M. Heidinger* in Kalss/Kunz, HB AR² Kap 40 Rz 11; *A. Heidinger* in Gruber/Harrer, GmbHG² § 29 Rz 32.

u einer einheitlich geleiteten[51] inländischen **Enkelin**[52] sind auch bei Zwischenschaltung einer ausländischen Tochter zusammenzurechnen (vgl aber Rz 14).[53]

22 Bei Wegfall der Verbindung der Untergesellschaft zur Obergesellschaft soll die AR-Pflicht **sofort** entfallen, die Dreijahresfrist des Abs 4 S 3 (vgl Rz 46) greift nicht.[54]

4. Mehrstöckiger Konzern

23 Hat der Konzern mehrere Ebenen (**mehrstöckiger Konzern**)[55], sind versch Fallgestaltungen denkbar u ist die AR-Pflicht der betr Gesellschaften jew im Einzelfall in Zusammenschau der Bestimmungen des Abs 1 Z 3 sowie des Abs 1 Z 2 iVm Abs 2 Z 1 zu prüfen.[56] Bei der Prüfung ist zw einheitlicher Leitung einerseits u Beherrschung andererseits zu unterscheiden.[57] Als Grundregel ist dabei zu berücksichtigen, dass nach der hM im mehrstöckigen Konzern nur eine einzige Gesellschaft Träger der **einheitlichen Leitung** sein kann.[58] Leitet die Konzernmutter die Töchter einheitlich, sind nach der hM (**str**)[59] sowohl eine einheitliche

---

51 Beherrschung einer inländischen Enkelin bei Zwischenschaltung einer ausländischen Tochter scheidet aus, da das Gesetz beim Beherrschungstatbestand auf den unmittelbaren Beteiligungsbesitz abstellt.
52 Zur mittelbaren einheitlichen Leitung vgl schon oben Rz 13.
53 *M. Gruber*, wbl 2001, 254 (255); *Koppensteiner/Rüffler*, GmbHG³ § 29 Rz 11; *Straube/Rauter* in Straube/Ratka/Rauter, GmbHG² § 29 Rz 37; *A. Heidinger* in Gruber/Harrer, GmbHG² § 29 Rz 32.
54 *Straube/Rauter*, GES 2008, 88 (93).
55 Muttergesellschaft (Konzernmutter) – Tochtergesellschaft – Enkelgesellschaft.
56 Vgl zur AR-Pflicht im mehrstöckigen GmbH-Konzern den zusammenfassenden Überblick bei *Hable/Simonishvili*, GesRZ 2017, 162 (164 ff) mwN; ausf mit Bsp auch *Straube/Rauter* in Straube/Ratka/Rauter, GmbHG § 29 Rz 40 ff; *Straube/Rauter*, GES 2008, 88 (90 f); *Grünwald*, NZ 1984, 228 (231 f); *Grünwald*, NZ 1985, 7 (11); *Kostner*, GesRZ 1974, 53 (54). Vgl im Speziellen zur AN-Entsendung *Löschnigg*, ZAS 1981, 3 ff.
57 Vgl *Hable/Simonishvili*, GesRZ 2017, 162 (164); *Straube/Rauter* in Straube/Ratka/Rauter, GmbHG § 29 Rz 41.
58 Vgl *Eckert/Schopper* in Torggler, GmbHG § 29 Rz 8 mit ausf Nachw (auch Gegenstimmen); vgl auch *Koppensteiner/Rüffler*, GmbHG³ § 29 Rz 9.
59 Vgl etwa *Hable/Simonishvili*, GesRZ 2017, 162 (164); *A. Heidinger* in Gruber/Harrer, GmbHG² § 29 Rz 31; *M. Heidinger* in Kalss/Kunz, HB AR² Kap 40 Rz 11; **aA** *M. Wünsch*, GmbHG § 29 Rz 6 aE; *Grünwald*, NZ 1984, 228 (231 f); **vermittelnd** *Straube/Rauter* in Straube/Ratka/Rauter, GmbHG

Leitung als auch eine Beherrschung der Enkelin durch die Tochter ausgeschlossen u wird die Tochter daher nicht – neben der Konzernmutter[60] – nach Abs 1 Z 3 AR-pflichtig[61] (kein „Konzern im Konzern"; s aber noch Rz 24).[62] Fraglich ist jedoch, ob nur eine Gesellschaft, die selbst potentiell AR-pflichtig werden kann, einheitliche Leitung ausüben u dadurch die Anwendbarkeit des Abs 1 Z 3 auf Zwischengesell-

§ 29 Rz 43 u *Straube/Rauter*, GES 2008, 88 (91), welche die A vertreten, dass eine einheitlich geleitete Gesellschaft eine andere (nicht einheitlich geleitete) Gesellschaft beherrschen kann; die AR-Pflicht der Tochter ist nach dieser A nur dann ausgeschlossen, wenn die Tochter u die Enkelin unter einheitlicher Leitung der AR-pflichtigen Konzernmutter stehen; s auch noch Rz 24.

60 Die einheitliche Leitung kann aber eben mittelbar, also durch die Konzernmutter in Bezug auf die Enkelin ausgeübt werden, vgl schon oben Rz 13; vgl auch OGH 1.12.2005, 6 Ob 217/05p (zur Privatstiftung).

61 Dies wäre uU nur dann anders, wenn die Tochter andere (uU auch ausländische) AR-pflichtige Gesellschaften einheitlich leitet oder beherrscht. UE wäre es aber schwer argumentierbar u systemwidrig, die Frage der einheitlichen Leitung/Beherrschung in Bezug auf versch Beteiligungen der Tochter untersch zu beantworten. Folgt man der hM, wonach die einheitliche Leitung durch die Konzernmutter sowohl die einheitliche Leitung als auch die Beherrschung durch die Tochter ausschließt, muss dies uE im Hinblick auf alle Beteiligungen der Tochter gelten. Weiters wird in Bezug auf ausländische Beteiligungen v der hM zu Abs 1 Z 3 vertreten, dass diese bei der Berechnung der AN-Zahl nicht zu berücksichtigen sind (vgl Rz 21); demzufolge könnten uE auch abseits der Frage der AN-Zahl ausländische Gesellschaften bei der Frage der einheitlichen Leitung generell außer Betracht bleiben.

62 Nach der hM kann daher auch nur v der Belegschaft der Enkelin in die Konzernmutter entsendet werden, nicht aber (daneben) v der Enkelin in die Tochter, vgl etwa *Löschnigg*, ZAS 1981, 3 (9); *Jabornegg*, DRdA 1999, 433 (435). Fraglich ist die Situation, wenn die Konzernmutter im Ausland situiert ist, zumal dann keine AN-Entsendung in die ausländische Konzernmutter möglich ist; vgl dazu *Straube/Rauter*, GES 2008, 88 (90 f), welche den Entfall der AR-Pflicht in der Tochter mit der Entsendungsmöglichkeit in die Konzernmutter argumentieren. Dieser Gedanke ist uE zwar stimmig; dem ist uE allerdings entgegenzuhalten, dass es bei der AR-Pflicht gem Abs 1 Z 3 lediglich darauf ankommt, ob die Tochter eine einheitliche Leitung/Beherrschung gegenüber der Enkelin (die selbst AR-pflichtig ist, daher kein Mitbestimmungsdefizit, vgl auch Rz 24) überhaupt ausüben kann, was nach der hM verneint wird, wenn v der Konzernmutter einheitliche Leitung ausgeübt wird. Es wird dabei nicht darauf abgestellt, um welche Gesellschaft es sich bei der Konzernmutter handelt u ob diese AR-pflichtig oder im Inland ansässig ist.

schaften ausschließen kann, oder ob auch natPers, Vereine[63], Stiftungen[64] oder auch Körperschaften öffentlichen Rechts[65] eine solche einheitliche Leitung ausüben können.[66] Generell wird im Schrifttum, wenn v „mehrstöckigen Konzern" gesprochen wird, uE meist (implizit) davon ausgegangen, dass die Konzernspitze selbst nicht unter einheitlicher Leitung eines anderen Rechtsträgers steht. Es wird dabei uE oft an eine AG (weisungsfreier Vorstand) oder eine Privatstiftung (eigentümerloses Rechtssubjekt) u nicht vorrangig an eine GmbH gedacht (die im Eigentum einer natPers mit Weisungsbefugnis stehen kann). Es stellt sich daher die Frage, ob bei der Auslegung des § 29 iSe speziellen Schutzes der AN-Mitbestimmung v Konzernbegriff des § 15 AktG insofern abgewichen werden soll, als nur potentiell AR-pflichtige Rechtsträger als Konzernspitze in Frage kommen.[67] Dem ist zu entgegnen, dass Abs 1 Z 3 selbst bei der einheitlichen Leitung auf § 15 AktG verweist; das spricht für Übertragbarkeit der allg Konzernüberlegungen ohne spezielle „AN-freundliche" Ausrichtung. Weiters erleiden die AN uE kein Mitbestimmungsdefizit, wenn infolge einheitlicher Leitung durch die Konzernmutter die AR-Pflicht in der Zwischengesellschaft (Tochter) gem Abs 1 Z 3 verneint wird, da es ja dann weiterhin bei der AR-Pflicht in der Enkelgesellschaft bleibt, in der die AN nach dem Grundkonzept des GmbHG mitbestimmungsberechtigt bleiben. Eine zusätzliche Mitbestimmung in der Tochter (Zwischengesellschaft), die aufgrund der

---

63 Vgl etwa *Höhne/Jöchl/Lummerstorfer*, Das Recht der Vereine, Vereinskonzern 12 (Vereine können „herrschendes Unternehmen" im Konzernverbund sein); vgl auch *Krejci/Haberer*, Konzernrecht, Rz 1.123 (auch ideelle Vereine oder Körperschaften öffentlichen Rechts können Unternehmen betreiben u es hängt v den konkreten Vorschriften für diese Rechtsträger ab, ob u inwieweit sie auch Konzerne bilden können).
64 Vgl RIS-Justiz RS0120356: auch Privatstiftung kann Konzernspitze sein, solange das Verbot des § 1 Abs 2 Z 1 u 2 PSG nicht verletzt wird. Gem § 21 BStFG können auch Stiftungen nach dem BStFG die einheitliche Leitung v Unternehmen ausüben.
65 Vgl OGH 10.3.2003,16 Ok 20/02k, vgl zu Dtl: BAG 26.8.2020, 7 ABS 24/18. Vgl auch § 23 Abs 3 der Art 15a B-VG-Vereinbarung (Definition des Begriffs „verbundene Unternehmen").
66 Zu bedenken ist, dass die für Vereine, Stiftungen u Körperschaften öffentlichen Rechts anwendbaren Rechtsvorschriften andere Definitionen verwenden u sich daher die Frage stellt, ob bzw inwieweit sich diese mit dem für § 29 relevanten Konzernbegriff des § 15 AktG decken.
67 Zur Frage der ausländischen Konzernmutter vgl FN 61.

einheitlichen Leitung durch die Konzernmutter keine „Eigenentscheidungen" trifft, scheint uE kein Mehrwert aus Sicht der AN-Mitbestimmung zu sein.

Von der einheitlichen Leitung (vgl Rz 23) zu unterscheiden ist der **24** Fall, dass die Konzernmutter die Tochter aufgrund einer unmittelbaren Beteiligung v mehr als 50 % (bloß) **beherrscht**, ohne die Tochter auch tatsächlich einheitlich zu leiten. In diesem Fall besteht nach der hM[68] ein Spielraum für eine eigenständige einheitliche Leitung oder Beherrschung der Enkelin durch die Tochter, was dann auch zur AR-Pflicht der Tochter führen würde. Folgt man der A v *Straube/Rauter*[69], gibt es noch eine dritte Fallgruppe, uzw einheitliche Leitung der Konzernmutter in Bezug auf die Tochter (nicht aber in Bezug auf die Enkelin); nach dieser A ist auch die v der Konzernmutter einheitlich geleitete Tochter v der AR-Pflicht erfasst, wenn diese die Enkelin iSd Abs 1 Z 3 (unmittelbare Beteiligung v mehr als 50 %) beherrscht. Generell gilt (insb relevant bei einer Kette mehrheitlicher Beteiligungen iSd Abs 1 Z 3 u Abs 2 Z 1 ohne einheitlicher Leitung, aber auch beim soeben referierten str Fall einer einheitlichen Leitung durch die Konzernmutter kombiniert mit einer Beherrschung der Enkelin durch die Tochter), dass die Ausnahme des Abs 2 Z 1[70] nicht v einer Anwendbarkeit der AR-Pflicht gem Abs 1 Z 3 befreit, dh dieser Anwendungsfall ist (immer) eigens zu prüfen.[71] Die „Prüfrichtung" geht dabei v unten nach oben, da AR-Pflicht in

---

68 *Hable/Simonishvili*, GesRZ 2017, 162 (164); *A. Heidinger* in Gruber/Harrer, GmbHG² § 29 Rz 31 sowie Rz 23 aE aus Perspektive der Enkel-GmbH (Ausnahme gem Abs 2 Z 1).

69 *Straube/Rauter* in Straube/Ratka/Rauter, GmbHG § 29 Rz 43 sowie *Straube/Rauter*, GES 2008, 88 (91); dieses Verständnis setzt vor voraus, dass neben der einheitlichen Leitung der Tochter durch die Konzernmutter eine Beherrschung der Enkelin durch die Tochter möglich ist; **abl** *Eckert/Schopper* in Torggler, GmbHG § 29 Rz 8, u uE auch *Koppensteiner/Rüffler*, GmbHG³ § 29 Rz 9.

70 Anderes gilt dann, wenn die Tochter nicht gem Abs 1 Z 3 AR-pflichtig ist, sondern aufgrund des Abs 1 Z 2; hier kann die Ausnahme gem Abs 2 Z 1 greifen; vgl *Hable/Simonishvili*, GesRZ 2017, 162 (165).

71 Vgl *Hable/Simonishvili*, GesRZ 2017, 162 (165); *Straube/Rauter* in Straube/Ratka/Rauter, GmbHG § 29 Rz 42; *Straube/Rauter*, GES 2008, 88 (91); so etwa auch schon *Kostner*, GesRZ 1974, 53 (54) u *Grünwald*, NZ 1984, 228 (232).

der untergeordneten Gesellschaft auch die AR-Pflicht in der übergeordneten Gesellschaft auslösen kann (Abs 1 Z 3).[72]

D. GmbH & Co KG (Abs 1 Z 4) und Ausnahme des Abs 2 Z 2

1. Grundregel und Ausnahme

25 Gemäß Abs 1 Z 4 muss ein AR bestellt werden, wenn die **GmbH persönlich haftende Gesellschafterin einer KG** (nicht aber einer OG)[73] ist u **die Anzahl der AN** in ihrem Unternehmen u im Unternehmen der KG **im Durchschnitt zusammen 300 übersteigt**. Dadurch soll verhindert werden, die AR-Pflicht bei einer GmbH durch Gründung einer GmbH & Co KG zu umgehen.[74]

26 Die AR-Pflicht besteht gem Abs 2 Z 2 **nicht**, wenn neben der GmbH eine **natPers**, die v der Vertretung der KG nicht ausgeschlossen ist, **persönlich haftende Gesellschafterin** der KG ist. Kollektive Vertretungsbefugnis genügt, auf sonstige Gestaltungselemente (zB Geschäftsführung, Haftung) kommt es nicht an.[75]

27 Tritt (die erste) natPers als Komplementär in die GmbH & Co KG ein bzw scheidet die letzte aus, soll nach der hM grds **sofort** die AR-Pflicht entfallen (dh die Dreijahresfrist des Abs 4 S 3 – vgl Rz 46 – gilt nicht) bzw eintreten;[76] letzteres setzt allerdings voraus, dass jede

---

72 Vgl *Hable/Simonishvili*, GesRZ 2017, 162 (164); *Grünwald*, NZ 1984, 228 (232); *Grünwald*, NZ 1985, 7 (11); *M. Heidinger* in Kalss/Kunz, HB AR² Kap 40 Rz 11.
73 Vgl *Eckert/Schopper* in Torggler, GmbHG § 29 Rz 11. Vgl dort auch zur Erfassung ausländischer KG mit inländischen Betrieben. UE ist eine pauschale Erfassung ausländischer KG abzulehnen, denn § 29 baut grds auf dem Prinzip auf, dass nur inländische Gesellschaften zu erfassen sind, vgl dazu schon Rz 12 u 21; **dafür** sprechen auch die Schwierigkeiten, die sich iZm einem Rechtsformenvergleich ergeben. Anderes könnte uE aber allenfalls, insb unter Umgehungsaspekten, dann gelten, wenn zB der tatsächliche Verwaltungssitz der ausländischen Gesellschaft oder deren maßgebliche Betriebsteile (alleine) im Inland läge(n); vgl dazu auch *Schneller/Preiss* in Gahleitner/Mosler, Arbeitsverfassungsrecht § 110 Rz 107 (dort jedoch zur Frage der Anwendbarkeit des § 110 ArbVG auf Gesellschaften ausländischer Rechtsform mit Verwaltungssitz in Ö).
74 Vgl etwa *Reich-Rohrwig*, GmbHR I² Rz 4/29 FN 29.
75 *A. Heidinger* in Gruber/Harrer, GmbHG² § 29 Rz 34 mwN u mit Hinweis auf Umgehungs-SV.
76 *Kastner*, JBl 1974, 337 (339); *Straube/Rauter* in Straube/Ratka/Rauter, GmbHG § 29 Rz 46; *Straube/Rauter*, GES 2008, 88 (92).

GmbH, die Komplementärin einer KG ist, jedenfalls (unabhängig v der Anwendung der Ausnahmebestimmung gem Abs 2 Z 2) zum 1.1. eines jeden Jahres die maßgebliche AN-Zahl feststellt (vgl Rz 43 ff), auf die dann auch unterjährig zurückgegriffen werden kann.[77] Dasselbe gilt auch für den Fall, dass die Verbindung zw GmbH u KG wegfällt.[78]

2. Zusammenrechnung der Arbeitnehmer

Ist die GmbH Komplementärin mehrerer KG, besteht AR-Pflicht (nur) dann, wenn die **Zusammenrechnung in der jew KG u der GmbH** im Durchschnitt eine **AN-Zahl v mehr als 300** ergibt; es erfolgt aber keine Zusammenrechnung der AN mehrerer bzw aller KG, in denen die GmbH als Komplementärin fungiert.[79] Dies gilt nach hM auch dann, wenn die GmbH die KG einheitlich leitet oder aufgrund einer unmittelbaren Beteiligung v mehr als 50% beherrscht, zumal die KG keine Untergesellschaften iSd Abs 1 Z 3 sind.[80] Anders könnte dies im Anwendungsbereich des § 221 Abs 5 UGB idF APRÄG 2016 zu handhaben sein (vgl schon Rz 18), denn diesfalls wären auch die GmbH & Co KG – als nach dem Gedanken des Gesetzgebers selbst AR-pflichtige Unternehmen (vgl Rz 30) – uE den Untergesellschaften des Abs 1 Z 3 gleichzustellen. In dieser Konstellation entfiele die AR-Pflicht in der GmbH & Co KG (u damit auch deren Qualifikation als Untergesellschaft iSd Abs 1 Z 3) aber bereits dann, wenn eine natPers Komplementär wäre (dies folgt aus § 221 Abs 5 iVm § 189 Abs 1 Z 2 UGB), auf die Vertretungsbefugnis (vgl demgegenüber § 29 Abs 2 Z 2, vgl Rz 26) dieser natPers käme es nicht mehr an.

Steht die GmbH & Co KG an der **Konzernspitze** (iSd Abs 1 Z 3), wird AR-Pflicht in der Komplementär-GmbH überwiegend be-

28

29

---

77 So *Straube/Rauter*, GES 2008, 88 (92).
78 Ausf *Straube/Rauter*, GES 2008, 88 (92 f).
79 *Koppensteiner/Rüffler*, GmbHG³ § 29 Rz 12; *A. Heidinger* in Gruber/Harrer, GmbHG² § 29 Rz 35 mwN. **Bsp:** Die GmbH hat durchschnittlich 50 AN, die eine KG 200 AN u die zweite KG wiederum 200 AN; die GmbH ist nicht AR-pflichtig, da nur die AN-Anzahl der jew KG mit der AN-Zahl der GmbH zusammengerechnet wird.
80 *M. Heidinger* in Kalss/Kunz, HB AR² Kap 40 Rz 12; *Reich-Rohrwig*, GmbHR I² Rz 4/30; *Koppensteiner/Rüffler*, GmbHG³ § 29 Rz 12; *Straube/Rauter* in Straube/Ratka/Rauter, GmbHG § 29 Rz 49; *A. Heidinger* in Gruber/Harrer, GmbHG² § 29 Rz 35; aA *Doralt* in Kastner/Stoll, GmbH & Co KG², 276 FN 161.

jaht.[81] An der GmbH & Co KG können auch mehrere GmbH als persönlich haftende Gesellschafterinnen beteiligt sein; diesfalls ist die AN-Zahl der KG **jeder GmbH** separat zuzurechnen u kann dies daher insofern zu einer AR-Pflicht mehrerer dieser GmbH (unabhängig voneinander) führen.[82]

30 Das APRÄG 2016[83] (vgl dazu auch noch Rz 37 ff) normiert in § 221 Abs 5 UGB für eingetragene kapitalistische PersGes (also eingetragene PersGes ohne natPers als Vollhafter, insb – u hier ausschließlich interessierend – GmbH & Co KG[84]), die die Voraussetzungen des § 189a Z 1 lit a oder d UGB erfüllen (**Unternehmen v öffentlichem Interesse**, vgl Rz 38 f) eine AR-Pflicht. Der Gesetzgeber bezeichnet diesen Fall zwar selbst als äußerst unwahrscheinlich (regelmäßig keine Begebung börsenotierter Wertpapiere durch eine GmbH & Co KG), will aber eine Umsetzungslücke vermeiden.[85] Auch für diesen unwahrscheinlichen Fall ist uE die Ansiedlung der AR-Pflicht direkt in der GmbH & Co KG (als PersGes), v der der Gesetzgeber hier offenbar ausgeht, **abzulehnen**. Systemkonform wäre uE die Etablierung der AR-Pflicht in der Komplementär-GmbH, was für die hier in Rede stehenden Konstruktionen uE ausreichend u ebenso zielführend wäre (Beaufsichtigung der GF der GmbH, auch als GF der GmbH & Co KG).[86] Bejaht man die direkte AR-Pflicht in der GmbH & Co KG, so wäre auch § 110 Abs 5 ArbVG zur AN-Mitbestimmung ergänzend auszulegen (§ 110 Abs 7 ArbVG ist uE hier nicht anwendbar). Eine gesetzgeberische Klarstellung wäre sinnvoll.

---

81 Vgl *Heidinger* in Kalss/Kunz, HB AR², Kap 40 Rz 12; *M. Gruber*, wbl 2001, 254 (256) mit Hinweis auf abw M v *Löschnigg*; vgl etwa auch *A. Heidinger* in Gruber/Harrer, GmbHG² § 29 Rz 35; vgl auch schon FN 39.
82 *Wünsch*, GmbHG § 29 Rz 8; *Reich-Rohrwig*, GmbHR I² Rz 4/30; *Straube/Rauter* in Straube/Ratka/Rauter, GmbHG § 29 Rz 48; *A. Heidinger* in Gruber/Harrer, GmbHG² § 29 Rz 35. **Bsp**: Die GmbH 1 hat durchschnittlich 150 AN, die GmbH 2 hat 20 AN, die GmbH 3 hat 200 AN; die KG hat 160 AN – die GmbH 1 u die GmbH 3 sind AR-pflichtig, nicht aber die GmbH 2.
83 Vgl dazu insb auch § 30 g Rz 134 ff (Prüfungsausschuss).
84 Zu sonstigen Gestaltungen (Verein & Co, etc) idZ ebenso krit *Rüffler/Aburumieh/Lind* in Jaufer/Nunner-Krautgasser/Schummer, Kapitalaufbringung und Kapitalerhaltung 71 (78).
85 ErlRV 1109 BlgNR 25. GP 5. Vgl dazu auch *Rüffler/Aburumieh/Lind* in Jaufer/Nunner-Krautgasser/Schummer, Kapitalaufbringung und Kapitalerhaltung 71 (77).
86 *Rüffler/Aburumieh/Lind* in Jaufer/Nunner-Krautgasser/Schummer, Kapitalaufbringung und Kapitalerhaltung 71 (78).

E. Grenzüberschreitende Verschmelzung (Abs 1 Z 5)

Absatz 1 Z 5 nimmt Bezug auf den VIII. Teil des ArbVG (§§ 258 ff ArbVG) u sieht vor, dass ein AR verpflichtend einzurichten ist, wenn eine **aus einer grenzüberschreitenden Verschmelzung hervorgehende** (neu gegründete oder bereits bestehende) **Gesellschaft** AN-mitbestimmt ist. Die Z 5 dient somit der Umsetzung der AN-Mitbestimmung nach einer grenzüberschreitenden Import-Verschmelzung nach dem EU-VerschG.[87] **31**

Grundsätzlich gilt für die aus der Verschmelzung hervorgehende Gesellschaft[88] mit Sitz in Ö § 110 ArbVG iVm § 29 Abs 1 Z 1 bis 4 u 6; in diesen Fällen ist § 29 Abs 1 Z 5 daher irrelevant. Ist jedoch einer der Tatbestände des **§ 258 Abs 1 Z 1 bis 3 ArbVG**[89] erfüllt, nämlich: **32**

- In den sechs Monaten vor der Veröffentlichung des Verschmelzungsplans beschäftigt mind eine der an der Verschmelzung beteiligten Gesellschaften durchschnittlich mehr als 500 AN u besteht in dieser Gesellschaft ein System der Mitbestimmung iSd § 212 Abs 4 ArbVG (**Z 1**).
- Das ö Recht sieht für die aus der grenzüberschreitenden Verschmelzung hervorgehende Gesellschaft nicht mind den gleichen Umfang an Mitbestimmungsrechten der AN vor, wie er in den jew an der Verschmelzung beteiligten Gesellschaften bestanden hat (**Z 2**).
- Das ö Recht sieht für die aus der grenzüberschreitenden Verschmelzung hervorgehende Gesellschaft für AN in Betrieben dieser Gesellschaft, die sich in anderen Mitgliedstaaten befinden, nicht den gleichen Anspruch auf Mitbestimmung der AN vor, wie er den AN in Ö gewährt wird (**Z 3**).

ist § 29 Abs 1 Z 5 anzuwenden.

---

87 Vgl Art 16 EU-RL 2005/56/EG; ErlRV 171 BlgNR 23. GP 19.
88 Sofern diese dem II. Teil des ArbVG untersteht. Vgl § 33 ff ArbVG, maßgeblich ist das Vorliegen eines Betriebs iSd § 34 ArbVG. Vgl dazu etwa *Windisch-Graetz* in Neumayr/Reissner, Zeller Komm zum Arbeitsrecht[3] § 34 ArbVG, Rz 2 ff.
89 Vgl dazu zB den Überblick bei *Schlor* in Aburumieh/Adensamer/H. Foglar-Deinhardstein, Verschmelzung VIII. I Rz 14; vgl im Detail etwa *Kühteubl/Wasinger* in Talos/Winner, EU-VerschG[2] § 258 ArbVG Rz 10 ff unter Verweis auf EuGH 20.6.2013, C-635/11 – *Kommission/Niederlande* oder etwa *Eckert/Schimka*, wbl 2008, 201 (203 ff).

33 § 258 Abs 1 Z 3 ArbVG ist dabei praktisch immer erfüllt, da das anzuwendende ö Recht v Territorialitätsprinzip geleitet ist u ein Entsendungsrecht für im Ausland gelegene (selbständige) Betriebe nicht besteht.[90] Sinnvollerweise sollte die Anwendung auf Fälle konkreter Schlechterstellung begrenzt werden.[91] Ist § 258 Abs 1 Z 1 bis 3 ArbVG anzuwenden, so richtet sich die Mitbestimmung nicht gem § 110 ArbVG, sondern entweder nach einer im Speziellen zu verhandelnden Lösung („Verhandlungslösung", vgl § 260 iVm § 230 ArbVG) oder nach den gesetzl Auffangbestimmungen („Auffanglösung", vgl § 261 iVm §§ 244 ff ArbVG),[92] sofern die zuständigen AN-Gremien nicht auf Mitbestimmungsrechte verzichten.[93]

34 § 262 ArbVG sieht für den Fall der Weiter-Verschmelzung (mit Ausnahme einer Verschmelzung auf eine SE) die Geltung v § 110 ArbVG vor, es sei denn, dies führt zu einer Minderung der Mitbestimmungsrechte der AN. Bei Minderung der Mitbestimmungsrechte gelten die Mitbestimmungsregelungen der aus der grenzüberschreitenden Verschmelzung hervorgegangenen Gesellschaft für **fünf Jahre** weiter, dh es besteht diesfalls für diesen Zeitraum auch jedenfalls AR-Pflicht.[94] Das Gesetz sagt für sonstige Fälle (dh Fälle ohne Weiterverschmelzung) nicht, wie lange AR-Pflicht gem Abs 1 Z 5 besteht. Relevant ist dies uE insb bei Anwendung v § 29 Abs 1 Z 5 iVm § 258 Abs 1 Z 1 ArbVG, nämlich dann, wenn die AN-Anzahl unter 500 sinkt.[95] Zu überlegen wäre

---

90 Vgl *Schlor* in Aburumieh/Adensamer/H. Foglar-Deinhardstein, Verschmelzung VIII. I Rz 15; ErlRV 214 BlgNR 23. GP 5; vgl dazu auch *Windisch-Graetz* in Neumayr/Reissner, Zeller Komm zum Arbeitsrecht³ § 33 ArbVG, Rz 4. Nur bei ausländischen unselbständigen Betriebsteilen wäre die Anwendung v § 110 ArbVG möglich, vgl *Eckert/Schimka*, wbl 2008, 201 (204).
91 *Kühteubl/Wasinger* in Talos/Winner, EU-VerschG² § 258 ArbVG, Rz 33 f; *Unterrieder/Fazekas*, RdW 2010/239, 227 (227 ff).
92 Vgl dazu zB den Überblick bei *Schlor* in Aburumieh/Adensamer/H. Foglar-Deinhardstein, Verschmelzung VIII. I Rz 16 ff. Vgl zB auch *Eckert/Schimka*, wbl 2008, 201 (206 ff), *Laimer* in Frotz/Kaufmann, Grenzüberschreitende Verschmelzungen² § 258 ArbVG, Rz 2d oder *Kaufmann*, RdW 2008/113, 150 (150 ff); s auch *Aburumieh/Wurzer*, RdW 2009/175, 214 (214 f).
93 *Gahleitner* in Kalss/Kunz, HB AR² Kap 10 Rz 15.
94 *Kühteubl/Wasinger* in Talos/Winner, EU-VerschG² § 262 ArbVG, Rz 7.
95 Die Auswirkungen erheblicher Änderungen der Zahl der AN sind auch in einer Mitbestimmungsvereinbarung gem §§ 260 iVm 230 Z 2 ArbVG festzulegen. Allerdings kann darin nicht über die Frage der AR-Pflicht als solcher entschieden werden. Zur Frage, welche AN bei der 500er-Schwelle mitzuzählen sind, vgl etwa *Eckert/Schimka*, wbl 2008, 201 (203 FN 14).

daher, für diesen Fall auf Abs 4 abzustellen, nämlich Perpetuierung der AR-Pflicht gem Abs 1 Z 5 auf **zumindest drei Jahre** (vgl Rz 46). Unklar ist allerdings, ab wann diese Frist läuft – uE könnte auf das Wirksamwerden der grenzüberschreitenden Verschmelzung, die die AR-Pflicht auslöst, abgestellt werden u am (dem Ablauf der Dreijahresfrist) nachfolgenden 1.1. die Feststellung der AN-Zahl vorgenommen werden (vgl Rz 43). Zur ggt A, die immer v Geltung der Fünfjahresfrist ausgeht, vgl Rz 36, insb FN 98.

Relevant kann dies (Sinken der AN-Anzahl, s sogleich Rz 36) auch in dem in § 262 ArbVG geregelten Fall der Anwendung des **§ 110 ArbVG** sein, dh bei Weiter-Verschmelzung ohne Minderung der Mitbestimmungsrechte. Die Anwendung v § 110 ArbVG setzt uE voraus, dass nach Verschmelzung AR-Pflicht gem § 29 Abs 1 Z 1 bis 4 od 6 gegeben ist oder zumindest freiwillig ein AR eingerichtet ist, denn nur diesfalls kann gem § 110 ArbVG entsandt werden; andernfalls läge darin eine Minderung der Mitbestimmungsrechte mit der Konsequenz der Geltung v § 262 ArbVG.[96]   **35**

Sinkt in Fällen der Anwendung v § 110 ArbVG (iVm § 29 Abs 1 Z 2 bis 4 u 6) **später** die AN-Anzahl, ist – anders als im Bsp Rz 34 – „direkt" das Regime des § 29 anwendbar, u könnte dies daher zu einem Wegfall der AR-Pflicht bei Unterschreiten der relevanten AN-Anzahl führen. Auch hier müsste uE für die Dauer v drei Jahren (wegen Abs 4) eine Perpetuierung der Mitbestimmung – nun gem § 110 ArbVG – greifen; uE ist beim Fristenlauf an die erste, dh die grenzüberschreitende, Verschmelzung anzuknüpfen u am (dem Ablauf der Dreijahresfrist) nachfolgenden 1.1. die Feststellung der AN-Zahl vorzunehmen (vgl Rz 43). Dies führt auch im Vergleich zu Art 16 Abs 7 der EU-RL 2005/56/EG nicht zu einer Verminderung des Schutzumfangs; eine Ungleichbehandlung zum in § 262 ArbVG geregelten Fall der fünfjährigen[97] Weitergeltung ab grenzüberschreitender Verschmelzung liegt uE nicht vor, da die obige Lösung auf das Absinken der AN-Zahl abstellt (nicht aber auf eine Minderung der Mitbestimmungsrechte als solche).[98] Praktische Fragestel-   **36**

---

96 Vgl dazu auch *Kühteubl/Wasinger* in Talos/Winner, EU-VerschG² § 262 ArbVG, Rz 8. Anders aber *Straube/Rauter*, GES 2008, 88 (94); *Straube/Rauter* in Straube/Ratka/Rauter, GmbHG § 29 Rz 54.
97 Zu beachten ist dabei auch, dass Art 16 Abs 7 der EU-RL 2005/56/EG überhaupt nur eine dreijährige Frist vorsieht.
98 Anders *Straube/Rauter*, GES 2008, 88 (94); vgl auch *Straube/Rauter* in Straube/Ratka/Rauter, GmbHG § 29 Rz 54, welche – bei ursprünglicher An-

lungen könnten sich zB weiters ergeben, wenn alle ausländischen Betriebe iSd § 258 Abs 1 Z 3 ArbVG wegfallen; uE könnte diesfalls ebenso eine, allenfalls sofortige, Umstellung auf das Regime des § 110 ArbVG erwogen werden.

F. Unternehmen von öffentlichem Interesse (Abs 1 Z 6)

37 Gemäß Abs 1 Z 6 muss ein AR bestellt werden, wenn die Gesellschaft die **Merkmale des § 189a Z 1 lit a oder lit d UGB (Unternehmen v öffentlichem Interesse**, auch Public Interest Entities, „PIEs")[99] hat. Die Z 6 wurde mit dem APRÄG 2016 eingefügt u trat per 17.6.2016 in Kraft (vgl § 127 Abs 20). Da Unternehmen v öffentlichem Interesse stärker im Blickpunkt der Öffentlichkeit stehen u wirtschaftlich v größerer Bedeutung sind, gelten hier die strengsten Regelungen für deren Abschlussprüfung.[100] Damit einhergehend müssen diese Unternehmen jedenfalls einen Prüfungsausschuss (§ 30g Abs 4a, vgl § 30g Rz 134 ff) einrichten. Da der Prüfungsausschuss als Unterausschuss aus dem AR gebildet wird, ist sicherzustellen, dass jede GmbH, die die Merkmale eines Unternehmens v öffentlichem Interesse iSd § 189a Abs 1 lit a oder d UGB aufweist, auch über einen AR verfügt.[101] Zur GmbH & Co KG vgl Rz 30.

38 Unternehmen v öffentlichem Interesse iSd **§ 189a Z 1 lit a UGB** sind Unternehmen, deren übertragbare Wertpapiere zum Handel an einem geregelten Markt[102] eines Mitgliedstaats der EU oder eines Vertragsstaats des Abkommens über den EWR[103] iSd Art 4 Abs 1 Nr 21 der RL

---

wendung v § 29 Abs 1 Z 5 – immer für eine Geltung der AR-Pflicht für fünf Jahre eintreten.
99 Der Begriff des Unternehmens v öffentlichem Interesse wurde bereits mit dem RÄG 2014 umgesetzt.
100 Vgl ErlRV 1109 BlgNR 25. GP 1.
101 Vgl ErlRV 1109 BlgNR 25. GP 17. Greift daher eine Befreiung zur Errichtung eines Prüfungsausschusses, müsste uE auch die AR-Pflicht gem Z 6 entfallen, jedoch wurde vom Gesetzgeber in § 29 Abs 1 Z 6 die Ausnahme des § 30g Abs 4 a Z 3 S 1 (Konzernprivileg, vgl § 30g Rz 140) nicht umgesetzt.
102 Ein „geregelter Markt" ist ein solcher iSd § 1 Abs 2 BörseG (iVm Art 4 Abs 1 Z 21 der RL 2014/65/EU), dh bei Notierung an der Wiener Börse der amtliche Handel u der geregelte Freiverkehr, vgl *Dokalik* in Torggler, UGB³ § 189a Rz 5.
103 Drittstaaten-Listings werden daher nicht erfasst, vgl *Dokalik/Hirschler*, RÄG 2014 – Reform des Bilanzrechts (SWK-Spezial)² 16; *Dokalik* in Torggler, UGB³ § 189a Rz 5.

2014/65/EU über Märkte für Finanzinstrumente sowie zur Änderung der RL 2002/92/EG u 2011/61/EU, ABl Nr L 173 v 12.6.2014 S 349, zugelassen sind. Kurzum: **Kapitalmarktorientierte Unternehmen.** Eine GmbH kann etwa durch die Ausgabe v Schuldverschreibungen kapitalmarktorientiert u damit ein Unternehmen v öffentlichem Interesse, sein.[104] Dies dürfte eher Seltenheitswert haben.

Unternehmen v öffentlichem Interesse iSd § 189a Z 1 lit d UGB sind Unternehmen, die ungeachtet ihrer Rechtsform in einem Bundesgesetz unter Verweis auf diese Bestimmung als solche bezeichnet werden. Erfasst sind daher nur jene Unternehmen, in Bezug auf welche der Gesetzgeber **ausdrücklich** auf die Bestimmung des § 189a Z 1 verweist; die Anführung eines öffentlichen Interesses in anderen Bundesgesetzen reicht also nicht aus.[105] Mit dem RÄ-BG 2015 wurden Unternehmen aus dem Finanzmarktbereich, namentlich Kreditinstitute (§ 43 Abs 1a BWG) u Börseunternehmen (§ 8 Abs 4 BörseG), als solche § 189a Z 1-Unternehmen bezeichnet.[106] Damit ist uE für **Kreditinstitute** in der Rechtsform einer GmbH nunmehr v einer AR-Pflicht auszugehen;[107] bisher war dies umstritten.[108] Daher erübrigt sich uE ein Verweis in § 29 Abs 1 Z 6 (auch) auf § 189a Z 1 lit b UGB (Kreditinstitute). Ein Verweis auf § 189a Z 1 lit c UGB (Versicherungsunternehmen) ist schon alleine deshalb nicht notwendig, da GmbH kein Versicherungsgeschäft betreiben dürfen (vgl § 1 Rz 9).

---

104 ErlRV 1109 BlgNR 25. GP 17.
105 ErlRV 367 BlgNR 25. GP 3.
106 ErlRV 560 BlgNR 25. GP 7.
107 Dass § 43 Abs 1a BWG Kreditinstitute iW nur für Zwecke der Rechnungslegung (genauer: für Zwecke gem § 43 Abs 1 BWG) als Unternehmen v öffentlichem Interesse iSd § 189a Z 1 UGB festlegt, schadet uE – insb bei richtlinienkonformer Auslegung – nicht, da § 29 Abs 1 Z 6 insofern nicht spezifiziert (Z 6 spricht allg v GmbH mit den Merkmalen des § 189a Z 1 lit d UGB).
108 Bereits bisher für AR-Pflicht etwa *Diwok* in Diwok/Göth, BWG § 5 Rz 10; aA *Siegl* in Dellinger, BWG[10] § 5 Rz 17 (sofern die entspr Aufgaben v einem sonstigen Aufsichtsorgan wahrgenommen werden).

G. Durchschnittliche Arbeitnehmeranzahl (Abs 3 bis 5)

1. Begriff Arbeitnehmer

40 Abs 1 Z 2 bis 4 u Abs 2 Z 1 stellen bei Etablierung der AR-Pflicht ua auf die durchschnittliche Anzahl der AN ab. **Arbeitnehmer** iSd § 29 ist nach hM[109] ein AN gem § 36 ArbVG; AN iSv **§ 36 Abs 1 ArbVG** sind alle im Rahmen eines Betriebs beschäftigten Personen einschließlich der Lehrlinge u der Heimarbeiter ohne Untersch des Alters. Auf das zugrundeliegende Rechtsgeschäft kommt es nicht an. Auch das Ausmaß der Beschäftigung ist nicht ausschlaggebend, dh auch **Teilzeitbeschäftigte** sind mitzuzählen (**str**).[110] Nach hM (str)[111] sind auch **ruhende Dienstver-**

---

[109] *Wünsch*, GmbHG § 29 Rz 10; *Reich-Rohrwig*, GmbHR I² Rz 4/32; *Koppensteiner/Rüffler*, GmbHG³ § 29 Rz 13; *Straube/Rauter* in Straube/Ratka/Rauter, GmbHG § 29 Rz 58; *A. Heidinger* in Gruber/Harrer, GmbHG² § 29 Rz 41; *Eckert/Schopper* in Torggler, GmbHG § 29 Rz 4.

[110] Vgl *Koitz-Arko*/Koitz, SWK 1994/31, 47; *Straube/Rauter* in Straube/Ratka/Rauter, GmbHG § 29 Rz 57; *Kühteubl/Wasinger* in Talos/Winner, EU-VerschG² § 258 ArbVG, Rz 20; *A. Heidinger* in Gruber/Harrer, GmbHG² § 29 Rz 41; vgl auch die Lit zu § 36 ArbVG, wie etwa *Strasser* in Jabornegg/Strasser/Resch, ArbVG § 36 Rz 9; *Gahleitner* in Gahleitner/Mosler, Arbeitsverfassungsrecht II⁵ § 36 ArbVG, Rz 4; VwGH 21.9.1988, 86/01/0234, RS: „Für die Qualifikation als Dienstnehmer kommt es auf das zeitliche Ausmaß der Beschäftigung nicht an."; aA aber *Ch. Nowotny* in Kalss/Nowotny/Schauer, GesR² Rz 4/255 (**Aliquotierung**). Vgl zur Ermittlung der durchschnittlichen AN-Zahl auch die Bestimmung des § 237 Abs 1 Z 6 UGB, der die Angaben im Anh zum JA regelt. Durch die Angabe der AN-Zahl im Anh soll eine Verbindung mit dem Personalaufwand pro AN hergestellt werden können; teilzeitbeschäftigte AN sind daher bei Ermittlung der durchschnittlichen Anzahl der AN zwecks Angabe im Anh nur im Ausmaß der Beschäftigungsquote einzurechnen, vgl *Ch. Nowotny* in Straube/Ratka/Rauter, UGB § 237 Rz 46 u ErlRV 1270 BlgNR 17. GP 59. Da § 237 Abs 1 Z 6 UGB eine andere Zielrichtung als § 29 verfolgt, können die Überlegungen des Gesetzgebers zur Angabepflicht im Anh uE nicht für die Frage der Ermittlung der AN-Zahl zur Feststellung der AR-Pflicht herangezogen werden. Die Gesetzesmaterialien zu § 29 (vgl ErlRV 845 BlgNR 13. GP 2) halten klar fest, dass der AN-Begriff des § 36 ArbVG anzuwenden ist, der keine Aliquotierung v Teilzeitbeschäftigten vorsieht.

[111] ErlRV 840 BlgNR 13. GP 69; OGH 10.5.1989, 9 ObA 76/89 (zur Frage der Teilnahme v AN an der BetrR-Wahl hinsichtlich karenzierter Mitarbeiter); vgl zum ArbVG allg: *Gahleitner* in Gahleitner/Mosler, Arbeitsverfassungsrecht II⁵ § 33 ArbVG Rz 18; *Lindmayr*, HB der Arbeitsverfassung, § 36 ArbVG, Rz 157; *Windisch-Graetz* in Neumayr/Reissner, Zeller Komm zum

hältnisse (wie zB karenzierte oder im Mutterschutz befindliche AN oder Präsenzdiener) mitzuzählen.[112] **Keine AN** (u daher nicht mitzuzählen) sind die in § 36 Abs 2 ArbVG genannten Personen, wobei insb die Ausnahme für Mitglieder des zur gesetzl Vertretung einer jP berufenen Organs (Z 1) sowie leitende Angestellte, denen maßgebender Einfluss auf die Führung des Betriebs zusteht (Z 3), relevant sind. Die GF sind daher nicht mitzuzählen (unabhängig v Einzel- oder Kollektivvertretungsbefugnis).[113]

Der Begriff der **leitenden Angestellten** bereitet in der Praxis Abgrenzungsschwierigkeiten; nach stRsp[114] sind dies AN, die durch ihre Position an der Seite des Arbeitgebers u durch die Ausübung v Arbeitgeberfunktionen (insb: Treffen v Personalentscheidungen[115]) in einen Interessengegensatz zu anderen AN geraten können. **Prokuristen** sind nicht immer als leitende Angestellte zu qualifizieren; bei diesen kommt es darauf an, wie stark deren Einfluss auf die Führung des Betriebs ist u inwieweit diese im Innenverhältnis rechtlichen Beschränkungen unterworfen sind.[116] Auch **überlassene AN (Leiharbeitnehmer)** können unter bestimmten Voraussetzungen sowohl im Betrieb des Verleihers als auch im Betrieb des Entleihers als AN iSd § 36 ArbVG qualifiziert werden.[117] Aus Sicht des **Verleiherbetriebs** ist insb zu prüfen, ob der betr

41

Arbeitsrecht[3] § 36 ArbVG, Rz 8; vgl zur gesellschaftsrechtlichen Lit: *Kühteubl/Wasinger* in Talos/Winner, EU-VerschG[2] § 258 ArbVG, Rz 20; aA *Koitz-Arko/Koitz*, SWK 1994/31, 47 u *Straube/Rauter* in Straube/Ratka/Rauter, GmbHG § 29 Rz 59.

112 Dies ergibt sich uE bereits aus den ErlRV zu § 36 ArbVG (ErlRV 840 BlgNR 13. GP 69), wonach eine Beschäftigung im Betrieb auch dann vorliegt, *„wenn die unmittelbare Tätigkeit am Arbeitsplatz vorübergehend infolge Abwesenheit wegen Karenzurlaubs, Ableistung des Präsenzdiensts usw. unterbrochen ist, das Arbeitsverhältnis aber fortdauert."*

113 *Wünsch*, GmbHG § 29 Rz 12; *Straube/Rauter* in Straube/Ratka/Rauter, GmbHG § 29 Rz 58.

114 OGH 17.6.1992, 9 ObA 110/92; 11.12.1998, 9 ObA 413/97v; 21.10.1998, 9 ObA 109/98i; 29.8.2011, 9 ObA 99/11s; 17.12.2013, 8 ObA 22/13p.

115 *Windisch-Graetz* in Neumayr/Reissner, Zeller Komm zum Arbeitsrecht[3] § 36 ArbVG, Rz 18.

116 OGH 5.9.2011, 9 ObA 193/01z; *Reich-Rohrwig*, GmbHR I[2] Rz 4/33, wonach es auf den vertraglich eingeräumten – nicht bloß faktisch ausgeübten – Einfluss auf die Betriebsführung ankommt; *Straube/Rauter* in Straube/Ratka/Rauter, GmbHG § 29 Rz 54.

117 Vgl auch OGH 29.9.2020, 9 ObA 65/20d, in welcher der OGH zur Frage der Ermittlung der Anzahl der BetrR-Mitglieder nach §§ 50 iVm 36 ArbVG

AN in einer so engen Beziehung zum Betrieb steht, dass er als dem Betrieb noch zugehörig zu betrachten ist u ob er ungeachtet seiner außerhalb der Betriebsstätte verrichteten Tätigkeit noch als Glied der betriebl Organisation gesehen werden kann.[118] Die Zugehörigkeit zum Verleiherbetrieb wird aber auch dann bejaht, wenn die wesentlichen Arbeitgeberfunktionen beim entsendenden Betrieb verbleiben.[119] Für die Zurechnung beim **Entleiherbetrieb** wurde v OGH nun klargestellt, dass überlassene AN ohne Erfordernis einer Mindestbeschäftigungsdauer auch AN des Beschäftigerbetriebs iSd § 36 ArbVG sind.[120] Dieselbe Abgrenzung gilt bei der Frage, ob auch ins Ausland entsandte AN v § 36 ArbVG erfasst werden. Grundsätzlich sind v § 36 ArbVG nur AN in inländischen Betrieben erfasst.[121] Besteht bei Entsendung ins Ausland noch eine so enge Beziehung zum (österr) Betrieb, dass der AN diesem noch als zugehörig betrachtet werden muss, oder bleiben wesentliche Arbeitgeberfunktionen beim (österr) Betrieb, so gilt der AN auch bei Entsendung ins Ausland noch dem österr Betrieb als zugehörig u unterfällt daher § 36 ArbVG.[122]

---

festhält, dass für die Interessenwahrnehmung eines überlassenen AN auch zwei BetrR – jener des Überlasser- u jener des Beschäftigerbetriebs – gegeben sein können.

118 Vgl OGH 24.7.2013, 9 ObA 79/13b, wbl 2013, 258 (*Grillberger*) = GesRZ 2014, 58 (*F. Schörghofer/P. Schörghofer*) (zur Frage des Kündigungsschutzes gem § 105 ArbVG beim GF einer Tochtergesellschaft); 2.6.2009, 9 ObA 54/09w (im Ausland tätiger Programmmanager); *Tomandl* in Tomandl, ArbVG § 36 Rz 11 mwN.

119 Vgl RIS-Justiz RS0029057; *Strasser* in Strasser/Jabornegg/Resch, ArbVG § 36 Rz 12; *Windisch-Graetz* in Neumayr/Reissner, Zeller Komm zum Arbeitsrecht[3] § 36 ArbVG, Rz 8.

120 Vgl OGH 29.9.2020, 9 ObA 65/20d mit umfassender Darstellung der Lehrmeinungen u primär begründet mit den Arbeitgeberfunktionen, die dem Beschäftigerbetrieb durch das AÜG auferlegt werden.

121 Vgl *Straube/Rauter* in Straube/Ratka/Rauter, GmbHG § 29 Rz 59; *Reich-Rohrwig*, GmbHR I[2] Rz 4/33; *A. Heidinger* in Gruber/Harrer, GmbHG[2] § 29 Rz 41; *Gahleitner* in Gahleitner/Mosler, Arbeitsverfassungsrecht II[5] § 33 ArbVG Rz 2 (wobei aber gleichzeitig festgehalten wird, dass dies anders sein kann, wenn unselbständige Arbeitsstätten im Ausland organisatorisch inländischen Betrieben zugehörig sind – dies deckt sich mit der OGH-Rsp, vgl dazu nachfolgende FN); vgl zur AG auch *Eckert/Schopper* in Artmann/Karollus, AktG[6] § 86 Rz 25.

122 Vgl OGH 24.7.2013, 9 ObA 79/13b. Vgl auch schon OGH 26.3.1997, 9 ObA 88/97z zur Frage, ob Auslandsmitarbeiter als Angehörige des Betriebs iSd § 36

2. Ermittlung des Durchschnitts (Abs 3 und 5)

Gemäß **Abs 3** bestimmt sich der jew Durchschnitt der AN-Anzahl nach **42** den AN-Zahlen an den jew Monatsletzten innerhalb des vorangegangen Kalenderjahres. Die Berechnung erfolgt wie folgt: Die **AN-Zahlen der jew Monatsletzten** sind **zusammenzurechnen** u **durch zwölf** (= Anzahl der Monate) **zu teilen**. Auf die Hinzurechnung v Untergesellschaften (Abs 1 Z 3 u Z 4)[123] ist zu achten; die vertretungsbefugten Organe der Konzernuntergesellschaften haben den GF der Obergesellschaft auf deren Verlangen die hierfür erforderlichen **Auskünfte** rechtzeitig zu erteilen (vgl **Abs 5**). Liegt die so ermittelte Summe über 3.600, dann ist der maßgebliche Schwellenwert v 300 AN, auf welche das Gesetz in Abs 1 Z 2 bis 4 abstellt, überschritten.[124] Nicht relevant ist, in wie vielen Monaten der Schwellenwert v (durchschnittlich) 300 AN überschritten wurde; es kommt lediglich auf den **Durchschnitt** der AN im vorangegangen Kalenderjahr (nicht Geschäftsjahr) an.[125] Erwirbt eine (allenfalls neu gegründete)[126] GmbH ein bestehendes Unternehmen

---

ArbVG zu qualifizieren sind (im entscheidungsgegenständlichen Fall v OGH bejaht mit Hinweis darauf, dass unter Berücksichtigung der nunmehr zur Verfügung stehenden Kommunikationsmöglichkeiten eine organisatorische Eingliederung disloziert tätiger DN in viel weiterem Umfang möglich ist als in der Vergangenheit, als die Kontaktaufnahme auf größere Entfernungen wesentlich schwerer möglich war); s dazu auch die A v *Gahleitner* in Gahleitner/Mosler, Arbeitsverfassungsrecht II[5] § 33 ArbVG Rz 2. AA *Schima*, RdW 2018, 71 (73): Der AN ist schon alleine durch die Anstellung bei der österr Gesellschaft ein AN iSd § 36 ArbVG, auch wenn der Dienstort dauerhaft im Ausland liegt. Wiederum aA *Kalss/Bramesbuber/Durstberger*, GesRZ 2017, 344 (346), wonach bei Tätigkeit in einem Auslandsbetrieb (offenbar gemeint: Tätigkeit in einer anderen, ausländischen Gesellschaft) § 36 ArbVG dann anwendbar bleibt, wenn der Dienstort nur vorübergehend im Ausland liegt; wohingegen § 36 ArbVG nach diesen Autoren offenbar jedenfalls auch dann – unabhängig v der Dauer der Beschäftigung im Ausland – anwendbar bleibt, wenn es sich um einen Auslandsbetrieb der österr Arbeitgebergesellschaft handelt (dies dürfte der A v *Schima* entsprechen, auch wenn dieser selbst zu der v ihm geäußerten A Widersprüche ortet). Diese A stehen uE aber nicht im Einklang mit der oben zit OGH-Rsp.

123 *Eckert/Schopper* in Torggler, GmbHG § 29 Rz 4.
124 Berechnungsbeispiele s bei *Reich-Rohrwig*, GmbHR I[2] Rz 4/31; *Straube/Rauter* in Straube/Ratka/Rauter, GmbHG § 29 Rz 60.
125 Vgl etwa *A. Heidinger* in Gruber/Harrer, GmbHG[2] § 29 Rz 42.
126 Bei Gründung ohne Unternehmenserwerb erscheint die in der Lit ausf behandelte Frage der Errechnung des AN-Durchschnitts im ersten Rumpfjahr

oder wird eine AG rechtsformändernd in eine GmbH umgewandelt (**Zurechnungstatbestände**), ist nach (wohl) hM[127] das bereits bestehende „Zahlenmaterial" auch für die Zeit vor Bestehen der GmbH zu berücksichtigen.

3. Feststellung und Mitteilung an das Gericht (Abs 4)

a) Feststellung durch Geschäftsführer

43 Die GF haben jew zum **1.1.** den Durchschnitt der AN-Anzahl der im vorangegangenen Jahr beschäftigten AN festzustellen. Die **Feststellung hat** auch dann zu erfolgen, wenn ein freiwilliger AR (Kann-[128] oder Muss-AR, vgl Rz 53) eingerichtet ist.[129] Sind die Kriterien gem § 29 erfüllt, so wandelt sich der freiwillige AR zum obligatorischen gem § 29, uzw zumindest für drei Jahre.[130] Gleiches gilt auch bei AR-Pflicht gem Abs 1 Z 1, da Abs 1 Z 2 bis 4 nicht durch Abs 1 Z 1 konsumiert wird.[131] Bei Anwendung v Abs 1 Z 5 kann – in Zusammenschau mit der hier vertreten A zur zeitlichen Geltung v Abs 1 Z 5 (vgl Rz 34 ff) – in den ersten drei Jahren nach Wirksamwerden der grenzüberschreitenden Verschmelzung uE eine Feststellung unterbleiben; jedenfalls sollte am 1.1. nach dem Drei-Jahres-Tag der grenzüberschreitenden Verschmelzung erstmals eine Feststellung der AN-Anzahl erfolgen. Zur GmbH & Co KG vgl Rz 27.

44 Nach der hM hat die Feststellung für das Entstehen u den Wegfall der AR-Pflicht nur **deklarative Wirkung**; daher ist auch bei fehlerhafter bzw gänzlich fehlender Feststellung zum 1.1. AR-Pflicht **sofort** nach Ende des Kalenderjahrs gegeben (u **endet frühestens** drei Jahre nach Ende dieses Kalenderjahrs, vgl Rz 46), wenn in diesem Kalenderjahr die Schwellen nach der oben erörterten Berechnungsmethodik überschritten sind.[132] Die Feststellung hat aber insofern praktische Relevanz, als

---

theoretisch; vgl dazu ausf *Straube/Rauter* in Straube/Ratka/Rauter, GmbHG § 29 Rz 62 f; *A. Heidinger* in Gruber/Harrer, GmbHG² § 29 Rz 44.

127 Vgl die Darstellung des Meinungsstands bei *Straube/Rauter* in Straube/Ratka/Rauter, GmbHG § 29 Rz 64 f.

128 Nur für diesen Fall *Wünsch*, GmbHG § 29 Rz 28 iVm Rz 46.

129 *Straube/Rauter* in Straube/Ratka/Rauter, GmbHG § 29 Rz 76; *A. Heidinger* in Gruber/Harrer, GmbHG² § 29 Rz 45.

130 *Straube/Rauter* in Straube/Ratka/Rauter, GmbHG § 29 Rz 76; *Wünsch*, GmbHG § 29 Rz 28.

131 *Straube/Rauter* in Straube/Ratka/Rauter, GmbHG § 29 Rz 76.

132 Vgl etwa *Eckert/Schopper* in Torggler, GmbHG § 29 Rz 6.

dadurch bei Feststellung der Erfüllung der Kriterien die Verpflichtung zur Errichtung des AR evident wird.

Übersteigt die ermittelte **Durchschnittszahl 300 bzw 500 nicht**, ist die Feststellung der AN-Anzahl gem Abs 4 **jährlich zu wiederholen**, uzw jew zum 1.1. Dies gilt auch, wenn die GmbH nach Wegfall der Voraussetzungen **nicht mehr** AR-pflichtig ist[133] u auch bei GmbH gem **Abs 2 Z 1**, uzw solange, als zwar die Schwelle v 300, nicht aber die Schwelle v 500 überschritten wurde (vgl sogleich Rz 46).[134] Greift die Ausnahme des Abs 2 Z 1 unterjährig ein (vgl dazu Rz 9), ist die Feststellung zum 1.1. zu wiederholen, da ansonsten eine AR-Pflicht bei Überschreiten der 500er-Schwelle „unentdeckt" bliebe (s schon Rz 9 FN 20).[135] Bei Überschreiten der 500er-Schwelle besteht AR-Pflicht für drei Jahre (s sogleich Rz 46).[136]   45

Übersteigt die ermittelte **Durchschnittszahl 300 bzw 500**, sind die GF **erst nach drei Jahren** zur neuerlichen Feststellung (u zur Mitteilung an das Gericht, vgl Rz 47) verpflichtet. Eine Änderung der AN-Anzahl innerhalb der jew drei Jahre hat auf die AR-Pflicht keinen Einfluss, diese wird über diesen Zeitraum jedenfalls (auch bei Absinken unter den Schwellenwert) perpetuiert (vgl aber Rz 9, 22 u 27 bzgl Konzern-SV bzw GmbH & Co KG).[137] Ergibt die Feststellung nach drei Jahren wiederum eine durchschnittliche AN-Anzahl v über 300 bzw 500, bleibt die AR-Pflicht für weitere drei Jahre bestehen. Wird nach drei Jahren der maßgebliche Schwellenwert nicht (mehr) erreicht, **entfällt die AR-Pflicht** u **erlöschen** die Funktionen der (auch gem § 30d bestellten) AR-Mitglieder *ipso iure*, dh ohne Abberufung,[138] es sei denn, der GesV sieht verpflichtend die Einrichtung eines AR vor (vgl auch Rz 4).[139] Bei bloßer   46

---

133 *A. Heidinger* in Gruber/Harrer, GmbHG[2] § 29 Rz 47 mwN.
134 *Straube/Rauter* in Straube/Ratka/Rauter, GmbHG § 29 Rz 70; *Straube/Rauter*, ecolex 2008, 434 (437); *A. Heidinger* in Gruber/Harrer, GmbHG[2] § 29 Rz 47; *Eckert/Schopper* in Torggler, GmbHG § 29 Rz 6.
135 *Straube/Rauter* in Straube/Ratka/Rauter, GmbHG § 29 Rz 70; *Straube/Rauter*, ecolex 2008, 434 (436).
136 *Eckert/Schopper* in Torggler, GmbHG § 29 Rz 6.
137 Vgl etwa *Wünsch*, GmbHG § 29 Rz 27; *Reich-Rohrwig*, GmbHR I[2] Rz 4/40; *Umfahrer*, GmbH[7] Rz 3.48.
138 Vgl etwa *Reich-Rohrwig*, GmbHR I[2] Rz 4/41 f; *Koppensteiner/Rüffler*, GmbHG[3] § 29 Rz 16; vgl auch *Straube/Rauter* in Straube/Ratka/Rauter, GmbHG § 29 Rz 72 mit Hinweis auch auf abw M.
139 Vgl etwa *A. Heidinger* in Gruber/Harrer, GmbHG[2] § 29 Rz 48; vgl auch schon *Wünsch*, GmbHG § 29 Rz 36.

gesv Möglichkeit zur Einrichtung eines AR muss jedoch für die Einrichtung des AR noch ein Gesellschafterbeschluss gefasst werden.[140] Vgl auch noch Rz 55.

b) Mitteilung an das Gericht

47 Übersteigt die v den GF ermittelte Durchschnittszahl 300 bzw 500, haben die GF dies dem **Gericht unverzüglich mitzuteilen**, sodass das Gericht bei Untätigkeit des Bestellungsorgans gem § 30d (gerichtl Bestellung) vorgehen kann.[141] Für das Überschreiten des Schwellenwerts v 300 AN wird jedenfalls Mitteilungspflicht vertreten, auch wenn eine **Ausnahme** gem Abs 2 eingreift;[142] ebenso, wenn die 500er-Schwelle bei Anwendung der Ausnahme v Abs 2 Z 1 überschritten wird.[143] Diese Lösung ist jedenfalls v – insofern auslegungsbedürftigen – Gesetzeswortlaut gedeckt u grds auch praktisch bewältigbar; auf das Vorliegen der Ausnahme sollte das Gericht natürlich ausdrücklich hingewiesen werden. Zu bedenken ist allerdings, dass das Gericht seiner Kontrollfunktion nur hinsichtlich Abs 2 Z 2 u im Hinblick auf Abs 2 Z 1 nur hinsichtlich der Überschreitung der Schwelle v 500 AN nachkommen wird können (weil diesbzgl Mitteilungs- bzw Anmeldepflichten gegenüber dem FB bestehen, wobei hinsichtlich Abs 2 Z 2 für die Anmeldung des Komplementärwechsels nicht unbedingt dasselbe FB zuständig sein muss u auch insofern praktisch die gerichtl Kontrollfunktion eingeschränkt ist); eine (amtswegige) Prüfung des Wegfalls der sonstigen Anwendungsvoraussetzungen des Abs 2 Z 1 besteht nicht. Daher wäre uE aus Praktikabilitätserwägungen eine Mitteilungspflicht (erst u nur) für den Fall zu erwägen, dass die Anwendungsvoraussetzungen der einst in Anspruch genommenen Ausnahmebestimmung wegfällt; dies ist freilich durch den Wortlaut des Abs 4 nicht gedeckt.

48 Die Mitteilung kann **formlos** erfolgen u ist an das zuständige FB-Gericht zu richten.[144] Ergibt die Feststellung, dass die **Schwellenwerte**

---

140 Vgl etwa *Straube/Rauter* in Straube/Ratka/Rauter, GmbHG § 29 Rz 72.
141 ErlRV 845 BlgNR 13. GP 3.
142 *Straube/Rauter*, ecolex 2008, 434 (437).
143 Vgl dazu *Straube/Rauter* in Straube/Ratka/Rauter, GmbHG § 29 Rz 73 sowie *Straube/Rauter*, GES 2008, 88 (93); *A. Heidinger* in Gruber/Harrer, GmbHG² § 29 Rz 49.
144 Vgl etwa *Umfahrer*, GmbH⁷ Rz 6.12.

nicht überschritten wurden, ist **keine** Mitteilung an das Gericht erforderlich.[145]

Unterbleibt eine gebotene Mitteilung, sind uE **Zwangsstrafen** gem § 24 FBG denkbar (vgl auch § 30d Rz 6).[146] Sowohl das Unterlassen einer gebotenen Mitteilung an das Gericht als auch das Unterlassen der erforderlichen Feststellung der AN-Anzahl stellen Pflichtverstöße der GF dar – eine Haftung gegenüber der Gesellschaft ist daher nach allg Grundsätzen (§ 25) denkbar – praktisch wird uE va der Kausalitätsbeweis schwierig zu führen sein.[147] Eine Haftung der Gesellschafter scheidet uE aber aus, da diese nicht zu entspr Feststellungen u auch nicht zur Mitteilung an das FB verpflichtet sind (vgl auch Rz 50).[148]

49

H. Fehlen eines Aufsichtsrats

Wird trotz Erfüllung der Kriterien des § 29 der AR nicht eingerichtet, greift die gerichtl Bestellungskompetenz (vgl § 30d Rz 5). Die **GF** sind **verpflichtet**, bei Feststehen der AR-Pflicht die Errichtung des AR (insb: Einberufung der GV sowie Information der Belegschaftsorgane, welche für die Entsendung der AN-Vertreter zuständig sind) **vorzubereiten**.[149] Verletzen die GF die sie treffenden Verpflichtungen (vgl auch die Verpflichtung zur Feststellung der AN-Anzahl [Rz 43] u zur Mitteilung an das Gericht [Rz 47]), ist eine Innen**haftung** (vgl § 25 Rz 6 ff) nach den allg Grundsätzen des § 25 denkbar; abzulehnen ist uE aber eine Haftung gegenüber Gesellschaftern, Gläubigern[150] oder AN. Eine Haftung der **Gesellschafter** erscheint kaum praxisrelevant (Eintritt eines Schadens; Nachw der Kausalität durch die Gesellschaft). Ist Gesellschafter einer GmbH eine Gesellschaft oder ein sonstiger Rechtsträ-

50

---

145 Vgl etwa *A. Heidinger* in Gruber/Harrer, GmbHG[2] § 29 Rz 49 mwN.
146 Vgl *Zib* in Zib/Dellinger, UGB § 24 FBG Rz 8, 14.
147 Vgl auch *Ettmayer/Kusznier*, ecolex 2012, 404 (405).
148 Vgl aber *Ettmayer/Kusznier*, ecolex 2012, 404 (407).
149 *Wünsch*, GmbHG § 29 Rz 32; *Koppensteiner/Rüffler*, GmbHG[3] § 29 Rz 15; *Straube/Rauter* in Straube/Ratka/Rauter, GmbHG § 29 Rz 69; *A. Heidinger* in Gruber/Harrer, GmbHG[2] § 29 Rz 46.
150 Vgl auch *Straube/Rauter* in Straube/Ratka/Rauter, GmbHG § 29 Rz 13/1; anders (Haftung grds denkbar) *Ettmayer/Kusznier*, ecolex 2012, 404 (405 ff). Vgl auch *Koitz-Arko/Koitz*, SWK 1994/31, 47, die unter Bezugnahme auf Gläubigerschutzgründe allenfalls auch strafrechtliche Konsequenzen in Erwägung ziehen.

ger, ist deren/dessen vertretungsbefugtes Organ zur Errichtung des AR (in der Tochter-GmbH, dh durch entspr Beschlussfassung) verpflichtet; unterbleibt dies, stellt dies einen Pflichtenverstoß (auf Ebene der Muttergesellschaft) dar u kann in dieser Gesellschaft/diesem Rechtsträger Haftungskonsequenzen auslösen u allenfalls auch zur Abberufung (aus wichtigem Grund) führen.[151]

51 Besondere Fragestellungen können sich bei Fehlen des AR zB auch mit den gesetzl **Mitwirkungspflichten des AR** bei Umstrukturierungen[152] ergeben; so könnte zB das FB die Eintragung einer Verschmelzung verweigern, wenn der AR-Bericht gem § 96 Abs 2 iVm § 220c AktG fehlt, weil der obligatorisch einzurichtende AR nicht errichtet ist. Ist die Verschmelzung aber einmal im FB eingetragen, greift der verschmelzungsrechtliche Bestandschutz[153] (vgl auch § 98 Rz 30). Auch Beschlussanfechtungs-[154] u Haftungsthemen können sich uE idZ stellen; mitzuberücksichtigen ist uE aber jew, ob die jew Verpflichtung entfallen könnte (vgl zB § 100 Abs 1, § 96 Abs 2 iVm § 232 Abs 1 AktG) – liegen die diesbzgl Voraussetzungen vor, sind uE keine negativen Konsequenzen denkbar.

52 Zu bedenken ist auch die Verknüpfung der AR-Pflicht (unabhängig v der Einrichtung des AR) mit der **Abschlussprüfpflicht** für kleine GmbH (vgl § 268 UGB); der entgegen der gesetzl Prüfpflicht nicht geprüfte JA ist nichtig (vgl § 35 Rz 38)[155] u damit auch die auf dessen Basis vorgenommene Gewinnausschüttung (vgl § 82 Rz 29). Auch für das Er-

---

151 Vgl OGH 15.10.2012, 6 Ob 187/12m (zum Pflichtenverstoß des Stiftungsvorstands iZm Abberufung aus wichtigem Grund, in Zusammenschau mit auch anderen Pflichtenverstößen).
152 Vgl dazu generell *Aburumieh*, AR aktuell 5/2011, 8; *Aburumieh/Adensamer/H. Foglar-Deinhardstein*, Verschmelzung V. E Rz 1 ff.
153 Vgl dazu generell *Aburumieh/Adensamer/H. Foglar-Deinhardstein*, Verschmelzung VI. E Rz 1 ff.
154 Zum gänzlichen Fehlen v an die Gesellschafter bereitzustellenden Unterlagen iZm Umgründungsvorgängen u Geltung der Relevanztheorie vgl OGH 6.11.2008, 6 Ob 91/08p (zum GesAusG); vgl dazu auch *Aburumieh/Adensamer/H. Foglar-Deinhardstein*, Verschmelzung V. F Rz 67. Zum GesAusG vgl auch OGH 25.4.2019, 6 Ob 209/18f (Anfechtbarkeit des GV-Beschlusses wegen Fehlen des AR-Berichts, weil obligatorischer AR nicht eingerichtet war); vgl dazu auch *Deutsch*, GesRZ 2019, 358 (360).
155 *Eckert/Schopper* in Torggler, GmbHG § 29 Rz 17 mN (samt Hinweis auf bloße Anfechtbarkeit bei Fehlen der Prüfung des JA durch den AR, vgl auch § 35 Rz 38).

fordernis der Einrichtung eines **Prüfungsausschusses** kommt es ua auf die AR-Pflicht der GmbH an (vgl § 30g Rz 138; vgl auch die neu durch das APRÄG 2016 eingefügte Bestimmung des § 29 Abs 1 Z 6, wonach Unternehmen im öffentlichen Interesse jedenfalls einen AR u damit einem Prüfungsausschuss einzurichten haben, s dazu oben Rz 37).

III. Freiwilliger Aufsichtsrat (Abs 6)

Abs 6 statuiert die Möglichkeit der Etablierung eines AR auf Basis des GesV. Denkbar ist die Errichtung eines **gesv obligatorischen AR** (**Muss-AR**) oder eines **gesv fakultativen AR** (**Kann-AR**). Diese Gestaltungsformen werden iZm der Anwendung v Abs 1 Z 3 u Abs 2 Z 1 (vgl Rz 11, 17), aber etwa auch im Hinblick auf § 22 Abs 2 S 2 (Einschränkung des Einsichtsrechts der Gesellschafter, vgl § 22 Rz 40) u § 30d Abs 2 (gerichtl Bestellung, vgl § 30d Rz 5) untersch behandelt (bloß gesv fakultativer AR nicht ausreichend). 53

Um durch Etablierung eines freiwilligen AR die Täuschung Dritter durch Führung der Bezeichnung als „AR" zu verhindern,[156] sind die **gesetzl zwingenden Bestimmungen** sowie nach hM u Jud auch die **AN-Mitbestimmung**[157] auch beim freiwilligen AR einzuhalten (egal, ob Kann- oder Muss-AR, s § 30b Rz 37; vgl auch Rz 64 ff zum Beirat).[158] Innerhalb der gesetzl Schranken kann der AR aber durchaus gesv entspr ausgestaltet werden (s schon oben Rz 1). Zum Beirat vgl Rz 58 ff. 54

Bloße Beschlussfassung der Gesellschafter über die Errichtung des freiwilligen AR reicht nicht aus, es ist jedenfalls eine **Verankerung im GesV** erforderlich;[159] bei gegebener gesv Verankerung ist aber die kon- 55

---

156 ErlRV 236 BlgHH 17. Sess 67; HHB 272 BlgHH 17. Sess 9; *Reich-Rohrwig*, GmbHR I[2] Rz 4/47; *Koppensteiner/Rüffler*, GmbHG[3] § 29 Rz 18.
157 Krit *A. Heidinger* in Gruber/Harrer, GmbHG[2] § 29 Rz 51.
158 OGH 26.2.2002, 1 Ob 144/01k; 27.9.2006, 9 ObA 130/05s; *Reich-Rohrwig*, GmbHR I[2] Rz 4/2, 4/47; *Koppensteiner/Rüffler*, GmbHG[3] § 29 Rz 18; *M. Heidinger* in Kalss/Kunz, HB AR[2] Kap 40 Rz 15; *Straube/Rauter* in Straube/Ratka/Rauter, GmbHG § 29 Rz 85; *A. Heidinger* in Gruber/Harrer, GmbHG[2] § 29 Rz 48; *Eckert/Schopper* in Torggler, GmbHG § 29 Rz 15.
159 *Reich-Rohrwig*, GmbHR I[2] Rz 4/46; *Straube/Rauter* in Straube/Ratka/Rauter, GmbHG § 29 Rz 84; *A. Heidinger* in Gruber/Harrer, GmbHG[2] § 29 Rz 50.

krete Einsetzung des AR im Übrigen jederzeit möglich[160] (zur Einsetzung des freiwilligen AR bei Wegfall gesetzl AR-Pflicht vgl Rz 46 aE). Fehlt die gesv Basis, ist es uE aber ausreichend, wenn die GesV-Änderung in der erforderlichen Form spätestens gleichzeitig mit dem Gesellschafterbeschluss zur Errichtung des AR gefasst wird u die FB-Anmeldung unverzüglich bzw gleichzeitig erfolgt.[161]

56 Die Änderung des GesV zur Etablierung eines freiwilligen AR kann – ebenso wie die konkrete Errichtung des AR – aufgrund der Regelung in § 50 Abs 2 mit einfacher Mehrheit beschlossen werden (vgl § 50 Rz 7 f). Enthält der GesV bereits bei **Gründung** eine Regelung zur verpflichtenden Einrichtung eines AR, wird die Gesellschaft nur dann im FB eingetragen, wenn der AR auch tatsächlich bereits im Gründungsstadium bestellt ist (vgl schon Rz 4; vgl auch § 9 Rz 16, 18).[162] Selbiges gilt uE bei GesV-Änderung – mit dieser ist gleichzeitig die konkrete Errichtung des gesv obligatorischen AR anzumelden.

57 Soll ein gesv etablierter AR vollständig – dh Streichung der diesbzgl Regelung des GesV – **abgeschafft** werden, ist Dreiviertelmehrheit gem § 50 Abs 1 erforderlich.[163] Dasselbe gilt für den Austausch eines Muss-AR durch einen Kann-AR;[164] die Vereinfachung des § 50 Abs 2 (einfache Mehrheit, vgl Rz 56) greift diesfalls nicht. Beim umgekehrten Vorgang (Änderung v Kann- zum Muss-AR) greift die Anwendung der Vereinfachung des § 50 Abs 2, denn es hätte v vornherein gleich ein obligatorischer AR eingerichtet werden können (keine Rechteschmälerung, vgl

---

160 Vgl OGH 9.3.2006, 6 Ob 166/05p: schlichter Gesellschafterbeschluss ausreichend; vgl auch *Wünsch*, GmbHG § 29 Rz 46: Wahlbeschluss ersetzt Errichtungsbeschluss; Entsendung durch Mehrheitsgesellschafter ersetzt Errichtungsbeschluss; letzterem Gedanken ist uE aber nicht uneingeschränkt zu folgen, denn Ersetzung kommt nur bei Beschlussfassung in Frage.
161 Vgl auch *A. Heidinger* in Gruber/Harrer, GmbHG² § 29 Rz 50; vgl auch *Diregger* in Doralt/Nowotny/Kalss, AktG³ § 195 Rz 10; *E. Gruber* in Doralt/Nowotny/Kalss, AktG³ § 104 Rz 46.
162 OLG Linz 16.9.1987, 4 R 210/87, NZ 1989, 18 ff; *M. Heidinger* in Kalss/Kunz, HB AR² Kap 40 Rz 14.
163 *M. Heidinger* in Kalss/Kunz, HB AR² Kap 40 Rz 14.
164 *Wünsch*, GmbHG § 29 Rz 50 f; *Reich-Rohrwig*, GmbHR I² Rz 4/46; *Koppensteiner/Rüffler*, GmbHG³ § 29 Rz 19; *Straube/Rauter* in Straube/Ratka/Rauter, GmbHG § 29 Rz 89, 93; *A. Heidinger* in Gruber/Harrer, GmbHG² § 29 Rz 53.

auch § 50 Rz 9), was das Gesetz erleichtern möchte.[165] Wird der Kann-AR seines Amts **enthoben** (ohne vollständig abgeschafft zu werden), ist dies uE nur mit der Mehrheit gem § 30b Abs 3 (mangels anderslautender gesv Regelung grds Dreiviertelmehrheit, vgl § 30b Rz 24 f) möglich. Zur Frage der Feststellung der AN-Zahl gem Abs 4 bei Einrichtung eines gesv AR vgl Rz 43.

IV. Beirat

A. Begriff

Der GesV kann auch andere, gesetzl nicht vorgesehene Gesellschaftsorgane vorsehen. Diese können untersch Funktionen u Aufgaben (wie zB Überwachung, Beratung, Kontrolle) haben; diese werden in der Praxis untersch bezeichnet (zB: Beirat, Verwaltungsrat, Gesellschafterrat, Gesellschafterausschuss; nachstehend allesamt „Beirat"). In der Praxis ist der Beirat ein beliebtes Instrumentarium, um bestimmten Personen[166] – allenfalls auch Dritten (vgl auch § 35 Rz 20)[167] – abseits des zwingenden, für den (auch freiwilligen) AR geltenden Organisationsgefüges (s aber zu den Grenzen Rz 65 ff) – bestimmte Mitwirkungsrechte einzuräumen oder etwa um Interessen zu bündeln oder E anderer Gesellschaftsorgane (zumindest) vorzubereiten.[168]

58

Der Beirat kann dabei **Überwachungsfunktionen** übernehmen (zur Thematik **AR-Ähnlichkeit** vgl Rz 64 ff), oder zB in der Nähe der Kompetenzen der **GV** angesiedelt sein (vgl zu Letzterem Rz 69, s auch § 35

59

---

165 *Wünsch*, GmbHG § 29 Rz 49; *Milchrahm/Rauter* in Straube/Ratka/Rauter, GmbHG § 50 Rz 29 mwN.
166 Oder auch nur einer einzigen Person, vgl *Koppensteiner/Rüffler*, GmbHG³ § 35 Rz 59; *A. Heidinger* in Gruber/Harrer, GmbHG² § 29 Rz 68; sowie zum PSG OGH 8.5.2013, 6 Ob 42/13i. Vgl aber auch Rz 74 aE.
167 Vgl zur Zulässigkeit *Koppensteiner/Rüffler*, GmbHG³ § 35 Rz 55, 59 u (mglw einschränkend bei Übertragung v Gesellschafterkompetenzen auf den Beirat) § 30j Rz 29 u *Kastner* in GedS *Schönherr* 193 (195); vgl dazu auch *Baumgartner/Mollnhuber/U. Torggler* in Torggler, GmbHG § 35 Rz 38 (keine Übertragung v Gesellschafterkompetenzen auf Dritte); *Kalss* in Kalss/Kunz, HB AR² Kap 39 Rz 41 (gerade beim Gesellschafterausschuss-Beirat Bestellung Externer möglich), 69.
168 Zu den Gründen für die Bildung eines Beirats vgl *M. Heidinger*, Aufgaben 364 ff; *Reich-Rohrwig*, GmbHR I² Rz 4/490.

Rz 16 ff).[169] Nach in der Lit vertretener M könnte ein Beirat sogar dazu dienen, ein Verwaltungsratssystem (**Board-System**) nachzubilden, nämlich dann, wenn der Beirat ein erweitertes Geschäftsführungsgremium darstellt, in welchem dann auch GF Sitz u Stimme haben könnten (str; zur Unvereinbarkeitsbestimmung des § 30e vgl noch Rz 75).[170] Es darf aber durch die Etablierung eines Beirats nicht zur Lähmung der GF kommen u keine „Parallelwelt der Geschäftsführung" entstehen.[171]

60 Unterschieden wird zw dem sog **gesellschaftsrechtlichen** u dem **rein schuldrechtlichen Beirat** (s dazu Rz 61 ff u 76).[172] In der Praxis ist häufig auch die Figur des **Vertreterausschusses** anzutreffen, in welchem Gesellschafterrechte auf Basis v Stimmrechtsvollmachten ausgeübt werden, insb um die Zeiträume zw GV zu überbrücken.[173]

B. Gesellschaftsrechtlicher Beirat

1. Grundsätzliches

61 Der gesellschaftsrechtliche Beirat ist idR[174] **Organ** der Gesellschaft u muss daher im **GesV** verankert sein.[175] Es reicht aber auch aus, dass der GesV eine ausdrückliche Ermächtigung an die GV zu einer Einrichtung kraft Gesellschafterbeschlusses enthält.[176] Soll der Beirat die Kompetenz anderer Organe verdrängen, fordert die Rsp die Zuweisung eines

---

169 Zu möglichen Kompetenzen des Beirats etwa *Koppensteiner/Rüffler*, GmbHG³ § 35 Rz 55 auch mit Jud-Bsp u mwN; *Reich-Rohrwig*, GmbHR I² Rz 4/501 ff (beachte auch Rz 4/495: enge Auslegung der E-Kompetenzen); *Kalss/Probst*, Familienunternehmen, Rz 13/162 ff; *Kalss* in Kalss/Kunz, HB AR² Kap 39 Rz 27 ff.
170 *Kalss* in Kalss/Kunz, HB AR² Kap 39 Rz 28, 35, 41; abl etwa *M. Heidinger* in Kalss/Kunz, HB AR² § 40 Rz 46 (vor dem Hintergrund der Anwendung v § 30e) u *Kastner* in GedS *Schönherr* 193 (196). Vgl auch FN 214.
171 *Kalss* in Kalss/Kunz, HB AR² Kap 39 Rz 36.
172 *Kalss* in Kalss/Kunz, HB AR² Kap 39 Rz 13.
173 Vgl dazu *Reich-Rohrwig*, GmbHR I² Rz 4/496.
174 Vgl *Kalss* in Kalss/Kunz, HB AR² Kap 39 Rz 14, 24 (Organqualität davon abhängig, ob der Beirat im GesV mit entspr materiellen Rechten u Pflichten, ausgestattet ist u ob ein Mindestmaß an Organisation festgelegt ist).
175 *M. Heidinger*, Aufgaben 369 f; *Napokoj/Pelinka*, Der Beteiligungsvertrag 139.
176 *Kalss* in Kalss/Kunz, HB AR² Kap 39 Rz 24; s aber auch FN 174. Vgl Formulierungs-**Bsp** bei *Napokoj/Pelinka*, Der Beteiligungsvertrag 141.

ausdrücklich erkennbaren Kompetenzbereichs im GesV (vgl auch Rz 62).[177]

Dem gesellschaftsrechtlichen Beirat können – unter Beachtung der zwingenden Zuständigkeiten – bestimmte Kompetenzen verbindlich eingeräumt bzw übertragen werden; diesfalls kann er in diesen Bereichen sogar die Zuständigkeit der anderen Gesellschaftsorgane verdrängen (vgl auch § 35 Rz 11).[178] Die Rechte u Pflichten eines gesellschaftsrechtlichen Beirats sind im täglichen Leben der GmbH für alle Agierenden **verbindlich**, es besteht auch ein entspr Anspruch auf Tätigwerden des Beirats,[179] ebenso wie dieser den Anspruch auf Berücksichtigung seiner Handlungen durch die anderen Organe (insb: GF) hat (anders hingegen beim rein schuldrechtlichen Beirat, vgl Rz 77).[180] Dies wird natürlich in der Praxis als Vorteil des gesellschaftsrechtlichen Beirats verstanden, denn so können gewisse Kompetenzen in einem eigens kreierten Organ rechtsverbindlich gebündelt werden. **62**

Als Nachteil des gesellschaftsrechtlichen Beirats wird in der Praxis oft die sich ergebende Frage iZm der **AN-Mitbestimmung** (vgl Rz 64 ff) verstanden. Oft hindert auch die zur GesV-Änderung erforderliche **Mehrheit**[181] die (nachträgliche) Einrichtung eines gesellschaftsrechtlichen Beirats. Manchmal sprechen auch **Publizitätserwägungen** gegen die Etablierung eines gesellschaftsrechtlichen Beirats (die Tatsache dessen Errichtung ist über den in der Urkundensammlung jedermann zugänglichen GesV ersichtlich). Schließlich wird als Nachteil die Verantwortlichkeit (**Haftung**) der Organmitglieder analog den §§ 25, 33[182] empfunden (vgl auch Rz 64; zur Haftung des schuldrechtlichen Beirats vgl Rz 79; zum Erfordernis eines Beschlusses gem § 35 Abs 1 Z 6 zur **63**

---

177 OGH 4.5.2004, 4 Ob 14/04v.
178 *Reich-Rohrwig*, GmbHR I² Rz 4/495; *Koppensteiner/Rüffler*, GmbHG³ § 35 Rz 55; OGH 4.5.2004, 4 Ob 14/04v; OLG Wien 27.9.1982, 5 R 106/82; *Kalss* in Kalss/Kunz, HB AR² Kap 39 Rz 24.
179 *Reich-Rohrwig*, GmbHR I² Rz 4/495.
180 Vgl *Kastner* in GedS *Schönherr* 193 (195).
181 § 50 Abs 2 (vgl dazu Rz 56) soll nicht anwendbar sein, vgl *Reich-Rohrwig*, GmbHR I² Rz 4/527, s dort auch zu sonstigen (Zustimmungs-)Erfordernissen.
182 Zur Möglichkeit v (begrenzten) Haftungsausschlüssen im GesV: *Kalss/Probst*, Familienunternehmen, Rz 13/201. Weisungen sollen haftungsbefreiend wirken, vgl *Enzinger* in Straube/Ratka/Rauter, GmbHG § 35 Rz 127. Zur Zulässigkeit v Weisungen an den Beirat (aber nicht bei Aufsichtsfunktion) *A. Heidinger* in Gruber/Harrer, GmbHG² § 29 Rz 70; *Kalss/Probst*, Familienunternehmen, Rz 13/188; s auch noch Rz 71 aE.

Anspruchsgeltendmachung vgl § 35 Rz 87; zur Anspruchsgeltendmachung gem § 48 vgl § 48 Rz 6; zur Möglichkeit der Entlastung vgl § 35 Rz 59).[183] In der Praxis wird daher oft auf den (bloß) schuldrechtlichen Beirat „ausgewichen" (vgl zu diesem Rz 76 ff), der insgesamt auch flexibler erscheint (keine Organstellung).

2. Kernthema: Arbeitnehmermitbestimmung und Geltung von Aufsichtsratsrecht

64 Die Zulässigkeit des gesellschaftsrechtlichen Beirats ist allg anerkannt, uzw auch dann, wenn die Gesellschaft bereits einen AR hat oder sogar haben muss.[184] Als „Hemmschuh" für diese Form des Beirats wird in der Praxis oft die **AN-Mitbestimmung** angesehen, die – **bei AR-ähnlicher Gestaltung** – nun nach der Rsp[185] jedenfalls greift, auch wenn keine AR-Pflicht gegeben ist (vgl auch Rz 54). Unseres Erachtens ist die zit Rsp korrekturbedürftig, aber in der Praxis jedenfalls zu berücksichtigen, auch wenn sich die Lit damit vorwiegend krit[186] auseinandersetzt. Für den Vertragsverfasser rückt entspr der zit OGH-E das Hauptaugenmerk auf die Kompetenz-Abgrenzung, wenn keine AR-Ähnlichkeit geschaffen werden soll, um so die **Anwendung der (= sämtlicher) zwingenden Bestimmungen zum AR**[187] u damit auch des **Haftungsregimes** des GmbHG (s schon Rz 63) u der AN-Mitbestimmung zu vermeiden. Im Einzelnen ergeben sich diffizile Abgrenzungsfragen, nachstehend kann nur ein erster Überblick gegeben werden.

65 Nach der zit **OGH-E** führt die Einräumung v AR-Kernkompetenzen an den Beirat zur **Anwendung der Regelungen für den AR** u damit

---

183 Vgl zur Haftung des Beirats *Kalss* in Kalss/Kunz, HB AR² Kap 39 Rz 94 ff; *Kalss/Probst*, Familienunternehmen, Rz 13/195 ff; *Koppensteiner/Rüffler*, GmbHG³ § 35 Rz 58; zur AG: *Stingl*, GES 2005, 359 (360 ff). Vgl im Speziellen zur Haftung bei Umqualifizierung des Beirats zum AR u dadurch gegebener Anpassung des Pflichtenkorsetts: *M. Heidinger* in Kalss/Kunz, HB AR² Kap 40 Rz 46.
184 Vgl bloß OGH 27.9.2006, 9 ObA 130/05s.
185 OGH 27.9.2006, 9 ObA 130/05s. Zum Aufsichtsorgan beim Verein vgl *Höhne*, ecolex 2013, 1079.
186 Vgl etwa *Koppensteiner/Rüffler*, GmbHG³ § 35 Rz 54; *Enzinger* in Straube/Ratka/Rauter, GmbHG § 35 Rz 122; *Auer*, GES 2007, 183 (183 ff); *Wenger*, RWZ 2006/105, 356 (357); *Torggler*, GesRZ 2010, 185 (189 f) aA *A. Heidinger* in Gruber/Harrer, GmbHG² § 29 Rz 61. Zum Meinungsstand vor der zit OGH-E vgl bloß die in der E wiedergegebenen Lit-M.
187 So OGH 27.9.2006, 9 ObA 130/05s.

auch der AN-Mitbestimmung; ein **AR-ähnlicher Beirat** ist uE daher im Umkehrschluss jedenfalls **nicht unzulässig** (str),[188] sondern unterliegt lediglich besonderen Anforderungen. Eine allg Regelung, wonach der Beirat seine Tätigkeit nach den Vorschriften des GmbHG auszuüben habe, sei nach der zit OGH-E nahezu *per se* schädlich (s aber unten Rz 70), da das GmbHG ja gerade für den Beirat keine Regelungen kenne, sodass alleine dies ein Hinweis auf die Funktion als AR sei; eine Entsendungsbefugnis des Gesellschafters in den Beirat (wie im Ausgangs-SV der OGH-E vorgesehen) ändere daran nichts. Zu den angesprochenen **Kernkompetenzen** zählte der OGH neben der **Kontroll- u Überwachungsfunktion** sowie der ausnahmsweisen **Vertretungstätigkeit** der Gesellschaft (insb gegenüber GF, im Ausgangs-SV aber offenbar ohnedies nicht umgesetzt) insb **die Zustimmungsvorbehalte** des § 30j Abs 5 (vgl § 30j Rz 58 ff).

Im Ausgangs-SV bestanden Kompetenzen des Beirats wie folgt: **66**

- gem § 30j Abs 5 Z 2 (Erwerb, Veräußerung, Belastung v Liegenschaften), Z 4 (Investitionen), Z 5 (Aufnahme v Anleihen, Darlehen u Krediten), Z 6 (Gewährung v Darlehen u Krediten) u Z 9 (Festlegung v Grundsätzen über die Gewährung v Gewinn- oder Umsatzbeteiligungen u Pensionszusagen an GF u leitende Angestellte);
- Bestellung u Abberufung des Abschlussprüfers;
- Abschluss der GF-Dienstverträge;
- Erlassung einer GO für die GF.

Bei den Gesellschaftern verblieben alleine folgende Kompetenzen:

- § 30j Abs 5 Z 1 (Erwerb u Veräußerung v Beteiligungen, Erwerb, Veräußerung u Stilllegung v Unternehmen u Betrieben), Z 3 (Errichtung u Schließung v Zweigniederlassungen), Z 7 (Aufnahme u Aufgabe v Geschäftszweigen u Produktionsarten) sowie Z 8 (Festlegung allg Grundsätze der Geschäftspolitik).

Umgekehrt wurden aber dem Beirat – auch auf einen AR übertragbare – Zusatzkompetenzen übertragen, welche lt OGH „*das scheinbare Manko hinsichtlich der bei der Generalversammlung verbliebenen Kompetenzen jedenfalls kompensieren*", nämlich:

---

[188] Vgl zum Meinungsstand etwa *A. Heidinger* in Gruber/Harrer, GmbHG² § 29 Rz 60; s auch *Napokoj/Pelinka*, Der Beteiligungsvertrag 139 f.

- umfassendes Weisungsrecht des Beirats gegenüber den GF;
- Zustimmung des Beirats zum jährlich v den GF zu erstellenden Wirtschafts- u Investitionsplan;
- jederzeitiges Informationsrecht des Vorsitzenden u des Stellvertreters bei den GF u Verlangen einzelner Mitglieder auf Berichterstattung an den Beirat (Nachbildung v § 30j Abs 2).

67 Der OGH bejahte bei dieser Sachlage die **AR-Ähnlichkeit**. Dass der Beirat gegenst keine ausdrücklichen weitergehenden Überwachungsrechte (zB Bucheinsicht) u auch keine Vertretungsrechte hatte, hielt der OGH für unschädlich, zumal diese Kompetenzen (mangels ausdrücklichem Vorbehalt zugunsten der GV) ohnedies auch dem Beirat zukamen, da dieser als AR zu qualifizieren sei (was uE ein Zirkelschluss ist; zur Empfehlung negativer Kompetenz-Abgrenzungen vgl Rz 71).

68 Aus der wiedergegebenen OGH-E ist abzuleiten, bei Wunsch auf Vermeidung der Anwendung der Regelungen zum AR (inkl AN-Mitbestimmung) möglichst **wenige gesetzl** oder **auf einen AR** (auch nur bloß) **übertragbare**[189] **AR-Kompetenzen** für den Beirat **nachzubilden**. **Geringfügige Kompetenzzuweisungen** typischer AR-Funktionen sollten nicht zur AR-Ähnlichkeit führen.[190] Hilfreich erscheint auch, statt zB verbindlichen Weisungsrechten, dem Beirat nur **bloße Anhörungs-**[191] **oder Empfehlungsrechte** einzuräumen.

69 Die Befugnisse könnten weiters eher auf **Gesellschafterebene** (insb § 35, zu Grenzen s sogleich) ansetzen.[192] Den Gesellschaftern müssen aber gewisse (zwingende) Restkompetenzen verbleiben (vgl auch § 35 Rz 3, 8 f), wie etwa Beschlussfassungen über GesV-Änderungen, Auflösung der Gesellschaft, Verschmelzungen oder etwa über die Auf-

---

189 Vgl dazu die zit OGH-E 27.9.2006, 9 ObA 130/05s.

190 *M. Heidinger* in Kalss/Kunz, HB AR² Kap 40 Rz 43; *Kalss* in Kalss/Kunz, HB AR² Kap 39 Rz 31; strenger allerdings *Putzer*, Besprechung zu OGH 9 ObA 130/05s, DRdA 2008, 166 (169).

191 Ein bloßes Anhörungsrecht hat nicht die AR-Ähnlichkeit des Beirats zur Folge; vgl OGH 19.4.2017, 6 Ob 37/17k, wobei im entscheidungsgegenständlichen Fall die AR-Ähnlichkeit des Beirats einer Privatstiftung nicht str war; es ging um die Frage, welche Kompetenzen einem Beirat zugewiesen werden können, ohne dass der Vorstand dadurch zu einem bloßen „Vollzugsorgan" degradiert würde.

192 *Kalss/Probst*, Familienunternehmen, Rz 13/157 sowie *Kalss* in Kalss/Kunz, HB AR² Kap 39 Rz 34, 37 ff; vgl auch *Napokoj/Pelinka*, Der Beteiligungsvertrag 140.

lösung des Beirats (vgl auch Rz 75 aE).[193] Die Gesellschafter können aber etwa das **Weisungsrecht** auf einen Beirat übertragen (vgl schon Rz 66, 68 iZm der Frage der AR-Ähnlichkeit).[194] Nach einem Teil der L ist es zulässig, dem Beirat die Kompetenz zur **Bestellung u Abberufung v GF** zu übertragen (str, vgl auch § 15 Rz 19, § 16 Rz 8, § 35 Rz 9).[195] Nach A des OGH ist eine Übertragung der Zuständigkeit der Gesellschafter zur Bestellung der GF auf den AR nicht zulässig; dies gilt auch für ein die Gesellschafter bindendes Nominierungsrecht des AR.[196] Ob damit auch eine Übertragung der Bestellungs- u Abberufungskompetenz an einen Beirat ausgeschlossen ist, bleibt uE offen. Wenn die Beiratsmitglieder aus dem Gesellschafterkreis gewählt werden u der Beirat somit den Gesellschafterwillen zum Ausdruck bringen soll, wäre uE eine Übertragung derartiger Kompetenzen durchaus denkbar.[197] Die Kompetenz zur **Feststellung des JA** u die E über die Gewinnverwendung liegen (s § 35 Abs 2, vgl § 35 Rz 8) aber jedenfalls bei der GV;[198] ebenso gilt dies uE für die **Genehmigung v Investitionen** gem § 35 Abs 1 Z 7 in den ersten beiden Jahren nach Gründung (vgl § 35 Abs 2; vgl dazu bei § 35 Rz 8 u 99 ff).[199] Hier könnte allenfalls eine parallele Kompetenz des Beirats geschaffen werden (vgl § 35 Rz 10); dann ist aber die obige Jud zu beachten, wonach gerade die Genehmigung v au-

---

193 *Kalss* in Kalss/Kunz, HB AR², Kap 39 Rz 39; *Reich-Rohrwig*, GmbHR I² Rz 4/516; *Schneiderbauer/Krebs*, GesRZ 2018, 285 (285 f).
194 *Schima* in FS Koppensteiner 259 (271); *Kalss/Probst*, Familienunternehmen, Rz 13/152 ff; *Schneiderbauer/Krebs*, GesRZ 2018, 285 (289 f): Delegation des Weisungsrechts an einen Beirat auch in Angelegenheiten zulässig, die die Zustimmung des AR erfordern; str ist jedoch, ob die Übertragung nur zulässig ist, wenn der Beirat ausschließlich mit Gesellschaftern besetzt ist. UE könnte dem Beirat auch die Kompetenz zur Genehmigung v Insichgeschäften (vgl § 25 Abs 4) übertragen werden (aber Achtung: damit allenfalls AR-ähnlich, vgl schon Rz 66 u 68).
195 **Dafür** etwa *Kalss* in Kalss/Kunz, HB AR², Kap 39 Rz 38 (mit umfassenden Nachw zu beiden A); **dagegen** etwa *Reich-Rohrwig*, GmbHR I² Rz 4/516. Vgl zur Problematik auch *N. Arnold/Pampel* in Gruber/Harrer, GmbHG² § 15 Rz 60 f u § 16 Rz 32.
196 Vgl RIS-Justiz RS0132585; OGH 21.3.2019, 6 Ob 183/18g (zum GmbHG), 25.5.2007, 6 Ob 92/07h (zum GenG); 15.7.2011, 8 ObA 49/11f (nur *obiter*).
197 Vgl *Kalss* in Kalss/Kunz, HB AR² Kap 39 Rz 38 iVm 37.
198 Vgl *Reich-Rohrwig*, GmbHR I² Rz 4/516; anders offenbar *Kalss* in Kalss/Kunz, HB AR² Kap 39 Rz 38.
199 Vgl *Reich-Rohrwig*, GmbHR I² Rz 4/516; anders *Kalss* in Kalss/Kunz, HB AR² Kap 39 Rz 38.

ßergewöhnlichen Maßnahmen AR-Ähnlichkeit begründen könnte (vgl Rz 65 f). Zur Einräumung v Gesellschafterrechten auf den schuldrechtlichen Beirat vgl noch Rz 78.

70 Vertreten wird, dass **Informationsrechte** u sonstige Kontrollmittel, zumindest in Kombination mit weitgehenden Überwachungszuständigkeiten, nicht jenen des AR angeglichen sein sollten.[200] Zu bedenken ist dabei aber, dass für die Abgrenzung der AR-Ähnlichkeit primär die Übertragung v Zuständigkeiten u Aufgaben (*„aufsichtsratsgleiches Bouquet an Befugnissen"*[201]) maßgeblich sein sollte, u nicht die **Instrumente** zur Verwirklichung dieser Aufgaben.[202] Natürlich ist im Lichte der Rsp Vorsicht geboten (vgl oben Rz 65). Generell erscheinen im Lichte der Rsp Regelungen, die auf eine (**analoge**) Anwendung des **GmbHG** schließen lassen könnten (vgl oben im Bsp-SV), problematisch. Unschädlich erscheint uE aber die Nachbildung (bloß) der **inneren Organisation** (s aber oben Rz 65),[203] jedenfalls bei eingeschränkten Überwachungszuständigkeiten.[204]

71 Auch **negative Kompetenz-Abgrenzungen** sind zu treffen, damit diese Kompetenzen – *qua* v OGH judizierter automatischer Geltung der gesetzl Regelungen für den AR-ähnlichen Beirat (s oben Rz 67) – nicht auf den Beirat „zurückfallen".[205] Weitere Gestaltungsmöglichkeiten sind zB die Anknüpfung des Stimmrechts der Beiratsmitglieder an deren Beteiligung (anstatt eines Stimmrechts nach Köpfen) sowie die Festlegung einer Weisungsgebundenheit der Beiratsmitglieder gegenüber den Gesellschaftern (anders bei Aufsichtsfunktion, vgl Rz 2), sowie die allg Festlegung, dass damit der Gesellschafterwille zum Ausdruck gebracht werden soll.[206]

---

200 Vgl *A. Heidinger* in Gruber/Harrer, GmbHG² § 29 Rz 62 (Übernahme der Kontroll-Instrumentarien des AR bei sachlich eingegrenzten Überwachungsaufgaben möglich); so auch *M. Heidinger* in Kalss/Kunz, HB AR² Kap 40 Rz 44.
201 *Kalss* in Kalss/Kunz, HB AR² Kap 39 Rz 31.
202 Vgl dazu *Kalss* in Kalss/Kunz, HB AR² Kap 39 Rz 31.
203 Vgl *Kalss* in Kalss/Kunz, HB AR² Kap 39 Rz 31.
204 *A. Heidinger* in Gruber/Harrer, GmbHG² § 29 Rz 62; *M. Heidinger* in Kalss/Kunz, HB AR² Kap 40 Rz 44. Strenger *Fritz*, AR aktuell 2/2007, 13 (14: Umsetzung möglichst weniger, interner Regelungen, wie sie in den §§ 30 ff vorgesehen sind).
205 Vgl auch *Wenger*, RWZ 2006/105, 356 (357).
206 Vgl *Kalss/Probst*, Familienunternehmen, Rz 13/157.

Damit stellt sich gleichsam als „Begleiterscheinung" jedenfalls nicht 72
mehr die Frage der (unzulässigen) Reduzierung der Mindestzuständigkeiten eines allenfalls gleichzeitig errichteten AR.[207] Besteht allerdings ohnedies bereits ein AR, treffen umgekehrt die Erwägungen aus der Rsp im Hinblick auf ein hinzutretendes (allenfalls sogar AR-ähnliches) Gremium nicht mehr zu u würde diesfalls der Beirat (jedenfalls auch) eine starke – praktisch dann wohl eher der GV nachgebildete – Rolle übernehmen (vgl dazu auch Rz 69).[208] Unseres Erachtens sprechen daher auch gute Gründe für die Zulässigkeit der Errichtung eines **Beirats neben einem AR** (zu möglichen Inkompatibilitäten der Mitglieder vgl Rz 75).[209]

Alleine in der Errichtung eines Beirats liegt uE keine **Umgehung** der 73
AR-Bestimmungen (solange nicht ohnedies eine gesetzl AR-Pflicht besteht oder die obigen Gestaltungsgrenzen überschritten werden).[210] Eine noch weitergehende Rechtssicherheit besteht uE überhaupt bei „Ausweichen" auf einen bloß schuldrechtlichen Beirat.[211]

3. Grundsätze der Organisation

Organisationsfragen[212] (wie Bestellung u Abberufung, Beschlussfassung 74
etc, vgl auch Rz 70) sollten im Detail geregelt werden (GesV; **GO-Regelungen** können uE – jedenfalls bei entspr Ermächtigung im GesV – auch in eine v Beirat zu erlassende GO[213] ausgelagert werden); dabei besteht weitgehend Gestaltungsfreiheit. Im Zweifel[214] obliegt die **Bestellungs-**

---

207 Vgl dazu etwa *Koppensteiner/Rüffler*, GmbHG³ § 35 Rz 56 sowie § 30j Rz 28.
208 Vgl *Ch. Nowotny*, RdW 2008/647, 699 (700) mit Hinweis auf Möglichkeit der Einräumung einer Weisungsbefugnis des Beirats gegenüber GF, die selbst AR-E „overrulen" könne (vgl auch Rz 2); s dazu auch *Koppensteiner/Rüffler*, GmbHG³ § 30j Rz 28 sowie § 35 Rz 56 aE; *A. Heidinger* in Gruber/Harrer, GmbHG² § 29 Rz 63; *Walch*, ÖBA 2018, 110 (110 FN 8).
209 *Kalss* in Kalss/Kunz, HB AR² Kap 39 Rz 23; *Walzel*, SWK 2007/1, W 1, 31 (34); *Napokoj/Pelinka*, Der Beteiligungsvertrag 139.
210 So auch *Wenger*, RWZ 2006/105, 356 (357).
211 *Ch. Nowotny*, RdW 2008/647, 699 (700).
212 Vgl im Detail *Kalss* in Kalss/Kunz, HB AR² Kap 39 Rz 67 ff.
213 Vgl auch *Enzinger* in Straube/Ratka/Rauter, GmbHG § 35 Rz 126 (GO jedenfalls zulässig).
214 Vgl zu Gestaltungsmöglichkeiten zB *Kalss/Probst*, Familienunternehmen, Rz 13/176; *Reich-Rohrwig*, GmbHR I² Rz 4/520 (keine Bestellung gegen das Organisationsgefälle, dh durch GF bei Überwachung der GF, so wohl

u **Abberufungs**kompetenz den Gesellschaftern (grds einfache Mehrheit).[215] Der Beirat kann auch aus bloß einer Person bestehen;[216] übt er die Aufgaben des AR aus, muss er aus mind drei Personen bestehen (GmbHG analog).[217]

75 Mitglieder des AR können zugleich dem Beirat angehören (str;[218] vgl zum Nebeneinander v Beirat u AR Rz 72). Die **Unvereinbarkeitsbestimmungen** des § 30e gelten für den Beirat jedenfalls dann, wenn dieser die Funktion eines Kontroll- oder Überwachungsgremiums hat; anders kann dies aber dann sein, wenn der Beirat eher auf Gesellschafterebene angesiedelt ist oder ein Board-System nachgebildet wird (vgl Rz 59).[219] Im Zweifel gelten – je nach Gestaltung des Beirats – die für Gesellschafter- bzw AR-Beschlüsse anwendbaren Bestimmungen,[220] somit iZw auch einfache Mehrheit. Nach der Rsp (vgl Rz 65) gilt für den AR-ähnlichen Beirat jedenfalls **(umfassend) AR-Recht**. Die GV kann uE, mangels ausdrücklicher anderslautender Regelung, Beiratsbeschlüsse nicht „overrulen", sondern nur die

---

auch *Kalss* in Kalss/Kunz, HB AR[2] Kap 39 Rz 70). UE scheidet bei Anwendung v AR-Recht (vgl Rz 64 ff) Kooptierung aus (vgl § 30b Rz 1), vgl aber *Kalss/Probst*. Vgl auch *Kuhn* in Reich-Rohrwig/Ginthör/Gratzl, HB GV[2] Rz 1.197 zur Bestellung durch Dritte oder ein anderes Organ (s aber die obige Einschränkung bez GF).

215 *Koppensteiner/Rüffler*, GmbHG[3] § 35 Rz 57; *Enzinger* in Straube/Ratka/Rauter, GmbHG § 35 Rz 125 (kein Stimmverbot des betroffen Beiratsmitglieds, außer bei Abberufung aus wichtigem Grund). Bei Sonderrechten nur gerichtl Abberufung aus wichtigem Grund (so etwa *A. Heidinger* in Gruber/Harrer, GmbHG[2] § 29 Rz 67 u *Kuhn* in Reich-Rohrwig/Ginthör/Gratzl, HB GV[2] Rz 1.197). Bei Entsendung Abberufung bei wichtigem Grund u vertragsändernder Mehrheit, vgl *Enzinger* in Straube/Ratka/Rauter, GmbHG § 35 Rz 125 aE.
216 Vgl zur Privatstiftung OGH 8.5.2013, 6 Ob 42/13i; vgl auch schon FN 166.
217 *Kalss* in Kalss/Kunz, HB AR[2] Kap 39 Rz 43 f.
218 *Koppensteiner/Rüffler*, GmbHG[3] § 35 Rz 56 mwN; **aA** etwa *Kastner* in GedS Schönherr 193 (196).
219 *Kalss* in Kalss/Kunz, HB AR[2] Kap 39 Rz 41 f; strenger *M. Heidinger* in Kalss/Kunz, HB AR[2] § 40 Rz 46 (keine Tätigkeit in einem anderen Gesellschaftsorgan, insb der Geschäftsführung) u *A. Heidinger* in Gruber/Harrer, GmbHG[2] § 29 Rz 66.
220 *Koppensteiner/Rüffler*, GmbHG[3] § 35 Rz 57; *Enzinger* in Straube/Ratka/Rauter, GmbHG § 35 Rz 126.

Kompetenz (durch GesV-Änderung) an sich zurückziehen (vgl auch Rz 69).[221] Der AR kontrolliert den Beirat grds nicht.[222]

C. Schuldrechtlicher Beirat

Der **schuldrechtliche Beirat** kann, muss aber nicht im GesV geregelt werden; regelmäßig ist dies nicht der Fall. Rechtsgrundlage kann zB ein **Beschluss** der Gesellschafter (einfache Mehrheit genügt)[223], ein Beschluss der GF, eine **Vereinbarung** zw den Gesellschaftern oder zw den Gesellschaftern u den GF sein.[224] Die Regelungen richten sich alleine nach dem **Zivilrecht**.[225] Somit können einem schuldrechtlichen Beirat auch keine organschaftlichen Befugnisse zukommen, sodass für diesen iW **nur** die Zuweisung v **Beratungsaufgaben** verbleibt.[226] 76

Unseres Erachtens ist denkbar, dass eine derartige Vereinbarung zur Errichtung eines schuldrechtlichen Beirats auch **nur zw manchen Gesellschaftern** geschlossen wird,[227] dh es müssen nicht alle Gesellschafter zusammenwirken. Zu bedenken ist, dass die Vereinbarung nur für die zusammenwirkenden Personen verbindlich ist – es liegt **kein eigenständiges Organ** vor, welches einen eigenen Pflichtenkreis hat.[228] Dennoch kann die Etablierung eines solchen Gremiums zw einzelnen Gesellschaftern Sinn machen, zB mit dem Zweck der Abstimmung zu Gesellschafterangelegenheiten (das hat Ähnlichkeit mit einem bloßen Vertreterausschuss, vgl Rz 60) u zB zur Unterbreitung v unverbindlichen 77

---

221 *Koppensteiner/Rüffler*, GmbHG³ § 35 Rz 55; *A. Heidinger* in Gruber/Harrer, GmbHG² § 29 Rz 64. Zur Rückfallkompetenz an GV bei Funktionsunfähigkeit des Beirats vgl *Reich-Rohrwig*, GmbHR I² Rz 4/523; *Koppensteiner/Rüffler*, GmbHG³ § 35 Rz 60.
222 *Koppensteiner/Rüffler*, GmbHG³ § 30j Rz 28; *M. Heidinger*, Aufgaben 388 f.
223 *M. Heidinger*, Aufgaben 371; *A. Heidinger* in Gruber/Harrer, GmbHG² § 29 Rz 57; *Napokoj/Pelinka*, Der Beteiligungsvertrag 139; **aA** *Reich-Rohrwig*, GmbHR I² 319 FN 37, wonach die Einrichtung eines bloß schuldrechtlich vereinbarten Beirats – wie ein Syndikatsvertrag aller Gesellschafter – der einhelligen Zustimmung sämtlicher Gesellschafter bedarf.
224 *Kalss/Probst*, Familienunternehmen, Rz 13/150; *Kalss* in Kalss/Kunz, HB AR² Kap 39 Rz 13.
225 *Kalss* in Kalss/Kunz, HB AR² Kap 39 Rz 26.
226 *Kalss* in Kalss/Kunz, HB AR² Kap 39 Rz 26. Zur Rolle v wissenschaftlichen Beiräten bei Start-ups vgl *Napokoj/Pelinka*, Der Beteiligungsvertrag 140.
227 S aber abw M in FN 223.
228 *Ch. Nowotny*, RdW 2008/647, 699 (700).

Empfehlungen an die GF. Die GF sind aber gesellschaftsrechtlich daran nicht gebunden bzw richtet sich die Beachtung derartiger unverbindlicher Empfehlungen nach dem allg Sorgfaltsmaßstab des § 25. Sind die GF in die Vereinbarung eingebunden, müssen Abschluss u Umsetzung der Vereinbarung jedenfalls dem Sorgfaltsmaßstab des § 25 gerecht werden.

78 Auch in einem solchen Fall können aber dem Beirat nicht **individuelle Mitwirkungsrechte der Gesellschafter** (zB Auskunftsrecht, Berechtigung zur Schadenersatzklage gem § 48, etc) derart übertragen werden, dass sie der betr Gesellschafter nicht mehr geltend machen könnte; denkbar ist natürlich, derartige Individualrechte **zusätzlich** auch dem Beirat einzuräumen.[229]

79 Der bloß schuldrechtliche Beirat bietet daher auch weitergehende **Flexibilität**, büßt aber im Vergleich zum gesellschaftsrechtlichen Beirat an Verbindlichkeit ein. Die Rechte u Pflichten richten sich (alleine) nach der schuldrechtlichen Vereinbarung,[230] u sollten daher klar definiert werden. Ein Verstoß (u damit eine mögliche **Haftung**) richtet sich nach allg Zivilrecht.[231] Eine Nachbildung v Entlastungsregelungen innerhalb des Vereinbarungsgefüges erscheint sinnvoll;[232] eine „echte" Entlastung iSd § 35 ist uE nicht möglich, vgl auch § 35 Rz 59.

80 Die Errichtung eines rein schuldrechtlichen Beirats löst uE grds **keine AN-Mitbestimmung** aus, da dieser nicht auf korporativer Ebene wirkt.[233] Unter **Umgehung**sgesichtspunkten ist dieses Ergebnis aber uU dann zu korrigieren, wenn faktisch Organqualität gelebt wird u die Kompetenzen AR-gleich sind (vgl dazu schon Rz 65). Um v vornherein Missverständnisse auszuschließen, empfiehlt es sich, die Bezeichnung Beirat bei rein schuldrechtlicher Einrichtung zu vermeiden (stattdessen besser Gesellschafterausschuss, Syndikatsausschuss, etc).

---

229 *Kalss* in Kalss/Kunz, HB AR² Kap 39 Rz 40.
230 *M. Heidinger*, Aufgaben 371, je nach Ausgestaltung als Dienstvertrag, freier Dienstvertrag oder Auftrag zu qualifizieren. Vgl auch *Napokoj/Pelinka*, Der Beteiligungsvertrag 139.
231 *M. Heidinger*, Aufgaben 371; *Napokoj/Pelinka*, Der Beteiligungsvertrag 139; *Kalss* in Kalss/Kunz, HB AR² Kap 39 Rz 90 ff; *Kalss/Probst*, Familienunternehmen, Rz 13/193 ff; vgl auch *Reich-Rohrwig*, GmbHR I² Rz 4/494 (Rechtsfolgen analog Verstoß gegen Syndikatsvertrag); vgl zur AG: *Stingl*, GES 2005, 359 (362 f).
232 *Kalss/Probst*, Familienunternehmen, Rz 13/194; *Kalss* in Kalss/Kunz, HB AR² Kap 39 Rz 93.
233 Vgl auch *Ch. Nowotny*, RdW 2008/647, 699 (700).

Die **Organisationsstruktur** des schuldrechtlichen Beirats ist jedenfalls zu **regeln**, da das GmbHG (analog) – mangels Organqualität – gerade keine Regelungen vorgibt (vgl zur Problematik der Übernahme der inneren Organisation des AR Rz 65, 67 u 70 f). Allfällige Einschränkungen, die sich beim gesellschaftsrechtlichen Beirat (vgl zB Diskussion zur Zulässigkeit v AR-Mitgliedern als Beiratsmitglied, s Rz 75), ergeben, sind hier uE mangels Organqualität grds unbeachtlich. Jedenfalls geregelt werden sollten[234] Bestellung, Abberufung/Rücktritt, Funktionsperiode, Qualifikationsanforderungen, Unvereinbarkeiten, Sitzungsintervalle, Einsatz elektronischer Medien, Informationsfluss (auch zu/v Organen), Sitzungsleitung u Protokollierung, Quoren, Stimmgewichtung, Einberufung, Vorsitz, Vergütung u Versicherung, Entlastungsmöglichkeiten (vgl Rz 79), allenfalls auch eine dahingehende Öffnungsklausel zugunsten einer v Beirat zu erlassenden GO.

81

§ 30. (1) [1]Der Aufsichtsrat besteht aus drei Mitgliedern. [2]Es können auch mehr Mitglieder bestellt werden, soweit dies nicht einer Regelung der Mitgliederzahl im Gesellschaftsvertrag widerspricht. [2]§ 86 Abs. 7 bis 9 AktG ist sinngemäß anzuwenden.

idF BGBl I 2017/104

Literatur: *Ginthör/Barnert,* Der Aufsichtsrat – Rechte und Pflichten³ (2019); *M. Heidinger,* Aufgaben und Verantwortlichkeit von Aufsichtsrat und Beirat der GmbH (1989); *Jud,* Zur Bestellung von stellvertretenden Mitgliedern eines Aufsichtsratsausschusses, NZ 1982, 56; *Kämpf,* Die Bestimmtheitserfordernisse des Aufsichtsrats bei der Satzung einer AG, ecolex 2020, 308; *Strasser/Jabornegg/Resch* (Hg), Kommentar zum Arbeitsverfassungsgesetz (2015).

Inhaltsübersicht

I. Gesetzliche Mindestzahl	1, 2
II. Gesellschaftsvertragliche Regelung	3, 4
III. Stellvertretende Aufsichtsratsmitglieder	5–8
IV. Ersatzmitglieder	9–11
V. Geschlechterquote	12

---

234 Vgl dazu ausf etwa *Kalss/Probst,* Familienunternehmen, Rz 13/172 ff.

I. Gesetzliche Mindestzahl

1 Der AR muss aus **mind drei Kapitalvertretern** bestehen,[1] unabhängig davon, ob diese gewählt (§ 30 b), entsandt (§ 30 c) oder gerichtl bestellt sind (§ 30 d).[2] **AN-Vertreter**, das sind jene Mitglieder, die v den zuständigen Organen der AN (BetrR bzw Zentral-BetrR) in den AR entsandt werden,[3] sind mit § 30 nicht angesprochen (vgl Rz 2, 4 sowie § 30 b Rz 33 ff).

2 Die **Zahl der AN-Vertreter** ergibt sich aus § 110 Abs 1 iVm Abs 5 Z 1 ArbVG. Demnach ist für je zwei bestellte Kapitalvertreter ein AN-Vertreter zu entsenden (**Drittelparität**). Bei einer ungeraden Zahl v Kapitalvertretern ist ein weiterer AN-Vertreter zu entsenden. Bei der gem § 110 ArbVG iVm § 29 Abs 1 Z 1 bis 4 u 6 mitbestimmten GmbH (zu § 29 Abs 1 Z 5 vgl § 29 Rz 31 ff) besteht der AR daher aus mind fünf Mitgliedern. Ein AR aus zwei Kapitalvertretern u einem AN-Vertreter widerspricht § 30.[4] Bei der Ermittlung der maßgeblichen Zahl der AN-Vertreter kommt es auf die tatsächlich bestellten Kapitalvertreter an (**Bsp**: Ein Kapitalvertreter legt das Mandat zurück, ohne dass bereits ein neues Mitglied bestellt wird)[5], nicht aber auf die im GesV vorgesehene Zahl (vgl Rz 3). Vgl auch § 30 b Rz 34.

II. Gesellschaftsvertragliche Regelung

3 Gesellschaftsvertrag oder bloßer Gesellschafterbeschluss (§ 30 S 2) können eine höhere Zahl an Kapitalvertretern vorsehen. Eine gesv Regelung, die eine **geringere** Zahl an AR-Mitgliedern vorsieht, ist **unwirksam**.[6] Der GesV kann im Übrigen die Zahl der Kapitalvertreter beliebig regeln (zB bestimmte Anzahl, Höchst-[7] u/oder Mindestzahl);[8] regelt der

---

[1] *Koppensteiner/Rüffler*, GmbHG³ § 30 Rz 1.
[2] *Reich-Rohrwig*, GmbHR I² Rz 4/48.
[3] *Jabornegg* in Strasser/Jabornegg/Resch, ArbVG § 110 Rz 108 ff.
[4] *A. Heidinger* in Gruber/Harrer, GmbHG² § 30 Rz 6.
[5] *Gahleitner* in Kalss/Kunz, HB AR² Kap 10 Rz 1; *Jabornegg* in Strasser/Jabornegg/Resch, ArbVG § 110 Rz 84.
[6] *Eckert/Schopper* in Torggler, GmbHG § 30 Rz 1.
[7] Das Gesetz gibt keine Höchstzahl vor, anders § 86 AktG.
[8] Vgl *Eckert/Schopper* in Torggler, GmbHG § 30 Rz 3, wonach auch ein unbestimmtes Zahlwort wie „mehrere" ausreiche; **aA zur AG**: OLG Wien 12.6.2008, 28 R 70/08g, vgl dazu auch *Kämpf*, ecolex 2020, 308 mwN.

GesV einen Rahmen, wird die Anzahl der Kapitalvertreter v den Gesellschaftern **mittels Beschluss** festgelegt.[9] Unseres Erachtens ist diesfalls ein *ad-hoc* gefasster Beschluss ausreichend, auch die zB bloß erfolgte zusätzliche Bestellung oder Abberufung eines AR-Mitglieds, ohne ausdrücklich über die erhöhte oder niedrigere Anzahl der Mandate zu beschließen, reicht aus (zur Auswirkung der Veränderung der Anzahl der Kapitalvertreter auf AN-Vertreter vgl § 30b Rz 26). Entsendungsrechte gem § 30c gehen dabei der Wahl vor.[10] Verstößt ein Gesellschafterbeschluss gegen eine gesv vorgesehene Höchstzahl, ist der Beschluss **idR anfechtbar**, bei *en bloc*-Wahl der ganze Beschluss.[11]

Die **Zahl der AN-Vertreter** kann nicht im GesV geregelt werden, da sie gesetzl (vgl Rz 2) vorgegeben ist, sie ist aber mittelbar v der Zahl der Kapitalvertreter abhängig (vgl noch § 30b Rz 26, 34). 4

III. Stellvertretende Aufsichtsratsmitglieder

Die Bestellung oder Entsendung v stv AR-Mitgliedern ist nach hM[12] jedenfalls im Hinblick auf Kapitalvertreter[13] zulässig, sofern eine entspr **Regelung im GesV** enthalten ist.[14] Auch die stv Mitglieder können entweder bestellt oder entsandt werden.[15] Die Abberufung bzw der Rücktritt richtet sich nach den allg Regeln (vgl § 30b Rz 24, 31). 5

Stellvertretende AR-Mitglieder üben ihre Funktion nur bzw erst dann aus, **wenn das zu vertretende Mitglied verhindert ist**.[16] Ein Teil der L[17] verlangt eine nicht bloß kurzfristige Verhinderung; dem ist uE zu folgen. Für kurzfristige Verhinderung in einer einzelnen Sitzung bie- 6

---

9 *A. Heidinger* in Gruber/Harrer, GmbHG[2] § 30 Rz 10.
10 *Straube/Rauter* in Straube/Ratka/Rauter, GmbHG § 30 Rz 13.
11 *Straube/Rauter* in Straube/Ratka/Rauter, GmbHG § 30 Rz 14.
12 Vgl bloß *Eckert/Schopper* in Torggler, GmbHG § 30 Rz 4.
13 Str bzgl AN-Vertreter, vgl *Straube/Rauter* in Straube/Ratka/Rauter, GmbHG § 30 Rz 16 aE, mwN sowie *A. Heidinger* in Gruber/Harrer, GmbHG[2] § 30 Rz 14.
14 *Jud*, NZ 1982, 56 (57); *Reich-Rohrwig*, GmbHR I[2] Rz 4/88.
15 *Straube/Rauter* in Straube/Ratka/Rauter, GmbHG § 30 Rz 16; *A. Heidinger* in Gruber/Harrer, GmbHG[2] § 30 Rz 12.
16 *Jud*, NZ 1982, 56 (57).
17 *Kalss* in Doralt/Nowotny/Kalss, AktG[3] § 86 Rz 23; *Kalss/Schimka* in Kalss/Kunz, HB AR[2] Kap 2 Rz 18, 20; offen *Straube/Rauter* in Straube/Ratka/Rauter, GmbHG § 30 Rz 17.

tet § 30j Abs 6 – bei entspr gesv Umsetzung – über die Möglichkeit direkter Stellvertretung Abhilfe (vgl § 30j Rz 99 ff). Die Voraussetzungen für den Eintritt des Verhinderungsfalls sollten im GesV oder Gesellschafterbeschluss näher definiert werden,[18] ebenso Mitwirkungsrechte u -pflichten.[19] Ebenso sollte (im Bestellungsbeschluss) klargestellt werden, wen das stv AR-Mitglied vertritt; dies insb auch mit Blick auf die Eignung des jew AR-Mitglieds.[20] Auch die Funktionsperiode ist im Bestellungsbeschluss festzulegen, sonst gilt – gerechnet ab Bestellung – § 30b Abs 2 (vgl § 30b Rz 16).

7   Im **Außenverhältnis** wird das stv Mitglied aus eigenem Recht u in eigener Verantwortung tätig (kein direkter Stellvertreter)[21] u gilt als „**echtes Organmitglied**", uzw **ab Bestellung** (anders Ersatzmitglieder, vgl Rz 9).[22] Es ist organisationsrechtlich den anderen Mitgliedern gleichgestellt u ist daher auch im FB einzutragen (vgl § 30f Rz 7).[23] Das stv Mitglied ist bei der Errechnung einer allfälligen Höchstzahl an AR-Mitgliedern, bei der Feststellung der Beschlussfähigkeit (§ 30g Abs 5, vgl allg § 30g Rz 44 ff; anders aber der direkte Stellvertreter gem § 30j, vgl § 30j Rz 100) sowie bei **der Ermittlung der Zahl der AN-Vertreter**[24] zu berücksichtigen. Dies führt zu einer Stärkung der Position der AN-Vertreter, sofern nicht auch für diese stv Mitglieder (die Zulässigkeit ist str, vgl Rz 5 FN 13) bestellt werden.[25]

8   Eine **Haftung** eines stv Mitglieds soll[26] nur dann in Betracht kommen, wenn es bei seiner Tätigkeit einen Sorgfaltsverstoß begeht, im Vertretungsfall pflichtwidrig untätig bleibt oder umgekehrt ohne Vorliegen eines Vertretungsfalls pflichtwidrig tätig wird. Unklar ist, ob ein

---

18 *M. Heidinger*, Aufgaben 166.
19 *A. Heidinger* in Gruber/Harrer, GmbHG² § 30 Rz 16.
20 Vgl auch *Kalss* in Doralt/Nowotny/Kalss, AktG³ § 86 Rz 25 f (insb: kein pauschaler Einspringer).
21 *A. Heidinger* in Gruber/Harrer, GmbHG² § 30 Rz 13.
22 *Koppensteiner/Rüffler*, GmbHG³ § 30 Rz 5; *Kalss/Schimka* in Kalss/Kunz, HB AR² Kap 2 Rz 20.
23 Ohne Stellvertreterzusatz, vgl *Kalss* in Doralt/Nowotny/Kalss, AktG³ § 86 Rz 27; *Straube/Rauter* in Straube/Ratka/Rauter, GmbHG § 30 Rz 18; *A. Heidinger* in Gruber/Harrer, GmbHG² § 30 Rz 15.
24 Anders u entgegen der hM offenbar *Gellis*, GmbHG⁷ § 30 Rz 3.
25 *A. Heidinger* in Gruber/Harrer, GmbHG² § 30 Rz 15.
26 Vgl etwa *Straube/Rauter* in Straube/Ratka/Rauter, GmbHG § 30 Rz 20; *A. Heidinger* in Gruber/Harrer, GmbHG² § 30 Rz 17; *Kalss* in Doralt/Nowotny/Kalss, AktG³ § 86 Rz 21.

stv Mitglied – im Interesse Dritter – auch ohne Vorliegen eines Vertretungsfalls tätig werden muss u daher auch haftbar werden kann.[27] Unseres Erachtens ist eine Haftung diesfalls grds abzulehnen, da das stv AR-Mitglied grds bis zum Eintritt des Verhinderungsfalls im Innenverhältnis keine Befugnisse (insb auch kein Stimmrecht)[28] hat u das stv AR-Mitglied uE daher auch keine laufenden Kontroll- u Überwachungspflichten treffen sollten.[29] Zu überlegen wäre allerdings, bei dauerhafter Untätigkeit des zu vertretenden Mitglieds (vgl Rz 6) bereits den Verhinderungsfall zu unterstellen u so die Pflichtenbindung des stv AR-Mitglieds voll aufleben zu lassen. Alleine aus diesen Haftungserwägungen heraus ergeben sich für ein stv AR-Mitglied uE erhebliche Risiken; eine Bestellung sollte uE wohl durchdacht sein; insb sollte geprüft werden, ob nicht durch andere Instrumentarien Vakanzen praktikabler u rechtssicherer überbrückt werden können (vgl auch schon Rz 6).

IV. Ersatzmitglieder

Von den stv AR-Mitgliedern sind die sog Ersatzmitglieder zu unterscheiden. Ein Ersatzmitglied ist ein Mitglied, das ein **vorzeitig ausscheidendes AR-Mitglied ersetzen** soll.[30] Die Bestellung erfolgt (anders als beim stv AR-Mitglied, vgl Rz 6 f) **aufschiebend bedingt** mit dem Ausscheiden des zu ersetzenden Mitglieds u vermeidet daher Ersatzwahlen aus Anlass des Ausscheidens des zu Ersetzenden;[31] dies hat aber in der GmbH wenig praktische Relevanz, da eine Wahl auch jederzeit durch Umlaufbeschlussfassung möglich ist (vgl § 30b Rz 1). Seine Funktion u Stellung als Organmitglied beginnt – anders als beim stv Mitglied (s oben Rz 6 u 7) – jedenfalls erst mit diesem Zeitpunkt.[32] Vor diesem Zeitpunkt werden Ersatzmitglieder nicht im FB eingetragen (vgl § 30f Rz 7). Die Bestellung bedarf nach überwiegender M einer **gesv Grund-**

9

---

27 Für eine abgestufte Verantwortung vgl *Kalss* in Doralt/Nowotny/Kalss, AktG³ § 86 Rz 24; offen *Straube/Rauter* in Straube/Ratka/Rauter, GmbHG § 30 Rz 20.
28 *Jud*, NZ 1982, 56 (57); *A. Heidinger* in Gruber/Harrer, GmbHG² § 30 Rz 16.
29 IdS auch *Straube/Rauter* in Straube/Ratka/Rauter, GmbHG § 30 Rz 20.
30 *Koppensteiner/Rüffler*, GmbHG³ § 30 Rz 6.
31 *Jud*, NZ 1982, 56 (57).
32 *Eckert/Schopper* in Torggler, GmbHG § 30 Rz 5.

lage.³³ Sollten Ersatzmitglieder nicht als Ersatz für ein bestimmtes AR-Mitglied gewählt worden sein, kommen sie in der Reihenfolge ihrer Wahl zum Zug.³⁴ Auch die Entsendung v Ersatzmitgliedern (nicht aber AN-Vertretern) ist zulässig.³⁵ Die Abberufung bzw der Rücktritt richtet sich nach den allg Regeln (vgl § 30b Rz 24, 31) u ist uE bereits vor Eintritt der aufschiebenden Bedingung (s oben) möglich.

10 Die **Funktion** endet mit dem Ablauf der für das ausgeschiedene Mitglied vorgesehenen Funktionsperiode.³⁶

11 Zu **unterscheiden** sind GesV-Klauseln, welche für den Fall des Ausscheidens eines AR-Mitglieds anordnen, dass die diesfalls (dann, also nicht – wie „echte" Ersatzmitglieder – vorweg) bestellten Mitglieder auf die Dauer der Funktionsperiode des ausscheidenden AR-Mitglieds bestellt werden. Unseres Erachtens sollte eine solche gesv Regelung so formuliert werden, dass alternativ jedenfalls auch eine Bestellung auf eine längere Dauer möglich ist (volle Funktionsperiode), um bei derartigen *ad hoc*-Ersatzbestellungen nicht v vornherein die Bestellmöglichkeiten bzw die Bestelldauer einzugrenzen.

V. Geschlechterquote

12 Mit dem Gleichstellungsgesetz v Frauen u Männern im AR (GFMA-G), welches mit 1.1.2018³⁷ in Kraft getreten ist, wurde eine verpflichtende Geschlechterquote für den AR größerer Unternehmen eingeführt.³⁸ Die Regelung erfolgt durch Anordnung der sinngemäßen Geltung der (ebenfalls neu geregelten) Bestimmungen des § 86 Abs 7 bis 9 AktG durch einen neuen dritten Satz in § 30. Der Gesetzestext ist geschlechts-

---

33 *Jud*, NZ 1982, 56 (57); *A. Heidinger* in Gruber/Harrer, GmbHG² § 30 Rz 19; zur AG abw *Kalss* in Doralt/Nowotny/Kalss, AktG³ § 86 Rz 22 (Bestellung auch ohne ausdrückliche Regelung).
34 *Wünsch*, GmbHG § 30 Rz 8; *Straube/Rauter* in Straube/Ratka/Rauter, GmbHG § 30 Rz 24.
35 *Straube/Rauter* in Straube/Ratka/Rauter, GmbHG § 30 Rz 24; *A. Heidinger* in Gruber/Harrer, GmbHG² § 30 Rz 19.
36 *Eckert/Schopper* in Torggler, GmbHG § 30 Rz 5.
37 Die Regelungen zur Geschlechterquote gelten für alle Wahlen (§ 30b) u Entsendungen (§ 30c) ab 1.1.2018.
38 BGBl I 2017/104. Zur Begründung vgl den Initiativantrag 2226/A 25. GP 4 u den JAB 1742 BlgNR 25. GP.

neutral; de facto zielen die neu eingeführten Bestimmungen aber auf die Erhöhung des Frauenanteils[39] in AR ab (daher auch „Frauenquote").[40] In Gesellschaften, in denen dauernd mehr als 1.000 AN beschäftigt sind, hat der AR zu mind 30% aus Frauen u zu mind 30% aus Männern zu bestehen (Mindestanteilsgebot), sofern der AR aus mind sechs Mitgliedern (Kapitalvertretern) u die Belegschaft zu mind 20% aus weiblichen bzw männlichen AN besteht.[41] § 110 Abs 2a bis 2d ArbVG setzen die spiegelbildliche betriebsverfassungsrechtliche Bestimmung für die AN-Vertreter um.[42] Eine Bestellung der AR-Mitglieder unter Verstoß gegen das Mindestanteilsgebot ist nichtig u somit unwirksam; der zu besetzende Stuhl bleibt leer (Grundsatz des „leeren Stuhls"). Ein leerer Stuhl kann gravierende Folgen haben; werden etwa Quoren – unter Wegrechnung des betroffenen Mitglieds – nicht erreicht, sind AR-Beschlüsse fehlerhaft gefasst.[43]

§ 30a. (1) **Die Mitglieder des Aufsichtsrats müssen natürliche Personen sein.**

(2) **Mitglied des Aufsichtsrats kann nicht sein, wer**

1. **bereits in zehn Kapitalgesellschaften Aufsichtsratsmitglied ist, wobei die Tätigkeit als Vorsitzender doppelt auf diese Höchstzahl anzurechnen ist,**

---

39 Im AktG (§ 87 Abs 2a AktG) war der Aspekt der Diversität im Hinblick auf die Vertretung beider Geschlechter auch schon vor Einf der Geschlechterquote bei der Wahl zu berücksichtigen. Vgl dazu auch OGH 19.12.2019, 6 Ob 113/19i, wobei im entscheidungsgegenständlichen Fall das Rechtsschutzbedürfnis an der Anfechtung bzw Feststellung der Nichtigkeit des Wahlbeschlusses aufgrund Untergangs der betroffenen Gesellschaft infolge Verschmelzung verneint u die Klage daher abgewiesen wurde.
40 *Kalss* in Kalss/Nowotny/Schauer, GesR² Rz 3/601; *Eckert/Schopper* in Artmann/Karollus, AktG⁶ § 86 Rz 22. S dazu auch *A. Heidinger* in Gruber/Harrer, GmbHG² § 30 Rz 21 ff u *Straube/Rauter* in Straube/Ratka/Rauter, GmbHG § 30 Rz 14/1 ff.
41 Vgl zu den Anwendungsvoraussetzungen im Detail *Aburumieh/Hoppel* in Napokoj/H. Foglar-Deinhardstein/Pelinka, AktG § 86 Rz 28 ff.
42 Vgl dazu auch *Aburumieh/Hoppel* in Napokoj/H. Foglar-Deinhardstein/Pelinka, AktG § 86 Rz 39 f.
43 Näheres zu den Rechtsfolgen bei *Aburumieh/Hoppel* in Napokoj/H. Foglar-Deinhardstein/Pelinka, AktG § 86 Rz 41 ff.

2. gesetzlicher Vertreter eines Tochterunternehmens (§ 189a Z 7 UGB) der Gesellschaft ist oder
3. gesetzlicher Vertreter einer anderen Kapitalgesellschaft ist, deren Aufsichtsrat ein Geschäftsführer der Gesellschaft angehört, es sei denn, eine der Gesellschaften ist mit der anderen konzernmäßig verbunden oder an ihr unternehmerisch beteiligt (§ 189a Z 2 UGB).

(3) Auf die Höchstzahlen nach Abs. 2 Z 1 sind bis zu zehn Sitze in Aufsichtsräten, in die das Mitglied gewählt oder entsandt ist, um die wirtschaftlichen Interessen des Bundes, eines Landes, eines Gemeindeverbandes, einer Gemeinde oder eines mit der Gesellschaft konzernmäßig verbundenen oder an ihr unternehmerisch beteiligten Unternehmens (§ 189a Z 2 UGB) zu wahren, nicht anzurechnen.

(4) Der Tätigkeit als Aufsichtsratsmitglied ist die Tätigkeit als Verwaltungsratsmitglied (§§ 38 ff SEG) gleichzuhalten.

(5) Hat eine Person bereits so viele oder mehr Sitze in Aufsichtsräten inne, als gesetzlich zulässig ist, so kann sie in den Aufsichtsrat einer Gesellschaft erst berufen werden, sobald hiedurch die gesetzliche Höchstzahl nicht mehr überschritten wird.

idF BGBl I 2015/22

Literatur: *Ahammer/Gedlicka*, Aufgaben und Zusammensetzung des Prüfungsausschusses nach der EU-Audit-Reform, AR aktuell 4/2016, 27; *Egermann*, GesRÄG 2005 – Zu den geplanten Änderungen beim Aufsichtsrat, RdW 2005/101, 66; *Fida/Hofmann*, Die neue Offenlegungspflicht vor der Aufsichtsratswahl, GesRZ 2005, 273; *Fida/Steindl*, Konkurrenten im Aufsichtsrat, GES 2005, 356; *Frotz/Schörghofer*, Interessenkonflikte im Aufsichtsrat, in Kalss/Kunz (Hg), Handbuch für den Aufsichtsrat (2010) 667; *Kalss*, Der Aufsichtsrat als Hüter der Interessen der Gläubiger – Aufgaben und Absicherung in der aktuellen Corporate-Governance-Diskussion, in Kalss (Hg), Aktuelle Fragen des Gläubigerschutzes (2002) 63; *Kalss*, Fallen ausländische Aufsichtsratsmandate unter die Grenzen gemäß § 86 AktG?, AR aktuell 6/2005, 4; *Kalss/Dauner-Lieb*, Töchter unerwünscht? Weder die einzelne Gesellschaft noch die Wirtschaft können sich dies leisten, GesRZ 2016, 249; *Kalss/Schimka*, Qualifikationsanforderungen an die AR-Mitglieder, in Kalss/Kunz (Hg), Handbuch für den Aufsichtsrat (2010) 65; *Karollus/Huemer*, Offene Fragen zum Verbot der Organbestellung gegen das Organisationsgefälle, GES 2006, 153; *Krejci*, Der Rechtsanwalt im Aufsichtsrat, RdW 1993, 98; *Moritz*, Neue Kompetenzen für den Rechnungshof?, ecolex 1996, 418; *Ch. Nowotny*, Neues für den Aufsichtsrat. Das Wichtigste aus dem IRÄG 1997, RdW 1997, 577; *Ch. Nowotny*, Der Beamte als Aufsichtsrat, RdW 1999, 283; *Reich-Rohrwig/Priemayer*, Wesentliche Neuerungen durch das GesRÄG

2005 (Update), ecolex 2005, 618; *Sonnberger*, Über den Leiter der Generalversammlung (I), GES 2020, 249; *Temmel*, Die Unabhängigkeit des Aufsichtsrates: Beendet durch das Aktienoptionengesetz? GesRZ 2002, 21; *Thiele*, Gleichzeitige Mitgliedschaft in Aufsichtsrat und Vorstand verbundener Aktiengesellschaften, RdW 2002/63, 66; *Walch*, Die Berücksichtigung von Ämtern in ausländischen Kapitalgesellschaften bei der Bestellung eines Aufsichtsratsmitglieds, GES 2017, 233.

Inhaltsübersicht

I. Allgemeines	1–4
II. Anforderungen an ein Aufsichtsratsmitglied	5–11
A. Natürliche Person	5–7
B. Qualitätsanforderungen	8–11
III. Unvereinbarkeit – Bestellungsverbote	12–43
A. Besondere Unvereinbarkeit (Abs 2)	12–35
1. Höchstzahl an Aufsichtsratsmandaten (Abs 2 Z 1)	14–18
2. Bestellung gegen das natürliche Organisationsgefälle (Abs 2 Z 2)	19–24
3. Überkreuzverflechtung (Abs 2 Z 3)	25–29
4. Bestellung zur Wahrung der wirtschaftlichen Interessen – Öffnungsklausel (Abs 3)	30–34
5. Gleichstellung von Verwaltungsratsmitgliedern einer SE (Abs 4)	35
B. Allgemeine Interessenkonflikte	36–38
C. Unvereinbarkeit gemäß § 30e	39–43
IV. Rechtsfolge bei Verstoß (Abs 5)	44–50

I. Allgemeines

§ 30a bestimmt einerseits, dass AR-Mitglieder **natPers** sein müssen (Abs 1), u regelt andererseits versch Bestellungsverbote, die übermäßige Ämterhäufungen u Interessenskollisionen vermeiden sollen (Abs 2 bis Abs 4), sowie die Rechtsfolgen bei Verletzung dieser Bestellungsverbote (Abs 5).

Diese Regelungen für die (Bestellung v) AR-Mitglieder(n) gelten unabhängig davon, ob ein gesetzl oder gesv obligatorischer AR (Muss-AR) oder gesv fakultativer AR (Kann-AR) (vgl dazu § 29 Rz 4 ff, 53 ff) eingerichtet ist.[1]

---

1 *Rauter* in Straube/Ratka/Rauter, GmbHG § 30a Rz 2, 34; *Ch. Nowotny*, RdW 2005/742, 658.

3   Das Erfordernis einer natPers (Abs 1) besteht hinsichtlich aller Mitglieder des AR, somit bei den v der GV bestellten AR-Mitgliedern (s § 30b Rz 1 ff), den allenfalls v einem Gesellschafter bzw Inhaber bestimmter Geschäftsanteile entsandten AR-Mitgliedern (s § 30c Rz 1 ff), den v Gericht bestellten AR-Mitgliedern (s § 30d Rz 1 ff) u den v BetrR bzw Zentral-BetrR entsandten AR-Mitgliedern (s § 30b Rz 33).[2] Die Regelungen über die Bestellungsverbote (**Abs 2 bis Abs 4**) kommen hingegen nur auf die **Kapitalvertreter** im AR (nicht jedoch auf die v BetrR bzw Zentral-BetrR entsandten AR-Mitglieder) zur Anwendung.[3]

4   Die Regelungen gem § 30a sind zwingend u können gesv nicht abbedungen oder eingeschränkt (jedoch erweitert) werden.

II. Anforderungen an ein Aufsichtsratsmitglied

A. Natürliche Person

5   Die AR-Mitglieder müssen **natPers** sein. Damit wird klargestellt, dass jurPers oder sonstige Rechtsträger (zB PersGes) nicht zum AR bestellt werden können.[4] Anderenfalls würde es der jurPers bzw dem Rechtsträger u nicht dem Bestellungsorgan obliegen, wer tatsächlich das Mandat ausübt, u die persönliche Haftung der AR-Mitglieder ausscheiden.[5] Einer jurPers kann jedoch ein Entsendungsrecht (zum Entsendungsrecht u den damit zusammenhängenden Beschränkungen s § 30c Rz 1 ff) oder Nominierungsrecht (Benennungsrecht) für ein AR-Mitglied eingeräumt werden (zum Nominierungsrecht s § 30b Rz 3).

6   Aufgrund der konkreten Aufgaben u Pflichten, die mit dem AR-Mandat verbunden sind (vgl § 30j Rz 1 ff), u eines daraus resultierenden Haftungspotentials (vgl § 33 Rz 1 ff) müssen die natPers voll **geschäftsfähig** (volle Geschäftsfähigkeit liegt grds ab dem vollendeten 18. Le-

---

2   *Rauter* in Straube/Ratka/Rauter, GmbHG § 30a Rz 35, 49; dies auch bei privilegierten Mandaten iSd Abs 3, vgl dazu *Rauter* in Straube/Ratka/Rauter, GmbHG § 30a Rz 46.
3   *Koppensteiner/Rüffler*, GmbHG[3] § 30a Rz 3.
4   *Rauter* in Straube/Ratka/Rauter, GmbHG § 30a Rz 16; *Koppensteiner/Rüffler*, GmbHG[3] § 30a Rz 2; *Eckert/Schopper* in Torggler, GmbHG § 30a Rz 2; vgl auch § 86 Abs 1 AktG.
5   *Rauter* in Straube/Ratka/Rauter, GmbHG § 30a Rz 16; *Jabornegg* in Jabornegg/Strasser, AktG[5] § 86 Rz 12.

bensjahr vor; vgl §§ 21 Abs 2, 865 ABGB)[6] u uE auch **deliktsfähig** (somit grds ab dem vollendeten 14. Lebensjahr; deliktsunfähig sind psychisch Kranke oder geistig Behinderte bzw Personen bei vorübergehender Sinnesverwirrung) sein.[7] Die Geschäfts- u Deliktsfähigkeit einer natPers richtet sich nach dem jew Personalstatut. Nicht voll geschäftsfähige oder deliktsunfähige Personen können nicht zum AR bestellt werden. Eine allfällige Bestellung wäre **unwirksam** u darf nicht ins FB eingetragen werden. Durch Eintragung ins FB wird dies auch nicht geheilt.[8] Verliert ein AR-Mitglied während seiner Bestellung (nicht bloß kurzfristig) die volle Geschäftsfähigkeit oder wird es deliktsunfähig, so endet sein Mandat ex lege.[9] Eine zunächst unwirksame Bestellung wird durch Erlangung der Geschäftsfähigkeit u Deliktsfähigkeit nicht geheilt; eine neuerliche Bestellung des betr AR-Mitglieds wäre erforderlich.[10]

Einschränkungen im Hinblick auf eine bestimmte Staatsangehörigkeit oder Wohnsitz bzw gewöhnlichen Aufenthalt des AR-Mitglieds bestehen nicht. Es ist demnach für ein AR-Mitglied kein Inlandsbezug gefordert.[11]

B. Qualitätsanforderungen

§ 30a fordert **keine fachlichen Voraussetzungen** in der Person des AR-Mitglieds für die Übernahme des Mandats, wie zB bestimmte Ausbildung, fachliche Qualifikationen, Erfahrung, bisherige berufliche oder vergleichbare Funktionen, Fehlen eines möglichen oder tatsächlichen Interessenskonflikts, oder weitere Anforderungen (zur verpflichtenden Frauenquote im AR vgl § 30 Rz 12).[12] Die Notwendigkeit derartiger Qualifikationen könnte sich jedoch aufgrund der Aufgaben u Pflichten

---

6 *Rauter* in Straube/Ratka/Rauter, GmbHG § 30a Rz 17; *Koppensteiner/Rüffler*, GmbHG³ § 30a Rz 2; *Eckert/Schopper* in Torggler, GmbHG § 30a Rz 2; *Sonnberger*, GES 2020, 249 (250); vgl auch zur AG: *Jabornegg* in Jabornegg/Strasser, AktG⁵ § 86 Rz 19.
7 Zu den Qualitätsanforderungen s *Kalss/Schimka* in Kalss/Kunz, HB AR, Kap II Rz 3.
8 *Kalss/Schimka* in Kalss/Kunz, HB AR, Kap II Rz 5.
9 *Kalss/Schimka* in Kalss/Kunz, HB AR, Kap II Rz 7.
10 *Rauter* in Straube/Ratka/Rauter, GmbHG § 30a Rz 19; *Kalss/Schimka* in Kalss/Kunz, HB AR, Kap II Rz 7.
11 *Rauter* in Straube/Ratka/Rauter, GmbHG § 30a Rz 18.
12 *Rauter* in Straube/Ratka/Rauter, GmbHG § 30a Rz 15.

des AR-Mitglieds ergeben, um eine allfällige Haftung zu vermeiden.[13] Das Fehlen einer allenfalls im Hinblick auf die konkrete Gesellschaft erforderlichen Qualifikation führt jedoch uE nicht zur Unwirksamkeit der Bestellung zum AR (vgl auch § 30b Rz 8 zur Haftung der AR-Mitglieder s § 33 Rz 2).[14]

9 Spezielle gesetzl Anforderungen an ein AR-Mitglied bestehen lediglich bei Einrichtung eines **Prüfungsausschusses** (zum Prüfungsausschuss u der Notwendigkeit der Einrichtung eines Prüfungsausschusses s § 30g Rz 134 ff). Der in einem Prüfungsausschuss des AR erforderliche **Finanzexperte** muss über den Anforderungen des Unternehmens entspr Kenntnisse u praktische Erfahrung im Finanz- u Rechnungswesen u in der Berichterstattung verfügen; die Ausschussmitglieder müssen in ihrer Gesamtheit mit dem Sektor, in dem das geprüfte Unternehmen tätig ist, vertraut sein (zum Finanzexperten s § 30g Rz 146 ff).[15]

10 Die Vorgabe, wonach die AR-Mitglieder natPers sein müssen, kann gesv nicht abbedungen werden. Der **GesV** kann jedoch für einzelne oder alle AR-Mitglieder (jedoch nicht für v BetrR entsandte Mitglieder) spezielle Voraussetzungen, insb bestimmte fachliche Qualifikationen oder Eigenschaften (Mindest-/Höchstalter, erforderliche Ausbildung, usw) vorsehen u/oder den Personenkreis, aus dem einzelne oder alle AR-Mitglieder zu wählen bzw zu entsenden sind (bspw bestimmter Familienkreis), bestimmen oder auch festlegen, welche Personen konkret nicht bestellt werden dürfen (bspw Mitbewerber, sonstige Interes-

---

13 Zu den Qualitätsanforderungen allg u den sondergesetzlichen Bestimmungen s *Kalss/Schimka* in Kalss/Kunz, HB AR, Kap VI Rz 35; OGH 31.5.1977, 5 Ob 306/76 (*„Jedes Aufsichtsratsmitglied muss in geschäftlichen und finanziellen Dingen ein größeres Maß an Erfahrung und Wissen besitzen als ein durchschnittlicher Kaufmann und die Fähigkeit haben, schwierige rechtliche und wirtschaftliche Zusammenhänge zu erkennen und ihre Auswirkungen auf die Gesellschaft zu beurteilen"*); s zuletzt *Schrank/Stücklberger*, AR aktuell 2016, 6 (überdurchschnittliche Intelligenz u Durchsetzungskraft, financial literacy; grundlegende Kenntnis der Branche).
14 Das Fehlen v allg Qualifikationen in der Person des AR führt nicht zur Unwirksamkeit oder Anfechtbarkeit des Bestellungsbeschlusses; sollten jedoch die im GesV vorgesehene Qualifikationen fehlen, so kann uE der Bestellungsbeschluss angefochten werden (s *Rauter* in Straube/Ratka/Rauter, GmbHG § 30a Rz 24; s dazu auch § 30b Rz 6, 8).
15 *Ahammer/Gedlicka*, AR aktuell 2016, 27; *Kalss/Schimka* in Kalss/Kunz, HB AR, Kap VI Rz 42 (zu § 92 Abs 4a AktG).

senskollisionen).¹⁶ Allfällige Diskriminierungsverbote sind bei derartigen Einschränkungen zu berücksichtigen.¹⁷

Um den Gesellschaftern **vor der Wahl** der AR-Mitglieder eine Entscheidungsgrundlage zur Verfügung zu stellen, haben die zur Wahl vorgeschlagenen AR-Mitglieder den Gesellschaftern ihre fachliche Qualifikation, ihre beruflichen oder vergleichbare Funktionen sowie alle Umstände darzulegen, die die Besorgnis einer Befangenheit begründen könnten (s § 30b Rz 10 ff). Im Zuge der Darlegung dieser Umstände gem § 30b empfiehlt sich auch die Einholung einer Bestätigung des jew vorgeschlagenen AR-Mitglieds im Hinblick auf das Fehlen einer Unvereinbarkeit gem Abs 2 (Bestätigung des Nicht-Erreichens der Höchstzahl der AR-Mandate des konkreten AR-Mitglieds; zur Höchstzahl der AR-Mandate s Rz 14); dies insb im Hinblick auf die Rechtsfolgen einer Verletzung der Bestellungsverbote (zu den Rechtsfolgen s Rz 44).

III. Unvereinbarkeit – Bestellungsverbote

A. Besondere Unvereinbarkeit (Abs 2)

Absatz 2 sieht besondere, taxativ aufgezählte Bestellungsverbote vor. Demnach kann AR-Mitglied nicht sein, wer:

– bereits in zehn KapGes AR-Mitglied ist, wobei die Tätigkeit als Vorsitzender doppelt auf diese Höchstzahl anzurechnen ist (zur Höchstzahl v AR-Mandaten s Rz 14),
– gesetzl Vertreter eines Tochterunternehmens der Gesellschaft ist (**Bestellung gegen das natürliche Organisationsgefälle**, s Rz 19), oder

---

16 Vgl *Rauter* in Straube/Ratka/Rauter, GmbHG § 30a Rz 21; *Koppensteiner/Rüffler*, GmbHG³ § 30a Rz 4; *Eckert/Schopper* in Torggler, GmbHG § 30a Rz 2; *Wünsch*, GmbHG § 30a Rz 4. Die hM geht offensichtlich davon aus, dass ein Beschluss entgegen den gesv Vorgaben lediglich anfechtbar ist (so *Rauter* in Straube/Ratka/Rauter, GmbHG § 30a Rz 24; *Koppensteiner/Rüffler*, GmbHG³ § 30a Rz 17).

17 Vgl *Koppensteiner/Rüffler*, GmbHG³ § 30a Rz 4; *Eckert/Schopper* in Torggler, GmbHG § 30a Rz 2; *Kalss/Dauner-Lieb*, GesRZ 2016, 249 (253); *Rauter* in Straube/Ratka/Rauter, GmbHG § 30a Rz 21 (Diskriminierung aufgrund Staatsangehörigkeit bedenklich; Gleichbehandlungspflicht).

– gesetzl Vertreter einer anderen KapGes ist, deren AR ein GF der Gesellschaft angehört, es sei denn, eine der Gesellschaften ist mit der anderen konzernmäßig verbunden oder an ihr unternehmerisch beteiligt (**Überkreuzverflechtung**, s Rz 25).

13 Diese Bestellungsverbote kommen nur für die Kapitalvertreter (nicht für die v BetrR entsandten AR-Mitglieder) zur Anwendung u können durch GesV nicht abgeändert oder eingeschränkt werden.[18]

1. Höchstzahl an Aufsichtsratsmandaten (Abs 2 Z 1)

14 Mitglied des AR kann nicht sein, wer bereits in **zehn KapGes** AR-Mitglied ist („**Verbot der Ämterhäufung**"). Die Funktion als **Vorsitzender** (nicht jedoch die Position des Stellvertreters des Vorsitzenden) ist **doppelt** auf diese Höchstzahl anzurechnen, somit zählt sie bei der Berechnung der Höchstzahl wie zwei AR-Sitze ohne Vorsitzführung (zur Nicht-Anrechnung auf diese Höchstzahl bei Bestellung zur Wahrung der wirtschaftlichen Interessen gem Abs 3 s Rz 30).[19]

15 Maßgeblich ist die Anzahl der Mandate in **KapGes** (GmbH, AG, SE[20]).[21] Aufsichtsratsmandate in anderen Rechtsformen als einer Kap-

---

18 *Kalss/Schimka* in Kalss/Kunz, HB AR, Kap IV Rz 15.
19 *Rauter* in Straube/Ratka/Rauter, GmbHG § 30a Rz 37; vgl § 86 Abs 2 ff AktG (aber Höchstzahl v acht Mandaten bei börsennotierten Gesellschaften – § 86 Abs 4 AktG) u andere sondergesetzliche Regelungen (zB § 28a Abs 5 BWG). Neben diesen gesetzl Regelungen können weitere Beschränkungen bestehen: Bspw dürfen bei Gesellschaften, die dem Bundes-Public Corporate Governance Kodex unterliegen, gem Punkt 11.2.1.3. des Bundes-Public Corporate Governance Kodex Mitglieder des Überwachungsorgans nicht mehr als acht Mandate in Überwachungsorganen gleichzeitig wahrnehmen, wobei auch dabei die Tätigkeit als Vorsitzender doppelt auf diese Höchstzahl anzurechnen ist; auf diese Höchstzahlen sind bis zu zehn Mandate, in die das Mitglied gewählt oder entsandt ist, um die wirtschaftlichen Interessen des Bundes, eines Landes, eines Gemeindeverbandes, einer Gemeinde oder eines mit der Gesellschaft konzernmäßig verbundenen oder an ihr unternehmerisch beteiligten Unternehmens zu wahren, nicht anzurechnen.
20 Zur SE vgl Rz 35; vgl auch *Rauter* in Straube/Ratka/Rauter, GmbHG § 30a Rz 32; *Koppensteiner/Rüffler*, GmbHG³ § 30a Rz 8.
21 VVaG werden gem § 50 Abs 2 VAG 2016 bei der Anwendung des § 86 Abs 2, 3 u 6 AktG u § 30a Abs 2, 3 u 5 GmbHG einer KapGes gleichgehalten (vgl *Eckert/Schopper* in Torggler, GmbHG § 30a Rz 4; *Rauter* in Straube/Ratka/Rauter, GmbHG § 30a Rz 32; *Kalss/Schimka* in Kalss/Kunz, HB AR, Kap I Rz 28).

Ges (bspw Privatstiftung, Gen[22]) oder Mitgliedschaften in Beiräten (zumindest sofern es sich nicht um einen AR-ähnlichen Beirat handelt)[23] u sonstige Organtätigkeiten, bspw als GF oder (Stiftungs-)Vorstand, bleiben unberücksichtigt.[24]

Die konkrete Belastung des AR-Mitglieds aufgrund bereits übernommener AR-Mandate, zusätzlich übernommener Mandate in Ausschüssen u die konkrete zeitliche Verfügbarkeit des AR-Mitglieds bleiben dabei unberücksichtigt. Es wird allein auf die Überschreitung der Höchstzahl der übernommenen AR-Mandate abgestellt. **16**

Fraglich ist, ob bei der Feststellung der Anzahl der AR-Mandate alleine auf die Mandate in **inländischen KapGes** abgestellt wird, oder auch Mandate in einem Kontrollgremium in ausländischen KapGes bzw ausländischen vergleichbaren KapGes mitgezählt werden.[25] Aufgrund der Vielzahl der möglichen Rechtsformen wäre eine exakte Feststellung, welche Gesellschaften unter den Begriff der KapGes iSd Bestimmung fällt, zweifelhaft; aus diesem Grund u im Hinblick auf die Rechtsfolge der Unwirksamkeit der Bestellung (Rz 44) geht die hM davon aus, dass **nur inländische KapGes** bei der Feststellung der Anzahl der Mandate zu berücksichtigen sind.[26] **17**

---

22 **Dafür** spricht der klare Gesetzeswortlaut; aA *Walch*, GES 2017, 233 (244 f).
23 *Rauter* in Straube/Ratka/Rauter, GmbHG § 30a Rz 36/1; zur AG s *Aburumieh/Hoppel* in Napokoj/H. Foglar-Deinhardstein/Pelinka, AktG § 86 Rz 6.
24 Nach dem APRÄG 2016 (zur AR-Pflicht nach dem APRÄG 2016 s § 29 Rz 30) kann gem § 221 Abs 5 UGB auch für eine eingetragene kapitalistische PersGes (eingetragene PersGes ohne natPers als Vollhafter, insb GmbH & Co KG) eine AR-Pflicht bestehen. Fraglich ist daher, ob auch die Anzahl der Mandate bei der Beurteilung nach Abs 2 Z 1 in derartigen kapitalistischen KG (wie KapGes) zu berücksichtigen sind; uE ist dies aufgrund des klaren Wortlauts v Abs 2 Z 1 abzulehnen (s dazu § 29 Rz 30).
25 Differenziert wird in inländische u ausländische Rechtsformen (ein AR-Mandat in einer österr AG, die ihren Verwaltungssitz im Ausland hat, ist bei den Bestellungsverboten zutr zu berücksichtigen); vgl *Walch*, GES 2017, 233 (233).
26 *Rauter* in Straube/Ratka/Rauter, GmbHG § 30a Rz 33; *Koppensteiner/Rüffler*, GmbHG[3] § 30a Rz 8; *Ch. Nowotny*, RdW 2005/742, 658; *Kalss/Schimka* in Kalss/Kunz, Kap I Rz 29 (neben dem Wortlaut u der Systematik wird auch die Regelung v § 38 ff SEG, der nur Verwaltungsratsmandate in österr Gesellschaften anspricht, nicht aber Verwaltungsratsmandate in ausländischen Gesellschaften, als Begründung herangezogen); ausf *Walch*, GES 2017, 233

18 Der Zweck der Regelung, die Anzahl der übernommenen AR-Mandate zu beschränken, um eine übermäßige Ämterhäufung zu vermeiden u sicher zu stellen, dass dem jew AR-Mitglied ein ausreichendes Zeitbudget zur Ausübung u Wahrung der Sorgfaltspflichten eines AR zur Verfügung steht,[27] würde jedoch für eine Berücksichtigung auch ausländischer KapGes sprechen. Demnach müssten uE auch bei dem Bestellungsverbot nach Z 1 **ausländische KapGes** (mit den inländischen KapGes vergleichbare ausländische KapGes) bei der Feststellung der Anzahl der AR-Mandate mitberücksichtigt werden.[28]

2. Bestellung gegen das natürliche Organisationsgefälle (Abs 2 Z 2)

19 Aufsichtsratsmitglied kann nicht sein, wer **gesetzl Vertreter eines Tochterunternehmens** ist.[29] Tochterunternehmen ist gem § 189a Z 7 UGB jedes (inländische oder ausländische) Unternehmen (unabhängig v der Rechtsform des Tochterunternehmens), das v einem Mutterunternehmen iSd § 244 UGB unmittelbar oder mittelbar beherrscht wird.[30]

20 Eine **Beherrschung** iSd § 244 UGB liegt dann vor, wenn das Tochterunternehmen unter der einheitlichen Leitung des Mutterunternehmens steht; insb wenn dem Mutterunternehmen:

- die Mehrheit der Stimmrechte der Gesellschafter zusteht,
- das Recht zusteht, die Mehrheit der Mitglieder des Verwaltungs-, Leitungs- oder Aufsichtsorgans zu bestellen oder abzuberufen, u das (Mutter-)Unternehmen gleichzeitig Gesellschafter ist, oder
- das Recht zusteht, einen beherrschenden Einfluss auszuüben, oder

---

(245); aA *Eckert/Schopper* in Torggler, GmbHG § 30a Rz 4 (widerspricht dem Normzweck).

27 Vgl *Rauter* in Straube/Ratka/Rauter, GmbHG § 30a Rz 1; *Koppensteiner/Rüffler*, GmbHG³ § 30a Rz 8.

28 Vgl *Koppensteiner/Rüffler*, GmbHG³ § 30a Rz 8, 5a (dann jedoch nicht, wenn die ausländische KapGes dem monistischen System folgt); *Eckert/Schopper* in Torggler, GmbHG § 30a Rz 4; *Kalss*, AR aktuell 6/2005, 5; aA *Rauter* in Straube/Ratka/Rauter, GmbHG § 30a Rz 33, 57; *Strasser* in Jabornegg/Strasser, AktG⁵ § 86 Rz 16.

29 Dass GF u AN der Gesellschaft nicht AR-Mitglieder der Gesellschaft sein dürfen, vgl § 30e; zur AG s § 90 Abs 1 AktG.

30 *Rauter* in Straube/Ratka/Rauter, GmbHG § 30a Rz 50; noch zur Rechtslage vor dem RÄG 2014 s *Koppensteiner/Rüffler*, GmbHG³ § 30a Rz 5.

– aufgrund eines Vertrages mit einem oder mehreren Gesellschaftern des Tochterunternehmens das Recht zur E zusteht, wie Stimmrechte der Gesellschafter, soweit sie mit ihren eigenen Stimmrechten zur Erreichung der Mehrheit aller Stimmen erforderlich sind, bei Bestellung oder Abberufung der Mehrheit der Mitglieder des Leitungs- oder eines Aufsichtsorgans auszuüben sind (zu Stimmbindungsverträgen s § 39 Rz 29).

Wer gesetzl Vertreter des Tochterunternehmens ist, ergibt sich aus den organschaftlichen **Vertretungsregelungen** (GF einer GmbH, Vorstand einer AG, unbeschränkt haftender Gesellschafter einer OG/KG, Verwaltungsratsmitglied einer monistischen SE, etc).[31] Im Hinblick auf den Zweck der Regelung, eine Bestellung gegen das natürliche Organisationsgefälle im Konzern zu verhindern, wird das Bestellungsverbot nicht nur auf die gesetzl Vertreter des Tochterunternehmens beschränkt, sondern umfasst auch die **DN des Tochterunternehmens**.[32] 21

Diese Unvereinbarkeit ergibt sich aus dem natürlichen Organisationsgefälle im Konzern;[33] da der gesetzl Vertreter/DN der Tochtergesellschaft in einer Abhängigkeit bis hin zur **Weisungsgebundenheit** gegenüber dem Mutterunternehmen steht, kann ein gesetzl Vertreter bzw DN eines Tochterunternehmens auch nicht in das Kontrollorgan des Mutterunternehmens bestellt oder entsandt werden. Diese Unvereinbarkeit ist jedoch unabhängig davon, ob der gesetzl Vertreter der Tochtergesellschaft weisungsgebunden agieren kann; eine Unvereinbarkeit besteht auch dann, wenn der gesetzl Vertreter der Tochtergesellschaft gem dem GesV oder dem Gesetz (bspw Vorstand einer Tochter-AG) im konkreten Fall weisungsfrei gestellt ist. 22

Sofern keine Mutter-/Tochterunternehmen-Beziehung besteht, greift diese Unvereinbarkeit nicht. Wenn jedoch eine Mutter-/Tochterunternehmen-Beziehung besteht, ist sowohl eine unmittelbare als auch 23

---

31 *Rauter* in Straube/Ratka/Rauter, GmbHG § 30a Rz 52; *Koppensteiner/Rüffler*, GmbHG³ § 30a Rz 5; *Eckert/Schopper* in Torggler, GmbHG § 30a Rz 8; *Karollus/Huemer*, GES 2006, 153; *Ch. Nowotny*, RdW 2005/742, 658; *Egermann*, RdW 2005/101, 66; zur SE s *Rauter* in Straube/Ratka/Rauter, GmbHG § 30a Rz 53.
32 *Rauter* in Straube/Ratka/Rauter, GmbHG § 30a Rz 54; *Koppensteiner/Rüffler*, GmbHG³ § 30a Rz 5; *Ch. Nowotny*, RdW 2005/742, 658.
33 *Rauter* in Straube/Ratka/Rauter, GmbHG § 30a Rz 48; *Koppensteiner/Rüffler*, GmbHG³ § 30a Rz 5; *Ch. Nowotny*, RdW 2005/742, 658; *Egermann*, RdW 2005/101, 66 (68).

mittelbare Beteiligung umfasst.[34] Mangels Mutter-/Tochterunternehmen-Beziehung kann bspw ein gesetzl Vertreter einer Gesellschaft zum AR eines **Schwesterunternehmens**, das mittelbar oder unmittelbar unter einem gemeinsamen Mutterunternehmen steht, bestellt oder entsandt werden (zulässig wäre auch die nachfolgende Bestellung des gesetzl Vertreters des Schwesterunternehmens zum AR der Gesellschaft, sofern diese Gesellschaften konzernmäßig verbunden oder unternehmerisch beteiligt sind; zur Überkreuzverflechtung s Rz 25).[35]

24 Unter dem Begriff Tochterunternehmen bzw Mutterunternehmen wird nach der hL auch auf **ausländische Gesellschaften** abzustellen sein (s Rz 18).[36]

3. Überkreuzverflechtung (Abs 2 Z 3)

25 Um Interessenkollisionen zu vermeiden, sind Überkreuzverflechtungen zw KapGes unzulässig. Es besteht demnach eine Unvereinbarkeit dann, wenn ein gesetzl Vertreter einer anderen KapGes zum Mitglied des AR der Gesellschaft bestellt oder entsandt werden soll u der GF der betr Gesellschaft wiederum dem AR der anderen KapGes bereits angehört.[37]

26 Unter dem Begriff der KapGes wird nach der hM auch auf **ausländische KapGes** abzustellen sein (s Rz 18; zur Definition des gesetzl Vertreters s Rz 21).[38]

27 Eine **Ausnahme** v der Unzulässigkeit einer Überkreuzverflechtung besteht dann, wenn die Gesellschaft mit der anderen KapGes **konzernmäßig verbunden** oder an ihr **unternehmerisch beteiligt** ist (§ 189a Z 2 UGB).

28 Das Vorliegen einer konzernmäßigen Verbindung ist nach § 115 (Zusammenfassung v rechtlich selbständigen Unternehmen zu wirtschaft-

---

34 Arg „Tochterunternehmen", u nicht etwa verbundene Unternehmen nach § 189a Z 8 UGB.
35 *Rauter* in Straube/Ratka/Rauter, GmbHG § 30a Rz 51 (Verhältnis der Über- bzw Unterordnung); *Eckert/Schopper* in Torggler, GmbHG § 30a Rz 7.
36 *Eckert/Schopper* in Torggler, GmbHG § 30a Rz 7; *Ch. Nowotny*, RdW 2005/742, 658; ausf *Walch*, GES 2017, 233 (245).
37 *Eckert/Schopper* in Torggler, GmbHG § 30a Rz 9; zur Überkreuzverflechtung bei der SE s *Rauter* in Straube/Ratka/Rauter, GmbHG § 30a Rz 58; *Koppensteiner/Rüffler*, GmbHG³ § 30a Rz 5a; *Ch. Nowotny*, RdW 2005/742, 658.
38 *Koppensteiner/Rüffler*, GmbHG³ § 30a Rz 5a (dann jedoch nicht, wenn die ausländische KapGes dem monistischen System folgt); aA *Rauter* in Straube/Ratka/Rauter, GmbHG § 30a Rz 57.

lichen Zwecken unter einheitlicher Leitung)[39] zu beurteilen. Im Hinblick auf den Begriff der **Beteiligung** wird auf § 189a Z 2 UGB verwiesen, wonach eine „Beteiligung" Anteile an einem anderen Unternehmen sind, die dazu bestimmt sind, dem eigenen Geschäftsbetrieb durch Herstellung einer dauernden Verbindung zu diesem Unternehmen zu dienen; dabei ist es gleichgültig, ob die Anteile in Wertpapieren verbrieft sind oder nicht. Es wird eine Beteiligung iSd § 189a Z 2 UGB an einem anderen Unternehmen vermutet, wenn der Anteil am Kapital 20 % beträgt oder darüber liegt.[40]

Auch wenn eine derartige Ausnahme v der Unzulässigkeit einer Überkreuzverflechtung vorliegt, kommen die Beschränkung mit der Höchstzahl der AR-Mandate nach Abs 2 Z 1 (Rz 14) u das Bestellungsverbot aufgrund des natürlichen Organisationsgefälles nach Abs 2 Z 2 (wenn die unternehmerische Beteiligung die Qualifikation einer Tochtergesellschaft iSv Abs 2 Z 2 erreicht – vgl Rz 19) weiterhin zur Anwendung. **29**

4. Bestellung zur Wahrung der wirtschaftlichen Interessen – Öffnungsklausel (Abs 3)

Auf die Höchstzahl der AR-Mandate nach Abs 2 Z 1 (s Rz 14) sind bis zu zehn Sitze in AR, in die das Mitglied gewählt oder entsandt ist, um die **wirtschaftlichen Interessen** **30**

– des Bundes, eines Landes, eines Gemeindeverbandes, einer Gemeinde, oder
– eines mit der Gesellschaft **konzernmäßig verbundenen** oder an ihr **unternehmerisch beteiligten Unternehmens** (§ 189a Z 2 UGB)

zu wahren, nicht anzurechnen (sog „privilegierte Mandate" bzw „Öffnungsklausel").[41]

Die Beurteilung, ob ein Unternehmen mit der Gesellschaft konzernmäßig verbunden oder an ihr unternehmerisch beteiligt ist, richtet sich nach § 115 bzw § 189a Z 2 UGB (s dazu Rz 28). **31**

---

[39] Vgl § 115 Rz 3 ff.
[40] Noch zur Rechtslage vor dem RÄG 2014 s *Rauter* in Straube/Ratka/Rauter, GmbHG § 30a Rz 50; *Koppensteiner/Rüffler*, GmbHG[3] § 30a Rz 56, 60.
[41] Vgl *Rauter* in Straube/Ratka/Rauter, GmbHG § 30a Rz 38; *Koppensteiner/Rüffler*, GmbHG[3] § 30a Rz 10; *Eckert/Schopper* in Torggler, GmbHG § 30a Rz 5.

32 Dieser Zweck der Wahrung der wirtschaftlichen Interessen des Bundes, eines Landes, eines Gemeindeverbandes, einer Gemeinde oder eines mit der Gesellschaft konzernmäßig verbundenen oder an ihr unternehmerisch beteiligten Unternehmens muss **im Rahmen der Bestellung** zum Ausdruck kommen.

33 Bei derartigen AR-Mandaten bleibt eine **Vorsitzführung** im AR **unberücksichtigt** u wird nicht doppelt auf die Höchstzahl angerechnet (die doppelte Anrechnung v Vorsitzführungen gem Abs 2 Z 1 ist auf Abs 5 nicht anwendbar).[42]

34 Somit kann ein AR bis zu insgesamt 20 AR-Mandate übernehmen: Zehn AR-Mandate gem Abs 3 (unabhängig ob Vorsitzführung oder nicht) u zehn sonstige AR-Mandate (jedoch unter Berücksichtigung v Vorsitzführungen, die doppelt auf die Höchstzahl angerechnet werden müssten), bevor die gesetzl Höchstzahl erreicht wird u eine weitere Bestellung unwirksam wäre.

5. Gleichstellung von Verwaltungsratsmitgliedern einer SE (Abs 4)

35 Mit Abs 4 wird klargestellt, dass der Tätigkeit als AR-Mitglied die Tätigkeit als Verwaltungsratsmitglied einer **SE mit monistischem System** (Art 38 Abs 2, Art 43 ff SEG)[43] gleichzuhalten ist u daher bei der Prüfung der Unvereinbarkeiten u Höchstzahlen mit zu berücksichtigen sind.[44] Dies unabhängig davon, ob das Verwaltungsratsmitglied ein geschäftsführendes oder nicht geschäftsführendes Verwaltungsratsmitglied ist.

B. Allgemeine Interessenkonflikte

36 Die Wahl eines AR-Mitglieds, bei dem andere als die in Abs 2 angeführten Interessenskonflikte bestehen oder bestehen könnten, ist grds zulässig. Eine allg Befangenheit eines AR-Mitglieds oder ein möglicher oder tatsächlicher Interessenskonflikt stellt grds **kein Bestellungshindernis oder Bestellungsverbot** dar. Vor der Wahl haben jedoch die zur Wahl

---

[42] *Rauter* in Straube/Ratka/Rauter, GmbHG § 30a Rz 39; *Koppensteiner/Rüffler*, GmbHG³ § 30a Rz 12; *Egermann*, RdW 2005/101, 66 (68).

[43] Im dualistischem System (Art 38 Abs 2 SEG) besteht ohnehin ein Aufsichtsorgan/-rat, sodass für das dualistische System Abs 4 nicht zur Anwendung kommt.

[44] *Rauter* in Straube/Ratka/Rauter, GmbHG § 30a Rz 36.

vorgeschlagenen AR-Mitglieder den Gesellschaftern ua alle Umstände darzulegen, die die Besorgnis einer Befangenheit begründen könnten (s § 30b Rz 10; vgl auch Rz 8). Demgemäß ist bspw auch ein Organmitglied einer konkurrierenden Gesellschaft nicht grds aufgrund eines Interessenkonflikts bzw einer Interessenkollision v der Übernahme u Ausübung des Mandats ausgeschlossen (zum Stimmverbot bei Interessenkonflikten bzw Interessenkollision s § 30g Rz 57).[45]

Es obliegt dem AR-Mitglied, auf allenfalls bestehende Interessenskonflikte bei einzelnen Tagesordnungspunkten einer Sitzung oder allg hinzuweisen u sich bei Abstimmungen der Stimme zu enthalten. Sollte die Ausübung des Mandats grds einen Interessenskonflikt hervorrufen bzw der Interessenskonflikt ein derartiges Ausmaß annehmen, dass die Übernahme oder Ausübung des Mandats nicht (mehr) ordnungsgemäß sichergestellt ist, so dürfte das AR-Mitglied letztendlich das **Mandat nicht annehmen bzw müsste es sein Mandat zurücklegen** (zum Rücktritt s § 30b Rz 31).[46]

37

Eine Verpflichtung der Gesellschafter zur Abberufung eines betr AR-Mitglieds durch Gesellschafterbeschluss könnte sich aufgrund der Treuepflicht ergeben (zur Treuepflicht s § 41 Rz 89; zur Abberufung durch Gesellschafterbeschluss § 30b Rz 24). Eine Haftung der bestellenden Gesellschafter (bzw des Gesellschafters, der sein Entsendungsrecht ausübt) bei der Auswahl einer nicht qualifizierten Person oder eines AR-Mitglieds, bei dem eine Befangenheit bzw ein Interessenkonflikt vorliegt, besteht nicht (zur Anfechtung der Stimmrechtsausübung wegen Treuwidrigkeit s § 41 Rz 89 ff).

38

C. Unvereinbarkeit gemäß § 30e

Grundsätzlich unvereinbar ist die Bestellung eines **GF** oder **AN** zum AR (als Kapitalvertreter).[47] Gemäß § 30e können die AR-Mitglieder nicht zugleich GF oder dauernde Vertreter v GF der Gesellschaft oder ihrer Tochterunternehmen sein; sie können auch nicht als Angestellte die Geschäfte der Gesellschaft führen (s § 30e Rz 8).

39

---

45 *Rauter* in Straube/Ratka/Rauter, GmbHG § 30a Rz 27 (im Einzelfall zu beurteilen); *Koppensteiner/Rüffler*, GmbHG[3] § 30a Rz 6; *Fida/Hofmann*, GesRZ 2005, 273; *Strasser* in Jabornegg/Strasser, AktG[5] § 86 Rz 14.
46 *Rauter* in Straube/Ratka/Rauter, GmbHG § 30a Rz 27.
47 Zur AG s § 90 Abs 1 AktG.

40 Bereits abberufene GF, ehem AN, Abschlussprüfer oder Berater können in den AR bestellt oder entsandt werden; eine bestimmte Dauer zw der Wirksamkeit der Beendigung des GF-Mandats u dem AR-Mandat ist nicht vorgesehen (grds **keine Cooling-off Period**).[48] Lediglich Vorsitzender des Prüfungsausschusses u Finanzexperte im Prüfungsausschuss des AR (zur Verpflichtung zur Einrichtung des Prüfungsausschusses s § 30g Rz 146) darf nicht sein, wer in den letzten drei Jahren GF, leitender Angestellter (§ 80 AktG) oder Abschlussprüfer der Gesellschaft war oder den Bestätigungsvermerk unterfertigt hat oder aus anderen Gründen nicht unabhängig u unbefangen ist.

41 Hingegen sind die v **BetrR** entsandten AR-Mitglieder gem § 110 Abs 1 ArbVG zwingend aus dem Kreis der (aktiven) Mitglieder des BetrR der Gesellschaft, die das aktive Wahlrecht zum BetrR besitzen, zu wählen.[49]

42 Ein **Gesellschafter** (natPers) oder vertretungsbefugtes Organ (bspw GF) oder AR-Mitglied eines Gesellschafters kann zum AR der Gesellschaft bestellt werden.[50] So auch AN des Gesellschafters bzw Mutterunternehmens. Diese sind auch v § 30e nicht umfasst.

43 Gesellschafter, die sich selbst oder als Vertreter zum AR-Mitglied zu bestellen beabsichtigen, unterliegen gem § 39 Abs 5 in der GV selbst **keinem Stimmverbot** (s § 39 Rz 94).

IV. Rechtsfolge bei Verstoß (Abs 5)

44 Hat eine Person bereits so viele Sitze in AR inne, als gesetzl zulässig ist, so kann sie in den AR einer Gesellschaft **erst berufen werden**, sobald dadurch die gesetzl Höchstzahl nicht mehr überschritten wird.

45 Wird durch eine weitere Bestellung zum AR die Höchstzahl (unter Berücksichtigung allfälliger Vorsitzführungen) überschritten, bleiben die bisherigen Mandate unberührt; lediglich die **weitere Bestellung ist unwirksam** (einer Anfechtung bedarf es nicht).[51] Maßgeblicher Zeitpunkt ist der Beginn des Mandats; somit die **Annahme des Mandats**

---

48 Anders § 86 Abs 4 Z 2 AktG, jedoch auch nur für börsennotierte Gesellschaften.
49 *Rauter* in Straube/Ratka/Rauter, GmbHG § 30a Rz 20.
50 *Rauter* in Straube/Ratka/Rauter, GmbHG § 30a Rz 25.
51 Dies auch dann, wenn bei privilegierten Mandaten die Privilegierung nachträglich wegfällt u somit die Anrechnung nach Abs 3 entfällt; s dazu *Rauter* in

(zur Annahme des Mandats vgl § 30 b Rz 6) durch das AR-Mitglied nach dessen Wahl durch die GV oder Entsendung, u, sofern die Annahme durch das AR-Mitglied bereits vorab erklärt wurde, die Wahl bzw Entsendung.

46 Wurde die Annahme nicht bereits vorweg erklärt, steht dem bestellten AR-Mitglied somit noch die Möglichkeit offen, mit der Zurücklegung v anderen Mandaten oder einer Vorsitzführung (bzw Beseitigung v anderen Bestellungsverboten) ein wirksame Bestellung herzustellen, auch wenn im Zeitpunkt der Wahl bzw Entsendung die Höchstzahl des betr AR-Mitglieds schon erreicht (bzw das Bestellungsverbot vorgelegen) war.[52]

47 Das gleiche muss auch gelten (auch wenn Abs 5 nur v einer Überschreitung der Höchstzahl spricht), nämlich die Unwirksamkeit der Bestellung, wenn eine Bestellung gegen Abs 1 erfolgt, somit bspw eine **jurPers zum AR-Mitglied** bestellt wird oder eine der anderen Unvereinbarkeiten nach Abs 2 vorliegt.[53]

48 In diesem Sinne ist auch eine Wahl zum Vorsitzenden dann **unwirksam**, wenn durch diese **Übernahme des Vorsitzes** das betr AR-Mitglied über die Höchstzahl kommen würde.

49 Die unwirksame Bestellung eines AR-Mitglieds aufgrund Überschreitung der Höchstzahl kann zu Unwirksamkeit v Beschlüssen des AR führen, auch wenn den übrigen AR-Mitgliedern die Unwirksamkeit der Bestellung nicht bekannt war oder auch nicht bekannt sein konnte (zur Beschlussfähigkeit des AR s § 30g Rz 44; zu den Beschlusserfordernissen des AR s § 30g Rz 48; zur Nichtigkeit v AR-Beschlüssen s § 30g Rz 91; zur rückwirkenden Bestellung s § 30b Rz 7). Bei Eintritt eines neuen AR-Mitglieds (Kapitalvertreters) sollte sich daher insb der Vorsitzende des AR v der Wirksamkeit der Bestellung (Nicht-Überschreitung der Höchstzahl beim neuen AR-Mitglied) überzeugen.

Straube/Ratka/Rauter, GmbHG § 30a Rz 47, 74; *Koppensteiner/Rüffler*, GmbHG³ § 30a Rz 15; *Eckert/Schopper* in Torggler, GmbHG § 30a Rz 14.
52 *Rauter* in Straube/Ratka/Rauter, GmbHG § 30a Rz 74; *Koppensteiner/Rüffler*, GmbHG³ § 30a Rz 15 (schwebend unwirksamer Beschluss bis zur Annahme), 17 (bei Nichtbeachtung gesv Qualifikationsmerkmale wird Anfechtbarkeit impliziert).
53 *Rauter* in Straube/Ratka/Rauter, GmbHG § 30a Rz 19, 24, 76 (dort auch zur Unmöglichkeit der Heilung aufgrund der FB-Eintragung); *Koppensteiner/Rüffler*, GmbHG³ § 30a Rz 16.

50 Erfolgt die Bestellung trotz Überschreitung der Höchstzahl u fällt anschließend die Anzahl der Mandate des betr AR-Mitglieds unter die gesetzl Höchstzahl, führt dies nicht zu einem Wiederaufleben der Bestellung, sondern eine **neuerliche Bestellung** bzw Entsendung wäre erforderlich.[54]

§ 30b. (1) [1]Die Aufsichtsratsmitglieder werden durch Gesellschafterbeschluß gewählt. [2]Falls wenigstens drei Aufsichtsratsmitglieder von derselben Generalversammlung zu wählen sind, kann von einem Drittel des in der Generalversammlung vertretenen Stammkapitals verlangt werden, daß die Wahl für jedes zu bestellende Mitglied des Aufsichtsrats abgesondert erfolge. [3]Ergibt sich vor der Wahl des letzten zu bestellenden Mitglieds, daß wenigstens der dritte Teil aller abgegebenen Stimmen bei allen vorangegangenen Wahlen zugunsten derselben Person, aber ohne Erfolg abgegeben worden ist, so muß diese Person ohne weitere Abstimmung als für die letzte Stelle gewählt erklärt werden. [4]Diese Vorschrift findet auf Wahlen von Mitgliedern des Aufsichtsrats solange keine Anwendung, als sich im Aufsichtsrat ein Mitglied befindet, welches auf die vorbezeichnete Art durch die Minderheit gewählt wurde.

(1a) Vor der Wahl haben die vorgeschlagenen Personen den Gesellschaftern ihre fachliche Qualifikation, ihre beruflichen oder vergleichbare Funktionen sowie alle Umstände darzulegen, die die Besorgnis einer Befangenheit begründen könnten.

(2) Kein Aufsichtsratsmitglied kann für längere Zeit als bis zum Gesellschafterbeschluß gewählt werden, der über die Entlastung für das vierte Geschäftsjahr nach der Wahl beschließt; hiebei wird das Geschäftsjahr, in dem das Aufsichtsratsmitglied gewählt wurde, nicht mitgerechnet.

(3) [1]Die Bestellung zum Aufsichtsratsmitglied kann vor Ablauf der Funktionsperiode durch Gesellschafterbeschluß widerrufen werden. [2]Der Beschluß bedarf einer Mehrheit, die mindestens drei Viertel der abgegebenen Stimmen umfaßt. [3]Der Gesellschaftsvertrag kann diese Mehrheit durch eine andere ersetzen und noch andere Erfordernisse aufstellen.

(4) [1]Die Bestellung des ersten Aufsichtsrats bei Errichtung der Gesellschaft gilt bis zum Gesellschafterbeschluß, der nach Ablauf

---

54 *Rauter* in Straube/Ratka/Rauter, GmbHG § 30a Rz 74.

eines Jahres seit der Eintragung der Gesellschaft in das Firmenbuch zur Beschlußfassung über die Entlastung stattfindet. ²Sie kann vorher durch Gesellschafterbeschluß mit einfacher Stimmenmehrheit widerrufen werden.

(5) Das Gericht hat auf Antrag einer Minderheit, deren Anteile zusammen den zehnten Teil des Stammkapitals erreichen, ein Aufsichtsratsmitglied abzuberufen, wenn hiefür ein wichtiger Grund vorliegt.

idF BGBl I 2005/59

Literatur: *Berger/Eckert*, Der Minderheitenvertreter im Aufsichtsrat nach österreichischem Recht, GesRZ 2001, 175; *Brix*, Wahl von Mitgliedern des Aufsichtsrats durch Verhältniswahl gemäß § 87 Abs 5 AktG, GesRZ 2015, 254; *Chini/Reiter/Reiter* (Hg), Praxiskommentar zum Gesellschaftsrechtsänderungsgesetz 2005 und zum Abschlussprüfungs-Qualitätssicherungsgesetz (2005); *Egermann*, GesRÄG 2005 – Zu den geplanten Änderungen beim Aufsichtsrat, RdW 2005/101, 66; *Fida/Hofmann*, Die neue Offenlegungspflicht vor der Aufsichtsratswahl, GesRZ 2005, 273; *Frotz*, Zur gesetzlichen Funktionsdauer des „ersten" bestellten GmbH-Aufsichtsrates, GesRZ 1978, 89; *Frotz*, Zur fehlerhaften Organbesetzung, GesRZ 2016, 91; *Gahleitner/Mosler*, Arbeitsverfassungsrecht III⁶ (2020); *Gruber/Auer*, Die Verschwiegenheitspflicht der Vorstands- und Aufsichtsratsmitglieder einer nicht börsenotierten AG, GesRZ 2013, 173; *M. Heidinger*, Aufgaben und Verantwortlichkeit von Aufsichtsrat und Beirat der GmbH (1989); *Jabornegg*, Aufsichtsratsmitwirkung im Konzern mit Untergesellschaften in der Rechtsform der GmbH & Co KG, DRdA 1999, 433; *Jabornegg*, Zur Aufsichtsratspflicht der von einer EU-ausländischen Muttergesellschaft abhängigen österreichischen GmbH, DRdA 2009, 219; *Kalss*, Die Arbeitnehmermitbestimmung in Österreich, in Baums/Ulmer (Hg), Unternehmens-Mitbestimmung der Arbeitnehmer im Recht der EU-Mitgliedsstaaten, ZHR-Sonderheft 2004/72, 95; *Kalss*, Das nominierte Aufsichtsratsmitglied im Konzern nach österreichischem Recht, in FS Hoffmann-Becking (2013) 631; *Kastner*, Syndikatsverträge in der österreichischen Praxis, ÖZW 1980, 1; *Kastner*, Aufsichtsrat und Realität, in FS Strasser (1983) 843; *Krejci*, Zum Minderheitsrecht nach § 87 AktG auf Einzelabstimmung bei der Aufsichtsratswahl, GesRZ 2001, 58; *Krejci*, Zur Qualifikation und Zusammensetzung des Aufsichtsrats der Aktiengesellschaft, GES 2012, 319; *Löschnigg*, Die wirtschaftliche Mitbestimmung im Konzern und in der GesmbH & Co KG, ZAS 1981, 3; *Mayr*, Die Entsendung von Arbeitnehmervertretern in den Aufsichtsrat einer „Holding" gem § 110 Abs 6a ArbVG, DRdA 2002, 531; *Napokoj/Pelinka*, Der Beteiligungsvertrag (2017); *Potyka*, Das Gesellschaftsrechtsänderungsgesetz 2005, ÖJZ 2006/14, 192; *Putzer*, Mitwirkung der Arbeitnehmerschaft im Aufsichtsrat (2005); *Reiner*, Schiedsverfahren und Gesellschaftsrecht, GesRZ 2007, 151; *Steiner*, Die Generalversammlung und die gerichtliche Abberufung von Geschäftsführern, wbl 2017, 69; *Steiner/Feilmair*, Informationsweitergabe durch AR-Mitglieder einer AG in krisennahen Situationen, GesRZ 2022, 67;

Strasser/Jabornegg/Resch (Hg), Kommentar zum ArbVG (2013 ff); *U. Torggler*, Zur Verschwiegenheitspflicht entsendeter Aufsichtsratsmitglieder, in FS H. Torggler (2013) 1215; *Walcher*, Satzungsdurchbrechungen bei AG und GmbH, GES 2019, 114; *I. Welser*, „Durchschlagen" der erfolgreichen Anfechtung eines Beschlusses über die Abberufung eines Aufsichtsrats wegen Treuwidrigkeit auf Nachfolge-Bestellungsbeschlüsse, ecolex 2021/299, 445; *I. Welser/Zivny*, Der vergessene § 30c GmbHG und gesellschaftsrechtliche Treuepflichten, RdW 2021/428, 542; *Weninger*, Minderheitenvertreter im Aufsichtsrat, GesRZ 1988, 101; *Zumbo*, Folgen der Nichtigerklärung eines Hauptversammlungsbeschlusses über die Reduzierung der Anzahl der Aufsichtsratsmitglieder, GES 2021, 327.

Inhaltsübersicht

I. Bestellung und Abberufung der Kapitalvertreter	1–32
A. Wahl der Kapitalvertreter (Abs 1)	1–15
1. Wahl durch die Gesellschafter	1–9
2. Informationspflicht (Abs 1a)	10–13
3. Minderheitenvertreter	14, 15
B. Allgemeine Funktionsperiode (Abs 2)	16–23
C. Vorzeitige Beendigung (Abs 3)	24–26
D. Erster Aufsichtsrat – kurze Funktionsperiode (Abs 4)	27, 28
E. Gerichtliche Abberufung (Abs 5)	29, 30
F. Rücktritt und sonstige Endigungsgründe	31, 32
II. Entsendung und Abberufung der Arbeitnehmervertreter	33–38

I. Bestellung und Abberufung der Kapitalvertreter

A. Wahl der Kapitalvertreter (Abs 1)[1]

1. Wahl durch die Gesellschafter

1 Die **Zuständigkeit** für die Wahl der AR-Mitglieder liegt – abgesehen v den in den §§ 30c u 30d gesetzl angeordneten Ausnahmen – zwingend[2] bei den **Gesellschaftern**; dies wird nach überwiegender ö M aus dem zwingenden Minderheitenrecht nach Abs 1 S 2 u 3 gefolgert.[3] Daher ist

---

1 Beim Rückgriff auf aktienrechtliche Lit ist bei der Arbeit mit § 30b zu beachten, dass die Parallelbestimmung des § 87 AktG im Detail untersch Regelungen enthält.
2 Anders nach dt Recht bei entspr gesv Gestaltung, vgl *Spindler* in MüKo GmbHG³ § 52 Rz 112.
3 *Koppensteiner/Rüffler*, GmbHG³ § 30b Rz 1; *Rauter* in Straube/Ratka/Rauter, GmbHG § 30b Rz 9; mglw abw für AG *Kastner/Doralt/Nowotny*, GesR⁵, 245.

eine Bestellung durch die GF (zum Gesellschafter-GF vgl Rz 2), durch ein anderes Organ (zB Beirat) oder die **Kooptierung** durch den AR unzulässig.[4] Die Wahl erfolgt durch **Beschluss**, der den allg Grundsätzen der §§ 34 ff folgt;[5] insb ist daher der Tagesordnungspunkt entspr anzukündigen (zB Wahlen in den AR; vgl auch § 38 Rz 18).[6] *En-bloc-*Wahl ist nach wie vor (vgl aber § 87 Abs 3 AktG) zulässig.[7] Konkludente Beschlüsse (deren Zulässigkeit iZm AR-Wahl str ist;[8] vgl allg zu konkludenten Beschlüssen § 34 Rz 51) werden *in praxi* insb dann diskutiert, wenn die befristeten (vgl Rz 16 ff) Mandate ausgelaufen sind. Beglaubigung oder Beurkundung des Beschlusses ist nicht erforderlich;[9] bei Gründung ist allerdings § 9 zu beachten, der die Vorlage eines beglaubigten Bestellungsnachweises verlangt, sofern die Bestellung des AR bei Gründung nicht ohnedies bereits im Gründungs-GesV erfolgt (vgl auch § 9 Rz 16, 18). Bei später errichteten bzw bestellten AR greift keine Formpflicht; auch eine Vorlage des Bestellungsbeschlusses beim FB ist grds nicht erforderlich (vgl § 30f Rz 11).

Die **einfache Mehrheit der abgegeben Stimmen** ist für einen positiven Wahlbeschluss ausreichend,[10] der GesV kann Verschärfungen vorsehen.[11] Strittig ist (aus der aktienrechtlichen Diskussion heraus), ob auch **geringere Anforderungen** vorgesehen werden können (relative 2

---

4 Vgl etwa *A. Heidinger* in Gruber/Harrer, GmbHG[2] § 30b Rz 3; *Wünsch* GmbHG § 30b Rz 3 (auch zur Unzulässigkeit der Beschränkung der Gesellschafter auf die bloße Zustimmung zu der v Dritten verbindlich getroffenen Auswahl, unbeschadet der Zulässigkeit syndikatsvertraglicher Nominierungsrechte, s dazu auch Rz 3); vgl aber auch *Reich-Rohrwig*, GmbHR I[2] Rz 4/92, der die Bestell-Kompetenz eines Schiedsgerichts bei Pattstellung in der GV oder bei Nichterreichen allfälliger gesv qualifizierter Mehrheiten bejaht; vgl zur AG: *M. Doralt* in Kalss/Kunz, HB AR[2] Kap 8 Rz 36 ff (zu den Grenzen der Zulässigkeit der Einbindung v Vorstand o Dritten, insb vor dem Hintergrund der Absicherung des natürlichen Organisationsgefälles).
5 *Koppensteiner/Rüffler*, GmbHG[3] § 30b Rz 2; zur AG: OGH 18.12.2002, 3 Ob 7/02d.
6 Vgl zur AG *M. Doralt* in Kalss/Kunz, HB AR[2] Kap 8 Rz 20 ff.
7 *M. Heidinger* in Kalss/Kunz, HB AR[2] Kap 40 Rz 17.
8 Abl *Frotz*, GesRZ 1978, 89 (93 f). Vgl auch unten Rz 7 FN 35.
9 Vgl auch *Rauter* in Straube/Ratka/Rauter, GmbHG[2] § 30b Rz 17; *A. Heidinger* in Gruber/Harrer, GmbHG[2] § 30b Rz 7.
10 *Rauter* in Straube/Ratka/Rauter, GmbHG § 30b Rz 12; zur AG: OGH 18.12.2002, 3 Ob 7/02d.
11 *Reich-Rohrwig*, GmbHR I[2] Rz 4/91; *Rauter* in Straube/Ratka/Rauter, GmbHG § 30b Rz 12.

Stimmenmehrheit;[12] Verhältniswahl[13]).[14] Selbstwahl (zur Abberufung vgl Rz 25) ist zulässig (§ 39 Abs 5, vgl § 39 Rz 92 ff).[15] Fraglich ist, ob Gesellschafter-GF einem Stimmverbot bei Wahl des AR unterliegen. Dafür könnte sprechen, dass nicht in das natürliche Organisationsgefälle eingegriffen werden soll (GF bestellt AR, s Rz 1); dagegen spricht aber, dass auch bei Errichtung des AR die GV oberstes willensbildendes Organ bleibt (vgl § 29 Rz 2). Zur ähnlichen Frage bei Entsendung eines AR-Mitglieds durch einen Gesellschafter-GF oder Gesellschafter-Angestellten/Mitarbeiter vgl § 30c Rz 3 aE; vgl auch § 29 Rz 74 FN 214 zur Bestellung des Beirats.

3 Vorgaben über das Wahlverhalten im Rahmen v **Syndikatsverträgen** sind grds zulässig[16] u v praktischer Relevanz. Zulässig sind auch gesv **Nominierungsrechte** (Vorschlagsrechte, Benennungsrechte). Beide Fälle stellen kein „echtes" Entsendungsrecht iSd § 30c dar, dh es hat eine Wahl stattzufinden (u die Bestellung erfolgt befristet [vgl Rz 16 ff] u die Abberufung folgt den allg Regeln [vgl Rz 24 ff],[17] vgl zur „echten" Entsendung § 30c Rz 14 f). Das syndikatsvertragliche Nominierungsrecht berechtigt u verpflichtet die Syndikatsmitglieder schuldrechtlich zur entspr Stimmrechtsausübung.[18] Auch beim gesv Nominierungsrecht, welches zur Erstattung eines Wahlvorschlags berechtigt, sollten uE die übrigen Gesellschafter grds (sofern nicht wich-

---

12 Zulässigkeit wird für AG unter Hinweis auf § 121 Abs 2 S 2 AktG („*Für Wahlen kann die Satzung **andere** Bestimmungen treffen.*") bejaht; vgl *Kalss* in Doralt/Nowotny/Kalss, AktG³ § 87 Rz 17; *Strasser* in Jabornegg/Strasser, AktG⁵ §§ 87–89 Rz 7.

13 Vgl dazu *M. Heidinger* in Kalss/Kunz, HB AR² Kap 40 Rz 18 (nunmehr befürwortend). Vgl für die AG § 87 Abs 5 AktG; ausf Darstellung bei *M. Doralt* in Kalss/Kunz, HB AR² Kap 8 Rz 126 ff sowie *Brix*, GesRZ 2015, 254.

14 Vgl (mit untersch Begründungen) *Rauter* in Straube/Ratka/Rauter, GmbHG § 30b Rz 12; *A. Heidinger* in Gruber/Harrer, GmbHG² § 30b Rz 4.

15 *Temmel*, Aufsichtsrat 28; zur AG: OGH 25.6.2003, 9 Ob 64/03g.

16 Vgl etwa *Wünsch*, GmbHG § 30b Rz 3; *Kastner* in FS Strasser 843 (847); *M. Doralt* in Kalss/Kunz, HB AR² Kap 8 Rz 181 ff. Vgl dazu ausf auch *Kalss* in Kalss/Kunz, HB AR² Kap 9 Rz 37 ff. Vgl auch OGH 21.11.2018, 6 Ob 194/18z zum einstweiligen Rechtsschutz bei drohender Verletzung eines Syndikatsvertrags u 18.2.2021, 6 Ob 140/20m, 6 Ob 155/20t zur Anfechtung eines Abberufungs- u des nachfolgenden Bestellungsbeschlusses wegen Treuwidrigkeit u Verletzung eines Syndikatsvertrags.

17 *Kalss* in Kalss/Kunz, HB AR² Kap 9 Rz 40 f.

18 Vgl *Aburumieh/Hoppel* in Napokoj/H. Foglar-Deinhardstein/Pelinka, AktG § 87 Rz 25 mwN.

tige Gründe in der Person des Nominierten entgegenstehen, oder die Auslegung der Bestimmung anderes ergibt) an den Wahlvorschlag des nominierungsberechtigten Gesellschafters gebunden u zur entspr Stimmrechtsausübung verpflichtet sein (**str**).[19] Anders als in der AG, wo grds für die Erstattung eines Wahlvorschlags die Beteiligungs-Schwelle v 1% zu erreichen ist (vgl § 110 AktG), könnte nämlich in der GmbH ohnedies jeder Gesellschafter einen Wahlvorschlag erstatten, dh eine Nominierung zur Wahl vornehmen. Ohne Folgepflicht der anderen Gesellschafter läge daher im gesv Nominierungsrecht gar kein besonderes Recht (Sonderrecht). Aufgrund der differenzierten M in der L erscheint uE eine Klarstellung der Folgepflicht der Mitgesellschafter iSe positiven Stimmverpflichtung im GesV sinnvoll. Ebenso erscheint es sinnvoll, im GesV festzulegen, ob das Nominierungsrecht einmalig oder mehrmalig ausübbar ist.[20]

Fraglich ist aber, ob bei **Nichtbefolgung der Stimmpflicht** Anfechtbarkeit oder gar Unwirksamkeit des Beschlusses eintreten könnte (zur Unterscheidung vgl § 41 Rz 10 ff)[21] oder ob eine bloß schuldrechtliche Klausel[22] des GesV (vgl dazu § 4 Rz 30 u § 49 Rz 9, 11 ff) vorliegt. Im letzten Fall könnten sich die Folgen ähnlich wie bei der Verletzung v Syndikatsabreden darstellen, dh Anfechtbarkeit ist nicht unter allen Umständen gegeben (vgl dazu § 41 Rz 102). 4

Zum **besonderen Verhältnis** zw Nominiertem u Nominierer gilt grds das zum Entsendungsrecht Ausgeführte (vgl § 30c Rz 4 ff iZm besonderen Pflichtenbindungen u Informationsrechten im Spannungsver- 5

---

19 Wie hier: *Kuhn* in Reich-Rohrwig/Ginthör/Gratzl, HB GV[2] Rz 1.194; *Reich-Rohrwig*, GmbHR I[2] Rz 4/92; *Koppensteiner/Rüffler*, GmbHG[3] § 30b Rz 2 aE iVm § 15 Rz 12; *Kastner*, ÖZW 1980, 1 (3 aE) (keine Bindung der anderen Gesellschafter) *Napokoj/Pelinka*, Der Beteiligungsvertrag 130; *M. Doralt* in Kalss/Kunz, HB AR[2] Kap 8 Rz 178; *Kalss* in Doralt/Nowotny/Kalss, AktG[3] § 88 Rz 41; *Wünsch*, GmbHG § 30b Rz 3; vgl auch noch die abl M des OGH 21.9.1920, 3 R 155/20, die zumindest nach einem Teil der L überholt sein soll (vgl *Reich-Rohrwig* aaO; *Kastner* aaO FN 30). Differenzierend auch *Kalss* in FS Hoffmann-Becking 631 (635: syndikatsvertragliches Nominierungsrecht zielt auf Stimmverpflichtung, anders aber das „bloße" satzungsmäßige Nominierungsrecht).
20 Vgl zu Entsendungsrechten *Kuhn* in Reich-Rohrwig/Ginthör/Gratzl, HB GV[2] Rz 1.194. Vgl zu Formulierungs-Bsp *Napokoj/Pelinka*, Der Beteiligungsvertrag 130 f u 137 f.
21 IdS uE *Kastner*, ÖZW 1980, 1 (3 aE).
22 Vgl *Kuhn* in Reich-Rohrwig/Ginthör/Gratzl, HB GV[2] Rz 1.194.

hältnis zur Verschwiegenheitsverpflichtung als AR);[23] dies sollte jedenfalls dann gelten, wenn das Nominierungsrecht im GesV[24] eingeräumt wurde; uE gilt dies auch, wenn dieses unter Einbindung aller Gesellschafter außerhalb des GesV (zB omnilateraler Syndikatsvertrag) eingeräumt wurde. Ist dies nicht der Fall, werden in der Lit Einschränkungen erwogen, doch könnten auch hier in besonderen Gestaltungen (zB Konzernleitung oder Wahrnehmung gesetzl anerkannter Gesellschafterrechte) Informationsweitergaben an Dritte gerechtfertigt werden.[25] Zur Frage der Begründung einer kontrollierenden Beteiligung bei bestehender Befugnis zur Nominierung der Mehrheit der AR-Mitglieder vgl § 30c Rz 8. Zur allenfalls gebotenen Offenlegung gem Abs 1 a iZm derartigen Absprachen vgl Rz 12.

6   Die Wahl wird erst mit **Annahme** wirksam, diese kann gegenüber der GV oder gegenüber dem bzw den GF erklärt werden[26] u kann allenfalls auch bloß konkludent erfolgen (zB Tätigkeitsaufnahme).[27] Die Annahme kann auch bereits vor der Wahl erklärt werden; die Annahmeerklärung selbst darf nicht bedingt oder befristet (iSe vorzeitigen Endes) sein, kann aber für einen späteren Zeitpunkt erfolgen (praktisch relevant uU bei Beseitigung v Bestellhindernissen).[28] Mit der Wahl u der Annahme der Wahl entsteht ein **schuldrechtliches Verhältnis** zw der Gesellschaft u dem AR-Mitglied (idR Auftragsverhältnis),[29] welches auch einen Anspruch auf Aufwandersatz beinhaltet (§ 1014 ABGB, vgl § 31

---

23 Vgl dazu *Kalss* in Kalss/Kunz, HB AR[2] Kap 9 Rz 47, 76 ff (zum nominierten AR-Mitglied), 34 ff, 51 ff (zum „echten" entsandten Mitglied); vgl auch *Kalss* in Kalss/Kunz, HB AR[2] Kap 26 Rz 44 ff; *Kalss* in FS Hoffmann-Becking 631 (635 ff); vgl auch *Gruber/Auer*, GesRZ 2013, 173 (178). **Abl** *U. Torggler* in FS H. Torggler, 1215 (1227) bzgl der Weitergabe v Informationen an den Gesellschafter (Unzulässigkeit).
24 *Kalss* in Kalss/Kunz, HB AR[2] Kap 9 Rz 77, 78 (hier mit Hinweis auf aA v *U. Torggler*, vgl auch vorige FN), 80.
25 Vgl dazu *Kalss* in Kalss/Kunz, HB AR[2] Kap 9 Rz 81 f. Vgl auch *Steiner/Feilmair*, GesRZ 2022, 67 zur Informationsweitergabe durch AR-Mitglieder einer AG in krisennahen Situationen.
26 *Rauter* in Straube/Ratka/Rauter, GmbHG § 30b Rz 38 mwN.
27 *Wünsch*, GmbHG § 30b Rz 21.
28 *Aburumieh/Hoppel* in Napokoj/H. Foglar-Deinhardstein/Pelinka, AktG § 87 Rz 28; *Rauter* in Straube/Ratka/Rauter, GmbHG § 30b Rz 38.
29 *A. Heidinger* in Gruber/Harrer, GmbHG[2] § 30b Rz 17; *Rauter* in Straube/Ratka/Rauter, GmbHG § 30b Rz 74 mwN. Ein echtes Dienstverhältnis wäre aber nicht möglich, vgl § 30e Rz 9 ff.

Rz 34, vgl dort auch Rz 11 zur Frage des Anspruchs auf Vergütung).[30] Mit Annahme **beginnt** auch das organschaftliche Mandat (s aber zu Ersatzmitgliedern § 30 Rz 9), es sei denn, im Bestellungsbeschluss wird etwas Abweichendes (wie zB aufschiebende Bedingungen/Befristungen) festgelegt.[31] Setzt eine AR-Wahl noch eine Änderung des GesV voraus, kann die Beschlussfassung uE in ein u derselben Versammlung erfolgen (vgl zur ähnlichen Fragestellung bei § 29 Rz 55); jedenfalls ist dies zulässig, wenn die Bestellung aufschiebend bedingt erfolgt.[32] Das AR-Mitglied ist im FB einzutragen; die Eintragung im FB hat aber bloß deklarative Wirkung (vgl § 30f Rz 13).

Eine **rückwirkende Bestellung** wird v der Lit überwiegend abgelehnt.[33] Unseres Erachtens ist dem grds zu folgen, zumal ein AR-Mitglied seine Pflichten nicht rückwirkend erfüllen kann.[34] Fraglich ist jedoch, was passiert, wenn ein AR-Mitglied faktisch tätig wird, ohne tatsächlich (noch) bestellt zu sein, dies etwa aufgrund eines in der Praxis häufig übersehenen Auslaufens der Funktionsperiode (vgl Rz 16 ff, insb 22).[35] In solchen Fällen kann es in der Praxis erforderlich sein, das bisherige Handeln des AR-Mitglieds rückwirkend zu sanieren.[36] Unseres Er- 7

---

30 *Koppensteiner/Rüffler*, GmbHG³ § 30b Rz 4.
31 *Koppensteiner/Rüffler*, GmbHG³ § 30b Rz 4; *Rauter* in Straube/Ratka/Rauter, GmbHG § 30b Rz 41. Zur Zulässigkeit v befristeten u aufschiebend bedingten Bestellungen vgl generell auch *Kalss* in Kalss/Nowotny/Schauer, GesR², Rz 3/612.
32 IdS *Wünsch*, GmbHG § 30b Rz 27; *Rauter* in Straube/Ratka/Rauter, GmbHG § 30b Rz 41.
33 *Wünsch*, GmbHG § 30b Rz 22; offen gelassen OGH 1.8.2003, 1 Ob 165/03a. Gem letztgenannter E wäre jedenfalls auch eine ausdrückliche Ankündigung der rückwirkenden Bestellung in der Tagesordnung zur GV erforderlich, vgl auch § 38 Rz 18.
34 *Rauter* in Straube/Ratka/Rauter, GmbHG § 30b Rz 42; zur GF-Bestellung: OLG Wien 28.1.2009, 28 R 295/08, ecolex 2009/376, 961. S allerdings zur rückwirkenden Bestellung v Verwaltungsratsmitgliedern einer SE (aufgrund positiver Beschlussfeststellungsklage) die Eintragungsverfügung des HG Wien v 22.1.2016, 75 Fr 494/16s, zit nach *Frotz*, GesRZ 2016, 91; vgl idZ *Frotz*, GesRZ 2016, 91 (94) zur generellen Problematik rückwirkender Bestellungen.
35 Gegen eine konkludente Weiterbestellung in derartigen Fällen *Frotz*, GesRZ 1978, 89 (94). Jedenfalls dann, wenn nur ein Gesellschafter besteht u dessen Verhalten keinen Zweifel daran lässt, dass eine Wiederbestellung intendiert ist, sollte uE auch eine konkludente Bestellung denkbar sein.
36 *Rauter* in Straube/Ratka/Rauter, GmbHG § 30b Rz 42/1; *A. Heidinger* in Gruber/Harrer, GmbHG² § 30b Rz 18.

achtens wäre es diesfalls denkbar, einen formalen Beschluss zur neuerlichen Bestellung des AR-Mitglieds zu fassen, mit welchem das bisherige Verhalten rückwirkend (durch den Bestellberechtigten u allenfalls zusätzlich auch durch den AR selbst) genehmigt werden könnte.[37] Um jedoch eine Umgehung der Höchstdauer der Funktionsperiode (vgl Rz 20) zu verhindern, sollte uE der Beginn der neuerlichen Funktionsperiode zumindest rechnerisch ab dem Zeitpunkt des Auslaufens der vorhergehenden Funktionsperiode laufen – dies bedeutet aber keine rückwirkende Bestellung.

8 Die Rechtsfolgen der **Mangelhaftigkeit** v Bestellungsbeschlüssen richten sich nach allg Grundsätzen (vgl Rz 17 zur Festlegung der Funktionsperiode durch Gesellschafterbeschluss u § 30a Rz 44 ff zum Verstoß gegen Unvereinbarkeiten).[38] Ob bei Nichterfüllung v fachlichen Qualifikationen (vgl dazu auch Rz 10) der Beschluss angreifbar ist, ist str; uE aber eher abzulehnen (vgl auch § 30a Rz 8),[39] zumindest dann, wenn nicht der GesV konkrete fachliche Voraussetzungen (vgl dazu § 30a Rz 10) festschreibt.[40]

9 In der Praxis eingebürgert ist der Begriff der Konstituierung des AR (**konstituierende Sitzung**).[41] Erforderlich ist diese nur, wenn der AR in seiner Gesamtheit neu gewählt wird (dies trifft auch auf den ersten AR zu). Praktisch findet oft eine Konstituierung statt, sobald in einer GV ein oder mehrere AR neu bestellt werden, Sitzungsinhalt ist oft die Be-

---

37 Vgl auch zur GF-Bestellung OLG Wien 28.1.2009, 28 R 295/08, ecolex 2009/376, 961 („*In der Anordnung einer rückwirkenden Bestellung kann materiell-rechtlich zwar allenfalls eine Genehmigung von bereits vor der wirksamen Bestellung gesetzten Vertretungshandlungen des neuen GF liegen, ...*").
38 *Koppensteiner/Rüffler*, GmbHG[3] § 30b Rz 5; *Rauter* in Straube/Ratka/Rauter, GmbHG § 30b Rz 43. Vgl zur AG zu Fallgruppen mangelhafter Bestellungsbeschlüsse bei *M. Doralt* in Kalss/Kunz, HB AR[2] Kap 8 Rz 185 ff.
39 In diese Richtung gehend OGH 10.10.2002, 6 Ob 97/02m; so auch *Kalss/Schimka* in Kalss/Kunz, HB AR[2] Kap 2 Rz 103 f (Bestellungsbeschluss jedenfalls wirksam); vgl auch die Meinungsübersicht bei *Rauter* in Straube/Ratka/Rauter, GmbHG § 30b Rz 43; *Strasser* in Jabornegg/Strasser, AktG[5] § 86 Rz 19 (Unanfechtbarkeit, aber uU Haftung der dafür stimmenden Aktionäre bei daraus resultierendem Schaden der Gesellschaft für Auswahlverschulden; s aber auch die folgende FN bei Festlegung satzungsmäßiger Eignungskriterien).
40 IdS auch *Kalss* in Doralt/Nowotny/Kalss, AktG[3] § 86 Rz 60 sowie *Strasser* in Jabornegg/Strasser, AktG[5] § 86 Rz 19, dh bei Nichteinhaltung satzungsmäßiger Anforderungen Anfechtbarkeit.
41 Vgl dazu u zum Folgenden *M. Doralt* in Kalss/Kunz, HB AR[2] Kap 8 Rz 106.

stellung v AR-Vorsitzendem samt Stellvertreter sowie die Beschlussfassung über eine GO (vgl zur konstituierenden Sitzung auch § 30g Rz 18).

2. Informationspflicht (Abs 1a)

Abs 1a wurde mit dem GesRÄG 2005 eingefügt u verpflichtet die zur Wahl vorgeschlagenen Personen, den Gesellschaftern vor der Wahl ihre **fachliche Qualifikation**, ihre beruflichen oder vergleichbaren **Funktionen** sowie alle Umstände darzulegen, die die **Besorgnis einer Befangenheit** begründen könnten, damit sich die Gesellschafter ein Bild über die fachliche Eignung, mögliche Interessenkonflikte u das vorhandene Zeitbudget machen können. Abs 1a gilt **nicht** bei Entsendung u gerichtl Bestellung.[42] Unseres Erachtens könnte die Informationserteilung weiters dann unterbleiben, wenn sämtliche Gesellschafter darauf spätestens in der GV verzichten.

10

Die Informationserteilung erfolgt an die **Gesellschafter**;[43] sind nicht alle Gesellschafter in der GV anwesend, schadet das nicht.[44] Bei Umlaufbeschlussfassung sind die Unterlagen mit zu übersenden. Auch in einer GV reicht uE schriftliche Information, die aber v Kandidaten selbst stammen muss (höchstpersönliche Informationspflicht, aber keine Anwesenheitspflicht des Kandidaten);[45] eine Unterfertigung ist aber nicht erforderlich.[46] Wird vor (u nicht: in) der GV informiert, ist dies uE daher ebenso ausreichend. Umgekehrt ist Informationserteilung in der GV jedenfalls ausreichend (dh kein Zwang zur Informationserteilung bereits bei Einberufung der GV);[47] uE könnte in der GV die Information auch mündlich erfolgen.

11

Offenzulegen[48] sind etwa weitere AR-Mandate, sonstige Organfunktionen in in- u ausländischen Gesellschaften, Haupt- u Neben-

12

---

42 ErlRV 927 BlgNR 22. GP 7; *Koppensteiner/Rüffler*, GmbHG³ § 30b Rz 2a; **gegen hM** *Chini* in Chini/Reiter/Reiter, PK GesRÄG 2005, 44.
43 ErlRV 927 BlgNR 22. GP 9.
44 Vgl *Fida/Hofmann*, GesRZ 2005, 273 (274); anders *Egermann*, RdW 2005/101, 66 (67 f).
45 Vgl auch *A. Heidinger* in Gruber/Harrer, GmbHG² § 30b Rz 10; *Fida/Hofmann*, GesRZ 2005, 273 (274); *Egermann*, RdW 2005/101, 66 (67); *M. Doralt* in Kalss/Kunz, HB AR² Kap 8 Rz 50.
46 *M. Doralt* in Kalss/Kunz, HB AR² Kap 8 Rz 50.
47 *Fida/Hofmann*, GesRZ 2005, 273 (274); anderes empfiehlt *Egermann*, RdW 2005/101, 66 (68).
48 Vgl dazu im Detail *Fida/Hofmann*, GesRZ 2005, 273 (274 f); *Egermann*, RdW 2005/101, 66 (67 f); *M. Doralt* in Kalss/Kunz, HB AR² Kap 8 Rz 52 f. Vgl auch OGH 23.5.2019, 6 Ob 1/19v, Rz 4.

berufe, politische Mandate,[49] die Tätigkeit[50] in oder beherrschende Beteiligung[51] an einem Konkurrenzunternehmen[52]; bestehende oder ehem Geschäftsbeziehungen zur Gesellschaft,[53] deren GF, deren Tochtergesellschaft/en u ggf auch zu einzelnen Gesellschaftern.[54] Die objektive Eignung, auch bloß den **Anschein** oder die Besorgnis einer Befangenheit auszulösen, ist ausreichend; auf eine tatsächliche Gefährdung der Gesellschaftsinteressen kommt es nicht an.[55] Nach selbem Maßstab ist die Frage zu beurteilen, ob ein AR-Mitglied verpflichtet ist, offenzulegen, dass seine Bestellung durch eine syndikatsvertragliche Absprache (vgl Rz 5) begründet ist.[56] Gleichzeitige Offenlegung, warum aus Sicht des Kandidaten keine Befangenheit gegeben ist, ist immer möglich.[57] Nicht offenzulegen sind reine private Funktionen, wie zB private Vereinsmitgliedschaften.[58] Allgemeine Interessenkonflikte (dh abseits der Vorgaben des § 30a Abs 2) begründen grds kein Bestellungsverbot (vgl dazu § 30a Rz 36 ff). Nur vereinzelt auftretende Interessenkonflikte können durch

---

49 ErlRV 927 BlgNR 22. GP 7 f; *Kalss* in Doralt/Nowotny/Kalss, AktG³ § 87 Rz 14; *Rauter* in Straube/Ratka/Rauter, GmbHG § 30b Rz 19/1; *A. Heidinger* in Gruber/Harrer, GmbHG² § 30b Rz 8.
50 ErlRV 927 BlgNR 22. GP 8; *Koppensteiner/Rüffler*, GmbHG³ § 30b Rz 2a; *Potyka*, ÖJZ 2006/14, 192 (194).
51 *Fida/Hofmann*, GesRZ 2005, 273 (274) unter Hinweis auf OGH 4.4.1978, 4 Ob 326–329/78 (zu §§ 112 ff UGB).
52 Vgl auch C-Regel 45 ÖCGK, wonach AR-Mitglieder keine Organfunktionen in anderen Unternehmen wahrnehmen dürfen, die zum Unternehmen im Wettbewerb stehen.
53 Vgl *Egermann*, RdW 2005/101, 66 (67); *Koppensteiner/Rüffler*, GmbHG³ § 30b Rz 2a (Beratungsmandate v RA); *Rauter* in Straube/Ratka/Rauter, GmbHG § 30b Rz 19/1. Zum Notar als AR-Mitglied vgl OLG Wien 3.12.2020, 6 R 202/20z (die AR-Mitgliedschaft des Notars wurde als Ausschließungsgrund gem § 33 Abs 1 S 1 NO gewertet, sodass der v betroffenen Notar errichtete Notariatsakt als unwirksam qualifiziert wurde).
54 Vgl auch OGH 23.5.2019, 6 Ob 1/19v, Rz 4 (Verpflichtung des AR-Kandidaten zur Offenlegung der Gutachtertätigkeit für Mehrheitsgesellschafter); *Rauter* in Straube/Ratka/Rauter, GmbHG § 30b Rz 19/1.
55 Vgl OGH 23.5.2019, 6 Ob 1/19v, Rz 4; *Egermann*, RdW 2005/101, 66 (67); *Eckert/Schopper* in Torggler, GmbHG § 30b Rz 3; *Rauter* in Straube/Ratka/Rauter, GmbHG § 30b Rz 19/1; *A. Heidinger* in Gruber/Harrer, GmbHG² § 30b Rz 8.
56 *M. Doralt* in Kalss/Kunz, HB AR² Kap 8 Rz 184.
57 ErlRV 927 BlgNR 22. GP 8; vgl auch OGH 23.5.2019, 6 Ob 1/19v, Rz 4.
58 Vgl *Aburumieh/Hoppel* in Napokoj/H. Foglar-Deinhardstein/Pelinka, AktG § 87 Rz 10 mwN.

Nichtteilnahme an Sitzungen oder Stimmenthaltung gelöst werden.[59] Sollte aber durch den Interessenkonflikt eine ordnungsgemäße Ausübung des AR-Mandats generell unmöglich sein, darf das AR-Mandat nicht angenommen bzw muss zurückgelegt werden, um Haftungsfolgen zu vermeiden.[60]

Eine **fehlende oder fehlerhafte Information** kann den Beschluss anfechtbar machen.[61] Ob dies auch einen wichtigen Grund für eine gerichtl Abberufung darstellt, ist Einzelfallentscheidung; uE sollte dieses Instrumentarium (als *ultima ratio*) nicht leichtfertig „gezogen" werden.[62] Bei **vorsätzlicher Falsch-Darstellung** ist für bestehende, dh wiederzuwählende AR-Mitglieder § 163a StGB zu beachten (vgl Exkurs WiStR Rz 81 ff). 13

3. Minderheitenvertreter

Gemäß Abs 1 S 2[63] kann für den Fall, dass **wenigstens drei**[64] AR-Mitglieder v derselben GV[65] zu wählen sind, v **einem Drittel des in der** 14

---

59 Vgl auch OGH 23.5.2019, 6 Ob 1/19v, Rz 4; *Eckert/Schopper* in Artmann/Karollus, AktG[6] § 87 Rz 16. Vgl auch C-Regel 46 ÖCGK, wonach AR-Mitglieder, die in Interessenkonflikte geraten, dies unverzüglich dem Vorsitzenden des AR offenzulegen haben (der Vorsitzende hat allfällige Interessenkonflikte seinem Stellvertreter offenzulegen).
60 Vgl *Aburumieh/Hoppel* in Napokoj/H. Foglar-Deinhardstein/Pelinka, AktG § 87 Rz 11.
61 *Fida/Hofmann*, GesRZ 2005, 273 (275 ff); aA *Krejci*, GES 2012, 319 (332).
62 Vgl idS auch OGH 23.5.2019, 6 Ob 1/19v, Rz 4 (Abberufung nur als *ultima ratio*, vgl auch Rz 29 FN 136); zur gerichtl Abberufung vgl auch *Fida/Hofmann*, GesRZ 2005, 273 (275); weitergehend *Rauter* in Straube/Ratka/Rauter, GmbHG § 30b Rz 22.
63 Mangels praktischer Relevanz erfolgt hier nur eine Kurzdarstellung. Vgl die ausf Darstellungen, samt konkreter Handhabe des Wahlvorgangs, etwa bei *Rauter* in Straube/Ratka/Rauter, GmbHG § 30b Rz 23 ff; *M. Doralt* in Kalss/Kunz, HB AR[2] Kap 8 Rz 107 ff, 118 ff. Vgl etwa auch *Berger/Eckert*, GesRZ 2001, 175; *Krejci*, GesRZ 2001, 58; *Weninger*, GesRZ 1988, 101.
64 „Ausgehebelt" wird das Minderheitenrecht daher durch gleichzeitige Wahl v maximal zwei AR-Mitgliedern, was etwa durch untersch Bestellperioden für einzelne AR-Mitglieder erreicht wird; dies ist nach hM zulässig, vgl etwa *M. Doralt* in Kalss/Kunz, HB AR[2] Kap 8 Rz 112 (insb FN 150) u Rz 219 FN 279 aE; **krit** *Weninger*, GesRZ 1988, 101 (103); **aA** *Berger/Eckert*, GesRZ 2001, 175 (178 f).
65 Das Minderheitenrecht greift nach hM nicht bei Umlaufbeschlussfassung, diesfalls müsste also wenigstens einer der (Minderheits-)Gesellschafter der

GV vertretenen Stammkapitals[66] (ausdrücklich)[67] verlangt werden, dass die Wahl für jedes zu bestellende Mitglied des AR abgesondert erfolgt (Einzelabstimmung).[68] Die Festlegung der **Reihenfolge** der Abstimmung über die kandidierenden AR-Mitglieder erfolgt durch die Mehrheit;[69] dies ist deshalb relevant, da das letzte zu wählende Mitglied allenfalls dem bestellten Minderheitenvertreter weichen muss. Denn: Ergibt sich vor der Wahl des letzten (= dritten oder weiteren)[70] zu bestellenden Mitglieds, dass wenigstens der **dritte Teil aller abgegebenen Stimmen bei allen vorangegangen Wahlen** zugunsten derselben Person,[71] aber ohne Erfolg abgegeben worden ist, so gilt diese Person **ohne weitere Abstimmung als für die letzte Stelle gewählt** (nicht aber das eigentlich in der Wahlreihenfolge letztgereihte AR-Mitglied).[72] Der Minderheitenvertreter hat dieselben Rechte u Pflichten wie die übrigen Kapitalvertreter.[73] Auch bei der Wahl eines Minderheitenvertreters ist – bei Erfüllung der Anwendungsvoraussetzungen – auf die Erfüllung der Vorgaben zur Geschlechterquote zu achten.[74]

Art der Beschlussfassung die Zustimmung verweigern, um in das richtige Wahlverfahren (= GV) zu gelangen (vgl §34 Rz 57 ff), vgl auch *Rauter* in Straube/Ratka/Rauter, GmbHG §30b Rz 27 u etwa *Wünsch*, GmbHG §30b Rz 9; (sinnvollerweise) offener *M. Heidinger* in Kalss/Kunz, HB AR² Kap 40 Rz 17 bei festgefügten Mehrheitsverhältnissen.

66 Zur Frage, wenn die Kapitalbeteiligung der Minderheit v deren Stimmrecht abweicht, vgl *Rauter* in Straube/Ratka/Rauter, GmbHG §30b Rz 24 mwN.
67 OGH 18.12.2002, 3 Ob 7/02d.
68 Anders bei der AG, bei welcher bei Wahl v zwei oder mehr AR-Mitgliedern eine gesonderte Abstimmung bereits gesetzl vorgesehen ist (vgl §87 Abs 3 S 1 AktG).
69 OGH 18.12.2002, 3 Ob 7/02d (Antrag auf Abstimmung in alphabetischer Reihenfolge) unter Berufung auf *Weninger*, GesRZ 1988, 101 (102); vgl etwa auch *A. Heidinger* in Gruber/Harrer, GmbHG² §30b Rz 13.
70 OLG Wien 20.11.1986, 2 R 141/86.
71 Die Ablehnung des Mehrheits-Kandidaten reicht nicht aus, sondern es muss die Minderheit zusätzlich positiv für ihren Kandidaten stimmen, vgl zu den sich daraus ergebenden Schwierigkeiten *Rauter* in Straube/Ratka/Rauter, GmbHG §30b Rz 31 mwN; vgl auch schon *Wünsch*, GmbHG §30b Rz 12.
72 OGH 18.12.2002, 3 Ob 7/02d.
73 Vgl *Aburumieh/Hoppel* in Napokoj/H. Foglar-Deinhardstein/Pelinka, AktG §87 Rz 31 mwN.
74 Vgl *Aburumieh/Hoppel* in Napokoj/H. Foglar-Deinhardstein/Pelinka, AktG §86 Rz 34.

Absatz 1 S 2 gilt solange nicht, als im **AR ein Minderheitenvertre-** 15
ter, der nach dem in Abs 1 S 3 beschriebenen Verfahren bestimmt wurde,
vertreten ist (vgl Abs 1 S 4). Strittig ist, ob das Minderheitsrecht durch
ein **Entsendungsrecht** (§ 30c) konsumiert wird.[75] Unseres Erachtens
sollte dies nur dann gelten, wenn der entsendungsberechtigte Gesellschafter für die Drittelminderheit kausal ist,[76] denn dann verbliebe für
Abs 1 S 2 kein sinnvoller Anwendungsbereich mehr. Absatz 1 S 2 bis 4
ist **zwingend.**[77] Bei Verstoß gegen das Minderheitenrecht ist der Bestellungsbeschluss **anfechtbar.**[78]

B. Allgemeine Funktionsperiode (Abs 2)

Gemäß Abs 2 endet die Funktionsperiode eines AR-Mitglieds spätes- 16
tens mit dem **Entlastungsbeschluss für das vierte Geschäftsjahr
nach dessen Wahl** (anders beim „ersten AR", vgl Rz 28), wobei das
Geschäftsjahr, in dem das AR-Mitglied gewählt wurde, nicht mitzuzählen ist.[79] Die Funktionsperiode beträgt daher idR ca **fünf Jahre**
u beginnt mit Annahme der Wahl (sofern nicht im GesV, im Beschluss
oder in der Annahmeerklärung ein späterer Zeitpunkt vorgesehen ist,
vgl bereits Rz 6).[80] Fallen Wahl u Annahme (vgl Rz 6) in zwei verschiedene Geschäftsjahre, soll iZw (dh sofern nichts Abweichendes
bestimmt ist) der Zeitpunkt der Annahme der Wahl entscheidend

---

75 Vgl dazu ausf *Eckert/Schopper* in Torggler, GmbHG § 30b Rz 5 sowie *Rauter*
 in Straube/Ratka/Rauter, GmbHG § 30b Rz 25, je mwN.
76 *Eckert/Schopper* in Torggler, GmbHG § 30b Rz 5.
77 *Rauter* in Straube/Ratka/Rauter, GmbHG § 30b Rz 35; *A. Heidinger* in Gruber/Harrer, GmbHG² § 30b Rz 12; einschränkend *Koppensteiner/Rüffler*,
 GmbHG³ § 30b Rz 3 (jedenfalls beim obligatorischen AR, begründet mit der
 Möglichkeit der Einschränkung der Informationsrechte gem § 22 Abs 2 S 3);
 vgl dazu auch *M. Doralt* in Kalss/Kunz, HB AR² Kap 8 Rz 219 FN 279 (bei
 fakultativem AR ist das Minderheitsrecht mglw durch die Satzung abdingbar,
 jedoch unter gleichzeitigem Hinweis auf aA).
78 *Krejci*, GesRZ 2001, 58 (62); *Berger/Eckert*, GesRZ 2001, 175 (177).
79 *Wünsch*, GmbHG § 30b Rz 46 bezeichnet dies als allg Auslegungsregel. Eine
 Klarstellung bei gesv bzw beschlussmäßiger Gestaltung der Bestelldauer ist
 ratsam.
80 Vgl *Aburumieh/Hoppel* in Napokoj/H. Foglar-Deinhardstein/Pelinka, AktG
 § 87 Rz 39.

sein.[81] Um hier praktisch keine Rechtsunsicherheiten entstehen zu lassen, sollte bei Wahlen zum Ende eines Geschäftsjahres hin der Bestellzeitpunkt genau definiert werden (zB Anfang des neuen Geschäftsjahres).[82] Absatz 2 gilt für **gewählte Kapitalvertreter**, nicht jedoch für AN-Vertreter u auch nicht für entsandte (§ 30c) oder gerichtl bestellte (§ 30d) AR-Mitglieder.[83]

17 Die gesetzl Frist ist iSe Höchstfrist **zwingend**,[84] kann also durch GesV nicht verlängert, sondern nur verkürzt werden.[85] Die Funktionsperioden der einzelnen AR-Mitglieder müssen aber nicht gleichlaufen, sondern können individuell ausgestaltet werden (zB untersch lange oder überlappende Funktionsperioden, vgl auch Rz 14 FN 64).[86] So kann die Bestellung eines AR-Mitglieds zB auch auf die restliche Funktionsperiode eines ausgeschiedenen AR-Mitglieds erfolgen (vgl auch § 30 Rz 11).[87] Die Gesellschafter (nicht jedoch der AR selbst)[88] können auch mittels **Bestellungsbeschlusses** die Funktionsperiode der AR-Mitglieder im Einzelfall regeln, wobei auch hier jedenfalls die gesetzl u eine allenfalls gesv vorgesehene (Höchst-)Frist zu beachten ist (die Relevanz

---

81 *Eckert/Schopper* in Torggler, GmbHG § 30b Rz 7; *Koppensteiner/Rüffler*, GmbHG³ § 30b Rz 4; zur AG *Strasser* in Jabornegg/Strasser, AktG⁵ §§ 87–89 Rz 48.
82 Vgl auch *Wünsch*, GmbHG § 30b Rz 31 (Festlegung im Gesellschafterbeschluss oder in einer Vereinbarung zw der Gesellschaft u dem neuen AR).
83 *Rauter* in Straube/Ratka/Rauter, GmbHG § 30b Rz 45; *Kalss* in Kalss/Nowotny/Schauer, GesR² Rz 3/612.
84 Zum Zweck vgl etwa *Frotz*, GesRZ 1978, 89 (90: Gesellschafter sollen gezwungen sein, in bestimmten Zeitabständen über die Qualität der AR-Mitglieder nachzudenken).
85 Vgl auch *Wünsch*, GmbHG § 30b Rz 41, wonach durch GesV-Änderung eine Verkürzung der Bestellungsdauer auch mit Wirkung für bereits gewählte AR-Mitglieder beschlossen werden kann. UE müsste dies wegen Abs 3 jedenfalls auch ohne GesV-Änderung funktionieren, solange nur die gem Abs 3 *in concreto* einzuhaltende Mehrheit gewahrt ist.
86 *Wünsch*, GmbHG § 30b Rz 45; *Rauter* in Straube/Ratka/Rauter, GmbHG § 30b Rz 44; zur AG *Strasser* in Jabornegg/Strasser, AktG⁵ §§ 87–89 Rz 50 (kein Gleichbehandlungsanspruch der AR-Mitglieder).
87 *Wünsch*, GmbHG § 30b Rz 45.
88 *Wünsch*, GmbHG § 30b Rz 43; *Rauter* in Straube/Ratka/Rauter, GmbHG § 30b Rz 52.

einer gesv Mindestfrist ist str).[89] Wird weder im GesV noch im Bestellungsbeschluss eine Funktionsperiode festgelegt, wird idR eine Bestellung auf die gesetzl Dauer angenommen.[90] Überschreitet die im Bestellungsbeschluss festgelegte Funktionsperiode die gesetzl Höchstfrist, wird eine Wahl für die gesetzl zulässige Dauer angenommen (Nichtigkeit nur hinsichtlich des übersteigenden Zeitraums) u scheidet das betr AR-Mitglied mit Ablauf dieser Frist *ex lege* aus dem Amt aus.[91] Beschlüsse, die gegen gesv Bestimmungen zur Bestelldauer verstoßen, sind uE nach den allg Regeln (bloß) anfechtbar.[92]

Die **Entlastung** des AR ist v den Gesellschaftern gem § 35 Abs 1 Z 1 innerhalb der ersten acht Monate eines Geschäftsjahres für das abgelau- **18**

---

89 *Reich-Rohrwig*, GmbHR I[2] Rz 4/115 (Zulässigkeit der Bestellung auch für eine kürzere Dauer als der GesV vorsieht); *Koppensteiner/Rüffler*, GmbHG[3] § 30b Rz 4 (Zulässigkeit der Festlegung einer kürzeren Dauer nur für den Fall, dass v einer gesv Regelung kein Gebrauch gemacht wurde); *Wünsch*, GmbHG § 30b Rz 42 (wohl für die Einhaltung einer gesv vorgesehenen Mindestfrist); offenlassend *Rauter* in Straube/Ratka/Rauter, GmbHG § 30b Rz 51. Zur Mindestfunktionsdauer des Vorstands einer Privatstiftung vgl OGH 25.11.2020, 6 Ob 228/20b (Mindestfunktionsdauer v drei Jahren zur Wahrung der Unabhängigkeit des Vorstands).

90 Vgl *Aburumieh/Hoppel* in Napokoj/H. Foglar-Deinhardstein/Pelinka, AktG § 87 Rz 40; vgl auch *Rauter* in Straube/Ratka/Rauter, GmbHG § 30b Rz 44 mit dem Hinweis, dass im Einzelfall die Auslegung des Beschlusses auch anderes ergeben könnte, zB bei Bestellung als Ersatz für ein vorzeitig ausgeschiedenes Mitglied (mit Verweis auf *Hopt/Roth* in GroßKo AktG[5] § 102 Rz 24).

91 *Rauter* in Straube/Ratka/Rauter, GmbHG § 30b Rz 45 (auch dann, wenn neue AR-Mitglieder noch nicht bestellt sind); zur AG *Kalss* in Doralt/Nowotny/Kalss, AktG[3] § 87 Rz 40.

92 *Reich-Rohrwig*, GmbHR I[2] Rz 4/115; *A. Heidinger* in Gruber/Harrer, GmbHG[2] § 30b Rz 20; aA *Wünsch*, GmbHG § 30b Rz 42 (Ausscheiden mit Ende der kürzeren gesv Frist). Ein solcher Beschluss stellt gleichzeitig eine Satzungsdurchbrechung dar; auch hier sollte jener A der Vorzug gegeben werden, die in derartigen Fällen v bloßer Anfechtbarkeit ausgeht (vgl § 49 Rz 29); aA BGH 7.6.1993, II ZR 81/92: ein Bestellungsbeschluss, der abw v der Satzung (drei Jahre Amtszeit) eine automatische Verlängerung der Amtszeit um jew ein Jahr vorsah, wenn die GV keine Abberufung beschließt, ist unwirksam; der BGH begründet dies damit, dass es sich um eine Dauerwirkungen entfaltende Abweichung v der Satzung handle, die nicht nur gesellschaftsinterne Bedeutung habe, sondern auch den Rechtsverkehr einschließlich etwaiger später eintretender Gesellschafter berühre. S zur Satzungsdurchbrechung bei AG u GmbH generell auch *Walcher*, GES 2019, 214.

fene Geschäftsjahr zu beschließen (vgl § 35 Rz 55 ff). Nicht relevant ist, ob die Entlastung erteilt, verweigert oder angefochten wird.[93] Daher ist für das Auslaufen des Mandats auch ein etwa aufgrund eines Stimmverbots anfechtbarer (vgl § 39 Rz 89 u § 41 Rz 79) Entlastungsbeschluss iSd Abs 2 relevant. **Unterbleibt** der Entlastungsbeschluss gänzlich (keine oder verzögerte Einberufung; verschobene GV; Ende der GV ohne Beschluss), ergeben sich Sonderfragen. In diesem Fall endet die Funktionsperiode nach in der Lit vertretener A entweder mit Ablauf v acht[94] Monaten des fünften Geschäftsjahres nach der Wahl[95] oder mit Ablauf einer (daran anschließenden) Nachfrist v drei Monaten[96] nach Ablauf der Achtmonatsfrist.[97] Mit Blick auf die bei Inkrafttreten v § 30b geltende Gesetzesfassung v § 35 Abs 1 Z 1, welche zwölf Monate für das Fassen des Entlastungsbeschlusses Zeit gab,[98] wäre ein kohärentes Auslaufen mit Ende eines Geschäftsjahres denkbar. Freilich spricht gegen diese Lösung der nunmehrige Wortlaut des § 35 Abs 1 Z 1.

19   Eine **Wiederwahl** v AR-Mitgliedern ist grds zulässig,[99] wobei auch bei einer Wiederwahl die Informationspflichten gem Abs 1a (vgl

---

[93] *Eckert/Schopper* in Torggler, GmbHG § 30b Rz 7; *Rauter* in Straube/Ratka/Rauter, GmbHG § 30b Rz 48 mwN. Bloße Beratung über den Tagesordnungspunkt „Entlastung des AR" ohne Beschlussfassung wäre demgegenüber nicht ausreichend, vgl *Strasser* in Jabornegg/Strasser, AktG[5] §§ 87–89 Rz 47.

[94] Wird die Frist zur Abhaltung der oGV im GesV verkürzt, ist uE auch für das Auslaufen der Funktionsperiode diese verkürzte Frist relevant. Eine gesv Verlängerung der gesetzl vorgesehenen Achtmonatsfrist ist nicht zulässig (vgl § 35 Rz 27); relevant wäre natürlich eine Verlängerung der Frist durch den Gesetzgeber (vgl etwa COVID-19-GesG).

[95] *Wünsch*, GmbHG § 30b Rz 36; *Rauter* in Straube/Ratka/Rauter, GmbHG § 30b Rz 49; vgl zum dt Recht etwa auch *Zöllner/Noack* in Noack/Servatius/Haas, GmbHG[23] § 52 Rz 191 mit Hinweis darauf, dass dieses Ergebnis umstritten ist, aber auch mit Hinweis auf BGH-Jud iSd v diesen Autoren vertretenen M; vgl etwa auch *Spindler* in MüKo GmbHG[3] § 52 Rz 182; *Hüffer/Koch*, AktG[15] § 102 Rz 3; *Habersack* in MüKo AktG[5] § 102 Rz 18.

[96] Zur AG *Kalss* in Doralt/Nowotny/Kalss, AktG[3] § 87 Rz 41, unter Hinweis auf die Frist v drei Monaten iSd § 89 AktG (vgl § 30d).

[97] Offen gelassen OLG Wien 14.6.2006, 28 R 62/06b.

[98] Vgl § 35 Abs 1 Z 1 in der Stammfassung RGBl 1906/58, welche keine Fristregelung ähnlich der jetzt geltenden Achtmonatsfrist vorsah, sodass uE das ganze Jahr zur Beschlussfassung zur Verfügung stand.

[99] *Rauter* in Straube/Ratka/Rauter, GmbHG § 30b Rz 53 mwN.

Rz 10 ff) zu erfüllen u die fachlichen u persönlichen Qualifikationsanforderungen gem § 30a u § 30b Abs 1 neuerlich zu prüfen sind.[100]

Fraglich ist, ob bzw unter welchen Voraussetzungen auch eine **vorzeitige Wiederwahl**, dh vor Ablauf der Funktionsperiode, zulässig ist.[101] Aus der Lit lassen sich folgende Grundlinien ableiten: Eine vorzeitige Wiederwahl idS, dass das AR-Mitglied noch (deutlich) vor Ablauf der Funktionsperiode für eine volle Funktionsperiode gewählt wird (u daher die alte Funktionsperiode ausläuft u eine volle – die erst nach Ablauf der ursprünglichen zu laufen beginnt, dh unabhängig v Zeitpunkt des Wiederbestellungsbeschlusses – dazugeschlagen wird), ist unzulässig;[102] damit wird nämlich der Zweck der gesetzl vorgesehenen Höchstdauer unterlaufen (periodische Prüfung der AR-Tätigkeit u nur bei positiver Prüfung Wiederbestellung). 20

Eine vorzeitige Wiederwahl unter **Anrechnung des Rests** der noch laufenden Funktionsperiode ist allerdings zulässig.[103] Demnach geht die ursprünglich noch laufende Bestelldauer in der neuen Bestelldauer auf, dh mit dem Zeitpunkt der Wiederwahl beginnt eine neue Funktionsperiode (u die alte endet); dh gerechnet ab der Wiederwahl kann die Höchstdauer neuerlich voll ausgeschöpft werden.[104] Dies entspricht der Vorgabe, dass die Restdauer aus der alten Funktionsperiode u die neue Bestelldauer gemeinsam die Höchstfrist gem Abs 2 nicht überschreiten dürfen.[105] Dabei wird in der Lit zT auch auf den Zeitpunkt der letztmalig erteilten Entlastung abgestellt;[106] dies kann zu einer Verkürzung der Funktionsperiode führen, wenn die letzte Ent- 21

---

100 *A. Heidinger* in Gruber/Harrer, GmbHG² § 30b Rz 9, 21.
101 Vgl etwa die zusammenfassende Darstellung v *Rauter* in Straube/Ratka/Rauter, GmbHG § 30b Rz 53/1 f.
102 *Kalss* in Doralt/Nowotny/Kalss, AktG³ § 87 Rz 42; zu D: *Hüffer/Koch*, AktG¹⁵ § 102 Rz 6.
103 Zur AG etwa *Kalss* in Doralt/Nowotny/Kalss, AktG³ § 87 Rz 42; zu D: *Spindler* in MüKo GmbHG³ § 52 Rz 184; *Hüffer/Koch*, AktG¹⁵ § 102 Rz 6.
104 IdS auch *A. Heidinger* in Gruber/Harrer, GmbHG² § 30b Rz 21. Vgl auch *Reich-Rohrwig*, GmbHR I² Rz 4/116 u *Koppensteiner/Rüffler*, GmbHG³ § 30b Rz 6.
105 *Wünsch*, GmbHG § 30b Rz 47 (dieser rechnet den Rest der laufenden Bestelldauer v Tag der letzten Entlastung an, s sogleich); zur AG: *Kalss* in Doralt/Nowotny/Kalss, AktG³ § 87 Rz 42.
106 *Wünsch*, GmbHG § 30b Rz 47; zur AG *Strasser* in Jabornegg/Strasser, AktG⁵ §§ 87–89 Rz 49; zu D: *Habersack* in MüKo AktG⁵ § 102 Rz 21.

lastung bereits im Jahr vor der Wahl (oder sogar noch früher) erfolgt ist.[107]

22 Unseres Erachtens spricht aber (jedenfalls) nichts dagegen, die Wiederbestellung des AR-Mitglieds vorzeitig bereits auf die volle Funktionsperiode vorzunehmen, sofern die Wiederbestellung in **zeitlicher Nähe** zum Ende der laufenden Funktionsperiode erfolgt.[108] Denn durch ein solches Vorgehen soll lediglich ein **nahtloser Übergang** v einer zur nächsten Funktionsperiode sichergestellt werden. Zeitliche Nähe wäre uE jedenfalls gegeben, wenn die Wiederbestellung nur wenige Wochen vor Ablauf der noch laufenden Funktionsperiode erfolgt.[109] Zu überlegen wäre, hier generell auf die Zulässigkeit der Wiederbestellung in jenem Geschäftsjahr abzustellen, in dem die laufende Funktionsperiode endet (dh unabhängig v konkreten Bestellzeitpunkt in diesem Geschäftsjahr, dh unabhängig davon, ob die Wiederbestellung zB drei oder zwölf Wochen vor Auslaufen der laufenden Funktionsperiode erfolgt). Gilt die Regelbestelldauer des Abs 2, dann wird das Jahr der Wahl bei der Berechnung der Funktionsperiode ohnedies nicht eingerechnet (vgl Rz 16), sodass es durch eine in diesem Geschäftsjahr erfolgende Bestellung (egal zu welchem Zeitpunkt in diesem Geschäftsjahr) zu keiner Verlängerung der gesetzl vorgesehenen Höchstdauer u somit zu keiner Umgehung des Gesetzeszwecks kommen kann. Erfolgt die Wiederbestellung schon im vorangegangenen Geschäftsjahr (dh nicht in dem Geschäftsjahr, in dem die Entlastung erteilt wird), verkürzt sich die Bestelldauer (die neue Funktionsperiode beginnt bereits mit dem Zeit-

---

107 Vgl die daraus abgeleitete Empfehlung v *Strasser* in Jabornegg/Strasser, AktG[5] §§ 87–89 Rz 49, dass eine Wiederwahl im letzten Geschäftsjahr der Funktionsperiode nicht vor Beschlussfassung über die Entlastung in Bezug auf das vorletzte Geschäftsjahr erfolgen sollte, da es sonst zur Verkürzung der durch die Wiederwahl begründeten Funktionsperiode käme. UE ist iZm der Wiederwahl nicht an die Erteilung der letzten Entlastung anzuknüpfen; wie hier auch *A. Heidinger* in Gruber/Harrer, GmbHG[2] § 30b Rz 21.
108 Vgl zur Privatstiftung OGH 6.6.2013, 6 Ob 164/12d: Zulässigkeit der vorzeitigen, zeitnah am Funktionsende erfolgenden Wiederbestellung eines Vorstandsmitglieds zur Sicherstellung einer nahtlosen Funktionsdauer.
109 Vgl auch *A. Heidinger* in Gruber/Harrer, GmbHG[2] § 30b Rz 21; vgl zum dt Recht auch *Zöllner/Noack* in Noack/Servatius/Haas, GmbHG[23] § 52 Rz 192: Wiederbestellung vor Ablauf der Amtszeit jedenfalls zulässig, wenn sie in der die Amtszeit beendenden GV erfolgt, aber auch schon angemessene Zeit vorher, sofern nur klar ist, dass dadurch keine Umgehung der Begrenzung vorgenommen wird.

punkt der Wiederwahl, s Rz 21), sodass eine derartige frühzeitige Wiederbestellung praktisch uE wohl keinen Sinn macht.

Im Zusammenhang mit der v Gesetz gebotenen befristeten Bestellung der AR-Mitglieder kommt es in der Praxis immer wieder zu Problemen, da oftmals das **Ablaufen der Funktionsperiode** übersehen wird. Unseres Erachtens muss aber auch in diesen Fällen eine Sanierung der Situation sinnvoll möglich sein. Neben der im Zeitpunkt des Erkennens des Problems zu erfolgenden Wiederbestellung (vgl dazu Rz 7) muss überlegt werden, wie die zwischenzeitig erfolgten Maßnahmen des AR saniert bzw bestandskräftig gemacht werden können. Unseres Erachtens wäre daran zu denken, den AR die bisher erfolgten Maßnahmen pauschal genehmigen zu lassen; dies erscheint praktisch insb dann möglich, wenn sich zwischenzeitig der AR in seiner Zusammensetzung nicht verändert hat (Agieren ders Personen). Haftungsrechtlich könnten idZ insb dann Fragen auftreten, wenn sich mittlerweile die Entscheidungsgrundlagen verändert haben u dies dem AR bekannt sein musste. Es sollte bei der Beurteilung aber auf den damaligen Zeitpunkt der (vermeintlichen) AR-Maßnahme ankommen, denn in diesem Zeitpunkt hatte sich der AR mit der in Rede stehenden Maßnahme auseinanderzusetzen. Sind im Bekräftigungszeitpunkt konkret Tatsachen bekannt, die eine andere Beurteilung erfordern, erscheint eine Berücksichtigung im Bekräftigungsbeschluss erwägenswert u wären allenfalls entspr Maßnahmen zu setzen; Nachforschungspflichten sollten uE dem AR hier aber keine auferlegt werden. 23

C. Vorzeitige Beendigung (Abs 3)

Ein AR-Mitglied kann vor Ablauf der Funktionsperiode (vgl Rz 16 ff) mit **qualifizierter Mehrheit** (Dreiviertelmehrheit), uzw ohne sachliche Rechtfertigung u ohne wichtigen Grund, abberufen werden.[110] Die Ab- 24

---

110 *Rauter* in Straube/Ratka/Rauter, GmbHG § 30b Rz 54; *A. Heidinger* in Gruber/Harrer, GmbHG² § 30b Rz 25; vgl aber OGH 18.2.2021, 6 Ob 140/20m, 6 Ob 155/20t zur Anfechtung eines Abberufungs- u des nachfolgenden Bestellungsbeschlusses wegen Treuwidrigkeit u Verletzung eines Syndikatsvertrags. Vgl auch *I. Welser*, ecolex 2021/299, 445 zur Frage des „Durchschlagens" der erfolgreichen Anfechtung eines Beschlusses über die Abberufung eines AR wegen Treuwidrigkeit auf Nachfolge-Bestellungsbeschlüsse u *I. Welser/Zivny*, RdW 2021, 542 (545 f) zu den Auswirkungen der erfolgreichen Anfechtung auf Folgebeschlüsse der GV sowie die in der

berufung muss in der Tagesordnung Deckung finden (der Tagesordnungspunkt „Neuwahl in den AR" ist nicht ausreichend, vgl auch § 38 Rz 18).[111] Vergütungsansprüche des AR-Mitglieds enden (anders § 16 beim GF, vgl § 16 Rz 48 ff);[112] bestimmte Pflichten wirken aber auch nach dem Mandatsende nach, wie etwa die Verschwiegenheitsverpflichtung oder Treuepflichten.[113] Allfällige Schadenersatzansprüche des AR-Mitglieds gegenüber der Gesellschaft aus Verletzung des schuldrechtlichen Vertrags bleiben ebenfalls aber unberührt.[114] Absatz 3 gilt nur für **gewählte AR-Mitglieder**,[115] daher auch für stv AR-Mitglieder (vgl § 30 Rz 5) u Ersatzmitglieder (vgl § 30 Rz 9, zum Minderheitenvertreter vgl Rz 25).[116]

25 Der **GesV** kann das Mehrheitserfordernis **erhöhen** (bis zur Einstimmigkeit), **herabsetzen** (bis zur einfachen Mehrheit)[117] oder **andere (formelle) Erfordernisse** (zB ein bestimmtes Präsenzquorum, nicht aber zB Zustimmungsrechte) festsetzen.[118] Für die Abberufung des **Minderheitenvertreters** (vgl Rz 14) ist eine Herabsetzung auf eine Zweidrittelstimmenmehrheit oder weniger unzulässig (str).[119] Strittig ist, ob das

---

Zwischenzeit gefassten AR-Beschlüsse (in beiden Fällen Nichtigkeit). Vgl zur AG auch OGH 12.5.2021, 6 Ob 225/20m samt Besprechung v *Zumbo*, GES 2021, 327 zu den Folgen der Nichtigerklärung eines HV-Beschlusses über die Reduzierung der Anzahl der AR-Mitglieder.

111 Vgl zur AG *M. Doralt* in Kalss/Kunz, HB AR² Kap 8 Rz 152.
112 *Wünsch*, GmbHG § 30b Rz 61.
113 *Aburumieh/Hoppel* in Napokoj/H. Foglar-Deinhardstein/Pelinka, AktG § 87 Rz 46 mwN.
114 *Reich-Rohrwig*, GmbHR I² Rz 4/117.
115 Vgl zu den entsandten AR-Mitgliedern § 30c Rz 14 u zu den gerichtl bestellten § 30d Rz 11.
116 *Koppensteiner/Rüffler*, GmbHG³ § 30b Rz 8; *Rauter* in Straube/Ratka/Rauter, GmbHG § 30b Rz 54.
117 Eine allg, die Mehrheit herabsetzende Klausel reicht dafür uE aus, vgl zur ähnlichen Frage bei der ordentlichen Kapitalerhöhung bei der AG: OGH 22.10.2003, 3 Ob 152/02b.
118 *Rauter* in Straube/Ratka/Rauter, GmbHG § 30b Rz 56 mwN; *Wünsch*, GmbHG § 30b Rz 57. Zur Unzulässigkeit der gesv Abbedingung des Abberufungsrechts, der Bindung an einen wichtigen Grund oder einer vertraglichen Einschränkung zugunsten des AR-Mitglieds *Rauter* in Straube/Ratka/Rauter, GmbHG § 30b Rz 56 u *Wünsch*, GmbHG § 30b Rz 52.
119 Wie hier *Rauter* in Straube/Ratka/Rauter, GmbHG § 30b Rz 58 mwN; *M. Doralt* in Kalss/Kunz, HB AR² Kap 8 Rz 155; für zwingende Geltung der Dreiviertelmehrheit *A. Heidinger* in Gruber/Harrer, GmbHG² § 30b

Mehrheitserfordernis nach Abberufungsgründen (ohne Grund/wichtiger Grund) abgestuft werden kann; uE sollte dies möglich sein, wenngleich dies uU aufgrund der sich ergebenden Unsicherheiten unpraktikabel (Erhöhung Anfechtungsrisiko) ist.[120] Das abzuberufende AR-Mitglied unterliegt bei der Beschlussfassung **keinem Stimmverbot** (vgl § 39 Abs 5, s auch Rz 2).[121] Die Abberufung wird mit **Zugang** wirksam (empfangsbedürftige, jedoch nicht annahmebedürftige Erklärung).[122] Sie ist vorläufig wirksam, wenn der Beschluss anfechtbar ist.[123] Die Löschung im FB hat bloß deklarative Wirkung (vgl § 30f Rz 13). Die Abberufung wird zumeist auch als Widerruf des schuldrechtlichen Verhältnisses (Auftrag; vgl Rz 6) gewertet werden können,[124] eine Klarstellung im Abberufungsbeschluss kann sinnvoll sein.

Verändert sich die **Zahl der Kapitalvertreter** nicht bloß vorübergehend in relevanter Weise (zB v acht auf sechs Kapitalvertreter, nicht aber v acht auf sieben), sind die **AN-Vertreter** in ihrer Gesamtheit abzuberufen u hat eine vollständig neue Entsendung stattzufinden, dh alle AN-Vertreter verlieren Sitz u Stimme im AR (vgl § 12 AR-VO, s auch noch unten Rz 34).[125]

26

Rz 26; *Eckert/Schopper* in Torggler, GmbHG § 30b Rz 9; für gerichtl Abberufung des Minderheitenvertreters nur aus wichtigem Grund (u die hier vertretene A explizit abl): *Wünsch*, GmbHG § 30b Rz 58; auch nur für gerichtl Abberufung: *Koppensteiner/Rüffler*, GmbHG³ § 30b Rz 7.

120 Dafür *Reich-Rohrwig*, GmbHR I² Rz 4/117; *Rauter* in Straube/Ratka/Rauter, GmbHG § 30b Rz 55, wobei eine Ungleichbehandlung der AR-Mitglieder unzulässig wäre; **dagegen** *Wünsch*, GmbHG § 30b Rz 56.

121 *Koppensteiner/Rüffler*, GmbHG³ § 30b Rz 7; *A. Heidinger* in Gruber/Harrer, GmbHG² § 30b Rz 25.

122 OGH 15.2.2007, 6 Ob 14/07p; *Rauter* in Straube/Ratka/Rauter, GmbHG § 30b Rz 59; *A. Heidinger* in Gruber/Harrer, GmbHG² § 30b Rz 27.

123 *Rauter* in Straube/Ratka/Rauter, GmbHG § 30b Rz 59/1. Vgl OGH 18.2.2021, 6 Ob 140/20m, 6 Ob 155/20t (Anfechtung eines Abberufungs- u des nachfolgenden Bestellungsbeschlusses wegen Treuwidrigkeit u Verletzung eines Syndikatsvertrags); 19.12.2019, 6 Ob 113/19i (Wegfall des Rechtsschutzbedürfnisses nach Verschmelzung der AG bei Anfechtung einer AR-Wahl).

124 *Wünsch*, GmbHG § 30b Rz 61; *A. Heidinger* in Gruber/Harrer, GmbHG² § 30b Rz 27.

125 *Kalss* in Doralt/Nowotny/Kalss, AktG³ § 86 Rz 41 ff; *Jabornegg* in Strasser/Jabornegg/Resch, ArbVG § 110 Rz 142.

D. Erster Aufsichtsrat – kurze Funktionsperiode (Abs 4)

27 Unter dem „ersten AR" iSd Abs 4 ist (nur) jener AR zu verstehen, der bereits **im Gründungsstadium** der Gesellschaft eingerichtet wird.[126] Erstreckt wird die Regelung zur Bestelldauer des ersten AR in der L (zT) auch auf später bestellte Mitglieder, die zwar nach Eintragung der Gesellschaft bestellt werden, aber noch vor Ablauf der Periode des ersten AR.[127] Um Unsicherheiten auszuschließen, sollten alle iZm dem Gründungs-AR bestellten Mitglieder (zB auch ein Mitglied, das nicht bei Gründung der Gesellschaft bestellt wird, aber ein solches Mitglied ersetzt, noch bevor die Funktionsperiode des ersten AR – s Rz 28 – abgelaufen ist) explizit auf die Dauer des Abs 4 bestellt werden u auch der GesV eine dahingehende Klarstellung enthalten.

28 Die **Funktionsperiode** des ersten AR endet mit dem Entlastungsbeschluss, der nach Ablauf eines (vollen)[128] Jahres seit der Eintragung der Gesellschaft im FB[129] gefasst wird (zur Beschlussfassung über die Entlastung vgl Rz 18).[130] Mitglieder des „ersten AR" können gem Abs 4 S 2 **mit einfacher Stimmenmehrheit** vorzeitig **abberufen** werden.[131]

---

126 *Reich-Rohrwig*, GmbHR I² Rz 4/119; *Rauter* in Straube/Ratka/Rauter, GmbHG § 30b Rz 67.

127 Zur AG *Kalss* in Doralt/Nowotny/Kalss, AktG³ § 87 Rz 66 (in § 87 Abs 9 AktG fehlt allerdings die Wortfolge „*bei Errichtung der Gesellschaft*"); in letzterem Sinn aber auch für die GmbH *Wünsch*, GmbHG § 30b Rz 72 u offenbar auch *Rauter* in Straube/Ratka/Rauter, GmbHG § 30b Rz 47 (anders uU in Rz 67).

128 *Eckert/Schopper* in Torggler, GmbHG § 30b Rz 8. Vgl auch das Bsp bei *A. Heidinger* in Gruber/Harrer, GmbHG² § 30b Rz 23.

129 Bei der Umwandlung einer AG in eine GmbH (vgl §§ 239 ff AktG) ist str, ob der ab Umwandlung fungierende AR als „erster AR" mit der kurzen Funktionsperiode gem Abs 4 zu qualifizieren ist; idS *Schiemer* in Jabornegg/Strasser, AktG² 926; aA u uE zutr *Szep* in Artmann/Karollus, AktG III⁶ § 241 Rz 18 (Wahrung der Kontinuität).

130 Str ist die Zulässigkeit der **Kürzung** der ersten Funktionsperiode, vgl dazu *Rauter* in Straube/Ratka/Rauter, GmbHG § 30b Rz 66.

131 Str ist die Zulässigkeit einer gesv Erhöhung dieser Mehrheit, **dagegen** etwa *Rauter* in Straube/Ratka/Rauter, GmbHG § 30b Rz 68 mwN zu den abl M. Begründet wird die Ablehnung der Dispositivität mit dem Gesetzeszweck (erleichterte Abberufungsmöglichkeit des v den Gründern bestellten AR), vgl dazu auch *A. Heidinger* in Gruber/Harrer, GmbHG² § 30b Rz 28. UE ist dies krit zu hinterfragen, zumal ja auch u va die Gründungsgesellschafter (u nicht nur nachfolgende Gesellschafter) den ersten AR mit einfacher Mehr-

Zur Konstituierung vgl Rz 9. Der erste AR hat zwar wenig praktische Relevanz; dennoch ist der Zweck[132] der kurzen Funktionsperiode bei der GmbH generell krit zu hinterfragen; die Überlegungen zur AG (Normzweck des § 87 Abs 9 AktG ist die Beschränkung der Einflussnahme der Gründer auf die Organzusammensetzung)[133] sind bei der GmbH uE nicht nachvollziehbar.

E. Gerichtliche Abberufung (Abs 5)

Gemäß Abs 5 hat das Gericht auf Antrag einer Minderheit, deren Anteile zusammen mind **10 % des Stammkapitals**[134] erreichen,[135] ein AR-Mitglied abzuberufen, wenn hierfür ein **wichtiger Grund** vorliegt, der der Gesellschaft die Fortsetzung der Tätigkeit des betr AR-Mitglieds im jew Einzelfall unzumutbar macht.[136] Verschulden ist nicht erforderlich.[137] Absatz 5 gilt **unabhängig v der Bestellungsart**, dh für gewählte (uzw sowohl Mehrheits- [vgl Rz 2] als auch Minderheitsvertreter [vgl   29

---

heit abberufen können, wodurch uE erst recht – die v Gesetzgeber unerwünschte – Abhängigkeit der AR-Mitglieder von den Gründungsgesellschaftern erzeugt bzw verstärkt werden könnte. Zur AG vgl *Aburumieh/Hoppel* in Napokoj/H. Foglar-Deinhardstein/Pelinka, AktG § 87 Rz 48.

132 Vgl *Frotz*, GesRZ 1978, 89 (92) (Begrenzung des Einflusses der Gründer).
133 UE ist die Regelung auch bei der AG wenig praktikabel u in einigen Punkten kritikwürdig, vgl dazu *Aburumieh/Hoppel* in Napokoj/H. Foglar-Deinhardstein/Pelinka, AktG § 87 Rz 48.
134 Eine gesv Erhöhung der Schwelle ist unzulässig, die Möglichkeit der Herabsetzung str, uE aber eher zu bejahen, vgl dazu *Rauter* in Straube/Ratka/Rauter, GmbHG § 30b Rz 70.
135 Die erforderliche Beteiligung muss v Beginn bis zum Abschluss des Verfahrens bestehen, vgl *Egermann*, RdW 2005/101, 66 (68).
136 Vgl zur GmbH OGH 23.5.2019, 6 Ob 1/19v mit Darstellung der des Meinungsstands zur Frage, wann ein für die gerichtl Abberufung wichtiger Grund vorliegt. Zu beachten ist, dass der OGH die gerichtl Abberufung – im Gegensatz zur Privatstiftung, bei der dem Gericht aufgrund des der Privatstiftung immanenten „Kontrolldefizits" (vgl RIS-Justiz RS0129853) eine deutlich wichtigere Rolle zukommt – nur als *ultima ratio* betrachtet. Im entscheidungsgegenständlichen Fall (Gutachtertätigkeit des AR-Mitglieds für Mehrheitsgesellschafter) wurden die Untragbarkeit des AR-Mitglieds u damit die Voraussetzungen für die gerichtl Abberufung verneint. Zur Frage der Offenlegungspflicht gem § 30b Abs 1a vgl Rz 12 FN 55. Zur AG vgl OGH 13.9.2007, 6 Ob 20/07w.
137 *Reich-Rohrwig*, GmbHR I² Rz 4/128; *M. Heidinger*, Aufgaben 188.

Rz 14]), entsandte (§ 30c) sowie gerichtl bestellte (§ 30d) AR-Mitglieder,[138] **nicht** aber für AN-Vertreter. Im jüngeren Schrifttum[139] wird vertreten, dass vor der gerichtl Abberufung ein Abberufungsversuch in der GV stattzufinden hat. Die qualifizierte Minderheit hat sohin zunächst v AR die Einberufung einer GV zu verlangen (zur Einberufungsverpflichtung der AR-Mitglieder vgl § 30j Abs 4). Wird der AR nicht aktiv, ist nach § 37 Abs 2 vorzugehen.[140]

30 Bei Vorliegen der Voraussetzungen **hat**[141] das Gericht das betr AR-Mitglied im **Außerstreitverfahren**[142] abzuberufen. Die Abberufung wird grds mit Rechtskraft wirksam;[143] zu beachten ist jedoch die Möglichkeit der vorläufigen Zuerkennung v Verbindlichkeit oder Vollstreckbarkeit gem § 44 AußStrG. Einstweiliger Rechtsschutz wird analog zu den §§ 378 ff EO für zulässig erachtet.[144] Auch die Schiedsfähigkeit v Abberufungsstreitigkeiten wird bejaht.[145] Die Eintragung im FB erfolgt grds – wie auch sonst – auf Antrag der GF, denkbar wäre aber auch eine amtswegige Eintragung; eine Vorabstimmung mit dem FB erscheint sinnvoll.

F. Rücktritt und sonstige Endigungsgründe

31 Trotz Fehlens einer ausdrücklichen Regelung ist ein **Rücktritt** nach hM grds zulässig.[146] Ein Rücktritt aus **wichtigem Grund** ist **jederzeit** mög-

---

138 ErlRV 734 BlgNR 20. GP 69; *Rauter* in Straube/Ratka/Rauter, GmbHG § 30b Rz 70 mwN.
139 Vgl etwa *Rauter* in Straube/Ratka/Rauter, GmbHG § 30b Rz 73/1; *M. Steiner*, wbl 2017, 69 (77) u *A. Heidinger* in Gruber/Harrer, GmbHG² § 30b Rz 29a.
140 Vgl *M. Steiner*, wbl 2017, 69 (77).
141 *Umfahrer*, GmbH⁷ Rz 6.51; *Rauter* in Straube/Ratka/Rauter, GmbHG § 30b Rz 69.
142 Vgl zur AG: OGH 13.9.2007, 6 Ob 20/07w; *Koppensteiner/Rüffler*, GmbHG³ § 30b Rz 11.
143 Vgl zur AG: OGH 13.9.2007, 6 Ob 20/07w; *Egermann*, RdW 2005/101, 66 (68).
144 *Rauter* in Straube/Ratka/Rauter, GmbHG § 30b Rz 73; *Koppensteiner/Rüffler*, GmbHG³ § 30b Rz 11.
145 *Reiner*, GesRZ 2007, 151 (153); zust auch *Rauter* in Straube/Ratka/Rauter, GmbHG § 30b Rz 73.
146 Vgl bloß *Koppensteiner/Rüffler*, GmbHG³ § 30b Rz 7.

lich.[147] **Ohne wichtigen Grund** darf ein Rücktritt **nicht zur Unzeit** erfolgen.[148] Fehlen im GesV Regelungen zum Procedere (zB Frist, Form, Adressat),[149] ist nach der Rsp darauf zu achten, dass der Rücktritt jedenfalls rechtzeitig u derart erklärt wird, dass ein adäquates Ersatzmitglied gefunden werden kann.[150] Unseres Erachtens müsste unter gewöhnlichen Umständen eine Rücktrittsfrist v vier bis acht Wochen angemessen sein, denn innerhalb dieser Frist sollte es uE auch den Gesellschaftern zumutbar sein, ein neues AR-Mitglied zu finden u zu wählen (zumal bei der GmbH auch Umlaufbeschlussfassung für die Wahl zulässig ist, vgl Rz 1); dies ist natürlich eine Einzelfallbeurteilung. Unseres Erachtens muss ein pflichtgemäßer Rücktritt auch dann möglich sein, wenn die Nachbesetzung – allenfalls aufgrund v Pattsituationen innerhalb des Gesellschafterkreises – (vorerst) nicht möglich ist.[151] Vor dem Rücktritt hat das AR-Mitglied jedoch die sonstigen Mittel zur sorgfältigen Erfüllung seiner Pflichten auszuschöpfen (zB Berichtsanforderung bei den GF bzw beim AR-Vorsitzenden, Informationserteilung an andere AR-Mitglieder u den AR-Vorsitzenden).[152] Der Rücktritt wird mit Zugang der Erklärung bei der Gesellschaft (grds vertreten durch jeden GF) wirksam.[153] In bestimmten Fällen könnte ein Rücktritt sogar geboten sein (zB Behinderung in der Amtsausübung, unüberbrückbarer Interessenkonflikt).[154]

Sonstige Gründe für die Beendigung des AR-Mandats können sein: Fristablauf (vgl Rz 16 ff), Tod, (dauerhafter) Verlust der Geschäftsfähigkeit, Eintritt einer auflösenden Bedingung, Festlegung v Alters- **32**

---

147 Vgl etwa *A. Heidinger* in Gruber/Harrer, GmbHG² § 30b Rz 31 unter Hinweis auf § 1021 ABGB. GesV Ausschluss ist unzulässig, vgl *Wünsch*, GmbHG § 30b Rz 74.
148 *Koppensteiner/Rüffler*, GmbHG³ § 30b Rz 7; *Kalss* in Kalss/Nowotny/Schauer, GesR², Rz 3/624.
149 Vgl zur AG *Kalss* in Doralt/Nowotny/Kalss, AktG³ § 87 Rz 59.
150 OGH 26.2.2002, 1 Ob 144/01k mit Hinweis auf *M. Heidinger*, Aufgaben 195.
151 Letztlich kann hier auch die gerichtl Bestellung (§ 30d) weiterhelfen; vgl *Aburumieh/Hoppel* in Napokoj/H. Foglar-Deinhardstein/Pelinka, AktG § 87 Rz 51.
152 Vgl dazu *Kalss* in Doralt/Nowotny/Kalss, AktG³ § 87 Rz 56.
153 Vgl *Rauter* in Straube/Ratka/Rauter, GmbHG § 30b Rz 62, vgl dort auch Nachw zur Erklärung gegenüber dem AR-Vorsitzenden.
154 *Rauter* in Straube/Ratka/Rauter, GmbHG § 30b Rz 61; *Kalss/Schimka* in Kalss/Kunz HB AR² Kap 2 Rz 19.

grenzen.[155] Auch Verschmelzungen führen bei der übertragenden Gesellschaft zur Beendigung des AR-Mandats;[156] nicht aber die Auflösung der Gesellschaft oder die Eröffnung eines Insolvenzverfahrens.[157] Entfällt die AR-Pflicht gem § 29 (und ist kein gesv zwingender AR vorgesehen), so enden auch die AR-Mandate (vgl § 29 Rz 4 u 46).

II. Entsendung und Abberufung der Arbeitnehmervertreter

33 Die Entsendung u Abberufung v AN-Vertretern ist in § 110 ArbVG iVm der AR-VO geregelt.[158] Nunmehr gilt – bei Vorliegen der Anwendungsvoraussetzungen[159] – auch für AN-Vertreter Diversität in Form der verpflichteten Geschlechterquote.[160] Die AN-Vertreter sind v zuständigen **Belegschaftsorgan** (Zentral-BetrR, BetrR oder Betriebsausschuss) zu entsenden (vgl § 1 AR-VO; zur Entsendung im Konzern vgl § 110 Abs 6 bis 6b ArbVG sowie §§ 16 ff AR-VO; zur GmbH & Co KG vgl § 110 Abs 7 ArbVG sowie § 32 AR-VO; vgl auch § 29 Rz 18 u 30) u können v diesem auch abberufen werden (§ 110 Abs 2 S 1 aE ArbVG; § 11 AR-VO).[161] Existiert daher kein solches Belegschaftsorgan, scheitert grds[162] eine Entsendung.

---

155 Vgl etwa *Rauter* in Straube/Ratka/Rauter, GmbHG § 30b Rz 63; zur Handlungsunfähigkeit u zum Erreichen v Altersgrenzen vgl ausf *Kalss/Schimka* in Kalss/Kunz HB AR² Kap 2 Rz 10 ff.
156 *Aburumieh/Adensamer/H. Foglar-Deinhardstein*, Verschmelzung VI. B Rz 17.
157 *Rauter* in Straube/Ratka/Rauter, GmbHG § 30b Rz 64. Vgl zu Insolvenzverfahren u sich daraus ergebenden eingeschränkten Kompetenzen des AR *Kalss/Wendt* in Kalss/Kunz, HB AR² Kap 30 Rz 42 ff.
158 Vgl dazu allg *Gahleitner* in Kalss/Kunz, HB AR² Kap 10.
159 Vgl zur Geschlechterquote § 30 Rz 12 u im Detail *Aburumieh/Hoppel* in Napokoj/H. Foglar-Deinhardstein/Pelinka, AktG § 86 Rz 24 ff.
160 Vgl zur Geschlechterquote bei Entsendung der AN-Vertreter *Aburumieh/Hoppel* in Napokoj/H. Foglar-Deinhardstein/Pelinka, AktG § 86 Rz 39 ff.
161 Vgl dazu im Detail etwa bei *Jabornegg* in Strasser/Jabornegg/Resch, ArbVG § 110. Vgl etwa zur Konzernentsendung u zur Entsendung bei GmbH & Co KG *Löschnigg*, ZAS 1981, 3; *Jabornegg*, DRdA 1999, 433; *Jabornegg*, DRdA 2009, 219.
162 Ausnahme: Konzernentsendung gem § 110 Abs 6a ArbVG, auch wenn im herrschenden Unternehmen kein BetrR zu errichten ist u sich die Tätigkeit

Für die Zahl der AN-Vertreter gilt die sog **Drittelparität**. Für zwei 34
Kapitalvertreter ist ein AN-Vertreter zu entsenden; bei ungerader Zahl
der Kapitalvertreter ist ein weiterer AN-Vertreter zu bestellen (vgl auch
§ 30 Rz 2). Maßgeblich ist dabei die Zahl der – unter Berücksichtigung
eines allfälligen leeren Stuhls (§ 30 S 3 iVm § 86 Abs 8 AktG) – zu *bestellenden*[163] Kapitalvertreter.[164]

Die GF u der AR-Vorsitzende sind verpflichtet, das Entstehen der 35
AR-Pflicht sowie jede Änderung der Zahl der Kapitalvertreter dem zuständigen Belegschaftsorgan schriftlich mitzuteilen (vgl § 14 AR-VO[165];

---

des herrschenden Unternehmens nicht nur auf die Verwaltung v Unternehmensanteilen der beherrschten Unternehmen beschränkt.
163 Vor dem GMFA-G (BGBl I 2017/104, „Geschlechterquote") war für die Zahl der AN-Vertreter die Zahl der **tatsächlich bestellten** Kapitalvertreter maßgeblich, vgl etwa *Kalss* in Doralt/Nowotny/Kalss, AktG² § 86 Rz 30. Mit dem Inkrafttreten des GMFA-G wurde auch der Wortlaut des § 110 Abs 1 ArbVG adaptiert u stellt nunmehr auf die Zahl der zu **bestellenden** Kapitalvertreter ab. Vgl idS auch *Rauter* in Straube/Ratka/Rauter, GmbHG § 30b Rz 78 mit dem ergänzenden Hinweis, dass bei Festlegung einer gesv Bandbreite die Untergrenze relevant ist; aA *Schneller/Preiss* in Gahleitner/Mosler, Arbeitsverfassungsrecht III⁶ § 110 Rz 23a (normativer Gehalt v Abs 1 unverändert; Änderung Wortlaut nur iZm Geschlechterquote relevant). Unklar ist die Situation, wenn vorschriftswidrig kein AR eingerichtet wird; vgl zur bisherigen Rechtslage *Reich-Rohrwig*, GmbHR I² 255 f (wurde trotz gesetzl oder gesv AR-Pflicht v Gesellschafterseite kein AR bestellt, kann vorerst nur eine gerichtl Bestellung verlangt werden; erst danach können AN-Vertreter entsandt werden); *Putzer*, Mitwirkung der Arbeitnehmerschaft im Aufsichtsrat 50 (bis zur tatsächlichen Einrichtung eines AR ist eine AN-Entsendung nicht möglich); aA *M. Heidinger*, Aufgaben 104 (Entsendung des AN-Vertreters schon vor Bestellung der Kapitalvertreter durch die Gesellschafter zulässig). Eine gesetzgeberische Klarstellung wäre hier wünschenswert.
164 Vgl auch *Aburumieh/Hoppel* in Napokoj/H. Foglar-Deinhardstein/Pelinka, AktG § 86 Rz 59.
165 Fraglich ist, ob eine direkte Information der AN erforderlich ist, wenn trotz Überschreitens der maßgeblichen Schwelle v fünf AN kein Belegschaftsorgan errichtet ist. Dagegen spricht uE der Wortlaut des § 14 AR-VO, der gerade keine subsidiäre Verpflichtung zur direkten Verständigung der AN vorsieht (anders als dies bei anderen gesetzl Bestimmungen zT der Fall ist, vgl zB § 3a AVRAG bei Betriebsübergang). Dagegen spricht uE auch, dass den AN keine direkte Entsendekompetenz zusteht; nur das jew Belegschaftsorgan kann die Entsendung vornehmen. Für eine direkte Informationspflicht könnte zwar sprechen, dass die AN durch die Information erst dazu angestoßen werden, ein Belegschaftsorgan einzurichten; insgesamt

vgl auch § 29 Rz 50). Scheidet also ein Kapitalvertreter ohne Nachbesetzung aus u „springt" dadurch die Zahl der AN-Vertreter (nicht relevant wäre zB ein Wechsel v acht auf sieben Kapitalvertreter), ist die Zahl der AN-Vertreter entspr anzupassen (vgl § 110 Abs 3 letzter S ArbVG u § 12 AR-VO). In diesem Fall sind die (= alle) AN-Vertreter abzuberufen u vollständig neu zu entsenden (vgl schon Rz 26).

Nach hM entsteht das Entsendungsrecht erst mit FB-Eintragung der Gesellschaft,[166] wenn auch **bereits Kapitalvertreter bestellt** sind.[167] Das Entsenderecht gem § 110 ArbVG knüpft daher an die Existenz eines bereits gebildeten AR an; ein AR kann daher in keinem Fall v AN-Vertretern gegründet werden.[168] Ist daher (vorschriftswidrig) kein AR eingerichtet, ist eine AN-Entsendung gem § 110 ArbVG bis zur tatsächlichen Einrichtung des AR nicht möglich.[169]

36 Die Mitgliedschaft der AN-Vertreter im AR beginnt mit der **Mitteilung der Entsendung** an den Vorsitzenden des AR durch den Vorsitzenden des Belegschaftsorgans (vgl § 8a AR-VO).[170] Die Mitgliedschaft der AN-Vertreter endet mit deren Mitgliedschaft zum BetrR oder mit der Abberufung durch die entsendende Stelle (vgl § 110 Abs 3 S 7 ArbVG); in der AR-VO wird diesbzgl zw Fällen der Beendigung aller entsendeten AN-Vertreter u Fällen der Beendigung der Mitgliedschaft bloß einzelner AN-Vertreter unterschieden (vgl § 9 ff AR-VO).[171]

---

sprechen die systematischen Argumente uE aber eher gegen eine derartige direkte Informationsverpflichtung gegenüber den AN.
166 *A. Heidinger* in Gruber/Harrer, GmbHG² § 30b Rz 32; *Kalss* in Doralt/Nowotny/Kalss, AktG² § 87 Rz 65.
167 Vgl *Reich-Rohrwig*, GmbHR 255 f (wurde trotz gesetzl oder gesv AR-Pflicht v Gesellschafterseite kein AR bestellt, kann vorerst nur eine gerichtl Bestellung verlangt werden; erst danach können AN-Vertreter entsandt werden); aA *M. Heidinger*, Aufgaben 104 (Entsendung des AN-Vertreters schon vor Bestellung der Kapitalvertreter durch die Gesellschafter zulässig).
168 *Putzer*, Mitwirkung der Arbeitnehmerschaft im Aufsichtsrat 50.
169 *Putzer*, Mitwirkung der Arbeitnehmerschaft im Aufsichtsrat 50.
170 Vgl etwa *Koppensteiner/Rüffler*, GmbHG³ § 30b Rz 9.
171 Zu Beginn, Dauer u Ende der Funktionsperiode der AN-Vertreter vgl im Detail etwa *Reich-Rohrwig*, GmbHR I² Rz 4/153 ff; *Putzer*, Mitwirkung der Arbeitnehmerschaft im Aufsichtsrat 55 ff; vgl etwa auch *Jabornegg* in Strasser/Jabornegg/Resch, ArbVG § 110 Rz 133 ff.

Die Entsendung ist alleine Angelegenheit der AN;[172] die Gesellschaft treffen diesbzgl nur Auskunftspflichten (vgl insb § 14 AR-VO). Daher kommt auch eine gerichtl Ersatzbestellung v AN-Vertretern nicht in Frage (vgl § 30d Rz 2).[173] Die AN-Entsendung greift auch beim **freiwilligen AR**, uzw sowohl beim Kann- als auch beim Muss-AR (vgl dazu § 29 Rz 54). Zur AN-Mitbestimmung beim **Beirat** vgl § 29 Rz 64 ff. Zur AN-Mitbestimmung bei **grenzüberschreitender Verschmelzung** vgl § 29 Rz 31 ff. 37

Ebenso wie bei v Gesellschaftern entsandten bzw nominierten Mitgliedern stellt sich die Frage der Pflichtenbindung der v der Belegschaft entsandten Mitglieder gegenüber den entsendenden Gremien, u hier insb die Frage der **Weitergabe v Informationen** aus dem AR an die Belegschaft (vgl schon Rz 5 sowie § 30c Rz 4 ff sowie § 33 Rz 4).[174] 38

§ 30c. (1) Der Gesellschaftsvertrag kann bestimmten Gesellschaftern oder den jeweiligen Inhabern bestimmter Geschäftsanteile das Recht einräumen, Mitglieder in den Aufsichtsrat zu entsenden.

(2) Das Entsendungsrecht kann nur den Inhabern solcher Geschäftsanteile eingeräumt werden, deren Übertragung an die Zustimmung der Gesellschaft gebunden ist.

(3) Die entsandten Aufsichtsratsmitglieder können von den Entsendungsberechtigten jederzeit abberufen und durch andere ersetzt werden.

(4) Sind die im Gesellschaftsvertrag bestimmten Voraussetzungen des Entsendungsrechts weggefallen, so kann durch Gesellschafterbeschluß das entsandte Mitglied mit einfacher Stimmenmehrheit abberufen werden.

idF BGBl I 1997/114

---

172 Gem § 110 Abs 1 ArbVG handelt es sich um eine betriebsverfassungsrechtliche Pflicht des Belegschaftsorgans; gegenüber der Gesellschaft besteht jedoch keine Pflicht des Belegschaftsorgans zur Bestellung v AN-Vertretern, vgl *Aburumieh/Hoppel* in Napokoj/H. Foglar-Deinhardstein/Pelinka, AktG § 86 Rz 61 mwN.
173 *Rauter* in Straube/Ratka/Rauter, GmbHG § 30b Rz 77; *Kalss* in Doralt/Nowotny/Kalss, AktG³ § 89 Rz 5.
174 *Jabornegg* in Strasser/Jabornegg/Resch, ArbVG § 110 Rz 262 ff mwN; *U. Torggler* in FS H. Torggler, 1215 (1219 f).

Literatur: *Gruber/Auer*, Die Verschwiegenheitspflicht der Vorstands- und Aufsichtsratsmitglieder einer nicht börsenotierten AG, GesRZ 2013, 173; *M. Heidinger*, Aufgaben und Verantwortlichkeit von Aufsichtsrat und Beirat der GmbH (1989); *Kalss*, Auskunftsrechte und -pflichten für Vorstand und Aufsichtsrat im Konzern, GesRZ 2010, 137; *Kalss*, Das nominierte Aufsichtsratsmitglied im Konzern nach österreichischem Recht, in FS Hoffmann-Becking (2013) 631; *Napokoj/Pelinka*, Der Beteiligungsvertrag (2017); *Ch. Nowotny*, Der Beamte als Aufsichtsrat, RdW 1999, 283; *Schima*, Zur Effizienz von Syndikatsverträgen, insbesondere bei der AG, in FS Krejci (2001) 825; *Steiner/Feilmair*, Informationsweitergabe durch AR-Mitglieder einer AG in krisennahen Situationen, GesRZ 2022, 67; *U. Torggler*, Zur Verschwiegenheitspflicht entsendeter Aufsichtsratsmitglieder, in FS H. Torggler (2013) 1215; *I. Welser*, Aufsichtsräte im Spannungsfeld von Verschwiegenheits- und Offenlegungspflichten, in FS W. Jud (2012) 745.

Inhaltsübersicht

I. Entsendung (Abs 1, 2)	1–13
A. Sonderrecht	1–8
B. Berechtigte	9, 10
C. Ausübung	11–13
II. Funktionsdauer und Abberufung (Abs 3, 4)	14–16

I. Entsendung (Abs 1, 2)

A. Sonderrecht

1 Das Recht zur Entsendung v AR-Mitgliedern ist ein im GesV[1] zu schaffendes, v Anteil getrennt **un**übertragbares (vgl aber Rz 9, 10) **Sonderrecht** einzelner[2] oder mehrerer[3] Gesellschafter[4]; auch jP können entsen-

---

1 Nicht ausreichend wäre eine bloße Ermächtigung im GesV zur Schaffung eines solchen Rechts in einem untergeordneten Regelwerk, vgl *Kalss* in Kalss/Kunz, HB AR² Kap 9 Rz 8.
2 UE ist auch Entsendung der Mehrheit oder aller Mitglieder durch nur einen Gesellschafter möglich, vgl auch *A. Heidinger* in Gruber/Harrer, GmbHG² § 30c Rz 4 mit Hinweis auf abw M v *M. Heidinger*, Aufgaben 100. Beim Alleingesellschafter macht eine Entsendung wenig Sinn, ist uE aber dennoch zulässig; wegen der abw Regelungen zur Funktionsdauer (keine Befristung, s Rz 14; vgl zu gewählten Mitgliedern demgegenüber § 30b Rz 16 ff) könnte dies praktisch v Interesse sein.
3 Zur Frage gemeinschaftlicher Einräumung an mehrere Mitberechtigte vgl *Rauter* in Straube/Ratka/Rauter, GmbHG § 30c Rz 22. Mitberechtigung entsteht auch bei Anteilsteilung.

debefugt sein (vgl § 30a Rz 5). Es ist (anders als bloße Vorschlags- oder Nominierungsrechte sowie reine syndikatsvertragliche Entsenderechte, vgl dazu § 30b Rz 3 ff) ein **echtes Ernennungsrecht** (s zum Procedere Rz 11). – Eine Entsendepflicht besteht grds (Ausnahmen aufgrund Treuepflichterwägungen denkbar) nicht.[5] Bei Untätigkeit kann jedoch Bestellung durch das Gericht (vgl § 30d) erforderlich werden (zur Frage der Ersatzkompetenz der GV vgl Rz 12).[6] Das Entsendungsrecht kann sich auf alle Sitze der Kapitalvertreter beziehen (anders § 88 AktG).

Für die nachträgliche Einführung verlangt die hM mit Verweis auf 2 § 50 Abs 4 die Zustimmung der übrigen Gesellschafter.[7] Soll das Recht einem Gesellschafter entzogen werden, bedarf es dessen **Zustimmung**.[8] Der Zustimmung bedarf daher zB auch eine GesV-Änderung betr die Zahl der AR-Mitglieder, wenn dadurch in das Sonderrecht eingegriffen wird.[9] Bei Verschmelzung der Gesellschaft (als übertragende Gesellschaft), in der das Entsendungsrecht besteht, greift § 99 (vgl § 99 Rz 3).

Das Entsenderecht kann (*e contrario* Abs 4) im GesV v **besonderen** 3 **Voraussetzungen** abhängig gemacht werden (zB persönliche Voraussetzungen oder bestimmtes Beteiligungsausmaß des Berechtigten, Befristung, Qualifikationen für AR-Mitglied, wobei – *qua* Treuepflicht[10] – ohnedies nur geeignete Mitglieder entsandt werden dürfen).[11] Auch die gesetzl Bestellhindernisse (vgl §§ 30a, 30e) sowie die Geschlechterquote (vgl § 30 Rz 12) sind zu berücksichtigen. Unseres Erachtens (str)[12] kann

---

4 Nicht Dritte, vgl *Rauter* in Straube/Ratka/Rauter, GmbHG § 30c Rz 19. Vgl dazu auch *Kalss* in Kalss/Kunz, HB AR[2] Kap 9 Rz 18 (grds FB-Eintragung als Gesellschafter erforderlich, uU aber auch unmittelbar bevorstehende FB-Eintragung ausreichend).

5 Vgl etwa *Kalss* in Doralt/Nowotny/Kalss, AktG[3] § 88 Rz 23; *Napokoj/ Pelinka*, Der Beteiligungsvertrag 137.

6 Vgl *Aburumieh/Hoppel* in Napokoj/H. Foglar-Deinhardstein/Pelinka, AktG § 88 Rz 3.

7 *Eckert/Schopper* in Torggler, GmbHG § 30c Rz 1; (zur AG, mit Ausnahmen bei sachlicher Rechtfertigung) *Napokoj/Pelinka*, Der Beteiligungsvertrag 129.

8 *A. Heidinger* in Gruber/Harrer, GmbHG[2] § 30c Rz 3.

9 *M. Doralt* in Kalss/Kunz, HB AR[2] Kap 8 Rz 158.

10 Vgl zB *Koppensteiner/Rüffler*, GmbHG[3] § 30c Rz 3.

11 Vgl im Detail *Rauter* in Straube/Ratka/Rauter, GmbHG § 30c Rz 28 ff; s auch *Napokoj/Pelinka*, Der Beteiligungsvertrag 128.

12 Wie hier *Koppensteiner/Rüffler*, GmbHG[3] § 30c Rz 3; **dagegen** *A. Heidinger* in Gruber/Harrer, GmbHG[2] § 30c Rz 5; *Wünsch*, GmbHG § 30c Rz 18; vermittelnd (Umdeutung in bloßes Nominierungsrecht) *Rauter* in Straube/ Ratka/Rauter, GmbHG § 30c Rz 31 u *Eckert/Schopper* in Torggler, GmbHG

für die konkrete Entsendung auch die **Zustimmung der GV** vorgesehen werden; diesfalls übertragen die Gesellschafter ihre an sich gegebene Bestellungskompetenz (Wahl) nur eingeschränkt auf den Entsendungsberechtigten; in diesem Fall liegt uE aber immer noch eine Entsendung, nicht aber eine Wahl vor (was insb auch im Hinblick auf die Mandatsdauer u die freie Abberufung durch den Entsender einen Untersch macht, vgl Rz 14). Zustimmungsvorbehalte zugunsten der GF oder des AR sind nach hM aber jedenfalls unzulässig.[13] Problematisch erscheint auch eine Entsendung durch einen Gesellschafter-GF oder Gesellschafter-Angestellten/Mitarbeiter (Absicherung des natürlichen Organisationsgefälles, vgl zur AR-Wahl auch § 30b Rz 2).[14] In Holding-Strukturen (zur AR-Pflicht im mehrstöckigen Konzern vgl § 29 Rz 23 f) wäre uE zu erwägen, den Interessenkonflikt in der Zwischengesellschaft (selber GF wie in der GmbH, in die das AR-Mitglied entsendet wird) durch Weisung v oben (*ultimate*) auszuschalten, sodass dem Gesellschafter-GF (in der Zwischengesellschaft) überhaupt kein Ermessensspielraum mehr hinsichtlich der Auswahl u der Vornahme der Entsendung, umfassend auch sonstige Belange in Bezug auf das entsandte Mitglied (wesentlich zB auch hinsichtlich der jährlichen Entlastung) zukommt. Kritisch wird in der Lit auch die Entsendung durch einen Gesellschafter-AR gesehen, zumal dieser ohnedies schon im AR vertreten ist.[15]

4 Die Etablierung besonderer Voraussetzungen im Verhältnis Entsender – Entsandter ist str. Angesprochen ist das Thema der Pflichtenbindung des Entsandten an Interessen des Entsenders.[16] Im Detail ist vieles

---

§ 30c Rz 5 aE (mit Hinweis auf Wegfall der Voraussetzungen gem § 5 Abs 2 Z 2 EKEG, § 244 Abs 2 Z 2 UGB, s dazu Rz 8), wobei dies zur freien Abberufbarkeit gem § 30b Abs 3 führt.

13 Vgl etwa *Rauter* in Straube/Ratka/Rauter, GmbHG § 30c Rz 31 u *A. Heidinger* in Gruber/Harrer, GmbHG[2] § 30c Rz 5.

14 Offener *Rauter* in Straube/Ratka/Rauter, GmbHG § 30c Rz 20; *Wünsch*, GmbHG § 30c Rz 4. Wie hier (zu GF u Angestellten) *Reich-Rohrwig*, GmbHR I[2] Rz 4/103; wohl auch *M. Doralt* in Kalss/Kunz, HB AR[2] Kap 8 Rz 161.

15 Offener wiederum *Rauter* in Straube/Ratka/Rauter, GmbHG § 30c Rz 20; *Wünsch*, GmbHG § 30c Rz 4. Krit demgegenüber *M. Doralt* in Kalss/Kunz, HB AR[2] Kap 8 Rz 161.

16 Die Zusage einer besonderen Vergütung durch den Entsendungsberechtigten soll jedenfalls zulässig sein, vgl dazu *M. Doralt* in Kalss/Kunz, HB AR[2] Kap 8 Rz 171, auch iSe Abfertigung bei frühzeitiger Abberufung, vgl *dies* Rz 175; vgl auch *Kalss* in Kalss/Kunz, HB AR[2] Kap 9 Rz 73; vgl dort (Rz 75) auch zu Fragen des Aufwandersatzes. Zur AR-Vergütung (gem § 31, die grds auch ent-

str.[17] Festzuhalten ist, dass der OGH[18] (lediglich, aber immerhin) durch Billigung einer diesbzgl Aussage in einer E des Berufungsgerichts (§ 510 Abs 3 S 2 ZPO) jene A teilt, wonach auch entsandte AR-Mitglieder jedenfalls **frei u unabhängig in eigener Verantwortung** zu agieren haben u sich **nicht vertraglich verpflichten** können, ihr Mandat in bestimmter Weise auszuüben. Die hM dürfte eine vertragliche Bindung im **freien Ermessensbereich des AR-Mitglieds** zulassen. Unseres Erachtens steht dies nicht im Widerspruch zur zit OGH-E,[19] denn die Befolgung der Bindung des AR-Mitglieds liegt bei dieser Lösung alleine in dessen pflichtgemäßem Ermessen.

Ein „echtes" Weisungsrecht des Entsenders ist damit gerade nicht 5 verbunden u die Thematik der „faktischen" Pflichtbindung stellt sich uE ohnedies schon alleine aufgrund des Instrumentariums der Entsendung. Die reine Verpflichtung zur Wiedergabe u Äußerung der M des Entsenders durch den Entsandten in AR-Sitzungen erscheint vor diesem Hintergrund uE eher unproblematisch,[20] ebenso wie die Möglichkeit der Schaffung einer Verpflichtung gegenüber dem Entsender, das Mandat bei Interessenkollision (unter vorheriger Information des Entsenders) zurückzulegen, denn das entsandte Mitglied ist ohnedies jederzeit abberufbar (s Rz 14).[21] Oberster Maßstab für das entsandte AR-Mitglied bleibt aber immer, unter **eigener Verantwortung**, das **Gesellschaftswohl** (u nicht das Interesse des Entsenders, vgl allg § 33 iVm § 25).

Soferne AR-Unterlagen auch v jederzeitigen Informationsrecht des 6 Gesellschafters umfasst sind (vgl dazu § 22 Rz 45;[22] wobei AR-Proto-

---

sandten Mitgliedern zusteht) vgl § 31 Rz 17 u § 35 Rz 29 u *Napokoj/Pelinka*, Der Beteiligungsvertrag 129.
17 Vgl zum Nachfolgenden etwa *Rauter* in Straube/Ratka/Rauter, GmbHG § 30c Rz 53 f; *A. Heidinger* in Gruber/Harrer, GmbHG² § 30c Rz 16 f; *Eckert/Schopper* in Torggler, GmbHG § 30c Rz 8; *Wünsch*, GmbHG § 30c Rz 29 ff; *Kalss* in Doralt/Nowotny/Kalss, AktG³ § 88 Rz 27 ff; *Kalss*, GesRZ 2010, 137 (143 f); *Kalss* in Kalss/Kunz HB AR² Kap 9 Rz 55 ff; *U. Torggler* in FS H. Torggler 1215 (1215 ff); *Ch. Nowotny*, RdW 1999/4b, 283 (286 ff); *Schima* in FS Krejci 825 (840 ff); *Napokoj/Pelinka*, Der Beteiligungsvertrag 130, 132 f.
18 OGH 29.8.1995, 5 Ob 554/94.
19 Strenger *Koppensteiner/Rüffler*, GmbHG³ § 30c Rz 5.
20 Vgl dazu etwa *Kalss* in Kalss/Kunz, HB AR² Kap 9 Rz 53 f.
21 *Schima* in FS Krejci 825 (840 ff).
22 Zur Herausgabe v AR-Protokollen gegenüber dem Alleingesellschafter iZm Konzernleitungsbefugnissen u diesbzgl Informationsrechten vgl etwa

kolle aber grds – dh insb gegenüber Dritten – der Verschwiegenheitsverpflichtung im AR unterliegen,[23] vgl allg § 33 Rz 4), stellen sich die zum AktG[24] diskutierten Fragen zur Zulässigkeit einer **Informationsweitergabe** v Entsandten an den Entsender nicht in dieser Schärfe, denn dann kann ohnedies jeder Gesellschafter – auch ohne Entsendungsrecht – Einblick in diese Unterlagen erlangen.[25] Hier gelten aber jedenfalls die zum allg Informationsrecht herausgearbeiteten Schranken (vgl § 22 Rz 45, 40). Zu bedenken ist allerdings, dass Sitzungsprotokolle regelmäßig das im AR Diskutierte nicht wortgleich wiedergeben, sodass über die Achse Entsandter – Entsender mehr Informationen (nämlich: AR-Interna)[26] als über das allg Informationsrecht weitergereicht werden könnten (zur generellen Verschwiegenheitsverpflichtung v AR-Mitgliedern vgl § 33 Rz 4). Die Gesellschafter nehmen diese Ungleichbehandlung uE grds durch Einräumung der Entsendungskompetenz hin (vgl zu Zustimmungsvoraussetzungen schon oben Rz 2 f), könnten aber umgekehrt auch ausdrücklich Einschränkungen im GesV (oder auch im Syndikatsvertrag) vorsehen, um eine derartige Informationsweitergabe zu verhindern.[27]

7   Grenze einer solchen Informationsweitergabe ist uE aber jedenfalls – auch ohne diesbzgl Festsetzung im GesV bzw Syndikatsvertrag – wie-

---

I. Welser in FS W. Jud 745 (750) sowie (zur AG) *Kalss*, GesRZ 2010, 137 (144 f). Zur Frage der Weitergabe v AR-Protokollen an den Entsender/Nominierer, allenfalls auch außerhalb der Konzernleitung, *Kalss*, GesRZ 2010, 137 (145) u *Kalss* in FS Hoffmann-Becking 631 (643 ff). Krit aber *U. Torggler* in FS H. Torggler 1215 (1220 f iZm Konzernleitung; generell abl zur Weitergabe v AR-Protokollen 1225).

23 Vgl dazu etwa *I. Welser* in FS W. Jud 745 (749 f); *Kalss*, GesRZ 2010, 137 (144). S auch schon die vorstehende FN. **Gegen** Weitergabe an Gesellschafter aber *U. Torggler* in FS H. Torggler 1215 (1225: AR-Interna sind jedenfalls geheim zu halten) mwN.

24 Vgl zum AktG *Kalss* in Kalss/Kunz, HB AR[2] Kap 9 Rz 61 ff sowie Kap 26 Rz 44; *Kalss* in Doralt/Nowotny/Kalss, AktG[3] § 88 Rz 28; *M. Doralt* in Kalss/Kunz, HB AR[2] Kap 8 Rz 172. Vgl auch *Steiner/Feilmair*, GesRZ 2022, 67 zur Informationsweitergabe durch AR-Mitglieder einer AG in krisennahen Situationen.

25 Vgl *Ch. Nowotny*, RdW 1999/4b, 283 (288).

26 **Abw** *U. Torggler* in FS H. Torggler 1215 (1225: AR-Interna sind jedenfalls geheim zu halten) mwN.

27 *Rauter* in Straube/Ratka/Rauter, GmbHG § 30c Rz 54; *Kalss* in Doralt/Nowotny/Kalss, AktG[3] § 88 Rz 30 aE; *Kalss* in Kalss/Kunz, HB AR[2] Kap 9 Rz 58.

derum das Gesellschaftswohl, nicht aber Partikularinteressen des Entsenders (s schon Rz 5);[28] zu prüfen ist auch, ob der (spezielle) Informationsfluss zur Amtsausübung unbedingt geboten ist.[29] Daran anknüpfend stellt sich die Frage der Verschwiegenheitsverpflichtung des die Information empfangenden Gesellschafters (Treuepflicht).[30] Sonderfragen ergeben sich bei sonstigen gesetzl Schranken einer Informationsweitergabe (zB § 38 BWG – Bankgeheimnis).[31] Zu ähnlichen Fragen beim (bloß) syndikatsvertraglich entsandten oder bloß gem GesV nominierten AR-Mitglied vgl § 30b Rz 3, zu AN-Vertretern vgl § 30b Rz 38.

Bei Berechtigung zur Entsendung der Mehrheit der AR-Mitglieder liegt eine **kontrollierende Beteiligung** iSd § 5 Abs 2 Z 2 EKEG u § 244 Abs 2 Z 2 UGB vor.[32]   8

B. Berechtigte

Das Entsendungsrecht kann (i) bestimmten Gesellschaftern (**höchstpersönliches Recht**)[33] oder (ii) den jew Inhabern vinkulierter Geschäftsanteile (vgl dazu Rz 10), eingeräumt werden. Bei Berechtigung eines **bestimmten Gesellschafters** ist dieser im GesV **namentlich** zu benennen; eine Regelung zur Vererbung ist – auch ohne namentliche Nennung der   9

---

28 Vgl etwa *Wünsch*, GmbHG § 30c Rz 31 u zur AG etwa: *Gruber/Auer*, GesRZ 2013, 173 (178). UU offener *U. Torggler* in FS H. Torggler 1215 (1224). Generell strenger *Napokoj/Pelinka*, Der Beteiligungsvertrag 133.
29 Zur AG: *Kalss*, GesRZ 2010, 137 (143); *Kalss* in Kalss/Kunz, HB AR² Kap 9 Rz 64.
30 Vgl dazu etwa *I. Welser* in FS W. Jud 745 (751 f).
31 Vgl dazu etwa *U. Torggler* in FS H. Torggler 1215 (1225 ff).
32 *Eckert/Schopper* in Torggler, GmbHG § 30c Rz 1 aE. Fraglich ist, ob eine derartige kontrollierende Beteiligung auch bei bloßem Vorschlagsrecht (= Nominierungsrecht, vgl auch Rz 1) vorliegt. Bei Nominierungsrechten für GF wird dies bejaht, vgl etwa *Fröhlich/Haberer* in U. Torggler, UGB³ § 244 Rz 37. Anders *Eckert/Schopper* in Torggler, GmbHG § 30c Rz 5 aE, vgl schon FN 12.
33 Vgl zum höchstpersönlichen Entsendungsrecht OGH 18.2.2021, 6 Ob 155/20t (Wegfall des höchstpersönlichen Entsendungsrechts aufgrund Übertragung der Gesellschafterstellung; wobei noch ausdrücklich offengelassen wurde, ob nicht allenfalls aus Treuepflichterwägungen eine Verpflichtung zur Wiedereinräumung des Entsendungsrechts bestehen könnte; vgl dazu auch *Welser/Zivny*, RdW 2021/428, 542 [545]).

Erben – möglich (sonst unvererbbares Recht).[34] Wird der Anteil in anderer Weise als Vererbung übertragen, erlischt das Recht, es sei denn, der GesV benennt namentlich Rechtsnachfolger.[35] Nach in der Lit vertretener A soll diesfalls auch die bloße **Vinkulierung** (vgl Rz 10) ausreichend sein, um das Entsenderecht übertragbar zu gestalten, auch wenn dieses nicht ausdrücklich auf **Rechtsnachfolger** erstreckt wird (vgl zu dieser Gestaltung, dh Entsendungsrecht für den jew Anteilsinhaber, der einem bestimmten Anteilsinhaber nachfolgt, Rz 10).[36] Natürlich empfiehlt sich eine Klarstellung, ob bei Zusammentreffen v namentlicher Nennung eines entsendungsberechtigten Gesellschafters u Vinkulierung (jedenfalls, dh auch ohne Erstreckung auf Rechtsnachfolger)[37] auch die Rechtsnachfolger des namentlich benannten Gesellschafters entsendungsberechtigt sein sollen. Gesamtrechtsnachfolge des berechtigten Rechtsträgers soll das Recht zum Erlöschen bringen; uE ist auch eine Übertragung dieses höchstpersönlichen Rechts durch Gesamtrechtsnachfolge zu erwägen.[38] Auch v OGH[39] wurde diese Frage bereits aufgegriffen, aber nicht beantwortet, weil die Gesellschafterstellung im entscheidungsgegenständlichen Fall zwar zunächst im Zuge einer Spaltung im Wege der Gesamtrechtsnachfolge, jedoch noch im selben Jahr neuerlich durch Sacheinlage-, Übertragungs- u Abtretungsvertrag, somit im Weg der Einzelrechtsnachfolge, wechselte, wodurch das höchstpersönliche Entsendungsrecht erloschen ist. Änderungen der Mehrheitsver-

---

34 Vgl *A. Heidinger* in Gruber/Harrer, GmbHG² § 30c Rz 6; detaillierter *Rauter* in Straube/Ratka/Rauter, GmbHG § 30c Rz 14.
35 Vgl OGH 18.2.2021, 6 Ob 155/20t; *Kalss* in Doralt/Nowotny/Kalss, AktG³ § 88 Rz 11; vgl dazu auch *Napokoj/Pelinka*, Der Beteiligungsvertrag 128.
36 *Reich-Rohrwig*, GmbHR I² Rz 4/106.
37 **Bsp:** Die Formulierung „*Gesellschafter A ist zur Entsendung eines AR-Mitglieds berechtigt.*" ist bei gegebener Vinkulierung iSd Ausgeführten unklar (dh: reicht alleine die Vinkulierung, um hier auch die Übertragbarkeit der Entsendeberechtigung herbeizuführen, wie *Reich-Rohrwig* aaO [vgl FN 36] dies vertritt?). Vgl demgegenüber die Formulierung in FN 42, welche Klarheit schafft.
38 Vgl OGH 7.6.2005, 5 Ob 88/05k; *Aburumieh/Adensamer/H. Foglar-Deinhardstein*, Verschmelzung VI. B. Rz 13. Dass das Gesetz für derartige Übertragungsvorgänge eine andere Gestaltungsvariante (vinkulierte Anteile) vorsieht, überzeugt uE nicht, da ja gerade für Fälle der Übertragung im Weg der Gesamtrechtsnachfolge die Vinkulierungszustimmung nicht einzuholen ist (Rz 10 u § 76 Rz 22 f), so aber *Kalss* in Doralt/Nowotny/Kalss, AktG³ § 88 Rz 11 aE.
39 OGH 18.2.2021, 6 Ob 155/20t.

hältnisse in der entsendeberechtigten jP u Rechtsformwechsel werden in der Lit als unschädlich angesehen.[40] Klarstellungen im GesV zu derartigen Fragen erscheinen natürlich sinnvoll. Ebenso ist es empfehlenswert, im GesV festzulegen, ob das Entsendungsrecht einmalig oder mehrmalig ausübbar ist.[41]

Ist das Entsendungsrecht mit dem jew – zu konkretisierenden (Namensnennung des derzeitigen Inhabers samt Erstreckung auf Rechtsnachfolger)[42] – **Anteil** verknüpft, ist **Vinkulierung** erforderlich, wobei nach zutr A nicht nur die Gesellschaft (s aber den Wortlaut v Abs 2) zustimmungsbefugtes Organ sein kann (vgl zu Gestaltungsmöglichkeiten § 76 Rz 17 f).[43] Ausnahmen v der Vinkulierung bei Übertragung an bestimmte Personen(gruppen) schaden uE nicht.[44] Bei Übertragung des mit dem Recht ausgestatteten Anteils im Wege der Gesamtrechtsnachfolge ist die Einholung der Zustimmung nicht erforderlich (vgl § 76 Rz 22 f).[45] Der OGH[46] hat mittlerweile auch zur Frage der Übertragung im Konzern Stellung bezogen, uzw dahingehend, dass keine hinreichenden Gründen vorliegen, § 30c Abs 2 analog auf Fälle anzuwenden, in denen der Geschäftsanteil zwar nicht vinkuliert ist, aber der Gesellschafterwechsel konzernintern erfolgt. Im entscheidungsgegenständlichen Fall führte daher die konzerninterne Übertragung des Geschäftsanteils (im Wege der Einzelrechtsnachfolge) mangels Vinkulierung zum Wegfall des Entsendungsrechts.

C. Ausübung

Strittig ist, ob die Ausübung des Rechts eine **Erklärung** des Berechtigten gegenüber der Gesellschaft (vgl § 18 Abs 4) voraussetzt, welche dann (vertreten durch den/die GF) die Ernennung vornimmt, oder ob eine direkte **Ernennung** durch den Berechtigten möglich ist, sowie ob

---

40 Vgl *Aburumieh/Hoppel* in Napokoj/H. Foglar-Deinhardstein/Pelinka, AktG § 88 Rz 7 mwN.
41 *Kuhn* in Reich-Rohrwig/Ginthör/Gratzl, HB GV² Rz 1.194.
42 Vgl *Wünsch*, GmbHG § 30c Rz 11 mit Formulierungs-**Bsp**: *„Der jeweilige Inhaber des von Herrn A übernommenen Geschäftsanteils ist berechtigt, ein Mitglied in den AR zu entsenden."*
43 *Rauter* in Straube/Ratka/Rauter, GmbHG § 30c Rz 16.
44 *Reich-Rohrwig*, GmbHR I² Rz 4/102 aE.
45 *Rauter* in Straube/Ratka/Rauter, GmbHG § 30c Rz 15.
46 OGH 18.2.2021, 6 Ob 155/20t.

die **Annahme** durch den Entsandten – als Wirksamkeitsvoraussetzung – gegenüber dem GF oder dem Berechtigten zu erklären ist.[47] Ein Zusammenwirken der GF u des Entsendungsberechtigten erscheint aus Rechtssicherheitserwägungen uE sinnvoll, wenngleich uE beide Varianten auch separat u unter Annahme wechselseitiger Informationspflichten der Agierenden zuzulassen sind (Ernennung u Entgegennahme der Annahme durch GF, gestützt auf allg Vertretungsrecht des GF; Agieren durch den Entsendungsberechtigten für die Gesellschaft: Deckung durch Wortlaut des Abs 1).[48]

12 § 30b Abs 1a (Informationspflicht über fachliche Eignung) gilt bei der Entsendung nicht (vgl § 30b Rz 10).[49] Der Berechtigte kann sich auch **selbst entsenden**.[50]

13 Bei **Nichtausübung** wird unter versch Voraussetzungen Ersatzbestellung durch die GV erwogen; Details sind str.[51] Ein endgültiger **Verzicht** auf die Ausübung des Entsendungsrechts sollte uE auch ohne GesV-Änderung denkbar sein (str),[52] wobei dieser ausreichend dokumentiert sein sollte. Aus Rechtssicherheitserwägungen ist es aber jedenfalls empfehlenswert, auch den GesV entspr zu bereinigen. Ruhen bzw Konsumption des Entsenderechts wird auch dann diskutiert, wenn der Entsendungsberechtigte GF oder AR ist (vgl dazu schon oben Rz 3).[53]

---

47 Vgl Überblick zu allen vertretenen M *Rauter* in Straube/Ratka/Rauter, GmbHG § 30c Rz 33 ff.
48 Vgl auch die v *Rauter* in Straube/Ratka/Rauter, GmbHG § 30c Rz 35 aE vorgeschlagene Lösung.
49 *Kalss* in Kalss/Kunz, HB AR² Kap 9 Rz 23.
50 *Kalss* in Kalss/Kunz, HB AR² Kap 9 Rz 26.
51 Vgl Details bei *Rauter* in Straube/Ratka/Rauter, GmbHG § 30c Rz 41; vgl auch *Eckert/Schopper* in Torggler, GmbHG § 30c Rz 7. **Abl** etwa *Kalss* in Kalss/Kunz, HB AR² Kap 9 Rz 25. Vgl auch *I. Welser/Zivny*, RdW 2021/428, 542 (545), wonach der AR bei Vorliegen eines Sonderzustimmungsrechts einzelner AR-Mitglieder (vgl zur Zulässigkeit derartiger Sonderzustimmungsrechte OGH 18.2.2021, 6 Ob 155/20t) nicht durch die GV „*overruled*" werden könne.
52 Vgl die Darstellung der versch M bei *Rauter* in Straube/Ratka/Rauter, GmbHG § 30c Rz 11; anders als hier (dh für Erfordernis einer GesV-Änderung) aus der neueren Lit *A. Heidinger* in Gruber/Harrer, GmbHG² § 30c Rz 11. Vgl auch *Aburumieh/Hoppel* in Napokoj/H. Foglar-Deinhardstein/Pelinka, AktG § 88 Rz 3 mit weitergehenden Erwägungen zur fortdauernden Untätigkeit des Entsendungsberechtigten.
53 *M. Doralt* in Kalss/Kunz, HB AR² Kap 8 Rz 161.

II. Funktionsdauer und Abberufung (Abs 3, 4)

Anders als bei gewählten AR-Mitgliedern (vgl § 30b Rz 16 ff) ist die Funktionsperiode entsandter AR-Mitglieder grds (der GesV oder die konkrete Entsendungsanordnung kann davon abweichen)[54] **unbefristet** u es gelten **besondere** Regeln zur **Abberufung**. Die Abberufung kann gem Abs 3 **jederzeit** erfolgen,[55] uE[56] auch bei befristeter Bestellung (s oben), u auch ohne gleichzeitiger Entsendung eines neuen AR-Mitglieds (irreführend ist hier die Verknüpfung „*und*" in Abs 3; allenfalls – dh bei Verzicht – greift dann aber eine Ersatzbestellungskompetenz durch die GV, vgl Rz 13).[57] Das genaue Procedere ist str (dh ob Abberufung durch Erklärung der AG oder direkt den Entsender erfolgt); uE gilt hier dasselbe wie oben zur Ausübung (vgl insb auch den Wortlaut v Abs 3).[58] 14

Das Abberufungsrecht des Entsendungsberechtigten ist **zwingend**,[59] eine Mitwirkung der GV ist wegen § 30b Abs 5 (gerichtl Abberufung) nicht geboten u nicht zulässig (vgl zur Entsendung aber oben Rz 3), es steht dem jew Berechtigten zu (wechselt der Entsendungsberechtigte, geht das Abberufungsrecht mit, vgl zu denkbaren Fällen oben Rz 9, 10).[60] 15

Fallen die im GesV vorgesehenen **Voraussetzungen** des Entsendungsrechts – oder dieses selbst – **weg** (zB Anteilsübertragung ohne Vinkulierung [vgl Rz 10], Tod des Berechtigten [ohne Vererbbarkeitsklausel, vgl Rz 9]), erfolgt die **Abberufung** des Entsandten durch die **GV mit einfacher Mehrheit** (Abs 4); bis dahin bleibt das entsandte Mitglied, trotz Wegfalls der Entsendungsvoraussetzungen, im Amt. § 30b Abs 5 (**gerichtl Abberufung** aus wichtigem Grund auf Antrag einer 10%-Minderheit) ist anwendbar; ein Rücktritt richtet sich nach allg 16

---

54 *Rauter* in Straube/Ratka/Rauter, GmbHG § 30c Rz 42; *Kalss* in Doralt/Nowotny/Kalss, AktG[3] § 88 Rz 25.
55 Entgegenstehende schuldrechtliche Vereinbarungen sind unzulässig, vgl *M. Doralt* in Kalss/Kunz, HB AR[2] Kap 8 Rz 175 u *Napokoj/Pelinka*, Der Beteiligungsvertrag 130. Zur Möglichkeit der Zusage einer Abfertigung für diesen Fall vgl FN 16.
56 So auch *Wünsch*, GmbHG § 30c Rz 38.
57 *Eckert/Schopper* in Torggler, GmbHG § 30c Rz 10.
58 Vgl wiederum im Detail *Rauter* in Straube/Ratka/Rauter, GmbHG § 30c Rz 45 u die dort aE vorgeschlagene Lösung.
59 *A. Heidinger* in Gruber/Harrer, GmbHG[2] § 30c Rz 12.
60 *A. Heidinger* in Gruber/Harrer, GmbHG[2] § 30c Rz 14.

Regeln (vgl § 30b Rz 31). Die Löschung im FB wirkt nach allg Grundsätzen bloß deklarativ (vgl § 30f Rz 13).

§ 30d. (1) ¹Gehört dem Aufsichtsrat länger als drei Monate weniger als die zur Beschlußfähigkeit nötige Zahl von Mitgliedern an, so hat ihn das Gericht auf Antrag der Geschäftsführer, eines Aufsichtsratsmitglieds oder eines Gesellschafters auf diese Zahl zu ergänzen. ²Die Geschäftsführer sind verpflichtet, den Antrag zu stellen.

(2) Wenn ein Aufsichtsrat nach Gesetz oder Gesellschaftsvertrag bestellt werden muß, hat das Gericht die Bestellung gemäß Abs. 1 von Amts wegen vorzunehmen.

(3) Das Gericht hat die von ihm bestellten Mitglieder abzuberufen, wenn die Voraussetzungen weggefallen sind.

idF BGBl 1991/10

Literatur: *Aburumieh*, Interimistische Bestellung eines Aufsichtsratsmitglieds zum Vorstandsmitglied, AR aktuell 3/2010, 9; *Ettmayer/Kusznier*, Gesellschaftsrechtliche Folgen bei Verletzung der Aufsichtsratspflicht, ecolex 2012, 404.

Inhaltsübersicht

I. Gerichtliche Bestellung (Abs 1, 2)	1–10
A. Absicherung der Beschlussfähigkeit	1–4
B. Gänzliches Fehlen des Aufsichtsrats	5
C. Bestellvorgang	6–10
II. Gerichtliche Abberufung (Abs 3)	11

I. Gerichtliche Bestellung (Abs 1, 2)

A. Absicherung der Beschlussfähigkeit

1   Fehlt in einer GmbH[1] die für die **Beschlussfähigkeit**[2] nötige Anzahl an AR-Mitgliedern u dauert dieser Zustand **länger als drei Monate**, so

---

1 Zum zeitlichen Anwendungsbereich (nicht bei Vorgesellschaft, schon im Liquidationsstadium) vgl etwa *Rauter* in Straube/Ratka/Rauter, GmbHG § 30d Rz 7 mwN.
2 Wird im maßgeblichen Zeitraum keine Sitzung bzw kein Rundlaufverfahren abgehalten, kommt es nur darauf an, ob Beschlussunfähigkeit – würde eine Sit-

greift die gerichtl Bestellungskompetenz.³ Normzweck ist die **Aufrechterhaltung der Funktionsfähigkeit** des AR.⁴ Enthält der GesV keine andere Regelung, ist der AR grds bei Anwesenheit v drei Mitgliedern beschlussfähig, uzw unabhängig davon, ob es sich um AN- oder Kapitalvertreter handelt (vgl § 30g Rz 44).⁵ Dh selbst wenn die Mindestzahl an Kapitalvertretern gem § 30 nicht bestellt ist (zB zwei Kapitalvertreter u ein AN-Vertreter) u daher ein gesetzwidriger Zustand herrscht (Verstoß gegen § 30, vgl § 30 Rz 2), besteht keine gerichtl Bestellungskompetenz, da der AR noch beschlussfähig ist. Die Regelung zielt nämlich **nicht** auf die **zahlenmäßige Vollständigkeit** des Organs, dies ist alleine Sache der jew Bestellberechtigten.⁶

Lediglich **Kapitalvertreter** (egal, ob entsandt oder gewählt) können 2
durch das Gericht bestellt werden, nicht aber AN-Vertreter.⁷ Besteht etwa eine gesv Regelung, die Beschlussfähigkeit erst bei Anwesenheit v fünf Mitgliedern (egal, ob AN-Vertreter oder Kapitalvertreter) vorsieht u entsendet die Belegschaft zB bei Ausfall entsandter Mitglieder nicht nach, sind aber nur drei Kapitalvertreter bestellt, wäre uE eine gerichtl Bestellung v zusätzlichen Kapitalvertretern (im **Bsp**: zusätzlich zwei) denkbar, sofern der GesV keine diesem Ergebnis widersprechende Regelungen enthält (wobei sich im **Bsp** natürlich damit temporär auch gem § 110 ArbVG der zahlenmäßige Anspruch auf Entsendung v AN-Vertretern erhöhen würde).

Neben dem Fehlen v Mitgliedern kann auch die **(dauerhafte) Ver-** 3
hinderung v Mitgliedern Bestellungsgrund sein. Dabei wird nach der hM für die Definition dieser dauerhaften Verhinderung darauf abgestellt, dass das Mitglied über das Datum der nächsten obligatorischen Sitzung (zum gesetzl Sitzungsintervall vgl § 30i Rz 38) hinaus verhindert

---

zung bzw ein Rundlaufverfahren abgehalten werden – eintreten könnte; auf eine tatsächliche Beschlussunfähigkeit kommt es daher insofern nicht an, *Strasser* in Jabornegg/Strasser, AktG⁵ §§ 87–89 Rz 29.

3 *Eckert/Schopper* in Torggler, GmbHG § 30d Rz 3; *Kalss* in Doralt/Nowotny/Kalss, AktG² § 89 Rz 7.

4 *Koppensteiner/Rüffler*, GmbHG³ § 30d Rz 1.

5 Zur Berücksichtigung v stv AR-Mitgliedern zur Errechnung der Beschlussfähigkeit vgl § 30 Rz 7. Sind (ausreichend viele) stv AR-Mitglieder oder allenfalls auch Ersatzmitglieder vorhanden, greift die gerichtl Bestellungskompetenz nicht.

6 *Kalss* in Doralt/Nowotny/Kalss, AktG³ § 89 Rz 4.

7 *Eckert/Schopper* in Torggler, GmbHG § 30d Rz 1; *Kalss* in Doralt/Nowotny/Kalss, AktG³ § 89 Rz 5.

ist; für die gerichtl Bestellung ist aber erforderlich, dass diese Verhinderung bzw die daraus resultierende (mögliche, vgl Rz 1) Beschlussunfähigkeit auch wirklich drei Monate andauert. Der Fristenlauf beginnt diesfalls mit dem Zeitpunkt zu laufen, in dem die länger dauernde Beschlussunfähigkeit klar erkennbar ist.[8] Unseres Erachtens ist in Fällen einer Erkrankung oder zB bei längerem Auslandsaufenthalt auch auf Möglichkeiten des Einsatzes v elektronischen Medien (vgl § 30g Abs 3 u 5) ausreichend Bedacht zu nehmen, sodass nicht jede örtliche Abwesenheit eine dauerhafte Verhinderung bedeuten muss.[9]

4   Auch die (temporäre) **Abordnung** eines **AR-Mitglieds** in die **Geschäftsführung** gem § 30e Abs 2 (vgl § 30e Rz 15 ff) kann (jedenfalls dann) Grund für eine gerichtl Bestellung sein, wenn die Abordnung länger als drei Monate dauert.[10] Nicht jede Beschickung der Geschäftsführung gem § 30e Abs 2 führt aber zum Erfordernis gerichtl Bestellung eines AR-Mitglieds, da § 30d nicht die zahlenmäßige Vollständigkeit des AR absichert (vgl schon Rz 1); so kann für den Beschickungszeitraum der AR im Standardfall (drei Kapitalvertreter, zwei AN-Vertreter) zB mit zwei Kapitalvertretern u zwei AN-Vertretern bestehen bleiben, wenn das allg Präsenzquorum (vgl § 30g Abs 5) gilt. Selbst eine Beschickung, die den AR unter die Beschlussfähigkeitsgrenze führt (vgl zur Zulässigkeit § 30e Rz 21), würde uE in den ersten drei Monaten dieser Beschickung grds nicht die gerichtl Bestellbefugnis auslösen.[11] Die Beschickung gem § 30e Abs 2 ist ohnedies nur temporär zulässig (vgl § 30e Rz 18). Zu beachten ist, dass in der GmbH die Beschickungskompetenz gem § 30e Abs 2 (anders als bei der AG) bei den Gesellschaftern (vgl § 30e Rz 16), u nicht beim AR, liegt; es könnte daher – ausreichende personelle Ressourcen vorausgesetzt – dieser Gesellschafterbeschluss mit der Nachbestellung eines AR-Mitglieds verknüpft werden.[12]

---

8   *Rauter* in Straube/Ratka/Rauter, GmbHG § 30d Rz 10, 12; *Eckert/Schopper* in Torggler, GmbHG § 30d Rz 3, 5.
9   *Kalss* in Doralt/Nowotny/Kalss, AktG[3] § 89 Rz 8 aE.
10 HM, vgl etwa *A. Heidinger* in Gruber/Harrer, GmbHG[2] § 30d Rz 7; krit *Wünsch*, GmbHG § 30d Rz 6. Dh die Abordnung ist auch dann zulässig, wenn der AR dadurch beschlussunfähig wird, vgl (zur Gen) OGH 21.12.1994, 6 Ob 27/94, vgl *Aburumieh*, AR aktuell 3/2010, 9 (11).
11 *Aburumieh*, AR aktuell 3/2010, 9 (11).
12 *M. Heidinger* in Kalss/Kunz, HB AR[2] Kap 40 Rz 24.

B. Gänzliches Fehlen des Aufsichtsrats

Fehlt der gesetzl **obligatorische AR**[13] oder ein gesv **Muss-AR** (zum Begriff vgl § 29 Rz 53) zur Gänze, greift die gerichtl Bestellbefugnis (vgl auch § 29 Rz 50), **nicht** aber beim gesv **Kann-AR** (zum Begriff vgl § 29 Rz 53), solange dieser nicht durch Gesellschafterbeschluss konkret errichtet ist.[14]

C. Bestellvorgang

Beim gesetzl **obligatorischen AR** u beim gesv **Muss-AR** wird das Gericht v **Amts wegen** tätig (vgl Abs 2), beim **gesv Kann-AR** nur auf **Antrag** (vgl Abs 1) u nur, wenn er durch Gesellschafterbeschluss bereits eingerichtet ist. Gemäß Abs 1 ist jedes AR-Mitglied (auch AN-Vertreter) u jeder Gesellschafter antragsbefugt; GF sind zur Antragstellung **verpflichtet**,[15] uzw auch in jenen Fällen, wo faktisch ein Tätigwerden des Gerichts v Amts wegen aufgrund mangelnder Information nicht denkbar ist.[16] Die GF können durch Zwangsstrafen dazu angehalten werden (vgl § 125 Rz 9); auch eine Haftung[17] wegen Untätigkeit ist denkbar (vgl dazu auch § 29 Rz 50).

Trotz des uU anderes implizierenden Wortlauts des Abs 1 ist Antragstellung durch die GF **in vertretungsbefugter Anzahl** notwendig u ausreichend (str), unechte Gesamtvertretung (GF u Prokurist, vgl § 18 Rz 16) wird auch für ausreichend gehalten.[18] Zu überlegen wäre uE, auch die Antragstellung des an sich kollektivvertretungsbefugten GF alleine zu ermöglichen, damit dieser bei seiner Pflichtenerfüllung (s oben) nicht auf die Mitwirkung eines allenfalls sogar unbegründet un-

---

13 Vgl auch OGH 15.10.2012, 6 Ob 187/12m.
14 *A. Heidinger* in Gruber/Harrer, GmbHG² § 30d Rz 8 mwN; *M. Heidinger* in Kalss/Kunz, HB AR² Kap 40 Rz 22 aE.
15 Auch den AR kann eine entspr Verpflichtung treffen, vgl *Kalss* in Doralt/Nowotny/Kalss, AktG³ § 89 Rz 9; *Eckert/Schopper* in Torggler, GmbHG § 30d Rz 6.
16 *A. Heidinger* in Gruber/Harrer, GmbHG² § 30d Rz 11.
17 Vgl *Ettmayer/Kusznier*, ecolex 2012, 404 (405); *Rauter* in Straube/Ratka/Rauter, GmbHG § 30d Rz 15.
18 Vgl zum Meinungsstand *Rauter* in Straube/Ratka/Rauter, GmbHG § 30d Rz 14.

tätigen GF-Kollegen angewiesen ist; in diesem Fall sollte das Gericht aber jedenfalls den (untätigen) GF-Kollegen anhören.[19]

8 **Gläubiger** u sonstige Außenstehende sind nicht antragsberechtigt,[20] könnten aber eine entspr Anregung an das Gericht richten, welches – bei Fehlen des obligatorischen AR (vgl Rz 6), aber auch **nur** in diesem Fall – v Amts wegen tätig werden kann u muss. **(Minderheits-)Gesellschafter** können – statt den Weg über das Verlangen auf Einberufung einer GV zu gehen – bei Vorliegen der Voraussetzungen gerichtl Bestellung beantragen; eine Verpflichtung zur vorherigen Befassung der GV besteht uE nicht.[21]

9 Das Gericht hat nur die **erforderliche Anzahl** an AR-Mitgliedern zu bestellen, um die Beschlussfähigkeit herzustellen. Üblicherweise werden Antragsteller dem Gericht unverbindliche **Bestellungsvorschläge** unterbreiten, dies ist aber nicht zwingend; das Gericht ist daran nicht gebunden.[22] Zuständig ist das **FB-Gericht** (Außerstreitverfahren)[23], der Bestell- u Abberufungsvorgang ist **Richter**sache (§ 22 Abs 2 Z 3 lit a RPflG).[24] Die Anhörung v GF u bestehenden AR erscheint geboten,[25] entspr Erhebungen sind schon vor Ablauf der Dreimonatsfrist denkbar.[26] Die Bestellung bedarf – allg Grundsätzen folgend – der Zustimmung des Bestellten u wird mit Rechtskraft wirksam (denkbar ist aber auch die vorläufige Zuerkennung v Verbindlichkeit oder Vollstreckbarkeit gem § 44 AußStrG). Mit wirksamer Bestellung entstehen (unab-

---

19 Analog der zur Insolvenzantragspflicht vertretenen M, vgl dazu § 18 Rz 14 u jüngst etwa OGH 25.11.2015, 8 Ob 118/15h (herrscht auch nach zwingender Anhörung der organschaftlichen Vertreter kein Einverständnis, ist Verfahren nur zu eröffnen, wenn Voraussetzungen glaubhaft gemacht werden).
20 *Kalss* in Doralt/Nowotny/Kalss, AktG³ § 89 Rz 9; *Wünsch*, GmbHG § 30d Rz 14.
21 OGH 15.10.2012, 6 Ob 187/12m („*Die Pflicht zur Bestellung des Aufsichtsrats trifft gemäß § 30b GmbHG grundsätzlich die Gesellschafter und nur für den Fall, dass diese untätig bleiben, das Gericht.*") steht dem uE nicht entgegen. Vgl auch *Kalss* in Doralt/Nowotny/Kalss, AktG³ § 89 Rz 7 (gerichtl Antragstellung auch als Überbrückungsmaßnahme) u *Rauter* in Straube/Ratka/Rauter, GmbHG § 30d Rz 12.
22 Vgl etwa *Kalss* in Doralt/Nowotny/Kalss, AktG³ § 89 Rz 9.
23 OGH 13.9.2007, 6 Ob 20/07w.
24 Vgl zu alledem *Rauter* in Straube/Ratka/Rauter, GmbHG § 30d Rz 17 f; vgl auch *Kalss* in Doralt/Nowotny/Kalss, AktG³ § 89 Rz 10 f.
25 *Wünsch*, GmbHG § 30d Rz 18.
26 Vgl etwa *M. Heidinger* in Kalss/Kunz, HB AR² Kap 30 Rz 21 mwN.

dingbare) Rechte u Pflichten wie beim sonstigen Kapitalvertreter, ebenso wie ein Vergütungsanspruch gegenüber der GmbH (vgl dazu aber auch § 31 Rz 11).[27] Die Eintragung im FB erfolgt grds – wie auch sonst – auf Antrag der GF, denkbar wäre aber auch eine amtswegige Eintragung; eine Vorabstimmung mit dem FB erscheint sinnvoll.

Die Bestellung erfolgt **unbefristet**, § 30b Abs 2 (vgl § 30b Rz 16) gilt nicht.[28] Auch § 30b Abs 1a (Informationspflicht über fachliche Eignung) gilt nicht (vgl § 30b Rz 10). Das Gericht hat jedoch die gesetzl u allfällige gesv Bestellvoraussetzungen u -hindernisse zu beachten.[29] Auch die Vorgaben zur Geschlechterquote sind – wenn die Anwendungsvoraussetzungen vorliegen – zu berücksichtigen (vgl § 30 Rz 12).

II. Gerichtliche Abberufung (Abs 3)

Das Gericht hat das gerichtl bestellte AR-Mitglied bei Vorliegen eines wichtigen Grunds oder bei Wegfallen der Bestellvoraussetzungen (zB durch Bestellung der fehlenden Kapitalvertreter durch die GV)[30] v **Amts wegen abzuberufen.**[31] Die Abberufung wird mit Rechtskraft u Annahme wirksam (denkbar ist aber auch die vorläufige Zuerkennung v Verbindlichkeit oder Vollstreckbarkeit gem § 44 AußStrG). Den Gesellschaftern fehlt die Kompetenz zur Abberufung.[32] Nach allg Grundsätzen kann das gerichtl bestellte AR-Mitglied auch zurücktreten; die Erklärung erfolgt gegenüber der Gesellschaft (an GF oder AR-Vorsitzenden, vgl § 30b Rz 31, mit Verpflichtung des Adressaten zur Weiterleitung der Erklärung an das Gericht), auch eine Erklärung direkt gegenüber dem Gericht ist uE denkbar. Zur Eintragung im FB vgl Rz 9.

---

27 *Eckert/Schopper* in Torggler, GmbHG § 30d Rz 8.
28 *Rauter* in Straube/Ratka/Rauter, GmbHG § 30d Rz 22.
29 Vgl *Aburumieh/Hoppel* in Napokoj/H. Foglar-Deinhardstein/Pelinka, AktG § 89 Rz 4 mwN.
30 Zur Empfehlung der mit Rechtskraft der gerichtl Abberufung aufschiebend bedingten Bestellung durch die GV/Entsendung vgl *A. Heidinger* in Gruber/Harrer, GmbHG[2] § 30d Rz 15.
31 *Rauter* in Straube/Ratka/Rauter, GmbHG § 30d Rz 22 ff.
32 Vgl aber bei *Kalss* in Doralt/Nowotny/Kalss, AktG[3] § 89 Rz 15 den Fall der Bestellung des bereits gerichtl bestellten Mitglieds durch die GV zum AR-Mitglied (kein Erfordernis einer gerichtl Abberufung).

§ 30e. (1) ¹Die Aufsichtsratsmitglieder können nicht zugleich Geschäftsführer oder dauernd Vertreter von Geschäftsführern der Gesellschaft oder ihrer Tochterunternehmen (§ 189a Z 7 UGB) sein. ²Sie können auch nicht als Angestellte die Geschäfte der Gesellschaft führen.

(2) ¹Nur für einen im Voraus begrenzten Zeitraum können durch Gesellschafterbeschluß einzelne Aufsichtsratsmitglieder zu Vertretern von behinderten Geschäftsführern bestellt werden. ²In dieser Zeit dürfen sie keine Tätigkeit als Aufsichtsratsmitglied ausüben. ³Das Wettbewerbsverbot für Geschäftsführer gilt für sie nicht.

idF BGBl I 2015/22

Literatur: *Aburumieh*, Interimistische Bestellung eines Aufsichtsratsmitglieds zum Vorstandsmitglied, AR aktuell 3/2010, 9; *Egermann*, GesRÄG 2005 – Zu den geplanten Änderungen beim Aufsichtsrat, RdW 2005/101, 66; *Karollus/Huemer*, Offene Fragen zum Verbot der Organbestellung gegen das Organisationsgefälle, GES 2006, 153; *Krejci*, Der Rechtsanwalt im Aufsichtsrat, RdW 1993, 98; *Ch. Nowotny*, Neues zum Aufsichtsrat, RdW 2005/742, 658; *Schima*, Die Bestellung von Aufsichtsratsmitgliedern zu Vertretern verhinderter Vorstandsmitglieder, GES 2011, 259; *Temmel*, Die Unabhängigkeit des Aufsichtsrates: Beendet durch das Aktienoptionengesetz? GesRZ 2002, 21; *Thiele*, Gleichzeitige Mitgliedschaft in Aufsichtsrat und Vorstand verbundener Aktiengesellschaften, RdW 2002/63, 66.

Inhaltsübersicht

I.	Allgemeines	1–3
II.	Bestellungsverbote aufgrund des natürlichen Organisationsgefälles	4–14
	A. Bestellungsverbot von Geschäftsführern	4–8
	B. Bestellungsverbot von Dienstnehmern	9–11
	C. Rechtsfolgen bei Verstoß	12–14
III.	Vertreter eines verhinderten Geschäftsführers	15–25
	A. Gesellschafterbeschluss	16
	B. Verhinderte Geschäftsführer	17
	C. Im Voraus begrenzter Zeitraum	18, 19
	D. Folgen der Bestellung zum vorübergehenden Geschäftsführer	20–25

I. Allgemeines

§ 30e bestimmt, dass AR-Mitglieder nicht zugleich GF (oder dauernde 1
Vertreter v GF) der Gesellschaft oder ihrer Tochterunternehmen sein
können. Sie können auch nicht als Angestellte die Geschäfte der Gesellschaft führen. Eine Ausnahme besteht nur bei AR-Mitgliedern, die zu
Vertretern v be-/verhinderten GF bestellt werden.

Diese Regelungen gelten unabhängig davon, ob ein gesetzl oder gesv 2
obligatorischer AR (Muss-AR) oder gesv fakultativer AR (Kann-AR)
(vgl dazu § 29 Rz 4 ff, 53 ff) eingerichtet ist.[1] Sie kommen auf alle **Kapitalvertreter** im AR zur Anwendung, somit auf v der GV bestellte
AR-Mitglieder (s § 30b Rz 1 ff) u allenfalls v einem Gesellschafter bzw
Inhaber bestimmter Geschäftsanteile entsandte AR-Mitglieder (s § 30c
Rz 1 ff), nicht jedoch hinsichtlich der v BetrR entsandten AR-Mitglieder.[2]

Die Regelungen gem § 30e sind zwingend u können gesv **nicht** 3
abbedungen oder eingeschränkt werden.[3]

II. Bestellungsverbote aufgrund des natürlichen Organisationsgefälles

A. Bestellungsverbot von Geschäftsführern

Die AR-Mitglieder können **nicht zugleich** GF (oder dauernde Vertre- 4
ter v GF) der Gesellschaft oder ihrer Tochterunternehmen (§ 189a Z 7
UGB) sein. Andererseits können auch nicht GF (oder dauernde Vertreter v GF) der Gesellschaft oder ihrer Tochterunternehmen zu AR-Mitgliedern bestellt werden.[4] Diese Anforderung ergibt sich schon auf-

---

1 *Rauter* in Straube/Ratka/Rauter, GmbHG § 30e Rz 3; *Koppensteiner/Rüffler*, GmbHG[3] § 30e Rz 1, 5; *Eckert/Schopper* in Torggler, GmbHG § 30e Rz 1; *Ch. Nowotny*, RdW 2005/742, 658 (660); OGH 13.3.2008, 6 Ob 34/08f.
2 *Rauter* in Straube/Ratka/Rauter, GmbHG § 30e Rz 16; zur Entsendung u Abberufung der AN-Vertreter im AR s § 30b Rz 33 ff.
3 *Rauter* in Straube/Ratka/Rauter, GmbHG § 30e Rz 2; *Koppensteiner/Rüffler*, GmbHG[3] § 30e Rz 1, 5.
4 Dazu s auch § 30a Rz 19; unstrittig hingegen die Bestellung eines GF der Muttergesellschaft in den AR einer Tochtergesellschaft, oder eines GF der Muttergesellschaft in den AR u eines anderen GF der Muttergesellschaft auch zum GF

grund der Trennung zw der Geschäftsführung u dem Kontrollorgan AR.[5]

5   Aufgrund des natürlichen Organisationsgefälles im Konzern sind neben den GF (bzw dauernden Vertretern der GF) der Gesellschaft auch die der **Tochterunternehmen** iSv § 189a Z 7 UGB v der Unvereinbarkeit umfasst (zum Bestellungsverbot entgegen dem natürlichen Organisationsgefälle gem § 30a Abs 2 Z 2 u zur Qualifikation als Tochterunternehmen s § 30a Rz 19).[6]

6   § 30e spricht v **GF** (bzw dauernden Vertretern v GF) der Gesellschaft oder ihrer Tochterunternehmen. Hingegen verweisen die Bestellungsverbote gem § 30a Abs 2 Z 2 allg auf **gesetzl Vertreter**. In diesem Sinne ist auch § 30e auszulegen, sodass auch gesetzl Vertreter v Tochterunternehmen, die keine GmbH sind, v dem Bestellungsverbot umfasst sind.[7]

7   Wer **gesetzl Vertreter** des Tochterunternehmens ist, ergibt sich aus den organschaftlichen Vertretungsregelungen (GF einer GmbH, Vorstand einer AG, unbeschränkt haftender Gesellschafter einer OG/KG, Verwaltungsratsmitglied einer monistischen SE).[8]

8   Im Hinblick auf den Zweck der Regelung, eine Bestellung gegen das natürliche Organisationsgefälle im Konzern zu verhindern, wird das Bestellungsverbot nicht nur auf die gesetzl Vertreter des Tochterunternehmens beschränkt sein, sondern auch die **DN des Tochterunternehmens** umfassen müssen.[9] Das Bestellungsverbot im Hinblick auf AR-Mitglie-

---

einer Tochtergesellschaft („Doppelmandatsverbund"; vgl *Rauter* in Straube/Ratka/Rauter, GmbHG § 30e Rz 12 f; *Koppensteiner/Rüffler*, GmbHG³ § 30e Rz 8).

5 *Rauter* in Straube/Ratka/Rauter, GmbHG § 30e Rz 10; *Eckert/Schopper* in Torggler, GmbHG § 30e Rz 1.

6 Zu den allg Voraussetzungen eines AR-Mitgliedes u den sonstigen Bestellungsverboten s § 30a Rz 1. Soweit es sich um das Verbot der Bestellung eines gesetzl Vertreters eines Tochterunternehmens handelt, ist Abs 1 überschneidend mit § 30a Abs 1 Z 2 (zur Unwirksamkeit der Bestellung oder Entsendung eines AR-Mitglieds bei Verstoß gegen ein Bestellungsverbot s § 30a Rz 45).

7 *Rauter* in Straube/Ratka/Rauter, GmbHG § 30e Rz 11; *Eckert/Schopper* in Torggler, GmbHG § 30e Rz 2; *Karollus/Huemer*, GES 2006, 153 (159).

8 *Rauter* in Straube/Ratka/Rauter, GmbHG § 30e Rz 52; *Koppensteiner/Rüffler*, GmbHG³ § 30e Rz 5; *Karollus/Huemer*, GES 2006, 153 (159); *Ch. Nowotny*, RdW 2005/742, 658 (660); *Egermann*, RdW 2005/101, 66 (67); vgl auch § 30a Rz 21.

9 *Rauter* in Straube/Ratka/Rauter, GmbHG § 30a Rz 54; *Koppensteiner/Rüffler*, GmbHG³ § 30a Rz 5; *Ch. Nowotny*, RdW 2005/742, 658 (660).

der kommt auch für Mitglieder eines allenfalls eingerichteten Beirats jedenfalls dann zur Anwendung, wenn dieser die Funktion eines Kontroll- oder Überwachungsgremiums hat; anders kann dies aber dann sein, wenn der Beirat eher auf Gesellschafterebene angesiedelt ist oder ein Board-System nachgebildet wird (vgl § 29 Rz 59; zum Board-System s § 29 Rz 75).

B. Bestellungsverbot von Dienstnehmern

Die AR-Mitglieder können nicht als Angestellte die Geschäfte der Gesellschaft führen. Das Verbot der Bestellung v Angestellten zu AR-Mitgliedern (bzw v AR-Mitgliedern zu Angestellten der Gesellschaft) bezieht sich nicht nur auf Angestellte, die Geschäfte der Gesellschaft führen (leitende Angestellte), sondern auf **alle DN** der Gesellschaft u arbeitnehmerähnliche Personen (auch freie DN).[10] Erfasst sind weiters **DN v Tochterunternehmen**.[11]   9

Sofern keine Mutter-/Tochterunternehmen-Beziehung besteht, greift diese Unvereinbarkeit nicht (somit besteht keine Unvereinbarkeit bei DN v Mutterunternehmen oder Schwesterunternehmen); wenn jedoch eine Mutter-/Tochterunternehmen-Beziehung besteht, ist eine unmittelbare u auch mittelbare Beteiligung umfasst.[12]   10

Grundsätzlich vereinbar mit der Bestellung zum AR ist die Tätigkeit als **Berater** (RA, Steuerberater) der Gesellschaft. Nur Personen, die regelmäßig Beratungsleistungen für die Gesellschaft erbringen, fallen nach hM auch unter das Bestellungsverbot, wenn sie v der Gesellschaft (u somit v der Geschäftsführung) wirtschaftlich abhängig sind.[13]   11

---

10 *Rauter* in Straube/Ratka/Rauter, GmbHG § 30e Rz 15; *Koppensteiner/Rüffler*, GmbHG³ § 30e Rz 6; *Eckert/Schopper* in Torggler, GmbHG § 30e Rz 3.
11 *Rauter* in Straube/Ratka/Rauter, GmbHG § 30e Rz 17; *Koppensteiner/Rüffler*, GmbHG³ § 30e Rz 9; *Eckert/Schopper* in Torggler, GmbHG § 30e Rz 4; OGH 13.3.2008, 6 Ob 34/08f.
12 Arg „*Tochterunternehmen*" u nicht etwa verbundene Unternehmen nach § 189a Z 8 UGB.
13 *Rauter* in Straube/Ratka/Rauter, GmbHG § 30e Rz 18; *Eckert/Schopper* in Torggler, GmbHG § 30e Rz 4; *Krejci*, RdW 1993, 98 (die Ausübung der Rechtsanwaltschaft u die Übernahme eines AR-Mandates sind grds vereinbar; zur Genehmigungspflicht v Verträgen bei Leistungen gegen nicht bloß geringfügiges Entgelt u Verträgen mit Unternehmen, an denen ein AR-Mitglied ein

C. Rechtsfolgen bei Verstoß

12 Wird ein AR-Mitglied zum gesetzl Vertreter der Gesellschaft oder eines Tochterunternehmens bestellt, ist diese zunächst **schwebend unwirksam**.[14] Nimmt das AR-Mitglied diese Bestellung sodann an, wird diese Bestellung nur dann wirksam, wenn bis zur Annahme eine (allenfalls auch konkludente) Abberufung bzw **Niederlegung** des AR-Mandats erfolgt.[15] Die Bestellung zum gesetzl Vertreter wird sodann mit der Annahme wirksam. Das Gleiche gilt umgekehrt, wenn ein gesetzl Vertreter der Gesellschaft oder eines Tochterunternehmens zum AR-Mitglied bestellt oder entsandt wird (zur Unwirksamkeit der Bestellung s § 30a Rz 19, 45).

13 Ohne eine derartige (allenfalls konkludente) Abberufung bzw Niederlegung des AR-Mandats bleibt die Bestellung des AR-Mitglieds zum gesetzl Vertreter **unwirksam**; dasselbe gilt auch umgekehrt bei Bestellung eines gesetzl Vertreters zum AR-Mitglied ohne vorherige Abberufung bzw Niederlegung des Vertretungsmandats.[16]

14 Zur interimistischen Bestellung eines AR-Mitgliedes zum Vertreter eines verhinderten GF s Rz 15.

III. Vertreter eines verhinderten Geschäftsführers

15 Für einen im Voraus begrenzten Zeitraum können durch Gesellschafterbeschluss einzelne AR-Mitglieder ausnahmsweise zu Vertretern v be-/verhinderten GF bestellt werden.[17]

---

erhebliches wirtschaftliches Interesse hat, s jedoch § 30j Rz 74 ff); *Temmel*, GesRZ 2002, 21.

14 *Rauter* in Straube/Ratka/Rauter, GmbHG § 30e Rz 20; *Koppensteiner/Rüffler*, GmbHG³ § 30e Rz 2; *Eckert/Schopper* in Torggler, GmbHG § 30e Rz 5.

15 *Rauter* in Straube/Ratka/Rauter, GmbHG § 30e Rz 20; *Koppensteiner/Rüffler*, GmbHG³ § 30e Rz 2 (iZw ist die Annahme der Wahl als Niederlegung des GF-Amtes zu interpretieren); *Eckert/Schopper* in Torggler, GmbHG § 30e Rz 5; OGH 13.9.2007, 6 Ob 20/07w; *Schima*, GES 2011, 259 (266).

16 *Rauter* in Straube/Ratka/Rauter, GmbHG § 30e Rz 21; *Eckert/Schopper* in Torggler, GmbHG § 30e Rz 5; OGH 13.3.2008, 6 Ob 34/08f.

17 *Rauter* in Straube/Ratka/Rauter, GmbHG § 30e Rz 4.

A. Gesellschafterbeschluss

Die Bestellung einzelner AR-Mitglieder zu Vertretern v verhinderten GF bedarf eines gesonderten **Gesellschafterbeschlusses** (zur gerichtl Bestellung eines AR-Mitglieds, wenn die interimistische Bestellung eines AR-Mitglieds zum vorübergehenden GF länger als drei Monate dauert, vgl § 30d Rz 4).[18] Anders als bei der AG (§ 90 Abs 2 AktG) obliegt die interimistische Bestellung eines AR-Mitglieds der GV u nicht dem AR. 16

B. Verhinderte Geschäftsführer

Voraussetzung für eine interimistische Bestellung eines AR-Mitglieds zum vorübergehenden GF ist, dass eine (nicht bloß kurzfristige) Be-/**Verhinderung** des GF bereits vorliegt[19] u ein Stellvertreter des GF nach § 27 nicht vorhanden ist oder dieser ebenfalls verhindert ist.[20] Eine derartige Bestellung ist uE aber auch dann möglich, wenn ein GF bzw die erforderliche Anzahl v GF überhaupt fehlt.[21] 17

C. Im Voraus begrenzter Zeitraum

Der im Voraus begrenzte Zeitraum der Bestellung muss im Rahmen des Gesellschafterbeschlusses festgelegt werden. Aufgrund der Formulierung „begrenzter Zeitraum" wird eine **relativ geringe Dauer** der Bestellung (unter Berücksichtigung einer allfälligen Verlängerung) gefordert sein. Die hM geht v einem maximalen Zeitraum v einem Jahr aus.[22] 18

---

18 *Rauter* in Straube/Ratka/Rauter, GmbHG § 30e Rz 31.
19 Zur Zulässigkeit der interimistischen Bestellung eines AR-Mitglieds bei einer bloß vorübergehenden Vakanz vgl *Aburumieh*, AR aktuell 2010, 9.
20 *Rauter* in Straube/Ratka/Rauter, GmbHG § 30e Rz 28; *Koppensteiner/Rüffler*, GmbHG³ § 30e Rz 4; *Eckert/Schopper* in Torggler, GmbHG § 30e Rz 6; OGH 7.7.1998, 5 Ob 490/97p; *Aburumieh*, AR aktuell 3/2010, 9; *Schima*, GES 2011, 259 (260, 262).
21 *Aburumieh*, AR aktuell 2010, 10; *Koppensteiner/Rüffler*, GmbHG³ § 30e Rz 4 (umfasst sind auch Ausscheidensfälle wie Tod, Amtsniederlegung oder Abberufung); *Eckert/Schopper* in Torggler, GmbHG § 30e Rz 6 (auch das Ausscheiden eines GF gilt als Verhinderung); aA *Schima*, GES 2011, 259 (260).
22 *Rauter* in Straube/Ratka/Rauter, GmbHG § 30e Rz 32; *Aburumieh*, AR aktuell 3/2010, 9; *Schima*, GES 2011, 259.

19 Die Dauer der Bestellung muss daher im Gesellschafterbeschluss kalendermäßig bestimmt oder zumindest bestimmbar sein. Eine Verlängerung des ursprünglich festgesetzten Zeitraumes durch Gesellschafterbeschluss ist zulässig.[23]

D. Folgen der Bestellung zum vorübergehenden Geschäftsführer

20 In der Zeit der Bestellung eines AR-Mitgliedes zum vorübergehenden GF dürfen diese **keine Tätigkeiten als AR-Mitglied** ausüben.[24]

21 Das betr AR-Mitglied ist bei der Feststellung der Beschlussfähigkeit des AR u den sonstigen Beschlusserfordernissen nicht zu berücksichtigen (zu den Beschlusserfordernissen des AR s § 30g Rz 48; zur Nichtigkeit v AR-Beschlüssen s § 30g Rz 91). Durch die Bestellung eines AR-Mitgliedes zum vorübergehenden GF kann es nach hM auch dazu kommen, dass der AR nicht mehr beschlussfähig ist (zur Beschlussfähigkeit des AR s § 30g Rz 44).[25]

22 Das AR-Mandat bleibt trotz der Bestellung zum vorübergehenden GF grds aufrecht. **Nach Ablauf** der Dauer der Bestellung als Vertreter v verhinderten GF (Ablauf des begrenzten Zeitraumes gem dem Gesellschafterbeschluss) ist das AR-Mitglied **wieder uneingeschränktes AR-Mitglied**. Einer neuerliche Bestellung bzw Entsendung zum AR bedarf es nicht.[26]

23 Nach hM führt die **Beendigung des AR-Mandats** desjenigen AR-Mitglieds, das zum vorübergehenden GF gem Abs 2 bestellt wurde, auch zur gleichzeitigen Beendigung der Bestellung zum vorübergehenden GF.[27]

24 Das zum vorübergehenden GF bestellte AR-Mitglied hat für die Dauer dieser Bestellung die **gleichen Rechte u Pflichten** u haftet wie

---

23 *Koppensteiner/Rüffler*, GmbHG³ § 30e Rz 4; *Eckert/Schopper* in Torggler, GmbHG § 30e Rz 7; *Aburumieh*, AR aktuell 3/2010, 9.
24 *Rauter* in Straube/Ratka/Rauter, GmbHG § 30e Rz 26.
25 *Eckert/Schopper* in Torggler, GmbHG § 30e Rz 9; *Umfahrer*, GmbH⁶ Rz 380; *Aburumieh*, AR aktuell 3/2010, 9; aA *Koppensteiner/Rüffler*, GmbHG³ § 30e Rz 4; *Schima*, GES 2011, 259 (263).
26 *Rauter* in Straube/Ratka/Rauter, GmbHG § 30e Rz 33.
27 *Rauter* in Straube/Ratka/Rauter, GmbHG § 30e Rz 33; **aA** zur AG *Kalss* in Doralt/Nowotny/Kalss, AktG² § 90 Rz 17.

ein GF. Das zum vorübergehenden GF bestellte AR-Mitglied ist **im FB** als GF einzutragen.[28]

Das **Wettbewerbsverbot** für GF gilt für das AR-Mitglied, das zum Vertreter v verhinderten GF bestellt wurde, nicht (vgl § 24 Rz 2). 25

§ 30f. (1) Die Geschäftsführer haben jede Neubestellung und Abberufung von Aufsichtsratsmitgliedern unverzüglich mit Angabe deren Namen und Geburtsdatum zur Eintragung in das Firmenbuch anzumelden.
(2) § 26 Abs. 2 gilt sinngemäß.

idF BGBl I 2006/103

Literatur: *Feltl*, GmbHG (2022); *Szöky*, Firmenbuch – Vermeidung von Verbesserungsaufträgen nach PuG und UGB (2009).

Inhaltsübersicht

I. Überblick	1, 2
II. Eintragungsverfahren	3–15
A. Firmenbuchanmeldung	3–11
1. Anmeldepflicht/Anmelderecht	3
2. Form und Inhalt der Anmeldung	4–7
a) Form der Anmeldung	4
b) Inhalt der Anmeldung	5–7
3. Vollmacht	8, 9
4. Nachweis der Vertretungsbefugnis	10
5. Beilagen	11
B. Entscheidungsorgan	12
C. Firmenbucheintragung	13
D. Veröffentlichung/Zustellung/Benachrichtigung	14
E. Durchsetzung der Firmenbuchanmeldung	15
III. Schadenersatz (Abs 2)	16

---

28 *Rauter* in Straube/Ratka/Rauter, GmbHG § 30e Rz 34; *Koppensteiner/Rüffler*, GmbHG³ § 30e Rz 4.

I. Überblick

1 § 30f Abs 1 verpflichtet die **GF**, jede Neubestellung u Abberufung, aber auch das Ausscheiden v AR-Mitgliedern **unverzüglich** mit Namen u Geburtsdatum zur Eintragung in das FB **anzumelden**.

Absatz 2 verweist auf § 26 Abs 2, wonach die GF zur ungeteilten Hand bei schuldhaft falschen Angaben oder einer schuldhaft verzögerten Einreichung dieser Angaben zu **Schadenersatz** verpflichtet sind. Aus § 5 Z 1 FBG folgt darüber hinaus, dass anzumelden ist, wer Vorsitzender u Stellvertreter des Vorsitzenden des AR ist. Nach § 3 Abs 2 FBG sind bei der Eintragung v natPers auch deren Anschriften ersichtlich zu machen.

Die Regelung stellt **die laufende Aktualisierung des FB** sicher.[1]

2 Wird der AR bereits bei der **Neugründung der GmbH** bestellt, sind die AR-Mitglieder jew mit Namen, Geburtsdaten u Funktion im FB anzumelden. Die Urkunden über die Bestellung der AR-Mitglieder sind diesfalls (vgl Rz 11) als Beilagen dem FB-Antrag in beglaubigter Form anzuschließen, sofern der AR nicht im GesV bestellt worden ist (§ 9 Abs 2 Z 2, vgl dazu § 9 Rz 16, 18 u § 30b Rz 1).

II. Eintragungsverfahren

A. Firmenbuchanmeldung

1. Anmeldepflicht/Anmelderecht

3 Die FB-Anmeldung hat durch die **GF** in **vertretungsbefugter** Anzahl oder durch einen GF mit einem Gesamtprokuristen[2] zu erfolgen (§ 11 FBG).

Aufsichtsratsmitglieder sind – selbst bei Rücktritt oder Abberufung – nicht antragslegitimiert.[3]

---

1 *Koppensteiner/Rüffler*, GmbHG³ § 30f Rz 2; *Rauter* in Straube/Ratka/Rauter, GmbHG § 30f Rz 2.

2 OLG Wien 21.10.2005, 28 R 210/05s.

3 OLG Wien 14.6.2006, 28 R 62/06b; *Rauter* in Straube/Ratka/Rauter, GmbHG § 30f Rz 7; *Umfahrer*, GmbH⁷ Kap 6 Rz 52; *Kalss* in Kalss/Nowotny/Schauer, GesR² Rz 3/626.

2. Form und Inhalt der Anmeldung

a) Form der Anmeldung

Die Unterfertigung des Antrages auf Eintragung oder Löschung v AR-Mitgliedern bedarf nicht der beglaubigten Form (§ 11 FBG). Die Anmeldung ist in Papierform im Original oder in beglaubigter Fotokopie vorzulegen. **4**

Der FB-Antrag kann auch in **elektronischer Form** unter Verwendung der Bürgerkartenfunktion, welche für vereinfachte Anmeldungen zulässig ist, übermittelt werden (§ 5 Abs 1 ERV 2021).

Notare, RA, Verteidiger in Strafsachen, Kredit- u Finanzinstitute, Unternehmen gem § 1 VAG, Sozialversicherungsträger, Pensionsinstitute, der Dachverband der Sozialversicherungsträger, die Finanzprokuratur u die RAK sind nach Maßgabe der technischen Möglichkeiten verpflichtet, die FB-Eingabe im Wege des ERV einzubringen (s § 89c Abs 5 GOG).

Zum ERV verpflichtete teilnehmende Personen (s § 89c Abs 5 u 5a GOG) haben FB-Gesuche in strukturierter Form, die eine automationsunterstützte Weiterverarbeitung ermöglichen, nach Maßgabe der technischen Möglichkeiten dem zuständigen FB-Gericht zu übermitteln (s § 1 Abs 3 Z 3 ERV 2021). Nach § 1 Abs 3 Z 1 ERV 2021 hat dieser Personenkreis in der nicht im ERV übermittelten Eingabe zu bescheinigen, dass im Einzelfall die konkreten technischen Möglichkeiten für eine Nutzung des ERV nicht vorliegen.

Ein Verstoß gegen diese Verpflichtung ist wie ein Formmangel zu behandeln, der ein Verbesserungsverfahren iSd § 17 Abs 1 FBG nach sich ziehen würde (s § 1 Abs 6 ERV 2021).

Die Übermittlung mittels E-Mail ist nur dann eine zulässige Form der elektronischen Einbringung, wenn dies durch besondere gesetzl Regelungen oder im Verordnungsweg ausdrücklich angeordnet wird (s § 6 ERV 2021).

b) Inhalt der Anmeldung

Nach dem Wortlaut des Abs 1 haben die GF jede **Neubestellung** u **Abberufung** v AR-Mitgliedern anzumelden. Die AR-Mitglieder sind mit Namen u Geburtsdaten anzugeben. **5**

Aus § 3 Abs 2 FBG iVm § 10 Abs 1 FBG ergibt sich, dass auch die für Zustellungen maßgeblichen Anschriften bzw deren Änderungen anzumelden sind. Die Pflicht zur unverzüglichen Anmeldung einer späteren **Namensänderung** ergibt sich gleichfalls aus § 10 Abs 1 FBG.

Aus § 30g Abs 1 u § 5 Z 1 FBG folgt darüber hinaus, dass anzumelden ist, wer Vorsitzender u Stellvertreter des Vorsitzenden des AR ist. Auch jede **Funktionsänderung** (§ 30g Abs 1) oder das **Ausscheiden** aus der Funktion (zB durch Rücktritt, Tod etc) ist anzumelden (s dazu § 30g Rz 35).[4]

6   Die Anmeldung neuer AR-Mitglieder hat daher zu enthalten:

- **Name** u **Geburtsdatum** der AR-Mitglieder (§ 5 Abs 1 FBG),
- Angabe einer für Zustellungen maßgeblichen **Anschrift** der AR-Mitglieder, zB Arbeitsplatz oder Wohnung (§ 3 Abs 2 FBG),
- **Funktion** der AR-Mitglieder, zB Vorsitzender, Stellvertreter des Vorsitzenden, Mitglied (§ 5 Abs 1 FBG).

Für die Anmeldung der Löschung eines AR-Mitglieds reicht hingegen die Angabe des Namens u – für den Fall einer Namensgleichheit im AR – des Geburtsdatums.[5]

7   Im FB nicht anzumelden sind:

- **Ersatzmitglieder** (s dazu § 30 Rz 9), da diese erst mit Erwerb der Mitgliedschaft, also mit Antritt ihres Amts, eingetragen werden,[6] (stv AR-Mitglieder jedoch schon, da sie organisationsrechtlich den anderen Mitgliedern gleichgestellt sind, allerdings ohne Stellvertreterzusatz, vgl Rz 6 u § 30 Rz 7)
- **Funktionsperioden**, da das FB v gesetzl nicht vorgesehenen Eintragungen freizuhalten ist, um die Übersichtlichkeit zu gewährleisten[7]
- **Verlängerung** bzw **Wiederbestellung** v AR-Mitgliedern, da gem Abs 1 nur Neubestellungen u Abberufungen anzumelden sind. Darüber hinaus sind Funktionsperioden nach dem FBG nicht eintragungsfähig, folglich sind auch deren Verlängerungen nicht im FB einzutragen.

3. Vollmacht

8   Die FB-Anmeldung auf Eintragung oder Löschung v AR-Mitgliedern kann auch durch **Bevollmächtigte** vorgenommen werden. Die erteilte

---

[4] *Koppensteiner/Rüffler*, GmbHG³ § 30f Rz 2; *Rauter* in Straube/Ratka/Rauter, GmbHG § 30f Rz 8; *Umfahrer*, GmbHG⁷ Kap 6 Rz 52; *A. Heidinger* in Gruber/Harrer, GmbHG² § 30f Rz 4.
[5] *Koppensteiner/Rüffler*, GmbHG³ § 30f Rz 2.
[6] *Kalss* in Doralt/Nowotny/Kalss, AktG³ § 91 Rz 4.
[7] *Zib* in Zib/Dellinger, UGB § 7 Rz 87.

Vollmacht ist dem FB-Gesuch als Beilage anzuschließen. Eine unbeglaubigt (s § 11 Abs 2 UGB) unterfertigte Gattungsvollmacht ist ausreichend.[8]

Rechtsanwälte u Notare können sich ohne Vorlage der Urkunde auf die ihnen erteilte Vollmacht berufen.[9]

Elektronische FB-Anträge dürfen nur v demjenigen eingebracht werden, der in der Eingabe als Einbringer oder Bevollmächtigter bezeichnet wird. Wird bspw in der Eingabe als Vertreter ein RA genannt, darf der elektronische FB-Antrag nicht v einem Notar übermittelt werden. Dies wäre einer fehlenden Unterschrift gleichzusetzen u hätte ein Verbesserungsverfahren gem § 17 Abs 1 FBG zur Folge.[10] In diesem Fall wäre auf die erteilte Substitutionsvollmacht hinzuweisen.

4. Nachweis der Vertretungsbefugnis

Für den Fall der Beteiligung v in- u ausländischen jP ist das Vorhandensein der Rechtspersönlichkeit u die aufrechte Vertretungsbefugnis der für die jP einschreitende(n) natPers zu bescheinigen.[11] Dies könnte aufgrund der Vorlage v Beilagen (zB Gesellschafterbeschluss, Vollmacht) erforderlich sein. Bei im österr FB u im österr Vereinsregister eingetragenen jP kann dieser Nachw entfallen, da die FB-Gerichte ohnehin Zugriff auf diese elektronischen Register haben.

5. Beilagen

Der vereinfachten FB-Anmeldung auf Eintragung oder Löschung v AR-Mitgliedern sind idR **keine Urkunden** beizulegen (anders aber, sofern der AR bei Gründung errichtet wird, vgl schon Rz 2).

Hat das FB-Gericht Zweifel an der Richtigkeit des Bestellungs- oder Abberufungsvorganges, kann die Vorlage der diesbzgl Beilagen (zB GV-Protokoll, Protokoll der AR-Sitzung) aufgetragen werden.[12]

---

8 *Pilgerstorfer* in Artmann, UGB³ § 11 Rz 35.
9 § 30 Abs 2 ZPO; § 8 Abs 1 RAO; § 5 Abs 4a NO; OGH 29.3.2000, 6 Ob 64/00f; *G. Nowotny* in Kodek/Nowotny/Umfahrer, FBG § 12 HGB Rz 30.
10 OLG Wien 25.2.2009, 28 R 31/09y, *Szöky*, Firmenbuch – Vermeidung von Verbesserungsaufträgen nach PuG und UGB 73.
11 *Szöky*, Firmenbuch – Vermeidung von Verbesserungsaufträgen nach PuG und UGB 89–92.
12 RIS-Justiz RS0107904; *Rauter* in Straube/Ratka/Rauter, GmbHG § 30f Rz 5.

Erfolgt die FB-Anmeldung durch einen **Bevollmächtigten**, ist die Vollmacht vorzulegen. Berufsmäßige Parteienvertreter können sich ohne Vorlage der Urkunde auf die ihnen erteilte Vollmacht berufen (vgl schon Rz 8).[13]

B. Entscheidungsorgan

12 Vereinfachte Anmeldungen gem § 11 FBG, wie die Eintragung u Löschung v AR-Mitgliedern, fallen in den Zuständigkeitsbereich der **Diplomrechtspfleger** (§ 22 RpflG).

C. Firmenbucheintragung

13 Das FB-Gericht hat das Eintragungsbegehren im Rahmen seiner **amtswegigen Prüfpflicht** sowohl formell als auch materiell zu prüfen. Bei vereinfachten Anmeldungen besteht jedoch grds nur eine eingeschränkte Prüfpflicht.[12] Die Eintragung wird im Hauptbuch des FB vorgenommen. Die Entscheidung erfolgt gem § 20 FBG mit Beschluss, welcher den Wortlaut der Eintragung zu enthalten hat. Die Eintragung bzw Löschung v AR-Mitgliedern im FB hat nur **deklarative Wirkung**[14].

D. Veröffentlichung/Zustellung/Benachrichtigung

14 Die FB-Eintragung gilt mit dem Beginn des Tags ihres Vollzugs (§ 32 Abs 1 FBG) als bekannt gemacht. Die FB-Eintragung wird außerdem in der **Ediktsdatei** (§ 89j GOG) sowie auf der elektronischen Verlautbarungs- u Informationsplattform des Bundes (EVI) veröffentlicht. Die Eintragung wird ihrem ganzen Inhalt nach veröffentlicht, soweit das G nicht etwas anderes vorsieht (§ 10 Abs 1 UGB iVm § 5 Abs 1 WZEVI-G).

Gemäß § 21 FBG ist der Eintragungsbeschluss dem **Antragsteller**, der zuständigen gesetzl **Interessenvertretung u allen Betroffenen** zuzustellen.

---

13 § 30 Abs 2 ZPO; § 8 Abs 1 RAO; § 5 Abs 4a NO; OGH 29.3.2000, 6 Ob 64/00f; *G. Nowotny* in Kodek/Nowotny/Umfahrer, FBG § 12 HGB Rz 30.
14 OGH 15.2.2007, 6 Ob 14/07p; *Kalss* in Doralt/Nowotny/Kalss, AktG³ § 91 Rz 5; *Rauter* in Straube/Ratka/Rauter, GmbHG § 30f Rz 14.

Darüber hinaus hat das FB-Gericht das FA sowie die OeNB zu benachrichtigen (§ 22 FBG).

E. Durchsetzung der Firmenbuchanmeldung

Gegen die Aufforderung des FB-Gerichts zur unverzüglichen Anmeldung der Änderungstatsachen ist ein **Rechtsmittel** nicht zulässig.[15] Die Verpflichtung zur Anmeldung kann das Gericht mittels **Zwangsstrafen** gem § 24 FBG erzwingen.[16]

AR-Mitglieder haben gegen die Eintragung der Abberufung kein Rekursrecht.[17]

III. Schadenersatz (Abs 2)

Abs 2 verweist auf die in § 26 Abs 2 normierte solidarische Haftung der GF für verschuldete Schäden, die durch unrichtige Angaben oder verzögerte Anmeldungen verursacht wurden. **Schadenersatzansprüche** der Gesellschaft verjähren in fünf Jahren ab Anmeldung der Angaben zum FB, Ersatzansprüche Dritter nach den allg Verjährungsregeln (s dazu § 26 Rz 4).

In der Praxis dürfte jedoch als Folge einer unrichtigen oder verzögerten Anmeldung wohl kaum ein Schaden entstehen.[18]

---

15 OLG Wien 27.12.1990, 6 R 131/90, NZ 1991, 230; *Koppensteiner/Rüffler*, GmbHG[3] § 30f Rz 2; *Rauter* in Straube/Ratka/Rauter, GmbHG § 30f Rz 12; *A. Heidinger* in Gruber/Harrer, GmbHG[2] § 30f Rz 6.
16 RIS-Justiz RS0118042 (zu § 26); *Rauter* in Straube/Ratka/Rauter, GmbHG § 30f Rz 12; *Rauter/Ratka* in Ratka/Rauter, Geschäftsführerhaftung[2] Rz 2/113; *Strasser* in Jabornegg/Strasser, AktG[5] § 91 Rz 4; *A. Heidinger* in Gruber/Harrer, GmbHG[2] § 30f Rz 6.
17 *Koppensteiner/Rüffler*, GmbHG[3] § 30f Rz 2; *Rauter* in Straube/Ratka/Rauter, GmbHG § 30f Rz 13; OGH 15.2.2007, 6 Ob 14/07p, GesRZ 2007, 202 (*Temmel*); *A. Heidinger* in Gruber/Harrer, GmbHG[2] § 30f Rz 7.
18 *Koppensteiner/Rüffler*, GmbHG[3] § 30f Rz 3.

§ 30g. (1) ¹Aus der Mitte des Aufsichtsrats sind ein Vorsitzender und mindestens ein Stellvertreter zu bestellen. ²Die Geschäftsführer haben zum Firmenbuch anzumelden, wer gewählt ist.

(2) Über die Verhandlungen und Beschlüsse des Aufsichtsrats ist eine Niederschrift anzufertigen, die der Vorsitzende oder sein Stellvertreter zu unterzeichnen hat.

(3) ¹Beschlußfassungen durch schriftliche Stimmabgabe sind nur zulässig, wenn kein Mitglied diesem Verfahren widerspricht. ²Dasselbe gilt für fernmündliche oder andere vergleichbare Formen der Beschlussfassung des Aufsichtsrats und seiner Ausschüsse.

(4) ¹Der Aufsichtsrat kann aus seiner Mitte einen oder mehrere Ausschüsse bestellen, namentlich zu dem Zweck, seine Verhandlungen und Beschlüsse vorzubereiten oder die Ausführung seiner Beschlüsse zu überwachen. ²Die gemäß § 110 Abs. 4 des Arbeitsverfassungsgesetzes, BGBl. Nr. 22/1974, in den Aufsichtsrat entsandten Mitglieder des Betriebsrats haben Anspruch darauf, daß in jedem Ausschuß des Aufsichtsrats mindestens ein von ihnen namhaft gemachtes Mitglied Sitz und Stimme hat; dies gilt nicht für Sitzungen und Abstimmungen, die die Beziehungen zwischen der Gesellschaft und den Geschäftsführern betreffen.

(4a) In Gesellschaften im Sinn des § 189a Z 1 lit. a und lit. d UGB sowie in aufsichtsratspflichtigen (§ 29) großen Gesellschaften, bei denen das Fünffache eines der in Euro ausgedrückten Größenmerkmale einer großen Gesellschaft (§ 221 Abs. 3 erster Satz in Verbindung mit Abs. 4 bis 6 UGB) überschritten wird (fünffach große Gesellschaften), ist ein Prüfungsausschuss nach folgenden Bestimmungen zu bestellen:

1. ¹Dem Prüfungsausschuss muss eine Person angehören, die über den Anforderungen des Unternehmens entsprechende Kenntnisse und praktische Erfahrung im Finanz- und Rechnungswesen und in der Berichterstattung verfügt (Finanzexperte). ²Vorsitzender des Prüfungsausschusses oder Finanzexperte darf nicht sein, wer in den letzten drei Jahren Vorstandsmitglied, leitender Angestellter (§ 80 AktG) oder Abschlussprüfer der Gesellschaft war, den Bestätigungsvermerk unterfertigt hat oder aus anderen Gründen nicht unabhängig oder unbefangen ist. ³Die Ausschussmitglieder müssen in ihrer Gesamtheit mit dem Sektor, in dem das geprüfte Unternehmen tätig ist, vertraut sein. Der Prüfungs-

ausschuss hat zumindest zwei Sitzungen im Geschäftsjahr abzuhalten.
2. ¹Der Abschlussprüfer hat spätestens mit dem Bestätigungsvermerk einen zusätzlichen Bericht an den Prüfungsausschuss nach Art. 11 der Verordnung (EU) Nr. 537/2014 über spezifische Anforderungen an die Abschlussprüfung bei Unternehmen von öffentlichem Interesse und zur Aufhebung des Beschlusses 2005/909/EG, ABl. Nr. L 158 vom 27.5.2014, S. 77, in der Fassung der Berichtigung ABl. Nr. L 170 vom 11.6.2014, S. 66 zu erstatten. ²Der Abschlussprüfer ist den Sitzungen des Prüfungsausschusses, die sich mit der Vorbereitung der Feststellung des Jahresabschlusses (Konzernabschlusses) und dessen Prüfung beschäftigen, beizuziehen und hat über die Abschlussprüfung zu berichten.
3. ¹In Gesellschaften, an denen ein Mutterunternehmen unmittelbar oder mittelbar mehr als 75 Prozent der Anteile hält, muss kein Prüfungsausschuss bestellt werden, sofern im Mutterunternehmen ein solcher oder ein gleichwertiges Gremium dessen Aufgaben und sonstige Pflichten auf Konzernebene erfüllt. ²In diesem Fall ist der zusätzliche Bericht (Z 2 erster Satz) dem Prüfungsausschuss oder dem sonstigen Gremium des Mutterunternehmens sowie zugleich dem Aufsichtsrat des Tochterunternehmens zu erstatten. ³Die Bestellung eines Prüfungsausschusses kann bei fünffach großen Gesellschaften auch unterbleiben, wenn der Aufsichtsrat aus nicht mehr als vier Mitgliedern besteht, wie ein Prüfungsausschuss zusammengesetzt ist und dessen Aufgaben und sonstige Pflichten wahrnimmt; der zusätzliche Bericht ist diesfalls dem Aufsichtsrat zu erstatten.
4. Zu den Aufgaben des Prüfungsausschusses gehören:
   a. die Überwachung des Rechnungslegungsprozesses sowie die Erteilung von Empfehlungen oder Vorschlägen zur Gewährleistung seiner Zuverlässigkeit;
   b. die Überwachung der Wirksamkeit des internen Kontrollsystems, gegebenenfalls des internen Revisionssystems, und des Risikomanagementsystems der Gesellschaft;
   c. die Überwachung der Abschlussprüfung und der Konzernabschlussprüfung unter Einbeziehung von Erkenntnissen und Schlussfolgerungen in Berichten, die von der Abschlussprüferaufsichtsbehörde nach § 4 Abs. 2 Z 12 APAG veröffentlicht werden;

d. die Prüfung und Überwachung der Unabhängigkeit des Abschlussprüfers (Konzernabschlussprüfers), insbesondere im Hinblick auf die für die geprüfte Gesellschaft erbrachten zusätzlichen Leistungen; bei Gesellschaften im Sinn des § 189a Z 1 lit. a und lit. d UGB gelten Art. 5 der Verordnung (EU) Nr. 537/2014 und § 271a Abs. 6 UGB;

e. die Erstattung des Berichts über das Ergebnis der Abschlussprüfung an den Aufsichtsrat und die Darlegung, wie die Abschlussprüfung zur Zuverlässigkeit der Finanzberichterstattung beigetragen hat, sowie die Rolle des Prüfungsausschusses dabei;

f. die Prüfung des Jahresabschlusses und die Vorbereitung seiner Feststellung, die Prüfung des Vorschlags für die Gewinnverteilung und des Lageberichts sowie die Erstattung des Berichts über die Prüfungsergebnisse an den Aufsichtsrat;

g. gegebenenfalls die Prüfung des Konzernabschlusses und des Konzernlageberichts sowie die Erstattung des Berichts über die Prüfungsergebnisse an den Aufsichtsrat;

h. die Durchführung des Verfahrens zur Auswahl des Abschlussprüfers (Konzernabschlussprüfers) unter Bedachtnahme auf die Angemessenheit des Honorars sowie die Empfehlung für seine Bestellung an den Aufsichtsrat. Bei Gesellschaften im Sinn des § 189a Z 1 lit. a und lit. d UGB gilt Art. 16 der Verordnung (EU) Nr. 537/2014.

(5) [1]Der Aufsichtsrat oder sein Ausschuß ist nur dann beschlußfähig, wenn an der Sitzung mindestens drei Mitglieder teilnehmen. [2]Der Gesellschaftsvertrag kann eine höhere Zahl festsetzen. [3]Die Beschlußfähigkeit eines Ausschusses, dem weniger als drei Aufsichtsratsmitglieder angehören, ist bei Anwesenheit seiner sämtlichen Mitglieder gegeben. [4]Die schriftliche, fernmündliche oder eine andere vergleichbare Form der Stimmabgabe einzelner Aufsichtsratsmitglieder ist zulässig, wenn der Gesellschaftsvertrag oder der Aufsichtsrat dies vorsieht.

idF BGBl I 2016/43

Literatur: *Adensamer/Breisch/Eckert*, COVID-19: Beschlussfassungen bei Kapitalgesellschaften, GesRZ 2020, 99; *Arnold*, Die Geschäftsordnung des Aufsichtsrates, AR aktuell 1/2005, 16; *Arnold*, Die Protokollierung von Aufsichtsratssitzungen, AR aktuell 3/2005, 8; *Arnold*, Die Anfechtung von Aufsichtsratsbeschlüssen, AR aktuell 6/2005, 7; *M. Auer*, Gleichbehandlung, Beschlussfähigkeit und Stimmrechtsgewichtung im Aufsichtsrat, in FS Pfeil (2022) 615; *Baumgartner*, Mangelhafte Aufsichtsratsbeschlüsse – ein Plädoyer für mehr Orientierungssicherheit, JBl 2023, 561, 637; *S. Bydlinski*, Das Abschlussprüfungsrechts-Änderungsgesetz 2016, RdW 2016/488, 659; *S. Bydlinski/Köll/Milla/Reichel*, APRÄG 2016 (2017); *Doralt/Kastner*, Grenzen der Aktionärsschutzklausel des § 110 Abs 3 ArbVG bei der AG, GesRZ 1975, 38; *Ebner/Simonishvili*, Das neue Virtuelle Gesellschafterversammlungen-Gesetz – VirtGesG, GES 2023, 168; *Egermann*, GesRÄG 2005 – Zu den geplanten Änderungen beim Aufsichtsrat, RdW 2005/101, 66; *Endl/Zumbo*, Der Aufsichtsratsvorsitzende, in FS Ch. Nowotny (2015) 285; *Fida/Gelter/Rechberger*, Der Finanzexperte im Aufsichtsrat - lex imperfecta, GES 2006, 239; *G. Frotz*, Grundsätzliches zu den Rechten und Pflichten des Aufsichtsrates und seiner bestellten und entsendeten Mitglieder, ÖZW 1978, 44; *Geist*, Zur Informationsordnung im arbeitsteilig organisierten Aufsichtsrat der Aktiengesellschaft, in Achatz/Jabornegg/Karollus (Hg), Aktuelle Probleme im Grenzbereich von Arbeits-, Unternehmens- und Steuerrecht (1998) 121; *Geppert*, GmbHG-Novelle BGBl 1980/320: Zweifelsfragen im Zusammenhang mit dem Aufsichtsrat, GesRZ 1984, 76; *Geppert*, Die Arbeitnehmervertreter im Aufsichtsrat einer AG und die Bestellung sowie Anstellung von Vorstandsmitgliedern durch Aufsichtsratsausschüsse, RdA 1980, 177; *Geppert/Moritz*, Gesellschaftsrecht für Aufsichtsräte (1979); *Grundner/Neuböck*, Videokonferenzen im Aufsichtsrat – eine Bestandsaufnahme, RdW 2016/238, 316; *Grünwald*, Gesellschaften im Cyberspace, in FS Krejci (2001) 625; *Harrer*, Fehlerhafte Aufsichtsratsbeschlüsse, Anmerkungen zu OGH 5 Ob 554/94 vom 29. August 1995, wbl 1996, 13; *Hauser*, Überlegungen zum fehlerhaften Aufsichtsratsbeschluss, RdW 1996, 570; *A. Heidinger*, Block- und Einzelabstimmung im GmbH- und Aktienrecht, GesRZ 2000, 126; *Huemer*, Aktuelle Praxisfragen zum Prüfungsausschuss, RdW 2008/536, 576; *Inwinkl*, Die EU-Abschlussprüferreform: Änderungen für den im Aufsichtsrat angesiedelten Prüfungsausschuss, RWZ 2017/16, 65; *W. Jud*, Handelsrechtliche Auswirkungen der GmbH-Novelle 1980, SWK 1980, B II 21; *W. Jud*, Zur Bestellung von stellvertretenden Mitgliedern eines Aufsichtsratsausschusses, NZ 1982, 56; *Kalss/Klampfl*, Wie beeinflussen elektronische Medien die Sitzungspraxis und Beschlussfassung des Aufsichtsrats?, RWZ 2011, 33; *Kalss/Zollner*, Blockabstimmung im Aufsichtsrat – Zur Zulässigkeit der Abstimmung en bloc am Beispiel der Abberufung von Vorstandsmitgliedern, GesRZ 2005, 66; *Kastner*, Gesellschaft m.b.H.-Gesetz-Novelle 1980, JBl 1980, 617; *Kastner*, Aufsichtsrat und Realität, in FS Strasser (1993) 843; *Kindel/Kindel*, Zur Frage der Zulässigkeit der Vertretung von Aufsichtsratsmitgliedern bei Sitzungen des gemäß § 92 Abs. 4 AktG zu bildenden Jahresabschlussausschusses, GesRZ 2003, 134; *Koller/Riss*, Pflicht zur Vorlage von Aufsichtsratsprotokollen im Zivilprozess?, RdW 2013/67, 62; *Koppensteiner*, Beschlussmängel im Gesellschaftsrecht, wbl 2022, 1, 61; *Kossuth/Gaggl*, Gestaltungsmöglichkeiten der Beschlussfähigkeit des Aufsichtsrates, ecolex 2002, 884; *Kostner*, Die kleinen Probleme der GmbH-Novelle, NZ 1980, 161, NZ 1981, 55; *Ch. Nowotny*, Neue Medien und Gesellschaftsrecht, in FS Krejci (2001) 771; *Ch. Nowotny*, Beirat – Aufsichtsrat – Ausschuss, RdW 2008/647, 699; *Plöchl*, Probleme der schriftlichen Abstimmung im Aufsichtsrat, GesRZ 1984, 182; *Potyka/Weber*, Der Prüfungsausschuss nach dem URÄG 2008, GesRZ 2008, 190; *Potyka*, Das Gesellschaftsrechts-änderungsgesetz 2005, ÖJZ 2006/14, 192; *Prändl/Schober*, Prüfungsausschuss neu: Verbesserte Zusammenarbeit Aufsichtsrat – Wirtschaftsprüfer, RdW 2005/675, 594; *Pucher*, Ausschließliche Kompetenzen des Gesamtaufsichtsrats und ausschussfähige Angelegenheiten, GES 2009, 128; *Rauter*, Beschlussinterpretation, in FS Koppensteiner (2017) 219; *J. Reich-Rohrwig*, Anpassung der Gesellschaftsverträge an die GmbHNov 1980, ÖJZ 1981, 311; *J. Reich-Rohrwig*, Die Zusammensetzung von Ausschüssen des Aufsichtsrates – Neue Rechtslage ab 01.01.1987, wbl 1987, 1; *Reiter*, Der Finanzexperte im Prüfungsausschuss des Aufsichtsrates, AR aktuell 2/2005, 19; *Rieder*, Gesellschaftsrechtliche Aspekte der COVID-19-Gesetzgebung, NZ 2020/39, 134; *Rudorfer*, Teilnahme des Abschlussprüfers an Sitzungen von Kapitalgesellschaften betreffend Jahresabschluss, RWZ 1999, 321; *Schärf*, Aufsichtsratssitzungen über Videokonferenz?, RdW 2002/192, 199; *Schima*, Weisung und Zustimmungsvorbehalt als Steuerungsmittel in der GmbH, in FS Koppensteiner (2016) 259; *Schima/Knotzer*, Zur Protokollierung von Gremiensitzungen unter besonderer Berücksichtigung von Tonbandaufnahmen, AR aktuell 2022, 166, 208; *Schirmer/Uitz*, Präsenzquorum bei Vertretung eines Aufsichtsratsmitglieds gemäß § 95 Abs. 7 AktG, ecolex 2008, 744; *Schmidsberger/Lipp*, Prüfungsausschuss für eine Holding- oder Komplementärgesellschaft? RdW 2010/79, 74; *Schönherr*, Die Zulässigkeit geheimer Abstimmung im Aufsichtsrat, GesRZ 1982, 142; *Simonishvili/Pendl*, Das Recht des Aufsichtsratsmitglieds auf Aufsichtsratsprotokolle, GES 2014, 109; *Sindelar* (Hg), Handbuch Kreditinstitute (2021); *Sterl*, Zusammenarbeit von Aufsichtsrat und Wirtschaftsprüfer, RWZ 1996, 188; *Straube*, Der Aufsichtsrat zwischen Sitzungen und Videokonferenzen, GES 2007, 426; *Straube/Rauter/Ratka*, Die Aufsichtsratsgeschäftsordnung² (2006); *Talos/Schrank*, Änderung des AktG durch das GesRÄG 2004, ecolex 2004, 792; *Temmel*, Der Aufsichtsrat (2003); *Wachter*, Die Mitwirkung der Arbeitnehmervertreter in Ausschüssen des Aufsichtsrats, ZAS 2015/12, 66; *Weber*, Das Unternehmensrechts-Änderungsgesetz 2008 im Überblick, ÖJZ 2008/45, 425; *Weigand*, Zur aktienrechtlichen Wirksamkeit der Rücktrittserklärung eines Vorstandsmitglieds gegenüber einem einzelnen Aufsichtsratsmitglied, GES 2004, 381; *Weiß*, Doppelte einfache Mehrheit im Aufsichtsrat, ecolex 1999, 266; *I. Welser/Zivny*, Der vergessene § 30c GmbHG und gesellschaftsrechtliche Treuepflichten, RdW 2021/428, 542; *Winkler/Birkner*, Verpflichtender Aufsichtsratsausschuss nach § 92 Abs. 4 AktG, RdW 1998, 244; *Zollner*, Die Rolle der neuen Medien bei Aufsichtsratsbeschlüssen, AR aktuell 6/2010, 14.

Inhaltsübersicht

I. Geschäftsordnung des Aufsichtsrats	1–11a
A. Kompetenz zur Erlassung	1–5
B. Determinierung durch Gesellschaftsvertrag/Gesellschafterbeschluss	6, 7
C. Zulässiger/möglicher Inhalt	8–11a
II. Aufsichtsratsvorsitzender und Stellvertreter (Abs 1)	12–35
A. Wahl	12–21

	1. Aufsichtsrat mit Arbeitnehmervertretern	12, 13
	2. Aufsichtsrat ohne Arbeitnehmervertreter	14–16
	3. Annahme der Wahl	17
	4. Konstituierende Sitzung	18, 19
	5. Fehlen eines Vorsitzenden	20
	6. Ehrenpräsident	21
B.	Anforderungen/Qualifikationen	22, 23
C.	Bestellungsdauer	24–26
D.	Rechtsstellung und Aufgaben des Vorsitzenden	27–30
E.	Rechtsstellung der Stellvertreter	31–34
F.	Anmeldung zum Firmenbuch	35
III.	Beschlüsse des Aufsichtsrats	36–100
A.	Allgemeines	36–38
B.	Beschlussfassung in Sitzungen	39–63
	1. Begriff der Sitzung	39–43
	2. Beschlussfähigkeit (Abs 5)	44–47
	3. Beschlussmehrheiten	48, 49
	4. Abstimmungsmodus	50–52
	5. Verhandlungsort, Verhandlungssprache	53, 54
	6. Weisungsfreiheit	55, 56
	7. Stimmverbot	57–60
	8. Feststellung des Ergebnisses, Vollziehung der Beschlüsse	61, 62
	9. Vertreter und Stimmboten	63
C.	Niederschrift (Abs 2)	64–73
	1. Zweck und Rechtswirkungen	64
	2. Nötiger Inhalt	65–67
	3. Zuständigkeit und Verfahren	68–70
	4. Abschriften	71–73
D.	Beschlüsse außerhalb einer Sitzung (Abs 3)	74–88
	1. Bestimmung des Modus	74–76
	2. Umlaufbeschlüsse	77–81
	3. Telefon- und Videokonferenzen	82–84
	4. Beschlussfähigkeit	85
	5. Vertretung	86
	6. Niederschrift der Ergebnisse	87, 88
E.	Fehlerhafte Beschlüsse	89–100
	1. Unterscheidung zwischen Nichtigkeit und Anfechtbarkeit?	89, 90
	2. Nichtigkeitsgründe: Verfahrens- oder inhaltliche Mängel	91–95
	3. Bloße Ordnungsvorschriften	96
	4. Anfechtungs- oder Feststellungsklage?	97–100
IV.	Ausschüsse (Abs 4)	101–161
A.	Fakultative Ausschüsse	101–133
	1. Kompetenz zur Einsetzung	101, 102

2. Zahl und Bestellung der Mitglieder 103–106
   a) Bei Aufsichtsrat ohne Arbeitnehmervertreter .. 103
   b) Bei Aufsichtsrat mit Arbeitnehmervertretern .. 104–106
3. Funktionsperiode 107, 108
4. Vorsitz 109, 110
5. Beschlussfähigkeit (Abs 5) 111
6. Mögliche Aufgaben 112–115
7. Aufgaben, die dem Plenum vorbehalten sind 116, 117
8. Verhältnis zwischen Aufsichtsrat und Ausschüssen 118–120
9. Verfahren der Ausschüsse 121, 122
10. Niederschrift über Sitzungen und Beschlüsse der Ausschüsse 123
11. Stellvertretende Mitglieder/Ersatzmitglieder 124, 125
12. Beispiele 126, 127
13. Besonderheiten des Personalausschusses 128–130
14. Vorgaben durch Gesellschaftsvertrag und Geschäftsordnung 131–133
  B. Prüfungsausschuss (Abs 4a) 134–161
    1. Allgemeines 134, 135
    2. Verpflichtung zur Einrichtung? 136–141
    3. Zusammensetzung und Qualifikationen 142–145
    4. Stellung des Finanzexperten 146–148
    5. Unvereinbarkeiten 149
    6. Sitzungen 150, 151
    7. Agenden 152, 153
    8. Sanktionen 154, 155
  C. Ausschüsse nach BWG 156–161

I. Geschäftsordnung des Aufsichtsrats

A. Kompetenz zur Erlassung

1 Unter **GO** im materiellen Sinn ist ein Regelwerk zu verstehen, mit dem die **innere Organisation des AR** – in Erg u Präzisierung der zT lückenhaften gesetzl Bestimmungen – **geregelt** wird. Eine derartige Regelung kann grds **im GesV** enthalten sein oder **mit Gesellschafterbeschluss** oder **durch den AR selbst** erlassen werden.[1] Eine Ermächtigung des AR zur Erlassung einer GO durch den GesV ist nicht erforderlich.[2]

---

1 *Straube/Rauter/Ratka*, Die Aufsichtsratsgeschäftsordnung[2], 88; *A. Heidinger* in Gruber/Harrer, GmbHG[2] § 30g Rz 3.
2 *Rauter* in Straube/Ratka/Rauter, GmbHG § 30g Rz 27.

Das Gesetz verpflichtet den AR zwar nicht zur Erlassung einer GO.[3] 2
Der GesV kann jedoch eine solche **Pflicht** vorsehen. Darüber hinaus
kann es im Einzelfall aufgrund der Sorgfaltspflicht des AR u seiner
Pflicht zur Selbstorganisation geboten sein, dass er eine GO erlässt,
wenn Organisation u Tätigkeit des AR durch GesV u Gesellschafterbeschluss nicht ausreichend geregelt sind.[4]

In der Praxis empfiehlt es sich, die innere Organisation des AR nicht 3
bereits im GesV im Detail zu regeln, sondern dies **dem AR vorzubehalten**, damit eine Anpassung erleichtert u höhere Flexibilität erreicht
wird.[5]

Die Erlassung einer GO obliegt dem **Plenum des AR**; eine Delegation an einen Ausschuss ist nicht zulässig.[6] Nur eine eigene **GO für** 4
einen Ausschuss kann v diesem selbst beschlossen werden (dazu Rz 11
u 133). Für die Beschlussfassung genügt die **einfache Mehrheit**, sofern
der GesV keine qualifizierte Mehrheit vorsieht.[7]

Eine v AR beschlossene GO gilt nicht nur für die laufende Funkti- 5
onsperiode des AR, sondern bleibt **so lange in Kraft**, bis sie durch Beschluss des AR **geändert oder neu erlassen** wird.[8] Der AR ist allerdings
verpflichtet, eine **Anpassung an geänderte Umstände** vorzunehmen.[9]
Allenfalls kann einer Bestimmung der GO auch durch eine Änderung
des GesV derogiert werden.[10]

B. Determinierung durch Gesellschaftsvertrag/ Gesellschafterbeschluss

Wie erwähnt können GO-Bestimmungen grds sowohl v den Gesell- 6
schaftern als auch v AR erlassen werden. Daraus ergibt sich eine Art
Stufenbau: Die höherrangige Norm determiniert die darunter stehende.
Zunächst darf in der GO nicht v den **zwingenden Normen des Gesetzes** abgewichen werden. Weiters hat sich die GO **im Rahmen der Re-**

---

3 Anders § 32 Abs 2 vor der GmbHG-Nov BGBl 1980/320.
4 *Rauter* in Straube/Ratka/Rauter, GmbHG § 30g Rz 21.
5 *Straube/Rauter/Ratka*, Die Aufsichtsratsgeschäftsordnung[2], 89.
6 *Rauter* in Straube/Ratka/Rauter, GmbHG § 30g Rz 30.
7 *Reich-Rohrwig*, GmbHR I[2] Rz 4/176.
8 *Reich-Rohrwig*, GmbHR I[2] Rz 4/176; *Eiselsberg/Bräuer* in Kalss/Kunz, HB AR[2] Kap 24 Rz 22.
9 *Rauter* in Straube/Ratka/Rauter, GmbHG § 30g Rz 22.
10 *Rauter* in Straube/Ratka/Rauter, GmbHG § 30g Rz 33.

geln des GesV zu halten. Schließlich kommt auch einem **Gesellschafterbeschluss** idR Vorrang vor einer v AR selbst erlassenen GO zu. Der AR kann aber **ergänzende Regelungen** treffen, wenn in einem Gesellschafterbeschluss Fragen offen gelassen wurden.[11]

7 Durch Gesellschafterbeschluss darf allerdings nicht in die **Organisationsautonomie** des AR eingegriffen werden.[12] Gewisse **Kernbereiche** haben daher der **Regelung durch den AR vorbehalten** zu bleiben; zu weitreichende Vorgaben durch die Gesellschafter wären daher unzulässig (s dazu Rz 8).[13]

C. Zulässiger/möglicher Inhalt

8 Eine v den Gesellschaftern erlassene GO darf die **Mindestzuständigkeiten des AR nicht einschränken**. Dazu zählen etwa die Kompetenz zur Bildung v Ausschüssen (soweit nicht gesetzl zwingend vorgesehen) u die Person des AR-Vorsitzenden.[14]

9 Andererseits ist die **Regelung gewisser Fragen dem GesV vorbehalten** u kann **nicht an den AR delegiert** werden. Dies gilt etwa für die Mindestzahl der Gesellschaftervertreter oder die Verkürzung der Funktionsperiode v AR-Mitgliedern.[15] Weitere Bsp sind die Einräumung v Entsenderechten, die Erhöhung des Präsenzquorums, die Vertretung v AR-Mitgliedern in Sitzungen (dazu § 30j Rz 99 ff) u die Betragsgrenzen für zustimmungspflichtige Geschäfte (dazu § 30j Rz 81 ff).[16]

10 **Mögliche u zweckmäßige Inhalte einer GO** für den AR sind insb:

– die Zahl der Sitzungen;
– Formvorschriften für die Einladung zu Sitzungen u Einladungsfristen;

---

11 *Reich-Rohrwig*, GmbHR I[2] Rz 4/173 f; *A. Heidinger* in Gruber/Harrer, GmbHG[2] § 30g Rz 3; *Rauter* in Straube/Ratka/Rauter, GmbHG § 30g Rz 26 f.
12 *Straube/Rauter/Ratka*, Die Aufsichtsratsgeschäftsordnung[2], 88 f.
13 *A. Heidinger* in Gruber/Harrer, GmbHG[2] § 30g Rz 3.
14 *Straube/Rauter/Ratka*, Die Aufsichtsratsgeschäftsordnung[2], 88 f; *A. Heidinger* in Gruber/Harrer, GmbHG[2] § 30g Rz 3.
15 *Reich-Rohrwig*, GmbHR I[2] Rz 4/175.
16 *A. Heidinger* in Gruber/Harrer, GmbHG[2] § 30g Rz 3.

- inhaltliche Anforderungen an Einladungen zu Sitzungen u die Tagesordnung;
- Wahl des Vorsitzenden u seiner Stellvertreter;
- Teilnahmeberechtigung an Sitzungen des AR u v Ausschüssen;
- Beschlussfähigkeit u Abstimmungsmodus;
- Protokollführung;
- Arbeitssprache;
- Einrichtung, Besetzung u Aufgabenzuweisung v Ausschüssen;
- Katalog v zustimmungspflichtigen Geschäften;
- Beschlussfassung außerhalb v Sitzungen;
- Geheimhaltungspflicht.[17]

Die **innere Ordnung eines Ausschusses** kann in einer **Ausschuss-GO** geregelt werden.[18] Eine solche GO hat sich aber in dem Rahmen zu halten, den die GO für den AR vorgibt. Darüber hinaus kann der Gesamt-AR die GO für einen Ausschuss jederzeit ändern oder aufheben.[19]

Eine GO ist – wie ein GesV – objektiv auszulegen.[20]

II. Aufsichtsratsvorsitzender und Stellvertreter (Abs 1)

A. Wahl

1. Aufsichtsrat mit Arbeitnehmervertretern

Beim **mitbestimmten AR** sind der Vorsitzende u zumindest ein Stellvertreter zwingend v **Plenum des AR** zu wählen.[21] Die Wahl kann auch nicht an einen Ausschuss delegiert werden.[22] Für die Wahl des Vorsit-

---

17 Vgl *Reich-Rohrwig*, GmbHR I² Rz 4/178, sowie die Muster in *Straube/Rauter/Ratka*, Die Aufsichtsratsgeschäftsordnung², 99 ff; *Umfahrer*, GmbH⁷ Bsp 154; *Temmel*, Der Aufsichtsrat 155 f; *Ch. Nowotny/Winkler*, Wiener Vertragshandbuch III², 205 ff [für eine AG].
18 *Reich-Rohrwig*, GmbHR I² Rz 4/295.
19 *Wünsch*, GmbHG §30g Rz 95; *Straube/Rauter/Ratka*, Die Aufsichtsratsgeschäftsordnung², 91; *Rauter* in Straube/Ratka/Rauter, GmbHG §30g Rz 34.
20 *Kalss* in Doralt/Nowotny/Kalss, AktG³ §92 Rz 4.
21 *Rauter* in Straube/Ratka/Rauter, GmbHG §30g Rz 38; *Umfahrer*, GmbH⁷ Rz 6.56.
22 *Reich-Rohrwig*, GmbHR I² Rz 4/191; *Rauter* in Straube/Ratka/Rauter, GmbHG §30g Rz 40.

zenden u des ersten Stellvertreters gilt gem § 110 Abs 3 S 5 ArbVG das **Erfordernis der „doppelten Mehrheit"**: Der Kandidat muss einerseits die Mehrheit aller gültig abgegebenen Stimmen erhalten. Andererseits benötigt er auch die Stimmen der Mehrheit sämtlicher bestellter Kapitalvertreter. Die Zustimmung der Mehrheit der Gesellschaftervertreter muss allerdings nicht bereits bei der Wahl durch den Gesamt-AR vorliegen. Zustimmungserklärungen v Kapitalvertretern können auch nachgereicht werden.[23]

13 Durch diese sog „**Gesellschafterschutzklausel**" soll verhindert werden, dass die AN-Vertreter im AR gemeinsam mit den Vertretern der Minderheitsgesellschafter die Vertreter der Mehrheitsgesellschafter überstimmen können.[24] Der Vorsitzende des AR u sein erster Stellvertreter sollen neben dem Vertrauen des Gesamt-AR stets auch das Vertrauen der Mehrheitsvertreter genießen. Für die Wahl v weiteren Stellvertretern des Vorsitzenden gelten die allg Beschlusserfordernisse; eine doppelte Mehrheit ist nicht erforderlich.[25]

2. Aufsichtsrat ohne Arbeitnehmervertreter

14 Bei einem **AR ohne Beteiligung v AN** ist str, wem die Kompetenz zur Bestellung des Vorsitzenden u der Stellvertreter zusteht. **Überwiegend wird vertreten, dass der GesV die Zuständigkeit den Gesellschaftern oder dem AR zuweisen** könne.[26] Trifft der GesV keine Regelung, dann soll das Zuvorkommen entscheiden.[27] Nach aA liegt die Kompetenz diesfalls primär beim AR.[28]

15 Nach der **Gegenmeinung** ist es **auch bei der nicht mitbestimmten GmbH Aufgabe des AR**, den Vorsitzenden u die Stellvertreter zu wählen. Dies wird va aus der **Organisationsautonomie** des AR abgeleitet.[29]

---

[23] *Reich-Rohrwig*, GmbHR I[2] Rz 4/189; *Rauter* in Straube/Ratka/Rauter, GmbHG § 30g Rz 44.
[24] *Reich-Rohrwig*, GmbHR I[2] Rz 4/188; *A. Heidinger* in Gruber/Harrer, GmbHG[2] § 30g Rz 6.
[25] *Rauter* in Straube/Ratka/Rauter, GmbHG § 30g Rz 46.
[26] *Reich-Rohrwig*, GmbHR I[2] Rz 4/183; *Eckert/Schopper* in Torggler, GmbHG § 30g Rz 3.
[27] *Reich-Rohrwig*, GmbHR I[2] Rz 4/184; *Wünsch*, GmbHG § 30g Rz 4.
[28] *Rauter* in Straube/Ratka/Rauter, GmbHG § 30g Rz 39.
[29] *Koppensteiner/Rüffler*, GmbHG[3] § 30g Rz 1; *A. Heidinger* in Gruber/Harrer, GmbHG[2] § 30g Rz 7; so wohl auch *Umfahrer*, GmbH[7] Rz 6.55 FN 1706.

Nach dieser A steht der **GV** nur eine **Ersatzzuständigkeit** zu, falls der AR seiner Aufgabe nicht nachkommt.

In der Praxis wird es idR sinnvoll sein, die **Wahl** des Vorsitzenden u der Stellvertreter **dem AR zuzuweisen**, um sicherzustellen, dass diese v Vertrauen des AR getragen werden. Zur Klarstellung ist zu empfehlen, dies auch im GesV ausdrücklich anzuordnen. 16

3. Annahme der Wahl

Die Wahl zum Vorsitzenden des AR bzw Stellvertreter ist **annahmebedürftig**. Die Annahme kann **formlos** – auch konkludent – erfolgen.[30] 17

4. Konstituierende Sitzung

In der Praxis ist es üblich, im Anschluss an die oGV, bei der der AR bestellt wird (vgl § 30b Rz 1), eine **konstituierende Sitzung** des AR abzuhalten, in der die Wahl des Vorsitzenden u der Stellvertreter durchgeführt wird (dazu § 30b Rz 9). Häufig ist im GesV vorgesehen, dass es zu dieser Sitzung **keiner gesonderten Einladung** bedarf,[31] da die Mitglieder des AR ohnedies zur GV geladen werden. In der konstituierenden Sitzung können neben der Wahl des Vorsitzenden u des Stellvertreters auch andere Formalia erledigt werden, wie die Einsetzung v Ausschüssen u die Erlassung einer GO des AR (diese gilt aber grds unabhängig v der Funktionsperiode, vgl schon Rz 5). Beschränkt sich die konstituierende Sitzung auf diese Formalbeschlüsse, dann ist sie nicht auf die Mindestzahl gem § 30i Abs 3 anzurechnen (s § 30i Rz 36). 18

Nicht erforderlich ist es, nach jeder GV eine konstituierende Sitzung des AR abzuhalten, wenn Vorsitzender u Stellvertreter im Amt geblieben sind. 19

5. Fehlen eines Vorsitzenden

Wenn der AR seiner Aufgabe zur Wahl der Vorsitzenden u zumindest eines Stellvertreters nicht in angemessener Frist nachkommt, **geht die Zuständigkeit** nach hM auf **die GV über**.[32] Nur wenn auch die Gesell- 20

---

30 *Reich-Rohrwig*, GmbHR I² Rz 4/193; *Rauter* in Straube/Ratka/Rauter, GmbHG § 30g Rz 48.
31 *Eiselsberg/Bräuer* in Kalss/Kunz, HB AR² Kap 24 Rz 49.
32 *Reich-Rohrwig*, GmbHR I² Rz 4/192; *Wünsch*, GmbHG § 30g Rz 9; **aM** zur mitbestimmten AG *Kalss* in Doralt/Nowotny/Kalss, AktG³ § 92 Rz 39.

schafter untätig bleiben, kann das **FB-Gericht** auf Antrag die **Bestellung vornehmen** (§ 30d per analogiam).[33] Die Funktion einer v Gericht bestellten Person erlischt jedoch, sobald das zuständige Organ der Gesellschaft eine andere Person wirksam bestellt hat.

6. Ehrenpräsident

21 In der Praxis kommt es vor, dass ein Mitglied des AR – insb der ehem Vorsitzende – nach Ablauf der Funktionsperiode zum **Ehrenpräsidenten oder -mitglied** des AR ernannt wird. Damit sollen besondere Verdienste anerkannt werden. Mit einer solchen Ernennung ist jedoch **keine besondere Funktion** verbunden. Insbesondere stehen dem Ehrenpräsidenten oder Ehrenmitglied weder die Rechte noch die Pflichten eines AR-Mitglieds zu.[34]

B. Anforderungen/Qualifikationen

22 Als Vorsitzender des AR oder Stellvertreter kommt nur **ein Mitglied des AR** in Betracht. Es kann sich sowohl um einen Kapitalvertreter als auch einen AN-Vertreter handeln.[35] Scheidet der Vorsitzende oder Stellvertreter aus dem AR aus, dann erlischt damit automatisch seine Funktion.[36]

23 Strittig ist, ob der GesV **besondere Eignungsvoraussetzungen für den Vorsitzenden** statuieren kann.[37] Dagegen wird die Organisationsautonomie des AR ins Treffen geführt. Keinesfalls darf das passive Wahlrecht derart eingeschränkt werden, dass bestimmte Personengruppen – etwa die AN-Vertreter – ausgeschlossen sind oder die Möglichkeit einer freien Auswahl fehlt.[38] Sollen besondere Kriterien vorgegeben werden,

---

33 *Rauter* in Straube/Ratka/Rauter, GmbHG § 30g Rz 51.
34 *Reich-Rohrwig*, GmbHR I[2] Rz 4/194; *A. Heidinger* in Gruber/Harrer, GmbHG[2] § 30g Rz 12; *Rauter* in Straube/Ratka/Rauter, GmbHG § 30g Rz 36.
35 *A. Heidinger* in Gruber/Harrer, GmbHG[2] § 30g Rz 4; *Rauter* in Straube/Ratka/Rauter, GmbHG § 30g Rz 35.
36 *Eckert/Schopper* in Torggler, GmbHG § 30g Rz 1.
37 **Dafür** *Reich-Rohrwig*, GmbHR I[2] Rz 4/180, u – für die nicht mitbestimmte GmbH – *Wünsch*, GmbHG § 30g Rz 10; **dagegen** *A. Heidinger* in Gruber/Harrer, GmbHG[2] § 30g Rz 5; *Rauter* in Straube/Ratka/Rauter, GmbHG § 30g Rz 49.
38 *Reich-Rohrwig*, GmbHR I[2] Rz 4/181; *A. Heidinger* in Gruber/Harrer, GmbHG[2] § 30g Rz 5.

dann empfiehlt es sich, diese generell für die Bestellung zum AR-Mitglied vorzusehen.[39] Besondere Anforderungen werden jedoch kraft G an den AR-Vorsitzenden eines Kreditinstituts gestellt (§ 28a Abs 3 BWG).[40]

C. Bestellungsdauer

Die **Funktionsdauer des Vorsitzenden u der Stellvertreter** kann im GesV oder in der GO geregelt werden. In Ermangelung einer solchen Regelung richtet sie sich nach dem **Bestellungsbeschluss**.[41] Die Bestellung ist aber jedenfalls **durch die Mitgliedschaft zum AR befristet**. Sie endet auch dann mit der Funktionsperiode des AR, wenn der Vorsitzende neuerlich in den AR gewählt oder entsandt wird. In diesem Fall hat daher eine Neu- oder Wiederwahl zu erfolgen.[42] **24**

Der Vorsitzende oder Stellvertreter kann sein Amt auch zurücklegen.[43] Grundsätzlich kann der **Rücktritt** jederzeit erklärt werden u bedarf keiner Begr. Ein Rücktritt zur Unzeit kann allerdings pflichtwidrig sein.[44] Die Rücktrittserklärung ist an den AR, zu Handen des Stellvertreters bzw des Vorsitzenden, zu richten.[45] **25**

Der Vorsitzende kann auch jederzeit durch die Mitglieder des AR **abgewählt** werden, ohne dass hierfür ein wichtiger Grund vorliegen müsste.[46] Ein solcher Beschluss ist im Plenum des AR zu fassen. Der Betroffene kann grds an der Abstimmung teilnehmen.[47] Auch bei der Abberufung des Vorsitzenden u des ersten Stellvertreters ist das Erfordernis **26**

---

[39] *A. Heidinger* in Gruber/Harrer, GmbHG² § 30g Rz 5.
[40] Dazu *Dellinger/Schellner/Schmatzberger* in Dellinger, BWG § 28a Rz 15 ff; allg zum „*Fit and Proper Test*" für AR-Mitglieder v Kreditinstituten auch *Fink* in Sindelar, Handbuch Kreditinstitute 81 ff; vgl auch Exkurs zum BWG, Rz 38.
[41] *Koppensteiner/Rüffler*, GmbHG³ § 30g Rz 2; *A. Heidinger* in Gruber/Harrer, GmbHG² § 30g Rz 8.
[42] *Reich-Rohrwig*, GmbHR I² Rz 4/195; *Temmel*, Der Aufsichtsrat 47; *Rauter* in Straube/Ratka/Rauter, GmbHG § 30g Rz 60.
[43] *Reich-Rohrwig*, GmbHR I² Rz 4/195; *Koppensteiner/Rüffler*, GmbHG³ § 30g Rz 2.
[44] *Rauter* in Straube/Ratka/Rauter, GmbHG § 30g Rz 65.
[45] *Rauter* in Straube/Ratka/Rauter, GmbHG § 30g Rz 65.
[46] *A. Heidinger* in Gruber/Harrer, GmbHG² § 30g Rz 9.
[47] *A. Heidinger* in Gruber/Harrer, GmbHG² § 30g Rz 10; *Reich-Rohrwig*, GmbHR I² Rz 4/196.

der „**doppelten Mehrheit**" (§ 110 Abs 3 ArbVG) einzuhalten.[48] Es liegt eine Gesetzeslücke vor, die durch Analogie zu § 110 Abs 3 ArbVG zu schließen ist, damit der Zweck der Bestimmung nicht unterlaufen werden kann.[49]

D. Rechtsstellung und Aufgaben des Vorsitzenden

27 Dem Vorsitzenden obliegt die **organisatorische Leitung des AR**. Seine Rechte u Pflichten ergeben sich – soweit sie nicht ausdrücklich im Gesetz geregelt sind – aus seiner Funktion.[50] Er ist **nicht Vorgesetzter** der übrigen AR-Mitglieder u besitzt ihnen gegenüber **kein Weisungsrecht**. Treffend wird er als „**primus inter pares**" bezeichnet.[51] In der Praxis kommt ihm jedoch erhebliche Bedeutung zu, da er die **Sitzungen u Beschlussfassungen des AR** auch inhaltlich vorbereitet u sich in einem **regelmäßigen Informationsaustausch mit den GF** befindet.[52] Neben den GF bildet er die **Schaltstelle des Unternehmens** u hat innerhalb des AR die leitende u koordinierende Funktion.[53] Dem wird idR durch eine **höhere Vergütung** für den Vorsitzenden u seine Stellvertreter Rechnung getragen (§ 31 Rz 18).

28 Der Vorsitzende hat insb für den **ordnungsgemäßen Ablauf der Sitzungen des AR** zu sorgen. Die ihm dabei zukommenden Befugnisse werden auch als „**Sitzungspolizei**" bezeichnet.[54] Allerdings können Beschlüsse des Vorsitzenden im Rahmen der Sitzungsleitung idR mit Beschluss des AR aufgehoben oder abgeändert werden.[55] Zu den **wichtigsten Aufgaben des Vorsitzenden** zählen:

---

48 *Koppensteiner/Rüffler*, GmbHG³ § 30g Rz 2; *Reich-Rohrwig*, GmbHR I² Rz 4/195.
49 *Doralt/Kastner*, GesRZ 1975, 38 (40 f).
50 *A. Heidinger* in Gruber/Harrer, GmbHG² § 30g Rz 15.
51 *A. Heidinger* in Gruber/Harrer, GmbHG² § 30g Rz 14; *Rauter* in Straube/Ratka/Rauter, GmbHG § 30g Rz 68; krit aber *Endl/Zumbo* in FS Ch. Nowotny 285 (288 ff, 313).
52 *Reich-Rohrwig*, GmbHR I² Rz 4/199; *A. Heidinger* in Gruber/Harrer, GmbHG² § 30g Rz 14; *Endl/Zumbo* in FS Ch. Nowotny 285 (294 ff).
53 *Kalss* in Doralt/Nowotny/Kalss, AktG³ § 92 Rz 17.
54 *Reich-Rohrwig*, GmbHR I² Rz 4/201; *Rauter* in Straube/Ratka/Rauter, GmbHG § 30g Rz 73.
55 *A. Heidinger* in Gruber/Harrer, GmbHG² § 30g Rz 16; *Rauter* in Straube/Ratka/Rauter, GmbHG § 30g Rz 75.

- Einberufung u Vorbereitung der Sitzungen u Vorbereitung der Beschlussfassungen;
- Leitung der Sitzungen u Anfertigung der Protokolle;
- Veranlassung u Überwachung der Durchführung der gefassten Beschlüsse;
- Kommunikation mit den GF u den Gesellschaftern;[56]
- Entgegennahme der Berichte der GF.

Bei **Abstimmungen** hat die Stimme des Vorsitzenden an sich das gleiche Gewicht wie jene der anderen Mitglieder (Grundsatz des Kopfstimmrechts, dazu Rz 48). Es kann ihm jedoch ein **Dirimierungsrecht** eingeräumt werden, wonach bei Stimmengleichheit seine Stimme den Ausschlag gibt. Ein solches Dirimierungsrecht kann jedenfalls im **GesV** verankert werden.[57] Nach hM kann das Dirimierungsrecht allerdings auch in der GO vorgesehen werden.[58]

29

Zur **Vertretung des AR nach außen** ist der Vorsitzende kraft Gesetzes **nicht berechtigt**.[59] Nur das **Recht zur passiven Vertretung** wird ihm zuerkannt.[60] Soll er für den AR Willenserklärungen abgeben, dann bedarf er im Einzelfall einer **Vollmacht**.[61] Andernfalls kann er nur als **Bote** Willenserklärungen des AR überbringen.[62]

30

E. Rechtsstellung der Stellvertreter

Der Stellvertreter übernimmt die Aufgaben des Vorsitzenden, wenn dieser **an der Amtsausübung gehindert** ist. Es genügt auch eine **vorübergehende Verhinderung**, wenn die Angelegenheit keinen Aufschub duldet.[63] Eine bloße Terminkollision oder kurzfristige Verhinderung ist aber nicht ausreichend. Eine Verhinderung liegt auch dann vor, wenn der Vorsitzende sein Amt, etwa aufgrund eines Interessenkonflikts,

31

---

[56] Dazu *Kalss*, AR aktuell 4/2008, 9.
[57] *Wünsch*, GmbHG § 30g Rz 20; *Reich-Rohrwig*, GmbHR I² Rz 4/199.
[58] *Rauter* in Straube/Ratka/Rauter, GmbHG § 30g Rz 115; *Temmel*, Der Aufsichtsrat 63; vgl auch OGH 30.5.1996, 2 Ob 556/95; **aM** *Koppensteiner/Rüffler*, GmbHG³ § 30g Rz 3.
[59] *A. Heidinger* in Gruber/Harrer, GmbHG² § 30g Rz 16.
[60] *Koppensteiner/Rüffler*, GmbHG³ § 30g Rz 3.
[61] *Reich-Rohrwig*, GmbHR I² Rz 4/203.
[62] *Rauter* in Straube/Ratka/Rauter, GmbHG § 30g Rz 85.
[63] *Rauter* in Straube/Ratka/Rauter, GmbHG § 30g Rz 54.

nicht ausüben kann.⁶⁴ Für die Dauer der Verhinderung kommen dem Stellvertreter die gleichen Rechte u Pflichten zu wie dem Vorsitzenden.

32 Sind **mehrere Stellvertreter** gewählt, dann ist im Bestellungsbeschluss eine **Rangfolge** festzulegen, sofern sich diese nicht aus dem GesV oder der GO ergibt.⁶⁵

33 Erlischt das Amt des Vorsitzenden, dann tritt der Stellvertreter nicht an seine Stelle. Es ist vielmehr eine **Neuwahl des Vorsitzenden** vorzunehmen.⁶⁶

34 Kann eine Sitzung weder v Vorsitzenden noch v einem Stellvertreter geleitet werden, dann hat der AR ad hoc ein anderes Mitglied zum Sitzungsleiter zu wählen.⁶⁷ Die Aufgaben eines **ad-hoc-Sitzungsleiters** beschränken sich auf die ordnungsgemäße Abwicklung der Sitzung. Darüber hinausgehende Rechte eines Vorsitzenden stehen ihm nicht zu.⁶⁸

F. Anmeldung zum Firmenbuch

35 Die GF haben in vertretungsbefugter Anzahl **zum FB anzumelden, wer zum Vorsitzenden u zum Stellvertreter gewählt** wurde (§ 5 Z 1 FBG; vgl § 30f Rz 1). Gleiches gilt für die **Beendigung dieser Funktionen** (§ 10 Abs 1 FBG). Die Anmeldung bedarf nicht der Beglaubigung (§ 11 FBG).

III. Beschlüsse des Aufsichtsrats

A. Allgemeines

36 Der AR trifft seine E in Form v **Beschlüssen**. Im Regelfall werden die Beschlüsse in **Sitzungen** gefasst. Unter gewissen Voraussetzungen sind aber auch **schriftliche, fernmündliche oder andere vergleichbare Formen der Beschlussfassung** zulässig. Schließlich ermöglicht das Gesetz

---

64 *A. Heidinger* in Gruber/Harrer, GmbHG² § 30g Rz 11; *Rauter* in Straube/Ratka/Rauter, GmbHG § 30g Rz 54.
65 *Wünsch*, GmbHG § 30g Rz 23; *Koppensteiner/Rüffler*, GmbHG³ § 30g Rz 4.
66 *Rauter* in Straube/Ratka/Rauter, GmbHG § 30g Rz 56.
67 *Eckert/Schopper* in Torggler, GmbHG § 30g Rz 7; *Rauter* in Straube/Ratka/Rauter, GmbHG § 30g Rz 66.
68 *Wünsch*, GmbHG § 30g Rz 25; *Reich-Rohrwig*, GmbHR I² Rz 4/208.

auch eine **kombinierte oder gemischte Beschlussfassung**, bei der ein Teil der Mitglieder zu einer Präsenzversammlung zusammentritt u weitere Mitglieder über elektronische Medien – etwa durch eine Videokonferenz – zugeschaltet werden.[69]

Beschlüsse müssen **stets ausdrücklich** gefasst werden; eine konkludente Beschlussfassung kommt nicht in Betracht.[70] Beschlüsse können aber **nach den Regeln der §§ 914 ff ABGB ausgelegt** werden.[71] Zum Verständnis des Inhalts eines Beschlusses kann daher auf den Gang der Beratungen – insb soweit er in der Niederschrift festgehalten ist – zurückgegriffen werden. Beschlüsse des AR, die sich an ein anderes Organ richten, sind v **Empfängerhorizont** her zu beurteilen.[72]

Beschlüsse werden **auf Antrag eines AR-Mitglieds** gefasst. Alle zur Tagesordnung gestellten Anträge sind v Vorsitzenden zur Abstimmung zu bringen, sofern nicht ein Grund zur Vertagung vorliegt.[73] Ein **Antrag der GF** an den AR – zB auf Genehmigung eines zustimmungspflichtigen Geschäfts – ist hingegen nur als **Anregung zur Beschlussfassung** zu verstehen u bedarf zusätzlich der Antragstellung durch ein AR-Mitglied.[74]

B. Beschlussfassung in Sitzungen

1. Begriff der Sitzung

Unter einer Sitzung ist grds eine **Präsenzsitzung** zu verstehen, bei der die Teilnehmer gleichzeitig **am selben Ort körperlich anwesend** sind.[75] Durch die physische Anwesenheit an der Versammlung der Mitglieder sollen die Diskussion u das offene Gespräch möglichst gefördert werden.

---

69 *Rauter* in Straube/Ratka/Rauter, GmbHG § 30g Rz 179; *A. Heidinger* in Gruber/Harrer, GmbHG² § 30g Rz 37.
70 *Koppensteiner/Rüffler*, GmbHG³ § 30g Rz 7; *A. Heidinger* in Gruber/Harrer, GmbHG² § 30g Rz 18.
71 *Reich-Rohrwig*, GmbHR I² Rz 4/253; *Koppensteiner/Rüffler*, GmbHG³ § 30g Rz 7. Zur Auslegung einer GO s aber Rz 11a.
72 *Rauter* in Straube/Ratka/Rauter, GmbHG § 30g Rz 91.
73 *Koppensteiner/Rüffler*, GmbHG³ § 30g Rz 9.
74 *Rauter* in Straube/Ratka/Rauter, GmbHG § 30g Rz 88.
75 Vgl zu den Elementen einer Sitzung im Detail *Kalss* in Doralt/Nowotny/Kalss, AktG³ § 93 Rz 4.

40 Fraglich ist, ob die **Abhaltung einer Videokonferenz einer Sitzung gleichgehalten** werden kann. Durch das GesRÄG 2005 wurde zwar die **Heranziehung elektronischer Kommunikationsmittel** in gewissem Umfang zugelassen (Abs 3 S 2 u Abs 5 S 4). Ob eine Sitzung auch in Form einer Videokonferenz abgehalten werden kann, hat der Gesetzgeber jedoch offengelassen.

41 Dagegen wird eingewendet, dass eine Videokonferenz nicht dem Begriff der „Sitzung" entspreche.[76] Verwiesen wird weiters auf die Mat zum GesRÄG 2005, die darauf hindeuten, dass eine Videokonferenz nicht als Sitzung anzusehen ist.[77] Als wesentliches inhaltliches Argument wird vorgebracht, dass der AR bei einer Präsenzsitzung seinen Aufgaben besser nachkommen könne.[78] Eine **einfache Videokonferenz** (im Gegensatz zu einer solchen, die die Anforderungen gem Rz 42 erfüllt) kann daher **einer Sitzung nicht gleichgehalten** werden.[79] Sie ist demnach auch nicht auf die Mindestanzahl der Sitzungen gem § 30i Abs 3 anzurechnen (dazu § 30i Rz 37).[80] Allerdings kommt eine Mitwirkung zugeschalteter Mitglieder gem Abs 5 S 4 in Betracht, wenn dies durch GV oder Beschluss des AR zugelassen wird; zugeschaltete Mitglieder sind aber nicht auf das Präsenzquorum anzurechnen (dazu Rz 46). Im Übrigen können Videokonferenzen – auch wenn die Voraussetzungen für eine Sitzung nicht erfüllt sind – unter den dafür geltenden Bedingungen als sonstige Form der Beschlussfassung gewertet werden (s Rz 74 u 82 ff).

42 In der neueren Lit wird allerdings darauf hingewiesen, dass eine **Videokonferenz, die besondere Anforderungen erfüllt, wie eine Präsenzsitzung behandelt** werden kann. Voraussetzung hierfür ist, dass für alle Teilnehmer gegenseitige Sicht- u Hörbarkeit gegeben ist u die Mimik, Gestik u Intonation authentisch erfasst werden können. Ferner muss die Kommunikation vor einem Zugriff Unbefugter geschützt sein u frei v externen Einflüssen ablaufen. Alle Teilnehmer müssen den gleichen Informationsstand haben; es muss auch eine Teilnahmemöglichkeit für dritte Personen geben.[81] Eine Konferenzschaltung, die diese Voraus-

---

76 *Rauter* in Straube/Ratka/Rauter, GmbHG § 30g Rz 176.
77 *Straube*, GES 2007, 426 (429); *A. Heidinger* in Gruber/Harrer, GmbHG² § 30g Rz 37.
78 *Straube*, GES 2007, 426 (428 f).
79 *Kalss* in Doralt/Nowotny/Kalss, AktG³ § 92 Rz 98.
80 Dazu *Rauter* in Straube/Ratka/Rauter, GmbHG § 30g Rz 178.
81 *Kalss* in Doralt/Nowotny/Kalss, AktG³ § 92 Rz 97, § 93 Rz 6; *Grundner/Neuböck*, RdW 2016/238, 316 (317 f); *Brix*, HB AG, Rz 8/73; *Eiselsberg/*

setzungen erfüllt, wird als „**qualifizierte Videokonferenz**" bezeichnet. Sie erfüllt idR die Anforderungen an eine Sitzung.

Durch die **COVID-19-Gesetzgebung** erhielt die Rechtsentwicklung einen neuen Impuls. Gemäß § 1 Abs 1 COVID-19-GesG konnten Versammlungen v Organmitgliedern einer KapGes auch ohne physische Anwesenheit der Teilnehmer durchgeführt u Beschlüsse auch auf andere Weise gefasst werden. Dies galt auch für AR-Sitzungen.[82] Durchführungsregeln wurden in § 2 COVID-19-GesV[83] getroffen, um eine möglichst hohe Qualität der Rechtssicherheit bei der Willensbildung zu gewährleisten. Demnach war die Durchführung einer virtuellen AR-Sitzung grds zulässig, wenn die Teilnahme v jedem Ort aus mittels einer akustischen u optischen Zweiweg-Verbindung in Echtzeit möglich war. Dabei musste es jedem Teilnehmer möglich sein, sich zu Wort zu melden u an Abstimmungen teilzunehmen. Dies zielte auf eine Videokonferenz mit paralleler Tonspur ab.[84] Nach § 2 Abs 2 COVID-19-GesV war es jedoch ausreichend, falls höchstens die Hälfte der Teilnehmer nicht über die technischen Mittel für eine akustische u optische Verbindung mit der virtuellen Versammlung verfügte oder diese Mittel nicht verwenden konnte oder wollte, wenn die betr Teilnehmer nur akustisch mit der Versammlung verbunden waren. Es genügte also, wenn sich mind die Hälfte der AR-Mitglieder in einer audio-visuellen Schaltung befand; die übrigen Teilnehmer konnten per Telefon zugeschaltet sein.[85] Im Zweifelsfall war die Identität der Teilnehmer in geeigneter Weise zu überprüfen.

42a

Diese Voraussetzungen waren wohl nicht so streng wie jene, die in der Lit zuvor für eine qualifizierte Videokonferenz aufgestellt worden waren.[86] Allerdings wurden bestehende gesetzl oder gesv Regelungen für virtuelle Versammlungen davon nicht berührt (§ 1 Abs 4 COVID-19-GesV). Aufsichtsratssitzungen konnten daher auch weiterhin

---

Bräuer in Kalss/Kunz, HB AR[2] Kap 24 Rz 59; s auch *A. Heidinger* in Gruber/Harrer, GmbHG[2] § 30g Rz 37.

82 *Rieder*, NZ 2020/39, 134 (135); *Kalss/Hollaus*, GesRZ 2020, 84 (87).
83 S dazu auch den Erlass des BMJ v 28.12.2020, GZ 2020-0.829.596, der rechtlich nicht bindend war, aber eine Auslegungshilfe darstellte.
84 *Kalss/Hollaus*, GesRZ 2020, 84 (89).
85 *Kalss* in Doralt/Nowotny/Kalss, AktG[3] § 92 Rz 97.
86 *Rieder*, NZ 2020/39, 134 (141); *Kalss* (in Doralt/Nowotny/Kalss, AktG[3] § 92 Rz 97) sah eine „liberale Gestaltung".

nach den v der L entwickelten Regeln für qualifizierte Videokonferenzen abgehalten werden.[87]

Die Bestimmungen des COVID-19-GesG u der COVID-19-GesV für virtuelle Versammlungen sind mit 30.6.2023 außer Kraft getreten.[88] Es wurde jedoch vorgeschlagen, sie – allenfalls mit Modifikationen aufgrund der in der Praxis gemachten Erfahrungen – in Dauerrecht zu überführen.[89]

42b Mit dem **VirtGesG** hat der Gesetzgeber tatsächlich mit Wirkung vom 14.7.2023 eine Dauerregelung geschaffen, die sich aber auf die Durchführung virtueller Gesellschafterversammlungen beschränkt. Virtuelle Versammlungen v Organmitgliedern werden darin nicht geregelt, was in der Lit zT bedauert wird.[90] Die Zulässigkeit einer „qualifizierten Videokonferenz" nach den bisher anerkannten Regeln bleibt davon mE aber unberührt.[91]

43 Allerdings wird es Fälle geben, in denen dennoch der Vorsitzende **nach pflichtgemäßem Ermessen eine Präsenzsitzung einzuberufen** hat. Zu denken ist etwa an Anträge, über die eine geheime Abstimmung durchgeführt werden soll.[92] Es wird sich empfehlen, zumindest einmal jährlich eine Präsenzsitzung abzuhalten, dies insb für die Erörterung des JA.[93] Die Gegenmeinung gesteht zu, dass ein AR-Mitglied nicht willkürlich gegen die Abhaltung einer qualifizierten Videokonferenz Widerspruch erheben dürfe.[94]

2. Beschlussfähigkeit (Abs 5)

44 Der AR ist **beschlussfähig**, wenn an einer Sitzung **mind drei Mitglieder teilnehmen**. Zwischen Kapital- u AN-Vertretern wird dabei kein Untersch gemacht.[95] Für die Beschlussfähigkeit nicht erforderlich ist es,

---

87 *Adensamer/Breisch/Eckert*, GesRZ 2020, 99 (107); vgl auch *Zollner/Simonishvili*, GES 2020, 175 (177).
88 § 4 Abs 2 COVID-19-GesG.
89 Dies befürwortend *Kalss* in Doralt/Nowotny/Kalss, AktG³ § 92 Rz 97; vgl auch *Kalss/Hollaus*, GesRZ 2020, 84 (95), u *S. Bydlinski/Reich-Rohrwig*, ecolex 2021/42, 46 (46 f).
90 *Arnold*, GesRZ 2023, 133.
91 So auch *Ebner/Simonishvili*, GES 2023, 168 (169).
92 *Grundner/Neuböck*, RdW 2016/238, 316 (319).
93 *Grundner/Neuböck*, RdW 2016/238, 316 (319) plädieren für zumindest eine Präsenzsitzung des AR pro Halbjahr.
94 *Rauter* in Straube/Ratka/Rauter, GmbHG § 30g Rz 176.
95 *Koppensteiner/Rüffler*, GmbHG³ § 30g Rz 8.

dass der Vorsitzende oder ein Stellvertreter an der Sitzung teilnimmt.[96] Ist weder der Vorsitzende noch ein Stellvertreter anwesend, dann ist ein **ad-hoc-Sitzungsleiter** zu wählen (dazu Rz 34).

Der GesV kann ein **höheres Anwesenheitsquorum** festsetzen u die Beschlussfähigkeit auch v **weiteren Voraussetzungen** abhängig machen.[97] Häufig wird etwa die Anwesenheit des Vorsitzenden oder zumindest eines Stellvertreters verlangt. Ebenso wäre es zulässig, die Anwesenheit zumindest eines Kapital- u eines AN-Vertreters vorzuschreiben.[98] Derartige zusätzliche Anforderungen dürfen aber die Funktionsfähigkeit des AR nicht beeinträchtigen.[99] Demnach wird wohl die Anwesenheit bzw Vertretung sämtlicher AR-Mitglieder nicht vorgesehen werden können.[100]

Mitglieder des AR, die an einer Sitzung nicht teilnehmen können, haben die Möglichkeit, **ihre Stimme in schriftlicher, fernmündlicher oder einer anderen vergleichbaren Form abzugeben**, sofern der GesV oder der AR selbst dies zulässt (Abs 5 S 4). Diese Möglichkeit kann somit auch in der GO vorgesehen werden.[101] Einzelnen Mitgliedern des AR steht dagegen kein Widerspruchsrecht zu. Auch in diesem Fall liegt eine Beschlussfassung in einer Sitzung u keine sonstige Beschlussfassung iSv Abs 3 vor; die dort normierten Voraussetzungen (näher dazu Rz 74 ff) müssen daher nicht eingehalten werden. Wer seine Stimme schriftlich, fernmündlich oder in anderer vergleichbarer Form abgibt, wird nach hA nicht auf die Mindestzahl für das Erreichen des Präsenzquorums angerechnet.[102] Erfolgt die Zuschaltung über eine qualifizierte Videokonferenzverbindung, dann sollte allerdings eine Anrechnung möglich sein.[103]

---

96 *Reich-Rohrwig*, GmbHR I² Rz 4/243.
97 *Eckert/Schopper* in Torggler, GmbHG § 30 g Rz 22.
98 *Reich-Rohrwig*, GmbHR I² Rz 4/244; *Koppensteiner/Rüffler*, GmbHG³ § 30 g Rz 8.
99 *A. Heidinger* in Gruber/Harrer, GmbHG² § 30 g Rz 20; *Zollner* in Kalss/Kunz, HB AR² Kap 22 Rz 80; krit dazu *Rauter* in Straube/Ratka/Rauter, GmbHG § 30 g Rz 106 f.
100 So im Ergebnis auch *M. Auer* in FS Pfeil 615 (624).
101 *A. Heidinger* in Gruber/Harrer, GmbHG² § 30 g Rz 27; *Zollner* in Kalss/Kunz, HB AR² Kap 22 Rz 91.
102 *A. Heidinger* in Gruber/Harrer, GmbHG² § 30 g Rz 21; *Rauter* in Straube/Ratka/Rauter, GmbHG § 30 g Rz 102.
103 So auch *Kalss* in Doralt/Nowotny/Kalss, AktG³ § 92 Rz 124.

47 Ein **Beschluss**, der v AR trotz **fehlender Beschlussfähigkeit** gefasst wird, ist **nichtig u unwirksam**.[104] Allerdings können Beschlüsse in Sitzungen, die mangels ausreichender Teilnehmerzahl nicht als Sitzung beschlussfähig sind, in eine andere Form der Beschlussfassung (**kombinierte Beschlussfassung**; s Rz 36) **umgedeutet** werden, wenn weitere Mitglieder des AR zB über Telefon oder Videozuschaltung an der Beschlussfassung teilnehmen.[105] Auf diese Weise kann – wenn kein Mitglied gegen die Form der Beschlussfassung Widerspruch erhebt – ein gültiger Beschluss gem Abs 3 gefasst werden. Ist der AR über drei Monate beschlussunfähig, dh fehlen AR-Mitglieder in der zur Beschlussfähigkeit erforderlichen Zahl, dann greift die gerichtl Bestellungsbefugnis des § 30d ein (dazu § 30d Rz 1 ff).

3. Beschlussmehrheiten

48 Beschlüsse des AR werden grds mit **einfacher Mehrheit der abgegebenen Stimmen** gefasst. Die Abstimmung erfolgt **nach Köpfen**, sodass jeder Stimme das gleiche Gewicht zukommt (**Kopfstimmrecht**).[106] Eine Gewichtung der Stimmen (**Kapitalstimmrecht**) kann somit nicht festgelegt werden.[107] Dem Vorsitzenden kann jedoch ein **Dirimierungsrecht** eingeräumt werden (dazu Rz 29). In Ermangelung eines solchen gilt ein Antrag bei **Stimmengleichheit** als abgelehnt. **Stimmenthaltungen** werden nicht berücksichtigt.[108] In besonderen Konstellationen lässt der OGH auch zu, dass einem entsandten AR-Mitglied ein Vetorecht eingeräumt wird.[109]

---

104 *Reich-Rohrwig*, GmbHR I² Rz 4/247; *Rauter* in Straube/Ratka/Rauter, GmbHG § 30g Rz 105.
105 *A. Heidinger* in Gruber/Harrer, GmbHG² § 30g Rz 37; *Rauter* in Straube/Ratka/Rauter, GmbHG § 30g Rz 179.
106 *Koppensteiner/Rüffler*, GmbHG³ § 30g Rz 11; *Rauter* in Straube/Ratka/Rauter, GmbHG § 30g Rz 113.
107 *Eckert/Schopper* in Artmann/Karollus, AktG⁶ § 92 Rz 26; *Kalss* in Doralt/Nowotny/Kalss, AktG³ § 92 Rz 83.
108 *A. Heidinger* in Gruber/Harrer, GmbHG² § 30g Rz 26; *Rauter* in Straube/Ratka/Rauter, GmbHG § 30g Rz 126.
109 In OGH 18.2.2021, 6 Ob 155/20t, GesRZ 2021, 164 (*Leonhartsberger*) wird eine GesV-Bestimmung anerkannt, durch die einem v einem Minderheitsgesellschafter entsandten AR-Mitglied in Angelegenheiten der Geschäftsführung, die der Zustimmung des AR bedürfen, ein Vetorecht eingeräumt wird (Rz 92 f); dazu *I. Welser/Zivny*, RdW 2021/428, 542 (545). Auch *Leonhartsberger* (GesRZ 2021, 164 [172 f]) neigt dazu, eine solche Regelung im kon-

Bei der Wahl oder Abwahl des Vorsitzenden u des ersten Stellvertreters gilt das Erfordernis der „doppelten Mehrheit" (dazu Rz 12 f). Der GesV kann für einzelne Gegenstände **qualifizierte Mehrheiten** vorsehen. Dadurch darf allerdings die Funktionsfähigkeit des AR nicht beeinträchtigt werden.[110]

4. Abstimmungsmodus

Der **Abstimmungsmodus** kann in der GO geregelt werden. Andernfalls wird er v Vorsitzenden festgelegt; der AR kann jedoch einen abw Beschluss fassen.[111]

Eine **geheime Abstimmung** kann im Einzelfall zweckmäßig sein, wenn dies zu einem unbeeinflussten Stimmverhalten beiträgt.[112] Im Hinblick auf die Verantwortung der AR-Mitglieder für ihr Abstimmungsverhalten ist aber auf geeignete Weise dafür zu sorgen, dass das **individuelle Stimmverhalten im Nachhinein festgestellt** werden kann.[113] Eine „echte" geheime Abstimmung wäre hingegen nur zulässig, wenn eine Verantwortlichkeit der einzelnen Mitglieder im Hinblick auf den Inhalt des Beschlusses nicht in Betracht kommt.[114]

In der Regel ist über jeden Antrag gesondert abzustimmen. Falls sich mehrere Beschlussgegenstände zu einer gemeinsamen Abstimmung eignen, kann der Vorsitzende im Interesse der Vereinfachung u Beschleunigung jedoch eine **Blockabstimmung** anordnen. Allerdings kann dies die Qualität der Entscheidungsfindung beeinträchtigen. Von einer Blockabstimmung ist daher abzusehen, wenn auch nur ein Mitglied des AR diesem Abstimmungsmodus widerspricht.[115]

---

kreten (Sonder-)Fall für sachlich gerechtfertigt anzusehen. Gegen die Zulässigkeit der Einräumung v Vetorechten an AR-Mitglieder *Rauter* in Straube/Ratka/Rauter, GmbHG § 30 g Rz 111; krit auch *Eckert/Schopper/Walch* in Eckert/Schopper, AktG-ON § 92 Rz 26 u *M. Auer* in FS Pfeil 615 (624 f).

110 *Reich-Rohrwig*, GmbHR I² Rz 4/249; *Eckert/Schopper* in Torggler, GmbHG § 30 g Rz 23.
111 *A. Heidinger* in Gruber/Harrer, GmbHG² § 30 g Rz 24; *Rauter* in Straube/Ratka/Rauter, GmbHG § 30 g Rz 119.
112 *A. Heidinger* in Gruber/Harrer, GmbHG² § 30 g Rz 24; *Rauter* in Straube/Ratka/Rauter, GmbHG § 30 g Rz 95.
113 *Koppensteiner/Rüffler*, GmbHG³ § 30 g Rz 10; *A. Heidinger* in Gruber/Harrer, GmbHG² § 30 g Rz 24.
114 *Koppensteiner/Rüffler*, GmbHG³ § 30 g Rz 10.
115 *Kalss/Zollner*, GesRZ 2005, 66 (68 ff); *A. Heidinger* in Gruber/Harrer, GmbHG² § 30 g Rz 25; *Rauter* in Straube/Ratka/Rauter, GmbHG § 30 g Rz 96.

5. Verhandlungsort, Verhandlungssprache

53 Zum **Verhandlungsort** s § 30i Rz 13.

54 Die **Verhandlungssprache** kann im GesV oder in der GO festgelegt werden. In Ermangelung einer solchen Regelung hat der AR sie zu bestimmen. Auch wenn die Beratungen des AR idR in dt Sprache geführt werden, kann es bei int tätigen Unternehmen, wenn einzelne Mitglieder des AR nicht hinreichend Deutsch verstehen, zweckmäßig sein, eine andere Sprache zu wählen. In jedem Fall ist aber darauf zu achten, dass **alle AR-Mitglieder den Beratungen folgen u sich** auch selbst **an diesen beteiligen** können. Dies ist, falls erforderlich, durch **Beiziehung eines Dolmetschers** sicherzustellen. Für schriftliche Unterlagen, die Grundlage der Beschlüsse des AR sind, sollen jenen Mitgliedern, die die betr Sprache nicht ausreichend beherrschen, **Übersetzungen** zur Verfügung gestellt werden.[116]

6. Weisungsfreiheit

55 Die Mitglieder des AR sind bei Ausübung ihres Stimmrechts grds **weisungsfrei** (vgl auch § 30j Rz 98). Dies wird mit ihrer **persönlichen Verantwortung** (§ 33) begründet.[117] Es gilt auch dann, wenn sie v einem Gesellschafter oder v Belegschaftsorganen entsandt wurden.[118]

56 Nach einem Teil der L kann allerdings bei einer **Entsendung** (§ 30c) schuldrechtlich auch eine **Pflicht des entsandten Mitglieds** begründet werden, eine **Weisung des entsendenden Gesellschafters zu befolgen** (vgl dazu § 30c Rz 4 f).[119] Auch das entsandte Mitglied darf aber jedenfalls **nicht gegen die Interessen der Gesellschaft** handeln u seine **Sorgfaltspflichten nicht verletzen**. Eine Bindung an Weisungen durch den entsendenden Gesellschafter kommt wohl, wenn überhaupt, nur für E **im unternehmerischen Ermessensbereich** in Betracht.[120]

---

116 *Reich-Rohrwig*, GmbHR I² Rz 4/240; *Rauter* in Straube/Ratka/Rauter, GmbHG § 30g Rz 98.
117 *Wünsch*, GmbHG § 30g Rz 60; *A. Heidinger* in Gruber/Harrer, GmbHG² § 30g Rz 28.
118 *Reich-Rohrwig*, GmbHR I² Rz 4/254; *Rauter* in Straube/Ratka/Rauter, GmbHG § 30g Rz 117.
119 So etwa *Kalss* in Kalss/Kunz, HB AR² Kap 3 Rz 30 ff.
120 *Rauter* in Straube/Ratka/Rauter, GmbHG § 30g Rz 118, vgl auch § 30c Rz 4 u § 30j Rz 98.

7. Stimmverbot

Das Gesetz regelt nicht ausdrücklich, wann ein AR-Mitglied v **Stimm-** 57
recht ausgeschlossen ist. In **Analogie zu § 39 Abs 4** (vgl § 39 Rz 58 ff)
wird dies jedenfalls dann zu bejahen sein, wenn über ein Rechtsgeschäft
mit dem betroffenen Mitglied abzustimmen ist oder über die Einl oder
Beendigung eines Rechtsstreits zw der Gesellschaft u dem AR-Mitglied
entschieden werden soll.[121] Dies gilt auch für die AN-Vertreter, wobei
jedoch bei Beschlussfassungen über Lohn- u Gehaltsansprüche, die die
gesamte Belegschaft betreffen, kein Stimmverbot besteht.[122] **Stimmen,
die trotz eines Stimmverbots abgegeben werden, sind v Vorsitzenden
nicht zu berücksichtigen.**[123]

Nach einem **Teil der L** sollen Mitglieder des AR darüber hinaus **bei** 58
einer Interessenkollision ganz allg v Stimmrecht ausgeschlossen
sein.[124] Dagegen wird eingewendet, dass es für ein so weitgehendes
Stimmverbot an einer gesetzl Grundlage fehle; überdies sprechen
Gründe der Rechtssicherheit dagegen.[125]

In jedem Fall wird v einem Mitglied des AR, das sich in einem **Inter-** 59
essenkonflikt befindet, zu erwarten sein, dass es diesen **offenlegt** u sich
idR **v selbst nicht an der Abstimmung beteiligt**.[126] Letztlich wird es
Aufgabe des Vorsitzenden sein, dem betroffenen Mitglied eine Empfehlung für sein Abstimmungsverhalten zu geben.[127]

Auch bei Vorliegen eines Interessenkonflikts ist allerdings das **be-** 60
**troffene Mitglied des AR idR nicht v der Teilnahme an der Sitzung
ausgeschlossen**. Dies wird nur in besonders schwerwiegenden Fällen
anzunehmen sein (dazu auch § 30h Rz 3).[128]

---

121 *Frotz/Schörghofer* in Kalss/Kunz, HB AR² Kap 25 Rz 37; *Wünsch*, GmbHG § 30g Rz 59.
122 *Reich-Rohrwig*, GmbHR I² Rz 4/250; *A. Heidinger* in Gruber/Harrer, GmbHG² § 30g Rz 29.
123 *Rauter* in Straube/Ratka/Rauter, GmbHG § 30g Rz 130.
124 So etwa *Reich-Rohrwig*, GmbHR I² Rz 4/250; *A. Heidinger* in Gruber/Harrer, GmbHG² § 30g Rz 29.
125 *Koppensteiner/Rüffler*, GmbHG³ § 30g Rz 11; *Frotz/Schörghofer* in Kalss/Kunz, HB AR² Kap 25 Rz 35 f; vgl zum Meinungsstand auch *Rauter* in Straube/Ratka/Rauter, GmbHG § 30g Rz 128.
126 *A. Heidinger* in Gruber/Harrer, GmbHG² § 30g Rz 29; *Frotz/Schörghofer* in Kalss/Kunz, HB AR² Kap 25 Rz 38.
127 *Rauter* in Straube/Ratka/Rauter, GmbHG § 30g Rz 130.
128 *Rauter* in Straube/Ratka/Rauter, GmbHG § 30g Rz 131.

8. Feststellung des Ergebnisses, Vollziehung der Beschlüsse

61 Der Sitzungsleiter ist nicht verpflichtet, die **Beschlussergebnisse** förmlich festzustellen.[129] Sie sind allerdings **in der Niederschrift festzuhalten**. Eine Feststellung der Beschlussfassung durch den Sitzungsleiter wirkt nicht konstitutiv. Auch eine unzutreffende Beurkundung entfaltet keine Wirkung.[130]

62 Im Anschluss an die Sitzung hat der Vorsitzende für die **Durchführung der gefassten Beschlüsse** zu sorgen.[131]

9. Vertreter und Stimmboten

63 Zur Vertretung v Mitgliedern des AR s § 30j Rz 99 ff. Zur Heranziehung v Stimmboten s § 30h Rz 25 ff.

C. Niederschrift (Abs 2)

1. Zweck und Rechtswirkungen

64 Die Niederschrift dient ausschließlich **Beweiszwecken**. Sie ist **keine Voraussetzung für die Wirksamkeit** der v AR gefassten Beschlüsse.[132]

2. Nötiger Inhalt

65 In das Protokoll ist **alles aufzunehmen**, was **für Zustandekommen, Inhalt u Wirksamkeit der** über die Punkte der Tagesordnung gefassten **Beschlüsse relevant** ist.[133] Die Niederschrift hat daher neben Ort u Zeit der Sitzung, der Tagesordnung, den Teilnehmern (einschließlich Zu- u Abgängen während der Sitzung) u der Beschlussfähigkeit insb den wesentlichen Inhalt der Beratungen, den Inhalt der Beschlüsse sowie die Abstimmungsergebnisse, einschließlich des Stimmverhaltens

---

[129] *Rauter* in Straube/Ratka/Rauter, GmbHG § 30g Rz 132.
[130] *Reich-Rohrwig*, GmbHR I² Rz 4/259.
[131] *Wünsch*, GmbHG § 30g Rz 19; *Endl/Zumbo* in FS Ch. Nowotny 285 (301 f).
[132] *Reich-Rohrwig*, GmbHR I² Rz 4/256; *A. Heidinger* in Gruber/Harrer, GmbHG² § 30g Rz 30.
[133] *Reich-Rohrwig*, GmbHR I² Rz 4/258; *Eckert/Schopper* in Torggler, GmbHG § 30g Rz 9.

der einzelnen Mitglieder (außer bei geheimen Abstimmungen), zu enthalten.[134]

Nicht erforderlich ist die Anfertigung eines **Wortlautprotokolls**. 66
Allerdings empfiehlt es sich va bei kontroversiellen Themen, die Diskussion im Detail wiederzugeben. Auf Verlangen v AR-Mitgliedern sind ihre Äußerungen wörtlich in das Protokoll aufzunehmen.[135] Dies kann dem Schutz vor einer möglichen Haftung dienen.[136]

Jedenfalls festzuhalten sind **Beschlussanträge**, auch wenn sie abgelehnt werden, sowie **Widersprüche** v Mitgliedern des AR gegen das Prozedere.[137] 67

3. Zuständigkeit und Verfahren

Die **Verantwortung für die Anfertigung der Niederschriften** trifft den 68
Vorsitzenden des AR bzw den **Sitzungsleiter**. Der Vorsitzende muss das Protokoll jedoch nicht selbst verfassen, sondern kann die Aufgabe auch einem anderen Mitglied des AR übertragen.[138] Darüber hinaus kann er auch einen **externen Protokollführer** beiziehen, sofern kein Mitglied des AR Widerspruch erhebt.[139] Im Einzelfall kann es sich auch als zweckmäßig erweisen, die Sitzung auf Tonband aufzuzeichnen, wodurch die Niederschrift jedoch nicht ersetzt wird. Die **Tonbandaufnahme** dient der Unterstützung der Protokollerstellung u ist nach hM zulässig, wenn kein Teilnehmer der Sitzung Widerspruch erhebt.[140] Nach abw A ist der Widerspruch eines AR-Mitglieds nur dann beachtlich, wenn ein Eingriff in seine Persönlichkeitsrechte anzunehmen ist; ein Widerspruch darf nicht willkürlich erhoben werden. Eine Regelung in der GO empfiehlt sich.[141] Die datenschutzrechtliche Zulässigkeit der

---

134 *A. Heidinger* in Gruber/Harrer, GmbHG² § 30g Rz 30; *Rauter* in Straube/Ratka/Rauter, GmbHG § 30g Rz 139.
135 *Rauter* in Straube/Ratka/Rauter, GmbHG § 30g Rz 140; *Eckert/Schopper* in Torggler, GmbHG § 30g Rz 9.
136 So *Schima/Knotzer*, AR aktuell 2022, 166 (168 f), außer in Fällen v Rechtsmissbrauch.
137 *Reich-Rohrwig*, GmbHR I² Rz 4/259; *Koppensteiner/Rüffler*, GmbHG³ § 30g Rz 13.
138 *A. Heidinger* in Gruber/Harrer, GmbHG² § 30g Rz 30.
139 *Rauter* in Straube/Ratka/Rauter, GmbHG § 30g Rz 133.
140 *Rauter* in Straube/Ratka/Rauter, GmbHG § 30g Rz 133; *Eiselsberg/Bräuer* in Kalss/Kunz, HB AR² Kap 24 Rz 109.
141 Näher dazu *Schima/Knotzer*, AR aktuell 2022, 208 (210 ff, 216 f).

Tonbandaufnahme ist im Einzelfall anhand v Art 6 DSGVO zu prüfen.[142]

69 Die **Niederschrift** ist v Sitzungsleiter zu unterfertigen.[143] Es bestehen keine darüber hinausgehenden Formvorschriften.[144] Analog zu den Regeln über die Verhandlungssprache (Rz 54) kann es auch geboten sein, das Protokoll in einer Fremdsprache zu errichten oder übersetzen zu lassen.[145]

70 Häufig wird das Protokoll in der nächsten Sitzung des AR formell genehmigt. Eine solche **Genehmigung** ist zwar nicht erforderlich, erhöht aber die **Beweiskraft der Niederschrift**.[146] Jedenfalls ist jedes Mitglied des AR berechtigt, eine **Protokollberichtigung** zu beantragen.[147]

4. Abschriften

71 Jedes Mitglied des AR hat **Anspruch auf Einsicht in Protokolle** u darüber hinaus – nach zutr hM – **auch auf eine Abschrift** derselben.[148] Eine Ausnahme v diesem Recht besteht nur dann, wenn u soweit ein Mitglied des AR zulässigerweise v der Teilnahme an einer Sitzung ausgeschlossen wurde (dazu § 30h Rz 3). Auch in diesem Fall sind ihm aber die **gefassten Beschlüsse** mitzuteilen.[149] Zur Weitergabe v Protokollen durch gem § 30c entsandte AR-Mitglieder an den Entsendungsberechtigten s § 30c Rz 6.

72 Dies gilt jedenfalls für die Protokolle aller Sitzungen, die in die Funktionsperiode des AR-Mitglieds fallen. Ein Anspruch auf Abschriften v **Protokollen aus früheren Perioden** besteht nur dann, wenn der Inhalt für die aktuelle Tätigkeit des AR relevant ist.[150]

---

142 Dazu *Schima/Knotzer*, AR aktuell 2022, 208 (213 ff, 217).
143 *Reich-Rohrwig*, GmbHR I² Rz 4/257; *Koppensteiner/Rüffler*, GmbHG³ § 30g Rz 13.
144 *Rauter* in Straube/Ratka/Rauter, GmbHG § 30g Rz 137.
145 *Rauter* in Straube/Ratka/Rauter, GmbHG § 30g Rz 137.
146 *A. Heidinger* in Gruber/Harrer, GmbHG² § 30g Rz 31.
147 *Eckert/Schopper* in Torggler, GmbHG § 30g Rz 11; *Rauter* in Straube/Ratka/Rauter, GmbHG § 30g Rz 148.
148 *Simonishvili/Pendl*, GES 2014, 109 (114 f); *Rauter* in Straube/Ratka/Rauter, GmbHG § 30g Rz 142.
149 *Reich-Rohrwig*, GmbHR I² Rz 4/261; *A. Heidinger* in Gruber/Harrer, GmbHG² § 30g Rz 31.
150 *Simonishvili/Pendl*, GES 2014, 109 (113 ff); nach *Eckert/Schopper* in Torggler, GmbHG § 30g Rz 10, besteht bloß ein Einsichtsrecht.

Der Vorsitzende hat die Protokolle zur Information u Aufbewahrung auch **den GF zur Verfügung zu stellen**.[151] Zur Einsicht in AR-Protokolle durch Gesellschafter s § 22 Rz 45. 73

D. Beschlüsse außerhalb einer Sitzung (Abs 3)

1. Bestimmung des Modus

Beschlüsse des AR können grds auch außerhalb einer Sitzung gefasst werden. In Betracht kommen **schriftliche, fernmündliche oder andere vergleichbare Formen der Beschlussfassung**. Darunter sind **Beschlussfassungen im Wege v elektronischen Medien** zu verstehen, wie etwa E-Mail oder Telefon- bzw Videokonferenzen (s Rz 82 f).[152] 74

Die E über den Modus der Beschlussfassung trifft der **Vorsitzende** nach pflichtgemäßem Ermessen. Er hat einerseits die Dringlichkeit der Beschlussfassung zu berücksichtigen, va aber auch die erforderliche Beratungsintensität.[153] Die Beschlussfassung außerhalb einer Sitzung hat jedoch zu unterbleiben, wenn auch nur ein AR-Mitglied widerspricht.[154] Das **Widerspruchsrecht** ist zwingendes Recht u kann weder durch GesV noch durch GO ausgeschlossen werden.[155] Ein Widerspruch bedarf auch keiner Begr; allerdings können willkürliche Widersprüche einen Verstoß gegen die Treuepflicht darstellen u das AR-Mitglied haftbar machen.[156] Der Widerspruch ist ausdrücklich zu erheben, bedarf je- 75

---

151 *Rauter* in Straube/Ratka/Rauter, GmbHG § 30g Rz 147 (außer bei berechtigten Geheimhaltungsinteressen); ebenso *A. Heidinger* in Gruber/Harrer, GmbHG² § 30g Rz 31.
152 *Koppensteiner/Rüffler*, GmbHG³ § 30g Rz 15; *A. Heidinger* in Gruber/Harrer, GmbHG² § 30g Rz 32.
153 *Zollner* in Kalss/Kunz, HB AR² Kap 22 Rz 87.
154 Nach der hier vertretenen A gilt dies nicht für „qualifizierte Videokonferenzen", da sie einer Sitzung gleichzuhalten sind (Rz 42; str; wie hier etwa *Kalss/Hollaus*, GesRZ 2020, 84 [85] mwN).
155 Kein Widerspruchsrecht bestand gegen die Durchführung einer virtuellen Versammlung gem § 2 COVID-19-GesV, in deren Anwendungsbereich (*Rauter* in Straube/Ratka/Rauter, GmbHG § 30g Rz 152 u 177; *Adensamer/Breisch/Eckert*, GesRZ 2020, 99 [107]). Dies galt aber nicht für sonstige Arten der Beschlussfassung als virtuelle Versammlungen (*Rieder*, NZ 2020/39, 134 [136]).
156 *Rauter* in Straube/Ratka/Rauter, GmbHG § 30g Rz 154; *Eckert/Schopper* in Torggler, GmbHG § 30g Rz 13.

doch keiner bestimmten Form.[157] Bloße Nichtäußerung ist nicht als Widerspruch zu werten.

76 Nach hM kann eine **angemessene Frist** bestimmt werden, innerhalb derer das Widerspruchsrecht ausgeübt werden soll.[158] Eine solche Höchstfrist kann im GesV oder in der GO vorgesehen werden. In Ermangelung einer derartigen Regelung kann sie auch v Vorsitzenden bestimmt werden.[159]

2. Umlaufbeschlüsse

77 Insbesondere bei Beschlüssen im schriftlichen Weg (**Umlaufbeschlüssen**) wird die Form der Beschlussfassung nur zulässig sein, wenn über den Antrag keine Diskussion oder Beratung erforderlich ist.[160] Jedes Mitglied des AR ist gehalten, gegen eine Beschlussfassung Widerspruch zu erheben, wenn es einen Gedankenaustausch für nötig hält. In solchen Fällen ist eine Präsenzsitzung, allenfalls auch eine Telefon- oder Videokonferenz, besser geeignet.

78 Ein Umlaufbeschluss kann allerdings gefasst werden, wenn der **Gegenstand der Beschlussfassung** bereits **in einer Sitzung ausreichend erörtert** wurde u in dieser Sitzung bloß noch keine Abstimmung möglich war, weil zB Details zum SV noch erhoben werden mussten.

79 Strittig ist, ob der **Bericht des AR an die GV** (§ 30k) im schriftlichen Weg beschlossen werden darf. Dagegen spricht die Verpflichtung, den Sitzungen, die sich mit der Prüfung des JA, des Vorschlags für die Gewinnverteilung u des Lageberichts beschäftigen, den Abschlussprüfer zuzuziehen (§ 30h Abs 1 S 3). Im Regelfall wird daher zu diesem Zweck eine Sitzung einzuberufen sein.[161] Allenfalls wird sich der Zweck der Bestimmung aber auch im Zuge einer Telefon- oder Videokonferenz erfüllen lassen. Nach einem Teil der L, dem wohl zu folgen ist, kann ein Umlaufbeschluss jedoch dann gefasst werden, wenn die Mitglieder des AR vor der Beschlussfassung Gelegenheit hatten, ihre Fragen mit dem Ab-

---

157 *A. Heidinger* in Gruber/Harrer, GmbHG² § 30g Rz 33.
158 *Wünsch*, GmbHG § 30g Rz 46; *A. Heidinger* in Gruber/Harrer, GmbHG² § 30g Rz 33.
159 *Koppensteiner/Rüffler*, GmbHG³ § 30g Rz 16; *Rauter* in Straube/Ratka/Rauter, GmbHG § 30g Rz 152.
160 *Rauter* in Straube/Ratka/Rauter, GmbHG § 30g Rz 159.
161 *Koppensteiner/Rüffler*, GmbHG³ § 30g Rz 15; *A. Heidinger* in Gruber/Harrer, GmbHG² § 30g Rz 34.

schlussprüfer umfassend zu erörtern, u sich kein zusätzlicher Aufklärungsbedarf ergeben hat.[162]

Der Vorsitzende hat die Mitglieder des AR v der **geplanten Beschlussfassung im Umlaufweg** zu verständigen u ihnen die für die Meinungsbildung notwendigen **Unterlagen** zu übermitteln. Die Verständigung hat zeitgerecht zu erfolgen, um jedem Mitglied des AR die Mitwirkung an der Beschlussfassung zu ermöglichen.[163] Jedem Mitglied muss der **Beschlussantrag tatsächlich zugegangen** sein.[164] Für die **Rücksendung** der Beschlusstexte kann eine **angemessene Frist** vorgegeben werden.[165] Auf die **Vertraulichkeit** des Abstimmungsvorgangs ist zu achten.

Bei schriftlichen Abstimmungen ist es üblich u zweckmäßig, die Mitglieder des AR zum Einen zu fragen, ob sie mit dem Abstimmungsmodus einverstanden sind, u zum Anderen, ob sie dem Beschlussantrag zustimmen.[166] Für die Stimmabgabe ist die **Schriftform** vorgesehen, dh die Mitglieder des AR haben ihre Unterschrift abzugeben (§ 886 ABGB).[167] Eine sichere elektronische Signatur ist ebenso ausreichend wie ein Telefax oder eine PDF-Datei mit Unterschrift.[168]

3. Telefon- und Videokonferenzen

Durch das GesRÄG 2005 wurde die grds **Zulässigkeit v Beschlussfassungen im elektronischen Weg** klargestellt.[169] Die **Anordnung einer Telefon- oder Videokonferenz** obliegt wiederum dem **Vorsitzenden**, wobei den einzelnen Mitgliedern ein **Widerspruchsrecht** zusteht. Auch hier wird der Vorsitzende sorgfältig zu erwägen haben, ob die Form

---

162 *Kalss* in Doralt/Nowotny/Kalss, AktG³ § 92 Rz 103, § 96 Rz 59; vgl auch *Rauter* in Straube/Ratka/Rauter, GmbHG § 30g Rz 160.
163 *A. Heidinger* in Gruber/Harrer, GmbHG² § 30g Rz 34; *Rauter* in Straube/Ratka/Rauter, GmbHG § 30g Rz 164.
164 OGH 25.5.2016, 2 Ob 35/16k, GesRZ 2016, 340 (*Kalss*); *Kalss* in Doralt/Nowotny/Kalss, AktG³ § 92 Rz 98.
165 *Wünsch*, GmbHG § 30g Rz 46f; *Rauter* in Straube/Ratka/Rauter, GmbHG § 30g Rz 166.
166 *A. Heidinger* in Gruber/Harrer, GmbHG² § 30g Rz 36; *Straube*, GES 2007, 426.
167 *Wünsch*, GmbHG § 30g Rz 49.
168 *Koppensteiner/Rüffler*, GmbHG³ § 30g Rz 17; vgl auch *Rauter* in Straube/Ratka/Rauter, GmbHG § 30g Rz 150.
169 *Straube*, GES 2007, 426 (428).

einer Telefon- oder Videokonferenz den zu fassenden Beschlüssen angemessen ist.[170] In jedem Fall ist auf die **Sicherheit u Vertraulichkeit der Beratungen** zu achten.[171] Der Einsatz moderner Kommunikationsmittel kann va dann geboten sein, wenn eine rasche E zu treffen ist.[172]

83 Grundsätzlich kann der AR somit Beschlüsse auch bei Telefon- oder Videokonferenzen fassen; eine solche ist jedoch (außer im Fall einer „qualifizierten Videokonferenz") nicht als Präsenzsitzung zu werten. Sie fällt vielmehr unter Abs 3 u unterliegt dessen besonderen Zulässigkeitsvoraussetzungen. Dies bedeutet insb:

- jedem AR-Mitglied steht das Widerspruchsrecht gem Abs 3 zu (dazu Rz 75);
- für das Präsenzquorum kommt es auf die Zahl der Teilnehmer an (s Rz 85);
- die Konferenz ist nicht auf die „Pflichtsitzungen" gem § 30i Abs 3 anzurechnen (dazu § 30i Rz 37).

Davon zu unterscheiden ist die Teilnahme v AR-Mitgliedern an einer Sitzung im elektronischen Weg, die die Sitzung – wenn das Präsenzquorum erreicht ist – nicht zu einer Telefon- oder Videokonferenz macht. Allerdings muss dies durch GesV oder AR zugelassen werden (Abs 5 S 4; näher dazu Rz 46).

84 Zu den Voraussetzungen einer „**qualifizierten Videokonferenz**" s Rz 42.

4. Beschlussfähigkeit

85 Bei einer Beschlussfassung im schriftlichen oder elektronischen Weg richtet sich die Beschlussfähigkeit nach der **Zahl der Mitglieder, die sich an der Abstimmung beteiligt** haben. Dabei kommt es nicht darauf an, ob sie für oder gegen den Antrag gestimmt oder sich der Stimme enthalten haben. Gezählt werden dürfen jedoch **nur formgerecht abgegebene Stimmen**.[173] Auch **verspätete Stimmabgaben** sind zu berücksichtigen, solange der Vorsitzende das Abstimmungsergebnis noch nicht festgestellt hat.[174]

---

170 Dazu *Straube*, GES 2007, 426 (427).
171 *A. Heidinger* in Gruber/Harrer, GmbHG² § 30g Rz 34.
172 *Rauter* in Straube/Ratka/Rauter, GmbHG § 30g Rz 162.
173 *Reich-Rohrwig*, GmbHR I² Rz 4/253; *Koppensteiner/Rüffler*, GmbHG³ § 30g Rz 18.
174 *Wünsch*, GmbHG § 30g Rz 47.

5. Vertretung

Bei einer Beschlussfassung im schriftlichen Weg kann sich ein AR-Mitglied **nicht vertreten** lassen.[175] Gleiches wird für Beschlussfassungen im elektronischen Weg gelten, jedenfalls soweit sie nicht als Sitzung zu qualifizieren sind (s Rz 41).

86

6. Niederschrift der Ergebnisse

Nach Beendigung des Abstimmungsvorgangs hat der Vorsitzende die **eingelangten Stimmen auszuzählen** u das **Abstimmungsergebnis festzustellen**. Für das **Mehrheitserfordernis** gilt das Gleiche wie bei einer Abstimmung in einer Sitzung (s Rz 48).[176] Stimmabgaben, die keine klare M erkennen lassen, sind als **Stimmenthaltungen** zu werten. Die **Beifügung einer Bedingung** stellt idR eine **Gegenstimme** dar.[177]

87

Der Vorsitzende hat sodann das Abstimmungsergebnis u den gefassten Beschluss **in einer Niederschrift festzuhalten**.[178] Die Niederschrift ist allen Mitgliedern des AR u den GF zu übermitteln.[179]

88

E. Fehlerhafte Beschlüsse

1. Unterscheidung zwischen Nichtigkeit und Anfechtbarkeit?

Die Fehlerhaftigkeit v Beschlüssen des AR ist im Gesetz nicht geregelt. Nach der **Rsp** ist bloß **zw gültigen (wirksamen) u ungültigen (nichtigen) Beschlüssen** zu unterscheiden. Eine analoge Anwendung der §§ 41 ff, die eine Anfechtung v AR-Beschlüssen ermöglichen würde, wird **abgelehnt**.[180]

89

Unter dem Einfluss der dt L u Rsp werden hingegen in der Lit zT abw M vertreten. Einerseits wird **zw nichtigen (unwirksamen), anfechtbaren**

90

---

175 *Reich-Rohrwig*, GmbHR I[2] Rz 4/253; *Koppensteiner/Rüffler*, GmbHG[3] § 30g Rz 18.
176 OGH 25.5.2016, 2 Ob 35/16k, GesRZ 2016, 340 (*Kalss*); *Rauter* in Straube/Ratka/Rauter, GmbHG § 30g Rz 172.
177 *Koppensteiner/Rüffler*, GmbHG[3] § 30g Rz 18; *Rauter* in Straube/Ratka/Rauter, GmbHG § 30g Rz 173.
178 *A. Heidinger* in Gruber/Harrer, GmbHG[2] § 30g Rz 36; *Rauter* in Straube/Ratka/Rauter, GmbHG § 30g Rz 171.
179 *Reich-Rohrwig*, GmbHR I[2] Rz 4/253.
180 RIS-Justiz RS0059886; RS0049282; *Rauter* in Straube/Ratka/Rauter, GmbHG § 30g Rz 244.

u wirksamen Beschlüssen unterschieden (vgl zu dieser Unterscheidung auch § 41 Rz 10 ff).[181] **Andererseits wird bei minderschweren Verfahrensfehlern ein verwirkungsähnlicher Verlust des Rügerechts des AR-Mitglieds** angenommen, wenn der Verstoß nicht binnen angemessener Frist geltend gemacht wird.[182] Bei **Verletzung verzichtbarer Verfahrensregeln** soll ein Beschluss Bestandskraft erlangen können, wenn kein Mitglied die Fehlerhaftigkeit releviert.[183] In solchen Fällen wird aus Gründen des Verkehrsschutzes auch eine **zeitliche Beschränkung der Geltendmachung der Nichtigkeit** gefordert.[184] Zum Teil wird auch danach differenziert, ob der Beschlussinhalt bereits umgesetzt wurde.[185]

2. Nichtigkeitsgründe: Verfahrens- oder inhaltliche Mängel

91 Als **Nichtigkeitsgründe** kommen Verfahrensfehler oder inhaltliche Mängel in Betracht. Ein **inhaltlicher Mangel** liegt vor, wenn der Beschluss gegen zwingende Bestimmungen des Gesetzes oder des GesV verstößt u der Zweck der verletzten Vorschrift die Nichtigkeit erfordert.[186] Dies trifft insb auf Beschlüsse zu, die außerhalb der Kompetenz des AR liegen.[187] Unternehmerische E des AR eignen sich hingegen nicht zur Nachprüfung durch das Gericht. Dem AR steht in solchen Fällen ein breiter Ermessensspielraum zu. Die unternehmerische Zweckmäßigkeit seiner E ist nicht v Gericht zu kontrollieren.[188]

92 Bei der **Verletzung v Verfahrensvorschriften** ist zw **unverzichtbaren u verzichtbaren Verfahrensregeln sowie bloßen Ordnungsvorschriften** (dazu Rz 96) zu unterscheiden.[189] Nach der Jud ist ein Beschluss nichtig, wenn dem AR die Beschlussfähigkeit fehlte oder wenn Verfahrensvorschriften verletzt wurden, bei deren Einhaltung ein anderes Abstimmungsergebnis möglich gewesen wäre. Dies gilt va für die Fälle fehlerhafter Einberufung einer Sitzung des

---

181 *Koppensteiner/Rüffler*, GmbHG³ § 30g Rz 14; *A. Heidinger* in Gruber/Harrer, GmbHG² § 30g Rz 41.
182 *Reich-Rohrwig*, GmbHR I² Rz 4/269.
183 *Rauter* in Straube/Ratka/Rauter, GmbHG § 30g Rz 245, 257.
184 *Zollner* in Kalss/Kunz, HB AR² Kap 22 Rz 96.
185 So *Rauter* in Straube/Ratka/Rauter, GmbHG § 30g Rz 245/1.
186 *A. Heidinger* in Gruber/Harrer, GmbHG² § 30g Rz 42; *Zollner* in Kalss/Kunz, HB AR² Kap 22 Rz 95.
187 *Rauter* in Straube/Ratka/Rauter, GmbHG § 30g Rz 249.
188 *A. Heidinger* in Gruber/Harrer, GmbHG² § 30g Rz 43.
189 Zur Abgrenzung auch *Koppensteiner*, wbl 2022, 61 (66 f).

AR.[190] Fehlerhafte Einberufung liegt ua vor, wenn die Sitzung v einem Nichtberechtigten einberufen oder der Gegenstand der Beschlussfassung nicht angegeben wurde. Ebenso ist ein Beschluss nichtig, der außerhalb einer Sitzung gefasst wurde, obwohl ein Mitglied gegen die Form der Abstimmung Widerspruch erhoben hat.[191]

Bei **Verletzung verzichtbarer Verfahrensvorschriften** ist davon auszugehen, dass sie – wenn man nicht bloße Anfechtbarkeit annimmt – nur innerhalb angemessener Frist geltend gemacht werden können.[192] Auch wenn das österr Zivilrecht das Institut der Verwirkung nicht kennt, soll doch dem Erfordernis des Verkehrsschutzes Rechnung getragen werden.[193] Soweit es sich um verzichtbare Verfahrensvorschriften handelt, erscheint dies jedenfalls gerechtfertigt. Mängel der Einberufung einer Sitzung werden geheilt, wenn alle Mitglieder des AR an der Sitzung teilnehmen u mit der Beschlussfassung einverstanden sind.[194]

93

Als **verzichtbare Verfahrensvorschriften** werden zB die Nichteinhaltung einer Einberufungsfrist, die nicht rechtzeitige Ankündigung v Beschlussgegenständen oder die mangelhafte Übermittlung v Vorbereitungsunterlagen qualifiziert.[195]

94

Verfahrensfehler können auch in **Verstößen gegen die GO** liegen. Wurde die GO jedoch v AR selbst aufgestellt, dann steht ihm auch die Möglichkeit zu, im Einzelfall davon abzuweichen. Allerdings wird nicht jede Verletzung der GO zugleich als implizite Änderung derselben für den Einzelfall betrachtet werden können. Es wird wohl einer ausdrücklichen oder jedenfalls bewussten Änderung der GO bedürfen. Voraussetzung hierfür ist ferner, dass eine allenfalls für Änderungen der GO erforderliche qualifizierte Mehrheit eingehalten wird.[196]

95

---

190 RIS-Justiz RS0049282.
191 S weitere Bsp bei *Rauter* in Straube/Ratka/Rauter, GmbHG § 30g Rz 253 ff; *A. Heidinger* in Gruber/Harrer, GmbHG² § 30g Rz 40; *Reich-Rohrwig*, GmbHR I² Rz 4/265 ff.
192 *Kalss* in Doralt/Nowotny/Kalss, AktG³ § 92 Rz 119, 122: Bei relativ geringfügigen Mängeln sei v einer Frist v rund vier Wochen, bei schweren Mängel v drei bis zu sechs Monaten auszugehen. Vgl auch die Jahresfrist in § 7 VerG. S auch *Koppensteiner*, wbl 2022, 61 (67 f), zur Frage der Frist für eine Anfechtungsklage.
193 *Zollner* in Kalss/Kunz, HB AR² Kap 22 Rz 96.
194 *Rauter* in Straube/Ratka/Rauter, GmbHG § 30g Rz 257.
195 *Koppensteiner/Rüffler*, GmbHG³ § 30g Rz 14; *A. Heidinger* in Gruber/Harrer, GmbHG² § 30g Rz 40.
196 *Rauter* in Straube/Ratka/Rauter, GmbHG § 30g Rz 266; *Kalss* in Doralt/Nowotny/Kalss, AktG³ § 92 Rz 9 u 16.

3. Bloße Ordnungsvorschriften

96 Verstöße gegen **bloße Ordnungsvorschriften** lassen die Wirksamkeit des Beschlusses unberührt.[197] Darunter fallen etwa die Verletzung der Protokollierungspflicht, die unzulässige Teilnahme eines Dritten an einer Sitzung, die mangelnde Teilnahme des Abschlussprüfers entgegen § 30h Abs 1 sowie die Nichteinhaltung der Mindestsitzungsfrequenz nach § 30i Abs 3.[198] Allerdings kann nach dem Schutzzweck der verletzten Bestimmung eine Haftung für Schäden bestehen.

4. Anfechtungs- oder Feststellungsklage?

97 Nach der Rsp ist die Nichtigkeit eines Beschlusses stets mit **Feststellungsklage gem § 228 ZPO** geltend zu machen.[199] In der Klage kann auch die **Feststellung des richtigen Beschlussergebnisses** begehrt werden.[200] **Teile der L** plädieren hingegen dafür, bei Verstoß gegen verzichtbare Verfahrensregeln **analog zu § 41 eine Anfechtungsklage** zuzulassen.[201] Dies hätte den Vorteil einer raschen Klärung der Rechtslage.[202]

98 Um diesem Ziel Rechnung zu tragen, sollte **zumindest bei weniger gravierenden Verstößen** angenommen werden, dass auch eine **Feststellungsklage nur innerhalb angemessener Frist** erhoben werden kann (dazu Rz 93). Annähernd zum gleichen Ergebnis gelangt man, wenn man bei minderschweren Verfahrensfehlern einen verwirkungsähnlichen Verlust des Rügerechts annimmt, wenn kein AR-Mitglied den Verstoß umgehend geltend macht.[203]

99 Die Feststellungsklage ist **gegen die Gesellschaft** zu richten.[204] Nach der Rsp muss das erforderliche **Feststellungsinteresse** aus der konkre-

---

197 *A. Heidinger* in Gruber/Harrer, GmbHG² § 30g Rz 40; *Eckert/Schopper* in Torggler, GmbHG § 30g Rz 27.
198 Dazu *Rauter* in Straube/Ratka/Rauter, GmbHG § 30g Rz 260 ff mit weiteren Bsp.
199 OGH 29.8.1995, 5 Ob 554/94.
200 *Koppensteiner/Rüffler*, GmbHG³ § 30g Rz 14; zust *Rauter* in Straube/Ratka/Rauter, GmbHG § 30g Rz 247/1.
201 *Koppensteiner/Rüffler*, GmbHG³ § 30g Rz 14; *Koppensteiner*, wbl 2022, 1 (6 ff), 61 (64). Für Gesamtanalogie zu §§ 41 f mit beachtlichen Argumenten *Baumgartner*, JBl 2023, 561 (564 ff).
202 *Harrer*, wbl 1996, 13.
203 So *Reich-Rohrwig*, GmbHR I² Rz 4/269.
204 *Reich-Rohrwig*, GmbHR I² Rz 4/263; *A. Heidinger* in Gruber/Harrer, GmbHG² § 30g Rz 43.

ten Betroffenheit der Rechtslage des Klägers ableitbar sein. Ein allg Interesse eines AR-Mitglieds an fehlerfreien AR-Beschlüssen soll nicht ausreichen.[205] Diese A ist zu Recht auf Kritik gestoßen: Nach hM muss jedes Mitglied des AR zur Erhebung einer Feststellungsklage berechtigt sein, wenn ein Beschluss gegen Gesetz oder GesV verstößt u dies im Interesse der Gesellschaft nicht hingenommen werden kann.[206] Die A des OGH würde eine Feststellungsklage weitgehend unzulässig machen.[207] Es ist vielmehr davon auszugehen, dass **Mitglieder des AR** auch dann klageberechtigt sind, wenn ihre individuelle Rechtsstellung nicht konkret betroffen ist.[208] Auch **GF** kommt eine Klagslegitimation zu, die sich aus ihrer Organfunktion ergibt. Bei **Gesellschaftern** ist das rechtliche Interesse im Einzelfall zu prüfen.[209] Hingegen kommt **dritten Personen** grds keine Klagslegitimation zu.[210]

Fraglich ist, ob einem **Feststellungsurteil** eine über die Verfahrensparteien **hinauswirkende Rechtskraftwirkung** zukommen kann.[211]

100

IV. Ausschüsse (Abs 4)

A. Fakultative Ausschüsse

1. Kompetenz zur Einsetzung

Eine **gesetzl Verpflichtung** zur Einrichtung eines Ausschusses besteht nur **im Falle des Prüfungsausschusses**, wenn die Voraussetzungen des Abs 4a erfüllt sind. Die **Einrichtung weiterer Ausschüsse** ist **fakulta-**

101

---

205 OGH 29.8.1995, 5 Ob 554/94.
206 *A. Heidinger* in Gruber/Harrer, GmbHG² § 30 g Rz 43; *Rauter* in Straube/Ratka/Rauter, GmbHG § 30 g Rz 246.
207 *A. Heidinger* in Gruber/Harrer, GmbHG² § 30 g Rz 43.
208 Koppensteiner/Rüffler, GmbHG³ § 30 g Rz 14; *Baumgartner*, JBl 2023, 637 f.
209 *Rauter* in Straube/Ratka/Rauter, GmbHG § 30 g Rz 246.
210 *Rauter* in Straube/Ratka/Rauter, GmbHG § 30 g Rz 246. *Baumgartner*, JBl 2023, 637 (642) plädiert für Klagslegitimation v Dritten bei nichtigen Beschlüssen u Vorliegen eines rechtlichen Interesses. Näher zur Anfechtungsbefugnis allg auch *Koppensteiner*, wbl 2022, 61 (64 ff).
211 **Dagegen** OGH 29.8.1995, 5 Ob 554/94; vgl auch *Koppensteiner/Rüffler*, GmbHG³ § 30 g Rz 14; *Rauter* in Straube/Ratka/Rauter, GmbHG § 30 g Rz 246; *Diregger* in Doralt/Nowotny/Kalss, AktG² Vor § 195 Rz 42.

tiv.²¹² Allerdings kann den AR im Einzelfall eine Verpflichtung zur Bildung eines Ausschusses treffen, wenn dies etwa zur Effizienzsteigerung oder zur Behandlung besonders vertraulicher Themen geboten erscheint.²¹³

102 Die **Zuständigkeit zur Bildung eines Ausschusses** liegt beim **Gesamt-AR**. Dieser hat auch die Agenden festzulegen, die einem Ausschuss zugewiesen werden. Für die Beschlussfassung genügt die **einfache Mehrheit**.²¹⁴

2. Zahl und Bestellung der Mitglieder

a) Bei Aufsichtsrat ohne Arbeitnehmervertreter

103 Wenn dem AR keine AN-Vertreter angehören, hat ein Ausschuss aus **mind zwei Mitgliedern** zu bestehen,²¹⁵ die **aus dem Kreis der AR-Mitglieder** zu bestellen sind. Über die Größe des Ausschusses entscheidet das Plenum.²¹⁶ Auch die personelle Zusammensetzung wird mit Beschluss des Plenums bestimmt.²¹⁷ Dabei soll auf die Aufgaben des Ausschusses u die besonderen Fähigkeiten der Mitglieder Rücksicht genommen werden.²¹⁸ Jedes Mitglied des AR ist grds **zur Mitarbeit in Ausschüssen verpflichtet**. Es darf die Tätigkeit in einem Ausschuss nur aus sachlichen Gründen, insb wegen mangelnder Qualifikation oder Interessenkollision, allenfalls auch wegen unzureichenden Zeitbudgets, ablehnen.²¹⁹

---

212 S aber Rz 156 ff zu den Sonderbestimmungen für Kreditinstitute.
213 *Reich-Rohrwig*, GmbHR I² Rz 4/272; *Rauter* in Straube/Ratka/Rauter, GmbHG § 30g Rz 186; *A. Heidinger* in Gruber/Harrer, GmbHG² § 30g Rz 45.
214 *Schimka* in Kalss/Kunz, HB AR² Kap 29 Rz 12; *Rauter* in Straube/Ratka/Rauter, GmbHG § 30g Rz 185.
215 *Koppensteiner/Rüffler*, GmbHG³ § 30g Rz 21 unter Hinweis auf Abs 5; *A. Heidinger* in Gruber/Harrer, GmbHG² § 30g Rz 48.
216 *Wünsch*, GmbHG § 30g Rz 87.
217 *Rauter* in Straube/Ratka/Rauter, GmbHG § 30g Rz 225.
218 *Reich-Rohrwig*, GmbHR I² Rz 4/276; *A. Heidinger* in Gruber/Harrer, GmbHG² § 30g Rz 48.
219 *A. Heidinger* in Gruber/Harrer, GmbHG² § 30g Rz 50; *Rauter* in Straube/Ratka/Rauter, GmbHG § 30g Rz 225/1.

b) Bei Aufsichtsrat mit Arbeitnehmervertretern

Gehören dem AR **auch AN-Vertreter** an, dann sind diese berechtigt, in jeden Ausschuss Mitglieder nach dem **Grundsatz der Drittelparität** (§ 110 Abs 4 iVm § 110 Abs 1 ArbVG) zu entsenden. Für je zwei Kapitalvertreter hat dem Ausschuss somit ein AN-Vertreter anzugehören; bei einer ungeraden Zahl der Kapitalvertreter wird die Zahl der AN-Vertreter aufgerundet.[220] Ausgenommen hiervon ist bloß ein **Ausschuss, der die Beziehungen zw der Gesellschaft u den GF** betrifft. 104

Die Bestellung der AN-Vertreter zu Ausschussmitgliedern erfolgt durch die **Gesamtheit der AN-Vertreter im AR** aus ihrer Mitte mit einfacher Mehrheit (§ 32a AR-VO, BGBl 343/1974 idF BGBl 367/1987). Eine Verhältniswahl ist nicht vorgesehen.[221] 105

Nach hM werden auch in diesem Fall die **Kapitalvertreter** in den Ausschüssen **v Plenum des AR** – unter Einschluss der AN-Vertreter – **gewählt**.[222] Die besseren Argumente dürften jedoch für die **Gegenansicht** sprechen, wonach die **Kapitalvertreter allein befugt sind, ihre Ausschussmitglieder zu bestimmen**.[223] Dafür spricht, dass die AN-Vertreter im AR hinsichtlich ihres Stimmgewichts zwar mit den Kapitalvertretern gleich zu behandeln, aber nicht zu bevorzugen sind.[224] Eine spiegelbildliche Behandlung der AN- u der Kapitalvertreter erscheint daher angebracht. 106

3. Funktionsperiode

Ausschüsse können **ad hoc oder auf unbestimmte Zeit** eingerichtet werden. Die **Funktionsperiode der Mitglieder** richtet sich nach dem Bestellungsbeschluss, andernfalls nach der Funktionsperiode des AR.[225] 107

---

220 *Rauter* in Straube/Ratka/Rauter, GmbHG § 30g Rz 227, unter Hinweis darauf, dass § 30g Abs 4 S 2 insoweit durch § 110 Abs 4 ArbVG materiell derogiert wurde.
221 *Jabornegg* in Strasser/Jabornegg/Resch, Kommentar zum ArbVG, § 110 Rz 92.
222 *Reich-Rohrwig*, GmbHR I[2] Rz 4/281; *Rauter* in Straube/Ratka/Rauter, GmbHG § 30g Rz 229; *Schimka* in Kalss/Kunz, HB AR[2] Kap 29 Rz 31.
223 *Wünsch*, GmbHG § 30g Rz 83; *Koppensteiner/Rüffler*, GmbHG[3] § 30g Rz 21.
224 *A. Heidinger* in Gruber/Harrer, GmbHG[2] § 30g Rz 49.
225 *Schimka* in Kalss/Kunz, HB AR[2] Kap 29 Rz 34.

Mit dem Ausscheiden eines Mitglieds aus dem AR erlischt automatisch auch die Mitgliedschaft zum Ausschuss.[226]

108 Ausschussmitglieder können v Plenum des AR auch **jederzeit abberufen** werden. Ferner kann ein Mitglied des Ausschusses sein **Amt zurücklegen**, was im Hinblick auf seine Organpflichten jedoch eines sachlichen Grunds bedarf.[227]

4. Vorsitz

109 Gehört der **Vorsitzende des AR** dem Ausschuss an, dann führt er grds auch dort den Vorsitz.[228] Ein allfälliges Dirimierungsrecht steht ihm auch im Ausschuss zu.[229]

110 Gehört der Vorsitzende dem Ausschuss nicht an, dann hat das Plenum einen **Ausschussvorsitzenden** zu wählen.[230] Es kann dies jedoch auch dem Ausschuss selbst überlassen. Zum Vorsitzenden des Prüfungsausschusses s Rz 144 u Rz 149.

5. Beschlussfähigkeit (Abs 5)

111 Ein Ausschuss ist beschlussfähig, wenn an einer Sitzung **mind drei Mitglieder teilnehmen**, sofern nicht im GesV ein höheres Präsenzquorum vorgesehen ist. Besteht ein Ausschuss **nur aus zwei Mitgliedern**, dann ist die **Anwesenheit beider Mitglieder** erforderlich.

6. Mögliche Aufgaben

112 Durch die Einrichtung v Ausschüssen soll eine **Effizienzsteigerung** u **schnellere Aufgabenerledigung** bewirkt werden. Ausschüsse können häufiger zusammentreten u E zeitnäher treffen. Sie eignen sich auch für eine **verstärkte Diskussion**.[231] Allerdings darf es nicht dazu kommen,

---

226 *Schimka* in Kalss/Kunz, HB AR² Kap 29 Rz 35.
227 *Schimka* in Kalss/Kunz, HB AR² Kap 29 Rz 37.
228 *Reich-Rohrwig*, GmbHR I² Rz 4/282; *Koppensteiner/Rüffler*, GmbHG³ § 30g Rz 23; **aM** *Schimka* in Kalss/Kunz, HB AR² Kap 29 Rz 40.
229 *A. Heidinger* in Gruber/Harrer, GmbHG² § 30g Rz 51; *Rauter* in Straube/Ratka/Rauter, GmbHG § 30g Rz 237.
230 *Rauter* in Straube/Ratka/Rauter, GmbHG § 30g Rz 237 unter Hinweis auf die Organisationsverantwortung des AR; *Schimka* in Kalss/Kunz, HB AR² Kap 29 Rz 39 f.
231 *Rauter* in Straube/Ratka/Rauter, GmbHG § 30g Rz 184; *Schimka* in Kalss/Kunz, HB AR² Kap 29 Rz 3.

dass durch Auslagerung allzu vieler wichtiger Materien die Tätigkeit des Plenums inhaltsleer wird u die übrigen Mitglieder des AR v Informationen abgeschnitten sind.[232]

§ 30g Abs 4 sieht ausdrücklich vor, dass Ausschüsse zu dem Zweck bestellt werden können, um die **Verhandlungen u Beschlüsse des AR vorzubereiten** oder die **Ausführung seiner Beschlüsse zu überwachen**. Aus Abs 5 S 3 ergibt sich jedoch, dass einem Ausschuss auch **Aufgaben zur abschließenden Erledigung zugewiesen** werden können.[233]

Insbesondere kann der AR **folgende Aufgaben an einen Ausschuss delegieren**:

- E über zustimmungspflichtige Geschäfte u Maßnahmen (§ 30j Abs 5);
- Vertretung der Gesellschaft gem § 30l;
- Behandlung der Beziehungen zw der Gesellschaft u den GF;
- einzelne Überwachungstätigkeiten (nicht jedoch die Überwachung der GF insgesamt).[234]

Strittig ist, ob ein Ausschuss auch ermächtigt werden kann, **weitere zustimmungspflichtige Geschäfte** festzulegen.[235]

7. Aufgaben, die dem Plenum vorbehalten sind

Es besteht zwar keine Regel, alle wichtigen E dem Gesamt-AR vorzubehalten sind.[236] Dennoch ist unbestritten, dass **einige Grundlagen-**

---

232 *Schimka* in Kalss/Kunz, HB AR² Kap 29 Rz 4; *Rauter* in Straube/Ratka/Rauter, GmbHG § 30g Rz 184.
233 *Reich-Rohrwig*, GmbHR I² Rz 4/290, 4/292; *Koppensteiner/Rüffler*, GmbHG³ § 30g Rz 22; *A. Heidinger* in Gruber/Harrer, GmbHG² § 30g Rz 46.
234 S zu den delegierbaren Aufgaben die Bsp bei *A. Heidinger* in Gruber/Harrer, GmbHG § 30g Rz 46; *Rauter* in Straube/Ratka/Rauter, GmbHG § 30g Rz 198 ff; *Schimka* in Kalss/Kunz, HB AR² Kap 29 Rz 62; *Reich-Rohrwig*, GmbHR I² Rz 4/293.
235 **Dafür** *Reich-Rohrwig*, GmbHR I² Rz 4/293; **dagegen** *Schimka* in Kalss/Kunz, HB AR² Kap 29 Rz 60; *Rauter* in Straube/Ratka/Rauter, GmbHG § 30g Rz 195.
236 *Reich-Rohrwig*, GmbHR I² Rz 4/292; *Koppensteiner/Rüffler*, GmbHG³ § 30g Rz 22.

entscheidungen nicht an Ausschüsse delegiert werden können. Auch solche E dürfen aber **in einem Ausschuss** vorbereitet werden.[237]

117 Insbesondere sind **folgenden Aufgaben dem Plenum des AR vorbehalten:**

- Einsetzung, Besetzung, Aufgabenzuteilung u Auflösung v Ausschüssen;
- generelle Überwachung der GF;
- Erlassung einer GO für den AR;
- Prüfung des JA etc u Berichterstattung an die GV;[238]
- Einberufung einer GV;
- Wahl u Abberufung des Vorsitzenden des AR u v Stellvertretern.[239]

8. Verhältnis zwischen Aufsichtsrat und Ausschüssen

118 Ausschüsse sind **kein eigenes Organ der Gesellschaft**, sondern werden als **Subeinheit in Unterordnung unter den Gesamt-AR** tätig. **Beschlüsse** der Ausschüsse sind **dem AR insgesamt zuzurechnen**.[240] Der AR kann Angelegenheiten, die er an einen Ausschuss delegiert hat, jederzeit wieder an sich ziehen. Er kann auch den Beschluss eines Ausschusses abändern oder aufheben, solange dieser Beschluss noch keine Rechtswirkungen nach sich gezogen hat.[241]

119 Das Plenum des AR ist auch verpflichtet, die **Tätigkeit der Ausschüsse zu überwachen**.[242] Zu diesem Zweck kann es v Ausschuss bzw seinem Vorsitzenden jederzeit **Informationen anfordern**.[243] Andererseits hat der Ausschussvorsitzende v sich aus regelmäßig über die Tätig-

---

237 *A. Heidinger* in Gruber/Harrer, GmbHG² § 30g Rz 46.
238 S aber zur Rolle des Prüfungsausschusses Rz 152 f.
239 S dazu u zu weiteren Bsp *Reich-Rohrwig*, GmbHR I² Rz 4/291; *Koppensteiner/Rüffler*, GmbHG³ § 30g Rz 22; *A. Heidinger* in Gruber/Harrer, GmbHG² § 30g Rz 47; *Rauter* in Straube/Ratka/Rauter, GmbHG § 30g Rz 190 ff; *Schimka* in Kalss/Kunz, HB AR² Kap 29 Rz 60.
240 *Reich-Rohrwig*, GmbHR I² Rz 4/289; *A. Heidinger* in Gruber/Harrer, GmbHG² § 30g Rz 44; *Rauter* in Straube/Ratka/Rauter, GmbHG § 30g Rz 182.
241 *Reich-Rohrwig*, GmbHR I² Rz 4/289; *Rauter* in Straube/Ratka/Rauter, GmbHG § 30g Rz 241.
242 *Koppensteiner/Rüffler*, GmbHG³ § 30g Rz 25; *Rauter* in Straube/Ratka/Rauter, GmbHG § 30g Rz 239.
243 *Schimka* in Kalss/Kunz, HB AR² Kap 29 Rz 66.

keit des Ausschusses **an das Plenum zu berichten**.[244] Insb ist grds über die v einem Ausschuss gefassten Beschlüsse zu berichten. In jenen Fällen, in denen ein AR-Mitglied v der Teilnahme an einer Ausschusssitzung ausgeschlossen wird (s § 30h Rz 3, 21), wird ihm gegenüber allerdings auch die Berichterstattung beschränkt werden können, um den Zweck des Ausschlusses v der Sitzung nicht zu gefährden.

Für Agenden, die einem Ausschuss übertragen wurden, **haften primär die Mitglieder des Ausschusses**.[245] **Subsidiär** trifft aber auch die übrigen **AR-Mitglieder** eine Verantwortung. Der Gesamt-AR haftet einerseits für die Auswahl der Ausschussmitglieder; andererseits hat er seinen Kontroll- u Überwachungspflichten nachzukommen.[246] Dabei kann sich der AR zwar grds auf eine **Plausibilitätskontrolle** beschränken; er hat aber jedenfalls dafür zu sorgen, dass der Ausschuss über die **erforderlichen Sach- u Finanzmittel** verfügt.[247]

9. Verfahren der Ausschüsse

Ausschusssitzungen werden v **Vorsitzenden des Ausschusses einberufen** (dazu näher § 30i Rz 32 f). Eine **Mindestzahl v Ausschusssitzungen** ist – außer für den Prüfungsausschuss – **nicht vorgesehen** (§ 30i Rz 44 f). Zur **Befugnis zur Teilnahme** an Ausschusssitzungen s § 30h Rz 19 ff. Auch Ausschüsse können Sachverständige u Auskunftspersonen zu ihren Sitzungen beiziehen. Die **Vertretung v Ausschussmitgliedern** u die **schriftliche Stimmabgabe** durch Boten sind zulässig, wenn der GesV dies gestattet.[248]

Für die **Mehrheitserfordernisse** gelten die allg Regeln (vgl Rz 48 u 87).[249] Auch Ausschüsse können **Beschlüsse in schriftlicher, fernmündlicher oder vergleichbarer Form** fassen. Zur Erlassung einer **GO** für **den Ausschuss** s Rz 11 u Rz 133.

---

244 *Rauter* in Straube/Ratka/Rauter, GmbHG § 30g Rz 240; *Schimka* in Kalss/Kunz, HB AR[2] Kap 29 Rz 65.
245 *Koppensteiner/Rüffler*, GmbHG[3] § 30g Rz 26.
246 *A. Heidinger* in Gruber/Harrer, GmbHG[2] § 30g Rz 53; *Rauter* in Straube/Ratka/Rauter, GmbHG § 30g Rz 239; *Kraßnig*, AR aktuell 1/2015, 12.
247 *Schimka* in Kalss/Kunz, HB AR[2] Kap 29 Rz 14.
248 *Reich-Rohrwig*, GmbHR I[2] Rz 4/287.
249 *Reich-Rohrwig*, GmbHR I[2] Rz 4/294, der es aber auch für zulässig ansieht, für Beschlüsse v Ausschüssen ein höheres Quorum festzusetzen.

10. Niederschrift über Sitzungen und Beschlüsse der Ausschüsse

123 Auch über die Verhandlungen u Beschlüsse der Ausschüsse ist eine **Niederschrift** anzufertigen. Dafür gelten die allg Regeln (vgl Rz 64 ff, 87 f). Die Verantwortung hierfür trifft den **Vorsitzenden des Ausschusses**, der das Protokoll auch zu unterfertigen hat.

11. Stellvertretende Mitglieder/Ersatzmitglieder

124 Vom Plenum des AR können auch stv **Ausschussmitglieder** bestellt werden, die verhinderte Ausschussmitglieder vertreten können. Dies soll verhindern, dass ein Ausschuss beschlussunfähig wird.[250]

125 Auch die **Bestellung v Ersatzmitgliedern** ist zulässig, die bei Ausscheiden eines Ausschussmitglieds dessen Funktion übernehmen.[251]

12. Beispiele

126 Neben dem Prüfungsausschuss (dazu Rz 134 ff) können insb **folgende Ausschüsse gebildet** werden:

– Präsidialausschuss (s Rz 127);
– Personalausschuss (dazu Rz 128 ff);
– Kreditausschuss;
– Nominierungs- u Vergütungsausschuss;
– Strategieausschuss;
– Investitionsausschuss;
– Sozialausschuss.[252]

127 In der Praxis wird häufig ein **Präsidium** (Präsidialausschuss) gebildet, das sich aus dem Vorsitzenden des AR sowie einem oder mehreren Stellvertretern zusammensetzt. Bei der rechtlichen Einordnung des Präsidiums ist zu unterscheiden: Beschränkt sich sein Aufgabenbereich auf die Unterstützung des Vorsitzenden bei der Vorbereitung der AR-Sitzun-

---

250 *Reich-Rohrwig*, GmbHR I² Rz 4/284; *Rauter* in Straube/Ratka/Rauter, GmbHG § 30g Rz 232.
251 Dazu *Rauter* in Straube/Ratka/Rauter, GmbHG § 30g Rz 232; *Schimka* in Kalss/Kunz, HB AR² Kap 29 Rz 38.
252 Weitere Bsp: *Reich-Rohrwig*, GmbHR I² Rz 4/296; *Rauter* in Straube/ Ratka/Rauter, GmbHG § 30g Rz 202 ff; *Schimka* in Kalss/Kunz, HB AR² Kap 29 Rz 69 ff, 90; *Kraßnig*, AR aktuell 1/2015, 12.

gen (vgl Rz 27), dann handelt es sich nach hM nicht um einen Ausschuss iSv Abs 4.[253] Werden dem Präsidium hingegen weitere Aufgaben übertragen, dann ist es als Ausschuss zu qualifizieren u es besteht eine Verpflichtung zur Beiziehung v AN-Vertretern.[254]

13. Besonderheiten des Personalausschusses

Der **Begriff des Personalausschusses** ist mehrdeutig. Er kann sich einerseits mit den Beziehungen zw der Gesellschaft u den GF befassen (dazu § 30l Rz 13). Seine Kompetenzen können aber auch auf die Personalplanung (insb Nachfolgeplanung für GF, allenfalls auch Vorbereitung der Nachbesetzung v AR-Mandaten) erweitert werden.[255] Darüber hinaus kann ihm die Zuständigkeit übertragen werden, der Anstellung v leitenden Angestellten sowie der Erteilung v Prokura oder Handlungsvollmacht zuzustimmen, sofern dies der Zustimmung des AR bedarf.[256] Werden dem Personalausschuss nur die Beziehungen zw der Gesellschaft u den GF zugewiesen, dann besteht keine Verpflichtung, zu diesem Ausschuss AN-Vertreter beizuziehen. 128

Zu den **Beziehungen zw der Gesellschaft u den GF** zählen alle Angelegenheiten, die die Stellung, Aufgaben u Verantwortung der GF im Verhältnis zur GmbH betreffen.[257] Dazu gehören insb: 129

– Fragen des Anstellungsvertrags eines GF, einschließlich des Abschlusses des Anstellungsvertrags, falls die Zuständigkeit hiefür dem AR eingeräumt wurde;
– Zustimmung zu Geschäften zw der Gesellschaft u einem GF (dazu § 30l Rz 13);
– Gewährung v Krediten u Vorschüssen an GF;

---

253 So *Reich-Rohrwig*, GmbHR I² Rz 4/297; **aM** *Schimka* in Kalss/Kunz, HB AR² Kap 29 Rz 74.
254 *Rauter* in Straube/Ratka/Rauter, GmbHG § 30g Rz 203.
255 Dies ist der Schwerpunkt der Aufgaben des bei Kreditinstituten v erheblicher Bedeutung iSv § 5 Abs 4 BWG einzurichtenden Nominierungsausschusses (§ 29 BWG); näher dazu Rz 157.
256 *Rauter* in Straube/Ratka/Rauter, GmbHG § 30g Rz 204; *Schimka* in Kalss/Kunz, HB AR² Kap 29 Rz 72; differenzierend *Reich-Rohrwig*, GmbHR I² Rz 4/298 ff.
257 *Reich-Rohrwig*, GmbHR I² Rz 4/301; *Rauter* in Straube/Ratka/Rauter, GmbHG § 30g Rz 228.

- Gewährung v Ausnahmen v gesetzl Wettbewerbsverbot; sowie
- Geltendmachung v Schadenersatzansprüchen gegen GF.[258]

130 Werden dem Ausschuss darüber hinaus **weitere Personalagenden** zur Behandlung übertragen, dann handelt es sich um einen **„gemischten Ausschuss"**. In einen solchen Ausschuss sind zwar auch AN-Vertreter zu entsenden. Sie sind jedoch v Sitzungen u Abstimmungen insoweit ausgeschlossen, als die Beziehungen zw der Gesellschaft u den GF betroffen sind (vgl § 30 h Rz 21).[259]

14. Vorgaben durch Gesellschaftsvertrag und Geschäftsordnung

131 Aufgrund der Organisationsautonomie des AR kann die **Einrichtung v Ausschüssen** durch den GesV weder vorgeschrieben noch untersagt werden. Sie liegt vielmehr **im Ermessen des AR-Plenums**.[260] Durch den GesV darf die Bildung oder Auflösung v Ausschüssen auch nicht erschwert werden. Ebenso hat die **Größe u Zusammensetzung v Ausschüssen** dem AR vorbehalten zu bleiben.[261] Fraglich ist, ob der GesV dann, wenn er dem AR über die gesetzl Kompetenzen hinaus weitere Aufgaben zuweist, vorsehen kann, dass sie v einem Ausschuss wahrzunehmen sind.[262]

132 Zulässig ist es hingegen, im GesV **Verfahrensregeln für die Ausschussarbeit** vorzusehen, soweit die Organisationsautonomie dadurch nicht beeinträchtigt wird.[263]

133 In der **GO des AR** kann die Bildung v Ausschüssen vorgesehen werden.[264] Es können auch Verfahrensregeln für die Ausschüsse normiert

---

258 *Reich-Rohrwig*, GmbHR I[2] Rz 4/301; *Rauter* in Straube/Ratka/Rauter, GmbHG § 30g Rz 228.
259 *Rauter* in Straube/Ratka/Rauter, GmbHG § 30g Rz 228, u *Schimka* in Kalss/Kunz, HB AR[2] Kap 29 Rz 27, nach denen allerdings die Teilnahmemöglichkeit der AN-Vertreter gem § 30h Abs 2 ausgeschlossen werden muss.
260 *Reich-Rohrwig*, GmbHR I[2] Rz 4/273; *Koppensteiner/Rüffler*, GmbHG[3] § 30g Rz 20.
261 *Schimka* in Kalss/Kunz, HB AR[2] Kap 29 Rz 7.
262 **Dafür** *Reich-Rohrwig*, GmbHR I[2] Rz 4/273, u *Koppensteiner/Rüffler*, GmbHG[3] § 30g Rz 20; **aM** *A. Heidinger* in Gruber/Harrer, GmbHG[3] § 30g Rz 45; *Rauter* in Straube/Ratka/Rauter, GmbHG § 30g Rz 188; *Schimka* in Kalss/Kunz, HB AR[2] Kap 29 Rz 9.
263 *Rauter* in Straube/Ratka/Rauter, GmbHG § 30g Rz 187; *Schimka* in Kalss/Kunz, HB AR[2] Kap 29 Rz 8.
264 *Rauter* in Straube/Ratka/Rauter, GmbHG § 30g Rz 187.

werden. Enthält die GO des AR keine Bestimmungen für Ausschüsse, dann kann sich der jew Ausschuss selbst eine GO geben. In einer **GO des Ausschusses** können auch Fragen geregelt werden, die in der GO des AR offengelassen wurden.[265] Die GO des AR hat aber jedenfalls Vorrang vor der GO eines Ausschusses. Der Gesamt-AR kann Bestimmungen einer Ausschuss-GO auch jederzeit ändern oder aufheben.[266]

B. Prüfungsausschuss (Abs 4 a)

1. Allgemeines

Die Bestimmungen über den Prüfungsausschuss wurden durch das APRÄG 2016 neu geregelt. Grundlage hierfür war die **Änderungs-RL zur Abschlussprüfungs-RL**.[267] In engem Zusammenhang damit steht die **Abschlussprüfungs-VO**,[268] auf die in Z 2 u Z 4 auch verwiesen wird. **134**

Die **Neuregelung** ist **mit 17.6.2016 in Kraft** getreten. Der zusätzliche Bericht (Z 2 S 1) war jedoch erstmals über die Prüfung v Geschäftsjahren zu erstatten, die nach dem 16.6.2016 beginnen (§ 127 Abs 20).[269] **135**

2. Verpflichtung zur Einrichtung?

Die Verpflichtung zur Einrichtung eines Prüfungsausschusses besteht für **Unternehmen v öffentlichem Interesse** (das sind solche, die die Merkmale des § 189a Z 1 lit a oder lit d UGB aufweisen, vgl Rz 137 f u § 29 Rz 37 ff) sowie für „**fünffach große Gesellschaften**". Letztere sind alle Gesellschaften, bei denen das Fünffache der Bilanzsumme oder der Umsatzerlöse überschritten wird, die als Größenmerkmale einer großen Gesellschaft (§ 221 Abs 3 S 1 UGB) dienen. **136**

Unter die **Unternehmen v öffentlichem Interesse** gem § 189a Z 1 lit a u lit d UGB fallen insb kapitalmarktorientierte Unternehmen (dazu auch § 29 Rz 38). Kreditinstitute sind zwar Unternehmen v öffentlichem **137**

---

265 *Reich-Rohrwig*, GmbHR I² Rz 4/295; *Koppensteiner/Rüffler*, GmbHG³ § 30g Rz 23.
266 *Wünsch*, GmbHG § 30g Rz 95; *Rauter* in Straube/Ratka/Rauter, GmbHG § 30g Rz 34.
267 RL 2014/56/EU v 16.4.2014 zur Änderung der RL 2006/43/EG v 9.6.2006 über Abschlussprüfungen v JA u konsolidierten Abschlüssen.
268 VO (EU) Nr 537/2014 v 16.4.2014.
269 *S. Bydlinski*, RdW 2016/488, 659 (663).

Interesse (§ 43 Abs 1a BWG), bei ihnen richtet sich die Verpflichtung zur Bildung eines Prüfungsausschusses aber nach der Sonderbestimmung des § 63a BWG.[270] Versicherungsunternehmen scheiden schon deshalb aus, da sie nicht in der Rechtsform einer GmbH betrieben werden können (§ 8 Abs 1 VAG 2016).[271] Zwar können die Geschäftsanteile einer GmbH nicht an der Börse gehandelt werden. Dennoch ist eine GmbH als **kapitalmarktorientiertes Unternehmen** einzustufen, wenn sie andere Wertpapiere, wie Genussscheine oder Schuldverschreibungen, emittiert hat, die zum Handel an einem geregelten Markt iSv § 189a Abs 1 lit a UGB zugelassen sind.[272]

138 Durch § 29 Abs 1 Z 6 idF APRÄG 2016 wurde auch klargestellt, dass **Unternehmen v öffentlichem Interesse** iSv § 189a Z 1 lit a oder lit d UGB **in jedem Fall AR-pflichtig** sind (vgl § 29 Rz 37). Für „fünffach große Gesellschaften" setzt die Verpflichtung zur Einrichtung eines Prüfungsausschusses jedoch überdies voraus, dass eine **gesetzl Pflicht zur Bestellung eines AR** (§ 29 Abs 1) besteht. Eine bloß gesv AR-Pflicht (vgl § 29 Rz 52) wäre nicht ausreichend.[273]

139 **Ausgenommen** v der Verpflichtung zur Bestellung eines Prüfungsausschusses sind **fünffach große Gesellschaften**, wenn **der AR aus nicht mehr als vier Mitgliedern besteht, wie ein Prüfungsausschuss zusammengesetzt ist u dessen Aufgaben u sonstige Pflichten übernimmt**. Hierbei muss es sich um maximal vier Kapitalvertreter handeln; eine Überschreitung der Zahl durch AN-Vertreter schadet nicht.[274] Für Unternehmen v öffentlichem Interesse besteht diese Ausnahme nicht.

140 Eine **weitere Ausnahme** v der Verpflichtung zur Bestellung eines Prüfungsausschusses betrifft Gesellschaften, an denen ein Mutterunternehmen unmittelbar oder mittelbar mehr als 75% der Anteile hält, sofern im Mutterunternehmen ein solcher oder ein gleichwertiges Gre-

---

270 Diese ist die *lex specialis* zu Abs 4a (*Dellinger/Steinböck* in Dellinger, BWG § 63a Rz 53 u 56). Näher dazu Rz 161.
271 Für den Prüfungsausschuss eines Versicherungsunternehmens gilt im Übrigen die *lex specialis* des § 123 VAG; s dazu *Kalss*, Versicherungsrundschau 5/21, 32.
272 ErlRV 1109 BlgNR 25. GP 17; *Rauter* in Straube/Ratka/Rauter, GmbHG § 30g Rz 208; *Huemer*, RdW 2008/536, 576.
273 *A. Heidinger* in Gruber/Harrer, GmbHG[2] § 30g Rz 54; *Rauter* in Straube/Ratka/Rauter, GmbHG § 30g Rz 210.
274 *S. Bydlinski*, RdW 2016/488, 659 (663); *Schimka* in Kalss/Kunz, HB AR[2] Kap 29 Rz 79a.

mium dessen Aufgaben u sonstige Pflichten auf Konzernebene erfüllt („**Konzernprivileg**"). Die Befreiungsbestimmung erfasst Mutterunternehmen mit Sitz im Inland u im Ausland in gleicher Weise.[275] Die Befreiung ist nicht anzuwenden, wenn sich der Prüfungsausschuss des Mutterunternehmens tatsächlich nicht mit dem Rechnungswesen u der Abschlussprüfung des verbundenen Unternehmens – etwa wegen dessen geringer Bedeutung im Konzern – befasst.[276]

Auch wenn **keine gesetzl Verpflichtung** besteht, steht es einer GmbH frei, einen Prüfungsausschuss zu bilden. Dies kann im Einzelfall aufgrund der Selbstorganisationpflicht des AR auch geboten sein.[277] Auf einen „**freiwillig**" eingerichteten **Prüfungsausschuss** sind allerdings die Bestimmungen des Abs 4a nicht *ipso iure* anzuwenden. Der AR hat vielmehr die Regeln für einen solchen Ausschuss nach pflichtgemäßem Ermessen aufzustellen. Die folgende Darstellung bezieht sich auf einen gesetzl verpflichtend bestellten Prüfungsausschuss. **141**

3. Zusammensetzung und Qualifikationen

Der Prüfungsausschuss hat aus **mind zwei AR-Mitgliedern** zu bestehen.[278] Dem Ausschuss hat ein **Finanzexperte** anzugehören (dazu Rz 146 ff). **142**

Die Ausschussmitglieder müssen **in ihrer Gesamtheit mit dem Sektor, in dem das geprüfte Unternehmen tätig ist, vertraut** sein. Da die Anforderung an die Ausschussmitglieder in ihrer Gesamtheit gestellt wird, muss nicht jedes einzelne Mitglied über die nötige Branchenkenntnis verfügen. Es genügt, wenn einzelne Mitglieder diese Voraussetzung erfüllen.[279] Eine unternehmerische oder leitende Tätigkeit in der Branche ist nicht vorausgesetzt. Es erscheint ausreichend, die Branchenkenntnis durch intensive Weiterbildung, Erfahrung in einem Betei- **143**

---

275 *Schimka* in Kalss/Kunz, HB AR² Kap 29 Rz 77a.
276 Vgl ErlRV 1109 BlgNR 25. GP 15; *Schimka* in Kalss/Kunz, HB AR² Kap 29 Rz 77; *Rauter* in Straube/Ratka/Rauter, GmbHG § 30g Rz 211.
277 *Kalss* in Doralt/Nowotny/Kalss, AktG³ § 92 Rz 136; *Schimka* in Kalss/Kunz, HB AR² Kap 29 Rz 79; *Rauter* in Straube/Ratka/Rauter, GmbHG § 30g Rz 208/2.
278 *Rauter* in Straube/Ratka/Rauter, GmbHG § 30g Rz 211/2; *Schimka* in Kalss/Kunz, HB AR² Kap 29 Rz 80; *Huemer*, RdW 2008/536, 576 (577); vgl aber die Sonderbestimmungen des § 63a Abs 4 BWG u § 123 Abs 7 VAG 2016.
279 *Schimka* in Kalss/Kunz, HB AR² Kap 29 Rz 82a.

ligungsmanagement, aber auch aufgrund langjähriger Tätigkeit als Angehöriger beratender Berufe gewonnen zu haben.[280]

144 Der **Vorsitzende des Prüfungsausschusses** u der **Finanzexperte** müssen überdies **unabhängig u unbefangen** sein.[281]

145 Alle Mitglieder des Prüfungsausschusses haben über gesteigerte Kenntnis im Bereich der Bilanzierung u Rechnungslegung zu verfügen. Sie müssen in der Lage sein, Bilanzen zu lesen u zu analysieren sowie die Berichte der GF u beigezogener Sachverständiger zu verstehen.[282]

4. Stellung des Finanzexperten

146 Dem Prüfungsausschuss muss ein **Finanzexperte** angehören. Darunter wird eine Person verstanden, die über den Anforderungen des Unternehmens entspr Kenntnisse u praktische Erfahrung im Finanz- u Rechnungswesen u in der Berichterstattung verfügt. Der Finanzexperte muss überdies unabhängig u unbefangen sein.

147 Aufgrund der **besonderen** – über jene der sonstigen Ausschuss- bzw AR-Mitglieder hinausgehende – **fachlichen Qualifikation des Finanzexperten** obliegt diesem auch eine **erhöhte Sorgfaltspflicht**.[283] Die Heranziehung eines Finanzexperten soll einerseits die Prüfung des JA (auch) auf Zweckmäßigkeit gewährleisten; andererseits soll die Kommunikation zw AR u Abschlussprüfer verbessert werden.[284]

148 Als **Finanzexperte** kommt primär ein Wirtschaftsprüfer oder eine Person in Betracht, die in anderen vergleichbaren Unternehmen für die Rechnungslegung verantwortlich war (zB Finanzvorstand, Leiter der

---

280 *Schimka* in Kalss/Kunz, HB AR² Kap 29 Rz 82 a; *Inwinkl*, RWZ 2017/16, 65 (67).
281 S zum Begriff der Unabhängigkeit Regel 53 des Anh 1 zum öCGK; *Schimka* in Kalss/Kunz, HB AR² Kap 29 Rz 81; *Kalss*, GesRZ 2016, 108. Bei Kreditinstituten haben die Mitglieder des Prüfungsausschusses mehrheitlich unabhängig u unbefangen zu sein (§ 63a Abs 4 BWG). Allg zur Unabhängigkeit im AR v Kreditinstituten *Kalss*, GesRZ 2019, 80, u *Siegl*, ZFR 2019/75, 170.
282 *Schimka* in Kalss/Kunz, HB AR² Kap 29 Rz 82; *A. Heidinger* in Gruber/Harrer, GmbHG² § 30g Rz 56.
283 *Schimka* in Kalss/Kunz, HB AR² Kap 29 Rz 81.
284 *Schimka* in Kalss/Kunz, HB AR² Kap 29 Rz 81; *Rauter* in Straube/Ratka/Rauter, GmbHG § 30g Rz 212.

Rechnungslegung, Leiter des Controllings).[285] Die Beiziehung eines externen Sachverständigen ist nicht ausreichend.[286]

5. Unvereinbarkeiten

Vorsitzender des Prüfungsausschusses oder Finanzexperte darf nicht sein, wer in den letzten drei Jahren Vorstandsmitglied[287], leitender Angestellter (§ 80 AktG) oder Abschlussprüfer der Gesellschaft war oder den Bestätigungsvermerk unterfertigt hat. Für den Vorsitzenden des Prüfungsausschusses u den Finanzexperten ist somit eine „**Cooling-off-Periode**" vorgesehen (wobei die Frist die Fristen gem § 271c Abs 1 UGB bzw § 30j Abs 5 Z 11 übersteigt). Dies beruht auf der Überlegung, dass Personen, die bis vor kurzem die Geschäfte der Gesellschaft geführt oder ihren JA geprüft haben, befangen sein könnten.[288] Für andere Mitglieder des Prüfungsausschusses besteht kein entspr Ausschlussgrund; es kann sogar zweckmäßig sein, dass sie ihr Wissen in die Ausschussarbeit einbringen.[289]

149

6. Sitzungen

Der Prüfungsausschuss hat **zumindest zwei Sitzungen im Geschäftsjahr** abzuhalten. In der Regel werden aber mehr als zwei Sitzungen pro Jahr stattfinden. Dies richtet sich nach den **Anforderungen im konkreten Fall**. Vierteljährliche Sitzungen erscheinen aber grds nicht erforderlich.[290] Den Sitzungen des Prüfungsausschusses, die sich mit der Vorbereitung der Feststellung des JA (Konzernabschlusses)[291] u dessen Prüfung beschäftigen, ist der **Abschlussprüfer beizuziehen**. Er hat dem Ausschuss über die Abschlussprüfung zu berichten. Bei Bedarf kann der

150

---

285 *Schimka* in Kalss/Kunz, HB AR² Kap 29 Rz 81; *Rauter* in Straube/Ratka/Rauter, GmbHG § 30g Rz 212.
286 *A. Heidinger* in Gruber/Harrer, GmbHG² § 30g Rz 56.
287 Hier handelt es sich offenbar um ein Redaktionsversehen, gemeint ist GF (ebenso *Rauter* in Straube/Ratka/Rauter, GmbHG § 30g Rz 212/1 u 213).
288 *Schimka* in Kalss/Kunz, HB AR² Kap 29 Rz 81.
289 *Rauter* in Straube/Ratka/Rauter, GmbHG § 30g Rz 212/1.
290 *Schimka* in Kalss/Kunz, HB AR² Kap 29 Rz 86.
291 Hier liegt offenbar ein Redaktionsversehen vor, da bei einer GmbH der JA nicht v AR, sondern v der GV festzustellen ist (zust *Rauter* in Straube/Ratka/Rauter, GmbHG § 30g Rz 222). Bei dem Prüfungsausschuss handelt es sich auch nicht um ein Hilfsorgan der Gesellschafter. Eine Feststellung des Konzernabschlusses ist überhaupt nicht vorgesehen.

Prüfungsausschuss auch **externe Sachverständige** beiziehen. Ferner kann es sich als zweckmäßig erweisen, den **für das Finanz- u Rechnungswesen zuständigen GF** zu der Sitzung einzuladen.[292]

151 Der **Abschlussprüfer** hat spätestens mit dem Bestätigungsvermerk einen **zusätzlichen Bericht an den Prüfungsausschuss** zu erstatten, der den **Anforderungen des Art 11 der Abschlussprüfungs-VO** zu genügen hat. Der Bericht bedarf der Schriftform u hat neben einer Erl der Ergebnisse der Abschlussprüfung va jene Informationen zu enthalten, die der Prüfungsausschuss zur Ausübung der ihm übertragenen Aufgaben benötigt.[293] Adressat des Berichts ist der Prüfungsausschuss. Fungiert der Gesamt-AR als Prüfungsausschuss, dann ist der Bericht an ihn zu erstatten. Wird das Konzernprivileg in Anspruch genommen, so ist der zusätzliche Bericht des Abschlussprüfers sowohl dem Prüfungsausschuss (oder einem gleichwertigen Gremium) des Mutterunternehmens vorzulegen als auch dem AR des Tochterunternehmens.[294]

7. Agenden

152 Der Prüfungsausschuss hat **insb folgende Aufgaben**:

- Die **Überwachung des Rechnungslegungsprozesses**; idZ obliegt ihm auch die Erteilung v Empfehlungen oder Vorschlägen zur Gewährleistung seiner Zuverlässigkeit. Dies bezieht sich aber wohl nur auf Fälle, in denen konkrete Anhaltspunkte dafür bestehen, dass die Integrität der Rechnungslegung nicht ausreichend sichergestellt ist.[295]

- Die **Überwachung der Wirksamkeit des IKS, ggf des internen Revisionssystems u des Risikomanagementsystems** der Gesellschaft. Dabei sind die genannten Systeme nicht im Detail zu prüfen; der Prüfungsausschuss hat vielmehr eine Prozesskontrolle vorzunehmen u zu prüfen, ob diese Systeme eingerichtet sind u als wirksam angesehen werden können.[296]

---

292 *Schimka* in Kalss/Kunz, HB AR² Kap 29 Rz 87a.
293 ErlRV 1109 BlgNR 25. GP 16; *Schimka* in Kalss/Kunz, HB AR² Kap 29 Rz 87a; *Inwinkl*, RWZ 2017/16, 65 (71).
294 ErlRV 1109 BlgNR 25. GP 16; *Schimka* in Kalss/Kunz, HB AR² Kap 29 Rz 87a.
295 *Schimka* in Kalss/Kunz, HB AR² Kap 29 Rz 88.
296 *Schimka* in Kalss/Kunz, HB AR² Kap 29 Rz 88.

- Die Überwachung der Abschlussprüfung u der Konzernabschlussprüfung. Dabei sind mit dem Abschlussprüfer vorweg die Prüfungsschwerpunkte abzustimmen u die Kommunikation zw Abschlussprüfer u Prüfungsausschuss zu regeln. Nach Beendigung der Prüfung hat der Prüfungsausschuss aufgetretene Probleme u Zweifelsfragen zu erörtern u ggf auf eine künftige Verbesserung hinzuwirken.[297] Der Prüfungsausschuss hat auch Erkenntnisse u Schlussfolgerungen der Abschlussprüferaufsichtsbehörde einzubeziehen, die sich aus nach § 4 Abs 2 Z 12 APAG veröffentlichten Berichten ergeben.
- Die **Prüfung u Überwachung der Unabhängigkeit des Abschlussbzw Konzernabschlussprüfers**, insb im Hinblick auf die für die geprüfte Gesellschaft erbrachten zusätzlichen Leistungen. Bei Unternehmen v öffentlichem Interesse iSv § 189a Z 1 lit a u lit d UGB sind Art 5 der Abschlussprüfer-VO u § 271a Abs 6 UGB anzuwenden.[298]
- Die Erstattung des **Berichts über das Ergebnis der Abschlussprüfung an den AR**. In dem Bericht ist auch darzulegen, wie die Abschlussprüfung zur Zuverlässigkeit der Finanzberichterstattung beigetragen u welche Rolle der Prüfungsausschuss dabei eingenommen hat.[299]
- Die **Prüfung des JA** u die Vorbereitung seiner Feststellung[300], die **Prüfung des Vorschlags für die Gewinnverteilung u des Lageberichts** sowie die **Erstattung des Berichts über die Prüfungsergebnisse an den AR**. Der Prüfungsausschuss hat primär die Gesetzmäßigkeit u inhaltliche Richtigkeit der ihm zur Prüfung vorgelegten Dokumente zu kontrollieren. Dabei kann er sich idR auf die Vorarbeiten des Abschlussprüfers verlassen u hat diese nur stichprobenweise zu überprüfen. Bei begründetem Verdacht auf Mängel oder Fehler der Tätigkeit des Abschlussprüfers hat der Prüfungsausschuss jedoch eine intensivere Prüfung durchzuführen (vgl

---

297 *Schimka* in Kalss/Kunz, HB AR² Kap 29 Rz 88.
298 Fraglich ist, wie sich die idZ dem Prüfungsausschuss eingeräumten Entscheidungsbefugnisse mit der Kompetenzordnung des GmbHG bzw UGB vereinbaren lassen; dazu *Schimka* in Kalss/Kunz, HB AR² Kap 29 Rz 88.
299 Krit zum Informationsmehrwert, der sich aus diesem Bericht ergeben kann, *Schimka* in Kalss/Kunz, HB AR² Kap 29 Rz 88.
300 Auch hier dürfte ein Redaktionsversehen vorliegen, da die Feststellung des JA bei der GmbH nicht dem AR obliegt, s schon FN 287 (ebenso *Rauter* in Straube/Ratka/Rauter, GmbHG § 30g Rz 219).

§ 30k Rz 7 ff). Zusätzlich hat er sich mit der Wirtschaftlichkeit u Zweckmäßigkeit des JA zu befassen u auch die bilanzpolitischen E der GF zu analysieren.[301] Der Bericht gem lit f wird mit dem Bericht gem lit e zusammengefasst werden können. Auch wenn für den Bericht keine besondere Form vorgeschrieben ist, wird sich zu Dokumentationszwecken empfehlen, zumindest über die wichtigsten Prüfungsergebnisse einen schriftlichen Bericht zu erstatten.[302]

– Ggf die **Prüfung des Konzernabschlusses u des Konzernlageberichts** sowie die **Erstattung des Berichts über die Prüfungsergebnisse an den AR**. Dafür gilt sinngemäß das Gleiche wie für den Bericht gem lit f.

– Die **Durchführung des Verfahrens zur Auswahl des Abschlussprüfers (Konzernabschlussprüfers)** sowie die **Empfehlung für seine Bestellung an den AR**. Dabei ist auch auf die Angemessenheit des Honorars Bedacht zu nehmen. Bei Unternehmen v öffentlichem Interesse iSv § 189a Z 1 lit a u lit d UGB ist Art 16 der Abschlussprüfungs-VO anzuwenden. Demnach hat das zu prüfende Unternehmen zunächst ein Auswahlverfahren unter der Verantwortung des Prüfungsausschusses durchzuführen. Das zu prüfende Unternehmen hat Ausschreibungsunterlagen zu erstellen, Angebote einzuholen u einen Bericht über die Schlussfolgerungen aus dem Auswahlverfahren zu erstellen. Dieser Bericht ist v Prüfungsausschuss zu evaluieren, der seinerseits dem Gesamt-AR eine Empfehlung für die Bestellung des Abschlussprüfers vorzulegen hat.[303] Weicht der Gesamt-AR v den Empfehlungen des Prüfungsausschusses ab, dann hat er dies zu begründen. Er kann aber seinerseits nur solche Abschlussprüfer vorschlagen, die an dem Auswahlverfahren teilgenommen haben. Handelt es sich nicht um ein Unternehmen v öffentlichem Interesse, dann ist das Plenum nicht an die Empfehlungen oder Vorschläge des Prüfungsausschusses gebunden. Der konkrete Wahlvorschlag (§ 270 Abs 1 S 2 UGB) ist jedenfalls v Plenum des AR zu erstatten.[304]

153 Durch das APRÄG 2016 wurde die **Rolle des Prüfungsausschusses weiter gestärkt**. Ist ein Prüfungsausschuss eingerichtet, dann wird sich

---

301 *Schimka* in Kalss/Kunz, HB AR[2] Kap 29 Rz 88.
302 *Kalss* in Doralt/Nowotny/Kalss, AktG[2] § 92 Rz 151; *Schimka* in Kalss/Kunz, HB AR[2] Kap 29 Rz 88.
303 Zu Details s *Schimka* in Kalss/Kunz, HB AR[2] Kap 29 Rz 88.
304 *Rauter* in Straube/Ratka/Rauter, GmbHG § 30g Rz 193.

der Schwerpunkt der Überwachung der Abschlussprüfung u der Prüfung des JA zu ihm verlagern. Dessen ungeachtet wird auch weiterhin davon auszugehen sein, dass die Aufgaben, die dem AR durch § 30k zugewiesen sind, nicht zur Gänze an einen Prüfungsausschuss delegiert werden können. Auch wenn der Prüfungsausschuss **wesentliche Vorbereitungsarbeiten** durchführt, obliegt dem Gesamt-AR seinerseits die **abschließende Kontrolle der Ausschusstätigkeit**, einschließlich der **Berichterstattung an die GV** (vgl § 30k Rz 6).[305]

8. Sanktionen

Die Verpflichtung zur Einrichtung eines Prüfungsausschusses ist als **bloße Ordnungsvorschrift** zu qualifizieren. Wird ein Prüfungsausschuss nicht eingesetzt, dann ist der Beschluss des Gesamt-AR gem § 30k dennoch gültig. Umso mehr gilt dies für die Feststellung des JA durch die GV. Bei pflichtwidriger Unterlassung der Einsetzung eines Prüfungsausschusses kann allerdings eine **Haftung der AR-Mitglieder** bestehen.[306]

154

Ebenso hat es keine Auswirkung auf den Beschluss des AR gem § 30k oder die Feststellung des JA, wenn zwar ein Prüfungsausschuss eingerichtet wurde, diesem aber **kein Finanzexperte angehört**. Auch diesfalls kommt jedoch eine **Haftung der AR-Mitglieder** in Betracht. Sollten allerdings die Gesellschafter bei der Bestellung des AR verabsäumt haben, einen Finanzexperten in den AR zu wählen, dann wären sie hierfür verantwortlich. Allenfalls käme auch eine Anfechtung des Wahlbeschlusses in Betracht.[307]

155

C. Ausschüsse nach BWG

Für Kreditinstitute schreibt das BWG die Einrichtung mehrerer Ausschüsse obligatorisch vor. Im Einzelnen sind dies

156

– ein Nominierungsausschuss (§ 29 BWG);
– ein Vergütungsausschuss (§ 39c BWG);

---

305 *Rauter* in Straube/Ratka/Rauter, GmbHG § 30g Rz 193; *Koppensteiner/Rüffler*, GmbHG³ § 30g Rz 20; *Reich-Rohrwig*, GmbHR I² Rz 4/291.
306 *Winkler/Birkner*, RdW 1998, 244 (245 ff); *Kalss* in Doralt/Nowotny/Kalss, AktG³ § 92 Rz 137; *Schimka* in Kalss/Kunz, HB AR² Kap 29 Rz 78.
307 *A. Heidinger* in Gruber/Harrer, GmbHG² § 30g Rz 58.

– ein Risikoausschuss (§ 39d BWG); u
– ein Prüfungsausschuss (§ 63a Abs 4 BWG).[308]

157 Ein **Nominierungsausschuss** ist in Kreditinstituten jedweder Rechtsform zu bilden, die v erheblicher Bedeutung iSd § 5 Abs 4 BWG sind. Seine Mindestaufgaben ergeben sich aus § 29 BWG. Insbesondere hat er Bewerber für die Besetzung frei werdender Stellen in der Geschäftsleitung zu ermitteln u dem AR entspr Vorschläge zu unterbreiten. Soweit gesetzl vorgesehen, hat er den AR auch bei der Erstellung v Vorschlägen an die HV für die Besetzung frei werdender Stellen im AR zu unterstützen.[309]

158 Auch ein **Vergütungsausschuss** ist in Kreditinstituten jedweder Rechtsform v erheblicher Bedeutung iSd § 5 Abs 4 BWG einzurichten. Zu seinen Aufgaben gehört insb die Vorbereitung v Beschlüssen zum Thema Vergütung, einschließlich solcher, die sich auf Risiko u Risikomanagement des betr Kreditinstituts auswirken u v AR zu fassen sind; ferner die Überwachung v Vergütungspolitik, Vergütungspraktiken u vergütungsbezogenen Anreizstrukturen.[310]

159 Ein **Risikoausschuss** ist ebenfalls in Kreditinstituten jedweder Rechtsform v erheblicher Bedeutung iSd § 5 Abs 4 BWG zu bilden. Von seinen Aufgaben sind die Beratung der Geschäftsleitung in Bezug auf die aktuelle u zukünftige Risikobereitschaft u Risikostrategie des Kreditinstituts sowie die Überwachung der Umsetzung dieser Risikostrategie iZm der Steuerung, Überwachung u Begrenzung der in § 39 Abs 2b BWG aufgelisteten Risiken sowie Risiken der Eigenmittelausstattung u der Liquidität hervorzuheben.[311]

160 Die Zusammensetzung des Vergütungs- u des Risikoausschusses hat eine unabhängige u integre Beurteilung der dem Ausschuss jew zugewiesenen Aufgaben zu ermöglichen. Die Ausschüsse haben aus mind drei Mitgliedern zu bestehen. Dem Vergütungsausschuss hat ein Vergütungsexperte anzugehören. Die Mitglieder des Risikoausschusses haben über die erforderliche Expertise u Erfahrung zur Überwachung der Umsetzung der Risikostrategie des Kreditinstituts zu verfügen. Beide Ausschüsse haben zumindest eine Sitzung im Jahr abzuhalten.

---

308 Vgl Exkurs zur Bank-GmbH, Rz 9, 54.
309 Dazu im Einzelnen *Dellinger/Schellner* in Dellinger, BWG § 29 Rz 29 ff, 36 ff.
310 Näher dazu *Schellner* in Dellinger, BWG § 39c Rz 10 ff.
311 Näher dazu *Fellner/Schellner* in Dellinger, BWG § 39d Rz 43 ff.

Ein **Prüfungsausschuss** ist in Kreditinstituten jedweder Rechtsform 161
einzurichten, deren Bilanzsumme € 1 Mrd übersteigt oder die übertragbare Wertpapiere ausgegeben haben, die zum Handel an einem geregelten Markt (§ 1 Z 2 BörseG 2018) zugelassen sind. Die Regelung des § 63a Abs 4 BWG stellt eine *lex specialis* zu den gesellschaftsrechtlichen Parallelbestimmungen, wie insb § 30g Abs 4a, dar.[312] In Bezug auf die Aufgaben des Prüfungsausschusses wurde jedoch die Bestimmung im BWG weitestgehend an die gesellschaftsrechtlichen Regelungen angeglichen.[313] Der Prüfungsausschuss hat aus mind drei Mitgliedern zu bestehen, darunter einem Finanzexperten. Die Mehrheit der Ausschussmitglieder, insb der Vorsitzende u der Finanzexperte, müssen unabhängig u unbefangen sein. Alle Mitglieder müssen ferner mit dem Sektor, in dem das geprüfte Unternehmen tätig ist, vertraut sein.[314]

§ 30h. (1) ¹An den Sitzungen des Aufsichtsrats und seiner Ausschüsse dürfen Personen, die weder dem Aufsichtsrat angehören noch Geschäftsführer sind, nicht teilnehmen. ²Sachverständige und Auskunftspersonen können zur Beratung über einzelne Gegenstände zugezogen werden. ³Den Sitzungen, die sich mit der Prüfung des Jahresabschlusses (Konzernabschlusses), des Vorschlags für die Gewinnverteilung und des Lageberichts beschäftigen, ist jedenfalls der Abschlussprüfer (Konzernabschlussprüfer) zuzuziehen.

(2) Aufsichtsratsmitglieder, die dem Ausschuß nicht angehören, können an den Ausschußsitzungen teilnehmen, wenn der Gesellschaftsvertrag oder der Vorsitzende des Aufsichtsrats nichts anderes bestimmt.

(3) ¹Der Gesellschaftsvertrag kann zulassen, daß an den Sitzungen des Aufsichtsrats und seiner Ausschüsse Personen, die dem Aufsichtsrat nicht angehören, an Stelle von Aufsichtsratsmitgliedern teilnehmen können, wenn sie von diesen hiezu schriftlich ermächtigt sind. ²Sie können auch schriftliche Stimmabgaben der Aufsichtsratsmitglieder überreichen.

idF BGBl I 2005/59

---

312 *Dellinger/Steinböck* in Dellinger, BWG § 63a Rz 53.
313 *Dellinger/Steinböck* in Dellinger, BWG § 63a Rz 55.
314 Dazu *Dellinger/Steinböck* in Dellinger, BWG § 63a Rz 73a.

Literatur: *G. Frotz*, Grundsätzliches zu den Rechten und Pflichten des Aufsichtsrats und seiner bestellten und entsendeten Mitglieder, ÖZW 1978, 44; *Hartlieb/Zollner*, Gemeinsame Aufsichtsratssitzungen im GmbH-Konzern? GES 2023, 282; *Hauser*, GmbH-Aufsichtsrat: „Teilnehmerkreis" und „Verfügbarkeit" von Niederschriften, GES 2014, 378; *W. Jud*, Zur Bestellung von stellvertretenden Mitgliedern eines Aufsichtsratsausschusses, NZ 1982, 56; *Kastner*, Gesellschaft mbH Gesetz-Novelle 1980, JBl 1980, 617; *Kastner*, Aufsichtsrat und Realität, in FS Strasser (1993) 843; *Kindel/Kindel*, Zur Frage der Zulässigkeit der Vertretung von Aufsichtsratsmitgliedern bei Sitzungen des gemäß § 92 Abs 4 AktG zu bildenden Jahresabschlussausschusses, GesRZ 2003, 134; *Ch. Nowotny*, Beirat – Aufsichtsrat – Ausschuss, RdW 2008/647, 699; *Rudorfer*, Teilnahme des Abschlussprüfers an Sitzungen von Kapitalgesellschaften betreffend Jahresabschluss, RWZ 1999, 321; *Sterl*, Die Zusammenarbeit von Aufsichtsrat und Wirtschaftsprüfer, RWZ 1996, 188; *Wünsch*, Die Organe der GmbH im Lichte der Novelle 1980, GesRZ 1980, 165.

Inhaltsübersicht

I. Teilnahme an Aufsichtsratssitzungen (Abs 1)	1–18
A. Zweck der Beschränkung	1
B. Teilnahme der Aufsichtsratsmitglieder	2–4
C. Teilnahme von Geschäftsführern und Liquidatoren	5–7
D. Sachverständige und Auskunftspersonen	8–10
E. Abschlussprüfer/Konzernabschlussprüfer	11, 12
F. Sonstige Personen	13–15
G. Zulässigkeit einer abweichenden Regelung	16
H. Sanktionen	17, 18
II. Teilnahme an Ausschusssitzungen (Abs 2)	19–24
A. Mitglieder des Ausschusses	19
B. Sonstige Aufsichtsratsmitglieder	20–22
C. Andere Personen	23, 24
III. Teilnahme ermächtigter Personen (Abs 3)	25–29
A. Voraussetzungen	25–27
B. Rechtsstellung	28, 29

I. Teilnahme an Aufsichtsratssitzungen (Abs 1)

A. Zweck der Beschränkung

Die Bestimmung regelt, wer zur Teilnahme an Sitzungen des AR berechtigt oder verpflichtet ist. Ihr Zweck liegt darin, die **Vertraulichkeit der Beratungen** sicherzustellen u Verletzungen der Verschwiegenheitspflicht nach Möglichkeit auszuschließen.[1]

B. Teilnahme der Aufsichtsratsmitglieder

Die Mitglieder des AR sind **zur Teilnahme** an den Sitzungen des Gesamt-AR **berechtigt u verpflichtet**. Dies wird im Gesetz als selbstverständlich vorausgesetzt u ergibt sich aus der Übernahme des Amtes.[2]

Das Teilnahmerecht geht auch dann nicht verloren, wenn ein Mitglied des AR im Einzelfall einer **Interessenkollision** unterliegt.[3] Auch ein Stimmverbot rechtfertigt es noch nicht, das Mitglied v einer Sitzung auszuschließen (s § 30g Rz 60).[4] Nur wenn durch die Teilnahme eines Mitglieds eine **konkrete Gefahr für die Gesellschaftsinteressen** besteht – etwa konkrete Anhaltspunkte für einen möglichen Geheimnisverrat gegeben sind –, kann das betr Mitglied ausnahmsweise zeitweilig v der Teilnahme an einer Sitzung ausgeschlossen werden.[5]

Ein Mitglied des AR kann auch dann vorübergehend v der Teilnahme an einer Sitzung ausgeschlossen werden, wenn es **deren Ablauf beharrlich u nachhaltig stört**.[6] Dies kann v Vorsitzenden aufgrund seiner sitzungspolizeilichen Gewalt angeordnet werden.[7]

---

1 *Reich-Rohrwig*, GmbHR I² Rz 4/220; vgl auch *Rauter* in Straube/Ratka/Rauter, GmbHG § 30h Rz 2; *A. Heidinger* in Gruber/Harrer, GmbHG² § 30h Rz 1.
2 *Koppensteiner/Rüffler*, GmbHG³ § 30h Rz 1.
3 *Koppensteiner/Rüffler*, GmbHG³ § 30h Rz 1.
4 *Reich-Rohrwig*, GmbHR I² Rz 4/222; *A. Heidinger* in Gruber/Harrer, GmbHG² § 30h Rz 3.
5 *Rauter* in Straube/Ratka/Rauter, GmbHG § 30h Rz 8; *Eckert/Schopper* in Torggler, GmbHG § 30h Rz 2; **aM** *Koppensteiner/Rüffler*, GmbHG³ § 30h Rz 1.
6 *Wünsch*, GmbHG § 30h Rz 3; *Rauter* in Straube/Ratka/Rauter, GmbHG § 30h Rz 8.
7 *Reich-Rohrwig*, GmbHR I² Rz 4/224.

C. Teilnahme von Geschäftsführern und Liquidatoren

5 Geschäftsführer dürfen an den Sitzungen des AR teilnehmen. Gleiches gilt für **Liquidatoren**. Es steht ihnen jedoch **kein Teilnahmerecht** zu.[8] Der Zutritt zur Sitzung oder zu einem Teil der Beratungen kann ihnen v Vorsitzenden oder mit Beschluss des AR auch ohne Begr verweigert werden.[9]

6 Die GF haben allerdings an Sitzungen teilzunehmen, wenn dies v AR verlangt wird. In der Praxis ist dies der Regelfall. Insbesondere wird eine **Teilnahme der GF erforderlich** sein, wenn sie Berichte zu erstatten oder den Mitgliedern des AR Auskünfte zu erteilen haben.[10]

7 Nehmen GF an einer Sitzung teil, dann steht ihnen ein **Rederecht** zu.[11] Sie können auch verlangen, dass ihre Wortmeldungen protokolliert werden.[12]

D. Sachverständige und Auskunftspersonen

8 Zur Beratung über einzelne Gegenstände können **Sachverständige u Auskunftspersonen** zugezogen werden. Die Beiziehung ist somit auf jenen Teil der Sitzung zu beschränken, zu dem der Sachverständige aufgrund seines Fachwissens oder die Auskunftsperson aufgrund ihrer Faktenkenntnis einen Beitrag leisten kann. Eine ständige Heranziehung wäre unzulässig.[13]

9 Die Beiziehung v Sachverständigen u Auskunftspersonen setzt voraus, dass sie **sachlich gerechtfertigt**, also für die Beratungen u Beschlussfassungen des AR erforderlich ist.[14] Trifft dies zu, dann kann der

---

8 *Rauter* in Straube/Ratka/Rauter, GmbHG § 30 h Rz 9.
9 *Reich-Rohrwig*, GmbHR I[2] Rz 4/225; *Rauter* in Straube/Ratka/Rauter, GmbHG § 30 h Rz 9.
10 *A. Heidinger* in Gruber/Harrer, GmbHG[2] § 30 h Rz 4; *Rauter* in Straube/Ratka/Rauter, GmbHG § 30 h Rz 11.
11 *Reich-Rohrwig*, GmbHR I[2] Rz 4/225; *Koppensteiner/Rüffler*, GmbHG[3] § 30 h Rz 2; **aM** *Rauter* in Straube/Ratka/Rauter, GmbHG § 30 h Rz 12.
12 *A. Heidinger* in Gruber/Harrer, GmbHG[2] § 30 h Rz 4; *Eckert/Schopper* in Torggler, GmbHG § 30 h Rz 3.
13 *Eckert/Schopper* in Torggler, GmbHG § 30 h Rz 4; *A. Heidinger* in Gruber/Harrer, GmbHG[2] § 30 h Rz 5.
14 *Reich-Rohrwig*, GmbHR I[2] Rz 4/226; *Rauter* in Straube/Ratka/Rauter, GmbHG § 30 h Rz 19.

AR sogar zur Beiziehung eines Sachverständigen verpflichtet sein.[15] Für einfach gelagerte Angelegenheiten wird die Heranziehung eines Sachverständigen nicht zulässig sein.[16]

Nach hA entscheidet über die Beiziehung v Sachverständigen u Auskunftspersonen zunächst der **Vorsitzende** im Rahmen der **Sitzungsleitung**.[17] Allerdings kann das Plenum des AR einen **ggt Beschluss** fassen oder aus eigener Initiative die Bestellung eines Sachverständigen beschließen.[18] Die Beauftragung des Sachverständigen erfolgt durch den Gesamt-AR.[19] Die **Kosten** für die Beiziehung eines Sachverständigen oder einer Auskunftsperson sind v der Gesellschaft zu tragen. War die Beauftragung des Sachverständigen unvertretbar, dann kann jedoch ein Regressanspruch gegen den AR bestehen.[20]

E. Abschlussprüfer/Konzernabschlussprüfer

Zu den Sitzungen, die sich mit der **Prüfung des JA**, des Vorschlags für die Gewinnverteilung u des Lageberichts beschäftigen, ist der **Abschlussprüfer** beizuziehen. Gleiches gilt in Bezug auf den Konzernabschlussprüfer für die Sitzungen, die sich mit der **Prüfung eines** allfälligen **Konzernabschlusses** beschäftigen.[21] Damit soll den Mitgliedern der AR ermöglicht werden, bei der Beratung über den JA etc sofort sachkundige Auskunft zu erlangen.[22] Der Abschlussprüfer darf jedoch nicht an der gesamten Sitzung teilnehmen, falls auch noch andere Tagesordnungspunkte behandelt werden.[23] Zur Frage, ob v einer Sitzung ab-

---

15 *A. Heidinger* in Gruber/Harrer, GmbHG² § 30h Rz 6.
16 *Eckert/Schopper* in Torggler, GmbHG § 30h Rz 4.
17 *Reich-Rohrwig*, GmbHR I² Rz 4/226; *Kalss* in Kalss/Kunz, HB AR² Kap 23 Rz 41; aM *Koppensteiner/Rüffler*, GmbHG³ § 30h Rz 3.
18 *Rauter* in Straube/Ratka/Rauter, GmbHG § 30h Rz 17; *A. Heidinger* in Gruber/Harrer, GmbHG² § 30h Rz 8.
19 *A. Heidinger* in Gruber/Harrer, GmbHG² § 30h Rz 8.
20 *Reich-Rohrwig*, GmbHR I² Rz 4/226; *Rauter* in Straube/Ratka/Rauter, GmbHG § 30h Rz 22.
21 Dass das Gesetz den Konzernlagebericht nicht explizit erwähnt, dürfte auf einen Redaktionsfehler zurückgehen (so auch *Rauter* in Straube/Ratka/Rauter, GmbHG § 30h Rz 24).
22 *Eckert/Schopper* in Torggler, GmbHG § 30h Rz 5.
23 *Rauter* in Straube/Ratka/Rauter, GmbHG § 30h Rz 26.

gesehen werden kann u wie in diesem Fall der Abschlussprüfer einzubeziehen ist, s § 30g Rz 79.

12 Wird der Verpflichtung zur Beiziehung des Abschlussprüfers nicht entsprochen, dann macht dies die v AR gefassten **Beschlüsse weder unwirksam noch anfechtbar**.[24] Die Mitglieder des AR haften jedoch für allfällige Schäden, die der Gesellschaft daraus entstehen.[25]

F. Sonstige Personen

13 Die Beiziehung weiterer Personen zu Sitzungen des AR ist grds unzulässig. Allgemein anerkannt ist jedoch, dass **Hilfspersonen**, wie **Protokollführer oder Dolmetscher**, beigezogen werden dürfen.[26] Allerdings wird darauf zu achten sein, dass auch solche Personen die **Vertraulichkeit** der Beratungen wahren.[27]

14 Nach hM ist aber ein **Protokollführer** nicht zuzulassen, wenn ein Mitglied des AR seiner Beiziehung widerspricht.[28] Ein **Dolmetscher** ist bei Bedarf heranzuziehen; es könne jedoch Einwände gegen die Person erhoben werden u der AR kann einen anderen Dolmetscher auswählen.[29]

15 **Ehemalige Mitglieder des AR** – auch wenn sie zum **Ehrenmitglied** oder **Ehrenvorsitzenden** ernannt wurden – sind grds nicht zur Teilnahme an Sitzungen berechtigt. Sie können jedoch im Einzelfall als Sachverständige oder Auskunftspersonen beigezogen werden.[30] Auch bei der Beiziehung **künftiger Mitglieder des AR** – mag sie auch im Einzelfall zweckmäßig erscheinen – ist Zurückhaltung geboten.[31] **Ersatz-**

---

24 *A. Heidinger* in Gruber/Harrer, GmbHG² § 30h Rz 13; *Rauter* in Straube/Ratka/Rauter, GmbHG § 30h Rz 27 u § 30g Rz 264.
25 *Eckert/Schopper* in Torggler, GmbHG § 30h Rz 5.
26 *Koppensteiner/Rüffler*, GmbHG³ § 30h Rz 4; *Reich-Rohrwig*, GmbHR I² Rz 4/220.
27 *Eckert/Schopper* in Torggler, GmbHG § 30h Rz 6.
28 *Koppensteiner/Rüffler*, GmbHG³ § 30h Rz 4; *A. Heidinger* in Gruber/Harrer, GmbHG² § 30h Rz 11; **aM** *Eckert/Schopper* in Torggler, GmbHG § 30h Rz 6, die einen Beschluss des AR verlangen.
29 *Reich-Rohrwig*, GmbHR I² Rz 4/220; *Rauter* in Straube/Ratka/Rauter, GmbHG § 30h Rz 41.
30 *Wünsch*, GmbHG § 30h Rz 10; *Rauter* in Straube/Ratka/Rauter, GmbHG § 30h Rz 23.
31 *Wünsch*, GmbHG § 30h Rz 10; *Rauter* in Straube/Ratka/Rauter, GmbHG § 30h Rz 8/2.

mitglieder des AR sind grds nicht teilnahmeberechtigt, solange sie nicht ein ausgeschiedenes Mitglied ersetzen.[32]

G. Zulässigkeit einer abweichenden Regelung

Die Bestimmung ist **zwingendes Recht**. Der gesetzl beschränkte Teilnehmerkreis kann daher durch den GesV nicht erweitert werden.[33] Zulässig wäre es allerdings, im GesV die Sitzungsteilnahme v GF näher zu regeln.[34]

16

H. Sanktionen

Die Teilnahme unbefugter Personen an einer Sitzung des AR macht die **gefassten Beschlüsse nicht** per se **unwirksam**.[35] Hingegen wäre ein Beschluss des AR nichtig, wenn ein Dritter die Beschlussfassung beeinflusst hat, insb wenn er an der Beschlussfassung mitgewirkt u seine Stimme den Ausschlag gegeben hat.[36]

17

Allerdings kann sich der AR – insb der Vorsitzende – **haftbar** machen, wenn er eine nichtberechtigte Person zu einer Sitzung zulässt, va wenn diese an vertrauliche Informationen gelangt u der Gesellschaft dadurch ein Schaden entsteht.[37]

18

---

32 *Rauter* in Straube/Ratka/Rauter, GmbHG § 30h Rz 8/2.
33 *Wünsch*, GmbHG § 30h Rz 5; *Reich-Rohrwig*, GmbHR I² Rz 4/220220; für eine teleologische Reduktion im GmbH-Konzern *Hartlieb/Zollner*, GES 2023, 282.
34 Dazu *Koppensteiner/Rüffler*, GmbHG³ § 30h Rz 5.
35 *Eckert/Schopper* in Torggler, GmbHG § 30h Rz 8.
36 *Wünsch*, GmbHG § 30h Rz 6; *Reich-Rohrwig*, GmbHR I² Rz 4/221; *Rauter* in Straube/Ratka/Rauter, GmbHG § 30h Rz 39.
37 *A. Heidinger* in Gruber/Harrer, GmbHG² § 30h Rz 13; *Eckert/Schopper* in Torggler, GmbHG § 30h Rz 8.

II. Teilnahme an Ausschusssitzungen (Abs 2)

A. Mitglieder des Ausschusses

19 Die Mitglieder des Ausschusses sind **zur Teilnahme an Ausschusssitzungen berechtigt u verpflichtet**.[38] Bei **Interessenkonflikten** eines Ausschussmitglieds gilt sinngemäß das Gleiche wie für den Gesamt-AR (s oben Rz 3).

B. Sonstige Aufsichtsratsmitglieder

20 Grundsätzlich dürfen Mitglieder des AR auch an Sitzungen eines Ausschusses teilnehmen, dem sie nicht angehören. Sie können sich in der Sitzung auch zu Wort melden, verfügen jedoch über kein Stimmrecht;[39] sie sind auch für die Beschlussfähigkeit des Ausschusses nicht mitzuzählen.

21 Der GesV u der Vorsitzende des AR können jedoch **Nichtmitglieder des Ausschusses** v Ausschusssitzungen **ausschließen**. Dies hat aber in einer **diskriminierungsfreien Weise** zu geschehen; eine unsachliche Ungleichbehandlung der AR-Mitglieder ist zu vermeiden.[40] Eine Ungleichbehandlung ist jedoch zulässig, wenn sie sachlich begründet ist.[41] Dies wird etwa anzunehmen sein, wenn eine vertrauliche Materie im Ausschuss zu behandeln ist u ein Mitglied des AR insoweit einem Interessenkonflikt unterliegt. Ferner können die AN-Vertreter v der Teilnahme an Sitzungen des Ausschusses ausgeschlossen werden, der für die Beziehungen zw der Gesellschaft u den GF eingerichtet wurde, um dem Zweck des § 30g Abs 4 S 2 zu entsprechen. Strittig ist allerdings, ob die AN-Vertreter in diesem Fall ex lege ausgeschlossen sind oder ein Ausschluss gem Abs 2 eigens verfügt werden muss.[42]

---

[38] *A. Heidinger* in Gruber/Harrer, GmbHG[2] § 30h Rz 14; *Rauter* in Straube/Ratka/Rauter, GmbHG § 30h Rz 43.

[39] *A. Heidinger* in Gruber/Harrer, GmbHG[2] § 30h Rz 17.

[40] *Koppensteiner/Rüffler*, GmbHG[3] § 30h Rz 8; *Eckert/Schopper* in Torggler, GmbHG § 30h Rz 10.

[41] *Eckert/Schopper* in Torggler, GmbHG § 30h Rz 10.

[42] Für einen Ausschluss ex lege *Reich-Rohrwig*, GmbHR I[2] Rz 4/285, 4/303, sowie *A. Heidinger* in Gruber/Harrer, GmbHG[2] § 30h Rz 15; **aM** *Rauter* in Straube/Ratka/Rauter, GmbHG § 30h Rz 44.

Das **Recht des Vorsitzenden** gem Abs 2 ist zwingend; es kann v ihm nicht delegiert werden.[43] Dem Ausschussvorsitzenden steht dieses Recht nicht zu.[44] Der Vorsitzende selbst kann stets auch an Sitzungen v Ausschüssen teilnehmen, deren Mitglied er nicht ist.[45]

C. Andere Personen

Für die **Teilnahme anderer Personen** an Ausschusssitzungen gelten grds die gleichen Regeln wie für Sitzungen des Gesamt-AR (s Rz 5 ff u 13 ff). Auch zu Ausschusssitzungen können daher **GF u Liquidatoren** beigezogen werden. Ebenso kann der Ausschuss bei Bedarf **Sachverständige oder Auskunftspersonen** heranziehen. Für die Teilnahme eines **Protokollführers oder Dolmetschers** gilt ebenfalls das oben Gesagte.

Den Sitzungen des Prüfungsausschusses, die sich mit der Prüfung des JA bzw Konzernabschlusses beschäftigen, ist der **Abschlussprüfer bzw Konzernabschlussprüfer** zuzuziehen (§ 30g Abs 4a Z 2).

III. Teilnahme ermächtigter Personen (Abs 3)

A. Voraussetzungen

Nach Abs 3 können sich Mitglieder des AR bei Sitzungen des AR oder eines Ausschusses **durch eine dritte Person substituieren** lassen. Voraussetzung ist, dass eine solche Substitution **im GesV zugelassen** wird. Der GesV kann hierfür auch Einschränkungen vorsehen.[46] Ferner benötigt der Dritte eine **schriftliche Ermächtigung** des AR-Mitglieds.[47] Die Ermächtigung hat sich auf eine bestimmte Sitzung zu beziehen.[48]

---

43 *Koppensteiner/Rüffler*, GmbHG³ § 30h Rz 8; *Rauter* in Straube/Ratka/Rauter, GmbHG § 30h Rz 45.
44 *Wünsch*, GmbHG § 30h Rz 19.
45 *Reich-Rohrwig*, GmbHR I² Rz 4/286.
46 S die Bsp bei *Reich-Rohrwig*, GmbHR I² Rz 4/228, u bei *Rauter* in Straube/Ratka/Rauter, GmbHG § 30h Rz 30.
47 Nach hM genügt die Übermittlung der Urkunde mittels Telefax oder als PDF-Datei; dazu *Reich-Rohrwig*, GmbHR I² Rz 4/228 u *Rauter* in Straube/Ratka/Rauter, GmbHG § 30h Rz 31.
48 *Rauter* in Straube/Ratka/Rauter, GmbHG § 30h Rz 31.

26 Die Regelung durchbricht das Prinzip der persönlichen Amtsausübung.[49] Eine weitere Besonderheit besteht darin, dass auf diese Weise – anders als bei einer Vertretung gem § 30j Abs 6 (vgl § 30j Rz 100) – einem **Nichtmitglied die Teilnahme an einer AR- oder Ausschusssitzung ermöglicht** werden kann. Die ermächtigte Person ist jedoch für die Feststellung der Beschlussfähigkeit nicht zu berücksichtigen.[50]

27 In der Praxis wird die Möglichkeit einer Ermächtigung nach Abs 3 nur selten genützt, da eine Vertretung gem § 30j Abs 6 eher praktikabel ist. Das Mitglied darf v dieser Möglichkeit nur Gebrauch machen, wenn es v **der Teilnahme an der Sitzung verhindert** ist.[51] Es haftet für die ermächtigte Person als Erfüllungsgehilfen (§ 1313a ABGB).[52]

B. Rechtsstellung

28 Die ermächtigte Person ist als **bloßer Stimmbote** u nicht als Stellvertreter (wie nach § 30j Abs 6) anzusehen. Sie kann daher nicht selbst an Abstimmungen teilnehmen; sie kann jedoch **schriftliche Stimmabgaben** des Mitglieds überbringen. Die Stimmabgabe ist v Mitglied zu unterfertigen, dem Sitzungsleiter zu übergeben u dem Protokoll beizufügen.[53] Unzulässig wäre es, wenn der Bote mit mehreren Stimmabgaben ausgestattet ist u in der Sitzung selbst entscheidet, v welcher er Gebrauch macht.[54] Er darf jedoch in der Sitzung das Wort ergreifen u fungiert insoweit als **„Sprachrohr"** des AR-Mitglieds.[55]

29 Die **Kosten des Boten** sind v der Gesellschaft zu ersetzen, soweit sie auch dem Mitglied selbst zu ersetzen wären.[56]

---

49 *Koppensteiner/Rüffler*, GmbHG³ § 30h Rz 6; *A. Heidinger* in Gruber/Harrer, GmbHG² § 30h Rz 12.
50 *Eckert/Schopper* in Torggler, GmbHG § 30h Rz 11.
51 Dazu *Rauter* in Straube/Ratka/Rauter, GmbHG § 30h Rz 30.
52 *Reich-Rohrwig*, GmbHR I² Rz 4/230.
53 *Wünsch*, GmbHG § 30h Rz 44 f; *Rauter* in Straube/Ratka/Rauter, GmbHG § 30h Rz 32.
54 *Reich-Rohrwig*, GmbHR I² Rz 4/229; *Eckert/Schopper* in Torggler, GmbHG § 30h Rz 11.
55 *Reich-Rohrwig*, GmbHR I² Rz 4/229; *A. Heidinger* in Gruber/Harrer, GmbHG² § 30h Rz 12.
56 *Koppensteiner/Rüffler*, GmbHG³ § 30h Rz 6; *Rauter* in Straube/Ratka/Rauter, GmbHG § 30h Rz 37.

§ 30i. (1) ¹Jedes Aufsichtsratsmitglied oder die Geschäftsführer können unter Angabe des Zwecks und der Gründe verlangen, daß der Vorsitzende des Aufsichtsrats unverzüglich den Aufsichtsrat einberuft. ²Die Sitzung muß binnen zwei Wochen nach der Einberufung stattfinden.

(2) Wird einem von mindestens zwei Aufsichtsratsmitgliedern oder von den Geschäftsführern geäußerten Verlangen nicht entsprochen, so können die Antragsteller unter Mitteilung des Sachverhalts selbst den Aufsichtsrat einberufen.

(3) ¹Der Aufsichtsrat muß mindestens viermal im Geschäftsjahr eine Sitzung abhalten. ²Die Sitzungen haben vierteljährlich stattzufinden.

idF BGBl I 1997/114

Literatur: *Geppert/Moritz*, Gesellschaftsrecht für Aufsichtsräte (1979); *Geppert/Moritz*, Gesellschaftsrechtsänderungsgesetz (1984); *Kastner*, Gesellschaft mbH Gesetz-Novelle 1980, JBl 1980, 617; *Kastner*, Insolvenzrecht und Gesellschaftsrecht, GesRZ 1982, 213; *Kastner*, Aufsichtsrat und Realität, in FS Strasser (1993) 843; *Wünsch*, Die Organe der GmbH im Lichte der Novelle 1980, GesRZ 1980, 165.

Inhaltsübersicht

I. Einberufung von Aufsichtsratssitzungen	1–33
A. Durch Vorsitzenden/Stellvertreter (Abs 1)	1–9
1. Nach eigenem Ermessen	1–3
2. Auf Verlangen eines Aufsichtsratsmitglieds oder der Geschäftsführer	4–9
B. Form der Einberufung	10
C. Inhalt der Einberufung/Unterlagen	11–16
D. Einzuladende Personen	17–19
E. Frist für Einberufung	20
F. Ersatzweise Einberufung (Abs 2)	21–29
1. Durch Aufsichtsratsmitglieder	21, 22
2. Durch Geschäftsführer	23
3. Form und Inhalt	24, 25
4. Adressat	26
5. Frist	27
6. Kosten	28
7. Abweichende Regelung	29
G. Ergänzung der Tagesordnung	30
H. Mängel der Einberufung – Rechtsfolgen	31
I. Einberufung von Ausschusssitzungen	32, 33

II. Zahl und Frequenz der Sitzungen (Abs 3) 34–45
   A. Mindestzahl der Sitzungen 34–37
   B. Frequenz der Sitzungen 38, 39
   C. Sanktionen 40–43
   D. Zahl und Frequenz von Ausschusssitzungen 44, 45

I. Einberufung von Aufsichtsratssitzungen

A. Durch Vorsitzenden/Stellvertreter (Abs 1)

1. Nach eigenem Ermessen

1 Die Einberufung v AR-Sitzungen obliegt grds dem **Vorsitzenden des AR**. Dies wird in Abs 1 vorausgesetzt.[1] Im Falle der Verhinderung des Vorsitzenden geht die Zuständigkeit auf den **Stellvertreter** über. Sollte auch dieser verhindert sein, dann kommt das Einberufungsrecht **zwei Mitgliedern des AR** oder **den GF** zu (Analogie zu Abs 2).[2]

2   Es spricht jedoch nichts dagegen, wenn der Vorsitzende die **praktische Durchführung der Einberufung** an die GF oder einen geeigneten Mitarbeiter der Gesellschaft (zB Leiter der Rechtsabteilung) delegiert.[3]

3   Die Einberufung liegt – v Falle eines Einberufungsverlangens gem Abs 1 abgesehen – im **pflichtgemäßen Ermessen des Vorsitzenden**. Sitzungen sind daher – auch über die Mindestzahl gem Abs 3 hinaus – **nach Bedarf u im Interesse der Gesellschaft** einzuberufen, um dem AR die Erfüllung seiner Aufgaben zu ermöglichen.[4] Dabei ist zu berücksichtigen, dass der AR zwar auch außerhalb v Sitzungen Beschlüsse fassen kann; dies soll aber nach den Wertungen des Gesetzes nicht zur Regel werden.[5]

---

[1] *Rauter* in Straube/Ratka/Rauter, GmbHG § 30i Rz 14; *Eckert/Schopper* in Torggler, GmbHG § 30i Rz 3.
[2] *Koppensteiner/Rüffler*, GmbHG³ § 30i Rz 5; *Wünsch*, GmbHG § 30i Rz 6.
[3] *Rauter* in Straube/Ratka/Rauter, GmbHG § 30i Rz 17.
[4] *Reich-Rohrwig*, GmbHR I² Rz 4/216; *Wünsch*, GmbHG § 30i Rz 4.
[5] *A. Heidinger* in Gruber/Harrer, GmbHG² § 30i Rz 4; *Rauter* in Straube/Ratka/Rauter, GmbHG § 30i Rz 16.

2. Auf Verlangen eines Aufsichtsratsmitglieds oder der Geschäftsführer

Jedem AR-Mitglied (auch einem AN-Vertreter) steht das Recht zu, unter Angabe des Zwecks u der Gründe die Einberufung einer AR-Sitzung zu verlangen. Das gleiche Recht steht auch **den GF** zu. 4

Hat die Gesellschaft mehrere GF, dann bedarf dies nach hM eines **entspr Beschlusses**.[6] Nach der **Gegenansicht** kann das Einberufungsverlangen hingegen auch v einem **einzelnen GF** gestellt werden.[7] Der Gegenansicht ist zu folgen, wenn man davon ausgeht, dass sogar eine GV v einem einzelnen GF einberufen werden kann.[8] 5

Das **Einberufungsverlangen** ist an den Vorsitzenden, bei dessen Verhinderung an seinen Stellvertreter zu richten. Es bedarf keiner bestimmten Form, sofern nicht GesV oder GO eine solche vorschreiben.[9] Die Einhaltung der Schriftform wird aber zweckmäßig sein.[10] In dem Einberufungsverlangen sind der **Zweck der Sitzung** – also die gewünschten Beratungs- u Beschlussgegenstände – sowie die **Gründe für das Verlangen** anzugeben. Ferner ist die **Dringlichkeit der Einberufung** darzulegen.[11] 6

Das Recht, die Einberufung einer Sitzung zu verlangen, ist **zwingender Natur** u kann durch den GesV weder eingeschränkt noch ausgeschlossen werden. Erweiterungen u Präzisierungen, wie etwa die Anordnung der Schriftform, werden jedoch für zulässig angesehen.[12] 7

Wenn das Verlangen den erforderlichen Inhalt aufweist, ist der **Vorsitzende grds verpflichtet, eine Sitzung** mit der gewünschten Tagesordnung **einzuberufen**. Eine inhaltliche Überprüfung des Antrags steht ihm nicht zu. Die Sitzung ist also auch dann einzuberufen, wenn der Vorsitzende sie für unnötig ansieht.[13] Anderes gilt nur, wenn die Ein- 8

---

6 *Koppensteiner/Rüffler*, GmbHG[3] § 30i Rz 3; *Rauter* in Straube/Ratka/Rauter, GmbHG § 30i Rz 19; *Umfahrer*, GmbH[7] Rz 6.62 FN 1719.
7 *Reich-Rohrwig*, GmbHR I[2] Rz 4/210.
8 *A. Heidinger* in Gruber/Harrer, GmbHG[2] § 30i Rz 10; s dazu § 36 Rz 9.
9 *Reich-Rohrwig*, GmbHR I[2] Rz 4/210; *Rauter* in Straube/Ratka/Rauter, GmbHG § 30i Rz 20.
10 *Wünsch*, GmbHG § 30i Rz 23.
11 *Reich-Rohrwig*, GmbHR I[2] Rz 4/210; *Rauter* in Straube/Ratka/Rauter, GmbHG § 30i Rz 20.
12 *A. Heidinger* in Gruber/Harrer, GmbHG[2] § 30i Rz 13; *Eckert/Schopper* in Torggler, GmbHG § 30i Rz 4.
13 *Reich-Rohrwig*, GmbHR I[2] Rz 4/210; *Rauter* in Straube/Ratka/Rauter, GmbHG § 30i Rz 21.

berufung **rechtsmissbräuchlich** verlangt wird. Dies wird etwa anzunehmen sein, wenn der AR für den gewünschten Gegenstand der Sitzung gar nicht zuständig ist, wenn der gewünschte Beschluss gesetz- oder satzungswidrig wäre, ferner wenn sich der AR schon abschließend mit dem Thema beschäftigt hat u keine neuen Umstände hervorgetreten sind, aber wohl auch dann, wenn es offenkundig an einer Dringlichkeit fehlt.[14] Entspricht das Auskunftsverlangen den gesetzl Voraussetzungen, dann muss die Sitzung **binnen zwei Wochen** nach der Einberufung stattfinden. Diese Frist ist zwingend u soll mögliche Verzögerungen durch den Vorsitzenden hintanhalten.[15] Die Einhaltung einer kürzeren Frist ist zulässig, solange den Mitgliedern des AR eine ausreichende Zeit zur Vorbereitung verbleibt. Nicht ausdrücklich geregelt ist, innerhalb welcher Frist der Vorsitzende die Einberufung auszusenden hat. Aus dem Zweck der Regelung ergibt sich jedoch, dass dies **ohne Verzug** geschehen muss.[16]

9 Kommt der Vorsitzende einem gesetzmäßig erhobenen Einberufungsverlangen nicht nach, dann haftet er gem § 33 für allfällige Schäden.[17]

B. Form der Einberufung

10 Das Gesetz statuiert für die Einberufung v AR-Sitzungen – anders als für die Einberufung einer GV (§ 38 Abs 1) – **keine besondere Form**. Grundsätzlich kann die Einberufung daher schriftlich oder mündlich, per Telefax, Telefon, E-Mail oder durch andere elektronische Übermittlungsformen erfolgen.[18] Allerdings kann der GesV oder die GO eine bestimmte Form – wie Schriftlichkeit oder rekommandiertes Schreiben – vorschreiben.[19] Auch wenn dies nicht der Fall ist, empfiehlt sich in der Praxis, die Einberufung schriftlich vorzunehmen oder zu bestätigen.[20]

---

14 *Wünsch*, GmbHG § 30i Rz 24; *Rauter* in Straube/Ratka/Rauter, GmbHG § 30i Rz 21.
15 *A. Heidinger* in Gruber/Harrer, GmbHG² § 30i Rz 12.
16 *Koppensteiner/Rüffler*, GmbHG³ § 30i Rz 3; *Rauter* in Straube/Ratka/Rauter, GmbHG § 30i Rz 23.
17 *Wünsch*, GmbHG § 30i Rz 25.
18 *Wünsch*, GmbHG § 30i Rz 9; *Rauter* in Straube/Ratka/Rauter, GmbHG § 30i Rz 34.
19 *A. Heidinger* in Gruber/Harrer, GmbHG² § 30i Rz 5.
20 *Eiselsberg/Bräuer* in Kalss/Kunz, HB AR² Kap 24 Rz 70.

Zu Beweiszwecken kann auch ein rekommandiertes Schreiben zweckmäßig sein.

C. Inhalt der Einberufung/Unterlagen

In der Einberufung sind zunächst **Sitzungstermin** u **Sitzungsort** anzugeben. **11**

Der **Sitzungstermin** ist so zu wählen, dass möglichst alle Mitglieder **12** des AR teilnehmen können.[21] In der Praxis empfiehlt es sich, die Termine für die quartalsmäßigen Sitzungen des kommenden Geschäftsjahres einvernehmlich im Voraus festzulegen („**Sitzungskalender**").[22] Dies ersetzt allerdings nicht die ordnungsgemäße Einberufung jeder einzelnen Sitzung.

Sitzungsort ist idR der Sitz der Gesellschaft. Ein anderer Sitzungsort **13** darf nur bestimmt werden, wenn es dafür ausreichende Gründe gibt oder alle Mitglieder des AR zustimmen.[23] Der Sitzungsort kann auch in der GO festgelegt werden. Unter den genannten Voraussetzungen – insb wenn es den Mitgliedern des AR zumutbar ist – kann eine Sitzung auch im Ausland abgehalten werden.[24]

In der Einberufung sind auch die zur Beratung u Beschlussfassung **14** vorgesehenen Gegenstände anzuführen (sog **Tagesordnung**). Die **Beschlussgegenstände** sind eindeutig zu bezeichnen; es müssen jedoch noch keine Beschlussanträge vorliegen.[25] Der Vorsitzende kann die Tagesordnung auch ändern oder ergänzen, sofern immer noch eine ausreichende Vorbereitung möglich ist.[26]

Ein **Tagesordnungspunkt „Allfälliges"** ermöglicht nicht, dass über **15** beliebige Gegenstände Beschlüsse gefasst werden können; es fehlt an der erforderlichen Konkretisierung der Tagesordnung.[27] Sind allerdings sämtliche Mitglieder des AR bei der Sitzung anwesend, dann können im allseitigen Einvernehmen auch Beschlüsse zu Gegenständen gefasst wer-

---

21 *Rauter* in Straube/Ratka/Rauter, GmbHG § 30i Rz 35.
22 *Eiselsberg/Bräuer* in Kalss/Kunz, HB AR² Kap 24 Rz 64 ff.
23 *Koppensteiner/Rüffler*, GmbHG³ § 30i Rz 9; *Rauter* in Straube/Ratka/Rauter, GmbHG § 30i Rz 37.
24 *Rauter* in Straube/Ratka/Rauter, GmbHG § 30i Rz 37.
25 *Rauter* in Straube/Ratka/Rauter, GmbHG § 30i Rz 42.
26 *Koppensteiner/Rüffler*, GmbHG³ § 30i Rz 9.
27 *Rauter* in Straube/Ratka/Rauter, GmbHG § 30i Rz 45.

den, die nicht auf der Tagesordnung stehen. Eine **bloße Beratung v Angelegenheiten** ohne Beschlussfassung ist ohnedies stets zulässig.

16 Mit der Einladung zur Sitzung sind auch die **Unterlagen auszusenden**, die zu einer **adäquaten Vorbereitung** auf die einzelnen Punkte der Tagesordnung erforderlich sind.[28] Dies gilt insb für die Unterlagen gem § 30k Abs 1, aber auch für Unterlagen über die Geschäfte, die gem § 30j Abs 5 der Zustimmung des AR unterliegen. Schließlich sind auch die Berichte gem § 28a u § 30j Abs 2 den Mitgliedern des AR zur Verfügung zu stellen.[29] Können die Unterlagen nicht bereits mit der Einladung ausgeschickt werden, dann sind sie den AR-Mitgliedern idR eine angemessene Zeit vor der Sitzung zu übermitteln.[30] Nur ausnahmsweise sollen Unterlagen dem AR in Form v **Tischvorlagen** erst in der Sitzung zur Verfügung gestellt werden. Dies kommt in Betracht, wenn die Unterlagen nicht früher vorliegen, jedoch zur Behandlung v Tagesordnungspunkten benötigt werden; allenfalls kann dies die Unterbrechung einer Sitzung erforderlich machen, um ein Studium einer Tischvorlage zu ermöglichen.

D. Einzuladende Personen

17 Die Einladung ist **an alle Personen** zu richten, die ein **Teilnahmerecht** haben. Dies umfasst **sämtliche Mitglieder des AR**.[31] Sollte nach Aussendung der Einladung, aber vor dem Sitzungstermin ein neuer AN-Vertreter in den AR entsandt werden, dann wird dieser nacheinzuladen sein.[32] Auch Mitglieder des AR, für die im Einzelfall aufgrund einer Interessenkollision ein Stimmverbot gilt, sind einzuladen; in gravierenden Fällen können sie aber v der Sitzung im erforderlichen Umfang ausgeschlossen werden.[33] Zu den Sitzungen, zu denen der **Abschlussprüfer** zuzuziehen ist (§ 30h Abs 1), ist auch dieser einzuladen.

---

28 *Reich-Rohrwig*, GmbHR I² Rz 4/219; *Koppensteiner/Rüffler*, GmbHG³ § 30i Rz 10.
29 *Koppensteiner/Rüffler*, GmbHG³ § 30i Rz 10; *Rauter* in Straube/Ratka/Rauter, GmbHG § 30i Rz 49; **aM** *Reich-Rohrwig*, GmbHR I² Rz 4/219.
30 *Rauter* in Straube/Ratka/Rauter, GmbHG § 30i Rz 50.
31 *A. Heidinger* in Gruber/Harrer, GmbHG² § 30i Rz 6.
32 Gem § 8a AR-VO beginnt die Mitgliedschaft mit der Mitteilung der Entsendung an den Vorsitzenden des AR.
33 *Reich-Rohrwig*, GmbHR I² Rz 4/222 u 4/223.

Geschäftsführer u Liquidatoren müssen zur Sitzung nicht eingeladen werden, da sie kein Teilnahmerecht haben. Über ihre Einladung entscheidet der Vorsitzende oder allenfalls der Gesamt-AR. In der Regel wird es aber zweckmäßig sein, die GF zu den Sitzungen des AR beizuziehen, damit sie zur Beantwortung v Fragen u für Diskussionen zur Verfügung stehen.[34] Werden GF zu einer Sitzung eingeladen, dann sind sie auch zur Teilnahme verpflichtet.

Sollen **Sachverständiger u Auskunftspersonen** zur Beratung über einzelne Gegenstände zugezogen werden, dann sind auch sie einzuladen (§ 30h Abs 1).

E. Frist für Einberufung

Eine bestimmte **Einberufungsfrist** ist im Gesetz – anders als bei einem Einberufungsverlangen – **nicht vorgeschrieben**. Der GesV oder die GO kann jedoch eine Einberufungsfrist vorsehen.[35] In Ermangelung einer solchen hat die Frist **angemessen** zu sein. Insbesondere hat der Vorsitzende zu berücksichtigen, dass den Mitgliedern des AR eine Teilnahme möglich ist u sie sich angemessen auf die Gegenstände der Tagesordnung vorbereiten können.[36] Grundsätzlich wird die Einhaltung einer Frist v mehr als zwei Wochen nicht erforderlich sein.[37] In Krisensituationen haben die Mitglieder des AR auch eine kürzere Einberufungsfrist hinzunehmen.[38]

F. Ersatzweise Einberufung (Abs 2)

1. Durch Aufsichtsratsmitglieder

Kommt der Vorsitzende des AR einem Einberufungsverlangen gem Abs 1 nicht nach, dann steht den Mitgliedern des AR, die ein solches Verlangen gestellt haben, ein **subsidiäres Recht zur Selbsteinberufung**

---

34 *Reich-Rohrwig*, GmbHR I² Rz 4/218; *Rauter* in Straube/Ratka/Rauter, GmbHG § 30i Rz 33.
35 *Wünsch*, GmbHG § 30i Rz 10.
36 *Eckert/Schopper* in Torggler, GmbHG § 30i Rz 7; *Rauter* in Straube/Ratka/Rauter, GmbHG § 30i Rz 36.
37 *Koppensteiner/Rüffler*, GmbHG³ § 30i Rz 8.
38 *Rauter* in Straube/Ratka/Rauter, GmbHG § 30i Rz 36.

zu. Anders als beim Einberufungsverlangen kann dieses Recht aber nur v **mind zwei Mitgliedern des AR gemeinsam** ausgeübt werden (wobei nicht zw Kapital- u AN-Vertretern unterschieden wird).

22 Voraussetzung hierfür ist zunächst, dass mind zwei Mitglieder des AR (gemeinsam oder getrennt, aber zeitgleich) ein Einberufungsverlangen mit gleichem Inhalt gestellt haben. Nicht ausreichend wäre es, wenn nur ein Mitglied des AR die Einberufung einer Sitzung verlangt hat u sich ihm nachträglich ein anderes anschließt.[39] Weitere Voraussetzung ist, dass der Vorsitzende die verlangte Einberufung einer Sitzung abgelehnt oder allenfalls die Sitzung nicht zeitgerecht einberufen hat.[40] Schließlich muss v dem **„Selbsthilferecht"** in angemessener Frist Gebrauch gemacht werden. Zwischen dem erfolglosen Einberufungsverlangen u der ersatzweisen Einberufung durch die Antragsteller hat daher ein zeitlicher u sachlicher Zusammenhang zu bestehen.[41]

2. Durch Geschäftsführer

23 Das Recht zur ersatzweisen Einberufung steht auch den **GF** zu, sofern sie ein Einberufungsverlangen gestellt haben u diesem nicht entsprochen wurde. Nach hM setzt dies – wenn mehrere GF vorhanden sind – einen **GF-Beschluss** voraus.[42] Nach der Gegenmeinung genügt es bei Vorhandensein mehrerer GF, wenn die ersatzweise Einberufung **durch zwei GF** vorgenommen wird.[43] Wenngleich diese Gegenansicht überzeugend begründet erscheint, wird es sich in der Praxis empfehlen, vorsorglich einen GF-Beschluss einzuholen.

---

39 *Wünsch*, GmbHG § 30i Rz 32.
40 Nach *Reich-Rohrwig*, GmbHR I² Rz 4/211, kommt die Überschreitung der Zweiwochenfrist der Ablehnung gleich. Nach *Wünsch*, GmbHG § 30i Rz 31, kann bereits nach Verstreichen v etwa acht Tagen v Selbsteinberufungsrecht Gebrauch gemacht werden.
41 *Rauter* in Straube/Ratka/Rauter, GmbHG § 30i Rz 26; *Eckert/Schopper* in Torggler, GmbHG § 30i Rz 11.
42 *Koppensteiner/Rüffler*, GmbHG³ § 30i Rz 3; *Rauter* in Straube/Ratka/Rauter, GmbHG § 30i Rz 26.
43 *A. Heidinger* in Gruber/Harrer, GmbHG² § 30i Rz 15; vgl auch *Reich-Rohrwig*, GmbHR I² Rz 4/210, nach dem ein Einberufungsverlangen v einem einzelnen GF gestellt werden kann.

3. Form und Inhalt

Auch die Selbsteinberufung bedarf **keiner besonderen Form**. Schon zu Beweiszwecken sollte sie aber schriftlich, zweckmäßigerweise mit eingeschriebenem Brief, erfolgen.[44]

Der **Inhalt** hat grds jenem einer Einberufung durch den Vorsitzenden zu entsprechen (oben Rz 11 ff). Zusätzlich ist der **SV** darzulegen, aus dem sich das **Recht zur ersatzweisen Einberufung** ergibt (Gründe für die Sitzung; Dringlichkeit; erfolgloses Einberufungsverlangen).[45]

4. Adressat

Die Selbsteinberufung ist an alle Personen zu richten, die zur Teilnahme an der Sitzung berechtigt sind, jedenfalls also an **sämtliche Mitglieder des AR** (s oben Rz 17 ff). Auch die ersatzweise einberufene Sitzung wird **v Vorsitzenden geleitet**.[46] Sollten der Vorsitzende u sein Stellvertreter versuchen, durch ihre Abwesenheit die Abhaltung der Sitzung zu verhindern, dann können die erschienenen Mitglieder des AR für diese Sitzung einen **Ad-hoc-Vorsitzenden** wählen.[47]

5. Frist

Die ersatzweise Einberufung des AR hat **unverzüglich** zu erfolgen, sobald feststeht, dass der Vorsitzende einem Einberufungsverlangen nicht nachkommt. Als zeitliche Obergrenze werden in der Lit zwei Wochen genannt.[48] Für die Festlegung des Sitzungstermins sind die Einberufenden jedoch nicht an die Frist des Abs 1 S 2 gebunden, da diese nur Verzögerungsversuchen des Vorsitzenden entgegenwirken soll.[49] Mangels Regelung im GesV oder in der GO ist daher eine **angemessene Frist** einzuhalten.[50]

---

[44] *Wünsch*, GmbHG § 30i Rz 23.

[45] *Eckert/Schopper* in Torggler, GmbHG § 30i Rz 12; *Rauter* in Straube/Ratka/Rauter, GmbHG § 30i Rz 27.

[46] *Rauter* in Straube/Ratka/Rauter, GmbHG § 30i Rz 29.

[47] *Wünsch*, GmbHG § 30i Rz 40; *A. Heidinger* in Gruber/Harrer, GmbHG² § 30i Rz 15.

[48] *Wünsch*, GmbHG § 30i Rz 36; *Reich-Rohrwig*, GmbHR I² Rz 4/212 („*in angemessener Frist*").

[49] *Koppensteiner/Rüffler*, GmbHG³ § 30i Rz 4; *Reich-Rohrwig*, GmbHR I² Rz 4/212.

[50] *Wünsch*, GmbHG § 30i Rz 34.

6. Kosten

28 Die Kosten der ersatzweise einberufenen Sitzung sind grds v der **Gesellschaft zu tragen**. Erfolgt die Einberufung jedoch **missbräuchlich**, dann kann dies einen **Schadenersatzanspruch** gegen die einberufenden Personen begründen.[51]

7. Abweichende Regelung

29 Das Selbsthilferecht gem Abs 2 ist **zwingendes Recht**. Es kann im GesV weder eingeschränkt noch abbedungen werden.[52] Zulässig wäre es jedoch, das Einberufungsrecht im GesV oder in der GO zu erweitern oder zu präzisieren. So könnte etwa das Selbsthilferecht auch einem einzelnen Mitglied des AR oder einem einzelnen GF eingeräumt werden.[53]

G. Ergänzung der Tagesordnung

30 In sinngemäßer Anwendung v Abs 1 u 2 können Mitglieder des AR u GF auch eine **Erg der Tagesordnung einer bereits anberaumten Sitzung** verlangen u unter den Voraussetzungen des Abs 2 durchsetzen (Größenschluss).[54] Dies setzt allerdings voraus, dass die Tagesordnung rechtzeitig ergänzt wird, um allen Mitgliedern des AR eine ausreichende Vorbereitung zu ermöglichen.[55] Andernfalls müssen sämtliche Mitglieder des AR der Erweiterung der Tagesordnung zustimmen.

H. Mängel der Einberufung – Rechtsfolgen

31 **Einberufungsmängel** wirken sich auf die Gültigkeit der gefassten Beschlüsse nicht aus, sofern sie deren **Vorbereitung oder Ergebnis nicht berührt** haben. Dies gilt zB, wenn eine gesv festgesetzte Einberufungs-

---

51 *Rauter* in Straube/Ratka/Rauter, GmbHG § 30i Rz 30; *Eckert/Schopper* in Torggler, GmbHG § 30i Rz 12.
52 *Wünsch*, GmbHG § 30i Rz 41; *A. Heidinger* in Gruber/Harrer, GmbHG² § 30i Rz 18.
53 *Rauter* in Straube/Ratka/Rauter, GmbHG § 30i Rz 30; *Koppensteiner/Rüffler*, GmbHG³ § 30i Rz 7.
54 *A. Heidinger* in Gruber/Harrer, GmbHG² § 30i Rz 7; *Rauter* in Straube/Ratka/Rauter, GmbHG § 30i Rz 46.
55 *Koppensteiner/Rüffler*, GmbHG³ § 30i Rz 3 u 9.

frist nicht eingehalten wurde, aber dennoch ausreichend Zeit für die Vorbereitung der Sitzung verblieb.[56] Wurden hingegen nicht alle Mitglieder des AR ordnungsgemäß geladen u sind daher auch nicht vollzählig erschienen, dann ist ein trotzdem gefasster Beschluss nichtig.[57] Im Übrigen wird **nach der Schwere des Mangels differenziert**: Wurde eine Regel verletzt, auf deren Einhaltung verzichtet werden kann, dann kann der Beschluss Bestandskraft erlangen, wenn kein AR-Mitglied die Fehlerhaftigkeit releviert. Bei Verletzung unverzichtbarer Verfahrensregeln liegt jedenfalls Nichtigkeit vor (näher dazu § 30g Rz 91 ff).[58] Nach der Rsp ist ein Beschluss insb nichtig, wenn die Sitzung v einem Nichtberechtigten einberufen wurde oder der Gegenstand der Beschlussfassung bei der Einberufung nicht angegeben war.[59] Bei **Verletzung bloßer Ordnungsvorschriften** scheidet eine Anfechtung iZw aus.[60]

I. Einberufung von Ausschusssitzungen

Die Einberufung v Ausschusssitzungen wird im Gesetz nicht ausdrücklich geregelt. Nach hM ist zur Einberufung nicht der Vorsitzende des AR, sondern der **jew Ausschussvorsitzende zuständig**.[61] Allerdings kann der Vorsitzende des AR auch eine Sitzung des Gesamt-AR einberufen, in der die dem Ausschuss zugewiesenen Agenden behandelt werden können.[62] Für **Form u Inhalt der Einladung** zu Ausschusssitzungen sind die Regeln für die Einberufung v Sitzungen des Gesamt-AR sinngemäß zu beachten. Einzuladen sind jedenfalls **alle Mitglieder des Ausschusses**. Überwiegend wird angenommen, dass **auch die anderen Mitglieder des AR** v Terminen eines Ausschusses **zu verständigen** sind.[63] Dies wird aber nur dann gelten, wenn sie nicht durch GesV oder den AR-Vorsitzenden v der Teilnahme an der Ausschusssitzung aus-

32

---

56 *Koppensteiner/Rüffler*, GmbHG³ § 30i Rz 11; *A. Heidinger* in Gruber/Harrer, GmbHG² § 30i Rz 9.
57 *Wünsch*, GmbHG § 30i Rz 14.
58 *Rauter* in Straube/Ratka/Rauter, GmbHG § 30i Rz 51, § 30g Rz 251 ff.
59 OGH 27.2.1985, 1 Ob 514/85 mwN.
60 *Wünsch*, GmbHG § 30i Rz 14.
61 *A. Heidinger* in Gruber/Harrer, GmbHG² § 30i Rz 19; *Rauter* in Straube/Ratka/Rauter, GmbHG § 30i Rz 38.
62 *Wünsch*, GmbHG § 30i Rz 42; *Koppensteiner/Rüffler*, GmbHG³ § 30i Rz 6.
63 *Rauter* in Straube/Ratka/Rauter, GmbHG § 30i Rz 33.

geschlossen sind (§ 30h Abs 2). Zu **Sitzungen des Prüfungsausschusses** ist der Abschlussprüfer nach Maßgabe v § 30g Abs 4a beizuziehen. Für die **Teilnahme v GF u Liquidatoren** an Ausschusssitzungen gilt das Gleiche wie für ihre Teilnahme an Sitzungen des Gesamt-AR.

33 Strittig ist, ob die **Bestimmungen über ein Einberufungsverlangen** (Abs 1) **u die ersatzweise Einberufung einer Sitzung** (Abs 2) **sinngemäß auf Ausschusssitzungen angewendet** werden können.[64] Nach der überwiegenden L besteht dafür kein Bedarf.[65] Die besseren Argumente dürften jedoch für die Gegenmeinung sprechen, da andernfalls der Vorteil der Einrichtung v Ausschüssen obsolet werden könnte.[66] Bejaht man die sinngemäße Anwendung, dann könnte jedes Ausschussmitglied ein Einberufungsverlangen an den Vorsitzenden des Ausschusses richten u zwei Mitglieder des Ausschusses könnten die Einberufung des Ausschusses durchsetzen. Alternativ besteht jedenfalls die Möglichkeit, die Einberufung des Gesamt-AR zu verlangen bzw diesen ersatzweise einzuberufen, wobei die Agenden des Ausschusses dann im Gesamt-AR zu behandeln wären. Insbesondere für den Prüfungsausschuss entspräche dies aber nicht dem Sinn des Gesetzes.

II. Zahl und Frequenz der Sitzungen (Abs 3)

A. Mindestzahl der Sitzungen

34 Das Gesetz schreibt vor, dass der AR **mind vier Sitzungen im Geschäftsjahr** abzuhalten hat. In einem **Rumpfgeschäftsjahr** hat allerdings nur die zeitlich aliquote Anzahl v Sitzungen stattzufinden.[67]

35 Gesellschaftsvertrag oder GO können eine höhere Mindestzahl v Sitzungen vorsehen. Aufgrund seiner Sorgfaltspflicht hat der Vorsitzende **zusätzliche Sitzungen** einzuberufen, soweit dies **im Interesse der Gesellschaft geboten** erscheint.[68] Zusätzliche Sitzungen sind jeden-

---

64 S zum Meinungsstand *Rauter* in Straube/Ratka/Rauter, GmbHG § 30i Rz 39.
65 *Wünsch*, GmbHG § 30i Rz 42; *Koppensteiner/Rüffler*, GmbHG[3] § 30i Rz 6.
66 *A. Heidinger* in Gruber/Harrer, GmbHG[2] § 30i Rz 19; *Reich-Rohrwig*, GmbHR I[2] Rz 4/214, 4/283; *Temmel*, Der Aufsichtsrat 69.
67 *Reich-Rohrwig*, GmbHR I[2] Rz 4/215; *Rauter* in Straube/Ratka/Rauter, GmbHG § 30i Rz 9.
68 *Reich-Rohrwig*, GmbHR I[2] Rz 4/216; *Eckert/Schopper* in Torggler, GmbHG § 30i Rz 14.

falls einzuberufen, wenn dies nötig ist, um dem AR die Erfüllung seiner Aufgaben zu ermöglichen. Insbesondere in Krisenzeiten wird der AR häufiger zusammenzutreten haben.[69]

Ausschusssitzungen sind auf die Mindestzahl **nicht anzurechnen**.[70] Das Gleiche gilt für **konstituierende Sitzungen**, bei denen sich die Tagesordnung in Formalia, wie der Wahl des Vorsitzenden u des Stellvertreters u der Bestellung v Ausschüssen, erschöpft, ohne dass inhaltliche Themen behandelt werden. 36

Strittig ist, ob auch **Videokonferenzen** der Mitglieder des AR (dazu § 30g Rz 82 f) auf die Mindestzahl der Sitzungen angerechnet werden können. Dagegen wird eingewendet, dass die durch das GesRÄG 2005 ermöglichte Stimmabgabe über elektronische Kommunikationsmittel (§ 30g Abs 3 u 5) nichts daran geändert habe, dass nur Präsenzsitzungen anzurechnen seien.[71] Es wird auch argumentiert, dass der AR bei einer Präsenzsitzung seinen Aufgaben besser nachkommen könne.[72] Nach einer neueren Rechtsansicht ist zw „**qualifizierten Videokonferenzen**" u einer „**sonstigen Konferenzschaltung**" zu differenzieren. Durch die Charakteristika, die bei einer „qualifizierten Videokonferenz" eingehalten werden müssen, kann diese mit einer Präsenzsitzung gleichgesetzt werden (näher dazu unter § 30g Rz 41 ff).[73] Tatsächlich erscheint bei einer „qualifizierten Videokonferenz" idS der Einwand, dass der AR bei einer Präsenzsitzung besser arbeiten könne, nicht mehr gerechtfertigt. Qualifizierte Videokonferenzen sind daher – im Gegensatz zu sonstigen Videokonferenzen – auf die Mindestzahl anzurechnen.[74] 37

---

69 *A. Heidinger* in Gruber/Harrer, GmbHG[2] § 30i Rz 20; *Rauter* in Straube/Ratka/Rauter, GmbHG § 30i Rz 5.
70 *Reich-Rohrwig*, GmbHR I[2] Rz 4/215.
71 *Koppensteiner/Rüffler*, GmbHG[3] § 30i Rz 1; *A. Heidinger* in Gruber/Harrer, GmbHG[2] § 30i Rz 21; vgl auch *Rauter* in Straube/Ratka/Rauter, GmbHG § 30g Rz 178.
72 *Straube*, GES 2007, 426 (428 f).
73 *Grundner/Neuböck*, RdW 2016/238, 316; *Kalss/Klampfl*, RWZ 2011/11, 33.
74 Auch *Straube*, GES 2007, 426 (430), hält den v ihm vertretenen Ausschluss der Anrechnungsmöglichkeit zumindest rechtspolitisch für unzweckmäßig.

B. Frequenz der Sitzungen

38 In **jedem Quartal** hat **zumindest eine Sitzung des AR** stattzufinden.[75] Damit soll die **kontinuierliche Überwachung** der GF durch den AR sichergestellt werden; überdies dient dies der **regelmäßigen Kommunikation** der AR-Mitglieder untereinander.[76] Inhaltlich hängt die Bestimmung auch mit der Verpflichtung der GF zusammen, schriftliche Quartalsberichte zu erstatten u auf Verlangen des AR mündlich zu erläutern (§ 28a).[77]

39 Nach dem Zweck des Gesetzes sind **Klausuren des AR**, die sich über das Ende eines Quartals hinweg erstrecken, für eine Anrechnung auf beide Quartale nicht ausreichend.[78]

C. Sanktionen

40 Die Mindesterfordernisse gem Abs 3 sind **zwingendes Recht**.[79] Die Bestimmung dient den Interessen der Gesellschaft. Sie ist daher als **Schutzgesetz** iSv § 1311 ABGB zu werten.[80] Ein Kläger (Gesellschaft, Masseverwalter) muss lediglich den Eintritt des Schadens u die Pflichtverletzung beweisen. Ein strenger Nachw des Kausalzusammenhangs ist nicht erforderlich, es genügt der Beweis des ersten Anscheins.[81]

---

75 Diese Verpflichtung wurde durch § 2 Abs 5 COVID-19-GesG für die Zeit bis 30.4.2020 de facto sistiert. Rechtliche Bedeutung hatte dies für Gesellschaften, bei denen das Geschäftsjahr v Kalenderjahr abweicht (zB Bilanzstichtag 31.1.), u wohl auch dann, wenn im ersten Quartal 2020 bei Inkrafttreten v § 2 COVID-19-GesG (22.3.2020) noch keine AR-Sitzung stattgefunden hatte. Nicht ausdrücklich geregelt wurde, ob auch in solchen Fällen die Mindestzahl der Sitzungen im Geschäftsjahr einzuhalten war (dies wohl zu Recht verneinend *Eckert/Schopper/Walch* in Eckert/Schopper, AktG-ON § 95 Rz 24).
76 *A. Heidinger* in Gruber/Harrer, GmbHG² § 30i Rz 21; *Rauter* in Straube/Ratka/Rauter, GmbHG § 30i Rz 6.
77 *Koppensteiner/Rüffler*, GmbHG³ § 30i Rz 1; *A. Heidinger* in Gruber/Harrer, GmbHG² § 30i Rz 2.
78 *Rauter* in Straube/Ratka/Rauter, GmbHG § 30i Rz 7.
79 *Eckert/Schopper* in Torggler, GmbHG § 30i Rz 14; *Rauter* in Straube/Ratka/Rauter, GmbHG § 30i Rz 8.
80 OGH 26.2.2002, 1 Ob 144/01k.
81 *Koppensteiner/Rüffler*, GmbHG³ § 30i Rz 1a; *A. Heidinger* in Gruber/Harrer, GmbHG² § 30i Rz 22.

Dem Beklagten steht allerdings – neben dem Nachw des mangelnden Verschuldens – auch die Möglichkeit zu, die Kausalität ernstlich in Zweifel zu ziehen; in diesem Fall hat der Geschädigte den **Nachw des Kausalzusammenhangs** zu erbringen.[82] Insbesondere kann auch der **Einwand des rechtmäßigen Alternativverhaltens** erhoben werden. Dieser Einwand kommt etwa dann in Betracht, wenn anstelle einer Präsenzsitzung eine Videokonferenz abgehalten wurde, weil in einem solchen Fall der Schaden idR auch durch Abhaltung einer Präsenzsitzung nicht vermieden worden wäre.[83] 41

Eine **Schadenersatzpflicht** trifft **primär den Vorsitzenden**, der grds für die Einberufung des AR zuständig ist. Er verletzt seine Sorgfaltspflicht, wenn er nicht mind viermal im Geschäftsjahr eine Sitzung einberuft, davon zumindest eine in jedem Quartal.[84] Gleiches gilt, wenn er die Einberufung einer zusätzlichen AR-Sitzung unterlässt, obwohl sie nach den Umständen erforderlich wäre. 42

Daneben können sich aber **auch die übrigen Mitglieder des AR u die GF** schadenersatzpflichtig machen, falls sie v ihren Rechten nach Abs 1 u 2 nicht Gebrauch machen, obwohl dies angezeigt wäre.[85] Eine Schadenersatzpflicht scheidet naturgemäß aus, wenn sich ein einzelnes Mitglied des AR erfolglos um die Einberufung einer Sitzung bemüht hat. 43

D. Zahl und Frequenz von Ausschusssitzungen

Absatz 3 ist auf Ausschusssitzungen nicht anzuwenden. Der Vorsitzende des Ausschusses hat **Sitzungen** nach pflichtgemäßem Ermessen einzuberufen, soweit dies **zur Erfüllung der Aufgaben des Ausschusses erforderlich** ist. Grundsätzlich ist aber **keine Mindestanzahl v Ausschusssitzungen** vorgeschrieben.[86] 44

---

82 OGH 26.2.2002, 1 Ob 144/01k; *Rauter* in Straube/Ratka/Rauter, GmbHG § 30i Rz 11.
83 *Straube*, GES 2007, 426 (430); *Rauter* in Straube/Ratka/Rauter, GmbHG § 30i Rz 11.
84 *Wünsch*, GmbHG § 30i Rz 51.
85 *A. Heidinger* in Gruber/Harrer, GmbHG² § 30i Rz 22; *Eckert/Schopper* in Torggler, GmbHG § 30i Rz 15.
86 *Rauter* in Straube/Ratka/Rauter, GmbHG § 30i Rz 13; *Temmel*, Der Aufsichtsrat 69.

45 Eine Ausnahme gilt für den **Prüfungsausschuss**, der zumindest zwei Sitzungen im Geschäftsjahr abzuhalten hat (§ 30g Abs 4a; näher § 30g Rz 150).

§ 30j. (1) Der Aufsichtsrat hat die Geschäftsführung zu überwachen.

(2) ¹Der Aufsichtsrat kann von den Geschäftsführern jederzeit einen Bericht über die Angelegenheiten der Gesellschaft einschließlich ihrer Beziehungen zu einem Konzernunternehmen verlangen. ²Auch ein einzelnes Mitglied kann einen Bericht, jedoch nur an den Aufsichtsrat als solchen, verlangen; lehnen die Geschäftsführer die Berichterstattung ab, so kann der Bericht nur dann verlangt werden, wenn ein anderes Aufsichtsratsmitglied das Verlangen unterstützt. ³Der Vorsitzende des Aufsichtsrats kann einen Bericht auch ohne Unterstützung eines anderen Aufsichtsratsmitglieds verlangen.

(3) Der Aufsichtsrat kann die Bücher und Schriften der Gesellschaft sowie die Vermögensgegenstände, namentlich die Gesellschaftskasse und die Bestände an Wertpapieren und Waren, einsehen und prüfen, er kann damit auch einzelne Mitglieder oder für bestimmte Aufgaben besondere Sachverständige beauftragen.

(4) Der Aufsichtsrat hat eine Generalversammlung einzuberufen, wenn das Wohl der Gesellschaft es erfordert.

(5) ¹Folgende Geschäfte sollen jedoch nur mit Zustimmung des Aufsichtsrats vorgenommen werden:

1. der Erwerb und die Veräußerung von Beteiligungen (§ 189a Z 2 UGB) sowie der Erwerb, die Veräußerung und die Stilllegung von Unternehmen und Betrieben,
2. der Erwerb, die Veräußerung und die Belastung von Liegenschaften, soweit dies nicht zum gewöhnlichen Geschäftsbetrieb gehört;
3. die Errichtung und die Schließung von Zweigniederlassungen;
4. Investitionen, die bestimmte Anschaffungskosten im einzelnen und insgesamt in einem Geschäftsjahr übersteigen;
5. die Aufnahme von Anleihen, Darlehen und Krediten, die einen bestimmten Betrag im einzelnen und insgesamt in einem Geschäftsjahr übersteigen;
6. die Gewährung von Darlehen und Krediten, soweit sie nicht zum gewöhnlichen Geschäftsbetrieb gehört;
7. die Aufnahme und Aufgabe von Geschäftszweigen und Produktionsarten;

8. die Festlegung allgemeiner Grundsätze der Geschäftspolitik;
9. die Festlegung von Grundsätzen über die Gewährung von Gewinn- oder Umsatzbeteiligungen und Pensionszusagen an Geschäftsführer und leitende Angestellte im Sinne des § 80 Abs. 1 des Aktiengesetzes 1965;
10. der Abschluss von Verträgen mit Mitgliedern des Aufsichtsrats, durch die sich diese außerhalb ihrer Tätigkeit im Aufsichtsrat gegenüber der Gesellschaft oder einem Tochterunternehmen (§ 189a Z 7 UGB) zu einer Leistung gegen ein nicht bloß geringfügiges Entgelt verpflichten. Dies gilt auch für Verträge mit Unternehmen, an denen ein Aufsichtsratsmitglied ein erhebliches wirtschaftliches Interesse hat;
11. die Übernahme einer leitenden Stellung (§ 80 Aktiengesetz 1965) in der Gesellschaft innerhalb von zwei Jahren nach Zeichnung des Bestätigungsvermerks durch den Abschlussprüfer, durch den Konzernabschlussprüfer, durch den Abschlussprüfer eines bedeutenden verbundenen Unternehmens oder durch den den jeweiligen Bestätigungsvermerk unterzeichnenden Wirtschaftsprüfer sowie eine für ihn tätige Person, die eine maßgeblich leitende Funktion bei der Prüfung ausgeübt hat, soweit dies nicht gemäß § 271c UGB untersagt ist.

²Zu den in den Z 1 und 2 genannten Geschäften kann der Gesellschaftsvertrag Betragsgrenzen festsetzen, zu den in den Z 4, 5 und 6 genannten Geschäften hat er Betragsgrenzen festzusetzen. ³Der Gesellschaftsvertrag oder der Aufsichtsrat kann auch anordnen, daß bestimmte Arten von Geschäften nur mit Zustimmung des Aufsichtsrats vorgenommen werden sollen.

(6) ¹Die Aufsichtsratsmitglieder können ihre Obliegenheiten nicht durch andere ausüben lassen. ²Der Gesellschaftsvertrag kann aber zulassen, daß ein Aufsichtsratsmitglied ein anderes schriftlich mit seiner Vertretung bei einer einzelnen Sitzung betraut; ein so vertretenes Mitglied ist bei der Feststellung der Beschlußfähigkeit einer Sitzung nicht mitzuzählen. ³Das Recht, den Vorsitz zu führen, kann nicht übertragen werden.

idF BGBl I 2015/22

Literatur: *Aburumieh*, Mitwirkung des Aufsichtsrats bei Umstrukturierungen, AR aktuell 5/2011, 8; *Assadi/Ettmayer*, Zum Verhältnis zwischen Aufsichtsrat und Generalversammlung, RWZ 2017/79, 373; *W. Doralt*, Transparenz und Kontrolle bei related party transactions: Verträge der Gesellschaft mit ihrem Aufsichtsratsmitglied, JBl 2008, 760; *Eckert/Gassauer-Fleissner*, Überwachungspflichten des Aufsichtsrats im Konzern, GES 2004, 416; *Egermann*, GesRÄG 2005 – Zu den geplanten Änderungen beim Aufsichtsrat, RdW 2005/101, 66; *Feltl*, Zur Weisungsgebundenheit des GmbH-Geschäftsführers gegenüber dem Aufsichtsrat, AR aktuell 4/2008, 12; *Fida/Fölhs*, Beratungsverträge mit Aufsichtsratsmitgliedern – ein Überblick in Fragen und Antworten, AR aktuell 4/2010, 7; *Fida*, Zur Genehmigungspflicht von Sonderverträgen mit Aufsichtsratsmitgliedern, wbl 2006, 357; *Fida*, Zur Genehmigung von Beratungsverträgen mit Aufsichtsratsmitgliedern, RdW 2010/483, 454; *G. Frotz*, Grundsätzliches zu den Rechten und Pflichten des Aufsichtsrates und seiner bestellten und entsendeten Mitglieder, ÖZW 1978, 44; *G. Frotz/Dellinger/Stockenhuber*, Das neugierige Aufsichtsratsmitglied, GesRZ 1993, 181; *S. Frotz/Spitznagel*, Zur konzernweiten Wirkung von Zustimmungsvorbehalten des Aufsichtsrates einer AG, RWZ 2011/46, 161; *Geist*, Zur Informationsordnung im arbeitsteilig organisierten Aufsichtsrat der Aktiengesellschaft, in Achatz/Jabornegg/Karollus, Aktuelle Probleme im Grenzbereich von Arbeit-, Unternehmens- und Steuerrecht 121; *Geppert/Moritz*, Gesellschaftsrecht für Aufsichtsräte (1979); *Geppert/Moritz*, Gesellschaftsrechtsänderungsgesetz (1984); *M. Gruber*, Zustimmungsvorbehalte im Konzern, GesRZ 2021, 291; *Harrer*, Kompetenzprobleme im Recht der GmbH, in FS Koppensteiner (2016) 129; *Hauser*, Die Aufnahme und Aufgabe von Geschäftszweigen und Produktionsarten als Aufsichtsrats-zustimmungspflichtiges Geschäft, GES 2016, 217; *Hirtzberger*, Zustimmungsvorbehalt des Aufsichtsrates und Mitbestimmungsrecht der Belegschaft im Aufsichtsrat, RdW 2002/393, 400; *Hügel*, Aufsichtsratsveto und Entscheidungsbefugnis der Gesellschafterversammlung, GesRZ 1982, 305; *Hügel*, Beratung durch Aufsichtsratsmitglieder, GesRZ 1996, 213; *W. Jud*, Der Informationsanspruch des einzelnen Aufsichtsratsmitgliedes in der Genossenschaft, GesRZ 1994, 88; *W. Jud*, Vorratsbeschlüsse im System zustimmungspflichtiger Geschäfte des Aufsichtsrats, ÖBA 1993, 773; *Kalss*, Die Zustimmungspflicht des Aufsichtsrats zu Verträgen mit Unternehmen seiner Mitglieder, SWK 2006, W 17; *Kalss*, Organgeschäfte mit Unternehmen des Aufsichtsratsmitglieds, AR aktuell 2/2006, 7; *Kalss*, Leitung und Überwachung im Konzern, AR aktuell 3/2009, 4; *Kalss*, Die Informationsversorgung des Aufsichtsrats durch den Vorstand, AR aktuell 4/2011, 5; *Kastner*, Können sich Mitglieder des Aufsichtsrates der GmbH im Sinne des § 95 Abs 6 AktG 1965 wechselseitig vertreten?, GesRZ 1979, 45; *Kastner*, Syndikatsverträge in der österreichischen Praxis, ÖZW 1980, 1; *Kastner*, Insolvenzrecht und Gesellschaftsrecht, GesRZ 1982, 213; *Kastner*, Aufsichtsrat und Realität, in FS Strasser (1993) 843; *Koppensteiner*, Zuständigkeitskonflikte im Aktienrecht, GesRZ 2020, 6; *Koppensteiner*, Beteiligungen im Kapitalgesellschaftsrecht, wbl 2021, 432; *Koppensteiner*, Ermessen im Unternehmensrecht, RdW 2023/408, 543; *Krejci*, Der neugierige Aufsichtsrat, GesRZ 1993, 2; *Krejci*, Zur Berichtspflicht des AG-Vorstandes gegenüber dem Aufsichtsrat, in FS Frotz (1993) 367; *Kutschera*, Zur Genehmigungspflicht für Geschäfte zwischen Aktiengesellschaften und deren Aufsichtsräten sowie diesen gleichzuhaltende Geschäfte nach österreichischem Recht, GesRZ 2011, 148; *Lobnik*, Zustimmungspflicht des Aufsichtsrats bei fehlenden

Betragsgrenzen, GES 2021, 181; *Nitsche*, Aufsichtsratsmandat und Interessenkollision, in FS Krejci (2001) 751; *Ch. Nowotny*, Neues für den Aufsichtsrat. Das Wichtigste aus dem IRÄG 1997, RdW 1997, 577; *Ch. Nowotny*, Neues zum Aufsichtsrat, RdW 2005/742, 658; *Potyka*, Das Gesellschaftsrechtsänderungsgesetz 2005, ÖJZ 2006/14, 192; *J. Reich-Rohrwig*, Erweiterung der AR-zustimmungspflichtigen Geschäfte, ecolex 2006, 35; *Reischauer*, Zur Vertretung eines verhinderten Aufsichtsratsmitgliedes einer AG, ÖJZ 1990, 450; *Reischauer*, Gedanken zur Aufsichtsratszustimmung nach § 95 Abs 5 AktG, in FS Strasser (1993) 287; *M. Roth*, Compliance-Pflichten des Aufsichtsrats, in Kalss/U. Torggler (Hg), Compliance (2016); *Schäfer/Wittgens*, Das Verhältnis von Vorstand und Aufsichtsrat, in Kalss/Frotz/Schörghofer, Handbuch für den Vorstand (2017) 557; *G. Schima*, Zustimmungsvorbehalte als Steuerungsmittel des Aufsichtsrates in der AG und im Konzern, GesRZ 2012, 35; *G. Schima*, Weisung und Zustimmungsvorbehalt als Steuerungsmittel in der GmbH, in FS Koppensteiner (2016) 259; *Semler*, Corporate Governance – Beratung durch Aufsichtsratsmitglieder, GesRZ 2007, 382; *Stern*, Der Aufsichtsrat bei Umgründungen in Beteiligungsgesellschaften und im Konzern, RdW 1999, 308; *Straube*, Aufsichtsratskontrolle und ARGE-Beteiligung, GesRZ 1982, 149; *Straube/Rauter/Ratka*, Die Aufsichtsratsgeschäftsordnung² (2006); *Thiery*, Kreditgewährung an Vorstandsmitglieder, ecolex 1993, 88; *Wagner*, Zu § 95 Abs 5 AktG und § 30j Abs 5 GmbHG, NZ 1983, 97; *Zimmermann*, Zur Konzernleitungspflicht des Vorstands und Konzernüberwachungspflicht des Aufsichtsrats, ecolex 2021/487, 744.

Inhaltsübersicht

I. Überwachung der Geschäftsführung (Abs 1)	1–15
A. Grundsätzliches	1–3
B. Gegenstand der Überwachung	4–9
1. Allgemein	4–6
2. Überwachung im Konzern	7–9
C. Maßstab und Intensität	10–13
D. Mittel der Überwachung	14, 15
II. Berichte der Geschäftsführer (Abs 2)	16–30
A. Verhältnis zur Regelberichterstattung	16
B. Berichte auf Anforderung	17–23
1. Auf Verlangen des Gesamtaufsichtsrats	18–21
2. Auf Verlangen eines Mitglieds	22, 23
C. Form und Inhalt der Berichte	24–29
D. Durchsetzung der Berichtspflicht	30
III. Einsichtsrechte (Abs 3)	31–45
A. Voraussetzungen	31
B. Zuständigkeit	32–34
C. Umfang der Einsichtsrechte	35–39
D. Durchsetzung der Einsichtsrechte	40
E. Andere Mittel der Informationsbeschaffung	41–45

IV. Einberufung der Generalversammlung durch den Aufsichtsrat (Abs 4) 46–50
   A. Voraussetzungen 46, 47
   B. Zuständigkeit 48
   C. Verfahren 49, 50
V. Zustimmungspflichtige Geschäfte (Abs 5) 51–97a
   A. Zweck und Bedeutung der Zustimmungspflicht 51–54
   B. Verhältnis zu den Kompetenzen der Gesellschafter ... 55–57
   C. Gesetzlicher Katalog 58–80
      1. Z 1 (Beteiligungen, Unternehmen, Betriebe) 59
      2. Z 2 (Liegenschaften) 60, 61
      3. Z 3 (Zweigniederlassungen) 62
      4. Z 4 (Investitionen) 63–65
      5. Z 5 (Aufnahme von Anleihen, Darlehen, Krediten) .. 66
      6. Z 6 (Gewährung von Darlehen und Krediten) 67
      7. Z 7 (Geschäftszweige und Produktionsarten) 68, 69
      8. Z 8 (Geschäftspolitik) 70
      9. Z 9 (Gewinn- und Umsatzbeteiligungen, Pensionszusagen) 71–73
      10. Z 10 (Verträge mit Mitgliedern des Aufsichtsrats) . 74–77
      11. Z 11 („Cooling off"-Periode für Abschlussprüfer) . 78–80
   D. Festsetzung von Betragsgrenzen 81–85
      1. Verpflichtende/fakultative Betragsgrenzen 81–84
      2. Rechtsfolgen bei Nichtfestsetzung von Betragsgrenzen 85
   E. Konzern-Sachverhalte 86–89
   F. Ergänzung des Katalogs 90–93
   G. Verfahren 94–97
   H. Exkurs: Strafrechtliche Verantwortung 97a
VI. Höchstpersönlichkeit des Mandats (Abs 6) 98–104
   A. Grundsatz 98
   B. Vertretung bei einzelner Sitzung 99–102
   C. Vertretung des Vorsitzenden 103, 104

I. Überwachung der Geschäftsführung (Abs 1)

A. Grundsätzliches

1 Die **Überwachung der Geschäftsführung** bildet den Kern der Aufgaben des AR. Sie ist grds Aufgabe des **Gesamt-AR**.[1]

---

[1] Daraus resultiert jedoch eine individuelle Verpflichtung der einzelnen AR-Mitglieder, vgl *Rauter* in Straube/Ratka/Rauter, GmbHG § 30j Rz 15.

Die Überwachungspflicht des AR ist **zwingend** u kann durch GesV weder abbedungen noch eingeschränkt werden.[2] Die Zuweisung v weiteren Aufgaben an den AR ist jedoch möglich (§ 30l Abs 4).

Adressat der Überwachung sind jedenfalls die GF. Strittig ist, ob auch **leitende Angestellte** der Überwachung unterliegen.[3] Nach einer vermittelnden A hat der AR sich zu vergewissern, dass Personen, an welche Geschäftsführungsaufgaben delegiert wurden, v den GF ausreichend überwacht werden.[4]

B. Gegenstand der Überwachung

1. Allgemein

Gegenstand der Überwachung ist die **unternehmensleitende Tätigkeit der GF**. Darunter fallen primär die **übergeordneten Fragen der Unternehmenspolitik**. Zu den Leitungsentscheidungen gehören die Unternehmensplanung, die Koordination der Entscheidungsträger, die Erfolgskontrolle u die Besetzung v Führungsstellen im Unternehmen.[5]

Der Überwachung unterliegen auch **wesentliche Einzelmaßnahmen der GF**.[6] Betroffen sind alle E, die für Rentabilität oder Liquidität des Unternehmens v Bedeutung sind.[7]

Die Überwachung umfasst einerseits eine **ex-post-Kontrolle**. Der AR hat sich aber auch mit der **laufenden Tätigkeit** sowie **künftigen Maßnahmen** der Geschäftsführung zu befassen. Dazu zählt auch die **aktive Beratung der GF**.[8] Die Beratung hat sich allerdings nicht auf das laufende operative Geschäft zu beziehen. Die Aufgabenverteilung zw GF u AR hat unberührt zu bleiben.[9] Eine darüber hinausgehende Be-

---

[2] *A. Heidinger* in Gruber/Harrer, GmbHG² § 30j Rz 3.
[3] **Dafür** *Reich-Rohrwig*, GmbHR I² Rz 4/307; **dagegen** etwa *Koppensteiner/Rüffler*, GmbHG³ § 30j Rz 4.
[4] *Rauter* in Straube/Ratka/Rauter, GmbHG § 30j Rz 18; vgl zum dt Recht *M. Roth* in Kalss/U. Torggler, Compliance 77 (84 ff).
[5] *Koppensteiner/Rüffler*, GmbHG³ § 30j Rz 4; *A. Heidinger* in Gruber/Harrer, GmbHG² § 30j Rz 6.
[6] *Reich-Rohrwig*, GmbHR I² Rz 4/307.
[7] *Eckert/Schopper* in Torggler, GmbHG § 30j Rz 1.
[8] *A. Heidinger* in Gruber/Harrer, GmbHG² § 30j Rz 9 f; *Rauter* in Straube/Ratka/Rauter, GmbHG § 30j Rz 19.
[9] *A. Heidinger* in Gruber/Harrer, GmbHG² § 30j Rz 10; *St. Frotz/Schörghofer* in Kalss/Kunz, HB AR² Kap 11 Rz 20.

ratung kann jedoch auf der Grundlage eines Beratungsvertrags erfolgen (dazu § 31 Rz 39 ff).

2. Überwachung im Konzern

7 Wie sich aus Abs 2 ergibt, umfasst die Überwachung auch die **Beziehungen der Gesellschaft zu einem Konzernunternehmen**. Gegenstand der Überwachung sind auch Maßnahmen der Geschäftsführung gegenüber konzernverbundenen, abhängigen u solchen Unternehmen, an denen eine qualifizierte Beteiligung besteht.[10]

8 Dabei ist zu differenzieren, ob es sich bei der GmbH um die Obergesellschaft oder eine untergeordnete Konzerngesellschaft handelt. Ist die GmbH **Obergesellschaft**, dann umfasst die Überwachung auch die Konzernleitung durch die Geschäftsführung. Dazu zählen die Konzernstrategie, -planung u -organisation einschließlich der rechtlichen Organisation des Konzerns.[11] Im Fall einer **Untergesellschaft** beschränkt sich die Überwachung hingegen auf deren Beziehungen zu konzernverbundenen Unternehmen.[12]

9 Handelt es sich bei der GmbH um den **Komplementär einer KG**, dann bezieht sich die Überwachung auch auf die **Leitung der KG**, da dies zu den Pflichten der GmbH zählt.[13]

C. Maßstab und Intensität

10 Der AR hat sich bei seiner Überwachung v **Wohl des Unternehmens** leiten zu lassen.[14] Die Überwachung hat sich auf die **Rechtmäßigkeit**,

---

10 *Reich-Rohrwig*, GmbHR I² Rz 4/308; *Koppensteiner/Rüffler*, GmbHG³ § 30j Rz 4; OGH 25.11.2020, 6 Ob 209/20h (s insb Rz 32 f), wbl 2021, 346 (*Koppensteiner*) = NZG 2021, 647 (*Kalss*).
11 *A. Heidinger* in Gruber/Harrer, GmbHG² § 30j Rz 7; *Rauter* in Straube/Ratka/Rauter, GmbHG § 30j Rz 26; *Enzinger/Kalss* in Kalss/Kunz, HB AR² Kap 31 Rz 34 ff.
12 Dazu näher *Enzinger/Kalss* in Kalss/Kunz, HB AR² Kap 31 Rz 101 ff. Allg zur Überwachung im Konzern: *Eckert/Gassauer-Fleissner*, GES 2004, 416.
13 *Reich-Rohrwig*, GmbHR I² Rz 4/308; *A. Heidinger* in Gruber/Harrer, GmbHG² § 30j Rz 8.
14 OGH 26.2.2002, 1 Ob 144/01k.

Ordnungsmäßigkeit, Wirtschaftlichkeit u Zweckmäßigkeit[15] der unternehmerischen E zu beziehen.[16]

Die **Intensität der Kontrolle** durch den AR richtet sich nach der Lage des Unternehmens. Es besteht daher eine **abgestufte Überwachungspflicht**. Bei einer erfolgreich arbeitenden Geschäftsführung genügt eine punktuelle Überwachung.[17] Im „Normalfall" ist somit eine **begleitende Überwachung** ausreichend, die sich iW auf die Prüfung der v der Geschäftsführung erhaltenen Informationen u allenfalls auf die Anforderung ergänzender Berichte erstreckt.[18]

Wenn sich die Situation des Unternehmens zu verschlechtern droht, hat der AR jedoch die Kontrolle zu verstärken (**unterstützende Überwachung**). Kommt es gar zu einer **Unternehmenskrise**, dann ist eine **gestaltende Überwachung** geboten.[19] Diesfalls muss der AR alle ihm zur Verfügung stehenden Mittel ausschöpfen, damit die Gesellschaft so rasch wie möglich die Krise überwindet.[20] Der AR hat die Beratung der GF zu intensivieren, vermehrt Bericht anzufordern, die Sitzungsfrequenz zu erhöhen u notfalls Sachverständige beizuziehen.[21] Falls erforderlich, hat er auch auf die Stellung eines Insolvenzantrags hinzuwirken.[22]

Insgesamt hat der AR alles zu tun, was für eine **wirksame Kontrolle im Interesse der Gesellschafter u Gläubiger** erforderlich ist. Welche Maßnahmen zu treffen sind, hängt v den Umständen des Einzelfalls ab u ist v AR nach pflichtgemäßem Ermessen zu entscheiden.[23]

---

15 Nach *Reich-Rohrwig*, GmbHR I² Rz 4/311, sind auch die sozialen Verpflichtungen angemessen wahrzunehmen.
16 OGH 31.5.1977, 5 Ob 306/76, JBl 1978, 158; 26.2.2002, 1 Ob 144/01k.
17 *Koppensteiner/Rüffler*, GmbHG³ § 30j Rz 6; *Reich-Rohrwig*, GmbHR I² Rz 4/310.
18 *Frotz/Schörghofer* in Kalss/Kunz, HB AR² Kap 11 Rz 25.
19 Näher zu den Pflichten des AR in einer Unternehmenskrise: *Reich-Rohrwig*, GmbHR I² Rz 4/315 ff.
20 *Frotz/Schörghofer* in Kalss/Kunz, HB AR² Kap 11 Rz 25.
21 *Rauter* in Straube/Ratka/Rauter, GmbHG § 30j Rz 20.
22 *Eckert/Schopper* in Torggler, GmbHG § 30j Rz 2.
23 *Wünsch*, GmbHG § 30j Rz 7.

D. Mittel der Überwachung

14 Als **Mittel der Überwachung** kommen insb die Prüfung der Berichte der Geschäftsführung (§ 28a), die Anforderung weiterer Berichte (Abs 2), die Prüfung des JA u eines allfälligen Konzernabschlusses (§ 30k), das Einsichtsrecht (Abs 3), das Recht zur Einberufung einer GV (Abs 4) sowie die E über zustimmungspflichtige Geschäfte (Abs 5 u § 25 Abs 4) in Betracht.[24] Darüber hinaus gehören zu den Aufgaben des AR auch die offene Diskussion u der Informationsaustausch (auch bei informellen Kontakten) mit den GF sowie deren Beratung im Rahmen der Kompetenzen des AR.[25]

15 Zur **Erlassung einer GO für die GF** ist der AR nur befugt, wenn er durch GesV oder einen Gesellschafterbeschluss dazu ermächtigt wird.[26]

II. Berichte der Geschäftsführer (Abs 2)

A. Verhältnis zur Regelberichterstattung

16 § 28a verpflichtet die GF zur **Erstattung v Jahres-, Quartals- u Sonderberichten an den AR** (s § 28a Rz 4 ff, 10 ff). Nach hM besteht darüber hinaus eine **umfassende Berichtpflicht der Geschäftsleitung**. Diese kommt stets zum Tragen, wenn eine Leitungsentscheidung ansteht u somit die Zuständigkeit des AR berührt wird.[27] In solchen Fällen haben die GF unaufgefordert an den AR Bericht zu erstatten.[28] Damit soll dem AR die ordnungsgemäße u sachgerechte Erfüllung seiner Überwachungsaufgaben ermöglicht werden.[29] Zu berichten ist auch über **zustimmungspflichtige Geschäfte** gem Abs 5 (näher dazu in Rz 94). Die

---

24 *Eckert/Schopper* in Torggler, GmbHG § 30j Rz 4; *Rauter* in Straube/Ratka/Rauter, GmbHG § 30j Rz 28.
25 *Koppensteiner/Rüffler*, GmbHG[3] § 30j Rz 7; *Rauter* in Straube/Ratka/Rauter, GmbHG § 30j Rz 28; *A. Heidinger* in Gruber/Harrer, GmbHG[2] § 30j Rz 17.
26 *A. Heidinger* in Gruber/Harrer, GmbHG[2] § 30j Rz 19; *Rauter* in Straube/Ratka/Rauter, GmbHG § 30j Rz 30; s auch § 30l Rz 41.
27 *Koppensteiner/Rüffler*, GmbHG[3] § 30j Rz 8; *A. Heidinger* in Gruber/Harrer, GmbHG[2] § 30j Rz 21.
28 *Reich-Rohrwig*, GmbHR I[2] Rz 4/322.
29 *Rauter* in Straube/Ratka/Rauter, GmbHG § 30j Rz 32.

Berichtspflicht der GF kann im GesV näher geregelt u erweitert – nicht jedoch eingeschränkt – werden.[30]

B. Berichte auf Anforderung

In Erg zur Verpflichtung der GF, bei entspr Anlass Berichte aus eigener Initiative zu erstatten, steht dem AR das **Recht zur Anforderung v Berichten** zu: 17

1. Auf Verlangen des Gesamtaufsichtsrats

Der AR kann v den GF jederzeit einen Bericht über die Angelegenheiten der Gesellschaft einschließlich ihrer Beziehungen zu einem Konzernunternehmen verlangen. Voraussetzung ist ein entspr **Beschluss des Gesamt-AR**.[31] Die Anforderung eines Berichtes bedarf keiner Begr.[32] 18

Die **Verpflichtung zur Berichterstattung** liegt bei den **GF**. Sie haben den Bericht grds gemeinsam zu erstatten.[33] Kommt kein gemeinsamer Beschluss zustande, dann hat jeder GF gesondert zu berichten. Überstimmte GF haben einen Minderheitsbericht zu erstatten, sofern dies zur umfassenden Information des AR erforderlich erscheint.[34] 19

Das Recht auf Berichterstattung steht dem AR nur dann nicht zu, wenn er es **rechtsmissbräuchlich** in Anspruch nimmt oder ein **Bericht zu Angelegenheiten** angefordert wird, **für deren Überwachung er nicht zuständig ist**.[35] Der AR darf daher die Anforderung v Berichten nicht dazu ausnützen, um sich in den gewöhnlichen Geschäftsbetrieb (das „Tagesgeschäft") einzumischen.[36] Aus diesem Grund wird den GF eine tägliche oder auch wöchentliche Berichterstattung nicht vorgeschrieben werden dürfen.[37] 20

---

30 *Wünsch*, GmbHG § 30j Rz 36 f.
31 *Koppensteiner/Rüffler*, GmbHG³ § 30j Rz 9; *Rauter* in Straube/Ratka/Rauter, GmbHG § 30j Rz 36.
32 *Eckert/Schopper* in Torggler, GmbHG § 30j Rz 5.
33 *Reich-Rohrwig*, GmbHG I² Rz 4/336.
34 *Koppensteiner/Rüffler*, GmbHG³ § 30j Rz 12; *A. Heidinger* in Gruber/Harrer, GmbHG² § 30j Rz 25.
35 *Rauter* in Straube/Ratka/Rauter, GmbHG § 30j Rz 38 f.
36 *A. Heidinger* in Gruber/Harrer, GmbHG² § 30j Rz 26.
37 *Reich-Rohrwig*, GmbHR I² Rz 4/333.

21 Empfehlenswert ist, dass der AR den GF eine **Struktur für die Berichte** vorgibt, um Entwicklungen besser nachvollziehen zu können.[38] Es wird auch sinnvoll sein, dass sich der AR v den GF **über alle Gesellschafterbeschlüsse berichten** lässt.[39]

2. Auf Verlangen eines Mitglieds

22 Darüber hinaus steht jedem Mitglied des AR das **Individualrecht** zu, einen **Bericht der GF anzufordern**. Der Bericht ist jedoch nicht an das betr Mitglied, sondern **an den Gesamt-AR** zu erstatten.[40] Zweck dieses Rechts ist es, den Informationszugang für Minderheiten im AR sicherzustellen; zugleich sollen Einwände v AR-Mitgliedern, dass sie sich nicht selbständig über die Angelegenheiten der Gesellschaft unterrichten konnten, abgeschnitten werden.[41]

23 Lehnen die GF die Berichterstattung ab, was keiner Begr bedarf,[42] dann kann das **Verlangen nur durchgesetzt** werden, wenn es **v einem weiteren Mitglied des AR unterstützt** wird.[43] Der **Vorsitzende des AR** benötigt jedoch für ein Auskunftsverlangen **keine weitere Unterstützung**.

C. Form und Inhalt der Berichte

24 Grundsätzlich können die GF die Berichte **schriftlich oder mündlich** erstatten, soweit nicht gesetzl die Schriftform vorgeschrieben ist.[44] Der AR kann jedoch allg oder im Einzelfall eine schriftliche Berichterstattung vorschreiben.[45] Bei besonderer Dringlichkeit oder Geheimhaltungsbedarf wird idR eine mündliche Berichterstattung vorzuziehen sein.[46]

---

38 *A. Heidinger* in Gruber/Harrer, GmbHG² § 30j Rz 24.
39 *A. Heidinger* in Gruber/Harrer, GmbHG² § 30j Rz 28.
40 *A. Heidinger* in Gruber/Harrer, GmbHG² § 30j Rz 27.
41 *G. Frotz/Dellinger/Stockenhuber*, GesRZ 1993, 181 (186).
42 *Wünsch*, GmbHG § 30j Rz 20; *G. Frotz/Dellinger/Stockenhuber*, GesRZ 1993, 181 (186).
43 Die Sonderbestimmung des § 110 Abs 3 S 3 ArbVG ist seit dem IRÄG 1997 obsolet.
44 So insb für den Jahresbericht u die Quartalsberichte gem § 28a Abs 2.
45 *Reich-Rohrwig*, GmbHR I² Rz 4/337; *Rauter* in Straube/Ratka/Rauter, GmbHG § 30j Rz 43.
46 *Rauter* in Straube/Ratka/Rauter, GmbHG § 30j Rz 43.

Adressat der Berichte ist stets der **Gesamt-AR**. Außerhalb v Sitzungen sind **schriftliche Berichte** dem AR-Vorsitzenden zu übermitteln. **Mündliche Berichte** sind ebenfalls an den Vorsitzenden zu erstatten. Grundsätzlich hat jedes Mitglied des AR das Recht, v einem Bericht der GF Kenntnis zu nehmen.[47] Dies ergibt sich schon aus dem Grundsatz der Gleichbehandlung der AR-Mitglieder. Strittig ist allerdings, ob dies auch die **Zusendung der schriftlichen Berichte** umfasst. Nach hA kann der Gesamt-AR bei besonderem Geheimhaltungsinteresse beschließen, dass ein Bericht nicht den einzelnen Mitgliedern auszufolgen ist.[48] Auch in diesem Fall ist aber den Mitgliedern des AR zumindest die **Einsichtnahme in den Bericht** zu ermöglichen.[49] Eine Verpflichtung zur Weiterleitung v Berichten an alle Mitglieder ist jedenfalls dann anzunehmen, wenn dies für die sorgfältige Vorbereitung auf eine Sitzung bzw einen zu fassenden Beschluss erforderlich ist.[50] Über **mündliche Berichte** der GF hat der Vorsitzende den AR bei der nächsten Sitzung zu informieren. 25

Gegenstand der Berichterstattung sind **alle Angelegenheiten, die im Rahmen der Überwachungsaufgabe des AR** liegen.[51] Die Berichtspflicht erstreckt sich auch auf **Beziehungen zu einem Konzernunternehmen**, wobei dieser Begriff weit auszulegen ist u auch Beteiligungen mit unternehmerischer Zielsetzung umfasst (§ 189a Z 2 UGB).[52] 26

Die Berichte der GF haben **wahrheitsgemäß u vollständig** zu sein. Sie haben alle Informationen zu enthalten, die erforderlich sind, damit der AR seinen Überwachungsaufgaben nachkommen u informierte E treffen kann.[53] Eine Pflicht zur Berichterstattung besteht aber **nur über erhebliche Geschäftsführungsmaßnahmen**. Dazu zählen auch die be- 27

---

47 *Koppensteiner/Rüffler*, GmbHG³ § 30j Rz 13.
48 S dazu *G. Frotz/Dellinger/Stockenhuber*, GesRZ 1993, 181 (188); das GmbHG enthält allerdings keine dem § 90 Abs 5 dAktG entspr Bestimmung.
49 *Reich-Rohrwig*, GmbHR I² Rz 4/337; *Koppensteiner/Rüffler*, GmbHG³ § 30j Rz 13.
50 *A. Heidinger* in Gruber/Harrer, GmbHG² § 30j Rz 29; *Rauter* in Straube/Ratka/Rauter, GmbHG § 30j Rz 44; vgl auch § 273 Abs 4 UGB zum Prüfungsbericht des Abschlussprüfers.
51 *Koppensteiner/Rüffler*, GmbHG³ § 30j Rz 10.
52 *Koppensteiner/Rüffler*, GmbHG³ § 30j Rz 10; nach *Reich-Rohrwig*, GmbHR I² Rz 4/329, ist generell über Beziehungen zu Beteiligungsunternehmen zu berichten.
53 *Koppensteiner/Rüffler*, GmbHG³ § 30j Rz 10; *A. Heidinger* in Gruber/Harrer, GmbHG² § 30j Rz 22.

absichtige Geschäftspolitik u andere grds Fragen der künftigen Geschäftsführung, der Gang der Geschäfte u die Lage der Gesellschaft.[54] **Keine Berichtspflicht** besteht hingegen über **SV, die außerhalb der Überwachungsaufgabe des AR liegen.**[55]

28 Zu berichten ist grds auch über **vertrauliche Tatsachen**. Auch eine vertragliche Verschwiegenheitsverpflichtung gegenüber einem Dritten steht daher der Berichterstattung an den AR nicht entgegen. Dies folgt daraus, dass der AR selbst zur Verschwiegenheit verpflichtet ist.[56] Besteht allerdings die konkrete Gefahr, dass ein Mitglied eine Information missbräuchlich verwenden könnte, dann sprechen gute Gründe dafür, diesem Mitglied einen bestimmten Bericht vorzuenthalten.[57] Dies wird freilich nur in Ausnahmefällen u bei einer konkreten Verdachtslage in Betracht kommen, etwa wenn ein Mitglied des AR für einen Mitbewerber tätig ist. In einem solchen Fall kann der Vorsitzende des AR – allenfalls auf Anregung der Geschäftsführung – ein Mitglied temporär v Informationen ausschließen; es ist dann Sache des Mitglieds, die Überlassung des Berichtes bei Gericht durchzusetzen.[58]

29 Die GF sind nicht verpflichtet, ihre Berichte durch Unterlagen zu belegen.[59] Falls der AR **Einsicht in Unterlagen** nehmen will, steht ihm das **Einsichtsrecht gem Abs 3** zur Verfügung.[60] Allerdings liegt es im Ermessen der GF, einem Bericht an den AR Unterlagen zur Erg u Veranschaulichung beizulegen.[61]

---

54 *Reich-Rohrwig*, GmbHR I² Rz 4/329.
55 *Koppensteiner/Rüffler*, GmbHG³ § 30j Rz 10; *Reich-Rohrwig*, GmbHR I² Rz 4/330, der jedoch das Ermessen des AR bei der Anforderung v Berichten betont.
56 *Reich-Rohrwig*, GmbHR I² Rz 4/338; *A. Heidinger* in Gruber/Harrer, GmbHG² § 30j Rz 23.
57 *Reich-Rohrwig*, GmbHR I² Rz 4/338; *G. Frotz/Dellinger/Stockenhuber*, GesRZ 1993, 181 (182).
58 *Rauter* in Straube/Ratka/Rauter, GmbHG § 30j Rz 33; *A. Heidinger* in Gruber/Harrer, GmbHG² § 30j Rz 23 unter Hinweis auf OGH 26.9.1991, 6 Ob 9/91, wo ein Recht zur Informationsverweigerung grds anerkannt wurde.
59 *Rauter* in Straube/Ratka/Rauter, GmbHG § 30j Rz 43.
60 *A. Heidinger* in Gruber/Harrer, GmbHG² § 30j Rz 30.
61 *G. Frotz/Dellinger/Stockenhuber*, GesRZ 1993, 181 (184).

D. Durchsetzung der Berichtspflicht

Die Berichtspflicht der Geschäftsführung kann durch **Zwangsstrafen** (§ 125) durchgesetzt werden (§ 125 Rz 9).[62] Es besteht daher **kein Bedarf, eine klagsweise Durchsetzung des Auskunftsrechts** des AR zuzulassen.[63]

III. Einsichtsrechte (Abs 3)

A. Voraussetzungen

Das **Einsichtsrecht** steht dem AR neben dem Recht auf Berichterstattung durch die GF zu. Seine Ausübung setzt einen **Beschluss des AR** voraus.[64] Es stellt ein besonders scharfes u direktes Kontrollmittel dar.[65] Der AR sollte es daher nur nach dem **Grundsatz der Verhältnismäßigkeit** anwenden.[66] Eine besondere Begr ist jedoch nicht erforderlich. Bei begründetem Anlass ist er zur Wahrnehmung seines Einsichtsrechts verpflichtet.[67]

B. Zuständigkeit

Das Einsichtsrecht steht dem **Gesamt-AR** zu. Anders als im Falle des Abs 2 kann das Recht **nicht v einzelnen Mitgliedern** geltend gemacht werden.[68]

Allerdings kann der AR einzelne Mitglieder oder einen Ausschuss mit der **Durchführung der Einsicht u Prüfung** beauftragen.[69] Die Be-

---

[62] *Koppensteiner/Rüffler*, GmbHG³ § 30j Rz 9; *Rauter* in Straube/Ratka/Rauter, GmbHG, § 30j Rz 46; *Eckert/Schopper* in Torggler, GmbHG § 30j Rz 8.
[63] So aber *Wünsch*, GmbHG § 30j Rz 44; *Reich-Rohrwig*, GmbHR I² Rz 4/328, spricht sich für einen Antrag im Außerstreitverfahren aus; beide M sind aber wohl überholt, seit § 125 die Durchsetzung mittels Zwangsstrafen ermöglicht hat.
[64] *Koppensteiner/Rüffler*, GmbHG³ § 30j Rz 16.
[65] *G. Frotz/Dellinger/Stockenhuber*, GesRZ 1993, 181 (188).
[66] *Rauter* in Straube/Ratka/Rauter, GmbHG § 30j Rz 49.
[67] *Koppensteiner/Rüffler*, GmbHG³ § 30j Rz 16.
[68] *A. Heidinger* in Gruber/Harrer, GmbHG² § 30j Rz 35.
[69] *Rauter* in Straube/Ratka/Rauter, GmbHG § 30j Rz 51.

fugnisse des beauftragten AR-Mitglieds reichen so weit, als dies durch den Beschluss des AR gedeckt ist.[70] In diesem Fall sind die übrigen Mitglieder v der Einsichtnahme ausgeschlossen.[71] Das beauftragte Mitglied hat dem AR v Ergebnis zu berichten.

34 Alternativ kann der AR mit der Einsicht u Prüfung auch **besondere Sachverständige** beauftragen oder diese beiziehen. Dies ist jedoch nur **im Einzelfall** zulässig; die laufende Beiziehung eines Sachverständigen durch den AR kommt nicht in Betracht.[72] Der Einsatz des Sachverständigen muss **sachlich geboten** sein, insb weil ein besonderes Fachwissen für die Prüfung erforderlich ist. Der AR haftet für die **sorgfältige Auswahl des Sachverständigen**. Die **Kosten** für die Heranziehung eines Sachverständigen sind v der Gesellschaft zu tragen.[73] Es empfiehlt sich, die Art der Berichterstattung durch den Sachverständigen im AR-Beschluss zu regeln. Aus dem Bericht des Sachverständigen hat der AR selbständig Schlussfolgerungen zu ziehen.[74]

C. Umfang der Einsichtsrechte

35 Das Einsichtsrecht bezieht sich auf die **Bücher u Schriften der Gesellschaft** sowie **deren Vermögensgegenstände**. Der Begriff „Bücher u Schriften" ist weit zu verstehen. Er umfasst alle schriftlichen u elektronischen Unterlagen der Gesellschaft einschließlich der Buchhaltung sowie Verträge mit Dritten u Urteile.[75] Das Einsichtsrecht betrifft daher alles, was für die Ausübung der Überwachungstätigkeit des AR relevant sein kann.[76]

36 Das Einsichtsrecht bezieht sich überdies auf **alle Gebäude, Büros, Betriebsstätten u Lagerräume des Unternehmens**. Der AR hat das Recht, **alle Geschäftsräumlichkeiten** der Gesellschaft **zu betreten u zu inspizieren**.[77]

---

70 *G. Frotz/Dellinger/Stockenhuber*, GesRZ 1993, 181 (190).
71 *A. Heidinger* in Gruber/Harrer, GmbHG² § 30j Rz 35.
72 *Reich-Rohrwig*, GmbHR I² Rz 4/341.
73 *A. Heidinger* in Gruber/Harrer, GmbHG² § 30j Rz 36.
74 *Reich-Rohrwig*, GmbHR I² Rz 4/345.
75 *G. Frotz/Dellinger/Stockenhuber*, GesRZ 1993, 181 (188 FN 41) mit weiteren Bsp.
76 *A. Heidinger* in Gruber/Harrer, GmbHG² § 30j Rz 34; *Reich-Rohrwig*, GmbHR I² Rz 4/340.
77 *Rauter* in Straube/Ratka/Rauter, GmbHG § 30j Rz 48; *Eckert/Schopper* in Torggler, GmbHG § 30j Rz 11.

Ein **Einsichtsrecht bei Konzerngesellschaften** besteht jedoch nicht. **37** Allerdings haben die GF auf Anforderung die Einsichtnahme zu ermöglichen, wenn ihnen Unterlagen über Konzerngesellschaften zugänglich sind.[78]

Von der Einsicht ausgenommen sind Unterlagen, die für die Kon- **38** trolle der Geschäftsführung ohne Bedeutung sind.[79] Die E, welche Unterlagen relevant sind, liegt jedoch beim AR selbst.[80] Hingegen unterliegen auch vertrauliche Dokumente grds dem Einsichtsrecht. Bestehen ernsthafte Bedenken, dass ein Mitglied des AR einen Vertrauensmissbrauch begehen könnte, dann ist zu empfehlen, mit der Einsicht ein anderes AR-Mitglied oder einen Ausschuss zu beauftragen, dem das betr Mitglied nicht angehört.[81] Über die Einsicht ist zwar dem Gesamt-AR zu berichten; dabei wird aber eine Offenlegung v Geschäftsgeheimnissen idR nicht erforderlich sein.[82]

Strittig ist, ob im Zuge der Einsicht **Kopien v Dokumenten an- 39 gefertigt** werden dürfen. Grundsätzlich wird dies zu bejahen sein.[83] Nach der Gegenmeinung ist es zumindest zulässig, dass das einsichtnehmende Mitglied zum Zwecke der Berichterstattung **zusammenfassende Notizen** verfasst.[84] Bei vertraulichen Unterlagen wird es der Geschäftsführung aber wohl zustehen, geeignete Maßnahmen zu treffen, um zu verhindern, dass derartige Unterlagen außer Haus gelangen.[85] In jedem Fall soll die Einsicht in einer Form erfolgen, die keine unnötige Unruhe in das Unternehmen hineinträgt.[86]

---

78 *Eckert/Schopper* in Torggler, GmbHG § 30j Rz 11; *Rauter* in Straube/Ratka/Rauter, GmbHG § 30j Rz 48/1.
79 *Rauter* in Straube/Ratka/Rauter, GmbHG § 30j Rz 48; konkrete Bsp bei G. Frotz/Dellinger/Stockenhuber, GesRZ 1993, 181 (189).
80 *Eckert/Schopper* in Torggler, GmbHG § 30j Rz 10.
81 *Rauter* in Straube/Ratka/Rauter, GmbHG § 30j Rz 48.
82 *Wünsch*, GmbHG § 30j Rz 67; *G. Frotz/Dellinger/Stockenhuber*, GesRZ 1993, 181 (188 ff).
83 *Rauter* in Straube/Ratka/Rauter, GmbHG § 30j Rz 48; *Eckert/Schopper* in Torggler, GmbHG § 30j Rz 11.
84 *A. Heidinger* in Gruber/Harrer, GmbHG² § 30j Rz 37.
85 Näher dazu *G. Frotz/Dellinger/Stockenhuber*, GesRZ 1993, 181 (190 f).
86 *G. Frotz/Dellinger/Stockenhuber*, GesRZ 1993, 181 (190).

D. Durchsetzung der Einsichtsrechte

40 Auch das Einsichtsrecht kann – wenn es v der Geschäftsführung verweigert wird – durch **Zwangsstrafen** (§ 125) durchgesetzt werden (§ 125 Rz 9).[87]

E. Andere Mittel der Informationsbeschaffung

41 Kontrovers diskutiert wird, ob sich der AR auch Informationen durch **Befragung v Dritten**, wie insb **Angestellten u Vertragspartnern der Gesellschaft**, verschaffen darf. Dabei ist zu beachten, dass hierdurch das Vertrauensverhältnis zw GF u AR nachhaltig gestört werden kann. Darüber hinaus kann auch die Autorität der GF gegenüber ihren Mitarbeitern untergraben werden.[88] Zum Teil wird daher vertreten, dass der AR eine Berichterstattung (auch) durch leitende Angestellte nur mit Zustimmung der GF in Anspruch nehmen darf.[89]

42 Nach der wohl richtigen Gegenmeinung kann es jedoch **in Ausnahmefällen geboten** sein, dass der AR „über den Kopf der Geschäftsführung hinweg" **Auskünfte v dritter Seite** einholt.[90] Dies setzt voraus, dass **begründete Zweifel an der Richtigkeit u Vollständigkeit der Berichte der GF** bestehen. Insbesondere gilt dies bei dringendem Verdacht einer Pflichtverletzung.[91] Voraussetzung ist, dass solche Befragungen für die Erfüllung der Überwachungsaufgabe des AR unerlässlich sind. In der Regel wird aber die Geschäftsführung vorweg v der beabsichtigten Einholung v Informationen zu verständigen sein. Bei der Befragung wird besonders darauf zu achten sein, die GF nicht in ein „schiefes Licht" zu rücken. Nur wenn das Vertrauen zu den GF bereits endgültig zerstört ist u damit gerechnet werden muss, dass sie die geplanten Recherchen konterkarieren würden, erscheint auch eine **Befragung v An-**

---

[87] *A. Heidinger* in Gruber/Harrer, GmbHG[2] § 30j Rz 39; *Rauter* in Straube/Ratka/Rauter, GmbHG § 30j Rz 54.
[88] *Krejci*, GesRZ 1993, 2 (2 ff).
[89] *Wünsch*, GmbHG § 30j Rz 39.
[90] *Reich-Rohrwig*, GmbHR I[2] Rz 4/339; *St. Frotz/Schörghofer* in Kalss/Kunz, HB AR[2] Kap 11 Rz 30 f.
[91] *Rauter* in Straube/Ratka/Rauter, GmbHG § 30j Rz 47; *A. Heidinger* in Gruber/Harrer, GmbHG[2] § 30j Rz 32.

gestellten ohne vorherige Verständigung der GF zulässig. Dies setzt aber wohl den Verdacht schwerster Verfehlungen der Geschäftsführung voraus.[92]

Die sinngemäß gleichen Regeln gelten auch für die **Befragung v Vertragspartnern der Gesellschaft**. Erforderlich ist zunächst, dass die Fragen des AR in den Berichten der GF nicht hinreichend beantwortet wurden u der AR weitergehende Informationen zur Erfüllung seiner Aufgaben benötigt. In der Regel wird auch die Befragung v Vertragspartnern nur nach vorheriger Verständigung der GF in Betracht kommen. Insbesondere darf das Vertrauensverhältnis zw den GF u dem Vertragspartner nicht durch die Vorgangsweise des AR verletzt werden. Bloß in Fällen unüberbrückbaren Vertrauensverlustes kommt auch eine Befragung v Vertragspartnern ohne vorherige Einschaltung der GF in Betracht.[93] Vertragspartner trifft allerdings keine Verpflichtung, dem AR über Geschäfte mit der Gesellschaft Auskünfte zu erteilen.[94]

43

Derartige zusätzliche Recherchen dürfen jedenfalls nur **durch den Gesamt-AR** veranlasst u nicht v einzelnen Mitgliedern aus Eigeninitiative vorgenommen werden.[95]

44

Keinem Einwand begegnet ein mit der Geschäftsführung akkordierter, **institutionalisierter Informationsfluss v leitenden Angestellten an den AR**, wie etwa regelmäßige Treffen zw dem Vorsitzenden u dem Controller.

45

IV. Einberufung der Generalversammlung durch den Aufsichtsrat (Abs 4)

A. Voraussetzungen

Der AR ist verpflichtet, eine GV einzuberufen, wenn es das Wohl der Gesellschaft erfordert. Das **Recht des AR zur Einberufung einer GV** ist nicht subsidiär, sondern steht gleichrangig neben dem der GF (§ 36

46

---

92 *Krejci*, GesRZ 1993, 2 (4 f).
93 *Krejci*, GesRZ 1993, 2 (6 f).
94 *Krejci*, GesRZ 1993, 2 (6 f).
95 *Krejci*, GesRZ 1993, 2 (7).

Abs 1; dazu § 36 Rz 10).[96] Es handelt sich um ein **zwingendes Recht**, das durch den GesV nicht ausgeschlossen werden kann.[97]

47 Über die Einberufung entscheidet der AR nach pflichtgemäßem Ermessen. Dabei ist einerseits die **Bedeutung der Angelegenheit** u andererseits ihre **Dringlichkeit** zu berücksichtigen.[98] Die Einberufung einer GV wird insb dann geboten sein, wenn der letzte GF aus seiner Funktion ausgeschieden oder für längere Zeit verhindert ist; wenn wichtige Gründe zur Abberufung v GF vorliegen; wenn E v besonderer Bedeutung zu treffen sind, die in die Kompetenz der Gesellschafter fallen, oder wenn die Zustimmung der Gesellschafter zu Geschäften einzuholen ist, die nicht zum gewöhnlichen Geschäftsbetrieb gehören.[99] Die GV kann auch bei Meinungsverschiedenheiten zw AR u GF befasst werden. Die Dringlichkeit der Einberufung ist allerdings nur anzunehmen, wenn es nicht genügt, die Angelegenheit der nächsten oGV vorzulegen.[100] Von der Einberufung einer GV wird auch dann abzusehen sein, wenn ausreichend erscheint, dass ein Gesellschafterbeschluss im schriftlichen Weg gefasst wird.[101]

B. Zuständigkeit

48 Die Einberufung der GV bedarf eines **Beschlusses des Gesamt-AR**. Die Kompetenz kann **nicht an einen Ausschuss delegiert** werden.[102] Dem AR steht auch das Recht zu, die **Erg der Tagesordnung** einer v den GF einberufenen GV zu begehren (Größenschluss).[103]

---

96 *Reich-Rohrwig*, GmbHR I[2] Rz 4/346; *Rauter* in Straube/Ratka/Rauter, GmbHG § 30j Rz 57.
97 OGH 18.2.1932, 2 Ob 1237/31, SZ 14/28; *Koppensteiner/Rüffler*, GmbHG[3] § 30j Rz 26.
98 *Koppensteiner/Rüffler*, GmbHG[3] § 30j Rz 26.
99 *Wünsch*, GmbHG § 30j Rz 79 ff; *Reich-Rohrwig*, GmbHR I[2] Rz 4/347; *Rauter* in Straube/Ratka/Rauter, GmbHG § 30j Rz 55.
100 *Koppensteiner/Rüffler*, GmbHG[3] § 30j Rz 26.
101 *Eckert/Schopper* in Torggler, GmbHG § 30j Rz 12.
102 *Koppensteiner/Rüffler*, GmbHG[3] § 30j Rz 26; *Rauter* in Straube/Ratka/Rauter, GmbHG § 30j Rz 59.
103 *A. Heidinger* in Gruber/Harrer, GmbHG[2] § 30j Rz 43.

C. Verfahren

Der AR hat die **allg Einberufungsvorschriften** zu beachten; § 38 ist sinngemäß anzuwenden.[104] Insbesondere hat der AR die Tagesordnung festzulegen u die erforderlichen Anträge zu stellen. Er ist auch verpflichtet, an der GV teilzunehmen.[105] **49**

In der GV gefasste Beschlüsse können nicht mit der Begr angefochten werden, dass die Voraussetzungen für die Einberufung durch den AR bei objektiver Betrachtung nicht gegeben waren.[106] **50**

V. Zustimmungspflichtige Geschäfte (Abs 5)

A. Zweck und Bedeutung der Zustimmungspflicht

Nach Abs 5 sollen **bestimmte Geschäfte** wegen ihrer Bedeutung **nur mit Zustimmung des AR** vorgenommen werden. Dies ermöglicht dem AR eine **präventive Kontrolle**; er kann die GF in Bezug auf zustimmungspflichtige Geschäfte beraten u diese mitgestalten.[107] Das Wort „sollen" in S 1 ist als „dürfen" zu verstehen.[108] Die GF sind somit zur Einholung der Zustimmung des AR verpflichtet. Ihre **Vertretungsbefugnis im Außenverhältnis** wird dadurch **nicht berührt**. Allerdings kann die Zustimmung des AR zur Bedingung des Rechtsgeschäfts gemacht werden („Gremialvorbehalt"). Im Übrigen ist auch ein zustimmungspflichtiges Geschäft, das ohne Zustimmung des AR abgeschlossen wird, zivilrechtlich wirksam.[109] Anders ist dies bloß, wenn ein **Missbrauch der Vertretungsmacht** oder eine **Kollusion** vorliegt.[110] **51**

---

104 *Reich-Rohrwig*, GmbHR I² Rz 4/349.
105 *A. Heidinger* in Gruber/Harrer, GmbHG² § 30j Rz 42; *Eckert/Schopper* in Torggler, GmbHG § 30j Rz 12.
106 *A. Heidinger* in Gruber/Harrer, GmbHG² § 30j Rz 41; *Reich-Rohrwig*, GmbHR I² Rz 4/346.
107 *Rauter* in Straube/Ratka/Rauter, GmbHG § 30j Rz 63; *Briem* in Kalss/Kunz, HB AR² Kap 12 Rz 2.
108 *Reich-Rohrwig*, GmbHR I² Rz 4/352; *Koppensteiner/Rüffler*, GmbHG³ § 30j Rz 18.
109 *A. Heidinger* in Gruber/Harrer, GmbHG² § 30j Rz 45.
110 *Rauter* in Straube/Ratka/Rauter, GmbHG § 30j Rz 65; s auch Rz 77.

Nach der Rsp ist das Geschäft allerdings auch dann wirksam, wenn der Dritte v der Kompetenzüberschreitung durch die GF positiv weiß.[111]

52 Die Zustimmungspflicht bezieht sich **nicht bloß auf Rechtsgeschäfte**, sondern umfasst **auch unternehmensinterne Leitungsmaßnahmen**.[112]

53 Nach dem Zweck der Bestimmung ist die **Zustimmung (zeitnah) im Voraus einzuholen**.[113] Nur bei besonderer Dringlichkeit u wenn die GF mit der **nachträglichen Zustimmung** rechnen konnten, kann diese ausnahmsweise auch nachträglich eingeholt werden.[114] Wird in solchen Fällen die Zustimmung nachträglich verweigert, dann ist das Geschäft **nach Möglichkeit rückgängig zu machen**. Zu empfehlen ist, dass die GF in einem solchen Fall das Geschäft nur **unter der Bedingung der nachträglichen Zustimmung des AR** abschließen.[115] Grundsätzlich ist **Nichteinholung der Zustimmung pflichtwidrig**; sie kann **Schadenersatzansprüche** gegen die GF begründen u in gravierenden Fällen sogar deren Abberufung aus wichtigem Grund rechtfertigen.[116]

54 Der AR kann einem Geschäft, das ihm zur Zustimmung vorgelegt wird, **nur zustimmen oder es ablehnen**.[117] Fraglich ist, ob er die Zustimmung auch dann verweigern kann, wenn die GF zwar eine **vertretbare E** getroffen haben, der AR jedoch eine andere E bevorzugen würde. Nach wohl richtiger A ist der **Ermessensspielraum der GF v AR zu respektieren**. Er hat sich somit auf eine **Plausibilitätsprüfung** zu beschränken u die Zustimmung zu erteilen, wenn er dies als vertretbar ansieht.[118]

---

111 OGH 12.8.1999, 8 ObA 72/99t; *Eckert/Schopper* in Torggler, GmbHG § 30j Rz 16 mwN.
112 *Reich-Rohrwig*, GmbHR I² Rz 4/352; *A. Heidinger* in Gruber/Harrer, GmbHG² § 30j Rz 44.
113 *A. Heidinger* in Gruber/Harrer, GmbHG² § 30j Rz 44.
114 *Koppensteiner/Rüffler*, GmbHG³ § 30j Rz 19; *Rauter* in Straube/Ratka/Rauter, GmbHG § 30j Rz 66.
115 *A. Heidinger* in Gruber/Harrer, GmbHG² § 30j Rz 45; *Rauter* in Straube/Ratka/Rauter, GmbHG § 30j Rz 66.
116 *Reich-Rohrwig*, GmbHR I² Rz 4/353; *Rauter* in Straube/Ratka/Rauter, GmbHG § 30j Rz 64.
117 *Eckert/Schopper* in Torggler, GmbHG § 30j Rz 13.
118 *Rauter* in Straube/Ratka/Rauter, GmbHG § 30j Rz 63/1; *Schäfer/Wittgens* in Kalss/Frotz/Schörghofer, Handbuch für den Vorstand Kap 20 Rz 60 f; *Koppensteiner*, RdW 2023/408, 543 (545); **aM** *Briem* in Kalss/Kunz, HB AR² Kap 12 Rz 84 f; *Schima*, GesRZ 2012, 35 (37).

B. Verhältnis zu den Kompetenzen der Gesellschafter

Eine Verweigerung der Zustimmung durch den AR bedeutet nicht, dass 55
das Geschäft in jedem Fall zu unterbleiben hat. Die **GV** als oberstes Organ ist **berechtigt, mit Weisungsbeschluss zu bewirken, dass die Maßnahme auch gegen die Ablehnung des AR durchgeführt** werden kann (s auch § 20 Rz 18 u § 35 Rz 11).[119] Umgekehrt kann die **GV** auch der Umsetzung eines Projekts, dem der AR bereits zugestimmt hat, **mit Beschluss die Genehmigung verweigern**.[120] In solchen Konfliktsituationen kann allerdings der **AR** unter den Voraussetzungen des § 41 Abs 3 den **Gesellschafterbeschluss anfechten** (s § 41 Rz 141, 143). Wenn die Ausführung des Beschlusses nicht dringend ist, kann es sich für den GF empfehlen, den Ablauf der Anfechtungsfrist abzuwarten.[121]

Soweit für ein bestimmtes Geschäft **neben der Zustimmung des AR** 56
auch jene der GV (zB nach § 35 Abs 1 Z 5) einzuholen ist, haben die GF nach hA **zunächst die Zustimmung des AR u erst danach jene der Gesellschafter zu beantragen** (s § 35 Rz 14).[122] Dies wird damit begründet, dass der AR nicht übergangen werden soll.[123] Ferner kann die M des AR auch eine Entscheidungshilfe für die GV bilden.[124] Schließlich ist auch sein Anfechtungsrecht (§ 41 Abs 3) zu beachten.[125]

---

119 OGH 29.8.1995, 5 Ob 554/94; *Koppensteiner/Rüffler*, GmbHG³ § 30j Rz 20; *A. Heidinger* in Gruber/Harrer, GmbHG² § 30j Rz 47 u Anh §§ 29 ff Rz 4. Eine Ausnahme v diesem Grundsatz mag in Sonderfällen gelten. Insb wenn einem entsandten AR-Mitglied im GesV ein Vetorecht in wichtigen Angelegenheiten eingeräumt wurde (dazu § 30g Rz 48), könnte daraus der Schluss gezogen werden, dass dieses Vetorecht nicht durch einen Gesellschafterbeschluss umgangen werden darf. Das wird v *I. Welser/Zivny*, RdW 2021/428, 542 (545) aus OGH 18.2.2021, 6 Ob 155/20t (Rz 92 f) abgeleitet; offen lassend § 35 Rz 11 FN 68.
120 *A. Heidinger* in Gruber/Harrer, GmbHG² Anh §§ 29 ff Rz 3.
121 *A. Heidinger* in Gruber/Harrer, GmbHG² Anh §§ 29 ff Rz 4, mit praktischen Handlungsempfehlungen für den GF.
122 *A. Heidinger* in Gruber/Harrer, GmbHG² § 30j Rz 47 u Anh §§ 29 ff Rz 2; *Rauter* in Straube/Ratka/Rauter, GmbHG § 30j Rz 69; aM *Assadi/Ettmayer*, RWZ 2017/79, 373 (374 ff).
123 *A. Heidinger* in Gruber/Harrer, GmbHG² Anh §§ 29 ff Rz 4 unter Hinweis auf die Überwachungsfunktion des AR.
124 *Reich-Rohrwig*, GmbHR I² Rz 4/379.
125 *A. Heidinger* in Gruber/Harrer, GmbHG² Anh §§ 29 ff Rz 6.

57 Da die **Vornahme außergewöhnlicher Geschäfte** nach hA grds der Zustimmung der Gesellschafter bedarf (s § 20 Rz 19),[126] können sich **Überschneidungen in den Zuständigkeiten v AR u GV** häufig ergeben.[127] Dazu wird jedoch die M vertreten, dass in einem derartigen Fall, wenn die Zustimmung des AR vorliegt, nicht auch noch die Zustimmung der Gesellschafter einzuholen ist, sofern der GesV dies nicht explizit vorsieht.[128] Zur Vermeidung einer Rechtsunsicherheit ist zu empfehlen, dies im GesV ausdrücklich klarzustellen (vgl auch § 35 Rz 11).

C. Gesetzlicher Katalog

58 Absatz 5 enthält einen **Mindestkatalog der zustimmungspflichtigen Geschäfte**. Das Wort „jedoch" im Einleitungssatz beruht auf einem Redaktionsversehen.[129]

1. Z 1 (Beteiligungen, Unternehmen, Betriebe)

59 Erfasst sind der **Erwerb u die Veräußerung v Beteiligungen im Wege der Einzel- u Gesamtrechtsnachfolge** sowie der **Erwerb, die Veräußerung u die Stilllegung v Unternehmen u Betrieben**.[130] Strittig ist, ob auch die bloße Erhöhung bestehender Beteiligungen der Zustimmungspflicht unterliegt.[131] Der **Begriff der Beteiligung** richtet sich nach § 189a Z 2 UGB. Demnach sind nur solche Beteiligungen umfasst, die in einer dauernden Verbindung zum eigenen Geschäftsbetrieb stehen sollen. Dies wird allerdings vermutet, wenn die Beteiligung mind 20 % beträgt. Im Hinblick auf die Überwachungsaufgabe des AR empfiehlt sich eine Klarstellung im GesV oder der GO, dass auch eine vorübergehende Be-

---

126 OGH 18.3.2016, 9 ObA 58/15t; *Koppensteiner/Rüffler*, GmbHG³ § 20 Rz 4; *Reich-Rohrwig*, GmbHR I² Rz 2/253; *A. Heidinger* in Gruber/Harrer, GmbHG² Anh §§ 29 ff Rz 2.
127 *Harrer* in FS Koppensteiner 129 (138).
128 *Eckert/Schopper* in Torggler, GmbHG § 30j Rz 14; vgl auch *Schima* in FS Koppensteiner 259 (274 f).
129 *Wünsch*, GmbHG § 30j Rz 90.
130 *A. Heidinger* in Gruber/Harrer, GmbHG² § 30j Rz 48.
131 **Dafür** *Eckert/Schopper* in Torggler, GmbHG § 30j Rz 19; **dagegen** *A. Heidinger* in Gruber/Harrer, GmbHG² § 30j Rz 48; vermittelnd *Rauter* in Straube/Ratka/Rauter, GmbHG § 30j Rz 75.

teiligung der Zustimmungspflicht unterliegt, wenn sie zumindest 20% des Stammkapitals erreicht.[132] Eine bloße Kapitalanlage ist aber nicht erfasst.[133] Auch **Ausgliederungen** fallen unter die Bestimmung.[134] Die bloße Gründung einer Tochtergesellschaft „auf Vorrat" ist aber wohl (zunächst) nicht erfasst. Der Begriff des Betriebs ist nach hA weit auszulegen u umfasst auch Teilbetriebe, soweit sie nicht v völlig untergeordneter Bedeutung sind.[135] Unter **Stilllegung des Unternehmens** ist die vollständige Einstellung der Geschäftstätigkeit, unter **Stilllegung eines Betriebs** die Aufgabe des Betriebszwecks samt Auflösung der Betriebsorganisation zu verstehen.[136] Die bloße Produktionseinstellung reicht nicht aus. Zum Teil wird die Zustimmungspflicht aber auch auf bedeutende Einschränkungen des Geschäftsbetriebs mit Auswirkungen auf das Gesamtunternehmen erstreckt.[137]

2. Z 2 (Liegenschaften)

Erfasst sind **Erwerb, Veräußerung u Belastung v Liegenschaften**, soweit dies **nicht zum gewöhnlichen Geschäftsbetrieb gehört**. Dabei kommt es auf die tatsächlichen Verhältnisse der Gesellschaft an.[138] Zum gewöhnlichen Geschäftsbetrieb zählt auch die Verwertung v Liegenschaften, die einem Kreditinstitut als Sicherheit dienen.[139]   60

Unter **Belastungen** können neben dinglichen auch schuldrechtliche Belastungen subsumiert werden, wenn sie ähnliche Auswirkungen wie eine dingliche Belastung haben.[140] Dies kann auf langfristige Leasingverträge u ausnahmsweise auch auf – insb verbücherte – Bestandverträge zutreffen.[141]   61

---

132 *Temmel*, Der Aufsichtsrat 83; *A. Heidinger* in Gruber/Harrer, GmbHG[2] § 30j Rz 48.
133 *Rauter* in Straube/Ratka/Rauter, GmbHG § 30j Rz 75.
134 *Geppert/Moritz*, GesRÄG 44; *Rauter* in Straube/Ratka/Rauter, GmbHG § 30j Rz 74.
135 *Reich-Rohrwig*, GmbHR I[2] Rz 4/355; *Rauter* in Straube/Ratka/Rauter, GmbHG § 30j Rz 76.
136 *Wünsch*, GmbHG § 30j Rz 98 f.
137 *Rauter* in Straube/Ratka/Rauter, GmbHG § 30j Rz 76.
138 *Rauter* in Straube/Ratka/Rauter, GmbHG § 30j Rz 78.
139 *A. Heidinger* in Gruber/Harrer, GmbHG[2] § 30j Rz 50.
140 *Briem* in Kalss/Kunz, HB AR[2] Kap 12 Rz 13.
141 *Reich-Rohrwig*, GmbHR I[2] Rz 4/356; *Eckert/Schopper* in Torggler, GmbHG § 30j Rz 20; *A. Heidinger* in Gruber/Harrer, GmbHG[2] § 30j Rz 50; einschränkend *Temmel*, Der Aufsichtsrat 84.

3. Z 3 (Zweigniederlassungen)

62 Unter den **Begriff der Zweigniederlassung** fallen **organisatorisch selbständige Einheiten eines Rechtsträgers, die den Weisungen der Hauptniederlassung unterstehen** (s auch §§ 107–114 Rz 7).[142] Es hat eine Zweigniederlassung im Rechtssinn vorzuliegen, also eine solche, die im FB eingetragen ist oder eingetragen werden soll (§ 3 Abs 1 Z 6 FBG). In der L wird zT vertreten, dass der Begriff der Zweigniederlassung in einem wirtschaftlichen Sinn zu verstehen sei, sodass auch Filialgeschäfte, bloß faktische Niederlassungen u sonstige Betriebsstätten darunter zu subsumieren wären.[143] Aus Gründen der Rechtssicherheit ist jedoch der A, dass der Begriff der Zweigniederlassung formal auszulegen ist, der Vorzug zu geben.[144]

4. Z 4 (Investitionen)

63 Unter **Investitionen** sind **Anschaffungen für den unternehmerischen Betrieb der Gesellschaft** – also **Anschaffung v Anlagevermögen** (§ 198 Abs 2 UGB) – zu verstehen.[145] Es kann sich um Sachinvestitionen, immaterielle Investitionen u Finanzinvestitionen handeln.[146] Erfasst sind auch Leasinggeschäfte.[147]

64 Genehmigungspflicht besteht, wenn die hierfür **festgelegten Betragsgrenzen überschritten** sind (dazu Rz 81 ff). Zu genehmigen ist das Investitionsvorhaben an sich; eine Aufspaltung in mehrere Bestellungen oder Teilleistungen hat keine Auswirkungen auf eine bestehende Zustimmungspflicht.[148]

---

142 *A. Heidinger* in Gruber/Harrer, GmbHG² § 30j Rz 51; *Wünsch*, GmbHG § 30j Rz 106 ff.
143 *Reich-Rohrwig*, GmbHR I² Rz 4/357; offenlassend *Rauter* in Straube/Ratka/Rauter, GmbHG § 30j Rz 81.
144 *Eckert/Schopper* in Torggler, GmbHG § 30j Rz 21; *Briem* in Kalss/Kunz, HB AR² Kap 12 Rz 14.
145 *Rauter* in Straube/Ratka/Rauter, GmbHG § 30j Rz 82; *Eckert/Schopper* in Torggler, GmbHG § 30j Rz 22.
146 *Briem* in Kalss/Kunz, HB AR² Kap 12 Rz 15.
147 *Reich-Rohrwig*, GmbHR I² Rz 4/358; *A. Heidinger* in Gruber/Harrer, GmbHG² § 30j Rz 52.
148 *A. Heidinger* in Gruber/Harrer, GmbHG² § 30j Rz 52; *Reich-Rohrwig*, GmbHR I² Rz 4/358.

In der Praxis stellt der **Investitionsplan** einen **Teil des Budgets** dar. 65
Wird das Budget v AR genehmigt,[149] dann liegt damit auch die Zustimmung zu den darin vorgesehenen Investitionen vor. Eine zusätzliche Zustimmung wird daher nur einzuholen sein, wenn außerhalb des Budgets weitere Investitionen vorgenommen werden sollen, die die Betragsgrenzen überschreiten.

5. Z 5 (Aufnahme von Anleihen, Darlehen, Krediten)

Davon ist **jede Aufnahme v Fremdmitteln**, unabhängig v ihrer rechtlichen Form, umfasst, soweit die **Betragsgrenzen überschritten** werden.[150] Auch die Aufnahme eines Kreditrahmens wird für zustimmungspflichtig erachtet.[151] **Nicht erfasst** wird hingegeben ein branchenüblicher Lieferantenkredit, ebenso nicht die Entgegennahme v branchenüblichen Anzahlungen.[152] 66

6. Z 6 (Gewährung von Darlehen und Krediten)

Auch hier umfasst die Zustimmungspflicht nicht bloß die **Gewährung v Darlehen u Krediten**, die die **Betragsgrenzen überschreiten**, sondern auch **jede andere Zurverfügungstellung v Fremdkapital**.[153] Inkludiert sind somit nicht nur Geld-, sondern auch Waren- u sonstige Kredite.[154] Nicht erfasst ist allerdings die Gewährung v Darlehen u Krediten, soweit sie zum gewöhnlichen Geschäftsbetrieb gehört. Zum **gewöhnlichen Geschäftsbetrieb** können die Einräumung geschäftsüblicher Zahlungsziele an Kunden, der Abschluss v Ratengeschäften u die Leistung v Gehaltsvorschüssen (jedenfalls bis zu einem Monatsgehalt) gehören.[155] 67

---

149 Dies ist zwar im Gesetz nicht ausdrücklich vorgesehen, es kann jedoch aufgrund der Sorgfaltspflicht des AR geboten sein, dass er es einem Zustimmungsvorbehalt unterwirft (s Rz 93). Dazu *Briem* in Kalss/Kunz, HB AR² Kap 12 Rz 33 ff. S auch Rz 93.
150 *Briem* in Kalss/Kunz, HB AR² Kap 12 Rz 16; *Rauter* in Straube/Ratka/Rauter, GmbHG § 30j Rz 85.
151 *Briem* in Kalss/Kunz, HB AR² Kap 12 Rz 16.
152 *Reich-Rohrwig*, GmbHR I² Rz 4/359; *Koppensteiner/Rüffler*, GmbHG³ § 30j Rz 21.
153 *Briem* in Kalss/Kunz, HB AR² Kap 12 Rz 17.
154 *Eckert/Schopper* in Torggler, GmbHG § 30j Rz 24.
155 *Reich-Rohrwig*, GmbHR I² Rz 4/360; *Briem* in Kalss/Kunz, HB AR² Kap 12 Rz 17.

7. Z 7 (Geschäftszweige und Produktionsarten)

68 Unter **Geschäftszweigen** sind jene Bereiche zu verstehen, in denen die Gesellschaft wirtschaftlich tätig ist.[156] Neue Geschäftszweige dürfen aber nur aufgenommen werden, soweit dies v Unternehmensgegenstand gem GesV gedeckt ist.[157]

69 Die **Aufnahme oder Aufgabe neuer Produktionsarten** ist nur dann zustimmungspflichtig, wenn sie mit erheblichen Eingriffen in die Betriebsorganisation verbunden ist.[158]

8. Z 8 (Geschäftspolitik)

70 Zur Geschäftspolitik zählen die **Festlegung der Unternehmensziele** u der **Mittel zu ihrer Umsetzung** einschließlich der **Art ihrer Beschaffung**.[159] Der Zustimmungspflicht unterliegen jedoch **nur die allg Grundsätze der Geschäftspolitik**, also weitreichende, für die mittel- u langfristige Unternehmensentwicklung bedeutsame Fragen.[160] Damit wird der AR in die **strategische Planung** eingebunden. Detailfragen der Geschäftspolitik sind nicht zustimmungspflichtig. In der Praxis wird die Festlegung v Solleckdaten in den unternehmerischen Grund- u Hilfsfunktionen zweckmäßig sein.[161]

9. Z 9 (Gewinn- und Umsatzbeteiligungen, Pensionszusagen)

71 Erfasst sind **erfolgsabhängige Gehaltsbestandteile sowie Pensionszusagen**, gleichgültig, ob es sich um Direktzusagen handelt oder Ansprüche an eine Pensions- oder Versorgungskasse eingeräumt werden.[162]

72 Die Bestimmung betrifft nach ihrem Wortlaut **Zusagen an GF u leitende Angestellte iSv § 80 Abs 1 AktG** (wobei GF auch unter letzteren Begriff fallen). Zu Recht wird jedoch kritisiert, dass die Einbeziehung der GF verfehlt ist, da Verträge mit den GF v den Gesellschaftern abzuschließen sind u die GF nicht für die Festlegung v Grundsätzen für ihre

---

156 *Wünsch*, GmbHG § 30j Rz 128; *Hauser*, GES 2016, 270 (271).
157 *Koppensteiner/Rüffler*, GmbHG[3] § 30j Rz 21.
158 *A. Heidinger* in Gruber/Harrer, GmbHG[2] § 30j Rz 56; *Hauser*, GES 2016, 270 (271).
159 *A. Heidinger* in Gruber/Harrer, GmbHG[2] § 30j Rz 57.
160 *Reich-Rohrwig*, GmbHR I[2] Rz 4/362.
161 *Eckert/Schopper* in Torggler, GmbHG § 30j Rz 26.
162 *Briem* in Kalss/Kunz, HB AR[2] Kap 12 Rz 20; *Rauter* in Straube/Ratka/Rauter, GmbHG § 30j Rz 95.

eigenen Gewinn- oder Umsatzbeteiligungen u Pensionszusagen zuständig sein können.[163]

Nach dem Wortlaut der Bestimmung bezieht sich die Zustimmungspflicht nur auf die **Festlegung v Grundsätzen** über die Gewährung v Gewinn- oder Umsatzbeteiligungen u Pensionszusagen. In Ausführung solcher Grundsätze abgeschlossene **Einzelverträge** sind daher nicht zustimmungspflichtig. Fraglich ist allerdings, ob Einzelverträge auch dann keiner Zustimmungspflicht unterliegen, wenn derartige Grundsätze nicht festgelegt wurden.[164] Zur Vermeidung einer Rechtsunsicherheit empfiehlt sich daher die Festlegung entspr Grundsätze.

10. Z 10 (Verträge mit Mitgliedern des Aufsichtsrats)

Durch die Bestimmung wird zunächst klargestellt, dass **Mitglieder des AR** „außerhalb ihrer Tätigkeit im AR" **Verträge mit der Gesellschaft oder einem Tochterunternehmen** (§ 189a Z 7 UGB) **abschließen** können (s dazu auch § 31 Rz 39 ff). Solche Verträge unterliegen aber der **Zustimmungspflicht**, wenn sich das Mitglied des AR zu einer **Leistung gegen ein nicht bloß geringfügiges Entgelt** verpflichtet. Ein Entgelt ist nicht bloß geringfügig, wenn es den **Anschein einer Befangenheit** des AR-Mitglieds begründet.[165] In der Lit wird vorgeschlagen, dies durch analoge Anwendung v § 28 Abs 2 Z 2 BWG (Betrag v € 5.000) zu konkretisieren.[166] Nach aA soll anstelle dieses fixen Betrages auf das Verhältnis zur Vergütung für die Tätigkeit als Mitglied des AR abgestellt werden, wobei ein Entgelt v zumindest 25 % der jährlichen Vergütung nicht mehr geringfügig sei.[167] Richtigerweise kann die Betragsgrenze des § 28 Abs 2 Z 2 BWG als Orientierungshilfe dienen, wird aber nicht als bindend anzusehen sein. Es sind vielmehr auch die Umstände des Einzelfalls zu berücksichtigen.[168]

---

163 *Wünsch*, GmbHG § 30j Rz 139; *A. Heidinger* in Gruber/Harrer, GmbHG² § 30j Rz 58.
164 **Dafür** *Reich-Rohrwig*, GmbHR I² Rz 4/363; **dagegen** *Wünsch*, GmbHG § 30j Rz 134; referierend *Rauter* in Straube/Ratka/Rauter, GmbHG § 30j Rz 98.
165 *Eckert/Schopper* in Torggler, GmbHG § 30j Rz 28.
166 *Ch. Nowotny*, RdW 2005/742, 658 (660); *Eckert/Schopper* in Torggler, GmbHG § 30j Rz 28.
167 *A. Heidinger* in Gruber/Harrer, GmbHG² § 30j Rz 59.
168 S zum Meinungsstand *Rauter* in Straube/Ratka/Rauter, GmbHG § 30j Rz 102.

75 Die Bestimmung umfasst **Verträge jeder Art**, auch wenn in der Praxis **Beratungsverträge im Vordergrund** stehen. Es soll verhindert werden, dass Mitglieder des AR in eine wirtschaftliche Abhängigkeit v der Gesellschaft geraten oder jedenfalls die nötige Distanz zu den GF verlieren.[169]

76 Die Zustimmungspflicht gilt **auch für Verträge mit Unternehmen**, an denen ein Mitglied des AR ein **erhebliches wirtschaftliches Interesse** hat. Damit soll eine **Umgehung ausgeschlossen** werden. Ein erhebliches wirtschaftliches Interesse wird jedenfalls ab einer Beteiligung v 50 % – allenfalls auch schon darunter – an dem Unternehmen zu bejahen sein.[170] Hat das AR-Mitglied in dem anderen Unternehmen eine Organstellung, dann ist zu unterscheiden: Die bloße Funktion als Mitglied des AR oder eines Beirats wird ein besonderes wirtschaftliches Interesse idR nicht begründen. Bei einer Position als Vorstandsmitglied oder GF kann ein solches Interesse hingegen im Einzelfall gegeben sein.[171]

77 Bei der Abstimmung im AR ist das betr Mitglied **v Stimmrecht ausgeschlossen**.[172] Wird die Zustimmung gem Z 10 nicht eingeholt, obwohl eine Zustimmungspflicht gegeben wäre, dann wäre das Geschäft nach allg Regeln (dazu Rz 51) rechtsgültig. Allerdings ist gerade in einem solchen Fall das **Vorliegen eines Vollmachtsmissbrauchs** besonders genau zu prüfen, zumal dem betr Mitglied des AR die Zustimmungspflicht bekannt sein musste (s § 20 Rz 28 sowie – zum analogen Problem des Verstoßes gegen Gesellschafterzustimmungspflichten – § 35 Rz 108 u 13).[173] Ferner können sich sowohl die GF als auch das betr Mitglied des AR durch Abschluss des Geschäfts ohne Befassung des AR **schadenersatzpflichtig** machen.

11. Z 11 („Cooling off"-Periode für Abschlussprüfer)

78 Nach § 271c Abs 1 UGB dürfen in Gesellschaften mit den Merkmalen des § 271a Abs 1 UGB – das sind Unternehmen v öffentlichem Interesse (§ 189a Z 1 UGB) u „fünffach große Gesellschaften" – der Abschluss-

---

169 *A. Heidinger* in Gruber/Harrer, GmbHG² § 30j Rz 59; *Rauter* in Straube/Ratka/Rauter, GmbHG § 30j Rz 100.
170 *Kalss* in Kalss/Kunz, HB AR² Kap 13 Rz 27; nach *Briem* in Kalss/Kunz, HB AR² Kap 12 Rz 23, soll bereits eine Beteiligung ab 25 % genügen.
171 Dazu näher *Kalss* in Kalss/Kunz, HB AR² Kap 13 Rz 28 f; *Rauter* in Straube/Ratka/Rauter, GmbHG § 30j Rz 103.
172 *Briem* in Kalss/Kunz, HB AR² Kap 12 Rz 23.
173 *Kalss* in Kalss/Kunz, HB AR² Kap 13 Rz 61.

prüfer, der Konzernabschlussprüfer, der Abschlussprüfer eines bedeutenden verbundenen Unternehmens u der den jew Bestätigungsvermerk unterzeichnende Wirtschaftsprüfer **innerhalb v zwei Jahren nach Zeichnung des Bestätigungsvermerks weder eine Organfunktion noch eine leitende Stellung iSv § 80 AktG** einnehmen. Dies gilt auch für eine andere GmbH, wobei die Frist jedoch nur **ein Jahr** beträgt. Gem § 271c Abs 1a UGB idF APRÄG 2016 sind v diesem Tätigkeitsverbot ferner Mitarbeiter u Mitgesellschafter eines Abschlussprüfers sowie alle anderen natPers betroffen, deren Leistungen der Abschlussprüfer in Anspruch nehmen oder kontrollieren kann, soferne sie selbst zugelassene Abschlussprüfer sind; auch diesfalls beträgt die Frist **ein Jahr**.

Soweit § 271c UGB nicht anwendbar ist, bedarf die **Übernahme einer leitenden Stellung iSv § 80 AktG** in der Gesellschaft **durch die in § 271c Abs 1 UGB genannten Personen innerhalb der "Abkühlungsfrist" v zwei Jahren der Zustimmung des AR**. Zusätzlich gilt dies auch für eine für den Abschlussprüfer tätige Person, die eine maßgebliche leitende Funktion bei der Prüfung ausgeübt hat. Durch die Bestimmung soll die Unabhängigkeit des Abschlussprüfers sichergestellt werden, die nicht durch einen Wechsel zum geprüften Unternehmen beeinträchtigt werden soll.[174]

Bei Beurteilung der Frage, ob ein **"bedeutendes verbundenes Unternehmen"** vorliegt, ist auf die Bedeutung des Unternehmens im Konzernverbund abzustellen, wobei eine Gesamtbetrachtung vorzunehmen ist.[175]

D. Festsetzung von Betragsgrenzen

1. Verpflichtende/fakultative Betragsgrenzen

Zu den in **Z 1 u Z 2** genannten Geschäften **können Betragsgrenzen** festgesetzt werden, zu den in **Z 4, 5 u 6** genannten Geschäften **sind Betragsgrenzen festzusetzen**. Damit soll ermöglicht werden, dass sich die Zustimmungspflicht an den **konkreten Verhältnissen der Gesellschaft** orientiert; ferner soll der AR **nicht mit Bagatellfällen befasst** werden.[176]

---

174 *Briem* in Kalss/Kunz, HB AR[2] Kap 12 Rz 24.
175 *Rauter* in Straube/Ratka/Rauter, GmbHG § 30j Rz 108.
176 *A. Heidinger* in Gruber/Harrer, GmbHG[2] § 30j Rz 64.

82 Bei den Betragsgrenzen muss es sich **nicht um fixe Beträge** handeln. Auch ein **Prozentsatz** (zB v Umsatz, Eigenkapital, EGT oder EBITDA) oder ein **wertgesicherter Betrag** ist zulässig.[177]

83 Anders als nach § 95 Abs 5 AktG können die **Betragsgrenzen nur im GesV u nicht v AR selbst festgelegt** werden.[178] Zulässig dürfte allerdings sein, dass der AR eine im GesV festgelegte Betragsgrenze herabsetzt, wenn er dies für erforderlich hält, um seiner Überwachungsaufgabe nachkommen zu können.[179]

84 Während sich die fakultativen Betragsgrenzen in den Fällen der Z 1 u Z 2 sowie die obligatorische Betragsgrenze im Fall der Z 6 jew auf den Einzelfall beziehen, sollen **im Falle der Z 4** (Investitionen) **u der Z 5** (Aufnahme v Anleihen, Darlehen u Krediten) **jew Betragsgrenzen für den Einzelfall u für das ganze Geschäftsjahr festgelegt** werden. Die Bedeutung der Bestimmung ist allerdings nicht völlig klar: Sie könnte so verstanden werden, dass die Zustimmungspflicht bereits dann besteht, wenn entweder die Betragsgrenze für den Einzelfall oder jene für das Geschäftsjahr überschritten ist.[180] Dies würde allerdings bedeuten, dass ab Überschreiten der Jahresgrenze jede – auch eine bloß kleine – Investition oder Kreditaufnahme genehmigungspflichtig wäre. Der Gesetzeswortlaut deutet eher darauf hin, dass eine Investition oder Kreditaufnahme bloß dann erfasst ist, wenn sie allein den für den Einzelfall bestimmten Betrag übersteigt u überdies – gemeinsam mit den bereits erfolgten Investitionen oder Kreditaufnahmen – das jährliche Gesamtvolumen überschreitet.[181] Dies würde freilich bedeuten, dass bis zum Überschreiten der Jahresgrenze keine Zustimmung einzuholen ist; dies

---

177 *Reich-Rohrwig*, GmbHR I² Rz 4/364; *Briem* in Kalss/Kunz, HB AR² Kap 12 Rz 31.
178 *Eckert/Schopper* in Torggler, GmbHG § 30j Rz 29 mwN. In der Lit wird dies allerdings zT als „Redaktionsversehen" betrachtet, s *A. Heidinger* in Gruber/Harrer, GmbHG² § 30j Rz 64, u *Rauter* in Straube/Ratka/Rauter, GmbHG § 30j Rz 110. Tatsächlich ist kein sachlicher Grund zu erkennen, wieso das GmbHG insoweit v der Bestimmung des § 95 Abs 5 AktG abweicht, die das Vorbild für § 30j Abs 5 war.
179 *Reich-Rohrwig*, GmbHR I² Rz 4/364; *Briem* in Kalss/Kunz, HB AR² Kap 12 Rz 32.
180 So etwa *Eckert/Schopper* in Torggler, GmbHG § 30j Rz 29, u *Lobnik*, GES 2021, 181 (184).
181 *Rauter* in Straube/Ratka/Rauter, GmbHG § 30j Rz 84, der jedoch im Ergebnis der Gegenansicht zuneigt; so auch *Kalss* in Doralt/Nowotny/Kalss, AktG³ § 95 Rz 111.

dürfte dem Gesetzeszweck weniger entsprechen als die Gegenmeinung. In der Praxis kann man sich nach Überschreiten der Jahresgrenze mit **Vorratsbeschlüssen** behelfen, damit nicht jede Kleininvestition dem AR gesondert vorgelegt werden muss. Vertretbar erschiene aber auch, im GesV nur eine der beiden Betragsgrenzen – uzw wohl jene für das Einzelgeschäft – festzulegen, wenn diese so gestaltet ist, dass der AR seiner Verpflichtung zur ordnungsgemäßen Überwachung nachkommen u über das Tagesgeschäft hinausgehende Maßnahmen kontrollieren kann, das Tagesgeschäft selbst aber nicht behindert wird.[182]

2. Rechtsfolgen bei Nichtfestsetzung von Betragsgrenzen

Enthält der GesV keine Betragsgrenzen, dann sind **sämtliche unter Z 1, Z 2 sowie Z 4 bis Z 6 fallende Geschäfte der Zustimmung des AR zu unterwerfen**, ohne dass es auf den Gegenwert ankäme.[183] Einen **gewissen Filter** bildet nur die Einschränkung in Z 2 u Z 6, dass das Geschäft **nicht zum gewöhnlichen Geschäftsbetrieb** zu gehören hat. Das Fehlen v Betragsgrenzen macht jedoch den **GesV nicht ungültig**.[184] Der A, dass in einem solchen Fall die Eintragung der Gesellschaft abzulehnen wäre, ist daher nicht zu folgen.[185]

85

E. Konzern-Sachverhalte

Ist die GmbH die **Obergesellschaft eines Konzerns**, dann kommt den GF auch die **Aufgabe der Konzernleitung** zu.[186] Dementsprechend hat auch **der AR die GF** nicht nur hinsichtlich der Leitung der konkreten Gesellschaft, sondern **auch hinsichtlich der Konzernleitung zu überwachen** (s schon oben Rz 7 f).[187]

86

---

182 So *Kalss* in Doralt/Nowotny/Kalss, AktG³ § 95 Rz 131.
183 *Reich-Rohrwig*, GmbHR I² Rz 4/364; *Eckert/Schopper* in Torggler, GmbHG § 30j Rz 29; aM aber *Koppensteiner*, GesRZ 2020, 6 (7); dagegen jedoch mit historischer u systematischer Interpretation *Lobnik*, GES 2021, 181 (182 f). Zur missglückten Übergangsbestimmung des Art V Abs 3 GesRÄG s *Kastner*, GesRZ 1982, 213 (216); ihm folgend OGH 19.12.1991, 8 Ob 595, 596/90.
184 *Ch. Nowotny* in Kalss/Nowotny/Schauer, GesR² Rz 4/269; *Rauter* in Straube/Ratka/Rauter, GmbHG § 30j Rz 111.
185 So aber *Koppensteiner/Rüffler*, GmbHG³ § 30j Rz 22.
186 *Enzinger/Kalss* in Kalss/Kunz, HB AR² Kap 31 Rz 25.
187 *Briem* in Kalss/Kunz, HB AR² Kap 12 Rz 26; so nun auch OGH 25.11.2020, 6 Ob 209/20h, wbl 2021, 346 (*Koppensteiner*) = NZG 2021, 647 (*Kalss*).

87 Der **gesetzl Katalog der zustimmungspflichtigen Geschäfte** ist allerdings **auf eine Einzelgesellschaft zugeschnitten**. Auf verbundene Unternehmen wird – wenn überhaupt – nur rudimentär Bezug genommen.[188]

88 Zum Teil wird vertreten, dass die Zustimmungsvorbehalte des Abs 5 konzernbezogen zu interpretieren sind.[189] Von der hL wird jedoch eine **analoge Anwendung des Katalogs gem Abs 5** (auch) **auf Konzern-SV abgelehnt**.[190] Dafür spricht ua, dass der Katalog im GesV, der GO oder durch den AR selbst ergänzt u präzisiert werden kann u daher kein Bedarf nach einer Analogie besteht. Der gesetzl Katalog sollte daher nicht 1:1 auf Tochtergesellschaften umgelegt werden, was auch nicht zu sachgerechten Ergebnissen führen würde.[191]

89 Es empfiehlt sich daher, den **gesetzl Katalog im GesV oder durch Beschluss des AR zu erweitern**. Der AR wird zu einer solchen Erweiterung verpflichtet sein, um zu verhindern, dass wesentliche konzernrelevante Geschäfte „an ihm vorbei" über Untergesellschaften durchgeführt werden.[192] Insbesondere wird es zweckmäßig sein, dass der AR die **Ausübung der Gesellschafterrechte in den Untergesellschaften durch die GF der Obergesellschaft** seiner Zustimmung unterwirft.[193] Nicht sinnvoll ist es allerdings, den Zustimmungskatalog des Abs 5 schematisch auf alle Konzerngesellschaften zu erstrecken. Vielmehr soll der AR **alle Maßnahmen**, die **für die Rentabilität u Liquidität der Obergesellschaft v erheblicher Bedeutung** sind, seiner Zustimmung unterwerfen.[194] Maßgeblich ist somit nicht die Relevanz für die Tochter-

---

188 *Eckert/Gassauer-Fleissner*, GES 2004, 416 (424 ff); *Briem* in Kalss/Kunz, HB AR² Kap 12 Rz 26.
189 So zB *Stern*, RdW 1999, 308 (309 f).
190 *Eckert/Schopper* in Torggler, GmbHG § 30j Rz 18; *Rauter* in Straube/Ratka/Rauter, GmbHG § 30j Rz 72, 112; *Eckert/Schopper/Walch* in Eckert/Schopper, AktG § 95 Rz 44; ebenso im Ergebnis auch *M. Gruber*, GesRZ 2021, 291 (292 ff) aufgrund systematischer u teleologischer Interpretation.
191 *Eckert/Gassauer-Fleissner*, GES 2004, 416 (425).
192 *Eckert/Gassauer-Fleissner*, GES 2004, 416 (426) unter Hinweis auf Regel 35 ÖCGK; *Rauter* in Straube/Ratka/Rauter GmbHG § 30j Rz 112.
193 *Rauter* in Straube/Ratka/Rauter, GmbHG § 30j Rz 112.
194 In OGH 25. 11. 2020, 6 Ob 209/20h (s insb Rz 42 ff), wbl 2021, 346 (*Koppensteiner*) = NZG 2021, 647 (*Kalss*) wird nicht ausreichend zw der Verpflichtung des AR, eine angemessene Regelung der konzernweiten Zustimmungspflichten in der GO zu treffen, u der Auslegung der in der GO normierten Zustimmungspflichten unterschieden (krit auch *Kalss*, Besprechung zu 6 Ob

gesellschaft, sondern für die Obergesellschaft.[195] Die in Frage stehende Maßnahme einer Tochtergesellschaft hat daher ihrer Bedeutung nach dem vergleichbaren Fall in der Muttergesellschaft zu entsprechen. Dies trifft etwa auf Investitionsentscheidungen zu, die wegen ihres finanziellen Volumens oder ihrer wirtschaftlichen Bedeutung ein erhebliches wirtschaftliches Risiko für die Muttergesellschaft bedeuten.[196] Die konkrete Ausgestaltung des Katalogs sollte v der Intensität der Konzernleitung ebenso wie v der Art des konkreten Einzelgeschäfts u seinen Auswirkungen auf die Vermögens- u Ertragslage des gesamten Konzerns abhängig gemacht werden.[197]

F. Ergänzung des Katalogs

Der GesV oder der AR kann anordnen, dass – über den Katalog des Abs 5 hinaus – **bestimmte weitere Arten v Geschäften nur mit Zustimmung des AR vorgenommen** werden dürfen. Der Katalog zustimmungspflichtiger Geschäfte kann also erweitert, nicht aber eingeschränkt werden.[198] Der AR ist zur Bestimmung weiterer zustimmungspflichtiger Geschäfte auch dann berechtigt, wenn der Katalog bereits im GesV erweitert wurde.[199] Ein derartiger Zustimmungsvorbehalt hat die gleichen Rechtswirkungen wie der gesetzl Zustimmungsvorbehalt.[200] Diese Zuständigkeit des AR stellt **zwingendes Recht** dar.[201]

90

209/20h, NZG 2021, 654 [655 f]). Eine Zweifelsregel, wonach Zustimmungsvorbehalte in einer GO grds konzernweit auszulegen seien, besteht nicht (*M. Gruber*, GesRZ 2021, 291 [295 f]; *Zimmermann*, ecolex 2021/487, 744 [747]).
195 *Eckert/Gassauer-Fleissner*, GES 2004, 416 (426); insoweit zutr OGH 25.11.2020, 6 Ob 209/20h (s insb Rz 41), wbl 2021, 346 (*Koppensteiner*) = NZG 2021, 647 (*Kalss*).
196 *Kalss*, AR aktuell 3/2009, 4 (6).
197 *Kalss*, AR aktuell 3/2009, 4 (7); zu Details s *Rauter* in Straube/Ratka/Rauter, GmbHG § 30j Rz 112; *Briem* in Kalss/Kunz, HB AR² Kap 12 Rz 26 ff; *Enzinger/Kalss* in Kalss/Kunz, HB AR² Kap 31 Rz 59 ff.
198 *Koppensteiner/Rüffler*, GmbHG³ § 30j Rz 24.
199 *Reich-Rohrwig*, GmbHR I² Rz 4/351.
200 *Eckert/Schopper* in Torggler, GmbHG § 30j Rz 30.
201 *A. Heidinger* in Gruber/Harrer, GmbHG² § 30j Rz 67.

91 Der AR ist verpflichtet, diese Befugnis zu nutzen, wenn dies **zur Erfüllung seiner Überwachungsaufgaben nötig** ist.[202] Andrerseits dürfen die Genehmigungspflichten nicht so weit gefasst werden, dass die Geschäftsführung faktisch lahm gelegt wird.[203] Es ist daher **unzulässig, Maßnahmen des gewöhnlichen Geschäftsbetriebs der Zustimmungspflicht zu unterwerfen.**[204]

92 Die Zustimmungspflicht kann allerdings **nicht bloß für „Arten v Geschäften"**, sondern auch für Einzelgeschäfte vorgesehen werden; dies jedoch nur, wenn es sich um **Einzelgeschäfte v besonderer Bedeutung** handelt.[205]

93 Innerhalb dieser Grenzen liegt es im Ermessen des AR, wie weit er eine Zustimmungspflicht anordnet.[206] Da der gesetzl Katalog Lücken aufweist, wird eine **Erg idR geboten** sein. Konkret ist etwa zu denken an:

– Einf konzernweiter Zustimmungsvorbehalte (dazu bereits oben Rz 89);
– insb Ausübung der Gesellschafterrechte bei verbundenen Gesellschaften durch die GF;
– insb Besetzung v Leitungsfunktionen im Konzern;
– Erteilung der Prokura;[207]
– Kreditgewährung an GF u leitende Angestellte;[208]
– Umgründungen in Beteiligungsgesellschaften u im Konzern;[209]
– Genehmigung des Budgets.[210]

---

202 *A. Heidinger* in Gruber/Harrer, GmbHG[2] § 30j Rz 65; *Rauter* in Straube/Ratka/Rauter, GmbHG § 30j Rz 117.
203 *Reich-Rohrwig*, GmbHR I[2] Rz 4/352; *Rauter* in Straube/Ratka/Rauter, GmbHG § 30j Rz 118.
204 *Wünsch*, GmbHG § 30j Rz 147; *Koppensteiner/Rüffler*, GmbHG[3] § 30j Rz 25; s auch *Koppensteiner*, GesRZ 2020, 6 (7).
205 *Koppensteiner/Rüffler*, GmbHG[3] § 30j Rz 25; *Rauter* in Straube/Ratka/Rauter, GmbHG § 30j Rz 117/1; *Koppensteiner*, GesRZ 2020, 6 (7); **aM** allerdings mit beachtlichen Argumenten: *Schima* in FS Koppensteiner 259 (276).
206 *Eckert/Schopper* in Torggler, GmbHG § 30j Rz 30.
207 Dies scheint zwar im Katalog des § 95 Abs 5 AktG auf, nicht jedoch in jenem des § 30j Abs 5.
208 Zwar wird zT angenommen, dass § 80 AktG analog auf die GmbH angewendet werden kann (so etwa *Reich-Rohrwig*, GmbHR I[2] Rz 4/293; zum Meinungsstand *Rauter* in Straube/Ratka/Rauter, GmbHG § 30j Rz 114); eine Klarstellung erscheint jedoch zweckmäßig.
209 *Stern*, RdW 1999, 308.
210 S weitere Bsp bei *Reich-Rohrwig*, GmbHR I[2] Rz 4/367; *Briem* in Kalss/Kunz, HB AR[2] Kap 12 Rz 27; *Eckert/Gassauer-Fleissner*, GES 2004, 416

G. Verfahren

Die GF sind grds verpflichtet, die **Zustimmung des AR im Voraus einzuholen** (dazu bereits Rz 53). Dies hat möglichst **zeitnah vor Durchführung der Maßnahme** zu geschehen.[211] Mit dem Antrag auf Zustimmung haben die GF dem AR alle erforderlichen Informationen zu erteilen, damit er sich ein genaues Bild v der in Aussicht genommenen Maßnahme machen kann (**„Vorlagebericht"**).[212]

94

Der AR hat über den Antrag auf Zustimmung einen **Beschluss** zu fassen. Beschlüsse über zustimmungspflichtige Maßnahmen v erheblicher Bedeutung sollen tunlichst **in Sitzungen** gefasst werden, da nur dies eine gründliche Erörterung ermöglicht. Bei einem einfacheren Beschlussgegenstand kommt aber auch eine Beschlussfassung **im Umlaufweg** in Betracht. Ferner kann es im Einzelfall sinnvoll sein, ein noch nicht entscheidungsreifes Geschäft in einer Sitzung zu erörtern u die Beschlussfassung einem Umlaufbeschluss vorzubehalten.[213]

95

Grundsätzlich kann die Zustimmung zu zustimmungspflichtigen Maßnahmen auch **einem Ausschuss übertragen** werden.[214] Die Zustimmung zu allg Grundsätzen der Geschäftspolitik sollte aber wegen ihrer Bedeutung dem Plenum vorbehalten bleiben.[215] In Betracht kommt auch die Fassung eines **Grundsatzbeschlusses im Gesamt-AR** mit anschließender Zuweisung an einen Ausschuss, der die endgültige E trifft, sobald die Einzelheiten des Geschäfts feststehen.[216]

96

Der AR muss nicht jedes zustimmungspflichtige Geschäft individuell behandeln. Innerhalb gewisser Grenzen kann er seine Zustimmung auch durch einen **Vorratsbeschluss** im Vorhinein erteilen. Dies kommt in Betracht, wenn Zweck u Umfang v Geschäften bereits feststeht, nicht aber die Einzelheiten.[217] Von dieser Möglichkeit kann jedenfalls bei Geschäften v untergeordneter Bedeutung u geringem Risiko Gebrauch ge-

97

(426 f); *Straube/Ratka/Rauter*, Die Aufsichtsratsgeschäftsordnung², 124 ff; vgl auch *Enzinger/Kalss* in Kalss/Kunz, HB AR² Kap 31 Rz 68 ff.
211 *A. Heidinger* in Gruber/Harrer, GmbHG² § 30j Rz 44.
212 *Rauter* in Straube/Ratka/Rauter, GmbHG § 30j Rz 67.
213 *Briem* in Kalss/Kunz, HB AR² Kap 12 Rz 80.
214 *Reich-Rohrwig*, GmbHR I² Rz 4/366.
215 *Rauter* in Straube/Ratka/Rauter, GmbHG § 30j Rz 70.
216 *Reich-Rohrwig*, GmbHR I² Rz 4/371.
217 *Koppensteiner/Rüffler*, GmbHG³ § 30j Rz 23; *A. Heidinger* in Gruber/Harrer, GmbHG² § 30j Rz 46.

macht werden.[218] Es sollte v ihr aber nur sparsam u bloß in minder wichtigen Fällen Gebrauch gemacht werden; eine zu großzügige Handhabung wäre mit der Sorgfaltspflicht des AR nicht vereinbar.[219] Im Einzelfall kann es auch zweckmäßig sein, einen derartigen Vorratsbeschluss zu befristen.[220] Die GF haben dem AR jedenfalls **periodisch über die Geschäfte zu berichten**, die aufgrund eines solchen Vorratsbeschlusses abgeschlossen wurden.[221] Ferner haben sie den AR bei einer **Änderung der maßgeblichen Umstände** zu informieren u neuerlich dessen Zustimmung einzuholen.[222]

H. Exkurs: Strafrechtliche Verantwortung

97a Erfüllt eine Geschäftsführungsmaßnahme, die der Genehmigung des AR unterlag, den Tatbestand der Untreue (§ 153 StGB), dann stellt sich die Frage, welche Organe dafür verantwortlich sind. Als unmittelbare Täter kommen nur die GF (bzw andere für die Gesellschaft handelnde Personen) in Betracht. Eine unmittelbare Täterschaft v AR-Mitgliedern könnte nur ausnahmsweise gegeben sein, soweit dem AR für das betr Geschäft eine Vertretungskompetenz zukommt. Hat der AR ein strafrechtswidriges Geschäft gem Abs 5 genehmigt, dann kann er sich jedoch – soweit auch bei ihm die subjektive Tatseite gegeben ist – als **Beteiligungstäter** (§§ 12, 14 StGB) strafbar machen. Dies gilt auch dann, wenn das Geschäft an sich nicht zustimmungspflichtig gewesen wäre, die GF aber dennoch die Zustimmung des AR eingeholt haben.[223]

---

218 *A. Heidinger* in Gruber/Harrer, GmbHG² § 30j Rz 46.
219 *Reich-Rohrwig*, GmbHR I² Rz 4/370; *Rauter* in Straube/Ratka/Rauter, GmbHG § 30j Rz 68.
220 *Rauter* in Straube/Ratka/Rauter, GmbHG § 30j Rz 68.
221 *A. Heidinger* in Gruber/Harrer, GmbHG² § 30j Rz 46.
222 Dies gilt allg, vgl *Rauter* in Straube/Ratka/Rauter, GmbHG § 30j Rz 66.
223 OGH 9.3.2020, 12 Os 39/18d.

VI. Höchstpersönlichkeit des Mandats (Abs 6)

A. Grundsatz

Die Mitglieder des AR haben ihr **Mandat persönlich auszuüben**. Insbesondere sind sie verpflichtet, **an den Sitzungen des AR teilzunehmen** (dies allenfalls auch im Wege moderner Kommunikationsmittel) u an Beschlussfassungen mitzuwirken. Die AR-Mitglieder sind **an keine Weisungen gebunden** (vgl auch § 29 Rz 2, § 35 Rz 11).[224] Strittig ist, ob dies auch im Fall einer Entsendung gem § 30c oder § 110 ArbVG gilt (s dazu auch § 30c Rz 4 u § 30g Rz 55 f).[225]

98

B. Vertretung bei einzelner Sitzung

Nur wenn der GesV dies zulässt, kann sich ein AR-Mitglied **bei einer Sitzung vertreten** lassen. Dies setzt aber wohl einen **Verhinderungsgrund** voraus.[226] Liegt ein solcher nicht vor, dann sind zwar die unter Zulassung des Vertreters gefassten Beschlüsse nicht allein deshalb anfechtbar; das nicht erschienene AR-Mitglied verletzt aber seine Sorgfaltspflicht u kann sich haftbar machen.

99

Die **Vollmacht** ist **schriftlich** zu erteilen, wobei E-Mails mit elektronischer Signatur, pdf-Dateien mit eingescannter Unterschrift u Telefaxe als ausreichend anzusehen sind.[227] Sie darf sich nur **auf eine bestimmte Sitzung** beziehen. Als Vertreter kommt nur ein **anderes Mitglied des AR** in Betracht. Ein AN-Vertreter kann auch einen Kapitalvertreter bevollmächtigen u *vice versa*.[228] Ein Mitglied kann mehrere Vollmachten auf sich vereinen. Für die Feststellung der Beschlussfähigkeit sind vertretene Mitglieder nicht mitzuzählen.

100

---

224 *Rauter* in Straube/Ratka/Rauter, GmbHG § 30j Rz 129.
225 **Dafür** OGH 29.8.1995, 5 Ob 554/94; *Koppensteiner/Rüffler*, GmbHG³ § 30c Rz 5; **aM** *Kalss* in Kalss/Kunz, HB AR² Kap 3 Rz 30 ff, die neben der gesellschaftsrechtlichen Pflichtenbindung des entsendeten Mitglieds auch Pflichten aus dem Auftragsverhältnis annehmen will; auch nach *Kalss* darf aber das entsendete Mitglied nicht gegen die Interessen der Gesellschaft handeln.
226 *Kalss* in Doralt/Nowotny/Kalss, AktG³ § 93 Rz 10.
227 *Kalss* in Doralt/Nowotny/Kalss, AktG³ § 95 Rz 154; *Rauter* in Straube/Ratka/Rauter, GmbHG § 30j Rz 124.
228 *A. Heidinger* in Gruber/Harrer, GmbHG² § 30j Rz 70 mwN.

101 Ein vertretenes Mitglied kann dem Vertreter **Weisungen für sein Stimmverhalten** erteilen.[229] Wird eine solche Weisung nicht befolgt, dann ist die Stimme dennoch gültig.[230] In Ermangelung einer Weisung kann der Vertreter nach eigenem Ermessen so abstimmen, wie es das Unternehmenswohl erfordert.[231] Der Vertreter ist nicht bloß Bote iSv § 30h Abs 3 (dazu § 30h Rz 28), sondern **echter Stellvertreter**.[232] Der Vertreter kann im eigenen Namen u namens des Vertretenen untersch abstimmen.[233]

102 Die Regelungen des Abs 6 gelten sinngemäß auch für **Ausschüsse**. Bei **Beschlussfassungen im schriftlichen Weg** ist die Ausübung des Stimmrechts durch einen Bevollmächtigten nicht zulässig.[234]

C. Vertretung des Vorsitzenden

103 Das Recht, den Vorsitz zu führen, kann nicht auf ein anderes Mitglied übertragen werden. Bei **Verhinderung des Vorsitzenden** ist die Sitzung v **Stellvertreter** zu leiten. Ist auch kein Stellvertreter anwesend, dann ist ein **Ad-hoc-Sitzungsleiter** zu bestellen.[235]

104 Der Vorsitzende kann jedoch im Falle der Verhinderung sein **Stimmrecht an ein anderes Mitglied übertragen**. Der Übergang eines allfälligen Dirimierungsrechts ist damit aber nicht verbunden.[236]

---

[229] Nach *Reischauer*, ÖJZ 1990, 450 (452), ist das vertretene AR-Mitglied sogar verpflichtet, seinem Vertreter Weisungen zu erteilen.
[230] *A. Heidinger* in Gruber/Harrer, GmbHG² § 30j Rz 69.
[231] *Reich-Rohrwig*, GmbHR I² Rz 4/234; *Rauter* in Straube/Ratka/Rauter, GmbHG § 30j Rz 123.
[232] *Reich-Rohrwig*, GmbHR I² Rz 4/234.
[233] *A. Heidinger* in Gruber/Harrer, GmbHG² § 30j Rz 69.
[234] *Koppensteiner/Rüffler*, GmbHG³ § 30j Rz 27; *Rauter* in Straube/Ratka/Rauter, GmbHG § 30j Rz 125.
[235] *Rauter* in Straube/Ratka/Rauter, GmbHG § 30j Rz 127; *Reich-Rohrwig*, GmbHR I² Rz 4/237.
[236] *A. Heidinger* in Gruber/Harrer, GmbHG² § 30j Rz 71; *Koppensteiner/Rüffler*, GmbHG³ § 30j Rz 27.

§ 30k. (1) Der Aufsichtsrat hat die Unterlagen gemäß § 222 Abs. 1 UGB, gegebenenfalls einen Vorschlag für die Gewinnverwendung sowie einen allfälligen gesonderten nichtfinanziellen Bericht, zu prüfen und der Generalversammlung darüber zu berichten.

(2) In dem Bericht hat der Aufsichtsrat mitzuteilen, in welcher Art und in welchem Umfang er die Geschäftsführung der Gesellschaft während des Geschäftsjahrs geprüft hat, welche Stelle den Jahresabschluß und den Lagebericht sowie gegebenenfalls den gesonderten nichtfinanziellen Bericht, den Corporate Governance-Bericht und den Bericht über Zahlungen an staatliche Stellen geprüft hat und ob diese Prüfungen nach ihrem abschließenden Ergebnis zu wesentlichen Beanstandungen Anlaß gegeben haben.

(3) Abs. 1 und 2 gelten sinngemäß auch für die Vorlage und Prüfung des Konzernabschlusses und des Konzernlageberichts sowie gegebenenfalls des gesonderten konsolidierten nichtfinanziellen Berichts, des konsolidierten Corporate Governance-Berichts und des konsolidierten Berichts über Zahlungen an staatliche Stellen.

idF BGBl I 2017/20

Literatur: *Abfalter/Milla/Ripka*, Die Überwachung- und Prüfungspflichten des Aufsichtsrates – Welche Aufgaben können durch die Kommunikation mit dem Abschlussprüfer erfüllt werden?, RWZ 2010/39, 153; *Draxler*, Aufsichtsrat und Abschlussprüfer – eine vermehrte Zusammenarbeit wäre wünschenswert, GES 2008, 272; *Eckert/Gassauer-Fleissner*, Überwachungspflichten des Aufsichtsrats im Konzern, GES 2004, 416; *Ettmayer/Kusznier*, Unternehmensrechtliche Folgen bei Verletzung der Aufsichtsratspflicht, ecolex 2012, 319; *Gelter/Haberer*, Aufsichtsrat und Konzernabschluss, GesRZ 2001, 169; *Krejci*, Zur Pflicht des AG-Aufsichtsrates, den Jahresabschluss zu prüfen, NZ 2001, 266; *Leyrer/Frank*, Ein neues Berichtselement – Der Bericht über Zahlungen an staatliche Stellen, RWZ 2016/89, 383; *Prändl/Schober*, Prüfungsausschuss neu: Verbesserte Zusammenarbeit Aufsichtsrat – Wirtschaftsprüfer, RdW 2005/675, 594; *J. Reich-Rohrwig*, Jahresabschluss, Konzernabschluss, ecolex 1995, 333; *Schranz*, Die neue Richtlinie zur Nachhaltigkeitsberichterstattung von Unternehmen und die Rolle von Vorstand und Aufsichtsrat, ZFR 2023/2, 4; *Weilinger*, Die Aufstellung und Feststellung des Jahresabschlusses im Handels- und Gesellschaftsrecht (1997); *Wiedermann*, Die Haftung des Aufsichtsrats bei unangemessenen Prüfungshonoraren, RdW 2004/296, 322.

Inhaltsübersicht

- I. Prüfpflichten des Aufsichtsrats (Abs 1) 1–15
  - A. Umfang der Prüfung 1–5
  - B. Zuständigkeit 6

C. Intensität der Prüfung 7–12
    1. Bei Abschlussprüfung 7–11
    2. Ohne Abschlussprüfung 12
D. Mitwirkung der Geschäftsführer/des Abschlussprüfers   13–15
II. Bericht des Aufsichtsrats (Abs 2) 16–28
   A. Inhalt 16–20
     1. Allgemein 16–18
     2. Beanstandungen 19, 20
   B. Zuständigkeit 21
   C. Adressat 22
   D. Form 23
   E. Frist 24, 25
   F. Sanktionen bei fehlendem oder mangelhaftem Bericht   26, 27
   G. Einreichung zum Firmenbuch 28
III. Prüfung des Konzernabschlusses und Konzernlageberichts
    (Abs 3) 29, 30

I. Prüfpflichten des Aufsichtsrats (Abs 1)

A. Umfang der Prüfung

1 Die **Prüfung gem Abs 1** stellt einen zentralen Bestandteil der Überwachungstätigkeit des AR dar.[1] Insbesondere der JA ist die wesentliche Grundlage für die Überwachungsarbeit des AR.[2]

2 Der Prüfung unterliegen jedenfalls die Unterlagen gem § 222 Abs 1 UGB, ggf auch der Vorschlag für die Gewinnverwendung.[3] Wenn auch ein Konzernabschluss u ein Konzernlagebericht aufzustellen sind, unterliegen auch diese der Prüfung (Abs 3).

3 Unterliegt die Gesellschaft einer Pflicht zur Abschlussprüfung (§ 268 Abs 1 UGB), dann stellt auch der **Prüfungsbericht des Abschlussprüfers** eine wesentliche Grundlage für die Prüfungstätigkeit des AR dar.[4]

---

1 *A. Heidinger* in Gruber/Harrer, GmbHG[2] § 30k Rz 6; *Rauter* in Straube/Ratka/Rauter, GmbHG § 30k Rz 6/5, 7.
2 *Frotz/Schörghofer* in Kalss/Kunz, HB AR[2] Kap 11 Rz 46.
3 Zur Frage, ob der AR im Fall einer Nachtragsausschüttung, der ein neuer Gewinnverwendungsvorschlag der GF zugrunde liegt, diesen ebenfalls zu prüfen hat, s § 35 Rz 47 einerseits u § 82 Rz 60 sowie *H. Foglar-Deinhardstein* in H. Foglar-Deinhardstein, HB vGA, Rz 1/72 andererseits.
4 *Reich-Rohrwig*, GmbHR I[2] Rz 4/383; OGH 23.10.2000, 8 Ob 141/99i; 22.5.2003, 8 Ob 262/02s.

Enthält der Bericht des Abschlussprüfers Feststellungen gem § 273 Abs 2 u 3 UGB (Ausübung der Redepflicht), dann hat sich der AR insb auch damit zu befassen.[5]

Durch das NaDiVeG (BGBl I 2017/20) wurde die RL 2014/95/EU („**NFI-RL**") zur Änderung der RL 2013/34/EU („**Bilanz-RL**") im Hinblick auf die Angabe nichtfinanzieller u die Diversität betr Informationen durch bestimmte große Unternehmen u Gruppen[6] umgesetzt. Im Wesentlichen wurde der Verpflichtung nach der NFI-RL Rechnung getragen, dass **bestimmte große Unternehmen** in Zukunft **in den Lagebericht eine nichtfinanzielle Erklärung aufzunehmen** haben (§ 243b UGB). Diese Erklärung hat die Angaben zu enthalten, die für das Verständnis des Geschäftsverlaufs, des Geschäftsergebnisses, der Lage des Unternehmens sowie der Auswirkungen ihrer Tätigkeit erforderlich sind u sich mind auf Umwelt-, Sozial- u AN-Belange, auf die Achtung der Menschenrechte u auf die Bekämpfung v Korruption u Bestechung beziehen.[7] Die Verpflichtung trifft solche großen Unternehmen, die gleichzeitig Unternehmen v öffentlichem Interesse sind u an den Bilanzstichtagen das Kriterium erfüllen, im Durchschnitt des Geschäftsjahrs mehr als 500 Mitarbeiter zu beschäftigen. Auf **Konzernebene** ist eine **konsolidierte nichtfinanzielle Erklärung** (§ 267a UGB) abzugeben. Diese befreit unter gewissen Voraussetzungen v der Pflicht zur Erstellung einer nichtfinanziellen Erklärung (näher dazu § 243b Abs 7 UGB). Wird die nichtfinanzielle Erklärung nicht in den Lagebericht aufgenommen, dann kann auch ein **gesonderter nichtfinanzieller Bericht** (auf Konzernebene ein **konsolidierter nichtfinanzieller Bericht**) erstattet werden. Durch Novellierung des § 30k mit Art 3 des NaDiVeG wurde angeordnet, dass auch ein gesonderter nichtfinanzieller Bericht dem AR vorzulegen, v ihm zu prüfen u in seine Berichterstattung einzubeziehen ist. Dies gilt erstmals für Geschäftsjahre, die nach dem 31.12.2016 beginnen (§ 127 Abs 21).[8]

---

[5] *Koppensteiner/Rüffler*, GmbHG³ § 30k Rz 2.
[6] ABl Nr. L 330 v 22.10.2014 S 1.
[7] EBRV 1355 BlgNR 25. GP 1.
[8] Durch die RL hinsichtlich der Nachhaltigkeitsberichterstattung v Unternehmen („CSRD", RL 2022/2464/EU v 14.12.2022, ABl L 322, 15), die binnen 18 Monaten in innerstaatliches Recht umzusetzen ist, wird die nichtfinanzielle Berichterstattung neu geregelt. Dadurch werden auch die Pflichten des AR bei der Prüfung v u Berichterstattung über Nachhaltigkeitsberichte beträchtlich erweitert werden (näher dazu *Schranz*, ZFR 2023/2, 4 [8 ff]).

5 Der AR hat die aufgestellten Unterlagen nicht nur auf **Rechtmäßigkeit u Ordnungsmäßigkeit** zu prüfen, sondern sich auch mit der **Zweckmäßigkeit u Wirtschaftlichkeit** der Geschäftsführung auseinanderzusetzen.[9]

B. Zuständigkeit

6 Die Prüfpflicht zählt zu den **zwingenden Kompetenzen des AR**.[10] Sie kann durch den GesV weder ausgeschlossen noch eingeschränkt werden.[11] Sie kann auch **nicht an einen Ausschuss delegiert** werden, sondern ist v Gesamt-AR (einschließlich der AN-Vertreter) wahrzunehmen.[12] Verfügt der AR über einen **Prüfungsausschuss**, dann sind diesem zwar **Vorbereitungsarbeiten** zu übertragen u er kann sogar die Hauptlast der Prüfung übernehmen; dem Gesamt-AR obliegt aber dennoch eine **nachprüfende Kontrolle** der Ausschusstätigkeit (§ 30g Rz 153).[13]

C. Intensität der Prüfung

1. Bei Abschlussprüfung

7 Unterliegt die Gesellschaft einer Pflicht zur Abschlussprüfung (§ 268 Abs 1 UGB),[14] dann darf der AR grds auf die Vorarbeiten u den Bericht des Abschlussprüfers vertrauen.[15] Er kann sich somit auf eine **nachprüfende Kontrolle** anhand des Prüfberichts des Abschlussprüfers beschränken (s dazu § 30j Rz 11 f u – für den Prüfungsausschuss – § 30g

---

9 *A. Heidinger* in Gruber/Harrer, GmbHG² § 30k Rz 7; *Rauter* in Straube/Ratka/Rauter, GmbHG § 30k Rz 10.
10 *A. Heidinger* in Gruber/Harrer, GmbHG² § 30k Rz 1.
11 *Weilinger*, Die Aufstellung und Feststellung des Jahresabschlusses, Rz 390.
12 *Koppensteiner/Rüffler*, GmbHG³ § 30k Rz 1; *Eckert/Schopper* in Torggler, GmbHG § 30k Rz 1.
13 *Rauter* in Straube/Ratka/Rauter, GmbHG § 30k Rz 7; *Eckert/Schopper* in Torggler, GmbHG § 30k Rz 1.
14 Die nachstehenden Ausführungen gelten aber grds auch im Fall einer freiwilligen Abschlussprüfung (*Rauter* in Straube/Ratka/Rauter, GmbHG § 30k Rz 11/2).
15 *Milla/Rödler/Köll* in Kalss/Kunz, HB AR² Kap 21 Rz 117.

Rz 152). Es besteht **keine Pflicht zur Doppelprüfung**.[16] Dazu wäre der AR zeit- u ausstattungsmäßig auch nicht in der Lage. Grundsätzlich hat er daher auch keine Belege zu überprüfen.[17]

Dies setzt allerdings voraus, dass der **Bericht des Abschlussprüfers plausibel** ist u entspr Qualität aufweist. Bestehen hingegen Anhaltspunkte, dass der Prüfungsbericht **Mängel** aufweist, dann hat sich der AR ein **eigenes Bild** zu machen.[18] Unklarheiten sind zu hinterfragen.[19] 8

Dies gilt umso mehr, wenn der Abschlussprüfer den **Bestätigungsvermerk eingeschränkt oder versagt** hat (§ 274 Abs 3 u 4 UGB). In einem derartigen Fall hat der AR jedenfalls selbst eine **detaillierte Prüfung** vorzunehmen. Er hat sich ein **eigenes Urteil** zu bilden, ob er sich der A der GF oder des Abschlussprüfers anschließt. Zu diesem Zweck kann auch die **Beiziehung eines Sachverständigen** erforderlich sein.[20] 9

Da der Abschlussprüfer die **Wirtschaftlichkeit u Zweckmäßigkeit** der Geschäftsführung nicht zu überprüfen hat, ist diese v AR eigenständig zu beurteilen.[21] 10

Insbesondere hat sich der der AR mit den **bilanzpolitischen E** der GF zu befassen. Zur **Bilanzpolitik** zählen va die Ausübung v Bilanzierungs- u Bewertungswahlrechten, die Festlegung v Abschreibungsmethoden u die Bemessung v Rückstellungen oder Wertberichtigungen.[22] Liegt ein **Vorschlag für die Gewinnverwendung** vor, dann ist dieser v AR auf Übereinstimmung mit den gesetzl u gesv Vorgaben zu prüfen. Der Umfang der Prüfung ist erweitert, wenn der GesV die Möglichkeit vorsieht, einen Teil des Bilanzgewinnes v der Ausschüttung auszunehmen (§ 35 Abs 1 Z 1). In diesem Fall ist die Gewinnver- 11

---

16 *A. Heidinger* in Gruber/Harrer, GmbHG² § 30k Rz 8; *Rauter* in Straube/Ratka/Rauter, GmbHG § 30k Rz 11; *Koppensteiner/Rüffler*, GmbHG³ § 30k Rz 3.
17 *Weilinger*, Die Aufstellung und Feststellung des Jahresabschlusses, Rz 389.
18 *Reich-Rohrwig*, GmbHR I² Rz 4/387; *Eckert/Schopper* in Torggler, GmbHG § 30k Rz 1.
19 *Weilinger*, Die Aufstellung und Feststellung des Jahresabschlusses, Rz 389.
20 *A. Heidinger* in Gruber/Harrer, GmbHG² § 30k Rz 8; *Rauter* in Straube/Ratka/Rauter, GmbHG § 30k Rz 11.
21 *Koppensteiner/Rüffler*, GmbHG³ § 30k Rz 3; *Rauter* in Straube/Ratka/Rauter, GmbHG § 30k Rz 14.
22 *A. Heidinger* in Gruber/Harrer, GmbHG² § 30k Rz 10; *Rauter* in Straube/Ratka/Rauter, GmbHG § 30k Rz 14.

wendung auch auf ihre **betriebswirtschaftliche Zweckmäßigkeit** zu prüfen.[23]

2. Ohne Abschlussprüfung

12 Hat eine Abschlussprüfung nicht stattgefunden, dann hat sich der AR selbst ein **genaues Bild v der Richtigkeit** des JA u des Lageberichts zu machen.[24] In der Regel wird eine **Prüfung anhand v Stichproben** ausreichen; es kann aber auch die Beiziehung eines sachverständigen Prüfers geboten sein.[25] In diesem Fall erweitert sich daher der Prüfungsumfang. Wird allerdings die Buchhaltung der GmbH v einem Wirtschaftstreuhänder geführt u der JA v diesem vorbereitet, dann wird die Prüfung durch den AR darauf aufbauen können.[26] Auch wenn der AR sich davon überzeugt hat, dass das gesellschaftsinterne Kontrollwesen u die Revision gut funktionieren, wird sich idR die Beiziehung eines externen Prüfers erübrigen.[27]

D. Mitwirkung der Geschäftsführer/des Abschlussprüfers

13 Die GF sind verpflichtet, in den ersten fünf Monaten des Geschäftsjahres den JA u den Lagebericht aufzustellen u den Mitgliedern des AR vorzulegen (§ 222 Abs 1 UGB). Gleiches gilt für Konzernabschluss u Konzernlagebericht, falls sie aufzustellen sind (§ 244 Abs 1 UGB). Die Unterlagen sind jedem Mitglied des AR rechtzeitig zu übermitteln.[28]

14 Fraglich ist, ob die **Unterlagen** erst dann an den AR zu übermitteln sind, wenn, sofern eine Abschlussprüfung stattfindet, diese abgeschlossen ist.[29] In der Praxis ist diese Frage aber v untergeordneter Bedeutung, da jedenfalls feststeht, dass der AR seine Prüfung ohne den Prüfbericht

---

23 *Reich-Rohrwig*, GmbHR I² Rz 4/385; *A. Heidinger* in Gruber/Harrer, GmbHG² § 30k Rz 11; *Rauter* in Straube/Ratka/Rauter, GmbHG § 30k Rz 16.
24 *Koppensteiner/Rüffler*, GmbHG³ § 30k Rz 4; *Rauter* in Straube/Ratka/Rauter, GmbHG § 30k Rz 13.
25 *A. Heidinger* in Gruber/Harrer, GmbHG² § 30k Rz 9.
26 So auch *Reich-Rohrwig*, GmbHR I² Rz 4/390.
27 *Wünsch*, GmbHG § 30k Rz 3.
28 *Rauter* in Straube/Ratka/Rauter, GmbHG § 30k Rz 9.
29 **Dagegen** *A. Heidinger* in Gruber/Harrer, GmbHG² § 30k Rz 5 mwN; **aM** *Reich-Rohrwig*, GmbHR I² Rz 4/382.

des Abschlussprüfers nicht abschließen kann.[30] Andererseits wird der AR auch berechtigt sein, die Vorlage eines (ungeprüften) Entwurfes des JA zu verlangen, um das Ergebnis des abgelaufenen Geschäftsjahres zeitnah überprüfen zu können.[31]

In der Praxis wird der **Abschlussprüfer** häufig JA u Lagebericht gemeinsam mit seinem Prüfungsbericht an die Mitglieder des AR versenden. Dagegen besteht grds kein Einwand.[32] Der Abschlussprüfer ist jedenfalls verpflichtet, seinen **Prüfungsbericht** den GF u den Mitgliedern des AR vorzulegen (§ 273 Abs 4 UGB). Auch der Prüfungsbericht ist **jedem einzelnen Mitglied des AR** zur Verfügung zu stellen.[33]

Der **Abschlussprüfer (Konzernabschlussprüfer)** ist den **Sitzungen des AR beizuziehen**, die sich mit der Prüfung des JA (Konzernabschlusses), des Vorschlags für die Gewinnverteilung u des Lageberichts beschäftigen (§ 30h Abs 1). Wenn ein **Prüfungsausschuss** bestellt ist, ist der Abschlussprüfer auch den **Sitzungen dieses Ausschusses** zuzuziehen, soweit sie sich mit der Prüfung des JA (Konzernabschlusses) beschäftigen, u hat über die Abschlussprüfung zu berichten (§ 30g Abs 4a, vgl § 30g Rz 150). Damit können die Mitglieder des AR bzw des Prüfungsausschusses Fragen zum JA durch Befragung des Abschlussprüfers unmittelbar klären. Zur Frage, ob v einer Sitzung abgesehen werden kann u wie in diesem Fall der Abschlussprüfer einzubeziehen ist, s § 30g Rz 79.

II. Bericht des Aufsichtsrats (Abs 2)

A. Inhalt

1. Allgemein

Der **Bericht** hat zunächst zu beinhalten, dass der AR den JA (Konzernabschluss), den Lagebericht (Konzernlagebericht) u ggf den Gewinnverwendungsvorschlag geprüft hat. Weiters ist anzugeben, wie u in wel-

---

30 *A. Heidinger* in Gruber/Harrer, GmbHG[2] § 30k Rz 5.
31 *Reich-Rohrwig*, GmbHR I[2] Rz 4/382; zust *Rauter* in Straube/Ratka/Rauter, GmbHG § 30k Rz 9.
32 *Ch. Nowotny* in Straube/Ratka/Rauter, UGB II[3] § 222 Rz 15a.
33 *Müller/Wiedermann* in Straube/Ratka/Rauter, UGB II[3] § 273 Rz 66; *Rauter* in Straube/Ratka/Rauter, GmbHG § 30k Rz 12; *Reich-Rohrwig*, GmbHR I[2] Rz 4/388.

chem Umfang er die Geschäftsführung während des Geschäftsjahres geprüft hat. Zu berichten ist über die Zahl der Sitzungen, die Häufigkeit der Prüfungen, deren Gegenstand u Methode, über die Ausschussarbeit u eine Beiziehung v Sachverständigen.[34] Bloß **formelhafte Ausführungen** werden **nicht für ausreichend** angesehen.[35]

17　Der Bericht soll den Gesellschaftern eine **Entscheidungsgrundlage** liefern, ob den GF die Entlastung zu erteilen ist, allenfalls aber auch für eine Abberufung v GF oder die Geltendmachung einer Haftung.[36] Darüber hinaus handelt es sich aber auch um einen **Rechenschaftsbericht des AR** gegenüber den Gesellschaftern.

18　Als **Resümee aus dem Bericht** hat der AR der GV entweder die Feststellung des JA u die Annahme des Gewinnverwendungsvorschlags der GF zu empfehlen oder Änderungsvorschläge zum JA zu machen u einen eigenen Gewinnverwendungsvorschlag zu unterbreiten.[37] Im Bericht ist schließlich auch anzugeben, welche Stelle den JA u den Lagebericht sowie ggf den gesonderten nichtfinanziellen Bericht (§ 243b UGB; dazu Rz 4), den Corporate Governance-Bericht (§ 243c UGB)[38] u den Bericht über Zahlungen an staatliche Stellen (§ 243d UGB) geprüft hat. Da der Abschlussprüfer idR v den Gesellschaftern gewählt wird (§ 270 Abs 1 UGB), hat diese Aussage nur geringen Informationswert.[39]

2. Beanstandungen

19　Darüber hinaus hat der AR in seinem Bericht anzugeben, ob seine eigene Prüfung u jene durch den Abschlussprüfer zu **wesentlichen Beanstandungen** Anlass gegeben haben. Wesentliche Beanstandungen würden etwa vorliegen, wenn das Rechnungswesen gröbere Mängel aufweist oder es an einem adäquaten IKS fehlt.

34　*Wünsch*, GmbHG § 30k Rz 15; *Rauter* in Straube/Ratka/Rauter, GmbHG § 30k Rz 21.
35　*A. Heidinger* in Gruber/Harrer, GmbHG² § 30k Rz 13.
36　*Reich-Rohrwig*, GmbHR I² Rz 4/393; *Rauter* in Straube/Ratka/Rauter, GmbHG § 30k Rz 21.
37　*Reich-Rohrwig*, GmbHR I² Rz 4/393.
38　Hier dürfte ein Redaktionsversehen des Gesetzgebers vorliegen, da nur die in § 243c Abs 1 UGB genannten AG zur Aufstellung eines Corporate Governance-Berichts verpflichtet sind (ebenso *A. Heidinger* in Gruber/Harrer, GmbHG² § 30k Rz 14; *Rauter* in Straube/Ratka/Rauter, GmbHG § 30k Rz 6, 22; *Umfahrer*, GmbH⁷ Rz 6.79 FN 1762).
39　*Rauter* in Straube/Ratka/Rauter, GmbHG § 30k Rz 22.

Nach hA sind wesentliche Beanstandungen auch dann anzuführen, wenn die **beanstandeten Mängel** inzwischen **bereits behoben** wurden.[40] Damit soll den Gesellschaftern die Möglichkeit gegeben werden, sich zu den Beanstandungen eine eigene M zu bilden.[41]

B. Zuständigkeit

Der Bericht ist v **Gesamt-AR** zu erstatten. Die Delegation an einen Ausschuss ist nicht zulässig.[42] Der Inhalt des Berichtes ist mit Beschluss festzulegen.[43] Überstimmte Mitglieder des AR sind berechtigt, den Gesellschaftern ihre **abw M** darzulegen.[44]

C. Adressat

Adressat des Berichtes ist die **GV**.[45] Wird allerdings der JA im schriftlichen Wege festgestellt, dann genügt die **Übermittlung des Berichts an alle Gesellschafter**.[46]

D. Form

Der Bericht ist in **Schriftform** zu verfassen.[47] Eine bloß mündliche Berichterstattung in der GV wäre nicht ausreichend. Dies ergibt sich schon aus der Verpflichtung, den Bericht des AR – außer bei kleinen Gesell-

---

[40] *Koppensteiner/Rüffler*, GmbHG³ § 30k Rz 5; *A. Heidinger* in Gruber/Harrer, GmbHG² § 30k Rz 15; **aM** *Wünsch*, GmbHG § 30k Rz 17.
[41] *Reich-Rohrwig*, GmbHR I² Rz 4/393.
[42] *Reich-Rohrwig*, GmbHR I² Rz 4/392; *A. Heidinger* in Gruber/Harrer, GmbHG² § 30k Rz 12.
[43] *Wünsch*, GmbHG § 30k Rz 13; *Koppensteiner/Rüffler*, GmbHG³ § 30k Rz 5.
[44] *Reich-Rohrwig*, GmbHR I² Rz 4/393; *Rauter* in Straube/Ratka/Rauter, GmbHG § 30k Rz 18.
[45] *Koppensteiner/Rüffler*, GmbHG³ § 30k Rz 6; *Rauter* in Straube/Ratka/Rauter, GmbHG § 30k Rz 17.
[46] *Reich-Rohrwig*, GmbHR I² Rz 4/395; *Koppensteiner/Rüffler*, GmbHG³ § 30k Rz 6; **aM** *Wünsch*, GmbHG § 30k Rz 12, der die jährliche Abhaltung einer GV für erforderlich hält. S dazu § 35 Rz 25.
[47] *A. Heidinger* in Gruber/Harrer, GmbHG² § 30k Rz 12; *Rauter* in Straube/Ratka/Rauter, GmbHG § 30k Rz 17; **aM** *Temmel*, Der Aufsichtsrat 93 f.

schaften, bei denen aber idR ohnedies kein AR eingerichtet ist – zum FB einzureichen (§ 277 Abs 1 UGB). Der Bericht ist v Vorsitzenden des AR zu unterfertigen.

E. Frist

24 Eine **Frist für die Berichterstattung** ist im Gesetz nicht ausdrücklich vorgesehen. Diese Lücke ist durch **analoge Anwendung v § 96 Abs 1 AktG** zu schließen, der eine Frist v zwei Monaten nach Vorlage der Unterlagen an den AR statuiert.[48]

25 Der Zeitpunkt der Berichterstattung hat keine Auswirkung auf die Frist zur Abhaltung der oGV (§ 35 Abs 1 Z 1) u die Frist zur Einberufung der GV (§ 38 Abs 1). Die frühzeitige Übermittlung des Berichtes kann aber für die Ausübung des Einsichtsrechts der Gesellschafter (§ 22 Abs 2) relevant sein u erleichtert ihnen jedenfalls die gründliche Vorbereitung auf die oGV.

F. Sanktionen bei fehlendem oder mangelhaftem Bericht

26 Unterbleibt die Berichterstattung durch den AR, dann ist der **Beschluss über die Feststellung des JA anfechtbar**.[49]

27 Mangelhafte Berichterstattung kann eine **Haftung des AR** gem § 33 begründen.[50]

G. Einreichung zum Firmenbuch

28 Der **Bericht des AR** ist v den GF gemeinsam mit dem JA u dem Lagebericht **beim FB-Gericht einzureichen** (§ 277 Abs 1 UGB). Dies gilt nicht für kleine Gesellschaften iSv § 221 Abs 1 UGB (§ 278 Abs 1 UGB).

---

48 So *Reich-Rohrwig*, GmbHR I² Rz 4/394; *Temmel*, Der Aufsichtsrat 94; offenlassend *A. Heidinger* in Gruber/Harrer, GmbHG² § 30k Rz 17. Nach *Weilinger*, Die Aufstellung und Feststellung des Jahresabschlusses, Rz 391 hat die Vorlage des Berichts unverzüglich zu geschehen.
49 *Rauter* in Straube/Ratka/Rauter, GmbHG § 30k Rz 19; *Eckert/Schopper* in Torggler, GmbHG § 30k Rz 4.
50 *Rauter* in Straube/Ratka/Rauter, GmbHG § 30k Rz 26.

III. Prüfung des Konzernabschlusses und Konzernlageberichts (Abs 3)

Durch Abs 3 wurde klargestellt, dass Abs 1 u 2 sinngemäß auch für die Vorlage u Prüfung des Konzernabschlusses u Konzernlageberichts gelten. Auch diese sind daher dem AR vorzulegen u er hat darüber nach Prüfung an die GV zu berichten. Gleiches gilt für einen gesonderten konsolidierten nichtfinanziellen Bericht (§ 267a UGB), einen konsolidierten Corporate Governance-Bericht (§ 267b UGB)[51] u einen konsolidierten Bericht über Zahlungen an staatliche Stellen (§ 267c UGB).[52]   29

Die **Neuregelung** aufgrund des NaDiVeG trat mit 6.12.2016 in Kraft u ist erstmals auf Unterlagen **für Geschäftsjahre** anzuwenden, die nach dem 31.12.2016 beginnen (§ 127 Abs 21).   30

§ 301. (1) Der Aufsichtsrat ist befugt, die Gesellschaft bei der Vornahme von Rechtsgeschäften mit den Geschäftsführern zu vertreten und gegen diese durch Gesellschafterbeschluß beschlossenen Rechtsstreitigkeiten zu führen.

(2) Der Aufsichtsrat hat gegen die Geschäftsführer die von den Gesellschaftern beschlossenen Rechtsstreitigkeiten zu führen, wenn die Gesellschafter nicht besondere Vertreter gewählt haben.

(3) Der Aufsichtsrat kann, wenn die Verantwortlichkeit eines seiner Mitglieder in Frage kommt, ohne Gesellschafterbeschluß und selbst gegen den Beschluß der Gesellschafter die Geschäftsführer klagen.

(4) Weitere Obliegenheiten können dem Aufsichtsrat durch den Gesellschaftsvertrag oder durch Gesellschafterbeschluß übertragen werden.

idF BGBl 1980/320

---

51 Auch hier dürfte ein Redaktionsversehen vorliegen, s bereits FN 38. Eine GmbH hat grds keinen (konsolidierten) Corporate-Governance Bericht zu erstatten (so auch *Newertal/Riedl/Winkler-Janovsky* in Straube/Ratka/Rauter, UGB II[3] § 267b Rz 6; *Steller/Graschitz* in Jabornegg/Artmann, UGB II[2] § 267b Rz 5); aM jedoch *A. Heidinger* in Gruber/Harrer, GmbHG[2] § 30k Rz 19; wie hier *Rauter* in Straube/Ratka/Rauter, GmbHG § 30k Rz 6/4 u *Umfahrer*, GmbH[7] Rz 6.79 FN 1764.
52 Dazu *A. Heidinger* in Gruber/Harrer, GmbHG[2] § 30k Rz 11b.

§ 301 A. Foglar-Deinhardstein

Literatur: *Cernicky*, Die Vertretung der Aktiengesellschaft gegenüber Vorstandsmitgliedern, GesRZ 2002, 179; *Fantur/J. Zehetner*, Zur Beendigung des Anstellungsverhältnisses des GmbH-Geschäftsführers, insbesondere des Gesellschafter-Geschäftsführers, ecolex 1997, 846; *Geppert*, GmbHG-Novelle BGBl 1980/320: Zweifelsfragen im Zusammenhang mit dem Aufsichtsrat, GesRZ 1984, 76; *J. Reich-Rohrwig*, Wann vertritt der Aufsichtsrat die Aktiengesellschaft gegenüber Vorstandsmitgliedern? wbl 1987, 299; *Schäfer/Wittgens*, Das Verhältnis von Vorstand und Aufsichtsrat, in Kalss/Frotz/Schörghofer, Handbuch für den Vorstand (2017) 557; *Schima*, Weisung und Zustimmungsvorbehalt als Steuerungsmittel in der GmbH, in FS Koppensteiner (2016) 259; *Schima/Toscani*, Die Vertretung der AG bei Rechtsgeschäften mit dem Vorstand (§ 97 Abs 1 AktG), JBl 2012, 482, 570; *Weigand*, Zur aktienrechtlichen Wirksamkeit der Rücktrittserklärung eines Vorstandsmitglieds gegenüber einem einzelnen Aufsichtsratsmitglied, GES 2004, 381; *Wünsch*, Die Organe der GmbH im Lichte der Novelle 1980, GesRZ 1980, 165.

Inhaltsübersicht

```
  I. Grundsätze ..................................................... 1, 2
 II. Vertretung bei Rechtsgeschäften mit Geschäftsführern
     (Abs 1) .......................................................... 3–18
     A. Allgemeines ................................................ 3–6
         1. Art der Geschäfte ..................................... 3
         2. Konkurrierende Zuständigkeiten ................. 4
         3. Wirkungen konkurrierender Vertretungshand-
            lungen .................................................. 5, 6
     B. Ausdehnung auf Rechtsgeschäfte mit anderen
        Personen? ................................................... 7–10
         1. Geschäftsführer-Stellvertreter und Liquidatoren .. 7
         2. Künftige und ausgeschiedene Geschäftsführer .... 8, 9
         3. Analoge Anwendung/Umgehungsschutz? ....... 10
     C. Art der Rechtsgeschäfte ................................ 11, 12
         1. Beispiele ............................................... 11
         2. Ausnahmen ........................................... 12
     D. Zuständigkeit des Gesamtaufsichtsrats .............. 13, 14
     E. Passive Vertretung ....................................... 15, 16
     F. Regelung im Gesellschaftsvertrag ..................... 17, 18
III. Vertretung bei Rechtsstreitigkeiten mit Geschäftsführern
     (Abs 2) .......................................................... 19–37
     A. Voraussetzungen .......................................... 19–25
         1. Rechtsstreitigkeiten mit einem Geschäftsführer ... 19–21
         2. Vorliegen eines Gesellschafterbeschlusses ........ 22
         3. Verantwortlichkeit eines Mitglieds (Abs 3) ....... 23–25
     B. Vertretung durch Gesamtaufsichtsrat ................ 26–28
     C. Bestellung besonderer Vertreter ...................... 29–33
     D. Beispiele ................................................... 34
```

E. Hilfsgeschäfte 35
F. Regelung im Gesellschaftsvertrag 36, 37
IV. Sonstige Vertretungsbefugnisse des Aufsichtsrats 38
V. Übertragung weiterer Obliegenheiten (Abs 4) 39–43
   A. Umfang und Grenzen der übertragbaren Obliegenheiten 39
   B. Regelung 40
   C. Beispiele 41–43

I. Grundsätze

Die Bestimmung statuiert **Ausnahmen v Vertretungsmonopol der GF** (§ 18).[1] Allerdings räumt sie dem AR in den in § 30l geregelten Angelegenheiten **kein exklusives Vertretungsrecht** ein (näher in Rz 4 ff u 29 ff).   **1**

Zweck der Norm ist es, Interessenkonflikte zu vermeiden u die Handlungsfähigkeit der Gesellschaft sicherzustellen.[2] Konkret soll die Vertretung der Gesellschaft gegenüber den GF ohne Bestellung eines Kollisionskurators ermöglicht werden, wenn die Gesellschaft nicht durch unbeteiligte GF wirksam vertreten werden kann.[3] § 30l wurde mit der GmbHG-Nov 1980 „zusammengebastelt", was zu **Auslegungsproblemen** führt.[4]   **2**

---

1 *Eckert/Schopper* in Torggler, GmbHG § 30l Rz 1.
2 *A. Heidinger* in Gruber/Harrer, GmbHG[2] § 30l Rz 1; *Rauter* in Straube/Ratka/Rauter, GmbHG § 30l Rz 1.
3 *Eckert/Schopper* in Torggler, GmbHG § 30l Rz 1.
4 *A. Heidinger* in Gruber/Harrer, GmbHG[2] § 30l Rz 2; *Wünsch*, GmbHG § 30l Rz 11; zu Recht weist *Reich-Rohrwig* (GmbHR I[2] Rz 4/397) darauf hin, dass das Wort „die" nach „gegen diese" fehlt.

II. Vertretung bei Rechtsgeschäften mit Geschäftsführern (Abs 1)

A. Allgemeines

1. Art der Geschäfte

3   Die Vertretungsbefugnis des AR erstreckt sich grds auf die **Vornahme v Rechtsgeschäften mit den GF** (s § 18 Rz 3 f). Mitumfasst sind auch sonstige Maßnahmen, die die **Beziehungen zw den GF u der GmbH** betreffen.[5] Ferner kann der AR auch **Hilfsgeschäfte** schließen, die iZm der Vertretung gegenüber den GF stehen (wie etwa die Einholung einer Beratung in Steuer- oder Rechtsfragen).[6]

2. Konkurrierende Zuständigkeiten

4   Die Zuständigkeit des AR für Rechtsgeschäfte mit GF ist **nicht exklusiv**: Einerseits geht ihr für gewisse Geschäfte die **Zuständigkeit der Gesellschafter** vor (dazu Rz 12). Andererseits kann die Gesellschaft gegenüber einem GF auch **durch andere GF vertreten** werden, sofern diese in vertretungsbefugter Anzahl vorhanden sind.[7] Auch eine **gemischte Vertretung** oder eine **Vertretung durch Prokuristen oder Handlungsbevollmächtigte** wird für zulässig angesehen.[8] Schließlich kommt unter den allg Voraussetzungen[9] auch der **Abschluss eines Insichgeschäfts** durch den GF in Betracht.[10]

3. Wirkungen konkurrierender Vertretungshandlungen

5   Zur **Vermeidung widersprüchlicher Vertretungshandlungen** im Rahmen der konkurrierenden Zuständigkeit ist v einer Verpflichtung des

---

5   *Rauter* in Straube/Ratka/Rauter, GmbHG § 30l Rz 12; *Frotz/Schörghofer* in Kalss/Kunz, HB AR² Kap 11 Rz 53.
6   *Frotz/Schörghofer* in Kalss/Kunz, HB AR² Kap 11 Rz 54; *Rauter* in Straube/Ratka/Rauter, GmbHG § 30l Rz 12.
7   *Reich-Rohrwig*, GmbHR I² Rz 4/397; *Koppensteiner/Rüffler*, GmbHG³ § 30l Rz 1.
8   *Wünsch*, GmbHG § 30l Rz 2.
9   § 18 Rz 25 ff.
10 *Koppensteiner/Rüffler*, GmbHG³ § 30l Rz 1; *A. Heidinger* in Gruber/Harrer, GmbHG² § 30l Rz 6.

jew handelnden Organes auszugehen, das andere Organ v der erfolgten
Vertretungshandlung zu informieren.[11]

Kommt es dessen ungeachtet zu **widersprechenden Vertretungs-** 6
handlungen einzelner Organe, dann sind diese, wenn sie **gleichzeitig**
vorgenommen werden, **ohne Wirkung**. Bei zeitlich aufeinanderfolgenden Vertretungshandlungen gilt der **Grundsatz der Priorität**; allerdings
kann eine spätere Vertretungshandlung die frühere, soweit zivilrechtlich
zulässig, abändern oder außer Kraft setzen.[12] Zur **Änderung bestehender Verträge** wird jedoch die A vertreten, dass dafür – iSe geordneten
Zusammenwirkens – nur **jene Organe zuständig** sein sollen, die das **ursprüngliche Geschäft geschlossen** haben.[13]

B. Ausdehnung auf Rechtsgeschäfte mit anderen Personen?

1. Geschäftsführer-Stellvertreter und Liquidatoren

Wie sich aus §§ 27 u 92 ergibt, besteht die Zuständigkeit des AR auch ge- 7
genüber **Stellvertretern der GF u Liquidatoren**.[14]

2. Künftige und ausgeschiedene Geschäftsführer

Nach hA besteht die Zuständigkeit des AR **nicht** für **Rechtsgeschäfte** 8
mit potentiellen GF.[15] Demnach beginnt die Vertretungsbefugnis des
AR erst mit der Bestellung des GF.

Ebenso werden **ausgeschiedene GF nicht erfasst**.[16] Dies gilt auch 9
dann, wenn Ansprüche aus dem Organverhältnis oder dem Anstellungsvertrag zu regeln sind.[17]

---

11 *Koppensteiner/Rüffler*, GmbHG³ § 30l Rz 1; *A. Heidinger* in Gruber/Harrer,
GmbHG² § 30l Rz 6.
12 *Reich-Rohrwig*, GmbHR I² Rz 4/397.
13 *Koppensteiner/Rüffler*, GmbHG³ § 30l Rz 1.
14 *Wünsch*, GmbHG § 30l Rz 27; *Rauter* in Straube/Ratka/Rauter, GmbHG
§ 30l Rz 11.
15 *Koppensteiner/Rüffler*, GmbHG³ § 30l Rz 3; *Frotz/Schörghofer* in Kalss/
Kunz, HB AR² Kap 11 Rz 54.
16 *Reich-Rohrwig*, GmbHR I² Rz 4/398; *Rauter* in Straube/Ratka/Rauter,
GmbHG § 30l Rz 13 mit Hinweis auf mögliche Ausnahmen; offenlassend
Frotz/Schörghofer in Kalss/Kunz, HB AR² Kap 11 Rz 54.
17 *Eckert/Schopper* in Torggler, GmbHG § 30l Rz 3.

3. Analoge Anwendung/Umgehungsschutz?

10 Die Vertretungsbefugnis des AR besteht auch dann, wenn sich ein GF **durch einen Dritten vertreten** lässt.[18] Gleiches soll gelten, wenn der GF als **Vertreter eines Dritten** agiert u zw ihm u der zu vertretenden Person **wirtschaftliche Identität** besteht (insb wenn der GF Alleingesellschafter der v ihm vertretenen GmbH ist).[19] Fraglich ist allerdings, ob auch eine analoge Anwendung auf nahe Angehörige v GF in Betracht kommt.[20]

C. Art der Rechtsgeschäfte

1. Beispiele

11 Die Kompetenz des AR bezieht sich grds auf **Rechtsgeschäfte aller Art**, ohne dass es eines Zusammenhangs zur GF-Stellung bedarf. So sind etwa auch Kaufverträge über Immobilien oder Lizenzverträge erfasst. Bei Geschäften, die zum gewöhnlichen Geschäftsbetrieb zählen u bei denen ein Interessenkonflikt nicht zu erwarten ist, wie insb bei **Geschäften des täglichen Lebens**, wird allerdings eine Involvierung des AR nicht zweckmäßig sein, sofern eine andere Vertretung der Gesellschaft in Betracht kommt.

2. Ausnahmen

12 Bei **Abschluss des Anstellungsvertrages** wird die Gesellschaft gegenüber den GF durch die Gesellschafter vertreten (vgl § 15 Rz 57).[21] Dies wird aus dem inneren Zusammenhang mit der Kompetenz zur Bestellung u Abberufung v GF abgeleitet. Gleiches wird für sonstige **Vereinbarungen** angenommen, die sich **auf den Anstellungsvertrag beziehen**, wie Gewinn- u Umsatzbeteiligungen oder Pensionszusagen.[22] Zur Frage, ob die Zuständigkeit zum Abschluss u zur Auflösung des Anstellungsvertrages auf den AR übertragen werden kann, s Rz 42.

---

18 *Rauter* in Straube/Ratka/Rauter, GmbHG § 30l Rz 13/1.
19 *Frotz/Schörghofer* in Kalss/Kunz, HB AR² Kap 11 Rz 54.
20 **Dafür** *Rauter* in Straube/Ratka/Rauter, GmbHG § 30l Rz 13/1; krit *Eckert/Schopper* in Torggler, GmbHG § 30l Rz 3.
21 *A. Heidinger* in Gruber/Harrer, GmbHG² § 30l Rz 7; *Koppensteiner/Rüffler*, GmbHG³ § 30l Rz 1; *Rauter* in Straube/Ratka/Rauter, GmbHG § 30l Rz 12.
22 *Reich-Rohrwig*, GmbHR I² Rz 4/398.

D. Zuständigkeit des Gesamtaufsichtsrats

Die Zuständigkeit steht dem **Gesamt-AR als Kollegialorgan** zu.[23] Es liegt eine **organschaftliche Vertretung** vor.[24] Nach hM kann die Zuständigkeit jedoch an einen **Ausschuss** (zweckmäßigerweise den Personalausschuss; dazu § 30g Rz 128 ff) gem § 30g Abs 4 delegiert werden.[25] Diesfalls haben die AN-Vertreter keinen Anspruch auf Beteiligung am Ausschuss (§ 30g Abs 4 S 2). Über die Vertretungshandlung ist im AR (Ausschuss) Beschluss zu fassen. Dafür genügt grds die **einfache Mehrheit**.[26] Im Falle eines Mehrheitsbeschlusses wird die Gesellschaft bei der Vornahme des Rechtsgeschäfts durch die an der Mehrheit beteiligten AR-Mitglieder vertreten.[27] **13**

Nach zutr hM kann der AR oder der Ausschuss den AR-Vorsitzenden oder auch einen Dritten **zur Vornahme des Rechtsgeschäfts bevollmächtigen**.[28] Nach der Gegenmeinung kann ein einzelnes Mitglied oder ein Dritter lediglich als **Bote** die E des AR oder seines Ausschusses überbringen.[29] Jedenfalls ist der AR-Vorsitzende nicht kraft Gesetzes zur Vertretung des AR befugt (§ 30g Rz 30).[30] Handelt der AR-Vorsitzende ohne Vollmacht, dann ist das Geschäft schwebend unwirksam.[31] **14**

---

23 *Rauter* in Straube/Ratka/Rauter, GmbHG § 301 Rz 5; *Koppensteiner/Rüffler*, GmbHG³ § 301 Rz 2.
24 *Rauter* in Straube/Ratka/Rauter, GmbHG § 301 Rz 4.
25 *Reich-Rohrwig*, GmbHR I² Rz 4/399; *A. Heidinger* in Gruber/Harrer, GmbHG² § 301 Rz 4.
26 *Reich-Rohrwig*, GmbHR I² Rz 4/400; *A. Heidinger* in Gruber/Harrer, GmbHG² § 301 Rz 4; *Rauter* in Straube/Ratka/Rauter, GmbHG § 301 Rz 5.
27 *Reich-Rohrwig*, GmbHR I² Rz 4/400.
28 *Reich-Rohrwig*, GmbHR I² Rz 4/400; *Koppensteiner/Rüffler*, GmbHG³ § 301 Rz 2; *Eckert/Schopper* in Torggler, GmbHG § 301 Rz 4.
29 *A. Heidinger* in Gruber/Harrer, GmbHG² § 301 Rz 5; vgl zum Meinungsstand auch *Rauter* in Straube/Ratka/Rauter, GmbHG § 301 Rz 7.
30 *Reich-Rohrwig*, GmbHR I² Rz 4/400; *Rauter* in Straube/Ratka/Rauter, GmbHG § 301 Rz 7.
31 *Eckert/Schopper* in Torggler, GmbHG § 301 Rz 4.

E. Passive Vertretung

15 Zur Entgegennahme rechtsgeschäftlicher Erklärungen der GF ist der **AR-Vorsitzende** zuständig.[32] Nach aM steht die passive Vertretungsbefugnis **jedem AR-Mitglied** zu.[33] In der Praxis empfiehlt es sich, rechtsgeschäftliche Erklärungen an den AR-Vorsitzenden zu richten.

16 Innerhalb der Zuständigkeiten des AR ist der Gesellschaft das **Wissen des AR-Vorsitzenden** zuzurechnen, nicht aber wohl das Wissen jedes einzelnen Mitglieds.[34]

F. Regelung im Gesellschaftsvertrag

17 Nach hM kann die **Vertretungsbefugnis des AR** gem Abs 1 **im GesV ausgeschlossen** werden.[35] Dies wird jedenfalls dann zulässig sein, wenn die Vertretung der Gesellschaft gegenüber einem GF auf andere Weise möglich ist (s Rz 4).

18 Strittig ist, ob die Vertretungsbefugnis im GesV einem **Ausschuss des AR** zugeordnet werden kann.[36] Die besseren Argumente sprechen dafür, dass eine Delegation an einen Ausschuss dem AR selbst vorzubehalten ist.

---

32 *Koppensteiner/Rüffler*, GmbHG³ § 30g Rz 3; *Rauter* in Straube/Ratka/Rauter, GmbHG § 30l Rz 8.
33 *Eckert/Schopper* in Torggler, GmbHG § 30l Rz 5; *Weigand*, GES 2004, 381 (381 ff).
34 *Rauter* in Straube/Ratka/Rauter, GmbHG § 30l Rz 8.
35 *Koppensteiner/Rüffler*, GmbHG³ § 30l Rz 4; *Reich-Rohrwig*, GmbHR I² Rz 4/402; *Rauter* in Straube/Ratka/Rauter, GmbHG § 30l Rz 9.
36 **Dafür** *Wünsch*, GmbHG § 30l Rz 7; **aM** *Reich-Rohrwig*, GmbHR I² Rz 4/399; *Koppensteiner/Rüffler*, GmbHG³ § 30l Rz 4.

III. Vertretung bei Rechtsstreitigkeiten mit Geschäftsführern (Abs 2)

A. Voraussetzungen

1. Rechtsstreitigkeiten mit einem Geschäftsführer

Der AR ist berechtigt u – in gewissen Fällen – auch verpflichtet, die Gesellschaft bei **Rechtsstreitigkeiten mit GF** zu vertreten. Nach hM ist die Vertretungsbefugnis **auf Aktivprozesse beschränkt**.[37] Eine **Vertretungsbefugnis in Passivprozessen** kann dem AR allerdings bei einer **Beschlussanfechtung** zustehen (§ 42 Abs 1; näher dazu § 42 Rz 5). Bei derartigen Streitigkeiten steht dem AR unter den Voraussetzungen des § 41 Abs 3 auch eine Klagebefugnis zu (s § 41 Rz 141 ff). 19

Das Vertretungsrecht ist auf **Rechtsstreitigkeiten mit aktiven GF** beschränkt. Es besteht **nicht gegenüber ausgeschiedenen GF**.[38] Die Vertretungsbefugnis besteht aber fort, wenn der beklagte GF nach Streitanhängigkeit aus der Geschäftsführung ausscheidet.[39] 20

Die Vertretungsbefugnis besteht auch für **Rechtsstreitigkeiten mit GF-Stellvertretern u Liquidatoren** (§§ 27, 92). 21

2. Vorliegen eines Gesellschafterbeschlusses

Grundsätzlich setzt die Prozessvertretung durch den AR einen **Gesellschafterbeschluss** voraus (vgl § 35 Rz 87 ff). Ein entspr Beschluss ist jedoch keine Prozessvoraussetzung, sondern eine **materielle Voraussetzung** für den Anspruch der Gesellschaft.[40] 22

3. Verantwortlichkeit eines Mitglieds (Abs 3)

Keines Gesellschafterbeschlusses bedarf es, wenn die **Verantwortlichkeit eines AR-Mitglieds** in Frage kommt. Diesfalls kann der AR die GF selbst gegen einen Beschluss der Gesellschafter klagen. 23

---

37 *Reich-Rohrwig*, GmbHR I[2] Rz 4/404; *Koppensteiner/Rüffler*, GmbHG[3] § 301 Rz 5; *Rauter* in Straube/Ratka/Rauter, GmbHG § 301 Rz 16.
38 *Reich-Rohrwig*, GmbHR I[2] Rz 4/405; *A. Heidinger* in Gruber/Harrer, GmbHG[2] § 301 Rz 8.
39 *Wünsch*, GmbHG § 301 Rz 20.
40 *Koppensteiner/Rüffler*, GmbHG[3] § 301 Rz 8; *Rauter* in Straube/Ratka/Rauter, GmbHG § 301 Rz 21.

24 Die **Klagebefugnis nach Abs 3** ist **zwingend** u soll den AR vor einer möglichen Haftung gegenüber den Gesellschaftsgläubigern schützen.[41] In Betracht kommt sowohl eine zivil- als auch eine strafrechtliche Verantwortung.[42] Die mögliche Haftung v AR-Mitgliedern ist **Anspruchsvoraussetzung**, nicht aber Prozessvoraussetzung.[43]

25 In der Praxis wird der AR zunächst versuchen, einen Gesellschafterbeschluss herbeizuführen, der ihn zur Klagsführung legitimiert. Nur wenn dies nicht gelingt, wird er v der Zuständigkeit nach Abs 3 Gebrauch machen.[44]

B. Vertretung durch Gesamtaufsichtsrat

26 Auch die Vertretungsbefugnis in Rechtsstreitigkeiten steht dem **Gesamt-AR** zu.[45] Er kann die Befugnis jedoch **an einen Ausschuss oder ein einzelnes Mitglied delegieren**.[46]

27 Der Prozess ist **im Namen der Gesellschaft** zu führen, sodass diese auch das **Kostenrisiko** trägt.[47] Bei schuldhaft aussichtsloser Prozessführung können aber Regressansprüche gegen den AR bestehen.[48]

28 Auch die **Klagebefugnis nach Abs 3** steht nur dem **Gesamt-AR** zu. Ein einzelnes Mitglied des AR kann – auch wenn seine Haftung im Raum steht – gegen den Willen der Mehrheit des AR keine Klage erheben.[49]

---

41 *A. Heidinger* in Gruber/Harrer, GmbHG² § 301 Rz 10; *Rauter* in Straube/Ratka/Rauter, GmbHG § 301 Rz 22.
42 *Wünsch*, GmbHG § 301 Rz 22; *Rauter* in Straube/Ratka/Rauter, GmbHG § 301 Rz 22.
43 *Wünsch*, GmbHG § 301 Rz 22; *Reich-Rohrwig*, GmbHR I² Rz 4/405.
44 S *Eckert/Schopper* in Torggler, GmbHG § 301 Rz 8, nach denen jedenfalls die GV zu befassen ist.
45 *Reich-Rohrwig*, GmbHR I² Rz 4/405.
46 *Wünsch*, GmbHG § 301 Rz 15.
47 *Reich-Rohrwig*, GmbHR I² Rz 4/405; *Rauter* in Straube/Ratka/Rauter, GmbHG § 301 Rz 17.
48 *Wünsch*, GmbHG § 301 Rz 23; *Reich-Rohrwig*, GmbHR I² Rz 4/405.
49 *Wünsch*, GmbHG § 301 Rz 24.

C. Bestellung besonderer Vertreter

Die Zuständigkeit des AR zur Führung v Rechtsstreitigkeiten ist **nicht** **29**
exklusiv. Es steht den Gesellschaftern frei, zur Einbringung v Klagen gegen GF **besondere Vertreter** zu wählen (§ 25 Rz 14).

Zwar sieht § 35 Abs 1 Z 6 die Bestellung eines Vertreters zur Pro- **30**
zessführung nur dann vor, wenn die Gesellschaft weder durch die GF
noch durch den AR vertreten werden kann. Dies könnte dahin verstanden werden, dass dem AR die primäre Zuständigkeit zukommt. Nach
hM ist die **scheinbare Antinomie** aber so aufzulösen, dass es den Gesellschaftern trotz Bestehens eines AR freisteht, besondere Prozessvertreter
zu bestellen (s aber § 35 Rz 94).[50] Der in § 35 Abs 1 Z 6 angesprochene
Fall des Vertretungsmangels hat demnach **nur demonstrative Bedeutung**.[51] In der Praxis werden die Gesellschafter besondere Vertreter jedenfalls dann wählen, wenn eine Vertretung der Gesellschaft auf andere
Weise nicht in Betracht kommt. Insbesondere ist auch an den Fall zu
denken, dass eine Beteiligung des AR an einer schädigenden Handlung
oder Unterlassung eines GF im Raum steht oder Grund für die Annahme einer Interessenkollision des AR besteht.[52]

Zum besonderen Vertreter kann grds eine **beliebige Person** – auch **31**
ein GF – bestellt werden. Andernfalls ist eine Vertretung durch GF in
einem solchen Rechtsstreit ausgeschlossen.[53]

Die Bestellung des besonderen Vertreters kann **auch nach Einl des** **32**
Verfahrens erfolgen. In diesem Fall geht die Vertretungsbefugnis v AR
auf den besonderen Vertreter über.[54] Dies gilt aber wohl nicht, wenn der
AR die Klage nicht aufgrund eines Gesellschafterbeschlusses, sondern
gem Abs 3 eingebracht hat.

Nach der Rsp sind die Gesellschafter zur Bestellung eines Prozess- **33**
vertreters auch in dem rechtsähnlichen Fall berechtigt, dass eine **aktive**

---

50 *Reich-Rohrwig*, GmbHR I² Rz 4/404; *A. Heidinger* in Gruber/Harrer, GmbHG² § 301 Rz 9; *Eckert/Schopper* in Torggler, GmbHG § 301 Rz 7; vgl auch OGH 20.3.1986, 6 Ob 541/86; **aM** *Koppensteiner/Rüffler*, GmbHG³ § 301 Rz 7.
51 *Rauter* in Straube/Ratka/Rauter, GmbHG § 301 Rz 19.
52 *Reich-Rohrwig*, GmbHR I² Rz 4/404; *A. Heidinger* in Gruber/Harrer, GmbHG § 301 Rz 9.
53 *Koppensteiner/Rüffler*, GmbHG³ § 301 Rz 6; *A. Heidinger* in Gruber/Harrer, GmbHG² § 301 Rz 8; **aM** *Wünsch*, GmbHG § 301 Rz 16.
54 *Reich-Rohrwig*, GmbHR I² Rz 4/404; *Wünsch*, GmbHG § 301 Rz 17.

Prozessvertretung der Gesellschaft wegen Uneinigkeit der GF faktisch ausgeschlossen ist (Analogie zu § 30l; s auch § 35 Rz 93).[55]

D. Beispiele

34 Klagen gegen GF werden insb auf die **Geltendmachung v Ersatzansprüchen** gerichtet sein (§ 35 Abs 1 Z 6). In Betracht kommt jedoch auch die Einbringung einer **vorbeugenden Unterlassungsklage**.[56]

E. Hilfsgeschäfte

35 Die Vertretungsbefugnis des AR erstreckt sich auch auf **Hilfsgeschäfte**, die iZm der Prozessführung stehen. Dies gilt etwa für die Erteilung einer Prozessvollmacht oder die Einholung eines GA.[57]

F. Regelung im Gesellschaftsvertrag

36 Die Vertretungsbefugnis des AR in Rechtsstreitigkeiten gem Abs 1 kann im GesV beschränkt oder ausgeschlossen werden.[58] Der GesV kann also vorsehen, dass stets ein besonderer Vertreter durch die Gesellschafter zu bestellen ist.[59]

37 Die **Klage- u Vertretungsbefugnis des AR gem Abs 3** ist hingegen – ihrem Zweck entspr – **zwingend** u kann durch den GesV nicht beseitigt werden.[60]

---

55 OGH 20.3.1986, 6 Ob 541/86.
56 *Reich-Rohrwig*, GmbHR I² Rz 4/406; *Wünsch*, GmbHG § 30l Rz 26; *Rauter* in Straube/Ratka/Rauter, GmbHG § 30l Rz 23.
57 *Rauter* in Straube/Ratka/Rauter, GmbHG § 30l Rz 24; *Eckert/Schopper* in Torggler, GmbHG § 30l Rz 6.
58 *Wünsch*, GmbHG § 30l Rz 19.
59 *A. Heidinger* in Gruber/Harrer, GmbHG² § 30l Rz 9.
60 *A. Heidinger* in Gruber/Harrer, GmbHG² § 30l Rz 10.

IV. Sonstige Vertretungsbefugnisse des Aufsichtsrats

In versch Gesetzesbestimmungen werden dem AR **weitere Vertretungsbefugnisse** eingeräumt. Als Bsp sind die Erteilung des Prüfungsauftrags an den Abschlussprüfer (§ 270 Abs 1 UGB) sowie die Bestellung eines Sachverständigen zum Sonderprüfer (§ 30j Abs 3) zu erwähnen.[61] **38**

V. Übertragung weiterer Obliegenheiten (Abs 4)

A. Umfang und Grenzen der übertragbaren Obliegenheiten

Gemäß Abs 4 können dem AR durch GesV oder Gesellschafterbeschluss **weitere Kompetenzen** übertragen werden. Nach hA kann es sich dabei nicht bloß um **zusätzliche Vertretungsbefugnisse** handeln, sondern auch um **intensivierte Kontrollaufgaben** oder **Maßnahmen der Geschäftsführung**.[62] Unzulässig ist die Einräumung zusätzlicher Befugnisse an den AR, soweit es sich um Kompetenzen handelt, die anderen Organen zwingend u ausschließlich zustehen.[63] **39**

B. Regelung

Die Einräumung weiterer Obliegenheiten an den AR kann **im GesV oder mit Gesellschafterbeschluss** erfolgen. Nach hM genügt jedoch ein **Gesellschafterbeschluss** nur für die **Einräumung v Kompetenzen im Einzelfall** (s § 35 Rz 18). Eine **generelle Übertragung v Aufgaben** hat hingegen **im GesV** zu erfolgen, damit die erforderliche Publizität gegenüber Dritten gewahrt ist.[64] **40**

---

61 S weitere Bsp bei *Reich-Rohrwig*, GmbHR I² Rz 4/407 ff, u *Rauter* in Straube/Ratka/Rauter, GmbHG § 301 Rz 25 f.
62 *Ch. Nowotny* in Kalss/Nowotny/Schauer, GesR² Rz 4/272; *Reich-Rohrwig*, GmbHR I² Rz 4/414; im Ergebnis auch *Wünsch*, GmbHG § 301 Rz 28, u *Koppensteiner/Rüffler*, GmbHG³ § 301 Rz 10.
63 *Rauter* in Straube/Ratka/Rauter, GmbHG § 301 Rz 28; *Eckert/Schopper* in Torggler, GmbHG § 301 Rz 10.
64 *Koppensteiner/Rüffler*, GmbHG³ § 301 Rz 11; *A. Heidinger* in Gruber/Harrer, GmbHG² § 301 Rz 13; *Rauter* in Straube/Ratka/Rauter, GmbHG § 301 Rz 29.

C. Beispiele

41 Zulässig wäre die Einräumung einer **Weisungsbefugnis gegenüber den GF**, die aber nicht zur faktischen Lähmung der Geschäftsführung führen darf.[65] Das Weisungsrecht darf maW nur sparsam ausgeübt werden, dh der AR darf nicht zum faktischen Geschäftsführungsorgan werden.[66] Ein dem AR zuerkanntes Weisungsrecht reicht daher weniger weit als das – grds unbeschränkte – gesetzl Weisungsrecht der Gesellschafter (s § 20 Rz 9 ff). Dem AR kann auch die **Erlassung einer GO für die GF** übertragen werden.[67]

42 Anerkannt ist ferner, dass dem AR auch die **Zuständigkeit zum Abschluss** (u zur Auflösung) **der Anstellungsverträge mit den GF** – nicht jedoch die Kompetenz zur Bestellung u Abberufung v GF[68] – zugeordnet werden kann.[69]

43 Strittig ist, ob dem AR auch die **Befugnis zur Suspendierung v GF** übertragen werden kann. Bis zur GmbHG-Nov 1980 stand dem AR diese Befugnis zu (§ 32 Abs 4 aF). Aus der ersatzlosen Streichung der Bestimmung wird zT der Schluss gezogen, dass eine Suspendierung nun ausschließlich durch die Gesellschafter erfolgen könne.[70] Da allerdings die Kompetenz zum Abschluss u zur Auflösung des Anstellungsvertrages nach hM auf den AR übertragen werden kann, spricht dies wohl da-

---

65 *Reich-Rohrwig*, GmbHR I[2] Rz 4/374 f; *Rauter* in Straube/Ratka/Rauter, GmbHG § 30l Rz 30.
66 *M. Heidinger* in Kalss/Kunz, HB AR[2] Kap 40 Rz 29; *Schima* in FS Koppensteiner 259 (272).
67 OGH 27.9.2006, 9 ObA 130/05s; *A. Heidinger* in Gruber/Harrer, GmbHG[2] § 30l Rz 14; *Rauter* in Straube/Ratka/Rauter, GmbHG § 30l Rz 30; *M. Heidinger* in Kalss/Kunz, HB AR[2] Kap 40 Rz 26; anders zur Geschäftsverteilung: *Ch. Nowotny* in Kalss/Nowotny/Schauer, GesR[2] Rz 4/273. S auch § 30j Rz 15.
68 Auch ein bloßes – jedenfalls ein bindendes – Nominierungsrecht kann dem AR nicht eingeräumt werden; dazu OGH 21.3.2019, 6 Ob 183/18g, GesRZ 2019, 272 (*Kalss*) = EvBl 2019/141, 974 (*Leonhartsberger*); vgl auch *Birnbauer*, GES 2019, 247 (247 f).
69 *Reich-Rohrwig*, GmbHR I[2] Rz 4/415; *A. Heidinger* in Gruber/Harrer, GmbHG[2] § 30l Rz 14; *Rauter* in Straube/Ratka/Rauter, GmbHG § 30l Rz 30.
70 *Reich-Rohrwig*, GmbHR I[2] Rz 4/376; tendenziell auch *Ch. Nowotny* in Kalss/Nowotny/Schauer, GesR[2] Rz 4/273; offenlassend *A. Heidinger* in Gruber/Harrer, GmbHG[2] § 30l Rz 15.

für, dass ihm auch die Befugnis zur Suspendierung eingeräumt werden könnte.[71]

§ 31. (1) [1]Den Aufsichtsratsmitgliedern kann für ihre Tätigkeit eine mit ihren Aufgaben und mit der Lage der Gesellschaft in Einklang stehende Vergütung gewährt werden. [2]Ist die Vergütung im Gesellschaftsvertrag festgesetzt, so kann eine Änderung, durch die die Vergütung herabgesetzt wird, durch Gesellschafterbeschluss mit einfacher Stimmenmehrheit beschlossen werden.

(2) [1]Den Mitgliedern des ersten Aufsichtsrats kann nur durch Gesellschafterbeschluß eine Vergütung für ihre Tätigkeit bewilligt werden. [2]Der Beschluß kann erst gefaßt werden, sobald über die Entlastung des ersten Aufsichtsrats ein Gesellschafterbeschluß gefaßt wird.

idF BGBl 1990/475

Literatur: *W.-D. Arnold*, Beratungsvertrag zwischen Aufsichtsratsmitglied und „seiner" AG (GmbH): Gefahr des Anspruchsverlustes?, AR aktuell 2010 H 1, 8; *W. Doralt*, Transparenz und Kontrolle bei related party transactions: Verträge der Gesellschaft mit ihrem Aufsichtsratsmitglied, JBl 2008, 759; *Egermann*, GesRÄG 2005 – Zu den geplanten Änderungen beim Aufsichtsrat, RdW 2005/101, 66; *Feltl*, Rechtsberatung einer AG durch ihre Aufsichtsratsmitglieder, AR aktuell 2009 H 1, 13; *Fida*, Zur Genehmigungspflicht von Sonderverträgen mit Aufsichtsratsmitgliedern, wbl 2006, 357; *Fida/Fölhs*, Beratungsverträge mit Aufsichtsratsmitgliedern – ein Überblick in Fragen und Antworten, AR aktuell 2010, H 4, 7; *M. Gruber*, Aktienrechtliche Zulässigkeit einer D&O-Versicherung? GesRZ 2012, 93; *M. Gruber*, Haftpflichtversicherung für Aufsichtsräte? RdW 1985, 66; *M. Gruber/Wax*, Wer ist für den Abschluss einer D&O-Versicherung zuständig? wbl 2010, 169; *Grünwald*, Änderungen im GmbHG durch das RLG, ecolex 1992, 21; *Haid/Steller/Stubenböck*, Entwicklung der Situation für Aufsichtsräte europäischer Banken, ÖBA 2023, 190; *Hirschler/Bertl*, Bilanzierung von Aufsichtsratsvergütungen, RWZ 2016/87, 378; *Hügel*, Beratung durch Aufsichtsratsmitglieder, GesRZ 1996, 213; *Kalss*, Die Zustimmungspflicht des Aufsichtsrats zu Verträgen mit Unternehmen seiner Mitglieder, SWK 2006 W 17, 419; *Kalss*, Interessenkonflikte bei Geschäften von Aufsichtsratsmitgliedern mit ihrer Gesellschaft, ecolex 2009, 923; *Kalss*, Vergütung, Aufwendungsersatz und Beratungsentgelt des Aufsichtsratsmitglieds, AR aktuell 2010 H 1, 5; *Kisser/Stegner*, Rückwirkende Änderung der Aufsichtsratsvergütung? ecolex 2016, 50;

---

71 Ebenso *Geppert*, GesRZ 1984, 76 (81 ff), u *M. Heidinger* in Kalss/Kunz, HB AR² Kap 40 Rz 27.

Kraßnig, Zum Anforderungsprofil an den Aufsichtsrat unter Berücksichtigung der Aufsichtsratsvergütung, AR aktuell 2009, H 6, 14; *Krejci*, Über unzulässige Aufsichtsratsvergütungen, ecolex 1991, 776; *Kutschera*, Zur Genehmigungspflicht für Geschäfte zwischen Aktiengesellschaften und deren Aufsichtsräten sowie diesen gleichzuhaltende Geschäfte nach österreichischem Recht, GesRZ 2011, 148; *Nitsche*, Aufsichtsratsmandat und Interessenkollision, in FS Krejci (2001) 751; *Ch. Nowotny*, Neues zum Aufsichtsrat, RdW 2005/742, 658; *Ch. Nowotny*, Aufsichtsratsvergütung: persönlicher „Marktwert" gegenüber Gleichbehandlung?, RdW 2014/628, 572; *Ch. Nowotny*, Managerhaftung und Versicherungsschutz, in FS Fenyves (2013) 661; *Ch. Nowotny*, Das doppelte Rechtsverhältnis des Aufsichtsratsmitglieds zur Gesellschaft? in FS Marhold (2020) 917; *J. Reich-Rohrwig*, Erweiterung der AR-zustimmungspflichtigen Geschäfte, ecolex 2006, 35; *Semler*, Corporate Governance – Beratung durch Aufsichtsratsmitglieder, GesRZ 2007, 382; *Sindelar* (Hg), Handbuch Kreditinstitute (2021); *Wenger*, AG: Abschluss einer Rechtsschutzversicherung für den Vorstand auf Kosten der Gesellschaft, RWZ 1999, 360; *Wenger/Adrian*, D&O-Versicherungen aus gesellschaftsrechtlicher Sicht, RWZ 2015/83, 358; *Wilhelmer/Wagner/Wolfbauer*, Kein Entgeltcharakter der gesellschaftsfinanzierten D&O-Prämie, ZFP 2016/131, 315.

Inhaltsübersicht

I. Vergütung des Aufsichtsrats (Abs 1)	1–33
A. Art der Vergütung	1–6
1. Geldleistungen	1
2. Sonstige Leistungen	2
3. Versicherungen	3–6
B. Kriterien	7–10
1. Grundsatz	7, 8
2. Aufgaben	9
3. Lage der Gesellschaft	10
C. Anspruch auf Vergütung?	11
D. Behandlung der Arbeitnehmervertreter	12
E. Festsetzung der Vergütung	13–16
1. Gesellschaftsvertrag	13
2. Gesellschafterbeschluss	14
3. Vereinbarung	15, 16
F. Gleichbehandlung der Mitglieder des Aufsichtsrats?	17–19
G. Aufteilung unter den Mitgliedern des Aufsichtsrats	20
H. Änderung der Vergütung	21–26
1. Gesellschaftsvertrag	21–24
2. Gesellschafterbeschluss	25
3. Vereinbarung	26
I. Anfechtung/Nichtigkeit der Festsetzung	27–29
J. Offenlegung	30, 31
K. Vergütung für den ersten Aufsichtsrat (Abs 2)	32, 33
II. Ersatz von Aufwendungen	34–38

	A. Rechtsgrundlage	34
	B. Umfang des Ersatzes	35–37
	C. Sitzungsgelder	38
III.	Geschäfte von Aufsichtsratsmitgliedern mit der Gesellschaft	39–44
	A. Abgrenzung	39, 40
	B. Beispiele	41, 42
	C. Rechtsfolgen	43, 44
IV.	Steuerliche Behandlung	45–49
	A. Beim Aufsichtsratsmitglied	45–47
	B. Bei der Gesellschaft	48, 49

I. Vergütung des Aufsichtsrats (Abs 1)

A. Art der Vergütung

1. Geldleistungen

Die Vergütung wird idR **in Geld** geleistet. Es kann sich um einen **fixen** 1
oder gewinnabhängigen Betrag handeln; beides kann auch kombiniert
werden. Abs 3, der gewinnabhängige Vergütungen beschränkte, wurde
durch das RLG aufgehoben.[1] Zur Bedeutung v Sitzungsgeldern vgl Rz 38.

2. Sonstige Leistungen

Die Vergütung kann auch **in Sachleistungen** bestehen. Bei einer GmbH 2
ist diese Möglichkeit aber v untergeordneter praktischer Bedeutung.
Denkbar wären die Überlassung eines Dienstwagens auch zur Privatnutzung, Deputate oder die Erbringung bestimmter Dienstleistungen.[2]

3. Versicherungen

In der Praxis ist es vermehrt üblich geworden, für Organe der Gesell- 3
schaft, allenfalls auch leitende Angestellte, auf Kosten der Gesellschaft
Versicherungen abzuschließen. In Betracht kommen insb eine **Rechtsschutzversicherung** u eine **Vermögensschadenhaftpflichtversicherung**
(„**D&O-Versicherung**"). Letztere wird idR als Gruppenversicherung
abgeschlossen.[3]

---

[1] Zur Bedeutung des Entfalls v Abs 3 s *Grünwald*, ecolex 1992, 21 (23).
[2] *Wünsch*, GmbHG § 31 Rz 20; *Kalss* in Kalss/Kunz, HB AR[2] Kap 50 Rz 11.
[3] *Ramharter* in Kalss/Kunz, HB AR[2] Kap 47 Rz 3, 30.

4 Fraglich ist, ob der Abschluss derartiger Versicherungen – soweit dies auch zugunsten der AR-Mitglieder geschieht – **als Vergütung einzustufen ist**. Dies hängt davon ab, ob der Abschluss der Versicherung primär im Gesellschaftsinteresse liegt oder eine Entgeltleistung darstellt. Die besseren Argumente sprechen wohl für ein überwiegendes Eigeninteresse der Gesellschaft (so auch § 25 Rz 39).[4] Die Gegenmeinung[5] kann sich allerdings zum einen auf eine arbeitsrechtliche E des OGH[6] stützen. Der OGH judizierte, dass der Abschluss einer Rechtsschutzversicherung durch den Vorstand einer AG, bei der die Prämien v der Gesellschaft getragen werden, einen Entlassungsgrund darstellt, sofern die Genehmigung des AR nicht eingeholt wurde. Damit wurde der Vergütungscharakter derartiger Versicherungen bejaht, was sinngemäß auch für Versicherungen v AR-Mitgliedern gelten würde. In einer neueren – den Vorstand einer Privatstiftung betr – E[7] bestätigte der OGH, dass D&O-Versicherungen grds zulässig u auch üblich sind. Gleichzeitig ging er v einem Entgeltcharakter der Versicherung aus, was aber zT auf Besonderheiten des Stiftungsrechts zurückzuführen war.[8]

5 In der L werden zT auch **differenzierte Lösungen** aufgezeigt: Demnach könne es auf die Ausgestaltung des Versicherungsvertrages ankommen. Bei solchen Versicherungen, die die Organmitglieder in ihrer Gesamtheit versichern u nicht an die individuellen Qualifikationen des einzelnen AR-Mitglieds anknüpfen, könne nicht v einem Vergütungscharakter ausgegangen werden. Relevant könne auch sein, ob ein voller Regress oder ein sehr hoher Selbstbehalt des einzelnen AR-Mitglieds vorgesehen sei.[9]

---

4 So etwa *Kalss* in Kalss/Nowotny/Schauer, GesR² Rz 3/635 iVm Rz 3/579; *Gruber/Wax*, wbl 2010, 169 (175 f); vgl auch *Ch. Nowotny* in FS Fenyves 661 (668 ff, 672 ff) u in FS Marhold 917 (919).

5 *Ramharter* in Kalss/Kunz, HB AR² Kap 47 Rz 15 ff; *G. Schima* in Kalss/Kunz, HB AR² Kap 17 Rz 134 ff; *Runggaldier/Schima*, Managerdienstverträge⁴, 217 f; *Wenger/Adrian*, RWZ 2015/83, 358 (360 ff).

6 OGH 30.6.1999, 9 ObA 68/99m; dazu *Wenger*, RWZ 1999, 360.

7 OGH 28.2.2018, 6 Ob 35/18t, GesRZ 2018, 187 (*Csoklich*) = RWZ 2018/53, 284 (*Wenger*); dazu auch Resumée-Protokoll des Fachgesprächs „Aktuelles zum Stiftungsrecht", GesRZ 2018, 331 (333 f).

8 Zu Recht krit *Csoklich*, GesRZ 2018, 190 (190 f). Auch *Weichbold* (in Sindelar, Handbuch Kreditinstitute 212 f) bezeichnet es als fraglich, wie weit die E für D&O-Versicherungen v AR-Mitgliedern v KapGes fruchtbar gemacht werden könne.

9 *Kalss* in Kalss/Nowotny/Schauer, GesR² Rz 3/635 mwN.

Auch v den Befürwortern der A, dass derartigen Versicherungen **6**
kein Vergütungscharakter zukommt, wird – solange die Rechtslage nicht
eindeutig geklärt ist – empfohlen, vorsorglich die **Zustimmung der
Gesellschafter** einzuholen.[10] Die Gesellschafter müssen allerdings den
Versicherungsvertrag nicht im Detail verhandeln. Vielmehr genügt ein
Grundsatzbeschluss verbunden mit einer Ermächtigung an die GF, die
Versicherung einzugehen.[11] Denkbar wäre auch, eine Regelung über den
Versicherungsschutz in den GesV aufzunehmen.[12] Aus der Sicht der
Praxis ist somit die Einholung eines Gesellschafterbeschlusses zu empfehlen, sofern nicht der GesV eine ausreichende Grundlage für eine Versicherung zugunsten der AR-Mitglieder bildet.[13]

B. Kriterien

1. Grundsatz

Die Vergütung hat mit den **Aufgaben der AR-Mitglieder** u mit der **7**
Lage der Gesellschaft in Einklang zu stehen. Die Vergütung soll somit
aufgrund dieser beiden Kriterien festgesetzt werden, wobei den Gesellschaftern jedoch ein weiter **Ermessensspielraum** zusteht. Die gesetzl
Regelung soll überhöhte AR-Vergütungen verhindern; sie gibt aber
keinen allg Maßstab für die Vergütungshöhe vor.[14] Zur Frage, ob alle
AR-Mitglieder gleich zu behandeln sind, s Rz 17 ff.

In der **rechtspolitischen Diskussion** wird darauf hingewiesen, dass **8**
die AR-Vergütungen in Ö in der Praxis häufig zu niedrig bemessen
werden u der zunehmenden Verantwortung u Professionalisierung der
AR-Tätigkeit nicht ausreichend Rechnung tragen.[15]

---

10 *Kalss* in Kalss/Kunz, HB AR² Kap 38 Rz 12; *Ch. Nowotny* in FS Fenyves 661 (669 f, 672 ff).
11 *Kalss* in Kalss/Kunz, HB AR² Kap 38 Rz 12.
12 *Ch. Nowotny* in FS Fenyves 661 (673).
13 Zum analogen Problem des Abschlusses v Versicherungen für GF s § 25 Rz 39.
14 *Ch. Nowotny*, RdW 2014/628, 572 mwN.
15 So zB *Kalss* in Kalss/Kunz, HB AR² Kap 50 Rz 33; *Reichl* in Kalss/Kunz, HB AR² Kap 49 Rz 1 ff; s auch *Hecht*, Verdienen Aufsichtsräte zu wenig?, Die Presse v 26.3.2015, 2015/13/11; u *Schneid*, Hoher Einsatz, bescheidene Gage, Die Presse v 7.11.2019.

2. Aufgaben

9 Maßgeblich ist die **Beanspruchung des einzelnen Mitglieds in seiner konkreten Funktion**.[16] Zu berücksichtigen ist zum einen der **Arbeitsaufwand** des einzelnen Mitglieds, der aufgrund seiner Einsatzbereiche u Funktionen (zB AR-Vorsitz, Ausschussvorsitz, Mitarbeit in Ausschüssen) differieren kann.[17] Berücksichtigt werden kann auch, welche **Qualifikationen** das Mitglied bei seiner AR-Tätigkeit einsetzt.[18]

3. Lage der Gesellschaft

10 Als weiteres Kriterium soll die **wirtschaftliche Lage der Gesellschaft** berücksichtigt werden. Dies kann bei Änderungen **Anpassungen der Vergütung** erforderlich machen.[19] Primär ist auf die Vermögenslage der Gesellschaft abzustellen.[20] Handelt es sich um den AR einer Obergesellschaft, dann ist auf die Größe des Konzern abzustellen.[21] Auch die Ertragssituation der Gesellschaft u die wirtschaftliche Lage in der Branche können berücksichtigt werden.[22] Allerdings werden in **Sanierungsfällen** die Anforderungen an die AR-Tätigkeit erheblich zunehmen. Gerade in solchen Situationen müssen hochqualifizierte Mitglieder für den AR gewonnen werden. Die besondere **Komplexität einer Sanierungsaufgabe** ist somit angemessen zu vergüten.[23]

---

16 *Kalss* in Kalss/Kunz, HB AR² Kap 50 Rz 28.
17 *A. Heidinger* in Gruber/Harrer, GmbHG² § 31 Rz 4; *Rauter* in Straube/Ratka/Rauter, GmbHG § 31 Rz 12 f.
18 *Krejci*, ecolex 1991, 776 (779 f); *Rauter* in Straube/Ratka/Rauter, GmbHG, § 31 Rz 13.
19 *Rauter* in Straube/Ratka/Rauter, GmbHG § 31 Rz 15.
20 *Ch. Nowotny*, RdW 2014/628, 572 (573) mwN.
21 *Ch. Nowotny*, RdW 2014/628, 572 (573) mwN; ebenso *Rauter* in Straube/Ratka/Rauter, GmbHG § 31 Rz 15.
22 *Kalss* in Kalss/Kunz, HB AR² Kap 50 Rz 28.
23 *Kalss* in Kalss/Kunz, HB AR² Kap 50 Rz 28; *Ch. Nowotny*, RdW 2014/628, 572 (573).

C. Anspruch auf Vergütung?

Ein gesetzl Anspruch auf Vergütung besteht nicht (arg „*kann*").[24] Zum Teil wird allerdings vertreten, dass jedenfalls bei gesellschafts(konzern)- fremden AR-Mitgliedern die **Entgeltlichkeit zu vermuten** ist.[25] Dessen ungeachtet haben die AR-Mitglieder **keinen durchsetzbaren Anspruch auf die Vergütung**, solange diese nicht festgesetzt wurde.[26] In der Praxis wird die Frage der Vergütung regelmäßig vor Bestellung eines AR-Mitglieds zumindest im Grundsatz mit diesem geregelt werden.

D. Behandlung der Arbeitnehmervertreter

Auf die **AN-Vertreter** im AR ist § 31 nicht anwendbar. Gemäß § 110 Abs 3 ArbVG üben sie ihre Funktion im AR **ehrenamtlich** aus. Dies entspricht dem allg Grundsatz des § 115 Abs 1 ArbVG.[27] Damit soll die **Unabhängigkeit der AN-Vertreter** v Betriebsinhaber sichergestellt werden.[28] Die AN-Vertreter erhalten aber während ihrer Zugehörigkeit zum AR weiterhin das Entgelt aus ihrem Arbeitsverhältnis.[29] Eine dennoch gewährte AR-Vergütung an AN-Vertreter wäre gesetzwidrig u nichtig.[30] Sie haben jedoch Anspruch auf Ersatz der angemessenen Barauslagen (§ 110 Abs 3 ArbVG).

---

24 *A. Heidinger* in Gruber/Harrer, GmbHG² § 31 Rz 3; *Rauter* in Straube/Ratka/Rauter, GmbHG § 31 Rz 6; *Krejci*, ecolex 1991, 776 f; *Ch. Nowotny* in FS Marhold 917 (924); im Ergebnis auch *Kalss* in Kalss/Kunz, HB AR² Kap 50 Rz 27; *Wünsch*, GmbHG § 31 Rz 2; **aM** *Saxinger/Helml* in Kalss/Kunz, HB AR² Kap 20 Rz 15 ff.
25 *Reich-Rohrwig*, GmbHR I² Rz 4/465; vgl auch *Rauter* in Straube/Ratka/Rauter, GmbHG, § 31 Rz 5.
26 *Kalss* in Kalss/Kunz, HB AR² Kap 50 Rz 43, 51.
27 *Winkler* in Tomandl, ArbVG § 110 Rz 23.
28 *A. Heidinger* in Gruber/Harrer, GmbHG² § 31 Rz 2; *Rauter* in Straube/Ratka/Rauter, GmbHG § 31 Rz 7.
29 *Rauter* in Straube/Ratka/Rauter, GmbHG § 31 Rz 7.
30 *Winkler* in Tomandl, ArbVG, § 110 Rz 23; *Jabornegg* in Strasser/Jabornegg/Resch, ArbVG § 110 Rz 223.

E. Festsetzung der Vergütung

1. Gesellschaftsvertrag

13 Die Vergütung kann **im GesV festgesetzt** werden (vgl § 31 Abs 1 S 2). Dies ist allerdings wenig zweckmäßig, da eine Änderung erheblich aufwändiger als bei einer Festsetzung durch Gesellschafterbeschluss ist.[31] Eine Festsetzung im GesV ist auch in der Praxis unüblich.[32]

2. Gesellschafterbeschluss

14 In der Regel wird die Vergütung **durch Gesellschafterbeschluss festgelegt**. Dies geschieht üblicherweise in der oGV anlässlich der Feststellung des JA (§ 35 Abs 1 Z 1, vgl auch § 35 Rz 29) u iZm der Entlastung der AR-Mitglieder. Die Vergütung kann aber auch im Zuge einer aoGV oder durch schriftlichen Gesellschafterbeschluss festgesetzt oder abgeändert werden. Nicht abschließend geklärt ist, ob ein Gesellschafter, der gleichzeitig AR-Mitglied ist, bei der Beschlussfassung gem § 39 Abs 4 v Stimmrecht ausgeschlossen ist.[33]

3. Vereinbarung

15 Als weitere Rechtsgrundlage für eine Vergütung wird eine **Vereinbarung zw der Gesellschaft u dem einzelnen AR-Mitglied** anerkannt.[34] Die Gesellschaft ist durch die GV zu vertreten; eine Vertretung durch GF oder AR ist ausgeschlossen.[35] Aus der Sicht der Gesellschaft erscheint wesentlich, dass eine solche Vereinbarung die erforderliche **Flexibilität** aufweist, um Anpassungen an geänderte Verhältnisse zu ermöglichen. Dies kann zB durch eine **Befristung der Vereinbarung** oder **Kündigungsbestimmungen** sichergestellt werden.

16 Im Falle eines gem § 30c entsandten AR-Mitglieds ist es auch zulässig, dass zw diesem Mitglied u dem entsendenden Gesellschafter eine ge-

---

[31] *A. Heidinger* in Gruber/Harrer, GmbHG[2] § 31 Rz 6.
[32] *Temmel*, Der Aufsichtsrat 145.
[33] Vgl *Reich-Rohrwig* in Reich-Rohrwig/Ginthör/Gratzl, HB GV[2] Rz 1.90 mwN.
[34] *Rauter* in Straube/Ratka/Rauter, GmbHG § 31 Rz 18; *Koppensteiner/Rüffler*, GmbHG[3] § 31 Rz 6; *Wünsch*, GmbHG § 31 Rz 7; vgl auch *Ch. Nowotny* in FS Marhold 917 (918 f, 924 f).
[35] *A. Heidinger* in Gruber/Harrer, GmbHG[2] § 31 Rz 6.

sonderte Vergütungsvereinbarung geschlossen wird.[36] Eine solche Vergütung, die nicht § 31 unterliegt, kann zusätzlich zu der Vergütung durch die Gesellschaft oder an deren Stelle gewährt werden (s § 30c Rz 4 FN 15).[37]

F. Gleichbehandlung der Mitglieder des Aufsichtsrats?

Grundsätzlich sollen die AR-Mitglieder bei der Vergütung **gleich behandelt** werden. Dies gilt grds auch für gem § 30c entsandte Mitglieder (§ 35 Rz 29).[38] Dies steht jedoch einer **Differenzierung nach sachlichen Gesichtspunkten** nicht entgegen. Nur eine Ungleichbehandlung ohne sachliche Rechtfertigung wird für unzulässig angesehen.[39]

17

Insbesondere ist eine **höhere Vergütung des AR-Vorsitzenden u seines Stellvertreters** zulässig u üblich. In der Praxis beträgt die Vergütung des Vorsitzenden häufig das Doppelte, jene des Stellvertreters das Eineinhalbfache der Vergütung für einfache Mitglieder.[40] Auch andere besondere Funktionen können bei der Höhe der Vergütung berücksichtigt werden, wie etwa der **Vorsitz in Ausschüssen** oder die **Funktion des Finanzexperten** (§ 30g Abs 4 a). Auch die **Mitgliedschaft in Ausschüssen**, wie insb dem Prüfungsausschuss (§ 30g Abs 4 a), können durch eine höhere Vergütung honoriert werden, soweit sie nicht durch Sitzungsgelder abgegolten wird.

18

Strittig ist hingegen, ob auch der „**Marktwert**" **eines AR-Mitglieds** durch eine höhere Vergütung honoriert werden darf.[41] Nach hM wird dies abgelehnt, sofern sich der „Marktwert" nicht in einer spezifischen Tätigkeit für den AR u somit für die Gesellschaft niederschlägt.[42] Nach

19

---

36 *Rauter* in Straube/Ratka/Rauter, GmbHG § 31 Rz 8; *Kalss* in Kalss/Kunz, HB AR² Kap 9 Rz 73.
37 *Reich-Rohrwig*, GmbHR I² Rz 4/476.
38 *Rauter* in Straube/Ratka/Rauter, GmbHG § 31 Rz 8; *Kalss* in Kalss/Kunz, HB AR² Kap 9 Rz 72.
39 *Kalss* in Kalss/Kunz, HB AR² Kap 50 Rz 29; *Reich-Rohrwig*, GmbHR I² Rz 4/469; *A. Heidinger* in Gruber/Harrer, GmbHG² § 31 Rz 4; *Rauter* in Straube/Ratka/Rauter, GmbHG § 31 Rz 12; *Ch. Nowotny*, RdW 2014/628, 572 (574).
40 *Reich-Rohrwig*, GmbHR I² Rz 4/469; *Rauter* in Straube/Ratka/Rauter, GmbHG § 31 Rz 12; vgl auch *Kalss* in Kalss/Kunz, HB AR² Kap 50 Rz 29.
41 **Dafür** *Reich-Rohrwig*, GmbHR I² Rz 4/467.
42 *Kalss* in Kalss/Kunz, HB AR² Kap 50 Rz 29.

aA könnte der GesV eine entspr Regelung vorsehen.[43] Für den AR einer GmbH wird diese Frage allerdings idR v untergeordneter Bedeutung sein.

G. Aufteilung unter den Mitgliedern des Aufsichtsrats

20 Es ist zulässig u in der Praxis auch üblich, die Vergütung für den AR **pauschal festzusetzen u die Aufteilung auf die einzelnen Mitglieder dem AR selbst zu überlassen**.[44] Zum Teil wird allerdings verlangt, dass der Aufteilungsschlüssel den Gesellschaftern bekannt sein soll.[45]

H. Änderung der Vergütung

1. Gesellschaftsvertrag

21 Ist die Vergütung im GesV festgesetzt, dann bedarf eine Änderung der **Änderung des GesV**. Sie wird mit Erfüllung der Voraussetzungen gem § 49 wirksam.

22 Abweichend v § 50 Abs 1 bedarf allerdings eine Änderung des GesV, durch die die Vergütung herabgesetzt wird, nur einer **Beschlussfassung mit einfacher Mehrheit** (dies wird durch § 50 Abs 2 wiederholt; vgl § 50 Rz 7 ff). Die Bestimmung ist zwingendes Recht. Damit soll es der Gesellschaft erleichtert werden, auf geänderte Verhältnisse zu reagieren.[46] Eine tatsächliche Änderung der Verhältnisse oder Unangemessenheit der bisherigen Vergütung ist jedoch nicht erforderlich.[47]

23 Fraglich ist, ob auch eine **Streichung der Vergütung** (Herabsetzung auf Null) mit einfacher Stimmenmehrheit möglich ist.[48] Nach dem Zweck der Bestimmung kann wohl zw einer Herabsetzung der Vergütung auf einen allenfalls symbolischen Betrag u einer Beseitigung der

---

43 *Ch. Nowotny*, RdW 2014/628, 572 (574 f).
44 *Reich-Rohrwig*, GmbHR I[2] Rz 4/470; *Rauter* in Straube/Ratka/Rauter, GmbHG § 31 Rz 19.
45 *Kalss* in Kalss/Kunz, HB AR[2] Kap 50 Rz 31.
46 *Rauter* in Straube/Ratka/Rauter, GmbHG § 31 Rz 24; *A. Heidinger* in Gruber/Harrer, GmbHG[2] § 31 Rz 7.
47 *Krejci*, ecolex 1991, 776 (779); *A. Heidinger* in Gruber/Harrer, GmbHG[2] § 31 Rz 7; *Rauter* in Straube/Ratka/Rauter, GmbHG § 31 Rz 24.
48 *Krejci*, ecolex 1991, 776 (779); *Rauter* in Straube/Ratka/Rauter, GmbHG § 31 Rz 24 mwN.

Vergütung nicht differenziert werden. Für eine **Erhöhung der Vergütung** gilt aber jedenfalls die allg Regel des § 50 Abs 1.

Die **Änderung der Vergütung** tritt mit Wirksamkeit der GesV-Änderung ein.[49]

2. Gesellschafterbeschluss

Eine mit Gesellschafterbeschluss festgesetzte Vergütung kann v den Gesellschaftern **mit einfacher Stimmenmehrheit geändert** werden.[50] Das Gesetz gestattet somit – im Rahmen v Vorgaben des GesV – die **einseitige Änderung durch die Gesellschaft**.[51] Eine Herabsetzung kann jedenfalls vorgenommen werden, wenn die **Angemessenheit nicht mehr gegeben ist**.[52] Allerdings ist dies – ebenso wie bei der Herabsetzung einer durch GesV eingeräumten Vergütung – wohl keine Voraussetzung. Grundsätzlich kommt der Herabsetzung **keine Rückwirkung** zu.[53] Erfolgt die Herabsetzung während eines Geschäftsjahres, dann wirkt sie sich **zeitlich aliquot** aus.[54]

3. Vereinbarung

Wurde die Vergütung durch Vereinbarung eingeräumt, dann kann sie idR **nicht einseitig geändert** werden.[55] Anders ist dies selbstverständlich, wenn die Vereinbarung selbst die Möglichkeit einer Anpassung vorsieht. Falls die vertraglich zugesagte Vergütung aufgrund geänderter Verhältnisse **grob unangemessen** wird, dann kann der Gesellschaft auch ein **ao Kündigungsrecht** zustehen.[56]

---

49 *Reich-Rohrwig*, GmbHR I[2] Rz 4/471; *Rauter* in Straube/Ratka/Rauter, GmbHG § 31 Rz 24; *A. Heidinger* in Gruber/Harrer, GmbHG[2] § 31 Rz 7; *Kisser/Stegner*, ecolex 2016, 50 (53).
50 *Rauter* in Straube/Ratka/Rauter, GmbHG § 31 Rz 25.
51 *Kalss* in Kalss/Kunz, HB AR[2] Kap 50 Rz 52.
52 *A. Heidinger* in Gruber/Harrer, GmbHG[2] § 31 Rz 7.
53 *Kalss* in Kalss/Kunz, HB AR[2] Kap 50 Rz 52.
54 Näher dazu *Kalss* in Kalss/Kunz, HB AR[2] Kap 50 Rz 52; s auch *Kisser/Stegner*, ecolex 2016, 50 (53).
55 *Rauter* in Straube/Ratka/Rauter, GmbHG § 31 Rz 27 mwN; vgl auch *Kalss* in Kalss/Kunz, HB AR[2] Kap 50 Rz 53.
56 *Reich-Rohrwig*, GmbHR I[2] Rz 4/472; *Koppensteiner/Rüffler*, GmbHG[3] § 31 Rz 8; allg zum Problem *Krejci*, ecolex 1991, 776 (779 f).

I. Anfechtung/Nichtigkeit der Festsetzung

27 Wird die Vergütung **v Anfang an überhöht** festgesetzt – entspricht sie also schon bei ihrer Festsetzung nicht den Kriterien des § 31 Abs 1 S 1 –, dann ist zu differenzieren: Wurde die Vergütung mit **Gesellschafterbeschluss** festgesetzt, kann dieser gem § 41 **angefochten** werden.[57] Es liegt ein Verstoß gegen eine zwingende Gesetzesbestimmung (§ 31 Abs 1 S 1) iSv § 41 Abs 1 Z 2 vor.

28 Eine durch **Vereinbarung** überhöht festgesetzte Vergütung ist **nichtig** (§ 879 ABGB).[58] Die Vergütung ist teilnichtig, dh sie ist auf den angemessenen Betrag zu reduzieren.[59] Eine zunächst angemessene Vereinbarung kann aber nach hM nicht nachträglich nichtig werden.[60] Zum Teil wird allerdings vertreten, dass eine dem Angemessenheitsgebot widersprechende Festsetzung der Vergütung unter dem Vorbehalt der Reduktion auf das gesetzl zulässige Ausmaß stehe.[61] Dies würde auch eine rückwirkende Herabsetzung der Vergütung ermöglichen. Die überwiegende L lässt dies jedoch – wenn überhaupt – nur in Ausnahmefällen zu.[62]

29 Eine Vergütung kann etwa dann **unangemessen werden**, wenn sich die Aufgaben des AR u/oder die Lage der Gesellschaft wesentlich ändern. Zu denken ist zB an eine Abspaltung oder Ausgliederung v Vermögensteilen, an eine Veräußerung einer wesentlichen Tochtergesellschaft oder allg an ein deutliches Schrumpfen des Unternehmens.[63] Die Gefahr, dass eine AR-Vergütung nachträglich unangemessen wird, besteht insb bei gewinnabhängigen Vergütungen. Wird in einem Geschäftsjahr ein außergewöhnlich hoher Gewinn erzielt, dann kann dies zur Unangemessenheit der AR-Vergütung führen. In der Praxis empfiehlt es sich daher, eine **Gewinnbeteiligungsregelung** mit einer **absolu-**

---

57 *Rauter* in Straube/Ratka/Rauter, GmbHG § 31 Rz 28; *Kalss* in Kalss/Kunz, HB AR² Kap 50 Rz 51.
58 *Koppensteiner/Rüffler*, GmbHG³ § 31 Rz 5; *Rauter* in Straube/Ratka/Rauter, GmbHG § 31 Rz 28.
59 *Reich-Rohrwig*, GmbHR I² Rz 4/473.
60 *Rauter* in Straube/Ratka/Rauter, GmbHG § 31 Rz 28; *Koppensteiner/Rüffler*, GmbHG³ § 31 Rz 5.
61 So insb *Krejci*, ecolex 1991, 776 (778 f).
62 *Rauter* in Straube/Ratka/Rauter, GmbHG § 31 Rz 29 mwN; vgl aber auch *Kalss* in Kalss/Kunz, HB AR² Kap 50 Rz 51; *Kisser/Stegner*, ecolex 2016, 50 (51).
63 *Ch. Nowotny*, RdW 2014/628, 572 (573); *Kalss* in Kalss/Kunz, HB AR² Kap 50 Rz 51.

ten Höchstgrenze zu versehen, die sich an den Durchschnittswerten vergleichbarer Unternehmen orientiert.[64]

J. Offenlegung

Bei mittelgroßen u großen Gesellschaften (§ 221 Abs 2 u 3 UGB idF RÄG 2014) sind **im Anh die Bezüge der AR-Mitglieder anzugeben** (§ 239 Abs 1 Z 4 UGB). Offenzulegen ist nur der **Gesamtbetrag**; die Bezüge der einzelnen AR-Mitglieder sind nicht anzugeben.[65] Einzubeziehen sind auch Sitzungsgelder, Tantiemen, Gewinnbeteiligungen, eine Vergütung für Tätigkeit in Ausschüssen u pauschale Aufwandsentschädigungen. Nicht berichtspflichtig sind hingegen einzeln abgerechnete Auslagenersätze (zB Reisespesen) u Honorare für eine Beratungstätigkeit oder sonstige Leistungen außerhalb der Aufgaben eines AR-Mitglieds.[66] Gesondert anzugeben sind allfällige Ruhegeldzahlungen an frühere AR-Mitglieder.[67]

30

Jede – auch eine kleine – GmbH hat **im Anh** die **Beträge der Vorschüsse u Kredite** anzugeben, die Mitgliedern des AR gewährt wurden.[68] Die Offenlegung hat unter Angabe der Zinsen, der wesentlichen Bedingungen, der ggf zurückgezahlten oder erlassenen Beträge sowie der zugunsten dieser Personen eingegangenen Haftungsverhältnisse zu erfolgen (§ 237 Abs 1 Z 3 UGB). Auch hier genügt die Angabe eines Gesamtbetrages für sämtliche AR-Mitglieder.

31

K. Vergütung für den ersten Aufsichtsrat (Abs 2)

Nach § 31 Abs 2 kann den **Mitgliedern des ersten AR** (vgl zum Begriff § 30b Rz 27) eine Vergütung für ihre Tätigkeit **nur durch Gesellschafterbeschluss** bewilligt werden. Eine Festsetzung im GesV anlässlich der Gründung der Gesellschaft ist daher unwirksam. Auch eine Verein-

32

---

64 So *Krejci*, ecolex 1991, 776 (780).
65 *Geirhofer* in Torggler, UGB² § 239 Rz 10; *Kalss* in Kalss/Kunz, HB AR² Kap 50 Rz 54.
66 *Ch. Nowotny* in Straube, UGB § 239 Rz 44, *Geirhofer* in Torggler, UGB² § 239 Rz 8.
67 *Ch. Nowotny* in Straube, UGB § 239 Rz 46.
68 Bei „Kleinst-KapGes" iSv § 221 Abs 1 a UGB, die keinen Anh aufstellen, sind diese Angaben unter der Bilanz zu machen (§ 242 Abs 1 UGB).

barung mit den künftigen AR-Mitgliedern im Gründungsstadium wäre nichtig.[69] Überdies kann der Beschluss erst gefasst werden, sobald der erste AR entlastet wird.

33 Der **Zweck der Norm** wird darin gesehen, eine Umgehung der Bestimmung über die Gründerbelohnung (§ 7) zu verhindern.[70] Aufgrund dieses Zwecks ist die Bestimmung nicht anwendbar, wenn die Gesellschaft zu einem späteren Zeitpunkt AR-pflichtig wird.[71]

II. Ersatz von Aufwendungen

A. Rechtsgrundlage

34 Neben der Vergütung haben AR-Mitglieder Anspruch auf **Aufwandersatz**. Der Anspruch lässt sich aus § 1014 ABGB ableiten.[72] Der Anspruch ist gegen die Gesellschaft, vertreten durch die GF, geltend zu machen.[73] Eine Festlegung im GesV oder ein Gesellschafterbeschluss ist nicht erforderlich.[74] Der Anspruch steht **auch den AN-Vertretern** im AR zu (§ 110 Abs 3 ArbVG).

B. Umfang des Ersatzes

35 Zu ersetzen sind **alle Auslagen** v AR-Mitgliedern, die **für die ordnungsgemäße Ausübung ihrer Funktion erforderlich** sind. Der Anspruch auf Aufwandersatz setzt somit voraus, dass die Aufwendungen iZm einer Tätigkeit notwendigerweise entstanden sind, die zur Amtsführung des AR-Mitglieds gehört.[75] Die **Grenze** für den Aufwand-

---

69 *Rauter* in Straube/Ratka/Rauter, GmbHG § 31 Rz 21; *Wünsch*, GmbHG § 31 Rz 46.
70 *Reich-Rohrwig*, GmbHR I[2] Rz 4/478; *Koppensteiner/Rüffler*, GmbHG[3] § 31 Rz 10; *A. Heidinger* in Gruber/Harrer, GmbHG[2] § 31 Rz 12.
71 *Rauter* in Straube/Ratka/Rauter, GmbHG § 31 Rz 20; *A. Heidinger* in Gruber/Harrer, GmbHG[2] § 31 Rz 12.
72 *Rauter* in Straube/Ratka/Rauter, GmbHG § 31 Rz 34; *Kalss* in Kalss/Kunz, HB AR[2] Kap 50 Rz 58; *Reich-Rohrwig*, GmbHR I[2] Rz 4/479; *Ch. Nowotny* in FS Marhold 917 (920 f).
73 *A. Heidinger* in Gruber/Harrer, GmbHG[2] § 31 Rz 9.
74 *Wünsch*, GmbHG § 31 Rz 33.
75 *Rauter* in Straube/Ratka/Rauter, GmbHG § 31 Rz 34; *Kalss* in Kalss/Kunz, HB AR[2] Kap 50 Rz 58.

ersatz bilden die **Kriterien der Erforderlichkeit sowie der Angemessenheit**.[76]

Typische Ausgaben, die zu vergüten sind, sind Reise-, Aufenthalts- u Kommunikationskosten.[77] Auch Übersetzungskosten sowie Kosten eines Dolmetschers sind zu erstatten, wenn ein AR-Mitglied die dt Sprache nicht beherrscht.[78] Fortbildungskosten sind hingegen grds nicht ersatzfähig.[79]

36

Ausnahmsweise können auch **Repräsentationsaufwendungen** ersatzfähig sein; in der Praxis wird dies beim Vorsitzenden des AR in Betracht kommen.[80] Beim AR-Vorsitzenden können auch die **Kosten eines Büros**, einschließlich eines Sekretariats, zu ersetzen sein, wenn dies nach dem Umfang seiner Aufgaben nötig u angemessen erscheint.[81]

37

C. Sitzungsgelder

Der Aufwand für die Teilnahme an AR-Sitzungen kann den Mitgliedern auch **pauschal, in Form v Sitzungsgeldern**, erstattet werden.[82] Bei Bezahlung v Sitzungsgeldern erübrigt sich ein belegmäßiger Nachw der Auslagen. Sitzungsgelder dürfen v den GF ausbezahlt werden;[83] es bedarf keines Gesellschafterbeschlusses.[84] Dies setzt allerdings voraus, dass es sich um eine **angemessene Abgeltung des tatsächlichen durchschnittlichen Aufwandes** der AR-Mitglieder handelt.[85] Übersteigen Sitzungsgelder die verkehrsübliche Höhe, dann sind sie der Vergütung zuzurechnen u als Teil derselben festzusetzen.[86] Wenn Sitzungsgelder

38

---

76 *Rauter* in Straube/Ratka/Rauter, GmbHG § 31 Rz 34/2.
77 *Rauter* in Straube/Ratka/Rauter, GmbHG § 31 Rz 34/1; *Reich-Rohrwig*, GmbHR I² Rz 4/479.
78 *Kalss* in Kalss/Kunz, HB AR² Kap 50 Rz 65.
79 *Kalss* in Kalss/Kunz, HB AR² Kap 50 Rz 61; *Rauter* in Straube/Ratka/Rauter, GmbHG § 31 Rz 34/1.
80 *Kalss* in Kalss/Kunz, HB AR² Kap 50 Rz 59 u 63.
81 *Kalss* in Kalss/Kunz, HB AR² Kap 50 Rz 63; *Rauter* in Straube/Ratka/Rauter, GmbHG § 31 Rz 34/1.
82 *Kalss* in Kalss/Kunz, HB AR² Kap 50 Rz 74; *Rauter* in Straube/Ratka/Rauter, GmbHG § 31 Rz 36.
83 *Reich-Rohrwig*, GmbHR I² Rz 4/479.
84 *Rauter* in Straube/Ratka/Rauter, GmbHG § 31 Rz 37.
85 *Kalss* in Kalss/Kunz, HB AR² Kap 50 Rz 74; s auch *Weichbold* in Sindelar, Handbuch Kreditinstitute 211.
86 *Rauter* in Straube/Ratka/Rauter, GmbHG § 31 Rz 36.

daher nicht als pauschaler Spesenersatz angesehen werden können, sind sie mit Gesellschafterbeschluss oder im GesV festzusetzen (s § 35 Rz 29). In der Praxis kann es sinnvoll sein, Sitzungsgelder in einer Höhe festzusetzen, die eine Einstufung als Aufwandersatz nicht mehr zulässt, um AR-Mitgliedern, die an den Sitzungen regelmäßig teilnehmen, eine höhere Vergütung zukommen zu lassen. Solche Sitzungsgelder dürfen aber nicht an die AN-Vertreter ausbezahlt werden.

III. Geschäfte von Aufsichtsratsmitgliedern mit der Gesellschaft

A. Abgrenzung

39 Ein AR-Mitglied kann mit der Gesellschaft **Verträge über Leistungen** abschließen, die **außerhalb seiner Tätigkeit im AR** liegen. Dies wurde durch § 30j Abs 5 Z 10 idF GesRÄG 2005 klargestellt.[87]

40 Gegenstand des Vertrages muss eine **Tätigkeit** sein, die **außerhalb der Funktionsausübung des AR-Mitglieds** liegt. Sie darf somit **nicht in den Pflichtenkreis der gewöhnlichen AR-Tätigkeit** fallen.[88] Zu den Aufgaben des AR zählt die Beratung der Geschäftsführung zu Fragen der Unternehmenspolitik, -strategie u -planung. Beratungsleistungen zu Detailfragen des Tagesgeschäftes, insb im operativen Bereich, sind daher nicht umfasst.[89] Darüber hinaus fällt nach hA auch eine Beratung mit besonderer Intensität u Beratungstiefe nicht unter die Aufgaben der AR-Mitglieder.[90] Eine besondere Komplexität wird zu bejahen sein, wenn zur Klärung einer Frage üblicherweise ein außenstehender Experte herangezogen wird.[91]

---

[87] *Fida*, wbl 2006, 357; *Koppensteiner/Rüffler*, GmbHG³ § 30j Rz 7.
[88] *Kalss* in Kalss/Kunz, HB AR² Kap 13 Rz 14; *Rauter* in Straube/Ratka/Rauter, GmbHG § 31 Rz 38.
[89] *Hügel*, GesRZ 1996, 213 (216 ff); *Kalss* in Kalss/Kunz, HB AR² Kap 13 Rz 17; *Rauter* in Straube/Ratka/Rauter, GmbHG § 31 Rz 39.
[90] *Hügel*, GesRZ 1996, 213 (216 ff); *Rauter* in Straube/Ratka/Rauter, GmbHG § 31 Rz 39; *Koppensteiner/Rüffler*, GmbHG³ § 30j Rz 7; *Nitsche* in FS Krejci 751 (764 f); *Kalss* in Kalss/Kunz, HB AR² Kap 13 Rz 17; **aM** aber *Semler* GesRZ 2007, 382 (385 f), u W. *Doralt*, JBl 2008, 759 (761).
[91] *Hügel*, GesRZ 1996, 213 (216); *Rauter* in Straube/Ratka/Rauter, GmbHG § 31 Rz 39; *Fida/Fölhs*, AR aktuell 2010, H 4, 7 (8 f).

Maßgebliche Abgrenzungskriterien sind daher **Beratungsgegenstand u Beratungstiefe**.[92]

B. Beispiele

Ein AR-Mitglied kann gegenüber der Gesellschaft untersch Leistungen erbringen, wie Buchhaltung, Softwareerstellung, Bilanzerstellung, Versicherungs- u Bankdienstleistungen, Lobbying, Geschäftsanbahnung, Kontaktpflege oder auch die Lieferung v Waren.[93] Praktische Bedeutung hat die Abgrenzungsfrage insb für **Beratungsleistungen**. Vor allem wenn ein RA, Steuerberater oder Zivitechniker dem AR angehört, muss präzise unterschieden werden, ob er Leistungen als AR-Mitglied oder als selbständiger Dienstleister erbringt. 41

Beispiele für **Verträge, die außerhalb der allg AR-Tätigkeit liegen**, sind die Prozessvertretung durch einen RA,[94] Beratung iZm Gewährleistungsansprüchen, bei Inanspruchnahme steuerlicher Investitionsbegünstigungen sowie technische Beratungs- u Planungsleistungen für konkrete Projekte der Gesellschaft oder bei der Organisation der EDV.[95] Zu erwähnen ist ferner die Beratung bei bestimmten Transaktionen, Großinvestitionen, außergewöhnlichen Finanzierungen oder sonstigen außergewöhnlichen Projekten, ferner das Erstellen der Steuererklärung, die Bauüberwachung, ein GA zu einer streitigen Rechtsfrage oder die Erarbeitung komplexer Verträge u sonstiger Regelwerke u Argumentarien.[96] Hingegen fällt die bloße Plausibilitätskontrolle v bereits ausgearbeiteten Verträgen unter die typischen Pflichten eines AR-Mitglieds[97]. 42

---

[92] *Weichbold* in Sindelar, Handbuch Kreditinstitute 213 f.
[93] *Kalss* in Kalss/Kunz, HB AR² Kap 13 Rz 12, Kap 50 Rz 57.
[94] *Reich-Rohrwig*, GmbHR I² Rz 4/474.
[95] *Hügel*, GesRZ 1996, 213 (218); *Rauter* in Straube/Ratka/Rauter, GmbHG § 31 Rz 39.
[96] *Kalss* in Kalss/Kunz, HB AR² Kap 13 Rz 17 f; vgl auch *Semler*, GesRZ 2007, 382 (384).
[97] *Kalss* in Kalss/Kunz, HB AR² Kap 13 Rz 18.

C. Rechtsfolgen

43 Verträge über zusätzliche Leistungen können **v den GF** im Rahmen ihrer Vertretungsbefugnis **abgeschlossen** werden.[98] Allenfalls kommt auch eine **Beauftragung durch den AR** gem § 30j Abs 3 in Betracht. Tätigkeiten, die in die allg organschaftliche Pflicht eines AR-Mitglieds fallen, dürfen hingegen nicht gesondert abgegolten werden. Eine gesonderte Abgeltung wäre nur mit Beschlussfassung der Gesellschafter zulässig.[99] Verträge über Leistungen, die ohnedies im Rahmen der AR-Funktion zu erbringen sind, dürfen/können die GF nicht abschließen. Derartige Verträge wären unwirksam.[100] In Zweifelsfällen empfiehlt es sich daher, die **Zustimmung der Gesellschafter zur Auftragserteilung** einzuholen.

44 Davon unabhängig normiert § 30j Abs 5 Z 10 eine **Zustimmungspflicht des AR** für derartige Verträge mit AR-Mitgliedern, sofern nicht ein bloß geringfügiges Entgelt vereinbart wird. Siehe zu dieser Bestimmung u den Rechtsfolgen einer Verletzung der Zustimmungspflicht § 30j Rz 74 ff.

IV. Steuerliche Behandlung

A. Beim Aufsichtsratsmitglied

45 Aufsichtsratsvergütungen zählen zu den **Einkünften aus sonstiger selbständiger Arbeit** (§ 22 Z 2 EStG) u unterliegen als solche der ESt. Dies gilt auch für alle sonstigen geldwerten Vorteile, die das AR-Mitglied im Rahmen seiner Tätigkeit erzielt, wie Sitzungsgelder, Tagesgelder udgl.[101] Die mit der Tätigkeit im AR zusammenhängenden Ausgaben können jedoch als **Betriebsausgaben** abgesetzt werden; im Ergebnis erfasst die Steuerpflicht daher nur jene Beträge, die diese Ausgaben übersteigen.

46 Keinen Untersch macht es, ob die Vergütung v der Gesellschaft oder auf dem Umweg über eine dritte Person gezahlt wird. Ist zw dem AR-

---

98 *Rauter* in Straube/Ratka/Rauter, GmbHG § 31 Rz 40.
99 *Kalss* in Kalss/Kunz, HB AR² Kap 13 Rz 19.
100 *Rauter* in Straube/Ratka/Rauter, GmbHG § 31 Rz 40 mwN.
101 *Kunz* in Kalss/Kunz, HB AR² Kap 4 Rz 124.

Mitglied u der Gesellschaft eine **KapGes „zwischengeschaltet"** – dies kann etwa eine RA-GmbH sein, bei der das AR-Mitglied als geschäftsführender Gesellschafter fungiert –, dann kann die Vergütung unter bestimmten Voraussetzungen v der zwischengeschalteten Gesellschaft in Rechnung gestellt werden. In diesem Fall erfolgt **keine direkte Zurechnung der Einkünfte beim AR-Mitglied selbst**.[102]

Leistungen eines AR-Mitglieds sind gem § 6 Abs 1 Z 9 lit b UStG v **47** der USt befreit.[103] Es handelt sich um eine **unechte Befreiung**, sodass dem AR-Mitglied **kein Vorsteuerabzug** zusteht. Dies gilt auch für Reisekostenersätze.[104]

B. Bei der Gesellschaft

AR-Vergütungen sind bei der Gesellschaft **nur zur Hälfte als Betriebs-** **48** **ausgabe abzugsfähig** (§ 12 Abs 1 Z 7 KStG).[105] Dies gilt auch für Reisekostenersätze, soweit sie die Sätze gem § 26 Z 4 EStG übersteigen. Den AR-Mitgliedern gezahlte Auslagen sind hingegen voll abzugsfähig.[106]

Die Gesellschaft ist verpflichtet, der Abgabenbehörde über aus- **49** bezahlte AR-Vergütungen **Mitteilung** zu machen (§ 109a EStG iVm VO BGBl II 2001/417 idF BGBl II 2006/51).

§ 32. Über die gemäß § 25 Abs. 4 zwischen der Gesellschaft und Geschäftsführern geschlossenen Geschäfte hat der Aufsichtsrat jeweils der nächsten Generalversammlung zu berichten.

idF BGBl I 1980/320

Literatur: *Heidinger*, Besonderheiten des Aufsichtsrats in der GmbH, in Kalss/Kunz (Hg), HB AR² (2016) 1345.

---

102 Dazu näher Rz 104 der EStR 2000; *Kunz* in Kalss/Kunz, HB AR² Kap 4 Rz 125; *S. Bergmann*, GES 2010, 83, 132.
103 Dazu auch EuGH 13.6.2019, C-420/18; u *Rauter* in Straube/Ratka/Rauter, GmbHG § 31 Rz 32.
104 *A. Heidinger* in Gruber/Harrer, GmbHG² § 31 Rz 10.
105 Dazu aus rechtspolitischer Sicht zu Recht krit: *Kunz* in Kalss/Kunz, HB AR² Kap 4 Rz 123; *Marchgraber/Plansky* in Lang/Rust/Schuch/Staringer, KStG² § 12 Rz 71; s zur Verfassungsmäßigkeit der Regelung: *Hristov/Plansky/Ressler*, ecolex 2006, 509.
106 *Kalss* in Kalss/Kunz, HB AR² Kap 50 Rz 39.

1 Mit dieser Bestimmung wird eine **Verpflichtung zur Berichterstattung über Insichgeschäfte der GF** normiert (vgl § 18 Rz 31), womit die diesbzgl Regelung des § 25 Abs 4 ergänzt wird. Adressat der Bestimmung ist der AR; der Bericht setzt daher Kenntnis des AR v derartigen Geschäften voraus. Umstritten ist, ob nur v AR genehmigte Geschäfte umfasst sind;[1] mE kommt es darauf nicht an. Nach der hM[2] soll kein Bericht erforderlich sein, wenn die Gesellschaft durch andere GF oder den AR wirksam vertreten wurde, sondern bloß dann, wenn Selbstkontrahierung vorliegt.[3] Meines Erachtens ist aber auch in einem solchen Fall ein Bericht erforderlich: Einerseits besteht auch hier regelmäßig ein Informationsinteresse der (anderen) Gesellschafter, andererseits handelt es sich um eine Berichtspflicht (u gerade keine nachträgliche Genehmigung). Ob der AR den Geschäften zugestimmt hat oder nicht, ist für das Bestehen der Berichtspflicht unerheblich.[4] Der Bericht kann schriftlich oder mündlich erstattet werden. Wenn er nur mündlich erstattet wurde, sollte er mE sinnvollerweise protokolliert werden.

§ 33. (1) Die in den § 25 und 27 hinsichtlich der Geschäftsführer getroffenen Anordnungen finden auch auf den Aufsichtsrat Anwendung.

(2) Sind die Mitglieder des Aufsichtsrates zugleich mit Geschäftsführern zum Ersatze eines Schadens verpflichtet, so haften sie mit diesem zur ungeteilten Hand.

Literatur: *Arnold*, Strafrechtliche Verantwortlichkeit der Mitglieder des Aufsichtsrates, AR aktuell 0/2004, 7; *Chini*, Die höhere Verantwortung von Aufsichtsräten in Kreditinstituten, AR aktuell 6/2010, 11; *Chini*, Zur Eignungsprüfung von Geschäftsleitung, Aufsichtsratsmitgliedern und Inhabern von Schlüsselfunktionen, AR aktuell 2/2013, 14; *Deckert*, Inkompatibilitäten und Interessenskonflikte, DZWiR 1996, 406; *Eckert/Gassauer-Fleissner*, Überwachungspflichten des Aufsichtsrats im Konzern, GES 2004, 416; *Fida/Hofmann*,

---

1 **Dafür** *Koppensteiner/Rüffler*, GmbHG[3] § 32 Rz 1 f; *Gellis/Feil*, GmbHG[7] § 32 Rz 1; **dagegen** *Reich-Rohrwig*, GmbHR I[2] Rz 4/396; *Wünsch*, GmbHG § 32.
2 *M. Heidinger* in Kalss/Kunz, HB AR[2] Kap 40 Rz 40/47; *A. Heidinger* in Gruber/Harrer, GmbHG § 32 Rz 2.
3 *Rauter* in Straube/Ratka/Rauter, GmbHG § 32 Rz 3.
4 *Eckert/Schopper* in Torggler, GmbHG § 32 Rz 1; *Reich-Rohrwig*, GmbHR I[2] Rz 4/396; **aA** *Rauter* in Straube/Ratka/Rauter, GmbHG § 32 Rz 4; *A. Heidinger* in Gruber/Harrer, GmbHG § 32 Rz 2.

Die neue Offenlegungspflicht vor der Aufsichtsratswahl, GesRZ 2005, 273; *Fleischer*, Vertrauen von Geschäftsleitern und Aufsichtsratsmitgliedern auf Informationen Dritter, ZIP 2009, 1397; *Frotz*, Arbeitnehmerbestimmung, in Roth (Hg), Die Zukunft der GmbH (1983) 145; *G. Frotz*, Grundsätzliches zu den Rechten und Pflichten des Aufsichtsrates und seiner bestellten und entsendeten Mitglieder, ÖZW 1978, 44; *Frotz*, Grundsätzliches zu Haftung von Gesellschaftsorganen und für Gesellschaftsorgane, GesRZ 1982, 98; *Gahleitner/Mosler* (Hg), Arbeitsverfassungsrecht III[6] (2020); *Gruber*, Haftpflichtversicherung für Aufsichtsräte, RdW 1985, 66; *Gruber/Wax*, Wer ist für den Abschluss einer D&O-Versicherung zuständig?, wbl 2010, 169; *J. Gruber*, Haftung des Aufsichtrats, AR aktuell 1/2005, 26; *Grünberger*, Die Verschwiegenheitspflicht des Arbeitnehmers (2000); *Haeseler*, Aufsichtsräte im Kreuzfeuer der Kritik, in Seicht (Hg), Jahrbuch für Controlling und Rechnungswesen (1996) 557; *Harrer*, Haftungsprobleme bei der GmbH (1990); *M. Heidinger*, Aufgaben und Verantwortlichkeit von Aufsichtsrat und Beirat der GmbH (1988); *Holzer/Makowski*, Corporate Governance und der Aufsichtsrat, RWZ 1996, 182; *Ch. Huber*, Der Aufsichtsrat und das neue Unternehmensstrafrecht, AR aktuell 1/2006, 4; *N. Huber*, Zur Untreue bei Einpersonengesellschaften, ÖJZ 2010/106, 999; *Jabornegg*, Zur Verschwiegenheitsverpflichtung der Arbeitnehmervertreter im Aufsichtsrat, DRdA 2004, 147; *Jabornegg/Resch*, Kommentar zum Arbeitsverfassungsgesetz, Loseblatt, Stand 2020; *Jakob*, Liechtensteinisches Stiftungsrecht (2019); *Kalss*, Gesellschaftsrechtliche Folgen strafrechtlich relevanten Handelns von Vorstands- und Aufsichtsratsmitgliedern in der Aktiengesellschaft, in Lewisch (Hg), JB Wirtschaftsstrafrecht und Organverantwortlichkeit (2011) 131; *Kalss*, Der Aufsichtsrat als Hüter der Interessen der Gläubiger – Aufgaben und Absicherung in der aktuellen Corporate-Governance-Diskussion, in Kalss (Hg), Aktuelle Fragen des Gläubigerschutzes (2002) 64; *Kalss*, Die Handlungs- und Entscheidungspflichten des Aufsichtsrats bei einem Fehlverhalten von Vorstandsmitgliedern einer Aktiengesellschaft, in FS W. Jud (2012) 285; *Kalss*, Auskunftsrechte und -pflichten für Vorstand und Aufsichtsrat im Konzern, GesRZ 2010, 137; *Kalss*, Vorstandshaftung in 15 europäischen Ländern (2004); *Kerschner*, DHG[3] (2019); *Kittel*, Die Haftung des Aufsichtsrats der Aktiengesellschaft[2] (2004); *Kocher/Frhr. von Falkenhausen*, Streitverkündung und Interessenskonflikte im Organhaftungsprozess, AG 2016, 848; *Koziol*, Österreichisches Haftpflichtrecht I[4] (2020); *Kraßnig*, Aufsichtsrat meets Abschlussprüfer – kommunikativer Kontakt und laufender Informationsaustausch, AR aktuell 5/2009, 14; *Kraßnig*, Zum Anforderungsprofil an den Aufsichtsrat unter Berücksichtigung der Aufsichtsratsvergütung, AR aktuell 6/2009, 14; *Kühteubl*, Der Arbeitnehmervertreter im Aufsichtsrat als Beitragstäter bei Straftaten der Geschäftsführung, RdA 2012, 244; *Leupold/Ramharter*, Nützliche Gesetzesverletzungen – Innenhaftung der Geschäftsleiter wegen Verletzung der Legalitätspflicht? GesRZ 2009, 253; *Lukas/Toifl*, Verdeckte Gewinnausschüttungen im Steuer-, Zivil-, Gesellschafts- und Strafrecht, RdW 2009/688, 669; *Lutter/Krieger*, Rechte und Pflichten des Aufsichtsrats[7] (2020); *Marhold*, Aufsichtsratstätigkeit und Belegschaftsvertretung (1985); *Marhold*, Geheimnisschutz und Verschwiegenheitspflichten im Aufsichtsrat, in Ruppe (Hg), Geheimnisschutz im Wirtschaftsleben (1980) 93; *Nitsche*, Aufsichtsratsmandat und Interessenkollision, FS Krejci (2001) 751; *Novacek,* Strafrechtliche Verantwortlichkeit der Aufsichtsratsmitglieder für fahrlässige Konkursverzögerung? RdW 1992, 166; *Ch. Nowotny,* Der Aufsichtsrat in der modernen Corporate-Governance-Diskussion, in Seicht (Hg), Jahrbuch für Controlling und Rechnungswesen (2000) 209; *Oechsler,* Der Aufsichtsrat in der Insolvenz, AG 2006, 606; *Rauter,* Der Einsatz von Servicegesellschaften aus gesellschaftsrechtlicher Perspektive, GRAU 2020/3, 5; *Rauter,* Geschäftsführerhaftung bei gewünschter Gesetzesverletzung, ecolex 2012, 944; *Rauter,* Zu Pflichten und Sorgfalt des Aufsichtsrates, JAP 2006/2007, 40; *Rieder,* Haftung von Aufsichtsräten, AR aktuell 0/2004, 15; *Riedl,* Öffentlich-rechtliches Dienstverhältnis und Aufsichtsratmandat, AR aktuell 1/2008, 4; *Riegler/Wesener,* Frühwarnparameter und Haftungen nach dem 4. Abschnitt des URG, ecolex 1997, 758; *Roth/Wörle,* Die Unabhängigkeit des Aufsichtsrats – Recht und Wirklichkeit, ZGR 2004, 565; *Rüffler,* Strafrechtliche Untreue und Gesellschaftsrecht, in FS W. Jud (2012) 533; *Ruhm,* Haftung des Aufsichtsrats einer AG bei pflichtwidriger Weitergabe von Geschäftsinformationen, RdW 2005/813, 736; *Ruhm,* Haftung des Aufsichtsrates einer AG bei pflichtwidriger Weitergabe von Geschäftsinformationen, RdW 2005/813, 736; *Schärf,* Rieger Bank – OGH zu Fragen der Haftung der Aufsichtsräte – Ende der Fragen? GesRZ 2004, 39; *Schima,* Krida(haftung) durch Aufsichtsratsmitglieder, RdW 1992, 294; *Schima,* Vorzeitiges Ausscheiden von Vorstandsmitgliedern und Aufsichtssorgfalt, RdW 1990, 448; *Schumacher,* Das Unternehmensorganisationsgesetz, ÖBA 1997, 855; *Schummer,* Eigenkapitalersatzrecht: notwendiges Rechtsinstitut oder Irrweg? (1998); *W. Schwarz,* Ansprüche aufgrund der Fortbestandsfunktion bei einer Verschmelzung Teil II – ein demonstrativer Überblick möglicher Ansprüche, GES 2019, 290; *Semler,* Die Stärken und Schwächen des Aufsichtsrats – Wie kann die Effizienz verbessert werden? GesRZ 2004, 17; *Semler/v. Schenck* (Hg), Arbeitshandbuch für Aufsichtsratsmitglieder[4] (2013); *Spindler,* Kommunale Mandatsträger in Aufsichtsräten – Verschwiegenheitspflicht und Weisungsgebundenheit, ZIP 2011, 689; *Steiner,* Zur Haftung des Aufsichtsrates, GesRZ 1997, 248; *H. Stöger,* Die Riegerbank und ihr Aufsichtsrat, AR aktuell 6/2005, 10; *M. Strasser,* Die Treuepflicht der Aufsichtsratsmitglieder der Aktiengesellschaft (1998); *Straube,* Die Sorgfalt von Aufsichtsratsmitgliedern nach österreichischem Recht und deren Anwendbarkeit auf die nicht geschäftsführenden Verwaltungsratsmitglieder der SE, in FS Ress (2005) 1583; *Szalai/Marz,* Die Haftung des Aufsichtsrats – Überlegungen zur kollegialorganschaftlichen Haftung de lege lata und de lege ferenda, DStR 2010, 809; *Temmel,* Der Aufsichtsrat (2003); *Thole,* Managerhaftung für Gesetzesverstöße – Die Legalitätspflicht des Vorstands gegenüber seiner Aktiengesellschaft, ZHR 173 (2009) 504; *U. Torggler,* Von Schnellschüssen, nützlichen Gesetzesverletzungen und spendablen Aktiengesellschaften, wbl 2009, 168; *Van Kann/Keiluweit,* Verschwiegenheitspflichten kommunaler Aufsichtsratsmitglieder in privatrechtlich organisierten Gesellschaften, DB 2009, 2251; *I. Welser,* Aufsichtsräte im Spannungsfeld von Verschwiegenheits- und Offenlegungspflichten, in FS W. Jud (2012) 745; *Zauner,* Absicherung der strafrechtlichen und zivilrechtlichen Risken von Aufsichtsräten, AR aktuell 1/2005, 12.

Bei der Bestimmung des § 33 handelt es sich zunächst bloß um einen inhaltlich **unspezifischen Verweis** auf die §§ 25 u 27 über die Anordnungen hinsichtlich der Haftung der GF. Dies hat zur Folge, dass für die **Haftung v AR-Mitgliedern** gegenüber der Gesellschaft grds **dasselbe zu gelten hat** wie für die Haftung v GF (vgl daher die Ausführungen zu § 25; insb § 25 Rz 7 zum Schaden, Rz 8 zur Kausalität, Rz 9 zur Rechtswidrigkeit, Rz 11 zum Verschulden, Rz 13 zur prozessualen Durchsetzung, Rz 15 zur Beweislast, Rz 18 zum Verzicht, Rz 20 zur Verjährung u Rz 24 ff zur Business Judgement Rule). Auch hier soll die Haftungsregelung primär einen allg Auffangtatbestand für Pflichtverletzungen eines AR-Mitglieds gegenüber der Gesellschaft bilden.[1]

1

Die Adressaten der Haftung sind einzelne AR-Mitglieder u deren Stellvertreter (vgl den Verweis auf § 27) sowie unrichtig bestellte oder sonstige „faktische AR-Mitglieder" (vgl § 25 Rz 2).[2] Für die Haftung ist es zudem unerheblich, ob es sich um freiwillige oder obligatorische AR-Mitglieder handelt sowie ob diese Kapital- oder AN-Vertreter sind. Das DHG ist sohin nicht auf die AN-Vertreter anzuwenden.[3]

1a

Die Gläubigerin des Haftungsanspruchs ist die Gesellschaft.[4] Ihre Gläubiger können auf diesen Anspruch nur nach allg exekutionsrechtlichen Regelungen greifen.[5] Der Haftungsanspruch kann idR nur aufgrund eines Gesellschafterbeschlusses geltend gemacht werden (§ 35 Abs 1 Z 6; vgl § 25 Rz 13). Wird ein Schadenersatzanspruch behauptet, kann sich jeder Betroffene mit gegen die Gesellschaft zu richtender Feststellungsklage wehren (vgl § 25 Rz 13).[6]

1b

Zu beachten ist aber, dass der Verweis auf §§ 25 u 27 sach- u funktionsbezogen zu verstehen ist, sodass Rücksicht auf die besondere organschaftliche Stellung eines AR-Mitglieds im Untersch zu jener des GF Rücksicht zu nehmen ist.[7] Dabei ist bspw zu beachten, dass das Mandat eines AR-Mitglieds eine Nebentätigkeit darstellt u dass im AR grds auch eine zulässige Arbeitsteilung nach Spezialgebieten

1c

---

1 *Rauter* in Straube/Ratka/Rauter, GmbHG § 33 Rz 6.
2 *Koppensteiner/Rüffler*, GmbHG³ § 33 Rz 1; *Rauter* in Straube/Ratka/Rauter, GmbHG § 33 Rz 12 mwN; *Reich-Rohrwig*, GmbHR I² Rz 4/87.
3 *Reich-Rohrwig*, GmbHR I² Rz 4/419, 421; *Frotz* in Roth, Die Zukunft der GmbH 154; *Kalss* in Doralt/Nowotny/Kalss, AktG² § 99 Rz 3; jew mwN.
4 *W. Schwarz*, GES 2019, 290.
5 *Eckert/Schopper* in Torggler, GmbHG § 33 Rz 5.
6 OGH 30.5.1996, 2 Ob 556/95.
7 RIS-Justiz RS0049293.

herrscht.[8] Obwohl jedes AR-Mitglied in eigener Verantwortung handelt, kann sich dieses auf die Informationen anderer Personen verlassen u muss nicht jegliche Überwachungsfunktion selbständig erfüllen.[9] Dieser Vertrauensgrundsatz gilt nicht nur innerhalb des AR, sondern organübergreifend, wobei die Überwachungspflicht dann zu intensivieren ist, wenn Verdachtsmomente bestehen.[10] Entsprechend dem Vertrauensgrundsatz reicht idR eine v AR-Mitglied durchzuführende Plausibilitätsüberprüfung der ihm bereitgestellten Informationen aus, die allerdings mit gezieltem Nachfragen einhergeht.[11]

1d Insgesamt herrscht im AR das System einer abgestuften Verantwortlichkeit, wobei die größte Verantwortung den Ausschussvorsitzenden sowie dem AR-Vorsitzenden – u ggf ihren Stellvertretern – zukommt.[12] So beschränkt sich die Pflicht der AR-Mitglieder bei einer zulässigen Übertragung v Aufgaben an Ausschüsse darauf, den Ausschuss sorgfältig auszusuchen u seine Tätigkeit angemessen zu überwachen.[13] Außerdem ist jedes AR-Mitglied dazu verpflichtet, auf die sorgfältige Arbeitsweise im AR insgesamt hinzuwirken.[14]

2 Kernpunkt dieser Haftungsnorm ist die Festlegung eines **objektivierten Sorgfaltsmaßstabs**. Dieser ist branchen-, größen- u situationsadäquat anzusetzen.[15] Für die Beurteilung, über welche Kenntnisse u Fähigkeiten ein konkretes AR-Mitglied verfügen muss, ist sohin insb die Größe, Geschäftsfeld/Branche, Umsatz u Marktposition des konkreten Unternehmens zu berücksichtigen.[16] Ein AR-Mitglied muss jedenfalls in geschäftlichen u finanziellen Angelegenheiten ein größeres Maß an Erfahrung u Wissen als ein durchschnittlicher Kaufmann besitzen u die Fähigkeit haben, schwierige rechtliche u wirtschaftliche Zusammenhänge zu erkennen u ihre Auswirkungen auf die Gesellschaft zu beurteilen.[17] Ferner muss ein AR-Mitglied über die Kenntnis der

---

8 *Rauter* in Straube/Ratka/Rauter, GmbHG § 33 Rz 1.
9 *Rauter* in Straube/Ratka/Rauter, GmbHG § 33 Rz 20/1 mwN; *Schauer* in Kalss/Kunz, HB AR² Kap 45 Rz 28.
10 *Rauter*, GRAU 2020/3, 5 (8).
11 *Kalss* in Kalss/Kunz, HB AR² Kap 26 Rz 79.
12 *Rauter* in Straube/Ratka/Rauter, GmbHG § 33 Rz 23 ff.
13 *Eckert/Schopper* in Torggler, GmbHG § 33 Rz 10.
14 *Habersack* in MüKo AktG⁵ § 116 Rz 30 mwN.
15 OGH 15.9.2020, 6 Ob 58/20b; RIS-Justiz RS0110282.
16 OGH 26.2.2002, 1 Ob 144/01k.
17 OGH 15.9.2020, 6 Ob 58/20b; RIS-Justiz RS0049309.

eigenen Rechte u Pflichten[18] sowie über ausreichende Zeit verfügen, um seiner – allenfalls ausschuss- u projektspezifischen – Arbeit nachzukommen.[19] Die persönlichen sowie fachlichen Qualifikationsanforderungen müssen v Anfang an erfüllt werden, wobei darüber hinaus jedes AR-Mitglied eine Fortbildungsobliegenheit trifft: Die AR-Mitglieder haben sich am aktuellen Stand der rechtlichen sowie betriebswirtschaftlichen u branchenspezifischen Rahmenbedingungen zu orientieren.[20]

Dieser allg Sorgfaltsmaßstab wurde durch die Rsp dahingehend präzisiert, dass ein einzelnes AR-Mitglied zumindest über die Fähigkeit verfügen soll, die Vorgänge in seinem eigenen Unternehmen u die ihm – allenfalls v einem Sachverständigen – gelieferten Informationen entspr zu würdigen. Nichtsdestotrotz reicht es aus, wenn im gesamten AR insgesamt das (Spezial-)Wissen einzelner Mitglieder „akkumuliert" ist, das für die kompetente Bewältigung der diesem Organ zugewiesenen Aufgaben ausreicht.[21] Bei diesem Spezialwissen kann es sich um besondere rechtliche, finanzielle oder technische Kenntnisse sowie Wirtschafts- oder Markterfahrung handeln.[22] 2a

Es muss sohin berücksichtigt werden, dass zw AR-Mitgliedern u den „stärker geforderten" GF, bei welchen „größere Nähe" zu den gesellschaftlichen Handlungen besteht, graduelle Untersch im Wissens- u Erfahrungsbereich bestehen. Es muss jedoch bei jedem AR-Mitglied eine das Durchschnittsniveau übersteigende, besondere „intelligenzmäßige Kapazität" vorausgesetzt werden, damit das gesetzl Ziel einer effektiven Kontrolle nicht völlig verfehlt wird.[23] Erbringt ein AR-Mitglied die Mindestqualifikation nicht, darf es das Mandat nicht übernehmen.[24] 2b

Innerhalb des unternehmerischen Ermessensspielraums (vgl § 25 Rz 9) liegende Handlungen (u Unterlassungen) sind rechtlich zulässig.[25] Dieser Ermessensspielraum wird durch die *Business Judgement Rule* definiert. Eine unternehmerische E liegt vor, wenn folgende Voraussetzungen erfüllt sind: 3

---

18 *Straube* in FS Ress 1583 (1587).
19 *Kalss* in Doralt/Nowotny/Kalss, AktG² § 86 Rz 61.
20 *Kalss* in Doralt/Nowotny/Kalss, AktG² § 86 Rz 59.
21 OGH 26.2.2002, 1 Ob 144/01k; *Rauter* in Straube/Ratka/Rauter, GmbHG § 33 Rz 34.
22 *Kalss* in Kalss, Fragen des Gläubigerschutzes 63 (72) mwN.
23 RIS-Justiz RS0116173.
24 *Rauter* in Straube/Ratka/Rauter, GmbHG § 33 Rz 33 mwN.
25 OGH 15.9.2020, 6 Ob 58/20b; RIS-Justiz RS0049482.

- Das AR-Mitglied darf sich nicht v sachfremden Interessen leiten lassen.
- Die E muss auf Grundlage angemessener Informationen getroffen werden.
- Die E muss *ex ante* betrachtet offenkundig dem Wohl der GmbH dienen.
- Das AR-Mitglied muss (vernünftigerweise) annehmen dürfen, dass es zum Wohle der jurPers handelt.

3a Wenn alle diese Voraussetzungen gegeben sind, befindet sich das AR-Mitglied im *„Safe Harbour"* u ist haftungsfrei, da sein Verhalten nicht als rechtswidrig einzustufen ist.[26] Vorbereitete u nicht im Eigeninteresse handelnde **AR-Mitglieder** kommen sohin hinsichtlich unternehmerischer E über den **Verweis auf § 25** in den Genuss der *Business Judgement Rule* (vgl § 25 Rz 24 ff). Ein AR-Mitglied kann sich nur dann auf das unternehmerische Handeln berufen, wenn keine Interessenskollision vorliegt.[27] Die Tätigkeit des AR hat sich nämlich am Unternehmenswohl zu orientieren, wobei dabei auch die Interessen der Öffentlichkeit, der AN sowie der Gläubiger einzubeziehen sind.[28] Ist das AR-Mitglied nicht der A, dass die Maßnahme dem Wohle des Unternehmens entspricht, darf es der Maßnahme nicht zustimmen.[29]

3b Sind die Voraussetzungen der *Business Judgement Rule* jedoch nicht erfüllt, trifft das AR-Mitglied nicht automatisch die Haftung. Vielmehr ist die Verantwortlichkeit sodann auch nach den anderen Voraussetzungen der zivilrechtlichen Verschuldenshaftung – insb Schaden u Kausalität – zu evaluieren u zu überprüfen, ob das Verhalten des AR-Mitglieds im Einzelnen als sorgfaltswidrig einzustufen ist.[30]

Die erste Voraussetzung der Haftung ist sohin der Eintritt eines Schadens. Dieser liegt bereits zu dem Zeitpunkt vor, in welchem der Gesellschaft eine Verbindlichkeit entsteht, u nicht etwa erst dann, wenn diese beglichen wird, auch wenn die Gesellschaft die Verbindlichkeit gar nicht begleichen kann.[31]

---

26 RIS-Justiz RS0130657.
27 *Adensamer/Eckert* in Kalss, Vorstandshaftung 165 (182 f).
28 OGH 26.2.2002, 1 Ob 144/01k.
29 *Briem* in Kalss/Kunz, HB AR[2] Kap 12 Rz 71; OGH 15.9.2020; 6 Ob 58/20b.
30 *Jakob*, Liechtensteinisches Stiftungsrecht, Rz 36; OGH 23.2.2016, 6 Ob 160/15w.
31 OGH 15.9.2020; 6 Ob 58/20b; vgl RIS-Justiz RS0022824.

Um das Haftungserfordernis der Kausalität zu erfüllen, muss der Schaden durch ein Tun oder Unterlassen des AR-Mitglieds entstanden sein. Eine Unterlassung des pflichtgemäßen Tuns (zB der Ausübung der Redepflicht)[32] ist nur dann kausal, wenn ein gebotenes Tun den schädigenden Erfolg verhindert hätte.[33] Die Anforderungen für den Beweis des hypothetischen Kausalverlaufs sind aber weniger streng als die an den Nachweis der Verursachung beim positiven Tun, da sich die Frage schwer beantworten lässt, wie sich Geschehnisse entwickelt hätten, wenn der Schädiger pflichtgemäß gehandelt hätte.[34] Dem AR-Mitglied steht sohin grds der Einwand des rechtmäßigen Alternativverhaltens zu: In der E OGH 1 Ob 144/01k[35] hat das Höchstgericht zB ausgesprochen, dass keine Haftung des AR-Mitglieds besteht, wenn dieses die säumigen GF nicht zur Stellung eines Insolvenzantrags veranlasst hat, wenn ausgeschlossen werden kann, dass die GF in Folge aller v der Sorgfalt gebotenen Maßnahmen des AR den Insolvenzantrag gestellt hätten. Ein AR-Mitglied haftet jedoch nicht, wenn es gegen einen schädigenden Mehrheitsbeschluss gestimmt u die übrigen AR-Mitglieder auf seine Bedenken aufmerksam gemacht bzw dies ein anderes AR-Mitglied getan hat;[36] sinnvollerweise sollte dies protokolliert werden (vgl § 32 Rz 1). Insgesamt muss ein AR-Mitglied grds alles tun, um den schädigenden Beschluss zu verhindern, was auch eine Information an die Gesellschafter beinhalten kann.[37] Ein AR-Mitglied kann auch dann haftbar werden, wenn es unentschuldigt der Beschlussfassung fern bleibt.[38]

Die Haftungsvoraussetzung der Rechtswidrigkeit ergibt sich sohin aus der Verletzung einer gesetzl oder (gesellschafts)vertraglichen Verpflichtung. Bei diesen Verpflichtungen muss es sich jedoch nicht um konkrete (zivil-, straf- u verwaltungsrechtliche) G handeln, vielmehr resultiert die Haftung in vielen Fällen aus der fehlenden Einhaltung der allg „objektiven Sorgfaltspflicht" in der konkreten Situation.[39] Hand-

---

32 OGH 18.2.2021, 6 Ob 207/20i.
33 *Köll/Milla* in Zib/Dellinger, UGB III/2 § 273 Rz 45.
34 RIS-Justiz RS0022900; OGH 18.2.2021, 6 Ob 207/20i.
35 OGH 26.2.2002, 1 Ob 144/01k.
36 OGH 29.8.1995, 5 Ob 554/94; *Reich-Rohrwig*, GmbHR I[2] Rz 4/431.
37 *G. Frotz*, ÖZW 1978, 44 (51); *Schauer* in Kalss/Kunz, HB AR[2] Kap 45 Rz 38; *Rauter* in Straube/Ratka/Rauter, GmbHG § 33 Rz 39 mwN.
38 *Rauter* in Straube/Ratka/Rauter, GmbHG § 33 Rz 39; *Schauer* in Kalss/Kunz, HB AR[2] Kap 45 Rz 37.
39 *P. Doralt/W. Doralt* in Semler/v. Schenck/Wilsing, Arbeitshandbuch für Aufsichtsratsmitglieder[5] § 16 Rz 28 f; *Rauter* in Straube/Ratka/Rauter, GmbHG § 33 Rz 38 mwN.

lungen u Unterlassungen der AR-Mitglieder entgegen dem objektivierten Sorgfaltsmaßstab – bei deutlicher Überschreitung des eingeräumten Ermessensspielraums[40] – führen bei (jedem Grad des) Verschulden(s) (vgl § 25 Rz 11) zur Haftung.

Der Schadenersatzanspruch der Gesellschaft setzt deshalb auch ein Verschulden des einzelnen AR-Mitglieds voraus, wobei bereits leichte Fahrlässigkeit ausreicht, um Haftung zu begründen.[41] Verfügt das konkrete AR-Mitglied nicht über die zur Ausübung seiner Tätigkeit notwendigen Fähigkeiten oder Zeitreserven, ist seine Haftung nach dem Verschuldensmaßstab der Einlassungsfahrlässigkeit zu beurteilen, da es seine Organfunktion nicht übernehmen dürfte.[42]

3c Das Vorliegen aller vier Haftungsvoraussetzungen muss in einem Schadenersatzverfahren bewiesen werden (vgl § 25 Rz 15 ff). Die Gesellschaft trifft dabei die Beweislast, dass ihr durch das Verhalten des AR-Mitglieds im Rahmen seiner Tätigkeit ein Schaden erwachsen ist.[43] Bei der Haftung eines AR-Mitglieds ist jedoch – zumindest eine partielle – Beweislastumkehr gem § 1298 ABGB anzuwenden, da die AR-Mitglieder mit der Gesellschaft in einer rechtlichen Sonderbeziehung stehen[44] (u § 84 Abs 2 AktG deshalb analog anzuwenden ist). Dies bedeutet, dass ein AR-Mitglied beweisen muss, dass es bei der begangenen Pflichtverletzung kein Verschulden trifft. Umstritten u v der Rsp[45] uneinheitlich beantwortet ist die Frage (vgl § 25 Rz 16), ob die Beweislastumkehr auch auf die objektive Sorgfaltswidrigkeit anzuwenden ist: Wohl richtig ist, dass ein AR-Mitglied auch darzulegen hat, dass es nicht objektiv sorgfaltswidrig gehandelt hat, wobei die Gesellschaft Tatsachen vorzutragen hat, die geeignet sind, den Vorwurf der Pflichtwidrigkeit zu substantiieren.[46] Das AR-Mitglied trifft ferner

---

40 Grundlegend BGH 21.4.1997, II ZR 175/95, BGHZ 135, 244 – *ARAG/Garmenbeck*; *Kittel*, Die Haftung des Aufsichtsrats der Aktiengesellschaft[2] 139 ff.
41 OGH 15.9.2020, 6 Ob 58/20b.
42 *Reich-Rohrwig*, GmbH-Recht I[2] Rz 4/419; *Rauter* in Straube/Ratka/Rauter, GmbHG § 33 Rz 40 mwN.
43 OGH 3.7.1975, 2 Ob 356/74.
44 OGH 26.2.2002, 1 Ob 144/01k.
45 Vgl für die Beweislast des GF bzw AR-Mitglieds: OGH 16.3.2007, 6 Ob 34/07d; 28.2.2018, 6 Ob 11/18p; RIS-Justiz RS0059608; für die sog Substantiierungspflicht der Sorgfaltswidrigkeit durch die Gesellschaft: OGH 24.6.1998, 3 Ob 34/97i.
46 *Feltl/Told* in Gruber/Harrer, GmbHG[2] § 25 Rz 212.

auch die Beweislast, dass der Schaden auch beim rechtmäßigen Alternativverhalten entstanden wäre.[47]

Aufsichtsratsmitglieder trifft keine Erfolgshaftung (vgl § 25 Rz 24).[48] Die Prüfung des pflichtwidrigen Verhaltens hat sich an der Sicht *ex ante* zu orientieren, um Rückschaufehler zu vermeiden,[49] wobei die Sorgfaltsanforderungen nicht zu überspannen sind.[50]

Wenn die Lage der Gesellschaft angespannt ist oder sonstige risikoträchtige Besonderheiten bestehen, muss der AR seine Überwachungstätigkeit jedoch entspr intensivieren (Bsp: Haftung v AR-Mitgliedern bei Zustimmung zu unbesicherter Darlehensgewährung an Darlehensnehmerin mit unzureichender Bonität).[51]

Soll ein Schaden – zB durch identes Stimmverhalten – v mehreren AR-Mitgliedern rechtswidrig u schuldhaft verursacht worden sein, so haftet jedes AR-Mitglied im Rahmen der gesamtschuldnerischen Haftung in vollem Umfang, wobei sich der in Anspruch genommene Organwalter nach den Regelungen des § 896 ABGB regressieren kann.[52] Der Ausgleichsanspruch richtet sich sohin nach dem Ausmaß der Mitverantwortung iSd Verursachungs-, Rechtswidrigkeits- u Schuldanteils[53] u iZw nach Köpfen.[54]

3d

Aufsichtsratsmitglieder unterliegen einer umfassenden organschaftlichen Treuepflicht. Sie haben sohin so zu agieren, dass der Vorteil der Gesellschaft gewahrt u der Schaden v ihr abgewendet wird.[55] Es ist allerdings zu beachten, dass AR-Mitglieder kraft des Charakters ihrer Tätigkeit als Nebenamt in einem geringeren Umfang als die GF der gesellschaftlichen Treuepflicht zu entsprechen haben: Das AR-Mitglied muss nicht außerhalb seines Amts aktiv das Wohl der Gesellschaft fördern, sondern hat „nur" Rücksicht auf deren Interessen zu nehmen.[56] Die

3e

---

47 OGH 18.2.2021, 6 Ob 207/20i.
48 OGH 15.9.2020, 6 Ob 58/20b; RIS-Justiz RS0049459.
49 OGH 26.2.2002, 1 Ob 144/01k; RIS-Justiz RS0049459 [T 2].
50 *Reich-Rohrwig*, GmbHR I² Rz 4/420.
51 OGH 15.9.2020, 6 Ob 58/20b.
52 *Rauter* in Straube/Ratka/Rauter, GmbHG § 33 Rz 42.
53 OGH 23.5.2000, 10 Ob 137/00w.
54 RIS-Justiz RS0017501.
55 *Rauter* in Straube/Ratka/Rauter, GmbHG § 33 Rz 46 mwN; *Habersack* in MüKo AktG⁵ § 116 Rz 49.
56 *Spindler* in Spindler/Stilz, AktG⁴ § 116 Rz 75 mwN; *Rauter* in Straube/Ratka/Rauter, GmbHG § 33 Rz 46.

AR-Mitglieder unterliegen zudem keinem gesetzl Wettbewerbsverbot, wobei aber die Handlungen des AR-Mitglieds auch in Hinsicht auf die Wahrnehmung v Geschäftschancen an der allg Treuepflicht zu messen sind: So darf ein AR-Mitglied grds nicht der Gesellschaft eine Erwerbschance wegnehmen, an der diese interessiert ist.[57] Aufsichtsratsmitglieder haben sich bei Interessenkonflikten ihrer Stimme zu enthalten.[58] Besteht ein Interessenkonflikt dauerhaft, muss das Amt des AR-Mitglieds niedergelegt werden.[59]

4   Alle AR-Mitglieder sind zudem verpflichtet, über geheimhaltungsbedürftige Angelegenheiten der Gesellschaft Stillschweigen zu bewahren (sog „Verschwiegenheitpflicht").[60] Dies gilt auch für AN-Vertreter im AR. Ausnahmen davon gibt es gegenüber dem BetrR im Rahmen des Informationsanspruchs nach §§ 108, 109 Abs 1 ArbVG.[61] Diese Pflicht gilt grds auch für gem § 30b nominierte bzw gem § 30c entsandte AR-Mitglieder (s § 30b Rz 3 u § 30c Rz 6).

Gegenüber den Gesellschaftern der GmbH soll hingegen nach der überwiegenden L[62] keine Verschwiegenheitspflicht bestehen: Vielmehr ist ein nicht näher zu begründender umfassender Informationsanspruch der Gesellschafter gegenüber der Gesellschaft anzunehmen.[63]

Geheimzuhalten ist nicht nur das Geschäfts- sowie Betriebsgeheimnis, sondern alle vertraulichen Angaben, deren Nichterörterung im Unternehmensinteresse der Gesellschaft liegt.[64] Die Verschwiegenheitsverpflichtung umfasst auch das Beratungs- u Abstimmungsgeheimnis.[65] Die gesetzl Verschwiegenheitsverpflichtungen können nicht vertrag-

---

57 *Kalss* in Doralt/Nowotny/Kalss, AktG² § 99 Rz 20.
58 *Rauter* in Straube/Ratka/Rauter, GmbHG § 33 Rz 46 mwN.
59 *Reich-Rohrwig*, GmbH-Recht I² Rz 4/428 mwN.
60 *Reich-Rohrwig*, GmbHR I² Rz 4/422 ff; *Wünsch*, GmbHG § 33 Rz 25; *Eckert/Schopper* in Artmann/Karollus, AktG⁶ § 99 Rz 30.
61 *Kalss* in Doralt/Nowotny/Kalss, AktG² § 99 Rz 22; weitergehend *Jabornegg*, DRdA 2004, 107 (107 ff); *Jabornegg* in Strasser/Jabornegg/Resch, ArbVG § 110 Rz 262 ff; *Grünberger*, Die Verschwiegenheitspflicht des Arbeitnehmers 190 ff mwN.
62 *Reich-Rohrwig*, GmbH-Recht I² Rz 2/745 ff; *Rauter* in Straube/Ratka/Rauter, GmbHG § 33 Rz 59 mwN.
63 RIS-Justiz RS0060098.
64 *M. Strasser*, Die Treuepflicht der Aufsichtsratsmitglieder der Aktiengesellschaft 82 ff.
65 OGH 25.5.2016, 2 Ob 35/16k; *Kalss* in Doralt/Nowotny/Kalss, AktG² § 99 Rz 22.

lich – zB durch den GesV – eingeschränkt werden.[66] Deren Umfang ist objektiv zu bestimmen.[67] Bei der Beurteilung, ob Tatsachen v der Verschwiegenheitsverpflichtung umfasst sind, kommt dem AR-Mitglied kein Ermessen zu.[68]

[*entfallen*]. 5

Aufsichtsratsmitglieder haben ihr Amt in eigener Verantwortung 6
auszuüben; sie sind weisungsfrei. Handlungen oder Unterlassungen, die auf einem Gesellschafterbeschluss beruhen, sind nur dann haftungsbefreit, wenn die Haftung nicht zur Befriedigung der Gesellschaftsgläubiger dient (vgl § 25 Rz 17).

Die Bestimmung des § 33 ist zwingend. Im GesV kann daher der 7
Haftungsmaßstab weder reduziert noch eine Haftungsfreistellung für leichte Fahrlässigkeit vereinbart werden.[69] Jedenfalls kann keine Einschränkung der Pflichten vereinbart werden, die im Interesse der Gesellschaftsgläubiger zu erfüllen sind.[70] Nach der Rsp kann der Sorgfaltsmaßstab allerdings verschärft werden (vgl § 25 Rz 5).[71] Das DHG kommt ebensowenig wie bei GF zur Anwendung.

Eine zusätzliche Anordnung trifft Abs 2: Sind die Voraussetzungen 8
für eine Haftung sowohl für AR-Mitglieder als auch für GF eingetreten, haften diese gesamtschuldnerisch (vgl § 25 Rz 12); der Umstand, dass die AR-Mitglieder nur die Überwachung der GF schulden, also ihre Pflichtverletzung idR im Vergleich zu derjenigen der GF oft weniger schwer wiegt, spricht nicht gegen die gesamtschuldnerische Haftung. Aus diesem Verhältnis resultierende Regressansprüche richten sich nach den allg Regeln, was letztlich eine Schadenstragung nach Köpfen oder aber die Aufteilung entspr einem „besonderen Verhältnis",[72] also nach den einzelnen Anteilen an Kausalität, Rechtswidrigkeit u Verschulden nach sich zieht.

---

66 *Kalss* in Doralt/Nowotny/Kalss, AktG[2] § 99 Rz 54.
67 *M. Strasser*, Die Treuepflicht der Aufsichtsratsmitglieder der Aktiengesellschaft 87.
68 OGH 25.5.2016, 2 Ob 35/16k.
69 Str, vgl für die hier vertretene A *S. Kraus/U. Torggler* in Torggler, GmbHG § 25 Rz 36; aA *Koppensteiner/Rüffler*, GmbHG[3] § 25 Rz 25.
70 *Rauter* in Straube/Ratka/Rauter, GmbHG § 33 Rz 6; *Koppensteiner/Rüffler*, GmbHG[3] § 25 Rz 25.
71 RIS-Justiz RS0059670.
72 *Koziol*, Haftpflichtrecht I[4] Rz D/5/25 ff; zu Interessenskonflikten *Kocher/Frhr. von Falkenhausen*, AG 2016, 848.

9 Das Haftungsrisiko eines AR-Mitglieds ist im Rahmen einer D&O-Versicherung (*Directors and Officers Liability Insurance*; Vermögensschadenshaftpflichtversicherung für Organmitglieder) versicherbar. Schad- u Klagloshaltungsvereinbarungen mit Dritten sind ohne Beschränkung zulässig.[73]

10 Die gegen AR-Mitglieder gerichteten Schadenersatzansprüche verjähren in fünf Jahren (vgl § 25 Rz 20 ff). Die Verjährungsfrist beginnt ab dem Zeitpunkt der Kenntnis des Schadens u des Schädigers zu laufen, wobei das Wissen eines GF ausreichend u der Gesellschaft zuzurechnen ist.[74]

Die Gesellschaft kann grds jederzeit auf ihre Schadenersatzansprüche gegenüber den AR-Mitgliedern verzichten, wenn der Ersatz nicht für die Befriedigung der Gläubiger erforderlich ist.[75] Dasselbe gilt für den Abschluss eines Vergleichs mit einem AR-Mitglied.[76] Ferner beschließen die Gesellschafter gem § 35 Abs 1 Z 1 in den ersten acht Monaten des neuen Geschäftsjahres die Entlastung des AR für das abgelaufene Geschäftsjahr. Die Entlastung des AR ist nur dann als ein Verzicht auf Schadenersatzansprüche zu verstehen, wenn diese bekannt sind bzw zumindest bei sorgfältiger Prüfung der den Gesellschaftern zugängigen Unterlagen bekannt sein mussten.[77] Die Feststellung des JA stellt für sich genommen keine Entlastung des AR dar.[78]

11 Neben der Bestimmung des § 33 bleiben die allg Regelungen des Schadenersatzrechts sowie Haftung aufgrund der Verletzung v Schutzgesetzen bestehen.[79] Außerdem normiert § 25 URG die Haftung eines AR-Mitglieds, das gegen die Einleitung eines notwendigen Reorganisationsverfahrens gestimmt hat. AR-Mitglieder, die gegen die notwendige Reorganisation gestimmt haben, haften zur ungeteilten Hand.[80]

12 Neben der zivilrechtlichen Haftung kommt auch die strafrechtliche Verantwortlichkeit eines AR-Mitglieds in Frage. So kann bspw die strafrechtliche Verantwortlichkeit des AR-Mitglieds gem § 163a StGB bestehen. Gemäß § 163a Abs 1 StGB ist mit Freiheitsstrafe bis zu zwei Jah-

---

73 *Eckert/Schopper* in Torggler, GmbHG § 33 Rz 2.
74 *Rauter* in Straube/Ratka/Rauter, GmbHG § 33 Rz 45.
75 *Eckert/Schopper* in Torggler, GmbHG § 33 Rz 23.
76 *Rauter* in Straube/Ratka/Rauter, GmbHG § 33 Rz 44.
77 OGH 3.7.1975, 2 Ob 356/74.
78 *Eckert/Schopper* in Torggler, GmbHG § 33 Rz 24.
79 *Rauter* in Straube/Ratka/Rauter, GmbHG § 33 Rz 63.
80 *Rauter* in Straube/Ratka/Rauter, GmbHG § 33 Rz 65.

ren zu bestrafen, wer eine die Vermögens-, Finanz- oder Ertragslage des Verbands betr oder für die Beurteilung der künftigen Entwicklung der Vermögens-, Finanz- oder Ertragslage bedeutsame wesentliche Information (§ 189a Z 10 UGB), einschließlich solcher Umstände, die die Beziehung des Verbands zu mit ihm verbundenen Unternehmen betreffen, in unvertretbarer Weise falsch oder unvollständig darstellt, wenn dies geeignet ist, einen erheblichen Schaden für den Verband, dessen Gesellschafter, Mitglieder oder Gläubiger oder für Anleger herbeizuführen. Bei der Verwirklichung dieses Straftatbestands wird das AR-Mitglied nicht nur gegenüber der Gesellschaft, sondern – aufgrund des Schutzgesetzcharakters des § 163a StGB – auch gegenüber Dritten zivilrechtlich haftpflichtig.[81]

Außerdem kommt das AR-Mitglied hinsichtlich mancher Delikte als Beitragstäter gem § 12 StGB in Frage: So wird bspw das Delikt der Untreue gem § 153 StGB durch das AR-Mitglied als Beitragstäter dann begangen, wenn es sich bei der die Untreue verwirklichenden Handlung um ein zustimmungspflichtiges Geschäft gem § 30j Abs 5 handelt. Die unmittelbare Täterschaft des AR-Mitglieds kann im Fall der Untreue nur dann verwirklicht werden, wenn dem AR-Mitglied die selbständige Kompetenz zur außenwirksamen Vertretung der Gesellschaft zukommt.[82]

Ferner ist zu beachten, dass ein AR-Mitglied als ein Entscheidungsträger iSd § 2 Abs 1 Z 2 VbVG zu verstehen ist u somit bei rechtswidriger u schuldhafter Erfüllung eines Straftatbestands die verbandsrechtliche Verantwortlichkeit auslösen kann.[83]

3. Titel. Die Generalversammlung

§ 34. (1) Die durch das Gesetz oder den Gesellschaftsvertrag den Gesellschaftern vorbehaltenen Beschlüsse werden in der Generalversammlung gefaßt, es sei denn, dass sämtliche Gesellschafter sich im einzelnen Falle schriftlich mit der zu treffenden Bestimmung oder doch mit der Abstimmung im schriftlichen Wege einverstanden erklären.

---

81 *Rauter* in Straube/Ratka/Rauter, GmbHG § 33 Rz 66.
82 OGH 9.3.2020, 12 Os 39/18d.
83 *Rauter* in Straube/Ratka/Rauter, GmbHG § 33 Rz 66/1.

(2) Bei der Abstimmung im schriftlichen Wege wird die nach dem Gesetze oder dem Gesellschaftsvertrage zu einer Beschlussfassung der Generalversammlung erforderliche Mehrheit nicht nach der Zahl der abgegebenen, sondern nach der Gesamtzahl der allen Gesellschaftern zustehenden Stimmen berechnet.

Literatur: *Adensamer/Breisch/Eckert*, COVID-19: Beschlussfassungen bei Kapitalgesellschaften, GesRZ 2020, 99; *Adensamer*, Ausgewählte Fragen zur Gesellschafterklage im GmbH-Recht, GesRZ 2021, 267; *Arnold*, Long Time No See (Fragen zu virtuellen Versammlungen), GesRZ 2023, 133; *Artmann*, Offene Fragen der gesellschaftsrechtlichen Anfechtungsklagen, GES 2007, 3; *Dumfarth*, Ad-hoc-Vorsitzender der Generalversammlung – Wahl und Kompetenzen, RdW 2011/624, 589; *Ebner/Simonishvili*, Das neue Virtuelle Gesellschafterversammlungen-Gesetz – VirtGesG, GES 2023, 168; *Eigner/Winner*, Die elektronische Hauptversammlung, ÖBA 2008, 43; *Fantur*, Neues zur virtuellen Gesellschafterversammlung, GES 2023, 101; *Fantur*, Editorial, GES 2023, 209; *Fantur*, Schriftlicher Gesellschafterbeschluss gemäß § 34 GmbHG, RdW 1998, 529; *Fantur*, Stimmverbot eines Gesellschafters bei der Entlassung aus seinem Dienstverhältnis, insbesondere dem Geschäftsführer-Anstellungsverhältnis, GES 2016, 20; *Gurmann*, Ansprüche der Gesellschaft aus einem Syndikatsvertrag, RdW 2010/352, 328; *Hügel*, Zwischenausschüttungen bei der GmbH, GesRZ 2016, 100; *Kalss/Hollaus*, Flexibilisierung des Gesellschaftsrechts – ein weitreichender Schritt durch das gesellschaftsrechtliche COVID-19-Gesetz, GesRZ 2020, 84; *Kastner*, Syndikatsverträge in der österreichischen Praxis, ÖZW 1980, 1; *Koppensteiner*, Stimmabgabe und Beschluss, JBl 2017, 273; *Nill*, Das Protokoll der Generalversammlung, GES 2012, 289; *Ch. Nowotny*, Beschlussfassung und Beschlussanfechtung, RdW 2006/635, 685; *Reich-Rohrwig*, Beschlussfähigkeit der GmbH-Generalversammlung, Stimmrechtsausschuss und Leiter der Generalversammlung, GesRZ 2020, 229; *Reich-Rohrwig*, Virtuelle Gesellschafterversammlungen-Gesetz (VirtGesG) in Kraft getreten, ecolex 2023, 682; *B. Rieder*, Gesellschaftsrechtliche Aspekte der COVID-19 Gesetzgebung, NZ 2020, 134; *Rüffler*, GmbH Satzung und schuldrechtliche Gesellschaftsvereinbarungen, in FS Koppensteiner (2007) 97; *Schmidt/Andrieu*, Der verpfändete Kommanditanteil als Kreditsicherheit, ÖBA 2016, 631; *Sonnberger*, Über den Leiter der Generalversammlung (I), GES 2020, 249, 288; *Tichy*, Syndikatsvertrag als Beschlussanfechtungsgrund, ecolex 2000, 204; *Trenkwalder/Thornton*, Pfandbestellung und Eigenkapitalersatz, ecolex 2011, 14; *Umfahrer*, Formfragen bei der Abänderung des GmbH-Vertrages, ecolex 1996, 99; *Verweijen*, Fruchtgenuss an Gesellschaftsanteilen u Stimmrechtsausübung, GesRZ 2021, 326; *Wagner*, Die Formgebote bei Einräumung und Änderung des Aufgriffsrechts im Gesellschaftsvertrag einer GmbH, NZ 1998, 70; *Wirthensohn*, Die Regelung der schriftlichen Beschlussfassung im Gesellschaftsvertrag der GmbH, GesRZ 2013, 139; *Wünsch*, Die Abstimmung im schriftlichen Wege nach § 34 GmbHG, GesRZ 1996, 61.

Inhaltsübersicht

I. Allgemeines	1
II. Generalversammlung	2–51
A. Arten der Generalversammlung	5a–5h
1. Präsenzversammlung	5a
2. Virtuelle und hybride Generalversammlung	5b–5h
B. Teilnahmerecht	6–13
C. Stimmrecht	14–20
D. Beschlussantrag	21–25
E. Stimmabgabe – Willenserklärung und Widerruf	26–29
F. Beschluss – Beschlussfassung	30–33
G. Protokollierung	34–36
H. Vorsitz in der Generalversammlung	37–40
1. Wahl eines Vorsitzenden	38, 39
2. Aufgaben des Vorsitzenden	40
I. Feststellung des Beschlussergebnisses	41–43
J. Wirksamkeit von Beschlüssen	44–47
K. Einmann-GmbH	48, 49
L. Gebühr	50
M. Beschlüsse ohne Generalversammlung	51
III. Schriftliche Zustimmung zum Beschlussantrag und Abstimmung im schriftlichen Weg	52–71
A. Arten der schriftlichen Beschlussfassung	55–65
1. Einverständnis mit der zu treffenden Bestimmung	56
2. Einverständnis mit der Abstimmung im schriftlichen Weg	57–65
B. Zwingende Abhaltung einer Generalversammlung	66–68
C. Notarielle Beurkundung	69
D. Berechnung der Mehrheit bei Abstimmung im schriftlichen Weg	70, 71

I. Allgemeines

§ 34 regelt die Beschlussfassung der Gesellschafter. Demnach sind die durch das Gesetz oder den GesV den Gesellschaftern vorbehaltenen Beschlüsse (s § 35 Rz 3 ff) grds in einer GV zu fassen. Darüber hinaus besteht die Möglichkeit, dass sämtliche Gesellschafter sich im einzelnen Fall schriftlich mit der zu treffenden Bestimmung oder mit der Abstimmung im schriftlichen Weg einverstanden erklären.   **1**

II. Generalversammlung

2 Die GV ist die nach erfolgter ordnungsgemäßer Einladung stattfindende **Versammlung der Gesellschafter**. Dies unabhängig davon, ob sämtliche oder zumindest eine Mehrheit der Gesellschafter an der Versammlung teilnehmen bzw vertreten sind u ihr Stimmrecht ausüben.

3 Voraussetzung für das Vorliegen einer (beschlussfähigen) GV ist die ordnungsgemäße **Einberufung** der GV (s dazu § 36 Rz 7 ff).[1]

4 [entfallen]

5 Die GV ist gesellschaftsrechtliches Organ der GmbH; aufgrund ihrer umfassenden Kompetenzen, insb den GesV abzuändern, die GF zu bestellen u jederzeit abzuberufen, Weisungen an die GF zu erteilen, usw (zu den durch das Gesetz oder den GesV den Gesellschaftern vorbehaltenen Beschlüssen s § 35 Rz 21 ff), wird die GV auch als **oberstes Organ** der GmbH angesehen.[2] Dies auch bei Einrichtung eines AR oder Beirats mit Kontroll- u Aufsichtsfunktionen. Auch wenn dem AR Kompetenzen der GV übertragen oder v der GV ein entspr Beirat eingesetzt wurde, steht es der GV frei, diese Kompetenzen dem AR wieder zu entziehen bzw den Beirat aufzulösen (zum AR vgl § 29 Rz 2; zum Beirat vgl § 29 Rz 68); die GV kann den AR/Beirat auch grds *„overrulen"*.[3]

A. Arten der Generalversammlung

1. Präsenzversammlung

5a Die GV ist grds als eine **Präsenzversammlung** vorgesehen u soll damit den Gesellschaftern die Möglichkeit der Ausübung ihrer Gesellschafterrechte (Fragerecht, Rederecht, Auskunftsrecht etc) u der Beratung vor Fassung der Beschlüsse sichern.[4]

---

1 *Koppensteiner/Rüffler*, GmbHG³ § 34 Rz 9.
2 *Enzinger* in Straube/Ratka/Rauter, GmbHG § 34 Rz 3.
3 Zur Unzulässigkeit der Übertragung der GF-Bestellungskompetenz v der GV auf den AR oder eines bindenden Nominierungsrechts des AR s OGH 21.3.2019, 6 Ob 183/18g.
4 *Enzinger* in Straube/Ratka/Rauter, GmbHG § 34 Rz 44; *Baumgartner/Mollnhuber/U. Torggler* in Torggler, GmbHG § 34 Rz 1, 7.

2. Virtuelle und hybride Generalversammlung

Damit während der COVID-19-Pandemie GV auch ohne physische Anwesenheit der Gesellschafter durchgeführt u Beschlüsse auch auf andere Weise gefasst werden konnten, wurde mit § 1 COVID-19-GesG eine zeitlich befristete gesetzl Grundlage für virtuelle GV geschaffen, die in der COVID-19-GesV näher geregelt wurde. Die Durchführung v GV unter Einsatz technischer Kommunikationsmittel, insb über eine Videokonferenz, hat sich in der Praxis bewährt, weshalb mit dem VirtGesG eine dauerhafte gesetzl Grundlage für virtuelle sowie hybride GV geschaffen wurde.[5]

5b

Gemäß § 1 VirtGesG kann **im GesV** vorgesehen werden, dass eine GV v Gesellschaftern ohne physische Anwesenheit der Gesellschafter durchgeführt werden kann (**virtuelle Versammlung**).[6] Dabei ist auch zu regeln, ob die GV stets virtuell durchzuführen sind oder ob das einberufende Organ (üblicherweise die GF[7]) über die Form der Durchführung entscheidet.

5c

Eine virtuelle Versammlung ist als **einfache** virtuelle Versammlung durchzuführen. Hat die GV einen Versammlungsleiter, so kann im GesV auch vorgesehen werden, dass stets eine **moderierte** virtuelle Versammlung durchzuführen ist oder dass die E, ob eine einfache oder eine moderierte virtuelle GV durchgeführt wird, dem einberufenden Organ überlassen wird (§ 1 Abs 3 VirtGesG).

5d

Im GesV kann auch vorgesehen werden, dass stets eine GV durchzuführen ist, bei der sich die einzelnen Teilnehmer zw einer physischen u einer virtuellen Teilnahme entscheiden können (**hybride Versammlung**) oder dass die E, ob eine hybride Versammlung durchgeführt wird, dem einberufenden Organ überlassen wird (§ 1 Abs 4 VirtGesG).[8]

5e

---

5 BGBl 2023/79; vgl ErlME 271 BlgNr 27. GP 1; *Ebner/Simonishvili*, GES 2023, 168.

6 Ohne eine derartige Regelung im GesV wird daher aufgrund § 1 Abs 2 VirtGesG eine virtuelle oder hybride GV nicht mehr zulässig sein (mit Ausnahme bei Zustimmung aller Gesellschafter – vgl *Ebner/Simonishvili*, GES 2023, 169).

7 Ob bei einer Einberufung einer GV durch (Minderheits-)Gesellschafter gem § 37 Abs 2 diese Gesellschafter auch eine bestimmte Art der GV (insb Präsenzversammlung oder zumindest hybride GV) verlangen können, ist str; entspr Regelungen im GesV wären aber zulässig (vgl *Reich-Rohrwig*, ecolex 2023, 682).

8 In der Lit wird bei einem kleineren Gesellschafterkreis eine generelle Zulassung einer stets virtuellen GV krit gesehen (vgl *Reich-Rohrwig*, ecolex 2023, 683).

5f Demnach bestehen gem VirtGesG neben einer Präsenzversammlung die folgenden Möglichkeiten der Durchführung einer GV:

- Durchführung einer **einfachen virtuellen GV** (§ 2 VirtGesG): Die Durchführung einer einfachen virtuellen Versammlung ist zulässig, wenn eine Teilnahmemöglichkeit an der Versammlung mittels einer **akustischen u optischen Zweiweg-Verbindung in Echtzeit**[9] besteht. Dabei muss es jedem Gesellschafter möglich sein, sich zu Wort zu melden, an allen Abstimmungen teilzunehmen u ggf Widerspruch zu erheben.[10]
- Durchführung einer **moderierten virtuellen GV** (§ 3 VirtGesG), sofern die GV einen Versammlungsleiter (Vorsitzenden) hat: Die Durchführung einer moderierten virtuellen GV ist zulässig, wenn die GV für die Teilnehmer **optisch u akustisch in Echtzeit** übertragen wird[11] u die Gesellschafter während der GV jederzeit die Möglichkeit haben, sich im Weg elektronischer Kommunikation zu Wort zu melden. Wird einem Gesellschafter das Wort erteilt, ist ihm eine Redemöglichkeit im Weg der Videokommunikation zu gewähren. Bei allen Abstimmungen können die Gesellschafter ihr Stimmrecht im Weg elektronischer Kommunikation ausüben u auf diese Weise ggf auch Widerspruch erheben.

---

9 ZB mittels Microsoft Teams, Zoom, Skype for Business, oder ähnliche Videokonferenz-Systeme.
10 Die Durchführung v einfachen virtuellen GV bei einem größeren Gesellschafterkreis könnte mE zu Schwierigkeiten führen; in diesem Fall würde sich eher eine moderierte virtuelle GV bzw hybride GV anbieten. Eine gesetzl Beschränkung der einfachen virtuellen GV ab einer bestimmten Gesellschafteranzahl besteht jedoch im VirtGesG nicht.
11 Im Fall der moderierten virtuellen Versammlung wird auf eine akustische u optische Zweiweg-Verbindung in Echtzeit verzichtet; es genügt vielmehr eine optische u akustische Übertragung der Versammlung in Echtzeit (dies wird zB über die Funktion des „Stummschaltens aller Teilnehmer" in den gängigen Videokonferenz-Systemen ermöglicht). Die Gesellschafter werden dadurch in die Lage versetzt, dem Verlauf der Versammlung zu folgen, können sich aber nicht unmittelbar zu Wort melden oder abstimmen. Um den interaktiven Charakter der Versammlung zu erhalten, ist den Gesellschaftern eine Redemöglichkeit im Wege der Videokommunikation zu gewähren. Zu diesem Zweck muss der Gesellschafter jederzeit die Möglichkeit haben, sich im Wege der elektronischen Kommunikation zu Wort zu melden; hierfür kommt etwa ein E-Mail ebenso in Betracht wie die Nutzung eines Textfeldes über ein Gesellschafterportal (vgl ErlME 271 BlgNr 27. GP 3).

– Durchführung einer **hybriden GV** (§ 4 VirtGesG): Bei einer hybriden GV können die einzelnen Teilnehmer zw einer physischen u einer virtuellen Teilnahme an der Versammlung entscheiden. Für die virtuelle Teilnahme gelten die Bestimmungen für einfache virtuelle Versammlungen bzw für moderierte virtuelle Versammlungen sinngemäß. Es ist zu gewährleisten, dass physische u virtuelle Teilnehmer gleichwertig behandelt werden.

Allgemeine Grundsätze im Hinblick auf virtuelle bzw hybride GV sind: **5g**

– In der Einberufung einer virtuellen bzw hybriden GV ist anzugeben, welche **organisatorischen u technischen Voraussetzungen** für die Teilnahme an der virtuellen Versammlung bestehen (§ 3 Abs 2 VirtGesG).
– Wenn bei einer virtuellen bzw hybriden Versammlung Anlass zu Zweifeln an der Identität eines Teilnehmers besteht, so hat die Gesellschaft seine **Identität** auf geeignete Weise (üblicherweise durch Vorzeigen eines Lichtbildausweises in die Kamera) zu überprüfen (§ 3 Abs 3 VirtGesG).
– Die Gesellschaft ist für den Einsatz v technischen Kommunikationsmitteln nur insoweit **verantwortlich**, als diese ihrer Sphäre zuzurechnen sind.[12]

Die **nachträgliche Aufnahme** einer Regelung im GesV, wonach eine **5h** (einfache oder moderierte) virtuelle oder eine hybride GV stets durchgeführt werden muss bzw durchgeführt werden kann (u das einberufende Organ über die Form der Durchführung entscheidet), kann mit der jew, für die Änderung des GesV erforderlichen Mehrheit beschlossen werden.[13]

---

[12] Eine Anfechtung eines im Wege einer virtuellen oder hybriden GV gefassten Beschlusses wird daher dann ausscheiden, wenn die gescheiterte Teilnahme- bzw Abstimmungsmöglichkeit nicht der Sphäre der Gesellschaft zuzurechnen ist, somit bspw bei Verbindungs- oder technischen Problemen bei dem betr Gesellschafter (vgl *Ebner/Simonishvili*, GES 2023, 171); dazu krit *Arnold*, GesRZ 2023, 134; *Fantur*, GES 2023, 101 (102); *Fantur*, GES 2023, 209.
[13] Zu den unklaren Erl, wonach eine *„satzungsgebende Mehrheit"* (somit die Zustimmung aller Gesellschafter) erforderlich sei, vgl *Ebner/Simonishvili*, GES 2023, 170.

B. Teilnahmerecht

6 Teilnahmeberechtigt an der GV sind **alle Gesellschafter**, auch wenn diese zu einigen oder allen Tagesordnungspunkten kein Stimmrecht (zum Vorliegen eines Stimmverbots s § 39 Rz 53) oder eine Stimmrechtsvollmacht erteilt haben (s § 39 Rz 40).[14]

7 Zusätzlich kommt den folgenden Nicht-Gesellschaftern ein Teilnahmerecht an der GV zu:[15]

– Gesetzl u organschaftliche Vertreter eines Gesellschafters (vgl § 39 Rz 50),
– AR-Mitglieder eines obligatorischen AR (nach hM AR-Mitgliedern eines fakultativen AR nur bei entspr Regelung im GesV oder bei Zulassung durch Beschluss der GV),
– GF auf Verlangen auch nur eines Gesellschafters (sofern gem GesV nicht grds die Teilnahme der GF an der GV vorgeschrieben ist),
– GF, DN u sonstige Auskunftspersonen bei Zulassung durch Beschluss der GV,
– Berater eines Gesellschafters (insb, wenn dies aufgrund der Komplexität oder aufgrund der persönlichen Verhältnisse des Gesellschafters geboten ist u der Berater einer gesetzl Verschwiegenheitsverpflichtung unterliegt),
– Insolvenzverwalter des Gesellschafters (vgl zum Stimmrecht des Insolvenzverwalters s Rz 20).

8 Nur bei begründeter konkreter Gefahr der Schädigung der Gesellschaft durch Teilnahme eines Gesellschafters wird diesem die Teilnahme an der GV – soweit erforderlich (bspw nur zu einem bestimmten Tagesordnungspunkt) – **verwehrt** werden dürfen.[16] Die E darüber obliegt einem allenfalls bestehenden Vorsitzenden der GV; bei Fehlen eines Vorsitzenden ist dies durch vorangehenden Beschluss der GV zu entscheiden.

9 Das Teilnahmerecht der Gesellschafter kann durch Regelung im **GesV nicht eingeschränkt werden**.[17]

---

14 *Enzinger* in Straube/Ratka/Rauter, GmbHG § 34 Rz 35; *Koppensteiner/Rüffler*, GmbHG³ § 34 Rz 10.
15 S dazu *Enzinger* in Straube/Ratka/Rauter, GmbHG § 34 Rz 40; *Koppensteiner/Rüffler*, GmbHG³ § 34 Rz 11.
16 *Enzinger* in Straube/Ratka/Rauter, GmbHG § 34 Rz 38.
17 *Enzinger* in Straube/Ratka/Rauter, GmbHG § 34 Rz 35 (zulässig wäre die Beschränkung des Teilnahmerechts bei jur Personen u Gesellschaften auf je einen

Im Verhältnis zur Gesellschaft gilt derjenige als Gesellschafter, der im **FB als Gesellschafter eingetragen** ist (zur Frage, wer konkret Gesellschafter ist, s § 78 Rz 1).[18] Die übrigen Gesellschafter können – bzw müssen bei Vorliegen u Nachw einer zweifelsfreien formgültigen Übertragungsurkunde u Eintritt allfälliger Bedingungen der Übertragung – jedoch auch einen noch nicht in das FB eingetragenen Gesellschafter (bspw unmittelbar nach Abschluss eines Abtretungsvertrags) als solchen zur GV u (auch ohne Stimmrechtsvollmacht des noch im FB eingetragenen Gesellschafters) zur **Stimmrechtsausübung zulassen**.[19] Im Rahmen v Abtretungen empfiehlt es sich jedenfalls, die Bevollmächtigung des Erwerbers durch den Abtretenden zur Stimmrechtsausübung in nachfolgenden GV vorzusehen. **10**

Gehört der Geschäftsanteil mehreren Mitberechtigten, sind **alle Mitberechtigten** zur Teilnahme berechtigt (s § 80 Rz 8 f). Um den Kreis der Teilnehmer in einer GV nicht ausufern zu lassen, kann im GesV jedoch angeordnet werden, dass ein **gemeinsamer Vertreter** der Mitberechtigten zu bestellen ist; in diesem Fall ist nur dieser Vertreter zur Teilnahme berechtigt (zum gemeinsamen Vertreter vgl § 80 Rz 12).[20] Bei einem **treuhändig** gehaltenen Geschäftsanteil kommt dem Treuhänder (u nicht dem Treugeber) das Teilnahmerecht zu (s § 75 Rz 10). **11**

Durch die **Pfändung oder Verpfändung** eines Geschäftsanteiles bleibt zunächst die Gesellschafterstellung unverändert; dem Gesellschafter kommt daher weiterhin das Teilnahmerecht (u Stimmrecht) in der GV zu.[21] Davon unabhängig besteht die Möglichkeit im Rahmen einer Verpfändung eine Stimmrechtsvollmacht an den Pfandnehmer, allenfalls erst für die Zeit nach Fälligkeit der besicherten Forderungen, zu erteilen.[22] **12**

Vertreter bzw bei Gesamtvertretung auf eine zur Vertretung ausreichende Zahl); *Koppensteiner/Rüffler*, GmbHG³ § 34 Rz 10.
18 *Baumgartner/Mollnhuber/U. Torggler* in Torggler, GmbHG § 39 Rz 9; RIS-Justiz RS0110338; RS0059827.
19 *Koppensteiner/Rüffler*, GmbHG³ § 39 Rz 10; *Baumgartner/Mollnhuber/U. Torggler* in Torggler, GmbHG § 39 Rz 9; *Petrasch/Verweijen* in Straube/Ratka/Rauter, GmbHG § 78 Rz 6; RIS-Justiz RS0112377.
20 *Koppensteiner/Rüffler*, GmbHG³ § 80 Rz 4; RIS-Justiz RS0059781.
21 *Baumgartner/Mollnhuber/U. Torggler* in Torggler, GmbHG § 39 Rz 8; RIS-Justiz RS0059851.
22 Kreditgeber bzw Pfandgläubiger ohne Gesellschafterstellung sind v Eigenkapitalersatzrecht grds nicht erfasst. Bei einer atypisch weiten Ausgestaltung der Verpfändung (sog atypisches Pfandrecht) könnte jedoch das EKEG auf

13 In der GV kommt jedem Gesellschafter (unabhängig v seiner Beteiligungsquote oder einem allfälligen Stimmverbot) ein umfassendes **Auskunfts- u Fragerecht** zu den Tagesordnungspunkten der betr GV zu (vgl zum Informationsanspruch außerhalb der GV vgl § 22 Rz 42); v Auskunfts-/Fragerecht sind auch alle wesentlichen Angelegenheiten v verbundenen Gesellschaften umfasst.[23] Dieses Auskunftsrecht richtet sich primär gegen die GF (zur Teilnahmeverpflichtung der GF an der GV vgl Rz 7); die GF haben jedem Gesellschafter (unter Berücksichtigung des Gleichbehandlungsgrundsatzes) in der GV den Grundsätzen einer gewissenhaften u getreuen Rechenschaft entspr Auskunft zu geben.[24] Die **Auskunftsverweigerungsgründe** des § 118 Abs 3 AktG, wonach die Auskunft verweigert werden darf, soweit sie nach vernünftiger unternehmerischer Beurteilung geeignet ist, dem Unternehmen oder einem verbundenen Unternehmen einen erheblichen Nachteil zuzufügen, oder ihre Erteilung strafbar wäre, gelten analog.

C. Stimmrecht

14 Die Gesellschafter üben in der GV ihr mit dem Geschäftsanteil untrennbar verbundenes Stimmrecht aus u stimmen in der GV (zur Einladung der GV vgl § 36) jew über einen bestimmten Beschlussantrag ab. Die Abgabe der Stimme (zur Stimmgewichtung s § 39 Rz 36) gilt als einseitige **Willenserklärung** des Gesellschafters zu einem konkreten Beschlussantrag auf Herstellung eines bestimmten GV-Beschlusses.[25]

15 Der sohin aufgrund der abgegebenen Stimmen gefasste (positive oder negative) Beschluss der GV wird als **mehrseitiges Rechtsgeschäft** gesehen u ist für die Gesellschaft bindend.[26]

16 Das Stimmrecht steht dem Gesellschafter zu (zum Stimmverbot s § 39 Rz 58). Im Verhältnis zur Gesellschaft gilt derjenige als Gesell-

---

den Pfandgläubiger auch ohne Gesellschafterstellung zur Anwendung kommen (vgl *Schmidt/Andrieu*, ÖBA 2016, 631 (636); *Trenkwalder/Thornton*, ecolex 2011, 14 (15); *Dellinger* in Dellinger/Mohr, EKEG § 5 Rz 26). Das Teilnahme- u Stimmrecht in der GV bleibt davon aber unberührt.

23 *Enzinger* in Straube/Ratka/Rauter, GmbHG § 34 Rz 44; *Koppensteiner/Rüffler*, GmbHG³ § 22 Rz 37, 39.
24 Vgl zur Verschmelzung Rz 98 Rz 12.
25 *Enzinger* in Straube/Ratka/Rauter, GmbHG § 34 Rz 12.
26 *Enzinger* in Straube/Ratka/Rauter, GmbHG § 39 Rz 3.

schafter, der im FB **als Gesellschafter eingetragen** ist (zur Frage, wer konkret Gesellschafter ist, s Rz 10 u § 78 Rz 1).[27]

Gehört der Geschäftsanteil mehreren **Mitberechtigten**, so können diese ihr Stimmrecht daraus auch nur gemeinschaftlich ausüben. Wird das Stimmrecht v den Mitberechtigten untersch ausgeübt, so sind diese Stimmen wie eine Stimmenthaltung zu werten (dazu allg s § 80 Abs 1; zum Teilnahmerecht s Rz 11).[28] **17**

Bei einem **treuhändig** gehaltenen Geschäftsanteil steht das Stimmrecht dem Treuhänder (u nicht dem Treugeber) zu u ist v diesem auszuüben.[29] **18**

Auch nach Pfändung oder **Verpfändung** des Geschäftsanteiles verbleibt das Stimmrecht in der GV beim Gesellschafter (zur Möglichkeit einer Stimmrechtsvollmacht an den Pfandnehmer u den Rechtsfolgen eines atypischen Pfandrechts s Rz 12).[30] **19**

In der **Insolvenz des Gesellschafters** ist zu differenzieren, wem das Stimmrecht im Hinblick auf einen Geschäftsanteil der Insolvenzmasse in der GV zukommt. Nach hM wird das Stimmrecht v dem Insolvenzverwalter ausgeübt, sofern der konkrete Beschluss Auswirkung auf die Insolvenzmasse hat (bspw Zustimmung zu Rechtsgeschäften, Auflösung der Gesellschaft, Umgründungsmaßnahmen, Geltendmachung v Haftungsansprüchen gegen Organe oder Dritte); anderenfalls kommt das Stimmrecht dem Gesellschafter selbst zu (zB Zustimmung zur Abtretung v Geschäftsanteilen; Bestellung oder Abberufung eines GF, sofern damit keine Auswirkungen auf die Insolvenzmasse verbunden sind).[31] **20**

---

27 *Enzinger* in Straube/Ratka/Rauter, GmbHG § 39 Rz 20.
28 Zum Fruchtgenuss an einem Geschäftsanteil s *Verweijen*, GesRZ 2021, 326 (328).
29 *Enzinger* in Straube/Ratka/Rauter, GmbHG § 39 Rz 19; *Gratzl* in Reich-Rohrwig, HB GV, Rz 457; *Baumgartner/Mollnhuber/U. Torggler* in Torggler, GmbHG § 39 Rz 8. Ein aus einem Treuhandvertrag abgeleiteter Anspruch auf Unterlassung treuwidriger Stimmrechtsausübung kann nicht durch § 42 Abs 4 (einstweilige Verfügung) gesichert werden, da sich diese Bestimmung nur auf Beschlüsse bezieht, die durch eine Klage auf Nichtigerklärung iSd § 42 angefochten werden. Eine einstweilige Verfügung nach § 381 Z 2 EO, mit der dem Treuhänder die Ausübung des Stimmrechts untersagt wird, ist jedenfalls zulässig (RIS-Justiz RS0118487).
30 *Enzinger* in Straube/Ratka/Rauter, GmbHG § 39 Rz 19.
31 *Enzinger* in Straube/Ratka/Rauter, GmbHG § 39 Rz 17 (dem Insolvenzverwalter kommt das Stimmrecht bei der Bestellung/Abberufung v GF nicht

D. Beschlussantrag

21 Der Beschluss ist das Ergebnis der Abstimmung über einen Beschlussantrag in der GV.[32] Jedem Beschluss der GV muss daher ein konkreter Beschlussantrag (bei Wahlen ein konkreter Wahlvorschlag) zugrunde liegen.[33] Der Beschlussantrag muss als **Entscheidungsfrage** formuliert sein, so dass die Gesellschafter lediglich eine Pro- oder Contra-Stimme abgeben können (keine Alternativfragen oder offene Frage, die mehrere Antworten zulassen würden).[34]

22 Ein Beschlussantrag kann in der GV v jedem Gesellschafter (u nach uE zutr M auch v jedem GF u dem AR sowie einem allfälligen, eindeutig legitimierten Vorsitzenden der GV[35]) gestellt werden, soweit dieser v Tagesordnungspunkt umfasst ist. Der konkrete Beschlussantrag zu einem Tagesordnungspunkt (oder ein konkreter Beschlussvorschlag) muss jedoch noch nicht in der Einladung zur GV ausformuliert sein.[36]

---

zu); *Buchegger* in Bartsch/Pollak, KO § 3 Rz 5 FN 19; *Koppensteiner/Rüffler*, GmbHG³ § 39 Rz 19; *Gratzl* in Reich-Rohrwig, HB GV, Rz 456. Da v Insolvenzverwalter eine Auswirkung auf die Insolvenzmasse bei den meisten Maßnahmen zumindest behauptet werden kann u um Abgrenzungsschwierigkeiten zu vermeiden, empfiehlt es sich uE in der Praxis, sich mit dem Insolvenzverwalter vorab abzustimmen bzw sicherheitshalber eine Stimmrechtsvollmacht v Insolvenzverwalter geben zu lassen.

32 *Enzinger* in Straube/Ratka/Rauter, GmbHG § 34 Rz 12; *Koppensteiner/Rüffler*, GmbHG³ § 34 Rz 14.

33 *Enzinger* in Straube/Ratka/Rauter, GmbHG § 34 Rz 53; *Koppensteiner/Rüffler*, GmbHG³ § 34 Rz 14.

34 *Baumgartner/Mollnhuber/U. Torggler* in Torggler, GmbHG § 34 Rz 3. Zum sog zusammengesetzten Beschluss u dessen objektiver Trennbarkeit vgl OGH 29.11.2016, 6 Ob 213/16s (Nichtigkeit der Ablehnung des Antrags auf Sonderprüfung aufgrund Stimmverbot, jedoch zulässige Stimmrechtsausübung hinsichtlich der Frage der Kostentragung der Sonderprüfung).

35 *Enzinger* in Straube/Ratka/Rauter, GmbHG § 34 Rz 53 (eigenständiges aus der GF-Verpflichtung folgendes Recht der GF); *Sonnberger*, GES 2020, 288 (295); aA *Koppensteiner/Rüffler*, GmbHG³ § 34 Rz 14 (soweit keine Deckung im GesV).

36 *Koppensteiner/Rüffler*, GmbHG³ § 34 Rz 14. Wurde in der Einberufung der Tagesordnungspunkt „Allfälliges" angekündigt, so haben die Gesellschafter ein Recht darauf, dass auch nicht der unmittelbaren Beschlussfassung dienende Angelegenheiten der Gesellschaft zur Sprache gebracht u diskutiert werden können (vgl *Nill*, GES 2012, 289 [290]); ein gesonderter Beschluss über diesen Tagesordnungspunkt „Allfälliges" kann jedoch nicht erfolgen.

Liegen **mehrere Beschlussanträge** zu einem Tagesordnungspunkt vor, so ist zuerst über den weiterreichenden Beschlussantrag abzustimmen; iZw entscheidet ein allfälliger Vorsitzender über die Reihenfolge der Abstimmung. Eine Beschlussfassung der GV über die Reihenfolge der Abstimmung ist zulässig.[37] Grundsätzlich ist über jeden gestellten Antrag ein Beschluss zu fassen.[38]

23

Erzielte ein Beschlussantrag bei der Abstimmung in der GV die für den konkreten Beschluss erforderliche Mehrheit der abgegebenen Stimmen u liegen die allenfalls aufgrund Gesetz (zum Zustimmungserfordernis bei Sonderrechten eines Gesellschafters s § 50 Abs 4, bei Verschmelzungen s § 99, bei Spaltungen s § 10 SpaltG) oder GesV erforderlichen Zustimmungen einzelner Gesellschafter vor, so ist der konkrete **Beschluss zustande gekommen** (positiver Beschluss).[39] Zur Frage der konkret erforderlichen Mehrheit der abgegebenen Stimmen s § 39 Rz 12; zur Nichtigkeit u Anfechtbarkeit v Beschlüssen s § 41 Rz 20, 60.

24

Auch wenn zu einem Beschlussantrag die erforderliche Mehrheit nicht erzielt wird, ist dies als ein **negativer Beschluss** beachtlich (bspw als Weisung an die GF, das beantragte Rechtsgeschäft nicht durchzuführen; die beantragte Thesaurierung v Bilanzgewinn nicht vorzunehmen, sondern vielmehr den Bilanzgewinn auszuschütten etc).[40] Zur Anfechtung negativer Beschlüsse s § 41 Rz 9.

25

---

37 *Enzinger* in Straube/Ratka/Rauter, GmbHG § 34 Rz 53; **aA** *Koppensteiner/Rüffler*, GmbHG[3] § 34 Rz 14.
38 *Enzinger* in Straube/Ratka/Rauter, GmbHG § 34 Rz 53; *Koppensteiner/Rüffler*, GmbHG[3] § 34 Rz 14; *Schmutzer* in Reich-Rohrwig, HB GV, Rz 624. Sollte es zu keiner Abstimmung über einen Antrag kommen, ist str, ob dieser sodann als „unerledigt" gilt (idS *Enzinger* in Straube/Ratka/Rauter, GmbHG § 34 Rz 53; *Schmutzer* in Reich-Rohrwig, HB GV, Rz 624) oder eine Ablehnung des Antrags anzunehmen ist (idS *Koppensteiner/Rüffler*, GmbHG[3] § 34 Rz 14; OLG Wien 14.3.1977, 21 R 20/77 [dies zumindest für die Nichtzulassung des Antrages]). UE kommt es dabei auf die jew konkreten Anträge an u ob eine erfolgte Beschlussfassung über einen Antrag eine nachfolgende Beschlussfassung über einen weiteren Antrag bereits konsumiert (in diesem Fall wäre uE eine Ablehnung des weiteren Antrags anzunehmen).
39 *Enzinger* in Straube/Ratka/Rauter, GmbHG § 34 Rz 17; *Koppensteiner/Rüffler*, GmbHG[3] § 34 Rz 5; *Baumgartner/Mollnhuber/U. Torggler* in Torggler, GmbHG § 34 Rz 3.
40 *Enzinger* in Straube/Ratka/Rauter, GmbHG § 34 Rz 17; *Koppensteiner/Rüffler*, GmbHG[3] § 34 Rz 6.

E. Stimmabgabe – Willenserklärung und Widerruf

26 Die Stimmabgabe wird als einseitige, empfangsbedürftige **Willenserklärung** des Gesellschafters zu einem Beschlussantrag angesehen (Rz 14).[41] Trotzdem sind die allg zivilrechtlichen Regelungen über Mängel v Willenserklärungen nur tw anwendbar. So kann eine erfolgte Stimmabgabe nicht wegen Irrtums nach § 871 ABGB oder List bzw ungerechter u gegründeter Furcht (Drohung) nach § 870 ABGB angefochten oder aufgehoben werden. Es bleibt allein die Möglichkeit der Anfechtung v Beschlüssen der GV nach §§ 41 f, die jedoch nicht mit einer Anfechtung wegen Irrtum oder List bzw Drohung vergleichbar ist.

27 Wurde die Stimme v einem Gesellschafter im Rahmen einer Abstimmung über einen Beschlussantrag abgegeben (dh das konkrete Stimmverhalten des Gesellschafters gegenüber den bei der GV anwesenden Gesellschaftern erklärt), so kann diese Stimmabgabe v betr Gesellschafter nach abgeschlossener Beschlussfassung in der GV über den Beschlussantrag grds **nicht wieder zurückgezogen** oder widerrufen bzw anders ausgeübt werden.

28 Umso wichtiger ist es, den Beschlussantrag klar u eindeutig zu formulieren u zw beabsichtigten, aber erst zukünftig zu beschließenden Beschlüssen einerseits u bereits gefassten, durchzuführenden Beschlüssen andererseits zu unterscheiden, so dass es zu keinem unbeabsichtigten Ergebnis des konkreten Stimmverhaltens kommen kann (wird bspw in einer GV der Abschluss eines Rechtsgeschäfts erörtert, sollte ein allfälliger Weisungsbeschluss auf Durchführung des Rechtsgeschäfts an die GF klar als solcher erkennbar sein; dies in Abgrenzung dazu, ob eine Abstimmung über den Abschluss bzw eine derartige Weisung erst zukünftig erfolgen soll).

29 Den Gesellschaftern steht es frei, sich im Hinblick auf die Ausübung ihrer Stimmrechte in der GV vertraglich zu binden.[42] Unabhängig v

---

41 *Enzinger* in Straube/Ratka/Rauter, GmbHG § 34 Rz 19, 54; *Koppensteiner/Rüffler*, GmbHG³ § 34 Rz 15; *Baumgartner/Mollnhuber/U. Torggler* in Torggler, GmbHG § 39 Rz 13.

42 Derartige Stimmbindungs- bzw Syndikatsverträge werden als GesbR qualifiziert u wirken lediglich obligatorisch zw den Vertragsparteien (*Enzinger* in Straube/Ratka/Rauter, GmbHG § 34 Rz 27); zu den Stimmbindungsverträgen s § 39 Rz 29.

einer Verletzung einer allfälligen Stimmbindung sind die in einer GV abgegebenen Stimmen wirksam.[43]

F. Beschluss – Beschlussfassung

Der Beschluss der GV (bzw die schriftliche Zustimmung zu einem Beschlussantrag oder der Beschluss aufgrund einer Abstimmung im schriftlichen Weg gem Abs 2; vgl dazu Rz 52) wird als ein **mehrseitiges Rechtsgeschäft** (bei einer Einmann-GmbH als ein einseitiges Rechtsgeschäft) sui generis angesehen.[44] 30

Obwohl der Beschluss ein mehrseitiges Rechtsgeschäft ist, sind die allg zivilrechtlichen **Regelungen über Rechtsgeschäfte nicht anwendbar** (vgl bereits Rz 26). 31

Ein bereits gefasster Beschluss der GV kann durch einen neuerlichen Beschluss aufgehoben u anders gefasst (*contrarius actus*) oder ein fehlerhafter Beschluss der GV neuerlich fehlerfrei gefasst (**Bestätigungsbeschluss**) werden.[45] Dies ist nach hM jedoch nur solange möglich, als weder einzelne Gesellschafter (bspw Anspruch auf Auszahlung des anteiligen Bilanzgewinnes nach einer Beschlussfassung über die Gewinnausschüttung) noch Dritte (bspw GF aufgrund einer Entlastung für ihre Geschäftsführungstätigkeit, Abschluss des GF-Anstellungsvertrags) Rechte bzw Ansprüche aufgrund des zuerst gefassten Beschlusses erworben haben.[46] 32

---

43 Zw den Vertragsparteien des Syndikatsvertrages sind Schadenersatzansprüche denkbar; aufgrund der mitunter schwierigen Berechnung eines Schadens bei Verletzung der Stimmbindung ist die Vereinbarung v Vertragsstrafen mitunter empfehlenswert (die Durchsetzung der vertraglichen Unterlassungs- bzw Erfüllungs-/Leistungsansprüche wäre üblicherweise zeitlich zu spät; zur Möglichkeit einer einstweiligen Verfügung bei drohender Verletzung eines Syndikatsvertrages s OGH 25.2.2022, 6 Ob 211/21d; *Enzinger* in Straube/Ratka/Rauter, GmbHG § 34 Rz 32).
44 *Enzinger* in Straube/Ratka/Rauter, GmbHG § 34 Rz 14; *Koppensteiner/Rüffler*, GmbHG³ § 34 Rz 3; *Baumgartner/Mollnhuber/U. Torggler* in Torggler, GmbHG § 34 Rz 2.
45 *Enzinger* in Straube/Ratka/Rauter, GmbHG § 34 Rz 25.
46 *Baumgartner/Mollnhuber/U. Torggler* in Torggler, GmbHG § 34 Rz 5 (einfacher Mehrheitsbeschluss ausreichend). Bei Zustimmung der Gesellschafter bzw der betr Dritten, die Rechte bzw Ansprüche aufgrund des zuerst gefassten Beschlusses erworben haben, muss uE eine nachträgliche Aufhebung je-

33 Die Fassung v (aufschiebend/auflösend) bedingten GV Beschlüssen ist – im Gegensatz zur bedingten Stimmabgabe – grds zulässig.[47]

G. Protokollierung

34 Eine zwingende Protokollierung oder Hinzuziehung eines Notars zur GV (zur notariellen Protokollierung vgl Rz 69) ist grds nicht erforderlich. Gemäß § 40 besteht lediglich die Verpflichtung der GF, unverzüglich nach jedem Beschluss eine **Niederschrift über die gefassten Beschlüsse** aufzunehmen (die nachträgliche Niederschrift der gefassten Beschlüsse durch die GF ist nicht als ein eigenes Protokoll über die GV zu verstehen; s dazu § 40 Rz 7).

35 Eine Protokollierung zumindest der gefassten Beschlüsse während der GV ist jedoch zu **Beweiszwecken** zu empfehlen. Der GesV kann eine entspr Verpflichtung zur (allenfalls auch elektronischen) Protokollierung u die Zuständigkeit dafür vorsehen.

36 Die Wirksamkeit v gefassten Beschlüssen ist v ihrer Protokollierung unabhängig.[48]

H. Vorsitz in der Generalversammlung

37 Das GmbHG (anders als das AktG) sieht keine Regelung über einen Vorsitzenden oder Leiter der GV vor. Weder ist ein Vorsitzender zwingend vorgesehen noch bestehen gesetzl Regelungen über die Wahl eines Vorsitzenden bzw, bei Bestellung eines Vorsitzenden, über dessen Rechte.[49] Insbesondere aufgrund fehlender gesetzl Rahmenbedingungen u der doch großen Relevanz des Vorsitzenden u seiner Aufgaben empfehlen sich aber entspr Regelungen im GesV (insb über die Bestimmung bzw Bestellung des Vorsitzenden, bei vorgesehener Wahl des Vorsitzen-

---

denfalls möglich sein. Zur Beschlussfassung über Nachtragsausschüttungen u Änderung des festgestellten JA vgl *Hügel*, GesRZ 2016 100 (102).

47 *Enzinger* in Straube/Ratka/Rauter, GmbHG § 34 Rz 23; *Koppensteiner/Rüffler*, GmbHG³ § 34 Rz 7; *Baumgartner/Mollnhuber/U. Torggler* in Torggler, GmbHG § 34 Rz 4; *Bayer* in Lutter/Hommelhoff, GmbHG¹⁸ § 47 Rz 1; *Hüffer/Schürnbrand* in Ulmer/Habersack/Löbbe, GmbHG² § 47 Rz 37.
48 *Enzinger* in Straube/Ratka/Rauter, GmbHG § 34 Rz 16.
49 *Enzinger* in Straube/Ratka/Rauter, GmbHG § 34 Rz 49; *Koppensteiner/Rüffler*, GmbHG³ § 34 Rz 13.

den die dafür erforderliche Mehrheit der abgegebenen Stimmen, sowie dessen Aufgaben).⁵⁰

1. Wahl eines Vorsitzenden

Auch wenn keine gesetzl Regelungen über die Vorsitzführung bestehen, können entspr Regelungen in den GesV aufgenommen werden bzw sind diese zu empfehlen, so bspw, dass zwingend ein Vorsitzender in jeder GV erforderlich ist, wer Vorsitzender ist (bspw der Vorsitzende des AR, Gesellschafter mit der höchsten Stammeinlage u bei gleichen Beteiligungen der älteste Teilnehmer, durch Beschluss der GV zu wählender Vorsitzender oder dgl), Regelung über dessen Wahl u welche Rechte u Kompetenzen ein Vorsitzender konkret hat (Leitung der GV, Festlegung der Reihenfolge der Beschlussfassung u insb auch, ob dem Vorsitzenden des Recht auf Feststellung eines gefassten Beschlusses zukommen soll; s dazu Rz 41).⁵¹ 38

Auch wenn keine gesonderten Regelungen im GesV bestehen, kann die GV nach hM **durch Beschluss (mit einfacher Mehrheit**, sofern im GesV keine gesonderte Mehrheit vorgesehen ist) einen Vorsitzenden wählen (*ad hoc*).⁵² Diese Wahl durch Beschluss der GV kann auch ohne gesonderte Ankündigung in der Tagesordnung erfolgen. Stimmberechtigt sind alle Gesellschafter, auch wenn diese zu einzelnen Punk- 39

---

50 Dies würde auch eine Diskussion über das erforderliche Beschlussquorum für eine Bestellung des Vorsitzenden vermeiden; vgl *Napokoj/Pelinka* in Adensamer/Mitterecker, Gesellschafterstreit 13.
51 *Enzinger* in Straube/Ratka/Rauter, GmbHG § 34 Rz 49; *Koppensteiner/Rüffler*, GmbHG³ § 34 Rz 13; *Dumfarth*, RdW 2011/624, 589 (590); *Nill*, GES 2012, 289 (290).
52 OGH 29.8.2019, 6 Ob 149/19h (grds mit einfacher Mehrheit); RIS-Justiz RS0127004; *Enzinger* in Straube/Ratka/Rauter, GmbHG § 34 Rz 50; *Gratzl* in Reich-Rohrwig, HB GV, Rz 528, 530, 546 (auch wenn diesem das Recht zur Feststellung des Beschlussergebnisses zukommt), 569; *Baumgartner/Mollnhuber/U. Torggler* in Torggler, GmbHG § 39 Rz 38 (kein Stimmverbot); *Kalss/Eckert*, Zentrale Fragen 283; *Adensamer*, GesRZ 2021, 267 (269); *Dumfarth*, RdW 2011/624, 589 (592); *Sonnberger*, GES 2020, 249 (251); OGH 16.6.2011, 6 Ob 99/11v; **aA** *Koppensteiner/Rüffler*, GmbHG³ § 34 Rz 13 (durch einstimmigen Beschluss oder gem Regelung im GesV), § 39 Rz 7; krit *Reich-Rohrwig*, Das Stimmrecht 91 (117, 120) (Forderung einer zumindest satzungsändernden Mehrheit v 75 % aufgrund materieller Änderung der Organisation der GmbH).

ten der konkreten Tagesordnung dieser GV einem Stimmverbot unterliegen.[53]

2. Aufgaben des Vorsitzenden

40 Der Vorsitzende hat – mangels anderer Regelungen im GesV – die GV unparteilich zu leiten u – unter Beachtung des Gleichbehandlungsgebots – insb die folgenden Aufgaben:[54]

- E über die Protokollierung u den Umfang der Protokollierung,
- Feststellung der anwesenden u vertretenen Gesellschafter,
- Feststellung der Identität der Gesellschafter bei virtuellen bzw hybriden GV (§ 2 Abs 3 VirtGesG),
- Prüfung der Vertretungsbefugnis,
- Feststellung der Beschlussfähigkeit,
- Sicherstellung eines geordneten Ablaufs der GV u Erledigung der Beschlussanträge,
- Festlegung der Reihenfolge über die Behandlung der Tagesordnungspunkte,
- Festlegung der Reihenfolge der Wortmeldungen der Gesellschafter,
- Festlegung der Redezeit,
- Festlegung der Reihenfolge der Abstimmung über Beschlussanträge zu einem Tagesordnungspunkt,
- Zulassung des Stimmrechtes/Anwendung eines Stimmrechtsausschlusses,
- Festsetzung der Methode der Stimmenauszählung (grds Additionsmethode, aber auch Subtraktionsmethode zulässig),
- Feststellung des Beschlussergebnisses,[55]
- Ausschluss eines Gesellschafters v der GV,
- Unterbrechung einer GV,
- sonstige prozessleitende Verfügungen.

---

53 *Gratzl* in Reich-Rohrwig, HB GV, Rz 543; OGH 20.3.2013, 6 Ob 23/13w; 16.6.2011, 6 Ob 99/11v; *Sonnberger*, GES 2020, 249 (254).
54 *Enzinger* in Straube/Ratka/Rauter, GmbHG § 34 Rz 49; *Gratzl* in Reich-Rohrwig, HB GV, Rz 548; *Nill*, GES 2012, 289 (290); zur Unparteilichkeit s OGH 29.8.2019, 6 Ob149/19h (auch ein RA hat Vorsitz unparteilich/neutral auszuüben; die Verpflichtung gem § 9 Abs 1 RAO kommt dabei nicht zur Anwendung); *Sonnberger*, GES 2020, 288 (298).
55 Vgl zur Auswirkung der Feststellung des Beschlussergebnisses durch den Vorsitzenden Rz 41.

I. Feststellung des Beschlussergebnisses

Werden aufgrund der abgegebenen Stimmen die für den konkreten Beschlussantrag erforderliche Mehrheit der abgegebenen Stimmen erreicht, wird der Beschluss unverzüglich **wirksam, wenn kein eindeutig legitimierter Vorsitzender** besteht.[56]

Sind in einem solchen Fall die anwesenden Gesellschafter uneins darüber, ob ein Beschluss die erforderliche Mehrheit erzielt hat u somit zustande gekommen ist, kann dies bei Fehlen einer formellen Feststellung des Beschlusses zu einer unklaren Situation führen.[57] Den Gesellschaftern bleibt für diesen Fall nur die Möglichkeit der **Klage auf Feststellung**, ob ein bestimmter Beschluss zustande gekommen ist, gerichtet gegen die Gesellschaft mit Wirkung auch gegenüber den anderen Mitgesellschaftern (diesen ist analog § 42 Abs 5 der Streit zu verkünden).[58] Der Beschluss gelte diesfalls als angenommen bzw abgelehnt, wie es der materiellen Rechtslage entspricht. Die **(vorläufige) Verbindlichkeit** eines Beschlusses kann aber nur dann eintreten, wenn alle (anwesenden) Gesellschafter am Ende der GV ein bestimmtes Beschlussergebnis übereinstimmend zugrunde legen.[59] Eine entspr Regelung im GesV, wonach ein Vorsitzender einerseits erforderlich ist u andererseits dem Vorsitzenden die Kompetenz der Beschlussfeststellung zukommt, wird daher zu empfehlen sein.

Besteht in der GV ein legitimierter Vorsitzender, kommt diesem nach der hM – auch bei Fehlen einer entspr ausdrücklichen Regelung

41

42

43

---

[56] *Enzinger* in Straube/Ratka/Rauter, GmbHG § 34 Rz 55; *Koppensteiner/Rüffler*, GmbHG³ § 34 Rz 16 (alle Gesellschafter müssen jedoch aE v einem bestimmten Beschlussergebnis ausgehen); *Baumgartner/Mollnhuber/U. Torggler* in Torggler, GmbHG § 34 Rz 3, § 39 Rz 6.

[57] OGH 19.12.2019, 6 Ob 105/19b (bspw wenn alle Widerspruch zu Protokoll erklären); wird aufgrund des GV-Beschlusses ein Antrag auf Eintragung ins FB gestellt, hat das FB-Gericht das Abstimmungsergebnis der GV zu prüfen (vgl OGH 2.4.1993, 6 Ob 9/93).

[58] *Enzinger* in Straube/Ratka/Rauter, GmbHG § 34 Rz 56; *Koppensteiner/Rüffler*, GmbHG³ § 34 Rz 17; *Baumgartner/Mollnhuber/U. Torggler* in Torggler, GmbHG § 39 Rz 7; OGH 19.12.2019, 6 Ob 105/19b (Beschlussfeststellungsklage gem § 228 ZPO; rechtsgestaltende Wirkung durch analoge Anwendung v § 42 Abs 6, daher Mitgesellschafter nur Nebenintervenienten u nicht Mitbeklagte; Nicht-Anwendbarkeit der Frist gem § 41 Abs 4); *Koppensteiner/Rüffler*, GesRZ 2019, 132.

[59] RIS-Justiz RS0108892 [T2].

im GesV – das Recht zu, einen **Beschluss formell festzustellen** u damit die Klägerrolle im Anfechtungsverfahren zuzuweisen.[60] Ein durch einen Vorsitzenden festgestelltes Beschlussergebnis hat **(vorläufige) Wirkung**, auch wenn das Beschlussergebnis unrichtig festgestellt wurde oder Stimmen entgegen einem Stimmverbot mitberücksichtigt wurden[61] (stellt der Vorsitzende kein Beschlussergebnis fest, so gelten die obigen Ausführungen in Rz 42).[62] Selbst eine fehlerhafte Feststellung des Abstimmungsergebnisses durch den Vorsitzenden ist so lange verbindlich, als sie nicht erfolgreich mit Anfechtungsklage angefochten wurde (stellt der Vorsitzende ein, wenn auch unrichtiges, Beschlussergebnis fest, so kommt der Beschluss so zustande wie v Vorsitzenden festgestellt).[63] Ein GV-Beschluss, der wegen eines auf sein Ergebnis wirksamen Verstoßes bei der Beschlussfeststellung anfechtbar ist, kann aber durch einen ordnungsgemäßen, alle Zweifel an der Gültigkeit des betr Beschlusses beseitigenden neuen Gesellschafterbeschluss bestätigt werden.[64]

J. Wirksamkeit von Beschlüssen

44 Beschlüsse sind mit Erreichung der erforderlichen Mehrheit der abgegebenen Stimmen über den Beschlussantrag **sofort wirksam** (zu absolut nichtigen Beschlüssen s § 41 Rz 20); einer gesonderten Feststellung, Zustellung bzw Verständigung der nicht anwesenden Gesellschafter oder des FB-Gerichtes bedarf es für die Wirksamkeit nicht.[65]

---

60 Eine Verpflichtung zur Feststellung eines Beschlussergebnisses trifft den Vorsitzenden jedoch nicht; vgl *Sonnberger*, GES 2020, 288 (291) (außer dem Vorsitzenden ist klar u offenkundig, welchen Beschluss er festzustellen hat).
61 OGH 28.8.2013, 6 Ob 88/13d; 29.11.2016, 6 Ob 213/16s; *Fantur*, GES 2018, 269 (270) (werden stimmverbotswidrige Stimmen v Vorsitzenden mitgezählt, sind die verbotswidrigen Stimmen dennoch vorläufig gültig, sonst nicht).
62 *Enzinger* in Straube/Ratka/Rauter, GmbHG § 34 Rz 50.
63 OGH 18.12.1992, 6 Ob 588/92; 2.4.1993, 6 Ob 9/93; 20.3.2013, 6 Ob 23/13w, GES 2013, 246 (*Fantur*).
64 OGH 19.12.1991, 8 Ob 595/90, WBl 1992, 166.
65 *Enzinger* in Straube/Ratka/Rauter, GmbHG § 34 Rz 17; *Baumgartner/Mollnhuber/U. Torggler* in Torggler, GmbHG § 34 Rz 3, 23 (Beschlusswirkungen).

Beschlüsse auf Abänderung des GesV sind zwar ebenfalls sofort wirksam, die Abänderung des GesV hat jedoch **keine rechtliche Wirkung**, bevor sie in das FB eingetragen ist.[66] 45

Mitunter darf ein Beschluss der GV noch der gesonderten Zustimmung bestimmter Gesellschafter (besondere Zustimmungserfordernisse gem § 99 oder § 10 SpaltG – vgl dazu § 39 Rz 22); in diesem Fall ist der Beschluss **schwebend unwirksam**, solange die Zustimmung nicht vorliegt.[67] 46

Bedarf die Ausübung des Stimmrechtes der **pflegschaftsgerichtlichen Genehmigung**, ist der Beschluss schwebend unwirksam, solange die erforderliche Genehmigung nicht vorliegt (nicht jedoch der Beschluss selbst, sondern die Ausübung des Stimmrechts ist genehmigungspflichtig).[68] 47

K. Einmann-GmbH

Gesonderte Regelungen für die Beschlussfassung bei einer Einmann-GmbH bestehen nicht. Auch bei der Einmann-GmbH ist eine GV zulässig bzw erforderlich; eine formelle Einberufung ist nicht erforderlich. 48

Die Beschlussfassung erfolgt durch (nicht empfangsbedürftige) **Entschließung** des alleinigen Gesellschafters.[69] Eine unverzügliche Beurkundungspflicht (ähnlich gem § 18 Abs 5) besteht nicht. 49

L. Gebühr

Notarielle Protokolle über eine Versammlung der Gesellschafter unterliegen einer festen **Gebühr** gem § 14 TP 7 Abs 1 Z 4 lit b GebG (feste Gebühr v ersten Bogen: € 142,90).[70] Aus diesem Grund werden mitunter 50

---

[66] *Enzinger* in Straube/Ratka/Rauter, GmbHG § 34 Rz 18; *Baumgartner/Mollnhuber/U. Torggler* in Torggler, GmbHG § 34 Rz 4.
[67] *Enzinger* in Straube/Ratka/Rauter, GmbHG § 34 Rz 17; *Koppensteiner/Rüffler*, GmbHG³ § 34 Rz 7; *Baumgartner/Mollnhuber/U. Torggler* in Torggler, GmbHG § 34 Rz 4.
[68] *Enzinger* in Straube/Ratka/Rauter, GmbHG § 34 Rz 3.
[69] *Koppensteiner/Rüffler*, GmbHG³ § 34 Rz 18; *Baumgartner/Mollnhuber/U. Torggler* in Torggler, GmbHG § 34 Rz 2.
[70] Protokolle nach § 14 TP 7 Abs 1 Z 4 lit b GebG, die ausschließlich die Anpassung des GesV an die Bestimmungen des 1. Euro-Justiz-Begleitgesetzes zum

auch im Rahmen v GV keine (notariellen) Protokolle erstellt, sondern außerhalb der GV schriftliche Beschlüsse gefasst, die keiner Gebühr unterliegen.[71]

M. Beschlüsse ohne Generalversammlung

51 Auch ohne Abhaltung einer formellen GV kommt ein Beschluss der Gesellschafter dann zustande, wenn sich alle Gesellschafter nachweislich in der Sache **einig** sind. Besondere Förmlichkeit bei der Beschlussfassung werden daher nicht zwingend gefordert, wenn alle Gesellschafter zustimmen; auch mündliche u konkludente Beschlüsse sind grds möglich (vgl § 35 Rz 90 – kein Schriftformerfordernis).[72]

III. Schriftliche Zustimmung zum Beschlussantrag und Abstimmung im schriftlichen Weg

52 Anstatt einer GV können sich sämtliche Gesellschafter im Einzelfall ohne Abhaltung einer gesonderten Versammlung schriftlich mit der zu treffenden Bestimmung oder doch mit der Abstimmung im schriftlichen Weg einverstanden erklären.

53 Dabei ist die **Schriftlichkeit** nach § 886 ABGB zu verstehen; ausreichend wäre daher ein Original mit eigenhändiger Unterschrift, E-Mail

---

Gegenstand haben, sind gebührenfrei. Da nach § 13 Abs 4 GebG der Gebührenschuldner die Gebühr an die „Urkundsperson" zu entrichten hat, Urkundspersonen aber nur Notare u Legalisatoren sind, besteht keine Gebührenpflicht, wenn eine andere als eine Urkundsperson das Protokoll verfasst hat (vgl Gebühren-RL Rz 323).

71 *Baumgartner/Mollnhuber/U. Torggler* in Torggler, GmbHG § 34 Rz 6. Werden Gesellschafterbeschlüsse nicht in einer Versammlung gefasst, besteht ebenfalls keine Gebührenpflicht. Deshalb sind Umlaufbeschlüsse, dh außerhalb einer Versammlung im Wege der schriftlichen Beschlussfassung zustande gekommene Gesellschafterbeschlüsse, nicht gebührenpflichtig. Dies gilt auch für die bei einer Einmann-GmbH v einzigen Gesellschafter außerhalb der GV gefassten Beschlüsse (vgl Gebühren-RL Rz 323; VwGH 16.10.1989, 88/15/0090).

72 *Koppensteiner/Rüffler*, GmbHG³ § 34 Rz 26; *Baumgartner/Mollnhuber/U. Torggler* in Torggler, GmbHG § 34 Rz 11; RIS-Justiz RS0059949; RS0049358.

mit digitaler Signatur, eigenhändig unterfertigtes Original, übermittelt per Fax, sowie auch ein eigenhändig unterfertigtes, eingescanntes Original, übermittelt per E-Mail.[73] Nicht ausreichend wäre jedoch ein einfaches, nicht unterfertigtes E-Mail oder jede Form der mündlichen oder konkludenten Erklärung, sofern nicht im GesV ausdrücklich anders vorgesehen.

Verlangt das Gesetz für die Wirksamkeit des GV-Beschlusses oder für die nachfolgende Eintragung in das FB eine **beglaubigte Form**, so müssen die Unterschriften der Gesellschafter auf dem Umlaufbeschluss beglaubigt erfolgen. Erfolgt die Zustimmung u Stimmabgabe für einen Gesellschafter durch einen Bevollmächtigten, muss die Unterschrift des Gesellschafters auf der **Stimmrechtsvollmacht** jedoch auch dann nicht beglaubigt sein,[74] wenn die Unterschrift des Bevollmächtigten auf dem Umlaufbeschluss der Beglaubigung bedarf. 54

A. Arten der schriftlichen Beschlussfassung

Ein Beschlussfassung der Gesellschafter ist außerhalb einer GV dann möglich, wenn sich alle Gesellschafter (auch die nicht stimmberechtigten Gesellschafter) **schriftlich** 55

- mit der zu treffenden Bestimmung oder
- mit der Abstimmung im schriftlichen Weg

einverstanden erklären.[75] Das Erfordernis der Zustimmung aller Gesellschafter kann durch Regelung im GesV nicht abbedungen werden.[76]

---

73 *Enzinger* in Straube/Ratka/Rauter, GmbHG § 34 Rz 58, 61; *Koppensteiner/Rüffler*, GmbHG³ § 34 Rz 19; OGH 28.1.1999, 6 Ob 290/98k; zur Schriftlichkeit allg s RIS-Justiz RS004129; *Baumgartner/Mollnhuber/U. Torggler* in Torggler, GmbHG § 34 Rz 12.
74 Die Vertretungsbefugnis für eine ausländische jP muss hingegen in beglaubigter Form nachgewiesen werden (zur Stimmrechtsvollmacht u dem Erfordernis des Nachw der Vertretungsbefugnis vgl § 17 Rz 20).
75 *Enzinger* in Straube/Ratka/Rauter, GmbHG § 34 Rz 58; *Koppensteiner/Rüffler*, GmbHG³ § 34 Rz 19; *Baumgartner/Mollnhuber/U. Torggler* in Torggler, GmbHG § 34 Rz 11, 13.
76 *Baumgartner/Mollnhuber/U. Torggler* in Torggler, GmbHG § 34 Rz 17; *Ch. Nowotny*, RdW 2006/635, 685.

1. Einverständnis mit der zu treffenden Bestimmung

56 Im ersten Fall (schriftliches Einverständnis mit der zu treffenden Bestimmung) ist keine Abstimmung erforderlich, sondern **sämtliche Gesellschafter** erklären ihre schriftliche Zustimmung zum Beschlussantrag.[77] Gibt auch nur ein Gesellschafter diese Zustimmung nicht ab, kommt der Beschluss nicht zustande (vgl Rz 51).

2. Einverständnis mit der Abstimmung im schriftlichen Weg

57 Im zweiten Fall (schriftliches Einverständnis mit der Abstimmung im schriftlichen Weg) erklären die Gesellschafter zwar zunächst nicht ihre Zustimmung zum Beschlussantrag, jedoch ihre schriftliche Zustimmung zur Abstimmung der Gesellschafter auf schriftlichem Weg (somit ohne weitere Beratung).

58 Sollte auch nur ein Gesellschafter seine Zustimmung zur Abstimmung im schriftlichen Weg verweigern (eine Nicht-Äußerung wäre bereits schädlich; ein allfälliges Stimmverbot hinsichtlich einem der konkreten Tagesordnungspunkte ist dabei unbeachtlich), ist diese Form der Beschlussfassung nicht zulässig.[78]

59 Auch unter Anwesenden kann eine Abstimmung im schriftlichen Weg erfolgen.[79]

60 Zusätzlich zu einer allfälligen Zustimmung zur Abstimmung im schriftlichen Weg haben die Gesellschafter auch noch entspr über den zugrundeliegenden Beschlussantrag abzustimmen u ihr **Stimmrecht auszuüben**; das kann neben einer Pro-Stimme u einer Contra-Stimme auch eine Stimmenthaltung sein (zur Einschränkung des freien Stimmrechts aufgrund Treuepflicht s § 39 Rz 25). Daher ist es möglich, dass zwar alle Gesellschafter ihre Zustimmung zur Abstimmung im schriftlichen Weg erteilen, der Beschluss aber mangels Erreichung der erfor-

---

[77] *Enzinger* in Straube/Ratka/Rauter, GmbHG § 34 Rz 61; *Koppensteiner/Rüffler*, GmbHG³ § 34 Rz 19.

[78] Fehlt die ausdrückliche Zustimmung zur Abstimmung auf schriftlichem Weg, nimmt der Gesellschafter jedoch an der Abstimmung zum Beschlussantrag teil, gilt dies nach hM auch als Zustimmung zur Abstimmung auf schriftlichem Weg, sofern die Gesellschafter auf das Fehlen des Einstimmigkeitserfordernisses hingewiesen wurden (vgl *Koppensteiner/Rüffler*, GmbHG³ § 34 Rz 19; *Baumgartner/Mollnhuber/U. Torggler* in Torggler, GmbHG § 34 Rz 13).

[79] *Koppensteiner/Rüffler*, GmbHG³ § 34 Rz 19.

derlichen Mehrheit hinsichtlich des konkreten Beschlussantrags nicht zustande kommt.

Bei dieser Form der Beschlussfassung wird die nach dem Gesetz oder dem GesV zu einer Beschlussfassung der GV erforderliche Mehrheit nicht nach der Zahl der abgegebenen Stimmen (s dazu § 39 Rz 10), sondern gem § 34 Abs 2 zum Schutz der Gesellschafter nach der **Gesamtzahl der allen Gesellschaftern zustehenden Stimmen** berechnet. Eine Stimmenthaltung bei der Abstimmung über den zugrundeliegenden Beschlussantrag wird daher wie eine Contra-Stimme gezählt (zur Berechnung der erforderlichen Mehrheit s auch Rz 70, § 39 Rz 2, 10).[80]   **61**

Eine **bestimmte Frist**, binnen der die Gesellschafter sich über eine Zustimmung zur Abstimmung im schriftlichen Weg erklären müssen, besteht nicht. Auch wenn im Rahmen der Zustellung des Ansuchens auf Abstimmung im schriftlichen Weg eine Fristsetzung erfolgt, darf eine unterbliebene Rückäußerung nicht als Zustimmung (weder zur Abstimmung im schriftlichen Weg noch zum Antrag selbst) qualifiziert werden (das Erfordernis der Mitwirkung aller Gesellschafter kann durch GesV nicht ausgeschlossen werden).[81] Vielmehr verbleibt nur eine formelle Einberufung einer GV, sollte eine schriftliche Zustimmung (innerhalb einer allenfalls gesetzten Frist) nicht erfolgen oder jegliche Rückmeldung unterbleiben.   **62**

Die **Initiative** um schriftliche Beschlussfassung oder Abstimmung im schriftlichen Weg kann v **jedem Gesellschafter** ausgehen.[82] Einer Mindestbeteiligung oder die Angabe des Zwecks wie für ein Verlangen auf Einberufung einer GV nach § 37 (vgl zur Einladung einer GV durch einen Gesellschafter § 37 Rz 3) bedarf es dabei nicht.[83] Soweit die Ge-   **63**

---

80 *Enzinger* in Straube/Ratka/Rauter, GmbHG § 34 Rz 69; *Koppensteiner/Rüffler*, GmbHG³ § 34 Rz 1, 24.
81 *Enzinger* in Straube/Ratka/Rauter, GmbHG § 34 Rz 65; *Reich-Rohrwig*, GmbHR 324; unklar *Koppensteiner/Rüffler*, GmbHG³ § 34 Rz 1, 22; **aA** *Ch. Nowotny*, RdW 2006/635, 685 (686); *Wirthensohn*, GesRZ 2013, 139; *Harrer* in Gruber/Harrer, GmbHG § 34 Rz 78; *Pucher*, NZ 2010/43, 174. Eine Regelung im GesV, wonach die Zustimmung zur Durchführung des Umlaufverfahrens als erteilt gilt, sofern sich ein Gesellschafter nicht binnen einer gesetzten Frist ab Zugang des Beschlussantrags gegen die Abstimmung im Umlaufverfahren ausspricht, ist uE dementspr unzulässig. Selbst wenn dies für zulässig angesehen wird, ist jedenfalls die Fiktion einer positiven Zustimmung zum Beschlussantrag str (*Reich-Rohrwig*, GmbHR 324 u *Pucher*, NZ 2010/43, 174 gehen v einer unzulässigen Festlegung aus).
82 *Koppensteiner/Rüffler*, GmbHG³ § 34 Rz 20.
83 *Baumgartner/Mollnhuber/U. Torggler* in Torggler, GmbHG § 34 Rz 13.

schäftsführung zur Einberufung der GV verpflichtet ist, kann die Initiative um schriftliche Beschlussfassung oder Abstimmung im schriftlichen Weg auch v der **Geschäftsführung** ausgehen.

64 Nach hM kommt der **Beschluss dann zustande**, wenn die schriftlichen Zustimmungserklärungen aller Gesellschafter demjenigen Gesellschafter zugegangen sind, der die schriftliche Beschlussfassung initiiert hat.[84] Eine neuerliche Zustellung aller Zustimmungserklärungen an alle Gesellschafter oder der Zugang an die Gesellschaft ist für die Wirksamkeit des Beschlusses nicht erforderlich. Zur Anfechtung u Nichtigkeit v derartigen Beschlüssen s § 41 Rz 16, 37, 82; zur Verpflichtung der Aufnahme v Beschlüssen in eine Niederschrift u der Zusendung an die Gesellschafter s § 40 Rz 12.

65 Die Zustimmungserklärungen müssen nicht v allen Gesellschaftern auf einem Dokument abgegeben werden (kein Umlaufverfahren ieS); eine sternförmige Verteilung u Einholung aller Zustimmungserklärungen auf **versch Dokumenten** ist ausreichend.

B. Zwingende Abhaltung einer Generalversammlung

66 Die schriftliche Beschlussfassung u die Abstimmung im schriftlichen Weg erfordern jew die Zustimmung aller Gesellschafter. Liegen diese Zustimmungen vor, so kann grds v dem **Erfordernis einer GV abgegangen** werden.[85]

67 Gesetzliche oder gesv Bestimmungen, die einen Beschlussfassung in der GV vorschreiben, so auch in den Fällen des § 36 Abs 2 (Verlust der Hälfte des Stammkapitals, Unterschreiten der Eigenmittelquote unter 8 % oder eine fiktive Schuldentilgungsdauer v mehr als 15 Jahren), können daher auch trotz dieser Formulierung schriftlich gefasst oder darüber eine Abstimmung im schriftlichen Weg erfolgen. Dies gilt uE auch dann, wenn der GesV eine Vinkulierungsklausel enthält, wonach die Zustimmung v der GV zu erteilen ist; auch hier muss eine schriftliche Beschlussfassung u die Abstimmung im schriftlichen Weg ausreichen (zur Zustimmung bei Vinkulierung s § 76 Rz 17). Lediglich für den Fall der verschmelzenden **Umwandlung** u der errichtenden Umwandlung ist

---

[84] *Enzinger* in Straube/Ratka/Rauter, GmbHG § 34 Rz 67; *Koppensteiner/Rüffler*, GmbHG³ § 34 Rz 23; *Fantur*, RdW 1998, 30 (31).
[85] *Baumgartner/Mollnhuber/U. Torggler* in Torggler, GmbHG § 34 Rz 10.

nach hM eine GV **zwingend** erforderlich u wird eine schriftliche Beschlussfassung als nicht ausreichend angesehen.

Durch Regelung im GesV kann die Möglichkeit einer schriftlichen Beschlussfassung u der Abstimmung im schriftlichen Weg ausgeschlossen werden.[86] **68**

C. Notarielle Beurkundung

Auch in den Fällen, in denen das Gesetz eine **beglaubigte Form** oder eine **notarielle Beurkundung** vorschreibt (bspw § 98 für die Verschmelzung – vgl § 98 Rz 7 u § 101 Rz 7, 9; § 8 Abs 4 SpaltG für die Spaltung; § 4 Abs 2 GesAusG), ist eine schriftliche Beschlussfassung oder Abstimmung im schriftlichen Weg zumindest bei Umgründungen **zulässig** (str).[87] Es bedarf daher keiner gesonderten GV mit einem notariellen Protokoll gem § 87 NO über die GV (die entspr Bestimmungen verweisen auf eine „notarielle Beurkundung" u nicht auf ein notarielles Protokoll gem § 87 NO). **69**

D. Berechnung der Mehrheit bei Abstimmung im schriftlichen Weg

Ob ein Beschluss im Rahmen einer GV die erforderliche Mehrheit erzielt, ist aufgrund der in der GV **abgegebenen Pro- u Contra-Stimmen** zu beurteilen; aktive Stimmenthaltungen, Nichtteilnahme an der Abstimmung, nicht gültig abgegebene Stimmen u Stimmen v nicht anwesenden oder nicht wirksam vertretenen Gesellschaftern werden dabei nicht berücksichtigt (zur Feststellung der erforderliche Mehrheit im Rahmen einer GV s § 39 Rz 2). **70**

Bei der Abstimmung im schriftlichen Weg wird die nach dem Gesetz oder dem GesV zu einer Beschlussfassung der GV erforderliche Mehrheit nicht nach der Zahl der abgegebenen, sondern nach der **Gesamtzahl** **71**

---

86 *Baumgartner/Mollnhuber/U. Torggler* in Torggler, GmbHG § 34 Rz 16.
87 Dazu ausf *Enzinger* in Straube/Ratka/Rauter, GmbHG § 34 Rz 63 (die Beurkundungsfähigkeit des Beschlusses hängt nicht davon ab, ob der Beschluss in einer GV gefasst wird); aA *Koppensteiner/Rüffler*, GmbHG³ § 34 Rz 21. Zur Beschlussfassung bzw Abstimmung im schriftlichen Weg bei Verschmelzungen vgl § 98 Rz 7, § 101 Rz 7, 9; ansonsten zur Unzulässigkeit bei Änderung des GesV vgl allerdings § 49 Rz 5.

der allen Gesellschaftern zustehenden Stimmen berechnet. Auch Stimmenthaltungen oder nicht gültig abgegebene Stimmen werden somit wie Contra-Stimmen berücksichtigt. Dies kann dazu führen, dass ein Beschluss – trotz gleichem Stimmverhalten aller Gesellschafter – zwar im Rahmen einer GV, nicht jedoch bei einer Abstimmung im schriftlichen Weg zustande kommen würde (zur Bedeutung auch eines negativen Beschlusses s Rz 25).

§ 35. (1) Der Beschlußfassung der Gesellschafter unterliegen nebst den in diesem Gesetze an anderen Stellen bezeichneten Gegenständen:

1. die Prüfung und Feststellung des Jahresabschlusses, die Verteilung des Bilanzgewinns, falls letzterer im Gesellschaftsvertrag einer besonderen Beschlußfassung von Jahr zu Jahr vorbehalten ist, und die Entlastung der Geschäftsführer sowie des etwa bestehenden Aufsichtsrats; diese Beschlüsse sind in den ersten acht Monaten jedes Geschäftsjahrs für das abgelaufene Geschäftsjahr zu fassen;
2. die Einforderung von Einzahlungen auf die Stammeinlagen;
3. die Rückzahlung von Nachschüssen;
4. die Entscheidung, ob Prokura oder Handelsvollmacht zum gesamten Geschäftsbetriebe erteilt werden darf;
5. die Maßregeln zur Prüfung und Überwachung der Geschäftsführung;
6. die Geltendmachung der Ersatzansprüche, die der Gesellschaft aus der Errichtung oder Geschäftsführung gegen die Geschäftsführer, deren Stellvertreter oder den Aufsichtsrat zustehen, sowie die Bestellung eines Vertreters zur Prozeßführung, wenn die Gesellschaft weder durch die Geschäftsführer noch durch den Aufsichtsrat vertreten werden kann;
7. der Abschluß von Verträgen, durch welche die Gesellschaft vorhandene oder herzustellende, dauernd zu ihrem Geschäftsbetriebe bestimmte Anlagen oder unbewegliche Gegenstände für eine den Betrag des fünften Teiles des Stammkapitals übersteigende Vergütung erwerben soll, sowie die Abänderung solcher Verträge zu Lasten der Gesellschaft, sofern es sich nicht um den Erwerb von Liegenschaften im Wege der Zwangsversteigerung handelt. Dieser Beschluß kann nur mit einer Mehrheit von drei Vierteilen der abgegebenen Stimmen gefaßt werden.

(2) ¹Die Gegenstände, die der Beschlußfassung durch die Gesellschafter unterliegen sollen, können im Gesellschaftsvertrag vermehrt oder verringert werden. ²Jedoch muß über die in Abs. 1 Z 1, 3 und 6 bezeichneten Gegenstände immer, über den in Abs. 1 Z 7 bezeichneten Gegenstand jedenfalls in den ersten zwei Jahren nach der Eintragung der Gesellschaft ein Beschluß der Gesellschafter eingeholt werden.

idF BGBl 1996/304

Literatur: *Aburumieh*, Gesellschaftsrecht und Matrixorganisation, GES 2019, 336; *Aburumieh*, Das Up-stream-Darlehen ist tot – hoch lebe das Up-stream-Darlehen! ecolex 2020, 1073; *Aburumieh*, Zur internationalen Zuständigkeit für Ansprüche aus verbotener Einlagenrückgewähr, GesRZ 2020, 337; *Aburumieh/Hoppel*, Die streitige Gesellschafterversammlung, in Adensamer/Mitterecker, Handbuch Gesellschafterstreit (2021) 185; *Aburumieh/Hoppel*, Das kleine Einmaleins der Gesellschafterfinanzierung, RdW 2020/518, 739, RdW 2020/570 830; *Arlt*, Pflicht zur Anfechtung von Gewinnausschüttungsbeschlüssen, GesRZ 2014, 351; *Arlt/Jirovsky*, (Konzern-)Organisationen im Spannungsfeld rechtlicher Grenzen, GRAU 2021, 5; *Assadi/Ettmayer*, Zum Verhältnis zwischen Aufsichtsrat und Generalversammlung, RWZ 2017/79, 373; *Bertl/Fraberger*, Ausschüttungssperren, RWZ 1996, 269; *Bork/Oepen*, Schutz des GmbH-Minderheitsgesellschafters vor der Mehrheit bei der Gewinnverteilung, ZGR 2002, 241; *Busch/Moser*, Zur Frage der unterjährigen Auflösung (und Ausschüttung) von Rücklagen bei Kapitalgesellschaften, SWK 27/2007, W 131; *P. Doralt*, Zur gesonderten Abstimmung bei Entlastung von Vorstands- und Aufsichtsratsmitgliedern, in FS Wagner (1987) 75; *Drobnik/U. Torggler*, Veräußerung des GmbH-Vermögens, übertragende Auflösung und Holzmüller/Gelatine, RdW 2020/312, 418 (Teil I); RdW 2020/366, 513 (Teil II); *Ebner/Wild*, Die verdeckte Einlagenrückgewähr im Steuerrecht – Abgrenzung zwischen verdeckter Einlagenrückgewähr, Einlagenrückzahlung, offener und verdeckter Ausschüttung, RWZ 2018/44, 236; *Eckert*, Entnahmen und Gesellschafterverrechnungskonten in der Insolvenz der GmbH, in Konecny (Hg), Insolvenz-Forum 2016, 17; *Endfellner*, Die alineare Gewinnausschüttung einer GmbH im Ertragssteuerrecht, eine Alternative zur üblichen linearen Gewinnausschüttung, taxlex 2019, 36; *Entleitner*, Ausgewählte Beschränkungen der vertraglichen Gestaltungsfreiheit im GmbH-Recht, NZ 2018/92, 281; *Fantur*, Die GmbH – Gestaltungsfragen aus der anwaltlichen Praxis, GES 2006, 335; *Fantur*, Anspruchsverfolgung gegen Geschäftsführer und Gesellschafter durch Minderheitsgesellschafter in der Praxis, in FS Koppensteiner (2016) 83; *Fellner/Rüffler/Seekirchner*, Gewinnausschüttungen während der COVID-19-Krise, ÖBA 2020, 385; *Feltl*, Gesellschaftsrechtliche Aspekte beim Abschluss von Betriebspachtverträgen, RdW 2013/117, 119; *Feltl*, Wankelmut tut selten gut: Zur nachträglichen Modifikation von Ergebnisverwendungsbeschlüssen im Recht der GmbH, GesRZ 2018, 142; *Fleischer*, Vorstandsverantwortlichkeit in Spartenorganisation und virtueller Holding, BB 2017, 2499; *Fleischer*, Mitgliedschaftliche Treuepflichten: Bestandsaufnahme und Zukunftsperspektiven, GesRZ 2017, 362; *Fleischer/Trinks*, Minderheitenschutz bei der Gewinnthesaurierung in der GmbH, NZG 2015, 289; *H. Foglar-Deinhardstein*, Schwere Kost – Neues zur verbotenen Einlagenrückgewähr bei der verdeckten Kapitalgesellschaft und zur Abschlussprüferhaftung, GES 2021, 159; *Frenzel*, Dringende Maßnahmen der Geschäftsführung und eilende Gesellschafterbeschlüsse in der GmbH, ecolex 2017, 525, 676; *Gassauer-Fleissner*, Der Zeitpunkt der Entlastung von während eines Geschäftsjahres ausscheidenden Mitgliedern des Aufsichtsrates oder des Vorstandes einer AG, GesRZ 1992, 199; *Geist*, Die Pflicht zur Berichtigung nichtiger Jahresabschlüsse bei Kapitalgesellschaften, DStR 1996, 306; *Gelter*, Abberufung einer gerichtlich bestellten Liquidatorin, GesRZ 2019, 198; *Gonaus/Schmidsberger*, Nichtzustandekommen eines (positiven) Gewinnverwendungsbeschlusses in der GmbH: Vollausschüttung oder Thesaurierung?, RdW 2020/15, 7; *E. Gruber*, Das Recht eines GmbH-Gesellschafters auf Beratung durch einen RA in der Gesellschafterversammlung, RdW 1993, 271; *J. P. Gruber*, Interessenkollision bei der Entlastung des Aufsichtsrats, AR aktuell 6/2015, 43; *J. P. Gruber*, Veräußerung des Gesellschaftsvermögens, AR aktuell 4/2018, 30; *M. Gruber/Zehetner*, Großinvestitionen in der GmbH, GES 2008, 368; *R. Gruber*, Aufrechnung mit einem Anspruch aus verbotener Einlagenrückgewähr, GesRZ 2017, 399; *Gurmann/Eberhardt*, Organhaftung und Rechtsfolgen der Entlastung, GES 2012, 119; *Gurmann/Eberhardt*, Stimmverbot und Anfechtung der Entlastung eines Gesellschafter-Geschäftsführers, RdW 2014/81, 59; *Gutbrod*, Vom Gewinnbezugsrecht zum Gewinnanspruch des GmbH-Gesellschafters, GmbHR 1995, 551; *Harrer*, Plädoyer für die Abschaffung des § 35 Abs 1 Z 7 GmbHG, in FS Jud (2012) 181; *Harrer*, Kompetenzprobleme im Recht der GmbH, in FS Koppensteiner (2016) 129; *Harrer*, Satzungsauslegende Beschlüsse, GES 2017, 4; *Harrer*, Zum Abschluss eines Geschäftsführervertrages – Bemerkungen aus aktuellem Anlass (6 Ob 55/20m), wbl 2021, 84; *Hartlieb/Simonishvili*, Mangelhafte Entlastungsbeschlüsse, GesRZ 2014, 343; *Heusel/Goette*, Zum Gewinnausschüttungsanspruch bei Pattsituationen in der GmbH, GmbHR 2017, 385; *Huemer*, Ersatzweise Feststellung von Jahresabschlüssen durch das Firmenbuchgericht?, RdW 2005/812, 732; *Hügel*, Zwischenausschüttungen bei der GmbH, GesRZ 2016, 100; *Jud*, Zur Genehmigungspflicht von Großinvestitionen in einer GmbH, GesRZ 1979, 142; *Kalss*, Vollmachtsmissbrauch bei der organschaftlichen Vollmacht – Handlungspflichten für die Organe, GesRZ 2020, 158; *Kalss*, Öffentliche Förderungen und Dividendenausschüttungen in COVID-19-Zeiten, GesRZ 2020, 77; *Kalss/Zollner*, Blockabstimmung im Aufsichtsrat – Zur Zulässigkeit der Abstimmung en bloc am Beispiel der Abberufung von Vorstandsmitgliedern, GesRZ 2005, 66; *Kastner*, Bemerkungen zu § 35 Abs 1 Z 7 GmbH Gesetz, GesRZ 1980, 97; *Kastner*, Zur Mitgliedschaft an mehreren Organen derselben Gesellschaft, in GedS Schönherr (1986) 193; *Koppensteiner*, Gewinnabführung und Satzung, in FS Krejci (2001) 735; *Koppensteiner*, Durchsetzung von Gewinnansprüchen der Minderheit bei GmbH und OG, RdW 2018/322, 412; *Koppensteiner*, Rechtswidrige Stimmabgabe, Beschlussmängel und positive Beschlussfeststellung, GesRZ 2019, 132; *Kraus*, Kompetenzverteilung bei der GmbH, ecolex 1998, 631; *Kraus*, Her mit dem Gewinn oder ich …? – Eine Tour d'Horizon durch 6 Ob

219/19b, RdW 2020/423, 595; *Krejci*, Zur nachträglichen Aufhebung eines Feststellungsbeschlusses über den Jahresabschluss bzw eines Gewinnverteilungsvorschlages des Vorstandes und Aufsichtsrates einer AG, wbl 1992, 253; *Linder/Schenk*, Aktuelle Rechtsprechung zur Zustimmungspflicht bei Übertragung des ganzen Vermögens einer GmbH, WEKA News 28.12.2018 (Dokument-ID 1013893); *Maschmann*, Das Weisungsrecht im Matrix-Konzern, NZA 2017, 1557; *Milchrahm*, Zustimmung der Gesellschafter bei Veräußerung des Unternehmens und bei Veräußerung des gesamten Vermögens, GesRZ 2019, 280; *Mitterecker*, Nachtragsausschüttungen bei der GmbH, ecolex 2018, 729; *G. Moser*, Gewinnausschüttung aus einer GmbH und einer AG in einer Verlustsituation – ein gesellschaftsrechtlicher Vergleich, GesRZ 2008, 280; *Müller*, Reichweite der Vertretungsmacht des GmbH-Geschäftsführers bei der Veräußerung des gesamten Gesellschaftsvermögens, NZG 2019, 807; *Napokoj/Pelinka*, Der Beteiligungsvertrag (2017); *Nicolussi*, Wiederkaufsrecht und Gesamtrechtsnachfolge, zugleich eine Besprechung von OGH 18.12.2019, 5 Ob 136/19i, und OGH 21.1.2020, 1 Ob 173/19a, GesRZ 2020, 132; *Ch. Nowotny*, Verfahrensfragen bei der Entlastung von Gesellschaftsorganen, GesRZ 1984, 161; *Ch. Nowotny*, Anspruch auf Entlastung bei der GmbH? RdW 1986, 263; *Ch. Nowotny*, Managerhaftung: Entlastung unter Vorbehalt, RdW 1996, 457; *Obergruber/U. Torggler*, Ressortaufteilung unter GmbH-Geschäftsführern, RdW 2019/642, 811; *Pöltner*, Der Notgeschäftsführer in der GmbH (2002); *Rastegar*, § 48 GmbHG und Dispositionen über den Anspruch, RdW 2019/400, 517; *Rauter*, Unternehmensverkauf bei GmbH – welches Quorum?, JAP 2018/2019, 35; *Rauter*, Der Einsatz von Servicegesellschaften aus gesellschaftsrechtlicher Perspektive, GRAU 2020/3, 5; *Reich-Rohrwig/Thiery*, Exekution auf Stammeinlageforderungen, ecolex 1992, 91; *Ritt-Huemer*, Sachdividende, stille Reserven und Ausschüttungssperre, RdW 2019/61, 77; *Rüffler*, Lücken im Umgründungsrecht (2002); *Rüffler*, Der Konkurrent als Gesellschafter – Kartellrecht und Stimmverbot, GES 2019, 272; *Rüffler*, Das Gesellschaftsrecht in Zeiten der Cholera, GES 2020, 117; *Schauf*, Rolle und Kompetenzen des GmbH-Geschäftsführers in einer Matrixstruktur, BB 2017, 2883; *Schima*, Weisung und Zustimmungsvorbehalt als Steuerungsmittel in der GmbH, in FS Koppensteiner (2016) 259; *Schimmer*, Sachausschüttungen aus gesellschafts-, bilanz- und steuerrechtlicher Perspektive, ÖStZ 2018/724, 561; *Schmidt*, Satzungsgemäße Gewinnverwendungsklauseln bei Kapitalgesellschaften, in FS Doralt (2004) 597; *Schneiderbauer/Simonishvili/Hutzl*, Der Nachlass als GmbH-Gesellschafter, GesRZ 2017, 216; *Schopper/Walch*, Nachträgliche Änderung eines Gewinnverwendungsbeschlusses, ecolex 2015, 392; *Schopper/Walch*, Ausgewählte Fragen zur Gewinnverwendung und -verteilung im Kapitalgesellschaftsrecht, NZ 2018/147, 441; *Schwärzler*, Die Vorwegzustimmung zur alinearen Gewinnverteilung im Gesellschaftsvertrag einer GmbH, NZ 2016/156, 442; *Seibt/Wollenschläger*, Trennungs-Matrixstrukturen im Konzern, AG 2013, 229; *Semler/Volhard/Reichert* (Hg), Arbeitshandbuch für die Hauptversammlung[5] (2021); *Sethe*, Die aktienrechtliche Zulassung der sogenannten „Teilentlastung", ZIP 1996, 1321; *Sonnberger*, Zur Gesellschafterzustimmung bei Veräußerung des Unternehmens einer OG/KG, wbl 2019, 181; *Stanek*, Die alineare Gewinnverteilung durch Gesellschafterbeschluss in Gesellschafts- und Steuerrecht – OGH 6 Ob 143/16x, GES 2017, 266; *Stanek*, Zur Bewertung von Sachdividenden im Gesellschafts-, Bilanz- und Steuerrecht, GesRZ 2018, 295; *Steiner*, Die Generalversammlung und die gerichtliche Abberufung von Geschäftsführern, wbl 2017, 69; *Stingl*, Zur Haftung von Beiratsmitgliedern einer AG, GES 2005, 359; *Swoboda*, Ausgestaltung von Stimmbindungen, ecolex 2019, 519; *Thelen*, Zur Teilnichtigkeit eines Ausschüttungsbeschlusses wegen Verstoßes gegen § 235 UGB, RWZ 2019/77, 361; *Thöni*, Unwirksame Gesellschafterbeschlüsse, GesRZ 1996, 137; *U. Torggler/H. Torggler*, Zur Frage der unterjährigen Auflösung (und Ausschüttung) von Rücklagen bei Kapitalgesellschaften, GBU/10/08; *Umfahrer*, GmbH: Streit um die Gesellschafterstellung, GesRZ 2018, 182; *Walch*, Die Verjährung von Gewinnauszahlungsansprüchen, Fragen an der Schnittstelle von Zivil- und Gesellschaftsrecht, GesRZ 2019, 308; *Walcher*, Satzungsdurchbrechungen bei AG und GmbH, GES 2019, 114; *Weilinger*, Die Aufstellung und Feststellung des Jahresabschlusses im Handels- und Gesellschaftsrecht (1997); *Welser/Zivny*, Der vergessene § 30c GmbHG und gesellschaftsrechtliche Treuepflichten, RdW 2021/428, 542; *Wenger*, Zur Bedeutung von § 35 Abs 1 Z 7 GmbHG, RWZ 2007/59, 199; *Wenger*, Zur Offenlegung eines „vorläufigen" Jahresabschlusses, RWZ 2012/104, 357; *Wimmer*, Zum (Minderheits-) Gesellschafterschutz im GmbH-Recht bei Unternehmensverkäufen – Zugleich eine Besprechung der E OGH 26.4.2018, 6 Ob 38/18h, NZ 2018/130, 401; *Wünsch*, Gedanken zur Klage auf Entlastung der GmbH-Organe, in FS Fasching I (1988) 531; *Zehetner/Cetin*, Die Abschlagszahlung auf den Bilanzgewinn (Zwischendividende, Halbjahresdividende, Vorabdividende) nach § 54a AktG und § 59 dAktG im Rechtsvergleich, GES 2017, 12; *Zib*, Der Notgeschäftsführer – Geschäftsführer oder Supersheriff? in Schuhmacher/Stockenhuber/Straube/Torggler/Zib, FS Aicher (2012) 895; *Zimmermann*, Veräußerung des gesamten Unternehmens einer GmbH, GesRZ 2018, 303.

Inhaltsübersicht

I. Grundsätzliches – Gesellschafterzuständigkeiten und deren Abdingbarkeit	1–20
A. Gesellschafterversammlung als oberstes Organ	1–7
B. Gesetzlich zwingende Zuständigkeiten (insbesondere auch Abs 2)	8, 9
C. Gestaltungsmöglichkeiten	10–20
1. Parallele Zuständigkeiten	10, 11
2. Erweiterte Zuständigkeiten	12–15
3. Reduzierte Zuständigkeiten	16–19
4. Dritte Entscheidungsträger	20
II. Kompetenzen gemäß § 35 Abs 1	21–110
A. Feststellung des Jahresabschlusses, Gewinnverteilung, Entlastung (Z 1)	21–68
1. Ordentliche Generalversammlung	23–30
2. Feststellung des Jahresabschlusses	31–38
3. Gewinnverwendung	39–54
4. Entlastung	55–68

B. Einforderung von Einzahlungen auf die
   Stammeinlagen (Z 2) 69–72
C. Rückzahlung von Nachschüssen (Z 3) 73
D. Prokura und Handelsvollmacht (Z 4) 74–76
E. Prüfung/Überwachung der Geschäftsführung (Z 5) ... 77–83
F. Geltendmachung von Ersatzansprüchen und
   Prozessvertretung (Z 6) 84–98
   1. Geltendmachung von Ersatzansprüchen 87–91
   2. Prozessvertretung 92–98
G. Erwerb von Anlagevermögen (Z 7)................ 99–110

I. Grundsätzliches – Gesellschafterzuständigkeiten und deren Abdingbarkeit

A. Gesellschafterversammlung als oberstes Organ

Die GV ist **oberstes Organ** der Gesellschaft (vgl auch § 34 Rz 5).[1] Ihr **1** kommt die E über die Erweiterung (vgl Rz 12 ff) oder Reduzierung (vgl Rz 16 ff) ihrer eigenen Kompetenzen zu (**Kompetenz-Kompetenz**, vgl Abs 2).

Auch dort, wo v der Kompetenz der GV die Rede ist, ist grds an deren Stelle ein **Umlaufbeschluss** der Gesellschafter zulässig (vgl § 34 **2** Rz 67, vgl auch § 36 Rz 27), sofern die Voraussetzungen des § 34 eingehalten werden[2] u das Gesetz nicht zwingend anderes vorgibt (zB aufgrund v Beurkundungserfordernissen, vgl etwa § 49 Rz 44 f, s aber auch § 98 Rz 7 u § 101 Rz 8; vgl zu weiteren Ausnahmen § 34 Rz 67 aE; zu Ausnahmen iZm Minderheitsrechten vgl § 36 Rz 27 aE u § 36 Rz 50) oder der GesV überhaupt die Anwendung v § 34 ausschließt (vgl § 34 Rz 68). Spricht das Gesetz oder der GesV v einer **Kompetenz der Gesellschaft**, kann auch dies (zumindest im Innenverhältnis) die Kompetenz der GV bedeuten.[3] Unter bestimmten Voraussetzungen sind freilich auch formlose Beschlussfassungen zulässig.[4]

---

1 *Koppensteiner/Rüffler*, GmbHG³ § 35 Rz 2.
2 Auf die Einhaltung dieser Vorgaben kommt es nicht an, wenn alle Gesellschafter einvernehmlich einen Beschluss fassen, vgl OGH 4.3.1953, 1 Ob 112/53; RIS-Justiz RS0017918 (zur stillschweigenden Genehmigung v GF-Maßnahmen).
3 Vgl zur Anteilsvinkulierung OGH 4.12.1974, 5 Ob 288/74; s auch § 76 Rz 17.
4 OGH 20.12.1995, 7 Ob 633/95. Zur schriftlichen Abstimmung bei der Flex-KapG s § 7 FlexKapGG.

3 In § 35 manifestiert sich die tragende Rolle der GV; jedoch ist einerseits § 35 selbst zT disponibel (vgl noch Rz 8), andererseits bestehen umfassende weitere **GV-Kompetenzen**,[5] zB: GesV-Änderung (§ 49)[6] inkl Kapitalerhöhung (§ 52) u Kapitalherabsetzung (§ 54); Auflösung (§ 84) samt Fortsetzungsbeschluss (vgl dazu § 84 Rz 47 ff); Verschmelzung (§ 98); Spaltung (SpaltG); Umwandlung (UmwG bzw § 245 ff AktG); Ausschluss v Gesellschaftern gem GesAusG (vgl dazu § 66 Rz 18 ff). Die genannten weiteren GV-Kompetenzen (GesV-Änderung, Verschmelzung etc) sind als sog **Grundlagenbeschlüsse** zwingend bei der GV angesiedelt.[7]

4 Auf eine **ausdrückliche** Zuordnung der Kompetenz zur GV durch Gesetz oder GesV kommt es grds nicht an (vgl aber Rz 15);[8] dh auch außerhalb der ausdrücklichen Kompetenz-Zuordnungen gibt es GV-Kompetenzen (vgl auch noch Rz 5 f). Ist umgekehrt im GesV eine eindeutige Aufgabenzuordnung zugunsten eines anderen Organs vorgesehen, darf nach der Rsp die GV die Kompetenz grds nicht anlassbezogen an sich ziehen, jedoch uU ggt Weisungen erteilen (vgl noch Rz 11, 14).[9] Zu überlegen wäre, ein An-sich-Ziehen im Einzelfall zumindest mit GesV-ändernder Mehrheit zuzulassen (vgl zur Satzungsdurchbrechung § 49 Rz 26 ff).[10]

5 Zu den Grundlagengeschäften u daher zu den zwingenden GV-Kompetenzen (vgl schon Rz 3) gehören zB auch der Abschluss v **Unternehmensverträgen** u die **Veräußerung des wesentlichen Geschäftsbetriebs** (vgl dazu § 20 Rz 21, 25, s sogleich zu **6 Ob 38/18h**); nicht rechtssicher geklärt ist die Kompetenzabgrenzung (vgl auch Rz 13) bei

---

5 Ein ausf Überblick zu GV-Kompetenzen findet sich etwa bei *Reich-Rohrwig* in Reich-Rohrwig/Ginthör/Gratzl, HB GV[2] Rz 1.26 ff; vgl zB auch die Übersicht bei *Kraus*, ecolex 1998, 631 f.
6 Zum Meinungsstand betr GV-Kompetenz zur Fassung satzungsauslegender Beschlüsse s *Harrer*, GES 2017, 4.
7 Vgl die weiterführenden Auflistungen bei *Enzinger* in Straube/Ratka/Rauter, GmbHG § 35 Rz 109 u *Koppensteiner/Rüffler*, GmbHG[3] § 35 Rz 45.
8 RIS-Justiz RS0060080; OGH 4.12.1974, 5 Ob 288/74 (*„Die Vorschrift des § 35 letzter Absatz GmbHG ist nicht dahin zu verstehen, daß die GV ausschließlich über Gegenstände zu entscheiden berechtigt ist, die ihr durch das Gesetz oder den Gesellschaftsvertrag zugewiesen werden"*).
9 OGH 18.2.1932, 2 Ob 1237/31, SZ 14/28.
10 Auch der OGH nennt in SZ 14/28 (s vorhergehende FN) für ein Abgehen v GesV als wesentliches Kriterium (*„insbesondere"*) die GesV-ändernde Mehrheit.

Ausgliederung (bloß) des wesentlichen (nicht aber des gesamten) Geschäftsbetriebs in Töchter (Stichwort: Mediatisierung u **Holzmüller-Doktrin**).[11]

Zur **Veräußerung des wesentlichen Gesellschaftsvermögens** hat der OGH (6 Ob 38/18h)[12] (anders der BGH, vgl Kap dGmbH § 179a dAktG Rz 1 ff mit vergleichender Folgefragenbetrachtung aus dt Sicht)[13] ausgesprochen, dass das Fehlen des Gesellschafterbeschlusses bei Veräußerung des iSd § 237 AktG „ganzen" Vermögens nach außen durchschlägt. Hierunter fällt indes bereits die Veräußerung **wesentlicher** Teile der Vermögensaktiven,[14] unabhängig v der Übernahme v Passiva, sofern die Veräußerung als solche – somit ohne weitere Maßnahmen – materiell eine Änderung des Unternehmensgegenstands bewirken würde oder sachlich eine Abwicklung der Gesellschaft praktisch vorwegnähme.[15] Dies gilt nach dem OGH nicht nur bei Kollusion u gleichgültig, ob ein Gesellschafter[16] oder ein Dritter er-

5a

---

11 Vgl dazu etwa den Überblick bei *Reich-Rohrwig* in Reich-Rohrwig/Ginthör/Gratzl, HB GV² Rz 1.93; vgl zB auch *Wimmer*, NZ 2018/130, 401 (405 ff). Der OGH hat die Geltung der Holzmüller-Doktrin zur AG in der E v 11.3.1996, 1 Ob 566/95 u in der E v 9.10.2014, 6 Ob 77/14p offen gelassen, in der letztgenannten E aber auf die nahezu einhellige Befürwortung in der öL hingewiesen u weiters ausgesprochen, dass auch bei Fehlen eines HV-Beschlusses (dh bei ungeschriebener HV-Zuständigkeit) die Vorstandsmaßnahme **außenwirksam** sei.
12 OGH 26.4.2018, 6 Ob 38/18h. Anders aber (zur ungeschriebenen HV-Kompetenz) OGH 9.10.2014, 6 Ob 77/14 (s vorhergehende FN).
13 Der OGH stützt sich in der E-Begr auch auf die dt Rechtslage, vgl Rz 3.3 der E 6 Ob 38/18h – die in Dtl inzwischen maßgebliche BGH-E erging erst später (BGH 8.1.2019, II ZR 364/18). Gerade weil sich der OGH daneben vs auf *Rüffler* (s FN 17) beruft, ist v einem Abgehen v dieser OGH-Rsp-Linie, also dann dem BGH folgend, eher nicht auszugehen.
14 Vgl dazu etwa auch *Drobnik/U. Torggler*, RdW 2020/312, 418 (421 – s dort auch den Vorschlag einer Grundregel: Übertragung v mehr als 75 % des betriebsnotwendigen Vermögens löst Zustimmungserfordernis aus); s zur Begriffsdefinition des wesentlichen Vermögens zu § 237 AktG etwa *Hartig* in Napokoj/H. Foglar-Deinhardstein/Pelinka, AktG § 237 Rz 20 u *Gall* in Doralt/Nowotny/Kalss, AktG³ Rz 6 (je unter Ablehnung v Schwellenwerten).
15 Vgl Rz 3.2.2 iVm Rz 3.4 der OGH-E 26.4.2018, 6 Ob 38/18h. S zum Begriff des „ganzen" Vermögens iSd § 237 Abs 1 AktG etwa auch *Hartig* in Napokoj/H. Foglar-Deinhardstein/Pelinka, AktG § 237 Rz 16 ff.
16 Dann stellt sich zusätzlich die Frage nach einem Stimmverbot (§ 39 Abs 4 – Rechtsgeschäft mit einem Gesellschafter); wenn aber eine strukturändernde

wirbt;[17] es gelte § 237 Abs 1 AktG analog, eine Auseinandersetzung mit der Holzmüller-Doktrin sei aufgrund des gefundenen Ergebnisses nicht mehr erforderlich.[18] Die analoge Anwendung betrifft jedenfalls den klassischen Unternehmenserwerb durch Asset-Deal, wobei bereits das Verpflichtungsgeschäft das Zustimmungserfordernis auslöst (*in praxi* wäre an eine aufschiebende Bedingung auch des Verpflichtungsgeschäfts – Einholung der Zustimmung – zu denken).[19] Bei den genannten Maßnahmen stellt sich auch die Frage der erforderlichen **Beschlussmehrheit**[20] (satzungsändernde Mehrheit – insb mit Verweis auf sonstige Umgründungsmaßnahmen – oder Einstimmigkeit analog § 50; Einstimmigkeit gilt nach der Jud jedenfalls[21] für die Ausgliederung des gesamten Gesellschaftsvermögens,[22] vgl auch § 39 Rz 19 u § 50 Rz 14; s aber auch die gesetzl Dreiviertelmehrheit bei Veräußerung des Vermögens als Ganzes im Zuge der Liquidation, s § 90 Rz 21)[23]. Der OGH hat dies in 6 Ob 38/18h bedauerlicherweise (insb in Anbetracht der Rechtsfolge der Unwirksamkeit!) offen gelassen, sodass

---

(verbandsrechtliche) Maßnahme vorliegt, dann dürfte Stimmverbot nicht greifen, vgl *Rüffler*, Lücken im Umgründungsrecht 228 ff; s auch *Drobnik/U. Torggler*, RdW 2020/366, 513 (513 f); vgl aber zu „bloß" außergewöhnlichen (nicht aber strukturändernden) Maßnahmen u Stimmverbot zu § 35 Z 7 bei Rz 105; zur Anwendung des Stimmverbots in vergleichender Betrachtung des dt Rechts s Kap dGmbH § 179a dAktG Rz 7).

17 Der OGH beruft sich maßgeblich auf *Rüffler*, Lücken im Umgründungsrecht 203 ff, insb 224 ff.
18 S Rz 3.5 der E OGH 26.4.2018, 6 Ob 38/18h. Zur Abgrenzung s auch *Wimmer*, NZ 2018/130, 401 (405 ff); **abl** (Lösung ausschließlich über § 237 iVm § 238 AktG analog) *Drobnik/U. Torggler*, RdW 2020/312, 418 (420 f).
19 S OGH 26.4.2018, 6 Ob 38/18h, Rz 3.2.2 iVm Rz 3.4.
20 Offenlassend (zum Ergebnisabführungsvertrag) OGH 20.5.1999, 6 Ob 169/98s. Kommt die erforderliche Mehrheit nicht zustande, wird der Beschlussantrag aber dennoch v den Gesellschaftern (eben mit der geringeren Mehrheit) angenommen, ist grds nur v Anfechtbarkeit des Beschlusses auszugehen, vgl dazu § 41 Rz 78.
21 Die OGH-E (s nachfolgende FN) lässt uE aber uU sogar die Deutung zu, dass bei gesv Herabsetzung des Einstimmigkeitserfordernisses des § 50 Abs 3 auf die „gewöhnliche" GesV-ändernde Mehrheit (vgl § 50 Rz 12 aE) auch für die Ausgliederung diese herabgesetzte Mehrheit ausreicht.
22 OGH 10.5.1984, 8 Ob 574/83, GesRZ 1984, 217.
23 Vgl zu Unternehmensverträgen: *Reich-Rohrwig* in Reich-Rohrwig/Ginthör/Gratzl, HB GV^2 Rz 1.94.

für die Praxis keine Planungssicherheit besteht.[24] Der OGH bejaht jedenfalls grds mit dem Beschlusserfordernis u dem Durchschlagen auf die Wirksamkeit eine Analogie zu § 237 Abs 1 AktG, was für eine zumindest 75%-Mehrheit spricht;[25] dieses Mehrheitserfordernis ist auch angesichts der allg Mehrheit im Umgründungsrecht (Verschmelzung, Spaltung) naheliegend u durchaus nachvollziehbar. Allerdings ist mit der Analogie zu § 237 Abs 1 AktG auch die **Änderung des Unternehmensgegenstands** angesprochen (s zuvor zur Definition des wesentlichen Vermögens), die nach dem GmbHG ausnahmsweise Einstimmigkeit[26], § 50 **Abs 3**, erfordert. Aus Sicht der Praxis ist jedenfalls durchaus Vorsicht geboten, va weil vieles – wenn auch nicht überzeugend – auf Einstimmigkeit hindeutet.[27] Jedenfalls scheint die Mehrheit einer **GesV-Klausel** zugänglich, zumindest ab 75%[28] aufwärts.[29] Sollte daher nicht Einstimmigkeit erwünscht sein u das Jud-Risiko nicht hingenommen werden wollen, dann erscheint eine mehrheitsregelnde GesV-Klausel (zB 75%) sinnvoll, uzw sicherheitshalber unter ausdrücklicher Bezugnahme auf den Beschlussgegenstand der Übertragung wesentlicher Unternehmensbestandteile iSd § 237 Abs 1 AktG (mit allenfalls weiter konkretisierenden Bsp). Unseres Erachtens müsste es aber (insb als Auslegungsleitlinie für bestehende GesV) ausreichend sein, wenn auch für die Änderung des Unternehmensgegenstands im GesV zur 75%-Mehrheit optiert wurde.

---

24 Es wäre daher eine Klarstellung *de lege ferenda* wünschenswert u auch aus Rechtssicherheitsgründen erforderlich.
25 So grds auch *Rüffler*, Lücken im Umgründungsrecht 226 ff, 321, auf den sich der OGH maßgeblich beruft (s schon FN 13 u 17). Allerdings plädiert *Rüffler* bei einer übertragenden Auflösung für 90%-Mehrheit des gesamten Stammkapitals bei Übertragung auf den Hauptgesellschafter u zusätzlich eine qualifizierte Mehrheit der abgegebenen Stimmen gem § 98 GmbHG iVm § 2 Abs 3 UmwG, vgl S 321, 264 ff, 307 ff.
26 Anders § 146 Abs 1 S 2 AktG (drei Viertel des Kapitals oder größere Mehrheit bei Änderung des Unternehmensgegenstands).
27 Vgl auch *Rauter*, JAP 2018/2019, 35 (39); *Wimmer*, NZ 2018/130, 401 (403 f, insb auch FN 39); *Drobnik/U. Torggler*, RdW 2020/366, 513.
28 Zumindest gilt die 75%-Mehrheit, soweit äußerte sich der OGH in seiner E v 26.4.2018, 6 Ob 38/18h.
29 Vgl OGH 10.5.1984, 8 Ob 574/83, GesRZ 1984, 217 (218: § 50 Abs 3 ist dispositiv); s auch RIS-Justiz RS0060431 („*Die Ausgliederung des gesamten Produktionsbetriebes kommt inhaltlich einer Abänderung des Unternehmensgegenstandes gleich und bedarf daher, **wenn keine satzungsmäßige Ausnahme gemacht wurde, der einstimmigen Beschlussfassung.***"); vgl auch *Wenger*, Besprechung zu OGH 26.4.2018, 6 Ob 38/18h, RWZ 2018/61, 321 (325).

Fraglich ist indes, ob die Anwendung der Analogie zu § 237 Abs 1 AktG satzungsdispositiv ist, dh ob die Satzung das Beschlusserfordernis überhaupt abbedingt, sodass es entfällt.[30] In diesem Fall müsste aber parallel dazu § 50 Abs 3 abbedungen werden, denn die beiden Normen – § 237 AktG analog u § 50 Abs 3 – bestehen uU parallel.[31] Allenfalls wäre aber eine Satzungsregel denkbar, die v vornherein den Abverkauf v Assets ermöglicht, u damit die Änderung des Unternehmensgegenstands u den Abverkauf schon im Voraus regelt.[32] Um – wenn der GesV den Abverkauf noch nicht ausreichend vorzeichnet – als (va projektleitender) Gesellschafter eine entspr E (zumindest mit 75%, s oben) durchführen zu können, könnte im (Gründungs-)GesV auch an eine Stimmgewichtung (Mehrstimmrecht)[33] zugunsten bestimmter Entscheidungsträger (Mehrheitsgesellschafter, projektleitender Gesellschafter) gedacht werden; in diesem Stadium macht dies angesichts des zumeist noch kleineren Gesellschafterkreises bzw des konsensualen, einstimmigen Agierens bei Gründung durchaus Sinn. Die erst spätere Vereinfachung des Mehrheitserfordernisses (nach Gründung, im Wege der GesV-Änderung) erfordert nämlich die Einbindung der erforderlichen Mehrheit, also uU wiederum Einstimmigkeit, was oft zu praktischen Schwierigkeiten führt.[34]

5b Offen lässt der OGH zudem die Frage nach einzuhaltenden **Formalien**, wie etwa **notarielle Beurkundung** des Beschlusses, **FB-Eintragung**[35] u Anwendung des umgründungsrechtlichen Gesellschafterschutzsystems ua mit **Berichts- u besonderen Prüfpflichten**.[36] *Qua* Analogie zu § 237 Abs 1 AktG müsste neben notarieller Beurkundung

---

30 *Milchrahm*, Besprechung zu BGH 8.1.2019, II ZR 364/18, GesRZ 2019, 287 (288).

31 *Wimmer*, NZ 2018/130, 401 (403 f); *Rauter*, JAP 2018/2019, 35 (39).

32 Vgl auch *Milchrahm*, Besprechung zu BGH 8.1.2019, II ZR 364/18, GesRZ 2019, 287 (288) überhaupt zur teleologischen Reduktion, wenn der Gesellschaftszweck v vornherein auf Verkauf des Unternehmensvermögens gerichtet ist.

33 S OGH 13.10.2011, 6 Ob 202/10i.

34 S zu § 50 Abs 3 *Milchrahm/Rauter* in Straube/Ratka/Rauter, GmbHG § 50 Rz 45. Zum Mehrstimmrecht vgl OGH 13.10.2011, 6 Ob 202/10i.

35 So zu Unternehmenspachtverträgen *Feltl*, RdW 2013/117, 119 (121: Einstimmigkeit, notarielle Beurkundung u FB-Eintragung erforderlich). FB-Eintragung lehnt der OGH bei Unternehmensverträgen (Ergebnisabführungsverträgen) ab, vgl OGH 20.5.1999, 6 Ob 169/98s.

36 Vgl dazu *Rüffler*, Lücken im Umgründungsrecht 249 ff, 259 ff, 321; *Koppensteiner/Rüffler*, GmbHG³ § 50 Rz 9; s aber auch *Drobnik/U. Torggler*, RdW

des GV-Beschlusses[37] auch das Erfordernis einer FB-Einreichung[38] greifen, auch das bleibt letztlich mit 6 Ob 38/18h offen. Wenn auch § 237 **Abs 2** AktG analog gilt, ist der bezughabende Vertrag (zB der Unternehmenskaufvertrag) weiters als **Notariatsakt**[39] zu errichten.[40] Wenn § 237 Abs 1 AktG analog gilt, müsste dies mglw auch für Abs 2 gelten. Dies hätte jedenfalls aus Sicht der Praxis weitreichende Folgen u würde wohl signifikant viele Verträge in das Licht der Nichtigkeit mangels Einhaltung der Formpflichten rücken. Gerade diese Konsequenzen machen aber deutlich, wie wichtig eine Klarstellung durch den Gesetzgeber ist. Insbesondere wird dies auch für Liegenschaftsgesellschaften in der Praxis diskutiert – wohl wird ein Hotel- oder Gastronomiebetrieb bei Übertragung v Liegenschaft mit Betrieb (wenn die GmbH sonst keine maßgeblichen Assets hat) in diese Jud-Linie fallen; weniger klar ist dies

---

2020/366, 513 (514 ff – grds eher abl, aber im Detail differenzierend u insb für *Squeeze-out*-Übertragungen bejahend).

37 Für notarielle Beurkundung zB *Drobnik/U. Torggler*, RdW 2020/366, 513 (514); § 237 Abs 1 AktG spricht nur allg v HV-Beschluss (mit 75%-Mehrheit, s dazu sogleich), statuiert aber nicht speziell (dh anlassbezogen, aufgrund Vermögensübertragung) das Erfordernis der notariellen Beurkundung. Bei der AG sind aber – anders als bei der GmbH – alle Beschlüsse notariell zu beurkunden, u könnte darin noch ein wesentlicher Rechtsformunterschied liegen, iS vereinfachter Form bei der GmbH, auch wenn man materiell das Beschlusserfordernis iSd OGH bejaht. Konziser erschiene aber wohl auch hier Annahme eines Beurkundungserfordernisses. Kulanter *Gall* in Doralt/Nowotny/Kalss, AktG³ § 237 Rz 32. In vergleichender Betrachtung des dt Rechts ein Beurkundungserfordernis abl u auch schriftl Beschlussfassung zulassend s Kap dGmbH § 179a dAktG Rz 8 f.
38 Für Vermögensübertragung iSd §§ 235 ff AktG sieht § 5 Z 4 FBG eine gesonderte Eintragungspflicht (für AG u GmbH) vor; aber auch hier wird die Eintragungspflicht zT auch für die AG verneint, vgl zum Meinungsstand *Hartig* in Napokoj/H. Foglar-Deinhardstein/Pelinka, AktG § 237 Rz 41. Auch § 3 Z 15 FBG (Betriebsübergang) könnte greifen; vgl zur AG etwa *Hartig* in Napokoj/H. Foglar-Deinhardstein/Pelinka, AktG § 237 Rz 41 ff.
39 *Drobnik/U. Torggler*, RdW 2020/312, 418 (423 f) – s dort auch zum Thema Heilung durch FB-Eintragung; *J. P. Gruber*, AR aktuell 4/2018, 30; krit *Linder/Schenk*, WEKA News v 18.12.2018; **abl** (überschießende Form) auch *Gall* in Doralt/Nowotny/Kalss, AktG³ § 237 Rz 20; **aA** (kein Notariatsakt bei GmbH mit Verweis auf § 2 UmwG); *Rüffler*, Lücken im Umgründungsrecht 259.
40 Zu inhaltlichen Anforderungen an den Vertrag vgl *Rüffler*, Lücken im Umgründungsrecht 253 ff.

aber schon für praktisch sehr relevante reine „Liegenschafts-Holdings" (zB Projekt-GmbH mit nur einem Zinshaus oder einem Liegenschafts-Entwicklungsprojekt oder einer Beteiligung u Verkauf des- bzw derselben[41]) u ergeben sich auch sonst mannigfaltige Konstellationen, zB wenn die Hälfte des Unternehmensvermögens verkauft wird (zB GmbH mit zwei ungefähr gleich starken Unternehmen, eines davon wird verkauft[42]).[43] Für Verpachtung ist § 238 Abs 2 AktG maßgeblich (Gesellschafterbeschluss;[44] Notariatsaktsform für den Vertrag ist hier nicht vorgesehen).[45] Nicht immer ist es, gerade in nicht klar eingrenzbaren Fällen, opportun, gleichsam oder uU auch nur „sicherheitshalber" einen Gesellschafterbeschluss gem OGH-Jud einzuholen, umsomehr trifft dies auf die Einhaltung sonstiger Formalien, zB auch wegen erhöhter Transaktionskosten, zu. Auch wenn dies keine rechtlichen Argumente sind, kann die gelebte Praxis hier nicht vollkommen außer Acht gelassen werden. Ohne eine klare Regelung ist jedenfalls auch dem Minderheitenschutz nicht zum Durchbruch verholfen, denn für die Minderheit stellen sich aufgrund der vielen Unsicherheiten ebenso Risken mit Kostenbelastungen in der Rechtsdurchsetzung[46] (so nicht

---

41 Nach *Hartig* in Napokoj/H. Foglar-Deinhardstein/Pelinka, AktG § 237 Rz 18 soll § 237 AktG diesfalls anzuwenden sein, wenn nur das Halten eines bestimmten Assets Unternehmensgegenstand der Holding war; aA *Gall* in Doralt/Nowotny/Kalss, AktG³ § 237 Rz 10.

42 Nach *Hartig* in Napokoj/H. Foglar-Deinhardstein/Pelinka, AktG § 237 Rz 18 greift § 237 AktG diesfalls nicht.

43 Vgl weitere Unklarheiten-Bsp bei *Milchrahm*, Besprechung zu BGH 8.1.2019, II ZR 364/18, GesRZ 2019, 287 (288).

44 Die Frage nach notarieller Beurkundung des Beschlusses, der FB-Publizität u der Mehrheit (s auch § 238 Abs 3 AktG *versus* § 50 Abs 3 GmbHG) stellt sich uE auch hier; zu den Folgerungen der E v OGH u BGH zum Gesamtvermögensgeschäft für die Fälle der Betriebsüberlassung aus vergleichender dt Sicht vgl Kap dGmbH § 179a dAktG Rz 12 f.

45 Rz 3.5 der OGH-E 26.4.2018, 6 Ob 38/18h (Abgrenzung zu § 238 AktG).

46 Unklar ist, wie die Minderheit das Fehlen des Gesellschafterbeschlusses geltend machen kann – eine direkte Befugnis der Minderheit fehlt, aus Sicht der GmbH die Unwirksamkeit geltend zu machen u Rückforderung zu verlangen. Denkbar wäre allenfalls der Weg über Schadenersatzansprüche gegenüber den GF (§ 48), dies bedarf aber der Schadensbezifferung. Denkbar wäre auch die Geltendmachung im Wege der Anfechtung des Beschlusses über die JA-Feststellung (Fehlen v Anlagevermögen), vgl *Aburumieh/Hoppel* in Adensamer/Mitterecker, HB GesStreit, Rz 6/80 FN 315.

vorweg, wie im entschiedenen Fall, eine einstweilige Verfügung gelingt).[47] Freilich (u wohl auch zu Recht) ist dies kein Maßstab für den OGH; aber es sollte jedoch – wie erwähnt – den Gesetzgeber auf den Plan rufen u zur Aktivität anleiten.

Die GV ist weiters zuständig für: Zustimmung zu **außergewöhnlichen**[48] Geschäftsführungsmaßnahmen (vgl dazu § 20 Rz 19, zur haftungsbefreienden Wirkung vgl § 25 Rz 17[49]; zum Verhältnis zur allenfalls auch erforderlichen AR-Zustimmung vgl Rz 11 sowie § 30j Rz 57)[50] sowie zu **Maßnahmen, die dem mutmaßlichen Willen der Gesellschafter**[51](mehrheit) **widersprechen**,[52] Festlegung der allg **Grundsätze der Geschäftspolitik** (vgl dazu § 20 Rz 22),[53] Erteilung v **Weisungen an** 6

---

47 Auch die Rückabwicklung gestaltet sich *in praxi* schwierig, was der OGH durch Zulassung des vorbeugenden Rechtsschutzes anerkennt, vgl dazu *Zimmermann*, Besprechung zu OGH 26.4.2018, 6 Ob 38/18h, GesRZ 2018, 307 (308); s auch *Wimmer*, NZ 2018/130, 401 (407 f). Im Hauptverfahren legte der OGH nunmehr einen sehr strengen Maßstab an u befürwortet grds die Durchführung einer Rückabwicklung, vgl OGH 23.6.2021, 6 Ob 96/21t.
48 **Außergewöhnlich** (bzw ungewöhnlich) sind ua solche Geschäfte, die zwar innerhalb des Gesellschaftszwecks u des Unternehmensgegenstands gelegen sind, die aber wegen ihrer besonderen Bedeutung oder wegen ihres unternehmerischen Risikos Ausnahmecharakter haben u nicht dem „Tagesgeschäft" zugerechnet werden können, vgl OGH 18.3.2016, 9 ObA 58/15t; vgl dazu zB auch BGH 8.1.2019, II ZR 364/18 (Rz 37). S zB auch *Entleitner*, NZ 2018/92, 281 (282: „*Geschäfte ..., die aufgrund ihrer Bedeutung u ihres Risikogehaltes eine Ausnahmeerscheinung bilden*") oder *Schneiderbauer/Simonishvili/Hutzl*, GesRZ 2017, 216 (218: Maßnahmen gem § 30j Abs 5 sind nach hA idR außergewöhnlich). Der OGH weist auch darauf hin, dass sich allg u gleichzeitig konkrete Aussagen über den Begriff der außergewöhnlichen Maßnahmen kaum formulieren lassen würden. In der E 18.3.2016, 9 ObA 58/15t prüft der OGH die Außergewöhnlichkeit auch anhand der Kriterien des § 35 Abs 1 Z 7, vgl auch noch unten Rz 101, 104 f. Vgl auch Rz 83.
49 Gegen eine solche, wenn gleichzeitig der allenfalls auch zur E zuständige AR übergangen wird, *Harrer* in FS Koppensteiner 129 (140).
50 Vgl RIS-Justiz RS0122187.
51 Vgl OGH 18.3.2016, 9 ObA 58/15t.
52 Vgl dazu *Reich-Rohrwig* in Reich-Rohrwig/Ginthör/Gratzl, HB GV² Rz 1.167 mwN.
53 Krit zu den letztgenannten Kompetenzen: *Kraus*, ecolex 1998, 631 (633 f). Vgl auch RIS-Justiz RS0122187 u OGH 23.5.2007, 3 Ob 59/07h (Zuständigkeit der GF zur Festlegung der Grundsätze der Geschäftspolitik, wenn u soweit sich die Gesellschafter nicht äußern), vgl auch OGH 17.12.2008, 6 Ob 213/07b. S auch Rz 79.

die GF (vgl auch Rz 14)[54] (vgl dazu § 20 Rz 9 ff, zur haftungsbefreienden Wirkung vgl § 25 Rz 17), Zustimmung zu Insichgeschäften der GF (vgl § 18 Rz 28), Befreiung v gesetzl Wettbewerbsverbot der GF (§ 24), Generalbereinigungsvereinbarungen mit aktuellen oder ausgeschiedenen Organmitgliedern (s dazu Rz 68), Wahl des Abschlussprüfers (§ 270 UGB). Grundsätzlich liegen auch **Organbestellungskompetenzen** bei der GV (vgl dazu Rz 9) u etwa auch die Kompetenz zum Abschluss eines GF-Vertrags[55] (vgl dazu § 15 Rz 57 ff) sowie zur Beendigung eines GF-Vertrags beim amtierenden[56] GF (vgl § 15 Rz 57 aE, § 16 Rz 51); ebenso die Kompetenz zur Beschlussfassung über eine GO der GF oder des AR, wenn dies im GesV keinem anderen Organ überlassen ist (zur [eingeschränkten] Kompetenz der GF zur Festlegung „ihrer" GO [Ressortverteilung][57] vgl auch § 21 Rz 14; zur Kompetenz des AR zur Festlegung „seiner" GO vgl § 30g Rz 1 ff).

7   Der **GesV** kann die Kompetenzen der GV zT anders gestalten (vgl Rz 10 ff). Besteht auf Gesellschafterebene eine **Pattsituation**, geht bei sonst GV-zustimmungspflichtigen Geschäftsführungsmaßnahmen – etwa bei der E über außergewöhnliche Maßnahmen der Geschäftspolitik – die Kompetenz v der GV automatisch auf die GF über (vgl auch § 20 Rz 20).[58]

B. Gesetzlich zwingende Zuständigkeiten (insbesondere auch Abs 2)

8   Gemäß § 35 Abs 2 liegen die Kompetenzen gem § 35 Abs 1 Z 1 (Feststellung des JA, Gewinnverteilung, Entlastung, vgl Rz 21 ff), Z 3 (Rückzah-

---

54 Vgl dazu etwa *Schima* in FS Koppensteiner 259 ff. Für Weisungen nur im Rahmen des GesV, weil sonst Umgehung der Regelungen zur GesV-Änderung drohe, *Kraus*, ecolex 1998, 631 (635).
55 Vgl dazu zB *Harrer*, wbl 2021, 84.
56 Zur diesbzgl Unterscheidung zw amtierenden u nicht amtierenden GF vgl etwa OGH 15.7.2011, 8 ObA 49/11f; *Reich-Rohrwig*, GmbHR I² Rz 2/123; *Straube/Ratka/Stöger/Völkl* in Straube/Ratka/Rauter, GmbHG § 15 Rz 72.
57 Vgl zur Thematik Ressortverteilung zw den GF zB *Obergruber/U. Torggler*, RdW 2019/642, 811 mit Hinweis auf BGH-Jud.
58 Vgl OGH 23.5.2007, 3 Ob 59/07h (zur Frage der Thesaurierung v Gewinnen einer operativen Tochter-AG, die zu geringeren Ausschüttungen in der Holding-GmbH führen, wenn keine sachlichen unternehmensbezogenen Argumente gegen eine Gewinnausschüttung vorliegen).

lung v Nachschüssen, vgl Rz 73) u Z 6 (Geltendmachung v Ersatzansprüchen u Prozessvertretung, vgl Rz 84 ff) sowie – innerhalb der ersten beiden Jahre nach Gründung – gem Z 7 (Erwerb v Anlagevermögen, vgl Rz 99 ff) **zwingend** bei der GV (vgl dazu auch § 29 Rz 69). Dies gilt etwa[59] auch für **Grundlagengeschäfte** (vgl Rz 3, 5). Zur nur partiellen Abdingbarkeit der Z 5 (Prüfung/Überwachung der GF) vgl Rz 83. Zu Z 2 (Einforderung v Einzahlungen auf Stammeinlagen) vgl Rz 70. Im Übrigen ist der Katalog des Abs 1 disponibel.

Die hM u die Rsp[60] lehnen die Kompetenzübertragung zur **Bestellung u Abberufung der GF** (vgl § 15 Rz 19 u § 16 Rz 8, s dazu auch § 29 Rz 69) ab.[61] Zur Bestellung des AR vgl § 30b Rz 1 (zwingende Gesellschafterkompetenz, zur Möglichkeit der Entsendung durch Gesellschafter vgl § 30c). Hingegen kann der **Abschluss des GF-Dienstvertrages** auch zB dem AR übertragen werden (s § 15 Rz 59),[62] oder zB auch die Kündigung des GF-Dienstvertrags einem Gesellschafterausschuss.[63]

9

---

[59] Vgl die weitergehende Auflistung zwingender Gesellschafterkompetenzen bei *Reich-Rohrwig* in Reich-Rohrwig/Ginthör/Gratzl, HB GV² Rz 1.172. Vgl auch EBRV 236 BlgHH XVII. Session S 69 zum GmbHG 1906 (abgedruckt bei Kalss/Eckert, Zentrale Fragen 555 ff).

[60] Vgl OGH 21.3.2019, 6 Ob 183/18g (insb Rz 2.1 bis 2.6 zur GF-Bestellung); **abl** zur GF-Abberufung schon OGH 15.7.2011, 8 ObA 49/11f (Abberufung des GF ist zwingende Gesellschafterkompetenz – Übertragung iSe dauerhaften Delegation auf ein anderes Organ unmöglich, Bevollmächtigung eines Dritten zur Stimmrechtsausübung u Vertretung bleibt aber zulässig). Der OGH erachtet auch ein dem AR eingeräumtes Nominierungsrecht für GF-Positionen für unzulässig, vgl OGH 21.3.2019, 6 Ob 183/18g.

[61] Entsendung durch einen oder mehrere Gesellschafter ist aber weiterhin möglich (OGH 21.3.2019, 6 Ob 183/18g lässt dies offen, vgl Rz 3.2), vgl zB OGH 15.3.2021, 6 Ob 38/21p (erfolgt dennoch GesV-widrige Abberufung des entsandten GF, ist dies – bis zur erfolgreichen Anfechtung – wirksam); OGH 15.4.2021, 6 Ob 22/21k. Ebenso ist die Einräumung eines Nominierungsrechts an Gesellschafter zulässig, vgl OGH 21.3.2019, 6 Ob 183/18g (insb Rz 2.8; zur Unzulässigkeit eines GF-Nominierungsrechts des AR s aber FN 61).

[62] OGH 27.9.2006, 9 ObA 130/05s; *Straube/Ratka/Stöger/Völkl* in Straube/Ratka/Rauter, GmbHG § 15 Rz 72. Vgl auch *Haberer*, Zw KapGesR 400 f.

[63] OGH 18.12.2020, 8 ObA 80/19a (insb mit Verweis auf OGH 27.9.2006, 9 ObA 130/05s, s vorhergehende FN).

C. Gestaltungsmöglichkeiten

1. Parallele Zuständigkeiten

10 Selbst im Bereich zwingender GV-Kompetenzen könnten gesv Zustimmungserfordernisse eines weiteren Organs (AR,[64] allenfalls Beirat; zu Dritten vgl Rz 20) vorgesehen werden, soweit es nicht um die Befugnis zur GesV-Änderung geht.[65] Dies gilt erst recht bei dispositiven Gesellschafterkompetenzen. Es empfiehlt sich aber die gesv Klarstellung, ob/dass eine solche Doppel-Kompetenz (**konkurrierende Kompetenz**) erwünscht ist. Ansonsten ist iZw – soweit zulässig – v verdrängender Zuständigkeit auszugehen.[66]

11 Bei (auch gesetzl; u nicht bloß gesv gegebener) konkurrierender Kompetenz stellt sich die Frage, welcher Organ-E der **Vorrang** zukommt; dies ist uE grds (s sogleich Ausnahme) jene der GV als oberstes Organ (vgl auch noch Rz 14, s auch § 30j Rz 55 ff).[67] Ist daher zB ein AR eingerichtet, sticht grds die E der GV jene des AR[68] (die GV kann dem AR aber jedenfalls keine Weisungen erteilen, vgl auch § 29 Rz 2[69]).[70] Bei fakultativen Organen, die mit Kompetenzen (neben) der GV ausgestattet

---

[64] Vgl dazu OGH 18.2.1932, 2 Ob 1237/31, SZ 14/28.
[65] *Koppensteiner/Rüffler*, GmbHG³ § 35 Rz 46, 51; zur Gen: OGH 20.6.1991, 6 Ob 6/91 (Satzungsänderung kann nicht an Zustimmung Dritter gebunden werden). Vgl auch Rz 19 zur Verbandssouveränität.
[66] *Koppensteiner/Rüffler*, GmbHG³ § 35 Rz 49.
[67] Vgl *Baumgartner/Mollnhuber/U. Torggler* in Torggler, GmbHG § 35 Rz 39 mwN; *Napokoj/Pelinka*, Der Beteiligungsvertrag 136; *Koppensteiner/Rüffler*, GmbHG³ § 20 Rz 13 u § 30j Rz 20 (s dort auch zur Reihenfolge der Beschlussfassungen); *Schima* in FS Koppensteiner 259 (260); *M. Gruber/Zehetner*, GES 2007, 368 (373). Vgl dazu auch *Harrer* in FS Koppensteiner 129 (140 f; vgl dort auch den praktischen Hinweis, dass der GF sondieren sollte, ob der AR gegen den Beschluss der GV vorgehen wird).
[68] **AA** *Welser/Zivny*, RdW 2021/428, 542 (545) mit Hinweis auf OGH 18.2.2021, 6 Ob 155/20t. Der OGH äußert sich allerdings konkret zu dieser Frage nicht. Allenfalls kann aus der zit E für Sonderkonstellationen abgeleitet werden, dass die Entscheidungsfindung im AR die GV überlagert – dies bedürfte allerdings näherer Untersuchung u Begr, vgl dazu § 30j Rz 55 FN 119.
[69] **AA** *Assadi/Ettmayer*, RWZ 2017/79, 373 (374 f).
[70] Vgl aber auch OGH 18.2.1932, 2 Ob 1237/31, SZ 14/28, wonach die GV nicht anlassbezogen (sondern allenfalls nur durch GesV-Änderung, insb aber mit Dreiviertelmehrheit) die im GesV dem AR zugewiesene Zustimmungskompetenz an sich ziehen darf.

sind (zumeist: Beirat) kann Kompetenzverdrängung der GV gegeben sein, sodass der Beschluss des fakultativen Organs vorgeht, dh die GV den Beschluss nicht ohne Weiteres aufheben kann (vgl auch § 29 Rz 62).[71] Davon zu trennen ist die Frage, ob bei außergewöhnlichen Geschäftsführungsmaßnahmen bei ohnedies einzuholender AR-Zustimmung überhaupt auf die Einholung der GV-Zustimmung verzichtet werden kann.[72] Eine gesv Klarstellung, ob diesfalls auch die GV zu befragen ist, erscheint jedenfalls sinnvoll (vgl dazu § 30j Rz 57), um (allfällige) Doppelzuständigkeit zu vermeiden.

2. Erweiterte Zuständigkeiten

Erweiterte GV-Zuständigkeiten sind insb **im Verhältnis zu den GF** v Interesse; hier sind zB umfassende Zustimmungsvorbehalte zugunsten der GV denkbar (vgl auch Rz 15). Dies korreliert mit dem umfassenden Weisungsrecht der GV gegenüber den GF (zur Frage eines weisungsfreien Mindestbereichs der GF vgl § 20 Rz 11). Hier geht es aber zumeist um Beschränkungen im Innenverhältnis, sodass die GV die GF nicht vollständig ersetzen kann, denn nur den GF steht grds die Vertretung der Gesellschaft zu.[73] Die Geschäftsführung kann einem GF nicht gänzlich entzogen werden.[74] Zur faktischen Geschäftsführung durch Gesellschafter vgl noch Rz 78.

12

Anders ist dies bei **Grundlagengeschäften** wie etwa GesV-Änderungen; hier liegt die zwingende Kompetenz bei den Gesellschaftern (dh der GV), den GF kommt keine (Vertretungs-)Befugnis zu. Dies gilt etwa auch bei Abschluss v Unternehmensverträgen oder etwa bei Ver-

13

---

71 Vgl *Koppensteiner/Rüffler*, GmbHG³ § 35 Rz 55 (Beiratsentscheidung geht vor, GV kann nur mittels GesV-Änderung Kompetenz zurückholen).
72 Str, vgl *Frenzel*, ecolex 2017, 525 (526); für alleinige Befassung der GV *Assadi/Ettmayer*, RWZ 2017/79, 373 (374 f). Solange diese Frage höchstgerichtlich nicht geklärt ist (OGH 18.2.2021, 6 Ob 155/20t brachte uE keine Klärung dazu, vgl schon FN 68), erscheint uns die Nicht-Einbindung des AR haftungsrechtlich gefährlich. Vgl dazu auch § 30j Rz 57.
73 *Koppensteiner/Rüffler*, GmbHG³ § 35 Rz 47. Zu besonderen Fragestellungen iZm der Reduzierung v GF-Kompetenzen in Matrix-Strukturen vgl *Aburumieh*, GES 2019, 336 (338 ff, 340 ff).
74 OGH 31.7.2015, 6 Ob 139/15g; 16.5.2006, 1 Ob 55/06d; s zu Matrix-Strukturen *Aburumieh*, GES 2019, 336 (342). Kulanter *Rauter*, GRAU 2020/3, 5 (7).

äußerung des Gesellschaftsvermögens als Ganzes[75] (vgl dazu § 20 Rz 25 sowie § 90 Rz 21, s auch oben Rz 5).[76] Unseres Erachtens sollte – auch aus Verkehrsschutzerwägungen – jedenfalls bei sonstigen außergewöhnlichen Geschäftsführungsmaßnahmen an der alleinigen **Vertretungsbefugnis der GF** festgehalten werden, das Fehlen der GV-Zustimmung macht uE den Geschäftsabschluss grds (s **aber** zur **Veräußerung des gesamten Gesellschaftsvermögens** bei Rz 5) nicht unwirksam (vgl auch zu § 35 Abs 1 Z 7, Rz 108)[77]; anderes gilt dann, wenn die GF mit den Dritten bewusst zusammenwirken, weil dann die Verkehrsschutzerwägungen nicht greifen (vgl weitere Fälle in Rz 108).[78] Freilich kann im Einzelfall die Kompetenzabgrenzung schwierig sein (vgl auch Rz 5).

14 Wenn ein AR eingerichtet ist, kann die GV **keine AR-Kompetenzen** an Stelle des AR wahrnehmen, zumal dessen Kompetenzen diesem zwingend zugeordnet sind (vgl auch § 30j Rz 2).[79] Sie kann auch nicht ohne Weiteres, dh ohne GesV-Änderung (vgl aber Rz 15), die Entscheidungsbefugnis in Angelegenheiten generell (s auch schon oben Rz 4, 11) beanspruchen, die der GesV einem anderen Organ überträgt.[80] In Einzelfällen sind uE die Gesellschafter als oberstes Organ der GmbH jedoch jederzeit berechtigt, zB auch auf gesv Kompetenzübertragung beruhende Weisungsbeschlüsse gegenüber den GF durch gegenläufige Weisungen (s zu Weisungen der GV generell § 20 Rz 9 ff) außer Kraft zu setzen.[81] Die GV kann aber den AR nicht übergehen u muss daher dennoch die Beschlussfassung durch den AR abwarten bzw veranlassen

---

75 *Reich-Rohrwig* in Reich-Rohrwig/Ginthör/Gratzl, HB GV² Rz 1.128 mit Hinweis auf OGH 24.2.2004, 5 Ob 89/03d; 13.12.2005, 5 Ob 282/05i (beide E zur Frage der Einschränkung der Vertretungsmacht des Liquidators iZm § 90 Abs 4).
76 Anders (dh außenwirksame Vertretung durch GF möglich) der OGH zur AG bei Holzmüller-Fällen (vgl Rz 5), vgl OGH 9.10.2014, 6 Ob 77/14p.
77 **AA** *Koppensteiner/Rüffler*, GmbHG³ § 35 Rz 63 (bei kompetenztangierenden Verträgen mit Dritten kann GF die Gesellschaft nicht wirksam vertreten).
78 Vgl allg zB OGH 23.1.2020, 6 Ob 202/19b; *Aburumieh*, GesRZ 2020, 337 (342); s auch (zum PSG) OGH 25.4.2019, 6 Ob 35/19v sowie (darauf referenzierend, nunmehr zur GmbH) OGH 24.2.2021, 9 ObA 32/20a (objektive Evidenz der Pflichtverletzung ausreichend). S zum Vollmachtsmissbrauch allg auch *Kalss*, GesRZ 2020, 158.
79 Vgl dazu auch OGH 18.2.1932, 2 Ob 1237/31, SZ 14/28.
80 OGH 4.12.1974, 5 Ob 288/74; RIS-Justiz RS0059730.
81 Vgl *Schima* in FS Koppensteiner 259 (272); *Ch. Nowotny* in Kalss/Nowotny/Schauer, GesR² Rz 4/269; *Napokoj/Pelinka*, Der Beteiligungsvertrag 136.

(vgl auch Rz 11 zu konkurrierenden Zuständigkeiten; zum zeitlichen Ablauf der Beschlüsse vgl auch bei § 30j Rz 56).[82] Soll die Maßnahme – auch gegen die E durch den AR – durchgeführt werden, kann die GV eine entspr Weisung an die GF erteilen (vgl schon Rz 11, s auch § 30j Rz 55 u § 20 Rz 18).

Unseres Erachtens könnten aber **zusätzliche** Kompetenzen, insb **Zustimmungsvorbehalte** für GF-Maßnahmen, auch **außerhalb des GesV** etabliert werden.[83] Aufgrund des diesbzgl strengeren Wortlauts v Abs 2 S 1 empfiehlt sich aus Praxisperspektive zur Erlangung v Rechtssicherheit zumindest die Aufnahme einer allg Ermächtigung im GesV, derartige Zustimmungsvorbehalte/Kompetenzen auch außerhalb des GesV (durch Gesellschafterbeschluss oder in einer GO, zB aber auch in einem GF-Vertrag) festzulegen.[84] Dort, wo es um außergewöhnliche Maßnahmen geht, handelt es sich uE aber ohnedies um eine bloße Konkretisierung der diesfalls anerkannten GV-Zuständigkeit (vgl Rz 6), sodass eine Ermächtigung im GesV uE nicht erforderlich ist. Für die Beschlussfassung über die Kompetenzzuweisung (iSd Etablierung eines Zustimmungsvorbehalts durch Gesellschafterbeschluss) ist uE eine satzungsändernde **Mehrheit** nicht erforderlich. Auch der Wortlaut des § 20 Abs 1 spricht jedenfalls für derartige Maßnahmen (Festlegung v Zustimmungsvorbehalten für die GF) eher für Zulässigkeit eines bloßen Gesellschafterbeschlusses, uzw auch mit einfacher Mehrheit (anders – vgl den Gesetzeswortlaut zu § 21 Abs 1 – zur Festlegung v Einzel-

15

---

[82] *Ch. Nowotny* in Kalss/Nowotny/Schauer, GesR[2] Rz 4/269; *Koppensteiner/Rüffler*, GmbHG[3] § 30j Rz 20; *Reich-Rohrwig*, GmbHR I[2] Rz 4/379.

[83] Für Zulässigkeit der Schaffung v GO-Regelungen durch Gesellschafterbeschluss ohne gesv Ermächtigung *Reich-Rohrwig* in Reich-Rohrwig/Ginthör/Gratzl, HB GV[2] Rz 1.179 mwN.

[84] Großzügiger überhaupt *Baumgartner/Mollnhuber/U. Torggler* in Torggler, GmbHG § 35 Rz 2, 39 (jederzeitiges, auch satzungsdurchbrechendes Ansich-Ziehen v Kompetenzen durch die Gesellschafter, auch ohne GesV-Grundlage). Vgl aber zu konkurrierenden Zuständigkeiten *obiter* OGH 4.12.1974, 5 Ob 288/74; RIS-Justiz RS0059730 („*Die GV darf nicht ohne weiteres [nämlich ohne Änderung des Gesellschaftsvertrags] die Entscheidungsbefugnis in Angelegenheiten beanspruchen, die der Gesellschaftsvertrag einem anderen Organ überträgt*"). Vgl auch *Kraus*, ecolex 1998, 631 (635): Grds nur bei gesv Ermächtigung kompetenzändernder Beschluss möglich, dieser aber dann mit einfacher Mehrheit zulässig; dennoch weist *Kraus* auch auf die Regelung eines Zustimmungskatalogs, zB nur im GF-Vertrag, hin.

geschäftsführung u daher auch für die Ressortverteilung § 21 Rz 9 [Dreiviertelmehrheit][85]).

3. Reduzierte Zuständigkeiten

16 Dispositive GV-Zuständigkeiten (zB Weisungsrecht [vgl zur Übertragung an den AR bei § 30l Rz 40 ff u § 20 Rz 17], Zustimmungsrechte bei außergewöhnlichen Geschäftsführungsmaßnahmen, s dazu § 30j Rz 90 zur Erweiterung der AR-Zustimmungspflichten) können **im GesV**[86] (vgl Abs 2 S 1) etwa an den AR[87] (vgl auch § 29 Rz 2) oder einen Beirat[88] delegiert werden (vgl auch § 29 Rz 69, s dort auch zur Problematik der möglichen Umqualifizierung eines Beirats in einen AR). Auch einzelnen Gesellschaftern können Spezial-Kompetenzen – allenfalls als Sonderrechte – zugeordnet werden.[89] Die Gesellschafter können ihre Kompetenzen – grds durch gesv Regelung[90] – auch zugunsten der GF schmälern, etwa durch Schaffung eines **weisungsfreien Bereichs**[91] (vgl auch § 20 Rz 11). Den mit den jew mit Aufgaben der GV betrauten Organen muss es aber möglich sein, die Aufgaben sinnvoll wahrzunehmen (zB keine Selbstabberufung durch GF; zu Organbestellungen vgl schon

---

85 Offenlassend *Reich-Rohrwig* in Reich-Rohrwig/Ginthör/Gratzl, HB GV² Rz 1.179; vgl zur Festlegung einer Ressortverteilung für die GF durch einfachen Gesellschafterbeschluss auch *Obergruber/U. Torggler*, RdW 2019/642, 811.

86 Für einzelfallbezogene Übertragung des Weisungsrechts auf den AR durch Gesellschafterbeschluss vgl *Schima* in FS Koppensteiner 259 (271), vgl dazu § 30l Rz 40; s auch FN 49 u Rz 18.

87 *Koppensteiner/Rüffler*, GmbHG³ § 35 Rz 51; *Walcher*, GES 2019, 114 (127); vgl zur Übertragung des Weisungsrechts auf den AR etwa *Schima* in FS Koppensteiner 259 (271 f).

88 Vgl OGH 4.5.2004, 4 Ob 14/04v; zur Übertragung des Weisungsrechts auf einen Beirat etwa *Schima* in FS Koppensteiner 259 (271).

89 Vgl dazu *Koppensteiner/Rüffler*, GmbHG³ § 35 Rz 59. Aus Praxisperspektive krit dazu *Reich-Rohrwig* in Reich-Rohrwig/Ginthör/Gratzl, HB GV² Rz 1.177, vgl dort auch zur Möglichkeit des Entzugs des Sonderrechts aus wichtigem Grund.

90 Die einzelfallbezogene Delegation mit Beschluss erscheint uE aber erwägenswert, vgl auch Rz 18. Grds denkbar wäre auch eine Regelung im GF-Dienstvertrag, doch stellt sich auch hier die Frage, ob dafür eine gesv Ermächtigung erforderlich ist, vgl dazu zB *Kraus*, ecolex 1998, 631 (635 f): Grds nur bei gesv Ermächtigung bzw nur bei Einhaltung der Regelungen zur GesV-Änderung, dh erhöhte Mehrheit u FB-Publizität.

91 Vgl etwa *Schima* in FS Koppensteiner 259 (264 ff).

Rz 9).[92] In Konzernen stellt sich häufig auch die Frage der Übertragung dispositiver GV-Kompetenzen an einzelne Entscheidungsträger bzw Gremien im Konzern, insb bei sog **Matrix**strukturen – uE ist dies unter bestimmten Voraussetzungen möglich (zumindest auf schuldrechtlicher Basis).[93] Zur Kompetenzübertragung auf Dritte vgl Rz 20.

Die GV kann ihre (dispositiven) Kompetenzen durch Festlegung **im GesV** auch „*bis zur Bedeutungslosigkeit aushöhlen*" (bei disponiblen Kompetenzen daher grds **kein zwingender Mindestbereich**).[94] Dies ist unter der Annahme richtig, dass die GV ihre Kompetenzen mittels GesV-Änderung jederzeit wieder **reaktivieren** können muss (vgl Rz 19). Die Kontrollbefugnisse der Z 5 sind nach hM aber nicht zur Gänze abdingbar, vgl Rz 83. 17

Eine **Delegation** v Aufgaben an ein anderes Organ auch durch bloßen (allenfalls auch satzungsdurchbrechenden, zum Begriff vgl § 49 Rz 26 ff) **Gesellschafterbeschluss** wäre jedenfalls im Einzelfall denkbar, zumindest im Bereich dispositiver GV-Kompetenzen (vgl auch noch Rz 20).[95] Ob diesfalls die einfache oder qualifizierte Mehrheit greift, ist unklar.[96] Soweit der Beschluss eine den GesV durchbrechende Wirkung entfalten soll, ist uE die jew anwendbare, den GesV ändernde Mehrheit erforderlich. 18

Die GV muss die Möglichkeit behalten, (**fakultative**) Kompetenzen wieder (ausschließlich) an sich ziehen zu können (**Prinzip der Verbandssouveränität**).[97] Daher wird auch eine Selbstbeschränkung der GV (in diesen fakultativ zugewiesenen Bereichen), bestimmte Beschlüsse, allenfalls auch nur über einen gewissen Zeitraum, nicht zu fas- 19

---

92 Vgl dazu *Koppensteiner/Rüffler*, GmbHG³ § 35 Rz 50.
93 Vgl *Aburumieh*, GES 2019, 336 (345 f); *Arlt/Jirovsky*, GRAU 2021, 5 (8 f).
94 *Koppensteiner/Rüffler*, GmbHG³ § 35 Rz 50.
95 *Baumgartner/Mollnhuber/U. Torggler* in Torggler, GmbHG § 35 Rz 2 mit Hinweis auf ein obiter dictum in OGH 15.7.2011, 8 ObA 49/11f; weitergehend (auch bei zwingenden Gesellschafterkompetenzen) *Koppensteiner/Rüffler*, GmbHG³ § 35 Rz 62. Für einzelfallbezogene Übertragung des Weisungsrechts auf den AR durch Gesellschafterbeschluss vgl *Schima* in FS Koppensteiner 259 (271). Anders *Kraus*, ecolex 1998, 631 (635): Grds nur bei gesv Ermächtigung kompetenzändernder Beschluss möglich, dieser aber mit einfacher Mehrheit zulässig, oder Einhaltung der Regelungen zur GesV-Änderung, dh erhöhte Mehrheit u FB-Publizität.
96 Für satzungsändernde Mehrheit *Enzinger* in Straube/Ratka/Rauter, GmbHG § 35 Rz 117.
97 *Koppensteiner/Rüffler*, GmbHG³ § 35 Rz 46 mwN.

sen, ebenso wie Zustimmungsrechte Dritter bzw die Delegation der Kompetenz zur GesV-Änderung für unzulässig gehalten.[98] Der OGH erachtet es aber weiterhin bei **zwingenden** GV-Kompetenzen (E iZm GF-Bestellkompetenz) als nicht ausreichend, auf die Rückübertragbarkeit der GV-Kompetenz zu referenzieren.[99]

4. Dritte Entscheidungsträger

20 Inwieweit dispositive GV-Kompetenzen (ausschließlich oder begleitend) auf **Dritte übertragen** werden können,[100] ist str (vgl iZm Beirat auch § 29 Rz 58).[101] Da die Gesellschafter den Dritteinfluss durch jederzeitige GesV-Änderung wieder an sich ziehen können (müssen, vgl Rz 19), besteht uE nicht die Gefahr einer Fremdbeherrschung, sodass derartige Gestaltungen grds zulässig sein müssten.[102] Insb ergibt sich

---

98 *Koppensteiner/Rüffler*, GmbHG³ § 35 Rz 48, 51, 46 mwN. Großzügiger *Enzinger* in Straube/Ratka/Rauter, GmbHG § 35 Rz 114 iZm der Möglichkeit der Übertragung der Kompetenz zur GesV-Änderung auf ein Repräsentativorgan.

99 Vgl OGH 21.3.2019, 6 Ob 183/18g, s dort Rz 3.2: „*Die Möglichkeit der Änderung des Gesellschaftsvertrags – also der Rückübertragbarkeit der Bestellungskompetenz auf die Gesellschafter – ist angesichts der damit verbundenen rechtlichen (§ 50 GmbHG) und zeitlichen Erfordernisse kein praktisch geeignetes Mittel zur Sicherstellung des Einflusses der Gesellschafter auf die Bestellung der Geschäftsführer.*"

100 Natürlich können die Gesellschafter auch Vollmachten zur Ausübung der Gesellschafterrechte (insb: Stimmrechtsvollmacht, vgl § 39 Rz 43) erteilen, das ist allerdings keine (strukturelle) Kompetenzdelegation; s *Aburumieh*, GES 2019, 336 (345); *Seibt/Wollenschläger*, AG 2013, 229 (234); *Rauter*, GRAU 2020/3, 5 (6).

101 Grds befürwortend etwa *Koppensteiner/Rüffler*, GmbHG³ § 35 Rz 46, 55, 59; abl etwa *Baumgartner/Mollnhuber/U. Torggler* in Torggler, GmbHG § 35 Rz 38. Vgl auch *Enzinger* in Straube/Ratka/Rauter, GmbHG § 35 Rz 111 (bei Möglichkeit der gesv Einrichtung eines Organs – zB Beirat – grds zulässig; sonstige Zustimmungsvorbehalte, zB zugunsten Gläubigern, insb Banken, entfalten nur schuldrechtliche Wirkung). Zur Gen vgl OGH 24.11.1994, 6 Ob 31/92 (Bestellung Geschäftsleiter muss frei v Einflüssen Dritter möglich sein) – aufgrund des Grundsatzes der Selbstverwaltung bei Gen kann dies uE nicht unbesehen in die GmbH übernommen werden, vgl auch *Kastner* in GedS *Schönherr* 193 (195). Zur (unzulässigen) Dritteinflussaufnahme auf GesV-Änderungen vgl Rz 19.

102 Vgl *Koppensteiner/Rüffler*, GmbHG³ § 35 Rz 55. Der OGH lässt aber dieses Argument uU nicht gelten, weil er die Rückübertragung der Kompetenz als

der Bedarf der Übertragung v Zustimmungsbefugnissen iZm zustimmungspflichtigen Geschäften sowie der Delegation v Weisungsrechten an „unechte" Dritte (iSv Konzernmanagern u Konzerngremien) in Konzernen, va auch in **Matrix**strukturen (s schon Rz 16).[103] Diskutiert wird die Kompetenzübertragung an Dritte auch vor dem Hintergrund der Überbindung der Entscheidungsmacht auf unabhängige **Schiedsstellen** (insb in Pattsituationen);[104] auch dies sollte uE – zumindest im Falle dispositiver GV-Kompetenzen[105] – möglich sein (str, vgl auch § 4 Rz 38).

II. Kompetenzen gemäß § 35 Abs 1

A. Feststellung des Jahresabschlusses, Gewinnverteilung, Entlastung (Z 1)

Die Z 1 enthält Beschlusspunkte, die **jährlich** v den Gesellschaftern beschlossen werden (**Regularien**). Sowohl die Beschlussfassung über den JA als auch jene über Gewinnverteilung u Entlastung fallen als Kernelemente des gemeinschaftlichen Unternehmens in die zwingende Zuständigkeit der Gesellschafter.[106] Eine Übertragung an andere Organe ist nicht möglich (vgl auch Rz 8 u § 29 Rz 69).[107] Die Bestimmung gilt ebenfalls in der Insolvenz. Für die Liquidation gilt § 91: Zu Beginn der Liquidation ist eine Eröffnungsbilanz u für den Schluss eines jeden Geschäftsjahres ein JA samt Lagebericht aufzustellen (vgl auch § 91 Rz 2 ff). Eine Gewinnverteilung erfolgt in der Liquidationsphase nicht, erst bei der

21

---

schwerfällig erachtet, vgl OGH 21.3.2019, 6 Ob 183/18g, s dort Rz 3.2, vgl auch Rz 19 aE, FN 100.
103 *Aburumieh*, GES 2019, 336 (345 f); *Arlt/Jirovsky*, GRAU 2021, 5 (8 f).
104 Zur Möglichkeit der Schaffung einer – davon zu unterscheidenden – Zuständigkeit v Schiedsgerichten bei Gesellschafterstreit vgl § 4 Rz 38 u § 42 Rz 16 f u OGH 21.12.2017, 6 Ob 104/17p.
105 Auch für Zulässigkeit bei zwingender GV-Kompetenz *Koppensteiner/Rüffler*, GmbHG³ § 35 Rz 49 u *Enzinger* in Straube/Ratka/Rauter, GmbHG § 35 Rz 115, je mit Hinweis auf **aA** v *M. Heidinger* u *Reich-Rohrwig* u auf die generell abl Haltung der Rsp u alten L; generell abl etwa *Kastner* in GedS Schönherr 193 (200).
106 *Koppensteiner/Rüffler*, GmbHG³ § 35 Rz 4; *Gellis/Feil*, GmbHG⁷ § 35 Rz 2.
107 *Koppensteiner/Rüffler*, GmbHG³ § 35 Rz 2. Daher ist auch – anders als in Dtl (dort fehlt eine dem § 35 Abs 2 vergleichbare Norm; vgl § 46 dGmbHG) – die Errichtung eines Bilanzausschusses nicht möglich.

Schlussverteilung kann es zur Rückführung v Vermögen an die Gesellschafter durch Ausschüttung kommen (vgl auch § 91 Rz 2 f u 19 ff).

22 Wenn eine Gesellschaft einen **AR** hat (vgl § 29), so hat dieser – allenfalls auch ein zuständiger (Prüfungs-)Ausschuss – gem § 30k den JA, einen allfälligen Konzernabschluss, den Vorschlag für die Gewinnverteilung sowie den Jahresbericht u allfälligen Konzernjahresbericht zu prüfen u der GV darüber zu berichten (vgl Rz 31); die Feststellung selbst nimmt jedoch auch bei der GmbH mit AR immer **zwingend** die **GV** vor.

1. Ordentliche Generalversammlung

23 Im Gegensatz zum AktG, das in § 104 seit dem AktRÄG 2009 die oHV regelt, kennt das GmbHG den **Begriff der oGV** nicht. In der Praxis wird damit jedoch jene GV bezeichnet, die sich mit den jährlich abzuhandelnden Beschlüssen befasst, nämlich der Feststellung des JA, der Gewinnverwendung u der Entlastung der Organe. Da im GmbHG nicht zw oGV u aoGV unterschieden wird, knüpfen hier auch **keine untersch Rechtsfolgen** an (s aber im AktG zB die verlängerte Einberufungsfrist für die oHV). Weitere Tagesordnungspunkte, die ebenfalls jährlich zu behandeln sind, zB die Bestellung des Abschlussprüfers bei der prüfungspflichtigen GmbH (vgl Rz 28) oder die Beschlussfassung über die Vergütung des AR (vgl Rz 29), sind in § 35 Z 1 nicht genannt u können daher auch gesondert abgehandelt werden.[108]

24 Ob eine **Generaldebatte** durchgeführt wird oder ob jeder Tagesordnungspunkt einzeln abgehandelt wird, bleibt dem Vorsitzenden der GV überlassen. Anders als das AktG, das in § 104 vorsieht, dass die Gegenstände der oHV *„unter einem"* zu verhandeln sind, enthält das weniger formalisierte GmbHG hierzu keine Regel. Dies ist insofern folgerichtig, weil ja sogar eine schriftliche Beschlussfassung über die Regularien möglich ist (s dazu Rz 25).

25 Eine **schriftliche Beschlussfassung** ist unter den allg Voraussetzungen des § 34 (vgl § 34 Rz 55 ff) zulässig.[109]

26 **Teilnehmer** der GV, die über die Gegenstände des § 35 Abs 1 Z 1 beschließen, sind zunächst die Gesellschafter sowie unter den allg Voraussetzungen (vgl dazu § 34 Rz 7) die GF u die Mitglieder des AR. Eine ver-

---

108 Vgl *Enzinger* in Straube/Ratka/Rauter, GmbHG § 34 Rz 39 f; zur AG vgl *E. Gruber* in Doralt/Nowotny/Kalss, AktG³ § 104 Rz 7.
109 Diese werden idR vorliegen, solange kein Gesellschafter widerspricht.

pflichtende Teilnahme eines allfälligen Abschlussprüfers sieht § 35 – im Gegensatz zu § 30h Abs 1 – nicht vor, auch dieser könnte unter den allg Voraussetzungen eingeladen werden.[110]

27 Ziffer 1 sieht vor, dass Beschlüsse in den ersten acht Monaten eines Geschäftsjahres zu fassen sind. Die **Frist** kann im GesV verkürzt, aber nicht verlängert werden.[111] Ungeachtet der Haftung der GF u/oder des AR für einen allenfalls aus der **Verspätung** entstehenden Schaden sind auch nach Ablauf der Frist gefasste Beschlüsse wirksam.[112] Die GF sind verpflichtet (s dazu § 36 Rz 1), die GV zu diesen Tagesordnungspunkten unter Beachtung der anwendbaren Fristen (vgl dazu § 38 Rz 8) so rechtzeitig einzuberufen, dass die Beschlussfassung innerhalb der ersten acht Monate eines Geschäftsjahres stattfinden kann u dass ihnen auch die in § 22 Abs 2 vorgesehene 14-tägige **Einsichtsfrist** in die Bücher zusteht (s dazu § 22 Rz 33 ff).

28 **Weitere Tagesordnungspunkte der oGV:** Es ist zulässig, in der GV gem § 35 Abs 1 Z 1 jedweden weiteren Tagesordnungspunkt anzusetzen. Ein regelmäßig wiederkehrender Punkt ist bei einer prüfungspflichtigen GmbH (vgl § 22 Rz 6) die **Wahl des Abschlussprüfers** (vgl dazu auch § 270 Abs 1 UGB zur Erstattung eines Vorschlags zur Wahl des Abschlussprüfers durch den AR u § 30g Abs 4a Z 4 lit h zur diesbzgl „Vorarbeit" des Prüfungsausschusses im AR, vgl dazu § 30g Rz 152). Diese hat jährlich stattzufinden. Da sie nicht unmittelbar auf dem Ergebnis des vergangenen Geschäftsjahres aufsetzt, kann sie auch ohne zeitlichen Zusammenhang mit den Tagesordnungspunkten gem § 35 Abs 1 Z 1 stattfinden (s schon Rz 23).[113] Nach der allg Bestimmung des § 270 Abs 1 UGB ist der Abschlussprüfer vor Abschluss des Geschäftsjahres zu wählen, auf das sich die Prüfungstätigkeit erstreckt. Gemäß § 63 Abs 1 BWG ist der **Bankprüfer** bereits vor Beginn des zu prüfenden Geschäftsjahres zu wählen; die Wahl ist unverzüglich der FMA anzuzeigen. Wenn sich aus dem Beschluss kein eindeutiger Zeitraum ergibt, so ist eine Beschränkung auf das laufende, für Banken auf das folgende Geschäftsjahr, anzunehmen.

---

110 Zur Teilnahmeberechtigung eines Rechtsberaters eines Gesellschafters s *E. Gruber*, RdW 1993, 271.
111 *Koppensteiner/Rüffler*, GmbHG³ § 35 Rz 5; zur AG: *E. Gruber* in Doralt/Nowotny/Kalss, AktG³ § 104 Rz 10.
112 OGH 28.8.2013, 6 Ob 88/13d; *Koppensteiner/Rüffler*, GmbHG³ § 35 Rz 5.
113 *E. Gruber* in Doralt/Nowotny/Kalss, AktG³ § 104 Rz 18.

29 Ein weiterer regelmäßiger Tagesordnungspunkt ist die Beschlussfassung über eine **Vergütung des AR,** so ein solcher besteht (vgl dazu § 29). Aufsichtsratmitgliedern kann gem § 31 für ihre Tätigkeit eine angemessene Vergütung gewährt werden (vgl dazu § 31). Eine solche kann auch im GesV vorgesehen sein. In der Regel wird die Vergütung über das vergangene Geschäftsjahr beschlossen. Gemäß § 110 ArbVG entsandte Mitglieder (zu § 110 ArbVG vgl § 30b Rz 33 ff) erhalten keine Vergütung; hingegen stehen v Gesellschaftern (vgl § 30c) entsandte Mitglieder den gewählten grds gleich, dh alle erhalten eine beschlossene Vergütung,[114] es sei denn, der GesV schließt Vergütungsansprüche der gem § 30c entsandten Mitglieder aus (vgl dazu auch § 31 Rz 17).[115] Weiters wird idR ein Sitzungsgeld beschlossen, das je nach Anzahl v absolvierten Sitzungen an alle Mitglieder (einschließlich der gem § 110 ArbVG entsandten) ausbezahlt wird. Soweit Sitzungsgelder unabhängig v den für das einzelne Mitglied angefallenen Kosten sind u daher keine Barauslagen darstellen – was in der Praxis regelmäßig der Fall ist –, sind sie ebenfalls als Teil der Vergütung anzusehen,[116] u erfordern daher eine Beschlussfassung in der GV oder eine Festlegung durch den GesV (vgl auch § 31 Rz 38).

30 Üblich sind weiters **Wahlen in den AR,** weil die Mandate üblicherweise zum Ende einer oGV ablaufen (vgl § 30b Rz 16 ff). Auch hier gilt jedoch, dass allfällige Beschlüsse nicht mit den Gegenständen gem § 35 Abs 1 Z 1 verknüpft werden müssen.

2. Feststellung des Jahresabschlusses

31 **Jahresabschluss/Zeitplan:** Gemäß § 222 Abs 1 UGB haben die GF einer GmbH in den ersten fünf Monaten eines Geschäftsjahres den JA, bestehend aus Bilanz, GuV u Anh, sowie den Lagebericht, aufzustellen. Die GF haben auch einen Gewinnverwendungsvorschlag zu unterbreiten (§ 22 Rz 31), uzw uE auch, wenn Vollausschüttung gilt, weil die GF diesbzgl den Gesellschaftern eine Empfehlung abzugeben haben (zB Einschränkung der Gewinnverwendung wegen Liquiditätsengpässen,

---

114 Vgl *Rauter* in Straube/Ratka/Rauter, GmbHG § 31 Rz 8.
115 S zu einer derartigen Ausschlussmöglichkeit *Reich-Rohrwig,* GmbHR I² Rz 4/476. Zw Entsender u entsandtem Mitglied kann aber eine gesonderte Vergütungsvereinbarung geschlossen werden, vgl *Reich-Rohrwig,* GmbHR I² Rz 4/476; *Nowotny* in Kalss/Nowotny/Schauer, GesR² Rz 3/618; vgl § 30c Rz 4 FN 16. Letzteres ist keine Vergütung iSd § 31.
116 *Nowotny* in Kalss/Nowotny/Schauer, GesR² Rz 3/629.

Bedarf an allfälliger Fremdfinanzierung, Eintritt zwischenzeitiger Verluste oder ähnliche, s auch Rz 45 ff).[117] Wenn der JA prüfungspflichtig ist (vgl § 22 Rz 6), hat in diesem Zeitraum uE (str) auch die Abschlussprüfung (§ 268 UGB) stattzufinden. Sie muss jedoch noch nicht vollständig abgeschlossen sein.[118] Ein Entwurf des Prüfungsberichts muss jedoch vorliegen, weil dieser für die Vorbereitung der Beschlussfassung durch die Gesellschafter erforderlich ist. Es genügt, dass die Prüfung zu dem Zeitpunkt endgültig abgeschlossen ist, in dem die GV den JA feststellt.[119] Hat die GmbH einen AR, ist diesem der allenfalls geprüfte JA (vgl dazu § 30k Rz 13) samt allfälligem Lagebericht, allfälligem gesonderten nichtfinanziellen Bericht gem § 243b UGB (vgl dazu § 30k Rz 28), allfälligem Konzernabschluss sowie Konzernlagebericht samt Vorschlag für die Gewinnverteilung zuzusenden. Auch hier muss nicht notwendigerweise bereits der abschließend geprüfte JA zugesendet werden; allerdings ist uE jedenfalls auch hier ein Entwurf des Prüfberichts vorzulegen, da der AR mit seiner Prüfungstätigkeit bei der prüfungspflichtigen GmbH auf diesen aufsetzen kann. Jedenfalls muss der AR aE seiner Behandlung des JA den Bericht des Abschlussprüfers zur Verfügung haben.[120] Der AR hat gem § 30k den JA u allfälligen Lagebericht sowie allfälligen gesonderten nichtfinanziellen Bericht gem § 243b UGB samt Vorschlag für die Gewinnverteilung sowie einen allfälligen Konzernabschluss u Konzernlagebericht zu prüfen u der GV darüber zu berichten (vgl schon Rz 22, vgl im Detail bei § 30k). Bei Gesellschaften iSd § 189a Z 1 lit a u lit d (vgl auch § 29 Rz 37 ff) u AR-pflichtigen, fünffachgroßen Gesellschaften ist der Prüfungsausschuss gem § 30g Abs 4a einzubinden (s § 30g Rz 134 ff). Die Unterzeichnung des JA durch die GF ist nicht Voraussetzung für die Feststellung, weil dieser erst mit der Feststellung wirksam wird.[121] Nach der Behandlung des JA durch die Gesellschafter[122] ist dieser samt Lagebericht, Bestätigungsvermerk u Beschluss der Gesellschafter über die Gewinnverwendung gem § 277 u der Konzernabschluss gem § 280 UGB in den ersten neun Monaten des fol-

---

117 RIS-Justiz RS0123570.
118 Vgl auch *Christian* in Torggler, UGB³ § 22 Rz 3.
119 Vgl zur AG: *Adler/Düring/Schmaltz* IV⁶ § 173 AktG Rz 5.
120 *Ch. Nowotny* in Kalss/Nowotny/Schauer, GesR² Rz 4/385.
121 *Enzinger* in Straube/Ratka/Rauter, GmbHG § 35 Rz 6.
122 Ist eine Feststellung, etwa in Streitsituationen, nicht möglich, kann auch ein vorläufiger JA beim FB eingereicht werden, um Zwangsstrafen zu vermeiden, vgl RIS-Justiz RS0127129; *Wenger*, RWZ 2012/104, 357.

genden Geschäftsjahres beim FB einzureichen. Allfällige Änderungen des JA sind ebenfalls nachträglich einzureichen.[123]

32 Hingegen ist **Gegenstand der Feststellung** nur der JA, bestehend aus Bilanz, GuV u Anh. Lagebericht, Konzernabschluss u Konzernlagebericht sind in § 35 Abs 1 Z 1 nicht genannt u unterliegen daher nicht dem förmlichen Feststellungsverfahren.[124] Auch Zwischenabschlüsse werden nicht festgestellt.[125] Zur Schlussbilanz im Zuge einer Verschmelzung vgl § 96 Rz 47 ff.

33 Es besteht keine besondere **Prüfungspflicht** der Gesellschafter in Bezug auf den JA. Sie können sich grds auf den v den GF aufgestellten JA verlassen; dies gilt umso mehr, wenn bei Aufstellung des JA ein Wirtschaftsprüfer als Berater herangezogen wird oder wenn der JA sogar v einem Abschlussprüfer (vgl Rz 31) geprüft wurde.[126]

34 Der **Inhalt des Feststellungsbeschlusses** kann v dem v den GF vorgelegten Abschluss innerhalb der GoB, des GesV oder sonstiger anwendbarer Vorschriften abweichen.[127] Hinsichtlich der Anwendung der Bilanzierung- u Bewertungsgrundsätze kann es im Rahmen der unter den Gesellschaftern bestehenden Treuepflichten[128] für die Gesellschafter geboten sein, wirtschaftlich erforderliche u verhältnismäßige **Rücklagen** zu bilden (vgl auch § 82 Rz 38).[129] Wenn die Gesellschafter v der Geschäftsführung vorgeschlagenen u v Abschlussprüfer geprüften Version des JA abweichen, hat ggf eine **Nachtragsprüfung** stattzufinden. Bis dahin ist der JA schwebend unwirksam.[130] Mit Fest-

---

123 S dazu zB *Fellinger* in Straube/Ratka/Rauter, UGB II/RLG³ § 277 Rz 10.
124 *Weilinger*, Aufstellung und Feststellung des Jahresabschlusses 276, 330; *Ulmer/Hüffer*, GmbHG § 47 Rz 6; *E. Gruber* in Doralt/Nowotny/Kalss, AktG³ § 104 Rz 31; aA *Koppensteiner/Rüffler*, GmbHG³ § 35 Rz 6; *Enzinger* in Straube/Ratka/Rauter, GmbHG § 35 Rz 8. Der Lagebericht ist ebenso wie der Konzernabschluss deshalb nicht für eine Feststellung gem § 35 Abs 1 Z 1 vorgesehen, da er nicht Grundlage für die Gewinnverteilung ist.
125 *Baumgartner/Mollnhuber/U. Torggler* in Torggler, GmbHG § 35 Rz 5; *K. Schmidt* in Scholz, GmbH¹² § 46 Rz 8.
126 OGH 20.2.2014, 6 Ob 183/123z.
127 OGH 18.4.1951, 3 Ob 221/5; *Koppensteiner/Rüffler*, GmbHG³ § 35 Rz 9; *Baumgartner/Mollnhuber/U. Torggler* in Torggler, GmbHG § 35 Rz 5.
128 Vgl die LeitE BGHZ 6, 15.
129 Vgl zu diesem Thema auch rechtsvergleichend *Fleischer/Trinks*, NZG 2015, 289.
130 *Baumgartner/Mollnhuber/U. Torggler* in Torggler, GmbHG § 35 Rz 5; *E. Gruber* in Doralt/Nowotny/Kalss, AktG³ § 104 Rz 34.

stellung des JA entfaltet dieser verbindliche Wirkung (iSe Anerkenntnisses[131]).[132]

35 Der Beschluss wird, soweit im GesV nichts anderes vorgesehen ist, mit **einfacher Mehrheit** gefasst.[133] Stimmberechtigt ist auch der Gesellschafter-GF.[134] Auch stimmrechtslose Gesellschafter haben einen Anspruch darauf, ihre A vortragen zu können u v den anderen gehört zu werden; das Teilnahmerecht umfasst nicht nur das Recht auf Anwesenheit, sondern auch das Recht auf Teilnahme an der Beratung der Versammlungsgegenstände.[135]

36 Vor der Feststellung kann der JA uneingeschränkt abgeändert werden. Ein einmal festgestellter JA kann nur in eingeschränktem Ausmaß auch wieder aufgehoben oder **abgeändert** werden.[136] Dies ist zwingend vorzunehmen, wenn rechtswidrige Ansätze zu korrigieren sind;[137] wobei weniger gravierende Fehler auch in laufender Rechnung korrigiert werden könnten.[138] Eine Änderung ist jedoch auch zulässig, wenn sich keine Korrekturnotwendigkeit ergibt, wenn wichtige wirtschaftliche oder steuerliche Gründe vorliegen.[139] Diese können zB bedeutende For-

---

131 OGH 30.8.1972, 1 Ob 141/72 u RIS-Justiz RS0061373 (zur KG): festgestellte Bilanz hat Charakter eines Vertrags unter den Gesellschaftern. Vgl auch OGH 23.1.2020, 6 Ob 219/19b (zur KG).
132 Vgl *Kienast/Twardosz* in Reich-Rohrwig/Ginthör/Gratzl, HB GV² Rz 3.433.
133 *Enzinger* in Straube/Ratka/Rauter, GmbHG § 35 Rz 11; *Koppensteiner/ Rüffler*, GmbHG³ § 35 Rz 8.
134 OGH 11.5.2010, 9 ObA 5/10s; *Enzinger* in Straube/Ratka/Rauter, GmbHG § 35 Rz 11; *Koppensteiner/Rüffler*, GmbHG³ § 35 Rz 8; RIS-Justiz RS0049411.
135 OGH 28.8.2003, 2 Ob 170/03v.
136 S dazu ausf *Hügel*, GesRZ 2016, 100 (102 ff).
137 OGH 16.5.2001, 6 Ob 40/01b; *Weilinger*, Aufstellung und Feststellung des Jahresabschlusses 329 ff; vgl (zur AG) *Kalss/Gruber* in Doralt/Nowotny/ Kalss, AktG³ § 96 Rz 77 aE. Zur Frage der Nichtigkeit des JA bei Verstößen gegen § 82 vgl Rz 38 u § 83 Rz 40a sowie *H. Foglar-Deinhardstein*, GES 2021, 159 (168 f).
138 Vgl (zur AG) *Kalss/Gruber* in Doralt/Nowotny/Kalss, AktG³ § 96 Rz 77 aE; *Brogyányi/Rieder* in Napokoj/H. Foglar-Deinhardstein/Pelinka, AktG § 96 Rz 29 ff.
139 Vgl (zur AG) auch *Kalss/Gruber* in Doralt/Nowotny/Kalss, AktG³ § 96 Rz 78; für weitergehende Zulässigkeit, nicht nur bei Vorliegen eines wichtigen Grunds iZm Rücklagenauflösungen zur Schaffung ausschüttungsfähigen Gewinns bzw Anerkennung eines Ausschüttungsinteresses/wirtschaftlicher

derungsausfälle, Beteiligungsverluste, Verlust eines Rechtsstreits oder Änderungen aufgrund v Betriebsprüfungen sein.[140] Allerdings ist nach allg Grundsätzen auf ein berechtigtes Vertrauen Rücksicht zu nehmen. Je größer der Gesellschafterkreis ist, desto höher ist dieses Vertrauen zu bewerten. Wenn bereits eine Außenwirkung eingetreten ist u insb wenn Dritte, zB einzelne Gesellschafter, bereits Ansprüche erworben haben, zB einen Gewinnauszahlungsanspruch, ist eine Änderung nur mit Zustimmung der Betroffenen zulässig (vgl auch zur nachträglichen Änderung des Gewinnverwendungsbeschlusses § 82 Rz 60).[141] Für die Abänderung u Berichtigung ist das für die ursprüngliche Feststellung vorgesehene Verfahren (GV, ggf Abschlussprüfung, AR u Prüfungsschuss) neuerlich zu durchlaufen (s dazu auch Rz 47).[142] Steuerlich ist für die Änderung des JA gem § 4 Abs 2 Z 1 EStG die Zustimmung des FA erforderlich; diese ist zu erteilen, wenn die Änderung wirtschaftlich begründet ist. Dies hat jedoch keine Auswirkung auf die gesellschaftsrechtliche Verbindlichkeit des unternehmensrechtlichen JA.[143]

37 **Durchsetzung:** Nach hA besteht kein klagbarer Anspruch auf Zustimmung zur JA-Feststellung.[144] Auch das FB-Gericht hat keine Er-

---

Bedrängnis eines Gesellschafters als wichtiger Grund *Mitterecker*, ecolex 2018, 729 (731).
140 Vgl (zur AG) auch *Kalss/Gruber* in Doralt/Nowotny/Kalss, AktG³ § 96 Rz 78.
141 OGH 16.5.2001, 6 Ob 40/01b; *Enzinger* in Straube/Ratka/Rauter, GmbHG § 35 Rz 14; vgl auch *Gellis/Feil*, GmbHG⁷ § 35 Rz 2; *Schopper/Walch*, ecolex 2015, 392 (395); vgl (zur AG) auch *Kalss/Gruber* in Doralt/Nowotny/Kalss, AktG³ § 96 Rz 78 u *Adler/Düring/Schmaltz*, Rechnungslegung und Prüfung der Unternehmen IV⁶ § 172 AktG Rz 34 ff. Differenzierend (zw Eingriffen in bereits erworbene Gewinnansprüche v Gesellschaftern u Ansprüche sonstiger Dritter, zB bei schuldrechtlicher Gewinnbeteiligung oder Mitarbeiterbeteiligungen) *Eckert/Schopper* in Artmann/Karollus, AktG II⁶ § 96 Rz 25 u *Brogyányi/Rieder* in Napokoj/H. Foglar-Deinhardstein/Pelinka, AktG § 96 Rz 33 (nachträglicher Eingriff in Rechte Dritter hängt v vertraglicher Vereinbarung mit dem Dritten ab; kein Hinderungsgrund für JA-Änderung, fraglich sei nur, ob die Änderung dem Dritten entgegengehalten werden kann).
142 OGH 16.5.2001, 6 Ob 40/01b.
143 Vgl *Hügel*, GesRZ 2016, 100 (104).
144 OGH 16.2.2006, 6 Ob 130/05v u RIS-Justiz RS0120598; *Koppensteiner/Rüffler*, GmbHG³ § 35 Rz 10; **aA** etwa *Harrer* in Gruber/Harrer, GmbHG² § 35 Rz 9 ff, 20; s aber auch OGH 23.1.2020, 6 Ob 219/19b (Klage auf Zustimmung zur Feststellung, allerdings zur KG) – s zu dieser E *Kraus*, RdW 2020/423, 595; vgl zu alle dem auch *Aburumieh/Hoppel* in Adensamer/Mit-

satzkompetenz.[145] Das FB-Gericht kann jedoch die in den §§ 277 u 280 UGB vorgeschriebene Offenlegung des JA gem § 283 UGB mit Zwangsstrafen durchsetzen u tut dies in der Praxis auch.

Beschlussmängel: Anders als im AktG gibt es im GmbHG keine 38 ausdrückliche Regelung der Mängel v Feststellungsbeschlüssen zum JA. Wenn der Beschluss mit Gesetz oder GesV im Widerspruch steht, ist er grds **anfechtbar,** zB bei Bildung einer im GesV nicht vorgesehenen Rücklage (vgl § 41 Rz 33). Dies betrifft nicht nur unrichtige Bilanzansätze, sondern auch formale Beschlussmängel. Wegen einer bestimmten – innerhalb des rechtlich zulässigen Rahmens erfolgten – Ausübung des Ermessensspielraums u der bilanziellen Gestaltungsmöglichkeiten ist eine Anfechtung nicht zulässig;[146] ebenso wenig wegen Überschreitung der Achtmonatsfrist (vgl Rz 27). Die Unrichtigkeit des bekämpften JA ist v Kläger zu behaupten u zu beweisen.[147] Allenfalls kann eine Sonderprüfung eine Alternative zur Anfechtung sein (uU auch kostenmäßig v Interesse, wegen Sachverständigen-Kosten im Anfechtungsverfahren); soweit die L die Feststellung des JA als Voraussetzung der Sonderprüfung fordert, müsste es unschädlich sein, wenn der Feststellungsbeschluss unbekämpft bleibt, aber die Überprüfung des JA noch nachträglich im Wege des Minderheitenrechts (§ 45) erfolgt (s dazu § 45 Rz 12). **Nichtig** ist der Beschluss wegen gravierender Mängel (vgl § 41 Rz 30 ff), zB wenn ein prüfungspflichtiger JA vor Feststellung nicht geprüft wurde (vgl auch § 29 Rz 52). Wenn die Prüfung des AR fehlt, ist er jedoch nur anfechtbar (vgl § 30k Rz 26 u § 41 Rz 34). Zur modifizierten analogen Anwendung der Nichtigkeitsgründe des AktG vgl ausf § 41 Rz 20 ff.[148] Nach A mancher schlage jeder bilanzierte Verstoß gegen § 82 (**Einlagenrückgewähr,** mit Nichtigkeitssanktion) auch iSe Nichtigkeit auf den JA jedenfalls durch; nach aA nur, wenn der Verstoß wesentlich war – eine differenzierte, iSd Anwendungspraxis vernünftige vermittelnde M stellt auf die Wesentlichkeit des Einlagenrückgewähr-

---

terecker, HB GesStreit, Rz 6/59 FN 209. Die Aufstellung des JA kann hingegen v Gesellschafter jedenfalls durchgesetzt werden, vgl *Kalss/Probst,* Familienunternehmen, Rz 14/52 (Außerstreitverfahren), s auch OGH 23.1.2020, 6 Ob 219/19b (Klage, allerdings zur KG).
145 *Huemer,* RdW 2005/812, 732; *Koppensteiner/Rüffler,* GmbHG³ § 35 Rz 15.
146 OGH 9.2.1999, 7 Ob 179/98v.
147 OGH 9.2.1999 7 Ob 179/98v.
148 Gegen eine analoge Anwendung jedoch OGH 23.10.2015, 6 Ob 65/15z; *Enzinger* in Straube/Ratka/Rauter, GmbHG § 35 Rz 16.

verstoßes kombiniert mit der dadurch gegebenen fehlerhaften Erhöhung des Ausschüttungspotentials ab. Unseres Erachtens erscheint letztere A sinnvoll, denn Einlagenrückgewährverstöße sind ohnedies nichtig u erfordern nicht eine „doppelte" Nichtigkeitssanktion (vgl zu alle dem § 83 Rz 40a).[149] Nach A des OGH ist ein Rückersatzanspruch aus § 82 zu aktivieren (vgl § 83 Rz 15, 22).[150] Wenn die Nichtigkeit des JA festgestellt wurde, so ist dieser neuerlich berichtigt auf- u festzustellen.[151]

3. Gewinnverwendung

39 Für die Beschlussfassung über die Gewinnverwendung sind, sofern die in Rz 40 genannten Voraussetzungen vorliegen, zwingend die Gesellschafter zuständig (vgl auch § 29 Rz 69).[152] Die Gesellschafter fassen den Beschluss mit **einfacher Mehrheit**,[153] wenn der GesV nichts anderes vorsieht u soweit nicht wegen Verstoßes gegen den Gleichheitsgrundsatz die Zustimmung einzelner Gesellschafter erforderlich ist (s dazu Rz 42 f).[154] Wesentliche Grundlage einer Gewinnausschüttung ist die Einhaltung aller dafür erforderlichen Formalia.[155]

40 Der Gewinnverwendungsbeschluss bei der GmbH ist dabei (aber) nur unter drei kumulativen **Voraussetzungen** zu fassen:

– Es wurde ein Gewinn erzielt, dh in der Bilanz ist ein Bilanzgewinn gem § 224 Abs 3 IV. UGB ausgewiesen. Auch eine phasenkongruente Buchung v Gewinnen aus Tochtergesellschaften ist möglich (vgl § 82 Rz 31).[156] Sollen Gewinne aus einer (Gewinn- oder un-

---

149 Vgl zum Meinungsstand u zu dieser vermittelnden A *H. Foglar-Deinhardstein*, GES 2021, 159 (168 f).
150 RIS-Justiz RS0133531; OGH 18.2.2021, 6 Ob 207/20i.
151 *Geist*, DStR 1996, 306.
152 *Arlt*, GesRZ 2014, 351 (354).
153 *Baumgartner/Mollnhuber/U. Torggler* in Torggler, GmbHG § 35 Rz 9.
154 Vgl dazu etwa *Schopper/Walch*, NZ 2018/147, 441 (443 ff).
155 OGH 18.2.2021, 6 Ob 207/20i (in Rz 28 der E): *„Ungebundenes Vermögen darf nicht jederzeit und regellos, sondern nur auf Grundlage eines gültigen Jahresabschlusses nach Fassung eines Gewinnverteilungsbeschlusses entnommen werden."*
156 Vgl AFRAC-Stellungnahme 4 – Grundsätze der unternehmensrechtlichen phasenkongruenten Dividendenaktivierung, wobei insb vor dem JA-Stichtag schon der Ausschüttungswille festzuhalten ist. Vgl auch VwGH 13.9.2006, 2002/13/0129; denn auch sonst gilt grds, dass Ausschüttungen aus Töchtern als Forderungen im JA der Mutter erst erfasst werden dürfen,

gebundenen Kapital-)Rücklage ausgeschüttet werden, ist vorher bei Aufstellung des JA die Rücklage in Bilanzgewinn zu wandeln, eine „direkte" (allenfalls sogar unterjährige) Ausschüttung der Rücklage ist nicht möglich u unzulässig (vgl auch Rz 47, 36; s auch § 82 Rz 37).[157] Wenn kein Gewinn ausgewiesen ist, ist kein Beschluss erforderlich.
- Der GesV behält den Gesellschaftern das Recht vor, über die Verteilung eines Gewinnes zu verfügen (vgl Rz 41 f).
- Es wurde kein Gewinnabführungsvertrag abgeschlossen (vgl Rz 48).

Wenn ein Gewinn ausgewiesen ist, jedoch im **GesV** nicht die Möglichkeit geschaffen wurde, diesen ganz oder tw v der Verteilung auszuschließen (vgl auch Rz 42), u auch keine Ausschüttungssperren greifen (vgl Rz 45 u 52, s auch § 82 Rz 37), gilt der **Grundsatz der Vollausschüttung** (vgl auch § 82 Rz 35).[158] Der schuldrechtliche Anspruch der Gesellschafter[159] entsteht unmittelbar mit Feststellung des JA u ist sofort zur Auszahlung fällig, wenn die Gesellschafter nichts anderes beschließen[160] **41**

---

wenn ein entspr Ausschüttungsanspruch besteht; vgl OGH 23.6.2021, 6 Ob 90/21k (in Rz 55).
157 *Mitterecker*, ecolex 2018, 729 (730 f); *Busch/Moser*, SWK 27/2007, W 131 f; vgl auch *Aburumieh/Hoppel*, RdW 2020/518, 739 (745); s auch § 72 Rz 8.
158 OGH 21.3.2019, 6 Ob 216/18k; vgl auch 23.1.2020, 6 Ob 219/19b (allerdings zur KG).
159 Bei Treuhandverhältnissen kann nur der Treuhänder (als „echter" Gesellschafter) den Anspruch geltend machen, vgl OGH 21.3.2019, 6 Ob 216/18k; s dort auch zur Möglichkeit der Vorausabtretung der Ansprüche.
160 Wofür nach der hL die Zustimmung aller Gesellschafter erforderlich ist, vgl *Aburumieh/Hoppel* in Adensamer/Mitterecker, HB GesStreit, Rz 6/60; s auch *Schopper/Walch*, NZ 2018/147, 441 (443), mit Hinweis (entspr hL u Rsp) auf bloße Anfechtbarkeit; so (bloße Anfechtbarkeit bei satzungswidriger Gewinnthesaurierung) zB auch *Walcher*, GES 2019, 114 (129) – was wegen des Eingriffs in einen bestehenden Anspruch uE zu hinterfragen ist (sofern eben nicht alle Gesellschafter zustimmen); für Unwirksamkeit mangels Zustimmung auch *Aburumieh/Hoppel* in Adensamer/Mitterecker, HB GesStreit, Rz 6/60; **aA** wohl OGH (wie zu § 50 Abs 4), vgl zB OGH 15.3.2021, 6 Ob 38/21p (E nicht zur Vollausschüttung, aber zur Verletzung v Sonderrechten). Vgl allg auch EBRV 236 BlgHH XVII. Session S 69 zum GmbHG 1906 (abgedruckt bei Kalss/Eckert, Zentrale Fragen 556: *„Dieser Anspruch kann ... auch durch Gesellschafterbeschluss nicht entzogen werden."*); s auch noch Rz 50. Umgekehrt könnten thesaurierungswillige Gesellschafter allenfalls die anderen auf Beschlussfassung zur Thesaurierung in Anspruch nehmen, wenn dies zum Überleben der Gesellschaft zwingend erforderlich ist,

oder der GesV nichts anderes vorsieht.[161] Insbesondere ist daher auch ein Alleingesellschafter (zB Konzernmutter) berechtigt, Thesaurierung ohne negative Konsequenzen zu beschließen, selbst wenn Vollausschüttung gilt.[162] Die Gesellschafter können den (mit JA-Feststellung entstandenen) Anspruch auf Gewinnauszahlung (*qua* Geltung des Vollausschüttungsgebots) durch Klage gegen die Gesellschaft[163] geltend machen (ein außerstreitiges Verfahren ist nicht vorgesehen). Die Durchsetzung der Vollausschüttung wird wohl dann scheitern, wenn die Thesaurierung zum Überleben der Gesellschaft zwingend erforderlich wäre (Existenzsicherung) oder zwingende Ausschüttungssperren greifen. Ansonsten ist das Ausschüttungsinteresse ein jedenfalls legitimes[164] u durchsetzbares; hier (Vollausschüttung) besteht ein Ausschüttungsanspruch.[165] Dass die Thesaurierung aus Sicht der GmbH wirtschaftlich sinnvoll oder günstiger wäre als die Ausschüttung, reicht zur Wegnahme des Anspruchs grds nicht (s auch noch Rz 50).[166] Der Gesellschaft kann bei Gegenansprüchen gegen den Gesellschafter unter den allg Voraussetzungen

---

s dazu *Aburumieh/Hoppel* in Adensamer/Mitterecker, HB GesStreit, Rz 6/61, insb auch FN 221.
161 *Koppensteiner/Rüffler*, GmbHG³ § 35 Rz 13.
162 OGH 12.1.2012, 6 Ob 101/11p (s zu Spezialfragen in Holdingskonstruktionen noch FN 166); *Schopper/Walch*, NZ 2018/147, 441 (443); s zum umgekehrten Fall (Ausschüttung trotz gesv vorgesehener Thesaurierung noch Rz 171 – Thematik Satzungsdurchbrechung).
163 Vgl *Aburumieh/Hoppel* in Adensamer/Mitterecker, HB GesStreit, Rz 6/60. Die Klage kann mit einer allenfalls (s FN 109) erforderlichen (s aber auch noch Rz 52) Anfechtungsklage verbunden werden.
164 OGH 19.12.2019, 6 Ob 105/19p.
165 Vgl *Aburumieh/Hoppel* in Adensamer/Mitterecker, HB GesStreit, Rz 6/62.
166 Vgl *Aburumieh/Hoppel* in Adensamer/Mitterecker, HB GesStreit, Rz 6/62; OGH 24.10.2016, 6 Ob 169/16w; 31.1.2013, 6 Ob 100/12t; 27.2.2013, 6 Ob 17/13p. **Anders** judiziert der OGH dies aber bisweilen in Holdingkonstruktionen, dh wenn die Zwischenholding in ihrer 100%-Tochter thesauriert (uzw auch allenfalls entgegen deren GesV) – sind hier auf Gesellschafterebene der Zwischenholding untersch Interessen vertreten, kann dies zu schwierigen Fragen führen (Thematik der Absicherung des Ausschüttungsflusses v „unten" bis „hinauf" an die *Ultimates*, Haftungs- und Abberufungsthemen für den stimmrechtsausübenden GF in der Zwischenholding uä) – vgl dazu mit Rsp-Nachw OGH 23.5.2007, 3 Ob 59/07h; 17.12.2008, 6 Ob 213/07b; sowie 12.1.2012, 6 Ob 101/11p u 23.2.2016, 6 Ob 160/15w zum PSG; vgl *Aburumieh/Hoppel* in Adensamer/Mitterecker, HB GesStreit, Rz 6/70 ff.

ein Zurückbehaltungsrecht zustehen, auch eine Aufrechnung durch die Gesellschaft ist denkbar (vgl auch § 82 Rz 32).

42 Der GesV kann v Grundsatz der Vollausschüttung abgehen (s auch schon Rz 41). Gesellschaftsvertragliche Gewinnverwendungsvorschriften sind ausreichend deutlich zu formulieren, sie sind objektiv auszulegen.[167] Für die GmbH[168] hielt der OGH jüngst eine Regelung, wonach die GV über die **Verwendung** eines allfälligen Bilanzgewinns beschließt, für ausreichend.[169] Unseres Erachtens empfiehlt sich jedenfalls eine deutliche Festlegung im GesV, wenn v der Vollausschüttung abgewichen

---

167 OGH 24.10.2016, 6 Ob 169/16w; vgl auch OGH 23.5.2007, 3 Ob 59/07h.
168 Für die AG hält der OGH (24.10.2016, 6 Ob 169/16w; vgl auch 23.5.2007, 3 Ob 59/07h) hingegen die Klausel, wonach die HV alljährlich über die **Verwendung** des Bilanzgewinns beschließt, alleine als nicht ausreichend, um v Gebot der Vollausschüttung abzugehen, uzw auch dann nicht, wenn dies stets anders gehandhabt wurde (dh trotz Fehlens einer ausreichenden gesv Klausel bisher stets thesauriert wurde). Der Grund, warum eine Klausel fast desselben Wortlautes bei der AG nicht zu einer Thesaurierungsmöglichkeit führt, bei der GmbH jedoch schon, ist uE, dass bei der AG gem § 104 AktG immer dann, wenn ein Bilanzgewinn ausgewiesen wird, ein Gewinnverwendungsbeschluss zu fassen ist (vgl *E. Gruber* in Doralt/Nowotny/Kalss, AktG³ § 104 Rz 39), bei der GmbH jedoch nur, wenn der GesV dies vorsieht; anderenfalls hat die Geschäftsführung die (Voll-)Ausschüttung unmittelbar aufgrund des Feststellungsbeschlusses der GV vorzunehmen.
169 Vgl OGH 30.8.2016, 6 Ob 143/16x: „*Nach dem bisher geltenden Gesellschaftsvertrag hat die Generalversammlung über die* **Verwendung** *eines allfälligen, bilanzmäßigen Reingewinns zu beschließen .... Mit dieser dem Gesetzeswortlaut entsprechenden Wendung ist in der Regel (nur) die* **Frage der** *(möglichen, vgl § 35 Abs 1 Z 1, § 82 Abs 1 GmbHG)* **Einschränkung des Vollausschüttungsgebots** *(und nicht der Verteilungsquoten) gemeint. Wenn der Gesellschaftsvertrag die* **Gewinnverteilung** *oder die* **Gewinnverwendung** *einem Gesellschafterbeschluss vorbehält, muss man (mangels sonstiger Anhaltspunkte im konkreten Gesellschaftsvertrag) wohl davon ausgehen, dass die Gesellschafter sich die Entscheidung vorbehalten haben, ob überhaupt bzw in welchem Umfang es zu einer Ausschüttung des Bilanzgewinns kommen soll. ...*". Vgl auch *Reich-Rohrwig*, GmbHG I² Rz 3/198, wonach der Vorbehalt der Gewinn**verwendung** ausreichend ist, um v Vollausschüttungsgrundsatz abzuweichen; demgegenüber wäre nach *Reich-Rohrwig*, GmbHG I² Rz 3/199 aber eine Formulierung, wonach alleine die Gewinn**verteilung** einem Gesellschafterbeschluss vorbehalten ist, nicht ausreichend. S aber auch OGH 21.3.2019, 6 Ob 216/18k: „*Sieht der Gesellschaftsvertrag aber eine gesonderte Beschlussfassung über die* **Gewinnverteilung** *nach der Feststellung des Jahresabschlusses vor, entsteht der unbedingte Auszahlungsanspruch erst durch den Verteilungsbeschluss.*"

werden können soll; jedenfalls ausreichend wäre uE die folgende Regelung (**Bsp**): „Über die Verwendung des Bilanzgewinnes ist unter Beachtung der gesetzl u gesv Regelungen mit Beschluss der Gesellschafter zu entscheiden. Die Gesellschafter können dabei den Bilanzgewinn auch ganz oder tw v der Ausschüttung ausschließen. Soweit dies betriebswirtschaftlich zweckmäßig ist, können auch Rücklagen gebildet werden." Ergänzend sollte eine (klarstellende) Regelung aufgenommen werden, was mit dem Bilanzgewinn passiert, wenn es trotz einer derartigen Gewinnverwendungsklausel im GesV (daher keine Vollausschüttung) zu keiner Beschlussfassung (zB wegen eines Patts) kommt (Gewinnvortrag).[170] Der GesV kann weiters zB vorsehen, dass ein fixer oder v den Gesellschaftern v Jahr zu Jahr zu bestimmender Teil des Gewinns vorgetragen wird[171], dass ein bestimmter Anteil des Bilanzgewinns immer automatisch ausgeschüttet wird, dass einzelne Gesellschafter eine vorzugsweise Ausschüttung erhalten oder dass für bestimmte Zwecke **Rücklagen** gebildet werden.[172] Auch ohne Bestimmung ist die Bildung einer **gesetzl Rücklage**, wenn diese anwendbar ist, zwingend (vgl § 23 Rz 8 ff, 17). Es kann auch vorgesehen werden, dass **Nachschüsse** (vgl § 72) aus dem Gewinn finanziert werden sollen.[173] Die Grenze der gesv Gestaltungsfreiheit ist dort zu ziehen, wo es um die grds Vermögensrechte der Gesellschafter geht: Ein kompletter Ausschluss der Gewinnverteilung auf längere Zeit wäre in einer auf Gewinnerzielung gerichteten Gesellschaft wegen Widerspruchs zum Gesellschaftszweck ohne Zustimmung aller Gesellschafter nichtig.[174] Eine ausschließliche Gewinnthesaurierung ist dann denkbar bzw erforderlich, wenn sie mit

---

170 Vgl dazu *Gonaus/Schmidsberger*, RdW 2020/15, 7 (insb 9 f).
171 Vgl zu einer gesv Regelung, die partielle jährliche Thesaurierung vorsah, v welcher aber punktuell, in einem Jahr, durch höhere Ausschüttung, abgewichen wurde, OLG Dresden 9.11.2011, 12 W 1002/11 (unzulässige Satzungsdurchbrechung), vgl dazu *Walcher*, GES 2019, 114.
172 Vgl auch *Aburumieh/Hoppel* in Adensamer/Mitterecker, HB GesStreit, Rz 6/57.
173 *Koppensteiner/Rüffler*, GmbHG³ § 35 Rz 15; *Gellis/Feil*, GmbHG⁷ § 35 Rz 3.
174 Wohl hM, vgl zB *Schopper/Walch*, NZ 2018/147, 441 (454). **AA** im dt Recht *Hoffmann* in Michalski/Heidinger/Leible/J. Schmidt, GmbHG³ § 53 Rz 144 (Form der Gewinnteilhabe wird auf die Anteilswertsteigerung beschränkt) – dies weicht aber v der dhM ab, die mit der öhM korreliert (grds Änderung der Gewinnverwendung mit normaler satzungsändernder Mehrheit, vgl FN 177), aber völlige Beseitigung des Gewinnbezugsrechts nur mit Zustim-

dem Gesellschaftszweck vereinbar ist, dh wenn die Gesellschaft einen gemeinnützigen oder ideellen Zweck verfolgt (vgl zur Aushungerung auch Rz 50; die Grundsätze sind auch bei der Änderung des GesV anzuwenden).[175] Während die Änderung des Gewinnverteilungsschlüssels unter den Gesellschaftern zusätzlich zu allg Mehrheitserfordernissen der Zustimmung der dadurch benachteiligten Gesellschafter bedarf (vgl Rz 43 u § 82 Rz 43),[176] kann nach der wohl hM eine Klausel, mit der generell die Möglichkeit der Rücklagenbildung geschaffen wird – u somit alle Gesellschafter gleichermaßen betrifft – mit jener Mehrheit beschlossen werden, die allg für Änderungen des GesV der jew Gesellschaft erforderlich ist (vgl auch § 49 Rz 49[177]). Aus streitpräventiven Gründen empfiehlt sich zudem die Regelung einer Mindestausschüttungsquote.

---

mung aller Gesellschafter, vgl zB *Schnorbus* in Rowedder/Schmidt-Leithoff, GmbHG[6] § 53 Rz 71.
175 *E. Gruber* in Doralt/Nowotny/Kalss, AktG[3] § 104 Rz 46; *Schopper/Walch*, NZ 2018/147, 441 (454); *Adler/Düring/Schmaltz* IV[6] § 174 AktG Rz 31.
176 Vgl zB *Schopper/Walch*, NZ 2018/147, 441 (445).
177 *Rauter/Milchrahm* in Straube/Ratka/Rauter, GmbHG § 49 Rz 122 ff, mwN; *Schopper/Walch*, NZ 2018/147, 441 (453 f – es sei denn, die Klausel zielte auf Thesaurierung sämtlicher Gewinne ab); so auch schon *Thöni*, GesRZ 1996, 137 (144). Vergleicht man dies mit der hM zum einmaligen Abgehen v Vollausschüttungsgebot (Rz 41; nach der hM Bedarf der Zustimmung aller betroffenen Gesellschafter), ist dies auf den ersten Blick nicht einfach verständlich (zumal ein genereller Eingriff wegen stärkerer Auswirkung uU einer strengeren Prüfung bedürfte als ein einmaliges, punktuelles Abweichen v GesV; s zu diesem Gedanken – aber mit anderem Ergebnis – *Hoffmann* in Michalski/Heidinger/Leible/J. Schmidt, GmbHG[3] § 53 Rz 144). Dies auch deshalb, weil die Begründungsansätze zum überwiegenden Teil aus dem dt Recht übernommen werden, dort aber eine andere Ausgangsbasis herrscht (§ 29 Abs 1 u 2 dGmbHG erlaubt die Abkehr v der Vollausschüttung grds mit einfacher Mehrheit); idS (eben für Zulässigkeit der Einführung einer Thesaurierungsklausel mit der gewöhnlichen Mehrheit für eine GesV-Änderung) *Hoffmann* in Michalski/Heidinger/Leible/J. Schmidt, GmbHG[3] § 53 Rz 144: „*Für Regelungen der Gewinnverwendung, also vor allem die Einführung einer festen Mindestthesaurierungsquote, genügt grundsätzlich die qualifizierte Mehrheitsentscheidung. ... Hierfür spricht auch, dass die Thesaurierung gar keiner Satzungsregelung bedarf, sondern im Einzelfall sogar durch einfachen Gesellschafterbeschluss nach § 29 Abs 2 herbeigeführt werden kann.*" UE ist auch das allerorts verwendete Argument, der Gewinn werde nicht für immer, sondern nur temporär entzogen, hinterfragenswert, denn nachträgliche Verluste zehren den thesaurierten Gewinn auf, sodass der einmal vorhanden gewesene, ausschüttbare Gewinn dem Gesellschafter verloren

43 Wenn der GesV keine abw Regelung enthält (s dazu sogleich), so ist der Gewinn **nach dem Verhältnis der einbezahlten Stammeinlagen** (vgl § 82 Abs 2) zu verteilen.[178] Abweichende Regelungen (**alineare Ausschüttung**) sind unter Beachtung des Gleichheitsgrundsatzes gem § 82 Abs 2 möglich (vgl § 82 Rz 47 ff). Nach einer jüngeren OGH-E bedarf eine v der gesetzl Regelung des § 82 Abs 2 (s oben) abw Verteilungsquote einer eindeutigen Grundlage im GesV.[179] Die nachträgliche Einfügung einer derartigen Ermächtigung kann mit der gewöhnlichen GesV-ändernden (Dreiviertel-)Mehrheit beschlossen werden, jedenfalls dann, wenn der GesV die dann im Einzelfall durchzuführende alineare Ausschüttung einem einstimmigen Gesellschafterbeschluss vorbehält.[180] Wurde allerdings im GesV die Regelung des § 82 Abs 2 (oder eine ähnliche Regelung, die auf eine lineare Ausschüttung zielt) als Grundsatz umgesetzt, so könnte es nach der genannten jüngeren OGH-E unter Berufung auf § 50 Abs 4[181] erforderlich sein, bereits für die GesV-Änderung die Zustimmung sämtlicher Gesellschafter einzuholen.[182] Unseres Erachtens reicht auch diesfalls die gewöhnliche GesV-ändernde Mehrheit, wenn sichergestellt ist, dass die konkrete alineare Ausschüttung grds nur mit Zustimmung des beeinträchtigten Gesellschafters erfolgt[183] (vgl aber auch die bei

---

gehen kann – freilich trifft das alle Gesellschafter, auch die Mehrheit, gleichermaßen, u ist die Thesaurierung hier auch Schutzschild gegen Verluste/ein negatives Eigenkapital u damit späteren Wertverlust des Investments. Wird im Einzelfall auf Basis einer gesv Klausel thesauriert, kann sich der Minderheitsgesellschafter aber aus der Treuepflicht heraus wehren (s Rz 45).

178 Bsp s bei *K. Schmidt* in FS Doralt 597 (599 f).
179 OGH 30. 8. 2016, 6 Ob 143/16x; aA (dh alineare Verteilung auch ohne gesv Ermächtigung) *Schwärzler*, NZ 2016/156, 442 (443); vgl generell zur Frage der Satzungsdurchbrechung § 49 Rz 26 ff u § 41 Rz 62, 104.
180 Vgl OGH 30. 8. 2016, 6 Ob 143/16x.
181 Wobei unklar ist, ob der OGH v dessen Geltung ausgeht, vgl *Aburumieh/Hoppel* in Adensamer/Mitterecker, HB GesStreit, Rz 6/60, insb FN 214.
182 Vgl OGH 30. 8. 2016, 6 Ob 143/16x. Vgl dazu auch *Hoenig*, Besprechung zu OGH 30. 8. 2016, 6 Ob 143/16x, GesRZ 2016, 415. Dennoch wäre nach dem OGH bei Verstoß wohl Anfechtung erforderlich, vgl die soeben zit E (Rz 2.2) u allg zu § 50 Abs 4 u Verletzung v gesv Sonderrechten etwa OGH 15. 3. 2021, 6 Ob 38/21p (s dazu auch bei § 50 Rz 17).
183 Wird hingegen die GesV-Änderung über die Ermächtigung zur alinearen Ausschüttung durch sämtliche Gesellschafter beschlossen, wäre auch daran zu denken, die darauf aufbauenden konkreten Ausschüttungen durch Mehrheitsbeschluss (Dreiviertelmehrheit) zuzulassen, wenn dies im GesV ausreichend deutlich geregelt ist, vgl dazu *Schwärzler*, NZ 2016/156, 442 (443 f).

§ 82 Rz 48 vertretene M, wonach eine alineare Ausschüttung in bestimmten Konstellationen, insb bei „schiefer" Zuschussleistung,[184] auch ohne Zustimmung des beeinträchtigten Gesellschafters in Betracht kommen könnte).[185] Wird im GesV demnach bereits eine fixe alineare Verteilungsquote festgelegt, bedarf diese GesV-Änderung der Zustimmung des/der beeinträchtigten Gesellschafter/s (vgl aber auch § 82 Rz 48); wird hingegen bloß die Ermächtigung für eine allfällige künftige alineare Ausschüttung im GesV geschaffen, reicht uE diesfalls jedenfalls die Dreiviertelmehrheit (**Bsp** für eine derartige gesv Klausel: „Die Verteilung des v der GV zur Ausschüttung an die Gesellschafter vorgesehenen [Teiles des] Bilanzgewinnes erfolgt nach dem Verhältnis der übernommenen Stammeinlagen, sofern die Gesellschafter nicht – unter Zustimmung der davon betroffenen Gesellschafter – etwas anderes beschließen"). Auch nach den Körperschaftsteuerrichtlinien (KStR) 2013[186] müssen alineare Gewinnausschüttungen gesv gedeckt sein (u darüber hinaus auch wirtschaftlich begründet sein, vgl auch § 82 Rz 48). Ausnahmsweise wird eine alineare Gewinnausschüttung durch einstimmigen Gesellschafterbeschluss zulässig sein.

Wenn der GesV keine andere Regelung vorsieht, **verjährt** der Dividendenanspruch nach 30 Jahren (vgl auch § 82 Rz 42).[187] Üblich sind Klauseln in GesV, nach denen die Gewinnanteile in einem kürzeren Zeitraum, zB nach drei Jahren, verjähren. Zum Schicksal des Dividendenanspruchs bei Übertragung des Geschäftsanteils s § 82 Rz 34. **44**

---

184 Vgl dazu auch *Aburumieh/Hoppel*, RdW 2020/518, 739 (745); OGH 16.11.2012, 6 Ob 47/11x steht dem nicht entgegen – es liegt kein Anwendungsfall des § 1043 ABGB vor, denn es geht nur um die Rückführung des Zuschusses an den ursprünglich Leistenden; s dazu auch *Aburumieh/Hoppel* in Adensamer/Mitterecker, HB GesStreit, Rz 6/77 insb FN 305.
185 Gegen das unbedingte Zustimmungserfordernis des einzelnen beeinträchtigten Gesellschafters wird insb vorgebracht, dass sich dieser ohnedies im Wege der Anfechtung gegen den Beschluss wehren kann, vgl dazu § 82 Rz 48 u *Hoenig*, GesRZ 2016, 415. Auch durch bloßes Fernbleiben v der GV soll nach *Schwärzler*, NZ 2016/156, 442 (443) keine Blockade des beeinträchtigten Gesellschafters möglich sein.
186 RL des BMF v 13.3.2013, BMF-010216/0009-VI/6/2013, vgl dort Rz 549.
187 OGH 21.3.2019, 6 Ob 216/18k – auch wenn diese OGH-E anderes nahelegen mag, verjähren Gewinnverwendungsansprüche daher immer erst in 30 Jahren (u nicht in drei Jahren), da immer ein Gesellschafterbeschluss (namentlich der Beschluss auf Feststellung des JA) erforderlich ist; vgl auch *Walch*, GesRZ 2019, 308 u *Aburumieh/Hoppel* in Adensamer/Mitterecker, HB GesStreit, Rz 6/59 insb FN 210.

45 Bei der Festlegung der Ausschüttung haben die Gesellschafter aus Treuepflichtüberlegungen die **Liquiditätssituation** des Unternehmens zu berücksichtigen (vgl auch § 82 Rz 54). Wenn eine zulässige Gewinnausschüttung v der vorhandenen Liquidität der Gesellschaft nicht abgedeckt werden kann, ist eine **Fremdfinanzierung** grds zulässig (vgl auch § 82 Rz 35).[188] Wird allerdings den GF oder dem AR zw Schluss des Geschäftsjahrs u Feststellung des JA bekannt, dass das Vermögen der Gesellschafter durch **Verluste** oder Wertminderungen erheblich u voraussichtlich nicht bloß vorübergehend reduziert wurde, so verlangt § 82 Abs 5, den Bilanzgewinn insoweit (u bei sonstiger Nichtigkeit, s Rz 52) zu thesaurieren (§ 82 Rz 53), wobei es in der Verantwortung der GF oder eines allenfalls vorhandenen AR liegt, die Gesellschafter bei der Beschlussfassung über den JA auf zwischenzeitige Verluste aufmerksam zu machen.[189] Dies ist auch Zweck des Gewinnverwendungsvorschlags.[190] Die Gesellschafter sind aus der Treuepflicht heraus angehalten, in diesem Fall (Existenzsicherung der Gesellschaft) gegen eine Ausschüttung zu stimmen (s auch Rz 41, 49 u 110). Zu den Ausschüttungssperren des § 235 UGB vgl § 82 Rz 41.[191] Nach der Rsp kann eine Ausschüttungssperre allenfalls auch nach Veräußerung wesentlicher Vermögensbestandteile der Gesellschaft greifen; durch eine derartige Ausschüttung dürfen nach der Rsp Gläubigeransprüche nicht vereitelt werden (vgl § 82 Rz 38).[192] Die aktuelle Rsp[193] geht noch weiter u postu-

---

188 Vgl auch *obiter* OGH 27.2.2013, 6 Ob 17/13p (*„Dass die zur Gewinnausschüttung allenfalls erforderliche Kreditaufnahme aus betriebswirtschaftlicher Sicht „nicht sinnvoll" sein mag, ist der Gefährdung der Existenz der Gesellschaft nicht gleichzuhalten."*).
189 OGH 31.1.2013, 6 Ob 100/12t; RIS-Justiz RS0128608. Vgl dazu etwa auch *Fellner/Rüffler/Seekirchner*, ÖBA 2020, 385 (389).
190 OGH 10.4.2008, 6 Ob 33/08h (*„… vielmehr hat der Geschäftsführer im Hinblick auf geplante Geschäftsführungsmaßnahmen über die Finanzierungserfordernisse Bescheid zu wissen und sachgerechte Entscheidungen zu empfehlen."*).
191 Vgl dazu auch AFRAC-Stellungnahme 31 – Zur Ausschüttungssperre nach § 235 Abs 1 UGB; s etwa auch *Thelen*, RWZ 2019/77, 361 ff (zur Teilnichtigkeit v Gewinnverwendungsbeschlüssen, die § 235 UGB missachten), s auch Rz 52.
192 OGH 30.8.2016, 6 Ob 198/15h.
193 OGH 18.2.2021, 6 Ob 207/20i (zur GmbH & Co KG), zum selben SV wie die in der vorigen FN zit E (hier nunmehr zur möglichen Abschlussprüferhaftung).

liert, dass aus den gesetzl Ausschüttungssperren (insb § 235 UGB) kein „Umkehrschluss" dahingehend gezogen werden dürfe, dass alle nach § 235 UGB nicht untersagten Ausschüttungen zulässig wären; insb ist die sich aus dem Verbot der Einlagenrückgewähr ergebende umfassende Vermögensbindung zu beachten.

Inhalt des Gewinnverwendungsbeschlusses: Die Gesellschafter können im v GesV vorgegebenen Rahmen frei über die Gewinnverteilung entscheiden u sind nicht an den **Gewinnverteilungsvorschlag der GF** (vgl auch § 82 Rz 45) gebunden (dennoch haben die GF einen solchen zwingend zu erstatten)[194]. Es gibt grds keinen Anspruch auf positive Stimmabgabe zu einem Ausschüttungsbetrag.[195] Sofern der GesV die Gewinnverwendung der Beschlussfassung der GV anheim stellt, liegt darin grds eine Ermessensentscheidung der Mehrheit.[196] Allerdings könnte sich eine entspr Klagemöglichkeit aus einem Syndikatsvertrag auf schuldrechtlicher Basis ergeben. Weiters kann aus der Treuepflicht ein Ausschüttungsbeschluss gefordert werden (jedenfalls bei Rechtsmissbrauch; s auch noch Rz 50).[197] Umgekehrt verlangt es die Treuepflicht der Gesellschafter grds nicht, die Interessen der Gesellschaft über ihre eigenen zu stellen u immer schon dann gegen die Ausschüttung des Gewinns zu stimmen, wenn die Thesaurierung für die Gesellschaft günstiger ist (vgl schon Rz 41 u 49; s auch § 41 Rz 97 u § 82 Rz 52;[198] vgl zu Grenzen der Beschlussfreiheit auch noch Rz 50). 46

Mehrmalige Verteilung (auch **Nachtragsausschüttung**): Die Gewinnverteilung kann auch in mehreren Etappen erfolgen, solange der Bilanzgewinn nicht vollständig ausgeschüttet oder in Rücklagen übertragen worden ist.[199] Die Gesellschafter können daher einen neuerlichen Beschluss auf gänzliche oder tw Ausschüttung des Gewinnvortrages fassen. Hierfür ist weder eine Änderung des JA,[200] noch eine Bestimmung 47

---

194 OGH 10.4.2008, 6 Ob 33/08h.
195 *Enzinger* in Straube/Ratka/Rauter, GmbHG § 35 Rz 28.
196 *Aburumieh/Hoppel* in Adensamer/Mitterecker, HB GesStreit, Rz 6/63.
197 *Aburumieh/Hoppel* in Adensamer/Mitterecker, HB GesStreit, Rz 6/64 ff, insb 6/66 f.
198 OGH 27.2.2013, 6 Ob 17/13p; 31.1.2013, 6 Ob 100/12t. Vgl jüngst zur AG OGH 24.10.2016, 6 Ob 169/16w.
199 Vgl zB *Mitterecker*, ecolex 2018, 729 (729 ff); *Schopper/Walch*, NZ 2018/147, 441 (455 ff); s auch schon *Schopper/Walch*, ecolex 2015, 392 (392 ff); aA (die aber uE als unrichtig abzulehnen ist) s *Feltl*, GesRZ 2018, 142 (142 ff).
200 Vgl auch *Hügel*, GesRZ 2016, 100 (102).

im GesV erforderlich. Unseres Erachtens kann auch ein (formaler) Gewinnverteilungsvorschlag der GF unterbleiben,[201] allerdings müssen uE die GF zumindest zur Liquiditätssituation u Lage der GmbH (auch wegen § 82 Abs 5,[202] vgl Rz 45) eingebunden werden.[203] Erwägenswert ist auch die Einbindung des AR (zB Aufnahme in den Quartalsbericht gem § 28a [zu den Quartalsberichten vgl § 28a Rz 6] oder Erstattung eines *ad-hoc*-Berichts an den AR), der zumindest informiert werden sollte, um bei nachfolgenden AR-Sitzungen (vierteljährliche Zusammenkunft) über die aktuelle Dividenden-/Liquiditätslage informiert zu sein (eine nochmalige Prüfung u Berichterstattung an die GV ist gem § 30k uE[204] nicht erforderlich). Allenfalls ergeben sich Offenlegungspflichten (Gewinnverwendungsbeschluss bei der mittelgroßen/großen GmbH).[205] Die weiteren Ausschüttungen, dh ohne Bilanzänderung, auf Basis eines beschlossenen Gewinnvortrags, sind bis zur Feststellung des folgenden JA möglich, sohin auch nach Ablauf der Achtmonatsfrist (vgl Rz 27).[206] Eine ähnliche Wirkung wie jene der wiederholten Ausschüt-

---

201 Vgl zur AG *E. Gruber* in Doralt/Nowotny/Kalss, AktG³ § 104 Rz 40: Unterbleiben des Gewinnverwendungsvorschlags, da ohnedies ein Beschlussvorschlag zu erstatten ist – damit ist die Einbindung des Vorstands (Darstellung Liquidität etc) gegeben (insofern Abweichung zum GmbHG).
202 Vgl auch *Mitterecker*, ecolex 2018, 729 (731); *Hügel*, GesRZ 2016, 100 (102).
203 Für formalen Gewinnverwendungsvorschlag *Hügel*, GesRZ 2016, 100 (102).
204 Nach dem Wortlaut des § 30k („*gegebenenfalls einen Vorschlag für die Gewinnverwendung… zu prüfen*") könnte allenfalls Nachtragsprüfung angenommen werden, s idS auch bei § 82 Rz 60. UE liegt der Zweck der Prüfung des (ursprünglichen) Gewinnverwendungsvorschlags va in der Zusammenschau zur Prüfung des JA, u ist Hauptaspekt der Prüfung gem § 30k der JA u nicht die Gewinnverwendung. Zwar prüft der AR auch die betriebswirtschaftliche Zweckmäßigkeit der vorgeschlagenen Gewinnverteilung (vgl § 30k Rz 11), doch erscheint uE nochmalige (formale) Prüfung u Berichterstattung durch den AR überzogen. Die Gesellschafter/GF können aber den AR um nochmalige eingehendere Prüfung ersuchen (uE ist aber jedenfalls zu informieren); aus Rechtssicherheitserwägungen könnte letzteres sinnvoll sein (§ 82 Rz 60); vgl auch OGH 18.2.2021, 6 Ob 207/20i (insb Rz 28: Gewinnverteilung nur nach Einhaltung der anzuwendenden Formalien, wobei AR-Bericht dort nicht genannt ist). Fehlen des AR-Berichts bedeutet aber nicht Nichtigkeit der Ausschüttung, sondern „bloße" Anfechtbarkeit (vgl Rz 41, s auch § 82 Rz 51).
205 Vgl *Mitterecker*, ecolex 2018, 729 (731).
206 Vgl dazu zur AG *E. Gruber* in Doralt/Nowotny/Kalss, AktG³ § 104 Rz 40; s auch *Mitterecker*, ecolex 2018, 729 (731).

tung kann auch durch Festlegung der Fälligkeit in Form einer **Ratenzahlung** erzielt werden. Denkbar wäre auch die **Ausschüttung aus Beträgen aus den freien Rücklagen** – diese müssen aber zuerst formal korrekt aufgelöst werden, was aber nur aus Anlass der Aufstellung des JA möglich ist (eine unterjährige Auflösung einer Rücklage zur Ausschüttung der Rücklage ohne Aufstellung u Feststellung des JA ist unzulässig, s auch schon Rz 40).[207] Zur (unterjährigen) Rücklagenauflösung ist auch die Mitwirkung der GF u ggf des AR erforderlich, da der JA zu ändern u ggf nach neuerlicher ergänzender Abschlussprüfung[208] neuerlich festzustellen ist (vgl schon Rz 36, s dort auch zum Bedarf eines wichtigen Grundes für die Änderung des JA).[209] Auch durch **Änderung des Bilanzstichtags** kann eine unterjährige Ausschüttungsmöglichkeit geschaffen werden.[210] Formelle **Zwischendividenden** wie bei der AG sind bei der GmbH nicht vorgesehen (s auch § 82 Rz 57).[211] Vorauszahlungen auf künftige Gewinnansprüche sind unzulässig.[212] Derartige *upstream*-Darlehen („Verrechnungskonto") sind daher grds ungeeignet (weil nur in Ausnahmefällen zulässig, vgl § 82 Rz 57), unterjährig Liquidität an die Gesellschafter abzugeben;[213] wird dies (dennoch) gemacht, sollte mit der nachfolgenden Gewinnverwendung eine Aufrechnung der Ansprüche durch die Gesellschaft (zu Restriktionen bei Aufrechnung vgl § 82 Rz 32) vorgenommen werden.[214]

---

207 Vgl etwa *Rieder* in Bergmann/Kalss, HB Rechtsformwahl, Rz 16/69.
208 Hierdurch ergibt sich ein neuer Wertaufhellungszeitpunkt, vgl *Hügel*, GesRZ 2016, 100 (103).
209 *Schopper/Walch*, ecolex 2015, 392 (395); vgl auch *Mitterecker*, ecolex 2018, 729 (731); s dazu auch *U. Torggler/H. Torggler*, GBU 2007/10/08, 31.
210 Vgl etwa *Mitterecker*, ecolex 2018, 729 (732). Ein (festgestellter, ggf geprüfter u offengelegter) Zwischenabschluss reicht nach der hM nicht aus für eine Ausschüttung, vgl *Rieder* in Bergmann/Kalss, HB Rechtsformwahl, Rz 16/69; vgl aber auch den Denkanstoß (allenfalls doch Zulässigkeit) bei *Rüffler/Aburumieh/Lind* in Jaufer/Nunner-Krautgasser/Schummer, Kapitalaufbringung und Kapitalerhaltung 71 (104 f).
211 Vgl zB *Zehetner/Cetin*, GES 2017, 12 (13); zu diesem Thema ausf *Hügel*, GesRZ 2016, 100. Vgl aber die sondergesellschaftsrechtliche Sonderregelung einer Abschlagszahlung auf den voraussichtlichen Bilanzgewinn auf Basis einer Zwischenbilanz in § 14 ÖIAG-G idF des ÖBIB-G 2015.
212 ZB OGH 29. 8. 2017, 6 Ob 84/17x; 18. 2. 2021, 6 Ob 207/20i.
213 Vgl *Aburumieh*, ecolex 2020, 1073 (1073 ff).
214 Vgl *Aburumieh*, ecolex 2020, 1073 (1078); vgl auch *H. Foglar-Deinhardstein*, GES 2021, 159 (166); das gilt auch nach OGH 18. 2. 2021, 6 Ob 207/20i weiter.

48 Ist ein **Gewinn- u Verlustabführungsvertrag** abgeschlossen, wird ein allfällig vorhandener Gewinn automatisch an die Empfängergesellschaft abgeführt u bei der abführenden Gesellschaft ist kein Beschluss zu fassen (vgl schon Rz 40).[215]

49 **Sachdividende**: Mit Zustimmung des Gesellschafters kann die Dividende statt in bar auch in Sachen vorgenommen werden.[216] Es können Wertpapiere, Beteiligungen oder sonstige Gegenstände ausgekehrt werden. Die Gegenstände sind zu bewerten, wobei nicht der Buchwert, sondern der **Verkehrswert** zum Zeitpunkt der Beschlussfassung (zu dem die Forderung des Gesellschafters entsteht) anzusetzen ist; andernfalls würde eine Einlagenrückgewähr verwirklicht (str,[217] vgl § 82 Rz 58 mwN). Es ist auch zulässig, an einzelne Gesellschafter – deren Zustimmung vorausgesetzt – Sachdividenden u an die übrigen Bardividenden auszuschütten. Zur *scrip dividend* s § 82 Rz 59.

50 **Grenzen der Beschlussfassung**: Wenn **Vollausschüttung** vorgesehen ist, sind – sobald der JA festgestellt wird – die Ansprüche der Gesellschafter auf Auszahlung des Gewinns grds bereits entstanden,[218] klagbar u pfändbar (s schon Rz 41).[219] Dennoch können die Gesellschafter eine **Thesaurierung** beschließen. Der Beschluss benötigt nicht nur eine GesV-ändernde Mehrheit, sondern auch die Zustimmung jener Gesellschafter, in deren Rechte eingegriffen wird (s Rz 41). Die Nicht-Erteilung der Zustimmung zur Thesaurierung kann treuwidrig sein, wenn die Thesaurierung zur Existenzsicherung der GmbH erforderlich ist.[220] Ist die Gewinnverwendung v einem GV-Beschluss abhängig, liegt grds eine Mehrheits-Ermessensentscheidung vor (s schon Rz 46). Die Minderheitsgesellschafter sind insofern vor einem **Aushungern** durch die Mehrheit geschützt, als es Treuepflichterwägungen verbieten, durch lang anhaltende gänzliche oder überwiegende Thesaurierung, für die be-

---

215 Vgl *Enzinger* in Straube/Ratka/Rauter, GmbHG § 35 Rz 25; *Koppensteiner* in FS Krejci 735 (738).
216 Vgl etwa *Stanek*, GesRZ 2018, 295.
217 Vgl zum Meinungsstand etwa *Stanek*, GesRZ 2018, 295 (295 ff); *Schimmer*, ÖStZ 2018/724, 561 (563); vgl auch *H. Foglar-Deinhardstein*, GES 2021, 159 (162).
218 *Enzinger* in Straube/Ratka/Rauter, GmbHG § 35 Rz 21.
219 *Enzinger* in Straube/Ratka/Rauter, GmbHG § 35 Rz 23. Zur Abtretbarkeit v Gewinnansprüchen s OGH 21.3.2019, 6 Ob 216/18k.
220 *Aburumieh/Hoppel* in Adensamer/Mitterecker, HB GesStreit, Rz 6/62; OGH 31.1.2013, 6 Ob 100/12t; 19.12.2019, 6 Ob 105/19p.

triebswirtschaftlich kein Erfordernis oder keine Zweckmäßigkeit besteht, die Anteilsinhaber zu schädigen.[221] Wegen Konflikts mit dem Gesellschaftszweck u Treuepflichtüberlegungen wären derartige Beschlüsse anfechtbar (s § 82 Rz 48, 56);[222] zumeist greifen hier Rechtsmissbrauchserwägungen.[223] Zu bedenken ist aber Folgendes: Alleine aus der fehlenden Pflicht v Gesellschaftern, ihr Ausschüttungsinteresse dem Gesellschaftsinteresse unterzuordnen (s Rz 41, 46, vgl auch § 41 Rz 97),[224] ist noch kein Ausschüttungsanspruch des Einzelnen gegen die Mehrheit abzuleiten (wenn ein Gewinnverwendungsbeschluss erforderlich ist; zur Vollausschüttung s aber Rz 41).[225] Treuepflicht u Missbrauchserwägungen können aber das Ermessen der Mehrheit einschränken.[226] Die bisherigen Fälle in der Jud betrafen aber eher Fälle der Kassation v Thesaurierungsbeschlüssen – uE sollte es aber auch zulässig sein, durch Klage auf Stimmabgabe iSe Ausschüttung eine Ausschüttung durchzusetzen (s noch Rz 52, s auch Rz 46)[227]. Wenn die Mehrheit die Minderheit durch eine kontinuierliche Aushungerung in ihren Vermögensinteressen schädigt, ist weiters – eine entspr Satzungsregelung vorausgesetzt – zu erwägen, uU der Minderheit ein Austrittsrecht aus wichtigem Grund zuzubilligen (vgl die Rsp, die auch bei wichtigem Grund ohne Satzungsregelung ein Austrittsrecht ablehnt, s dazu § 84 Rz 39, 41; vgl auch § 82 Rz 56; s zum dt Recht u aus dt Sicht § 34 dGmbHG Rz 31 ff, 37 ff). Umgekehrt muss der ausschüttungshungrige Gesellschafter seine Interessen hintanstellen, wenn die **Überlebensfähigkeit** der Gesellschaft eine Rücklagenbildung erfordert, dh die Thesaurierungsinteressen der Gesellschaft dem Ausschüttungsinteresse massiv überwiegen; diesfalls kann nach der Rsp eine Stimmabgabe für eine Ausschüttung (bzw gegen eine Thesaurierung) treuwidrig sein (vgl

---

221 Vgl dazu auch OGH 23.5.2007, 3 Ob 59/07h.
222 *Enzinger* in Straube/Ratka/Rauter, GmbHG § 35 Rz 27; *Baumgartner/Mollnhuber/U. Torggler* in Torggler, GmbHG § 35 Rz 6; *E. Gruber* in Doralt/Nowotny/Kalss, AktG³ § 104 Rz 44.
223 Vgl *Aburumieh/Hoppel* in Adensamer/Mitterecker, HB GesStreit Rz 6/64; *Haberer*, Zw KapGesR 574 ff (insb: Gleichbehandlungsgebot).
224 Vgl zur AG: OGH 24.10.2016, 6 Ob 169/16w.
225 S im Detail *Aburumieh/Hoppel* in Adensamer/Mitterecker, HB GesStreit, Rz 6/65.
226 Zu alle dem *Aburumieh/Hoppel* in Adensamer/Mitterecker, HB GesStreit, Rz 6/65.
227 S dazu *Aburumieh/Hoppel* in Adensamer/Mitterecker, HB GesStreit, Rz 6/66 f.

schon Rz 46; s auch § 82 Rz 54).²²⁸ Dass die Ausschüttung aus Sicht der Gesellschaft wirtschaftlich nicht sinnvoll ist, reicht dafür aber nicht aus (s schon Rz 41).²²⁹

51 Ein bereits gefasster Gewinnverwendungsbeschluss kann in engen Grenzen nachträglich **abgeändert** werden. Einerseits können bereits entstandene Gewinnansprüche der Gesellschafter nicht ohne deren Zustimmung reduziert werden (vgl Rz 36, auch § 82 Rz 60). Andererseits ist für die nachträgliche Auflösung v Gewinnrücklagen die Mitwirkung v GF u AR erforderlich (vgl schon Rz 47).²³⁰ Vgl zur nachträglichen Änderung des Gewinnverwendungsbeschlusses auch § 82 Rz 60.

52 **Beschlussmängel u Ausschüttungsklage:** Falls der Ausschüttungsbeschluss eine unzulässige Einlagenrückgewähr bewirkt (zB wenn Sachdividenden zum Buchwert ausgeschüttet werden), ist er **nichtig**. Besteht wegen § 82 ein Rückgewähranspruch, ist gem OGH ders in der Bilanz zu aktivieren (vgl § 83 Rz 15, 22). Falls der JA-Feststellungsbeschluss schon nichtig war, zB wegen fehlender Abschlussprüfung, ist auch der darauf aufbauende Gewinnverwendungsbeschluss nichtig. Weiters wird eine Nichtigkeit dann vertreten, wenn der Beschluss in bereits entstandene Dividendenansprüche einwirkt (s Rz 51, vgl auch § 41 Rz 41, 45).²³¹ Ein Verteilungsbeschluss ist auch dann nichtig, wenn er mehr als den verteilbaren Gewinn umfasst (vgl Rz 40), jedoch nur in der Höhe des übersteigenden Betrages.²³² Bei überhöhten Wertansätzen oder einem falschen, zu hohen Gewinnausweis als Basis für eine zu hohe, unzuläs-

---

228 OGH 31.1.2013, 6 Ob 100/12t; 27.2.2013, 6 Ob 17/13p; 19.12.2019, 6 Ob 105/19p; *Reich-Rohrwig*, ecolex 2013, 710; *Harrer* in Gruber/Harrer, GmbHG² § 35 Rz 35.
229 Vgl jüngst (zur AG) OGH 24.10.2016, 6 Ob 169/16w.
230 *Schopper/Walch*, ecolex 2015, 392 (395).
231 *Enzinger* in Straube/Ratka/Rauter, GmbHG § 35 Rz 29.
232 Bejahend *Thelen*, RWZ 2019/77, 361 (364); die nur tw Nichtigerklärung eines Beschlusses ist möglich, wenn nur ein Teil des Beschlusses v dem Mangel erfasst ist u objektive Trennbarkeit besteht, dh bei objektiver Betrachtung der Beschluss dieser auch ohne den nichtigen Teil gefasst worden wäre – wovon uE hier auszugehen ist – vgl RIS-Justiz RS0060163, insb etwa OGH 21.12.2017, 6 Ob 104/17p u 19.12.2019, 6 Ob 105/19p; vgl auch § 41 Rz 52); **aA (Gesamtnichtigkeit)** aber AFRAC-Stellungnahme 31 – Zur Ausschüttungssperre nach § 235 Abs 1 UGB s Rz 23 (bei Missachtung der Ausschüttungssperre). UE spricht auch OGH 18.2.2021, 6 Ob 207/20i für Teilnichtigkeit bloß im übersteigenden Umfang, vgl in dieser E insb die Gedanken des OGH zur Schadensberechnung, Rz 51 f. S auch § 82 Rz 64.

sige Gewinnausschüttung, kann auch eine Abschlussprüferhaftung iZm § 82 entstehen.[233] Wenn der Gewinnverteilungsbeschluss sonst v GesV abweicht oder entgegen der Treuepflicht der Mehrheit eine nicht verhältnismäßige u nicht erforderliche Thesaurierung beschlossen wird, ist der Beschluss **anfechtbar** (s auch schon Rz 50, so noch unten zur Durchsetzung der Ausschüttung).[234] Wenn der Gewinnverteilungsbeschluss angefochten wird, hat die Geschäftsführung bei der Frage, ob in der Zwischenzeit Gewinn auszuzahlen ist, die Erfolgsaussichten der Anfechtung zu beurteilen. Soll mit der Anfechtung eine Thesaurierung durchgesetzt werden (weil zur Existenzsicherung der GmbH erforderlich), könnte der Anfechtungskläger auch eine einstweilige Verfügung gem § 42 Abs 4 erwägen.[235] Widerspricht die Ausschüttung aber einer Ausschüttungssperre, insb § 82 Abs 5, darf nicht ausgezahlt werden (Nichtigkeit!).[236] Gleiches gilt bei Nichtigkeit wegen Verstoßes gegen das Verbot der Einlagenrückgewähr – ein solcher Beschluss ist unbeachtlich u muss gar nicht bekämpft werden.[237] Eine Berufung auf § 83 Abs 1, wonach gutgläubig bezogene Gewinnanteile nicht zurückbezahlt werden müssen, hilft zumeist nicht, denn die Rsp legt diese Bestimmung extrem eng aus (s dazu auch § 83 Rz 16).[238] Soweit eine Nichtausschüttung einem Fremdvergleich nicht standhält u als rechtsmissbräuchliche Gestaltung zu werten ist, werden in der Rsp – soweit dies ggf zur Verhinderung einer rechtsmissbräuchlichen Gestaltung erforderlich ist (Sozialversicherung u Steuern) – angemessene Ausschüttungen fingiert.[239] Diese Jud hilft aber grds nicht aus, um zw den Gesellschaftern Aus-

---

233 Vgl OGH 18.2.2021, 6 Ob 207/20i.
234 Dabei hat die GF die Begr der Thesaurierung durch auf realistischen Annahmen basierende Investitions- u Finanzierungsplanung darzulegen; vgl *Fleischer/Trinks*, NZG 2015, 289 (297) u § 82 Rz 51.
235 *Aburumieh/Hoppel* in Adensamer/Mitterecker, HB GesStreit, Rz 6/68.
236 RIS-Justiz RS0128608 (zu § 82 Abs 5); *Aburumieh/Hoppel* in Adensamer/Mitterecker, HB GesStreit, Rz 6/68 mwN, s auch § 82 Rz 53 u *Rüffler*, GES 2020, 117.
237 *Aburumieh/Hoppel* in Adensamer/Mitterecker, HB GesStreit, Rz 6/68; s auch § 83 Rz 38.
238 OGH 26.4.2016, 6 Ob 72/16f; 29.8.2017, 6 Ob 84/17x.
239 OGH 13.9.2016, 10 ObS 79/16i zur Frage des missbräuchlichen Bezugs einer vorzeitigen Alterspension eines Gesellschafter-GF. Als rechtsmissbräuchlich ist eine Gestaltung nach neuerer A dann zu werten, wenn die unlauteren die lauteren Motive überwiegen: OGH 24.10.2016, 6 Ob 169/16w. ZB hat der OGH auch für die Berechnung v Verdienstentgang bei einer Ein-

schüttungen zu erzwingen. Fordert die Minderheit Ausschüttung, scheitert sie aber an einem (allenfalls anfechtbaren, Rz 46, 52) Thesaurierungsbeschluss, erhält sie durch bloße Anfechtung noch keine Ausschüttung, u hilft die zuvor erwähnte Fiktions-Rsp (weil aus einer anderen Zielrichtung kommend) allein noch nicht weiter. Erforderlich ist bzw wäre eine Klage auf Beschlussfassung über eine Gewinnausschüttung (gestützt auf Treuepflichterwägungen, s auch Rz 50), wobei sich diese bei Bestehen einer gesv Gewinnverwendungsklausel gegen die Gesellschafter richtet, u nicht gegen die Gesellschaft (Vollausschüttung wird aber gegen die Gesellschaft durchgesetzt, s Rz 41, 50). Ob eine solche Klagsmöglichkeit tatsächlich besteht, ist (*qua* Entscheidungsermessen der Mehrheit, s oben Rz 46) str, uE aber insb in Fällen des Rechtsmissbrauches wohl zu bejahen.[240] Eine (mit der Anfechtungsklage kombinierbare) Klage auf positive Beschlussfeststellung scheidet auf Basis der derzeitigen Rsp[241] entgegen der hM[242] (bedauerlicherweise) aus (vgl § 41 Rz 167).[243] Das belastet die Minderheit: Sicherheitshalber wird sich diese gegen den Thesaurierungsbeschluss wenden (Anfechtung gem § 41 GmbHG), muss aber daneben auch die Ausschüttung durchsetzen. Auf Basis der Annahme, dass auch Nachtragsausschüttungen zulässig sind (vgl Rz 47), könnte uE aber auch der Thesaurierungsbeschluss bestehen bleiben,[244] weil auf Basis des verlangten Ausschüttungsbeschlusses (Klage auf Ausübung des Stimmrechts zur Fassung eines Ausschüttungsbeschlusses) eine neue Beschlusslage ge-

---

Mann-GmbH nicht ausgeschüttete u ausgeschüttete Gewinne gleichgesetzt (dort aber kein Missbrauchsthema), vgl OGH 25.2.2016, 2 Ob 27/16h.
240 Vgl dazu mwN (auch zu den abl Stimmen u zur Rsp) *Aburumieh/Hoppel* in Adensamer/Mitterecker, HB GesStreit, Rz 6/67; befürwortend u ebenso mwN *H. Foglar-Deinhardstein* in Foglar-Deinhardstein, HB vGA 1/66, insb FN 245; s auch § 82 Rz 56 FN 232. S (allenfalls) auch OGH 23.6.2021, 6 Ob 90/21k (in Rz 56).
241 OGH 24.10.2016, 6 Ob 169/16w; s auch OGH 27.2.2019, 6 Ob 19/19s; 12.2.1998, 6 Ob 203/97i.
242 Für positive Beschlussfeststellungsklage zB *Gonaus/Schmidsberger*, RdW 2020/15, 7 (10); *H. Foglar-Deinhardstein* in Foglar-Deinhardstein, HB vGA 1/66, insb FN 244; s auch § 82 Rz 56 FN 232; *Koppensteiner*, RdW 2018/322, 412 (416).
243 *Aburumieh/Hoppel* in Adensamer/Mitterecker, HB GesStreit, Rz 6/66.
244 Wie hier auch § 41 Rz 171; *Linder* in Adensamer/Mitterecker, HB GesStreit, Rz 8/68; **aA** (Erfordernis der Beseitigung des negativen Beschlusses) *Harrer* in Gruber/Harrer, GmbHG² §§ 41, 42 Rz 138 ff, 147.

schaffen wird (es wird, wie bei Nachtragsausschüttung – s Rz 47 – ein neuer Ausschüttungsbeschluss durchgesetzt). Bei widersprechenden, u jew abgelehnten, Beschlussanträgen über untersch Ausschüttungsbeschlüsse (zB A fordert Ausschüttung iHv 30, B iHv 60), kommt es grds nicht zur Ausschüttung des kleinsten gemeinsamen Nenners,[245] es sei denn, es bestünde die Möglichkeit einer partiellen Beschlussannahme[246] oder einer kalkulatorischen Aufteilung der Beschlussanträge (ähnlich bzw mit selbem Ergebnis wie bei zwei zeitlich gestaffelten Beschlussfassungen).[247]

Befristeter u bedingter Beschluss: Bedingte u befristete Beschlüsse, zB Gewinnausschüttung, wenn eine bestimmte Akquisition nicht bis zu einem bestimmten Datum zustande kommt, sind zulässig.[248] 53

An die Gesellschafter auszuzahlende Gewinnanteile unterliegen der KESt gem §§ 93 ff EStG, soweit nicht eine Befreiung gem § 94 EStG anwendbar ist.[249] Die KESt beträgt derzeit 27,5 %[250] (§ 27a Abs 1 EStG). Die GmbH hat die Steuer v Bruttobetrag des Gewinnanteils abzuziehen (§ 95 Abs 3 EStG) u diese binnen einer Woche nach Fälligkeit oder, wenn weder Beschluss noch GesV einen Fälligkeitstermin enthalten, binnen einer Woche nach dem Tag der Beschlussfassung an das FA abzuführen. Dies gilt auch dann, wenn die gewinnberechtigten Gesellschafter ihren Gewinnanteil nicht einfordern (§ 96 Abs 1 Z 1 EStG). Weiters ist gem § 96 Abs 3 EStG eine Anmeldung elektronisch an das FA zu übermitteln. Befreiungen bestehen zB für Beteiligungen v inländischen u bestimmten EU-KapGes in Höhe v mind 10 %. Bei EU-KapGes ist es darüber hinaus notwendig, dass die Beteiligung während eines 54

---

245 *Gonaus/Schmidsberger*, RdW 2020/15, 7 (10).
246 In diese Richtung weisend OGH 19.12.2019, 6 Ob 105/19p (Rz 16.2: „*Die teilweise Nichtigerklärung eines Gesellschafterbeschlusses ist nicht möglich, wenn durch die Zusammenfassung mehrerer Beschlussgegenstände in einem einheitlichen Abstimmungsvorgang erkennbar ist, dass der Beschluss eine rechtliche und/oder wirtschaftliche Einheit bilden soll (6 Ob 104/17p).* **Dies gilt in gleicher Weise für die teilweise Annahme bzw Ablehnung eines Beschlusses.**"); s dazu *Aburumieh/Hoppel* in Adensamer/Mitterecker, HB GesStreit, Rz 6/69.
247 S dazu *Aburumieh/Hoppel* in Adensamer/Mitterecker, HB GesStreit, Rz 6/69.
248 *Adler/Düring/Schmaltz*, IV[6] § 174 Rz 50.
249 Oder steuerliche Einlagenrückzahlung vorliegt, vgl zur Abgrenzung zB *Ebner/Wild*, RWZ 2018/44, 236 (236 ff).
250 BGBl I 2015/163.

ununterbrochenen Zeitraums v mind einem Jahr bestanden hat. Voraussetzung für die KESt-Entlastung an der Quelle ist, dass es sich um offene Gewinnausschüttungen aufgrund eines Gewinnverwendungsbeschlusses handelt.[251] Bei **GSVG**-pflichtversicherten Gesellschafter-GF (das sind va jene, die zu über 25 % an einer GmbH beteiligt sind) zählen auch Gewinnausschüttungen zur Bemessungsgrundlage (bis zur Grenze der Höchstbeitragsgrundlage) zur Festsetzung der Sozialversicherungsbeiträge. Seit 1.1.2016 sind derartige Ausschüttungen in der KESt-Anmeldung gesondert zu deklarieren (vgl auch § 15 Rz 53).

4. Entlastung

55 Nachdem die GF u ggf der AR den Gesellschaftern in Form des JA (u allenfalls weiterer v den Gesellschaftern idZ geforderten Informationen) Rechenschaft abgelegt haben, beschließt die GV, gleichsam als Antwort hierauf, alljährlich über die Entlastung v GF u AR. Nach Z 1 sind ausschließlich **die Gesellschafter** zuständig; diese Kompetenz kann nicht an ein anderes Organ delegiert werden (s schon oben Rz 8).[252] Auch sonst sind die Bestimmungen über die Entlastung gesetzl **zwingend** u können – bis auf die Mehrheitserfordernisse (vgl Rz 56) – durch den GesV nicht abgeändert werden.

56 Die Gesellschafter fassen den Beschluss mit **einfacher Mehrheit**,[253] wenn der GesV nichts anderes vorsieht. Wenn die erforderliche Mehrheit erreicht wird, ist die Entlastung erteilt; wird sie verfehlt, ist die Entlastung verweigert.[254] Eine konkludente Entlastung ist möglich, die Feststellung des JA reicht hierfür jedoch nicht aus.[255]

57 Die Erteilung der **Entlastung en bloc** für die GF u den AR jew als Gesamtorgan ist üblich u zulässig,[256] Stimmverbote können dem aber praktisch entgegenstehen (vgl Rz 58). Sie stellt aber nur eine Verfahrenserleichterung dar, die nicht zu beanstanden ist, solange sie dem Willen der GV entspricht. Der Vorsitzende kann jedoch ohne Begr v sich aus die **gesonderte** Abstimmung über einzelne oder alle Verwaltungsmit-

---

251 VwGH 25.1.1993, 92/15/0219, GesRZ 1993, 241.
252 *Koppensteiner/Rüffler*, GmbHG³ § 35 Rz 16; *Enzinger* in Straube/Ratka/Rauter, GmbHG § 35 Rz 30; *Gellis/Feil*, GmbHG⁷ § 35 Rz 7.
253 *Baumgartner/Mollnhuber/U. Torggler* in Torggler, GmbHG § 35 Rz 9.
254 *E. Gruber* in Doralt/Nowotny/Kalss, AktG³ § 104 Rz 62.
255 OGH 27.6.1990, 9 ObA 145/90; *Koppensteiner/Rüffler*, GmbHG³ § 35 Rz 17.
256 *Baumgartner/Mollnhuber/U. Torggler* in Torggler, GmbHG § 35 Rz 11.

glieder anordnen. Über Antrag auch nur eines einzelnen Gesellschafters, der hierfür ebenfalls keiner sachlichen Begr bedarf,[257] muss er die Abstimmung über die Einzelentlastung eines oder aller Verwaltungsmitglieder verfügen.[258] In der Lit wird (zur AG) die Unzulässigkeit der Abstimmung über **beide** Organe in einem Abstimmungsvorgang vertreten.[259] Unseres Erachtens ist dies insofern sinnvoll, als die Organe untersch Aufgabenbereiche haben u daher die Entlastungen sinnvollerweise zu trennen sind; auch aufgrund der Stimmverbotsthematik erscheint eine Trennung – so nicht ohnedies eine Einzelabstimmung durchgeführt wird – sinnvoll. Eine gemeinsame Beschlussfassung über beide Organe wird jedoch dennoch gültig sein, kann allerdings unter den allgemeinen Voraussetzungen anfechtbar sein. Die gemeinsame Beschlussfassung begründet für sich uE aber noch keine Anfechtbarkeit.

Der zu entlastende Gesellschafter-GF ist gem § 39 v **Stimmrecht ausgeschlossen** (s dazu § 39 Rz 63 ff u Rz 91).[260] In der Einpersonen-GmbH ist die Entlastung praktisch nicht relevant (sodass sich die Frage nach einem Stimmverbot grds nicht stellt), weil ohnehin nur die nicht verzichtbare Haftung gem § 25 Abs 5 (vgl § 25 Rz 18) u § 10 Abs 6 – insb im Insolvenzfall bei Anspruchsgeltendmachung durch den Insolvenzverwalter – in Betracht kommt.[261] Relevant könnte die Erteilung der Entlastung durch den 100%-Gesellschafter jedoch in Fällen v Unternehmensübergaben sein (Anspruchsgeltendmachung gegen den alten 100%-Gesellschafter-GF); hier könnte daran angeknüpft werden, dass nach der hM grds in der Ein-Personen-GmbH die Stimmverbote nicht greifen (vgl § 39 Rz 57). Selbst wenn das Stimmverbot griffe, wäre der Beschluss mangels Anfechtung (vgl § 39 Rz 89 u § 41 Rz 66, 69) in Rechtskraft erwachsen. Auch wäre eine Entlastung durch den neuen

58

---

257 *Kubis* in MüKo AktG[4] § 120 Rz 13.
258 *Koppensteiner/Rüffler*, GmbHG[3] § 35 Rz 17; *Enzinger* in Straube/Ratka/Rauter, GmbHG § 35 Rz 42; zur AG: *E. Gruber* in Doralt/Nowotny/Kalss, AktG[3] § 104 Rz 63; *Kalss/Zollner*, GesRZ 2005, 66; *Ch. Nowotny*, GesRZ 1984, 161 (162 f); *P. Doralt* in FS Wagner 75 (80).
259 *Volhard* in Semler/Volhard/Reichert, Arbeitshandbuch für die Hauptversammlung[5] § 16 Rz 8.
260 Vgl OGH 19.12.1991, 8 Ob 595/90 (8 Ob 596/90); zur Privatstiftung hat der OGH (31.7.2015, 6 Ob 196/14p) ausgesprochen, dass diese in der HV der AG nicht über die Entlastung des AR abstimmen darf, wenn ein Mitglied des AR einen beherrschenden Einfluss auf die Privatstiftung ausüben kann, vgl § 39 Rz 88.
261 *Baumgartner/Mollnhuber/U. Torggler* in Torggler, GmbHG § 35 Rz 11.

Alleingesellschafter – der ja materiell nicht befangen ist – grds denkbar; jedenfalls gelten die Schranken des § 25 Abs 5. Wenn über mehrere Gesellschafter-GF oder AR *en bloc* **abgestimmt** wird, sind alle Gesellschafter v Stimmrecht ausgeschlossen (vgl auch § 39 Rz 64 u § 41 Rz 79).[262] Diese Wirkung kann uU vermieden werden, indem über jedes Mitglied der GF oder des AR gesondert abgestimmt wird (s dazu Rz 57). Jedoch trifft das Stimmverbot nach neuerer Rsp auch bei **gesonderter Abstimmung** jew auch alle anderen Gesellschafter-GF (uzw auch selbständig vertretungsbefugte), sofern nicht ausnahmsweise nicht einmal eine Billigung des Verhaltens des betr Gesellschafter-GF durch den abstimmenden Mitgesellschafter in Rede steht (vgl § 39 Rz 65 f u § 41 Rz 79).[263]

59 Hinsichtlich des Anwendungsbereichs ist nicht eindeutig geregelt, ob andere Organe ebenfalls entlastet werden können. Denkbar ist die Entlastung v **Beiräten** (vgl auch § 29 Rz 63, 79 zur Haftung v Beiräten).[264] Bei gesellschaftsrechtlich verankerten Beiräten könnte eine freiwillige Entlastung im Wege der analogen Anwendung des § 35 Abs 1 Z 1 angedacht werden. Wenn ein Beirat als AR-ähnlich zu qualifizieren ist, dann ist das AR-Recht – u damit auch die Bestimmungen über die Entlastung – analog anwendbar (vgl § 29 Rz 64 ff; zum schuldrechtlichen Beirat vgl § 29 Rz 79).

60 Im **Abwicklungsstadium** ist die Geschäftsgebarung durch den Abwickler Gegenstand der Entlastung, der AR wird wie sonst auch entlastet. In der **Insolvenz** ist eine Entlastung der GF für die insolvenzfreie Geschäftssphäre vorzunehmen; der Masseverwalter wird nicht v den Gesellschaftern bestellt u daher auch nicht v ihnen entlastet.

61 **Zeitraum**: Der Entlastungsbeschluss bezieht sich idR auf das abgelaufene Geschäftsjahr, das im gleichzeitig festzustellenden JA abgebildet ist. Grundsätzlich ist es auch möglich, über einen Zeitraum davor zu beschließen, wenn für diesen die Entlastung noch nicht erteilt wurde, sei es, weil noch kein Beschluss gefasst wurde, sei es, weil sie damals verweigert wurde. Eine Bindung an frühere Beschlussergebnisse besteht inso-

---

[262] Dies gilt jedenfalls dann, wenn den GF eine gemeinschaftliche Pflichtverletzung vorgeworfen wird: OGH 28.8.2013, 6 Ob 88/13d.
[263] OGH 28.8.2013, 6 Ob 88/13d.
[264] Naturgemäß besteht hiezu keine gesetzl Regelung, da der Beirat selbst gesetzl auch nicht ausdrücklich geregelt ist; vgl zum Beirat generell § 29 Rz 58 ff.

fern nicht.²⁶⁵ Fraglich ist, ob sich die Entlastung auch auf den bis zu dem Tag der GV abgelaufenen Teil des aktuellen Geschäftsjahres beziehen kann. Grundsätzlich sieht das Gesetz die Verbindung der Beschlüsse über JA u Entlastung vor – deshalb sind diese auch in einer Z genannt –, daher kann jede Abweichung hiervon nur eine Ausnahme bilden, die einer sachlichen Begr bedarf. Ausnahmsweise kann eine unterjährige Entlastung zB zulässig sein, wenn die Gesellschaft verschmolzen oder aufgespalten werden soll u noch vor Ablauf des Geschäftsjahres untergehen wird u somit zu erwarten ist, dass eine spätere Entlastung nicht mehr möglich ist.²⁶⁶ Denn in **Verschmelzungsfällen** kann ein Organ einer übernehmenden Gesellschaft v dieser nicht für seine frühere Tätigkeit in der übertragenden Gesellschaft entlastet werden. In diesem Fall sollte daher eine Entlastung jedenfalls möglich sein.²⁶⁷

Eine Entlastung eines **unterjährig ausscheidenden Organmitgliedes** zum Zeitpunkt seines Ausscheidens ohne die spezielle Begr, dass die Gesellschaft danach untergeht, wird bei der AG für nicht zulässig u daher anfechtbar gehalten. Unseres Erachtens ist dies für die GmbH aufgrund ihrer Ausprägung als Gesellschaft mit einem kleinen u verhältnismäßig geschlossenen Gesellschafterkreis nicht uneingeschränkt zu übernehmen. Eine unterjährige Entlastung kann daher bei der GmbH ausnahmsweise auch zulässig sein, wenn ein GF **abberufen** oder zur Zurücklegung bewegt werden soll u die Gesellschafter aus diesem Anlass eine Entlastung vornehmen wollen.²⁶⁸ Da die Entlastungswirkung sich jedoch nur auf bekannte Tatsachen erstrecken kann, ist zu bedenken, dass die Wirkung eines derartigen, ohne zugrundeliegenden JA gefassten Entlastungsbeschlusses naturgemäß gegenüber einem im Rahmen der Regularien gefassten Beschluss eingeschränkt ist. Diese kann dadurch erweitert werden, dass ein Zwischenabschluss erstellt u auf dieser Basis für ein Teilgeschäftsjahr entlastet wird. Weiterhelfen könnte (aus Sicht des Abberufenen) diesfalls auch eine Zusage der Gesellschafter, die Entlastung zu wiederholen, sobald der JA dieses Geschäftsjahres aufgestellt ist. Diese kann jedoch nur insoweit Rechtswirkung entfalten, als der

---

265 *E. Gruber* in Doralt/Nowotny/Kalss, AktG³ § 104 Rz 61; *Hoffmann* in Spindler/Stilz, AktG⁴ § 120 Rz 8.
266 Vgl *Hoffmann* in Spindler/Stilz, AktG⁴ § 120 Rz 3.
267 Vgl auch *Aburumieh/Adensamer/H. Foglar-Deinhardstein*, Verschmelzung V. F Rz 16.
268 Für die Möglichkeit einer unterjährigen Entlastung bei der AG zur alten Rechtslage *Gassauer-Fleissner*, GesRZ 1992, 199 (201).

Entlastung auch dann keine Bedenken entgegenstehen. Jedenfalls zulässig ist eine Teilentlastung, die sich nur auf bestimmte Vorgänge der Geschäftsführung oder der Beaufsichtigung bezieht; ebenso können bestimmte Vorgänge explizit ausgenommen werden (s auch Rz 66).[269]

63 **Inhalt des Entlastungsbeschlusses:** Die Entlastung ist **Billigung der Verwaltung** für die Vergangenheit u **Vertrauenskundgabe** an die Organe für die Zukunft.[270] Die GV urteilt hier nicht über Gesetzes- u Satzungskonformität der Verwaltung, sondern billigt diese als im Großen u Ganzen rechtmäßig.[271] Bei der E über die Erteilung oder Verweigerung der Entlastung kommt der GV ein weitgehendes, jedoch nicht vollkommen freies **Ermessen** zu,[272] das sie jedes Jahr neu u unabhängig v Vorjahresbeschlüssen ausüben kann.[273] Die Entlastung kann auch dann verweigert werden, wenn GF u AR in jeder Hinsicht pflichtgemäß gehandelt haben, aber die Gesellschafter mit dem wirtschaftlichen Erfolg der Verwaltung nicht zufrieden sind. Umgekehrt steht der Entlastung nicht entgegen, dass der GF oder der AR **einzelne Pflichtverstöße** zu verantworten haben.[274] Nur bei besonders gravierenden Vorwürfen, angesichts derer kein vernünftiger Gesellschafter die Verwaltung entlasten würde, etwa bei Verstößen gegen gesetzl Kardinalpflichten oder bei kriminellen Handlungen v Verwaltungsmitgliedern, ist eine **Treuepflicht** der Mehrheit gegenüber der Minderheit anzunehmen, die einer Entlastung entgegensteht.[275] Daher ist in diesem Fall eine **Anfechtung** des Entlastungsbeschlusses wegen Gesetzwidrigkeit möglich.[276] So hat die jüngere

---

269 *Koppensteiner/Rüffler*, GmbHG³ § 35 Rz 43.
270 *Koppensteiner/Rüffler*, GmbHG³ § 35 Rz 31; *Harrer* in Gruber/Harrer, GmbHG² § 35 Rz 25; *Baumgartner/Mollnhuber/U. Torggler* in Torggler, GmbHG § 35 Rz 10; zur AG *E. Gruber* in Doralt/Nowotny/Kalss, AktG³ § 104 Rz 59.
271 *Hoffmann* in Spindler/Stilz, AktG⁴ § 120 Rz 26; *Hüffer/Koch*, AktG¹⁵ § 120 Rz 11.
272 OGH 28.8.2013, 6 Ob 22/13y; *Enzinger* in Straube/Ratka/Rauter, GmbHG § 35 Rz 44; *E. Gruber* in Doralt/Nowotny/Kalss, AktG³ § 104 Rz 64; *Bydlinski/Potyka* in Jabornegg/Strasser, AktG⁵ § 104 Rz 29.
273 *Hoffmann* in Spindler/Stilz, AktG⁴ § 120 Rz 29.
274 Vgl OGH 8.5.2008, 6 Ob 28/08y, GesRZ 2008, 304.
275 OGH 28.8.2013, 6 Ob 22/13y; *Harrer* in Gruber/Harrer, GmbHG² § 35 Rz 31.
276 *Macrotron*-E des BGH v 25.11.2002, II ZR 133/01, BGHZ 153, 47; *Enzinger* in Straube/Ratka/Rauter, GmbHG § 35 Rz 44; *E. Gruber* in Doralt/Nowotny/Kalss, AktG³ § 104 Rz 64. Der BGH hat zur AG in diesem Themen-

Jud kürzlich ausgesprochen, dass der Entlastungsbeschluss in jenen Fällen anfechtbar ist, in denen die Gesellschafter kraft Treuepflicht verpflichtet gewesen wären, einen Beschluss nach § 35 Abs 1 Z 6 (vgl Rz 84 ff) zu fassen, wenn die Entlastung trotz statutenwidriger Geschäftsführung, nicht vollständiger Vorlage der Unterlagen oder unvollständiger Auskünfte über die Geschäftsführung erteilt wird oder wenn der Verzicht auf Ersatzansprüche gegen die Organmitglieder unternehmerisch nicht vertretbar ist, insb bei schwerwiegenden Schädigungen der Gesellschaft oder ihrer Gesellschafter durch Organmitglieder.[277] Ebenso ist Anfechtbarkeit gegeben, wenn missbräuchliches Stimmverhalten der Mehrheit vorliegt, so etwa bei einer Kollusion zw der Mehrheit u dem GF, oder wenn die Entlastung wegen der Schwere der Pflichtwidrigkeit unvertretbar ist.[278] Demnach können Pflichtverstöße, die gerade auf Initiative des Mehrheitsgesellschafters gesetzt werden, das Erstreben v Sondervorteilen durch den Mehrheitsgesellschafter oder zB Verstöße gegen das Gleichbehandlungsgebot, zur Anfechtung der Mehrheitsentscheidung führen, weil diesfalls der Ermessensspielraum der Mehrheit überschritten ist.[279] Die Schwelle für die Anfechtung eines Entlastungsbeschlusses liegt daher insgesamt denkbar hoch („schwerwiegende Inhaltsmängel"[280]) – uE ist dies jedenfalls dann zu befürworten, wenn es um (im Kern) unternehmerische E geht, denn der Mehrheitsgesellschafter kann auch grds Weisungen zu wirtschaftlich schlechten Geschäften erteilen (vgl auch § 20 Rz 9 ff). Übersteigt der Pflichtenverstoß aber die Frage nach der rein „glücklichen Hand"[281] u Zweckmäßigkeit der Geschäftsführung, u geht es um Verstöße mit direkter Auswirkung auf die Gesellschafterebene (Kollusion, Machtmissbrauch, Ungleichbehandlung, Treuepflichtverstöße), sollte uE eine erweiterte Kontrolle der Mehrheitsentscheidung möglich sein, um einen

---

kreis weiters entschieden, dass ein Entlastungsbeschluss wegen bewusst unrichtiger Entsprechenserklärung zum dCGK anfechtbar ist, vgl BGH 16.2.2009, II ZR 185/07, AG 2009, 285 – *Kirch/Deutsche Bank*; OLG Frankfurt 20.10.2010, 23 U 121/08, AG 2011, 37.

277 OGH 28.8.2013, 6 Ob 22/13y.
278 OGH 28.8.2013, 6 Ob 22/13y.
279 Vgl zum dt Recht zB OLG Köln 2.6.1999, 5 U 196/98, NZG 1999, 1228; OLG München 24.10.1997, 23 U 2392/97, GmbHR 1997, 1103; BGH 10.2.1977, II ZR 79/75; *Liebscher* in MüKo GmbHG³ § 46 Rz 143, 155.
280 OGH 28.8.2013, 6 Ob 22/13y, mit Verweis auf dLit.
281 Vgl dazu (unternehmerischer Ermessensbereich) OLG Düsseldorf 14.3.1996, 6 U 119/94, insb Rz 132.

Gleichlauf auch zu sonstigen Minderheiten-Schutzüberlegungen (insb auch aus der Treuepflicht heraus, zu dieser vgl allg § 39 Rz 2 ff, § 41 Rz 92 ff, § 61 Rz 30 ff) herzustellen. Insbesondere Verstöße gegen § 82, aber zB auch Pflichtenverstöße gegen Kardinalpflichten (korrekte JA-Erstellung, Informationserteilungen dazu etc)[282] unterfallen dieser letztgenannten, uE besonders schutzwürdigen, Kategorie, zumal diese Verpflichtungen die Gleichgewichtslage im Unternehmen auch für die Minderheit herstellen sollen. In dieselbe Kategorie kann uE auch die Umgehung v Gesellschafterzuständigkeiten (zB Abschluss v Insichgeschäften durch den GF) fallen, denn damit wird die Kontrolle durch die Minderheit (Anfechtungsmöglichkeit des Freigabe-Gesellschafterbeschlusses, trotz grds Mehrheitsentscheidung) völlig abgeschnitten, sodass die Minderheiten-Schutzmechanismen im System der GmbH kippen. Insbesondere auch iZm dem Minderheitenrecht des § 48 Abs 1 kann sich der Bedarf nach Anfechtung der Entlastungsentscheidung ergeben, um Minderheitenansprüche zu sichern (wegen der sonst allenfalls gegebenen Verzichtswirkung, s Rz 64; vgl dazu aber auch § 48 Rz 14 ff zu Fällen des Verlusts der Verzichtswirkung).

64 Die gefestigte Rsp zur GmbH nimmt eine **Verzichtswirkung der Entlastung** hinsichtlich der Schadenersatzansprüche an, die bei sorgfältiger Prüfung aller Unterlagen **erkennbar**[283] sind (vgl auch § 25

---

[282] Zur Anfechtung der Entlastungsentscheidung wegen Nichterstellung v JA vgl OLG München 22.7.2015, 7 U 2980/12; vgl auch *Liebscher* in MüKo GmbHG³ § 46 Rz 155. Vgl allg OGH (nicht zur Entlastung, aber zu einem Haftungssachverhalt) 29.5.2017, 6 Ob 99/17b: Erstellung des JA zählt zu den zentralen Geschäftsleitungsaufgaben u stellt eine Kernverpflichtung der GF im Rahmen der Finanzgebarung dar; ähnlich streng zum IKS etwa OGH 26.8.2020, 9 Oba 136/19v.

[283] Sind Entlastungshindernisse zwar erkennbar, werden diese aber v GF bewusst verschwiegen (iSe Verschleierung oder listigen Irreführung), tritt die Verzichts-/Präklusionswirkung nicht ein, vgl etwa OGH 18.3.2016, 9 ObA 58/15t. Berichtet der GF über eine Tatsache nicht explizit, tritt die Präklusionswirkung dennoch ein, wenn die Tatsache den Gesellschaftern bekannt oder nach Maßgabe der übermittelten Unterlagen erkennbar war u der GF vor dem Hintergrund des Informationsrechts der Gesellschafter hinreichend Gelegenheit zur Ausübung v Einsichts- u Auskunftsrechten gegeben hat. Auch bei Verletzung der Genehmigungspflicht durch die GV ist positive Kenntnis v Entlastungshindernis für den Eintritt der Präklusionswirkung nicht erforderlich, auch hier reicht Erkennbarkeit im oben dargestellten Sinn. Vgl zu alledem OGH 18.3.2016, 9 ObA 58/15t. Ebenso geht die Verzichtswirkung verloren, wenn Minderheitenansprüche geltend gemacht wer-

Rz 18).²⁸⁴ Dabei ist die Entlastung ein gesellschaftsrechtliches Institut eigener Art, was zur Folge hat, dass sie mit Beschlussfassung – ggf schwebend – wirksam wird u ein **Zugang** bei den betroffenen Organmitgliedern für die Wirksamkeit **nicht erforderlich** ist. Nach hA entfaltet die Entlastung eine Präklusionswirkung hinsichtlich solcher Tatsachen, die aus den v den GF vorgelegten Unterlagen ersichtlich sind, über die berichtet worden ist oder die allen Gesellschaftern auf andere Weise bekannt geworden sind.²⁸⁵ In der L wird dies kontroversiell diskutiert. Nach einer neueren A ist in der Entlastung ein gesellschaftsrechtliches Institut eigener Art mit bedeutender psychologischer Wirkung, jedoch ohne die Auswirkung eines Verzichts, zu sehen.²⁸⁶ Diese A lehnt sich an das Aktienrecht an u hat einiges für sich; auch im Aktienrecht wurde früher eine Präklusionswirkung angenommen, während dies heute nicht mehr der Fall ist.²⁸⁷ Aufgrund der gesicherten Rsp u L ist für praktische Zwecke in der GmbH jedoch derzeit noch v einer **Präklusionswirkung** wie oben besprochen auszugehen. Damit unterscheidet sich die aktienrechtliche Lage grundlegend v der bei der GmbH.²⁸⁸ Für beide A gilt aber im Ergebnis, dass die Stimme eines Gesellschafters für eine Entlastung insofern Verzichtswirkung entfalten kann, als argu-

---

den sollen, vgl dazu mit Jud-Nachw § 48 Rz 14; allenfalls kann sich auch die Minderheit auf den allg Nichteintritt der Präklusionswirkung wegen Verschweigung durch den GF; s zur Thematik Verlust-/Verzichtswirkung auch *Rastegar*, RdW 2019/400, 517 [517 ff] (Analogie zur Dispositionsschranke des § 136 AktG).

284 OGH 26.8.2020, 9 ObA 136/19v; 18.3.2016, 9 ObA 58/15t; 1.9.2015, 6 Ob 03/15g; 4.8.2009, 9 ObA 149/08i; 14.1.1998, 3 Ob 323/97i; 16.6.1992, 9 ObA 105/92; dabei verteilt der OGH die Beweislast zugunsten der entlasteten Organe: Die GmbH (dh der Kläger) muss beweisen, dass der Verstoß zum Zeitpunkt der Entlastung nicht erkennbar war; ein Verweis auf die mangelnde positive Kenntnis der Gesellschafter reicht nicht aus, vgl OGH 18.3.2016, 9 ObA 58/15t; 4.8.2009, 9 ObA 149/08i.

285 OGH 18.3.2016, 9 ObA 58/15t (vgl in dieser E auch zur Wissenszurechnung der Prokuristin zur Alleingesellschafterin; s auch oben FN 166); *Koppensteiner/Rüffler*, GmbHG³ § 35 Rz 19 mwN auch zur Jud; *Baumgartner/Mollnhuber/U. Torggler* in Torggler, GmbHG § 35 Rz 12.

286 *Enzinger* in Straube/Ratka/Rauter, GmbHG § 35 Rz 40; *Harrer* in Gruber/Harrer, GmbHG² § 35 Rz 29; für die AG: *E. Gruber* in Doralt/Nowotny/Kalss, AktG³ § 104 Rz 67.

287 Vgl zur Entwicklung: *E. Gruber* in Doralt/Nowotny/Kalss, AktG³ § 104 Rz 66 f.

288 Vgl zur dt Rechtslage: *Hoffmann in* Spindler/Stilz, AktG⁴ § 120 Rz 13.

mentiert werden kann, dass es gegen den Gutglaubensschutz wäre, gleichzeitig (u ohne neue Erkenntnisse) für die Entlastung u für die Verfolgung v Ansprüchen zu stimmen.[289] Auch dafür ist es aber erforderlich, dass Ersatzansprüche im Raum stehen u die Entlastung dessen ungeachtet erteilt wird. Zur Problematik iZm der Geltendmachung v Ersatzansprüchen durch die Minderheit vgl § 48 Rz 14 ff. Die Grenze einer allfälligen – auch auf Vertrauensschutz basierenden – Verzichtswirkung ist in den Rechten Dritter zu sehen: Schadenersatzansprüchen v **Gläubigern** kann ein vorliegender Entlastungsbeschluss nicht entgegen gehalten werden (vgl auch § 25 Rz 18).[290]

65 Obwohl die unmittelbaren rechtlichen Auswirkungen der erteilten oder verweigerten Entlastung in der L umstritten sind, hat die Entlastung doch große **praktische Bedeutung**. Von einem GF oder AR wird die Verweigerung der Entlastung zumeist als eine erhebliche Schädigung an ihrem Prestige u Minderung ihres Marktwerts gesehen[291] u führt daher zu Nachteilen für die Organmitglieder u damit oft gleichzeitig auch für die Gesellschaft.[292] Das wirft die Frage auf, wie sich ein GF oder AR gegen eine Verweigerung der Entlastung rechtlich zur Wehr setzen kann. Es besteht nach hA **kein Anspruch auf Entlastung**.[293] In Betracht kommt nur eine **negative Feststellungsklage** gem § 228 ZPO, dass der GmbH gegen den Kläger keine Ersatzansprüche zustehen.[294] Das dafür notwendige rechtliche Interesse ist aber nicht automatisch wegen der Verweigerung der Entlastung gegeben, sondern nur, wenn die GmbH diesbzgl Ansprüche behauptet.[295] Denn es ist denkbar u zulässig, dass die GV die Entlastung nur verweigert, weil sie der Verwaltung mangelndes unternehmerisches Geschick anlastet, ohne dass dies zu Ersatzansprüchen seitens der GmbH Anlass gibt. Nach der hA hat das jew Or-

---

289 So offenbar auch *Koppensteiner/Rüffler*, GmbHG³ § 35 Rz 19.
290 *Koppensteiner/Rüffler*, GmbHG³ § 35 Rz 19; *Baumgartner/Mollnhuber/U. Torggler* in Torggler, GmbHG § 35 Rz 12.
291 So auch *Ch. Nowotny*, RdW 1996, 457 u *E. Gruber* in Doralt/Nowotny/Kalss, AktG³ § 104 Rz 70.
292 *Volhard* in Semler/Volhard/Reichert, Arbeitshandbuch für die Hauptversammlung⁵ § 16 Rz 20.
293 OGH 26.6.1996, 7 Ob 2006/96t; *Baumgartner/Mollnhuber/U. Torggler* in Torggler, GmbHG § 35 Rz 13. Irreführend RIS-Justiz RS0060019, dessen Leitentscheidung (OGH 7.1.1959, 1 Ob 482/58, SZ 32/2) durch OGH 26.6.1996, 7 Ob 2006/96t überholt ist, vgl auch RIS-Justiz RS0102987.
294 *Harrer* in Gruber/Harrer, GmbHG² § 35 Rz 35.
295 *Ch. Nowotny*, RdW 1986, 263 (264); *Wünsch* in FS Fasching I 531 (541).

ganmitglied jedoch das Recht, v seiner Funktion zurückzutreten u seinen Dienstvertrag aus wichtigem Grund zu kündigen, wenn ihm ungerechtfertigterweise die Entlastung verweigert wird.[296]

Die Erteilung der Entlastung unter **Vorbehalt** oder **bedingt** ist nicht zulässig.[297] Wenn hinsichtlich der Entlastungswürdigkeit Zweifel bestehen, wenn die wirtschaftliche Lage aus den vorgelegten Unterlagen u Berichten nicht hinreichend klar erkennbar ist oder wenn Vorwürfe über gravierende Fehlleistungen im Raum stehen, die erst einer näheren Prüfung bedürfen, kann die Abstimmung über die Entlastung **vertagt** werden (vgl § 38 Rz 34), bis die offenen Fragen geklärt sind. Abhilfe könnte auch eine **Teilentlastung** schaffen, bei der gewisse Vorgänge, die jedoch nicht den Kern der Amtsführung betreffen dürfen,[298] ausgeklammert werden.[299] **66**

Fraglich ist, ob der **Widerruf einer Entlastung** zulässig ist, wenn im Hinblick auf das Unternehmen oder die Vertrauenswürdigkeit der Verwaltung erhebliche Umstände hierfür nachträglich bekannt werden.[300] Unter der Annahme einer Verzichtswirkung der Entlastung oder eines Ausscheidens einer Verfolgung v Ansprüchen aus Gutglaubensschutzerwägungen kann sich die Wirkung des einmal gefassten Entlastungsbeschlusses nur auf bei Beschlussfassung bekannte Ansprüche beziehen, während der Widerruf jedoch nur wegen nachträglich bekannt werdender Umstände zulässig ist. Die Anfechtung eines einstimmigen Beschlusses durch Gesellschafter ist als *venire contra factum proprium* grds unzulässig. Allerdings bleibt eine allenfalls zulässige Anfechtung durch andere Organmitglieder, die nicht mitgestimmt haben, weiterhin möglich. Weiters ist eine **Anfechtung der Willenserklärung**(en) nach allg Grundsätzen (Irrtum, List etc) denkbar. Der Widerruf der Entlastung durch einen weiteren Beschluss der GV ist daher zuzulassen, wenn **67**

---

296 *Koppensteiner/Rüffler*, GmbHG[3] § 35 Rz 20; *Enzinger* in Straube/Ratka/Rauter, GmbHG § 35 Rz 45; *Baumgartner/Mollnhuber/U. Torggler* in Torggler, GmbHG § 35 Rz 13; offenbar auch *Harrer* in Gruber/Harrer, GmbHG[2] § 35 Rz 32.
297 *Ch. Nowotny*, RdW 1996, 457.
298 *Koppensteiner/Rüffler*, GmbHG[3] § 35 Rz 17; *E. Gruber* in Doralt/Nowotny/Kalss, AktG[3] § 104 Rz 65.
299 *E. Gruber* in Doralt/Nowotny/Kalss, AktG[3] § 104 Rz 65; *Hüffer/Koch*, AktG[15] § 120 Rz 12a; *Volhard* in Semler/Volhard/Reichert, Arbeitshandbuch für die Hauptversammlung[5] § 16 Rz 6; aA *Bydlinski/Potyka* in Jabornegg/Strasser, AktG[5] § 104 Rz 34.
300 Gegen einen Widerruf *Gurmann/Eberhardt*, GES 2012, 119 (121).

nachträglich erhebliche Umstände bekannt werden, die auch eine Anfechtung des Entlastungsbeschlusses rechtfertigen würden. Der Widerruf kann sich auf ein einzelnes oder auf mehrere Organmitglieder beziehen. Der Widerruf kann mit **einfacher Mehrheit** beschlossen werden, da diese jedenfalls ausgereicht hätte, den ursprünglichen Beschluss zu verhindern. Das Widerrufsrecht soll jedoch die Ausnahme bilden u ist somit **einschränkend** zu interpretieren. Daher ist ein Widerruf in der auf das Bekanntwerden der entspr Umstände folgenden GV zu beschließen, widrigenfalls er verwirkt ist.[301]

68 Von der Entlastung ist die **Generalbereinigungsvereinbarung** auf schuldrechtlicher Basis zu unterscheiden, die auch einen Verzicht auf nicht bekannte Schadenersatzansprüche enthält.[302] Wenn die Parteien v Bestehen v Schadenersatzansprüchen ausgehen, handelt es sich um einen Erlassvertrag; wenn diese ungewiss sind, um einen Vergleich. Eine solche Vereinbarung kann mit aktiven oder ausgeschiedenen GF oder dem AR getroffen werden. Sie kann unter den allg Voraussetzungen auch v anderen GF oder dem AR abgeschlossen werden.[303] Stets ist allerdings ein zust Gesellschafterbeschluss erforderlich (vgl auch Rz 6; s auch Rz 108), bis zu dessen Vorliegen die Vereinbarung allenfalls schwebend unwirksam sein kann. Die Vereinbarung ist allerdings nur unter der Voraussetzung wirksam, dass der Ersatzanspruch nicht noch zur Befriedigung der **Gläubiger** der Gesellschaft benötigt wird (vgl § 25 Abs 5, § 25 Rz 4, 17 f).[304]

B. Einforderung von Einzahlungen auf die Stammeinlagen (Z 2)

69 Ziffer 2 greift nur, wenn nicht Gesetz oder **GesV konkrete** Vorgaben zur (Fälligkeit der) Stammeinlagenzahlung machen.[305] Für das Entstehen der Fälligkeit ist neben der Beschlussfassung[306] (zur Disponibilität

---

301 Vgl *Hoffmann* in Spindler/Stilz, AktG⁴ § 120 Rz 9.
302 OGH 16.6.1992, 9 ObA 105/92; *Enzinger* in Straube/Ratka/Rauter, GmbHG § 35 Rz 48 ff; *Koppensteiner/Rüffler*, GmbHG³ § 35 Rz 21.
303 *Enzinger* in Straube/Ratka/Rauter, GmbHG § 35 Rz 50.
304 *Schima* in FS Koppensteiner 259 (268).
305 *Baumgartner/Mollnhuber/U. Torggler* in Torggler, GmbHG § 35 Rz 15; OGH 9.11.1977, 1 Ob 690/77.
306 Soweit daher Gesellschafterbeschlussfassung erforderlich ist u diese nicht vorliegt, kann dem GF auch keine Pflichtwidrigkeit iSd § 9 Abs 1 BAO (ab-

dieses Erfordernisses vgl noch Rz 70) auch die Einforderung durch den GF erforderlich (vgl § 63 Rz 13, zum Wegfall des Erfordernisses der Einforderung durch die GF vgl Rz 70 u § 65 Rz 11). Eine Beschlussanfechtungsklage hemmt die Fälligkeit nicht (vgl allg auch § 41 Rz 123).[307] Zur (schuldbefreienden) Zahlung vor Einforderung durch die GV (Fälligkeit) vgl § 63 Rz 20. Haben bereits alle Gesellschafter die Einlagen voll geleistet u die Gesellschaft die Leistungen entgegengenommen, bedarf es keines Gesellschafterbeschlusses mehr.

Der Beschluss unterliegt den **allg Vorgaben** der §§ 34 ff (insb: einfache Mehrheit), muss aber dem Gleichbehandlungsgebot gerecht werden (vgl § 63 Rz 12 f). Stimmverbote greifen nicht (verbandsrechtlicher Beschluss, vgl § 39 Rz 94, § 63 Rz 12).[308] Gesellschaftsvertragliche Kompetenzübertragung auf AR oder Beirat ist zulässig (vgl § 63 Rz 12), die Kompetenz kann **im GesV** auch alleine den GF zugeschrieben werden (Abbedingung der Z 2, vgl Abs 2);[309] allein diesfalls erscheint auch ein gesondertes Einforderungsschreiben durch den GF (vgl Rz 69) entbehrlich. 70

Ein Beschluss ist **nicht** erforderlich, wenn der Masseverwalter[310] oder der Liquidator die Zahlung fordert (vgl dazu § 63 Rz 14 f, vgl dort auch zur Fälligkeit)[311], oder der Einzahlungsanspruch v Gläubiger gepfändet[312] wurde (vgl § 63 Rz 26).[313] 71

Für die Einleitung des **Kaduzierungsverfahrens** durch die GF ist idR **kein weiterer GV-Beschluss** erforderlich (anders zB bei ausdrück- 72

---

gabenrechtlicher Haftungsbescheid gegen den GF) vorgeworfen werden: VwGH 24.9.2002, 2000/14/0081.
307 RIS-Justiz RS0059991.
308 OGH 20.3.2013, 6 Ob 23/13w.
309 *Koppensteiner/Rüffler*, GmbHG³ § 35 Rz 50 mit Hinweis auf OGH 11.3.1992, 2 Ob 559/91; einschränkender *Harrer* in Gruber/Harrer, GmbHG² § 35 Rz 41, 82.
310 Etwa OGH 21.12.2000, 8 Ob 277/00v; 23.4.1996, 1 Ob 2085/96s.
311 Vgl auch VwGH 7.12.2000, 2000/16/0601, wonach Nichteinforderung der ausstehenden Stammeinlage durch den Liquidator zur Abdeckung v Abgabenverbindlichkeiten eine schuldhafte Pflichtverletzung darstellt u daher ein abgabenrechtlicher Haftungsbescheid gegen den Liquidator möglich ist.
312 Damit gelingt dem Gläubiger eine Fälligstellung der Einlageforderung, ohne dass es der Beschlussfassung bedürfte, vgl *Reich-Rohrwig/Thiery*, ecolex 1992, 91; vgl auch OGH 18.10.1991, 8 Ob 604/91. GesV Fälligkeitstermine bleiben aber aufrecht, vgl *Koppensteiner/Rüffler*, GmbHG³ § 35 Rz 23, vgl dazu auch OGH 20.6.1985, 6 Ob 601/85.
313 Vgl zu alledem *Baumgartner/Mollnhuber/U. Torggler* in Torggler, GmbHG § 35 Rz 15 mwN.

licher diesbzgl Bindung des GF im Innenverhältnis).[314] Vgl dazu auch § 66 Rz 7.

C. Rückzahlung von Nachschüssen (Z 3)

73 Für die E über die **Rückzahlung** v Nachschüssen sind **zwingend** die Gesellschafter mit einfacher Mehrheit zuständig (vgl § 74 Rz 7). Details über die Rückzahlung v Nachschüssen regelt § 74.

D. Prokura und Handelsvollmacht (Z 4)

74 Der – den allg Regeln folgenden – Beschlussfassung unterliegt die E, **ob** Prokura oder Handlungsvollmacht[315] (überhaupt) erteilt wird, nicht aber die konkrete Erteilung im Einzelfall,[316] denn die konkrete Bestell- u Widerrufsbefugnis liegt bei den GF (vgl § 28 Rz 2, 8).[317] **Nicht** erfasst sind der Widerruf der Bestellung u auch nicht der Abschluss des Anstellungsvertrags u dessen Kündigung.[318] Auch auf die Bestellung/Abberufung des inländischen Vertreters ist Z 4 nicht anzuwenden, denn die gesellschaftsinterne Willensbildung der ausländischen Gesellschaft richtet sich nach deren Gesellschaftsstatut (vgl auch §§ 107–114 Rz 15).[319]

---

314 Vgl RIS-Justiz RS0060009; OGH 9.11.1977, 1 Ob 690/77. **AA** *Harrer* in Gruber/Harrer, GmbHG² § 35 Rz 44 ff, 83.
315 Erfasst ist nur die Erteilung v Generalhandlungsvollmacht, nicht aber v Arthandlungs- oder Einzelhandlungs(Spezial)vollmacht (zu den Begriffen vgl *Krejci*, Unternehmensrecht⁵ 299 f), vgl *Harrer* in Gruber/Harrer, GmbHG² § 35 Rz 48 FN 94.
316 *Baumgartner/Mollnhuber/U. Torggler* in Torggler, GmbHG § 35 Rz 19; vgl auch EBRV 236 BlgHH XVII. Session S 69 zum GmbHG 1906 (abgedruckt bei Kalss/Eckert, Zentrale Fragen 555 ff). Vgl aber auch OGH 14.11.1923, OB III 797/23, SZ 5/262: GV kann auch selbst die Person des Prokuristen oder Handlungsbevollmächtigten bestimmen, sofern ihr diese Kompetenz nicht durch den GesV entzogen ist.
317 Einschränkend (dh Beschlusserfordernis) bei Bestellung eines Gesellschafter-Prokuristen *Harrer* in Gruber/Harrer, GmbHG² § 35 Rz 50 (außergewöhnliche Maßnahme).
318 *Koppensteiner/Rüffler*, GmbHG³ § 35 Rz 27 aE.
319 *Koppensteiner/Rüffler*, GmbHG³ § 35 Rz 28; *Baumgartner/Mollnhuber/U. Torggler* in Torggler, GmbHG § 35 Rz 19. Anders noch OGH 26.2.1930, 2 Ob 183/30, SZ 12/54.

Die Kompetenz ist durch gesv Regelung **abdingbar** (vgl Abs 2, vgl 75
zu Gestaltungsmöglichkeiten § 28 Rz 4, 8). Der allenfalls konkret betroffene Gesellschafter unterliegt keinem Stimmverbot.[320]

Fehlen des Beschlusses macht die Bestellung **nicht unwirksam**, weshalb der Beschluss bei Anmeldung zum FB auch nicht vorzulegen ist (§ 28 Rz 9). 76

E. Prüfung/Überwachung der Geschäftsführung (Z 5)

Die Festsetzung der Regeln über die Prüfung u Überwachung der GF 77
liegt grds im Kompetenzbereich der GV (zu Weisungsrechten vgl schon Rz 6, 14). Als oberstes Organ (s Rz 1) kommt der GV grds eine **umfassende Kontrollzuständigkeit** zu.[321] Wie diese ausgeübt wird, ist Sache der GV (zB Zustimmungsvorbehalte, Sonderberichte, Sonderprüfungen,[322] auch unter Beiziehung v Sachverständigen).[323] Dabei können die Kontrollmechanismen (zB Zustimmungsvorbehalte) durchaus engmaschig gestaltet sein,[324] denn es gibt (mangels anderer Festlegung im GesV, vgl dazu Rz 15) auch keinen weisungsfreien Mindestbereich der GF (vgl § 20 Rz 11).

Nehmen Gesellschafter-GF Aufgaben wahr oder nehmen diese zumindest nachhaltig maßgeblichen Einfluss auf die GF (nämlich auch außerhalb des eigentlich der GV zugewiesenen Kompetenzbereichs), können sie zum **faktischen GF** werden (vgl zum Begriff § 61 Rz 52). Dies kann insb haftungsrechtlich v Relevanz sein (vgl § 25 Rz 2 u § 61 Rz 50 ff, 52; zur Durchgriffshaftung vgl § 61 Rz 61 u § 115 Rz 20[325]). 78

---

320 *Harrer* in Gruber/Harrer, GmbHG² § 35 Rz 50.
321 *Baumgartner/Mollnhuber/U. Torggler* in Torggler, GmbHG § 35 Rz 21 mwN; *Koppensteiner/Rüffler*, GmbHG³ § 35 Rz 29.
322 Zu unterscheiden v solchen gem § 45, vgl zur Abgrenzung OGH 11.2.1988, 6 Ob 3/88.
323 *Reich-Rohrwig* in Reich-Rohrwig/Ginthör/Gratzl, HB GV² Rz 1.75; *Koppensteiner/Rüffler*, GmbHG³ § 35 Rz 29.
324 Vgl *Schima* in FS Koppensteiner 259 (274); anders *Enzinger* in Straube/Ratka/Rauter, GmbH § 35 Rz 78 (keine unverhältnismäßige Beeinträchtigung der GF, Pflichtbindung bei Ausübung der Kontrollrechte). Zur Berücksichtigung der Treuepflicht bei Erteilung v Weisungen an die GF vgl OGH 22.11.1988, 5 Ob 626/88. Zur Treuepflicht s allg § 61 Rz 30 ff.
325 Vgl dazu zB auch OGH 29.4.2004, 6 Ob 313/03b; 12.4.2001, 8 ObA 98/00w.

79 Die Gesellschafter sind ohne Hinzutreten besonderer Umstände **nicht verpflichtet**, die Kontrollbefugnis auszuüben,[326] dh die GF haben keinen Anspruch auf Kontrolle. Kommt die GV der Kontrolle nicht nach, kann sich der auf Schadenersatz in Anspruch genommene GF daher grds nicht auf ein Mitverschulden der GV berufen.[327] Kommen keine (klaren) Direktiven seitens der Gesellschafter, kann bzw muss der GF selbst pflichtgemäß entscheiden.[328]

80 Die GF können grds nach freiem Ermessen (bzw müssen dies uU nach in der Lit vertretener M[329]) **proaktiv** eine E gem Z 5 herbeiführen u können so grds auch eine Haftungsexkulpierung erlangen (vgl § 25 Rz 17; vgl auch § 36 Rz 31).

81 Der Beschluss folgt den allg Regeln. Es ist grds **einfache Mehrheit** ausreichend (zur Frage qualifizierter Mehrheiten bei GO-Regelungen u Festlegung v Zustimmungserfordernissen vgl Rz 15[330]). Gesellschafter-GF können insb bei vergangenheitsbezogenen Maßnahmen (Prüfungstätigkeit, Vorbereitung der Geltendmachung v Ersatzansprüchen) einem **Stimmverbot** unterliegen (vgl dazu § 39 Rz 75 ff).[331]

---

326 *Koppensteiner/Rüffler*, GmbHG³ § 35 Rz 30. Vgl aber auch OGH 29.4.2004, 6 Ob 313/03b (keine Weisungspflicht, aber uU Überwachungspflicht bei sichtlich überfordertem GF oder erkennbar gesetzwidrigen Handlungen des GF, sodass Abberufungspflicht der Gesellschafter entsteht).
327 OGH 20.2.2014, 6 Ob 183/13z. Der OGH bezeichnet es in dieser E auch als fraglich, ob Schadenersatzansprüche gegen die GV bei mangelnder Kontrolle möglich wären; dies sei allenfalls nur bei einem, überhaupt nur in sehr engen Grenzen denkbaren Sonderrechtsverhältnis aus der Mitgliedschaft denkbar. Vgl dazu auch ausf *Enzinger* in Straube/Ratka/Rauter, GmbHG § 35 Rz 74 f.
328 Vgl RIS-Justiz RS0122187 u OGH 23.5.2007, 3 Ob 59/07h (Zuständigkeit der GF zur Festlegung der Grundsätze der Geschäftspolitik, wenn u soweit sich die Gesellschafter nicht äußern) u OGH 17.12.2008, 6 Ob 213/07b (E je zu 50:50-Pattsituationen – Maßnahme wird zwangsläufig nur v der Hälfte der Gesellschafter gedeckt, sodass daraus alleine kein rechtswidriges u schuldhaftes Verhalten abzuleiten sei), s schon Rz 7.
329 *Enzinger* in Straube/Ratka/Rauter, GmbHG § 35 Rz 77.
330 *Reich-Rohrwig* in Reich-Rohrwig/Ginthör/Gratzl, HB GV² Rz 1.76 weist darauf hin, dass das Hinaufsetzen des Mehrheitserfordernisses iZm Z 5 vor dem Hintergrund der zwingenden einfachen Mehrheit bei der aktienrechtlichen Parallelvorschrift (§ 130 Abs 1 AktG) problematisch sein könnte.
331 Vgl dazu *Baumgartner/Mollnhuber/U. Torggler* in Torggler, GmbHG § 35 Rz 22; vgl auch *Enzinger* in Straube/Ratka/Rauter, GmbHG § 35 Rz 79 f.

Aus Z 5 wird – ergänzend zu den punktuellen Regelungen der §§ 22 u 24a – eine **aktive Berichtspflicht** der GF abgeleitet.[332] Aus Sicht der Gesellschafter ist auch auf die punktuellen Kontrollrechte **einzelner Gesellschafter** zu verweisen, die durch Z 5 unberührt bleiben (zB Informationsrecht, vgl § 22 Rz 42 ff, Recht auf Revisorenbestellung gem § 45).[333]

82

Die Bestimmung ist **disponibel**, jedoch wird **völlige** Beseitigung der Kompetenz abgelehnt (vgl schon Rz 8).[334] Aus § 30j Abs 5 könnte abgeleitet werden, dass der dort vorgesehene Katalog an zustimmungspflichtigen Geschäften auch bei der AR-losen GmbH die Mindestanforderung an Überwachung der Geschäftsführung darstellt, jedenfalls könnte § 30j Abs 5 aber als Leitschnur für die Definition v außergewöhnlichen, in die GV-Kompetenz fallenden, Maßnahmen (vgl Rz 6) gesehen werden. Dies gilt allerdings nur im Innenverhältnis; gesellschaftsfremden Dritten gegenüber sind die Gesellschafter grds nicht zur Ausübung der Kontrollbefugnis nach § 35 Abs 1 Z 5 verpflichtet (vgl schon Rz 79).[335] Die Kompetenz kann aber – uE auch umfassend – auf ein **anderes Organ** übertragen werden (zur Möglichkeit der Rückholung vgl Rz 19; vgl zum Beirat auch § 29 Rz 59, 62 u 69).[336]

83

F. Geltendmachung von Ersatzansprüchen und Prozessvertretung (Z 6)

Ziffer 6 regelt **zwei Tatbestände:** Einerseits die Geltendmachung v Ersatzansprüchen, die der Gesellschaft aus der Errichtung oder Geschäftsführung gegen GF, deren Stellvertreter oder den AR, allenfalls auch einen Beirat, zustehen, andererseits die Bestellung eines Prozessvertreters. Diese Differenzierung ist bei dessen Anwendung zu beachten (vgl auch Rz 88, 92, 97).

84

---

332 *Enzinger* in Straube/Ratka/Rauter, GmbHG § 35 Rz 76.
333 *Reich-Rohrwig* in Reich-Rohrwig/Ginthör/Gratzl, HB GV² Rz 1.78.
334 Vgl *Koppensteiner/Rüffler*, GmbHG³ § 35 Rz 31, 50 (der GV oder einem anderen Organ muss mind die Möglichkeit zur Bestellung eines sachverständigen Prüfers verbleiben); s auch *Harrer* in Gruber/Harrer, GmbHG² § 35 Rz 84 (sämtliche Prüfungsagenden, die erforderlich sind, um eine Rechtsverfolgung iSd Z 6 beurteilen zu können, stellen eine zwingende Zuständigkeit der GV dar).
335 OGH 20.2.2014, 6 Ob 183/13z.
336 *Koppensteiner/Rüffler*, GmbHG³ § 35 Rz 31.

85 Ziffer 6 ist in ihrer Gesamtheit gem Abs 2 zwingend (vgl auch Rz 8). Es reicht jew Beschlussfassung mit **einfacher Mehrheit**.[337] Trotz der minderheitsschützenden Ausrichtung der Bestimmung ist es uE denkbar, im GesV die Mehrheit zu erhöhen, denn die Minderheit ist über § 48 geschützt (vgl auch § 48 Rz 20).

86 Insbesondere aus Sicht v Minderheitsgesellschaftern kann es sinnvoll sein, v Vornherein **zwei untersch Tagesordnungspunkte** in der GV zu verlangen (der eine kann den anderen nämlich auch nicht ersetzen, vgl noch Rz 90), nämlich einerseits die Beschlussfassung über die Geltendmachung v Ersatzansprüchen an sich u jene über die Bestellung eines Prozessvertreters.[338] Wird der Antrag auf Geltendmachung der Ersatzansprüche (wirksam) abgelehnt, so ist aus Sicht der Minderheit der Weg frei für die Minderheitsklage gem § 48 (insb ist keine Anfechtung dieses abl Beschlusses erforderlich u idR auch nicht sinnvoll,[339] vgl auch § 48 Rz 12). Die Bestellung eines Prozessvertreters (für die Anspruchsgeltendmachung abseits v § 48) wäre in diesem Fall nicht möglich, weil seine Bestellung die positive Beschlussfassung über die Geltendmachung v Ansprüchen voraussetzt (vgl § 48 Rz 2), sodass in der GV dieser zweite Tagesordnungspunkt fallen zu lassen wäre.[340] Wird ein positiver Beschluss über die Geltendmachung v Ansprüchen gefasst, kann es zur Durchsetzung erforderlich sein, einen Prozessvertreter (§ 35 Abs 1 Z 6 Fall 2) zu bestellen (vgl insb Rz 93 f); die Minderheit kann diesfalls grds nicht als Kläger einschreiten (vgl dazu auch § 48 Rz 20 u § 45 Rz 3 aE). Insbesondere dann, wenn in einer GV kein Vorsitzender bestellt ist, können sich, weil hier regelmäßig Stimmverbote hereinspielen (s auch Rz 91, 98), Zweifel über die „wahre" Beschlusslage ergeben (vgl § 34 Rz 41 ff). Dies kann mit Blick auf § 48 Abs 1 zu Abgrenzungsproblemen führen (vgl auch § 48 Rz 3).[341] Ist kein Vorsitzender bestellt, der das Be-

---

337 *Enzinger* in Straube/Ratka/Rauter, GmbHG § 35 Rz 95, 102.
338 *Fantur* in FS Koppensteiner 83 (86).
339 *Fantur* in FS Koppensteiner 83 (86).
340 *Fantur* in FS Koppensteiner 83 (86).
341 Zu einem solchen Fall OGH 26.4.2018, 6 Ob 38/18h. Nach der wahren Beschlusslage lag ein Stimmverbot vor u wurde daher der Beschluss auf Anspruchsverfolgung wirksam gefasst (sohin eigentlich keine Berufung auf das Minderheitenrecht gem § 48 Abs 1 möglich); jedoch gab es im entschiedenen Fall keinen Vorsitzenden u wurde daher das Beschlussergebnis nicht festgestellt. Der OGH ließ in einer solchen Konstellation dem Kläger iZm einer einstweiligen Verfügung dennoch „zunächst" die Berufung auf § 48 Abs 1

schlussergebnis feststellt, ist aber nicht automatisch v einem Nichtbeschluss auszugehen, sondern das Beschlussergebnis des (dennoch) wirksam gefassten Beschlusses[342] anhand der wahren Rechtslage zu ermitteln (zB *qua* Stimmverbot des Mehrheitsgesellschafters Beschluss über die Anspruchsgeltendmachung) u als Vorfrage bei Prozessführung oder in einem Feststellungsprozess zu klären.[343]

1. Geltendmachung von Ersatzansprüchen

Beschlussfassung erfordert die gerichtl – mit Ausnahme v einstweiligen Verfügungen[344] – u außergerichtliche Geltendmachung (s auch Rz 91), umfassend auch Verzicht, Erlass u Vergleich[345] v vertraglichen u gesetzl **Ersatzansprüchen** der Gesellschaft aus **pflichtwidrigen** Handlungen oder Unterlassungen iZm der Organtätigkeit, dh gegen (aktive oder ehem[346]) GF, AR u Mitglieder sonstiger gesv Organe (Beirat, vgl § 29 Rz 63), ebenso wie Liquidatoren.[347] Erfasst sind – neben Schadenersatzansprüchen aus der Organfunktion – auch Ansprüche aus dem GF-Vertrag (str), aus der Verletzung v § 24 (Wettbewerbsverbot, vgl dazu auch § 24 Rz 29), aus der Nutzung v Geschäftschancen der Gesellschaft, aus (mandatsbezogener) ungerechtfertigter Bereicherung oder GoA, samt allen Hilfsansprüchen zur Durchsetzung dieser Ansprüche.[348] Nicht erfasst sind Ansprüche aus Drittverhältnissen[349] mit Organmitgliedern.[350]

87

---

zu. Dies ist uE ein Ausnahmefall u nicht verallgemeinerungsfähig, eine korrekte Abgrenzung ist wesentlich.
342 OGH 19.12.2019, 6 Ob 105/19p.
343 Vgl zB OGH 20.3.2013, 6 Ob 23/13w; 19.12.2019, 6 Ob 105/19p; vgl § 34 Rz 41 ff u § 42 Rz 13. Vgl dazu zB auch *Aburumieh/Hoppel* in Adensamer/Mitterecker, HB GesStreit, Rz 6/40 ff.
344 *Koppensteiner/Rüffler*, GmbHG[3] § 35 Rz 36.
345 *Koppensteiner/Rüffler*, GmbHG[3] § 35 Rz 36 aE.
346 *Enzinger* in Straube/Ratka/Rauter, GmbHG § 35 Rz 92.
347 Vgl *Baumgartner/Mollnhuber/U. Torggler* in Torggler, GmbHG § 35 Rz 24 f u *Koppensteiner/Rüffler*, GmbHG[3] § 35 Rz 35, 37.
348 Vgl zu alledem *Enzinger* in Straube/Ratka/Rauter, GmbHG § 35 Rz 89 u *Baumgartner/Mollnhuber/U. Torggler* in Torggler, GmbHG § 35 Rz 24.
349 OGH 11.5.2010, 9 ObA 5/10s; RIS-Justiz RS0125863.
350 *Baumgartner/Mollnhuber/U. Torggler* in Torggler, GmbHG § 35 Rz 25 mwN.

88 Ob auch **Ansprüche gegen Gesellschafter**,[351] dh etwa auch Ansprüche mitgliedschaftlicher Natur gegen Organwalter, die gleichzeitig Gesellschafter sind, erfasst sind, ist umstritten.[352] Nicht erfasst v Z 6 **Fall 1** (Beschluss als Klagevoraussetzung) sind jedenfalls Rückforderungsansprüche gem § 83.[353] Unseres Erachtens gilt dies (kein Gesellschafterbeschluss erforderlich) auch für die Geltendmachung der Solidarhaftung v GF gem § 83 Abs 2 iVm § 25 Abs 1, 3 Z 1 (s aber § 83 Rz 32).[354] Davon zu trennen ist die Frage nach der Zulässigkeit der Bestellung eines Prozessvertreters gem Z 6 **Fall 2** zur Durchsetzung v Ansprüchen gegen Gesellschafter (vgl Rz 97).[355]

89 Auch bei Anspruchsgeltendmachung durch einen Zessionar[356] ist ein zust Beschluss erforderlich, nicht aber bei Geltendmachung durch den Überweisungsgläubiger,[357] den Insolvenzverwalter[358] oder die Minder-

---

351 § 35 Abs 1 Z 6 Fall 1 ist jedenfalls keine „Generalnorm", die jegliche Klagsführungen innerhalb der GmbH umfasst, auch gibt es sonst keine solche Norm im GmbHG – vgl dazu OGH 28.2.2018, 6 Ob 167/17b (kein Beschlusserfordernis für Feststellungsklage betr Unwirksamkeit einer Auseinandersetzungsvereinbarung zw Gesellschaftern).

352 **Dafür** *Koppensteiner/Rüffler*, GmbHG³ § 61 Rz 15; *Harrer* in Gruber/Harrer, GmbHG² § 35 Rz 56; **dagegen** *Baumgartner/Mollnhuber/U. Torggler* in Torggler, GmbHG § 35 Rz 25 mit Hinweis auf EB; vgl EBRV 236 BlgHH XVII. Session S 69 zum GmbHG 1906 (abgedruckt bei Kalss/Eckert, Zentrale Fragen 557: *„Auch für Ersatzansprüche gegen Gesellschafter aus der Errichtung diesen Vorbehalt zu machen, dafür fehlt ein analoges Motiv."*). Der OGH hat dies bisher offengelassen, vgl OGH 10.1.2002, 2 Ob 328/01a; vgl aber auch die nachfolgende FN.

353 OGH 26.4.2016, 6 Ob 72/16f; 25.10.2018, 6 Ob 190/18m; 24.1.2019, 6 Ob 219/18a; 24.10.2019, 6 Ob 71/19p. **AA** (Beschluss erforderlich) *Harrer* in Gruber/Harrer, GmbHG² § 35 Rz 57a; s auch (unter Berufung auf *Harrer* in FS Aicher 242) *Steiner*, wbl 2017, 69 (73: Art der Geltendmachung der Rückforderung ist Angelegenheit der GV).

354 S auch OGH 24.10.2019, 6 Ob 71/19p; **aA** bei § 83 Rz 32 sowie *Bauer/Zehetner* in Straube/Ratka/Rauter, GmbHG § 83 Rz 53; *Harrer* in Gruber/Harrer, GmbHG² § 35 Rz 57a aE.

355 Vgl *Fantur* in FS Koppensteiner 83 (93 f), der dies bejaht.

356 Vgl OGH 11.5.2010, 9 ObA 5/10s: Z 6 greift aber nicht bei Ansprüchen Dritter, die die GmbH als Zessionar geltend macht.

357 OGH 24.6.1998, 3 Ob 34/97i.

358 OGH 8.2.1990, 6 Ob 747/89; Auflösung der GmbH (auch wegen Konkurseröffnung, vgl dazu § 84 Rz 10 ff) reicht nicht für den Wegfall des Beschlusserfordernisses, vgl RIS-Justiz RS0059438. Zur Nichteröffnung eines Insol-

heit gem § 48 (erforderlich ist in diesem Fall aber Beschlussablehnung, vgl Rz 86, oder Missachtung des Minderheitenrechts gem § 38 Abs 3 durch das Einberufungsorgan, vgl § 38 Rz 23 aE; s auch § 48 Rz 20).[359] Der Beschluss erscheint entbehrlich, wenn er eine **bloße Formalität** darstellt, zB wenn der Alleingesellschafter gegen GF vorgeht oder wenn der GF aufgrund einer formlosen Weisung des Alleingesellschafters oder aller Gesellschafter zur Geltendmachung der Ansprüche befugt ist.[360] Dies sollte uE[361] auch dann der Fall sein, wenn bei Vorhandensein v **bloß zwei Gesellschaftern** einer dieser als GF in der Beklagtenrolle ist u daher auch v **Stimmrecht ausgeschlossen** (vgl auch Rz 91 u § 39 Rz 75 ff)[362] ist.[363] Natürlich besteht dann auch das Anfechtungsrecht für den Mitgesellschafter nicht.[364] **Nicht** erforderlich ist der Gesellschafterbeschluss weiters bei Anspruchsgeltendmachung gegen den/die GF durch den AR (§ 301 Abs 2), wenn die Verantwortlichkeit eines AR-Mitglieds in Frage kommt; diesfalls kann der AR die GF selbst gegen einen Beschluss der Gesellschafter klagen (§ 301 Abs 3, vgl § 301 Rz 23 ff).

Fehlt der Gesellschafterbeschluss, führt dies (bloß) auf Einwand des Beklagten zur Abweisung der Klage.[365] Er kann noch während des laufenden Verfahrens nachgeholt werden.[366] Zu bedenken ist die Möglichkeit der **mündlichen** (u auch sonstigen **konkludenten**) Beschlussfas-

90

---

venzverfahrens mangels kostendeckenden Vermögens vgl *Enzinger* in Straube/Ratka/Rauter, GmbHG § 35 Rz 93.
359 *Baumgartner/Mollnhuber/U. Torggler* in Torggler, GmbHG § 35 Rz 25.
360 OGH 29.9.2011, 8 ObA 62/11t mwN; 24.2.1999, 9 ObA 358/98g; *Enzinger* in Straube/Ratka/Rauter, GmbHG § 35 Rz 94; *Koppensteiner/Rüffler*, GmbHG[3] § 35 Rz 35. **AA** *Baumgartner/Mollnhuber/U. Torggler* in Torggler, GmbHG § 35 Rz 25.
361 Wie hier *Koppensteiner/Rüffler*, GmbHG[3] § 35 Rz 35 u *Enzinger* in Straube/Ratka/Rauter, GmbHG § 35 Rz 94 (str).
362 RIS-Justiz RS0059969; RS0049411.
363 OGH 11.5.2010, 9 ObA 5/10s; 24.2.1999, 9 ObA 358/98g; **anders** aber OGH 28.8.2003, 2 Ob 170/03v; 10.1.2002, 2 Ob 328/01a.
364 Unter anderem mit Hinweis darauf abl (dh auch diesfalls für Gesellschafterbeschluss) *Harrer* in Gruber/Harrer, GmbHG[2] § 35 Rz 61, s dort aber auch Rz 65: In der Zwei-PersGes – 50:50 – selbständige Anspruchsgeltendmachung durch jeden selbständig vertretungsbefugten Gesellschafter-GF, so auch *Enzinger* in Straube/Ratka/Rauter, GmbHG § 35 Rz 94.
365 ZB OGH 11.5.2010, 9 ObA 5/10s; 25.6.1996, 4 Ob 2154/96k mit Auslegungshinweis zur Leit-E 8.2.1990, 6 Ob 747/89.
366 Vgl OGH 16.2.2006, 6 Ob 130/05v; *Enzinger* in Straube/Ratka/Rauter, GmbHG § 35 Rz 95; *Fantur* in FS Koppensteiner 83 (89).

sung (§ 34 Rz 51), Z 6 statuiert kein Schriftformerfordernis.[367] Jedoch müssen die betroffenen Ansprüche **konkretisiert** werden; dies kann auch durch Umschreibung des zugrundeliegenden Verhaltens geschehen[368] – der Beschluss auf Bestellung eines Prozessvertreters (vgl Rz 92 ff) alleine reicht aber nicht aus.[369]

91 Der betroffene Gesellschafter u der an der Pflichtverletzung beteiligte Gesellschafter unterliegen einem **Stimmverbot** (vgl auch Rz 89 u 98; s auch § 39 Rz 75 ff).[370] Das Stimmverbot greift bei Rechtsstreitigkeiten in jedem Fall, also auch bei allen sozietär begründeten Rechtsstreitigkeiten (anders als beim Abschluss v Rechtsgeschäften, s dazu § 39 Rz 74, 94).[371] Weiters kommt es auf eine Prognoseentscheidung bzw Einschätzung der Erfolgsaussichten nicht an, das Stimmverbot greift jedenfalls.[372] Die Unsicherheit, ob der Anspruch zu Recht besteht, ist hinzunehmen.[373] Die Anfechtbarkeit eines Beschlusses, mit dem zum eindeutigen Nachteil der Gesellschaft eine objektiv aussichtslose Klagsführung eingeleitet werden soll, ist allenfalls auf der nächsten Ebene unter dem Gesichtspunkt des Rechtsmissbrauchs u der Verletzung der Treuepflicht der Minderheitsgesellschafter zu prüfen.[374] Erfasst sind nicht nur Beschlüsse über die Geltendmachung als solche (inhaltliche Fragen), sondern auch Verfahrensfragen, die auf den jew Beschlussantrag unmittelbaren Einfluss haben, wie zB die Absetzung v der Tagesordnung oder die Vertagung (vgl auch § 38 Rz 34).[375] Auch Vorbereitungsmaßnahmen (Beschluss darüber, ob gerichtl oder außergerichtlich vorgegangen wird, s dazu auch Rz 87) sind v Stimmverbot umfasst.[376]

---

367 Vgl etwa OGH 29.9.2011, 8 ObA 62/11t; 11.5.2010, 9 ObA 5/10s.
368 *Baumgartner/Mollnhuber/U. Torggler* in Torggler, GmbHG § 35 Rz 26.
369 *Enzinger* in Straube/Ratka/Rauter, GmbHG § 35 Rz 95.
370 *Baumgartner/Mollnhuber/U. Torggler* in Torggler, GmbHG § 35 Rz 26; vgl zB auch OGH 17.3.1954, 3 Ob 159/54; 26.4.2018, 6 Ob 38/18h.
371 OGH 21.11.2018, 6 Ob 191/18h.
372 Vgl auch OGH 19.3.2010, 6 Ob 169/09k u RIS-Justiz RS RS0059969 (T6) (keine Günstigkeitsprognose).
373 Vgl OGH 25.10.2018, 6 Ob 190/18m.
374 OGH 19.3.2010, 6 Ob 169/09k.
375 OGH 21.11.2018, 6 Ob 191/18h.
376 OGH 29.8.2019, 6 Ob 104/19s.

2. Prozessvertretung

Die Bestellung eines Prozessvertreters setzt zumeist (aber eben nicht immer, s sogleich u vgl auch oben Rz 88, insb FN 356) die Beschlussfassung über die Geltendmachung v Ersatzansprüchen (vgl Z 6 Fall 1, Rz 87 ff) voraus. Generalisierend kann uE aber gesagt werden (vgl weitergehend auch noch Rz 97), dass die Bestimmung immer dann anwendbar ist, wenn die Gesellschaft einen Aktiv- oder Passivprozess **gegen** (uU ehem) **Mitglieder der Geschäftsführung oder des AR**[377] zu führen hat, unabhängig v der Anspruchsgrundlage.[378] Erfasst sind auch Verfahren auf Anfechtung eines GV-Beschlusses (wenn die Gesellschaft weder durch GF noch durch AR vertreten werden kann, vgl § 42 Abs 1; s dazu § 42 Rz 6).[379]

92

Anwendungsvoraussetzung ist, dass die Gesellschaft nicht durch die vorhandenen GF vertreten werden kann,[380] weil diesen die notwendige **Vertretungsmacht fehlt** (zB bei Kollektivzeichnung)[381] oder diese befangen[382] oder uneinig[383] sind (vgl dazu auch § 48 Rz 2); die

93

---

377 Denkbarer Anwendungsfall wäre auch die Prozessführung gegen einen Dritten, der in Ansehung der Pflichtverletzung mit dem Organmitglied zusammengewirkt hat (u dieses daher befangen ist), vgl *Enzinger* in Straube/Ratka/Rauter, GmbHG § 35 Rz 100.
378 *Baumgartner/Mollnhuber/U. Torggler* in Torggler, GmbHG § 35 Rz 29; *Enzinger* in Straube/Ratka/Rauter, GmbHG § 35 Rz 99 f.
379 Vgl OGH 6.11.2008, 6 Ob 186/08h.
380 Der Gesetzgeber geht uU davon aus, dass Vertretung durch GF-Kollegen überhaupt ausscheidet, vgl EBRV 236 BlgHH XVII. Session S 69 zum GmbHG 1906 (abgedruckt bei *Kalss/Eckert*, Zentrale Fragen 557: „… weil, selbst wenn mehrere Geschäftsführer bestellt sind, in diesem Falle ihnen die Unbefangenheit bei der Willensäußerung für die Gesellschaft abgeht…").
381 Unechte Gesamtvertretung eines anderen GF mit einem Prokuristen kommt nicht in Betracht, vgl OGH 6.11.2008, 6 Ob 186/08h. Ebensowenig Vertretung der Gesellschaft auf Basis rechtsgeschäftlicher, v befangenen GF (auch vor Prozessführung) erteilter, Vollmacht, insb wenn diese jederzeit widerruflich ausgestaltet ist, vgl die soeben zit OGH-E sowie OGH 1.10.2008, 6 Ob 158/08s (zu Anfechtungsprozessen).
382 *Nowotny* in Kalss/Nowotny/Schauer, GesR² Rz 4/281. Selbst wenn ein GF die Vertretung übernehmen könnte, kann ein besonderer Vertreter bestellt werden, weil es an der erforderlichen Unvoreingenommenheit fehlen kann (s BGH 30.11.2021, II ZR 8/21).
383 OGH 20.3.1986, 6 Ob 541/86 (zwei gesamtvertretungsbefugte, aber uneinige GF); vgl auch *Enzinger* in Straube/Ratka/Rauter, GmbHG § 35 Rz 99 (zwei selbständig vertretungsbefugte GF mit ggt A).

Befangenheit könnte auch auf die übrigen, allenfalls sogar selbständig vertretungsbefugten, GF durchschlagen, vgl dazu auch bei § 25 Rz 14 u § 42 Rz 4.[384] Befangenheit ist auch dann anzunehmen, wenn die v einem GF mittelbar beherrschte Gesellschaft in Anspruch genommen werden soll.[385]

94 Strittig ist, ob bei Vorhandensein eines nicht betroffenen u auch nicht befangenen **AR** dessen Vertretungsbefugnis bei Anspruchsgeltendmachung gegen GF vorgeht (so der Wortlaut der Z 6, entgegen dem Wortlaut des § 30l Abs 2), was uE grds anzunehmen ist[386] (s auch § 25 Rz 14; vgl aber § 30l Abs 2, s dort Rz 30; vgl generell zur Vertretungsbefugnis des AR bei Anspruchsgeltendmachung gegen GF § 30l Rz 19 ff). Denkbar wäre auch[387] die Bestellung eines Not-GF oder eines Kollisionskurators gem § 277 ABGB; die Bestellung eines Prozesskurators gem § 8 ZPO ist aber (bei den hier praktisch interessierenden Fällen der Anspruchsgeltendmachung namens der GmbH) nicht möglich, denn dieser kann grds nur in Passivprozessen[388] (v Relevanz daher hinsichtlich § 42/Anfechtungsverfahren, s § 42 Rz 7) u nur auf Antrag der Gegenseite bestellt werden. Für die Bestellung eines Not-GF ist das FB-Gericht zuständig (vgl § 15a Rz 1); für die Kuratorenbestellung gem § 277 ABGB ist das Pflegschaftsgericht zuständig (§§ 109, 112 JN); für

---

384 Vgl dazu etwa *Koppensteiner/Rüffler*, GmbHG³ § 35 Rz 39. S auch die vorausgehende FN. S aber auch *Harrer* in Gruber/Harrer, GmbHG² § 35 Rz 62: Ist ein aktives Organmitglied betroffen, so können (falls vorhanden) andere GF vertreten (s auch Rz 64: autonome E der GV, wer vertritt, s dazu auch die nachstehende FN). Inwieweit ein anderes GF-Mitglied vertreten kann, ist uE im Einzelfall zu entscheiden, dh abhängig v Vorliegen einer (möglichen) Interessenkollision.
385 Vgl BGH 30.11.2021, II ZR 8/21.
386 Wie hier *Koppensteiner/Rüffler*, GmbHG³ § 35 Rz 39; **anders** etwa *Harrer* in Gruber/Harrer, GmbHG² § 35 Rz 63 (s aber dort auch Rz 62), der die Kompetenz zur E über die Vertretung in allen Fällen der Gesellschaft überlassen möchte, u *Baumgartner/Mollnhuber/U. Torggler* in Torggler, GmbHG § 35 Rz 29 sowie die bei § 30l Rz 30 vertretene M; **aA** (Vorrang des Prozessvertreters) auch OGH 20.3.1986, 6 Ob 541/86 (mit Hinweis auf den Wortlaut des § 30l Abs 2).
387 Vgl zu diesen Alternativen allg auch OGH 6.11.2008, 6 Ob 186/08h.
388 S allg auch *Nunner-Krautgasser* in Fasching/Konecny, Zivilprozessgesetze II/1³ § 8 ZPO Rz 8 (für den Kläger wäre die Bestellung eines Kurators gem § 8 ZPO erst für den Fall des Eintritts der Prozessunfähigkeit nach Streiteinlassung möglich); vgl zB auch *Fantur* in FS Koppensteiner 83 (91).

jene nach § 8 ZPO das Prozessgericht.[389] Die Bestellung v Not-GF oder Kuratoren hat aber grds subsidiären Charakter zu (sonst) gesellschaftsrechtlichen Maßnahmen (insb: Vertreter gem Z 6; zu § 42 Abs 1 vgl § 42 Rz 7[390]).[391] Besteht schon ein Beschluss auf Geltendmachung eines Anspruchs (Z 6 erster Fall, vgl Rz 87)[392] u kann dennoch kein Vertreter gem Z 6 zweiter Fall bestellt werden, oder ist kein Beschluss erforderlich (insb: Einlagenrückgewähransprüche), könnte auch (sofort) ein Kollisionskurator (gem § 277 ABGB) zur Klagsführung bestellt werden.[393] Die Kuratorenbestellung (gem § 277 ABGB; beim Passivprozess auch gem § 8 ZPO) erscheint diesfalls insb dann sinnvoll, wenn sonst keine Vertretungshandlungen anstehen (sonst allenfalls Not-GF-Bestellung).[394] Kuratoren sind – anders als der Not-GF – nicht weisungsunterworfen;[395] wohl auch deshalb fordert der OGH grds (s schon oben) die interne Vorgabe eines GV-Beschlusses über die Anspruchsgeltendmachung (beim Aktivprozess).[396]

Bestellt werden können Dritte oder (selbst auch stimmberechtigte)[397] **95** **Gesellschafter;**[398] allenfalls auch (bloß) einer der an sich kollektivvertre-

---

389 Vgl OGH 24.1.2008, 6 Ob 270/07k. Insb ist nicht das FB-Gericht zuständig (dieses ist nur in dem bei ihm anhängigen FB-Verfahren zuständig, vgl § 5 Abs 2 AußStrG).
390 Insb muss uE im Anfechtungsverfahren der Anfechtungskläger nicht versuchen, vor Klagseinbringung, die Bestellung eines Vertreters gem Z 6 für die GmbH zu erwirken – er kann direkt gem § 8 ZPO vorgehen (allenfalls kann aber die GmbH dem Kläger zuvorkommen u einen Vertreter zur Prozessführung bestellen).
391 OGH 24.10.2019, 6 Ob 71/19p; vgl auch *Pöltner*, Not-GF 41; anders uU OGH 24.1.2008, 6 Ob 270/07k („*Auch nach der Lehre ist bei Auftreten von Interessenkollisionen wie etwa im Prozess zwischen Gesellschaft und Geschäftsführung in erster Linie an die Bestellung eines Kollisionskurators oder eines Notgeschäftsführers zu denken.*").
392 Zur grds Maßgeblichkeit der Beschlusslage der GV auch bei Not-GF-Bestellung vgl auch OGH 6.4.2006, 6 Ob 53/06x (abl GV-Beschluss über die Geltendmachung v Ansprüchen); vgl dazu auch *Zib* in FS Aicher 895 (899).
393 OGH 24.10.2019, 6 Ob 71/19p.
394 Vgl dazu auch OGH 24.10.2019, 6 Ob 71/19p; 16.6.2011, 6 Ob 79/11b.
395 Vgl *Zib* in FS Aicher 895 (897).
396 Vgl OGH 24.10.2019, 6 Ob 71/19p.
397 OGH 16.2.2006, 6 Ob 130/05v. Vgl zu Stimmverboten idZ auch *Fantur* in FS Koppensteiner 83 (85). S auch Rz 98.
398 Ohne solche Bestellung sind aber Gesellschafter nicht zur Vertretung der Gesellschaft legitimiert, vgl OGH 31.3.1977, 6 Ob 575/77.

tungsbefugten GF.[399] Der Prozessvertreter kann u hat, soweit geboten, für anwaltliche Vertretung zu sorgen.[400] Es könnte aber auch ein **RA** direkt zum Prozessvertreter bestellt werden (str).[401] Nicht bestellt werden kann aber der RA des betroffenen Gesellschafter-GF, weil die Interessenkollision auf diesen durchschlägt.[402] Ebenso sind allfällige standesrechtliche Restriktionen bei Bestellung eines RA als Prozessvertreter – aber auch bei sonstiger („gewöhnlicher") Übernahme der (rechtsanwaltlichen) Vertretung für den Prozessvertreter u damit die GmbH – zu beachten (§ 10 RL-BA 2015).[403] Wird ein RA für die GmbH tätig, so ist der RA immer dem Gemeinschaftsinteresse verpflichtet; er darf nicht (auch)

---

[399] Vgl *Liebscher* in MüKo GmbHG³ § 46 Rz 275; uU idS auch *Saurer* in Doralt/Nowotny/Kalss, AktG³ § 134 Rz 29; uE müsste dies auch dann zulässig sein, wenn im GesV Kollektivvertretung vorgesehen ist. Zur ähnlichen Diskussion bei § 15a vgl § 15a Rz 34.

[400] Vgl *Liebscher* in MüKo GmbHG³ § 46 Rz 278; die GV könnte aber eine konkrete/einschränkende Weisung erteilen (zB Weisung zur Beauftragung einer bestimmten RA-Kanzlei), s *Liebscher* in MüKo GmbHG³ § 46 Rz 276.

[401] *Koppensteiner/Rüffler*, GmbHG³ § 35 Rz 40; *Enzinger* in Straube/Ratka/Rauter, GmbHG § 35 Rz 101; vgl auch OGH 20.3.1986, 6 Ob 541/86 (dort war ein RA mit der Prozessvertretung betraut; der OGH setzte sich mit der Frage der Zulässigkeit nicht explizit auseinander, empfand die Bestellung aber offenbar auch gar nicht als hinterfragenswert; *Fantur* in FS Koppensteiner 83 (90, 92); zur AG (§ 134 AktG) vgl *Bydlinski/Potyka* in Artmann/Karollus, AktG II⁶ § 134 Rz 14, *Reiter* in Napokoj/H. Foglar-Deinhardstein/Pelinka, AktG § 134 Rz 20; s auch die dhM (auch dort ist dies aber str), welche die Möglichkeit der „direkten" Bestellung des bevollmächtigten RA zum Prozessvertreter befürwortet, vgl *Liebscher* in MüKo GmbHG³ § 46 Rz 275, 278. **Dagegen** – mit Hinweis auf fehlendes Vertretungsrecht der GV – *Harrer* in Gruber/Harrer, GmbHG² § 35 Rz 67 (auch Rz 57 aE) mit Hinweis auf BGH 26.10.1981, II ZR 72/81 (jedoch war im entschiedenen Fall ein Not-GF bestellt).

[402] OGH 6.11.2008, 6 Ob 186/08h (zu einem Anfechtungsverfahren gem § 42).

[403] Früher enthielten die RL-BA 1977 in § 14 eine spezielle Vorgabe (Verbot) betr Vertretung v Gesellschaften u Gesellschaftern, die mit den RL-BA 2015 gestrichen wurde. Die Streichung darf aber nicht so verstanden werden, dass nun in diesem Bereich bisher Untersagtes künftig gestattet wäre, vgl dazu die Erl der Vertreterversammlung des ÖRAK zu den RL-BA 2015, 14 (15). Die Fälle sind unter dem Aspekt der Interessenkollision (§ 10 RL-BA 2015) zu beurteilen. Vgl (allg) *Buresch*, AnwBl 2021, 479; E-Besprechung zu OGH 9.3.2021, 25 Ds 2/20s. Vgl zur standesrechtlichen Thematik auch *Fantur* in FS Koppensteiner 83 (91 f).

damit kollidierende oder auch nur mglw kollidierende Individualinteressen vertreten.[404] Die Kosten des RA – als Prozessvertreter oder als mandatierter RA – trägt die GmbH.[405] In der Praxis werden zT qualifizierte, außenstehende Prozessvertreter (Wirtschaftsprüfer oder RA) bestellt, die ihrerseits nach Vorprüfung für den Prozess an einen RA zur Prozessführung Vollmacht erteilen – das ist grds uE möglich (vgl auch das oft analoge Vorgehen in Insolvenzen); im Einzelfall wird aber der Aufwand zu berücksichtigen sein u anhand der konkreten Fallgestaltung die Angemessenheit u Zulässigkeit zu prüfen sein – ein „Pauschalrezept" für das richtige Vorgehen gibt es uE dafür nicht. Wird ein RA zum Prozessvertreter bestellt, ist diesem aus praktischer Perspektive (*qua*: Organstellung, s Rz 96) die Klärung, ob eine Deckung der Tätigkeit durch die Berufshaftpflicht besteht, anzuraten.

Dem Bestellten kommt **organschaftliche Vertretungsbefugnis**, beschränkt auf die Prozessführung, zu.[406] Im Umfang der Bestellung, dh seines Aufgabenkreises, verdrängt daher der Prozessvertreter die Vertretungsmacht der GF.[407] Fraglich ist wegen der organschaftlichen Stellung, ob auch eine jP (zB bei Bestellung eines RA: eine RA-GmbH; oder zB bei Bestellung eines Gesellschafters, der selbst als jP organisiert ist) zum Prozessvertreter bestellt werden kann – das G schweigt dazu. Die (Nähe zur „normalen") Organfunktion legt nahe, nur die Bestellung v natPers zuzulassen. Aufgrund der beschränkten Vertretungsbefugnis (Prozessführung samt zugehörigen Handlungen), 96

---

404 So die Erläuterungen der Vertreterversammlung des ÖRAK zu den RL-BA 2015, 14 (15). Vgl zur Thematik auch *Fantur* in FS Koppensteiner 83 (91 f): Leitlinie ist die Freiheit v Interessenkollisionen, wonach der RA des Gesellschafters, der sich zum Prozessvertreter bestellen lässt, die Vertretung übernehmen dürfe. In der Annahme, dass die Bestellung nicht rechtsmissbräuchlich u im Interesse der GmbH erfolgt, somit der Prozessvertreter im (ausschließlichen) Interesse der Gesellschaft agiert, korreliert dies mit den Vorgaben aus den RL-BA 2015. Allerdings: auch mglw kollidierende Individualinteressen lösen eine Interessenkollision aus – daher ist jedem RA die gebotene objektive u eingehende Prüfung auf auch bloß mögliche Kollisionen zu empfehlen.
405 *Fantur* in FS Koppensteiner 83 (97). Zur Frage der Vergütung vgl allg auch *Liebscher* in MüKo GmbHG³ § 46 Rz 281 (iZw Vergütungsanspruch, zumindest wenn ein außenstehender Dritter bestellt wird).
406 Vgl dazu *Baumgartner/Mollnhuber/U. Torggler* in Torggler, GmbHG § 35 Rz 31.
407 *Liebscher* in MüKo GmbHG³ § 46 Rz 278.

wäre aber – analog der Möglichkeit der Bestellung einer jP als Liquidator (vgl § 89 Rz 11) – allenfalls auch an die Bestellung einer jP zum Prozessvertreter zu denken; eindeutige Lit[408] u Jud fehlen dazu (zumindest in Ö)[409]; die Frage ist aber v praktischer Relevanz, nicht zuletzt aus Haftungsgesichtspunkten. Zur Frage, ob Ansprüche gegen den Vertreter gem Z 6 (als organschaftlichen Vertreter) gem § 48 geltend gemacht werden könnten, vgl § 48 Rz 6.

97 Diskutiert wird die Frage der **Anwendbarkeit** v Z 6 Fall 2 auch für **sonstige** Anspruchstellungen u Prozesse, in denen die Gesellschaft an einem Vertretungsnotstand leidet, namentlich auch solche **gegen Gesellschafter** (zB Geltendmachung v Verstößen gegen das Verbot der Einlagenrückgewähr gegenüber einem Gesellschafter; s schon oben Rz 92, 88 FN 356).[410] Unseres Erachtens spricht einiges für diese A.[411] Möglich ist diesfalls (Ansprüche gem §§ 82 f) aber auch eine Kuratorenbestellung (§ 277 ABGB).[412]

98 Der Prozessgegner darf nicht mitstimmen.[413] Soll eine objektiv aussichtslose Klagsführung eingeleitet werden, wäre dies allenfalls auf der nächsten Ebene unter dem Gesichtspunkt des Rechtsmissbrauchs u der Verletzung der Treuepflicht zu prüfen.[414] Der Prozessvertreter klagt im Namen der Gesellschaft; § 48 verdrängt die Klagemöglichkeit der Ge-

---

408 Zum AktG vgl aber *Saurer* in Doralt/Nowotny/Kalss, AktG³ § 134 Rz 29.
409 Zum dt Recht wird iZm der Bestellung v Sondervertretern zur Geltendmachung v Schadenersatzansprüchen (§ 147 dtAktG) die Möglichkeit der Bestellung v jP zT (str) bejaht, vgl zB *Arnold* in MünchKomm AktG⁴ § 147 Rz 59 u *Hüffer/Koch*, AktG¹⁵ § 147 Rz 11.
410 Vgl dazu *Fantur* in FS Koppensteiner 83 (93 f).
411 Vgl auch *Koppensteiner/Rüffler*, GmbHG³ § 35 Rz 39. **AA** offenbar der historische Gesetzgeber (uU bezieht sich dies aber nur auf Fall 1, dh die Beschlussfassung über die Anspruchsgeltendmachung *per se*; uE unklar), vgl EBRV 236 BlgHH XVII. Session S 69 zum GmbHG 1906 (abgedruckt bei Kalss/Eckert, Zentrale Fragen 557: „*Auch für Ersatzansprüche gegen Gesellschafter aus der Errichtung diesen Vorbehalt zu machen, dafür fehlt ein analoges Motiv.*"), s auch FN 353.
412 Vgl OGH 24.10.2019, 6 Ob 71/19p.
413 *Baumgartner/Mollnhuber/U. Torggler* in Torggler, GmbHG § 35 Rz 30; RIS-Justiz RS0059996. Die Feststellung des Beschlussergebnisses obliegt dem Vorsitzenden (vgl § 34 Rz 41 ff), der sich neutral zu verhalten hat – vgl zum Neutralitätsgebot OGH 29.8.2019, 6 Ob 149/19h; s auch *Aburumieh/Hoppel* in Adensamer/Mitterecker, HB GesStreit, Rz 6/36.
414 Vgl OGH 19.3.2010, 6 Ob 169/09k.

sellschaft nicht.[415] Die Jahresfrist des § 48 Abs 2 gilt nicht – es sind bloß allg Verjährungsbestimmungen anzuwenden. Ist v GF aber wegen einer Interessenkollision eine gesetzmäßige Wahrung der Interessen des Vertretenen (der GmbH) nicht zu erwarten, kann uE die Hemmung des § 1494 ABGB greifen.[416]

G. Erwerb von Anlagevermögen (Z 7)

Zustimmungspflichtig ist nach Z 7 der Erwerb v – **dauerhaft** dem Geschäftsbetrieb gewidmeten – Anlagen u unbeweglichen Gegenständen, gemeinhin: **Anlagevermögen** iSd Bilanzrechts.[417] Erfasst sind daher auch Beteiligungen (s auch noch Rz 101),[418] (bewegliche) Maschinen u maschinelle Anlagen, Werkzeuge, Betriebs- u Geschäftsausstattung udgl,[419] dh auch bewegliche körperliche u unkörperliche Sachen.[420] Die Rsp interpretiert den Anlagenbegriff weit, uzw dahingehend, dass die Bestimmung ganz allg Erwerbsvorgänge erfassen soll, die ihren wirtschaftlichen Auswirkungen nach eine starke Beeinträchtigung der Gesellschafterinteressen bedeuten können (vgl auch Rz 101).[421]

99

---

415 OGH 24.10.2019, 6 Ob 71/19p.
416 Vgl allg (hier zu Rückforderungsansprüchen gem § 83 gegen den Gesellschafter-GF) OGH 13.9.2012, 6 Ob 110/12p.
417 OGH 18.3.2016, 9 ObA 58/15t; vgl auch *Baumgartner/Mollnhuber/ U. Torggler* in Torggler, GmbHG § 35 Rz 34, wonach die Bestimmung nicht für **Umlaufvermögen** gelte; das ist str, namentlich bei unbeweglichem Umlaufvermögen – vgl dazu etwa *M. Gruber/Zehetner*, GES 2007, 368 (369), die den Erwerb unbeweglichen Vermögens immer der Z 7 unterstellen, unabhängig v der dauernden Widmung für den Geschäftsbetrieb.
418 OGH 16.12.2003, 4 Ob 241/03z nennt generell den Beteiligungserwerb als Anwendungsfall; in concreto ging es um eine Beteiligung, deren Erwerb damit verbunden war, dass die (Beteiligungs-)Gesellschaft nach Ablauf einer im abzuschließenden Baukonzessionsvertrag bestimmten Frist eine dauernd zu ihrem Geschäftsbetrieb bestimmte Anlage erwarb (vgl dazu auch noch Rz 101). Die E nennt weiters Leasingverträge mit Erwerbsoption als Anwendungsfall. Erfasst ist zB auch die Errichtung einer neuen Dorfbahn sowie der Verkauf v Grundstücken zur Finanzierung dieser Dorfbahn, vgl OGH 11.5.2007, 10 Ob 32/07i.
419 OGH 11.5.2007, 10 Ob 32/07i; RIS-Justiz RS0122060.
420 OGH 18.3.2016, 9 ObA 58/15t.
421 OGH 18.3.2016, 9 ObA 58/15t.

100 Es ist gleichgültig, ob die Gesellschaft v einem Gesellschafter[422] oder einem **Dritten**[423] erwirbt, erforderlich ist aber ein **Kaufpreis (Vertragsvolumen)**[424] v **über 20 % des Stammkapitals** (unabhängig v dessen Einzahlung)[425] (zu diesem starren Erfordernis vgl auch noch unten Rz 104).

101 Nach der Rsp werden v § 35 Abs 1 Z 7 ganz allg alle Erwerbsvorgänge (**Großinvestitionen**) erfasst, die ihren wirtschaftlichen Auswirkungen nach eine starke Beeinträchtigung der Gesellschafterinteressen bedeuten.[426] Die Bestimmung dient dem Schutz der Gesellschafter vor großen u daher riskanten Investitionen[427] u **nicht dem Gläubigerschutz**.[428] Unklar ist, ob **Neugründungen** (zum Beteiligungserwerb s schon Rz 99) erfasst sind; nach der Rsp könnte das zumindest dann der Fall sein, wenn über die Tochter-/Beteiligungsgesellschaft – dh mittelbar – Anlagen erworben werden.[429] Unseres Erachtens stellt eine Neugründung im Hinblick auf den Zweck der Bestimmung keinen An-

---

[422] Bei Verträgen mit Gesellschaftern sind (jedenfalls auch) die allg, sonstigen – einschränkenden – Gesetzesvorgaben zu beachten (§ 39 Abs 4 – Stimmrechtsausschluss, vgl Rz 110 u § 39 Rz 71 ff; § 82 – Verbot der Einlagenrückgewähr).

[423] **Abl** etwa *Koppensteiner/Rüffler*, GmbHG³ § 35 Rz 43; die Rsp wendet die Bestimmung eindeutig auch auf Geschäfte mit Dritten an, vgl OGH 11.5.2007, 10 Ob 32/07i; 16.12.2003, 4 Ob 241/03z (daher keine reine Nachgründungsvorschrift, vgl auch noch FN 428). Vgl idZ zur Frage der analogen Anwendung der Nachgründungsnorm des § 45 AktG bei § 6 Rz 22.

[424] *Fantur*, GES 2006, 335 (342).

[425] Fraglich könnte uE sein, woran bei gründungsprivilegierten Stammeinlagen (vgl § 10b) anzuknüpfen ist. Offen ist auch, ob bei vorsteuerabzugsberechtigten GmbH die Wertgrenze inklusive oder exklusive USt zu verstehen ist, vgl *Reich-Rohrwig* in Reich-Rohrwig/Ginthör/Gratzl, HB GV² Rz 1.51.

[426] OGH 18.3.2016, 9 ObA 58/15t; 11.5.2007, 10 Ob 32/07i; 16.12.2003, 4 Ob 241/03z.

[427] OGH 18.3.2016, 9 ObA 58/15t; 11.5.2007, 10 Ob 32/07i.

[428] OGH 30.8.2000, 6 Ob 132/00f, mit Hinweis, dass Z 7 zwar zT den Charakter einer Nachgründungsvorschrift habe, diese Bestimmung aber nicht ausdrücklich Fälle v Barkapitalerhöhungen bei nachträglicher Sachübernahme berücksichtige; vgl auch *Koppensteiner/Rüffler*, GmbHG³ § 35 Rz 41. Vgl idZ zur Frage der analogen Anwendung der Nachgründungsnorm des § 45 AktG § 6 Rz 22, vgl auch schon FN 423. (Auch) der historische Gesetzgeber bringt den Nachgründungscharakter zum Ausdruck, vgl HHB 272 BlgHH XVII. Session S 5 zum GmbHG 1906; s auch zur GmbHG-Novelle 1980 AB 421 BlgNR XV. GP S 2 (beide Quellen abgedruckt bei Kalss/Eckert, Zentrale Fragen 557).

[429] OGH 16.12.2003, 4 Ob 241/03z (vgl auch schon FN 268).

wendungsfall der Z 7 dar, zumal hier auch kein Mittelabfluss an Dritte erfolgt. Auch erscheint uE die generelle Erstreckung auf Beteiligungserwerbe iZm Anlagenerwerben durch die Tochter-/Beteiligungsgesellschaft zu weit gegriffen, zumal in diesem Fall der Anlagenerwerb ohnedies auf Ebene der Tochter-/Beteiligungsgesellschaft Bewilligungspflicht auslösen kann. Generell greift uE das Bewilligungserfordernis (nur) auf Stufe der konkret betroffenen Gesellschaft (kein „Nach-oben-Ziehen" der Bewilligungspflicht). Die Rsp betont jedoch die Überschneidung zur Gesellschafterkompetenz iZm außergewöhnlichen Maßnahmen (vgl schon Rz 6). Die Abgrenzung des anzuwendenden Kompetenztatbestands kann aber insb wegen der bei Z 7 anzuwendenden Dreiviertelmehrheit (vgl Rz 107) durchaus einen Untersch machen (vgl Rz 105).

Ziffer 7 erfasst auch die **Abänderung solcher Verträge zu Lasten der Gesellschaft**. Ob diesfalls Bewilligungspflicht vorliegt, richtet sich danach, ob infolge der Abänderung die für die Gesellschaft bisher bestehenden Verpflichtungen erweitert oder die den Vertragspartner betr Verpflichtungen verringert werden. Nach der Rsp reicht ein bloßer Vergleich der Situation der Gesellschaft nach u vor Vertragsänderung nicht aus. Denn nicht schon jede Änderung zugunsten der Gesellschaft gleiche per se das mit einer anderen, zu ihren Lasten vereinbarten, Änderung verbundene Risiko aus.[430] Mehrere inhaltlich zusammengehörige Teilgeschäfte sind zusammen zu rechnen bzw als Einheit zu sehen. **102**

Ausgenommen ist der Erwerb v Liegenschaften im Wege der Zwangsversteigerung. **103**

Die Norm ist in der Praxis eine **Fallgrube** u schwerfällig, insb, wenn ohnedies ein Katalog an Zustimmungspflichten (zumeist kombiniert mit Betragsgrenzen) festgesetzt wird. Insbesondere müssen Investitionen – trotz Erfüllung der starren Anwendungsvoraussetzungen der Z 7 (insb: Kaufpreis v mehr als 20% des Stammkapitals; Erwerb v Anlagen) – aber auch nicht unbedingt außergewöhnliche Maßnahmen darstellen,[431] die ohnedies die GV-Zustimmung auslösen würden (vgl Rz 6). Die Rsp dürfte das anders sehen.[432] *Reich-Rohrwig* weist aber darauf hin, dass es **104**

---

430 OGH 18.3.2016, 9 ObA 58/15t.
431 *Harrer* in Gruber/Harrer, GmbHG² § 35 Rz 71; *Wenger*, RWZ 2007/59, 199 (200); anders *Koppensteiner/Rüffler*, GmbHG³ § 35 Rz 41.
432 Der OGH prüft in der E 18.3.2016, 9 ObA 58/15t die Außergewöhnlichkeit einer Maßnahme auch anhand der Kriterien der Z 7, *„die das Vorliegen eines*

rechtsmissbräuchlich sein könnte, sich bei Erhebung einer Anfechtungsklage alleine auf die Z 7 u damit die entspr Höhe des formellen Stammkapitals zu berufen (20 %-Grenze), wenn der tatsächliche Wert des Unternehmens der GmbH viel höher ist als das nominelle Stammkapital.[433]

105 Zu bedenken ist bei Abgrenzung der Z 7 zu den (sonstigen) außergewöhnlichen Maßnahmen insb auch das **erhöhte Mehrheitserfordernis**, dh Dreiviertelmehrheit bei Anwendung v Z 7 (abdingbar ab dem Beginn des dritten Jahres nach Gründung, vgl Rz 107). Bei Beschlussfassung über sonstige außergewöhnliche Maßnahmen reicht hingegen grds einfache Mehrheit.[434] Die einfache Mehrheit gilt auch bei Beschlussfassung über geschäftspolitische u strategische E, deren Umsetzung – bei Vorliegen der Voraussetzungen der Z 7 – aber dann einer Dreiviertelmehrheit bedürften.

106 Da dies nicht schlüssig ist,[435] fordert die Lit zu Recht die Aufhebung dieser Bestimmung.[436]

107 Innerhalb der **ersten zwei Jahre nach Gründung** der Gesellschaft ist sowohl die gesamte Bestimmung als auch die v Gesetz vorgeschriebene **Dreiviertel-Mehrheit** – uzw auch bei Festlegung eines sonstigen Zustimmungskatalogs der GV bzw des AR[437] – **zwingend. Danach** ist diese durch GesV-Änderung (vollständig oder nur hinsichtlich des Mehrheitserfordernisses) **abdingbar**, was – zumeist in der Variante der vollständigen Abbedingung u Definition eines eigenständigen Zustimmungskatalogs für die GV – zu empfehlen u in der Praxis auch üblich ist.[438] Eine derartige Regelung kann auch bereits im Gründungs-GesV (mit Wirkung für den Zeitraum nach Ablauf der Zweijahresfrist) auf-

---

außergewöhnlichen Rechtsgeschäfts insoweit präzisieren" würden. Vgl auch schon Rz 6 FN 16.
433 *Reich-Rohrwig* in Reich-Rohrwig/Ginthör/Gratzl, HB GV² Rz 1.57.
434 Vgl etwa *Harrer* in FS Jud 181 (187, insb FN 20); *Feltl*, RdW 2013/117, 119 (121).
435 Vgl *Harrer* in FS Jud 181 (187, insb FN 20).
436 *Harrer* in Gruber/Harrer, GmbHG² § 35 Rz 77; *Harrer* in FS Jud 181 (181 ff); vgl auch *Baumgartner/Mollnhuber/U. Torggler* in Torggler, GmbHG § 35 Rz 32 aE; s auch *Schneiderbauer/Simonishvili/Hutzl*, GesRZ 2017, 216 (219).
437 Vgl OGH 11.5.2007, 10 Ob 32/07i; *M. Gruber/Zehetner*, GES 2007, 368 (372 f).
438 Zu gesv Gestaltungsoptionen mit Formulierungsvorschlägen vgl *M. Gruber/Zehetner*, GES 2007, 368 (373 f).

genommen werden.⁴³⁹ Nur bei **ausdrücklicher** Abbedingung im GesV für den Zeitraum nach Ablauf der Zwei-Jahresfrist gilt § 35 Abs 1 Z 7 nicht, ansonsten gilt die Regelung unbefristet.⁴⁴⁰ Unklar ist, was bei Umwandlung einer AG in eine GmbH gilt – uE ist auch der Bestand der AG in die Zweijahresfrist einzurechnen.⁴⁴¹

Fehlt die Zustimmung, wird – zumindest bei Einschränkung der Kompetenz auf Geschäftsabschlüsse mit Gesellschaftern (vgl oben Rz 100) – auch Unwirksamkeit des Geschäftsabschlusses vertreten.⁴⁴² Unseres Erachtens sollte (jedenfalls bei Drittgeschäften) die Nichteinholung der Zustimmung durch die GF grds nur im Innenverhältnis Auswirkungen zeitigen (vgl auch Rz 13),⁴⁴³ ausgenommen bei Kollusion⁴⁴⁴ (vgl auch Rz 13 u § 20 Rz 26). **Unwirksamkeit** tritt aber bei Verstoß gegen interne Vorgaben bei Geschäftsabschluss zw GF u sonstigen Organmitgliedern oder eben allenfalls auch zw GF u Gesellschaftern (s zuvor) ein, denn die Verkehrsschutzerwägungen des § 20 Abs 2 greifen diesfalls nicht (vgl § 20 Rz 28).⁴⁴⁵ Bei Verstoß gegen § 82 greift jedenfalls Nichtigkeit (vgl § 83 Rz 38). **108**

Für die Praxis ist uE bei Handhabung der Z 7 auch die Möglichkeit einer **konkludenten** Beschlussfassung zu bedenken (vgl § 34 Rz 51; s auch schon oben Rz 90). Da die Norm dem Gesellschafterschutz dient **109**

---

439 Vgl *Wenger*, RWZ 2007/59, 199 (200); vgl auch den Praxistipp bei *Fantur*, GES 2006, 335 (342), die Vornahme derart geplanter Geschäfte vorab im Syndikatsvertrag zu vereinbaren, sofern diese Geschäfte zur Erreichung der gesetzten Ziele, zB aufgrund eines Businessplans, bereits absehbar sind. Sofern nicht alle Gesellschafter Vertragspartner des Syndikatsvertrags sind (u kann dessen Abschluss nicht als konkludenter Gesellschafterbeschluss gewertet werden), muss jedenfalls ein (separater) Gesellschafterbeschluss eingeholt werden.
440 OGH 18.3.2016, 9 ObA 58/15t; 11.5.2007, 10 Ob 32/07i.
441 Zumal die Gesellschafter ohnedies v strengeren Regime in die GmbH wechseln; dies muss insb dann gelten, wenn man die Norm als Nachgründungsschutz betrachtet (was aber umstritten ist, vgl FN 423, 428).
442 *Koppensteiner/Rüffler*, GmbHG³ § 35 Rz 43, § 20 Rz 22.
443 Vgl auch *Baumgartner/Mollnhuber/U. Torggler* in Torggler, GmbHG § 35 Rz 36.
444 Vgl allg zB OGH 23.1.2020, 6 Ob 202/19b; *Aburumieh*, GesRZ 2020, 337 (342); s auch (zum PSG) OGH 25.4.2019, 6 Ob 35/19v sowie (darauf referenzierend, nunmehr zur GmbH) OGH 24.2.2021, 9 ObA 32/20a (objektive Evidenz der Pflichtverletzung ausreichend). S zum Vollmachtsmissbrauch allg auch *Kalss*, GesRZ 2020, 158.
445 Vgl etwa auch *Harrer* in FS Jud 181 (185).

(vgl oben Rz 101), ist uE bei 100%-Beteiligung kein Beschluss einzuholen, wenn GF u Alleingesellschafter (bzw der Vertreter des Gesellschafters, wenn dieser als jP/sonstiger Rechtsträger organisiert ist) personenident sind.

110 Wird zwar ein Beschluss gefasst, aber die erforderliche Mehrheit nicht eingehalten (Beschlussfassung mit einfacher Mehrheit), **heilt** dieser Mangel u der Beschluss ist wirksam, sofern keine erfolgreiche Anfechtung erfolgt (vgl auch § 41 Rz 78).[446] Der v Geschäftsabschluss betroffene Gesellschafter unterliegt einem Stimmverbot (vgl schon FN 261, § 39 Rz 71 ff). Allenfalls kann aus der Treuepflicht gegenüber der GmbH heraus eine Zustimmungspflicht abgeleitet werden; dies wird in der Jud aber nur in engen Grenzen anerkannt („*ultima ratio*", Beschluss muss unbedingt, iSe Existenzsicherung der Gesellschaft, notwendig sein u dem widerstrebenden Gesellschafter auch zumutbar sein).[447]

§ 36. (1) ¹Die Versammlung hat am Sitz der Gesellschaft stattzufinden, wenn im Gesellschaftsvertrag nichts anderes bestimmt ist. ²Sie wird durch die Geschäftsführer einberufen, soweit nicht nach dem Gesetz oder dem Gesellschaftsvertrag auch andere Personen dazu befugt sind.

(2) ¹Die Versammlung ist, soweit nicht eine Beschlussfassung außerhalb derselben zulässig ist, mindestens jährlich einmal und außer den im Gesetz oder im Gesellschaftsvertrag ausdrücklich bestimmten Fällen immer dann einzuberufen, wenn es das Interesse der Gesellschaft erfordert. ²Dies hat insbesondere ohne Verzug dann zu geschehen wenn sich ergibt, dass die Hälfte des Stammkapitals verloren gegangen ist oder die Eigenmittelquote (§ 23 URG) weniger als acht vom Hundert und die fiktive Schuldentilgungsdauer (§ 24 URG) mehr als 15 Jahre beträgt. ³In diesen Fällen haben die Geschäftsführer die von der Versammlung gefassten Beschlüsse dem Firmenbuchgericht mitzuteilen.

idF BGBl I 2013/109

---

446 *Reich-Rohrwig* in Reich-Rohrwig/Ginthör/Gratzl, HB GV² Rz 1.55 mit Hinweis auf OGH 16.12.2003, 4 Ob 241/03z.
447 Vgl OGH 19.12.2019, 6 Ob 105/19p (Rz 15.1 ff).

Literatur: *Aburumieh/Hoppel*, Die streitige Gesellschafterversammlung, in Adensamer/Mitterecker (Hg), HB GesStreit (2021) 185; *Adensamer/Breisch/Eckert*, COVID-19: Beschlussfassungen bei Kapitalgesellschaften, GesRZ 2020, 99; *Barnert*, Der neue § 36 Abs 2 GmbHG, AR aktuell 1/2014, 35; *Birnbauer*, Mitteilung der von den Gesellschaftern einer GmbH wegen Verlusts der Hälfte des Stammkapitals gefassten Beschlüsse an das Firmenbuchgericht, GES 2014, 347; *Ettmayer/Walbert*, Die Generalversammlung im Ausland, ecolex 2011, 425; *Fantur*, Keine Generalversammlung in der Rechtsanwaltskanzlei eines Gesellschafter-Vertreters?, GES 2017, 405; *Fantur*, Analoge Ausdehnung des gesetzlichen Stimmverbotes von GmbH-Gesellschaftern, 6 Ob 191/18h, GES 2019, 19; *Feltl*, Wankelmut tut selten gut: Zur nachträglichen Modifikation von Ergebnisverwendungsbeschlüssen im Recht der GmbH, GesRZ 2018, 142; *Frenzel*, Dringende Maßnahmen der Geschäftsführung und eilende Gesellschafterbeschlüsse in der GmbH (II), ecolex 2017, 676; *Harrer*, Die Überprüfung von Beschlüssen durch die Generalversammlung, GesRZ 2019, 6; *Holeschofsky*, Zur Haftung für den fehlgeschlagenen Sanierungsversuch, GesRZ 1987, 35; *G. Moser*, Fragen des Verlustes des halben Stamm- bzw Grundkapitals, GesRZ 2010, 264; *G. Moser*, Weitere Fragen zum Verlust des halben Stamm- bzw Grundkapitals, GesRZ 2011, 29; *G. Moser*, Der neue § 36 Abs 2 GmbHG, GES 2013, 488; *G. Moser*, Zweifelsfragen zur Einberufung einer außerordentlichen Generalversammlung, SWK 2016, 1548; *Ch. Nowotny*, Verlust des halben Stammkapitals – Ein kleiner Unterschied zwischen deutschem und österreichischem GmbH-Recht, in FS Semler (1993) 231; *Pflug/Weber*, Die zerstrittene Generalversammlung, GesRZ 2017, 277; *Reich-Rohrwig*, Verlust des halben Stammkapitals und drohende Insolvenz, ecolex 1990, 354; *Riegler/Wesener*, Frühwarnparameter und Haftungen nach dem 4. Abschnitt des URG, ecolex 1997, 758; *Schörghofer/Mitterecker*, Die streitige virtuelle Generalversammlung, GES 2020, 191; *Schuhmacher*, Konkursverschleppung und Gesellschafterhaftung, RdW 1987, 394; *Steiner*, Die Einberufung der Generalversammlung durch den abberufenen Geschäftsführer, GES 2018, 116; *Venrooy*, Delegation der Einberufungsbefugnis aus § 49 GmbHG, GmbHR 2000, 166; *Warto*, GmbH-Novelle 2013 – Die Neuerungen im Überblick, wbl 2013, 361.

Inhaltsübersicht

I. Grundlagen	1–3
II. Ort der Generalversammlung (Abs 1 S 1)	4–6
III. Einberufungskompetenz (Abs 1 S 2)	7–18
A. Geschäftsführer	7–9
B. Weitere Einberufungsberechtigte	10, 11
C. Gesellschaftsvertragliche Regelungen	12–18
IV. Rücknahme und Abänderung der Einberufung	19–21
V. Anlässe der Einberufung (Abs 2)	22–50
A. Ordentliche Generalversammlung	23
B. Wohl der Gesellschaft	24–31
1. Einberufungspflicht im Interesse der Gesellschaft	24, 25

		2. Pflicht zur Befassung der Gesellschafter	26, 27
		3. Verzicht auf die Einberufung	28–30
		4. Recht auf Einberufung einer Generalversammlung	31
	C.	Kennzahlenorientierte Einberufungspflichten	32–49
		1. Grundsätzliches	32–34
		2. Verlust des halben Stammkapitals	35–39
		a) Berechnung	36, 37
		b) Zeitpunkt der Ermittlung	38
		c) Haftung	39
		3. Reorganisationsbedarf	40–42
		a) Ermittlung der Kennzahlen	41
		b) Haftung	42
		4. Verzicht auf die Generalversammlung	43, 44
		5. Beschlussfassung	45
		6. Mitteilungspflichten	46–49
	D.	Sonstige gesetzliche Einberufungspflichten	50

I. Grundlagen

1 § 36 enthält die organisationsrechtlichen Grundlagen für die oGV u aoGV: Geregelt wird, wann (vgl zur oGV auch § 35 Rz 27) u durch wen sie einberufen wird u wo sie stattzufinden hat. Die Bestimmungen können durch den GesV ergänzt u tw abgeändert werden.

2 Dabei enthält Abs 2 den **Grundsatz**, dass immer dann einzuberufen ist, wenn es das **Interesse der Gesellschaft** erfordert. Zwei Fälle der **zwingenden** Einberufungspflicht, nämlich der Verlust der Hälfte des Stammkapitals (vgl Rz 35) u das Erreichen v Kennzahlen nach dem URG (vgl Rz 40), werden konkret definiert, um den Gesellschaftern in der Krise der Gesellschaft Gelegenheit zur Beratung über die weitere Strategie zu geben.

3 **Abgrenzung**: § 36 regelt lediglich die Zuständigkeit zur Einberufung; ein Teilnahmerecht (vgl dazu § 34 Rz 6 ff) folgt daraus noch nicht.[1] Ebenfalls nicht geregelt wird der innere Ablauf der GV sowie deren Leitung (vgl dazu bei § 34). Ergänzend regeln § 37 das Einberufungsrecht der Minderheitsgesellschafter u § 38 Einzelheiten zur Einberufung wie Form, Frist u Inhalt.

---

[1] Vgl *Harrer* in Gruber/Harrer, GmbHG² § 36 Rz 9.

II. Ort der Generalversammlung (Abs 1 S 1)

Mangels anderer Regelung im GesV findet die GV am **Sitz der Gesell-** 4
schaft statt; dies bezieht sich auf die politische Gemeinde, nicht jedoch
auf die Geschäftsräumlichkeiten, den Betrieb oder die Verwaltung.[2] Die
Details sind in der Einladung festzulegen.[3] Bei Festlegung des Orts ist
auf Zumutbarkeit für die Gesellschafter Rücksicht zu nehmen (vgl auch
§ 38 Rz 15). Zum Teil wird zB die Privatwohnung eines Gesellschafters[4],
der mit anderen verfeindet ist, oder die Kanzlei eines RA, der bereits gegen einen Gesellschafter eingeschritten ist, nicht als geeigneter Versammlungsort gesehen.[5] Unseres Erachtens schadet die (GesV-konforme) Einladung in die „Höhle des Löwen" (insb: gegnerischer RA,
nicht jedoch in die Privatwohnung eines Gesellschafters) jedoch dann
nicht, wenn es sich um geeignete Räumlichkeiten (insb mit entspr Infrastruktur) handelt u auch sonst neutrale Umstände herrschen (was auch
durch das Gebot der neutralen Versammlungsleitung[6] verstärkt wird).[7]
Freilich kann sich im Einzelfall (etwa aufgrund der persönlichen Involvierung des gegnerischen RA in die Streitigkeiten) anderes ergeben.
Auch hinsichtlich der Uhrzeit ist auf die Zumutbarkeit zu achten,[8] wobei schikanöses Vorgehen die Beschlüsse anfechtbar machen wird (vgl
auch § 38 Rz 15 f u § 41 Rz 71).[9]

Im GesV ist eine **abw Regelung** des Versammlungsortes zulässig, 5
wobei sowohl andere als auch zusätzliche Versammlungsorte festgelegt
werden können. Diese sind zu spezifizieren u dürfen den einberufenden
Organen nicht generell, aber natürlich im Einzelfall innerhalb des gesv
Rahmens überlassen werden (zulässig u üblich ist zB die nachstehende
Regel: *„Die GV finden am Sitz der Gesellschaft oder in einer österr Landeshauptstadt* [Variante: *an einem Ort, an dem ein österr öffentlicher*

---

2 *Koppensteiner/Rüffler*, GmbHG[3] § 36 Rz 3.
3 Vgl *Harrer* in Gruber/Harrer, GmbHG[2] § 36 Rz 4.
4 Für Zulässigkeit *Fantur*, GES 2017, 405.
5 *Zöllner* in Noack/Servatius/Haas, GmbHG[23] § 51 Rz 15; s auch BGH 24.3.2016, IX ZB 32/15 mwN aus dt Jud/Lit; so zB auch *Pflug/Weber*, GesRZ 2017, 277 (278).
6 S zum Neutralitätsgebot OGH 29.8.2019, 6 Ob 149/19h; s dazu auch *Aburumieh/Hoppel* in Adensamer/Mitterecker, HB GesStreit, Rz 6/36.
7 S auch *Aburumieh/Hoppel* in Adensamer/Mitterecker, HB GesStreit, Rz 6/27.
8 *Gratzl* in Reich-Rohrwig/Ginthör/Gratzl, HB GV[2] Rz 3.34.
9 *Gellis/Feil*, GmbHG[7] § 36 Rz 1.

Notar seinen Amtssitz hat,] statt.").[10] Die Gesellschafter können für einzelne Versammlungen ad hoc einvernehmlich v Versammlungsort abgehen.[11] Die Zustimmung kann auch konkludent erteilt werden. Nach dem Virtuelle Gesellschafterversammlungen-Gesetz (BGBl I 2023/79) ist es zulässig, dass die GV auch ohne physische Anwesenheit der Teilnehmer durchgeführt wird, wenn dies in dem GesV verankert ist. Die virtuelle Versammlung kann als hybride Versammlung oder als rein virtuelle (moderierte oder einfache) Versammlung abgehalten werden. Wenn die GV an einem anderen als dem lt Gesetz oder GesV vorgesehenen Ort einberufen wird u alle Gesellschafter teilnehmen, ohne dem Ort zu widersprechen, sind gefasste Beschlüsse nicht anfechtbar (vgl zur Vollversammlung auch § 38 Rz 31).[12]

6 Nicht ganz geklärt ist, ob die GV – einvernehmlich oder aufgrund einer Bestimmung im GesV – auch im **Ausland** stattfinden kann. Während dies v der älteren Rsp abgelehnt wurde,[13] lassen die jüngere L u Rsp dies zu, wenn die Interessen der Mitgesellschafter nicht beeinträchtigt sind.[14] Mitunter wird v den FB-Gerichten ausdrücklich untersagt, dass in einer gesv Regelung auch Orte im Ausland zugelassen werden. Hingegen muss nach § 102 Abs 2 S 1 AktG die HV an einem Ort im Inland stattfinden. Diese generelle Wertung des AktG ist aufgrund des höheren Grades der Formalisierung u des bei der GmbH idR kleineren Gesellschafterkreises nicht auf die GmbH übertragbar.[15] Umlaufbeschlüsse können demgegenüber uneingeschränkt auch im Ausland gefasst werden. Soweit beurkundungspflichtige Beschlüsse zu fassen sind, ist hierfür die Beurkundung durch einen österr Notar im Ausland[16] oder durch einen ausländischen Notar, dessen Rechtsstellung dem österr entspricht, erforderlich (s § 49 Rz 41 zur Beurkundung bei GesV-Änderung, vgl auch zur ähnlichen Frage der Beiziehung eines ausländischen Notars

---

10 *Koppensteiner/Rüffler*, GmbHG³ § 36 Rz 4; *Gellis/Feil*, GmbHG⁷ § 36 Rz 2; *Harrer* in Gruber/Harrer, GmbHG² § 36 Rz 5.
11 *Baumgartner/Mollnhuber/U. Torggler* in Torggler, GmbHG § 36 Rz 5.
12 Vgl auch *Koppensteiner/Rüffler*, GmbHG³ § 36 Rz 4.
13 OLG Wien 29.11.1966, 4 R 206/66; offen gelassen: OGH 10.6.1953, 3 Ob 256/53.
14 *Koppensteiner/Rüffler*, GmbHG³ § 36 Rz 4; *Enzinger* in Straube/Ratka/Rauter, GmbHG § 36 Rz 4; OGH 28.2.1991, 6 Ob 1/1991, wobei in diesem Fall der einzige Gesellschafter im Ausland ansässig war.
15 *Koppensteiner/Rüffler*, GmbHG³ § 36 Rz 5; *Ettmayer/Walbert*, ecolex 2011, 425.
16 Vgl dazu *Ettmayer/Walbert*, ecolex 2011, 425.

bei § 11 Rz 8). Sofern eine Beglaubigung erforderlich ist, ist allenfalls das Erfordernis einer Überbeglaubigung einzuhalten (vgl dazu bei § 16a Rz 9, § 9 Rz 4).

III. Einberufungskompetenz (Abs 1 S 2)

A. Geschäftsführer

Nach der zwingenden Regel des § 36 Abs 1 S 2 sind die (aktuell bestellten, s Rz 19) **GF** zur Einberufung einer GV befugt. Dieses Recht kann ihnen auch der GesV nicht nehmen.[17] Ob eine **Bevollmächtigung** zur Abgabe der Einberufungserklärung möglich ist, ist str (zur Frage der generellen Kompetenzübertragung an Dritte vgl Rz 16).[18] Der OGH hat dies jüngst jedoch verneint.[19]

Nach Auflösung der Gesellschaft geht das Einberufungsrecht auf die **Liquidatoren** über. Der Masseverwalter ist jedoch nicht einberufungsbefugt.[20] Dieser sollte aber in seinem Wirkungsbereich zumindest das Recht haben, v den sonst einberufungsbefugten Organen die Einberufung zu verlangen.[21] Fehlerhaft bestellte Organwalter wirken mit, nicht aber bloß faktische GF.

Ob ein **einzelner GF** die Einberufung vornehmen kann oder ob die GF nur in vertretungsbefugter Anzahl agieren können, ist str. Die Einberufung ist keine Vertretungshandlung, daher kommen die Vertretungsregeln hier nicht zur Anwendung. Sie ist jedoch auch keine reine

---

17 OGH 18.2.1932, 2 Ob 1237/31; *Koppensteiner/Rüffler*, GmbHG[3] § 36 Rz 5; s auch zur Einberufungsbefugnis bei der AG, die einen Vorstandsbeschluss erfordert, OGH 19.12.2000, 10 Ob 32/00f.
18 Vgl *Baumgartner/Mollnhuber/U. Torggler* in Torggler, GmbHG § 36 Rz 6; s auch *Enzinger* in Straube/Ratka/Rauter, GmbHG § 36 Rz 16, je auch mit Nachw abw M.
19 OGH 2.2.2022, 6 Ob 13/22p; die Überlegung, dass eine Vertretung durch RA nicht möglich sein soll, ist freilich nicht nachvollziehbar; die Abgabe v Erklärungen durch RA auch ohne schriftliche Bevollmächtigung – indes im Beisein des vollmachtgebenden Gesellschafters – wurde v OGH (2.2.2022, 6 Ob 238/21 z) mangels Widerspruchs als grds wirksam angesehen.
20 *Koppensteiner/Rüffler*, GmbHG[3] § 36 Rz 5 aE.
21 Zur Diskussion, ob dem Masseverwalter nicht überhaupt ein Einberufungsrecht zugestanden werden sollte, vgl *Enzinger* in Straube/Ratka/Rauter, GmbHG § 36 Rz 11.

Geschäftsführungshandlung, sondern Akt der innergesellschaftlichen Organisation u steht mit der Organverantwortlichkeit in Zusammenhang.[22] Als solche kann sie jedenfalls dann v jedem GF einberufen werden, wenn Gefahr abzuwenden ist.[23] Dies gilt auch dann, wenn Gesamtgeschäftsführung u/oder Gesamtvertretung vorgesehen ist.[24] Richtigerweise muss auch dann, wenn keine Gefahr im Verzug ist, ein einzelner GF die Einberufung vornehmen können,[25] weil die GV gerade auch dann befasst werden soll, wenn die GF uneinig sind.[26] Weiters wird mit der Möglichkeit der Klage auf Nichtigerklärung (vgl § 41) eines Gesellschafterbeschlusses durch einen einzelnen GF argumentiert.[27] Es empfiehlt sich eine Klarstellung im GesV.

B. Weitere Einberufungsberechtigte

10 § 30j Abs 4 sieht – entspr dem generellen Grundsatz (s Rz 2) – vor, dass der **AR** eine GV einzuberufen hat, wenn es das Wohl der Gesellschaft erfordert (vgl dazu § 30j Rz 46 ff). Ein generelles unbeschränktes Einberufungsrecht vergleichbar jenem der GF steht dem AR jedoch nur dann zu, wenn der GesV ein solches vorsieht (s Rz 13, 15).[28]

11 § 37 sieht ein Einberufungsrecht, jedoch keine Pflicht, einer **Minderheit** v 10% der Gesellschafter vor.

C. Gesellschaftsvertragliche Regelungen

12 Der GesV kann neben den zwingenden Zuständigkeiten zusätzliche Zuständigkeiten schaffen u Detailregelungen vorsehen. So kann ganz generell der AR oder auch ein AR-Mitglied, zB der AR-Vorsitzende, oder

---

22 *Enzinger* in Straube/Ratka/Rauter, GmbHG § 36 Rz 10; differenzierend *Harrer* in Gruber/Harrer, GmbHG² § 36 Rz 8.
23 OGH 1.12.1982, 3 Ob 604/82; *Gellis/Feil*, GmbHG⁷ § 36 Rz 4; s dazu auch *Bankler* in Reich-Rohrwig/Ginthör/Gratzl, HB GV² Rz 2.22.
24 *Ch. Nowotny* in FS Semler 231 (237); **aA** *Baumgartner/Mollnhuber/ U. Torggler* in Torggler, GmbHG § 36 Rz 6.
25 So auch *Harrer* in Gruber/Harrer, GmbHG² § 36 Rz 10.
26 *Koppensteiner/Rüffler*, GmbHG³ § 36 Rz 5.
27 *Ch. Nowotny* in FS Semler 231 (237); *Moser*, GES 2013, 488 (491).
28 *Enzinger* in Straube/Ratka/Rauter, GmbHG § 36 Rz 13; *Enzinger*, GesRZ 2016, 64 (zu OGH 23.10.2015, 6 Ob 65/15z).

auch ein einzelner **Gesellschafter**[29] zur Einberufung ermächtigt werden.[30] Eine Änderung der zwingenden Zuständigkeiten der GF u des AR kann nicht statuiert werden.

Soll dem **AR** ein über die Verpflichtung gem § 30j Abs 4 hinausgehendes allg Einberufungsrecht übertragen werden, so wäre dies im GesV zu regeln. **13**

Ebenso kann ein **Beirat** (vgl zu diesem § 29 Rz 58 ff) ermächtigt werden. Ein **Beirat** hat grds – mangels gesv Regelung – keine Einberufungskompetenz, es sei denn, es ist kein AR eingerichtet u der Beirat ist als AR-ähnlich zu qualifizieren (vgl § 29 Rz 64 ff). In diesem Fall ist § 30j Abs 4 analog anzuwenden. Soll dem Beirat eine Einberufungskompetenz übertragen werden, so empfiehlt sich in jedem Fall eine Regelung im GesV. **14**

Wenn der AR oder der Beirat als **Organ** bevollmächtigt wird, ist für die konkrete Einberufung vorab ein **Beschluss** des jew Organs erforderlich (vgl zum Einberufungsrecht gem § 30j Abs 4 bei § 30j Rz 48). **15**

Ob außenstehende **Dritte** unmittelbar zur Einberufung ermächtigt werden können[31] oder ob diesen nur das Recht, eine Einberufung zu verlangen, zugestanden werden kann,[32] ist str. Richtigerweise kann die Einberufung auch einem Dritten übertragen werden, soweit dies nicht wichtigen Interessen der Gesellschafter oder der Gesellschaft entgegensteht. Eine Verpflichtung kann ihnen jedoch nicht übertragen werden. **16**

Prokuristen haben keine Einberufungsbevollmächtigung u können eine solche auch im GesV nicht erhalten.[33] Der Grund ist, dass das Organgefüge einer GmbH den GF den Kontakt zu den übrigen Organen zuweist; bei Einberufung durch die Prokuristen würden diese übergangen werden. Insofern sind sie anders zu behandeln als außenstehende Dritte. **17**

---

29 Zur Einberufung durch eine Gesellschaftermehrheit ohne gesv Ermächtigung vgl OGH 23.10.2015, 6 Ob 65/15z (im ggst Fall irrelevanter Mangel), vgl dazu auch § 41 Rz 71.
30 *Enzinger* in Straube/Ratka/Rauter, GmbHG § 36 Rz 15; *Koppensteiner/Rüffler*, GmbHG³ § 36 Rz 7.
31 So *Koppensteiner/Rüffler*, GmbHG³ § 36 Rz 7; *Baumgartner/Mollnhuber/U. Torggler* in Torggler, GmbHG § 36 Rz 8; *Bankler* in Reich-Rohrwig/Ginthör/Gratzl, HB GV² Rz 2.44.
32 So *Gellis/Feil*, GmbHG⁷ § 36 Rz 5.
33 *Gellis/Feil*, GmbHG⁷ § 36 Rz 5.

18 Auch die **GV** als solche hat kein Selbsteinberufungsrecht (sie kann aber über die Vertagung der GV Beschluss fassen, vgl dazu § 38 Rz 27 u 34). Bei einer Vollversammlung kann jedoch auf eine formelle Einberufung gänzlich verzichtet werden (vgl § 38 Rz 31 f; zu weiteren Maßnahmen, die keiner Ankündigung bedürfen, vgl § 38 Rz 27 f).

IV. Rücknahme und Abänderung der Einberufung

19 Derjenige, der eine GV einberuft, kann die Einberufung auch wieder **zurücknehmen** (vgl auch § 38 Rz 33).[34] Hat nach der Einberufung ein Wechsel des Organwalters[35] stattgefunden, kann auch der Amtsnachfolger (grds) eine Versammlung wieder abberaumen.[36] Unseres Erachtens sind aber besondere Befangenheiten u Aspekte, die der Desavouierung v Einberufungsmaßnahmen dienen, zu berücksichtigen.[37] Das Einberufungsrecht als solches kann den GF durch den GesV nicht genommen werden.[38] Daher wird bei **konkurrierender Einberufung** (Einberufungsbefugte laden zu untersch GV) die erste nicht automatisch gegenstandslos.[39] Bei inhaltlichen Überschneidungen kann aber die zuerst stattfindende die zweite GV (das könnte bei freiwilliger Anwendung längerer Einberufungsfrist auch die zuerst einberufene GV sein) gegen-

---

[34] *Koppensteiner/Rüffler*, GmbHG³ § 36 Rz 35; *Reich-Rohrwig*, GmbHR 338; *Gellis/Feil* GmbHG⁷ § 36 Rz 4.

[35] Zur Einberufung durch einen abberufenen, im FB aber noch nicht gelöschten GF vgl *Steiner*, GES 2018, 116 (122) u *Enzinger* in Straube/Ratka/Rauter, GmbHG § 36 Rz 12; abl *Bankler* in Reich-Rohrwig/Ginthör/Gratzl, HB GV² Rz 2.23; vgl zum dGmbHG BGH 8.11.2016, II ZR 304/15.

[36] *Enzinger* in Straube/Ratka/Rauter, GmbHG § 36 Rz 18; *Aburumieh/Hoppel* in Adensamer/Mitterecker, HB GesStreit, Rz 6/29; vgl auch den SV in OGH 21.11.2018, 6 Ob 191/18h (s dazu *Harrer*, GesRZ 2019, 6 FN 5), in welcher E der OGH v einem Scheinbeschluss ausging u damit implizit die wirksame Abberaumung durch den Amtsnachfolger anerkennt. Krit *Harrer*, GesRZ 2019, 6 (6 ff). In der zit OGH-E kommt hinzu, dass der abberaumende GF offenbar befangen war, sodass *in concreto* uE die Kompetenz aber zu bezweifeln ist, vgl *Fantur*, GES 2019, 19 (21); s auch *Aburumieh/Hoppel* in Adensamer/Mitterecker, HB GesStreit, Rz 6/29.

[37] *Fantur*, GES 2019, 19 (21); *Harrer*, GesRZ 2019, 6; *Aburumieh/Hoppel* in Adensamer/Mitterecker, HB GesStreit, Rz 6/29.

[38] OGH 14.6.1932, 4 Ob 268/32, SZ 14/128; *Gellis/Feil* GmbHG⁷ § 36 Rz 4.

[39] *Pflug/Weber*, GesRZ 2017, 277 (278).

standslos machen; dies ist im Einzelfall zu prüfen.[40] Unzulässig sind aber missbräuchliche überholende Einberufungen;[41] dem Missbrauch könnte uE auch dadurch entgegengewirkt werden, dass bekannte Tagesordnungspunkte (aus der ersten Einberufung) in die zeitlich erste (aber eben später einberufene) GV vorgezogen werden.[42]

Derjenige, der eine GV einberuft, kann die Einberufung auch wieder **abändern**, zB die GV verschieben oder die Tagesordnung ändern (vgl auch § 38 Rz 34);[43] die Tagesordnung kann uE aber auch durch einen anderen Organwalter ergänzt werden (vgl § 38 Rz 21). Für einen Wechsel des Organwalters gilt dasselbe wie für die Abberaumung (s Rz 19). 20

Falls die Einberufung in Folge eines **gesetzl** (insb § 37) oder **gesv Rechts**, eine solche zu verlangen, erfolgt ist, bedarf die Abberaumung der Zustimmung des Berechtigten (zur Frage der Selbsteinberufung durch die Minderheit vgl § 38 Rz 33). Eine reine Änderung innerhalb der Grenzen, innerhalb derer die Einberufung bereits vorher zulässig gewesen wäre, zB eine kurzfristige Verschiebung, ist jedoch zulässig. 21

V. Anlässe der Einberufung (Abs 2)

§ 36 unterscheidet fünf Fälle der Einberufung der GV: Die jährliche Einberufung der oGV (vgl Rz 23), sonstige gesetzl oder gesv Einberufungspflichten (vgl Rz 50), die Einberufung im Interesse der Gesellschaft (vgl Rz 24), die Einberufung bei Verlust des halben Stammkapitals (vgl Rz 35) u schließlich die Einberufung bei Verwirklichung der URG-Kennzahlen (vgl Rz 40); die letzten beiden Einberufungsgründe spezifizieren den Grundtatbestand der Einberufung im Gesellschaftsinteresse. 22

A. Ordentliche Generalversammlung

Mindestens ein Mal im Jahr, uzw gem § 35 Abs 1 Z 1 innerhalb der ersten acht Monate des Geschäftsjahres, ist eine oGV einzuberufen. Diese ist für die Beschlussfassung über den JA, die Verteilung des Bilanz- 23

---

40 Vgl im Detail *Enzinger* in Straube/Ratka/Rauter, GmbHG § 36 Rz 19.
41 *Pflug/Weber*, GesRZ 2017, 277 (278).
42 *Aburumieh/Hoppel* in Adensamer/Mitterecker, HB GesStreit, Rz 6/30.
43 *Koppensteiner/Rüffler*, GmbHG[3] § 36 Rz 35; *Reich-Rohrwig*, GmbHR 338; *Gellis/Feil*, GmbHG[7] § 36 Rz 4.

gewinnes u die Entlastung der Organe zuständig (Näheres s § 35 Rz 23 ff). Die oGV kann unter den allg hierfür anwendbaren Bestimmungen durch eine **schriftliche Beschlussfassung** ersetzt werden (vgl § 34 Rz 52 ff). Es genügt aber nicht, wenn der GF sich bloß mit dem Mehrheitsgesellschafter abstimmt.[44]

B. Wohl der Gesellschaft

1. Einberufungspflicht im Interesse der Gesellschaft

24 Grundsätzlich haben die GF eine GV gem § 36 Abs 2 immer dann einzuberufen, wenn es das **Interesse der Gesellschaft** erfordert. § 30j Abs 4 richtet sich mit derselben Forderung an den AR. Wenn die Voraussetzungen gegeben sind, dann hat die Geschäftsführung, oder – wenn diese nicht handelt – der AR eine Einberufung vorzunehmen. Das **Interesse der Gesellschaft** wird eine Einberufung immer dann erforderlich machen, wenn Maßnahmen anstehen, die in die Zuständigkeit der GV fallen (s § 35 Rz 3 ff) u eine Behandlung außerhalb der GV – also etwa im Umlaufweg – nicht tunlich ist (vgl Rz 26, 29).[45] In die Zuständigkeit der GV fallen zB auch grds Maßnahmen oder außergewöhnliche Geschäfte (vgl § 35 Rz 5 f); über die aber auch im Umlaufweg beschlossen werden kann (vgl auch Rz 26 f). Weiters kann auch eine gebotene **Information der Gesellschafter** über bedeutsame Vorgänge erforderlich sein.

25 Die **Durchsetzung** der Einberufungspflicht durch das FB-Gericht ist nicht vorgesehen.[46] Im Falle der Nichterfüllung der Einberufungspflicht trifft die entspr Organe jedoch eine Haftung (s §§ 25 u 33).

2. Pflicht zur Befassung der Gesellschafter

26 Von der Einberufung zur GV zu unterscheiden ist die grds **Pflicht zur Befassung der Gesellschafter**. Dies bedeutet jedoch nicht zwingend, dass eine GV einzuberufen ist. Wenn eine schriftliche Information der Gesellschafter als Entscheidungsgrundlage ausreichend ist oder wenn die Gesellschafter bereits durch eine sonstige Involvierung über die

---

44 *Enzinger* in Straube/Ratka/Rauter, GmbHG § 36 Rz 25.
45 *Koppensteiner/Rüffler*, GmbHG³ § 36 Rz 10.
46 *Gellis/Feil*, GmbHG⁷ § 36 Rz 7.

erforderlichen Informationen verfügen, kann auch die Einholung eines schriftlichen Beschlusses (vgl § 34 Rz 52 ff) oder einer schriftlichen Information der Gesellschafter ausreichend sein.[47] Gemäß § 36 Abs 2 S 1 ist eine Versammlung dann nicht zwingend einzuberufen, wenn eine Beschlussfassung außerhalb derselben zulässig ist. Die Zulässigkeit eines **Umlaufbeschlusses** richtet sich nach § 34 Abs 2 (vgl § 34 Rz 55 ff), der GesV kann hier spezifizierende Regelungen treffen.

Wenn die Zustimmung aller Gesellschafter zu einer schriftlichen Beschlussfassung vorliegt, kann v Erfordernis einer GV abgegangen werden, auch wenn das Gesetz v Erfordernis der Abhaltung einer GV spricht. Auch wenn der GesV eine GV zwingend erfordert, kann einvernehmlich v Formerfordernis abgegangen werden. Dies gilt uE[48] auch für die in § 36 angesprochenen Fälle der Einberufung einer GV (s § 34 Rz 67; vgl auch § 35 Rz 2). Ausnahmen gelten lediglich in bestimmten Fällen, in denen das Gesetz **zwingend** eine GV vorsieht, zB für die Änderung des GesV oder für den Fall der verschmelzenden u der errichteten Umwandlung (vgl § 34 Rz 67). Spricht der GesV aber nur generalisierend v einer GV, ohne die Abhaltung einer solchen zwingend festzuschreiben, ist unter den Voraussetzungen des § 34 immer auch eine schriftliche Beschlussfassung möglich. Generell kann es aber das Interesse der Gesellschaft gebieten, eine GV abzuhalten, wenn eine Beratung unter den Gesellschaftern dem Gesellschaftsinteresse dienlich ist.[49] Weiters ist eine GV auch dann einzuberufen, wenn die GF nicht damit rechnen dürfen, dass der Umlaufbeschluss überhaupt zustande kommt. Auch iZm Minderheitsrechten reicht regelmäßig Umlaufbeschlussfassung nicht aus (vgl Rz 50).

27

3. Verzicht auf die Einberufung

Ob die Gesellschafter im Einzelfall **auf die Einberufung** einer GV verzichten können, ist str (s auch noch unten Rz 43 f).[50] Ein vollständiger Erlass der Pflicht zur Einberufung wird nicht zulässig sein, jedoch kann die Einberufung im Einzelfall durch eine Information an die Gesell-

28

---

47 *Enzinger* in Straube/Ratka/Rauter, GmbHG § 36 Rz 21.
48 Strenger etwa *Bankler* in Reich-Rohrwig/Ginthör/Gratzl, HB GV[2] Rz 2.53.
49 *Baumgartner/Mollnhuber/U. Torggler* in Torggler, GmbHG § 36 Rz 11; *Harrer* in Gruber/Harrer, GmbHG[2] § 36 Rz 20 ff.
50 **Dafür** *Baumgartner/Mollnhuber/U. Torggler* in Torggler, GmbHG § 36 Rz 11; **dagegen** zB *Gellis/Feil*, GmbHG[7] § 36 Rz 7.

schafter (vgl Rz 26, 44) ersetzt werden. Jedenfalls unter dieser Prämisse ist auch ein Verzicht auf die Einberufung möglich.

29 Allerdings steht es den **Gesellschaftern** frei, der GV fern zu bleiben. Auch können die Gesellschafter der Geschäftsführung im Einzelfall nachweisen, dass die Einberufung einer GV nicht erforderlich ist, zB weil unter den Gesellschaftern bereits Beratungen zum betr Thema stattfinden bzw stattgefunden haben. Auch bei einer Einmann-GmbH kann eine förmliche Einberufung mangels Beratungsmöglichkeit unter den Gesellschaftern entfallen;[51] dennoch erforderlich ist jedoch die **rechtzeitige Information des Gesellschafters**, welche auch hier dokumentiert werden sollte.

30 Insbesondere in den Fällen der Einberufungspflicht gem § 36 (Verlust halbes Stammkapital, URG-Kennzahlen, vgl Rz 35, 40) kann es im Interesse der Gesellschafter liegen, **keine formale GV** abzuhalten, etwa aus **Publizitätserwägungen** iZm der Verpflichtung zur Einreichung der in einer solchen GV gefassten Beschlüsse zum FB, auch wenn die Beschlüsse nicht unbedingt in der Urkundensammlung ersichtlich werden (vgl dazu Rz 46 ff). In diesen Fällen kann, sofern keine Beschlüsse zu fassen sind, auch der Weg einer formlosen Beratung gewählt werden.

4. Recht auf Einberufung einer Generalversammlung

31 Von der Pflicht zur Einberufung zu unterscheiden ist das **Recht auf Einberufung**. Grundsätzlich haben die zuständigen Organe immer dann das Recht, eine GV einzuberufen, wenn sie begründet annehmen können, dass es das Wohl der Gesellschaft erfordert. Das bedeutet jedoch nicht, dass die GF oder sonst zur Einberufung zuständige Organe jederzeit u in allen Angelegenheiten eine Versammlung einberufen dürfen,[52] sondern es ist der erforderliche Spielraum der Geschäftsführung zur eigenverantwortlichen Wahrnehmung ihrer Aufgaben zu beachten (zur Vorlage v Maßnahmen an die GV im Rahmen des § 35 Abs 1 Z 5 u die damit allenfalls gegebene Haftungsbefreiung vgl § 25 Rz 17 u § 35 Rz 80). Eine missbräuchliche Befassung der GV ist selbstverständlich unzulässig.

---

51 *Moser*, GES 2013, 488 (491).
52 *Enzinger* in Straube/Ratka/Rauter, GmbHG § 36 Rz 24.

C. Kennzahlenorientierte Einberufungspflichten

1. Grundsätzliches

§ 36 normiert zwei (kenn)zahlenorientierte Fälle einer Einberufungspflicht, nämlich den Verlust des halben Stammkapitals (Rz 35 ff) u die Verwirklichung der Kennzahlen gem URG (vgl Rz 40 ff). In beiden Fällen ist grds auch Umlaufbeschlussfassung denkbar (vgl Rz 27, 43). Im GesV kann die Einberufungspflicht nach der hM nicht abbedungen werden,[53] im Einzelfall kann aber auf die Beschlussfassung verzichtet werden (vgl noch Rz 43, s auch schon Rz 28 ff). Hinsichtlich der Zuständigkeit gelten die allg Regeln: Verpflichtet sind in erster Linie die GF. Soweit die GF dies (pflichtwidrig) unterlassen, hat der AR einzuberufen.

Die GF haben mit der Einberufung der GV bereits die zur Vorbereitung erforderlichen **Informationen u Unterlagen** (zB Bilanz, Zwischenstatus) zu versenden (vgl auch § 38 Rz 20). Auch haben die GF **Vorschläge zur Verbesserung der Lage** der Gesellschaft zu erstatten.[54]

Eine **rechtzeitige Information** der Gesellschafter wird dem GF angesichts einer mglw drohenden Insolvenz auch dann zu raten sein, wenn dieser erwägt, seine Funktion **zurückzulegen**. Wenn die Gesellschafter nicht informiert sind u daher nicht rechtzeitig handeln konnten, besteht eher die Gefahr eines Rücktritts zur Unzeit mit entspr Haftungskonsequenzen (vgl zum GF-Rücktritt § 16a u generell zur GF-Haftung § 25).

2. Verlust des halben Stammkapitals

Als Spezialfall der Einberufung im Interesse der Gesellschaft normiert § 36 Abs 2 den Verlust des halben Stammkapitals.

a) Berechnung

Der Verlust des halben Stammkapitals ist gegeben, wenn das Netto-Aktivvermögen 50 % oder weniger des **Stammkapitals** beträgt.[55] Bei der gründungsprivilegierten GmbH (vgl § 10b) ist der Anknüpfungs-

---

53 Vgl dazu *Bankler* in Reich-Rohrwig/Ginthör/Gratzl, HB GV² Rz 2.64; anders *Enzinger* in Straube/Ratka/Rauter, GmbHG § 36 Rz 36.
54 *Moser*, GesRZ 2010, 264 (264 ff); vgl auch *Enzinger* in Straube/Ratka/Rauter, GmbHG § 36 Rz 29.
55 *Baumgartner/Mollnhuber/U. Torggler* in Torggler, GmbHG § 36 Rz 12.

punkt unklar; hier soll es nicht auf das Stammkapital, sondern alleine auf das Gründungskapital ankommen.[56]

37 Das **Netto-Aktivvermögen** berechnet sich wie folgt: Aktiva (einschließlich der einbringlichen Teile der noch nicht eingeforderten Stammeinlagen)[57] minus Passiva mit Ausnahme des Eigenkapitals (dh Rückstellungen, Verbindlichkeiten u passive Rechnungsabgrenzung). **Eigenkapitalersetzende Gesellschafterdarlehen** sind auch bei Rangrücktritt als Darlehen zu erfassen.[58] **Offene Rücklagen** können daher jedenfalls berücksichtigt werden. Ob stille Reserven ebenfalls zu berücksichtigen sind, ist str, wobei die öhL die Berücksichtigung **stiller Reserven** zulässt.[59] Das Gesetz enthält hier keine eindeutige Aussage. Dass diese Bestimmung den Zweck verfolgt, die Gesellschafter frühzeitig zu informieren, mag für die Auslegung sprechen, dass stille Reserven nicht zu berücksichtigen sind. Andererseits wird aus der Tatsache, dass das öGmbHG – im Gegensatz zur Parallelbestimmung des § 49 Abs 3 dGmbHG (der die Verlustfeststellung anhand einer Bilanz vorsieht) – keine ausdrückliche Grundlage für die Berechnung vorsieht, geschlossen, dass eine Beschränkung auf in der Bilanz ausgewiesene Rücklagen nicht normiert ist. Es sprechen daher die besseren Gründe gegen eine enge Interpretation der Bestimmung. Daher können bei entspr Nachw (zB Wertgutachten) auch stille Reserven berücksichtigt werden.[60]

b) Zeitpunkt der Ermittlung

38 Die Einberufung hat **immer** dann zu erfolgen, wenn sich ergibt, dass eine entspr finanzielle Situation vorliegt. Die Verpflichtung ist daher mit der Verpflichtung zur Führung eines Rechnungswesens u eines IKS (§ 22 Abs 1, vgl dazu § 22 Rz 4 ff, 17 ff) verschränkt.[61] Auf die Erstellung einer Jahresbilanz darf nicht gewartet werden. Wenn sich Anzeichen für

---

56 Vgl *Baumgartner/Mollnhuber/U. Torggler* in Torggler, GmbHG § 36 Rz 12.
57 Vgl *Baumgartner/Mollnhuber/U. Torggler* in Torggler, GmbHG § 36 Rz 12, die nach Buchwerten bewerten.
58 *Baumgartner/Mollnhuber/U. Torggler* in Torggler, GmbHG § 36 Rz 12.
59 Vgl dazu auch *Moser*, GesRZ 2010, 264 (264 ff). Für Bewertung nach Buchwerten aber etwa *Baumgartner/Mollnhuber/U. Torggler* in Torggler, GmbHG § 36 Rz 12.
60 So auch *Koppensteiner/Rüffler*, GmbHG³ § 36 Rz 12; *Gellis/Feil*, GmbHG⁷ § 36 Rz 8; *Harrer* in Gruber/Harrer, GmbHG² § 36 Rz 35; **aA** *Baumgartner/Mollnhuber/U. Torggler* in Torggler, GmbHG § 36 Rz 12.
61 *Bankler* in Reich-Rohrwig/Ginthör/Gratzl, HB GV² Rz 2.57.

den Verlust des halben Stammkapitals ergeben, ist dies zumindest in einer vorläufigen Rechnung zu ermitteln. Falls ohnehin bereits eine GV, zB eine aoGV, einberufen ist, ist der entspr Tagesordnungspunkt im Rahmen des § 38 (vgl dazu § 38 Rz 21 f) zu ergänzen. Falls eine GV für die nahe Zukunft, zB innerhalb v drei Wochen geplant ist, so kann diese abgewartet werden. Generell kann die 14-Tagesfrist des § 37 Abs 2 als Anhaltspunkt für die Frist zur Einberufung dienen.[62] Eine frühere Einberufung ist selbstverständlich zulässig.[63] Bei längerdauernder Verlustsituation oder bei mehrmaligem Unterschreiten der Verlustgrenze ist die einmalige Einberufung einer GV in einem Geschäftsjahr ausreichend.[64]

c) Haftung

Wenn die GF oder ein allenfalls einberufungspflichtiger AR pflichtwidrig nicht einberufen, **haften sie der Gesellschaft** für einen daraus entstandenen Schaden. Der Schaden muss dabei gerade durch die Verletzung der Einberufungspflicht verursacht worden sein.[65] Nach hA ist die Bestimmung **kein Schutzgesetz** zugunsten der Gläubiger.[66] Dies wird ua aus der Tatsache abgeleitet, dass die Gesellschafter nicht verpflichtet sind, einen Beschluss zu fassen.[67] Die **Gesellschafter** sind **nicht verpflichtet**, Sanierungsmaßnahmen zu ergreifen.[68] Daher begründet die Nichteinberufung auch **keinen** Anspruch der **Gläubiger** gegen die GF. 39

---

62 *Baumgartner/Mollnhuber/U. Torggler* in Torggler, GmbHG § 36 Rz 14; *Moser*, GES 2013, 488 (490) hingegen hält eine Frist v bis zu sechs Wochen für angemessen.
63 *Moser*, GesRZ 2011, 29 (32).
64 S dazu *Moser*, GesRZ 2011, 29 (32); vgl auch EBRV 2356 BlgNR 24. GP 14.
65 *Enzinger* in Straube/Ratka/Rauter, GmbHG § 36 Rz 33.
66 *Koppensteiner/Rüffler*, GmbHG³ § 36 Rz 11; ausf *Moser*, GesRZ 2011, 29 (29 ff); vgl auch *Baumgartner/Mollnhuber/U. Torggler* in Torggler, GmbHG § 36 Rz 9 mit Hinweis auf mögliche Haftung gem § 159 StGB iVm § 1311 ABGB.
67 *Koppensteiner/Rüffler*, GmbHG³ § 36 Rz 11.
68 *Bankler* in Reich-Rohrwig/Ginthör/Gratzl, HB GV² Rz 2.57. S dort auch zu Themenstellungen iZm Insolvenzverschleppung. Vgl dazu auch *Enzinger* in Straube/Ratka/Rauter, GmbHG § 36 Rz 30.

3. Reorganisationsbedarf

40 Das GesRÄG 2013 hat die allg Einberufungspflicht um einen **weiteren Sonderfall** ergänzt, nämlich jenen, dass die Eigenmittelquote gem § 23 URG weniger als 8% u kumulativ die fiktive Schuldentilgungsdauer gem § 24 URG mehr als 15 Jahre beträgt. Eine Einschränkung, wie sie § 2 Abs 1 Z 3 Halbsatz 2 EKEG kennt, nämlich dass die Bestimmung nicht zur Anwendung kommt, wenn die Gesellschaft nicht der Reorganisation bedarf, enthält § 36 nicht. Auch greift die Bestimmung im Gegensatz zum URG unabhängig v der Größe der Gesellschaft u dem Bestehen einer Prüfungspflicht (s Rz 41).[69]

a) Ermittlung der Kennzahlen

41 Im Gegensatz zum URG, das die Einleitung eines Reorganisationsverfahrens bzw die Haftung für die Nichteinleitung an eine Aussage des **Abschlussprüfers** knüpft, dass die URG Kennzahlen erfüllt sind, enthält § 36 keine Aussage darüber, ob die **Geschäftsführung** die **Zahlen** errechnen muss oder eine Aussage des Abschlussprüfers anlässlich der JA-Erstellung abwarten kann/soll. Wenn der Abschlussprüfer eine entspr Feststellung trifft, ist **jedenfalls** die Einberufung einer GV erforderlich. Auch ohne zeitlichen Zusammenhang mit einer JA-Prüfung oder JA-Erstellung haben die GF, wenn sich zB aus einer Zwischenbilanz oder alleine aus dem IKS (vgl zu diesem § 22 Rz 17 ff)[70] eine entspr Vermutung ergibt, die Kennzahlen **zu errechnen** (vgl auch Rz 42) u ggf eine GV einzuberufen.[71] Sinnvoll erscheint daher, den Steuerberater iZw auch mit der entspr Ermittlung der Kennzahlen zu beauftragen, da sich diese aus der ordentlichen Buchführung allein noch nicht automatisch ergeben.[72]

b) Haftung

42 Bei der Frage, wem gegenüber die GF (allenfalls die AR-Mitglieder) für die Unterlassung haftbar sind, ist zu bedenken, dass die Haftung gem URG betragsbegrenzt ist, während es jene des GmbHG nicht ist. Auf der anderen Seite dürfen sich die GF gem URG auf die Aussage des Ab-

---

69 *Moser*, GES 2013, 488 (489).
70 Vgl auch EBRV 2356 BlgNR 24. GP 14.
71 Vgl auch *Moser*, GES 2013, 488 (490); EBRV 2356 BlgNR 24. GP 14.
72 *Bankler* in Reich-Rohrwig/Ginthör/Gratzl, HB GV² Rz 2.60.

schlussprüfers verlassen, während sie gem GmbHG die Gefahr uU selbst erkennen u die Kennzahlen **selbst ermitteln** müssen. Um einen Wertungswiderspruch zu vermeiden, ist die Bestimmung so auszulegen, dass diese die Gesellschafter, **nicht** jedoch die **Gläubiger** schützt. Dies deckt sich mit der hA zur auch schon vor dem GesRÄG bestehenden Einberufungspflicht bei Verlust des halben Stammkapitals (vgl auch oben Rz 39).[73]

4. Verzicht auf die Generalversammlung

Ob auf die Einberufung einer GV ausnahmsweise verzichtet werden kann u für ggf zu fassende Beschlüsse statt der GV auch ein **Umlaufbeschluss** zulässig ist, ist anhand der Teleologie der Bestimmung zu ermitteln.[74] Grundsätzlich soll eine GV einberufen werden, um **Beratungen** unter den Gesellschaftern über die in Schieflage geratene Gesellschaft zu ermöglichen. Falls solche Beratungen bereits außerhalb einer förmlichen GV stattgefunden haben, kann auch ein schriftlicher Beschluss ausreichen (s auch schon Rz 27 ff). 43

Die **Geschäftsführung** hat dennoch die Gesellschafter förmlich auf die Einberufungspflicht **hinzuweisen** (vgl auch Rz 28). Es empfiehlt sich, dass die Gesellschaft die Kenntnisnahme v diesem Hinweis, den Verzicht auf die Einberufung der GV samt der Begr, warum eine GV in dem speziellen Fall nicht erforderlich ist (zB bereits abgehaltene ausf Diskussionen oder bereits eingeleitete Maßnahmen zur Verbesserung der wirtschaftlichen Situation), **dokumentiert**. Denkbar wäre (insb in der Einpersonen-GmbH) eine Weisung an den GF, eine GV nicht einzuberufen. 44

5. Beschlussfassung

Die Gesellschafter **können** in der gem § 36 Abs 2 einberufenen GV Beschlüsse fassen; unter den entspr Voraussetzungen sind auch Umlaufbeschlüsse möglich (vgl Rz 43, 26 ff). Jedoch sind die Gesellschafter, auch wenn eine GV gem § 36 Abs 2 einberufen wird, nicht grds verpflichtet, **Beschlüsse** zu fassen (vgl Rz 39).[75] Dies ergibt sich aus dem klaren Wortlaut der Bestimmung. 45

---

73 S dazu auch *Harrer* in Gruber/Harrer, GmbHG[2] § 36 Rz 31.
74 Für die Abhaltung einer GV: *Koppensteiner/Rüffler*, GmbHG[3] § 36 Rz 16.
75 *Koppensteiner/Rüffler*, GmbHG[3] § 36 Rz 12; *Enzinger* in Straube/Ratka/Rauter, GmbHG § 36 Rz 27; vgl aber OGH 14.7.1986, 1 Ob 571/86; *Holeschofsky*, GesRZ 1987, 46.

6. Mitteilungspflichten

46 Gemäß § 36 Abs 2 S 2 sind allenfalls die in einer verpflichtend aus Anlass des Verlusts des halben Stammkapitals oder wegen Vorliegens der Kennzahlen gem URG einberufenen Versammlung gefassten Beschlüsse dem **FB** bekanntzugeben. Gleiches gilt uE für gefasste Umlaufbeschlüsse. Wenn nicht gleichzeitig ein Antrag gestellt wird, der eine strengere Form erfordert, bedarf die Mitteilung an das FB-Gericht nicht der beglaubigten Form.[76]

47 Dies bedeutet umgekehrt nicht, dass eine Beschlussfassung erforderlich ist (vgl schon Rz 45). Die Bekanntgabe allfällig gefasster Beschlüsse führt auch **nicht** automatisch zu einer **Eintragung** im FB. Der Beschluss ist nur dann in die Urkundensammlung aufzunehmen, wenn auf dessen Grundlage eine Eintragung vorgenommen wird oder dessen Aufbewahrung sonst angeordnet wird.[77] Wird keine Eintragung vorgenommen, ist die Mitteilung nur in den FB-Akt aufzunehmen.[78] Das FB-Gericht kann die Mitteilung **nicht erzwingen**.[79]

48 Wenn **kein Beschluss** gefasst wird, ist nach dem ausdrücklichen Wortlaut des § 36 Abs 2 S 2 auch **keine Mitteilung** an das FB-Gericht erforderlich. Es ist auch nicht mitzuteilen, dass kein Beschluss oder ein Beschluss über eine allfällige Nicht-Einberufung der GV gefasst wurde.

49 Wenn die Gesellschaft prüfungspflichtig ist u eine Einberufung pflichtwidrig unterlassen wird, hat der **Abschlussprüfer** die Unterlassung als schwerwiegende Gesetzesverletzung zu berichten.[80]

D. Sonstige gesetzliche Einberufungspflichten

50 Neben den ohnedies in § 36 Abs 2 konkretisierten Einberufungspflichten (Verlust des halben Stammkapitals, Verwirklichung der URG-Kennzahlen; s hier aber auch zur Möglichkeit des Entfalls einer GV im Einzelfall bei Rz 28 ff u 43 f) greift eine gesetzl Einberufungspflicht bei entspr **Minderheitsverlangen** gem § 37 Abs 1 (vgl § 37 Rz 10) sowie

---

76 *Birnbauer*, GES 2014, 347 (348).
77 Vgl *Kodek* in Kodek/Nowotny/Umfahrer, FBG § 12 Rz 7; *Birnbauer*, GES 2014, 347 (348).
78 Zur eingeschränkten Zugänglichkeit des FB-Aktes vgl *Kodek* in Kodek/Nowotny/Umfahrer, FBG § 15 Rz 8 ff.
79 *Birnbauer*, GES 2014, 347 (348).
80 *Moser*, GES 2013, 488 (490).

nach **Erstellung eines Revisionsberichts** durch einen aufgrund eines Minderheitsverlangens bestellten Revisor (vgl § 47 Rz 6 ff).[81] Aufgrund des minderheitenschützenden Gedankens wird in diesen Fällen (vgl zu den anderen Fällen Rz 26) – ohne Zustimmung der antragstellenden Minderheit – ein Verzicht auf die Einberufung nicht möglich sein (vgl auch § 47 Rz 11). Der GesV kann weitere Einberufungspflichten statuieren; sofern im GesV nichts anderes ausdrücklich vorgesehen ist, ist aber hier nicht zwingend v der Notwendigkeit einer Versammlung auszugehen, dh Umlaufbeschlussfassung ist unter Einhaltung der Vorgaben des § 34 zulässig (vgl auch Rz 26). Dies gilt auch in den übrigen Fällen einer gesetzl GV-Kompetenz (vgl Rz 26).[82]

§ 37. (1) **Die Versammlung muß auch dann ohne Verzug berufen werden, wenn Gesellschafter, deren Stammeinlagen den zehnten Teil oder den im Gesellschaftsvertrage hiefür bestimmten geringeren Teil des Stammkapitals erreichen, die Berufung schriftlich unter Angabe des Zweckes verlangen.**

(2) ¹**Wird dem Verlangen von den zur Berufung der Versammlung befugten Organen nicht innerhalb vierzehn Tagen nach der Aufforderung entsprochen oder sind solche Organe nicht vorhanden, so können die Berechtigten unter Mitteilung des Sachverhaltes die Berufung selbst bewirken.** ²**Die Versammlung beschließt in diesem Falle darüber, ob die mit der Einberufung verbundenen Kosten von der Gesellschaft zu tragen sind.**

idF BGBl 1991/10

Literatur: *Aburumieh/E. Gruber,* Verzicht auf Einberufung einer Hauptversammlung gemäß § 231 AktG, GesRZ 2011, 223; *Aburumieh/Hoppel,* Die streitige Gesellschafterversammlung, in Adensamer/Mitterecker (Hg), HB GesStreit (2021) 185; *Aburumieh/Trettnak,* Deadlock bei Joint Ventures – Folgeversammlungen als Instrument gegen untätige Mitgesellschafter im GmbH-Recht? GesRZ 2007, 323; *Götte,* „Nichtbefassungsbeschluss" und § 50 GmbH, in FS Ulmer (2003) 129; *Karollus,* Einberufung der Gesellschafterversammlung durch die Gesellschafter (OLG München ZIP 1994, 1021), RdW 1995, 4; *Koppensteiner,* Treuwidrige Stimmabgabe bei Kapitalgesellschaften, ZIP 1994, 1325; *K. Schmidt,* Die Behandlung treuwidriger Stimmen in der Gesellschafterver-

---

81 *Bankler* in Reich-Rohrwig/Ginthör/Gratzl, HB GV² Rz 2.53.
82 *Bankler* in Reich-Rohrwig/Ginthör/Gratzl, HB GV² Rz 2.53.

sammlung und im Prozess, GmbHR 1992, 9; *Steiner*, Die Generalversammlung und die gerichtliche Abberufung von Geschäftsführern, wbl 2017, 69; *Wünsch*, Zur Einberufung der Generalversammlung durch die Minderheit, GesRZ 1998, 174; *Zollner*, Das Minderheitenrecht zur Einberufung einer Generalversammlung, in FS Koppensteiner (2016) 369.

Inhaltsübersicht

I. Grundlagen	1, 2
II. Einberufungsverlangen durch die Minderheit (Abs 1)	3–14
A. Minderheitsquorum	3, 4
B. Form und Inhalt des Einberufungsverlangens	5–9
C. Rechtsfolgen eines zulässigen Einberufungsverlangens	10–14
III. Selbsthilferecht der Minderheit (Abs 2)	15–25
A. Voraussetzungen	15–19
B. Rechtsfolgen	20–22
C. Kosten	23–25

I. Grundlagen

1 § 37 ist Teil des **Minderheitenschutzes** bei der GmbH u verschafft Minderheitsgesellschaftern die Möglichkeit, ihre Anliegen in der GV vorzubringen. Liegen die Voraussetzungen für das Einberufungsbegehren vor (s dazu Rz 10), ist die GV binnen 14 Tagen v den hierzu verpflichteten Organen einzuberufen. Wird dem Verlangen nicht ordnungsgemäß entsprochen, kann die Minderheit gem Abs 2 selbst einberufen. Die GV hat sich folglich mit den gewünschten u für erörterungsbedürftig erachteten Tagesordnungspunkten der Minderheit sachlich auseinanderzusetzen. Ein Anspruch auf positive Beschlussfassung ist aus § 37 hingegen nicht abzuleiten. Auch ein Mehrheitsgesellschafter muss diesen Weg nehmen, um eine GV zu erzwingen.[1] Das Recht der Minderheit, für eine bereits einberufene GV zusätzliche Tagesordnungspunkte zu verlangen, sieht § 38 Abs 3 (vgl § 38 Rz 23 ff) vor. Im GesV kann Gesellschaftern auch ein direktes Einberufungsrecht zuerkannt werden (vgl Rz 2 u § 36 Rz 12).

---

1 Vgl dazu OGH 23.10.2015, 6 Ob 65/15z (gegenst wurde die Einberufung durch den Mehrheitsgesellschafter allerdings als irrelevanter Mangel qualifiziert; vgl auch § 36 Rz 12 FN 24); vgl auch *Harrer* in Gruber/Harrer, GmbHG² § 37 Rz 1.

Die Regelung zugunsten der Minderheitsgesellschafter ist einseitig **2**
zwingend ausgestaltet.² Um den Schutz der Minderheit zu gewährleisten, sind sowohl nachteilige Abänderungen im GesV als auch der gänzliche vertragliche Ausschluss unzulässig. Unbedenklich sind lediglich gesv Abweichungen, die zu einer Verbesserung der Stellung der Minderheit führen (zB Reduzierung des Minderheitsquorums [vgl Rz 3], zusätzliches Einberufungsrecht für einzelne Gesellschafter [vgl auch § 36 Rz 12][3] oder Verkürzung der 14-Tagesfrist in Abs 2 [vgl Rz 11]).[4] Das Minderheitsrecht gilt auch in der Insolvenz u im Liquidationsstadium.[5] Unterbleibt bei Verschmelzungen die Einberufung einer GV in der übernehmenden Gesellschaft (vgl § 231 AktG, s dazu § 98 Rz 13 ff), kann die Minderheit die Einberufung einer GV verlangen; diesfalls aber nicht gem § 37 Abs 1, sondern gem § 231 Abs 3 AktG iVm § 96 Abs 2 (vgl § 98 Rz 17 ff).[6] Zu überlegen wäre aber, auch diesfalls § 37 Abs 2 analog anzuwenden (vgl § 98 Rz 20).[7]

II. Einberufungsverlangen durch die Minderheit (Abs 1)

A. Minderheitsquorum

Nur Gesellschafter, deren Stammeinlagen allein oder gemeinsam mit an- **3**
deren **mind 10% des Stammkapitals** erreichen oder überschreiten – sofern die Quote nicht gesv reduziert wurde[8] –, können die Einberufung einer GV verlangen. Ausgangspunkt für die Berechnung des Quorums ist die Summe der Geschäftsanteile, die sich in den Händen der Gesellschafter befindet.[9] Außer Acht bleiben bei Berechnung der Ausgangs-

---

2 *Koppensteiner/Rüffler*, GmbHG³ § 37 Rz 2; *Enzinger* in Straube/Ratka/Rauter, GmbHG § 37 Rz 2, 22; *Zollner* in FS Koppensteiner 369 (370).
3 *Zollner* in FS Koppensteiner 369.
4 *Gellis/Feil*, GmbHG⁷ § 37 Rz 2 f.
5 *Gellis/Feil*, GmbHG⁷ § 37 Rz 10.
6 *Aburumieh/E. Gruber*, GesRZ 2011, 223 (225).
7 Vgl zur AG: *Aburumieh/E. Gruber*, GesRZ 2011, 223 (225).
8 Zur str Frage der neuerlichen Abänderbarkeit einer noch minderheitenfreundlicheren gesv Regelung vgl *Baumgartner/Mollnhuber/U. Torggler* in Torggler, GmbHG § 37 Rz 4.
9 *Koppensteiner/Rüffler*, GmbHG³ § 37 Rz 3; *Enzinger* in Straube/Ratka/Rauter, GmbHG § 37 Rz 4; *Duursma et al*, HB GesR, Rz 3183; OGH 26.8.1999, 2 Ob

basis nach hA eigene Anteile sowie kaduzierte Anteile u auch Anteile, deren Übernahme nichtig war.[10] Auch wenn die 10%-Schwelle nicht erreicht wird, können sich Minderheitsgesellschafter mit einem Einberufungsersuchen an die GF wenden; eine Folgepflicht ergibt sich dann nicht (direkt) aus § 37 Abs 1 (sodass auch Abs 2 – Selbsthilferechte – nicht greift), aber uU aus den allg Sorgfaltsanforderungen der GF (Einberufung zum Wohl der Gesellschaft, vgl § 36 Abs 2).[11]

4   Der **Anspruch** auf Einberufung einer GV gem § 37 Abs 1 **steht nur Gesellschaftern zu**; gem § 78 gilt nur derjenige als Gesellschafter, der im FB als solcher aufscheint. Es steht der Gesellschaft allerdings frei, auf Grundlage der wahren Rechtslage zu handeln u einen bei ihr angemeldeten, aber noch nicht im FB eingetragenen Gesellschafter auch als solchen zu behandeln (vgl auch § 78 Rz 4 ff).[12] Bei der Feststellung der Beteiligungsquote ist es unerheblich, ob die Einlagen bereits voll geleistet wurden oder ein Stimmrecht in der GV zusteht; ein Teilnahmerecht ist jedoch Voraussetzung.[13] Die Möglichkeit, die Einberufung einer GV zu verlangen, steht nur Inhabern v Geschäftsanteilen zu, nicht jedoch **Treugebern, Nießbrauchern** oder Pfandgläubigern.[14] Der **Bevollmächtigung** zur Geltendmachung des Anspruches steht nichts entgegen,[15] sie hat jedoch in Form des § 39 Abs 3 zu erfolgen, wonach es einer schriftlichen, auf die Ausübung dieses Rechtes lautenden, Vollmacht bedarf (vgl § 39 Rz 40 ff). Die Gesellschafterstellung muss v der Stellung des Einberufungsverlangens – nach den allg Vorschriften für Willenserklä-

---

46/97x; *Wünsch*, GesRZ 1998, 174; *Bankler* in Reich-Rohrwig/Ginthör/Gratzl, HB GV² Rz 2.32.

10 *Koppensteiner/Rüffler*, GmbHG³ § 37 Rz 3; *Enzinger* in Straube/Ratka/Rauter, GmbHG § 37 Rz 4.
11 S iZm Abberufung eines GF etwa *Steiner*, wbl 2017, 69 (75) mit Hinweis darauf, dass Nicht-Einberufung bei Einberufungsbedarf auch einen Abberufungsgrund verwirklichen könne.
12 OGH 26. 8. 1999, 2 Ob 46/97x; *Wünsch*, GesRZ 1998, 174; *Bankler* in Reich-Rohrwig/Ginthör/Gratzl, HB GV² Rz 2.32.
13 *Koppensteiner/Rüffler*, GmbHG³ § 37 Rz 3; *Enzinger* in Straube/Ratka/Rauter, GmbHG § 37 Rz 4; *Duursma et al*, HB GesR, Rz 3183.
14 *Enzinger* in Straube/Ratka/Rauter, GmbHG § 37 Rz 3; *Baumgartner/Mollnhuber/U. Torggler* in Torggler, GmbHG § 37 Rz 2.
15 *Koppensteiner/Rüffler*, GmbHG³ § 37 Rz 5; *Enzinger* in Straube/Ratka/Rauter, GmbHG § 37 Rz 3; *Baumgartner/Mollnhuber/U. Torggler* in Torggler, GmbHG § 37 Rz 3 (mit Hinweis darauf, dass die Vollmacht den Versammlungszweck nennen müsse).

rungen daher v Zugang des Verlangens bei der Gesellschaft – bis zur GV aufrecht sein. Wenn allerdings ein Gesellschaftsanteil zw Verlangen u Ausübung des Selbsthilferechts übertragen wird, geht die Berechtigung auf den **Rechtsnachfolger** über (str).[16] Dabei macht es keinen Untersch, ob die Übertragung zw Stellung des Verlangens u (allenfalls das Verlangen nicht voll erfüllender) Einberufung der GV durch den GF oder danach erfolgt. Ebenfalls berechtigt ist der Insolvenzverwalter eines Gesellschafters.[17]

B. Form und Inhalt des Einberufungsverlangens

Adressat des Einberufungsverlangens ist nach hL die **Gesellschaft** 5
selbst.[18] Ein an die GF gerichtetes Begehren reicht jedoch aus, weil die Gesellschaft durch die GF vertreten wird.[19] Es empfiehlt sich, das Einberufungsverlangen an die Gesellschaft zu Handen der GF zu adressieren (die Adressierung an einen GF ist gem § 18 Abs 4 auch bei Kollektivvertretung ausreichend, vgl zur passiven Vertretungsbefugnis in der GmbH § 18 Rz 23), um den Zugang des Begehrens bei einem einberufungsbefugten Organ sicherzustellen. Selbst bei Erweiterung der Einberufungsbefugnis auf andere Personen/Organe (vgl § 36 Rz 12 ff) ist das Begehren an die Gesellschaft (zu Handen der GF) zu adressieren, wobei es uE praktikabel (aber eben nicht zwingend erforderlich) erscheint, diesfalls auch die sonstigen einberufungsberechtigten Personen zu verständigen, weil auch diese einberufen könnten. Wenn andere zur Einberufung Berechtigte (vgl § 36 Rz 10 ff), jedoch nicht Verpflichtete, Kenntnis v Einberufungsverlangen erhalten u die Einberufung vornehmen, kommt das Selbsthilferecht der Minderheit nicht zur Anwendung (vgl Rz 18). Verpflichtet sind grds die GF (vgl § 36 Rz 7 ff) u – wenn die Abhaltung der GV im Interesse der Gesellschaft erforderlich ist (vgl § 36 Rz 10 u § 30j Rz 46 ff) oder die GF untätig bleiben (vgl Rz 10) – der AR; s zu möglichen weiteren Verpflichteten Rz 10. Zum Fehlen der notwendigen Einberufungsorgane vgl Rz 19.

---

16 *Zollner* in FS Koppensteiner 369 (371); aA *Gellis/Feil*, GmbHG[7] § 37 Rz 4.
17 *Baumgartner/Mollnhuber/U. Torggler* in Torggler, GmbHG § 37 Rz 2.
18 *Koppensteiner/Rüffler*, GmbHG[3] § 37 Rz 4; *Enzinger* in Straube/Ratka/Rauter, GmbHG § 37 Rz 5.
19 OGH 19.12.1997, 4 Ob 375/97v; *Baumgartner/Mollnhuber/U. Torggler* in Torggler, GmbHG § 37 Rz 3.

6 Nach der hA muss die Einberufung der GV v der Minderheit **schriftlich** verlangt u **unterzeichnet** werden.[20] Dies lässt sich jedoch aus dem Wortlaut des Gesetzes nicht ableiten, daher lässt die dt hA auch die **mündliche Form** gelten.[21] Obwohl sich für die einberufenden Gesellschafter aus Beweisgründen eine schriftliche Einberufung empfiehlt, ist dieser A iSe teleologischen Auslegung der Bestimmung iZw zugunsten der Minderheit auch für das öGmbH-Recht zuzustimmen.[22] Eine Klarstellung im **GesV** in Richtung Schriftlichkeit scheitert in diesem Fall daran, dass die Festlegung einer Text- oder Schriftform eine Erschwernis zum Nachteil der Minderheit wäre. Diese A wird auch dadurch unterstützt, dass die vergleichbare Bestimmung des § 105 Abs 3 AktG ausdrücklich ein schriftliches Verlangen vorsieht, während § 37 eine solche Spezifizierung nicht enthält. Für eine Bevollmächtigung ist jedoch stets die Schriftform erforderlich.[23] *De lege ferenda* wäre eine Klarstellung sinnvoll, zB auch unter Zulassung der Textform (vgl dazu § 13 Abs 2 AktG), weil ein mündlich gestelltes Verlangen nicht nur aus Beweisgründen problematisch ist, sondern auch nicht mehr den Gebräuchen des Geschäftslebens entspricht. Freilich ist die Schriftlichkeit aus Beweisgründen u auch tw zur Unterstützung der Ernsthaftigkeit des Begehrens vorteilhaft.

7 Die Minderheit hat im Einberufungsverlangen das Erreichen der Anteilsschwelle, das zum Verlangen berechtigt, darzulegen.[24] Wenn das Verlangen v mehreren Gesellschaftern, die gemeinsam das Quorum erreichen, gestellt wird, ist es nicht erforderlich, dass dies in einem einheitlichen Begehren geschieht; es reichen auch mehrere gleichlautende, auf einander Bezug nehmende Begehren aus.[25]

8 **Inhaltliche** Voraussetzung für die Geltendmachung des Einberufungsverlangens ist die **Angabe eines Zwecks**. Der bzw die Minderheitsgesellschafter muss bzw müssen im Voraus darlegen, **weshalb** die GV einberufen werden soll u **womit** sich die Gesellschafter zu befassen haben. Als Minderheitenschutzvorschrift ist die Bestimmung jedoch nicht

---

20 *Koppensteiner/Rüffler*, GmbHG³ § 37 Rz 4; *Gellis/Feil*, GmbHG⁷ § 36 Rz 6; ausf *Zollner* in FS Koppensteiner 369 (373).
21 ZB *Zöllner* in Noack/Servatius/Haas, GmbHG²³ § 50 Rz 5.
22 So auch *Enzinger* in Straube/Ratka/Rauter, GmbHG § 37 Rz 6; *Harrer* in Gruber/Harrer, GmbHG² § 37 Rz 4.
23 *Enzinger* in Straube/Ratka/Rauter, GmbHG § 37 Rz 6.
24 *Baumgartner/Mollnhuber/U. Torggler* in Torggler, GmbHG § 37 Rz 9.
25 *Zollner* in FS Koppensteiner 369 (370).

allzu streng auszulegen. Die reine Angabe eines Tagesordnungspunktes ist insoweit zulässig, als sich hieraus offensichtlich der Grund u die Notwendigkeit des Einberufungsverlangens ergibt,[26] was in den meisten Fällen zutreffen wird.[27] Eine über den Zweck hinausgehende Angabe v **Gründen**, wie sie § 38 Abs 3 für die Ergänzung der Tagesordnung vorsieht, wird in § 37 nicht gefordert (s dazu § 38 Rz 23).[28] Nicht erforderlich ist ein konkreter Terminvorschlag (zur Wahrung der Gesellschafterinteressen bei Anberaumung des GV-Termins vgl noch Rz 11 u § 38 Rz 15; zur Abberaumung einer GV, die nach einem Minderheitsverlangen einberufen wurde, vgl § 38 Rz 33, § 36 Rz 21 u unten Rz 14).[29] Eine **schriftliche Abstimmung** kann nicht verlangt werden,[30] ist aber unter Einhaltung der allg Voraussetzungen zulässig (vgl § 34 Rz 52 ff).

Das Einberufungsverlangen ist nicht zu beachten, wenn die Beschlussfassung zu dem Thema rechtlich nicht möglich ist oder wenn es **rechtsmissbräuchlich** gestellt wird.[31] Dies kann zB der Fall sein, wenn bereits Beratungen erfolgt sind oder wenn das Thema auf der Tagesordnung einer bereits zu einem angemessenen Termin einberufenen GV steht.[32]

9

C. Rechtsfolgen eines zulässigen Einberufungsverlangens

Wurde die Einberufung der GV ordnungsgemäß v Minderheitsgesellschaftern verlangt, sind die GF der Gesellschaft **verpflichtet**, tätig zu werden. Wenn die GF nicht handeln u ein AR eingerichtet ist, geht die Verpflichtung auf diesen über (vgl auch schon Rz 5).[33] Fraglich ist, ob die Verpflichtung auf weitere in der Satzung zur Einberufung berechtigte Organe übergeht. Dies wird man wohl für den Beirat analog annehmen können, wenn dieser als AR zu qualifizieren wäre u daher auf diesen AR-Recht anzuwenden ist (vgl § 29 Rz 64 ff). Für andere vorgesehene Personen, zB einzelne Gesellschafter oder Dritte, würde eine

10

---

26 *Enzinger* in Straube/Ratka/Rauter, GmbHG § 37 Rz 7; *Bankler* in Reich-Rohrwig/Ginthör/Gratzl, HB GV[2] Rz 2.34.
27 So im Ergebnis *Harrer* in Gruber/Harrer, GmbHG[2] § 37 Rz 5.
28 **AA** *Baumgartner/Mollnhuber/U. Torggler* in Torggler, GmbHG § 37 Rz 3.
29 *Baumgartner/Mollnhuber/U. Torggler* in Torggler, GmbHG § 37 Rz 3.
30 *Gellis/Feil*, GmbHG[7] § 37 Rz 5.
31 *Gellis/Feil*, GmbHG[7] § 37 Rz 7.
32 *Koppensteiner/Rüffler*, GmbHG[3] § 37 Rz 6; *Wünsch*, GesRZ 1998, 174 (176).
33 *Koppensteiner/Rüffler*, GmbHG[3] § 37 Rz 6.

Satzungsbestimmung allein nicht ausreichen, weil sie als Rechtsakt zu Lasten Dritter zu werten wäre. Diese müssten sich gesondert verpflichten, u selbst dann hätte die Pflicht in Hinblick auf Dritte nur schuldrechtliche, nicht aber gesellschaftsrechtliche Wirkung. Einem Gesellschafter könnte eine derartige Verpflichtung mit seiner Zustimmung als Nebenverpflichtung im GesV auferlegt werden.[34]

11   Die GF haben die **GV unverzüglich**, jedoch **spätestens innerhalb der 14-Tages-Frist** des Abs 2, **einzuberufen**, dh die Einberufung abzusenden. Die 14-tägige Frist beginnt an dem Tag zu laufen, an dem mit dem Zugang des Verlangens auf Einberufung nach der allg Lebenserfahrung gerechnet werden kann.[35] Dabei sind die allg Regeln u Bestimmungen bzgl der Einberufung einzuhalten (s dazu im Detail § 36 Rz 4 ff u allg § 38). Bei der Festsetzung des Termins der abzuhaltenden GV haben die einberufungsbefugten Organe darauf Bedacht zu nehmen, dass eine Teilnahme der antragstellenden Minderheit möglich sein sollte u der Termin nicht offensichtlich zweckwidrig anberaumt wird (vgl auch schon Rz 8).[36] Des Weiteren sollte die Einberufungsfrist angemessen sein, jedenfalls muss (als Mindestfrist) die gesv oder gesetzl Frist eingehalten werden; die Dauer darf aber nicht unangemessen erstreckt werden. Bei der Feststellung der Angemessenheit der Einberufungsfrist ist auf den konkreten Zweck der GV Bedacht zu nehmen. Drei Monate werden jedenfalls als zu lange angesehen,[37] während sechs Wochen uU noch angemessen sein können.[38] Ist die Grenze der Angemessenheit überschritten, können die Minderheitsgesellschafter selbst einberufen (s dazu Rz 15 ff).

12   Ein **gerichtl** durchsetzbarer Anspruch auf Einberufung der GV besteht für die Minderheitsgesellschafter nicht, zumal ihnen die Möglichkeit der Selbsteinberufung gem § 37 Abs 2 ohnehin offensteht.[39] Auch

---

34 Vgl auch *Koppensteiner/Rüffler*, GmbHG³ § 37 Rz 10 mwN.
35 OLG Wien 21.8.2012, 28 R 94/12t.
36 OGH 19.4.2012, 6 Ob 60/12k; *Enzinger* in Straube/Ratka/Rauter, GmbHG § 37 Rz 10; *Baumgartner/Mollnhuber/U. Torggler* in Torggler, GmbHG § 37 Rz 6.
37 *Harrer* in Gruber/Harrer, GmbHG² § 37 Rz 7.
38 *Baumgartner/Mollnhuber/U. Torggler* in Torggler, GmbHG § 37 Rz 6; *Bankler* in Reich-Rohrwig/Ginthör/Gratzl, HB GV² Rz 2.36 hält unter Berufung auf *Reich-Rohrwig*, GmbHR 334 zwei bis vier Wochen für angemessen.
39 *Koppensteiner/Rüffler*, GmbHG³ § 37 Rz 6; *Enzinger* in Straube/Ratka/Rauter, GmbHG § 37 Rz 10; *Gellis/Feil*, GmbHG⁷ § 37 Rz 9; aA *Baumgartner/Mollnhuber/U. Torggler* in Torggler, GmbHG § 37 Rz 5.

kann das FB-Gericht mangels gesetzl Grundlagen nicht v sich aus einschreiten.[40]

Wird die GV jedoch v zuständigen Organ einberufen, obwohl das Einberufungsverlangen **nicht ordnungsgemäß gestellt** wurde, hat die GV dennoch stattzufinden u gefasste Beschlüsse können nicht aus diesem Grund angefochten werden.[41] Wird die GV allerdings **unrichtig**, zB mit Formalfehlern behaftet **einberufen**, gelten entspr den allg Regeln dennoch gefasste Beschlüsse als anfechtbar (vgl § 38 Rz 29 u § 41 Rz 71 ff),[42] sofern nicht alle Gesellschafter teilnehmen (vgl § 38 Rz 31). Zur Selbsthilfe-Einberufung vgl auch Rz 21. **13**

Ein Einberufungsverlangen kann bis zur Abhaltung der gewünschten GV wieder **zurückgezogen** werden. Hat in der Zwischenzeit ein Gesellschafterwechsel stattgefunden, kann es v Rechtsnachfolger des verlangenden Gesellschafters zurückgenommen werden.[43] Wurde das Verlangen nach erfolgter Einberufung der GV v einem Gesellschafter zurückgenommen, kann sie wieder abberaumt werden (vgl § 36 Rz 19 u § 38 Rz 33), sofern dadurch das notwendige Minderheitsquorum wegfällt[44] oder für die abzuhaltende GV außer dem Minderheitsantrag kein Tagesordnungspunkt vorgesehen ist. Ein GF kann allerdings aufgrund seiner generellen Einberufungskompetenz an der Einberufung festhalten, soweit er die Abhaltung der GV selbst für notwendig u erforderlich erachtet.[45] Wenn das Einberufungsverlangen v der Minderheit so **abgeändert** wird, dass die Tagesordnung umzuformulieren ist, ist das als Rücknahme des ursprünglichen Verlangens u Stellen eines neuen Verlangens zu qualifizieren, wodurch die 14-tägige Frist neu zu laufen beginnt. **14**

---

40 *Gellis/Feil*, GmbHG[7] § 37 Rz 9.
41 *Enzinger* in Straube/Ratka/Rauter, GmbHG § 37 Rz 17.
42 Vgl dazu auch OGH 23.10.2015, 6 Ob 65/15z.
43 *Zollner* in FS Koppensteiner 369 (371).
44 *Enzinger* in Straube/Ratka/Rauter, GmbHG § 37 Rz 8; *Bankler* in Reich-Rohrwig/Ginthör/Gratzl, HB GV[2] Rz 2.37.
45 *Bankler* in Reich-Rohrwig/Ginthör/Gratzl, HB GV[2] Rz 2.38.

III. Selbsthilferecht der Minderheit (Abs 2)

A. Voraussetzungen

15 Es gibt zwei Fallkonstellationen, bei denen Minderheitsgesellschafter das Recht erhalten, eine GV selbst einzuberufen:

- einem wirksam gestellten Einberufungsverlangen iSd § 37 Abs 1 wurde **nicht ordnungsgemäß innerhalb der 14-Tages-Frist** v den zuständigen Organen entsprochen (s dazu Rz 16); oder
- es sind **keine** für die Einberufung der GV **zuständigen** (gesetzl oder gesv) **Organe vorhanden** (s dazu Rz 19).

16 Einem wirksamen Einberufungsverlangen wurde nicht ordnungsgemäß entsprochen, wenn eine Einberufung innerhalb der 14-tägigen Frist (vgl Rz 11) ausbleibt;[46] oder die GV zu einem unangemessenen oder zweckwidrigen Termin anberaumt (s dazu Rz 8, 11);[47] nicht mit dem (vollständig) gewünschten Gegenstand einberufen oder nachträglich wieder abberaumt (vgl § 38 Rz 33) wurde.[48] Die Feststellung, ob eine GV zu einem zweckwidrigen Zeitpunkt einberufen wurde, trifft das FB-Gericht nach dem AußStrG.[49] Daraus folgt ein **Selbsthilferecht** der Minderheitsgesellschafter, was bedeutet, dass sie die GV selbst einberufen können.

17 **Einberufungsberechtigt** ist jene Minderheit, welche bereits das Einberufungsverlangen gem Abs 1 gestellt hat. Das gesetzl (10%) oder uU gesv niedrigere (s dazu Rz 2) Minderheitsquorum muss erfüllt sein. Teilweise wird vertreten, dass es nicht erforderlich ist, dass jene Gesellschafter, welche am Einberufungsverlangen mitgewirkt haben, auch die Selbsthilfe-Einberufung unterstützen müssen, solange nur das Quorum erreicht wird.[50] Aus dem Wortlaut des Abs 2 („*die Berechtigten*") ist zu schließen, dass die Personen mit jenen, die zuvor die Einberufung verlangt haben, **ident sein müssen**.[51] Das bedeutet, dass zwar nicht alle, die das Verlangen gestellt haben, auch die Einberufung unterzeichnen müssen, aber immerhin so viele, als für eine Berechtigung erforderlich ist,

---

46 Allg OGH 23.10.2015, 6 Ob 65/15z.
47 *Baumgartner/Mollnhuber/U. Torggler* in Torggler, GmbHG § 37 Rz 6.
48 *Enzinger* in Straube/Ratka/Rauter, GmbHG § 37 Rz 11.
49 *Umfahrer*, GmbH[7] Rz 450.
50 *Koppensteiner/Rüffler*, GmbHG[3] § 36 Rz 7.
51 So auch *Harrer* in Gruber/Harrer, GmbHG[2] § 37 Rz 10.

daher mind 10 % oder das gesv vorgesehene niedrigere Quorum. Diese müssen allerdings sämtlich aus dem Kreis der Verlangenden stammen. Wenn die Summe der Beteiligungen durch Ausfälle unter 10 % fällt, darf das Quorum nicht durch neue Gesellschafter aufgefüllt werden, die nicht zuvor am Einberufungsverlangen mitgewirkt haben. Des Weiteren ist die Selbsthilfe-Einberufung auf jene **Gründe** (vgl Rz 8) beschränkt, welche bereits beim Einberufungsverlangen nach Abs 1 bekanntgegeben wurden.[52]

Das **Selbst-Einberufungsrecht** greift **nicht**, wenn bereits eine wirksame Einberufung durch einen Einberufungsberechtigten vorgenommen wurde; es ist aber nicht erforderlich, dass diese v einem zur Einberufung verpflichteten Organ, zB GF oder AR, stammt. Auch die Einberufung durch einen berechtigen – jedoch nicht durch § 37 verpflichteten – Gesellschafter oder Dritten verhindert das Entstehen des Selbsthilferechts, solange sie inhaltlich dem Verlangen entspricht.[53] 18

Sofern **keine** für die Einberufung zuständigen **Organe vorhanden** sind, können Minderheitsgesellschafter iSd Abs 1 – ohne vorhergehendes Einberufungsverlangen – die GV selbst einberufen. Dies ist zB dann der Fall, wenn eine Gesellschaft ohne AR dauerhaft keinen GF hat u auch gesv kein zuständiges anderes Organ bestimmt wurde. Sind GF vorübergehend nicht zu erreichen oder ist ihr Aufenthaltsort unbekannt, hat – wenn ein AR eingerichtet ist – dennoch ein Einberufungsverlangen an die Gesellschaft vorherzugehen, da dann zB der AR einschreiten könnte (zur Einberufungsbefugnis bzw -pflicht des AR vgl schon Rz 5).[54] 19

B. Rechtsfolgen

Die Selbsthilfe-Einberufung darf **nicht** mit dem Einberufungsverlangen **verbunden** werden.[55] Sie darf auch **nicht vor Ablauf der 14-Tages-Frist** erfolgen, außer die zur Einberufung verpflichteten Organe teilen dem/n 20

---

52 *Harrer* in Gruber/Harrer, GmbHG[2] § 37 Rz 12.
53 Vgl auch *Gellis/Feil*, GmbHG[7] § 37 Rz 7.
54 **AA** *Baumgartner/Mollnhuber/U. Torggler* in Torggler, GmbHG § 37 Rz 7 (AR steht Selbsteinberufung nicht entgegen).
55 OGH 23.10.2015, 6 Ob 65/15z; *Koppensteiner/Rüffler*, GmbHG[3] § 37 Rz 7; *Enzinger* in Straube/Ratka/Rauter, GmbHG § 37 Rz 13.

Verlangenden mit, dass sie nicht beabsichtigen, eine GV einzuberufen.[56] Die Einberufung ist **an alle Gesellschafter** gem den allg Bestimmungen des § 38 zu richten (vgl § 38 Rz 4 ff), auch hinsichtlich Frist, Inhalt, Ort u Termin der GV gelten die allg Erfordernisse (s § 36 Rz 4 ff u § 38 Rz 7 ff). Der SV, aus welchem sich das Selbsthilferecht ergibt, ist darzulegen, nämlich (i) das begründete Einberufungsverlangen der Gesellschafter nach Abs 1, (ii) das Unterlassen der Einberufung durch die GF oder andere berechtigte Organe sowie (iii) die Identität u Berechtigung der Antragsteller.[57] Auch die GF sind zu informieren (zur Frage der Teilnahme der GF in der GV vgl § 34 Rz 7). Ob alle Beteiligten die Selbsthilfe-Einberufung auch zu unterfertigen haben, ist wie beim Einberufungsverlangen (s dazu Rz 6) str.

21 Steht die Selbsthilfe-Einberufung rechtmäßig zu u ist die GV ordnungsgemäß einberufen worden, **hat die GV stattzufinden**.[58] Dies wird auch nicht dadurch vereitelt, dass die GF anschließend selbst eine GV – auch mit einem früheren Termin – einberufen haben (zu konkurrierenden Einberufungen vgl allg auch § 36 Rz 19).[59] Wird die GV v einer Minderheit allerdings **unrichtig**, zB mit Formalfehlern behaftet, selbst **einberufen**, gelten dennoch gefasste Beschlüsse grds als **anfechtbar**, sofern nicht alle Gesellschafter teilnehmen (vgl schon oben Rz 13).[60] Dies gilt auch, wenn die 14-tägige Frist nicht abgewartet wurde.[61] Nach der Jud gilt dies auch dann, wenn das erforderliche Quorum nicht erreicht wurde.[62] Leidet die Selbsthilfe-Einberufung jedoch an gravierenden Mängeln, die zur Annahme eines „Scheinbeschlusses" führen (zB Einberufung durch Unzuständige), geht die hA v nichtigen Beschlüssen aus (vgl allg § 41 Rz 20 ff, 35 ff).[63]

---

56 *Zollner* in FS Koppensteiner 369 (376); *Harrer* in Gruber/Harrer, GmbHG² § 37 Rz 11.
57 *Zollner* in FS Koppensteiner 369 (376).
58 *Enzinger* in Straube/Ratka/Rauter, GmbHG § 37 Rz 17.
59 OGH 16.6.1988, 6 Ob 12/68.
60 *Zollner* in FS Koppensteiner 369 (377).
61 OLG Wien 21.8.2012, 28 R 94/12t.
62 OGH 23.10.2015, 6 Ob 65/15z; der OGH lehnt eine Analogie zu den Nichtigkeitsbestimmungen des AktG ab; zust *Enzinger*, Besprechung zu OGH 6 Ob 65/15z, GesRZ 2016, 64.
63 OLG Wien 21.8.2012, 28 R 94/12t; *Koppensteiner/Rüffler*, GmbHG³ § 37 Rz 8; *Enzinger* in Straube/Ratka/Rauter, GmbHG § 37 Rz 14; ausf *Zollner* in FS Koppensteiner 369 (378). Anders OGH 23.10.2015, 6 Ob 65/15z.

Das Gesetz enthält keine Aussage darüber, ob aus dem Recht auf Einberufung einer GV auch die **Pflicht zur Teilnahme** der übrigen Gesellschafter oder gar **zur Fassung v Sachbeschlüssen** folgt. Dies richtet sich nach den allg Bestimmungen (s zur Treuepflicht allg § 61 Rz 30 ff u § 41 Rz 92 ff; vgl auch § 38 Rz 37). Unter Umständen kann aus der Treuepflicht der Gesellschafter die Verpflichtung zu einer Beschlussfassung abgeleitet werden, wenn diese im Interesse der Gesellschaft gelegen ist.[64] Für eine allg Verpflichtung zur Teilnahme u Beschlussfassung der Gesellschafter enthält der Wortlaut des § 37 jedoch keine Anhaltspunkte.[65] Insbesondere ein allfälliger Beschluss auf Vertagung oder Absetzung v der Tagesordnung ist in Hinblick auf Treuepflichten, die einen fairen u loyalen Umgang mit derartigen Anträgen verlangen, zu beurteilen.[66] Wird ein erforderliches Präsenzquorum nicht erreicht, greift § 38 Abs 7 zur Abhaltung einer Folgeversammlung. Ob diesfalls die Minderheit sofort selbst einberufen darf, oder der (nochmalige) Weg über § 37 Abs 1 zu beschreiten ist, ist str (vgl § 38 Rz 40).

C. Kosten

Durch die Abhaltung der GV entstehen der Gesellschaft Kosten: Kosten für die Einberufung, zB Porto- oder Botenkosten,[67] u Kosten für die Abhaltung selbst, zB Raumkosten oder Notarkosten. Ob die mit der Selbsthilfe-Einberufung verbundenen **externen Kosten** v der Gesellschaft zu tragen sind, entscheidet die GV. Ohnehin anfallende Kosten, zB anteilige Kosten für einen vorhandenen Besprechungsraum oder für vorhandenes Personal, können allenfalls als Schadenersatz bei rechtsmissbräuchlicher Ausübung des Einberufungsrechts geltend gemacht werden, andernfalls sind sie jedenfalls v der Gesellschaft zu tragen.[68] Die unmittelbar beim jew Gesellschafter angefallenen Kosten sind (wie auch sonst) v diesem selbst zu tragen.[69]

---

64 Vgl zB OGH 19.4.2012, 6 Ob 60/12k.
65 *Wünsch*, GesRZ 1998, 174; so jedoch mit Einschränkung offenbar *Harrer* in Gruber/Harrer, GmbHG² § 37 Rz 15 ff.
66 *Wünsch*, GesRZ 1998, 174 (182).
67 *Harrer* in Gruber/Harrer, GmbHG² § 37 Rz 13.
68 *Enzinger* in Straube/Ratka/Rauter, GmbHG § 37 Rz 19.
69 *Koppensteiner/Rüffler*, GmbHG³ § 37 Rz 9.

24 Für den Beschluss über den Kostenersatz ist **kein gesonderter Punkt auf der Tagesordnung** der GV erforderlich.[70] Sofern die Abhaltung der GV im Interesse der Gesellschaft liegt, ist der Minderheit ein **Kostenersatz** zuzusprechen. Die Betrachtung ist ex ante vorzunehmen.[71] Aus der gesellschaftlichen Treuepflicht kann sich ergeben, dass die Gesellschafter einen entspr Beschluss zu fassen haben.[72] Umgekehrt muss nicht jede GV, für die ein Einberufungsverlangen erfüllt wird, im Interesse der Gesellschaft liegen; uU kommen die GF trotz Zweifel dem Verlangen nach, um mögliche Haftungsfolgen zu vermeiden. Die betroffenen Minderheitsgesellschafter dürfen bei der Abstimmung ihr **Stimmrecht** ausüben.[73] Ein entgegen der Treuepflicht abl Beschluss ist anfechtbar.[74]

25 Wenn kein Beschluss über die Kostentragung gefasst wird, hat die antragstellende Minderheit die externen Kosten der GV zu tragen. Auch ohne Beschluss wird allerdings eine direkte Leistungsklage gegen die Gesellschaft, gestützt auf § 1042 ABGB, für zulässig gehalten.[75]

§ 38. (1) ¹Die Berufung der Versammlung ist in der durch den Gesellschaftsvertrag bestimmten Form zu veröffentlichen, in Ermanglung einer solchen Festsetzung den einzelnen Gesellschaftern mittels rekommandierten Schreibens bekanntzugeben. ²Zwischen dem Tage der letzten Verlautbarung oder der Aufgabe der Sendung zur Post und dem Tage der Versammlung muß mindestens der Zeitraum von sieben Tagen liegen.

(2) ¹Der Zweck der Versammlung (Tagesordnung) ist bei der Berufung möglichst bestimmt zu bezeichnen. ²Bei beabsichtigten Änderungen des Gesellschaftsvertrages ist deren wesentlicher Inhalt anzugeben.

---

70 *Baumgartner/Mollnhuber/U. Torggler* in Torggler, GmbHG § 37 Rz 10.
71 So auch *Harrer* in Gruber/Harrer, GmbHG² § 37 Rz 13.
72 *Koppensteiner/Rüffler*, GmbHG³ § 37 Rz 9; *Enzinger* in Straube/Ratka/Rauter, GmbHG § 37 Rz 20; aA *Gellis/Feil*, GmbHG⁷ § 37 Rz 10.
73 *Enzinger* in Straube/Ratka/Rauter, GmbHG § 37 Rz 20; *Gellis/Feil*, GmbHG⁷ § 37 Rz 10; aA *Baumgartner/Mollnhuber/U. Torggler* in Torggler, GmbHG § 37 Rz 10.
74 *Koppensteiner/Rüffler*, GmbHG³ § 37 Rz 9; vgl auch *Baumgartner/Mollnhuber/U. Torggler* in Torggler, GmbHG § 37 Rz 10.
75 *Enzinger* in Straube/Ratka/Rauter, GmbHG § 37 Rz 21 mit Verweis auf die dhL.

(3) Gesellschafter, deren Stammeinlagen den zehnten Teil oder den im Gesellschaftsvertrage hiefür bestimmten geringeren Teil des Stammkapitals erreichen, haben das Recht, in einer von ihnen unterzeichneten Eingabe unter Anführung der Gründe zu verlangen, daß Gegenstände in die kundzumachende Tagesordnung der nächsten Generalversammlung aufgenommen werden, wenn sie dieses Begehren spätestens am dritten Tage nach dem im Absatze 1 bezeichneten Zeitpunkte geltend machen.

(4) [1]Ist die Versammlung nicht ordnungsgemäß berufen oder ein Gegenstand zur Beschlußfassung gestellt, dessen Verhandlung nicht wenigstens drei Tage vor der Versammlung in der für die Berufung vorgeschriebenen Weise angekündigt wurde, so können Beschlüsse nur gefaßt werden, wenn sämtliche Gesellschafter anwesend oder vertreten sind. [2]Diese Voraussetzungen sind jedoch nicht erforderlich für den in einer Versammlung beantragten Beschluß auf Berufung einer neuerlichen Versammlung.

(5) Zur Stellung von Anträgen und zu Verhandlungen ohne Beschlußfassung bedarf es der Ankündigung nicht.

(6) Zur Beschlußfähigkeit der Versammlung ist, insofern das Gesetz oder der Gesellschaftsvertrag nichts anderes bestimmt, erforderlich, daß wenigstens der zehnte Teil des Stammkapitals vertreten ist.

(7) Im Falle der Beschlußunfähigkeit einer Versammlung ist unter Hinweis auf deren Beschlußunfähigkeit eine zweite Versammlung zu berufen, die auf die Verhandlung der Gegenstände der früheren Versammlung beschränkt und, wenn der Gesellschaftsvertrag nichts anderes bestimmt, ohne Rücksicht auf die Höhe des vertretenen Stammkapitals beschlußfähig ist.

idF BGBl 1991/10

Literatur: *Aburumieh/Hoppel*, Die streitige Gesellschafterversammlung, in Adensamer/Mitterecker (Hg), HB GesStreit (2021) 185; *Aburumieh/Trettnak*, Deadlock bei Joint Ventures, GesRZ 2007, 323; *Fantur*, Keine Generalversammlung in der Rechtsanwaltskanzlei eines Gesellschafter-Vertreters?, GES 2017/8, 405; *Fantur*, Analoge Ausdehnung des gesetzlichen Stimmverbotes von GmbH-Gesellschaftern, 6 Ob 191/18h, GES 2019/1, 19; *Feltl*, Wankelmut tut selten gut: Zur nachträglichen Modifikation von Ergebnisverwendungsbeschlüssen im Recht der GmbH, GesRZ 2018, 142; *Frenzel*, Die Verletzung von Präsenzquoren bei Beschlussfassungen in der GmbH, GES 2016, 209; *Frenzel*, Dringende Maßnahmen der Geschäftsführung und eilende Gesellschafterbeschlüsse in der GmbH (II), ecolex 2017, 676; *Haglmüller*, Die Ergänzung der Tagesordnung gemäß § 38 Abs 3 GmbHG, GesRZ 2015, 92; *Harrer*, Die Überprüfung von Beschlüssen durch die Generalversammlung, GesRZ 2019, 6; *Karollus*, Einberufung der Gesellschafterversammlung durch die Gesellschafter, RdW 1995, 4; *Koppensteiner*, Satzungsdurchbrechende Beschlüsse in der GmbH, wbl 2020, 552; *Ch. Nowotny*, Folgeeinberufung mangels Erfüllung des Präsenzquorums, RdW 1998, 177; *Ch. Nowotny*, Neue Medien und Gesellschaftsrecht, in FS Krejci (2001) 771; *Pelinka/Bertsch*, Bedeutungsloses Präsenzquorum bei der GmbH? ecolex 2019, 45; *Pflug/Weber*, Die zerstrittene Generalversammlung, GesRZ 2017, 277; *J. Reich-Rohrwig*, Beschlussunfähigkeit der GmbH-Generalversammlung, Stimmrechtsausschluss und Leiter der Generalversammlung, GesRZ 2020, 229; *Schörghofer/Mitterecker*, Die streitige virtuelle Generalversammlung, GES 2020, 191; *Steiner*, Die Einberufung der Generalversammlung durch den abberufenen Geschäftsführer, GES 2018, 116; *Stern*, Präsenzquoren für Hauptversammlungen einer Aktiengesellschaft – versteckte Vetorechte? GesRZ 1998, 196.

Inhaltsübersicht

I. Einberufung der Generalversammlung	1–16
A. Form (Abs 1 S 1)	1–3
B. Adressaten	4–6
C. Frist (Abs 1 S 2)	7–9
D. Inhalt (Abs 2)	10–14
E. Schikaneverbot	15, 16
II. Tagesordnung und Ergänzung	17–28
A. Festlegung und Ergänzung durch Einberufungsorgan	17–22
1. Inhalt (Abs 4 TS 1)	17–20
2. Frist u Form (Abs 4 TS 1)	21, 22
B. Ergänzung durch Minderheit (Abs 3)	23–26
1. Form und Inhalt	23
2. Frist	24–26
C. Maßnahmen ohne Ankündigung (Abs 4 S 2, Abs 5)	27, 28
III. Fehlerfolgen und Vollversammlung (Abs 4 TS 2)	29–32
A. Beschlussmängel	29, 30
B. Vollversammlung	31, 32
IV. Abberaumung und Vertagung	33, 34
V. Beschlussfähigkeit (Abs 6, 7)	35–41
A. Präsenzquorum – Erstversammlung	35–37
B. Folgeversammlung – Kein Präsenzquorum	38–41

I. Einberufung der Generalversammlung

A. Form (Abs 1 S 1)

Wenn der GesV nichts Gegenteiliges bestimmt, sind die Gesellschafter in **1** Form eines **Einschreibbriefes** (Rückschein nicht erforderlich)[1] zur GV zu laden. Gleichwertig ist die Zustellung über Botendienst mit Absende- (praktisch noch besser, aber rechtlich nicht erforderlich: Zustell-) Nachw, die persönliche Übergabe an den Empfänger oder die nicht eingeschriebene Versendung, wenn die Einladung tatsächlich zugeht (aber: Nachweisproblem!).[2] Bei der gesetzl vorgesehenen Form (zu möglichen Vereinfachungen s Rz 2) der Einberufung ist str, ob Unterfertigung erforderlich ist.[3] Jedenfalls muss aber das Einberufungsorgan ersichtlich sein (zur Einberufung durch die Gesellschafterminderheit gem § 37 Abs 2 vgl § 37 Rz 17).

Im GesV können **vereinfachte** Formen der Einberufung vorgesehen **2** werden,[4] solange nicht die Teilnahmerechte beeinträchtigt werden;[5] denkbar ist zB Einberufung per E-Mail.[6] Auch eine **strengere** Form wäre denkbar.[7] Bei der Regelung einer vereinfachten Form sollte va auf die streitige Situation Rücksicht genommen werden; trotz aller Erleichterungen sollte die tatsächliche Zustellung u die Nachweisbarkeit derselben gesichert sein.

Auf die **Einhaltung** der Form kommt es **nicht** mehr an, wenn fest- **3** steht, dass alle Adressaten rechtzeitig v Ort, Zeit u Tagesordnung der

---

[1] *Baumgartner/Mollnhuber/U. Torggler* in Torggler, GmbHG § 38 Rz 3. Zweck ist der Nachw des ordnungsgemäßen Beförderungsvorgangs, vgl OGH 28.9.1989, 7 Ob 675/89; 29.1.1985, 1 Ob 711/84, GesRZ 1985, 36.
[2] Vgl dazu auch *Harrer* in Gruber/Harrer, GmbHG² § 38 Rz 11.
[3] UE zu Recht gegen Unterfertigung etwa *Enzinger* in Straube/Ratka/Rauter, GmbHG § 38 Rz 8; *Ch. Nowotny* in FS Krejci 771 (774); anders *Harrer* in Gruber/Harrer, GmbHG² § 38 Rz 11.
[4] Grds ist die Einführung solcher durch GesV-Änderung mit Dreiviertelmehrheit möglich, vgl *Ch. Nowotny* in FS Krejci 771 (774 f).
[5] *Aburumieh/Hoppel* in Adensamer/Mitterecker, HB GesStreit, Rz 6/7.
[6] *Enzinger* in Straube/Ratka/Rauter, GmbHG § 38 Rz 8, 43; *Ch. Nowotny* in FS Krejci 771 (774).
[7] *Enzinger* in Straube/Ratka/Rauter, GmbHG § 38 Rz 41, 43.

Versammlung Kenntnis hatten (str),[8] jedenfalls aber dann, wenn alle Gesellschafter in der GV erscheinen (Vollversammlung, vgl Rz 31).

B. Adressaten

4   Zu laden sind grds **sämtliche Gesellschafter** (die Gesellschaftereigenschaft richtet sich nach § 78,[9] vgl § 78 Rz 3 ff u § 34 Rz 10) bzw deren gesetzl Vertreter (zB Insolvenzverwalter)[10], dh auch nicht stimmberechtigte.[11] Strittig[12] ist, ob auch nicht teilnahmeberechtigte Gesellschafter (vgl dazu § 34 Rz 8, dies ist ohnedies nur in engen Grenzen denkbar) zu laden sind; uE sprechen die besseren Gründe dafür, auch diese Gesellschafter förmlich zu laden.[13]

5   Die Ladung erfolgt an die **zuletzt bekannt gegebene Adresse**.[14] Ist eine solche nicht bekannt, dh ist der Gesellschafter unbekannten Aufenthalts, kommt die Bestellung eines Abwesenheitskurators in Betracht. Ist die Adresse demgegenüber falsch, ist die Einladung jedenfalls dann wirksam, wenn die Zustellung an die zuletzt bekannt gegebene Adresse auch im GesV als Zustellmodalität vorgesehen war (vgl dazu

---

8   *Koppensteiner/Rüffler*, GmbHG³ § 38 Rz 4; vgl iZm der Relevanztheorie (vgl Rz 29) auch OGH 23.10.2015, 6 Ob 65/15z; **aA** *Harrer* in Gruber/Harrer, GmbHG² § 38 Rz 12.

9   Grds FB-Eintragung maßgeblich, ein neuer Gesellschafter kann aber schon zur Stimmrechtsausübung zugelassen u daher auch geladen werden, vgl OGH 18.2.2010, 6 Ob 1/10f.

10 *Enzinger* in Straube/Ratka/Rauter, GmbHG § 38 Rz 6. Bei rechtsgeschäftlicher Vertretung ist unklar, ob die Ladung an den Gesellschafter, vertreten durch den Bevollmächtigten, zu richten ist (so *Koppensteiner/Rüffler*, GmbHG³ § 38 Rz 3 mit Hinweis auf abw d M); aus Praktikabilitätserwägungen heraus u um Anfechtungsrisiken zu vermeiden, wäre uE Ladung an beide sinnvoll, so auch *Harrer* in Gruber/Harrer, GmbHG² § 38 Rz 8.

11 *Enzinger* in Straube/Ratka/Rauter, GmbHG § 38 Rz 6. Für diese soll nach OGH 20.3.1986, 6 Ob 541/86 Angabe der Tagesordnung entbehrlich sein, dem tritt die L zu Recht entgegen, vgl etwa *Enzinger* in Straube/Ratka/Rauter, GmbHG § 38 Rz 16 aE; *Koppensteiner/Rüffler*, GmbHG³ § 38 Rz 5 aE.

12 Vgl die Nachw bei *Baumgartner/Mollnhuber/U. Torggler* in Torggler, GmbHG § 38 Rz 2.

13 Für förmliche Ladung, aber auch mit Hintergrund des Informationsinteresses des nicht teilnahmeberechtigten Gesellschafters: *Enzinger* in Straube/Ratka/Rauter, GmbHG § 38 Rz 6; gegen Ladung *Koppensteiner/Rüffler*, GmbHG³ § 38 Rz 3.

14 *Baumgartner/Mollnhuber/U. Torggler* in Torggler, GmbHG § 38 Rz 3.

auch § 41 Rz 36) u dem Einberufungsorgan (vgl dazu § 36 Rz 7 ff) nicht tatsächlich eine andere Adresse des Gesellschafters bzw die Unmöglichkeit der Zustellung bereits im Vorfeld bekannt war.[15] Die Anforderungen an das Einberufungsorgan sollten nicht überspannt werden; es liegt doch auch in der Eigenverantwortung eines Gesellschafters, eine zustellfähige Anschrift bekannt zu geben, auch dann, wenn eine solche Verpflichtung nicht ausdrücklich im GesV vorgesehen ist. Eine Recherche des GF über die aktuelle Anschrift der Gesellschafter ist daher nur im zumutbaren Rahmen geboten.[16]

Unklar ist, ob sonstige, nicht kraft Mitgliedschaft teilnahmeberechtigte/teilnahmeverpflichtete Personen (zB AR, GF, vgl dazu § 34 Rz 7) formal zur GV zu **laden** sind,[17] oder aber **formlose** Information binnen angemessener Frist vor der GV[18] ausreichend ist. Um Anfechtungsrisiken wegen einer solchen Formalie hintanzuhalten, sollten uE auch diese Personen – insb in str Situationen – förmlich geladen werden.

C. Frist (Abs 1 S 2)

Gemäß Abs 1 S 2 müssen zw dem Tag der letzten Verlautbarung oder der Aufgabe der Sendung zur Post u dem Tag der Versammlung **mind sieben Tage** (nicht unbedingt Werktage) liegen. Wird daher zB die Einberufung am Tag T0, zB am 1.8., zur Post gegeben, kann frühestens am Tag T8, zB 9.8., die GV abgehalten werden (dh sieben Tage, daher T1 bis T7, müssen **dazwischen frei bleiben**); dies sollte auch gelten (str!), wenn der 1.8. ein Sonntag (zB bei Zulassung v Email bei Einberufung, vgl Rz 2) war (keine Geltung v § 903 S 3 ABGB).[19]

---

15 Vgl zu alledem auch *Enzinger* in Straube/Ratka/Rauter, GmbHG § 38 Rz 7.
16 *Harrer* in Gruber/Harrer, GmbHG² § 38 Rz 6; strenger *Enzinger* in Straube/Ratka/Rauter, GmbHG § 38 Rz 7. UE meinen aber *Ch. Nowotny* in Kalss/Nowotny/Schauer, GesR² Rz 4/285 u OGH 13.7.1982, 2 Ob 531/82, HS 12.386 – auf welche *Enzinger* verweist – etwas anderes (keine schikanöse Einladung, dh Ladung im Wissen eines Auslandsaufenthalts des abzuberufenden Gesellschafter-GF), vgl dazu Rz 15 f.
17 So *Koppensteiner/Rüffler*, GmbHG³ § 38 Rz 3 u *Enzinger* in Straube/Ratka/Rauter, GmbHG § 38 Rz 25.
18 So *Baumgartner/Mollnhuber/U. Torggler* in Torggler, GmbHG § 38 Rz 5.
19 Wie hier: *Baumgartner/Mollnhuber/U. Torggler* in Torggler, GmbHG § 38 Rz 4 aE mit umfassenden Nachw auch zur ggt M; für Geltung v § 903 S 3 ABGB offenbar *Enzinger* in Straube/Ratka/Rauter, GmbHG § 38 Rz 9.

8 Bei Einberufung der **oGV** verlängert sich – aufgrund der Möglichkeit zur Bucheinsicht im Vorfeld dieser (vgl § 22 Rz 33 ff) – uE (str)[20] die Einberufungsfrist nicht auf 14 Tage vor der GV (vgl aber die aA in § 22 Rz 35 aE). Nur für das Recht auf Bucheinsicht muss die Frist gem § 22 Abs 2 (vgl § 22 Rz 35) zur Verfügung stehen. Es könnten daher die GF auch den JA unter Hinweis auf die demnächst stattfindende GV u das Einsichtsrecht an die Gesellschafter versenden u die GV innerhalb der sonst geltenden Frist des § 38 (vgl Rz 7) einberufen.

9 Die gesetzl Frist ist eine **Mindestfrist**. Die Frist ist **gesv** verlängerbar, nicht aber verkürzbar. Auf die Einhaltung der Frist kann (im Einzelfall) **verzichtet** werden.[21] Ohne Verzicht ist aber auch bei **Gefahr im Verzug** die Frist einzuhalten (vgl zur Problematik der Unverzüglichkeit bei Beschlussfassung iZm der Entlassung eines GF § 16 Rz 50).[22] Ist einem Gesellschafter die Teilnahme in einem bestimmtem Zeitraum bekanntermaßen nicht möglich oder unzumutbar, darf für diesen Zeitraum nicht einberufen werden (vgl noch Rz 15 f).[23] Sonstige subjektive, nur bei einem Gesellschafter liegende Umstände (zB interne Schwierigkeiten) gebieten keine Fristverlängerung.[24] Zur Einberufungsfrist iZm mit dem Minderheitsrecht gem § 37 Abs 1 (Verlangen auf Einberufung einer GV) vgl § 37 Rz 11; hier kann die Einhaltung einer zu langen Frist problematisch sein.

D. Inhalt (Abs 2)

10 In der Einberufung anzugeben sind:
– das Einberufungsorgan (vgl oben Rz 1),
– Zeit u Ort der GV, bei virtuellen Versammlungen sind zusätzliche Angaben (organisatorische u technische Voraussetzungen) anzugeben,

---

20 **AA** (also für Verlängerung der Frist) etwa *Unger* in Straube/Ratka/Rauter, GmbHG § 22 Rz 30.
21 OGH 7. 4. 1925, Ob III 194/25, SZ 7/122; *Enzinger* in Straube/Ratka/Rauter, GmbHG § 38 Rz 9; *Haglmüller*, GesRZ 2015, 92 (93).
22 Vgl dazu *Bankler* in Reich-Rohrwig/Ginthör/Gratzl, HB GV² Rz 2.15, der mit Hinweis auf die Treuepflicht bei Dringlichkeit die Möglichkeit der Fristverkürzung fordert; **dagegen** *Frenzel*, ecolex 2017, 676 (678), der jedoch uU eine Pflicht zur Teilnahme an der Erstversammlung vorsieht.
23 *Koppensteiner/Rüffler*, GmbHG³ § 38 Rz 7 überlegen diesfalls eine Fristverlängerung; das ist uE nicht zutr, die Frage der Einberufungsfrist ist uE v der Frage des Ansetzens des GV-Termins zu trennen.
24 OGH 29. 1. 1981, 7 Ob 507/81.

- der Zweck der Versammlung (vgl Rz 11 ff, zur **Tagesordnung** vgl Rz 17 ff),
- sinnvollerweise: Klare Bezeichnung der Gesellschaft (Fa, vgl auch § 41 Rz 36) u die Tatsache, dass zu einer GV einberufen wird.[25]

Gemäß § 38 Abs 2 ist der **Zweck der Versammlung** bei der Berufung möglichst bestimmt zu bezeichnen; das Gesetz spricht hier v *„Tagesordnung"*, meint diese aber nicht unbedingt (vgl sogleich). Die Angabe des Zwecks der Versammlung dient der Vorbereitung der Gesellschafter auf die Beratung u Beschlussfassung in der GV.[26] Gemäß § 38 Abs 4 S 1 ist es aber ausreichend, die Gegenstände der Beschlussfassung spätestens **drei Tage vor der GV** bekannt zu machen (vgl Rz 21). Das bedeutet, dass bereits in der Einladung zur GV die in Rz 10 genannten Inhalte jedenfalls anzugeben sind. Dies gilt aber eben nicht für die einzelnen Beschlussgegenstände; diese sind nicht im Detail anzugeben, lediglich der **allg Zweck** der GV ist in der Einladung zu umschreiben. 11

Gemäß Abs 2 S 2 ist bei beabsichtigter **GesV-Änderung** deren wesentlicher Inhalt anzugeben (vgl dazu noch Rz 19). Obwohl diese Vorgabe in Abs 2, u daher iZm der Einberufung, erwähnt wird, ist es uE dennoch möglich, auch GesV-Änderungen erst innerhalb der Frist gem Abs 4 S 1 anzukündigen. 12

Es ist daher denkbar, innerhalb der Frist des **Abs 4 S 1** (vgl dazu Rz 21) überhaupt erst die vollständige, **eigentliche Tagesordnung** im Detail nachzureichen, oder – falls diese schon in der Einberufung enthalten ist (was praktisch meistens der Fall ist) – entspr zu ergänzen, dh weitere Beschlussgegenstände anzukündigen.[27] Wenn in der Einberufung daher noch gar kein Tagesordnungspunkt festgelegt wird, sollte jedenfalls dennoch schon der Zweck der Versammlung angekündigt worden sein, sodass eine sinnvolle Vorbereitung möglich ist (vgl Rz 11). 13

Im **GesV** wird zumeist geregelt, dass die Einberufung mit der Tagesordnung zu verknüpfen ist. Im Fall einer derartigen Regelung muss schon die ursprüngliche Einberufung die Tagesordnung enthalten. Dennoch ist eine Ergänzung gem Abs 4 unter Einhaltung der dort bestimmten Frist möglich, außer dies wurde im GesV ausdrücklich aus- 14

---

25 Vgl dazu *Bankler* in Reich-Rohrwig/Ginthör/Gratzl, HB GV² Rz 2.7.
26 *Harrer* in Gruber/Harrer, GmbHG² § 38 Rz 15.
27 *Thierrichter* in Reich-Rohrwig/Ginthör/Gratzl, HB GV² Rz 2.75, 2.81, 2.86; *Koppensteiner/Rüffler*, GmbHG³ § 38 Rz 5, 10.

geschlossen. Jedenfalls kann das Recht nach Abs 3, zusätzliche Tagesordnungspunkte zu verlangen, als Teil des Minderheitenschutzregimes nicht abbedungen werden.

E. Schikaneverbot

15 Einladungen zur GV haben unter Beachtung der Grundsätze v Treu u Glauben zu erfolgen. Bei Wahl des Orts (vgl auch § 36 Rz 4) u Termins ist auf die Interessen der Gesellschafter Bedacht zu nehmen (allg Treuepflicht).[28] Berechtigte Interessen der Mitgesellschafter sind zur Ermöglichung der Ausübung des Stimmrechts in der GV zu berücksichtigen.[29] Termin u Ort sind daher möglichst so zu wählen, dass alle Gesellschafter teilnehmen können.[30] Die GV soll „*nicht zu einem Zeitpunkt angesetzt werden, an dem bekanntermaßen Gesellschafter nicht anwesend sein werden*",[31] dh zu einem Zeitpunkt, zu dem ihnen die Teilnahme unmöglich oder zumindest unzumutbar (zB Auslandsaufenthalt, Krankheit) ist.[32] In Fällen besonderer Dringlichkeit müssen die Teilnahme- u Vorbereitungsinteressen einzelner Gesellschafter allerdings zurückstehen.[33]

16 Die Einladung an einen „*bekanntermaßen abwesenden Gesellschafter, der also hiervon nicht rechtzeitig Notiz nehmen kann, entspricht als Einhaltung einer leeren Form nicht dem Gesetz*".[34] Auch kann es – zumindest in der Zwei-Personen-GmbH – problematisch sein, die GV an einem anderen als v den Gesellschaftern vorab bekanntgegebenen Terminen anzuberaumen, insb dann, wenn die Einberufung nicht separat erfolgt, sondern – etwa in einem Konvolut „*monthly correspondence*" –

---

28 OGH 19.4.2012, 6 Ob 60/12k; vgl dazu auch *Harrer* in Gruber/Harrer, GmbHG² § 38 Rz 9; s auch *Aburumieh/Hoppel* in Adensamer/Mitterecker, HB GesStreit, Rz 6/26 f.
29 OGH 19.4.2012, 6 Ob 60/12k.
30 Vgl *Baumgartner/Mollnhuber/U. Torggler* in Torggler, GmbHG § 38 Rz 6. Es ist daher etwa bei ausländischen Gesellschaftern die Anreise aus dem Ausland (gegenst: Niederlande) entspr zu berücksichtigen, vgl OGH 19.4.2012, 6 Ob 60/12k.
31 RIS-Justiz RS0059692. Vgl auch *Bankler* in Reich-Rohrwig/Ginthör/Gratzl, HB GV² Rz 2.12.
32 *Koppensteiner/Rüffler*, GmbHG³ § 38 Rz 7; OGH 13.7.1982, 2 Ob 531/82, HS 12.386.
33 *Koppensteiner/Rüffler*, GmbHG³ § 38 Rz 7.
34 RIS-Justiz RS0059965.

gleichsam „*untergeschoben*" wird.[35] Vgl zu alledem auch § 41 Rz 71 u § 37 Rz 11.

II. Tagesordnung und Ergänzung

A. Festlegung und Ergänzung durch Einberufungsorgan

1. Inhalt (Abs 4 TS 1)

Die **Tagesordnung** ist **möglichst genau** anzugeben, sodass die Gesellschafter zur Einschätzung der Tragweite u zur erforderlichen Vorbereitung erkennen können, worum es geht, sodass sie entscheiden können, ob es für die Wahrung ihrer Interessen erforderlich ist, bei der GV anwesend oder vertreten zu sein u dass sie sich so vorbereiten können, dass sie in der GV eine informierte E treffen können. Die Gesellschafter sollen auch soweit informiert werden, dass sie einen Bevollmächtigten bestellen können u diesem sinnvolle Anweisung geben können. Dies geht jedoch nicht so weit wie im Aktienrecht, dass Beschlussvorschläge vorgelegt werden müssen (vgl auch Abs 5), uzw auch nicht bei GesV-Änderungen (vgl dazu Rz 19).[36] Das Gebot möglichst präziser Umschreibung der Tagesordnungspunkte ist, auch aus Gründen des Minderheitenschutzes, als **zwingend** aufzufassen (zum Verzicht im Einzelfall durch Gesellschafter vgl aber Rz 9).[37] Zum Verhältnis der Regelung des Abs 4 zu Abs 2 vgl schon Rz 11, 13.

17

---

35 OGH 19.4.2012, 6 Ob 60/12k: Der E lag ein SV zugrunde, in dem die Vertreterin der klagenden Partei aus den Niederlanden anreisen musste; dessen ungeachtet fand die GV – obwohl die Gesellschaft lediglich zwei Gesellschafter hatte – an einem anderen als den v der klagenden Partei zuvor bekanntgegebenen Terminen statt. Zudem erfolgte die Einberufung nicht separat, sondern war in einem Konvolut „*monthly correspondence*" enthalten. Schließlich wurde in der Einladung zur erstreckten GV nicht auf die Beschlussunfähigkeit der ersten Versammlung hingewiesen.
36 *Thierrichter* in Reich-Rohrwig/Ginthör/Gratzl, HB GV[2] Rz 2.76 mwN; zB auch OGH 1.8.2003, 1 Ob 165/03a; RIS-Justiz RS0059753; auch im Aktienrecht ist die HV zu den meisten Tagesordnungspunkten (Ausnahme zB Wahlen in den AR) allerdings nicht an die zuvor veröffentlichten Beschlussvorschläge gebunden, einzelne Aktionäre können auch in der HV noch Anträge stellen.
37 OGH 1.8.2003, 1 Ob 165/03a. Anders zum Abweichen v der angekündigten Tagesordnung durch den Mehrheitsgesellschafter, wenn der Minderheitsgesellschafter einem Stimmverbot unterliegt OGH 20.3.1986, 6 Ob 541/86.

18 Was „ausreichend" ist, ist eine Einzelfall-Entscheidung, die Praxis ist kasuistisch; der Zweck der Vorschrift (Schutz vor Überraschungen u adäquate Vorbereitung, u nicht das Hervorreizen v Anfechtungsklagen aufgrund formalistischer Fehler[38]) sollte dabei im Auge behalten werden. **Bsp**: Ankündigung einer Wahl deckt nicht Abberufung;[39] ein Hinweis auf den wichtigen Grund bei einer Abberufung ist nicht erforderlich, der Abzuberufende muss in der Tagesordnung nicht namentlich bezeichnet sein;[40] ist er dies, deckt die Formulierung auch nur die Abberufung der genannten Person; die Ankündigung der Abberufung eines GF deckt nicht den Beschluss über die Erweiterung der Vertretungsbefugnis des anderen GF (v kollektiver zu Einzelvertretung);[41] der Rücktritt eines GF ist in der Tagesordnung anzukündigen, es sei denn, der Rücktritt wird ohnedies gegenüber allen Gesellschaftern erklärt (vgl § 16a Abs 2 S 1; s dazu § 16a Rz 5); die Ankündigung zur Entlastung u Genehmigung des JA deckt auch den Beschluss einer Sonderprüfung (vgl § 45 Rz 18); *„Erörterung des Ergebnisses der Sonderprüfung"* deckt einen Beschluss über die Geltendmachung v Ersatzansprüchen (zu diesem vgl § 35 Rz 87 ff; vgl auch § 47 Rz 9);[42] aber *„Erörterung der Bilanz"* soll nicht für Feststellung des JA reichen;[43] *„Änderungen im AR"* deckt uU nicht Wahl des AR, schon gar nicht rückwirkend (so dies überhaupt funktioniert, vgl dazu § 30b Rz 7, 23);[44] Ankündigung v *„Wahlen in den AR"* (vgl auch § 30b Rz 1) oder *„Bestellung v GF"*[45] reicht aber, Namensnennung ist nicht erforderlich[46] u uU nicht sinnvoll (würde Beschlussantrag auf die genannte[n] Person[en] einschränken, s schon oben);[47] Ungewöhnlichkeit einer Maßnahme[48] u Eingriff in Individualrechte eines Gesellschafters – zB bei Einführung v Vinkulierungsklauseln[49] – müssen klar hervorgehen; jedenfalls zu unbestimmt ist Be-

---

38 *Thierrichter* in Reich-Rohrwig/Ginthör/Gratzl, HB GV² Rz 2.80.
39 OGH 30.5.1974, 6 Ob 8/74; 9.1.1925, Ob II 879/24, SZ 7/4.
40 *Enzinger* in Straube/Ratka/Rauter, GmbHG § 38 Rz 14.
41 RIS-Justiz RS0059801.
42 ZB *Enzinger* in Straube/Ratka/Rauter, GmbHG § 38 Rz 14.
43 *Enzinger* in Straube/Ratka/Rauter, GmbHG § 38 Rz 13 aE.
44 OGH 1.8.2003, 1 Ob 165/03a.
45 Vgl *Baumgartner/Mollnhuber/U. Torggler* in Torggler, GmbHG § 38 Rz 8 mit Nachw aus Rsp.
46 OGH 29.1.1981, 7 Ob 507/81.
47 *Thierrichter* in Reich-Rohrwig/Ginthör/Gratzl, HB GV² Rz 2.79.
48 OGH 1.8.2003, 1 Ob 165/03a.
49 *Baumgartner/Mollnhuber/U. Torggler* in Torggler, GmbHG § 38 Rz 8.

schlussfassung unter „*Allfälliges*".[50] Vgl zu alledem auch § 41 Rz 72. Die geforderten Informationen müssen aus der Tagesordnung klar hervorgehen; das bedeutet ua, dass die Themen auszuschreiben sind, bloße Angabe v Paragraphennummern (bei GesV-Änderung) reicht nicht aus (s Rz 19).[51] Gegebenenfalls kann die einer GV vorangehende Korrespondenz für die nähere Determinierung der Tagesordnung ausreichend sein.[52] Bei Einberufung der GV durch die Minderheit muss die Beschlussfassung über die Kostentragung (vgl § 37 Abs 2 S 2) nicht gesondert angekündigt werden (vgl § 37 Rz 24).

Bei **GesV-Änderungen** ist deren wesentlicher Inhalt anzugeben (vgl Abs 2 S 2, s oben Rz 12). Es reicht nicht aus, nur die zu ändernde Bestimmung (also Bezeichnung v deren Überschrift) anzugeben, sondern es ist der wesentliche Inhalt der Änderung mitzuteilen.[53] Bei Neufassung des GesV reicht die Übermittlung der Neufassung des GesV jedenfalls aus (ohne zusätzliche Erörterungen); auch Abweichungen zu diesem Wortlaut können wirksam in der GV (auch wenn nicht angekündigt) beschlossen werden (vgl zu alledem auch § 41 Rz 72).[54] Besondere Erfordernisse bestehen bei Kapitalerhöhung (Angabe des Volumens, eines allfälligen Bezugsrechtsausschlusses, einer Sacheinlage, vgl § 52 Rz 5) u spiegelbildlich auch bei Kapitalherabsetzung.[55] **19**

Die Vorlage **ergänzender Informationen** mit der Tagesordnung kann im Einzelfall geboten sein (zB bei Behandlung des Berichts eines Sonderprüfers Beilage desselben, vgl § 47 Rz 10; bei Einberufung der GV wegen Verlust des halben Stammkapitals Beilage des Zahlenwerks, vgl § 36 Rz 33), eine diesbzgl GesV-Klausel könnte sinnvoll sein.[56] Maßstab ist die Frage, ob die Gesellschafter ausreichende Unterlagen erhalten haben, um sich auf die GV so vorzubereiten, dass sie eine informierte E treffen können. Für bestimmte Umgründungen ist die ergänzende **20**

---

50 Vgl dazu u zu weiteren Bsp etwa *Thierrichter* in Reich-Rohrwig/Ginthör/Gratzl, HB GV² Rz 2.79; *Enzinger* in Straube/Ratka/Rauter, GmbHG § 38 Rz 13 f.
51 *Gellis/Feil*, GmbHG⁷ § 38 Rz 5.
52 Vgl OGH 24.7.2019, 6 Ob 119/19x.
53 *Enzinger* in Straube/Ratka/Rauter, GmbHG § 38 Rz 4; OGH 1.8.2003, 1 Ob 165/03a (zur Einführung einer Vinkulierung).
54 OGH 19.12.1991, 8 Ob 595/90, 596/90. Vgl auch *Thierrichter* in Reich-Rohrwig/Ginthör/Gratzl, HB GV² Rz 2.78, 2.77 FN 596.
55 *Enzinger* in Straube/Ratka/Rauter, GmbHG § 38 Rz 14 aE.
56 *Harrer* in Gruber/Harrer, GmbHG² § 38 Rz 16, 33; *Aburumieh/Hoppel* in Adensamer/Mitterecker, HB GesStreit, Rz 6/8.

Informationserteilung gesetzl vorgesehen (vgl zur Verschmelzung § 97 Rz 2 ff);[57] zur Frage der analogen Anwendung bei Gesamtvermögensveräußerung s § 35 Rz 5). Zur Frage der Zusendung derartiger ergänzender Informationen (iZm Verschmelzung) an sonstige, in der GV teilnahmeberechtigte Personen (zur Ladung vgl schon Rz 6) vgl bei § 97 Rz 1 FN 1.

2. Frist u Form (Abs 4 TS 1)

21 Für die Ankündigung (bzw allenfalls Ergänzung, vgl Rz 13) v Beschlussgegenständen durch das ursprüngliche Einberufungsorgan (vgl auch Rz 22 aE) reicht der Zugang beim Gesellschafter (hier ist, anders als bei Einberufung, die **Absendung nicht fristwahrend!** [str])[58] in derselben Form wie die Einberufung (vgl Rz 1 ff)[59] spätestens **drei Tage vor der GV**, also bei Absendung der Einberufung am Tag T0 u Termin der GV am Tag T8: Einlangen der Ergänzung beim Gesellschafter am Tag T4 bzw – nach der hier vertretenen M – T5 (s sogleich).[60] Die Lit[61] verweist auf die analoge Anwendung der Fristberechnungsregel gem Abs 1, sodass zw dem Tag der Kundmachung der (ergänzten) Tagesordnung u der GV mind drei **volle** Tage liegen müssten, zB GV am 15.9. (T8), Zugang der Tagesordnung daher spätestens am 11.9. (T4). Unseres Erachtens ist der Gesetzeswortlaut anders zu lesen, nämlich, dass der Zugang **spätestens am dritten Tag vor der GV** (im Bsp daher spätestens am 12.9. [T5])[62] ausreichend ist, zumal Abs 4 nicht auf einen Zeitraum zw dem Zugang u der GV (anders als Abs 1) abstellt. Aus Vorsichtsgründen

---

57 Fehlt zB der Bericht des AR, weil bei einer AR-pflichtigen GmbH kein AR eingerichtet ist (vgl auch § 29 Rz 51), so ist der GV-Beschluss anfechtbar, vgl zum *Squeeze-out* OGH 25.4.2019, 6 Ob 209/18f.

58 *Thierrichter* in Reich-Rohrwig/Ginthör/Gratzl, HB GV² Rz 2.83. **AA** *Haglmüller*, GesRZ 2015, 92 (94).

59 *Koppensteiner/Rüffler*, GmbHG³ § 38 Rz 10.

60 Strenger *Enzinger* in Straube/Ratka/Rauter, GmbHG § 38 Rz 12: „*Es ist denkbar, dass auch trotz der Einhaltung der Dreitagesfrist aufgrund der Komplexität des Beschlussgegenstandes eine längere Frist geboten gewesen wäre.*" Dies soll aber nur ausnahmsweise anzunehmen sein, nämlich bei schikanöser Behinderung des Gesellschafters in der Vorbereitung zur GV. Ihm folgend *Thierrichter* in Reich-Rohrwig/Ginthör/Gratzl, HB GV² Rz 2.82.

61 Etwa *Baumgartner/Mollnhuber/U. Torggler* in Torggler, GmbHG § 38 Rz 11 aE; *Enzinger* in Straube/Ratka/Rauter, GmbHG § 38 Rz 18.

62 Wie hier *Haglmüller*, GesRZ 2015, 92 (93, insb FN 23, 95) u offenbar auch *Harrer* in Gruber/Harrer, GmbHG² § 38 Rz 19; für eine Auslegung wie hier

ist jedoch darauf zu achten, dass volle drei Tage verbleiben. Wenn der GesV die Einberufungsfrist ausdehnt, zB auf 14 Tage, sodass eine Einberufung am Tag T0 zu einer GV frühestens am Tag T14 führen darf, verschiebt sich der späteste Zeitpunkt für die Verlautbarung der Ergänzung der Tagesordnung entspr nach hinten. Da er nicht ab Einberufung zu berechnen ist (so aber das Ergänzungsverlangen der Minderheit nach Abs 3, vgl Rz 24), wird er stets v der GV zurückgerechnet. Bei einer GV am Tag T14 wäre die Ergänzung der Tagesordnung – nach der hier vertretenen M – spätestens am Tag T11 zu verlautbaren.

Der GesV kann diese Frist ebenfalls ausdehnen, sodass die Ergänzung früher verlautbart werden muss; allerdings ist darauf zu achten, dass das Minderheitsrecht gem Abs 3 nicht eingeschränkt wird (s dazu Rz 24). Die Frist ist nicht verkürzbar. Bei Vorhandensein mehrerer GF kann jeder die Ergänzung der Tagesordnung vornehmen (vgl auch § 36 Rz 20; vgl aber zur Abberaumung Rz 33). **22**

B. Ergänzung durch Minderheit (Abs 3)

1. Form und Inhalt

Gesellschafter, die 10% des Stammkapitals oder den im GesV festgelegten **geringeren** Anteil repräsentieren (vgl § 37 Rz 3 f),[63] können die **Ergänzung der Tagesordnung** verlangen; dies auch bereits vor der Einberufung einer GV.[64] Das Verlangen ist zu unterschreiben (vgl Abs 3), zu **begründen**[65] u an die Gesellschaft (vertreten durch die GF, vgl dazu auch § 37 Rz 5)[66] zu adressieren, welche eine Folgepflicht – über Abs 4 – trifft.[67] Strittig ist die Berechtigung zur Selbstergänzung der Tagesordnung, wenn die GF untätig bleiben, in Analogie zu § 37 Abs 2 (vgl § 37 Rz 15 ff); die Analogie ist uE eher zu bejahen, wobei sich aber insb aufgrund der knappen Fristen in der praktischen Handhabung Probleme **23**

---

uU offen: *Koppensteiner/Rüffler*, GmbHG³ § 38 Rz 10; *Thierrichter* in Reich-Rohrwig/Ginthör/Gratzl, HB GV² Rz 2.83.
63 Vgl dazu *Haglmüller*, GesRZ 2015, 92.
64 *Haglmüller*, GesRZ 2015, 92.
65 Vgl dazu im Detail *Haglmüller*, GesRZ 2015, 92 (96 f).
66 Zur Frage der Schadenersatzpflicht der GF gem § 25 bei Nichtbefolgung vgl *Haglmüller*, GesRZ 2015, 92 (96).
67 *Koppensteiner/Rüffler*, GmbHG³ § 38 Rz 8; vgl zu alledem auch *Haglmüller*, GesRZ 2015, 92 ff.

ergeben.[68] Die Nichtbefolgung eines derartigen Verlangens macht die **Minderheitenklage** gem § 48 direkt anwendbar, vgl § 48 Rz 20.

2. Frist

24 Die **Fristregelung** des Abs 3 ist in der praktischen Handhabung schwierig. Nach dem Gesetzeswortlaut ist das Recht *„spätestens am dritten Tage nach dem im Absatze 1 bezeichneten Zeitpunkte"* geltend zu machen, knüpft also an das Datum der Aufgabe der Einberufung zur Post an. Dem Wortlaut der Bestimmung folgend ist das Verlangen spätestens am fünften Tag vor der GV (= Einberufungstag plus drei Tage), daher bei Einberufung am Tag T0 u GV am Tag T8: am Tag T3 auszuüben. Absendung ist uE nicht ausreichend, es muss binnen dieser Frist **zugehen** (str).[69] Dies korreliert mit dem Erfordernis, dass gem Abs 4 TS 1 bis spätestens drei Tage vor der GV, daher (nach der hier vertretenen A, vgl Rz 21) am Tag T5, somit nur zwei Tage nach Geltendmachung des Ergänzungsverlangens, die Mitteilung über die Ergänzung der Tagesordnung an die Gesellschafter zu erfolgen hat (Zugang beim Gesellschafter, vgl Rz 21).

25 Wird im GesV – was regelmäßig der Fall ist – die Einberufungsfrist verlängert, muss die Minderheit ihr Verlangen ebenfalls entspr früher, dh gem der in Rz 24 dargestellten Regelung, stellen, da die Berechnung (dh der klare gesetzl Wortlaut) v der Absendung der Einberufung ausgeht. Wenn die Frist daher zB auf 14 Tage verlängert wird (daher plus sechs Tage im Vergleich zur gesetzl Frist), ist die Einberufung am Tag T0 abzusenden u die Ergänzung spätestens am Tag T3 zu verlangen.[70] Dies benachteiligt die Minderheit insofern nicht, als der Gesetzgeber offenbar davon ausgeht, dass drei Tage für die Erfassung der Tagesordnung, die E über eine Ergänzung u die Mitteilung dieser E ausreichen. Eine flexiblere Regelung wäre uE wünschenswert, kann dzt aber nur auf gesv Basis umgesetzt werden. Es ist zulässig, im GesV die Frist für das Ergänzungsverlangen ebenfalls (s Bsp zuvor) bis zum gleichen Ausmaß auszudehnen, zB bei Einberufung am Tag T0 u GV am Tag T14

---

68 Vgl *Koppensteiner/Rüffler*, GmbHG[3] § 38 Rz 8 (aber Einhaltung der Voraussetzungen des § 37 Abs 2, wenn die gesv Einladungsfrist lang genug ist) u *Enzinger* in Straube/Ratka/Rauter, GmbHG § 38 Rz 19 mwN u Nachw der ggt A. Gegen Selbstergänzung etwa *Haglmüller*, GesRZ 2015, 92 (94 ff).

69 Anders (Postaufgabe ausreichend) *Harrer* in Gruber/Harrer, GmbHG[2] § 38 Rz 18 u *Haglmüller*, GesRZ 2015, 92 (94).

70 *Haglmüller*, GesRZ 2015, 92 (93).

könnte das Ergänzungsverlangen bis zum Tag T9 erlaubt werden, wenn die Frist gem Abs 4 S 1 nicht verlängert wird.[71] Insgesamt ist eine gesv Regelung der Fristen sinnvoll, wobei auch geklärt werden sollte, ob sich die jew Frist auf die Absendung oder das Einlangen der Erklärung bezieht. Es darf dabei aber nicht zu einer unzulässigen Beschränkung des Minderheitenrechts kommen (vgl Rz 26).[72]

Das Recht gem Abs 3 ist **zwingend**, Vereinfachungen in der Ausübung sind auf Basis gesv Regelung denkbar (vgl dazu auch § 37 Rz 2).[73] Nach dem Zeitpunkt der Antragstellung gem § 38 Abs 3 gefasste Entlastungsbeschlüsse sollten bei gegen den GF gem § 48 Abs 1 eingeleiteten Verfahren nicht zu berücksichtigen sein, vgl dazu § 48 Rz 14 FN 32.[74] Das Recht der Minderheit, die Einberufung einer GV zu verlangen, ist in § 37 geregelt, s dort. 26

C. Maßnahmen ohne Ankündigung (Abs 4 S 2, Abs 5)

Für den Beschluss auf **Vertagung** der GV (vgl Abs 4 S 2, vgl auch Rz 34) ist keine Ankündigung erforderlich,[75] ebenso wenig für die **Antragstellung** (vgl dazu § 34 Rz 21 ff) u **Verhandlung** ohne Beschlussfassung (Abs 5); demnach ist auch für die **bloße Beratung** v Gegenständen nach hM[76] keine Einberufung erforderlich.[77] Die Beratung v Gegenständen muss uE aber in der nächsten GV wieder aufgenommen werden, wenn dies in der ersten GV nicht anwesende Gesellschafter verlangen.[78] 27

---

71 Vgl *Koppensteiner/Rüffler*, GmbHG³ § 38 Rz 8. Zur gesamten Thematik der Dispositivität im Detail: *Haglmüller*, GesRZ 2015, 92 (93 f).
72 *Haglmüller*, GesRZ 2015, 92 (93).
73 Vgl dazu *Koppensteiner/Rüffler*, GmbHG³ § 38 Rz 8.
74 OGH 13.1.1982, 1 Ob 775/81; RIS-Justiz RS0059633.
75 Nach hM ist dieser als Weisung an die GF zur neuerlichen Einberufung der GV zu verstehen (u nicht iSe Einberufungsrechts der abstimmenden Gesellschafter), vgl *Bankler* in Reich-Rohrwig/Ginthör/Gratzl, HB GV² Rz 2.74; vgl auch *Baumgartner/Mollnhuber/U. Torggler* in Torggler, GmbHG § 38 Rz 10 (nur, wenn Präsenzquorum eingehalten ist, vgl Rz 35 ff) u *Koppensteiner/Rüffler*, GmbHG³ § 38 Rz 13a (nur, wenn Versammlung wenigstens auf Initiative eines zuständigen Einberufungsorgans zustande gekommen ist). Vgl auch Rz 34.
76 Einschränkend *Koppensteiner/Rüffler*, GmbHG³ § 38 Rz 14; *Enzinger* in Straube/Ratka/Rauter, GmbHG § 38 Rz 16.
77 *Thierrichter* in Reich-Rohrwig/Ginthör/Gratzl, HB GV² Rz 2.88.
78 *Koppensteiner/Rüffler*, GmbHG³ § 38 Rz 14.

28 Verzichten alle Gesellschafter auf die Einhaltung der Einberufungsmodalitäten, kann eine GV ohne Einhaltung v Formvorschriften abgehalten werden (vgl auch § 34 Rz 51 zu formlosen Beschlüssen). Dies ist insb auch dann der Fall, wenn ohnedies ein einvernehmlicher Beschluss sämtlicher Gesellschafter vorliegt.[79] Ein Generalverzicht (zB im GesV) ist aber nicht möglich.[80]

III. Fehlerfolgen und Vollversammlung (Abs 4 TS 2)

A. Beschlussmängel

29 Einberufungs- u Ankündigungsmängel[81] führen nach der Rsp grds (nur) zur **Anfechtbarkeit**;[82] nach A der L könnten aber schwerwiegende Mängel der Einberufung (zB Einberufung durch unzuständiges Organ, Einladung nicht aller Gesellschafter, keine Angabe v Tag u Ort der Versammlung) zur Nichtigkeit führen (vgl bei § 41 Rz 35 ff),[83] sodass nur weniger gravierende Mängel, zB Nichteinhalten der Einberufungsfristen, zur bloßen Anfechtbarkeit führen würden (§ 41 Rz 71 ff. Da die Rsp am Erfordernis der Anfechtung festhält u nichtige Beschlüsse grds nicht anerkennt (mit Ausnahme v Scheinbeschlüssen,[84] vgl § 41 Rz 16), sollte – bei Vorliegen eines relevanten Mangels[85] (vgl dazu § 41 Rz 86) u der sonstigen Anfechtungsvoraussetzungen – iZw Anfechtungsklage erhoben werden. Vgl dazu ausf bei §§ 41 ff.[86]

30 Keine Anfechtbarkeit besteht bei nachträglicher **Billigung** des Mangels (vgl auch Rz 9 zum punktuellen Verzicht).[87]

---

79 Vgl etwa OGH 4.3.1953, 1 Ob 112/53; 28.4.1987, 5 Ob 553/87.
80 *Bankler* in Reich-Rohrwig/Ginthör/Gratzl, HB GV² Rz 2.73.
81 Vgl auch mit Bsp *Haglmüller*, GesRZ 2015, 92 (97 f).
82 OGH 23.10.2015, 6 Ob 65/15z; RIS-Justiz RS0111765.
83 Vgl dazu etwa *Enzinger* in Straube/Ratka/Rauter, GmbHG § 38 Rz 23 f; vgl aber auch die tw **aA** bei *Koppensteiner/Rüffler*, GmbHG³ § 38 Rz 11 iVm § 41 Rz 10.
84 S zB OGH 21.11.2018, 6 Ob 191/18h.
85 Vgl OGH 24.7.2019, 6 Ob 119/19x; 23.10.2015, 6 Ob 65/15z; RIS-Justiz RS0059771; RS0049471; RS0121481. Vgl dazu auch *Aburumieh/Hoppel* in Adensamer/Mitterecker, HB GesStreit, Rz 6/34; s auch OGH 29.9.2020, 6 Ob 166/20 k (RdW 2021, 110); 24.9.2020, 6 Ob 168/20d.
86 Vgl etwa auch *Enzinger* in Straube/Ratka/Rauter, GmbHG § 38 Rz 23 ff.
87 *Baumgartner/Mollnhuber/U. Torggler* in Torggler, GmbHG § 38 Rz 13.

B. Vollversammlung

Findet eine **Vollversammlung** statt, kommt es auf die Einhaltung der 31
Einberufungsmodalitäten nicht mehr an (dh diesfalls keine Fehlerfolgen,
vgl auch § 41 Rz 35, 73 sowie Rz 82 zu Umlaufbeschlüssen).[88] Für die
Vollversammlung ist nicht nur die Teilnahme **aller** Gesellschafter (allenfalls
durch Bevollmächtigte) – mit Ausnahme nicht teilnahmeberechtigter[89] – an der GV erforderlich, sondern auch deren **Einverständnis mit
der Beschlussfassung**.[90] Unseres Erachtens könnte auf dieses letzte Erfordernis
dann gänzlich verzichtet werden, wenn alle Gesellschafter an
der GV teilnehmen u bloß ein reiner Formmangel vorliegt, der die Vorbereitung
auf die GV in keiner Weise einschränkt (Bsp: Einberufung mit
ausreichend umschriebener Tagesordnung binnen der gesv vorgesehen
Frist, jedoch nicht in der erforderlichen Form, Gesellschafter erhalten
Einladung dennoch rechtzeitig; vgl auch schon oben Rz 3).

Abstimmen iSd Antrags bedeutet **Einverständnis**,[91] dieses ist auch 32
konkludent möglich. Einverständnis kann nach der Jud[92] etwa[93] auch

---

88 Krit *Harrer* in Gruber/Harrer, GmbHG² § 38 Rz 21 ff.
89 *Koppensteiner/Rüffler*, GmbHG³ § 38 Rz 12, demgemäß ist auch die Teilnahme jener Dritter erforderlich, die ein mitgliedschaftslegitimiertes Teilnahmerecht haben.
90 *Thierrichter* in Reich-Rohrwig/Ginthör/Gratzl, HB GV² Rz 2.87, *Bankler* in Reich-Rohrwig/Ginthör/Gratzl, HB GV² Rz 2.73; vgl auch OGH 23.10.2015, 6 Ob 65/15z.
91 Vgl *Bankler* in Reich-Rohrwig/Ginthör/Gratzl, HB GV² Rz 2.73.
92 RIS-Justiz RS0059763; OGH 30.5.1974, 6 Ob 8/74.
93 Vgl weiters zB OGH 19.5.1998, 7 Ob 38/98h: *"Formalfehler bei der Einberufung der Generalversammlung schaden nicht, wenn alle Gesellschafter anwesend sind und sich an den Beratungen, Diskussionen, Erörterungen und Abstimmungen zunächst beteiligen, später aber vor Schluß der Generalversammlung noch Widerspruch erheben und aus formalen Gründen bestreiten, rechtlich anwesend gewesen zu sein."*; 16.2.2006, 6 Ob 130/05v: *"Voraussetzung ist das Einverständnis der Anwesenden mit der Abhaltung der Vollversammlung und der Beschlussfassung. Maßgebend hiefür ist das Gesamtverhalten der Gesellschafter. Derartige Formalfehler bei der Einberufung der Gesellschafter schaden nicht, wenn sich die Gesellschafter (zunächst) an den Beratungen, Diskussionen, Erörterungen und Abstimmungen beteiligen und selbst Anträge stellen. Da im vorliegenden Fall alle Gesellschafter bei der Generalversammlung teils persönlich, teils durch Vertreter anwesend waren, allen Anwesenden klar war, dass eine Generalversammlung stattfindet und alle Gesellschafter ohne jeden Vorbehalt auch über die im Rahmen der Tages-*

dann gegeben sein, wenn sich ein Gesellschafter vorerst (vergeblich) gegen die Beschlussfassung eines nicht ordnungsgemäß angekündigten Gegenstands wendet, sich dann aber an der Beratung dieses Gegenstandes sachlich beteiligt u zu ihm Anträge stellt. Bloße Beteiligung an der GV, unter Deutlichmachung der empfundenen Rechtswidrigkeit, ist uE keine Einlassung, die zur Heilung des Einberufungsmangels führt, insb dann, wenn es sich um einen Mangel handelt, der die sachgerechte Vorbereitung zur GV hinderte (zB fehlende wesentliche Information zu Tagesordnungspunkten).[94] Aus Sicht des opponierenden Gesellschafters bedeutet die Jud jedoch, dass es (für die Beschlussbekämpfung) uU besser gewesen wäre, zur GV gar nicht zu erscheinen, denn so hätte er die Möglichkeit der Bekämpfung des Beschlusses (mit Hinweis auf einen Einberufungsmangel) eher aufrechterhalten können (vgl auch § 41 Rz 137).[95] Letzteres ist dennoch keinesfalls empfehlenswert: Nach der Jud verliert ein bewusst der GV fernbleibender Gesellschafter sein Anfechtungsrecht (vgl Rz 36). Unseres Erachtens greift diese Jud aber nur bei fehlerloser Ladung bzw bei Fehlern nur, wenn diese irrelevant (s Rz 29) sind.[96]

IV. Abberaumung und Vertagung

33 Die GV kann durch den (konkret) Einberufenden[97] auch formlos **abberaumt** werden (vgl auch § 36 Rz 19).[98] Rechtzeitige Absendung ist aus-

---

ordnungspunkte 1. bis 3. gestellten Anträge, ..., abstimmten und während der gesamten Dauer der Generalversammlung nicht geltend machten, dass diese Punkte nicht von der Tagesordnung umfasst gewesen seien, ist ... im Sinn des § 38 Abs 4 GmbHG von einer wirksamen und zulässigen Beschlussfassung auch über diese Anträge ... auszugehen.".

94 *Aburumieh/Hoppel* in Adensamer/Mitterecker, HB GesStreit, Rz 6/35.
95 Krit auch *Enzinger* in Straube/Ratka/Rauter, GmbHG § 38 Rz 32; *Koppensteiner/Rüffler*, GmbHG³ § 38 Rz 12. S aber ohnedies auch die in der vorhergehenden FN genannte aktuellere Jud-Tendenz, die nur bei **vorbehaltlosem** Einlassen auf die Beschlussfassung Genehmigung des Formmangels annimmt, vgl auch § 41 Rz 137.
96 *Aburumieh/Hoppel* in Adensamer/Mitterecker, HB GesStreit, Rz 6/35 u 6/50.
97 *Bankler* in Reich-Rohrwig/Ginthör/Gratzl, HB GV² Rz 2.67. Der Amtsnachfolger kann aber abberaumen, vgl § 36 Rz 19.
98 OGH 29.1.1985, 1 Ob 711/84, GesRZ 1985, 36.

reichend, rechtzeitiger Zugang bei allen Gesellschaftern ist nicht erforderlich[99] (zu Einschränkungen, wenn die Einberufung in Folge eines gesetzl oder gesv Rechts, eine solche zu verlangen, erfolgt ist, vgl auch § 36 Rz 21). Wurde aufgrund eines Minderheitsverlangens gem § 37 einberufen u derart abberaumt oder vertagt, dass das Minderheitsrecht faktisch frustriert ist, greift die Selbsthilfe-Einberufung durch die Minderheit gem § 37 Abs 2 (vgl dazu § 37 Rz 16).[100] Zu konkurrierenden Einberufungen vgl § 36 Rz 19.

Vertagung (vgl auch Rz 27) u **Verlegung** müssen allerdings den Vorgaben einer Einberufung genügen.[101] Die Vertagung setzt grds einen Beschluss gem Abs 4 S 2 voraus (vgl Rz 27). Befangene Gesellschafter können bei einer derartigen Beschlussfassung allerdings einem Stimmverbot unterliegen: Besteht ein Stimmrechtsausschluss in der Sache, muss ein Gesellschafter auch daran gehindert werden, durch E zum Abstimmungsverfahren darauf Einfluss nehmen zu können.[102] Nach in der Lit vertretener A soll die Vertagung überhaupt nur mit Zustimmung aller erschienenen Gesellschafter zulässig sein;[103] dies erscheint uns aber zu streng; uE wäre auch eine Kompetenzzuordnung zumindest an den Vorsitzenden im GesV denkbar (vgl allg zu den Kompetenzen des Vorsitzenden § 34 Rz 40).[104] Auch wenn die GV über **Mitternacht** hinaus andauert, ist grds nicht zwingend Vertagung geboten (vgl § 41 Rz 80).[105]

34

---

99 OGH 29.1.1985, 1 Ob 711/84, GesRZ 1985, 36; 17.3.1961, 2 Ob 60/61 (zur Gen); vgl auch *Bankler* in Reich-Rohrwig/Ginthör/Gratzl, HB GV[2] Rz 2.76; aA *Baumgartner/Mollnhuber/U. Torggler* in Torggler, GmbHG § 38 Rz 18: für Wirksamkeit Zugang bei mind einem (anderen) Gesellschafter erforderlich.
100 *Bankler* in Reich-Rohrwig/Ginthör/Gratzl, HB GV[2] Rz 2.76; *Reich-Rohrwig*, GmbHR 338.
101 *Harrer* in Gruber/Harrer, GmbHG[2] § 38 Rz 26 ff. Vgl ausf *Enzinger* in Straube/Ratka/Rauter, GmbHG § 38 Rz 20 ff, der jedoch die Vertagung formlos zulässt; anders (Vertagung erfordert Einhaltung der Form) uE zu Recht *Baumgartner/Mollnhuber/U. Torggler* in Torggler, GmbHG § 38 Rz 18.
102 OGH 21.11.2018, 6 Ob 191/18h (E über die Geltendmachung v Ansprüchen gegen die Mehrheitsgesellschafterin).
103 *Bankler* in Reich-Rohrwig/Ginthör/Gratzl, HB GV[2] Rz 2.66; *Reich-Rohrwig*, GmbHR 338.
104 OGH 16.6.2011, 6 Ob 99/11v; großzügiger (iSe Kompetenz des Vorsitzenden, auch ohne gesv Ermächtigung) *Enzinger* in Straube/Ratka/Rauter, GmbHG § 36 Rz 17.
105 OGH 16.6.2011, 6 Ob 99/11v.

Wird ein Vertagungsbeschluss gefasst, ist er jedenfalls als Weisung an die GF zu verstehen, für den beschlossenen Zeitpunkt eine neue GV einzuberufen (vgl Rz 27 FN 71).[106] Ein solcher muss nicht nach den allg Vorschriften mind drei Tage vor der GV (vgl Rz 21) angekündigt werden, sondern kann auch spontan in der GV beantragt werden (vgl Rz 27). Da diesem nach der hier vertretenen A ohnehin eine förmliche Einberufung zu folgen hat, besteht auch keine Gefährdung allenfalls in der GV nicht anwesender Gesellschafter.

V. Beschlussfähigkeit (Abs 6, 7)

A. Präsenzquorum – Erstversammlung

35 § 38 Abs 6 fordert für die Beschlussfähigkeit der GV die Anwesenheit v Gesellschaftern (stimmberechtigt oder nicht)[107], die mind 10% des Stammkapitals repräsentieren (**Präsenzquorum**) (vgl zur Berechnung der Kapitalquote § 37 Rz 3 f). Der **GesV** kann v diesem Erfordernis nach oben oder unten abweichen u kann zusätzlich oder alternativ zu der Kapitalquote auch eine Kopfquote vorsehen.[108]

36 Nichtberücksichtigung des Präsenzquorums führt zur Anfechtbarkeit des Beschlusses (vgl § 41 Rz 75).[109] Der **ordnungsgemäß geladene**,[110] in der GV jedoch **nicht erschienene** (vertretene) Gesellschafter ist mangels (eigenen) Widerspruchs zu Protokoll nach der (uE krit) Rsp **nicht klagslegitimiert**, womit natürlich die Regelung eines Mindestquorums gewissermaßen ausgehebelt wird.[111] Bei zB 50:50-Beteiligung u 100%-Präsenzquorum kann der ordnungsgemäß geladene,

---

106 So offenbar auch *Koppensteiner/Rüffler*, GmbHG³ § 38 Rz 13 a.
107 Vgl OGH 19.12.1991, 8 Ob 595/90, 596/90.
108 *Aburumieh/Trettnak*, GesRZ 2007, 323 (323 FN 2); *Frenzel*, GES 2016, 209 (209); ausf *Koppensteiner/Rüffler*, GmbHG³ § 38 Rz 15.
109 *Frenzel*, GES 2016, 209.
110 Vgl auch Rz 32 aE u *Aburumieh/Hoppel* in Adensamer/Mitterecker, HB GesStreit, Rz 6/50.
111 OGH 28.8.2013, 6 Ob 59/13i. Abl *Frenzel*, GES 2016, 209 (209 ff); *Pelinka/Bertsch*, ecolex 2019, 45 u *Reich-Rohrwig*, GesRZ 2020, 229 (234). Lit befürwortet im Hinblick auf diese Fälle die Abbedingung des Widerspruchserfordernisses im GesV, vgl *Pelinka/Bertsch*, ecolex 2019, 45.

(u daher bewusst) fernbleibende Gesellschafter Beschlüsse nicht verhindern.

Das Präsenzquorum wird grds v **Vorsitzenden** festgestellt (vgl § 34 Rz 40). Gesetz u Kommentarliteratur schweigen (soweit ersichtlich) zur Frage, **wann** das Präsenzquorum erreicht u festgestellt werden muss. Zu Beginn der GV sollte der Vorsitzende bei Fehlen v Gesellschaftern wohl eine Wartezeit verstreichen lassen (maximal 15 bis 30 Minuten);[112] kurze Verspätungen sind in Kauf zu nehmen (Treuepflicht; wobei dem verspäteten Gesellschafter in Zeiten mobiler Kommunikation grds die Kontaktaufnahme bei Verspätung zugemutet werden kann).[113] Im weiteren Verlauf der GV bestehen Unschärfen. Unseres Erachtens steht es den Gesellschaftern aber grds frei, zu einer GV zu erscheinen, u daher etwa auch (nur) zu einzelnen Tagesordnungspunkten den Saal zu verlassen. Wenn kein Gesellschafter die Versammlung verlässt, kann mit der Feststellung der Präsenz zu Beginn der Versammlung das Auslangen gefunden werden. Andernfalls kann es analog § 117 AktG erforderlich werden, vor jedem Tagesordnungspunkt das Erreichen des erforderlichen Präsenzquorums festzustellen.[114] In Extremsituationen könnte jedoch das Recht eines Gesellschafters, je nach Tagesordnungspunkt teilzunehmen oder nicht, aus Treuepflicht- u Rechtsmissbrauchserwägungen eingeschränkt sein, sodass bei treuwidrigem/rechtsmissbräuchlichem Verlassen der GV das einmal erreichte Präsenzquorum fortwirkt.[115] Es kann nicht in der Disposition eines Gesellschafters liegen, Beschlussfassungen zu untergraben, indem er das Präsenzquorum rechtsmissbräuchlich punktuell beeinflusst. Wird demnach für einzelne Tagesordnungspunkte das Präsenzquorum nicht erreicht, greift diesbzgl Abs 7 (vgl Rz 38 ff).

---

112 *Liebscher* in MüKo GmbHG³ § 48 Rz 115.
113 S dazu *Aburumieh/Hoppel* in Adensamer/Mitterecker, HB GesStreit, Rz 6/46.
114 AA *Harrer* in Gruber/Harrer, GmbHG² § 34 Rz 32 (Fortwirken des einmal erreichten Präsenzquorums); so auch *Liebscher* in MüKo GmbHG³ § 48 Rz 114 mwN (auch aus der dt Rsp).
115 *Aburumieh/Hoppel* in Adensamer/Mitterecker, HB GesStreit, Rz 6/47; s generell *Liebscher* in MüKo GmbHG³ § 48 Rz 114 mwN (auch aus der dt Rsp); s auch allg zur Förderpflicht der Gesellschafter gegenüber der GmbH, die auch Teilnahme an GV erfordern könne, *Harrer* in Gruber/Harrer, GmbHG² § 34 Rz 9 f.

B. Folgeversammlung – Kein Präsenzquorum

38 Gemäß § 38 Abs 7 ist die an die Beschlussunfähigkeit anschließende **Folgeversammlung** ohne Rücksicht auf die Höhe des vertretenen Stammkapitals **beschlussfähig**. Dies gilt nur, wenn die erste GV ordnungsgemäß einberufen war,[116] u nur beschränkt auf jene Tagesordnungspunkte, die auch für die erste GV angekündigt waren.[117] Wenn die erste GV nicht durchgehend beschlussfähig war, weil Gesellschafter bei manchen Tagesordnungspunkten die Versammlung verlassen haben, so ist eine Folgeversammlung gem Abs 7 nur für diese Tagesordnungspunkte einzuberufen (vgl schon Rz 37). Jedoch können in der Folgeversammlung auch weitere Tagesordnungspunkte behandelt werden (allenfalls im Weg des Abs 3 u/oder Abs 4), hier gilt aber das Präsenzquorum gem Abs 6 (bzw gem gesv Regelung).[118]

39 Die zweite GV kann nur **separat** v der ersten **einberufen** werden, namentlich erst, wenn die Beschlussunfähigkeit der ersten GV feststeht.[119] Die beiden Einladungen können nicht verknüpft werden.[120] Die Einladung, die den auch sonst geltenden Formalien zu entsprechen hat,[121] muss auf die gescheiterte Erstversammlung (Hinweis auf Beschlussunfähigkeit)[122] u auch[123] darauf hinweisen, dass in der neu einberufenen Folgeversammlung Beschlüsse unabhängig v einem bestimmten Anwesenheitsquorum gefasst werden können (**Warnfunktion**).[124]

40 Eine Folgeversammlung ist uE zwingend nur dann einzuberufen, wenn auch eine **Verpflichtung** zur Einberufung der ersten GV bestand

---

116 *Aburumieh/Trettnak*, GesRZ 2007, 323 (323 FN 3); *Baumgartner/Mollnhuber/U. Torggler* in Torggler, GmbHG § 38 Rz 16.
117 *Aburumieh/Trettnak*, GesRZ 2007, 323 (324).
118 *Aburumieh/Trettnak*, GesRZ 2007, 323 (324); *Baumgartner/Mollnhuber/U. Torggler* in Torggler, GmbHG § 38 Rz 16; *Koppensteiner/Rüffler*, GmbHG³ § 38 Rz 16.
119 *Aburumieh/Trettnak*, GesRZ 2007, 323 (323 f); *Ch. Nowotny*, RdW 1998, 177 (178); OGH 20.11.1929, 2 Ob 927/29, SZ 11/235.
120 *Enzinger* in Straube/Ratka/Rauter, GmbHG § 38 Rz 38.
121 *Karollus*, RdW 1995, 4 (5).
122 OGH 19.4.2012, 6 Ob 60/12k.
123 Ohne dieses Erfordernis (gem Wortlaut des Abs 7) *Baumgartner/Mollnhuber/U. Torggler* in Torggler, GmbHG § 38 Rz 16.
124 *Aburumieh/Trettnak*, GesRZ 2007, 323 (324); *Ch. Nowotny*, RdW 1998, 177 (178).

(str).¹²⁵ **Zuständig** zur Einberufung ist nach hier vertretener A bei nicht verpflichtender Einberufung grds nur das Organ, das auch die erste GV einberufen hat; ansonsten sind auch andere Einberufungsberechtigte dazu befugt (str).¹²⁶ Für die Minderheit gilt § 37, dh die Minderheit kann nicht sofort selbst einberufen (str, vgl auch § 37 Rz 22; s auch noch Rz 41).¹²⁷

Die Regelung des Abs 7 ist dispositiv.¹²⁸ Soll diese Regelung nicht zur Anwendung gelangen, dh soll auch in der Folgeversammlung ein Präsenzquorum gelten, ist dies mit ausreichender **Deutlichkeit** im GesV festzuhalten.¹²⁹ Die Lit verlangt zT, dass diesfalls die Quote des Abs 1 nicht überschritten werden darf (dh max 10%), wenn die Einberufung der Erst-GV auf ein Minderheitsverlangen zurückzuführen ist.¹³⁰ Nach in der Lit vertretener A kann im GesV auch vorgesehen werden, dass im Falle des Nichterreichens des Präsenzquorums eine zweite GV nicht erforderlich ist;¹³¹ dies ist uE dann abzulehnen, wenn eine Verpflichtung zur Einberufung einer Folgeversammlung angenommen wird (vgl Rz 40).

41

§ 39. (1) **Die Beschlußfassung der Gesellschafter erfolgt, soweit das Gesetz oder der Gesellschaftsvertrag nichts anderes bestimmt, durch einfache Mehrheit der abgegebenen Stimmen.**

(2) ¹**Je zehn Euro einer übernommenen Stammeinlage gewähren eine Stimme, wobei Bruchteile unter zehn Euro nicht gezählt werden.** ²**Im Gesellschaftsvertrage können andere Bestimmungen getroffen werden; jedem Gesellschafter muss aber mindestens eine Stimme zustehen.**

---

125 Vgl dazu *Aburumieh/Trettnak*, GesRZ 2007, 323 (324 f); für weitergehende Verpflichtung etwa *Harrer* in Gruber/Harrer, GmbHG² § 38 Rz 30; Verpflichtung abl: *Koppensteiner/Rüffler*, GmbHG³ § 38 Rz 16.
126 Vgl dazu *Aburumieh/Trettnak*, GesRZ 2007, 323 (325 ff); enger etwa *Harrer* in Gruber/Harrer, GmbHG² § 38 Rz 31 u *Koppensteiner/Rüffler*, GmbHG³ § 38 Rz 12 (zuständig ist ursprüngliches Einberufungsorgan).
127 Vgl *Aburumieh/Trettnak*, GesRZ 2007, 323 (326). AA *Koppensteiner/Rüffler*, GmbHG³ § 38 Rz 16; *Baumgartner/Mollnhuber/U. Torggler* in Torggler, GmbHG § 38 Rz 16.
128 *Enzinger* in Straube/Ratka/Rauter, GmbHG § 38 Rz 39.
129 *Aburumieh/Trettnak*, GesRZ 2007, 323; OGH 16. 10. 1986, 6 Ob 36/85.
130 *Baumgartner/Mollnhuber/U. Torggler* in Torggler, GmbHG § 38 Rz 16 aE; aA *Koppensteiner/Rüffler*, GmbHG³ § 38 Rz 15.
131 *Koppensteiner/Rüffler*, GmbHG³ § 38 Rz 2; *Enzinger* in Straube/Ratka/Rauter, GmbHG § 38 Rz 43.

(3) ¹Die Ausübung des Stimmrechtes durch einen Bevollmächtigten ist zulässig. ²Doch bedarf es hiezu einer schriftlichen, auf die Ausübung dieses Rechtes lautenden Vollmacht. ³Die gesetzlichen und statutarischen Vertreter nicht handlungsfähiger und juristischer Personen müssen zur Ausübung des Stimmrechtes zugelassen werden und bedürfen hiezu keiner Vollmacht.

(4) ¹Wer durch die Beschlußfassung von einer Verpflichtung befreit, oder wem ein Vorteil zugewendet werden soll, hat hiebei weder im eigenen noch im fremden Namen das Stimmrecht. ²Das Gleiche gilt von der Beschlußfassung, welche die Vornahme eines Rechtsgeschäftes mit einem Gesellschafter oder die Einleitung oder Erledigung eines Rechtsstreites zwischen ihm und der Gesellschaft betrifft.

(5) Wenn ein Gesellschafter selbst zum Geschäftsführer oder Aufsichtsrat oder Liquidator bestellt oder als solcher abberufen werden soll, so ist er bei der Beschlußfassung in der Ausübung seines Stimmrechtes nicht beschränkt.

idF BGBl I 1998/125

Literatur: *Aburumieh,* Interimistische Bestellung eines Aufsichtsratsmitglieds zum Vorstandsmitglied, AR aktuell 3/2010, 9; *Adensamer,* Ausgewählte Fragen zur Gesellschafterklage im GmbH-Recht, GesRZ 2021, 267; *Fantur,* Zur Leitung der Generalversammlung, insbesondere durch Geschäftsführer, in FS Krejci (2001); *Fantur,* Die GmbH-Gestaltungsfragen aus der anwaltlichen Praxis, GES 2006, 335; *Gaggl/Sigari-Majd,* Abänderung von Stimmverboten durch den Gesellschaftsvertrag, ecolex 2003, 338; *Gruber,* Interessenkollision bei der Entlastung des Aufsichtsrats, AR aktuell 6/2015; *Hofmann,* Der mittelbare Beteiligungserwerb durch eine beherrschte Privatstiftung im ÜbG nach dem ÜbRÄG 2006, GesRZ 2007, 182; *Jud/Zierler,* Zur Reichweite mehrheitsrechtlicher Satzungsbestimmungen bei Kapitalgesellschaften, NZ 2003/39, 129; 55; *Kalss,* Treuepflichten in Familienunternehmen, GesRZ 2021, 203; *Kapl/Holzgruber,* Formpflicht bei der syndikatsvertraglichen Vereinbarung einer Kapitalerhöhung, GesRZ 2021, 86; *Koppensteiner,* Satzungsbegleitende Nebenvereinbarungen in der GmbH, GesRZ 2021, 216; *Koppensteiner,* Treuwidrige Stimmabgaben und positive Beschlussfeststellung, GES 2012, 488; *Koppensteiner,* Zum sachlichen Anwendungsbereich der Stimmverbote nach §39 Abs4 GmbHG, wbl 2013, 61; *Ch. Nowotny,* Neue Medien und Gesellschaftsrecht, in FS Krejci (2001); *Reich-Rohrwig,* Beschlussunfähigkeit der GmbH-Generalversammlung, Stimmrechtsausschluss und Leiter der Generalversammlung, GesRZ 2020, 229; *Reich-Rohrwig,* Beschlussunfähigkeit der GmbH-Generalversammlung, Stimmrechtsausschluss und Leiter der Generalversammlung, in Kalss/U. Torggler (Hg), Das Stimmrecht 93; *Rüffler,* Lücken im Umgründungsrecht (2002); *Rüffler,* GmbH-Satzung und schuldrechtliche Gesellschaftsvereinbarungen, in FS Koppensteiner (2007) 97 ff; *Rüffler,* Die übertragende Auflösung als Beispiel für die analoge Anwendung des Umwandlungsrechts, wbl 2001, 347; *S. Schmidt*, Stimmverbote in der GmbH (2002); *Schopper*, Zur Ermittlung des Abstimmungsergebnisses durch Subtraktionsmethode, ecolex 2005, 916; *Sonnberger*, Über den Leiter der Generalversammlung, GES 2020, 249, 288; *Spatz/Gurmann*, Stimmverbote im Syndikat, GesRZ 2008, 274; *Thöni*, Zur Beseitigung unklarer Beschlussergebnisse im GmbH-Recht, ÖJZ 2002, 215; *Tichy*, Syndikatsverträge bei Kapitalgesellschaften (2002); *Tichy*, Syndikatsverträge als Anfechtungsgrund, ecolex 2000, 204; *U. Torggler*, Treuepflichten im faktischen GmbH-Konzern (2007); *Trenker*, GmbH-Geschäftsanteile in Exekution und Insolvenz, JBl 2012, 281; *Vavrovsky*, Stimmbindungsverträge im Gesellschaftsrecht (2000).

Inhaltsübersicht

I. Beschlussfassung	1–34
A. Berechnung der Stimmenmehrheit	2–11
1. Berechnung im Rahmen einer Generalversammlung	2–9
2. Berechnung bei einer Abstimmung im schriftlichen Weg	10, 11
B. Grundsatz der einfachen Mehrheit	12–16
1. Einfache Mehrheit	13
2. Abweichende Regelung im Gesellschaftsvertrag	14–16
C. Besondere Mehrheiten	17–24
1. Mehrheit von 75% der abgegebenen Stimmen	17, 18
2. Einstimmigkeit	19
3. Zustimmung aller Gesellschafter	20, 21
4. Formfreie Zustimmung von einzelnen Gesellschaftern	22
5. Einfache Mehrheit jedoch weitere Beschlusserfordernisse	23, 24
D. Treuepflicht	25–28
E. Stimmbindungsverträge	29–31
F. Gespaltene Stimmabgabe	32–34
II. Stimmverteilung	35–39
A. Anzahl der Stimmen	35
B. Abweichende Stimmverteilung im Gesellschaftsvertrag	36–39
III. Bevollmächtigung	40–52
A. Rechtsgeschäftliche Bevollmächtigung	40–49
B. Gesetzliche und statutarische Vertreter	50–52
IV. Stimmverbote	53–91
A. Interessenskollision	53–57
B. Stimmverbote gemäß Abs 4	58–79
1. Befreiung von einer Verpflichtung	58–62
2. Entlastung der Geschäftsführer oder Aufsichtsratsmitglieder	63–66
a) Entlastung des gesamten Organs	64

	b) Entlastung eines kollektiv vertretungsbefugten Geschäftsführers	65
	c) Entlastung eines selbständig vertretungsbefugten Geschäftsführers	66
	3. Zuwendung eines Vorteils	67–70
	4. Vornahme eines Rechtsgeschäfts	71–74
	5. Einleitung oder Erledigung eines Rechtsstreits	75–79
C.	Stimmverbot bei Vertretung	80–88
	1. Bevollmächtigung	81–84
	2. Mittelbare Interessenskonflikte	85–88
	a) Statutarischer Vertreter eines Gesellschafters	85–87
	b) Auswirkungen auf verbundene Unternehmen	88
D.	Rechtsfolgen der Stimmrechtsausübung trotz Stimmverbot	89–91
V. Kein Stimmverbot (Abs 5)		92–94

I. Beschlussfassung

1 Die Beschlussfassung der Gesellschafter erfolgt, soweit das Gesetz oder der GesV nichts anderes bestimmt, durch **einfache Mehrheit** der abgegebenen Stimmen (zum Stimmrecht s § 34 Rz 14).

A. Berechnung der Stimmenmehrheit

1. Berechnung im Rahmen einer Generalversammlung

2 Jeder (positiver) Beschluss der GV bedarf der im Gesetz oder im GesV vorgesehenen **Mehrheit** der abgegebenen Stimmen der an der Abstimmung teilnehmenden Gesellschafter (zum Stimmrecht s § 34 Rz 14; zur Beschlussfassung s § 34 Rz 30). Sofern im Gesetz oder im GesV keine andere Mehrheit vorgesehen ist, reicht für einen (positiven) Beschluss die einfache Mehrheit der abgegebenen Stimmen.

3 Zur Feststellung des in der GV erzielten Ergebnisses sind zunächst die jedem einzelnen anwesenden Gesellschafter zustehenden **Stimmen auszurechnen** (zur Stimmverteilung u Stimmgewichtung s Rz 36), u nicht die Stammeinlagen der Gesellschafter zusammen zu zählen u davon gem Abs 2 die Stimmen als Divisor für die Feststellung der Erzielung der erforderlichen Mehrheit heranzuziehen. Zur Stimmabgabe s § 34 Rz 26.

4 **Bsp:** In der GV einer GmbH (Stammkapital € 35.000, je € 10 gewähren gem § 39 eine Stimme) mit einem Gesellschafter (Gesellschafter 1 –

Stammeinlage v € 17.500) u einer zweiten Gesellschaftergruppe bestehend aus vier einzelnen Gesellschaftern (Gesellschaftergruppe 2 – Stammeinlagen v je € 4.375, somit zusammen ebenfalls € 17.500) wird über den Antrag auf Abberufung eines GF abgestimmt. Der Gesellschafter 1 hat 1.750 Stimmen u stimmt für den Antrag; jeder Gesellschafter der Gesellschaftergruppe 2 hat 437 Stimmen, somit zusammen lediglich 1.748 Stimmen, u diese stimmen gegen den Antrag. Insgesamt ist v 3.498 abgegebenen Stimmen in der GV auszugehen. Aufgrund Erzielung der einfachen Mehrheit (17.500/3.498 > 50 %) kommt ein (positiver) Beschluss auf Abberufung des GF zustande.[1]

Anschließend sind einerseits die für den Beschlussantrag (Pro-Stimmen) u andererseits die gegen den Beschlussantrag (Contra-Stimmen) abgegebenen Stimmen auszuzählen. Die Summe der Pro-Stimmen u Contra-Stimmen ergibt die **Gesamtanzahl der abgegebenen Stimmen** (Additionsverfahren).[2] Ausdrückliche Stimmenthaltungen, passives Verhalten, Nichtteilnahme an der Abstimmung, nicht gültig abgegebene Stimmen, uneinheitliche Stimmabgabe eines Gesellschafters (zur gespaltenen Stimmabgabe s Rz 32) sowie Stimmen v nicht anwesenden oder nicht wirksam vertretenen Gesellschaftern werden nicht berücksichtigt.[3] In der Praxis kann es somit insb aufgrund Nichtteilnahme an oder

---

[1] Es wird – wie ausgeführt – nicht zuerst aufgrund der Summe der Stammeinlagen aller anwesenden Gesellschafter die Stimmensumme ermittelt, sondern es werden eben zuerst die jedem einzelnen anwesenden Gesellschafter zustehenden Stimmen ausgerechnet u davon wird die Summe gebildet. Dies kann – wie im Bsp dargestellt – zu einem anderen Abstimmungsergebnis führen.

[2] Durch eine Regelung im GesV bzw Anordnung des Vorsitzenden bzw durch Beschluss der Gesellschafter kann auch das Subtraktionsverfahren gewählt werden: Beim Subtraktionsverfahren werden die Contra-Stimmen u die Stimmenthaltungen erfasst. Die Pro-Stimmen werden durch Abzug der Nein-Stimmen u der Enthaltungen v der Gesamtzahl der Stimmen aller anwesenden Gesellschafter ermittelt. Dazu werden zunächst die Stimmenthaltungen v vertretenen Kapital abgezogen. Dadurch errechnet sich die Gesamtanzahl der abgegebenen Stimmen. V der Gesamtanzahl der abgegebenen Stimmen werden dann die Contra-Stimmen abgezogen. Die Differenz ergibt die Zahl der abgegebenen Pro-Stimmen. Ob die erforderliche Mehrheit erreicht ist, bestimmt sich nach dem Verhältnis der Pro- u Contra-Stimmen. Zur Subtraktionsmethode vgl *Baumgartner/Mollnhuber/U. Torggler* in Torggler, GmbHG § 39 Rz 5; *Schopper*, ecolex 2005, 916.

[3] *Enzinger* in Straube/Ratka/Rauter, GmbHG § 39 Rz 12; *Baumgartner/Mollnhuber/U. Torggler* in Torggler, GmbHG § 39 Rz 4.

Stimmenthaltung in der GV zu einem v tatsächlichen Beteiligungsverhältnis abw Abstimmungsergebnis kommen.[4]

6 Unterliegt ein Gesellschafter einem **Stimmverbot** (zum Stimmverbot s Rz 53), sind nach hRsp seine dennoch (trotz des Stimmverbots) abgegebenen Stimmen bei der Feststellung der Beschlussmehrheit **zu berücksichtigen** (enthält sich der Gesellschafter aufgrund des Stimmverbots der Stimme, so gilt das Obige).[5] Ein allfälliger Vorsitzender der GV (zur Vorsitzführung in der GV s § 34 Rz 37, 42) hat die Möglichkeit, abgegebene Stimmen, insb wenn diese evidenter Maßen gegen ein Stimmverbot verstoßen, unberücksichtigt zu lassen (zur Anfechtbarkeit eines Gesellschafterbeschlusses bei Ausübung des Stimmrechtes trotz Stimmverbot s § 41 Rz 66, 79; zur Feststellung des Stimmergebnisses s § 34 Rz 41; zur Rechtsfolgen der Stimmrechtsausübung trotz Stimmverbot Rz 89).[6]

7 Erreicht der Quotient aus den Pro-Stimmen u der Gesamtzahl der abgegebenen Stimmen die für den konkreten Beschluss erforderliche Mehrheit, ist ein **(positiver) Beschluss** über den konkreten Beschlussantrag zustande gekommen; übersteigen demnach die abgegebenen Pro-Stimmen die abgegebenen Contra-Stimmen, so liegt die **einfache Mehrheit** der in der GV abgegebenen Stimmen vor. Andernfalls wurde der Beschlussantrag nicht angenommen u liegt somit ein negativer Beschluss vor (s zum negativen Beschluss § 34 Rz 25).

---

[4] Dies ist insb auch bei der Gestaltung v Syndikatsverträgen zu berücksichtigen. Kommt im Syndikat kein positiver Beschluss über eine positive Stimmabgabe in der nachfolgenden GV zustande, müsste im Syndikatsvertrag eine entspr Teilnahme- u Stimmpflicht gegen den konkreten Antrag in der GV vorgesehen werden; anderenfalls wird mangels Contra-Stimmen der Syndikatsmitglieder die E über den Antrag in der GV in die Hände der übrigen Gesellschafter (mglw sogar bloß Minderheitsgesellschafter) gelegt.

[5] *Enzinger* in Straube/Ratka/Rauter, GmbHG § 39 Rz 13; aA *Koppensteiner/Rüffler*, GmbHG³ § 39 Rz 6.

[6] *Enzinger* in Straube/Ratka/Rauter, GmbHG § 39 Rz 13; unklar *Baumgartner/Mollnhuber/U. Torggler* in Torggler, GmbHG § 39 Rz 6 (nur offenkundig unwirksame Stimmen sind nicht mitzuzählen), 15 (unwirksam sind Stimmabgaben, die entgegen einem Stimmverbot abgegeben wurden); aA *Thöni*, GesRZ 208, 346 (350); RIS-Justiz RS0059834; OGH 28.8.2013, 6 Ob 88/13d; 6.4.2006, 6 Ob 53/06x (aus Gründen der Rechtssicherheit ist auch die v einem v Stimmrecht ausgeschlossenen Gesellschafter abgegebene Stimme grds als gültig zu behandeln; die Nichtigkeit eines solchen Beschlusses kann nur im Anfechtungsverfahren gem §§ 41 ff GmbHG ausgesprochen werden). Vgl auch die abw A in § 41 Rz 67.

Bei **Stimmengleichheit** zw den abgegebenen Pro-Stimmen u den abgegebenen Contra-Stimmen wurde die einfache Mehrheit nicht erreicht u gilt daher der Beschluss, auch wenn er nur einer einfachen Mehrheit bedarf, als nicht gefasst.[7] Sind demnach zwei Gesellschafter (bzw Gesellschaftergruppen) im gleichen Verhältnis an der GmbH beteiligt (50:50-Beteiligung), kann dies bei Uneinigkeit zu einer **Pattsituation** führen; (positive) Beschlüsse können sodann nicht mehr gefasst werden, sofern alle Gesellschafter an der GV teilnehmen u mitstimmen bzw keiner der Gesellschafter zum konkreten Tagesordnungspunkt einem Stimmverbot unterliegt.

Ist es das Ziel eines oder mehrerer Gesellschafter, einen Beschluss nicht zustande kommen zu lassen, ist es daher wesentlich, dass diese an der GV teilnehmen u gegen den Beschlussantrag stimmen. Eine Nicht-Teilnahme an der GV oder eine bloße Stimmenthaltung bzw passives Verhalten in der GV ist nicht ausreichend; gibt auch nur ein Gesellschafter bei Stimmenthaltungen aller übrigen Gesellschafter eine Pro-Stimme ab, kommt ein einstimmiger Gesellschafterbeschluss zustande (zur entspr Gestaltung v Syndikatsverträgen vgl Rz 5; anders bei der Abstimmung im schriftlichen Weg – vgl Rz 10).

2. Berechnung bei einer Abstimmung im schriftlichen Weg

Bei der Abstimmung im schriftlichen Weg (s dazu § 34 Rz 52) ist die erforderliche Mehrheit nicht nach der Zahl der abgegebenen, sondern zum Schutz der Gesellschafter nach der **Gesamtzahl** der allen Gesellschaftern zustehenden Stimmen zu berechnen. Auch Stimmenthaltungen oder nicht gültig abgegebene Stimmen sind somit wie Contra-Stimmen zu berücksichtigen (s dazu Rz 5, § 34 Rz 24, 70; anders bei der Abstimmung in der GV – vgl § 34 Rz 71).

Ein **(positiver) Beschluss** über den konkreten Beschlussantrag bei einer Abstimmung im schriftlichen Weg ist daher dann zustande gekommen, wenn der Quotient aus den abgegebenen Pro-Stimmen u der Gesamtzahl der allen Gesellschaftern zustehenden Stimmen die für den konkreten Beschluss erforderliche Mehrheit erreicht.

---

7 *Baumgartner/Mollnhuber/U. Torggler* in Torggler, GmbHG § 39 Rz 2.

B. Grundsatz der einfachen Mehrheit

12 Sofern für einen Beschlussgegenstand nach dem Gesetz (s Rz 17) oder dem GesV (s Rz 14) keine besondere Mehrheit vorgesehen ist, kann der Beschlussgegenstand mit einer **einfachen Mehrheit** der abgegebenen Stimmen gefasst werden.[8]

1. Einfache Mehrheit

13 Die einfache Mehrheit der abgegebenen Stimmen ist daher bspw bei folgenden Beschlussgegenständen ausreichend, sollte der GesV keine größere Mehrheit fordern:[9]

- Prüfung u Feststellung des JA (samt Lagebericht; § 35 Abs 1 Z 1),
- Verteilung des Bilanzgewinns, sofern die Verteilung des Bilanzgewinns im GesV einer besonderen Beschlussfassung der GV vorbehalten ist (§ 35 Abs 1 Z 1),
- Bestellung u Abberufung v GF u Liquidatoren sowie Änderung ihrer Vertretungsbefugnis (§ 15 u § 89 Abs 2),
- Entlastung der GF (§ 35 Abs 1 Z 1) u Liquidatoren,
- Wahl v AR-Mitgliedern (§ 30b Abs 1) u Abberufung v AR-Mitgliedern vor Ablauf der Funktionsperiode, sofern es sich um den ersten AR gem § 30b Abs 4 handelt (zur Abberufung eines AR-Mitglieds s Rz 17, § 30b Rz 24),
- Entlastung eines allenfalls bestehenden AR (§ 35 Abs 1 Z 1),
- Einforderung u Rückzahlung v Nachschüssen (§ 35 Abs 1 Z 2),
- Geltendmachung der Ersatzansprüche, die der Gesellschaft aus der Errichtung oder Geschäftsführung gegen die GF, deren Stellvertreter oder den AR zustehen (§ 35 Abs 1 Z 6),
- Bestellung eines Vertreters zur Prozessführung, wenn die Gesellschaft weder durch die GF noch durch den AR vertreten werden kann (§ 35 Abs 1 Z 6),
- Auflösung der Gesellschaft (§ 84 Abs 1),
- Einforderung v Einzahlungen auf die Stammeinlagen, sofern nicht ohnehin im GesV eine Fälligkeit geregelt ist,

---

[8] *Baumgartner/Mollnhuber/U. Torggler* in Torggler, GmbHG § 39 Rz 2.
[9] *Enzinger* in Straube/Ratka/Rauter, GmbHG § 39 Rz 5. Zu den erforderlichen Quoren zur Ausübung der Minderheitenrechte u einer tabellarischen Übersicht der Stimmrechtserfordernisse s § 45 Rz 2.

- E, ob Prokura oder Handelsvollmacht zum gesamten Geschäftsbetrieb erteilt werden darf (§ 35 Abs 1 Z 4),
- Prüfung u Überwachung der Geschäftsführung (§ 35 Abs 1 Z 5),
- Erteilung v Weisungen an die Geschäftsführung (umfassendes Weisungsrecht gegenüber den GF[10]),
- Allenfalls Erlassung einer GO für die GF u/oder den AR (insb mit einem entspr Katalog v zustimmungspflichtigen Maßnahmen der Geschäftsführung),
- Maßnahmen nach Verlust v mehr als der Hälfte des Stammkapitals oder wenn die Eigenmittelquote weniger als 8% oder die fiktive Schuldtilgungsdauer mehr als 15 Jahre beträgt (§ 36 Abs 2),
- Wahl des Vorsitzenden einer GV (s dazu § 34 Rz 38),
- Zustimmung zu außergewöhnlichen oder ao Geschäften,
- sonstige prozessleitende Beschlüsse in der GV usw.

2. Abweichende Regelung im Gesellschaftsvertrag

Der GesV kann abw v der nach dem Gesetz erforderlichen einfachen Mehrheit eine **erhöhte Stimmenmehrheit** bis hin zur Einstimmigkeit vorsehen. Sofern im GmbHG grds erhöhte Stimmenmehrheiten vorgesehen sind, kann der GesV auch eine reduzierte Stimmenmehrheit (soweit nicht ausdrücklich ausgeschlossen; mind jedoch eine einfache Mehrheit) regeln.[11]

Weiters kann auch einzelnen oder mehreren Gesellschaftern (allenfalls abhängig v einer bestimmten Beteiligungshöhe) ein **Dirimierungsrecht**, Sonderzustimmungsrecht oder Vetorecht zu einem Beschlussgegenstand im GesV eingeräumt werden.[12]

14

15

---

10 Zur str Frage nach einem weisungsfreien Mindestbereich der Geschäftsführung vgl *Kalss/Nowotny/Schauer*, GesR² Rz 4/179; *Napokoj/Pelinka* in Adensamer/Mitterecker, GesStreit, Rz 1/29; zur Abgrenzung zum faktischen GF s § 15 Rz 70, wobei bei lediglich einem Zustimmungskatalog/Vetorecht der Gesellschafter die Gesellschaft (noch) nicht faktisch leitet (anders bei extensiven Weisungsbeschlüssen der Gesellschafter auf Ausführung v bestimmten operativen Geschäften).

11 *Enzinger* in Straube/Ratka/Rauter, GmbHG § 39 Rz 11; *Koppensteiner/Rüffler*, GmbHG³ § 39 Rz 5; *Kalss/Nowotny/Schauer*, GesR, Rz 4/294; *Baumgartner/Mollnhuber/U. Torggler* in Torggler, GmbHG § 39 Rz 3.

12 *Enzinger* in Straube/Ratka/Rauter, GmbHG § 39 Rz 11; *Baumgartner/Mollnhuber/U. Torggler* in Torggler, GmbHG § 39 Rz 3, 12.

16 Zulässig ist auch ein Abstellen auf eine **Kopfmehrheit** zusätzlich zu oder anstatt der im Gesetz oder GesV vorgesehenen Stimmenmehrheit.

C. Besondere Mehrheiten

1. Mehrheit von 75% der abgegebenen Stimmen

17 Eine Mehrheit v **75% der abgegebenen Stimmen** ist insb bei der Beschlussfassung über die folgenden Gegenstände erforderlich, sofern im GesV keine andere Mehrheit vorgesehen ist:[13]

– Änderung oder Neufassung des **GesV** (§ 50 Abs 1); jedoch mit Ausnahmen (zum Erfordernis der Einstimmigkeit s Rz 19; eine einfache Mehrheit ist gem § 50 Abs 2 ausreichend bei Herabsetzung [nicht jedoch Erhöhung] der den GF oder den Mitgliedern des AR nach dem GesV zukommenden Entlohnung u der Änderung der Bestimmung, dass ein AR zu bestellen ist; vgl § 29 Rz 56 u § 50 Rz 7[14]) (zur Änderung oder Neufassung des GesV s § 4 Rz 16, § 49 Rz 1),

– Demnach auch **Kapitalmaßnahmen**, wie Kapitalerhöhungen u Kapitalherabsetzungen, u die Verlegung des Sitzes (nicht jedoch bei bloßer Änderung der Geschäftsanschrift am gleichen Sitz) (zur Kapitalerhöhung s § 52 Rz 6; zur Kapitalherabsetzung s § 54 Rz 9),

– Ausschluss des **Bezugsrechts** im Rahmen einer Kapitalerhöhung (zum Bezugsrechtsausschluss s § 52 Rz 6),

– **Abberufung eines AR-Mitglieds** vor Ablauf der Funktionsperiode gem § 30b Abs 3, sofern es sich nicht um den ersten AR gem § 30b Abs 4 handelt (zur Abberufung eines AR-Mitglieds s § 30b Rz 24),

– **Verschmelzung** gem § 98 (samt den besonderen Zustimmungserfordernissen gem § 99; zur Verschmelzung s § 98 Rz 1 ff),

– **Spaltung** gem § 8 Abs 1 SpaltG (mit Ausnahme einer nicht verhältniswahrenden Spaltung oder Spaltung gem § 8 Abs 3 Z 1 u 2 SpaltG) (zur Spaltung s Rz 20),

– **Verschmelzende Umwandlung** auf den Hauptgesellschafter nach dem UmwG (Stimmenmehrheit gem § 2 Abs 3 UmwG iVm § 98): Darüber hinaus müssen dem Hauptgesellschafter, auf den die Gesell-

---

13 *Enzinger* in Straube/Ratka/Rauter, GmbHG § 39 Rz 9.
14 Zur Abschaffung eines gesv etablierten AR (dh Streichung der diesbzgl Regelung des GesV) vgl auch § 29 Rz 57, § 50 Rz 8. Zum Austausch eines Muss-AR durch einen Kann-AR bzw umgekehrt vgl § 29 Rz 57, § 50 Rz 8.

schaft umgewandelt wird, Anteilsrechte an mind **neun Zehnteln des Stammkapitals** gehören u dieser für die Umwandlung stimmen (Kapitalmehrheit gem § 2 Abs 1 UmwG),
- **Errichtende Umwandlung** nach dem UmwG in eine PersGes (Stimmenmehrheit gem § 5 Abs 5 iVm § 2 Abs 3 UmwG iVm § 98): Darüber hinaus bedarf der Umwandlungsbeschluss der Zustimmung **v neun Zehnteln des Stammkapitals**, wenn ein Gesellschafter diese Anteile hält (§ 1 Abs 3 GesAusG gilt sinngemäß) (zum Erfordernis der Einstimmigkeit s Rz 19),[15]
- Genehmigung v **Nachgründungsgeschäften** gem § 35 Abs 1 Z 7: Eine Änderung der Mehrheitserfordernisse durch den GesV ist nicht möglich, wenn es sich um die Genehmigung v Nachgründungen innerhalb der ersten beiden Jahre nach Eintragung der GmbH handelt (zu Nachgründungen s § 35 Rz 105),
- **Veräußerung des Gesellschaftsvermögens** als Ganzes im Zuge der **Liquidation** der Gesellschaft (§ 90 Abs 4; s § 90 Rz 21).

Eine **Erhöhung** der Mehrheitserfordernisse durch den GesV ist grds möglich; weiters kann auch das Vorliegen weiterer Erfordernisse angeordnet werden.

18

2. Einstimmigkeit

Die Einstimmigkeit (somit zumindest eine Pro-Stimme bei Nicht-Vorliegen v Contra-Stimmen im Hinblick auf alle abgegebenen Stimmen in der GV; vgl Rz 9) ist insb bei der Beschlussfassung über die folgenden Gegenstände erforderlich, sofern der GesV keine andere Mehrheit (zumindest aber drei Viertel der abgegebenen Stimmen) vorsieht:[16]

19

- **Änderung des GesV** im Hinblick auf die Änderung des Gesellschaftszwecks oder eine wesentliche Änderung des Unternehmensgegenstands (§ 50 Abs 3) sowie Verringerung des diesbzgl Einstimmigkeitserfordernisses (zur Änderung des GesV s § 4 Rz 16, § 49 Rz 12),

---

15 *Enzinger* in Straube/Ratka/Rauter, GmbHG § 39 Rz 8.
16 *Enzinger* in Straube/Ratka/Rauter, GmbHG § 39 Rz 7. Str ist, ob auch der Abschluss v Unternehmensverträgen (insb Konzernverträge u Beherrschungs u Gewinnabführungsverträge) Einstimmigkeit erfordert (abl *Enzinger* in Straube/Ratka/Rauter, GmbHG § 39 Rz 7 [qualifizierte Mehrheit ausreichend]; *Koppensteiner/Rüffler*, GmbHG³ § 39 § 50 Rz 10, 17).

– **Ausgliederung des gesamten Betriebs** in eine Tochtergesellschaft (faktische Änderung des Unternehmensgegenstands) (s dazu § 49 Rz 33).[17]

3. Zustimmung aller Gesellschafter

20 Die Zustimmung aller Gesellschafter (somit nicht nur ein einstimmiger Beschluss im Hinblick auf alle abgegebenen Stimmen, sondern auch die Zustimmung aller übrigen Gesellschafter, die nicht an der GV teilgenommen bzw zwar teilgenommen, aber keine Stimme abgegeben haben):

– Errichtende **Umwandlung** nach dem UmwG in eine PersGes (zusätzlich zur Stimmenmehrheit gem § 5 Abs 5 iVm § 2 Abs 3 UmwG iVm § 98; s Rz 17), wenn nicht ein Gesellschafter zumindest neun Zehntel des gesamten Stammkapitals hält (§ 1 Abs 3 GesAusG gilt sinngemäß) (die Zustimmung kann auch außerhalb der GV durch Erklärung innerhalb dreier Monate ab Beschlussfassung erfolgen; solche Erklärungen müssen gerichtl oder notariell beglaubigt unterfertigt sein),

– **Nicht-verhältniswahrende Spaltung** in den Fällen des § 8 Abs 3 Z 1 u 2 SpaltG: Wenn die Anteile an einer oder mehreren beteiligten Gesellschaften ausschließlich oder überwiegend Gesellschaftern zugewiesen werden, die insgesamt über Anteile v nicht mehr als einem Zehntel des Nennkapitals der übertragenden Gesellschaft verfügen, oder einer oder mehreren beteiligten Gesellschaften, an denen diese Gesellschafter beteiligt sind, überwiegend Wertpapiere, flüssige Mittel oder andere nicht betriebl genutzte Vermögensgegenstände zugeordnet werden,

– Aufhebung oder Abänderung einer Bestimmung des GesV, wonach der **Ausschluss v Gesellschaftern** nicht zulässig ist oder dem Hauptgesellschafter eine höhere als die in § 1 Abs 2 GesAusG genannte Anteilsquote (90 % der Kapitalanteile) gehören muss (§ 1 Abs 4 GesAusG), es sei denn, die Bestimmung sieht ausdrücklich eine andere Mehrheit vor (s dazu § 66 Rz 18).

21 Darüber hinaus sind nach § 99 bei der Verschmelzung in bestimmten Konstellationen Sonderzustimmungen einzelner Gesellschafter erfor-

---

17 *Koppensteiner/Rüffler*, GmbHG³ § 50 Rz 9; *Gratzl* in Reich-Rohrwig, HB GV, Rz 92.

derlich (§ 99 Rz 1 ff; zum erhöhten Beschlussquorum nach § 99 Abs 3 vgl Rz 17).

4. Formfreie Zustimmung von einzelnen Gesellschaftern

Eine (formfreie) Zustimmung v einzelnen Gesellschaftern für die Abänderung des GesV ist – zusätzlich zu den sonstigen Mehrheitserfordernissen – in folgenden Fällen erforderlich (§ 50 Abs 4 GmbHG): 22

- Eine **Vermehrung** der den Gesellschaftern nach dem GesV obliegenden Leistungen kann nur mit Zustimmung sämtlicher v der Vermehrung betroffenen Gesellschafter beschlossen werden (vgl § 50 Rz 17),
- Eine **Verkürzung** der einzelnen Gesellschaftern im GesV eingeräumten Sonderrechte kann nur mit Zustimmung sämtlicher v der Verkürzung betroffenen Gesellschafter beschlossen werden (vgl § 50 Rz 17),
- Die Aufnahme v **Aufgriffs- oder Vorkaufsrechten** bedarf der Zustimmung der davon betroffenen Gesellschafter (vgl § 50 Rz 26),
- Die Aufnahme einer **Vinkulierungsbestimmung** bedarf der Zustimmung der davon betroffenen Gesellschafter (vgl § 50 Rz 26),
- Ein **Eingriff in den Kernbereich der Mitgliedschaft** der Gesellschafter kann nur mit Zustimmung der v diesem Eingriff betroffenen Gesellschafter beschlossen werden (bspw bei Änderung der Gewinnverteilungsrechte, Stimmverhältnisse oder Aufteilung des Liquidationserlöses).

5. Einfache Mehrheit jedoch weitere Beschlusserfordernisse

Der Beschluss der GV auf Ausschluss v Gesellschaftern nach dem GesAusG (Übertragung der Anteile der übrigen Gesellschafter auf den Hauptgesellschafter gegen Gewährung einer angemessenen Barabfindung) bedarf der Mehrheit der abgegebenen Stimmen u zusätzlich der **Zustimmung durch den Hauptgesellschafter** (Hauptgesellschafter ist, wem zum Zeitpunkt der Beschlussfassung Anteile in Höhe v mind neun Zehnteln des Nennkapitals gehören).[18] 23

---

18 *Enzinger* in Straube/Ratka/Rauter, GmbHG § 39 Rz 10; *Koppensteiner*, GES 2006, 143 (143 ff).

24 Der GesV kann eine größere Mehrheit u weitere Erfordernisse vorsehen. Die Abänderung des GesV im Hinblick auf eine Reduktion des Mehrheitserfordernisses bedarf grds dieser ursprünglichen Mehrheit.

D. Treuepflicht

25 Grundsätzlich ist jeder Gesellschafter frei, seine Stimmrechte in jede Richtung hin (Pro-Stimme, Contra-Stimme, Stimmenthaltung, Nicht-/Teilnahme an der GV) auszuüben. Unstritig ist jedoch mittlerweile, dass aufgrund des bestehenden Gesellschaftsverhältnisses zw den Gesellschaftern u gegenüber der Gesellschaft **Treue- u Loyalitätspflichten** iSe gemeinsamen Zweckverfolgung im gemeinsamen Gesellschaftsinteresse bestehen u diese Treue- u Loyalitätspflichten bei der Ausübung der Stimmrechte zu berücksichtigen sind.

26 Die Treue- u Loyalitätspflichten hängen konkret v der Realstruktur der Gesellschaft ab. Konkret äußert sich diese wie folgt:[19]

– Verbot der **sittenwidrigen Schädigung** der Gesellschaft u der Mitgesellschafter,
– Verbot der Verfolgung v **Sondervorteilen** zulasten der Gesellschaft oder der Mitgesellschafter,
– Verpflichtung, **eigene Interessen** hinter die der Gesellschaft zu stellen,
– Verbot der Ausnützung v **Geschäftschancen** durch einen Gesellschafter zulasten der Gesellschaft,
– Verbot des **Eingriffs in die Mitgliedschaftsrechte** der Gesellschafter (zum Ausschluss des Bezugsrechts s § 52 Rz 6; zur Verletzung des Gleichbehandlungsgrundsatzes bei Satzungsänderungen s § 50 Rz 50, bei Einforderung der Einlagen s § 63 Rz 28; bei Einforderung v Nachschüssen s § 72 Rz 4, 17, bei Beschlüssen über die Gewinnverwendung s § 35 Rz 39).

---

19 *Koppensteiner/Rüffler*, GmbHG³ § 41 Rz 29, 31, § 61 Rz 10; *Gratzl* in Reich-Rohrwig, HB GV, Rz 21; *Baumgartner/Mollnhuber/U. Torggler* in Torggler, GmbHG § 39 Rz 41; *Kalss*, GesRZ 2021, 203; *U. Torggler*, GES 2006, 66; OGH 24.3.2022, 6 Ob 192/21k; 18.9.2009, 6 Ob 49/09p; 1.10.2008, 6 Ob 190/08x; 10.4.2008, 6 Ob 37/08x, 25.6.2003, 9 Ob 64/03g (zur AG).

Diese Treue- u Loyalitätspflichten können letztendlich (*ultima ratio*) 27
auch zu einer **Verpflichtung zur Zustimmung** zu bestimmten Beschlussgegenständen in einer GV führen.[20]

Treuwidrig abgegebene Stimmen führen grds zur **Anfechtbarkeit** 28
des Beschlusses (zur Anfechtbarkeit v Gesellschafterbeschlüssen wegen
Treuwidrigkeit s § 42 Rz 66, 100).[21]

E. Stimmbindungsverträge

Den Gesellschaftern steht es frei, sich im Hinblick auf die Ausübung ih- 29
rer Stimmrechte rechtsgeschäftlich zu binden. Derartige Stimmbindungsverträge haben nur zw den Vertragsparteien **rechtsgeschäftliche Wirkung** u führen bei Verletzung der Stimmbindung nicht zu einer Unwirksamkeit der Stimmabgabe.[22]

Stimmbindungsverträge werden als GesbR angesehen u sind nach 30
den für die **GesbR anwendbaren Bestimmungen** zu beurteilen.[23]

Stimmbindungsverträge sind grds **formfrei**, sofern darin nicht auch 31
Regelungen im Hinblick auf die Übertragung v Geschäftsanteilen (zB
Abtretungsanbote, Aufgriffsrechte, Vorkaufsrechte, Mitverkaufsrechte,
Mitverkaufspflichten etc) enthalten sind (zur Notariatsaktspflicht bei

---

20 OGH 19.12.2019, 6 Ob 105/19p; *Gratzl* in Reich-Rohrwig, HB GV, Rz 22.
Zur Verpflichtung zur Zustimmung aufgrund v Treue- u Loyalitätspflichten
iZm Ausschüttungen bzw Thesaurierung v Bilanzgewinn vgl § 35 Rz 45 u
§ 82 Rz 10.
21 OGH 27.06.2019, 6 Ob 90/19g.
22 OGH 2.4.1993, 6 Ob 9/93; *Koppensteiner*, GesRZ 2021, 216 (221).
23 Relevant insb im Hinblick auf eine Kündbarkeit des Stimmbindungsvertrages
(sofern Außengesellschaft iSd § 1176 Abs 1 ABGB): § 1209 Abs 2 ABGB ordnet zwingend an, dass bei GesbR, die auf unbestimmte Zeit eingegangen werden, die Möglichkeit der ordentlichen Kündigung nicht wirksam ausgeschlossen werden kann. Syndikatsvereinbarungen können uE auch unbefristet
eingegangen werden, wobei die Zeitdauer für einen möglichen Ausschluss
des ordentlichen Kündigungsrechts nicht kalendermäßig festgelegt werden
muss; sie kann sich auch aus dem Gesellschaftszweck oder den sonstigen zw
den Beteiligten getroffenen Vereinbarungen ergeben, wenn daraus hervorgeht,
dass die Parteien eine längerfristige Bindung eingehen wollten. Im Rahmen
eines solchen zeitlichen Ausschlusses des ordentlichen Kündigungsrechts
könnte eine GesbR nur aus wichtigen Gründen (ao Kündigung) aufgelöst
werden (*H. Foglar-Deinhardstein/Krenn*, ecolex 2015, 977; *Swoboda*, Zak
2016, 204 [205 FN 20, 21]).

Übertragung mittels Rechtsgeschäfts unter Lebenden s § 76 Rz 5).[24] Allenfalls bestehen Formpflichten nach dem NotariatsaktsG.[25]

Im Untersch zum GesV sind Stimmbindungsverträge nach dem **wahren Willen der Vertragsparteien** (Auslegung nach § 914 ABGB) auszulegen; Vinkulierungen, Aufgriffsrechte, Vorkaufsrechte etc wirken **nicht absolut** (zur Wirkung v Vinkulierungen, Aufgriffsrechten, Vorkaufsrechten etc im GesV s § 76 Rz 16, 29).[26]

F. Gespaltene Stimmabgabe

32 Grundsätzlich hat ein Gesellschafter die mit seinem Geschäftsanteil verbundenen Stimmen (zur Stimmverteilung s Rz 35) **einheitlich** abzugeben; eine uneinheitliche Stimmabgabe durch einen Gesellschafter zu einem Beschlussantrag ist grds nicht zulässig u wird nach hM als Stimmenthaltung gewertet.[27]

33 Dementsprechend ist auch gem § 80 Abs 1 das Stimmrecht dann gemeinschaftlich (einheitlich) auszuüben, wenn der Geschäftsanteil mehreren Mitberechtigten zusteht (s dazu § 80 Rz 8).

34 Nur wenn ein Geschäftsanteil v einem Gesellschafter **wirtschaftlich für mehrere Personen gehalten** wird (bspw treuhändiges Halten eines Teiles des Geschäftsanteiles für einen Treugeber oder treuhändiges Halten v versch Teilen des Geschäftsanteiles für mehrere Treugeber) wird nach hM eine uneinheitliche Ausübung des Stimmrechtes zu einem Beschlussantrag für zulässig erachtet.[28] Die Offenlegung der Treuhandschaft (uE allein die Tatsache der Treuhandschaft, ohne Nennung des konkreten Treugebers) spätestens in der betr GV wird dafür erforderlich sein (zum Stimmverbot mit dem gesamten Geschäftsanteil bei Vorliegen eines Ausschlussgrundes gegenüber auch nur einem Treugeber s Rz 83; zum Teilnahme- u Stimmrecht des Treuhänders s § 34 Rz 12).

---

24 *Kapl/Holzgruber*, GesRZ 2021, 86.
25 *Gratzl* in Reich-Rohrwig, HB GV, Rz 213.
26 *Enzinger* in Straube/Ratka/Rauter, GmbHG § 34 Rz 27, 31; *Gratzl* in Reich-Rohrwig, HB GV, Rz 213, 234.
27 *Koppensteiner/Rüffler*, GmbHG[3] § 39 Rz 16; *Baumgartner/Mollnhuber/ U. Torggler* in Torggler, GmbHG § 39 Rz 14; RIS-Justiz RS0127332.
28 *Baumgartner/Mollnhuber/U. Torggler* in Torggler, GmbHG § 39 Rz 14; **aA** *Koppensteiner/Rüffler*, GmbHG[3] § 39 Rz 16.

II. Stimmverteilung

A. Anzahl der Stimmen

Grundsätzlich leitet sich die Anzahl der jedem Gesellschafter zustehenden Stimmen v der Höhe der v dem betr Gesellschafter übernommenen **Stammeinlage** (unabhängig ob u in welchem Umfang geleistet) ab. Sollte im GesV kein anderes Verhältnis festgelegt sein, so gewähren **je € 10** einer übernommenen Stammeinlage **eine Stimme** (bei Gesellschaften, deren Stammkapital noch auf Schilling lautet, gewähren grds ATS 1.000 eine Stimme); Bruchteile unter € 10 (bzw ATS 1.000) werden nicht gezählt.[29]

35

B. Abweichende Stimmverteilung im Gesellschaftsvertrag

Im GesV kann ein niedrigeres, aber auch ein höheres **Umrechnungsverhältnis** festgelegt werden. Je niedriger das Umrechnungsverhältnis ist, desto geringer ist die Möglichkeit, dass das Stimmrechtsverhältnis v Beteiligungsverhältnis (Verhältnis der einzelnen Stammeinlagen zueinander) abweicht. Bei einem Umrechnungsverhältnis v einer Stimme pro einem Cent einer übernommenen Stammeinlage entspricht das Stimmrechtsverhältnis zwingend dem Beteiligungsverhältnis.

36

Unabhängig v im GesV anders festgelegten Umrechnungsverhältnis muss aber jedem Gesellschafter **mind eine Stimme** zustehen.[30] Dies wird erst dann relevant, wenn aufgrund gesv Regelung mehr als € 70 eine Stimme gewähren, da in diesem Fall einem Gesellschafter mit bspw dem Mindestanteil v € 70 keine Stimme zustehen würde. Aus diesem Grund ist bei einem Umrechnungsverhältnis v bis zu € 70 auch die Klarstellung im GesV, dass jedem Gesellschafter mind eine Stimme zustehen muss, grds nicht erforderlich (da dies mitunter v den FB-Gerichten anders gesehen wird, empfiehlt sich in der Praxis jedenfalls die Aufnahme

37

---

29 *Enzinger* in Straube/Ratka/Rauter, GmbHG § 39 Rz 22; *Gratzl* in Reich-Rohrwig, HB GV, Rz 459; *Baumgartner/Mollnhuber/U. Torggler* in Torggler, GmbHG § 39 Rz 11.

30 *Enzinger* in Straube/Ratka/Rauter, GmbHG § 39 Rz 23; *Gratzl* in Reich-Rohrwig, HB GV, Rz 206 (ein stimmrechtsloser GmbH-Geschäftsanteil ist daher nicht zulässig), 461.

einer entspr Regelung im GesV, wonach jedem Gesellschafter mind eine Stimme zustehen muss).[31]

38 Bei einem hohen Umrechnungsverhältnis kann es auch infolge v Teilung eines Geschäftsanteils (bspw im Fall der Vererbung) zu unerwünschten Verschiebungen der Stimmrechtsverhältnisse kommen (s dazu das Bsp in Rz 4).

39 Anders als im AktG besteht auch die Möglichkeit, die Stimmenverhältnisse anders zu regeln bzw zu gewichten. Beispielsweise kann im GesV vorgesehen werden, dass ein **anderes Umrechnungsverhältnis** besteht (Mehrstimmrecht), einem einzelnen Gesellschafter immer die Mehrheit der Stimmen oder einem einzelnen oder mehreren Gesellschafter(n) eine Mindest- oder Höchstanzahl oder eine bestimmte Anzahl v Stimmen oder einem Gesellschafter ein Dirimierungsrecht zusteht. Anderseits kann auch einem oder mehreren Gesellschafter(n) ein **Veto- bzw Zustimmungsrecht** eingeräumt werden, so dass ein Beschluss unabhängig v Stimmverhältnis ohne dessen bzw deren Zustimmung nicht zustande kommt (zum schwebend unwirksamen Beschluss bis zur Zustimmung s § 34 Rz 46). Die entspr Bestimmung des GesV muss jedoch die Stimmgewichtung (u deren Wegfall) eindeutig festlegen.[32]

III. Bevollmächtigung

A. Rechtsgeschäftliche Bevollmächtigung

40 Die Ausübung des Stimmrechtes in der GV durch einen Bevollmächtigten ist zulässig. Doch bedarf es einer schriftlichen, auf die Ausübung dieses Rechtes lautenden Vollmacht. Die Stimmrechtsvollmacht darf sich demnach nicht nur auf die Vertretung des Gesellschafters in der GV beschränken, sondern muss auch ausdrücklich die **Ausübung des Stimmrechts** umfassen.[33]

---

31 *Koppensteiner/Rüffler*, GmbHG³ § 39 Rz 13; *Baumgartner/Mollnhuber/U. Torggler* in Torggler, GmbHG § 39 Rz 12.
32 *Gratzl* in Reich-Rohrwig, HB GV, Rz 204.
33 *Koppensteiner/Rüffler*, GmbHG³ § 39 Rz 26; **aA** *Baumgartner/Mollnhuber/U. Torggler* in Torggler, GmbHG § 39 Rz 21.

Die Gesellschafterrechte, wie zB Recht auf Teilnahme, Fragerecht, Recht auf Antragstellung in der GV u Stimmrechtsausübung bestehen für den Gesellschafter auch dann, wenn dieser eine Stimmrechtsvollmacht erteilt hat u der Bevollmächtigte an der GV teilnimmt.[34]

Eine Gattungsvollmacht, die die Stimmrechtsausübung bei der Gesellschaft umfasst, ist ausreichend (es bedarf somit **keiner Spezialvollmacht**, in der die einzelnen Beschlussgegenstände aufgelistet sind; eine zeitliche Beschränkung der Vollmachtserteilung ähnlich § 31 Abs 6 GBG besteht nicht).

Die Stimmrechtsvollmacht bedarf der **Schriftform** (§ 886 ABGB), darüber hinaus jedoch keiner weiteren Form, insb **keiner Beglaubigung** der Unterschrift des Gesellschafters/Vollmachtgebers; dies auch dann nicht, wenn die GV notariell beurkundet wird (bspw für die Abänderung des GesV).[35] Vom Erfordernis der Schriftlichkeit kann im GesV abgegangen werden.

Das Original der Stimmrechtsvollmacht ist zu Beweiszwecken in der GV **vorzuweisen**, verbleibt jedoch nicht bei der Gesellschaft, sondern ist dem Vollmachtnehmer bzw Gesellschafter wieder auszuhändigen.[36]

Die Teilnahme des Bevollmächtigten u die Stimmrechtsausübung aufgrund der Stimmrechtsvollmacht ist auf einem allfälligen Protokoll über die GV bzw auf der Niederschrift (zur Niederschrift s § 40 Rz 1) zu vermerken.

Auch wenn das Stimmrecht im Rahmen einer Abstimmung im schriftlichen Weg ausgeübt wird u die Unterschriften der Gesellschafter bzw Bevollmächtigten auf dem **Umlaufbeschluss** der Beglaubigung bedürfen, ist eine Beglaubigung der zugrundeliegenden Vollmacht des Gesellschafters nicht erforderlich (zum Formerfordernis bei Abstimmung im schriftlichen Weg u dem allfälligen Erfordernis eines beglaubigten Nachw der Vertretungsbefugnis s § 34 Rz 54). Wird demnach bspw ein

---

34 Auch eine verdrängende, dh mit einem Stimmverzicht des Gesellschafters verbundene Stimmrechtsvollmacht wirkt nur schuldrechtlich (RIS-Justiz RS0059868); vgl Rz 49. Die Ausübung der Gesellschafterrechte durch den Gesellschafter bewirkt noch keinen Widerruf der Vollmacht; ob ein konkludenter Widerruf vorliegt, ist im Einzelfall zu beurteilen.
35 *Koppensteiner/Rüffler*, GmbHG³ § 39 Rz 2, 27; *Baumgartner/Mollnhuber/U. Torggler* in Torggler, GmbHG § 39 Rz 16, 19.
36 In der Praxis ist jedoch zumeist im GesV vorgesehen, dass allfällige Stimmrechtsvollmachten bei der Gesellschaft verbleiben (vgl zur AG § 114 Abs 1 AktG).

GF durch Abstimmung im schriftlichen Weg (Umlaufbeschluss) bestellt, so müssen die Unterschriften der Gesellschafter bzw Bevollmächtigten auf dem Umlaufbeschluss beglaubigt sein; erfolgt die Abstimmung für einen Gesellschafter aufgrund einer Stimmrechtsvollmacht, so bedarf die Stimmrechtsvollmacht trotzdem keiner Beglaubigung (zur Bestellung eines GF durch Abstimmung im schriftlichen Weg s § 17 Rz 20). Gleich wäre dies, wenn die Bestellung des GF im Rahmen einer GV erfolgt; eine dafür allenfalls erforderliche Stimmrechtsvollmacht des Gesellschafters bedarf keiner Beglaubigung, jedoch ist die GV notariell zu beurkunden (Errichtung eines notariellen Protokolls).

47 Auch **ohne schriftliche Vollmacht** können die übrigen anwesenden Gesellschafter den Bevollmächtigten zur Teilnahme an der GV zulassen, sofern kein Zweifel an der Bevollmächtigung besteht, u kann über die GV ein notarielles Protokoll erstellt werden (kein Anwendungsfall v § 69a NO). Zum Stimmverbot v Bevollmächtigten s Rz 80.

48 Die Vereinbarung der **Unwiderruflichkeit** einer Vollmacht ist nach überwiegender M zulässig; allerdings kann auch eine unwiderruflich erteilte Vollmacht aus wichtigem Grund widerrufen werden.

49 Trotz Übertragung des Stimmrechtes kann der Gesellschafter sein Stimmrecht auch **persönlich** ausüben. Dieser behält sein Teilnahmerecht u sein Stimmrecht. Auch eine **verdrängende**, dh mit einem Stimmverzicht des Gesellschafters verbundene Stimmrechtsvollmacht wirkt nur schuldrechtlich.[37] Kommt es zu einem divergierenden Abstimmungsverhalten zw dem persönlich anwesenden u abstimmenden Vollmachtgeber u dem Vollmachtnehmer, so bedeutet dies der Gesellschaft gegenüber jedenfalls einen konkludenten Widerruf der erteilten Vollmacht (jedoch keine unwirksame, neutralisierende Stimmabgabe).[38] Der Widerruf der Vollmacht beseitigt gegenüber der Gesellschaft das Teilnahmerecht u die Vertretungsmacht des Vollmachtnehmers.[39]

---

37 RIS-Justiz RS0059868.
38 Die A, dass sich die widersprechende Stimmabgabe des Vollmachtgebers u des anwesenden Gesellschafters „neutralisieren", wird zutr abgelehnt (RIS-Justiz RS0059868 u RS0059864).
39 OGH 2.4.1993, 6 Ob 9/93.

B. Gesetzliche und statutarische Vertreter

Die gesetzl Vertreter nicht handlungsfähiger Personen (zur Notwendigkeit einer pflegschaftsgerichtlichen Genehmigung s § 34 Rz 47) u die statutarischen Vertreter jP müssen zur Ausübung des Stimmrechtes zugelassen werden u bedürfen hiezu **keiner Vollmacht**.[40] Jedoch ist die **Vertretungsbefugnis** für die nicht handlungsfähige bzw jP nachzuweisen. Die Vertretungsbefugnis für ausländische jP ist durch einen entspr beglaubigten Registerauszug nachzuweisen (zum Vertretungsbefugnisnachweis v ausländischen jP s Rz 46, § 17 Rz 20). 50

Die im FB eingetragenen **Prokuristen** eines Gesellschafters bedürfen nach wohl hM keiner gesonderten Bevollmächtigung oder Stimmrechtsvollmacht zur Ausübung des Stimmrechts für den Gesellschafter, sofern die Beteiligung zum Unternehmensbetrieb gehört.[41] 51

Nach dem Tod des Gesellschafters (u vor der Einantwortung) ist die Verlassenschaft Subjekt der aus dem Geschäftsanteil des Erblassers erfließenden Gesellschafterrechte; sie ist Inhaber des Geschäftsanteils u wird dabei v den Erben, soweit ihnen die Besorgung u Verwaltung des Nachlasses eingeräumt wurde, oder anderenfalls v einem Nachlasskurator vertreten u übt auch die Gesellschafterrechte u damit auch das Stimmrecht in der GV aus (bei Beschlüssen v außergewöhnlicher Bedeutung bedarf die Stimmabgabe der verlassenschaftsgerichtl Genehmigung).[42] 52

---

[40] *Enzinger* in Straube/Ratka/Rauter, GmbHG § 39 Rz 17; *Koppensteiner/Rüffler*, GmbHG³ § 39 Rz 9; *Baumgartner/Mollnhuber/U. Torggler* in Torggler, GmbHG § 39 Rz 18.

[41] *Koppensteiner/Rüffler*, GmbHG³ § 39 Rz 25; *Baumgartner/Mollnhuber/U. Torggler* in Torggler, GmbHG § 39 Rz 18.

[42] *Koppensteiner/Rüffler*, GmbHG³ § 39 Rz 9; *Baumgartner/Mollnhuber/U. Torggler* in Torggler, GmbHG § 39 Rz 8; RIS-Justiz RS0086640; RS0008215. Wenn der Nachlass einen Geschäftsanteil umfasst, zählt die Ausübung des Stimmrechts in der GV zu den Verwaltungsaufgaben des Verlassenschafts- bzw Separationskurators. IdR handelt es sich dabei um eine gewöhnliche, nicht genehmigungspflichtige Verwaltungsmaßnahme. Die Zustimmung des Kurators zu einem satzungsändernden Beschluss stellt jedoch eine ao Verwaltungshandlung dar (analog § 167 Abs 3 ABGB zu beurteilen), die der gerichtl Genehmigung bedarf (OGH 21.11.2013, 1 Ob 245/12d, 1 Ob 107/13m).

IV. Stimmverbote

A. Interessenskollision

53 Stimmverbote sollen funktionell die verbandsinterne Willensbildung schützen, Schutzobjekt sind daher sowohl die Gesellschaft selbst als auch die Mitgesellschafter, nicht aber Dritte, wie etwa Gläubiger der Gesellschaft.[43] Zweck ist einerseits eine Variation der Regeln über das **Insichgeschäft** (vgl § 18 Rz 25) u andererseits die Durchsetzung des Grundsatzes, dass **niemand Richter in eigener Sache** sein soll.[44]

54 In den in Abs 4 aufgelisteten Fällen besteht grds die Gefahr einer Interessenkollision, sodass dem Gesellschafter kein Stimmrecht in der GV oder bei der Abstimmung im schriftlichen Weg zukommt. Der Beschluss kann sohin mit der jew erforderlichen Stimmenmehrheit der übrigen, an der Abstimmung teilnehmenden Gesellschafter gefasst werden.[45] Ein generelles Stimmverbot (vgl Rz 6) bei Vorliegen v Interessenkollisionen besteht jedoch nicht.[46] Eine analoge Anwendung der Stimmverbote kommt nach der hRsp nur in sehr engen Grenzen in Betracht.[47] Im Übrigen greift nach der hRsp bei verbandsrechtlichen Beschlüssen das Stimmverbot nach § 39 Abs 4 grds nicht ein.[48]

---

43 *Enzinger* in Straube/Ratka/Rauter, GmbHG § 39 Rz 73.
44 *Koppensteiner/Rüffler*, GmbHG³ § 39 Rz 31; *Enzinger* in Straube/Ratka/Rauter, GmbHG § 39 Rz 72, 92; *Gratzl* in Reich-Rohrwig, HB GV, Rz 23; OGH 28.8.2013, 6 Ob 88/13d; 18.9.2009, 6 Ob 49/09p; 12.10.2006, 6 Ob 139/06 v.
45 OGH 28.8.2013, 6 Ob 88/13d; RIS-Justiz RS0059874.
46 RIS-Justiz RS0086644; ob auch die Einräumung einer Stimmrechtsvollmacht gegen das Organisationsgefälle (bspw Bevollmächtigung eines GF zur Beschlussfassung über die Bestellung/Abberufung eines AR Mitglieds) unzulässig ist, ist str, jedenfalls aber nicht v Abs 4 umfasst. Vgl zur AR-Entsendung durch einen Gesellschafter-GF oder Gesellschafter-Angestellten u der Ausweitung dieses Grundsatzes auch auf die AR-Wahl § 30c Rz 3.
47 OGH 19.12.2019, 6 Ob 105/19p; 12.10.2006, 6 Ob 139/06v (analoge Anwendung anerkannt bei Beschlussfassung über den Widerruf einer Zustimmung zu konkurrenzierenden Tätigkeiten oder Beteiligungen des Gesellschafter-GF). Zur analogen Anwendung der Regelung über die Stimmverbote nach Abs 4 für den AR s § 30g Rz 57 ff.
48 RIS-Justiz RS0086644 [T6] (bspw Einforderung v Stammeinlagen).

Der GesV kann die gesetzl Stimmverbote erweitern u konkretisieren, nicht jedoch einschränken oder aufheben.[49]

Nach Abs 4 besteht ein Stimmverbot für einen Gesellschafter bei folgenden Beschlussgegenständen:

– Beschluss, durch den ein Gesellschafter v einer **Verpflichtung befreit** werden soll,[50]
– Beschluss, durch den einem Gesellschafter ein **Vorteil zugewandt** werden soll,
– Beschluss, der die Vornahme eines **Rechtsgeschäfts** mit einem Gesellschafter betrifft,
– Beschluss, der die **Einleitung oder Erledigung eines Rechtsstreits** zw einem Gesellschafter u der Gesellschaft betrifft.

Bei einer **Einmann-GmbH** kommen die Stimmverbote nach Abs 4 nicht zur Anwendung (s dazu § 18 Rz 31); allerdings besteht davon dann eine Ausnahme, wenn für den Alleingesellschafter ein Vertreter abstimmt u dieser iSd § 39 Abs 4 befangen ist.[51]

Die Stimmverbote nach Abs 4 kommen auch dann nicht zur Anwendung, wenn alle Gesellschafter **gleichartig** v dem Stimmverbot **betroffen** sind (somit wenn bei allen Gesellschaftern der gleiche Stimmrechtsausschlussgrund gegeben ist).[52]

B. Stimmverbote gemäß Abs 4

1. Befreiung von einer Verpflichtung

Soll ein Beschluss gefasst werden, durch den ein Gesellschafter v einer **Verpflichtung befreit** werden soll, ist dieser v Stimmrecht ausgeschlossen. Das Stimmverbot der Befreiung v einer Verpflichtung setzt ein entspr **Rechtsverhältnis** zw der Gesellschaft u dem Gesellschafter voraus,

---

49 *Koppensteiner/Rüffler*, GmbHG³ § 39 Rz 48; *Gratzl* in Reich-Rohrwig, HB GV, Rz 204; *Napokoj/Pelinka* in Adensamer/Mitterecker, GesStreit, Rz 1/20 (klarstellende u ergänzende Regelung zur Konfliktprävention ratsam).
50 Ein Entlastungsbeschluss wird dem Stimmverbot der Befreiung v einer Verpflichtung zugeordnet.
51 *Enzinger* in Straube/Ratka/Rauter, GmbHG § 39 Rz 77; *Koppensteiner*, wbl 2013, 61 (63).
52 *Baumgartner/Mollnhuber/U. Torggler* in Torggler, GmbHG § 39 Rz 32; *Koppensteiner*, wbl 2013, 61 (62).

aus dem der Gesellschafter zu einer Leistung gegenüber der Gesellschaft verpflichtet ist u durch den Beschluss befreit werden soll.

59 Ein derartiges Stimmverbot liegt bspw dann vor, wenn ein Beschluss gefasst werden soll über:

- den Abschluss eines **Vergleichs** zw der Gesellschaft u dem Gesellschafter hinsichtlich Ansprüche gegen den Gesellschafter, oder
- die Abgabe eines **Verzichts** der Gesellschaft auf Ansprüche oder die Geltendmachung v Ansprüchen gegen den Gesellschafter

60 Befreiung ist weit auszulegen; auch die Beschlussfassung über sonstige Erleichterungen im Hinblick auf derartige Verpflichtungen des Gesellschafters (zB Stundung, Aufrechnung, Zulassung einer ansonsten einseitig nicht möglichen Aufrechnung usw) führen zum Stimmverbot.[53]

61 **Ansprüche** sind weit auszulegen u umfassen Geldforderungen, Einlageverpflichtungen, Nachschussverpflichtungen, Vertragsstrafen, Wettbewerbsverbote, Ansprüche gegen den Gesellschafter als Sicherheitengeber usw.[54]

62 Bei der Befreiung des Gesellschafters v einer Verpflichtung sind grds auch die Regelungen zum Verbot der Rückgewähr v Einlagen zu berücksichtigen (vgl § 82 Rz 103).

2. Entlastung der Geschäftsführer oder Aufsichtsratsmitglieder

63 Auch die Entlastung eines Gesellschafters in seiner Funktion als GF oder AR gem § 35 Abs 1 Z 1 fällt unstr unter das Stimmverbot gem Abs 4 1. Fall. Mit der Entlastung der GF billigen die Gesellschafter deren Amtsführung für die Dauer der Entlastungsperiode u sprechen das Vertrauen für die zukünftige Geschäftsführung aus. Zugleich wird durch die Entlastung zum Ausdruck gebracht, dass zumindest nach A der für die Entlastung stimmenden Gesellschafter **keine Schadenersatzansprüche** gegen die GF bestehen, die die Gesellschaft bei sorgfältiger Prüfung aller vorgelegten u vollständigen Unterlagen erkennen konnte (zur Wirkung der Entlastung s § 35 Rz 55).[55]

---

[53] *Enzinger* in Straube/Ratka/Rauter, GmbHG § 39 Rz 92; *Baumgartner/Mollnhuber/U. Torggler* in Torggler, GmbHG § 39 Rz 34; OGH 28.8.2013, 6 Ob 88/13d.

[54] *Koppensteiner/Rüffler*, GmbHG³ § 39 Rz 39; *Baumgartner/Mollnhuber/U. Torggler* in Torggler, GmbHG § 39 Rz 34.

[55] OGH 18.3.2016, 9 ObA 58/15t; 28.8.2013, 6 Ob 88/13d; 16.2.2011, 7 Ob 143/10w; RIS-Justiz RS0060019; RS0060007; RS0060000; *Enzinger* in

a) Entlastung des gesamten Organs

Wird über die Entlastung des gesamten Organs – aller GF bzw AR-Mitglieder gemeinsam – abgestimmt (Gesamtentlastung – en bloc), sind alle Gesellschafter, die dem betr Organ angehören, v Stimmrecht ausgeschlossen.[56] Es empfiehlt sich daher mitunter die getrennte Abstimmung über die Entlastung der GF (zum Stimmverbot bei getrennter Abstimmung s Rz 65, 66).

64

b) Entlastung eines kollektiv vertretungsbefugten Geschäftsführers

Das Stimmverbot eines kollektiv vertretungsbefugten Gesellschafter-GF auch bei der Abstimmung über die Entlastung des/der anderen GF besteht dann, wenn beiden bzw allen GF eine gemeinschaftliche Pflichtverletzung vorgeworfen wird bzw sich daraus eine potentielle Solidarhaftung ergeben könnte.[57]

65

c) Entlastung eines selbständig vertretungsbefugten Geschäftsführers

Bei getrennter Abstimmung (nicht en bloc) über die Entlastung selbständig vertretungsbefugter Gesellschafter-GF dürfen nach hM auch die anderen Organmitglieder ihr Stimmrecht nicht ausüben. Das Stimmrechtsverbot des Abs 4 kommt bei der Abstimmung über die Entlastung eines Mitgeschäftsführers nur dann nicht zum Tragen, wenn ausnahmsweise nicht einmal eine Billigung des Verhaltens des betr Gesellschafter-GF durch den abstimmenden Mitgesellschafter in Rede steht.[58]

66

Straube/Ratka/Rauter, GmbHG § 35 Rz 31; *Koppensteiner/Rüffler*, GmbHG³ § 35 Rz 17.

56 *Enzinger* in Straube/Ratka/Rauter, GmbHG § 39 Rz 42; *Koppensteiner/Rüffler*, GmbHG³ § 39 Rz 40; OGH 28.8.2013, 6 Ob 88/13d.

57 OGH 28.8.2013, 6 Ob 88/13d („*Demnach kommt das Stimmrechtsverbot des § 39 Abs 4 bei der Abstimmung über die Entlastung eines Mitgeschäftsführers nur dann nicht zum Tragen, wenn ausnahmsweise nicht einmal eine Billigung des Verhaltens des betreffenden Gesellschafter-GF durch den abstimmenden Mitgesellschafter in Rede steht.*"); OLG Wien 18.9.2008, 1 R 120/08m; RIS-Justiz RS0000432.

58 RIS-Justiz RS0129022.

3. Zuwendung eines Vorteils

67 Die Zuwendung eines Vorteils setzt voraus, dass dieser Vorteile **nicht allen Gesellschaftern** gleich (bspw eine Beschlussfassung auf Gewinnausschüttung) zukommt; es muss eine Vorteilszuwendung an einen oder einen beschränkten Kreis der Gesellschafter vorliegen.[59]

68 Zusätzlich kann sich das Stimmverbot auch aufgrund der Vornahme eines Rechtsgeschäfts mit einem Gesellschafter stützen, sofern der Vorteilszuwendung ein Rechtsgeschäft zugrunde liegt (zum Stimmverbot bei Vornahme eines Rechtsgeschäfts s Rz 71).

69 Ein derartiges Stimmverbot liegt bspw dann vor, wenn ein Beschluss gefasst werden soll über:

– eine alineare Gewinnausschüttung,
– Einräumung v Sonderrechten für einen Gesellschafter oder einen beschränkten Kreis der Gesellschafter.

70 Bei der Vorteilszuwendung an einem Gesellschafter sind grds auch die Regelungen zum Verbot der Rückgewähr v Einlagen zu berücksichtigen (vgl § 82 Rz 103).

4. Vornahme eines Rechtsgeschäfts

71 Bei Vornahme v **jeglichen Rechtsgeschäften** (einseitige u zweiseitige, einseitig u zweiseitig verpflichtende, schuldrechtliche u sachenrechtliche Rechtsgeschäfte) zw der Gesellschaft u dem Gesellschafter kommt dem betr Gesellschafter ein Stimmverbot zu (zur Haftung des Gesellschafter-GF bei Abschluss v Insichgeschäften s § 25 Abs 4).[60]

72 Ein Gesellschafter ist bei einer Abstimmung v Stimmrecht unabhängig davon ausgeschlossen, ob sich das betr Geschäft für die Gesellschaft vorteilhaft oder nachteilig auswirken kann oder eine angemessene Gegenleistung vereinbart wird.[61]

73 Bei der Vornahme eines Rechtsgeschäfts mit einem Gesellschafter sind grds auch die Regelungen zum **Verbot der Rückgewähr v Ein-**

---

59 *Enzinger* in Straube/Ratka/Rauter, GmbHG § 39 Rz 96; *Koppensteiner/Rüffler*, GmbHG³ § 39 Rz 42; *Baumgartner/Mollnhuber/U. Torggler* in Torggler, GmbHG § 39 Rz 35 (Sondervorteil).
60 *Enzinger* in Straube/Ratka/Rauter, GmbHG § 39 Rz 98; *Koppensteiner/Rüffler*, GmbHG³ § 39 Rz 42; *Baumgartner/Mollnhuber/U. Torggler* in Torggler, GmbHG § 39 Rz 36; *Koppensteiner*, wbl 2013, 61 (64).
61 *Koppensteiner*, wbl 2013, 61 (64); OGH 19.3.2010, 6 Ob 169/09k.

lagen zu berücksichtigen (zum Verbot der Rückgewähr v Einlagen vgl § 82 Rz 103).

Kein Stimmverbot besteht bei einer Beschlussfassung über die Zustimmung zur Abtretung des Geschäftsanteiles (vgl § 76 Rz 17). Zum Stimmrecht bei der Bestellung oder Abberufung v GF, AR-Mitgliedern oder Liquidatoren sowie bei Abschluss, Änderung oder Beendigung v Anstellungsverträgen mit GF s Abs 5 (Rz 93). 74

5. Einleitung oder Erledigung eines Rechtsstreits

Bei der Beschlussfassung über die Einleitung oder Erledigung eines Rechtsstreits zw der Gesellschaft u einem Gesellschafter unterliegt der betr Gesellschafter einem Stimmverbot.[62] 75

Der Begriff des Rechtsstreits ist **weit auszulegen** u umfasst (inländische u ausländische) Gerichtsverfahren, Schiedsgerichtsverfahren, einstweilige Maßnahmen, Außerstreitverfahren, Exekutionsverfahren u die Anregung auf Einleitung v strafgerichtlichen Verfahren (Einbringung v SV-Darstellungen) gegen den Gesellschafter. Weiters ist der Gegenstand der Verfahren irrelevant u umfasst somit auch (Haftungs-) Ansprüche aus der Stellung des Gesellschafters in seiner Funktion als GF bzw AR. 76

Aufgrund der weiten Auslegung greift das Stimmverbot auch dann, wenn der Gesellschafter lediglich **mittelbar** v dem Rechtsstreit betroffen ist, somit bspw nur als Regressverpflichteter, Mithaftender, Mitbeklagter, Mitangeklagter, Beitragstäter usw beteiligt ist. 77

Die **Einleitung eines Rechtsstreits** umfasst nicht nur die Einbringung des verfahrenseinleitenden Schriftsatzes (Klage, Schiedsklage, Exekutionsantrag, SV-Darstellung usw) sondern auch schon den Beschluss auf Geltendmachung, Bestellung eines Sonderprüfers u die diesbzgl notwendigen vorprozessualen Handlungen.[63] 78

Unter die **Erledigung eines Rechtsstreits** fallen alle prozessualen Handlungen, die zu einer Beendigung des Verfahrens führen (Klags- 79

---

62 *Enzinger* in Straube/Ratka/Rauter, GmbHG § 39 Rz 100; *Koppensteiner/ Rüffler*, GmbHG³ § 39 Rz 43; *Baumgartner/Mollnhuber/U. Torggler* in Torggler, GmbHG § 39 Rz 37.

63 *Baumgartner/Mollnhuber/U. Torggler* in Torggler, GmbHG § 39 Rz 37; *Koppensteiner*, wbl 2013, 61 (64); RIS-Justiz RS0049411; zum Stimmverbot beim Beschluss über den Antrag auf Sonderprüfung, nicht jedoch hinsichtlich der Kostentragung s OGH 29.11.2016, 6 Ob 213/16s.

rückziehung, Abschluss eines gerichtl Vergleichs, Anerkenntnis, Nichterhebung v Rechtsmitteln usw).[64]

C. Stimmverbot bei Vertretung

80 In den Fällen eines Stimmrechtsausschlusses kommt dem Gesellschafter weder im eigenen noch im fremden Namen das Stimmrecht zu.

1. Bevollmächtigung

81 Das Stimmverbot trifft grds den Gesellschafter. Wird das Stimmrecht eines Gesellschafters durch einen Bevollmächtigten ausgeübt u unterliegt der Gesellschafter, nicht jedoch der Bevollmächtigte einem Stimmverbot, so kommt auch dem Bevollmächtigten bei dem konkreten Beschlussgegenstand kein Stimmrecht zu.

82 Anderseits besteht auch dann ein Stimmverbot, wenn zwar nicht der Gesellschafter, jedoch der Bevollmächtigte einen Tatbestand der Stimmverbote erfüllt. Dies ist bei einer Bevollmächtigung zu berücksichtigen, damit es nicht zum Verlust des Stimmrechtes des Gesellschafters führt.

83 Die gleichen Grundsätze gelten für Treugeber u Treuhänder.[65]

84 Das Stimmverbot erstreckt sich grds **nicht auf Personen**, die in einem bloßen Nahe- oder Verwandtschaftsverhältnis stehen (daher kein Stimmverbot für Ehegatten, Eltern, Kinder usw).

2. Mittelbare Interessenskonflikte

a) Statutarischer Vertreter eines Gesellschafters

85 Ist der Gesellschafter eine jP u tritt bei einem der statutarischen Vertreter des Gesellschafters ein Stimmverbot ein, führt dies noch nicht zu einem generellen Stimmverbot für die jP. Lediglich der konkrete gesetzl Vertreter ist bei einer Stimmrechtsausübung durch diesen in der GV v Stimmverbot betroffen.

86 Bestehen noch weitere gesetzl Vertreter (in vertretungsbefugter Anzahl), bei denen keine Unvereinbarkeit vorliegen, können diese in der GV das Stimmrecht für den Gesellschafter uneingeschränkt ausüben.

---

64 *Koppensteiner/Rüffler*, GmbHG³ § 39 Rz 130; *Baumgartner/Mollnhuber/U. Torggler* in Torggler, GmbHG § 39 Rz 37.
65 *Baumgartner/Mollnhuber/U. Torggler* in Torggler, GmbHG § 39 Rz 28.

Anderenfalls führt die Unvereinbarkeit des statutarischen Vertreters eines Gesellschafters, der an der GV teilnimmt, zu einem Stimmverbot des Gesellschafters.

Zum Stimmverbot bei Entlastung eines GF oder AR-Mitglieds s Rz 92. 87

b) Auswirkungen auf verbundene Unternehmen

Ist ein Gesellschafter auch alleiniger Gesellschafter einer anderen Gesellschaft, bei der ein Stimmverbot besteht oder unter der Annahme einer Gesellschafterstellung ein Stimmverbot bestehen würde, so unterliegt dieser Gesellschafter dem Stimmverbot. Strittig ist, ob dieses Stimmverbot auch bei einer niedrigeren Beteiligungsquote durchschlägt.[66] Für die Zurechnung der Befangenheit u den Stimmrechtsausschluss einer Kap-Ges komme es nach überwiegender A darauf an, ob ihr Gesellschafter maßgeblichen (bzw beherrschenden) Einfluss auf sie ausüben könne.[67] Nur bei einer derartigen Einflussmöglichkeit könne davon ausgegangen werden, dass die Stimmabgabe des Gesellschafters v der Befangenheit ihres Gesellschafters geprägt sei. Aus Gründen der Rechtsklarheit u Rechtssicherheit sei bei der Bestimmung des maßgeblichen Einflusses auf die Höhe der Beteiligung (Allein- oder Mehrheitsgesellschafter oder eine dementspr Stimmrechtsmacht), allenfalls auch auf zusätzliche einflussvermittelnde Organpositionen des Gesellschafters – also auf eine rechtlich abgesicherte Einflussmöglichkeit – abzustellen, nicht aber auf sonstige, bloß eine faktische Einflussnahme ermöglichende Beherrschungsmittel.[68] 88

---

66 RIS-Justiz RS0059973; OGH 29.8.2019, 6 Ob 104/19s (Gefahr einer v gesellschaftsfremden Interessen geleiteten Stimmabgabe umso eher, je höher die Beteiligung; Ausübung v Organfunktionen oder ein sonstiges unternehmerisches Interesse kann derartige Gefahr zusätzlich nahelegen); *Baumgartner/Mollnhuber/U. Torggler* in Torggler, GmbHG § 39 Rz 30 (auch wenn er dort persönlich haftet) mwN.

67 OGH 31.7.2015, 6 Ob 196/14p; 18.9.2009, 6 Ob 49/09p (maßgeblich war bei dieser E noch, ob die jP durch den Gesellschafter oder Vertreter vollständig beherrscht wird; Voraussetzung ist, dass die Ausübung des Stimmrechts seiner alleinigen Willensentschließung unterliegt); 16.6.2011, 6 Ob 16/11p (für ein Stimmverbot wird bereits ein geringerer Grad an beherrschendem Einfluss als ausreichend angesehen); *S. Schmidt*, Stimmverbote in der GmbH 107; *Koppensteiner/Rüffler*, GmbHG³ § 39 Rz 38; *Kalss* in Kalss/Nowotny/Schauer, GesR², Rz 3/627.

68 OGH 31.7.2015, 6 Ob 196/14p: Gem der jüngeren Rsp tritt ein Stimmverbot nicht erst bei „Wesensgleichheit" des Aktionärs mit dem Organmitglied ein,

D. Rechtsfolgen der Stimmrechtsausübung trotz Stimmverbot

89 Hat ein v Stimmrecht ausgeschlossener Gesellschafter trotz Stimmverbot an einer Beschlussfassung in der GV mitgewirkt, so ist nach der **hRsp** seine **Stimmabgabe** nicht ungültig **sondern als zunächst wirksam anzusehen** u damit bei der Berechnung des Beschlussergebnisses zu berücksichtigen.[69] Der Beschluss wäre jedoch anfechtbar bzw im Wege einer positiven Beschlussfeststellungsklage zu sanieren.[70] Die hL geht hingegen uE zutr v der **Unwirksamkeit** derartiger Stimmen aus, sodass diese nicht zu berücksichtigen sind, u sieht die diesbzgl Rsp als *"Fehlentwicklung"*[71]. Besteht jedoch ein **Vorsitzender** (s § 34 Rz 42), hat dieser einen allfälligen Stimmrechtsausschluss zu beurteilen u bei seiner Beschlussfeststellung zu berücksichtigen. Erfolgt eine **Feststellung des Beschlussergebnisses durch einen Vorsitzenden**, so kommt dem festgestellten Beschlussergebnis **vorläufige Wirkung** zu, auch wenn dabei Stimmen entgegen einem Stimmverbot v Vorsitzenden mitberücksichtigt wurden (der Beschluss ist jedoch wiederum an-

---

sondern schon dann, wenn eine v der Interessenkollision ungetrübte Stimmabgabe nicht zu erwarten ist. Ist der Gesellschafter eine Privatstiftung, kommt einer Personen ein beherrschender Einfluss nach der hL insb dann zu, wenn die Person über einen Änderungsvorbehalt oder über Bestellungs-/Abberufungsrechte bei der Privatstiftung verfüge. Auch Weisungs-, Zustimmungs-, Veto- u vergleichbare Rechte oder ein Widerrufsvorbehalt könnten – allerdings nur iVm anderen Einflussrechten – maßgeblich sein; vgl *Adensamer*, GesRZ 2021, 267 (270); *Spatz/Gurmann*, GesRZ 2008, 274 (275); *Hofmann*, GesRZ 2007, 182 (186); *Gruber*, AR aktuell 6/2015, 43.

69 RIS-Justiz RS0059834 (*"Hat ein vom Stimmrecht ausgeschlossener Gesellschafter an einer Beschlussfassung in der Generalversammlung der Gesellschaft mitgewirkt, ist die Stimgabe nicht ungültig, sondern ein unter Mitberücksichtigung der Stimme gefasster Beschluss zustandegekommen, der anfechtbar ist."*) u RS0060117; OGH 28.8.2013, 6 Ob 88/13d; 29.11.2016, 6 Ob 213/16s; 19.12.2019, 6 Ob 105/19p; *Adensamer*, GesRZ 2021, 267 (269).

70 RIS-Justiz RS0059834 u RS0060117; *Koppensteiner/Rüffler*, GmbHG³ § 39 Rz 17 mwN.

71 *Reich-Rohrwig* in Kalss/U. Torggler, Das Stimmrecht 93 (94 u 118) (*"Diese Auffassung missachtet das Gesetz u kehrt den Zweck des Stimmrechtsausschlusses in sein genaues Gegenteil"*); *Adensamer*, GesRZ 2021, 267 (271); *Fantur*, GES 2018, 269 (270) (stimmverbotswidrige Stimmabgaben sind bei Fehlen eines Vorsitzenden grds nicht mitzuberücksichtigen).

fechtbar bzw ist im Wege einer positiven Beschlussfeststellungsklage zu sanieren).[72]

Die Anfechtung eines solchen Beschlusses ist nur dann entbehrlich, wenn die an der Abstimmung beteiligten Gesellschafter bis zum Zeitpunkt des Schlusses der GV sich darüber einig werden, dass der Beschluss als nicht zustande gekommen anzusehen ist.[73] 90

Ein Gesellschafter, der entgegen dem Stimmverbot sein Stimmrecht ausübt, kann einerseits gegenüber der Gesellschaft (Ersatz der Kosten eines allfälligen Anfechtungsverfahrens, sonstige Schäden aufgrund der Verletzung des Stimmverbots) u anderseits gegenüber den Mitgesellschaftern, sofern diese nicht bloß mittelbar geschädigt sind, **ersatzpflichtig** werden.[74] 91

V. Kein Stimmverbot (Abs 5)

Wenn ein Gesellschafter selbst zum GF, AR (bzw Beirat) oder Liquidator bestellt oder als solcher abberufen werden soll, so ist er bei der Beschlussfassung in der Ausübung seines Stimmrechtes nicht beschränkt. Dies gilt uE nicht nur für die natPers als Gesellschafter, sondern auch für den organschaftlichen Vertreter eines Gesellschafters; so ist bspw der GF eines Gesellschafters in der Ausübung seines Stimmrechtes nicht beschränkt, wenn dieser GF zum GF der Tochtergesellschaft (bzw AR, Beirat oder Liquidator) bestellt oder als solcher abberufen werden soll (s auch Rz 94).[75] 92

---

72 RIS-Justiz RS0059839; OGH 28.8.2013, 6 Ob 88/13d; 29.11.2016, 6 Ob 213/16s; *Fantur*, GES 2018, 269 (270) (werden stimmverbotswidrige Stimmen v Vorsitzenden mitgezählt, sind die verbotswidrigen Stimmen dennoch vorläufig gültig, sonst nicht); str ob dies auch dann gilt, wenn Vorsitzender evident rechtswidrige Beschlussergebnisse feststellt (*Reich-Rohrwig* in Kalss/ U. Torggler, Das Stimmrecht 91 [119]).
73 OGH 22.5.1985, 1 Ob 573/85.
74 Vgl *Sonnberger*, GES 2020, 288 (296).
75 Str ist, ob dies – neben einem organschaftlichen Vertreter – auch für rechtsgeschäftliche Vertreter eines Gesellschafters zur Anwendung kommt oder diese einem Stimmverbot unterliegen. Vgl dazu *Koppensteiner/Rüffler*, GmbHG[3] § 39 Rz 44; zum organschaftlichen Vertreter *Baumgartner/Mollnhuber/U. Torggler* in Torggler, GmbHG § 39 Rz 38; zum Stimmrecht iZm der Bestellung eines interimistischen Vorstandsmitglieds aus dem Kreis der AR einer AG s *Aburumieh*, AR aktuell 3/2010, 9 (11); OGH 29.1.1981,

93 Absatz 5 stellt klar, dass bei derartigen Beschlussfassungen kein Stimmverbot nach Abs 4 besteht. Keine Unterscheidung wird in Abs 5 dahingehend getroffen, ob über die Abberufung eines GF bzw Liquidators **aus wichtigem Grund** entschieden werden soll. Nach hM kommt dem betr Gesellschafter auch bei einer Abstimmung über die Abberufung aus wichtigem Grund das Stimmrecht zu.[76]

94 Gemäß Abs 5 u in Abgrenzung zu Abs 4 liegen demnach bei folgenden Beschlussgegenständen **keine Stimmverbote** vor:

- **Feststellung** des JA,
- **Zustimmung zur Übertragung v Geschäftsanteilen** bei Vinkulierungen (zu Beschränkungen der Übertragung v Geschäftsanteilen s § 76 Rz 12),[77]
- Bestellung u Abberufung (sowie Änderung der Vertretungsbefugnis) v **GF** u Liquidatoren (zur Bestellung v GF s § 15 Rz 24; zur Abberufung v GF s § 16 Rz 7; Rz 92 f),[78]
- Abschluss, Änderung u Beendigung v **Anstellungsverträgen** mit GF (bzw Liquidatoren) (vgl § 15 Rz 48 u § 16 Rz 48),[79]
- Bestellung u Abberufung v **AR-Mitgliedern** (zur Bestellung u Abberufung v AR-Mitgliedern s § 30b Rz 1, 24) u somit analog auch Beiratsmitgliedern,[80]
- **Korporationsrechtliche Rechtsgeschäfte**, wie zB Satzungsänderungen, Verschmelzungsverträge, Spaltungsgesetze, Umwandlungsverträge u sonstige Unternehmensverträge,[81]

---

7 Ob 507/81; 27.2.1986, 8 Ob 515/86; aA *Koppensteiner*, wbl 2013, 61 (66) für (rechtsgeschäftliche) Vertreter u Testamentsvollstrecker.

76 *Koppensteiner*, wbl 2013, 61 (66, 68).

77 *Baumgartner/Mollnhuber/U. Torggler* in Torggler, GmbHG § 39 Rz 35; OGH 4.12.1974, 5 Ob 288/74.

78 *Baumgartner/Mollnhuber/U. Torggler* in Torggler, GmbHG § 39 Rz 38; *Koppensteiner*, wbl 2013, 61 (66, 68); RIS-Justiz RS0059960; RS0059976; RS0128631; RS0005526 (bei Abberufung aus wichtigem Grund); OGH 26.4.1988, 3 Ob 549/86.

79 Str, vgl *Koppensteiner/Rüffler*, GmbHG³ § 39 Rz § 16 Rz 34; *Gratzl* in Reich-Rohrwig, HB GV, Rz 40; *Koppensteiner*, wbl 2013, 61 (66); OGH 19.3.2010, 6 Ob 169/09k.

80 *Baumgartner/Mollnhuber/U. Torggler* in Torggler, GmbHG § 39 Rz 38; OGH 25.6.2003, 9 Ob 64/03g; *Koppensteiner*, wbl 2013, 61 (67).

81 *Baumgartner/Mollnhuber/U. Torggler* in Torggler, GmbHG § 39 Rz 33; *Koppensteiner*, wbl 2013, 61 (65).

– Verbandsrechtliche Beschlüsse, bspw Beschlüsse über die Einforderung v Einlagen (auch wenn im konkreten Fall die Einforderung der Stammeinlage nur mehr bei einem Gesellschafter in Betracht kommt);[82] Geltendmachung v Nachschussverpflichtungen.[83]

§ 40. (1) [1]Die Beschlüsse der Generalversammlung sind unverzüglich nach der Beschlußfassung in eine Niederschrift aufzunehmen. [2]Diese Niederschriften sowie die auf schriftlichem Weg gefassten Beschlüsse der Gesellschafter sind geordnet aufzubewahren. [3]Jeder Gesellschafter kann darin während der Geschäftsstunden Einsicht nehmen.

(2) Jedem Gesellschafter ist ohne Verzug nach Abhaltung der Generalversammlung oder nach einer auf schriftlichem Wege erfolgten Abstimmung eine Kopie der gefaßten Beschlüsse unter Angabe des Tages der Aufnahme derselben in die Niederschrift mittels eingeschriebenen Briefes zuzusenden.

idF BGBl 1996/304

Literatur: *Eckert*, Rechtsfolgen mangelhafter GmbH-Gesellschafterbeschlüsse in der österreichischen Judikatur, GeS 2004, 228; *Högler/Pracher*, Dokumentationsvorschriften für Generalversammlungsbeschlüsse nach § 40 GmbHG idF EU-GesRÄG, GesRZ 1997, 91; *Karollus*, Urteilsanmerkung, JBl 1997, 784; *Nill*, Das Protokoll der Generalversammlung, GES 2012, 289; *Reich-Rohrwig*, Beginn der Anfechtungsfrist für GmbH-Generalversammlungsbeschlüsse – Urteilsanmerkung, ecolex 1998, 137; *Weilinger*, Die Aufstellung und Feststellung des Jahresabschlusses im Handels und Gesellschaftsrecht (1997).

Inhaltsübersicht

I. Niederschrift	1–11
A. Aufnahme von Beschlüssen in eine Niederschrift	1–10
1. Erforderlicher Inhalt der Niederschrift	4–7
2. Verantwortlichkeit der Geschäftsführer	8–10
B. Einsichtsrecht der Gesellschafter	11
II. Zusendung der Niederschrift	12–14

---

82 OGH 20.3.2013, 6 Ob 23/13w.
83 *Baumgartner/Mollnhuber/U. Torggler* in Torggler, GmbHG § 39 Rz 33; *Koppensteiner*, wbl 2013, 61; OGH 16.6.2011, 6 Ob 23/13w.

I. Niederschrift

A. Aufnahme von Beschlüssen in eine Niederschrift

1 Die gefassten Beschlüsse einer GV sind zu Beweiszwecken unverzüglich nach der Beschlussfassung in eine **Niederschrift** aufzunehmen. Diese Verpflichtung zur Aufzeichnung trifft nicht den gesamten Gegenstand u sämtliche Diskussionen im Rahmen der GV, sondern lediglich die in den GV gefassten **(positiven u negativen) Beschlüsse** (zur Beschlussfassung allg s § 34 Rz 30, § 39 Rz 1).[1]

2 Auch **mündlich** gefasste Beschlüsse u Entschließungen des Gesellschafters einer Einmann-GmbH sind schriftlich festzuhalten.

3 Die Erstellung einer gesonderten Niederschrift ist dann nicht erforderlich, wenn bereits ein schriftliches Protokoll über die GV bzw über die in der GV gefassten Beschlüsse angefertigt wurde (bspw weil dies für die Einreichung beim FB erforderlich ist) oder Beschlüsse ohnehin auf schriftlichem Weg gefasst wurden.

1. Erforderlicher Inhalt der Niederschrift

4 Die Niederschrift hat folgende wesentliche Bestandteile zu enthalten:[2]

- Auflistung der bei der GV anwesenden **Gesellschafter, Bevollmächtigte** (unter Anführung des vertretenen Gesellschafters) u sonstige teilnehmende Personen (GF, Sachverständige, Mitarbeiter u sonstige Auskunftspersonen),
- **Ort u Datum** der GV,
- Inhalt der gefassten **Beschlüsse** unter Anführung des Beschlussantrags u der Pro-Stimmen, Stimmenthaltungen u Contra-Stimmen (auch negative Beschlüsse, somit Beschlüsse, die nicht die erforderliche Stimmenmehrheit erzielt haben, sind aufzunehmen),
- Ergibt sich der konkrete Inhalt eines Beschlusses aus Anlagen, sind auch diese **Anlagen** der Niederschrift anzuschließen,
- Ein allfälliger v einem Gesellschafter erklärter **Widerspruch** (unter namentlicher Anführung des betr Gesellschafters),
- **Tag der Erstellung** der Niederschrift,

---

1 *Enzinger* in Straube/Ratka/Rauter, GmbHG § 40 Rz 4.
2 *Enzinger* in Straube/Ratka/Rauter, GmbHG § 40 Rz 4; OGH 26.6.1997, 4 Ob 188/97v; *Sonnberger*, GES 2020, 288 (291).

- **Verfasser** der Niederschrift samt Unterfertigung,
- **Datum der Versendung** der Niederschrift an die Gesellschafter (zum Beginn der Anfechtungsfrist s § 41 Rz 152).

Über die Beschlüsse einer jeden GV kann ein separates Dokument aufgenommen werden.

Die Niederschriften über Gesellschafterbeschlüsse (bzw die angefertigten Protokolle über die GV u gefassten Beschlüsse im schriftlichen Weg) sind v der Geschäftsführung **geordnet aufzubewahren**.[3]

Nicht erforderlich ist, dass die Niederschrift bereits im Rahmen der GV erstellt oder v den anwesenden Gesellschaftern unterfertigt wird. Vielmehr geht § 40 davon aus, dass die Niederschrift erst **im Nachhinein** v der Geschäftsführung erstellt wird.[4] Eine Unterfertigung durch die GF ist nicht erforderlich,[5] mitunter aber zu Beweiszwecken zu empfehlen. In der Praxis wird die Niederschrift über Gesellschafterbeschlüsse, sofern nicht ohnehin ein Protokoll in der GV erstellt wird, insb dann relevant, wenn es anschließend zu einer Anfechtung der Beschlüsse der GV oder Ansprüchen gegen Organe der Gesellschaft kommt.

2. Verantwortlichkeit der Geschäftsführer

Verantwortlich für die Erstellung der (schriftlichen) Niederschrift u die geordnete Aufbewahrung der Niederschrift bzw der auf schriftlichem Weg gefassten Beschlüsse sind die **GF**.[6]

Haben die GF an der GV nicht teilgenommen, so sind sie über die gefassten Beschlüsse **nachträglich zu informieren** (Beschlüsse auf schriftlichem Weg sind den GF zur Verfügung zu stellen; zum Zeitpunkt des Zustandekommens eines Umlaufbeschlusses s § 34 Rz 64).[7]

---

[3] *Baumgartner/Mollnhuber/U. Torggler* in Torggler, GmbHG § 40 Rz 11.
[4] *Enzinger* in Straube/Ratka/Rauter, GmbHG § 40 Rz 1; *Baumgartner/Mollnhuber/U. Torggler* in Torggler, GmbHG § 40 Rz 7; *Nill*, GES 2012, 289 (294).
[5] *Koppensteiner/Rüffler*, GmbHG³ § 40 Rz 4.
[6] *Enzinger* in Straube/Ratka/Rauter, GmbHG § 40 Rz 6 f; *Koppensteiner/Rüffler*, GmbHG³ § 40 Rz 2; *Baumgartner/Mollnhuber/U. Torggler* in Torggler, GmbHG § 40 Rz 3.
[7] *Koppensteiner/Rüffler*, GmbHG³ § 40 Rz 2; *Baumgartner/Mollnhuber/U. Torggler* in Torggler, GmbHG § 40 Rz 5 (elektronische Protokollierung ist zulässig).

10 Die Verletzung der Verpflichtung zur Aufnahme der Beschlüsse in eine Niederschrift hat keine Auswirkungen auf die Wirksamkeit der gefassten Beschlüsse.[8]

B. Einsichtsrecht der Gesellschafter

11 Jeder Gesellschafter kann in die Sammlung der Niederschriften während der Geschäftsstunden **Einsicht nehmen**. Der Gesellschafter hat kein Recht auf Übermittlung aller oder einzelner Niederschriften v Beschlüssen, sondern lediglich auf Einsicht in die Niederschriften (sowie Recht zur Anfertigung v Kopien u Fotos/Scan; s zum Informations- u Einsichtsrecht eines Gesellschafters § 22 Rz 30).[9]

II. Zusendung der Niederschrift

12 Jedem Gesellschafter ist ohne Verzug nach Abhaltung der GV oder nach einer auf schriftlichem Wege erfolgten Abstimmung eine Kopie der gefassten Beschlüsse unter Angabe des Tages der Aufnahme derselben in die Niederschrift mittels **eingeschriebenen Briefs** zuzusenden. Verantwortlich für die Zusendung sind die **GF**.[10]

13 Die Aufgabe des eingeschriebenen Briefes an den jew Gesellschafter durch die Gesellschaft (nicht jedoch dessen Zugang bei dem betr Gesellschafter) ist maßgeblich für den Beginn der **Anfechtungsfrist** (s § 41 Rz 152).[11] Im GesV kann uE auch vorgesehen werden, dass v der Form des eingeschriebenen Briefes abgegangen u vorgesehen wird, dass die Zusendung elektronisch oder per Fax ausreicht.[12]

14 Eine gesonderte Zusendung ist dann **nicht erforderlich**, wenn die Niederschrift bzw das Protokoll bereits im Rahmen der GV erstellt u an

---

8 *Baumgartner/Mollnhuber/U. Torggler* in Torggler, GmbHG § 40 Rz 6; OGH 16.2.2006, 6 Ob 130/05v; RIS-Justiz RS0060018.

9 *Enzinger* in Straube/Ratka/Rauter, GmbHG § 40 Rz 11; zur Geltendmachung im Außerstreitverfahren s *Koppensteiner/Rüffler*, GmbHG³ § 40 Rz 6, 8, 9a; OGH 9.9.1990, 6 Ob 17/90 (auch v ausgeschiedenen Gesellschafter im Verfahren außer Streit zu verfolgen); RIS-Justiz RS0060029.

10 *Koppensteiner/Rüffler*, GmbHG³ § 40 Rz 9a; *Baumgartner/Mollnhuber/U. Torggler* in Torggler, GmbHG § 40 Rz 9.

11 *Enzinger* in Straube/Ratka/Rauter, GmbHG § 40 Rz 9.

12 *Koppensteiner/Rüffler*, GmbHG³ § 40 Rz 10.

die Gesellschafter verteilt wurde oder der schriftliche Beschluss sämtlichen Gesellschaftern ohnehin vorliegt (zum Beginn der Anfechtungsfrist s § 41 Rz 152).[13]

§ 41. (1) Die Nichtigerklärung eines Beschlusses der Gesellschafter kann mittels Klage verlangt werden:
1. wenn der Beschluß nach diesem Gesetze oder dem Gesellschaftsvertrage als nicht zu stande gekommen anzusehen ist;
2. wenn der Beschluß durch seinen Inhalt zwingende Vorschriften des Gesetzes verletzt oder, ohne daß bei der Beschlußfassung die Vorschriften über die Abänderung des Gesellschaftsvertrages eingehalten worden wären, mit letzterem in Widerspruch steht.

(2) [1]Klageberechtigt ist jeder Gesellschafter, der in der Versammlung der Gesellschafter erschienen ist und gegen den Beschluß Widerspruch zu Protokoll gegeben hat, sowie jeder nicht erschienene Gesellschafter, der zu der Versammlung unberechtigterweise nicht zugelassen oder durch Mängel in der Berufung der Versammlung am Erscheinen gehindert worden ist. [2]Wurde ein Beschluß durch Abstimmung im schriftlichen Wege gefaßt, so ist jeder Gesellschafter klageberechtigt, der seine Stimme gegen den Beschluß abgegeben hat oder bei dieser Abstimmung übergangen worden ist.

(3) Außerdem sind die Geschäftsführer, der Aufsichtsrat und, wenn der Beschluß eine Maßregel zum Gegenstande hat, durch deren Ausführung die Geschäftsführer oder die Mitglieder des Aufsichtsrates ersatzpflichtig oder strafbar würden, auch jeder einzelne Geschäftsführer und jedes Mitglied des Aufsichtsrates klageberechtigt.

(4) Die Klage muß binnen einem Monat vom Tag der Absendung der Kopie gemäß § 40 Abs. 2 erhoben werden.

idF BGBl 1996/304

---

13 *Baumgartner/Mollnhuber/U. Torggler* in Torggler, GmbHG § 40 Rz 10 (jede andere Form genügt, wenn der Adressat die Mitteilung nachweislich erhalten hat); *Gratzl* in Reich-Rohrwig, HB GV, Rz 974 (wenn der Adressat die Mitteilung erhalten hat u dies auch nicht bestreitet).

Literatur: *Artmann*, Offene Fragen der gesellschaftsrechtlichen Anfechtungsklage, GES 2007, 3; *Auer*, Schiedsfähigkeit von Beschlussmängelstreitigkeiten in der GmbH, Jahrbuch Junger Zivilrechtswissenschaftler 2002, 127; *Baumgartner*, Nichtige GmbH-Gesellschafterbeschlüsse, JBl 2022, 156, 226; *Deimbacher*, Die Bekämpfung von Generalversammlungsbeschlüssen, GesRZ 1992, 176; *Diregger*, Anfechtung und Nichtigkeit von Hauptversammlungsbeschlüssen (Dissertation Universität Wien 2005); *Drobnik/Torggler*, Veräußerung des GmbH-Vermögens, übertragende Auflösung und Holzmüller/Gelatine, RdW 2020, 418, 513 (Teil II); *Dumfarth*, Ad-hoc-Vorsitzender der Generalversammlung – Wahl und Kompetenzen, RdW 2011/624, 589; *Eckert*, Rechtsfolgen mangelhafter GmbH-Gesellschafterbeschlüsse in der österreichischen Judikatur, GES 2004, 228; *Eckert/Linder*, Verjährung von Ersatzansprüchen gegen Vorstandsmitglieder, ecolex 2005, 449; *Eckert/Tipold*, Strafbare Dividenden, GES 2013, 59; *Entmayr-Schwarz*, Die ad-hoc-Bestellung des Versammlungsleiters, GES 2013, 291; *Geist*, Die Pflicht zur Berichtigung nichtiger Jahresabschlüsse bei Kapitalgesellschaften, DStR 1996, 306; *Gugerbauer*, EU-Gesellschaftsrechtsänderungsgesetz und kartellrechtliches Durchführungsverbot, GesRZ 1996, 220; *Haider*, Anfechtung, Nichtigkeit und Unwirksamkeit von Hauptversammlungsbeschlüssen (2006); *Harrer*, Haftungsprobleme bei der GmbH (1990); *Harrer*, Fehlerhafte Willensbildung im Aktienrecht, wbl 2000, 60; *Hauser*, Bestätigung anfechtbarer Hauptversammlungsbeschlüsse, ecolex 1990, 477; *Hempel*, Zur Schiedsfähigkeit von Rechtsstreitigkeiten über Beschlussmängel in der GmbH, in FS Krejci (2001) 1769; *Kalss*, Änderungen des österreichischen Umwandlungs-Rechts nach dem EU-Gesellschaftsrechtsanpassungs-Gesetz 1996, GmbHR 1996, 839, 912; *Kalss/Schauer*, Die Reform des österreichischen Kapitalgesellschaftsrechts, GA 16. ÖJT Bd II/1 (2006); *Kalss/Linder*, Minderheits- und Einzelrechte von Aktionären (2006); *Kalss/Eckert*, Zivilprozessrechtliche und schiedsrechtliche Fragen um die Übertragung von GmbH-Anteilen, RdW 2007/148, 133; *Kalss/Burger/Eckert*, Die Entwicklung des österreichischen Aktienrechts (2003); *Kapsch*, Anfechtungsbefugnis des in der Hauptversammlung nicht persönlich erschienenen Aktionärs, RdW 2008/28, 74; *Karollus*, Zur Neuregelung der Anfechtungsfrist für Generalversammlungsbeschlüsse, RdW 1996, 516; *Koppensteiner*, Rezension von Thöni, Rechtsfolgen fehlerhafter GmbH-Gesellschafterbeschlüsse, JBl 2000, 336; *Koppensteiner*, Beschlussmängel im Gesellschaftsrecht, wbl 2022, 1, 61; *Mutz*, Untersagung der Stimmrechtsausübung eines GmbH-Gesellschafters, RdW 2003/247, 301; *Napokoj*, Bestandschutz eingetragener Verschmelzungen, GES 2007, 231; *Nitsche*, Grenzen satzungsändernder Mehrheitsbeschlüsse im Recht der GmbH, GedS Schönherr (1986) 217; *Ch. Nowotny*, Beschlussfassung und Beschlussanfechtung, RdW 2006/635, 685; *Ch. Nowotny*, Gesellschaftsrechtliche Streitigkeiten und Schiedsgericht, wbl 2008, 470; *Nueber*, Schiedsvereinbarungen mit Verbrauchern im GmbH-Recht, ZaK 2010, 48; *Plöchl*, „Nichtige" Generalversammlungsbeschlüsse einer GmbH?, JBl 1957, 305; *Plöchl*, Anfechtungspflicht und Kostenrisiko, ecolex 1993, 453; *Rastegar*, Die Gesellschafterklage in der GmbH (2020); *Rechberger/Oberhammer*, Gesamtrechtsnachfolge während des Zivilprozesses, ecolex 1993, 513; *Reich-Rohrwig*, GmbH-Anfechtungsklage: Prozeßkostenersatz für die Nebenintervenienten trotz § 42 Abs 5 GmbHG? ecolex 1992, 778; *Reiner*, Schiedsverfahren und Gesellschaftsrecht, GesRZ 2007, 151; *Rüffler*, GmbH-Satzung und schuldrechtliche Gesellschaftsvereinbarungen, in FS Koppensteiner (2007) 97; *Schönherr*, Die Nichtigkeit von Gesellschafterbeschlüssen einer Gesellschaft m.b.H., JBl 1960, 1, 39; *Schröckenfuchs/Ruhm*, Relevanz oder Kausalität? Wbl 2003, 461; *Stern*, Präsenzquoren für die Hauptversammlung einer Aktiengesellschaft – versteckte Vetorechte?, GesRZ 1998, 196; *Thöni*, Rechtsfolgen fehlerhafter GmbH-Gesellschafterbeschlüsse (1998); *Thöni*, Sittenwidrigkeit von GmbH-Gesellschafterbeschlüssen – Nichtigkeits- oder Anfechtungsgrund?, WBl 1992, 353; *Thöni*, Beschlußanfechtung und Schadenersatzhaftung im GmbH-Recht, ecolex 1993, 674; *Thöni*, Drittschutz im aktien- und GmbH-rechtlichen Beschlußanfechtungsprozeß, GesRZ 1994, 55; *Thöni*, Zur Schiedsfähigkeit des GmbH-rechtlichen Anfechtungsstreits, WBl 1994, 298; *Thöni*, Anerkenntnisurteil gegen die GmbH im Beschlussanfechtungsprozeß?, ecolex 1995, 259; *Thöni*, Die Beschlussmängelfolge der Unwirksamkeit im Kapitalgesellschaftsrecht, GesRZ 1995, 73; *Thöni*, Ausnahmen vom Widerspruchserfordernis des GmbH-Gesellschafters in der Generalversammlung, GesRZ 1997, 209; *Thöni*, Der Widerspruch zur Niederschrift nach § 196 Abs 1 Z 1 AktG – nur bei verfahrensfehlerhaften Hauptversammlungsbeschlüssen?, in FS Krejci (2001) 913; *Thöni*, Zur Reichweite der Prüfungsbefugnis des Firmenbuchgerichts bei GmbH-Gesellschafterbeschlüssen, in FS Koppensteiner (2001) 231; *Thöni*, Zur prozessualen Beseitigung unklarer Beschlussergebnisse im GmbH-Recht, ÖJZ 2002, 215; *U. Torggler*, Treuepflichten im faktischen GmbH-Konzern (2007); *U. Torggler*, Zur sog materiellen Beschlusskontrolle, insb bei der Umwandlung, GES 2006, 58, 109; *Trenker/Demetz*, Schiedsfähigkeit von Beschlussmängelstreitigkeiten in der GmbH, wbl 2013, 1; *Vavrovsky*, Zur Reichweite des Stimmverbots bei getrennten Entlastungsbeschlüssen für zwei Gesellschafter-Geschäftsführer, GES 2009, 135; *Walch*, Verstoß gegen einen omnilateralen Syndikatsvertrag als Anfechtungsgrund eines Gesellschafterbeschlusses, GES 2015, 159; *Wenger*, Schiedsklausel im GmbH-Gesellschaftsvertrag, RWZ 1999, 108; *Wimmer*, Zum (Minderheits-)Gesellschafterschutz im GmbH-Recht bei Unternehmensverkäufen, NZ 2018, 401; *Wirthensohn*, Die Regelung der schriftlichen Beschlussfassung im Gesellschaftsvertrag der GmbH, GesRZ 2013, 139; *Zib*, Die gestohlene AG, in FS Koppensteiner (2001) 277.

Internationale Literatur: *Binge*, Gesellschafterklagen gegen Maßnahmen der Geschäftsführer in der GmbH (1994); *Fleischer*, Vorstandspflichten bei rechtswidrigen Hauptversammlungsbeschlüssen, BB 2005, 2025; *Hueck*, Anfechtbarkeit und Nichtigkeit von Generalversammlungsbeschlüssen bei Aktiengesellschaften (1924); *Hüffer*, Beschlußmängel im Aktienrecht und im Recht der GmbH – eine Bestandsaufnahme unter Berücksichtigung der Beschlüsse von Leitungs- und Überwachungsorganen, ZGR 2001, 833; *Maier-Reimer*, Negative „Beschlüsse" von Gesellschafterversammlungen, in FS Oppenhoff (1985) 193; *Raiser*, Nichtigkeits- und Anfechtungsklagen, in FS 100 Jahre GmbHG (1992) 587; *Rützel*, Die gesellschaftsrechtliche Beschlussfeststellungsklage, ZIP 1996, 1961; *Zöllner/Noack*, Geltendmachung von Beschlußmängeln im GmbH-Recht, ZGR 1989, 525; *Zöllner*, Die Schranken mitgliedschaftlicher Stimmrechtsmacht bei privatrechtlichen Personenverbänden (1963).

§ 41

Inhaltsübersicht

I.	Allgemeines	1
II.	Regelungszweck	2–4
III.	Dogmatische Grundlagen	5–15
	A. Der Gesellschafterbeschluss als Gegenstand der Rechtskontrolle	5–9
	B. Kategorien von Beschlussfehlern	10–12
	C. Zwingendes Recht	13, 14
	D. Analogiefähigkeit der §§ 41 ff	15
IV.	Scheinbeschlüsse	16–19
V.	Nichtige Beschlüsse	20–59
	A. Grundlagen	20–27a
	a) Historisches Argument	24a
	b) Systematisches Argument	24b
	c) Teleologisches Argument	24c–27a
	B. Nichtige Beschlüsse im Einzelnen	28–48
	1. Einzelfälle (§ 199 Abs 1 AktG)	29–34
	2. Einberufungs- u Bekanntmachungsfehler (§ 199 Abs 1 Z 1 AktG)	35–37
	3. Beurkundungsfehler (§ 199 Abs 1 Z 2 AktG)	38
	4. Inhaltsfehler (§ 199 Abs 1 Z 3 und 4 AktG)	39–48
	C. Rechtsfolgen und Geltendmachung der Nichtigkeit	49–57a
	D. Heilung	58, 59
VI.	Anfechtbare Beschlüsse	60–113
	A. Exkurs: Zustandekommen eines Beschlusses	66–70
	B. Verfahrensmängel	71–86
	C. Inhaltsmängel	87–104
	1. Einzelvorschriften	87, 88
	2. Generalklauseln	89
	3. Gleichbehandlungsgebot	90, 91
	4. Rechtsmissbrauch und Treuepflichten	92–100
	5. Materielle Beschlusskontrolle	101
	6. Syndikatsvertrag	102
	7. Gesellschaftsvertrag	103, 104
	D. Ausschluss der Anfechtbarkeit	105–112
	1. Allgemeines	105, 106
	2. Bestätigungsbeschluss	107, 108
	3. Anfechtungsausschluss bei Umgründungsbeschlüssen	109–111
	4. Rechtsmissbrauch	112
	E. Rechtsfolgen und Geltendmachung der Anfechtbarkeit	113
VII.	Unwirksame Beschlüsse	114–118
VIII.	Anfechtungsklage	119–176
	A. Allgemeines	119–123
	B. Aktivlegitimation (Abs 2 bis 3)	124–151

1.	Gesellschafter	124–140
	a) Gesellschaftereigenschaft	125–132
	b) Anwesenheit in der Generalversammlung	133
	c) Widerspruch	134–140
2.	Organe und Organmitglieder	141–151
C.	Anfechtungsfrist (Abs 4)	152–158
D.	Inhalt der Klage	159–164
E.	Positive Beschlussfeststellungsklage	165–176
IX.	Firmenbuch	177–179

I. Allgemeines

Das Recht der Anfechtung v Gesellschafterbeschlüssen ist in den §§ 41, **1** 42 u 44 geregelt. Die §§ 41 bis 44 sind allerdings **nicht als abschließende Kodifikation** der Anfechtung v Gesellschafterbeschlüssen im GmbHG zu sehen. Neben einer Reihe v Einzelfragen, die das Gesetz nicht ausdrücklich regelt u die im Folgenden im jew Kontext aufgegriffen werden, ist das Gesetz va bei der Regelung der versch Arten v mangelhaften Beschlüssen lückenhaft. Es ist nämlich mit der hL davon auszugehen, dass die §§ 41 ff nur **anfechtbare** Beschlüsse regeln, es daneben aber noch andere mangelhafte Gesellschafterbeschlüsse (mit jew abw Rechtsfolgen) gibt, nämlich **nichtige** u **unwirksame** Beschlüsse (die Rsp hat hingegen bloß **scheinhafte** Beschlüsse anerkannt, vgl unten im Detail Rz 16 ff).[1]

II. Regelungszweck

Primär zielt das Beschlussanfechtungsrecht darauf, die **Richtigkeits- 2 gewähr** u die **Rechtskontrolle** v Gesellschafterbeschlüssen sicherzustellen.[2] Das Gesetz präzisiert dabei nicht die geschützten Interessen. Nach dem Gesetzeswortlaut soll die Einhaltung **zwingenden Gesetzesrechts** u des **GesV** sichergestellt werden.[3] Nach der ratio legis schützt das Beschlussanfechtungsrecht va die **ordnungsgemäße Willensbildung der**

---

[1] Zu Reformvorschlägen de lege ferenda vgl nur *Kalss/Schauer*, Reform des Kapitalgesellschaftsrechts 278 ff.
[2] *Diregger*, Anfechtung und Nichtigkeit 6.
[3] EB zum GmbHG 1906, abgedruckt in *Kalss/Eckert*, Zentrale Fragen 566.

Gesellschafter.[4] Jedenfalls mittelbar sind auch die **Individualrechte** des einzelnen Gesellschafters geschützt.[5] Damit übernimmt das Beschlussanfechtungsrecht zugleich eine wesentliche Rolle im System des **Minderheitenschutzes**.[6] Umgekehrt schützt das Beschlussanfechtungsrecht auch die Gesellschaft u die Mitgesellschafter vor der missbräuchlichen Ausübung der Beschlusskontrolle; dieser **Missbrauchskontrolle** dienen etwa Mechanismen wie die Sicherheitsleistung gem § 42 Abs 3 (§ 42 Rz 18) oder die Ersatzpflicht gem § 42 Abs 7 (§ 42 Rz 45). Aus der Aktivlegitimation nach § 41 Abs 3 (Rz 141 ff) ist zudem zu folgern, dass auch die **Verwaltung** der Gesellschaft (GF u AR) vor unzulässigen Eingriffen durch die Gesellschafter geschützt werden sollen.[7]

3 Ebenfalls in den Schutzbereich fallen grds **öffentliche Interessen** (zB Verstoß gegen Strafgesetze oder Sittenwidrigkeit) oder **Gläubigerinteressen**. In diesen Fällen ist mit der zutr L (anders allerdings die Rsp) regelmäßig schon absolute Nichtigkeit anzunehmen (unten Rz 42 f).

4 Der Richtigkeitsgewähr steht das entgegengesetzte Interesse an der **Rechts- u Bestandssicherheit** gegenüber.[8] Das Gesetz anerkennt, dass ein fortdauernder Schwebezustand u die damit verbundene Unsicherheit über die Wirksamkeit eines Gesellschafterbeschlusses eine unverhältnismäßige Belastung für die Beteiligten (Gesellschaft u Gesellschafter) u den Verkehr (Gläubiger, sonstige Dritte) sein können. Zu diesem Zweck sieht das Gesetz etwa eine **Befristung** für die Anfechtung vor (unten Rz 152). Als prinzipiell gerechtfertigtes Ergebnis dieser Abwägung ist ein anfechtbarer Beschluss mangels Anfechtung als **wirksam** hinzunehmen, ebenso ist die **Heilung** nichtiger Beschlüsse begründet (dazu Rz 58).

---

4 *Diregger*, Anfechtung und Nichtigkeit 7.
5 Vgl nur EB zum GmbHG 1906, abgedruckt in *Kalss/Eckert*, Zentrale Fragen 566; OGH 11.9.1979, 4 Ob 536/79; 31.3.1977, 6 Ob 575/77; *Koppensteiner/Rüffler*, GmbHG³ § 41 Rz 2.
6 Vgl zum Aktienrecht *Diregger* in Doralt/Nowotny/Kalss, AktG³ Vor § 195 Rz 22; *Kalss/Linder*, Minderheits- und Einzelrechte 36 ff.
7 Zur AG *Diregger*, Anfechtung und Nichtigkeit 12.
8 Vgl zu diesem Spannungsverhältnis nur *Thöni*, Rechtsfolgen 1 f; *Enzinger* in Straube/Ratka/Rauter, GmbHG § 41 Rz 6; *Hueck*, Anfechtbarkeit und Nichtigkeit 24 ff.

III. Dogmatische Grundlagen

A. Der Gesellschafterbeschluss als Gegenstand der Rechtskontrolle

Grundsätzlich ist der **Gesellschafterbeschluss**, der Gegenstand des Beschlussmängelrechts ist, v der **Stimmabgabe** des einzelnen Gesellschafters zu unterscheiden. Der Beschluss ist ein mehrseitiges korporatives Rechtsgeschäft, das sich aus den Stimmabgaben der an ihm beteiligten Gesellschafter zusammensetzt (s § 34 Rz 30). Die Stimmabgabe jedes Gesellschafters kann ihrerseits mit Mängeln behaftet sein, etwa mit einem Irrtum iSd §§ 871 ff ABGB oder Sittenwidrigkeit gem § 879 ABGB. Fehler in der Stimmabgabe sind aber (nur) nach allg zivilrechtlichen Regeln über Willenserklärungen zu beurteilen u können allenfalls mittelbar auf das Beschlussergebnis ausstrahlen.[9]

Die Differenzierung zw Beschluss u Stimmabgabe hat im GmbH-Recht nicht jene Bedeutung wie im Aktienrecht, weil in der GmbH die Willensbildung schon mit der Durchführung der Abstimmung oder der Ermittlung des rechnerischen Abstimmungsergebnisses abgeschlossen ist u nicht zwingend der Feststellung des Beschlussergebnisses durch den Versammlungsleiter bedarf (s § 34 Rz 34, 41, § 39 Rz 2 ff).[10] Allerdings kann ein durch GesV oder Mehrheitsbeschluss legitimierter Versammlungsleiter den Beschluss feststellen; dann gilt der Inhalt des festgestellten Beschlusses, selbst wenn er das Abstimmungsergebnis nicht korrekt wiedergibt (unten Rz 66 ff; § 34 Rz 43).

Im GmbH-Recht gibt es somit keinen zwingenden Feststellungsakt, der noch in der GV gegenüber allen Beteiligten sowie Dritten klarstellt, was beschlossen worden ist u welche Stimmen bei der Ergebnisermittlung berücksichtigt worden sind (womit auch das Spannungsfeld der unrichtigen Ergebnisfeststellung im GmbH-Recht großteils entfällt). Der Beschluss bzw das -ergebnis ist in der GmbH insofern enger an die Stimmabgabe geknüpft, als dessen Inhalt – sofern im Einzelfall keine Beschlussfeststellung vorliegt – unmittelbar aus den Willenserklärungen der Gesellschafter abgeleitet u sein konkreter Gehalt allenfalls erst exakt ermittelt werden muss. Dennoch sind im GmbH-Recht auch ohne

---

9 *Diregger*, Anfechtung und Nichtigkeit 31 f.
10 Vgl nur *Diregger*, Anfechtung und Nichtigkeit 30 ff; *Eckert*, GES 2004, 228; *Thöni*, ÖJZ 2002, 215.

Beschlussfeststellung der Beschluss u seine Mängel v der Stimmabgabe zu unterscheiden: Fehler in der Stimmabgabe sind grds nur dann erheblich, wenn sie sich auf das Beschlussergebnis ausgewirkt haben. Der OGH unterscheidet demgemäß zw ergebniswirksamen u für die Beschlussfassung irrelevanten ergebnisneutralen Fehlern in der Stimmabgabe.[11]

8   Den §§ 41 ff u damit der Geltendmachung v Beschlussmängeln durch Anfechtungsklage unterliegen **sämtliche Gesellschafterbeschlüsse** unabhängig davon, ob sie formell festgestellt worden sind.[12] Die Bestimmungen gelten auch für **Beschlüsse v Organen**, denen im GesV Zuständigkeiten der GV übertragen wurden (zur generellen analogen Anwendung der §§ 41 auf Organbeschlüsse s unten Rz 15).[13]

9   Gegenstand der Beschlusskontrolle können auch „**negative Beschlüsse**" sein, also Beschlussanträge, welche nicht die erforderliche Mehrheit erreichen. Die Erhebung einer Anfechtungsklage kann in diesem Fall mit einer positiven Beschlussfeststellungsklage verbunden werden (unten Rz 165). Das rechtliche Interesse an der Bekämpfung eines abl Gesellschafterbeschlusses ist jedenfalls dann zu bejahen, wenn ohne den Beschlussfehler (zB unrechtmäßiger Stimmrechtsausschluss oder Einberufungsfehler) der Beschluss die erforderliche Mehrheit erreicht hätte.[14]

B. Kategorien von Beschlussfehlern

10 Das Bestehen versch Kategorien mangelhafter Gesellschafterbeschlüsse im GmbHG ist umstritten. Grundsätzlich werden vier Kategorien genannt, nämlich **nichtige, anfechtbare, unwirksame u Scheinbeschlüsse**.[15] Neben einzelnen Abgrenzungsfragen gehen die M aber

---

11 OGH 19.12.1991, 8 Ob 595/90.
12 *Enzinger* in Straube/Ratka/Rauter, GmbHG § 41 Rz 3; **aA** *Harrer* in Gruber/Harrer, GmbHG², §§ 41, 42 Rz 49, 76: nur festgestellte Beschlüsse; *Thöni*, Rechtsfolgen 165 ff: Nur notariell beurkundete Beschlüsse.
13 *Koppensteiner/Rüffler*, GmbHG³ § 41 Rz 3; *Enzinger* in Straube/Ratka/Rauter, GmbHG § 41 Rz 6.
14 Vgl *Koppensteiner/Rüffler*, GmbHG³ § 41 Rz 22; *Diregger* in Doralt/Nowotny/Kalss, AktG³ Vor § 195 Rz 16; *Diregger*, Anfechtung und Nichtigkeit 33.
15 Vgl *Harrer* in Gruber/Harrer, GmbHG² Vor §§ 41, 42 Rz 11 ff; *Baumgartner/Mollnhuber/U. Torggler* in Torggler, GmbHG § 41 Rz 3; krit zur Begriffsbildung insgesamt *Enzinger* in Straube/Ratka/Rauter, GmbHG § 41 Rz 6.

auch über die Zweckmäßigkeit dieser Einteilung auseinander, insb ist in der L die Notwendigkeit einer Kategorie v Scheinbeschlüssen umstritten.[16] Die **Rsp** ist in dieser Frage unklar u tw widersprüchlich. Der OGH geht grds davon aus, dass die §§ 41 ff **die Anfechtbarkeit v Beschlüssen iW abschließend regeln** u daher mangels Regelungslücke insb kein Platz für die Annahme v nichtigen Beschlüssen besteht (der OGH hat die Frage allerdings meist offen gelassen u nur im konkreten Anlassfall verneint). Nach dem OGH sind nichtige Beschlüsse daher regelmäßig dem Anfechtungserfordernis nach den §§ 41 ff unterworfen. In der Praxis muss iZw daher v Erfordernis der Anfechtung eines Beschlusses ausgegangen werden (s noch unten Rz 23). In einigen E hat das Höchstgericht allerdings rechtlich unverbindliche Scheinbeschlüsse anerkannt; tw scheint es auch, das Bestehen v nichtigen Beschlüssen wird implizit anerkannt (zu alldem sogleich Rz 16 ff).

Zunächst ist festzuhalten, dass die §§ 41 ff explizit nur die **Anfechtbarkeit** v Gesellschafterbeschlüssen regeln. Unter § 41 zu subsumierende fehlerhafte Gesellschafterbeschlüsse sind zunächst (eingeschränkt: Rz 123) **wirksam** u müssen unter Einhaltung der gesetzl Voraussetzungen gerichtl bekämpft werden; erst mit der Rechtskraft des stattgebenden Urteils wird der Beschluss mit **ex tunc-Wirkung** beseitigt. Wird der Beschluss nicht bekämpft, ist er endgültig u uneingeschränkt wirksam. Von diesem Normgehalt geht der OGH in stRsp erkennbar aus, wenngleich seine Terminologie nicht einheitlich ist; in manchen Fällen spricht er v „Nichtigkeit" oder „Unwirksamkeit" v Beschlüssen, meint damit aber Anfechtbarkeit iSd §§ 41 ff. Unklar ist auch das Gesetz selbst, das v der „Nichtigerklärung" v Gesellschafterbeschlüssen spricht u zudem davon, dass der Beschluss nach dem GmbHG als „nicht zustandegekommen" anzusehen sei. In all diesen Fällen ist Anfechtbarkeit im dargelegten Sinn gemeint.

Damit ist aber noch nichts über das Bestehen anderer Beschlusskategorien gesagt, zu denen das GmbHG schweigt. In der folgenden Darstellung wird die Unterteilung in **nichtige, anfechtbare,** u **unwirksame** Beschlüsse zugrunde gelegt („Nichtigkeit" u „absolute Nichtigkeit" werden im Folgenden synonym verwendet u deuten nicht auf versch

---

16 *Koppensteiner/Rüffler*, GmbHG³ § 41 Rz 7 fassen etwa Scheinbeschlüsse als nichtige Beschlüsse auf u möchten daher mit nur drei Kategorien auskommen; Scheinbeschlüsse im Aktienrecht abl *Diregger* in Doralt/Nowotny/Kalss, AktG³ Vor § 195 Rz 31.

Kategorien oder Rechtsfolgen hin; vgl noch unten Rz 25 ff zur Sittenwidrigkeit). Die v der Rsp anerkannten **Scheinbeschlüsse** werden in Rz 16 ff behandelt, können nach der hier vertretenen A allerdings in der Kategorie nichtiger Beschlüsse aufgehen. Diese Differenzierung ist durch **sachliche Erfordernisse** u darüber hinaus Zweckmäßigkeitserwägungen begründet; anerkennt man dies im Ansatz, ergeben sich entscheidende Abweichungen in den **Rechtsfolgen**. Um Missverständnissen vorzubeugen, sei noch einmal klargestellt, dass die Darstellung iW im Einklang mit der hL steht, die **Rsp dieser Einteilung aber explizit nicht gefolgt ist,** insb absolut nichtige Beschlüsse nicht ausdrücklich anerkannt hat. Um für die Rechtsanwendung einen praktikablen Überblick zu schaffen, wird daher im Einzelnen jew der gewählten Kategorisierung der Standpunkt der Rsp gegenübergestellt.

C. Zwingendes Recht

13 Die §§ 41 ff sind **zwingendes Recht**, tw allerdings nur relativ (einseitig) zwingend: Die Regelungen sind ein Mindeststandard, welchen der GesV nicht einschränken kann; es kann daher etwa nicht der Kreis der Anfechtungsberechtigten eingeschränkt werden.[17] Zulässig ist es hingegen, im GesV den Kreis der Klageberechtigten auszudehnen (Aktivlegitimation zB für einen Beirat oder für jedes Organmitglied ohne die Voraussetzung v § 41 Abs 3, dh ohne dass sich diese durch die Beschlussausführung ersatzpflichtig oder strafbar machen würde). Es sollte auch als zulässig erachtet werden, in dem GesV das Anwesenheits- u/oder das **Widerspruchserfordernis** zu beseitigen, weil das Gesetz in § 41 Abs 2 selbst eine Reihe v Ausnahmen vorsieht u dadurch mangels Widerspruchs nicht zweifelsfrei v einem endgültig bestandskräftigen Beschluss ausgegangen werden kann.[18] Die Erwägungen, die hinter dem Widerspruchserfordernis stehen (Rz 134), betreffen nur das gesellschaftsinterne Verhältnis zw Gesellschafter u GmbH bzw allenfalls den Organen; das Widerspruchserfordernis dient hingegen nicht dem Verkehrsschutz u steht daher zur Disposition durch den GesV.

14 Absolut zwingend ist hingegen die **Klagefrist**, welche der GesV somit **weder verkürzen noch verlängern** kann. Die Frist bezweckt nämlich nicht nur einen Mindestschutzstandard, sondern dient maßgeblich

---

17 *Koppensteiner/Rüffler*, GmbHG³ § 41 Rz 3.
18 *Kalss/Schauer*, Reform des Kapitalgesellschaftsrechts 278.

dem Ausgleich zw Rechtskontrolle u Bestandssicherheit; diese Grundsatzentscheidung steht nicht in der Disposition des GesV, weil der gesetzl Interessenausgleich insofern nicht bloß das Verhältnis der Gesellschafter untereinander regeln will, sondern auch den Schutz v Organen oder Gläubigern bezweckt.[19] Die Gesellschafter hätten es sonst in der Hand, die Bestandssicherheit zu Lasten anderer geschützten Interessen abzuschwächen.

D. Analogiefähigkeit der §§ 41 ff

In der GmbH stellt sich die Frage der analogen Anwendung v §§ 41 ff auf fehlerhafte Beschlüsse des **AR** (vgl dazu § 30g Rz 89 ff).[20] Der OGH hat dies **abgelehnt**.[21] Das Argument des OGH, das Gesetz bezeichne die Mängel v AR-Beschlüssen nicht näher, die zu deren Anfechtung berechtigen, überzeugt allerdings nicht;[22] schließlich können AR-Beschlüsse ebenso wie Gesellschafterbeschlüsse gegen Verfahrensvorschriften oder inhaltlich gegen das Gesetz oder den GesV verstoßen. Der OGH anerkennt aber offensichtlich das Bestehen v **nichtigen AR-Beschlüssen**,[23] die mit Feststellungsklage gem § 228 ZPO geltend gemacht werden können. Dies könnte jedenfalls als ein weiteres (systematisches) Argument angesehen werden, auch nichtige Gesellschafterbeschlüsse anzuerkennen (unten Rz 24).

15

IV. Scheinbeschlüsse

Der OGH hat nichtige Beschlüsse in der GmbH nicht ausdrücklich anerkannt (sogleich Rz 21), in einigen Fällen aber das Bestehen sog **Scheinbeschlüsse** angenommen.[24] Ein Scheinbeschluss liegt nach A der Rsp dann vor, wenn ein Beschluss mit solch **gravierenden Mängeln** behaftet ist, dass v einer **rechtlich unbeachtlichen Willenserklärung** gesprochen

16

---

19 Vgl *Gellis/Feil*, GmbHG[7] § 41 Rz 11.
20 Vgl *Koppensteiner*, wbl 2022, 61 (63 ff).
21 OGH 27.2.1985, 1 Ob 514/85; 29.8.1995, 5 Ob 554/94; ebenso *Gellis/Feil*, GmbHG[7] § 41 Rz 14.
22 *Koppensteiner*, wbl 2022, 61 (63 ff); *Koppensteiner/Rüffler*, GmbHG[3] § 30g Rz 14.
23 OGH 27.2.1985, 1 Ob 514/85.
24 Vgl nur OGH 10.12.1998, 7 Ob 284/98k.

werden muss.[25] Bei Scheinbeschlüssen liege kein Beschluss „der Gesellschafter" iSd Einleitungssatzes v § 41 Abs 1 vor.[26] Dies sei etwa dann der Fall, wenn die Beschlussfassung entgegen § 34 weder in einer GV erfolgt noch die gesetzl Voraussetzungen für die Fassung eines Umlaufbeschlusses erfüllt sind.[27] Dies wurde etwa bei Beschlussfassung v oder unter Beteiligung v Nichtgesellschaftern[28] oder bloß einer Minderheit der Gesellschafter angenommen.[29] Ebenso wurden in einer wieder abberaumten GV gefasste Beschlüsse als Scheinbeschlüsse qualifiziert.[30] Bei einem **Umlaufbeschluss** wurde ein Scheinbeschluss angenommen, wenn dieser mit den Stimmen v Nicht-Gesellschaftern (*in concreto*: Treugebern; vgl Rz 125)[31] oder bloß einer Minderheit gefasst wird.[32] Unklar ist die Rsp zu der Frage, ob ein Scheinbeschluss allg schon dann vorliegt, wenn die Voraussetzungen zur Fassung eines Umlaufbeschlusses gem § 34 nicht vorliegen, weil nicht alle Gesellschafter mit der schriftlichen Beschlussfassung einverstanden sind oder ein Gesellschafter bei der Beschlussfassung überhaupt übergangen wird. Der OGH verwendet bisweilen die Formulierung, ein Scheinbeschluss liege schon dann vor, wenn entgegen § 34 ein Beschluss nicht in der für die schriftliche Abstimmung vorgesehenen Weise erfolgt ist,[33] was für einen Scheinbeschluss bei jeder Verletzung v § 34 sprechen würde. Ein Scheinbeschluss wurde angenommen bei Beschlussfassung durch 50 % der Gesellschafter bei Übergehung der anderen 50 %.[34] In einer ausf begründeten E aus 1999 ging das Höchstgericht hingegen davon aus, dass das Übergehen eines 1/6-Minderheitsgesellschafters bei der schriftlichen Beschlussfassung nur die Anfechtbarkeit begründet (in diesem Fall sollte Nichtigkeit erwogen werden; Rz 37, 82).[35] Einen Scheinbeschluss hat

---

25 OGH 22.5.1985, 1 Ob 573/85.
26 OGH 28.1.1999, 6 Ob 290/98k.
27 OGH 11.5.2010, 9 ObA 71/09w, GES 2010, 175 (*Fantur*); 27.5.2008, 8 ObA 32/08a, GesRZ 2008, 476 (*Artmann*); RIS-Justiz RS0060167.
28 OGH 22.10.2020, 6 Ob 33/20a, GesRZ 2021, 92 (*B. Schima*).
29 OGH 31.3.1977, 6 Ob 575/77.
30 OGH 21.11.2018, 6 Ob 191/18h.
31 OGH 14.7.2022, 5 Ob 98/22f.
32 OGH 31.3.1977, 6 Ob 575/77.
33 OGH 19.12.2019, 6 Ob 210/19d, NZ 2020/34, 108 (*Napokoj/Foglar-Deinhardstein*) ua.
34 OGH 27.5.2008, 8 ObA 32/08a, GesRZ 2008, 476 (*Artmann*).
35 Vgl OGH 28.1.1999, 6 Ob 290/98k: Umlaufbeschluss durch Gesellschaftermehrheit.

der OGH wiederum bei einem Umlaufbeschluss bejaht, der unter Mitwirkung eines Nichtgesellschafters zustande kam u ihm weder eine ordnungsgemäße Einberufung einer GV noch ein schriftliches Einverständnis aller Gesellschafter zu einer schriftlichen Abstimmung voranging.[36] Für die Abgrenzung zw Scheinbeschluss u anfechtbarem Beschluss kommt es nach der Rsp offenbar darauf an, ob der Beschluss zumindest mit den Stimmen der Mehrheit (anfechtbarer Beschluss)[37] oder v Gesellschaftern mit nur 50% oder weniger Beteiligung gefasst wird (Scheinbeschluss);[38] ferner ist relevant, ob ein Nichtgesellschafter beteiligt ist (dann nimmt der OGH regelmäßig Scheinbeschluss an).

Scheinbeschlüssen ist nach der Rsp v vornherein die Wirksamkeit versagt.[39] Der OGH lässt die Geltendmachung v Scheinbeschlüssen mit **Feststellungsklage gem § 228 ZPO** ohne die Befristung v § 41 zu.[40] Da der OGH die analoge Anwendung v §§ 195 ff AktG im GmbHG ablehnt (unten Rz 21), kann bei Scheinbeschlüssen iSd Rsp mangels Rechtsgrundlage keine Heilung eintreten (dazu Rz 58). Gegen Eintragungen in das FB auf der Grundlage v Scheinbeschlüssen kann nach neuerer Rsp **Rekurs** erhoben werden (anders als gegen anfechtbare oder nichtige Beschlüsse; Rz 53).[41]

17

Die überwiegende Lit[42] lehnt die Notwendigkeit einer eigenen Kategorie bloß scheinhafter Beschlüsse ab. Dies wird damit argumentiert, dass mit der Anerkennung nichtiger Gesellschafterbeschlüsse auch jene Konstellationen umfasst seien, in denen der OGH v Scheinbeschlüssen ausgeht. Die Rechtsfolgen seien identisch, weil jedenfalls die Anfechtungsklage gem § 41 zulässig sei u auch bei bloßen Scheinbeschlüssen wegen der vergleichbaren Interessenlage Heilung analog § 200 AktG

18

---

36 OGH 16.2.2011, 7 Ob 143/10w, GesRZ 2011, 235 (*Koppensteiner*).
37 OGH 28.1.1999, 6 Ob 290/98k.
38 OGH 27.5.2008, 8 ObA 32/08a: 50%-Gesellschafter.
39 OGH 22.10.2020, 6 Ob 33/20a, GesRZ 2021, 92 (*B. Schima*).
40 OGH 9.2.1999, 7 Ob 179/98v; 21.11.2018, 6 Ob 191/18h; 19.12.2019, 6 Ob 210/19d, NZ 2020/34 (*Napokoj/H. Foglar-Deinhardstein*); 22.10.2020, 6 Ob 33/20a, GesRZ 2021, 92 (*B. Schima*); *Nowotny* in Kalss/Nowotny/Schauer, GesR[2] Rz 4/306.
41 OGH 22.10.2020, 6 Ob 33/20a, GesRZ 2021, 92 (*B. Schima*).
42 *Koppensteiner/Rüffler*, GmbHG[3] § 41 Rz 8; *Baumgartner/Mollnhuber/U. Torggler* in Torggler, GmbHG § 41 Rz 3; *Artmann*, GES 2007, 3 (4); *Thöni*, Rechtsfolgen 76 ff. Zur AG *Diregger* in Doralt/Nowotny/Kalss, AktG[3] Vor § 195 Rz 31; anders offenbar *Umfahrer*, GmbH[6] Rz 487.

eintreten würde.[43] Zudem könnten Abgrenzungsschwierigkeiten vermieden werden.[44]

19 Die Kategorie bloß scheinhafter Beschlüsse ist mE tatsächlich **verzichtbar**, wenn man **nichtige Beschlüsse** in der GmbH anerkennt (Rz 24). Es macht keinen Untersch, ob nicht einmal elementare Mindesterfordernisse eines wirksamen Gesellschafterbeschlusses gewahrt werden (Scheinbeschluss iSd Rsp) oder der Beschluss sonst mit gravierenden Mängeln behaftet ist (nichtiger Beschluss), wenn wegen der weitgehend gleichlaufenden Interessenlage dieselben Rechtsfolgen gerechtfertigt sind. Viele Fälle, in denen die Rsp einen Scheinbeschluss angenommen hat, können unter **Nichtigkeitstatbestände** subsumiert werden; bei Beschlussfassung durch eine Minderheit oder den bloß vermeintlichen Alleingesellschafter könnte etwa ein Bekanntmachungs- oder Einberufungsfehler vorliegen (Rz 35 f). Anders gelagert scheint der Fall einer Beschlussfassung im Namen der Gesellschaft durch gesellschaftsfremde Dritte zu sein. Eine besondere Kategorie v Scheinbeschlüssen könnte in dieser Konstellation allenfalls mit dem Argument gerechtfertigt werden, dass bei solchen „Beschlüssen" aus Gründen des Gesellschafterschutzes die Möglichkeit einer Heilung (Rz 58 ff) verneint werden sollte. Eine Heilung kommt allerdings ohnehin nur bei Beschlüssen in Betracht, die ins FB eingetragen werden; Konstellationen, in denen GF einen Beschluss gesellschaftsfremder Dritter als Gesellschafterbeschluss zum FB einreichen können, sind in der Praxis wohl eher selten. Scheinbeschlüsse können daher insgesamt als Unterfall nichtiger Gesellschafterbeschlüsse (sogleich Rz 20 ff) angesehen werden, ohne dass damit ein Rechtsschutzdefizit einherginge. Die Kategorie der Scheinbeschlüsse erscheint insgesamt **zu eng**, weil sie v vornherein auf schwere **Verfahrensfehler** beim Zustandekommen eines Beschlusses beschränkt sind, aber definitionsgemäß **keine** – noch so schweren – **Inhaltsmängel** erfassen können. Damit verbleibt nach der hRsp bei schweren Inhaltsfehlern eine unbefriedigende Rechtsschutzlücke (vgl noch Rz 24 ff).

---

43 S nur *Koppensteiner/Rüffler*, GmbHG³ § 41 Rz 8; *Thöni*, Rechtsfolgen 77 f.
44 *Artmann*, GES 2007, 3 (4).

V. Nichtige Beschlüsse

A. Grundlagen

Allgemein wird v der Nichtigkeit eines Beschlusses gesprochen, wenn er mit einem besonders **gravierenden Mangel** behaftet ist, der es rechtfertigt, dem Beschluss v vornherein die Wirksamkeit zu versagen.[45] Im Gegensatz zur Anfechtung ist der nichtige Beschluss auch nicht vorläufig wirksam u bedarf nicht einer Rechtsgestaltungsklage bzw eines -urteils, um beseitigt zu werden. Auf die Nichtigkeit kann sich grds jeder berufen, der v dem nichtigen Beschluss betroffen ist; die Nichtigkeit des Beschlusses kann auch durch das Gericht **festgestellt** werden (Feststellungsurteil). Im **Aktienrecht** sind nichtige Beschlüsse ausdrücklich in den §§ 199, 201 AktG geregelt; daneben kann die Nichtigkeit eines HV-Beschlusses im Aktienrecht auch mit Feststellungsklage gem § 228 ZPO v jedem, der ein rechtliches Interesse hat, geltend gemacht werden.[46]

20

Im **GmbHG** hat der OGH nichtige Gesellschafterbeschlüsse **nicht explizit anerkannt**. Die ältere Rsp hat die Nichtigkeit v Gesellschafterbeschlüssen abgelehnt u mangelhafte Beschlüsse generell dem Anfechtungserfordernis unterworfen;[47] die neuere Rsp hat die Frage meist offen gelassen.[48] In jenen E, in denen der OGH die Nichtigkeit im konkreten Fall verneint hat, begründete er diese A damit, dass **keine planwidrige Lücke** vorliege; für die Annahme einer Nichtigkeit bliebe mangels ausdrücklicher gesetzl Regelung kein Platz.[49] Das GmbHG verweise in einer Reihe v Regelungen auf das AktG (zB §§ 6a Abs 4, 23, 60 Abs 1, 96 Abs 2, 100), gerade aber beim Beschlussanfechtungsrecht sei das nicht der Fall. Bei der GmbH setze die Geltendmachung v Verfahrens- u Inhaltsfehlern den Widerspruch (§ 41 Abs 2) u die Erhebung einer Anfechtungsklage binnen Monatsfrist (§ 41 Abs 4) voraus, während das AktG

21

---

45 Vgl nur *Kalss/Linder*, Minderheits- und Einzelrechte 116.
46 *Diregger* in Doralt/Nowotny/Kalss, AktG³ § 199 Rz 52.
47 ZB OGH 16.5.1922, 3 Ob 234/22, SZ 4/46; 12.7.1961, 1 Ob 290/61, ÖBA 1962, 268.
48 ZB OGH 31.5.1994, 4 Ob 527/94; 26.5.1983, 6 Ob 786/82; ferner OGH 4.12.1957, 7 Ob 559/57, RZ 1958, 46; vgl *Deimbacher*, GesRZ 1992, 176 (178).
49 Vgl nur OGH 28.1.1999, 6 Ob 290/98k; 29.9.2020, 6 Ob 166/20k; 24.9.2020, 6 Ob 168/20d, NZ 2021, 202 (*Wedl*).

22 demgegenüber für eine Fülle v Rechtsverletzungen die Nichtigkeit u die Möglichkeit einer Heilung der Nichtigkeit (§ 200 AktG) vorsehe.[50]

22 Der OGH hat allerdings in einigen E mit dieser Linie widersprüchliche Aussagen getätigt; manches Mal scheint er **implizit nichtige Beschlüsse anzuerkennen**. In 3 Ob 287/02f[51] meint der OGH etwa, die Verletzung des Verbots der Einlagenrückgewähr begründe absolute Nichtigkeit u sei daher v Amts wegen wahrzunehmen (der OGH wendet dabei aber nicht das Aktienrecht analog an, sondern scheint sich auf § 879 ABGB zu beziehen, dazu unten Rz 25); ebenso in 4 Ob 252/02s.[52] Absolute Nichtigkeit scheint der OGH (Strafrechts-Senat!) auch bei Verletzung v gerichtl Strafgesetzen anzunehmen.[53] In 8 Ob 515/95[54] meinte der OGH zur Ausdehnung des Streitgegenstands im Anfechtungsprozess, das Nachschieben v Anfechtungsgründen sei nach Fristablauf unzulässig, sofern nicht ein – im konkreten Fall nicht in Betracht kommender – **Nichtigkeitsgrund** vorliege;[55] ebenso jüngst in der E 6 Ob 155/20t.[56] In 6 Ob 119/19x weist der OGH *obiter* darauf hin, dass § 42 Abs 4 auch auf nichtige Beschlüsse anwendbar sei.[57]

23 In der E v 23.10.2015,[58] in welcher das Berufungsgericht die Revision gerade mit der Begr zugelassen hatte, es fehle Rsp des OGH zur Qualifizierung eines infolge eines Einberufungsmangels bekämpften GV-Beschlusses als nichtig oder anfechtbar, hat der OGH allerdings

---

50 OGH 23.10.2015, 6 Ob 65/15z, RWZ 2015, 384 (*Wenger*); 19.12.2019, 6 Ob 210/19d, NZ 2020, 108 (*Napokoj/H. Foglar-Deinhardstein*); 16.9.2020, 6 Ob 167/20g, GesRZ 2021, 52 (*Frenzel*).
51 OGH 22.10.2003, 3 Ob 287/02f, RWZ 2004/11, 38 (*Wenger*).
52 OGH 19.11.2002, 4 Ob 252/02s, ecolex 2003, 177 (*Reich-Rohrwig/Gröss*).
53 OGH 20.10.2015, 11 Os 52/15d: Ein Befugnismissbrauch iSd § 153 StGB werde nicht durch eine Weisung (Gesellschafterbeschluss) ausgeschlossen, die – etwa wegen Strafgesetzwidrigkeit – (absolut) nichtig u nicht bloß anfechtbar iSd § 41 sei; 17.10.1995, 11 Os 114/95: Einwilligung in eine Sachbeschädigung u Brandstiftung zur Verübung eines Versicherungsbetrugs.
54 OGH 22.6.1995, 8 Ob 515/95.
55 Vgl ferner OGH 16.12.1980, 5 Ob 649/80.
56 OGH 18.2.2021, 6 Ob 155/20t, GesRZ 2021, 164 (*Leonhartsberger*) = ecolex 2021, 443 (*I. Welser*); unter Verweis auf OGH 22.6.1995, 8 Ob 515/95.
57 OGH 24.7.2019, 6 Ob 119/19x, GesRZ 2020, 58 (*Stagl*) unter Verweis auf *Koppensteiner/Rüffler*, GmbHG³ § 42 Rz 8; *Enzinger* in Straube/Ratka/Rauter, GmbHG § 42 Rz 34.
58 OGH 23.10.2015, 6 Ob 65/15z, GesRZ 2016, 62 (*Enzinger*); *Rauter*, JAP 2015/2016/16, 159.

ausdrücklich an der bisherigen Rsp festgehalten.[59] Der OGH verneinte wieder das Vorliegen einer planwidrigen Lücke. Auch in einer E v 19.12.2019 ging der OGH davon aus, dass es in der GmbH – wenn nicht ein Scheinbeschluss vorliegt – nur anfechtbare Beschlüsse gebe.[60] Angesichts dieser jüngsten Bestätigung der stetigen Rsp ist mE weiterhin davon auszugehen, dass der OGH – zumindest in jenen E, die die Anfechtung bzw Nichtigerklärung v Gesellschafterbeschlüssen zum Gegenstand hatten – die absolute Nichtigkeit v GmbH-Gesellschafterbeschlüssen **nicht anerkannt** hat. In der **Praxis** darf selbst bei sehr schweren Beschlussmängeln iZw nicht darauf vertraut werden, dass der Beschluss keine Rechtswirkungen entfaltet. Vielmehr muss iZw v der Rsp ausgegangen werden, die die **Anfechtung sämtlicher mängelbehafteter Beschlüsse** erfordert, sofern nicht ein (seltener) Fall eines bloßen Scheinbeschlusses vorliegt. Das bedeutet aber auch, dass die **Anfechtungsvoraussetzungen** gewahrt werden müssen (Erhebung des Widerspruchs, Einhaltung der Anfechtungsfrist etc).[61]

Die **überwiegende L** anerkennt das Bestehen v nichtigen Gesellschafterbeschlüssen im GmbH-Recht.[62] Dem ist zu folgen. Für die Anerkennung nichtiger Beschlüsse sprechen mehrere Gründe: 24

a) Historisches Argument

Die geschichtliche Entwicklung zeigt, dass im Zeitpunkt der Schaffung des GmbHG 1906 **nur die Nichtigkeit** v Gesellschafterbeschlüssen anerkannt war.[63] Aus der historischen Entwicklung lässt sich jedenfalls 24a

---

59 Unter Verweis auf OGH 28.01.1999, 6 Ob 290/98k; ebenso 19.12.2019, 6 Ob 210/19d, NZ 2020, 108 (*Napokoj/H. Foglar-Deinhardstein*); 16.9.2020, 6 Ob 167/20g, GesRZ 2021, 52 (*Frenzel*); RIS-Justiz RS0111675.
60 OGH 19.12.2019, 6 Ob 210/19d, NZ 2020/34 (*Napokoj/H. Foglar-Deinhardstein*).
61 *Linder* in Adensamer/Mitterecker, GesStreit, Rz 8/7.
62 *Koppensteiner*, wbl 2022, 1 (2); *Koppensteiner/Rüffler*, GmbHG³ § 41 Rz 7; *Enzinger* in Straube/Ratka/Rauter, GmbHG § 41 Rz 13; *Harrer* in Gruber/Harrer, GmbHG² §§ 41, 42 Rz 1 f; *Baumgartner/Mollnhuber/U. Torggler* in Torggler, GmbHG § 41 Rz 5; *Reich-Rohrwig*, GmbHR 385 ff; *Thöni*, Rechtsfolgen 53 ff; *Thöni*, wbl 1992, 353; *Plöchl*, JBl 1957, 305 (305 ff); *Schönherr*, JBl 1960, 1; ferner *Deimbacher*, GesRZ 1992, 176 (178).
63 *Kalss/Eckert*, Zentrale Fragen 110; *Plöchl*, JBl 1957, 305; *Diregger* in Doralt/Nowotny/Kalss, AktG³ Vor § 195 Rz 5; *Diregger*, Anfechtung und Nichtigkeit 46 ff; je mwN.

nicht begründen, dass der Gesetzgeber mit den §§ 41 ff die möglichen Beschlussmängel abschließend regeln wollte. Vielmehr zeigt die weitere Entwicklung, dass der Gesetzgeber keine abw Regelungsmodelle im Aktien- u GmbH-Recht etablieren wollte. Aus historischer Sicht spricht damit insgesamt viel dafür, zumindest aus der expliziten Anerkennung nichtiger Gesellschafterbeschlüsse im Aktienrecht auf das Bestehen nichtiger Gesellschafterbeschlüsse im GmbH-Recht zu schließen.[64]

b) Systematisches Argument

24b Generell ist iZw davon auszugehen, dass der Gesetzgeber keine willkürlichen Differenzierungen vornimmt.[65] Gerade die Prägung des KapGes- bzw Körperschaftsrechts durch vergleichbare Leitprinzipien (Trennung der Vermögenssphären, beschränkte Haftung der Gesellschafter, Fremdorganschaft, Mehrheitsprinzip, Bestandskontinuität bei Mitgliederwechsel etc) rechtfertigt eine Konvergenz anstrebende Auslegung, sofern keine sachlichen Gründe bei einer bestimmten Gesellschaftsform entgegenstehen. Im Beschlussanfechtungsrecht ist aber kein sachlicher Grund ersichtlich, der dafür spräche, im GmbHG eine völlig andere Wertung bei der Anerkennung u Abgrenzung versch Kategorien mangelhafter Beschlüsse vorzunehmen. Die **personalistische Konzeption** der GmbH ist kein tragendes Gegenargument, weil diese im Gesetz nicht durchgehend verwirklicht ist, das GmbHG enthält vielmehr deutlich Elemente eines **körperschaftlichen Konzepts** mit vielen Gesellschaftern (Minderheitsrechte; AR-Pflicht bei mind 50 Gesellschaftern; zwingende Zuständigkeiten der GV).[66] Es sollte davon ausgegangen werden, dass der v der hL vorgenommenen Differenzierung v Beschlussmängelkategorien (oben Rz 10) ein allg Prinzip zugrunde liegt, welches in seiner Grobstruktur – unabhängig v Abgrenzungsfragen im Detail – Leitbildfunktion für vergleichbare uä Konstellationen im gesamten Gesellschaftsrecht hat.[67] Eine einheitliche Auslegung des Be-

---

64 Zu all dem vgl *Baumgartner*, JBl 2022, 156 (158 ff, 164) mwN; *Kalss/Eckert*, Zentrale Fragen 110 ff; für eine analoge Anwendung der §§ 195 ff AktG im Genossenschaftsrecht OGH 29.6.1989, 6 Ob 605/89.
65 Vgl *F. Bydlinski*, Methodenlehre², 344 ff, 458.
66 S *Kalss/Eckert*, Zentrale Fragen 364 f, 361 f.
67 ZB auch für Genossenschaften; dazu OGH 29.6.1989, 6 Ob 605/89; oder auch Organbeschlüsse, zB AR-Beschlüsse, dazu *Kalss* in Doralt/Nowotny/Kalss, AktG² § 92 Rz 112 ff; zum Ganzen *Koppensteiner*, wbl 2022, 1, 61 mwN.

schlussmängelrechts im AktG u GmbHG ist insgesamt erforderlich, um
sachlich nicht begründete **Wertungswidersprüche** zu vermeiden.[68]
Aus systematischer Sicht spricht für die hier vertretene A wie erwähnt
auch, dass der OGH offenbar die Nichtigkeit v AR-Beschlüssen im
GmbH-Recht anerkennt (oben Rz 15).

c) Teleologisches Argument

Für die Anerkennung v nichtigen Gesellschafterbeschlüssen spricht 24c
letztlich, dass es sonst zu **unerträglichen Ergebnissen** käme, wenn
auch mit gravierenden Mängeln behaftete Beschlüsse mangels Anfechtung (endgültig) wirksam wären.[69] Die Gesellschafter könnten wirksam
Beschlüsse fassen, die gegen Strafgesetze, die guten Sitten oder zwingende Gläubigerschutzvorschriften verstoßen; es stünde ihnen offen,
sich über zwingendes Gesetzesrecht, das gewichtige Allgemein- oder
Gläubigerinteressen schützt, hinwegzusetzen.[70] Ein derartiges Ergebnis
wäre mit allg Rechtsgrundsätzen (zB strafrechtliche Wertungen; § 879
ABGB) nicht vereinbar. Ein Gläubiger oder sonstiger Dritter, der v dem
Beschluss in seinen rechtlichen Interessen betroffen ist, könnte sich
mangels Aktivlegitimation gem § 41 Abs 2 überhaupt nicht auf die Nichtigkeit des Beschlusses berufen. Generell spricht eine allg **Interessenabwägung** u das Prinzip der **Verhältnismäßigkeit** für eine differenzierende Beurteilung der Beschlussmängel. Je gravierender der Mangel des
Beschlusses ist, desto mehr tritt das Interesse an der Bestands- u Rechtssicherheit in den Hintergrund u desto schwerer ist eine Einschränkung
der Geltendmachung des Mangels (zB über zeitliche Einschränkungen
[Befristung], das Widerspruchserfordernis oder die Einschränkung der
Aktivlegitimation) zu rechtfertigen. Aus diesen Überlegungen erhellt
die prinzipielle Notwendigkeit, nichtige Beschlüsse anzuerkennen, es
ist damit allerdings noch nicht gesagt, bei welchen Verstößen im einzelnen Nichtigkeit oder Anfechtung anzunehmen ist (unten Rz 28 ff).

Anerkennt man das Bestehen v absolut nichtigen Gesellschafter- 25
beschlüssen im GmbHG, stellt sich die Frage, ob die Nichtigkeit – mangels ausdrücklicher Regelung im GmbHG – in **analoger Anwendung
der §§ 195 ff AktG**, nach der allg Norm gem **§ 879 ABGB** zu beurteilen
ist oder – nach einem neueren Ansatz – sich **unmittelbar aus den §§ 41 f**

---

68 *Thöni*, wbl 1992, 353 (354).
69 *Schönherr*, JBl 1960, 1 (2).
70 Vgl *Plöchl*, JBl 1957, 305 (308); *Hueck*, Anfechtbarkeit und Nichtigkeit 11 f.

ergibt (Rz 27a). Wie bereits ausgeführt ist eine analoge Anwendung v §§ 195 ff AktG im GmbHG zulässig (Rz 24). Diese Bestimmungen sind ihrerseits leges specialis zu § 879 ABGB.[71]

26 Sowohl §§ 195 ff AktG als auch § 879 ABGB erfassen grds Nichtigkeit aufgrund inhaltlicher Mängel (**Inhaltsfehler**) sowie Mängel in den Umständen des Zustandekommens des Rechtsgeschäfts bzw Beschlusses (**Verfahrensfehler**).[72] Unterschiede bestehen tw in den **Rechtsfolgen**: Greift § 879 ABGB, ist zw absoluter u relativer (geltend zu machender) Nichtigkeit zu unterscheiden.[73] Die §§ 195 ff AktG differenzieren nach der Schwere des Verstoßes; „absolute" Nichtigkeit greift nur bei schweren Verstößen. Weniger schwere Verstöße sind nur anfechtbar u mangels (fristgebundener) Anfechtung endgültig wirksam, was der relativen Nichtigkeit gem § 879 ABGB entspricht.[74] Der Hauptunterschied liegt damit in der kurzen Frist für die Geltendmachung der aktienrechtlichen Anfechtbarkeit sowie einer möglichen Heilung auch nichtiger Beschlüsse in den Fällen des § 200 AktG.

27 Es liegt insgesamt näher, die **spezielleren Wertungen** v §§ 195 ff AktG auf nichtige Gesellschafterbeschlüsse in der GmbH zu übertragen, zumal diese bereits auf die spezifische Interessenlage mangelhafter Gesellschafterbeschlüsse in KapGes zugeschnitten sind.[75] Ein Rückgriff auf § 879 ABGB zur Begr nichtiger Gesellschafterbeschlüsse ist nicht erforderlich, auch nicht bei Verstoß gegen die guten Sitten.[76]

27a Nach einem neueren Ansatz soll die Nichtigkeit v GmbH-Gesellschafterbeschlüssen auf eine unmittelbare Anwendbarkeit der §§ 41 f gestützt werden.[77] Diese A stützt sich insb auf eine historische Interpretation, wonach schon nach der Stammfassung des GmbHG (RGBl

---

71 *Diregger* in Doralt/Nowotny/Kalss, AktG³ Vor § 195 Rz 32 ff; *Diregger*, Anfechtung und Nichtigkeit 37; vgl *Krejci* in Rummel/Lukas, ABGB⁴ § 879 Rz 266.
72 S *Krejci* in Rummel/Lukas, ABGB⁴ § 879 Rz 508 ff. Zum Sonderfall des sittenwidrigen Beschlusses, dem nach hA nur die Inhaltssittenwidrigkeit beachtlich ist, s *Thöni*, wbl 1992, 353 (353 ff).
73 Dazu *Krejci* in Rummel/Lukas, ABGB⁴ § 879 Rz 508 ff.
74 *Diregger*, Anfechtung und Nichtigkeit 38.
75 Ebenso *Koppensteiner/Rüffler*, GmbHG³ § 41 Rz 9 ff; *Ch. Nowotny* in Kalss/Nowotny/Schauer, GesR² Rz 4/305; *Kastner/Doralt/Nowotny*, GesR⁵, 421; **abl** *Schönherr*, JBl 1960, 1 (5).
76 **AA** zur Sittenwidrigkeit *Thöni*, wbl 1992, 353 (353 ff); *Thöni*, Rechtsfolgen 90 ff; **dagegen** *Koppensteiner*, JBl 2000, 336 (337).
77 *Baumgartner*, JBl 2022, 226 (226 ff).

58/1906) eine Anfechtungsklage iSd § 41 auch bei nichtigen Beschlüssen zulässig gewesen sein soll. Die Erhebung eines Widerspruchs (§ 41 Abs 2) u die Wahrung der Monatsfrist des § 41 Abs 4 sollen dabei – *qua* teleologischer Reduktion – aber nicht erforderlich sein.[78] Für das Vorliegen eines Nichtigkeitsgrunds sollen dabei die §§ 199 f AktG Anhaltspunkte bieten.[79] Der Ansatz führt damit praktisch zu einem ähnlichen Ergebnis wie die analoge Anwendung der §§ 199 f AktG. Die Situation ist für den Anfechtungskläger prozessual insofern besser, als er sowohl Nichtigkeits- als auch Anfechtungsgründe (diese binnen Monatsfrist) mit ders Anfechtungsklage geltend machen kann u daher auch eine Umqualifizierung im Verfahren möglich ist.[80] Nach § 201 Abs 2 S 2 AktG liegt die Verbindung v Nichtigkeits- u Anfechtungsprozessen hingegen im Ermessen des Gerichts.[81] Allerdings berechtigt auch nach bisheriger hA zur GmbH das Vorliegen v Nichtigkeitsgründen zur Erhebung der Anfechtungsklage gem § 41, wenn die dafür geltenden Voraussetzungen vorliegen, insb Erhebung des Widerspruchs gem § 41 Abs 3 u Einhaltung der Klagsfrist gem § 41 Abs 4 (Rz 51; lediglich bei einer anhängigen Anfechtungsklage können Nichtigkeitsgründe nach hA „nachgeschoben" werden; Rz 164). Der Fortschritt des durchaus erwägenswerten Ansatzes würde darin liegen, Nichtigkeitsgründe mit Anfechtungsklage gem § 41 auch ohne diese Voraussetzungen geltend machen zu können, ohne ein weiteres Verfahrensregime (§ 201 AktG) in der GmbH (im Weg der Analogie) einführen zu müssen.

B. Nichtige Beschlüsse im Einzelnen

Wann liegen nach der hier vertretenen A im Einzelnen nichtige Beschlüsse im GmbH-Recht vor? Auszugehen ist v § 199 u § 202 AktG (vgl oben Rz 27). Die aktienrechtlichen Regelungen können aber nicht unbesehen übertragen werden, sondern bedürfen dort der Modifikation, wo spezielle GmbH-rechtliche Wertungen oder umgekehrt Besonderheiten des Aktienrechts dies erfordern.[82]

28

---

78 *Baumgartner*, JBl 2022, 226 (228 f).
79 *Baumgartner*, JBl 2022, 226 (229 ff).
80 *Baumgartner*, JBl 2022, 226 (229).
81 *Eckert/Schopper/Walcher* in Eckert/Schopper, AktG-ON § 201 Rz 3.
82 Vgl *Kalss/Schauer*, Reform des Kapitalgesellschaftsrechts 275.

1. Einzelfälle (§ 199 Abs 1 AktG)

29 Der einleitende Abs v § 199 AktG zählt (tw demonstrativ, tw konstitutiv) durch Verweise einzelne Tatbestände des AktG auf, in denen Nichtigkeit des Gesellschafterbeschlusses eintritt.[83] Für die GmbH relevant ist § 188 Abs 3 AktG, auf den § 59 Abs 1 verweist; eine **vereinfachte Kapitalherabsetzung**, dh ein Beschluss zur Herabsetzung des Stammkapitals um einen sonst auszuweisenden Bilanzverlust zu decken (u allenfalls Beträge in die gebundene Kapitalrücklage einzustellen) muss demnach bei sonstiger Nichtigkeit binnen drei Monaten nach der Beschlussfassung in das FB eintragen werden. Der Norm gem § 189 Abs 2 AktG entspricht inhaltlich § **60 Abs 2**; unter dessen Voraussetzung ist der Beschluss damit nichtig.[84]

30 Besonderes gilt für die **Feststellung des JA**. § 199 Abs 1 AktG verweist auf § **268 Abs 1 UGB**, der als Voraussetzung für die Feststellung die Prüfung des JA durch einen Abschlussprüfer vorsieht. Für kleine GmbHs (§ 221 Abs 1 UGB) gilt dies nur, wenn sie aufsichtsratspflichtig sind. Ein Feststellungsbeschluss **ohne zugrundeliegende Prüfung** ist nach zutr hL jedenfalls **nichtig**.[85] Der OGH nimmt hingegen bloß Anfechtbarkeit an (unten Rz 88).

31 Für den Fall, dass in der **Person** des Abschlussprüfers **Ausschluss- oder Befangenheitsgründe** vorliegen, enthält das Gesetz eine Sonderregelung: Umstände, die in einem Verfahren nach § 270 Abs 3 UGB geltend gemacht werden können, hindern die Gültigkeit der Prüfung nur, wenn ein solches Verfahren zur **Bestellung eines anderen Prüfers geführt hat**.[86] Wird ein solches Verfahren gem § 270 Abs 3 UGB nicht eingeleitet oder führt es nicht zum gerichtl Austausch des gewählten Abschlussprüfers, ist die durchgeführte Abschlussprüfung **gültig**, uzw selbst dann, wenn ein wichtiger Grund iSd § 270 Abs 3 UGB vorliegt. In diesen Fällen **scheidet selbst eine Anfechtung aus**. § 270 Abs 3 letzter S UGB stellt klar, dass wegen eines Verstoßes gegen § 271 Abs 1 bis 5, § 271a oder § 271b UGB weder eine Nichtigkeits-, noch eine Anfechtungsklage erhoben werden kann.

32 Aus den §§ 202, 199 AktG ist abzuleiten, dass nicht nur die unterlassene Abschlussprüfung, sondern **auch inhaltliche Mängel des fest-**

---

83 Vgl dazu *Diregger* in Doralt/Nowotny/Kalss, AktG³ § 199 Rz 8 f.
84 *Koppensteiner/Rüffler*, GmbHG³ § 41 Rz 17.
85 *Koppensteiner/Rüffler*, GmbHG³ § 41 Rz 17; *Grünwald*, ecolex 1992, 21 (22).
86 *Kalss/Linder*, Minderheits- und Einzelrechte 65 f.

gestellten JA die Nichtigkeit des Feststellungsbeschlusses begründen können.[87] Nichtig ist die Feststellung eines JA, welcher mit dem **Wesen der GmbH unvereinbar** ist oder durch seinen Inhalt gegen die **guten Sitten** oder gegen Vorschriften verstößt, die überwiegend zum **Schutz der Gläubiger** der Gesellschaft oder sonst im **öffentlichen Interesse** bestehen. Im Einzelnen können die Nichtigkeit eines JA begründen:[88] Verstoß gegen Gliederungsvorschriften sowie das Verrechnungsverbot; Verstoß gegen Bewertungsvorschriften, zB Überbewertung v Aktiva oder Unterbewertung v Passiva;[89] Unvollständigkeit des JA; Bildung v Rückstellungen nicht im gesetzl vorgesehenen Ausmaß oder rechtswidrige Auflösung gebundener Rücklagen;[90] Verstoß gegen die Prinzipien der Bilanzkontinuität (Beibehaltung gewählter Bewertungs- u Abschreibungsmethoden).[91] Bei Nichtigkeit wegen inhaltlicher Mängel ist die **Neuaufstellung** des JA erforderlich.[92] Zur **Heilung** vgl unten Rz 59.

Der **OGH hat zur GmbH** diesen Grundsätzen entspr „Nichtigkeit" **33** angenommen bei **unverhältnismäßiger Reservenbildung**, Verletzung der **Bilanzkontinuität** u **Informationsverweigerung** bei Bilanzerstellung, ebenso bei Verletzung des **Gleichbehandlungsgrundsatzes**, Missachtung v **Treuepflichten** oder Bildung einer neuen, im GesV nicht vorgesehenen **Rücklage**.[93] Der OGH hat in diesen Fällen aber nur **Anfechtbarkeit iSd § 41** angenommen. **Geringfügige Gliederungsverstöße**, dh eine bloß unwesentliche Beeinträchtigung der Klarheit u Übersichtlichkeit des JA iSe belanglosen Fehlerhaftigkeit begründen hingegen weder Nichtigkeit noch Anfechtbarkeit.[94]

Fraglich ist schließlich die Beurteilung sonstiger **Verfahrensfehler** **34** bei Aufstellung u Feststellung des JA. Praktisch denkbar ist va, dass der Bericht des AR gem § 30k fehlt (vgl § 30k Rz 26); diesfalls ist (mangels analogiefähiger Wertung in § 202 Abs 1 Z 1 AktG) der Feststellungsbeschluss in der GmbH bloß anfechtbar.[95] Das gleiche gilt für eine Ein-

---

87 *Koppensteiner/Rüffler*, GmbHG³ § 41 Rz 17.
88 Vgl dazu *Diregger* in Doralt/Nowotny/Kalss, AktG³ § 202 Rz 26 ff.
89 *Reich-Rohrwig*, GmbHR 393.
90 *Eckert/Tipold*, GES 2013, 59 (61).
91 *Enzinger* in Straube/Ratka/Rauter, GmbHG § 41 Rz 24; *Koppensteiner/Rüffler*, GmbHG³ § 41 Rz 13.
92 *Geist*, DStR 1996, 306 (307 ff).
93 OGH 5.12.1995, 4 Ob 588/95; 30.1.1948, 2 Ob 28/48.
94 Vgl OGH 9.2.1999, 7 Ob 179/98v.
95 *Reich-Rohrwig*, GmbHR 198; *Koppensteiner/Rüffler*, GmbHG³ § 35 Rz 8.

schränkung des Einsichtsrechts gem § 22 Abs 2 S 3, wenn kein AR besteht (vgl § 22 Rz 40).

2. Einberufungs- u Bekanntmachungsfehler (§ 199 Abs 1 Z 1 AktG)

35 Analog § 199 Abs 1 Z 1 AktG sind Beschlüsse nichtig, wenn die GV durch ein **unzuständiges Organ** einberufen wird (**mangelnde Einberufungsbefugnis**).[96] Bei einem **Umlaufbeschluss** ist Nichtigkeit anzunehmen, wenn die Aufforderung zur schriftlichen Abstimmung v einer unbefugten Person ausgeht.[97] Nach der Rsp ist im GmbHG in diesen Fällen hingegen bloße Anfechtbarkeit anzunehmen (Rz 82). Keine Nichtigkeit (u keine Anfechtbarkeit) ist anzunehmen, wenn sämtliche Gesellschafter erschienen oder vertreten sind (**Vollversammlung** gem § 38 Abs 4, vgl § 38 Rz 31);[98] in diesem Fall fehlt der Schutzzweck, weil das Teilnahmerecht der Gesellschafter nicht beeinträchtigt ist. Entsprechendes gilt bei einem Umlaufbeschluss, dem sämtliche Gesellschafter zustimmen (vgl Rz 73).

36 Schwieriger zu beurteilen sind **Bekanntmachungsmängel**, weil diesen im Aktienrecht eine andere Rechtslage zugrunde liegt (§§ 106 Z 1, 107 Abs 2 AktG). Nach der hL könne eine Nichtigkeit bei Nichteinhaltung der GmbH-rechtlichen Vorschriften nicht mit einer Analogie aus dem AktG begründet werden.[99] Allerdings ist zu erwägen, die Nichtigkeitssanktion eingreifen zu lassen, wenn – mangels besonderer Bestimmung im GesV – die Gesellschafter mit eingeschriebenem Brief geladen werden u zumindest ein Gesellschafter **nicht ordnungsgemäß geladen** wurde. Nur auf diese Weise kann das Teilnahmerecht des Gesellschafters

---

96 *Koppensteiner/Rüffler*, GmbHG³ § 41 Rz 10; *Enzinger* in Straube/Ratka/Rauter, GmbHG § 41 Rz 15; *Harrer* in Gruber/Harrer, GmbHG §§ 41, 42 Rz 4; *Reich-Rohrwig*, GmbHR 395; *Plöchl*, JBl 1957, 305 (310); aA *Schönherr*, JBl 1960, 1 (4); aA zur GmbH explizit auch die Rsp: OGH 29.9.2020, 6 Ob 166/20k; 24.9.2020, 6 Ob 168/20d, NZ 2021, 202 (*Wedl*) zur Einberufung durch Mehrheitsgesellschafter; unter Verweis auf 23.10.2015, 6 Ob 65/15z, RWZ 2015/89 (*Wenger*) = GesRZ 2016, 62 (*Enzinger*).
97 *Kalss/Schauer*, Reform des Kapitalgesellschaftsrechts 275.
98 Nach *Enzinger* in Straube/Ratka/Rauter, GmbHG § 41 Rz 15 mwN soll die Nichtigkeit auch bei rügeloser Teilnahme an der GV trotz des Einberufungsmangels heilen.
99 *Koppensteiner/Rüffler*, GmbHG³ § 41 Rz 10; *Reich-Rohrwig*, GmbHR 393 ff; *Schönherr*, JBl 1960, 1 (4 f); aA nur *Thöni*, Rechtsfolgen 73 f.

effektuiert werden, ohne dass ihm die Last auferlegt wird, Beschlüsse anzufechten, v deren Fassung er nicht verständigt wurde.[100] Um Ladungsschwierigkeiten zu vermeiden, ist es empfehlenswert, in den GesV eine Klausel aufzunehmen, dass für den Zugang aller Erklärungen an den Gesellschafter die letzte Adresse maßgeblich ist, welche dieser der Gesellschaft angezeigt hat.[101] Ebenso sollten Beschlüsse als nichtig angesehen werden, wenn der GesV gem § 38 vorsieht, dass die Einberufung der GV in den Gesellschaftsblättern zu veröffentlichen ist, u dabei nicht mind **Fa, Tag u Ort** der Versammlung angegeben werden.[102] Auch Bekanntmachungsmängel heilen mit einer Vollversammlung (oben Rz 35).

In sinngemäßer Anwendung dieser Grundsätze sollte – entgegen der Rsp (Rz 16, 82) – darüber hinaus die Nichtigkeit v **Umlaufbeschlüssen** erwogen werden, wenn einzelne Gesellschafter **übergangen** oder an der Mitwirkung gehindert werden.[103] Die Beeinträchtigung des Teilnahmerechts des Gesellschafters rechtfertigt diese Sanktion; die Erhebung der Anfechtungsklage binnen Monatsfrist sollte gerade nicht einem Gesellschafter aufgebürdet werden, der v der Beschlussfassung nicht einmal Kenntnis hatte.[104] 37

3. Beurkundungsfehler (§ 199 Abs 1 Z 2 AktG)

In der GmbH gibt es kein generelles Erfordernis, Gesellschafterbeschlüsse zu beurkunden; nur ausnahmsweise ist dies vorgesehen, etwa bei **Änderungen des GesV** oder einem **Auflösungsbeschluss**. Nur in diesen Fällen ist ein derartiger Beschluss daher nichtig, wenn er nicht v einem Notar beurkundet ist u nicht einen bestimmten Mindestinhalt aufweist, nämlich Ort u Tag der Verhandlung, Name des Notars, Art u Ergebnis der Abstimmung.[105] Unschädlich ist hingegen – im Gegensatz 38

---

100 Zur AG vgl *Diregger* in Doralt/Nowotny/Kalss, AktG³ § 199 Rz 25; ferner *Thöni*, Rechtsfolgen 73 f.
101 *Lutter/Hommelhoff*, GmbHG¹⁸ Anh § 47 Rz 12.
102 Nach *Plöchl*, JBl 1957, 305 (310 f) ist Nichtigkeit diesfalls nur anzunehmen, wenn nicht eindeutig erkennbar ist, um welche Gesellschaft es sich handelt.
103 AA *Koppensteiner/Rüffler*, GmbHG³ § 41 Rz 10: nur Anfechtbarkeit.
104 Anders ausdrücklich OGH 28.1.1999, 6 Ob 290/98k.
105 *Koppensteiner/Rüffler*, GmbHG³ § 41 Rz 11; aA *Schönherr*, JBl 1960, 1 (5); zur AG vgl *Diregger*, Anfechtung und Nichtigkeit 207 f; *Diregger* in Doralt/Nowotny/Kalss, AktG³ § 199 Rz 30.

zur AG – das Fehlen der Feststellung des Vorsitzenden über die Beschlussfassung (vgl Rz 66).

4. Inhaltsfehler (§ 199 Abs 1 Z 3 und 4 AktG)

39 Analog § 199 Abs 1 Z 3 u 4 AktG sind Gesellschafterbeschlüsse in der GmbH nichtig, wenn sie mit dem **Wesen der GmbH unvereinbar** sind oder durch ihren Inhalt Vorschriften verletzen, die ausschließlich oder überwiegend dem **Schutz der Gläubiger** der Gesellschaft oder sonst **öffentlichen Interessen** dienen (analog § 199 Abs 1 Z 3 AktG), oder die durch ihren Inhalt gegen die **guten Sitten** verstoßen (analog Z 4 leg cit). Diese Rechtsbegriffe sind **eng** auszulegen; ihre nähere Konkretisierung u Abgrenzung v anfechtbaren Beschlüssen ist der L u – zum Aktienrecht – der Rsp überlassen.[106] Die zum AktG herausgearbeiteten Richtlinien sind grds auf die GmbH übertragbar.[107]

40 Das **„Wesen" der GmbH** ist ein unbestimmter Rechtsbegriff,[108] der in seinem Kern aber wohl jedenfalls jene zwingenden gesetzl Grundentscheidungen umfasst, welche die Rechtsform der korporationsrechtlich ausgeprägten KapGes „GmbH" konstituieren u tw auch v anderen Gesellschaftsformen, insb PersGes, abgrenzen. Insbesondere gehört dazu die selbständige Rechtsfähigkeit, das Trennungsprinzip u die beschränkte Haftung der Gesellschafter, Fremdorganschaft, das Mehrheitsprinzip, sowie die Bestandskontinuität bei Mitgliederwechsel.[109] Die Rsp zum AktG zählt dazu ferner die spezifische Organstruktur sowie die damit zusammenhängende Organzuständigkeit.[110] In Randbereichen kann hingegen zweifelhaft sein, ob ein Beschluss gegen das Wesen der GmbH verstößt; jedenfalls ist nicht jeder Verstoß gegen zwingende Vorschriften des GmbHG darunter zu subsumieren.

41 Im Einzelnen wurden folgende **Fallgruppen** weswidriger Beschlüsse herausgearbeitet:

---

[106] *Diregger* in Doralt/Nowotny/Kalss, AktG³ § 199 Rz 34.
[107] *Koppensteiner/Rüffler*, GmbHG³ § 41 Rz 12; *Harrer* in Gruber/Harrer, GmbHG² §§ 41, 42 Rz 18 ff.
[108] *Enzinger* in Straube/Ratka/Rauter, GmbHG § 41 Rz 21; *Harrer* in Gruber/Harrer, GmbHG² §§ 41, 42 Rz 27.
[109] Etwas andere Akzentuierung bei *Diregger* in Doralt/Nowotny/Kalss, AktG³ § 199 Rz 36; *Strasser* in Jabornegg/Strasser, AktG⁵ § 199 Rz 8; Nichtigkeit wegen Wesenswidrigkeit abl *Schönherr*, JBl 1960, 1 (5).
[110] OGH 19.12.2000, 10 Ob 32/00d; 29.8.1995, 1 Ob 586/94.

a) **Gesetzwidrige Satzungsänderungen:** Zur GmbH wird aus § 4 Abs 2 zutr abgeleitet, dass **den GesV ändernde Beschlüsse** bei einem **Verstoß gegen jede zwingende Norm nichtig** sind.[111] Teilweise wird die Nichtigkeit auf Verletzung jener zwingenden Bestimmungen eingeschränkt, deren Anwendung schon bei Abschluss des GesV in Betracht komme, nicht daher bei Verfahrensfehlern oder Verstoß gegen den Gleichbehandlungsgrundsatz.[112]
b) **Kompetenzüberschreitung:** Mit dem Wesen der GmbH unvereinbar sind Beschlüsse, mit denen die Gesellschafter ihre Beschlusskompetenz überschreiten.[113] Da die Gesellschafter im Vergleich zur HV in der AG erweiterte Kompetenzen haben (Bestellung u Abberufung der GF; Weisungsrecht), kommt diesem Tatbestand entspr geringere Bedeutung zu. **Bsp:** Vertretung der Gesellschaft durch die Gesellschafter anstelle der GF. Umgekehrt ist auch die Verlagerung zwingender Gesellschafterzuständigkeiten (zB gem § 35, s § 35 Rz 8 f) auf andere Organe nichtig (gesetzwidrige Satzungsänderung, oben lit a).
c) **Perplexe Beschlussfassung:** Nichtig sind nach hA Gesellschafterbeschlüsse, die inhaltlich **unbestimmt, unklar** oder **widersprüchlich** sind, u denen auch durch Auslegung kein durchführbarer Sinn unterstellt werden kann.[114] Solchen Beschlüssen wird schon nach einem allg Rechtsprinzip (§ 869 ABGB) die Wirksamkeit zu versagen sein. Aus der mangelnden Bestimmtheit resultiert die mangelnde Durchführbarkeit, weshalb eine bloße Anfechtbarkeit ausscheidet. Ebenso zu dieser Kategorie werden Beschlüsse gezählt, die v Umständen ausgehen, die tatsächlich oder rechtlich nicht vorliegen. Perplex u nichtig sind somit solche Beschlüsse, wenn sie **einen undurchführbaren Inhalt** haben. Perplexe Beschlüsse sind allein schon wegen ihrer inhaltlichen Undurchführbarkeit nichtig. Die genaue Zuordnung zu den einzelnen Nichtigkeitstatbeständen ist nur v

---

111 *Reich-Rohrwig,* GmbHR 387 f, 392; *Gellis/Feil,* GmbHG[7] § 41 Rz 5; *Thöni,* Rechtsfolgen 83 ff; *Thöni,* wbl 1992, 353 (355 ff).
112 *Koppensteiner/Rüffler,* GmbHG[3] § 41 Rz 12; *Enzinger* in Straube/Ratka/Rauter, GmbHG § 41 Rz 23; *Nitsche* in GedS Schönherr 217 (218 f).
113 Vgl *Thöni,* Rechtsfolgen 80 ff.
114 Vgl *Harrer* in Gruber/Harrer, GmbHG[2] §§ 41, 42 Rz 36; *Thöni,* Rechtsfolgen 87; *Diregger* in Doralt/Nowotny/Kalss, AktG[3] § 199 Rz 39; *Hüffer/Schäfer* in MüKo AktG[4] § 241 Rz 67; *Zöllner* in KölnKo[3] § 241 Rz 106; *K. Schmidt* in GroßKo AktG[4] § 241 Rz 64; *Harrer,* wbl 2000, 60 (62 f).

untergeordneter Bedeutung; die Subsumtion unter die Wesenswidrigkeit als Auffangklausel ist mangels sonstiger naheliegender Alternativen gerechtfertigt.[115]

d) **Aufeinander aufbauende Beschlüsse:** Wird ein Beschluss gefasst, der auf einem anderen, nichtigen Beschluss **aufbaut**, resultiert schon aus der Nichtigkeit des einen auch jene des anderen Beschlusses, weil dieser – explizit oder implizit – als Voraussetzung für die eigene Wirksamkeit v der Gültigkeit des zugrunde liegenden Beschlusses ausgeht.[116] Ein Bsp ist ein Gewinnverteilungsbeschluss, der auf einem nichtig festgestellten JA beruht (vgl oben Rz 30, 32 f). Ebenso bei Erhöhung des Stammkapitals, wenn der Beschluss v einer falschen Höhe des Kapitals ausgeht, weil der Beschluss auf einer zuvor vorgenommenen, aber nichtigen Kapitalerhöhung aufbaut.[117] Zur Anfechtbarkeit v aufeinander aufbauenden, anfechtbaren Beschlüssen s bei Rz 62a.

e) **Wirksam** ist hingegen ein Beschluss, wenn es zu einem divergierenden Abstimmungsergebnis zw dem persönlich anwesenden u abstimmenden **Vollmachtgeber** u dem **Vollmachtnehmer** kommt, weil dies gegenüber der Gesellschaft jedenfalls einen Widerruf der erteilten Vollmacht bedeutet, welcher auch den Verlust des Teilnahmerechts u der Vertretungsmacht nach sich zieht.[118]

f) **Verstoß gegen die Kapitalstruktur:** Nichtig sind zB Beschlüsse, die eine unbeschränkte Haftung der Gesellschafter statuieren, das Stammkapital unter das Mindestkapital herabsetzen, Auszahlungen entgegen dem Verbot der Einlagenrückgewähr vorsehen etc. In diesen Fällen liegt meist zugleich ein Verstoß gegen Gläubigerschutzvorschriften vor (unten Rz 42).

g) **Minderheitsrechte:** Ebenfalls mit dem Wesen der GmbH unvereinbar u nichtig sind Beschlüsse, die auf eine Einschränkung oder Aufhebung v Einzel- oder Minderheitsrechten v Gesellschaftern zielen.[119]

---

115 *K. Schmidt* in GroßKo AktG[4] § 241 Rz 64.
116 Zur AG: OGH 19.12.2000, 10 Ob 32/00d; *Hueck*, Anfechtung und Nichtigkeit 227; zur GmbH (iZm Anfechtbarkeit): OGH 18.2.2021, 6 Ob 140/20m.
117 OGH 19.12.2000, 10 Ob 32/00d.
118 OGH 28.4.1993, 6 Ob 543/93.
119 ZB gem § 38 Abs 3 oder §§ 45, 48; so auch *Koppensteiner/Rüffler*, GmbHG[3] § 41 Rz 15; *Thöni*, Rechtsfolgen 89; *Lutter/Hommelhoff*, GmbHG[18] Anh § 47 Rz 17.

Dem **Schutz der Gläubiger** dienen insb jene zwingenden Vorschriften 42
des GmbHG, welche die **Kapitalaufbringung** u -**erhaltung** normieren.[120] Hierher gehören zB die Regeln über die Fa (§§ 5 ff), Mindestkapitalausstattung (§§ 6 ff), Bewertungsvorschriften (§ 23), Haftung der GF (§ 25 Abs 3), das Aufgebotsverfahren bei Kapitalherabsetzung (§ 55), Haftung bei Kaduzierung (§ 69), Rückzahlung v Nachschüssen (§ 74 Abs 1), Erhaltung des Stammkapitals u Verbot der Einlagenrückgewähr (§§ 81 ff), Gewinnausschüttungsverbote (zB § 82 Abs 1, § 235 UGB), oder die Liquidationsvorschriften (§§ 89 ff). Ebenfalls erfasst ist ein Weisungsbeschluss an GF, ein gegen das Verbot der Einlagenrückgewähr verstoßendes Geschäft abzuschließen,[121] oder unter Verstoß gegen § 69 Abs 2 IO nicht Insolvenzantrag zu stellen.[122]

Sonstige öffentliche Interessen, deren Verletzung zur Nichtigkeit 43
des Beschlusses führen kann, sind Vorschriften über den **Verkehrsschutz**, Schutz der **AN** oder **Strafgesetze**[123]. **AN-Interessen** sind etwa dann verletzt, wenn die Bildung eines AR entgegen § 29 Abs 1 Z 2 bis 4 verweigert wird[124]. Ein Verstoß gegen § 30 e, dh die Wahl eines AN der GmbH in den AR ohne Auflösung seines Dienstverhältnisses, begründet hingegen nur Anfechtbarkeit.[125] Zum Aktienrecht wird zudem der **Schutz zukünftiger Anleger** genannt;[126] für das GmbH-Recht hat dieser Aspekt aber wegen der eingeschränkten Fungibilität der Anteile (§ 76 Abs 2) untergeordnete Bedeutung u ist daher nicht unter die Nichtigkeitsgründe einzuordnen. Eine Nichtigkeit ist grds auch wegen Verletzung v **kartellrechtlichen Vorschriften** denkbar.[127]

Gemäß § 199 Abs 1 Z 4 AktG ist ein Gesellschafterbeschluss 44
nichtig, wenn er **seinem Inhalt nach** gegen die **guten Sitten** ver-

---

120 Vgl *Koppensteiner/Rüffler*, GmbHG³ § 41 Rz 13; *Enzinger* in Straube/Ratka/Rauter, GmbHG § 41 Rz 24; *Plöchl*, JBl 1957, 305 (311).
121 OGH 22.10.2003, 3 Ob 287/02f.
122 *Dellinger* in Konecny/Schubert, Insolvenzgesetze § 69 KO, Rz 113.
123 Dazu OGH 17.10.1995, 11 Os 114/95; *Reich-Rohrwig*, GmbHR 392.
124 *Koppensteiner/Rüffler*, GmbHG³ § 41 Rz 14.
125 OGH 28.9.1960, 6 Ob 245/60; aA OLG Wien 7.4.1997, 28 R 179/96s: „Unwirksamkeit"; ebenso für Unwirksamkeit: *Koppensteiner/Rüffler*, GmbHG³ § 30 e Rz 2; aA *Reich-Rohrwig*, GmbHR I² Rz 4/85: Nichtigkeit.
126 *Diregger* in Doralt/Nowotny/Kalss, AktG³ § 199 Rz 45.
127 Vgl *Gugerbauer*, GesRZ 1996, 220 (221 f); zu weiteren kartellrechtlichen Fragen vgl OGH 19.12.2019, 6 Ob 105/19p; *Walch*, NZ 2020, 71; *Frank*, ecolex 2020, 220.

stößt.[128] Allgemein ist ein Beschluss sittenwidrig, wenn er zwar nicht gegen ausdrückliches Gesetzesrecht, aber mit den im positiven Recht angelegten Ordnungs- u Wertprinzipien in Widerspruch steht.[129] In der GmbH wurde die Sittenwidrigkeit eines Beschlusses zB verneint, wenn ein Aufgriffsrecht v Todes wegen beseitigt wird u Gesellschafter dadurch nicht benachteiligt oder sonst in ihren Rechten verkürzt werden sollen.[130] Sittenwidrig ist ein Beschluss, wenn auf Schadenersatzansprüche gegen GF bei Insolvenzreife der Gesellschaft verzichtet oder ein sittenwidriger Unternehmensgegenstand (zB Verstoß gegen ein Strafgesetz) beschlossen würde.[131]

45 Mit Nichtigkeitssanktion ist im AktG nach hA nur die **Inhaltssittenwidrigkeit** sanktioniert, nicht hingegen die **Umstandssittenwidrigkeit**, wenn sich die Sittenwidrigkeit des Beschlusses nur aus den Begleitumständen der Beschlussfassung ergibt, dh nach deren Zweck, Beweggrund u Zustandekommen.[132] Diese Differenzierung ist unglücklich; es ist nur schwer zu rechtfertigen, weshalb nur inhaltliche Sittenwidrigkeit die Nichtigkeit begründen soll.[133] Zum Aktienrecht wurde daher überzeugend vorgeschlagen, nicht allein den Wortlaut des Beschlusstextes,[134] sondern auch die mit dem Beschluss verfolgte **objektive Zwecksetzung** zu berücksichtigen.[135] Dem sollte auch für die GmbH gefolgt werden. Nichtig ist damit etwa ein Beschluss, der auf sittenwidrigem Machtmissbrauch beruht u in unverzichtbare Rechte Einzelner eingreift; zugleich kann Nichtigkeit aufgrund Weseswidrigkeit (Eingriff in Minderheitsrechte) vorliegen (oben Rz 41). Zudem wird zutr vertreten, dass Inhaltssittenwidrigkeit auch dann vorliegt, wenn der Beschluss seinem **inneren Gehalt** nach in einer **sittenwidrigen Schädigung nicht anfechtungsberechtigter Personen**

---

128 Vgl *Enzinger* in Straube/Ratka/Rauter, GmbHG § 41 Rz 26; *Harrer* in Gruber/Harrer, GmbHG² §§ 41, 42 Rz 32.
129 Vgl nur *Krejci* in Rummel/Lukas, ABGB⁴ § 879 Rz 48 ff.
130 OGH 4 Ob 527/94, SZ 67/103.
131 *Kalss/Linder*, Minderheits- und Einzelrechte 41.
132 Dazu OGH 10 Ob 32/00d, wbl 2001, 133; *Thöni*, wbl 1992, 354.
133 *Kalss/Schauer*, Reform des Kapitalgesellschaftsrechts 275; *Hueck*, FS Molitor 401, 406; *Thöni*, Rechtsfolgen 91 ff; *Thöni*, wbl 1992, 354 ff.
134 So aber OGH 6 Ob 97/02m, GesRZ 2003, 41.
135 *Diregger* in Doralt/Nowotny/Kalss, AktG³ § 199 Rz 49; *Zib* in FS Koppensteiner 286 ff; *Hüffer/Schäfer* in MüKo AktG⁴ § 241 Rz 70; zur GmbH *Lutter/Hommelhoff*, GmbHG¹⁸ Anh § 47 Rz 20.

besteht.¹³⁶ Sonst wäre es etwa geschädigten Gläubigern nicht möglich, die Beseitigung des fehlerhaften Beschlusses zu erreichen. Nichtig ist daher ein Beschluss, der in der Absicht gefasst wird, einzelne oder alle Gesellschaftsgläubiger zu schädigen. Eine v § 199 Abs 1 Z 4 AktG nicht erfasste Umstandssittenwidrigkeit bezieht sich somit nur auf Umstände oder Motive, die über den objektiv feststellbaren Zweck der Beschlussfassung hinausgehen bzw sich nicht in diesem niederschlagen. Dieser verfolgenswerte Ansatz ist auf die GmbH übertragbar.

Ob darüber hinaus eine Umstandssittenwidrigkeit im verbleibenden Anwendungsbereich in der GmbH auf § 879 ABGB gestützt werden kann, ist fraglich.¹³⁷ Da nach der hier vertretenen A die Nichtigkeit nach aktienrechtlichen Maßstäben beurteilt werden sollte, ist ein Rückgriff auf § 879 ABGB mit methodischen Schwierigkeiten behaftet. Da die §§ 195 ff AktG ihrerseits leges speciales zur bürgerlich-rechtlichen Norm sind, stellt sich die Frage, ob bei analoger Anwendung der aktienrechtlichen Norm zugleich auf die generelle Wertung des ABGB zurückgegriffen werden kann; damit wäre nämlich implizit eine korrigierende Auslegung des Aktienrechts verbunden. Dies wird v der hA jedoch zu Recht abgelehnt.¹³⁸ **46**

Die Verfolgung gesellschaftsfremder Sondervorteile iSd § 195 Abs 2 AktG begründet auch bei der GmbH nur Anfechtbarkeit.¹³⁹ **47**

Nach der hier vertretenen A führt somit **insgesamt nur die Inhaltssittenwidrigkeit** zur Nichtigkeit des Beschlusses analog § 199 Abs 1 Z 4 AktG, welche aber weit auszulegen ist u auch die objektive Zwecksetz- **48**

---

136 OGH 6.6.1956, 3 Ob 596/55; 27.4.2015, 6 Ob 90/14z; *Plöchl*, JBl 1957, 311 unter Berufung auf BGHZ 15, 382; vgl dazu auch *Diregger* in Doralt/Nowotny/Kalss, AktG³ § 199 Rz 51; *Strasser* in Jabornegg/Strasser, AktG⁵ § 199 Rz 11; Zib in FS Koppensteiner 277 (278); *K. Schmidt* in GroßKomm AktG⁴ § 241 Rz 65.
137 **Dafür** *Thöni*, Rechtsfolgen 90 ff; *Thöni*, wbl 1992, 357; zweifelnd *Koppensteiner/Rüffler*, GmbHG³ § 41 Rz 16.
138 Vgl OGH 6 Ob 97/02m, GesRZ 2003, 41; *Diregger* in Doralt/Nowotny/Kalss, AktG³ § 199 Rz 49; *Strasser* in Jabornegg/Strasser, AktG⁵ § 199 Rz 11; *K. Schmidt* in GroßKo AktG⁴ § 241 Rz 65; *Zöllner* in KölnKo³ § 241 Rz 72, 100.
139 *Kastner* in FS Strasser 843 (860); *Krejci*, ÖZW 1988, 65 (65, 73); *Lutter/Hommelhoff*, GmbHG¹⁸ Anh § 47 Rz 53; **aA** *Thöni*, wbl 1992, 353 (359); eine analoge Anwendung ausdrücklich **abl** OGH 12.7.1961, 1 Ob 290/61, ÖBA 1962, 268.

zung der Beschlussfassung erfasst. Die Rechtsfolgen sind dieselben wie in anderen Fällen der Nichtigkeit (unten Rz 49 ff).[140]

C. Rechtsfolgen und Geltendmachung der Nichtigkeit

49 Nichtige Beschlüsse sind v vornherein **rechtlich unverbindlich**; sie sind nicht einmal vorläufig wirksam u bedürfen daher grds keiner Beseitigung durch Richterspruch (*contrarius actus*). Die Nichtigkeit besteht gegenüber jedermann.[141]

50 Unter den Voraussetzungen v § 228 ZPO kann jeder, der ein rechtliches Interesse hat, die **Feststellung der Nichtigkeit** des Beschlusses begehren.[142] Das Urteil wirkt nur gegenüber den Streitteilen; das bedeutet insb, dass eine Heilung gegenüber Dritten möglich ist (Rz 58). Beklagter muss nicht die Gesellschaft, sondern kann auch ein Dritter sein. Die Nichtigkeit kann auch **einredeweise** geltend gemacht werden. Mit **einstweiliger Verfügung** gem § 42 Abs 4 kann die drohende Ausführung eines nichtigen Beschlusses oder die Anmeldung zum FB untersagt werden (dazu § 42 Rz 23 ff).

51 Nichtigkeitsgründe berechtigen jedenfalls auch zur Erhebung der **Anfechtungsklage** gem § 41 (Rz 119 ff), allerdings nur unter Einhaltung deren (engeren) Voraussetzungen, insb der Klagslegitimation gem § 41 Abs 2 u 3, der Erhebung eines Widerspruchs sowie Einhaltung der Monatsfrist gem § 41 Abs 4 (bei einer anhängigen Anfechtungsklage können Nichtigkeitsgründe hingegen nachgeschoben werden; Rz 164). Erwägenswert ist, bei Nichtigkeitsgründen die Anfechtungsklage gem § 41 auch ohne Widerspruch u auch außerhalb der Monatsfrist des § 41 Abs 4 zuzulassen (Rz 27a).[143]

52 Ist bei einem einheitlichen Abstimmungsvorgang nur ein **Beschlussteil** nichtig, richtet sich das Schicksal des Restbeschlusses nach § 878

---

140 **AA** *Thöni*, wbl 1992, 353 (360 ff), der analog der hL zu § 879 ABGB zw relativer u absoluter Nichtigkeit unterscheidet.
141 *Koppensteiner/Rüffler*, GmbHG³ § 41 Rz 18; *Harrer* in Gruber/Harrer, GmbHG² §§ 41, 42 Rz 37; **aA** *Enzinger* in Straube/Ratka/Rauter, GmbHG § 41 Rz 28: Notwendigkeit der Geltendmachung mit Nichtigkeitsklage.
142 *Koppensteiner/Rüffler*, GmbHG³ § 41 Rz 18; *Enzinger* in Straube/Ratka/Rauter, GmbHG § 41 Rz 29; *Diregger* in Doralt/Nowotny/Kalss, AktG³ § 201 Rz 17.
143 *Baumgartner*, JBl 2022, 226 (226 ff).

ABGB.¹⁴⁴ Es ist nach allg Regeln der **hypothetische Wille** der Gesellschafter maßgebend u es ist zu fragen, ob sie die fehlerfreien Beschlussteile auch dann beschlossen hätten, wenn sie v der Nichtigkeit der übrigen gewusst hätten. Der OGH stellt hingegen auf den **objektiven Zweck** des Beschlusses ab.¹⁴⁵ Es komme daher im Rahmen einer objektiven Auslegung auf Wortlaut, Zweck u systematischen Zusammenhang des zusammengesetzten Beschlusses an. Bestehe zw den Beschlussteilen ein Sinnzusammenhang, bedingen sie sich gegenseitig oder baut ein Beschlussteil auf dem anderen auf, sei der Beschluss iZw gänzlich nichtig. Dasselbe gelte für einen Beschluss aufgrund eines einheitlichen, nach Materien nicht zerlegbaren Antrags. Gestalte ein Beschluss hingegen sachlich versch Materien, die keine untrennbare Einheit bilden u deshalb auch Gegenstand mehrerer voneinander gesonderter Beschlüsse sein könnten, soll sich die Nichtigkeit bloß eines der (trennbaren) Teile nach A des OGH nicht auf die anderen Teile des Beschlusses auswirken (zB Antrag auf Sonderprüfung u deren Kostentragung durch den GF).¹⁴⁶ Lässt sich – sei es mit einer Auslegung nach dem hypothetischen Gesellschafterwillen, sei es nach dem OGH mit einer objektiven Auslegung – ein eindeutiges Ergebnis nicht ermitteln, ist nach allg Grundsätzen v Restgültigkeit auszugehen.¹⁴⁷

Das FB-Gericht **hat die Eintragung nichtiger Beschlüsse zu versagen**.¹⁴⁸ Das Gericht hat daher zu prüfen, ob ein Beschluss nichtig oder anfechtbar ist. Nur nichtige Beschlüsse (u unwirksame Beschlüsse: Rz 114) dürfen nicht eingetragen werden; zu anfechtbaren Beschlüssen unten Rz 177 f. Die rechtswidrige Eintragung eines nichtigen Beschlusses kann nach zutr hL mit **Rekurs** bekämpft werden.¹⁴⁹ Nach A der Rsp kann Rekurs nur bei Eintragung v **Scheinbeschlüssen** erhoben werden,¹⁵⁰

53

---

144 *Koppensteiner/Rüffler*, GmbHG³ § 41 Rz 19; *Reich-Rohrwig*, GmbHR 401; OGH 29.8.1995, 1 Ob 586/94; 19.11.1991, 4 Ob 524/91; 10.12.1958, 2 Ob 265/58, JBl 1959, 159.
145 OGH 29.8.1995, 1 Ob 586/94; 25.11.1997, 1 Ob 61/97w.
146 Zuletzt OGH 29.11.2016, 6 Ob 213/16s zur Anfechtung; 19.11.1991, 4 Ob 524/91.
147 *Rummel* in Rummel/Lukas, ABGB⁴ § 878 Rz 8 ff; anders die dhL; vgl nur *Lutter/Hommelhoff*, GmbHG¹⁸ Anh § 47 Rz 27; *K. Schmidt* in GroßKo AktG⁴ § 241 Rz 27.
148 *Kodek/Nowotny/Umfahrer*, FBG § 15 Rz 33; *Koppensteiner/Rüffler*, GmbHG³ § 41 Rz 18.
149 *Koppensteiner/Rüffler*, GmbHG³ § 41 Rz 18.
150 OGH 22.10.2020, 6 Ob 33/20a, GesRZ 2021, 92 (*B. Schima*).

54 Zudem ist eine **amtswegige Löschung** gem § 10 Abs 2 FBG möglich; Dritte (dh auch die Gesellschafter) können die Löschung nur anregen u haben keine Parteistellung.[152] Die amtswegige Löschung setzt einen Beschluss voraus, welcher zu einer Eintragung führt. Eine Löschung kommt nur bei nichtigen Beschlüssen in Betracht, nicht jedoch bei bloß anfechtbaren. Beschlüsse, die wegen Verletzung zwingender gesetzl Vorschriften nichtig sind, können im öffentlichen Interesse selbst dann gelöscht werden, wenn bereits Heilung analog § 200 Abs 2 AktG eingetreten ist (§ 200 Abs 2 letzter S AktG). Die Amtslöschung gem § 10 Abs 2 FBG scheidet nur bei Beurkundungsmängeln aus.[153] Die Löschungsbefugnis ist aber sonst bei allen nichtigen Beschlüssen möglich, uzw sowohl bei Inhalts-, als auch bei Verfahrensfehlern.[154] Ist ein nichtiger Beschluss zur Eintragung in das FB angemeldet, kann ein **Unterbrechungsantrag an das FB-Gericht** gem § 19 FBG gestellt werden, wenn zugleich Anfechtungs- oder Feststellungsklage erhoben wird (unten Rz 177).[155]

55 Fraglich ist die **analoge Anwendung der aktienrechtlichen Nichtigkeitsklage.** § 201 AktG sieht eine besondere Feststellungsklage vor, die v Gesellschaftern, dem Vorstand oder eines seiner Mitglieder oder dem AR erhoben werden kann. Die Klage ist gegen die Gesellschaft zu richten. Der Nachw eines Feststellungsinteresses ist nicht erforderlich.[156] Im Untersch zu einer Feststellungsklage gem § 228 ZPO wirkt ein stattgebendes Urteil gegenüber jedermann u hindert daher auch eine Heilung v im FB eingetragenen Beschlüssen für u gegen jedermann.[157] Die Rechtskraft des Urteils erstreckt sich auf sämtliche Gesellschafter sowie die Mitglieder des Vorstands u AR. Wegen dieser besonderen

---

151 OGH 16.9.1981, 6 Ob 6/81, NZ 1981, 172; 11.4.1996, 6 Ob 1008/96; RIS-Justiz RS0006919; s *Kodek/Nowotny/Umfahrer*, FBG § 15 Rz 177 mwN.
152 *Kodek/Nowotny/Umfahrer*, FBG § 10 Rz 44.
153 *Diregger* in Doralt/Nowotny/Kalss, AktG³ § 199 Rz 60, § 200 Rz 7 f.
154 *Diregger* in MüKo AktG⁴ § 241 Rz 128; **aA** die dhL: Löschung nur bei Inhaltsnichtigkeit, zB *Lutter/Hommelhoff*, GmbHG¹⁸ Anh § 47 Rz 9.
155 Vgl *Heinke*, Schriftsätze im Zivilprozess⁶, 249 ff.
156 OGH 27.2.2019, 6 Ob 168/18a; *Eckert/Schopper/Walcher* in Eckert/Schopper, AktG-ON § 201 Rz 15.
157 *Diregger* in Doralt/Nowotny/Kalss, AktG³ § 201 Rz 6.

Rechtswirkungen (**materielle Gestaltungskraft** u **Rechtskrafterstreckung**) sollte erwogen werden, die besondere Feststellungsklage gem § 201 AktG **analog im GmbHG anzuwenden**, um ein Rechtsschutzdefizit zu vermeiden.[158] Die Klage ist nicht an ein konkretes Feststellungsinteresse geknüpft. Sie ist auch nicht an die Monatsfrist v § 41 Abs 4 gebunden, sondern kann geltend gemacht werden, solange keine Heilung (Rz 58) eingetreten ist.[159] Klagebefugt sind Gesellschafter, uzw ohne dass sie in der GV anwesend sein u Widerspruch zu Protokoll gegeben haben müssen. Aktivlegitimiert sind ferner die GF, jeder einzelne GF u jedes Mitglied eines allenfalls bestehenden AR. Die Klagebefugnis v Organmitgliedern hängt nicht davon ab, dass sie durch die Ausführung des Beschlusses haftpflichtig oder strafbar würden (vgl zu § 41 Abs 3 Rz 141 ff). Anwendbar sind im Übrigen die Verfahrensvorschriften gem § 42 (Vertretung der Gesellschaft, Zuständigkeit, Sicherheitsleistung, EV, Urteilswirkung für u gegen sämtliche Gesellschafter, Schadenersatz bei unbegründeter Klage; s jew bei § 42). Ein stattgebendes Urteil ist zum FB einzureichen, wenn die Klage einen anmeldungspflichtigen Gesellschafterbeschluss zum Gegenstand hat.[160]

Nichtigkeitsgründe können nach dem Gesagten – neben der Feststellungsklage gem § 228 ZPO – sowohl mit Anfechtungsklage gem § 41 (Rz 119) als auch mit Nichtigkeitsfeststellungsklage analog § 201 AktG (Rz 55) geltend gemacht werden. Liegen die Voraussetzungen für die Anfechtung gem §§ 41 ff vor, ist insbesondere die Monatsfrist noch nicht abgelaufen, genügt in der GmbH daher jedenfalls die Anfechtung u es muss nicht eventualiter auf Feststellung der Nichtigkeit geklagt werden.[161] Nach Ablauf der Monatsfrist ist nur mehr die Nichtigkeitsklage möglich. Nach einem neueren Ansatz, der gewichtige Gründe für sich hat, können Nichtigkeitsgründe auch nach Ablauf der Monatsfrist mit Anfechtungsklage gem § 41 geltend gemacht werden (Rz 27a). Die Rsp zum Aktienrecht, dass Anfechtung u Nichtigkeit versch Streitgegenstände begründen u deshalb gegen eine Anfechtungsklage die Einrede der Nichtigkeit erhoben werden kann,[162] ist für die GmbH ohne Bedeutung.

56

---

158 *Thöni*, Rechtsfolgen 107 ff; *Baumgartner/Mollnhuber/U. Torggler* in Torggler, GmbHG § 41 Rz 13; zum dt Recht *Lutter/Hommelhoff*, GmbHG[18] Anh § 47 Rz 32.
159 *Diregger* in Doralt/Nowotny/Kalss, AktG[3] § 201 Rz 15.
160 *Lutter/Hommelhoff*, GmbHG[18] Anh § 47 Rz 39.
161 Anders im Aktienrecht: *Strasser* in Jabornegg/Strasser, AktG[5] § 199 Rz 1.
162 OGH 28.9.1995, 1 Ob 586/94.

57 Zu beachten ist allg, dass sich bei **Umgründungsbeschlüssen** (Verschmelzung, Spaltung, Umwandlung) ein Beschlussmangel nicht auf die Wirksamkeit der im FB eingetragenen Maßnahme auswirkt (§ 96 Abs 2 GmbHG iVm § 230 Abs 2 AktG; § 14 Abs 3, § 17 Z 5 SpaltG; § 2 Abs 3, § 5 Abs 5 UmwG; vgl § 98 Rz 30). Die Nichtigkeit des Beschlusses muss **innerhalb eines Monats** nach Beschlussfassung geltend gemacht werden (u es darf kein Verzicht auf die Anfechtung bzw Erhebung einer Feststellungsklage abgegeben worden sein); nur dann ist den GF die Vorlage einer Negativerklärung gem § 96 Abs 2 iVm § 225 Abs 2 AktG (bzw § 12 Abs 2, § 17 SpaltG; § 3 Abs 1 Z 7, § 5 Abs 5 SpaltG) nicht möglich u das FB-Gericht hat das Eintragungsverfahren gem § 19 FBG zu unterbrechen. Näheres s Rz 109 ff zur Anfechtung.

57a Die Rsp hat wie erwähnt nichtige Beschlüsse in der GmbH **nicht ausdrücklich anerkannt**; daher begründen nach der Rsp auch schwere Beschlussmängel, die nach der hier vertretenen A Nichtigkeit begründen, **bloß Anfechtbarkeit** u sind nach §§ 41 ff geltend zu machen. **Für die Praxis** folgt daraus, dass auch bei Beschlussmängeln, die nach der L die Nichtigkeit begründen, binnen Monatsfrist des § 41 Abs 4 die **Anfechtungsklage** unter Einhaltung der Voraussetzungen der §§ 41 ff erhoben werden sollte.

D. Heilung

58 Das Aktienrecht sieht gem § 200 AktG **Heilung** v gem § 199 Abs 1 Z 1, 3 oder 4 AktG nichtigen Beschlüssen vor, sofern sie – wegen des damit geschaffenen Vertrauenstatbestands – ins **FB** eingetragen werden.[163] Diese Norm ist im GmbHG analog anzuwenden. Analog § 200 Abs 1 AktG heilen somit nichtige Beschlüsse, die nicht ordnungsgemäß **beurkundet** sind (Rz 38), mit der **Eintragung**.[164] Alle sonstigen in § 200 Abs 2 AktG genannten nichtigen Beschlüsse, welche im FB eingetragen werden, heilen binnen **drei Jahren ab Eintragung** (analog § 200 Abs 2 AktG)[165]. Heilbar sind somit insb nichtige **Änderungen des GesV**. Zur amtswegigen Löschung gem § 10 Abs 2 FBG s oben Rz 54. Heilung tritt nicht ein, wenn innerhalb der Drei-Jahres-Frist Anfechtungsklage gem § 41 oder Nichtigkeitsklage analog § 201 AktG erhoben wird. Erhebung der Fest-

---

163 *Diregger* in Doralt/Nowotny/Kalss, AktG³ § 200 Rz 2.
164 *Koppensteiner/Rüffler*, GmbHG³ § 41 Rz 20; *Reich-Rohrwig*, GmbHR 394.
165 *Thöni*, GesRZ 1995, 73 (80).

stellungsklage gem § 228 ZPO verhindert Heilung hingegen nicht, weil ein diesbzgl Urteil nur zw den Streitparteien wirkt (Rz 50); ebenso wenig genügt die einredeweise Geltendmachung der Nichtigkeit. Ohne Eintragung heilen nichtige Beschlüsse hingegen nicht; für sie sind die allg Verjährungsfristen maßgeblich.

Im Fall der Nichtigkeit gem § 268 UGB (**unterlassene Abschlussprüfung**) tritt **keine Heilung** ein.[166] Ebenso heilen Mängel iSd **§ 202 AktG nicht**.[167] Eine analoge Anwendung der Heilung gem § 202 Abs 2 AktG im GmbH-Recht ist nicht möglich, weil jene nur dann eingreift, wenn der Vorstand oder der AR bei der Feststellung des JA nicht ordnungsgemäß mitgewirkt haben (vgl § 125 AktG), u die entspr Kompetenzlage in der GmbH nicht mit jener in der AG vergleichbar ist. 59

VI. Anfechtbare Beschlüsse

Anerkennt man die Nichtigkeit v Gesellschafterbeschlüssen in der GmbH, kommt der Anfechtbarkeit die Funktion einer subsidiären Auffangklausel zu: Anfechtbar sind alle Beschlüsse, die unter § 41 fallen u keine Nichtigkeit begründen u zudem keine unwirksamen Beschlüsse sind. Nach der **Rsp des OGH** sind mangelhafte Beschlüsse **hingegen stets (nur) anfechtbar, sofern kein bloßer Scheinbeschluss** (Rz 16) vorliegt. 60

§ 41 Abs 1 Z 1 erfasst Beschlüsse, die nach dem GmbHG oder dem GesV als „nicht zustande gekommen" anzusehen sind. Gemeint sind **Verfahrensfehler** beim Zustandekommen des Beschlusses; entgegen dem Wortlaut sind solche Beschlüsse vorläufig wirksam, können aber angefochten werden. 61

§ 41 Abs 1 Z 2 belegt **Inhaltsfehler** mit Anfechtbarkeit.[168] Erfasst sind Beschlüsse, die gegen zwingende Vorschriften „des Gesetzes" verstoßen. „Gesetz" ist nicht nur das GmbHG, sondern **jede zwingende Norm** der Rechtsordnung, sei es privaten oder öffentlichen Rechts, die – unabhängig v ihrer äußeren Form (Gesetz, VO, Gemeinschafts- 62

---

166 *Diregger* in Doralt/Nowotny/Kalss, AktG³ § 200 Rz 15; *Strasser* in Jabornegg/Strasser, AktG⁵ § 200 Rz 5.
167 Krit *Diregger* in Doralt/Nowotny/Kalss, AktG³ § 202 Rz 37.
168 Nach *Harrer* in Gruber/Harrer, GmbHG² §§ 41, 42 Rz 53 soll jeder inhaltliche Mangel iSd § 41 Abs 1 Z 2 GmbHG zur Nichtigkeit des Beschlusses führen.

recht) – mit hoheitlichem Geltungsanspruch erlassen worden ist.[169] Dazu gehören auch die Sittenwidrigkeit iSd § 879 ABGB[170] sowie Generalklauseln wie das Gleichbehandlungsgebot u Treuepflichten (unten Rz 90 ff). Eine Ausnahme ist nur bei bloßen **Ordnungswidrigkeiten** anzunehmen, dh bei Verletzung v Vorschriften, die nach ihrem Zweck keine Anfechtung rechtfertigen (zB Formalfehler bei Einberufung der HV [Unterzeichnung der Einladung nur v einem der beiden kollektivvertretungsbefugten GF], wenn alle Gesellschafter anwesend sind u sich an Beratungen u Abstimmungen beteiligen)[171]. Solche Mängel machen den Beschluss nicht anfechtbar. Unter Inhaltsmängeln fallen auch Verstöße gegen den **GesV**. Maßstab ist der gültige GesV, wie er im Beschlusszeitpunkt im FB eingetragen ist.[172] Das Gesetz enthält den klarstellenden Hinweis, dass bei einer wirksamen Satzungsänderung (§§ 49 ff) kein Verstoß gegen den GesV vorliegt. Weichen die Gesellschafter mit der für eine Satzungsänderung erforderlichen Mehrheit v dem GesV ab, ohne gleichzeitig die Voraussetzungen für eine wirksame Satzungsänderung zu erfüllen (§§ 49 ff) bzw ohne den Text der Satzung zu ändern (**satzungsdurchbrechender Gesellschafterbeschluss**), kommt schon mangels FB-Eintragung keine wirksame Änderung des GesV zustande u der Beschluss ist daher anfechtbar bzw allenfalls sogar nichtig (perplexer Beschluss, oben Rz 41).

62a Bei **aufeinander aufbauenden Beschlüssen** führt die Anfechtbarkeit des ersten Beschlusses auch zur Anfechtbarkeit des darauf aufbauenden Beschlusses (zur Nichtigkeit vgl Rz 41): Ein Beschluss, der an einen früheren Beschluss anknüpft, der aufgrund einer erfolgreichen Anfechtungsklage für nichtig erklärt wird, ist ebenfalls anfechtbar. Zum Bsp folgt aus der treuwidrigen Abberufung eines AR-Mitglieds durch den Mehrheitsgesellschafter in einer vorhergehenden GV die Treuwidrigkeit der Wahl eines anderen AR-Mitglieds an seiner Stelle durch denselben Mehrheitsgesellschafter.[173]

63 Früher war str, wie weit die **inhaltliche Prüfpflicht** des Gerichts reicht, wenn Gesellschafterbeschlüsse wegen inhaltlichen Mängeln angefochten werden. Die ältere Rsp war tw der A, das Gericht habe **nur das rein formelle Zustandekommen** des Beschlusses zu überprüfen; es

---

169 *Lutter/Hommelhoff*, GmbHG[18] Anh § 47 Rz 46.
170 *Koppensteiner/Rüffler*, GmbHG[3] § 41 Rz 21.
171 OGH 19.5.1998, 7 Ob 38/98h.
172 *Diregger* in Doralt/Nowotny/Kalss, AktG[3] § 195 Rz 10.
173 OGH 18.2.2021, 6 Ob 140/20.

habe nur die äußere Übereinstimmung des Beschlusses mit dem Gesetz oder dem GesV zu prüfen, auf die materiellen Voraussetzungen u Grundlagen könne hingegen nicht Bedacht genommen werden.[174] Im Ergebnis führte diese Rsp dazu, dass es etwa bei der Abberufung v Gesellschafter-GF aus wichtigem Grund (§ 16 Abs 3) genügte, wichtige Gründe für die Abberufung zu behaupten, das wirkliche Vorliegen dieser Gründe im Verfahren aber nicht geprüft werden durfte.[175] Andere E, insb die neuere Rsp[176] gehen davon aus, dass die **materiellen Voraussetzungen der Beschlussfassung** sehr wohl v Gericht zu prüfen (**materielle Prüfpflicht**) u deren Verletzung folglich v Anfechtungskläger zu beweisen ist, was nicht zuletzt durch die Anerkennung v Treuepflichtverletzungen als Anfechtungsgrund (unten Rz 92 ff) sowie den Verweis auf die §§ 41 ff in § 16 Abs 3 bestätigt wird; ebenso die einhellige L.[177]

Im Untersch zu nichtigen Beschlüssen, die v vornherein keine Wirksamkeit entfalten können (s aber zur Heilung Rz 58), sind anfechtbare Beschlüsse **vorläufig wirksam**.[178] Die Gesellschafter u die Gesellschaft sind bis zu einem klagsstattgebenden Urteil somit daran gebunden (s auch § 20 Rz 12 zur Beschlussausführung). Wird die Klage abgewiesen oder binnen Anfechtungsfrist (Rz 152) keine Klage erhoben, ist der Beschluss **endgültig wirksam**. Die (vorläufige) Wirksamkeit setzt jedoch voraus, dass der Beschluss in der Versammlung festgestellt wurde oder die Gesellschafter zumindest am Ende der Versammlung ein bestimmtes Beschlussergebnis übereinstimmend zugrundelegen (vgl Rz 66 ff).[179]

Eine erschöpfende Aufzählung möglicher Anfechtungsgründe ist hier nicht möglich u auch nicht erforderlich. Es sollen vielmehr wesentliche Problemstellungen u va Fallgruppen in der Jud herausgearbeitet werden, um einen Überblick praktischer Problemlagen zu verschaffen. Zuvor soll in einem Exkurs geklärt werden, wann ein Gesellschafterbeschluss zustande kommt u wie dessen Inhalt zu bestimmen ist, weil

---

174 OGH 14.6.1977, 4 Ob 511/76, JBl 1977, 267 (krit *Ostheim*); 29.11.1960, 3 Ob 383/60, HS 372/101; 15.1.1958, 3 Ob 600/57, HS 2214/112; 31.3.1954, 2 Ob 220/54; 17.3.1954, 3 Ob 159/54.
175 *Ostheim*, Besprechung zu 4 Ob 511/76, JBl 1977, 267 (270).
176 Vgl nur OGH 16.2.2006, 6 Ob 130/05v; ferner die Nachw bei *Ostheim*, Besprechung zu 4 Ob 511/76, JBl 1977, 267 (270).
177 S nur *Koppensteiner/Rüffler*, GmbHG³ § 41 Rz 25; *Reich-Rohrwig*, GmbHR 380.
178 Vgl *Harrer* in Gruber/Harrer, GmbHG² §§ 41, 42 Rz 42.
179 OGH 16.2.2006, 6 Ob 130/05v.

dies mit der Frage der Anfechtbarkeit unmittelbar zusammenhängt (s dazu allg § 34 Rz 21 ff).

A. Exkurs: Zustandekommen eines Beschlusses

66 In der GmbH kann ein Gesellschafterbeschluss in der GV oder im Weg schriftlicher Beschlussfassung (Umlaufbeschluss) gefasst werden (§ 34 Rz 52 ff). Für die Beschlussfassung in der GV ist eine förmliche **Feststellung** nicht zwingend erforderlich, aber zulässig (oben Rz 7). Wird der Beschluss durch einen dazu legitimierten Versammlungsleiter festgestellt, ist das festgestellte Abstimmungsergebnis vorerst **verbindlich**. Ist das Ergebnis fehlerhaft festgestellt (zB Mitzählen einer Stimme trotz Stimmverbots oder einer treuwidrig abgegebenen Stimme), bedarf der Beschluss der **Anfechtung** gem § 41.[180] Voraussetzung für die vorläufige Verbindlichkeit des Beschlussergebnisses ist aber jedenfalls, dass der Vorsitzende aufgrund eines Beschlusses oder des GesV feststellungsbefugt ist.

67 Eng damit verbunden ist die Frage, wie weit die **Prüfungskompetenz** des Versammlungsleiters bei der Beschlussfeststellung reicht. Er ist etwa berechtigt, stimmverbotswidrige Stimmen nicht mitzuzählen.[181] Dies gilt mE auch bei inhaltlichen Gesetzesverstößen, insb bei **treuwidrig** abgegebenen Stimmen (anders allerdings die hL[182] u die Rsp;[183] s Rz 100).

68 Wurde der Beschluss **nicht festgestellt**, gilt das tatsächliche Abstimmungsergebnis, das alle Gesellschafter zumindest am Ende der Versammlung **übereinstimmend zugrunde legen**.[184] Dies gilt auch dann, wenn zwar ein Vorsitzender gewählt wurde, dieser aber eine Ergebnisfeststellung unterlässt.[185] Der Beschluss bedarf in diesem Fall der Anfechtung. Einigkeit über das Beschlussergebnis liegt dann jedenfalls **nicht** vor, wenn ein Gesellschafter bestreitet, dass ein anderer Gesell-

---

180 OGH 18.12.1992, 6 Ob 588/92; 12.2.1998, 6 Ob 203/97i; 19.12.1991, 8 Ob 595/90 (8 Ob 596/90).
181 *Thöni*, Rechtsfolgen 148.
182 S nur *Thöni*, Rechtsfolgen 149 ff, mwN.
183 OGH 14.11.1996, 2 Ob 2146/96v.
184 OGH 25.11.1997, 1 Ob 61/97w; 19.12.2019, 6 Ob 105/19p, GesRZ 2020, 210 (*Arlt*).
185 OGH 19.12.2019, 6 Ob 105/19p, GesRZ 2020, 210 (*Arlt*); 21.3.2019, 6 Ob 183/18g, GesRZ 2019, 272 (*Kalss*).

schafter seine Stimme zu Recht abgegeben hat. Eine entspr Erklärung liegt jedenfalls in der **Erhebung eines Widerspruchs** durch auch nur einen Gesellschafter, wenn der Widerspruch (erkennbar) wegen der Stimmrechtsausübung eines anderen Gesellschafters erhoben wird.[186] Wird der Widerspruch wegen eines anderen Beschlussmangels erhoben, dann schließt dies hingegen nicht aus, dass die Gesellschafter v demselben Beschlussergebnis ausgehen.[187]

Liegt kein Konsens der Gesellschafter über das Beschlussergebnis vor, dann ist nach A des OGH keine Anfechtungsklage gem § 41, sondern **nur Feststellungsklage** zu erheben (vgl unten Rz 168).[188] Ein solcher „Beschluss" kann keine vorläufige Wirksamkeit mit bestimmtem Inhalt erlangen u die Gesellschafter müssen ihn daher auch nicht (vorläufig) gegen sich gelten lassen.[189] Die Klage ist auf Feststellung des Zustandekommens des Beschlusses u dessen Inhalts[190] bzw des Nichtzustandekommens eines Beschlusses gerichtet. Der Beschluss gilt diesfalls als angenommen oder abgelehnt, wie es der materiellen Rechtslage entspricht. Im Rahmen dieser Feststellungsklage sind ein Verstoß gegen ein Stimmverbot oder die Treuwidrigkeit v Stimmen zu berücksichtigen.[191]

69

Eine Anfechtungsklage ist jedenfalls dann entbehrlich, wenn die an der Abstimmung beteiligten Gesellschafter noch vor Schluss der GV zweifelsfrei darüber **einig** sind, dass ein **Beschluss nicht zustande** kam.[192] Der späteste Zeitpunkt, das Nichtzustandekommen eines Beschlusses zu bestätigen, ist der Schluss der Versammlung. Daher ist umgekehrt eine Anfechtungsklage zulässig, wenn außer dem Anfechtungskläger alle anderen Gesellschafter, die dem angefochtenen Beschluss seinerseits zustimmten, nachträglich den Widerspruch als berechtigt anerkennen; es gibt keine rückwirkende Aufhebung wirksam gefasster Ge-

70

---

186 *Linder* in Adensamer/Mitterecker, GesStreit, Rz 8/44; vgl auch *S. Schmidt* in Kalss/U. Torggler, Stimmverbote 146 f.
187 *Rastegar*, GesRZ 2019, 321 (322 FN 12).
188 OGH 21.3.2019, 6 Ob 183/18g, GesRZ 2019, 272 (*Kalss*); 19.12.2019, 6 Ob 105/19p; 25.11.1997, 1 Ob 61/97w, RdW 1998, 137.
189 *Lutter/Hommelhoff*, GmbHG[18] Anh § 47 Rz 42.
190 *Thöni*, Rechtsfolgen 155.
191 *Linder* in Adensamer/Mitterecker, GesStreit, Rz 8/45 mwN; aA *Rastegar*, GesRZ 2019, 321 (325), nach dessen M im Ergebnis wohl stets die Erhebung einer Anfechtungsklage erforderlich ist.
192 OGH 22.5.1985, 1 Ob 573/85.

sellschafterbeschlüsse durch „Feststellung" der Gesellschafter.[193] Ein späterer Gesellschafterbeschluss könnte die Rechtslage insofern nur mit ex nunc-Wirkung ändern.[194] Davon ist wiederum die Frage eines rückwirkenden Bestätigungsbeschlusses zu unterscheiden (unten Rz 107).

B. Verfahrensmängel

71 **Einberufungsmängel**: Anfechtbarkeit wird durch **Einberufungsmängel** begründet, sofern keine Nichtigkeit vorliegt (oben Rz 35) u der Zweck der verletzten Vorschriften nicht auf andere Weise gewahrt ist.[195] **Bsp**: Verstoß gegen § 36 Abs 1 (Einberufungsbefugnis: Einberufung durch Mehrheitsgesellschafter;[196] Versammlungsort: Versammlung vor u nicht in den Kanzleiräumlichkeiten einer RA-Kanzlei;[197] s § 36 Rz 4 ff, 7 ff), § 37 Abs 2 (Minderheitsbegehren auf Einberufung), § 38 Abs 1 (Bekanntmachungsvorschriften, Einberufungsfrist; s aber oben zur Nichtigkeit Rz 35; ferner § 38 Rz 1 ff); Verletzung gesv Fristenregelungen.[198] Anfechtbar sind nach der Rsp bspw Beschlüsse, wenn die Einberufung der GV nicht durch den GF der Gesellschaft, sondern durch Gesellschafter erfolgte, u die Vorgaben des § 37 Abs 2 nicht eingehalten werden, etwa wenn die Einberufung mit dem Aufforderungsschreiben verbunden wird.[199] Umgekehrt kann der **Zweck** der Einberufungsvorschriften auch bei deren **formaler Erfüllung** eine Anfechtung rechtfertigen: Einladung zur GV an einen **bekanntermaßen abwesenden** Gesellschafter, der davon nicht rechtzeitig Kenntnis erlangen kann; ebenso, wenn bekannt ist, dass sich der Gesellschafter zum Zeitpunkt der GV im Ausland befindet u ihm eine Teilnahme unmöglich oder unzumutbar

---

193 OGH 12.11.1992, 6 Ob 28/92.
194 OGH 8.11.1994, 5 Ob 556/94; s zum Widerspruch unten Rz 134.
195 Die Rsp geht generell v Anfechtbarkeit bei Einberufungsmängeln aus; OGH 29.9.2020, 6 Ob 166/20k.
196 OGH 29.9.2020, 6 Ob 166/20k; 24.9.2020, 6 Ob 168/20d, NZ 2021, 202 (*Wedl*); 16.9.2020, 6 Ob 167/20g, GesRZ 2021, 52 (*Frenzel*).
197 OGH 29.9.2020, 6 Ob 166/20k; 24.9.2020, 6 Ob 168/20d, NZ 2021, 202 (*Wedl*); 16.9.2020, 6 Ob 167/20g, GesRZ 2021, 52 (*Frenzel* mit allg Anm zur Eignung des Versammlungsorts).
198 OGH 30.5.1974, 6 Ob 8/74; vgl die Bsp bei *Baumgartner/Mollnhuber/ U. Torggler* in Torggler, GmbHG, Annex zu § 41.
199 OGH 23.10.2015, 6 Ob 65/15z, GesRZ 2016, 62 (*Enzinger*); 28.1.1999, 6 Ob 290/98k.

ist.²⁰⁰ In diesen Fällen liegt zugleich eine Verletzung des Teilnahmerechts vor (Rz 74). Aus der allg Treuepflicht folgt, dass bei der Wahl des Ortes u Termins der GV auf die Interessen der Gesellschafter Bedacht zu nehmen ist.²⁰¹

Ankündigungsmängel: Anfechtbar sind Beschlüsse bei mangelnder Spezifizierung der **Tagesordnungspunkte**.²⁰² Gem § 38 Abs 2 ist der Zweck der Versammlung möglichst bestimmt zu bezeichnen. Die beabsichtigten **Anträge** sollen nach der Rsp, wie sich aus § 38 Abs 5 ergebe, in der Einladung zur GV nicht angegeben werden müssen.²⁰³ Der OGH hat allerdings ausgesprochen, dass vorliegende Beschlussanträge den Gesellschaftern nicht im vollständigen Text, aber **zumindest in ihrem wesentlichen Inhalt** offengelegt werden müssen.²⁰⁴ Dem ist zu folgen, um eine adäquate Vorbereitung auf die Beschlussfassung zu ermöglichen.²⁰⁵ Ein bloßer Hinweis auf eine beabsichtigte Änderung des GesV ohne Erwähnung der abzuändernden Bestimmung reicht nicht.²⁰⁶ Der Tagesordnungspunkt „Änderungen im AR" deckt keine (ungewöhnliche) rückwirkende Bestellung eines AR-Mitglieds. Hingegen können gehörig angekündigte Beschlussgegenstände in der Versammlung inhaltlich modifiziert werden; der über den Gegenstand gefasste Beschluss kann auch über einen im Zug der Verhandlung u Beratung modifizierten Antrag wirksam zustande kommen.²⁰⁷ In einer oGV kann zu den Tagesordnungspunkten Feststellung des JA u Entlastung nach hA u Rsp jeder Gesellschafter *ad-hoc*-Anträge auf Sonderprüfung stellen, ohne dass dies als Tagesordnungspunkt angekündigt sein muss, sofern sich die Sonderprüfung auf das abgelaufene Geschäftsjahr zeitlich beschränkt.²⁰⁸ Zum Widerspruchserfordernis vgl Rz 134.

72

---

200 OGH 13.7.1982, 2 Ob 531/82; 17.5.1977, 3 Ob 533/77; zum dt Recht *Zöllner* in Baumbach/Hueck, GmbHG²⁰ § 51 Rz 14; *K. Schmidt/Seibt* in Scholz, GmbHG § 48 Rz 12.
201 OGH 19.4.2012, 6 Ob 60/12k; *Enzinger* in Straube/Ratka/Rauter, GmbHG § 38 Rz 10; *Koppensteiner/Rüffler*, GmbHG³ § 38 Rz 7.
202 OGH 30.5.1974, 6 Ob 8/74; 29.9.2020, 6 Ob 166/20k; *Harrer* in Gruber/Harrer, GmbHG² §§ 41, 42 Rz 47.
203 OGH 25.9.2001, 1 Ob 190/01z.
204 OGH 1.8.2003, 1 Ob 165/03a.
205 Zur AG vgl *Kalss/Linder*, Minderheits- und Einzelrechte 12.
206 OGH 1.8.2003, 1 Ob 165/03a.
207 OGH 19.12.1991, 8 Ob 595/90 (8 Ob 596/90).
208 OGH 27.2.2019, 6 Ob 19/19s, NZ 2019, 219 (*Diregger*).

73 Keine Nichtigkeit u keine Anfechtbarkeit ist bei Mängeln der Einberufung u Beschlussankündigung anzunehmen, wenn sämtliche Gesellschafter **erschienen oder vertreten** u mit der **Beschlussfassung** einverstanden sind (**Vollversammlung** gem § 38 Abs 4, vgl § 38 Rz 31); in diesem Fall fehlt der Schutzzweck, weil das Teilnahmerecht der Gesellschafter nicht beeinträchtigt ist (vgl schon oben zur Nichtigkeit Rz 35). Allerdings dienen die Einberufungs- u Ankündigungsvorschriften auch dem Schutz vor „Überrumpelung" eines uninformierten Gesellschafters, der ausreichend Zeit haben soll, sich auf die Versammlung u die Verhandlungsgegenstände vorzubereiten.[209] Erscheinen sämtliche Gesellschafter zu einer nicht ordnungsgemäß einberufenen GV oder bei nicht ordnungsgemäß angekündigten Beschlussgegenständen, dann darf sich ein anfechtungswilliger Gesellschafter nicht vorbehaltlos in Diskussionen über Tagesordnungspunkte einlassen, weil in diesem Fall gem § 38 Abs 4 der Verlust des Anfechtungsrechts droht (s noch im Detail Rz 137). Die Rechtsfolgen einer Vollversammlung, nämlich Heilung v Einberufungs- u Ankündigungsmängel, treten auch bei einem **Umlaufbeschluss** ein, dem **sämtliche Gesellschafter** zustimmen.

74 Die Verletzung des **Teilnahmerechts** eines Gesellschafters begründet die Anfechtbarkeit gefasster Beschlüsse (§ 34 Rz 6 ff). Dazu gehört auch der Beginn der GV zum angekündigten Zeitpunkt; die GV kann keine wirksamen Beschlüsse fassen, wenn sie zu einem früheren Zeitpunkt beginnt u lediglich knapp nach der festgesetzten Zeit die Fassung eines bestimmten Beschlusses festgestellt u die Versammlung sogleich wieder geschlossen wird (zum Widerspruchserfordernis unten Rz 134).[210] Einzelnen Gesellschaftern steht es aber frei, sich außerhalb der GV zu beraten, sofern die Teilnahme- u Mitwirkungsrechte der übrigen Gesellschafter in der GV nicht unangemessen eingeschränkt werden. Umgekehrt ist es bei einer GmbH mit wenigen Gesellschaftern diesen jedenfalls zumutbar, mit der Abstimmung einige Minuten zuzuwarten, wenn ein Gesellschafter nicht erscheint, dessen Erscheinen zu erwarten wäre.[211] Anfechtbarkeit begründet ebenso die Verletzung v **Informationsrechten** (Einsichts- u Auskunftsrecht, § 22 Rz 30 ff).

---

209 OGH 19.5.1998, 7 Ob 38/98h ecolex 1998, 711; *Umfahrer*, GmbHG[6] Rz 455; *Linder* in Adensamer/Mitterecker, GesStreit, Rz 8/11.
210 OGH 11.4.1989, 5 Ob 576/88, wbl 1989, 222 (*Thiery*); *U. Torggler*, Treuepflichten 25.
211 Vgl *Thiery*, Besprechung zu 5 Ob 576/88, wbl 1989, 222; OLG Dresden 15.11.1999, 2 U 2303/99, GmbHR 2000, 437.

Mangelnde Beschlussfähigkeit, insb Verletzung des Mindestprä- 75
senzquorums gem § 38 Abs 6 (s § 38 Rz 35), führt zur Anfechtbarkeit.[212]

Grundsätzlich ist der Gesellschaft gegenüber nur derjenige zur Aus- 76
übung v Gesellschafterrechten legitimiert, der als **Gesellschafter im FB
eingetragen** ist (§ 78 Abs 1; s § 78 Rz 1 ff). Es ist grds daher auch die Ausübung des Stimmrechts an die **Eintragung im FB** gebunden.[213] Auch bei Übergang der Gesellschafterstellung im **Erbweg** ist zur Ausübung der Gesellschafterrechte die Eintragung der Erben im FB notwendig.[214] Einem Gesellschafter, dessen Gesellschaftereigenschaft im Innenverhältnis **zweifelsfrei feststeht**, kann allerdings ein Stimmrecht gewährt werden, selbst wenn die Voraussetzungen v § 78 Abs 1 (s § 78 Rz 3 f) nicht vorliegen; Beschlüsse sind diesfalls nicht anfechtbar.[215] Eine Pflicht der Gesellschaft, Gesellschafter, die noch nicht ins FB eingetragen sind, zur Stimmabgabe zuzulassen, besteht nur dann, wenn die Gesellschaftereigenschaft zweifelsfrei u unstr feststeht;[216] bei Nichtzulassung ist der Beschluss folglich anfechtbar. Umgekehrt ist ein Beschluss anfechtbar, wenn eine Person an der Abstimmung teilgenommen hat, deren Gesellschafterstellung zweifelhaft oder zu verneinen ist, dh einer **nicht stimmberechtigten Person**.[217] **Ausgeschiedene Gesellschafter** sind bis zu ihrer Löschung im FB befugt, bei der GV mitzustimmen u die dort gefassten Beschlüsse gem § 41 anzufechten.[218] Eine Ausnahme sollte nur dann gelten, wenn die Gesellschaft zulässiger Weise den jew Rechtsnachfolger zur Stimmrechtsausübung zugelassen hat. Zur Frage der Anfechtungsbefugnis s unten Rz 125 ff.

Unrichtige Beschlussfeststellung durch den Vorsitzenden oder 77
übereinstimmenden Konsens der Gesellschafter führt grds zur Anfechtbarkeit (s schon oben Rz 66), zB bei Zählfehlern, Irrtümern über die jew erforderliche Mehrheit, Nichterreichen der erforderlichen Stimmenmehrheit (sogleich Rz 78) oder Mitzählen stimmverbotswidriger Stimmen (Rz 79).

---

212 OGH 28.8.2013, 6 Ob 59/13i, GesRZ 2014, 126 (*Weigand*); 21.12.2000, 8 Ob 233/99v; 16.12.2003, 4 Ob 241/03z.
213 Vgl 23.2.1978, 6 Ob 812/77 (6 Ob 813/77), HS X/XI/15; 13.10.1954, 1 Ob 752/54.
214 OGH 13.10.1954, 1 Ob 752/54.
215 OGH 26.8.1999, 2 Ob 46/97x.
216 Vgl *Karollus*, RdW 1996, 516 (517).
217 OGH 14.6.1977, 4 Ob 511/76, JBl 1977, 267.
218 OGH 20.5.2003, 4 Ob 71/03z.

78 Anfechtbar ist ein Beschluss, für dessen wirksames Zustandekommen das Gesetz (zB § 50 Abs 3: Einstimmigkeit bei Abänderung des Unternehmensgegenstands) oder der GesV[219] eine bestimmte **Stimmenmehrheit** vorsieht, diese aber nicht zustande kommt, u der Beschlussantrag dennoch v den Gesellschaftern angenommen wird; zB mangelnde Einstimmigkeit bei Ausgliederung des gesamten Produktionsbetriebs, weil dies inhaltlich einer Abänderung des Unternehmensgegenstands gleichkommt (§ 50 Abs 3; s § 50 Rz 12 ff).[220]

79 Wenn entgegen einem bestehenden **Stimmverbot** ein Gesellschafter bei der Beschlussfassung mitgestimmt hat[221] oder umgekehrt zu Unrecht ein Stimmverbot angenommen u ein Gesellschafter **ungerechtfertigt** v der **Abstimmung ausgeschlossen** wurde,[222] ist der Beschluss anfechtbar (§ 39 Rz 89 ff).[223] Die Stimmabgabe bleibt nach der Rsp aber gültig u ist v Versammlungsleiter mitzuzählen; zu Recht aA tw die L (s auch Rz 100 zu treuwidrigen Stimmen).[224] Der praktisch bedeutsame Stimmrechtsausschluss gem § 39 Abs 4 (s § 39 Rz 58 ff) greift ua dann, wenn dem Betroffenen durch den Inhalt des Beschlusses selbst ein **(Sonder-)Vorteil** zufallen soll, aber auch, wenn ihm dieser Vorteil erst infolge der durch den Beschluss geschaffenen Sachlage zukommt.[225] Ein solcher (Sonder-) Vorteil liegt nach hA aber nur dann vor, wenn der Gesellschaft oder den übrigen Gesellschaftern ein entspr Nachteil erwächst oder erwachsen kann.[226] Ebenfalls einem Stimmverbot gem § 39 Abs 4 unterliegt ein Gesellschafter bei Beschlüssen, welche die **Vornahme eines Rechtsgeschäfts** mit ihm oder die Einleitung oder Erledigung eines **Rechts-**

---

219 OGH 7.11.1978, 5 Ob 612/78, HS 11.435; 7.11.1978, 5 Ob 611/78, GesRZ 1979, 81: qualifizierte Mehrheit für Abberufung des GF.
220 OGH 10.5.1984, 8 Ob 574/83, GesRZ 1984, 217; vgl ferner 16.12.2003, 4 Ob 241/03z (zu § 35 Abs 1 Z 7).
221 OGH 18.2.2021, 6 Ob 148/20p, GesRZ 2021, 394 (*Schett*); 22.5.1985, 1 Ob 573/85; 2.4.1937, 2 Ob 282/37, SZ 19/113.
222 OGH 27.2.1986, 8 Ob 515/86.
223 *Thöni*, ÖJZ 2002, 215; s ferner *Koppensteiner/Rüffler*, GmbHG³ § 39 Rz 7.
224 OGH 28.8.2013, 6 Ob 88/13d, GesRZ 2014, 49 (*Vavrovsky*); 6.4.2006, 6 Ob 53/06x, GES 2006, 254 (*Fantur*); RIS-Justiz RS0059834; RS0060117; krit u differenzierend *Fantur*, GES 2018, 269; **aA** Teile der L (Nichtigkeit der Stimme): *Enzinger* in GmbHG § 39 Rz 44; *Koppensteiner/Rüffler*, GmbHG³ § 39 Rz 17.
225 *Reich-Rohrwig*, GmbHR 347.
226 *Reich-Rohrwig*, GmbHR 347; OGH 4.12.1974, 5 Ob 288/74; 29.1.1981, 7 Ob 507/81.

streits zw ihm u der Gesellschaft betreffen (vgl § 39 Rz 71 ff, 75 ff). Nach hRsp u hL erfasst § 39 Abs 4 auch den **Entlastungsbeschluss**. Daher ist ein Entlastungsbeschluss anfechtbar, wenn ein Gesellschafter-GF bei einem Beschluss mitstimmt, der ihm als GF die Entlastung ausspricht.[227] Wenn über die Entlastung mehrerer GF nicht „en bloc", sondern einzeln abgestimmt wird, trifft das Stimmverbot nach neuerer Rsp jew auch alle anderen Gesellschafter-GF, sofern nicht ausnahmsweise nicht einmal eine Billigung des Verhaltens des betr Gesellschafter-GF durch die abstimmenden Mitgesellschafter in Rede steht.[228] Kein Stimmverbot besteht gem § 39 Abs 5 bei Bestellung oder Abberufung als GF, AR oder Liquidator (§ 39 Rz 92 ff).

Das GmbHG enthält keine ausdrücklichen Vorschriften über die erlaubte **Dauer einer GV**. Nach der Rsp besteht keine Vorschrift, wonach die Versammlung am Tag ihrer Eröffnung auch wieder enden müsse; aus dem bloßen Umstand, dass ein Beschluss zB erst um 00:27 Uhr des darauf folgenden Tages gefasst wird, könne sich daher dessen Anfechtbarkeit nicht ergeben.[229] Dem ist grds zuzustimmen. Bei einer ungebührlichen langen Dauer der Versammlung kann jedoch eine Vertagung geboten scheinen, wenn nicht sachliche Gründe (zB krit finanzielle Lage der Gesellschaft) eine Fortsetzung u Beschlussfassung etwa bis spät in die Nacht hinein erfordern oder die Beendigung der GV bereits unmittelbar absehbar ist. Liegen diese Gründe nicht vor, könnte mE eine Anfechtbarkeit v Beschlüssen etwa dann zu erwägen sein, wenn die GV erkennbar nur deshalb in die Länge gezogen wird, um Gesellschafter zu zermürben.

80

Anfechtbar ist nach der **Rsp** ein Beschluss bei Nichteinhaltung gesetzl **Formvorschriften**.[230] Bei einem Beglaubigungsmangel ist nach zutr hL v **Nichtigkeit** auszugehen (oben Rz 38).

81

---

227 OGH 18.9.2009, 6 Ob 49/09p; 12.10.2006, 6 Ob 139/06v; 13.1.1982, 1 Ob 775/81; *Koppensteiner/Rüffler*, GmbHG³ § 39 Rz 40 mwN.
228 OGH 28.8.2013, 6 Ob 88/13d, GesRZ 2014, 49 (*Vavrovsky*), NZ 2014/7, 27 (*Walch*); vgl ferner OLG Wien 18.9.2008, 1 R 120/08m; *Vavrovsky*, GES 2009, 135.
229 OGH 16.6.2011, 6 Ob 99/11v, GesRZ 2011, 366 (*Enzinger*), wbl 2011/248 (*Koppensteiner*) unter Berufung auf die hA zum AG; *Strasser* in Jabornegg/ Strasser, AktG⁵ § 106 Rz 8; *Bachner* in Doralt/Nowotny/Kalss, AktG² § 102 Rz 42; *Hüffer/Koch*, AktG¹² § 121 Rz 17.
230 OGH 25.2.1999, 6 Ob 241/98d.

82 Anfechtbar ist ein **Umlaufbeschluss**, wenn die gesetzl Voraussetzungen für dessen wirksame Fassung nicht vorliegen, insb wenn ein Gesellschafter der schriftlichen Beschlussfassung nicht zustimmt (§ 34 Rz 57 f). Nach der Rsp soll ein Umlaufbeschluss auch dann (nur) anfechtbar sein, wenn ein Gesellschafter **übergangen** oder v den übrigen Gesellschaftern an der **Mitwirkung gehindert** wird.[231] In diesem Fall sollte allerdings Nichtigkeit erwogen werden (Rz 16, 37). Umgekehrt ist dem Gedanken einer **Vollversammlung** entspr eine Anfechtung wegen Verfahrensfehlern ausgeschlossen bei einem Umlaufbeschluss, dem sämtliche Gesellschafter zustimmen (oben Rz 73; zur Nichtigkeit vgl schon Rz 35). Zulässig ist nach zutr A eine Bestimmung im GesV, wonach binnen bestimmter Frist der schriftlichen Beschlussfassung ausdrücklich widersprochen werden muss, widrigenfalls die Zustimmung zum Verfahren als erteilt gilt.[232]

83 Für eine **kombinierte Beschlussfassung**, dh wenn ein Beschluss sowohl in der GV als auch im Weg schriftlich abgegebener Stimmen gefasst wird, ist wie bei einem Umlaufbeschluss die **Zustimmung sämtlicher Gesellschafter** erforderlich.[233] Der GesV kann eine kombinierte Beschlussfassung nicht generell zulassen, weil die schriftliche Stimmabgabe gem § 34 Abs 1 nur in einzelnen Fällen möglich ist.[234] Wohl lässt sich aber aus §5 Abs 2 UmwG u § 8 Abs 3 SpaltG die Zulässigkeit einer Bestimmung des GesV ableiten, wonach bei einem Beschluss, der zwar die gesetzl Mehrheit, nicht aber eine gesv normierte höhere Mehrheit in der Versammlung erreicht, die fehlenden Stimmen durch schriftliche Abstimmung nachgetragen werden können.[235]

83a Anfechtbar sind Beschlüsse, die unter Verletzung der **Vorschriften des VirtGesG** gefasst werden, beispielsweise wenn die GV als virtuelle Versammlung durchgeführt wird, obwohl der GesV keine Ermächtigung iSd § 1 Abs 2 VirtGesG enthält, oder die Ausübung des Rede- u Stimmrecht iSd § 2 Abs 1, § 3 Abs 3, 4 VirtGesG beeinträchtigt wird.

---

231 OGH 28.1.1999, 6 Ob 290/98k.
232 *Ch. Nowotny*, RdW 2006/635, 685 (686).
233 *Ch. Nowotny*, RdW 2006/635, 685 (686); *Koppensteiner/Rüffler*, GmbHG³ § 34 Rz 26.
234 Grds könnte zwar eine analoge Anwendung v §§ 102 Abs 6, 127 AktG erwogen werden, eine Analogie dürfte aber mE an der untersch Rechtslage der HV bei einer AG u der GV bei einer GmbH scheitern.
235 *Ch. Nowotny*, RdW 2006/635, 685 (686).

Werden **Zustimmungsrechte** verletzt, zB bei Vermehrung v Leistungspflichten oder Verkürzung v Rechten gem § 50 Abs 4 (s § 50 Rz 17 ff), ist der Beschluss nach A der Rsp anfechtbar iSd § 41.[236] Richtigerweise sind solche Beschlüsse aber **unwirksam** (unten Rz 114). 84

Die Geltendmachung v **Verfahrensmängeln** ist unter bestimmten Umständen eingeschränkt, wenn sie auf das Beschlussergebnis **keine Auswirkung** hatten (**Kausalitätstheorie**[237]). Dies gilt aber nur bei Verfahrensfehlern, die kein konkretes Informations- oder Partizipationsinteresse eines Gesellschafters verletzen. Beispielsweise führen Verfahrensfehler bei der **Abstimmung selbst** (zB verfehlte Zulassung zur Abstimmung;[238] verfehlter Ausschluss v der Abstimmung[239]), die keine Auswirkungen auf das Beschlussergebnis haben, nicht zur Anfechtbarkeit, weil kein Minderheitsrecht beeinträchtigt wird u es ein schützenswertes Interesse (nur) an einer richtigen Stimmzählung nicht gibt.[240] Dass die Mängel auf das Zustandekommen der angefochtenen Beschlüsse keinen Einfluss gehabt haben, hat dabei der Anfechtungsgegner zu beweisen.[241] Ebenso ist nach der wohl zutr Rsp die Wahl des Vorsitzenden der GV nicht isoliert anfechtbar, sondern nur dann, wenn diese Wahl Auswirkungen auf andere E der GV hatte oder zumindest haben konnte.[242] 85

Wird hingegen ein **konkretes Mitgliedschafts-, Informations- oder Partizipationsinteresse** eines Gesellschafters verletzt, dann führt ein Verfahrensfehler auch dann zur Anfechtung, wenn er auf das Beschlussergebnis keinen Einfluss hat (**Relevanztheorie**).[243] Danach kommt es 86

---

236 ZB OGH 10.11.1994, 6 Ob 31/94; 11.7.1991, 6 Ob 501/91; 28.3.1985, 7 Ob 538/85.
237 ZB OGH 30.5.1974, 6 Ob 8/74; 30.11.1989, 7 Ob 703/89; 25.1.2006, 7 Ob 300/05a; offenlassend 12.3.1991, 4 Ob 1588/90.
238 OGH 25.1.2006, 7 Ob 300/05a.
239 OGH 17.10.2006, 4 Ob 101/06s.
240 Ebenso *Diregger* in Doralt/Nowotny/Kalss, AktG³ § 195 Rz 55.
241 OGH 6.11.2008, 6 Ob 91/08p.
242 OGH 16.6.2011, 6 Ob 99/11v, GesRZ 2011, 366 (*Enzinger*), wbl 2011/248 (*Koppensteiner*); zu dieser E *Dumfarth*, RdW 2011/624, 589; *Entmayr-Schwarz*, GES 2013, 291.
243 OGH 24.7.2019, 6 Ob 119/19x, GesRZ 2020, 58 (*Stagl*); 17.10.2006, 4 Ob 101/06s; 6.11.2008, 6 Ob 91/08p; 18.7.2011, 6 Ob 31/11v; 31.1.2013, 6 Ob 210/12v; 23.10.2015, 6 Ob 65/15z; RIS-Justiz RS0059771; RS0121481; *Koppensteiner/Rüffler*, GmbHG³ § 38 Rz 12; *Enzinger* in Straube/Ratka/Rauter, GmbHG § 41 Rz 39; *Harrer* in Gruber/Harrer, GmbHG² §§ 41, 42 Rz 52; *Thöni*, Rechtsfolgen 75 f; *Reich-Rohrwig*, GmbHR 400; *Diregger* in Doralt/

nur darauf an, ob der Verfahrensverstoß in eine rechtlich geschützte Position eingreift, ohne dass die Verletzung kausal für das Beschlussergebnis sein muss. Der Gesellschaft ist somit der Einwand des rechtmäßigen Alternativverhaltens versagt.[244] Die Verletzung v wesentlichen Gesellschafterrechten iZm der Beschlussfassung, insb des **Teilnahmerechts** (Rz 74; verletzt zB auch bei Einberufungsmängeln, Rz 71; zum Umlaufbeschluss Rz 82) u v **Informationsrechten** (gem § 22, Rz 74; Tagesordnung, Rz 72; Fehlen v vorzulegenden Unterlagen;[245] Verweigerung der Abstimmung über eine beantragte Sonderprüfung[246]), berechtigt somit unabhängig v einer Auswirkung auf das Beschlussergebnis zur Anfechtung. Der **Zweck** dieser Rechte, nämlich die **Sicherstellung v Einzel- u Minderheitsrechten** v Gesellschaftern als Ausdruck ihrer Mitgliedschaft im Verband, welche Information, Teilnahme u Mitwirkung am Willensbildungsprozess unabhängig v der Beteiligungshöhe gewährleisten, kann nur bei deren absolutem Schutz vor Dispositionen durch die Mehrheit gewährleistet werden. Ausgeschlossen ist die Anfechtung nur, wenn der **Zweck** der Verfahrensbestimmung schon auf andere Weise gewährleistet ist, zB wenn bei Einberufungsmängeln sämtliche Gesellschafter nachweisbar auf andere Weise fristgerecht v der einberufenen Versammlung erfahren haben[247] oder in Kenntnis der in Aussicht genommenen Beschlussgegenstände sind.[248]

Nowotny/Kalss, AktG³ § 195 Rz 58 f; *Strasser* in Jabornegg/Strasser, AktG⁵ § 195 Rz 6; *Schröckenfuchs/Ruhm*, wbl 2003, 461; *Lutter/Hommelhoff*, GmbHG¹⁸ Anh § 47 Rz 51; *Zöllner* in KölnKo AktG³ § 243 Rz 76 ff.

244 *Thiery*, ecolex 1990, 151; zur dt L: *K. Schmidt* in GroßKo AktG⁴ § 241 Rz 21 ff.
245 OGH 6.11.2008, 6 Ob 91/08p.
246 OGH 18.7.2011, 6 Ob 31/11v, ecolex 2011, 1023 (*Löffler*).
247 Vgl OGH 23.10.2015, 6 Ob 65/15z; 19.5.1998, 7 Ob 38/98h; *Diregger* in Doralt/Nowotny/Kalss, AktG³ § 195 Rz 62; *Zöllner* in KölnKo AktG³ § 243 Rz 95.
248 OGH 24.7.2019, 6 Ob 119/19x, GesRZ 2020, 58 (*Stagl*): der GV vorausgehende Korrespondenz.

C. Inhaltsmängel

1. Einzelvorschriften

Zunächst kommt ein Verstoß gegen versch **Einzelvorschriften** in Betracht; **Bsp aus der Rsp**: Verstoß gegen das Verbot der **Einlagenrückgewähr**;[249] Abberufung eines GF gem § 16 Abs 3, wenn kein wichtiger Grund vorliegt (s § 16 Rz 31 ff; zur materiellen Prüfpflicht des Gerichts oben Rz 63); gesetzwidrige **Weisung**;[250] **Ausschluss** eines Gesellschafters, wenn der GesV keine Regelung enthält;[251] Verstoß gegen zwingende Vorschriften des WGG;[252] Etablierung v **Klauseln im GesV**, die zwingende **Gesellschafterrechte beschränken** sollen, zB die Ausübung des Stimmrechts behindern (Regelung über die Stimmrechtsbevollmächtigung, wenn der Vertretene nicht eine Person seines Vertrauens auswählen u entsenden kann[253] oder eine Regelung, wonach bei der Abstimmung über die Abberufung eines Gesellschafter-GF dieser kein Stimmrecht haben soll [§ 39 Abs 5; s § 39 Rz 92]);[254] oder wonach ein Gesellschaftsanteil verfällt, wenn ein Gesellschafter gegen das vertragliche Konkurrenzverbot verstößt.[255] Nicht anfechtbar sind Beschlüsse, mit denen entgegen § 35 Abs 1 Z 1 die Entlastung der GF nicht in den ersten acht Monaten des Geschäftsjahres für das abgelaufene Geschäftsjahr gefasst werden; auch nach Ablauf der Frist ist es vielmehr möglich, wirksame Beschlüsse zu fassen, eine spätere Beschlussfassung macht den Beschluss weder nichtig noch anfechtbar.[256]

87

Ein Inhaltsmangel liegt ebenso vor bei Verstoß gegen zwingende **Umgründungsvorschriften**,[257] vgl aber zum Anfechtungsausschluss

88

---

249 In OGH 22.10.2003, 3 Ob 287/02f scheint der OGH allerdings Nichtigkeit anzunehmen, ebenso 19.11.2002, 4 Ob 252/02s; dem ist zuzustimmen, s oben Rz 42.
250 Vgl OGH 15.3.1961, 6 Ob 50/61: satzungswidrige Weisung.
251 OGH 25.9.2001, 4 Ob 216/01w; 29.1.2001, 3 Ob 57/00d; 22.2.1996, 6 Ob 657/95; 25.11.1953, 1 Ob 600/53; vgl nunmehr aber das GesAusG.
252 OGH 20.5.2003, 4 Ob 71/03z.
253 OGH 1.9.1964, 1 Ob 85/64.
254 OGH 29.11.1960, 3 Ob 383/60.
255 OGH 9.7.1958, 2 Ob 49/58; JBl 1958, 517; vgl ferner die Bsp bei *Baumgartner/Mollnhuber/U. Torggler* in Torggler, GmbHG, Annex zu § 41.
256 OGH 28.8.2013, 6 Ob 88/13d, GesRZ 2014, 49 (*Vavrovsky*), NZ 2014/7, 27 (*Walch*).
257 Vgl zur Umwandlung OGH 26.2.1998, 6 Ob 335/97a.

bzw zur Wirksamkeit der Maßnahme unten Rz 109 ff (vgl ferner § 98 Rz 30 u § 96 Rz 22).[258] Anfechtbarkeit begründet nach der Rsp ferner die Feststellung des **JA** einer prüfungspflichtigen Gesellschaft bei unterbliebener Abschlussprüfung (oben Rz 30)[259] oder bei Verweigerung des Bucheinsichtsrechts gem § 22 Abs 2.[260]

2. Generalklauseln

89 Von besonderer praktischer Bedeutung sind spezifische gesellschaftsrechtliche **Generalklauseln**, nämlich das **Gleichbehandlungsgebot, Treuepflichten u materielle Beschlusskontrolle**.[261] Diese Grundsätze sind nicht umfassend gesetzl geregelt, vielmehr finden sich oft nur gesetzl Anhaltspunkte oder Ausprägungen, weshalb die dogmatischen Grundlagen u Abgrenzungen im Einzelfall oft str sind.[262]

3. Gleichbehandlungsgebot

90 Eine Verletzung des gesellschaftsrechtlichen **Gleichbehandlungsgebots** führt zur Anfechtbarkeit des Beschlusses.[263] Das Gleichbehandlungsgebot erfordert keine schematische Gleichbehandlung der Gesellschafter, es verbietet vielmehr eine **willkürliche Ungleichbehandlung**, die nicht **sachlich gerechtfertigt** ist.[264] Das Gleichbehandlungsgebot ist eine zwingende Schranke für die Gestaltungsfreiheit der Gesellschaftermehrheit bei der Beschlussfassung. Praktisch bedeutsam ist es etwa beim Ausschluss des gesetzl Bezugsrechts bei einer **Kapitalerhöhung** (§ 52

---

258 Die Rsp, dass bei Umwandlung einer GmbH in eine KG gem § 5 UmwG die zu beteiligenden Gesellschafter eine Kommanditeinlage in der Höhe ihrer Stammeinlagen an der übertragenden GmbH übernehmen müssen (s nur OGH 20.5.1999, 6 Ob 27/99k), ist überholt; vgl ÜbRÄG 2006, 1334 BlgNR 22. GP 24.
259 OGH 9.2.1999, 7 Ob 179/98v; nach richtiger A ist dies aber ein Nichtigkeitsgrund.
260 OGH 2 Ob 439/32, SZ 14/81; 17.10.2022, 6 Ob 183/22p.
261 *Diregger* in Doralt/Nowotny/Kalss, AktG³ § 195 Rz 23; nach *Koppensteiner/Rüffler*, GmbHG³ § 41 Rz 27, handelt es sich um aus dem GesV resultierende Pflichten.
262 *Diregger*, Anfechtung und Nichtigkeit 84 ff.
263 Vgl *Enzinger* in Straube/Ratka/Rauter, GmbHG § 41 Rz 46; *Harrer* in Gruber/Harrer, GmbHG² §§ 41, 42 Rz 65.
264 OGH 16.12.1980, 5 Ob 649/80; 3.3.1964, 8 Ob 50/64.

Abs 3; s § 52 Rz 28 ff)[265]. Wird das Bezugsrecht für alle Gesellschafter zur Gänze oder nach dem Verhältnis ihrer bisherigen Beteiligung am Stammkapital tw ausgeschlossen u das Bezugsrecht einem Dritten gewährt, liegt allein darin grds noch kein Verstoß gegen das Gleichbehandlungsgebot. Ein Verstoß könnte hingegen dann vorliegen, wenn der zum Bezug des neuen Gesellschaftsanteils zugelassene Dritte als mit einem Gesellschafter identisch angesehen werden kann, etwa bei einer über eine finanzielle Beteiligung hinausgehenden Bindung, wie Bekleidung v Organfunktionen, syndikatsvertragliche Bindungen oder eine konzernmäßige Beziehung.[266] Maßstab für eine die Anfechtung ausschließende **sachliche Rechtfertigung** ist nach der Rsp das **überwiegende Interesse der Gesellschaft**; der Eingriff muss **erforderlich** u **verhältnismäßig** (gelindestes Mittel) sein (Einzelheiten vgl bei § 52 Rz 29 ff).[267]

Allgemein verstößt ein Kapitalerhöhungsbeschluss nicht schon dann gegen das Gleichbehandlungsgebot, wenn ein Gesellschafter wirtschaftlich nicht in der Lage ist, die neuen Geschäftsanteile zu übernehmen.[268] Nach zutr A der L sowie des OLG Innsbruck kann ein Kapitalerhöhungsbeschluss allerdings wegen **übermäßig hohen Erhöhungsbetrags** oder **unangemessen hohen Ausgabepreises** anfechtbar sein kann (§ 52 Rz 34).[269] Der OGH hat eine Anfechtbarkeit dann verneint, wenn ein rechtsmissbräuchliches Motiv des Mehrheitsgesellschafters nicht feststeht, alle Gesellschafter wirtschaftlich in der Lage sind, bei der Kapitalerhöhung mitzuziehen, u letztlich eine Interessenabwägung eher gebietet, den Kapitalerhöhungsbeschluss aufgrund des festgestellten Finanzierungsbedarfs bestehen zu lassen.[270]

91

---

[265] Zum AktG *Winner* in Doralt/Nowotny/Kalss, AktG² § 153 Rz 123; aA – für Einordnung unter Treuepflichtverletzung – *U. Torggler*, Treuepflichten 17.
[266] OGH 16.12.1980, 5 Ob 649/80.
[267] OGH 16.12.1980, 5 Ob 649/80; *Diregger* in Doralt/Nowotny/Kalss, AktG³ § 195 Rz 25 ff; zum Bezugsrechtsausschluss *Winner* in Doralt/Nowotny/Kalss, AktG³ § 153 Rz 114 ff.
[268] OGH 29.1.1981, 7 Ob 507/81; 25.9.2001, 1 Ob 190/01z; 24.10.2001, 3 Ob 183/01k.
[269] OLG Innsbruck 4.7.2013, 3 R 59/13w; *Ettmayer/Ratka* in Straube/Ratka/Rauter, GmbHG § 52 Rz 39; *Reich-Rohrwig*, GmbHR 497; *Zöllner* in Baumbach/Hueck, GmbHG²⁰ § 55 Rz 13; OLG Stuttgart, GmbHR 2000, 333, NZG 2000, 156.
[270] OGH 19.12.2012, 6 Ob 155/12f, GesRZ 2013, 160 (*Ch. Nowotny*).

4. Rechtsmissbrauch und Treuepflichten

92 **Treuepflichten** sind sowohl im Verhältnis der **Gesellschafter untereinander** als auch im Verhältnis zw **Gesellschafter u Gesellschaft** anerkannt (§ 61 Rz 30 ff).[271] Treuepflichten sind in der wechselseitigen Bindung der Gesellschafter begründet, gegenseitig auf die im GesV gebündelten Interessen der Gesellschaft u der Mitgesellschafter Rücksicht zu nehmen.[272] Im Aktienrecht findet sich in § 195 Abs 2 AktG eine gesetzl Stütze v Treuepflichten; dieser Bestimmung liegt zwar eine ähnliche Wertung zugrunde wie der allg Sittenwidrigkeits- u Rechtsmissbrauchsklausel (§ 879 u § 1295 Abs 2 ABGB); sie ist aber zugleich Ausprägung der gesellschaftsrechtlichen Treuepflicht.[273]

Die Rsp hat ursprünglich nur **rechtsmissbräuchliche Beschlussfassungen** iSd § 1295 Abs 2 ABGB als anfechtbar qualifiziert.[274] Nach jüngerer Jud liegt **Rechtsmissbrauch** bereits dann vor, wenn unlautere Motive der Rechtsausübung das lautere Motiv bzw die lauteren Motive eindeutig überwiegen oder wenn zw den v Handelnden verfolgten eigenen Interessen u den beeinträchtigten Interessen des anderen ein krasses Missverhältnis besteht.[275] Wegen **Rechtsmissbrauchs** anfechtbar sind Beschlüsse, wenn die Kriterien des § 1295 Abs 2 ABGB vorliegen, insbesondere bei **schikanöser Rechtsausübung**, u darüber hinaus bei **Ausbeutungssachverhalten**.[276] Der OGH hat eine Beschlussanfechtung wegen Rechtsmissbrauchs bzw Sittenwidrigkeit der Stimmabgabe bei Verstoß gegen ein mit einstweiliger Verfügung angeordnetes Stimmverbot bejaht, selbst wenn die einstweilige Verfügung nur gegenüber der Gesellschaft erlassen wurde (vgl § 42 Rz 32).[277] Darüber hinaus hat der BGH einen Missbrauch zu Recht anerkannt, wenn der Kläger die verklagte Gesellschaft in **grob eigennütziger Weise** zu einer Leistung ver-

---

271 OGH 24.3.2022, 6 Ob 192/21k; 19.4.2012, 6 Ob 60/12k; 22.11.1988, 5 Ob 626/88, JBl 1989, 253 (*Thiery*); *U. Torggler*, Treuepflichten 31 ff, 62 ff; *Harrer* in Gruber/Harrer, GmbHG² §§ 41, 42 Rz 57 ff.
272 *Koppensteiner/Rüffler*, GmbHG³ § 41 Rz 31; *Mutz*, RdW 2003/247, 301.
273 *Diregger* in Doralt/Nowotny/Kalss, AktG³ § 195 Rz 29 ff; aA *Thöni*, Rechtsfolgen 98 ff: Konkretisierung v § 879 ABGB.
274 ZB OGH 3.11.1954, 1 Ob 705/54.
275 OGH 27.6.2019, 6 Ob 90/19g, NZ 2019, 299 (*Walch*) = GesRZ 2019, 354 (*Zimmermann*) = ecolex 2020, 201 (*Rüffler*); RIS-Justiz RS0026271 [T20].
276 *Koppensteiner/Rüffler*, GmbHG³ § 41 Rz 40.
277 OGH 27.6.2019, 6 Ob 90/19g, NZ 2019, 299 (*Walch*) = GesRZ 2019, 354 (*Zimmermann*) = ecolex 2020, 201 (*Rüffler*); RIS-Justiz RS0120599 [T4].

anlassen will, auf die er **keinen Anspruch** hat u billigerweise auch nicht erheben kann, sondern sich v der Vorstellung leiten lässt, die beklagte Gesellschaft werde die Leistung erbringen, weil sie hoffe, dass der Eintritt **anfechtungsbedingter Nachteile u Schäden** vermieden oder zumindest zurückgehalten werden könne.[278]

Die Rsp anerkennt nunmehr zu Recht die Anfechtbarkeit bei **Treuepflichtverletzungen.**[279] Inhalt u Abgrenzung v Treuepflichten sind oft nur im Einzelfall möglich.[280] Die gesellschaftsrechtliche Treuepflicht ist nach **A der Rsp** an den Grundsätzen v Treu u Glauben sowie des redlichen Verkehrs u am Gebot der guten Sitten zu orientieren, wobei die personalistische Struktur der Gesellschaft Umfang u Intensität der Treuepflichten beeinflusst.[281] Aus diesen recht vagen Formeln lässt sich zunächst ableiten, dass Gesellschafter bei Ausübung ihres Stimmrechts die legitimen **Interessen** der anderen **Mitgesellschafter angemessen mitberücksichtigen** müssen, die grds freie Ausübung des Stimmrechts somit eine inhaltliche Beschränkung erfährt. Die Mehrheit darf ihre Stellung nicht zum Schaden der Minderheit oder des v Gesellschaft betriebenen Unternehmens ausnutzen u hat jeden unnötigen oder übermäßigen Eingriff in die Rechte der Minderheit zu unterlassen.[282] Beispielsweise folgt aus der allg Treuepflicht die Verpflichtung, bei Wahl des Ortes u Termins der GV auf die Interessen der Gesellschafter Bedacht zu nehmen (Rz 71). **93**

Umgekehrt kann die Treuepflicht auch für einen **Minderheitsgesellschafter** gelten, der eine Sperrminorität hält.[283] Die Treuebindung ist für Minderheitsgesellschafter aber restriktiv zu interpretieren u verpflichtet zu einer positiven Stimmabgabe etwa nur dann, wenn über zweckmäßige Sanierungsmaßnahmen abzustimmen ist, die für den wirtschaftlichen Fortbestand der Gesellschaft zwingend erforderlich sind.[284] Die Treuepflicht kann auch (nur) zur Anwesenheit in der GV verpflichten, **94**

---

278 BGH, 22.5.1989, II ZR 206/88; vgl OLG Wien 18.9.2008, 1 R 120/08m.
279 OGH 16.2.2006, 6 Ob 130/05v; 26.2.1998, 6 Ob 335/97a; 22.11.1988, 5 Ob 626/88; vgl *Deimbacher*, GesRZ 1992, 176 (182); *U. Torggler*, Treuepflichten 141.
280 OGH 19.4.2012, 6 Ob 60/12k; vgl auch 1.10.2008, 6 Ob 191/08v; 16.6.2011, 6 Ob 99/11v, wbl 2011, 671 (*Koppensteiner*).
281 OGH 22.11.1988, 5 Ob 626/88, JBl 1989, 253 (*Thiery*).
282 *Diregger* in Doralt/Nowotny/Kalss, AktG³ § 195 Rz 32 ff.
283 Vgl OGH 26.10.1955, 2 Ob 570/55, JBl 1956, 72.
284 Vgl *Diregger* in Doralt/Nowotny/Kalss, AktG³ § 195 Rz 35.

etwa bei Etablierung eines 100%-Anwesenheitsquorums für Änderungen des GesV.

95 Zweckmäßig ist es, mögliche Treuepflichtverletzungen nach der Schwere des **Eingriffs in die Mitgliedschaftsrechte** einerseits (Treuepflichten gegenüber Mitgesellschafter) u der Beeinträchtigung des **Gesellschaftszwecks** (Treuepflichten gegenüber der Gesellschaft) andererseits zu differenzieren.[285] Eingriffe in **Mitgliedschaftsrechte der Gesellschafter** sind stets an den Kriterien v Erforderlichkeit u Zweckmäßigkeit zu messen.[286] Zur Bestimmung des Maßes der Rechtsbeschränkung ist auf die Stärke der durch die Aufnahme v Gemeinschaftsbeziehungen dem Einzelnen anvertrauten Macht, auf die Interessen des Verbandes u der Mitgesellschafter Einfluss zu nehmen, abzustellen.[287] Daher beeinflusst bei Eingriffen in das Mitgliedschaftsrecht auch die Realstruktur der Gesellschaft (personalistisch oder kapitalistisch) die Reichweite der Treuepflicht.[288] Bei personalistischer Ausgestaltung kommt sogar eine Treuebindung gegenüber den privaten Interessen einzelner Gesellschafter in Betracht.

96 Betrifft die Beschlussfassung nicht einen Eingriff in das Mitgliedschaftsrecht der Mitgesellschafter, sondern das **Verhältnis zur Gesellschaft** (zB Einflussnahme auf die Geschäftsführung), ist Maßstab der Treuepflicht das Gesellschaftsinteresse u die Wahrung des Gesellschaftszwecks.[289] Die reale Gesellschafterstruktur (personalistische Ausgestaltung) spielt diesfalls keine Rolle.[290] Eine Beeinträchtigung ist insb dann anzunehmen, wenn ein Gesellschafter klar u einseitig nur seine eigenen Interessen bzw **Sondervorteile** verfolgt (**Ermessensmissbrauch** bzw **Stimmrechtsmissbrauch**). Stimmt ein Gesellschafter in der GV für die Anstellung seines Sohnes in der Gesellschaft, ist dies daher keine Treuepflichtverletzung, wenn dieser aufgrund seiner Ausbildung die beruf-

---

285 Vgl dazu *Koppensteiner/Rüffler*, GmbHG³ § 41 Rz 33 ff; *Reich-Rohrwig*, GmbHR 361; *Mutz*, RdW 2003/247, 301.
286 OGH 16.2.2006, 6 Ob 130/05v; *Koppensteiner/Rüffler*, GmbHG³ § 41 Rz 33.
287 S *Zöllner*, Schranken mitgliedschaftlicher Stimmrechtsmacht 341.
288 *Thöni*, Rechtsfolgen 179; *Thiery*, Besprechung zu 5 Ob 626/88, JBl 1989, 253 (255 f).
289 *Koppensteiner/Rüffler*, GmbHG³ § 41 Rz 34.
290 *Thiery*, Besprechung zu 5 Ob 626/88, JBl 1989, 256; differenzierend *Koppensteiner/Rüffler*, GmbHG³ § 41 Rz 34: diese E sei wegen einer zusätzlich vorliegenden Interessenkollision außergewöhnlich streng.

lichen Voraussetzungen für eine Anstellung bei der Gesellschaft erfüllt, ein entspr Bedarf besteht u das bezahlte Gehalt angemessen ist.[291] Ein Stimmrechtsmissbrauch liegt nach der Rsp vor, wenn ein Gesellschafter in Verfolgung eigener Interessen im eigenen Namen u zugleich als GF eines anderen Gesellschafters (beteiligte GmbH) für die Abtretung seiner vinkulierten Anteile an einen Dritten stimmt, obwohl ein dafür erforderlicher Genehmigungsbeschluss bei der beteiligten GmbH fehlt.[292] Das Gesellschaftsinteresse ist ferner dann beeinträchtigt, wenn ein GF trotz schwerwiegender Pflichtverletzungen u Schädigung der Gesellschaft in Kenntnis dieser Umstände **entlastet** wird.[293]

Betrifft die Beschlussfassung sowohl das Mitgliedschaftsrecht des Gesellschafters als auch das Gesellschaftsinteresse, dann ist eine **Interessenabwägung** vorzunehmen. Die gesellschaftliche Treuepflicht gebietet es nach der Rsp aber nicht, die Interessen der Gesellschaft stets über jene des Gesellschafters zu zustellen. So können sog „**eigennützige**" Rechte des Gesellschafters, die primär seinen Interessen dienen, im Einzelfall auch gegen die Interessen der Gesellschaft ausgeübt werden. Der Gesellschafter muss daher bspw nicht immer schon dann gegen die **Ausschüttung des Bilanzgewinns** stimmen, wenn die Thesaurierung für die Gesellschaft günstiger als die Ausschüttung ist (vgl § 82 Rz 41 ff). Für die Ausschüttung des Bilanzgewinns zu stimmen, kann jedoch im Einzelfall dann treuwidrig sein, wenn die Interessen der Gesellschaft an der Thesaurierung die Interessen des Gesellschafters an der Ausschüttung **massiv überwiegen**. Dies ist nach der zutr Rsp dann anzunehmen, wenn das Gesellschaftsinteresse an der Rücklagenbildung besonders ausgeprägt ist, insb wenn sie für die **Überlebensfähigkeit** der Gesellschaft erforderlich ist.[294] Eine treuwidrige Stimmabgabe liegt ferner dann vor, wenn der Gesellschafter v Vorliegen der Voraussetzungen des § 82 Abs 5 positiv Kenntnis hat u dennoch für die Ausschüttung stimmt.[295]

Greift der Beschluss nicht in Mitgliedschaftsrechte ein u beeinträchtigt er auch nicht den Gesellschaftszweck (zB Gewinnverwendung, Ermessensentscheidungen der Mehrheit wie nach § 50 Abs 2 [Errichtung

---

291 OGH 6.12.1988, 5 Ob 626/88.
292 OGH 14.11.1996, 2 Ob 2146/96v.
293 *Lutter/Hommelhoff*, GmbHG[18] Anh § 47 Rz 56.
294 OGH 31.1.2013, 6 Ob 100/12t, GesRZ 2013, 219 (*Moser*), ecolex 2013/291, 710 (*Reich-Rohrwig*); *Breisch/Mitterecker* in Adensamer/Mitterecker, GesStreit, Rz 3/48 f.
295 OGH 31.1.2013, 6 Ob 100/12t, GesRZ 2013, 219 (*Moser*).

eines fakultativen AR oder Herabsetzung der Entlohnung der GF oder AR-Mitglieder]), liegt eine Treuepflichtverletzung nur ausnahmsweise vor, uzw dann, wenn sie die Intensität eines **Rechtsmissbrauchs** erreicht. Hierher gehören auch **zweckneutrale Beschlüsse** wie **Umgründungen** oder **Auflösung**. Nach dem OGH sind solche Beschlüsse **nicht** als **Änderungen des GesV** zu qualifizieren u als strukturändernde Grundsatzbeschlüsse grds **kontrollfrei**.[296] Eine Treuepflichtverletzung ist jedenfalls nicht durch die wirtschaftlichen Nachteile, die zwangsläufig mit einer solchen Maßnahme für die anfechtende Minderheit einhergehen (Auflösung der Gesellschaft, Untergang der Mitgliedschaft u allfälliger Aufgriffsrechte), zu begründen. Der OGH legt vielmehr den Maßstab des Rechtsmissbrauchs an u fordert, dass die Ausübung des Rechts offenbar den Zweck hatte, die Minderheit zu schädigen; das unlautere Motiv muss das lautere eindeutig überwiegen (Rz 92).[297] Nach diesem Maßstab könnte ein Rechtsmissbrauch nur in Ausnahmefällen vorliegen, etwa dann, wenn die Maßnahme nur dazu dient, Aufgriffsrechte (§ 76 Rz 25) v Minderheitsgesellschaftern zu umgehen, indem frei gewordene Anteile sofort wieder abgetreten werden (sollen) oder beabsichtigt ist, die Maßnahme sofort wieder rückgängig zu machen; oder wenn die Voraussetzungen für einen Gesellschafterausschluss rechtsmissbräuchlich herbeigeführt werden.[298]

99 Treuepflichtverletzungen begründen jedenfalls nur die **Anfechtbarkeit**, mangels Erfüllung eines entspr Tatbestands nicht aber Nichtigkeit des Beschlusses.[299] Vgl aber unten Rz 109 ff zur Einschränkung der Anfechtbarkeit bei Umgründungsbeschlüssen.

100 Von der Anfechtbarkeit des Beschlusses ist die Frage zu unterscheiden, ob **treuwidrig abgegebene Stimmen** gültig oder aber (gem § 879 ABGB) nichtig sind. Die hL geht v der Gültigkeit der Stimmabgabe aus,[300] ebenso

---

296 OGH 26.2.1998, 6 Ob 335/97a.
297 OGH 26.2.1998, 6 Ob 335/97a.
298 OGH 31.1.2013, 6 Ob 210/12v, GesRZ 2013, 162 (*Foglar-Deinhardstein*); 22.6.2022, 6 Ob 92/22f, GesRZ 2022, 378 (*Diregger*); *Foglar-Deinhardstein*, ÖJZ 2022, 911.
299 *Koppensteiner/Rüffler*, GmbHG³ § 41 Rz 31.
300 S nur *Koppensteiner/Rüffler*, GmbHG³ § 41 Rz 17; *Enzinger* in Straube/Ratka/Rauter, GmbHG § 41 Rz 47; *Thöni*, Rechtsfolgen 150 ff, mwN; *Eckert* in Artmann/Rüffler/U. Torggler, Beschlussmängel 82 f; *Eckert/Schopper/Walcher* in Eckert/Schopper, AktG-ON § 195 Rz 42; aA *Baumgartner/Mollnhuber/U. Torggler* in U. Torggler, GmbHG § 39 Rz 42; *U. Torggler*, Treuepflichten 143 ff; *Thöni*, GesRZ 2008, 346; zur AG:

die Rsp.[301] Für Nichtigkeit hingegen die dt L.[302] Beachtliche Gründe sprechen dafür, mit der dt L v der Nichtigkeit der Stimmabgabe auszugehen.[303] Die Frage ist für die inhaltliche Prüfungskompetenz des Versammlungsleiters v Bedeutung (oben Rz 67). Dieser kann die Treuwidrigkeit der Stimmen schon in der GV aufgreifen u zumindest treuwidrige Ja-Stimmen nicht mitzählen, um auf diese Weise bereits bei der Beschlussfeststellung zu einem möglichst korrekten Ergebnis zu kommen.[304] Die Wertung der hA, dass bei einem Stimmverbot der Versammlungsleiter berechtigt ist, die entgegen des Stimmverbots abgegebenen Stimmen nicht mitzuzählen,[305] ist mE auf den Fall treuwidriger Stimmabgabe übertragbar. Die hier vertretene A ermöglicht es dem Versammlungsleiter, Beschlussmängel in Form v Treuepflichtverletzung aufzugreifen u damit die **Rolle des Anfechtungsklägers demjenigen Gesellschafter zuzuweisen, der die treuwidrige Stimme abgegeben hat**. Für diese A spricht nicht zuletzt die v der aktuellen Rsp des OGH ausdrücklich bejahte **Pflicht des Versammlungsleiters zur Unparteilichkeit**.[306] Nach dieser A sind ferner treuwidrige Stimmen nicht mitzuzählen, wenn das Beschlussergebnis mangels Feststellung in der GV nach dem tatsächlichen Abstimmungsergebnis bestimmt wird (aA die Rsp: treuwidrige Stimmen sind mitzuzählen,[307] oben Rz 67). Bei Streitigkeiten unter den Gesellschaftern könnte Feststellungsklage erhoben

---

Doralt/Winner in Doralt/Nowotny/Kalss, AktG³ § 47a Rz 45; *Diregger* in Doralt/Nowotny/Kalss, AktG³ § 195 Rz 37.
301 OGH 31.1.2013, 6 Ob 100/12t; 10.4.2008, 6 Ob 37/08x; 12.10.2006, 6 Ob 139/06v; 16.2.2006, 6 Ob 130/05v; 14.11.1996, 2 Ob 2146/96v; 26.5.1983, 6 Ob 786/82.
302 Vgl nur *Lutter/Hommelhoff*, GmbHG¹⁸ Anh § 47 Rz 46; zur AG ferner BGH 12.7.1993, II ZR 65/92.
303 *Linder* in Adensamer/Mitterecker, GesStreit, Rz 8/39 mwN.
304 *Linder* in Adensamer/Mitterecker, GesStreit, Rz 8/47.
305 So die hA; *Koppensteiner/Rüffler*, GmbHG³ § 39 Rz 6 f; *Rüffler* in Artmann/Rüffler/Torggler, Beschlussmängel 67; *Koppensteiner*, GES 2012, 488; aA hingegen *Enzinger* in Straube, GmbHG § 39 Rz 13.
306 OGH 29.8.2019, 6 Ob 149/19h; *Linder* in Adensamer/Mitterecker, GesStreit, Rz 8/50 mwN; zum Gleichbehandlungsgebot ferner OGH 25.11.1997, 1 Ob 61/97w; 16.6.2011, 6 Ob 99/11v; RIS-Justiz RS0127005; *Enzinger* in Straube, GmbHG § 34 Rz 49; *Harrer* in Gruber/Harrer, GmbHG² § 34 Rz 21 f. Ist der Versammlungsleiter ein RA, dann handelt er in der Funktion als Versammlungsleiter nicht als Parteienvertreter, § 9 Abs 1 RAO kommt in dieser Funktion nicht zur Anwendung.
307 OGH 14.11.1996, 2 Ob 2146/96v.

werden. Ist der Beschluss hingegen unter Einbeziehung der treuwidrigen Stimmen fehlerhaft festgestellt, bedarf er jedenfalls der Anfechtung.[308] Die zivilrechtliche Nichtigkeit treuwidriger Stimmen hat im Fall der erfolgreichen Beschlussanfechtung den Vorteil, dass über den Weg einer positiven Beschlussfeststellungsklage das Gericht im Anfechtungsprozess den Beschluss gültig feststellen kann, insb wenn eine treuwidrige Nein-Stimme eines Gesellschafters den gebotenen Beschluss verhindert hat.[309]

5. Materielle Beschlusskontrolle

101 Nach der zum Aktienrecht entwickelten Doktrin der **materiellen Beschlusskontrolle** bedürfen **Mehrheitsbeschlüsse**, welche in die **Mitgliedschaftsrechte** der Gesellschafter eingreifen, einer **sachlichen Rechtfertigung** u müssen im Interesse der Gesellschaft **erforderlich** u **verhältnismäßig** sein.[310] Die materielle Beschlusskontrolle wird v der hA als Ausprägung der Treuepflicht angesehen[311] u ist auf eine **Beschlussinhaltskontrolle** gerichtet. Im Anwendungsbereich überschneidet sich die materielle Beschlusskontrolle mit der Treuepflicht u dem Gleichbehandlungsgebot, ist aber insofern enger als letzteres, weil sie nur dort eingreift, wo in Mitgliedschaftsrechte eingegriffen wird, während jenes unabhängig v Beschlussgegenstand gilt (oben Rz 90). Die idS verstandene materielle Beschlusskontrolle ist wegen der gleichartigen Interessenlage auch im GmbHG anwendbar.[312] Mögliche Anwendungsfälle sind Kapitalmaßnahmen, insb Kapitalerhöhung unter Bezugsrechtsausschluss (s schon oben Rz 90).

6. Syndikatsvertrag

102 Strittig ist, ob Beschlüsse anfechtbar sind, die gegen **Syndikatsverträge** verstoßen. Regelt der Syndikatsvertrag die Ausübung des Stimmrechts,

---

308 *Lutter/Hommelhoff*, GmbHG[18] Anh § 47 Rz 46.
309 Vgl hingegen *Koppensteiner/Rüffler*, GmbHG[3] § 41 Rz 54; *Thöni*, Rechtsfolgen 153.
310 Zum Aktienrecht grundlegend BGH 13.03.1978, II ZR 142/76 – *Kali und Salz*; zum öAktG: *Diregger* in Doralt/Nowotny/Kalss, AktG[3] § 195 Rz 38 f, mwN; zum GmbHG: *Baumgartner/Mollnhuber/U. Torggler* in Torggler, GmbHG § 41 Rz 25.
311 *Doralt/Winner* in MüKo AktG[4] § 53a Rz 43 ff.
312 *Thöni*, Rechtsfolgen 179.

sind bindungswidrig abgegebene Stimmen grds wirksam u begründen keine Anfechtbarkeit des Beschlusses.[313] Anfechtbar ist ein Beschluss hingegen dann, wenn sich der Syndikatsvertrag darauf beschränkt, **Treuepflichten** (Rz 92 ff) zw den Gesellschaftern zu konkretisieren.[314] Darüber hinaus sprechen gute Gründe für die Anfechtbarkeit v Beschlüssen, wenn der Stimmbindungsvertrag v **sämtlichen Gesellschaftern** eingegangen wurde, die syndikatsvertragliche Bindung rechtsverbindlich ist u einen inhaltlichen Bezug zum GesV der GmbH hat.[315] Der OGH hat weiter danach differenziert, ob die Gesellschaft eine **personalistische Struktur** hat, da sich mit dem Grad der personalistischen Ausrichtung der Gesellschaft auch die Intensität der einzuhaltenden Treuepflichten steigert (vgl § 39 Rz 26).[316]

7. Gesellschaftsvertrag

Anfechtbar sind Beschlüsse, die **gegen den GesV verstoßen**, soweit es sich nicht um reine Organisationsvorschriften handelt.[317] In einer E beschäftigte sich der OGH mit einem Verstoß gegen den **Unternehmensgegenstand**: Kein Verstoß, wenn dieser jede Handlung u Maßnahme vorsieht, die zur Erfüllung des Gesellschaftszwecks förderlich erscheint, u eine Privatstiftung errichtet wird, deren Zweck in der Förderung der Unternehmen der Stifterin liegt.[318] Anfechtbar ist eine **GesV-widrige Weisung**;[319] ferner die Abberufung eines GF, wenn in der GV nicht das

103

---

313 OGH 27.6.2019, 6 Ob 90/19g; 28.4.1993, 6 Ob 9/93; RIS-Justiz RS0059854; *Koppensteiner/Rüffler*, GmbHG³ § 39 Rz 21; *Enzinger* in Straube/Ratka/Rauter, GmbHG § 34 Rz 31, § 41 Rz 53; aA *Tichy*, Syndikatsverträge 150 ff, 159 ff.
314 OGH 18.2.2021, 6 Ob 140/20m, ecolex 2021, 445; 5.12.1995, 4 Ob 588/95; *Koppensteiner/Rüffler*, GmbHG³ § 39 Rz 21; *Reich-Rohrwig*, GmbHR 363 ff.
315 OGH 5.12.1995, 4 Ob 588/95; aA *Rüffler*, ecolex 2020, 201 (202 f); offenlassend OGH 13.10.2011, 6 Ob 202/10i.
316 OGH 19.12.2019, 6 Ob 213/19w; 26.8.1999, 2 Ob 46/97x; zust *Tichy*, ecolex 2000, 204 (204 ff); *Harrer* in Gruber/Harrer, GmbHG §§ 41, 42 Rz 154; abl *Koppensteiner/Rüffler*, GmbHG³ § 39 Rz 21; *Rüffler* in FS Koppensteiner 97 (101 f, 111 ff); *Enzinger* in Straube/Ratka/Rauter, GmbHG § 34 Rz 31 mwN; differenzierend *Walch*, GES 2015, 159; zuletzt offen lassend OGH 13.10.2011, 6 Ob 202/10i, GesRZ 2012, 259 (*Thiery*).
317 *Enzinger* in Straube/Ratka/Rauter, GmbHG § 41 Rz 48.
318 OGH 25.9.2001, 1 Ob 190/01z.
319 OGH 15.3.1961, 6 Ob 50/61.

in dem GesV festgelegte höhere, sondern nur das gesetzl vorgesehene **Präsenzquorum** (10% gem § 38 Abs 6) erreicht wird;[320] ebenso, wenn der GesV ein bestimmtes höheres **Beschlussquorum** vorsieht u nur die gesetzl einfache Mehrheit erreicht wird.[321]

104 Eine Änderung des GesV **ohne die Einhaltung der Formvorschriften** der §§ 49 u 50 bewirkt nach zutr A die **Nichtigkeit** des Beschlusses (Rz 38; anders allerdings die Rsp). Ein Abgehen v GesV nur im Einzelfall ohne die Einhaltung dieser Vorschriften (**satzungsdurchbrechender Beschluss**) führt hingegen zur **Anfechtbarkeit** dieses Beschlusses. Er wird mangels Anfechtung wirksam, auch wenn er nicht im FB eingetragen wird.[322] Von der Nichtigkeit eines satzungsdurchbrechenden Beschlusses ist allerdings im Fall einer perplexen Beschlussfassung auszugehen (Rz 41, 62).

D. Ausschluss der Anfechtbarkeit

1. Allgemeines

105 Bei **Verfahrensfehlern** ist die Anfechtbarkeit ausgeschlossen, wenn der Fehler für das Beschlussergebnis keine **Kausalität** hat, außer es werden iSd Relevanztheorie konkrete Mitgliedschafts-, Informations- oder Partizipationsinteressen beeinträchtigt (oben Rz 85).

106 Bei Eingriffen in verzichtbare Gesellschafterrechte ist davon auszugehen, dass der betr Gesellschafter dem Eingriff **zustimmen** kann.[323] Welche Gesellschafterrechte verzichtbar sind, ist in einer Abwägung im Einzelfall zu beurteilen. Auf wesentliche Mitgliedschaftsrechte („Kernbereich") wie Teilnahme oder Informationsrechte oder das Anhörungs- u Antragsrecht in der GV, aber auch Treuepflichten oder das Gleichbehandlungsgebot kann jedenfalls nicht schlechthin (iSe pauschalen Abbedingung) verzichtet werden;[324] auf eine **konkretisierte Benachteiligung** – auch schon im Vorhinein – hingegen schon (ähnlich die zum PersGesR entwickelte **Kernbereichslehre** bzw der Bestimmtheitsgrundsatz iSd § 119 UGB[325]). Es handelt sich dabei nicht um eine Zu-

---

320 OGH 21.12.2000, 8 Ob 233/99v.
321 OGH 7.11.1978, 5 Ob 611/78, GesRZ 1979, 81.
322 *Enzinger* in Straube/Ratka/Rauter, GmbHG § 41 Rz 49.
323 *Koppensteiner/Rüffler*, GmbHG[3] § 41 Rz 38.
324 *Diregger* in Doralt/Nowotny/Kalss, AktG[3] § 195 Rz 93, 95.
325 Vgl *U. Torggler/H. Torggler* in Straube/Ratka/Rauter, UGB § 119 Rz 23a.

stimmung wie bei einem zustimmungsbedürftigen Beschluss, der mangels Zustimmung unwirksam ist (unten Rz 114); die Zustimmung in den Eingriff beseitigt hier nur die Anfechtbarkeit. Die Zustimmung kann vor, während u nach der GV erteilt werden, uzw ausdrücklich oder konkludent. An eine konkludente Zustimmung sind strenge Anforderungen zu stellen; ausreichend ist es aber, wenn der Gesellschafter für den Beschluss stimmt.[326] Die Zustimmung des verkürzten Gesellschafters beseitigt die Anfechtbarkeit des Beschlusses. Grundsätzlich ist es ferner zulässig, wenn ein Anfechtungsberechtigter auf die **Anfechtung** eines konkreten fehlerhaften Beschlusses **verzichtet**; dies beseitigt aber nicht die Anfechtbarkeit des Beschlusses schlechthin, sondern nur die Anfechtungsbefugnis des Verzichtenden.[327]

2. Bestätigungsbeschluss

Anerkannt ist, dass die Gesellschafter die Anfechtbarkeit dadurch ausschließen können, dass sie zu einem späteren Zeitpunkt einen weiteren, fehlerfreien Beschluss über denselben Beschlussgegenstand fassen, der auf Sanierung des ursprünglich mangelhaft gefassten Beschlusses gerichtet ist (**Bestätigungsbeschluss**).[328] Als Rechtsfolge entfällt die Anfechtbarkeit schon des ersten fehlerhaften Beschlusses. Dies ist Ausdruck der Dispositionsfreiheit der Gesellschafter; zudem entfällt mit dem zweiten, wirksamen Beschluss das Rechtsschutzinteresse. Voraussetzung ist, dass der zweite Beschluss inhaltlich mit dem ersten identisch ist, auf dieselben Rechtswirkungen gerichtet ist u diese auch herbeiführen kann. Wird ein wirksamer Bestätigungsbeschluss gefasst, ist ein anhängiger Anfechtungsprozeß auf **Kosten einzuschränken**.[329] Der Bestätigungsbeschluss selbst kann wiederum angefochten werden.[330]

107

Ein Bestätigungsbeschluss scheidet bei **nichtigen Beschlüssen** aus, weil diese v vornherein keine Rechtswirkungen entfalten; möglich wäre nur eine neue Beschlussfassung. Ein rückwirkender Bestätigungs-

108

---

326 *Koppensteiner/Rüffler*, GmbHG³ § 41 Rz 38.
327 *Koppensteiner/Rüffler*, GmbHG³ § 41 Rz 38; *Diregger* in Doralt/Nowotny/Kalss, AktG³ § 195 Rz 95.
328 OGH 25.2.1999, 6 Ob 241/98d: Formmangel; 28.1.1999, 6 Ob 290/98k; 19.12.1991, 8 Ob 595/90; *Koppensteiner/Rüffler*, GmbHG³ § 41 Rz 39; *Diregger* in Doralt/Nowotny/Kalss, AktG³ § 195 Rz 96 ff; *Hauser*, ecolex 1990, 477.
329 OGH 19.12.1991, 8 Ob 595/90.
330 *Diregger* in Doralt/Nowotny/Kalss, AktG³ § 195 Rz 104 f.

beschluss kommt nicht in Betracht, wenn damit **ein rückwirkender Eingriff in Rechte des Klägers** verbunden ist oder die Rechtslage der Gesellschaft bzw der Gesellschafter v Zeitpunkt wirksamer Beschlussfassung abhängt.[331] Der Bestätigungsbeschluss muss zudem selbst gültig u mängelfrei zustande kommen, weshalb ein Bestätigungsbeschluss nur bei **Verfahrensmängeln** die beabsichtigte Sanierungswirkung haben kann, **nicht hingegen bei Inhaltsmängeln**.[332] Ein mit demselben Inhaltsmangel behafteter Bestätigungsbeschluss ist wiederum anfechtbar.

3. Anfechtungsausschluss bei Umgründungsbeschlüssen

109 Im Zusammenhang mit bestimmten **Umgründungsbeschlüssen** (Verschmelzung, Spaltung, Umwandlung) u den zugrundeliegenden Kapitalerhöhungsbeschlüssen sieht das Gesetz mehrere Sonderregelungen vor.[333]

110 Bei einer **Verschmelzung** kann gem § 96 Abs 2 GmbHG iVm § 225b AktG eine **Anfechtungsklage** nicht darauf gestützt werden, dass das Umtauschverhältnis oder die allfälligen baren Zuzahlungen nicht angemessen festgelegt worden sind oder dass die in den Verschmelzungsberichten der GF (§ 220a AktG), den Prüfungsberichten des Verschmelzungsprüfers (§ 220b AktG) oder allenfalls den Berichten der AR (§ 220c AktG) enthaltenen Erläuterungen des Umtauschverhältnisses oder der baren Zuzahlungen nicht dem Gesetz entsprechen (vgl § 98 Rz 24).[334] Entsprechende Regelungen bestehen für die **Spaltung** (§ 9 Abs 2, § 11 SpaltG), die **Umwandlung** (§ 2 Abs 3, § 5 Abs 5 UmwG) u den **Gesellschafterausschluss** (§ 6 Abs 1 GesAusG).[335] An Stelle der Anfechtung tritt die gerichtl **Überprüfung des Umtauschverhältnisses** gem §§ 225c ff AktG. Gestützt auf **andere** als in § 225b AktG genannte Anfechtungsgründe ist eine Anfechtungsklage aber jedenfalls zulässig,

---

331 Zutr *Koppensteiner/Rüffler*, GmbHG³ Rz 39; andere Akzentuierung bei *Diregger* in Doralt/Nowotny/Kalss, AktG³ § 195 Rz 100.
332 Vgl *Diregger* in Doralt/Nowotny/Kalss, AktG³ § 195 Rz 101; *Hauser*, ecolex 1990, 477 (479).
333 S nur *Diregger* in Doralt/Nowotny/Kalss, AktG³ § 195 Rz 110 ff; *Diregger*, Anfechtung und Nichtigkeit 120 ff.
334 Zur AG vgl nur *Diregger* in Doralt/Nowotny/Kalss, AktG³ § 195 Rz 111 ff; die Geltendmachung v Nichtigkeitsgründen ist hingegen nicht ausgeschlossen.
335 S *Kalss/Zollner*, Squeeze-out § 6 GesAusG, Rz 3; OGH 6.11.2008, 6 Ob 91/08p, GesRZ 2009, 103 (*Schimka*), ecolex 2009, 600 (*Rizzi*).

zB Fehler bei Vorbereitung oder Durchführung der Beschlussfassung.[336] Diese Grundsätze gelten auch für eine Kapitalmaßnahme (Kapitalerhöhung), sofern sie zur Durchführung der Umgründung erforderlich ist (s § 98 Rz 26).[337]

Beschlussmängel wirken sich **nicht** auf die **Wirksamkeit** der Umgründungsmaßnahme aus, sobald sie **im FB eingetragen** ist (§ 96 Abs 2 GmbHG iVm § 230 Abs 2 AktG; § 14 Abs 3, § 17 Z 5 SpaltG; § 2 Abs 3, § 5 Abs 5 UmwG; vgl § 98 Rz 30).[338] Dies gilt auch für vorgelagerte bzw die Umgründungsmaßnahme vorbereitende Beschlüsse (zB verschmelzungsbedingter Kapitalerhöhungsbeschluss); die Bekämpfung vorbereitender Beschlüsse kann daher ebenfalls nicht dazu führen, dass die Umgründungsmaßnahme rückabgewickelt werden muss.[339] Dieser Grundsatz gilt nach wohl zutr A unabhängig v der Schwere des Beschlussmangels.[340] Im Eintragungsverfahren sind Gesellschafter dadurch geschützt, dass die GF gem § 96 Abs 2 GmbHG iVm § 225 Abs 2 AktG eine **Negativerklärung** vorlegen müssen, wonach **innerhalb eines Monats** nach Beschlussfassung keine Klage auf Anfechtung oder Feststellung der Nichtigkeit des Verschmelzungsbeschlusses erhoben oder eine solche zurückgezogen wurde oder dass alle Gesellschafter durch notariell beurkundete Erklärung auf eine solche Klage verzichtet haben (ebenso § 12 Abs 2, § 17 SpaltG; § 3 Abs 1 Z 7, § 5 Abs 5 SpaltG; vgl § 98 Rz 28). Ist die Vorlage dieser Erklärung nicht möglich, hat das FB-Gericht gem § 19 FGB über eine Unterbrechung des Eintragungsverfahrens zu entscheiden. Soweit das FB-Gericht die Umgründungsmaßnahme

111

---

336 *Diregger* in Doralt/Nowotny/Kalss, AktG³ § 195 Rz 111a; *Schörghofer* in Doralt/Nowotny/Kalss, AktG³ § 225b Rz 5.
337 *Szep* in Jabornegg/Strasser, AktG⁵ § 225b Rz 9; *Kalss* in Doralt/Nowotny/Kalss, AktG² § 225b Rz 7.
338 OGH 19.12.2019, 6 Ob 210/19d, NZ 2020, 108 (*Napokoj/H. Foglar-Deinhardstein*) = JAP 2020/2021/5 (*Rauter*); vgl *Diregger* in Doralt/Nowotny/Kalss, AktG³ § 195 Rz 115; *Schörghofer* in Doralt/Nowotny/Kalss, AktG³ § 230 Rz 4 ff; *Kalss* in Doralt/Nowotny/Kalss, AktG² § 230 Rz 7 ff; *Kalss*, VSU² § 230 AktG, Rz 4 ff; *Szep* in Jabornegg/Strasser, AktG⁵ § 230 Rz 9; *Napokoj*, GES 2007, 231.
339 OGH 19.12.2019, 6 Ob 210/19d, NZ 2020, 108 (*Napokoj/H. Foglar-Deinhardstein*) = JAP 2020/2021/5 (*Rauter*).
340 *Napokoj/H. Foglar-Deinhardstein*, NZ 2020, 112; offenlassend OGH 19.12.2019, 6 Ob 210/19d, für auf strafbaren Handlungen beruhende Beschlüsse; zust für Verstöße gegen das Verbot der Einlagenrückgewähr *Rauter*, JAP 2020/2021/5, 38 (40).

trotz Erhebung einer Anfechtungs- oder Nichtigkeitsklage einträgt oder eine solche erst nach der Eintragung erhoben wird, liegt keine negative Prozessvoraussetzung u auch **kein Abweisungsgrund** vor, zumindest was den Teil des Urteilsbegehrens betrifft, der die Anfechtung des Beschlusses verlangt. Das stattgebende Urteil hat aber wegen §§ 96 Abs 2 GmbHG iVm 230 Abs 2 AktG (§ 14 Abs 3, § 17 Z 5 SpaltG; § 2 Abs 3, § 5 Abs 5 UmwG) auf die **Wirksamkeit** der Maßnahme keinen Einfluss.[341] Der Teil des Klagebegehrens, welcher auf die Rückgängigmachung der Maßnahme u Herstellung des ursprünglichen Stands im FB gerichtet ist, ist wegen § 230 AktG abzuweisen. Der Kläger kann gem § 230 Abs 2 AktG allerdings das Klagebegehren ohne Vorliegen der Voraussetzungen v § 235 ZPO auf **Schadenersatz** abändern[342] oder auf **Ersatz der Prozesskosten** einschränken (vgl § 98 Rz 27). Haftungsansprüche gegen Organmitglieder oder beispielsweise Rückerstattungsansprüche gem § 83 wegen Verstößen gegen Kapitalerhaltungsvorschriften bleiben jedenfalls unberührt.[343] Das **GesAusG** enthält hingegen keine entspr Regelung; § 230 AktG ist auch nicht analog anwendbar.[344] Abgesehen v § 6 Abs 1 GesAusG kann ein Beschluss auf Gesellschafterausschluss daher nach allg Regeln angefochten werden.[345] Der OGH hat ausdrücklich die Anfechtbarkeit iSd § 41 bei Fehlen des AR-Berichts gem § 3 Abs 3 GesAusG bejaht.[346] § 5 Abs 6 GesAusG normiert allein, dass der Mangel der **notariellen Beurkundung** des Beschlusses durch die FB-Eintragung **geheilt** wird.[347]

4. Rechtsmissbrauch

112 Gestützt auf § 1295 Abs 2 ABGB kann der **Einwand einer rechtsmissbräuchlichen Klageerhebung** erhoben werden;[348] demnach kann eine Anfechtungsklage auch abgewiesen werden, selbst wenn die geltend ge-

---

341 *Aburumieh/Adensamer/H. Foglar-Deinhardstein*, Verschmelzung V. F Rz 66 ff.
342 OGH 19.12.2019, 6 Ob 210/19d, NZ 2020, 108 (*Napokoj/H. Foglar-Deinhardstein*) = JAP 2020/2021/5 (*Rauter*).
343 *Napokoj/H. Foglar-Deinhardstein*, NZ 2020, 112.
344 *Gall/Potyka/Winner*, Squeeze-out, Rz 476.
345 *Kalss/Zollner*, Squeeze-out § 6 GesAusG, Rz 4 ff; *Gall/Potyka/Winner*, Squeeze-out, Rz 467 ff.
346 OGH 25.4.2019, 6 Ob 209/18f, RdW 2019, 680.
347 *Kalss/Zollner*, Squeeze-out § 5 GesAusG, Rz 22.
348 *Enzinger* in Straube/Ratka/Rauter, GmbHG § 41 Rz 66.

machte Gesetz- oder Satzungswidrigkeit tatsächlich besteht.[349] Rechtsmissbrauch kann insb dann vorliegen, wenn der Kläger die Klage nur erhebt, um sich selbst ungerechtfertigte Vermögensvorteile zu verschaffen, auf die er keinen Anspruch hat u billigerweise auch nicht erheben kann.[350] Ebenso ist eine **treuwidrig erhobene** Anfechtungsklage abzuweisen; dies kann sogar für eine an sich begründete Klage gelten, zB wenn der gerügte Beschlussmangel in keinem Verhältnis zu den Nachteilen steht, welche die Gesellschaft durch die verzögerte Beschlussausführung erleidet (zu Treuepflichten oben Rz 92 ff).[351]

E. Rechtsfolgen und Geltendmachung der Anfechtbarkeit

Siehe dazu ausf unten Rz 119 ff sowie § 42 zur Anfechtungsklage. Zum einstweiligen Rechtsschutz s § 42 Rz 23 ff. **113**

VII. Unwirksame Beschlüsse

Unwirksamkeit eines Gesellschafterbeschlusses bedeutet allg, dass der Beschluss zwar fehlerfrei zustande gekommen ist, die beabsichtigten Rechtswirkungen aber nicht begründen kann, weil besondere **zusätzliche Beschlusserfordernisse** nicht erfüllt sind (zur erforderlichen Zustimmung gem § 99 vgl § 99 Rz 2). Die Unwirksamkeit v Gesellschafterbeschlüssen ist in der L allg anerkannt.[352] **114**

Der OGH hat zur GmbH die Unwirksamkeit hingegen **nicht anerkannt**.[353] Selbst in jenen Fällen, in denen die L Unwirksamkeit an- **115**

---

349 OGH 26.10.1955, 2 Ob 570/55, JBl 1956, 72; *Koppensteiner/Rüffler*, GmbHG³ § 41 Rz 40.
350 Vgl *Diregger* in Doralt/Nowotny/Kalss, AktG³ § 196 Rz 71; *Lutter/Hommelhoff*, GmbHG¹⁸ Anh § 47 Rz 74; BGH 22.05.1989, II ZR 206/88.
351 *Lutter/Hommelhoff*, GmbHG¹⁸ Anh § 47 Rz 74.
352 *Koppensteiner/Rüffler*, GmbHG³ § 41 Rz 42, *Baumgartner/Mollnhuber/U. Torggler* in Torggler, GmbHG § 41 Rz 35; *Gellis/Feil*, GmbHG⁷ § 41 Rz 15; *Umfahrer*, GmbH⁶ Rz 488; *Thöni*, Rechtsfolgen 115 ff; *Thöni*, GesRZ 1995, 73; zur AG *Diregger* in Doralt/Nowotny/Kalss, AktG³ Vor § 195 Rz 20 ff; *Kalss/Linder*, Minderheits- und Einzelrechte 42, 124 f.
353 OGH 10.11.1994, 6 Ob 31/94; 11.7.1991, 6 Ob 501/91; 28.3.1985, 7 Ob 538/85; die E ergingen allesamt zu Eingriffen in ein Sonderrecht iSd § 50 Abs 4.

nimmt, bedarf der Beschluss nach der Rsp daher der **Anfechtung gem § 41;**[354] mangels erfolgreicher Anfechtung ist der Beschluss **wirksam**.

116 Der A der hL ist zu folgen. Unwirksame unterscheiden sich v anfechtbaren Beschlüssen dadurch, dass anfechtbare Beschlüsse gegen das Gesetz oder den GesV verstoßen (oben Rz 60 ff), während bei unwirksamen Beschlüssen nur ein zusätzliches Wirksamkeitserfordernis fehlt. Dieses kann grds auch nachträglich eintreten, weshalb derartige Beschlüsse vorerst nur **schwebend** unwirksam sind.[355] Das Wirksamkeitserfordernis kann aber auch endgültig ausbleiben, so dass der Beschluss endgültig keine Rechtswirkungen entfalten kann. Die Interessenlage ist somit grundverschieden v anfechtbaren Beschlüssen, denen das Gesetz (vorläufige oder endgültige) Wirksamkeit zuerkennt. Insb bei Verletzung v Zustimmungsrechten (sogleich Rz 117) besteht ein wesentlicher Untersch zudem darin, dass nur bei Unwirksamkeit der Beschluss gegenüber dem verkürzten Gesellschafter nicht wirksam wird.[356]

117 Unwirksamkeit kommt insb bei Beschlüssen in Betracht, die **ins FB eingetragen** werden müssen (zB Änderung des GesV), die Eintragung aber noch nicht vorgenommen wurde; ferner dann, wenn ein Gesellschafter ein gesetzl oder gesv **Zustimmungsrecht** hat, u ein Beschluss ohne dessen Zustimmung gefasst wird.[357] Ein gesetzl Zustimmungsrecht besteht etwa bei **Eingriff in ein Sonderrecht** bzw Vermehrung v Leistungspflichten gem **§ 50 Abs 4** (s § 50 Rz 17 ff[358]) oder bei einer Verschmelzung in den Fällen v § 99 (außer dessen Abs 3: Anfechtbarkeit; s § 99 Rz 2). Unwirksamkeit tritt ferner ein in den Fällen gem **§ 8 Abs 3, § 10, § 17 SpaltG**. Ebenso gilt dies für **§ 2 Abs 1, § 5 Abs 2 UmwG; § 4 Abs 1 GesAusG**, wenn der **Hauptgesellschafter nicht zustimmt**;[359] ebenso wenn er den erforderlichen **Anteilsbesitz** nicht erreicht,[360] weil dieser als zusätzliches Erfordernis zu denen eines wirksamen Beschlus-

---

354 Krit *Harrer* in Gruber/Harrer, GmbHG² §§ 41, 42 Rz 180 ff.
355 *Koppensteiner/Rüffler*, GmbHG³ § 41 Rz 42; *Diregger* in Doralt/Nowotny/Kalss, AktG³ Vor § 195 Rz 20.
356 Vgl *Koppensteiner/Rüffler*, GmbHG³ § 41 Rz 43; *Thöni*, Rechtsfolgen 120 f; *Thöni*, GesRZ 1996, 137 (137 f).
357 Vgl zu § 50 Abs 4 nur *Thöni*, Rechtsfolgen 118 ff; *Umfahrer*, GmbH⁶ Rz 488; **aA** – für Anfechtbarkeit – hingegen *Schönherr*, JBl 1960, 1, 39 (42 f); *Reich-Rohrwig*, GmbHR 391, 393, 429.
358 Ausf *Koppensteiner/Rüffler*, GmbHG³ § 41 Rz 43 mwN.
359 *Gall/Potyka/Winner*, Squeeze-out, Rz 475.
360 **AA** *Gall/Potyka/Winner*, Squeeze-out, Rz 475: Anfechtbarkeit.

ses, insb eines bestimmten Zustimmungsquorums (§ 4 Abs 1 GesAusG: einfache Stimmenmehrheit; § 2 Abs 3 UmwG iVm § 221 Abs 2 AktG: einfache Stimmenmehrheit u Drei-Viertel-Mehrheit des vertretenen Kapitals), hinzutritt.

Auf die Unwirksamkeit eines Gesellschafterbeschlusses kann sich jedermann auch einredeweise berufen, ohne dass es auf die Voraussetzungen der §§ 41 ff ankommt. Liegt ein rechtliches Interesse vor, kann **Feststellungsklage** gem § 228 ZPO erhoben werden. Ins FB dürfen unwirksame Beschlüsse nicht eingetragen werden, es sei denn, es fehlt gerade nur die Eintragung als Wirksamkeitsvoraussetzung.[361] **Anfechtungsklage** gem §§ 41 ff kann nach A der Rsp (Rz 115) sowie Teilen der L[362] bei **Eingriff in ein Sonderrecht** erhoben werden. Zu erwägen ist darüber hinaus die analoge Anwendung der aktienrechtlichen **Nichtigkeitsklage** gem § 201 AktG (s oben Rz 55[363]). Nach zutr A ist dabei aber zu unterscheiden, ob der Beschluss schwebend oder endgültig unwirksam ist: Sofern der Beschluss schwebend unwirksam ist, ist nur Feststellungsklage gem § 228 ZPO zulässig; erst wenn die endgültige Unwirksamkeit feststeht, kann Klage gem § 41 oder analog § 201 AktG erhoben werden.[364] Zu erwägen ist, die **Heilung** v im FB eingetragenen unwirksamen Beschlüssen analog § 200 AktG zuzulassen.[365] Eine **amtswegige Löschung** gem § 10 Abs 2 FBG kommt nur bei endgültig unwirksamen Beschlüssen in Betracht, die gegen zwingende gesetzl Vorschriften verstoßen, wenn die Löschung im öffentlichen Interesse geboten ist.[366]

118

---

361 *Koppensteiner/Rüffler*, GmbHG³ § 41 Rz 42.
362 *Koppensteiner/Rüffler*, GmbHG³ § 41 Rz 56; *Gellis/Feil*, GmbHG⁷ § 41 Rz 21.
363 *Thöni*, Rechtsfolgen 132 ff; differenzierend *Diregger* in Doralt/Nowotny/Kalss, AktG³ § 201 Rz 18; *Kastner/Doralt/Nowotny*, GesR⁵, 275; *Strasser* in Jabornegg/Strasser, AktG⁵ § 195 Rz 4, 201 Rz 2; abl OGH 17.5.1967, 1 Ob 38/67 zur AG.
364 *Thöni*, Rechtsfolgen 134; *Thöni*, ÖJZ 2002, 215 (216).
365 *Thöni*, Rechtsfolgen 135 f; *Thöni*, GesRZ 1995, 73 (80); differenzierend, aber grds bejahend *Diregger* in Doralt/Nowotny/Kalss, AktG³ § 200 Rz 20 zur AG.
366 *Thöni*, Rechtsfolgen 136; *K. Schmidt* in Scholz, GmbHG¹¹ § 45 Rz 60.

VIII. Anfechtungsklage

A. Allgemeines

119 § 41 Abs 2 bis 4 normiert gemeinsam mit § 42 Sonderregeln zur **Anfechtungsklage**. Anfechtungsgründe sind **zwingend mit Klage gem § 41** geltend zu machen. **Außerhalb** dieser Klage ist eine Geltendmachung v Anfechtungsgründen oder eine Berufung auf Beschlussmängel unzulässig; auch eine Geltendmachung **durch Einrede** gegen eine Klage der Gesellschaft ist **nicht möglich**.[367]

120 Unklar ist, ob die Bestimmungen über die Anfechtungsklage bzw einzelne Wertungen auch bei **nichtigen** oder **unwirksamen** Beschlüssen zur Anwendung kommen. Auszugehen ist wie erwähnt (Rz 11) davon, dass die gesetzl Regelungen explizit nur die **Anfechtung** betreffen. Nach der **Rsp** ist die Erhebung der GmbH-rechtlichen Anfechtungsklage allerdings auch bei **nichtigen** (Rz 57 a) u **unwirksamen Beschlüssen** erforderlich (Rz 115); nur Scheinbeschlüsse sollen mit Feststellungsklage gem § 228 ZPO aufgegriffen werden können (Rz 17). Nach zutr hL können hingegen auch nichtige (Rz 56) u unwirksame Beschlüsse (Rz 118) einredeweise oder mit Feststellungsklage gem § 228 ZPO geltend gemacht werden. Zu erwägen ist zudem die analoge Anwendung der aktienrechtlichen Nichtigkeitsklage gem § 201 AktG auf nichtige (Rz 55) u unwirksame Beschlüsse (Rz 118).

121 **Anfechtungsverfahren in der Insolvenz**: Bereits anhängige Anfechtungsverfahren werden in der **Insolvenz** der Gesellschaft gem § 7 Abs 1 **IO unterbrochen**.[368] Dies mit Ausnahme der in § 6 Abs 3 IO bezeichneten Streitigkeiten, wenn die Aufhebung des Gesellschafterbeschlusses keine **unmittelbare Wirkung** auf die **Insolvenzmasse** entfaltet.[369] Die Anfechtung der **Bestellung oder Abberufung eines GF** oder der Bestellung einer Liquidators betrifft nach der Rsp grds rein gesellschaftsinterne organisatorische Maßnahmen, die für sich genommen auf die Vermögensverhältnisse der Gesellschaft keinen Einfluss nehmen u deshalb keine unmittelbare Wirkung auf die Insolvenzmasse entfalten.[370]

---

367 OGH 26.5.1983, 6 Ob 786/82; **aA** *Harrer* in Gruber/Harrer, GmbHG² §§ 41, 42 Rz 76: fehlt die Feststellung des Beschlussergebnisses, soll nur die allg Feststellungsklage zulässig sein.
368 OGH 27.6.2016, 6 Ob 98/16d.
369 OGH 19.12.2019, 6 Ob 213/19w, RdW 2020/269; 11.10.1994, 1 Ob 567/94.
370 OGH 10.4.2014, 6 Ob 44/14k; 26.8.1999, 2 Ob 46/97x.

Die Abberufung des GF kann allerdings dann Wirkungen auf die Masse haben, wenn er für die Zeit nach seiner Abberufung bis zur Insolvenzeröffnung Vergütungsansprüche in der Insolvenz angemeldet hat.[371] Unmittelbare Wirkungen auf die Masse haben ferner bspw Beschlüsse über die Geltendmachung v Ersatzansprüchen gegen Organe, Einforderungen v Stammeinlagen oder die Auflösung der Gesellschaft.[372] Unmittelbare Auswirkungen auf die Masse hat ferner die Anfechtung eines die beantragte **Sonderprüfung** abl Beschlusses samt Feststellung der Wirksamkeit der **Bestellung des Sonderprüfers** iZm Schadenersatzansprüchen gegen die GF.[373] Nach A des OGH soll ein Beschluss, mit dem eine beantragte Kapitalerhöhung abgelehnt wird, keine Masseerheblichkeit haben, sehr wohl aber eine beschlossene Kapitalerhöhung.[374] Diese Grundsätze gelten auch für die Prozesssperre hinsichtlich noch nicht anhängiger Prozesse gem § 6 Abs 1 IO.

Die GF oder sonstigen Vertreter der Gesellschaft im Prozess (§ 42 Rz 2 ff) haben nach Zustellung der Klage zunächst unverzüglich **sämtliche Gesellschafter** – sofern diese nicht selbst Anfechtungskläger sind – v anhängigen Prozess **zu verständigen**, um ihr rechtliches Gehör zu wahren u ihnen Gelegenheit zur Nebenintervention zu geben (in sinngemäßer Anwendung v § 197 Abs 5 AktG; s § 42 Rz 36; zur positiven Beschlussfeststellungsklage Rz 174). Kommen die GF dieser Pflicht nicht nach (es genügt wohl, wenn die GF dem Gericht nicht binnen angemessener Frist einen Nachw erbringen), hat das Gericht den Gesellschaftern v **Amts wegen** die Klage zuzustellen, um Gelegenheit zum Verfahrensbeitritt zu geben (analog § 62 ASGG).[375] Zu erwägen ist eine Verständigungspflicht der Gesellschaft hinsichtlich **gesellschaftsfremder Dritter**, die durch ein stattgebendes Urteil in ihrer Rechtsposition beeinträchtigt würden (§ 42 Rz 42).[376] Eine **subsidiäre** Verständigungspflicht durch das **Gericht** kommt nur in Betracht, soweit aus dem angefochtenen Beschluss die materielle Betroffenheit des Dritten zweifelsfrei hervorgeht (§ 42 Rz 42).[377]

122

---

371 OGH 11.10.1994, 1 Ob 567/94.
372 *Schubert* in Konecny/Schubert, § 6 KO Rz 4.
373 OGH 19.12.2019, 6 Ob 213/19w, RdW 2020/269.
374 OGH 14.9.2011, 6 Ob 179/11f (6 Ob 198/11b).
375 *Thöni*, ÖJZ 2002, 215 (220); *Lutter/Hommelhoff*, GmbHG[18] Anh § 47 Rz 43.
376 *Thöni*, Rechtsfolgen 209 f.
377 *Thöni*, Rechtsfolgen 210.

123 Im Gegensatz zu nichtigen oder unwirksamen Beschlüssen sind anfechtbare Beschlüsse **vorläufig wirksam**; die Klagserhebung schiebt die Wirksamkeit des Beschlusses nicht hinaus (s zu den Urteilswirkungen § 42 Rz 39 ff). Die **Ausführung** eines angefochtenen Beschlusses liegt im **pflichtgemäßen Ermessen** der GF,[378] wobei auch die **Erfolgsaussichten** der Klage zu berücksichtigen sind.[379] Zur Möglichkeit einer einstweiligen Verfügung s § 42 Rz 23 ff; vgl ferner § 20 Rz 12 ff.

B. Aktivlegitimation (Abs 2 bis 3)

1. Gesellschafter

124 Aktivlegitimiert ist gem § 41 Abs 2 **jeder Gesellschafter**, unabhängig v der Beteiligungshöhe.[380] Die Erhebung der Anfechtungsklage setzt **kein individuelles Rechtsschutzbedürfnis** voraus.[381] Die Zulässigkeit der Anfechtungsklage ist davon unabhängig, ob der Anfechtungskläger durch den geltend gemachten Anfechtungsgrund in seiner Rechtssphäre konkret betroffen ist. Der Gesetzgeber gesteht den Gesellschaftern vielmehr bereits **aufgrund ihrer Mitgliedschaft** ein besonderes Recht auf Überprüfung der Rechtmäßigkeit der Willensbildung der Gesellschaft zu.[382] Nur ausnahmsweise ist die Anfechtungsklage wegen mangelnden Rechtsschutzinteresses abzuweisen, wenn die Nachprüfung des Beschlusses für niemanden rechtlich bedeutsam sein kann, etwa bei (fehlerhaften) Wahlen zum AR, wenn die Gesellschaft in der Folge durch Verschmelzung untergeht.[383]

---

378 *Kastner/Doralt/Nowotny*, GesR[5], 419.
379 *Koppensteiner/Rüffler*, GmbHG[3] § 20 Rz 9.
380 OGH 11.9.1979, 4 Ob 536/79.
381 *Koppensteiner/Rüffler*, GmbHG[3] § 41 Rz 44; *Diregger* in Doralt/Nowotny/Kalss, AktG[3] Vor § 195 Rz 3; *Linder* in Adensamer/Eckert, GesStreit, Rz 8/21.
382 Zur AG OGH 19.12.2019, 6 Ob 113/19i; *Diregger* in Doralt/Nowotny/Kalss, AktG[3] Vor § 195 Rz 3, § 197 Rz 8; *Eckert/Schopper* in Artmann/Karollus, AktG[6] § 197 Rz 6; vgl zur insofern vergleichbaren dt Rechtslage *Hüffer/Schäfer* in MünchKomm AktG[4] § 246 Rz 17; *Dürr* in Spindler/Stilz, AktG[4] § 246 Rz 4.
383 OGH 19.12.2019, 6 Ob 113/19i; der OGH deutet in dieser E jedoch an, dass dies bei einer Fortwirkung der AR-Beschlüsse anders gesehen werden könnte.

a) Gesellschaftereigenschaft

Die **Gesellschaftereigenschaft** bestimmt sich nach § 78 (s § 78 Rz 1 ff), somit grs nach der Eintragung im FB. Anfechtungsberechtigt sind daher auch **Treuhänder**,[384] nicht jedoch der Treugeber.[385] Die Gesellschaftereigenschaft geht durch die Kündigung der Gesellschaft nicht verloren; auch nach der Aufkündigung haben Gesellschafter das Recht zur Klage gem § 41.[386] **Ausgeschiedene Gesellschafter** sind bis zu ihrer Löschung im FB befugt, bei der Beschlussfassung mitzustimmen u Beschlüsse gem § 41 anzufechten.[387] Ihre Beschwer ist wegen ihrer Gewährleistungspflicht gegenüber Erwerbern der Geschäftsanteile zu bejahen.[388]

125

Wird ein rechtmäßiger **Erwerber** eines Anteils, der noch nicht im FB eingetragen ist, v der Gesellschaft – zulässigerweise – zur Stimmrechtsausübung zugelassen (oben Rz 76), steht die Aktivlegitimation auch dem neuen Gesellschafter zu, weil mit der Zulassung zur Stimmrechtsausübung die Anfechtungsbefugnis als daraus mittelbar abgeleitetes Gesellschafterrecht folgt.[389] Nach dem OGH ist auch anfechtungsbefugt, wer als Folge eines Scheingeschäfts nicht Gesellschafter geworden ist, v der Gesellschaft aber zur Teilnahme u Stimmrechtsausübung in der GV zugelassen wurde.[390] Generell ist davon auszugehen, dass bei einem **Erwerb des Anteils** im Weg **der Einzel- oder Gesamtrechtsnachfolge** vor Erhebung der Anfechtungsklage u während der Anfechtungsfrist die Anfechtungsbefugnis auf den Erwerber übergeht, weil er die Mitgliedschaft, wie sie im Zeitpunkt der Übertragung besteht erwirbt, u damit auch eine dem Veräußerer zustehende Befugnis zur An-

126

---

384 OGH 10.4.2008, 6 Ob 37/08x, GesRZ 2008, 238 (*Thöni*); 18.2.2010, 6 Ob 1/10f; 9.7.2014, 2 Ob 67/14p; 14.7.2022, 5 Ob 98/22f; 25.1.2023, 6 Ob 31/22k; *Reich-Rohrwig*, GmbHR 383; *Enzinger* in Straube/Ratka/Rauter, GmbHG § 41 Rz 58; das gilt selbst im Fall einer offenen Treuhand; OGH 14.7.2022, 5 Ob 98/22f; 21.3.2019, 6 Ob 216/18k, Pkt 1.4; 14.9.2021, 6 Ob 71/21s, Rz 40; RIS-Justiz RS0123563.
385 OGH 20.1.2004, 4 Ob 256/03f; 14.7.2022, 5 Ob 98/22f.
386 OGH 5.2.1974, 4 Ob 596/73, HS 9654/2.
387 OGH 1.8.2003, 1 Ob 165/03a.
388 OGH 20.5.2003, 4 Ob 71/03z.
389 Vgl *Artmann*, GES 2007, 3 (9 f); *Enzinger* in Straube/Ratka/Rauter, GmbHG § 41 Rz 57.
390 OGH 11.9.1979, 4 Ob 536/79; **abl** *Koppensteiner/Rüffler*, GmbHG³ § 41 Rz 45.

fechtung übergeht.³⁹¹ Ist der alte Gesellschafter noch nicht im FB gelöscht, steht die Anfechtungsbefugnis somit sowohl dem alten, als auch dem neuen Gesellschafter zu. Der Prozess kann aber wegen § 233 Abs 1 ZPO (Streitanhängigkeit) nur einmal geführt werden; entscheidend ist mangels anderer Anhaltspunkte, wer die Klage zuerst einbringt. Dem anderen Gesellschafter steht der Beitritt als Nebenintervenient offen (§ 42 Rz 35).

127 Geht die Gesellschaftereigenschaft (Löschung im FB) erst **nach Schluss** der **mündlichen Verhandlung** erster Instanz verloren, ist nach zutr A des OGH der Einwand der mangelnden Aktivlegitimation eine **unzulässige Neuerung**, der ausgeschiedene Gesellschafter kann den Prozess somit fortsetzen.³⁹²

128 Fraglich ist der Fall, dass die Gesellschaftereigenschaft nach Klagseinbringung, aber **vor Schluss der mündlichen Verhandlung erster Instanz** verloren geht. Der OGH hat zur **Spaltung einer AG** ausgesprochen, dass die Anfechtungsbefugnis ein materiell-rechtliches Erfordernis für den Erfolg der Anfechtungsklage sei; die Klage sei daher abzuweisen, wenn der Kläger die Anfechtungsbefugnis verliere u an der Fortsetzung des Prozesses bzw an der Beschlussanfechtung kein **besonderes Rechtsschutzbedürfnis** habe (zB wenn die angefochtenen Beschlüsse nicht geeignet sind, die Rechtsstellung des Klägers zu verschlechtern).³⁹³ Das Höchstgericht hat hingegen offen gelassen, ob dies auch bei Einzelrechtsnachfolge gilt.

129 Geht das Mitgliedschaftsrecht des Anfechtungsklägers verloren, weil es im Weg der **Einzelrechtsnachfolge** auf eine andere Person übergeht (zB Verkauf des Anteils), sollte eine Anwendung v **§ 234 ZPO** erwogen werden, wonach die Veräußerung einer in Streit verfangenen Sache oder Forderung **keinen Einfluss auf den Prozess** hat.³⁹⁴ Der neue Gesell-

---

391 *Koppensteiner/Rüffler*, GmbHG³ § 41 Rz 45; *Artmann*, GES 2007, 3 (10); *Lutter/Hommelhoff*, GmbHG¹⁸ Anh § 47 Rz 63.
392 OGH 25.1.2006, 7 Ob 300/05a, ecolex 2006/215, 493 (krit *Reich-Rohrwig*); *Diregger* in Doralt/Nowotny/Kalss, AktG³ § 196 Rz 17; **aA** *Artmann*, GES 2007, 3 (12): Aktivlegitimation nur bei besonderem Rechtsschutzbedürfnis; vgl auch *Lutter/Hommelhoff*, GmbHG¹⁸ Anh § 47 Rz 64.
393 OGH 17.1.2007, 7 Ob 287/06s; 6.7.2004, 4 Ob 85/04k; zust *Artmann*, GES 2007, 3 (11 f); *Koppensteiner/Rüffler*, GmbHG³ § 41 Rz 45; für Dtl *Lutter/Hommelhoff*, GmbHG¹⁸ Anh § 47 Rz 64.
394 *Eckert*, Abberufung des GmbH-Geschäftsführers 138; *Diregger* in Doralt/Nowotny/Kalss, AktG³ § 196 Rz 17; *Haider*, Anfechtung, Nichtigkeit und Unwirksamkeit 77 f.

schafter kann dem Verfahren als (streitgenössischer) Nebenintervenient beitreten. Mit **Zustimmung der Gesellschaft** kann er den Prozess auch v bisherigen Gesellschafter übernehmen, uzw ohne Zustimmung des bisherigen Gesellschafters.[395] Stimmt die Gesellschaft dem Parteiwechsel nicht zu, kann der bisherige Gesellschafter den Prozess fortsetzen; die über die Klage ergehende E wirkt für u gegen alle Gesellschafter, auch für den neu hinzugekommen.[396]

Geht die Mitgliedschaft an der Gesellschaft im Zuge einer Umstrukturierungsmaßnahme bei der Gesellschaft mit **Gesamtrechtsnachfolge** oder eines **Gesellschafterausschlusses unter**, sollte erwogen werden, **diese Grundsätze analog** heranzuziehen (mit dem Untersch zur Einzelrechtsnachfolge, dass es keinen Erwerber gibt, der den Prozess übernehmen könnte; es verbleibt somit dabei, dass der bisherige Gesellschafter den Prozess weiterführen kann). Die Gesellschaft bzw die Gesellschaftermehrheit hätte es sonst in der Hand, den Anfechtungskläger aus der Gesellschaft zu drängen u die Kosten des Verfahrens auf ihn zu überwälzen.[397] **Bsp:** Ein 5 %-Gesellschafter ficht die Abberufung eines GF u die Bestellung eines neuen wegen Treuwidrigkeit an, woraufhin er – gegen angemessene Barabfindung – aus der Gesellschaft ausgeschlossen wird. Nach der Rsp wäre die Anfechtungsklage (selbst wenn der Beschlussmangel zu Recht geltend gemacht wurde) abzuweisen, weil der Kläger kein besonderes Rechtsschutzbedürfnis mehr nachweisen kann, u müsste er die Verfahrenskosten tragen. Dieses Ergebnis beeinträchtigt die schützenswerten Interessen des Gesellschafters in unsachlicher u unangemessener Weise; das Anfechtungsrecht dient gerade auch der Wahrung v Minderheitsrechten u steht nicht zur Disposition des Mehrheitsgesellschafters (oben Rz 2). Um in der Praxis eine zufriedenstellende Lösung in diesem Stadium zu ermöglichen, sollte jedenfalls die Vergleichsfähigkeit des Anfechtungsanspruchs anerkannt werden (s § 42 Rz 40).

130

Von diesen Fragen ist das Problem zu trennen, dass es auf Seiten des **Anfechtungsklägers** zu einer **Gesamtrechtsnachfolge** kommt. Im Fall der Gesamtrechtsnachfolge nach einer **untergegangenen Partei** tritt der Rechtsnachfolger grds ex lege in das anhängige Verfahren ein (§§ 155 ff

131

---

395 *Rechberger/Klicka* in Rechberger, ZPO³ § 234 Rz 3 mwN.
396 Vgl nur *Rechberger/Klicka* in Rechberger, ZPO³ § 234 Rz 3.
397 Zum Kostenrisiko vgl zur AG *Diregger*, Anfechtung und Nichtigkeit 134; *Kalss/Linder*, Minderheits- und Einzelrechte 38.

ZPO)[398]. **Beispiele:** Tod des Anfechtungsklägers (natPers), Umwandlung nach dem UmwG, Verschmelzung. Bleibt die ursprüngliche Partei **bestehen** bzw tritt nur eine **partielle Gesamtrechtsnachfolge** ein (zB Auf-, Abspaltung), hat das Gericht zu ermitteln, ob das Anfechtungsverfahren dem Rechtsnachfolger (bei der Aufspaltung: welchem Rechtsnachfolger) oder weiterhin dem Rechtsvorgänger zuzuordnen ist. Maßgeblich ist, ob die Beteiligung, auf die sich die Anfechtungsklage bezieht, auf den Rechtsnachfolger übergegangen ist oder nicht.[399] Ist das Prozessrechtsverhältnis dem Rechtsnachfolger zuzuordnen, tritt dieser ex lege als Anfechtungskläger in den Prozess ein.

132 Nicht klagslegitimiert ist ein **Kommanditist einer KG**, die Gesellschafterin der GmbH ist (selbst wenn sie Alleingesellschafterin ist).[400]

b) Anwesenheit in der Generalversammlung

133 Anfechtungslegitimiert sind grds nur Gesellschafter, die **in der GV erschienen** sind (§ 41 Abs 2 S 1). Erschienen ist der Gesellschafter auch, wenn er sich zulässigerweise **vertreten** lässt.[401]

c) Widerspruch

134 Gesellschafter sind nur zur Anfechtung befugt, wenn sie gegen den Beschluss **Widerspruch** zu Protokoll gegeben haben (§ 41 Abs 2 S 1).[402] Implizit ist damit auch erforderlich, dass der Gesellschafter bei der Abstimmung anwesend war. Der Widerspruch kann auch durch einen Vertreter abgegeben werden.[403] Der Widerspruch ist auch gegen abgelehnte Beschlussanträge („negative Beschlüsse") erforderlich. Als Gesetzeszweck wird genannt, dass noch in der Versammlung auf die Bedenken eingegangen werden könne, um Zeit u Kosten des Anfechtungsverfahrens zu sparen. Auch sei es nicht sachgerecht, einem Gesellschafter, der

---

398 *Rechberger/Oberhammer*, ecolex 1993, 513.
399 *Rechberger/Oberhammer*, ecolex 1993, 513 (513 ff).
400 OGH 23.4.1996, 1 Ob 509/96.
401 *Kapsch*, RdW 2008/28, 74.
402 Krit *Thöni*, Rechtsfolgen 33 ff; *Schönherr*, JBl 1960, 39 (42); *Enzinger* in Straube/Ratka/Rauter, GmbHG § 41 Rz 67; zum dt Recht *Hueck* in FS Molitor 401 (421); nach *Harrer* in Gruber/Harrer, GmbHG² §§ 41, 42 Rz 92 f soll ein Widerspruch nicht erforderlich sein, wenn nur ein rechnerisches Abstimmungsergebnis ohne Beschlussfeststellung vorliegt.
403 OGH 17.10.2022, 6 Ob 183/22p.

zu einem Beschluss schweigt oder trotz ordnungsgemäßer Ladung zur GV nicht erscheint, die Anfechtungsmöglichkeit zuzugestehen.[404]

Nicht erforderlich ist es hingegen – ausgenommen beim Umlaufbeschluss – **gegen den Beschlussantrag zu stimmen**; der Gesellschafter kann sich auch der **Stimme enthalten**. In der GV lässt die **Stimmenthaltung die Anfechtungsbefugnis unberührt**. Es kann gute Gründe für eine Stimmenthaltung geben, etwa wenn ein Gesellschafter einem Stimmverbot unterliegt u seine Stimme nicht entgegen des Stimmverbots abgeben möchte. Ein besonderer Grund für die Stimmenthaltung muss aber nicht vorliegen; ein Gesellschafter wahrt sich sein Anfechtungsrecht bei einer Stimmenthaltung jedenfalls. In einer **Zustimmung** zum Beschluss ist hingegen ein (konkludenter) **Verzicht** auf die Anfechtung zu sehen (Rz 106).[405]

134a

Für den Widerspruch genügt **jede Erklärung**, aus der sich zweifelsfrei ergibt, dass der Gesellschafter die Beschlussfassung für unzulässig hält.[406] Die hA lässt auch ein **konkludentes Verhalten** genügen.[407] Als Widerspruch gilt es, wenn vor Schluss der GV beantragt wird, das Gegenteil dessen zu tun, was früher beschlossen wurde.[408] Die bloße Gegenstimme gegen den Antrag ist jedoch nicht ausreichend.[409] Nach zutr hA u Rsp ist es – entgegen dem Gesetzeswortlaut – **nicht** erforderlich, dass der Widerspruch auch **protokolliert** wird, weil die Anfechtungsbefugnis nicht v Verhalten des Vorsitzenden abhängen kann,[410] zumal eine Beschlussfeststellung durch einen Vorsitzenden in der GmbH nicht zwingend erforderlich ist (vgl oben Rz 66). Der Widerspruch muss nicht begründet werden.[411]

135

---

404 Zum Aktienrecht vgl *Diregger* in Doralt/Nowotny/Kalss, AktG³ § 196 Rz 21; zur historischen Entwicklung s *Kalss/Eckert*, Zentrale Fragen 111.
405 *Linder* in Adensamer/Mitterecker, GesStreit, Rz 8/16.
406 OGH 22.5.1985, 1 Ob 573/85; 12.12.1956, 3 Ob 600/56; Widerspruch durch einen Bevollmächtigten: 31.3.1954, 2 Ob 220/54, HS 2157/49.
407 *Enzinger* in Straube/Ratka/Rauter, GmbHG § 41 Rz 68; *Koppensteiner/Rüffler*, GmbHG³ § 41 Rz 46; *Diregger* in Doralt/Nowotny/Kalss, AktG³ § 196 Rz 27.
408 OGH 23.2.1966, 7 Ob 37/66: Antrag auf straf- u zivilrechtliche Verfolgung des GF gilt als Widerspruch gegen den Entlastungsbeschluss.
409 *Enzinger* in Straube/Ratka/Rauter, GmbHG § 41 Rz 68.
410 Vgl nur OGH 19.5.1925, 3 Ob 339/25, SZ 7/180; *Koppensteiner/Rüffler*, GmbHG³ § 41 Rz 46; *Thöni*, GesRZ 1997, 209 (209 f).
411 *Reich-Rohrwig*, GmbHR 382.

136 Der Widerspruch muss nicht unmittelbar nach der Beschlussfassung, sondern kann bis zum **Schluss der GV** erklärt werden.[412] Ein **nachträglicher** Widerspruch kann einen in der GV unterbliebenen allerdings nicht ersetzen.[413] Widerspruch **vor** Beschlussfassung ist nur beachtlich, wenn sich aus der Erklärung oder einem sonstigen Verhalten der **zweifelsfreie Schluss** ableiten lässt, dass der Widerspruch auch für die durchgeführte Beschlussfassung gelten soll.[414] Ein *ex-ante*-Widerspruch genügt nach der (zu hinterfragenden) Rsp nicht, wenn ein bestimmtes Abstimmungsergebnis noch gar nicht vorherzusehen ist. Diese Begründung ist zB dann nachvollziehbar, wenn im Vorhinein noch nicht klar ist, ob der Versammlungsleiter Stimmen entgegen eines Stimmverbots mitzählen wird oder nicht. Wenn aber v vornherein klar ist, dass der Gesellschafter einen Mangel rügen will, der sich schon vor Beschlussfassung verwirklicht hat, wie im Fall eines Einberufungs- oder Ankündigungsmangels, dann ist ein Widerspruch vor Beschlussfassung jedenfalls zulässig. Zutreffend ist es, das Widerspruchserfordernis **nicht zu überspannen** u einen Widerspruch vor Beschlussfassung nur dann als unbeachtlich zu qualifizieren, wenn aus dem Verhalten des Gesellschafters im Rahmen der Abstimmung oder bis zum Ende der Versammlung eindeutig ein Zurücknehmen abzuleiten ist.[415] Es genügt hingegen jedenfalls nicht, sich vorab gegen die Zulässigkeit der Abstimmung über einen bestimmten Punkt auszusprechen.[416]

137 Das Gesetz sieht eine **Ausnahme v Widerspruchs-** u implizit auch v **Anwesenheitserfordernis** vor, wenn (i) der Gesellschafter zur GV unberechtigterweise **nicht zugelassen** wurde, oder (ii) durch **Einberufungsmängel** (Rz 71; ebenso bei mangelhafter Tagesordnung bzw **Ankündigungsmängeln**: Rz 72) am Erscheinen gehindert wurde. Dem steht es gleich, wenn Beschlüsse vor dem angekündigten Zeitpunkt der GV gefasst werden (oben Rz 74).[417] Ein in der GV anwesender Gesell-

---

412 OGH 22.5.1985, 1 Ob 573/85; 18.7.2011, 6 Ob 31/11v, ecolex 2011, 1023 (*Löffler*).
413 OGH 19.12.1967, 8 Ob 349/67.
414 OGH 20.10.1982, 3 Ob 637/82, GesRZ 1983, 32; 12.12.1956, 3 Ob 600/56; *Koppensteiner/Rüffler*, GmbHG³ § 41 Rz 46; **aA** OGH 15.10.1968, 8 Ob 240/68.
415 *Ch. Nowotny*, RdW 2006/635, 685 (686).
416 OGH 20.10.1982, 3 Ob 637/82, GesRZ 1983, 32.
417 OGH 11.4.1989, 5 Ob 576/88; weiter *Baumgartner/Mollnhuber/U. Torggler* in Torggler, GmbHG § 41 Rz 25: bei allen Beschlüssen zur Unzeit.

schafter kann sich nach der Rsp auf die mangelhafte Ankündigung v Beschlussgegenständen berufen u wahrt sein Anfechtungsrecht, wenn er **diesen Umstand rügt** u die GV vor Beschlussfassung **wieder verlässt**.[418] In diesem Fall liegt schon ein beachtlicher Widerspruch vor Beschlussfassung vor (oben Rz 136). Lässt sich der Gesellschafter auf eine Beschlussfassung ein, gilt er als anwesend u muss jedenfalls (vor oder nach Beschlussfassung) Widerspruch erheben.[419] Allerdings besteht auch in diesem Fall nach der Rsp zur **Vollversammlung** gem § 38 Abs 4 die Gefahr, das Anfechtungsrecht wegen des Einberufungsmangels **zu verlieren**, wenn sich der Gesellschafter **ohne jeden Vorbehalt** an den Beratungen, Diskussionen u Erörterungen beteiligt u über die im Rahmen des betr Tagesordnungspunkts gestellten Anträge abstimmt u während der gesamten Dauer der GV nicht geltend macht, dass dieser Punkt nicht v der Tagesordnung umfasst gewesen ist (s § 38 Rz 32).[420] Zur Wahrung des Anfechtungsrechts muss der Gesellschafter **vor Beschlussfassung**[421] die mangelhafte Einberufung bzw Ankündigung **rügen** u erklären, mit der **Beschlussfassung nicht einverstanden zu sein**. Nach Beschlussfassung ist es für einen solchen Vorbehalt zu spät.[422] Darüber hinaus muss der Gesellschafter gem § 41 Abs 2 **Widerspruch** erheben („doppelte Rügepflicht").[423] Eine vor Beschlussfassung geäußerte Erklärung, sich gegen die Abstimmung auszusprechen bzw mit der Beschlussfassung nicht einverstanden zu sein, sollte dabei iZw auch als wirksamer Widerspruch iSd § 41 Abs 2 angesehen werden. Umgekehrt sollte ein vor Beschlussfassung erklärter Widerspruch (vgl Rz 136) auch als wirksame Rüge der Zulässigkeit bzw Erklärung des Nichteinverständnisses mit der Beschlussfassung gelten.[424]

Darüber hinaus ist in bestimmten weiteren Fällen eine **teleologische Reduktion** des Widerspruchserfordernisses zu erwägen. Die zutr hL bejaht eine solche, wenn der Beschlussmangel für einen durchschnittlichen u gut vorbereiteten Gesellschafter objektiv **nicht erkennbar** 138

---

418 OGH 24.5.1950, 3 Ob 161/50; *Reich-Rohrwig*, GmbHR 283.
419 OGH 20.10.1982, 3 Ob 637/82, GesRZ 1983, 32.
420 OGH 16.2.2006, 6 Ob 130/05v; 19.5.1998, 7 Ob 38/98h; *Linder* in Adensamer/Mitterecker, GesStreit, Rz 8/13 ff.
421 *Linder* in Adensamer/Mitterecker, GesStreit, Rz 8/32.
422 *Linder* in Adensamer/Mitterecker, GesStreit, Rz 8/32.
423 *Linder* in Adensamer/Mitterecker, GesStreit, Rz 8/23.
424 *Linder* in Adensamer/Mitterecker, GesStreit, Rz 8/25 ff, 8/33.

war.[425] Begründet kann dieses Ergebnis damit werden, dass dem Gesellschafter die Nichterhebung des Widerspruchs nicht vorgeworfen werden kann u seine schutzwürdigen Mitgliedschaftsinteressen beeinträchtigt sind, u diese Erwägung das Interesse an der Bestands- u Rechtssicherheit überwiegt. Umgekehrt ist ein Widerspruch grds bei erkennbaren, aber subjektiv **nicht erkannten** Mängeln erforderlich. Daran ändert auch ein **Rechtsirrtum** nichts, wenn dieser vorwerfbar ist. An die Vorwerfbarkeit wird ein strenger Maßstab gelegt:[426] Ein GmbH-Gesellschafter muss sich nach der Rsp über den Inhalt des GmbHG Kenntnis verschaffen, insb über die Gesellschafterpflichten u -rechte u die jew Mehrheitserfordernisse.[427] Dieser Rsp ist zwar grds zuzustimmen, sie ist aber dann krit zu hinterfragen, wenn es um die Kenntnis v **komplexen Rechtsfragen** geht, zB ob ein Baukonzessionsvertrag unter das Mehrheitserfordernis gem § 35 Abs 1 Z 7 fällt.[428] Dem Gesetzeszweck u den berechtigten Schutzinteressen der Gesellschafter entspricht es wohl eher, auch in solchen u vergleichbaren Fällen, in denen der Beschlussmangel für einen durchschnittlichen u gut vorbereiteten Gesellschafter wegen der Komplexität der Rechtslage **subjektiv** nicht erkennbar war, die Anfechtung **ohne Widerspruch** zuzulassen.[429] Zu erwägen ist ferner, auf das Widerspruchserfordernis bei vorsätzlicher Verfolgung **gesellschaftsfremder Sondervorteile** zu verzichten.[430] In der **Praxis** ist iZw jedenfalls die Erhebung eines Widerspruchs zu empfehlen.

139 In der L wird ferner erwogen, einem ordnungsgemäß geladenen, aber nicht erschienenen Gesellschafter die Anfechtungsbefugnis zu-

---

425 *Koppensteiner/Rüffler*, GmbHG³ § 41 Rz 46; *Enzinger* in Straube/Ratka/Rauter, GmbHG § 41 Rz 67; *Baumgartner/Mollnhuber/U. Torggler* in Torggler, GmbHG § 41 Rz 32; *Thöni*, Rechtsfolgen 41 ff; *Thöni*, GesRZ 1997, 209 (214 f); *Thöni* in FS Krejci 913 (919); *Artmann*, GES 2007, 3 (8); zum AktG *Diregger* in Doralt/Nowotny/Kalss, AktG³ § 196 Rz 30; *Diregger*, Anfechtung und Nichtigkeit 144; zum dAktG nur *Hüffer/Schäfer* in MüKo AktG⁴ § 245 Rz 37; s ferner *Kalss/Schauer*, Reform 278; offen lassend OGH 16.12.2003, 4 Ob 241/03z.
426 Zust *Koppensteiner/Rüffler*, GmbHG³ § 41 Rz 46; vgl allg *Kodek* in Rummel/Lukas, ABGB⁴ § 2 Rz 7 ff.
427 OGH 16.12.2003, 4 Ob 241/03z; zust *Artmann*, GES 2007, 3 (8).
428 Dieser SV lag OGH 16.12.2003, 4 Ob 241/03z zugrunde.
429 AA *Baumgartner/Mollnhuber/U. Torggler* in Torggler, GmbHG § 41 Rz 32.
430 *Thöni*, GesRZ 1997, 209 (212 ff); *Koppensteiner/Rüffler*, GmbHG³ § 41 Rz 46.

zugestehen, wenn in der GV zu seinem Schutz aufgestellte **Mindestbeschlusserfordernisse** (zB Anwesenheitsquoren, Zustimmungsrechte) verletzt wurden.[431] Die Rsp hat diese A allerdings ausdrücklich **abgelehnt** u eine Anfechtungsbefugnis in diesen Fällen verneint, weil eine planwidrige Lücke nicht vorliege u es einem einzelnen Gesellschafter insbesondere bei einem Präsenzquorum v 100 % die Möglichkeit zu einer uU gesellschaftsschädigenden Verzögerung notwendiger Beschlussfassungen eröffne.[432] Meines Erachtens sollte dem nicht erschienenen Gesellschafter die Anfechtungsbefugnis bei Verletzung eines Mindest-Präsenzquorums dann zugestanden werden, wenn das Fernbleiben v der GV nicht als Verletzung der **Treuepflicht** zu qualifizieren ist. Verlangt die Treuepflicht hingegen (zumindest) eine Teilnahme an der Versammlung (vgl oben Rz 94), ist der treuwidrig ferngebliebene Gesellschafter nicht anfechtungsbefugt. Zu erwägen ist die Disponibilität des Widerspruchserfordernisses durch eine entspr **Bestimmung im GesV** (Rz 13).

Bei **Umlaufbeschlüssen** besteht kein Widerspruchserfordernis. Die Anfechtungsbefugnis setzt vielmehr voraus, dass der Gesellschafter **gegen den Beschluss** gestimmt hat.[433] Der Gesellschafter muss insofern initiativ tätig werden u darf nur wegen des Fehlens eines Widerspruchserfordernisses nicht überhaupt untätig bleiben. Der Gesellschafter muss aber ordnungsgemäß an der schriftlichen Beschlussfassung beteiligt werden (vgl Rz 82). Wird ein Gesellschafter **übergangen**, ist er jedenfalls zur Anfechtung befugt (§ 41 Abs 2 aE)[434]; zu erwägen ist sogar die Nichtigkeit solcher Beschlüsse (Rz 37). **140**

2. Organe und Organmitglieder

Gemäß § 41 Abs 3 sind auch **die GF** sowie der **AR** anfechtungsbefugt.[435] Der OGH geht davon aus, dass die Klage v **allen** bestellten GF als **Kollegium** eingebracht werden muss.[436] Davon scheinen auch die EB zum **141**

---

431 *Reich-Rohrwig*, GmbHR 382; *Stern*, GesRZ 1998, 196 (202); *Schmidt-Pachinger* in Doralt/Nowotny/Kalss, AktG³ § 121 Rz 17 zur AG; aA *Baumgartner/Mollnhuber/U. Torggler* in Torggler, GmbHG § 41 Rz 32.
432 OGH 24.3.1988, 6 Ob 515/88; 28.8.2013, 6 Ob 59/13i, GesRZ 2014, 126 (*Weigand*).
433 Vgl *Artmann*, GES 2007, 3 (6).
434 Vgl OGH 28.1.1999, 6 Ob 290/98k.
435 Vgl *Harrer* in Gruber/Harrer, GmbHG² §§ 41, 42 Rz 97 ff.
436 OGH 20.10.1982, 3 Ob 637/82, GesRZ 1983, 32; OGH 24.3.1988, 6 Ob 515/88; ebenso *Umfahrer*, GmbH⁶ Rz 494.

GmbHG 1906 auszugehen; für den AR lassen sie offenbar auch einen Mehrheitsbeschluss zu.[437] Sachgerechter ist es, auch für die Klagslegitimation der GF einen **Mehrheitsbeschluss** genügen zu lassen,[438] um eine Geltendmachung v Beschlussmängeln nicht unangemessen zu erschweren. Einzelvertretungsbefugnis eines GF genügt hingegen nicht, weil keine Vertretungshandlung für die Gesellschaft gesetzt wird, sondern das Gesetz den GF im eigenen Namen die Klagebefugnis zugesteht. Beim **AR** genügt aus diesen Erwägungen u wegen der klaren Absicht des historischen Gesetzgebers jedenfalls ein **Mehrheitsbeschluss**. Die Klage der GF oder des AR ist an keine weiteren Voraussetzungen geknüpft, insb ist kein Widerspruch erforderlich.

142 Der GesV kann die Anfechtungsbefugnis der GF u des AR nicht einschränken, sie aber auf **zusätzliche Organe** wie einen **Beirat** ausdehnen[439].

143 Aktivlegitimiert ist ferner jeder **einzelne GF** sowie jedes **AR-Mitglied**, wenn durch die **Ausführung** des Beschlusses die GF oder die Mitglieder des AR **ersatzpflichtig** oder **strafbar** würden. Für diese Voraussetzung ist der Kläger behauptungs- u beweispflichtig.[440] Die drohende Ersatzpflicht oder Strafbarkeit muss das **konkrete Organmitglied** betreffen.[441]

144 Der Begriff der „Ausführung" erfasst nach der Rsp auch mittelbare Folgen (zB der Anmeldung eines Beschlusses zum FB); es bedarf zugleich aber einer – gemessen am Zeitpunkt der Beschlussfassung – auf konkrete Tatsachen gestützten Prognose, dass eine Ersatzpflicht oder Strafbarkeit eintreten würde.[442] Dieser Rsp ist zu folgen; die Voraussetzungen einer möglichen Haftpflicht oder Strafbarkeit sind nicht eng auszulegen, zumindest müssen aber konkrete Tatsachen eine solche Folge indizieren. Die bloß abstrakte Möglichkeit einer Haftpflicht oder Strafbarkeit genügt jedenfalls nicht; sonst würde die an sich den GF nur kollektiv zukommende Klagsbefugnis (oben Rz 141) unterlaufen.

---

437 Abgedruckt bei *Kalss/Eckert*, Zentrale Fragen 567.
438 *Koppensteiner/Rüffler*, GmbHG³ § 41 Rz 48.
439 *Koppensteiner/Rüffler*, GmbHG³ § 41 Rz 48.
440 OGH 20.10.1982, 3 Ob 637/82, GesRZ 1983, 32.
441 EB zum GmbHG 1906; abgedruckt bei *Kalss/Eckert*, Zentrale Fragen 567; vgl die Nachw zum Meinungsstand bei *Plöchl*, ecolex 1993, 453; aA zur AG *Diregger* in Doralt/Nowotny/Kalss, AktG³ § 196 Rz 52 f: Betroffenheit irgendeines Organmitglieds.
442 Vgl OGH 24.3.1988, 6 Ob 515/88.

Beschlüsse, die gegen ein **Strafgesetz** verstoßen, sind – nach zutr **145**
hL – **nichtig** (oben Rz 43); dennoch steht GF in diesem Fall auch die
Anfechtungsklage offen (vgl Rz 56).

Die Anfechtungsbefugnis der GF bei **drohender Ersatzpflicht** **146**
hängt damit zusammen, dass sie bei **Befolgung einer Weisung** grds nur
dann exkulpiert sind, wenn sie auf einem mangelfreien oder nicht mehr
anfechtbaren Beschluss beruht (vgl näher § 25 Rz 17).[443] Eine **Verpflichtung zur Anfechtung** durch die GF besteht allerdings **nicht**.[444]

Fraglich ist, wem gegenüber die Haftpflicht eintreten muss. Aus der **147**
Gesetzessystematik v § 41 Abs 3 u § 25 ergibt sich, dass die GF va die
Möglichkeit haben sollen, sich gegen eine drohende Ersatzpflicht **gegenüber der Gesellschaft** zu wehren. Der Zweck, ein persönliches Einstehenmüssen abwehren zu können, rechtfertigt die Klagslegitimation
zudem auch bei einer drohenden **Außenhaftung**, etwa gegenüber Gläubigern bei Verletzung v Schutzgesetzen (zB Insolvenzantragspflicht gem
§ 69 IO).[445]

Ein wegen wichtigen Grunds **abberufener GF** kann die Abberufung **148**
nicht gem § 41 anfechten, weil die Abberufung gem § 16 Abs 3 sofort
wirksam ist (s § 16 Rz 18). Nur wenn der GF auch Gesellschafter ist,
kann er den Beschluss anfechten u mit einem Antrag auf Erlassung einer
einstweiligen Verfügung gem § 42 Abs 4 verbinden.[446] Zur einstweiligen
Verfügung u deren Wirkung s bei § 42 Rz 23 ff.

Der GesV kann eine Klageberechtigung für jedes Organmitglied **149**
ohne die Voraussetzung v § 41 Abs 3 vorsehen, dh ohne dass sich jenes
durch die Beschlussausführung ersatzpflichtig oder strafbar machen
würde (Rz 13).

---

443 *Koppensteiner/Rüffler*, GmbHG[3] § 20 Rz 9; *Artmann*, GES 2007, 3 (13);
   Plöchl, ecolex 1993, 453 (455); *Lutter/Hommelhoff*, GmbHG[18] Anh § 47
   Rz 32; uU Entlastung auch dann, wenn der GF davon ausgehen konnte,
   dass die Anfechtung keinen Erfolg haben wird u die sofortige Beschlussausführung im Gesellschaftsinteresse geboten ist: *Thöni*, ecolex 1993, 674.
444 *Artmann*, GES 2007, 3 (12 ff); *Koppensteiner/Rüffler*, GmbHG[3] § 20 Rz 9,
   § 25 Rz 19; *Harrer*, Haftungsprobleme bei der GmbH 86 ff; vgl ferner *Plöchl*,
   ecolex 1993, 453 (455 ff); zum AktG differenzierend, aber tw bejahend
   Diregger in Doralt/Nowotny/Kalss, AktG[3] § 195 Rz 121; *Fleischer*, BB
   2005, 2025 (2030).
445 Ebenso zur AG *Diregger* in Doralt/Nowotny/Kalss, AktG[3] § 196 Rz 56.
446 OGH 24.4.1997, 6 Ob 2378/96s.

150 Die **praktische Bedeutung** der Bestimmung ist insgesamt eher gering;[447] insb ist die Aktivlegitimation des AR mangels Weisungsunterworfenheit gegenüber den Gesellschaftern nur selten verwirklicht.[448] Allerdings sind durchaus Fälle denkbar, in denen die GF begründet den Eintritt einer Haftpflicht besorgen.[449]

151 In der Insolvenz der GmbH ist an Stelle der GF der **Insolvenzverwalter** zur Klage legitimiert.[450]

C. Anfechtungsfrist (Abs 4)

152 Gemäß § 41 Abs 4 muss die Klage binnen **eines Monats** v Tag der **Absendung der Kopie** der gefassten Beschlüsse gem § 40 Abs 2 (s § 40 Rz 12 f) eingebracht werden (§ 40 Abs 4 idF GesRÄG 1996[451]). Die Klage kann auch schon vor Beginn des Fristenlaufs eingebracht werden.[452] Der **Zweck der Befristung** liegt in einer Beschränkung der Geltendmachung v Anfechtungsgründen im Interesse der Rechts- u Bestandssicherheit der Maßnahme (vgl oben Rz 4).

153 Mit der Anknüpfung des Fristbeginns an das **Abschicken der Beschlusskopien** soll der Beginn des Fristenlaufs an einen **Publizitätsakt** geknüpft u **leicht nachweisbar** gemacht werden. Jedenfalls muss einem redlichen Gesellschafter die Einbringung der Anfechtungsklage möglich sein. Wird der Brief nicht eingeschrieben gesendet, schadet dies daher nicht, wenn der Adressat den Brief nachweisbar erhalten hat.[453] Dies gilt auch bei persönlicher Übergabe oder Übermittlung durch Boten.[454] Der GesV kann v der Form des eingeschriebenen Briefs abgehen u vorsehen, dass die Zusendung elektronisch **per E-Mail** oder per Fax ausreicht (§ 40 Rz 13).[455] Nach hA genügt für den Fristenlauf des § 41 Abs 4 auch ohne

---

447 Die Klagslegitimation abl OGH 20.10.1982, 3 Ob 637/82, GesRZ 1983, 32; 24.3.1988, 6 Ob 515/88.
448 *Koppensteiner/Rüffler*, GmbHG³ § 41 Rz 49.
449 Vgl auch *Plöchl*, ecolex 1993, 453 (453 ff).
450 OGH 10.2.1964, 1 Ob 194/63; 14.9.2011, 6 Ob 197/11f (6 Ob 198/11b).
451 Vgl EB 107; krit zur kurzen Dauer der Frist *Thöni*, Rechtsfolgen 33 ff; *Harrer* in Gruber/Harrer, GmbHG² §§ 41, 42 Rz 100 ff.
452 OGH 9.7.1958, 2 Ob 49/58, JBl 1958, 517.
453 OGH 26.6.1997, 4 Ob 188/97v.
454 *Kalss*, VSU² § 98 GmbHG, Rz 17.
455 *Koppensteiner/Rüffler*, GmbHG³ § 40 Rz 10; *Enzinger* in GmbHG § 40 Rz 16; *Karollus*, JBl 1997, 786; *Nowotny* in FS Krejci 778.

Satzungsbestimmung jede andere Form, etwa auch per einfachen Briefs[456] oder per E-Mail, wenn der Adressat die Mitteilung nachweislich erhalten hat u ohne Weiteres lesen kann.[457] Dies ist zu hinterfragen, weil das Vertrauen des Gesellschafters ohne abw Satzungsermächtigung auf den formgültigen Publizitätsakt schützenswert ist. Werden die Kopien zwar abgesendet, kommen sie bei den Gesellschaftern aber nicht an, beginnt die Frist nicht zu laufen, das Verlustrisiko trägt somit die Gesellschaft als Anfechtungsgegnerin. Keinesfalls beginnt die Frist mit anderweitig erlangter Kenntnis v Beschlussinhalt, weil der Gesellschafter darauf vertrauen kann, erst nach einer schriftlichen Zusendung reagieren zu müssen (s aber unten Rz 158 zum Gesellschafter-GF).[458] Die Frist beginnt ferner nicht zu laufen, wenn die Kopie in einem **wesentlichen Punkt** v Original **abweicht**, ebenso wenn schon die Niederschrift den Beschluss in einem wesentlichen Punkt unrichtig wiedergibt.[459] Jedenfalls genügt es, wenn das übersendete Protokoll den beschlossenen Text vollständig enthält; **ergänzende Unterlagen** (zB JA, GF-Vertrag) müssen nicht mitgeschickt werden, jedenfalls dann nicht, wenn der Gesellschafter sie ohnehin kennt.[460] Aus Gründen der Vorsicht ist es in der Praxis jedenfalls ratsam, auch ergänzende Unterlagen mitzusenden. Unschädlich ist es, wenn der Tag der Aufnahme des Beschlusses in die Niederschrift (§ 40 Abs 2) fehlt. Noch nicht fristauslösend ist die Zusendung bloßer **Entwürfe** des Protokolls der GV. Damit die Anfechtungsfrist gem § 41 Abs 4 zu laufen beginnen kann, ist es erforderlich, dass die gefassten Beschlüsse **ohne Vorbehalt** mitgeteilt werden. Der Empfänger muss darauf vertrauen dürfen, dass die Zusendung (bzw präziser: Absendung) des Protokolls die Anfechtungsfrist auslöst, was bei einem bloßen Entwurf nicht der Fall ist.[461]

Die Beschlusskopien müssen an die **richtige Anschrift** der Gesellschafter gesendet werden, um den Fristenlauf auszulösen. Bei Adressänderung genügt – wohl schon ex lege – die der Gesellschaft **zuletzt be-** 154

---

456 OGH 26.6.1997, 4 Ob 188/97v, ecolex 1998, 135 (*Reich-Rohrwig*).
457 *Baumgartner/Mollnhuber/U. Torggler*, GmbHG § 40 Rz 10; *Karollus*, JBl 1997, 781 (786); aA *Harrer* in Gruber/Harrer, GmbHG² §§ 41, 42 Rz 104; *Koppensteiner/Rüffler*, GmbHG³ § 40 Rz 9a.
458 *Karollus*, RdW 1996, 516; aA *Gellis/Feil*, GmbHG⁷ § 41 Rz 11.
459 *Koppensteiner/Rüffler*, GmbHG³ § 41 Rz 53; *Karollus*, 4 Ob 188/97v, JBl 1997, 781 (785).
460 OGH 26.6.1997, 4 Ob 188/97v.
461 *Linder* in Adensamer/Mitterecker, GesStreit, Rz 8/80 ff, 8/84.

kannt gegebene Zustelladresse.[462] Mangels sonstiger Bekanntgabe ist davon auszugehen, dass die im FB eingetragenen Adressen der Gesellschafter herangezogen werden dürfen. In der Praxis empfiehlt sich eine Bestimmung im GesV, die Gesellschafter verpflichtet, der Gesellschaft die jew aktuelle Zustelladresse bekannt zu geben.[463] Hat die Gesellschaft zuverlässige Kenntnis einer Adressänderung, ist dies hingegen zu beachten.[464] Meines Erachtens gilt das auch dann, wenn eine in dem GesV statuierte Bekanntgabepflicht der aktuellen Adresse gegenüber der Gesellschaft verletzt wurde, damit die Gesellschaft nicht einen Gesellschafter in rechtsmissbräuchlicher Weise „umgehen" kann. Nachforschungspflichten hat die Gesellschaft jedenfalls nicht.[465]

155 Werden die Kopien nicht an alle Gesellschafter gleichzeitig versendet, ist für jeden Gesellschafter der Tag der Absendung seines Briefs maßgebend, die Fristen beginnen somit zu **untersch Zeitpunkten** zu laufen.

156 Die Frist ist eine v **Amts wegen** wahrzunehmende, materiell-rechtliche **Präklusivfrist**.[466] Die Klage muss innerhalb der Frist bei Gericht eingelangt sein.[467] Die Frist läuft unabhängig v der verhandlungsfreien Zeit.[468] Eine Wiedereinsetzung ist nicht möglich.[469] Die Fristenberechnung richtet sich nach §§ 902 f ABGB. Der **GesV** kann die Frist weder verlängern noch verkürzen (oben Rz 14).

157 Strittig ist, ob eine Hemmung oder Unterbrechung der Frist eintreten kann. Nach zutr A ist eine **Hemmung** während der Führung ernsthafter, konkreter außergerichtl Streitbeilegungsverhandlungen zu bejahen.[470] Darüber hinaus ist zu erwägen, eine **Unterbrechung** der Anfechtungsfrist **analog § 1497 ABGB** zu bejahen, dh bei **Anerkennung** des Anfechtungsanspruchs durch die beklagte Gesellschaft oder durch (gehörig fortgesetzte) **Klage**, die zu einem stattgebenden Urteil

---

462 *Karollus*, RdW 1996, 516 (516 f).
463 Vgl *Lutter/Hommelhoff*, GmbHG[18] Anh § 47 Rz 12.
464 Vgl *Koppensteiner/Rüffler*, GmbHG[3] § 38 Rz 4.
465 Zur Zustellung bei fraglicher Gesellschafterstellung (Einzelrechtsnachfolge, Tod) s *Karollus*, RdW 1996, 516 (517).
466 *Enzinger* in Straube/Ratka/Rauter, GmbHG § 41 Rz 71.
467 OGH 1. 9. 1966, 6 Ob 218/66; *Enzinger* in Straube/Ratka/Rauter, GmbHG § 41 Rz 71; *Koppensteiner/Rüffler*, GmbHG[3] § 41 Rz 52.
468 *Koppensteiner/Rüffler*, GmbHG[3] § 41 Rz 52.
469 *Thöni*, Rechtsfolgen 25.
470 *Ch. Nowotny* in Kalss/Nowotny/Schauer, GesR[2] Rz 4/300; *Kastner/Doralt/Nowotny*, GesR[5], 419; *Thöni*, Rechtsfolgen 26.

führt.[471] Letzteres hat insb dann Bedeutung, wenn die Klage beim **unzuständigen Gericht** eingebracht wird. In diesem Fall tritt keine Unterbrechung ein, es sei denn die Sache wird gem § 261 Abs 6 ZPO an das zuständige Gericht überwiesen oder die Klage an dieses weitergeleitet.[472] Langt die Klage erst zu einem Zeitpunkt beim zuständigen Gericht ein, in dem die Monatsfrist an sich schon abgelaufen wäre, ist sie wegen der Unterbrechung der Frist als rechtzeitig eingebracht anzusehen. Nach Wegfall des Unterbrechungsgrunds beginnt die Monatsfrist neu zu laufen.[473]

Das Gesetz sieht keine Verständigungspflicht für **Organe oder Organmitglieder** vor; die Einmonatsfrist gilt aber auch für sie. Die Frist beginnt ebenfalls mit **Absendung der Beschlusskopien** an die Gesellschafter.[474] Eine Ausnahme ist dann anzuerkennen, wenn das Organ oder Organmitglied gar keine Kenntnis v der Beschlussfassung hatte; in diesem Fall läuft die Frist ab Kenntniserlangung.[475] Beginnen die Fristen untersch zu laufen (oben Rz 155), ist die zuletzt ablaufende Anfechtungsfrist maßgebend.[476] Eine weitere Ausnahme ist für den (einzigen) **Gesellschafter-GF** anzuerkennen: Nach zutr A sollte es auf den Zeitpunkt der Absendung der ersten Beschlusskopie an einen Gesellschafter ankommen.[477] Sendet er die Beschlusskopien überhaupt nicht ab, sollte die Frist für ihn mit Kenntniserlangung zu laufen beginnen.[478] Fraglich ist, ab welchem Zeitpunkt diese Rechtsfolge eintreten soll. Gemäß § 40 Abs 2 hat die Zusendung „ohne Verzug" zu erfolgen. Die Frist hängt aber wohl auch v den Umständen des Einzelfalls ab, zB ob sich die Gesellschafter im In- oder Ausland befinden, die Versammlung einver-

158

---

471 Zur analogen Anwendung der leg cit auf Präklusivfristen allg *M. Bydlinski* in Rummel, ABGB³ § 1497 Rz 1.
472 OGH 9.1.1925, 2 Ob 15/25, SZ 7/6; 15.1.1997, 7 Ob 2407/96p.
473 *M. Bydlinski* in Rummel, ABGB³ § 1497 Rz 1.
474 *Karollus*, RdW 1996, 516 (517).
475 *Karollus*, RdW 1996, 516 (517); *Enzinger* in Straube/Ratka/Rauter, GmbHG § 41 Rz 72.
476 *Kalss*, GmbHR 1996, 840; *Thöni*, Rechtsfolgen 27; **aA** *Karollus*, RdW 1996, 516 (517); *Koppensteiner/Rüffler*, GmbHG³ § 41 Rz 53a; *Gellis/Feil*, GmbHG⁷ § 41 Rz 11: Fristbeginn mit Kenntnis des jew Anfechtungsberechtigten v Beschlussinhalt.
477 *Karollus*, RdW 1996, 516; allgemeiner für GF unabhängig, ob diese auch Gesellschafter sind, *Baumgartner/Mollnhuber/U. Torggler* in U. Torggler, GmbHG § 41 Rz 34; *Harrer* in Gruber/Harrer, GmbHG² §§ 41, 42 Rz 108.
478 *Karollus*, RdW 1996, 516.

nehmlich oder str abgelaufen ist, v der Anzahl der Gesellschafter u v Umfang u der Komplexität der gefassten Beschlussgegenstände etc. Angesichts der einschneidenden Rechtsfolge – potenzieller Verlust des Anfechtungsanspruchs – sollte kein allzu strenger Maßstab angelegt werden. In der Praxis sollte der Gesellschafter-GF die Beschlusskopien im Regelfall wohl innerhalb eines Monats absenden, wenn er beabsichtigt, einen der gefassten Beschlüsse anzufechten. Ansonsten besteht die Gefahr, dass die Frist ab Kenntnis v der Beschlussfassung läuft u er sein Anfechtungsrecht verliert.

D. Inhalt der Klage

159 Anfechtbar sind mangelhafte **Gesellschafter-Beschlüsse**, uzw sowohl „positive" als auch „negative" Beschlüsse, dh abgelehnte Beschlussanträge (s schon oben Rz 9). Allenfalls zukünftig geplante **Beschlussfassungen** können nicht mit Klage gem § 41 geltend gemacht werden; s aber zur Möglichkeit einstweiligen Rechtsschutzes § 42 Rz 23 ff. Gegen gefasste Beschlüsse kann schon **vor der Eintragung ins FB** Klage erhoben werden.[479] Die Klage ist eine **Rechtsgestaltungsklage**.[480] Zum **Streitwert** s § 42 Rz 11.

160 Das **Klagebegehren** ist auf die **Anfechtung** („Nichtigerklärung") eines **bestimmten Beschlusses** oder **Beschlussteils** (Rz 52) gerichtet. Ein Mustertext für das Klagebegehren könnte wie folgt lauten:[481]

„*Der in der Generalversammlung vom [...] gefasste Beschluss der Gesellschafter der [Y GmbH], mit dem [der Geschäftsführer X mit sofortiger Wirkung abberufen wurde], wird für nichtig erklärt.*"

161 Das Klagebegehren kann auf **bestimmte Anfechtungsgründe** eingeschränkt werden. Nach der Rsp können Anfechtungsgründe **nach Ablauf der Monatsfrist** gem § 41 Abs 4 (Rz 152) nicht nachgeschoben werden; daraus folgt im Umkehrschluss, dass innerhalb der Monatsfrist die Klage auch auf weitere Anfechtungsgründe ausgedehnt werden kann. Wird nur ein bestimmter Anfechtungsgrund geltend gemacht, ist das Gericht daran **gebunden** u kann v sich aus keine anderen Beschlussmängel aufgreifen.[482] Will der Anfechtungskläger eine solche Präklusion

---

479 OGH 9.7.1958, 2 Ob 49/58, JBl 1958, 517.
480 *Umfahrer*, GmbH[6] Rz 490.
481 Vgl den SV in OGH 23.10.2015, 6 Ob 65/15z.
482 OGH 23.2.1978, 6 Ob 812/77, HS X/XI/15 = 11474.

vermeiden, muss er binnen Monatsfrist alle Anfechtungsgründe, auf die er sich stützen will, vortragen, u die zur Klagsbegründung erforderlichen Tatsachen ihrem wesentlichen Inhalt nach (dh nach ihrem Tatsachenkern) in den Prozess einführen.[483] Ergänzungen u Berichtigungen sind allerdings auch noch im Verlauf des Rechtsstreites möglich.[484]

162 Die oben zur **Teilnichtigkeit** beschriebenen Grundsätze (Rz 52) gelten auch bei nur tw anfechtbaren Beschlüssen. Gestaltet ein Gesellschafterbeschluss sachlich versch Materien, die keine untrennbare Einheit bilden u deshalb auch Gegenstand mehrerer voneinander gesonderter Beschlüsse sein könnten, so wirkt sich die Anfechtbarkeit bloß eines der (trennbaren) Teile nicht auf die anderen Teile desselben Beschlusses aus. Wird dagegen der Beschluss aufgrund eines einheitlichen, nach Materien nicht zerlegbaren Antrags gefasst, kommt Teilnichtigkeit nicht in Betracht.[485] In einer rezenten E hat der OGH ausdrücklich bestätigt, dass die tw Nichtigerklärung eines Gesellschafterbeschlusses nicht möglich sei, wenn durch die Zusammenfassung mehrerer Beschlussgegenstände in einem einheitlichen Abstimmungsvorgang erkennbar sei, dass der Beschluss eine rechtliche u/oder wirtschaftliche Einheit bilden soll (*in concreto*: Abstimmung über Investitionsplan u Budget).[486] Siehe im Übrigen bei Rz 52.

163 Das Klagebegehren kann mit dem Antrag auf **Erlassung einer einstweiligen Verfügung** gem § 42 Abs 4 verbunden werden (s § 42 Rz 23 ff); die Anfechtungsklage zudem mit einer **positiven Feststellungsklage** (sogleich Rz 165). Bei zur Eintragung ins FB vorgesehen Beschlüssen kann ein gesonderter **Unterbrechungsantrag an das FB-Gericht** gem § 19 FBG gestellt werden (unten Rz 177).

164 Diese Grundsätze gelten – ausgehend v der zutr hL – nicht für **Nichtigkeitsgründe** (Rz 49) sowie für **unwirksame Beschlüsse** (Rz 118), weil diese auch außerhalb der Anfechtungsklage gem § 41 geltend gemacht werden können. Ist eine Anfechtungsklage gem § 41 eingebracht, können Nichtigkeits- oder Unwirksamkeitsgründe bis zum Schluss der

---

483 OGH 22.6.1995, 8 Ob 515/95; 24.5.1950, 3 Ob 161/50; 25.1.2006, 7 Ob 300/05a; 16.6.2011, 6 Ob 16/11p, GesRZ 2011, 360 (*Schmidt-Pachinger*): Festlegung „wenigstens der Angriffsrichtung".
484 OGH 25.1.2006, 7 Ob 300/05a.
485 OGH 21.12.2017, 6 Ob 104/17p, GesRZ 2018, 117 (*Ratka*); 29.8.1995, 1 Ob 586/94; RIS-Justiz RS0080302.
486 OGH 19.12.2019, 6 Ob 105/19p, GesRZ 2020, 210 (*Arlt*); 21.12.2017, 6 Ob 104/17p.

mündlichen Verhandlung erster Instanz nachgeschoben werden, weil die Monatsfrist gem § 41 Abs 4 für diese Beschlussmängel nicht gilt (zur Geltendmachung v Nichtigkeitsgründen gem § 41 s Rz 49, 56, v unwirksamen Beschlüssen Rz 118). Grenzen bilden nur zivilprozessuale Regeln, insb über die Präklusion v Vorbringen oder Beweisen, etwa gem § 275 Abs 2 ZPO. Zu beachten ist, dass nach der **Rsp** diese Grundsätze nicht gelten, weil diese die Nichtigkeit v Gesellschafterbeschlüssen – mit Ausnahme v Scheinbeschlüssen – **nicht explizit anerkannt** hat (Rz 21), ebenso wenig die Unwirksamkeit (Rz 115). Nach der Jud gilt daher wohl auch für nichtige u unwirksame Beschlüsse das unter Rz 159 ff Gesagte; anders wohl bei Scheinbeschlüssen in dem v der Rsp anerkannten Sinn (Rz 16 ff).

E. Positive Beschlussfeststellungsklage

165 Die Anfechtungsklage kann mit der Klage auf Feststellung des mangelfreien Beschlussergebnisses verbunden werden („**positive Feststellungsklage**").[487] Das Begehren dieser Klage ist darauf gerichtet, das **positive Bestehen eines bestimmten Beschlussergebnisses festzustellen**, wie es ohne Vorliegen des Beschlussmangels zustande gekommen wäre. Die positive Beschlussfeststellungsklage ist insb für Beschlussanträge relevant, die nur aufgrund eines Verfahrensfehlers nicht die erforderliche Mehrheit erreicht haben (Rz 9). Hier kann zugleich mit der Anfechtung dieses „negativen" Beschlusses die Feststellung des Zustandekommens des Beschlusses begehrt werden (zu einer Musterformulierung vgl Rz 176). **Bsp:** Der Antrag auf Gewinneinbehaltung (§ 35 Rz 39 ff) einer Gesellschafterminderheit wird mit Stimmenmehrheit abgelehnt. Sofern die Ausschüttung im konkreten Fall treuwidrig sein sollte (dazu Rz 92 ff), kann zugleich mit der Anfechtung der Ablehnung des Beschlussantrags die Feststellung begehrt werden, dass der Beschluss auf Gewinneinbehaltung wirksam zustande gekommen ist. Ebenso kann bei bloßer unrichtiger Ergebnisfeststellung, wenn str ist, ob die abgegebenen Stimmen gültig oder wegen Verstoßes gegen Stimmverbote ungültig gewesen sind, die Anfechtungsklage mit dem Begehren auf

---

487 OGH 12.2.1998, 6 Ob 203/97i; 25.1.2006, 7 Ob 300/05a; 16.2.2006, 6 Ob 130/05v; 12.10.2006, 6 Ob 139/06v; *Koppensteiner/Rüffler*, GmbHG³ § 41 Rz 54; differenzierend *Harrer* in Gruber/Harrer, GmbHG² §§ 41, 42 Rz 126 ff.

Feststellung des tatsächlich zustande gekommenen Beschlusses verbunden werden.[488]

166 Die Klage ist keine Feststellungsklage iSd § 228 ZPO; sie ist entgegen ihrer Bezeichnung nicht nur auf die bloße Feststellung des Bestehens oder Nichtbestehens eines Beschlusses gerichtet. Sie hat vielmehr **rechtsgestaltende Wirkung**,[489] weil das Gericht keinen tatsächlich gefassten Beschluss, sondern ein hypothetisches Beschlussergebnis als wirksamen Beschluss erkennt.

167 Nach der Rsp ist eine positive Feststellungsklage grds nur **iVm einer Anfechtungsklage** gem § 41 zulässig.[490] Dies erscheint zunächst einleuchtend: Bevor ein bestimmtes Beschlussergebnis bei mangelfreier Beschlussfassung festgestellt werden kann, muss der (bestehende) mangelhafte Beschluss, der vorläufig wirksam ist u mangels Anfechtung endgültig wirksam wird, beseitigt werden. Die Voraussetzungen für die Beschlussfeststellungsklage richten sich nach §§ 41 f.[491] Insbesondere sind nur die in Abs 2 u 3 bezeichneten Personen **aktivlegitimiert**.[492] Ebenso gilt die **Klagefrist** gem Abs 4; diese ist allein durch Einbringung der Anfechtungsklage nicht gewahrt (Rz 156).[493] Auch ist das **Widerspruchserfordernis** zu beachten (Rz 134 ff), uzw auch bei Ablehnung eines Beschlussantrags.[494]

168 Der OGH hat zutr eine **Ausnahme** dann anerkannt u eine Feststellungsklage ohne gleichzeitige Erhebung der Anfechtungsklage gem § 41 zugelassen, wenn unklar ist, was eigentlich beschlossen wurde (kein Konsens über das Beschlussergebnis), oder konkurrierende u inhaltlich entgegengesetzte Beschlüsse vorliegen (**isolierte Beschlussfeststellungsklage**; vgl Rz 68 f).[495] Die Klage ist **gegen die Gesellschaft** (u nicht gegen die anderen Gesellschafter) zu erheben.[496] Das klagsstattgebende

---

488 Zuletzt OGH 29.8.2019, 6 Ob 104/19s, GesRZ 2019, 429 (*Potyka*).
489 Vgl *Thöni*, Rechtsfolgen 155; *Thöni*, ÖJZ 2002, 215 (216); *Gellis/Feil*, GmbHG[7] § 41 Rz 12; *Lutter/Hommelhoff*, GmbHG[18] Anh § 47 Rz 43.
490 OGH 12.2.1998, 6 Ob 203/97i; 18.12.1992, 6 Ob 588/92.
491 OGH 25.1.2006, 7 Ob 300/05a.
492 *Thöni*, ÖJZ 2002, 215 (216).
493 *Koppensteiner/Rüffler*, GmbHG[3] § 41 Rz 54.
494 Vgl OGH 25.6.2003, 9 Ob 64/03g.
495 OGH 19.12.2019, 6 Ob 105/19p, ecolex 2020/110, 219 (*Frank*) = GesRZ 2020, 210 (*Arlt*); 25.11.1997, 1 Ob 61/97w; weiterführend *Thöni*, Rechtsfolgen 155 f; *Thöni*, ÖJZ 2002, 215 (219 f).
496 OGH 19.12.2019, 6 Ob 105/19p, ecolex 2020/110, 219 (*Frank*) = GesRZ 2020, 210 (*Arlt*); *Thöni*, Rechtsfolgen 55; *Thöni*, ÖJZ 2002, 215 (218 f).

Urteil wirkt *erga omnes* analog § 42 Abs 6. Es sprechen gute Gründe dafür, dass für diese Feststellungsklage die Klagefrist des § 41 Abs 4 nicht gilt.[497] Die bindende Feststellung des **zukünftigen Stimmrechts** bei bestimmten Abstimmungsgegenständen ist hingegen (generell) **unzulässig** u kann weder mit einer Leistungs- oder Feststellungs-, noch mit Unterlassungsklage erreicht werden (vgl aber § 42 Rz 32 zur Möglichkeit einer einstweiligen Verfügung nach der EO auf Unterlassung oder Erzwingung einer zukünftigen Beschlussfassung).[498]

169 Positive Beschlussfeststellungsklage kann jedenfalls bei **Verfahrensmängeln** erhoben werden: Wird ein Beschluss unter Zählung v nicht stimmberechtigten Stimmen gefasst, kann das Gericht nach Beseitigung des Beschlusses das Ergebnis ohne Zählung der ausgeschlossenen Stimmen feststellen; ebenso wenn zu Unrecht ein **Stimmverbot** angenommen wird.[499] Bei **Inhaltsmängeln** ist zu unterscheiden: Besteht der Inhaltsmangel gerade in einer bestimmten **Willensrichtung der Gesellschafter**, ist eine positive Beschlussfeststellung ausgeschlossen. Beschließen die Gesellschafter etwa eine Kapitalerhöhung unter Ausschluss des Bezugsrechts ohne sachliche Rechtfertigung (Rz 90), kann das Gericht bei Stattgebung der Anfechtung nicht zugleich feststellen, dass der Beschluss wirksam unter Aufrechterhaltung des Bezugsrechts gefasst wurde. Einen solchen Beschluss wollten die Gesellschafter seinem Inhalt nach gerade nicht fassen. Das Gericht kann also nicht entscheiden, welchen Beschluss die Gesellschafter vernünftigerweise hätten fassen sollen (hypothetischer Wille).[500] Eine positive Beschlussfeststellung kommt bei Inhaltsmängeln allerdings dann in Betracht, wenn sich diese auf die **Abstimmung** ausgewirkt haben bzw wenn der Inhaltsmangel gerade in der **Stimmabgabe** liegt (zB Verletzung der **Treuepflicht** oder sonst pflichtwidrige Stimmabgabe[501]). Haben Gesellschafter etwa treuwidrig gegen die Abberufung eines GF gestimmt, wird durch Herstellung des bei treuewahrender Stimmabgabe zustande gekommenen

---

497 OGH 19.12.2019, 6 Ob 105/19p, ecolex 2020/110, 219 (*Frank*) = GesRZ 2020, 210 (*Arlt*) mwN zum Meinungsstand.
498 OGH 2.2.2022, 6 Ob 213/21y; 19.12.2019, 6 Ob 105/19p.
499 Zuletzt OGH 29.8.2019, 6 Ob 104/19s, GesRZ 2019, 429 (*Potyka*); ferner 25.6.2003, 9 Ob 64/03g; 18.9.2009, 6 Ob 49/09p, GesRZ 2010, 57 (*Pachinger*).
500 *Diregger*, Anfechtung und Nichtigkeit 18.
501 So auch *Gellis/Feil*, GmbHG[7] § 41 Rz 7; *U. Torggler*, Besprechung zu 6 Ob 190/06v, GesRZ 2007, 128 (131).

Beschlusses der **Beschlussinhalt** nicht berührt, sondern nur die erzielte **Beschlussmehrheit**.[502] Die hL verneint hingegen die Möglichkeit einer positiven Beschlussfeststellungsklage bei einer treuwidrigen Stimmabgabe, weil die treuwidrige Stimmabgabe nicht nichtig sei, sondern nur den Beschluss anfechtbar mache (sogleich Rz 171; zu der hier vertretenen A s auch Rz 100).[503]

Die Zulässigkeit der positiven Beschlussfeststellung ist jedenfalls zu bejahen, wenn es – bei Verfahrens- u bei Inhaltsmängeln – bloß um die **Beschlussmehrheit** geht.[504] Eine positive Beschlussfeststellungsklage ist allerdings dann nicht zulässig, wenn der festzustellende Beschluss **anfechtbar oder nichtig** wäre (zur Treuwidrigkeit vgl Rz 172).[505]

170

Da nach der hier vertretenen A **treuwidrig abgegebene Stimmen** zivilrechtlich nichtig (Rz 100) sind, kann das Gericht bei Beseitigung des Beschlusses zugleich das Beschlussergebnis feststellen, das bei treuewahrender Stimmabgabe zustande gekommen wäre. Verneint man mit der hL die zivilrechtliche Nichtigkeit der Stimmabgabe, muss die Möglichkeit der positiven Beschlussfeststellung demgegenüber verneint werden.[506] Allerdings spricht sich selbst ein Teil der Lehrmeinungen, der die Wirksamkeit der Stimmabgabe vertritt, für die Zulassung der positiven Beschlussfeststellungsklage aus.[507] Nach der hA, die die Möglichkeit

171

---

502 Vgl auch *Diregger*, Anfechtung und Nichtigkeit 18: Kein Eingriff in die Verbandssouveränität.
503 *Koppensteiner/Rüffler*, GmbHG³ § 41 Rz 54; *Enzinger* in Straube/Ratka/Rauter, GmbHG § 42 Rz 26; offen lassend OGH 14.9.2011, 6 Ob 197/11f (6 Ob 198/11b).
504 So auch *Gellis/Feil*, GmbHG⁷ § 41 Rz 12; *Reich-Rohrwig*, GmbHR 401: „bloße Mängel des Beschlusses infolge unzutreffender Ergebnisfeststellung"; *Thöni*, ÖJZ 2002, 215 (216); ebenso OGH 12.10.2006, 6 Ob 139/06v; 12.2.1998, 6 Ob 203/97i: Feststellungsklage nur wenn str ist, ob die abgegebenen Stimmen gültig sind, nicht aber, wenn darüber hinausreichende, nicht nur die Abstimmung selbst – also die Abgabe einer Willenserklärung durch den Gesellschafter – betr Mängel vorliegen; ferner *Lutter/Hommelhoff*, GmbHG¹⁸ Anh § 47 Rz 44.
505 OGH 27.2.2019, 6 Ob 19/19s, NZ 2019, 219 (*Diregger*): Aufhebung der Ablehnung einer Sonderprüfung u Entlastung des AR wegen eines Stimmverbots, aber wegen eines Ankündigungsmangels keine positive Feststellung, dass die Sonderprüfung beschlossen wurde.
506 Vgl *Koppensteiner/Rüffler*, GmbHG³ § 41 Rz 54; *Thöni*, Rechtsfolgen 153.
507 *Rüffler* in Artmann/Rüffler/Torggler, Beschlussmängel 68 f; *Eckert* in Artmann/Rüffler/Torggler, Beschlussmängel 83 f; *Haider*, Anfechtung, Nichtigkeit und Unwirksamkeit 44; *Koppensteiner*, GES 2012, 488 (496 f).

der positiven Beschlussfeststellungsklage verneint, verbleibt nur die Leistungsklage auf **Zustimmung zu einer Beschlussfassung** im streitigen Rechtsweg.[508] In diesem Fall einer Leistungsklage auf Zustimmung bedarf der „negative Beschluss" nicht einer (gesonderten) Anfechtungsklage.[509]

172 Ist ein Beschluss wegen der Nein-Stimme eines nicht stimmberechtigten Gesellschafters nicht zustande gekommen, kann ein positives Beschlussergebnis dann nicht festgestellt werden, wenn der Beschluss seinem Inhalt nach **treuwidrig wäre**, selbst wenn ohne Zählung der mit Stimmverbot belegten Stimme der Beschlussantrag die erforderliche Mehrheit erreicht hätte.[510]

173 Die positive Beschlussfeststellung greift allerdings nur dann, wenn aufgrund des Beschlussfehlers ein **Beschluss verhindert wurde**; war hingegen die Treuwidrigkeit für die Fassung eines rechtswidrigen Beschlusses kausal, erschöpft sich der Rechtsschutz in dessen Beseitigung.[511]

174 Jenen Gesellschaftern, die aufgrund der Rechtskrafterstreckung v Urteil (§ 42 Rz 41) betroffen sind, ist **rechtliches Gehör** zu gewähren.[512] Sie können dem Verfahren als **Nebenintervenienten** beitreten u einwenden, dass dem festzustellenden Beschluss **Anfechtungsgründe** entgegenstehen (Rz 170, 172). Zur **Verständigungspflicht** der GF u subsidiär des Gerichts s Rz 122.

175 Das gerichtl festgestellte Beschlussergebnis wirkt **erga omnes**. Das klagsstattgebende Urteil ersetzt den Gesellschafterbeschluss.[513] Dies gilt auch in den (zulässigen) Fällen der isolierten Feststellungsklage (oben Rz 168).[514]

176 Ein **Mustertext** für das Klagebegehren einer positiven Beschlussfeststellungsklage (iVm einer Beschlussanfechtung) könnte wie folgt lauten:

---

508 Zu den Untersch Anfechtungsklage – Leistungsklage s *Linder* in Adensamer/Mitterecker, GesStreit, Rz 8/64 ff mwN.
509 *Linder* in Adensamer/Mitterecker, GesStreit, Rz 8/67; in diese Richtung offenbar *Harrer* in Gruber/Harrer, GmbHG² §§ 41, 42 Rz 138, 148.
510 OGH 12.10.2006, 6 Ob 139/06v.
511 *Doralt/Winner* in Doralt/Nowotny/Kalss, AktG³ § 47a Rz 46; *Thöni*, ÖJZ 2002, 215 (216).
512 *Thöni*, ÖJZ 2002, 215 (220); *Lutter/Hommelhoff*, GmbHG¹⁸ Anh § 47 Rz 43.
513 *Reich-Rohrwig*, GmbHR 402; *Gellis/Feil*, GmbHG⁷ § 41 Rz 12; *Lutter/Hommelhoff*, GmbHG¹⁸ Anh § 47 Rz 43.
514 *Thöni*, Rechtsfolgen 155.

"Der in der Generalversammlung vom [...] gefasste Beschluss der Gesellschafter der Y GmbH, mit dem [die Abberufung des Geschäftsführers X abgelehnt wurde], wird für nichtig erklärt.

Es wird festgestellt, dass in der Generalversammlung vom [...] der Beschluss zustande gekommen ist, [den Geschäftsführer X mit sofortiger Wirkung abzuberufen.]"

IX. Firmenbuch

Die Eintragung anfechtbarer Beschlüsse ins FB darf wegen ihrer vorläufigen Wirksamkeit **nicht verweigert werden**.[515] Allerdings kann bei Klageerhebung zugleich ein **Unterbrechungsantrag** gem § 19 FBG an das FB-Gericht gestellt werden (Rz 163). Das FB-Gericht hat dann die in § 19 FBG vorgesehene **Interessenabwägung** vorzunehmen u dabei auch die Erfolgsaussichten der Anfechtungsklage zu beurteilen.[516] Eine **amtswegige Löschung** eingetragener **anfechtbarer Beschlüsse** gem § 10 FBG kommt nicht in Betracht (anders als bei nichtigen Beschlüssen, oben Rz 54, oder bei unwirksamen Beschlüssen, Rz 118).

177

Sollen Beschlüsse ins FB eingetragen werden, steht dem Gesellschafter nur Klage gem § 41 u Antrag auf Erlassung einer einstweiligen Verfügung gem § 42 Abs 4 offen (dazu § 42 Rz 23 ff); er hat – jedenfalls hinsichtlich anfechtbarer Beschlüsse – kein **Rekursrecht gegen Eintragungsbeschlüsse des FB-Gerichts**.[517] Hingegen besteht ein Rekursrecht bei Eintragung nichtiger oder unwirksamer Beschlüsse, welche das FB-Gericht jedenfalls nicht eintragen darf (s oben Rz 53).

178

Zu den firmenbuchrechtlichen Konsequenzen einer **erfolgreichen Anfechtungsklage** s § 44.

179

---

515 OGH 29.9.2020, 6 Ob 166/20k; 29.9.2020, 6 Ob 168/20d, NZ 2021, 202 (*Wedl*); *Koppensteiner/Rüffler*, GmbHG³ § 41 Rz 57.
516 Vgl OGH 30.10.1989, 6 Ob 17/89; mglw nur missverständlich OGH 29.9.2020, 6 Ob 166/20k; 29.9.2020, 6 Ob 169/20d (krit *Wedl*, NZ 2021, 202 [204 f]): „... *hat das Gericht das Verfahren nach § 19 FBG zu unterbrechen*"; *Koppensteiner/Rüffler*, GmbHG³ § 41 Rz 57; *Heinke*, Schriftsätze im Zivilprozess⁶, 249 ff; zur Interessenabwägung *Burgstaller/Pilgerstorfer* in Jabornegg/Artmann, UGB² § 19 FBG Rz 6, 16 ff mwN aus der Rsp.
517 OGH 16.9.1981, 6 Ob 6/81, NZ 1981, 172; 17.10.1979, 6 Ob 12/79, GesRZ 1981, 110; vgl *Koppensteiner/Rüffler*, GmbHG³ § 41 Rz 57 mwN.

§ 42. (1) ¹Die Klage auf Nichtigerklärung eines Beschlusses der Gesellschafter ist gegen die Gesellschaft zu richten. ²Die Gesellschaft wird durch die Geschäftsführer, wenn jedoch Geschäftsführer selbst klagen, durch den Aufsichtsrat vertreten. ³Wenn sowohl Geschäftsführer als auch Mitglieder des Aufsichtsrates klagen oder wenn kein Aufsichtsrat besteht und ein anderer Vertreter der Gesellschaft nicht vorhanden ist, hat das Gericht einen Kurator zu ernennen.

(2) Zuständig für die Klage ist ausschließlich der zur Ausübung der Handelsgerichtsbarkeit zuständige Gerichtshof des Sitzes der Gesellschaft.

(3) ¹Das Gericht kann auf Antrag anordnen, daß der Kläger wegen des der Gesellschaft drohenden Nachteiles eine von dem Gerichte nach freiem Ermessen zu bestimmende Sicherheit zu leisten habe. ²Hiebei finden hinsichtlich der Festsetzung einer Frist zum Erlage, der eidlichen Bekräftigung der Unfähigkeit zum Erlage und der Folgen des Nichterlages die Vorschriften der Zivilprozeßordnung über die Sicherheitsleistung für Prozeßkosten Anwendung.

(4) Das Gericht kann die Ausführung des angefochtenen Beschlusses durch einstweilige Verfügung (§ 384 u. f. der Exekutionsordnung) aufschieben, wenn ein der Gesellschaft drohender unwiderbringlicher Nachteil glaubhaft gemacht wird.

(5) Jeder Gesellschafter kann dem Rechtsstreite auf seine Kosten als Nebenintervenient beitreten.

(6) Das die Nichtigkeit erklärende Urteil wirkt für und gegen sämtliche Gesellschafter.

(7) Für einen durch ungegründete Anfechtung des Beschlusses der Gesellschaft entstehenden Schaden haften ihr die Kläger, denen böse Absicht oder grobe Fahrlässigkeit zur Last fallen, persönlich zur ungeteilten Hand.

Literatur: S bei § 41.

Inhaltsübersicht

I.	Allgemeines	1
II.	Passivlegitimation und Vertretung (Abs 1)	2–10
III.	Streitwert	11, 12
IV.	Klagebegehren	13, 14
V.	Gerichtszuständigkeit (Abs 2)	15–17
VI.	Sicherheitsleistung (Abs 3)	18–22
VII.	Einstweilige Verfügung (Abs 4)	23–34

VIII. Nebenintervention (Abs 5) 35–38
IX. Urteilswirkungen (Abs 6) 39–44
X. Haftung (Abs 7) 45

I. Allgemeines

§ 42 ist Bestandteil der Regelungen über die Beschlussanfechtung u gemeinsam mit § 41 u § 44 zu lesen (s § 41 Rz 1). § 42 normiert (wie § 41 Abs 2 bis 4) **prozessuale Sondervorschriften** der Anfechtungsklage. Subsidiär kommen die jew maßgeblichen **Bestimmungen der ZPO** zur Anwendung.[1]   1

II. Passivlegitimation und Vertretung (Abs 1)

Beklagter der Anfechtungsklage ist die **Gesellschaft**; die Anfechtungsklage ist ausschließlich gegen sie zu richten.[2] **Nicht** passivlegitimiert sind die **Gesellschafter**[3] oder Organmitglieder. Abs 1 ist auch anwendbar, wenn die Nichtigkeit (§ 41 Rz 51) oder Unwirksamkeit (§ 41 Rz 118) eines Beschlusses mit Klage gem §§ 41 ff geltend gemacht wird.[4]   2

Grundsätzlich wird die Gesellschaft durch die **GF** vertreten (Abs 1 S 2; § 18 Rz 10 ff). Maßgeblich ist die Bestellung als GF; auf die (deklarativ wirkende) FB-Eintragung kommt es nicht an (§ 15 Rz 35 f).[5] Passiv vertretungsbefugt ist nach der zwingenden Regelung gem § 18 Abs 4 jeder einzelne GF – uzw auch bei Gesamtvertretungsbefugnis (s § 18 Rz 23). Es genügt daher, wenn die Klage einem GF zugeht.[6] Zur Aktivvertretung im Prozess bedarf es hingegen der Mitwirkung der GF in nach dem Gesetz (§ 18 Abs 2) oder abw Regelung im GesV (§ 18 Abs 3) vertretungsbefugter Zahl (s bei § 18 Rz 11 ff). Ein **abberufener GF** ist   3

---

1 Vgl *Diregger* in Doralt/Nowotny/Kalss, AktG³ § 197 Rz 10 f.
2 OGH 23.4.1996, 1 Ob 509/96; *Baumgartner/Mollnhuber/U. Torggler* in Torggler, GmbHG § 42 Rz 4.
3 OGH 7.4.1976, 1 Ob 539/76; **dafür** de lege ferenda *Kalss/Schauer*, Reform des Kapitalgesellschaftsrechts 273.
4 *Koppensteiner/Rüffler*, GmbHG³ § 42 Rz 2; *Reich-Rohrwig*, GmbHR 396.
5 *Gellis/Feil*, GmbHG⁷ § 42 Rz 1; *Reich-Rohrwig*, GmbHR 396.
6 *Koppensteiner/Rüffler*, GmbHG³ § 42 Rz 3; *Enzinger* in Straube/Ratka/Rauter, GmbHG § 42 Rz 13.

nicht vertretungsbefugt, weil die Abberufung mit Zugang der Abberufungserklärung sofort wirksam ist (§ 16 Rz 18). Wird ein GF abberufen u ein neuer bestellt, vertritt die Gesellschaft die neu bestellte Geschäftsführung; zur Vertretung der GmbH im Rechtsstreit ist derjenige berechtigt, der im Fall des Obsiegens der Gesellschaft als GF anzusehen wäre.[7] Erst das stattgebende rechtskräftige Urteil ändert die Vertretungsbefugnis materiell (s aber unten zur einstweiligen Verfügung Rz 23).

4   **Klagen GF**, sind sie v der Vertretung **ausgeschlossen**. Dies gilt dann, wenn die GF als Organ klagen (§ 41 Rz 141); ebenso für einzelne GF, die v ihrer individuellen Klagebefugnis Gebrauch machen (§ 41 Rz 143). Ist ein GF v der Vertretung ausgeschlossen, kann die beklagte Gesellschaft nicht v einem anderen GF vertreten werden, wenn dieser nur **gemeinsam mit einem Prokuristen** vertretungsbefugt ist (unechte Gesamtvertretung).[8] Die hL lässt die Vertretung durch die anderen, nicht klagenden GF nur zu, wenn diese **in vertretungsbefugter Zahl** vorhanden sind.[9] In diesem Fall sollten allerdings auch die anderen GF v der Vertretung wegen Interessenkollision ausgeschlossen sein.[10] Schließlich gilt der Vertretungsausschluss für jene Gesellschafter-GF, die in ihrer Eigenschaft als Gesellschafter klagen.[11] In all diesen Fällen ist eine die Interessen der Gesellschaft wahrende Vertretung durch die GF wegen Interessenkollision nicht zu erwarten. Der Ausschluss v der Vertretung kann in diesen Fällen auch nicht durch **Bestellung eines Vertreters** umgangen werden, wobei es nicht darauf ankommt, ob der Vertreter hinsichtlich der Ausübung seiner Vertretungsmacht instruiert wurde, u auch nicht auf den Zeitpunkt seiner Bestellung.[12]

---

7   OLG Wien 10.9.1987, 1 R 151/87, wbl 1987, 311; *Koppensteiner/Rüffler*, GmbHG[3] § 42 Rz 3; *Reich-Rohrwig*, GmbHR 397.
8   OGH 6.11.2008, 6 Ob 186/08h.
9   OGH 7.7.1988, 8 Ob 516/88; 4.5.1955, 1 Ob 286/55, HS 2219; OGH 23.9.1975, 3 Ob 182/75; 6.11.2008, 6 Ob 186/08h; *Koppensteiner/Rüffler*, GmbHG[3] § 42 Rz 3; *Reich-Rohrwig*, GmbHR 396.
10 Vgl *Eckert/Linder*, ecolex 2005, 449 (449, 451).
11 OGH 6.11.2008, 6 Ob 186/08h; *Reich-Rohrwig*, GmbHR 396; *Koppensteiner/Rüffler*, GmbHG[3] § 42 Rz 3.
12 OGH 8.5.2008, 6 Ob 28/08y; 7.7.2008, 6 Ob 98/08t; 1.10.2008, 6 Ob 158/08s. In der E v 6.11.2008, 6 Ob 186/08h, hat der OGH dazu etwas widersprüchlich auch darauf abgestellt, dass die Vollmacht jederzeit widerruflich ist. ME kann der Interessenkonflikt allerdings auch nicht durch eine unwiderrufliche Vollmacht umgangen werden, weil der Vertreter jedenfalls die Interessen des Vertretenen zu wahren hat u sich der Interessenkonflikt in der Person des

Sind die GF v der Vertretung ausgeschlossen, wird die Gesellschaft 5
durch den **AR** vertreten (§ 42 Abs 1 Satz 2 2. Halbsatz).[13] Der AR ist –
ebenso wie die GF – v der Vertretung ausgeschlossen, wenn der AR
oder einzelne Mitglieder selbst klagen; es gelten die Ausführungen zu
den GF sinngemäß (Rz 4).

Besteht kein AR oder ist der AR v der Vertretung ausgeschlossen, 6
können die Gesellschafter einen **Prozessvertreter** gem § 35 Abs 1 Z 6
bestellen (s § 35 Rz 92).[14] Wird kein Prozessvertreter bestellt, hat das
Gericht einen Kurator zu ernennen (sogleich Rz 7).

Ein **Kurator** iSd § 8 ZPO ist v Gericht zu ernennen, (i) wenn sowohl 7
GF als auch **Mitglieder des AR klagen** (ii) oder wenn **kein AR** besteht u
ein **anderer Vertreter** der Gesellschaft (insb ein Prozessvertreter gem § 35
Abs 1 Z 6; § 35 Rz 92) nicht vorhanden ist (Abs 1 letzter S). Werden in der
GV GF abberufen u neue bestellt, liegen diese Voraussetzungen nicht
vor, weil die Gesellschaft jedenfalls durch die neu bestellten GF vertreten
ist.[15] Die Voraussetzungen der Kuratorbestellung – insb der FB-Stand –
sollen nach der Rsp im „Zeitpunkt der Erhebung der Klage" zu beurteilen
sein.[16] Gemeint ist damit wohl, dass die materiellen Voraussetzungen, insb
die wirksame Bestellung v GF, zu diesem Zeitpunkt zu prüfen ist. Auf
den FB-Stand kann es nicht ankommen, weil eine Abberufung sofort
wirksam ist u die Eintragung nur deklarative Wirkung hat (§ 16 Rz 20)[17].

Eine weitere Möglichkeit, die Vertretung der beklagten Gesellschaft 8
sicherzustellen, ist die Bestellung eines **Not-GF** unter den Voraussetzungen des § 15 a.[18]

In der **Insolvenz** wird die Gesellschaft durch den **Insolvenzverwal-** 9
ter vertreten, wenn der angefochtene Beschluss die Insolvenzmasse betrifft.[19] Ist die Insolvenzmasse nicht betroffen, fehlt somit die Masse-

---

Vertretenen daher nur auf den Vertreter verlagert, dadurch aber nicht aufgehoben wird.
13 OGH 6.11.2008, 6 Ob 186/08h.
14 *Enzinger* in Straube/Ratka/Rauter, GmbHG § 42 Rz 14.
15 OGH 29.11.1989, 1 Ob 695/89; missverständlich, aber wohl ebenso OLG Wien 10.9.1987, 1 R 151/87, wbl 1987, 311.
16 OGH 23.9.1975, 3 Ob 182/75, GesRZ 1976, 27; 29.10.1958, 1 Ob 416/58, HS 2175/150.
17 *Reich-Rohrwig*, GmbHR 396 FN 95.
18 OGH 6.11.2008, 6 Ob 186/08h.
19 OGH 14.9.2011, 6 Ob 197/11f (6 Ob 198/11b); *Enzinger* in Straube/Ratka/Rauter, GmbHG § 42 Rz 15; *Koppensteiner/Gruber* in Rowedder/Schmidt-Leithoff, GmbHG[5] § 47 Rz 149.

erheblichkeit, so bleiben die GF zur Vertretung berufen.[20] Zur Frage der Masseerheblichkeit vgl § 41 Rz 121.

10 Zu **standesrechtlichen Fragen** der Vertretung durch **RA** vgl § 35 Rz 95.

III. Streitwert

11 Der **Streitwert der Anfechtungsklage** richtet sich nach den allg Grundsätzen der JN. Gemäß § 56 Abs 2 JN hat der Anfechtungskläger den Streitwert frei zu bestimmen; das Gericht u der Anfechtungskläger sind an die Bewertung gebunden (vgl aber zur Möglichkeit der Streitwertherabsetzung § 60 JN[21] u der Streitwertbemängelung hinsichtlich der Vertretungskosten § 7 RATG).[22] Die in der Praxis übliche Bewertung in Höhe des **Stammkapitals** der Gesellschaft ist nach Maßgabe dieser Grundsätze als zulässig zu erachten. Nach allg Regeln ist zu beachten, dass die Bewertung nicht nur durch **bloße Angabe des Streitwerts im Rubrum der Klage** erfolgt.[23] Ferner ist auf eine **ausdrückliche Bewertung nach der JN** (u nicht bloß dem RATG oder GGG) zu achten; bewertet der Kläger ausdrücklich nur nach dem RATG oder GGG, so liegt darin noch keine Bewertung iSd § 56 Abs 2 JN.[24] Unterlässt der Kläger die Bewertung, dann gilt gem § 56 Abs 2 JN der **Zweifelsstreitwert** v € 5.000. Die aktienrechtliche Regelung des § 197 Abs 6 AktG ist im GmbHG nicht analog anzuwenden.[25]

12 Werden in einer Anfechtungsklage mehrere Beschlüsse angefochten, dann sind die Ansprüche iSd § 55 Abs 1 JN nur dann zusammenzurechnen, wenn sie in einem tatsächlichen oder rechtlichen Zusammenhang

---

20 OGH 14.9.2011, 6 Ob 197/11f (6 Ob 198/11b).
21 Diese Bestimmung könnte trotz des zwingenden Gerichtsstands für Anfechtungsklagen gem § 42 Abs 2 (Rz 15) für die Frage der Senatszuständigkeit iSd § 7a JN relevant sein.
22 *Enzinger* in Straube/Ratka/Rauter, GmbHG § 42 Rz 32; *Gitschthaler* in Fasching/Konecny, Zivilprozessgesetze³ § 56 JN, Rz 27; *Mayr* in Rechberger, ZPO³ § 56 JN, Rz 4.
23 Nach der Rsp (zuletzt LGZ Wien 18.10.2004, 48 R 371/04w) stellt die bloße Angabe des Streitwerts im Rubrum der Klage keine ausreichende Bewertung des Streitgegenstands iSd § 56 Abs 2 JN dar.
24 LGZ Wien 26.2.2004, 48 R 72/04y; *Mayr* in Rechberger, ZPO³ § 56 JN Rz 5.
25 OGH 26.1.1995, 6 Ob 635/94; *Gitschthaler* in Fasching/Konecny, Zivilprozessgesetze³ § 56 JN, Rz 27; *Mayr* in Rechberger, ZPO³ § 56 JN Rz 4.

stehen. Die Frage ist insb für die **Zulässigkeit einer Revision** iSd § 502 ZPO relevant. Der OGH hat eine Zusammenrechnung bejaht, wenn mehrere in derselben GV gefasste Beschlüsse in einer Klage angefochten werden, wobei jew **dieselben Anfechtungsgründe** geltend gemacht werden.[26] Anderes gilt nach der Rsp dann, wenn es sich um völlig untersch, wenn auch in derselben GV gefasste Beschlüsse handelt, die nicht in einem (wirtschaftlichen) Zusammenhang stehen, u auch nicht aus denselben Anfechtungsgründen angefochten werden.[27]

IV. Klagebegehren

Die Anfechtungsklage ist auf die **Nichtigerklärung des Beschlusses** gerichtet.[28] Bei **nichtigen Beschlüssen** (§ 41 Rz 20 ff) ist das Begehren nach zutr A darauf gerichtet, dass das Gericht die Nichtigkeit des Beschlusses feststellen möge.[29] Die Anerkennung nichtiger Beschlüsse durch die Rsp ist allerdings unklar (§ 41 Rz 21 ff). Bei den v der Rsp anerkannten **Scheinbeschlüssen** ist die Feststellungsklage gem § 228 ZPO ebenfalls darauf gerichtet, dass das Gericht die Unwirksamkeit des Beschlusses feststellen möge (§ 41 Rz 17); ebenso bei den v der L anerkannten **unwirksamen Beschlüssen** (§ 41 Rz 118). In der Praxis ist in diesen Fällen jedenfalls zu empfehlen, einen **Eventualantrag auf Nichtigerklärung** für den Fall zu stellen, dass das Gericht den Mangel rechtlich anders qualifiziert.[30]

13

Ein Mustertext für das Klagebegehren könnte wie folgt lauten:[31]

14

„Der in der Generalversammlung vom [...] gefasste Beschluss, mit dem [der Geschäftsführer der X GmbH abberufen wurde], wird für nichtig erklärt."

---

26 OGH 16.10.2009, 6 Ob 199/09x.
27 OGH 20.2.1979, 4 Ob 504/79; 23.2.1978, 6 Ob 812/77; 22.3.1983, 2 Ob 584/82.
28 *Enzinger* in Straube/Ratka/Rauter, GmbHG § 42 Rz 23.
29 *Koppensteiner/Rüffler*, GmbHG³ § 41 Rz 23.
30 *Enzinger* in Straube/Ratka/Rauter, GmbHG § 42 Rz 23.
31 Vgl den SV in OGH 23.10.2015, 6 Ob 65/15z.

V. Gerichtszuständigkeit (Abs 2)

15 § 42 Abs 2 normiert einen **ausschließlichen** u **zwingenden** Gerichtsstand für Anfechtungsprozesse (vgl § 83b Abs 2 JN). Zuständig ist der zur Ausübung der **Handelsgerichtsbarkeit** zuständige Gerichtshof des **Sitzes der Gesellschaft**. Die Höhe des Streitwerts ist irrelevant.[32] Der Gerichtsstand gem § 42 Abs 2 gilt generell für alle auf Anfechtung oder Feststellung der Nichtigkeit gerichteten Klagen[33], daher auch für die Nichtigkeitsklage analog § 201 AktG (s § 41 Rz 55), die Feststellungsklage gem § 228 ZPO[34] sowie die isolierte Beschlussfeststellungsklage (§ 41 Rz 168).

16 Streitigkeiten über die Gültigkeit v Gesellschafterbeschlüssen sind – auch nach der Rechtslage nach dem SchiedsRÄG 2006 – grds **schiedsfähig**.[35] Wegen der Rechtskrafterstreckung des Urteils auf nicht am Verfahren beteiligte Gesellschafter ist die Schiedsfähigkeit jedenfalls dann zu bejahen, wenn die Schiedsklausel in dem ursprünglichen GesV enthalten war oder durch einstimmigen Beschluss nachträglich eingeführt worden ist.[36] Eine nachträgliche Aufnahme der Schiedsklausel in den

---

32 *Koppensteiner/Rüffler*, GmbHG³ § 42 Rz 5.
33 *Reich-Rohrwig*, GmbHR 397.
34 **AA** *Koppensteiner/Rüffler*, GmbHG³ § 42 Rz 5.
35 OGH 26.6.2014, 6 Ob 84/14t; 19.4.2012, 6 Ob 42/12p; 22.10.2010, 7 Ob 103/10p; RIS-Justiz RS0045318; *Trenker/Demetz*, wbl 2013, 1; *Reiner*, GesRZ 2007, 151 (151 f); *Enzinger* in Straube/Ratka/Rauter, GmbHG § 42 Rz 8; *Harrer* in Gruber/Harrer, GmbHG² §§ 41, 42 Rz 158; *Baumgartner/Mollnhuber/U. Torggler* in Torggler, GmbHG § 42 Rz 6; *Diregger* in Doralt/Nowotny/Kalss, AktG³ § 197 Rz 18; **aA** *Koppensteiner/Rüffler*, GmbHG³ § 42 Rz 6. Zur alten Rechtslage: OGH 3.6.1950, 2 Ob 276/50; 10.12.1998, 7 Ob 221/98w; 29.6.2006, 6 Ob 145/06a; *Ch. Nowotny* in Kalss/Nowotny/Schauer, GesR² Rz 4/304; *Kastner/Doralt/Nowotny*, GesR⁵, 279, 420; *Reich-Rohrwig*, GmbHR 306; *Reich-Rohrwig*, GmbHR I² Rz 1/58 ff; *Thöni*, Rechtsfolgen 224 ff; *Thöni*, wbl 1994, 298; *Schönherr*, GesRZ 1980, 184; *Deimbacher*, GesRZ 1992, 176; *Hempel* in FS Krejci, 1769 (1769 ff); *Diregger* in Doralt/Nowotny/Kalss, AktG² § 197 Rz 18; zum dt Recht *Hüffer* in MüKo AktG⁴ § 246 Rz 32 ff.
36 Vgl OGH 26.6.2014, 6 Ob 84/14t; 10.12.1998, 7 Ob 221/98w; 6.9.1984, 6 Ob 16/84; *Reiner*, GesRZ 2007, 151 (154, 161 ff); *Diregger* in Doralt/Nowotny/Kalss, AktG³ § 197 Rz 19; *Thöni*, Rechtsfolgen 228 f; *Lutter/Hommelhoff*, GmbHG¹⁸ Anh § 47 Rz 79; **aA** *Enzinger* in Straube/Ratka/Rauter, GmbHG § 42 Rz 8, nach dem eine Schiedsklausel auch einen Einzelrechtsnachfolger eines Gesellschafters bindet; u *Hempel* in FS Krejci, 1769 (1777 ff), nach dem

GesV bedarf nach zutr A der Rsp der Zustimmung aller Gesellschafter (somit einen einstimmigen Beschluss über die Satzungsänderung), ein Mehrheitsbeschluss genügt nicht.[37] Der Anspruch der nicht als Anfechtungskläger auftretenden Gesellschafter auf Verfahrensbeteiligung (Wahrung des rechtlichen Gehörs) ist auf die Weise zu wahren, dass die Mitgesellschafter wie im Anfechtungsprozess vor einem ordentlichen Gericht **Gelegenheit zur Nebenintervention** erhalten, wobei bei der Frage v deren Zulassung kein Ermessen der Schiedsrichter besteht.[38] Der Schiedsfähigkeit steht es auch nicht entgegen, dass die Entscheidung darüber Tatbestandswirkungen (Reflexwirkungen) gegenüber **gesellschaftsfremden Dritten** hat.[39]

Zu beachten ist allerdings, dass nach § 617 Abs 1 ZPO idF des SchiedsRÄG 2006 – der auf Schiedsvereinbarungen anwendbar ist, die ab dem 1.7.2006 geschlossen wurden – Schiedsvereinbarungen zw einem Unternehmer u einem **Verbraucher** nur dann wirksam sind, wenn sie für **bereits entstandene Streitigkeiten** abgeschlossen wurden. § 617 Abs 1 ZPO stellt keine Beschränkung der objektiven Schiedsfähigkeit dar, sondern ist als **sonstige Wirksamkeitsvoraussetzung** der Schiedsvereinbarung einzustufen.[40] Der OGH hat die Anwendbarkeit v § 617 Abs 1 ZPO auf gesellschaftsrechtliche Streitigkeiten ausdrücklich bejaht.[41] Nach der Rsp sind GmbH-Gesellschafter unter bestimmten Vorausset-

17

---

schon eine einfache Satzungsänderung ausreicht. Das Schiedsverfahren ist nach den §§ 577 ff ZPO durchzuführen; vgl zu den gesellschaftsrechtlichen Implikationen im Detail *Reiner*, GesRZ 2007, 151 (insb 154 ff).

37 OGH 21.12.2017, 6 Ob 104/17p, GesRZ 2018, 117 (*Ratka*); vgl ferner OGH 26.6.2014, 6 Ob 84/14t; 6.9.1984, 6 Ob 16/84.
38 OGH 26.6.2014, 6 Ob 84/14t; 10.12.1998, 7 Ob 221/98w.
39 OGH 19.4.2012, 6 Ob 42/10p unter Ablehnung der ggt M v *Strasser* in Jabornegg/Strasser, AktG[5] § 197 Rz 4; *Ch. Nowotny*, wbl 2008, 470 (471 ff); *Thöni*, GesRZ 1994, 55 (58); *Thöni*, wbl 1994, 298 (302); wie hier *Enzinger* in Straube/Ratka/Rauter, GmbHG § 42 Rz 8.
40 OGH 22.7.2009, 3 Ob 144/09m; 16.12.2013, 6 Ob 43/13m; *Öhlberger*, ÖJZ 2010/21, 189; *Stippl* in Liebscher/Oberhammer/Rechberger, Schiedsverfahrensrecht I Rz 4/105.
41 OGH 16.12.2013, 6 Ob 43/13m unter intensiver Auseinandersetzung mit den dies abl Lehrmeinungen; s nur *Hausmaninger* in Fasching/Konecny, Zivilprozessgesetze[3] § 617 ZPO, Rz 23; *Trenker/Demetz*, wbl 2013, 1 (6); *Schifferl/Kraus*, GesRZ 2011, 341; *Stippl/Steinhofer*, ecolex 2011, 816; *Terlitza/Weber*, ÖJZ 2008/2, 1; *Harrer*, wbl 2010, 605 (606); *Öhlberger*, ecolex 2008, 51 (53); *F. Schuhmacher*, wbl 2012, 71 (78); *Nueber*, Aufsichtsrat aktuell 2012 H 5, 20 (22); *Nueber*, Zak 2010, 48 (52).

zungen als Verbraucher anzusehen, insb wenn sie **keinen beherrschenden Einfluss auf die Geschäftsführung** haben.[42] Ist die Verbrauchereigenschaft zu bejahen, dann ist nach der Rsp eine im GesV enthaltene Schiedsvereinbarung für zukünftige Gesellschafterstreitigkeiten, u damit auch für Streitigkeiten über die Gültigkeit v Gesellschafterbeschlüssen, **nicht wirksam**.[43] Gegen die Wirksamkeit v Schiedsvereinbarungen mit Gesellschaftern, die als Verbraucher zu qualifizieren sind, kann im Einzelfall ferner **§ 6 Abs 2 Z 7 KSchG** sprechen, wonach Schiedsklauseln mit Verbrauchern im Einzelnen ausgehandelt werden müssen.[44]

VI. Sicherheitsleistung (Abs 3)

18 Auf **Antrag** der Gesellschaft **kann** das Gericht eine Sicherheitsleistung durch den Anfechtungskläger anordnen. Voraussetzung ist ein der **Gesellschaft drohender Nachteil**. Kein die Sicherheitsleistung rechtfertigender Nachteil ist das Entstehen v **Prozesskosten**.[45] Der Schaden der Gesellschaft muss durch den Kläger **verschuldet** sein (vgl § 42 Abs 7; Rz 45). Die Gesellschaft muss den möglichen Schaden u das Verschulden des Klägers **bescheinigen**.[46]

19 Aufgrund der Formulierung als „Kann"-Bestimmung ist bei Nachw (Bescheinigung) eines solchen Nachteils durch die Gesellschaft selbst auf Antrag nicht automatisch eine Sicherheitsleistung anzuordnen. Das Gericht hat vielmehr die der Gesellschaft drohenden, durch den Anfechtungskläger verschuldeten Nachteile mit dem legitimen **Interesse an einer mangelfreien Beschlussfassung** u der Wahrung des **Minderheits- bzw Einzelrechts** auf Beschlussanfechtung **abzuwägen**.[47] Die Voraus-

---

42 Vgl nur OGH 29.1.2015, 6 Ob 170/14i; 16.12.2013, 6 Ob 43/13m; zuletzt 28.9.2021, 4 Ob 152/21p, ZFR 2022, 133 (*Kirchmayr*); RIS-Justiz RS0121109.
43 Zust *Diregger* in Doralt/Nowotny/Kalss, AktG³ § 197 Rz 19; **aA** *Eckert/Schopper* in Artmann/Karollus, AktG⁶ § 197 Rz 21.
44 Eine teleologische Reduktion erwägend *Nueber*, Zak 2010/70, 48 (48 ff); dies hat der OGH in 16.12.2013, 6 Ob 43/13m aber – zur Anwendbarkeit v § 617 Abs 1 ZPO – dezidiert abgelehnt.
45 OGH 28.8.2003, 2 Ob 171/03s; *Reich-Rohrwig*, GmbHR 398; *Koppensteiner/Rüffler*, GmbHG³ § 42 Rz 7; *Baumgartner/Mollnhuber/U. Torggler* in Torggler, GmbHG § 42 Rz 7; **aA** *Gellis/Feil*, GmbHG⁷ § 42 Rz 3.
46 OGH 4.6.1971, 6 Ob 114/71, JBl 1972, 432.
47 *Reich-Rohrwig*, GmbHR 398.

setzungen für eine Sicherheitsleistung sind nach einem strengen Maßstab zu prüfen.[48] Eine Sicherheitsleistung soll nach Teilen der L va dann in Betracht kommen, wenn die Klage **offenkundig unbegründet** ist.[49] Allerdings ist fraglich, ob das Gericht im Regelfall ohne Durchführung eines Beweisverfahrens ex ante die offenkundige Unbegründetheit feststellen kann. Eine Sicherheitsleistung sollte daher nicht nur bei offenkundiger Unbegründetheit der Klage in Betracht kommen.[50]

§ 42 Abs 3 verweist ausdrücklich auf die Vorschriften der ZPO über die **Festsetzung einer Frist** zum Erlag (§ 60 Abs 1 ZPO), die **eidliche Bekräftigung der Unfähigkeit** zum Erlag (§ 60 Abs 2 ZPO) u die **Folgen des Nichterlags** (§ 60 Abs 3 ZPO). Darüber hinaus sind auch die sonstigen einschlägigen Bestimmungen der ZPO anwendbar.[51] Die **Art der Sicherheit** bestimmt sich nach § 56 ZPO. Auch eine (befristete) Bankgarantie ist zulässig.[52]

Gegen den Beschluss auf Festsetzung einer Sicherheitsleistung kann **Rekurs** erhoben werden.[53] Gegen die Festsetzung der Höhe der Sicherheitsleistung ist ein **Revisionsrekurs** als Kostenentscheidung iSd § 528 Abs 2 Z 3 ZPO unzulässig.[54] Dies gilt allerdings nicht für eine Entscheidung darüber, ob überhaupt eine Sicherheitsleistung zu erbringen ist.[55]

Neben der Sicherheitsleistung gem § 42 Abs 3 kann das Gericht einem **ausländischen Anfechtungskläger** eine Sicherheitsleistung für Prozesskosten nach den §§ 57 ff ZPO auferlegen.[56]

---

48 OGH 4.6.1971, 6 Ob 114/71, JBl 1972, 432.
49 *Koppensteiner/Rüffler*, GmbHG³ § 42 Rz 7 mwN; aA *Deimbacher*, GesRZ 1992, 176 (185): diesfalls ohne weiteres Abweisung der Klage.
50 *Enzinger* in Straube/Ratka/Rauter, GmbHG § 42 Rz 45.
51 *Reich-Rohrwig*, GmbHR 398; *Gellis/Feil*, GmbHG⁷ § 42 Rz 3.
52 OGH 23.4.1997, 3 Ob 4/97b; 24.3.1998, 5 Ob 81/98t; 13.9.2006, 3 Ob 156/06x.
53 *Reich-Rohrwig*, GmbHR 398.
54 OGH 28.2.1967, 8 Ob 46/67, EvBl 1967/422; 23.1.2001, 7 Ob 6/01k; *Kodek* in Rechberger, ZPO³ § 528 Rz 37 mwN.
55 OGH 23.1.2001, 7 Ob 6/01k; *Kodek* in Rechberger, ZPO³ § 528 Rz 37 mwN.
56 *Reich-Rohrwig*, GmbHR 398.

VII. Einstweilige Verfügung (Abs 4)

23 Die Anfechtungsklage kann mit dem Antrag auf Erlassung einer **einstweiligen Verfügung** verbunden werden.[57] Die einstweilige Verfügung ist darauf gerichtet, die **Ausführung des angefochtenen Beschlusses** (vorläufig) zu untersagen. Die einstweilige Verfügung dient der Absicherung des künftigen Prozesserfolgs im Verfahren auf Beschlussanfechtung bzw Feststellung der Beschlussnichtigkeit.[58] Ein Antrag auf Erlassung einer einstweiligen Verfügung ist auch schon vor Erhebung der Anfechtungsklage möglich.[59] Auch die Ausführung **nichtiger oder unwirksamer Beschlüsse** kann analog § 42 Abs 4 untersagt werden.[60]

24 Das Gesetz verlangt die Glaubhaftmachung eines der **Gesellschaft drohenden unwiederbringlichen Nachteils**.[61] Diese Voraussetzung entspricht dem drohenden unwiederbringlichen Schaden gem § 381 Z 2 EO.[62] **Bsp**: Beschluss auf Auflösung/Liquidation der Gesellschaft;[63] Umsatzrückgang oder Beeinträchtigung des Unternehmensrufs bei Abberufung eines GF (unten Rz 31)[64]; Veräußerung des Kundenstocks zu einem nicht seinem Wert entspr Preis;[65] Übertragung des Geschäftsbetriebs auf einen Dritten bzw. Unternehmensveräußerung;[66] nicht hin-

---

57 Vgl OGH 24.7.2019, 6 Ob 119/19x, GesRZ 2020, 58 (*Stagl*); *Enzinger* in Straube/Ratka/Rauter, GmbHG § 42 Rz 33.
58 OGH 24.7.2019, 6 Ob 119/19x, GesRZ 2020, 58 (*Stagl*); 26.4.2018, 6 Ob 38/18h, GesRZ 2018, 303 (*Zimmermann*); *Wimmer*, NZ 2018, 401; *Drobnik/Torggler*, RdW 2020, 418.
59 *Reich-Rohrwig*, GmbHR 398; *Koppensteiner/Rüffler*, GmbHG³ § 42 Rz 8; aA *Baumgartner/Mollnhuber/U. Torggler* in Torggler, GmbHG § 42 Rz 8.
60 OGH 24.7.2019, 6 Ob 119/19x, GesRZ 2020, 58 (*Stagl*); *Koppensteiner/Rüffler*, GmbHG³ § 42 Rz 8; *Enzinger* in Straube/Ratka/Rauter, GmbHG § 42 Rz 34; *Reich-Rohrwig*, GmbHR 399; *Baumgartner*, JBl 2022, 156 (163).
61 OGH 24.7.2019, 6 Ob 119/19x, GesRZ 2020, 58 (*Stagl*).
62 OGH 24.7.2019, 6 Ob 119/19x, GesRZ 2020, 58 (*Stagl*); *König*, Einstweilige Verfügungen im Zivilverfahren⁵ Rz 10.57; vgl OGH 14.9.2011, 6 Ob 183/11x; 17.12.2010, 6 Ob 230/10g.
63 OGH 24.7.2019, 6 Ob 119/19x, GesRZ 2020, 58 (*Stagl*); 3.11.1954, 1 Ob 705/54; *Zackl*, Einstweiliger Rechtsschutz im Gesellschaftsrecht, Rz 410; *Koppensteiner/Rüffler*, GmbHG³ § 42 Rz 8.
64 OGH 6.8.1981, 3 Ob 553/81.
65 OGH 24.2.2011, 6 Ob 204/10h.
66 OGH 26.4.2018, 6 Ob 38/18h, GesRZ 2018, 303 (*Zimmermann*); *Wimmer*, NZ 2018, 401; *Drobnik/Torggler*, RdW 2020, 418.

gegen per se die rechtsformwechselnde Umwandlung einer GmbH in eine AG.[67] Es muss eine **konkrete Gefährdung** glaubhaft gemacht werden, nicht ausreichend ist eine bloß abstrakte Gefährdung wie etwa die Behauptung, dass die Ausführung des angefochtenen Beschlusses den Ruin der Gesellschaft herbeiführen oder zumindest ihren Kredit schwer beschädigen würde.[68] Ebenso wenig genügt die theoretische Möglichkeit einer konkreten Gefahr ohne Bescheinigung wie ein drohender Kundenverlust[69] oder die Gefahr, dass die Abberufung des langjährigen GF einen Schaden durch Verunsicherung v Kunden oder Mitarbeitern herbeiführen könne.[70]

Zusätzlich bedarf die Erlassung einer einstweiligen Verfügung nach § 42 Abs 4 nach wohl zutr A des OGH der **Bescheinigung des zu sichernden Anspruchs**, somit der Bescheinigung der **Erfolgsaussichten der Anfechtungsklage**.[71]

Strittig ist die Zulässigkeit einer einstweiligen Verfügung, wenn nur **einem Gesellschafter** ein solcher Nachteil droht.[72] Die besseren Gründe sprechen dafür, auch in diesem Fall eine einstweilige Verfügung gem § 42 Abs 4 zuzulassen.[73] Denn die einstweilige Verfügung soll das Anfechtungsrecht jedes Gesellschafters als Minderheits- bzw Individualrecht schützen.[74] Diesem Schutzgedanken wird nur dann adäquat Rechnung getragen, wenn der Gesellschafter sein Klagerecht mit einstweiliger Verfügung auch dann absichern kann, wenn ihm selbst ein unwiederbringlicher Nachteil droht. § 42 Abs 4 sollte daher auf diesen Fall analog angewendet werden. Der Gesellschafter braucht nach dieser A daher die drohende Beschlussausführung nicht zu bescheinigen (zur Bescheinigungslast s Rz 27 f).[75] **Neben** der einstweiligen Verfügung gem § 42 Abs 2 stehen jedenfalls **auch einstweilige Verfügungen nach der EO**

24a

25

---

67 OGH 24.2.1982, 6 Ob 547/82, GesRZ 1982, 256.
68 OGH HS 374; *Koppensteiner/Rüffler*, GmbHG³ § 42 Rz 8.
69 OGH 21.4.2004, 7 Ob 92/04m; RIS-Justiz RS0005175.
70 OGH 17.12.2010, 6 Ob 230/10g.
71 OGH 24.7.2019, 6 Ob 119/19x, GesRZ 2020, 58 (*Stagl*); *Zackl*, Einstweiliger Rechtsschutz im Gesellschaftsrecht, Rz 410.
72 **Abl** OGH 24.2.1982, 6 Ob 547/82, GesRZ 1982, 256; offen lassend 24.10.2001, 3 Ob 183/01k: Gründung einer Privatstiftung u Einbringung v Gesellschaftsvermögen in diese.
73 *Koppensteiner/Rüffler*, GmbHG³ § 42 Rz 10.
74 Vgl *Diregger*, Anfechtung und Nichtigkeit 174.
75 **AA** *Koppensteiner/Rüffler*, GmbHG³ § 42 Rz 10.

zur Verfügung.[76] Droht also **einem Gesellschafter** ein unwiederbringlicher Schaden, so kann dieser auch einen auf § 381 Z 2 EO gestützten Sicherungsantrag stellen.[77]

26 Kein Hindernis für die Erlassung einer einstweiligen Verfügung ist es, wenn der angefochtene Beschluss **schon im FB durchgeführt worden ist** (s unten Rz 31 zur Abberufung v GF).[78] Bei bestimmten Umgründungsmaßnahmen wirkt sich ein stattgebendes Urteil – u daher auch eine einstweilige Verfügung – allerdings nicht auf die Wirksamkeit der Maßnahme aus, sobald sie im FB eingetragen ist (§ 41 Rz 111, § 98 Rz 30).

27 Auf das Provisorialverfahren sind die einschlägigen Bestimmungen der EO anwendbar. § 42 Abs 4 verweist ausdrücklich auf die §§ 384 f EO. Der Verweis auf § 384 EO in § 42 Abs 4 bedeutet allerdings nicht, dass die gefährdete Partei in ihrem Antrag eine bestimmte v der beklagten Partei (= Gesellschaft) vorzunehmende oder zu unterlassende Handlung anzuführen hat. Der Inhalt einer einstweiligen Verfügung nach § 42 Abs 4 ist vielmehr gesetzl damit umschrieben, dass die Ausführung des angefochtenen Beschlusses aufgeschoben wird. Die gefährdete Partei muss somit **keine konkreten Ausführungshandlungen anführen**.[79] Der Verweis auf §§ 384 f EO ist idZ wegen der Weiterverweisung auf die §§ 353 bis 358 EO bedeutsam, woraus sich insb ergibt, dass eine solche einstweilige Verfügung einen **Exekutionstitel** iSd § 1 Z 1 EO bildet u **vollstreckbar ist**.[80]

28 Neben der allg Bescheinigungslast, darunter fällt auch die Bescheinigung des zu sichernden Anspruchs iSd Erfolgsaussichten der Anfechtungsklage (Rz 24a), hat der Anfechtungskläger (gefährdete Partei) den der Gesellschaft **drohenden unwiederbringlichen Nachteil** zu bescheinigen (Rz 24). **Nicht zu bescheinigen ist hingegen die drohende Ausführung des Beschlusses** (Rz 27)[81]. Die Ausführung des angefochtenen

---

76 OGH 27.6.2019, 6 Ob 90/19g, NZ 2019, 299 (*Walch*) = GesRZ 2019, 354 (*Zimmermann*) = ecolex 2020, 201 (*Rüffler*); *König*, Einstweilige Verfügungen im Zivilverfahren[5] Rz 10.57.
77 OGH 20.1.2004, 4 Ob 256/03f; *König* Einstweilige Verfügungen im Zivilverfahren[5] Rz 10.57; *Artmann*, GesRZ 2011, 170; *Sailer* in Burgstaller/Deixler-Hübner, EO § 386 Rz 15; *Zackl*, Einstweiliger Rechtsschutz im Gesellschaftsrecht, Rz 412.
78 OGH 6.8.1981, 3 Ob 553/81; *Gellis/Feil*, GmbHG[7] § 42 Rz 1.
79 OGH 6.8.1981, 3 Ob 553/81.
80 *Kodek* in Angst, EO[2] § 384 Rz 1.
81 *Reich-Rohrwig*, GmbHR 398; vgl *Koppensteiner/Rüffler*, GmbHG[3] § 42 Rz 8.

Beschlusses wird vielmehr vermutet u braucht nicht gesondert glaubhaft gemacht zu werden.[82]

Das Gesetz trifft keine ausdrückliche Aussage darüber, **gegen wen** die einstweilige Verfügung erlassen werden kann. Dies hängt v konkreten Beschlussinhalt ab. Anspruchsgegner kann jedenfalls die **Gesellschaft** sein, gegen die die Anfechtungsklage eingebracht wird. Nach zutr A der Rsp kann die einstweilige Verfügung auch gegen den **GF** der im Beschlussanfechtungsverfahren beklagten Gesellschaft gerichtet sein;[83] ebenso gegen den **Liquidator**.[84] Die einstweilige Verfügung ist auf die vorläufige Untersagung der Ausführung des angefochtenen Beschlusses gerichtet. Welche Maßnahmen zu diesem Zweck angeordnet werden können, richtet sich nach dem Einzelfall. Es ist grds auch zulässig, dem **Hauptbegehren** zu entsprechen, wenn dies als Sicherungsmittel tauglich ist.[85] Bei Beschlüssen, welche ins FB eingetragen werden sollen, kann die Anmeldung zum FB untersagt werden.[86] Daneben kann das Gericht die Unzulässigkeit der Eintragung iSv § 16 Abs 2 UGB anordnen.[87] Zur Anfechtung der Abberufung v GF s Rz 31. **29**

Gemäß § 593 ZPO kann auch ein **Schiedsgericht** unter den dort genannten Voraussetzungen einstweilige Maßnahmen erlassen. Diese wirken allerdings grds nur gegen die Parteien der Schiedsvereinbarung, nicht gegen Dritte (zur Zulässigkeit u Reichweite einer Schiedsklausel über Anfechtungsansprüche vgl Rz 16 f).[88] **30**

Praktisch bedeutsam ist die Erlassung einer einstweiligen Verfügung etwa bei der (unzulässigen) **Abberufung eines GF**. Die Abberufung des GF ist zwar sofort wirksam (§ 16 Rz 18),[89] mit Erlassung der einstweiligen Verfügung wird die Vertretung der Gesellschaft allerdings materiell geändert: Der neu bestellte GF ist nicht mehr vertretungs- **31**

---

82 OGH 24.7.2019, 6 Ob 119/19x, GesRZ 2020, 58 (*Stagl*); 26.4.2018, 6 Ob 38/18h.
83 OGH 26.4.2018, 6 Ob 38/18h, GesRZ 2018, 303 (*Zimmermann*); *Wimmer*, NZ 2018, 401; *Drobnik/Torggler*, RdW 2020, 418.
84 OGH 24.7.2019, 6 Ob 119/19x, GesRZ 2020, 58 (*Stagl*).
85 *Koppensteiner/Rüffler*, GmbHG³ § 42 Rz 8.
86 OGH 5.4.1923, 3 Ob 230/23, SZ 5/76.
87 *Koppensteiner/Rüffler*, GmbHG³ § 42 Rz 8; *Reich-Rohrwig*, GmbHR 399.
88 *Rechberger/Melis* in Rechberger, ZPO³ § 593 Rz 2.
89 OGH 15.3.2021, 6 Ob 39/21k.

befugt; der abberufene GF ist wieder u vorläufig vertretungsbefugt. Diese Tatsache ist im FB einzutragen.[90]

32 Aus dem Wortlaut („Ausführung des angefochtenen Beschlusses") u systematischen Zusammenhang v § 42 Abs 4 mit den Bestimmungen über die Anfechtungsklage ergibt sich, dass eine solche einstweilige Verfügung grds nur auf die Aufschiebung **bereits gefasster** u (somit anfechtbarer) Beschlüsse gerichtet sein kann.[91] Grundsätzlich ist es aber denkbar, eine vorbeugende Unterlassungsklage u eine einstweilige Verfügung nach **allg Regeln** (§ 381 EO) zuzulassen, die auf die **Unterlassung** oder – unter bestimmten engen Voraussetzungen – allenfalls sogar **Erzwingung einer zukünftigen Beschlussfassung** gerichtet ist.[92] **Gegen die Gesellschaft** ist eine solche einstweilige Verfügung wohl dann zulässig, wenn der Gesellschafter zumindest einen Anspruch gegen die Gesellschaft hat, dass eine bestimmte Beschlussfassung oder -ausführung unterbleibt, weil sie in seine Rechte eingreift.[93] Verstößt ein Gesellschafter durch eine Stimmabgabe gegen eine einstweilige Verfügung, die (nur) gegen die Gesellschaft gerichtet war, dann greifen mangels Drittwirkung des Verbots des § 382 Abs 1 Z 5 EO keine exekutionsrechtlichen Sanktionen; allerdings kann der Beschluss nach den Umständen des Einzelfalls wegen **Rechtsmissbrauchs** anfechtbar sein (Rz 92).[94] Eine derartige einstweilige Verfügung kann aber auch **gegen die Mitgesellschafter** gerichtet werden, wenn – wegen drohenden Eingriffs in ein Recht des Gesellschafters etwa aus Verletzung der Treuepflicht gegenüber dem Gesellschafter – Anspruch auf Fassung eines Beschlusses oder Unterlassung einer Beschlussfassung besteht.[95] Eine vorbeugende Unterlassungsklage iVm einer einstweiligen Verfügung ist auch bei einer

---

90 OGH 24.4.1997, 6 Ob 2378/96s; 6.8.1981, 3 Ob 553/81.
91 OGH 7.5.1976, 1 Ob 539/76.
92 OGH 23.5.2019, 6 Ob 44/19t; *Koppensteiner/Rüffler*, GmbHG³ § 41 Rz 41; *Zackl*, Einstweiliger Rechtsschutz 140 ff; zur Erzwingung: *V. Gerkan*, ZGR 1985, 167 (179 f); aA *Harrer* in Gruber/Harrer, GmbHG² §§ 41, 42 Rz 174.
93 Vgl *Koppensteiner/Rüffler*, GmbHG³ § 41 Rz 41, 43; *Binge*, Gesellschafterklagen gegen Maßnahmen der Geschäftsführer in der GmbH 185 ff.
94 OGH 27.6.2019, 6 Ob 90/19g, NZ 2019, 299 (*Walch*) = GesRZ 2019, 354 (*Zimmermann*) = ecolex 2020, 201 (*Rüffler*); 22.6.2022, 6 Ob 92/22f, GesRZ 2022, 378 (*Diregger*); *Foglar-Deinhardstein*, ÖJZ 2022, 911.
95 *Lutter/Hommelhoff*, GmbHG¹⁸ Anh § 47 Rz 8; vgl OGH 20.1.2004, 4 Ob 256/03f: drohende Verletzung einer Treuhandvereinbarung zw Gesellschaftern.

drohenden Verletzung einer **Stimmrechtsbindung** durch einen Syndikatsvertrag denkbar.[96] Gesellschafter haben hingegen **keinen** Anspruch auf Erlassung einer einstweiligen Verfügung gegen (abberufene) **GF** auf Unterlassung v Geschäftsführungstätigkeiten.[97]

Wird der Antrag auf einstweilige Verfügung in der ersten Instanz abgewiesen u zieht der Anfechtungskläger daraufhin die Anfechtungsklage zurück, dann hat er gegen den Abweisungsbeschluss kein Rekursrecht mangels Beschwer. Die Anrufung des OGH ist in diesem Fall jedenfalls dann unzulässig, wenn der Antrag auf einstweilige Verfügung ohne Anhörung des Gegners der gefährdeten Partei abgewiesen wurde (§ 402 Abs 2 EO).[98] 33

Ein **Mustertext** für den Antrag auf Erlassung einer einstweiligen Verfügung gem § 42 Abs 4 könnte wie folgt lauten:[99] 34

„Zur Sicherung des Anspruchs der gefährdeten Partei auf Nichtigerklärung des in der Generalversammlung vom [...]/im schriftlichem Weg am [...] gefassten Beschlusses der Gesellschafter der [Y GmbH], mit dem [der Geschäftsführer X mit sofortiger Wirkung abberufen wurde], wird die Ausführung dieses Beschlusses bis zur rechtskräftigen Erledigung der auf Nichtigerklärung dieses Beschlusses gerichteten Klage aufgeschoben.

Diese Einstweilige Verfügung wird bis zur rechtskräftigen Erledigung der auf Nichtigerklärung dieses Beschlusses gerichteten Klage erlassen."

VIII. Nebenintervention (Abs 5)

Gemäß § 42 Abs 5 kann jeder Gesellschafter dem Prozess mit eigenem Kostenrisiko als **Nebenintervenient** beitreten, uz sowohl auf Seiten des Klägers als auch der beklagten Gesellschaft.[100] Wie schon für die Klagsführung (§ 41 Rz 124) ist der Nachw eines **rechtlichen Interesses** nicht 35

---

96 OGH 25.2.2022, 6 Ob 211/21d, GesRZ 2022, 138 (*Foglar-Deinhardstein*); 23.5.2019, 6 Ob 44/19t; 21.11.2018, 6 Ob 194/18z; 27.6.2019, 6 Ob 90/19g, NZ 2019, 299 (*Walch*) = GesRZ 2019, 354 (*Zimmermann*) = ecolex 2020, 201 (*Rüffler*); 23.5.2019, 6 Ob 44/19t.
97 OGH 31.3.1977, 6 Ob 575/77.
98 OGH 10.4.2014, 6 Ob 44/14k.
99 Vgl *Heinke*, Schriftsätze im Zivilprozess⁶, 250.
100 *Koppensteiner/Rüffler*, GmbHG³ § 42 Rz 11.

erforderlich.[101] Der Beitritt als Nebenintervenient ist unabhängig v Abstimmungsverhalten u unabhängig v den Voraussetzungen gem § 41 Abs 2; insb muss kein Widerspruch erhoben worden sein.[102]

36 Die GF sind in sinngemäßer Anwendung v § 197 Abs 5 AktG verpflichtet, die **Gesellschafter v der Anhängigkeit einer Anfechtungsklage zu verständigen**. Kommen die GF dieser Pflicht nicht nach (es genügt wohl, wenn die GF dem Gericht nicht binnen angemessener Frist einen Nachw erbringen), hat das Gericht den Gesellschaftern **v Amts wegen** die Klage zuzustellen, um Gelegenheit zum Verfahrensbeitritt zu geben (vgl § 41 Rz 122 sowie § 41 Rz 174 zur positiven Beschlussfeststellungsklage).

37 Der Nebenintervenient ist **streitgenössischer Nebenintervenient** gem § 20 ZPO.[103] Der Nebenintervenient kann daher ein Rechtsmittel gegen den Willen der Hauptpartei einbringen; die Hauptpartei kann ein solches Rechtsmittel nicht gegen den Willen des Nebenintervenienten zurückziehen.[104]

38 Strittig ist, ob der Nebenintervenient **Anspruch auf Kostenersatz** hat. Nach allg Regeln ist dies wohl zu bejahen.[105] Im Kontext der Beschlussanfechtung sprechen allerdings beachtliche Gründe gegen einen Kostenersatzanspruch. Sonst wäre – bei einem oder mehreren Nebenintervenienten auf Seiten der beklagten Gesellschaft – der Anfechtungskläger mit einem unangemessen hohen Kostenrisiko konfrontiert; die Effektivität des Anfechtungsrechts als Minderheits- bzw Einzelrecht wäre aufgrund dieser Abschreckungswirkung zu stark beeinträchtigt. Auf Seiten des Anfechtungsklägers haben die übrigen Gesellschafter die Wahl, binnen Monatsfrist selbst Klage zu erheben (u im stattgebenden Fall einen Kostenersatzanspruch zu haben) oder ohne Kostenersatzanspruch als Nebenintervenient beizutreten.

---

101 *Reich-Rohrwig*, GmbHR 399; *Gellis/Feil*, GmbHG[7] § 42 Rz 9.
102 *Koppensteiner/Rüffler*, GmbHG[3] § 42 Rz 11; *Gellis/Feil*, GmbHG[7] § 42 Rz 9.
103 OGH 19.10.1989, 7 Ob 681/89; OGH 16.6.2011, 6 Ob 99/11v; *Reich-Rohrwig*, GmbHR 399; *Koppensteiner/Rüffler*, GmbHG[3] § 42 Rz 12.
104 OGH 19.10.1989, 7 Ob 681/89; *Gellis/Feil*, GmbHG[7] § 42 Rz 6.
105 **Dafür** OLG Wien 24.4.1992, 1 R 75/9; *Gellis/Feil*, GmbHG[7] § 42 Rz 5; **aA** *Reich-Rohrwig*, ecolex 1992, 778; *Thöni*, Rechtsfolgen 45.

IX. Urteilswirkungen (Abs 6)

Das stattgebende Urteil vernichtet den angefochtenen Beschluss mit **39**
Wirkung ex tunc.[106] Es ist ein **Rechtsgestaltungsurteil**, welches die
Rechtslage materiell ändert (**Gestaltungswirkung**).[107] Bis zur Rechtskraft des Urteils ist der Beschluss **vorläufig wirksam**.[108] Mangels fristgerechter Klageerhebung oder bei Abweisung der Klage ist ein anfechtbarer Beschluss **endgültig wirksam** (zur Nichtigkeit s § 41 Rz 49; zu Unwirksamkeit § 41 Rz 118; zu Scheinbeschlüssen § 41 Rz 17).[109] Dem rechtskräftigem Urteil ist ein **Schiedsspruch** gleichgestellt (Rz 16 f).

Das Urteil kann nach allg Regeln auch als **Versäumnisurteil** er- **40**
gehen.[110] Ebenso kann aufgrund des Dispositionsgrundsatzes das Verfahren grds mit **Anerkenntnisurteil** oder **gerichtl Vergleich** beendet werden.[111] Eine solche Verfahrensbeendigung zieht die Rechtswirkungen gem § 42 Abs 6 nach sich (Rz 41 ff). Zum Schutz der Interessen gesellschaftsfremder Dritter s Rz 42.

Die im Anfechtungsprozess aufgeworfene Frage soll gegenüber **41**
allen Beteiligten verbindlich geklärt werden (**Rechtskraftwirkung**).
Dies gilt zunächst zw den Verfahrensbeteiligten, auch für die **Nebenintervenienten** gem § 20 ZPO. Darüber hinaus ordnet § 42 Abs 6 explizit eine **Rechtskrafterstreckung des stattgebenden Urteils auf sämtliche Gesellschafter** an, selbst wenn diese nicht am Verfahren beteiligt waren. Das Gesetz konkretisiert die erfassten Gesellschafter nicht; jedenfalls kommt es nicht auf die Gesellschafterstellung im Zeitpunkt der Beschlussfassung an. Der OGH stellt unpräzise auf den „Zeitpunkt der Klagsführung" ab.[112] Zutreffend ist die Gesellschafterstellung im Zeitpunkt der Rechtskraft der E maßgeblich, weil sich das

---

106 OGH 23.9.1975, 3 Ob 182/75; *Enzinger* in Straube/Ratka/Rauter, GmbHG § 42 Rz 38.
107 OGH 4.12.1957, 7 Ob 559/57, RZ 1958, 46.
108 OGH 9.7.1980, 1 Ob 612/80, GesRZ 1981, 184.
109 OGH 4.12.1957, 7 Ob 559/57, RZ 1958, 46.
110 Vgl OGH 6.2.1952, 1 Ob 102/52; *Koppensteiner/Rüffler*, GmbHG³ § 42 Rz 5.
111 *Baumgartner/Mollnhuber/U. Torggler* in Torggler, GmbHG § 42 Rz 10; *Reich-Rohrwig*, GmbHR 396; *Thöni*, ecolex 1995, 259 (259 ff); *Thöni*, Rechtsfolgen 213 ff, 232 ff (mit Ausnahme außenwirksamer Beschlüsse); aA *Koppensteiner/Rüffler*, GmbHG³ § 42 Rz 5.
112 OGH 19.10.1989, 7 Ob 681/89, JBl 1990, 185.

Urteil auf Rechte u Pflichten aus dem Verbandsverhältnis bezieht. Ein **abweisendes Urteil** bindet hingegen nur die Verfahrensbeteiligten. Nicht am Verfahren beteiligten Klagsberechtigten steht die Klage somit weiterhin offen; die Frist gem § 41 Abs 4 wird idR aber schon abgelaufen sein. Die **Zurückweisung** einer Klage (zB wegen Unzuständigkeit) hindert eine neuerliche Klagserhebung nicht, sofern die Monatsfrist gem § 41 Abs 4 noch nicht abgelaufen ist (zur Unterbrechung der Frist s § 41 Rz 157).

42 Die Gestaltungswirkung u Rechtskraft des Urteils wirkt auch gegenüber **Dritten**, deren Rechtsposition durch Wegfall des Beschlusses berührt wird.[113] Deren Schutz bewirken eine Reihe besonderer Mechanismen, zB die Wirksamkeit bestimmter Umgründungsmaßnahmen trotz erfolgreicher Anfechtung (§ 41 Rz 111)[114]. Dritte können dem Verfahren bei Bestehen eines **rechtlichen Interesses** (anders als nach § 42 Abs 5: Rz 35) zudem als streitgenössische **Nebenintervenienten** beitreten.[115] Folgt man der wohl überwiegenden L zu § 20 ZPO, wonach dem streitgenössischen Nebenintervenienten die Stellung eines **Streitgenossen nach § 14 ZPO** zukommt, sind gesellschaftsfremde Dritte auch vor einer **Sachdisposition** – zB Anerkenntnis, Vergleich – **gegen ihren Willen geschützt**.[116] Denn ein wirksames **Anerkenntnis** oder ein **Vergleich** bedürfen grds der **Zustimmung sämtlicher Streitgenossen**.[117] Zur Effektuierung dieses Schutzes ist eine Pflicht der Gesellschaft anzunehmen, ihr **bekannte Dritte**, deren rechtliche Interessen betroffen sind, v anhängigen Anfechtungsprozess unverzüglich **zu verständigen** (§ 41 Rz 122).[118] Eine **subsidiäre** Verständigungspflicht durch das **Gericht** kommt nur in Betracht, soweit aus dem angefochtenen Beschluss die materielle Betroffenheit des Dritten zweifelsfrei hervorgeht (§ 41 Rz 122).[119]

---

113 Vgl *Koppensteiner/Rüffler*, GmbHG³ § 42 Rz 14; *Thöni*, Rechtsfolgen 205 ff.
114 Vgl zur AG *Diregger* in Doralt/Nowotny/Kalss, AktG³ § 198 Rz 12 f mwN.
115 *Thöni*, Rechtsfolgen 206 ff; *Thöni*, GesRZ 1994, 55 (58 ff).
116 Vgl nur *Fucik* in Rechberger, ZPO³ § 20 Rz 3 mwN zum Meinungsstand; **aA** – keine materiell-rechtliche Parteistellung – etwa *Schneider* in Fasching/Konecny, Zivilprozessgesetze³ § 20 ZPO, Rz 21.
117 *Schneider* in Fasching/Konecny, Zivilprozessgesetze³ § 14 ZPO, Rz 116.
118 *Thöni*, Rechtsfolgen 209 f; *Kalss/Eckert*, RdW 2007/148, 133 (136 f); *Ch. Nowotny*, wbl 2008, 470 (472).
119 *Thöni*, Rechtsfolgen 210.

Darüber hinaus ist das Urteil auch gegenüber den GF, dem AR sowie sonstigen Organen verbindlich.[120] **43**

Der Wegfall des angefochtenen Beschlusses bewirkt auch die Nichtigkeit (§ 41 Rz 41) bzw Anfechtbarkeit (§ 41 Rz 62a) anderer Gesellschafterbeschlüsse, die mit dem angefochtenen Beschluss in einem untrennbaren **Zusammenhang** stehen (vgl § 41 Rz 41). **44**

X. Haftung (Abs 7)

§ 42 Abs 7 normiert die Schadenersatzpflicht des Klägers wegen unbegründeter Klagsführung für den dadurch der Gesellschaft entstandenen Schaden. Die Haftung setzt **grob schuldhaftes Verhalten** der Kläger voraus[121] u verdrängt als *lex specialis* die allg Schadenersatzpflicht bei leichter Fahrlässigkeit. Die Beweislast dafür trägt die Gesellschaft.[122] Die praktische Bedeutung der Bestimmung ist gering.[123] **45**

§ 44. (1) Ist die Nichtigkeit eines in das Firmenbuch eingetragenen Beschlusses der Gesellschaft durch Urteil oder Beschluß rechtskräftig ausgesprochen, so hat das Gericht die für nichtig erklärte Eintragung von Amts wegen zu löschen und seinen Ausspruch zu veröffentlichen.

(2) Hatte der Beschluß eine Abänderung des Gesellschaftsvertrages zum Inhalt, so ist mit dem Urteil der vollständige Wortlaut des Gesellschaftsvertrags, wie er sich unter Berücksichtigung des Urteils und aller bisherigen Gesellschaftsvertragsänderungen ergibt, mit der Beurkundung eines Notars über diese Tatsache zum Firmenbuch einzureichen.

idF BGBl I 2000/142

Literatur: S bei § 41.

---

120 OGH 27.6.2019, 6 Ob 12/19m; *Koppensteiner/Rüffler*, GmbHG³ § 42 Rz 13; *Enzinger* in Straube/Ratka/Rauter, GmbHG § 42 Rz 39; *Reich-Rohrwig*, GmbHR 401; *Thöni*, GesRZ 1994, 55 (56).
121 Vgl OGH 4.6.1971, 6 Ob 114/71, JBl 1972, 432.
122 *Reich-Rohrwig*, GmbHR 403.
123 *Koppensteiner/Rüffler*, GmbHG³ § 42 Rz 16.

Inhaltsübersicht

    I. Firmenbuch und Anfechtung 1
   II. Im Firmenbuch eingetragene Beschlüsse (Abs 1) 2–4
  III. Änderung des Gesellschaftsvertrags (Abs 2) 5

I. Firmenbuch und Anfechtung

1 § 44 regelt die **firmenbuchrechtlichen Konsequenzen** einer erfolgreichen Anfechtungsklage. **Zweck** der Bestimmung ist es, den FB-Stand an die mit dem rechtskräftigen Urteil veränderte Rechtslage anzupassen (zu den Urteilswirkungen s § 42 Rz 39 ff). Bei bestimmten **Umgründungsmaßnahmen** wirkt sich eine erfolgreiche Beschlussanfechtung allerdings nicht auf die Wirksamkeit der Maßnahme aus (s § 41 Rz 111, § 98 Rz 30); in diesen Fällen ist § 44 somit **nicht anwendbar**.

II. Im Firmenbuch eingetragene Beschlüsse (Abs 1)

2 § 44 setzt voraus, dass aufgrund des angefochtenen Beschlusses eine **Eintragung im FB** vorgenommen wurde. Wird mit rechtskräftigem Urteil der angefochtene Beschluss mit ex tunc-Wirkung beseitigt, hat das FB-Gericht gem § 44 Abs 1 die auf Grundlage des Beschlusses vorgenommen Eintragung **v Amts wegen zu löschen**.[1] Das Gericht hat kein Ermessen.[2] Dem rechtskräftigem Urteil ist ein **Schiedsspruch** gleichgestellt (§ 42 Rz 16 f).[3] Zugleich mit der Löschung der Eintragung hat das Gericht den ursprünglichen FB-Stand wieder herzustellen;[4] s aber zu Umgründungsmaßnahmen oben Rz 1, § 41 Rz 111. Die Änderungen sind gem Abs 1 u § 10 UGB zu **veröffentlichen**. Diese Grundsätze gelten für Eintragungen aufgrund **nichtiger Beschlüsse** sinngemäß.[5]

---

[1] OGH 22.12.2021, 6 Ob 157/21p, NZ 2022, 195 (*Umfahrer*).
[2] *Koppensteiner/Rüffler*, GmbHG³ § 44 Rz 1.
[3] *Reich-Rohrwig*, GmbHR 404.
[4] *Koppensteiner/Rüffler*, GmbHG³ § 44 Rz 4.
[5] *Enzinger* in Straube/Ratka/Rauter, GmbHG § 42 Rz 3; *Baumgartner/Mollnhuber/U. Torggler* in Torggler, GmbHG § 44 Rz 1; *Reich-Rohrwig*, GmbHR 404; *Gellis/Feil*, GmbHG⁷ § 44 Rz 1.

Das FB-Gericht ist gem § 13 Abs 1 FBG v Prozessgericht über das rechtskräftige Urteil zu verständigen.[6] Daneben besteht die Pflicht der GF zur FB-Anmeldung gem § 10 FBG.[7] Bei Änderungen des GesV greift § 44 Abs 2 als *lex specialis* (unten Rz 5). 3

Die Erwähnung der Nichtigerklärung eines Beschlusses der Gesellschaft „durch Beschluss" erklärt sich daraus, dass der durch Art 13 Nr 2 Abs 6 EVHGB aufgehobene § 43 eine solche Möglichkeit vorgesehen hatte.[8] Der Verweis ist somit obsolet. 4

III. Änderung des Gesellschaftsvertrags (Abs 2)

Absatz 2 ist nur bei einer **Änderung des GesV** anwendbar, welche bereits im FB eingetragen wurde. Nur in diesem Fall trifft die Gesellschaft (dh die GF) die Pflicht, das rechtskräftige **Urteil** zum FB einzureichen. Zugleich ist der **vollständige Wortlaut des GesV** in der aktuellen Fassung unter Berücksichtigung des Urteils – dh ohne die angefochtenen Änderungen unter Wiederherstellung des vorigen Stands – einzureichen.[9] Die aktuelle Fassung des GesV muss **notariell beurkundet** sein. Diese Verpflichtungen können gem § 24 FBG mit **Zwangsstrafen** durchgesetzt werden.[10] Aus der Sicht v (Minderheits-)Gesellschaftern kann darüber hinaus nur auf die allg Instrumente zur Durchsetzung der Verpflichtungen der GF zurückgegriffen werden, zB gem §§ 37, 45 ff. 5

4. Titel. Minderheitsrechte

§ 45. (1) [1]Ist durch Beschluß der Gesellschafter ein Antrag auf Bestellung von sachverständigen Revisoren zur Prüfung des letzten Jahresabschlusses abgelehnt worden, so kann auf Antrag von Gesellschaftern, deren Stammeinlagen den zehnten Teil des Stammkapitals oder den Nennbetrag von 700 000 Euro erreichen, das Handelsgericht des Sitzes der Gesellschaft einen oder mehrere Revisoren be-

---

6 *Koppensteiner/Rüffler*, GmbHG[3] § 44 Rz 5.
7 *Koppensteiner/Rüffler*, GmbHG[3] § 44 Rz 7; *Gellis/Feil*, GmbHG[7] § 44 Rz 3.
8 Vgl OGH 20.11.1979, 5 Ob 313/79, GesRZ 1980, 92.
9 *Enzinger* in Straube/Ratka/Rauter, GmbHG § 42 Rz 6.
10 *Gellis/Feil*, GmbHG[7] § 44 Rz 2; *Koppensteiner/Rüffler*, GmbHG[3] § 44 Rz 6.

stellen. ²Dem Antrage ist nur stattzugeben, wenn glaubhaft gemacht wird, daß Unredlichkeiten oder grobe Verletzungen des Gesetzes oder des Gesellschaftsvertrages stattgefunden haben.

(2) Die betreffenden Gesellschafter können während der Dauer der Revision ihre Geschäftsanteile ohne Zustimmung der Gesellschaft nicht veräußern.

(3) ¹Das in Absatz 1 erwähnte Gericht hat je nach Lage des Falles einen oder mehrere Revisoren zu bestellen. ²Sie sind aus Listen zu wählen, deren Feststellung dem Verordnungswege vorbehalten bleibt.

(4) Die Geschäftsführer und der Aufsichtsrat sind vor der Bestellung der Revisoren zu hören.

(5) Die Bestellung der Revisoren kann auf Verlangen von einer nach freiem Ermessen des Gerichtes zu bestimmenden Sicherheitsleistung abhängig gemacht werden (§ 42, Absatz 3).

(6) Die Revisoren haben vor Antritt ihres Amtes den Eid zu leisten, daß sie die ihnen obliegenden Pflichten getreu erfüllen und insbesondere die bei der Revision etwa zu ihrer Kenntnis gelangten Geschäfts- und Betriebsverhältnisse gegenüber jedermann geheimhalten wollen.

idF BGBl I 1998/125

Literatur: *Geist*, Zum Gegenstand der Sonderprüfung auf Minderheitsantrag im GmbH-Recht, ÖJZ 1995, 658; *Keinert*, Sonderprüfungen im Recht der Kapitalgesellschaften, GesRZ 1976, 18; *Reich-Rohrwig*, Spezielle Fragen der Bucheinsicht und der Sonderprüfung bei der GmbH, JBl 1987, 365, 420; *Wehner*, Die Sonderprüfung bei Kapitalgesellschaften (2011); *Wünsch*, Rechtliche Probleme im Umfeld der Sonderprüfung, in FS Egger (1997) 557; *Zeiler*, Zur Schiedsfähigkeit von gesellschaftsrechtlichen Beschlussmängelstreitigkeiten, RdW 2023, 392.

Inhaltsübersicht

I.	Exkurs: Minderheitenrechte im GmbH-Recht	1–4
II.	Verhältnis des § 45 zu verwandten Bestimmungen	5–10
	A. Verhältnis zum individuellen Informationsrecht	5–7
	B. Verhältnis zur Abschlussprüfung	8–10
III.	Prüfungsgegenstand und -ziel	11–17
IV.	Bestellung der Revisoren, Verfahren	18–32

I. Exkurs: Minderheitenrechte im GmbH-Recht

Die Minderheitenrechte, also Rechte, die eine bestimmte Quote oder bestimmte absolute Beteiligungshöhe am Kapital erfordern, ohne Mehrheitsquoren zu sein, sind v den **Individualrechten**, die jedem Gesellschafter zustehen, zu **unterscheiden**. Die Minderheitenrechte des GmbH-Rechts sind im 4. Abschnitt des GmbHG nicht abschließend geregelt, sondern an versch Stellen sowohl des GmbHG wie anderer Vorschriften geregelt.

Die wichtigsten **Minderheitenrechte** des GmbH-Gesellschafters werden in der Folge überblicksartig aufgelistet. Dabei wird nicht zw Rechten unterschieden, die der Minderheit ein bestimmtes Tun ermöglichen (die eigentlichen Minderheitenrechte) u solchen, die bloß ein Verhalten der Mehrheit verhindern können („Sperrrechte"). Zu beachten ist, dass die – hier nicht angeführten – Individualrechte de facto auch eine Funktion des Minderheitenschutzes haben, was besonders auf das Informationsrecht (s § 22 Rz 42 ff) u das Anfechtungsrecht (s § 41 ff) zutrifft.

Tabelle: Übersicht Minderheitenrechte bzw Zustimmungserfordernisse nach %-Schwellen im Bereich der GmbH (eine detaillierte Übersicht über besondere *Mehrheitserfordernisse* findet sich bei § 39 Rz 13 u 17 ff). Teilweise können noch weitere Zustimmungserfordernisse (etwa betr Gesellschafter, Kapital- statt Stimmenmehrheit oder dgl) hinzutreten, diese sind den jew Bestimmungen zu entnehmen. Die Möglichkeit zur Absenkung der Quoren (im GesV) ist nicht gesondert erwähnt. Klassische Individualrechte (zB Recht auf Bucheinsicht gem § 22, Anfechtung gem § 41) sind nicht angeführt.

Nr	Schwelle	Gegenstand	Quelle	Anm
	zu Beschlussgegenständen mit Erfordernis Einstimmigkeit/ Zustimmung v 100% (als Form des Minderheitenschutzes) s aE der Tabelle			
	einfaches Mitgliedschaftsrecht (ohne bestimmtes Ausmaß)	verhindert Verschmelzung, sofern durch GesV eingeräumte Rechte beeinträchtigt werden	§ 99 Abs 1 u Abs 2	
	einfaches Mitgliedschaftsrecht (ohne bestimmtes Ausmaß)	verhindert Änderung des GesV, sofern durch GesV bestimmte Leistungen vermehrt/ Rechte verkürzt werden (Sonderrechte)	§ 50 Abs 4	
1	5%	Einberufung GV bei vereinfachter Verschmelzung	§ 96 Abs 2 iVm § 231 Abs 3 AktG	
2	5% oder € 350.000	Abberufung Abschlussprüfer	§ 270 Abs 3 UGB	
3	5% oder € 350.000	Prüfung JA in der Liquidation	§ 91 Abs 1 iVm § 211 Abs 3 AktG	
4	5% oder € 700.000	Prüfung, ob Konzernabschluss aufgestellt werden muss	§ 244 Abs 7 UGB	
5	5% oder € 700.000	Aufstellung Teilkonzernabschluss bei Nicht-EWR-Mutterunternehmen	§ 245 Abs 1 Z 2 UGB	
6	10%	Abberufung AR-Mitglied	§ 30b § 5	
7	10%	Verlangen nach Einberufung GV u Einberufung GV	§ 37 Abs 1 § 37 Abs 2	
8	10%	Ergänzung Tagesordnung	§ 38 Abs 3	

Nr	Schwelle	Gegenstand	Quelle	Anm
9	10%	Mindestanwesenheitsquorum GV	§ 38 Abs 6	
10	10% oder € 700.000	Bestellung Revisor	§ 45 Abs 1	
11	10% oder € 700.000	Geltendmachung Anspruch gegen Gesellschafter, GF u AR	§ 48 Abs 1	
12	10% oder € 700.000	Bestellung/Änderung Liquidatoren	§ 89 Abs 2	
13	10% oder € 1.400.000	Aufstellung Teilkonzernabschluss	§ 245 Abs 1 Z 1 UGB	
14	mehr als 10%	verhindert nicht verhältniswahrende Spaltung	§ 8 Abs 3 SpaltG	s Nr 39
15	mehr als 10%	verhindert vereinfachte Verschmelzung	§ 96 Abs 2 iVm § 231 Abs 1 AktG	s Nr 1 u Nr 39
16	mehr als 10%	verhindert verschmelzende Umwandlung auf Hauptgesellschafter	§ 2 Abs 1 UmwG	s Nr 41
17	mehr als 10%	verhindert errichtende Umwandlung in PersGes	§ 5 Abs 1 u 2 UmwG	s Nr 42
18	mehr als 10%	verhindert Übertragung Anteile auf Hauptgesellschafter	§ 1 Abs 2 GesAusG	s Nr 43
19	mehr als 25%	verhindert Abänderung GesV (einschließlich Kapitalmaßnahmen)	§ 50 Abs 1	s Nr 31
20	mehr als 25%	verhindert Abberufung AR-Mitglied vor Ablauf Periode	§ 30b Abs 3	s Nr 32
21	mehr als 25%	verhindert Verschmelzung	§ 98	s Nr 33
22	mehr als 25%	verhindert verhältniswahrende Spaltung	§ 8 Abs 1 SpaltG	s Nr 34
23	mehr als 25%	verhindert Veräußerung Gesellschaftsvermögen in Liquidation	§ 90 Abs 4	s Nr 35

Nr	Schwelle	Gegenstand	Quelle	Anm
24	mehr als 25%	verhindert Erwerb v Anlagen u unbew Gegenständen für mehr als 1/5 des Stammkapitals binnen 2 Jahren ab Gründung	§ 35 Abs 1 Z 7	s Nr 36
25	mehr als 25%	verhindert Holzmüller-/Gelatine-Maßnahmen, s näher bei Nr 35		s Nr 37
26	mehr als 25%	verhindert Übertragung des gesamten Gesellschaftsvermögens gem § 237 AktG analog		s Nr 38
27	33,33% des vertretenen Stammkapitals	abgesonderte Wahl AR-Mitglieder	§ 30b Abs 1	
28	33,33% der abgegebenen Stimmen	Wahl des letzten AR-Mitglieds	§ 30b Abs 1	
29	mehr als 50%	Allg Mehrheitserfordernis in GV	§ 39 Abs 1	
30	mehr als 50%	Einführung AR (u Herabsetzung Vergütung für GF u AR) (Ausnahme v 75%-Erfordernis für Änderungen des GesV)	§ 50 Abs 2	
31	75%	Abänderung GesV (einschließlich Kapitalmaßnahmen)	§ 50 Abs 1	
32	75%	Abberufung AR-Mitglied vor Ablauf der Periode	§ 30b Abs 3	
33	75%	Verschmelzung	§ 98	
34	75%	verhältniswahrende Spaltung	§ 8 Abs 1 SpaltG	
35	75%	Veräußerung Gesellschaftsvermögen in Liquidation	§ 90 Abs 4	

Nr	Schwelle	Gegenstand	Quelle	Anm
36	75%	Erwerb v Anlagen u unbew Gegenständen für mehr als 1/5 des Stammkapitals binnen 2 Jahren ab Gründung	§ 35 Abs 1 Z 7	
37	75%	grundlegende, einer Satzungsänderung nahekommende, (va umgründungsähnliche) Verfügungen über Gesellschaftsvermögen; bedarf eingehender Untersuchung im Einzelfall; tw auch höheres Quorum u/oder Anwendung v Gründungsvorschriften bejaht; s auch § 35 Rz 5 u § 50 Rz 14 f)	„ungeschriebenes Beteiligungsrecht" der GV gem Holzmüller-/ Gelatine-E des BGH, s OGH 9.10.2014, 6 Ob 77/14p u 26.4.2018, 6 Ob 38/18h	s auch Nr 38 u 45
38	75% (jedenfalls, in Jud ausdrücklich offen gelassen, ob nicht analog § 50 Abs 3 Einstimmigkeit)	Übertragung des gesamten Gesellschaftsvermögens (s auch § 35 Rz 5)	§ 237 AktG analog gem OGH 26.4.2018, 6 Ob 38/18h	s auch Nr 37 u 45
39	90%	nicht verhältniswahrende Spaltung	§ 8 Abs 3 SpaltG	
40	90%	vereinfachte Verschmelzung	§ 96 Abs 2 iVm § 231 Abs 1 AktG	
41	90%	ermöglicht verschmelzende Umwandlung auf Hauptgesellschafter	§ 2 Abs 1 UmwG	
42	90%	ermöglicht errichtende Umwandlung in Pers-Ges, wenn nur ein Gesellschafter diese 90% gem § 5 Abs 1 UmwG hält	§ 5 Abs 2 S 1 UmwG	
43	90%	ermöglicht Übertragung Anteile auf Hauptgesellschafter (eigentlicher	§ 1 Abs 2 GesAusG	

Nr	Schwelle	Gegenstand	Quelle	Anm
		Übertragungsbeschluss erfordert nur einfache Mehrheit, s § 4 Abs 1 GesAusG)		
44	100% (Einstimmigkeit)	Abänderung Unternehmensgegenstand	§ 50 Abs 3	
45	100% (Einstimmigkeit)	Ausgliederung des gesamten Betriebs als faktische Abänderung des Unternehmensgegenstands (tw vertreten)	§ 50 Abs 3; s § 50 Rz 14 f (auch zur Eingliederung in faktischen Konzern) u § 35 Rz 5	s auch Nr 37 u 38
46	100% (Zustimmung aller Gesellschafter bestimmter Gesellschaften)	Verschmelzung bei Einführung Vinkulierung u bei noch nicht voll geleisteten Stammeinlagen	§ 99 Abs 4 u 5	
47	100% (Einstimmigkeit)	alineare Gewinnverteilung	OGH 30.8.2016, 6 Ob 143/16x: Zulässigkeit jedenfalls bei Einstimmigkeit, s §§ 35 Rz 43, 82 Rz 48 f	
48	100% (Zustimmung aller Gesellschafter)	„Cash-Box"-Spaltung	§ 8 Abs 3 SpaltG	
49	100% (Zustimmung aller Gesellschafter)	errichtende Umwandlung in PersGes, wenn kein Gesellschafter 90% hält	§ 5 Abs 2 S 2 UmwG	
50	100% (Zustimmung aller Gesellschafter)	Aufhebung/Änderung GesV in Hinsicht auf Zulässigkeit v Gesellschafterausschluss	§ 1 Abs 4 GesAusG	

In Zusammenhang mit den §§ 45 ff ist das Recht nach §§ 37 u 38 Abs 3, mit 10% eine **Einberufung einer GV** zu verlangen bzw die **Tagesordnung** zu ergänzen, besonders erwähnenswert, da auf dieser GV die Beschlussanträge eingebracht werden können, deren Ablehnung für die Rechte nach §§ 45 u 48 erforderlich ist. Eine der Gemeinsamkeiten der §§ 45 u 48 ist, dass ein entspr Beschlussantrag abgelehnt worden sein muss. Weil im Bereich der Klage durch die Minderheit gem § 48 gegen einen Mitgesellschafter jedoch oftmals, bei Zwei-Personen-GmbH sogar (fast) immer, anders als im Bereich des § 45[1] ein **Stimmverbot** bzgl des Mitgesellschafters (der Mehrheit) gem § 39 Abs 4 greift,[2] stellen

3

---

1 Nach nunmehriger Jud (OGH 29.11.2016, 6 Ob 213/16s; RIS-Justiz RS0123704) u überwiegender A (so etwa *Koppensteiner/Rüffler*, GmbHG[3] § 45 Rz 5; *Reich-Rohrwig*, JBl 1987, 420 [422], *Harrer* in Gruber/Harrer, GmbHG[2] § 45 Rz 9 u wohl auch *Keinert*, GesRZ 1976, 18 [22]), besteht bei der Revisorenbestellung analog § 118 AktG (alt) bzw § 130 AktG idgF ein Stimmverbot auch für Gesellschafter-GF, deren Verhalten überprüft werden soll. Dass dadurch ggf auch nur mit einer einzigen Stimme eine Sonderprüfung beschlossen werden kann, gilt als Interessenabwägung zu Gunsten der Minderheit (OGH 16.6.2011, 6 Ob 16/11p zur AG unter Ablehnung der einer „analogen" 10%-Schwelle auch im Bereich der Beschlussfassung in der HV). Insoweit stellt sich dieselbe Thematik der Rechtsdurchsetzung nach Beschlussannahme wie bei § 48 auch bei § 45 (s auch § 48 Rz 2). Die Annahme dieses Stimmrechtsausschlusses ist konsistent mit der jüngeren Jud, war aber nicht jedenfalls zwingend, denn nach dem Wortlaut des § 39 Abs 4 GmbH besteht der Stimmrechtsausschluss erst bzgl der Einleitung eines Rechtsstreits mit dem GF (und die Revisorenbestellung ist noch kein Rechtsstreit) u eine Ablehnung des Antrags in der GV (was die Folge der Annahme einer Gültigkeit der Stimme ist) würde lediglich dazu führen, dass die Minderheit eben den gerichtl Antrag stellen muss. Insofern führt diese Jud nur zu einer Absenkung der für die Revisorenbestellung erforderlichen Beteiligungsschwelle. Nach RIS-Justiz RS0049411 soll bei der GmbH (auch unter analoger Anwendung des § 118 Abs 2 AktG [alt]) der geschäftsführende Gesellschafter bei der Feststellung des JA, auch wenn ihn selbst betr Bemängelungen erhoben sind, mitstimmen können, nicht aber bei seiner Entlastung sowie bei der Beschlussfassung über die Prozessführung wegen Ansprüchen aus seiner Geschäftsführung u bei Beschlüssen, die eine solche Prozessführung vorbereiten sollen. Das führt letztlich dazu, dass die Minderheit den Beschluss über die Feststellung des JA gem § 41 anfechten muss, den Beschluss über die Bestellung v Revisoren für denselben JA aber direkt beschließen kann (praktisch zB über Ergänzung der Tagesordnung gem § 38 Abs 3).
2 Unter Zugrundelegung v RIS-Justiz RS0059834 kann das Stimmverbot jedoch durch rechtswidrige Stimmabgabe torpediert werden, weil nach diesem RS dann, wenn ein v Stimmrecht ausgeschlossener Gesellschafter an einer Be-

sich dort verstärkt Fragen der **Rechtsdurchsetzung**, weil der Beschlussantrag (wegen des Stimmverbots) gar **nicht abgelehnt** wurde u daher die Minderheitenschutzbestimmung des § 48 nicht greift, die Minderheit daher nicht selbst klagen kann (s § 48 Rz 2 u § 35 Abs 1 Z 6).

4   Durch die faktische Erweiterung der Individualrechte va durch Jud u Lit (insb das umfassende Informationsrecht), die stärkere Anerkennung der Treuepflichten, die Ausweitung der Stimmverbote (zB im Konzern oder bei v Organmitglied beherrschten Verbänden als Gesellschaftern[3]), die stärkere Beschäftigung mit der Einlagenrückgewähr (vgl § 82) u die

  schlussfassung in der GV der Gesellschaft mitgewirkt hat, die Stimmgabe nicht
  ungültig ist, sondern ein unter Mitberücksichtigung der Stimme gefasster Beschluss zustandegekommen ist, der anfechtbar ist (s auch § 39 Rz 89). Das
  zwingt den stimmberechtigten Gesellschafter, eine Anfechtungs- bzw Feststellungsklage zu erheben u führt dazu, dass erst dann feststeht, dass der (abl) Beschluss nichtig u ein ggt (bejahender) Beschluss gefasst worden ist, wenn das
  Anfechtungsverfahren beendet ist. Damit ist die Minderheit faktisch schlechter
  gestellt als bei einem abl Beschluss u einer Antragstellung an das Gericht gem
  § 45 Abs 1 u Klage nach § 48 Abs 1, denn sie muss zuerst ein Anfechtungsverfahren führen u (ggf) dann ein Verfahren, um den GF zur Umsetzung des
  (bejahenden) Beschlusses zu bringen (s dazu auch krit *Reich-Rohrwig*,
  GesRZ 2020, 229; s zur ggt, die Minderheit begünstigenden A, dass ein nichtiger Beschluss einem abl Beschluss gleichzuhalten ist, die Nachw bei *Wehner*,
  Sonderprüfung 260). Der OGH hat dieses Problem erkannt u möchte dem
  (einen Teilbereich betr) dadurch entgegenwirken, dass der anfechtungsverpflichtete Gesellschafter einen Not-GF bestellen kann (uU einen bisherigen
  Kollektiv-GF als einzelvertretungsbefugten Not-GF), s OGH 18.2.2021,
  6 Ob 148/20p. Nach richtiger A ist der Beschlussinhalt als Vorfrage zu klären
  (s § 35 Rz 86 aE; vgl RIS-Justiz RS0108892 [T4]; *Adensamer*, GesRZ 2021, 267
  [272]); eine Anfechtung ist nur erforderlich, wenn es eine (unrichtige) Feststellung des Beschlusses durch einen Vorsitzenden gegeben hat (bzw ein unrichtiges „Einigwerden" der Gesellschafter). Denkbar wäre als Strategie der Minderheit, den Beschluss unter Anwendung des RS0059834 nicht anzufechten
  (also trotz Stimmverbot die Ablehnung der Revisorenbestellung wirksam werden zu lassen, eine Anfechtung ist nicht erforderlich, s Rz 20) u dann nach § 45
  Abs 1 einen Revisor v Gericht bestellen zu lassen. Wenn das Gericht allerdings
  der hier u in § 35 Rz 86 (s dort die Nachw zur Jud) vertretenen A folgt, dass ohne
  Beschlussfeststellung durch einen Vorsitzenden keine Anfechtung erforderlich
  ist, dürfte es dem Antrag nach § 45 Abs 1 nicht stattgeben (weil ja kein abl Beschluss vorliegt). Zur Sicherheit sollte daher eine Anfechtung/Feststellungsklage erfolgen. S auch § 48 Rz 15.
3 Allg für jurPers OGH 16.6.2011, 6 Ob 16/11p; zur „beherrschten" Privatstiftung als Aktionärin OGH 31.7.2015, 6 Ob 196/14p; tw anders RIS-Justiz
  RS0049398; vgl § 39 Rz 88.

Abkehr v der Kausalitätstheorie im Anfechtungsrecht (s § 41 Rz 85 f) ist die **praktische Bedeutung** der §§ 45 ff in den letzten Jahrzehnten **gesunken**[4], da sich die Minderheit nunmehr verstärkt anderer Instrumente zur Anspruchs- u Interessenverfolgung bedienen kann. Vorgänge, die die Minderheit soweit stören, dass sie den Rechtsweg beschreitet, stellen nämlich zumeist Verstöße gegen mehrere Vorschriften dar. Zum Bsp verwirklicht ein Rechtsgeschäft, bei dem sich der Hauptgesellschafter unerlaubt Vorteile zuwendet, Einlagenrückgewähr gem § 82 (u bei einer entspr Beschlussfassung hat der Gesellschafter wohl auch gegen seine Treuepflicht verstoßen, vgl § 61 Rz 30 ff, 59); gleichzeitig hat auch der GF, der das Geschäft auf Seiten der Gesellschaft durchgeführt hat, gegen seine Pflichten verstoßen (vgl § 25 Abs 3)[5] (uU sogar in Form einer strafrechtlichen Untreue, vgl auch § 25 Rz 20). Gibt es entspr Gesellschafterbeschlüsse, so unterliegt die diesbzgl Stimmabgabe oft einem Stimmverbot gem § 39 Abs 4 S 2. Dass das Ganze dann auch noch unrichtig im JA abgebildet wurde (worauf § 45 abzielt), ist dann nur noch ein Nebenschauplatz.

II. Verhältnis des § 45 zu verwandten Bestimmungen

A. Verhältnis zum individuellen Informationsrecht

In der Praxis wichtigster Punkt für einen Minderheitsgesellschafter (der keinen GF „stellt") iZm vermuteten Missständen in der Gesellschaft ist, v Vermutungen u Halbwissen (zB betr Geschäfte mit nahestehenden Dritten, verbundenen Unternehmen etc) zu belastbaren Auskünften u Urkunden zu kommen, die diese Vermutungen entweder bestätigen u mit denen weitere (prozessuale) Schritte eingeleitet werden können oder die diese Vermutungen widerlegen. Aus dieser Sicht ist das wichtigste Minderheitenrecht das individuelle Informationsrecht, insb das **Auskunfts-/Bucheinsichtsrecht**.[6] Da diese Bucheinsicht in der Praxis oft v einem Steuerberater/Wirtschaftsprüfer durchgeführt wird (der mit

---

4 Auch wenn solche Prüfungen auch früher selten waren: So *Keinert*, GesRZ 1976, 18 (18 f), der allerdings zu Recht alleine die Drohung mit der Prüfung als scharfe Waffe u Albtraum der Verwaltung bezeichnet.
5 Vgl *Fantur* in FS Koppensteiner 88 (93).
6 S § 22 Rz 42.

dem oder unter Bevollmächtigung durch den Minderheitsgesellschafter die Bucheinsicht vornimmt u dann die Unterlagen für den Gesellschafter analysiert), ist *de facto* v Ergebnis her der Untersch zum Revisor gem § 45 (der zumeist aus demselben Berufsstand stammt) nicht allzu groß (va, wenn der Gesuchsteller gem § 46 Abs 1 letzter S an der Sonderprüfung teilnimmt). Ein wesentlicher Untersch ist die Kostentragung (beim Individualrecht trägt immer der Gesellschafter die Kosten; bei der Revisorenbestellung trägt sie die Gesellschaft u allenfalls kommt es zu einer Aufteilung gem § 47 Abs 4). Andererseits kennt das allg individuelle Auskunfts-/Bucheinsichtsrecht keine Beschränkung auf den letzten JA[7] (u liefert daher ein aktuelleres Bild der Gesellschaft[8]) u setzt keine Glaubhaftmachung v bestimmten Missständen voraus.

6   Das Verhältnis zw dem allg individuellen Auskunfts-/Bucheinsichtsrecht u § 45 ist iSe (faktischen, nicht rechtlichen, zusätzlichen, nicht subsidiären) **Ergänzung** zu verstehen.[9] Vor Statuierung des allg individuellen Informationsrechts durch Rsp[10] (s § 22 Rz 42 ff) war § 45 wichtiger, da nunmehr der einzelne Gesellschafter viele der Informationen auf diesem Weg einfacher erlangen kann. Allerdings haben die Bestimmungen des allg individuellen Auskunfts-/Bucheinsichtsrechts u der §§ 45 ff untersch Ziele.[11]

Eine gewisse faktische Parallelität ergibt sich auch zu den „Maßregeln zur Prüfung u Überwachung der Geschäftsführung" nach § 35 Abs 1 Z 5, die aber einen Mehrheitsbeschluss erfordern.[12]

7   Verhältnis zum **Aktienrecht**: Im Aktienrecht ist die Sonderprüfung gem §§ 130 ff AktG bis heute aufgrund der beschränkteren Informationsrechte des Aktionärs (Fragerecht in der HV) v größerer Bedeutung.

---

7   OGH 6.9.1990, 6 Ob 17/90; RIS-Justiz RS0060098; s zum Einsichtsrecht iZm der Behandlung des JA auch § 22 Rz 35.
8   Auch bei korrektem Vorgehen kann der letzte JA einen bis zu 17 Monate alten Stand wiedergeben, bevor ein neuer aufgestellt wird, s § 222 UGB.
9   *Koppensteiner/Rüffler*, GmbHG³ § 45 Rz 3. Dass sich die Minderheit die Informationen auch anders als durch die Sonderprüfung beschaffen könnte (va durch individuelle Auskunfts- u Einsichtsrechte), macht das Begehren nach einer Sonderprüfung nicht unstatthaft, *Wehner*, Sonderprüfung 302.
10 OGH 6.9.1990, 6 Ob 17/90; RIS-Justiz RS0060098.
11 Zu Prüfungsgegenstand u Ziel der § 45 ff s unten Rz 11 ff.
12 Näher *Wehner*, Sonderprüfung 139 f, der § 35 Abs 1 Z 5 als „dritte Form" der Sonderprüfung bezeichnet.

Darüber hinaus ist im Aktienrecht ausdrücklich als Zweck die Prüfung v „Vorgängen bei der Geschäftsführung" genannt (§ 130 Abs 1 AktG); v dort stammt auch die Bezeichnung „Sonderprüfer", die dem GmbHG an sich fremd ist.[13]

B. Verhältnis zur Abschlussprüfung

Der JA u der Lagebericht v KapGes ist durch einen Abschlussprüfer zu prüfen[14] (vulgo „zu **testieren**"), s auch § 22 Rz 6.

Prüfungsziel der Abschlussprüfung ist (soweit hier relevant), ob die gesetzl Vorschriften u ergänzende Bestimmungen des GesV beachtet worden sind[15] u der JA ein **möglichst getreues Bild der Vermögens-, Finanz- u Ertragslage** des Unternehmens vermittelt,[16] wobei die Buchführung in die Prüfung einzubeziehen ist[17] u im Prüfungsbericht anzugeben ist, ob die gesetzl Vertreter die verlangten Aufklärungen u Nachw erbracht haben.[18]

Prüfungsziel der Prüfung gem § 45 ff ist, ob der (letzte) JA ein möglichst getreues Bild der Vermögens-, Finanz- u Ertragslage des Unternehmens vermittelt,[19] wobei die Revisoren das Recht haben, v den Organen u den mit der Rechnungsführung betrauten Angestellten Auskünfte u Erläuterungen abzuverlangen, Kassa, Effekten, Schulddokumente u Waren zu untersuchen,[20] wobei im Prüfungsbericht anzugeben ist, ob alle Wünsche der Revisoren in Bezug auf die Revision erfüllt worden sind.[21]

Blickt man durch die leichten sprachlichen Untersch, die sich aus untersch Entstehungszeiten ergeben, hindurch, erkennt man, dass die beiden Bestimmungen dasselbe Ziel verfolgen,[22] nämlich zu prüfen, ob der

---

13 Das GmbHG spricht immer nur v „Revisoren".
14 § 268 Abs 1 UGB; dies gilt nicht für kleine GmbH, sofern diese keinen AR haben müssen.
15 § 269 Abs 1 UGB.
16 § 274 Abs 1 Z 3 UGB.
17 § 269 Abs 1 UGB.
18 § 273 Abs 1 UGB.
19 § 47 Abs 1.
20 § 46 Abs 1.
21 § 47 Abs 1.
22 Ähnlich auch der Herrenhausbericht: „*Die Revisoren sollen ausschließlich die wahre finanzielle Lage der Gesellschaft auf Grund der letzten Jahresbilanz prüfen und feststellen.*" (HHB 272 BlgHH XVII. Session 13).

JA ein möglichst getreues Bild der Vermögens-, Finanz- u Ertragslage des Unternehmens vermittelt.[23]

9   Es wird daher in der Lit diskutiert, ob das **Prüfungsrecht** gem § 45 ff **entfällt**, wenn die Gesellschaft prüfpflichtig iSd § 268 UGB ist. Die hM lehnt wegen untersch Ziele bzw Aufgabenbereiche der beiden Prüfungen den Entfall ab.[24]

Eigene A: Ursprünglich verfolgte die Bestimmung der § 45 ff wohl nur das Ziel, den JA vergleichbar der heutigen **Testierung** prüfen zu lassen,[25] da es bei Einführung der GmbH 1906 noch keine verpflichtende Abschlussprüfung gab.[26] Das Erfordernis der Glaubhaftmachung v *„Unredlichkeiten"*[27] *oder groben Verletzungen des Gesetzes oder des GesV"* gem Abs 1 war ausweislich der Materialien als Einstiegshürde für den Antrag[28] u nicht als Prüfungsziel gedacht.

---

23 Auch *Koppensteiner/Rüffler*, GmbHG³ § 45 Rz 8 bezeichnen die Erklärungen der Prüfer nach § 47 u § 274 UGB als iW identisch.
24 Nachw zum Meinungsstand bei *Koppensteiner/Rüffler*, GmbHG³ § 45 Rz 8; *Enzinger* in Straube/Ratka/Rauter, GmbHG § 45 Rz 7.
25 Das entspricht dem Wortlaut der Bestimmung. Ende des 19. bzw Anfang des 20. Jahrhunderts gab es Steuerberater u Wirtschaftsprüfer im heutigen Sinn noch nicht u Fachmänner für Buchhaltung u Bilanzen nannten sich oft Revisoren, unabhängig v ihrer konkreten Funktion, s unten § 46 Rz 1.
26 Während das ADHGB ursprünglich gar keine Regelungen betr Revisoren (naturgemäß mangels GmbH nur bei der AG) kannte, enthält das dAktG 1884 in Art 222a einerseits ein 10 %-Minderheitenrecht sehr ähnlich der heutigen Sonderprüfung bzgl betr *Vorgänge* gem § 130 Abs 2 AktG u andererseits in Art 239a die Möglichkeit, mit einfacher Mehrheit Revisoren zur Prüfung der *Bilanz* zu bestellen. Das wird im dHGB 1897 in § 266 so übernommen. Eine verpflichtende Prüfung des JA durch Abschlussprüfer wurde erst mit der dt VO v 19.9.1931, RGBl I S 493 u das AktG 1937 (in § 135) eingeführt; für die GmbH wurde in Ö erst in den 1970er Jahren die verpflichtende Prüfung des JA angegangen (*Keinert*, GesRZ 1976, 18 (21)). IdS (Ersatz für damals fehlende regelmäßige Abschlussprüfungsfunktion) als eine v zwei Funktionen der §§ 45 ff auch *Geist*, ÖJZ 1995, 658 (660).
27 Näher zu den Voraussetzungen der „Unredlichkeiten" u „groben Verletzungen" s OGH 25.11.2020, 6 Ob 93/20v zur insoweit wortidenten Bestimmung des § 130 Abs 2 AktG. Mit Unredlichkeiten kann mE auch unredliche Geschäftsführung iSd § 118 HGB (alt), der das Informationsrecht des Kommanditisten regelt, gemeint sein. *Wehner* sieht bei Unredlichkeiten die (zusätzliche) moralische Verwerflichkeit, va bei Treuepflichten (Sonderprüfung 283 mwN).
28 HHB 272 BlgHH XVII. Session 12.

Ziel der Abschlussprüfung gem § 268 UGB ist nicht die Prüfung der GF,[29] sodass die aktienrechtliche Regelung System hat, weil § 130 AktG (in Ergänzung zur Abschlussprüfung) die Prüfung v „Vorgängen bei der Geschäftsführung" vorsieht. Das ist dem GmbHG so nicht zu entnehmen, allerdings ist zuzugestehen, dass § 47 Abs 3 v der Abstellung „*etwa entdeckter Gesetzwidrigkeiten u Übelstände*" spricht, was auch eine weitere Auslegung zulässt.[30] Außerdem hat der Gesetzgeber anlässlich der Normierung der Pflicht zur Abschlussprüfung auch bei der GmbH die Bestimmungen der § 45 ff nicht abgeschafft oder in der Folge auf kleine GmbH ohne AR-Pflicht (welche nicht testierpflichtig sind) beschränkt, woraus abgeleitet werden kann, dass er v einem untersch Reglungsinhalt ausgegangen ist.

Wenn man daher mit der derzeitigen Jud u hM einen weiteren Aufgabenbereiche bzw Ziele der Prüfung durch die Revisoren annimmt,[31] bestehen **beide Prüfungen** sinnvoll **nebeneinander**.[32] Das ist auch iSe parallelen Ausgestaltung v GmbH u AG wünschenswert.

Ein Untersch zw der Abschlussprüfung u der Revision besteht allerdings insofern, als die Abschlussprüfung nach außen in Erscheinung tritt[33] (Offenlegung gem § 277 ff UGB), der Bericht über die **Revision** jedoch nicht, sondern nur **gesellschaftsintern** behandelt wird.

---

29 *Müller/Wiedermann* in Straube/Ratka/Rauter, UGB II³ § 268 Rz 2.
30 „Übelstände" müssen daher (bei strenger Wortinterpretation) nicht gesetzwidrig sein, gemeint könnten der Verstoß gegen den GesV oder die unzweckmäßige (aber noch nicht rechtswidrige) Ausübung v Befugnissen sein.
31 S unten Rz 15 f.
32 In wirtschaftlicher Hinsicht ist den Befürwortern einer weiten Auslegung der § 45 ff zuzugestehen, dass der JA per se nur bedingt aussagekräftig über wirtschaftliche Vorgänge in der Gesellschaft ist (tw können die größten Risiken einer Gesellschaft gar nicht bilanzierungspflichtig oder nur tw aus dem JA ersichtlich sein). Diesbzgl Vorgänge sind aber auch aufgrund des unüberprüfbaren *Ermessensspielraums* der GF (Einhaltung der Sorgfaltspflicht bei Beachtung der Business Judgement Rule) nur bedingt durch Revisoren prüfbar. S zur (Sonder-)Prüfung v *Ermessensüberschreitungen* OGH 8.5.2008, 6 Ob 28/08y; 16.11.2012 6 Ob 209/12x.
33 Diesen Untersch der externen Publizität betonend *Wehner*, Sonderprüfung 122.

III. Prüfungsgegenstand und -ziel

11 Prüfungsgegenstand (was wird untersucht; s Rz 12 ff) u Prüfungsziel (worauf hin wird es untersucht; s Rz 8, 15 ff) sind zu unterscheiden.

12 Zum **Prüfungsgegenstand**: Nach dem Wortlaut des Gesetzes ist der letzte JA zu prüfen.[34]
Das bezieht sich jedenfalls auf den festgestellten[35] JA (s § 35 Rz 31 ff), mE aber auch auf einen aufgestellten[36] JA (§ 222 UGB).[37] Auf einen Entwurf hingegen kann sich die Prüfung mE nicht beziehen.

13 Mit JA ist mE nicht nur der JA ieS[38] gemeint, sondern auch der Lagebericht (welcher gem § 268 UGB kein Bestandteil des JA ist) sowie der Bericht über Zahlungen an staatliche Stellen (§ 243c UGB),[39] kurz das gesamte periodische Dokumentationswerk. Auch die entspr Konzernurkunden (Konzernabschluss etc) sind umfasst.

14 Die Frage, welcher JA der „letzte" iSd § 45 Abs 1 S 1 ist, hat der OGH dahingehend beantwortet, dass damit der JA über das Wirtschaftsjahr gemeint sei, für das zuletzt ein Rechnungsabschluss aufgestellt u vor die GV gebracht wurde.[40] Für den Fall der Nichtaufstellung des JA durch die GF nach Ablauf der Frist zu seiner Erstellung ist dem Gesellschafter nicht das Recht auf Durchführung einer Sonderprü-

---

34 §§ 45 Abs 1, 46 Abs 1, 47 Abs 1.
35 Für Beschränkung auf festgestellten JA *Harrer* in Gruber/Harrer, GmbHG² § 45 Rz 13 mit dem Argument, dass nicht festgestellte JA nur (unverbindliche) „Regelungsvorschläge" seien. Das ist in Bezug auf Entwürfe richtig, trifft jedoch auf den aufgestellten JA nicht mehr zu, da sich die gesetzl Vertreter bei diesem bereits festgelegt haben.
36 Nicht nur, aber va, wenn die Feststellung des JA verweigert wurde (dazu OGH 16.2.1955, 3 Ob 73/55, EvBl 1955/312), kann der aufgestellte JA geprüft werden. Dies ist va notwendig, um zu klären, ob die Geschäftsführung Vorgänge ggü den Gesellschaftern falsch dargestellt hat.
37 So auch OGH 27.8.1992, 6 Ob 1011/92: *„aufgestellter und vor die Generalversammlung gebrachter Rechnungsabschluss"*. Auch bei der Abschlussprüfung gem UGB findet die Prüfung vor der Feststellung statt, ja die fehlende Prüfung hindert gem § 268 Abs 1 UGB die Feststellung.
38 Bestehend aus Bilanz, Gewinn- u Verlustrechnung u Anh; idS auch *Wehner*, Sonderprüfung 138.
39 Der Corporate Governance-Bericht (§ 243b UGB) ist nur v AktG zu erstellen.
40 OGH 11.2.1988, 6 Ob 3/88; 27.8.1992, 6 Ob 1011/92. Weitere Nachw zur Lit bei *Geist*, ÖJZ 1995, 658 (658 FN 6).

fung in Ansehung eines hypothetischen JA, sondern seien ihm andere rechtliche Möglichkeiten eingeräumt.[41] Das ist mE nicht so zu verstehen, dass bei Ablauf der Frist für die Erstellung des JA gar keine Prüfung (nämlich des vorhergehenden, „veralteten" JA) mehr möglich wäre, sondern dass der Anspruch des Gesellschafters auf Aufstellung des „aktuellen" JA anders durchgesetzt werden muss (ob im streitigen Verfahren, im Außerstreitverfahren oder durch Weisung ausdrücklich offenlassend OGH 27.8.1992, 6 Ob 1011/92).

Das **Prüfungsziel** wurde v der Jud schon früh erweitert (vgl Rz 8): Der OGH sieht die Sonderprüfung (auch) als ein **Beweissicherungsmittel** zur **Ausforschung** (Erhärtung) vermuteter Pflichtwidrigkeiten.[42]

Es können auch **bestimmte Geschäftsführungsvorgänge** in die Sonderprüfung einbezogen werden, sofern sie nur die finanzielle Lage der Gesellschaft oder ihre Schilderung in der Bilanz zu beeinflussen vermochten;[43] eine generelle Kontrolle der Geschäftsführung ist (hingegen) unzulässig.[44]

Allgemein: In die Sonderprüfung sind jene SV[45] einzubeziehen, die für die Beurteilung der „**finanziellen Lage der Gesellschaft**" bedeutsam sind[46] u im **letzten JA** ihren **Niederschlag** gefunden haben oder hätten

---

41 OGH 27.8.1992, 6 Ob 1011/92, zust *Enzinger* in Straube/Ratka/Rauter, GmbHG § 45 Rz 4.
42 OGH 21.10.2004, 6 Ob 223/04v, RdW 2005, 149 mwN.
43 RIS-Justiz RS0060376, OGH 16.6.2011, 6 Ob 86/11g. *Enzinger* in Straube/Ratka/Rauter, GmbHG § 46 Rz 3 spricht v „*Geschäftsführung im weitesten Sinn*" einschließlich der Tätigkeit v Angestellten oder des AR. So auch *Keinert*, GesRZ 1976, 18 für die AG. Die E OGH 11.2.1988, 6 Ob 3/88, spricht davon, dass nur einzelne, bestimmte Vorgänge der Geschäftsführung, die in der abgelehnten Antragstellung auch zum Ausdruck gekommen sind, einer Sonderprüfung zugänglich gemacht werden können.
44 OGH 16.6.2011, 6 Ob 86/11g; RIS-Justiz RS0060372; gem OGH 16.11.2012, 6 Ob 209/12x müssen im Antrag konkrete Behauptungen über Missstände enthalten sein.
45 Fragestellungen, die *ausschließlich* auf die rechtliche Bewertung bereits bekannter Vorgänge abzielen, sind nicht Zweck der Prüfung; die rechtliche Beurteilung der prüfwürdigen Umstände ist dem Prüfer aber nicht verwehrt, da der Prüfer sich ein Bild machen muss, auf welche Tatsachen es überhaupt ankommt (zur AG: OGH 25.11.2020, 6 Ob 93/20z).
46 Vorfälle, die eine Tochtergesellschaft betreffen, kann eine Sonderprüfung nur untersuchen, wenn sie sich im JA der Mutter auswirken können, s *Harrer* in Gruber/Harrer, GmbHG² § 45 Rz 10 mwN.

finden müssen.[47] Die Bezugnahme auf den letzten JA wurde v OGH aufrechterhalten: In die (gesetzl Sonder-)Prüfung können vor u nach dem „letzten" Geschäftsjahr liegende SV nur insoweit einbezogen werden,[48] als sie die obigen Kriterien erfüllen (dh für die Beurteilung der „finanziellen Lage der Gesellschaft" bedeutsam sind u im letzten JA ihren Niederschlag gefunden haben oder zumindest hätten finden müssen[49]).[50] Auch bzgl der Geschäftsführungsvorgänge können nur solche aus dem „abgelaufenen" Geschäftsjahr einbezogen werden.[51]

16 Praktisch ist dabei zu beachten, dass der OGH die Sonderprüfung daher dann nicht mehr für erforderlich hält, wenn der **SV** der Minderheit ohnedies bereits **bekannt** ist.[52]

Eine solche Einschränkung ist mE zumindest in dem Umfang abzulehnen, als die Minderheit die Prüfung begehrt, ob der letzte JA diesbzgl ein möglichst getreues Bild der Vermögens-, Finanz- u Ertragslage vermittelt, da auch dann, wenn ein SV dem Minderheitsgesellschafter bekannt ist, sich die Frage stellt, ob dieser SV richtig im JA abgebildet wurde.

17 Meines Erachtens dient die Bestimmung des § 45 nebst der dargestellten Ausforschungsfunktion aber auch schlicht (weiterhin) der Minderheit zur Überprüfung, ob der letzte JA ein möglichst getreues Bild der Vermögens-, Finanz- u Ertragslage des Unternehmens vermittelt (§ 47 Abs 1), ermöglicht also auch bei Gesellschaften, die die Grö-

---

47 OGH 27.8.1992, 6 Ob 1011/92. Insofern ist Prüfungsgegenstand schon der JA, s Nachw bei *Geist*, ÖJZ 1995, 658 (660).
48 Hingewiesen sei auch auf die in der Kommentar-Lit geführte Diskussion, inwieweit es ein Recht auf Prüfung in Hinblick auf alle noch nicht verjährten Ersatzansprüche (gegen die GF) gibt (s *Koppensteiner/Rüffler*, GmbHG³ § 45 Rz 7, *Enzinger* in Straube/Ratka/Rauter, GmbHG § 45 Rz 4 jew mwN).
49 ZB durch Rechnungsabgrenzungsposten, OGH 11.2.1988, 6 Ob 3/88.
50 In der Lit wird eine Ausdehnung auf weiter zurückliegende u aktuellere Perioden vertreten, vA v *Geist*, ÖJZ 1995, 658 (mit umfangreichen Nachw zum damaligen Diskussionsstand) u *Reich-Rohrwig*, JBl 1987, 420 (426); *Keinert*, ÖJZ 1976, 18 (21) für Ausdehnung *de lege ferenda*. Für eine Beschränkung auf nicht über zwei Jahre zurückliegende Vorgänge *Haberer*, GesRZ 2021, 294 (302).
51 OGH 11.2.1988, 6 Ob 3/88; 16.6.2011, 6 Ob 86/11g; RIS-Justiz RS0060376; gemeint ist mE das „letzte" Geschäftsjahr iSd Rz 14.
52 OGH 16.6.2011, 6 Ob 86/11g; 21.10.2004, 6 Ob 223/04v mwN: Die Prüfung der Frage, ob ein der Minderheit bekanntes Entgelt einem Fremdvergleich standhält, ist nicht Aufgabe des Sonderprüfers, sondern die eines Sachverständigen in einem etwaigen Regressprozess.

ßenkriterien des UGB nicht erfüllen, eine **Prüfung** des letzten JA nach den Regeln der §§ 268 ff UGB.[53]

IV. Bestellung der Revisoren, Verfahren

Der **Antrag** auf Bestellung v Revisoren kann auch zu den **Tagesordnungspunkten** Feststellung des JA oder Entlastung (§ 35 Abs 1) gestellt werden.[54] Ein Antrag auf Kostentragung ist dabei nicht auch erforderlich, u, so er doch gestellt wird, v Antrag auf Revisorenbestellung objektiv trennbar (s § 47 Rz 12). 18

Damit sich die Minderheit auf § 45 ff berufen kann, muss der Beschlussantrag über die Bestellung v Revisoren **abgelehnt** worden sein. Einer Ablehnung ist gleichzuhalten, wenn über den ordnungsgemäß eingebrachten Antrag nicht abgestimmt wird[55], insb aufgrund einer Weigerung der Mehrheit,[56] oder wenn der Antrag erst gar nicht behandelt wird.[57] 19

In diesem Sinne muss daher auch ein bloßer Prüfungsbeschluss der GV ohne gleichzeitige Bestellung v bestimmten Revisoren als Ableh-

---

53 *Arg* § 47 Abs 1, wonach der Bericht anzugeben hat, ob der letzte JA ein möglichst getreues Bild der Vermögens-, Finanz- u Ertragslage des Unternehmens vermittelt. IdS auch *Koppensteiner/Rüffler*, GmbHG³ § 45 Rz 15 u *Keinert*, GesRZ 1976, 18 (21) u wohl auch *Wehner*, Sonderprüfung 198. *Keinert* spricht sich bei der AG gegen ein Aufrollen v testierten JA durch die Sonderprüfung aus, doch steht dies mit meiner A nicht im Widerspruch. Ähnlich *Harrer* in Gruber/Harrer, GmbHG² § 45 Rz 1 („hat die Richtigkeit zu prüfen"). Etwas unklar OGH 11.2.1988, 6 Ob 3/88 wonach die Prüfung nicht auf die bloße Richtigkeit der Bilanzziffern beschränkt sein könne, unter gleichzeitiger Aussage, dass grds „auch" bestimmte Geschäftsführungsvorgänge in die Sonderprüfung einbezogen werden können u sich beinahe jeder geschäftliche Vorfall in der Bilanz niederschlägt oder sich wenigstens hätte niederschlagen sollen.
54 *Koppensteiner/Rüffler*, GmbHG³ § 45 Rz 4 mwN, *Enzinger* in Straube/Ratka/Rauter, GmbHG § 48 Rz 3. Noch weitergehend *Reich-Rohrwig*, JBl 1987, 420 (424), der jeden Tagesordnungspunkt, der die Behandlung des zu prüfenden Vorgangs einschließt, für ausreichend hält, unter Bezeichnung dieser A als herrschend.
55 *Enzinger* in Straube/Ratka/Rauter, GmbHG § 48 Rz 5 mwN.
56 *Koppensteiner/Rüffler*, GmbHG³ § 45 Rz 5 mwN.
57 Vgl § 48 Abs 1 S 1 zweite Variante (idS auch *Reich-Rohrwig*, JBl 1987, 420 [424]). Bsp für weitere Vereitelungsformen bei *Keinert*, GesRZ 1976, 18 (23). S auch § 48 Rz 20.

nung des Antrages auf Sonderprüfung in der GV gelten; oder wenn die Prüfung beschlossen wird, aber eine bestimmte Person[58] gegen die Stimmen der Minderheitsgesellschafter zum Revisor bestellt wird, weil durch die Auswahl des Revisors aus bestimmten Gründen (Befangenheit) nur eine **Scheinrevision** beschlossen worden ist.[59]

Natürlich ist auch eine Annahme des Beschlussantrags möglich (uzw in bestimmten Situationen auch durch den GF)[60]. Dies ist als außergerichtliche Bereinigung einer sonst im gerichtl Verfahren nach § 45 zu erledigenden Auseinandersetzung anzusehen u materiell in derselben Weise wie ein entspr Gerichtsbeschluss verbindlich (vgl Rz 28).[61]

20 Der **Beschluss der GV** über die Ablehnung der Bestellung v Revisoren muss für einen Antrag bei Gericht **nicht angefochten** worden sein.[62]

---

58 *Reich-Rohrwig* sieht die Bestellung „befangener" Revisoren nicht als Fall der Scheinprüfung, sondern wendet das Umbestellungsrecht des § 118 Abs 3 AktG analog an (*Reich-Rohrwig*, JBl 1987, 420 [423]), was aber letztlich die Minderheit ebenso schützt.
59 OGH 11.2.1988, 6 Ob 3/88. Vgl dort auch: Die Geltendmachung einer solchen Scheinrevision durch die Minderheit ist aber nur bzgl des letzten JA möglich u nicht bzgl einer vor der GV beschlossenen freiwilligen Prüfung vorhergehender Jahre, da dies über die durch § 45 eingeräumten Rechte hinausgeht.
60 RIS-Justiz RS0060361; zur Beschlussannahme infolge Stimmverbot s FN 1.
61 U im Wege des AußerstrG durchzusetzen, OGH 3.2.1983, 6 Ob 10/82.
62 *Enzinger* in Straube/Ratka/Rauter, GmbHG § 45 Rz 6 mwN; wohl zust referierend *Steiner*, wbl 2017, 69 (72). Die Begr v *Keinert*, GesRZ 1976, 18 (23) mwN in FN 52, dass bei Nichtigerklärung des Beschlusses zugleich eine Voraussetzung für die gerichtl Bestellung wegfiele, bezeichnet *Reich-Rohrwig* in JBl 1987, 420 (424) als extrem formalistisch, weil es nach dem Sinn der Bestimmung nur darauf ankäme, dass zum Zeitpunkt der Antragstellung bei Gericht die Antragsvoraussetzungen vorlägen. Zu beachten ist mE, dass dieses Wegfallen im Bereich des § 45 weniger wichtig ist, weil das außerstreitige Bestellungsverfahren im Normalfall wesentlich früher beendet ist als das Anfechtungsverfahren; im Bereich des § 48 könnte man argumentieren, dass im streitigen Verfahren die Voraussetzungen für die Klage bei Schluss der Verhandlung jedenfalls vorliegen müssen, was gegen eine Anfechtung sprechen würde. Selbst in einer formalistischen Auslegung kann man aber argumentieren, dass *„abgelehnt worden ist"* in § 48 u § 45 in der Vergangenheitsform textiert ist u es daher nicht erforderlich ist, dass der abl Beschluss bei Schluss der Verhandlung noch besteht, sodass mE auch bei erfolgreicher Bekämpfung des Beschlusses die Klage nach § 48 (u die Antragstellung nach § 45) möglich ist.

21 Während sich *Koppensteiner/Rüffler* dafür aussprechen, dass die **Gesellschafterstellung** des Antragstellers nach § 78 Abs 1 beurteilt wird,[63] spricht sich *Reich-Rohrwig* mit ausf Argumenten dafür aus, sie nach der materiellen Rechtslage (Rechtsgeschäft zw den Parteien) zu beurteilen, da andernfalls die GF, deren Verhalten durch die Revisoren überprüft werden soll, es in der Hand hätten, dies zu verhindern.[64] Vergleiche auch § 78 Rz 4, 8 ff (wonach die Gesellschaft die Gesellschafterstellung nach einer v Stand des FB abw Kenntnis behandeln kann, aber nicht muss). Es ist die Gesellschafterstellung im Zeitpunkt des Antrags bei Gericht entscheidend.[65]

Das Recht zur Beantragung eines Revisors bei Gericht soll auch Gesellschaftern zustehen, die gegen den Beschlussantrag gestimmt haben oder aufgrund eines Stimmverbots nicht an der Abstimmung mitwirken konnten.[66] Bei zwei je zur Hälfte beteiligten Gesellschaftern wird auch die 50%-Parität als „Minderheit" gesehen, da sie durch Ablehnung ihrer Anträge faktisch zur Minderheit wird („funktionelle Minderheit").[67] Diese Befugnis ist insb bei Fremd-GF v Bedeutung, da bzgl des v diesen verantworteten JA (im Regelfall) selbst bei Annahme eines weiten Stimmverbots (vgl FN 1) der die Prüfung abl Mitgesellschafter stimmberechtigt ist (der Antrag auf Prüfung also auch bei richtiger Beurteilung

---

63 *Koppensteiner/Rüffler*, GmbHG³ § 45 Rz 4.
64 Uzw durch unrichtige Führung des Anteilsbuchs; s *Reich-Rohrwig*, JBl 1987, 420 (420 f). IdS auch schon *Lehmann/Ring*, Das Handelsgesetzbuch für das deutsche Reich Bd 1 (1902) § 268 Nr 6 zur AG. Das Argument hat noch immer Gewicht infolge der Möglichkeit der GF zur (Unterlassung der) entspr Antragstellung beim FB.
Die Lösung der Frage hängt mE davon ab, ob bzw wie der Gesellschafter seine Eintragung ins FB erzwingen kann. Zwar wurden die Vorschriften über die Abberufung in § 16 zwischenzeitig geändert, doch hülfe dies dem Minderheitsgesellschafter nichts, wenn er den GF nicht wegen Pflichtverletzung bei der Anmeldung des Übergangs zum FB abberufen könnte, weil er zur Abberufungsklage nicht legitimiert wäre. S oben § 16 Rz 40 ff. Auch ist zu beachten: § 78 spricht nur davon, wer *der Gesellschaft* gegenüber als Gesellschafter gilt. Das sagt nichts darüber aus, wer *dem Gericht* gegenüber antragslegitimiert ist; s zur Verhinderung der Beschlussfassung Rz 19.
65 *Harrer* in Gruber/Harrer, GmbHG² § 45 Rz 13; *Koppensteiner/Rüffler*, GmbHG³ § 45 Rz 9.
66 *Enzinger* in Straube/Ratka/Rauter, GmbHG § 45 Rz 8.
67 OGH 16.2.1955, 3 Ob 73/55, EvBl 1955/312.

der Stimmrechtsbefugnis nicht angenommen wird, vgl Rz 3), u daher das Minderheitenrecht zur Verfügung steht.

22 Der Antrag bei Gericht lautet auf die Bestellung eines/mehrerer Revisoren; ggf genannte **Namen** sind nur als Anregung zu verstehen.[68]

Bei der **Glaubhaftmachung** der in Abs 1 S 2 angeführten Verdachtsmomente ist kein strenger Maßstab anzulegen.[69] Es genügt idR die Darlegung eines SV, aus dem sich nach der Lebenserfahrung schlüssig derartige Unregelmäßigkeiten ergeben.[70]

23 **Antragsgegner** des gerichtl Antrags ist die **Gesellschaft** (wie im Verfahren gem § 41 ff), u sind nicht die übrigen Gesellschafter. Eine Nebenintervention soll (anders als nach §§ 41 ff) nicht möglich sein.[71]

Nur der Gesellschaft u dem antragstellenden Gesellschafter kommen Beteiligtenstellung u Rechtsmittelbefugnis zu, nicht aber etwa sonstigen Gesellschaftern u auch nicht dem GF.[72]

24 Die in Abs 4 vorgesehene **Anhörung** der Mitglieder v **Geschäftsführung** u **AR**[73] kann auch schriftlich erfolgen. Dass die Anhörung zwingend sein soll,[74] bedeutet mE jedenfalls nicht, dass die Mitglieder v Geschäftsführung u AR eine Stellungnahme abgeben müssten. Wenn sie dies nicht tun, begeben sie sich allerdings der Möglichkeit, aufzuzeigen, warum die Bestellung eines Revisors nicht erforderlich sein soll. Wegen möglicher Kosten, die v der Gesellschaft zu tragen sind (§ 47 Abs 4), wird die Sorgfaltspflicht dem Organmitglied aber oftmals gebieten, eine Stellungnahme abzugeben. Vor allem bei eindeutigen SV oder falls andere Organmitglieder bereits ausreichende Stellungnahmen abgegeben haben, kann die Stellungnahme mE entfallen.

---

68 Zur möglichen Formulierung des Antrags in der GV s *Harrer* in Gruber/Harrer, GmbHG[2] § 45 Rz 9.
69 OGH 28.8.2013, 6 Ob 198/12d mwN.
70 *Enzinger* in Straube/Ratka/Rauter, GmbHG § 45 Rz 10.
71 *Enzinger* in Straube/Ratka/Rauter, GmbHG § 45 Rz 12 mwN.
72 OGH 3.2.1983, 6 Ob 10/82. Für die Fortschreibung dieser Jud auch zum neuen AußStrG: *Enzinger* in Straube/Ratka/Rauter, GmbHG § 45 Rz 12; dieser außerdem gegen die Möglichkeit einer Nebenintervention.
73 Gemeint ist wohl die Anhörung der einzelnen Mitglieder des Organs, nicht die Vorlage eines Beschlusses der Gesamtorgane Geschäftsführung u AR (*Harrer* in Gruber/Harrer, GmbHG[2] § 45 Rz 17); aA (Beschlussfassung in Gesamtorgan) *Wehner*, Sonderprüfung 290 mwN.
74 *Enzinger* in Straube/Ratka/Rauter, GmbHG § 45 Rz 12.

Das Recht auf Anhörung des GF gem § 45 Abs 4 ist ausschließlich im Interesse der Gesellschaft normiert (u daher haben die Anzuhörenden auch keine Partei- oder Rechtsmittelstellung).[75]

25 Die in Abs 3 genannten **Listen** v Revisoren gibt es in der gerichtl Praxis **nicht**.[76] Die Revisoren müssen jedenfalls keine gerichtl beeideten Buchsachverständigen sein. Die wohl überwiegende L nimmt an, dass (in Analogie zu § 119 Abs 1 AktG alt, nunmehr § 131 Abs 1 AktG), nur **Wirtschaftsprüfer** (bzw Wirtschaftsprüfungsgesellschaften) zu Revisoren bestellt werden können.[77] Das hängt mE v Inhalt der Prüfung ab: Gerade wenn man einen weiteren Umfang der Prüfung gem § 45 ff vertritt (es also nicht um eine „bloße Testierung" des JA geht), ist – je nach Vorwurf – (auch) eine Prüfung auch aus rechtlicher Sicht geboten (zB ist die Beurteilung v Fragen der (gesellschaftsrechtlichen) Einlagenrückgewähr oder Untreue mE durch einen Wirtschaftsprüfer nicht unbedingt möglich). Das Gericht kann daher mE jedenfalls dann, wenn es mehrere Revisoren bestellt (was mE zulässig u ggf sinnvoll ist)[78], zusätzlich zu einem Wirtschaftsprüfer auch einen RA bestellen.[79]

Selbstverständlich kann ein Revisor nicht gegen seinen Willen bestellt werden; er hat sich also mit der Übernahme einverstanden zu erklären.

26 Von der Möglichkeit des Abs 5, den Antragstellern einen **Sicherheitserlag** vorzuschreiben, ist die Möglichkeit der Anordnung eines Kostenvorschusses[80] zu unterscheiden (s a § 47 Rz 13). Erlegt das Ge-

---

75 OGH 3.2.1983, 6 Ob 10/82, GesRZ 1984, 52 mwN zu ggt Jud; 14.1.2010, 6 Ob 234/09v zum PSG.
76 *Koppensteiner/Rüffler*, GmbHG³ § 45 Rz 5; *Enzinger* in Straube/Ratka/Rauter, GmbHG § 45 Rz 13. Die Bestimmung über die Listen ist ein bloße Ordnungsvorschrift: OGH 18.4.1951, 3 Ob 221/51, NZ 1951, 127.
77 *Koppensteiner/Rüffler*, GmbHG³ § 45 Rz 13. Diese A hat immerhin für sich, dass „Revisor" ursprünglich nicht die Bezeichnung des ao Organs, das die Prüfung vornimmt, war (was wohl das heutige Verständnis ist), sondern „Revisoren" die Berufsbezeichnung der Vorgänger der heutigen Steuerberater/Wirtschaftsprüfer war, s auch § 46 Rz 1 u § 45 Rz 9.
78 Für die Möglichkeit der Bestellung mehrerer Revisoren *Koppensteiner/Rüffler*, GmbHG³ § 45 Rz 13.
79 Bei der AG soll für v der HV bestellte Prüfer die Einschränkung auf Wirtschaftsprüfer nicht gelten (*Schmidt-Pachinger* in Doralt/Nowotny/Kalss, AktG² § 130 Rz 23). Dem ist mE auch für die GmbH zu folgen, solange das nicht gegen den Willen der Minderheit geschieht, s oben Rz 19.
80 *Enzinger* in Straube/Ratka/Rauter, GmbHG § 45 Rz 13 mN.

richt der Gesellschaft einen Kostenvorschuss auf, so könnte diese ihrerseits versucht sein, eine Sicherheitsleistung v den Antragstellern zu erlangen. Die Verpflichtung zum Erlag eines Kostenvorschusses reicht als Begr aber nicht dafür aus, einen Sicherheitserlag zu verlangen.[81]

Die Sicherheitsleistung wird selten in Frage kommen, da bei Vorliegen v Verdachtsgründen (Glaubhaftmachung gem § 45 Abs 1) ein grob fahrlässiges, schädigendes Verhalten der Antragsteller u daher eine Haftung gem § 47 Abs 5 eher weniger darstellbar sein wird[82], zu deren Befriedigung die Sicherheit aber dient.[83] Der Verweis in Abs 5 auf die Bestimmung des § 42 Abs 3 richtet sich mE auf den dortigen Verweis auf die ZPO.

27   Zur Frage, ob die **Eidesleistung** gem Abs 6 (noch) erforderlich ist, bestehen untersch A.[84]

Meines Erachtens liegt der Sinn der Eidesleistung vorrangig nicht in der Form der Erklärung als Eid,[85] sondern im Inhalt der Erklärung des Revisors. Diese Verpflichtungserklärung des Revisors, die Abs 6 entsprechen muss, ist zivilrechtlich (Haftung) für die Pflicht des Revisors zur Wahrung der Geschäfts- u Betriebs**verhältnisse** (nicht: Geschäfts- u Betriebs**geheimnisse**!) u des Sorgfaltsmaßstabes entscheidend, denn die Geltung v § 275 UGB (Verschwiegenheitspflicht des Abschlussprüfers gem Abs 1) wird zwar vertreten,[86] ist mE aber nicht gesichert.

---

81 *Enzinger* in Straube/Ratka/Rauter, GmbHG § 45 Rz 13. Zur Revisibilität der Sicherheitsleistung s RIS-Justiz RS0036074 u RS0036171.

82 Ähnlich *Wehner*, Sonderprüfung 293.

83 Ähnlich *Keinert*, GesRZ 1976, 18 (25). Eher großzügig bei der Schadensannahme *Harrer* in Gruber/Harrer, GmbHG² § 45 Rz 19 ff; s dort auch zur Refundierung.

84 Für Eidesleistung, insb zur Wahrung v Geschäfts- u Betriebsgeheimnissen, s *Enzinger* in Straube/Ratka/Rauter, GmbHG § 45 Rz 16; *Koppensteiner/Rüffler*, GmbHG³ § 45 Rz 13. **Dagegen** *Harrer* in Gruber/Harrer, GmbHG², § 45 Rz 16 unter Hinweis auf die Berufspflichten. Letzteres Argument ist mE jedenfalls dann abzulehnen, wenn man nicht v einem Vertragsverhältnis zw Gesellschaft u Revisor ausgeht, da der Wirtschaftsprüfer nicht per se, sondern nur im Umfang des § 91 WTPG zur Verschwiegenheit verpflichtet ist (vgl zum Anwalt § 9 RAO).

85 ME wird der Eid v § 288 Abs 2, 3. Fall StGB erfasst; daher hätte eine Herleitung der Verschwiegenheitsverpflichtung aus einer anderen Rechtsgrundlage unter Entfall des Eides auch einen Entfall der Strafbewehrung zur Folge, weswegen solche Überlegungen mE abzulehnen sind, auch wenn das „falsche Schwören" iSd Bestimmung wohl keinen weiten Anwendungsbereich hat.

86 So *Koppensteiner/Rüffler*, GmbHG³ § 45 Rz 15. Bei der AG gilt § 275 UGB über den Verweis in § 132 (vormals § 120) AktG. Die Existenz der Bestim-

Berechtigt aus der beeideten Erklärung sind mE (jedenfalls) die Gesellschaft u die Antragsteller.

Meines Erachtens ist für eine getreuliche Erfüllung der Pflichten letztlich auch die Strafbewehrung in § 163b Abs 1 u 2 StGB („Unvertretbare Berichte v Prüfern bestimmter Verbände") v Bedeutung.

Dem iSe **GV-Beschlusses** oder einer Vereinbarung zw **GF** (Gesellschaft) u Minderheit zur Vermeidung der gerichtl Bestellung eines Revisors gem **§ 45 bestellten Prüfer** sind grds die dem Revisor gem **§ 46 Abs 1 zustehenden Rechte** einzuräumen. Die sich daraus ergebenden Verpflichtungen sind ebenso wie die gegenüber einem gerichtl bestellten Revisor durchzusetzen.[87]

§ 45 ist insofern (relativ) **zwingend**, als die Voraussetzungen im GesV nur erleichtert, aber nicht erschwert werden können[88] (zB durch Erhöhung des Quorums für die Revisorenbestellung in der GV auf mehr als die einfache Mehrheit oder Erhöhung der **Minderheitenquote** auf mehr als 10%[89] oder Verlagerung der Kompetenz auf ein anderes Gesellschaftsorgan).

Eine **Abberufung** gerichtl bestellter Revisoren durch die GV ist **nicht** möglich.

Zuständig ist der für den **Sitz** der Gesellschaft zuständige, zur Ausübung der Gerichtsbarkeit in Handelssachen berufene Gerichtshof erster Instanz; er entscheidet im **außerstreitigen Verfahren** (§ 102).

Die wohl überwiegende M geht davon aus, dass die Zuständigkeit eines **Schiedsgerichts** über den Antrag vereinbart werden könne.[90]

Das bedarf mE einer näheren Untersuchung u sollte nicht ohne Berücksichtigung der Möglichkeiten zur Bestellung eines Not-GF im Schiedsverfahren erfolgen, da sich ähnliche Fragen stellen, weil in beiden Fällen (ao) Organe der Gesellschaft v außen (dh nicht durch Gesell-

---

mung des § 275 UGB ist ein Argument dafür, dass die rein berufsrechtlichen Pflichten eben nicht ausreichend sind, die gewünschte Geheimhaltung zu erreichen.
87 OGH 3.2.1983, 6 Ob 10/82; im Zeitpunkt der E noch nach § 19 AußerStrG.
88 *Koppensteiner/Rüffler*, GmbHG³ § 45 Rz 11, *Enzinger* in Straube/Ratka/Rauter, GmbHG § 45 Rz 9; *Harrer* in Gruber/Harrer, GmbHG² § 45 Rz 23; *Reich-Rohrwig*, JBl 1987, 365, 420 (425) mwN zur abw älteren Jud.
89 Agios u ausständige Einzahlungen bleiben unberücksichtigt: *Reich-Rohrwig*, JBl 1987, 365, 420 (425).
90 *Koppensteiner/Rüffler*, GmbHG³ § 45 Rz 12, *Enzinger* in Straube/Ratka/Rauter, GmbHG § 45 Rz 11; **dagegen** *Harrer/Neumayr*, wbl 2016, 537 (541).

schaftsorgane, va die GV) eingesetzt werden, also die gesetzl Kompetenzstruktur durchbrochen wird.[91]

31 Die Fragen der **Haftung** der Revisoren sowie überhaupt ihrer **Rechtsstellung** sind weitgehend ungeklärt.[92]

Meines Erachtens ist die Stellung des Revisors unter Beachtung des (ursprünglichen) Sinns der Bestimmung, den JA testieren zu lassen (s Rz 9 u 17), in Anlehnung an die Regelungen zum Abschlussprüfer (u zum Sonderprüfer bei der AG) zu finden. Diese sorgen auch für einen sinnvollen Gleichklang bei AG u GmbH. Grundsätzlich ist daher v einer Vertragskonstruktion auszugehen.[93] Das einzige beachtenswerte Argument gegen die Vertragskonstruktion ist mE, dass das Gericht keinen Vertrag mit dem Revisor abschließt, sondern mit Imperium entscheidet. Dieses Argument sticht aber aus systematischen Gründen nicht: Auch im Bereich des Abschlussprüfung gibt es Minderheitenrechte, uzw kann die Minderheit[94] nach § 279 Abs 3 UGB einen gerichtl

---

91 Va Frage nach objektiver Schiedsfähigkeit gem § 582 ZPO, notwendiger Beteiligung Dritter (va anderer Gesellschafter); s grds *Zeiler*, RdW 2023, 392. Auch die Mat zum SchiedsRÄG 2006 sind bzgl gesellschaftsrechtlicher Ansprüche vorsichtig (EBRV 1158 BlgNR XXII. GP 9). Die Informationsrechte des Gesellschafters gelten jedoch als schiedsfähig (OGH 15.5.2014, 6 Ob 5/14z). S auch *Harrer/Neumayr*, wbl 2016, 537.

92 *Enzinger* in Straube/Ratka/Rauter, GmbHG § 46 Rz 2. Nach diesem sollen sie weder Organe der Gesellschaft noch des Gerichts, sondern ähnlich wie Sachverständige zu beurteilen sein. Anders als Abschlussprüfer gem UGB stünden sie nicht in einem Auftragsverhältnis zur Gesellschaft. Dies sei insb für ihre Haftung relevant, die sich nach allg Regeln, insb § 1299 ABGB, richten solle. Im Aktienrecht werden nach älterer A tw die Sonderprüfer als ao Organ angesehen, aber auch als Beauftragte der Minderheit. Die Materialien zum GmbHG sehen die Minderheit als ao Organ (HHB 272 BlgNR XVII. Session 12; so auch *Fantur* in FS Koppensteiner 88 [97], der daraus das Recht auf Urkundenvorlage gem § 308 ZPO ableitet); so auch OGH 3.2.1983, 6 Ob 10/82). Bei der AG wird die Bestellung in der HV als Einheit v Auswahl u Auftragserteilung gesehen (*Schmidt-Pachinger* in Doralt/Nowotny/Kalss, AktG² § 130 Rz 32), wobei die AG ausnahmsweise durch die HV vertreten wird; der Prüfer wird also auf einer vertragsrechtlichen Grundlage tätig.

93 So schon *Lehmann/Ring*, Das Handelsgesetzbuch für das deutsche Reich Bd 1 (1902) § 268 Nr 13 zur AG: Die gerichtl E ersetzt lediglich einen die Ernennung enthaltenden GV-Beschluss. Dem an sich zufälligen Umstand, ob die Ernennung v der GV oder statt ihrer v Gericht ausgeht, kann kein maßgebender Einfluss auf die rechtliche Stellung der Revisoren eingeräumt werden.

94 Eine Minderheit v 5 % bzw € 350.000.

Beschluss über Auswechslung des Abschlussprüfers verlangen u gem
§ 279 Abs 4 UGB (bei Fehlen eines solchen) die Bestellung.[95]

Diese Prüfer sind auch v Gericht bestellt (u nicht a priori vertraglich), u dennoch sind die Bestimmungen des Abschlussprüfers (einschließlich der Haftungsbestimmungen des § 275 UGB)[96] auf sie anzuwenden. § 270 Abs 5 UGB regelt ergänzend, dass der v Gericht bestellte Prüfer Anspruch auf Ersatz der notwendigen baren Auslagen u auf angemessene Entlohnung hat.[97]

Im Bereich der AG regelt § 132 AktG die Haftung des Sonderprüfers bei der AG mit einem Verweis auf § 275 UGB.

Es ist mE daher kein Grund ersichtlich, warum bei GmbH u AG der v Gericht u der v der GV[98] bestellte Abschlussprüfer u bei der AG der v Gericht u der v der HV bestellte Sonderprüfer[99] (jedenfalls bzgl der Haftung[100]) demselben Regime unterliegen sollten, nicht aber der Revisor bei der GmbH. Dies betrifft mE auch den gem § 45 Abs 1 S 1 v der GV bestellten Revisor.[101] Dadurch wird auch die Frage der Haftung gegenüber Dritten, die der OGH beim Abschlussprüfer – aus einem Vertrag mit Schutzwirkung zugunsten Dritter – bejaht,[102] gelöst, wobei diesbzgl auszuführen ist, dass mangels Bestätigungsvermerk u dessen Informationsfunktion für (potentielle) Gläubiger dem Vertragsinhalt nur zugesonnen werden kann, dass seine Schutzwirkung die Gesellschafter (u Organe) umfasst, nicht aber gesellschaftsfremde Dritte (dh va Gläubiger).

Über den Sinn des **Veräußerungsverbots** des Abs 2, wonach die **32** betr Gesellschafter während der Dauer der Revision ihre Geschäftsanteile ohne Zustimmung der Gesellschaft nicht veräußern können,

---

95 Antrag der gesetzl Vertreter, zweier AR-Mitglieder oder eines Gesellschafters.
96 Für die Anwendung v (jedenfalls) § 275 UGB im Bereich des GmbHG ohne nähere Begr: *Koppensteiner/Rüffler*, GmbHG³ § 45 Rz 15.
97 Der frühere Verweis auf die Honorarordnung der Wirtschaftsprüfer, mit dem dieser Anspruch konkretisiert wurde, ist entfallen.
98 Zuständigkeit der Gesellschafter auch bei der AG gem § 270 Abs 1 S 1 UGB.
99 § 130 Abs 1 AktG.
100 § 275 UGB wird als eine konzipierte Einheit verstanden, s OGH 26.2.2013, 10 Ob 58/12w.
101 Der Inhalt des Vertrags ist weitgehend gesetzl vorbestimmt, s *Völkl/Gedlicka/Hirschböck* in Straube/Ratka/Rauter, UGB II³ § 270 Rz 24.
102 RIS-Justiz RS0116076; OGH 23.1.2013, 3 Ob 230/12p ua.

herrscht Uneinigkeit.[103] Meines Erachtens ist der Sinn wie bei der Hinterlegungspflicht bei Aktien (§ 130 Abs 2 AktG) zu beurteilen, dh letztlich zur Missbrauchsverhinderung.[104]

§ 46. (1) ¹Die Revisoren haben das Recht, in die Bücher, Schriften, Rechnungsbelege und Inventare einzusehen, von den Geschäftsführern, den Mitgliedern des Aufsichtsrates und jedem mit der Rechnungsführung betrauten Angestellten der Gesellschaft Auskünfte und Erläuterungen zur Feststellung der Richtigkeit des letzten Jahresabschlusses abzuverlangen und den Bestand der Gesellschaftskassa sowie die Bestände an Effekten, Schulddokumenten und Waren zu untersuchen. ²Die verlangten Aufklärungen und Auskünfte müssen von den dazu Aufgeforderten ohne Verzug genau und wahrheitsgemäß gegeben werden. ³Der Aufsichtsrat ist der Revision beizuziehen. ⁴Das Gericht kann nach seinem Ermessen die Zuziehung eines oder mehrerer der Gesuchsteller zur Vornahme der Revision gestatten.

(2) Die Entlohnung der Revisoren wird von dem Handelsgerichte bestimmt; sie dürfen keine andere wie immer geartete Vergütung annehmen.

idF BGBl 1990/475

Literatur: S § 45.

Inhaltsübersicht

I. Kreis der auskunftspflichtigen Personen	1
II. Durchsetzung und Verweigerung der Auskunft	2–6
A. Durchsetzung	2–4
B. Verweigerungsmöglichkeit	5, 6
III. Beiziehung von Aufsichtsrat und Zuziehung der Gesuchsteller	7, 8
IV. Entlohnung (Abs 2)	9

---

103 *Enzinger* in Straube/Ratka/Rauter, GmbHG § 45 Rz 14 bezeichnet die ratio als „dunkel"; *Keinert*, GesRZ 1976, 18 (24), sieht die Verbundenheit mit der Gesellschaft u die Sicherung v Schadenersatzforderungen als Sinn. Die Materialien (HHB 272 BlgHH XVII. Session 12) beschränken sich auf den Gesetzeswortlaut.
104 *Schmidt-Pachinger* in Doralt/Nowotny/Kalss, AktG² § 130 Rz 32 mwN.

I. Kreis der auskunftspflichtigen Personen

Die Revisoren können v den im Gesetzestext genannten Personen **Auskünfte u Erläuterungen** verlangen. Fraglich ist, ob über den Kreis dieser Personen hinaus **auch** ein externer **Steuerberater** (worunter auch ein Wirtschaftsprüfer zu verstehen ist) „Angestellter" iSd S 1 ist.[1] Vom Wortlaut ist dies nicht gedeckt, dafür sprechen aber historische u teleologische Argumente, da im Zeitpunkt der Erlassung der Vorschrift eine so weitgehende Einbindung v Steuerberatern in die Erstellung des JA nicht gegeben war u die Bücher noch v der Gesellschaft selbst geführt wurden, während heute nicht nur die Aufstellung des JA, sondern häufig auch die Buchhaltung ieS (sogar einschließlich der laufenden Buchung) an den Steuerberater ausgelagert ist.[2] Auch war das Berufsbild des Steuerberaters bei Inkrafttreten des GmbHG 1906 noch nicht vorhanden, sondern ist erst 1920 mit dem österr Reichsverband der Bücherrevisoren u dem dt „Gesetz über die Zulassung von Steuerberatern" v 6.5.1933 normiert worden.

Der Steuerberater kann sich dementspr gegenüber dem Revisor auch nicht auf seine Verschwiegenheitsverpflichtung berufen.[3]

Der RA der Gesellschaft ist (auch wenn er jährlich einen „Bilanzbrief" oÄ abgibt) nicht erfasst, da er nicht „mit der Rechnungsführung betraut" ist.

II. Durchsetzung und Verweigerung der Auskunft

A. Durchsetzung

Beim auf das Individualrecht gestützten Bucheinsichtsrecht kann v Gericht eine gegen die Gesellschaft gerichtete exekutierbare E, die diese

---

1 IdS *Koppensteiner/Rüffler*, GmbHG³ § 46 Rz 1, *Enzinger* in Straube/Ratka/Rauter, GmbHG § 46 Rz 5 mwN.
2 Ähnlich *Reich-Rohrwig*, JBl 1987, 420 (428); s auch § 22 Rz 14 f. Nach *Harrer* in Gruber/Harrer, GmbHG² § 46 Rz 2 haben die GF die Mitwirkung des Steuerberaters zu veranlassen.
3 *Haberer* in Torggler, GmbHG § 46 Rz 4. *Reich-Rohrwig*, JBl 1987, 420 (428) weist richtig darauf hin, dass der Steuerberater die Auskunft keinem Dritten, sondern dem „Klienten", vertreten durch das ao Organ Revisor, erteilt.

Verpflichtung der Gesellschaft (mit Aufforderungsfrist v 14 Tagen) durchsetzbar macht, verlangt werden (vgl § 22 Rz 42 ff[48]).[4]

3   Nach hM[5] u Jud[6] sind auch im Bereich der §§ 45 ff die Befugnisse des Revisors gem den **Bestimmungen des AußStrG** (§ 79 f) durchsetzbar, auch durch Ordnungsstrafen, welche v Prüfer angeregt werden können.

Es macht dabei nach hM u Jud keinen Untersch, ob der Revisor aufgrund gerichtl Bestellung oder durch die GV infolge Antrags nach § 45 bestellt wird, ja auch bei Vertrag zw der Minderheit u der Gesellschaft.[7] Bei Prüfung nur im Auftrag eines Gesellschafters soll anderes gelten.[8]

4   Anders als beim Individualrecht auf Information ist der **Adressat** des Auskunftsverlangens u Anspruchsgegner nicht die Gesellschaft, sondern der widerstrebende **Organwalter**.[9] Antragsberechtigt sind der Revisor u die Beteiligten am Verfahren gem § 45.[10]

Eine alternative „Sanktion" besteht mE in der Angabe gem § 47 Abs 1, ob alle Wünsche der Revisoren in Beziehung auf die Vornahme der Revision erfüllt worden sind. Wurden diese nicht erfüllt, so ist dies ein Indiz für weitere Schritte durch die Minderheit.

---

4   Sinnvollerweise mit Aufforderungsfrist v 14 Tagen (so OLG Wien 22.7.2008, 28 R 77/08m).

5   *Koppensteiner/Rüffler*, GmbHG³ § 46 Rz 1, *Enzinger* in Straube/Ratka/Rauter, GmbHG § 46 Rz 8 mwN; *Haberer* in Torggler, GmbHG § 46 Rz 5; *Harrer* in Gruber/Harrer, GmbHG² § 46 Rz 3.

6   Noch zum alten AußStrG: RIS-Justiz RS0007298; RS007246; OGH 3.2.1983, 6 Ob 19/82.

7   *Enzinger* in Straube/Ratka/Rauter, GmbHG § 46 Rz 7 mwN; *Haberer* in Torggler, GmbHG § 46 Rz 5; RIS-Justiz RS0007298; OGH 3.2.1983, 6 Ob 10/82.

8   Nachw in *Koppensteiner/Rüffler*, GmbHG³ § 46 Rz 2.

9   *Koppensteiner/Rüffler*, GmbHG³ § 46 Rz 1. Offen lassend, ob das Organ oder der einzelne Organwalter (was mE aufgrund des Gesetzeswortlauts zutrifft), gemeint ist: *Enzinger* in Straube/Ratka/Rauter, GmbHG § 46 Rz 8; *Haberer* in Torggler, GmbHG § 46 Rz 4. Letztlich auf die Personen abstellend *Reich-Rohrwig*, JBl 1987, 420 (428), der auch Bsp für Beschlussformulierungen anführt u auch die GmbH selbst als Verpflichteten aus einem Gerichtsbeschluss empfiehlt. Offen lassend, ob im Behinderungsfall zunächst immer ein besonderer gerichtl Auftrag an das sich widersetzende Organ zu erlassen wäre oder ob die Anordnung der Sonderprüfung bereits eine unmittelbar durchsetzbare Verpflichtung der einzelnen Organe u Angestellten begründet: OGH 3.2.1983, 6 Ob 10/82.

10   *Koppensteiner/Rüffler*, GmbHG³ § 46 Rz 1.

B. Verweigerungsmöglichkeit

Dass die Auskünfte **vollständig, richtig u nicht irreführend** zu sein haben, bedarf keiner besonderen Erwähnung.[11] In der Praxis verlangen (mE praeter legem) die Prüfer gem § 268 ff UGB (standardisierte) Vollständigkeitserklärungen v der Geschäftsführung (die Kammer der Wirtschaftstreuhänder bzw das Institut der Wirtschaftsprüfer stellt zB eine Mustererklärung zur Verfügung)[12]. Bei der Sonderprüfung gem § 45 sind solche Vollständigkeitserklärungen wohl hilfreich, um den Prüfungsaufwand (u damit uU die Kostenbelastung der Gesellschaft) zu reduzieren, aber nicht zwingend. Es steht den Auskunftsverpflichteten frei, ihre Pflichten anders als mit einer standardisierten Vollständigkeitserklärung zu erfüllen. Kommt es zu keiner Klärung, ob die Auskünfte vollständig erteilt worden sind, kann dies gem § 47 Abs 1 S 1 im Bericht angegeben werden.

Ungeklärt ist, ob die Verpflichteten (va unter Berufung auf die Gründe des § 118 Abs 3 bzw § 133 Abs 3 S 2 AktG – Eignung, dem Unternehmen eine erheblichen Nachteil zuzufügen) dem Revisor die **Auskünfte verweigern** können. Alternativ könnten die Interessen der Gesellschaft auch dadurch geschützt werden, dass wie im Bereich des § 133 Abs 3 S 2 AktG die Aufnahme schädlicher Tatsachen in den Bericht zu unterbleiben hat oder der Bericht des Revisors nur GF u AR vorgelegt wird, nicht aber den Gesellschaftern (wogegen allerdings spricht, dass die AG typischerweise einen weiteren Gesellschafterkreis als die GmbH hat, u auch im Bereich der AG die HV (u damit die Gesellschafter) gem § 133 Abs 3 S 4 AktG über den Bericht beschließt).

Meines Erachtens ist die Verweigerung der Auskunft **unzulässig**, da dies die Gefahr birgt, dass die Prüfung damit unterlaufen werden könnte (zumal der Bericht anders als im AktG mE ohnedies nicht zum FB einzureichen ist[13] u daher die Gefahr der „Veröffentlichung" geringer ist); der Revisor hat allerdings mE wie im Bereich des § 133 Abs 3 S 2 AktG

---

11 *Enzinger* in Straube/Ratka/Rauter, GmbHG § 46 Rz 5; *Koppensteiner/Rüffler*, GmbHG³ § 46 Rz 1. Die Richtigkeit dieser Auskünfte an den Revisor war mE bisher gem § 122 Abs 1 Z 4 u ist nunmehr gem § 163a Abs 1 Z 4 iVm § 163b Abs 1 StGB strafbewehrt. Für Strafbarkeit als Täuschung gem § 108 StGB oder ggf als Urkundendelikt: *Reich-Rohrwig*, JBl 1987, 420 (429).
12 Abrufbar unter https://www.iwp.or.at/fachliches/muster-fuer-vollstaendigkeitserklaerungen/.
13 S § 47 Rz 10.

die Aufnahme schädlicher Tatsachen in den Bericht zu unterlassen. Praktisch gesehen wird es ohnedies zumeist nicht erforderlich sein, Tatsachen, deren Bekanntwerden tatsächlich erhebliche (!) Nachteile (so § 133 AktG) auslöst (etwa wesentliche technische Betriebsgeheimnisse) dem Revisor bekannt zu geben, damit dieser seine Aufgaben erfüllen kann.

III. Beiziehung von Aufsichtsrat und Zuziehung der Gesuchsteller

7 Die Beiziehung des **AR** wird als unklar bezeichnet, u am ehesten als Pflicht zur Beratung verstanden.[14] Meines Erachtens ist die Regelung eher als Verfahrensvorschrift zu verstehen. Der AR hat das Recht, nicht erst v Ergebnis der Prüfung (gleichzeitig mit der Geschäftsführung, s § 47 Abs 1, die den JA ja aufgestellt hat) informiert zu werden, sondern schon während der Prüfungshandlungen bzw diesen beizuwohnen. Dadurch verbessert sich die Entscheidungsgrundlage des AR.

8 Die Zuziehung der **Antragsteller** hat mE va praktische Gründe. Nicht nur wird dadurch die Objektivität der Prüfung zusätzlich gesichert,[15] sondern der Revisor kann bei Vornahme der Revision (insb vor Ort bei Einsicht in die Geschäftsunterlagen) auf das Vorwissen der Antragsteller (die ja bereits zuvor gewisse Unredlichkeiten glaubhaft machen konnten) zugreifen.

IV. Entlohnung (Abs 2)

9 Nach überwiegender M richtet sich die **Entlohnung** des Revisors nach dem GebAG[16].

Eigene A: Der Revisor wird zwar v Gericht bestellt, ist aber kein Sachverständiger im Gerichtsverfahren,[17] ja das Ergebnis der Prüfung

---

14 *Koppensteiner/Rüffler*, GmbHG[3] § 46 Rz 3; *Enzinger* in Straube/Ratka/Rauter, GmbHG § 46 Rz 5; für eine Bestimmungsbefugnis des Revisors *Harrer* in Gruber/Harrer, GmbHG[2] § 46 Rz 4.
15 *Koppensteiner/Rüffler*, GmbHG[3] § 46 Rz 3.
16 *Harrer* in Gruber/Harrer, GmbHG[2], § 46 Rz 6; *Enzinger* in Straube/Ratka/Rauter, GmbHG § 46 Rz 9.
17 S § 45 Rz 31.

kommt dem Gericht (im Grundfall) nicht einmal zur Kenntnis (§ 47 Abs 1). Insofern ist fraglich, wieso die Entlohnung nach dem GebAG erfolgen soll. Auch der Prüfer gem § 268 ff UGB wird nicht nach GebAG bezahlt u auch nicht der Not-GF[18] u gem § 6a Abs 4 iVm § 27 Abs 2 AktG nicht der Gründungsprüfer, die beide wie der Revisor v Gericht bestellt werden, ebensowenig der Spaltungsprüfer usw. Insofern kann der Revisor mE eine **angemessene Entlohnung** fordern, deren Höhe sich nach allg zivilrechtlichen Regeln[19] richtet.[20] Praktisch ist die Frage (aus Sicht des Honorars des Revisors) wenig relevant, denn die Gebühr für die Mühewaltung gem GebAG, wenn diese den „außergerichtlichen Einkünften"[21] entspricht, u die angemessene Entlohnung werden üblicherweise nicht weit auseinander liegen.

§ 47. (1) Der Bericht über das Ergebnis der Prüfung, in dem angegeben ist, ob alle Wünsche der Revisoren in Beziehung auf die Vornahme der Revision erfüllt worden sind, und ob der letzte Jahresabschluß ein möglichst getreues Bild der Vermögens-, Finanz- und Ertragslage des Unternehmens vermittelt, ist von den Revisoren unverzüglich den Geschäftsführern und dem Aufsichtsrat vorzulegen.

(2) Die Antragsteller haben das Recht, im Geschäftslokale in den Bericht der Revisoren Einsicht zu nehmen.

(3) ¹Die Geschäftsführer und der Aufsichtsrat sind verpflichtet, bei der Berufung der nächsten Generalversammlung den Bericht der Revisoren zur Beschlußfassung anzumelden. ²In der Versammlung muß der Revisionsbericht vollinhaltlich verlesen werden. ³Die Geschäftsführer und der Aufsichtsrat müssen sich über das Resultat der Revision und über die zur Abstellung der etwa entdeckten Gesetzwidrigkeiten oder Übelstände eingeleiteten Schritte erklären.

---

18 RIS-Justiz RS0108683; s auch bei § 15a Rz 45 u die prägnante Darstellung der Ansprüche des Not-GF bei *Zib* in Torggler, GmbHG § 15a Rz 31 f.
19 S § 45 Rz 31.
20 *Koppensteiner/Rüffler*, GmbHG³ § 46 Rz 3 sprechen nur v der „anwendbaren Tarifregelung"; auch dem § 133 Abs 4 AktG ist über die Bestimmung der Kosten nichts Näheres zu entnehmen. Auch nach dem traditionellen Verständnis richtet sich die Vergütung der gerichtl bestellten Revisoren nach dem Zivilrecht (*Lehmann/Ring*, Das Handelsgesetzbuch für das Deutsche Reich Bd 1 [1902] § 266 Nr 13).
21 § 34 Abs 1 S 2 GebAG.

⁴Außerdem liegt es dem Aufsichtsrate ob, der Generalversammlung über die der Gesellschaft etwa zustehenden Ersatzansprüche Bericht zu erstatten. ⁵Ergibt sich aus dem Berichte der Revisoren, daß eine grobe Verletzung des Gesetzes oder des Gesellschaftsvertrages stattgefunden habe, so muß die Generalversammlung unverzüglich einberufen werden.

(4) Das Gericht entscheidet, wenn eine andere Einigung unter den Beteiligten nicht erfolgt, je nach den Ergebnissen der Revision, ob die Kosten der Untersuchung von dem Gesuchsteller oder von der Gesellschaft zu tragen oder verhältnismäßig zu verteilen sind.

(5) Erweist sich der Antrag auf Revision nach dem Ergebnisse der Revision als unbegründet, so sind die Antragsteller, denen eine böse Absicht oder grobe Fahrlässigkeit zur Last fällt, für den der Gesellschaft durch den Antrag entstandenen Schaden persönlich zur ungeteilten Hand verhaftet.

idF BGBl 1990/475

Literatur: S § 45.

Inhaltsübersicht

I. Form des Berichts	1, 2
II. Einsichtnahme (Abs 2)	3–5
III. Behandlung in der Generalversammlung (Abs 3)	6–11
IV. Kostentragung, Schadenersatz (Abs 4, 5)	12–15

I. Form des Berichts

1 Der Bericht ist **schriftlich** zu erstatten,[1] das ist zwar nicht ausdrücklich gefordert, ergibt sich aus der Vorlagepflicht. Meines Erachtens ist davon auch die „Textform" iSd § 13 Abs 2 AktG mitumfasst, da auch elektronische Dokumente, insb PDF-Dateien, „vorgelegt" werden können.[2]

2 Bei mehreren Prüfern kann jeder einen **eigenen Bericht** erstatten.

---

1 *Koppensteiner/Rüffler*, GmbHG³ § 47 Rz 1.
2 Dem Protokoll der GV gem Abs 2 ist freilich ggf ein Ausdruck anzufügen. Das erübrigt sich bei einem Wortprotokoll (was bei str GV oft vorkommt) mE nicht, da nur so dokumentiert werden kann, ob tatsächlich der Bericht vollinhaltlich verlesen wurde.

II. Einsichtnahme (Abs 2)

Der Bericht kann nicht bis zur nächsten GV "zurückbehalten" werden, er ist v der Geschäftsführung **sofort für die Minderheitsgesellschafter** zur Einsicht bereit zu halten.[3] Sinn der Bestimmung ist, den Minderheitsgesellschaftern Zugang zum Bericht zu ermöglichen; das war im Zeitpunkt der Erlassung der Bestimmung ohne die heutigen technischen Möglichkeiten nur durch Einsicht möglich. Heute können auch (Scan-/Kopie-/PDF-)Vervielfältigungen des Berichts an alle Minderheitsgesellschafter versandt werden; wenn diese (auch tatsächlich) zugehen, hat sich die Auflage erübrigt. 3

Mit Geschäftslokal sind die **Geschäftsräumlichkeiten** gemeint. Es ist der Ort zu wählen, an dem die Gesellschafter damit rechnen dürfen u müssen, dort Einsicht nehmen zu können (vgl die Wahrnehmung des Bucheinsichtsrechts oder die Auslegung v Umgründungsunterlagen, etwa § 7 Abs 2 SpaltG iVm § 108 Abs 3 AktG). Zumeist sind das die Geschäftsräumlichkeiten am Sitz der Gesellschaft. 4

Zur **Auflage** sind **GF u AR verpflichtet**, nicht die Gesellschafter.[4] Eine Nichteinhaltung der Verpflichtung, den Bericht im Geschäftslokal auszulegen, oder der Vorgaben des Abs 3 ist ein Pflichtverstoß, der insb eine Abberufung des GF rechtfertigen kann. 5

III. Behandlung in der Generalversammlung (Abs 3)

Es ist nicht jedenfalls unverzüglich eine GV **einzuberufen**, die den Bericht behandelt.[5] Nach dem klaren Wortlaut des Abs 3 letzter S ist eine „unverzügliche Einberufung" nur vorgeschrieben, wenn nach dem Bericht eine „grobe Verletzung" v Gesetz oder GesV stattgefunden hat. Andernfalls kann bis zur nächsten GV zugewartet werden (das ist spätestens die nächste oGV). Für diese Auslegung spricht auch, dass aufgrund der jedenfalls unverzüglichen Einsichtsmöglichkeit gem Abs 2 die Gesellschafter ohnedies auch in der Zwischenzeit Maßnahmen ergreifen können. 6

---

3 IdS wohl auch *Enzinger* in Straube/Ratka/Rauter, GmbHG § 47 Rz 4.
4 So aber anscheinend *Enzinger* in Straube/Ratka/Rauter, GmbHG § 47 Rz 4.
5 IdS aber *Enzinger* in Straube/Ratka/Rauter, GmbHG § 47 Rz 5.

7 Der Bericht ist jedenfalls in der **nächsten GV** zu **behandeln**.[6] Er dient nicht nur den Gesellschaftern zur Kenntnis, sodass nicht diese alleine (auch nicht einstimmig) darüber Beschluss fassen können, ob der Bericht in der GV behandelt (verlesen, beschlossen) wird, sondern er dient auch den Mitgliedern v Geschäftsführung u AR zu Kenntnis, damit diese (auch wegen ihrer eigenen Verantwortlichkeit, zB gegen andere Mitglieder v Geschäftsführung oder AR vorzugehen) disponieren können. Zwar müssen die GF im Normalfall in der GV nicht anwesend sein. Ausnahmsweise dürfen u müssen aufgrund der Anordnung des Abs 3 S 3 (Erklärungspflicht) die **GF** u **AR-Mitglieder** diesfalls in der **GV anwesend** sein, uzw mE nicht nur in beschlussfähiger Anzahl, sondern alle, da die Buchführung (um deren korrekte Durchführung es bei der Revision geht) eine Kardinalpflicht jedes GF ist (s § 22 Rz 3).

8 Wer letztlich zur Verlesung des Berichts verpflichtet ist (mE der Vorsitzende der GV), ist, wie einige andere **Detailfragen, nicht geklärt**; so auch, ob der Revisor anwesend zu sein hat (was nur Sinn macht, wenn an ihn auch Fragen gerichtet werden können).[7] Mit Zustimmung aller Beteiligten (Gesellschafter, GF u AR) kann mE auf die Verlesung verzichtet werden. Wenn aber auch nur ein Beteiligter eine Verlesung wünscht, so ist diese mE vorzunehmen, auch wenn der Bericht den Beteiligten zugegangen ist.

9 Der **Tagesordnungspunkt**, unter dem der Bericht behandelt wird, deckt auch Anträge zur Geltendmachung v (Schadenersatz-)Ansprüchen (vgl auch § 38 Rz 18).[8] Über den Bericht selbst wird mE zumeist nicht Beschluss ieS gefasst (da er kein Antrag ist), er kann „gebilligt" u/oder „zur Kenntnis genommen" werden. Beschluss kann hingegen über weitere Schritte gefasst werden (zB Geltendmachung v Ansprüchen).

10 Abzulehnen ist jene A, wonach (grds) eine Ausfertigung des Berichts an das (Verfahrens-) Gericht zu übermitteln ist u dieses die Ausfertigungen weiterleitet.[9] Eine (davon zu unterscheidende) **Pflicht zur Einreichung** beim FB wie bei der AG (§ 133 Abs 3) besteht **nicht** (u könnte wegen der Pflicht des Revisors zur Wahrung v Geschäfts- u Betriebsverhältnissen gem § 45 Abs 6 gegenüber jedermann eine Pflichtverletzung

---

6 Der Bericht ist daher der Einberufung anzuschließen.
7 *Enzinger* in Straube/Ratka/Rauter, GmbHG § 47 Rz 8, hält es für zweckmäßig, aber nicht verpflichtend, den Revisor zur GV zu laden.
8 *Koppensteiner/Rüffler*, GmbHG[3] § 47 Rz 3 mwN; *Harrer* in Gruber/Harrer, GmbHG[2] § 47 Rz 5 mwN.
9 So aber *Harrer* in Gruber/Harrer, GmbHG[2] § 47 Rz 2.

sein). Grundsätzlich erfolgt die Berichtsbehandlung gesellschaftsintern. Faktisch wird der Revisor aber aufgrund der hA dem Gericht eine Ausfertigung des Berichts übermitteln, weil dieses anders schwer in der Lage sein wird, die Entlohnung des Revisors zu bestimmen.[10] Diese Ausfertigung kann mE aber in Bezug auf gewisse SV oder Zahlen geschwärzt sein (sofern dies der Ermittlung der Ergebnisse der Revision gem § 47 Abs 4 zum Zwecke der E über die Kostenverteilung nicht entgegensteht).

Richtig ist, dass der Revisor das Gericht über den **Abschluss** seiner Tätigkeit zu **informieren** hat u das Gericht diese Information an die Antragsteller weiterzuleiten hat, damit diese sich um die Einsicht in den Bericht (bzw Erhalt einer Kopie durch die GF) kümmern können (dies ist aber primär Pflicht der GF, s Rz 3).

Der Revisor ist nicht verpflichtet, den Minderheitsgesellschaftern/Antragstellern direkt eine (Scan-)Kopie bzw eine verkehrsüblich sichere elektronische Ausfertigung/Datei (PDF) des Berichts zu senden, jedoch mit Genehmigung v GF oder AR dazu berechtigt.[11] Sofern ein einzelnes Mitglied der Geschäftsführung oder des AR eine GV einberufen kann, reicht dessen Genehmigung aus, da dieses Mitglied den Bericht auch selbst der Einberufung einer GV beilegen könnte (u sogar müsste, damit eine ordnungsgemäße Vorbereitung auf die GV möglich ist, vgl auch § 38 Rz 20).

Gegen eine Weiterleitung über das Gericht spricht auch, dass am Gerichtsverfahren zur Bestellung des Revisors nicht alle Gesellschafter beteiligt sind, der Bericht aber letztlich allen Gesellschaftern zukommen soll (spätestens zur Vorbereitung der behandelnden GV; dort sind nicht nur die Antragsteller stimmberechtigt u anders – nämlich ohne den Be-

---

10 Ähnlich *Enzinger* in Straube/Ratka/Rauter, GmbHG § 47 Rz 7.
11 Die A, dass nur eine Übermittlung einer Papier-Kopie möglich sein soll, ist im Zeitalter v PDF-Dateien überholt; mE kann der Revisor dem Minderheitsgesellschafter den Bericht auch elektronisch schicken. Sichergestellt (im verkehrsüblichen Umfang) muss allerdings sein, dass die E-Mail-Adresse (so wie die Postanschrift auch) dem Minderheitsgesellschafter zugeordnet ist. Denn trotz der viel leichteren Vervielfältigung v Informationen gegenüber dem Zeitpunkt der Gesetzerlassung (nicht nur durch Kopiergeräte, sondern va durch elektronische Kopien) u der dadurch einfacheren Informationsweitergabe ist es immer noch Pflicht aller Gesellschaftsorgane, einschließlich der Revisoren u der Gesellschafter, die Gesellschaft nicht dadurch zu schädigen, dass Informationen (über u aus dem Bericht der Revisoren) nach außen dringen (vgl auch die Geheimhaltungsverpflichtung des Revisors nach § 45 Abs 6).

richt – ist eine ordnungsgemäße Vorbereitung u E nicht möglich).[12] Wenn keine groben Verletzungen stattgefunden haben, u daher nicht „unverzüglich" eine GV einzuberufen ist, kann es allerdings bis zur nächsten oGV dauern, bis (mit der Einberufung zu dieser) allen Gesellschaftern der Bericht zukommt. Die Antragsteller (so das Gesetz in Abs 2, dh nicht alle Gesellschafter) können aber jedenfalls ab Zugang des Berichts bei der Gesellschaft in diesen Einsicht nehmen (s oben Rz 3f). Freilich können um Aufklärung bemühte Organe (GF/AR) zulässigerweise allen Gesellschaftern eine Kopie des Berichts zukommen lassen, auch bevor die nächste oGV einberufen wird.

11   Eine ausschließlich **schriftliche** Erledigung der **Behandlung** bzw Beschlussfassung über den Bericht ist **unzulässig**.[13] Meines Erachtens ist der Bericht jedenfalls in der GV zu behandeln (darüber zu beraten); wenn überhaupt ein Beschluss ieS erfolgt (vgl oben Rz 9), könnte dieser nach der Behandlung in der GV durchaus unter Einhaltung der Vorgaben des § 34 schriftlich gefasst werden.

IV. Kostentragung, Schadenersatz (Abs 4, 5)

12   Die **Verfahrenskosten** des Bestellungsverfahrens sind v der **Entlohnung** des Revisors gem § 46 Abs 2 zu **unterscheiden**; über die *Verteilung* beider Kostenbeträge ist gem § 47 Abs 4 zu entscheiden (arg „Kosten der Untersuchung", nicht nur der Revisoren), wenn sich die Beteiligten nicht darüber einigen.[14] Der Antrag auf Revisorenbestellung in der GV muss nicht mit einer Beschlussfassung über die Kostentragung verbunden sein, zumal die Kosten einer Sonderprüfung grds die Gesellschaft zu tragen hat. Der Antrag auf Revisorenbestellung u deren Kostentragung sind keine untrennbare Einheit, sie können daher als „zusammengesetzter Beschluss" auch getrennt angefochten bzw für nichtig erklärt werden (OGH 29.11.2016, 6 Ob 213/16s).

13   Ein **Kostenvorschuss** ist in der Bestimmung nicht vorgesehen (s auch § 45 Rz 26). Er könnte sich allenfalls aus einer Anwendung des

---

12 Gegen eine – wohl gemeint sofortige – Übermittlung an die Gesellschafter *Koppensteiner/Rüffler* GmbHG³ § 47 Rz 2.
13 Vgl *Koppensteiner/Rüffler*, GmbHG³ § 47 Rz 3 mwN; *Enzinger* in Straube/Ratka/Rauter, GmbHG § 47 Rz 5.
14 Zu Details der Zahlung s *Koppensteiner/Rüffler*, GmbHG³ § 47 Rz 5 mwN. S zum Verhältnis zum AußStrG *Harrer* in Gruber/Harrer, GmbHG² § 47 Rz 6 ff.

AußStrG ergeben. Da der Revisor gem § 46 Abs 2 keine Vergütung außer der gerichtl bestimmten annehmen darf, verbietet sich mE auch eine „freiwillige" Bevorschussung durch eine der Parteien direkt an den Revisor. Möglich ist allerdings, dass eine Partei oder die Parteien vorweg ihre (Ausfall-)Haftung für den Fall erklären, dass die v Gericht zur Kostentragung verpflichtete Partei nicht leistet, damit sichergestellt wird, dass der Revisor entlohnt werden kann.

§ 47 Abs 4 erwähnt anders als § 47 Abs 5 keine Haftung der Antragsteller zur ungeteilten Hand für die Kosten der Untersuchung. Mit der „verhältnismäßigen Verteilung" des Abs 4 ist aber nur die Verteilung zw Gesellschaft einerseits u Antragsteller(n) andererseits gemeint. Allenfalls bestehende Haftungen zur ungeteilten Hand zw den Antragstellern untereinander bleiben unberührt.

Über die Kosten der Untersuchung gem Abs 4 hinaus gehen die Schäden der Gesellschaft, die Abs 5 regelt. Die Bestimmung kommt gerichtl kaum zur Anwendung, entfaltet mE jedoch – ähnlich wie die Schadenersatzpflicht bei der Anfechtung gem § 42 Abs 7 u § 48 Abs 5 – eine abschreckende Wirkung.[15]

§ 48. (1) Die der Gesellschaft gegen die Gesellschafter, Geschäftsführer und Mitglieder des Aufsichtsrats zustehenden Ansprüche können auch von Gesellschaftern, deren Stammeinlagen den zehnten Teil des Stammkapitals oder den Nennbetrag von 700 000 Euro oder den im Gesellschaftsvertrag festgesetzten geringeren Betrag erreichen, geltend gemacht werden, wenn die Verfolgung dieser Ansprüche für die Gesellschaft durch Beschluß der Gesellschafter abgelehnt oder wenn ein darauf abzielender Antrag, obwohl er rechtzeitig (§ 38 Abs. 3) bei den Geschäftsführern angemeldet war, nicht zur Beschlußfassung gebracht worden ist.

(2) Die Klage muß binnen eines Jahres von dem Tag der erfolgten oder vereitelten Beschlußfassung erhoben werden.

(3) Während der Dauer des Rechtsstreites ist eine Veräußerung der den Klägern gehörigen Geschäftsanteile ohne Zustimmung der Gesellschaft unstatthaft.

---

15 Nachw zu möglichen Anwendungsfällen bei *Koppensteiner/Rüffler*, GmbHG³ § 47 Rz 6; für restriktive Auslegung: *Enzinger* in Straube/Ratka/Rauter, GmbHG § 47 Rz 9.

(4) Dem Beklagten ist auf Antrag wegen der ihm drohenden Nachteile von den Klägern eine nach freiem Ermessen des Gerichtes zu bestimmende Sicherheit zu leisten (§ 42, Absatz 3).

(5) ¹Erweist sich die Klage als unbegründet und fällt dem Kläger bei Anstellung der Klage eine böse Absicht oder grobe Fahrlässigkeit zur Last, so hat er dem Beklagten den Schaden zu ersetzen. ²Mehrere Kläger haften zur ungeteilten Hand.

idF BGBl I 1998/125

Literatur: *Adensamer*, Ausgewählte Fragen zur Gesellschafterklage im GmbH-Recht, GesRZ 2021, 267; *Artmann/Thiery*, GesbR neu – Auswirkungen für die Praxis, RdW 2016/13, 3; *Deixler-Hübner/Meisinger*, Nebenintervention/Streitverkündigung – insbesondere im Schiedsverfahren, RdW 2016, 597; *Fantur*, Anspruchsverfolgung gegen Geschäftsführer und Gesellschafter durch Minderheitsgesellschafter in der Praxis, FS Koppensteiner (2016), 83; *Fantur*, Schließen Minderheitenklage und Beschlussanfechtung einander aus? GES 2018, 113; *Gurmann*, Ansprüche der Gesellschaft aus einem Syndikatsvertrag, RdW 2010, 238; *Hadding*, Zur Einzelklagebefugnis des Gesellschafters einer GmbH nach deutschem und österreichischem Recht, GesRZ 1984, 32; *Harrer*, Die Kompetenzen der Generalversammlung bei unzulässigen Entnahmen, in FS Aicher (2012); *Harrer*, Die Einflussnahme auf die Geschäftsführung, GesRZ 2019, 182; *Koppensteiner*, Die GesbR neuer Prägung und der allgemeine Teil des Gesellschaftsrechts, wbl 2015, 301; *Pucher*, Mitverschulden der Gesellschaft bei der Haftung von Leitungsorganen, GesRZ 2015, 174; *Rastegar*, Die Gesellschafterklage in der GmbH (2016); *Rastegar*, § 48 GmbHG und Dispositionen über den Anspruch, RdW 2019, 518; *Rastegar*, Gesellschafterklagen in der Insolvenz, ZIK 2019, 127; *Reich-Rohrwig/Zimmermann*, Die Reform der GesbR (I), ecolex 2015, 296; *Spendel*, Geschäftsführerhaftung und Minderheitenschutz – Zur Absicherung der Klage gemäß § 48 GmbHG durch die Beschränkung von Anspruchsdispositionen, GES 2023, 340; *U. Torggler*, Gesellschafterklagen auf Unterlassung oder Vornahme von Geschäftsführungsmaßnahmen, GES 2011, 57; *Trenker*, Reflexvorteil und Reflexschaden im Gesellschaftsrecht, GesRZ 2014, 10.

Inhaltsübersicht

I.	Praktische Anwendung	1–3
II.	*actio pro socio*	4, 5
III.	Anwendungsbereich	6–10
	A. Anspruchsgegner	6, 7
	B. Umfasste Ansprüche, Reflexschaden	8–10
IV.	Beschlussanfechtung, Disposition über Anspruch, entgegenstehendes Rechtsgeschäft	11–17
V.	Verfahrensrecht, Entscheidungsbefugnis während des Verfahrens, Veräußerungsverbot	18–30

A. Anspruchsgeltendmachung 18–21
B. Entscheidungsbefugnis während des Verfahrens 22, 23
C. Veräußerungsverbot (Abs 3) 24, 25
D. Unterbrechung bei Insolvenz der Gesellschaft,
   Schiedsfähigkeit 26, 27
E. Sicherheitserlag, Schadenersatz (Abs 4, 5) 28–30

I. Praktische Anwendung

Klagen nach § 48 sind in der **Praxis** nicht so häufig, wie man vielleicht 1
vermuten würde. Das hängt mE mit folgenden Aspekten zusammen:

– Die (national u int) verbreitetste Methode, Vermögen (bzw Gewinne) v
  der Gesellschaft an einen Gesellschafter zu transferieren, ohne eine
  Ausschüttung vorzunehmen, ist das Eingehen nicht drittvergleichs-
  tauglicher Leistungsbeziehungen (va Liefer-, Miet-, Dienstleistungs- u
  Immaterialgüternutzungsverträge).[1] Der dadurch entstandene Schaden der Gesellschaft (Einlagenrückgewähr) könnte grds v Mitgesellschafter (die „Minderheit" kann durchaus auch ein potenter zB 40%-
  Partner in einem Joint-Venture sein) eingeklagt werden.[2] Solange die
  Gesellschaft aber eine Geschäftsführung hat, die solche nicht drittver-
  gleichstauglichen Vereinbarungen abschließt, hat der Mitgesellschafter
  wenig Interesse, dieser Geschäftsführung die Mittel aus einer Klage
  gem § 48 zur Verfügung zu stellen.[3] Das vorrangige Interesse richtet
  sich daher darauf, die Geschäftsführung auszuwechseln. Gelingt, das,
  kann die neue Geschäftsführung ohnedies im Namen der Gesellschaft
  die Ansprüche geltend machen, ohne dass der Minderheitsgesellschafter das Kostenrisiko des Prozesses gem § 48 tragen müsste.
– Die Mitglieder der Geschäftsführung u des AR verfügen oft nicht
  über die wirtschaftliche Potenz, signifikante Schäden der Gesellschaft zu ersetzen.[4]

---

1 Das parallele, va auch int, Problem bzgl verdeckter Gewinnausschüttungen
  wird im Steuerrecht meist mit den Stichworten „*arm's length principle*", „*profit
  shifting*" u Transferpreise („*transfer pricing*") bezeichnet u hat zB zum Verrechnungspreisdokumentationsgesetz 2016 geführt.
2 Oftmals ist *de facto* überhaupt nur ein Mitgesellschafter aus der Branche im
  Stande, zu beurteilen, ob ein drittvergleichstaugliches Geschäft vorliegt oder
  nicht.
3 Die Leistung erfolgt an die Gesellschaft, s Rz 18.
4 Zur D&O-Versicherung als einer möglichen Lösung s § 25 Rz 39.

– Oftmals lösen sich die str Fragen *de facto* (schon) nach Beendigung v diesbzgl Anfechtungsverfahren,[5] ohne dass es weiterer Klagen bedürfte.

2 Ein Problem für den Praktiker in Hinsicht auf die Durchsetzung der Rechte der Minderheit ist bzgl § 48 gar nicht in dieser Bestimmung selbst geregelt: Aufgrund der Regelungen zum **Stimmrechtsausschluss**[6] wird es sehr oft der Fall sein, dass der **Beschlussantrag** eines Gesellschafters über die Geltendmachung v Ansprüchen gegen den anderen Gesellschafter **gar nicht abgelehnt** wurde (sondern mit den Stimmen des Minderheitsgesellschafters beschlossen wurde),[7] sodass § 48 gar nicht zur Anwendung kommt (vgl auch § 45 Rz 3, § 35 Rz 86).[8] Wenn die Geschäftsführung sich aber (*de facto*) weigert, den so (v der Minderheit) gefassten Beschluss umzusetzen oder ihn nicht umsetzen kann (etwa, weil nur kollektiv zeichnende GF nicht einheitlich vorgehen, weil sie den Gesellschaftern nahestehen), so muss der Gesellschafter andere Wege als § 48 finden, die Ansprüche durchzusetzen.[9] Zu denken ist mE idZ an eine beschlussmäßige Weisung an die GF, den Beschluss umzusetzen u die Ansprüche geltend zu machen (einschließlich der Weisung, eine prozesstaugliche Vollmacht zu unterfertigen, s dazu gleich unten Rz 3), was

---

5 *Gruber* in Gruber/Harrer, GmbHG² vor § 45 Rz 5 verweist diesbzgl auf die Anfechtung v JA u Entlastung, für die keine Beteiligungshöhe v 10% erforderlich ist. Auch *Harrer* in GesRZ 2019, 182 (186) sieht einen (faktischen u rechtlichen) Vorrang der Anfechtungsklage.
6 S § 39 Rz 6, 53. Außer es gäbe einen Vorsitzenden der GV mit Beschlussfeststellungskompetenz, der rechtswidriger Weise einen Beschluss iSe Antragsablehnung feststellt, (s zur Beschlussfeststellungskompetenz des Vorsitzenden OGH 16.6.2011, 6 Ob 99/11v) u dieser Beschluss nicht angefochten wird (s a Rz 12 u § 45 Rz 3).
7 *Adensamer*, GesRZ 2021, 267 (270).
8 IdS *Fantur* in FS Koppensteiner (2016), 83 (89).
9 Dieses Problem der Rechtsdurchsetzung lösen *Enzinger* u *Harrer* dadurch, dass sie einen zust Beschluss einem abl Beschluss dann gleichstellen (wodurch die Minderheit direkt klagen kann), wenn kein Vertreter iSd § 35 Abs 1 Z 6 bestellt wird (*Enzinger* in Straube/Ratka/Rauter, GmbHG § 48 Rz 11) bzw alternativ die Geschäftsführung untätig bleibt (*Harrer* in Gruber/Harrer, GmbHG² § 48 Rz 12). Dieser Ansatz hat den Vorteil effektiven Rechtsschutzes für die Minderheit, entfernt sich mE aber zu weit v Gesetzestext, zumal § 48 Abs 1 über den Ablehnungsbeschluss hinaus ausdrücklich den Fall anführt, dass der Antrag nicht zur Beschlussfassung gebracht worden ist, also gar kein Beschluss vorliegt. Den nicht umgesetzten zust Beschluss führt das G aber nicht an.

bei Nichtbefolgung va mit Abberufung u Schadenersatzansprüchen gegenüber den jew GF sanktioniert ist, u/oder einen Vertreter zur Prozessführung iSd § 35 Abs 1 Z 6 (wenn die Gesellschaft nicht durch die GF vertreten werden kann) zu bestellen[10] (vgl auch § 35 Rz 92 f).[11]

Ein weiteres praktisches Problem besteht diesfalls darin, dass ein RA, der die Minderheit vertreten soll, sich davon überzeugen muss, dass er wirksam **bevollmächtigt** ist (§ 30 ZPO). De facto muss also er das Risiko übernehmen, dass der Beschluss iSd Minderheitsgesellschafters (also bei Anwendung des § 48 iSd der Ablehnung, bei Bestellung im Wege des § 35 Abs 1 Z 6 iSd der Annahme des jew Beschlusses) ausgefallen ist (womit er zu beurteilen hat, ob ein Stimmverbot auf Seiten der abl Mehrheit greift, was sich bei str GV nicht einfach aus dem Protokoll entnehmen lässt, vgl auch § 39 Rz 53 ff u § 41 Rz 66 ff), andernfalls er sich im Prozess unzulässigerweise auf eine Bevollmächtigung berufen haben wird (was uU zivil- u standesrechtliche Folgen haben kann).

II. *actio pro socio*

Die *actio pro socio* wird in Ö iZm § 48 diskutiert. Die Ergebnisse der dt Diskussion (überwiegende Annahme einer *actio pro socio* des einzelnen Gesellschafters)[12] können nicht übernommen werden, da im dt Recht keine dem § 48 vergleichbare Bestimmung besteht.[13] Die Festlegung

---

10 *Fantur* in FS Koppensteiner (2016), 83 (89); *Rastegar*, Gesellschafterklage, 341. Da v Stimmrechtsausschluss des § 39 Abs 4 auch die Beschlussfassung über die Bestellung eines Prozessvertreters umfasst ist (s § 35 Rz 98), sollte die Bestellung eines Prozessvertreters im Normalfall ohne weiteres möglich sein, selbst wenn der Minderheitsgesellschafter sich selbst bestellen will, da der als Prozessvertreter in Aussicht genommene Gesellschafter auch bei der Abstimmung über die Bestellung seiner Person ein Stimmrecht hat (RIS-Justiz RS0059996 [T2]).
11 *Koppensteiner/Rüffler*, GmbHG³ § 48 Rz 6 scheinen sich dafür auszusprechen, das Unterbleiben der Bestellung eines Prozessvertreters als Anwendungsfall für einen Not-GF gem § 15a anzusehen.
12 Nachw bei *Enzinger* in Straube/Ratka/Rauter, GmbHG § 48 Rz 4; s auch Ablehnung der *actio pro socio* ggü einem Fremd-GF in BGH 25.1.2022, II ZR 50/20. Die untersch Ausgestaltung der Gesellschafterklage in Dtl u Ö verstößt nicht gegen den *ordre public*; OGH 24.6.2021, 3 Ob 34/21b.
13 OGH 22.7.2009, 3 Ob 72/09y, GesRZ 2010, 49 (*Enzinger*); *Adensamer*, GesRZ 2021, 267 (277).

einer Untergrenze v 10% steht nach der zutr wohl hM der Annahme einer identen **Befugnis** des Einzelgesellschafters **entgegen**,[14] va auch, weil die Bestimmung mit dem IRÄG um die Gesellschafter erweitert wurde.[15]

Mit der Änderung des Rechts der GesbR 2015 wurde in § 1188 ABGB die *actio pro socio* für diese Gesellschaftsform kodifiziert u dadurch neuer Schwung in die Diskussion gebracht. Die Materialien sprechen davon, dass das Institut der actio pro socio im PersGes-Recht anerkannt sei[16] u § 1188 ABGB als Grundlage für eine weitere Institutionenbildung durch Rsp u L dienen solle. Das wird als Hinweis auf die GmbH verstanden.[17] Meines Erachtens kann das aber gegenüber den systematischen Argumenten gegen die *actio pro socio* nicht durchdringen.

Als Ergebnis ergänzender Vertragsauslegung kann sich allerdings ein Individualrecht ergeben,[18] doch ist dies mE keine spezifische gesellschaftsrechtliche, sondern eine allg zivilrechtliche Frage.

5   Da auch Ansprüche gegen Gesellschafter v § 48 erfasst sind, bleibt nur die **Anspruchsdurchsetzung** gegen „echte" **Dritte** v Minderheitenschutz unerfasst; diesbzgl Versäumnisse der GF sind aber nicht mit der *actio pro socio* gegen den Dritten, sondern mit anderen Instrumenten (zB mit Klagsführung gem § 48 Abs 1 S 1 gegen die GF) zu verfolgen.

---

14 *Koppensteiner/Rüffler*, GmbHG³ § 48 Rz 16; *Enzinger* in Straube/Ratka/Rauter, GmbHG § 48 Rz 4 mit Ausnahme v (konzernrechtlichen) Sonderbereichen; *Ch. Nowotny* in Kalss/Nowotny/Schauer, GesR² Rz 4/338 mit Ausnahme für krasse Kompetenzverletzungen unter Ableitung aus den Grundsätzen, die die Holzmüller- u Gelatine-E des BGH tragen; Nachw zur ggt A bei *Enzinger*, GesRZ 2010, 49 (54) u *Enzinger* in Straube/Ratka/Rauter, GmbHG § 48 Rz 4.
15 Der OGH bezeichnet die *actio pro socio* in der E v 22.7.2009, 3 Ob 72/09y, GesRZ 2010, 49 (*Enzinger*) als „str u fragwürdig", schließt sie jedoch nicht aus; in der E v 31.3.1977 6 Ob 575/77 hingegen wird sie zwar nicht ausdrücklich, aber im Ergebnis klar verneint.
16 ErläutRV 270 BlgNR 25. GP 15.
17 *Artmann/Thiery*, RdW 2016/13, 3 (8); *Koppensteiner*, wbl 2015, 301 (307); nach *Reich-Rohrwig/Zimmermann*, ecolex 2015, 296 (299): könnte dies ein „Wink mit dem Zaunpfahl" sein.
18 *Koppensteiner/Rüffler*, GmbHG³ § 48 Rz 16; zust *Enzinger* in Straube/Ratka/Rauter, GmbHG § 48 Rz 4.

III. Anwendungsbereich

A. Anspruchsgegner

Nicht nur **Gesellschafter, GF** u **Mitglieder des AR**, sondern Liquidatoren[19] u nach hM ehem Organwalter u ehem Gesellschafter sowie **sonstige Organwalter**, etwa Beiratsmitglieder, sind v der Bestimmung umfasst.[20] Fraglich ist mE, ob auch „Vertreter zur Prozessführung" gem § 35 Abs 1 Z 6 (vgl § 35 Rz 92), „besondere Vertreter" gem § 30l Abs 2, „andere Vertreter" gem § 42 Abs 1 u Kuratoren gem § 42 Abs 1 bzw § 8 ZPO als Anspruchsgegner v der Bestimmung umfasst sind.

Dabei ist mE zu beachten: Grundsätzlich ist die Bestimmung weit auszulegen, um der Funktion des Minderheitenschutzes nachzukommen.[21] Gegen die weite Auslegung spricht allerdings der Wortlaut u die Tatsache, dass die Gesellschafter mit dem IRÄG 1997 in die Bestimmung aufgenommen wurden, nicht aber weitere Anspruchsgegner.

Wenn man aber mit der hM auch Beiratsmitglieder als erfasst ansieht, dann spricht mE nichts dagegen, auch „Vertreter zur Prozessführung" gem § 35 Abs 1 Z 6 usw einzubeziehen. Dies gilt mE dann auch dann, wenn einer der genannten Vertreter/Kuratoren auf Antrag der Minderheit bestellt worden ist u in der Folge v der Mehrheit der GV vor der Geltendmachung v Ansprüchen durch Ablehnung eines entspr Beschlussantrags geschützt werden soll, denn es wird eine Leistung an die Gesellschaft verlangt.

Vorsichtshalber sollte man in der Praxis davon ausgehen, dass Klagen gegen die v Gesellschaftern, GF u Mitgliedern des AR **beherrschten Ge-**

---

19 § 92 Abs 1 iVm § 48; OGH 12.11.1992, 7 Ob 621/92.
20 *Harrer* in Gruber/Harrer, GmbHG², § 48 Rz 5; *Enzinger* in Straube/Ratka/Rauter, GmbHG § 48 Rz 6 mwN. Zur zivilprozessualen Zuständigkeit für Verfahren gegen einen nicht zu dem in § 48 Abs 1 genannten Kreis zählenden Schädiger gemeinsam mit einem Verfahren gegen den GF s OGH 23.1.2003, 6 Ob 316/02t.
21 Vgl OGH 13.1.1982, 1 Ob 775/81: *„Mit Recht wird vielmehr der Standpunkt vertreten, daß die gesetzlichen Vorschriften zum Schutz der Minderheit so auszulegen sind, daß sie entsprechend den Absichten des Gesetzgebers ihre Funktion auch tatsächlich erfüllen können und ein Abwürgen der ohnehin auf schwachen Füßen stehenden Minderheitsrechte auf kaltem Wege verhindert wird"*.

sellschaften nicht umfasst sind.[22] Es sprechen durch einen Vergleich mit den Bestimmungen über den Stimmrechtsausschluss u die Einlagenrückgewähr jedoch gute Gründe dafür, § 48 auch auf solche Dritte anzuwenden, die einem bzw denen ein Gesellschafter (GF, AR usw) (zB aufgrund v Beherrschung) zuzurechnen sind.[23]

B. Umfasste Ansprüche, Reflexschaden

8 Bevor die Aufzählung der Anspruchsgrundlagen in Abs 1 durch das IRÄG 1997 entfallen ist, konnte man argumentieren, dass nur Ansprüche aus dem Sozietätsverhältnis,[24] nicht aber auch schuldrechtliche Ansprüche v der Bestimmung erfasst seien. Für die geltende Rechtslage hat der OGH aber klargestellt, dass **auch schuldrechtliche Ansprüche** gegen die Anspruchsgegner umfasst sind.[25] Dem ist zuzustimmen, da die Gefahr der Nicht-Verfolgung v Ansprüchen in beiden Situationen für die Gesellschaft gleich groß ist u unabhängig v der Anspruchsgrundlage ist.[26] Die Frage, ob auch Unterlassungsansprüche mit § 48 durchgesetzt

---

22 OGH 6.4.2006, 6 Ob 53/06x (dort zur Frage, ob ein Not-GF für die Geltendmachung v Ansprüchen gegen solche Gesellschaften bestellt werden kann).
23 Ausf *Adensamer*, GesRZ 2021, 267 (273 ff). Wenn man dem *de lege lata* nicht zustimmen sollte, so bleibt jedenfalls die Möglichkeit, v GF Schadenersatz wegen dessen Verletzung seiner Pflicht, den Anspruch gegen den Dritten zu verfolgen, zu begehren (ggf im Wege des § 48 Abs 1 S 1).
24 Auch rein interne Geschäftsführungshandlungen, zB die Thesaurierung des Gewinns durch GF/Vorstand statt Vollausschüttung kann grds ein Schaden sein (OGH 23.5.2007, 3 Ob 59/07h, hat im konkreten Fall Schadenersatzpflicht der GF abgelehnt, da sie sich bei zwei streitenden 50:50-Gesellschaftern mit jeder E „ins Unrecht" setzen).
25 OGH 22.7.2009, 3 Ob 72/09y, GesRZ 2010, 49 (*Enzinger*): „*Der aus den Materialien hervorleuchtende Zweck der Regelung rechtfertigt die Annahme, dass auch Ansprüche aus (bloß) rechtlichen Rechtsbeziehungen zwischen der Gesellschaft und ihren Gesellschaftern betroffen sind. [...] Auch insoweit besteht die in den Materialien beschriebene Gefährdung der Interessen der Minderheit [...] Die Vorschrift auszulegen, dass sie entsprechend der Absicht des Gesetzgebers ihre Funktion auch tatsächlich erfüllen kann (1 Ob 775/81 = SZ 55/1). Andernfalls könnte ein Gesellschafter, der der Gesellschaft durch vertragswidriges Verhalten einen Schaden zufügt, nicht mit Klage gemäß § 48 GmbHG belangt werden.*"
26 Ebenso *Adensamer*, GesRZ 2021, 267 (275 f). **Dagegen** *Harrer* in Gruber/Harrer, GmbHG[2] § 48 Rz 7, mit der Begr einer harmonischen Weiterentwicklung der Norm u in GesRZ 2019, 182 (184).

werden können, ist umstritten,[27] mE jedoch (soweit solche Ansprüche bestehen)[28] zu bejahen, da alle Ansprüche, die der Gesellschaft zustehen, auch v der Minderheit verfolgt werden können.

Ebenso ist umstritten, ob auch Rechtsgestaltungsklagen u Feststellungsklagen v der Minderheit geltend gemacht werden können.[29] Meines Erachtens ist auch dies zu bejahen, denn § 48 umfasst nur Ansprüche gegen Gesellschafter u Organwalter (va AR u GF, s näher Rz 6) u nicht solche gegen echte Dritte. Dem echten Dritten ggü gewährt § 48 der Minderheit keine Gestaltungsmöglichkeit, diesbzgl kann die Minderheit also nicht in die Geschäftsführung eingreifen. In zB mit Mitgesellschaftern bestehende Rechtsverhältnisse kann sie aber gestaltend eingreifen (etwa Teilungsklage oder Klage auf Ausschließung eines Gesellschafters einer OG nach § 140 UGB führen). Man könnte nun einwenden, dass diese Möglichkeit nicht erforderlich sei, weil dieses Rechtsverhältnis entweder nicht drittüblich sei u daher einlagenrückgewährend u ohnedies nichtig (vgl § 82 Rz 12, § 83 Rz 38 ff), sodass es keinen zusätzlichen Rechtsschutz brauche, oder es doch drittüblich sei, u daher nicht bekämpft werden solle. Das greift aber zu kurz, denn die Vorschriften über die Einlagenrückgewähr gelten primär nur ggü

---

27 **Dafür**, jedenfalls bei Verletzung der Kompetenzordnung, *Adensamer*, GesRZ 2021, 267 (276); *Rastegar*, Gesellschafterklage 247 ff; **dagegen** *Harrer* in GesRZ 2019, 182 (186), jew mN.

28 Das Lehrbeispiel sind Unterlassungsansprüche gegen die GF wegen Kompetenzüberschreitung: Die GF hätten vor einer Handlung die GV befassen müssen, haben es aber nicht (vgl OGH 26.2.2009, 1 Ob 192/08d, die bei der GmbH & Co KG den Unterlassungsanspruch des Kommanditisten bejaht). ME hat diesbzgl aber die Mehrheit die Möglichkeit, die Maßnahme der GF beschlussmäßig zu decken – wodurch die Minderheit auf das Anfechtungsrecht verwiesen wäre u den Deckungsbeschluss bekämpfen müsste; die Pflicht zur Beseitigung des Deckungsbeschlusses entfällt nicht aufgrund dessen, dass ein Beschluss, der die Anspruchsverfolgung ablehnt, nicht bekämpft werden muss (s Rz 12), um nach § 48 vorzugehen.
Der A, die sich gegen die Einbeziehung v Unterlassungsansprüchen wendet, ist mit OGH 7.4.1976, 1 Ob 539/76 zuzugestehen, dass die Verletzung v Mitgliedschaftsrechten nicht „*mit Unterlassungsklage des Gesellschafters gegen den Geschäftsführer bekämpft werden kann*", doch handelt es bei § 48 nicht um Ansprüche des Gesellschafters, sondern solche der Gesellschaft, die lediglich v (ggf einem Gesellschafter als) der Minderheit betrieben werden. S auch OGH 26.4.2018, 6 Ob 38/18h, bejahend zur einstweiligen Verfügung bzgl Unterlassung gegen den GF auf Grundlage des § 42 Abs 4.

29 **Dagegen** *Rastegar*, Gesellschafterklage 264, 315.

dem Gesellschafter u nicht ggü GF u Mitgliedern des AR u außerdem sind gerade die Geschäfte mit ihren Gesellschaftern, GF u Mitgliedern des AR, in die die Gesellschaft hineingeführt wird, besonders klüngelverdächtig u bedarf der Minderheitsgesellschafter hier wirksamer Instrumente.

Im Rahmen des § 48 ist mE auch ein Anschluss als Privatbeteiligter im Strafverfahren möglich, da Privatbeteiligte den Ersatz des durch die Straftat erlittenen Schadens oder eine Entschädigung für die Beeinträchtigung ihrer strafrechtlich geschützten Rechtsgüter begehren, also Ansprüche, die der Gesellschaft zustehen, geltend machen (vgl § 48 Abs 1).[30]

9 In Bereichen, wo es spezielle Bestimmungen gibt, etwa den Anspruch auf (Voll-)Einzahlung der Stammeinlage mit der Sanktion des Ausschlusses nach Androhung gem § 66, gehen die mE **spezielleren Vorschriften** vor u ist § 48 nicht anzuwenden.[31] Die Vorschriften über die Einlagenrückgewähr sind mE aber keine solchen spezielleren Vorschriften, § 48 kann daher auch zur Rückforderung v nach § 82 verbotswidrig empfangenen Leistungen eingesetzt werden.[32]

10 **Reflexschaden**: Die grundlegende Überlegung beim Reflexschaden besteht darin, dass durch eine schädigende Handlung nicht nur das Vermögen der Gesellschaft vermindert wird, sondern auch der Wert der Beteiligung an der Gesellschaft sinkt (wodurch auch im Vermögen des Gesellschafters ein Schaden eintritt). Jedenfalls anspruchsberechtigt zur Geltendmachung v Schäden ist die Gesellschaft (wobei der Anspruch auch im Wege des § 48 geltend gemacht werden kann); nach zutr überwiegender A ist eine „parallele" Geltendmachung durch den Gesellschafter (dh des Reflexschadens) **nicht möglich** (s auch § 25 Rz 32).[33]

---

30 Abl *Harrer* in Gruber/Harrer, GmbHG[2] § 48 Rz 22b. Dem ist nur insofern zuzustimmen, als die Minderheitsgesellschafter sich nicht als Gesellschafter im Strafverfahren anschließen können; für die Gesellschaft ist dies mE aber möglich.

31 Ähnlich *Harrer* in Gruber/Harrer, GmbHG[2] § 48 Rz 5 mit Ausnahme va bei Fälligkeit des Anspruchs auf Einzahlung der Stammeinlagen.

32 *Adensamer*, GesRZ 2021, 267 (274); *Saurer* in Doralt/Nowotny/Kalss, AktG[2] § 134 Rz 7 zur AG.

33 OGH 22.12.1994, 2 Ob 591/94 (grundlegend zur AG); 21.12.2010, 8 Ob 6/10f, GesRZ 2011, 230 (*Ratka*) zum Reflexschaden im Zweipersonenverhältnis zw Gesellschaft u Gesellschafter (für wirtschaftliche Betrachtungsweise); *Enzinger* in Straube/Ratka/Rauter, GmbHG § 48 Rz 5 nwN. Er tritt für eine Ausnahme in dem Fall ein, dass der Schaden v der Gesellschaft nicht mehr gel-

Das Recht eines Gesellschafters, einen Schaden *der Gesellschaft* gem § 48 als Minderheitenklage geltend zu machen, bleibt davon aber unberührt.

IV. Beschlussanfechtung, Disposition über Anspruch, entgegenstehendes Rechtsgeschäft

Zu unterscheiden ist zw dem **Beschluss, der die Anspruchsverfolgung ablehnt**,[34] u möglichen **anderen Beschlüssen** der Mehrheit, die denselben Anspruch behandeln, insb Beschlüsse über einen Vergleich mit dem Anspruchsgegner, einen Verzicht, eine Entlastung oder Weisung an die GF.

Für eine erfolgreiche Klagsführung nach § 48 muss der die Anspruchsverfolgung **abl Beschluss nicht angefochten** werden (vgl auch § 35 Rz 86 u 89).[35] Das wird aus Abs 5 abgeleitet, ergibt sich mE aber auch aus Abs 1, denn dieser setzt einen (vergangenen) abl Beschluss auf Verfolgung der Ansprüche voraus.

Wird der Beschluss dennoch bekämpft, wäre, wenn das Anfechtungsverfahren erfolgreich rascher beendet würde, der Beschluss im Zeitpunkt der E über die nach § 48 eingebrachte Klage der Minderheit nicht mehr vorhanden, doch fallen mE die Voraussetzungen für die Klagsführung deswegen nicht weg.[36]

---

tend gemacht werden kann (zB Insolvenz), doch ist dem mE entgegen zu halten, dass nach hM die Gesellschaft, sofern noch Vermögen hervorkommt (zB Ansprüche) noch weiter besteht (§ 93 Abs 5) u insofern noch eine Geltendmachung in Betracht kommt.

34 Bzgl der Ansprüche gegen die GF u den AR ergibt sich das Erfordernis eines GV-Beschlusses aus § 35 Abs 1 Z 6. Für eine Pflicht der GF, bei Ansprüchen gegen Gesellschafter eine GV einzuberufen *Adensamer* in GesRZ 2021, 267 (268).

35 OGH 23.5.2007, 3 Ob 59/07h; 22.7.2009, 3 Ob 72/09h; *Koppensteiner/Rüffler*, GmbHG³ § 48 Rz 7; *Enzinger* in Straube/Ratka/Rauter, GmbHG § 48 Rz 12; *Harrer* in Gruber/Harrer, GmbHG² § 48 Rz 8 (s dort in Rz 9 zur Frage einer „zusätzlichen" Bekämpfung, auch wenn diese nicht erforderlich ist); *Adensamer*, GesRZ 2021, 267 (273); *Rastegar*, Gesellschafterklage 221 f. Ein Not-GF wäre aber an solche Beschlüsse gebunden, selbst wenn sie treuwidrig, aber nicht mehr anfechtbar sind (OGH 6.4.2006, 6 Ob 53/06x). Dies gilt nicht für nichtige Beschlüsse (*Fantur* in FS Koppensteiner 83 [91] mwN).

36 S auch § 45 Rz 3, Rz 20 u die dortigen FN zur ähnlichen Frage bei § 45.

13 Komplexer ist Frage, ob Beschlüsse, mit denen die Mehrheit (bzw formal die Gesellschaft) über den **Anspruch**, den die Minderheit gem § 48 einklagen möchte, **disponiert** hat, (also va Beschlüsse über einen Vergleich mit dem Anspruchsgegner, einen Verzicht gegenüber dem Anspruchsgegner, eine Entlastung des Anspruchsgegners oder eine Weisung an den Anspruchsgegner) beseitigt werden muss.

Grundsätzlich könnte sich der GF nämlich (erfolgreich) darauf berufen, dass sein (für die Gesellschaft nachteiliges) Verhalten auf einer wirksamen **Weisung** beruht u deswegen sein Verhalten nicht rechtswidrig ist[37] oder dass gar kein Anspruch der Gesellschaft (mehr) vorliege,[38] weil diese einen Verzicht abgegeben habe (auch in Form einer Entlastung) oder er sich mit der Gesellschaft verglichen habe. Anderseits könnte auf diese Weise die Mehrheit das Klagerecht der Minderheit damit faktisch aushebeln, denn wo die Gesellschaft keinen Anspruch (mehr) hat, kann die Minderheit nichts einklagen.

14 Die Frage nach der **Wirkung** v **Weisung/Entlastung/Vergleich/ Verzicht** auf die Klagsmöglichkeit gem § 48 ist **nicht** endgültig **geklärt**:[39]

Der **OGH** hat entschieden,[40] dass sich ein GF auf eine **nach Antragstellung** gem § 48[41] v der Gesellschaft (dh v ihm als Mehrheitsgesell-

---

37 *Koppensteiner/Rüffler*, GmbHG³ § 48 Rz 4; *Enzinger* in Straube/Ratka/Rauter, GmbHG § 48 Rz 8.
38 *Koppensteiner/Rüffler*, GmbHG³ § 48 Rz 4; *Enzinger* in Straube/Ratka/Rauter, GmbHG § 48 Rz 8.
39 *Enzinger* in Straube/Ratka/Rauter, GmbHG § 48 Rz 9; *Rastegar*, RdW 2019, 517.
40 OGH 13.1.1982, 1 Ob 775/81: „*Nach Ansicht des Herrenhauses dürften die Gesellschafter, [...], nicht dazu verurteilt sein, ohnmächtig und wehrlos zuzusehen, wenn das Gesellschaftsvermögen durch Mißbräuche gefährdet werde, zu denen die unbeschränkte und unbeschränkbare Vollmacht, die den Machthabern an der Spitze gesetzlich zustehe, nur zu leicht zu verleiten vermag [...] Mit Recht wird vielmehr der Standpunkt vertreten, daß die gesetzlichen Vorschriften zum Schutz der Minderheit so auszulegen sind, daß sie entsprechend den Absichten des Gesetzgebers ihre Funktion auch tatsächlich erfüllen können und ein Abwürgen der ohnehin auf schwachen Füßen stehenden Minderheitsrechte auf kaltem Wege verhindert wird (Staufer, Fragen aus der Praxis des GmbHG, NZ 1950, 188; vgl auch Schönherr, JBl 1960, 3: „fraus omnia corrumpit"). Aus der Intention des Gesetzgebers, die Minderheit auch in die Lage zu setzen, gegen den Willen der Mehrheit das gute Recht der Gesellschaft gegen schadenersatzpflichtige Geschäftsführer zur Geltung zu bringen, muß daher der Schluß gezogen werden, daß ein nach Antragstellung der*

schafter **selbst**) erteilte **Entlastung** (welcher er grds eine Verzichtswirkung auf erkennbare Ansprüche konzediert, vgl § 25 Rz 18, § 35 Rz 64) **nicht berufen kann**,[42] auch wenn diese (noch) nicht erfolgreich angefochten wurde.[43]

Enzinger führt aus, dass wegen der minderheitenschützenden Funktion des § 48 **Dispositionen** der Gesellschaft über den Anspruch **nur eingeschränkt** möglich seien.[44] *Koppensteiner/Rüffler* gehen davon aus, dass nicht angefochtene Beschlüsse den Willen der Gesellschaft auch mit Wirkung für die Gesellschafter verbindlich festlegen u daher der Entlastungs-/Verzichts-/Vergleichsbeschluss **zuerst angefochten** werden müsse.[45] Auch *Harrer* geht davon aus, dass die Minderheit den Beschluss bekämp-

---

Minderheit nach § 48 Abs 1 GmbHG erfolgter Mehrheitsbeschluß auf Entlastung des Geschäftsführers (§ 35 Abs 1 Z 1 GmbHG) vom Geschäftsführer der sodann klagenden Minderheit nicht eingewendet werden kann."
41 Nach RIS-Justiz RS0059633 ist der Zeitpunkt des Begehrens nach Ergänzung der Tagesordnung gem § 38 Abs 3 entscheidend.
42 *Ch. Nowotny* geht in Bezug auf diese E davon aus, dass der GF infolge vorhergehender Beantragung v Ersatzansprüchen nicht mehr auf die Verzichtswirkung des Entlastungsbeschlusses vertrauen konnte, s *Ch. Nowotny*, RdW 1986, 263.
43 Diese E ist im Ergebnis zu begrüßen. Die dogmatische Grundlage ist allerdings nicht klar benannt. ME liegt sie am ehesten in den Aspekten, ob der Entlastungsbeschluss in concreto überhaupt Verzichtsfunktion hatte (s zu den Wirkungen der Entlastung OGH 6.7.2004, 4 Ob 85/04k) oder ob die Erklärung der Entlastung an sich selbst (als Mehrheitsgesellschafter u GF) überhaupt wirksam war (Insichgeschäft). Jedenfalls unterlag der Mehrheitsgesellschafter einem Stimmverbot, da jeder Gesellschafter-GF betr seine eigene Entlastung (u bei Überkreuz-Entlastung bzw Einzelabstimmung) nicht stimmberechtigt ist: OGH 28.8.2013, 6 Ob 88/13d, mwN; s auch OGH 28.8.2013, 6 Ob 22/13y zur Entlastung als gebundener Ermessensentscheidung), vgl § 39 Rz 63 ff u § 35 Rz 58. Außerdem wäre aus heutiger Sicht zu prüfen, ob nicht die Geschäfte zw Gesellschaft u Mehrheitsgesellschafter wegen Verstoß gegen das Verbot der Einlagenrückgewähr nichtig sind, da die Kläger vorgebracht haben, die Mehrheitsgesellschafterin habe die Gesellschaft durch Ankauf u Vermietung einer bestimmten Liegenschaft geschädigt (s zur Einlagenrückgewähr durch Vermietung: OGH 13.9.2012, 6 Ob 110/12p, dort auch für Unwirksamkeit des Mietvertrags wegen Insichgeschäft, u 26.4.2016, 6 Ob 79/16k, mwN). S dazu unten Rz 15 f. S auch § 35 Rz 64 zum Entfall der Verzichtswirkung bei bewusstem Verschweigen durch den GF, worauf sich auch die Minderheit berufen kann.
44 *Enzinger* in Straube/Ratka/Rauter, GmbHG § 48 Rz 9 mwN.
45 *Koppensteiner/Rüffler*, GmbHG³ § 48 Rz 5 mwN.

fen müsse, weist jedoch auf die Grenzen für einen Verzicht hin, die sich aus dem **Gläubigerschutz** (va § 25 Abs 7 iVm § 10 Abs 6) ergeben.[46] Gegen die Notwendigkeit einer Anfechtungsklage spricht sich *Haberer* aus.[47]

Rastegar setzt sich ausf mit dieser Frage auseinander[48] u kommt letztlich zu dem Schluss, dass Verfügungen der Mehrheit nur ihm Rahmen des analog angewendeten § 136 AktG möglich seien, also dass die Gesellschaft ab Stellung eines Minderheitsverlangens[49] nur mehr dann über die Ansprüche disponieren könne, wenn ein so großer Teil der antragstellenden Minderheit zustimme, dass die übrigen nicht mehr über das notwendige Quorum zur Ausübung des Minderheitenrechts verfügten. Zuletzt hat *Spendel* in einer interessanten Abhandlung vorgeschlagen, das Widerspruchsrecht gem §§ 43 u 84 Abs 4 AktG analog anzuwenden (s Lit-Verzeichnis).

15   Meines Erachtens ist bei der Lösung v den folgenden Überlegungen auszugehen:

- Dem Gesetzestext ist ein Erfordernis der Anfechtung v disponierenden Beschlüssen nicht zu entnehmen.[50]
- Es kann auch Verzichte/Vergleiche[51] geben, die für die Gesellschaft nachteilig sind, bzgl derer es aber zulässigerweise (trotz der grds Pflicht zur Vorlage in der GV) keinen Beschluss gibt (va wenn der Vergleich unterhalb der Wertgrenzen des GesV bzw des § 35 liegt).[52]
- Zw dem Beschluss, wie mit dem Anspruch verfahren werden soll („Disposition") als interner Willensbildung u dem Ausführungsgeschäft als der eigentlichen Verfügung über den Anspruch ist (in den meisten Fällen, s unten) zu unterscheiden.[53] Entscheidend für

---

46 *Harrer* in Gruber/Harrer, GmbHG² § 48 Rz 12.
47 *Haberer* in Torggler, GmbHG § 48 Rz 7, wobei für den einstimmigen Entlastungsbeschluss mglw anderes gelte.
48 *Rastegar*, Gesellschafterklage 309 ff u 320 ff; *ders*, RdW 2019, 517 (520). S dort auch näher zu den Gründen, die *Rastegar* zur tw Ablehnung der hier in der Vorauflage gebrachten Argumente führen.
49 In Form eines Gegenantrags in der GV, s *Rastegar*, RdW 2019, 517 (521).
50 Im Ergebnis ähnlich *Harrer* in Gruber/Harrer, GmbHG² § 48 Rz 8: *„Aus dem ablehnenden Beschluss folgt lediglich, dass die Gesellschaft in dieser Angelegenheit nicht tätig wird. Der Beschluss eröffnet die Möglichkeit der Rechtsverfolgung durch die Minderheit."*
51 Nicht aber Weisungen u Entlastungen, da diese immer v der GV erteilt werden müssen.
52 Diesfalls kann kein Beschluss angefochten werden.
53 Zust zu dieser Trennung *Rastegar*, Gesellschafterklage 313 mN.

das Rechtsschutzmodell, also welche Rechte der Minderheit zukommen, aber auch, welche Obliegenheiten sie treffen, um nach § 48 vorgehen zu können, ist die Antwort auf die Frage, welche Wirkungen man dem Beschluss zumisst, mit dem die Mehrheit über den Anspruch der Gesellschaft disponiert. Wenn man dem Beschluss „Außenwirkung" zuerkennt, dann verlagert sich die Betrachtung auf die Frage, wie man den Beschluss aus dem Rechtsbestand entfernt, denn dies ist dann die Voraussetzung für eine Rechtsverfolgung durch die Minderheit.[54]

Wenn man dem Beschluss keine „Außenwirkung" zuerkennt, sondern nur Innenwirkung, dann stellt sich die Frage, wie das ausführende Rechtsgeschäft zu entfernen ist, u wieso die Minderheit nicht an den dann weiterhin bestehenden Beschluss gebunden ist (grds binden aufrechte Beschlüsse die Gesellschaftsorgane). Meines Erachtens gilt: Ein GV-Beschluss ist zumeist (nur) ein Akt gesellschaftsinterner Willensbildung u keine rechtsgeschäftliche Erklärung der Gesellschaft nach außen. Lediglich dann, wenn die Gesellschaft durch die GV vertreten wird, ist im GV-Beschluss zugleich auch eine nach außen (an den Erklärungsempfänger eines Verzichts/Vergleichs) gerichtete rechtsgeschäftliche Erklärung zu sehen, die der Erklärungsempfänger (nach Zugang) annehmen kann. Es ist daher in vielen Fallkonstellationen zw dem Beschluss (des Inhalts, einen Verzicht/Vergleich abzuschließen) als nur gesellschaftsinterner Willensbildung u dem Rechtsgeschäft des Verzichts/Vergleichs selbst (als „Ausführung" des Beschlusses im Außenverhältnis, bei dem die Gesellschaft meist durch die GF vertreten wird) zu unterscheiden. In diesen Fallkonstellationen ist die **Beseitigung des Beschlusses**, einen Verzicht/Vergleich abzuschließen, **nicht ausreichend**, um das Rechtsgeschäft Verzicht/Vergleich mit dem Anspruchsgegner (va dem Gesellschafter) zu beseitigen.[55]

---

54 Bzw wie der Beschluss nur relativ gegenüber der Minderheit unwirksam würde, dazu *Rastegar*, RdW 2019, 517 (522) *de lege ferenda*.
55 In der Praxis wird die Reihenfolge oftmals die Folgende sein: 1. Vorlage des Antrags, einen Vergleich oder Verzicht zu schließen, an die GV; 2. Beschluss, einen Vergleich oder Verzicht zu schließen; 3. Rechtsgeschäft des Vergleichs/Verzichts (va durch Abgabe einer Erklärung durch die GF); 3. Ablehnung des Beschlusses, Ansprüche gegen Organ/Gesellschafter geltend zu machen; 4. (Versuch einer) Klage gem § 48 durch Minderheit.

Immer dann, wenn die GV nicht die Gesellschaft vertritt, sondern eben nur einen Beschluss mit **Innenwirkung** fasst[56], wird also der Beschluss erst durch ein **getrenntes Rechtsgeschäft** umgesetzt (ausgeführt).[57]

---

[56] Was mE va bei Ansprüchen gegenüber dem Gesellschafter auf einer schuldrechtlichen Grundlage der Fall ist, aber auch, wenn der AR gem § 30l gegenüber der Geschäftsführung vertritt.

[57] IdZ ist die Frage v Bedeutung, ob die Gesellschaft bei Abschluss v Verzicht/Vergleich durch die GV oder andere Organe vertreten wird (also zB der Vergleich mit einem GF direkt v den Gesellschaftern abgeschlossen wird, die den Vergleichsbeschluss fassen, oder ob es zur Abgabe der Erklärung noch eines anderen Organs (Geschäftsführung) bedarf. Wenn insoweit direkte Vertretung durch die GV angenommen wird (vgl ggü dem GF in Bezug auf das Anstellungsverhältnis oben § 30l Rz 12 u ggü dem AR § 31 Rz 15; grds sollte die Vertretungsbefugnis durch die GF aber so wenig wie möglich angetastet werden, s § 35 Rz 13 u *Rastegar*, Gesellschafterklage 314 in FN 1738 f), folgt bei erfolgreicher Anfechtung der unmittelbare Entfall des Rechtsgeschäfts, da dann (zwar nachträglich, aber ex tunc) die Erklärung der Gesellschaft beseitigt würde. Der Wegfall ex tunc trotz der Funktion als Rechtsgestaltungsklage (OGH 13.1.1982, 1 Ob 775/81) ist hM, s § 42 Rz 39 mwN; *Koppensteiner/Rüffler*, GmbHG³ § 42 Rz 13 f mwN. Zu den Problemen bei der Rückabwicklung im Innenverhältnis, etwa gegenüber dem AR, s *Diregger* in Doralt/Nowotny/Kalss, AktG² § 198 Rz 9 ff.

Der OGH sprach sich in der E v 6.4.2006, 6 Ob 53/06x aus Gründen der Rechtssicherheit dagegen aus, dass eine Prüfung der Nichtigkeit bzw Anfechtbarkeit des Beschlusses der GV (Anm: wegen Stimmrechtsausschlusses) bloß inzident, etwa im Zuge eines FB-Verfahrens oder im Verfahren zur Bestellung eines Not-GF, in Betracht käme; diese E wird v *Fantur* in FS Koppensteiner 83 (88) als überholter Ausreißer bezeichnet, während seiner A nach die stRsp die Unwirksamkeit der trotz Stimmverbots abgegebenen Stimme judiziere. ME decken die v *Fantur* zit E seine Aussage nicht ganz, da sie va Anfechtungsklagen betreffen (u nicht inzidente Prüfungen). Inhaltlich teile ich aber die A *Fanturs*: Erfolgt keine Feststellung durch den Vorsitzenden, bedarf es keiner Anfechtung/Nichtigerklärung; ja es wäre oftmals unklar, wer überhaupt klagen müsste, ohne dass es zu doppelten Verfahren käme. Der Aspekt ist nach richtiger A als Vorfrage im Verfahren zu lösen. Dh letztlich, dass in den Fällen, wo man „Außenwirkung" bejaht, das Bestehen des Rechtsgeschäfts davon abhängt, ob der Beschluss wirksam ist (Feststellungklage über Bestehen des Rechtsgeschäfts; ggf gleich Leistungsklage der Gesellschaft auf Rückforderung, in der das Nicht-Bestehen des [anspruchsvernichtenden] Rechtsgeschäfts u – bei richtiger Berücksichtigung der Stimmverbote – das Nicht-Vorliegen eines Beschlusses [mit dem Inhalt des anspruchsvernichtenden Rechtsgeschäfts] vorweg zu klären sind).

Dieses Rechtsgeschäft bleibt mE (grds) bestehen[58], auch wenn der Beschluss erfolgreich angefochten wird.[59]

---

58 Sofern man der A folgt, dass, weil diesbzgl keine Verkehrsschutzerwägungen greifen, bei Geschäften der Gesellschaft mit GF oder Gesellschaftern die Einhaltung interner Vorgaben auf das Außenverhältnis durchschlägt (s § 35 Rz 108; § 20 Rz 28), würde bei Wegfall des Beschlusses auch das Rechtsgeschäft im Außenverhältnis (dh Verhältnis zum GF bzw Gesellschafter) wegfallen.
Die A, dass das Verfügungsgeschäft mit dem (Nicht-)Bestand des Beschlusses steht u fällt, vertritt *Rastegar* mit der Begr, dass die Außenwirkung des Beschlusses hA sei (Gesellschafterklage 315, insb FN 1747). Konsequenterweise verneint er auch die Befugnis der Minderheit zur Geltendmachung v Rechtsgestaltungsklagen (*ders* aaO), denn nach dem v ihm vertretenen Modell ist es auch nicht mehr notwendig, das Ausführungsgeschäft zu beseitigen. Für die Außenwirkung v Dispositionsbeschlüssen beruft er sich darauf, dass Beschlüsse gem § 35 Abs 1 Z 6 erster Fall nach (heute) hA Außenwirkung hätten (aaO 13 mN auch zur ggt A), hinterfragt das aber ausdrücklich nicht näher. Eine Übersicht zu beiden A findet sich bei *Enzinger* in Straube/Ratka/Rauter, GmbHG § 48 Rz 84, jedoch ohne Berücksichtigung der Ausführungen oben in § 35 Rz 10 u 13. Das Argument mit dem Verweis auf § 35 Abs 1 Z 6 erster Fall überzeugt mich aber in zwei Punkten nicht: Erstens bleibt die Herleitung u Einordnung der Außenwirkung dogmatisch sehr vage (*Enzinger* in Straube/Ratka/Rauter, GmbHG § 35 Rz 84: *„ratio der Bestimmung"*, *Rastegar* in GesRZ 2019, 517 [518, FN 8] *„dogmatisch unerheblich"*, auch wenn er es am ehesten als Vertretungsregelung verstehen will, s Gesellschafterklage 13 ff). Zweitens betrifft, selbst wenn man der Außenwirkung im Bereich des § 35 Abs 1 Z 6 erster Fall folgt, diese Bestimmung nicht alle v § 48 umfassten Fälle v Dispositionsbeschlüssen der Mehrheit, denn § 35 Abs 1 Z 6 regelt nur *„Ersatzansprüche, die der Gesellschaft aus der Errichtung oder Geschäftsführung gegen die Geschäftsführer, deren Stellvertreter oder den Aufsichtsrat zustehen"*, nicht aber Ansprüche gegen Gesellschafter (die § 48 ausdrücklich anführt) u andere Ansprüche (als Ersatzansprüche) gegen GF u AR (welche nach mE richtiger A v § 48 umfasst sind). Da die Minderheit im Bereich des § 48 immer nur Ansprüche der Gesellschaft durchsetzt u keine eigenen, macht sie diese so geltend, wie sie der Gesellschaft zustehen. Die A der Außenwirkung in den Fällen des § 35 Abs 1 Z 6 erster Fall führt also dazu, dass bei Ansprüchen, die unter § 35 Abs 1 Z 6 erster Fall zu subsumieren sind, mit der Beseitigung des Dispositionsbeschlusses auch das Verfügungsgeschäft fällt, während in den anderen Fällen des § 48 das Verfügungsgeschäft gesondert zu beseitigen ist. Für ein anderes Ergebnis wäre die Außenwirkung des § 35 Abs 1 Z 6 erster Fall auf Gesellschafter bzw andere Ansprüche zu erweitern, was aber der Wortlaut dieser Bestimmung nicht mehr hergibt.
59 Die Frage, ob ein GF das Rechtsgeschäft auch im Außenverhältnis zu beseitigen suchen müsste, wenn der Beschluss wegfällt, ist v der Frage zu trennen, ob

- Für eine erfolgreiche Geltendmachung des Anspruchs der Gesellschaft gem § 48 muss dieses (im Außenverhältnis bestehende) **Rechtsgeschäft beseitigt** werden.
- Für die Praxis ist zu beachten, dass der OGH in Bezug auf Geschäfte nach **§ 36 Abs 1 Z 6 erster Fall** v einer **Außenwirkung** des Beschlusses ausgeht;[60] werden solche Ansprüche nach § 48 verfolgt, so ist es wahrscheinlich **nicht** erforderlich (bzw gar nicht möglich), das ausführende **Rechtsgeschäft zu beseitigen** (es fällt mit dem bekämpften Beschluss). Zu beachten ist, dass v § 36 Abs 1 Z 6 erster Fall aber keine Ansprüche gegen Gesellschafter u nur Ansprüche gegen GF u AR (u Mitglieder sonstiger Organe, s § 35 Rz 87), die aus der Errichtung oder Geschäftsführung zustehen, umfasst sind.
- **Weisung** (s a § 35 Rz 6, 14) u **Entlastung** (s § 25 Rz 18 u § 35 Rz 55 ff) sind etwas anders gelagert als Verzicht u Vergleich, va da hier die GV immer direkt (ohne Vermittlung durch andere Organe) eine Erklärung gegenüber dem GF abgibt, aber auch, weil diese Handlungen zwar zugangsbedürftig, aber nicht annahmebedürftig sind. Es bedarf in dieser Fallgruppe also keiner Beseitigung eines ausführenden Rechtsgeschäfts, Weisung u Entlastung fallen mit erfolgreicher Bekämpfung des entspr Beschlusses weg.
- Wenn eine Anfechtung gefordert wird, so ist damit zumeist (konkludent) nicht das Einbringen der Anfechtungsklage gemeint ist (was möglich ist, aber noch keine Klärung bringt), sondern die erfolgreiche Beendigung des Verfahrens.[61] Letztere ist binnen der Frist des Abs 2 praktisch illusorisch,[62] was auch dem Gesetzgeber bekannt war, als er mit dem IRÄG 1997 die Frist v drei Monaten auf ein Jahr verlängerte.

---

der Beschluss beseitigt wurde, da das faktische Problem oftmals darin besteht, dass der GF eben nicht die Interessen der Gesellschaft, sondern die des Dritten/Gesellschafters wahrt.

60 OGH 11.5.2010, 9 ObA 5/10s; 28.8.2003, 2 Ob 170/03v.
61 Für diesen Fall wird dann eine Unterbrechung gem § 190 ZPO der Klage gem § 48 bis zur Beendigung des Anfechtungsverfahrens gefordert, s nur *Enzinger* in Straube/Ratka/Rauter, GmbHG § 48 Rz 13. Soweit bei der „Anfechtung" keine Rechtsgestaltung, sondern nur Feststellung (der Nichtigkeit) begehrt wird, kann das mE das Gericht der Klage nach § 48 aber selbst als Vorfrage lösen.
62 Ähnlich OGH 13.1.1982, 1 Ob 775/81 zum Erfordernis der Anfechtung des abl Beschlusses binnen damals drei Monaten; ähnlich zur Klage auf Feststellung des Beschlusses in der Frist des § 48 *Adensamer*, GesRZ 2021, 267 (273).

– Ein Abwürgen der Minderheitsrechte ist zu verhindern.[63] Andererseits darf, da auch schuldrechtliche Geschäfte der Gesellschaft mit Gesellschaftern umfasst sind, die Regelung nicht dazu führen, dass die Minderheit sich zu Über-GF aufschwingt, die jeden Vergleich/Verzicht mit dem Gesellschafter (der gute Gründe haben kann, zB Aufrechterhaltung einer für die Gesellschaft wichtigen Lieferbeziehung) nachträglich negiert u diesbzgl Klage führen kann.

Für die **Beseitigung** des ausführenden **Rechtsgeschäfts** ist an eine Reihe v Möglichkeiten zu denken, wieso dieses Rechtsgeschäft gar nie zustande gekommen ist oder weshalb es wieder beseitigt werden kann (etwa Kollusion,[64] Sittenwidrigkeit, Stimmverbot, Einlagenrückgewähr bzw sonstige Verfügungsverbote,[65] Anfechtung gem AnfO/IO[66]). Auch das sind Ansprüche, die mE die Minderheit geltend machen kann (§ 48 umfasst nicht nur Leistungsansprüche u umso weniger nur Schadenersatzansprüche).

Wenn das ausführende Rechtsgeschäft jedoch bestehen bleibt, so kann es der Anspruchsgegner der Gesellschaft (u damit auch der Minderheit) entgegen halten.[67] Diesfalls ist die direkte Geltendmachung des Anspruches (Schadens) durch die Minderheit nicht möglich, sondern die Minderheit ist auf die Geltendmachung v (Schadenersatz-)Ansprüchen

16

---

63 OGH 13.1.1982, 1 Ob 775/81.
64 Praktisch gesehen wird mE va der Kollusion Bedeutung zukommen: In den hier interessierenden Fällen wissen sowohl der an sich verpflichtete Gesellschafter/GF/AR wie der Vertreter auf Seiten der Gesellschaft, die mit einander den Verzicht/Vergleich etc schließen, dass sie dieses Geschäft nicht zum Vorteil, sondern zum Nachteil der Gesellschaft schließen (das ergibt sich auch bei einem Vergleich meist auch schon aus dessen Konditionen) u wirken absichtlich zusammen.
65 Zur Bedeutung der Verbote nach § 83 Abs 4, aber auch §§ 63 Abs 3, 71 als Verfügungsbeschränkungen iZm § 48 s a *Rastegar*, RdW 2019, 517 (518).
66 ME kann die Minderheit, da sie nicht nur geldwerte, sondern jegliche Ansprüche verfolgen kann, auch Anfechtungsansprüche aller Art für die Gesellschaft geltend machen u dann ggf die Leistung einklagen. Falls diesfalls der Beschluss uU nicht angefochten werden kann (s dazu *Trenker*, Insolvenzanfechtung gesellschaftsrechtlicher Maßnahmen [2012] 84 f), stört das mE aufgrund der hier vertretenen Trennung zw Beschluss u Ausführungsgeschäft nicht.
67 Dieses System hat den Vorteil, dass die Minderheit sich nicht, ohne dass das Ausführungsgeschäft beseitigt wäre, in die Beziehung mit anderen Gesellschaftern/Dritten direkt einschalten kann. Gleichzeitig sollte die Beurteilung v Kollusion, Sittenwidrigkeit etc nicht allzu streng erfolgen.

gegen die Personen (Organe, Gesellschafter) beschränkt, die das Rechtsgeschäft abgeschlossen (u nicht wieder beseitigt) haben (zu denken ist va an Verletzung der GF-Pflichten, Verletzung der Treuepflichten bei Gesellschaftern); *diese* Ansprüche können auch im Wege des § 48 verfolgt werden. Dabei ist zu beachten: Schadenersatz setzt Verschulden voraus; bei nachträglichem Wegfall eines Beschlusses wird mE Verschulden der zwischenzeitig ausführenden Geschäftsführung oft nicht vorliegen, da die Geschäftsführung grds an Gesellschafterbeschlüsse gebunden ist (s § 25 Rz 17 u § 20 Rz 9, 12)[68] (u das Verschulden wegfällt, wenn der Organwalter seine Sorgfaltspflicht eingehalten hat).

17 Die **zeitliche Reihenfolge** zw Verzichts-/Vergleichsbeschluss u Klage gem § 48 ist nicht v Bedeutung, sondern die zeitliche Reihenfolge zum ausführenden Rechtsgeschäft. Konsequenz dieser A ist auch, dass selbst dann, wenn es einen Verzichts-/Vergleichsbeschluss gibt, dieser aber noch nicht umgesetzt worden ist, unmittelbar die Klage gem § 48 möglich ist (ohne dass zuvor das ausführende Rechtsgeschäft zu beseitigen wäre, weil es dieses ja noch gar nicht gibt).

Die Antwort auf die Frage, warum nach der hier vertretenen A die Minderheit nicht an den dann weiterhin bestehenden (Dispositions-)Beschluss gebunden ist (grds binden aufrechte Beschlüsse die Gesellschaftsorgane), findet sich mE in einem Größenschluss: Wenn das G ausdrücklich anordnet, dass die Minderheit den Anspruch geltend machen kann, obwohl, ja sogar, weil (*arg* „wenn" in § 48 Abs 1) ein der Verfolgung entgegenstehender Beschluss vorhanden ist (welcher Beschluss der Gesellschaft den größtmöglichen Nachteil beschert), so ist die Minderheit auch nicht an Beschlüsse gebunden, die bzgl desselben Anspruchs (um solche geht es ja) durch Verzicht/Vergleich etc der Gesellschaft einen ähnlichen Nachteil zufügen.[69]

---

68 Zur Frage, ob/wie die Geschäftsführung anfechtbare/angefochtene Beschlüsse ausführen soll, s oben § 25 Rz 17. Generell besteht mE kautelarjuristisch die Möglichkeit für die Geschäftsführung, im ausführenden Rechtsgeschäft auf die Grundlage (Beschluss) Bezug zu nehmen (zB auflösende Bedingung, Geschäftsgrundlage), um diese zum Wegfall zu bringen, wenn der Beschluss wegfällt. UU liegt ein Verschulden darin, diese Möglichkeit nicht genutzt zu haben.
69 Wertungsmäßig gilt für den Dispositionsbeschluss dasselbe wie für den Beschluss, mit dem die Verfolgung abgelehnt wird, u der nach richtiger A nicht beseitigt werden muss (s oben Rz 12): Es bedarf eines Instruments, um der Minderheit in Überbrückung des aufwändigen regulären Weges effektiven Rechtsschutz zu gewähren u eine Verzettelung in langwierige Vorprozesse

Das Problem für den Minderheitsgesellschafter besteht mE entgegen der A derjenigen, die die Bekämpfung des Beschlusses fordern, nicht so sehr darin, den Beschluss zu beseitigen, wonach mit dem Organ/Gesellschafter ein Verzicht/Vergleich abgeschlossen wird (eigentlich: dieser genehmigt wird), sondern eher darin, (soweit vorhanden) das „ausführende" Rechtsgeschäft zu beseitigen.

V. Verfahrensrecht, Entscheidungsbefugnis während des Verfahrens, Veräußerungsverbot

A. Anspruchsgeltendmachung

Die Minderheit klagt den Anspruch **im eigenen Namen** ein,[70] jedoch erfolgt die **Leistung an die Gesellschaft**.[71] Die Parteibezeichnung kann v der Gesellschaft unter gewissen Umständen auf die Minderheit richtig gestellt werden. Die Bestellung v Not-GF oder Kuratoren für die Gesellschaft ist im Gesetz nicht vorgesehen, weil diese Klage nicht v der Gesellschaft, sondern nur v der Minderheit der Gesellschafter erhoben werden kann.[72] **18**

Die Kläger müssen in der GV nicht für den Beschluss über die Geltendmachung der Ansprüche (§ 35 Z 6 Fall 1, vgl § 35 Rz 87 ff) gestimmt haben.[73] Auch müssen sie im Beschlusszeitpunkt noch nicht Gesellschafter gewesen sein.[74] Klageberechtigt ist auch eine Gesellschaftermehrheit, wenn sie die Ablehnung der Anspruchsgeltendmachung nicht verhindern konnte.[75] **19**

Wie bei § 45[76] liegen die **Voraussetzungen** für die **Geltendmachung** durch die Minderheit nicht nur vor, wenn der Antrag auf Anspruchsgel- **20**

über die Rechtmäßigkeit v Beschlüssen hintanzuhalten (*Rastegar*, Gesellschafterklage 222, zum Verfolgungsbeschluss).
70 OGH 31.3.1977, 6 Ob 575/77; 12.11.1992, 7 Ob 621/92.
71 OGH 22.7.2009, 3 Ob 72/09y: „*gesetzlich geregelte Prozessstandschaft*". Eine Textierung für das Klagebegehren findet sich bei *Harrer* in Gruber/Harrer, GmbHG² § 48 Rz 10.
72 OGH 12.11.1992, 7 Ob 621/92.
73 *Koppensteiner/Rüffler*, GmbHG³ § 48 Rz 9 mwN; zust *Enzinger* in Straube/Ratka/Rauter, GmbHG § 48 Rz 11.
74 *Koppensteiner/Rüffler*, GmbHG³ § 48 Rz 9 mwN.
75 *Koppensteiner/Rüffler*, GmbHG³ § 48 Rz 9.
76 S § 45 Rz 19.

tendmachung formal durch Beschluss in der GV abgelehnt wurde, sondern auch, wenn darüber (etwa trotz Antrags gem § 38 Abs 3, s § 38 Rz 23 ff) nicht abgestimmt wurde.[77] Die Voraussetzungen für einen abl Beschluss bzw eine Nicht-Abstimmung iSd Abs 1 sind jedoch nicht umfassend geklärt: IdZ gibt es zwei Fragen: (i) § 48 Abs 1 verweist nur auf § 38 Abs 3 (Ergänzung Tagesordnung) u nicht auf § 37 (Einberufung GV); (ii) die Schwellen zur Ausübung der Befugnisse nach § 37 (Einberufung GV) u § 38 Abs 3 (Ergänzung Tagesordnung) einerseits u § 45 Abs 1 (Bestellung Revisoren) u § 48 Abs 1 (Geltendmachung Ansprüche) andererseits fallen tw auseinander: Die §§ 45 u 48 berechtigen auch Gesellschafter, die unter 10 %, aber den Nennbetrag v € 700.000 halten, zur Anrufung des Gerichts bzw zur Geltendmachung der Ansprüche; diese Gesellschafter können aber keine GV begehren bzw einberufen u die Tagesordnung nicht ergänzen lassen. Meines Erachtens spricht weniger dafür, die Antragskompetenz nach §§ 37, 38 zu erweitern, sondern die € 700.000-Minderheit ist darauf angewiesen, dass der Beschlussgegenstand sonstwie auf eine Tagesordnung kommt (zB über die GF).

Wurde ein Ergänzungsbegehren der 10 %-Minderheit nach § 38 Abs 3 nicht zur Beschlussfassung gebracht, kann die Minderheit ausweislich des Gesetzestextes unmittelbar nach § 48 vorgehen; die Minderheit ist nicht verpflichtet, ein Einberufungsverlangen nach § 37 Abs 1 zu stellen u eine GV nach § 37 Abs 2 einzuberufen, um erst nach einer Ablehnung in dieser GV gem § 48 vorgehen zu können (umgekehrt berechtigt aber eine Nicht-Befolgung eines Begehrens auf Einberufung einer GV nach § 37 Abs 1 auch nicht zum unmittelbaren Vorgehen nach § 48)[78]. Ein Vorgehen nach § 37 steht der Minderheit allerdings frei; die

---

77 Das ergibt im Gegensatz zu § 45 Abs 1 schon der Gesetzestext. S auch *Enzinger* in Straube/Ratka/Rauter, GmbHG § 48 Rz 11; *Koppensteiner/Rüffler*, GmbHG³ § 48 Rz 6.
78 Die Alternative besteht darin, den Verweis auf § 38 Abs 3 nur als Konkretisierung der „Rechtzeitigkeit" u nicht auf den „dahingehenden Antrag" zu beziehen u unter letzterem sowohl das Verlangen gem § 37 Abs 1 wie das nach § 38 Abs 3 zu verstehen, womit auch dann, wenn einem Verlangen gem § 37 Abs 1 (auf Einberufung GV) nicht entsprochen wird, direkt die Klage nach § 48 eingebracht werden könnte. Dagegen spricht mE aber die Systematik des G: § 37 enthält einen direkten Schutzmechanismus für den Fall, dass die GV nicht einberufen wird, nämlich das Recht zur Selbsteinberufung durch die Minderheit gem § 37 Abs 2. § 38 enthält keinen direkten Schutzmechanismus für den Fall, dass dem Ergänzungsbegehren nicht entsprochen wird (sofern man nicht analog zu § 37 Abs 2 ein Recht zur Selbstergänzung annimmt, s § 38 Rz 23); des-

Vor- u Nachteile sind im konkreten Fall abzuwägen: Zwar verfügt die Minderheit uU infolge Stimmverboten über eine Stimmenmehrheit (§ 39 Abs 4; vgl auch Rz 2), doch gibt es in der Folge uU aufgrund Nicht-Feststellung bzw Nicht-Einigkeit (vgl die Ausführungen zu RIS-Justiz RS0059834 in § 45 Rz 3 FN 2 u in der FN zum nächsten S) oder Nicht-Tätigwerden (s in dieser Rz weiter unten) nur einen praktisch wenig hilfreichen Beschluss.

Einer Ablehnung durch Beschluss ist es mE gleichzuhalten, wenn das Zustimmungsquorum für Beschlüsse gem § 35 Abs 1 Z 6 im GesV erhöht, aber in der Abstimmung nicht erreicht wurde (vgl § 45 Rz 21 zur Nicht-Minderheit als „funktionellen Minderheit" u § 35 Rz 85).[79]

Wenn der Beschluss auf Anspruchsgeltendmachung zwar gefasst wurde, jedoch kein Prozessvertreter (§ 35 Abs 1 Z 6) bestellt wurde (vgl auch § 35 Rz 92) oder andere Organwalter, die an sich tätig werden könnten, **untätig** bleiben, so ist nicht geklärt, ob die Minderheit klagen können soll.[80] Meines Erachtens ist aufgrund des Gesetzestexts nicht v einer Klagebefugnis der Minderheit gem § 48 auszugehen. Im Übrigen

---

wegen regelt § 48 als Schutzmechanismus, dass im Fall der Nichtbefolgung des (rechtzeitigen) Ergänzungsbegehrens nach § 38 Abs 3 unmittelbar die Klage möglich ist. Für einen verpflichtenden Versuch der Minderheit, den Konflikt gesellschaftsintern zu lösen u die GV zu überzeugen, bevor der Konflikt nach außen an das Gericht getragen wird, auch *Harrer* in Gruber/Harrer, GmbHG² § 45 Rz 9, u ähnlich für Primat der Lösung innerhalb des Verbandes *Wehner*, Sonderprüfung 258.

79 Diesfalls gibt es keinen Beschluss iSd Minderheitsantrags, aber bei formaler Betrachtung wurde der Antrag auch nicht „durch Beschluss abgelehnt".
Eine andere Frage ist, inwieweit das Beschlussergebnis geklärt sein muss. Für eine Gleichstellung v abl Beschlüssen mit positiven (zur Anspruchsverfolgung berechtigenden), aber nicht festgestellten Beschlussergebnissen ohne Konsens der Gesellschafter über das Beschlussergebnis *Adensamer*, GesRZ 2021, 267 (273), da der Minderheitsgesellschafter sonst ein rechtskräftiges Feststellungsurteil in der Frist des § 48 Abs 2 einholen müsste, was unrealistisch sei. Diese A hilft gegen die Nachteile, die sich aus RIS-Justiz RS0059834 ergeben (Anfechtungspflicht bei nicht geklärtem Beschlussergebnis); nach der hier vertretenen A braucht es dieses rechtskräftige Feststellungsurteil aber nicht, weil die Frage, ob ein abl Beschluss vorliegt, im Verfahren nach § 48 zu prüfen ist u es gar keine Anfechtung braucht (s § 45 Rz 3). Die A *Adensamers* erleichtert der Minderheit die Klagsführung, entfernt sich mE aber zu weit v G.
80 *Enzinger* in Straube/Ratka/Rauter, GmbHG § 48 Rz 11 spricht sich für eine Klagemöglichkeit der Minderheit aus; *Koppensteiner/Rüffler*, GmbHG³ § 48 Rz 6 gehen davon aus, dass ein Not-GF zu beantragen ist.

ist zu differenzieren: Verfügt die Minderheit aufgrund v Stimmverboten über die Stimmenmehrmehrheit in der GV, kann sie auch nachträglich einen Prozessvertreter iSd § 35 Abs 1 Z 6 bestellen oder der Geschäftsführung Weisungen erteilen (vgl auch § 35 Rz 95 zur Weisung, einen bestimmten RA zu bestellen). Mit u ohne Stimmenmehrheit steht die Geltendmachung v Schadenersatz oder die Abberufung v GF (ggf abgesichert durch einstweilige Verfügung) zur Verfügung.

21 Die **Frist** des Abs 2 **v einem Jahr** hat für die Verjährung des Anspruchs selbst keine Auswirkung. Die Frist selbst ist nach wohl hA eine materiellrechtliche Präklusivfrist,[81] sodass ihr Ablauf das Recht (der Minderheit) gänzlich vernichtet u die Frist v Amts wegen wahrzunehmen ist, sie aber auch (anders als bei Verjährungsfristen gem § 1502 ABGB) durch Parteiendisposition verlängert werden kann (die Frage, ob die Verlängerung zw Minderheit u Gesellschaft vereinbart werden könnte oder zw diesbzgl für die Gesellschaft handelnder Minderheit u dem beklagten Dritten, wird, soweit ersichtlich, in Lit u Jud nicht behandelt. Meines Erachtens ist Schutzobjekt des Abs 2 die Gesellschaft, weil der Dritte durch die auf den Anspruch anzuwendenden Verjährungsvorschriften geschützt wird, sodass die Verlängerung zw Minderheit u Gesellschaft vereinbart werden kann).[82]

Die hier vertretene A, dass, sollte es bzgl eines Anspruchs, den die Minderheit einklagen möchte, einen Verzicht/Vergleich geben, die Minderheit diesen Verzicht/Vergleich beseitigen muss (s oben Rz 15 f), führt zu keinem Nachteil für die Minderheit (weil die Frist des Abs 2 zu kurz für die Durchführung eines Beseitigungsverfahrens bis zu dessen Rechtskraft wäre), weil mE die Beseitigung[83] des Verzichts/Vergleichs mit der Klage auf den eigentlichen Anspruch (va einer Leistungsklage) verbunden werden kann. Sollte eine Anfechtung eines GV-Beschlusses erforderlich sein, so ist zur Wahrung der Frist an eine Unterbrechung des Verfahrens gem § 48 zu denken.[84]

---

81 *Enzinger* in Straube/Ratka/Rauter, GmbHG § 48 Rz 14 mwN; *Fantur* in FS Koppensteiner 83 (94).
82 Vgl allg zur Unterscheidung zw Verjährungs- u Präklusivfristen OGH 29.6.199, 5 Ob 172/99a.
83 Dies kann ein Rechtsgestaltungsbegehren oder (soweit erforderlich) ein Feststellungsbegehren sein.
84 *Enzinger* in Straube/Ratka/Rauter, GmbHG § 48 Rz 13; für Verschiebung des Fristbeginns *Koppensteiner/Rüffler*, GmbHG[3] § 48 Rz 8.

B. Entscheidungsbefugnis während des Verfahrens

Nicht gänzlich geklärt ist, wer über den Anspruch **disponiert**, wenn die 22
Minderheit die **Klage** führt (va über einen Vergleich/Verzicht entscheidet). Überwiegend wird davon ausgegangen, dass dies die Kompetenz der Minderheit sei, jedoch mit der Einschränkung, dass die Minderheit nur für sich, nicht aber für die Gesellschaft über den Anspruch disponieren könne.[85]

Das halte ich in dieser Form nicht für wünschenswert iSd **Rechtssicherheit** des Anspruchsgegners. Unabhängig davon sind mE hier nicht zivilprozessuale Argumente ausschlaggebend, sondern die Tatsache, dass die anderen Gesellschafter (Mehrheit bzw nicht klagende Minderheitsgesellschafter) sich bereits dahingehend erklärt haben, dass sie damit einverstanden sind, dass die Gesellschaft nichts erhält (nämlich mit dem Beschluss, die Ansprüche nicht zu verfolgen, bzw mit der E, sich der Klage nicht anzuschließen).[86] Sie können sich nicht beschwert fühlen, wenn die Minderheit einen Vergleich schließt, der der Gesellschaft nicht den ganzen eingeklagten Betrag bringt, u auch nicht, wenn die Minderheit die Klage zurücknimmt. Darüber hinaus ist ja nur die Minderheit nicht an den Beschluss, den Anspruch nicht zu verfolgen, gebunden (Rz 12, 15, 17), für die übrigen Gesellschafter bleibt der Beschluss bindend. Würde die Mehrheit zB eine Weiterführung des v der Minderheit verglichenen Verfahrens verlangen[87] so gerät sie in Konflikt mit dem Beschluss, den Anspruch nicht zu verfolgen. Meines Erachtens entscheiden die Kläger im Verfahren alleine **über den v ihnen eingeklagten Anspruch** (s aber Rz 23 zur Klage auch durch die Gesellschaft). Dies (Kompetenz der **Kläger**) gilt mE auch, wenn nicht alle Gesellschafter, die nicht für die Ablehnung der Verfolgung der Ansprüche gestimmt haben, auch klagen (maW,

---

85 *Koppensteiner/Rüffler*, GmbHG³ § 48 Rz 11 (dort auch Nachw zur ggt A); *Enzinger* in Straube/Ratka/Rauter, GmbHG § 48 Rz 17; *Haberer* in Torggler, GmbHG § 48 Rz 10. *Rastegar* untersucht das Thema unter Beachtung der Theorien über die Prozesshandlungen näher u kommt dazu, dass die Minderheit über Klagsrücknahme, Verzicht u Vergleich entscheiden kann, gesteht der Gesellschaft als Streitgenossen jedoch die Verhinderung solcher Handlungen zu (*Rastegar*, Gesellschafterklage 328).
86 Insofern ist auch die v *Harrer* in Gruber/Harrer, GmbHG² § 48 Rz 17 postulierte Pflicht der Minderheit, die Gesellschaft über den Prozessverlauf zu informieren, einzuschränken, uzw auf das, was sich aus der allg Treuepflicht des Gesellschafters ergibt.
87 Für die Möglichkeit *Rastegar*, Gesellschafterklage 328.

wenn nur ein Teil der Minderheitsgesellschafter, die den Antrag auf Anspruchsverfolgung in der GV unterstützt haben, auch tatsächlich klagt).

Zu beachten ist aber, dass die praktisch wichtigste Gruppe v Ansprüchen gegen Gesellschafter, nämlich jene aus Einlagenrückgewähr, materiell unverzichtbar sind (s näher § 83 Rz 19).[88]

23 Kaum diskutiert ist idZ die Frage, ob die **Gesellschaft** selbst **auch** noch den Anspruch **einklagen** kann, nachdem die Minderheit Klage eingebracht hat.[89] Meines Erachtens ist das möglich,[90] aber nur in Höhe der eventuellen Differenz zum Anspruchsbetrag, den die Minderheit einklagt (dh, wenn diese nicht den Anspruch in voller Höhe gerichtl geltend gemacht hat).[91] Jedenfalls müsste die Gesellschaft den Beschluss über die Ablehnung der Geltendmachung zuvor revidieren, da sonst die GF u die Gesellschaft an diesen gebunden wären.[92] Außerdem wären die beiden Verfahren zu verbinden, da sonst die Gefahr untersch E droht. Im Verfahren kann jede Partei für sich entscheiden u Vergleiche/Verzichte vereinbaren (die Minderheit für den v ihr eingeklagten Anspruch [steil], die Gesellschaft für den v ihr eingeklagten Anspruch[steil]).

C. Veräußerungsverbot (Abs 3)

24 Sinn u Wirkung des **Veräußerungsverbots** sind kaum geklärt.[93] Eine Veräußerung mit Zustimmung der Gesellschaft ist möglich, jedoch sind die Folgen **unklar**.[94] Insbesondere, ob die Klage nach Veräußerung ab-

---

88 S näher *Fantur* in FS Koppensteiner 83 (95).
89 Ebenso ungeklärt die Klage durch zwei Minderheiten, s *Fantur* in FS Koppensteiner 83 (89).
90 IdS sind wohl *Koppensteiner/Rüffler*, GmbHG³ § 48 Rz 11 zu verstehen.
91 Eine Teileinklagung begründet nicht Streitanhängigkeit iSd § 233 ZPO hinsichtlich des Restbetrags: OGH 10.4.2003, 8 Ob 252/02w.
92 *Fantur* in FS Koppensteiner 83 (95); s zur Möglichkeit der nachträglichen Aufhebung v Beschlüssen § 34 Rz 32.
93 *Enzinger* in Straube/Ratka/Rauter, GmbHG § 48 Rz 19 sieht die Durchsetzbarkeit der Schadenersatzansprüche gem Abs 5 am ehesten als Sinn der Bestimmung. *Wehner*, Sonderprüfung 275, sieht dadurch eine Verbundenheit mit der Gesellschaft sichergestellt u dass der Gesellschafter an möglichen Nachteilen (Wertverlust) teilnimmt. S auch § 45 Rz 32.
94 *Koppensteiner/Rüffler*, GmbHG³ § 48 Rz 13 bezeichnen die prozessualen Folgen als fraglich. *Enzinger* in Straube/Ratka/Rauter, GmbHG § 48 Rz 19 weist richtig darauf hin, dass der Geschäftsanteil selbst nicht streitverfangen ist u insofern § 234 ZPO (Veräußerung streitverfangener Sache) nicht greift. Nach

zuweisen ist (weil bei Schluss der mündlichen Verhandlung die Voraussetzungen nicht mehr gegeben sind), wird **untersch beantwortet**.[95]

Meines Erachtens fällt auf, dass die Veräußerungsverbote in § 45 Abs 2 u § 48 Abs 3 nicht gleich textiert sind. Dennoch sollten daraus keine untersch Folgen gezogen werden.

Kaum erörtert ist auch die Frage, was gilt, wenn die Gesellschafterstellung der Minderheit durch Umgründungsmaßnahmen (Squeezeout) verloren geht.[96]

Fantur weist darauf hin, dass die Regelung insofern praktisch kontraproduktiv ist, als die Lösung v Gesellschafterstreitigkeiten oft durch Ausscheiden bestimmter Gesellschafter erfolgt, was durch das Veräußerungsverbot erschwert wird (sofern das v der Minderheit geführte Verfahren nicht zuvor beendet wurde).[97]

Jedenfalls *de lage ferenda* ist eine Pflicht zur Bekanntgabe des Rechtsstreits an das FB zu begrüßen, damit es die Eintragung einer Abtretung v Geschäftsanteilen verweigern könnte, was (trotz der nur deklarativen Eintragung) praktisch v großer Bedeutung ist.

Harrer in Gruber/Harrer, GmbHG[2] § 48 Rz 14 f sollte man die sinngemäße Anwendung des § 234 ZPO nicht voreilig verwerfen, er muss sich eine vertiefte Behandlung jedoch vorbehalten.

95 Für Abweisung: *Enzinger* in Straube/Ratka/Rauter, GmbHG § 48 Rz 19, da die 10%-Minderheitsquote bei Schluss der mündlichen Verhandlung vorliegen müsse; ebenso *Fantur* in FS Koppensteiner 83 (98). *Koppensteiner/Rüffler*, GmbHG[3] § 48 Rz 13 sind für Fortführung des Verfahrens durch den Veräußerer als Treuhänder des Erwerbers. Wohl zust *Haberer* in Torggler, GmbHG § 48 Rz 11.

96 Für eine analoge Anwendung des § 234 ZPO, der die Prozessführungsbefugnis perpetuiert, beim Squeeze-out, *Rastegar*, Gesellschafterklage 234. Eine Anwendung der Gedanken, die der E OGH 6.7.2004, 4 Ob 85/04k (Verlust der Aktivlegitimation für Anfechtungsklage nach Spaltung) zugrunde liegen, würde auch in den hier ggst Fällen zu einem Prozessverlust führen, da der Kläger nicht mehr (Minderheits-)Gesellschafter der Gesellschaft ist (sondern der aufnehmenden/abgespaltenen Gesellschaft); allerdings wurde in dieser E auch das Rechtsschutzbedürfnis des Klägers nach einer Bekämpfung der Entlastungsbeschlüsse verneint, was ggst anders sein könnte.

97 *Fantur* in FS Koppensteiner 83 (98).

D. Unterbrechung bei Insolvenz der Gesellschaft, Schiedsfähigkeit

26 Im Fall der **Insolvenz der Gesellschaft** wird das Verfahren – obwohl formal die Gesellschaft weder Kläger noch Beklagter ist – in analoger Anwendung des § 7 Abs 1 IO **unterbrochen**.[98, 99] Während dem laufenden Insolvenzverfahren über das Gesellschaftsvermögen können wahrscheinlich keine neuen Gesellschafterklagen erhoben werden.[100]

27 Die hM geht v einer **Schiedsfähigkeit** der Klage nach § 48 aus.[101] Dem ist zuzustimmen, soweit der Anspruch, der der Gesellschaft zusteht, schiedsfähig ist,[102] da es mE keinen Untersch macht, ob er v der Gesellschaft selbst oder v der Minderheit geltend gemacht wird. Allenfalls wäre die Möglichkeit der Nebenintervention[103] für die Gesellschaft sicherzustellen.

E. Sicherheitserlag, Schadenersatz (Abs 4, 5)

28 Die Voraussetzungen des **Sicherheitserlags** gem Abs 4 sind streng zu prüfen, damit es zu keiner Vereitelung des Minderheitsschutzes kommt.

---

98 OGH 19.10.2014, 6 Ob 122/14f, NZ 2015, 62 (*Thaler*).
99 S näher zu versch Detailfragen iZm der Unterbrechung, etwa einem möglichen Rückerstattungsanspruch der Minderheit gegen die Masse für die Prozesskosten oder einem Wiederaufleben der Prozessführungsbefugnis *Rastegar*, Gesellschafterklage 332 ff.
100 *Rastegar*, Gesellschafterklage 329 ff.
101 *Koppensteiner/Rüffler*, GmbHG³ § 48 Rz 11; *Enzinger* in Straube/Ratka/Rauter, GmbHG § 48 Rz 17; zust referierend *Haberer* in Torggler, GmbHG § 48 Rz 10.
102 S auch die in gesellschaftsrechtlichen Fragen schiedsfreundlichen E OGH 15.5.2014, 6 Ob 5/14z u 26.6.2014, 6 Ob 84/14t.
103 Für eine solche Möglichkeit (ohne Bezug auf Schiedsverfahren) *Harrer* in Gruber/Harrer, GmbHG² § 48 Rz 17; vgl *Deixler-Hübner/Meisinger*, RdW 2016, 597 (597 ff). S zu den grds Fragen v Schiedsklagen im Gesellschaftsrecht, insb der Wirkungserstreckung u der Nebenintervention, *Zeiler*, RdW 2023, 392. ME stellen sich aber bei der Klage nach § 48 – anders als beim Antrag nach § 45 – diese Fragen nicht, denn die Klage nach § 48 richtet sich direkt auf die Durchsetzung des Rechts der Gesellschaft u nicht auf die Erlangung einer (gegen Mitgesellschafter oder die Gesellschaft wirkenden) E, aufgrund derer das Recht erst in der Folge durchgesetzt wird.

Drohende Prozesskosten rechtfertigen eine Sicherheitsleistung nicht. Die Abs 4 u Abs 5 sind zusammen zu lesen.[104]

Die **Schadenersatzpflicht** der Minderheit gem Abs 5 wird wenig in der Lit behandelt u dürfte in der Praxis nicht vorkommen.[105] Alleine ihre Existenz hat aber eine abschreckende Wirkung,[106] da Schadenersatz anders als im allg Prozessrecht schon bei grober Fahrlässigkeit zu leisten ist. Der Schaden muss dem Beklagten, nicht der Gesellschaft drohen.

29

Harrer[107] spricht sich für eine sinngemäße Anwendung des § 48 Abs 5 (**Schadenersatz** bei qualifizierter Klagsführung) auch auf (sonstige) **Klagen** durch die Gesellschaft (nicht nur durch die Minderheit) **gegen Organmitglieder/Gesellschafter** aus, da deren Interessen dieselben seien, unabhängig davon, ob sie v der Gesellschaft selbst oder v der Minderheit geklagt werden. Dagegen spricht mE, dass *de lege lata* (so bedauerlich das ist) jeder Beklagte immer das Risiko des Schadens des guten Rufes u die nervliche, zeitliche (va Aufwand für Verhandlungsvorbereitung) u mitunter existenzbedrohende wirtschaftliche Belastung trägt, was de facto nach österr Recht auch der obsiegenden beklagten Partei nicht abgegolten wird.

30

Für die schwerwiegenderen Fälle steht ohnedies § 408 ZPO (Schadenersatz bei mutwilliger Prozessführung) zur Verfügung, sodass *cum grano salis* nur der Bereich der groben Fahrlässigkeit verbleibt, um das v *Harrer* gewünschte Ziel zu erreichen.[108] So man hier Regelungsbedarf sieht, müsste eine allg Lösung im bürgerlichen Recht oder im Prozessrecht gefunden werden.

---

104 Näher *Fantur* in FS Koppensteiner 83 (95).
105 *Koppensteiner/Rüffler*, GmbHG³ § 48 Rz 14.
106 Dass die Existenz der Bestimmungen der §§ 45 ff schon für sich allein in vielen Fällen „*als ein genügender Zwang erscheinen dürfte, um die Organe der Gesellschaft auf dem Wege der Pflicht festzuhalten*", war schon A des Herrenhauses 1906 (HHB 272 BlgHH XVII. Session 12).
107 *Harrer* in Gruber/Harrer, GmbHG² § 48 Rz 20 f.
108 Praktisch gesehen werden mutwillige Klagen durch die Minderheit wohl deswegen selten erfolgen, weil das Prozesskostenrisiko ohnedies bei der klagenden Minderheit liegt, obwohl im Erfolgsfall die Leistung an die Gesellschaft erfolgt.

Dritter Abschnitt.
Abänderungen des Gesellschaftsvertrages.

1. Titel. Allgemeine Bestimmungen

§ 49. (1) ¹Eine Abänderung des Gesellschaftsvertrages kann nur durch Beschluß der Gesellschafter erfolgen. ²Der Beschluß muß notariell beurkundet werden.

(2) Die Abänderung hat keine rechtliche Wirkung, bevor sie in das Firmenbuch eingetragen ist.

idF BGBl 1991/10

Literatur: *Andrae*, Änderung des Bilanzstichtages bei der GmbH und AG, NZ 2003/85, 330; *Bachner*, Anmerkungen zur Übernahme der *vereinfachten* Kapitalherabsetzung in das GmbH-Recht, GesRZ 1998, 2; *Birnbauer*, Bilanzstichtagsänderung bei einer GmbH. Muster Anmeldungen zum Firmenbuch, GES 2006, 171; *Birnbauer*, Euro-Anpassung mit Kapitalerhöhung, GES 2018, 139; *Birnbauer*, Gesellschafteränderung bei einer vereinfacht gegründeten, gründungsprivilegierten GmbH, GES 2018, 342; *Birnbauer*, Neufassung des Gesellschaftsvertrages einer GmbH, GES 2020, 33; *Birnbauer*, Neufassung des GmbH Gesellschaftsvertrages mit Begründung von Aufgriffsrechten unter Berücksichtigung der Judikaturänderung des OGH, GES 2011, 74; *Birnbauer*, Neufassung eines GmbH Gesellschaftsvertrages, GES 2013, 507; *Fleck*, Schuldrechtliche Verpflichtungen einer GmbH im Entscheidungsbereich der Gesellschafter, ZGR 1988, 104; *Gaggl/Sigari-Majd*, Abänderung von Stimmverboten durch den Gesellschaftsvertrag, ecolex 2003, 338; *Gordon*, Der unrichtige Bilanzstichtag im GmbH Recht, NZ 1999, 47; *Gruber*, Studien zur Teleologie der notariellen Form, in Rechberger (Hg), Formpflicht und Gestaltungsfreiheit (2002) 55; *Haberer*, Zwingendes Kapitalgesellschaftsrecht (2009); *Horn/Robertson*, Aspekte der Beseitigung des Sonderrechts auf GmbH-Geschäftsführung, ecolex 2013, 885; *Jud/Nitsche*, Zur internen Wirksamkeit des Kapitalerhöhungsbeschlusses bei einer GmbH, NZ 1987, 305; *W. Jud/Schummer*, Zur Abschlußkompetenz für Ergebnisabführungsverträge beim Organträger, wbl 1994, 80; *Kalss*, Anmerkungen zur Privatautonomie in der GmbH, in Kalss/Rüffler (Hg), Satzungsgestaltung in der GmbH – Möglichkeiten und Grenzen (2005) 9; *Kalss/Eckert*, Der maßgebliche Zeitpunkt für die Änderung des Bilanzstichtags, NZ 2006/83; *Kalss/Hollaus*, Elektronische Beschlussfassung in Zeiten von COVID-19, SWK 2020, 945; *Reich-Rohrwig*, Einzelne Fragen der Satzungsgestaltung bei der GmbH, in Kalss/Rüffler (Hg), Satzungsgestaltung in der GmbH – Möglichkeiten und Grenzen (2005) 17; *Rüffler*, GmbH Satzung und schuldrechtliche Gesellschaftervereinbarungen, in Gruber/Rüffler (Hg), Gesellschaftsrecht Wettbewerbsrecht Europarecht. Hans Georg Koppensteiner zum 70. Geburtstag (2007) 97; *T. Schaschl*, Gestaltung des Stimmrechtes im GmbH-Gesellschaftsvertrag, NZ 1998, 65;

U. Torggler, Zur sog materiellen Beschlusskontrolle, insb bei der Umwandlung, GES 2006, 58; *U. Torggler*, Treuepflichten im faktischen GmbH-Konzern (2007); *U. Torggler*, Die Verbandsgründung – de lege lata betrachtet (2009); *U. Torggler*, Zur Auslegung von Gesellschaftsverträgen, in Schuhmacher/Stockenhuber/Straube/Torggler/Zib (Hg), FS Aicher (2012) 781; *U. Torggler*, Die Satzungsdurchbrechung und ihre (Dauer) Wirkungen, in Artmann/Rüffler/Torggler (Hg), Die Verbandsverfassung (2013) 75; *Umlauft*, Das Formgebot für die Begründung eines Aufgriffsrechtes nach dem GmbHG, GesRZ 1996, 170; *Wagner*, Die Beurkundung des Wortlautes einer Satzung, NZ 1991, 89; *Wagner*, Die Formgebote bei Einräumung und Änderung des Aufgriffsrechts im Gesellschaftsvertrag einer GmbH, NZ 1998, 69; *Wagner/Knechtel*, Notariatsordnung[6] (2006); *Walcher*, Satzungsdurchbrechung bei AG und GmbH, GES 2019, 114; *Wenger*, GmbH: Bedeutung des Notariatsakts für Abtretung und Satzungsänderung, RWZ 1999, 303.

Inhaltsübersicht

I.	Grundlegendes	1–10
II.	Abgrenzungsfragen	11–21
III.	Zeitpunkt der Änderung	22–25
IV.	Punktuelle Satzungsdurchbrechung?	26–29
V.	Gesellschafterbeschluss	30–37
VI.	Notarielle Beurkundung	38–45
VII.	Grenzen der Satzungsänderung	46–55
VIII.	Aufhebung eines Änderungsbeschlusses vor Eintragung	56
IX.	Eintragung im Firmenbuch	57, 58

I. Grundlegendes

Die **Änderung** des GesV der GmbH bedarf nicht – wie die Gründung – eines neuen Vertrags mit der Zustimmung aller Beteiligten.[1] Mit dem Entstehen der Gesellschaft wandelt sich der GesV v einem Vertrag zw den Gesellschaftern zum Organisationsstatut der GmbH u das Vermögen der Gesellschafter zum Zweckvermögen der Gesellschaft. Demgegenüber tritt die Begründung v Rechten u Pflichten der Gründer untereinander zurück.[2] **1**

Das GmbHG spricht im Gegensatz zum AktG ausschließlich v **„Gesellschaftsvertrag"** u nicht v **„Satzung"**. In der Lit werden die Begriffe tw austauschbar verwendet. **2**

---

1 *Rauter/Milchrahm* in Straube/Ratka/Rauter, GmbHG § 49 Rz 1.
2 *Koppensteiner/Rüffler*, GmbHG[3] § 49 Rz 2.

3 Zum Zweck der Rechtssicherheit bedarf die **Änderung des GesV zweier Schritte**: Zunächst der notariellen Beurkundung der Beschlussfassung u dann der Eintragung ins FB.

4 „**Notarielle Beurkundung**" verweist auf § 87 NO, wonach über Beratungen u Beschlüsse v Notar ein Protokoll aufzunehmen ist, in dem er Ort u Zeit sowie Inhalt der Beratungen u Beschlüsse u alle in seiner Gegenwart vorgekommenen Ereignisse u abgegebenen Erklärungen anzuführen hat. Das Protokoll ist v Vorsitzenden, der die Beratung oder Beschlussfassung geleitet hat, zu unterschreiben. Wenn niemand den Vorsitz geführt hat, ist das Protokoll v allen Teilnehmern zu unterschreiben (§ 87 NO).

5 Grundsätzlich kann die GV **auch in der strengeren Form des Notariatsaktes** beurkundet werden. Ein Satzungsänderungsbeschluss im Umlaufweg ist nicht zulässig, eine Beglaubigung der Unterschriften reicht als Beurkundung nicht aus.[3]

6 Die Einbindung des Notars bezweckt die **Beweissicherung u Rechtssicherheit** u erleichtert die Arbeit der FB-Gerichte. Die ex ante-Kontrolle führt zu einer schnelleren Durchführung der Änderungen als eine reine ex post-Kontrolle durch die FB-Gerichte.

7 Das Erfordernis der FB-Eintragung sichert eine **Prüfung durch die FB-Gerichte** sowie die Publizität für Dritte.

8 Die Abänderbarkeit des GesV kann nicht wirksam ausgeschlossen werden; die **Satzungsautonomie ist zwingend**.[4] Die Kompetenz zur Änderung des GesV kann nicht einem anderen Organ als der GV oder gar einem Außenstehenden zugewiesen werden. Die gesetzl normierten Quoren zur Zustimmung können nur erhöht, aber nicht gesenkt werden (zu den Ausnahmen dazu s § 50).[5]

9 Die Gesellschafter als Vertragsparteien können im GesV Regelungen treffen, die auch außerhalb des GesV vertraglich vereinbart werden könnten. Diese Regelungen binden die Gesellschafter als Vertragsparteien allerdings lediglich schuldrechtlich. Hier stellt sich die Frage, ob die Aufnahme einer bestimmten Regelung in den GesV bedeutet, dass eine korporative Wirkung gewollt ist u die Regelung dem Prozedere der Satzungsänderungen unterstellt werden sollen.[6] Die Aufnahme in den

---

3 *Rauter/Milchrahm* in Straube/Ratka/Rauter, GmbHG § 49 Rz 109.
4 *Diregger* in Torggler, GmbHG § 49 Rz 8; *Rauter/Milchrahm* in Straube/Ratka/Rauter, GmbHG § 49 Rz 2 mwN.
5 *Rauter/Milchrahm* in Straube/Ratka/Rauter, GmbHG § 49 Rz 3 mwN.
6 *Koppensteiner/Rüffler*, GmbHG³ § 4 Rz 17.

GesV indiziert grds, dass die betr Regelungen nur in jener Weise geändert werden (können) sollen, mit der auch Satzungsänderungen vorgenommen werden können (s § 49 Rz 11).[7]

§ 49 steht iZm den §§ 50 u 51. § 50 regelt die für Abänderungsbeschlüsse erforderliche Mehrheit, § 51 enthält Bestimmungen über die Anmeldung v GesV-Änderungen zum FB, über die Vorgangsweise des Gerichts sowie über die Bekanntmachung v Vertragsänderungen.

II. Abgrenzungsfragen

Der GesV kann sowohl **materielle (oder echte) Regelungen** als auch **formelle Satzungsbestandteile** enthalten. Materielle Satzungsbestandteile regeln den notwendigen u fakultativen Satzungsinhalt u bilden die organisatorische (dh die Organisation der Gesellschaft regelnde) Grundlage der Gesellschaft. Formelle Satzungsbestandteile sind nach *Umfahrer* Gegenstände, deren Abänderungen außerhalb der Vertragsurkunde erfolgt u nicht an die qualifizierten Mehrheitserfordernisse des § 50 gebunden sind oder jene Bestimmungen, die nur im formellen Zusammenhang mit der Vertragsurkunde stehen u auch außerhalb des GesV zw den Gesellschaftern oder mit Dritten wirksam vereinbart werden könnten. Sie sind zwar tatsächliche, aber nicht rechtliche Bestandteile der Satzung.[8]

Materielle Satzungsbestandteile sind nicht nur die **essentialia des GesV** (s § 4), sondern auch alle Regelungen, die die Mitgliedschaft, dh den Geschäftsanteil, gestalten. Der einzelne Gesellschafter ist durch materielle Satzungsbestandteile in seiner Stellung als Anteilsinhaber u nicht persönlich berechtigt bzw verpflichtet. Materielle Satzungsbestandteile binden somit auch die künftigen Gesellschafter, die bei der Schaffung der Bestimmung noch nicht beteiligt waren.[9] Dementsprechend sind auch die Rechte u Pflichten des Gesellschafters gegenüber der Gesellschaft materielle Satzungsbestandteile. Es handelt sich dann um Nebenleistungspflichten des Gesellschafters.[10] Bestimmte Regelungen können

---

7 *Rauter/Milchrahm* in Straube/Ratka/Rauter, GmbHG § 49 Rz 43 mwN.
8 *Umfahrer*, GmbH[7] Rz 9.2 ff.
9 *Rauter/Milchrahm* in Straube/Ratka/Rauter, GmbHG § 49 Rz 28 ff, mwN.
10 *Rauter/Milchrahm* in Straube/Ratka/Rauter, GmbHG § 49 Rz 30.

verbandsrechtlich wirksam nur im GesV getroffen werden, man spricht v notwendig materiellen Satzungsbestimmungen.[11]

13 Macht der GesV v einem gesetzl Vorbehalt Gebrauch, handelt es sich jedenfalls um einen **materiellen Satzungsbestandteil**. Das gleiche gilt für Auflösungsgründe, Geschäftsführung u Vertretung, Organe, Gesellschafterbeschlüsse, Regelungen betr das Stimmrecht, Informations- u Kontrollrechte, Weisungsrechte, Ansprüche auf Anteil am Gewinn bzw am Liquidationserlös, die Teilbarkeit v Geschäftsanteilen, die Anteilsübertragung, Abfindungsklauseln u die Festlegung des Geschäftsjahres (fakultativ, wenn dem Kalenderjahr entspr).[12]

14 **Formelle Satzungsbestandteile** stehen bloß im formellen Zusammenhang mit der Vertragsurkunde, wurden gewissermaßen bei Gelegenheit der Vertragserrichtung in den GesV aufgenommen u könnten auch außerhalb des GesV wirksam vereinbart werden; sei es zw Gesellschaftern oder mit außenstehenden Dritten. Ein solcher formeller Satzungsbestandteil ist zB die Vollmacht an den Vertragserrichter, Änderungen, die zur Eintragung der Gesellschaft im FB notwendig sein können, vorzunehmen, aber auch ein Aufgriffsrecht, das nur zw bestimmten Gesellschaftern wirken soll. Es sind hier Rechtsverhältnisse betroffen, die nicht nach den Bestimmungen über die Änderungen des GesV iSd §§ 49 bis 51 geändert werden. Die vorhin erwähnte Vollmacht erlischt oder kann widerrufen werden, ohne dass dazu die Änderung des GesV notwendig ist. Das Aufgriffsrecht könnte in einem eigenen Notariatsakt zw den betroffenen Gesellschaftern aufgehoben werden. Dies bedeutet aber nicht, dass die formelle Änderung des GesV, dh das Streichen der Vollmacht aus dem Text des GesV, ohne einen Beschluss der Gesellschafter möglich ist.[13] Umgekehrt bedeutet das Streichen einer Bestimmung im GesV nicht notwendigerweise die Änderung der schuldrechtlichen Vereinbarung.[14] Die Gesellschaft ist nicht dazu verpflichtet, überholte formelle Satzungsbestandteile durch Änderung des GesV zu berichtigen.[15]

15 Bei der Regelung jener Themen, die nicht zwingend materieller oder bloß formeller Satzungsbestandteil sind, hängt es v der Regelungsabsicht der Gesellschafter ab, ob sie beabsichtigen eine Regelung zu treffen, die sie lediglich persönlich berechtigen oder verpflichten soll, oder ob der

---

11 *Walcher*, GES 2019, 114 (120) mwN.
12 *Rauter/Milchrahm* in Straube/Ratka/Rauter, GmbHG § 49 Rz 32.
13 *Rauter/Milchrahm* in Straube/Ratka/Rauter, GmbHG § 49 Rz 34 f.
14 *Diregger* in Torggler, GmbHG § 49 Rz 2.
15 *Rauter/Milchrahm* in Straube/Ratka/Rauter, GmbHG § 49 Rz 39.

Geschäftsanteil an sich u damit die Stellung als Gesellschafter u aller künftigen Halter dieses Geschäftsanteils betroffen sein soll.[16] Dies ist durch **objektive Auslegung** zu ermitteln.[17] Im Zweifelsfall bedeutet die Aufnahme in den GesV, dass die Gesellschafter die Regelung als materiellen Satzungsbestandteil qualifizieren wollen u dieser ausschließlich gem den §§ 49 bis 51 abänderbar sein soll. Dieses Ergebnis ist schon aus Rechtsschutzerwägungen geboten.

Eine Ausnahme hiervon ist die **gesv Bestellung v Gesellschafter-GF**. In diesem Zusammenhang wird ein Sonderrecht nicht vermutet, sondern nur bei Hinzutreten weiterer Umstände (am besten ausdrückliche Bezeichnung als solches) ein Sonderrecht u damit ein materieller Satzungsbestandteil angenommen. Gleiches gilt für die Begründung v Rechten u Pflichten zw einzelnen, namentlich genannten Gesellschaftern (vgl § 50 Rz 27).[18]

16

Wenn v der Änderung des GesV die Rede ist, stellt sich nun die Frage, inwieweit hiervon auch **formelle Bestandteile u redaktionelle Änderungen** umfasst sind. Als Abänderung des GesV iSd §§ 49 ff ist grds jede Änderung des Wortlauts des GesV zu verstehen.[19] Soll zB die im GesV für den Vertragserrichter enthaltene Vollmacht für das FB, die mit der Eintragung der Gesellschaft in das FB gegenstandslos geworden ist, gestrichen werden, bedarf auch diese Änderung einer formellen Beschlussfassung. Auch lediglich redaktionelle Änderungen (zB Neunummerierung der Abs) bedürfen des in den §§ 49 bis 51 geregelten Verfahrens; ebenso die vollständige Neufassung des GesV. Gleiches gilt für die Abänderung, Beseitigung u Neueinführung v Klauseln, die nachträgliche Einführung eines materiellen Satzungsbestandteiles anstelle dispositiven Rechtes u die Aufnahme oder Streichung gesetzl Bestimmungen im Text des GesV, die auch wirksam sind, ohne Bestandteil des GesV zu sein.[20] Es empfiehlt sich, nur Teile punktuell zu ändern u nicht den gesamten GesV neu zu fassen. Im Fall der Neufassung unterliegen auch die gleich gebliebenen Bestandteile bei Eintragung erneut der Prüfpflicht

17

---

16 *Rauter/Milchrahm* in Straube/Ratka/Rauter, GmbHG § 49 Rz 31, 41.
17 **Dafür** ua *Koppensteiner/Rüffler*, GmbHG³ § 4 Rz 4; **aA** *Rauter/Milchrahm* in Straube/Ratka/Rauter, GmbHG § 49 Rz 41.
18 *Rauter/Milchrahm* in Straube/Ratka/Rauter, GmbHG § 49 Rz 43.
19 *Rauter/Milchrahm* in Straube/Ratka/Rauter, GmbHG § 49 Rz 15 ff, mwN.
20 *Diregger* in Torggler, GmbHG § 49 Rz 3; aA *Harrer* in Gruber/Harrer, GmbHG § 49 Rz 46.

des FB, was dazu führen kann, dass bereits bestehende Vertragsbestandteile auf einmal v FB beanstandet werden.[21]

18 **Gesetzesänderungen**, die gesv Bestimmungen verdrängen, stellen keine Änderungen nach den §§ 49 bis 51 dar. Die verdrängte Bestimmung bleibt jedoch Teil des GesV, bis sie durch formellen Beschluss gestrichen wird.[22]

19 Gewisse **Strukturänderungen der Gesellschaft** (Umwandlung, Formwechsel in eine AG) bewirken ebenso eine Änderung des GesV, sind aber nach speziellen Verfahrensvorschriften vorzunehmen.[23]

20 Ein bloßes ständiges Verhalten der GF oder der Gesellschafter, das nicht durch den GesV gedeckt ist, ist keine rechtlich relevante Änderung der Satzung.[24]

21 Gesellschafterbeschlüsse, die der Auslegung der Satzung dienen sollen, sind grds möglich. Diese ändern aber nichts daran, dass die Satzung objektiv auszulegen ist.[25]

III. Zeitpunkt der Änderung

22 Die Änderung des GesV vor Entstehen der Gesellschaft durch Eintragung im FB ist kein Fall der §§ 49 bis 51. Da die Gesellschaft noch nicht entstanden ist, ist jede Änderung des GesV eine Vertragsänderung u bedarf derselben Form wie der Abschluss des GesV. Dementsprechend ist auch ein Wechsel der Gesellschafter in diesem Zeitpunkt eine Vertragsänderung u bedarf ebenso der Form des Notariatsaktes. Der GesV muss erneut v allen Gesellschaftern gemeinsam geschlossen werden.[26] Dasselbe gilt, wenn die Änderung des GesV noch vor Entstehen der Gesellschaft beschlossen wird, aber erst nach Entstehen der Gesellschaft im FB eingetragen werden soll. Die zutr hM stellt darauf ab, dass sich der Vertrag zw den Gesellschaftern mit Entstehen der Gesellschaft in das Statut einer Körperschaft wandelt.[27] Ein gleichsam bedingter Beschluss,

---

21 OGH 24.10.2019, 6 Ob 100/19b.
22 Vgl *Rauter/Milchrahm* in Straube/Ratka/Rauter, GmbHG § 49 Rz 19.
23 *Rauter/Milchrahm* in Straube/Ratka/Rauter, GmbHG § 49 Rz 20.
24 *Diregger* in Torggler, GmbHG § 49 Rz 9.
25 *Rauter/Milchrahm* in Straube/Ratka/Rauter, GmbHG § 49 Rz 22/1.
26 *Rauter/Milchrahm* in Straube/Ratka/Rauter, GmbHG § 49 Rz 47.
27 *Enzinger* in Straube/Ratka/Rauter, GmbHG § 2 Rz 101; vgl *Harrer* in Gruber/Harrer, GmbHG § 49 Rz 3.

der für den Fall gedacht ist, dass die Gesellschaft im FB eingetragen wird u so entsteht, ist nicht sinnvoll.[28]

Beim Gesellschafterwechsel ist es mE möglich, dass ein Gesellschafter einen aufschiebend bedingten Abtretungsvertrag abschließt, der mit Eintritt der Bedingung (= Eintragung der Gesellschaft im FB) wirksam wird.[29]

23

Nach Entstehen der GmbH durch Eintragung im FB sind auf Änderungen des GesV jedenfalls die §§ 49 bis 51 anzuwenden.[30]

24

Auch wenn die Gesellschaft bereits in das Stadium der Liquidation eingetreten ist, kann der GesV geändert werden, insofern dies mit dem Abwicklungszweck vereinbar ist. Möglich ist zB eine Sitzverlegung oder eine Firmenänderung.[31]

25

IV. Punktuelle Satzungsdurchbrechung?

Eine umstrittene Frage ist,[32] ob die Gesellschafter eine einmalige Ausnahme v GesV beschließen können.[33] Eine solche **einmalige Ausnahme** soll ein Beschluss sein, der die Satzung nicht dauerhaft ändert, der aber für einen Einzelfall eine v GesV abw Regelung trifft. Diese Frage ist sehr umstritten. Umstritten ist sogar, ob es überhaupt eine zulässige Kategorie zw dauerhafter Änderung des GesV u klarer Verletzung desselben gibt.[34] Teilweise ist auch die Rede v punktuellen Beschlüssen mit Dauerwirkung. Eine solche Differenzierung ist aber nicht praktikabel u macht im Hinblick darauf, dass es zw Änderung des GesV u Anfechtbarkeit v Beschlüssen keine Zwischenkategorie gibt, keinen Sinn.[35]

26

---

28 AA *Rauter/Milchrahm* in Straube/Ratka/Rauter, GmbHG § 49 Rz 48.
29 Vgl *Rauter/Milchrahm* in Straube/Ratka/Rauter, GmbHG § 49 Rz 49.
30 *Rauter/Milchrahm* in Straube/Ratka/Rauter, GmbHG § 49 Rz 51.
31 *Umfahrer*, GmbH[7] Rz 9.9.
32 Offenbar aA was die Praxisrelevanz betrifft: *Rauter/Milchrahm* in Straube/Ratka/Rauter, GmbHG § 49 Rz 56 mwN.
33 Ausf dazu *Walcher*, GES 2019, 114 mit einer Diskussion versch möglicher Fälle.
34 *Rauter/Milchrahm* in Straube/Ratka/Rauter, GmbHG § 49 Rz 56 ff, mwN.
35 *Diregger* in Torggler, GmbHG § 49 Rz 7; *Rauter/Milchrahm* in Straube/Ratka/Rauter, GmbHG § 49 Rz 66 f, mwN; *Walcher*, GES 2019, 114; *Wimmer*, NZ 2018/130, 401.

27 Nicht betroffen sind hier Vereinbarungen zw den Gesellschaftern außerhalb des GesV, zB im Syndikatsvertrag. Ebenso nicht betroffen sind Abweichungen v formellen Satzungsbestimmungen, die ja auch außerhalb des GesV geändert werden können (vgl Rz 11).[36] Diese Regelungen zw den Gesellschaftern außerhalb des GesV entfalten aber lediglich schuldrechtliche Wirkung u binden insb den zukünftigen Anteilserwerber nicht.[37]

28 Gibt der GesV die Möglichkeit, im **Einzelfall v seinen Bestimmungen abzuweichen** (eventuell mit einem besonderen Quorum), handelt es sich nicht um eine Satzungsdurchbrechung. Ein genereller Vorbehalt, wonach durch Beschluss der Gesellschafter v Bestimmungen des GesV abgewichen werden kann, ist nicht zulässig.[38]

29 Beschlüsse, die – für den Einzelfall oder generell – v GesV abweichen, sind nach überwiegender M grds anfechtbar.[39] Die **Anfechtbarkeit** entfällt, wenn alle Gesellschafter dem Beschluss zugestimmt haben. Kommt es zu keiner Anfechtung des Beschlusses, ist dieser – wiewohl im Widerspruch zum GesV stehend – für den Einzelfall wirksam.[40] Die bloße Anfechtbarkeit hindert auch nicht die Eintragung im FB (s auch § 49 Rz 33).[41]

V. Gesellschafterbeschluss

30 Der Beschluss zur Änderung des GesV ist ein Beschluss der Gesellschafter. Der Beschluss muss einen bestimmten Wortlaut zum Gegenstand haben. Implizite oder konkludente Änderungen des GesV sind nicht möglich.[42]

31 Die **Kompetenz der Gesellschafter** für diese Beschlussfassung ist zwingend. Sie ist Ausdruck der Satzungsautonomie oder Verbandsautonomie. Eine Delegation an andere Organe der Gesellschaft ist nicht zu-

---

36 *Rauter/Milchrahm* in Straube/Ratka/Rauter, GmbHG § 49 Rz 61.
37 *Walcher*, GES 2019, 114 (123).
38 *Rauter/Milchrahm* in Straube/Ratka/Rauter, GmbHG § 49 Rz 62 mwN.
39 Str, vgl *Koppensteiner/Rüffler*, GmbHG³ § 49 Rz 8; s *Rauter/Milchrahm* in Straube/Ratka/Rauter, GmbHG § 49 Rz 66 ff, mwN.
40 *Koppensteiner/Rüffler*, GmbHG³ § 49 Rz 8.
41 OLG Wien 29.3.2001, 28 R 309/00t, NZ 2002/107, 283: zur Frage der Eintragung v GF, deren Vertretungsbefugnis v der Regelung des GesV abweicht.
42 *Rauter/Milchrahm* in Straube/Ratka/Rauter, GmbHG § 49 Rz 72 mwN.

lässig.⁴³ Auch die Änderung des Textes formeller Satzungsbestandteile sowie redaktionelle Anpassungen (zB Neunummerierung bei Wegfallen eines Punktes) bedürfen eines Beschlusses der Gesellschafter. Anderen Organen oder Dritten darf auch kein Zustimmungserfordernis eingeräumt sein.⁴⁴ Die Gesellschafter müssen in der E, den GesV zu ändern, frei sein. Einzelnen Gesellschaftern kann aber sehr wohl ein Zustimmungsrecht (Vetorecht in der GV) eingeräumt werden.⁴⁵

32 Eine **Vollmacht**, die im Rahmen der GV erteilt wird, kann lediglich eine Stimmrechtsvollmacht aller oder einzelner Gesellschafter der Gesellschaft sein, Änderungen vorzunehmen. Durch mehrheitlichen Beschluss der GV kann keine Vertretungsmacht der Gesellschafter erteilt werden.⁴⁶

33 Die **Geschäftsführung kann die Gesellschaft nicht wirksam zu einer Satzungsänderung** verpflichten, ohne dass sie vorher durch einen Beschluss der Gesellschafter dazu ermächtigt worden wäre. Auch eine faktische Satzungsänderung bedarf der Genehmigung durch die GV. Dies wäre zB der Fall beim Verkauf des Unternehmens der Gesellschaft, da hierdurch der Unternehmensgegenstand faktisch geändert würde.⁴⁷ Gleiches gilt, wenn im Rahmen eines Unternehmensvertrages das Wesen der Gesellschaft geändert würde (zB bei Abschluss eines Gewinnabführungsvertrags oder eines Betriebspachtvertrags).⁴⁸ In diesem Fall wäre nach hL auch der Unternehmensgegenstand anzupassen einschließlich der Anmeldung beim FB. Die Rsp anerkennt die satzungsdurchbrechende Wirkung v Unternehmensverträgen u verzichtet auf die Einhaltung der §§ 49 ff (s § 49 Rz 29).⁴⁹

34 Die Gesellschafter können sich im Rahmen schuldrechtlicher Vereinbarungen über ihr künftiges Abstimmungsverhalten verpflichten, Änderungen des GesV herbeizuführen (s § 39).

35 Die formalen Voraussetzungen für den Beschluss richten sich nach den §§ 34, 36 ff. Eine Beschlussfassung im Umlaufwege gem § 34 Abs 2

---

43 *Rauter/Milchrahm* in Straube/Ratka/Rauter, GmbHG § 49 Rz 75.
44 *Rauter/Milchrahm* in Straube/Ratka/Rauter, GmbHG § 49 Rz 74 f; *Diregger* in Torggler, GmbHG § 49 Rz 5.
45 *Rauter/Milchrahm* in Straube/Ratka/Rauter, GmbHG § 49 Rz 78.
46 *Rauter/Milchrahm* in Straube/Ratka/Rauter, GmbHG § 49 Rz 80.
47 *Koppensteiner/Rüffler*, GmbHG³ § 49 Rz 8.
48 *Diregger* in Torggler, GmbHG § 49 Rz 7; ausf *Koppensteiner/Rüffler*, GmbHG³ § 49 Rz 8.
49 OGH 20.5.1999, 6 Ob 86/99m; *Diregger* in Torggler, GmbHG § 49 Rz 3, 7.

ist nicht zulässig.[50] Der GesV kann auch in einer v den Gesellschaftern gem § 37 Abs 2 einberufenen GV geändert werden. Bei der Einberufung ist der wesentliche Inhalt der beabsichtigten Änderung anzugeben.

36 Zur Frage der Anwendbarkeit v eventuellen Stimmrechtsausschlussgründen bei Fragen der Satzungsänderung s § 39.

37 Zu den Beschlussmehrheiten s § 50.

VI. Notarielle Beurkundung

38 Der Beschluss zur Änderung des GesV bedarf der **notariellen Beurkundung**. Hier ist § 87 NO gemeint. Die notarielle Beurkundung hat sowohl eine **Beweissicherungsfunktion als auch eine Rechtsschutzfunktion**. Durch die Einschaltung des Notars findet bereits bei der Beschlussfassung eine rechtliche Prüfung statt. Die Tätigkeit der FB-Gerichte wird dadurch erleichtert u der Rechtsschutzgedanke gestärkt.[51]

39 Ein **Beschluss, der nicht notariell beurkundet** ist, ist nach hM nichtig. Wird er dennoch ins FB eingetragen, bejaht der OGH eine Heilung des Formmangels.[52]

40 Die Beurkundung kann im Falle einer Vollversammlung, also einer Versammlung aller Gesellschafter, auch in **Form eines Notariatsaktes** erfolgen, wenn Einstimmigkeit herrscht. Bei Mehrheitsbeschlüssen ist die Beurkundung in Form eines Notariatsaktes nicht tauglich.[53]

41 Fraglich ist, inwieweit eine Beurkundung im Ausland geeignet ist, die Beurkundung nach § 87 NO zu ersetzen. Dies ist zu bejahen, soweit die lokale Beurkundungsvorschrift die v der österr Formvorschrift geforderte Funktion ebenso erfüllt.[54]

42 Die Vereinbarung eines Aufgriffsrechts bedarf nicht (mehr) der Einhaltung der doppelten Formpflicht eines Notariatsaktes, der mit einem notariellen Protokoll verbunden ist. Die Protokollierung gem § 87 NO ist ausreichend.[55]

---

50 AA Koppensteiner/*Rüffler*, GmbHG³ § 49 Rz 8.
51 Vgl dazu *Wagner/Knechtel*, NO⁶ § 87 Rz 1 ff; *Rauter/Milchrahm* in Straube/Ratka/Rauter, GmbHG § 49 Rz 99 mwN.
52 OGH 23.2.2016, 6 Ob 207/15g.
53 *Rauter/Milchrahm* in Straube/Ratka/Rauter, GmbHG § 49 Rz 107 mwN.
54 Für Dtl bejahend: OGH 28.2.1991, 6 Ob 1/91.
55 OGH 17.12.2010, 6 Ob 63/10y; *Diregger* in Torggler, GmbHG § 49 Rz 10; *Rauter/Milchrahm* in Straube/Ratka/Rauter, GmbHG § 49 Rz 108 f, mwN.

Eine Vertretung bei der Beschlussfassung zur Änderung des GesV 43
durch Bevollmächtigte ist zulässig. Die Stimmrechtsvollmacht bedarf
nicht der Beglaubigung. Eine Spezialvollmacht ist nicht notwendig. Ein
Verlassenschaftskurator bedarf zur rechtswirksamen Ausübung seiner
Stimme der Genehmigung durch das Verlassenschaftsgericht. Gleiches
gilt für die Vertretung eines Minderjährigen, dessen Vertreter der Genehmigung durch das Pflegschaftsgericht bedarf. Mehrfachvertretung
ist möglich, sie bedarf auch der Genehmigung des Insichgeschäfts.[56]

§ 87 NO spricht davon, dass der Notar über Beratungen u Beschlüsse ein **Protokoll** aufzunehmen hat. Dies impliziert, dass alle, die 44
betroffen sind – im Fall einer GmbH alle Gesellschafter –, anwesend
oder vertreten sind. In der gesellschaftsrechtlichen Lit werden nun verschiedentlich Möglichkeiten erörtert, wonach eine Art Umlaufbeschluss
auch den Erfordernissen des § 87 NO genügen könnte. Der Akt der Willensbildung, dessen Ergebnis ja dann protokolliert wird, setze die gleichzeitige Anwesenheit der Gesellschafter nicht voraus.[57] Die NO trägt
diese Argumentation nicht. Der Notar hat die Erklärung des Vorsitzenden, dass der Antrag angenommen ist, zu protokollieren. Ohne Antrag,
Beschlussfassung u Feststellung kann es kein Protokoll geben u ohne
Protokollierung keine notarielle Beurkundung.[58]

Eine derartige Vorgehensweise des Umlaufbeschlusses in Form v 45
mehreren notariellen Protokollen wäre auch in höchstem Maße unpraktisch. Die Vertretung in der GV kann mittels einer unbeglaubigten Vollmacht erfolgen. Ein terminlich verhinderter Gesellschafter kann also
ohne Besuch beim Notar seine Stimme abgeben lassen. Ein Umlaufbeschluss im Wege mehrerer notarieller Protokolle wäre daher wesentlich aufwendiger u teurer (aufgrund der staatlichen Gebühren, die beim
Protokoll einer GV anfallen) als simple Stimmrechtsvollmachten an
einen Gesellschafter, der dann eine GV abhalten kann.

VII. Grenzen der Satzungsänderung

Die inhaltlichen Determinanten einer Satzungsänderung richten sich 46
nach allg Regeln (s dazu § 41). Eine Satzungsänderung, die gegen zwin-

---

56 *Rauter/Milchrahm* in Straube/Ratka/Rauter, GmbHG § 49 Rz 111 ff, mwN.
57 Ua *Harrer* in Gruber/Harrer, GmbHG § 49 Rz 78.
58 *Wagner/Knechtel*, NO[6] § 87 Rz 1 ff.

gendes Recht verstößt, ist nichtig. Eine nichtige Satzungsänderung darf nicht ins FB eingetragen werden. Im Falle der Nichtigkeit heilt die Eintragung nicht den Verstoß gegen zwingendes Recht.[59]

47 Widersprüche im GesV werden v den FB-Gerichten beanstandet u die Eintragung regelmäßig abgelehnt.

48 Die **Mitgliedschaftsrechte des Gesellschafters** bestehen aus einem absolut unentziehbaren Kern (Einsichtsrechte, Anfechtungsrechte oder Minderheitsrecht auf Einberufung der GV) u relativ unentziehbaren Mitgliedschaftsrechten, die dem Gesellschafter grds bloß mit dessen Zustimmung entzogen werden können (tw das Stimmrecht oder das Gewinnbezugsrecht, die Verteilung des Gewinns u des Liquidationserlöses).[60]

49 Wird durch eine Änderung des GesV in den **Kernbereich der Mitgliedschaft** eingegriffen, bedarf es der Zustimmung der betr Gesellschafter. Für sonstige Eingriffe reicht die materielle Beschlusskontrolle aus, die sich an Erforderlichkeit u Verhältnismäßigkeit orientiert. Die Änderung des Gewinnverteilungsschlüssels bedarf demnach der Zustimmung jenes Gesellschafters, zu dessen Nachteil sie erfolgt. Die Einschränkung der Gewinnausschüttung, um eine Rücklage zu dotieren, ist nicht zustimmungspflichtig.[61] Das Bezugsrecht im Rahmen einer Kapitalerhöhung kann nur bei einem besonderen Interesse der Gesellschaft eingeschränkt werden. Je nach Notwendigkeit, den Erfordernissen der Gesellschaft u Verhältnismäßigkeit handelt es sich hier immer um Einzelfallentscheidungen.

50 Die Möglichkeiten der Mehrheit der Gesellschafter sind überdies durch den Gleichbehandlungsgrundsatz u die Treuepflicht beschränkt.

51 In die Rechte Dritter (Gläubiger) kann durch Gesellschafterbeschluss nicht eingegriffen werden.

52 **Bedingungen u Befristungen** iZm Änderungen des GesV sind zulässig. Die Wirksamkeit eines Änderungsbeschlusses unter einer aufschiebenden Bedingung bedeutet allerdings, dass die GF – ein Organ außerhalb der GV, welche die zwingende Zuständigkeit über die Änderung des GesV hat – zu beurteilen hat, ob diese Bedingung eingetreten ist oder nicht. Der Eintritt der Bedingung ist dem FB nachzuweisen. Auflösende

---

59 *Rauter/Milchrahm* in Straube/Ratka/Rauter, GmbHG § 49 Rz 115.
60 *Rauter/Milchrahm* in Straube/Ratka/Rauter, GmbHG § 49 Rz 121.
61 *Rauter/Milchrahm* in Straube/Ratka/Rauter, GmbHG § 49 Rz 122 ff, mwN.

Bedingungen sind nicht zulässig. Die Eintragung v Bedingungen in das FB ist nicht möglich.[62]

Eine „**unechte Bedingung**", womit eine Weisung an die GF gemeint ist, die Änderung des GesV nur bei Eintritt einer bestimmten Bedingung an das FB-Gericht anzumelden wird v der Lit für zulässig gehalten. Auch hier liegt es im Ermessen des/r GF, ob die Bedingung eingetreten ist oder nicht.[63]

Eine Änderung des GesV, die mit einer aufschiebenden Bedingung geschlossen u trotz fehlenden Bedingungseintritts zum FB eingereicht wurde u dort eingetragen wird, ist eine wirksame Änderung.[64]

Rückwirkende Satzungsänderungen werden v der Rsp abgelehnt. Dies gilt auch für eine rückwirkende Änderung des Geschäftsjahres zu einem Zeitpunkt, an dem das durch die Änderung entstehende Rumpfgeschäftsjahr bereits abgelaufen wäre. Da die Eintragung im FB konstitutiv wirkt, müsste in diesem Fall die Änderung des Geschäftsjahres bereits im FB eingetragen sein.[65] Überwiegend wird aber hier die Fassung des Änderungsbeschlusses u die Einreichung beim FB am letzten Tag des Rumpfgeschäftsjahres als ausreichend angesehen.[66]

VIII. Aufhebung eines Änderungsbeschlusses vor Eintragung

Die Aufhebung eines bereits gefassten, aber noch nicht eingetragenen Beschlusses zur Änderung des GesV bedarf einer entgegengesetzten Beschlussfassung in derselben Form mit der jew erforderlichen Mehrheit.[67] Damit ist nicht die Stimmabgabe durch denselben Gesellschafter gemeint. Es ist ausreichend, dass ein Beschluss mit entspr Mehrheit zustande kommt. Da der GesV in diesem Falle aber letztlich unverändert bleibt, ist eine Anmeldung zum FB nicht notwendig. Das gleiche gilt für die Abänderung eines Beschlusses zur Änderung des GesV. Hier wird

---

62 Vgl *Harrer* in Gruber/Harrer, GmbHG § 49 Rz 132 ff.
63 Vgl *Diregger* in Torggler, GmbHG § 49 Rz 5, dieser spricht v der Möglichkeit, die GF in „engen zeitlichen Grenzen" zu ermächtigen, über die firmenbuchrechtliche Durchführung zu bestimmen.
64 *Rauter/Milchrahm* in Straube/Ratka/Rauter, GmbHG § 49 Rz 134.
65 Vgl ua OGH 19.12.2012, 6 Ob 235/12w.
66 OLG Wien 30.5.2011, 28 R 44/11p, GES 2011, 344.
67 Str: *Diregger* in Torggler, GmbHG § 49 Rz 14.

nur der geänderte Beschluss zum FB angemeldet. Ist die Satzungsänderung bereits im FB eingetragen, bedarf es zur Wiederherstellung des vorherigen Zustandes einer neuerlichen Satzungsänderung.[68]

IX. Eintragung im Firmenbuch

57 Die **Eintragung der Änderung des GesV ist konstitutiv**. Ohne die Eintragung der Änderung wird die v den Gesellschaftern beschlossene Änderung nicht wirksam. Der Beschluss entfaltet jedoch gewisse Vorwirkungen: Die GF sind verpflichtet, die Änderung unverzüglich zum FB anzumelden (s § 51) u der AR kann bereits vor Eintragung einen Beschluss fassen, der dann aufgrund des geänderten GesV ins FB eingetragen wird. Bei der Kapitalerhöhung sind die Einzahlungen auf die neuen Geschäftsanteile aufgrund der Übernahmeerklärung(en) verpflichtend zu leisten.[69]

58 Wird die Änderung des GesV nicht innerhalb einer **angemessenen Frist** (längstens sechs Monate) im FB eingetragen, sei es, weil der Antrag auf Eintragung der Änderung v der Geschäftsführung nicht gestellt wird oder v FB-Gericht abgewiesen wird, wird der Beschluss auf Änderung des GesV endgültig unwirksam.[70]

§ 50. (1) [1]Abänderungen des Gesellschaftsvertrages können nur mit einer Mehrheit von drei Vierteilen der abgegebenen Stimmen beschlossen werden. [2]Die Abänderung kann im Gesellschaftsvertrage an weitere Erfordernisse geknüpft sein.

(2) Die Bestimmung, daß ein Aufsichtsrat zu bestellen sei, und die Herabsetzung der den Geschäftsführern oder den Mitgliedern des Aufsichtsrates nach dem Gesellschaftsvertrage zukommenden Entlohnung kann mit einfacher Stimmenmehrheit beschlossen werden.

(3) Eine Abänderung des im Gesellschaftsvertrage bezeichneten Gegenstandes des Unternehmens bedarf eines einstimmigen Beschlusses, wenn im Gesellschaftsvertrage nichts anderes festgesetzt ist.

---

68 Str: vgl *Diregger* in Torggler, GmbHG § 49 Rz 14, *Rauter/Milchrahm* in Straube/Ratka/Rauter, GmbHG § 49 Rz 144 ff.
69 *Diregger* in Torggler, GmbHG § 49 Rz 13.
70 *Diregger* in Torggler, GmbHG § 49 Rz 12.

(4) Eine Vermehrung der den Gesellschaftern nach dem Vertrage obliegenden Leistungen oder eine Verkürzung der einzelnen Gesellschaftern durch den Vertrag eingeräumten Rechte kann nur unter Zustimmung sämtlicher von der Vermehrung oder Verkürzung betroffenen Gesellschafter beschlossen werden.

(5) Dies gilt insbesondere von Beschlüssen, durch welche Bestimmungen über das Maß, in dem Einzahlungen auf die Stammeinlagen zu leisten sind, in den Gesellschaftsvertrag aufgenommen oder die darüber in dem Gesellschaftsvertrage enthaltenen Bestimmungen abgeändert werden sollen.

Literatur: *Asztalos*, Zustimmung aller Gesellschafter zur nachträglichen Aufnahme einer Schiedsklausel oder Vinkulierung von Geschäftsanteilen, ecolex 2018/359, 834; *Birnbauer*, Euro-Anpassung mit Kapitalerhöhung, GES 2018, 139; *Birnbauer*, Neufassung des Gesellschaftsvertrages einer GmbH, GES 2020, 33; *Eckert*, Die Abberufung des GmbH-Geschäftsführers (2003); *Eckert*, Rechtsfolgen mangelhafter GmbH-Gesellschafterbeschlüsse in der österreichischen Judikatur, GES 2004, 228; *Haberer*, Zwingendes Kapitalgesellschaftsrecht (2009); *Hauser*, Zur Rechtsstellung des Minderheitsgesellschafters bei der Kapitalerhöhung, NZ 2004/14, 65; *Horn/Robertson*, Aspekte der Beseitigung des Sonderrechts auf GmbH-Geschäftsführung, ecolex 2013, 885; *W. Jud/Zierler*, Zur Reichweite mehrheitsregelnder Satzungsbestimmungen bei Kapitalgesellschaften, NZ 2003/39, 129; *Kalss*, Anlegerinteressen (2001); *Kalss*, Das Austrittsrecht als modernes Instrument des Kapitalgesellschaftsrechts, wbl 2001, 366; *Köppel*, Das Verbot der Einlagenrückgewähr unter besonderer Berücksichtigung Dritter (2014); *Koppensteiner*, Satzungsdurchbrechende Beschlüsse in der GmbH, wbl 2020, 552; *Koppensteiner*, Über Unternehmensverträge, GesRZ 2020, 403; *Koppensteiner*, Zum sachlichen Anwendungsbereich der Stimmverbote nach § 39 Abs 4 GmbHG, wbl 2013, 61; *T. Schaschl*, Gestaltung der Stimmrechtes im GmbH-Gesellschaftsvertrag, NZ 1998, 65; *Schima*, Der GmbH-Geschäftsführer und der Wille des Mehrheitsgesellschafters, GesRZ 1999, 100; *Schlögell*, Die Beendigung von Unternehmensverträgen im GmbH-Konzern, GmbHR 1995, 401; *Schönherr*, Die Nichtigkeit von Gesellschafterbeschlüssen einer Gesellschaft m. b. H., JBl 1960, 1, 39; *Schürnbrand*, Verdeckte und atypische Beherrschungsverträge, ZHR 169 (2005) 35; *Sonnberger*, Zur Gesellschafterzustimmung bei Veräußerung des Unternehmens einer OG/KG, wbl 2019, 181; *Staufer*, Fragen aus der Praxis des Gesetzes über die Gesellschaften mit beschränkter Haftung, NZ 1950, 184; *Thöni*, Unwirksame GmbH-Gesellschafterbeschlüsse, GesRZ 1996, 137; *Thöni*, Rechtsfolgen fehlerhafter GmbH-Gesellschafterbeschlüsse (1998); *Tichy*, Einführung und Aufhebung von Vinkulierungsklauseln und statutarischen Aufgriffsrechten mittels Mehrheitsbeschlusses? RdW 1998, 55; *Tieves*, Der Unternehmensgegenstand der Kapitalgesellschaft (1998); *U. Torggler*, Minderheitenschutz im GmbH-Konzern, in Kalss/Rüffler (Hg), GmbH-Konzernrecht (2003) 49; *U. Torggler*, Treuepflichten im faktischen

GmbH-Konzern (2007); *Trenker/Demetz*, Schiedsfähigkeit von Beschlussmängelstreitigkeiten in der GmbH, wbl 2013, 1; *Umfahrer*, Formfragen bei Abänderung des GmbH Vertrages, ecolex 1996, 99; *Vanis*, Zur Unterwerfung von Kapitalgesellschaften im Konzern, GesRZ 1987, 132; *Vanis*, Beherrschung von Kapitalgesellschaften (1991); *Walcher*, Satzungsdurchbrechung bei AG und GmbH, GES 2019, 114; *Waldenberger*, Sonderrechte der Gesellschafter einer GmbH – ihre Arten und ihre rechtliche Behandlung, GmbHR 1997, 49; *Weber*, Totgesagte leben nicht immer länger – das (endgültige) Ende des personengesellschaftsrechtlichen Bestimmtheitsgrundsatzes, JA 2015, 147; *Wimmer*, Zum (Minderheits-)Gesellschafterschutz im GmbH-Recht bei Unternehmensverkäufen – Zugleich eine Besprechung der E OGH 26.4.2018, 6 Ob 38/18h, NZ 2018/130, 401.

Inhaltsübersicht

I.	Regelfall: Dreiviertelmehrheit	1–6
II.	Ausnahme 1: Einfache Mehrheit (Abs 2)	7–11
III.	Ausnahme 2: Einstimmigkeit (Abs 3)	12–16
IV.	Zustimmungserfordernisse Abs 4 und 5	17–30

I. Regelfall: Dreiviertelmehrheit

1 § 50 regelt die für die Änderung des GesV erforderlichen Mehrheiten. **Grundregel** ist, dass der GesV mit einer qualifizierten Mehrheit v drei Vierteln (oder mehr) der abgegebenen Stimmen geändert werden kann. Zu den Ausnahmen s unten. Es kommt nicht auf die insgesamt vorhandenen Stimmrechte an (anders als beim Umlaufbeschluss, mit dem aber eine Änderung des GesV nicht möglich ist), sondern auf die anwesenden Stimmen. 75 % sind ausreichend, es müssen nicht mehr als 75 % sein. Eine Kapitalmehrheit ist nicht erforderlich,[1] weshalb sich eine v Kapital abw gesv Stimmverteilung eins zu eins auswirkt. Der GesV könnte aber eine Kapitalmehrheit oder eine doppelte Mehrheit vorsehen.

2 Das gesetzl vorgesehene **Quorum kann nicht herabgesetzt**, wohl aber erhöht werden. Wenn der gefasste Beschluss tatsächlich nicht zustande gekommen ist (etwa wegen einer unwirksamen Stimmabgabe), ist der Beschluss unter den Voraussetzungen der §§ 41 ff anfechtbar.[2] Inwieweit eine „Öffnungsklausel" möglich sein soll, wonach eine Vorabstimmung mit Dreiviertelmehrheit stattfindet u dann eine einfache

---

1 *Diregger* in Torggler, GmbHG § 50 Rz 4.
2 *Rauter/Milchrahm* in Straube/Ratka/Rauter, GmbHG § 50 Rz 17 f.

Mehrheit ohne Änderung des GesV ein Abgehen v ebendiesem beschließt, ist fraglich[3] u im Ergebnis aus Schutzerwägungen gegenüber den Minderheitsgesellschaftern zu verneinen.

Das Gesetz spricht ausdrücklich davon, dass die Abänderung an weitere **Erfordernisse** geknüpft sein kann. Denkbar wäre zB ein bestimmtes Präsenzquorum, ein höheres Konsensquorum, Einstimmigkeit, Mehrheit bestimmter Gesellschaftergruppen (zB Gründer- oder Investoren-Geschäftsanteile, die jedenfalls zustimmen müssen), eine generelle Kapitalmehrheit oder Zustimmungs- u Vetorechte einzelner Gesellschafter. Der GesV könnte auch besondere Bestimmungen für das Verfahren bei der Änderung des GesV vorsehen: Besondere Einberufungsvorschriften, erhöhte Informationspflichten vor der GV, beglaubigte Unterfertigung v Zustimmungserklärungen bei Eingriffen in Sonderrechte – letzteres ist aufgrund der Beweissicherung jedenfalls empfehlenswert. Werden diese Vorgaben verletzt, ist der Beschluss grds anfechtbar u nicht sofort nichtig.[4]

Diese höheren bzw zusätzlichen Erfordernisse können wieder geändert werden, wenn ein Beschluss gefasst wird, der unter Beachtung dieser Erfordernisse zustande gekommen ist. Die Änderung v einer höheren Mehrheit auf eine geringere Mehrheit bedarf noch der im GesV vorgesehenen höheren Mehrheit.[5]

Die Gestaltungsfreiheit ist insoweit beschränkt, als die **Satzungsautonomie zwingend den Gesellschaftern zugewiesen** ist u Zustimmungsrechte Dritter damit nicht möglich sind. Wenn der Dritte allerdings einen (noch so geringen) Anteil am Stammkapital hält, können mit diesem Anteil Zustimmungsrechte verbunden sein (s § 49 Rz 30).[6]

Kommt ein Beschluss unter Verletzung dieses Erfordernisses des Präsenz- oder Konsensquorums zustande, ist er grds lediglich anfechtbar.[7]

---

3 So *Diregger* in Torggler, GmbHG § 50 Rz 4.
4 *Rauter/Milchrahm* in Straube/Ratka/Rauter, GmbHG § 50 Rz 19.
5 *Koppensteiner/Rüffler*, GmbHG³ § 50 Rz 4.
6 *Diregger* in Torggler, GmbHG § 50 Rz 5.
7 Man beachte OGH 28.8.2013, 6 Ob 59/13i zum Anfechtungserfordernis des Widerspruchs zum Protokoll.

II. Ausnahme 1: Einfache Mehrheit (Abs 2)

7 Absatz 2 bestimmt für gewisse Fälle lediglich eine einfache Mehrheit: Für die **Bestellung eines AR u die Herabsetzung der den GF oder den Mitgliedern des AR nach dem GesV zukommenden Entlohnung**.

8 Soll **nachträglich gesv zwingend ein AR** vorgesehen werden, ist Abs 2 anwendbar (vgl auch § 29 Rz 56 f). Auch wenn im GesV lediglich die Möglichkeit geschaffen werden soll, dass ein AR eingerichtet wird, ist dies mit einer einfachen Mehrheit möglich. Nicht anwendbar ist die Bestimmung, wenn die Regelung über den AR v Gesetz abw gestaltet werden soll, dh die Bestimmung erfasst nur die Einrichtung eines AR iSe Ja/Nein-Entscheidung, u nicht etwa Gestaltungsmöglichkeiten, wie eine v Gesetz abw Mindest- oder Höchstzahl, Übertragung bestimmter Kompetenzen an den AR, etc.[8] Ziel der Bestimmung ist es, die Einrichtung eines AR zu erleichtern, dementsprechend ist es nicht möglich, hierfür ein höheres Quorum im GesV festzulegen (str).[9]

9 Existiert im GesV bereits die Möglichkeit, einen AR mittels eines Beschlusses mit einfacher Mehrheit einzusetzen, kann diese bloße Möglichkeit des GesV auch mit einfacher Mehrheit in eine Verpflichtung umgewandelt werden (vgl auch § 29 Rz 57).

10 Die **Entlohnung v GF u Mitgliedern des AR** kann gesv geregelt werden. Es kann sich dabei um einen materiellen oder um einen formellen Satzungsbestandteil handeln (s § 49 Rz 11 ff). Gibt es eine gesonderte Vereinbarung zw dem GF oder dem AR-Mitglied u der Gesellschaft, kann in diese gesonderte Vereinbarung mittels Beschlusses u Satzungsänderung nicht eingegriffen werden, außer die Vereinbarung stellt ausdrücklich auf den GesV ab. In der Praxis wird die Vergütung v GF u AR nicht im GesV geregelt. Individuelle Verträge sind auch formlos u außerhalb des GesV möglich. Die Bestimmung ist zwingend.[10]

11 Fraglich ist, ob bei Änderung formeller Satzungsbestandteile dies lediglich mit einer einfachen Mehrheit geschehen kann. Die Lit ist dazu uneinheitlich. Aus Gründen der Rechtssicherheit ist davon auszugehen,

---

8 *Rauter/Milchrahm* in Straube/Ratka/Rauter, GmbHG § 50 Rz 30.
9 AA *Koppensteiner/Rüffler*, GmbHG³ § 50 Rz 5; *Diregger* in Torggler, GmbHG § 50 Rz 7.
10 *Rauter/Milchrahm* in Straube/Ratka/Rauter, GmbHG § 50 Rz 32 ff, mwN.

dass diese GesV-Änderungen der normalen qualifizierten Mehrheit v 75% bedürfen.[11]

III. Ausnahme 2: Einstimmigkeit (Abs 3)

Absatz 3 spricht davon, dass eine Abänderung des im GesV bezeichneten Gegenstands des Unternehmens eines einstimmigen Beschlusses bedarf, wenn im GesV nichts anderes festgesetzt ist. Die **Änderung des Unternehmensgegenstandes** war für den Gesetzgeber eine so gravierende Änderung der Gesellschaft, dass diese nur einstimmig erfolgen sollte. Einstimmigkeit bedeutet, dass keine Gegenstimme abgegeben werden darf. Enthaltungen sind somit Pro-Stimmen.[12] Dieses Einstimmigkeitserfordernis ist nicht zwingend u kann auf die qualifizierte Mehrheit v 75% abgesenkt werden. 12

Eine Änderung des Unternehmensgegenstandes idS liegt aber nur dann vor, wenn die **Änderung eine bestimmte Intensität aufweist** bzw die „geschichtliche Kontinuität des Unternehmens" unterbricht. Solange „wesentliche Elemente des bisherigen Tätigkeitsfelds der Gesellschaft erhalten bleiben", ist es nach überwiegender M der Lit kein Fall des Abs 3.[13] Nicht ausreichend ist eine bloße Erweiterung des Unternehmensgegenstandes u die ausdrückliche Auflistung v Tätigkeiten, die bereits bisher unter den Unternehmensgegenstand subsumiert wurden. Ebenso bedarf eine Änderung des Unternehmenszwecks der Einstimmigkeit gem Abs 3 (zB bei Wechsel v materiellem auf ideellen Zweck). 13

Der **Verkauf bzw die Übertragung des Unternehmens der Gesellschaft** wird in der Lit nicht als Fall des § 50 Abs 3 gesehen,[14] sondern tw eine analoge Anwendung des Verschmelzungsrechts befürwortet. Demgegenüber hat der OGH 1983, also vor Inkrafttreten des EU-GesRÄG, bejaht, dass die Ausgliederung des gesamten Produktionsbetriebes inhaltlich einer Abänderung des Unternehmensgegenstandes gleich kommt u daher, wenn keine satzungsmäßige Ausnahme gemacht wurde, 14

---

11 AA *Diregger* in Torggler, GmbHG § 50 Rz 7 mwN; *Rauter/Milchrahm* in Straube/Ratka/Rauter, GmbHG § 50 Rz 39 ff, mwN.
12 S ua *Diregger* in Torggler, GmbHG § 50 Rz 11.
13 *Koppensteiner/Rüffler*, GmbHG³ § 50 Rz 8.
14 Ausf dazu *Koppensteiner/Rüffler*, GmbHG³ § 50 Rz 9.

der einstimmigen Beschlussfassung bedarf (vgl auch § 49 Rz 33)[15] u hat in der E v 26.4.2018, 6 Ob 38/18h, bekräftigt, dass im Fall der Veräußerung des gesamten Gesellschaftsvermögens § 237 Abs 1 AktG analog anzuwenden ist.[16]

15 Ob die Einbeziehung in einen faktischen Konzern unter Abs 3 fällt, ist str.[17]

16 Teilweise gibt es **in Sondergesetzen Ausnahmen** v den Mehrheitserfordernissen des Abs 1. Das 1. Euro-JuBeG sieht zB vor, dass die Anpassung des GesV an den Euro mit einfacher Mehrheit vorgenommen werden kann.

IV. Zustimmungserfordernisse Abs 4 und 5

17 Absatz 4 regelt, dass eine **Satzungsänderung, die zu einer Vermehrung der Leistungen,** die den Gesellschaftern nach dem GesV obliegen, oder eine **Verkürzung der den einzelnen Gesellschaftern durch den Vertrag eingeräumten Rechte** nur unter Zustimmung sämtlicher v der Vermehrung oder Verkürzung betroffenen Gesellschafter beschlossen werden kann.

18 Die Zustimmungserfordernisse bestehen neben dem aufgrund des Gesetzes (oder des GesV) erhöhten Mehrheitserfordernis. Das Zustimmungserfordernis schützt den einzelnen Gesellschafter, der sich sonst dem Willen der Mehrheit beugen müsste. Eine Erhöhung des Konsensquorums auf 100% ist nicht dasselbe, da das Konsensquorum v den abgegebenen Stimmen berechnet wird, unabhängig davon, ob der betr Gesellschafter anwesend ist oder nicht, während die Zustimmung ein zusätzliches Erfordernis darstellt.[18] Die Zustimmung ist demnach unabhängig davon einzuholen, ob der Gesellschafter sich an der GV beteiligt hat. Es handelt sich dabei um eine empfangsbedürftige, formfreie Willenserklärung.[19]

19 Die **Zustimmung in der GV** bedeutet wohl auch eine (konkludente) Zustimmung iSv Abs 4. Wie die Stimmenthaltung zu werten ist, wird untersch beurteilt. Abwesenheit in der GV hat keinen Erklärungswert.

---

15 OGH 10.5.1984, 8 Ob 574/83, GesRZ 1984, 217.
16 *Wimmer*, NZ 2018/130, 401.
17 *Rauter/Milchrahm* in Straube/Ratka/Rauter, GmbHG § 50 Rz 51.
18 *Rauter/Milchrahm* in Straube/Ratka/Rauter, GmbHG § 50 Rz 54 f.
19 *Diregger* in Torggler, GmbHG § 50 Rz 18.

Die Ablehnung des Beschlussantrages schließt eine nachträgliche Genehmigung nicht aus.[20] Solange der Beschluss gültig zu Stande kommt, kann der Gesellschafter sich mE nachträglich gegen eine Anfechtung entscheiden u zustimmen.

Eine **Frist**, innerhalb der der Zustimmungsberechtigte seine Erklärung abgeben muss, sieht das Gesetz nicht vor. In der Praxis empfiehlt es sich, in den Beschluss eine Frist aufzunehmen, nach deren Verstreichen der Beschluss ohne Zustimmung endgültig unwirksam ist bzw überhaupt im Vorfeld den Zustimmungsberechtigten um seine Zustimmung zu ersuchen.

Strittig ist idZ, ob der Beschluss ohne Zustimmung der betr Gesellschafter schwebend unwirksam oder bloß gem § 41 anfechtbar ist (vgl dazu auch § 41 Rz 124 ff, § 99 Rz 2).[21] Die überwiegende Lit[22] vertritt eine schwebende Unwirksamkeit, die Jud Nichtigkeit mit Anfechtbarkeit: *„Ein Beschluss, der ohne Zustimmung eines Gesellschafters gefasst wurde, obwohl dieser als betroffener Gesellschafter, wie im Fall eines Sonderrechts des § 50 Abs 4 GmbHG, zustimmen hätte müssen, ist dem Gesellschafter gegenüber nicht relativ unwirksam und muss daher mit Nichtigkeitsklage gem § 41 GmbHG bekämpft werden."*[23]

Der zustimmungsberechtigte Gesellschafter ist nicht verpflichtet, seine Zustimmung zu erteilen. Im Einzelfall kann sich aus der Treuepflicht eventuell eine Zustimmungspflicht ergeben.[24]

Absatz 4 ist weit zu interpretieren. Er bringt ein **allg Prinzip des Gesellschaftsrechts** zum Ausdruck, wonach Verpflichtungen der Gesellschafter nicht ohne deren ausdrückliche Zustimmung ausgeweitet werden dürfen. Es ist demnach sowohl die Ausweitung bestehender Leistungsverpflichtungen, als auch die Einführung neuer Leistungsverpflichtungen umfasst. Der einzelne Gesellschafter ist geschützt, unabhängig davon, ob die neue Leistungspflicht nur einen Gesellschafter alleine oder alle Gesellschafter in der gleichen Weise trifft.[25]

Absatz 5 zählt beispielhaft Beschlüsse auf, die die Einzahlungen auf die Stammeinlagen betreffen. Dies könnten die Vorverlegung v Zahlungster-

---

20 AA *Rauter/Milchrahm* in Straube/Ratka/Rauter, GmbHG § 50 Rz 58 mwN.
21 *Rauter/Milchrahm* in Straube/Ratka/Rauter, GmbHG § 50 Rz 86 mwN.
22 MwN: *Diregger* in Torggler, GmbHG § 50 Rz 20.
23 OGH 19.6.1986, 7 Ob 538/86, NZ 1987, 158; vgl auch 10.11.1994, 6 Ob 31/94.
24 *Rauter/Milchrahm* in Straube/Ratka/Rauter, GmbHG § 50 Rz 60 mwN.
25 *Diregger* in Torggler, GmbHG § 50 Rz 15.

minen, die Einführung v Nachschussverpflichtungen, die Anordnung barer Zuzahlungen ohne Gewährung zusätzlicher Gesellschafterrechte, Verzugszinsen, Übernahme v Haftungen, die Verlängerung der Dauer der Gesellschaft, die vorzeitige Beendigung der Gründungsprivilegierung gem § 10b oder die Einführung eines Wettbewerbsverbotes sein.

25 **Kapitalerhöhungen** fallen nicht unter § 50 Abs 4 f,[26] wohl aber die vorzeitige Beendigung der Gründungsprivilegierung. Strittig ist, ob die mittelbare Leistungsvermehrung iZm der Solidarhaftung für nicht aufgebrachte Stammeinlagen des § 70 bei bloß tw Einzahlung der jungen Stammeinlagen u die damit einhergehende Haftung der anderen Gesellschafter unter Abs 4 zu subsumieren ist.[27]

26 Die **nachträgliche Einführung v Beschränkungen** in der Übertragbarkeit des Geschäftsanteils bedarf der Zustimmung aller Gesellschafter,[28] ebenso die Einf einer Schiedsklausel.[29]

27 Eine Verkürzung der Rechte einzelner Gesellschafter erfordert, dass der GesV solche Rechte ausdrücklich einräumt. Wird eine gesetzl Regelung in den GesV aufgenommen, kann dies den Charakter eines Sonderrechts haben. Dies ist im Wege der Auslegung zu ermitteln. Ein Recht, das einzelnen Gesellschaftern gewährt wird, anderen aber nicht, weist auf ein Sonderrecht hin.[30] Ob auch eine gleichmäßige Begünstigung aller Gesellschafter ein Sonderrecht darstellt, ist str.[31] Richtigerweise wird man davon ausgehen müssen, dass Abs 4 auf Sonderrechte einzelner Gesellschafter abzielt. (vgl. § 49 Rz 16)

28 Fraglich ist, inwieweit der **Anspruch der Gesellschafter auf gleichmäßige Behandlung** dem Abs 4 zugeordnet werden kann. Eine Zustimmung der betr Gesellschafter ist auch notwendig, wenn alle Gesellschafter gleichermaßen zu erhöhten Leistungen oder verminderten Rechten gezwungen werden.

29 Bei **Vorliegen eines wichtigen Grundes** kann auch ohne Zustimmung des Betroffenen in ein Sonderrecht eingegriffen werden.[32]

30 Zur Abberufung des im GesV bestellten GF s § 16.

---

26 *Koppensteiner/Rüffler*, GmbHG³ § 50 Rz 11.
27 *Rauter/Milchrahm* in Straube/Ratka/Rauter, GmbHG § 50 Rz 66 mwN.
28 OGH 27.4.2015, 6 Ob 4/15d.
29 OGH 21.12.2017, 6 Ob 104/17p.
30 *Koppensteiner/Rüffler*, GmbHG³ § 50 Rz 12.
31 *Rauter/Milchrahm* in Straube/Ratka/Rauter, GmbHG § 50 Rz 69 ff mwN.
32 *Koppensteiner/Rüffler*, GmbHG³ § 50 Rz 15, dies ist angesichts der E OGH 27.4.2015, 6 Ob 4/15d wohl restriktiv zu sehen.

§ 51. (1) ¹Jede Abänderung des Gesellschaftsvertrages ist von sämtlichen Geschäftsführern zum Firmenbuch anzumelden. ²Der Anmeldung ist der notariell beurkundete Abänderungsbeschluß mit dem Nachweis des gültigen Zustandekommens anzuschließen. ³Der Anmeldung ist weiters der vollständige Wortlaut des Gesellschaftsvertrags beizufügen; er muß mit der Beurkundung eines Notars versehen sein, daß die geänderten Bestimmungen des Gesellschaftsvertrags mit dem Beschluß über die Änderung des Gesellschaftsvertrags und die unveränderten Bestimmungen mit dem zuletzt zum Firmenbuch eingereichten vollständigen Wortlaut des Gesellschaftsvertrags übereinstimmen.

(2) Auf die Anmeldung finden die § 11 und 12 mit der Maßgabe sinngemäß Anwendung, dass auch die Bekanntmachung im Amtsblatt zur Wiener Zeitung erforderlich ist.

(3) Die Veröffentlichung von Beschlüssen, die eine Änderung der in früheren Bekanntmachungen verlautbarten Bestimmungen nicht enthalten, hat zu entfallen.

idF BGBl 2013/109

Literatur: Birnbauer, Änderung des Gesellschaftsvertrages einer GmbH in Punkte von Aufgriffsrechten, GES 2020, 440; *Birnbauer*, Die Darstellung des Beteiligungs- und Stimmrechtsverhältnisses bei der Euro-Anpassung eines GmbH-Gesellschaftsvertrages, ecolex 2003, 760; *Birnbauer*, Freiwillige Beendigung der Gründungsprivilegierung einer GmbH, GES 2019, 431; *Birnbauer*, Neufassung des Gesellschaftsvertrages einer GmbH, GES 2020, 33; *Birnbauer*, Neufassung eines GmbH-Gesellschaftsvertrages, GES 2013, 507; *Brix*, Die Satzung der Aktiengesellschaft (2011); *Graschopf*, Die Gesellschaft mit beschränkter Haftung in Urkunden und Schriftsätzen (1956); *Mader*, GmbH und Währungsumstellung – Hinweise für die Praxis, wbl 2000, 193; *Marchgraber*, Umgekehrte Maßgeblichkeit bei einer Änderung des Geschäftsjahrs einer Kapitalgesellschaft?, RWZ 2013/31, 110; *Ch. Nowotny*, Die GmbH und der Euro, Praktische Hinweise des 1. Euro-Justizbegleitgesetzes, RdW 1999, 58; *Priester*, Nichtkorporative Satzungsbestimmungen bei Kapitalgesellschaften, DB 1979, 681; *Priester*, Registersperre kraft Richterrechts? GmbHR 2007, 296; *Reich-Rohrwig*, Euro-Umstellung (1998); *Rüffler*, Lücken im Umgründungsrecht (2002); *Spruzina*, Rechtsnatur und Bedeutung notarieller Bestätigungen, NZ 2010/31, 31; *Szöky*, In- und ausländische juristische Personen – Bescheinigung der Vertretungsbefugnis, NZ 2003/84, 325; *Thöni*, Rechtsfolgen fehlerhafter GmbH-Gesellschafterbeschlüsse im Spannungsverhältnis zwischen Rechtssicherheit und Rechtskontrolle (1998); *Wagner*, Die Beurkundung des Wortlautes einer Satzung, NZ 1991, 89; *Wolff*, Der Anwendungsbereich der Satzungsänderungsvorschriften im Aktien- und GmbH-Recht, WiB 1997, 1009; *Zehetner*, Masseverwalter zur Gestaltung des Firmengebrauchs an Dritte für Verkauf der Konkursware befugt, ecolex 2001, 454; *J. Zehetner/U. Zehetner*, Die Änderung des Bilanzstichtags, GBU 2010/04/09, 15.

Inhaltsübersicht

I. Anmeldung durch die Geschäftsführer	1, 2
II. Beilagen zur Anmeldung	3, 4
III. Firmenbucheintragung und Veröffentlichung	5, 6

I. Anmeldung durch die Geschäftsführer

1 Jede Änderung des GesV ist v allen (also nicht in vertretungsbefugter Anzahl, sondern unabhängig v der Vertretungsbefugnis) GF zum FB anzumelden. Die Anmeldung ist beglaubigt zu unterfertigen. Ob eine Vertretung der GF bei der FB-Anmeldung zulässig ist, ist str.[1] In der Praxis ist die Anmeldung durch den Vertreter aufgrund einer beglaubigt unterfertigen Spezialvollmacht jedoch weitgehend akzeptiert. Nicht vertretungsfähig sind jedenfalls Erklärungen, die durch den GF höchstpersönlich abzugeben sind (zB die Erklärung nach § 10).

2 Der GF ist gegenüber der Gesellschaft verpflichtet, die Änderung des GesV beim FB anzumelden. Auch im Fall, dass der Beschluss angefochten wird, ist die Anmeldung durch den GF vorzunehmen.[2]

II. Beilagen zur Anmeldung

3 Dem FB ist eine **beglaubigte Kopie des notariell beurkundeten Beschlusses** über die Änderung des GesV vorzulegen; weiters jene Urkunden, aus denen sich das gültige Zustandekommen des Beschlusses ergibt. Das FB-Gericht muss die ordnungsgemäße Einberufung der GV überprüfen können; dies erübrigt sich bei Universalversammlungen.[3] In diesem Zusammenhang kann daher die Vorlage der Einladungen mit Versandbestätigungen notwendig sein. Das FB kann auch die Stimm-

---

1 **Dagegen** *Rauter/Milchrahm* in Straube/Ratka/Rauter, GmbHG § 51 Rz 9 mwN; befürwortend *Diregger* in Torggler, GmbHG § 51 Rz 3.
2 Str: **dafür** *Rauter/Milchrahm* in Straube/Ratka/Rauter, GmbHG § 51 Rz 10 mwN; **aA** *Diregger* in Torggler, GmbHG § 51 Rz 2.
3 *Rauter/Milchrahm* in Straube/Ratka/Rauter, GmbHG § 51 Rz 20/1.

rechtsvollmachten der Gesellschafter u, insb bei ausländischen Gesellschaften, deren Vertretungsbefugnis überprüfen. Die Stimmrechtsvollmachten u Ladungen können als Beilagen zum GV-Protokoll miteingebunden werden.

Eine **notariell beurkundete Fassung des nunmehr aktuellen GesV** 4
ist ebenso vorzulegen. Ein Notar, der nicht mit jenem Notar ident sein muss, der die GV beurkundet hat, hat zu bestätigen, dass die geänderten Bestimmungen mit dem Beschluss über die Änderung u die unveränderten Bestimmungen dem bisherigen Stand des GesV entsprechen. Diese Bestimmung dient der Übersichtlichkeit des Rechtsbestandes für den Rechtsverkehr u für die Gesellschafter. Laut OGH ist die Vorlage einer separaten Urkunde nicht erforderlich, wenn ohnehin der einzutragende GesV völlig neu gefasst wurde.[4] Die Praxis der FB-Gerichte bevorzugt u besteht tw auch bei einer durchgreifenden Neufassung des GesV auf der Vorlage einer solchen konsolidierten Fassung des GesV.[5]

III. Firmenbucheintragung und Veröffentlichung

Die Änderung des GesV ist unter Angabe des Datums u des Beschlusses 5
der Gesellschafter im FB einzutragen.

Jene Eintragungstatsachen, die geändert wurden, müssen nicht nur 6
in der Ediktsdatei, sondern auch im Amtsblatt zur Wiener Zeitung veröffentlicht werden (§§ 10 u 12 UGB).

2. Titel. Erhöhung des Stammkapitals.

§ 52. (1) Die Erhöhung des Stammkapitals setzt einen Beschluß auf Abänderung des Gesellschaftsvertrages voraus.

(2) Zur Übernahme der neuen Stammeinlagen können von der Gesellschaft die bisherigen Gesellschafter oder andere Personen zugelassen werden.

(3) Mangels einer anderweitigen Festsetzung im Gesellschaftsvertrage oder Erhöhungsbeschlusse steht den bisherigen Gesellschaftern binnen vier Wochen vom Tage der Beschlußfassung an ein Vor-

---

4 OGH 17.12.2010, 6 Ob 166/10w.
5 AA *Diregger* in Torggler, GmbHG § 51 Rz 8 mwN.

recht zur Übernahme der neuen Stammeinlagen nach Verhältnis der bisherigen zu.

(4) Die Übernahmserklärung bedarf der Form eines Notariatsakts.

(5) ¹In der Übernahmserklärung dritter Personen muß der Beitritt zur Gesellschaft nach Maßgabe des Gesellschaftsvertrages beurkundet werden. ²Ferner sind in der Erklärung außer dem Betrage der Stammeinlage auch die sonstigen Leistungen, zu denen der Übernehmer nach dem Gesellschaftsvertrage verpflichtet sein soll, anzugeben.

(6) Die §§ 6, 6a, 10 und 10a sind auf die Erhöhung des Stammkapitals sinngemäß anzuwenden; bei Kapitalerhöhungen mit Sacheinlagen kann der Beschluß nur gefaßt werden, wenn die Einbringung von Sacheinlagen ausdrücklich und fristgemäß angekündigt worden ist.

idF BGBl I 2013/109

Literatur: *Aburumieh/Hoppel*, Das kleine Einmaleins der Gesellschafterfinanzierung, RdW 2020, 739, 830; *Artmann*, Die Ausfallhaftung der Mitgesellschafter einer GmbH für offen gebliebene Einlagen, insbesondere im Fall der Kapitalerhöhung, in FS Reischauer (2010) 55; *Birnbauer*, Zur Kapitalerhöhung mit Sacheinlagen im GmbH-Recht, GES 2004, 24; *Birnbauer*, Zum Erfordernis der genauen und vollständigen Bezeichnung der Sacheinlage im Gesellschaftsvertrag aus Anlass einer Einbringung, GesRZ 2008, 33; *Birnbauer*, Effektive bare Kapitalerhöhung einer GmbH, GES 2016, 358; *Birnbauer*, Kapitalerhöhung einer GmbH mit einem Stammkapital unter EUR 35.000, GES 2023, 138; *Diregger*, Zur Notwendigkeit der gesellschaftsvertraglichen Publizität von Sachkapitalerhöhungen im GmbH-Recht, RdW 2006/319, 323; *Diregger*, Zur Gesellschaftsvertragspublizität von Sacheinlagen im GmbH-Recht: kein Ende der Diskussion, RdW 2008/402, 439; *Eckert*, Kapitalaufbringung und Agio, in FS Nowotny (2015) 27; *Eckert*, Kapitalerhöhungen gegen Verrechnung von Gesellschafterforderungen, GesRZ 2011, 218; *H. Foglar-Deinhardstein/Trettnak*, Agio oder Gesellschafterzuschuss? RdW 2010/504, 500; *H. Foglar-Deinhardstein/Vinazzer*, Kann das EKEG die Umwandlung von Fremd- in Eigenkapital verhindern? Zur Konvertierung von eigenkapitalersetzenden Forderungen in Nennkapital, ÖBA 2016, 486; *H. Foglar-Deinhardstein*, Die Investorenvereinbarung, in Kalss/U. Torggler, Aktuelle Fragen von M&A (2019), 121 (128); *Gruber*, Unterbilanzhaftung bei der Kapitalberichtigung, GesRZ 2011, 290; *Haglmüller*, Gesellschafterpflichten in der Krise der GmbH (2018); *Hartlieb/Saurer/Zollner*, Gründungsprivilegierte GmbH, SWK Spezial 2014; *Hauser*, Zur Rechtsstellung des Minderheitsgesellschafters bei der Kapitalerhöhung, NZ 2004, 65; *Jeitler/Larcher*, Zulässigkeit der Ausgabe neuer Anteile infolge von Gewährleistungszusagen der Gesellschaft im Rahmen von (Start-up) Kapitalerhöhungen wbl 2021, 185; *Jennewein*, Grundsätzliches zur Kapitalerhöhung aus Gesellschaftsmitteln, ÖRPfl 2009, 25; *Jennewein*, Aus dem Firmenbuchalltag. Festsetzung des Agios als Teil des Kapitalerhöhungsbeschlusses der GmbH, GesRZ 2013, 280; *Kaindl*, Analoge Anwendung von § 2 Abs 2 Satz 2 und § 2 Abs 5 KapBG auf die GmbH? GesRZ 2002, 128; *Kalss/Schauer*, Die Reform des Österreichischen Kapitalgesellschaftsrechts, 16 ÖJT 2006; *Kalss/Winner*, Ausgewählte gesellschaftsrechtliche Judikatur in Österreich und Deutschland im vergangenen Arbeitsjahr, GesRZ 2013, 189; *Kapl/Holzgruber*, Formpflicht bei der syndikatsvertraglichen Vereinbarung einer Kapitalerhöhung, GesRZ 2021, 86; *Karollus*, Umwandlung von Darlehen in Grund- oder Stammkapital: Ein gesellschaftsrechtlich zulässiger Vorgang? ÖBA 1994, 501; *Koppensteiner*, Zum sachlichen Anwendungsbereich der Stimmverbote nach § 39 Abs 4 GmbHG, wbl 2013, 61; *Koppensteiner*, Überbewertung von Vermögen bei der Verschmelzung, wbl 2014, 678; *Koppensteiner*, Überbewertung von Vermögen bei der Kapitalerhöhung aus Gesellschaftsmitteln – Nachlese zu OGH 3 Ob 86/10h, wbl 2015, 1; *Koppensteiner*, Agio und Kapitalaufbringung, GesRZ 2015, 6; *Koppensteiner*, Investorenvereinbarungen, GesRZ 2017, 6 (11); *Meusburger*, Kapitalaufbringungsvorschriften und Cash-Pooling: Ein Überblick über diskutierte Gestaltungsvarianten und die Lösungsansätze des deutschen MoMiG, GesRZ 2008, 216; *Milchrahm/Rauter*, Die Treuepflicht der Gesellschafter, JAP 2015/2016, 24; *Mitterecker*, Hände weg von Voreinzahlungen auf eine Kapitalerhöhung, wbl 2017,121; *Mitterecker*, Insolvenz vor Durchführung einer Kapitalerhöhung, ZIK 2017, 53; *Moser*, OGH bestätigt verdeckte Sacheinlagen auch in der AG und im Konzern, GES 2014, 371; *Ch. Nowotny*, Anfechtung der Beschlussfassung über die Erhöhung des Stammkapitals, GesRZ 2013, 160; *G. Nowotny*, Die Prüfpflicht der Firmenbuchgerichte in Umgründungs- und Sacheinlagefällen, NZ 2006, 257; *Pelinka/Bertsch*, Bedeutungsloses Präsenzquorum bei der GmbH? ecolex 2019, 45; *Pichlmayr/Pichlmayr*, Die Höchstbetragskapitalerhöhung als ein flexibles Finanzierungsinstrument für Unternehmen (insbesondere für Jungunternehmer und Startups), GES 2023, 222; *Pilgerstorfer*, Betriebseinbringungen mit „unbaren Entnahmen" – ein Problem der verdeckten Sacheinlage, wbl 2004, 353; *Pracher*, GmbH-Barkapitalerhöhung ohne Einzahlung?, NZ 1992, 261; *Rauter*, GmbH-Gründung – alt und neu zugleich, JAP 2013/2014, 233; *J. Reich-Rohrwig*, Sanierung durch vereinfachte Kapitalherabsetzung und -erhöhung, GesRZ 2001, 69; *J. Reich-Rohrwig/Gröss*, Einbringung eines durch unbare Entnahme überschuldeten Unternehmens in eine GmbH, ecolex 2003, 680; *J. Reich-Rohrwig/Rizzi*, Rücksichtslosigkeit bei der Kapitalerhöhung, ecolex 2013, 538; *J. Reich-Rohrwig*, Beschlussunfähigkeit der GmbH-Generalversammlung, Stimmrechtsausschluss und Leiter der Generalversammlung, GesRZ 2020, 229; *Rericha/Strass*, Kapitalaufbringung und -erhaltung bei Abgabe von Gewährleistungen durch die Gesellschaft iZm Kapitalerhöhungen, wbl 2016, 730; *Rericha/Strass*, Absicherung des Investors bei Finanzierungsrunden. Sachgerechte Gewährleistungs- und Haftungsmodelle im Überblick, CFO aktuell 2017, 139; *Schopper*, Fallgruppen zur Lehre von der verdeckten Sacheinlage, NZ 2009/76, 257; *Schopper/Walch*, Offene Fragen zur gründungsprivilegierten GmbH im System der Kapitalaufbringung, NZ 2014/70, 186; *Sieder*, Aktiendividende (Scrip Dividend), GesRZ 2020, 123; *Spiegelfeld/H. Foglar-Deinhardstein*, Sanierungsinstrumente in der Krise der Kapitalgesellschaft und Treuepflichten der Anteilseigner, in FS Torggler (2013) 1139; *Steinhart*, Höchstbetragskapitalerhöhungen bei AG und GmbH, RdW 2013/195, 183; *Steinhart*, Angemessenheit des Ausgabepreises bei Kapitalerhöhungen, RdW 2013/702, 715; *Steinhart*, Kapitalerhöhungen bei gründungsprivilegierten GmbHs, RdW 2017, 77; *Talos/Schrank*, Zur Haftung bei überbewerteten Sacheinlagen in Aktiengesellschaften, ecolex 2004, 948; *Taufner*, Verdeckte Sacheinlagen: Fallstricke für die Beratungspraxis, ÖJZ 2011/42, 389; *Thiery*, Zur Mindesteinzahlung bei GmbH-Kapitalerhöhungen, ecolex 1990, 549; *Thurnher*, Die Vermeidung verschleierter Sacheinlagen bei der Einbringung von Betrieben mit Entnahmen nach § 16 Abs 5 UmgrStG, GesRZ 2005, 10; *Trettnak/H. Foglar-Deinhardstein*, „Genehmigtes Kapital" bei der GmbH, CFOaktuell 2012, 210; *Walch*, Leistungspflichten bei der effektiven Kapitalerhöhung einer GmbH, NZ 2018, 161; *Wenger*, GmbH: Zur Verankerung der Sacheinlage bei Kapitalerhöhung im Gesellschaftsvertrag, RWZ 2007, 362; *Wenger*, Agio bei der GmbH, RWZ 2013, 77; *Winner*, Die nicht durchgeführte Kapitalerhöhung in der Insolvenz, FS P. Doralt (2004) 707; *Winner*, Kapitalerhöhungen zu Sanierungszwecken, in Bertl et al (Hg), Bewertung in volatilen Zeiten (2010) 127; *Winner*, Die Rechtsfolgen verdeckter Sacheinlagen – ein Fall für den Gesetzgeber, RdW 2010/487, 467.

Inhaltsübersicht

I.	Inhalt und Zweck	1–3
II.	Kapitalerhöhungsbeschluss	4–22
	A. Änderung des Gesellschaftsvertrags	4
	B. Vorbereitung der Generalversammlung	5
	C. Beschlussfassung	6–13
	D. Ausgabebetrag	14–17
	E. Sacheinlagen	18
	F. Bedingungen und Befristungen	19
	G. Gewinnberechtigung neuer Anteile	20
	H. Widerruf	21
	I. Anfechtung	22
III.	Bezugsrecht	23–34
	A. Inhalt und Zweck	23
	B. Ausübung	24, 25
	C. Übertragung	26
	D. Verzicht	27
	E. Bezugsrechtsausschluss	28–34
	1. Ausschluss im Gesellschaftsvertrag	28
	2. Ausschluss im Kapitalerhöhungsbeschluss	29, 30
	3. Fallgruppen	31–33
	4. Faktischer Bezugsrechtsausschluss	34
IV.	Übernahme der neuen Stammeinlagen	35–46
V.	Aufbringung der neuen Stammeinlagen	47–63
	A. Bareinlagen	47–53
	1. Ausmaß der Einzahlungspflicht	47–49
	2. Einzahlung und Verfügung	50–53

B. Sacheinlagen 54–63
   1. Leistung von Sacheinlagen 54
   2. Gegenstand der Sacheinlage 55
   3. Sacheinlageprüfung 56–59
   4. Verdeckte Sacheinlagen 60, 61
   5. Differenzhaftung und Gewährleistung 62, 63
VI. Kosten 64, 65
VII. Kapitalerhöhung aus Gesellschaftsmitteln 66–77
   A. Allgemeines 66
   B. Beschlussfassung 67, 68
   C. Umwandlungsfähige Bilanzpositionen 69, 70
   D. Anmeldung 71–73
   E. Rechtswirkungen 74–77

I. Inhalt und Zweck

§ 52 regelt die **ordentliche (effektive) Kapitalerhöhung**, also die Zufuhr v 1
neuem Eigenkapital durch bisherige oder neu beitretende Gesellschafter
durch Leistung v Bar- oder Sacheinlagen unter gleichzeitiger Erhöhung
des im GesV festgesetzten **Stammkapitals**. Die Kapitalerhöhung bewirkt
auch eine Erhöhung des Nennbetrags der **Stammeinlagen** u der damit verbundenen
Vermögens- u Herrschaftsrechte, somit eine Erhöhung des Geschäftsanteils
(§ 75 Abs 2) jener (bisherigen) Gesellschafter, die sich an der
Kapitalerhöhung beteiligen, u/oder die Schaffung neuer Geschäftsanteile u
Aufnahme **neuer Gesellschafter**.[1] Der **wirtschaftliche Zweck** ist in der
Praxis so vielfältig wie das Wirtschaftsleben, etwa die Finanzierung v Expansionen
u Investitionen, die Verbesserung der Eigenkapitalquote u des
Bilanzbilds bzw der Liquidität u Bonität, zB auch durch Umwandlung v
Fremdkapital in Eigenkapital durch Sacheinlage v Forderungen, die Abwendung
einer Insolvenzgefahr, die Vorbereitung v Umgründungen oder
schlicht die Aufnahme neuer Gesellschafter.[2] Der Kapitalerhöhungsbeschluss
muss keinen bestimmten Zweck festsetzen; die aus der Kapitalerhöhung
gewonnenen Mittel können v der GmbH zu jedem beliebigen,
gesetzl zulässigen u gesv gedeckten Zweck verwendet werden; durch Gesellschafterbeschluss
kann freilich eine Zweckbindung vorgesehen werden.

---

1 *Koppensteiner/Rüffler*, GmbHG[3] § 52 Rz 2; *Billek/Ettmayer/Ratka/Jost* in Straube/Ratka/Rauter, GmbHG § 52 Rz 1.
2 *Billek/Ettmayer/Ratka/Jost* in Straube/Ratka/Rauter, GmbHG § 52 Rz 2; *M. Heidinger/Prechtl* in Gruber/Harrer, GmbHG[2] § 52 Rz 4.

2 Absatz 1 stellt klar, dass eine Kapitalerhöhung eine **Änderung des GesV** verlangt. Die Abs 2 u 3 regeln das **Bezugsrecht** der bisherigen Gesellschafter u die Zulassung neuer Gesellschafter zur Übernahme der neuen Stammeinlagen (s Rz 23 ff). Die Abs 4 u 5 regeln Form u Inhalt der rechtsgeschäftlichen **Übernahme** der **neuen Stammeinlagen** (s Rz 35 ff). Absatz 6 erklärt die **GmbH-Gründungsvorschriften** zur **Kapitalaufbringung** v **Bar- u Sacheinlagen** für anwendbar (s Rz 47 ff) u enthält eine ergänzende Regel zur Ankündigung der Tagesordnung bei Beschlussfassungen über Sachkapitalerhöhungen; dabei kommen kraft Verweises in § 6a Abs 4 bei Sachkapitalerhöhungen auch **aktiengesetzl Sachgründungsvorschriften** zur Anwendung (s Rz 54 ff).[3] Die **Anmeldung zum FB** ist in § 53 geregelt. Die Kapitalerhöhung wird wie jede Änderung des GesV erst mit der Eintragung im FB wirksam. Da der Zweck mancher der genannten Bestimmungen primär der **Gesellschafterschutz** (zB Schutz vor Verwässerung der Beteiligung, Regelung der Übernahme der neuen Stammeinlagen samt der damit verbundenen Leistungspflichten), anderer wiederum primär der **Gläubigerschutz**, insb die Kapitalaufbringung ist,[4] ist die Beurteilung des zwingenden oder dispositiven Charakters dieser Bestimmungen oder der Rechtsfolgen eines Verstoßes nur vor dem Hintergrund der jew konkret betroffenen Norm möglich.

3 Das GmbHG selbst regelt nur die ordentliche Kapitalerhöhung (§§ 52, 53; zur rückwirkenden [effektiven] Kapitalerhöhung iZm einer vereinfachten Kapitalherabsetzung s § 60; zu Kapitalerhöhungen im Rahmen einer Verschmelzung s § 101). §§ 52, 53 gelten auch für Kapitalerhöhungen bei FlexKapG/FlexCo, soweit das FlexKapGG nichts anderes bestimmt (§ 1 Abs 2 FlexKapGG – s zB § 12 Abs 2 u 3 FlexKapGG zur Form der Übernahmserklärung). Anders als das Aktienrecht u die FlexCo kennt das GmbHG **keine bedingte Kapitalerhöhung** (§§ 159 ff AktG, §§ 19 f FlexKapGG) u **kein genehmigtes Kapital** (§§ 169 ff AktG, § 21 FlexKapGG; anders in Dtl [§ 55a dGmbHG]).[5] Das erschwert insb die

---

[3] *Billek/Ettmayer/Ratka/Jost* in Straube/Ratka/Rauter, GmbHG § 52 Rz 5; *Diregger* in Torggler, GmbHG § 52 Rz 1.

[4] *Koppensteiner/Rüffler*, GmbHG³ § 52 Rz 4; *Billek/Ettmayer/Ratka/Jost* in Straube/Ratka/Rauter, GmbHG § 52 Rz 7.

[5] *Koppensteiner/Rüffler*, GmbHG³ § 52 Rz 3; *Billek/Ettmayer/Ratka/Jost* in Straube/Ratka/Rauter, GmbHG § 52 Rz 2; *Diregger* in Torggler, GmbHG § 52 Rz 2; *M. Heidinger/Prechtl* in Gruber/Harrer, GmbHG² § 52 Rz 2; zur Alternativvariante der Schaffung treuhändig gehaltener Anteile s *Trettnak/H. Foglar-Deinhardstein*, CFOaktuell 2012, 210.

Gewährung v Wandelschuldverschreibungen u Wandeldarlehen sowie v Mitarbeiterbeteiligungen bei einer GmbH. Auf die Ausnutzung eines genehmigten Kapitals bei der FlexCo sind § 52 Abs 3 bis 6 u § 53 sinngemäß anzuwenden (§ 21 Abs 5 FlexKapGG). Von der im GmbHG geregelten ordentlichen (effektiven) Kapitalerhöhung ist weiters eine **Kapitalerhöhung aus Gesellschaftsmitteln** zu unterscheiden, die rechtsformübergreifend für AG u GmbH im KapBG geregelt ist. Dabei handelt es sich bloß um eine **nominelle Kapitalerhöhung** u es wird der GmbH kein neues Eigenkapital v den Gesellschaftern zugeführt, sondern lediglich vorhandenes sonstiges Eigenkapital (Kapital- oder Gewinnrücklagen) in Stammkapital umgewandelt, sodass sich der Gesamt-Eigenkapitalstand der GmbH dadurch nicht ändert, uU aber die Bonität der GmbH, weil Stammkapital strenger gebunden ist u nur durch eine Kapitalherabsetzung, Liquidation oder Umgründung an die Gesellschafter zurückgeführt werden kann.[6] Siehe dazu überblicksartig Rz 66 ff. Zur Umwandlung v Unternehmenswert-Anteilen in „reguläre" Geschäftsanteile bei einer FlexCo s Rz 77.

II. Kapitalerhöhungsbeschluss

A. Änderung des Gesellschaftsvertrags

Eine Kapitalerhöhung verlangt eine **Änderung des GesV**. Daher kommen neben den §§ 52 ff auch die allg Bestimmungen über die Änderung des GesV (§§ 49 bis 51) u die Bestimmungen über die **Beschlussfassung in der GV** (§§ 34 ff) zur Anwendung. Die Beschlusskompetenz liegt zwingend bei den Gesellschaftern.[7] Der Beschluss bedarf der **notariellen Beurkundung** (Abs 1 iVm § 49 Abs 1); die Beschlussfassung hat daher grds in einer **GV** zu erfolgen; ob eine schriftliche Beschlussfassung im Umlaufweg zulässig ist, ist **str**[8] (s auch § 34 Rz 69; § 49 Rz 44 f).

4

---

6 *Koppensteiner/Rüffler*, GmbHG[3] § 52 Rz 3; *Billek/Ettmayer/Ratka/Jost* in Straube/Ratka/Rauter, GmbHG § 52 Rz 2; *Diregger* in Torggler, GmbHG § 52 Rz 2; *M. Heidinger/Prechtl* in Gruber/Harrer, GmbHG[2] § 52 Rz 2.
7 *Koppensteiner/Rüffler*, GmbHG[3] § 52 Rz 6; *M. Heidinger/Prechtl* in Gruber/Harrer, GmbHG[2] § 52 Rz 9.
8 **Dagegen** *Billek/Ettmayer/Ratka/Jost* in Straube/Ratka/Rauter, GmbHG § 52 Rz 14; *Umfahrer*, GmbH[7] Rz 9.10, 10.11; **dafür** *Koppensteiner/Rüffler*, GmbHG[3] § 34 Rz 21, § 49 Rz 11; *Enzinger* in Straube/Ratka/Rauter, GmbHG

B. Vorbereitung der Generalversammlung

5 Bei der **Einberufung** oder der Erg der **Tagesordnung** ist neben den §§ 36 ff u dem GesV auch § 52 Abs 6 zu beachten, der für den Fall einer Beschlussfassung über eine Kapitalerhöhung durch Sacheinlagen bei sonstiger Anfechtbarkeit deren ausdrückliche u fristgerechte Ankündigung als Tagesordnungspunkt verlangt (s auch § 150 Abs 1 S 2 AktG).[9] Freilich ist auch bei Barkapitalerhöhungen der wesentliche Inhalt mit dem Tagesordnungspunkt anzukündigen (vgl auch § 38 Abs 2), insb der beabsichtigte Erhöhungsbetrag (oder ein Höchstbetrag oder Korridor) u ein beabsichtigter Bezugsrechtsausschluss oder sonstige v G u GesV abw Bezugsrechtsregelungen.[10] Meines Erachtens haben die GF der GV vor der Beschlussfassung über einen tw oder vollständigen Bezugsrechtsausschluss auch einen schriftlichen Bericht vorzulegen u darin sowohl die sachliche Rechtfertigung für den vorgeschlagenen Bezugsrechtsausschluss als auch den vorgeschlagenen Ausgabebetrag zu begründen, sofern nicht sämtliche betroffenen Gesellschafter darauf verzichten (**Bezugsrechtsausschlussbericht der GF**; § 153 Abs 4 AktG per analogiam).[11] Die Eintragung der Kapitalerhöhung heilt eventuelle Formmängel (s auch § 53 Rz 12).[12]

C. Beschlussfassung

6 Der Kapitalerhöhungsbeschluss bedarf einer **qualifizierten Mehrheit v drei Vierteln der abgegebenen Stimmen**, sofern der GesV keine größere Mehrheit oder weitere Erfordernisse, für eine Kapitalerhöhung im Besonderen oder auch nur für eine Änderung des GesV im Allg, verlangt

---

§ 34 Rz 63; *Rauter/Milchrahm* in Straube/Ratka/Rauter, GmbHG § 49 Rz 110, jew mwN.

9 *Billek/Ettmayer/Ratka/Jost* in Straube/Ratka/Rauter, GmbHG § 52 Rz 12.
10 *Billek/Ettmayer/Ratka/Jost* in Straube/Ratka/Rauter, GmbHG § 52 Rz 15; *M. Heidinger/Prechtl* in Gruber/Harrer, GmbHG[2] § 52 Rz 10; *Diregger* in Torggler, GmbHG § 52 Rz 10.
11 Ebenso die hL in Dtl, s *Lieder*, MüKo GmbHG[4] § 55 Rz 123 mwN; aA *M. Heidinger/Prechtl* in Gruber/Harrer, GmbHG[2] § 52 Rz 31; *Diregger* in Torggler, GmbHG § 52 Rz 10.
12 RIS-Justiz RS0049494; *Koppensteiner/Rüffler*, GmbHG[3] § 52 Rz 6; *Billek/Ettmayer/Ratka/Jost* in Straube/Ratka/Rauter, GmbHG § 52 Rz 21; *M. Heidinger/Prechtl* in Gruber/Harrer, GmbHG[2] § 52 Rz 9.

(vgl § 50 Abs 1).¹³ § 50 Abs 4 ist nicht anwendbar, weil die Pflicht zur Teilnahme an der Kapitalerhöhung (Leistungsverpflichtung gegenüber der GmbH) erst mit Abgabe der (freiwilligen) Übernahmserklärung entsteht u in der Verwässerung der relativen Beteiligung bei Nichtteilnahme an der Kapitalerhöhung keine Verkürzung v Rechten iSd Bestimmung liegt. § 50 Abs 4 wäre nur anwendbar, wenn anlässlich der Kapitalerhöhung ausnahmsweise einzelnen Gesellschaftern Sonderrechte eingeräumt werden sollen oder in solche eingegriffen werden soll.¹⁴ Ob § 1184 Abs 2 ABGB (iVm § 1175 Abs 4 ABGB) auf Kapitalerhöhungen anwendbar ist, wenn die Fortführung der Gesellschaft sonst nicht möglich wäre, ist str mE jedoch zu verneinen (s jedoch unten Rz 8 zur Treuepflicht).¹⁵ Ebenso wenig ist ein Stimmverbot gem § 39 Abs 4 anwendbar, außer einem Gesellschafter wird ausnahmsweise anlässlich der Kapitalerhöhung ein besonderer Vorteil zugewendet, etwa eine Begünstigung iSd § 6 Abs 4 (die überdies im GesV *„genau u vollständig festzusetzen"* wäre).¹⁶ Ein Bezugsrechtsausschluss zugunsten einzelner Gesellschafter begründet nach zutr hL ebenfalls kein Stimmverbot.¹⁷ Für die Beschlussfassung einer Kapitalerhöhung mit Bezugsrechtsausschluss gelten daher grds dieselben Mehrheitserfordernisse wie für eine Kapitalerhöhung ohne Bezugsrechtsausschluss, zusätzlich gilt freilich das Erfordernis einer sachlichen Rechtfertigung (s unten Rz 29 ff).¹⁸ Auch für die Beschlussfähigkeit u für das dafür notwendige Anwesenheitserfordernis (**Präsenzquorum**) gelten die allg Regeln (§ 38 Abs 6 u 7), sofern der GesV keine größeres oder geringeres Quorum (für eine Kapitalerhöhung im besonderen oder auch nur für eine Änderung des GesV im Allg)

---

13 *M. Heidinger/Prechtl* in Gruber/Harrer, GmbHG² § 52 Rz 6.
14 OGH 29.1.1981, 7 Ob 507/81; *Koppensteiner/Rüffler*, GmbHG³ § 52 Rz 6; *Billek/Ettmayer/Ratka/Jost* in Straube/Ratka/Rauter, GmbHG § 52 Rz 19; *Diregger* in Torggler, GmbHG § 52 Rz 8; *M. Heidinger/Prechtl* in Gruber/Harrer, GmbHG² § 52 Rz 12 (mit weiteren Überlegungen zu einem Austrittsrecht überstimmter Gesellschafter im Einzelfall); aA *Reich-Rohrwig*, GmbHR 480, der für den Fall, dass die neuen Stammeinlagen nicht voll einbezahlt werden, aufgrund des Risikos der restlichen Gesellschafter, nach § 70 in Anspruch genommen zu werden, bei sonstiger Anfechtbarkeit des Kapitalerhöhungsbeschlusses die Zustimmung aller Gesellschafter verlangt.
15 *M. Heidinger/Prechtl* in Gruber/Harrer, GmbHG² § 52 Rz 11 mwN.
16 *Billek/Ettmayer/Ratka/Jost* in Straube/Ratka/Rauter, GmbHG § 52 Rz 18.
17 *Billek/Ettmayer/Ratka/Jost* in Straube/Ratka/Rauter, GmbHG § 52 Rz 18; *M. Heidinger/Prechtl* in Gruber/Harrer, GmbHG² § 52 Rz 31.
18 *M. Heidinger/Prechtl* in Gruber/Harrer, GmbHG² § 52 Rz 31.

vorsieht.[19] Dasselbe gilt für Verstöße gegen diese Regeln, die einen dennoch gefassten Beschluss nach der Jud nicht unwirksam, sondern bloß (in den engen Grenzen des § 41 u somit nach der Jud nicht für Gesellschafter, der trotz ordnungsgemäßer Ladung an der GV nicht teilgenommen u keinen Widerspruch erhoben hat) anfechtbar machen.[20] Die Anfechtung fehlerhafter Beschlüsse mit Klage nach § 41 ist nach der Jud nur dort entbehrlich, wo ein Beschluss mit derart gravierenden Mängeln behaftet ist, dass v einer rechtlich unbeachtlichen Willensäußerung gesprochen werden muss. Ein solcher „Scheinbeschluss" wurde angenommen, wenn er unter Mitwirkung eines Nichtgesellschafters zustande kam oder keine ordnungsgemäße Einberufung einer GV erfolgte.[21]

7   Eine Kapitalerhöhung darf auch dann beschlossen werden, wenn einzelne Gesellschafter wirtschaftlich nicht in der Lage sind, die neuen Stammeinlagen zu übernehmen u deshalb eine **Verwässerung** ihrer Beteiligung hinnehmen müssen, außer der Kapitalerhöhungsbeschluss wurde rechtsmissbräuchlich zumindest überwiegend zu dem Zweck gefasst, die Beteiligungsquote wirtschaftlich schwacher Gesellschafter zu verwässern.[22] Die Kapitalerhöhung ist jedenfalls dann zulässig, wenn der Kapitalerhöhungsbetrag angemessen festgesetzt ist, sodass er dem inneren Wert der Anteile entspricht (s Rz 16) u auch kein faktischer Bezugsrechtsausschluss vorliegt (s Rz 34). Andernfalls bedürfte es einer über eine bloße Missbrauchskontrolle hinausgehenden sachlichen Rechtfertigung, s dazu unten Rz 17, 29 ff.

8   In Ausnahmefällen kann die **Treuepflicht** es gebieten, für oder zumindest nicht gegen die Kapitalerhöhung zu stimmen.[23] Dafür muss die Kapitalerhöhung aber im Interesse der GmbH dringend geboten u den Gesellschaftern auch zumutbar sein.[24] Der BGH verlangte zuletzt, dass

---

19 *M. Heidinger/Prechtl* in Gruber/Harrer, GmbHG² § 52 Rz 9.
20 RIS-Justiz RS0060086; OGH 11.7.1991, 6 Ob 501/91; krit *Pelinka/Bertsch*, ecolex 2019, 45; *J. Reich-Rohrwig*, GesRZ 2020, 229 mwN.
21 OGH 19.12.2019, 6 Ob 210/19d.
22 RIS-Justiz RS0115676; OGH 29.1.1981, 7 Ob 507/81; 25.9.2001, 1 Ob 190/01z; 24.10.2001, 3 Ob 183/01k; 19.12.2012, 6 Ob 155/12f; *Koppensteiner/Rüffler*, GmbHG³ § 52 Rz 15; *M. Heidinger/Prechtl* in Gruber/Harrer, GmbHG² § 52 Rz 7, 34; *Billek/Ettmayer/Ratka/Jost* in Straube/Ratka/Rauter, GmbHG § 52 Rz 9, 82; *Diregger* in Torggler, GmbHG § 52 Rz 16.
23 *M. Heidinger/Prechtl* in Gruber/Harrer, GmbHG² § 52 Rz 11; *Aburumieh/Hoppel*, RdW 2020, 830 (834).
24 *Koppensteiner/Rüffler*, GmbHG³ § 39 Rz 14; *Haglmüller*, Gesellschafterpflichten, 200, 237; zur Treuepflicht der Gesellschafter allg *Milchrahm/Rau-*

die Maßnahme zur Erhaltung wesentlicher Werte oder zur Vermeidung erheblicher Verluste, die die GmbH bzw die Gesellschafter erleiden könnten, objektiv unabweisbar erforderlich u den Gesellschaftern unter Berücksichtigung ihrer eigenen schutzwürdigen Belange zumutbar sein müsse, nämlich wenn der Gesellschaftszweck u das Interesse der GmbH gerade diese Maßnahme zwingend gebieten u der Gesellschafter seine Zustimmung ohne vertretbaren Grund verweigert.[25]

Eine Zustimmung zum Kapitalerhöhungsbeschluss bedeutet freilich noch keine Pflicht zur wirtschaftlichen Beteiligung an der Kapitalerhöhung u Leistung neuer Einlagen; eine solche Pflicht entsteht erst mit der Übernahme der neuen Stammeinlagen durch die Übernahmserklärung gem Abs 4 u 5.[26] Die Gesellschafter haben ein Bezugsrecht, aber **keine Bezugspflicht**; eine solche kann auch nicht durch Gesellschafterbeschluss begründet werden.[27] Auch aus der Treuepflicht kann **keine Pflicht** eines Gesellschafters **zu zusätzlichen finanziellen Leistungen** abgeleitet werden, selbst wenn sich die GmbH in einer Notsituation befindet.[28] Die Verankerung einer Teilnahmepflicht an Kapitalerhöhungen im GesV ist freilich möglich, wenn sie bestimmt genug ist u alle betroffenen Gesellschafter zustimmen.[29] Außerdem kommt es in der Praxis häufig vor u ist es möglich, dass sich Gesellschafter schon vorab, etwa in einem **Syndikatsvertrag**, zur Teilnahme an der Kapitalerhöhung verpflichten (s § 72 Rz 11). Die syndikatsvertragliche Pflicht, für eine Kapitalerhöhung zu stimmen, kann formfrei begründet werden; die Ver-

9

---

ter, JAP 2015/2016, 24; s zur Treuepflicht zuletzt auch OGH 24.10.2016, 6 Ob 169/16w; 06.4.2022, 6 Ob 192/21k (aus der wechselseitigen Treuepflicht der GmbH-Gesellschafter kann auch die Verpflichtung folgen, einer Änderung des GesV zuzustimmen).

25 BGH 12.4.2016, II ZR 275/14 – *Media Saturn*; s auch OGH 31.1.2013, 6 Ob 100/12t (Beschluss zur Gewinnausschüttung kann treuwidrig sein, wenn Rücklagenbildung für die Überlebensfähigkeit der Gesellschaft erforderlich ist).

26 *Billek/Ettmayer/Ratka/Jost* in Straube/Ratka/Rauter, GmbHG § 52 Rz 47.

27 OLG Wien 25.2.1988, 6 R 108/87, NZ 1989, 46; *Billek/Ettmayer/Ratka/Jost* in Straube/Ratka/Rauter, GmbHG § 52 Rz 32; *Koppensteiner/Rüffler*, GmbHG[3] § 52 Rz 12.

28 OGH 16.11.2012, 6 Ob 47/11x; 24.10.2016, 6 Ob 169/16w.

29 Für die Möglichkeit der Verankerung im GesV als besondere Pflicht iSd § 50 Abs 4: *M. Heidinger/Prechtl* in Gruber/Harrer, GmbHG[2] § 52 Rz 26; im Ergebnis ebenso *Billek/Ettmayer/Ratka/Jost* in Straube/Ratka/Rauter, GmbHG § 52 Rz 47; aA *Koppensteiner/Rüffler*, GmbHG[3] § 52 Rz 12, 13.

pflichtung zur Übernahme einer künftigen Kapitalerhöhung bedarf nach hL eines Notariatsaktes.[30]

10 Eine Kapitalerhöhung kann auch beschlossen werden, wenn die bisherigen Stammeinlagen noch **nicht vollständig eingezahlt** wurden (anders als bei der AG, s dort § 149 Abs 4 AktG; zur Ausfallshaftung neu beitretender Gesellschafter für offene Einlagen v Altgesellschaftern s § 70 Rz 7; zur str Frage der Ausfallshaftung der Altgesellschafter für offene Einlageforderungen aus der Kapitalerhöhung s auch Rz 11).[31] Sie kann auch in der **Insolvenz** oder während der **Liquidation** (zur Befriedigung der Gläubiger, Finanzierung der Abwicklung oder Fortsetzung der Gesellschaft) beschlossen u durchgeführt werden.[32] Auch wenn eine beschlossene Kapitalerhöhung noch nicht im FB eingetragen wurde, kann bereits eine weitere Kapitalerhöhung beschlossen werden. Im Gründungsstadium, vor Eintragung der GmbH im FB, ist eine Kapitalerhöhung möglich, wenn die diesbzgl Änderung des GesV einstimmig beschlossen wird u in Form eines Notariatsakts erfolgt.[33] Auch während einer **Gründungsprivilegierung** gem § 10b iVm § 127 Abs 30 kann eine Kapitalerhöhung beschlossen u durchgeführt werden. Für diese gelten freilich mehr nicht die Regeln des § 10b, sondern die allg Regeln der Kapitalaufbringung, gleichgültig, ob die Kapitalerhöhung v den bisherigen oder neuen Gesellschaftern übernommen wird. Für Kapitalerhöhungen, die ab dem 1. Jänner 2025 zum FB angemeldet werden, gilt aber, dass zugleich auch die Gründungsprivilegierungen beendet werden u im abgeänderten GesV die Bestimmungen über die Gründungsprivilegierung

---

30 *Kapl/Holzgruber*, GesRZ 2021, 86; *Nowotny* in *Kalss/Nowotny/Schauer*, GesR² 4/339; *Aburumieh/Hoppel*, RdW 2020, 739 (741); differenzierend aber *M. Heidinger/Prechtl* in Gruber/Harrer, GmbHG² § 52 Rz 26: Verpflichtung der Gesellschafter zur Übernahme weiterer Stammeinlagen untereinander formfrei begründbar, nur klagbarer Anspruch der GmbH auf Leistung der Einlage bedarf Abschluss des Übernahmsvertrags in Notariatsaktsform.

31 Jew mit Verweis auf die EBRV: *Koppensteiner/Rüffler*, GmbHG³ § 52 Rz 5; *Billek/Ettmayer/Ratka/Jost* in Straube/Ratka/Rauter, GmbHG § 52 Rz 9; *Diregger* in Torggler, GmbHG § 52 Rz 4; *M. Heidinger/Prechtl* in Gruber/Harrer, GmbHG² § 52 Rz 7; *Reich-Rohrwig*, GmbHR 479.

32 *Koppensteiner/Rüffler*, GmbHG³ § 52 Rz 5; *Billek/Ettmayer/Ratka/Jost* in Straube/Ratka/Rauter, GmbHG § 52 Rz 11; *Diregger* in Torggler, GmbHG § 52 Rz 4; *M. Heidinger/Prechtl* in Gruber/Harrer, GmbHG² § 52 Rz 8, 66.

33 *Billek/Ettmayer/Ratka/Jost* in Straube/Ratka/Rauter, GmbHG § 52 Rz 10; *M. Heidinger/Prechtl* in Gruber/Harrer, GmbHG² § 52 Rz 8.

entfallen müssen, weil ansonsten die Kapitalerhöhung nicht im FB eingetragen werden kann (§ 127 Abs 30 S 2).

Beschlussinhalt: Der **Kapitalerhöhungsbeschluss** hat zumindest 11 den Betrag zu bestimmen, um den das Stammkapital erhöht werden soll (**Kapitalerhöhungsbetrag**). Enthält der Kapitalerhöhungsbeschluss keine darüber hinausgehenden Bestimmungen, hat die Kapitalerhöhung gegen **Bareinlagen** zum Nominale u unter Wahrung des Bezugsrechts der Gesellschafter zu erfolgen.[34] Neben der Festsetzung eines **fixen Betrags** ist auch die Festsetzung eines **Höchstbetrags** (allenfalls gekoppelt mit einem Mindestbetrag) zulässig („bis zu"-Kapitalerhöhung). Durch die Festsetzung bloß eines Höchstbetrags bleibt die Kapitalerhöhung auch dann durchführbar, wenn der Kapitalerhöhungsbetrag nicht zur Gänze übernommen wird.[35] Die Gesellschafter sind bei der Festsetzung des Ausmaßes der Kapitalerhöhung frei, jedoch muss der Kapitalerhöhungsbetrag mind € 70 für jede neue Stammeinlage betragen (§ 6 Abs 1). Zur Festsetzung v Bedingungen, Durchführungsfristen u zur Regelung v Einzahlungsmodalitäten im Kapitalerhöhungsbeschluss s Rz 19. Auch die Durchführung in mehreren Tranchen kann vorgesehen werden.[36] Der Kapitalerhöhungsbeschluss kann die Einforderung (Fälligstellung) übernommener Stammeinlagen auch an die GF delegieren.[37] Falls keine Volleinzahlung erfolgt, besteht das Risiko einer Ausfallhaftung (§ 70) nach hL allerdings auch für die bisherigen Gesellschafter, selbst wenn sie sich nach an der Kapitalerhöhung nicht beteiligen u gegen diese gestimmt haben (str);[38] in der Lit wird daher zT ein Anfechtungsrecht überstimmter Gesellschafter bejaht, wenn große Kapitalerhöhungen

---

34 *Diregger* in Torggler, GmbHG § 52 Rz 6.
35 *Koppensteiner/Rüffler*, GmbHG³ § 52 Rz 8; *Billek/Ettmayer/Ratka/Jost* in Straube/Ratka/Rauter, GmbHG § 52 Rz 27; *M. Heidinger/Prechtl* in Gruber/Harrer, GmbHG² § 52 Rz 13; *Diregger* in Torggler, GmbHG § 52 Rz 6; *Reich-Rohrwig*, GmbHR 480; *Steinhart*, RdW 2013/195, 183.
36 *Pichlmayr/Pichlmayr*, GES 2023, 222 (223).
37 *Enzinger* in Straube/Ratka/Rauter, GmbHG § 35 Rz 117; zur Delegation durch GesV *Schopper* in Straube/Ratka/Rauter, GmbHG § 63 Rz 32 mwN.
38 *Koppensteiner/Rüffler*, GmbHG³ § 50 Rz 1; *Schopper* in Straube/Ratka/Rauter, GmbHG § 70 Rz 25; ebenso aber zugleich auch für ein Austrittsrecht des überstimmten Gesellschafters *Heidinger/Prechtl* in Gruber/Harrer, GmbHG² § 52 Rz 12; gegen ein Austrittsrecht mE zu Recht *Artmann* in FS Reischauer 55 (68 ff); **aA** *Reich-Rohrwig*, GmbHR 428, 480; *Hauser*, NZ 2004, 65 (65 f).

ohne sofortige Volleinzahlungspflicht u ohne diesbzgl sachliche Rechtfertigung beschlossen werden.[39]

12   Ein gesonderter Beschluss zur **Erhöhung der Stammkapitalziffer** im GesV (des entspr Punktes im GesV) ist möglich u in der Praxis die Regel, jedoch nicht notwendig, weil sich dies ohnehin schon aus dem Kapitalerhöhungsbeschluss ergibt.[40] Da sich bei **Höchstbetragskapitalerhöhungen** („bis zu"-Kapitalerhöhungen) die neue Stammkapitalziffer nicht unmittelbar aus dem Beschluss selbst ergibt, sondern davon abhängt, in welchem Ausmaß Übernahmserklärungen abgegeben werden, wird zT vertreten, dass für die Anpassung der Stammkapitalziffer im GesV ein zusätzlicher GV-Beschluss notwendig sei.[41] Meines Erachtens kann u sollte der Kapitalerhöhungsbeschluss bei Höchstbetragskapitalerhöhungen jedoch auch die GF zur Anpassung der Stammkapitalziffer im GesV (nach Maßgabe der schlussendlich tatsächlich übernommenen neuen Stammeinlagen) ermächtigen u ist sogar ohne ausdrückliche Ermächtigung iZw v einer Zuständigkeit der GF zur Anpassung der Stammkapitalziffer im GesV auszugehen (s auch § 53 Rz 7).[42] Eine unzulässige Delegation einer Satzungsänderungskompetenz liegt hier nicht vor, weil die GF kein eigenes Ermessen haben u sich die Anpassung der Stammkapitalziffer der Höhe nach ohnehin aus den Übernahmserklärungen der (bisherigen oder neuen) Gesellschafter ergibt.

13   Der Kapitalerhöhungsbeschluss muss nicht bestimmen, wer die Kapitalerhöhung übernimmt u wie hoch der auf die einzelnen Gesellschafter entfallende Erhöhungsbetrag ist, ausgenommen im Fall einer Änderung oder eines Ausschlusses des Bezugsrechts der Gesellschafter oder

---

39 *Artmann* in FS Reischauer 55 (71 ff).
40 *Koppensteiner/Rüffler*, GmbHG[3] § 52 Rz 7; *Billek/Ettmayer/Ratka/Jost* in Straube/Ratka/Rauter, GmbHG § 52 Rz 26; *M. Heidinger/Prechtl* in Gruber/Harrer, GmbHG[2] § 52 Rz 18; *Reich-Rohrwig*, GmbHR 469; für die Notwendigkeit eines eigenen Beschlusses zur Änderung des GesV falls die Gesellschafter mit ihren bisher übernommen Stammeinlagen im GesV namentlich ausgewiesen sind, *Diregger* in Torggler, GmbHG § 52 Rz 5.
41 *Steinhart*, RdW 2013/195, 183 (185), der sich für den Fall des Bestehens eines AR auch für die Übertragung der Befugnis zur formalen Anpassung des GesV an den AR unter analoger Anwendung v § 145 Abs 1 S 2 AktG ausspricht; für eine Ermächtigung des AR (nur) durch einstimmigen Gesellschafterbeschluss: *Billek/Ettmayer/Ratka/Jost* in Straube/Ratka/Rauter, GmbHG § 52 Rz 27.
42 Zur Ermächtigung durch GV-Beschluss s *Pichlmayr/Pichlmayr*, GES 2023, 222 (224).

im Fall einer Kapitalerhöhung mit Sacheinlagen.[43] Zum notwendigen Beschlussinhalt bei Sachkapitalerhöhungen s unten Rz 18.

D. Ausgabebetrag

Soll im Rahmen der Kapitalerhöhung für die Ausgabe der neuen Anteile zusätzlich zum Nennbetrag der neuen Stammeinlagen ein darüber hinausgehender Betrag (**Aufgeld, Agio**) bezahlt werden, muss dieser um das Agio erhöhte **Ausgabebetrag** nach hL im Kapitalerhöhungsbeschluss festgesetzt werden.[44] Diese Aussage ist mE zu allg u wird v den dafür in der Jud u Lit angeführten Gründen (Gesellschafterschutz, Beweislage bei Anfechtung des Kapitalerhöhungsbeschlusses, Gleichklang v Kapitalerhöhungsbeschluss u Übernahmserklärung)[45] nicht getragen. Ein Agio dient idR der Herstellung der Wertäquivalenz zw der mit den bisherigen u den neuen Stammeinlagen verbundenen Beteiligung.[46] Da ein Agio, jedenfalls bei kleinen u mittelgroßen GmbH (keine gebundene Kapitalrücklage), nur dem Gesellschafterschutz u nicht dem Gläubigerschutz dient, können die Gesellschafter darauf auch verzichten oder ein Agio auch nur außerhalb des Kapitalerhöhungsbeschlusses auf schuldrechtlichem Weg vereinbaren (**schuldrechtliches Agio**).[47] Nicht abschließend geklärt ist die Frage, ob ein im Kapitalerhöhungsbeschluss festgesetztes (**gesellschaftsrechtliches**) Agio – so wie bei der AG – Bestandteil der Einlageverpflichtung u damit des Kapitalaufbringungsrechts ist u welche Folgen dies für den Zeitpunkt der Leistungserbringung, die Anwendung der Differenzhaftung gem § 10a, die Zulässigkeit der Aufrechnung der Forderung der GmbH auf Einzahlung des Agios mit einer Gegenforderung des Gesellschafters oder

14

---

43 *Billek/Ettmayer/Ratka/Jost* in Straube/Ratka/Rauter, GmbHG § 52 Rz 30; *Koppensteiner/Rüffler*, GmbHG³ § 52 Rz 8.
44 OLG Innsbruck 4.7.2013, 3 R 59/13w, GES 2013, 504; *Billek/Ettmayer/Ratka/Jost* in Straube/Ratka/Rauter, GmbHG § 52 Rz 29; *Koppensteiner/Rüffler*, GmbHG³ § 52 Rz 10; *M. Heidinger/Prechtl* in Gruber/Harrer, GmbHG² § 52 Rz 16; *Diregger* in Torggler, GmbHG § 52 Rz 6; *Jennewein*, GesRZ 2013, 280.
45 OLG Innsbruck 4.7.2013, 3 R 59/13w, GES 2013, 504; *Jennewein*, GesRZ 2013, 280.
46 OGH 12.12.1991, 6 Ob 17/91.
47 BGH 15.10.2007, II ZR 216/06; s auch *Priester/Tebben* in Scholz, dGmbHG¹² § 55 Rz 27.

die Möglichkeit des Ausschlusses (Kaduzierung) v Gesellschaftern wegen Nichtzahlung des Agios hat (s zur Differenzhaftung auch Rz 63, zur Mindesteinzahlungspflicht s Rz 49).[48] Wird kein Agio festgesetzt, ist iZw nur der Nennbetrag der neuen Stammeinlagen zu leisten.[49] Die Ausgabe der neuen Stammeinlagen unter dem Nennwert ist unzulässig (**Verbot der Unterpari-Emission**). Davon zu unterscheiden ist die Frage nach dem Mindesteinzahlungsbetrag auf die neuen Stammeinlagen (s dazu unten Rz 47 ff). In der Bilanz der GmbH ist ein Agio als Kapitalrücklage gem § 229 Abs 2 Z 1 UGB auszuweisen, die bei großen GmbH (iSd § 221 Abs 3 UGB) gebunden ist (§ 229 Abs 4 ff UGB).[50] Ein Agio muss nicht v allen Gesellschaftern gleichermaßen übernommen werden (alineares Agio). Sollen mit einem freiwillig geleisteten (höheren oder alinearem) Agio aber besondere Rechte verbunden sein, müssen diese im GesV verankert oder zw den Gesellschaftern vereinbart werden (s § 72 Rz 5, lt der Jud gibt es keinen Ausgleich auf bereicherungsrechtlicher Basis).

15 Der Kapitalerhöhungsbeschluss hat jedenfalls dann einen **angemessenen Ausgabebetrag** vorzusehen (dh unter Festsetzung eines Agios, wenn der Unternehmenswert über dem Nennbetrag des Stammkapitals u somit der innere Wert der Geschäftsanteile über ihrem Nennwert liegt), wenn das Bezugsrecht ausgeschlossen werden soll.[51] Dies dient zum Schutz der v Bezugsrechtsausschluss betroffenen Gesellschafter vor einer Verwässerung des Werts ihrer Beteiligung u ist sowohl notwendig, wenn das Bezugsrecht zugunsten eines Mitgesellschafters ausgeschlossen wird, als auch, wenn das Bezugsrecht sämtlicher Gesellschafter zugunsten eines Dritten ausgeschlossen wird.[52] Angemessen bedeutet, dass die neuen Anteile für einen Betrag (Preis) ausgegeben werden, der ihrem tatsächlichen inneren Wert entspricht. Bei Sachein-

---

48 Zur Diskussion u im Ergebnis das Agio als Teil der Einlagepflicht ansehend: *Koppensteiner*, GesRZ, 2015, 6; aA zB *Eckert* in FS Nowotny 275; s auch *Schopper* in Straube/Ratka/Rauter, GmbHG § 63 Rz 96, 174; *Zollner* in Gruber/Harrer, GmbHG² § 10 Rz 13.

49 *M. Heidinger/Prechtl* in Gruber/Harrer, GmbHG² § 52 Rz 16.

50 *H. Foglar-Deinhardstein/Trettnak*, RdW 2010/504, 500.

51 OGH 16.12.1980, 5 Ob 649/80; 19.12.2012 6 Ob 155/12f; *Koppensteiner/Rüffler*, GmbHG³ § 52 Rz 17; *Billek/Ettmayer/Ratka/Jost* in Straube/Ratka/Rauter, GmbHG § 52 Rz 81; *Diregger* in Torggler, GmbHG § 52 Rz 7; *Reich-Rohrwig*, GesRZ 2001, 69 (72).

52 OGH 16.12.1980, 5 Ob 649/80; *Koppensteiner/Rüffler*, GmbHG³ § 52 Rz 19.

lagen muss deren Wert den Ausgabebetrag erreichen u der reale Wert der neuen Anteile dem Wert der Sacheinlage entsprechen.[53] Aus Sicht der bisherigen Gesellschafter ist zu fragen, ob der Wert ihrer Beteiligung nach der Kapitalerhöhung zumindest dem Wert ihrer Beteiligung vor der Kapitalerhöhung entspricht. Dies erfordert eine **Bewertung** sowohl der Sacheinlage als auch der GmbH bzw deren Unternehmens (auch vor der Kapitalerhöhung).[54] Der Bewertungsstichtag sollte möglichst nahe vor dem Tag der Beschlussfassung liegen; absehbare zukünftige Entwicklungen sind zu berücksichtigen. Für die Haftung des Sacheinlegers, falls der Wert der Sacheinlage den Ausgabebetrag nicht erreicht (Differenzhaftung), kommt es freilich gem § 10a Abs 1 auf den Wert im Zeitpunkt der Anmeldung an, auch wenn im Grunde auf den Wert im Zeitpunkt der Einlageleistung abgestellt werden sollte.[55] Zur str Frage der Anwendung der Differenzhaftung gem § 10a auf ein Agio s Rz 63.

Der **Ausgabebetrag bei wechselseitigen Beteiligungen** ist nicht anders festzulegen als ohne wechselseitige Beteiligung (s § 81 Rz 55; zur Zulässigkeit der Teilnahme an einer Kapitalerhöhung bei wechselseitigen Beteiligungen, wenn die sich beteiligende Gesellschaft keine Tochtergesellschaft iSd § 187a Z 7 UGB ist, s Rz 23 u § 81 Rz 51). Die (aus Anlass eines Gesellschafterstreits) zum Aktienrecht zT vertretene Forderung nach einem (je nach der Höhe der Rückbeteiligungsquote) höheren Ausgabebetrag für jene Gesellschafter, an denen die ihr Kapital erhöhende GmbH ihrerseits beteiligt ist (sog „Mehrleistungsthese"), wurde v OGH zu Recht u in Übereinstimmung mit der seit jeher bestehenden einhelligen Praxis abgelehnt.[56] Das G lässt wechselseitige Beteiligungen aus guten Gründen zu u hat dafür kein kapitalaufbringungsrechtliches Sonderregime vorgesehen. Warum sich für einen Gesellschafter bei wechselseitiger Beteiligung die Pflicht ergeben soll, einen höheren als

15a

---

53 *Koppensteiner/Rüffler*, GmbHG³ § 52 Rz 17.
54 *Winner* in Doralt/Nowotny/Kalss, AktG³ § 150 Rz 82.
55 *Winner* in Doralt/Nowotny/Kalss, AktG³ § 150 Rz 87.
56 Zum Aktienrecht 28.6.2023, 6 Ob 178/22b; OLG Innsbruck 22.4.2020, 3 R 10/20z, GesRZ 2020, 279 (*Eckert*); *Karollus*, GesRZ 2020, 169; *Eckert/Schopper*, GesRZ 2020, 381; *Eckert/Schopper* in Eckert/Schopper, AktG-ON § 51 Rz 28; *Aschauer/Eckert*, RWZ 2022, 127; *Aschauer/Eckert*, RWZ 2022, 276; *Kalss* in Doralt/Nowotny/Kalss, AktG³ § 66 Rz 31; aA *Rüffler/Cahn*, GesRZ 2020, 242; *Koppensteiner*, GES 2020, 227; *Koppensteiner*, GES 2020, 300; *Mock*, GES 2021, 5; *Mock*, wbl 2021, 678 (680 ff, 686 ff); *Mock*, RWZ 2022, 187. Offen OGH 25.11.2020, 6 Ob 93/20z, GesRZ 2021, 185 (*Potyka*).

den im Kapitalerhöhungsbeschluss festgesetzten u in der Übernahmserklärung übernommenen Ausgabebetrag zu bezahlen, wurde v den Vertretern der Mehrleistungsthese angesichts der fehlenden gesetzl Verankerung nicht überzeugend begründet. Schon deren Prämisse, dass bei wechselseitiger Beteiligung die Kapitalerhöhung im Ausmaß des Produkts der wechselseitigen Beteiligungsquoten v der die Kapitalerhöhung durchführenden GmbH „selbst aufgebracht" bzw wirtschaftlich betrachtet „aus eigenem Vermögen"[57] finanziert wird, ist als Ausgangsbasis zu hinterfragen. Denn schließlich handelt es sich bei rechtlich zulässigen wechselseitigen Beteiligungen idR gerade nicht um konzernmäßig verbundene Gesellschaften u werden die beteiligten Gesellschaften auch aus Sicht des Kapitalerhaltungsrechts, des Insolvenzrechts u der Organverantwortlichkeiten jew unabhängig behandelt. Warum bei einer Kapitalerhöhung, noch dazu außerhalb v Konzernverhältnissen, eine wirtschaftliche Durchgriffsbetrachtung erfolgen soll (u gleichzeitig die Interessen der ihr Kapital erhöhenden GmbH jenen der sich an der Kapitalerhöhung beteiligenden Gesellschaft vorgehen sollen), erschließt sich nicht. Auch der v den Vertretern der Mehrleistungsthese herangezogene „Grundsatz der realen Kapitalaufbringung" beschreibt nur ein Ziel der Kapitalaufbringungsbestimmungen, ist aber keine ausreichende gesetzl Grundlage dafür, dass für Gesellschafter mit Rückbeteiligung die Einhaltung der gesetzl Kapitalaufbringungsvorschriften nicht ausreichen soll, sondern diese zu einer Mehrleistung verpflichtet sein sollen.[58] Der OGH hat daher auch mit souveräner u dankenswerter Deutlichkeit klargestellt, dass die Anwendung der Mehrleistungsthese der Rechtssicherheit u Rechtsklarheit widerspräche u damit die Grenze zulässiger Rechtsfortbildung durch das Gericht „weit überschritten" würde.[59] In der Tat wäre die Mehrleistungsthese bei mehrstöckig gehaltenen wechselseitigen Kleinbeteiligungen praktisch kaum durchführbar u würde *de facto* keine Insolvenz verhindern. Zudem läuft der der Mehrleistungsthese zugrundeliegende Kapitalverwässerungsvorwurf ins Leere, wenn ein Agio festgesetzt wird, weil die Gläubiger keinen Anspruch auf einen über dem Stammkapital liegenden Ausgabebetrag haben u die Kapital-

---

57 *Mock*, GES 2021, 5 (9); *Rüffler/Cahn*, GesRZ 2020, 242 (244).
58 Wie *Eckert/Schopper*, GesRZ 2020, 381 (395) gezeigt haben, wären selbst *de lege ferenda* andere Ausgleichsmechanismen naheliegender, wie etwa ein proportionales Agio oder die Umwidmung v freien Rücklagen oder Gewinnvorträgen in gebundene Rücklagen.
59 OGH 28.6.2023, 6 Ob 178/22b.

aufbringungsvorschriften nach der hier vertretenen A auch nicht das Agio betreffen (s Rz 49, 63).[60] Auch der Gesellschafterschutz rechtfertigt die Mehrleistungsthese nicht, denn eine Ungleichbehandlung oder Verwässerung der Beteiligung der anderen Gesellschafter liegt nicht vor.[61] Zudem könnte selbst eine Verletzung des Gleichbehandlungsgrundsatzes nur eine Anfechtung begründen, nicht aber eine Mehrleistungspflicht einzelner Gesellschafter ohne deren Zustimmung. Unbestrittenermaßen darf eine GmbH die Übernahme der Kapitalerhöhung durch ihre Gesellschafter oder Dritte nicht auf eine gegen das Verbot der Einlagenrückgewähr verstoßende Weise finanzieren (§ 81 Rz 77, dort ebenso zur Frage der analogen Anwendbarkeit v § 66a AktG); eine bloße Rückbeteiligung der GmbH an der Gesellschafterin begründet aber noch keine solche unzulässige Finanzierung u auch noch keine Umgehung der Kapitalaufbringungsvorschriften u auch keinen Missbrauch.

Nicht abschließend geklärt ist, ob ein **angemessenes Agio** auch dann festzusetzen ist, wenn die Kapitalerhöhung zwar **ohne Bezugsrechtsausschluss**, aber gegen den Willen einer Gesellschafterminderheit erfolgt. Laut OGH ist im Fall, dass das Bezugsrecht zwar nicht ausgeschlossen wird, aber sich die Gesellschafter über den Kapitalerhöhungs- u Ausgabebetrag nicht einigen können, keine Anfechtung des Kapitalerhöhungsbeschlusses wegen Festsetzung eines unangemessenen Ausgabebetrags möglich, wenn ein rechtsmissbräuchliches Motiv des Mehrheitsgesellschafters nicht feststeht, alle Gesellschafter wirtschaftlich in der Lage sind, bei der Kapitalerhöhung mitzuziehen, u letztlich eine Interessenabwägung eher gebietet, den Kapitalerhöhungsbeschluss bestehen zu lassen.[62] Die L hat diese E mE zu Recht kritisiert, obwohl die Entscheidungsbegründung selbst nicht nur auf Missbrauch abstellt, sondern immerhin auch eine Interessenabwägung verlangt (die aber im konkret entschiedenen Fall wohl unzutreffend vorgenommen wurde, weil die GmbH denselben Eigenkapitalbetrag erhalten hätte, wenn der Ausgabebetrag iSd Antrags des überstimmten Minderheitsgesellschafters auf einen geringeren Nennbetrag u ein Agio aufgeteilt worden wäre; es geht außerdem nicht nur um den Interessenausgleich zw

16

---

60 *Eckert/Schopper*, GesRZ 2020, 381 (392).
61 *Eckert/Schopper*, GesRZ 2020, 381; *Aschauer/Eckert*, RWZ 2022, 127; *Aschauer/Eckert*, RWZ 2022, 276.
62 OGH 19.12.2012, 6 Ob 155/12f.

GmbH [Finanzierungsbedarf] u überstimmtem Gesellschafter, sondern um jenen zw Minderheits- u Mehrheitsgesellschaftern, insb dahingehend, dass die neuen Anteile nicht zu billig ausgegeben werden).[63] Die E des OGH würde die Minderheitsgesellschafter faktisch dazu zwingen, sich an der Kapitalerhöhung zu beteiligen, um einen Verlust ihrer relativen Stimmrechtsanteile u Vermögensbeteiligung zu vermeiden.[64] Zwar kann tatsächlich das v OGH ins Treffen geführte „Erpressungspotential" überstimmter Minderheitsgesellschafter bestehen, wenn diese jede Kapitalerhöhung wegen eines unangemessenen Agios anfechten können; allerdings wären andernfalls die überstimmten Minderheitsgesellschafter einer „rücksichtslosen" Vorgangsweise der Mehrheitsgesellschafter bei der Festsetzung des Ausgabebetrags u der damit verbundenen Gefahr einer Verwässerung ihrer Stimmrechte u Vermögensbeteiligung ohne ausreichenden Schutz ausgeliefert. Im Gegensatz zum Umgründungsrecht gibt es bei Kapitalerhöhungen nämlich keine Möglichkeit einer unabhängigen Überprüfung des „Umtauschverhältnisses" in einem außerstreitigen Verfahren. Dazu kommt, dass die Minderheitsgesellschafter einer GmbH (im Gegensatz zur börsenotierten AG) idR ihr Bezugsrecht auch nicht veräußern können.[65] Missbräuchliche Anfechtungsklagen sind zudem, gerade bei GmbH-Minderheitsgesellschaftern u angesichts der Beweislast, des Kostenrisikos des Anfechtungsklägers u der Haftungsbestimmung des § 42 Abs 7, nicht v Vornherein zu unterstellen. Im Ergebnis sprechen daher mE wohl die besseren Argumente für die hL, dass auch dann ein angemessenes Agio festzusetzen ist, wenn nicht alle Gesellschafter an der Kapitalerhöhung teilnehmen wollen u sich über den Ausgabebetrag nicht einigen können.

17 Freilich kann es zB zulässig sein, den Ausgabebetrag auch unter dem inneren Wert festzusetzen, wenn dies notwendig ist, um neue Gesellschafter als Kapitalgeber für die GmbH zu gewinnen u eine notwendige

---

63 *Billek/Ettmayer/Ratka/Jost* in Straube/Ratka/Rauter, GmbHG § 52 Rz 29, 81; *Diregger* in Torggler, GmbHG § 52 Rz 7; *Ch. Nowotny*, GesRZ 2013, 161; *Kalss/Winner*, GesRZ 2013, 189 (192); *J. Reich-Rohrwig/Rizzi*, ecolex 2013, 538; *Steinhart*, RdW 2013/702, 715; *Wenger*, RWZ 2013, 77; vgl auch OGH 22.10.2003, 3 Ob 152/02b zur AG; **aA** jedoch *M. Heidinger/Prechtl* in Gruber/Harrer, GmbHG[2] § 52 Rz 16.
64 *Kalss/Winner*, GesRZ 2013, 189 (192); *Ch. Nowotny*, GesRZ 2013, 161; *J. Reich-Rohrwig/Rizzi*, ecolex 2013, 538.
65 S auch *Winner* in Doralt/Nowotny/Kalss, AktG[3] § 149 Rz 32, 33, § 150 Rz 15; *J. Reich-Rohrwig/Rizzi*, ecolex 2013, 538.

Kapitalerhöhung sonst nicht durchführbar wäre,[66] oder wenn sonst eine ausreichende sachliche Rechtfertigung dafür besteht. Überdies wird vertreten, dass eine Plausibilisierbarkeit der Angemessenheit des Ausgabebetrags ausreicht u nicht so strenge Anforderungen an die Genauigkeit der Unternehmensbewertung zu stellen sind wie bei einer Kapitalerhöhung mit Bezugsrechtsausschluss oder einem Squeezeout.[67] Ein angemessenes Agio ist dann nicht notwendig, wenn alle Gesellschafter an der Kapitalerhöhung teilnehmen oder mit dem Ausgabetag einverstanden sind, sei es, dass sie diesem ausdrücklich zustimmen oder auf eine Anfechtung des Kapitalerhöhungsbeschlusses verzichten.[68]

E. Sacheinlagen

Soll das neue Kapital (tw) durch Sacheinlagen aufgebracht werden, wird **18** aus Abs 6 iVm § 6 Abs 4 abgeleitet, dass auch die **Person** des Sacheinlegers sowie der **Gegenstand** der Sacheinlage u deren **Wert** genau u vollständig im **Kapitalerhöhungsbeschluss** angeben werden muss.[69] Anzugeben ist nicht der tatsächliche Wert der Sacheinlage, sondern jener Betrag, mit dem die Sacheinlage auf den Kapitalerhöhungsbetrag angerechnet wird.[70] Zur str Frage, ob all diese Angaben auch in den GesV mitaufzunehmen sind, hat der OGH entschieden, dass es ausreicht, wenn im GesV festgehalten wird, dass die Sacheinlage eingebracht wurde, u ausdrücklich auf gleichzeitig zum FB eingebrachte Urkunden verwiesen wird, aus denen sich die Person des Einbringenden, die genaue u vollständige Bezeichnung der Sacheinlage samt ihrem Wert u die Höhe der übernomme-

---

66 S weitergehend auch *Steinhart*, RdW 2013/702, 715 (719); *Winner* in Doralt/Nowotny/Kalss, AktG³ § 153 Rz 160 f; *Winner* in Bertl et al, Bewertung in volatilen Zeiten 127 (135).
67 *Steinhart*, RdW 2013/702, 715 (719); *Ch. Nowotny*, GesRZ 2013, 161 (162); *Reich-Rohrwig*, GesRZ 2001, 69 (72).
68 *Priester/Tebben* in Scholz, dGmbHG¹² § 55 Rz 27; *Diregger* in Torggler, GmbHG § 52 Rz 7; *Wenger*, RWZ 2013, 77.
69 *Koppensteiner/Rüffler*, GmbHG³ § 52 Rz 9; *Billek/Ettmayer/Ratka/Jost* in Straube/Ratka/Rauter, GmbHG § 52 Rz 35; *M. Heidinger/Prechtl* in Gruber/Harrer, GmbHG² § 52 Rz 14; *Diregger* in Torggler, GmbHG § 52 Rz 27.
70 *Koppensteiner/Rüffler*, GmbHG³ § 6 Rz 19; *van Husen/Krejci* in Straube/Ratka/Rauter, GmbHG § 6 Rz 181; *Zollner* in Gruber/Harrer, GmbHG² § 6 Rz 43.

nen Stammeinlage ergeben.[71] Obwohl mE selbst die Notwendigkeit eines bloßen Verweises im GesV fraglich ist, weil ohnehin bereits der in der Niederschrift zur GV protokollierte Kapitalerhöhungsbeschluss (der ebenfalls in der Urkundensammlung online abrufbar ist) sowie ggf die Prüfberichte des Sacheinlegers, der GF u des Sacheinlageprüfers als Informationsquelle völlig ausreichend sind,[72] ist es in der Praxis bis zur vollständigen Klärung dieser Frage dennoch zu empfehlen, in den GesV einen Verweis auf den GV-Beschluss über die Kapitalerhöhung u auf den Sacheinlagevertrag aufzunehmen. Eine mögliche Folge einer unzureichenden Festsetzung im GesV wird nämlich darin gesehen, dass die Kapitalerhöhung zwar wirksam ist, der Gesellschafter die übernommene Stammeinlage trotz vollständiger Leistung der Sacheinlage aber dennoch nochmals in bar einzahlen muss (vgl auch § 63 Abs 5).[73] Zur Frage der Einlagefähigkeit s unten Rz 55, zur Leistung s unten Rz 54.

F. Bedingungen und Befristungen

19 Die Wirksamkeit des Kapitalerhöhungsbeschlusses kann auch an **Bedingungen** oder **Befristungen** geknüpft werden, zB dass der Kapitalerhöhungsbetrag bis zu einem bestimmten Zeitpunkt übernommen oder die Kapitalerhöhung bis zu einem bestimmten Zeitpunkt im FB eingetragen wird.[74] Insbesondere können im Erhöhungsbeschluss auch **Durchführungsfristen** festgesetzt werden, uzw sowohl für die Ausübung der Bezugsrechte u die Übernahme der neuen Stammeinlagen als auch für deren Einzahlung.[75] Bei **Höchstbetragskapitalerhöhungen** wird die Festlegung

---

71 OGH 26.9.2007, 7 Ob 129/07g; *Diregger*, RdW 2008/402, 439; *Birnbauer*, GesRZ 2008, 34; zur Diskussion davor vgl etwa *Birnbauer*, GES 2004, 24 (für die Aufnahme aller Angaben in den GesV selbst, jedoch Heilung durch nachträgliche Satzungsänderung möglich) u *Diregger* RdW 2006/319, 323 (Angaben im Kapitalerhöhungsbeschluss ausreichend).
72 Ebenso *Diregger*, RdW 2006/319, 323 (326); *Diregger*, RdW 2008/402, 439; *Ch. Nowotny* in Kalss/Nowotny/Schauer, GesR² Rz 4/522 FN 1987; wohl auch im Ergebnis *Wenger*, RWZ 2007, 362 (363); aA *Koppensteiner/Rüffler*, GmbHG³ § 52 Rz 9; *Gellis/Feil*, GmbHG⁷ § 52 Rz 9.
73 *Diregger* in Torggler, GmbHG § 52 Rz 27; *Birnbauer*, GesRZ 2008, 34.
74 *Koppensteiner/Rüffler*, GmbHG³ § 52 Rz 10; *Billek/Ettmayer/Ratka/Jost* in Straube/Ratka/Rauter, GmbHG § 52 Rz 28.
75 *Koppensteiner/Rüffler*, GmbHG³ § 52 Rz 10; *Billek/Ettmayer/Ratka/Jost* in Straube/Ratka/Rauter, GmbHG § 52 Rz 26.

einer Durchführungsfrist tw sogar als geboten angesehen,[76] wobei in der (mE durchaus überprüfungsbedürftigen) Lit vertreten wird, dass diese Frist nicht zu lange sein dürfe, weil bei der GmbH kein genehmigtes Kapital vorgesehen sei; genannt wird eine Durchführungsfrist v sechs Monaten, bei Anfechtungen ggf auch länger.[77] Der Kapitalerhöhungsbeschluss kann auch bei Bareinlagen eine sofortige Volleinzahlung oder sonst einen höheren als den gesetzl **Mindesteinzahlungsbetrag** vorsehen.[78] Auch sonst können Inhalt u Umfang der Leistungspflicht, insb die **Einzahlungsmodalitäten** im Kapitalerhöhungsbeschluss im Rahmen der zwingenden Kapitalaufbringungsvorschriften näher geregelt werden.[79]

G. Gewinnberechtigung neuer Anteile

Der Kapitalerhöhungsbeschluss kann auch den **Zeitpunkt** bestimmen, ab dem die neuen (erhöhten) Anteile gewinnberechtigt sein sollen. Mangels einer ausdrücklichen abw Regelung sind die neuen (erhöhten) Geschäftsanteile nach hL bereits *„für"* das (laufende) Geschäftsjahr, in dem die Kapitalerhöhung eingetragen wird, voll gewinnberechtigt, nehmen also voll am Gewinn desjenigen Jahres teil, in dem die Kapitalerhöhung wirksam wird.[80] Meines Erachtens gilt diese volle Gewinnberechtigung mangels abw Regelung im Kapitalerhöhungsbeschluss freilich nicht nur für den Gewinn des laufenden Geschäftsjahres, sondern auch für alle Gewinne vorangegangener Geschäftsjahre, wenn den bisherigen Gesellschaftern vor Eintragung der Kapitalerhöhung diesbzgl noch keine Dividendenforderung erwachsen ist (zB mangels Feststellung des JA oder mangels Ausschüttungsbeschluss). Der Kapitalerhöhungsbeschluss könnte freilich die Gewinnberechtigung für vergangene Geschäftsjahre ausschließen, ebenso auch für das laufende Geschäftsjahr (Verschiebung auf das der Kapital-

20

---

76 *M. Heidinger/Prechtl* in Gruber/Harrer, GmbHG² § 52 Rz 13; für die AG *Winner* in Doralt/Nowotny/Kalss, AktG³ § 149 Rz 18.
77 *Billek/Ettmayer/Ratka/Jost* in Straube/Ratka/Rauter, GmbHG § 52 Rz 28; *Diregger* in Torggler, GmbHG § 52 Rz 6; *Steinhart*, RdW 2013/195, 183 (185); für die AG *Winner* in Doralt/Nowotny/Kalss, AktG³ § 149 Rz 18.
78 *M. Heidinger/Prechtl* in Gruber/Harrer, GmbHG² § 52 Rz 17; *Koppensteiner/Rüffler*, GmbHG³ § 52 Rz 31.
79 *Koppensteiner/Rüffler*, GmbHG³ § 52 Rz 10.
80 *M. Heidinger/Prechtl* in Gruber/Harrer, GmbHG² § 52 Rz 17; *Billek/Ettmayer/Ratka/Jost* in Straube/Ratka/Rauter, GmbHG § 52 Rz 32; *Koppensteiner/Rüffler*, GmbHG³ § 52 Rz 10.

erhöhung folgende Geschäftsjahr) oder die Gewinnberechtigung für das laufende Geschäftsjahr nach Maßgabe des Zeitablaufs vor u nach der Kapitalerhöhung (pro rata temporis oder nach Maßgabe einer Zwischenbilanz) aliquotieren (s auch § 82 Rz 34). Der Beschluss einer rückwirkenden Erhöhung des Stammkapitals ist (mit Wirkung für das Innenverhältnis der Gesellschafter) möglich, wenn alle Gesellschafter zustimmen oder sonst damit keine Beeinträchtigung der Interessen einzelner Gesellschafter verbunden ist.[81] Im Außenverhältnis u auch bilanziell ist freilich keine **Rückwirkung** möglich (zur bilanziellen Rückwirkung v Kapitalerhöhungen gem § 60 s dort, zur bilanziellen Rückwirkung v Kapitalerhöhungen aus Gesellschaftsmitteln gem § 2 Abs 2 KapBG s Rz 67 ff, zur ertragsteuerlichen Rückwirkung v Sachkapitalerhöhungen, die unter Art III UmgrStG fallen, s §§ 13, 14, 18, 20 UmgrStG.

H. Widerruf

21 Ein **Widerruf** des Kapitalerhöhungsbeschlusses ist vor FB-Eintragung jedenfalls möglich; str ist aber, ob dafür die einfache Mehrheit ausreicht oder eine qualifizierte Mehrheit samt notarieller Beurkundung notwendig ist; mE ist ein Widerrufsbeschluss mit einfacher Mehrheit ausreichend.[82] Dadurch enden auch die Rechte u Pflichten aus dem Übernahmevertrag.[83] Zum Teil wird in der Lit jedoch mE unzutr ein Widerruf des Kapitalerhöhungsbeschlusses nach Abschluss des Übernahmevertrages nur mehr mit Zustimmung des Übernehmers als zulässig erachtet.[84]

---

81 OLG Innsbruck 23.3.1988, 3 R 81/88, NZ 1988, 333; *Koppensteiner/Rüffler*, GmbHG[3] § 49 Rz 12, § 52 Rz 10; *Billek/Ettmayer/Ratka/Jost* in Straube/Ratka/Rauter, GmbHG § 52 Rz 38; *Diregger* in Torggler, GmbHG § 52 Rz 6.
82 Für die einfache Mehrheit: *Koppensteiner/Rüffler*, GmbHG[3] § 52 Rz 6, § 49 Rz 16 mwN; *Rauter/Milchrahm* in Straube/Ratka/Rauter, GmbHG § 49 Rz 144. Für eine qualifizierte Mehrheit: *Billek/Ettmayer/Ratka/Jost* in Straube/Ratka/Rauter, GmbHG § 52 Rz 23; *Umfahrer*, GmbH[7] Rz 9.19; *Diregger* in Torggler, GmbHG § 52 Rz 9; *Ch. Nowotny* in Kalss/Nowotny/Schauer, GesR[2] Rz 4/513, die aufgrund der Bindungswirkung des einmal gefassten Beschlusses im Innenverhältnis eine qualifizierte Mehrheit (wie zur Fassung des Erhöhungsbeschlusses) als erforderlich ansehen.
83 *M. Heidinger/Prechtl* in Gruber/Harrer, GmbHG[2] § 52 Rz 66.
84 *Billek/Ettmayer/Ratka/Jost* in Straube/Ratka/Rauter, GmbHG § 52 Rz 92; *Diregger* in Torggler, GmbHG § 52 Rz 20; **aA** *M. Heidinger/Prechtl* in Gruber/Harrer, GmbHG[2] § 52 Rz 66.

Zutreffend dürfte jedoch die A sein, dass ein Gesellschafter, der bereits eine unbedingte Übernahmserklärung abgegeben hat, nicht mehr nachträglich für eine Aufhebung des Kapitalerhöhungsbeschlusses stimmen darf.[85] Nach der FB-Eintragung ist eine Rückabwicklung idR nur unter Einhaltung der gesetzl u gesv Voraussetzungen im Wege einer Kapitalherabsetzung möglich (s auch § 53 Rz 12).[86]

I. Anfechtung

Eine **Beschlussanfechtung** ist unter den Voraussetzungen des § 41 möglich. Gründe für eine Anfechtung können **formelle Mängel sein**, zB Einberufungsmängel oder unrichtige Beschlussfeststellung, oder **inhaltliche Beschlussmängel**, wie zB ein Verstoß gegen die gesetzl oder gesv Mehrheitserfordernisse, ein ungerechtfertigter Bezugsrechtsausschluss, eine unangemessene Bewertung des Übernahmspreises/Agios oder eine rechtsmissbräuchlich beschlossene Kapitalerhöhung.[87] Ein Gesellschafter, der ordnungsgemäß zur GV geladen wurde, aber daran nicht teilnimmt oder keinen Widerspruch erhebt, kann den Beschluss gem der Jud nicht anfechten.[88] 22

III. Bezugsrecht

A. Inhalt und Zweck

Das **Bezugsrecht**, in Abs 3 bezeichnet als „Vorrecht" der bisherigen Gesellschafter zur Übernahme der neuen Stammeinlagen nach dem Verhältnis der bisherigen, ist ein Bestandteil des allg Mitgliedschaftsrechts 23

---

85 *Diregger* in Torggler, GmbHG § 52 Rz 20; **aA** *M. Heidinger/Prechtl* in Gruber/Harrer, GmbHG² § 52 Rz 66.
86 OGH 23.4.1996, 1 Ob 509/96; 9.5.2007, 9 Ob 138/06v; 14.9.2011, 6 Ob 80/11z; *Billek/Ettmayer/Ratka/Jost* in Straube/Ratka/Rauter, GmbHG § 52 Rz 22 ff.
87 OGH 27.6.2019, 6 Ob 90/19g; *Billek/Ettmayer/Ratka/Jost* in Straube/Ratka/Rauter, GmbHG § 52 Rz 39, 84; *M. Heidinger/Prechtl* in Gruber/Harrer, GmbHG² § 52 Rz 19.
88 OGH 11.7.1991, 6 Ob 501/91, 28.8.2013, 6 Ob 59/13i; krit *Pelinka/Bertsch*, ecolex 2019, 45; *J. Reich-Rohrwig*, GesRZ 2020, 229 mwN.

der Gesellschafter.[89] Seinem Inhalt nach handelt es sich um einen Anspruch des Gesellschafters gegen die GmbH auf Erwerb eines seiner bisherigen Beteiligung entspr Anteils am erhöhten Stammkapital.[90] Es richtet sich nach dem Umfang der bisherigen Kapitalbeteiligung u steht v Gesetzes wegen zu, kann aber durch den GesV oder unter bestimmten Voraussetzungen im Kapitalerhöhungsbeschluss ausgeschlossen werden (s Rz 28 ff). Es dient der Bewahrung der bisherigen Beteiligungsquoten der einzelnen Gesellschafter, nämlich der prozentuellen Beteiligung am gesamten Stammkapital sowie im Verhältnis zu den Mitgesellschaftern (relative Beteiligung), somit der Aufrechterhaltung der bisherigen Stimmrechte u sonstigen Vermögens- u Herrschaftsrechte u des inneren Werts der Beteiligung.[91] Das Bezugsrecht richtet sich daher, falls der GesV nichts anderes vorsieht, nach dem Ausmaß der v den bisherigen Gesellschaftern übernommenen Stammeinlagen, unabhängig davon, ob diese bereits tatsächlich eingezahlt/geleistet sind u ob diese gründungsprivilegiert iSd § 10b sind.[92] Als konkretes u selbständiges Recht entsteht das Bezugsrecht, sofern es nicht zulässigerweise ausgeschlossen wurde, mit der Beschlussfassung der GV über die Kapitalerhöhung.[93] Aus **eigenen Anteilen** der GmbH steht kein Bezugsrecht zu. Dasselbe gilt für Anteile, die v Tochterunternehmen der GmbH (iSd § 189a Z 7 UGB) gehalten werden (§§ 51 Abs 2, 65 Abs 5 AktG analog; s auch § 81 Rz 46).[94] Soweit kein Mutter-Tochter-Verhältnis iSv § 189a Z 6 u 7 UGB besteht oder entsteht, können durch Kapitalerhöhungen an einer GmbH auch **wechselseitige Beteiligungen** begründet u, auch durch Ausübung des Bezugsrechts, aufrechterhalten werden (**str**, s auch § 81 Rz 53 mwN, zum Ausgabebetrag s auch Rz 15a).[95]

---

89 *Billek/Ettmayer/Ratka/Jost* in Straube/Ratka/Rauter, GmbHG § 52 Rz 41, 43.
90 *Priester*/Tebben in Scholz, dGmbHG[12] § 55 Rz 48.
91 OGH 16.12.1980, 5 Ob 649/80; *Billek/Ettmayer/Ratka/Jost* in Straube/Ratka/Rauter, GmbHG § 52 Rz 42; *Koppensteiner/Rüffler*, GmbHG[3] § 52 Rz 11; zum Bezugsrecht bei der gründungsprivilegierten GmbH s *Hartlieb/Saurer/Zollner*, SWK Spezial 2014, 56 u *Steinhart*, RdW 2017, 77 (78).
92 *M. Heidinger/Prechtl* in Gruber/Harrer, GmbHG[2] § 52 Rz 22.
93 *Billek/Ettmayer/Ratka/Jost* in Straube/Ratka/Rauter, GmbHG § 52 Rz 45.
94 *Koppensteiner/Rüffler*, GmbHG[3] § 52 Rz 11, 20; *M. Heidinger/Prechtl* in Gruber/Harrer, GmbHG[2] § 52 Rz 25; *Billek/Ettmayer/Ratka/Jost* in Straube/Ratka/Rauter, GmbHG § 52 Rz 45; *Diregger* in Torggler, GmbHG § 52 Rz 11.
95 Zum Aktienrecht OGH 28.6.2023, 6 Ob 178/22b, wo der OGH wechselseitige Beteiligungen außerhalb eines Mutter-Tochter-Verhältnisses jedenfalls als

B. Ausübung

Das Bezugsrecht ist nach der Grundregel des Abs 3 innerhalb v **vier** **24** **Wochen** ab dem Tag des Kapitalerhöhungsbeschlusses auszuüben. Der GesV oder der Kapitalerhöhungsbeschluss können diese Frist verlängern oder reduzieren, wobei die Ausübungsfrist jedoch mind zwei Wochen betragen muss (§ 153 Abs 1 S 2 AktG analog).[96] Die „*Ausübung*" erfolgt durch Abgabe der Übernahmserklärung.[97] Bei **Nichtausübung** des Bezugsrechts wächst es nach hL (anders als bei der AG) den übrigen Gesellschaftern anteilig an, falls der GesV oder der Kapitalerhöhungsbeschluss nichts anderes vorsehen.[98] Nach aA kommt es mangels anderer Bestimmung im GesV oder Kapitalerhöhungsbeschluss nur dann zur **Anwachsung**, wenn die Geschäftsanteile an der GmbH vinkuliert sind oder gesv Vorkaufsrechte bestehen u der GesV personalistisch gestaltet ist.[99] Meines Erachtens ist es mangels ausdrücklicher Regelung im GesV oder im Kapitalerhöhungsbeschluss durchaus problematisch, v einer Anwachsung auszugehen, weil nicht v Vornherein anzunehmen ist,

---

zulässig erklärt, soweit eine durchgerechnete (un-)mittelbare Selbstbeteiligung v 10 % nicht überschritten wird (u die Frage für höhere Selbstbeteiligungsquoten offen lässt).
96 OGH 25.6.2020, 6 Ob 90/20h (Verkürzung durch GesV oder Gesellschafterbeschluss möglich); 17.10.2022, 6 Ob 183/22p (Mindestfrist v zwei Wochen, ausdrückliche Ablehnung der A v *Billek/Ettmayer/Ratka/Jost* in Straube/Ratka/Rauter, GmbHG § 52 Rz 86, in besonders gelagerten Fällen sei bei personalistisch ausgeprägter Gesellschaftsstruktur eine Verkürzung auch unter zwei Wochen denkbar); *Koppensteiner/Rüffler*, GmbHG[3] § 52 Rz 11; *Diregger* in Torggler, GmbHG § 52 Rz 11.
97 *Billek/Ettmayer/Ratka/Jost* in Straube/Ratka/Rauter, GmbHG § 52 Rz 86; *Diregger* in Torggler, GmbHG § 52 Rz 11.
98 *Koppensteiner/Rüffler*, GmbHG[3] § 52 Rz 12; *Gellis/Feil*, GmbHG[7] § 52 Rz 6; *Reich-Rohrwig*, GmbHR 481; *M. Heidinger/Prechtl* in Gruber/Harrer, GmbHG[2] § 52 Rz 23 (nach denen der Ausschluss der Anwachsung keiner materiellen Beschlusskontrolle wie der Ausschluss des Bezugsrechts als solches unterliegt) u Rz 24 (iZw die Frage verneinend, ob nicht ausgeübte Bezugsrechte auch dann anwachsen, wenn der Kapitalerhöhungsbeschluss einen Mindestbetrag vorsieht u dieser bereits erreicht ist); in Dtl ist die Frage str, s *Priester/Tebben* in Scholz, dGmbHG[12] § 55 Rz 51; *Schnorbus* in Rowedder/Pentz, dGmbHG[7] § 55 Rz 43 mwN; *Lieder*, MüKo GmbHG[4] § 55 Rz 113 mwN.
99 *Billek/Ettmayer/Ratka/Jost* in Straube/Ratka/Rauter, GmbHG § 52 Rz 46; *Diregger* in Torggler, GmbHG § 52 Rz 12.

dass ein Gesellschafter, der sein Bezugsrecht nicht ausübt, mit einer durch die Anwachsung möglichen Anteilsverschiebung zugunsten der Mitgesellschafter einverstanden ist.[100] Das spricht dafür, entweder v einem **Verfall** nicht ausgeübter Bezugsrechte auszugehen u ein Anwachsen nur bei ausdrücklicher Regelung im GesV oder im Kapitalerhöhungsbeschluss u unter Beachtung der gesv Vinkulierungen u Übertragungsbeschränkungen zuzulassen. Die Frist zur Ausübung angewachsener Bezugsrechte durch die übrigen Gesellschafter kann durch Gesellschafterbeschluss mE auch auf unter zwei Wochen verkürzt werden.[101] Wird das Bezugsrecht zugunsten eines Mitgesellschafters oder Dritten ausgeschlossen, lebt es nicht wieder auf, wenn dieser sich an der Kapitalerhöhung nicht im vorgesehenen Ausmaß beteiligt;[102] der Kapitalerhöhungsbeschluss kann freilich ein solches Aufleben vorsehen.

25 **Teilweise Ausübung**: Nicht abschließend geklärt ist, ob u unter welchen Voraussetzungen das Bezugsrecht auch nur tw ausgeübt werden kann, ob die bezugsberechtigten Gesellschafter also berechtigt sind, die Kapitalerhöhung in einem geringeren Umfang zu übernehmen, als es ihrem Bezugsrecht entspricht, oder ob sie, falls sie sich zum Bezug neuer Anteile entscheiden, immer zur Ausschöpfung ihres Bezugsrecht in vollem Umfang verpflichtet sind (alles oder nichts).[103] Meines Erachtens ist jeder Gesellschafter iZw berechtigt, sein Bezugsrecht auch nur tw auszuüben. Im Einzelfall kann jedoch das Verlangen nach bloß einer Kleinstbeteiligung treuwidrig sein, wenn dafür keine ausreichenden Gründe vorliegen,[104] insb bei einem überwiegenden Interesse der Mitgesellschafter an der Bewahrung der bisherigen Beteiligungsquoten. Ge-

---

100 S auch das Argument bei *Billek/Ettmayer/Ratka/Jost* in Straube/Ratka/Rauter, GmbHG § 52 Rz 46 (Anwachsung als stärkerer Eingriff in die Position des die Kapitalerhöhung nicht übernehmenden Gesellschafters).
101 *M. Heidinger/Prechtl* in Gruber/Harrer, GmbHG² § 52 Rz 24; **aA** *Billek/Ettmayer/Ratka/Jost* in Straube/Ratka/Rauter, GmbHG § 52 Rz 86.
102 *Billek/Ettmayer/Ratka/Jost* in Straube/Ratka/Rauter, GmbHG § 52 Rz 87.
103 *Birnbauer*, GES 2016, 358 (361), der die Möglichkeit der tw Bezugsrechtsausübung bejaht; für eine tw Bezugsrechtsausübung auch *M. Heidinger/Prechtl* in Gruber/Harrer, GmbHG² § 52 Rz 49; *Reich-Rohrwig*, GmbHR 482 FN 10; *Priester/Tebben* in Scholz, dGmbHG¹² § 55 Rz 48; *Schnorbus* in Rowedder/Pentz, dGmbHG⁷ § 55 Rz 43; **dagegen** *Billek/Ettmayer/Ratka/Jost* in Straube/Ratka/Rauter, GmbHG § 60 Rz 19; *Servatius* in Noack/Servatius/Haas, dGmbHG²³ § 55 Rz 21.
104 BGH 18.4.2005, II ZR 151/03; *Priester/Tebben* in Scholz, dGmbHG¹² § 55 Rz 48.

sellschaftsvertrag u Kapitalerhöhungsbeschluss können eine tw Ausübung des Bezugsrechts ausdrücklich zulassen oder ausdrücklich ausschließen. Eine sachliche Rechtfertigung analog der Kriterien für den Bezugsrechtsausschluss ist für einen Beschluss zum Ausschluss einer tw Bezugsrechtsausübung (Beschluss zur Bezugsrechtsausübung nur in voller Höhe) mE nicht notwendig, es genügt, dass der Beschluss das Gleichbehandlungsgebot beachtet u nicht rechtsmissbräuchlich oder treuwidrig ist.[105]

C. Übertragung

Sofern das Bezugsrecht v berechtigten Gesellschafter nicht selbst ausgeübt wird u für diesen Fall auch keine Anwachsung an die übrigen Gesellschafter vorgesehen ist, kann es an andere Gesellschafter oder Dritte übertragen werden.[106] Es sind aber dieselben Voraussetzungen wie für die Übertragung des Geschäftsanteils selbst zu beachten.[107] Das gilt idR insb auch für eine etwaige Vinkulierung, falls die Auslegung der entspr Bestimmung des GesV nichts anderes ergibt.[108] **Strittig**, aber mE eher zu verneinen ist jedoch, ob eine Übertragung auch möglich ist, wenn der GesV keine Teilung v Geschäftsanteilen vorsieht (§ 79 Abs 1).[109] Ebenfalls str ist, ob die Abtretung formlos möglich ist, oder der Form eines Notariatsakts bedarf.[110] In der Praxis dürfte die Abtretung v Bezugsrechten bei der GmbH sehr selten vorkommen, weil idR gleich die

26

---

105 BGH 18.4.2005, II ZR 151/03; aA *M. Heidinger/Prechtl* in Gruber/Harrer, GmbHG² § 52 Rz 49.
106 *Koppensteiner/Rüffler*, GmbHG³ § 52 Rz 22; *Billek/Ettmayer/Ratka/Jost* in Straube/Ratka/Rauter, GmbHG § 52 Rz 88; *M. Heidinger/Prechtl* in Gruber/Harrer, GmbHG² § 52 Rz 44; *Reich-Rohrwig*, GmbHR 478.
107 *Koppensteiner/Rüffler*, GmbHG³ § 52 Rz 22; *Billek/Ettmayer/Ratka/Jost* in Straube/Ratka/Rauter, GmbHG § 52 Rz 88; *Diregger* in Torggler, GmbHG § 52 Rz 19.
108 *M. Heidinger/Prechtl* in Gruber/Harrer, GmbHG² § 52 Rz 44.
109 Gleicher A *Reich-Rohrwig*, GmbHR 478; *Billek/Ettmayer/Ratka/Jost* in Straube/Ratka/Rauter, GmbHG § 52 Rz 22; **aA** *Koppensteiner/Rüffler*, GmbHG³ § 52 Rz 22; *M. Heidinger/Prechtl* in Gruber/Harrer, GmbHG² § 52 Rz 44.
110 Für Notariatsaktspflicht zB *Reich-Rohrwig*, GmbHR 478; *Billek/Ettmayer/Ratka/Jost* in Straube/Ratka/Rauter, GmbHG § 52 Rz 88; **dagegen** *M. Heidinger/Prechtl* in Gruber/Harrer, GmbHG² § 52 Rz 44.

Abtretung der künftigen, durch die Kapitalerhöhung geschaffenen Geschäftsanteile vereinbart wird.[111]

D. Verzicht

27 Die Gesellschafter können auf ihr Bezugsrecht verzichten; tun sie das, können sie den betr Kapitalerhöhungsbeschluss nicht mehr wegen des Bezugsrechtsausschlusses anfechten.[112] Der Verzicht kann auch unter Bedingungen abgegeben werden; er kann vor oder nach der Fassung des Kapitalerhöhungsbeschlusses erklärt werden. Eine Stimmabgabe gegen eine Kapitalerhöhung bedeutet idR noch keinen Verzicht auf das Bezugsrecht.[113] Die bloße Annahme, ein Gesellschafter werde, zB mangels ausreichender finanzieller Mittel, sein Bezugsrecht nicht ausüben, reicht für die Annahme eines Verzichts oder die Rechtfertigung eines Bezugsrechtsausschlusses nicht aus.[114] Der Verzicht kann jedoch auch konkludent erfolgen.

E. Bezugsrechtsausschluss

1. Ausschluss im Gesellschaftsvertrag

28 Das Bezugsrecht kann zunächst **im GesV** ausgeschlossen werden (Abs 3, anders bei der AG). Bei Gründung der GmbH kann das Bezugsrecht innerhalb der Grenzen der Sittenwidrigkeit ganz oder tw, auch bloß zulasten oder zugunsten einzelner Gesellschafter, ausgeschlossen werden.[115] Der nachträgliche Ausschluss des Bezugsrechts durch Satzungsänderung bedarf nach einer A (bloß) einer sachlichen Rechtfertigung (im Interesse der GmbH erforderlich u dem Betroffenen zumutbar),[116] nach

---

111 *Diregger* in Torggler, GmbHG § 52 Rz 19.
112 OGH 15.10.1985, 5 Ob 526/84; *M. Heidinger/Prechtl* in Gruber/Harrer, GmbHG² § 52 Rz 26.
113 *Billek/Ettmayer/Ratka/Jost* in Straube/Ratka/Rauter, GmbHG § 52 Rz 32; *Diregger* in Torggler, GmbHG § 52 Rz 11.
114 OGH 15.10.1985, 5 Ob 526/84; *Koppensteiner/Rüffler*, GmbHG³ § 52 Rz 15.
115 *Koppensteiner/Rüffler*, GmbHG³ § 52 Rz 13; *M. Heidinger/Prechtl* in Gruber/Harrer, GmbHG² § 52 Rz 27; *Billek/Ettmayer/Ratka/Jost* in Straube/Ratka/Rauter, GmbHG § 52 Rz 51; *Diregger* in Torggler, GmbHG § 52 Rz 13.
116 *Koppensteiner/Rüffler*, GmbHG³ § 52 Rz 13.

der mE zutr hL jedoch aufgrund der Intensität des damit verbundenen Eingriffs in das Mitgliedschaftsrecht idR der Zustimmung aller betroffenen Gesellschafter.[117] Dasselbe gilt, wenn einzelnen Gesellschaftern nachträglich ein alleiniges oder vorrangiges Bezugsrecht eingeräumt werden soll.[118]

2. Ausschluss im Kapitalerhöhungsbeschluss

Das Bezugsrecht der bisherigen Gesellschafter kann auch im **Kapitalerhöhungsbeschluss** ausgeschlossen werden. Ein solcher Beschluss erfordert bei sonstiger Anfechtbarkeit zusätzlich zur Mehrheit v drei Vierteln der abgegeben Stimmen (oder einer gesv vorgesehenen höheren Mehrheit) nach ganz hL u Jud eine **sachliche Rechtfertigung**, wobei das Interesse der GmbH an der Verbreiterung ihrer Kapitalbasis das Interesse der Gesellschafter an der Aufrechterhaltung ihrer Beteiligungsquote überwiegen muss (**materielle Beschlusskontrolle**). Ohne besonders gerechtfertigte Interessenslage muss die Gesellschaft versuchen, ihren zusätzlichen Eigenkapitalbedarf in erster Linie bei den Gesellschaftern zu decken. Ein Bezugsrechtsausschluss gilt nur dann als sachlich gerechtfertigt, wenn er (i) **im Interesse der GmbH** liegt u (ii) zur Erreichung des damit verfolgten Ziels geeignet u **erforderlich** (Ziel ist nicht auf andere vertretbare u tunliche Weise erreichbar) u (iii) als Mittel unter Berücksichtigung der konkreten Rahmenbedingungen des Einzelfalls u Abwägung der Interessen der GmbH u der v Bezugsrechtsausschluss betroffenen Gesellschafter **verhältnismäßig** (angemessen) ist (Überwiegen des Gesellschaftsinteresses).[119] Auch die Dringlichkeit der Kapitalerhöhung kann ein Entscheidungskriterium sein.[120] Als entscheidend für die Beurteilung gilt die ex ante-Perspektive im Zeitpunkt der

29

---

117 *M. Heidinger/Prechtl* in Gruber/Harrer, GmbHG² § 52 Rz 29; *Billek/Ettmayer/Ratka/Jost* in Straube/Ratka/Rauter, GmbHG § 52 Rz 52; *Diregger* in Torggler, GmbHG § 52 Rz 14.
118 *Billek/Ettmayer/Ratka/Jost* in Straube/Ratka/Rauter, GmbHG § 52 Rz 53; *Diregger* in Torggler, GmbHG § 52 Rz 14.
119 OGH 16.12.1980, 5 Ob 649/80; *Koppensteiner/Rüffler*, GmbHG³ § 52 Rz 16; *M. Heidinger/Prechtl* in Gruber/Harrer, GmbHG² § 52 Rz 33, 36; *Billek/Ettmayer/Ratka/Jost* in Straube/Ratka/Rauter, GmbHG § 52 Rz 58; *Diregger* in Torggler, GmbHG § 52 Rz 15; *Reich-Rohrwig*, GmbHR 475; *Reich-Rohrwig*, GesRZ 2001, 69 (72); *Winner* in Doralt/Nowotny/Kalss, AktG³ § 150 Rz 69, § 153 Rz 114 ff.
120 *Billek/Ettmayer/Ratka/Jost* in Straube/Ratka/Rauter, GmbHG § 52 Rz 69.

Beschlussfassung.[121] Zu typischen Fallgruppen s Rz 31. Erwogen wird zT v Erfordernis der sachlichen Rechtfertigung für Sachkapitalerhöhungen unter der Voraussetzung abzugehen, dass das Verschmelzungsrecht (GF-Bericht, Prüfung durch unabhängige Sachverständige, Überprüfungsverfahren für das Umtauschverhältnis) analog angewendet wird.[122]

30 Wird das Bezugsrecht zugunsten einzelner Mitgesellschafter ausgeschlossen, muss überdies eine ausreichende sachliche Rechtfertigung für den Eingriff in das Gebot der **Gleichbehandlung** der Gesellschafter gegeben sein.[123] Im Ergebnis dürfte dies bedeuten, dass der Bezugsrechtsausschluss zugunsten Dritter nach weniger strengen Kriterien zu prüfen ist als der Bezugsrechtsausschluss zugunsten einzelner Mitgesellschafter.[124] Dies gilt freilich nicht, wenn der bezugsberechtigte Dritte mit einem Gesellschafter wirtschaftlich oder rechtlich so eng verbunden ist, dass er mit diesem gleichgesetzt werden kann, wofür eine bloße nicht kontrollierende Kapitalbeteiligung idR wohl nicht ausreichen wird, wohl aber eine konzernmäßige Verbindung oder sonstige ausreichende Möglichkeit der Einflussnahme oder des Interessengleichklangs.[125] Ein Stimmverbot besteht für den v Bezugsrechtsausschluss profitierenden Mitgesellschafter allerdings nicht.[126]

3. Fallgruppen

31 Lehre u Jud haben gewisse Fallgruppen herausgearbeitet, für die ein Bezugsrechtsausschluss in Frage kommt, wobei freilich das Gesellschafts-

---

121 *Winner* in Doralt/Nowotny/Kalss, AktG³ § 153 Rz 124.
122 *Koppensteiner/Rüffler*, GmbHG³ § 52 Rz 19 mwN; *Billek/Ettmayer/Ratka/Jost* in Straube/Ratka/Rauter, GmbHG § 52 Rz 73; **aA** *Winner* in Doralt/Nowotny/Kalss, AktG³ § 150 Rz 70.
123 OGH 16.12.1980, 5 Ob 649/80; RIS-Justiz RS0060247; *Billek/Ettmayer/Ratka/Jost* in Straube/Ratka/Rauter, GmbHG § 52 Rz 71; *M. Heidinger/Prechtl* in Gruber/Harrer, GmbHG² § 52 Rz 35.
124 *Koppensteiner/Rüffler*, GmbHG³ § 52 Rz 19; *M. Heidinger/Prechtl* in Gruber/Harrer, GmbHG² § 52 Rz 36; *Diregger* in Torggler, GmbHG § 52 Rz 17; offenlassend *Billek/Ettmayer/Ratka/Jost* in Straube/Ratka/Rauter, GmbHG § 52 Rz 71.
125 S (mit Untersch jew im Detail) OGH 16.12.1980, 5 Ob 649/80; *Koppensteiner/Rüffler*, GmbHG³ § 52 Rz 18; *Reich-Rohrwig*, GmbHR 477; *M. Heidinger/Prechtl* in Gruber/Harrer, GmbHG² § 52 Rz 35.
126 *Enzinger* in Straube/Ratka/Rauter, GmbHG § 39 Rz 79; *Koppensteiner/Rüffler*, GmbHG³ § 39 Rz 45; *Koppensteiner*, wbl 2013, 61 (68).

interesse u die Kriterien der Erforderlichkeit u Verhältnismäßigkeit immer anhand des Einzelfalls zu prüfen sind:

- **Sacheinlagen:** Sacheinlagen (eines bestehenden Gesellschafters oder eines Dritten) können einen Bezugsrechtsausschluss rechtfertigen, wenn die GmbH ein Interesse am Gegenstand der Sacheinlage hat u diesen nicht zu annähernd gleichwertigen Konditionen auch durch Kauf am Markt erwerben kann.[127] Zusätzlich ist bei Sacheinlagen durch einzelne Gesellschafter jedoch zu prüfen, ob die Interessen der übrigen Gesellschafter an der Bewahrung ihrer Beteiligungsquote nicht auch erfordern, gleichzeitig eine Barkapitalerhöhung mit der Möglichkeit der Übernahme durch die übrigen Gesellschafter zu beschließen.[128]
- **Strategische Partnerschaft, Kooperation:** Auch das Interesse der GmbH, dass bestimmte Personen die Gesellschafterstellung erlangen, kann im Einzelfall einen Bezugsrechtsausschluss rechtfertigen. Bejaht wird dies insb für den Fall, dass eine Kooperation oder strategische Partnerschaft mit einem Dritten v diesem v einer gleichzeitigen Beteiligung als Gesellschafter abhängig gemacht wird.[129]
- **Sanierung:** Für Sanierungszwecke wird die Zulässigkeit des Bezugsrechtsausschlusses idR bejaht, wenn ein Sanierer nur dann zur Bereitstellung v frischem Eigenkapital bereit ist, wenn ihm auch eine ausreichende Beteiligung in der GmbH eingeräumt wird u dadurch

---

127 *Winner* in Doralt/Nowotny/Kalss, AktG³ § 150 Rz 68 ff; § 153 Rz 130; *Koppensteiner/Rüffler*, GmbHG³ § 52 Rz 16; *M. Heidinger/Prechtl* in Gruber/Harrer, GmbHG² § 52 Rz 38; gegen das Erfordernis der sachlichen Rechtfertigung bei Einbringung v Unternehmen oder maßgeblichen Anteilen an einem Unternehmen, wenn die verschmelzungsrechtlichen Informations-, Prüf- u Schutzmechanismen eingehalten werden, *Billek/Ettmayer/Ratka/Jost* in Straube/Ratka/Rauter, GmbHG § 52 Rz 73; s dazu auch *Koppensteiner/Rüffler*, GmbHG³ § 52 Rz 19.

128 *Winner* in Doralt/Nowotny/Kalss, AktG³ § 150 Rz 69; § 153 Rz 123, 130; *Koppensteiner/Rüffler*, GmbHG³ § 52 Rz 16; *Reich-Rohrwig*, GesRZ 2001, 69 (73); aA *M. Heidinger/Prechtl* in Gruber/Harrer, GmbHG² § 52 Rz 38; zurückhaltend *Billek/Ettmayer/Ratka/Jost* in Straube/Ratka/Rauter, GmbHG § 52 Rz 66.

129 OGH 16.12.1980, 5 Ob 649/80; *M. Heidinger/Prechtl* in Gruber/Harrer, GmbHG² § 52 Rz 39; *Diregger* in Torggler, GmbHG § 52 Rz 15; *Billek/Ettmayer/Ratka/Jost* in Straube/Ratka/Rauter, GmbHG § 52 Rz 76; *Winner* in Doralt/Nowotny/Kalss, AktG³ § 153 Rz 128; *Reich-Rohrwig*, GesRZ 2001, 69 (72).

die Sanierungschance signifikant steigt.[130] Auch eine zu Sanierungszwecken erforderliche Umwandlung v Fremdkapital in Eigenkapital (Sacheinlage v Forderungen) gilt idR als Rechtfertigung für einen Bezugsrechtsausschluss, insb wenn die Altgesellschafter nicht bereit sind, Mittel zur Rückzahlung des Fremdkapitals zur Verfügung zu stellen oder die Forderung des Kreditgebers mit einem Bewertungsabschlag eingebracht wird (s auch Rz 57, s zur Verbindung mit einer nominellen Kapitalherabsetzung [„Kapitalschnitt"] zur Sanierung auch § 54 Rz 17, § 59 Rz 12 ff).[131]

- **Zusätzliche finanzielle Leistungen:** Auch besondere finanzielle Zusatzleistungen (Zuschüsse, Garantien, Bürgschaften, zinsgünstige Darlehen) eines Gesellschafters oder eines Dritten über die zu übernehmende Stammeinlage hinaus können nach hL einen Bezugsrechtsausschluss rechtfertigen, wenn diese Leistungen im Interesse der GmbH notwendig sind u v anderen Gesellschaftern nicht erlangt werden können.[132] Inwieweit dies im Einzelfall aber tatsächlich zutrifft, ist unklar, weil v der hL ebenso vertreten wird, dass ein höherer Ausgabebetrag, den ein Gesellschafter oder ein Dritter zu bezahlen bereit ist, einen Bezugsrechtsausschluss alleine nicht rechtfertigt.[133] Bejaht wird die Rechtfertigung zT dann, wenn die GmbH zusätzlich erforderliche Mittel nicht im Wege der Fremdfinanzierung beschaffen oder die Zinslasten daraus nicht tragen kann.[134]
- **Mitarbeiterbeteiligung:** So wie bei einer AG stellt auch bei einer GmbH die vorrangige Ausgabe v neuen Anteilen an AN, leitende Angestellte, GF oder Mitglieder des AR der GmbH oder eines mit

---

130 *Winner* in Doralt/Nowotny/Kalss, AktG³ § 153 Rz 138; *Winner*, Kapitalerhöhungen zu Sanierungszwecken 127 (135); *Koppensteiner/Rüffler*, GmbHG³ § 52 Rz 19a; *Billek/Ettmayer/Ratka/Jost* in Straube/Ratka/Rauter, GmbHG § 52 Rz 78; *Reich-Rohrwig*, GesRZ 2001, 69 (71, 73).
131 *Winner* in Doralt/Nowotny/Kalss, AktG³ § 150 Rz 71, § 153 Rz 138; *Winner*, Kapitalerhöhungen zu Sanierungszwecken 127 (135).
132 OGH 16.12.1980, 5 Ob 649/80; *Koppensteiner/Rüffler*, GmbHG³ § 52 Rz 16; *Diregger* in Torggler, GmbHG § 52 Rz 15; *Winner* in Doralt/Nowotny/Kalss, AktG³ § 153 Rz 128.
133 OGH 16.12.1980, 5 Ob 649/80; *Winner* in Doralt/Nowotny/Kalss, AktG³ § 153 Rz 129; *Billek/Ettmayer/Ratka/Jost* in Straube/Ratka/Rauter, GmbHG § 52 Rz 77.
134 OGH 16.12.1980, 5 Ob 649/80; *Reich-Rohrwig*, GmbHR 476; *M. Heidinger/Prechtl* in Gruber/Harrer, GmbHG² § 52 Rz 41.

ihr verbundenen Unternehmens einen ausreichenden Grund für den Ausschluss des Bezugsrechts dar (§ 153 Abs 5 AktG analog).[135]

Zum zusätzlichen Erfordernis eines **angemessenen Übernahmspreises** für einen Bezugsrechtsausschluss s bereits oben Rz 15 ff. Überdies sind bei der Beschlussfassung über einen Bezugsrechtsausschluss auch gesv **Vinkulierungsbestimmungen** oder sonstige Zustimmungserfordernisse u Beschränkungen für eine Anteilsübertragung an Dritte oder zw den Gesellschaftern zu beachten.[136]

32

Liegen die dargelegten Voraussetzungen für den Bezugsrechtsausschluss nicht vor, so muss v jenen, die ihn dennoch anstreben (Gesellschafter oder GF), im Wege der Verhandlung mit den Gesellschaftern ein einstimmiger Beschluss der Gesellschafter herbeigeführt werden.[137] Ansonsten ist der Bezugsrechtsausschluss unzulässig u der Kapitalerhöhungsbeschluss insgesamt anfechtbar.[138] Wird der Beschluss nicht angefochten, wird er jedoch wirksam. Steht einem Gesellschafter das Bezugsrecht als Sonderrecht (§ 50 Abs 4) zu, so kann es ihm im Einzelfall selbst bei einer sachlichen Rechtfertigung des Bezugsrechtsausschlusses nur mit seiner Zustimmung entzogen werden.[139]

33

4. Faktischer Bezugsrechtsausschluss

Einem Ausschluss des gesetzl Bezugsrechts stehen solche Erschwerungen des Bezugsrechts gleich, welche die einzelnen Gesellschafter zwar nicht rechtlich, aber tatsächlich daran hindern, v ihrem Bezugsrecht Gebrauch zu machen (**faktischer Bezugsrechtsausschluss**).[140] Dies kann etwa bei einem ungewöhnlich hohen Kapitalerhöhungsbetrag oder Agio der Fall sein.[141] Die Entscheidungsfreiheit der Gesellschafter zur Ausübung des Bezugsrechts muss entweder praktisch ausgeschlossen

34

---

135 *Billek/Ettmayer/Ratka/Jost* in Straube/Ratka/Rauter, GmbHG § 52 Rz 79; *Diregger* in Torggler, GmbHG § 52 Rz 15.
136 *Koppensteiner/Rüffler*, GmbHG³ § 52 Rz 14; *Diregger* in Torggler, GmbHG § 52 Rz 18; *M. Heidinger/Prechtl* in Gruber/Harrer, GmbHG² § 52 Rz 30.
137 OGH 16.12.1980, 5 Ob 649/80.
138 *Koppensteiner/Rüffler*, GmbHG³ § 52 Rz 14; *M. Heidinger/Prechtl* in Gruber/Harrer, GmbHG² § 52 Rz 30.
139 OGH 16.12.1980, 5 Ob 649/80; *Billek/Ettmayer/Ratka/Jost* in Straube/Ratka/Rauter, GmbHG § 52 Rz 50.
140 OGH 22.10.2003, 3 Ob 152/02b.
141 *Diregger* in Torggler, GmbHG § 52 Rz 16.

oder doch wesentlich eingeschränkt sein; die Beschränkung muss sich hierbei aus den Bedingungen der Kapitalerhöhung selbst u nicht aus den Verhältnissen einzelner Gesellschafter ergeben.[142] Auch ein faktischer Bezugsrechtsausschluss kann freilich unter den oben für den formellen Bezugsrechtsausschluss genannten Voraussetzungen sachlich gerechtfertigt sein.[143]

IV. Übernahme der neuen Stammeinlagen

35 Die **Übernahme der Stammeinlage** im Rahmen einer Kapitalerhöhung ist ein Vertrag zw Übernehmer u der GmbH, der auf den Erwerb oder die Erweiterung der Mitgliedschaftsrechte in der GmbH gerichtet ist u durch den sich der Übernehmer zur Leistung seiner Einlage bzw, wenn er noch nicht Gesellschafter ist, auch zum Beitritt zur GmbH verpflichtet.[144] Mit Abschluss des **Übernahmevertrags** erwirbt die GmbH – unter dem Vorbehalt des Wirksamwerdens der Kapitalerhöhung durch Eintragung im FB – einen klagbaren Anspruch gegen den Übernehmer auf Leistung der bei der Kapitalerhöhung übernommenen Einlage.[145] Die übernommene Einlage (Übernahmspreis, Ausgabebetrag) kann den Nennbetrag der neuen Stammeinlage überschreiten (Agio), nicht aber unterschreiten (**Verbot der Unterpari-Emission**).[146]

36 Umgekehrt ist die GmbH aus dem Übernahmevertrag verpflichtet, auf das Zustandekommen der Kapitalerhöhung entspr dem Kapitalerhöhungsbeschluss hinzuwirken u ohne Verzug für die Anmeldung zum FB zu sorgen.[147] Eine Verletzung dieser Verpflichtung

---

142 OGH 24.10.2001, 3 Ob 183/01k; *Winner* in Doralt/Nowotny/Kalss, AktG³ § 153 Rz 148.
143 *Winner* in Doralt/Nowotny/Kalss, AktG³ § 153 Rz 149.
144 *Koppensteiner/Rüffler*, GmbHG³ § 52 Rz 23, 28; *Billek/Ettmayer/Ratka/Jost* in Straube/Ratka/Rauter, GmbHG § 52 Rz 89 ff, 105; *M. Heidinger/Prechtl* in Gruber/Harrer, GmbHG² § 52 Rz 45 ff.
145 OGH 23.4.1996, 1 Ob 509/96; RIS-Justiz RS0103897; *Billek/Ettmayer/Ratka/Jost* in Straube/Ratka/Rauter, GmbHG § 52 Rz 91; *Koppensteiner/Rüffler*, GmbHG³ § 52 Rz 28.
146 *Billek/Ettmayer/Ratka/Jost* in Straube/Ratka/Rauter, GmbHG § 52 Rz 90.
147 OGH 17.10.2006, 1 Ob 135/06v; *Koppensteiner/Rüffler*, GmbHG³ § 52 Rz 28; *Billek/Ettmayer/Ratka/Jost* in Straube/Ratka/Rauter, GmbHG § 52 Rz 90; *M. Heidinger/Prechtl* in Gruber/Harrer, GmbHG² § 52 Rz 62; *Diregger* in Torggler, GmbHG § 52 Rz 20: s auch BGH 3.11.2015, II ZR 13/14.

kann die GmbH daher gegenüber dem Übernehmer der Stammeinlage schadenersatzpflichtig machen, wohl aber nur für den Vertrauensschaden.[148]

Übernahmserklärung: Die in den Abs 4 u 5 geregelte Übernahmserklärung ist die einseitige Willenserklärung des Übernehmers, die für das Zustandekommen des Übernahmevertrags erforderlich ist. In der Regel kommt der **Übernahmevertrag** mit Abgabe u Zugang (an die GF oder GV der GmbH) der Übernahmserklärung zustande, durch die der Übernehmer das im Kapitalerhöhungsbeschluss zu sehende Angebot der GmbH zur Teilnahme an der Kapitalerhöhung annimmt u ggf der Gesellschaft als Neugesellschafter beitritt.[149] Dies ist idR jedenfalls dann der Fall, wenn die in Aussicht genommenen Übernehmer der neuen Stammeinlagen im Kapitalerhöhungsbeschluss bestimmt oder bestimmbar sind, etwa weil das Bezugsrecht nicht ausgeschlossen ist oder die zur Kapitalerhöhung zugelassenen Dritten im Kapitalerhöhungsbeschluss ausdrücklich genannt werden.[150] Ist dies nicht der Fall, liegt in der Übernahmserklärung das Angebot zum Abschluss des Übernahmevertrags, das dann durch die GV oder den v dieser ermächtigten GF angenommen werden muss.[151] Für diesen Annahme- bzw Ermächtigungsbeschluss genügt nach hL die einfache Mehrheit, wobei auch der Übernehmer stimmberechtigt ist.[152] Wurde die Übernahmserklärung schon vor dem Kapitalerhöhungsbeschluss abgegeben, was ebenfalls möglich ist, stellt idR der Kapitalerhöhungsbeschluss die Annahme der

37

---

148 OGH 17.10.2006, 1 Ob 135/06v; *M. Heidinger/Prechtl* in Gruber/Harrer, GmbHG² § 52 Rz 62; *Billek/Ettmayer/Ratka/Jost* in Straube/Ratka/Rauter, GmbHG § 52 Rz 92; s auch BGH 3.11.2015, II ZR 13/14.
149 *Diregger* in Torggler, GmbHG § 52 Rz 21; *Ch. Nowotny* in Kalss/Nowotny/Schauer, GesR² Rz 4/521; *Reich-Rohrwig*, GmbHR 481; *Gellis*, GmbHG⁷ § 52 Rz 7; *Umfahrer*, GmbHG⁷ Rz 10.18; *M. Heidinger/Prechtl* in Gruber/Harrer, GmbHG² § 52 Rz 58; *Jud/Nitsche*, NZ 1987, 301; aA *Koppensteiner/Rüffler*, GmbHG³ § 52 Rz 23; *Billek/Ettmayer/Ratka/Jost* in Straube/Ratka/Rauter, GmbHG § 52 Rz 98, nach denen eine separate Annahmeerklärung seitens der GmbH erforderlich ist, die freilich auch konkludent durch die GV oder durch die v dieser ermächtigten GF erfolgen könne.
150 *M. Heidinger/Prechtl* in Gruber/Harrer, GmbHG² § 52 Rz 58.
151 *M. Heidinger/Prechtl* in Gruber/Harrer, GmbHG² § 52 Rz 59.
152 *Koppensteiner/Rüffler*, GmbHG³ § 52 Rz 23; *Billek/Ettmayer/Ratka/Jost* in Straube/Ratka/Rauter, GmbHG § 52 Rz 99; *M. Heidinger/Prechtl* in Gruber/Harrer, GmbHG² § 52 Rz 60.

Übernahmserklärung dar, wenn der Beschluss mit einem entspr Inhalt zustandekommt.[153]

38 Inhaltlich muss die Übernahmserklärung bei sonstiger Unwirksamkeit dem Erhöhungsbeschluss entsprechen.[154] Ist der **Übernehmer ein Gesellschafter**, ist es gem hL ausreichend, wenn der Gesellschafter erklärt, dass er die neue Stammeinlage in dem aus G, GesV u Kapitalerhöhungsbeschluss resultierenden Umfang übernimmt.[155] Ergibt sich der exakte Betrag der übernommen Stammeinlage u eines etwaigen (gesellschaftsrechtlichen) Agios nicht aus dem Kapitalerhöhungsbeschluss (iVm G u GesV) – zB weil das Bezugsrecht nur zT ausgeübt wird –, muss dieser jedoch in der Übernahmserklärung angeben werden.[156] In der Praxis ist dies jedenfalls zu empfehlen, schon um dem FB die Prüfung zu erleichtern.

39 **Sacheinlagen** in der Übernahmserklärung möglichst im Einzelnen u vollständig zu bezeichnen u darin den Wert anzugeben, bis zu dem sie auf den Ausgabebetrag angerechnet werden, ist mE nicht notwendig, aber empfehlenswert.[157] Die Sacheinlagen müssen mit dem Kapitalerhöhungsbeschluss übereinstimmen. In der Praxis wird oft noch zusätzlich zur notariellen Übernahmserklärung ein gesonderter **Sacheinlagevertrag** zw der GmbH u dem Einleger abgeschlossen oder die Übernahmserklärung als Teil des Sacheinlagevertrages gestaltet. Dies erfolgt bei Sacheinlagen, die unter Art III UmgrStG fallen sollen, schon aufgrund v § 12 UmgrStG (Erfordernis eines „**Einbringungsvertrages**"). In diesem Fall empfiehlt es sich u genügt es, zur Beschreibung der Sacheinlage in der Übernahmserklärung auf den Sacheinlagevertrag zu verweisen. Ein

---

153 *Diregger* in Torggler, GmbHG § 52 Rz 21; *Schnorbus* in Rowedder/Pentz, dGmbHG⁷ § 55 Rz 62.
154 OGH 17.10.2006, 1 Ob 135/06v; 25.6.2020, 6 Ob 90/20h; *Koppensteiner/Rüffler*, GmbHG³ § 52 Rz 26; *Billek/Ettmayer/Ratka/Jost* in Straube/Ratka/Rauter, GmbHG § 52 Rz 94; *Diregger* in Torggler, GmbHG § 52 Rz 23.
155 *M. Heidinger/Prechtl* in Gruber/Harrer, GmbHG² § 52 Rz 49; *Koppensteiner/Rüffler*, GmbHG³ § 52 Rz 25; *Billek/Ettmayer/Ratka/Jost* in Straube/Ratka/Rauter, GmbHG § 52 Rz 96; *Gellis/Feil*, GmbHG⁷ § 52 Rz 7.
156 *M. Heidinger/Prechtl* in Gruber/Harrer, GmbHG² § 52 Rz 49.
157 Zutr *Koppensteiner/Rüffler*, GmbHG³ § 52 Rz 25; strenger *Billek/Ettmayer/Ratka/Jost* in Straube/Ratka/Rauter, GmbHG § 52 Rz 97; *Reich-Rohrwig*, GmbHR 482, der die einzelne u vollständige Bezeichnung u Bewertung v Sacheinlagen als notwendig ansieht, aA *M. Heidinger/Prechtl* in Gruber/Harrer, GmbHG² § 52 Rz 50.

Sacheinlagevertrag kann formfrei abgeschlossen werden, soweit die zu übertragenden Gegenstände keine besonderen Formvorschriften verlangen (zB Notariatsakt für GmbH-Geschäftsanteile, beglaubigte Unterschriften für die Verbücherung v Liegenschaften). Wird der Sacheinlagevertrag vor dem Kapitalerhöhungsbeschluss abgeschlossen, steht er iZw unter der aufschiebenden Bedingung eines entspr Kapitalerhöhungsbeschlusses, die ausdrückliche Aufnahme dieser Bedingung ist aber zu empfehlen.[158]

Wird eine neue Stammeinlage hingegen v einem **Dritten** übernommen, hat dieser, als zukünftiger Gesellschafter, gem Abs 5 in der Übernahmserklärung auch ausdrücklich seinen **Beitritt** zur GmbH nach Maßgabe des GesV zu erklären (**Übernahms- u Beitrittserklärung**). Weiters sind gem Abs 5 S 2 außer dem **Betrag der Stammeinlage** auch die **sonstigen Leistungen**, zu denen der Übernehmer nach dem GesV (oder auch dem Kapitalerhöhungsbeschluss) verpflichtet sein soll, aufzunehmen. Darunter fallen nach hL zB Nachschussverpflichtungen (§§ 72 ff), wiederkehrende Nebenleistungspflichten (§ 8) sowie auch ein allfälliges **Agio**, was aber mE einschränkend iSe im Kapitalerhöhungsbeschluss festgesetzten (gesellschaftsrechtlichen) Agios (s Rz 14) zu verstehen ist; ein schuldrechtliches Agio (s Rz 14) muss nicht in der Übernahmserklärung festgelegt werden.[159] Fehlen diese Angaben, ändert dies nach hL nichts an der Wirksamkeit der Übernahmserklärung.[160] 40

Die Aufnahme v **Bedingungen** in die Übernahmserklärung ist idR insoweit zulässig, als diese (aufschiebende oder auflösende) Bedingungen vor Anmeldung oder Eintragung der Kapitalerhöhung zum FB eingetreten sein müssen.[161] Zu denken ist an behördliche Genehmigungen (zB zusammenschlussrechtliche Genehmigungen) oder an die Bedingung, dass vor Eintragung der Kapitalerhöhung keine Insolvenz der 41

---

158 S *Winner* in Doralt/Nowotny/Kalss, AktG³ § 150 Rz 29, 30.
159 *Koppensteiner/Rüffler*, GmbHG³ § 52 Rz 25; *Billek/Ettmayer/Ratka/Jost* in Straube/Ratka/Rauter, GmbHG § 52 Rz 97; *Gellis/Feil*, GmbHG⁷ § 52 Rz 7; *Reich-Rohrwig*, GmbHR 482; aA *M. Heidinger/Prechtl* in Gruber/Harrer, GmbHG² § 52 Rz 48, die die ausdrückliche Angabe eines Agios in der Übernahmserklärung generell als nicht erforderlich ansehen.
160 *Koppensteiner/Rüffler*, GmbHG³ § 52 Rz 25; *Billek/Ettmayer/Ratka/Jost* in Straube/Ratka/Rauter, GmbHG § 52 Rz 97; **aA** *M. Heidinger/Prechtl* in Gruber/Harrer, GmbHG² § 52 Rz 47 (Nichtigkeit der Übernahmserklärung, die aber mit Eintragung der Kapitalerhöhung heilt).
161 *Koppensteiner/Rüffler*, GmbHG³ § 52 Rz 26; *Billek/Ettmayer/Ratka/Jost* in Straube/Ratka/Rauter, GmbHG § 52 Rz 95.

GmbH eintritt (zur Insolvenz der GmbH vor Eintragung der Kapitalerhöhung s auch Rz 45).[162] Auch die Vereinbarung einer **Befristung** der Übernahmserklärung ist zulässig, insb zur Festsetzung eines Zeitpunktes, bis zu dem die Kapitalerhöhung angemeldet oder eingetragen sein muss (s auch § 152 Abs 1 Z 4 AktG).[163] Der FB-Richter muss prüfen, ob die Übernahmserklärung unbedingt geworden ist. Erfolgt die Eintragung entgegen einer Bedingung, verliert der Übernehmer jedoch die Einwendung aus der Bedingung.[164]

42 Gemäß Abs 4 ist die **Übernahms- (u Beitritts-)Erklärung in Form eines Notariatsakts** zu errichten. Dies gilt auch für Übernehmer, die bereits Gesellschafter sind.[165] Als Zweck dieser Formvorschrift gelten die Warnung des Übernehmers sowie nach der, mE überprüfenswerten, Jud auch die Aufklärung der Öffentlichkeit über die Kapitalgrundlage der Gesellschaft u der Schutz des Rechtsverkehrs.[166] Es muss nach der zutr neueren L nicht unbedingt ein ö Notar einschreiten, auch gleichwertige Beurkundungen ausländischer Notare (zB dt Notare) sollten, so wie bei der Abtretung v Geschäftsanteilen, ausreichen.[167] Die Errichtung durch Bevollmächtigte ist ebenfalls zulässig, sofern sie mit einer beglaubigter Vollmacht ausgestattet sind (§ 69 NO). Ob es sich um eine Spezialvollmacht handeln muss, ist str;[168] § 69 Abs 1a NO u § 1008 S 3 ABGB sprechen für das Ausreichen einer Gattungsvollmacht, eine analoge Anwendung v § 1008 S 2 ABGB oder v § 4 Abs 3 S 2 würde für das Erfordernis

---

162 *Winner*, Kapitalerhöhungen zu Sanierungszwecken 127 (137).
163 *Koppensteiner/Rüffler*, GmbHG³ § 52 Rz 26; *Diregger* in Torggler, GmbHG § 52 Rz 23; *Reich-Rohrwig*, GmbHR 483; *Billek/Ettmayer/Ratka/Jost* in Straube/Ratka/Rauter, GmbHG § 52 Rz 95; *M. Heidinger/Prechtl* in Gruber/Harrer, GmbHG² § 52 Rz 52.
164 *Billek/Ettmayer/Ratka/Jost* in Straube/Ratka/Rauter, GmbHG § 52 Rz 95; *Gellis*, GmbHG⁷ § 52 Rz 7; *Reich-Rohrwig*, GmbHR 482 f.
165 *M. Heidinger/Prechtl* in Gruber/Harrer, GmbHG² § 52 Rz 54; *Billek/Ettmayer/Ratka/Jost* in Straube/Ratka/Rauter, GmbHG § 52 Rz 101.
166 RIS-Justiz RS0060555; OGH 14.11.1984, 1 Ob 676/84.
167 *M. Heidinger/Prechtl* in Gruber/Harrer, GmbHG² § 52 Rz 54; *Koppensteiner/Rüffler*, GmbHG³ § 52 Rz 27 (gegen ältere Jud des OLG Wien); *Billek/Ettmayer/Ratka/Jost* in Straube/Ratka/Rauter, GmbHG § 52 Rz 101; *Umfahrer*, GmbH⁷ Rz 10.19 FN 2190.
168 Für das Erfordernis einer Spezialvollmacht *Diregger* in Torggler, GmbHG § 52 Rz 22; *Umfahrer*, GmbH⁷ Rz 10.19; *Gellis/Feil*, GmbHG⁷ § 52 Rz 7; *Reich-Rohrwig*, GmbHR 483 unter Berufung auf OGH NZ 1917, 89; zweifelnd *M. Heidinger/Prechtl* in Gruber/Harrer, GmbHG² § 52 Rz 54, **dagegen** *Koppensteiner/Rüffler*, GmbHG³ § 52 Rz 23.

einer Spezialvollmacht sprechen. Verlangt man eine Spezialvollmacht, muss aus dieser jedenfalls die betroffene GmbH hervorgehen. Auch wenn eine Spezialvollmacht verhindern soll, dass sie für Geschäfte genützt wird, die der Vollmachtgeber ursprünglich nicht vor Augen hatte,[169] muss sich eine solche Vollmacht mE zumindest dann nicht auf eine konkrete Kapitalerhöhung beschränken, sondern kann auch mehrere künftige Kapitalerhöhungen umfassen (etwa mehrere Finanzierungsrunden bei Start-ups), wenn diese oder der insgesamt maximal zu leistende Ausgabebetrag in der Vollmacht beschränkt oder näher konkretisiert werden. Es können auch mehrere oder alle Übernahmserklärungen in einem einzigen Notariatsakt zusammengefasst werden.[170] Die Aufnahme der Übernahms- u Beitrittserklärung in den Kapitalerhöhungsbeschluss (im GV-Protokoll) ist unter der Voraussetzung zulässig, dass der Beschluss als Notariatsakt errichtet wird.[171] Dafür wird v der hL u Jud verlangt, dass alle Gesellschafter anwesend bzw mit beglaubigter Spezialvollmacht vertreten sind u der Beschluss einstimmig gefasst wird.[172] Formmängel heilen mit Eintragung der Kapitalerhöhung im FB (s auch § 53 Rz 12),[173] nach hL jedoch nicht bereits mit der tatsächlichen Erfüllung der formnichtig übernommen Einlagepflicht.[174]

Der Übernahmevertrag ist durch die **Eintragung** der Kapitalerhöhung im FB **auflösend bedingt**.[175] Vor der Eintragung stehen den Übernehmern 43

---

169 *Baumgartner/Torggler* in Klang, ABGB³ § 1008 Rz 6, 48.
170 *Reich-Rohrwig*, GmbHR 483; *Billek/Ettmayer/Ratka/Jost* in Straube/Ratka/Rauter, GmbHG § 52 Rz 101; *Diregger* in Torggler, GmbHG § 52 Rz 22.
171 *Billek/Ettmayer/Ratka/Jost* in Straube/Ratka/Rauter, GmbHG § 52 Rz 99; *M. Heidinger/Prechtl* in Gruber/Harrer, GmbHG² § 52 Rz 55.
172 OGH 15.1.1969, 5 Ob 337/68; 20.5.1999, 6 Ob 23/99x; *Koppensteiner/Rüffler*, GmbHG³ § 52 Rz 27, § 49 Rz 13; *Rauter/Milchrahm* in Straube/Rauter, GmbHG § 49 Rz 107; *Diregger* in Torggler, GmbHG § 52 Rz 22; *Reich-Rohrwig*, GmbHR 483; gegen das Erfordernis der Zustimmung aller Gesellschafter *M. Heidinger/Prechtl* in Gruber/Harrer, GmbHG² § 52 Rz 55.
173 OGH 14.11.1984, 1 Ob 676/84; *Billek/Ettmayer/Ratka/Jost* in Straube/Ratka/Rauter, GmbHG § 52 Rz 102; *Diregger* in Torggler, GmbHG § 52 Rz 24; *Reich-Rohrwig*, GmbHR 483.
174 *Billek/Ettmayer/Ratka/Jost* in Straube/Ratka/Rauter, GmbHG § 52 Rz 102; *Diregger* in Torggler, GmbHG § 52 Rz 24; *Reich-Rohrwig*, GmbHR 483; *Umfahrer*, GmbH⁷ Rz 10.19; *M. Heidinger/Prechtl* in Gruber/Harrer, GmbHG² § 52 Rz 56.
175 OGH 17.10.2006, 1 Ob 135/06v; *Koppensteiner/Rüffler*, GmbHG³ § 52 Rz 24; *M. Heidinger/Prechtl* in Gruber/Harrer, GmbHG² § 52 Rz 61.

aus der neuen bzw erhöhten Stammeinlage weder Stimmrechte noch Gewinnansprüche zu.[176] Das schließt freilich nicht aus, den Übernehmer schuldrechtlich so zu stellen, als hätte er die neue/erhöhte Stammeinlage bereits erworben, was freilich nur mit Zustimmung der bisherigen Gesellschafter möglich ist, also eine Vereinbarung auch zw den Gesellschaftern voraussetzt. Wurde die Kapitalerhöhung mit einem fixen Betrag oder einem Mindestbetrag (u nicht eine bloße „bis zu" Kapitalerhöhung) beschlossen, kann die Kapitalerhöhung nur eingetragen werden, wenn die Summe der übernommen Stammeinlagen den beschlossenen Kapitalerhöhungsbetrag erreicht. Die Gesellschafter können jedoch den Kapitalerhöhungsbetrag reduzieren oder andere Personen als Übernehmer zulassen, was freilich, wenn nicht schon der ursprüngliche Kapitalerhöhungsbeschluss dafür Vorsorge getroffen hat, einen weiteren GV-Beschluss mit Dreiviertelmehrheit der abgegebenen Stimmen voraussetzt.[177]

44 Scheitert die Eintragung, wird der Übernehmer v der Verpflichtung zur Einlageleistung frei u kann bereits geleistete Teile zurückfordern.[178] Die (bereicherungsrechtliche) Anspruchsgrundlage wird in § 1435 ABGB gesehen.[179] Daneben wird zT auch die Eigentumsklage bejaht, wenn noch kein originärer Eigentumserwerb stattgefunden hat u Bareinlagen noch unterscheidbar in der GmbH vorhanden sind.[180] Zur Verminderung des **Vorleistungsrisikos** des Übernehmers wird in der Lit zT empfohlen, die Einlage auf ein gesondertes Konto u unter Eigentumsvorbehalt bis zur Eintragung der Kapitalerhöhung zu leisten (die somit die aufschiebende Bedingung für den Eigentumserwerb an der Einlage durch die GmbH ist), die Einlage treuhänderisch zu erlegen oder die Rückforderungsansprüche des Übernehmers für den Fall des Scheiterns u der Nichteintragung der Kapitalerhöhung durch die GmbH oder Dritte sicherstellen zu lassen.[181]

---

176 *Koppensteiner/Rüffler*, GmbHG³ § 52 Rz 29.
177 *Koppensteiner/Rüffler*, GmbHG³ § 52 Rz 33.
178 OGH 27.3.2001, 1 Ob 53/01b, 17.10.2006, 1 Ob 135/06v; *Koppensteiner/Rüffler*, GmbHG³ § 52 Rz 30; *Billek/Ettmayer/Ratka/Jost* in Straube/Ratka/Rauter, GmbHG § 52 Rz 93, 106; *Reich-Rohrwig*, GmbHR 484.
179 *Koppensteiner/Rüffler*, GmbHG³ § 52 Rz 30; *Billek/Ettmayer/Ratka/Jost* in Straube/Ratka/Rauter, GmbHG § 52 Rz 93; *Reich-Rohrwig*, GmbHR 484.
180 *M. Heidinger/Prechtl* in Gruber/Harrer, GmbHG² § 52 Rz 61, 65; *Reich-Rohrwig*, GmbHR 484; *Winner* in FS P. Doralt 707 (721).
181 *Winner* in FS P. Doralt 707 (724); *ders* in Doralt/Nowotny/Kalss, AktG³ § 155 Rz 28 ff; *M. Heidinger/Prechtl* in Gruber/Harrer, GmbHG² § 52 Rz 65; *U. Torggler* in Torggler, GmbHG § 10 Rz 25.

Vor Eintragung der Kapitalerhöhung können **Mängel** der Übernahmserklärung nach allg zivilrechtlichen Grundsätzen, etwa durch **Anfechtung**, geltend gemacht werden.[182] Der Übernehmer kann auch aus wichtigem Grund zurücktreten.[183] Als Bsp für einen **Rücktritt** v Übernahmevertrag aus wichtigem Grund wird auch die **Eröffnung eines Insolvenzverfahrens** über das Vermögen der GmbH nach der Fassung des Kapitalerhöhungsbeschlusses (aber vor Eintragung der Kapitalerhöhung im FB) genannt;[184] zT auch, dass die Eintragung der Kapitalerhöhung **unangemessen lange dauert**;[185] nicht aber, dass andere Übernehmer ihre Einlage noch nicht geleistet haben.[186]

Nach Eintragung der Kapitalerhöhung im FB ist eine Anfechtung der Übernahmserklärung (des Übernahmevertrags) gegenüber der GmbH oder ein Rücktritt nicht mehr möglich. Die Übernahmserklärung (der Übernahmevertrag) wirkt nach der Eintragung der Kapital-

---

182 OGH 17.10.2006, 1 Ob 135/06v; *Koppensteiner/Rüffler*, GmbHG³ § 52 Rz 34; *Billek/Ettmayer/Ratka/Jost* in Straube/Ratka/Rauter, GmbHG § 52 Rz 103; *Diregger* in Torggler, GmbHG § 52 Rz 24; *M. Heidinger/Prechtl* in Gruber/Harrer, GmbHG² § 52 Rz 68.

183 *Koppensteiner/Rüffler*, GmbHG³ § 52 Rz 34; *Billek/Ettmayer/Ratka/Jost* in Straube/Ratka/Rauter, GmbHG § 52 Rz 103; *obiter* auch OGH 14.9.2011, 6 Ob 80/11z.

184 *Koppensteiner/Rüffler*, GmbHG³ § 52 Rz 34; *Billek/Ettmayer/Ratka/Jost* in Straube/Ratka/Rauter, GmbHG § 52 Rz 103; *Reich-Rohrwig*, GmbHR 484; *Mitterecker*, ZIK 2017, 53 (falls der Übernehmer im Zeitpunkt der Übernahmserklärung die prekäre Lage der GmbH nicht kannte); für eine grds Undurchführbarkeit einer vor Insolvenzeröffnung beschlossenen u übernommenen Kapitalerhöhung: OGH 7.10.1964, 8 Ob 154/64 (RIS-Justiz RS0060501); diese Frage offenlassend 27.3.2001, 1 Ob 53/01b; 9.3.2006, 6 Ob 39/06p; u mglw implizit bejahend 14.9.2011, 6 Ob 197/11f; für eine Wirkung der Insolvenzeröffnung als auflösende Bedingung für den Übernahmevertrag *Winner* in FS P. Doralt 707 (717); ebenso *M. Heidinger/Prechtl* in Gruber/Harrer, GmbHG² § 52 Rz 64, aber nur für den Fall, dass die Kapitalerhöhung nicht bewusst gerade im Hinblick auf eine spätere mögliche Insolvenzeröffnung beschlossen wurde.

185 *Diregger* in Torggler, GmbHG § 52 Rz 20 (arg § 918 ABGB analog): ebenso *M. Heidinger/Prechtl* in Gruber/Harrer, GmbHG² § 52 Rz 63 (Rücktritt daher erst nach vorheriger Androhung u Fristsetzung); *Reich-Rohrwig*, GmbHR 483, 484, s auch BGH 3.11.2015, II ZR 13/14 gestützt auf § 313 BGB (Störung der Geschäftsgrundlage).

186 *Reich-Rohrwig*, GmbHR 484; *M. Heidinger/Prechtl* in Gruber/Harrer, GmbHG² § 52 Rz 61.

erhöhung im FB nicht nur gegenüber der GmbH, sondern gegenüber jedermann (s auch § 53 Rz 12).[187]

V. Aufbringung der neuen Stammeinlagen

A. Bareinlagen

1. Ausmaß der Einzahlungspflicht

47 Mindesteinzahlung: Für Art, Ausmaß u den Nachw der Aufbringung der Stammeinlagen gelten die für die GmbH-Gründung geltenden Vorschriften sinngemäß, weshalb auch auf die dortige Kommentierung zu verweisen ist (§ 52 Abs 6 iVm §§ 6, 6a, 10 u 10a). Daher ist auch insb auf jede bar übernommene neue Stammeinlage vor Anmeldung der Kapitalerhöhung zum FB **mind ein Viertel** u **zumindest € 70** einzubezahlen (§ 10 Abs 1).[188] Der Kapitalerhöhungsbeschluss oder ein späterer Gesellschafterbeschluss (gem § 35 Abs 1 Z 2, wobei idR eine einfache Mehrheit genügt) kann freilich eine darüber hinausgehende Mindest- oder Volleinzahlungspflicht schon vor der Eintragung der Kapitalerhöhung u eine entspr Fälligkeit vorsehen. Strittig, mE aber zu verneinen ist die Frage, ob vor der FB-Anmeldung mind ein Betrag v € 5.000 einzuzahlen ist, wenn eine Barkapitalerhöhung diesen Betrag überschreitet (arg § 52 Abs 6 iVm § 10 Abs 1 S 2). Dafür scheint zwar der Wortlaut des G die

---

[187] OGH 23.4.1996, 1 Ob 509/96; 17.10.2006, 1 Ob 135/06v (RIS-Justiz RS0103891); 14.9.2011, 6 Ob 80/11z; *Koppensteiner/Rüffler*, GmbHG³ § 52 Rz 34; zur Möglichkeit der Anwendung der Regel über die fehlerhafte Gesellschaft *Billek/Ettmayer/Ratka/Jost* in Straube/Ratka/Rauter, GmbHG § 52 Rz 104; *Diregger* in Torggler, GmbHG § 52 Rz 24; s differenzierend *M. Heidinger/Prechtl* in Gruber/Harrer, GmbHG² § 52 Rz 69, 71 wonach zB fehlende Geschäftsfähigkeit eines Übernehmers bei Abgabe der Übernahmserklärung nicht durch die FB-Eintragung geheilt wird, die Kapitalerhöhung als solche aber im Übrigen dennoch wirksam bleibe u in Bezug auf den ungedeckten Teil der Kapitalerhöhung eine andere Person zur Übernahme der unwirksam übernommenen Stammeinlage zugelassen werden kann. Ähnlich BGH 17.10.2017, KZR 24/15 (Eintragung heilt Formmängel u Willensmängel, nicht jedoch Fehlen der Übernahmserklärung oder mangelnde Geschäftsfähigkeit oder Vollmacht).

[188] *Diregger* in Torggler, GmbHG § 52 Rz 26; *Umfahrer*, GmbH⁷ Rz 10.26; nach *Walch*, NZ 2018, 161 (170), gilt dies nur für neu eintretende Gesellschafter, nicht für an der Kapitalerhöhung teilnehmende Altgesellschafter.

v OGH postulierte isolierte Betrachtungsweise zu sprechen (s Rz 48), dagegen spricht aber der Zweck der Bestimmung, denn bei einer bereits, uU vor langer Zeit, gegründeten GmbH besteht weder ein Mindestbetrag für die Kapitalerhöhung noch ein Bedürfnis einer Mindestbareinlage iSe ausreichenden Startkapitals oder einer „Seriositätsschwelle".[189] Bejaht man hingegen die Anwendung v § 10 Abs 1 S 2 u beträgt der Barkapitalerhöhungsbetrag weniger als € 5.000 (was jedenfalls zulässig ist), muss eine Volleinzahlung des Kapitalerhöhungsbetrages erfolgen.[190] Davon zu unterscheiden u mE ebenfalls zu verneinen ist die Frage, ob dann, wenn noch nicht insgesamt € 5.000 in bar einbezahlt worden sind (zB bei Sachgründungen), bei einer späteren Kapitalerhöhung die Differenz nachzubezahlen ist.[191] Wenn jedoch bei einer bisher nach § 10b gründungsprivilegierten GmbH (idR mit einem Stammkapital iHv € 35.000) im Rahmen einer Kapitalerhöhung auch die bisherige Gründungsprivilegierung aufgehoben wird (was aufgrund v § 127 Abs 30 ab 1. Jänner 2025 notwendig ist), muss jeder Gesellschafter so viel nachzahlen, dass auf die urspünglich übernommene Stammeinlage zumindest ein Viertel in bar einbezahlt ist (§ 10 Abs 1 S 1). Wer zB ursprünglich eine Stammeinlage iHv € 35.000, davon iHv € 10.000 gründungsprivilegiert, übernommen u darauf € 5.000 eingezahlt hat, müsste darauf noch weitere € 3.500 einzahlen, damit das Viertel eingezahlt ist.[192]

Bereits erbrachte Leistungen auf das bisherige Stammkapital können nach der Jud entgegen der hL auf den Kapitalerhöhungsbetrag **nicht angerechnet** werden, sodass die Mindesteinzahlungspflicht für die im Rahmen der Kapitalerhöhung übernommenen neuen Stammeinlagen **48**

---

189 *Walch*, NZ 2018, 161 (172); *Pracher*, NZ 1992, 261.
190 **Für die Anwendung** v § 10 Abs 1 S 2 auf die Kapitalerhöhung: *Reich-Rohrwig*, GmbHR 490 (allerdings unter Anrechnung früherer Bareinzahlungen auf das Stammkapital); *Umfahrer*, GmbH[7] Rz 10.25; *Diregger* in Torggler, GmbHG § 52 Rz 26 u; trotz Kritik an der Jud des OGH zur „Zusatzgründung" mglw auch *Koppensteiner/Rüffler*, GmbHG[3] § 52 Rz 31, anders dieselben aber offenbar in § 10 Rz 3; **gegen die Anwendung** v § 10 Abs 1 S 2 auf die Kapitalerhöhung: *M. Heidinger/Prechtl* in Gruber/Harrer, GmbHG[2] § 52 Rz 73; *Pracher*, NZ 1992, 261; *van Husen* in Straube/Ratka/Rauter, GmbHG § 10 Rz 196, 204; *Walch*, NZ 2018, 161 (173).
191 Ebenfalls **dagegen** *Walch*, NZ 2018, 161 (174) mwN; *Pracher*, NZ 1992, 261; **dafür** *Nowotny* in Kalss/Nowotny/Schauer, GesR[2] 4/521 mwN; *Koppensteiner/Rüffler*, GmbHG[3] § 10 Rz 3, § 52 Rz 31; offenbar auch OLG Innsbruck 10.7.2017, 3 R 35/17x, NZ 2018, 193.
192 EBRV zum GesRÄG 2023, 2320 Blg 27. GP, § 127 Abs 30.

für diese gesondert u ohne Einbeziehung des bereits bisher (bei Gründung oder früheren Kapitalerhöhungen über die gesetzl Mindesteinzahlungspflichten hinaus) bar aufgebrachten Stammkapitals zu beurteilen ist (**isolierte Betrachtungsweise**, s auch Rz 56).[193] Der OGH erblickt in der Kapitalerhöhung die selbständige Schaffung eines weiteren Haftungsfonds (**Zusatzgründung**), für dessen Aufbringung dieselben Grundsätze gelten sollen wie für die Gründung. Daher sind nach A des OGH die neuen Einlagepflichten der Übernehmer, auch wenn es sich dabei um die bisherigen Gesellschafter handelt, die ihre Einzahlungen auf ihre bisherige Stammeinlage voll oder doch über das Mindestmaß hinaus geleistet haben, in gleicher Weise zu erfüllen, als handelte es sich bei dem Erhöhungsbetrag um den Betrag des bei der Gründung festgelegten Stammkapitals.[194] Diese Jud hat nicht nur Folgen für die Berechnung der Mindestbareinzahlungspflicht, sondern bewirkt auch, dass, falls §6a Abs2 nicht anwendbar ist, bei Sachkapitalerhöhungen eine Gründungsprüfung nicht mit dem Hinweis vermieden werden kann, dass mehr als die Hälfte des erhöhten (gesamten) Stammkapitals durch Bareinlagen aufgebracht wurde (s unten Rz 56).[195]

49 Für ein **Agio** (s Rz 14, 40) gibt es nach der zutr hL keine Mindesteinzahlungspflicht (anders § 28a Abs 1 AktG) u es ist auch bei der Berechnung der Mindesteinzahlung auf das erhöhte Stammkapital **nicht mitzuzählen**, falls der Kapitalerhöhungsbeschluss nichts anderes vorsieht (s auch § 10 Rz 6).[196]

---

193 OGH 13.6.1990, 6 Ob 14/90; 14.7.1993, 7 Ob 548/93; RIS-Justiz RS0060559; *Umfahrer*, GmbH[7] Rz 10.22 ff; *van Husen* in Straube/Ratka/Rauter, GmbHG § 10 Rz 171; aA *Koppensteiner/Rüffler*, GmbHG[3] § 52 Rz 31; *Reich-Rohrwig*, GmbHR 486, 490; *Diregger* in Torggler, GmbHG § 52 Rz 25; *Thiery*, ecolex 1990, 549; *Kalss*, VSU[3] § 101 GmbHG, Rz 17; differenzierend *Walch*, NZ 2018, 161; *M. Heidinger/Prechtl* in Gruber/Harrer, GmbHG[2] § 52 Rz 73; *Pracher*, NZ 1992, 261; *van Husen* in Straube/Ratka/Rauter, GmbHG § 10 Rz 146 ff; für Dtl s auch BGH, 11.6.2013, II ZB 25/12 (im Ergebnis wie der OGH für die Einzahlung eines Viertels des Erhöhungsbetrags auch dann, wenn der nach Kapitalerhöhung erhöhte Nennbetrag bereits durch Einzahlungen auf das bisherige Stammkapital zu einem Viertel gedeckt ist).
194 OGH 13.6.1990, 6 Ob 14/90; 14.7.1993, 7 Ob 548/93.
195 *Diregger* in Torggler, GmbHG § 52 Rz 25; *Umfahrer*, GmbH[7] Rz 10.24 ff; aA *Koppensteiner/Rüffler*, GmbHG[3] § 52 Rz 9 mwN.
196 *Billek/Ettmayer/Ratka/Jost* in Straube/Ratka/Rauter, GmbHG § 52 Rz 112; *Diregger* in Torggler, GmbHG § 52 Rz 26; *Umfahrer*, GmbH[7] Rz 10.27; *Koppensteiner/Rüffler*, GmbHG[3] § 10 Rz 4.

2. Einzahlung und Verfügung

Die **Einzahlung** des Barkapitalerhöhungsbetrags muss auf ein Bankkonto der GmbH bei einem inländischen Kreditinstitut oder einem in einem anderen EWR Mitgliedstaat ansässigen Kreditinstitut (CRR Kreditinstitut iSd § 9 BWG)[197] erfolgen u im Zeitpunkt der Anmeldung zum FB **zur freien Verfügung der GF** stehen (§ 52 Abs 6 iVm § 10 Abs 2), s auch § 10 Rz 7 ff.[198] Die Einzahlung kann auch durch Dritte für den Gesellschafter erfolgen (s § 10 Rz 8, § 63 Rz 19). Der Nachw der Einzahlung ist durch Vorlage einer zeitnahen schriftlichen **Bestätigung eines Kreditinstituts** zu führen; die Bank hat nach hL u Jud auch zu bestätigen, dass die GF in der Verfügung über den eingezahlten Betrag nicht, namentlich nicht durch Gegenforderungen, beschränkt sind (s § 10 Rz 20 f). Die Bank muss das Konto mit der eingezahlten Stammeinlage aber nicht bis zur Eintragung der Kapitalerhöhung sperren oder überwachen (§ 10 Rz 11). Für die Richtigkeit der Bestätigung ist das Kreditinstitut der GmbH verantwortlich (§ 10 Abs 3). Die Einzahlung kann auch auf ein Anderkonto des den Kapitalerhöhungsbeschluss beurkundenden Notars als Treuhänder zur Weiterleitung an die GmbH nach Eintragung der Kapitalerhöhung erfolgen (§ 10 Abs 2 idF DeregulierungsG 2017).[199] In diesem Fall hat der Notar eine schriftliche Bestätigung der Einzahlung auf sein Treuhandkonto gem § 10 Abs 3 auszustellen. Zur Erklärung der GF bei der FB-Anmeldung über die freie Verfügung s § 53 Rz 6. Die Einzahlung kann auch schon vor der Fassung des Kapitalerhöhungsbeschlusses geleistet werden, dies sollte aber mit ausdrücklicher Widmung für Zwecke der Leistung des Kapitalerhöhungsbetrages geschehen.[200] Vor der Anmeldung der Kapitalerhöhung

---

[197] Nach den EB zum GesDigG 2022, das diese Möglichkeit eröffnet hat, muss das EWR-Kreditinstitut außerdem aufgrund der Niederlassungsfreiheit oder aufgrund der Dienstleistungsfreiheit zum Betreiben solcher Bankgeschäfte in Ö befugt sein u muss die Kontogutschrift auf einen Eurobetrag lauten.

[198] *Diregger* in Torggler, GmbHG § 52 Rz 26.

[199] *Zollner* in Gruber/Harrer, GmbHG² § 10 Rz 29a ff.

[200] *Winner* in Doralt/Nowotny/Kalss, AktG³ § 155 Rz 21; *Nagele/Lux* in Artmann/Karollus, AktG III⁶ § 155 AktG Rz 8; BGH 19.01.2016, II ZR 61/15. Eine Verwendung (Verbrauch) dieser Mittel ist vor der Fassung des Kapitalerhöhungsbeschlusses nach der hL u der dt Jud nur unter bestimmten strengen Voraussetzungen zu Sanierungszwecken zulässig; ansonsten muss der einbezahlte Betrag zumindest noch im Zeitpunkt der Beschlussfassung als solcher im Vermögen der GmbH vorhanden sein, s dazu *Winner* in Doralt/

können aus den geleisteten Einlagen jedenfalls **Abgaben, Gebühren u Kosten** der Kapitalerhöhung bezahlt werden, wobei diese bei der FB-Anmeldung nach Art u Höhe der Beträge nachzuweisen sind (§ 52 Abs 6 iVm § 10 Abs 3 S 4). Str ist, ob die GF über die Bezahlung der genannten Abgaben, Kosten u Gebühren hinaus noch vor der Anmeldung der Kapitalerhöhung zum FB u/oder Eintragung im FB **Verfügungen über die eingezahlten Einlagen** vornehmen dürfen (s § 10 Rz 16). Vertreten wird einerseits (i) das Erfordernis des „unversehrten" Vorhandenseins der eingezahlten Stammeinlagen in bar auf dem Konto der GmbH im Zeitpunkt der FB Anmeldung,[201] andererseits (ii) die Möglichkeit werterhaltender Verfügungen zw Einlagenleistung u Zeitpunkt der Anmeldung[202] u drittens (iii) die freie Verfügungsmöglichkeit der GF über die Einlagen, somit auch Zulässigkeit des „Verbrauchs" der Einlagen vor der Anmeldung, sofern diese Verfügungen nicht zu einer verdeckten Sacheinlage oder unrechtmäßigen Rückgewähr an den Einleger führen.[203] Obwohl mE im Rahmen v Kapitalerhöhungen mit ua *Winner, Nagele/Lux* u dem BGH die Möglichkeit der freien Verfügung der GF über die Einlagen schon vor der Anmeldung bejaht werden sollte, ist nach derzeitigem Stand der ö Jud wohl eher davon auszugehen, dass vor der FB-Anmeldung Verfügungen über die eingezahlten Einlagen, wenn überhaupt, nur als zulässig angesehen werden, wenn dadurch kein Rückfluss an den Einleger erfolgt u danach noch ein Gegenwert im Ausmaß des Kapitalerhöhungsbetrages vorhanden ist u dies im Rahmen der FB-Anmeldung nachgewiesen wird. Im Zeitraum zw der Anmeldung u der Eintragung dürfen nach der hL u Jud aber wohl jedenfalls Verfügun-

---

Nowotny/Kalss, AktG³ § 155 Rz 24 f; *Mitterecker*, wbl 2017, 121 mwN; BGH 26.6.2006, II ZR 43/05.
201 *Van Husen/Krejci* in Straube/Ratka/Rauter, GmbHG § 10 Rz 434; *U. Torggler* in Torggler, GmbHG § 10 Rz 29 im Kontext der Gründung.
202 *Koppensteiner/Rüffler*, GmbHG³ § 10 Rz 17, 27 mwN im Kontext der Gründung; idS wohl auch OGH 24.6.2010, 6 Ob 108/09i.
203 *Winner* in Doralt/Nowotny/Kalss, AktG³ § 155 Rz 21, 24a mwN (auch zu den, strengeren, Voraussetzungen [insb Notwendigkeit der Einlage zur Krisenbewältigung] für eine Anrechnung einer voreingezahlten Einlage bei Verbrauch noch vor dem Kapitalerhöhungsbeschluss); *Nagele/Lux* in Artmann/Karollus, AktG⁵ § 155 AktG Rz 3/2; *Mitterecker*, wbl 2017, 121 (128); BGH 18.3.2002, II ZR 363/00 (insb mit der Begr, dass bei einer Kapitalerhöhung die Einlage an eine bereits bestehende GmbH geleistet wird u die Mittelaufbringung abgeschlossen sei, sobald die Einlage in den uneingeschränkten Verfügungsbereich der GF gelangt ist).

gen vorgenommen werden (sofern diese nicht zu einer verdeckten Sacheinlage [s Rz 60 ff] oder zur Rückgewähr an den Einleger führen); str ist jedoch auch hier, ob diese Verfügungen vor der Eintragung werterhaltend sein müssen.[204] Vereinbarungen zw GmbH u den Einlegern über die Verwendung des Kapitalerhöhungsbetrags, etwa für bestimmte Investitionen oder andere Zwecke sind zulässig.[205] Allerdings darf die Vereinbarung nicht darauf gerichtet sein, dass der eingezahlte Betrag wieder an den Einleger zurückfließt. Unzulässig ist nach der Jud auch die Weiterleitung an Dritte, wenn der Einleger dadurch in gleicher Weise begünstigt wird, wie durch einen unmittelbaren Rückfluss an ihn selbst, insb die Weiterleitung an ein v Einleger beherrschtes Unternehmen.[206]

Bei Einzahlungen auf ein **debitorisches** bzw überzogenes **Konto** der GmbH wird deren freie Verfügung über den eingezahlten Kapitalerhöhungsbetrag nur bejaht, wenn der eingezahlte Betrag der GmbH im Rahmen des Kredit- bzw Überziehungsrahmens erneut zur Verfügung steht, der Kredit also (neuerlich) in entspr Höhe ausgenutzt werden kann u sich daher der Zugang der GmbH zu Liquidität um den eingezahlten Betrag erhöht.[207] Es sollte aber zumindest eine schuldbefreiende Leistung der Einlageschuld angenommen werden, wenn die Einzahlung auf ein v der GmbH bekanntgegebenes Konto erfolgt u der einzahlende Gesellschafter v der mangelnden Verfügungsbefugnis der

51

---

204 Für die Möglichkeit wertmindernder Verfügungen *Winner* in Doralt/Nowotny/Kalss, AktG³ § 155 Rz 21; für den Vorbehalt der wertmäßigen Deckung im Eintragungszeitpunkt im Kontext der Gründung *Reich-Rohrwig* GmbHR I² 1/606; OGH 8.3.1977, 5 Ob 510/77, wobei es lt dieser E genügt, dass die Zahlungen (in concreto Lohnzahlungen) „Niederschlag im bewertungsfähigen Vermögen der GmbH" finden.
205 *Winner* in Doralt/Nowotny/Kalss, AktG³ § 155 Rz 15 mwN.
206 BGH 16.2.2009, II ZR 120/07; 12.6.2018, II ZR 229/16. S zur Möglichkeit in Dtl, die Einlagenschuld trotz Hin- u Herzahlen zu erfüllen § 19 Abs 5 dGmbHG. Auch für Ö sollte aber jedenfalls gelten: Floss der Kapitalerhöhungsbetrag als Darlehen an den Gesellschafter zurück u liegt keine verdeckte Sacheinlage vor, sollte die spätere Rückzahlung des Darlehens durch den Gesellschafter die Einlagenschuld tilgen, s *Winner* in Doralt/Nowotny/Kalss, AktG³ § 155 Rz 15 FN 44 mit Verweis auf BGH 21.11.2005, II ZR 140/04; s auch BGH 20.7.2009, II ZR 237/07.
207 OGH 29.1.2002, 1 Ob 258/01z; *M. Heidinger/Prechtl* in Gruber/Harrer, GmbHG² § 52 Rz 73 mwN; *Koppensteiner/Rüffler*, GmbHG³ § 10 Rz 18; *Winner*, Kapitalerhöhungen zu Sanierungszwecken 127 (138); *van Husen* in Straube/Ratka/Rauter, GmbHG § 10 Rz 343.

GmbH keine Kenntnis hatte oder haben musste.[208] Unberührt bliebe selbst in diesem Fall aber eine mögliche Haftung des GF. Es ist daher in der Praxis darauf zu achten, dass die Einzahlung des Kapitalerhöhungsbetrages auf ein unbelastetes u nicht überschuldetes Konto der GmbH erfolgt. Auch Einzahlungen auf ein gesperrtes oder verpfändetes Konto der GmbH stehen nicht zur freien Verfügung der GF (s § 10 Rz 15). Sicherheitshalber sollte auch nicht auf ein Konto eingezahlt werden, das in einen *Cash Pool* einbezogen ist (s Rz 61).

52 Erfolgt die Zahlung der restlichen Einlage des Einlageschuldners an einen Dritten (Gläubiger der GmbH) aufgrund einer wirksamen Anweisung der GmbH (ihres GF), wird die Verbindlichkeit des Gesellschafters zur Einzahlung der restlichen Stammeinlage insoweit getilgt, als die Forderungen des Gesellschaftsgläubigers, die er mit seiner Zahlung tilgte, unbedenklich (unbestritten), fällig u vollwertig waren u die GmbH durch die Zahlung an den Dritten (die Befreiung der Verbindlichkeit der GmbH gegenüber dem Dritten) eine vollwertige Leistung erhält. Vollwertig ist diese Leistung nach der Jud nur dann, wenn das Gesellschaftsvermögen zur Befriedigung aller Gläubiger ausreicht, die Gesellschaft also nicht überschuldet oder zahlungsunfähig ist.[209] Diese Möglichkeit der Leistung an Dritte dürfte im Übrigen nur für die Restzahlung offener Stammeinlagen gelten u sollte nicht auf die Leistung der Mindesteinlage (u bis zur Klärung der Frage durch die Jud vorsichtshalber auch nicht auf eine darüber hinausgehende Einlage) vor Eintragung der Kapitalerhöhung angewandt werden, weil dafür eben die Zahlung auf ein Bankkonto gem § 10 Abs 2 vorgesehen ist.[210] Zum Verbot der einseitigen Aufrechnung durch den Gesellschafter u zu den Voraussetzungen einer Aufrechnung durch die GmbH u des Abschlusses v Aufrechnungsvereinbarungen s § 63 Rz 40 ff.

53 Bei Barkapitalerhöhungen im Ausmaß v nicht mehr als € 700 zur Umstellung des Stammkapitals v ATS auf Euro (**Euro-Umstellung**) gilt keine Mindesteinzahlungspflicht. Erfolgt dennoch eine Einzahlung auf

---

208 *M. Heidinger/Prechtl* in Gruber/Harrer, GmbHG² § 52 Rz 73; *Winner*, Kapitalerhöhungen zu Sanierungszwecken 127 (138).
209 OGH 22.2.2001, 6Ob19/01i.
210 *Winner* in Doralt/Nowotny/Kalss, AktG³ § 155 Rz 11, nach dem diese Art der Zahlung nur für Zahlungen der Resteinlage **nach Eintragung** der Kapitalerhöhung in Frage kommt; *Winner*, Kapitalerhöhungen zu Sanierungszwecken 127 (139); aA *Koppensteiner/Rüffler*, GmbHG³ § 52 Rz 32 u § 63 Rz 20, lt dem dies auch für Mindesteinzahlungen gem § 10 möglich ist.

die neuen Stammeinlagen, entfällt das Erfordernis einer Bankbestätigung gem § 10 Abs 3 u genügt eine Einzahlungsbestätigung der GF (Art I § 14 Abs 1 1. Euro-JuBeG).[211] Zur Glättung der Stammeinlagen nach einer Umstellung des Stammkapitals auf Euro durch Kapitalerhöhung aus Gesellschaftsmitteln s Rz 71.

B. Sacheinlagen

1. Leistung von Sacheinlagen

Sacheinlagen sind vor der FB-Anmeldung der Kapitalerhöhung **in vollem Umfang**, nämlich in Höhe des gesamten v der Sacheinlage abzudeckenden Kapitalerhöhungsbetrags, in das Vermögen der GmbH zu übertragen (§ 10 Abs 1 S 3, vgl auch § 28a Abs 2 AktG). Es sind daher auch die entspr für einen Eigentumserwerb der GmbH an den einzubringenden Sachen notwendigen Verfügungsgeschäfte zu setzen (zB körperliche Übergabe, wobei ein Besitzkonstitut nach der L nicht ausreichen soll,[212] Zession einzubringender Forderungen an die GmbH, Abtretung v einzubringenden GmbH-Anteilen an die übernehmende GmbH mit Notariatsakt, Eintragung v Liegenschaften im Grundbuch, etc; jew samt Einholung etwaiger für die Wirksamkeit der dinglichen Verfügung erforderlicher Zustimmungen Dritter); s § 10 Rz 32 ff. Nicht abschließend geklärt scheint, ob (i) der GmbH das Eigentum oder zumindest eine dingliche Berechtigung an den Sachen eingeräumt werden muss[213] oder ob (ii) auch wirtschaftliches Eigentum ausreicht oder ob (iii) es genügt, dass die GmbH zumindest aus eigener Kraft in die Lage versetzt wird, Inhaberin der Sachen zu werden u die Einlagen dem Zugriff des Einlegers endgültig entzogen sind.[214] Die Sacheinlagen müssen sich im Zeitpunkt der Anmeldung der Kapitalerhöhung zum FB in der **freien Verfügung der GF** befinden (s auch § 10 Rz 32 ff).[215] Zulässig ist mE auch, die Sache der GmbH unter Eigentumsvorbehalt bis zur Eintragung der Kapitalerhöhung (als aufschiebende Bedingung für den

54

---

211 *Koppensteiner/Rüffler*, GmbHG³ § 52 Rz 31, 32.
212 *Zollner* in Gruber/Harrer, GmbHG² § 10 Rz 43; *U. Torggler* in Torggler, GmbHG § 10 Rz 11.
213 *Koppensteiner/Rüffler*, GmbHG³ § 10 Rz 11.
214 *U. Torggler* in Torggler, GmbHG § 10 Rz 10, 11; *Reich-Rohrwig* GmbHR I² 1/603.
215 *Koppensteiner/Rüffler*, GmbHG³ § 10 Rz 11, 15, § 52 Rz 32.

Eigentumserwerb der GmbH) zu übertragen; freilich muss die Sache bereits vor der Anmeldung der Kapitalerhöhung zum FB ungeachtet des vorbehaltenen Eigentums der weiteren Verfügung des Einlegers entzogen sein u die GF der GmbH bereits über die Sache verfügen können; die Übergabe muss daher bereits erfolgt oder v Einleger zu setzende sonstige sachenrechtliche Übertragsakte müssen bereits gesetzt sein, s auch Rz 44 u die dort zit Lit. Die **Sacheinlagevereinbarung** bildet als Vereinbarung zur Vermögensübertragung *societatis causa* zugleich den Titel für den Eigentumserwerb der eingebrachten Sachen durch die übernehmende GmbH.

2. Gegenstand der Sacheinlage

55 Einlagefähig sind nach hL alle körperlichen u unkörperlichen Sachen, zB Liegenschaften, Anteile an Kap- u PersGes (einschließlich stille Beteiligungen), Unternehmen, Teilbetriebe, andere Sachgesamtheiten (wie zB Warenlager, Betriebsanlagen u Geschäftseinrichtungen), Marken, Patente u andere dingliche Rechte, Genussrechte, Schuldverschreibungen sowie Forderungen (gegen Dritte oder die GmbH) u Miet-, Pacht- u sonstige Nutzungsrechte u Anwartschaftsrechte[216] (s auch § 6 Rz 17 f). Kündigungsrechte u Befristungen v Nutzungsrechten sind bei der Bewertung der Sacheinlage zu berücksichtigen. Auch Übertragungsbeschränkungen, Vorkaufsrechte[217] oder das Erfordernis einer behördlichen Genehmigung für die Übertragung sind zu beachten. Ist eine einzubringende Liegenschaft mit einem Veräußerungsverbot belastet oder steht eine einzubringende Sache nicht im Eigentum des Einbringenden, muss die Zustimmung des Verbotsberechtigten oder das Eigentum an der Sache vor Eintragung der Kapitalerhöhung erlangt werden; entgegen der Jud hindert das mE aber nicht die Gültigkeit der Sacheinlagevereinbarung.[218] Einlagefähig sind auch Forderungen, die dem EKEG unterliegen.[219] Auch die schuldbefreiende Übernahme einer Ge-

---

216 *Koppensteiner/Rüffler*, GmbHG³ § 6 Rz 15 ff mwN; *U. Torggler* in Torggler, GmbHG § 6 Rz 13 ff; RIS-Justiz RS0060027.
217 Zumal eine Sacheinlage einen Vorkaufsfall iSd § 1078 ABGB begründen kann, s OGH 7.7.2011, 5 Ob 14/11m; RS0020199 [T 1].
218 **AA** mglw RIS-Justiz RS0060012; OGH 15.12.1992, 5 Ob 1602/92; 31.8.2006, 6 Ob 123/06s.
219 *H. Foglar-Deinhardstein/Vinazzer*, ÖBA 2016, 486; *Napokoj* in Napokoj/Foglar-Deinhardstein/Pelinka, AktG § 149 Rz 35; dies ist allerdings str:

sellschafterverbindlichkeit kann eine Sacheinlage sein.[220] Nicht einlagefähig sind nach hL Dienstleistungen oder bloßes Know-how (s auch § 20 Abs 2 AktG), s auch § 6 Rz 19 f.[221]

3. Sacheinlageprüfung

Eine **Sacheinlageprüfung** unter Anwendung der aktienrechtlichen Sachgründungsvorschriften ist dann notwendig, wenn mehr als die Hälfte des Kapitalerhöhungsbetrags in Form v Sacheinlagen aufgebracht werden soll (§ 52 Abs 6 iVm § 6a Abs 1 u 4). Das gilt jedoch dann nicht, wenn u soweit die Sacheinlage ausschließlich zum Zweck der Fortführung eines seit mind fünf Jahren bestehenden Unternehmens gem § 6a Abs 2 unter Beschränkung des Gesellschafterkreises der GmbH auf die letzten Unternehmensinhaber u deren Angehörigen erfolgen soll (§ 52 Abs 6 iVm § 6a Abs 2 u 3). Soweit Unternehmen gem § 6a Abs 2 u 3 eingebracht werden u deren Wert den Kapitalerhöhungsbetrag (zT) abdeckt, ist daher nur ein allfälliger Rest des Kapitalerhöhungsbetrags mind zur Hälfte in bar oder durch geprüfte Sacheinlagen aufzubringen. Frühere Bareinlagen können nach der Jud entgegen der hL u dem Willen des historischen Gesetzgebers nicht auf den notwendigen Hälftebetrag angerechnet werden (**isolierte Betrachtungsweise**, s auch Rz 48).[222] § 6a Abs 2 kann auch bei Einbringung sämtlicher PersGes-Anteile angewandt werden, bei der es zum Übergang des v der PersGes geführten Unternehmens auf die GmbH durch Anwachsung gem § 142 UGB kommt.[223] Bei Anwendung der aktienrechtlichen Sachgründungsvorschriften kann der Kapitalerhöhungsbetrag jedenfalls (auch wenn kein Unternehmen iSd § 6a Abs 2 u 3 eingebracht wird) auch zur Gänze im Wege einer Sacheinlage oder Sachübernahme aufgebracht

56

---

s *Winner* in Doralt/Nowotny/Kalss, AktG³ § 150 Rz 21 mit Hinweisen auf eine ggt (noch?) hL.
220 *Koppensteiner/Rüffler*, GmbHG³ § 6 Rz 16 mwN.
221 *Koppensteiner/Rüffler*, GmbHG³ § 10 Rz 16, 18; *U. Torggler* in Torggler, GmbHG § 6 Rz 14.
222 OGH 14.7.1993, 7 Ob 548/93, **aA** *Koppensteiner/Rüffler*, GmbHG³ § 52 Rz 9; *M. Heidinger/Prechtl* in Gruber/Harrer, GmbHG² § 52 Rz 74; *Reich-Rohrwig*, GmbHR 486; *Pracher*, NZ 1992, 261; *Walch* NZ 2018, 161 (175) wonach es genügt, dass das erhöhte Kapital insgesamt zur Hälfte mit Bareinlagen aufgebracht wurde; zB in den historischen Mat s *van Husen* in Straube/Ratka/Rauter, GmbHG § 6a Rz 16, 67.
223 OGH 13.4.2000, 6 Ob 8/00w; *Diregger* in Torggler, GmbHG § 52 Rz 28.

werden.[224] Geprüfte u ungeprüfte Sacheinlagen können auch nebeneinander (zur Anrechnung auf dieselbe Kapitalerhöhung) eingebracht werden. Soweit Sacheinlagen geprüft wurden oder in Unternehmen gem § 6a Abs 2 u 3 bestehen, ist nur mehr der Rest des aufzubringenden Stammkapitals zur Hälfte in bar aufzubringen (s § 6a Rz 3).[225]

57 **Forderungseinbringung**: Auf eine Kapitalerhöhung durch Einbringung einer Forderung gegen die GmbH – was dazu führt, dass die Forderung (idR durch Aufrechnung mit der Einlagenschuld) erlischt u der Gläubiger der GmbH zur deren Gesellschafter wird, somit Fremdkapital in Eigenkapital umgewandelt wird ("**Debt-Equity Swap**") – sind nach der Jud u hL ebenfalls die Vorschriften über die Kapitalerhöhung mit Sacheinlagen anzuwenden.[226] Das gilt nach der hL auch für die Wandlung v Wandeldarlehen.[227] Die Forderung muss nach der Jud unbestritten u vollwertig sein, sodass die GmbH als Schuldner der Forderung in der Lage ist, diese vollständig zu erfüllen.[228] Diese Jud ist so zu verstehen, dass die einzubringende Forderung nur in Höhe ihres im Zeitpunkt der Einbringung gegebenen Verkehrswerts auf das Stammkapital angerechnet werden kann.[229] Die Forderung muss mE auch (entgegen den Aussagen der Jud zur Aufrechnung v Gesellschafterforderungen gegen den Anspruch der GmbH auf Einzahlung offener Stammeinlagen)[230] nicht fällig sein; die noch nicht gegebene Fälligkeit ist allenfalls bei der Bewertung zu berücksichtigen.[231] Für eine Kapitalerhö-

---

224 *Koppensteiner/Rüffler*, GmbHG³ § 52 Rz 9; *Billek/Ettmayer/Ratka/Jost* in Straube/Ratka/Rauter, GmbHG § 52 Rz 114.
225 *Zollner* in Gruber/Harrer, GmbHG² § 6a Rz 23; *Ch. Nowotny* in Kalss/Nowotny/Schauer, GesR², 458; *Walch* NZ 2018, 161 (175).
226 OGH 14.7.1993, 7 Ob 548/93; 3.4.2008, 1 Ob 128/07s; *Winner* in Doralt/Nowotny/Kalss, AktG³ § 150 Rz 20 ff mwN.
227 S näher *Aburumieh/Hoppel*, RdW 2020, 830 (831); für die analoge Anwendung v § 161 Abs 1 S 2 AktG (keine Sacheinlage) jedoch *Karollus*, ÖBA 1994, 501 (515); **dagegen** *Winner* in Doralt/Nowotny/Kalss, AktG³ § 161 Rz 9.
228 OGH 14.7.1993, 7 Ob 548/93; 3.4.2008, 1 Ob 128/07s; RIS-Justiz RS0123694; *Billek/Ettmayer/Ratka/Jost* in Straube/Ratka/Rauter, GmbHG § 52 Rz 116.
229 HL, s *Winner* in Doralt/Nowotny/Kalss, AktG³ § 150 Rz 21 mwN; s aber Argumente für die Einbringung zum Nominalwert zB bei *H. Foglar-Deinhardstein/Vinazzer*, ÖBA 2016, 486 (491); *Eckert*, GesRZ 2011, 218.
230 OGH 14.7.1993, 7 Ob 548/93; 22.2.2001, 6 Ob 19/01i.
231 *H. Foglar-Deinhardstein/Vinazzer*, ÖBA 2016, 486 (488).

hung gegen „Einlage" v **Dividendenforderungen** (**Schütt-aus-hol-zurück-Verfahren**, s auch § 82 Rz 32, 59) ist jedoch keine Sacheinlageprüfung notwendig, sondern es genügt die Anwendung der Regeln zur Kapitalerhöhung aus Gesellschaftsmitteln gem KapBG[232] (zu diesen s Rz 66 ff).

Prüfungs- u Berichtspflichten: Im Gegensatz zum AktG (§ 150 Abs 3 AktG) ist im Rahmen der Prüfung der Sachkapitalerhöhung bei einer GmbH auch v den GF u einem etwaigen AR sowie v den die Sacheinlage einbringenden Gesellschaftern ein schriftlicher Bericht zu erstellen (§ 6a Abs 4 iVm § 24 AktG [**Bericht der Gesellschafter**] u §§ 25 f AktG [**Prüfbericht der GF u des AR**]). Auf diese Berichte kann nicht verzichtet werden. Nicht abschließend geklärt ist, ob der Bericht gem § 24 AktG nur v den die Sacheinlage einbringenden Gesellschaftern[233] oder auch zumindest v jenen Gesellschaftern, die für den Kapitalerhöhungsbeschluss gestimmt haben, zu erstatten ist, wobei letztere A bei einer GmbH mit großem Gesellschafterkreis wenig praktikabel wäre.[234] Im Bericht der (einbringenden) Gesellschafter sind die wesentlichen Umstände darzulegen, v denen die Angemessenheit der für die eingelegten Gegenstände gewährten Anteile abhängt, insb, ob der Wert der eingebrachten Sache zumindest dem Ausgabebetrag der Anteile (Nennwert der Stammeinlagen plus ein etwaiges gesellschaftsrechtliches Aufgeld) entspricht. Dabei sind auch die Anschaffungs- u Herstellungskosten für die eingebrachten Sachen aus den letzten beiden Jahren u im Fall der Sacheinlage eines Unternehmens das Jahresergebnis der letzten beiden Geschäftsjahre anzugeben (§ 6a Abs 4 iVm §§ 24 Abs 2, 26 AktG). Die Bewertung v Sacheinlagen bei der übernehmenden GmbH richtet sich nach § 202 UGB (Wahlrecht zum Ansatz des beizulegenden Wertes oder zur Buchwertfortführung).

Der **Sacheinlageprüfer** ist v FB-Gericht zu bestellen (§ 25 Abs 3 AktG). In der Praxis werden dem FB-Gericht drei geeignete Wirtschaftsprüfer oder Wirtschaftsprüfungsgesellschaften zur Auswahl vorgeschlagen.[235] Die §§ 271 u 271a UGB gelten sinngemäß (§ 25 Abs 5

---

232 *Schopper* in Straube/Ratka/Rauter, GmbHG § 63 Rz 186; *Winner* in Doralt/Nowotny/Kalss, AktG[3] § 150 Rz 26; *Spiegelfeld/H. Foglar-Deinhardstein* in FS Torggler 1139 (1163); *Nagele/Lux* in Artmann/Karollus, AktG[5] § 150 Rz 32; aA *Sieder* GesRZ 2020, 123 (126).
233 So *Diregger* in Torggler, GmbHG § 52 Rz 10.
234 So *Reich-Rohrwig*, GmbHR 492 unter analoger Anwendung v § 247 Abs 1 u 2 AktG (Umwandlungsbericht).
235 *Diregger* in Torggler, GmbHG § 52 Rz 10.

AktG). Die Prüfung durch die GF u die Mitglieder eines etwaigen AR sowie die Prüfung durch den Sacheinlageprüfer haben sich auf den „*Hergang*" der Kapitalerhöhung (§ 25 Abs 1 AktG) zu erstrecken, insb darauf, ob der Kapitalerhöhungsbeschluss ordnungsmäßig ist, die Angaben der einbringenden Gesellschafter über die Sacheinlagen u die Übernahmserklärung richtig u vollständig sind u ob der Wert der Sacheinlagen oder Sachübernahmen den Ausgabebetrag der dafür zu gewährenden Stammeinlagen erreicht (§ 26 Abs 1 AktG).[236] In dem schriftlichen Bericht sind der Gegenstand jeder Sacheinlage oder Sachübernahme zu beschreiben u die Bewertungsmethoden zu nennen (§ 26 Abs 2). Die Berichte v Sacheinleger, GF u Sacheinlageprüfer sind nicht schon der GV vor Fassung des Kapitalerhöhungsbeschlusses, sondern erst dem FB-Gericht vorzulegen. Hinsichtlich der Haftung der Organe, Sacheinleger u Prüfer verweist § 6a Abs 4 auf die §§ 39 bis 44 AktG.

4. Verdeckte Sacheinlagen

60 Unter dem Begriff **verdeckte Sacheinlage** werden Bareinlagen verstanden, die mit einem Rechtsgeschäft zw der GmbH u dem einlegenden Gesellschafter in zeitlicher u sachlicher Hinsicht derart gekoppelt sind, dass – unter Umgehung der Sachgründungsvorschriften – wirtschaftlich der Erfolg einer Sacheinlage erreicht wird, etwa weil die Barmittel umgehend als Entgelt für eine Leistung des Gesellschafters an diesen zurückfließen.[237] Ungeklärt ist, ob zusätzlich zum zeitlichen u sachlichen Zusammenhang auch eine (bei hinreichendem Zusammenhang widerleglich zu vermutenden) Abrede über die Verwendung der Bareinlage notwendig ist;[238] u ob das zur Beurteilung als verdeckte Sacheinlage führende Rechtsgeschäft wirksam ist.[239] Eine verdeckte Sacheinlage hat zur **Folge**, dass die (ohne Einhaltung der Sacheinlagevorschriften getroffene) Sacheinlagevereinbarung der GmbH gegenüber unwirksam ist u der Gesellschafter nicht v seiner (Bar-)Einlagepflicht befreit wird. Er haftet daher weiter für die Erfüllung seiner Bareinlageverpflichtung u muss

---

236 Zum Aktienrecht s *Winner* in Doralt/Nowotny/Kalss, AktG³ § 150 Rz 103 ff.
237 RIS-Justiz RS0114160.
238 HL in Dtl, s Nachw bei *Winner* in Doralt/Nowotny/Kalss, AktG³ § 150 Rz 18; **dagegen** zB *Konwitschka*, ecolex 2014, 617.
239 **Dafür** OGH 30.8.2000, 6 Ob 132/00f; *Konwitschka*, ecolex 2014, 617, **aA** *Taufner*, ÖJZ 2011, 389 (390).

auch noch nach Jahren damit rechnen, im Fall einer Insolvenz der GmbH ein zweites Mal zur Erfüllung der übernommenen Bareinzahlung herangezogen zu werden.[240] Begründet wird dies zT mit einer Umgehung der Sacheinlagevorschriften, dem Fehlen der freien Verfügung über den Kapitalerhöhungsbetrag gem § 10 u einem Verstoß gegen § 63 Abs 5.[241] Das gilt auch für Kapitalerhöhungen im Konzernverhältnis.[242] Der Gesellschafter hat zwar idR zumindest bereicherungsrechtliche Rückforderungsansprüche gegen die GmbH für den Wert seiner Sacheinlage; diese sind im Insolvenzfall der GmbH aber idR weitgehend wertlos.[243] Weiters kann sich eine Schadenersatzpflicht der GF ergeben (§ 25 Abs 3 Z 1).[244] Eine **Heilung** durch nachträgliche analoge Anwendung der aktienrechtlichen Nachgründungsvorschriften (§ 45 AktG) hat der OGH abgelehnt, eine Heilung durch nachträgliche Änderung der Barkapitalerhöhung in eine Sachkapitalerhöhung (Umwandlung der Bareinlage in eine Sacheinlage) durch Änderung des GesV jedoch offengelassen.[245] Diese Lösung wird v der hL u auch v OLG Graz bejaht, sofern die nachträglich unter Einhaltung der Sacheinlagevorschriften eingebrachte Sache noch werthaltig ist.[246] Bei der Werthaltigkeitsprüfung ist jedoch offenbar nach hL auf den Zeitpunkt der Anmeldung der Sachkapitalerhöhung (des Heilungsbeschlusses) u nicht auf den Zeitpunkt der ursprünglichen Leistung der verdeckten Sacheinlage abzustellen, was die Heilungsmöglichkeit in einer Krisensituation der GmbH oft entwerten wird.[247] Sind weder die Hälfteregelung des § 6a Abs 1 noch

---

240 RIS-Justiz RS0114160; OGH 30.8.2000, 6 Ob 132/00f; 23.1.2003, 6 Ob 81/02h; 27.11.2003, 6 Ob 219/03d.
241 *Winner* in Doralt/Nowotny/Kalss, AktG³ § 150 Rz 17; *Schopper* in Straube/Ratka/Rauter GmbHG § 63 Rz 177 ff.
242 OGH 25.3.2014, 9 Ob 68/13k.
243 *Schopper* in Straube/Ratka/Rauter GmbHG § 63 Rz 189; *Winner* in Doralt/Nowotny/Kalss, AktG³ § 150 Rz 22.
244 RIS-Justiz RS0114161; OGH 30.8.2000, 6 Ob 132/00f.
245 OGH 30.8.2000, 6 Ob 132/00f.
246 OLG Graz 15.5.2008, 4 R 60/08p, NZ 2008, 62; *Koppensteiner/Rüffler*, GmbHG³ § 6 Rz 20; *F. Schuhmacher* in Torggler, GmbHG § 63 Rz 32; *Schopper* in Straube/Ratka/Rauter, GmbHG § 63 Rz 192.
247 OLG Graz 15.5.2008, 4 R 60/08p, NZ 2008, 62; *Koppensteiner/Rüffler*, GmbHG³ § 6 Rz 20; *Schopper* in Straube/Ratka/Rauter GmbHG § 63 Rz 192; **aA** *Winner* in Doralt/Nowotny/Kalss, AktG³ § 150 Rz 59 (Bewertungszeitpunkt sei der Zeitpunkt der ursprünglichen [verdeckten] Sacheinlageleistung).

§ 6a Abs 2 anwendbar, ist auch eine Gründungsprüfung gem § 6a Abs 4 notwendig. De lege ferenda wird in der Lit eine gesetzgeberische Lösung des Problems ähnlich wie in § 19 Abs 4 dGmbHG vorgeschlagen, wonach der Wert der Sacheinlage im Zeitpunkt der FB-Anmeldung der Kapitalerhöhung oder Einlagenleistung auf die Geldeinlagepflicht des Gesellschafters angerechnet wird u die Verträge über die Sacheinlage u Rechtshandlungen zu ihrer Ausführung jedenfalls wirksam bleiben.[248]

61 Das Problem einer verdeckten Sacheinlage kann nur bei Bareinlagen auftreten; ist v Vornherein eine Sacheinlage vereinbart, kann es nach hL u Jud nicht zu einer verdeckten Sacheinlage kommen.[249] Aufgrund der Vielzahl möglicher Fälle einer verdeckten Sacheinlage wird in der Lit v einem „*kasuistischen Sumpf*"[250] u „*Sammelsurium*"[251] gesprochen u ist jedenfalls eine sorgfältige Analyse der Verwendung v Barkapitalerhöhungsbeträgen durch die GmbH angezeigt. Dies gilt insb für im **sachlichen u zeitlichen Zusammenhang** mit der Barkapitalerhöhung stattfindenden Transaktionen der GmbH mit Gesellschaftern oder diesen nahestehenden Personen oder anderen Konzerngesellschaften:[252] Für einen zeitlichen Zusammenhang wird in der Lit zT ein Zeitraum v sechs Monaten,[253] zT ein Zeitraum v zwei Jahren[254] genannt; für einen sachlichen Zusammenhang sprechen insb der Gegenstand der „Einlage" (also des Geschäfts zw GmbH u Gesellschafter oder verbundenen Personen/Unternehmen) u die Wertgleichheit mit dem Kapitalerhöhungsbetrag.[255] Eine verdeckte Sacheinlage kann nach hL u Jud ua in folgenden Fällen vorliegen:

– **Erwerb v Vermögensgegenständen** durch die GmbH v Gesellschafter oder mit diesem verbundenen Personen, unabhängig davon, ob dies kurz vor oder nach der Kapitalerhöhung erfolgt;[256] mE sollte

---

248 *Winner*, RdW 2010/487, 467.
249 *Schopper* in Straube/Ratka/Rauter GmbHG § 63 Rz 174; OGH 23.10.2003, 6 Ob 193/03x.
250 *Hachenburg*, JW 1924, 199 zit nach *Konwitschka*, ecolex 2014, 617.
251 *Taufner*, ÖJZ 2011, 389.
252 *Schopper*, NZ 2009, 257; *Winner* in Doralt/Nowotny/Kalss, AktG³ § 150 Rz 19 ff; *Moser*, GES 2014, 371; *Taufner*, ÖJZ 2011, 389.
253 *Kalss* in Kalss/Nowotny/Schauer, GesR² Rz 3/259 mwN.
254 *Winner* in Doralt/Nowotny/Kalss, AktG³ § 150 Rz 18 mwN.
255 *Winner* in Doralt/Nowotny/Kalss, AktG³ § 150 Rz 18 mwN.
256 *Winner* in Doralt/Nowotny/Kalss, AktG³ § 150 Rz 19; *Taufner*, ÖJZ 2011, 389 (391), jew mwN aus der Jud.

dies aber nicht für Austauschgeschäfte im Rahmen des gewöhnlichen Geschäftsbetriebs der GmbH gelten (s auch die Wertung des § 46 Abs 4 AktG);[257]
- **Begleichung v Forderungen** des die Bareinlage leistenden Gesellschafters (oder mit diesem verbundener Personen) gegen die GmbH, uzw unabhängig davon, ob zunächst die Bareinlage geleistet u daraus die Forderung getilgt wird, oder ob dies in umgekehrter Reihenfolge geschieht[258] oder eine Aufrechnung stattfindet;[259]
- Einbeziehung in ein konzernweites **Cash Pooling**; aus Vorsichtsgründen muss man daher derzeit empfehlen, den Kapitalerhöhungsbetrag auf ein separates, nicht in einen Cash Pool aufgenommenes Bankkonto der GmbH einzuzahlen u das betroffene Konto nicht vor Ablauf v zwei Jahren in den Cash Pool aufzunehmen; das eingezahlte Kapital kann freilich schon davor v diesem „Sonderkonto" entnommen u für (allg oder spezifische) Zwecke der GmbH verwendet werden;[260]
- Rückfluss der geleisteten Bareinlage an den einzahlenden Gesellschafter oder verbundene Personen als **Kredit**.[261]

Eine kurz nach einer Bargründung oder Barkapitalerhöhung erfolgende Einbringung v Betrieben in eine GmbH mit vorbehaltener („**unbarer**") **Entnahme** gem § 16 Abs 5 Z 2 UmgrStG (also einer Verbindlichkeit der übernehmenden GmbH gegenüber dem einbringenden Gesellschafter), wenn im Ergebnis das bar aufgebrachte Stammkapital an den Einbringenden zurückfließt, weil die Entnahmen keine Deckung in (mit dem Unternehmen) eingebrachten u anderen liquiden Mitteln finden;[262] wei-

---

257 Ähnlich *Ettl* in Doralt/Nowotny/Kalss, AktG³ § 20 Rz 39 („*sollte ... ein weniger strenger Maßstab angesetzt werden*" u „*ein Gutachten über die Werthaltigkeit ausreichen*").
258 BGH 19.1.2016, II ZR 61/15.
259 *Winner* in Doralt/Nowotny/Kalss, AktG³ § 150 Rz 20 a; *Schopper*, NZ 2009, 257 (260).
260 *Winner* in Doralt/Nowotny/Kalss, AktG³ § 150 Rz 21 a; *Taufner*, ÖJZ 2011, 389 (395); *Meusburger*, GesRZ 2008, 216; *Obradović/Wietrzyk* in Haberer/Krejci, Konzernrecht 12.88.
261 *Schopper*, NZ 2009, 257 (264).
262 Es sollte daher auch dann keine verdeckte Sacheinlage vorliegen, wenn die durch die unbare Entnahme begründete Gesellschafterforderung aus nach der Unternehmenseinbringung erzielten operativen Gewinnen bezahlt wird, weil dann nicht auf das vorher aufgebrachte Bargeld zurückgegriffen werden

ters bei Umgehungszusammenhang zw Bargründung oder Barkapitalerhöhung u zeitnaher Betriebseinbringung auch die Verminderung des Einbringungskapitals durch eine „bare" Entnahme gem § 16 Abs 5 Z 2 UmgrStG, wenn diese fremdfinanziert wird u die diesbzgl Verbindlichkeit nach der Einbringung die übernehmende GmbH mangels in ausreichender Höhe eingebrachter liquider Mittel belastet.[263] Die diesbzgl OGH-E stand allerdings iZm einer unmittelbar vorangegangenen Bargründung. Für Betriebseinbringungen nach Barkapitalerhöhungen kann es vielfältige Gründe geben u wird eine verdeckte Sacheinlage idR wohl selbst in den gerade genannten Konstellationen nicht ohne Weiteres zu vermuten sein, sondern mE den tatsächlichen Nachw einer Umgehung v Sachgründungsvorschriften voraussetzen. Eine Unternehmenseinbringung gegen Gewährung neuer Anteile im Rahmen einer Sachkapitalerhöhung ist keine verdeckte Sacheinlage, selbst wenn eine Bargründung oder Barkapitalerhöhung voranging. Freilich muss der Verkehrswert des eingebrachten Unternehmens auch unter Berücksichtigung der Verbindlichkeiten aus der unbaren Entnahme den Ausgabebetrag der dafür gewährten Stammeinlagen decken.[264]

5. Differenzhaftung und Gewährleistung

62 Stellt sich nach der Eintragung der Kapitalerhöhung im FB heraus, dass der Wert einer Sacheinlage im Zeitpunkt der Anmeldung der Kapitalerhöhung zur Eintragung im FB nicht den Betrag der dafür übernommenen Stammeinlage erreicht hat, so hat der einbringende Gesellschafter unabhängig v einem etwaigen Verschulden in Höhe des Fehlbetrags eine Einlage in Geld zu leisten (**Differenzhaftung** gem § 10a iVm § 52 Abs 6). Es kommt freilich nur auf den objektiven Wert der Sacheinlage im Zeit-

---

muss (so *Mädel/Nowotny* in FS Wiesner 281), oder wenn im Einbringungsvertrag sichergestellt wird, dass für die Tilgung der Entnahmeforderung nicht die bei einer Bargründung oder Barkapitalerhöhung geleisteten Einlagen herangezogen werden u Zahlungen aus dem Titel der unbaren Entnahme nur erfolgen, soweit die vorhandenen Geldmittel der GmbH das bar aufgebrachte Stammkapital übersteigen u auch die fälligen Forderungen anderer Gläubiger bedient werden können (so *Pilgerstorfer*, wbl 2004, 353 [363]; *Thurnher*, GesRZ 2005, 10 [14]).
263 OGH 7.7.2017, 6 Ob 165/16g, GesRZ 2017, 329 (*Kalss*); zu den Rechtsfolgen beim Aufeinandertreffen einer verdeckten Sacheinlage mit einer verbotenen Einlagenrückgewähr s *J. Reich-Rohrwig/Gröss*, ecolex 2003, 680 (682).
264 OGH 23.10.2003, 6 Ob196/03x; RIS-Justiz RS0118215.

punkt der Anmeldung an, sodass nachträgliche Wertverluste keine Haftung begründen.[265] Der Differenzhaftungsanspruch verjährt fünf Jahre nach der Eintragung der Kapitalerhöhung im FB (§ 10a Abs 2 iVm § 52 Abs 6). Wird im Rahmen einer Verschmelzung eine Kapitalerhöhung bei der übernehmenden Gesellschaft durchgeführt, gibt es in Übereinstimmung mit der Jud des BGH u des OGH zur Kapitalerhöhung aus Gesellschaftsmitteln keine Differenzhaftung für die Gesellschafter der beteiligten Gesellschaften, insb also auch nicht für die Gesellschafter der übertragenden Gesellschaft (s auch Rz 75, § 101 Rz 6 [str]).[266]

Ob die **Differenzhaftung** auch eingreift, wenn der Wert der Sacheinlage zwar den Nennbetrag der Stammeinlagen deckt, nicht aber einen etwaigen höheren Ausgabebetrag (**Agio**), ist str.[267] Die für die Anwendung v § 10a auf ein Agio vorgebrachten Argumente sind mE nicht sehr überzeugend, insb wenn man den Hintergrund der Differenzhaftung im Verbot der Unterpari-Emission u damit im Gläubigerschutz sieht,[268] denn ein Agio wird primär im Gesellschafterinteresse festgesetzt. Außerdem verweist § 52 Abs 6 iVm § 6a Abs 4 gerade nicht auf § 28a Abs 2 AktG, nach dem der Wert der Sacheinlagen den Ausgabebetrag erreichen muss (s auch § 10a Rz 3).[269] Allerdings liegt es durchaus im Gesellschafterinteresse, dass Sacheinleger ihr Einlageversprechen vollständig erfüllen u verschuldensunabhängig für einen bestimmten Wert der versprochenen Sacheinlage (nämlich in Höhe des mit der Sacheinlage übernommenen Ausgabebetrages) einstehen müssen, zumal sie ja dafür eine Gegenleistung in Form einer Stammeinlage mit entspr Rechten in der GmbH erhalten. Insofern schiene es auch gerechtfertigt, Sacheinleger ähnlich einer Gewährleistung zur Sicherung der Wertäquivalenz das Risiko tragen zu lassen, dass die Sacheinlage im Zeitpunkt der Ein-

63

---

265 *U. Torggler* in Torggler, GmbHG § 10a Rz 4.
266 BGH 6.11.2018, II ZR 199/17; *Kalss*, VSU³ § 101 GmbHG, Rz 22 mwN; aA *Koppensteiner*, wbl 2014, 678; *Warto* in Gruber/Harrer, GmbHG § 101 Rz 11.
267 **Dafür** zB *van Husen* in Straube/Ratka/Rauter, GmbHG § 10a Rz 28 ff; *Zollner* in Gruber/Harrer, GmbHG² § 10a Rz 6; *Koppensteiner*, GesRZ, 2015, 6 (10); *Ch. Nowotny* in Kalss/Nowotny/Schauer, GesR² Rz 4/342; **dagegen** zB *Koppensteiner/Rüffler*, GmbHG³ § 10a Rz 5; *U. Torggler* in Torggler, GmbHG § 10a Rz 3; *Wenger*, RWZ 2006, 140; *Eckert* in FS Nowotny 275.
268 *Koppensteiner*, wbl 2015, 1 (4); *Koppensteiner*, wbl 2014, 678 (680); ebenfalls mit Betonung der Gläubigerinteressen zB *van Husen* in Straube/Ratka/Rauter, GmbHG § 10a Rz 33/4.
269 *Eckert* in FS Nowotny 275 (278); zum untersch Schutzbedürfnis bei AG u GmbH s auch *Kalss/Schauer*, Reform 502.

lageleistung (§ 10a stellt hingegen auf den Zeitpunkt der FB-Anmeldung ab) den versprochenen Wert hat.[270] Es muss aber mE jedenfalls möglich sein, im Kapitalerhöhungsbeschluss eine Differenzhaftung der Sacheinleger für das Agio (trotz Festsetzung eines Agios) auszuschließen oder andere Rechtsfolgen einer Überbewertung der Sacheinlage vorzusehen. Bei Einstimmigkeit oder mangelnder Anfechtung ist das unproblematisch. Ob ein solcher Differenzhaftungsausschluss widersprechende Minderheitsgesellschafter zur Anfechtung des Kapitalerhöhungsbeschlusses berechtigt, hängt mE (wie schon der Bezugsrechtsausschluss) v Interesse der GmbH an der Sacheinlage sowie auch v Risiko ab, dass der Wert der Sacheinlage unter dem Ausgabebetrag zurückbleibt, sodass insb bei Durchführung einer Sacheinlageprüfung u plausiblem positiven Prüfbericht keine Anfechtung Erfolg haben sollte. Umgekehrt ist es möglich, eine Differenzhaftung für das Agio im Sacheinlagevertrag ausdrücklich zu vereinbaren. Daneben sind **Gewährleistungsansprüche** wegen **Sach- u Rechtsmängeln** der Sacheinlage möglich.[271] Ob ein Sachmangel vorliegt, richtet sich idR nach dem Sacheinlagevertrag.[272] Ist eine Verbesserung des Mangels nicht möglich, hat die GmbH bei nicht bloß geringfügigen Mängeln die Möglichkeit der Auflösung (Wandlung) des Sacheinlagevertrags, was vor der Eintragung der Kapitalerhöhung nach einer A zum Scheitern der Kapitalerhöhung führt, wenn der Wert der Sacheinlage aufgrund des Mangels den Ausgabebetrag unterschreitet,[273] nach aA zur Umwandlung der Sacheinlagepflicht in eine Barleistungspflicht unter Anwendung v § 63 Abs 5.[274] Ähnliches wird vertreten, wenn die Leistung der Sacheinlage unmöglich wird.[275] Nach Eintragung der Kapitalerhöhung kann diese wegen des

---

270 Zum Gesichtspunkt der Risikotragung s zB *Talos/Schrank*, ecolex 2004, 948; zB *van Husen* in Straube/Ratka/Rauter, GmbHG § 10a Rz 7.
271 *Koppensteiner/Rüffler*, GmbHG³ § 10a Rz 3, § 6 Rz 21; *Zollner* in Gruber/Harrer, GmbHG² § 6 Rz 45; zur Abgrenzung v Gewährleistung u Differenzhaftung *Winner* in Doralt/Nowotny/Kalss, AktG³ § 152 Rz 62.
272 *Winner* in Doralt/Nowotny/Kalss, AktG³ § 152 Rz 63.
273 *Winner* in Doralt/Nowotny/Kalss, AktG³ § 152 Rz 64 u Vertragsauflösung auch bei bloß geringfügigen Mängeln bejahend.
274 *Koppensteiner/Rüffler*, GmbHG³ § 6 Rz 21; *Zollner* in Gruber/Harrer, GmbHG² § 6 Rz 45.
275 S einerseits *Koppensteiner/Rüffler*, GmbHG³ § 6 Rz 21; *Zollner* in Gruber/Harrer, GmbHG² § 6 Rz 45 (Bareinlagepflicht); andererseits *Winner* in Doralt/Nowotny/Kalss, AktG³ § 152 Rz 58 (Aufhebung des Sacheinlagevertrages nach § 1447 ABGB).

Mangels nicht mehr rückgängig gemacht werden; in Betracht kommt jedoch, wenn eine Verbesserung nicht möglich ist, ein Anspruch der GmbH auf baren Ausgleich des Mangels oder bei nicht nicht bloß geringfügigen Mängeln die Rückgabe der Sache u Geltendmachung des Ausgabebetrags in bar.[276] Freilich kann die Gewährleistung im Sacheinlagevertrag im Rahmen der allg zivilrechtlichen Regeln ausgeschlossen werden, die Kapitalaufbringung wird ohnehin durch die Differenzhaftung nach § 10a sichergestellt. Von Gewährleistungsansprüchen der GmbH gegen den Sacheinleger zu unterscheiden sind Gewährleistungsansprüche der Übernehmer der neuen Anteile gegen die GmbH auf Basis vertraglicher Zusagen der GmbH. Die GmbH darf gegenüber dem Übernehmer mE durchaus Gewährleistungszusagen abgeben u Haftungen übernehmen, wie sie auch in Anteilskaufverträgen üblich sind, wenn u soweit dies in ihrem Interesse liegt, insb weil es zur Erlangung frischen Eigenkapitals v neuen Kapitalgebern notwendig ist, u daraus resultierende Ersatzforderungen sich auf freies Vermögen (inklusive eines etwaigen Agios) beschränken u nicht den Nennbetrag der neuen Stammeinlagen schmälern[277] (str, s auch § 82 Rz 101). Weniger str aus dem Blickwickel des Kapitalaufbringungsrechts/Kapitalerhaltungsrechts[278] ist die Vereinbarung alternativer Rechtsfolgen v Gewährleistungsverletzungen wie zB die Beschränkung des Wertausgleichs für die gewährleistungsberechtigten Investoren auf (i) ein schuldrechtliches Agio, (ii) die Leistung in Form v alinearen Dividenden, (iii) die Abtretung v Geschäftsanteilen oder Dividendenansprüchen durch Altgesellschafter oder (iv) die Ausgabe zusätzlicher Anteile bloß gegen Zahlung des Nennbetrages („kompensierende Kapitalerhöhung").[279] All diese Alternativen bedürfen freilich der Zustimmung der übrigen Gesellschafter.

---

276 *Winner* in Doralt/Nowotny/Kalss, AktG³ § 152 Rz 65.
277 *Rericha/Strasser*, wbl 2016, 730; *Billek/Ettmayer/Ratka/Jost* in Straube/Ratka/Rauter, GmbHG § 52 Rz 95.
278 Primär geht es um Kapitalaufbringung; falls Kapitalerhaltungsrecht hier überhaupt einschlägig ist (dagegen *Koppensteiner*, GesRZ 2017, 6 [11] FN 72), wird bei Gewährleistungen der GmbH gegenüber neuen Eigenkapitalgebern idR Drittvergleichsfähigkeit (zB im Vergleich zu Gewährleistungen in Anteilskaufverträgen mit Gesellschaftern oder in Kreditverträgen) oder eine sachliche Rechtfertigung gegeben sein.
279 *Rericha/Strasser*, CFO aktuell 2017, 139; *Jeitler/Larcher*, wbl 2021, 185; *Koppensteiner*, GesRZ 2017, 6 (11); *H. Foglar-Deinhardstein*, Die Investorenvereinbarung 121 (128).

VI. Kosten

64 Die **Kosten der Kapitalerhöhung** (zB Notar-, Beratungs- u Prüfungskosten, Eintragungsgebühren, Grunderwerbsteuer[280]) dürfen v der GmbH getragen werden. Prozentuelle Begrenzungen bestehen nicht; die GF sind aber verpflichtet, darauf zu achten, dass sich die Kosten in einem angemessenen Rahmen halten, soweit sie darüber überhaupt disponieren können u diese nicht ohnehin (wie etwa Eintragungsgebühren oder GrESt) gesetzl vorgegeben sind. Der Kapitalerhöhungsbeschluss muss über die Tragung der Kosten der Kapitalerhöhung keine Aussage treffen.[281] Der FB-Anmeldung der Kapitalerhöhung muss auch keine Berechnung der Kosten der Kapitalerhöhung beigelegt werden (s hingegen § 155 Abs 3 Z 3 AktG), ausgenommen die Kosten wurden aus der eingezahlten Stammeinlage gezahlt (§ 10 Abs 3 S 4). § 7 Abs 2 (Ersatz der Gründungskosten nur innerhalb des dafür im GesV festgesetzten Höchstbetrags) ist auf eine Kapitalerhöhung nicht anwendbar, sodass der Ersatz solcher Kosten nicht auf einen im GesV bzw Kapitalerhöhungsbeschluss festgesetzten Betrag beschränkt ist.[282] Die v der GmbH gesellschaftsrechtlich zulässig getragenen Aufwendungen iZm der Kapitalerhöhung sind auch steuerlich als Betriebsausgaben abzugsfähig (§ 11 Abs 1 Z 1 KStG; KStR 2013 Rz 1251).

65 Eine **Belohnung** iSv § 7 Abs 1 für die Kapitalerhöhung oder deren Vorbereitung darf einem Gesellschafter v der GmbH jedoch nach hL nicht gewährt werden; insb ist deren Anrechnung auf die neue Stammeinlage auch im Rahmen einer Kapitalerhöhung unzulässig. Das gilt nach der hL selbst dann, wenn ein Agio dafür herangezogen wird, u wird mit § 82 u § 229 Abs 2 Z 1 UGB (Einstellung eines Agios in die Kapitalrücklage) begründet.[283]

---

280 Im Fall der Einbringung v Grundstücken (§ 1 Abs 1 Z 1 GrEStG) oder v Anteilen an grundstücksbesitzenden Gesellschaften, falls dies zur Verwirklichung eines Anteilsvereinigungstatbestands gem § 1 Abs 3 GrEStG führt.
281 *Koppensteiner/Rüffler*, GmbHG³ § 52 Rz 8, 35; *M. Heidinger/Prechtl* in Gruber/Harrer, GmbHG² § 52 Rz 75; *Billek/Ettmayer/Ratka/Jost* in Straube/Ratka/Rauter, GmbHG § 52 Rz 33; *Reich-Rohrwig*, GmbHR 493.
282 *Koppensteiner/Rüffler*, GmbHG³ § 52 Rz 35; *M. Heidinger/Prechtl* in Gruber/Harrer, GmbHG² § 52 Rz 75; *Billek/Ettmayer/Ratka/Jost* in Straube/Ratka/Rauter, GmbHG § 52 Rz 33; *Reich-Rohrwig*, GmbHR 494.
283 *Koppensteiner/Rüffler*, GmbHG³ § 52 Rz 35; *M. Heidinger/Prechtl* in Gruber/Harrer, GmbHG² § 52 Rz 75; *Billek/Ettmayer/Ratka/Jost* in Straube/Ratka/Rauter, GmbHG § 52 Rz 33; *Reich-Rohrwig*, GmbHR 494.

VII. Kapitalerhöhung aus Gesellschaftsmitteln

A. Allgemeines

Die Kapitalerhöhung aus Gesellschaftsmitteln (**nominelle Kapitalerhöhung**) wird durch das KapBG geregelt. Subsidiär kommen die allg Bestimmungen des GmbHG zur Anwendung. Dies gilt etwa für die Vorschriften über die Beschlussfassung u die Änderungen des GesV, nicht jedoch für § 52 Abs 2 bis 6, § 53 u §§ 6, 6a, 10 u 10a.[284] Bei einer Kapitalerhöhung aus Gesellschaftsmitteln erfolgt die Erhöhung der Stammkapitalziffer bloß durch **Umwandlung v Kapital- oder Gewinnrücklagen** oder Gewinnvorträgen (also anderem Eigenkapital) in Stammkapital ohne Zuführung v neuem Kapital oder Vermehrung des Vermögens der GmbH.[285] Die Gesellschafter müssen daher keine neuen Einlagen leisten. Übernahmserklärungen sind nicht notwendig. Diese „Kapitalberichtigung" erfolgt zwingend mit Rückwirkung zum Beginn des Geschäftsjahres (§ 2 Abs 2 KapBG). Der Erwerb v Anteilen aufgrund einer Kapitalerhöhung aus Gesellschaftsmitteln unterliegt nicht der ESt oder der KESt (§ 3 Abs 1 Z 29, § 94 Z 9 EStG).

66

B. Beschlussfassung

Notwendig ist ein **GV-Beschluss**, für den die allg Voraussetzungen für GesV-Änderungen u (ordentliche) Kapitalerhöhungen gelten (§ 2 Abs 1 KapBG). Erforderlich sind demnach eine **Dreiviertelmehrheit** der abgegebenen Stimmen oder eine entspr größere Mehrheit lt GesV sowie eine **notarielle Beurkundung**.[286] Enthält der GesV eine Sonderbestimmung für „Kapitalerhöhungen" ist diese iZw auch für Kapitalerhöhungen aus Gesellschaftsmitteln zu beachten; der GesV kann für eine Kapi-

67

---

284 *Koppensteiner/Rüffler*, GmbHG³ Anh § 53 § 1 KapBG, Rz 5 ff; *Heidinger/Prechtl* in Gruber/Harrer, GmbHG² Anh § 53 § 1 KapBG, Rz 4; *Ettmayer/Grossmayer* in Straube/Ratka/Rauter, GmbHG § 1 KapBG Rz 12 ff.
285 *Koppensteiner/Rüffler*, GmbHG³ Anh § 53 § 1 KapBG, Rz 3; *Ettmayer/Grossmayer* in Straube/Ratka/Rauter, GmbHG § 1 KapBG, Rz 1 ff.
286 *Ettmayer/Grossmayer* in Straube/Ratka/Rauter, GmbHG § 2 KapBG, Rz 3 ff (auch mit weiteren Ausführungen zu den möglichen Auswirkungen der Treuepflicht u zum Schutz der Minderheitsgesellschafter vor der Einschränkung v Gewinnausschüttungen); *M. Heidinger/Prechtl* in Gruber/Harrer, GmbHG² Anh § 53 § 2 KapBG, Rz 2 ff.

talerhöhung aus Gesellschaftsmitteln aber auch eine andere Mehrheit vorsehen als für eine ordentliche Kapitalerhöhung gem § 52.[287] Beschlussinhalt ist die Erhöhung der Stammkapitalziffer durch Umwandlung v im letzten JA ausgewiesenen Rücklagen u/oder eines im Bilanzgewinn enthaltenen Gewinnvortrags, wobei gem hL jew der genaue Betrag sowie die jew Bilanzpositionen, die aufgelöst oder vermindert werden sollen, zumindest bestimmbar anzugeben sind.[288] Die bilanzielle Rückwirkung tritt ex lege ein u muss nicht explizit angegeben werden.[289] Eine Kombination mit einer Beschlussfassung auch über eine effektive Kapitalerhöhung in derselben GV ist möglich, freilich nur mit getrennten Beschlüssen unter Einhaltung der jew untersch Voraussetzungen für beide Formen der Kapitalerhöhung.[290]

68 **Stichtag, JA, Prüfung:** Die Kapitalerhöhung aus Gesellschaftsmitteln kann nur mit (bilanzieller) **Rückwirkung** zum Beginn eines Geschäftsjahres in einer solchen GV beschlossen werden, der der festgestellte **JA für das letzte Geschäftsjahr** vorliegt oder die über diesen beschlossen hat (§ 2 Abs 2 KapBG). Der Stichtag des JA darf außerdem nicht mehr als **neun Monate** vor der Anmeldung der Kapitalerhöhung zur Eintragung in das FB liegen (§ 2 Abs 4 KapBG). Bei prüfungspflichtigen GmbH muss der JA einen uneingeschränkten Bestätigungsvermerk aufweisen; ein eingeschränkter Bestätigungsvermerk hindert die Kapitalerhöhung jedoch nicht, wenn der Abschlussprüfer dies im Hinblick auf die Vermögenssituation der GmbH ausdrücklich erklärt (§ 2 Abs 2 S 2 KapBG analog).[291] Die analoge Anwendung v § 2 Abs 5

---

[287] *Ettmayer/Grossmayer* in Straube/Ratka/Rauter, GmbHG § 2 KapBG, Rz 3; *M. Heidinger/Prechtl* in Gruber/Harrer, GmbHG² Anh § 53 § 2 KapBG, Rz 3.

[288] *Koppensteiner/Rüffler*, GmbHG³ Anh § 53 § 2 KapBG, Rz 2; *Ettmayer/Grossmayer* in Straube/Ratka/Rauter, GmbHG § 2 KapBG, Rz 1; *M. Heidinger/Prechtl* in Gruber/Harrer, GmbHG² Anh § 53 § 2 KapBG, Rz 7.

[289] *Koppensteiner/Rüffler*, GmbHG³ Anh § 53 § 2 KapBG, Rz 2; *Ettmayer/Grossmayer* in Straube/Ratka/Rauter, GmbHG § 2 KapBG, Rz 9; *M. Heidinger/Prechtl* in Gruber/Harrer, GmbHG² Anh § 53 § 2 KapBG, Rz 8.

[290] *Koppensteiner/Rüffler*, GmbHG³ Anh § 53 § 2 KapBG, Rz 4 mwN; *M. Heidinger/Prechtl* in Gruber/Harrer, GmbHG² Anh § 53 § 1 KapBG, Rz 5; *Ettmayer/Grossmayer* in Straube/Ratka/Rauter, GmbHG § 2 KapBG, Rz 8.

[291] *Koppensteiner/Rüffler*, GmbHG³ Anh § 53 § 2 KapBG, Rz 6; *Ettmayer/Grossmayer* in Straube/Ratka/Rauter, GmbHG § 2 KapBG, Rz 11; *M. Heidinger/Prechtl* in Gruber/Harrer, GmbHG² Anh § 53 § 2 KapBG, Rz 14.

KapBG (**Bericht der GF** an die GV u **Prüfung** durch einen etwaigen Abschlussprüfer) ist str, mE jedoch mangels Regelungslücke wohl zu verneinen.[292] Selbst wenn man die Gegenmeinung vertritt, sollte ein Bericht der GF u eine etwaige Prüfung durch den Abschlussprüfer jedenfalls dann nicht erforderlich sein, wenn alle Gesellschafter schriftlich oder in der Niederschrift zur GV darauf verzichten (§ 100 Abs 1 analog).[293]

C. Umwandlungsfähige Bilanzpositionen

Nur im zugrundeliegenden JA ausgewiesene offene Rücklagen einschließlich eines Gewinnvortrages können umgewandelt werden, soweit ihnen nicht ein Verlust einschließlich eines Verlustvortrags gegenübersteht (§ 2 Abs 3 KapBG). Unter „offenen Rücklagen" sind die in der Bilanz gem § 224 Abs 3 A. II u III UGB ausgewiesenen **Kapital- u Gewinnrücklagen** zu verstehen (zum Gewinnvortrag s unten).[294] Diese müssen im JA ausgewiesen sein u dürfen nicht durch einen zwischenzeitlich eingetretenen Verlust oder einen Verlustvortrag geschmälert worden sein; insoweit ist bloß ein entspr Saldo umwandlungsfähig.[295] Auch **gebundene Rücklagen** können in Stammkapital umgewandelt werden, soweit nach der Kapitalerhöhung gebundene Rücklagen iHv 10 % des erhöhten Stammkapitals verbleiben (§ 2 Abs 3 KapBG). Insoweit besteht keine Pflicht, vorrangig freie Rücklagen umzuwandeln.[296]

69

---

292 Vgl weiterführend *M. Heidinger/Prechtl* in Gruber/Harrer, GmbHG² Anh § 53 § 2 KapBG, Rz 24; *Koppensteiner/Rüffler*, GmbHG³ Anh § 53 § 2 KapBG, Rz 8; **aA** *Kaindl*, GesRZ 2002, 228 (130); *Ettmayer/Grossmayer* in Straube/Ratka/Rauter, GmbHG § 2 KapBG, Rz 21; *Reich-Rohrwig*, GmbHR 502; *Ch. Nowotny* in Kalss/Nowotny/Schauer, GesR² Rz 4/528.
293 *Kaindl*, GesRZ 2002, 228 (133); *Ettmayer/Grossmayer* in Straube/Ratka/Rauter, GmbHG § 2 KapBG, Rz 21, 23.
294 *M. Heidinger/Prechtl* in Gruber/Harrer, GmbHG² Anh § 53 § 2 KapBG, Rz 16.
295 *Koppensteiner/Rüffler*, GmbHG³ Anh § 53 § 2 KapBG, Rz 7; *Ettmayer/Grossmayer* in Straube/Ratka/Rauter, GmbHG § 2 KapBG, Rz 13; *M. Heidinger/Prechtl* in Gruber/Harrer, GmbHG² Anh § 53 § 2 KapBG, Rz 15; für (zwischenzeitliche) Verluste, die erst seit dem Stichtag des JA eingetreten sind, ergibt sich das (nur) aus § 3 Abs 1 KapBG, vgl auch *Winner* in Doralt/Nowotny/Kalss, AktG³ § 2 KapBG, Rz 42.
296 *Koppensteiner/Rüffler*, GmbHG³ Anh § 53 § 2 KapBG, Rz 7; *Ettmayer/Grossmayer* in Straube/Ratka/Rauter, GmbHG § 2 KapBG, Rz 16.

Gebundene Rücklagen, welche die Schwelle nicht erreichen, müssen anlässlich der Kapitalerhöhung nicht aus freien Rücklagen aufgefüllt werden, sondern nur aus zukünftigen Gewinnen.[297] Auch Rücklagen, die einer Ausschüttungssperre (§ 235 UGB) unterliegen, können umgewandelt werden. Für bestimmte Zwecke gebildete Rücklagen können nur umgewandelt werden, soweit dies mit ihrer Zweckbestimmung vereinbar ist.[298] Rücklagen für eigene Anteile gem § 229 Abs 1a UGB (in Höhe des Nennbetrags erworbener eigener Anteile) dürfen daher nicht umgewandelt werden.[299] Beschlüsse, die der Zweckbindung der aufzulösenden Rücklage widersprechen, sind anfechtbar. Andere **Beschlussmängel** führen aus Gründen des Gläubigerschutzes idR zur Nichtigkeit des Beschlusses.[300]

70   Auch **Nachschusskapital** kann umgewandelt werden (s § 72 Rz 14). **Stille Reserven** können (vor ihrer Realisierung) **nicht** umgewandelt werden.[301] Es können auch keine Gewinne (einschließlich aus der Aufdeckung stiller Reserven) aus dem laufenden Geschäftsjahr umgewandelt werden, weil diese noch nicht im JA ausgewiesen sind.[302] Das gilt nach der Jud auch für Gewinne oder Rücklagen, die durch eine seit dem letzten Bilanzstichtag erfolgte Umgründung (bspw Verschmelzung) erworben wurden, was bei mit bilanzieller Rückwirkung erfolgenden u auf entspr JA beruhenden Umgründungen überprüfungsbedürftig erscheint.[303] Nach der Jud kann auch ein im JA ausgewiesener **Bilanzgewinn** nicht verwendet werden, sofern er aus dem Jahresüberschuss des Geschäftsjahres, auf den sich der zugrundeliegende JA bezieht,

---

297 *Ettmayer/Grossmayer* in Straube/Ratka/Rauter, GmbHG § 2 KapBG, Rz 16; *Winner* in Doralt/Nowotny/Kalss, AktG³ § 2 KapBG, Rz 40.
298 *Ettmayer/Grossmayer* in Straube/Ratka/Rauter, GmbHG § 2 KapBG, Rz 15; *M. Heidinger/Prechtl* in Gruber/Harrer, GmbHG² Anh § 53 § 2 KapBG, Rz 19.
299 *Winner* in Doralt/Nowotny/Kalss, AktG³ § 2 KapBG, Rz 39.
300 *Koppensteiner/Rüffler*, GmbHG³ Anh § 53 § 2 KapBG, Rz 7; *M. Heidinger/Prechtl* in Gruber/Harrer, GmbHG² Anh § 53 § 2 KapBG, Rz 11; *Ettmayer/Grossmayer* in Straube/Ratka/Rauter, GmbHG § 2 KapBG, Rz 7.
301 OGH 13.10.2010, 3 Ob 86/10h; *Koppensteiner/Rüffler*, GmbHG³ Anh § 53 § 2 KapBG, Rz 7; *Ettmayer/Grossmayer* in Straube/Ratka/Rauter, GmbHG § 2 KapBG, Rz 14.
302 *Ettmayer/Grossmayer* in Straube/Ratka/Rauter, GmbHG § 2 KapBG, Rz 17.
303 OGH 27.2.1997, 6 Ob 2404/96; *Ettmayer/Grossmayer* in Straube/Ratka/Rauter, GmbHG § 2 KapBG, Rz 17.

stammt u nicht aus einem **Gewinnvortrag** aus Vorjahren (sodass im Ergebnis nur jene Teile des Bilanzgewinns umwandlungsfähig wären, die aus [vorgetragenen] Gewinnen stammen, die bis zum Ende des im Zeitpunkt der Beschlussfassung zweitvorangegangenen Jahres erzielt wurden).[304] Diese Jud ist mE dann unzutreffend u eine Umwandlung des gesamten im letzten JA ausgewiesenen u nicht ausgeschütteten Bilanzgewinns ungeachtet des Entstehungszeitpunkts zulässig, wenn die E über die Verwendung des Bilanzgewinns im GesV dem Beschluss der GV vorbehalten ist u dessen dauernde Bindung durch Umwandlung in Stammkapital nicht treuwidrig ist, oder wenn der Kapitalerhöhungsbeschluss einstimmig gefasst wird.[305] Außerdem kann der Jahresüberschuss im Rahmen der Erstellung des JA auch einer Gewinnrücklage zugeführt u diese dann in Stammkapital umgewandelt werden.[306] Soweit eine solche Rücklagenbildung gesv u unter Berücksichtigung der Treuepflicht zulässig ist, liegt nämlich kein Bilanzgewinn mehr vor u ist die Jud des OGH gar nicht anwendbar.

D. Anmeldung

Die **Anmeldung** der Kapitalerhöhung aus Gesellschaftsmitteln zum FB ist v sämtlichen GF notariell beglaubigt zu unterschreiben. Beizulegen sind:[307]

71

---

304 OGH 21.10.2004, 6 Ob 101/04b; *Jennewein*, ÖRPfl 2009, 25; dazu krit *Ettmayer/Grossmayer* in Straube/Ratka/Rauter, GmbHG § 2 KapBG, Rz 19; *Koppensteiner/Rüffler*, GmbHG³ Anh § 53 § 2 KapBG Rz 7; *M. Heidinger/Prechtl* in Gruber/Harrer, GmbHG² Anh § 53 § 2 KapBG, Rz 20 ff; *Winner* in Doralt/Nowotny/Kalss, AktG³ § 2 KapBG, Rz 37;
305 Ähnlich *Ettmayer/Grossmayer* in Straube/Ratka/Rauter, GmbHG § 2 KapBG, Rz 19; *Ch. Nowotny* in Kalss/Nowotny/Schauer, GesR² Rz 4/526; *M. Heidinger/Prechtl* in Gruber/Harrer, GmbHG² Anh § 53 § 2 KapBG, Rz 21 ff, die auch darauf verweisen, dass sich dies durchaus mit dem Begriff des Gewinnvortrags u damit dem Wortlaut v § 2 Abs 3 KapBG vereinbaren lässt.
306 *Koppensteiner/Rüffler*, GmbHG³ Anh § 53 § 2 KapBG, Rz 7; *M. Winner* in Doralt/Nowotny/Kalss, AktG³ § 2 KapBG, Rz 38.
307 *Ettmayer/Grossmayer* in Straube/Ratka/Rauter, GmbHG § 3 KapBG, Rz 5; *M. Heidinger/Prechtl* in Gruber/Harrer, GmbHG² Anh § 53 § 3 KapBG, Rz 2.

- das notariell beurkundete GV-Protokoll über die Beschlussfassung zur Kapitalerhöhung u, wenn nicht alle Gesellschafter teilgenommen haben, der Nachw der ordnungsgemäßen Einberufung;
- der JA, auf dessen Grundlage die Kapitalerhöhung beschlossen wurde (bei prüfungspflichtigen GmbH mit einem uneingeschränktem Bestätigungsvermerk oder einer Erklärung des Abschlussprüfers gem § 2 Abs 2 S 2 KapBG analog);
- aktualisierter GesV mit notarieller Beurkundung gem § 51.

Die Anmeldung muss bis spätestens **neun Monate** nach dem Stichtag des zugrundeliegenden JA erfolgen (§ 2 Abs 2 KapBG). Für Kapitalberichtigungen zur Glättung v Stammeinlagen nach einer Umstellung des Stammkapitals auf Euro in dem Ausmaß, das erforderlich ist, um das Verhältnis der mit den Stammeinlagen verbundenen Rechte zueinander, das Verhältnis der Nennbeträge der Stammeinlagen zum Stammkapital u das Verhältnis der Stimmrechte beizubehalten, gilt jedoch eine Frist v zwölf Monaten (Art I § 14 Abs 2 1. Euro-JuBeG).[308]

72 Die Anmeldung hat auch eine **Erklärung der GF** gem § 3 Abs 1 KapGB zu enthalten, dass nach deren Kenntnis seit dem Stichtag des zugrunde gelegten JA bis zum Tag der Anmeldung keine Vermögensminderung eingetreten ist, die der Kapitalerhöhung aus Gesellschaftsmitteln entgegenstünde, wenn sie am Tag der Anmeldung beschlossen worden wäre. Für die Erklärung gilt der Sorgfaltsmaßstab des § 25.[309] Eine Zwischenbilanz muss nicht aufgestellt werden.[310]

73 Der Prüfungsmaßstab des FB-Gerichts richtet sich nach allg Grundsätzen. § 3 Abs 2 KapBG gibt dem FB-Gericht bei Bedenken gegen die Eintragung die Möglichkeit, eine Prüfung des relevanten JA aufzutragen, falls dieser nicht ohnehin schon geprüft worden ist.[311] Mit der Ein-

---

308 *Koppensteiner/Rüffler*, GmbHG³ Anh § 53 § 3 KapBG, Rz 2.
309 *Koppensteiner/Rüffler*, GmbHG³ Anh § 53 § 3 KapBG, Rz 1; *M. Heidinger/Prechtl* in Gruber/Harrer, GmbHG² Anh § 53 § 3 KapBG, Rz 4 mwN; *Ettmayer/Grossmayer* in Straube/Ratka/Rauter, GmbHG § 3 KapBG, Rz 2.
310 *Koppensteiner/Rüffler*, GmbHG³ Anh § 53 § 3 KapBG, Rz 1; differenzierend *M. Heidinger/Prechtl* in Gruber/Harrer, GmbHG² Anh § 53 § 3 KapBG, Rz 4; *Ettmayer/Grossmayer* in Straube/Ratka/Rauter, GmbHG § 3 KapBG, Rz 3 (die Erstellung einer Zwischenbilanz ist dann empfehlenswert, wenn das Vorhandensein ausreichender Rücklagen zwischenzeitlich zweifelhaft geworden ist).
311 *Ettmayer/Grossmayer* in Straube/Ratka/Rauter, GmbHG § 3 KapBG, Rz 8; *Koppensteiner/Rüffler*, GmbHG³ Anh § 53 § 3 KapBG, Rz 3.

tragung der Kapitalerhöhung aus Gesellschaftsmitteln im FB ist das Stammkapital (bilanziell) rückwirkend erhöht u die Kapitalerhöhung durchgeführt (konstitutive Wirkung).[312] Die Eintragung hat anzugeben, dass es sich um eine Kapitalerhöhung aus Gesellschaftsmitteln handelt (§ 3 Abs 3 KapBG).

E. Rechtswirkungen

Mit der Eintragung im FB stehen die damit entstehenden neuen Anteilsrechte (erhöhte Geschäftsanteile) den Gesellschaftern im Verhältnis ihrer Anteile am bisherigen Stammkapital zu; ein entgegenstehender Beschluss ist nichtig (§ 3 Abs 4 KapBG).[313] Eine disproportionale Zuordnung des Erhöhungsbetrages sollte freilich möglich sein, wenn alle betroffenen Gesellschafter in Form eines Notariatsakts zustimmen, die Geschäftsanteile teilbar sind u Vinkulierungen beachtet wurden (str).[314] Der **Nennwert** der Stammeinlagen aller bisherigen Gesellschafter erhöht sich nach Maßgabe der bisherigen Beteiligungsverhältnisse.[315] Das Verhältnis der mit den Anteilen verbundenen Rechte zueinander wird durch die Kapitalerhöhung aus Gesellschaftsmitteln nicht berührt. Die Bestimmungen des GesV sind entspr anzupassen (§ 5 Abs 1 KapBG).[316] Anteile, auf die die Einlagen nicht in voller Höhe geleistet sind, gelten

74

---

312 Vgl *Koppensteiner/Rüffler*, GmbHG³ Anh § 53 § 3 KapBG, Rz 5; *M. Heidinger/Prechtl* in Gruber/Harrer, GmbHG² Anh § 53 § 3 KapBG, Rz 11 ff.

313 *Koppensteiner/Rüffler*, GmbHG³ Anh § 53 § 3 KapBG, Rz 5; *Ettmayer/Grossmayer* in Straube/Ratka/Rauter, GmbHG § 3 KapBG, Rz 14: Eine davon abw, beteiligungsdisproportionale Zuordnung der Erhöhungsbeträge sei nicht erlaubt, ein entspr Beschluss (nur) hinsichtlich seines rechtswidrigen Teils nichtig, eine dennoch erfolgte Eintragung bewirke die beteiligungsproportionale Anwachsung der Geschäftsanteile; gegen die Eintragung eines solchen Beschlusses jedoch OGH 12.12.1991, 6 Ob 17/91; für Gesamtnichtigkeit idR auch *M. Heidinger/Prechtl* in Gruber/Harrer, GmbHG² Anh § 53 § 3 KapBG, Rz 14 ff.

314 *Ettmayer/Grossmayer* in Straube/Ratka/Rauter, GmbHG § 3 KapBG, Rz 12 ff mN auch zu der mglw noch überwiegenden Gegenmeinung; aA etwa *M. Heidinger/Prechtl* in Gruber/Harrer, GmbHG² Anh § 53 § 3 KapBG, Rz 13.

315 *Ettmayer/Grossmayer* in Straube/Ratka/Rauter, GmbHG § 1 KapBG, Rz 2.

316 Weiterführend *Ettmayer/Grossmayer* in Straube/Ratka/Rauter, GmbHG § 5 KapBG, Rz 1 ff; *M. Heidinger/Prechtl* in Gruber/Harrer, GmbHG² Anh

für die Kapitalerhöhung aus Gesellschaftsmitteln im Verhältnis der Anteile zueinander als voll eingezahlt; der Anspruch der GmbH auf die ausstehenden Einlagen bleibt unberührt (§ 5 Abs 4 KapBG). **Eigene Anteile** nehmen an der Kapitalerhöhung aus Gesellschaftsmitteln teil (§ 5 Abs 5 KapBG), ebenso kaduzierte Anteile[317] u alle Geschäftsanteile, die v Gesellschaftern seit dem Stichtag des zugrundeliegenden JA neu erworben oder erhöht wurden, etwa auch im Rahmen einer effektiven Kapitalerhöhung.[318] Die Gewinnbeteiligung der neuen Anteilsrechte beginnt, falls nicht anderes beschlossen wird, mit dem Beginn des Geschäftsjahres, in dem die Kapitalerhöhung aus Gesellschaftsmitteln beschlossen worden ist (§ 2 Abs 2 S 3 KapBG).

75 Nach zutr Jud u hL gibt es bei einer Kapitalerhöhung aus Gesellschaftsmitteln **keine Differenzhaftung** oder Ersatzeinlagepflicht der Gesellschafter für den Fall der mangelnden Werthaltigkeit (Unterdeckung) der in Stammkapital umgewandelten Rücklagen, also der mangelnden vermögensmäßigen Deckung des Kapitalerhöhungsbetrags (Unterbilanz).[319] Mögliche Schadensersatzansprüche gegen einen GF (wegen einer unrichtigen Erklärung gem § 3 Abs 1 KapBG, dass nach seiner Kenntnis seit dem Stichtag des zugrunde gelegten JA bis zum Tag der Anmeldung keine der Kapitalerhöhung entgegenstehende Vermögensverminderung eingetreten ist) oder Abschlussprüfer bleiben davon unberührt.[320]

76 **Verhältnis zu Dritten**: Der wirtschaftliche Inhalt vertraglicher Beziehungen der GmbH zu Dritten, die v der Gewinnausschüttung der GmbH,

---

§ 53 § 5 KapBG, Rz 1 ff; *Koppensteiner/Rüffler*, GmbHG³ Anh § 53 § 5 KapBG, Rz 1 ff.

317 *Ettmayer/Grossmayer* in Straube/Ratka/Rauter, GmbHG § 3 KapBG, Rz 18.

318 *Ettmayer/Grossmayer* in Straube/Ratka/Rauter, GmbHG § 3 KapBG, Rz 16; *Koppensteiner/Rüffler*, GmbHG³ Anh § 53 § 3 KapBG, Rz 5.

319 OGH 13.10.2010, 3 Ob 86/10h; ebenso *Koppensteiner/Rüffler*, GmbHG³ Anh § 53 § 3 KapBG, Rz 6; *M. Heidinger/Prechtl* in Gruber/Harrer, GmbHG² Anh § 53 § 3 KapBG, Rz 5; *Ettmayer/Grossmayer* in Straube/Ratka/Rauter, GmbHG § 2 KapBG, Rz 20; *Winner* in Doralt/Nowotny/Kalss, AktG³ § 2 KapBG, Rz 49 jew mwN; **aA** *Koppensteiner*, wbl 2015, 1; *Gruber* GesRZ 2011, 290.

320 *M. Heidinger/Prechtl* in Gruber/Harrer, GmbHG² Anh § 53 § 3 KapBG, Rz 7; *Ettmayer/Grossmayer* in Straube/Ratka/Rauter, GmbHG § 2 KapBG, Rz 20, jew auch mit dem Hinweis, dass eine Haftung v Organen oder Prüfern ebenfalls nicht auf den Ausgleich der Unterbilanz, sondern auf den Ersatz des Vertrauensschadens gerichtet sein wird.

dem Nennbetrag oder Wert ihrer Anteile oder ihres Nennkapitals oder in sonstiger Weise v den bisherigen Kapital- oder Gewinnverhältnissen abhängen, wird durch die Kapitalerhöhung aus Gesellschaftsmitteln nicht berührt (§ 5 Abs 2 KapBG). Auch Vorkaufs-, Options-, Aufgriffs-, Fruchtgenuss- oder Pfandrechte bleiben idR unberührt u am gesamten (erhöhten) Geschäftsanteil bestehen.[321] Als Zweifelsregel betr die vertraglichen Beziehungen zw der GmbH u Dritten ist § 5 Abs 2 KapBG jedoch abdingbar u steht entspr Vereinbarungen nicht entgegen.[322]

Exkurs: Umwandlung v Unternehmenswert-Anteilen bei der 77 FlexCo: Sollen Unternehmenswert-Anteile in Geschäftsanteile umgewandelt werden, so kann dies gem § 9 Abs 9 FlexKapGG *„nur dadurch erfolgen, dass einerseits eine diese Unternehmenswert-Anteile betreffende Herabsetzung des Stammkapitals und andererseits eine entsprechende Erhöhung des Stammkapitals durchgeführt wird, für welche die allgemeinen Formvorschriften gelten."* Damit dürfte gemeint sein, dass jedenfalls die Vorschriften für entspr Änderungen des GesV sowie des § 52 Abs 4 oder des § 12 Abs 2 FlexKapGG (Übernahmeerklärungen in Notariatsaktsform bzw durch notarielle oder anwaltliche Privaturkunde) einzuhalten sind.[323] Die Verwendung der Begriffe „Kapitalherabsetzung" u „Kapitalerhöhung" u die rechtstechnische Regelung der Umwandlung sind missglückt.[324] Der Beschluss für die Umwandlung bedarf der Zustimmung aller betroffenen Unternehmenswert-Beteiligten (§ 9 Abs 5 FlexKapGG). Wird eine solche „Kapitalherabsetzung" gleichzeitig mit einer betragsgleichen „Kapitalerhöhung" beschlossen u kommt es dadurch weder zu einer Rückzahlung noch zu einer Leistung v Einlagen, so ist weder ein Gläubigeraufruf nach § 55 Abs 2 noch eine Sacheinlagenprüfung nach § 52 Abs 6 erforderlich. In diesem Fall kann daher mE die Anmeldung der beabsichtigten Kapitalherabsetzung (§ 55 Abs 1) mit der Anmeldung der Durchführung der Kapitalherabsetzung (§ 56) u jener der Kapitalerhöhung (§ 53) zu einer einzigen Anmeldung verbunden werden u ist die Dreimonatsfrist des § 55 Abs 2 nicht anwendbar.

---

321 *Koppensteiner/Rüffler*, GmbHG³ Anh § 53 § 3 KapBG, Rz 7; *Ettmayer/ Grossmayer* in Straube/Ratka/Rauter, GmbHG § 3 KapBG, Rz 15, § 5 KapBG, Rz 3.
322 *Koppensteiner/Rüffler*, GmbHG³ Anh § 53 § 5 KapBG, Rz 3; *M. Heidinger/ Prechtl* in Gruber/Harrer, GmbHG² Anh § 53 § 5 KapBG, Rz 6; *Ettmayer/ Grossmayer* in Straube/Ratka/Rauter, GmbHG § 5 KapBG, Rz 3.
323 EBRV zu § 9 Abs 9 FlexKapGG, 2320 Blg 27. GP.
324 S dazu die krit Stellungnahme des OGH zum ME 29/SN-276/ME 27. GP.

§ 53. (1) Der Beschluß auf Erhöhung des Stammkapitals ist zum Firmenbuch anzumelden, sobald das erhöhte Stammkapital durch Übernahme der Stammeinlagen gedeckt und deren Einzahlung erfolgt ist.

(2) Der Anmeldung sind die Übernahmserklärungen in notarieller Ausfertigung oder in beglaubigter Abschrift beizuschließen.

idF BGBl I 2006/103

Literatur: Siehe Lit zu § 52.

Inhaltsübersicht

I. Allgemeines	1
II. Anmeldung zum Firmenbuch	2–6
III. Beilagen	7, 8
IV. Prüfung und Eintragung durch das Gericht	9, 10
V. Rechtswirkungen der Firmenbucheintragung	11–14

I. Allgemeines

1   § 53 regelt die **Anmeldung der Kapitalerhöhung** zum FB. Da die Kapitalerhöhung eine Änderung des GesV voraussetzt, ist daneben auch noch § 51 als allg Bestimmung für die Anmeldung v GesV-Änderungen zu beachten.[1] Im Gegensatz zum Aktienrecht (§§ 151, 155 AktG) wird für die GmbH nicht zw der Anmeldung u Prüfung des Kapitalerhöhungsbeschlusses u der Anmeldung u Eintragung der Durchführung der Kapitalerhöhung unterschieden, sondern eine einheitliche Anmeldung u Eintragung vorgesehen.

II. Anmeldung zum Firmenbuch

2   Die Kapitalerhöhung ist v den GF zur Eintragung im FB anzumelden. Es handelt sich dabei um eine **Pflicht der GF**, die nach hL v der GmbH mit Klage durchgesetzt, nicht aber v FB-Gericht erzwungen werden kann.[2]

---

1 *Koppensteiner/Rüffler*, GmbHG³ § 53 Rz 1; *M. Heidinger/Prechtl* in Gruber/Harrer, GmbHG² § 53 Rz 1; *Diregger* in Torggler, GmbHG § 51 Rz 1.
2 *Diregger* in Torggler, GmbHG § 51 Rz 2, § 53 Rz 2; *Ettmayer/Lahnsteiner* in Straube/Ratka/Rauter, GmbHG § 53 Rz 1 mwN; *M. Heidinger/Prechtl* in Gruber/Harrer, GmbHG² § 53 Rz 8.

Die Anmeldung zum FB ist v **allen GF** vorzunehmen, bloß vertretungsbefugte Anzahl oder Anmeldung durch Prokuristen genügt daher nicht (§ 51 Abs 1). Die Anmeldung ist notariell oder gerichtl **beglaubigt** zu unterzeichnen. Die Anmeldung könnte zwar auch durch Vertreter kraft (beglaubigter) Vollmacht vorgenommen werden; allerdings müssten dann sämtliche GF noch eine separate Erklärung gem § 10 Abs 3 (s Rz 6) abgeben, die sich auf den aktuellen Stand bei Anmeldung der Kapitalerhöhung beziehen muss u nach hL ebenfalls zu beglaubigen ist.[3]

Zeitpunkt der Anmeldung: Die Anmeldung ist vorzunehmen, sobald das erhöhte Stammkapital durch Übernahme der neuen Stammeinlagen gedeckt u deren Einzahlung erfolgt ist. Das bedeutet, dass bei einem festen Kapitalerhöhungsbetrag die Summe der v den (bisherigen oder neuen) Gesellschaftern übernommenen Stammeinlagen den Kapitalerhöhungsbetrag erreichen muss. Bei einer „bis zu" Kapitalerhöhung, bei der nur ein Höchstbetrag für die Kapitalerhöhung im Kapitalerhöhungsbeschluss der GV festgesetzt wurde, kann die Kapitalerhöhung auch dann angemeldet werden, wenn nicht der gesamte Höchstbetrag durch Übernahmserklärungen ausgeschöpft wurde (s § 52 Rz 11). Freilich muss der schlussendlich angemeldete Kapitalerhöhungsbetrag durch Übernahmserklärungen gedeckt sein (s § 52 Rz 43). Zusätzlich muss der angemeldete Kapitalerhöhungsbetrag im Zeitpunkt der Anmeldung tatsächlich an die Gesellschaft geleistet worden sein. Bei Bareinlagen genügt jedoch die Einzahlung der **Mindesteinlagen** gem § 10 Abs 1 (§ 52 Abs 6), s § 52 Rz 47.[4] Zur Pflicht der Gesellschaft, auf eine zügige Anmeldung hinzuwirken s § 52 Rz 36.

Inhalt der Anmeldung: In der Anmeldung ist Folgendes anzugeben u die Eintragung folgender Tatsachen zu begehren:[5]

- Ausmaß der Kapitalerhöhung u der neue (erhöhte) Stammkapitalbetrag;

---

[3] *Koppensteiner/Rüffler*, GmbHG[3] § 10 Rz 20; *Ettmayer/Lahnsteiner* in Straube/Ratka/Rauter, GmbHG § 53 Rz 4; *van Husen* in Straube/Ratka/Rauter, GmbHG § 10 Rz 349; *U. Torggler* in Torggler, GmbHG § 10 Rz 27; *Diregger* in Torggler, GmbHG § 53 Rz 3.
[4] OGH 06.4.2006, 6 Ob 17/06b; *Koppensteiner/Rüffler*, GmbHG[3] § 53 Rz 2; *Ettmayer/Lahnsteiner* in Straube/Ratka/Rauter, GmbHG § 53 Rz 2; *M. Heidinger/Prechtl* in Gruber/Harrer, GmbHG[2] § 53 Rz 3; *Diregger* in Torggler, GmbHG § 53 Rz 2.
[5] *Koppensteiner/Rüffler*, GmbHG[3] § 53 Rz 3; *M. Heidinger/Prechtl* in Gruber/Harrer, GmbHG[2] § 53 Rz 4.

- Datum des GV-Beschlusses zur Beschlussfassung über die Kapitalerhöhung;
- Entspr Änderung des GesV im Pkt betr die Höhe des Stammkapitals;
- Name u Geburtsdatum oder Fa u FB-Nr u die für die Zustellung maßgebliche Geschäftsanschrift v neuen Gesellschaftern;
- die jew neu übernommen Stammeinlagen u, wenn die Übernehmer bereits Gesellschafter waren, der Gesamtbetrag der v diesen insgesamt übernommenen Stammeinlagen sowie die jew darauf geleisteten Einzahlungen;
- Bei **Sacheinlagen**: der Tag des Abschlusses des Sacheinlagevertrages u, im Fall der Einbringung eines Betriebs oder Teilbetriebs, dessen Bezeichnung (§ 3 Abs 1 Z 15 FBG).

6 Weiters ist in der Anmeldung oder separat v den GF die **Erklärung gem § 10 Abs 3** abzugeben, dass die im Rahmen der Kapitalerhöhung zu leistenden Stammeinlagen in bar eingezahlt (u bei Sacheinlagen die zu leistenden Vermögensgegenstände an die GmbH übertragen) wurden, sich in der freien Verfügung der GF befinden u die GF in der Verfügung über diese Einlagen nicht beschränkt, namentlich nicht durch Gegenforderungen beschränkt sind. Richtigerweise sind unter solchen Gegenforderungen (nur) solche des einzahlenden Gesellschafters oder der kontoführenden Bank zu verstehen. Wenn man, wie hier (s § 52 Rz 50) Verfügungen über die Einlage vor der Anmeldung für zulässig hält, sollten diese v den GF in ihrer Erklärung offengelegt werden.[6] Wurde die Stammeinlage auf das Treuhandkonto eines Notars eingezahlt, haben die GF dies ebenfalls in der Anmeldung zu bestätigen.[7] Die Erklärung ist v den GF persönlich abzugeben u kann nicht v Bevollmächtigten abgegeben werden.[8] Falsche Angaben können die GF schadenersatzpflichtig (§ 10 Abs 4 bis 6) u strafbar (§ 163a Abs 1 Z 5 StGB) machen.

III. Beilagen

7 Der Anmeldung sind folgende **Beilagen** anzuschließen (durch Einstellung in ein elektronisches Urkundenarchiv u Hinweis darauf in der elektronischen Anmeldung gem § 13 ERV 2021):

---

6 *Koppensteiner/Rüffler*, GmbHG³ § 10 Rz 16 u 24.
7 *Zollner* in Gruber/Harrer, GmbHG² § 10 Rz 29g.
8 *M. Heidinger/Prechtl* in Gruber/Harrer, GmbHG² § 53 Rz 7.

- das notariell beurkundete GV-Protokoll über die Beschlussfassung zur Kapitalerhöhung u, wenn nicht alle Gesellschafter teilgenommen haben, der Nachw der ordnungsgemäßen Einberufung;
- die geänderte Fassung des GesV mit notarieller Beurkundung gem § 51; sieht der Kapitalerhöhungsbeschluss keinen festen Erhöhungsbetrag, sondern nur einen Höchstbetrag vor, sprechen mE die besseren Gründe dafür, auch ohne ausdrückliche Ermächtigung v einer Zuständigkeit der GF zur Anpassung der Stammkapitalziffer im GesV (nach Maßgabe der schlussendlich tatsächlich übernommenen neuen Stammeinlagen) auszugehen, soweit der Kapitalerhöhungsbeschluss nichts anderes vorsieht; ansonsten würde nämlich die Kompetenz der GF zur Anmeldung der Kapitalerhöhung unterlaufen (s auch § 52 Rz 12);[9]
- die Übernahms- oder Beitrittserklärungen in Notariatsaktform (Ausfertigung oder beglaubigte Abschrift);
- eine **Bankbestätigung** oder Bestätigung eines Notars als Treuhänder gem § 10 Abs 3 über den bar einbezahlten Kapitalerhöhungsbetrag; die FB Praxis verlangt, dass diese nicht mehr als zwei Wochen alt ist (s § 10 Rz 21);
- der Nachw etwaiger bereits aus der eingezahlten Stammeinlage bezahlter Abgaben, Gebühren u Kosten (§ 10 Abs 3 S 4);
- falls die Kapitalerhöhung einer behördlichen Genehmigung bedarf, der Nachw der Erteilung dieser Genehmigung.

Bei Kapitalerhöhungen mit **Sacheinlagen** ist zusätzlich der **Sacheinlagevertrag** anzuschließen (§ 6a Abs 4 iVm § 29 Abs 2 Z 2 AktG). Das FB-Gericht kann auch die Vorlage v Urkunden zum Nachw entspr Verfügungsgeschäfte zur Übertragung der als Sacheinlage eingebrachten Vermögensgegenstände auf die Gesellschaft verlangen, falls sich dies nicht bereits aus dem Sacheinlagevertrag ergibt (s auch § 10 Rz 38).[10] Falls eine **Sacheinlageprüfung** notwendig war (§ 52 Abs 6 iVm § 6a Abs 4), sind auch der Prüfbericht des gerichtl bestellten Sacheinlageprüfers (§§ 25, 26 AktG), der Bericht des Sacheinlegers (§ 24 AktG) sowie der Prüfbericht der GF u eines allfälligen AR (§§ 25, 26 AktG) vorzulegen, s zu diesen Berichten § 52 Rz 58 f. Diese Dokumente müssen in

8

---

9 S für die AG: *Winner* in Doralt/Nowotny/Kalss, AktG³ § 149 Rz 42, § 155 Rz 48; **aA** *Nagele/Lux* in Artmann/Karollus, AktG III⁵ § 149 AktG Rz 30.
10 *Winner* in Doralt/Nowotny/Kalss, AktG³ § 155 Rz 42.

Urschrift, Ausfertigung oder öffentlich beglaubigter Abschrift vorliegen u werden in die Urkundensammlung des FB aufgenommen.

IV. Prüfung und Eintragung durch das Gericht

9 Das FB-Gericht prüft, ob alle gesetzl Vorschriften für die Kapitalerhöhung eingehalten wurden. Die Prüfung muss sich nicht bloß auf die Einhaltung der Verfahrens- u Formvorschriften u der gesetzl oder gesv Beschlusserfordernisse beschränken. So kann das Gericht bei Bedenken gegen die ausreichende **Werthaltigkeit v Sacheinlagen** zur Deckung des Betrags der übernommenen Stammeinlagen auch zusätzliche Nachw, zB auch ein Bewertungsgutachten, verlangen u, falls die Bedenken nicht ausgeräumt werden können, den Antrag auf Eintragung der Kapitalerhöhung abweisen.[11] Das Gericht kann sich bei seiner Prüfung auf die bei Anmeldung eingereichten Unterlagen u abgegebenen Erklärungen grds verlassen, hat jedoch Unvollständigkeiten, Widersprüchlichkeiten u allenfalls ihm zwischenzeitig bekannt gewordene, insb wertmindernde Tatsachen aufzugreifen.[12] Bei begründeten Zweifeln gilt das auch, wenn die eingebrachten Sachen zu den bisherigen (v einbringenden Gesellschafter bilanzierten) Buchwerten gem § 202 Abs 2 UGB bewertet werden, insb wenn keine Sacheinlageprüfung stattgefunden hat, auch wenn bei der Einbringung eines bilanzierenden Unternehmens, das schon fünf Jahre besteht (§ 6a Abs 2), eine gewisse Gewähr für die Vollwertigkeit der Sacheinlage entspr den übernommenen Buchwerten gegeben ist.[13] Wird ein Umgründungsmehrwert oder Firmenwert (§ 202 Abs 2 Z 3 UGB) oder der beizulegende Wert angesetzt (§ 202 Abs 1 UGB), wird idR ein gesonderter Nachw verlangt werden können, allerdings nur, wenn nicht ohnehin kein Zweifel besteht, dass der Nennbetrag der übernommenen neuen Stammeinlagen wertmäßig gedeckt ist (zB weil das buchmäßige Einbringungskapital diesen auch ohne Auf-

---

11 OGH 23.10.2003, 6 Ob 196/03x; *Koppensteiner/Rüffler*, GmbHG[3] § 53 Rz 6; *Ettmayer/Lahnsteiner* in Straube/Ratka/Rauter, GmbHG § 52 Rz 37, § 53 Rz 5; *M. Heidinger/Prechtl* in Gruber/Harrer, GmbHG[2] § 53 Rz 9; *Diregger* in Torggler, GmbHG § 53 Rz 4; *G. Nowotny*, NZ 2006, 257.
12 OGH 24.6.2010, 6 Ob 108/09i mit Verweis auf *Nagele/Lux* in Artmann/Karollus, AktG III[5] § 150 Rz 22.
13 OGH 13.4.2000, 6 Ob 8/00w; 23.1.2003, 6 Ob 81/02h; 11.9.2003, 6 Ob 103/03w; 31.8.2006, 6 Ob 123/06s.

wertung deutlich übersteigt oder öffentliche Marktpreise angesetzt wurden). Aus den §§ 31 Abs 2 u 151 Abs 3 AktG lässt sich jedoch auch für die GmbH ableiten, dass die Prüfpflicht des Gerichts bei positivem Prüfbericht des gerichtl bestellten Sacheinlageprüfers auf eine Plausibilitätskontrolle eingeschränkt ist u eine Ablehnung nur bei nach A des Richters ohne Zweifel bestehender Überbewertung zu erfolgen hat.[14] Das Gericht hat den Beteiligten vorher Gelegenheit zu geben, den Beanstandungen abzuhelfen.

Ist die Anmeldung zur Eintragung in das FB unvollständig oder steht der Eintragung ein sonstiges behebbares Hindernis entgegen, so hat das Gericht den GF die Behebung des Mangels aufzutragen (§ 17 FBG). Wenn der Kapitalerhöhungsbeschluss zwar anfechtbar (jedoch nicht nichtig) ist, aber nicht rechtzeitig angefochten wird, hat das FB-Gericht die Kapitalerhöhung dennoch einzutragen.[15] Im Fall einer rechtzeitigen **Anfechtung** des Kapitalerhöhungsbeschlusses kann das Gericht eine Unterbrechung des Eintragungsverfahrens gem § 19 FBG verfügen, bis eine rechtskräftige E über die Anfechtungsklage vorliegt. Das Gericht hat v einer Unterbrechung abzusehen oder sie aufzuheben u aufgrund der Aktenlage zu entscheiden, wenn das rechtliche oder wirtschaftliche Interesse an einer raschen Erledigung durch Eintragung erheblich überwiegt. Die Abweisung oder Zurückweisung eines Antrags auf Unterbrechung kann nicht angefochten werden (§ 19 Abs 2 u 3 FBG).

V. Rechtswirkungen der Firmenbucheintragung

Mit der Eintragung im FB wird die Erhöhung des Stammkapitals u die damit verbundene Änderung des GesV wirksam (**konstitutive Wirkung** der Eintragung). Zugleich erwirbt ein neu hinzugetretener Gesellschafter seinen neuen Geschäftsanteil u damit die Gesellschafterstellung u erwerben bisherige Gesellschafter, die sich an der Kapitalerhöhung beteiligt haben, die mit einem erhöhten Geschäftsanteil verbundenen Rechte.

---

14 *Winner* in Doralt/Nowotny/Kalss, AktG³ § 151 Rz 22; *Nagele/Lux* in Artmann/Karollus, AktG III⁵ § 150 Rz 22.
15 *Koppensteiner/Rüffler*, GmbHG³ § 41 Rz 57; *Milchrahm/Rauter* in Straube/Ratka/Rauter, GmbHG § 51 Rz 28/1.

12 Nach der Eintragung können **Mängel** des Kapitalerhöhungsbeschlusses oder der Übernahmserklärung bzw des Sacheinlagevertrages nach hL u Rsp nur mehr **eingeschränkt** u selbst dann idR[16] nur mehr mit Wirkung *ex nunc* geltend gemacht werden.[17] Allerdings hat der OGH zuletzt in eine Entscheidungsbegründung betont, dass auch die Rechtskraft der Eintragung einer Kapitalerhöhung im FB einer amtswegigen Löschung der Eintragung des Kapitalerhöhungsbeschlusses nicht entgegensteht, wenn die Eintragung wegen Mangels einer wesentlichen Voraussetzung unzulässig ist oder wird (§ 10 Abs 2 FBG).[18]

13 Führen Gesellschafter eine Kapitalerhöhung unter Verletzung der mit ihren Mitgesellschaftern getroffenen Vereinbarungen (zB Treuhandvereinbarung, Syndikatsvertrag) durch, können die geschädigten Mitgesellschafter Naturalrestitution durch Durchführung einer Kapitalherabsetzung begehren.[19]

14 Lautet das Stammkapital der GmbH noch auf ATS, kann eine Kapitalerhöhung nur dann ins FB eingetragen werden, wenn davor oder zugleich eine **Euro-Umstellung** des GesV erfolgt ist (Art X § 5 Z 3, § 6 Z 3 1. Euro-JuBeG).[20]

---

16 Zu möglichen Ausnahmen s *Winner* in Doralt/Nowotny/Kalss, AktG³ § 156 Rz 22.
17 OGH 17.10.2006, 1 Ob 135/06v; 23.4.1996, 1 Ob 509/96, 14.11.1984, 1 Ob 676/84; *Koppensteiner/Rüffler*, GmbHG³ § 53 Rz 8; *M. Heidinger/Prechtl* in Gruber/Harrer, GmbHG² § 52 Rz 69 ff; *Diregger* in Torggler, GmbHG § 52 Rz 24, § 53 Rz 5; *Winner* in Doralt/Nowotny/Kalss, AktG³ § 152 Rz 65; § 156 Rz 9 ff.
18 OGH 25.6.2020, 6 Ob 90/20h: Inhaltlich dürfte es bei diesem Verfahren um die Löschung einer mit Rekurs angefochtenen Eintragung einer Kapitalerhöhung durch das Rekursgericht gegangen sein, weil die Kapitalerhöhung nicht rechtzeitig übernommen oder eingezahlt wurde.
19 OGH 9.5.2007, 9 Ob 138/06v; *M. Heidinger/Prechtl* in Gruber/Harrer, GmbHG² § 52 Rz 69.
20 *Umfahrer*, GmbH⁷ Rz 9.28.

3. Titel. Herabsetzung des Stammkapitals

§ 54. (1) ¹Die Herabsetzung des Stammkapitals kann nur auf Grund eines Beschlusses auf Abänderung des Gesellschaftsvertrages und nach Durchführung des in diesem Gesetze bestimmten Aufgebotsverfahrens erfolgen. ²Der Beschluß muß den Umfang und den Zweck der Herabsetzung des Stammkapitals bestimmt bezeichnen und die Art der Durchführung festsetzen.

(2) Als Herabsetzung des Stammkapitals gilt jede Verminderung der im Gesellschaftsvertrage bestimmten Höhe des Stammkapitals, mag diese durch eine Rückzahlung von Stammeinlagen an die Gesellschafter, durch eine Herabsetzung des Nennbetrages der Stammeinlagen oder durch die gänzliche oder teilweise Befreiung der Gesellschafter und ihrer haftungspflichtigen Vormänner von der Verpflichtung zur Volleinzahlung der Stammeinlagen erfolgen.

(3) ¹Eine Herabsetzung des Stammkapitals unter 10 000 Euro ist unzulässig. ²Erfolgt die Herabsetzung durch Zurückzahlung von Stammeinlagen oder durch Befreiung von der Volleinzahlung, so darf der verbleibende Betrag jeder Stammeinlage nicht unter 70 Euro herabgesetzt werden.

(4) ¹Das Stammkapital kann jedoch unter den nach § 6 Abs. 1 zulässigen Mindestnennbetrag herabgesetzt werden, wenn dieser durch eine zugleich mit der Herabsetzung des Stammkapitals beschlossene Erhöhung des Stammkapitals, bei der Sacheinlagen nicht bedungen sind, wieder erreicht wird. ²§ 181 Abs. 2 AktG gilt sinngemäß.

idF BGBl I 2023/179

Literatur: *Bachner*, Anmerkungen zur Übernahme der vereinfachten Kapitalherabsetzung in das GmbH-Recht, GesRZ 1998, 2; *Birnbauer*, Firmenbuchpraxis: Beabsichtigte ordentliche Kapitalherabsetzung einer GmbH bei gleichzeitiger Anpassung des Gesellschaftsvertrages an das 1. Euro-JuBeG, GES 2013, 455; *Cetin*, Zur Durchsetzung von Sanierungsmaßnahmen und zum Vorgehen gegen „Trittbrettfahrer" im GmbH-Recht, wbl 2014, 252; *Kalss/Eckert*, Änderungen im Aktien- und GmbH-Recht durch das GesRÄG 2007, GesRZ 2007, 222; *Reich-Rohrwig*, Sanierung durch vereinfachte Kapitalherabsetzung und -erhöhung, GesRZ 2011, 69; *Spiegelfeld/H. Foglar-Deinhardstein*, Sanierungsinstrumente in der Krise der Kapitalgesellschaft und Treuepflichten der Anteilseigner, in FS Torggler (2013) 1139.

§ 54

Inhaltsübersicht

I.	Inhalt und Zweck	1, 2
II.	Arten der Kapitalherabsetzung	3–7
III.	Verfahren und Beschlussfassung	8–14
IV.	Kapitalherabsetzung bei gleichzeitiger -erhöhung (Abs 4)	15–18

I. Inhalt und Zweck

1 Die §§ 54 bis 58 regeln die **ordentliche Kapitalherabsetzung** (zur vereinfachten Kapitalherabsetzung, zum buchmäßigen Ausgleich v Verlusten in der Bilanz u zu den Untersch zur ordentlichen Kapitalherabsetzung s §§ 59 u 60). Eine ordentliche Kapitalherabsetzung ermöglicht die **Rückzahlung** v in der GmbH gebundenem **Eigenkapital** ohne gegen den Grundsatz der Kapitalerhaltung zu verstoßen (vgl § 82 Rz 65, 80). Das G sieht dafür eine Beschlussfassung zur **Änderung des GesV**, eine zweimalige **Anmeldung beim FB** (§ 55 Abs 1, § 56) u ein **Aufgebotsverfahren** mit Gläubigeraufruf u direkter Information bekannter Gläubiger samt etwaiger Sicherstellung der Gläubiger u Einhaltung einer dreimonatigen Sperrfrist vor (§ 55 Abs 2, s Rz 8, § 55 Rz 6 ff, dort auch zum Entfall des Aufgebotsverfahrens bei Herabsetzung auf gründungsprivilegierte Stammeinlagen). Ein wesentlicher Zweck dieser Bestimmungen ist der **Gläubigerschutz**; insoweit ist auch eine gesv Aufweichung des Verfahrens der ordentlichen Kapitalherabsetzung unzulässig.[1] Anderes gilt freilich für das Gebot der Gesellschaftergleichbehandlung, v dem auch bei Kapitalherabsetzungen mit Zustimmung der betroffenen Gesellschafter oder aus sachlichen Gründen Abweichungen zulässig sind.[2]

2 Eine ordentliche Kapitalherabsetzung kann vielfältige **wirtschaftliche Zwecke** erfüllen. So kann sie zB der Rückzahlung nicht notwendigen Gesellschaftsvermögens an die Gesellschafter, der Finanzierung der Abfindung ausscheidender Gesellschafter u Einziehung v Geschäftsanteilen durch Herabsetzung der Stammeinlage des ausscheidenden Gesellschafters auf null, der Befreiung der Gesellschafter v der Pflicht zur Volleinzahlung der Stammeinlagen oder v sonstigen Zahlungspflichten

---

[1] *Koppensteiner/Rüffler*, GmbHG³ § 54 Rz 4; *Völkl* in Straube/Ratka/Rauter, GmbHG § 54 Rz 19; *M. Heidinger/Prechtl* in Gruber/Harrer, GmbHG² § 54 Rz 4.

[2] *Koppensteiner/Rüffler*, GmbHG³ § 54 Rz 10; *Völkl* in Straube/Ratka/Rauter, GmbHG § 54 Rz 12.

gegenüber der GmbH, der Durchführung v Spaltungen zur Aufnahme mit Herabsetzung des Nennkapitals (§ 17 Z 3 SpaltG), der Vorbereitung einer Umgründung mit kapitalentsperrendem Effekt (s § 101 Rz 57), der Auflösung v gebundenen Rücklagen oder sonstigen Schaffung v Ausschüttungspotential oder der Beseitigung einer Unterbilanz im Rahmen einer nominellen Kapitalherabsetzung dienen (in der Praxis wird für Sanierungszwecke allerdings idR eine vereinfachte Kapitalherabsetzung gem § 59 durchgeführt, weil diese ohne Gläubigeraufgebotsverfahren u mit bilanzieller Rückwirkung durchgeführt werden kann).³ Auch zur Ermöglichung der Abfindung ausscheidender Gesellschafter einer GmbH & Co KG aus dem Gesellschaftsvermögen der GmbH & Co KG können die §§ 54 ff GmbHG analog angewandt werden.⁴ Aufgrund der untersch steuerlichen Behandlung v Kapitalherabsetzungen u Gewinnausschüttungen können je nach der steuerlichen Situation des Gesellschafters (insb natPers oder KapGes, steuerliche Ansässigkeit im Inland oder im Ausland) auch **steuerliche Überlegungen** für oder gegen die Durchführung einer Kapitalherabsetzung als Alternative zu einer Gewinnausschüttung sprechen. Eine Kapitalherabsetzung ist nämlich idR nicht mit KESt belastet u gilt beim Gesellschafter steuerlich als Anteilsveräußerung, die zu einer Minderung der Anschaffungskosten bzw des Buchwerts der Beteiligung führt (§ 4 Abs 12 EStG, s auch § 57 Rz 2).

II. Arten der Kapitalherabsetzung

Als Herabsetzung des Stammkapitals gilt jede Verminderung der im GesV festgelegten Höhe des Stammkapitals. Unterschieden wird idZ zw einer **effektiven** u einer nominellen **Kapitalherabsetzung**. Bei der effektiven Kapitalherabsetzung kommt es zu einem tatsächlichen Rückfluss v Vermögen der GmbH an die Gesellschafter u/oder einem entspr Vermögensvorteil der Gesellschafter durch die **Rückzahlung v Stammeinlagen** oder die **Befreiung** der Gesellschafter – einschließlich ihrer haftungspflichtigen Vormänner (§ 67) – v ihrer Pflicht zur Volleinzahlung der Stammeinlage. Zur Möglichkeit einer effektiven Kapitalherab-

3

---

3 *Koppensteiner/Rüffler*, GmbHG³ § 54 Rz 2; *Völkl* in Straube/Ratka/Rauter, GmbHG § 54 Rz 30 ff; *M. Heidinger/Prechtl* in Gruber/Harrer, GmbHG² § 54 Rz 1 ff.
4 OGH 21.11.2017, 6 Ob 161/17w.

setzung durch Sachauskehr s Rz 6 f. Bei der **nominellen Kapitalherabsetzung** kommt es hingegen zu einer bloßen Herabsetzung des Nennbetrags der Stammeinlagen, was zu keinem Rückfluss v Vermögen führt u sich nur auf der Passivseite der Bilanz auswirkt.[5] Freilich reduziert auch eine nominelle Kapitalherabsetzung das gebundene Kapital u ermöglicht ggf frühere Gewinnausschüttungen, weshalb auch bei einer nominellen Kapitalherabsetzung ein Aufgebotsverfahren (s § 55 Rz 6 ff) vorgesehen ist.[6] Im Gegensatz zur vereinfachten Kapitalherabsetzung muss für eine nominelle Kapitalherabsetzung nach den §§ 54 ff (ordentliche Kapitalherabsetzung) kein Bilanzverlust vorliegen.[7] Der Herabsetzungsbetrag kann auch in eine ungebundene Kapitalrücklage eingestellt werden.[8]

4 **Keine Kapitalherabsetzung** liegt nach hM bei einer bloßen Änderung der Beteiligungsverhältnisse durch Einzahlungen auf u Erhöhung einzelner Stammeinlagen u einer damit verbundenen Rückzahlung u Reduktion anderer Stammeinlagen vor, sofern bei diesem Vorgang weder das Gesellschaftsvermögen noch die Höhe des Stammkapitals insgesamt verringert werden.[9] Die Rückzahlung v **Nachschüssen** (s § 74 Rz 1 ff) oder die Rückzahlung v **freien (ungebundenen) Rücklagen** durch Auflösung zwecks Erhöhung des Bilanzgewinns u Ausschüttung dieses Bilanzgewinns (s § 82 Rz 29, 37 f) erfordert ebenfalls kein Kapitalherabsetzungsverfahren.

5 Auch im Zuge der Kapitalherabsetzung ist der **Gleichbehandlungsgrundsatz** zu beachten. Daher ist eine nicht dem Verhältnis der Stammeinlagen (*pro rata*) entspr Kapitalherabsetzung (einschließlich allfälliger damit verbundener ungleichmäßiger Begünstigung einzelner Gesellschafter) nur bei Vorliegen einer **sachlichen Rechtfertigung** zulässig (zB bei bisheriger ungleichmäßiger Erfüllung der Einlagepflicht oder

---

[5] *M. Heidinger/Prechtl* in Gruber/Harrer, GmbHG[2] § 54 Rz 1; *Umfahrer*, GmbH[7] Rz 11.1; *Koppensteiner/Rüffler*, GmbHG[3] § 54 Rz 5, 7; *Völkl* in Straube/Ratka/Rauter, GmbHG § 54 Rz 5.
[6] *Koppensteiner/Rüffler*, GmbHG[3] § 54 Rz 4. Zur Ausnahme bei Kapitalherabsetzung auf gründungsprivilegierte Stammeinlagen s § 127 Abs 30.
[7] *Diregger/Fichtinger* in Torggler, GmbHG § 54 Rz 5.
[8] *M. Heidinger/Prechtl* in Gruber/Harrer, GmbHG[2] § 54 Rz 10 FN 30.
[9] OGH 25.9.1917, R II 214, ZBl 1918/68; *Völkl* in Straube/Ratka/Rauter, GmbHG § 54 Rz 11; *Koppensteiner/Rüffler*, GmbHG[3] § 54 Rz 6; *M. Heidinger/Prechtl* in Gruber/Harrer, GmbHG[2] § 54 Rz 2; *Reich-Rohrwig*, GmbHR 542.

bei Gesellschafterausschluss aus wichtigem Grund).[10] Im Rahmen der effektiven Kapitalherabsetzung rechtfertigt auch die Notwendigkeit der Einhaltung der in Abs 3 festgesetzten € 70-Grenze dadurch bewirkte Untersch bei der Rückzahlung der Stammeinlagen.[11] Ein dem Gleichbehandlungsgrundsatz widersprechender Kapitalherabsetzungsbeschluss, der nicht ausreichend sachlich gerechtfertigt ist, bedarf der **Zustimmung** der betroffenen Gesellschafter.[12] Dies gilt im Fall einer effektiven Kapitalherabsetzung sowohl für Gesellschafter, deren Anteile unterproportional herabgesetzt werden,[13] als auch – wegen der daraus resultierenden Reduktion der an die Stammeinlagen geknüpften Stimmrechte u Gewinnbeteiligungen – für Gesellschafter, deren Anteile überproportional herabgesetzt werden, soweit dafür keine sachliche Rechtfertigung besteht.[14] Ein dem Gleichbehandlungsgrundsatz widersprechender Kapitalherabsetzungsbeschluss ist gem § 41 **anfechtbar** (u nicht nichtig oder unwirksam).[15]

Die Kapitalherabsetzung kann nicht nur durch Rückzahlung in bar, **6** sondern auch durch Übertragung v Gegenständen aus dem Gesellschaftsvermögen erfolgen (**Sachauskehr**, s § 82 Rz 58).[16] Der Kapitalherabsetzungsbeschluss u der daraus resultierende Übertragungsanspruch bildet einen Titel für den Eigentumserwerb des Gesellschafters. Die Sachkapitalherabsetzung darf einzelnen Gesellschaftern nicht aufgedrängt werden u ist daher nur zulässig, wenn alle betroffenen Gesellschafter (ggf auch außerhalb der GV) zustimmen oder die Möglichkeit einer solchen Sachkapitalherabsetzung bereits im GesV vorgesehen ist. Die Sachkapitalherabsetzung kann auch mit einer Barkapitalherabsetzung kombiniert werden. Eine solche Sachauskehr ist bereits **im Kapitalherabsetzungsbeschluss**

---

10 *Koppensteiner/Rüffler*, GmbHG³ § 54 Rz 10; *Völkl* in Straube/Ratka/Rauter, GmbHG § 54 Rz 12, 14; *Gellis/Feil*, GmbHG⁷ § 54 Rz 1; detailliert *Cetin*, wbl 2014, 252 mwN.
11 *Koppensteiner/Rüffler*, GmbHG³ § 54 Rz 10.
12 *Völkl* in Straube/Ratka/Rauter, GmbHG § 54 Rz 13; *Koppensteiner/Rüffler*, GmbHG³ § 54 Rz 10 mwN.
13 *M. Heidinger/Prechtl* in Gruber/Harrer, GmbHG² § 54 Rz 12.
14 *Koppensteiner/Rüffler*, GmbHG³ § 54 Rz 10.
15 *Völkl* in Straube/Ratka/Rauter, GmbHG § 54 Rz 13; *Koppensteiner/Rüffler*, GmbHG³ § 54 Rz 10; *M. Heidinger/Prechtl* in Gruber/Harrer, GmbHG² § 54 Rz 12; *Diregger/Fichtinger* in Torggler, GmbHG § 54 Rz 12.
16 *Reich-Rohrwig*, Kapitalerhaltung 110 f; detailliert *Völkl* in Straube/Ratka/Rauter, GmbHG § 57 Rz 11 ff; *Diregger/Fichtinger* in Torggler, GmbHG § 57 Rz 5.

vorzusehen; dort sind auch die zu übertragenden Sachen bestimmt oder bestimmbar anzugeben.[17] Die Angabe des Werts der auszukehrenden Sachen ist mE nicht notwendig, bei Abweichungen v Buchwert (nach oben oder nach unten) sind jedoch die Gesellschafter v den GF vor der Beschlussfassung entspr zu informieren. Die Einholung eines Bewertungsgutachtens ist möglich, jedoch mE ebensowenig geboten wie eine Prüfung der Bewertung durch das FB-Gericht.[18] Die für Sachkapitalerhöhungen geltenden Grundsätze sind hier gerade nicht anzuwenden, der Gläubigerschutz ist durch das Aufgebotsverfahren gem § 55 Abs 2 (s dort Rz 6 ff) u die Bilanzierungsvorschriften hinreichend gewahrt.

7   Die Frage, ob der Betrag der Sachkapitalherabsetzung dem Buchwert oder dem Verkehrswert der zu übertragenden Sachen entsprechen muss, wird untersch beantwortet.[19] Meines Erachtens ist eine **Sachauskehr zu Buchwerten** – trotz höherer Verkehrswerte – zulässig, sofern die Gesellschafter vor Beschlussfassung u die Gläubiger im Rahmen des Aufgebotsverfahrens (s § 55 Rz 6 ff) über den tatsächlichen Wert der auszukehrenden Vermögensgegenstände informiert werden.[20] Die Gläubiger sind dann durch das Recht auf Befriedigung oder Sicherstellung ausreichend geschützt. Die Gegenansicht bietet keinen erhöhten Gläubigerschutz, denn wenn die GmbH die stillen Reserven realisiert u damit einen Bilanzgewinn erzeugt, kann sie diesen im folgenden Geschäftsjahr als Dividende ausschütten, ohne dass die Gläubiger Sicherstellungsansprüche haben. Ein stärkerer Gläubigerschutz als ein vorgelagertes Aufgebotsverfahren wird selbst bei Exportverschmelzungen oder Hinaus-Umwandlungen ins Ausland nicht verlangt (§§ 20, 37 EU-UmgrG). Anders als bei Sachdividenden geht es hier auch nicht um die Frage der Einhaltung der Regeln für die Ausschüttung realisierter Bilanzgewinne. Außerdem wird der Verkehrswert des Nettoaktivvermögens vielfach

---

17 *Völkl* in Straube/Ratka/Rauter, GmbHG § 57 Rz 14.
18 **AA** *Völkl* in Straube/Ratka/Rauter, GmbHG § 57 Rz 24 ff.
19 Für eine Herabsetzung im Ausmaß der Buchwerte zB: *Diregger/Fichtinger* in Torggler, GmbHG § 57 Rz 5; *Reich-Rohrwig*, Kapitalerhaltung 110 f; *Eckert* in Kalss/Torggler, Einlagenrückgewähr 87. Für eine Herabsetzung in Höhe des Verkehrswerts zB: *Völkl* in Straube/Ratka/Rauter, GmbHG § 57 Rz 16 ff mwN; *Hügel* in Artmann/Rüffler/Torggler, Die GmbH & Co KG ieS nach OGH 2 Ob 225/07p – eine Kapitalgesellschaft? 121 ff; *Ludwig/Hirschler*, Bilanzierung und Prüfung von Umgründungen² Rz III/132 ff.
20 *Diregger/Fichtinger* in Torggler, GmbHG § 57 Rz 5; vgl auch *Eckert* in Kalss/Torggler, Einlagenrückgewähr 86 zur Möglichkeit einer Sachdividende in Höhe des Buchwerts bei ausreichenden Angaben im Anh zum JA.

über dem Nominalwert des Eigenkapitals liegen, nicht zuletzt dann, wenn Sachen zuvor unter Buchwertfortführung gem § 202 Abs 2 UGB eingebracht wurden, u kommt es auch bei einer Sachauskehr im Rahmen einer Liquidation oder einer Abspaltung nicht auf das Verhältnis des Verkehrswerts der übertragenen Vermögensgegenstände zur Höhe des Abgangs des buchmäßigen Eigenkapitals an. Die Gläubiger werden im Wege der Veröffentlichung gem § 55 Abs 2 über die Auskehr der stillen Reserven informiert. Die Information der Gesellschafter u Gläubiger sollte jedoch auch auf etwaige Steuerbelastungen der GmbH als Folge der Aufdeckung stiller Reserven durch die Sachauskehr eingehen. Eine Restvermögensprüfung ist mE nicht notwendig; die Frage, ob das nach der Kapitalherabsetzung verbleibende Stammkapital durch das Vermögen der GmbH noch gedeckt ist (s dazu § 56 Rz 6), ist v der Frage der Bewertung der Sachauskehr zu unterscheiden. Umgekehrt ist es mE auch zulässig, dass der Wert der ins Vermögen der Gesellschafter übertragenen Vermögensgegenstände unter deren Buchwert zurückbleibt, wenn die betroffenen Gesellschafter zustimmen.

III. Verfahren und Beschlussfassung

Überblick: Das Verfahren einer ordentlichen Kapitalherabsetzung besteht aus folgenden Schritten:[21]

- Kapitalherabsetzungsbeschluss der Gesellschafter (§ 54 Abs 1),
- Anmeldung der beabsichtigten Kapitalherabsetzung zum FB (§ 55 Abs 1),
- nach FB-Eintragung der beabsichtigten Kapitalherabsetzung Durchführung des Aufgebotsverfahrens (s § 55 Rz 6 ff) durch Veröffentlichung der beschlossenen Kapitalherabsetzung u individuelle Gläubigerverständigung sowie ggf Befriedigung bzw Sicherstellung der Gläubiger (§ 55 Abs 2),
- Anmeldung der Durchführung der Kapitalherabsetzung samt Änderung des GesV zum FB (§ 56),
- nach FB-Eintragung der Änderung des GesV Rückzahlung des Stammkapitals bzw Befreiung der Gesellschafter v der Verpflichtung zur Volleinzahlung der Stammeinlage (§ 57).

---

21 *M. Heidinger/Prechtl* in Gruber/Harrer, GmbHG[2] § 54 Rz 4; *Koppensteiner/Rüffler*, GmbHG[3] § 54 Rz 2.

Bei Kapitalherabsetzungen durch GmbH, die die Gründungsprivilegierung gem § 10b in Anspruch genommen haben, kann das Aufgebotsverfahren mit Gläubigeraufruf hingegen entfallen, wenn die v den einzelnen Gesellschaftern nach dem Wegfall der Gründungsprivilegierung übernommen Stammeinlagen zumindest gleich hoch sind wie deren bisherige gründungsprivilegierte Stammeinlagen (§ 127 Abs 30). In diesem Fall sollte mE die Anmeldung der beabsichtigten Kapitalherabsetzung (§ 55 Abs 1) mit der Anmeldung der Durchführung der Kapitalherabsetzung (§ 56) verbunden werden können.

9 Eine Kapitalherabsetzung stellt eine **Änderung des GesV** dar, weshalb ein eigener Gesellschafterbeschluss zu fassen ist, der den Bestimmungen der §§ 49, 50 entsprechen muss (**qualifizierte Mehrheit** v drei Vierteln der abgegebenen Stimmen, **notarielle Beurkundung**).[22] Das gilt auch für Kapitalherabsetzungen durch GmbH, die die Gründungsprivilegierung in Anspruch genommen haben, auf den bisher gründungsprivilegierten Betrag. Der GesV kann weitere Erfordernisse vorsehen (§ 50 Abs 1). Zur möglichen Aufhebung des Kapitalherabsetzungsbeschlusses s § 57 Rz 6.

10 Der Herabsetzungsbeschluss muss zunächst den **Umfang der Kapitalherabsetzung** festlegen. Hierbei sind die Gesellschafter bis zur Höhe des gesetzl Mindeststammkapitals (€ 10.000) sowie der Mindeststammeinlage v € 70 frei. Eine Herabsetzung des Stammkapitals unter € 10.000 ist grds unzulässig (Abs 3). Das Mindeststammkapital kann freilich gem Abs 4 unterschritten werden, wenn gleichzeitig eine Barkapitalerhöhung beschlossen wird, durch die das Mindeststammkapital wieder erreicht wird (Kapitalschnitt, s Rz 15 ff). Erfolgt die Herabsetzung durch Zurückzahlung v Stammeinlagen oder durch Befreiung v der Einzahlungspflicht, so darf der verbleibende Betrag jeder Stammeinlage nicht unter € 70 herabgesetzt werden. Die Grenze v € 70 pro verbleibender Mindeststammeinlage gilt nur für effektive Kapitalherabsetzungen u nicht für nominelle Kapitalherabsetzungen (s Rz 3).[23] In der Praxis wird sowohl der herabzusetzende Stammkapitalbetrag als auch die nach Durchführung der Kapitalherabsetzung verbleibende Stammkapitalziffer angege-

---

[22] *Völkl* in Straube/Ratka/Rauter, GmbHG § 54 Rz 21; *M. Heidinger/Prechtl* in Gruber/Harrer, GmbHG[2] § 54 Rz 5; *Diregger/Fichtinger* in Torggler, GmbHG § 54 Rz 8.

[23] *Koppensteiner/Rüffler*, GmbHG[3] § 54 Rz 9; *M. Heidinger/Prechtl* in Gruber/Harrer, GmbHG[2] § 54 Rz 7; *Völkl* in Straube/Ratka/Rauter, GmbHG § 54 Rz 22.

ben (zB „*Das Stammkapital wird im Umfang v € 25 000 auf € 10 000 herabgesetzt*").[24] Ein gesonderter Beschluss zur Änderung der Stammkapitalziffer im GesV ist möglich u in der Praxis die Regel, jedoch nicht notwendig.[25] Die mit der Herabsetzung des Stammkapitals einhergehende Herabsetzung der einzelnen Stammeinlagen muss nicht in den Herabsetzungsbeschluss aufgenommen werden, wenn der Herabsetzungsbetrag auf die einzelnen Stammeinlagen *pro rata* verteilt wird (was im Beschluss dann freilich erwähnt werden sollte, um dem FB-Gericht die Prüfung zu erleichtern). Ungleichmäßige Herabsetzungen oder Rückzahlungsbedingungen sind freilich im Herabsetzungsbeschluss ausdrücklich anzuführen.[26] Dasselbe gilt für eine Kapitalherabsetzung durch Sachauskehr (s Rz 6 f).

Das Ausmaß der Kapitalherabsetzung kann auch **variabel** in Form eines **Höchstbetrages** festgesetzt werden, wenn die Kriterien, v denen die endgültige Festlegung des herabzusetzenden Betrages (zB Ergebnis des letzten JA) abhängig ist, **bestimmbar** sind. Die E über den endgültigen Betrag darf nach hL nicht in das Ermessen der GF gestellt werden, diese dürfen jedoch zur Berechnung des endgültigen Betrages anhand der v Kapitalherabsetzungsbeschluss vorgegebenen Kriterien u zur Anpassung des GesV an den endgültig festgelegten Betrag ermächtigt werden.[27] **11**

Falls im GesV das Stammkapital noch auf ATS lautet, ist im Rahmen der Kapitalherabsetzung zugleich eine **Umstellung auf Euro** vorzunehmen (Art 10 § 5 Z 3, § 6 Z 3 1. Euro-JuBeG). Dabei muss das Verhältnis der mit den Stammeinlagen verbundenen Rechte zueinander, das Verhältnis der Nennbeträge der Stammeinlagen zum Stammkapital u das Verhältnis der Stimmrechte durch die Umrechnung unverändert bleiben. Sollen diese Verhältnisse verändert werden, so bedarf dies der Zustimmung sämtlicher davon betroffener Gesellschafter. Der Herabsetzungsbeschluss hat auf die Anpassung an die Bestimmungen des 1. Euro-JuBeG ausdrücklich hinzuweisen u unabhängig davon, ob sich die bisherigen Verhältnisse durch die Anpassung verändern, die bisherigen u die **12**

---

24 *M. Heidinger/Prechtl* in Gruber/Harrer, GmbHG[2] § 54 Rz 8.
25 *Diregger/Fichtinger* in Torggler, GmbHG § 54 Rz 9.
26 *M. Heidinger/Prechtl* in Gruber/Harrer, GmbHG[2] § 54 Rz 9; *Völkl* in Straube/Ratka/Rauter, GmbHG § 54 Rz 26.
27 *M. Heidinger/Prechtl* in Gruber/Harrer, GmbHG[2] § 54 Rz 8; *Völkl* in Straube/Ratka/Rauter, GmbHG § 54 Rz 24 mwN; *Gellis/Feil*, GmbHG[7] § 54 Rz 5 mwN.

aufgrund der Anpassung zukünftig bestehenden Verhältnisse darzustellen (Art 1 § 13 1. Euro-JuBeG).²⁸ Ein gesondertes Kapitalherabsetzungsverfahren bloß zum Zweck der Umstellung auf Euro ist dagegen nicht sinnvoll, weil eine Vereinfachung nur für eine Herabsetzung des Stammkapitals um einen Betrag v höchstens € 700 vorgesehen ist (Art 1 § 15 1. Euro-JuBeG: einfache Mehrheit der abgegebenen Stimmen; kein Aufgebotsverfahren, sondern vereinfachte Kapitalherabsetzung nach § 59 Abs 1, wobei die §§ 183 u 185 bis 188 AktG [mit Ausnahme der Möglichkeit des rückwirkenden Bilanzausweises gem § 188 Abs 1 AktG] keine Anwendung finden). In der FB-Praxis wird gefordert, dass in einem ersten Schritt die Umstellung auf Euro u in einem nachfolgenden Tagesordnungspunkt die Kapitalherabsetzung zu beschließen ist; bei der Anmeldung der beabsichtigten Kapitalherabsetzung gem § 55 Abs 1 muss das Stammkapital freilich noch nicht in € eingetragen sein.²⁹

13 Weiters muss der **Kapitalherabsetzungsbeschluss** den **Zweck** der Kapitalherabsetzung bestimmt bezeichnen u die Art der Durchführung festsetzen. Der Zweck bezieht sich primär auf die im Abs 2 angeführten Möglichkeiten, wobei auch Varianten u Kombinationen zulässig sind: Zu nennen sind neben der Rückzahlung an die Gesellschafter – ggf auch zur Abfindung v Gesellschaftern bei Austritt oder Ausschluss – die Umwandlung v Stammkapital in freie Rücklagen – ggf auch zur Vorbereitung bzw Ermöglichung einer Abspaltung zur Aufnahme gem § 17 Z 3 SpaltG –, die Befreiung der Gesellschafter v ihrer Pflicht zur Einzahlung der Stammeinlagen, die Einziehung eigener Anteile oder die Verrechnung mit einem Bilanzverlust. Auch die Befreiung der Gesellschafter v anderen Verbindlichkeiten gegenüber der GmbH als jener zur Einzahlung der Stammeinlagen (durch Aufrechnung mit der Forderung auf die Rückzahlung der Stammeinlagen) kommt als Zweck der Kapitalherabsetzung in Frage. Meines Erachtens kann auch die Auflösung v **gebundenen Rücklagen** durch analoge Anwendung der Regeln über die ordentliche Kapitalherabsetzung, insb jene des Aufgebotsverfahrens (s § 55 Rz 6 ff), ermöglicht werden (**str**, die hA dürfte den Umweg über eine vorherige Umwandlung der gebundenen Rücklagen in Stammkapital durch Kapitalberichtigung verlangen);³⁰ ein FB-gerichtliches Verfah-

---

28 Vgl im Detail *Völkl* in Straube/Ratka/Rauter, GmbHG § 54 Rz 44 ff; *M. Heidinger/Prechtl* in Gruber/Harrer, GmbHG² § 54 Rz 10.
29 *Birnbauer*, GES 2013, 455 (457).
30 *M. Winner* in Doralt/Nowotny/Kalss, AktG³ § 1 KapBG, Rz 5.

ren kommt dabei aber wohl nur in Betracht, wenn die Auflösung der gebundenen Rücklagen mit einer Änderung des GesV verbunden ist. Werden mit der Kapitalherabsetzung mehrere Zwecke verfolgt, sind diese alle im Beschluss zu nennen.[31] Im Fall einer nominellen Herabsetzung ist anzugeben, ob sie als ordentliche Kapitalherabsetzung gem den §§ 54 ff oder als vereinfachte Kapitalherabsetzung gem § 59 erfolgt.[32] Weiters ist im **Kapitalherabsetzungsbeschluss** die **Art der Durchführung** festzulegen, wobei sich diese idR v Zweck nicht trennen lässt u eine eindeutige Trennung auch nicht geboten ist.[33] Hier könnte aber etwa die Fälligkeit der Rückzahlungsansprüche der Gesellschafter geregelt werden (grds tritt die Fälligkeit gem § 57 Abs 1 mit Eintragung der betr Änderung des GesV im FB ein),[34] auch die Rückzahlung in Raten, in Fremdwährung oder nach Maßgabe einer ausreichenden Liquidität der GmbH kann vorgesehen werden. Bei einer Kapitalherabsetzung durch Sachauskehr (s Rz 6 f) sind die an die Gesellschafter zu übertragenden Vermögensgegenstände zu bestimmen.[35] Ist im Kapitalherabsetzungsbeschluss keine Sachauskehr vorgesehen, ist das Stammkapital in bar zurückzuzahlen, selbst wenn es ursprünglich durch Sacheinlage aufgebracht wurde.[36]

Fraglich ist, ob § 192 AktG (Kapitalherabsetzung durch **Einziehung** v Aktien) bei der GmbH analog angewandt werden kann.[37] Für die Einziehung v durch die GmbH erworbene **eigene Anteile** wird dies zu Recht bejaht (s § 81 Rz 54).[38] Das bedeutet auch, dass bei eigenen Anteilen, auf die der Ausgabebetrag voll geleistet ist u die v der GmbH entweder unentgeltlich oder zu Lasten des Bilanzgewinns, einer freien Rücklage oder einer Rücklage gem § 225 Abs 5 S 2 oder § 229 Abs 1a S 4 UGB eingezogen werden, ein Aufgebotsverfahren (s § 55 Rz 6 ff) nicht

14

---

31 *Völkl* in Straube/Ratka/Rauter, GmbHG § 54 Rz 25; *M. Heidinger/Prechtl* in Gruber/Harrer, GmbHG² § 54 Rz 10.
32 *M. Heidinger/Prechtl* in Gruber/Harrer, GmbHG² § 54 Rz 11; *Koppensteiner/Rüffler*, GmbHG³ § 54 Rz 9a.
33 *M. Heidinger/Prechtl* in Gruber/Harrer, GmbHG² § 54 Rz 10; *Koppensteiner/Rüffler*, GmbHG³ § 54 Rz 9.
34 *Koppensteiner/Rüffler*, GmbHG³ § 54 Rz 9; *Diregger/Fichtinger* in Torggler, GmbHG § 57 Rz 3.
35 *Völkl* in Straube/Ratka/Rauter, GmbHG § 54 Rz 22.
36 *Gellis/Feil*, GmbHG⁷ § 54 Rz 6.
37 *Diregger/Fichtinger* in Torggler, GmbHG § 54 Rz 7.
38 *Kalss/Eckert*, GesRZ 2007, 222 (224); *Schatzmann* in Praxisschrift Zankl 731 (734).

notwendig ist u eine Beschlussfassung der GV mit einfacher Stimmenmehrheit ausreicht (§ 192 Abs 3 u 4 AktG). An der Summe des gebundenen Kapitals ändert sich durch die Einziehung nichts, weil ein dem Nennbetrag der eingezogenen Stammeinlagen entspr Betrag in eine gebundene Kapitalrücklage einzustellen ist (§ 192 Abs 5 AktG iVm § 229 Abs 2 Z 4 UGB). Auch für die FlexCo wurde die Kapitalherabsetzung durch Einziehung v Geschäftsanteilen mittlerweile ausdrücklich in §§ 23, 24 FlexKapGG geregelt. Diese Bestimmungen verweisen zT auf die Vorschriften des GmbHG über die ordentliche Kapitalherabsetzung, dienen aber gleichzeitig auch als Analogiebasis für eine Einziehung eigener Geschäftsanteile bei der GmbH.

IV. Kapitalherabsetzung bei gleichzeitiger -erhöhung (Abs 4)

15 Eine nominelle Kapitalherabsetzung (s Rz 3) bei gleichzeitiger Kapitalerhöhung (**Kapitalschnitt**) stellt eine Möglichkeit zur **Sanierung** v Gesellschaften dar.[39] Die wirtschaftliche Notwendigkeit eines solchen Kapitalschnitts ergibt sich meist daraus, dass (neue) Kapitalgeber vor der Einbringung (weiteren) Kapitals auf den Ausgleich einer Unterbilanz auf Kosten der bisherigen Gesellschafter bestehen, weil sonst das neue Kapital zur Deckung bestehender Verluste herangezogen würde.[40] Außerdem sollen die Vermögens- u Herrschaftsrechte der bisherigen Gesellschafter durch die nominelle Herabsetzung v deren Stammeinlagen an den tatsächlichen Wert der Anteile angepasst u in ein angemessenes Verhältnis zum Wert der Beteiligungen der neuen Kapitalgeber gebracht werden. Allerdings kann Abs 4 auch dazu verwendet werden, bisherigen Gesellschaftern ihre Einlagen zurückzuzahlen u die im Zuge der Kapitalerhöhung geschaffenen neuen Stammeinlagen neuen Gesellschaftern zu überlassen.[41]

16 Ein Kapitalschnitt gem Abs 4 besteht aus zwei Maßnahmen. Zunächst wird die Unterbilanz meist durch eine **nominelle Kapitalherab-**

---

39 *Völkl* in Straube/Ratka/Rauter, GmbHG § 54 Rz 30.
40 *Bachner*, GesRZ 1998, 6; *Reich-Rohrwig*, GesRZ 2001, 71; *Koppensteiner/Rüffler*, GmbHG[3] § 54 Rz 11.
41 *M. Heidinger/Prechtl* in Gruber/Harrer, GmbHG[2] § 54 Rz 13; *Bachner* in Doralt/Nowotny/Kalss AktG[2] § 181 Rz 1.

setzung unter das Mindestkapital ausgeglichen (buchmäßige Sanierung) u die Gesellschaft anschließend über eine **effektive Kapitalerhöhung** mit neuem Kapital versorgt (kapitalmäßige Sanierung).[42] Beide Schritte (Kapitalherabsetzung u -erhöhung) müssen gleichzeitig, dh in derselben GV, beschlossen werden, ein einheitlicher Beschluss ist jedoch nicht erforderlich.[43] Ebenso wird – im Gegensatz zur vereinfachten Kapitalherabsetzung gem § 59 – nach hL auch die Durchführung eines **Aufgebotsverfahrens** (s § 55 Rz 6 ff) vorausgesetzt (vgl jedoch die bedenkenswerten Gegenargumente bei *M. Heidinger/Prechtl*[44], va für den Fall, dass die nominelle Kapitalherabsetzung mit einer effektiven Kapitalerhöhung in zumindest derselben Höhe verbunden wird); umgekehrt greifen freilich im Untersch zur vereinfachten Kapitalherabsetzung gem § 59 auch die Beschränkungen des § 187 AktG nicht ein.[45]

Abweichend v Abs 3 (s Rz 10) ist im Rahmen des Verfahrens nach Abs 4 eine **Unterschreitung des Mindeststammkapitals** (§ 6 Abs 1) iVm einer gleichzeitigen Kapitalerhöhung zulässig.[46] Das Ausmaß der Kapitalherabsetzung ist hierbei unerheblich. Entscheidend ist, dass mit der anschließenden Kapitalerhöhung das Mindeststammkapital (€ 10.000) wieder erreicht wird. Auch eine Herabsetzung auf null ist möglich, die bei gleichzeitigem Bezugsrechtsausschluss oder Bezugsrechtsverzicht zu einem Verlust der Gesellschafterstellung führen kann (zur Frage, ob die Gesellschafter aufgrund ihrer **Treuepflicht** für einen zur Sanierung der GmbH notwendigen Kapitalschnitt stimmen müssen, s § 59 Rz 14 f). Die Kapitalherabsetzung darf nicht missbräuchlich u ein etwaiger Bezugsrechtsausschluss im Rahmen der Kapitalerhöhung muss sachlich gerechtfertigt sein; ansonsten sind die Beschlüsse anfechtbar.[47] Im Fall eines **Bezugsrechtsausschlusses** sind die ausscheidenden Gesell-

---

42 *Nagele/Lux* in Artmann/Karollus, AktG[6] § 181 Rz 3; *Völkl* in Straube/Ratka/Rauter, GmbHG § 54 Rz 32.
43 *Koppensteiner/Rüffler*, GmbHG[3] § 54 Rz 11; *Nagele/Lux* in Artmann/Karollus, AktG[6] § 181 Rz 7; *M. Heidinger/Prechtl* in Gruber/Harrer, GmbHG[2] § 54 Rz 15; *Völkl* in Straube/Ratka/Rauter, GmbHG § 54 Rz 37.
44 *Diregger/Fichtinger* in Torggler, GmbHG § 54 Rz 18; *Völkl* in Straube/Ratka/Rauter, GmbHG § 54 Rz 31, 34; *Koppensteiner/Rüffler*, GmbHG[3] § 54 Rz 12; aA *M. Heidinger/Prechtl* in Gruber/Harrer, GmbHG[2] § 54 Rz 18.
45 *Diregger/Fichtinger* in Torggler, GmbHG § 54 Rz 18.
46 *Völkl* in Straube/Ratka/Rauter, GmbHG § 54 Rz 35; *Koppensteiner/Rüffler*, GmbHG[3] § 54 Rz 11.
47 *Diregger/Fichtinger* in Torggler, GmbHG § 54 Rz 19; *M. Heidinger/Prechtl* in Gruber/Harrer, GmbHG § 54 Rz 14.

schafter zu entschädigen, sofern die Beteiligung (ohne Berücksichtigung der Kapitalerhöhung) noch einen Wert besitzt (str);[48] der Gesellschafter muss zumindest das erhalten, was er bei Insolvenz oder Liquidation der Gesellschaft erhalten hätte.[49] Immerhin könnte ein Abfindungsangebot seitens der sanierenden Gesellschafter die ausscheidenden Gesellschafter zum Verzicht auf das Bezugsrecht bewegen oder v Anfechtungsklagen abhalten. Die anschließende Kapitalerhöhung ist ebenfalls eine Satzungsänderung u muss bis zur Höhe des Mindeststammkapitals in Form v **Bareinlagen** geleistet werden; ein das Mindestkapital übersteigender Betrag der Kapitalerhöhung kann jedoch nach hL auch in Form einer Sacheinlage geleistet werden.[50]

18   Beide Beschlüsse müssen gem § 181 Abs 2 AktG innerhalb **einer Frist v sechs Monaten** im FB, bei sonstiger Unwirksamkeit, eingetragen werden (§ 54 Abs 4 iVm § 181 Abs 2 AktG, der in dieser Bestimmung enthaltene Verweis auf die „Durchführung der Erhöhung" bezieht sich nur auf das Aktienrecht [s §§ 155, 156 AktG zusätzlich zu § 151 AktG] u ist für die GmbH nicht relevant, weil dort für Kapitalerhöhungen nur eine einzige Eintragung gem § 53 vorgesehen ist).[51] Eine anhängige Anfechtungsklage oder Klage auf Feststellung der Nichtigkeit gegen einen der beiden Beschlüsse oder das Fehlen einer beantragten behördlichen Genehmigung für die Kapitalherabsetzung oder Kapitalerhöhung hemmen den Fristenlauf. Grundsätzlich sind die Beschlüsse **gleichzeitig** im FB einzutragen, damit im FB nicht ein überhöhtes oder unter dem Mindestkapital liegendes Stammkapital aufscheint, wobei eine Verletzung

---

48 *Koppensteiner/Rüffler*, GmbHG[3] § 54 Rz 11; *M. Heidinger/Prechtl* in Gruber/Harrer, GmbHG[2] § 54 Rz 14; *Reich-Rohrwig*, GesRZ 2001, 69 (73) (zusätzlich mit dem Vorschlag eines freiwilligen Angebots); *Cetin*, wbl 2014, 252 (258) mwN auch zur Gegenansicht; skeptisch *Winner* in Doralt/Nowotny/Kalss, AktG[3] § 153 Rz 138 a.

49 *Spiegelfeld/H. Foglar-Deinhardstein* in FS Torggler 1139 (1157).

50 *Nagele/Lux* in Artmann/Karollus, AktG III[6] § 181 Rz 6/1; *Reich-Rohrwig*, GesRZ 2001, 69; *M. Heidinger/Prechtl* in Gruber/Harrer, GmbHG[2] § 54 Rz 16 (mit rechtspolitischen Zweifeln an der zwingenden Barkapitalerhöhung auf das Mindeststammkapital); *Völkl* in Straube/Ratka/Rauter, GmbHG § 54 Rz 35.

51 *Diregger/Fichtinger* in Torggler, GmbHG § 54 Rz 22 (richtigerweise iSe „Unwirksamkeit" iSe noch fehlenden Wirksamkeitsvoraussetzung, die aber trotz verspäteter Eintragung analog § 200 Abs 2 AktG heilbar ist); für „Nichtigkeit" offenbar *Völkl* in Straube/Ratka/Rauter, GmbH § 54 Rz 38 ff; *Koppensteiner/Rüffler*, GmbHG[3] § 54 Rz 11.

dieser Vorschrift nicht schadet, sofern für beide Beschlüsse die sechsmonatige Eintragungsfrist gewahrt wird. Eine Eintragung nach Ablauf der Frist heilt binnen drei Jahren (§ 200 Abs 2 AktG analog).[52]

§ 55. (1) ¹Die beabsichtigte Herabsetzung des Stammkapitals ist von sämtlichen Geschäftsführern zum Firmenbuch anzumelden. ²Das Handelsgericht hat unter sinngemäßer Anwendung des § 11, Absatz 1, über die Eintragung zu beschließen.

(2) ¹Die Geschäftsführer haben unverzüglich, nachdem sie von der Eintragung benachrichtigt worden sind, die beabsichtigte Herabsetzung des Stammkapitals in den Bekanntmachungsblättern zu veröffentlichen. ²Hiebei ist bekanntzugeben, daß die Gesellschaft allen Gläubigern, deren Forderungen am Tage der letzten Veröffentlichung dieser Mitteilung bestehen, auf Verlangen Befriedigung oder Sicherstellung zu leisten bereit sei, und daß Gläubiger, die sich nicht binnen drei Monaten von dem bezeichneten Tag an bei der Gesellschaft melden, als der beabsichtigten Herabsetzung des Stammkapitals zustimmend erachtet würden. ³Bekannten Gläubigern ist diese Mitteilung unmittelbar zu machen.

idF BGBl 1980/320

Literatur: *Beuthien*, Wofür ist bei einer Kapitalherabsetzung Sicherheit zu leisten? GmbHR 2016, 729; *Walch*, Angabe der Höhe des Herabsetzungsbetrags bei der Bekanntmachung einer beabsichtigten Kapitalherabsetzung, NZ 2014/125, 351.

Inhaltsübersicht

I. Inhalt und Zweck	1
II. Anmeldung zum Firmenbuch (Abs 1)	2–5
III. Veröffentlichung und individuelle Gläubigerverständigung	6–10
IV. Befriedigung/Sicherstellung	11–16

---

52 *Diregger/Fichtinger* in Torggler, GmbHG § 54 Rz 22; *Koppensteiner/Rüffler*, GmbHG³ § 54 Rz 11; *M. Heidinger/Prechtl* in Gruber/Harrer, GmbHG² § 54 Rz 17; *Völkl* in Straube/Ratka/Rauter, GmbHG § 54 Rz 38 ff.

I. Inhalt und Zweck

1 Bei einer ordentlichen Kapitalherabsetzung haben zeitlich gestaffelt zwei Anmeldungen zum FB zu erfolgen. § 55 Abs 1 regelt die **Anmeldung der beabsichtigten Kapitalherabsetzung**, Abs 2 das danach durchzuführende **Aufgebotsverfahren**. Nach dessen Abschluss kann die Änderung des GesV zum FB angemeldet werden (vgl § 56 Rz 2 ff). Der in Abs 1 S 2 enthaltene Verweis auf § 11 Abs 1 ist mittlerweile gegenstandslos.[1]

II. Anmeldung zum Firmenbuch (Abs 1)

2 Zur Anmeldung der beabsichtigten Kapitalherabsetzung beim FB sind **sämtliche GF** verpflichtet. Es handelt sich dabei um eine Pflicht der GF, die nach hL v der GmbH mit Klage durchgesetzt, nicht aber v FB-Gericht erzwungen werden kann.[2] Die Anmeldung ist notariell oder gerichtl beglaubigt zu unterschreiben. Sie kann auch durch bevollmächtigte Vertreter vorgenommen werden, diesfalls ist auch die Vollmacht v allen GF beglaubigt zu unterschreiben.[3]

3 Zur Anmeldung gelangt die **beabsichtigte Kapitalherabsetzung** u der darauf gerichtete Gesellschafterbeschluss (zB „*Generalversammlungsbeschluss vom [Datum]. Kapitalherabsetzung um EUR 25.000 auf EUR 10.000 beabsichtigt.*") Selbstverständlich darf die Anmeldung dem Inhalt des Herabsetzungsbeschlusses der GV nicht widersprechen. Bei einer **variablen Kapitalherabsetzung** (s § 54 Rz 11) hat sich der angemeldete Betrag im beschlossenen Rahmen zu halten.[4] Bei einer Kapitalherabsetzung durch **Sachauskehr** (s § 54 Rz 6 f) ist dies in der Anmeldung anzuführen u sind auch die auszukehrenden Sachen in der Anmeldung zu nennen. Meines Erachtens sind jedoch weder Bewertungen anzuführen noch Bewertungsgutachten beizulegen.[5] Das FB-Ge-

---

1 *Völkl* in Straube/Ratka/Rauter, GmbHG § 55 Rz 5; vgl aber auch *Koppensteiner/Rüffler*, GmbHG³ § 55 Rz 1.
2 *M. Heidinger/Prechtl* in Gruber/Harrer, GmbHG² § 55 Rz 1; *Völkl* in Straube/Ratka/Rauter, GmbHG § 55 Rz 2; *Koppensteiner/Rüffler*, GmbHG³ § 55 Rz 1.
3 *Koppensteiner/Rüffler*, GmbHG³ § 55 Rz 1; *Völkl* in Straube/Ratka/Rauter, GmbHG § 55 Rz 1.
4 *Völkl* in Straube/Ratka/Rauter, GmbHG § 55 Rz 3.
5 **AA** *Völkl* in Straube/Ratka/Rauter, GmbHG § 57 Rz 24.

richt hat die Tatsache, dass die Kapitalherabsetzung im Wege der Sachauskehr beabsichtigt ist, einzutragen.

Der FB-Anmeldung ist das **notariell beurkundete GV-Protokoll** mit dem **Kapitalherabsetzungsbeschluss** u etwaigen notwendigen sonstigen Nachw des gültigen Zustandekommens des Beschlusses (zB Einberufungsnachweise, falls nicht alle Gesellschafter bei der GV anwesend waren) anzuschließen (§ 51 Abs 1 analog).[6]

Das **FB-Gericht** prüft die Anmeldung auf Vollständigkeit u gültiges Zustandekommen des Herabsetzungsbeschlusses anhand der eingebrachten Unterlagen. Eingetragen wird bloß die beabsichtigte Kapitalherabsetzung u der darauf gerichtete GV-Beschluss, nicht aber die Kapitalherabsetzung (Änderung des GesV) selbst, diese wird nämlich erst nach der FB-Anmeldung u Eintragung gem § 56 wirksam. Das FB-Gericht veröffentlicht die Eintragung der beabsichtigten Kapitalherabsetzung v Amts wegen in der Ediktsdatei sowie der Elektronischen Verlautbarungs- u Informationsplattform des Bundes (EVI) (§ 10 UGB).[7] Die GmbH wird gem § 21 Abs 1 FBG v der Eintragung verständigt.[8]

III. Veröffentlichung und individuelle Gläubigerverständigung

Die GF haben die beabsichtigte Kapitalherabsetzung *„unverzüglich"* nach der Benachrichtigung v der Eintragung durch das FB-Gericht auf der v der Wiener Zeitung GmbH betriebenen **Elektronischen Verlautbarungs- u Informationsplattform des Bundes (EVI)**, ggf auch noch in weiteren im GesV vorgesehenen Medien zu veröffentlichen (§ 6 WZEVI-G).[9] Diese **Veröffentlichung (Gläubigeraufruf)** durch die GF über die Elektronische Verlautbarungs- u Informationsplattform des Bundes (EVI) ist also zusätzlich zur amtswegigen Veröffentlichung der Eintragung durch das FB-Gericht gem § 10 UGB vorzunehmen. Die

---

6 *Koppensteiner/Rüffler*, GmbHG³ § 55 Rz 1; *Völkl* in Straube/Ratka/Rauter, GmbHG § 55 Rz 7; *Diregger/Fichtinger* in Torggler, GmbHG § 55 Rz 3; *Umfahrer*, GmbH⁷ Rz 11.5.
7 § 6 WZEVI-G; *Völkl* in Straube/Ratka/Rauter, GmbHG § 55 Rz 8; *M. Heidinger/Prechtl* in Gruber/Harrer, GmbHG² § 55 Rz 3.
8 *Völkl* in Straube/Ratka/Rauter, GmbHG § 55 Rz 10.
9 *Koppensteiner/Rüffler*, GmbHG³ § 55 Rz 2; *Völkl* in Straube/Ratka/Rauter, GmbHG § 55 Rz 20.

Veröffentlichung ist auch dann durchzuführen, wenn die Gesellschaft keine oder keine ihr unbekannten Gläubiger hat.[10] Die GF müssen die Veröffentlichung über die Elektronische Verlautbarungs- u Informationsplattform des Bundes (EVI) entgegen dem missverständlichen Gesetzeswortlaut („*der letzten Veröffentlichung*") **nur einmal** vornehmen.[11] Die Veröffentlichung muss nicht v sämtlichen GF veranlasst werden.[12] Bei Kapitalherabsetzungen durch gründungsprivilegierte GmbH auf die bisher gründungsprivilegierten Stammeinlagen kann der Gläubigeraufruf (sowie die individuelle Verständigung der Gläubiger, s unten Rz 9) jedoch entfallen (§ 127 Abs 30).

7 Die Veröffentlichung hat die für die Gläubiger wesentlichen Eckpunkte der Kapitalherabsetzung zu enthalten, also insb eine eindeutige Information über deren **Ausmaß**.[13] Eine genaue Wiedergabe des Wortlautes des Kapitalherabsetzungsbeschlusses ist aber ebensowenig notwendig wie die Angabe des Zwecks der Kapitalherabsetzung.[14] Bei einer variablen Herabsetzung ist der **Maximalbetrag** in der Veröffentlichung anzuführen (str).[15] Im Fall einer Kapitalherabsetzung mit **Sachauskehr** (s § 54 Rz 6 f) sind die Gläubiger davon in der Veröffentlichung zu informieren, zusätzlich v einem etwaigen über den Buchwert hinausgehenden Verkehrswert der auszukehrenden Vermögensgegenstände (vgl § 54 Rz 7).

8 In der Veröffentlichung ist darauf hinzuweisen, dass allen **Gläubigern** der GmbH, deren **Forderungen** am Tag der letzten Veröffentlichung (also idR am Tag der Veröffentlichung der Mitteilung über die Elektronische Verlautbarungs- u Informationsplattform des Bundes [EVI], s Rz 6) bestehen, auf deren Verlangen **Befriedigung oder Sicherstellung** geleistet wird, u dass **angenommen** wird, dass Gläubiger, die sich **nicht binnen drei Monaten** ab dem Tag dieser Veröffentlichung **bei der GmbH melden**, der beabsichtigten Kapitalherabsetzung **zustimmen**.

---

10 *Völkl* in Straube/Ratka/Rauter, GmbHG § 55 Rz 15; *M. Heidinger/Prechtl* in Gruber/Harrer, GmbHG² § 55 Rz 4.
11 *Völkl* in Straube/Ratka/Rauter, GmbHG § 55 Rz 15.
12 *Walch*, NZ 2014/125, 352 (353).
13 OLG Innsbruck 7.7.2014, 3 R 55/14h, ecolex 2015, 131; *Walch*, NZ 2014/125, 352; *Völkl* in Straube/Ratka/Rauter, GmbHG § 55 Rz 17.
14 *Völkl* in Straube/Ratka/Rauter, GmbHG § 55 Rz 17.
15 *Walch*, NZ 2014/125, 352 (353) mwN; *M. Heidinger/Prechtl* in Gruber/Harrer, GmbHG² § 55 Rz 5; **aA** *Völkl* in Straube/Ratka/Rauter, GmbHG § 55 Rz 17 (Angabe der Parameter für die genauen Bestimmung des Ausmaßes der Kapitalherabsetzung).

Bekannte Gläubiger müssen v der GmbH direkt (**individuell**) ver- **9**
ständigt werden. Diese Mitteilung muss zumindest die gleichen Informationen wie die Veröffentlichung über die Elektronische Verlautbarungs- u Informationsplattform des Bundes (EVI) enthalten. Ein bestimmtes Formerfordernis ist nicht vorgeschrieben; in der Praxis ist aus Nachweisgründen die Mitteilung per eingeschriebenem Brief zu empfehlen.[16] Die Veröffentlichung u die Mitteilungen müssen nach einem Teil der L zeitlich nach der FB-Eintragung der beabsichtigten Kapitalherabsetzung gem Abs 1 erfolgen.[17] Die Mitteilung hat so zeitgerecht vor Ablauf der Dreimonatsfrist zu erfolgen, dass den Gläubigern eine **angemessene Entscheidungsfrist** verbleibt.[18]

Zu verständigen sind nur jene Gläubiger, deren **Forderungen** gegen **10**
die GmbH bereits **am Tag der Veröffentlichung** des Gläubigeraufrufs über die Elektronische Verlautbarungs- u Informationsplattform des Bundes (EVI) begründet waren. Zu verständigen sind auch jene Gläubiger, deren Forderungen noch nicht fällig oder befristet sind. Es macht keinen Untersch, ob die Forderung auf Vertrag oder G beruht. Auch Forderungen aus Dauerschuldverhältnissen sind erfasst; ebenso nicht auf Geld gerichtete Forderungen, ausgenommen dingliche Herausgabeansprüche.[19] Nach hL sind auch jene Gläubiger zu verständigen, deren Forderung v einer aufschiebenden Bedingung abhängig ist;[20] weiters auch Gläubiger mit Forderungen, die auflösend bedingt sind, solange die auflösende Bedingung noch nicht eingetreten ist.[21] Gläubiger, deren Forderungen erst nach dem Tag des Gläubigeraufrufs begründet worden sind, müssen nicht mehr individuell verständigt werden;[22] freilich kann sich aus vertraglichen oder vorvertraglichen Aufklärungspflichten den-

---

16 *Koppensteiner/Rüffler*, GmbHG³ § 55 Rz 2.
17 *Gellis/Feil*, GmbHG⁷ § 55 Rz 2.
18 *Völkl* in Straube/Ratka/Rauter, GmbHG § 55 Rz 19; *M. Heidinger/Prechtl* in Gruber/Harrer, GmbHG² § 55 Rz 6; *Diregger/Fichtinger* in Torggler, GmbHG § 55 Rz 8; offenbar aA *Gellis/Feil*, GmbHG⁷ § 55 Rz 3, wonach die Dreimonatsfrist erst mit Absendung der Mitteilung an die Gläubiger beginnen soll.
19 *Hollaus* in Doralt/Nowotny/Kalss, AktG³ § 178 Rz 4; vgl *Aburumieh/Adensamer/H. Foglar-Deinhardstein*, Verschmelzung VII. D Rz 6.
20 *Völkl* in Straube/Ratka/Rauter, GmbHG § 55 Rz 22; *Diregger/Fichtinger* in Torggler, GmbHG § 55 Rz 7; *Gellis/Feil*, GmbHG⁷ § 55 Rz 4.
21 *Priester/Tebben* in Scholz, GmbHG¹² § 58 Rz 56.
22 *Diregger/Fichtinger* in Torggler, GmbHG § 55 Rz 7; *M. Heidinger/Prechtl* in Gruber/Harrer, GmbHG² § 55 Rz 6.

noch eine Verständigungspflicht der GmbH gegenüber solchen später hinzukommenden Gläubigern ergeben,[23] allerdings wohl nur aufgrund der Umstände des Einzelfalls u nicht generell.[24] *M. Heidinger/Prechtl* fordern darüber hinaus allg die Verständigung all jener Gläubiger, die Forderungen gegen die GmbH innerhalb v 15 Tagen nach der Bekanntmachung der Eintragung der beabsichtigten Kapitalherabsetzung erworben haben (arg § 15 Abs 2 UGB).[25] Nach einem Teil der L hat die GmbH, falls sie einzige Komplementärin einer **GmbH & Co KG** ist, auch die bekannten Gläubiger der KG individuell zu verständigen.[26]

IV. Befriedigung/Sicherstellung

11 **Gläubigermeldung**: Die Gläubiger haben ab der Veröffentlichung des Gläubigeraufrufs **drei Monate** Zeit, sich bei der GmbH zu melden u sich gegen die Kapitalherabsetzung auszusprechen oder **Sicherstellung oder Befriedigung** zu begehren. Lehnen die Gläubiger die Kapitalherabsetzung ab, bildet dies kein Hindernis für die Eintragung u Durchführung der Kapitalherabsetzung, wenn die GmbH diesen Gläubigern Befriedigung oder Sicherstellung ihrer Forderungen anbietet. Es genügt, dass die Gläubiger innerhalb der Dreimonatsfrist v der GmbH Befriedigung oder Sicherstellung aufgrund der beabsichtigten Kapitalherabsetzung verlangen, ein ausdrücklicher Widerspruch zur Kapitalherabsetzung muss nicht erklärt werden.[27] Stimmen die Gläubiger der Kapitalherabsetzung aber ausdrücklich zu, können sie danach nicht mehr gem Abs 2 Befriedigung oder Sicherstellung verlangen.[28] Die Gläubiger können aber selbstverständlich ihre Zustimmung unter der

---

23 S auch *Gellis/Feil*, GmbHG[7] § 56 Rz 5; *Koppensteiner/Rüffler*, GmbHG[3] § 56 Rz 8.
24 *Völkl* in Straube/Ratka/Rauter, GmbHG § 56 Rz 31.
25 *M. Heidinger/Prechtl* in Gruber/Harrer, GmbHG[2] § 55 Rz 6; **aA** zum allerdings etwas abw Aktienrecht: *Bachner* in Doralt/Nowotny/Kalss, AktG[2] § 178 Rz 5.
26 *M. Heidinger/Prechtl* in Gruber/Harrer, GmbHG[2] § 55 Rz 6 mwN.
27 *Völkl* in Straube/Ratka/Rauter, GmbHG § 55 Rz 25 (allerdings in Rz 28 auch für die Notwendigkeit eines zumindest impliziten Widerspruchs des Gläubigers zur Kapitalherabsetzung); für einen zumindest impliziten Widerspruch auch *Diregger/Fichtinger* in Torggler, GmbHG § 55 Rz 9.
28 *Völkl* in Straube/Ratka/Rauter, GmbHG § 55 Rz 28; *Diregger/Fichtinger* in Torggler, GmbHG § 55 Rz 9.

Bedingung der Befriedigung oder Sicherstellung ihrer Forderungen erteilen. Für die Meldung ist keine besondere Form vorgeschrieben. Von Gläubigern, die sich innerhalb der Dreimonatsfrist nicht bei der GmbH melden oder der Kapitalherabsetzung weder, zumindest implizit, widersprechen noch Befriedigung oder Sicherstellung v der GmbH verlangen, wird angenommen, dass sie der Kapitalherabsetzung zustimmen. Diese Gläubiger haben sodann kein Recht auf Befriedigung oder Sicherstellung aufgrund der Kapitalherabsetzung mehr u können die Kapitalherabsetzung nicht verhindern.[29] Dasselbe gilt für jene Gläubiger, die ihre Forderungen gegen die GmbH erst nach dem Tag der Veröffentlichung des Gläubigeraufrufs über die Elektronische Verlautbarungs- u Informationsplattform des Bundes (EVI) erworben haben.[30] Gläubiger, die Sicherstellung verlangt haben, können auf diese natürlich jederzeit wieder verzichten, womit sie als der Kapitalherabsetzung zust angesehen werden.[31]

Gläubiger, die sich fristgerecht bei der GmbH gemeldet haben, haben Anspruch auf **Sicherheitsleistung** für ihre Forderungen. Bereits **fällige Forderungen** sind zu bezahlen, deren Inhaber müssen sich nicht mit Sicherheitsleistung begnügen. Am Zeitpunkt der Fälligkeit ändert sich durch die beabsichtigte Kapitalherabsetzung freilich nichts. Zur Frage, ob ein Gläubiger Zahlungen vor Fälligkeit annehmen muss, ist auf die allg zivilrechtlichen Grundsätze zu verweisen (§§ 1413, 1415 ABGB u die dazu bestehende Jud u Lit).[32] Im Gegensatz zum Umgründungsrecht (§ 226 AktG; § 15 Abs 2 SpaltG; §§ 20, 37, 61 EU-UmgrG s § 101 Rz 62) müssen die Gläubiger nicht bescheinigen, dass die Erfüllung ihrer Forderungen durch die Kapitalherabsetzung gefährdet wird; ob man im Hinblick auf die umgründungsrechtlichen Normen v einer nachträglichen Lücke sprechen u eine Gefährdungsbescheinigung durch den Gläubiger verlangen kann, ist fraglich u wird v der hL verneint;[33] erwogen wird zT aber, der GmbH zumindest die Abwendung der Sicherstellung durch den Nachw zu ermöglichen, dass die Erfüllung der Forderung des betroffenen Gläubigers durch die Kapitalherabsetzung nicht

12

---

29 *Reich-Rohrwig*, GmbHR 538.
30 *Koppensteiner/Rüffler*, GmbHG³ § 55 Rz 2; *Gellis/Feil*, GmbHG⁷ § 55 Rz 4.
31 *Völkl* in Straube/Ratka/Rauter, GmbHG § 55 Rz 36.
32 *Gellis/Feil*, GmbHG⁷ § 55 Rz 4.
33 *Eckert/Schopper/Reheis* in Eckert/Schopper, AktG-ON[1.00] § 178 Rz 6; *Hollaus* in Doralt/Nowotny/Kalss, AktG³ § 178 Rz 8.

gefährdet wird (str).[34] Gläubiger, die bereits ausreichende Sicherheiten besitzen, haben allerdings keinen Anspruch auf zusätzliche Sicherstellung;[35] die analoge Anwendung v § 178 Abs 1 S 3 AktG, wonach Gläubiger, die im Insolvenzverfahren ein Recht auf vorzugsweise Befriedigung aus einer nach gesetzl Vorschrift zu ihrem Schutz errichteten u staatlich überwachten Deckungsmasse haben, keine Sicherheitsleistung verlangen können, ist zu bejahen.[36] Ein gerichtl durchsetzbarer Anspruch auf Sicherstellung besteht nach hL nicht (ebenso die hL in Dtl, anders jedoch zB § 226 AktG, § 15 Abs 3 SpaltG sowie die Lit zu § 178 AktG; s jedoch zu möglichen Ansprüchen übergangener Gläubiger § 57 Rz 7).[37] Eine mangelnde Sicherstellung fälliger Forderungen stellt (nur, aber immerhin) ein Hindernis für die Eintragung der Durchführung der Kapitalherabsetzung dar (§ 56).[38]

13   Wenn die Forderung nach Einschätzung der GF **keine reale Durchsetzungschance** hat, weil die Forderung **offensichtlich unbegründet** oder verjährt ist, kann die Befriedigung/Sicherheitsleistung unterbleiben; die Kapitalherabsetzung soll durch die mutwillige Erhebung unbegründeter Forderungen nicht verhindert werden.[39] Das FB-Gericht ist dann darüber im Rahmen der Erklärung gem § 56 Abs 2 Z 3 (s § 56 Rz 5) zu informieren u kann die Berechtigung des Gläubigers selbst beurteilen oder, falls bereits ein Verfahren über den Bestand der Forderung anhängig ist, das FB-Verfahren betr die Eintragung der Durchführung

---

34 *Völkl* in Straube/Ratka/Rauter, GmbHG § 55 Rz 31; **aA** *Diregger/Fichtinger* in Torggler, GmbHG § 55 Rz 11.
35 *Völkl* in Straube/Ratka/Rauter, GmbHG § 55 Rz 32; *M. Heidinger/Prechtl* in Gruber/Harrer, GmbHG[2] § 55 Rz 9; *Gellis/Feil*, GmbHG[7] § 55 Rz 4; vgl *Aburumieh/Adensamer/H. Foglar-Deinhardstein*, Verschmelzung VII. D Rz 6, VII. D1 Rz 6.
36 **Dafür** *M. Heidinger/Prechtl* in Gruber/Harrer, GmbHG[2] § 55 Rz 5; *Priester/Tebben* in Scholz, GmbHG[12] § 58 Rz 58.
37 *Gellis/Feil*, GmbHG[7] § 55 Rz 4; *M. Heidinger/Prechtl* in Gruber/Harrer, GmbHG[2] § 55 Rz 11; *Völkl* in Straube/Ratka/Rauter, GmbHG § 55 Rz 36; vgl zum AktG *Hollaus* in Doralt/Nowotny/Kalss, AktG[3] § 178 Rz 15; *Nagele/Lux* in Artmann/Karollus, AktG III[6] § 178 Rz 8; zur Lage in Dtl *Priester/Tebben* in Scholz, GmbHG[12] § 58 Rz 53.
38 *Völkl* in Straube/Ratka/Rauter, GmbHG § 55 Rz 36.
39 *Völkl* in Straube/Ratka/Rauter, GmbHG § 55 Rz 34; *Gellis/Feil*, GmbHG[7] § 55 Rz 4; *Reich-Rohrwig*, GmbHR 538; *M. Heidinger/Prechtl* in Gruber/Harrer, GmbHG[2] § 55 Rz 10.

gem § 19 FBG aussetzen.⁴⁰ Aus praktischer Sicht ist es für die Gesellschaft in diesem Fall notwendig, ihren Rechtsstandpunkt zu begründen, um dem FB-Richter eine E zu ermöglichen (vgl § 56 Rz 5).⁴¹ Unterbleibt die Sicherheitenbestellung zu Unrecht oder ist diese mangelhaft, ist dies ein Hindernis für die Eintragung der Durchführung der Kapitalherabsetzung.⁴² Falls die GmbH den Bestand oder die Fälligkeit der v Gläubiger behaupteten Forderung bestreitet, sie das FB-Gericht aber v ihrem Rechtsstandpunkt nicht überzeugen kann, kann die GmbH dem Gläubiger zumindest Sicherheitsleistung anbieten, worauf das FB-Gericht mE die Eintragung nicht mehr ablehnen darf.⁴³ Das Aufgebotsverfahren hindert die Gläubiger nicht daran, ihre Forderung ggf gerichtl einzuklagen.

Das GmbHG sieht keine bestimmte **Art der Sicherheitsleistung** 14 vor, in der L wird daher zT auf § 1373 ABGB verwiesen (primär **Pfandbestellung**, nur falls dies nicht möglich ist oder der Gläubiger zustimmt, Bürgschaft oder Bankgarantie).⁴⁴ In der Praxis vorherrschend ist jedoch die Bestellung v **Bankgarantien**; mE sind Bankgarantien auch ohne Zustimmung der Gläubiger als ausreichende Sicherheit anzusehen, ebenso auf einem Treuhandkonto erlegte Beträge.⁴⁵ Garantieerklärungen oder Bürgschaften v Mehrheitsgesellschaftern sind nur mit Zustimmung des Gläubigers ausreichend, außer eine Pfandbestellung ist unmöglich (§ 1373 ABGB). Lehnt der Gläubiger die angebotene Sicherheit ab, kann die GmbH die Sicherheit bei Gericht (§ 1425 ABGB) oder mE auch bei einem Treuhänder (vgl § 2 Abs 3 GesAusG) hinterlegen.⁴⁶

---

40 *Koppensteiner/Rüffler*, GmbHG³ § 55 Rz 4; *Völkl* in Straube/Ratka/Rauter, GmbHG § 55 Rz 34.
41 *Koppensteiner/Rüffler*, GmbHG³ § 56 Rz 3; *Völkl* in Straube/Ratka/Rauter, GmbHG § 56 Rz 10.
42 *M. Heidinger/Prechtl* in Gruber/Harrer, GmbHG² § 55 Rz 11.
43 Ebenso *M. Heidinger/Prechtl* in Gruber/Harrer, GmbHG² § 55 Rz 7.
44 *Koppensteiner/Rüffler*, GmbHG³ § 55 Rz 4; *Gellis/Feil*, GmbHG⁷ § 55 Rz 4; *Völkl* in Straube/Ratka/Rauter, GmbHG § 55 Rz 33; vgl *Aburumieh/Adensamer/H. Foglar-Deinhardstein*, Verschmelzung VII. D Rz 9.
45 *M. Heidinger/Prechtl* in Gruber/Harrer, GmbHG² § 55 Rz 9 mwN aus der aktienrechtlichen Lit; s auch *Talos/Arzt* in Talos/Winner, EU-VerschG³ § 13 Rz 18; *Eckert* in Kalss, VSU³ § 13 Rz 14 EU-VerschG mit Verweis auf § 2 Abs 3 GesAusG; *Aburumieh/Adensamer/H. Foglar-Deinhardstein*, Verschmelzung VII. D Rz 6.
46 *Völkl* in Straube/Ratka/Rauter, GmbHG § 56 Rz 8.

15 Höhe der Sicherheitsleistung: Die Höhe der Sicherheitsleistung ist nicht eindeutig geregelt; die hL scheint aber davon auszugehen, dass auch dann für den gesamten Betrag (Nennwert) einer Forderung Sicherheit zu leisten ist, wenn dieser den Kapitalherabsetzungsbetrag übersteigt.[47] Da der Zweck der Regelung aber wohl nicht darin besteht, ursprünglich ungesicherte Gläubiger besser zu stellen, als dies ohne die Kapitalherabsetzung der Fall wäre, sollte eine Beschränkung der Sicherheitsleistung je Gläubiger auf maximal den Kapitalherabsetzungsbetrag erwogen werden.[48] Nicht auf Geld gerichtete u Forderungen aus Dauerschuldverhältnissen sind zu bewerten. Bei Dauerschuldverhältnissen hängt die Höhe der Sicherheitsleistung v konkreten Sicherungsinteresse des Gläubigers ab, Kündigungsmöglichkeiten sind daher risikoreduzierend zu berücksichtigen.[49] Bloße Rahmenverträge, unter denen keine konkreten forderungsbegründenden Geschäfte abgeschlossen wurden, begründen keinen Sicherstellungsanspruch; auch Forderungen, gegen die die GmbH die Einrede der Zug-um-Zug-Leistung hat, sind mE nicht sicherzustellen.[50] Der Höhe nach ungewisse Verbindlichkeiten (wenn etwa ein Schadenersatzanspruch noch nicht konkret bezifferbar ist) sind in jener Höhe sicherzustellen, in der für sie in einer Bilanz (zum Stichtag der geplanten Durchführung der Kapitalherabsetzung) eine Rückstellung zu bilden ist.[51]

16 Strittig ist, ob die GmbH im Fall des Scheiterns der Kapitalherabsetzung die **Rückstellung** bereits **bestellter Sicherheiten** verlangen kann.[52] Zunächst kommt es auf den Inhalt der Vereinbarung zw GmbH u Gläu-

---

47 Nachw zur durchaus spärlichen Lit bei *Beuthien*, GmbHR 2016, 729.
48 S nun auch *Hollaus* in Doralt/Nowotny/Kalss, AktG³ § 178 Rz 14 (Besicherung v Forderungen nur in jenem Verhältnis, in dem das Kapital herabgesetzt wird); *Beuthien*, GmbHR 2016, 729, der Sicherstellung überhaupt nur für alle Gläubiger insgesamt im Ausmaß der Kapitalherabsetzung gewähren will u in diesem Rahmen die Sicherheitsleistung auf die einzelnen Gläubiger im Verhältnis der angemeldeten Forderungen aufteilen will.
49 *Hollaus* in Doralt/Nowotny/Kalss, AktG³ § 178 Rz 14; *Nagele/Lux* in Artmann/Karollus, AktG III⁶ § 178 Rz 7; *Talos/Arzt* in Talos/Winner, EU-VerschG² § 13 Rz 10; *Priester/Tebben* in Scholz, GmbHG¹² § 58 Rz 58.
50 *Nagele/Lux* in Artmann/Karollus, AktG⁶ § 178 Rz 7; *Talos/Arzt* in Talos/Winner, EU-VerschG² § 13 Rz 9.
51 *Hollaus* in Doralt/Nowotny/Kalss, AktG³ § 178 Rz 14.
52 **Dafür** *Völkl*, ecolex 2009, 141 (143); *Völkl* in Straube/Ratka/Rauter, GmbHG § 57 Rz 48 ff; *Gellis/Feil*, GmbHG⁷ § 56 Rz 1; *Diregger/Fichtinger* in Torggler, GmbHG § 57 Rz 11; **dagegen** *Koppensteiner/Rüffler*, GmbHG³ § 56 Rz 2.

biger über die Sicherheitenbestellung an.[53] Zulässig u ratsam ist es mE, die Sicherheit unter der **aufschiebenden Bedingung** der Eintragung der Durchführung (§ 56) der Kapitalherabsetzung zu bestellen. Zum Beispiel kann der Abruf einer zur Sicherheit übergebenen Bankgarantie unter die Bedingung des Nachw der FB-Eintragung gestellt werden; auch ein Pfandrecht kann aufschiebend bedingt mit der FB-Eintragung begründet werden; die Übergabe der Bankgarantie oder Pfandsache an die Gläubiger vor der Anmeldung der Kapitalherabsetzung zum FB (gem § 56) ist für deren Schutz ausreichend. Wird eine bereits eingetragene Kapitalherabsetzung nachträglich gelöscht, ist mE mit der hL ebenfalls ein Anspruch der GmbH auf Rückstellung der Sicherheit zu bejahen, wobei die Lit dies tw auf die konkludente Vereinbarung einer auflösenden Bedingung,[54] tw auf die L v Wegfall der Geschäftsgrundlage für die Sicherheitenbestellung oder bereicherungsrechtliche Rückabwicklung gem § 1435 ABGB stützt.[55] Natürlich kann dieser Fall auch ausdrücklich als **auflösende Bedingung** der Sicherheitenbestellung vorgesehen werden. Diese steht einer Eintragung der Durchführung durch das FB-Gericht ebensowenig entgegen wie eine aufschiebende Bedingung, weil Gläubigerinteressen dadurch nicht beeinträchtigt werden; allerdings hat der Gläubiger für den Fall einer bereits vorgenommenen Rückzahlung v Stammeinlagen wohl das Recht, deren Wiedereinzahlung (§ 83) ebenfalls zur Bedingung der Rückstellung der Sicherheit zu machen. In der Praxis dürfte diese Frage freilich wenig Relevanz haben, weil im Zeitpunkt einer nachträglichen Löschung der Eintragung einer Kapitalherabsetzung die meisten sichergestellten Forderungen ohnehin schon fällig geworden sein werden. Einvernehmlich kann ohnehin jede auflösende Bedingung vereinbart werden, weil der Gläubiger auf die Sicherheitenbestellung ja auch gänzlich verzichten kann.[56]

§ 56. (1) **Die durch Herabsetzung des Stammkapitals bewirkte Abänderung des Gesellschaftsvertrages kann erst nach Ablauf der für die Anmeldung der Gläubiger bestimmten Frist zum Firmenbuch angemeldet werden.**

---

53 *M. Heidinger/Prechtl* in Gruber/Harrer, GmbHG² § 56 Rz 11.
54 *Völkl* in Straube/Ratka/Rauter, GmbHG § 57 Rz 60 ff.
55 *Dirégger/Fichtinger* in Torggler, GmbHG § 57 Rz 11.
56 *M. Heidinger/Prechtl* in Gruber/Harrer, GmbHG² § 56 Rz 12.

(2) Der Anmeldung sind beizuschließen:

1. der Nachweis, daß die in § 55, Absatz 2, vorgeschrieben Veröffentlichung erfolgt ist;
2. der Nachweis, daß die Gläubiger, die sich gemeldet haben, befriedigt oder sichergestellt sind;
3. die Erklärung, daß sämtlichen bekannten Gläubigern die Mitteilung im Sinne des § 55, Absatz 2 gemacht worden ist und daß sich andere als die befriedigten oder sichergestellten Gläubiger innerhalb der Frist nicht gemeldet haben.

(3) Ist der Nachweis der Befriedigung oder Sicherstellung von Gläubigern oder die Erklärung über das Ergebnis des Aufgebotsverfahrens falsch, so haften sämtliche Geschäftsführer den Gläubigern, betreffs deren eine falsche Angabe gemacht wurde, für den ihnen dadurch verursachten Schaden zur ungeteilten Hand bis zu dem Betrage, für den aus dem Gesellschaftsvermögen Befriedigung nicht erlangt werden konnte.

(4) Den Geschäftsführer, der beweist, daß er die Unrichtigkeit des Nachweises oder der Erklärung ungeachtet der Anwendung der Sorgfalt eines ordentlichen Geschäftsmannes nicht gekannt habe, trifft diese Haftung nicht.

idF BGBl I 2006/103

Inhaltsübersicht

```
  I. Inhalt und Zweck .............................    1
 II. Anmeldung zum Firmenbuch ...................  2–6
III. Eintragung im FB ............................    7
 IV. Geschäftsführerhaftung ......................  8–10
```

I. Inhalt und Zweck

1 § 56 regelt die **Anmeldung** der für die Durchführung der Kapitalherabsetzung notwendigen **Änderung** des GesV zur Eintragung im FB u stellt sicher, dass dies erst nach Durchführung des **Aufgebotsverfahrens** u Einhaltung der dreimonatigen **Sperrfrist** gem § 55 Abs 2 (s § 55 Rz 6 ff, 11 f) geschehen darf. Überdies sieht § 56 eine **Außenhaftung** der GF für den Fall falscher Angaben in der FB-Anmeldung vor (s Rz 8). Daneben ist auch noch § 51 als allg Bestimmung für die Anmeldung v Änderungen des GesV zu beachten.

II. Anmeldung zum Firmenbuch

Gegenstand der **Anmeldung** gem § 56 ist die mit der „Kapitalherabsetzung" verbundene „Änderung des GesV".[1] In der Anmeldung sind anzuführen bzw zur Eintragung zu beantragen: 2

- Herabgesetztes (künftiges) Stammkapital,
- GV-Beschluss (Datum),
- Herabsetzungsbetrag,
- Änderung der die Höhe des Stammkapitals regelnden Bestimmung des GesV sowie
- Verminderte (künftige) Stammeinlagen aller Gesellschafter (samt einem etwaigen Ausscheiden v Gesellschaftern) u die darauf (nach Rückzahlung noch) geleisteten Einzahlungen.

Selbstverständlich darf die Anmeldung dem Inhalt des Herabsetzungsbeschlusses nicht widersprechen. Die Anmeldung kann frühestens **drei Monate nach Veröffentlichung** des Gläubigeraufrufs gem § 55 Abs 2 (s § 55 Rz 6) erfolgen. Sieht der GesV neben der WrZ (nun Elektronischen Verlautbarungs- u Informationsplattform des Bundes) weitere Bekanntmachungsblätter vor u erfolgte auch dort eine Veröffentlichung, kommt es auf die letzte dieser Veröffentlichungen an. Auf den Zeitpunkt der individuellen Verständigung bekannter Gläubiger kommt es nicht an, sofern die individuelle Mitteilung an die Gläubiger so rechtzeitig vor Ablauf der Dreimonatsfrist erfolgt ist, dass diesen noch eine angemessene Reaktionszeit zur Verfügung stand (str).[2]

Die Anmeldung ist v **sämtlichen GF** vorzunehmen (§ 51 Abs 1). Sie ist **notariell oder gerichtl beglaubigt** zu unterzeichnen.[3] Nach hL ist keine Vertretung zulässig.[4] Allerdings ist es zulässig, dass die GF Dritte mit beglaubigter Vollmacht (§ 11 Abs 2 UGB) zur Vornahme der An- 3

---

1 *Völkl* in Straube/Ratka/Rauter, GmbHG § 57 Rz 3; *Gellis/Feil*, GmbHG[7] § 56 Rz 2.
2 *Völkl* in Straube/Ratka/Rauter, GmbHG § 55 Rz 19, 23; *M. Heidinger/Prechtl* in Gruber/Harrer, GmbHG[2] § 55 Rz 6; **aA** *Gellis/Feil*, GmbHG[7] § 55 Rz 3, wonach die Dreimonatsfrist erst mit Absendung der persönlichen Mitteilung an die Gläubiger beginnen soll.
3 *Diregger/Fichtinger* in Torggler, GmbHG § 56 Rz 4.
4 *Koppensteiner/Rüffler*, GmbHG[3] § 56 Rz 2, 4; *Völkl* in Straube/Ratka/Rauter, GmbHG § 56 Rz 2; *M. Heidinger/Prechtl* in Gruber/Harrer, GmbHG[2] § 56 Rz 2.

meldung ermächtigen u die v den GF geforderte persönliche Erklärung gem Abs 2 Z 3 separat abgeben; diese Erklärung muss mE zwar schriftlich, jedoch nicht in beglaubigter Form abgegeben werden.

4 Die **Pflicht zur Anmeldung** durch die GF besteht lt hL nur der GmbH gegenüber. Sie kann daher v der Gesellschaft mit Klage durchgesetzt, nicht aber v FB-Gericht erzwungen werden.[5] Die Anmeldung hat zu unterbleiben, wenn der Kapitalherabsetzungsbeschluss vor der Anmeldung der Eintragung aufgehoben wird oder eine dementspr Gesellschafterweisung vorliegt.[6]

5 Mit der Anmeldung sind folgende **Beilagen** zu übermitteln (durch Einstellung in ein elektronisches Urkundenarchiv u Hinweis darauf in der elektronischen Anmeldung gem § 13 ERV 2021):

– Geänderte Fassung des **GesV** mit **notarieller Beurkundung** gem § 51 Abs 1 S 3.
– Nachw der Veröffentlichung (samt Datum) des Gläubigeraufrufs gem § 55 Abs 2, insb der Veröffentlichung auf der **Elektronischen Verlautbarungs- u Informationsplattform des Bundes (EVI)** (sowie etwaiger sonstiger Bekanntmachungsblätter lt GesV oder – falls die Gesellschaft sonstige elektronische Bekanntmachungsblätter nutzt – entspr Screenshots);[7] Nachw der individuellen Verständigung der bekannten Gläubiger gem § 55 Abs 2 letzter S sind nicht beizulegen, weil dafür die Erklärung der GF gem Abs 2 Z 3 vorgesehen ist.[8]
– **Nachw der Sicherstellung oder Befriedigung** aller Gläubiger, die sich gemeldet haben, insb Zahlungsbelege oder Empfangsbestätigungen des Gläubigers, Bürgschafts- oder Garantieerklärungen, Treuhanderläge. Bei Bürgschaftserklärungen (ausgenommen Bankbürgschaften) ist die Unmöglichkeit der Pfandbestellung darzulegen; lehnt der Gläubiger eine angebotene Sicherheit oder Befriedigung

---

[5] *Diregger* in Torggler, GmbHG § 51 Rz 2, § 53 Rz 2; *Ettmayer/Grossmayer* in Straube/Ratka/Rauter, GmbHG, § 53 Rz 1 mwN; *M. Heidinger/Prechtl* in Gruber/Harrer, GmbHG² § 56 Rz 2.
[6] *Koppensteiner/Rüffler*, GmbHG³ § 56 Rz 2; *M. Heidinger/Prechtl* in Gruber/Harrer, GmbHG² § 56 Rz 3.
[7] *Völkl* in Straube/Ratka/Rauter, GmbHG § 56 Rz 6; *M. Heidinger/Prechtl* in Gruber/Harrer, GmbHG² § 56 Rz 6.
[8] *Völkl* in Straube/Ratka/Rauter, GmbHG § 55 Rz 19; *Gellis/Feil*, GmbHG⁷ § 56 Rz 4.

ab, ist dies ebenfalls anzugeben u der Nachw einer etwaigen Hinterlegung anzufügen.[9]
- **Erklärung**, dass sämtliche bekannte **Gläubiger** individuell verständigt wurden u dass sich andere als die befriedigten oder sichergestellten Gläubiger innerhalb der Dreimonatsfrist nicht gemeldet haben. Falls sich überhaupt **keine Gläubiger** gemeldet haben, ist dies ebenfalls entspr festzuhalten.[10] Falls trotz Meldung des Gläubigers keine Befriedigung oder Sicherstellung erfolgt ist, weil die GmbH die Forderung bestreitet (s § 55 Rz 13), ist dies gegenüber dem FB-Gericht anzugeben u sinnvollerweise zugleich der eigene Rechtsstandpunkt zu begründen, um dem FB-Richter eine E zu ermöglichen.[11]

Nach hL hat die Anmeldung auch dann zu unterbleiben, wenn das Gesellschaftsvermögen nach einer effektiven Kapitalherabsetzung das reduzierte Stammkapital nicht mehr deckt.[12] Diese A bedürfte mE noch einer näheren Begr, denn es gibt kein allg Verbot v Zahlungen an die Gesellschafter bei einer **Unterbilanz** (vgl hingegen bei der Rückzahlung v Nachschüssen, bei der Gläubiger allerdings keine Sicherstellungsansprüche haben, § 74 Abs 1); auch die Rückzahlungssperre des EKEG knüpft an andere Kriterien an (Reorganisationsbedarf) u § 3 Abs 4 SpaltG ist mE nicht analog anwendbar. Die Frage ist im Grunde, ob in einem solchen Fall allg Kapitalerhaltungsgrundsätze trotz Vornahme eines Aufgebotsverfahrens (s § 55 Rz 6 ff) eine Rückzahlung verbieten bzw das Stammkapital vorrangig zur Vermeidung eines etwaigen Bilanzverlustes zu verwenden ist; beides scheint aus dem G nicht ableitbar. Allerdings darf eine effektive Kapitalherabsetzung (s § 54 Rz 3) dann nicht angemeldet werden, wenn dadurch Gläubiger gefährdet würden. Dabei ist nicht bloß auf jene Gläubiger abzustellen, die im Aufgebotsverfahren (s § 55 Rz 6 ff) Befriedigung oder Sicherstellung verlangt ha-

6

---

9 *Völkl* in Straube/Ratka/Rauter, GmbHG § 56 Rz 7, 8.
10 *Umfahrer*, GmbH[7] Rz 11.7; *Völkl* in Straube/Ratka/Rauter, GmbHG § 56 Rz 9.
11 *Koppensteiner/Rüffler*, GmbHG[3] § 56 Rz 3; *Völkl* in Straube/Ratka/Rauter, GmbHG § 56 Rz 10; *M. Heidinger/Prechtl* in Gruber/Harrer, GmbHG[2] § 56 Rz 8.
12 *Koppensteiner/Rüffler*, GmbHG[3] § 56 Rz 2; *M. Heidinger/Prechtl* in Gruber/Harrer, GmbHG[2] § 56 Rz 3, § 57 Rz 4; *Diregger/Fichtinger* in Torggler, GmbHG § 56 Rz 3, § 57 Rz 7; offenbar nicht auf das verbleibende Stammkapital, sondern auf den Rückzahlungsbetrag abstellend *Völkl* in Straube/Ratka/Rauter, GmbHG § 56 Rz 20, § 57 Rz 10.

ben, sondern auf alle Gläubiger der GmbH. Für diese Frage ist aber idR die Liquiditätsplanung entscheidend u nicht eine rein bilanzielle, auf das verbleibende buchmäßige Vermögen abstellende Betrachtung. Meines Erachtens können die Kriterien des EKEG analog herangezogen werden, sodass eine effektive Kapitalherabsetzung (nur) dann nicht angemeldet werden darf, wenn deren Durchführung zu einer **Zahlungsunfähigkeit** (§ 66 IO), **Überschuldung** (§ 67 IO) oder zu einem **Reorganisationsbedarf** (iSd URG) der GmbH führen würde (was keineswegs bei jeder Unterbilanz der Fall sein muss). Eine aufgrund der Kapitalherabsetzung drohende (bloße) Unterbilanz müsste den Gläubigern im Aufgebotsverfahren aber offengelegt werden. Reichen die liquiden Mittel der GmbH für die aufgrund der Kapitalherabsetzung vorzunehmenden Rückzahlungen der Stammeinlagen an die Gesellschafter nicht aus, haben sich die GF um die Beschaffung der notwendigen Mittel zu bemühen, ggf auch durch Aufnahme eines Kredits, sofern dadurch die Interessen der anderen Gläubiger nicht beeinträchtigt werden.[13] Sind die GF der A, dass die **Finanzierung** der Kapitalrückzahlung nicht möglich ist oder gegen die Interessen der GmbH verstößt, haben sie ggf eine neuerliche GV zur Beschlussfassung über die Finanzierung oder den Widerruf der Kapitalherabsetzung einzuberufen.

III. Eintragung im FB

7   Das FB-Gericht hat die Anmeldung nach den allg Grundsätzen auf Vollständigkeit u Rechtmäßigkeit zu überprüfen; einschließlich die (nach Art u Höhe) ordnungsgemäße Befriedigung u Sicherstellung v jenen Gläubigern, die dies im Aufgebotsverfahren (s § 55 Rz 11 ff) verlangt haben.[14] Ist die Anmeldung unvollständig oder liegt eine Eintragungsvoraussetzung (noch) nicht vor, hat das FB-Gericht den GF die Behebung des Mangels aufzutragen (§ 17 FBG). Das gilt auch, wenn Gläubiger trotz rechtzeitigen Verlangens gem § 55 Abs 2 (s § 55 Rz 11) noch nicht befriedigt oder sichergestellt sind.[15] Mit der Eintragung im FB wird die

---

13 *M. Heidinger/Prechtl* in Gruber/Harrer, GmbHG² § 56 Rz 4.
14 *Völkl* in Straube/Ratka/Rauter, GmbHG § 56 Rz 14; *Diregger/Fichtinger* in Torggler, GmbHG § 56 Rz 6; *Koppensteiner/Rüffler*, GmbHG³ § 56 Rz 5.
15 *M. Heidinger/Prechtl* in Gruber/Harrer, GmbHG² § 56 Rz 1; *Koppensteiner/Rüffler*, GmbHG³ § 56 Rz 1.

Kapitalherabsetzung u die damit verbundene Änderung des GesV wirksam (**konstitutive Wirkung**).[16] Zur tatsächlichen Rückzahlung der Stammeinlagen s § 57 Rz 2 ff. Auch die Rechtswirksamkeit einer auf die Befreiung v der Einlageverpflichtung gerichteten oder einer nominellen Kapitalherabsetzung (s § 54 Rz 3) tritt mit der Eintragung der entspr GesV-Änderung im FB ein. Gegen den Eintragungsbeschluss des FB-Gerichts sind neben der GmbH nach herrschender,[17] (u im Ergebnis zwar begrüßenswerter, im Lichte der Rsp aber mglw überprüfungsbedürftiger L) auch Gesellschafter u Gläubiger rekursbefugt (§ 15 FBG iVm § 2 Abs 1 Z 3 AußStrG, §§ 45 ff AußStrG).[18] Die Eintragung der ordentlichen Kapitalherabsetzung entfaltet keine (auch keine bilanzielle) Rückwirkung (s dagegen die bilanzielle Rückwirkung gem § 59 iVm § 188 AktG). Zu den Rechtsfolgen fehlerhafter Kapitalherabsetzungen s § 57 Rz 7.

IV. Geschäftsführerhaftung

Abs 3 ordnet abw v allg GF-Innenhaftungskonzept des § 25 eine **direkte, solidarische Außenhaftung** der GF gegenüber den Gesellschaftsgläubigern an.[19] Die Haftung tritt nach dem Gesetzeswortlaut ein, wenn der Nachw der Befriedigung oder Sicherstellung v Gläubigern (Abs 2 Z 2) oder die Erklärung über das Ergebnis des Aufgebotsverfahrens (Abs 2 Z 3) falsch war, aber wohl auch dann, wenn der Nachw der in § 55 Abs 2 vorgeschriebenen Veröffentlichung oder die Erklärung

8

---

16 *Diregger/Fichtinger* in Torggler, GmbHG § 56 Rz 7; *Völkl* in Straube/Ratka/Rauter, GmbHG § 56 Rz 4.
17 *Völkl* in Straube/Ratka/Rauter, GmbHG § 56 Rz 23; *Koppensteiner/Rüffler*, GmbHG³ § 56 Rz 5; *Gellis/Feil*, GmbHG⁷ § 56 Rz 2; *M. Heidinger/Prechtl* in Gruber/Harrer, GmbHG² § 56 Rz 13.
18 Vgl zB nur einerseits OGH 19.6.1997, 6 Ob 120/97h, u 28.6.2000, 6 Ob 131/00h (Rekurslegitimation v Gläubigern bei Löschung wegen Vermögenslosigkeit), andererseits OGH 17.1.2001, 6 Ob 121/00p (keine Rekurslegitimation v Gläubigern der übernehmenden Gesellschaft gegen Eintragung der Verschmelzung), 25.5.2007, 6 Ob 80/07v (keine Rekurslegitimation im FB nicht eingetragener Aktionäre gegen Eintragung einer Kapitalherabsetzung), 27.4.2015, 6 Ob 32/15x (keine Anfechtung der Eintragung v Gesellschafterbeschlüssen mittels Rekurs im FB-Verfahren).
19 *Völkl* in Straube/Ratka/Rauter, GmbHG § 56 Rz 27; *Gellis/Feil*, GmbHG⁷ § 56 Rz 5.

betr die individuellen Gläubigerverständigungen falsch war, zB weil bekannte Gläubiger nicht individuell verständigt wurden.[20]

9 Die Haftung der GF gem Abs 3 ist eine **Ausfallshaftung** u besteht nur insoweit, als die Forderungen der Gläubiger nicht aus dem Gesellschaftsvermögen befriedigt werden können.[21] Die Haftung besteht nur gegenüber jenen Gläubigern, die v falschen Nachw bzw der falschen Erklärung betroffen waren, insb weil sie, obwohl der GmbH bekannt, nicht individuell verständigt oder trotz ihres Verlangens nicht sichergestellt oder befriedigt wurden. Mangels Kausalität besteht keine Haftung, wenn der GmbH bekannte Gläubiger zwar entgegen § 55 Abs 2 nicht individuell verständigt wurden (s § 55 Rz 9 f), aber trotzdem Kenntnis v der beabsichtigten Kapitalherabsetzung erlangt haben oder selbst bei ordnungsgemäßer Verständigung weder Befriedigung noch Sicherstellung verlangt hätten, was freilich der GF zu beweisen hat.[22] Der Gläubiger hat freilich zu beweisen, dass sein Schaden durch den falschen Nachw oder die falsche Erklärung des GF im Rahmen der FB-Anmeldung verursacht wurde. Nach hL kommt es nicht auf den Schaden aufgrund der unterlassenen Sicherstellung oder Befriedigung an, sondern auf den Schaden aufgrund der wegen der falschen Angaben eingetragenen u durchgeführten Kapitalherabsetzung, also aufgrund der unrechtmäßigen Zahlungen an die Gesellschafter; der Umfang der Schadenersatzpflicht ist somit jedenfalls mit dem **Herabsetzungsbetrag** begrenzt.[23]

10 Die Haftung setzt zumindest leichte Fahrlässigkeit der GF voraus, wobei der Maßstab des § 25 Abs 1 zur Anwendung gelangt (**Sorgfalt eines ordentlichen Geschäftsmanns sowie Beweislastumkehr**).[24] Der GF haftet daher nicht, wenn er beweist, dass er die Unrichtigkeit des Nachw oder der Erklärung ungeachtet der Anwendung der Sorgfalt eines ordentlichen Geschäftsmannes nicht gekannt hat u nicht erkennen

---

20 *Koppensteiner/Rüffler*, GmbHG³ § 56 Rz 6; *Diregger/Fichtinger* in Torggler, GmbHG § 56 Rz 8.
21 *Völkl* in Straube/Ratka/Rauter, GmbHG § 56 Rz 28.
22 *Koppensteiner/Rüffler*, GmbHG³ § 56 Rz 6; *Völkl* in Straube/Ratka/Rauter, GmbHG § 56 Rz 28, 33.
23 *M. Heidinger/Prechtl* in Gruber/Harrer, GmbHG² § 56 Rz 17; *Adensamer/Eckert* in Kalss, Vorstandshaftung 244; *Diregger/Fichtinger* in Torggler, GmbHG § 56 Rz 9; *Gellis/Feil*, GmbHG⁷ § 56 Rz 5; *Koppensteiner/Rüffler*, GmbHG³ § 56 Rz 6; *Völkl* in Straube/Ratka/Rauter, GmbHG § 56 Rz 30.
24 *Koppensteiner/Rüffler*, GmbHG³ § 56 Rz 7.

musste (Abs 4). Der Anspruch der Gesellschaftsgläubiger **verjährt** nach hL nach drei Jahren ab Kenntnis v Schaden u Schädiger.[25] Neben der Haftung gegenüber den Gläubigern kann nach allg Grundsätzen (§ 25) eine Haftung der GF gegenüber der GmbH bestehen, soweit diese durch das Verhalten der GF (insb etwa durch rechtswidrige Rückzahlung v Stammeinlagen) einen Schaden erlitten hat.[26]

§ 57. (1) Zahlungen an die Gesellschafter auf Grund der Herabsetzung des Stammkapitals sind erst nach Eintragung der betreffenden Abänderung des Gesellschaftsvertrages in das Firmenbuch zulässig.

(2) In dem gleichen Zeitpunkte erlangt auch eine durch die Herabsetzung bezweckte Befreiung von der Verpflichtung zur Leistung der Einzahlungen auf nicht voll eingezahlte Stammeinlagen Wirksamkeit.

Literatur: *Jung/Otto* in Beck'sches Handbuch der GmbH[4] (2009); *Priester*, Kapitalherabsetzung und Gewinnausschüttung, NZG 2021, 370; *Völkl*, Folgen der Löschung einer Kapitalherabsetzung im GmbH-Recht, ecolex 2009, 141.

Inhaltsübersicht

I. Inhalt und Zweck	1
II. Rückzahlung von Stammeinlagen (Abs 1)	2–5
III. Befreiung von Einlagepflichten (Abs 2)	6
IV. Rechtsfolgen fehlerhafter Kapitalherabsetzungen	7–9

I. Inhalt und Zweck

Die Herabsetzung des Stammkapitals wird mit **Eintragung** der entspr Änderung des GesV im FB rechtswirksam (**konstitutive Wirkung** der Eintragung gem § 56). Erst nach diesem Zeitpunkt (u somit nach dem Aufgebotsverfahren u der dreimonatigen Sperrfrist gem § 55) dürfen **Zahlungen** oder Sachleistungen an die Gesellschafter aufgrund der Herabsetzung des Stammkapitals vorgenommen werden. Auch die Rechtswirksamkeit einer auf die **Befreiung** v der **Einlageverpflichtung** gerich- 1

---

25 *Diregger/Fichtinger* in Torggler, GmbHG § 56 Rz 11; *Völkl* in Straube/Ratka/Rauter, GmbHG § 56 Rz 34.
26 *Völkl* in Straube/Ratka/Rauter, GmbHG § 56 Rz 35.

teten oder einer **nominellen** Kapitalherabsetzung tritt mit der Eintragung der entspr GesV-Änderung im FB ein. § 57 ist somit die logische Erg der Gläubigerschutzbestimmungen der §§ 54 bis 56. Die Bestimmung verbietet nur vorzeitige Zahlungen aufgrund der Herabsetzung der Stammeinlagen. Dividenden auf Basis des im letzten genehmigten JA ausgewiesenen Bilanzgewinns bleiben auch innerhalb der Sperrfrist zulässig, ebenso Zins- oder Kapitalrückzahlungen auf Gesellschafterdarlehen oder die Rückzahlung anderer fälliger Gesellschafterforderungen. Auch nach der Eintragung u Durchführung der Kapitalherabsetzung bestehen, anders als nach einer vereinfachten Kapitalherabsetzung (§ 59 iVm § 187 AktG, s § 59 Rz 21 ff), keine zusätzlichen Ausschüttungsbeschränkungen, abgesehen v der Pflicht zur Bildung der gesetzl Rücklage für große GmbH (§ 23 iVm § 229 Abs 4 u 6 UGB). Allerdings können aufgrund der Kapitalherabsetzung gesetzl Eigenkapitalquoten (zB § 23 URG, § 2 Abs 1 Z 3 EKEG, § 6 Abs 2 ReO) u vertraglich vorgegebene Eigenkapitalquoten, etwa in Kreditverträgen oder sonstigen Finanzierungsinstrumenten mit dritten Kapitalgebern, schlagend werden. Dies muss schon vor dem Kapitalherabsetzungsbeschluss in die Überlegungen der GF einfließen.

II. Rückzahlung von Stammeinlagen (Abs 1)

Sieht der Kapitalherabsetzungsbeschluss die Rückzahlung v Stammeinlagen vor, entsteht der Rückzahlungsanspruch der Gesellschafter im Zeitpunkt der FB-Eintragung u ist, falls der Herabsetzungsbeschluss nicht anderes vorsieht, sofort **fällig**.[1] Die Zahlung kann sofort nach der FB-Eintragung der Kapitalherabsetzung vorgenommen werden u ist unabhängig v einer Beschlussfassung über den JA oder die Gewinnverwendung.[2] Es bedarf keines gesonderten Auszahlungsbeschlusses der Gesellschafter mehr. Allerdings ist den GF ein angemessener Zeitraum, gemessen an der Komplexität u Größe der Gesellschaftsstruktur, für die Auszahlung zuzugestehen.[3] Der **Kapitalherabsetzungsbeschluss** kann

---

1 *Diregger/Fichtinger* in Torggler, GmbHG § 57 Rz 3.
2 *Diregger/Fichtinger* in Torggler, GmbHG § 57 Rz 3; *Völkl* in Straube/Ratka/Rauter, GmbHG § 57 Rz 6.
3 *Diregger/Fichtinger in Torggler, GmbHG § 57 Rz 3; E. Gruber* in Doralt/Nowotny/Kalss, AktG³ § 104 Rz 53.

die Fälligkeit auch auf einen späteren Zeitpunkt verschieben u die **Rückzahlungsmodalitäten** abw regeln (zB in Ratenzahlungen oder nach Maßgabe der Liquidität der Gesellschaft). Sieht der Kapitalherabsetzungsbeschluss gar keine effektive Kapitalherabsetzung durch Rückzahlung v Stammeinlagen vor, wäre eine Rückzahlung ungeachtet der FB-Eintragung unzulässig.[4] Die Rückzahlung ist **durch die GF** durchzuführen, die dabei nicht nur den Kapitalherabsetzungsbeschluss, sondern auch den **Gleichbehandlungsgrundsatz** zu beachten haben. Auch **Sachkapitalherabsetzungen** können ab FB-Eintragung der Änderung des GesV vorgenommen werden, wenn dies im Kapitalherabsetzungsbeschluss vorgesehen ist. Je nach zu übertragender Sache ist ein entspr Verfügungsgeschäft (Modus der Eigentumsübertragung) vorzunehmen; auch hierbei wird die GmbH v den GF vertreten. Steuerlich kann dies mit einer Aufdeckung **stiller Reserven** samt einer entspr KöSt-Belastung verbunden sein. **KESt** fällt bei Kapitalherabsetzungen idR jedoch **nicht** an (soweit die Rückzahlung im steuerlichen Einlagenevidenzkonto Deckung findet; keine Rückzahlung v Einlagen, sondern Gewinnrückzahlung liegt aus steuerlicher Sicht jedoch vor, wenn im Rahmen einer Kapitalherabsetzung in Wirklichkeit Gewinne zurückgezahlt werden, die lediglich aufgrund einer innerhalb der vorangegangenen zehn Jahre erfolgten Kapitalerhöhung aus Gesellschaftsmitteln oder aufgrund einer Umgründung in der Bilanz nicht mehr als Gewinn ausgewiesen wurden; s § 4 Abs 12 EStG).

Der Rückzahlungsanspruch steht grds jenen Personen zu, die zum Zeitpunkt der FB-Eintragung gem § 56 tatsächlich Gesellschafter der GmbH sind; § 78 ist freilich zu beachten.[5] Der Rückzahlungsanspruch kann an Dritte abgetreten werden. Falls ein Geschäftsanteil **verpfändet** ist, ist idR auch der Rückzahlungsanspruch aus der Kapitalherabsetzung v Pfandrecht erfasst; die GmbH darf dann nur mit Zustimmung des Pfandgläubigers an den Gesellschafter auszahlen, falls sie v der Verpfändung Kenntnis hat (denn das Pfandrecht könnte ja nicht nur durch Verständigung der GmbH, sondern auch durch Buchvermerk in den Büchern des Gesellschafters begründet worden sein) u die Drittschuldnerverständigung der GmbH nichts anderes vorsieht. Ob die GmbH auch vor Einl der Pfandverwertung direkt an den Pfandgläubiger auszahlen darf, richtet sich nach den Bestimmungen des Pfandbestellungs-

---

4 *Völkl* in Straube/Ratka/Rauter, GmbHG § 57 Rz 4.
5 *Diregger/Fichtinger* in Torggler, GmbHG § 57 Rz 4.

vertrages u dem Inhalt der Verständigung der GmbH; im Streitfall kann die GmbH den Betrag gerichtl hinterlegen (§ 1425 ABGB).[6]

4 Rückzahlungen v Stammeinlagen **vor FB-Eintragung** der entspr GesV-Änderung begründen einen Verstoß gegen das **Verbot der Einlagenrückgewähr**. Zum Rückzahlungsanspruch gegen den Empfänger s unten Rz 8, zur **Haftung der GF** s die Kommentierung zu § 25, § 56 Rz 8 ff. Eine **Heilung** durch nachträgliche Eintragung ist möglich; die Gesellschaft hat in diesem Fall gegen die Gesellschafter nur noch Anspruch auf Zinsen aus der vorzeitigen Überlassung.[7]

5 Die **Fremdfinanzierung** der Rückzahlung des Stammkapitals ist grds zulässig (s auch § 82 Rz 35). Ob nach der Rückzahlung die Deckung des herabgesetzten Stammkapitals durch das Gesellschaftsvermögen gegeben ist, muss nicht geprüft werden (s zu dieser Frage vor Anmeldung der Eintragung § 56 Rz 6); negative Entwicklungen nach der FB-Eintragung begründen idR keine Rückzahlungssperre mehr.[8] Die GF dürfen aber mE dann keine Auszahlungen vornehmen, wenn dies zu einer **Zahlungsunfähigkeit** (§ 66 IO), **Überschuldung** (§ 67 IO) oder sonst dazu führen würde, dass Forderungen anderer Gläubiger nicht befriedigt werden können; insofern sind die Forderungen der Gesellschafter auf Einlagenrückzahlung mE nachrangig (s § 82 Rz 54, 81).

III. Befreiung von Einlagepflichten (Abs 2)

6 Sieht der Kapitalherabsetzungsbeschluss die **Befreiung** der Gesellschafter v der **Verpflichtung zur Einzahlung** noch ausstehender Stammeinlagen vor (was im Beschluss ausdrücklich anzuführen ist), tritt die Leistungsbefreiung mit FB-Eintragung der Kapitalherabsetzung (der entspr

---

6 *Apathy* in Apathy/Iro/Koziol, Österreichisches Bankvertragsrecht IX, Kreditsicherheiten II 5/35; *Diregger/Fichtinger* in Torggler, GmbHG § 57 Rz 4.
7 *Völkl* in Straube/Ratka/Rauter, GmbHG § 57 Rz 9; *Diregger/Fichtinger* in Torggler, GmbHG § 57 Rz 6; *Koppensteiner/Rüffler*, GmbHG[3] § 57 Rz 2; *M. Heidinger/Prechtl* in Gruber/Harrer, GmbHG[2] § 57 Rz 6.
8 *Diregger/Fichtinger* in Torggler, GmbHG § 57 Rz 7; wohl ebenfalls idS zu verstehen: *M. Heidinger/Prechtl* in Gruber/Harrer, GmbHG[2] § 57 Rz 4; *Völkl* in Straube/Ratka/Rauter, GmbHG § 57 Rz 10; **aA** in Dtl zB *Priester/Tebben* in Scholz, GmbHG[12] § 58 Rz 77; *Jung/Otto* in Beck, GmbH § 8 Rz 146.

Änderung des GesV) *ipso iure* ein.⁹ Ob die GmbH zw dem Beschluss über die Kapitalherabsetzung u deren FB-Eintragung noch nicht geleistete **Einlagen einfordern** kann, ist str. Ein solcher Einforderungsbeschluss der Gesellschafter (§ 35 Abs 1 Z 2; § 63 Abs 1) wird tw als unzulässig u anfechtbar angesehen,¹⁰ zT als Aufhebung des ursprünglichen Kapitalherabsetzungsbeschlusses.¹¹ Eine **Aufhebung des Kapitalherabsetzungsbeschlusses** durch die GV ist jedenfalls möglich, str ist aber, ob dafür die einfache Mehrheit ausreicht oder eine qualifizierte Mehrheit samt notarieller Beurkundung notwendig ist.¹² Eine Anfechtbarkeit eines solchen Einforderungsbeschlusses hängt jedenfalls v den Umständen des Einzelfalls ab u kann insb bei plötzlichem Kapitalbedarf der GmbH zu verneinen sein.¹³ Unzulässig ist aber jedenfalls eine Einforderung v Stammeinlagen in einem solchen Stadium nur durch die GF oder einen AR oder Beirat, falls der GesV die Kompetenz zur Einforderung ausstehender Stammeinlagen an diese delegiert hat.¹⁴

---

9 *Völkl* in Straube/Ratka/Rauter, GmbHG § 57 Rz 35; *M. Heidinger/Prechtl* in Gruber/Harrer, GmbHG² § 57 Rz 9; *Diregger/Fichtinger* in Torggler, GmbHG § 57 Rz 8.
10 *Völkl* in Straube/Ratka/Rauter, GmbHG § 57 Rz 36; *Koppensteiner/Rüffler*, GmbHG³ § 57 Rz 3; *Diregger/Fichtinger* in Torggler, GmbHG § 57 Rz 9, die an eine konkludente Aufhebung des Herabsetzungsbeschlusses durch den Einforderungsbeschluss denken; vgl jedoch *M. Heidinger/Prechtl* in Gruber/Harrer, GmbHG² § 57 Rz 9, wonach der Einforderungsbeschluss – zB bei geänderter wirtschaftlicher Lage der Gesellschaft – den vorangegangenen Herabsetzungsbeschluss aufhebe. Eine Anfechtbarkeit könne nur in Einzelfällen gegeben sein.
11 *Koppensteiner/Rüffler*, GmbHG³ § 57 Rz 3; *M. Heidinger/Prechtl* in Gruber/Harrer, GmbHG² § 57 Rz 9.
12 Für die einfache Mehrheit im allg Kontext v Satzungsänderungen *Koppensteiner/Rüffler*, GmbHG³ § 49 Rz 16; *Rauter/Milchrahm* in Straube/Ratka/Rauter, GmbHG § 49 Rz 144; für die qualifizierte Mehrheit *Diregger/Fichtinger* in Torggler, GmbHG § 57 Rz 9; *Ch. Nowotny* in Kalss/Nowotny/Schauer, GesR² Rz 4/513.
13 *M. Heidinger/Prechtl* in Gruber/Harrer, GmbHG² § 57 Rz 9.
14 Zur Möglichkeit einer solchen Delegation s nur *Schopper* in Straube/Ratka/Rauter, GmbHG § 63 Rz 32; *F. Schuhmacher* in Torggler, GmbHG § 63 Rz 9 mwN.

IV. Rechtsfolgen fehlerhafter Kapitalherabsetzungen

7 Bei **Nichtigkeit oder erfolgreicher Anfechtung** des Kapitalherabsetzungsbeschlusses ist der FB-Stand richtigzustellen, nämlich die Eintragung gem § 44 v Amts wegen zu **löschen** u die vor der Eintragung der Kapitalherabsetzung bestehende Stammkapitalziffer bzw Stammeinlagen wiederum einzutragen. Fehler des **Aufgebotsverfahrens** berechtigen nicht zur Löschung einer bereits eingetragenen Kapitalherabsetzung, sondern begründen bei Verschulden einen Schadenersatzanspruch betroffener übergangener (nicht persönlich verständigter oder trotz Verlangen nicht sichergestellter) Gläubiger gegen die GmbH (gerichtet auf nachträgliche Sicherheitsleistung).[15] Zur Haftung der GF gegenüber den Gläubigern der GmbH s § 56 Rz 8 ff. War die Kapitalherabsetzung auf eine Befreiung der Gesellschafter v der Pflicht zur Leistung ausstehender Stammeinlagen gerichtet, lebt diese Pflicht durch **Löschung der Eintragung** der Kapitalherabsetzung *ipso iure* wieder auf u kann ab diesem Zeitpunkt nach den gesetzl (§ 35 Abs 1 Z 2; § 63 ff) bzw gesv Regeln wieder **eingefordert werden**.[16]

8 Die GmbH hat gegen die Gesellschafter einen Anspruch auf **Rückerstattung** der zu Unrecht zurückgezahlten Stammeinlagen gem § 83 Abs 1 (s § 83 Rz 6 ff). Das gilt nach hL auch, wenn die Gesellschafter die Unzulässigkeit der Kapitalherabsetzung weder kannten noch kennen konnten; der Gutglaubensschutz gem § 83 Abs 1 S 2 (s § 83 Rz 16 ff) ist nach hL nicht (auch nicht analog) anwendbar, weil kein Gewinn verteilt wird.[17] Strittig ist, ob ein Verstoß gegen das Gebot der Gleichbehandlung der Gesellschafter bei der Einlagenrückzahlung die Empfänger zur Rückzahlung der unrechtmäßig empfangenen Beträge an die GmbH verpflichtet[18] oder einen Bereicherungsanspruch der verkürzten Gesell-

---

15 *Schnorbus* in Rowedder/Pentz, GmbHG[7] § 58 Rz 30, der sogar einen Anspruch auf vorzeitige Befriedigung bejaht; *Priester/Tebben* in Scholz, GmbHG[12] § 58 Rz 84.
16 *Diregger/Fichtinger* in Torggler, GmbHG § 57 Rz 10; *M. Heidinger/Prechtl* in Gruber/Harrer, GmbHG[2] § 57 Rz 5, 11.
17 *Koppensteiner/Rüffler*, GmbHG[3] § 57 Rz 4; *Völkl* in Straube/Ratka/Rauter, GmbHG § 57 Rz 39; *Diregger/Fichtinger* in Torggler, GmbHG § 57 Rz 10; *M. Heidinger/Prechtl* in Gruber/Harrer, GmbHG § 57 Rz 11.
18 So im Kontext v Nachschussrückzahlungen mglw *Trenker* in Torggler, GmbHG § 74 Rz 8.

schafter gegen die anderen Gesellschafter[19] u/oder einen Schadenersatzanspruch gegen die GF begründet.[20] Verneint wird eine Haftung zT für den Fall, dass ein den Gleichbehandlungsgrundsatz verletzender u darum anfechtbarer Rückzahlungsbeschluss nicht angefochten wird.[21]

Die **Mitgesellschafter** trifft im Fall v unzulässigen Einlagenrückzahlungen eine **subsidiäre Ausfallshaftung**, falls die GmbH unrechtmäßig zurückbezahlte Stammeinlagen weder v Empfänger noch v GF erlangen kann (s § 83 Abs 2 u 3;[22] s dazu § 83 Rz 26 ff). Zur Haftung der GF s die Kommentierung zu § 25, § 56 Rz 8 ff.[23] Zur idR gebotenen Rückstellung v bereits bestellten Sicherheiten bei Nichtdurchführung der Kapitalherabsetzung s § 55 Rz 16.[24]

§ 58. ¹Bei Gesellschaften, bei denen die Vermögenssubstanz durch den Geschäftsbetrieb naturgemäß ganz oder größtenteils aufgezehrt werden muß, oder bei denen das Vermögen aus zeitlich beschränkten Rechten besteht, kann die Zurückzahlung von Stammeinlagen im ganzen oder in Teilbeträgen ohne Durchführung des Aufgebotsverfahrens und ohne Rücksicht auf die Höhe des übrig bleibenden Stammkapitals im Gesellschaftsvertrage vorbehalten werden, wenn diese Zurückzahlung nach vollständiger Einzahlung der Stammeinlage und nur aus dem im jeweiligen Bilanzjahre erzielten oder den in den Vorjahren reservierten Reinerträgnissen erfolgt. ²Ein den zurückgezahlten Stammeinlagen gleichkommender Betrag muß in der Bilanz als Passivpost aufgeführt werden. ³Art und Voraussetzungen der Zurückzahlung müssen im Gesellschaftsvertrage genau be-

---

19 *Gellis/Feil*, GmbHG⁷ § 74 Rz 4; differenzierend *Koppensteiner/Rüffler*, GmbHG³ § 74 Rz 2; *Trenker* in Torggler, GmbHG § 74 Rz 3.
20 *Reich-Rohrwig* in Straube/Ratka/Rauter, GmbHG § 25 Rz 256; *Feltl/Told* in Gruber/Harrer, GmbHG² § 25 Rz 257; *Gellis/Feil*, GmbHG⁷ § 74 Rz 4.
21 S dazu im Kontext v Nachschussrückzahlungen *Brugger/Schopper* in Straube/Ratka/Rauter, GmbHG § 74 Rz 13; *Koppensteiner/Rüffler*, GmbHG³ § 74 Rz 2.
22 *Völkl* in Straube/Ratka/Rauter, GmbHG § 57 Rz 40, 43 ff; *M. Heidinger/Prechtl* in Gruber/Harrer, GmbHG² § 57 Rz 11.
23 S auch *Völkl* in Straube/Ratka/Rauter, GmbHG § 57 Rz 41.
24 *M. Heidinger/Prechtl* in Gruber/Harrer, GmbHG² § 57 Rz 11; *Diregger/Fichtinger* in Torggler, GmbHG § 57 Rz 11; *Völkl* in Straube/Ratka/Rauter, GmbHG § 57 Rz 48 ff; *Völkl*, ecolex 2009, 141.

stimmt werden. ⁴Im Fall einer teilweisen Zurückzahlung darf eine Stammeinlage nicht unter 70 Euro herabgesetzt werden.

idF BGBl I 1998/125

Inhaltsübersicht

I. Inhalt und Zweck 1
II. Voraussetzungen und Verfahren 2–6

I. Inhalt und Zweck

1 § 58 ermöglicht bestimmten Gesellschaften die Durchführung einer **vereinfachten Kapitalherabsetzung** (i) ohne vorangehenden Gesellschafterbeschluss, (ii) ohne Durchführung des in § 55 Abs 2 vorgesehenen Aufgebotsverfahrens (s § 55 Rz 6 ff), (iii) ohne Voraussetzung einer konstitutiven FB-Eintragung u (iv) auf einen Betrag unter das gesetzl vorgeschriebene Mindeststammkapital. Die Regelung dieser Kapitalherabsetzung muss bereits im **GesV** erfolgen. In Wahrheit handelt es sich dabei um eine besondere Form der **Gewinnverwendung**, weil die Zurückzahlung der Stammeinlagen nur aus Gewinnen (die Bestimmung spricht v „*Reinerträgnissen*") der GmbH erfolgt u das ursprüngliche Stammkapital aufgrund der Pflicht zur Bildung eines neuen gesonderten Passivpostens in der Bilanz der GmbH in Höhe der zurückgezahlten Stammeinlagen ohnehin gebunden bleibt.[1] Eine restriktive Auslegung dieser Bestimmung ist daher mE nicht geboten (str).[2] Die Anwendung v § 58 kann, muss aber nicht zum gänzlichen Ausscheiden einzelner Gesellschafter aus der GmbH führen. Für Fragen betr den Ausschluss v Gesellschaftern (s § 66 Rz 25 ff) lässt sich daraus jedoch nichts gewinnen.[3] Die Bestimmung ermöglicht es im Grunde, im GesV einen bestimmten Automatismus für die Gewinnausschüttung u die Abschichtung v Gesellschaftern vorzusehen, was sich freilich auch durch andere Satzungsregeln erreichen lässt. Der Anwendungsbereich v § 58 ist über-

---

[1] *M. Heidinger/Prechtl* in Gruber/Harrer, GmbHG² § 58 Rz 2; *Reich-Rohrwig*, GmbHR 540.
[2] *M. Heidinger/Prechtl* in Gruber/Harrer, GmbHG² § 58 Rz 3; **aA** *Völkl* in Straube/Ratka/Rauter, GmbHG § 58 Rz 8; *Diregger/Fichtinger* in Torggler, GmbHG § 58 Rz 1.
[3] *M. Heidinger/Prechtl* in Gruber/Harrer, GmbHG² § 58 Rz 2.

dies auf einen sehr kleinen Kreis v GmbH beschränkt (s sogleich Rz 2). Die Bestimmung hat soweit ersichtlich keine praktische Relevanz.

II. Voraussetzungen und Verfahren

§ 58 kann nur v GmbH angewandt werden, bei denen die **Vermögenssubstanz** durch die Natur ihres Geschäftsbetriebs ganz oder größtenteils **aufgezehrt** wird oder bei denen das Vermögen aus **zeitlich begrenzten Rechten** besteht. Der Gesetzgeber dachte offenbar ursprünglich an Eisenbahngesellschaften mit beschränkter Konzessionsdauer.[4] In der Lit werden GmbH zum Betrieb eines Bergwerks oder Steinbruchs, aber auch zur Verwertung v Patenten oder anderen zeitlich befristeten Immaterialgüterrechten genannt. Auf den Rechtsgrund für die zeitliche Beschränkung der Rechte (zB G oder Vertrag) kommt es nicht an; Gegenteiliges kann weder aus dem Wortlaut noch aus dem Zweck der Bestimmung abgeleitet werden.[5]

2

Voraussetzungen für die Zurückzahlung v Stammeinlagen sind:

3

– die vollständige Einzahlung der Stammeinlage;
– die Rückzahlung aus im jew Geschäftsjahr erzielten oder in den Vorjahren thesaurierten „Reinerträgnissen"; darunter ist mE der jew Jahresüberschuss plus/minus Auflösung v bzw Zuweisung zu Rücklagen zu verstehen, Verlustvorträge vermindern mE die rückzahlbaren Beträge;[6]
– die Buchung einer gesonderten **Passivpost** in der Bilanz in Höhe der zurückgezahlten Stammeinlagen. Die Auflösung dieser Position ist nicht geregelt, ist aber wohl nur im Wege einer analogen Anwendung der Regeln für eine ordentliche (§§ 54 ff) Kapitalherabsetzung oder zum Ausgleich eines ansonsten auszuweisenden Bilanzverlusts möglich (analog § 229 Abs 7 UGB, § 192 Abs 5 AktG; eine analoge Anwendung v § 59 sollte, entgegen der Vorauflage, nicht notwendig sein). Im Liquidationsfall steht das entspr Kapital nach Befriedigung

---

4 Vgl *Koppensteiner/Rüffler*, GmbHG[3] § 54 Rz 3.
5 *M. Heidinger/Prechtl* in Gruber/Harrer, GmbHG[2] § 58 Rz 3; aA *Völkl* in Straube/Ratka/Rauter, GmbHG § 58 Rz 9.
6 Ähnlich *M. Heidinger/Prechtl* in Gruber/Harrer, GmbHG[2] § 58 Rz 2, die auf den Bilanzgewinn iSd Posten B.IV. des Bilanzschemas gem § 224 Abs 3 UGB abstellen.

aller Gläubiger den dann beteiligten Gesellschaftern zu, wobei es auch möglich wäre, eine Beteiligung v gem § 58 „ausbezahlten" u ausgeschiedenen Gesellschaftern am Liquidationsgewinn im GesV vorzusehen.[7] Sinnvoll u überlegenswert, jedoch v G mglw nicht gedeckt, erscheint auch eine Auflösung nach Maßgabe der Abschreibung oder Verminderung um Buchwertabgänge der Vermögenssubstanz bzw der Rechte der GmbH (s etwa nun auch die diesbzgl ähnliche Bestimmung § 235 Abs 1 UGB).

4 Die Kapitalherabsetzung nach § 58 muss bereits im **GesV** vorgesehen sein. Dieser hat auch die Art u Voraussetzungen möglichst genau vorzugeben. Insbesondere sind die **Rückzahlungsmodalitäten** festzulegen. Der GesV kann dabei eine gleichmäßig Rückzahlung an alle Gesellschafter oder bestimmte Gruppen v Gesellschaftern *pro rata* oder in einer bestimmten Reihenfolge vorsehen, ebenso eine tw oder vollständige Rückzahlung.[8] Die bereits im G vorgegebenen Voraussetzungen des Verfahrens müssen im GesV freilich nicht wiederholt werden.[9] Die **nachträgliche Einf** oder Änderung entspr Bestimmungen im GesV bedarf unter den Voraussetzungen des § 50 Abs 4 der Zustimmung aller betroffenen Gesellschafter.[10]

5 Das **Mindeststammkapital** gem § 6 muss nicht eingehalten werden. Die Stammeinlagen können auch **zur Gänze** zurückgezahlt werden, was das Ausscheiden des jew Gesellschafters zur Folge hat. Zum Teil wird vertreten, dass auch eine Fortdauer der Gesellschafterstellung mit einer Stammeinlage v weniger als € 70 vorgesehen werden könnte,[11] was freilich nicht nur im Hinblick auf § 58 letzter S (s auch § 79 Abs 4), sondern auch im Hinblick auf die Notwendigkeit der Eintragung aller Gesellschafter mit ihren Stammeinlagen im FB bedenklich scheint. Es ist daher mE davon auszugehen, dass alle verbleibenden Gesellschafter zumindest mit einer Stammeinlage v € 70 beteiligt bleiben müssen u nach Abschluss des Verfahrens zumindest ein Gesellschafter mit einer Stammeinlage v € 70 verbleiben

---

7 *Reich-Rohrwig*, GmbHR 540.
8 *M. Heidinger/Prechtl* in Gruber/Harrer, GmbHG² § 58 Rz 4; *Völkl* in Straube/Ratka/Rauter, GmbHG § 58 Rz 5.
9 *M. Heidinger/Prechtl* in Gruber/Harrer, GmbHG² § 58 Rz 4; **aA** *Völkl* in Straube/Ratka/Rauter, GmbHG § 58 Rz 3.
10 Für Einstimmigkeit, soweit der GesV nichts anderes vorsieht, kraft analoger Anwendung v § 50 Abs 3 *M. Heidinger/Prechtl* in Gruber/Harrer, GmbHG² § 58 Rz 4.
11 *M. Heidinger/Prechtl* in Gruber/Harrer, GmbHG² § 58 Rz 7.

muss.¹² Allenfalls können den ausgeschiedenen Gesellschaftern im GesV bestimmte Vermögensrechte vorbehalten u -pflichten auferlegt werden. Die Vorschriften über die Auflösung u Liquidation der GmbH können u dürfen durch eine Kapitalherabsetzung gem § 58 nicht umgangen werden.

Anmeldungen zum FB sind für das Verfahren nach § 58 nicht vorgesehen u daher keine Voraussetzung für das Wirksamwerden einer solchen Kapitalherabsetzung.¹³ Freilich ist die durch die Rückzahlung bewirkte Herabsetzung v Stammeinlagen v den GF zur (nur deklarativen) Eintragung im FB anzumelden. 6

§ 59. (1) ¹Eine Herabsetzung des Stammkapitals, die dazu dienen soll, einen sonst auszuweisenden Bilanzverlust zu decken und allenfalls Beträge in die gebundene Kapitalrücklage einzustellen, kann in vereinfachter Form vorgenommen werden. ²Im Beschluß ist festzusetzen, daß die Herabsetzung zu diesen Zwecken stattfindet. ³Dieser Beschluß kann nur auf Grund eines Beschlusses auf Abänderung des Gesellschaftsvertrags erfolgen. ⁴Die Herabsetzung des Stammkapitals ist von sämtlichen Geschäftsführern zum Firmenbuch anzumelden. ⁵Das Gericht hat unter sinngemäßer Anwendung des § 11 über die Eintragung zu beschließen. ⁶Die §§ 183 und 185 bis 188 AktG gelten sinngemäß. ⁷Bei Anwendung des § 187 Abs. 2 AktG ist jedoch den bekannten Gläubigern eine unmittelbare Mitteilung zu machen.

(2) ¹Die Beträge, die aus der Auflösung der Rücklagen und aus der Kapitalherabsetzung gewonnen werden, dürfen nicht zu Zahlungen an die Gesellschafter und nicht dazu verwendet werden, die Gesellschafter von der Verpflichtung zur Leistung von Einlagen zu befreien. ²Diese Beträge dürfen nur zur Abdeckung eines sonst auszuweisenden Bilanzverlustes und allenfalls zur Einstellung von Beträgen in die gebundene Kapitalrücklage verwendet werden; dies ist nur zulässig, soweit die Einstellung im Beschluß als Zweck der Herabsetzung angegeben ist.

idF BGBl I 1997/114

---

12 *Diregger/Fichtinger* in Torggler, GmbHG § 58 Rz 5; *Völkl* in Straube/Ratka/Rauter, GmbHG § 58 Rz 7; **aA** *M. Heidinger/Prechtl* in Gruber/Harrer, GmbHG² § 58 Rz 7; *Gellis/Feil*, GmbHG⁷ § 58 Rz 2.
13 *M. Heidinger/Prechtl* in Gruber/Harrer, GmbHG² § 58 Rz 7; *Gellis/Feil*, GmbHG⁷ § 58 Rz 3.

Literatur: *Bachner*, Anmerkungen zur Übernahme der vereinfachten Kapitalherabsetzung in das GmbH-Recht, GesRZ 1998, 2; *Bachner*, Verluste, Rücklagen und Ausweisvorschriften im Zusammenhang mit der vereinfachten Kapitalherabsetzung nach dem I-RÄG 1997, RWZ 2000/46, 137; *Bertl/Fraberger*, Bilanzierung v hybriden Kapitalherabsetzungen, RWZ 2003/101, 372; *Birnbauer*, Vereinfachte Kapitalherabsetzung zum Verlustausgleich im Recht der GmbH, GES 2015, 27; *Cetin*, Zur Durchsetzung v Sanierungsmaßnahmen und zum Vorgehen gegen „Trittbrettfahrer" im GmbH-Recht, wbl 2014, 252; *Döge*, Sanieren oder Ausscheiden aus der GmbH, ZIP 2018, 1220; *Haglmüller*, Gesellschafterpflichten in der Krise der GmbH (2018); *Kiegerl*, Der Kapitalschnitt auf null: Ausschluss der Minderheit, in Adensamer/Mitterecker (Hg), Handbuch Gesellschafterstreit (2021); *Reich-Rohrwig*, Sanierung durch vereinfachte Kapitalherabsetzung und -erhöhung, GesRZ 2001, 69; *Reichert*, Die Treuebindung der Aktionärsmehrheit in Sanierungsfällen, NZG 2018, 134; *Spiegelfeld/H. Foglar-Deinhardstein*, Sanierungsinstrumente in der Krise der Kapitalgesellschaft und Treuepflichten der Anteilseigner, in FS Torggler (2013) 1139; *Winner*, Kapitalerhöhungen zu Sanierungszwecken in Bertl et al, Bewertung in volatilen Zeiten (2010).

Inhaltsübersicht

I.	Inhalt und Zweck	1–4
II.	Bilanzverlust, Rücklagen	5–9
III.	Herabsetzungsbeschluss	10–16
IV.	Firmenbuchanmeldung und Eintragung	17–20
V.	Ausschüttungssperren	21–26
VI.	Bilanzielle Rückwirkung	27–30

I. Inhalt und Zweck

1 Die Kapitalherabsetzung gem § 59 dient als **Sanierungsinstrument** u ermöglicht es, in einem **vereinfachten Verfahren ohne Gläubigeraufruf** einen ansonsten auszuweisenden Bilanzverlust abzudecken.[1] Der Gläubigerschutz ist nicht durch ein Aufgebotsverfahren samt etwaiger Sicherheitenbestellung vor Eintragung der Kapitalherabsetzung (s § 55 Rz 6 ff), sondern **durch Ausschüttungssperren** nach Eintragung der Herabsetzung ins FB verwirklicht (§ 59 iVm § 187 AktG).[2] Die vereinfachte Kapitalherabsetzung kann daher rascher durchgeführt werden als eine zum selben Zweck durchgeführte nominelle Kapitalherabsetzung

---

1 *Völkl* in Straube/Ratka/Rauter, GmbHG § 59 Rz 4.
2 *Völkl* in Straube/Ratka/Rauter, GmbHG § 59 Rz 3; *Bachner*, GesRZ 1998, 2 (3).

gem §§ 54 ff.[3] Wie jede Änderung des Stammkapitals setzt aber auch die vereinfachte Kapitalherabsetzung eine Änderung des GesV voraus. Zur **vereinfachten Kapitalherabsetzung gem Art 1 § 15 1. Euro-JuBeG** zur Umstellung des GesV auf Euro, die aber auf Kapitalherabsetzungen um maximal € 700 beschränkt sind, s § 54 Rz 12.

Die Beträge, die aus der Kapitalherabsetzung u einer vorangehenden Auflösung v Rücklagen gewonnen werden, dürfen **nicht zu Zahlungen an die Gesellschafter** u nicht dazu verwendet werden, die Gesellschafter v der Verpflichtung zur Leistung v Einlagen zu befreien (Abs 2, entspricht § 184 AktG). Diese Beträge dürfen nur zur Abdeckung eines sonst auszuweisenden Bilanzverlustes u zusätzlich (höchstens im Ausmaß v 10% des herabgesetzten Stammkapitals) zur Einstellung v Beträgen in die gebundene Kapitalrücklage verwendet werden. Eine vereinfachte Kapitalherabsetzung ist daher bloß eine **nominelle Kapitalherabsetzung zur Beseitigung einer Unterbilanz**, bei der sich das Nettovermögen der GmbH u damit auch deren buchmäßiges Eigenkapital nicht verringert, sondern nur ein bereits entstandener Verlust bilanziell nachvollzogen wird.[4] Ohne Zufuhr v neuem Eigenkapital ermöglicht die vereinfachte Kapitalherabsetzung somit nur, aber immerhin, eine buchmäßige Sanierung. Darin zeigt sich die betriebswirtschaftliche Funktion des Stammkapitals, Verluste aufzufangen.[5] Zugleich ermöglicht die Beseitigung des Bilanzverlustes im Fall einer wirtschaftlichen Erholung der GmbH den schnelleren Ausweis eines Bilanzgewinns u damit, soweit die §§ 185, 187 AktG nichts anderes anordnen, eine schnellere Ausschüttung v Gewinnen als ohne Kapitalherabsetzung.[6]

Eine vereinfachte Kapitalherabsetzung kann (muss aber nicht) auch **rückwirkend** in den JA für das Jahr vor der Beschlussfassung einbezogen werden (s dazu Rz 27 ff). Kraft Verweis auf das Aktienrecht in § 59 Abs 1 S 6 sind die §§ 183 u 185 bis 188 AktG ebenfalls sinngemäß anzuwenden. Auch § 54 ist subsidiär anzuwenden. Nicht anzuwenden sind hingegen die §§ 55 bis 57; es ist insb **kein Aufgebotsverfahren** u

---

3 *Bachner*, GesRZ 1998, 2 (4); *Völkl* in Straube/Ratka/Rauter, GmbHG § 59 Rz 9.
4 *Bachner*, GesRZ 1998, 2 (3); *Bachner* RWZ 2000/46, 137 (138); *Koppensteiner/Rüffler*, GmbHG³ § 59 Rz 1; *Völkl* in Straube/Ratka/Rauter, GmbHG § 59 Rz 8.
5 *Bachner*, GesRZ 1998, 2.
6 *Bachner*, GesRZ 1998, 2 (3); *Reich-Rohrwig*, GesRZ 2001, 69 (71).

nur eine einmalige FB-Eintragung vorgesehen, sodass nicht zuvor eine beabsichtigte Kapitalherabsetzung (§ 55 Abs 1) eingetragen werden muss.[7] Eine **Kombination** v vereinfachter Kapitalherabsetzung zur Verlustabdeckung u darüber hinausgehender ordentlicher Kapitalherabsetzung ist möglich.[8]

4 Auch eine Herabsetzung unter das **Mindeststammkapital** (§ 6 Abs 1) ist zulässig, wenn das Stammkapital im Rahmen einer zugleich beschlossenen Kapitalerhöhung wieder auf zumindest € 10.000 erhöht wird; das ursprüngliche, vor der Kapitalherabsetzung bestehende Stammkapital muss nicht wieder erreicht werden; § 54 Abs 4 S 1 gilt selbst ohne ausdrücklichen Verweis in § 59 auch für eine vereinfachte Kapitalherabsetzung (s für das Aktienrecht § 181 AktG iVm § 181 Abs 2 AktG).[9] Auch eine **Herabsetzung auf null** ist möglich, wodurch die betroffenen Gesellschafter ihre Gesellschafterstellung verlieren, wenn sie an der anschließenden Kapitalerhöhung nicht teilnehmen wollen oder, wenn das Bezugsrecht zulässigerweise ausgeschlossen wurde, nicht teilnehmen können (s auch § 52 Rz 28 ff, § 54 Rz 17).[10] Tatsächlich führen solche Kapitalherabsetzungen in der Praxis mitunter zu einem Ausscheiden v Gesellschaftern aus der GmbH.[11] Die vereinfachte Kapitalherabsetzung u die anschließende Kapitalerhöhung können, müssen aber nicht mit bilanzieller Rückwirkung durchgeführt werden (s § 60 Rz 3).[12]

---

7 *Bachner*, GesRZ 1998, 2 (4); *Koppensteiner/Rüffler*, GmbHG³ § 59 Rz 8; *Völkl* in Straube/Ratka/Rauter, GmbHG § 59 Rz 35; *M. Heidinger/Prechtl* in Gruber/Harrer, GmbHG² § 59 Rz 2.
8 S auch *Völkl* in Straube/Ratka/Rauter, GmbHG § 59 Rz 28; s *Bertl/Fraberger*, RWZ 2003/101, 372.
9 *Diregger/Fichtinger* in Torggler, GmbHG § 60 Rz 3; *Bachner*, GesRZ 1998, 2 (6); *Koppensteiner/Rüffler*, GmbHG³ § 59 Rz 23; *Völkl* in Straube/Ratka/Rauter, GmbHG § 60 Rz 1, 11; *M. Heidinger/Prechtl* in Gruber/Harrer, GmbHG² § 59 Rz 9.
10 *Reich-Rohrwig*, GesRZ 2001, 69 (71).
11 *Kiegerl*, in Adensamer/Mitterecker, HB GesStreit, Rz 12/11.
12 *Diregger/Fichtinger* in Torggler, GmbHG § 60 Rz 3.

II. Bilanzverlust, Rücklagen

Die vereinfachte Kapitalherabsetzung darf *nur* dazu verwendet werden, einen sonst auszuweisenden **Bilanzverlust abzudecken** u allenfalls zusätzlich Beträge in die **gebundene Kapitalrücklage** einzustellen (Abs 1 S 1, Abs 2 S 2; ausgenommen vereinfachte Kapitalherabsetzung gem Art 1 § 15 1. Euro-JuBeG). Die Einstellung v Beträgen in die gebundene Kapitalrücklage kann daher nicht alleiniger Zweck der vereinfachten Kapitalherabsetzung sein u ist überdies auf 10 % des herabgesetzten Stammkapitals beschränkt (§ 59 Abs 1 S 6 iVm § 186 S 1 AktG).[13]

Die Höhe der vereinfacht durchführbaren Kapitalherabsetzung wird daher durch den *„sonst auszuweisenden Bilanzverlust"* bestimmt. Darunter ist der **Bilanzverlust** iSd entspr Positionen der §§ 224, 231 UGB zu verstehen, also iW der Saldo aus Jahresüberschuss/-fehlbetrag, Auflösung v u Zuweisung zu Rücklagen sowie Gewinn-/Verlustvortrag aus dem Vorjahr.[14] Es kommt auf den nach den Rechnungslegungsvorschriften des UGB ermittelten Verlust an, jedoch nur, soweit dieser nicht durch die Auflösung v Rücklagen (in dem v § 183 AktG geforderten Ausmaß) ausgeglichen werden kann (s unten Rz 9).[15] Wertminderungen, die nach den Rechnungslegungsvorschriften des UGB im Rechnungswesen keinen oder noch keinen Niederschlag gefunden haben, sind ebensowenig zu berücksichtigen wie etwaige stille Reserven.[16] Auf die Ursachen des Verlustes kommt es nicht an; nach der hL sollen aber Verluste, die durch die Zuweisung zu unversteuerten Rücklagen entstanden sind, keine vereinfachte Kapitalherabsetzung rechtfertigen.[17] Die Durchführung einer vereinfachten Kapitalherabsetzung setzt auch keine bestimmte Mindesthöhe des Bilanzverlustes oder eine buchmäßige Überschuldung (negatives Eigenkapital) voraus.[18] Zu beachten ist allerdings die Pflicht zur Einberufung einer GV bei Verlust des halben Stammkapitals (§ 36 Abs 2).[19]

---

13 *Koppensteiner/Rüffler*, GmbHG³ § 59 Rz 5; *Bachner*, RWZ 2000/46, 137 (139).
14 *M. Heidinger/Prechtl* in Gruber/Harrer, GmbHG² § 59 Rz 3.
15 *Diregger/Fichtinger* in Torggler, GmbHG § 59 Rz 3.
16 *Diregger/Fichtinger* in Torggler, GmbHG § 59 Rz 3.
17 *Bachner*, RWZ 2000/46, 137; *Völkl* in Straube/Ratka/Rauter, GmbHG § 59 Rz 15 mwN.
18 *Völkl* in Straube/Ratka/Rauter, GmbHG § 59 Rz 15, 17; *Diregger/Fichtinger* in Torggler, GmbHG § 59 Rz 3.
19 *Völkl* in Straube/Ratka/Rauter, GmbHG § 59 Rz 16.

7 Die **Verluste** müssen zum **Zeitpunkt der Beschlussfassung** über die vereinfachte Kapitalherabsetzung nach hL bereits bestehen.[20] Ein drohender Verlust genügt, wenn nach bilanzrechtlichen Vorschriften eine **Rückstellung** zu bilden wäre.[21] Jedenfalls kann ein im letzten JA ausgewiesener Bilanzverlust herangezogen werden. Es kann aber auch ein erst **unterjährig** im Geschäftsjahr der Beschlussfassung entstandener Verlust berücksichtigt werden, der noch in keiner Bilanz seinen Niederschlag gefunden hat.[22] Das folgt schon aus dem Wortlaut v § 59 Abs 1 (*„sonst auszuweisenden"*), va aber aus § 185 AktG. Eine Zwischenbilanz muss nicht aufgestellt werden;[23] allerdings muss die Höhe des unterjährigen Verlustes mit hinreichender Deutlichkeit aus dem Rechnungswesen, also insb aus einer Erfolgsrechnung für das laufende Jahr oder Nachw für einen Abwertungsbedarf bestimmter Vermögensgenstände hervorgehen.[24] Ein Bilanzverlust, der die Anwendung des § 59 erlaubt, ist daher jedenfalls dann gegeben, wenn sich gem den Rechnungslegungsvorschriften des UGB bei fiktiver Erstellung einer Bilanz ein Bilanzverlust ergeben würde.[25] Nach weitergehender A v *Völkl* können auch zukünftige, erst nach dem Tag der Beschlussfassung über die vereinfachte Kapitalherabsetzung entstehende Verluste berücksichtigt werden, wenn sie mit überwiegender Wahrscheinlichkeit eintreten werden.[26]

8 **Freiwillige Einstellung in gebundene Rücklage**: Beträge, die aus der Kapitalherabsetzung u Rücklagenauflösung gewonnen werden, dürfen – iVm der Deckung eines Bilanzverlusts – in eine **gebundene Kapitalrücklage eingestellt** werden (§ 186 AktG).[27] Diese darf 10 % des nach der Kapitalherabsetzung bestehenden Stammkapitals nicht überschrei-

---

20 *Koppensteiner/Rüffler*, GmbHG³ § 59 Rz 9.
21 *Koppensteiner/Rüffler*, GmbHG³ § 59 Rz 9; *M. Heidinger/Prechtl* in Gruber/Harrer, GmbHG² § 59 Rz 4; *Diregger/Fichtinger* in Torggler, GmbHG § 59 Rz 3.
22 *Bachner*, RWZ 2000/46, 137; *Birnbauer*, GES 2015, 27.
23 *Koppensteiner/Rüffler*, GmbHG³ § 59 Rz 9; *Diregger/Fichtinger* in Torggler, GmbHG § 59 Rz 2; *Kalss* in Doralt/Nowotny/Kalss, AktG³ § 182 Rz 6.
24 S auch *Bachner*, RWZ 2000/46, 137, *Birnbauer*, GES 2015, 27.
25 *M. Heidinger/Prechtl* in Gruber/Harrer, GmbHG § 59 Rz 4.
26 *Völkl* in Straube/Ratka/Rauter, GmbHG § 59 Rz 19; **aA** *Kalss* in Doralt/Nowotny/Kalss, AktG³ § 182 Rz 7.
27 *Völkl* in Straube/Ratka/Rauter, GmbHG § 59 Rz 22 ff; *Bachner*, RWZ 2000/46, 137 (139); *Kalss* in Doralt/Nowotny/Kalss, AktG³ § 186 Rz 4.

ten. Dies ist auch für **kleine u mittelgroße GmbH** möglich.[28] Bei der Bemessung der 10%-Grenze bleiben Beträge, die (bei großen GmbH) nach der Beschlussfassung über die Kapitalherabsetzung in die gebundenen Rücklagen einzustellen sind, auch dann außer Betracht, wenn deren Zahlung auf einem GV-Beschluss beruht, der zugleich mit dem Kapitalherabsetzungsbeschluss gefasst wurde (§ 186 S 2 AktG; dieser erwähnt zwar nur Rücklagen gem § 229 Abs 2 Z 2 bis 4 UGB, dasselbe wird jedoch auch für gebundene Rücklagen gem § 229 Abs 2 Z 1 UGB aufgrund eines im Rahmen einer gleichzeitigen Kapitalerhöhung erzielten Agios vertreten).[29] Wurden bereits gem § 183 AktG vor der Kapitalherabsetzung gebundene Rücklagen in der Höhe v 10% unaufgelöst belassen, scheidet die Bildung einer gebundenen Rücklage gem § 186 AktG aus.[30] Die Bestimmung dient nicht dem Gläubiger-, sondern dem Gesellschafterschutz.[31]

Vorherige Auflösung v Rücklagen: Um vorweg andere Möglichkeiten der Verlustabdeckung auszunützen, sind gem § 183 AktG vor der vereinfachten Kapitalherabsetzung **sämtliche nicht gebundenen Rücklagen** (nicht gebundene Kapitalrücklagen sowie Gewinnrücklagen) aufzulösen. Weiters müssen vor der Vornahme einer vereinfachen Kapitalherabsetzung auch die **gebundenen Rücklagen**, uzw die gebundenen Kapitalrücklagen u die gesetzl Rücklage **bis auf 10%** des nach der Kapitalherabsetzung verbleibenden Stammkapitals aufgelöst werden. Diese gebundenen Rücklagen (einschließlich der ebenfalls nur für große GmbH vorgesehenen gesetzl Rücklage gem § 229 Abs 6 UGB) dürfen (müssen aber nicht) im Ausmaß v maximal 10% des nach der Kapitalherabsetzung verbleibenden Stammkapitals beibehalten werden.[32] Dies soll der GmbH für kommende Perioden eine Verlustreserve belassen u zugleich dem Schutz v Minderheitsgesellschaftern vor Eingriffen in ihre

9

---

28 *M. Heidinger/Prechtl* in Gruber/Harrer, GmbHG § 59 Rz 13; *Diregger/Fichtinger* in Torggler, GmbHG § 59 Rz 4; *Bachner*, RWZ 2000/46, 137 (139); aA *Koppensteiner/Rüffler*, GmbHG³ § 59 Rz 5; *Völkl* in Straube/Ratka/Rauter, GmbHG § 59 Rz 25, 39.
29 *M. Heidinger/Prechtl* in Gruber/Harrer, GmbHG § 59 Rz 12; *Nagele/Lux* in Artmann/Karollus, AktG⁶ § 186 Rz 4; *Kalss* in Doralt/Nowotny/Kalss, AktG³ § 186 Rz 5.
30 *Koppensteiner/Rüffler*, GmbHG³ § 59 Rz 5; *M. Heidinger/Prechtl* in Gruber/Harrer, GmbHG § 59 Rz 12.
31 *Kalss* in Doralt/Nowotny/Kalss, AktG³ § 186 Rz 1.
32 *Bachner*, RWZ 2000/46, 137 (138).

Mitgliedschaftsrechte dienen.[33] Das G normiert eine **Subsidiarität** der Verlustabdeckung durch (vereinfachte) **Kapitalherabsetzung** gegenüber der Verlustabdeckung durch Rücklagenauflösung.[34] Bevor zB eine GmbH das Stammkapital auf € 10.000 vereinfacht herabsetzen kann, müssen die gebundenen Kapitalrücklagen gem § 229 Abs 6 UGB bis auf einen Betrag v € 1.000 aufgelöst werden.[35] Fraglich, aber mE zu bejahen ist die Frage, ob auch kleine oder mittelgroße GmbH, die keine gebundenen Rücklagen haben, Rücklagen in der Höhe v 10% des herabgesetzten Stammkapitals behalten dürfen, wenn diese Rücklagen freiwillig gebunden werden.[36] Die Auflösung der Rücklagen (dh die entspr Buchungen im Rechnungswesen) sind v den **GF** zu veranlassen u mit **Gesellschafterbeschluss** zu genehmigen, uzw jew vor der Beschlussfassung über die Kapitalherabsetzung.[37] Nur wenn auch danach noch ein Bilanzverlust verbleibt, darf die vereinfachte Kapitalherabsetzung durchgeführt werden.[38] Die Darstellung der Rücklagenauflösung erfolgt, je nachdem ob eine Rückwirkung gem § 188 AktG umgesetzt wird oder nicht, im JA für das vorangegangene oder laufende Geschäftsjahr.[39] **Stille Reserven** müssen hingegen nicht aufgedeckt werden.[40] Auch auf unversteuerte Rücklagen u Rücklagen für eigene Anteile (§§ 225 Abs 5, 229 Abs 1a u 1b UGB) ist diese Bestimmung nicht anwendbar.[41] Bei einem **Kapitalschnitt**, also der Herabsetzung unter das Mindestkapital u gleichzeitiger Kapitalerhöhung, (s Rz 13, § 54 Rz 10,

---

33 *Koppensteiner/Rüffler*, GmbHG³ § 59 Rz 7; *M. Heidinger/Prechtl* in Gruber/Harrer, GmbHG² § 59 Rz 5; *Kalss* in Doralt/Nowotny/Kalss, AktG³ § 183 Rz 1.
34 *Bachner*, RWZ 2000/46, 137 (138); *Völkl* in Straube/Ratka/Rauter, GmbHG § 59 Rz 32.
35 *M. Heidinger/Prechtl* in Gruber/Harrer, GmbHG² § 59 Rz 5; *Birnbauer*, GES 2015, 27.
36 AA wohl *Koppensteiner/Rüffler*, GmbHG³ § 59 Rz 7; *Völkl* in Straube/Ratka/Rauter, GmbHG § 59 Rz 31.
37 *Koppensteiner/Rüffler*, GmbHG³ § 59 Rz 9; *M. Heidinger/Prechtl* in Gruber/Harrer, GmbHG² § 59 Rz 5.
38 *Kalss* in Doralt/Nowotny/Kalss, AktG³ § 183 Rz 3.
39 *Nagele/Lux* in Artmann/Karollus, AktG⁶ § 183 Rz 4; *Kalss* in Doralt/Nowotny/Kalss, AktG³ § 183 Rz 5.
40 *Koppensteiner/Rüffler*, GmbHG³ § 59 Rz 7; *Kalss* in Doralt/Nowotny/Kalss, AktG³ § 183 Rz 3 mwN.
41 *Bachner*, RWZ 2000/46, 137 (138); *Kalss* in Doralt/Nowotny/Kalss, AktG³ § 183 Rz 3.

15 ff) ist die 10%-Grenze v Mindestkapital in der Höhe v € 10.000 zu berechnen (s auch § 186 AktG).[42] Wurden gem § 183 AktG bereits vor der Kapitalherabsetzung vorhandene gebundene Rücklagen in Höhe v 10% des herabgesetzten Kapitals belassen, scheidet eine zusätzliche Auffüllung der gebundenen Rücklagen aus dem herabgesetzten Stammkapital gem § 186 oder § 187 Abs 1 AktG aus.[43] Beschlüsse, die gegen § 183 AktG verstoßen, sind idR anfechtbar, aber nicht nichtig.[44]

III. Herabsetzungsbeschluss

Da auch die vereinfachte Kapitalherabsetzung eine Satzungsänderung voraussetzt, ist eine **Dreiviertelmehrheit** der abgegebenen Stimmen sowie **notarielle Beurkundung** notwendig (§§ 49 f), sofern der GesV nicht weitere Beschlusserfordernisse vorsieht.[45] Lediglich für eine vereinfachte Kapitalherabsetzung gem Art 1 § 15 1. Euro-JuBeG genügt die einfache Mehrheit, s § 54 Rz 12. Für die Satzungsänderung u die vereinfachte Kapitalherabsetzung sind nach hM keine getrennten Beschlüsse zu fassen, vielmehr handelt es sich um eine einheitliche Beschlussfassung u geht die Änderung des GesV mit der vereinfachten Kapitalherabsetzung nach hL *ipso iure* einher.[46]

10

Der **Kapitalherabsetzungsbeschluss** hat folgenden **Inhalt** aufzuweisen:[47]

11

---

[42] *Koppensteiner/Rüffler*, GmbHG³ § 59 Rz 5; *Kalss* in Doralt/Nowotny/Kalss, AktG³ § 183 Rz 4.
[43] *Koppensteiner/Rüffler*, GmbHG³ § 59 Rz 5; *M. Heidinger/Prechtl* in Gruber/Harrer, GmbHG² § 59 Rz 12.
[44] OGH 29.4.2014, 2 Ob 84/13m; 27.4.2015, 6 Ob 90/14z; *Nagele/Lux* in Artmann/Karollus, AktG⁶ § 183 Rz 3; *Kalss* in Doralt/Nowotny/Kalss, AktG³ § 183 Rz 6.
[45] *Gellis/Feil*, GmbHG⁷ § 59 Rz 3.
[46] *Koppensteiner/Rüffler*, GmbHG³ § 59 Rz 10, 12; *Bachner*, GesRZ 1998, 2 (8); *Völkl* in Straube/Ratka/Rauter, GmbHG § 59 Rz 37; aA *Diregger/Fichtinger* in Torggler, GmbHG § 59 Rz 6, mit dem Argument, dass Satzungsänderungen nicht an die GF delegiert werden dürfen.
[47] *Koppensteiner/Rüffler*, GmbHG³ § 59 Rz 10, 12; *Bachner*, GesRZ 1998, 2 (9); *Völkl* in Straube/Ratka/Rauter, GmbHG § 59 Rz 38; *Diregger/Fichtinger* in Torggler, GmbHG § 59 Rz 6; *Umfahrer*, GmbH⁷ Rz 11.15, 615; *M. Heidinger/Prechtl* in Gruber/Harrer, GmbHG² § 59 Rz 7.

- Angabe, dass es sich um eine vereinfachte Kapitalherabsetzung handelt *und* diese dem Zweck der Deckung eines sonst auszuweisenden Bilanzverlusts dient (Abs 1 S 2);
- der auszugleichende Bilanzverlust u der Herabsetzungsbetrag, wobei diese Beträge bestimmt oder bestimmbar sein müssen;[48]
- ggf die gem § 186 AktG in eine gebundene Kapitalrücklage einzustellenden Beträge (Abs 2 S 2 zweiter Halbsatz);
- ggf, dass die Kapitalherabsetzung gem § 188 AktG mit bilanzieller Rückwirkung vorgenommen werden soll (s dazu unten Rz 27, 28);
- praktischerweise (wenn auch nicht notwendigerweise, s oben Rz 10) die Änderung des entspr Pkt des GesV samt Angabe der nach der Herabsetzung geltenden neuen Stammkapitalziffer;
- (nur) soweit Stammeinlagen einzelner Gesellschafter in Abweichung v Gleichbehandlungsgrundsatz (s dazu unten Rz 12, 13) nicht proportional herabgesetzt werden, ist die Aufteilung des Herabsetzungsbetrags auf die einzelnen Stammeinlagen ebenfalls im Herabsetzungsbeschluss anzuführen.[49]

Der maximale Umfang der vereinfachten Kapitalherabsetzung ergibt sich aus der Höhe des Bilanzverlustes u der höchstzulässigen Einstellung v Kapitalherabsetzungsbeträgen in die gebundene Rücklage gem § 186 AktG (s oben Rz 5 bis 8).[50] Soweit das Stammkapital noch nicht voll eingezahlt wurde, kann es nicht durch vereinfachte Kapitalherabsetzung herabgesetzt werden, weil diese, anders als eine ordentliche Kapitalherabsetzung gem §§ 54 ff, nicht dazu verwendet werden kann, die Gesellschafter v der Verpflichtung zur Leistung v Einlagen zu befreien (s Abs 2, § 54 Abs 2).

12 Es kommt aufgrund des **Gleichbehandlungsgrundsatzes** idR zu einer proportionalen Herabsetzung der Stammeinlagen. Die Höhe der einzelnen Stammeinlage darf dabei auch auf **unter € 70** sinken (§ 54 Abs 3 S 2 *e contrario*), solange das Mindeststammkapital v € 10.000 nicht unterschritten wird.[51] Die bisherigen relativen Beteiligungsverhältnisse

---

48 *Diregger/Fichtinger* in Torggler, GmbHG § 59 Rz 6; *M. Heidinger/Prechtl* in Gruber/Harrer, GmbHG² § 59 Rz 8.
49 *Völkl* in Straube/Ratka/Rauter, GmbHG § 59 Rz 41; *M. Heidinger/Prechtl* in Gruber/Harrer, GmbHG² § 59 Rz 14.
50 *Völkl* in Straube/Ratka/Rauter, GmbHG § 59 Rz 39.
51 *Bachner*, GesRZ 1998, 2 (6); *Koppensteiner/Rüffler*, GmbHG³ § 59 Rz 10; *Völkl* in Straube/Ratka/Rauter, GmbHG § 59 Rz 52; *M. Heidinger/Prechtl* in Gruber/Harrer, GmbHG² § 59 Rz 9; *Reich-Rohrwig*, GesRZ 2001, 69 (70).

der Gesellschafter im Verhältnis zueinander ändern sich bei einer proportionalen Kapitalherabsetzung nicht u der Herabsetzungsbeschluss bedarf insofern auch keiner sachlichen Rechtfertigung.[52]

Auch beim **Kapitalschnitt** ist der **Gleichbehandlungsgrundsatz** sowohl bei der Beschlussfassung über die vereinfachte Kapitalherabsetzung als auch über die Kapitalerhöhung grds einzuhalten. Demnach sind bei der Kapitalherabsetzung die Stammeinlagen entspr gleichmäßig zu reduzieren u ist den Gesellschaftern bei einer etwaigen anschließenden Kapitalerhöhung ein verhältnismäßiges Bezugsrecht (entspr ihrer Beteiligung an der GmbH vor der Kapitalherabsetzung)[53] einzuräumen. Davon kann nur aus sachlichen Gründen abgegangen werden. Diese müssen im Interesse der Gesellschaft erforderlich u verhältnismäßig sein; andernfalls ist die Zustimmung des beeinträchtigten Gesellschafters erforderlich. Für eine Ungleichbehandlung v Gesellschaftern im Rahmen der Kapitalherabsetzung wird sich aber idR kaum eine sachliche Rechtfertigung finden lassen u diese daher nur, aber immerhin, mit Zustimmung des betroffenen Gesellschafters möglich sein.[54] Davon zu unterscheiden sind zwei andere Fragen, nämlich (i) ob sich aus der Treuepflicht eine Zustimmungspflicht der Gesellschafter zu einer vereinfachten Kapitalherabsetzung ergeben kann (s Rz 14 f) u (ii) ob das Bezugsrecht der Gesellschafter im Rahmen einer anschließenden Kapitalerhöhung zur Sanierung ausgeschlossen werden kann (s Rz 15). 13

Die Frage der **Zustimmungspflicht** zur nominellen Kapitalherabsetzung stellt sich idR dann, wenn sich nicht alle Gesellschafter an einer zur Sanierung gleichzeitig zu beschließenden Kapitalerhöhung beteiligen wollen oder können, oder wenn ein neuer Kapitalgeber gefunden werden soll, der Anteile übernimmt. Dieser wird regelmäßig erst dann dazu bereit sein, wenn davor die Stammeinlagen der Altgesellschafter zwecks Herstellung der richtigen Wert- u Stimmenverhältnisse auf den wahren wirtschaftlichen Wert herabgesetzt werden, damit das v Sanierer bereitgestellte neue Kapital nicht zur Deckung früherer Verluste ver- 14

---

52 Vgl schon *Bachner*, GesRZ 1998, 2 (6); *Völkl* in Straube/Ratka/Rauter, GmbHG § 59 Rz 34, 52; *Reich-Rohrwig*, GesRZ 2001, 69 (70); *Haglmüller*, Gesellschafterpflichten 245; BGH 9.2.1998, II ZR 278/96 – *Sachsenmilch*; aA offenbar *Kiegerl*, in Adensamer/Mitterecker, HB GesStreit, Rz 12/31.
53 *Völkl* in Straube/Ratka/Rauter, GmbHG § 60 Rz 8.
54 *M. Heidinger/Prechtl* in Gruber/Harrer, GmbHG[2] § 59 Rz 9; *Bachner*, GesRZ 1998, 2 (6); gegen einen strengen Maßstab jedoch *Völkl* in Straube/Ratka/Rauter, GmbHG § 59 Rz 53.

wendet wird, schneller wieder ein ausschüttbarer Bilanzgewinn ausgewiesen werden kann u das Verhältnis der v Sanierer übernommenen neuen Stammeinlagen zu den den Altgesellschaftern verbleibenden Stammeinlagen dem Wertverhältnis seines Sanierungsbeitrags zum bisherigen Wert der GmbH entspricht.[55] Das führt zwar auch dazu, dass die Altgesellschafter auch nicht mehr an einer etwaigen künftigen positiven Wertentwicklung der GmbH partizipieren können, bildet aber den Wert der Sanierungsbeiträge ab.[56]

15 Die Gesellschafter sind zwar, wenn diesbzgl keine anderweitigen Vereinbarungen bestehen, auch in der Krise der GmbH nicht verpflichtet, sich an der Sanierung wirtschaftlich zu beteiligen,[57] sie dürfen aber Sanierungsmaßnahmen zur Vermeidung des Zusammenbruchs der GmbH auch nicht im Weg stehen.[58] Die Gesellschafter trifft nach Jud u hL kraft ihrer **Treuepflicht** (gegenüber den Mitgesellschaftern)[59] unter bestimmten Voraussetzungen daher eine Zustimmungspflicht zur nominellen Kapitalherabsetzung u anschließenden Kapitalerhöhung, oder zumindest die Pflicht, nicht dagegen zu stimmen, sondern sich der Stimme zu enthalten, selbst wenn es dadurch mangels weiteren eigenen finanziellen Engagements zu einer **Verwässerung** ihrer Beteiligung an der GmbH kommt. Dies wird insb dann bejaht, wenn die GmbH (i) sanierungsbedürftig ist, (ii) die Kapitalmaßnahmen, einschließlich der zum Sanierungskonzept gehörenden Kapitalherabsetzung u -erhöhung, zur Sanierung geeignet u erforderlich sind u (iii) die Maßnahmen den Gesellschaftern zumutbar sind.[60] Die Treuepflicht verbietet es den Gesellschaftern, eine sinnvolle u mehrheitlich angestrebte Sanierung der GmbH aus eigennützigen Gründen zu verhindern.[61] Zuletzt hat der

---

55 *Bachner*, GesRZ 1998, 2 (6); *Reich-Rohrwig*, GesRZ 2001, 69 (71).
56 *Spiegelfeld/H. Foglar-Deinhardstein* in FS Torggler 1139 (1158); *Bachner*, GesRZ 1998, 2 (7).
57 OGH 16.11.2012, 6 Ob 47/11x.
58 *Spiegelfeld/H. Foglar-Deinhardstein* in FS Torggler 1139 (1156).
59 BGH 20.3.1995, II ZR 205/94 – *Girmes*.
60 BGH 20.3.1995, II ZR 205/94 – *Girmes*; *Reich-Rohrwig*, GesRZ 2001, 69 (76); *Winner* in Doralt/Nowotny/Kalss, AktG³ § 149 Rz 57; *Spiegelfeld/ H. Foglar-Deinhardstein* in FS Torggler 1139 (1157); *Cetin*, wbl 2014, 252 (254); *Haglmüller*, Gesellschafterpflichten 245; für Dtl *Döge*, ZIP 2018, 1220.
61 BGH 20.3.1995, II ZR 205/94 – *Girmes*; Zur (mE zu verneinenden) Frage, ob auch eine Gesellschafterminderheit einen Kapitalschnitt aus diesen Gründen durchsetzen kann, s *Reichert*, NZG 2018, 134 mwN (für die AG) zur Diskussion in Dtl.

BGH allg zur Treuepflicht ausgesprochen, dass ein Gesellschafter einer Maßnahme (nur, aber immerhin) dann zustimmen muss, wenn sie zur Erhaltung wesentlicher Werte oder zur Vermeidung erheblicher Verluste, die die GmbH bzw die Gesellschafter erleiden könnten, objektiv unabweisbar erforderlich ist u den Gesellschaftern unter Berücksichtigung ihrer eigenen schutzwürdigen Belange zumutbar ist, nämlich wenn der Gesellschaftszweck u das Interesse der GmbH gerade diese Maßnahme zwingend gebieten u der Gesellschafter seine Zustimmung ohne vertretbaren Grund verweigert.[62] Bei einer in der Krise befindlichen GmbH ist den Gesellschaftern die Zustimmung zur Kapitalmaßnahme idR wohl dann zumutbar, wenn die Gesellschafter dadurch finanziell nicht schlechter gestellt werden, als sie im Falle der sofortigen Liquidation stünden, zB wenn der Wert des Anteils ohne Sanierung ohnehin bereits null beträgt.[63] Gesellschaftern, die sich an der Sanierung beteiligen möchten, ist die Teilnahme an der Kapitalerhöhung u damit der Verbleib in der Gesellschaft zu ermöglichen, soweit es nicht eine sachliche Rechtfertigung für den Ausschluss ihres Bezugsrechts gibt.[64] Zur Frage der sachlichen Rechtfertigung eines **Bezugsrechtsausschluss zu Sanierungszwecken** s § 52 Rz 31;[65] zur Frage einer Entschädigung ausscheidender Gesellschafter s § 54 Rz 17.

Der Kapitalherabsetzungsbeschluss ist nach hL (bloß) **anfechtbar**, wenn vor Beschlussfassung Rücklagen nicht im erforderlichen Ausmaß aufgelöst[66] oder zu hohe Beträge in die gebundene Kapitalrücklage eingestellt wurden (vgl Rz 8, 9), zu hohe auszugleichende Verluste angenommen wurden,[67] oder der Beschluss die Art der Kapitalherabset-

16

---

62 BGH 12.4.2016, II ZR 275/14 – *Media Saturn*, EWiR 2016, 395 (*Seibt*); s auch OGH 31.1.2013, 6 Ob 100/12t (Beschluss zur Gewinnausschüttung kann treuwidrig sein, wenn Rücklagenbildung für die Überlebensfähigkeit der Gesellschaft erforderlich ist).
63 *Spiegelfeld/H. Foglar-Deinhardstein* in FS Torggler 1139 (1157) mwN; *Cetin*, wbl 2014, 252 (255).
64 *Reich-Rohrwig*, GesRZ 2001, 69 (73); *Spiegelfeld/H. Foglar-Deinhardstein* in FS Torggler 1139 (1157).
65 BGH 9.2.1998, II ZR 278/96 – *Sachsenmilch*: kein Erfordernis einer gleichzeitigen Kapitalerhöhung mit Bezugsrecht aller Gesellschafter, wenn die Sanierung dadurch voraussichtlich nicht zustande gekommen wäre (weil sich diesfalls kein die Sanierung übernehmender Dritter gefunden hätte).
66 OGH 27.4.2015, 6 Ob 90/14z.
67 *M. Heidinger/Prechtl* in Gruber/Harrer, GmbHG[2] § 59 Rz 19.

zung u deren Zweck nicht angibt.[68] Strittig ist, ob ein Beschluss, der keine Angabe darüber enthält, dass es sich um eine vereinfachte Kapitalherabsetzung handelt u nicht angefochten wird, iZw stets die Anwendung der Vorschriften über eine ordentliche Kapitalherabsetzung nach sich zieht.[69] Eine Verletzung des Gleichbehandlungsgrundsatzes macht den Herabsetzungsbeschluss ebenfalls bloß anfechtbar u nicht nichtig.[70] Der Beschluss ist **nichtig**, wenn ein gesetzwidriger Zweck beschlossen oder Gläubigerschutzbestimmungen, wie insb §§ 185, 187 AktG verletzt werden; entgegen diesen Bestimmungen vorgenommene Gewinnausschüttungen verstoßen gegen das Verbot der Einlagenrückgewähr.[71]

IV. Firmenbuchanmeldung und Eintragung

17 Mangels Aufgebotsverfahrens u Entfall der Anmeldung u Eintragung der beabsichtigten Kapitalherabsetzung gem § 55 ist sogleich nach dem GV-Beschluss die für die Kapitalherabsetzung notwendige **Änderung des GesV** beim FB anzumelden; im Gegensatz zur ordentlichen Kapitalherabsetzung entfällt daher die dreimonatige Sperrfrist.[72] Die Anmel-

---

68 *Völkl* in Straube/Ratka/Rauter, GmbHG § 59 Rz 43; *Diregger/Fichtinger* in Torggler, GmbHG § 59 Rz 7; *Koppensteiner/Rüffler*, GmbHG³ § 59 Rz 13; *M. Heidinger/Prechtl* in Gruber/Harrer, GmbHG² § 59 Rz 15; jedoch *M. Heidinger/Prechtl* (i) in Rz 16 für den Fall, dass nicht zumindest sämtliche ungebundenen Rücklagen vorweg aufgelöst wurden, für die Nichtigkeit eines solche (ungebundenen) Rücklagen ausweisenden JA u darauf beruhender Gewinnverwendungsbeschlüsse u (ii) in Rz 17 gegen die Anfechtbarkeit eines Herabsetzungsbeschlusses ohne vollständige Rücklagenauflösung in besonderen Fällen, etwa für den Fall der gebotenen vorrangigen Verlustteilnahme schuldrechtlich Beteiligter.
69 So *Koppensteiner/Rüffler*, GmbHG³ § 59 Rz 13; *Diregger/Fichtinger* in Torggler, GmbHG § 59 Rz 7; *M. Heidinger/Prechtl* in Gruber/Harrer, GmbHG² § 59 Rz 19; aA mE zu Recht *Völkl* in Straube/Ratka/Rauter, GmbHG § 59 Rz 43.
70 *Völkl* in Straube/Ratka/Rauter, GmbHG § 59 Rz 54, § 60 Rz 9.
71 *Diregger/Fichtinger* in Torggler, GmbHG § 59 Rz 8; *M. Heidinger/Prechtl* in Gruber/Harrer, GmbHG² § 59 Rz 19; s aber auch *Völkl* in Straube/Ratka/Rauter, GmbHG § 59 Rz 44, die eine Umdeutung des vereinfachten in einen ordentlichen Herabsetzungsbeschluss zulassen, wenn ein gem § 54 zulässiger Zweck angegeben wird u die Regeln der §§ 54 ff, insb ein Aufgebotsverfahren, eingehalten werden.
72 *Diregger/Fichtinger* in Torggler, GmbHG § 59 Rz 10; *Bachner*, GesRZ 1998, 2 (9).

dung zum FB ist v **allen GF** vorzunehmen u notariell oder gerichtl **beglaubigt** zu unterzeichnen. Die Anmeldung durch **Vertreter** kraft (beglaubigter) Vollmacht ist zulässig. In der Anmeldung ist anzuführen bzw zur Eintragung zu beantragen:

- das herabgesetzte (künftige) Stammkapital,
- der GV-Beschluss (Datum),
- der Herabsetzungsbetrag,
- die Änderung der die Höhe des Stammkapitals regelnden Bestimmung des GesV sowie
- die verminderten (künftigen) Stammeinlagen (samt einem etwaigen Ausscheiden v Gesellschaftern).

Mit der Anmeldung sind als **Beilagen** zu übermitteln (durch Einstellung in ein elektronisches Urkundenarchiv u Hinweis darauf in der elektronischen Anmeldung gem § 13 ERV 2021): **18**

- notariell beurkundetes **GV-Protokoll** mit dem Kapitalherabsetzungsbeschluss u etwaigen notwendigen sonstigen Nachw des gültigen Zustandekommens des Beschlusses (zB Einberufungsnachweise, falls nicht alle Gesellschafter bei der GV anwesend waren),
- geänderte Fassung des **GesV** mit **notarieller Beurkundung** gem § 51.

Mitunter verlangen die FB-Gerichte auch Unterlagen zur Glaubhaftmachung des abzudeckenden Bilanzverlusts. Falls die Kapitalherabsetzung samt Rücklagenauflösung den im letzten JA ausgewiesenen Bilanzverlust nicht übersteigt, reicht dieser JA aber zur Glaubhaftmachung aus; falls darüber hinaus auch unterjährig angefallene Verluste ausgeglichen werden sollen, bietet sich als Nachw die bisherige GuV des laufenden Geschäftsjahres an.[73]

Das **FB-Gericht** trifft eine Prüfpflicht nach allg Grundsätzen hinsichtlich Vollständigkeit u Gesetzmäßigkeit. Der Verweis des § 59 Abs 1 S 5 auf § 11 ist bedeutungslos.[74] Ist die Anmeldung unvollständig oder liegt eine Eintragungsvoraussetzung (noch) nicht vor, hat das FB-Gericht den GF die Behebung des Mangels aufzutragen (§ 17 FBG). Wurde der Kapitalherabsetzungsbeschluss angefochten, kann das FB-Gericht das Verfahren gem § 19 FBG unterbrechen, allerdings nur, wenn das **19**

---

73 *Birnbauer*, GES 2015, 27.
74 *Bachner*, GesRZ 1998, 2 (9); *Koppensteiner/Rüffler*, GmbHG[3] § 59 Rz 15.

rechtliche oder wirtschaftliche Interesse an einer raschen Eintragung nicht erheblich überwiegt (§ 19 Abs 2 FBG). Wurde der Kapitalherabsetzungsbeschluss nicht angefochten, hindert dies die Eintragung nicht.[75] Nach hL trifft das FB-Gericht zwar keine Pflicht zur Prüfung der Höhe des auszugleichenden Bilanzverlusts u der sonstigen bilanziellen Voraussetzungen; sind die diesbzgl Angaben im GV-Protokoll oder in der FB-Anmeldung aber unplausibel, kann das FB-Gericht weitere Nachw anfordern.[76]

20 Mit der **Eintragung im FB** werden die Kapitalherabsetzung u die damit verbundene Änderung des GesV wirksam (**konstitutive Wirkung**).[77] Zugleich werden auch die Stammeinlagen u die daran anknüpfenden Rechte der Gesellschafter vermindert. Zur Notwendigkeit, eine rückwirkende Kapitalherabsetzung innerhalb v drei Monaten einzutragen, s unten Rz 29.

V. Ausschüttungssperren

21 § 59 stellt den **Gläubigerschutz** durch Verweis auf die aktienrechtlichen Bestimmungen der §§ 185, 187 AktG sicher, die an die Stelle des Gläubigeraufrufs bei der ordentlichen Kapitalherabsetzung treten u im Ergebnis bis zu einer bestimmten Höhe u für einen bestimmten Zeitraum eine **Ausschüttungssperre** für Gewinne normieren. Gewinnausschüttungsbeschlüsse, die gegen diese Bestimmungen verstoßen, sind nichtig. Werden aufgrund solcher Beschlüsse Zahlungen an die Gesellschafter geleistet, so sind diese außer bei gutgläubigem Gewinnbezug (§ 83 Abs 1 S 2) zurückzuzahlen.[78] Weiters kann sich eine Haftung der GF gem § 25 ergeben.[79]

---

75 *Koppensteiner/Rüffler*, GmbHG³ § 59 Rz 15.
76 *Koppensteiner/Rüffler*, GmbHG³ § 59 Rz 15; *Diregger/Fichtinger* in Torggler, GmbHG § 59 Rz 12; *M. Heidinger/Prechtl* in Gruber/Harrer, GmbHG² § 59 Rz 21; *Völkl* in Straube/Ratka/Rauter, GmbHG § 59 Rz 50.
77 *Diregger/Fichtinger* in Torggler, GmbHG § 59 Rz 13; *Koppensteiner/Rüffler*, GmbHG³ § 59 Rz 17.
78 *Koppensteiner/Rüffler*, GmbHG³ § 59 Rz 19, 22; *Völkl* in Straube/Ratka/Rauter, GmbHG § 59 Rz 77; *Diregger/Fichtinger* in Torggler, GmbHG § 59 Rz 18; *Kalss* in Doralt/Nowotny/Kalss, AktG³ § 187 Rz 15.
79 *Völkl* in Straube/Ratka/Rauter, GmbHG § 59 Rz 77; *M. Heidinger/Prechtl* in Gruber/Harrer, GmbHG² § 59 Rz 22; *Gellis/Feil*, GmbHG⁷ § 59 Rz 8.

Falls sich bei der Erstellung des JA für das Geschäftsjahr, in dem die 22
GV den Beschluss über die Kapitalherabsetzung gefasst hat, oder für
eines der beiden folgenden Geschäftsjahre herausstellt, dass die **Verluste**
tatsächlich nicht in der bei der Beschlussfassung angenommen Höhe
eingetreten u somit **zu hoch angenommen** waren, so ist der Unterschiedsbetrag (zw dem Kapitalherabsetzungsbetrag u dem tatsächlich
eingetretenen Verlust) in eine **gebundene Kapitalrücklage** einzustellen
(§ 59 Abs 1 S 6 iVm § 185 AktG, s auch § 229 Abs 2 Z 4 UGB). Dabei ist
auf die Verluste im Zeitpunkt des Kapitalherabsetzungsbeschlusses abzustellen, jedoch unter Berücksichtigung der im Zeitpunkt der späteren
JA-Aufstellung vorliegenden werterhellenden Informationen.[80] Die Bildung einer gebundenen Rücklage soll verhindern, dass ein zu hoch angenommener Verlust zu einer zu hohen vereinfachten Kapitalherabsetzung führt u damit später ein Bilanzgewinn ausgewiesen u
ausgeschüttet wird, der ohne die Kapitalherabsetzung nicht ausgewiesen
werden könnte.[81] § 185 AktG ist nur dann anzuwenden, wenn sich die
bei der Beschlussfassung über die Kapitalherabsetzung angenommen
Verluste **spätestens bei** der Aufstellung des JA für das **zweite** auf das
Jahr des Herabsetzungsbeschlusses folgende Geschäftsjahr als überhöht
herausstellen. Gebundene Rücklagen gem § 185 AktG können bzw
müssen ggf, anders als jene gem §§ 183, 186 AktG, auch mehr als 10 %
des Stammkapitals betragen. Obwohl idR bloß für große GmbH gebundene Rücklagen vorgesehen sind, erfordert es der Normzweck u ist es
auch hL, dass diese Bestimmung auch auf **kleine u mittelgroße GmbH**
anzuwenden ist.[82] Es besteht die Möglichkeit, im GV-Beschluss für den
Fall Vorsorge zu treffen, dass sich zw Beschlussfassung u FB-Anmeldung der Verlust als geringer als erwartet herausstellt, indem die GF angewiesen werden, diesfalls nur den geringeren Betrag anzumelden.[83]

Auffüllung v gebundenen Rücklagen: Große GmbH (iSd § 221 23
Abs 3 UGB) dürfen nach einer vereinfachten Kapitalherabsetzung kei-

---

80 *M. Heidinger/Prechtl* in Gruber/Harrer, GmbHG² § 59 Rz 25; *Kalss* in
Doralt/Nowotny/Kalss, AktG³ § 185 Rz 4.
81 *Völkl* in Straube/Ratka/Rauter, GmbHG § 59 Rz 20, 66; *Koppensteiner/Rüffler*, GmbHG³ § 59 Rz 18.
82 *Koppensteiner/Rüffler*, GmbHG³ § 59 Rz 18; *Bachner*, RWZ 2000, 137 (140);
M. Heidinger/Prechtl in Gruber/Harrer, GmbHG² § 59 Rz 25; *Völkl* in
Straube/Ratka/Rauter, GmbHG § 59 Rz 21; *Reich-Rohrwig*, GesRZ 2001, 69
(70).
83 *M. Heidinger/Prechtl* in Gruber/Harrer, GmbHG² § 59 Rz 24 ff.

nen Gewinn ausschütten, bevor die gebundenen Kapitalrücklagen **10 %
des (reduzierten) Stammkapitals** erreicht haben, mind jedoch € 1.000
(§ 59 Abs 1 iVm § 187 Abs 1 AktG).[84] Damit ist im Ergebnis nur die vorrangige (im Vergleich zu § 229 Abs 6 UGB beschleunigte) Auffüllung
der gesetzl Rücklage aus künftigen Jahresüberschüssen normiert.[85] Eine
gleichzeitige oder spätere Kapitalerhöhung bleibt bei der Bemessung außer Ansatz.[86] Auf **kleine u mittelgroße** GmbH ist diese Einschränkung
nicht anzuwenden (§ 23, § 229 Abs 4 UGB e contrario).[87] Die Ausschüttungsbeschränkung des § 187 Abs 1 AktG ist nicht anwendbar,
wenn eine 10 %ige gebundene Rücklage bereits durch Nichtauflösung
gebundener Rücklagen gem § 183 AktG oder Einstellung des Kapitalherabsetzungsbetrags in eine gebundene Rücklage gem § 186 AktG beibehalten bzw geschaffen wurde.[88] Wird eine gebundene Rücklage gem
§§ 183, 185, 186 oder 187 Abs 1 AktG in der Folge zum Ausgleich v Verlusten gem § 29 Abs 7 UGB aufgelöst, besteht keine Pflicht zur Wiederauffüllung gem § 187 Abs 1 AktG.[89]

24 Weiters dürfen **Gewinnanteile v mehr als 4 % des Stammkapitals**
erst für ein Geschäftsjahr ausgeschüttet werden, das **später als zwei
Jahre nach dem Kapitalherabsetzungsbeschluss** beginnt (Abs 1 iVm
§ 187 Abs 2 AktG). Dies gilt auch für kleine u mittelgroße GmbH.[90] Es
kommt für die Berechnung des maximal 4 %-igen Ausschüttungsbetra-

---

[84] Der Verweis auf das Mindeststammkapital des § 6 Abs 1 (analog dem in § 187 Abs 1 AktG verwiesenen § 7 AktG) erklärt sich durch die Möglichkeit, das Stammkapital unter diesen Betrag herabzusetzen, wenn gleichzeitig eine Kapitalerhöhung auf diesen Betrag beschlossen wird (*Koppensteiner/Rüffler*, GmbHG³ § 59 Rz 19) u ist gem *Umfahrer* auch dann maßgeblich, wenn die GmbH aus anderen Gründen ein höheres Mindeststammkapital haben muss (*Umfahrer*, GmbH⁷ Rz 11.29 FN 2308).
[85] *Bachner*, RWZ 2000, 137 (140).
[86] *Kalss* in Doralt/Nowotny/Kalss, AktG³ § 187 Rz 5; *Nagele/Lux* in Artmann/Karollus, AktG III⁶ § 187 Rz 3/1.
[87] *Koppensteiner/Rüffler*, GmbHG³ § 59 Rz 19; *Völkl* in Straube/Ratka/Rauter, GmbHG § 59 Rz 68; *M. Heidinger/Prechtl* in Gruber/Harrer, GmbHG² § 59 Rz 27; *Diregger/Fichtinger*, GmbHG § 59 Rz 16; *Umfahrer*, GmbH⁷ Rz 11.26; *Bachner*, RWZ 2000, 137 (140).
[88] *M. Heidinger/Prechtl* in Gruber/Harrer, GmbHG² § 59 Rz 28; *Bachner* in Doralt/Nowotny/Kalss, AktG² § 187 Rz 5.
[89] *M. Heidinger/Prechtl* in Gruber/Harrer, GmbHG² § 59 Rz 28; *Nagele/Lux* in Artmann/Karollus, AktG III⁶ § 187 Rz 3/1.
[90] *Koppensteiner/Rüffler*, GmbHG § 59 Rz 20; *Diregger/Fichtinger* in Torggler, GmbHG § 59 Rz 17; *Völkl* in Straube/Ratka/Rauter, GmbHG § 59 Rz 70.

ges auf den Betrag des Stammkapitals im Zeitpunkt der Beschlussfassung über die jew Gewinnausschüttung an, sodass inzwischen erfolgte Kapitalerhöhungen das Ausschüttungspotential erhöhen.[91] Die 4%-Grenze gilt für den Gesamtbetrag der Ausschüttungen u steht bei alinearer Gewinnverteilung höheren Ausschüttungen an einzelne Gesellschafter nicht entgegen.[92] Die Beschränkung erfasst einen etwaigen Bilanzgewinn im JA für das im Zeitpunkt des Kapitalherabsetzungsbeschlusses laufende Geschäftsjahr u die beiden folgenden Geschäftsjahre; nicht aber für spätere Geschäftsjahre, selbst wenn der dann darin ausgewiesene Bilanzgewinn in den gesperrten Jahren erwirtschaftet u vorgetragen wurde. Fraglich ist, ob Rumpfgeschäftsjahre aufgrund einer Vorverlegung des Abschlussstichtages die Frist verkürzen; der Gesetzeswortlaut scheint auf zwei Kalenderjahre abzustellen, sodass diese Frist nicht verkürzbar sein dürfte; allerdings kann dadurch der Beginn des ersten Geschäftsjahres, für das die Beschränkung nicht mehr gilt, vorverlegt u die Frist zumindest in dieser Hinsicht verkürzt werden.[93]

Diese **Beschränkung** der Gewinnausschüttung auf 4% des Stammkapitals **gilt nicht**, wenn vor der Gewinnausschüttung ein **Gläubigeraufruf** durchgeführt wurde u die Gläubiger, deren Forderungen vor der Veröffentlichung der Eintragung des Kapitalherabsetzungsbeschlusses begründet worden sind u die sich fristgerecht (dazu sogleich) zu diesem Zweck bei der GmbH gemeldet haben, befriedigt oder sichergestellt worden sind. Einer Sicherstellung v Gläubigern bedarf es nicht, wenn diesen im Insolvenzverfahren ein Recht auf vorzugsweise Befriedigung aus einer nach gesetzl Vorschrift zu ihrem Schutz errichteten u staatlich überwachten Deckungsmasse zusteht. Die Gläubiger sind in einer gesonderten **Bekanntmachung** auf der v der Wiener Zeitung GmbH betriebenen **Elektronischen Verlautbarungs- u Informationsplattform des Bundes (EVI)** auf das Recht, Befriedigung oder Sicherstellung zu verlangen, hinzuweisen.[94] **Bekannten Gläubigern** ist eine **unmittelbare** 25

---

91 *M. Heidinger/Prechtl* in Gruber/Harrer, GmbHG[2] § 59 Rz 30; *Kalss* in Doralt/Nowotny/Kalss, AktG[3] § 187 Rz 8; *Nagele/Lux* in Artmann/Karollus, AktG III[6] § 187 Rz 7/1.
92 *M. Heidinger/Prechtl* in Gruber/Harrer, GmbHG[2] § 59 Rz 30; *Kalss* in Doralt/Nowotny/Kalss, AktG[3] § 187 Rz 9; *Nagele/Lux* in Artmann/Karollus, AktG III[6] § 187 Rz 7/1.
93 *M. Heidinger/Prechtl* in Gruber/Harrer, GmbHG[2] § 59 Rz 29; mglw aA *Bachner* in Doralt/Nowotny/Kalss, AktG[2] § 187 Rz 6.
94 *Völkl* in Straube/Ratka/Rauter, GmbHG § 59 Rz 73.

Mitteilung zu machen (Abs 1 S 7; s auch § 55 Rz 9). Strittig ist, ob die Frist, innerhalb der die Gläubiger Sicherstellung begehren können, sechs Monate (§ 187 Abs 2 S 2 AktG)[95] oder drei Monate (§ 55 Abs 2)[96] beträgt u ob diese mit dem Tag der Bekanntmachung der Einreichung des JA durch das FB-Gericht,[97] dem Tag der letzten unmittelbaren Gläubigerverständigung oder dem Tag der Veröffentlichung des Gläubigeraufrufs[98] beginnt; mE ist analog § 55 Abs 2 auf den Tag der Veröffentlichung des Gläubigeraufrufs (über EVI oder in etwaigen weiteren Bekanntmachungsblättern der Gesellschaft, je nachdem welche Veröffentlichung später erfolgt) abzustellen u die Dreimonatsfrist anzuwenden. Vor Fristablauf kann eine über die 4 %-Grenze hinausgehende Gewinnausschüttung nur unter der aufschiebenden Bedingung der Befriedigung u Sicherstellung jener Gläubiger, die sich berechtigterweise gemeldet haben, beschlossen werden.[99]

26   Der Verweis in Abs 1 (auch) auf § 187 Abs 3 AktG hat keine eigene normative Bedeutung, weil Abs 2 ohnehin bereits dasselbe anordnet.[100] Beide Bestimmungen gelten im Gegensatz zu § 187 Abs 1 u 2 AktG ohne zeitliche u betragliche Beschränkung, sind aber idR deshalb überflüssig, weil eine Gewinnausschüttung der aus der Kapitalherabsetzung u Rücklagenauflösung gewonnenen Beträge ohnehin durch die Verrechnung mit dem Bilanzverlust u, falls dieser zu hoch angenommen wurde, Einstellung in gebundene Rücklagen gem § 185 AktG verhindert wird.

---

95 *Völkl* in Straube/Ratka/Rauter, GmbHG § 59 Rz 72, 74; *M. Heidinger/Prechtl* in Gruber/Harrer, GmbHG² § 59 Rz 32; *Umfahrer*, GmbH⁷ Rz 11.27.
96 *Diregger/Fichtinger* in Torggler, GmbHG § 59 Rz 17; *Koppensteiner/Rüffler*, GmbHG³ § 59 Rz 20; *Bachner*, GesRZ 1998, 2 (8).
97 *Koppensteiner/Rüffler*, GmbHG³ § 59 Rz 20.
98 *Diregger/Fichtinger* in Torggler, GmbHG § 59 Rz 17; *Völkl* in Straube/Ratka/Rauter, GmbHG § 59 Rz 74; *M. Heidinger/Prechtl* in Gruber/Harrer, GmbHG² § 59 Rz 32; *Umfahrer*, GmbH⁷ Rz 11.28.
99 *Völkl* in Straube/Ratka/Rauter, GmbHG § 59 Rz 75.
100 *Koppensteiner/Rüffler*, GmbHG³ § 59 Rz 21; *Völkl* in Straube/Ratka/Rauter, GmbHG § 59 Rz 76; *M. Heidinger/Prechtl* in Gruber/Harrer, GmbHG² § 59 Rz 23; *Umfahrer*, GmbH⁷ Rz 11.26.

VI. Bilanzielle Rückwirkung

Die vereinfachte Kapitalherabsetzung kann auch bereits im JA für das **27**
letzte vor der Beschlussfassung über die Kapitalherabsetzung abgelaufene **Geschäftsjahr ausgewiesen** werden. Das folgt aus dem Verweis in
Abs 1 S 6 auf § 188 AktG. Dadurch ist es möglich, bereits in diesem JA
Stammkapital u Rücklagen in jenem (herabgesetzten) Ausmaß auszuweisen, wie sie nach der Kapitalherabsetzung bestehen sollen, u somit
gleichzeitig die buchmäßige Beseitigung des Bilanzverlusts, die durch
die ertragswirksame Verbuchung der Kapitalherabsetzung erfolgt, bereits im JA für das Jahr der Verlustentstehung auszuweisen.[101] Die
Rückwirkung ist auf den Bilanzausweis beschränkt u ändert nichts
daran, dass die Kapitalherabsetzung erst mit der Eintragung der Änderung des GesV im FB wirksam wird.[102]

Voraussetzung der bilanziellen Rückwirkung ist, dass der Beschluss **28**
über die **Feststellung des JA** zugleich mit dem Beschluss über die Kapitalherabsetzung gefasst wird, was iSe Fassung beider Beschlüsse **in derselben GV** verstanden wird (§ 59 Abs 1 S 6 iVm § 188 Abs 2 AktG).[103]
Erfolgt keine gleichzeitige Beschlussfassung, ist die Feststellung des JA
unter rückwirkender Einbeziehung der Kapitalherabsetzung anfechtbar.[104]

Eine rückwirkende Kapitalherabsetzung muss innerhalb v **drei Monaten** **29**
nach der Beschlussfassung ins **FB eingetragen** werden, widrigenfalls der Beschluss **unwirksam** wird (§ 59 Abs 1 iVm § 188 Abs 3 AktG).
Auch der JA ist dann in Bezug auf die darin ausgewiesene Kapitalherabsetzung nichtig,[105] im Übrigen (mit seinem sonstigen Inhalt) jedoch gül-

---

101 *Bachner*, GesRZ 1998, 2 (10); *Koppensteiner/Rüffler*, GmbHG³ § 59 Rz 11; *Völkl* in Straube/Ratka/Rauter, GmbHG § 59 Rz 55; *M. Heidinger/Prechtl* in Gruber/Harrer, GmbHG² § 59 Rz 33; *Diregger/Fichtinger* in Torggler, GmbHG § 59 Rz 14; *Kalss* in Doralt/Nowotny/Kalss, AktG³ § 188 Rz 1.
102 *M. Heidinger/Prechtl* in Gruber/Harrer, GmbHG² § 59 Rz 33; *Kalss* in Doralt/Nowotny/Kalss, AktG³ § 188 Rz 3.
103 *M. Heidinger/Prechtl* in Gruber/Harrer, GmbHG² § 59 Rz 34; *Diregger/Fichtinger* in Torggler, GmbHG § 59 Rz 14; *Koppensteiner/Rüffler*, GmbHG § 59 Rz 11; *Kalss* in Doralt/Nowotny/Kalss, AktG³ § 188 Rz 7.
104 *Diregger/Fichtinger* in Torggler, GmbHG § 59 Rz 14; *Koppensteiner/Rüffler*, GmbHG § 59 Rz 11; *Kalss* in Doralt/Nowotny/Kalss, AktG³ § 188 Rz 7.
105 *Koppensteiner/Rüffler*, GmbHG § 59 Rz 16; *Kalss* in Doralt/Nowotny/Kalss, AktG³ § 188 Rz 8.

tig.[106] Diese kurze Frist (vgl demgegenüber die Sechsmonatsfrist gem § 54 Abs 4 iVm § 181 Abs 2 AktG) soll sicherstellen, dass die im JA für das abgelaufene Geschäftsjahr bereits ausgewiesene Kapitalmaßnahme möglichst rasch wirksam u der rückwirkende Bilanzausweis damit möglichst rasch gerechtfertigt wird.[107] Der Ablauf dieser Frist wird durch anhängige Klagen gem § 41 sowie Verfahren zur Erteilung einer für die Kapitalherabsetzung notwendigen behördlichen Genehmigung **gehemmt**. Nach Fristablauf darf das FB-Gericht die rückwirkende Kapitalherabsetzung nicht mehr eintragen.[108] Eine Umdeutung in eine vereinfachte Kapitalherabsetzung ohne bilanzielle Rückwirkung wäre freilich zu überlegen, jedenfalls kann der Kapitalherabsetzungsbeschluss dies mE alternativ als Rechtsfolge eines Fristablaufs vorsehen. Falls es nach drei Monaten doch zur Eintragung kommt, heilt die Mangelhaftigkeit der Beschlüsse sowie der JA spätestens nach drei Jahren analog § 200 Abs 2 AktG.[109]

30 Die aus der rückwirkenden vereinfachten Kapitalherabsetzung gewonnenen Beträge u allfällige Zuweisungen zu gebundenen Rücklagen gem § 186 AktG sind **in der GuV gesondert** auszuweisen; § 60 Abs 3 iVm § 190 AktG gilt unabhängig v der Durchführung auch einer Kapitalerhöhung (s § 60 Rz 13).[110] Der JA, in dem die vereinfachte Kapitalherabsetzung rückwirkend ausgewiesen wird, darf erst **nach der FB-Eintragung** der Kapitalherabsetzung **veröffentlicht** werden; § 60 Abs 2 iVm § 191 AktG gilt auch dann, wenn nur eine vereinfachte Kapitalherabsetzung u nicht auch gleichzeitig eine Kapitalerhöhung rückwirkend

---

106 S auch *Birnbauer*, GES 2015, 27 (29), wonach überhaupt nur der JA mit dem bisherigen Stammkapital u dem Bilanzverlust festzustellen wäre, der JA mit dem bereits herabgesetzten Stammkapital aber nicht neuerlich festgestellt werden müsste.
107 *Koppensteiner/Rüffler*, GmbHG § 59 Rz 16; *Kalss* in Doralt/Nowotny/Kalss, AktG³ § 188 Rz 8.
108 *M. Heidinger/Prechtl* in Gruber/Harrer, GmbHG² § 59 Rz 34.
109 *Koppensteiner/Rüffler*, GmbHG³ § 59 Rz 16, § 54 Rz 11; *M. Heidinger/Prechtl* in Gruber/Harrer, GmbHG² § 59 Rz 34; *Diregger/Fichtinger* in Torggler, GmbHG § 59 Rz 15; mglw für eine sofortige Heilung *Kalss* in Doralt/Nowotny/Kalss, AktG³ § 188 Rz 9.
110 *Völkl* in Straube/Ratka/Rauter, GmbHG § 59 Rz 56; *M. Heidinger/Prechtl* in Gruber/Harrer, GmbHG² § 59 Rz 35; *Diregger/Fichtinger* in Torggler, GmbHG § 60 Rz 11; *Bachner*, GesRZ 1998, 2 (12); *Völkl* in Straube/Ratka/Rauter, GmbHG § 60 Rz 36 ff.

vorgenommen wurde.[111] Strittig ist, ob diese Bestimmung bei GmbH auch die Einreichung des JA beim FB-Gericht[112] oder nur die Bekanntmachung der Einreichung durch das FB-Gericht untersagt.[113] Meines Erachtens ist der **JA beim FB-Gericht einzureichen** u dieses auf die noch nicht eingetragene rückwirkende Kapitalherabsetzung hinzuweisen. Der JA ist im Übrigen auch Teil des bei der Anmeldung der rückwirkenden Kapitalherabsetzung beizulegenden GV-Protokolls, weil in dieser GV auch der JA festzustellen ist (s oben Rz 28).

§ 60. (1) ¹Wird die vereinfachte Kapitalherabsetzung gemäß § 59 in sinngemäßer Anwendung des § 188 AktG und zugleich mit der Herabsetzung des Stammkapitals eine Erhöhung des Stammkapitals beschlossen, so kann auch die Kapitalerhöhung in dem Jahresabschluß als vollzogen berücksichtigt werden. ²Die Beschlußfassung ist nur zulässig, wenn die neuen Stammeinlagen übernommen, keine Sacheinlagen bedungen sind und wenn auf jede erhöhte Stammeinlage die Mindestzahlung gemäß § 10 Abs. 1 geleistet ist. ³Die Zahlung kann auch auf ein Bankkonto des Übernehmers geleistet werden, wenn sich die Bank für die Dauer der Verbindlichkeit der Übernahmserklärung unwiderruflich verpflichtet, den eingezahlten Betrag (samt Zinsen) bei Nachweis der Eintragung der Kapitalerhöhung zur freien Verfügung der Gesellschaft zu stellen; über dieses Guthaben kann der Übernehmer vor Ablauf der Frist des Abs. 2 nicht verfügen. ⁴Davon ausgenommen sind Verfügungen des Übernehmers zur Deckung von Abgaben, Gebühren und Kosten der Kapitalerhöhung. ⁵Das Guthaben ist nicht pfändbar. ⁶Der Nachweis der Übernahme der erhöhten Stammeinlagen und der Einzahlung ist dem Notar zu erbringen, der den Beschluß über die Erhöhung des Stammkapitals beurkundet. ⁷Hat der Übernehmer erklärt, daß die Übernahmserklärung unverbindlich wird, wenn die Erhöhung des Stammkapitals nicht bis zu einem bestimmten Zeitpunkt eingetra-

---

111 *Völkl* in Straube/Ratka/Rauter, GmbHG § 59 Rz 61; *M. Heidinger/Prechtl* in Gruber/Harrer, GmbHG² § 59 Rz 36; *Koppensteiner/Rüffler*, GmbHG³ § 60 Rz 5.
112 *Bachner* in Doralt/Nowotny/Kalss, AktG² § 191 Rz 2; *Nagele/Lux* in Artmann/Karollus, AktG⁶ § 191 Rz 1.
113 *Koppensteiner/Rüffler*, GmbHG³ § 60 Rz 5.

Kapitalerhöhung gem § 60 kombiniert werden. Umgekehrt kann sowohl eine vereinfachte Kapitalherabsetzung gem § 59 (mit oder ohne bilanzielle Rückwirkung) als auch eine ordentliche Kapitalherabsetzung gem §§ 54 ff mit einer ordentlichen Kapitalerhöhung ohne Rückwirkung gem §§ 52, 53 kombiniert werden (s § 54 Abs 4).[6]

II. Voraussetzungen und Verfahren

4   Zunächst müssen die Voraussetzungen für eine **vereinfachte Kapitalherabsetzung nach § 59** einschließlich deren Rückwirkung erfüllt sein (s dazu die Komm zu § 59).[7] Die Beschlussfassung über die Kapitalherabsetzung u jene über die Kapitalerhöhung müssen *„zugleich"*, dh nach hL **in derselben GV** erfolgen.[8] Für den Kapitalherabsetzungsbeschluss gilt § 59 (s § 59 Rz 10 ff). Für den Kapitalerhöhungsbeschluss gilt, soweit sich aus § 60 nichts anderes ergibt, § 52 (s § 52 Rz 4 ff).[9] Beide Beschlüsse bedürfen, wie jede Satzungsänderung, einer **Dreiviertelmehrheit** der abgegebenen Stimmen, falls der GesV keine höhere Mehrheit vorsieht. Grundsätzlich haben auch bei einer Kapitalerhöhung gem § 60 alle Gesellschafter ein **Bezugsrecht** im Verhältnis ihrer bisherigen Anteile vor Kapitalherabsetzung.[10] Die Voraussetzungen eines **Bezugsrechtsausschlusses** richten sich nach den gleichen Kriterien wie bei einer ordentlichen Kapitalerhöhung gem § 52 (s § 52 Rz 28 ff). Ebenfalls in derselben GV muss auch der Beschluss über die **Feststellung des JA** gefasst werden (§ 59 Abs 1 iVm § 188 Abs 2 AktG). Erfolgt keine gleichzeitige Beschlussfassung, ist die Feststellung des JA unter rückwirkender Einbeziehung der Kapitalmaßnahmen anfechtbar.[11]

---

6 *Diregger/Fichtinger* in Torggler, GmbHG § 59 Rz 9, § 60 Rz 2; *Bachner*, GesRZ 1998, 2 (10); *M. Heidinger/Prechtl* in Gruber/Harrer, GmbHG² § 60 Rz 3; *Völkl* in Straube/Ratka/Rauter, GmbHG § 60 Rz 5.
7 *M. Heidinger/Prechtl* in Gruber/Harrer, GmbHG² § 60 Rz 4.
8 *Völkl* in Straube/Ratka/Rauter, GmbHG § 60 Rz 13; *Diregger/Fichtinger* in Torggler, GmbHG § 60 Rz 8; *Koppensteiner/Rüffler*, GmbHG³ § 60 Rz 2; zweifelnd offenbar *M. Heidinger/Prechtl* in Gruber/Harrer, GmbHG² § 60 Rz 11.
9 *Diregger/Fichtinger* in Torggler, GmbHG § 60 Rz 8.
10 *Völkl* in Straube/Ratka/Rauter, GmbHG § 60 Rz 8.
11 *Völkl* in Straube/Ratka/Rauter, GmbHG § 60 Rz 14; *Diregger/Fichtinger* in Torggler, GmbHG § 60 Rz 8; *Koppensteiner/Rüffler*, GmbHG³ § 60 Rz 2.

Die rückwirkende Kapitalerhöhung kann nur durch **Bareinlagen** erfolgen; nach dem Gesetzeswortlaut dürfen *„keine Sacheinlagen bedungen"* sein. Gemäß hL ist überhaupt nur eine reine Barkapitalerhöhung zulässig, sodass auch ein über das Mindeststammkapital hinausgehender Betrag nicht mit Sacheinlagen aufgebracht werden kann.[12] Diese Sicht widerspricht interessanterweise der hL zum Kapitalschnitt ohne bilanzielle Rückwirkung gem § 54 Abs 4 (vgl § 54 Rz 17).[13] Mit Ausführungen zur Bewertung v Sacheinlagen[14] lässt sich diese Differenzierung mE nicht begründen, sondern allenfalls noch mit dem leicht untersch Wortlaut v § 54 Abs 4 u § 60 Abs 1 S 2 sowie damit, dass in § 60 Abs 1 eine abschließende Regelung für bilanziell rückwirkende Kapitalerhöhungen gesehen werden kann. Jedenfalls möglich ist es, eine rückwirkende vereinfachte Kapitalherabsetzung u eine rückwirkende Barkapitalerhöhung gem §§ 59, 60 mit einer bilanziell ex nunc wirkenden Sachkapitalerhöhung gem §§ 52, 53 zu kombinieren.

Im Zeitpunkt der Beschlussfassung müssen die neuen **Stammeinlagen bereits übernommen** u deren Mindestbetrag eingezahlt sein. Diese v Regelfall einer Kapitalerhöhung gem § 52 (zuerst Kapitalerhöhungsbeschluss, dann Übernahme der neuen Stammeinlagen) abw Reihenfolge soll die tatsächliche Durchführung der beschlossenen Kapitalerhöhung u damit auch die Richtigkeit des gleichzeitig mit dem Kapitalerhöhungsbeschluss festzustellenden JA sicherstellen.[15] Für die **Übernahmserklärung** (bzw Übernahms- u Beitrittserklärung) gelten die allg Regeln (s § 52 Rz 35 ff). Sie bedarf der Form eines Notariatsakts (§ 52 Abs 4). Der Übernehmer kann die Bindungswirkung der Übernahmserklärung zeitlich beschränken, sodass sie unverbindlich wird bzw der Übernahmevertrag, der idR mit Beschlussfassung der Kapitalerhöhung in der GV zustandekommen wird, wieder unwirksam wird

---

12 So *M. Heidinger/Prechtl* in Gruber/Harrer, GmbHG² § 60 Rz 7; *Diregger/Fichtinger* in Torggler, GmbHG § 60 Rz 5; *Kalss* in Doralt/Nowotny/Kalss, AktG³ § 189 Rz 5; aA *Völkl* in Straube/Ratka/Rauter, GmbHG § 60 Rz 20.
13 *Koppensteiner/Rüffler*, GmbHG³ § 54 Rz 11; *M. Heidinger/Prechtl* in Gruber/Harrer, GmbHG² § 54 Rz 16; *Diregger/Fichtinger* in Torggler, GmbHG § 54 Rz 20; *Völkl* in Straube/Ratka/Rauter, GmbHG § 54 Rz 35; *Bachner* in Doralt/Nowotny/Kalss, AktG² § 181 Rz 5; *Nagele/Lux* in Artmann/Karollus, AktG III⁶ § 181 Rz 7.
14 *M. Heidinger/Prechtl* in Gruber/Harrer, GmbHG² § 60 Rz 7; *Diregger/Fichtinger* in Torggler, GmbHG § 60 Rz 5.
15 *Koppensteiner/Rüffler*, GmbHG³ § 60 Rz 3.

(auflösende Bedingung), wenn die Kapitalerhöhung nicht bis zu einem bestimmten Zeitpunkt im FB eingetragen ist. Allerdings muss die Übernahmserklärung zumindest 60 Tage lang wirksam bleiben (Abs 1 S 7); dies soll der GmbH ausreichend Zeit geben, um die Beschlussfassung der Kapitalerhöhung in der GV u die Eintragung im FB zu bewirken.[16] Ob eine kürzere Befristung der Übernahmserklärung bloß unbeachtlich ist[17] oder aber die gesamte Übernahmserklärung unwirksam macht,[18] ist str, aber letzten Endes eine Frage der Auslegung des in der Erklärung zum Ausdruck kommenden (oder sonst geäußerten) rechtsgeschäftlichen Willens des Übernehmers. Nach der Eintragung der Kapitalerhöhung im FB kann ein solcher Mangel der Übernahmserklärung jedenfalls nicht mehr geltend gemacht werden (s § 52 Rz 46, § 53 Rz 12).

7 Bereits **vor Beschlussfassung** muss auf jede erhöhte Stammeinlage der **Mindestbetrag** gem § 10 Abs 1 eingezahlt sein (mind ein Viertel, jedenfalls € 70). Für die Einlagenzahlung u deren Nachw gelten, soweit Abs 1 nichts Abw vorsieht, grds die allg Regeln (s § 52 Rz 47 ff, § 10 Rz 7 ff; s jedoch zusätzlich unten Rz 8, 9).[19] Die str Frage, ob bisherige bereits auf Stammeinlagen über den Mindestbetrag hinaus geleistete Zahlungen auf den erhöhten Mindestbetrag angerechnet werden können, ist mE hier nicht anders zu behandeln als für § 52 (Rz 48); der Wortlaut des Abs 1 (*"auf jede erhöhte Stammeinlage"*) rechtfertigt mE keine untersch Beurteilung (str).[20] Es ist daher im Ergebnis davon auszugehen, dass die Rsp entgegen der überwiegenden L[21] auch im Kontext des § 60, so wie zu § 52, vertreten wird, dass es sich bei der Kapitalerhöhung um eine Art **Zusatzgründung** handelt u bisher erbrachte Leistungen **nicht anzurechnen** sind.[22]

8 Im Untersch zu ordentlichen Kapitalerhöhungen gem § 52 muss der Übernehmer die Einlage nicht sofort auf ein Bankkonto der GmbH ein-

---

16 *Kalss* in Doralt/Nowotny/Kalss, AktG³ § 189 Rz 8.
17 *Diregger/Fichtinger* in Torggler, GmbHG § 60 Rz 6.
18 *Koppensteiner/Rüffler*, GmbHG³ § 60 Rz 3.
19 *Diregger/Fichtinger* in Torggler, GmbHG § 60 Rz 7.
20 *M. Heidinger/Prechtl* in Gruber/Harrer, GmbHG² § 60 Rz 8; **aA** jedoch mit jew entgegengesetzten Schlussfolgerungen: *Koppensteiner/Rüffler*, GmbHG³ § 60 Rz 3 (Anrechnung); *Völkl* in Straube/Ratka/Rauter, GmbHG § 60 Rz 25 (keine Anrechnung).
21 *Koppensteiner/Rüffler*, GmbHG³ § 52 Rz 31 mwN; *Thiery*, ecolex, 1990, 549; *Bachner*, GesRZ 1998, 2 (11) mwN.
22 OGH 13.6.1990, 6 Ob 14/90; 14.7.1993, 7 Ob 548/93; *Umfahrer*, GmbH⁷ Rz 10.23 mwN.

zahlen, sondern kann diese auch auf **ein eigenes Bankkonto einzahlen**, wenn sich die **Bank** für die Dauer der Verbindlichkeit der Übernahmserklärung **unwiderruflich verpflichtet**, den eingezahlten Betrag samt Zinsen bei Nachw der FB-Eintragung der Kapitalerhöhung der GmbH zur freien Verfügung zu stellen. Dies soll den Übernehmer insb für den Fall des Scheiterns der Kapitalerhöhung u der Insolvenz der GmbH schützen u gleichzeitig die Kapitalaufbringung für den Fall des Zustandekommens der Kapitalerhöhung sicherstellen.[23] Der Einzahler kann über das Guthaben selbst bei einem Nichtzustandekommen der Kapitalerhöhung erst nach Ablauf der in Abs 2 genannten Frist v drei Monaten nach dem Kapitalerhöhungsbeschluss, also nachdem der Kapitalerhöhungsbeschluss unwirksam geworden ist, verfügen, es sei denn die Übernahmserklärung wurde schon zuvor aufgrund einer Befristung gem Abs 1 letzter S unwirksam.[24] Zulässig sind jedoch Verfügungen zur Deckung v Abgaben, Gebühren u Kosten der Kapitalerhöhung. Das kann freilich nur für solche Abgaben, Gebühren u Kosten gelten, die v der GmbH zu tragen sind, weil der Zweck der Verfügung darin besteht, dass die GmbH diese Beträge nicht vorstrecken muss. Das Guthaben ist auch nicht pfändbar. Nach dem Nachw der FB-Eintragung der Kapitalerhöhung hat die Bank das Guthaben unverzüglich der GmbH zur freien Verfügung zu stellen.[25]

Dem den Kapitalerhöhungsbeschluss beurkundenden **Notar** ist der Nachw der Übernahme der erhöhten Stammeinlagen u der Einzahlung der Mindesteinlagen zu erbringen, insb durch entspr **Bankbestätigungen**. 9

Der Beschluss über die Kapitalherabsetzung u der Beschluss über die Kapitalerhöhung sind **gemeinsam** im FB einzutragen (Abs 2 S 2). Darum sollten diese Beschlüsse möglichst auch gemeinsam zum FB angemeldet werden. Die **Anmeldung** ist wie bei jeder Änderung des GesV v **sämtlichen GF** vorzunehmen, die Unterschriften sind zu beglaubigen. Folgende **Beilagen** sind anzuschließen (durch Einstellung in ein elektronisches Urkundenarchiv u Hinweis darauf in der elektronischen Anmeldung gem § 13 ERV 2021): 10

---

23 *Koppensteiner/Rüffler*, GmbHG³ § 60 Rz 3; *Diregger/Fichtinger* in Torggler, GmbHG § 60 Rz 7.
24 *M. Heidinger/Prechtl* in Gruber/Harrer, GmbHG² § 60 Rz 12.
25 *Völkl* in Straube/Ratka/Rauter, GmbHG § 60 Rz 27.

- notariell beurkundetes **GV-Protokoll** mit (i) Kapitalherabsetzungsbeschluss, (ii) Kapitalerhöhungsbeschluss u (iii) Beschluss über die Genehmigung des JA; sowie, wenn nicht alle Gesellschafter teilgenommen haben, Nachw der ordnungsgemäßen Einberufung;
- geänderter **GesV mit notarieller Beurkundung** gem § 51 Abs 1;
- die **Übernahms- bzw Übernahms- u Beitrittserklärungen** in Notariatsaktform (Ausfertigung oder beglaubigte Abschrift);
- eine **Bankbestätigung** gem § 10 Abs 3 über den bar einbezahlten Kapitalerhöhungsbetrag oder, bei Einzahlung auf ein eigenes Bankkonto des Übernehmers eine Bestätigung der Bank über die Einzahlung u Verfügungssperre (gem Abs 1 S 3 bis 5) samt Erklärung der Bank, den eingezahlten Betrag bei Nachw der Eintragung der Kapitalerhöhung zur freien Verfügung der GmbH zu stellen;
- falls die Kapitalerhöhung einer behördlichen Genehmigung bedarf, Nachw der Erteilung dieser Genehmigung.

11 Die GF müssen in der Anmeldung oder separat die **Erklärung gem § 10 Abs 3** abgeben, dass die im Rahmen der Kapitalerhöhung zu leistenden Stammeinlagen in bar eingezahlt wurden, sich in der freien Verfügung der GF befinden u die GF in der Verfügung über diese Einlagen nicht, namentlich nicht durch Gegenforderungen, beschränkt sind (s § 53 Rz 6).[26] Bei Einzahlung auf ein Bankkonto des Übernehmers gem Abs 1 kann u muss diese Erklärung naturgemäß unter dem Vorbehalt des Nachw der FB-Eintragung gegenüber der Bank stehen, weil die Bank den eingezahlten Betrag erst in diesem Zeitpunkt zur freien Verfügung der Gesellschaft stellen wird. Wird die Erklärung gem § 10 Abs 3 nicht schon in der Anmeldung, sondern separat abgegeben, müssen ebenfalls alle GF beglaubigt unterschreiben (s § 53 Rz 3).

12 Sowohl der Kapitalherabsetzungsbeschluss als auch der Kapitalerhöhungsbeschluss müssen innerhalb v **drei Monaten ab Beschlussfassung** im FB **eingetragen werden**, sonst sind sie u der Beschluss über die Genehmigung des JA (in Bezug auf die darin ausgewiesene Kapitalherabsetzung u -erhöhung) **unwirksam** (Abs 2 S 1).[27] Diese Frist wird

---

26 *Völkl* in Straube/Ratka/Rauter, GmbHG § 60 Rz 29; *Umfahrer*, GmbH[7] Rz 11.25.
27 Für eine „Unwirksamkeit" iSe noch fehlenden Wirksamkeitsvoraussetzung, die aber trotz verspäteter Eintragung analog § 200 Abs 2 AktG heilbar ist, richtigerweise *Diregger/Fichtinger* in Torggler, GmbHG § 60 Rz 10; iSe „Nichtigkeit": *Koppensteiner/Rüffler*, GmbHG[3] § 60 Rz 4; *M. Heidinger/*

durch anhängige Klagen gem § 41 sowie Verfahren zur Erteilung einer für die Kapitalherabsetzung oder -erhöhung notwendigen behördlichen oder gerichtl Genehmigung **gehemmt**. Die Dreimonatsfrist samt der Sanktion der sonstigen Unwirksamkeit des Beschlusses gilt nur für rückwirkende Kapitalmaßnahmen, § 60 regelt überdies ja auch nur solche (str).[28] Kapitalherabsetzung u Kapitalerhöhung sind gemeinsam einzutragen; eine Verletzung dieser Vorschrift schadet jedoch nicht, wenn beide Beschlüsse innerhalb der Dreimonatsfrist eingetragen werden. Nach Fristablauf darf das FB-Gericht die Kapitalmaßnahmen nicht mehr eintragen. Eine Umdeutung in eine entspr Kapitalmaßnahme ohne bilanzielle Rückwirkung wäre freilich zu überlegen, jedenfalls kann der Kapitalherabsetzungs- bzw -erhöhungsbeschluss dies mE als alternative Rechtsfolge eines Fristablaufs vorsehen. Falls es nach drei Monaten doch zur Eintragung kommt, **heilt** die Mangelhaftigkeit der Beschlüsse sowie des JA nach **drei Jahren** analog § 200 Abs 2 AktG.[29] Zur Prüfung durch das FB-Gericht s § 53 Rz 9 f, § 59 Rz 19.

III. Jahresabschluss

Die aus der rückwirkenden vereinfachten **Kapitalherabsetzung** gewonnenen Beträge u allfällige Zuweisungen zu gebundenen Rücklagen gem § 186 AktG sind **in der GuV** gesondert auszuweisen (§ 60 Abs 3 iVm § 190 AktG). Das gilt auch unabhängig v der Durchführung einer Kapitalerhöhung.[30] Die **Kapitalerhöhung** ist nicht in der GuV, sondern erfolgsneutral (Buchung: Zahlungsmittelkonto an Stammkapitalkonto) in der **Bilanz** auszuweisen; dieser Bilanzausweis ist bei Kapitalerhöhungen gem § 60 freilich ebenfalls **rückwirkend** möglich. Der gesonderte erfolgswirksame Ausweis der Kapitalherabsetzung in der GuV wird über

13

Prechtl in Gruber/Harrer, GmbHG[2] § 60 Rz 16; *Völkl* in Straube/Ratka/Rauter, GmbHG § 60 Rz 31; *Gellis/Feil*, GmbHG[7] § 60 Rz 3.

28 *Koppensteiner/Rüffler*, GmbHG[3] § 60 Rz 4; *M. Heidinger/Prechtl* in Gruber/Harrer, GmbHG[2] § 60 Rz 17; **aA** *Diregger/Fichtinger* in Torggler, GmbHG § 60 Rz 10; *Völkl/* in Straube/Ratka/Rauter, GmbHG § 60 Rz 31.

29 *Koppensteiner/Rüffler*, GmbHG[3] § 60 Rz 4; *Diregger/Fichtinger* in Torggler, GmbHG § 60 Rz 10; *M. Heidinger/Prechtl* in Gruber/Harrer, GmbHG[2] § 60 Rz 16 mwN; *Völkl* in Straube/Ratka/Rauter, GmbHG § 60 Rz 32.

30 *Diregger/Fichtinger* in Torggler, GmbHG § 60 Rz 11; *Bachner*, GesRZ 1998, 2 (12); *Völkl* in Straube/Ratka/Rauter, GmbHG § 60 Rz 36 ff.

den Wortlaut v § 190 AktG hinaus auch für vereinfachte Kapitalherabsetzungen ohne bilanzielle Rückwirkung vertreten.[31]

14 Der JA, in dem der Kapitalschnitt rückwirkend ausgewiesen wird, darf erst **nach der FB-Eintragung** sowohl der Kapitalherabsetzung als auch der Kapitalerhöhung **veröffentlicht** werden (§ 191 AktG iVm § 60 Abs 3; der Hinweis in § 191 AktG auf die Eintragung der *„Durchführung der Kapitalerhöhung"* ist für die GmbH nicht relevant, weil dort bei Kapitalerhöhungen im Gegensatz zum Aktienrecht nur eine einzige FB-Eintragung vorgesehen ist). Vor der FB-Eintragung wäre der Kapitalschnitt nämlich noch gar nicht wirksam.[32] Das gilt auch dann, wenn nur eine vereinfachte Kapitalherabsetzung, nicht aber auch eine Kapitalerhöhung rückwirkend vorgenommen wurde.[33] Zur str Frage, ob diese Bestimmung bei GmbH auch die Einreichung des JA bei Gericht[34] oder nur die Bekanntmachung der Einreichung durch das Gericht untersagt,[35] s § 59 Rz 30.

---

31 S im Detail *Bachner* in Doralt/Nowotny/Kalss, AktG² § 190 Rz 6.
32 *Bachner*, GesRZ 1998, 2 (12); *M. Heidinger/Prechtl* in Gruber/Harrer, GmbHG² § 60 Rz 18.
33 *Koppensteiner/Rüffler*, GmbHG³ § 60 Rz 5; *M. Heidinger/Prechtl* in Gruber/Harrer, GmbHG² § 59 Rz 36.
34 *Bachner* in Doralt/Nowotny/Kalss, AktG² § 191 Rz 2; *Nagele/Lux* in Artmann/Karollus, AktG⁶ § 191 Rz 1.
35 *Koppensteiner/Rüffler*, GmbHG³ § 60 Rz 5.

II. Hauptstück.
Rechtsverhältnisse der Gesellschaft und der Gesellschafter.

Erster Abschnitt.
Rechtsverhältnisse der Gesellschaft

§ 61. (1) Die Gesellschaft mit beschränkter Haftung als solche hat selbständig ihre Rechte und Pflichten; sie kann Eigentum und andere dingliche Rechte an Grundstücken erwerben, vor Gericht klagen und geklagt werden.

(2) Für die Verbindlichkeiten der Gesellschaft haftet ihren Gläubigern nur das Gesellschaftsvermögen.

(3) *(aufgehoben, BGBl I Nr. 120/2005)*

idF BGBl I Nr. 2005/120

Literatur: *Aicher/U. Torggler,* Insichgeschäfte des GmbH-Alleingesellschafters nach dem EU-GesRÄG, GesRZ 1996, 197; *Artmann,* Die Durchgriffshaftung im Konzern, in Kalss/Rüffler (Hg), GmbH Konzernrecht (2003) 87; *Artmann,* Haftungsrisiken für Gesellschafter, in Artmann/Rüffler/Torggler (Hg), Gesellschafterpflichten in der Krise (2015) 45; *Artmann,* Haftungsdurchgriff im GmbH-Recht, DRdA 2002, 370; *Becker,* Treupflichten im Körperschaftsrecht, ÖJZ 1999, 794; *Birkner/Pramberger,* Durchgriffshaftung bei qualifizierter Unterkapitalisierung, ZIK 1999, 89; *M. Bydlinski,* Haften Gesellschafter für Notarkosten? RdW 1993, 102; *Chalupsky/Schmidsberger,* Zivilrechtliche Haftungsrisiken der Gesellschafter, der Gesellschaftsorgane und der Berater aus Konkursverschleppung und URG, in Bertl/Mandl/Mandl/Ruppe (Hg), Insolvenz – Sanierung – Liquidation (1998) 39; *Dellinger,* Zur Kridahaftung der GmbH-Gesellschafter sowie zur Ersatzfähigkeit und Berechnung des Vertrauensschadens bei Neugläubigern, wbl 1993, 201; *Derntl,* Konkursverschleppung: Haftung des faktischen Geschäftsführers für den Vertrauensschaden, RdW 2008/339, 379; *Fantur,* Kritisches zur künftigen Insolvenzantragspflicht für GmbH-Gesellschafter, GES 2013, 225; *Fantur/Kreil,* Arbeitsverträge mit einer GmbH in Gründung und Insolvenz, RdW 1999, 727; *Grigoleit,* Gesellschafterhaftung für interne Einflussnahme im Recht der GmbH (2006); *Hadding,* Zur Einzelklagebefugnis des Gesellschafters einer GmbH nach deutschem und österreichischem Recht, GesRZ 1984, 32; *Huemer,* Neue Rechtsprechung zur Verbrauchereigenschaft von GmbH-Gesellschaftern, JBl 2007, 647; *Jabornegg,* Die Lehre vom Durchgriff im Recht der Kapitalgesellschaften, wbl 1989, 1, 43; *Jaufer,* Das Unternehmen in der Krise: Verantwortung und Haftung der Gesellschaftsorgane (2010); *Jaufer/Wrann,* Die GmbH light in der Krise, RdW 2013/446, 443; *Karollus,* Banken-, Gesellschafter- und Konzernleitungshaftung nach den „Eumig"-Erkenntnissen, ÖBA 1990, 337, 438; *Koppensteiner,* Zur Haftung des GmbH-Gesellschafters, wbl 1988, 1; *Kohl/Scheicher,* Die

Gründungsprivilegierung in der Insolvenz: Haftungsdurchgriff auf die Gesellschafter? GesRZ 2018, 98; *Koppensteiner*, „Existenzvernichtungshaftung" der GmbH durch ihren einzigen Gesellschafter, in FS Honsell (2002) 607; *Koppensteiner*, Zur Haftung der Gesellschafter bei Zahlungsunfähigkeit der GmbH, JBl 2006, 681; *Koppensteiner*, Neues zur „Existenzvernichtungshaftung", JBl 2008, 749; *Leithenmair*, Verbrauchereigenschaft des Gesellschafters, ecolex 2007, 214; *Rauter*, GesRÄG 2013: Die GmbH im „Ausverkauf", JAP 2013, 31; *Reich-Rohrwig*, Treuepflicht der GmbH-Gesellschafter und Aktionäre von Judikatur bejaht, wbl 1988, 141; *Reich-Rohrwig*, Firma der GmbH, Kundenstock und Wettbewerb durch Gesellschafter, in FS Krejci (2001) 787; *Reich-Rohrwig*, Sanierung durch vereinfachte Kapitalherabsetzung und -erhöhung, GesRZ 2001, 69; *Rocco*, Der GmbH-Gesellschafter (2008); *Schimka/Schörghofer*, Haftung der Gesellschafter einer GmbH & Co KG, in GedS *Arnold* (2011), 113; *C. Schmidt*, Der Haftungsdurchgriff und seine Umkehrung im internationalen Privatrecht (1993); *Schopper/Strasser*, Konturen einer Existenzvernichtungshaftung in Österreich, GesRZ 2005, 176; *Spiegelfeld/H. Foglar-Deinhardstein*, Sanierungsinstrumente in der Krise der Kapitalgesellschaft und Treuepflichten der Anteilseigner, in FS Torggler (2013) 1139; *Thöni*, Zur Verantwortlichkeit des GmbH-Gesellschafters, GesRZ 1987, 82, 126; *U. Torggler*, Insichgeschäfte, insb Doppelvertretung bei der Einpersonen-GmbH, wbl 2000, 389; *Told*, Die Gesellschaft zwischen Gesellschafterinteresse und einem etwaig davon losgelösten Eigeninteresse, in FS Koppensteiner (2016) 339; *U. Torggler*, Fünf (Anti-)Thesen zum Haftungsdurchgriff, JBl 2006, 85; *U. Torggler*, Replik zu Koppensteiner, JBl 2006, 809; *U. Torggler*, Zur Konzernhaftung nach österreichischem Recht, GesRZ 2013, 11; *Trummer*, Gesellschaftsrechts-Änderungsgesetz 2013 – Insolvenzantragspflicht des „Mehrheitsgesellschafters", ZIK 2013, 126; *Warto*, GmbH-Novelle 2013 – Die Neuerungen im Überblick, wbl 2013, 361.

Inhaltsübersicht

I. Einleitung	1
II. Rechtspersönlichkeit (Abs 1)	2–26
A. Allgemeine Einordnung	2–4
B. Rechtsfähigkeit	5–16
1. Umfang und Grenzen	5–13
a) Privatrecht	7–10
b) Öffentliches Recht	11–13
2. Beginn und Ende	14, 15
3. Eigene Interessen der GmbH	16
C. Handlungsfähigkeit	17–19
D. Partei- und Prozessfähigkeit	20–26
III. Trennungsprinzip (Abs 1 und 2)	27–29
IV. Treuepflichten	30–47
A. Allgemeines	30, 31
B. Treuepflichten der Gesellschafter gegenüber der GmbH	32–40
C. Treuepflichten zwischen den Gesellschaftern	41–44

D. Treuepflichten der GmbH gegenüber den Gesellschaftern 45–47
V. Haftungsbeschränkung (Abs 2) 48–61
   A. Allgemeines 48
   B. Rechtsgeschäftliche Haftung 49
   C. Deliktische Haftung 50–55
      1. Insolvenzverschleppungshaftung 50–52
      2. Kridahaftung 53–55
   D. Haftungsdurchgriff 56–61
VI. Deutsche GmbH 62

I. Einleitung

§ 61 leitet das zweite Hauptstück des GmbHG „Rechtsverhältnisse der Gesellschaft und der Gesellschafter" ein u behandelt wesentliche **rechtliche Eigenschaften der GmbH**. Absatz 1 normiert die Rechtsfähigkeit u somit die rechtliche Selbstständigkeit der GmbH. Zwischen Gesellschaft u Gesellschaftern bestehen allerdings **Treuepflichten**. Absatz 2 gewährt den Gesellschaftern ein Haftungsprivileg, indem den Gesellschaftsgläubigern grds nur das Gesellschaftsvermögen als Haftungsfonds zur Verfügung steht (keine Außenhaftung der Gesellschafter v Gesetzes wegen). Aus einer Zusammenschau v Abs 1 u Abs 2 ergibt sich das **Trennungsprinzip**, dh die grds strikte Trennung zw der Vermögenssphäre der Gesellschaft u jener der Gesellschafter. Eine Ausnahme v diesen Grundsätzen bilden ua die Anwendungsfälle der Durchgriffshaftung. Abs 3 wurde im Zuge der Reform des Unternehmensrechts 2005 gestrichen, da nunmehr § 2 UGB der GmbH Unternehmereigenschaft kraft Rechtsform verleiht (s Rz 4). Die dt Parallelnorm ist § 13 dGmbHG.

II. Rechtspersönlichkeit (Abs 1)

A. Allgemeine Einordnung

Die GmbH ist rechtsfähig u eine **jP** (auch „moralische Person"). Sie nimmt als Außengesellschaft am Rechtsverkehr teil.[1] Steuerrechtlich gilt

---

[1] *Nowotny/Fida*, KapGesR³ Rz 1/1.

sie als Körperschaft des Privatrechts u ihre gesamten Einkünfte unterliegen der KöSt (§ 4 KStG). Die Bestimmungen zur GesbR (§§ 1175 ff ABGB) kommen bei der GmbH nur subsidiär zur Anwendung.[2]

3 Die GmbH ist eine **KapGes**. Im Vergleich zu anderen KapGes zeichnet sie sich jedoch durch eine stärker personalistische Ausprägung aus.[3] Dies zeigt sich etwa an den Mitwirkungsrechten der Gesellschafter an der Geschäftsführung oder der Ausfallhaftung für Stammeinlagen der Mitgesellschafter; darüber hinaus räumt das GmbHG einen gewissen Freiraum bei der Ausgestaltung des Innenverhältnisses ein, sodass mittels GesV eine noch stärker personalistische Ausrichtung der Gesellschaft erzielt werden kann. Zu beachten ist dabei jedoch, dass mit einer stark personalistischen GmbH tw auch andere Rechtsfolgen verbunden sind (etwa bei den Treuepflichten).

4 Gemäß § 2 UGB ist die GmbH **Unternehmerin kraft Rechtsform**. Unabhängig v Vorliegen eines Unternehmensbetriebs ist ihre Unternehmereigenschaft unwiderruflich vorgegeben.[4] Außerdem ist davon auszugehen, dass ihre Geschäfte immer unternehmensbezogene Geschäfte iSd § 343 Abs 2 UGB sind.[5] Da die GmbH Formunternehmerin ist, unterliegt sie stets den unternehmensrechtlichen Vorschriften betr Buchführung u über sie kann ein Konkurs nach den für Unternehmer geltenden Regeln eröffnet werden.[6]

B. Rechtsfähigkeit

1. Umfang und Grenzen

5 Die GmbH ist rechtsfähig u kann daher als selbstständiges Rechtssubjekt unabhängig v ihren Gesellschaftern Rechte erwerben u Pflichten begründen. Als jP ist sie den natPers ferner grds gleichgestellt (**Grundsatz der Personengleichheit**) u Einschränkungen im Umfang ihrer Rechtsfähigkeit sind daher begründungsbedürftige Ausnahmen.[7] Solche Einschränkungen bestehen insoweit, als Rechte u Pflichten (aufgrund des Gesetzeswortlauts oder ihrer Natur) zwingend natPers vorbehalten

---

2 *S.-F. Kraus/U. Torggler* in Torggler, GmbHG § 61 Rz 4.
3 *Winkler/M. Gruber* in Gruber/Harrer, GmbHG[2] § 61 Rz 5 mwN.
4 *S.-F. Kraus/U. Torggler* in Torggler, GmbHG § 61 Rz 29.
5 *Aicher/Kraus* in Straube/Ratka/Rauter, GmbHG § 61 Rz 1, 71.
6 *Koppensteiner/Rüffler*, GmbHG[3] § 61 Rz 2.
7 *S.-F. Kraus/U. Torggler* in Torggler, GmbHG § 61 Rz 5.

sind, wie etwa im Familienrecht.[8] Davon abgesehen kommt der GmbH umfassende Rechtsfähigkeit zu.[9] Die Aufzählung des Abs 1, wonach sie Eigentum u andere dingliche Rechte an Grundstücken erwerben, vor Gericht klagen u geklagt werden kann, ist dementspr bloß demonstrativ zu verstehen u bewirkt keine Beschränkung der Rechtsfähigkeit.[10]

Der Umfang der Rechtsfähigkeit ist auch durch den Gegenstand bzw das Statut der Gesellschaft nicht beschränkt. Die im anglo-sächsischen Rechtskreis verbreitete *ultra vires*-Lehre wird in Ö zugunsten des Verkehrsschutzes abgelehnt.[11]

a) Privatrecht

Die GmbH kann Eigentum u andere **dingliche Rechte** an beweglichen u unbeweglichen Gegenständen, an Forderungen u anderen Rechten begründen. Sie kann sich als Gesellschafterin an anderen Pers- oder Kap-Ges beteiligen, aber nicht als ihre eigene Alleingesellschafterin fungieren; eine solche gesellschafterlose GmbH wäre auch nicht rechtsfähig (s auch § 81 Rz 52).[12] Besitzerin kann die GmbH sein, wobei sie den Besitz über ihre Organe ausübt. Ein originärer Erwerb v Urheberrechten durch die GmbH ist aufgrund des Schöpferprinzips (§ 10 Abs 1 UrhG) ausgeschlossen.[13] Der Gesellschaft können aber verwandte Rechte (etwa Werknutzungsrechte u -bewilligungen) zukommen u sie kann Urheberrechte erben.[14]

Zwischen Gesellschaft u Gesellschafter ist – zumindest bei Mehrpersonengesellschaften[15] – ein **Gutglaubenserwerb** unter den allg Voraussetzungen möglich.[16] Allerdings ist die Verdächtigkeit des Erwerbs (§ 368 Abs 2 ABGB) in dieser Konstellation besonders genau zu prüfen. *S.-F. Kraus/U. Torggler* bejahen diesbzgl auch eine Beweislastumkehr u eine gegenseitige Zurechnung der Schlechtgläubigkeit zw Gesellschaft u

---

8 *Winkler/M. Gruber* in Gruber/Harrer, GmbHG² § 61 Rz 8 mwN.
9 *Koppensteiner/Rüffler*, GmbHG³ § 61 Rz 24 mwN; *Gellis/Feil*, GmbHG⁷ § 61 Rz 1.
10 *Winkler/M. Gruber* in Gruber/Harrer, GmbHG² § 61 Rz 7 mwN.
11 *Koppensteiner/Rüffler*, GmbHG³ § 61 Rz 24 mwN.
12 *Winkler/M. Gruber* in Gruber/Harrer, GmbHG² § 61 Rz 8.
13 *Winkler/M. Gruber* in Gruber/Harrer, GmbHG² § 61 Rz 11.
14 *S.-F. Kraus/U. Torggler* in Torggler, GmbHG § 61 Rz 12.
15 *Koppensteiner/Rüffler*, GmbHG³ § 61 Rz 25.
16 *S.-F. Kraus/U. Torggler* in Torggler, GmbHG § 61 Rz 9.

Gesellschafter.[17] Rechtsprechung hierzu ist – soweit ersichtlich – bislang nicht vorhanden.

9 **Persönlichkeitsrechte**, die dem Schutz v natPers dienen, kommen – soweit sinnvoll – auch jP zugute. Das dem Menschen zustehende Recht auf Ehre entspricht bei der GmbH dem Recht auf Schutz vor Schädigung des wirtschaftlichen Rufs (§ 1130 Abs 2 ABGB).[18] Auch eine falsche Behauptung über den GF oder ein anderes Organ kann, wenn ein unmittelbarer Zusammenhang mit dem Betrieb des Unternehmens besteht, einen Anspruch der GmbH begründen.[19] Die GmbH ist passiv beleidigungsfähig iSd § 1330 Abs 1 ABGB; die passive Beleidigungsfähigkeit iSd §§ 111 ff StGB wird v der hL für jP des Privatrechts jedoch verneint.[20] Weiters kommen der GmbH das Namensrecht (§ 43 ABGB)[21] u der Schutz vor Missbrauch v Kennzeichen eines Unternehmens (§ 9 UWG)[22] zu.

10 Die **Zugehörigkeit zu Organen** ist oftmals natPers vorbehalten. Insbesondere Geschäftsführungs- oder AR-Funktionen können nach den jeweiligen Gesetzesbestimmungen nur natPers innehaben. Die GmbH kann aber etwa Liquidatorin oder geschäftsführungsbefugte Gesellschafterin einer OG oder KG, aber auch Liquidatorin einer anderen GmbH[23] (s § 89 Rz 10) sein. Auch andere Funktionen stehen der GmbH grds offen: So kann sie Insolvenzverwalterin, Vermächtnisnehmerin, Testamentsvollstreckerin u Erbin sein, nicht aber Erblasserin oder Sachwalterin.[24]

b) Öffentliches Recht

11 Die GmbH ist nach stRsp Trägerin v **Grundrechten**, soweit diese ihrer Natur nach nicht ausschließlich für natPers passend sind.[25] Bejaht hat der VfGH die Grundrechtsfähigkeit der GmbH bislang beispielsweise

---

17 *S.-F. Kraus/U. Torggler* in Torggler, GmbHG § 61 Rz 9.
18 OGH 20.3.2003, 6 Ob 315/02w.
19 RIS-Justiz RS0031845.
20 *Aicher/Kraus* in Straube/Ratka/Rauter, GmbHG § 61 Rz 22 mwN; *Rami* in Höpfel/Ratz, WK² StGB § 111 Rz 6.
21 OGH 13.7.1999, 4 Ob 140/99p.
22 OGH 19.9.2011, 17 Ob 23/11y.
23 *Haberer/Zehetner* in Straube/Ratka/Rauter, GmbHG § 89 Rz 17; *Koppensteiner/Rüffler*, GmbHG³ § 89 Rz 10; *Wasserer* in Torggler, GmbHG § 89 Rz 3.
24 *Aicher/Kraus* in Straube/Ratka/Rauter, GmbHG § 61 Rz 16; *Winkler/M. Gruber* in Gruber/Harrer, GmbHG² § 61 Rz 12, 13 mwN.
25 *Koppensteiner/Rüffler*, GmbHG³ § 61 Rz 30 mwN.

für die Gleichheit vor dem Gesetz, das Hausrecht, das Recht auf ein Verfahren vor dem gesetzl Richter, die Erwerbsfreiheit, die Unverletzlichkeit des Eigentums, die Vereins- u Versammlungsfreiheit, das Recht auf freie Meinungsäußerung u die Niederlassungsfreiheit.[26]

Die GmbH genießt Schutz vor **Straftaten** (mit Ausnahme der Ehrendelikte) – gleichzeitig ist sie als jP lt der hL jedoch deliktsunfähig.[27] Das Verbandsverantwortlichkeitsgesetz sieht allerdings vor, dass gerichtl strafbare Handlungen v Entscheidungsträgern oder Mitarbeitern unter bestimmten Voraussetzungen dem Verband, also hier der GmbH, zugerechnet werden können. Konsequenz daraus ist die Verhängung einer Verbandsgeldbuße über die GmbH.[28]

Auch beim **Verwaltungsstrafrecht** wird diskutiert, ob die GmbH schuldfähig ist. Das VStG lässt dies offen, löst das Problem jedoch, indem es gem § 9 Abs 1 VStG die Verantwortung für Verwaltungsübertretungen den vertretungsbefugten Organen einer jP zuweist. Im Fall der GmbH muss daher die Geschäftsführung für Verwaltungsübertretungen einstehen, sofern keine verantwortlichen Beauftragten bestellt sind.[29] Nach § 9 Abs 7 VStG haftet die GmbH jedoch zur ungeteilten Hand für Geldstrafen, in Geld bemessene Unrechtsfolgen u Verfahrenskosten.

2. Beginn und Ende

Aus § 2 Abs 1 iVm § 61 ergibt sich, dass die GmbH mit Eintragung ins FB entsteht u Rechtspersönlichkeit erlangt (**konstitutive Wirkung der Eintragung**).[30] Sie ist daher stets Außengesellschaft.

Die Löschung im FB beendet die Rechtspersönlichkeit hingegen noch nicht (**deklarative Wirkung der Löschung**). Nach der in Ö hL v **Doppeltatbestand** muss zusätzlich völlige Vermögenslosigkeit gegeben sein (s § 93 Rz 12).[31] Bis zum Beweis des Gegenteils wird bei einer gelöschten KapGes jedoch Vermögenslosigkeit (u damit fehlende Partei-

---

26 *Winkler/M. Gruber* in Gruber/Harrer, GmbHG[2] § 61 Rz 23 mwN.
27 *Aicher/Kraus* in Straube/Ratka/Rauter, GmbHG § 61 Rz 22 mwN; *Koppensteiner/Rüffler*, GmbHG[3] § 61 Rz 30 mwN; *Winkler/M. Gruber* in Gruber/Harrer, GmbHG[2] § 61 Rz 24 mwN.
28 *Aicher/Kraus* in Straube/Ratka/Rauter, GmbHG § 61 Rz 23.
29 *Aicher/Kraus* in Straube/Ratka/Rauter, GmbHG § 61 Rz 23.
30 *Aicher/Kraus* in Straube/Ratka/Rauter, GmbHG § 61 Rz 10.
31 RIS-Justiz RS0050186.

fähigkeit) angenommen.[32] Unter Vermögenslosigkeit versteht der OGH, dass es keine verteilungsfähigen Aktiva mehr gibt.[33] Die bloße Existenz v Rechtsverhältnissen zu Dritten schließt die Vermögenslosigkeit daher noch nicht aus.[34] Im Abwicklungsstadium ist jedoch v einer nur eingeschränkten Rechtsfähigkeit der GmbH auszugehen.[35]

3. Eigene Interessen der GmbH

16 Strittig ist, ob sich aus der Rechtsfähigkeit auch eine eigene v den Gesellschaftern losgelöste **Interessenssphäre der GmbH** ergibt (s Rz 32).[36] Letztlich ist diese Diskussion allerdings va terminologischer u akademischer Natur, da Einigkeit darüber besteht, dass zwingende gesetzl Ansprüche der GmbH den Gesellschafterinteressen vorgehen. Es gibt also einen durch Gläubigerinteressen definierten Bereich, der der Verfügung durch die Gesellschafter entzogen ist,[37] wofür auch die ausnahmsweise Insolvenzantragspflicht der Gesellschafter (§ 69 Abs 3 a IO) spricht. Aus diesen Überlegungen ergibt sich etwa auch, dass ein nichtiger Gesellschafterbeschluss für die GF nicht bindend ist (s § 83 Rz 13, 19, 38) u auch der Alleingesellschafter einem Ersatzanspruch der Gesellschaft ausgesetzt sein kann.[38]

C. Handlungsfähigkeit

17 Die GmbH ist zwar rechts-, jedoch **nicht handlungsfähig**. Sie kann daher nicht durch eigenes Verhalten Rechte u Pflichten begründen, sondern bedarf hierfür natPers – ihrer Organe. Werden diese für die GmbH tätig, ist jedoch nicht nur ihr rechtsgeschäftliches Handeln der Gesellschaft zurechenbar, sondern auch rechtserhebliches Wissen, cic sowie deliktisches u strafbares Handeln (s dazu auch § 19). Nach hM kann der

---

32 OGH 28.4.2005, 8 ObA 47/04a.
33 RIS-Justiz RS0060128.
34 OGH 8.5.2013, 6 Ob 246/12p.
35 *Winkler/M. Gruber* in Gruber/Harrer, GmbHG² § 61 Rz 8.
36 S etwa *Told* in FS Koppensteiner 339; für eine Übersicht zu der Diskussion s *Aicher/Kraus* in Straube/Ratka/Rauter, GmbHG § 61 Rz 9 mwN; *Koppensteiner/Rüffler*, GmbHG³ § 61 Rz 5 mwN; *Winkler/M. Gruber* in Gruber/Harrer, GmbHG² § 61 Rz 9 mwN.
37 *Aicher/Kraus* in Straube/Ratka/Rauter, GmbHG § 61 Rz 9.
38 *Told* in FS Koppensteiner 339 (349 f).

GmbH Handlungsvollmacht erteilt werden.[39] Prokuristin kann sie hingegen nicht sein.[40]

Da die GmbH nicht handlungsfähig ist, fehlt ihr auch die **Deliktsfähigkeit**. Deliktisches Verhalten ihrer Organe u Repräsentanten ist ihr jedoch uU iSd §§ 26, 337 ABGB zuzurechnen, wobei der OGH bei Haftung nicht satzungsgemäß bestellter Repräsentanten auf den Begriff des Machthabers iSd § 337 ABGB rekurriert.[41] Die GmbH haftet daher für schädigendes Verhalten v *„Personen mit selbstständigem Wirkungsbereich, die eigenverantwortlich eine leitende oder überwachende Funktion für die Gesellschaft ausüben"*.[42] Das deliktische Handeln anderer DN kann im Rahmen der Erfüllungs- (§ 1313a ABGB) u Besorgungsgehilfen-Haftung (§ 1315 ABGB) der GmbH zugerechnet werden. Diskutiert wird, aus dem Verbandsverantwortlichkeitsgesetz neben der strafrechtlichen auch eine zivilrechtliche Haftung für Mitarbeiter u Entscheidungsträger abzuleiten.[43]

Zustellungen haben bei der GmbH, da sie eine jP ist, an den zuständigen Vertreter zu erfolgen (§ 13 Abs 3 ZuStG). Die Frage, wer ein zur Empfangnahme berechtigter Vertreter ist, ist nach dem materiellen Recht u nicht nach dem Zustellrecht zu beurteilen; im Fall der GmbH ist dies typischerweise zumindest der zeichnungsbefugte GF.[44]

D. Partei- und Prozessfähigkeit

Die **Parteifähigkeit** richtet sich nach der Rechtsfähigkeit, sodass die GmbH parteifähig (bzw im Verwaltungsverfahren beteiligungsfähig) ist, also klagen u geklagt werden kann; auch Beginn u Ende der Parteifähigkeit folgen grds jenen der Rechtsfähigkeit.[45]

Aus § 15 Abs 2 FBG ergibt sich, dass im Verfahren über die Eintragung der GmbH bereits der **Vorgesellschaft** Parteifähigkeit zukommt.

---

39 *Schinko* in Straube, UGB I⁴ § 54 Rz 3.
40 OLG Wien 19.10.1973, 3 R 190/73.
41 *Winkler/M. Gruber* in Gruber/Harrer, GmbHG² § 61 Rz 17 mwN.
42 *Aicher/Kraus* in Straube/Ratka/Rauter, GmbHG § 61 Rz 12.
43 *Winkler/M. Gruber* in Gruber/Harrer, GmbHG² § 61 Rz 17, 24; *Kalss* in Kalss/Nowotny/Schauer, GesR² Rz 3/577.
44 *Winkler/M. Gruber* in Gruber/Harrer, GmbHG² § 61 Rz 14.
45 *S.-F. Kraus/U. Torggler* in Torggler, GmbHG § 61 Rz 13.

Eine generelle Parteifähigkeit der Vor-GmbH wird v der Rsp jedoch überwiegend abgelehnt.[46]

22 Da die GmbH ihre Parteifähigkeit nicht alleine durch Löschung verliert, kann sie auch noch **nach der Löschung im FB Prozesse führen** (s § 89 Rz 33 f).[47] Kommt es während eines anhängigen Verfahrens zur Löschung, ist selbiges allerdings nach stRsp nur auf Begehren des Klägers fortzusetzen, wobei diesem mangels ggt Bekanntgabe ein Fortsetzungswille unterstellt wird.[48] Andernfalls ist die Klage zurückzuweisen u der bisherige Prozess für nichtig zu erklären.[49] Von der einmal getroffenen Wahl (Fortsetzung oder Nichtfortsetzung) kann der Kläger nicht mehr abgehen.[50] Hinsichtlich der Vollbeendigung der GmbH ist zu beachten, dass die Gesellschaft nicht als vermögenslos gelten kann u daher ihre Rechtsfähigkeit nicht enden kann, solange sie im Aktivverfahren schlüssig einen verwertbaren Anspruch behauptet.[51] Auch bei einem Aktivprozess über ein nichtvermögenswertes Recht kann aufgrund des potentiellen Kostenersatzanspruchs ein ausreichendes Aktivvermögen bestehen.

23 Die **Prozessfähigkeit** folgt der Handlungsfähigkeit; die GmbH ist daher nicht prozessfähig, sondern wird im Prozess durch ihre GF vertreten, die dementspr als Partei zu vernehmen sind (bei mehreren GF kann das Gericht zw ihnen wählen).[52] In Ausnahmefällen, etwa wenn ein GF die Gesellschaft in Anspruch nehmen will, wird die GmbH statt v den GF v AR vertreten.[53] Fehlt ein vertretungsbefugtes Organ, ist ein Kurator zu bestellen, eine Vertretung durch die Gesellschafter kommt nicht in Frage. Gemäß § 63 ZPO ist der GmbH Verfahrenshilfe zu gewähren, wenn die zur Führung des Verfahrens erforderlichen Mittel weder v ihr noch v den an der Führung des Verfahrens wirtschaftlich Beteiligten aufgebracht werden können u die beabsichtigte Rechtsverfolgung oder Rechtsverteidigung nicht offenbar mutwillig oder aussichtslos erscheint.[54]

---

46 *Aicher/Kraus* in Straube/Ratka/Rauter, GmbHG § 61 Rz 20 mwN; RIS-Justiz RS0022074.
47 RIS-Justiz RS0021209.
48 RIS-Justiz RS0035195.
49 RIS-Justiz RS0110979.
50 OGH 23.10.2014, 2 Ob 176/14t.
51 *Koppensteiner/Rüffler*, GmbHG³ § 61 Rz 28 mwN.
52 *Aicher/Kraus* in Straube/Ratka/Rauter, GmbHG § 61 Rz 20 mwN.
53 *Winkler/M. Gruber* in Gruber/Harrer, GmbHG² § 61 Rz 19.
54 *S.-F. Kraus/U. Torggler* in Torggler, GmbHG § 61 Rz 14.

Da es sich bei den **Gesellschaftern** um v der Gesellschaft versch 24
Rechtssubjekte handelt, besteht zw ihnen keine Parteiidentität. Eine
Richtigstellung der Parteienbezeichnung v Alleingesellschafter auf die
Gesellschaft bzw umgekehrt ist daher nicht möglich.[55] In einem Verfahren der GmbH sind die Gesellschafter dementspr auch als Zeugen u
nicht als Partei zu vernehmen, da sie kein unmittelbares rechtliches Interesse am Prozessausgang haben.[56]

Zur Frage des **zuständigen Gerichts** ist anzumerken, dass sich der 25
Gerichtsstand der GmbH nach der Sitztheorie bestimmt; maßgeblich
iSd § 75 JN ist daher der gesv bestimmte u so registrierte Sitz, nicht der
tatsächliche Verwaltungssitz.[57] Der GesV kann auch eine Schiedsklausel
enthalten.[58]

Analog zur Parteifähigkeit im Zivilverfahren kommen der GmbH 26
im **Verwaltungsverfahren** Partei- u Beteiligtenstellung zu (§ 8 AVG);
auch im Verwaltungsverfahren ist die Gesellschaft nicht prozessfähig,
sie kann jedoch Vertreterin (§ 10 AVG) sein.[59]

III. Trennungsprinzip (Abs 1 und 2)

Das **Trennungsprinzip** ist logische Folge der Eigenrechtssubjektivität 27
der GmbH u besagt, dass Gesellschaft u Gesellschafter untersch Personen sind.[60] Sie können miteinander Verträge wie mit Dritten abschließen, wobei jedoch eine besondere rechtliche Kontrolle notwendig ist.[61]
Zwischen der Gesellschaft u ihren Gesellschaftern bestehen korporative
Rechte u Pflichten, etwa hinsichtlich der Leistung der Stammeinlage.
Ihre Rechts- u Vermögenssphären sind jedoch getrennt.[62] Daher stehen
Forderungen der GmbH auch nicht den Gesellschaftern zu (oder umgekehrt).[63] Gleichermaßen haften Gesellschaft u Gesellschafter nicht für

---

55 OGH 4.2.1976, 8 Ob 7/76; *Winkler/M. Gruber* in Gruber/Harrer, GmbHG[2]
§ 61 Rz 20.
56 OGH 8.6.1970, 1 Ob 116/79; *Koppensteiner/Rüffler*, GmbHG[3] § 61 Rz 29.
57 RIS-Justiz RS0046570.
58 *Koppensteiner/Rüffler*, GmbHG[3] § 61 Rz 28 mwN.
59 *S.-F. Kraus/U. Torggler* in Torggler, GmbHG § 61 Rz 17.
60 *Winkler/M. Gruber* in Gruber/Harrer, GmbHG[2] § 61 Rz 25 mwN.
61 *Aicher/Kraus* in Straube/Ratka/Rauter, GmbHG § 61 Rz 4.
62 RIS-Justiz RS0035042.
63 OGH 9.6.1954, 2 Ob 429/54.

die Verbindlichkeiten des jeweils anderen. Dementsprechend haften – ohne entspr Vereinbarung – nur die GmbH u nicht auch die Gesellschafter für den Anspruch eines die GV protokollierenden Notars[64] oder eines Not-GF.[65] Ein Exekutionstitel gegen einen Gesellschafter ist nicht in das Gesellschaftsvermögen vollstreckbar;[66] ein Exekutionstitel gegen die Gesellschaft nicht gegen das Vermögen des Gesellschafters.[67] Auch die Pflichten der GmbH treffen nicht die Gesellschafter, sodass etwa wegen eines Verstoßes der GmbH gegen das UWG nicht die Gesellschafter in Anspruch genommen werden können. Das alles trifft jeweils auch bei der Ein-Personen-Gesellschaft zu.

28   Diese Vermögenstrennung bleibt auch im **Konkurs** aufrecht, solange die GmbH noch rechtsfähig ist, dh selbst wenn sie nach § 84 Abs 1 Z 4 aufgelöst ist, jedoch über noch nicht liquidiertes Vermögen verfügt. Die Eröffnung des Konkurses berührt dementspr auch nicht die Veräußerbarkeit der Geschäftsanteile.[68]

29   Trotz des Trennungsprinzips gibt es Fälle, in denen Verhältnisse der Gesellschafter der Gesellschaft zugerechnet werden u umgekehrt. Dies trifft zum einen im Anwendungsbereich des Haftungsdurchgriffs zu, wo ein Gesellschafter ausnahmsweise für Verbindlichkeiten der Gesellschaft einstehen muss. Zum anderen wird das Trennungsprinzip durch die Fälle des **Zurechnungsdurchgriffs** durchbrochen. Dabei geht es um Konstellationen, in denen sich Gesellschafter u Gesellschaft gegenseitig Verhaltensweisen, Eigenschaften u Kenntnisse des jeweils anderen zurechnen lassen müssen. Begründet wird dies jeweils mittels ergänzender Vertragsauslegung oder analoger Normenanwendung.[69] Der Anwendungsbereich des Zurechnungsdurchgriffs ist im Einzelnen umstritten. Bejaht hat der OGH einen Zurechnungsdurchgriff im Fall v Wettbewerbsverboten; so muss sich eine GmbH, die einem Wettbewerbsverbot unterliegt, die dieses Verbot verletzende Konkurrenztätigkeit eines Gesellschafters zurechnen lassen, wenn sie es unterlassen hat, diese zu verhindern.[70] Umgekehrt kann ein einem Wettbewerbsverbot unterliegender Gesellschafter nicht durch „Zwischenschalten" einer Gesell-

---

64 OGH 14.5.1992, 6 Ob 540/92.
65 RIS-Justiz RS0113472.
66 RIS-Justiz RS0060266.
67 RIS-Justiz RS0000448.
68 *Gellis/Feil*, GmbHG[7] § 61 Rz 2.
69 *S.-F. Kraus/U. Torggler* in Torggler, GmbHG § 61 Rz 8.
70 RIS-Justiz RS0009169.

schaft seine Verpflichtung umgehen.[71] Ein Bsp für die Zurechnung v Eigenschaften ist der Stimmrechtsausschluss eines Gesellschafters wegen Befangenheit seiner Tochtergesellschaft.[72] In der L wird außerdem argumentiert, dass ein Irrtum über Person oder Eigenschaft eines Gesellschafters auch bei der Anfechtung eines Vertrages mit der Gesellschaft ein beachtlicher Irrtum iSd § 873 ABGB sein könne.[73] Auch soll eine Schenkung an die GmbH wegen groben Undanks aller Gesellschafter anfechtbar sein.[74]

IV. Treuepflichten

A. Allgemeines

In der E 6 Ob 695/87 anerkannte der OGH erstmals ausdrücklich das Bestehen v **Treuepflichten im GmbH-Recht**. Heute ist es hA, dass drei Treueverhältnisse bestehen: Jenes der Gesellschafter gegenüber der GmbH, jenes der GmbH gegenüber den Gesellschaftern u jenes der Gesellschafter untereinander.[75] Ihre Grundlage haben sie lt Rsp neben den Grundsätzen des redlichen Verkehrs u v Treu u Glauben va im GesV, der stets eine enge rechtliche u persönliche Verbundenheit der Gesellschafter mit sich bringt, sodass eine explizite Erwähnung der Treuepflicht darin nicht notwendig ist.[76] In der L wird hingegen auch vertreten, dass der Ursprung der Treuepflichten im Verbandszweck liege, der aufgrund des § 26 Abs 1 ABGB für die Gesellschafter bindend sei.[77] Unabhängig v ihrem Ursprung lässt sich der Inhalt der Treuepflichten aber jedenfalls als Pflicht zu wechselseitig loyalem Verhalten umschreiben. Hinzu kommen versch einzelfallbezogene Nebenpflichten. Bei ihrer Verletzung droht, sofern hierfür kein wichtiger Grund vorliegt (Beweislastumkehr nach § 1298 ABGB), Schadenersatz, wobei Fahrlässigkeit genügt.

30

---

71 OGH 21.2.1961, 4 Ob 307/61.
72 OGH 11.7.1996, 8 Ob 2116/96a.
73 *Aicher/Kraus* in Straube/Ratka/Rauter, GmbHG § 61 Rz 8 mwN.
74 *Aicher/Kraus* in Straube/Ratka/Rauter, GmbHG § 61 Rz 8 mwN.
75 *Winkler/M. Gruber* in Gruber/Harrer, GmbHG² § 61 Rz 28 mwN.
76 RIS-Justiz RS0061585.
77 *S.-F. Kraus/U. Torggler* in Torggler, GmbHG § 61 Rz 34.

31 Die **Pflichtintensität** hängt nach hA zum einen v der (Real-)Struktur der Gesellschaft ab.[78] So ist sie etwa bei einer personalistisch ausgeprägten GmbH, hoher Einflussmöglichkeit der Gesellschafter oder kleinem Gesellschafterkreis tendenziell höher. Zum anderen spielt auch das Stadium der Gesellschaft eine zentrale Rolle. Der OGH hat zwar erkannt, dass Treuepflichten bereits ab der Errichtung der GmbH bestehen, sie sind in diesem Stadium aber auf die Setzung aller für die Entstehung der Gesellschaft erforderlichen Maßnahmen beschränkt.[79] Auch im Liquidationsstadium bestehen die Treuepflichten – allerdings in abgeschwächter Form – fort.[80] Selbst nachmitgliedschaftliche Treuepflichten sind anerkannt. Sie sind jedoch nicht mehr auf die aktive Förderung der Gesellschaft gerichtet, sondern auf die Wahrung der Geschäftsinterna beschränkt.[81]

B. Treuepflichten der Gesellschafter gegenüber der GmbH

32 Die **Treuepflichten der Gesellschafter gegenüber der Gesellschaft** bestehen im Kern darin, auf die Interessen u Belange der Gesellschaft Rücksicht zu nehmen, den Gesellschaftszweck zu fördern u potentiell gesellschaftsschädliche Handlungen u Einflussnahmen zu unterlassen (sog Schrankenfunktion).[82] Sie verhindern insofern eine exzessiv-formalistische Ausnutzung v Dividendenanspruch u Trennungsprinzip durch die Gesellschafter.[83] Ob auch Treuepflichten des Alleingesellschafters gegenüber der Gesellschaft bestehen, hängt davon ab, ob der GmbH eine eigene Interessenssphäre zugestanden wird (s Rz 16). Unbestritten ist jedoch, dass im Fall zwingender Gläubigerschutzinteressen eine Treuebindung des Alleingesellschafters besteht.[84] Auf Rechte, die einem Gesellschafter aus einem Drittgeschäft mit der GmbH zustehen, hat die Treuepflicht keine Auswirkungen.[85]

---

78 *Koppensteiner/Rüffler*, GmbHG³ § 61 Rz 9.
79 RIS-Justiz RS0052720.
80 OGH 1.10.2008, 6 Ob 190/08x.
81 *Aicher/Kraus* in Straube/Ratka/Rauter, GmbHG § 61 Rz 27 mwN.
82 *Winkler/M. Gruber* in Gruber/Harrer, GmbHG² § 61 Rz 31.
83 *Spiegelfeld/H. Foglar-Deinhardstein* in FS Torggler 1139 (1146).
84 *Aicher/Kraus* in Straube/Ratka/Rauter, GmbHG § 61 Rz 32; *Winkler/ M. Gruber* in Gruber/Harrer, GmbHG² § 61 Rz 38.
85 *S.-F. Kraus/U. Torggler* in Torggler, GmbHG § 61 Rz 39.

Hinsichtlich des Umfangs u der Intensität der Treuepflicht ist zu **33**
unterscheiden: Bei der Ausübung **fremdnütziger Rechte**, insb des
Stimmrechts in Geschäftsführungsangelegenheiten, besteht ein Vorrang
zugunsten des Gesellschaftsinteresses.[86] So kann neben der Schrankenfunktion auch eine Zustimmungspflicht zu unbedingt erforderlichen u
im Interesse der Gesellschaft gebotenen Beschlüssen, zB zu Kapitalerhöhungsbeschlüssen in Sanierungsfällen, bestehen.[87] Die Zustimmungspflicht ist allerdings nicht anzunehmen, wenn der Erfolg des zu
fassenden Beschlusses zweifelhaft ist.[88]

Anders ist die Situation bei **eigennützigen Rechten**, zu denen insb **34**
die Vermögens- u Kontrollrechte der Gesellschafter zählen. Diese
Rechte dürfen uU auch gegen Gesellschaftsinteresse ausgeübt werden,
wobei die Interessen der GmbH u die der Mitgesellschafter angemessen
zu berücksichtigen sind, also eine zweckwidrige oder krass unverhältnismäßige Ausübung treuwidrig wäre.[89] So muss ein Gesellschafter
nicht schon dann gegen eine Ausschüttung des Bilanzgewinns stimmen,
wenn die Thesaurierung für die Gesellschaft bloß günstiger wäre.[90] Aus
der Treuepflicht kann sich jedoch eine Pflicht zur Selbstbeschränkung
ergeben, wenn die Aufnahme v Fremdmitteln zur Dividendenausschüttung unvertretbar ist oder die Bildung einer Rücklage für das Überleben
der Gesellschaft aus sonstigen Gründen erforderlich ist.[91] Eine Nachschusspflicht der Gesellschafter in Notsituationen kann hingegen nicht
aus der Treuepflicht abgeleitet werden;[92] zumutbaren Sanierungsmaßnahmen darf ein Gesellschafter jedoch auch nicht im Wege stehen[93]

Da die **Abgrenzung** zw eigen- u fremdnützigen Rechten nicht im- **35**
mer eindeutig ist, wird zur Beurteilung der Treuepflicht eine jew einzelfallbezogene Interessenabwägung bzw Verhältnismäßigkeitsprüfung er-

---

86 *Winkler/M. Gruber* in Gruber/Harrer, GmbHG² § 61 Rz 32.
87 *Aicher/Kraus* in Straube/Ratka/Rauter, GmbHG § 61 Rz 31; *Winkler/M. Gruber* in Gruber/Harrer, GmbHG² § 61 Rz 33.
88 *Winkler/M. Gruber* in Gruber/Harrer, GmbHG² § 61 Rz 33 mwM.
89 *S.-F. Kraus/U. Torggler* in Torggler, GmbHG § 61 Rz 38 mwN; *Aicher/Kraus* in Straube/Ratka/Rauter, GmbHG § 61 Rz 30; *Winkler/M. Gruber* in Gruber/Harrer, GmbHG² § 61 Rz 32.
90 OGH 31.1.2013, 6 Ob 100/12t; 27.2.2013, 6 Ob 17/13p.
91 OGH 31.1.2013, 6 Ob 100/12t; 27.2.2013, 6 Ob 17/13p; für eine ausf Diskussion der Problematik s auch *Spiegelfeld/H. Foglar-Deinhardstein* in FS Torggler 1139 (1146 ff).
92 OGH 16.11.2012, 6 Ob 47/11x.
93 *Spiegelfeld/H. Foglar-Deinhardstein* in FS Torggler 1139 (1156 f) mwN.

forderlich sein.[94] Dabei ist auch zu berücksichtigen, dass Gesellschaftern bei Weisungsbeschlüssen betr die Geschäftsführung ein weiter Ermessensspielraum zukommt, solange die Weisung nicht zwingenden Gläubigerschutznormen widerspricht.[95]

36 Da das GmbHG kein generelles **Wettbewerbsverbot** für Gesellschafter kennt, leitet ein Teil der L ein solches – analog zur dt Rsp – aus der Treuepflicht ab. Von der österr Rsp wurde dies für bloße Gesellschafter jedoch verneint.[96] Die hL bejaht allerdings eine analoge Anwendung des § 24 auf Mehrheitsgesellschafter u begründet so ein Wettbewerbsverbot.[97] Inwiefern dies auch auf Mehrheitsgesellschafter mit bloßer Kapitalbeteiligung oder Minderheitsgesellschafter mit maßgeblichem Einfluss (Sonderrechten) anwendbar sein soll, ist umstritten.[98] Aufgrund dieser Unklarheiten empfiehlt es sich in der Praxis, wenn ein Wettbewerbsverbot gewünscht ist, dies auch explizit zu vereinbaren. Innerhalb der Grenzen des Kartellrechts u der Sittenwidrigkeit kann ein solches Wettbewerbsverbot für Gesellschafter in der Satzung oder im Syndikatsvertrag vereinbart werden.[99] Wettbewerbsverbote für ehem Gesellschafter (etwa nach einem Unternehmensverkauf) sind nach stRsp zulässig, solange die Beschränkungen nicht im übergroßen Umfang ohne zeitliche oder örtliche Begrenzungen auferlegt werden oder ein auffallendes Missverhältnis zw den durch das Verbot zu schützenden Interessen des einen Vertragsteils u der dem anderen Teil auferlegten Beschränkung besteht, in welchem Fall Sittenwidrigkeit iSd § 879 Abs 1 ABGB vorläge.[100]

37 Weitere **Bsp** für die Verletzung v Treuepflichten sind die Diskreditierung der Gesellschaft gegenüber Dritten,[101] der Missbrauch gesellschaftsintern erlangter Kenntnisse zur Verschaffung privater Sondervorteile bzw deren Verwertung zum Nachteil anderer Gesellschafter/der Gesellschaft,[102] die Überführung v Geschäftsbeziehungen oder Ge-

---

94 *Aicher/Kraus* in Straube/Ratka/Rauter, GmbHG § 61 Rz 30 mwN.
95 *Koppensteiner/Rüffler*, GmbHG³ § 61 Rz 14.
96 OGH 16.6.2011, 6 Ob 99/11v.
97 *Winkler/M. Gruber* in Gruber/Harrer, GmbHG² § 61 Rz 36 mwN.
98 Bejahend *Aicher/Kraus* in Straube/Ratka/Rauter, GmbHG § 61 Rz 32; verneinend *Koppensteiner/Rüffler*, GmbHG³ § 61 Rz 10 mwN.
99 *Aicher/Kraus* in Straube/Ratka/Rauter, GmbHG § 61 Rz 32 mwN.
100 RIS-Justiz RS0016609.
101 *Aicher/Kraus* in Straube/Ratka/Rauter, GmbHG § 61 Rz 33 mwN.
102 *Aicher/Kraus* in Straube/Ratka/Rauter, GmbHG § 61 Rz 33 mwN.

schäftschancen der Gesellschaft auf sich selbst[103] oder informeller Einfluss auf die Geschäftsführung unter Umgehung der Mitverwaltungsrechte der Mitgesellschafter.[104]

Eine schuldhafte Verletzung der Treuepflicht kann einen Anspruch der GmbH auf **Schadenersatz** begründen. Dieser ist grds nach den §§ 1294, 1298 ABGB zu beurteilen, weshalb leichte Fahrlässigkeit genügt.[105] Strittig sind die Folgen treuwidrig abgegebener Stimmen. Laut OGH sind treuwidrig zustande gekommene Beschlüsse nicht nichtig, begründen aber eine Anfechtbarkeit nach § 41.[106] Auch eine Inanspruchnahme der treuwidrig abstimmenden Gesellschafter durch die Gesellschaft setzt die Anfechtung des Beschlusses voraus.[107] Wenn eine rechtzeitige Anfechtung unzumutbar ist, besteht nach einem Teil der L auch ohne selbiger ein Anspruch auf Schadenersatz. Der andere Teil lehnt einen Schadenersatzanspruch der Gesellschaft ohne Anfechtung hingegen ab, gesteht aber den Mitgesellschaftern einen Anspruch auf Schadenersatz zu, sofern ebenfalls Rechte ihnen gegenüber verletzt wurden. Zu ersetzen ist in dieser Konstellation allerdings nur jener Schaden, der auch durch rechtzeitige Anfechtung nicht weggefallen wäre. Dieser ist darüber hinaus nicht zur Gänze zu ersetzen, sondern nach Verschuldensgewichtung zu teilen.[108] **38**

Strittig ist, ob die **Geltendmachung** des Schadenersatzanspruchs durch die Gesellschaft eines billigenden Gesellschafterbeschlusses bedarf. Vertreten wird ua, dass ein Beschluss über die Geltendmachung erforderlich sei, selbst wenn dieser abl ausfalle aber eine Geltendmachung mittels Minderheitsklage (§ 48) zulässig sei.[109] Der OGH hat dies bislang offen gelassen.[110] Die Geltendmachung des Schadenersatzes durch die Gesellschaft ist idR eine ao Maßnahme u daher vorlagepflichtig.[111] **39**

---

103 *Aicher/Kraus* in Straube/Ratka/Rauter, GmbHG § 61 Rz 33 mwN; *Koppensteiner/Rüffler*, GmbHG³ § 61 Rz 10 mwN.
104 *S.-F. Kraus/U. Torggler* in Torggler, GmbHG § 61 Rz 41.
105 *S.-F. Kraus/U. Torggler* in Torggler, GmbHG § 61 Rz 41; *Aicher/Kraus* in Straube/Ratka/Rauter, GmbHG § 61 Rz 36 mwN.
106 OGH 10.4.2008, 6 Ob 37/08x.
107 *Aicher/Kraus* in Straube/Ratka/Rauter, GmbHG § 61 Rz 36 mwN.
108 S für eine Darstellung der Diskussion *Aicher/Kraus* in Straube/Ratka/Rauter, GmbHG § 61 Rz 36 mwN.
109 *Aicher/Kraus* in Straube/Ratka/Rauter, GmbHG § 61 Rz 37 mwN.
110 OGH 10.1.2002, 2 Ob 328/01a.
111 *S.-F. Kraus/U. Torggler* in Torggler, GmbHG § 61 Rz 41.

40 Strittig ist weiters, ob ein Gesellschafter bei Verletzung der Treuepflicht auch in eigenem Namen auf Leistung an die Gesellschaft klagen kann (sog *„actio pro socio"*). Dabei gehen die hA u Rsp[112] davon aus, dass kein Gesellschafter einen Anspruch darauf hat, dass seine Mitgesellschafter ihre Leistungen gegenüber der Gesellschaft erfüllen, da das Mitgliedsverhältnis den einzelnen Gesellschafter mit der Gesellschaft verbindet, nicht jedoch die Gesellschafter untereinander.[113] Argumentiert wird jedoch v einigen, dass sich aus § 48 eine *actio pro socio* ableiten lasse. Dagegen wird vorgebracht, dass § 48 als Minderheits- u nicht als Individualrecht ausgestattet ist u sich daher daraus kein Anspruch eines einzelnen Gesellschafters ableiten lässt, der diese Mindestbeteiligung nicht hält.[114] Zwar ist in § 1188 ABGB die *actio pro socio* für das Recht v PersGes normiert u stellt nach den Mat[115] die Grundlage für eine weitere Institutionenbildung, dh iSe Ausstrahlungswirkung für KapGes, dar, allerdings bietet sich aufgrund des Vorliegens des § 48 u damit einer besonderen Bestimmung iSd § 1175 ABGB kein Raum hierfür.[116] Ungeklärt ist außerdem, ob eine individuelle Klagebefugnis auf Leistung an die Gesellschaft wirksam im GesV vorgesehen sein kann.[117] Dagegen spricht, dass eine gewillkürte Prozessstandschaft unzulässig ist.[118]

C. Treuepflichten zwischen den Gesellschaftern

41 Die Treuepflichten zw den Gesellschaftern sind heute allg anerkannt[119] u ergeben sich aus der zw ihnen kraft Mitgliedschaft bestehenden **Sonderbeziehung** bzw ihrem wechselseitigen Abhängigkeitsverhältnis.[120] Sie

---

112 OGH 21.10.1999, 8 Ob 245/99h.
113 *S.-F. Kraus/U. Torggler* in Torggler, GmbHG § 61 Rz 31; *Koppensteiner/Rüffler*, GmbHG³ § 61 Rz 19 mwN.
114 *Aicher/Kraus* in Straube/Ratka/Rauter, GmbHG § 61 Rz 38 mwN; *Winkler/M. Gruber* in Gruber/Harrer, GmbHG² § 61 Rz 44.
115 ErläutRV 270 BlgNR 25. GP 14.
116 *Warto* in Kletečka/Schauer, ABGB-ON[1.04] § 1188 FN 5; *Winkler/M. Gruber* in Gruber/Harrer, GmbHG² § 61 Rz 44 mwN.
117 *Aicher/Kraus* in Straube/Ratka/Rauter, GmbHG § 61 Rz 38 mwN.
118 *S.-F. Kraus/U. Torggler* in Torggler, GmbHG § 61 Rz 32.
119 *Koppensteiner/Rüffler*, GmbHG³ § 61 Rz 18 mwN.
120 *Koppensteiner/Rüffler*, GmbHG³ § 61 Rz 18 mwN; *Aicher/Kraus* in Straube/Ratka/Rauter, GmbHG § 61 Rz 39 mwN.

können daher auch in Fällen vorliegen, in denen das Gesellschaftsinteresse unberührt bleibt.[121]

Laut Rsp ist zw den Gesellschaftern eine **angemessene Berücksichtigung gegenseitiger „berechtigter Interessen"**[122] geschuldet. Die Verpflichtung gegenüber der Gesellschaft obliegende Pflichten zu erfüllen, ist v der Treuepflicht zw den Gesellschaftern nach hL u Rsp nicht umfasst.[123] Ebenso sind private Interessen der Mitgesellschafter grds unbeachtlich. Dies gilt jedenfalls für die kapitalistische GmbH;[124] bei personalistischen Gesellschaften kann eine angemessene Rücksichtnahme hingegen ausnahmsweise geboten sein (etwa indem bei mehreren möglichen Terminen für die GV jener gewählt wird, an welchem sämtliche Gesellschafter Zeit haben). Auch ganz allg gilt, dass der Umfang der Treuepflichten umso größer ist, je personalistischer eine GmbH ausgestaltet ist; eine Konkretisierung der Treuepflichten durch Syndikatsverträge ist möglich.[125] **42**

Laut **Rsp** ist die Verbreitung diskriminierender oder herabsetzender Mitteilungen, welche die mitgliedschaftliche Stellung eines anderen Gesellschafters beeinträchtigen können, treuwidrig.[126] Zu berücksichtigen ist die Treuepflicht außerdem bei der Stimmrechtsausübung. So kann sich daraus etwa die Pflicht ergeben, der Übertragung eines vinkulierten Geschäftsanteils oder der Abberufung eines Gesellschafter-GF bei Vorliegen eines wichtigen Grundes zuzustimmen.[127] Einer Nachschussverpflichtung muss allerdings keinesfalls zugestimmt werden.[128] **43**

Verletzt ein Gesellschafter schuldhaft seine Treuepflicht gegenüber seinen Mitgesellschaftern, steht diesen grds **Schadenersatz** zu. Dies ist allerdings nur insoweit der Fall, als der Schaden tatsächlich unmittelbar bei den Mitgesellschaftern eintritt. Führt die Verletzung zu einem Schaden der Gesellschaft u besteht der Schaden der Mitgesellschafter in der daraus folgenden Minderung des Anteilswerts, liegt ein sog „Reflexscha- **44**

---

121 *Aicher/Kraus* in Straube/Ratka/Rauter, GmbHG § 61 Rz 39 mwN.
122 OGH 22.11.1988, 5 Ob 626/88.
123 OGH 21.10.1999, 8 Ob 245/99h; *Aicher/Kraus* in Straube/Ratka/Rauter, GmbHG § 61 Rz 41 mwN.
124 RIS-Justiz RS0060475.
125 *Winkler/M. Gruber* in Gruber/Harrer, GmbHG² § 61 Rz 39 mwN.
126 OGH 27.5.1982, 7 Ob 607/82.
127 *Aicher/Kraus* in Straube/Ratka/Rauter, GmbHG § 61 Rz 40 mwN.
128 OGH 12.3.1997, 6 Ob 26/97k.

den" vor, für den der Gesellschafter keinen Ersatz erhält (die GmbH kann ihren Schaden hingegen geltend machen).[129]

D. Treuepflichten der GmbH gegenüber den Gesellschaftern

45 Das **Bestehen** v Treuepflichten der GmbH gegenüber ihren Gesellschaftern ist heute allg anerkannt u wird mit den besonderen rechtlichen Einwirkungsmöglichkeiten der GmbH auf ihre Gesellschafter begründet.[130] Eine Pflichtverletzung kann jedoch nicht durch die Gesellschaft selbst erfolgen, sondern nur v ihren vertretungsbefugten Organen begangen werden u der gesellschaft zugerechnet werden. Dabei ist zw gesellschaftlichen u organschaftlichen Treueverstößen zu differenzieren.[131]

46 Unklar ist worin genau die **Pflichten der Gesellschaft** bestehen, da – anders als in Dtl – in Ö Rsp hierzu fehlt.[132] Die GmbH ist jedenfalls dazu verpflichtet, die Gesellschafter nicht zu schädigen.[133] Grundsätzlich muss sie auch die mitgliedschaftlichen Interessen wahren, wobei dies im Einzelnen umstritten ist.[134]

47 Die hL nimmt im Fall einer Pflichtverletzung einen **Individualanspruch** des verletzten Gesellschafters an. Gegen die Gesellschaft kann daher aus „eigenem Recht" geklagt werden.[135]

V. Haftungsbeschränkung (Abs 2)

A. Allgemeines

48 Absatz 2 normiert, dass die Gesellschaft ihren Gläubigern unbeschränkt mit ihrem gesamten Vermögen haftet. Eine persönliche Haftung der Gesellschafter für Schulden der Gesellschaft ist jedoch grds ausgeschlossen. Dies schafft va für Gläubiger ein Gefährdungspotential, was zur För-

---

129 RIS-Justiz RS0059432; *Aicher/Kraus* in Straube/Ratka/Rauter, GmbHG § 61 Rz 42 mwN.
130 *Winkler/M. Gruber* in Gruber/Harrer, GmbHG² § 61 Rz 42 mwN.
131 *Winkler/M. Gruber* in Gruber/Harrer, GmbHG² § 61 Rz 42.
132 *Winkler/M. Gruber* in Gruber/Harrer, GmbHG² § 61 Rz 42.
133 *Koppensteiner/Rüffler*, GmbHG³ § 61 Rz 22.
134 *Koppensteiner/Rüffler*, GmbHG³ § 61 Rz 22 mwN.
135 *Aicher/Kraus* in Straube/Ratka/Rauter, GmbHG § 61 Rz 46; *Winkler/M. Gruber* in Gruber/Harrer, GmbHG² § 61 Rz 43.

derung des unternehmerischen Wirkens rechtspolitisch jedoch in Kauf genommen wird.[136] Darüber hinaus trifft das G Vorkehrungen zur Sicherung des Haftungsfonds. Abgesehen davon ist trotz Haftungsbeschränkung eine Haftung der Gesellschafter nach allg rechtsgeschäftlichen u deliktischen Grundsätzen möglich. Daneben besteht in bestimmten Situationen zum Schutz der Gläubiger auch die Möglichkeit eines Haftungsdurchgriffs auf die Gesellschafter.

B. Rechtsgeschäftliche Haftung

Zu einer rechtsgeschäftlichen Haftung der Gesellschafter für Verbindlichkeiten der Gesellschaft kommt es insb durch **Bürgschaften** häufig. Die Bürgschaft eines vermögenslosen Mitgesellschafters kann jedoch sittenwidrig sein.[137] Im Fall eines wirtschaftlichen oder rechtlichen Interesses des Beitretenden liegt keine Bürgschaft, sondern ein Schuldbeitritt vor (der OGH nimmt ein solches Interesse bei einer Mehrheitsbeteiligung[138] u zT bereits ab einer Beteiligung v 25%[139] an).[140] Auch dann, wenn der Gutsteher nicht mit Erfüllung durch den Hauptschuldner rechnen durfte, liegt keine Bürgschaft, sondern ein Schuldbeitritt vor.[141]

49

C. Deliktische Haftung

1. Insolvenzverschleppungshaftung

§ 69 Abs 2 iVm Abs 3 IO verpflichtet den GF bei Vorliegen der entspr Voraussetzungen (§§ 66, 67 IO) zur Beantragung der Insolvenzeröffnung längstens binnen 60 Tagen. Die Gesellschafter einer GmbH trifft eine solche Antragspflicht grds nicht u sie sind auch nicht antragslegitimiert. Allerdings sind auch Personen wegen Insolvenzverschleppung haftbar, die diese bewirkt bzw veranlasst haben. Daher kommt eine Haftung des Gesellschafters als **zivilrechtlicher Mittäter** nach § 1301

50

---

136 *Aicher/Kraus* in Straube/Ratka/Rauter, GmbHG § 61 Rz 47; *Winkler/ M. Gruber* in Gruber/Harrer, GmbHG² § 61 Rz 46.
137 *Aicher/Kraus* in Straube/Ratka/Rauter, GmbHG § 61 Rz 48 mwN.
138 OGH 4.10.1989, 3 Ob 19/89.
139 OGH 19.9.1990, 3 Ob 62/90.
140 OGH 20.4.2010, 4 Ob 205/09i.
141 RIS-Justiz RS0032121.

ABGB in Betracht, etwa wenn ein Gesellschafter die GF anweist, einen erforderlichen Insolvenzantrag nicht zu stellen.[142] Eine solche Haftung kann aber auch durch faktische Einflussnahme begründet werden, etwa durch Ablehnung eines Antrags auf Insolvenzeröffnung,[143] durch Abberufung eines GF, der einen solchen Antrag stellen will[144] oder durch das Vorenthalten bedeutsamer Informationen[145]. Aktiv auf die Antragsstellung hinwirken müssen die Gesellschafter allerdings grds nicht, da sie keine diesbzgl Einflussnahme- oder Überwachungspflicht trifft.[146] **Voraussetzung** für die Haftung des Gesellschafters ist stets, dass er wusste, dass eine Situation vorliegt, in der eine Insolvenzantragspflicht besteht. Die Anordnung v *ex ante* erfolgversprechenden Sanierungsmaßnahmen statt einer sofortigen Insolvenzeröffnung ist daher zulässig.[147]

51   Fehlt der GmbH ein organschaftlicher Vertreter, so trifft die Antragspflicht gem § 69 Abs 3a IO den Mehrheitsgesellschafter. Dies gilt sowohl bei faktischem als auch bei formellem Fehlen eines Vertreters.[148] Bei Verletzung der Antragspflicht kommen auf den Mehrheitsgesellschafter die für GF entwickelten Haftungsgrundsätze zur Anwendung.[149] In der L wird diese mit der GmbH-Novelle 2013 eingeführte **Insolvenzantragspflicht des Mehrheitsgesellschafters** (§ 69 Abs 3a IO) überwiegend krit gesehen. Denn nach dem Gesetzeswortlaut trifft sie den Gesellschafter unabhängig v seinen tatsächlichen Einflussmöglichkeiten, was v einigen als Durchbrechung des Trennungsgrundsatzes des Abs 2 angesehen wird.[150] Fragen zum Anwendungsbereich dieser Norm (insb zur Definition des Mehrheitsgesellschafters) sind bislang noch nicht durch Rsp geklärt, die L plädiert jedoch für eine einschränkende Auslegung.[151] Nach *Winkler/M. Gruber* ist die Feststellung einer Mehrheitsbeteiligung anhand einer Gesamtbetrachtung vorzunehmen, sodass

---

142 OGH 10.12.1992, 6 Ob 656/90.
143 *Aicher/Kraus* in Straube/Ratka/Rauter, GmbHG § 61 Rz 50 mwN.
144 *Aicher/Kraus* in Straube/Ratka/Rauter, GmbHG § 61 Rz 50 mwN.
145 *Winkler/M. Gruber* in Gruber/Harrer, GmbHG² § 61 Rz 62 mwN.
146 *S.-F. Kraus/U. Torggler* in Torggler, GmbHG § 61 Rz 27.
147 *Aicher/Kraus* in Straube/Ratka/Rauter, GmbHG § 61 Rz 50 mwN.
148 *Winkler/M. Gruber* in Gruber/Harrer, GmbHG² § 61 Rz 52.
149 *Winkler/M. Gruber* in Gruber/Harrer, GmbHG² § 61 Rz 60.
150 *Warto*, GmbH-Novelle 2013 – Die Neuerungen im Überblick, wbl 2013, 364 (364 ff).
151 Vgl zB *Adensamer/Kerschbaum*, NZG 2014, 773.

auch etwa gemeinschaftlich u treuhändig gehaltene Anteile miteinzurechnen sind.[152]

Als „**faktischer GF**" wird ein Gesellschafter (oder ein Dritter)[153] bezeichnet, der ohne formellen Bestellungsakt die Funktion des GF anstelle eines formell bestellten GF ausübt bzw zumindest nachhaltig maßgeblichen Einfluss auf die Geschäftsführung ausübt.[154] Welche Intensität der Einflussnahme nötig ist, damit ein Gesellschafter als faktischer GF zu qualifizieren ist, ist umstritten.[155] Die hL geht in Anschluss an die Rsp des BGH davon aus, dass häufige Weisungen alleine noch nicht ausreichen, sondern auch ein entspr Auftreten im Außenverhältnis nötig sei.[156] Der OGH sowie die L schließen sich dem grds an,[157] der OGH hat aber auch schon bei einer exzessiven internen Weisungserteilung v faktischer Geschäftsführung gesprochen.[158] Eine Insolvenzantragspflicht trifft den faktischen GF nach hL u OGH nicht, er ist (außer als Mehrheitsgesellschafter nach § 69 Abs 3 a IO) auch nicht zur Antragsstellung berechtigt.[159] Allerdings muss er den formellen GF möglichst dazu bewegen, den notwendigen Antrag zu stellen (sog „Ingerenzpflicht") u daher, im Gegensatz zum normalen Gesellschafter, aktiv auf die Antragstellung hinwirken.[160] Andernfalls kann ihn eine Haftung nach § 1301 ABGB iVm § 69 IO treffen.[161]

52

2. Kridahaftung

Nach § 159 StGB macht sich strafbar, wer durch kridaträchtiges Handeln grob fahrlässig:

53

– seine Zahlungsunfähigkeit herbeiführt (Abs 1);

---

152 *Winkler/M. Gruber* in Gruber/Harrer, GmbHG² § 61 Rz 54 ff mwN.
153 *Artmann* in Artmann/Rüffler/U. Torggler, Gesellschafterpflichten 45 (48) mwN.
154 *Artmann* in Artmann/Rüffler/U. Torggler, Gesellschafterpflichten 45 (47) mwN.
155 Für eine Diskussion der Kriterien s *Artmann* in FS Aicher 23.
156 *Aicher/Kraus* in Straube/Ratka/Rauter, GmbHG § 61 Rz 52 mwN.
157 RIS-Justiz RS0126308; *Winkler/M. Gruber* in Gruber/Harrer, GmbHG² § 61 Rz 63 mwN.
158 OGH 12.4.2001, 8 Ob A 98/00w.
159 *Aicher/Kraus* in Straube/Ratka/Rauter, GmbHG § 61 Rz 52 mwN.
160 OGH 17.12.2007, 8 Ob 108/08b; *Winkler/M. Gruber* in Gruber/Harrer, GmbHG² § 61 Rz 63.
161 *Aicher/Kraus* in Straube/Ratka/Rauter, GmbHG § 61 Rz 52 mwN.

- in Kenntnis oder fahrlässiger Unkenntnis seiner Zahlungsunfähigkeit die Befriedigung wenigstens eines Gläubigers vereitelt oder schmälert (Abs 2); oder
- seine wirtschaftliche Lage derart beeinträchtigt, dass Zahlungsunfähigkeit eingetreten wäre, wenn nicht v mind einer Gebietskörperschaft ohne Verpflichtung hierzu eine Zuwendung erbracht oder vergleichbare Maßnahmen getroffen worden wären (Abs 3).

Abs 5 listet auf, was unter kridaträchtigem Handeln zu verstehen ist.

54 **Deliktssubjekt** des § 159 StGB ist der Schuldner. § 161 StGB erweitert die Anwendbarkeit des § 159 StGB bei jP zusätzlich auf die leitenden Angestellten. § 74 Abs 3 StGB stellt diesen bestimmte Gesellschaftsorgane gleich, ua die GF. Gesellschafter können als Beteiligte straf- u haftbar sein, allerdings nur dann, wenn sie als faktische GF agieren[162] oder wenn sie deliktsspezifische Sorgfaltspflichten verletzen (§ 14 Abs 1 StGB)[163]. Dies kann je nach Kridahandlung (§ 159 Abs 5 StGB) etwa durch Weisungsbeschlüsse, faktische geschäftsleitende Einflussnahmen oder die nicht mehr nachvollziehbare Verlagerung v Vermögenswerten auf den Gesellschafter verwirklicht werden.[164]

55 § 159 StGB ist nach hM als Schutzgesetz zu qualifizieren u kann daher auch eine **Schadenersatzpflicht** begründen.[165] Nachdem die strafrechtliche Bestimmung grobe Fahrlässigkeit voraussetzt, spricht sich die hM dafür aus, auch die zivilrechtliche Haftung für kridaträchtiges Handeln auf grobe Fahrlässigkeit einzuschränken.[166] Bei vorsätzlichem Handeln, welches zu einer Schädigung v Gläubigerinteressen führt, kommt § 156 StGB in Betracht.[167] Eine Erweiterung gegenüber dem Strafrecht nimmt die hM aber insofern vor, als auch eine Haftung in Analogie zu § 159 StGB iVm § 1311 ABGB zu bejahen sei, wenn der Gesellschafter ein Verhalten setzt, das v § 159 Abs 5 StGB nicht erfasst ist, dem aber ein gleich hohes Gefährdungspotential zukommt.[168]

---

162 *Winkler/M. Gruber* in Gruber/Harrer, GmbHG[2] § 61 Rz 67.
163 *Aicher/Kraus* in Straube/Ratka/Rauter, GmbHG § 61 Rz 55 mwN.
164 *Koppensteiner/Rüffler*, GmbHG[3] § 61 Rz 33.
165 *S.-F. Kraus/U. Torggler* in Torggler, GmbHG § 61 Rz 28.
166 *Aicher/Kraus* in Straube/Ratka/Rauter, GmbHG § 61 Rz 55 mwN.
167 *Kirchbacher* in Höpfel/Ratz, WK[2] StGB § 159 Rz 98.
168 *Aicher/Kraus* in Straube/Ratka/Rauter, GmbHG § 61 Rz 55 mwN.

D. Haftungsdurchgriff

Unter Haftungsdurchgriff wird die „**private Zusatzhaftung** v *Verbandsmitgliedern für Schulden der Verbandsperson*"[169] verstanden. Es geht also um eine Haftung ohne rechtsgeschäftliche oder deliktische Grundlage, unter Durchbrechung der Haftungsbegrenzung des Abs 2.[170] Da der Gesetzgeber die Gesellschafter bewusst keiner persönlichen Haftung aussetzen wollte, wird sie nur in bestimmten Ausnahmefällen anerkannt. Dies ist der Fall, wenn Gesellschafter ein Verhalten setzen, das dem Normzweck des Abs 2 zuwiderläuft u dadurch einen Entfall des Haftungsprivilegs rechtfertigt.[171] Voraussetzung ist daher lt OGH grds das rechtswidrige u schuldhafte Verhalten eines Gesellschafters.[172] Von der L wird die Durchgriffshaftung mitunter jedoch auch als objektiver Tatbestand angesehen, der zu einer Durchbrechung des Haftungsprivilegs führt u sich v der Verschuldenshaftung (etwa nach § 1311 ABGB iVm § 159 StGB) unterscheidet.[173] Die einzelnen Fallgruppen des Haftungsdurchgriffs sind in der L großteils umstritten u durch Rsp oft noch nicht endgültig geklärt. Strittig, aber wohl zutr stellt die Durchgriffshaftung eine Außenhaftung dar.[174]

56

Unter dem Begriff **Vermögensvermischung** werden Konstellationen zusammengefasst, in denen sich das Vermögen der Gesellschaft nicht mehr (hinreichend) v Privatvermögen der Gesellschafter trennen lässt.[175] Auslöser hierfür können etwa eine mangelhafte oder undurchsichtige Buchführung oder eine sonstige Verschleierung v Vermögensmassen sein.[176] Der BGH hat die Vermögensvermischung als Anwendungsfall des Haftungsdurchgriffs anerkannt, diesen aber nur auf jene Gesellschafter erstreckt, die dafür verantwortlich sind, was auch v der

57

---

169 RIS-Justiz RS0009107.
170 *Aicher/Kraus* in Straube/Ratka/Rauter, GmbHG § 61 Rz 56.
171 *Winkler/M. Gruber* in Gruber/Harrer, GmbHG² § 61 Rz 71 mwN.
172 OGH 29.4.2004, 6 Ob 313/03b.
173 *Artmann* in Artmann/Rüffler/U. Torggler, Gesellschafterpflichten 45 (62) mwN.
174 *Winkler/M. Gruber* in Gruber/Harrer, GmbHG² § 61 Rz 72 mwN; *Koppensteiner/Rüffler*, GmbHG³ § 61 Rz 38 mwN.
175 *Aicher/Kraus* in Straube/Ratka/Rauter, GmbHG § 61 Rz 57; *S.-F. Kraus/U. Torggler* in Torggler, GmbHG § 61 Rz 21.
176 *Winkler/M. Gruber* in Gruber/Harrer, GmbHG² § 61 Rz 80.

hL in Ö befürwortet wird.[177] Auch der OGH bejaht die Vermögensvermischung als Anwendungsfall, wenn auch mit anderer Terminologie.[178] Die hL befürwortet in Ö eine verschuldensunabhängige u unbeschränkte Außenhaftung.[179] Von der Vermögensvermischung zu unterscheiden ist die Sphärenvermischung, die eine Untrennbarkeit v Gesellschaft u Gesellschafter im organisatorischen Sinne bezeichnet. Wenn nicht klar ist, ob eine Handlung der Gesellschaft oder des Gesellschafters vorliegt, ist dies jedoch kein Anwendungsfall des Haftungsdurchgriffs, sondern des Stellvertretungsrechts.[180]

58 Diskutiert wird ein Haftungsdurchgriff auch bei einer **anfänglichen u qualifizierten materiellen Unterkapitalisierung**. Unter „nomineller Unterkapitalisierung" wird verstanden, dass eine Gesellschaft zwar grds mit genügend Kapital ausgestattet ist, sich dieses jedoch aus zu viel Fremd- u zu wenig Eigenkapital zusammensetzt. Dies ist ein Anwendungsfall des EKEG, nicht der Durchgriffshaftung.[181] „Materielle Unterkapitalisierung" meint demgegenüber, dass überhaupt zu wenig Kapital vorhanden ist.[182] Die Gesellschafter sind zwar nicht verpflichtet, die GmbH mit mehr als dem Mindestkapital auszustatten bzw die Höhe des Stammkapitals am Unternehmensgegenstand u -umfang anzupassen. Bleiben die Einlagen deutlich hinter dem Kapitalbedarf zurück, können sie allerdings ihr Haftungsprivileg verlieren, wenn die Unterkapitalisierung offenkundig (qualifiziert), dh für Insider klar erkennbar, ist[183] u „einen Misserfolg zulasten der Gläubiger bei normalem Geschäftsverlauf mit hoher, das gewöhnliche Risiko deutlich übersteigender Wahrscheinlichkeit erwarten lässt".[184] Nach der hM ergibt sich aus dem Normzweck des § 61 Abs 2, dass dessen Haftungsausschluss nur dann gerechtfertigt sein kann, wenn die Gesellschaft nicht v vornherein mit zu wenig Kapital ausgestattet wurde.[185] Strittig ist, ob das Vorliegen einer anfänglichen Unterkapitalisierung eine Voraussetzung darstellt

---

177 *S.-F. Kraus/U. Torggler* in Torggler, GmbHG § 61 Rz 21 mwN.
178 OGH 29.4.2004, 6 Ob 313/03b.
179 *Winkler/M. Gruber* in Gruber/Harrer, GmbHG² § 61 Rz 80 mwN.
180 *Aicher/Kraus* in Straube/Ratka/Rauter, GmbHG § 61 Rz 58; *S.-F. Kraus/U. Torggler* in Torggler, GmbHG § 61 Rz 22.
181 *Aicher/Kraus* in Straube/Ratka/Rauter, GmbHG § 61 Rz 60 mwN.
182 *Aicher/Kraus* in Straube/Ratka/Rauter, GmbHG § 61 Rz 60 mwN.
183 *Winkler/M. Gruber* in Gruber/Harrer, GmbHG² § 61 Rz 75 mwN.
184 OGH 15.12.1994, 8 Ob 629/92.
185 *Aicher/Kraus* in Straube/Ratka/Rauter, GmbHG § 61 Rz 61 mwN.

oder auch eine nachträgliche Unterkapitalisierung einen Haftungsdurchgriff rechtfertigen kann.[186] Zunehmend finden sich in der Lit aber auch krit Stimmen zur Haftung wegen materieller Unterkapitalisierung.[187] Der OGH hat eine Durchgriffshaftung in diesem Zusammenhang bislang nur *obiter* bejaht.[188] Kann ein bedingter Vorsatz nachgewiesen werden, spricht sich die hM in Fällen materieller Unterkapitalisierung auch für eine Haftung nach § 1295 Abs 2 ABGB iVm § 159 StGB aus. Bejaht man eine Haftung aufgrund materieller Unterkapitalisierung, ist weiter str, ob es sich dabei um eine unbeschränkte Haftung oder bloß um eine Differenzhaftung handelt. Die neuere L u Rsp tendiert unter Verweis auf § 10a zur Differenzhaftung, was jedoch Berechnungsschwierigkeiten mit sich bringt.[189]

In der dt L u Rsp wird ein Haftungsdurchgriff bei „existenzvernichtenden Eingriffen" bejaht (sog „**Existenzvernichtungshaftung**").[190] Ursprünglich wurde darunter ein Missbrauch der Organisationsform der GmbH verstanden: Wenn Gesellschafter der Gesellschaft Vermögen entziehen, ohne auf dessen Zweckbindung Rücksicht zu nehmen u dadurch eine Insolvenz verursachen oder vertiefen, sei ihr Haftungsprivileg teleologisch zu reduzieren, sodass es zu einer Außenhaftung komme.[191] Die neuere dt Rsp knüpft hingegen an der missbräuchlichen Schädigung des im Gläubigerinteresse zweckgebundenen Gesellschaftsvermögens an u bejaht daher stattdessen eine schadenersatzrechtliche Innenhaftung der Gesellschafter gegenüber der Gesellschaft.[192] Seitens des OGH wurde der existenzvernichtende Eingriff, soweit ersichtlich, bislang nicht als Anwendungsfall der Durchgriffshaftung anerkannt. In der Lit ist dies umstritten,[193] allerdings wird betont, dass die Bedeutung dieses potentiellen Haftungsgrundes für Ö ohnehin gering ist: Denn zum einen besteht ein umfassenderes Verbot der Einlagenrückgewähr

---

186 *Koppensteiner/Rüffler*, GmbHG³ § 61 Rz 35; *Winkler/M. Gruber* in Gruber/Harrer, GmbHG² § 61 Rz 76 mwN; *Kalss* in Kalss/Nowotny/Schauer, GesR² 4/352.
187 *Artmann* in Artmann/Rüffler/U. Torggler, Gesellschafterpflichten 45 (60) mwN.
188 *Winkler/M. Gruber* in Gruber/Harrer, GmbHG² § 61 Rz 74 mwN.
189 *Winkler/M. Gruber* in Gruber/Harrer, GmbHG² § 61 Rz 78 mwN.
190 *Aicher/Kraus* in Straube/Ratka/Rauter, GmbHG § 61 Rz 65 mwN.
191 *Aicher/Kraus* in Straube/Ratka/Rauter, GmbHG § 61 Rz 66.
192 *Aicher/Kraus* in Straube/Ratka/Rauter, GmbHG § 61 Rz 66 mwN.
193 Für eine Übersicht der einzelnen Positionen s *Artmann* in Artmann/Rüffler/U. Torggler, Gesellschafterpflichten 45 (66 ff).

als in Dtl, zum anderen wird in den meisten Anwendungsfällen ohnehin auch eine Haftung nach § 159 StGB iVm § 1311 ABGB gegeben sein.[194] Des Weiteren wird idR auch ein Treueverstoß vorliegen.[195]

60 Ein Haftungsdurchgriff aufgrund des **Missbrauchs der Organisationsfreiheit** ist in der Lit umstritten.[196] Verstanden wird darunter die „künstliche" Aufspaltung eines einheitlichen Unternehmens zur Haftungsbegrenzung.[197] Bei derartigen „Aschenputtel-Konstellationen" werden riskante Geschäfte auf zwischengeschaltete Gesellschaften ausgelagert, v denen jedoch bekannt ist, dass sie dieses Risiko nicht tragen können. Der OGH hat einen solchen Haftungsdurchgriff bereits erwogen, setzt dafür aber einen Missbrauchsvorsatz voraus.[198] Liegt dieser vor, wäre allerdings auch eine Haftung nach § 159 StGB iVm § 1311 ABGB denkbar.[199]

61 Der OGH bejaht weiters die Möglichkeit eines Haftungsdurchgriffs auf den **faktischen GF**. So hat er hinsichtlich eines Konzerns ausgesprochen, dass eine Haftung der Muttergesellschaft in Betracht kommt, wenn diese über ihr pflichtgebundenes Leitungs- u Weisungsrecht hinaus bei der Einflussnahme auf die Tochtergesellschaft die Sorgfaltspflichten bei der Verwaltung fremden Vermögens verletzt hat.[200]

VI. Deutsche GmbH

62 Zu Besonderheiten der dGmbH zum existenzvernichtenden Eingriff unter Einbezug der einschlägigen dRsp s Rz 59 u §§ 30, 31 dGmbHG, Rz 67 ff zu § 826 BGB.

---

194 *S.-F. Kraus/U. Torggler* in Torggler, GmbHG § 61 Rz 23; *Aicher/Kraus* in Straube/Ratka/Rauter, GmbHG § 61 Rz 68.
195 *Winkler/M. Gruber* in Gruber/Harrer, GmbHG² § 61 Rz 89 mwN.
196 *Aicher/Kraus* in Straube/Ratka/Rauter, GmbHG § 61 Rz 70.
197 *Winkler/M. Gruber* in Gruber/Harrer, GmbHG² § 61 Rz 87 mwN.
198 OGH 30.9.2009, 9 ObA 125/08k.
199 *Winkler/M. Gruber* in Gruber/Harrer, GmbHG² § 61 Rz 88 mwN.
200 OGH 19.12.2002, 2 Ob 308/02m.

Zweiter Abschnitt.
Die Stammeinlagen

§ 63. (1) Jeder Gesellschafter ist verpflichtet, die von ihm übernommene Stammeinlage in voller Höhe nach Maßgabe des Gesellschaftsvertrags und der von den Gesellschaftern gültig gefaßten Beschlüsse einzuzahlen.

(2) Soweit durch den Gesellschaftsvertrag oder durch einen gültig gefaßten Abänderungsbeschluß nichts anderes bestimmt ist, sind die Einzahlungen auf die Stammeinlagen von sämtlichen Gesellschaftern nach Verhältnis ihrer in Barem zu leistenden Stammeinlagen zu machen.

(3) [1]Die Erfüllung dieser Zahlungspflicht kann einzelnen Gesellschaftern weder erlassen noch gestundet werden. [2]Durch Kompensation mit einer Forderung an die Gesellschaft kann ihr nicht genügt werden.

(4) Ebensowenig findet an dem Gegenstand einer nicht in Geld zu leistenden Einlage wegen Forderungen, die sich nicht auf den Gegenstand beziehen, ein Zurückbehaltungsrecht statt.

(5) Eine Leistung auf die Stammeinlage, die nicht in barem Gelde besteht, oder die durch Aufrechnung einer für die Überlassung von Vermögensgegenständen zu gewährenden Vergütung bewirkt wird, befreit den Gesellschafter von seiner Verpflichtung zur Zahlung der Stammeinlage nur insoweit, als sie in Ausführung einer im Gesellschaftsvertrage getroffenen Vereinbarung geschieht.

(6) Vorbehalte und Einschränkungen bei der Übernahme oder Zahlung von Stammeinlagen sind wirkungslos.

Literatur: *Bayer*, Abtretung und Pfändung der GmbH-Stammeinlageforderungen, ZIP 1989, 8; *Brauer*, Heilung verdeckter Sacheinlagen bei der GmbH durch nachträglichen Umwidmungsbeschluss, BB 1997, 268; *Bruckbauer*, Sacheinlage, Sachübernahme und unbare Entnahme als Vergütung – Festsetzung in der Satzung bei Gesellschaft mit beschränkter Haftung und Aktiengesellschaft, NZ 2007/60, 257; *Cahn*, Vergleichsverbote im Gesellschaftsrecht (1996); *Diregger*, Zur Gesellschaftsvertragspublizität von Sacheinlagen im GmbH-Recht: kein Ende der Diskussion, RdW 2008/402, 439; *P. Doralt*, Kapitalstruktur der GmbH – Sicherung des Mindestkapitals, in Roth (Hg), Die Zukunft der GmbH (1983) 7; *Eckert*, Kapitalerhöhung gegen Verrechnung von Gesellschafterforderungen, GesRZ 2011, 218; *Frey*, Einlagen in Kapitalgesellschaften (1990); *Gehrlein*, Das neue GmbH-Recht (2008); *Geist/Karollus*, Besprechung zu OGH 6 Ob 570/94, JBl 1996, 528; *Graff*, Exekution auf die Einzahlungsverpflichtung des früheren GmbH-Gesellschafters bei nicht voll einbezahlter Stammeinlage, GesRZ 1979, 29; *Groh*, Einlage wertgeminderter Gesellschafterforderungen in Kapitalgesellschaften, BB 1997, 2523; *Gruber*, Treuhandbeteiligung an Gesellschaften (2001); *Grünberg*, Das Gesetz über die GesmbH seit dem Wirksamkeitsbeginn (15. Juni 1906) in der österreichischen Rechtsprechung, NZ 1915, 198, 208, 217; *Grünberg*, Die Pfändung und Verwertung des Einforderungsanspruches der Gesellschaft m.b.H. (§ 64 GmbHG), NZ 1917, 223; *Habersack*, Dienst- und Werkleistungen des Gesellschafters und das Verbot der verdeckten Sacheinlage und des Hin- und Herzahlens, in FS Priester (2007) 157; *Harrer*, Leistung der Einlage und Aufrechnung im Recht der Kommanditgesellschaft, GesRZ 1997, 65; *Herzog/Fehringer/Buchtela*, Kapitalaufbringung durch Immaterialgüterrechte bei Kapitalgesellschaften, ecolex 2010, 160, 257; *Honsell*, Umwandlung von Kredit in Haftkapital – Verschleierte Sacheinlage? in FS Frotz (1993) 307; *Huemer*, Das Aufrechnungsverbot des § 63 GmbHG, NZ 1963, 116; *Huemer/Friedburg*, Die Umwandlung von Gesellschafterdarlehen in Grund-(Stamm-)Kapital, ÖJZ 1959, 93; *Karollus*, Umwandlung von Darlehen in Grund- oder Stammkapital: Ein gesellschaftsrechtlich zulässiger Vorgang, ÖBA 1994, 501; *Karollus*, Die Umwandlung von Geldkrediten in Grundkapital – eine verdeckte Sacheinlage? ZIP 1994, 589; *Karollus*, Besprechung zu OGH 3 Ob 51/10m, ÖBA 2011, 407; *Kastner/Nowotny*, Probleme der Kapitalerhöhung mit Sacheinlagen bei Aktiengesellschaften, JBl 1982, 281; *Klaft/Maxem*, Praktische Probleme der Voreinzahlung auf künftige Bareinlagenschuld, GmbHR 1997, 586; *Konwitschka*, Kapitalerhöhung durch Verrechnung von Gesellschafterforderungen (1998); *Konwitschka*, Besprechung zu OGH 6 Ob 264/97k, ecolex 1998, 486; *Konwitschka*, Verdeckte Sacheinlagen bei sanierenden Kapitalerhöhungen und deren Heilung, ecolex 2001, 183; *Konwitschka*, Besprechung zu OGH 6 Ob 81/02h, ecolex 2003, 688; *Koppensteiner*, Über verdeckte Sacheinlagen, unzulässige Zuwendungen aus dem Gesellschaftsvermögen und freie Verfügung, GES 2007, 280; *Koppensteiner*, Forderungen gegen Beteiligungen? in FS H. Torggler (2013) 627; *Luschin*, Ausnahmen von der verdeckten Sacheinlage oder: Privilegierung von Banken? RdW 2004/665, 714; *Mädel/Nowotny*, Einbringung und verdeckte (verschleierte) Sacheinlage im GmbH-Recht, in FS Wiesner (2004) 267; *Müller*, Zur Umwandlung von Geldkrediten in Grundkapital fallierender Gesellschaften, ZGR 1995, 326; *Ch. Nowotny*, Haftung der Bank bei unrichtiger Einzahlungsbestätigung einer Kapitalerhöhung, RdW 1991, 282; *Pucher*, Gedanken zur Sachübernahme, GesRZ 2009, 321; *Reich-Rohrwig*, Pfändung ausstehender Stammeinlagen nach dem Firmenbuchgesetz, ecolex 1991, 248; *Reich-Rohrwig*, Grundsatzfragen der Kapitalerhaltung (2004); *Reich-Rohrwig/Gröss*, Einbringung eines durch unbare Entnahme überschuldeten Unternehmens in eine GmbH, ecolex 2003, 680; *Reich-Rohrwig/Thiery*, Exekution auf Stammeinlageforderungen, ecolex 1992, 91; *Roth*, „Schütt aus – hol zurück" als verdeckte Sacheinlage, NJW 1991, 1913; *Rüffler*, Gläubigerschutz durch Mindestkapital und Kapitalerhaltung in der GmbH – überholtes oder sinnvolles Konzept? GES 2005, 140; *Schaub*, Treuhand an GmbH-Anteilen – Treuhandgefahren für den Treugeber, DStR 1996, 65; *Schick*, Probleme der Einstellung der Einlageforderung einer GmbH in ein Kontokorrent im Hinblick auf das Gebot der Leistung zur freien Verfügbarkeit, GmbHR 1997, 1048; *Schopper,* Einzahlung ausständiger Stammeinlagen und Verfahrensvorschriften im Spiegel der Rechtsprechung, SWK 2005, W 35; *Schopper,* Fallgruppen zur verdeckten Sacheinlage, NZ 2009/76, 257; *Schuchter,* Forderungsverzicht des Gesellschafters und verdeckte Gewinnausschüttung: VwGH bestätigt BFH, RdW 1998, 488; *F. Schuhmacher,* Forderungseinbringung gegen Eigenkapital bei der GmbH – Kritische Überlegungen zur Kapitalaufbringung, in FS Aicher (2012) 729; *H. Schumacher,* Veräußerung gepfändeter GmbH-Geschäftsanteile, RdW 1996, 351; *Schummer,* Umwandlung einer Forderung in Nennkapital zum Nennwert? in FS Jud (2012) 657; *Taufner,* Die verdeckte Sacheinlage (2010); *Taufner,* Verdeckte Sacheinlagen: Fallstricke für die Beratungspraxis, ÖJZ 2011, 389; *Thurnher,* Die Vermeidung verschleierter Sacheinlagen bei der Einbringung von Betrieben mit Entnahmen nach § 16 Abs 5 UmgrStG, GesRZ 2005, 10; *Torggler H.,* Zur Verpfändung von GmbH-Geschäftsanteilen, ÖBA 1998, 430; *H. Torggler/Herbst,* Zur Umwandlung von Aktionärsforderungen in Grundkapital, in FS Helbich (1990) 181; *U. Torggler,* Die Verbandsgründung (2009); *U. Torggler/H. Torggler,* Zur Einlageleistung durch Aufrechnung, in FS Ch. Nowotny (2015) 489; *Trölitzsch,* Differenzhaftung für Fehlbeträge bei Sacheinlagen in Gesellschaften mit beschränkter Haftung, RdW 1995, 170; *Ulmer,* Zur Treuhand an GmbH-Anteilen: Haftung des Treugebers für Einlageansprüche der GmbH? ZHR 156 (1992), 377; *Volmer,* Die Pfändbarkeit der Stammeinlageforderung eines GmbH-Gesellschafters, GmbHR 1998, 579; *J. Wilhelm,* Rechtsprechung im Gesellschaftsrecht insbesondere in den Beispielen der verdeckten Sacheinlage und der Vor-GmbH, in GedS Knobbe-Keuk (1997) 321; *Winner,* Die nicht durchgeführte Kapitalerhöhung in der Insolvenz, in FS Doralt (2004) 707; *Winner,* Die Rechtsfolgen verdeckter Sacheinlagen – ein Fall für den Gesetzgeber, RdW 2010/487, 467; *Wünsch,* Zur Aufrechnung von Forderungen zwischen der GmbH und ihrem Gesellschafter, in FS Kastner (1972) 525.

Inhaltsübersicht

I. Einleitung	1, 2
II. Pflicht zur Leistung der Stammeinlage (Abs 1)	3–27
A. Sachlicher Anwendungsbereich	3
B. Normadressaten	4–6
C. Entstehung und Verjährung	7, 8
D. Fälligkeit	9–15
1. Fälligkeit der Mindesteinlagen	9
2. Fälligkeit der Resteinlagen	10–15
a) Feste Zahlungstermine	10, 11
b) Offene Zahlungstermine	12, 13
c) Insolvenz und Liquidation	14, 15
E. Erfüllung der Einlagepflicht	16–20
F. Insolvenz des Gesellschafters	21, 22
G. Abtretung, Verpfändung und Exekution des Einlageanspruchs	23–26

		1. Abtretung	23, 24
		2. Verpfändung	25
		3. Exekution	26
	H.	Schiedsfähigkeit	27
III.	Gleichbehandlungsgebot bei Einforderung der Stammeinlagen (Abs 2)		28–32
	A.	Anwendungsbereich	28–31
	B.	Rechtsfolgen	32
IV.	Erlassverbot, Stundungsverbot, Aufrechnungsverbot (Abs 3)		33–53
	A.	Erlassverbot	33–38
		1. Allgemeines	33
		2. Anwendungsbereich	34–37
		3. Rechtsfolgen	38
	B.	Stundungsverbot	39
	C.	Aufrechnungsverbot	40–53
		1. Allgemeines	40–43
		2. Aufrechnungsvoraussetzungen	44–48
		3. Sacheinlage- oder Bareinlagerecht	49–53
		a) Altforderungen	50–52
		b) Neuforderungen	53
V.	Verbot des Zurückbehaltungsrechts (Abs 4)		54
VI.	Schutz vor Umgehung der Sacheinlagevorschriften (Abs 5)		55–71
	A.	Allgemeines	55
	B.	Nicht in Geld bestehende Leistung an Zahlungs statt (1. Halbsatz)	56–62
	C.	Leistung durch Aufrechnung bei Sachübernahme (2. Halbsatz)	63–65
	D.	Lehre von der verdeckten Sacheinlage	66–71
VII.	Vorbehalte und Einschränkungen (Abs 6)		72

I. Einleitung

1 § 63 leitet den 2. Abschnitt im II. Hptst ein, der die **tatsächliche Aufbringung des Stammkapitals** sicherstellen soll.[1] Mit § 63 wird dabei die Pflicht des Gesellschafters zur Leistung der v ihm übernommenen Stammeinlage, sohin die Hauptpflicht des Gesellschafters, geregelt. Darüber hinaus wird die Entstehung u Erfüllung dieser Pflicht behandelt.[2] Dem Ziel der Aufbringung des Stammkapitals dienen auch die §§ 6, 6a,

---

1 *F. Schuhmacher* in Torggler, GmbHG § 63 Rz 1.
2 *Baier* in Gruber/Harrer, GmbHG[2] § 63 Rz 2, 3.

10, 10a u 52 Abs 6, welche daher bei der Interpretation des § 63 beachtet werden müssen.³ Darüber hinaus ist § 63 die Basis für das Verbot der Einlagenrückgewähr (§ 82).⁴ Zur Abgrenzung zw Kapitalaufbringung u Kapitalerhaltung s § 82 Rz 19 ff. Verwandte Normen im Aktienrecht sind die §§ 49 u 60.⁵

Absatz 1 normiert die Pflicht der Gesellschafter zur Einzahlung der v ihnen übernommenen Einlagen in voller Höhe, die durch das Diskriminierungsverbot des Abs 2 ergänzt wird. Ebenfalls der Kapitalaufbringung dienen das Verbot des Erlasses oder der Stundung der Einlagepflicht in Abs 3 u der Ausschluss des Zurückbehaltungsrechts für Sacheinlagen in Abs 4. Absatz 5 soll sicherstellen, dass die Regeln über Sachgründungen nicht umgangen werden, Abs 6 untersagt Vorbehalte u Einschränkungen bei der Übernahme u der Zahlung v Stammeinlagen.⁶

II. Pflicht zur Leistung der Stammeinlage (Abs 1)

A. Sachlicher Anwendungsbereich

Die Leistung der Stammeinlage ist die Hauptleistungspflicht jedes Gesellschafters.⁷ § 63 Abs 1 bezieht sich dabei auf die Pflicht zur Leistung der Stammeinlage **sowohl bei Gründung der GmbH als auch im Zuge einer Kapitalerhöhung.**⁸ Da Sacheinlagen zwingend sofort geleistet werden müssen (§ 10 Abs 1),⁹ kommt Abs 1 hierfür kaum Bedeutung zu. Besondere Bedeutung hat diese Bestimmung hingegen für Resteinlagen. Doch auch bei Mindesteinlagen kann etwa ein bestimmter Einzahlungszeitpunkt vereinbart werden.¹⁰ Dies betrifft jew die Fälligkeit der Einlage, der Anspruch auf die Leistung entsteht hingegen bereits mit Abschluss des GesV.¹¹

---

3 *Baier* in Gruber/Harrer, GmbHG² § 63 Rz 1; *F. Schuhmacher* in Torggler, GmbHG § 63 Rz 1; *Koppensteiner/Rüffler*, GmbHG³ § 63 Rz 1.
4 *Schopper* in Straube/Ratka/Rauter, GmbHG § 63 Rz 1.
5 *Schopper* in Straube/Ratka/Rauter, GmbHG § 63 Rz 1.
6 *Koppensteiner/Rüffler*, GmbHG³ § 63 Rz 2.
7 *Schopper* in Straube/Ratka/Rauter, GmbHG § 63 Rz 4.
8 *Schopper* in Straube/Ratka/Rauter, GmbHG § 63 Rz 10; *Baier* in Gruber/Harrer, GmbHG² § 63 Rz 4.
9 *Koppensteiner/Rüffler*, GmbHG³ § 63 Rz 3.
10 *Baier* in Gruber/Harrer, GmbHG² § 63 Rz 4.
11 *Baier* in Gruber/Harrer, GmbHG² § 63 Rz 11.

B. Normadressaten

4   Der Anspruch auf Leistung der Stammeinlage gehört zum Vermögen der GmbH, ihr gegenüber besteht die Pflicht zur Einzahlung.[12] **Schuldner der Einzahlungsverpflichtung** ist der Gesellschafter, uzw derjenige, der bei Fälligkeit im FB als Gesellschafter aufscheint.[13] Wird der Zeitpunkt der Einzahlung durch Gesellschafterbeschluss festgelegt, ist maßgeblich, wer zum Zeitpunkt der Zahlungsaufforderung im FB aufscheint.[14]

5   Kommt es zu einem Übergang des Geschäftsanteils, haften Veräußerer u Erwerber für bereits fällige Verpflichtungen solidarisch (s auch § 78 Abs 2).[15] Für die Zahlung offener Stammeinlagen können uU auch die **sekundären Adressaten** in Anspruch genommen werden. So kann ein ehem Gesellschafter nach den Voraussetzungen der „Vormännerhaftung" gem § 67 zur Zahlung verpflichtet sein u einen Mitgesellschafter trifft die Ausfallhaftung nach § 70.[16]

6   Umstritten ist, ob neben dem Treuhänder als formalem Gesellschafter auch eine **Haftung des Treugebers** für die Leistung der Stammeinlage besteht. Mittelbar kann auf den Treugeber jedenfalls zugegriffen werden, da die Gesellschaft den Anspruch des Treuhänders auf Freistellung aus seinem Vertragsverhältnis pfänden kann u dadurch einen Anspruch gegen den Treugeber erwirbt.[17] Vertreten wird auch, dass der Treuhänder aufgrund der dem Gesellschaftsverhältnis entspringenden Treuepflicht zur Abtretung dieses Anspruchs verpflichtet sei.[18] Ob auch eine unmittelbare Zugriffsmöglichkeit der Gesellschaft auf den Treugeber besteht, ist umstritten.[19] Rechtsprechung hierzu fehlt, soweit ersichtlich.

---

12 *Schopper* in Straube/Ratka/Rauter, GmbHG § 63 Rz 7; *Baier* in Gruber/Harrer, GmbHG² § 63 Rz 5.
13 *Schopper* in Straube/Ratka/Rauter, GmbHG § 63 Rz 8; *Baier* in Gruber/Harrer, GmbHG² § 63 Rz 6; *F. Schuhmacher* in Torggler, GmbHG § 63 Rz 3.
14 *Baier* in Gruber/Harrer, GmbHG² § 63 Rz 6.
15 *Schopper* in Straube/Ratka/Rauter, GmbHG § 63 Rz 8; *Baier* in Gruber/Harrer, GmbHG² § 63 Rz 7.
16 *Schopper* in Straube/Ratka/Rauter, GmbHG § 63 Rz 10; *Baier* in Gruber/Harrer, GmbHG² § 63 Rz 8.
17 *Baier* in Gruber/Harrer, GmbHG² § 63 Rz 9; *F. Schuhmacher* in Torggler, GmbHG § 63 Rz 3.
18 *Baier* in Gruber/Harrer, GmbHG² § 63 Rz 9.
19 *F. Schuhmacher* in Torggler, GmbHG § 63 Rz 3.

C. Entstehung und Verjährung

Der Anspruch der Gesellschaft auf Leistung der Stammeinlage **entsteht** mit Abschluss des GesV[20] bzw mit der Erklärung der Übernahme einer Stammeinlage im Zuge einer Kapitalerhöhung.[21]

Die **Verjährung** des Anspruchs richtet sich nach den allg Vorschriften des ABGB u die Verjährungsfrist beträgt 40 Jahre (ab Fälligkeit).[22]

D. Fälligkeit

1. Fälligkeit der Mindesteinlagen

Sacheinlagen sind gem § 10 Abs 1 bei der Gründung sofort zur Gänze zu leisten. § 10 Abs 1 schreibt auch für die gesetzl Mindestbareinlagen eine Einzahlung **vor der Eintragung im FB** vor. So müssen bereits bei der Anmeldung auf jede Bareinlage ein Viertel, jedenfalls aber pro Einlage € 70 u insgesamt mind € 17.500 eingezahlt sein. Der genaue Zeitpunkt kann allerdings gesv vereinbart werden. Es ist auch zulässig, den Leistungszeitpunkt für versch Gesellschafter im GesV untersch festzusetzen – der Gleichbehandlungsgrundsatz kann dabei außer Acht gelassen werden.[23] Nur wenn ein solcher Zeitpunkt nicht vereinbart wurde, ist die Einlage nach hM[24] u Rsp[25] sofort mit Entstehung des Anspruchs, dh mit Abschluss des GesV, fällig.[26] Nach aA ist in einem solchen Fall § 63 Abs 1 anzuwenden, sodass sich die Fälligkeit nach dem im Gesellschafterbeschluss festgesetzten Zeitpunkt richtet.[27] Fehlt bei einer Kapitalerhöhung eine Vereinbarung über die Fälligkeit der Mindesteinlagen, wird die Forderung mit dem Einforderungsbeschluss der Gesellschafter

---

20 OGH 13.7.1995, 6 Ob 570/94.
21 OGH 23.4.1996, 1 Ob 509/96; s auch *F. Schuhmacher* in Torggler, GmbHG § 63 Rz 3; *Koppensteiner/Rüffler*, GmbHG³ § 63 Rz 4.
22 *Schopper* in Straube/Ratka/Rauter, GmbHG § 63 Rz 18; *Baier* in Gruber/Harrer, GmbHG² § 63 Rz 28; *F. Schuhmacher* in Torggler, GmbHG § 63 Rz 15.
23 *Koppensteiner/Rüffler*, GmbHG³ § 63 Rz 5.
24 *F. Schuhmacher* in Torggler, GmbHG § 63 Rz 15; *Koppensteiner/Rüffler*, GmbHG³ § 63 Rz 5.
25 OGH 13.7.1995, 6 Ob 570/94.
26 *F. Schuhmacher* in Torggler, GmbHG § 63 Rz 5.
27 *Baier* in Gruber/Harrer, GmbHG² § 63 Rz 14 mwN; *Schopper* in Straube/Ratka/Rauter, GmbHG § 63 Rz 20.

wirksam.[28] Im Fall der Gründungsprivilegierung besteht die Einzahlungspflicht hingegen nur soweit die bereits geleisteten Einzahlungen hinter den gründungsprivilegierten Stammeinlagen zurückbleiben (§ 10b).[29]

2. Fälligkeit der Resteinlagen

a) Feste Zahlungstermine

10 Der Zahlungstermin für die Resteinlagen kann **im GesV bzw im Kapitalerhöhungsbeschluss** bestimmt werden.[30] Voraussetzung ist, dass die Fälligkeit dadurch wirksam bestimmt wird, dass also ein kalendermäßiger Zeitpunkt, die Höhe u die Zahlungsmodalitäten fixiert sind.[31] Andernfalls kommt eine wirksame Vereinbarung bzgl eines festen Zahlungstermins nicht zustande, sodass ein späterer Gesellschafterbeschluss notwendig wäre. Ist der Zeitpunkt einmal festgelegt, tritt Fälligkeit der Einlage ein, ohne dass es eines weiteren Einforderungsbeschlusses bedarf.[32]

11 Eine **Gleichbehandlung der Gesellschafter** ist bei einem festen Zahlungstermin nicht notwendig. Die einzelnen Gesellschafter können auch zu untersch Terminen u Raten verpflichtet werden. Das in § 63 Abs 2 statuierte Diskriminierungsverbot gilt nach zutr hM iZm der Festlegung des Fälligkeitszeitpunkts nicht, da durch die Festlegung im GesV Dispositionsfreiheit der Gesellschafter besteht. Wird jedoch die Stellung eines Gesellschafters nachträglich verschlechtert, ist dessen Zustimmung zur Änderung notwendig.[33] So setzt insb die Vorverlegung des Zahlungstermins die Zustimmung der Betroffenen voraus.[34] Enthält der GesV Bedingungen, v denen die Zahlungspflicht abhängt, sind diese ab Eintragung der GmbH unwirksam.[35]

---

28 *Schopper* in Straube/Ratka/Rauter, GmbHG § 63 Rz 21.
29 *F. Schuhmacher* in Torggler, GmbHG § 63 Rz 5.
30 *F. Schuhmacher* in Torggler, GmbHG § 63 Rz 6.
31 *Baier* in Gruber/Harrer, GmbHG² § 63 Rz 17.
32 *F. Schuhmacher* in Torggler, GmbHG § 63 Rz 6.
33 *Schopper* in Straube/Ratka/Rauter, GmbHG § 63 Rz 23; *Baier* in Gruber/Harrer, GmbHG² § 63 Rz 16; *F. Schuhmacher* in Torggler, GmbHG § 63 Rz 6; *Koppensteiner/Rüffler*, GmbHG § 63 Rz 5.
34 *Schopper* in Straube/Ratka/Rauter, GmbHG § 63 Rz 24.
35 *Schopper* in Straube/Ratka/Rauter, GmbHG § 63 Rz 26.

b) Offene Zahlungstermine

Fehlt ein fester Zahlungstermin, wird die Fälligkeit der Resteinlagen durch **Gesellschafterbeschluss** bestimmt. Vom Fehlen kann ausgegangen werden, wenn sich die Fälligkeit der Einlageleistung nicht bereits aus der Festlegung im GesV oder aus dem G ergibt.[36] Dabei sind alle Gesellschafter stimmberechtigt (auch jene, die ihre Einlagen bereits vollständig geleistet haben).[37] Es obliegt dem freien Ermessen der Gesellschafter, wann u in welchem Ausmaß sie die restlichen Beträge einfordern. Einschränkungen können jedoch im GesV vereinbart werden, was zulässig u üblich ist.[38] Im GesV kann auch die Zuständigkeit zur Beschlussfassung an einen AR oder Beirat bzw an die GF übertragen werden.[39] Wie bei einem festen Zahlungstermin ist auch bei einem offenen Zahlungstermin eine Ungleichbehandlung der Gläubiger zulässig, sofern die Benachteiligten zustimmen.[40]

12

Die Fälligkeit setzt neben dem Gesellschafterbeschluss auch eine **Zahlungsanweisung** durch die GF voraus.[41] Diese ist inhaltlich an den Gesellschafterbeschluss u den Gleichbehandlungsgrundsatz gem Abs 2 gebunden.[42]

13

c) Insolvenz und Liquidation

Im **Insolvenzverfahren** der Gesellschaft sind Stammeinlageforderungen sofort fällig (§ 14 Abs 2 IO). Allfällige Beschränkungen der Einforderung sind dann nicht mehr gültig. Die Gründungsprivilegierung gilt jedoch auch in der Insolvenz.[43] Kommt es bei einer Kapitalerhöhung nach Leistung der Einlage aber vor Eintragung der Kapitalerhöhung zur Insolvenz, ist unklar, ob der Rückzahlungsanspruch des Einlegers sachen- oder schuldrechtlicher Natur ist.[44]

14

---

36 *F. Schuhmacher* in Torggler, GmbHG § 63 Rz 9.
37 *Baier* in Gruber/Harrer, GmbHG² § 63 Rz 19.
38 *Schopper* in Straube/Ratka/Rauter, GmbHG § 63 Rz 28.
39 *Schopper* in Straube/Ratka/Rauter, GmbHG § 63 Rz 32; *Baier* in Gruber/Harrer, GmbHG² § 63 Rz 21; *F. Schuhmacher* in Torggler, GmbHG § 63 Rz 9.
40 *Schopper* in Straube/Ratka/Rauter, GmbHG § 63 Rz 29; *Baier* in Gruber/Harrer, GmbHG² § 63 Rz 20.
41 *Schopper* in Straube/Ratka/Rauter, GmbHG § 63 Rz 30; *Baier* in Gruber/Harrer, GmbHG² § 63 Rz 22; *F. Schuhmacher* in Torggler, GmbHG § 63 Rz 9.
42 *Baier* in Gruber/Harrer, GmbHG² § 63 Rz 22.
43 *F. Schuhmacher* in Torggler, GmbHG § 63 Rz 7.
44 Für eine detaillierte Problemdarstellung u Praxistipps s *Winner* in FS Doralt 707.

15 Bei **Liquidation** der Gesellschaft sind Einforderungen v noch offenen Stammeinlagen nur erlaubt, soweit dies zur Gläubigerbefriedigung nötig ist.[45] Für die Einforderung ist jedoch – anders als bei der werbenden Gesellschaft gem § 35 Abs 1 Z 2 – kein Beschluss der Gesellschafter notwendig, sondern gem § 90 Abs 3 sind alleine die Liquidatoren für die Einforderung zuständig (s § 92 Rz 23).[46] Darüber hinaus müssen sich die Einforderungen am Verhältnis bereits geleisteter Einlagen orientieren.[47]

E. Erfüllung der Einlagepflicht

16 Zur Erfüllung der Einlagepflicht muss die Bareinlage vollständig u uneingeschränkt ins Vermögen der Gesellschaft übergehen u den GF **zur freien Verfügung** stehen.[48] Die Leistung muss gem § 63 Abs 1 so erbracht werden, wie sie nach dem G, der Satzung oder einem Gesellschafterbeschluss geschuldet wird.[49] Die Beweislast für die Einzahlung trifft den Gesellschafter.[50] Fließt das Geld absprachegemäß direkt oder indirekt an den einzahlenden Gesellschafter zurück, liegt keine Leistung an die Gesellschaft vor, da die freie Verfügbarkeit in diesem Fall nicht gegeben ist.[51] Sonstige Absprachen über die Verwendung der Einlagen sind hingegen unschädlich. Die Einzahlung oder Überweisung auf ein **debitorisches Konto** der GmbH ist eine wirksame Erfüllung, sofern die GmbH über die Mittel frei verfügen kann.[52]

17 Auch **Zahlungen ohne Widmung** können eine offene Stammeinlagenforderung tilgen.[53] Dies gilt selbst für Zahlungen ohne Erfüllungs-

---

45 *Schopper* in Straube/Ratka/Rauter, GmbHG § 63 Rz 34; *Baier* in Gruber/Harrer, GmbHG[2] § 63 Rz 26.
46 *Gelter* in Gruber/Harrer, GmbHG[2] § 92 Rz 9.
47 *Baier* in Gruber/Harrer, GmbHG[2] § 63 Rz 26; *F. Schuhmacher* in Torggler, GmbHG § 63 Rz 8.
48 *Schopper* in Straube/Ratka/Rauter, GmbHG § 63 Rz 36; *Baier* in Gruber/Harrer, GmbHG[2] § 63 Rz 30.
49 *F. Schuhmacher* in Torggler, GmbHG § 63 Rz 16.
50 *F. Schuhmacher* in Torggler, GmbHG § 63 Rz 16 mwN.
51 *Schopper* in Straube/Ratka/Rauter, GmbHG § 63 Rz 37; *Baier* in Gruber/Harrer, GmbHG[2] § 63 Rz 31.
52 *Schopper* in Straube/Ratka/Rauter, GmbHG § 63 Rz 38.
53 OGH 27.6.1989, 4 Ob 555/89.

willen, sofern es sich bei der Einlagenpflicht um die einzige Verbindlichkeit des Gesellschafters gegenüber der Gesellschaft handelt.[54]

Die **Leistung des Gesellschafters an einen Dritten** wirkt schuldbefreiend, wenn die Gesellschaft den Gesellschafter dazu angewiesen hat, die Gesellschaft durch die Anweisung tatsächlich frei über die Einlagenleistung verfügt hat u durch die Zahlung an den Dritten der volle wirtschaftliche Wert der Einlageforderung an die Gesellschaft fließt. Mit der Zahlung an den Dritten muss daher eine unbestrittene, fällige u vollwertige Verbindlichkeit der Gesellschaft getilgt werden. Die Leistung an den Gesellschaftsgläubiger ist insofern mit einer Aufrechnung mit der Einlagenverpflichtung vergleichbar.[55]

Auch die **Leistung durch einen Dritten** wirkt schuldbefreiend, sofern es dadurch zu einem realen Vermögenszufluss an die Gesellschaft kommt. Unzulässig ist jedoch die direkte oder indirekte Finanzierung der Einlage durch die Gesellschaft, dh durch Zahlung der Gesellschaft selbst oder durch Kreditgewährung an den Gesellschafter.[56]

Einzahlungen vor Fälligkeit wirken schuldbefreiend.[57] Zinsen, die dem Gesellschafter aufgrund dieser Vorleistung erwachsen, sind ihm jedoch nicht zu ersetzen.[58]

F. Insolvenz des Gesellschafters

Gibt es einen rechtskräftigen Sanierungsplan, schuldet der Gesellschafter die Einlage nur noch in der Höhe der vorgesehenen Quote.[59] Es kommt zu einer Haftung der Mitgesellschafter, wofür kein Kaduzierungsverfahren erforderlich ist, da die Gesellschaft bereits durch die gerichtl Bestätigung des Ausgleichs einen Ausfall erleidet.[60]

---

54 *Schopper* in Straube/Ratka/Rauter, GmbHG § 63 Rz 40.
55 OGH 22.2.2001, 6 Ob 19/01i; *Schopper* in Straube/Ratka/Rauter, GmbHG § 63 Rz 42; *Baier* in Gruber/Harrer, GmbHG² § 63 Rz 34; *F. Schuhmacher* in Torggler, GmbHG § 63 Rz 33.
56 *Schopper* in Straube/Ratka/Rauter, GmbHG § 63 Rz 43; *Baier* in Gruber/Harrer, GmbHG² § 63 Rz 35; *F. Schuhmacher* in Torggler, GmbHG § 63 Rz 16
57 RIS-Justiz RS0060084.
58 *Baier* in Gruber/Harrer, GmbHG² § 63 Rz 33; RIS-Justiz RS0060084.
59 OGH 17.5.2000, 2 Ob 111/00p.
60 OGH 17.5.2000, 2 Ob 111/00p.

22 Im Fall eines Konkursverfahrens ohne Sanierungsplan sind die §§ 63 ff ohne Einschränkung anwendbar. Der Anspruch auf Zahlung der Einlage ist keine bevorrechtete Forderung u wird zur Gänze als **Konkursforderung** angemeldet.[61] Bei einem Ausgleich ist der Anspruch auf Leistung der Stammeinlage zur Gänze v den Ausgleichswirkungen umfasst u wird daher auf die Ausgleichsquote reduziert.[62]

G. Abtretung, Verpfändung und Exekution des Einlageanspruchs

1. Abtretung

23 Einlageforderungen können nach den allg Vorschriften der §§ 1392 ff ABGB abgetreten werden.[63] Das gilt für die Resteinlagepflicht genauso wie für die Mindesteinlage.[64] Aufgrund des Erfordernisses der realen Kapitalaufbringung ist nach hA Voraussetzung für die **Zulässigkeit der Abtretung** eine vollwertige Gegenleistung des Zessionars, über die die Gesellschaft frei verfügen kann.[65] Sie muss also in Geld oder in der Befreiung v einem Zahlungsanspruch bestehen.[66] Die sicherungsweise Abtretung einer Stammeinlagenforderung zur Besicherung eines Neukredits ist zulässig, wenn der abgesicherte Rückzahlungsanspruch des Kreditgebers vollwertig ist.[67] Bis zum Erhalt der Gegenleistung ist die Zession schwebend unwirksam.[68] Im GesV kann die Zedierbarkeit v Stammeinlagenforderungen beschränkt oder ausgeschlossen werden. Zu beachten ist hierbei jedoch § 1396a ABGB (Zessionsverbot).[69]

---

61 *Schopper* in Straube/Ratka/Rauter, GmbHG § 63 Rz 46 f; *Baier* in Gruber/Harrer, GmbHG² § 63 Rz 37.
62 *Schopper* in Straube/Ratka/Rauter, GmbHG § 63 Rz 48.
63 *F. Schuhmacher* in Torggler, GmbHG § 63 Rz 35; OGH 16.9.1981, 3 Ob 29/81.
64 *Baier* in Gruber/Harrer, GmbHG² § 63 Rz 39.
65 *Koppensteiner/Rüffler*, GmbHG³ § 63 Rz 23.
66 *Schopper* in Straube/Ratka/Rauter, GmbHG § 63 Rz 50 mwN; *Baier* in Gruber/Harrer, GmbHG² § 63 Rz 40; *F. Schuhmacher* in Torggler, GmbHG § 63 Rz 35.
67 *Schopper* in Straube/Ratka/Rauter, GmbHG § 63 Rz 55.
68 *Schopper* in Straube/Ratka/Rauter, GmbHG § 63 Rz 53.
69 *Schopper* in Straube/Ratka/Rauter, GmbHG § 63 Rz 49; *Baier* in Gruber/Harrer, GmbHG² § 63 Rz 39.

Durch die Abtretung darf es zu keiner Schlechterstellung in der **Rechtsposition** des Gesellschafters kommen. Ihm stehen gegen den Zessionar sämtliche Einwendungen zu, die er auch gegenüber der Gesellschaft hatte;[70] er kann sich auch auf das Gleichbehandlungsgebot des § 63 Abs 2 berufen.[71] Die Fälligkeit der Forderung wird durch die Abtretung nicht bewirkt, der Zessionar ist daher an den im GesV bzw im Einforderungsbeschluss festgelegten Zahlungstermin gebunden.[72] Die Zahlungsaufforderung kann er anstelle der GF stellen, hat dabei jedoch die Gleichberechtigung zu wahren.[73] Da die Kapitalaufbringung für die Gesellschaft bereits mit dem Entgelt für die Abtretung gesichert ist, darf der Gesellschafter mit Forderungen, die ihm unmittelbar gegenüber dem Zessionar zustehen, aufrechnen, sofern es sich nicht um Forderungen handelt, die gem § 63 Abs 3 nicht gegen die Gesellschaft aufgerechnet werden können.[74] Der Zessionar kann ihm die Schuld auch erlassen oder stunden.[75] Gerät der Gesellschafter in Verzug, ist eine Kaduzierung nach Abtretung der Stammeinlageforderung nicht mehr möglich.[76]

24

2. Verpfändung

Die Verpfändung v Stammeinlageforderungen ist möglich, solange die Gesellschaft dadurch wirtschaftlich nicht schlechter gestellt wird.[77] Nach hA gelten dieselben Grundsätze wie bei der Abtretung.[78]

25

3. Exekution

Eine Verwertung der Stammeinlageforderung mittels Exekution ist nach hA u Rsp zulässig.[79] Gibt es für die Forderung noch keinen Fälligkeits-

26

---

70 *Koppensteiner/Rüffler*, GmbHG³ § 63 Rz 23.
71 *Schopper* in Straube/Ratka/Rauter, GmbHG § 63 Rz 56.
72 *Koppensteiner/Rüffler*, GmbHG³ § 63 Rz 23.
73 *Schopper* in Straube/Ratka/Rauter, GmbHG § 63 Rz 57.
74 *Schopper* in Straube/Ratka/Rauter, GmbHG § 63 Rz 58.
75 *Schopper* in Straube/Ratka/Rauter, GmbHG § 63 Rz 58.
76 *Schopper* in Straube/Ratka/Rauter, GmbHG § 63 Rz 59.
77 *Schopper* in Straube/Ratka/Rauter, GmbHG § 63 Rz 60; *Baier* in Gruber/Harrer, GmbHG² § 63 Rz 42.
78 *Schopper* in Straube/Ratka/Rauter, GmbHG § 63 Rz 61; *F. Schuhmacher* in Torggler, GmbHG § 63 Rz 36; *Koppensteiner/Rüffler*, GmbHG³ § 63 Rz 24.
79 OGH 18.10.1991, 8 Ob 604/91; *Schopper* in Straube/Ratka/Rauter, GmbHG § 63 Rz 63 mwN; *Baier* in Gruber/Harrer, GmbHG² § 63 Rz 43 mwN.

termin, wird die Fälligkeit mit Zustellung der Drittschuldnerklage bewirkt.[80] Nach § 51 Abs 1 Z 6 JN fällt die Drittschuldnerklage gegen einen GmbH-Gesellschafter auf Zahlung der offenen Einlage in die Zuständigkeit der HG.[81] Der Überweisungsgläubiger ist weder an das Gleichbehandlungsgebot noch an sonstige geschäftsinterne Regelungen über die Einforderung der Einlagen gebunden.[82] Auch nach Pfändung der Einlageforderung kann der Gesellschafter seinen Geschäftsanteil noch übertragen, haftet dann aber als Drittschuldner weiter.[83] Ob die Vollwertigkeit der betriebenen Forderung Voraussetzung für die Exekution in die Einlageforderungen ist, ist str.[84]

H. Schiedsfähigkeit

27 Seit dem SchiedsRÄG 2006 sind Streitigkeiten über die Kapitalaufbringung, also auch § 63 Abs 1, schiedsfähig.[85]

III. Gleichbehandlungsgebot bei Einforderung der Stammeinlagen (Abs 2)

A. Anwendungsbereich

28 Absatz 2 verpflichtet zur **Gleichbehandlung sämtlicher Gesellschafter im Bereich der Einzahlungen**, sofern durch den GesV oder einen gültigen Abänderungsbeschluss nichts anderes bestimmt wird.[86] Ein solcher Beschluss setzt allerdings neben den allg Voraussetzungen für eine Satzungsänderung (§ 50 Abs 1) auch die Zustimmung des betroffenen Ge-

---

80 *Schopper* in Straube/Ratka/Rauter, GmbHG § 63 Rz 64; *Baier* in Gruber/Harrer, GmbHG² § 63 Rz 43.
81 *Schopper* in Straube/Ratka/Rauter, GmbHG § 63 Rz 63.
82 *Schopper* in Straube/Ratka/Rauter, GmbHG § 63 Rz 65.
83 OGH 18.10.1991, 8 Ob 604/91.
84 *Schopper* in Straube/Ratka/Rauter, GmbHG § 63 Rz 66; *F. Schuhmacher* in Torggler, GmbHG § 63 Rz 37; *Baier* in Gruber/Harrer, GmbHG² § 63 Rz 44 mwN.
85 *Koppensteiner/Rüffler*, GmbHG³ § 63 Rz 4.
86 *Schopper* in Straube/Ratka/Rauter, GmbHG § 63 Rz 69; *Baier* in Gruber/Harrer, GmbHG² § 63 Rz 48; *Koppensteiner/Rüffler*, GmbHG³ § 63 Rz 5.

sellschafters voraus (§ 50 Abs 4, 5).[87] Das Gleichbehandlungsgebot gilt im Innenverhältnis u betrifft Höhe u Zeitpunkt aller bar zu leistenden Einlagen,[88] wobei deren Nominalbetrag Maßstab für die Beurteilung der Verhältnismäßigkeit ist.[89] Sacheinlagen sind nicht umfasst,[90] bei gemischten Einlagen ist nur der in bar aufzubringende Teil maßgeblich.[91]

Umfasst sind sowohl Einlagepflichten anlässlich der **Gründung der Gesellschaft** als auch im Zuge einer **Kapitalerhöhung** entstandene Einlagepflichten. Im Zweifel ist der Gleichbehandlungsgrundsatz auf alle offenen Stammeinlageforderungen gleichermaßen anzuwenden, auch wenn einige v ihnen auf einer Kapitalerhöhung beruhen u andere noch v der Gründung offen sind.[92] Entsprechend ist die Gleichbehandlung auch zw den alten u den durch eine Kapitalerhöhung neu hinzukommenden Gesellschaftern zu wahren.[93] Mangels abw Vereinbarung ist das Gleichbehandlungsgebot auch bei der Einforderung des **Agios** (**Aufgelds**), dh einer zusätzlichen, den Nominalwert der Stammeinlage übersteigenden Leistung, anzuwenden.[94] Strittig ist, ob frühere Mehrleistungen hinsichtlich späterer Einlageforderungen bei der Beurteilung des Gleichbehandlungsgebots zu berücksichtigen sind.[95]

29

Auch der **Einforderungsbeschluss** muss dem Gleichbehandlungsgebot folgen.[96] Ob mit Zustimmung des Betroffenen auch andere Lö-

30

---

[87] *Schopper* in Straube/Ratka/Rauter, GmbHG § 63 Rz 70; *Baier* in Gruber/Harrer, GmbHG² § 63 Rz 52.
[88] *Schopper* in Straube/Ratka/Rauter, GmbHG § 63 Rz 69; *Baier* in Gruber/Harrer, GmbHG² § 63 Rz 48; *F. Schuhmacher* in Torggler, GmbHG § 63 Rz 10.
[89] *Schopper* in Straube/Ratka/Rauter, GmbHG § 63 Rz 74; *F. Schuhmacher* in Torggler, GmbHG § 63 Rz 10.
[90] *Schopper* in Straube/Ratka/Rauter, GmbHG § 63 Rz 73; *Baier* in Gruber/Harrer, GmbHG² § 63 Rz 50.
[91] *Schopper* in Straube/Ratka/Rauter, GmbHG § 63 Rz 74; *Baier* in Gruber/Harrer, GmbHG² § 63 Rz 50.
[92] *Schopper* in Straube/Ratka/Rauter, GmbHG § 63 Rz 71.
[93] *Baier* in Gruber/Harrer, GmbHG² § 63 Rz 49.
[94] *Schopper* in Straube/Ratka/Rauter, GmbHG § 63 Rz 71.
[95] *Schopper* in Straube/Ratka/Rauter, GmbHG § 63 Rz 75 mwN; bejahend *Baier* in Gruber/Harrer, GmbHG² § 63 Rz 55; aA *Koppensteiner/Rüffler*, GmbHG³ § 63 Rz 7.
[96] *F. Schuhmacher* in Torggler, GmbHG § 63 Rz 10; *Koppensteiner/Rüffler*, GmbHG³ § 63 Rz 7.

sungen möglich sind, ist umstritten.[97] Wurde die Beschlussfassung über die Einforderung der Einlagen delegiert, haben auch die nun für zuständig erklärten Organe das Gleichbehandlungsgebot zu beachten.[98] Das in diesem Abs Gesagte gilt sinngemäß auch für die Zahlungsaufforderung.[99]

31   In der **Insolvenz** der Gesellschaft sind alle offenen Forderungen sofort fällig. Die Einforderung erfolgt durch den Masseverwalter, wobei das Gleichbehandlungsgebot weiterhin gilt.[100] Bei der **Liquidation** wird der Gleichbehandlungsgrundsatz durch § 90 Abs 3 S 2 zum Ausdruck gebracht (s Rz 15; § 90 Rz 19).[101]

B. Rechtsfolgen

32   Gleichheitswidrige Einforderungsbeschlüsse ohne Zustimmung des betroffenen Gesellschafters sind mit Wirkung *ex tunc* **anfechtbar**.[102] Durch den Verstoß gegen den Gleichbehandlungsgrundsatz kommt es nicht automatisch zur Nichtigkeit des Beschlusses, weswegen der Beschluss weiterhin verbindlich ist, sofern die Anfechtung unterbleibt.[103] Bei einer gleichheitswidrigen Zahlungsaufforderung steht dem Gesellschafter ein Leistungsverweigerungsrecht zu, bis auch alle anderen Gesellschafter in gleichem Maße zur Zahlung aufgefordert wurden.[104] Um seine Rechte durchsetzen zu können bzw überhaupt v der Ungleichheit erfahren zu können, gewährt die hM dem zur Leistung aufgeforderten Gesellschafter das Recht, v dem GF Auskunft zum Zeitpunkt u der Höhe der anderen Zahlungsaufforderungen zu

---

97 *Baier* in Gruber/Harrer, GmbHG² § 63 Rz 53; *Schopper* in Straube/Ratka/Rauter, GmbHG § 63 Rz 70.
98 *Schopper* in Straube/Ratka/Rauter, GmbHG § 63 Rz 72.
99 *Baier* in Gruber/Harrer, GmbHG² § 63 Rz 54.
100 *F. Schuhmacher* in Torggler, GmbHG § 63 Rz 7.
101 *Schopper* in Straube/Ratka/Rauter, GmbHG § 63 Rz 77; *Baier* in Gruber/Harrer, GmbHG² § 63 Rz 57; *F. Schuhmacher* in Torggler, GmbHG § 63 Rz 7.
102 *Schopper* in Straube/Ratka/Rauter, GmbHG § 63 Rz 78 mwN; *Baier* in Gruber/Harrer, GmbHG² § 63 Rz 58.
103 *F. Schuhmacher* in Torggler, GmbHG § 63 Rz 11; *Koppensteiner/Rüffler*, GmbHG³ § 63 Rz 7.
104 *Schopper* in Straube/Ratka/Rauter, GmbHG § 63 Rz 80 mwN; *Baier* in Gruber/Harrer, GmbHG² § 63 Rz 59.

verlangen.[105] Im Prozess obliegt es dem in Anspruch genommenen Gesellschafter, die Gleichheitswidrigkeit zu behaupten u zu beweisen.[106]

IV. Erlassverbot, Stundungsverbot, Aufrechnungsverbot (Abs 3)

A. Erlassverbot

1. Allgemeines

Ein Erlass (Verzicht, Entsagung) der Einlagepflicht auch nur eines Gesellschafters würde eine Kapitalherabsetzung bewirken u ist dementspr verboten.[107] Dies gilt auch für den tw Erlass.[108] Da diese Bestimmung primär dem **Gläubigerschutz** dient, ist sie zwingend.[109]

33

2. Anwendungsbereich

Der Begriff „*Erlass*" iSd Abs 3 ist weit auszulegen u umfasst nicht nur den Verzicht nach § 1444 ABGB, sondern **jedes rechtsgeschäftliche Aufgeben der Einlageforderung**.[110] Auch die bloß qualitative Beeinträchtigung der Einlageforderung (etwa durch Novation) ist untersagt.[111] Das

34

---

105 *Schopper* in Straube/Ratka/Rauter, GmbHG § 63 Rz 79; *Baier* in Gruber/Harrer, GmbHG² § 63 Rz 60; *F. Schuhmacher* in Torggler, GmbHG § 63 Rz 11.
106 *Schopper* in Straube/Ratka/Rauter, GmbHG § 63 Rz 81 mwN; *F. Schuhmacher* in Torggler, GmbHG § 63 Rz 11.
107 *Schopper* in Straube/Ratka/Rauter, GmbHG § 63 Rz 83; *Baier* in Gruber/Harrer, GmbHG² § 63 Rz 62; *F. Schuhmacher* in Torggler, GmbHG § 63 Rz 12.
108 *Schopper* in Straube/Ratka/Rauter, GmbHG § 63 Rz 83; *Baier* in Gruber/Harrer, GmbHG² § 63 Rz 62.
109 *Schopper* in Straube/Ratka/Rauter, GmbHG § 63 Rz 84; *Baier* in Gruber/Harrer, GmbHG² § 63 Rz 62; *F. Schuhmacher* in Torggler, GmbHG § 63 Rz 12; *Koppensteiner/Rüffler*, GmbHG³ § 63 Rz 10.
110 *Schopper* in Straube/Ratka/Rauter, GmbHG § 63 Rz 85; *Baier* in Gruber/Harrer, GmbHG² § 63 Rz 63; *F. Schuhmacher* in Torggler, GmbHG § 63 Rz 12.
111 *Schopper* in Straube/Ratka/Rauter, GmbHG § 63 Rz 85; *Baier* in Gruber/Harrer, GmbHG² § 63 Rz 63.

Erlassverbot umfasst sowohl Bar- als auch Sacheinlagen. Ein Verzicht auf Schadenersatz- oder Gewährleistungsansprüche ist dementspr ebenso unzulässig.[112] Auch auf Sekundäransprüche wie Verzugszinsen, Ansprüche aus Verspätungsschaden u Konventionalstrafen ist das Erlassverbot nach hM anzuwenden.[113] Umstritten ist, ob ein Erlass des **Agios** zulässig ist.[114] Keine Anwendung findet das Erlassverbot auf Nachschusspflichten u sonstige Nebenleistungspflichten iSd § 8, also auf Ansprüche, die mit der Aufbringung des vereinbarten Stammkapitals nicht direkt zusammenhängen.[115]

35 Auch der Abschluss eines (rechtsgeschäftlichen oder prätorischen) **Vergleichs** ist unzulässig, falls die Gesellschaft dadurch ganz oder tw auf ihre Einlageforderung verzichten würde.[116] Nach hM ist ein solcher Vergleich dennoch ausnahmsweise zulässig, wenn dies im Einzelfall eher der Aufbringung des Stammkapitals dient.[117] Dies kann zB der Fall sein, wenn vollkommen unklar ist, ob die Einlagepflicht überhaupt besteht (s auch § 83 Rz 19).[118] Bei einem Gesellschafter mit Zahlungsschwierigkeiten wird die subsidiäre Haftung der Vormänner u Mitgesellschafter hingegen für die Gesellschaft meist günstiger sein als ein Vergleich. Denn wenn ein ausnahmsweiser Vergleich die Einlagepflicht eines Gesellschafters herabsetzt, bewirkt dies auch eine entspr Minderung der subsidiären Haftungen.[119]

36 Dem Erlass gleichzuhalten u damit ebenfalls verboten sind Fälle der direkten oder indirekten **Finanzierung der Einlageleistung durch die Gesellschaft**.[120] Eine direkte Finanzierung wäre etwa ein Kredit der Ge-

---

112 *Schopper* in Straube/Ratka/Rauter, GmbHG § 63 Rz 88; *Baier* in Gruber/Harrer, GmbHG² § 63 Rz 65.
113 *Schopper* in Straube/Ratka/Rauter, GmbHG § 63 Rz 95; *Baier* in Gruber/Harrer, GmbHG² § 63 Rz 67.
114 Verneinend: *Baier* in Gruber/Harrer, GmbHG² § 63 Rz 68; aA *Schopper* in Straube/Ratka/Rauter, GmbHG § 63 Rz 96, der bei einem Verzicht auf das Agio allerdings zumindest den Gleichbehandlungsgrundsatz für anwendbar hält.
115 *Schopper* in Straube/Ratka/Rauter, GmbHG § 63 Rz 96.
116 *Schopper* in Straube/Ratka/Rauter, GmbHG § 63 Rz 86; *Baier* in Gruber/Harrer, GmbHG² § 63 Rz 64; *Koppensteiner/Rüffler*, GmbHG³ § 63 Rz 10.
117 *Baier* in Gruber/Harrer, GmbHG² § 63 Rz 64.
118 *Schopper* in Straube/Ratka/Rauter, GmbHG § 63 Rz 86.
119 *Schopper* in Straube/Ratka/Rauter, GmbHG § 63 Rz 87.
120 *Schopper* in Straube/Ratka/Rauter, GmbHG § 63 Rz 91; *Baier* in Gruber/Harrer, GmbHG² § 63 Rz 70.

sellschaft, mit dem die Einlageschuld beglichen wird.[121] Die indirekte Finanzierung liegt vor, wenn eine Tochtergesellschaft (oder eine andere verwandte Gesellschaft) die Mittel zur Verfügung stellt[122] oder die Mittel der Gesellschaft einem dem Gesellschafter zuzurechnenden Dritten zufließen.[123] Die Leistung der Einlage durch einen Dritten oder mithilfe v Mitteln eines Dritten ist hingegen zulässig u wirksam.[124]

Ist ein **Gesellschafter insolvent**, wird im Sanierungsverfahren der Anspruch der Gesellschaft auf Zahlung der Einlage quotenmäßig reduziert bzw die Schuld des Gesellschafters im Rahmen der Restschuldbefreiung erlassen. Da sich Abs 3 nur auf rechtsgeschäftlich herbeigeführte Erlässe bezieht, ist er hier nicht direkt anwendbar.[125] Argumentiert wird jedoch, dass eine Zustimmung der Gesellschaft zum Sanierungsverfahren einen Verstoß gegen das Erlassverbot darstellt.[126] Gleichermaßen muss der GF auch gegen einen Ausgleichsvorschlag stimmen, da die Kaduzierung Vorrang hat, sofern nicht der Ausgleichsvorschlag ausnahmsweise günstiger für die Gesellschaft ist.[127]

37

3. Rechtsfolgen

Ein Erlass der Einlagepflicht, der gegen Abs 3 verstößt, ist **unwirksam**. Mangels eines gültigen Verzichts oder Vergleichs schuldet der Gesellschafter weiterhin die volle Einlage.[128] Im Falle der Finanzierung durch die Gesellschaft erfüllt die Zahlung des Gesellschafters nicht die Stammeinlageforderung.[129] Heilung tritt ein, sobald der Gesellschaft die geschuldete Einlage trotzdem zugeführt wird u sie so gestellt wird, als wäre v Anfang an ordnungsgemäß geleistet worden.[130]

38

---

121 *Schopper* in Straube/Ratka/Rauter, GmbHG § 63 Rz 91; *Baier* in Gruber/Harrer, GmbHG² § 63 Rz 70; *F. Schuhmacher* in Torggler, GmbHG § 63 Rz 16 mwN.
122 *Schopper* in Straube/Ratka/Rauter, GmbHG § 63 Rz 92; *Baier* in Gruber/Harrer, GmbHG² § 63 Rz 70.
123 *Baier* in Gruber/Harrer, GmbHG² § 63 Rz 70.
124 *Schopper* in Straube/Ratka/Rauter, GmbHG § 63 Rz 94.
125 *Baier* in Gruber/Harrer, GmbHG² § 63 Rz 72.
126 *Baier* in Gruber/Harrer, GmbHG² § 63 Rz 72.
127 *Schopper* in Straube/Ratka/Rauter, GmbHG § 63 Rz 97.
128 *Schopper* in Straube/Ratka/Rauter, GmbHG § 63 Rz 99; *Baier* in Gruber/Harrer, GmbHG² § 63 Rz 69.
129 *Schopper* in Straube/Ratka/Rauter, GmbHG § 63 Rz 93.
130 *Schopper* in Straube/Ratka/Rauter, GmbHG § 63 Rz 99.

B. Stundungsverbot

39 Sowohl die echte als auch die reine Stundung sind unzulässig.[131] Dies gilt jedenfalls, sofern sie nur gegenüber einzelnen Gesellschaftern erfolgen;[132] str ist die Zulässigkeit der Stundung zugunsten aller Gesellschafter.[133] Unter „echter Stundung" wird das nachträgliche rechtsgeschäftliche Hinauszögern der Fälligkeit der Einlageleistung verstanden. Bis zum neuen Fälligkeitstermin kann die Stammeinlage dann nicht mehr eingefordert werden, bis dahin treten auch kein Verzug u kein Beginn der Verjährungsfrist ein. Die „reine Stundung" lässt demgegenüber den Fälligkeitszeitpunkt unberührt, schiebt allerdings die Geltendmachung hinaus. Hier kann es daher sehr wohl zum Verzug kommen.[134] Der Fälligkeitszeitpunkt der Einlagenleistung kann im GesV frei gewählt werden, jedoch soll der einmal festgelegte Zeitpunkt im Interesse der Gläubiger nicht nachträglich hinausgezögert werden können.[135]

C. Aufrechnungsverbot

1. Allgemeines

40 § 63 Abs 3 S 2 normiert den generellen Ausschluss der Aufrechnung mit einer Forderung.[136] Das Verbot der Aufrechnung verfolgt den Zweck, die tatsächliche Aufbringung des Stammkapitals abzusichern, sodass dieses den Gläubigern als Haftungsfonds dienen kann.[137] Auch Sekundäransprüche der GmbH sind v Normzweck des Verbots umfasst.[138] Nach dem Wortlaut des G u den Erl in den Mat soll jegliche Form der

---

131 *Schopper* in Straube/Ratka/Rauter, GmbHG § 63 Rz 100; *Koppensteiner/Rüffler*, GmbHG³ § 63 Rz 10.
132 *Schopper* in Straube/Ratka/Rauter, GmbHG § 63 Rz 101; *Baier* in Gruber/Harrer, GmbHG² § 63 Rz 75.
133 *Koppensteiner/Rüffler*, Das österreichische GmbH-Recht 584; aA *Schopper* in Straube/Ratka/Rauter, GmbHG § 63 Rz 104 u *Baier* in Gruber/Harrer, GmbHG² § 63 Rz 76.
134 *Schopper* in Straube/Ratka/Rauter, GmbHG § 63 Rz 100.
135 *F. Schuhmacher* in Torggler, GmbHG § 63 Rz 13 mwN.
136 *F. Schuhmacher* in Torggler, GmbHG § 63 Rz 17; *Koppensteiner/Rüffler*, GmbHG³ § 63 Rz 19.
137 *Baier* in Gruber/Harrer, GmbHG² § 63 Rz 77.
138 *Schopper* in Straube/Ratka/Rauter, GmbHG § 63 Rz 117.

Kompensation verboten sein.[139] Dementsprechend untersagte die **ältere Rsp** auch solche Aufrechnungen, die offensichtlich vorteilhaft für die Gesellschaft (u damit ihre Gläubiger) gewesen wären (etwa weil der Gesellschafter kurz vor der Zahlungsunfähigkeit stand).[140]

Die **jüngere Rsp** lässt demgegenüber eine Aufrechnung zu, wenn sie lediglich das sinnlose Hin- u Herschieben v Bargeld vermeiden soll.[141] Eine zulässige Aufrechnung setzt weiters voraus, dass die Gegenforderung unbedenklich (unbestritten), fällig u vollwertig ist.[142] 41

Eine **einseitige Kompensation** durch die Gesellschafter ist allerdings immer unzulässig.[143] Die Gesellschaft darf jedoch unter bestimmten Voraussetzungen einseitig aufrechnen u Aufrechnungsvereinbarungen schließen.[144] 42

Die Gesellschaft wird bei der Aufrechnung durch die GF vertreten.[145] Strittig u – soweit ersichtlich – bislang ungeklärt ist, ob eine einseitige Aufrechnung des Gesellschafter-GF gegenüber sich selbst wirksam ist.[146] Zumindest bei der Ein-Personen-GmbH ist eine solche einseitige Aufrechnung möglich, muss jedoch gesondert dokumentiert werden.[147] 43

2. Aufrechnungsvoraussetzungen

Eine Aufrechnung ist nur zulässig, wenn der Gesellschaft dadurch der **volle wirtschaftliche Wert der Einlageforderung** zufließt. Dafür muss die Gegenforderung unbedenklich (unbestritten), fällig u vollwertig sein. Maßgeblich ist die wirkliche Sachlage zum Zeitpunkt der Aufrech- 44

---

139 *Schopper* in Straube/Ratka/Rauter, GmbHG § 63 Rz 107; *Baier* in Gruber/Harrer, GmbHG² § 63 Rz 78.
140 *Schopper* in Straube/Ratka/Rauter, GmbHG § 63 Rz 108; *Baier* in Gruber/Harrer, GmbHG² § 63 Rz 78.
141 OGH 4.10.1961, 6 Ob 327/61; *Schopper* in Straube/Ratka/Rauter, GmbHG § 63 Rz 109; *Baier* in Gruber/Harrer, GmbHG² § 63 Rz 80; *Koppensteiner/Rüffler*, GmbHG³ § 63 Rz 19.
142 *Schopper* in Straube/Ratka/Rauter, GmbHG § 63 Rz 115; *Baier* in Gruber/Harrer, GmbHG² § 63 Rz 80; *F. Schuhmacher* in Torggler, GmbHG § 63 Rz 17 mwN.
143 OGH 25.10.1972, 7 Ob 237/72; *Schopper* in Straube/Ratka/Rauter, GmbHG § 63 Rz 110; *Baier* in Gruber/Harrer, GmbHG² § 63 Rz 80.
144 *Schopper* in Straube/Ratka/Rauter, GmbHG § 63 Rz 111.
145 *Schopper* in Straube/Ratka/Rauter, GmbHG § 63 Rz 111.
146 *Schopper* in Straube/Ratka/Rauter, GmbHG § 63 Rz 112.
147 *Schopper* in Straube/Ratka/Rauter, GmbHG § 63 Rz 114.

nung.[148] Die Beweislast für das Vorliegen der Aufrechnungsvoraussetzungen trägt der Gesellschafter als Schuldner der Einlage.[149]

45 **Vollwertig** ist eine Forderung gegen die Gesellschaft dann, wenn das Gesellschaftsvermögen im Zeitpunkt der Aufrechnung zur Befriedigung sämtlicher Schulden ausreicht,[150] dh die Begleichung der Forderung daher nicht durch eine drohende Zahlungsunfähigkeit oder Überschuldung gefährdet ist. Maßgeblich ist der Zeitpunkt der Aufrechnungserklärung.[151] In der jüngeren Lit wird das Kriterium der Vollwertigkeit zT für entbehrlich gehalten, da die Gesellschaft bei der Aufrechnung v einer Verbindlichkeit in Höhe des Nennwerts befreit werde u sich die Position der Gläubiger daher nicht verschlechtere.[152] In diesem Fall würde die Aufrechnung mit einer nicht vollwertigen Gesellschafterforderung nicht gänzlich scheitern, sondern die Einlageforderung immerhin im Ausmaß des tatsächlichen Forderungswerts getilgt. Dies würde allerdings „zur Aufrechnung gegen Forderungen zweifelhafter Güte ermuntern", weshalb *U. Torggler/H. Torggler* zuzustimmen ist, die nur eine Aufrechnung mit vollwertigen Gesellschafterforderungen für zulässig erachten.[153]

46 Eine weitere Voraussetzung für die Aufrechnung ist die **Fälligkeit** der Gesellschafterforderung im Zeitpunkt der Aufrechnung; erfolgt die Aufrechnung durch einseitige Erklärung, muss auch die Einlageforderung fällig sein.[154]

47 Schließlich muss auch die **Unbedenklichkeit** der Gesellschafterforderung gegeben sein, dh sie hat unbestritten zu sein.[155] Sie muss also dem Grunde u der Höhe nach außer Zweifel stehen u die GmbH darf weder Einwendungen noch Einreden gegen sie haben. Auch § 14 EKEG darf einer Aufrechnung mit dieser Forderung nicht entgegenstehen.[156]

---

148 RIS-Justiz RS0059967.
149 OGH 28.4.1994, 6 Ob 563/94.
150 *F. Schuhmacher* in Torggler, GmbHG § 63 Rz 17; *Koppensteiner/Rüffler*, GmbHG³ § 63 Rz 19.
151 *Schopper* in Straube/Ratka/Rauter, GmbHG § 63 Rz 118 f; *Baier* in Gruber/Harrer, GmbHG² § 63 Rz 85.
152 **Abl** *U. Torggler/H. Torggler* in FS Ch. Nowotny 489 (493) mwN.
153 *U. Torggler/H. Torggler* in FS Ch. Nowotny 489 (497).
154 *Schopper* in Straube/Ratka/Rauter, GmbHG § 63 Rz 125.
155 *F. Schuhmacher* in Torggler, GmbHG § 63 Rz 17.
156 *Schopper* in Straube/Ratka/Rauter, GmbHG § 63 Rz 127; *Baier* in Gruber/Harrer, GmbHG² § 63 Rz 90.

Die **Rechtsfolgen bei Fehlen einer Aufrechnungsvoraussetzung** 48
sind im Einzelnen umstritten, insb bei einer nicht vollwertigen Gegenforderung. Wird die Voraussetzung der Vollwertigkeit nicht erfüllt, so vertritt die hM, dass die Aufrechnung unwirksam ist u die Einlageverbindlichkeit des Gesellschafters weiterhin besteht.[157] Nach aA führt die Aufrechnung mit einer nicht vollwertigen Forderung nur zur anteilsmäßigen Tilgung der Einlageverbindlichkeit,[158] was nach *Schopper* jedoch im Endergebnis mit Unsicherheit behaftet ist, weil unklar sei, in welcher Höhe eine Tilgung gerechtfertigt ist bzw dies dem Gebot der effektiven Kapitalaufbringung nicht entspreche.[159] Strittig ist, ob die Gesellschaft mit Forderungen des Gesellschafters aufrechnen kann, die bereits vor Entstehung der Einlageverpflichtung entstanden sind.[160] Bei Altforderungen kommen nach hA grds die Regeln über Sacheinlagen zur Anwendung.[161] Bezüglich der Anwendung der Sacheinlagenvorschriften bestehen in der Lit allerdings berechtigte Zweifel, da ein Zwang zu deren Einhaltung angesichts zulässiger späterer Aufrechnung nicht überzeugt u den Besonderheiten der Forderungseinbringung Rechnung getragen werden muss.[162]

3. Sacheinlage- oder Bareinlagerecht

Ob hinsichtlich der Gesellschafterforderung, mit welcher aufgerechnet 49
werden soll, **Sacheinlage- oder Bareinlagerecht** zur Anwendung kommt, hängt davon ab, ob es sich bei der Forderung um eine Alt- oder um eine Neuforderung handelt.[163]

---

157 *Schopper* in Straube/Ratka/Rauter, GmbHG § 63 Rz 129; *Baier* in Gruber/Harrer, GmbHG² § 63 Rz 91 f.
158 *Koppensteiner/Rüffler*, GmbHG³ § 63 Rz 19.
159 *Schopper* in Straube/Ratka/Rauter, GmbHG § 63 Rz 129.
160 *Schopper* in Straube/Ratka/Rauter, GmbHG § 63 Rz 132; *F. Schuhmacher* in Torggler, GmbHG § 63 Rz 19 mwN.
161 *Schopper* in Straube/Ratka/Rauter, GmbHG § 63 Rz 132; *Baier* in Gruber/Harrer, GmbHG² § 63 Rz 95 mwN.
162 *F. Schuhmacher* in Torggler, GmbHG § 63 Rz 19 mwN.
163 *Schopper* in Straube/Ratka/Rauter, GmbHG § 63 Rz 131; *Baier* in Gruber/Harrer, GmbHG² § 63 Rz 94.

a) Altforderungen

50 Altforderungen sind Forderungen des Gesellschafters gegenüber der Gesellschaft, die bereits bei Begr der Einlagepflicht bestehen; sie müssen nach der hM als **Sacheinlage** eingebracht werden.[164] Gleichermaßen soll nach hM auch das Sacheinlagerecht anwendbar sein, wenn gegen Altforderungen aufgerechnet wird, dh die Altforderung, mit der aufgerechnet werden soll, ist zwingend als Sacheinlage im GesV bzw im Kapitalerhöhungsbeschluss festzulegen.[165] Dementsprechend muss der GesV vor der Aufrechnung geändert u die ursprüngliche Bareinlage in eine Sacheinlage umgeschrieben werden.

51 Bedeutend ist dies va beim **debt-equity-swap**, also der Umwandlung einer Darlehensverbindlichkeit der Gesellschaft in Eigenkapital, mit dem Ziel eine rechnerische Überschuldung zu vermeiden. Droht eine solche Überschuldung, wird jedoch die Forderung, mit der aufgerechnet werden soll, oft nicht mehr gegeben (bzw nicht mehr vollwertig) sein.[166] Während die Rsp auch in dieser Konstellation auf die Einhaltung der Aufrechnungsvoraussetzungen pocht, werden in der Lit auch liberalere Standpunkte vertreten.[167] Idealerweise sollte die Krise der Gesellschaft jedenfalls bereits vor dem *debt-equity-swap* beseitigt sein.

52 Nach hM ist allerdings auch eine Aufrechnung mit einer nicht vollwertigen Forderung zulässig, sofern die Vorschriften über Sacheinlagen eingehalten werden u die Aufrechnung im GesV bzw im Kapitalerhaltungsbeschluss vorgesehen ist. **Rechtsfolge** einer Überbewertung der Forderung ist jedoch, dass den Sacheinleger nach § 10a eine Differenzhaftung trifft.[168] Wurden die Vorschriften über Sacheinlagen nicht eingehalten, ist die Aufrechnung hingegen zur Gänze unwirksam.[169]

---

164 *Schopper* in Straube/Ratka/Rauter, GmbHG § 63 Rz 132; *F. Schuhmacher* in Torggler, GmbHG § 63 Rz 19; tw abw *Baier* in Gruber/Harrer, GmbHG² § 63 Rz 95 ff.
165 *Schopper* in Straube/Ratka/Rauter, GmbHG § 63 Rz 135; *Baier* in Gruber/Harrer, GmbHG² § 63 Rz 95.
166 *Schopper* in Straube/Ratka/Rauter, GmbHG § 63 Rz 136.
167 *H. Foglar-Deinhardstein/Vinazzer*, ÖBA 2016, 486.
168 *Schopper* in Straube/Ratka/Rauter, GmbHG § 63 Rz 138.
169 *Schopper* in Straube/Ratka/Rauter, GmbHG § 63 Rz 139.

b) Neuforderungen

Neuforderungen entstehen im Gegensatz zu Altforderungen erst nach 53
Begr der Einlagepflicht u können demnach mangels Sacheinlagefähigkeit
nicht als Sacheinlage eingebracht werden.[170] Etwas anderes gilt allerdings bei Forderungen aus Austauschgeschäften über sacheinlagefähige
Vermögensgüter, auf die Sacheinlagenrecht anzuwenden ist, wenn die
Abrede über das Geschäft bereits bei Begr der Einlagepflicht bestand.[171]
Auch sonst geht die hM dort v einer Pflicht zur Sacheinlage aus, wo andernfalls eine Umgehung der Sacheinlagevorschriften droht.[172]

V. Verbot des Zurückbehaltungsrechts (Abs 4)

Absatz 4 stellt klar, dass an Sacheinlagen wegen Forderungen, die sich 54
nicht auf die Sacheinlage beziehen, **kein Zurückbehaltungsrecht** bestehen kann; die Bedeutung dieser Bestimmung ist jedoch unklar, da
eine Zurückbehaltung ohnehin mit § 10 Abs 1 u Abs 3 inkompatibel
wäre, wonach die Eintragung der Gesellschaft die sofortige Leistung
der Sacheinlagen voraussetzt.[173] Eine Zurückbehaltung der Bareinlagen
wird v Wortlaut des Abs 4 nicht ausgeschlossen, käme allerdings einer
einseitigen Aufrechnung durch den Gesellschafter gleich u würde daher
Abs 3 widersprechen.[174]

---

170 *Schopper* in Straube/Ratka/Rauter, GmbHG § 63 Rz 140; *Baier* in Gruber/Harrer, GmbHG² § 63 Rz 104.
171 *Schopper* in Straube/Ratka/Rauter, GmbHG § 63 Rz 141.
172 *Schopper* in Straube/Ratka/Rauter, GmbHG § 63 Rz 143f mwN; *F. Schuhmacher* in Torggler, GmbHG § 63 Rz 24 ff.
173 *Schopper* in Straube/Ratka/Rauter, GmbHG § 63 Rz 147; *Baier* in Gruber/Harrer, GmbHG² § 63 Rz 109; *F. Schuhmacher* in Torggler, GmbHG § 63 Rz 14.
174 *Schopper* in Straube/Ratka/Rauter, GmbHG § 63 Rz 148; *Baier* in Gruber/Harrer, GmbHG² § 63 Rz 110.

VI. Schutz vor Umgehung der Sacheinlagevorschriften (Abs 5)

A. Allgemeines

55 Absatz 5 normiert, dass nicht in barem Geld bestehende Leistungen an Zahlungs statt sowie Aufrechnungen mit Vergütungen für die Überlassung v Vermögensgegenständen nur dann v der Einlagepflicht befreien, wenn dies im GesV vereinbart ist.[175] Sinn dieser Regelung ist es, **Umgehungen der Sacheinlagevorschriften** zu **verhindern**, indem diese auch auf Fallkonstellationen anzuwenden sind, bei denen formell zwar bares Geld geleistet wird, das Geld allerdings durch den Erwerb einer Sache an den Gesellschafter zurückfließt u dem Vorgang daher der wirtschaftliche Erfolg einer Sacheinlage zukommt.[176] Um diesen Zweck zu erreichen, wird Abs 5 v der hM weit ausgelegt u über seinen Wortlaut hinaus als Grundlage für die L v der verdeckten Sacheinlage verwendet.[177] Abs 5 ist sowohl bei der Gründung der GmbH als auch bei der Kapitalerhöhung anzuwenden.[178] Da die Bestimmung dem Gläubigerschutz dient, ist sie zwingend.[179]

B. Nicht in Geld bestehende Leistung an Zahlungs statt (1. Halbsatz)

56 § 63 Abs 5 1. Halbsatz normiert, dass eine Einlageleistung, die nicht in barem Geld besteht, nur dann wirksam ist, wenn sie in Ausführung einer im GesV bzw im Kapitalerhöhungsbeschluss getroffenen Vereinbarung erfolgt; andernfalls kommt der Leistung **keine schuldbefreiende Wir-**

---

175 *F. Schuhmacher* in Torggler, GmbHG § 63 Rz 24; *Koppensteiner/Rüffler*, GmbHG³ § 63 Rz 15b.
176 *Schopper* in Straube/Ratka/Rauter, GmbHG § 63 Rz 150; *Baier* in Gruber/Harrer, GmbHG² § 63 Rz 111; *F. Schuhmacher* in Torggler, GmbHG § 63 Rz 25.
177 *Schopper* in Straube/Ratka/Rauter, GmbHG § 63 Rz 149; *Baier* in Gruber/Harrer, GmbHG² § 63 Rz 111; *F. Schuhmacher* in Torggler, GmbHG § 63 Rz 25.
178 *Schopper* in Straube/Ratka/Rauter, GmbHG § 63 Rz 150.
179 *Schopper* in Straube/Ratka/Rauter, GmbHG § 63 Rz 151; *Baier* in Gruber/Harrer, GmbHG² § 63 Rz 111.

kung zu.[180] Dabei sind mehrere Konstellationen denkbar, die jew sowohl die Mindesteinlagen wie auch die offenen Resteinlagen betreffen.

Die **Erfüllung einer Bareinlagepflicht durch eine Sachleistung** ist nicht möglich.[181] Da die Regelung zwingend ist, kommt auch der einvernehmlichen Leistung einer Sache an Zahlungs statt iSd § 1414 ABGB keine Erfüllungswirkung zu.[182] Möglich ist die Leistung an Zahlungs statt nur nach einer Änderung der Satzung (der Neufassung des Kapitalerhaltungsbeschlusses) unter Einhaltung des § 6 Abs 4 sowie ggf des § 6a Abs 4. Eine solche Änderung ist jedenfalls bis zur FB-Anmeldung möglich, da in diesem Fall die firmenbuchgerichtliche Kontrolle des § 6 Abs 4 noch stattfinden kann.[183]

57

Ist eine Sacheinlage geschuldet, wird allerdings statt der im GesV (im Kapitalerhöhungsbeschluss) festgelegten Sache eine andere Sachleistung erbracht, liegt selbst bei Einvernehmen zw GmbH u Gesellschafter keine wirksame Erfüllungshandlung vor. Auch für die wirksame **Erfüllung einer Sacheinlagepflicht durch eine andere Sache** ist eine Änderung der Satzung bzw ein neuer Beschluss über die Kapitalerhöhung erforderlich.[184] Vertreten wird allerdings, dass dies nicht bei Mangelhaftigkeit oder Unmöglichkeit der ursprünglichen Leistung gelte.[185]

58

Aus Abs 5 ergibt sich e contrario, dass die **Erfüllung einer Sacheinlagepflicht durch eine Geldleistung** möglich ist, da dadurch keine Gefahr für die Aufbringung des Stammkapitals entsteht.[186] Wie bei jeder Leistung an Zahlungs statt (§ 1414 ABGB) ist hierfür jedoch die Zustim-

59

---

180 *Baier* in Gruber/Harrer, GmbHG² § 63 Rz 112; *F. Schuhmacher* in Torggler, GmbHG § 63 Rz 20; *Koppensteiner/Rüffler*, GmbHG³ § 63 Rz 16.
181 *Schopper* in Straube/Ratka/Rauter, GmbHG § 63 Rz 152; *F. Schuhmacher* in Torggler, GmbHG § 63 Rz 20.
182 *Schopper* in Straube/Ratka/Rauter, GmbHG § 63 Rz 153; *F. Schuhmacher* in Torggler, GmbHG § 63 Rz 20.
183 *Schopper* in Straube/Ratka/Rauter, GmbHG § 63 Rz 154; *Koppensteiner/Rüffler*, GmbHG³ § 63 Rz 15a.
184 *Schopper* in Straube/Ratka/Rauter, GmbHG § 63 Rz 156; *Baier* in Gruber/Harrer, GmbHG² § 63 Rz 116; *F. Schuhmacher* in Torggler, GmbHG § 63 Rz 22.
185 *Schopper* in Straube/Ratka/Rauter, GmbHG § 63 Rz 156 mwN.
186 *Schopper* in Straube/Ratka/Rauter, GmbHG § 63 Rz 157; *Baier* in Gruber/Harrer, GmbHG² § 63 Rz 113; *F. Schuhmacher* in Torggler, GmbHG § 63 Rz 21; *Koppensteiner/Rüffler*, GmbHG³ § 63 Rz 15a.

mung des Gläubigers, dh der Gesellschaft, erforderlich.[187] Außerdem muss die Geldleistung in diesem Fall, gleich der ursprünglich vereinbarten Sacheinlage, bereits vor der FB-Anmeldung erfolgen (§ 10 Abs 1 letzter S). Andernfalls läge im Ergebnis eine Abs 3 widersprechende Stundung der Sacheinlage vor.[188] Eine Änderung der Satzung ist in diesem Fall nicht erforderlich. Ist die Geldleistung niedriger als der für die Sacheinlage veranschlagte Geldwert, tritt keine Erfüllung ein u die vereinbarte Sache wird weiterhin geschuldet.[189]

60 Bei der **Erfüllung einer Bareinlagepflicht durch Hingabe einer Sache zahlungshalber** soll die Gesellschaft die Sache veräußern u sich aus dem Verwertungserlös befriedigen. Dies ist zulässig, allerdings trägt der Gesellschafter das Risiko der erfolgreichen Verwertung. Die Erfüllung tritt daher erst ein, wenn die Sache veräußert wurde, der Erlös zur Tilgung der Einlageschuld ausreicht u der Gesellschaft zur freien Verfügung steht.[190] Voraussetzung für die Erfüllung zahlungshalber ist ein diesbzgl Konsens zw Gesellschafter u Gesellschaft.[191] Außerdem darf es dadurch zu keiner Stundung kommen.[192] Sind die Voraussetzungen gegeben, ist auch die Hingabe v Wechseln, Schecks u anderen Wertpapieren möglich.[193]

61 Die **Erfüllung einer Sacheinlagepflicht durch Hingabe einer anderen Sache erfüllungshalber** ist wirksam, sobald die Gesellschaft über den baren Verwertungserlös verfügen kann. Ab diesem Moment ist diese Konstellation insofern mit der Erfüllung einer Sacheinlagepflicht durch Geldleistung vergleichbar.[194]

---

187 *Schopper* in Straube/Ratka/Rauter, GmbHG § 63 Rz 158; *Baier* in Gruber/Harrer, GmbHG² § 63 Rz 113; *F. Schuhmacher* in Torggler, GmbHG § 63 Rz 21.
188 *Schopper* in Straube/Ratka/Rauter, GmbHG § 63 Rz 158; *Baier* in Gruber/Harrer, GmbHG² § 63 Rz 113; *F. Schuhmacher* in Torggler, GmbHG § 63 Rz 21.
189 *Schopper* in Straube/Ratka/Rauter, GmbHG § 63 Rz 158.
190 *Schopper* in Straube/Ratka/Rauter, GmbHG § 63 Rz 159; *Baier* in Gruber/Harrer, GmbHG² § 63 Rz 115.
191 *Baier* in Gruber/Harrer, GmbHG² § 63 Rz 115.
192 *Schopper* in Straube/Ratka/Rauter, GmbHG § 63 Rz 160; *Baier* in Gruber/Harrer, GmbHG² § 63 Rz 115.
193 *Schopper* in Straube/Ratka/Rauter, GmbHG § 63 Rz 159 mwN.
194 *Schopper* in Straube/Ratka/Rauter, GmbHG § 63 Rz 161; *Baier* in Gruber/Harrer, GmbHG² § 63 Rz 116.

Die **gesv Vereinbarung einer Wahlschuld** zw Sach- u Geldleistung **62** ist zulässig, solange die für Sacheinlagen vorgesehene Publizität u Werthaltigkeitskontrolle (§ 6 Abs 4) eingehalten wird. Entscheidet sich der Gesellschafter für die Sacheinlage, muss diese außerdem bis zur Anmeldung zum FB erbracht sein.[195]

C. Leistung durch Aufrechnung bei Sachübernahme (2. Halbsatz)

Absatz 5, 2. Halbsatz legt fest, dass eine Einlageleistung, die in der Aufrechnung mit einer Vergütung für einen überlassenen Vermögensgegenstand besteht, nur dann schuldbefreiend wirkt, wenn dies – wie bei Sacheinlagen – im GesV vorgesehen ist.[196] Umgekehrt ergibt sich daraus, dass eine solche Aufrechnung bei Einhaltung der entspr Voraussetzungen zulässig ist. Damit könnte man den Sinn des 2. Halbsatzes in der **Ausnahme v Kompensationsverbot des Abs 3** erblicken. Dieses wird heute allerdings ohnehin nicht mehr allzu eng ausgelegt u erfüllt darüber hinaus eine andere Funktion als Abs 5, denn Abs 3 dient (*ex post*) der Aufbringung des Stammkapitals, während Abs 5 (*ex ante*) die Umgehung v Sacheinlagenrecht verhindern soll.[197] Insofern bezieht er sich auch nicht auf die Aufrechnung selbst, sondern auf entgeltliche Verträge außerhalb der Satzung. Eine Aufrechnung im Anwendungsbereich des Abs 5 kann daher nur unter Einhaltung der Sacheinlagevorschriften erfolgen. Dies vorausgesetzt ist dann auch eine einseitige Aufrechnung durch den Gesellschafter zulässig.[198] Vollwertigkeit, Fälligkeit u Unbedenklichkeit der Forderung sind keine Voraussetzungen für die Aufrechnung, da das Sacheinlagerecht, dh die firmenbuchgerichtliche Prüfung u die Differenzhaftung des Sacheinlegers, ausreichend Schutz bietet.[199] **63**

---

195 *Schopper* in Straube/Ratka/Rauter, GmbHG § 63 Rz 162.
196 *F. Schuhmacher* in Torggler, GmbHG § 63 Rz 23; *Koppensteiner/Rüffler*, GmbHG³ § 63 Rz 15b.
197 *Schopper* in Straube/Ratka/Rauter, GmbHG § 63 Rz 163 f; *Baier* in Gruber/Harrer, GmbHG² § 63 Rz 117.
198 *Schopper* in Straube/Ratka/Rauter, GmbHG § 63 Rz 165; *Baier* in Gruber/Harrer, GmbHG² § 63 Rz 118; *F. Schuhmacher* in Torggler, GmbHG § 63 Rz 23.
199 *Schopper* in Straube/Ratka/Rauter, GmbHG § 63 Rz 166; *Baier* in Gruber/Harrer, GmbHG² § 63 Rz 119; *F. Schuhmacher* in Torggler, GmbHG § 63 Rz 23; *Koppensteiner/Rüffler*, GmbHG³ § 63 Rz 15b.

64 Die Bestimmung ist **weit auszulegen** u umfasst „*sämtliche entgeltliche Verträge, deren Gegenstand die Überlassung eines sacheinlagefähigen Vermögensgutes an die Gesellschaft ist*".[200] Eine analoge Anwendung auf Leistungen, die nicht Gegenstand einer Sacheinlage sein können, wird tw bejaht, beispielsweise beim Rückforderungsanspruch aus einem Gesellschafterdarlehen. Die analoge Anwendung der Bestimmung auf Gesellschafterforderungen generell, unabhängig v deren Rechtsgrund, gilt zugleich als Ausgangspunkt für Analogie zur Sacheinlagepflicht bei Altforderungen.[201]

65 Dem Wortlaut nach spielt das Vorliegen eines **sachlichen oder zeitlichen Zusammenhangs** zw dem Entstehen der Einlageforderung u der Aufrechnung gegen selbige keine Rolle für die Anwendbarkeit des 2. Halbsatzes. Da der Zweck der Bestimmung jedoch nur darin besteht, Umgehungen des Sacheinlagerechts zu verhindern, spricht sich die hM für eine Einschränkung der Anwendbarkeit auf diese aus.[202] Eine Umgehung soll dabei immer dann vorliegen, wenn ein gesetzl gebotenes Vorgehen zumindest hypothetisch möglich gewesen wäre. Dies ist etwa bei Altforderungen der Fall, die bereits bei Begr der Bareinlagepflicht bestanden, aber auch bei Verrechnungsabreden über künftige Forderungen in diesem Zeitpunkt.[203] Ein sachlicher (etwa Betragsgleichheit) oder zeitlicher (maximal sechs Monate) Zusammenhang zw dem Entstehen der Bareinlagepflicht u der Verrechnung lässt eine solche Abrede prima facie vermuten.[204] Liegt keine Abrede vor, ist eine Aufrechnung auch ohne Maßgabe des Abs 5 möglich.[205]

D. Lehre von der verdeckten Sacheinlage

66 Absatz 5 wird teleologisch erweitert, um auch verdeckte (verschleierte) Sacheinlagen zu umfassen. Solche liegen immer dann vor, wenn – unter

---

200 *Schopper* in Straube/Ratka/Rauter, GmbHG § 63 Rz 167, *Koppensteiner/Rüffler*, GmbHG³ § 63 Rz 17a.
201 *Schopper* in Straube/Ratka/Rauter, GmbHG § 63 Rz 168 mwN.
202 *Schopper* in Straube/Ratka/Rauter, GmbHG § 63 Rz 169; *Koppensteiner/Rüffler*, GmbHG³ § 63 Rz 17a.
203 *Schopper* in Straube/Ratka/Rauter, GmbHG § 63 Rz 170 mwN.
204 *Schopper* in Straube/Ratka/Rauter, GmbHG § 63 Rz 172; *Baier* in Gruber/Harrer, GmbHG² § 63 Rz 123f; *F. Schuhmacher* in Torggler, GmbHG § 63 Rz 28.
205 *Baier* in Gruber/Harrer, GmbHG² § 63 Rz 125.

Umgehung des Sacheinlagerechts – „eine Bareinlage und ein Rechtsgeschäft zwischen GmbH und Gesellschafter derart gekoppelt sind, dass der **wirtschaftliche Erfolg einer Sacheinlage** gleichkommt".[206] In diesem Fall liegt keine wirksame Leistung vor, die Bareinlagepflicht besteht fort.[207] Die L v der verdeckten Sacheinlage kennt versch Fälle.

Von einer **Hin- u Herzahlung** ist die Rede, wenn zwar eine Bareinlage vereinbarungsgemäß geleistet wird, die Gesellschaft diesen Betrag später jedoch zurückzahlt – etwa als Kaufpreis für einen Sachwert[208] oder als Darlehen.[209] Dadurch liegen zwar zwei rechtlich getrennte Geschäfte vor, wirtschaftlich handelt es sich jedoch um einen einheitlichen Vorgang der Sacheinlage, weshalb Abs 5 auf diesen Sachverhalt auch analog anzuwenden ist.[210] Von der Analogie umfasst sind allerdings nur Fälle, bei denen bereits bei Begr der Bareinlagepflicht vereinbart wurde, dass der Betrag später zurückfließen würde.[211] Bei einem sachlichen u zeitlichen Zusammenhang zw der Leistungsbegründung u dem Rückfluss des Gelds wird dies prima facie vermutet.[212] 67

Bei der **umgekehrten Hin- u Herzahlung** gilt das eben Gesagte, einzig die Zahlungsreihenfolge ist umgekehrt. In diesem Fall wird also zunächst eine Forderung des Gesellschafters beglichen (etwa eine Kaufpreisforderung für eine überlassene Sache), später fließt dieses Geld als Einlage an die Gesellschaft zurück. Auch auf solche Konstellationen ist Abs 5 analog anzuwenden.[213] 68

Als **Schütt-aus-hol-zurück-Verfahren** werden Sachverhalte bezeichnet, bei denen Gewinnansprüche eingebracht werden oder der eben ausgeschüttete Gewinn zur Aufbringung des Stammkapitals sofort wieder eingezahlt wird. Hier ist umstritten u – soweit ersichtlich – 69

---

206 *Baier* in Gruber/Harrer, GmbHG² § 63 Rz 126 mwN; *F. Schuhmacher* in Torggler, GmbHG § 63 Rz 25.
207 *Schopper* in Straube/Ratka/Rauter, GmbHG § 63 Rz 175.
208 *Schopper* in Straube/Ratka/Rauter, GmbHG § 63 Rz 177; *Baier* in Gruber/Harrer, GmbHG² § 63 Rz 127 mwN.
209 *Schopper* in Straube/Ratka/Rauter, GmbHG § 63 Rz 181; *F. Schuhmacher* in Torggler, GmbHG § 63 Rz 30.
210 *Schopper* in Straube/Ratka/Rauter, GmbHG § 63 Rz 178 mwN; *Koppensteiner/Rüffler*, GmbHG³ § 63 Rz 18c.
211 *Schopper* in Straube/Ratka/Rauter, GmbHG § 63 Rz 179; *Baier* in Gruber/Harrer, GmbHG² § 63 Rz 127.
212 *Schopper* in Straube/Ratka/Rauter, GmbHG § 63 Rz 179.
213 *Schopper* in Straube/Ratka/Rauter, GmbHG § 63 Rz 185; *Baier* in Gruber/Harrer, GmbHG² § 63 Rz 127.

höchstgerichtlich bislang ungeklärt, ob die Vorschriften über Sacheinlagen einzuhalten sind.[214] In der L finden sich Stimmen, die zwar das Sacheinlagerecht für grds anwendbar befinden, jedoch die privilegierenden Regeln zur Kapitalberichtigung nach dem KapBG analog anwenden, was zu einem Entfall der Sacheinlageprüfung führt.[215]

70 Liegt eine verdeckte Sacheinlage vor, besteht die **Rechtsfolge** in der Unwirksamkeit der Erfüllungsleistung.[216] Denn unbare Leistungen ohne entspr Festsetzung im GesV bzw Kapitalerhöhungsbeschluss befreien nicht v der Schuld zur Leistung einer Bareinlage. Hinsichtlich der unwirksam erbrachten Leistung hat der Gesellschafter einen bereicherungsrechtlichen Rückforderungsanspruch.[217] Im Konkursfall stellt dieser allerdings nur eine Konkursforderung dar, die sich nicht mit der Einlageforderung aufrechnen lässt (existiert die hingegebene Sache noch, ist diesbzgl jedoch auch eine Eigentumsklage möglich).[218]

71 Eine **Heilung** der verdeckten Sacheinlage ist möglich, indem die Bareinlagepflicht durch Satzungsänderung nachträglich in eine Pflicht zur Sacheinlage umgewandelt wird.[219] Darüber hinaus bedarf es der Einbringung der bisher nicht formwirksam eingebrachten Sache.[220] Hierfür genügt ein Mehrheitsbeschluss (§ 50 Abs 1). Eine nachträgliche Heilung durch analoge Anwendung der aktienrechtlichen Neugründungsvorschriften nach § 45 AktG wurde v OGH demgegenüber abgelehnt.[221]

---

214 *Schopper* in Straube/Ratka/Rauter, GmbHG § 63 Rz 186 mwN; für generelle Zulässigkeit *Koppensteiner/Rüffler*, GmbHG³ § 63 Rz 18a; *F. Schuhmacher* in Torggler, GmbHG § 63 Rz 31; *Baier* in Gruber/Harrer, GmbHG² § 63 Rz 129.
215 *Spiegelfeld/H. Foglar-Deinhardstein* in FS Torggler 1139 (1162 f).
216 *Schopper* in Straube/Ratka/Rauter, GmbHG § 63 Rz 187; *Baier* in Gruber/Harrer, GmbHG² § 63 Rz 130; *Koppensteiner/Rüffler*, GmbHG³ § 63 Rz 18b.
217 *Schopper* in Straube/Ratka/Rauter, GmbHG § 63 Rz 189; *Baier* in Gruber/Harrer, GmbHG² § 63 Rz 131.
218 *Schopper* in Straube/Ratka/Rauter, GmbHG § 63 Rz 189.
219 *Schopper* in Straube/Ratka/Rauter, GmbHG § 63 Rz 192; *Baier* in Gruber/Harrer, GmbHG² § 63 Rz 132; OLG Graz 15.5.2008, 4 R 60/08p.
220 *F. Schuhmacher* in Torggler, GmbHG § 63 Rz 32.
221 *Schopper* in Straube/Ratka/Rauter, GmbHG § 63 Rz 191; *F. Schuhmacher* in Torggler, GmbHG § 63 Rz 32.

VII. Vorbehalte und Einschränkungen (Abs 6)

Absatz 6 normiert, dass **Vorbehalte oder Einschränkungen** bei Übernahme oder Zahlung der Stammeinlage wirkungslos sind.[222] Nach hM ist hier der Wortlaut des G allerdings insofern zu weit, als Vorbehalte u Einschränkungen, die bei Begr der Einlagepflicht erklärt wurden, beachtlich sind.[223] Insofern ist Abs 6 nicht auf Leistungen vor Eintragung der Gesellschaft oder der Kapitalerhöhung anzuwenden.[224] In diesem Sinn wird beispielsweise vertreten, es sei zulässig, das Eigentum an der Einlage bis zur Eintragung der Kapitalerhöhung vorzubehalten.[225] Grundsätzlich hindern ausdrücklich erklärte Vorbehalte die Eintragung im FB; wird die Gesellschaft aber dennoch eingetragen, erlöschen die Vorbehalte mit Eintragung der Gesellschaft.[226] Auch aufschiebende Bedingungen u Befristungen sind anlässlich der Übernahme grds wirksam, erlöschen jedoch mit Eintragung auch wenn keine unbedingte Übernahmeerklärung vorliegt.[227] Vorbehalte u Einschränkungen nach Eintragung sind hingegen wirkungslos.[228]

72

§ 64. (1) Jede Einforderung weiterer Einzahlungen nicht voll eingezahlter Stammeinlagen ist unter Angabe des eingeforderten Betrages von sämtlichen Geschäftsführern zum Firmenbuch anzumelden und vom Handelsgerichte zu veröffentlichen.

(2) ¹Für einen durch Unterlassung der Anmeldung oder durch falsche Angaben verursachten Schaden haften die Geschäftsführer

---

222 *Schopper* in Straube/Ratka/Rauter, GmbHG § 63 Rz 194; *Baier* in Gruber/Harrer, GmbHG² § 63 Rz 133; *F. Schuhmacher* in Torggler, GmbHG § 63 Rz 34; *Koppensteiner/Rüffler*, GmbHG³ § 63 Rz 21.
223 *Schopper* in Straube/Ratka/Rauter, GmbHG § 63 Rz 194; *Baier* in Gruber/Harrer, GmbHG² § 63 Rz 133.
224 *F. Schuhmacher* in Torggler, GmbHG § 63 Rz 34; *Koppensteiner/Rüffler*, GmbHG³ § 63 Rz 21.
225 Vgl *Winner* in FS Doralt 707 (724).
226 *Schopper* in Straube/Ratka/Rauter, GmbHG § 63 Rz 194; *Baier* in Gruber/Harrer, GmbHG² § 63 Rz 133; *F. Schuhmacher* in Torggler, GmbHG § 63 Rz 34.
227 *Schopper* in Straube/Ratka/Rauter, GmbHG § 63 Rz 195; *Baier* in Gruber/Harrer, GmbHG² § 63 Rz 133; *F. Schuhmacher* in Torggler, GmbHG § 63 Rz 34.
228 *F. Schuhmacher* in Torggler, GmbHG § 63 Rz 34; *Koppensteiner/Rüffler*, GmbHG³ § 63 Rz 21.

dem dadurch Beschädigten persönlich zur ungeteilten Hand. ²Diese Ersatzansprüche verjähren in fünf Jahren von dem Tage, an dem die beschädigte Partei von der Einforderung Kenntnis erhalten hat.

Literatur: *P. Doralt*, Zur schadensersatzrechtlichen Haftung des Geschäftsführers der GmbH bei fahrlässiger Krida, JBl 1972, 120; *J. Reich-Rohrwig*, Pfändung ausstehender Stammeinlagen nach dem Firmenbuchgesetz, ecolex 1991, 248; *Schopper*, Einzahlung ausständiger Stammeinlagen und Verfahrensvorschriften im Spiegel der Rechtsprechung, SWK 2005, W 35.

Inhaltsübersicht

I. Einleitung	1
II. Pflicht zur Anmeldung der Einforderung weiterer Stammeinlagen (Abs 1)	2–7
A. Einforderung offener Stammeinlagen	2–4
B. Anmeldung zum Firmenbuch und Veröffentlichung	5, 6
C. Einzahlung unter Außerachtlassung der Vorschriften des § 64 Abs 1	7
III. Haftung der Geschäftsführer	8–10

I. Einleitung

1 § 64 besteht seit Inkrafttreten des GmbHG grds in unveränderter Form u war lediglich Gegenstand einer redaktionellen Änderung durch das FBG (BGBl 1991/10). Absatz 1 bestimmt die Anmeldung der Einforderung offener Stammeinlagen zum FB durch sämtliche GF, sodass diese Norm der Publizität dient.[1] Dadurch soll im Interesse des Rechtsverkehrs Klarheit über die Einforderung offener Stammeinlagen geschaffen werden. Die Anmeldung nach § 64 Abs 1 enthält allerdings keine Informationen über die tatsächliche Leistung der Einlageforderung.

---

1 *Schopper* in Straube/Ratka/Rauter, GmbHG § 64 Rz 1 mwN; *Baier* in Gruber/Harrer, GmbHG² § 64 Rz 2.

II. Pflicht zur Anmeldung der Einforderung weiterer Stammeinlagen (Abs 1)

A. Einforderung offener Stammeinlagen

Gegenstand der Anmeldung gem Abs 1 ist die Einforderung der Einzahlung noch offener Stammeinlagen, nicht jedoch die Zahlung selbst. Die Pflicht zur Anmeldung gem Abs 1 besteht unabhängig davon, ob u wann es zu einer tatsächlichen Einzahlung der offenen Stammeinlagen kommt.[2] Die in der Praxis häufig vorgenommene nachträgliche Anmeldung, dh erst nach erfolgter Einzahlung, entspricht nicht den Vorgaben des § 64 Abs 1 u ist im Falle einer Gläubigerschädigung mit der Haftungssanktion des § 64 Abs 2 bedroht. Bei strenger Auslegung ist dem die Zusammenlegung v Anmeldung u Einzahlung – jedenfalls bei zeitlichem Auseinanderfallen – gleichzuhalten.[3]

Die Bestimmung ist auf die Einforderung der Resteinlagen durch Gesellschafterbeschluss anzuwenden bzw darüber hinaus in sämtlichen Fällen, in denen es gesv zu einer Delegation der Zuständigkeit zur Beschlussfassung über die Einforderung der Resteinlagen auf ein anderes Organ (AR, Beirat, GF etc.) gekommen ist.[4] Die Zahlungsaufforderung nach § 65 Abs 2 ist idZ nicht gemeint.

Die GF haben bei einer FB-Anmeldung keine Erklärung über die freie Verfügbarkeit der eingeforderten Beträge iSd § 10 Abs 3 anzugeben.[5] Ausreichend ist die Angabe des eingeforderten Betrags, wobei es sich diesfalls um den Gesamtbetrag der Einforderung handelt.

B. Anmeldung zum Firmenbuch und Veröffentlichung

Die Anmeldung nach § 64 Abs 1 ist v **sämtlichen GF** vorzunehmen u damit auch v sämtlichen GF zu unterfertigen.[6] Die Anmeldung zum FB

---

2 *Schopper* in Straube/Ratka/Rauter, GmbHG § 64 Rz 3; *Reich-Rohrwig*, GmbHR 591; *Baier* in Gruber/Harrer, GmbHG² § 64 Rz 4.
3 *Baier* in Gruber/Harrer, GmbHG² § 64 Rz 4.
4 *Schopper* in Straube/Ratka/Rauter, GmbHG § 64 Rz 4.
5 *Schopper* in Straube/Ratka/Rauter, GmbHG § 64 Rz 5; *Reich-Rohrwig*, GmbHR 591.
6 *Koppensteiner/Rüffler*, GmbHG³ § 64 Rz 2; *Schopper* in Straube/Ratka/Rauter, GmbHG § 64 Rz 7.

kann auch v einem v der GF bevollmächtigten Vertreter vorgenommen werden.[7] In der Liquidation der Gesellschaft sind der hA zufolge sämtliche Liquidatoren zur Anmeldung verpflichtet.[8] In der Insolvenz trifft diese Pflicht den Insolvenzverwalter.[9] Die Einreichung der Anmeldung in beglaubigter Form ist nicht erforderlich.[10]

6 Gemäß Abs 1 ist die Anmeldung durch das FB-Gericht zu veröffentlichen. Die Einforderung offener Stammeinlagen ist allerdings keine in das FB einzutragende Tatsache,[11] sodass das FB-Gericht die FB-Anmeldung nach § 10 UGB zu veröffentlichen hat.[12]

C. Einzahlung unter Außerachtlassung der Vorschriften des § 64 Abs 1

7 Kommt es zu einer Einzahlung, ohne einer vorherigen FB-Anmeldung des Einforderungsbeschlusses, so wirkt sie dennoch schuldbefreiend.[13] Nach der Rsp handelt es sich bei dieser Bestimmung lediglich um eine Ordnungsvorschrift, welche durch die in Abs 2 normierte GF-Haftung gesichert ist.[14]

---

7 OGH 29.3.2000, 6 Ob 64/00 f.
8 *Baier* in Gruber/Harrer, GmbHG² § 64 Rz 7; *Schopper* in Straube/Ratka/Rauter, GmbHG § 64 Rz 7. Nach aA ist hingegen § 64 in der Liquidation nicht anwendbar (*Koppensteiner/Rüffler*, GmbHG³ § 92 Rz 13). S auch § 90 Rz 19.
9 *Baier* in Gruber/Harrer, GmbHG² § 64 Rz 7; *Schopper* in Straube/Ratka/Rauter, GmbHG § 64 Rz 7.
10 *Baier* in Gruber/Harrer, GmbHG² § 64 Rz 8; *Schopper* in Straube/Ratka/Rauter, GmbHG § 64 Rz 8 ff.
11 *Koppensteiner/Rüffler*, GmbHG³ § 64 Rz 2; *Schopper* in Straube/Ratka/Rauter, GmbHG § 64 Rz 11.
12 *Schopper* in Straube/Ratka/Rauter, GmbHG § 64 Rz 11; *F. Schuhmacher* in Torggler, GmbHG § 64 Rz 2.
13 OGH 17.3.1978, 1 Ob 752/77, EvBl 1978/172; 24.4.2003, 6 Ob 187/02x; *Schopper* in Straube/Ratka/Rauter, GmbHG § 64 Rz 12; *Baier* in Gruber/Harrer, GmbHG² § 64 Rz 12; *Koppensteiner/Rüffler*, GmbHG³ § 64 Rz 2.
14 Vgl OGH 17.3.1978, 1 Ob 752/77, EvBl 1978/172; OGH 13.2.2003, 8 Ob 260/02x; *Schopper*, SWK 2005, W 38; *Reich-Rohrwig*, ecolex 1991, 248 (248 ff).

III. Haftung der Geschäftsführer

Gemäß Abs 2 haften die GF dem Geschädigten solidarisch u persönlich, wenn sie die Anmeldung der Einforderung ausständiger Stammeinlagen unterlassen oder bei der Anmeldung unrichtige Angaben gemacht haben. Bei Geschädigten ist vorrangig an Gesellschaftsgläubiger,[15] die Gesellschaft[16] u Gesellschafter zu denken. Bei § 64 Abs 2 handelt es sich um eine verschuldensabhängige **Außenhaftung der GF** gegenüber den geschädigten Gläubigern, was im GmbH-Recht selten ist.[17] 8

Schäden können beispielsweise entstehen, indem Gläubiger aufgrund der unterlassenen Anmeldung die tatsächliche Kreditwürdigkeit der Gesellschaft überschätzen.[18] 9

Gemäß § 64 Abs 2 verjährt der Anspruch binnen fünf Jahren ab dem Tag, an dem die geschädigte Partei Kenntnis v der Einforderung erlangt hat. 10

§ 65. (1) ¹Ein Gesellschafter, der die auf die Stammeinlage geforderten Einzahlungen nicht rechtzeitig leistet, ist unbeschadet einer weiteren Ersatzpflicht zur Zahlung von Verzugszinsen verpflichtet. ²Im Gesellschaftsvertrage können für den Fall des Verzuges Konventionalstrafen festgesetzt werden.

(2) Enthält der Gesellschaftsvertrag keine besonderen Vorschriften darüber, wie die Aufforderung zur Einzahlung zu geschehen hat, so genügt es, wenn die Aufforderung durch ein mit der Geschäftsführung betrautes Organ mittels rekommandierten Schreibens erfolgt ist.

Literatur: *Gall*, Zur Verfassungskonformität des Squeeze-out – das erste Erkenntnis des VfGH zum GesAusG, ZFR 2018, 544; *G. Graf*, Die Neuregelung der Rechtsfolgen des Zahlungsverzugs – Eine kritische Analyse des ZinsRÄG, wbl 2002, 437; *Graff*, Exekution auf die Einzahlungsverpflichtung des früheren GmbH-Gesellschafters bei nicht voll eingezahlter Stammeinlage, GesRZ 1979, 29; *F. Schuhmacher*, Der Gesellschafter als Unternehmer – Überlegungen zu Gesellschafterstellung und Unternehmereigenschaft, wbl 2012, 71.

---

15 *Baier* in Gruber/Harrer, GmbHG² § 65 Rz 14; *Doralt*, JBl 1972, 128.
16 EBRV 236 BlgHH 17. Sess 78.
17 *Schopper* in Straube/Ratka/Rauter, GmbHG § 64 Rz 14.
18 *Baier* in Gruber/Harrer, GmbHG² § 65 Rz 15; *Schopper* in Straube/Ratka/Rauter, GmbHG § 65 Rz 15; *Reich-Rohrwig*, GmbHR 592.

Inhaltsübersicht

I. Einleitung 1
II. Verzugszinsen, Schadenersatz und Konventionalstrafe ... 2–9
   A. Weitere Schadenersatzpflicht 8
   B. Konventionalstrafe 9
III. Zahlungsaufforderung durch die Geschäftsführer (Abs 2) .. 10, 11

I. Einleitung

1 § 65 gilt unverändert seit dem Inkrafttreten der Stammfassung[1] u regelt gemeinsam mit den §§ 66 bis 71 die Rechtsfolgen bei Verzug mit der Leistung v Stammeinlagen. Neben der Verzinsung der offenen u eingeforderten Stammeinlagebeträgen kann die Gesellschaft **Konventionalstrafen** für den Verzugsfall vorsehen (s Rz 9). Darüber hinaus kann die Gesellschaft den Gesellschafter nach allg zivilrechtlichen Grundsätzen auf Leistung oder Schadenersatz klagen oder ein Kaduzierungsverfahren gem §§ 66 ff einleiten.[2]

II. Verzugszinsen, Schadenersatz und Konventionalstrafe

2 Unbeschadet weiterer Ersatzpflichten ist ein mit der Leistung der eingeforderten Einzahlungen auf die Stammeinlage säumiger Gesellschafter zur **Zahlung v Verzugszinsen** verpflichtet. § 65 Abs 1 S 1 stellt eine verschuldensunabhängige Sonderbestimmung gegenüber den allg zivil- u unternehmensrechtlichen Vorschriften der §§ 918 ff ABGB dar. Weitere allg zivil- u unternehmensrechtliche Vorschriften, dh insb die §§ 918 f, § 1333 Abs 1 iVm § 1000 ABGB u § 456 UGB, sind subsidiär anwendbar.[3]

3 Ob die Pflicht zur Einzahlung auf dem GesV oder einem Kapitalerhöhungsbeschluss beruht, ist für die Anwendbarkeit v § 65 nicht maßgeblich.[4] Nach der in Ö hL gilt die Verzinsungspflicht auch für nicht

---

[1] *Kalss/Eckert*, Zentrale Fragen 605.
[2] *Schopper* in Straube/Ratka/Rauter, GmbHG § 65 Rz 1; *Baier* in Gruber/Harrer, GmbHG² § 65 Rz 1.
[3] *Schopper* in Straube/Ratka/Rauter, GmbHG § 65 Rz 4; *Baier* in Gruber/Harrer, GmbHG² § 65 Rz 3.
[4] *Reich-Rohrwig*, GmbHR 593; *Schopper* in Straube/Ratka/Rauter, GmbHG § 65 Rz 5.

rechtzeitig erbrachte Sacheinlagen[5] sowie bei Vorliegen einer verdeckten Sacheinlage, weil diesfalls die vereinbarte Bareinlagepflicht nicht wirksam erfüllt wurde.[6]

Voraussetzung für die Verzinsung ist die **Säumnis** mit der Leistung der fälligen Stammeinlage. In der Insolvenz der Gesellschaft sind die offenen Stammeinlagen sofort fällig u v Insolvenzverwalter einzufordern. Bei **Liquidation** der Gesellschaft sind Einforderungen v noch offenen Stammeinlagen nur insoweit erlaubt, als dies zur Gläubigerbefriedigung erforderlich ist.[7] Für die Einforderung ist jedoch – anders als bei der werbenden Gesellschaft gem § 35 Abs 1 Z 2 – kein Beschluss der Gesellschafter notwendig, sondern gem § 90 Abs 3 sind alleine die Liquidatoren für die Einforderung zuständig (s § 92 Rz 23).[8] Der Terminus „*nicht rechtzeitig*" bedeutet, dass der Gesellschafter seiner Leistungspflicht bei Fälligkeit der Einlage nicht ordnungsgemäß nachgekommen ist. Keine Voraussetzung für das Eingreifen der Verzugszinsen ist die Setzung einer Nachfrist oder das Versenden einer Mahnung.[9]

4

Die Höhe der zu leistenden Zinsen richtet sich mangels abw Bestimmung in § 65 Abs 1 grds nach den §§ 1000, 1333 ABGB, sodass der Zinssatz 4 % beträgt.[10] Bei Vorliegen eines beidseitigen unternehmensbezogenen Geschäfts gilt § 456 UGB,[11] sodass ein Zinssatz iHv 9,2 % über dem Basiszinssatz zur Anwendung kommt. Für vor 16.3.2013 geschlossene Verträge gilt – der mittlerweile aufgehobene – § 352 aF UGB, welcher einen Zinssatz v 8 % über dem Basiszinssatz vorgesehen hat.[12] Auf Seiten der GmbH handelt es sich stets um ein unternehmensbezogenes

5

---

5 *Koppensteiner/Rüffler*, GmbHG³ § 65 Rz 21; *Reich-Rohrwig*, GmbHR 593; *Baier* in Gruber/Harrer, GmbHG² § 65 Rz 5; *Schopper* in Straube/Ratka/Rauter, GmbHG § 65 Rz 6.
6 *Schopper* in Straube/Ratka/Rauter, GmbHG § 65 Rz 7.
7 *Schopper* in Straube/Ratka/Rauter, GmbHG § 63 Rz 34; *Baier* in Gruber/Harrer, GmbHG² § 63 Rz 26.
8 *Gelter* in Gruber/Harrer, GmbHG² § 92 Rz 9; *Schopper* in Straube/Ratka/Rauter, GmbHG § 65 Rz 8.
9 *Schopper* in Straube/Ratka/Rauter, GmbHG § 65 Rz 10.
10 *Baier* in Gruber/Harrer, GmbHG² § 65 Rz 6; *Schopper* in Straube/Ratka/Rauter, GmbHG § 65 Rz 11; *Koppensteiner/Rüffler*, GmbHG³ § 65 Rz 3; allg zum ZinsRÄG vgl *Graf*, wbl 2002, 437.
11 *Schopper* in Straube/Ratka/Rauter, GmbHG § 65 Rz 12.
12 *Schopper* in Straube/Ratka/Rauter, GmbHG § 65 Rz 12; *Baier* in Gruber/Harrer, GmbHG² § 65 Rz 6.

Geschäft.[13] Maßgeblich für die Beurteilung, ob es sich für den Gesellschafter um ein unternehmensbezogenes Geschäft handelt, ist, ob die Beteiligung privaten Anlagezwecken oder der wirtschaftlichen Tätigkeit dient.[14]

6 Im GesV bzw durch Satzungsänderung kann ein höherer Zinssatz festgesetzt werden,[15] wobei bei letzterem § 50 Abs 4 einzuhalten ist, nach welchem es der Zustimmung der betroffenen Gesellschafter bedarf.[16] Ob der Zinssatz gesv gesenkt oder die Verzinsung gänzlich ausgeschlossen werden kann, ist nicht abschließend geklärt. Überwiegend wird – trotz fehlender Erwähnung in § 71 – v einer zwingenden Bestimmung ausgegangen, weil der Zweck der Verzinsungspflicht iZm den §§ 63 ff der Sicherung der effektiven, realen Kapitalaufbringung dient. Damit ist diese Bestimmung den Gläubigerschutzbestimmungen zuzurechnen u somit zwingend.[17]

7 Auf den Zinsanspruch kann weder verzichtet noch kann dieser gestundet werden (§ 63 Abs 3).[18]

A. Weitere Schadenersatzpflicht

8 Aufgrund des Wortlauts (*„unbeschadet einer weiteren Ersatzpflicht"*) kann die Gesellschaft zusätzlich zu den Verzugszinsen weitere Ersatzpflichten geltend machen. Die Gesellschaft kann daher zusätzlich **Schadenersatz wegen Nichterfüllung** nach § 918 Abs 1 ABGB verlangen.[19]

---

13 *Koppensteiner/Rüffler*, GmbHG³ § 65 Rz 3; *Schopper* in Straube/Ratka/Rauter, GmbHG § 65 Rz 12.

14 *Baier* in Gruber/Harrer, GmbHG² § 65 Rz 6; *Schopper* in Straube/Ratka/Rauter, GmbHG § 65 Rz 12. *Koppensteiner/Rüffler*, GmbHG³ § 65 Rz 3; *F. Schuhmacher*, wbl 2012, 71, 77 ff.

15 *Koppensteiner/Rüffler*, GmbHG³ § 65 Rz 3; *Baier* in Gruber/Harrer, GmbHG² § 65 Rz 7; *Schopper* in Straube/Ratka/Rauter, GmbHG § 65 Rz 14.

16 *Baier* in Gruber/Harrer, GmbHG² § 65 Rz 7; *Schopper* in Straube/Ratka/Rauter, GmbHG § 65 Rz 14.

17 *Baier* in Gruber/Harrer, GmbHG² § 65 Rz 8; *Koppensteiner/Rüffler*, GmbHG³ § 65 Rz 3; *Schopper* in Straube/Ratka/Rauter, GmbHG § 65 Rz 15.

18 *Koppensteiner/Rüffler*, GmbHG³ § 65 Rz 5; *Reich-Rohrwig*, GmbHR 593; *Schopper* in Straube/Ratka/Rauter, GmbHG § 65 Rz 17; *Baier* in Gruber/Harrer, GmbHG² § 65 Rz 9.

19 *Schopper* in Straube/Ratka/Rauter, GmbHG § 65 Rz 18; *Koppensteiner/Rüffler*, GmbHG³ § 65 Rz 4; *Reich-Rohrwig*, GmbHR 593; *Baier* in Gruber/Harrer, GmbHG² § 65 Rz 11.

Ein Schaden kann beispielsweise darin liegen, dass die Gesellschaft aufgrund der Säumigkeit des Gesellschafters einen unentbehrlichen Kredit aufnehmen muss.[20] Derartige Schadenersatzansprüche können weder ausgeschlossen oder gestundet noch kann darauf verzichtet werden.[21]

B. Konventionalstrafe

Neben den Verzugszinsen kann der GesV eine **Konventionalstrafe** vorsehen. § 65 Abs 1 hat insoweit nur klarstellenden Charakter. Konventionalstrafen können durch Satzungsänderung auch nachträglich eingeführt werden, wobei es hierfür der Einhaltung der besonderen Zustimmungsvoraussetzung des § 50 Abs 4 bedarf.[22] Das richterliche Mäßigungsrecht nach § 1336 Abs 2 ABGB gilt unabhängig v der Unternehmereigenschaft des Gesellschafters iSd §§ 1 ff UGB auch für Konventionalstrafen iSd § 65 Abs 1. Übersteigt der Schaden der Gesellschaft, der aufgrund der Säumnis des Gesellschafters mit der Leistung der Stammeinlage eintritt, die Konventionalstrafe, ist auch dieser zu ersetzen.[23] Die Konventionalstrafe hat nach hA aus einer Geldzahlung zu bestehen u darf nicht anstelle der Einzahlungsverpflichtung vereinbart werden. Des Weiteren darf sie weder erlassen noch gestundet werden, wenn sie geringer ist als der bei der Gesellschaft eingetretene Schaden.[24] Unzulässig ist die Vereinbarung, dass bei Verzug des Gesellschafters mit der Leistung der Einlage der Gesellschaftsanteil entzogen wird u den anderen Gesellschaftern anwächst, da hierdurch §§ 66 iVm 68 Abs 5 ausgehebelt werden würde.[25]

9

---

20 *Baier* in Gruber/Harrer, GmbHG² § 65 Rz 11; *Koppensteiner/Rüffler*, GmbHG³ § 65 Rz 4.
21 *Koppensteiner/Rüffler*, GmbHG³ § 65 Rz 4; *Schopper* in Straube/Ratka/Rauter, GmbHG § 65 Rz 20; *Baier* in Gruber/Harrer, GmbHG² § 65 Rz 12.
22 *Schopper* in Straube/Ratka/Rauter, GmbHG § 65 Rz 23; *Baier* in Gruber/Harrer, GmbHG² § 65 Rz 14.
23 *Schopper* in Straube/Ratka/Rauter, GmbHG § 65 Rz 23.
24 *Baier* in Gruber/Harrer, GmbHG² § 65 Rz 16.
25 *Baier* in Gruber/Harrer, GmbHG² § 65 Rz 15.

III. Zahlungsaufforderung durch die Geschäftsführer (Abs 2)

10 Sofern gesv nicht abw geregelt, haben die GF gem § 65 Abs 2 den Gesellschafter zur Leistung der offenen Stammeinlagen aufzufordern, weil andernfalls die Pflicht nicht fällig wird.[26]

11 Einer **Zahlungsaufforderung** bedarf es lediglich dann nicht, wenn die Gesellschafter v einem kalendermäßig fixierten Zahlungszeitpunkt bereits informiert wurden oder ihnen ein solcher bekannt sein müsste u die Zahlungsmodalitäten ausreichend bestimmt sind.[27] Bei der Zahlungsaufforderung handelt es sich um eine Erklärung der Gesellschaft, die einer Unterfertigung durch die GF in vertretungsbefugter Anzahl bedarf.[28] Sofern nicht abw im GesV festgelegt, ist das Schreiben in Form eines eingeschriebenen Briefs jedem v der Einforderung betroffenen Gesellschafter zu übermitteln. Dieses Erfordernis hat in erster Linie Beweisfunktion.[29] Sofern ein wirksamer Einforderungsbeschluss vorliegt, ist die Geschäftsführung – bei Fehlen einer abw Vereinbarung im GesV – verpflichtet, diesen durch eine Zahlungsaufforderung unter Einhaltung der Vorgaben des § 65 Abs 2 bei den Schuldnern offener Stammeinlagen einzutreiben.[30] Zu einer Haftung der GF gegenüber der Gesellschaft kommt es, wenn die Zahlungsaufforderung unterbleibt, zu spät erfolgt bzw unrichtig oder v Einforderungsbeschluss abw ist.[31] Entspricht die Zahlungsaufforderung dem Einforderungsbeschluss inhaltlich nicht, so tritt keine Fälligkeit ein, wodurch der Gesellschafter nicht in Verzug geraten kann.[32]

---

26 *Baier* in Gruber/Harrer, GmbHG² § 65 Rz 18.
27 *Baier* in Gruber/Harrer, GmbHG² § 65 Rz 19.
28 *Reich-Rohrwig*, GmbHR 519; *Schopper* in Straube/Ratka/Rauter, GmbHG § 65 Rz 62; *Baier* in Gruber/Harrer, GmbHG² § 65 Rz 22.
29 *Baier* in Gruber/Harrer, GmbHG² § 65 Rz 23; *Schopper* in Straube/Ratka/Rauter, GmbHG § 65 Rz 32; *Koppensteiner/Rüffler*, GmbHG³ § 65 Rz 1; *Reich-Rohrwig*, GmbHR 590.
30 OGH 9.11.1977, 1 Ob 690/77; *Koppensteiner/Rüffler*, GmbHG³ § 65 Rz 1; *Schopper* in Straube/Ratka/Rauter, GmbHG § 65 Rz 38.
31 *Schopper* in Straube/Ratka/Rauter, GmbHG § 65 Rz 38.
32 *Baier* in Gruber/Harrer, GmbHG² § 65 Rz 25.

§ 66. (1) ¹Erfolgt die Einzahlung nicht rechtzeitig, so kann die Gesellschaft den säumigen Gesellschaftern unter Bestimmung einer Nachfrist für die Einzahlung den Ausschluss aus der Gesellschaft mittels rekommandierten Schreibens androhen. ²Die Nachfrist ist mindestens mit einem Monate vom Empfange der Aufforderung an zu bemessen. ³Einzelne säumige Gesellschafter von der Androhung des Ausschlusses auszunehmen ist unzulässig.

(2) ¹Nach fruchtlosem Ablaufe der Nachfrist sind die säumigen Gesellschafter durch die Geschäftsführer als ausgeschlossen zu erklären und hievon abermals mittels rekommandierten Schreibens zu benachrichtigen. ²Mit der Erklärung der Ausschließung ist der Verlust sämtlicher Rechte aus dem Geschäftsanteile, namentlich aller hierauf geleisteten Einzahlungen, verbunden.

Literatur: *Birnbauer*, Kaduzierung eines Gesellschafters mit freihändigem Anteilsverkauf, GES 2013, 253; *P. Bydlinski*, (Form-)Fragen bei der Kaduzierung von GmbH-Geschäftsanteilen, (§ 66 GmbHG), JBl 2002, 703; *Gall/Potyka/Winner*, Squeeze-out – Der Gesellschafterausschluss bei AG und GmbH, 2006; *Getreuer*, Rechtsfolgen der Zahlung der aushaftende Stammeinlage durch den kaduzierten GmbH-Gesellschafter, RdW 1999, 454; *Graff*, Exekution auf die Einzahlungsverpflichtung des früheren GmbH-Gesellschafters bei nicht voll einbezahlter Stammeinlage, GesRZ 1979, 29; *M. Gruber*, Ausfallshaftung und Kaduzierung, JBl 2012, 273; *Karollus*, Kaduzierung von GmbH-Anteilen: Anordnung durch einfachen Brief oder durch Telefax, ecolex 1997, 431; *Michalski/Schulenburg*, Pfändung von Kaduzierungsansprüchen und Kaduzierung bei Einmann-Gesellschaften, NZG 1999, 431; *Roth*, Einziehung eines Geschäftsanteils und Dauer der Gewinnbeteiligung, ZGR 1999, 715.

Inhaltsübersicht

I. Einleitung	1
II. Voraussetzungen der Kaduzierung (Abs 1)	2–14
A. Säumnis des Gesellschafters	2–4
B. Keine Pflicht zur Einleitung eines Kaduzierungsverfahrens	5, 6
C. Beteiligte Parteien	7–10
D. Mahnschreiben	11–13
E. Abwendung der Kaduzierung durch fristgerechte Zahlung	14
III. Durchführung der Kaduzierung (Abs 2) und Rechtsfolgen der Kaduzierung	15–17
IV. Exkurs: Der Gesellschafterausschluss nach dem GesAusG (Squeeze-out)	18–27
A. Allgemeines zum Gesellschafterausschluss	18

B. Ablauf des Gesellschafterausschlusses im Überblick . . . 19–24
C. Gesellschafterausschluss aus wichtigem Grund? 25–27

I. Einleitung

1 § 66 gilt unverändert seit Inkrafttreten der Stammfassung.[1] Erfolgt die Einzahlung einer Stammeinlage nicht rechtzeitig, so kann ein Gesellschafter unter Einhaltung bestimmter Voraussetzungen der Rechte aus seinem Geschäftsanteil u der darauf bereits geleisteten Einzahlungen für verlustig erklärt werden. Dabei erfolgt keine Haftungsbefreiung für den noch offenen Teil der Stammeinlage (§ 69). Die **Kaduzierung** ist ein Gestaltungsrecht der Gesellschaft u stellt ein wichtiges Instrument zur Sicherung der Kapitalaufbringung, aber auch einen gravierenden Eingriff für den säumigen Gesellschafter dar.[2]

II. Voraussetzungen der Kaduzierung (Abs 1)

A. Säumnis des Gesellschafters

2 Eine Kaduzierung kann nur dann erfolgen, wenn die Einzahlung des Gesellschafters **nicht rechtzeitig erfolgt** ist. Erforderlich ist, dass die Einlagepflicht wirksam entstanden u fällig ist, aber nicht geleistet wurde.[3]

3 „Einzahlung" iSd Bestimmung ist weit auszulegen u umfasst Leistungsverzögerungen der Gesellschafter, die dazu führen, dass die Gesellschaft ein nicht dem verlautbarten Stammkapital entspr Vermögen erhält.[4] Mögliche Praxisfälle sind der Verzug mit der Leistung der Einzahlung v Bareinlagen, die verspätete Leistung v gesetzl Mindesteinlagen,[5] die verspätete Leistung v Sacheinlagen[6] oder der Verzug mit Er-

---

1 *Kalss/Eckert*, Zentrale Fragen 605.
2 *Schopper* in Straube/Ratka/Rauter, GmbHG § 66 Rz 1.
3 *Schopper* in Straube/Ratka/Rauter, GmbHG § 66 Rz 4; *Sprohar-Heimlich* in Gruber/Harrer, GmbHG[2] § 66 Rz 5.
4 *Schopper* in Straube/Ratka/Rauter, GmbHG § 66 Rz 5.
5 *Schopper* in Straube/Ratka/Rauter, GmbHG § 66 Rz 5.
6 *Koppensteiner/Rüffler*, GmbHG[3] § 66 Rz 21; *Schopper* in Straube/Ratka/Rauter, GmbHG § 66 Rz 5.

füllung v Gewährleistungsansprüchen in Folge mangelhaft erbrachter Sacheinlagen.[7] Vorstellbar ist auch das Vorliegen einer verdeckten Sacheinlage, sofern die offene Bareinlage bereits fällig ist, sowie dass es trotz physischer Zahlung zu keiner Erfüllung gekommen ist, weil die Leistung im Zuge eines verdeckten Sacheinlagegeschäfts an den Gesellschafter zurückgeflossen ist.[8] Des Weiteren ist eine Kaduzierung bei Verzug mit der Zahlung aus einer Differenzhaftung nach § 10a Abs 1[9] oder bei Verzug mit der Erfüllung v Zahlungspflichten aus einer Vorbelastungshaftung möglich.[10]

Die Einl eines Kaduzierungsverfahrens wegen rückständigen Verzugszinsen[11], bei Nichtleistung v darüber hinausgehenden Ersatzpflichten nach § 65 Abs 1, Konventionalstrafen oder verspäteter Erfüllung v Nebenleistungspflichten[12] ist nicht möglich.[13]

B. Keine Pflicht zur Einleitung eines Kaduzierungsverfahrens

Nach dem Wortlaut der Bestimmung „kann" die Gesellschaft ein Kaduzierungsverfahren einleiten, sofern die Voraussetzungen erfüllt sind, ist hierzu aber nicht verpflichtet.[14] Alternativ kann die Gesellschaft anstatt des Kaduzierungsverfahrens die fälligen Einlagen durch Leistungsklage bzw Einzelzwangsvollstreckung eintreiben.[15]

Die Anwendung der §§ 67 ff kann gem § 71 nicht gesv abbedungen werden, sodass sich hieraus ergibt, dass auch § 66 relativ zwingendes Recht zum Schutze der Gläubigerinteressen an der Kapitalaufbringung darstellt, weil ansonsten die §§ 67 ff umgangen werden könnten bzw

---

7 *Reich-Rohrwig*, GmbHR 594.
8 *Schopper* in Straube/Ratka/Rauter, GmbHG § 66 Rz 6.
9 *Ch. Nowotny* in Kalss/Nowotny/Schauer, GesR² Rz 4/344.
10 *Koppensteiner/Rüffler*, GmbHG³ § 66 Rz 3.
11 OGH 10.2.1988, 3 Ob 595/86; *Ch. Nowotny* in Kalss/Nowotny/Schauer, GesR² Rz 4/344.
12 OGH 10.2.1988, 3 Ob 595/86; *Ch. Nowotny* in Kalss/Nowotny/Schauer, GesR² Rz 4/344; *Koppensteiner/Rüffler*, GmbHG³ § 66 Rz 3.
13 *Schopper* in Straube/Ratka/Rauter, GmbHG § 66 Rz 8.
14 EBRV 236 BlgHH 17. Sess 79; OGH 21.12.2000, 8 Ob 277/00v; *Koppensteiner/Rüffler*, GmbHG³ § 66 Rz 2; *Schopper* in Straube/Ratka/Rauter, GmbHG § 66 Rz 9.
15 *Schopper* in Straube/Ratka/Rauter, GmbHG § 66 Rz 9; *Ch. Nowotny* in Kalss/Nowotny/Schauer GesR² Rz 4/344.

diese einer Kaduzierung gem § 66 bedürfen. Mit anderen Worten stellt die Kaduzierung gem § 66 die Voraussetzung für das Verfahren nach §§ 67 ff dar.[16]

C. Beteiligte Parteien

7 Dem Wortlaut zufolge erfolgt die Einl des Kaduzierungsverfahrens durch „**die Gesellschaft**", wobei die Gesellschaft diesfalls durch die GF in vertretungsbefugter Anzahl vertreten wird. Das Verfahren kann auch in der Insolvenz der Gesellschaft eingeleitet werden. Diesfalls ist der Insolvenzverwalter zuständig.[17] Bei Erfüllung der Voraussetzungen für eine Kaduzierung, dh insb bei Fälligkeit der Stammeinlageforderung, bedarf es zur Einl u Durchführung des Kaduzierungsverfahrens keines gesonderten Gesellschafterbeschlusses. Die Weisungsverteilung durch die Gesellschafter an die GF bzw gesv Regelungen ermöglichen eine Einflussnahme auf die Einl oder Durchführung des Kaduzierungsverfahrens.[18]

8 Bei der Durchführung des Kaduzierungsverfahrens haben die GF die Sorgfalt eines ordentlichen Geschäftsmanns anzuwenden.

9 Der hA zufolge besteht die Möglichkeit, dass ein Gläubiger die Kaduzierung sämtlicher säumiger Gläubiger auf exekutivem Weg gem §§ 331 ff EO betreibt.[19]

10 Adressaten des **Mahnschreibens** der Gesellschaft sind die säumigen Gesellschafter.[20] Aufgrund des Gleichbehandlungsgebots ist es nicht möglich, einzelne Gesellschafter auszunehmen. Sind mehrere Gesellschafter mit der Leistung ihrer Einlagepflicht in Verzug, sind daher entweder alle oder keiner der säumigen Gesellschafter einem Kaduzierungsverfahren auszusetzen.[21] Das Kaduzierungsverfahren ist auch zulässig, wenn die Gesellschaft nur einen einzigen Gesellschafter hat,

---

16 *Schopper* in Straube/Ratka/Rauter, GmbHG § 66 Rz 11.
17 Vgl *Koppensteiner/Rüffler*, GmbHG³ § 66 Rz 5; OGH 20.6.1990, 1 Ob 563/90.
18 *Schopper* in Straube/Ratka/Rauter, GmbHG § 66 Rz 13.
19 OGH 7.10.1998, 3 Ob 196/98i; 26.1.1999, 4 Ob 341/98w; *Koppensteiner/Rüffler*, GmbHG³ § 66 Rz 5; *Schopper* in Straube/Ratka/Rauter, GmbHG § 66 Rz 15.
20 *Schopper* in Straube/Ratka/Rauter, GmbHG § 66 Rz 16.
21 *Schopper* in Straube/Ratka/Rauter, GmbHG § 66 Rz 17.

wobei diesfalls die Möglichkeit der Gläubiger, die Kaduzierung auf exekutivem Weg zu beschreiten, praktisch bedeutsam ist.[22]

D. Mahnschreiben

Das Mahnschreiben ist eine **empfangsbedürftige Willenserklärung** der Gesellschaft, welche für ihre Wirksamkeit den Zugang beim Gesellschafter verlangt. Rechtsgültigkeit erlangt das Schreiben durch die Unterfertigung der GF in der zur Vertretung der GmbH erforderlichen Anzahl. Gemäß § 66 Abs 1 hat das Mahnschreiben in Form eines rekommandierten Schreibens, dh mittels eingeschriebenen Briefs, zu erfolgen. Diese Voraussetzung wird durch fernmündliche Androhung in Form eines einfachen Briefs, Telefax oder E-Mails nicht erfüllt u führt daher zur Unwirksamkeit.[23]

11

§ 66 Abs 1 enthält idZ Vorgaben für den **Mindestinhalt**. Diese werden v der Rsp streng ausgelegt.[24] Das Mahnschreiben hat neben der Aufforderung zur Leistung der ausständigen Stammeinlage eine ziffernmäßige Angabe über den eingemahnten Betrag sowie die Verzugszinsen zu enthalten. Darüber hinaus bedarf es einer Nachfristsetzung v mind einem Monat, in welchem der säumige Gesellschafter die Kaduzierung durch Zahlung abwenden kann. Diese Nachfrist muss im Schreiben kalendermäßig bestimmt oder zumindest ohne weiteres bestimmbar sein. Unzulässig u daher unwirksam sind Aufforderungen wie zB *„prompt"*, *„unverzüglich"* oder *„ohne weiteren Aufschub"*.[25] Das fristauslösende Ereignis ist der Empfang der Aufforderung, dh der wirksame Zugang des Mahnschreibens beim betr Gesellschafter.

12

---

22 OGH 9.11.1977, 1 Ob 690/77; 7.10.1998, 3 Ob 196/98i; *Reich-Rohrwig*, GmbHR 595; *Schopper* in Straube/Ratka/Rauter, GmbHG § 66 Rz 19.
23 *Schopper* in Straube/Ratka/Rauter, GmbHG § 66 Rz 31; aA *Karollus*, ecolex, 1997, 431 (433 ff), wonach § 66 lediglich eine Ordnungsvorschrift darstellt u auch ein einfacher Brief ausreichend ist, wenn der Zugang eindeutig feststeht. Ein Telefax erfüllt diese Voraussetzungen ebenso, zumal ein Absendeprotokoll ein dem Postaufgabeschein vergleichbares – wenn auch weniger beweiskräftiges – Indiz für die Absendung (u auch für die Wahrscheinlichkeit des Zugangs) darstellt.
24 OGH 10.2.1988, 3 Ob 595/86; 10.1.1977, 6 Ob 503/77; *Koppensteiner/Rüffler*, GmbHG[3] § 66 Rz 4; *Schopper* in Straube/Ratka/Rauter, GmbHG § 66 Rz 22.
25 *Leuschner* in Habersack/Casper/Löbbe, GmbHG Großkommentar[3] § 23 Rz 35; *Schopper* in Straube/Ratka/Rauter, GmbHG § 66 Rz 26.

13 Dem Gesellschafter ist im Mahnschreiben bestimmt u deutlich anzukündigen, dass bei Unterbleiben der Erbringung der eingeforderten Leistung in der Nachfrist der Ausschluss aus der Gesellschaft droht.[26]

E. Abwendung der Kaduzierung durch fristgerechte Zahlung

14 Leistet der säumige Gesellschafter die eingeforderte Leistung rechtzeitig vor Ablauf der Nachfrist, kann er die Kaduzierung **abwenden**. Sogar Leistungen, die nach Ablauf der Nachfrist allerdings noch vor Zugang der Ausschlusserklärung nach § 66 Abs 2 beim säumigen Gesellschafter erfolgen, führen zur Abwendung der Kaduzierung.[27] Erst nach wirksamem Zugang der Ausschlusserklärung gem § 66 Abs 2 beim säumigen Gesellschafter treten die materiellen Rechtswirkungen ein, dh erst dann kann sie weder widerrufen noch abgewendet werden.

III. Durchführung der Kaduzierung (Abs 2) und Rechtsfolgen der Kaduzierung

15 Leistet der säumige Gesellschafter die eingeforderte Einzahlung nicht innerhalb der Nachfrist, sind die säumigen Gesellschafter als ausgeschlossen zu erklären. Nach fruchtlosem Verstreichen der Nachfrist bedarf es einer zusätzlichen Ausschlusserklärung, die v GF in vertretungsbefugter Anzahl abzugeben u durch rekommandiertes Schreiben an den säumigen Gesellschafter zu schicken ist. Dies bedeutet, dass der Ausschluss nicht *ipso iure* mit Fristablauf eintritt. Auch diese Ausschlusserklärung ist eine empfangsbedürftige Willenserklärung.[28]

16 Mit Zugang der Ausschlusserklärung treten die Rechtsfolgen der Kaduzierung ein, sodass der Gesellschafter aus der Gesellschaft ausgeschlossen wird u sämtliche mit dem Geschäftsanteil verbundenen Rechte *ex nunc* verliert. Davon umfasst sind sowohl Mitwirkungsrechte, wie insb Stimm-, Informations-, Anfechtungs-, Beteiligungs-, Einsichts- u (ggf) Sonderrechte, als auch Vermögensrechte, dh insb der Verlust des

---

26 *Schopper* in Straube/Ratka/Rauter, GmbHG § 66 Rz 29; *Reich-Rohrwig*, GmbHR 594.
27 *Reich-Rohrwig*, GmbHR 591; *Koppensteiner/Rüffler*, GmbHG³ § 66 Rz 9.
28 OGH 20.1.1977, 6 Ob 503/77; 24.10.1996, 6 Ob 2016/96f; *Schopper* in Straube/Ratka/Rauter, GmbHG § 66 Rz 39.

Anspruchs auf die Liquidationsquote, des Bezugsrechts, aber auch des Gewinnbezugsrechts. Aufgrund der *ex-nunc*-Wirkung der Kaduzierungsansprüche sind bereits bestehende Dividendenansprüche davon nicht betroffen.[29] Angesichts der ausdrücklichen Anordnung in § 66 Abs 2 S 2 ist die Rückforderung bereits erbrachter Teilleistungen auf die Stammeinlage nicht möglich, wobei sowohl Bar- als auch Sacheinlagen davon erfasst sind.[30]

Über das rechtliche Schicksal des Geschäftsanteils im Falle der Kaduzierung gibt das GmbHG keine Auskunft. Sachenrechtlich folgt aus der Kaduzierung gem § 66 Abs 2, dass der ausgeschlossene Gesellschafter nicht mehr Inhaber des Geschäftsanteils ist.[31] Verfügungsbefugt ist nunmehr die Gesellschaft, wobei diese Verfügungsbefugnis insofern zweckgebunden ist, als sie auf die Verwertung des Anteils eingeschränkt ist. Auf den Geschäftsanteil entfallende Gewinnanteile bleiben unverteilt, entspr gilt für den Liquidationserlös.[32] Das Ausscheiden des Gesellschafters ist im FB einzutragen. Die Gesellschaft ist bis zur Verwertung die neue Inhaberin des Geschäftsanteils, sodass auch dies im FB einzutragen ist.

IV. Exkurs: Der Gesellschafterausschluss nach dem GesAusG (Squeeze-out)

A. Allgemeines zum Gesellschafterausschluss

Im Zuge des ÜbRÄG 2006 wurde das **GesAusG** erlassen, das einen Ausschluss v Minderheitsgesellschaftern durch Übertragung der Anteile an einen Hauptgesellschafter gegen angemessene Barabfindung ermöglicht.[33] Im Gegensatz zum Kaduzierungsverfahren bedarf es beim Ge-

---

29 *Schopper* in Straube/Ratka/Rauter, GmbHG § 66 Rz 44; *Reich-Rohrwig*, GmbHR 595; *Koppensteiner/Rüffler*, GmbHG³ § 66 Rz 10.
30 *Ch. Nowotny* in Kalss/Nowotny/Schauer, GesR² Rz 4/345; *Schopper* in Straube/Ratka/Rauter, GmbHG § 66 Rz 45.
31 EBRV 363 BlgHH 17. Sess 78; *Schopper* in Straube/Ratka/Rauter, GmbHG § 66 Rz 48.
32 *Schopper* in Straube/Ratka/Rauter, GmbHG § 66 Rz 49; *Koppensteiner/Rüffler*, GmbHG³ § 66 Rz 11.
33 § 1 GesAusG legt fest, dass die Bestimmungen des GesAusG sowohl auf die GmbH als auch auf die AG anzuwenden sind.

sellschafterausschluss nicht des Vorliegens eines wichtigen Grunds, um das Verfahren durchzuführen.[34]

B. Ablauf des Gesellschafterausschlusses im Überblick

19 Der Ausschluss eines Gesellschafters nach dem GesAusG ist stark formalisiert. Voraussetzung für den Ausschluss eines Minderheitsgesellschafters ist zunächst ein **Antrag des Hauptgesellschafters** (s Rz 20) auf Anteilsübertragung des auszuschließenden Gesellschafters.[35] Dieser Antrag bildet in weiterer Folge die Grundlage für die Beschlussfassung in der GV.

20 Der Ausschluss der Minderheitsgesellschafter bedarf der Zustimmung der GV sowie der Zustimmung des Hauptgesellschafters. Hauptgesellschafter ist nach § 1 Abs 2 GesAusG, wem zum Zeitpunkt der Beschlussfassung zumindest **90 % des Stammkapitals** gehören, wobei Anteile v Unternehmen, die mit ihm nach Maßgabe v § 228 Abs 3 UGB verbunden sind, diesem zugerechnet werden.[36] Zur Relevanz der eigenen Anteile bei der Berechnung der 90 %-Schwelle gem § 1 Abs 2 GesAusG s § 81 Rz 58. Der GesV kann vorsehen, dass der Ausschluss nach dem GesAusG nicht zulässig ist oder diesen an einen höheren Beteiligungsbesitz des Hauptgesellschafters binden.[37] Eine Erleichterung des Ausschlusses nach dem GesAusG ist nicht möglich.[38]

21 Gemäß § 1 Abs 2 GesAusG hat der **Hauptgesellschafter** eine angemessene Barabfindung zu gewähren (s § 81 Rz 36).[39] Für die Feststellung der Angemessenheit der Barabfindung ist gem § 2 Abs 1 S 2 GesAusG auf den Tag der Beschlussfassung durch die GV abzustellen.

22 § 3 GesAusG regelt das Verfahren zur Vorbereitung der Beschlussfassung. Der Beschlussantrag ist die Basis der Berichtspflicht v GF, Hauptgesellschafter, AR u externem Prüfer. Der Hauptgesellschafter u die GF haben einen gemeinsamen Bericht über den geplanten Gesellschafterausschluss aufzustellen (Ausschlussbericht). Im Bericht ist die

---

34 *Warto* in Gruber/Harrer, GmbHG², Anh § 76 Rz 1 mwN.
35 S § 1 Abs 1 GesAusG.
36 Die Verbindung muss jedoch im letzten Jahr vor der Beschlussfassung durchgehend bestanden haben (s § 1 Abs 3 GesAusG).
37 S dazu § 1 Abs 4 GesAusG.
38 *Kalss* in Kalss/Nowotny/Schauer, GesR² Rz 3/1246.
39 Zu den Bewertungsmethoden s *Gall/Potyka/Winner*, Squeeze-out – Der Gesellschafterausschluss bei AG u GmbH, Rz 209 ff.

Angemessenheit der **Barabfindung** zu erläutern u darzulegen, dass die Voraussetzungen für den Gesellschafterausschluss erfüllt sind. Wie auch andere Umgründungsarten ist eine präventive Kontrolle durch einen externen Sachverständigen vorgesehen. Dieser wird v Gericht auf gemeinsamen Antrag v AR u Hauptgesellschafter gewählt u bestellt; bei Fehlen eines AR treten an seine Stelle die GF.[40] Der Sachverständige hat einen schriftlichen Bericht zu erstatten. In diesem Bericht ist eine Erklärung über die Angemessenheit der Barabfindung einschließlich näherer Erl (Bewertungsmethode, Begr für die gewählte Methode, Auswirkungen untersch Methoden) aufzunehmen. Auch der AR hat den Gesellschafterausschluss zu prüfen u einen schriftlichen Bericht zu erstatten. Sämtliche Berichte können entfallen, wenn alle Gesellschafter schriftlich oder in der Niederschrift der GV darauf verzichten. Die Veröffentlichung eines Hinweises auf die Beschlussfassung ist gem § 3 Abs 9, anders als bei der AG, bei einer GmbH nicht erforderlich. Den Gesellschaftern sind allerdings mind 14 Tage vor Beschlussfassung die in Abs 5 genannten Unterlagen zu übermitteln.

Der **Beschluss** der GV bedarf der Mehrheit der abgegebenen Stimmen u der Zustimmung des Hauptgesellschafters.[41]

Mit Eintragung des Beschlusses über den Ausschluss ins FB gehen die Geschäftsanteile auf den Hauptgesellschafter über; die Minderheitsgesellschafter sind mit FB-Eintragung kraft G v der Gesellschaft ausgeschlossen u verfügen nur noch über einen Anspruch auf Barabfindung. Jeder ausgeschlossene Minderheitsgesellschafter hat das Recht, die gerichtl **Überprüfung der Barabfindung** zu beantragen.[42]

C. Gesellschafterausschluss aus wichtigem Grund?

Es stellt sich die Frage, ob ein Gesellschafter einer GmbH aus **wichtigem Grund** ausgeschlossen werden kann.

Das GmbHG enthält keine Regelung für den Ausschluss eines Gesellschafters aus wichtigem Grund. Die Einziehung v Geschäftsanteilen mit der Folge, dass diese untergehen, sieht das österr Recht im Gegensatz zum

---

40 *Kalss*, VSU³ § 3 GesAusG, Rz 12; *Rauter* in Straube/Ratka/Rauter, GmbHG § 75 Rz 98; vgl aber *Gall/Potyka/Winner*, Squeeze-out – Der Gesellschafterausschluss bei AG und GmbH, Rz 302 (nur der Hauptgesellschafter).
41 § 4 Abs 1 GesAusG.
42 § 6 Abs 1 GesAusG.

dt Recht nicht vor. Der OGH lehnt einen solchen Ausschluss aus wichtigem Grund bei der GmbH grds ab,[43] hält es jedoch für zulässig, einen solchen Ausschluss v Gesellschaftern im GesV vorzusehen.[44] Nach hL[45] ist, unabhängig v einer Verankerung dieses Rechts im GesV, ein Ausschluss aus wichtigem Grund in Analogie zu § 140 UGB u Anlehnung an die Rechtslage u Rsp[46] geboten. Die L beruft sich idZ auf den Grundsatz, dass Dauerschuldverhältnisse aus wichtigem Grund vorzeitig beendet werden können u auf eine Anwendung der verallgemeinerungsfähigen Wertung des § 140 UGB (Analogie), der den Ausschluss des OG- bzw KG-Gesellschafters regelt.[47] Für die Annahme eines wichtigen Grunds, wie er in § 140 UGB vorausgesetzt wird, ist nach zutr A erforderlich, dass den anderen Gesellschaftern eine Fortsetzung der Gesellschaft mit dem auszuschließenden Gesellschafter nicht zumutbar ist.[48] Eine weitere Voraussetzung für den Ausschluss ist die Abfindung des auszuschießenden Gesellschafters, die grds dem vollen Wert des Geschäftsanteils entsprechen soll.[49] Unzulässig ist der Erwerb des betr Geschäftsanteils durch die Gesellschaft selbst. Eine Abfindung kann daher – ohne Kapitalherabsetzung – nicht aus dem Gesellschaftsvermögen finanziert werden. Möglich ist allerdings eine freiwillige Übernahme des Geschäftsanteils der übrigen Gesellschafter, das Vorsehen v Aufgriffspflichten oder die Finanzierung des Ausschlusses aus den Gewinnen der Gesellschaft.[50]

27 Obwohl ein Ausschluss nach der Rsp nicht zulässig ist, ist jedoch das Verbot der Ausübung v Gesellschafterrechten ein zulässiges Sicherungsmittel u kann der Vermeidung der Umgehung einer einstweiligen Verfügung dienen.[51]

---

43 OGH 14.9.2011, 6 Ob 80/11z; 17.10.2006, 1 Ob 135/06v; 25.9.2001, 4 Ob 216/01w; 22.2.1996, 6 Ob 657/95.
44 OGH 14.9.2011, 6 Ob 80/11z; 22.2.1996, 6 Ob 657/95.
45 *Thelen*, RdW 2016/176, 239 (242); *Koppensteiner/Rüffler*, GmbHG³ Anh § 71 Rz 13; *Koppensteiner*, GesRZ 2014, 4; *Rauter* in Straube/Ratka/Rauter, GmbHG § 75 Rz 131; *Reich-Rohrwig* in FS Koppensteiner 235.
46 BGH 1.4.1953, II ZR 235/52, BGHZ 9, 157.
47 *Rauter* in Straube/Ratka/Rauter, GmbHG § 75 Rz 131; *Koppensteiner/Rüffler*, GmbHG³ Anh § 71 Rz 13; *Koppensteiner*, GesRZ 2014, 4 (5).
48 *Rauter* in Straube/Ratka/Rauter, GmbHG § 75 Rz 132; *Koppensteiner/Rüffler*, GmbHG³ Anh § 71 Rz 14.
49 *Rauter* in Straube/Ratka/Rauter, GmbHG § 75 Rz 133; *Koppensteiner/Rüffler*, GmbHG³ Anh § 71 Rz 16 mwN.
50 *Rauter* in Straube/Ratka/Rauter, GmbHG § 75 Rz 139 ff mwN.
51 OGH 19.3.2015, 6 Ob 200/14a.

§ 67. (1) Für den von dem ausgeschlossenen Gesellschafter nicht bezahlten Betrag der Stammeinlagen samt Verzugszinsen haften der Gesellschaft alle seine Vormänner, die innerhalb der letzten fünf Jahre vor Erlassung der Einzahlungsaufforderung (§ 64) als Gesellschafter im Firmenbuch (§§ 9, 26) verzeichnet waren.

(2) ¹Ein früherer Rechtsvorgänger haftet nur, soweit die Zahlung von dessen Rechtsnachfolger nicht zu erlangen ist. ²Dies ist bis zum Beweise des Gegenteils anzunehmen, wenn letzterer innerhalb eines Monats, nachdem er zur Zahlung aufgefordert und der Rechtsvorgänger hievon benachrichtigt worden war, keine Zahlung geleistet hat. ³Aufforderung und Benachrichtigung haben mittels rekommandierten Schreibens zu erfolgen.

(3) Der Rechtsvorgänger erwirbt gegen Zahlung des geschuldeten Betrages den Geschäftsanteil des ausgeschlossenen Gesellschafters.

idF BGBl 1991/10

Literatur: *Getreuer,* Rechtsfolgen der Zahlung der aushaftende Stammeinlage durch den kaduzierten GmbH-Gesellschafter, RdW 1999, 454; *M. Gruber,* Ausfallshaftung und Kaduzierung, JBl 2012, 273.

Inhaltsübersicht

I. Einleitung	1
II. Voraussetzungen der Haftung	2–11
A. Kaduzierung	2, 3
B. Zahlungsaufforderung und Benachrichtigung	4, 5
C. Frist	6
D. Umfang der Haftung	7–11
III. Rechtsfolgen und Regressansprüche	12, 13

I. Einleitung

§ 67 Abs 1 wurde durch das FBG 1991 (BGBl 1991/10) neu gefasst u regelt die Haftung v Rechtsvorgängern („**Vormännern**") des ausgeschlossenen Gesellschafters für den ausstehenden Betrag der offenen Stammeinlagen samt Verzugszinsen. Der Zweck der Norm besteht in der Erhaltung des Stammkapitals u dient daher dem Gläubigerschutz,[1] so- 1

---

1 *Sprohar-Heimlich* in Gruber/Harrer, GmbHG² § 67 Rz 1; *Schopper* in Straube/Ratka/Rauter, GmbHG § 67 Rz 1.

dass die Haftung nach § 67 v relativ zwingender Natur ist u gesv weder eingeschränkt noch ausgeschlossen werden kann.[2] Die Vereinbarung strengerer Haftungsbestimmungen ist zulässig.[3]

II. Voraussetzungen der Haftung

A. Kaduzierung

2   Die wirksame **Kaduzierung** gem § 66 des Geschäftsanteils jenes Gesellschafters, der den Geschäftsanteil des Vormanns erwarb, ist Voraussetzung für die Haftung des vorherigen Gesellschafters.[4]

3   Einer Kaduzierung gem § 66 bedarf es auch dann, wenn sich die Gesellschaft in der Insolvenz bzw Liquidation befindet, um die Rechtsvorgänger gem § 67 zur Haftung heranzuziehen.

B. Zahlungsaufforderung und Benachrichtigung

4   Die **Vormännerhaftung** beruht nicht auf einer Solidarhaftung, sondern auf einem Reihenregress. Die GmbH hat jew den unmittelbaren Vormann zur **Zahlung aufzufordern** sowie dessen Rechtsvorgänger v der Aufforderung durch ein rekommandiertes Schreiben zu benachrichtigen. Der erste Adressat der Haftung ist der unmittelbare Rechtsvorgänger des Kaduzierten, wobei dessen Haftung den wirksamen Zugang einer Zahlungsaufforderung mittels eingeschriebenen Briefs voraussetzt. Darin ist der unmittelbare Rechtsvorgänger zur Zahlung binnen eines Monats aufzufordern.[5]

5   Neben dem genauen Betrag ist in dem Schreiben auch der Grund für die Zahlungsverpflichtung anzugeben.[6] Voraussetzung für die Haftung

---

2   *Schopper* in Straube/Ratka/Rauter, GmbHG § 67 Rz 1; *Sprohar-Heimlich* in Gruber/Harrer, GmbHG[2] § 67 Rz 1.
3   *Schopper* in Straube/Ratka/Rauter, GmbHG § 67 Rz 1; *Sprohar-Heimlich* in Gruber/Harrer, GmbHG[2] § 67 Rz 1.
4   OGH 26.1.1999, 4 Ob 341/98w; *Schopper* in Straube/Ratka/Rauter, GmbHG § 67 Rz 5; *Sprohar-Heimlich* in Gruber/Harrer, GmbHG[2] § 67 Rz 6; *Koppensteiner/Rüffler*, GmbHG[3] § 67 Rz 2; *Gellis/Feil*, GmbHG[7] § 67 Rz 2.
5   *Schopper* in Straube/Ratka/Rauter, GmbHG § 67 Rz 9; *Sprohar-Heimlich* in Gruber/Harrer, GmbHG[2] § 67 Rz 11.
6   *Reich-Rohrwig*, GmbHR 597; *Sprohar-Heimlich* in Gruber/Harrer, GmbHG[2] § 67 Rz 11.

des Rechtsvorgängers ist der wirksame Zugang der Zahlungsaufforderung.[7] Erfolgt binnen eines Monats keine Zahlung v unmittelbaren Vormann, so kommt es iSd Reihenregresses zur Inanspruchnahme des Rechtsvorgängers.

C. Frist

Als Haftungsadressaten kommen dem Wortlaut des § 67 Abs 1 zufolge nur jene Vormänner in Betracht, welche innerhalb der letzten fünf Jahre vor Erlassung der Einzahlungsaufforderung als Gesellschafter im FB eingetragen waren. Trotz des Verweises auf § 64 nimmt die ö L an, dass auf den Fälligkeitszeitpunkt des Anspruchs der Gesellschaft abzustellen ist.[8] 6

D. Umfang der Haftung

Nach § 67 haftet der in Anspruch genommene Rechtsvorgänger für den v ausgeschlossenen Gesellschafter aushaftenden, bereits fälligen Betrag samt Verzugszinsen.[9] 7

Sofern die Forderung ausreichend bestimmt ist u die Gesellschaft eine vollwertige Gegenleistung als Erlös für die zedierte Forderung v Zessionar erhält, kann der Anspruch der GmbH gegen die Rechtsvorgänger auf **Zahlung** des aushaftenden Betrags gem § 1392 ff ABGB zediert werden.[10] 8

Auf die Erwerbsart, die zum Übergang des Geschäftsanteils v unmittelbaren Rechtsvorgänger auf den nunmehr ausgeschlossenen Gesellschafter geführt hat, kommt es nicht an, sodass sowohl Übertragungen im Wege der Einzel- als auch der Gesamtrechtsnachfolge möglich sind. Daher können auch ehem Gesellschafter, welche den Gesellschaftsanteil 9

---

7 *Sprohar-Heimlich* in Gruber/Harrer, GmbHG[2] § 67 Rz 11; *Schopper* in Straube/Ratka/Rauter, GmbHG § 67 Rz 9.
8 *Reich-Rohrwig*, GmbHR 596; *Koppensteiner/Rüffler*, GmbHG[3] § 67 Rz 2; *Gellis/Feil*, GmbHG[7] § 67 Rz 2; *Sprohar-Heimlich* in Gruber/Harrer, GmbHG[2] § 67 Rz 9; *F. Schuhmacher* in Torggler, GmbHG § 67 Rz 3; *Schopper* in Straube/Ratka/Rauter, GmbHG § 67 Rz 12.
9 *Schopper* in Straube/Ratka/Rauter, GmbHG § 67 Rz 13; *Sprohar-Heimlich* in Gruber/Harrer, GmbHG[2] § 67 Rz 16.
10 *Schopper* in Straube/Ratka/Rauter, GmbHG § 67 Rz 13.

nur als Treuhänder bzw zur Sicherheit gehalten haben, zur Haftung herangezogen werden.[11] Nachdem der Treugeber nicht Gesellschafter ist, ist er nicht Adressat der Vormännerhaftung nach § 67, sofern er keine gesellschaftsinternen Mitherrschaftsrechte besitzt.[12]

10 Die Haftung der Rechtsvorgänger umfasst alle Forderungen der Gesellschaft, deren Zahlungssäumigkeit zur Einl eines Kaduzierungsverfahrens gem § 66 führen können.

11 Die früheren Rechtsvorgänger haften subsidiär in umgekehrter Reihenfolge der Übertragung des Geschäftsanteils, sodass es – unter Beachtung der Fünfjahresfrist – zu einer Haftung des unmittelbaren Rechtsvorgängers des ausgeschlossenen Gesellschafters bis hin zum ersten Inhaber des betr Geschäftsanteils kommen kann.[13]

III. Rechtsfolgen und Regressansprüche

12 Gegen Leistung des geschuldeten Betrags erwirbt der zahlende Rechtsvorgänger den Geschäftsanteil mit allen Rechten u Pflichten des ausgeschlossenen Gesellschafters kraft G. Davon ausgenommen sind schuldrechtliche, außergesellschaftliche Verpflichtungen sowie schuldrechtliche Nebenpflichten. Irrelevant ist, ob die Zahlung durch den in Anspruch genommenen Rechtsvorgänger freiwillig oder auf exekutivem Weg erfolgt ist.[14] Bei Leistung bloß eines Teilbetrags erwirbt der Rechtsvorgänger den Geschäftsanteil nicht. Für den Erwerb ist ein Notariatsakt nicht erforderlich.[15] Statutarische Aufgriffsrechte greifen diesfalls nicht.[16]

13 Wurden durch den ausgeschlossenen Gesellschafter bereits Vorleistungen auf die aushaftende Stammeinlage erbracht, so besteht kraft G kein Anspruch gegen die Gesellschaft auf Rückersatz dieser Leistungen.

---

11 *Schopper* in Straube/Ratka/Rauter, GmbHG § 67 Rz 26; *Koppensteiner/Rüffler*, GmbHG³ § 67 Rz 4.
12 *Schopper* in Straube/Ratka/Rauter, GmbHG § 67 Rz 27.
13 *Schopper* in Straube/Ratka/Rauter, GmbHG § 67 Rz 41.
14 *Reich-Rohrwig*, GmbHR 597; *Schopper* in Straube/Ratka/Rauter, GmbHG § 67 Rz 47.
15 *Reich-Rohrwig*, GmbHR 597; *Koppensteiner/Rüffler*, GmbHG³ § 67 Rz 5; *Schopper* in Straube/Ratka/Rauter, GmbHG § 67 Rz 50.
16 *Schopper* in Straube/Ratka/Rauter, GmbHG § 67 Rz 50.

Des Weiteren hat er auch keinen Anspruch gegen den Vormann, der seinen Geschäftsanteil erworben hat.[17]

§ 68. (1) Ist die Zahlung des rückständigen Betrages von Rechtsvorgängern nicht zu erlangen oder sind keine Rechtsvorgänger vorhanden, so kann die Gesellschaft den Geschäftsanteil verkaufen.

(2) [1]Innerhalb eines Monats kann der Verkauf aus freier Hand zu einem Preise vorgenommen werden, der den Bilanzwert des Geschäftsanteiles mindestens erreicht. [2]Nach Ablauf der einmonatlichen Frist kann die Gesellschaft den Geschäftsanteil nur im Wege öffentlicher Versteigerung verkaufen lassen.

(3) Die Versteigerung ist durch ein hiezu befugtes Organ, durch einen Handelsmakler oder durch das Gericht zu bewirken.

(4) [1]Der Zuschlag erlangt erst Wirksamkeit, wenn die Gesellschaft der Übertragung des Geschäftsanteils an den Ersteher zustimmt. [2]Diese Zustimmung gilt als erteilt, wenn der Ersteher nicht binnen acht Tagen nach der Versteigerung von der Verweigerung der Zustimmung benachrichtigt worden ist.

(5) [1]Übersteigt der Erlös den geschuldeten Betrag, so ist der Überschuß zunächst auf den noch unberichtigten Teil der Stammeinlage in Anrechnung zu bringen. [2]Um diesen Betrag vermindert sich die Haftung des ausgeschlossenen Gesellschafters. [3]Ein weiter gehender Überschuß fließt dem ausgeschlossenen Gesellschafter zu.

idF BGBl 1996/262

Literatur: *Birnbauer*, Kaduzierung eines Gesellschafters mit freihändigem Anteilsverkauf, GES 2013, 253; *M. Gruber*, Ausfallshaftung und Kaduzierung, JBl 2012, 273; *H. Torggler*, Zur Verpfändung von GmbH-Anteilen, GesRZ 1977, 77, 112.

Inhaltsübersicht

I. Einleitung	1, 2
II. Voraussetzungen	3, 4
III. Freihändiger Verkauf	5–8
IV. Rechtsfolgen der Verwertung	9

---

17 *Schopper* in Straube/Ratka/Rauter, GmbHG § 67 Rz 57; *Sprohar-Heimlich* in Gruber/Harrer, GmbHG² § 67 Rz 21.

I. Einleitung

1 Die Abs 1, 2, 4 u 5 entsprechen der Stammfassung RGBl 1906/58. Absatz 3 wurde durch die Nov des GmbHG im Jahr 1980 geändert (BGBl 1980/320).

2 § 68 behandelt die **Verwertung des Geschäftsanteils** des ausgeschlossenen Gesellschafters durch Freihandverkauf oder Versteigerung. Die Verwertung des Geschäftsanteils stellt den dritten Schritt nach der Kaduzierung des Gesellschafters sowie der erfolglosen Inanspruchnahme der Rechtsvorgänger im Verfahren nach §§ 66 ff dar u ist relativ zwingend, sodass die Vorgaben dieser Bestimmung weder gänzlich noch zT erlassen werden können.[1] Erforderlich für die Verwertung des Geschäftsanteil ist der wirksame Ausschluss des Gesellschafters sowie die erfolglose Inanspruchnahme der Rechtsvorgänger.

II. Voraussetzungen

3 Für die Verwertung des Geschäftsanteils ist erforderlich, dass ein wirksames **Kaduzierungsverfahren** stattgefunden hat sowie, dass die Zahlung des aushaftenden Betrags auch v dessen Rechtsvorgängern nicht zu erlangen ist bzw keine Rechtsvorgänger vorhanden sind. Die Verwertung des Geschäftsanteils ist möglich, sofern die Inanspruchnahme aller in Betracht kommender Vormänner iSd § 67 erfolglos war.

4 Erfolgte kein Kaduzierungsverfahren oder war ein solches unwirksam, so ist die Verwertung des Geschäftsanteils nach § 68 unzulässig u unwirksam.[2] Unter dem rückständigen Betrag iSd § 68 wird jene offene Forderung verstanden, die den Grund des Kaduzierungsverfahrens dargestellt hat u für welche die Rechtsvorgänger zT oder zur Gänze nach § 67 erfolglos haften. Dabei handelt es sich iW um offene Resteinlagen, Ansprüche aus der Differenzhaftung gem § 10a Abs 1 oder aus der Vorbelastungshaftung, ferner bei Vorliegen einer verdeckten Sacheinlage

---

1 *Schopper* in Straube/Ratka/Rauter, GmbHG § 68 Rz 1.
2 OGH 25.2.1993, 6 Ob 27/92; *Koppensteiner/Rüffler*, GmbHG[3] § 68 Rz 2; *Schopper* in Straube/Ratka/Rauter, GmbHG § 68 Rz 11; *Sprohar-Heimlich* in Gruber/Harrer, GmbHG[2] § 68 Rz 6.

sowie wegen eines unbezahlten Agios/Aufgelds.[3] Wegen noch aushaftender Verzugszinsen, Schadenersatzforderungen der Gesellschaft oder einer eventuellen Vertragsstrafe ist die Einl eines Verwertungsverfahrens nicht zulässig.[4]

III. Freihändiger Verkauf

Innerhalb eines Monats „kann" der **Freihandverkauf** eingeleitet werden, sodass die GF nicht verpflichtet, sondern lediglich berechtigt sind, ein derartiges Verwertungsverfahren einzuleiten.[5] Einflussmöglichkeiten der Gesellschafter bestehen durch die Möglichkeit der Weisungserteilung an die GF bzgl der Wahl des Termins für die Verwertung.[6] Die Abwicklung des freihändigen Verkaufs hat innerhalb eines Monats zu erfolgen. Diese Frist ist zwingend einzuhalten u vertraglich nicht abdingbar.[7] Den Fristbeginn für den freihändigen Verkauf stellt der Ablauf der einmonatigen Einzahlungsfrist, die dem letzten haftenden Gesellschafter gesetzt worden ist, dar. Sofern allerdings bereits zB aufgrund einer Insolvenz offensichtlich ist, dass auch der letzte haftende Gesellschafter den Betrag nicht bezahlen kann, so löst die Kenntnis jenes Umstands den Fristbeginn frühzeitig aus.[8]

§ 68 legt mit dem **Bilanzwert** (Buchwert) des Geschäftsanteils einen Mindestpreis für die Verwertung durch den Freihandverkauf fest, um eine Verschleuderung des Geschäftsanteils zu vermeiden.[9] Der Bilanzwert wird durch die Differenz zw den Buchwerten der Aktiva u der Passiva ermittelt, wobei nur einbezahlte Stammeinlagen berücksichtigt werden.[10] Berechnungsgrundlage des Bilanzwerts ist der letzte auf-

5

6

---

3 S *Schopper* in Straube/Ratka/Rauter, GmbHG § 68 Rz 9; *Sprohar-Heimlich* in Gruber/Harrer, GmbHG² § 68 Rz 7.
4 *Sprohar-Heimlich* in Gruber/Harrer, GmbHG² § 68 Rz 8; *Schopper* in Straube/Ratka/Rauter, GmbHG § 68 Rz 10.
5 *Schopper* in Straube/Ratka/Rauter, GmbHG § 68 Rz 15.
6 *Schopper* in Straube/Ratka/Rauter, GmbHG § 68 Rz 16.
7 *Sprohar-Heimlich* in Gruber/Harrer, GmbHG² § 68 Rz 10; *Schopper* in Straube/Ratka/Rauter, GmbHG § 68 Rz 20.
8 *Sprohar-Heimlich* in Gruber/Harrer, GmbHG² § 68 Rz 11.
9 *Schopper* in Straube/Ratka/Rauter, GmbHG § 68 Rz 21.
10 *Reich-Rohrwig*, GmbHR 598; *Koppensteiner/Rüffler*, GmbHG³ § 68 Rz 3; *Schopper* in Straube/Ratka/Rauter, GmbHG § 68 Rz 22; *Sprohar-Heimlich* in Gruber/Harrer, GmbHG² § 68 Rz 13.

gestellte JA. Nicht in die Berechnung der Differenz zw Aktiva u Passiva miteinbezogen werden das Stammkapital, offene Rücklagen, Gewinn- u Verlustvorträge sowie Rückstellungen mit Eigenkapitalcharakter.[11] Eine Verwertung durch Freihandverkauf ist auch dann möglich, wenn der positive Bilanzwert des kaduzierten Geschäftsanteils geringer ist als der Betrag der offenen u bereits fälligen Stammeinlagen samt Zinsen u sonstigen Forderungen der Gesellschaft gegen den ausgeschlossenen Gesellschafter.[12] Unzulässig ist ein freihändiger Verkauf bei negativem Bilanzwert, dh bei buchmäßiger Überschuldung.[13]

7   Der freihändige Verkauf bedarf keiner Mitwirkung des Gerichts; die Vorschriften der EO kommen nicht zur Anwendung. Die Gesellschaft ist die Verkäuferin des Anteils u wird dabei durch ihre GF vertreten.[14] Der in weiterer Folge geschlossene Kaufvertrag unterliegt nach hA nicht der Notariatsaktspflicht, muss allerdings innerhalb der einmonatigen Frist abgeschlossen werden, um Rechtswirksamkeit zu erlangen.[15] Nach der in Ö hA ist ein Verkauf des Geschäftsanteils an den ausgeschlossenen Gesellschafter zulässig.[16]

8   Die zweite Möglichkeit neben dem freihändigen Verkauf stellt die Verwertung in einer öffentlichen Verhandlung dar. Das heißt, die Gesellschaft kann auf den Freihandverkauf verzichten u stattdessen den Geschäftsanteil in einer öffentlichen Versteigerung verwerten.[17] Bieter im Rahmen einer öffentlichen Versteigerung können Dritte, Mitgesellschafter sowie auch der ausgeschlossene Gesellschafter sein.[18] Nach Ablauf der Frist v einem Monat kann die Verwertung des kaduzierten Geschäftsanteils nicht mehr durch Freihandverkauf, sondern bloß durch

---

11 *Reich-Rohrwig*, GmbHR 598; *Schopper* in Straube/Ratka/Rauter, GmbHG § 68 Rz 23.
12 *Schopper* in Straube/Ratka/Rauter, GmbHG § 68 Rz 23.
13 *Reich-Rohrwig*, GmbHR 599; *Schopper* in Straube/Ratka/Rauter, GmbHG § 68 Rz 23.
14 *Sprohar-Heimlich* in Gruber/Harrer, GmbHG² § 68 Rz 14.
15 *Koppensteiner/Rüffler*, GmbHG³ § 68 Rz 4; *Reich-Rohrwig*, GmbHR 599; *Sprohar-Heimlich* in Gruber/Harrer, GmbHG² § 68 Rz 14; *Schopper* in Straube/Ratka/Rauter, GmbHG § 68 Rz 24.
16 OGH 25.2.1993, 6 Ob 27/92; *Reich-Rohrwig*, GmbHR 599; *Koppensteiner/Rüffler*, GmbHG³ § 68 Rz 4; *Sprohar-Heimlich* in Gruber/Harrer, GmbHG² § 68 Rz 14, *Schopper* in Straube/Ratka/Rauter, GmbHG § 68 Rz 24.
17 *Sprohar-Heimlich* in Gruber/Harrer, GmbHG² § 68 Rz 16.
18 *Sprohar-Heimlich* in Gruber/Harrer, GmbHG² § 68 Rz 16; *Schopper* in Straube/Ratka/Rauter, GmbHG § 68 Rz 29.

öffentliche Versteigerung erfolgen. Eine andere Verwertungsart nach Fristablauf ist unzulässig u unwirksam. Durchzuführen ist die Versteigerung gem § 68 Abs 3 durch ein befugtes Organ, einen „Handelsmakler" oder durch das Gericht. Das FB-Gericht kann einen öffentlichen Notar zum Gerichtskommissär bestellen.[19] Die Versteigerung erfolgt nach den durch die Gesellschaft bzw die mit der Versteigerung betrauten Person festgelegten Versteigerungsbedingungen. Diese dürfen allerdings die Grundsätze einer öffentlichen Versteigerung nicht verletzen. Darunter zu verstehen sind etwa die Schätzung, Ankündigung, Zutritt für Bieter, Ausruf u Zuschlag an den Meistbieter.[20] Der in der Versteigerung erteilte Zuschlag bedarf gem § 68 Abs 4 zur Rechtswirksamkeit der Zustimmung der Gesellschaft, wobei hierfür die GF zuständig sind.

IV. Rechtsfolgen der Verwertung

Im Zeitpunkt der wirksamen **Abtretung** des Geschäftsanteils wird der Erwerber Gesellschafter mit allen dazugehörigen Rechten u Pflichten. Der Erwerb des Geschäftsanteils erfolgt so, wie er im Erwerbszeitpunkt besteht.[21] Übersteigt der aus der Versteigerung erzielte Erlös den geschuldeten Betrag, so wird mit dem Überschuss der noch nicht eingeforderte Restbetrag der Stammeinlage gedeckt, sodass es zu einer Verringerung der Haftung des ausgeschlossenen Gesellschafters kommt. Ein etwaiger Mehrbetrag steht dem ausgeschlossenen Gesellschafter zu.[22] Unabhängig v der Art der Veräußerung ist die Gesellschaft Verkäuferin des kaduzierten Geschäftsanteils, obwohl sie nicht Eigentümerin des Anteils ist. Aufgrund dessen ist sie nicht Rechtsvorgängerin des Erwerbers, sodass auch keine Haftung wegen Schlecht- bzw Nichterfüllung dem Erwerber gegenüber besteht.[23] Deckt der Erlös nicht die fällige rückständige Einlageforderung, haftet der Erwerber nicht für die Differenz.[24] Nach dem Verkauf sind die Rechtsvorgänger gem § 67 v ihrer

9

---

19 *Schopper* in Straube/Ratka/Rauter, GmbHG § 68 Rz 26.
20 *Schopper* in Straube/Ratka/Rauter, GmbHG § 68 Rz 27.
21 *Schopper* in Straube/Ratka/Rauter, GmbHG § 68 Rz 31; *Sprohar-Heimlich* in Gruber/Harrer, GmbHG² § 68 Rz 21.
22 *Sprohar-Heimlich* in Gruber/Harrer, GmbHG² § 68 Rz 22.
23 *Sprohar-Heimlich* in Gruber/Harrer, GmbHG² § 68 Rz 23.
24 *Koppensteiner/Rüffler*, GmbHG³ § 69 Rz 6; *Reich-Rohrwig*, GmbHR 601; *Sprohar-Heimlich* in Gruber/Harrer, GmbHG² § 69 Rz 24.

Haftung befreit.[25] Im Falle der Unverkäuflichkeit des Geschäftsanteils haften der ausgeschlossene Gesellschafter gem § 69, die Rechtsvorgänger gem § 67 u die Mitgesellschafter nach § 70 Abs 1.[26]

§ 69. (1) **Der säumige Gesellschafter bleibt ungeachtet seines Ausschlusses für den rückständigen Betrag vor allen übrigen verhaftet.**
(2) **Ebenso wird durch den Ausschluß die Haftung des säumigen Gesellschafters für weitere Einzahlungen nicht berührt.**

Literatur: *Getreuer*, Rechtsfolgen der Zahlung der aushaftende Stammeinlage durch den kaduzierten GmbH-Gesellschafter, RdW 1999, 454.

Inhaltsübersicht

I. Einleitung	1
II. Haftungsadressat und Voraussetzungen	2, 3
III. Haftungsumfang und Rechtsfolgen	4, 5

I. Einleitung

1 § 69 gilt unverändert seit dem Inkrafttreten der Stammfassung im Jahr 1906 u regelt die Haftung des ausgeschlossenen Gesellschafters für den rückständigen Betrag (Abs 1) u weitere Einzahlungen (Abs 2). Der Gesetzgeber beabsichtigte, dass der Gesellschafter durch die Kaduzierung zunächst bloß seine Rechte verliert, nicht aber auch v seinen Verpflichtungen gegenüber der Gesellschaft gänzlich befreit wird. Die Haftung des ausgeschlossenen Gesellschafters stellt eine gesetzl angeordnete Nachwirkung dar. Sie hat relativ zwingenden Charakter, dh die Haftung nach § 69 kann durch GesV bzw Gesellschafterbeschluss nicht ausgeschlossen, beschränkt oder erlassen werden, sehr wohl ist eine Haftungsverschärfung denkbar.[1]

---

25 *Sprohar-Heimlich* in Gruber/Harrer, GmbHG² § 69 Rz 24.
26 *Sprohar-Heimlich* in Gruber/Harrer, GmbHG² § 69 Rz 25.
1 *Schopper* in Straube/Ratka/Rauter, GmbHG § 69 Rz 1 ff.

II. Haftungsadressat und Voraussetzungen

Sowohl Abs 1 als auch Abs 2 normieren den säumigen, ausgeschlossenen Gesellschafter als **Haftungsadressaten**. Er haftet primär u unmittelbar vor seinen Rechtsvorgängern für die eingeforderte Einlage, sofern der Restbetrag weder durch Verkauf noch durch Versteigerung iSd § 68 gedeckt werden konnte, sowie für noch nicht eingeforderte, aber ausstehende Zahlungen nach ordnungsgemäßer Einforderung.[2] 2

Voraussetzung der Haftung ist eine rechtswirksame **Kaduzierung**. Auch muss der Restbetrag, für welchen der ausgeschlossene Gesellschafter nunmehr in Anspruch genommen werden soll, bereits im Zeitpunkt der Kaduzierung bestanden haben.[3] Erforderlich ist des Weiteren die Fälligkeit der Einlageforderung.[4] 3

III. Haftungsumfang und Rechtsfolgen

Der „rückständige Betrag" iSd § 69 Abs 1 umfasst sämtliche Forderungen der Gesellschaft gegenüber dem Gesellschafter u inkludiert auch Nebenansprüche der Gesellschafter, wie etwa Verzugszinsen oder Konventionalstrafen. Auch Ansprüche aus einer Differenzhaftung nach § 10a oder einer Vorbelastungshaftung sind als rückständige Beträge zu verstehen. Die Haftung des kaduzierten Gesellschafters umfasst auch die Kosten der erfolglosen Inanspruchnahme der Vormänner sowie eines erfolglosen Verwertungsverfahrens nach § 68.[5] Gemäß § 69 Abs 2 haftet der säumige, ausgeschlossene Gesellschafter für weitere Einzahlungen, auch wenn der Anteil zwischenzeitig v einem Rechtsvorgänger oder Dritten erworben wurde.[6] Die Haftung beschränkt sich dann jedoch auf jene Forderungen, welche bereits zum Zeitpunkt der Kaduzierung bestanden haben u deren Fälligkeit erst später ein- 4

---

2 *Sprohar-Heimlich* in Gruber/Harrer, GmbHG[2] § 69 Rz 4; *Koppensteiner/Rüffler*, GmbHG[3] § 69 Rz 2; *Schopper* in Straube/Ratka/Rauter, GmbHG § 69 Rz 8.
3 *Sprohar-Heimlich* in Gruber/Harrer, GmbHG[2] § 69 Rz 6.
4 *Sprohar-Heimlich* in Gruber/Harrer, GmbHG[2] § 69 Rz 7.
5 *Schopper* in Straube/Ratka/Rauter, GmbHG § 69 Rz 9; *Sprohar-Heimlich* in Gruber/Harrer, GmbHG[2] § 69 Rz 8 ff; *Reich-Rohrwig*, GmbHR 600.
6 *Koppensteiner/Rüffler*, GmbHG[3] § 69 Rz 4; *Sprohar-Heimlich* in Gruber/Harrer, GmbHG[2] § 69 Rz 11.

tritt.[7] Auch bei vollständiger Bezahlung der Restforderung durch den ausgeschlossenen Gesellschafter kann die Kaduzierung dadurch nicht rückgängig gemacht werden u er den Geschäftsanteil auf diesem Wege erwerben.[8]

Bei tw Zahlung des Restbetrags sind die Regressansprüche des ausgeschlossenen Gesellschafters gegen den den Geschäftsanteil erwerbenden Rechtsvorgänger nicht strikt zu verneinen.[9] Diesfalls ist zu differenzieren, zu welchem Zeitpunkt der ausgeschlossene Gesellschafter die Leistung erbracht hat.[10] Bei Zahlung zu einem Zeitpunkt, in welchem kein Rechtsnachfolger den Geschäftsanteil nach § 67 Abs 2 erworben hat, hat der kaduzierte Gesellschafter keine Regressansprüche gegen einen allfällig später erwerbenden Vormann.[11] Der Regressanspruch des ausgeschlossenen Gesellschafters gegenüber dem Erwerber gem § 896 ABGB ist hingegen zu bejahen, wenn die Zahlung des kaduzierten Gesellschafters zu einem Zeitpunkt erfolgte, nachdem ein Rechtsvorgänger den Anteil erworben hat, weil dieser dadurch v einer Verbindlichkeit befreit worden ist.[12] Die Verjährungsfrist beginnt ab Fälligkeit der ausstehenden Forderung zu laufen. Bei rückständigen Stammeinlageforderungen gem Abs 1 beginnt die Frist vor dem Kaduzierungsverfahren zu laufen, während bei Forderungen nach der Kaduzierung gem Abs 2 die Verjährungsfrist erst mit Fälligkeit zu laufen beginnt.[13] Die Verjährungsfrist beträgt 40 Jahre u richtet sich nach den allg Bestimmungen des ABGB (§§ 1472, 1479, 1484 ff ABGB).[14]

---

7 *Sprohar-Heimlich* in Gruber/Harrer, GmbHG² § 69 Rz 11; *Schopper* in Straube/Ratka/Rauter, GmbHG § 69 Rz 15.
8 *Koppensteiner/Rüffler*, GmbHG³ § 69 Rz 2; *Sprohar-Heimlich* in Gruber/Harrer, GmbHG² § 69 Rz 14; *Schopper* in Straube/Ratka/Rauter, GmbHG § 69 Rz 20.
9 *Sprohar-Heimlich* in Gruber/Harrer, GmbHG² § 69 Rz 27.
10 *Sprohar-Heimlich* in Gruber/Harrer, GmbHG² § 69 Rz 16; *Schopper* in Straube/Ratka/Rauter, GmbHG § 69 Rz 25.
11 *Sprohar-Heimlich* in Gruber/Harrer, GmbHG² § 69 Rz 16.
12 *Koppensteiner/Rüffler*, GmbHG³ § 69 Rz 3; *Sprohar-Heimlich* in Gruber/Harrer, GmbHG² § 69 Rz 17; *Schopper* in Straube/Ratka/Rauter, GmbHG § 69 Rz 23.
13 *Sprohar-Heimlich* in Gruber/Harrer, GmbHG² § 69 Rz 18.
14 *Sprohar-Heimlich* in Gruber/Harrer, GmbHG² § 69 Rz 19; *Schopper* in Straube/Ratka/Rauter, GmbHG § 69 Rz 33; *F. Schuhmacher* in Torggler, GmbHG § 69 Rz 5.

§ 70. (1) Soweit eine Stammeinlage weder von den Zahlungspflichtigen eingebracht werden kann, noch durch Verkauf des Geschäftsanteiles gedeckt wird, haben die übrigen Gesellschafter den Fehlbetrag nach Verhältnis ihrer Stammeinlagen aufzubringen.

(2) Beiträge, die von einzelnen Gesellschaftern nicht zu erlangen sind, werden nach dem bezeichneten Verhältnisse auf die übrigen verteilt.

(3) ¹Falls der Geschäftsanteil nicht verkauft worden ist, erwerben die Gesellschafter im Verhältnisse ihrer Beitragsleistung einen Anspruch auf den diesem Geschäftsanteile zufallenden Gewinn und Liquidationserlös. ²Wenn nachträglich der Verkauf stattfindet, sind aus dem Erlöse den Gesellschaftern die von ihnen geleisteten Beiträge zurückzuerstatten, ein allfälliger Überschuß ist nach Vorschrift des § 68, Absatz 5 zu verwenden.

Literatur: *Artmann*, Die Ausfallhaftung der Mitgesellschafter einer GmbH für offen gebliebene Einlagen, insbesondere im Fall der Kapitalerhöhung, in FS Reischauer (2010) 55; *Gruber*, Ausfallshaftung und Kaduzierung, JBl 2012, 273; *Grunewald*, Die Verantwortlichkeit des gering beteiligten GmbH-Gesellschafters für Kapitalaufbringung und -erhaltung, in FS Lutter (2000) 423; *Kastner*, Zur Auslegung des GmbH-Gesetzes, JBl 1978, 404; *Köhl*, Die Ausfallhaftung von Hintermännern bzw. Treugebern für nicht geleistete Stammeinlagenzahlungen, GmbHR 1998, 119; *Melber*, Die Kaduzierung einer GmbH (1993); *Schopper*, Ausfallshaftung der Mitgesellschafter für verbotswidrige Rückzahlung Eigenkapital ersetzender Leistungen? wbl 2004, 410; *Schopper*, Tragung von Privataufwendungen durch die Kapitalgesellschaft – Haftung Dritter, ecolex 2006, 215; *Umlauft*, Das Verbot des Erwerbes eigener Anteile nach § 81 GmbHG unter Berücksichtigung der Auswirkungen auf die GmbH & Co KG, NZ 1989, 57; *Wünsch*, Die Haftung der Gründer einer GmbH, GesRZ 1984, 1.

Inhaltsübersicht

I. Einleitung	1, 2
II. Haftungsvoraussetzungen	3–6
A. Uneinbringlichkeit der Stammeinlage	3
B. Kaduzierung	4, 5
C. Verwertung	6
III. Adressaten der Haftung	7
IV. Haftungsinhalt	8–10
V. Rechtsfolgen der Zahlung und Regress	11, 12

I. Einleitung

1 Die Bestimmung ist seit 1906 unverändert in Kraft u regelt die anteilige **Ausfallhaftung** der Mitgesellschafter gegenüber der GmbH für offene Stammeinlagen, die nicht nach den §§ 67 bis 69 eingebracht werden konnten.

2 § 70 hat relativ zwingenden Charakter. Diese Bestimmung kann im GesV oder durch Vereinbarungen mit Dritten weder ausgeschlossen noch beschränkt werden. Haftungsverschärfungen können hingegen wirksam vereinbart werden.[1] Die Haftung begründet keine sachlich nicht gerechtfertigte Ungleichbehandlung einzelner Gesellschafter, sodass der Rsp zufolge auch keine verfassungsrechtlichen Bedenken gegen diese Bestimmung bestehen.[2]

II. Haftungsvoraussetzungen

A. Uneinbringlichkeit der Stammeinlage

3 Gemäß § 70 Abs 1 kommt die Ausfallhaftung der übrigen Gesellschafter für die Deckung der fehlenden Stammeinlagen dann zur Anwendung, wenn es sich um eine uneinbringliche Bareinlage handelt, dh der **ausstehende Betrag** v Zahlungspflichtigen nicht eingebracht werden konnte u/oder trotz Verwertung des Geschäftsanteils noch ein Fehlbetrag aushaftet.[3] Von der Ausfallhaftung der Mitgesellschafter ist daher jener Betrag der offenen Stammeinlage umfasst, der im Zeitpunkt der Kaduzierung bereits fällig war sowie zum Ausschluss des Gesellschafters geführt hat. Des Weiteren haften die Mitgesellschafter gem § 70 ebenso für nach der Kaduzierung fällig gestellte u auf den kaduzierten Geschäftsanteil fallende Stammeinlagen.[4] Keine Anwendung findet die Ausfallhaftung hingegen auf reine Sacheinlagen, wenn diese § 10 Abs 1 letzter S widersprechend nicht sofort erbracht werden.[5] § 70 gilt

---

1 *Schopper* in Straube/Ratka/Rauter, GmbHG § 70 Rz 2.
2 OGH 23.4.1996, 1 Ob 2085/96s; *F. Schuhmacher* in Torggler, GmbHG § 70 Rz 1.
3 *Sprohar-Heimlich* in Gruber/Harrer, GmbHG² § 70 Abs 5.
4 *Schopper* in Straube/Ratka/Rauter, GmbHG § 70 Rz 9.
5 *Schopper* in Straube/Ratka/Rauter, GmbHG § 70 Rz 11.

auch für Ansprüche der GmbH gegen einen Gesellschafter aus der Differenzhaftung gem § 10a sowie aus einer Vorbelastungshaftung.[6] Auf Verzugszinsen u Ansprüche aus einer Vertragsstrafe ist § 70 nach der hL nicht anwendbar.[7] Die Nichterfüllung v Nebenleistungen eines Gesellschafters führt ebenso wie rückständige Nachschüsse zu keiner Ausfallshaftung der übrigen Gesellschafter.[8]

B. Kaduzierung

Die Haftung der Mitgesellschafter ist gegenüber jener des ausgeschlossenen Gesellschafters nach § 69 subsidiär. **Voraussetzung der Ausfallshaftung** ist demnach die vorhergehende wirksame Kaduzierung des säumigen Gesellschafters.[9] Ist die Kaduzierung aufgrund bestimmter Mängel unwirksam, so kommt es zu keiner Ausfallshaftung der Mitgesellschafter.   4

Strittig ist, ob die Durchführung eines Kaduzierungsverfahrens in der Insolvenz eines säumigen Gesellschafters entbehrlich ist, sodass die übrigen Mitgesellschafter auch ohne vorangehende Kaduzierung nach § 70 in Anspruch genommen werden können.[10] Eine Kaduzierung ist nicht erforderlich, wenn feststeht, dass die nicht erbrachte Stammeinlage nachweislich auch v den Rechtsvorgängern des insolventen Gesellschafters nicht erbracht werden kann u eine Verwertung aussichtslos erscheint.[11] Ebenfalls str ist, ob die Exekution in das Vermögen des schuldnerischen Gesellschafters Vorrang vor der Ausfallshaftung der übrigen   5

---

6 *Kastner*, JBl 1978, 404 (409); *Koppensteiner/Rüffler*, GmbHG³ § 70 Rz 2 f; *Schopper* in Straube/Ratka/Rauter, GmbHG § 70 Rz 12.
7 *Reich-Rohrwig*, GmbHR 602; *Koppensteiner/Rüffler*, GmbHG³ § 70 Rz 3; *Schopper* in Straube/Ratka/Rauter, GmbHG § 70 Rz 14.
8 *Schopper* in Straube/Ratka/Rauter, GmbHG § 70 Rz 14; *Koppensteiner/Rüffler*, GmbHG³ § 70 Rz 3.
9 *Reich-Rohrwig*, GmbHR 601; *Artmann* in FS Reischauer 55 (56); *Sprohar-Heimlich* in Gruber/Harrer, GmbHG² § 70 Rz 5; *F. Schuhmacher* in Torggler, GmbHG § 70 Rz 2; *Schopper* in Straube/Ratka/Rauter, GmbHG § 70 Rz 16; zweifelnd: *Koppensteiner/Rüffler*, GmbHG³ § 70 Rz 2.
10 Für die Entbehrlichkeit der Kaduzierung: OGH 26.1.1999, 4 Ob 341/98w, ecolex 1999, 551 (*Zehetner*); für eine Notwendigkeit der Kaduzierung hingegen: OGH 17.5.2000, 2 Ob 111/00p, NZG 2000, 891 (*Schulenburg*); *Koppensteiner/Rüffler*, GmbHG³ § 70 Rz 2.
11 OGH 13.10.2011, 6 Ob 204/11k.

Gesellschafter gem § 70 hat u die Ausfallshaftung somit insb in der Insolvenz des Schuldners eingreift (s § 81 Rz 13).[12]

C. Verwertung

6 Keine Voraussetzung für die Haftung der Mitgesellschafter ist der versuchte Verkauf des Geschäftsanteils oder seine **Verwertung**.[13] Das gilt auch in der Insolvenz der Gesellschaft.[14]

III. Adressaten der Haftung

7 Gemäß § 70 Abs 1 haften die übrigen **Gesellschafter** für den Fehlbetrag nach dem Verhältnis ihrer Stammeinlagen zueinander, wobei hiervon auch Sacheinleger erfasst sind. Die Haftung als Mitgesellschafter trifft bei Kapitalerhöhungen sowohl alte als auch neue Gesellschafter. Entscheidend ist die Gesellschafterstellung zum Zeitpunkt der Fälligkeit der Stammeinlage, uz so, wie sie im FB eingetragen waren.[15] Die Haftung nach § 70 ist nicht auf die Gesellschaft selbst anwendbar, auch wenn diese einen eigenen Anteil hält.[16] Der ausgeschlossene Gesellschafter u dessen Rechtsvorgänger sind keine Adressaten der Haftung u haften demnach nicht.[17] Der Erwerber des kaduzierten Geschäftsanteils ist

---

12 **Dafür** *Auer* in Gruber/Harrer, GmbHG² § 83 Rz 37; vgl OGH 13.10.2011, 6 Ob 204/11k, GesRZ 2012, 182 (*Schopper/Walch*) = *M. Gruber*, JBl 2012, 273; **aA** (erfolglose Einmahnung genügt) *Köppl* in Torggler, GmbHG § 83 Rz 19.
13 *Sprohar-Heimlich* in Gruber/Harrer, GmbHG² § 70 Rz 11; *Koppensteiner/Rüffler*, GmbHG³ § 70 Rz 13; *Artmann* in FS Reischauer 55 (57).
14 OGH 23.4.1996, 1 Ob 2085/96s; demgegenüber ist nach hdM ein erfolgloser Versuch, den kaduzierten Geschäftsanteil zu verwerten, Voraussetzung für die Haftung der Mitgesellschafter (s *Kersting* in Noack/Servatius/Haas, GmbHG²³ § 24 Rz 3 mwN).
15 *Schopper* in Straube/Ratka/Rauter, GmbHG § 70 Rz 25; *Sprohar-Heimlich* in Gruber/Harrer, GmbHG² § 70 Rz 13; *Koppensteiner/Rüffler*, GmbHG³ § 70 Rz 4; *Artmann* in FS Reischauer 55 (56); *Reich-Rohrwig*, GmbHR 601.
16 *Schopper* in Straube/Ratka/Rauter, GmbHG § 70 Rz 26; *Koppensteiner/Rüffler*, GmbHG³ § 70 Rz 4.
17 *Schopper* in Straube/Ratka/Rauter, GmbHG § 70 Rz 27; *Koppensteiner/Rüffler*, GmbHG³ § 70 Rz 4; *Sprohar-Heimlich* in Gruber/Harrer, GmbHG² § 70 Rz 11.

ebenfalls kein Mitgesellschafter iSd § 70, sofern er nicht bereits im Zeitpunkt des Erwerbs Gesellschafter war.[18] Dient eine Treuhandbeteiligung augenscheinlich zur Umgehung der gesetzl Vorschriften für die Kapitalaufbringung, so ist die Ausfallshaftung ebenso auf den Treugeber eines Strohmann-Gesellschafters anzuwenden.[19]

IV. Haftungsinhalt

Gläubigerin des Haftungsanspruchs nach § 70 ist die Gesellschaft selbst, wobei sie dabei durch die GF vertreten wird. Die Verpflichtung, den Haftungsanspruch gegen die Gesellschafter geltend zu machen, trifft daher die GF. Unwirksam ist diesbzgl eine ggt Weisung durch die Gesellschafter, da dadurch gegen den relativ zwingenden Charakter der Bestimmung verstoßen wird.[20] In der Insolvenz der Gesellschaft wird diese durch den Insolvenzverwalter vertreten; im Falle der Liquidation erfolgt die Durchsetzung des Anspruchs durch die Liquidatoren. 8

Für den Betrag der ausständigen eingeforderten Stammeinlage haften die Gesellschafter nach dem Verhältnis ihrer Stammeinlagen zueinander. Der einzelne, in Anspruch genommene Gesellschafter ist nicht verpflichtet, die gesamte Leistung zu erbringen. Es liegt eine *pro-rata*-Haftung u keine gesamtschuldnerische vor.[21] Ausschlaggebend für die Höhe des einzelnen Anteils ist der Nennbetrag. 9

Beträge, die v den einzelnen Gesellschaftern nicht zu erlangen sind, haben nach § 70 Abs 2 die übrigen Gesellschafter nach dem Verhältnis ihrer Stammeinlagen zueinander aufzubringen. Der Ausfall eines Mitgesellschafters liegt vor, wenn dessen Inanspruchnahme aussichtslos ist, wobei dies durch die GF der GmbH den übrigen Gesellschaftern nachgewiesen werden muss.[22] Die *pro-rata*-Ausfallshaftung der übrigen Gesellschafter richtet sich nach dem Verhältnis ihrer Nennbeträge. 10

---

18 *Koppensteiner/Rüffler*, GmbHG³ § 70 Rz 4; *Schopper* in Straube/Ratka/Rauter, GmbHG § 70 Rz 27; *F. Schuhmacher* in Torggler, GmbHG § 70 Rz 4.
19 *Sprohar-Heimlich* in Gruber/Harrer, GmbHG² § 70 Rz 15; *Schopper* in Straube/Ratka/Rauter, GmbHG § 70 Rz 28.
20 *Schopper* in Straube/Ratka/Rauter, GmbHG § 70 Rz 31.
21 *Schopper* in Straube/Ratka/Rauter, GmbHG § 70 Rz 36.
22 *Schopper* in Straube/Ratka/Rauter, GmbHG § 70 Rz 38.

V. Rechtsfolgen der Zahlung und Regress

11 Durch die Zahlung kommt es zu keiner anteilsmäßigen Erhöhung des Geschäftsanteils der in Anspruch genommenen Gesellschafter. Begründet wird dies damit, dass eine primäre Haftung der zur Zahlung herangezogenen Gesellschafter auch für die künftigen auf diesen Geschäftsanteil entfallenden Leistungen vermieden werden soll.[23] Die zahlenden Mitgesellschafter erwerben aber anteilsmäßig Ansprüche auf Gewinn- u Liquidationserlös entspr den geleisteten Beträgen (§ 70 Abs 3 S 1). Auch nach der Zahlung durch die übrigen Mitgesellschafter kommt es zu keinem Übergang des kaduzierten Geschäftsanteils v der Gesellschaft auf die Gesellschafter; Inhaberin des kaduzierten Geschäftsanteils bleibt die GmbH selbst. Bei Verwertung des Geschäftsanteils nach Leistung durch die Mitgesellschafter gem § 70 erhalten die Mitgesellschafter aus dem Erlös das v ihnen Geleistete grds zurück. Reicht der Erlös jedoch nicht aus, so haben sie Anspruch auf einen Anteil am Verwertungserlös nach dem Verhältnis der v ihnen wirksam geleisteten Zahlungen.

12 Kommt es aufgrund der Ausfallshaftung zu erhöhten Leistungen gewisser Mitgesellschafter, so haben diese gegenüber jenen Gesellschaftern, die ihren Zahlungspflichten nach § 70 nicht nachgekommen sind, Regressansprüche.[24] Des Weiteren bestehen gegenüber dem kaduzierten Gesellschafter Ausgleichsansprüche zugunsten sämtlicher Mitgesellschafter, die im Rahmen der Ausfallshaftung herangezogen worden sind. Ein Regressanspruch gegen den Rechtsvorgänger der ausgeschlossenen Gesellschafter besteht nach A v *Schopper* nur, wenn ein Rechtsvorgänger den Geschäftsanteil nach § 67 Abs 3 erwirbt, nachdem die Mitgesellschafter Zahlungen nach § 70 erbracht haben.[25]

---

23 EBRV 236 BlgHH 17. Sess 80.
24 EBRV 236 BlgHH 17. Sess 81.
25 *Schopper* in Straube/Ratka/Rauter, GmbHG § 70 Rz 68.

§ 71. Die in den §§ 67 und 70 bezeichneten Verpflichtungen können weder ganz noch teilweise erlassen werden.

Literatur: Auf das allg Literaturverzeichnis wird verwiesen.

Inhaltsübersicht

I. Einleitung 1
II. Relativ zwingendes Recht 2

I. Einleitung

§ 71 gilt unverändert seit Inkrafttreten der Stammfassung u begrenzt die Möglichkeiten, v den §§ 67 bis 70 Abw zu vereinbaren. Die Vorschrift bringt damit zum Ausdruck, dass die §§ 67 bis 70 zwingendes Recht darstellen. Dasselbe gilt auch für die Kaduzierung nach § 66, obwohl § 71 diese Vorschrift nicht ausdrücklich erwähnt.[1]

II. Relativ zwingendes Recht

Die §§ 67 bis 70 dienen va dem Gläubigerschutz u sind daher relativ zwingendes Recht.[2] Jegliche Arten v Maßnahmen u Abreden, die geeignet sind, die Aufbringung des Stammkapitals im Wege des Verfahrens nach den §§ 67 ff zu erschweren, verstoßen inhaltlich gegen § 71 u sind somit unwirksam. Umfasst sind Gesellschafterbeschlüsse, Geschäftsführungsmaßnahmen, Satzungsbestimmungen u Abreden der Gesellschafter untereinander, mit der Gesellschaft oder Dritten.[3] Umstritten ist die Zulässigkeit v Verschärfungen der Haftung nach den §§ 67 ff.[4]

---

1 *Schopper* in Straube/Ratka/Rauter, GmbHG § 71 Rz 1; *Sprohar-Heimlich* in Gruber/Harrer, GmbHG² § 71 Rz 1.
2 EBRV 236 BlgHH 17. Sess 81.
3 *Schopper* in Straube/Ratka/Rauter, GmbHG § 71 Rz 6; *Sprohar-Heimlich* in Gruber/Harrer, GmbHG² § 71 Rz 4.
4 Abl: *Reich-Rohrwig*, GmbHR 604; restriktiv *Gellis/Feil*, GmbHG⁷ § 71 Rz 2; für eine Zulässigkeit: *Koppensteiner/Rüffler*, GmbHG³ § 71 Rz 1; *F. Schuhmacher* in Torggler, GmbHG § 71 Rz 1; *Sprohar-Heimlich* in Gruber/Harrer, GmbHG² § 71 Rz 5.

Dritter Abschnitt.
Nachschüsse

§ 72. (1) Im Gesellschaftsvertrage kann bestimmt werden, daß die Gesellschafter über den Betrag der Stammeinlagen hinaus die Einforderung von weiteren Einzahlungen (Nachschüssen) beschließen können.

(2) Die Nachschußpflicht muß auf einen nach Verhältnis der Stammeinlagen bestimmten Betrag beschränkt werden; ohne diese Beschränkung ist eine die Nachschußpflicht festsetzende Bestimmung des Gesellschaftsvertrages wirkungslos.

(3) Die Einzahlung der Nachschüsse ist von sämtlichen Gesellschaftern nach Verhältnis ihrer Stammeinlagen zu leisten.

Literatur: *Aburumieh/Hoppel*, Das kleine Einmaleins der Gesellschafterfinanzierung, RdW 2020, 739, 830; *Apfelthaler/Damböck*, Bilanzierung von Nachschüssen, RWZ 2000/76, 233; *Brugger/Schopper*, Keine Anwendung von § 1184 Abs 2 ABGB auf die GmbH und AG, NZ 2015/133, 405; *Cetin*, Zur Durchsetzung von Sanierungsmaßnahmen und zum Vorgehen gegen Trittbrettfahrer im GmbH-Recht, wbl 2014, 252; *Fantur*, Die GmbH-Gestaltungsfragen aus der anwaltlichen Praxis, GES 2006, 335; *Haglmüller*, Gesellschafterpflichten in der Krise der GmbH (2018); *H. Foglar-Deinhardstein/Trettnak*, Agio oder Gesellschafterzuschuss? RdW 2010/504, 500; *Heidinger*, Syndikatsvertragliche Finanzierungspflichten von GmbH-Gesellschaftern, GesRZ 2015, 203; *Koppensteiner*, Satzungsbegleitende Nebenvereinbarungen in der GmbH, GesRZ 2021, 216; *Koppensteiner*, Die GesBR neuer Prägung und der allgemeine Teil des Gesellschaftsrechts, wbl 2015, 301; *Kraus/Spendel*, Zur Einforderung von Nachschüssen bei der gründungsprivilegierten GmbH – Ein Beitrag zu OGH 6 Ob 194/17y, wbl 2018, 237; *Krejci*, Verweigerter Nachschuss und § 1043 ABGB, RdW 2011, 261; *Spiegelfeld/H. Foglar-Deinhardstein*, Sanierungsinstrumente in der Krise der Kapitalgesellschaft und Treuepflichten der Anteilseigner, in FS Torggler (2013) 1139; *Thiery*, Nachschüsse, Zuschüsse und eigenkapitalersetzende Gesellschafterdarlehen in der GmbH-Bilanz, in FS Frotz (1993) 841; *Told*, Gestaltungsgrenzen im Syndikatsvertrag, in Fellner (Hg), Der Syndikatsvertrag, 58; *Walch*, Anmerkung zu OGH 6 Ob 194/17y, NZ 2018, 19; *Wenger*, Zur praktischen Bedeutung von Zuschüssen im Zusammenhang mit Kapitalerhöhungen, RWZ 2002/19, 65.

Inhaltsübersicht

I. Inhalt und Zweck	1–5
II. Abgrenzung von Stammkapital, Zuschüssen, Darlehen	6–14
III. Gesellschaftsvertragliche Grundlage	15–19
IV. Einforderungsbeschluss	20–25
V. Erfüllung der Nachschusspflicht	26

I. Inhalt und Zweck

Nachschüsse sind im GesV vorgesehene Gesellschafterbeiträge, deren 1
Einzahlung durch **Gesellschafterbeschluss** verlangt werden kann. § 72
ermöglicht es, auf gesv Grundlage die Gesellschafter durch Gesellschafterbeschluss zu Zahlungen an die GmbH (Nachschüssen) zu verpflichten, die über den Betrag der übernommenen Stammeinlage hinausgehen.
Nachschüsse stellen für die GmbH ein Instrument zur Beschaffung v
zusätzlichem Eigenkapital v ihren Gesellschaftern dar, ohne dabei das
Stammkapital erhöhen u zusätzliche Gesellschafterrechte einräumen zu
müssen.

Nach den Vorstellungen des historischen Gesetzgebers sollten 2
Nachschüsse der Gesellschaft als **flexibles Finanzierungsinstrument**
dienen, mit dem der Gesellschaft durch ihre Gesellschafter je nach Bedarf Kapital zugeführt u entzogen werden kann, ohne den umständlichen Weg einer Kapitalerhöhung/-herabsetzung beschreiten zu müssen.[1] In der **Praxis** spielen Nachschüsse jedoch nur eine untergeordnete
Rolle, weil ihre Funktion vielfach v **Gesellschafterzuschüssen** erfüllt
wird (vgl Rz 7 ff).

Nachschüsse sind nach hL in Form v **Geldleistungen** zu erbringen.[2] 3
Das entspricht zwar offensichtlich auch den Vorstellungen des historischen Gesetzgebers, ist aber mE nicht zwingend, sodass unter der Voraussetzung einer ausdrücklichen gesv Ermächtigung, der Gleichbehandlung der Gesellschafter u der Sicherstellung der Beschränkung der
Nachschüsse auf einen Maximalbetrag gem § 72 Abs 2 auch ein Nachschuss in Form v **Sachleistungen** vorgesehen werden kann, zumindest
als Alternative für den Gesellschafter zur Leistung eines Geldbetrags.
Der GesV muss dann auch regeln, ob eine etwaige Rückzahlung in Geld
oder durch Rückgabe der Sachleistungen, soweit noch vorhanden, erfolgen soll.

Ein Gesellschafter kann nach der Jud selbst in Notsituationen nur 4
durch eine im GesV normierte Nachschusspflicht zu weiteren finanziellen Leistungen verpflichtet werden. Aus der **Treuepflicht** im Verhältnis

---

1 *Koppensteiner/Rüffler*, GmbHG³ § 72 Rz 1.
2 *Koppensteiner/Rüffler*, GmbHG³ § 72 Rz 4; *Trenker* in Torggler, GmbHG § 72
Rz 3; *Brugger/Schopper* in Straube/Ratka/Rauter, GmbHG § 72 Rz 6, 15;
Doblhofer-Bachleitner in Gruber/Harrer, GmbHG² § 72 Rz 7; aA *Apfelthaler/Damböck*, RWZ 2000/76, 233.

der Gesellschafter untereinander u im Verhältnis zw Gesellschaft u Gesellschafter kann, auch wenn sich die GmbH in einer Notsituation befindet, **keine Pflicht** eines Gesellschafters **zu zusätzlichen finanziellen Leistungen** abgeleitet werden.[3] Sind im GesV einer GmbH daher keine Nachschüsse vorgesehen, kann ein Gesellschafter gegen seinen Willen auch in der Krise oder im Sanierungsfall nicht zu Nachschüssen verpflichtet werden.[4] Daran ändert sich mE auch durch § 1184 Abs 2 ABGB idF des GesbR-Reformgesetzes (BGBl 2014/83) nichts, diese Bestimmung ist auf eine GmbH nicht anwendbar.[5] Es gibt für Gesellschafter einer GmbH weiterhin keine Pflicht, über das im GesV bereits Vereinbarte hinaus Nachschüsse zu leisten (u keine ohne Grundlage im GesV durch bloßen [einfachen] Mehrheitsbeschluss einführbare Nachschussobliegenheit iSd § 1184 Abs 2 ABGB, deren Verletzung die übrigen Gesellschafter berechtigen würde, einen dem Nachschuss nicht zust u diesen nicht leistenden Gesellschafter auf Ausschluss aus der GmbH zu klagen). Davon zu unterscheiden (u unter bestimmten Voraussetzungen zu bejahen) ist aber freilich die Frage, ob ein Gesellschafter aufgrund seiner Treupflicht die Durchführung einer Sanierungsmaßnahme zumindest ermöglichen muss, also etwa eine Kapitalerhöhung u einen Kapitalschnitt nicht blockieren darf (s dazu auch § 52 Rz 8, § 59 Rz 14 ff). Dies führt aufgrund der dadurch eintretenden Verwässerung des bei der Kapitalerhöhung nicht mitziehenden Gesellschafters im Ergebnis ebenfalls zu einem tw oder (bei einer damit verbundenen Kapitalherabsetzung auf null nach § 59 oder § 54 Abs 4) sogar vollständigen (Mitzahlen beim) **Sanieren oder Ausscheiden**.[6]

5   Gesellschafter, die **freiwillig Zuschüsse** oder sonstige Beiträge zur Sanierung der Gesellschaft leisten, haben gegenüber den nicht mitwirkenden Gesellschaftern nach der Jud **keinen Bereicherungsanspruch**.[7]

---

3   OGH 16.11.2012, 6 Ob 47/11x.
4   OGH 16.11.2012, 6 Ob 47/11x.
5   S mit ausf überzeugender Begr *Brugger/Schopper* in Straube/Ratka/Rauter, GmbHG § 72 Rz 56/1 ff; *Doblhofer-Bachleitner* in Gruber/Harrer, GmbHG[2] § 72 Rz 11a ff; *Kalss/Schauer* in Kalss/Nowotny/Schauer, GesR[2] Rz 2/24; aA *Koppensteiner*, wbl 2015, 301 (310); *U. Torggler* in Artmann/Rüffler/Torggler, Gesellschafterpflichten 35 ff; *Haglmüller*, Gesellschafterpflichten 99.
6   S zur Diskussion zB *Brugger/Schopper* NZ 2015/133, 405.
7   OGH 16.11.2012, 6 Ob 47/11x; vgl *Krejci*, RdW 2011, 261; *Cetin*, wbl 2014, 252; *Haglmüller*, Gesellschafterpflichten 275; *Spiegelfeld/H. Foglar-Deinhardstein* in FS Torggler 1139 (1154, 1157 f); krit *Koppensteiner*, wbl 2015, 301 (311).

II. Abgrenzung von Stammkapital, Zuschüssen, Darlehen

Abgrenzung v Stammkapital: Nachschüsse erhöhen weder die Stammeinlage noch gewähren sie zusätzliche Gesellschafterrechte, insb keine höhere Beteiligung am Gewinn u keine weiteren Stimmrechte. Sie dürfen folglich auch nicht als Stammeinlage/-kapital ausgewiesen werden.[8] Im Untersch zum Stammkapital unterliegt ihre Aufbringung keiner FB-gerichtlichen Kontrolle. Auch Bankbestätigungen u Erklärungen der GF gem § 10 Abs 3 sind nicht vorgesehen. Die Sicherstellung der Nachschussaufbringung durch die Instrumente der Kaduzierung u der Rechtsvorgängerhaftung ist abdingbar u es ist keine Ausfallshaftung der Mitgesellschafter vorgesehen (vgl § 73). Die Rückzahlung darf zwar nicht zu einer Unterbilanz führen (§ 74 Abs 1), ist aber ansonsten leichter möglich als eine Herabsetzung u Rückzahlung des Stammkapitals (keine Änderung des GesV, sondern bloßer Gesellschafterbeschluss; keine FB-gerichtliche Kontrolle, bloße Gläubigerverständigung ohne Ansprüche auf Sicherstellung; vgl dazu § 74). Wurde die Nachschussmöglichkeit jedoch einmal im GesV verankert – was nachträglich nur mit Zustimmung aller Gesellschafter möglich ist – genügt schon ein einfacher Mehrheitsbeschluss der Gesellschafter, um alle (auch die überstimmten) Gesellschafter zur Leistung zu verpflichten (der GesV kann freilich eine höhere Mehrheit u weitere Erfordernisse vorsehen). Demgegenüber hat ein Gesellschafter, der bei der Beschlussfassung einer Kapitalerhöhung überstimmt wird, immer noch die Möglichkeit, an dieser nicht teilzunehmen u sich verwässern zu lassen. 6

Abgrenzung v Gesellschafterzuschüssen: Die Einforderung v Nachschüssen erfordert sowohl eine entspr Bestimmung im GesV als auch einen auf Grundlage dieser Bestimmung gefassten Einforderungsbeschluss der Gesellschafter. Dies ist ein wesentlicher Untersch zu Gesellschafterzuschüssen, die weder eine gesv Grundlage noch einen Einforderungsbeschluss erfordern. Zuschüsse sind in der Praxis daher nicht gesv geregelt, sondern „freiwillige" zusätzliche Geld- oder Sachleistungen aller oder einzelner Gesellschafter in das Eigenkapital der GmbH, die idR auf vertraglichen Vereinbarungen zw den Gesellschaftern beruhen, ohne dass es hierzu einer Satzungsbestimmung bedarf. Die Umsetzung erfolgt dann auf Basis eines schuldrechtlichen Vertrages des den 7

---

[8] OGH 21.11.2017, 6 Ob 194/17y; *Umfahrer*, GmbH[7] Rz 14.2.

Zuschuss gewährenden Gesellschafters mit der GmbH (Zuschussversprechen, Sacheinlagevertrag). Es handelt sich um keine Schenkungen, sondern um Leistungen aufgrund der Gesellschafterstellung (*societatis causa*) zur Stärkung des Eigenkapitals der GmbH. Sie dienen idR dazu, Verluste der GmbH zu decken oder das Eigenkapital für bestimmte Projekte zu stärken, wodurch auch typischerweise der Geschäftsanteil wertvoller wird.[9] Die Zuschüsse können bestimmten Zwecken gewidmet werden, ua auch als **Ausgleichsmaßnahme** für eine ansonsten bewirkte verbotene Einlagenrückgewähr (s § 82 Rz 101, 107, 122, 147, 168). Auch Gesellschafterzuschüsse bedürfen der (zumindest konkludenten) Annahme durch die GmbH u können dieser nicht gegen den Willen der GF aufgedrängt werden. Eine bestimmte Form ist für die Zuschussvereinbarung nicht notwendig. Im Gegensatz etwa zum Aufgeld (Agio) im Rahmen einer Kapitalerhöhung bedarf es weder eines notariell beurkundeten Gesellschafterbeschlusses noch einer Übernahmserklärung in Notariatsaktform. Die Kapitalaufbringungsvorschriften sind nicht anwendbar. Die Bewertung v als Gesellschafterzuschuss geleisteten Sacheinlagen richtet sich bei der GmbH nach § 202 UGB, die Sachgründungsvorschriften einschließlich die Vorschriften über die Sacheinlageprüfung gelten jedoch nicht, ebenso nicht die L v der verdeckten Sacheinlage. Das erleichtert auch *Debt-Equity-Swaps* durch „Einlage" v Gesellschafterforderungen.[10]

8 Gesellschafterzuschüsse werden idR als **ungebundene Kapitalrücklage** nach § 229 Abs 2 Z 5 UGB ausgewiesen. Das ist ebenfalls ein wesentlicher Untersch zu einem im Rahmen einer Kapitalerhöhung geleisteten Agio, das in eine Kapitalrücklage nach § 229 Abs 2 Z 1 UGB einzustellen wäre, die bei einer großen GmbH (§ 221 UGB) als gebundene Kapitalrücklage zu qualifizieren wäre u nur zum Ausgleich eines ansonsten auszuweisenden Bilanzverlustes aufgelöst werden dürfte (§ 23 iVm §§ 221, 229 Abs 4 bis 7 UGB). Eine Umqualifizierung v Gesellschafterzuschüssen in ein Agio ist höchstens im Fall eines engen zeitlichen u sachlichen Zusammenhangs mit einer Kapitalerhöhung möglich, wenn der Gesellschafterzuschuss in wirtschaftlicher Betrachtung

---

9 OGH 17.9.2014, 6 Ob 35/14 m.
10 Rechtstechnisch erfolgt dies idR durch (i) Zession an die GmbH u Erlöschen der Gesellschafterforderung durch Konfusion (§ 1445 ABGB), (ii) Verzicht auf die Gesellschafterforderung oder (iii) Aufrechnung v Gesellschafterforderung u Forderung der GmbH aus dem Zuschussversprechen, s auch (zur Kapitalerhöhung) *H. Foglar-Deinhardstein/Vinazzer*, ÖBA 2016, 486 (488).

zur Herstellung eines angemessenen „Ausgabepreises" diente u daher die Funktion eines Agios hatte.[11] Stimmrechte u sonstige Gesellschafterrechte werden mit einem Gesellschafterzuschuss nicht erworben. Die **Rückzahlung** erfolgt durch Auflösung der Kapitalrücklage u **Ausschüttung** eines daraus resultierenden **Bilanzgewinns** in Form einer Dividende. Gesellschaftsrechtlich u im unternehmensrechtlichen JA werden Gesellschafterzuschüsse somit (anders als Nachschüsse) in Form einer Gewinnausschüttung zurückgeführt, obwohl es sich wirtschaftlich (u idR auch steuerlich, s § 4 Abs 12 EStG) um die Rückzahlung v Gesellschaftereinlagen handelt. Etwaige Ausschüttungssperren nach § 235 UGB (insb aus dem Ansatz des beizulegenden Werts bei Sacheinlagen) sind zu beachten. Sollen mit einem Gesellschafterzuschuss besondere Rechte verbunden sein, müssen diese im GesV verankert oder zw den Gesellschaftern syndikatsvertraglich vereinbart werden. Das ist va dann relevant, wenn einzelne Gesellschafter überproportionale Zuschüsse leisten. Zusätzliche Rechte für einseitig finanzierende Gesellschafter (zB ein höheres Stimmgewicht, alineare Gewinnausschüttungen) bedürfen freilich der Zustimmung der anderen Gesellschafter.[12]

Während Einzahlungen auf Stammeinlagen, ein im Rahmen einer Kapitalerhöhung übernommenes Agio oder Nachschüsse v (künftigen) direkten Gesellschaftern geschuldet werden, kann ein Gesellschafterzuschuss auch v einer nicht (unmittelbar) beteiligten Person zugesagt werden.[13] In der Praxis wurden Gesellschafterzuschüsse in Konzernen in der Vergangenheit vielfach nicht v einer direkten Gesellschafterin, sondern v einer nur mittelbar beteiligten Gesellschaft geleistet (**Großmutterzuschuss**), um keine Gesellschaftsteuer anfallen zu lassen. Solche Großmutterzuschüsse sind seit der Abschaffung der Gesellschaftsteuer mit Wirkung ab 1.1.2016 zwar weniger relevant, aber natürlich weiterhin zulässig u in mehrstöckigen Konzernen oft schon aus zahlungstechnischen Gründen bevorzugt, denn der Zuschuss muss bei den Zwischengesellschaften nur buchhalterisch (aktivseitig Erhöhung des Beteiligungsansatzes an der jew Tochtergesellschaft, passivseitig Einstellung in eine nicht gebundene Kapitalrücklage, Erfassung im steuerlichen

---

11 *H. Foglar-Deinhardstein/Trettnak*, RdW 2010/504, 500 (501).
12 *Aburumieh/Hoppel*, RdW 2020, 739 (744 ff).
13 *Wenger*, RWZ 2002/19, 65, zur praktischen Bedeutung v Zuschüssen iZm Kapitalerhöhungen u Anm zu Gesellschafterzuschüssen u Großmutterzuschüssen aus zivil- u gesellschaftsrechtlicher Sicht.

Einlagenevidenzkonto gem § 4 Abs 12 EStG) erfasst werden, nicht aber durch diese tatsächlich durchgeleitet werden.

10 **Abgrenzung v Gesellschafterdarlehen**: Im Untersch zu Gesellschafterdarlehen stellen Nachschüsse Eigenkapital dar, das nicht verzinst wird u das nur aufgrund eines Gesellschafterbeschlusses zurückzuzahlen ist. Gesellschafterdarlehen werden außerdem nicht auf gesv, sondern auf schuldrechtlicher Grundlage vereinbart u es besteht idR ein unbedingter Rückzahlungsanspruch, der auch ohne Rückzahlungsbeschluss der GmbH u, soweit das Darlehen nicht unter das EKEG fällt, auch in Verlustsituationen geltend gemacht werden kann. Freilich kommt es immer auf die Bedingungen des Darlehens oder des sonstigen Finanzierungsinstruments an u die Untersch können im Einzelfall fließend sein. Das gilt insb für nachrangige Darlehen, gewinnabhängige Darlehen, auf Unternehmensdauer zur Verfügung gestellte Darlehen, **Genussrechte** oder ähnliche **hybride Finanzierungsinstrumente** zw klassischem Fremdkapital u klassischem Eigenkapital.

11 Die Verankerung v Nachschüssen im GesV ist auch ein wesentlicher **Untersch zu syndikatsvertraglichen Finanzierungszusagen**. Syndikatsvertragliche Finanzierungszusagen beruhen auf einer schuldrechtlichen Vereinbarung der Gesellschafter. Die Gesellschafter können sich auch außerhalb des GesV zu Leistungen an die Gesellschaft verpflichten. Die Zuschusspflicht kann dann nur mit den Mitteln des allg Schuldrechts, nicht hingegen mit den Mitteln des Gesellschaftsrechts durchgesetzt werden (zB keine Kaduzierung, keine Rechtsvorgängerhaftung).[14] Solche vertraglichen Verpflichtungen können auch ohne Einhaltung einer bestimmten Form wirksam begründet werden (s jedoch auch § 52 Rz 9 zur Frage der Notariatsaktspflicht der Zusage der Übernahme künftiger Kapitalerhöhungen). Die GmbH kann freilich nur dann auf die Einhaltung v syndikatsvertraglichen Finanzierungszusagen klagen, wenn sie selbst aus diesem Vertrag berechtigt ist. Dies ist möglich, wenn die GmbH selbst auch Vertragspartei ist oder ein Vertrag zugunsten Dritter (nämlich der GmbH) vorliegt.[15] Eine syndikatsvertragliche Finanzierungspflicht unterliegt **nicht den §§ 72 bis 74**, die auch nicht analog anzuwenden sind.[16] Dies ist schon deshalb nicht not-

---

14 OGH 17.9.2014, 6 Ob 35/14m mit Hinweis auf *Thiery* in FS Frotz 841 (845).
15 OGH 22.7.2009 3 Ob 72/09y.
16 OGH 17.9.2014, 6 Ob 35/14m; *Brugger/Schopper* in Straube/Ratka/Rauter, GmbHG § 72 Rz 18, 30 mwN; *Fantur*, GesRZ-Spezial 2006, 19 (25) mwN; *Doblhofer-Bachleitner* in Gruber/Harrer, GmbHG[2] § 72 Rz 8; *Umfahrer*,

wendig, weil die allg Vorschriften des Zivilrechts einen ausreichenden Schutz bieten u auch sonstige schuldrechtliche Finanzierungszusagen, etwa Patronatserklärungen, keinen solchen Beschränkungen unterliegen. Inhaltlich kann eine syndikatsvertragliche Finanzierungszusage auf ganz untersch Finanzierungen gerichtet sein, zB eine Kapitalerhöhung, Nachschüsse, Gesellschafterzuschüsse, Gesellschafterdarlehen, hybride Finanzierungsinstrumente etc. Eine analoge Anwendung der §§ 72 bis 74 wäre vielfach schon deshalb nicht sachgerecht.[17]

Freiwilligkeit, Gleichbehandlungsgrundsatz: Die Verankerung einer Nachschusspflicht im GesV ist optional. Sie unterliegt, ebenso wie die tatsächliche Einforderung v Nachschüssen, dem Grundsatz der Gleichbehandlung aller Gesellschafter.[18] Dies gilt auch für die in Abs 2 normierte verhältnismäßige Beschränkung der Nachschusspflicht, wobei Abweichungen mit Zustimmung des Betroffenen immer möglich sind. 12

Verwendung: Die GF sind in der Verwendung der eingezahlten Nachschüsse im Rahmen der allg sich aus G, GesV, GO oder Gesellschafterbeschluss ergebenden Beschränkungen grds frei. Freilich kann im GesV oder durch Gesellschafterbeschluss ein bestimmter Verwendungszweck vorgegeben werden. 13

Nachschüsse können auch zur **Verlustabdeckung** herangezogen werden. Die Verrechnung des Nachschusskapitals mit einem Bilanzverlust erfolgt idR im Rahmen der Bilanzerstellung u bedarf lediglich des Gesellschafterbeschlusses zur Genehmigung des JA, nicht jedoch eines gesonderten Beschlusses.[19] Buchhalterisch geschieht dies idR durch Auflösung des Nachschusskapitals, sodass der Ertrag aus der Auflösung 14

GmbH[7] Rz 14.3; *Heidinger*, GesRZ 2015, 203 (204) mwN; *Koppensteiner*, GesRZ 2021, 216 (219); dafür die Möglichkeit einer Kündigung des Syndikatsvertrags verlangend *Told* in Fellner, Der Syndikatsvertrag, 58 (77).
17 *Heidinger*, GesRZ 2015, 203 (205).
18 *Gellis/Feil*, GmbHG[7] § 72 Rz 3; *Brugger/Schopper* in Straube/Ratka/Rauter, GmbHG § 72 Rz 9 ff.
19 So wie die Auflösung v gebundenen Rücklagen (§ 229 Abs 7 UGB) u ungebundenen Rücklagen zur Verlustverrechnung; *Reich-Rohrwig*, GmbHR 609; *Gellis/Feil*, GmbHG[7] § 74 Rz 8; *Apfelthaler/Damböck*, RWZ 2000/76, 233 (234); **aA** (gegen eine Verwendung zur bilanziellen Verlustabdeckung) offenbar, mit mE jedoch unzutreffendem Verweis auf § 74 Abs 6 u Vorstellungen des historischen Gesetzgebers, *Doblhofer-Bachleitner* in Gruber/Harrer, GmbHG[2] § 72 Rz 5; *Koppensteiner/Rüffler*, GmbHG[3] § 72 Rz 1 (anders dieselben aber offenbar in GmbHG[3] § 74 Rz 9).

des Nachschusskapitals den Verlust buchmäßig ausgleicht oder vermindert. Eine solche Verwendung v Nachschüssen zur Verlustabdeckung im JA schließt eine spätere Rückzahlung der Nachschüsse aus; sie gelten dann als verbraucht.[20] Außerdem können Nachschüsse in analoger Anwendung des KapBG in Stammkapital umgewandelt werden (**Kapitalerhöhung aus Gesellschaftsmitteln**, s dazu § 52 Rz 66 ff).[21] Eine Umwandlung in ausschüttbaren Bilanzgewinn ist nach hL unzulässig.[22]

III. Gesellschaftsvertragliche Grundlage

15 Regelung im GesV: Die Nachschusspflicht muss im GesV verankert sein, wobei die Nachschusspflicht unter der Bedingung eines zusätzlichen Einforderungsbeschlusses der Gesellschafter zu stehen hat u eine verhältnismäßige Beschränkung iSd des Abs 2 vorgesehen sein muss (vgl Rz 18).[23] Es empfiehlt sich, ausdrücklich v *„Nachschüssen"* zu sprechen. Die gesv Nachschussbestimmung kann keine fixen Zahlungstermine festsetzen, allerdings Vorgaben zu den Zahlungsfristen machen (zB innerhalb einer bestimmten Frist ab Fassung eines Einforderungsbeschlusses). Die Festlegung konkreter Fälligkeitstermine ist Aufgabe des Einforderungsbeschlusses der Gesellschafter (s Rz 23).[24] Gleichzeitig kann der GesV für die Nachschusspflicht im Rahmen der zwingenden gesetzl Vorschriften zusätzliche Regelungen vorsehen, wie zB dass die Einforderung nur mit Zustimmung des AR oder bei Eintritt bestimmter Bedingungen (zB einer Verschlechterung der Bilanzkennzahlen, Finanzierungsbedarf etc) zulässig ist, oder dass der Nachschuss-

---

20 *Apfelthaler/Damböck*, RWZ 2000/76, 233; *Reich-Rohrwig*, GmbHR 609; *Brugger/Schopper* in Straube/Ratka/Rauter, GmbHG § 72 Rz 12.
21 *Trenker* in Torggler, GmbHG § 72 Rz 11; *Apfelthaler/Damböck*, RWZ 2000/76, 233; *Brugger/Schopper* in Straube/Ratka/Rauter, GmbHG § 72 Rz 59; *Reich-Rohrwig*, GmbHR 610 (wobei dieser darin allerdings mE zu Unrecht eine effektive Kapitalerhöhung sieht und Rückzahlbarkeit und Übernahmserklärungen in Notariatsaktsform verlangt; bei analoger Anwendung des KapBG ist das jedoch nicht notwendig; offenbar geht *Reich-Rohrwig* aber auch davon aus, dass kein Gesellschafter gegen seinen Willen zu einer Kapitalerhöhung aus Nachschüssen gezwungen werden kann).
22 *Apfelthaler/Damböck*, RWZ 2000/76, 233 (234); *Trenker* in Torggler, GmbHG § 72 Rz 11.
23 *Brugger/Schopper* in Straube/Ratka/Rauter, GmbHG § 72 Rz 34.
24 *Brugger/Schopper* in Straube/Ratka/Rauter, GmbHG § 72 Rz 31.

rahmen in jedem Jahr nur zu einem bestimmten Prozentsatz ausgeschöpft werden darf.[25] Der GesV kann Nachschüsse zB für den Fall der Unterschreitung einer bestimmten Eigenkapitalschwelle oder der Überschreitung eines bestimmten Verschuldungsgrads vorsehen; der GesV kann die Gesellschafter in einem solchen Fall zur Beschlussfassung über die Einforderung v Nachschüssen nicht bloß ermächtigen, sondern auch verpflichten. Eine konkrete Leistungspflicht der Gesellschafter entsteht freilich erst durch einen wirksamen Einforderungsbeschluss der Gesellschafter (s unten Rz 22).

Sämtliche Gesellschafter müssen v der vereinbarten Nachschusspflicht gleichermaßen betroffen sein.[26] Mit Zustimmung der Betroffenen ist eine Abweichung v **Gleichbehandlungsgrundsatz** freilich möglich u kann die Nachschusspflicht auf bestimmte Gesellschafter beschränkt werden.[27] Die gesv Verankerung bewirkt, dass die (potentielle) Nachschusspflicht auch für künftige neue Gesellschafter zur Anwendung gelangt.[28] **16**

Änderung des GesV: Sowohl die nachträgliche Einf v Nachschüssen als auch eine spätere Erweiterung oder Beseitigung der Nachschusspflicht kann nur durch Änderung des GesV erfolgen. Die **nachträgliche Einf** sowie die spätere Erhöhung einer Nachschusspflicht bildet einen Fall des § 50 Abs 4 (Vermehrung der den Gesellschaftern nach dem GesV obliegenden Leistungen) u bedarf der **Zustimmung aller Gesellschafter** (bloße Einstimmigkeit in der GV genügt nicht, wenn nicht alle Gesellschafter anwesend sind).[29] Die Zustimmung kann auch außerhalb (vor u nach) einer GV erteilt werden u bedarf keiner bestimmten Form.[30] Eine Zustimmungspflicht kraft Treuepflicht kommt bei Nachschüssen **17**

---

25 *Brugger/Schopper* in Straube/Ratka/Rauter, GmbHG § 72 Rz 31, 32; *Koppensteiner/Rüffler*, GmbHG³ § 72 Rz 8.
26 *Gellis/Feil*, GmbHG⁷ § 72 Rz 3; *Brugger/Schopper* in Straube/Ratka/Rauter, GmbHG § 72 Rz 29; *Doblhofer-Bachleitner* in Gruber/Harrer, GmbHG² § 72 Rz 10.
27 *Koppensteiner/Rüffler*, GmbHG³ § 72 Rz 8; *Trenker* in Torggler, GmbHG § 72 Rz 8; **aA** OGH 23.10.1906, 17129, AC 2604.
28 *Brugger/Schopper* in Straube/Ratka/Rauter, GmbHG § 72 Rz 29; *Doblhofer-Bachleitner* in Gruber/Harrer, GmbHG² § 72 Rz 10.
29 RIS-Justiz RS0128294; OGH 16.11.2012, 6 Ob 47/11x; 17.9.2014, 6 Ob 35/14m; 21.11.2017, 6 Ob 194/17y; *Koppensteiner/Rüffler*, GmbHG³ § 72 Rz 9; *Brugger/Schopper* in Straube/Ratka/Rauter, GmbHG § 72 Rz 54; *Doblhofer-Bachleitner* in Gruber/Harrer, GmbHG² § 72 Rz 11.
30 *Umfahrer*, GmbH⁷ Rz 14.7.

im Gegensatz zu Kapitalerhöhungsbeschlüssen mE nicht in Betracht.[31] Da die Änderung des GesV erst mit der FB-Eintragung wirksam wird, kann auch ein Einforderungsbeschluss frühestens in diesem Zeitpunkt wirksam werden, die Fassung des Einforderungsbeschlusses ist freilich auch schon zeitgleich mit der Beschlussfassung zur Änderung des GesV möglich.[32] Die **Beseitigung einer bestehenden Nachschusspflicht** verlangt ebenfalls eine Abänderung des GesV, jedoch nicht die Zustimmung aller Gesellschafter.[33]

18 **Beschränkung der Nachschusspflicht (Abs 2):** Gemäß der zwingenden Bestimmung des Abs 2 muss die Nachschusspflicht auf einen nach dem Verhältnis der Stammeinlagen bestimmten Betrag beschränkt werden. Ohne diese Beschränkung ist eine die Nachschusspflicht festsetzende Bestimmung des GesV wirkungslos. Die Formulierung der gesv Nachschussbestimmung muss die maximale Höhe der zu leistenden Nachschüsse unter Bezugnahme auf die Stammeinlagen (Vielfaches oder Bruchteil) beschränken (zB „*die Nachschusspflicht ist auf das Dreifache der Stammeinlage beschränkt*").[34] Eine Grenze nach oben gibt es dabei nicht.[35] Auch die Angabe v absoluten Höchstbeträgen ist mE entgegen der hL zulässig, sofern klargestellt wird, welcher Höchstbetrag auf die gegenwärtigen u künftigen Inhaber einzelner Stammeinlagen jew, also auch bei einer etwaigen Teilung v Stammeinlagen, entfällt.[36] Eine (dynamische) Anknüpfung an das **jew Stammkapital** gilt als unwirksam.[37] Auch eine Festlegung v

---

31 OGH 16.11.2012, 6 Ob 47/11x; *Trenker* in Torggler, GmbHG § 72 Rz 5; *Umfahrer*, GmbH[7] Rz 14.2; s auch *Brugger/Schopper* in Straube/Ratka/Rauter, GmbHG § 72 Rz 36 betr eine mögliche Pflicht, für den Einforderungsbeschluss zu stimmen; differenzierend zw dem Beschluss zur Änderung des GesV zwecks Einf/Erhöhung v Nachschüssen u dem Einforderungsbeschluss *Aburumieh/Hoppel*, RdW 2020, 739 (743).
32 *Koppensteiner/Rüffler*, GmbHG[3] § 72 Rz 10.
33 *Gellis/Feil*, GmbHG[7] § 74 Rz 7; *Brugger/Schopper* in Straube/Ratka/Rauter, GmbHG § 72 Rz 56; *Umfahrer* GmbH[7] Rz 14.14.
34 *Fantur*, GES 2006, 335 (341); *Brugger/Schopper* in Straube/Ratka/Rauter, GmbHG § 72 Rz 21; *Koppensteiner/Rüffler*, GmbHG[3] § 72 Rz 6.
35 *Brugger/Schopper* in Straube/Ratka/Rauter, GmbHG § 72 Rz 24.
36 **AA** offenbar *Brugger/Schopper* in Straube/Ratka/Rauter, GmbHG § 72 Rz 22; *Koppensteiner/Rüffler*, GmbHG[3] § 72 Rz 6; *Trenker* in Torggler, GmbHG § 72 Rz 7; der Verweis auf OGH 1.6.1907, 6370/7145 AC 2834 überzeugt mE nicht; s auch OLG Wien 14.8.1968, 4 R 151/68.
37 *Koppensteiner/Rüffler*, GmbHG[3] § 72 Rz 6; *Brugger/Schopper* in Straube/Ratka/Rauter, GmbHG § 72 Rz 21.

wiederkehrenden Leistungspflichten (zB Möglichkeit der jährlichen Einforderung eines Bruchteils der Stammeinlage) ohne endgültige Deckelung ist unzulässig (eine Deckelung wäre im Fall v wiederkehrenden Leistungspflichten nur bei zeitlich befristeter Dauer gegeben).[38]

Eine **nachträgliche Erhöhung des Stammkapitals** ändert an der am ursprünglichen Stammkapital anknüpfenden, gesv Beschränkung der Nachschüsse nichts, wenn die Nachschussgrenze nicht ebenfalls gleichzeitig oder nachträglich mit Zustimmung aller davon betroffenen Gesellschafter angepasst wird.[39]

19

IV. Einforderungsbeschluss

Form, Inhalt: Auf Grundlage der gesv Ermächtigung kann die Einforderung v Nachschüssen durch Beschluss der Gesellschafter beschlossen werden (**Einforderungsbeschluss**). Die Beschlusskompetenz kann nach hL nicht auf ein anderes Organ übertragen werden.[40] Auch ein Insolvenzverwalter kann ohne vorangehenden positiven Beschluss der GV keine Nachschüsse einfordern.[41] Für den Einforderungsbeschluss kommen die allg Bestimmungen zur Anwendung; auch die schriftliche Abstimmung im Umlaufweg ist zulässig, eine notarielle Beurkundung ist nicht notwendig.[42] Sofern im GesV keine erhöhten Beschlussmehrheiten verlangt werden, genügt die **einfache Mehrheit**.[43]

20

Der Einforderungsbeschluss muss die Höhe der Einforderung (unter Einhaltung des im GesV festgelegten Rahmens) festlegen u kann darüber hinaus Zahlungsmodalitäten (falls nicht anders im GesV vereinbart) vor-

21

---

38 OGH 6.7.1909, R III 241/9, AC 2834; *Gellis/Feil*, GmbHG[7] § 72 Rz 6; *Brugger/Schopper* in Straube/Ratka/Rauter, GmbHG § 72 Rz 22.
39 *Koppensteiner/Rüffler*, GmbHG[3] § 72 Rz 7; *Brugger/Schopper* in Straube/Ratka/Rauter, GmbHG § 72 Rz 58; *Trenker* in Torggler, GmbHG § 72 Rz 7; *Reich-Rohrwig*, GmbHR 605.
40 *Koppensteiner/Rüffler*, GmbHG[3] § 72 Rz 10; *Trenker* in Torggler, GmbHG § 72 Rz 9; *Brugger/Schopper* in Straube/Ratka/Rauter, GmbHG § 72 Rz 35.
41 *Koppensteiner/Rüffler*, GmbHG[3] § 72 Rz 10; *Trenker* in Torggler, GmbHG § 72 Rz 9; *Brugger/Schopper* in Straube/Ratka/Rauter, GmbHG § 72 Rz 36; *Doblhofer-Bachleitner* in Gruber/Harrer, GmbHG[2] § 72 Rz 12.
42 *Gellis/Feil*, GmbHG[7] § 72 Rz 2.
43 OGH 21.11.2017, 6 Ob 194/17y; *Gellis/Feil*, GmbHG[7] § 72 Rz 2; *Reich-Rohrwig*, GmbHR 607; *Koppensteiner/Rüffler*, GmbHG[3] § 72 Rz 10; *Brugger/Schopper* in Straube/Ratka/Rauter, GmbHG § 72 Rz 38.

sehen.⁴⁴ Der im GesV festgelegte Rahmen (Maximalbetrag) muss nicht ausgeschöpft werden. Eine Überschreitung (maßgebend ist hierbei die Summe aller Einforderungsbeschlüsse) ist aber jedenfalls unzulässig u der entspr Beschluss anfechtbar.⁴⁵ Gleichzeitig unterliegt auch der Einforderungsbeschluss dem **Gleichbehandlungsgrundsatz**; er darf hinsichtlich der Einzahlung (zB in Bezug auf das Verhältnis zur Stammeinlage oder der Zahlungsfrist) nicht zw den einzelnen Gesellschaftern ohne sachliche Rechtfertigung differenzieren. Eine Verletzung des Gleichbehandlungsgrundsatzes macht den Beschluss anfechtbar.⁴⁶ Darüber hinaus bedarf die Einforderung v gesv verankerten Nachschüssen nach hL **keiner sachlichen Rechtfertigung**.⁴⁷ Eine Eintragung des Beschlusses im FB ist ebensowenig vorgesehen wie eine Veröffentlichung.⁴⁸ Sie ist auch nicht aus Gläubigerschutzgründen notwendig, weil für Gläubiger die Einforderung des Nachschusskapitals ohnehin aus dem JA ersichtlich ist.⁴⁹ Der Einforderungsbeschluss kann vor Einzahlung der Nachschüsse durch einen gegenteiligen, ebenfalls mit einfacher Mehrheit gefassten Beschluss aufgehoben werden.⁵⁰

22 **Entstehen der Nachschussforderung:** (Erst) mit dem wirksam gefassten Einforderungsbeschluss entsteht die Forderung der GmbH gegen die Gesellschafter auf Nachschussleistung, somit die konkrete Leistungspflicht der Gesellschafter.⁵¹ Die Forderung der GmbH ist ab diesem Zeitpunkt aktivierungsfähig. Sie ist übertragbar u pfändbar. Vor der Beschlussfassung stellt die bloße gesv Möglichkeit der Einforderung idR noch keinen konkreten (bilanziell aktivierbaren) Vermögenswert für die Gesellschaft dar.⁵²

---

44 *Brugger/Schopper* in Straube/Ratka/Rauter, GmbHG § 72 Rz 39.
45 *Brugger/Schopper* in Straube/Ratka/Rauter, GmbHG § 72 Rz 40.
46 *Trenker* in Torggler, GmbHG § 72 Rz 9; *Doblhofer-Bachleitner* in Gruber/Harrer, GmbHG² § 72 Rz 15
47 *Brugger/Schopper* in Straube/Ratka/Rauter, GmbHG § 72 Rz 37.
48 *Brugger/Schopper* in Straube/Ratka/Rauter, GmbHG § 72 Rz 52.
49 Für eine FB-Eintragung *de lege ferenda*: *Brugger/Schopper* in Straube/Ratka/Rauter, GmbHG § 72 Rz 52.
50 *Koppensteiner/Rüffler*, GmbHG³ § 72 Rz 12; *Brugger/Schopper* in Straube/Ratka/Rauter, GmbHG § 72 Rz 38; *Doblhofer-Bachleitner* in Gruber/Harrer, GmbHG² § 72 Rz 13.
51 *Gellis/Feil*, GmbHG⁷ § 72 Rz 2; *Brugger/Schopper* in Straube/Ratka/Rauter, GmbHG § 72 Rz 44; *Koppensteiner/Rüffler*, GmbHG³ § 72 Rz 12; *Doblhofer-Bachleitner* in Gruber/Harrer, GmbHG² § 72 Rz 16.
52 *Gellis/Feil*, GmbHG⁷ § 72 Rz 2; *Apfelthaler/Damböck*, RWZ 2000/76, 233.

Fälligkeit der Nachschussforderung: Die Fälligkeit der Nach- 23
schussforderung sollte im Einforderungsbeschluss geregelt werden.[53] In
Ermangelung der Festsetzung der Fälligkeit im Einforderungsbeschluss
tritt – bei Anwesenheit oder Vertretung aller Gesellschafter bei der Beschlussfassung – sofortige Fälligkeit ein.[54] Sind hingegen nicht alle Gesellschafter bei der Beschlussfassung anwesend oder vertreten, haben
die GF in vertretungsbefugter Zahl die Gesellschafter nach hL analog
zu § 65 Abs 2 mit eingeschriebenem Schreiben zur Zahlung aufzufordern u tritt die Fälligkeit erst mit Zugang der Zahlungsaufforderung
ein.[55] Die bloße Tatsache, dass andere Gesellschafter ihre Nachschüsse
noch nicht geleistet haben, rechtfertigt keine Weigerung zur Bezahlung
eines gültig eingeforderten u fälligen Nachschusses; anderes gilt aber
mglw im Fall einer sachlich nicht gerechtfertigten Ungleichbehandlung
bei der Einforderung.[56] Die Geltendmachung u Durchsetzung der
Nachschussforderung obliegt den GF bzw in der Insolvenz dem Insolvenzverwalter.

Strittig ist, inwieweit eine Einforderung v Nachschüssen vor Einfor- 24
derung oder Einzahlung des vollständigen Stammkapitals zulässig ist.
Aus § 74 Abs 3 ergibt sich, dass die Einforderung v Nachschüssen **vor
vollständiger Einzahlung der Stammeinlagen** auf Grundlage einer
entspr gesv Bestimmung jedenfalls zulässig sein soll. Die hL hält es darüber hinaus auch ohne gesv Grundlage für zulässig, Nachschüsse bereits
vor der vollständigen Einzahlung der Stammeinlagen einzufordern; wegen der Natur der Nachschüsse als „subsidiäres" Finanzierungsinstrument müssten jedoch die Stammeinlagen zumindest vollständig eingefordert sein, bevor Nachschüsse eingefordert werden könnten, es sei
denn der GesV erlaubt ausdrücklich eine frühere Einforderung v Nachschüssen.[57] Das ist mE nicht zwar zwingend u folgt weder aus dem

---

53 *Koppensteiner/Rüffler*, GmbHG³ § 72 Rz 11; *Brugger/Schopper* in Straube/
Ratka/Rauter, GmbHG § 72 Rz 31.
54 *Reich-Rohrwig*, GmbHR 607; *Doblhofer-Bachleitner* in Gruber/Harrer,
GmbHG² § 72 Rz 17; aA *Koppensteiner/Rüffler*, GmbHG³ § 72 Rz 13; *Gel-
lis/Feil*, GmbHG⁷ § 72 Rz 5, nach der die Fälligkeit in diesem Fall v Zugang
der Zahlungsaufforderung durch die GF abhängen soll.
55 *Brugger/Schopper* in Straube/Ratka/Rauter, GmbHG § 72 Rz 44.
56 OGH 7.7.1954, 1 Ob 548/54; *Koppensteiner/Rüffler*, GmbHG³ § 72 Rz 13;
Trenker in Torggler, GmbHG § 72 Rz 11.
57 OGH 21.11.2017, 6 Ob 194/17y; *Koppensteiner/Rüffler*, GmbHG³ § 72
Rz 11; *Trenker* in Torggler, GmbHG § 72 Rz 9; *Brugger/Schopper* in Straube/
Ratka/Rauter, GmbHG § 72 Rz 57; *Gellis/Feil*, GmbHG⁷ § 72 Rz 4.

Zweck der Nachschüsse noch aus Gläubigerschutzgründen.[58] Der OGH scheint mit der hL jedenfalls davon auszugehen, dass vor der Einforderung v Nachschüssen zunächst die ausstehenden Stammeinlagen vollständig eingefordert, nicht aber vollständig eingezahlt werden müssen.[59] Während aufrechter Gründungsprivilegierung gem § 10b kann jedoch ein Einforderungsbeschluss für Nachschüsse auch dann gefasst werden kann, wenn jene Stammeinlagen, die während aufrechter Gründungsprivilegierung nicht einforderbar sind, noch nicht eingefordert worden sind.[60]

25 In der **Liquidation** der GmbH ist nach hL die Fassung eines Gesellschafterbeschlusses zur Einforderung v Nachschüssen nicht mehr möglich.[61] Wenn jedoch der Einforderungsbeschluss bereits vor Auflösung der GmbH gefasst worden ist u die Nachschussansprüche somit bereits vor Auflösung der Gesellschaft entstanden sind, können u müssen die Nachschüsse v den Liquidatoren soweit eingefordert werden, als dies zur Gläubigerbefriedigung erforderlich ist. Auch die **Rückzahlung** v Nachschüssen ist im Stadium der Liquidation nicht mehr v einem Gesellschafterbeschluss abhängig u durch einen solchen auch nicht mehr möglich, sondern es haben die Liquidatoren die Rückzahlung v noch vorhandenem u nicht zur Gläubigerbefriedigung notwendigem Nachschussvermögen im Rahmen der Verteilung des Liquidationsüberschusses zu veranlassen.[62] Nachschüsse sind nach hL in der Liquidation nach Gläubigerforderungen (einschließlich solchen aus Gesellschafterdarlehen) u sonstigen hybriden (auch nachrangigen) Verbindlichkeiten, jedoch vor den Stammeinlagen zurückzuzahlen.[63] Wurde bereits vor Auf-

---

58 Im Ergebnis ebenso *Reich-Rohrwig*, GmbHR 607.
59 RIS-Justiz RS0131800; OGH 21.11.2017, 6 Ob 194/17y.
60 OGH 21.11.2017, 6 Ob 194/17y; zust *Walch*, NZ 2018, 19 (21) auch mit Vorschlägen für Regelungen im GesV; *Brugger/Schopper* in Straube/Ratka/Rauter, GmbHG § 72 Rz 57/1; krit *Kraus/Spendel*, wbl 2018, 237.
61 *Koppensteiner/Rüffler*, GmbHG³ § 90 Rz 12; *Haberer/Zehetner* in Straube/Ratka/Rauter, GmbHG § 90 Rz 26; § 92 Rz 25; *Gellis/Feil*, GmbHG⁷ § 92 Rz 7; *Gelter* in Gruber/Harrer, GmbHG² § 90 Rz 26 u § 92 Rz 13; **aA** *Brugger/Schopper* in Straube/Ratka/Rauter, GmbHG § 72 Rz 37.
62 *Koppensteiner/Rüffler*, GmbHG³ § 92 Rz 14; *Haberer/Zehetner* in Straube/Ratka/Rauter, GmbHG § 92 Rz 25; *Gellis/Feil*, GmbHG⁷ § 92 Rz 7; *Gelter* in Gruber/Harrer, GmbHG² § 92 Rz 9.
63 *Koppensteiner/Rüffler*, GmbHG³ § 91 Rz 15; *Haberer/Zehetner* in Straube/Ratka/Rauter, GmbHG § 91 Rz 53; *Gelter* in Gruber/Harrer, GmbHG² § 91 Rz 34.

lösung der Gesellschaft ein Rückzahlungsbeschluss gefasst, so sind die zurückzuzahlenden Nachschüsse im Rahmen der Liquidation wie Verbindlichkeiten zu behandeln, wobei eine Nachrangigkeit gegenüber anderen Verbindlichkeiten mE nur insoweit besteht, als dies zur Deckung eines Verlusts am Stammkapital erforderlich ist (§ 74 Abs 1). Bei der Prüfung dieser Frage ist das Vermögen der GmbH mit Liquidationswerten zu bewerten.

V. Erfüllung der Nachschusspflicht

Die **Einzahlung** v Nachschüssen kann sowohl durch Barzahlung als auch in Form einer Einzahlung oder Überweisung auf ein Bankkonto der GmbH erfolgen, wobei der Gesellschafterbeschluss Vorgaben machen kann. Die Frage, ob Nachschussleistungen der GmbH zunächst so wie Stammeinlagen zwingend zur freien Verfügung der GF stehen müssen, ist zu verneinen.[64] Nach der hier (Rz 3) vertretenen A können auch Sachleistungen vorgesehen werden, wenn der GesV dies zulässt. Da § 63 auf Nachschüsse keine Anwendung findet, kann die GmbH mit ihrer Nachschussforderung auch gegen Forderungen des Gesellschafters **aufrechnen**.[65] Strittig ist, ob die GF eine Erfüllung (zB mit Sachleistungen) an Zahlungs statt akzeptieren dürfen oder die Nachschussforderung stunden oder gar darauf verzichten dürfen.[66] Diese Frage kann mE weder pauschal bejaht noch pauschal verneint werden. Klar ist, dass die GF den Einforderungsbeschluss u den Gleichbehandlungsgrundsatz beachten müssen; eine Abweichung v Gleichbehandlungsgrundsatz könnte im Übrigen auch durch einen Gesellschafterbeschluss nicht gerechtfertigt werden. Allerdings kann es sehr wohl Situationen geben, in denen eine Differenzierung sachlich gerechtfertigt ist u im Interesse der GmbH liegt. In diesem Fall sind die GF mE ausnahmsweise, auch ohne

26

---

64 *Brugger/Schopper* in Straube/Ratka/Rauter, GmbHG § 72 Rz 48 mwN.
65 *Gellis/Feil*, GmbHG[7] § 72 Rz 7, *Koppensteiner/Rüffler*, GmbHG[3] § 72 Rz 13; *Brugger/Schopper* in Straube/Ratka/Rauter, GmbHG § 72 Rz 49.
66 **Dafür** *Gellis/Feil*, GmbHG[7] § 72 Rz 7; *Koppensteiner/Rüffler*, GmbHG[3] § 72 Rz 13; für die Annahme an Zahlungs Statt aber gegen Stundung und Verzicht *Brugger/Schopper* in Straube/Ratka/Rauter, GmbHG § 72 Rz 47, 50, 51; gegen Stundung oder Verzicht („nichtig") auch *Doblhofer-Bachleitner* in Gruber/Harrer, GmbHG[2] § 72 Rz 15, sowie (wenn keine Ermächtigung durch Gesellschafterbeschluss vorliegt) *Trenker* in Torggler, GmbHG § 72 Rz 10.

Gesellschafterbeschluss, berechtigt, entspr abw Vereinbarungen mit einzelnen Gesellschaftern zu treffen, wobei dafür eine sachliche Rechtfertigung bestehen muss u die GF dabei selbstverständlich nur v den Interessen u dem Wohl der GmbH geleitet werden dürfen. § 74 ist vor tatsächlicher Einzahlung der Nachschüsse nicht anwendbar.[67]

§ 73. (1) Ist ein Gesellschafter mit der Einzahlung eines eingeforderten Nachschusses säumig, so finden, wenn nicht gleichzeitig mit der Festsetzung der Nachschußpflicht im Gesellschaftsvertrage eine andere Bestimmung getroffen worden ist, die für die Einzahlung von Stammeinlagen geltenden Vorschriften (§ 66 bis 69) Anwendung.

(2) Ein Rechtsvorgänger haftet nur bis zu dem Betrage, auf den die Nachschußpflicht zur Zeit der Anmeldung seines Austrittes im Gesellschaftsvertrage beschränkt war.

Literatur: Siehe Lit zu §§ 66 bis 69 u § 72.

Inhaltsübersicht

I.	Allgemeines	1, 2
II.	Haftung des säumigen Gesellschafters	3, 4
III.	Ausschluss des säumigen Gesellschafters (Kaduzierung)	5, 6
IV.	Haftung von Rechtsvorgängern und Mitgesellschaftern	7–10

I. Allgemeines

1 **Inhalt u Zweck:** § 73 sieht bei **Säumnis** eines Gesellschafters mit der Einzahlung eines eingeforderten Nachschusses, also bei Nichtzahlung eines Nachschusses trotz Fälligkeit (**Verzug**), die analoge Anwendung v für den Verzug mit der Einzahlung v Stammeinlagen geltenden Vorschriften vor (§§ 66 bis 69), sofern dazu im GesV keine andere Regelung getroffen ist. Zweck der Bestimmung ist die Sicherstellung der Erfüllung der Nachschusspflicht. Die GmbH kann daher im Verzugsfall die Bestimmungen über den **Ausschluss** des säumigen Gesellschafters (**Kaduzierung**) (§ 66), die **Haftung** v dessen **Rechtsvorgängern** (§ 67) u den **Verkauf des Geschäftsanteils** des säumigen Gesellschafters (§ 68) an-

---

67 *Trenker* in Torggler, GmbHG § 72 Rz 10.

wenden. Eine Ausfallshaftung der Mitgesellschafter (§ 70) ist jedoch ausgeschlossen.[1]

Säumnis setzt **Fälligkeit** u damit den Ablauf der Zahlungsfrist für den eingeforderten Nachschuss voraus. Die Fälligkeit ergibt sich idR aus dem Einforderungsbeschluss, ggf iVm etwaigen diesbzgl Regelungen des GesV, oder mit dem Zugang der Zahlungsaufforderung durch die GF (s dazu § 72 Rz 15, 23).

II. Haftung des säumigen Gesellschafters

Mit Eintritt der Fälligkeit kann die GmbH den säumigen Gesellschafter auf Zahlung klagen. Für das Kaduzierungsverfahren wird zusätzlich zur Fälligkeit der Nachschüsse die Setzung einer mind einmonatigen Nachfrist vorausgesetzt (§ 66 Abs 1).[2] Der säumige Gesellschafter hat ab Fälligkeit die gesetzl **Verzugszinsen** zu leisten (vgl § 65 Abs 1 u die dortige Kommentierung). Bei Verschulden des Gesellschafters kann die GmbH auch einen darüber hinausgehenden Schaden aufgrund der verspäteten Nachschusszahlung aus dem Titel des **Schadenersatzes** geltend machen. Die GmbH kann die Nachschussforderung auch an Dritte veräußern oder verpfänden.

Der säumige Gesellschafter haftet selbst im Fall eines Ausschlusses für den rückständigen Betrag (samt Verzugszinsen, weiteren Schadenersatzforderungen u Kosten einer erfolglosen Anteilsverwertung nach den §§ 67, 68)[3] vor etwaigen Rechtsvorgängern (§ 69 iVm § 73 Abs 1). Die Haftung des säumigen Gesellschafters für den offenen Nachschuss bleibt auch bei Veräußerung seines Anteils bestehen. Gleichzeitig haftet der **Anteilserwerber**, ausgenommen Erwerber nach § 68,[4] gem § 78 Abs 2 solidarisch für die offene Nachschussverpflichtung.[5] Die Ansprü-

---

1 OGH 10.12.1958, 2 Ob 256/58, JBl 1959, 159; *Koppensteiner/Rüffler*, GmbHG³ § 73 Rz 1; *Brugger/Schopper* in Straube/Ratka/Rauter, GmbHG § 73 Rz 4; *Trenker* in Torggler, GmbHG § 73 Rz 1; *Gellis/Feil*, GmbHG⁷ § 73 Rz 2; *Umfahrer*, GmbH⁷ Rz 14.12.
2 *Brugger/Schopper* in Straube/Ratka/Rauter, GmbHG § 73 Rz 9.
3 *Schopper* in Straube/Ratka/Rauter, GmbHG § 69 Rz 2, 9; *Koppensteiner/Rüffler*, GmbHG³ § 69 Rz 2.
4 *Schopper* in Straube/Ratka/Rauter, GmbHG § 68 Rz 32; *Koppensteiner/Rüffler*, GmbHG³ § 68 Rz 6.
5 *Brugger/Schopper* in Straube/Ratka/Rauter, GmbHG § 73 Rz 26; *Ch. Nowotny* in Kalss/Nowotny/Schauer, GesR² Rz 4/350.

che der GmbH gegen den früheren Gesellschafter verjähren fünf Jahre nach der Information der GmbH v der erfolgten Anteilsübertragung (vgl § 78 Abs 3).[6] Gemäß § 69 Abs 2 iVm § 73 Abs 2 haftet der ausgeschlossene Gesellschafter auch für erst nach seinem Ausscheiden fällig werdende Nachschüsse, allerdings nur bis zu jenem (Maximal-)Betrag, auf den die Nachschusspflicht zum Zeitpunkt seines Ausschlusses im GesV beschränkt war.

III. Ausschluss des säumigen Gesellschafters (Kaduzierung)

5 Die GmbH kann (muss aber nicht) dem säumigen Gesellschafter unter Setzung einer Nachfrist für die Einzahlung des Nachschusses **den Ausschluss aus der GmbH** androhen.[7] Dies hat mit eingeschriebenem Brief zu erfolgen. Die **Nachfrist** muss mind einen Monat ab Erhalt der Aufforderung betragen (§ 66 Abs 1). Der GesV kann das Verfahren jedoch abw regeln. Nach fruchtlosem Ablauf der Nachfrist kann der säumige Gesellschafter durch die GF ausgeschlossen werden. Mit dem Zugang der Ausschlusserklärung ist der Verlust sämtlicher Rechte aus dem Geschäftsanteil verbunden (§ 66 Abs 2). Ist der betr Gesellschafter nicht nur mit einem Nachschuss, sondern gleichzeitig auch mit der Leistung seiner offenen Stammeinlage in Verzug, ist ein Ausschlussverfahren entweder aus einem der beiden Gründe oder aus beiden Gründen möglich.[8] Zur Haftung der Rechtsvorgänger s unten Rz 7 bis 9. Ist die Zahlung des rückständigen Betrags v Rechtsvorgängern nicht zu erlangen, sind keine Rechtsvorgänger vorhanden oder ist deren Haftung gesv ausgeschlossen, so kann die GmbH den Geschäftsanteil gem dem Verfahren nach § 68 verkaufen. Da auch § 68 Abs 5 zur Anwendung gelangt, ist ein etwaiger Überschuss auf einen noch unberichtigten Teil der Stammeinlage

---

6 *Schopper* in Gruber/Harrer, GmbHG[2] § 78 Rz 17; *Petrasch/Verweijen* in Straube/Ratka/Rauter, GmbHG § 78 Rz 13.
7 Entschließt sich die GmbH zur Einleitung des Kaduzierungsverfahrens, so ist sie dabei jedoch an das Gleichbehandlungsgebot gebunden (§ 66 Abs 1 S 2); *Schopper* in Straube/Ratka/Rauter, GmbHG § 66 Rz 9.
8 *Brugger/Schopper* in Straube/Ratka/Rauter, GmbHG § 73 Rz 22 ff; tw aA (Ausschlussverfahren nur wegen Verzug mit Stammeinlage oder aus beiden Gründen gemeinsam) *Koppensteiner/Rüffler*, GmbHG[3] § 73 Rz 2; *Gellis/Feil*, GmbHG[7] § 73 Rz 3.

in Anrechnung zu bringen u fließt ein darüber hinausgehender Überschuss dem ausgeschlossenen Gesellschafter zu. Für weitere Einzelheiten s die Kommentierung zu den §§ 66 bis 69.

Abweichende gesv Regelungen: Die Bestimmungen über die Kaduzierung u die Haftung für offene Stammeinlagen, einschließlich der Rechtsvorgängerhaftung u Anteilsveräußerung kommen bei offenen Nachschüssen nur dann zur Anwendung, wenn im GesV keine abw Regelung vorgesehen ist. Die Kaduzierungsregeln können im GesV gänzlich abbedungen, modifiziert oder auch ergänzt werden.[9] Dies muss entgegen dem insofern missverständlichen Gesetzeswortlaut nicht gleichzeitig mit der Festsetzung der Nachschusspflicht im GesV geschehen; auch eine nachträgliche Einf einer abw Regelung im GesV ist zulässig.[10] Eine Verschärfung der Rechtsfolgen ist nur mit Zustimmung aller betroffenen Gesellschafter zulässig (§ 50 Abs 4).[11] Die Grenzen, innerhalb derer das Verfahren u die Rechtsfolgen einer Kaduzierung tw abgeschwächt, verschärft oder ergänzt werden können, sind zT umstritten, sollten aber letzten Endes nur bei einem Verstoß gegen die guten Sitten oder allg zwingenden Grundsätzen des GmbH-Rechts überschritten sein.[12] Wird die Kaduzierung zur Gänze abbedungen, kann die GmbH ihren Anspruch auf Erfüllung der Nachschusspflicht nur durch Leistungsklage u Zwangsvollstreckung gegen den säumigen Gesellschafter geltend machen u insb auch nicht auf dessen Rechtsvorgänger greifen.[13]

6

---

9 *Gellis/Feil*, GmbHG[7] § 73 Rz 2; *Brugger/Schopper* in Straube/Ratka/Rauter, GmbHG § 73 Rz 10 ff; *Trenker* in Torggler, GmbHG § 73 Rz 3; *Koppensteiner/Rüffler*, GmbHG[3] § 73 Rz 3.
10 *Koppensteiner/Rüffler*, GmbHG[3] § 73 Rz 3; *Doblhofer-Bachleitner* in Gruber/Harrer, GmbHG[2] § 73 Rz 7; *Gellis/Feil*, GmbHG[7] § 73 Rz 4; *Brugger/Schopper* in Straube/Ratka/Rauter, GmbHG § 73 Rz 11.
11 *Trenker* in Torggler, GmbHG § 73 Rz 3.
12 Ausführlich *Brugger/Schopper* in Straube/Ratka/Rauter, GmbHG § 73 Rz 13 ff mwN; *Doblhofer-Bachleitner* in Gruber/Harrer, GmbHG[2] § 73 Rz 7 ff.
13 *Brugger/Schopper* in Straube/Ratka/Rauter, GmbHG § 73 Rz 12.

IV. Haftung von Rechtsvorgängern und Mitgesellschaftern

7 **Beschränkte Haftung der Rechtsvorgänger:** Die (subsidiäre, einen vorherigen Ausschluss des säumigen Gesellschafters voraussetzende) Haftung v Rechtsvorgängern für rückständige Nachschüsse (§ 67 iVm § 73 Abs 1) ist auf den Betrag, auf den die Nachschusspflicht zum Zeitpunkt der Anmeldung seines Austrittes beim FB im GesV beschränkt war, begrenzt (§ 73 Abs 2).[14] Folglich kann sich eine später beschlossene Erhöhung der Nachschusspflicht ebenso wenig zu Lasten eines früheren Gesellschafters auswirken wie eine sonstige Verschärfung der gesv vereinbarten Nachschussmodalitäten oder des Kaduzierungsverfahrens.[15]

8 Innerhalb dieser Grenze haften der GmbH, sofern der GesV nichts anderes vorsieht, für den v dem ausgeschlossenen Gesellschafter nicht bezahlten Nachschuss samt Verzugszinsen, alle seine Rechtsvorgänger, die innerhalb der letzten fünf Jahre vor der Einzahlungsaufforderung als Gesellschafter im FB eingetragen waren (§ 67 Abs 1 iVm § 73 Abs 1). Ein früherer Rechtsvorgänger haftet nur, soweit die Zahlung v dessen Rechtsnachfolger nicht zu erlangen ist (**Reihenregress**) (§ 67 Abs 2 iVm § 73 Abs 1). Der Rechtsvorgänger erwirbt gegen Zahlung des geschuldeten Nachschussbetrages den Geschäftsanteil des ausgeschlossenen Gesellschafters (§ 67 Abs 3 iVm § 73 Abs 1).

9 Die Haftung v Rechtsvorgängern gem § 67 für nicht bezahlte Nachschüsse kann **im GesV** auch zur Gänze **ausgeschlossen werden**. Selbstverständlich ist dabei der Gleichbehandlungsgrundsatz zu beachten.[16]

10 **Keine Ausfallhaftung der Mitgesellschafter:** Mangels Verweises auf § 70 kommt eine subsidiäre Kollektivhaftung der übrigen Gesellschafter für die Einbringung rückständiger Nachschüsse nicht in Betracht.[17] Im **GesV** könnte eine solche Haftung freilich mit Zustimmung aller Gesellschafter vereinbart werden.[18] Ebenso kann im GesV eine

---

14 *Gellis/Feil*, GmbHG[7] § 73 Rz 6; *Koppensteiner/Rüffler*, GmbHG[3] § 73 Rz 4; *Brugger/Schopper* in Straube/Ratka/Rauter, GmbHG § 73 Rz 28.
15 *Brugger/Schopper* in Straube/Ratka/Rauter, GmbHG § 73 Rz 28, 29.
16 *Koppensteiner/Rüffler*, GmbHG[3] § 73 Rz 3; *Brugger/Schopper* in Straube/Ratka/Rauter, GmbHG § 73 Rz 16, 18.
17 OGH 10.12.1958, 2 Ob 265/58, JBl 1959, 159; *Koppensteiner/Rüffler*, GmbHG[3] § 73 Rz 1; *Brugger/Schopper* in Straube/Ratka/Rauter, GmbHG § 73 Rz 4; *Trenker* in Torggler, GmbHG § 73 Rz 1; *Gellis/Feil*, GmbHG[7] § 73 Rz 2.
18 *Trenker* in Torggler, GmbHG § 73 Rz 3.

Aufgriffspflicht der Mitgesellschafter für den Anteil des säumigen Gesellschafters vorgesehen werden.[19]

§ 74. (1) Eingezahlte Nachschüsse können, soweit sie nicht zur Deckung eines bilanzmäßigen Verlustes am Stammkapital erforderlich sind, an die Gesellschafter zurückgezahlt werden.

(2) Die Rückzahlung kann nur an sämtliche Gesellschafter nach Verhältnis ihrer Stammeinlagen und nicht vor Ablauf von drei Monaten erfolgen, nachdem der Rückzahlungsbeschluß in der im § 55 bestimmten Art veröffentlicht worden ist.

(3) Ist im Gesellschaftsvertrage bestimmt, daß die Einforderung von Nachschüssen schon vor vollständiger Einzahlung der Stammeinlagen zulässig ist, so kann die Zurückzahlung solcher Nachschüsse vor der Volleinzahlung des Stammkapitals nicht erfolgen.

(4) Rückzahlungen, die ohne Beobachtung dieser Vorschriften erfolgt sind, machen den Empfänger, die mit der Geschäftsführung betrauten Organe und die übrigen Gesellschafter nach Maßgabe der Bestimmungen der §§ 25 und 83 haftbar.

(5) Zurückgezahlte Nachschüsse kommen bei der Bestimmung der im Gesellschaftsvertrage festgesetzten Grenze der Nachschußpflicht nicht in Anrechnung.

(6) In der Bilanz muß den in die Aktiven aufgenommenen Nachschußansprüchen ein gleicher Kapitalsbetrag in den Passiven gegenübergestellt werden.

Literatur: Siehe Lit zu § 72.

Inhaltsübersicht

I. Allgemeines	1
II. Rückzahlungsbetrag, Rückzahlungssperre	2–6
III. Rückzahlungsverfahren	7–13
A. Rückzahlungsbeschluss	7–10
B. Veröffentlichung	11
C. Rückzahlungszeitpunkt	12
D. Rückzahlungsempfänger	13

---

[19] *Brugger/Schopper* in Straube/Ratka/Rauter, GmbHG § 73 Rz 17; *Trenker* in Torggler, GmbHG § 73 Rz 3.

IV. Rechtsfolgen (unzulässiger) Rückzahlung 14–18
V. Bilanzierung von Nachschüssen 19

I. Allgemeines

1 **Inhalt u Zweck**: § 74 regelt die Voraussetzungen u das Verfahren für **die Rückzahlung** geleisteter Nachschüsse durch die GmbH an die Gesellschafter (Abs 1 bis 3 u 5). Notwendig, aber auch ausreichend dafür sind iW: (i) ein Rückzahlungsbeschluss der Gesellschafter (s § 35 Rz 73), (ii) die Volleinzahlung u buchmäßige Deckung des Stammkapitals (Abs 1 u 3) u (iii) die Veröffentlichung des Gesellschafterbeschlusses samt dreimonatiger Wartezeit (Abs 2). Es handelt sich damit um eine Ausnahme v allg Verbot der Einlagenrückgewähr (s § 82 Rz 65). Die Regelungen des Abs 4 über die Haftung v GF u Gesellschaftern im Fall einer unzulässig erfolgten Rückzahlung u des Abs 6 über die Bilanzierung v Nachschüssen sind im Grunde ohne eigene normative Bedeutung.

II. Rückzahlungsbetrag, Rückzahlungssperre

2 **Höhe des Rückzahlungsbetrags**: Nachschüsse können höchstens im Ausmaß des geleisteten Betrags zurückbezahlt werden (Nominalbetrag). Verzinsungs- oder Wertsicherungsvereinbarungen für Nachschusskapital sind nach hL unzulässig.[1] Allerdings ist es möglich, eine Verzinsung vorzusehen, wenn u soweit diese aus einem ausschüttbaren Bilanzgewinn gezahlt wird.[2]

3 **Rückzahlungssperre**: § 74 Abs 1 erlaubt die Rückzahlung v Nachschüssen an die Gesellschafter nur insoweit, als „sie nicht zur Deckung eines **bilanzmäßigen Verlustes am Stammkapital** erforderlich sind". Begrifflich abzugrenzen ist idZ ein im JA ausgewiesener Bilanzverlust. Dieser kann (muss aber nicht) durch die Auflösung v Nachschüssen ab-

---

1 *Koppensteiner/Rüffler*, GmbHG[3] § 74 Rz 1; *Duursma et al*, HB GesR, Rz 2464; *Brugger/Schopper* in Straube/Ratka/Rauter, GmbHG § 74 Rz 9; *Trenker* in Torggler, GmbHG § 74 Rz 1; *Doblhofer-Bachleitner* in Gruber/Harrer, GmbHG[2] § 74 Rz 84; **aA** *Bauer/Zehetner* in Straube/Ratka/Rauter, GmbHG § 82 Rz 55; *Gellis/Feil*, GmbHG[7] § 82 Rz 5.
2 *Brugger/Schopper* in Straube/Ratka/Rauter, GmbHG § 74 Rz 9.

gedeckt werden. Dazu bedarf es ebenfalls eines Gesellschafterbeschlusses, wobei der allg Gesellschafterbeschluss gem § 35 Abs 1 Z 1 zur Feststellung des JA ausreicht. Die Nachschüsse gelten damit als verbraucht u eine spätere Rückzahlung scheidet aus (vgl auch § 72 Rz 14).[3]

Ein bilanzmäßiger Verlust am Stammkapital liegt dann vor, wenn – nach der Rückzahlung der Nachschüsse – die Summe der Aktiva abzüglich der Summe der Passiva mit Fremdkapitalcharakter geringer ist als der Nennbetrag des Stammkapitals (**Unterbilanz**).[4] Die Rückzahlung ist daher nur zulässig, wenn nach der Rückzahlung die verbleibenden Aktiva der GmbH abzüglich der Verbindlichkeiten immer noch zumindest den Nennbetrag des Stammkapitals erreichen.[5] Maßgebend für die Berechnung einer Unterbilanz sind nicht die Liquidations- oder Verkehrswerte, sondern die **Buchwerte** gem den Rechnungslegungsvorschriften des UGB; stille Reserven bleiben daher grds außer Betracht.[6] Das Bestehen einer Unterbilanz verhindert dementspr – im Ausmaß der Unterdeckung des Stammkapitals – eine Rückzahlung der Nachschüsse.[7]

Der **maßgebliche Zeitpunkt** für die Beurteilung der Zulässigkeit einer Rückzahlung ist der Auszahlungszeitpunkt.[8] Besteht zu diesem Zeitpunkt eine Unterbilanz oder würde aufgrund der Rückzahlung der Nachschüsse eine solche entstehen, ist die Rückzahlung der eingezahlten Nachschüsse unzulässig. Auf den Zeitpunkt der Fassung oder Veröffentlichung des Rückzahlungsbeschlusses kommt es mE nicht an.[9] Besteht im Zeitpunkt der Beschlussfassung eine Unterbilanz, verbessert sich aber die Vermögenslage der Gesellschaft bis zur Rückzahlung, darf dennoch ausgezahlt werden. Freilich wird man für den Fall des Vorliegens einer Unterbilanz im Zeitpunkt der Beschlussfassung verlangen müssen, dass der Rückzahlungsbeschluss die Rückzahlung an die Bedingung der Beseitigung der Unterbilanz knüpft u dies durch eine zeitnah

---

3 *Apfelthaler/Damböck*, RWZ 2000/76, 233; *Reich-Rohrwig*, GmbHR 609.
4 *Koppensteiner/Rüffler*, GmbHG³ § 74 Rz 1; *Gellis/Feil*, GmbHG⁷ § 74 Rz 2.
5 *Brugger/Schopper* in Straube/Ratka/Rauter, GmbHG § 74 Rz 4.
6 *Apfelthaler/Damböck*, RWZ 2000/76, 233; *Trenker* in Torggler, GmbHG § 74 Rz 1.
7 *Apfelthaler/Damböck*, RWZ 2000/76, 233; *Koppensteiner/Rüffler*, GmbHG³ § 74 Rz 1.
8 *Gellis/Feil*, GmbHG⁷ § 74 Rz 3; *Koppensteiner/Rüffler*, GmbHG³ § 74 Rz 1; *Doblhofer-Bachleitner* in Gruber/Harrer, GmbHG² § 74 Rz 3.
9 So aber *Brugger/Schopper* in Straube/Ratka/Rauter, GmbHG § 74 Rz 7.

vor der Auszahlung erstellte **Zwischenbilanz** nachgewiesen wird. Ansonsten besteht mE keine Pflicht zur Aufstellung einer Zwischenbilanz, sondern kann die Rückzahlung auch auf Basis des im letzten JA ausgewiesenen Eigenkapitals beschlossen werden.[10] Wenn sich seit dem Stichtag des letzten JA bis zur tatsächlichen Auszahlung die Vermögenssituation der GmbH so verschlechtert, dass nach vernünftiger kaufmännischer Beurteilung durch die Rückzahlung der Nachschüsse eine Unterbilanz droht, darf allerdings keine Rückzahlung vorgenommen werden. In einem solchen Fall wird sich iZw daher zur Vermeidung v Haftungsrisiken für die GF die Aufstellung einer Zwischenbilanz empfehlen.

6   **Volleinzahlung des Stammkapitals:** Aus § 74 Abs 3 wird zudem abgeleitet, dass Nachschüsse erst zurückgezahlt werden können, wenn das gesamte Stammkapital vollständig eingezahlt ist.[11] Offen ist, ob das während aufrechter Gründungsprivilegierung nur für die gründungsprivilegierten Stammeinlagen gilt.[12] Die Einzahlung eines etwaigen Agios ist jedoch keine Voraussetzung für die Rückzahlung v Nachschüssen.

III. Rückzahlungsverfahren

A. Rückzahlungsbeschluss

7   Die Rückzahlung v Nachschüssen setzt zwingend einen **Gesellschafterbeschluss** voraus (§ 35 Abs 1 Z 3 iVm Abs 2). Ein solcher Beschluss kann in einer GV oder im Umlaufweg – ohne notarielle Beglaubigung oder Beurkundung – gefasst werden. Sofern der GesV keine höhere Beschlussmehrheit vorsieht, ist die **einfache Mehrheit** ausreichend. Das Stimmverbot des § 39 Abs 4 kommt nicht zur Anwendung.[13]

8   Durch den Beschluss entsteht der **Anspruch des Gesellschafters** auf Rückzahlung. Dieser Anspruch kann v Gesellschafter auch abgetreten

---

10 Für eine Zwischenbilanz *Trenker* in Torggler, GmbHG § 74 Rz 1; *Koppensteiner/Rüffler*, GmbHG³ § 74 Rz 1.
11 *Brugger/Schopper* in Straube/Ratka/Rauter, GmbHG § 74 Rz 26, 27; *Trenker* in Torggler, GmbHG § 74 Rz 5; *Koppensteiner/Rüffler*, GmbHG³ § 74 Rz 5; *Doblhofer-Bachleitner* in Gruber/Harrer, GmbHG² § 74 Rz 8.
12 Dies im Ergebnis vorsichtig bejahend *Walch*, NZ 2018, 19 (24).
13 *Brugger/Schopper* in Straube/Ratka/Rauter, GmbHG § 74 Rz 10; *Trenker* in Torggler, GmbHG § 74 Rz 2.

werden. Die **Fälligkeit** tritt freilich erst nach Vornahme der Veröffentlichung u Ablauf der dreimonatigen Sperrfrist ein (unter der Bedingung, dass im Auszahlungszeitpunkt keine Unterbilanz besteht oder durch die Auszahlung entstünde).[14] Im Rückzahlungsbeschluss können auch Ratenzahlungen vorgesehen werden.[15] Der Rückzahlungsanspruch verjährt nach 30 bzw 40 Jahren (§§ 1478, 1472 iVm 1485 ABGB).[16]

Fraglich ist, ob eine **Änderung des Rückzahlungsbeschlusses** durch neuerlichen Mehrheitsbeschluss der Gesellschafter dahingehend zulässig ist, dass der beschlossene Rückzahlungsbetrag verringert oder der Auszahlungszeitpunkt nach hinten verschoben wird. Dagegen spricht, dass die Gesellschafter mit dem Rückzahlungsbeschluss bereits eine Forderung auf Rückzahlung erworben haben;[17] dafür aber, dass die GmbH rückgezahlte Nachschüsse mit neuerlichem einfachen Mehrheitsbeschluss ohnehin sofort wieder zur Gänze einfordern könnte.[18] Ein endgültiger Verzicht der GmbH auf die Rückzahlung der Nachschüsse an die Gesellschafter setzt aber nach hL Einstimmigkeit aller betroffenen Gesellschafter voraus.[19]

9

Gleichbehandlung: Auch die Rückzahlung der Nachschüsse kann nur unter Wahrung des Gleichbehandlungsgrundsatzes, dh nur an sämtliche Gesellschafter nach dem Verhältnis ihrer Stammeinlagen erfolgen. Falls aber nicht alle Gesellschafter die Nachschüsse im Verhältnis ihrer Stammeinlagen eingezahlt haben, ist das Verhältnis der tatsächlich eingezahlten Nachschüsse für die Rückzahlung maßgebend.[20] Widerspricht der Gesellschafterbeschluss dem Gleichbehandlungsgrundsatz, ist er nach § 41 anfechtbar.[21]

10

---

14 *Brugger/Schopper* in Straube/Ratka/Rauter, GmbHG § 74 Rz 17; *Koppensteiner/Rüffler*, GmbHG³ § 74 Rz 2 ff.
15 *Gellis/Feil*, GmbHG⁷ § 74 Rz 3.
16 *Brugger/Schopper* in Straube/Ratka/Rauter, GmbHG § 74 Rz 18.
17 *Gellis/Feil*, GmbHG⁷ § 74 Rz 3.
18 *Brugger/Schopper* in Straube/Ratka/Rauter, GmbHG § 74 Rz 14.
19 *Brugger/Schopper* in Straube/Ratka/Rauter, GmbHG § 74 Rz 15. Die (endgültige, eine spätere Rückzahlung ausschließende) Verwendung v Nachschüssen zur Verlustabdeckung ist freilich mit einfachem Mehrheitsbeschluss im Rahmen der Aufstellung u Genehmigung des JA möglich (§ 72 Rz 14).
20 *Brugger/Schopper* in Straube/Ratka/Rauter, GmbHG § 74 Rz 11; *Doblhofer-Bachleitner* in Gruber/Harrer, GmbHG² § 74 Rz 6.
21 *Brugger/Schopper* in Straube/Ratka/Rauter, GmbHG § 74 Rz 12; *Koppensteiner/Rüffler*, GmbHG³ § 74 Rz 2.

B. Veröffentlichung

11 Der Rückzahlungsbeschluss ist *„in der im § 55 bestimmten Art"* zu veröffentlichen (§ 74 Abs 2). Gemeint ist eine Veröffentlichung gem § 55 Abs 2. § 55 Abs 1 (FB-Anmeldung u -Eintrag) findet keine Anwendung. Die GF sind verpflichtet, die beabsichtigte Rückzahlung v Nachschüssen unverzüglich nach Kenntniserlangung v entspr Gesellschafterbeschluss auf der **Elektronischen Verlautbarungs- u Informationsplattform des Bundes (EVI)**, ggf auch noch in weiteren im GesV vorgesehenen Medien, zu veröffentlichen (§ 6 WZEVI-G, s § 55 Rz 6).[22] Fraglich ist, ob bekannten Gläubigern die Rückzahlungsabsicht unmittelbar bekannt zu geben ist; der Wortlaut v § 72 Abs 2 (*„veröffentlichen"*) spricht dagegen, der Zweck könnte dafür sprechen.[23] Für den Lauf der dreimonatigen Sperrfrist ist jedenfalls nur die Veröffentlichung auf EVI relevant.[24] Es besteht im Untersch zu einer Kapitalherabsetzung (s § 55 Rz 11 ff) **kein Anspruch** der Gläubiger auf **Sicherstellung**.[25]

C. Rückzahlungszeitpunkt

12 **Sperrfrist**: Die tatsächliche Rückzahlung der Nachschüsse (Auszahlung) kann erst nach Ablauf einer **dreimonatigen (Sperr-)Frist** erfolgen. Die Frist läuft ab dem Tag der Veröffentlichung des Rückzahlungsbeschlusses.[26] Innerhalb dieser Frist könnte durch die Gläubiger wegen einer vorliegenden oder drohenden Unterbilanz unter den allg Voraussetzungen der EO eine einstweilige Verfügung gegen die Rückzahlung erwirkt werden.[27] Da die Rückzahlungsfrist ohne vorherige Veröffentlichung nicht in Gang gesetzt wird, können die Gesellschafter die

---

22 *Brugger/Schopper* in Straube/Ratka/Rauter, GmbHG § 74 Rz 19; *Gellis/Feil*, GmbHG[7] § 74 Rz 1.
23 Gegen eine individuelle Mitteilung *Reich-Rohrwig*, GmbHR 611; **dafür** *Gellis/Feil*, GmbHG[7] § 74 Rz 1; *Brugger/Schopper* in Straube/Ratka/Rauter, GmbHG § 74 Rz 22; *Trenker* in Torggler, GmbHG § 74 Rz 4.
24 *Brugger/Schopper* in Straube/Ratka/Rauter, GmbHG § 74 Rz 24.
25 *Koppensteiner/Rüffler*, GmbHG[3] § 74 Rz 3; *Reich-Rohrwig*, GmbHR 612; *Gellis/Feil*, GmbHG[7] § 74 Rz 4; *Trenker* in Torggler, GmbHG § 74 Rz 4; **aA** *Brugger/Schopper* in Straube/Ratka/Rauter, GmbHG § 74 Rz 20.
26 *Doblhofer-Bachleitner* in Gruber/Harrer, GmbHG[2] § 74 Rz 7.
27 *Brugger/Schopper* in Straube/Ratka/Rauter, GmbHG § 74 Rz 23; *Reich-Rohrwig*, GmbHR 611; *Koppensteiner/Rüffler*, GmbHG[3] § 74 Rz 3.

GmbH auf Veröffentlichung klagen.[28] Mit Ablauf der Sperrfrist tritt – sofern der Rückzahlungsbeschluss keine abw Regelung enthält oder eine gesetzl Rückzahlungssperre besteht – Fälligkeit für den Anspruch des Gesellschafters ein.[29]

D. Rückzahlungsempfänger

Die Auszahlung der Nachschüsse ist grds an den jew aktuellen Inhaber des GmbH-Anteils zu leisten.[30] Der A, der zufolge bei Anteilserwerb durch Einlösung (§ 67 Abs 3) der zahlende Rechtsvorgänger (auch bei einer nachträglichen Veräußerung des Anteils) den Anspruch auf Nachschussrückzahlung behält, ist mE nicht zu folgen.[31] Der Anspruch auf Rückzahlung kann allerdings abgetreten werden; im Fall einer Verständigung der GmbH v der Abtretung ist an den Zessionar zu leisten.

13

IV. Rechtsfolgen (unzulässiger) Rückzahlung

Der **Empfänger** zu Unrecht zurückgezahlter Nachschüsse haftet der GmbH gem § 83 für deren Wiedereinzahlung. Das sollte freilich nur gelten, wenn u soweit eine Rückzahlung ohne gültigen Gesellschafterbeschluss oder trotz Fehlen v ausreichendem Gesellschaftsvermögen zur Deckung des Stammkapitals im Auszahlungszeitpunkt erfolgt ist. Wurden bei der Rückzahlung die Verfahrensbestimmungen des § 74 Abs 2 (Veröffentlichung, Sperrfrist) verletzt, haftet der Gesellschafter nur, soweit die GmbH dadurch tatsächlich einen Schaden erlitten hat.[32] Strittig ist, ob ein Verstoß gegen das Gebot der Gleichbehandlung der Gesellschafter bei der Nachschussrückzahlung die Empfänger zur Rückzahlung der unrechtmäßig empfangenen Beträge an die GmbH

14

---

28 *Brugger/Schopper* in Straube/Ratka/Rauter, GmbHG § 74 Rz 25.
29 *Reich-Rohrwig*, GmbHR 611; *Brugger/Schopper* in Straube/Ratka/Rauter, GmbHG § 74 Rz 17.
30 *Trenker* in Torggler, GmbHG § 74 Rz 6; *Brugger/Schopper* in Straube/Ratka/Rauter, GmbHG § 74 Rz 16.
31 Zust *Brugger/Schopper* in Straube/Ratka/Rauter, GmbHG § 74 Rz 16; aA *Koppensteiner/Rüffler*, GmbHG³ § 74 Rz 2; *Gellis/Feil*, GmbHG⁷ § 73 Rz 2.
32 *Trenker* in Torggler, GmbHG § 74 Rz 8; *Brugger/Schopper* in Straube/Ratka/Rauter, GmbHG § 74 Rz 28; *Koppensteiner/Rüffler*, GmbHG³ § 74 Rz 6.

§ 74

verpflichtet[33] oder einen Bereicherungsanspruch der verkürzten Gesellschafter gegen die anderen Gesellschafter[34] u/oder einen Schadenersatzanspruch gegen die GF begründet.[35] Verneint wird eine Haftung zT für den Fall, dass ein den Gleichbehandlungsgrundsatz verletzender u darum anfechtbarer Rückzahlungsbeschluss nicht angefochten wird.[36]

15 Die **Haftung des Empfängers** wird durch **guten Glauben** oder mangelndes Verschulden nach hL nicht ausgeschlossen (§ 83 Abs 1 S 2 gilt nach der hL nur für Dividenden, nicht aber für rückgezahlte Nachschüsse).[37] Das ist aber mE nicht überzeugend. Wenn ein Nachschuss auf Basis einer ordnungsgemäß aufgestellten u genehmigten (festgestellten) Bilanz ausgezahlt wurde u der Gesellschafter im Auszahlungszeitpunkt davon ausgehen durfte, dass das Stammkapital zur Gänze durch vorhandenes Vermögen gedeckt ist u sonst alle Rückzahlungsvoraussetzungen erfüllt sind (gültiger Rückzahlungsbeschluss, Veröffentlichung), dann spricht mE nichts gegen eine Gleichstellung des gutgläubig zurückerhaltenen Nachschusses mit einer gutgläubig bezogenen Dividende.

16 Die **Mitgesellschafter** trifft im Fall v unzulässigen Nachschussrückzahlungen eine **subsidiäre Ausfallshaftung**, falls die GmbH den unrechtmäßig zurückbezahlten Nachschuss weder v Empfänger noch v GF erlangen kann (§ 74 Abs 4 iVm § 83 Abs 2 u 3).[38] Siehe dazu die Kommentierung zu § 83.

17 Für die **Haftung der GF** aufgrund eines durch unzulässige Nachschussrückzahlung, sei es aufgrund einer Verletzung v G oder GesV

---

33 So mglw *Trenker* in Torggler, GmbHG § 74 Rz 8.
34 *Gellis/Feil*, GmbHG[7] § 74 Rz 4; differenzierend *Koppensteiner/Rüffler*, GmbHG[3] § 74 Rz 2; *Trenker* in Torggler, GmbHG § 74 Rz 3; abl *Doblhofer-Bachleitner* in Gruber/Harrer, GmbHG[2] § 74 Rz 6; *Brugger/Schopper* in Straube/Ratka/Rauter, GmbHG § 74 Rz 13.
35 *Reich-Rohrwig* in Straube/Ratka/Rauter, GmbHG § 25 Rz 256; *Feltl/Told* in in Gruber/Harrer, GmbHG[2] § 25 Rz 257; *Gellis/Feil*, GmbHG[7] § 74 Rz 4.
36 *Brugger/Schopper* in Straube/Ratka/Rauter, GmbHG § 74 Rz 13; *Koppensteiner/Rüffler*, GmbHG[3] § 74 Rz 2; *Trenker* in Torggler, GmbHG § 74 Rz 8; *Doblhofer-Bachleitner* in Gruber/Harrer, GmbHG[2] § 74 Rz 6.
37 *Reich-Rohrwig*, GmbHR 612; *Brugger/Schopper* in Straube/Ratka/Rauter, GmbHG § 74 Rz 29; *Doblhofer-Bachleitner* in Gruber/Harrer, GmbHG[2] § 74 Rz 9; *Trenker* in Torggler, GmbHG § 74 Rz 8.
38 *Trenker* in Torggler, GmbHG § 74 Rz 8; *Brugger/Schopper* in Straube/Ratka/Rauter, GmbHG § 74 Rz 35; *Koppensteiner/Rüffler*, GmbHG[3] § 74 Rz 7.

oder einer Rückzahlung unter Missachtung der Vorgaben eines gültigen Rückzahlungsbeschlusses, verursachten Schadens wird auf § 25 verwiesen. Es handelt sich um die in § 25 normierte verschuldensabhängige Innenhaftung unter Anwendung eines objektiven Sorgfaltsmaßstabs. Eine unmittelbare Haftung gegenüber Dritten (Außenhaftung) ist abzulehnen (§ 56 Abs 3 e contrario).[39] Eine Haftung gegenüber Gesellschaftern ist jedoch nicht ausgeschlossen.[40]

Zurückgezahlte Nachschüsse kommen (auch im Fall einer gesetzeskonformen Rückzahlung) bei der Bestimmung der im GesV festgesetzten Grenze der Nachschusspflicht nicht in Anrechnung (§ 74 Abs 5), gelten damit gleichsam als nicht eingefordert. Das bedeutet ein **Wiederaufleben des gesv Nachschussrahmens** (iSv § 72 Abs 2), also des Ausmaßes der potentiellen, unter der Bedingung eines gültigen Einforderungsbeschlusses stehenden, Nachschusspflicht der Gesellschafter bis zum ursprünglichen Ausmaß.[41]

18

V. Bilanzierung von Nachschüssen

Absatz 6 hat keine eigenständige normative Bedeutung.[42] Vielmehr sind die allg Rechnungslegungsvorschriften anzuwenden. Nachschusskapital ist als **gesonderte Position des Eigenkapitals** zu bilanzieren. Vertreten wird tw ein gesonderter Ausweis unter den Kapitalrücklagen,[43] tw ein Ausweis als gesonderter Posten zw dem Eigenkapital u den unversteuerten Rücklagen,[44] tw (u mE richtigerweise) der Ausweis einer gesonderten Bilanzposition *„Nachschusskapital"* oder *„Nachschüsse"* im An-

19

---

39 *Brugger/Schopper* in Straube/Ratka/Rauter, GmbHG § 74 Rz 34; aA (§ 74 Abs 2 als Schutzgesetz) *Trenker* in Torggler, GmbHG § 74 Rz 8.
40 *Reich-Rohrwig* in Straube/Ratka/Rauter, GmbHG § 25 Rz 256; *Feltl/Told* in Gruber/Harrer, GmbHG² § 25 Rz 257; *Gellis/Feil*, GmbHG⁷ § 74 Rz 4.
41 *Brugger/Schopper* in Straube/Ratka/Rauter, GmbHG § 74 Rz 36; *Koppensteiner/Rüffler*, GmbHG³ § 74 Rz 8.
42 Ausgenommen man sieht darin die Anordnung zu einer direkten Verrechnung uneinbringlicher Nachschussforderungen mit dem Nachschusskapital ohne aufwandswirksame Abschreibung, vgl *Apfelthaler/Damböck*, RWZ 2000/76, 233 (234).
43 *Egger/Samer/Bertl*, Jahresabschluss I¹⁴, 268.
44 *Koppensteiner/Rüffler*, GmbHG³ § 74 Rz 9; *Hofians/Ressler* in Straube/Ratka/Rauter, UGB II³ § 229 Rz 11.

schluss an das Nennkapital.[45] Der Ausweis ist erst ab Vorliegen eines gültigen Einforderungsbeschlusses zulässig.[46] Im Fall eines Rückzahlungsbeschlusses ist diese Position in eine Verbindlichkeit gegenüber den Gesellschaftern umzubuchen. Eine vorherige Umbuchung in den Bilanzgewinn u dessen Ausschüttung als Dividende (wie im Fall v **Kapitalrücklagen** aus sonstigen **Gesellschafterzuschüssen**, s dazu § 72 Rz 8) ist nach hL weder notwendig noch zulässig.[47]

---

45 *Geist* in Jabornegg/Artmann, UGB² § 229 Rz 37; *Apfelthaler/Damböck*, RWZ 2000/76, 233 (234); *Brugger/Schopper* in Straube/Ratka/Rauter, GmbHG § 74 Rz 40.
46 *Brugger/Schopper* in Straube/Ratka/Rauter, GmbHG § 74 Rz 38; *Apfelthaler/Damböck*, RWZ 2000/76, 233.
47 *Apfelthaler/Damböck*, RWZ 2000/76, 233 (234); *Trenker* in Torggler, GmbHG § 72 Rz 11; *Reich-Rohrwig*, GmbHR 610.

Vierter Abschnitt.
Die Geschäftsanteile

§ 75. (1) Der Geschäftsanteil jedes Gesellschafters bestimmt sich mangels anderweitiger Festsetzung im Gesellschaftsvertrage nach der Höhe der von ihm übernommenen Stammeinlage.

(2) ¹Jedem Gesellschafter steht nur ein Geschäftsanteil zu. ²Übernimmt ein Gesellschafter nach Errichtung der Gesellschaft eine weitere Stammeinlage, so wird sein bisheriger Geschäftsanteil in dem der erhöhten Stammeinlage entsprechenden Verhältnisse erhöht.

(3) ¹Wenn den Gesellschaftern über ihre Beteiligung Urkunden ausgestellt werden, so ist die Übertragung einer solchen Urkunde durch Indossament wirkungslos. ²Auch dürfen solche Urkunden nicht auf Inhaber lauten.

(4) Die Ausstellung von Dividendenscheinen, von deren Einlieferung die Auszahlung des jährlichen Gewinnes abhängig gemacht wird, ist verboten und wirkungslos.

Literatur: *Cetin*, Treuhandbeteiligungen an GmbHs (2014); *Entleitner*, Ausgewählte Beschränkungen der vertraglichen Gestaltungsfreiheit im GmbH-Recht, NZ 2018, 281; *Fischerlehner/Kunisch*, Wert und Bewertung von Geschäftsanteilen in Frenzel (Hg), Gesellschafterwechsel bei der GmbH (2020) 45; *Reich-Rohrwig*, Tod eines GmbH-Gesellschafters vor Registrierung der GmbH, ecolex 1991, 389; *Thiery*, Besprechung zu OGH 6 Ob 202/10i, GesRZ 2012, 259; *H. Torggler*, Besprechung zu OGH 3 Ob 22/08v, ÖBA 2009/1586, 912; *Unschuld*, Die Vererbung von Geschäftsanteilen in der GmbH (2008); *Weismann*, Übertragungsbeschränkungen bei GmbH-Geschäftsanteilen (2008).

Inhaltsübersicht

I. Überblick §§ 75 bis 83	1
II. Gesetzeszweck § 75	2, 3
III. Geschäftsanteil	4–18
A. Begriff des Geschäftsanteils	4–7
B. Ausmaß der Beteiligung (Abs 1)	8
C. Inhaber eines Geschäftsanteils	9–11
D. Grundsatz der Einheitlichkeit des Geschäftsanteils (Abs 2)	12, 13
E. Entstehen und Erlöschen des Geschäftsanteils	14–15a
F. Urkunden (Abs 3 und 4)	16–18
IV. Gesellschafterrechte und -pflichten	19–26
A. Gesellschafterrechte	20–24
B. Gesellschafterpflichten	25, 26
V. Wert des Geschäftsanteils	27, 28

I. Überblick §§ 75 bis 83

1 Der 4. Abschnitt des 2. Hptst enthält Regelungen zum **Geschäftsanteil** der Gesellschafter. In § 75 werden die grundlegenden Eigenschaften des Geschäftsanteils geregelt. Die §§ 76 bis 78 regeln die Übertragung des Geschäftsanteils u § 79 dessen Teilung. Die Rechte u Pflichten mehrerer Inhaber eines Geschäftsanteils werden in § 80 geregelt. Die §§ 81 bis 83 enthalten die zentralen Vorschriften zur Kapitalerhaltung.

II. Gesetzeszweck § 75

2 Absatz 1 legt das **Ausmaß der Beteiligung** der einzelnen Gesellschafter an der Gesellschaft fest.[1] Mangels anderweitiger Regelung im GesV bestimmt sich das Ausmaß der Beteiligung nach der Höhe der übernommenen Stammeinlage. Die Bestimmung ist somit **dispositiv**.[2] Der GesV kann idS auch Sondervorteile für einzelne Gesellschafter vorsehen (s § 6 Abs 4). Grundlage für das Ausmaß der Beteiligung ist dann nicht der Nennwert der Stammeinlage, sondern der GesV.[3]

3 Die Abs 2, 3 u 4 sollen die Anteilsübertragung erschweren.[4] Diese **Immobilisierung der Geschäftsanteile** soll verhindern, dass die Bevölkerung durch unsolide Gründung in Zeiten wirtschaftlicher Krise in Mitleidenschaft gezogen werden könnte (vgl § 76 Rz 43).[5] Sie dient daher insb dem Anlegerschutz.[6]

---

1 *Rauter* in Straube/Ratka/Rauter, GmbHG § 75 Rz 11; *Koppensteiner/Rüffler*, GmbHG³ § 75 Rz 3.
2 *Koppensteiner/Rüffler*, GmbHG³ § 75 Rz 3: keine zwingende Regel; ausdrücklich auch *Schopper* in Gruber/Harrer, GmbHG² § 75 Rz 3.
3 ErlRV 236 BlgHH 17. Sess 84.
4 ErlRV 236 BlgHH 17. Sess 84.
5 HHB 272 BlgHH 17. Sess 5.
6 *Schopper* in Gruber/Harrer, GmbHG² § 75 Rz 4.

III. Geschäftsanteil

A. Begriff des Geschäftsanteils

Das GmbHG enthält keine Legaldefinition des Begriffs des Geschäftsanteils. Nach der hA bezeichnet der Begriff des Geschäftsanteils die **Gesamtheit der Rechte u Pflichten eines Gesellschafters** aus seiner Mitgliedschaft.[7] Der Geschäftsanteil kann auch als **Gesellschaftsanteil** oder **Beteiligung** bezeichnet werden. Der Geschäftsanteil ist eine bewegliche, nicht körperliche Sache.[8] Er steht im Eigentum des Gesellschafters, ist veräußerlich, verpfändbar u pfändbar (s § 76 Rz 1 f).

Der Geschäftsanteil stellt Vermögen iSd § 99 Abs 1 JN (**Vermögensgerichtsstand**) dar.[9] In diesem Sinne ist der Geschäftsanteil am Sitz der Gesellschaft belegen.

Der Geschäftsanteil kann sowohl **Exekutionsobjekt** als auch Teil der **Insolvenzmasse** sein (s § 340 Abs 1 EO, weiterführend § 76 Rz 77 f).[10] Im Falle der Insolvenz eines Gesellschafters bleibt dieser bis zu einer allfälligen Verwertung des Geschäftsanteils Gesellschafter. Der Insolvenzverwalter ist daher nicht als Gesellschafter im FB einzutragen. Er übt lediglich die Mitgliedschaftsrechte aus.[11]

Streng zu unterscheiden v Geschäftsanteil ist der Begriff der **Stammeinlage** (s § 6 Rz 7). Sie gibt den Betrag an, mit dem sich der einzelne Gesellschafter an der Aufbringung des Stammkapitals beteiligt.[12] Alle Stammeinlagen ergeben in Summe das Stammkapital (s § 6 Rz 3). Die Stammeinlage ist somit ein Bruchteil des Stammkapitals.[13]

---

7 RIS-Justiz RS0004168; *Koppensteiner/Rüffler*, GmbHG³ § 75 Rz 4; *Schopper* in Gruber/Harrer, GmbHG² § 75 Rz 5; *Rauter* in Straube/Ratka/Rauter, GmbHG § 75 Rz 13.
8 OGH 9.7.1997, 3 Ob 188/97m; *Rauter* in Straube/Ratka/Rauter, GmbHG § 75 Rz 15; *Schopper* in Gruber/Harrer, GmbHG² § 75 Rz 7.
9 OGH 14.12.1999, 10 Ob 187/99v; RIS-Justiz RS0046891; RS0046580; *Rauter* in Straube/Ratka/Rauter, GmbHG § 75 Rz 19.
10 *Schopper* in Gruber/Harrer, GmbHG² § 75 Rz 7.
11 *Schopper* in Gruber/Harrer, GmbHG² § 75 Rz 7.
12 OGH 24.11.1992, 4 Ob 550/92; RIS-Justiz RS0059883; *Rauter* in Straube/Ratka/Rauter, GmbHG § 75 Rz 12 ff; *Koppensteiner/Rüffler*, GmbHG³ § 75 Rz 5.
13 *Schopper* in Gruber/Harrer, GmbHG² § 75 Rz 8.

B. Ausmaß der Beteiligung (Abs 1)

8 Nach Abs 1 bestimmt sich der Umfang des Geschäftsanteils grds nach der Höhe der übernommenen Stammeinlage, wenn der GesV keine besonderen Regelungen (insb Sondervorteile iSd § 6 Abs 4) enthält. Die **Rechte der Gesellschafter** bestimmen sich somit regelmäßig nach der Höhe der **übernommenen** Stammeinlage (Stimmrecht, Minderheitsrecht, Bezugsrecht bei Kapitalerhöhung[14]), zT aber auch nach der **geleisteten** Stammeinlage (Dividendenanspruch, Liquidationsquote) oder **unabhängig** v der Beteiligung (Teilnahme-, Auskunfts-, Anfechtungsrechte).[15]

C. Inhaber eines Geschäftsanteils

9 Der Inhaber eines Geschäftsanteils muss **namentlich individualisierbar** sein.[16] Der Geschäftsanteil kann daher nicht einem Familienstamm zugeordnet werden.[17] Die Inhaberschaft kann iZw mit **Feststellungsklage**[18] oder bei Präjudizialität im Rahmen eines anderen Verfahrens gerichtl festgestellt werden.[19] Der Gesellschaft selbst kommt jedoch (v Ausnahmefällen[20] abgesehen) keine Aktivlegitimation zur Erhebung einer Feststellungsklage zu. Die Gesellschaft ist grds durch die Bestimmung des § 78 Abs 1 geschützt u fehlt es ihr sohin am rechtlichen Interesse einer entspr Feststellung.[21] Möglich sind nach der Rsp Maßnahmen zur **einstweiligen Sicherung** der Inhaberschaft. Demnach ist das Verbot

---

14 Vgl § 52 Rz 23.
15 OGH 9.7.1997, 3 Ob 188/97m; s dazu insb §§ 39, 45 ff, 35 u 82.
16 *Schopper* in Gruber/Harrer, GmbHG² § 75 Rz 10; *Rauter* in Straube/Ratka/Rauter, GmbHG § 75 Rz 28; *Koppensteiner/Rüffler*, GmbHG³ § 75 Rz 7.
17 *Schopper* in Gruber/Harrer, GmbHG² § 75 Rz 10 mit Hinweis auf OGH 1.6.1907, AC 2670.
18 S dazu OGH 14.8.2008, 2 Ob 138/08w; vgl 20.12.2006, 7 Ob 203/06p.
19 *Schopper* in Gruber/Harrer, GmbHG² § 75 Rz 11; *Rauter* in Straube/Ratka/Rauter, GmbHG § 75 Rz 34.
20 Im Fall OGH 28.2.2018, 6 Ob 167/17b wurde eine „Lähmung der internen Willensbildung der Gesellschaft" aufgrund Streit um die Gesellschafterstellung, weshalb auch ein Not-GF bestellt war, sowie das Bedrängen v diesem zur Unterfertigung der Anmeldung des Gesellschafterwechsels zum FB, als derartige Ausnahme angesehen.
21 RIS-Justiz RS0131956; OGH 28.2.2018, 6 Ob 167/17b; s auch § 78 Rz 7b.

„jeder Ausübung v Gesellschafterrechten" ein zulässiges Sicherungsmittel zur Sicherung der Rückgabe v Geschäftsanteilen (s dazu auch § 66 Rz 27).[22]

Wird ein Geschäftsanteil v einem **Treuhänder** gehalten, ist dieser auch Gesellschafter u als solcher im FB einzutragen.[23] Als Gesellschafter gilt im Verhältnis zur Gesellschaft nur der Treuhänder als derjenige, der als solcher im FB aufscheint, nicht hingegen der Treugeber.[24] Auch kann nicht vertraglich (mittels GesV oder anderweitiger Vereinbarung) geregelt werden, dass der Treugeber tatsächlich Gesellschafter ist.[25] Ein Treuhandzusatz ist nicht eintragungsfähig.[26] Zwischen dem Treugeber u der Gesellschaft bzw den anderen Mitgesellschaftern bestehen keinerlei Rechtsbeziehungen. In der Lit wird jedoch tw vertreten, dass im Einzelfall zu prüfen ist, ob der Treuhänder aufgrund schützenswerter Interessen der Gesellschafter das Treuhandverhältnis offenlegen muss.[27] Nach der dhM kann auch eine Vinkulierungsklausel im GesV verlangen, dass eine mittelbare Beteiligung aufgedeckt wird (s auch § 76 Rz 20).[28] Der Treugeber kann gegenüber dem Treuhänder nur schuldrechtliche Verpflichtungen aus dem Treuhandvertrag geltend machen.[29] Innerhalb der Gesellschaft hat der Treugeber daher nur über den Treuhänder Einflussmöglichkeiten, der Treugeber hat insb auch keine (Teil-)Rechtsposition innerhalb der Gesellschaft.[30] Dementsprechend übt allein der Treuhänder die Verwaltungsrechte (zB das Stimmrecht) aus u stehen ausschließlich ihm die Informationsrechte eines Gesellschafters zu.[31] Auch hinsichtlich der vermögensrechtlichen Ansprüche des Gesellschafters kommen dem Treugeber keine (direkten) Ansprüche gegen die Gesell-

---

22 OGH 26.2.1992, 2 Ob 524/92; 14.8.2008, 2 Ob 138/08w; 19.3.2015, 6 Ob 200/14a.
23 *Schopper* in Gruber/Harrer, GmbHG[2] § 75 Rz 12; *Rauter* in Straube/Ratka/Rauter, GmbHG § 75 Rz 36; zur Frage der Notariatsaktpflicht bei Abschluss des Treuhandvertrages s § 76 Rz 52 f.
24 Zuletzt ua OGH 21.3.2019, 6 Ob 216/18k; 14.7.2022, 5 Ob 98/22f.
25 *Rauter* in Straube/Ratka/Rauter, GmbHG § 75 Rz 36.
26 OGH 10.4.2008, 6 Ob 37/08x.
27 S dazu ausf *Cetin*, Treuhandbeteiligungen 124.
28 OLG Hamburg 30.4.1993, 11 W 13/93, GmbHR 1993, 507; *Reichert/Weller* in MüKo GmbHG § 15 Rz 228.
29 OGH 26.4.1995, 3 Ob 14/95.
30 Zuletzt ua OGH 21.3.2019, 6 Ob 216/18k mwN.
31 RIS-Justiz RS0123563; OGH 20.12.2006, 7 Ob 203/06p; 21.3.2019, 6 Ob 216/18k; 14.7.2022, 5 Ob 98/22f uvm.

schaft zu. Der Treugeber hat aus eigenem Recht keinen Anspruch auf Auszahlung des Gewinns, welcher auf den v ihm treuhändig gehaltenen Geschäftsanteil entfällt.[32] Wird der Geschäftsanteil v Treuhänder abredewidrig an einen Dritten veräußert, so ist der Treugeber auf Schadenersatzansprüche gegen den Treuhänder zu verweisen.[33] Dementsprechend ist auch der Treuhänder (u nicht der Treugeber) aktiv u passiv klagslegitimiert.[34]

11 Eine **Unterbeteiligung** (typische u atypische)[35] sowie die Einräumung eines **Fruchtgenussrechts** gem §§ 509 ff ABGB an einem Geschäftsanteil sind (im Rahmen der gesv Schranken) möglich, wobei der Unterbeteiligte oder Fruchtgenussberechtigte dadurch nicht zum Gesellschafter wird.[36]

D. Grundsatz der Einheitlichkeit des Geschäftsanteils (Abs 2)

12 Jeder Gesellschafter kann nur Inhaber **eines** Geschäftsanteils sein. Erwirbt ein Gesellschafter einen weiteren Anteil, wächst dieser dem ursprünglichen Anteil zu (sog **Prinzip der Akkreszenz**). Es werden somit beide Anteile zusammengerechnet.[37] In diesem Sinne verbietet der Grundsatz der Einheitlichkeit des Geschäftsanteils auch eine Vorratsteilung, dh die Teilung eines Geschäftsanteils setzt somit immer auch dessen Veräußerung voraus (s § 79 Rz 1 f). Nur in bestimmten Ausnahmefällen kann v diesem Grundsatz der Einheitlichkeit des Geschäftsanteils abgewichen werden. So werden die Geschäftsanteile nicht zusammen-

---

32 OGH 21.3.2019, 6 Ob 216/18k.
33 OGH 29.4.2021, 8 Ob 18/21m.
34 *Rauter* in Straube/Ratka/Rauter, GmbHG § 75 Rz 36; *Schopper* in Gruber/Harrer, GmbHG² § 75 Rz 12.
35 Zur Unterscheidung s ausf *Rauter* in Straube/Ratka/Rauter, GmbHG § 75 Rz 39/1: Die Unterbeteiligung ist idR als GesbR zu qualifizieren; s hierzu § 80 Rz 4.
36 *Schopper* in Gruber/Harrer, GmbHG² § 75 Rz 13; ausf auch *Rauter* in Straube/Ratka/Rauter, GmbHG § 75 Rz 40 ff; s hierzu § 80 Rz 5.
37 Vergleiche VwGH 2.10.2014, 2012/15/0083: *„Insofern unterscheidet sich der Erwerb einer GmbH-Beteiligung vom Erwerb einzelner Aktien an einer Aktiengesellschaft, wo die Aktien grundsätzlich einzeln individualisierbar und als selbständige Wirtschaftsgüter erwerbbar sind"*; *Schopper* in Gruber/Harrer, GmbHG² § 75 Rz 10 mit Hinweis auf VwGH 26.6.1996, 95/16/0256, HS 27.218.

gerechnet, wenn der Gesellschafter an einem Geschäftsanteil lediglich **mitberechtigt** (s § 80) ist.[38] Keine Ausnahme v Grundsatz der Einheitlichkeit wird nach hA begründet, wenn ein Gesellschafter einen Anteil bloß als **Treuhänder** erwirbt (s Rz 10). In diesem Fall sind die Anteile zusammenzurechnen.[39]

Auch das **Stimmrecht** für einen Geschäftsanteil kann grds nur einheitlich ausgeübt werden,[40] es sei denn, der GesV sieht bei Mitberechtigung an einem Geschäftsanteil die Möglichkeit einer uneinheitlichen Stimmabgabe ausdrücklich vor (s § 80 Rz 9). Ein Teil der L vertritt zudem die A, dass die uneinheitliche Stimmabgabe aus einem Geschäftsanteil zulässig ist, wenn ein Gesellschafter Treuhänder für mehrere Personen oder nur hinsichtlich eines Teils Treuhänder (Eigenbesitz u Fremdbesitz) ist (s § 39 Rz 34).[41] 13

E. Entstehen und Erlöschen des Geschäftsanteils

Gemäß § 2 Abs 1 besteht die Gesellschaft als solche nicht vor der Eintragung ins FB (s § 2 Rz 17). Demgemäß entsteht der Geschäftsanteil grds auch erst mit der **Eintragung der Gesellschaft ins FB**. Die hA geht jedoch aufgrund der Anerkennung der Rechtsfähigkeit der Vorgesellschaft (s § 2 Rz 2 f) davon aus, dass der Geschäftsanteil bereits mit Abschluss des GesV entsteht.[42] Praktisch relevant ist die Frage deshalb, da gem § 76 Abs 1 Geschäftsanteile übertragbar u vererblich sind. Folgt man der hA, wonach Geschäftsanteile bereits mit Abschluss des GesV entstehen, so besteht, wie *Schopper* zutr hinweist, die Gefahr, dass Geschäftsanteile in den Verkehr gelangen, obwohl die GmbH noch gar 14

---

38 *Schopper* in Gruber/Harrer, GmbHG[2] § 75 Rz 10; *Rauter* in Straube/Ratka/Rauter, GmbHG § 75 Rz 32.
39 *Schopper* in Gruber/Harrer, GmbHG[2] § 75 Rz 10 mwN.
40 *Schopper* in Gruber/Harrer, GmbHG[2] § 75 Rz 10 mit Hinweis auf OGH 13.10.2011, 6 Ob 202/10i, GesRZ 2012, 259 (*Thiery*); s dazu u zu den Ausnahmen auch § 39 Rz 32 f.
41 S *Thiery*, GesRZ 2012, 259: „*Der OGH zitiert in seiner Entscheidung vom 13.10.2011, 6 Ob 202/10i Lehrmeinungen, die unter bestimmten Voraussetzungen die uneinheitliche Stimmabgabe aus einem Gesellschaftsanteil zulassen.*"
42 *Rauter* in Straube/Ratka/Rauter, GmbHG § 75 Rz 41; *Koppensteiner/Rüffler*, GmbHG[3] § 75 Rz 8, § 76 Rz 15; jew unter Berufung auf *Reich-Rohrwig*, ecolex 1991, 389.

nicht existiert u auch die gesetzl Mindestvoraussetzungen für die Kapitalaufbringung noch nicht gesichert sind.[43] Die Rsp hat bereits zutr darauf hingewiesen, dass Geschäftsanteile zum Zeitpunkt der Errichtung des Notariatsakts mangels der Eintragung der Gesellschaft im FB noch gar nicht existierten.[44] Dieser A, die auch v der dt L vertreten wird, ist uE zu folgen. Mit Abschluss des GesV entsteht daher uE vor Eintragung der Gesellschaft im FB lediglich eine **Mitgliedschaft**[45] an der Vorgesellschaft, die erst durch Eintragung der Gesellschaft im FB zum Geschäftsanteil wird. Zu beachten ist idZ, dass die Rsp die Abtretung künftig entstehender Geschäftsanteile einer GmbH schon im Gründungsstadium mit Wirkung frühestens ab Eintragung der Gesellschaft im FB zulässt.[46] Daraus ist zu schließen, dass auch der Abschluss eines Syndikatsvertrags im Gründungsstadium aufschiebend bedingt mit Eintragung der GmbH im FB zulässig ist.

15   Mit **Beendigung der Gesellschaft** (s dazu § 93) **erlischt** der Geschäftsanteil.[47] Sofern ein **Umgründungsvorgang** zur Beendigung der Gesellschaft führt, erlischt auch der entspr Geschäftsanteil. Bei Verschmelzung einer GmbH als übertragende Gesellschaft auf einen anderen Rechtsträger erlischt somit der Geschäftsanteil (s dazu § 96 Rz 73). Auch bei einer Aufspaltung einer GmbH gem § 14 Abs 2 Z 2 SpaltG erlischt der Geschäftsanteil. Ein Geschäftsanteil kann auch erlöschen, wenn die Abfindung für einen ausscheidenden Gesellschafter im Wege der **Kapitalherabsetzung** geleistet wird.[48] Nach hA führt die Kaduzierung (s §§ 66, 68) sowie der Erwerb durch die Gesellschaft (s § 81) nicht

---

43 *Schopper* in Gruber/Harrer, GmbHG² § 75 Rz 14, auch unter Hinweis auf § 34 Abs 4 AktG, wonach eine Ausgabe v Aktien bzw eine Übertragung v Anteilscheinen vor Eintragung der Gesellschaft verboten ist.
44 OGH 17.12.1997, 6 Ob 342/97f.
45 So auch die hL in Dtl: *Bayer* in Lutter/Hommelhoff, GmbHG § 14 Rz 3; *Ebbing* in Michalski, GmbHG § 14 Rz 40; **aA** *Reichert/Weller* in MühKo GmbHG § 14 Rz 11.
46 OGH 17.12.1997, 6 Ob 342/97f; s auch *Umfahrer* GmbH⁷ Rz 2.13, welcher die Abtretungsverpflichtung in Form eines Notariatsakts vor u dessen Annahme (ebenfalls in Notariatsaktsform) nach Eintragung der Gesellschaft oder die Abtretung vor Eintragung unter der aufschiebenden Bedingung der späteren Eintragung der Gesellschaft in das FB als zulässig erachtet.
47 *Schopper* in Gruber/Harrer, GmbHG² § 75 Rz 15; *Rauter* in Straube/Ratka/Rauter, GmbHG § 75 Rz 42.
48 *Rauter* in Straube/Ratka/Rauter, GmbHG § 75 Rz 43; zur Vorgehensweise im Detail bspw *Umfahrer*, GmbH⁷ Rz 11.3 ff.

zum Erlöschen des Geschäftsanteils.[49] Ebenfalls nicht zum Erlöschen des Geschäftsanteils führt der Ausschluss eines Gesellschafters nach dem GesAusG; dieses sieht die Übertragung des Geschäftsanteils auf den Hauptgesellschafter vor.[50]

Sieht der GesV über die gesetzl Bestimmungen hinaus gesv Ausschlussmöglichkeiten vor,[51] so stellt sich ebenfalls die Frage nach dem „Schicksal" des Geschäftsanteils des ausgeschlossenen Gesellschafters. In der Praxis wird eine derartige „Ausschlussklausel" wohl üblicherweise mit einer Abtretungsverpflichtung des ausgeschlossenen Gesellschafters bzw einem Aufgriffsrecht der Mitgesellschafter kombiniert werden.

15a

F. Urkunden (Abs 3 und 4)

Gemäß Abs 3 ist eine Übertragung des Geschäftsanteils durch Übereignung einer Urkunde (wie bei **Inhaberpapieren**[52]) oder durch Indossament (wie bei **Orderpapieren**[53]) wirkungslos u somit ausdrücklich **ausgeschlossen**. Diese Bestimmung ergänzt somit die ohnedies bestehende Notariatsaktpflicht gem § 76 Abs 2 (s § 76 Rz 42 f). Nach der hL ist auch eine Ausgestaltung als **Rektapapier**[54] unzulässig, weil die Geltendmachung mitgliedschaftlicher Rechte nicht v der Vorlage einer Urkunde abhängig gemacht werden darf.[55] Ebenso unzulässig ist nach

16

---

49 *Rauter* in Straube/Ratka/Rauter, GmbHG § 75 Rz 44.
50 Vgl den eindeutigen Wortlaut des § 1 GesAusG.
51 Diese bedürfen nach stRsp einer entspr gesv Regelung einschließlich einer Regelung des Ausschlussverfahrens; s RIS-Justiz RS0059745; RS0102055.
52 Inhaberpapiere sind Wertpapiere, bei denen der jew Inhaber der Urkunde auch der Berechtigte ist. Mit Übergabe der Urkunde erfolgt zugleich die Übertragung des verbrieften Rechts. Im Gegensatz zu Order- u Rektapapieren enthalten Inhaberpapiere nicht den Namen des Berechtigten. Bsp: Inhaberaktien, Inhaberscheck, Pfandbrief.
53 Orderpapiere sind Wertpapiere, bei denen der Berechtigte auf der Urkunde bezeichnet ist. Durch schriftliche Erklärung auf dem Papier (Indossament), kann der jew Berechtigte einen nachfolgenden Berechtigten benennen. Bsp: Namensaktien, Wechsel, Scheck.
54 Rektapapiere (Namenspapiere) sind auf einen bestimmten Namen lautende Wertpapiere, deren verbriefter Anspruch durch Einigung, Abtretung u Übergabe übertragen werden kann. Die Leistung soll direkt (recta) an die im Papier benannten Empfänger erfolgen. Bsp: Namenssparbücher.
55 *Schopper* in Gruber/Harrer, GmbHG[2] § 75 Rz 29; *Rauter* in Straube/Ratka/Rauter, GmbHG § 75 Rz 47.

hA eine Regelung im GesV, wonach die Teilnahme an der GV v der Vorlage der Urkunde abhängig gemacht wird.[56]

17 Gemäß Abs 4 sind **Dividendenscheine**, v deren Vorlage das Gewinnbezugsrecht abhängig gemacht wird, ebenfalls **verboten u wirkungslos**.

18 Von der Gesellschaft dennoch ausgestellte Urkunden (Anteilsscheine) sind nach hA **bloße Beweisurkunden**.[57] Ein Teil der L leitet daraus ab, dass eine Urkunde gem § 75 Abs 3 mangels Erkennbarkeit für einen Gläubiger des Pfandbestellers oder für die Gesellschaft als „Drittschuldner" kein „Zeichen" zur wirksamen Begr des dinglichen Pfandrechts bildet. Anteilscheine eignen sich daher nach der zutr M weder bei der Verpfändung noch Pfändung für die Vornahme des Publizitätsaktes (s § 76 Rz 72).[58]

IV. Gesellschafterrechte und -pflichten

19 Nach der hL u Rsp bestehen die Rechte der Gesellschafter aus **Herrschafts-, Vermögens- u Mitgliedschaftsrechten**, die Pflichten der Gesellschafter sind meist finanzieller Natur u betreffen insb die **Aufbringung der Stammeinlage**, die Einzahlung geforderter **Nachschüsse**[59] (§§ 72 ff) oder bestimmte **Nebenleistungspflichten** (§ 8). Zudem ist nunmehr anerkannt, dass die Gesellschafter einer GmbH auch **Treuepflichten** treffen (s dazu § 61 Rz 30 f), welche die Gesellschafter ua auch zur Ausübung v Herrschafts- u Kontrollrechten verpflichten können.[60] Wie *Rauter*[61] zutr hinweist, besteht jedoch (mangels anderweitiger Ver-

---

56 *Rauter* in Straube/Ratka/Rauter, GmbHG § 75 Rz 47; *Gellis/Feil* § 75 Rz 4.
57 *Schopper* in Gruber/Harrer, GmbHG² § 75 Rz 29; *Rauter* in Straube/Ratka/Rauter, GmbHG § 75 Rz 48.
58 *H. Torggler*, ÖBA 2009, 912, 915 f; *Koppensteiner/Rüffler* § 75 Rz 13; *Gellis/Feil*, GmbHG⁷ § 75 Rz 4; **aA** bzgl der Verpfändung offenbar OGH ZBl 1914/556 u (noch) *H. Torggler*, GesRZ 1977, 81; diesem offenbar folgend *Schopper* in Gruber/Harrer, GmbHG² § 75 Rz 29 u *Madl*, ecolex 1998, 306; offenlassend *Rauter* in Straube/Ratka/Rauter, GmbHG § 75 Rz 49.
59 OGH 9.7.1997, 3 Ob 188/97m.
60 *Koppensteiner/Rüffler*, GmbHG³ § 75 Rz 9; *Weismann*, Übertragungsbeschränkungen 4; *Schopper* in Gruber/Harrer, GmbHG² § 75 Rz 26; *Rauter* in Straube/Ratka/Rauter, GmbHG § 75 Rz 63; *Ch. Nowotny* in Kalss/Nowotny/Schauer, GesR² Rz 4/316.
61 *Rauter* in Straube/Ratka/Rauter, GmbHG § 75 Rz 63.

einbarung)[62] darüber hinaus keine allg Mitwirkungspflicht der Gesellschafter.

A. Gesellschafterrechte

Bei den Mitgliedschaftsrechten unterscheidet die L zw absolut unentziehbaren bzw unverzichtbaren u relativ unentziehbaren Mitgliedschaftsrechten.[63] 20

Absolut unentziehbar sind Mitgliedschaftsrechte, auf die der Berechtigte nicht wirksam verzichten kann[64] u daher bloß eine Unterlassung der Ausübung in Betracht kommt.[65]

Beispiele für absolut unentziehbare Mitgliedschaftsrechte:[66]

- Einsichtsrecht nach § 22 Abs 2, ausgenommen die Möglichkeiten zur Beschränkung bzw Modifizierung desselben, wenn ein AR zu bestellen ist;[67]
- Recht zur Beschlussanfechtung nach § 41;
- Minderheitenrecht auf Einberufung der GV gem § 37;
- Recht auf Ergänzung der Tagesordnung nach § 38 Abs 3.

Relativ unentziehbar sind Mitgliedschaftsrechte, die nur mit Zustimmung des jew betroffenen Gesellschafters entzogen werden können.

Beispiele für relativ unentziehbare Mitgliedschaftsrechte:[68]

- Gewinnbeteiligungsrecht;
- Recht am Liquidationserlös;
- Stimmrecht (gem § 39 Abs 2 jedoch nicht gänzlich ausschließbar; s § 39 Rz 37).

---

62 Zu denken wäre bspw an eine Beschäftigungs-/Mitarbeitsverpflichtung in der Gesellschaft oder Tochterunternehmen v dieser.
63 *Rauter* in Straube/Ratka/Rauter, GmbHG § 75 Rz 59 ff; *Schopper* in Gruber/Harrer, GmbHG² § 75 Rz 20.
64 *Schopper* in Gruber/Harrer, GmbHG² § 75 Rz 20.
65 *Rauter* in Straube/Ratka/Rauter, GmbHG § 75 Rz 60.
66 *Rauter* in Straube/Ratka/Rauter, GmbHG § 75 Rz 60; *Schopper* in Gruber/Harrer, GmbHG² § 75 Rz 20.
67 Weiterführend zu § 22 Rz 40; *Entleitner*, NZ 2018, 281 (283 f).
68 *Rauter* in Straube/Ratka/Rauter, GmbHG § 75 Rz 61; *Schopper* in Gruber/Harrer, GmbHG² § 75 Rz 20.

21 Mitgliedschaftsrechte können nicht v Geschäftsanteil losgelöst u gesondert übertragen werden (sog **Abspaltungsverbot**).[69] Nach der Rsp ist daher bspw die Übertragung des Stimmrechts auf einen Dritten unzulässig. Unwirksam ist daher sowohl der Vertrag mit dem Dritten, als auch eine entspr Satzungsklausel.[70] Gleiches gilt nach der hL für das Recht auf Information, auf Teilnahme an der GV sowie auf Einberufung der GV.[71] Davon zu unterscheiden ist die Bevollmächtigung eines Dritten. Gesellschaftsvertragliche Beschränkungen der Bevollmächtigung v Dritten sind grds zulässig (insb Qualifikationserfordernisse an die Bevollmächtigten). Ein gänzlicher Ausschluss der Möglichkeit zur Bevollmächtigung v Dritten ist jedoch unzulässig.[72]

22 **Sonderrechte**[73] sind besondere Rechte (Vorteile) einzelner oder mehrerer Gesellschafter,[74] die im GesV eingeräumt werden.

Beispiele für Sonderrechte:

– Recht auf Geschäftsführung;[75]
– Entsendungsrechte;
– Erhöhtes Stimmrecht;
– Besonderes Auskunftsrecht;
– Erhöhtes Gewinnbezugsrecht.

23 Bei **Veräußerung des Geschäftsanteils** ist grds durch Auslegung des GesV zu ermitteln, ob das Sonderrecht nur einem bestimmten Gesellschafter eingeräumt wurde oder ob es mit dem Geschäftsanteil verknüpft wurde. In der Regel wird wegen der Verknüpfung v Geschäftsanteil u Mitgliedschaftsrecht ein **Übergang des Sonderrechts** anzunehmen sein.[76] Bei **Entsendungsrechten** wird hingegen im Hinblick auf die Bestimmung des § 30c Abs 2 (vgl § 30c Rz 1, 9f) v der hL iZw kein Übergang des Sonderrechts angenommen, es sei denn, die

---

69 Ausf *Schopper* in Gruber/Harrer, GmbHG[2] § 75 Rz 24.
70 OGH 13.10.2011, 6 Ob 202/10i.
71 *Schopper* in Gruber/Harrer, GmbHG[2] § 75 Rz 24.
72 OGH 1.9.1964, 1 Ob 85/64; *Umfahrer* GmbH[7] Rz 7.43.
73 Der Begriff des Sonderrechts entspringt dem dt Recht (§ 35 BGB); s *Ch. Nowotny* in Kalss/Nowotny/Schauer, GesR[2] Rz 4/320.
74 OGH 19.6.1986, 7 Ob 538/86: Auch die gleichmäßige Begünstigung aller Gesellschafter kann ein Sonderrecht darstellen.
75 Hierzu bspw *Umfahrer* GmbH7 Rz 4.13f.
76 *Rauter* in Straube/Ratka/Rauter, GmbHG § 75 Rz 57; *Schopper* in Gruber/Harrer, GmbHG[2] § 75 Rz 21; *Koppensteiner/Rüffler*, GmbHG[3] § 75 Rz 11.

Übertragung des betr Geschäftsanteils ist an die Zustimmung der Gesellschaft gebunden.[77] Auch beim **Sonderrecht auf Geschäftsführung** (s dazu § 15 Rz 23) geht die hL iZw v einem höchstpersönlichen Recht aus, das iZw nicht übergeht, es sei denn, die Übertragung des Anteils bedürfe der Zustimmung der Gesellschaft.[78] Der vorausschauende Vertragsgestalter sollte daher im GesV bei Vorliegen eines Sonderrechts klar u eindeutig regeln, ob das Sonderrecht bei Übertragung des Geschäftsanteils auf den Übernehmer übergeht bzw ob die Veräußerung des mit einem Sonderrecht verknüpften Geschäftsanteils an die Zustimmung der Gesellschaft bzw der übrigen Gesellschafter gebunden sein soll.

Nicht jedes in den GesV aufgenommene Recht einzelner Gesellschafter ist notwendigerweise ein Sonderrecht; es kann sich auch bloß um einen **formellen Satzungsbestandteil** handeln. Ob das eine oder andere der Fall ist, muss durch Auslegung ermittelt werden.[79] Auch hier empfiehlt sich daher eine Klarstellung im GesV durch den Vertragsgestalter. 24

B. Gesellschafterpflichten

Bei den Gesellschafterpflichten unterscheidet die L zw **Vermögenspflichten** (zB Pflicht zur Leistung der Stammeinlage, ggf Nachschusspflicht, Pflicht zu Nebenleistungen) u **Verhaltenspflichten** (zB Treuepflicht[80]). 25

Sonderpflichten treffen nur einzelne Gesellschafter oder eine Gruppe v Gesellschaftern. Hierunter fallen bspw Wettbewerbsverbote für Gesellschafter, Beschäftigungs-/Mitarbeitsverpflichtungen für Gesellschafter etc. Grundsätzlich ist durch Auslegung des GesV zu ermitteln, ob die Sonderpflicht mit dem Geschäftsanteil auf den Erwerber übergehen soll oder ob sie als höchstpersönliche Pflicht konzipiert ist, die nur dem Veräußerer auferlegt wurde. Im Zweifel gehen Sonderpflichten nach der zutr hA auf den Erwerber eines Geschäftsanteils 26

---

77 *Reich-Rohrwig*, GmbHR 616, der diese Einschränkung analog auch für andere Entsendungsrechte anwendet; *Rauter* in Straube/Ratka/Rauter, GmbHG § 75 Rz 57; *Schopper* in Gruber/Harrer, GmbHG[2] § 75 Rz 21.
78 *Koppensteiner/Rüffler*, GmbHG[3] § 75 Rz 11; *Reich-Rohrwig*, GmbHR 616.
79 *Rauter* in Straube/Ratka/Rauter, GmbHG § 75 Rz 58.
80 Ausf zu dieser bspw *Rauter* in Straube/Ratka/Rauter, GmbHG § 75 Rz 64 ff.

über.[81] Bei Vorliegen einer Sonderpflicht sollte daher im GesV eine klare Regelung aufgenommen werden, ob diese Sonderpflicht bei Veräußerung des Geschäftsanteils auf den Erwerber übergeht bzw ob die Veräußerung des mit einer Sonderpflicht verknüpften Geschäftsanteils an die Zustimmung der Gesellschaft bzw der übrigen Gesellschafter gebunden sein soll.

V. Wert des Geschäftsanteils

27 Der Wert des Geschäftsanteils bestimmt sich grds nach dem **Wert des Gesellschaftsvermögens**.[82] Betreibt die Gesellschaft ein Unternehmen, so ist eine Unternehmensbewertung vorzunehmen, die grds den **Ertragswert** zu berücksichtigen hat.[83] Dabei wird aktuell insb auf sog „DCF-Verfahren" abgestellt, bei welchen der Unternehmenswert aus den künftig geplanten Gewinnausschüttungen abgeleitet wird.[84] Neben dem Wert des Gesellschaftsvermögens sind nach *Rauter* auch die **besonderen Ausgestaltungen** des Geschäftsanteils zu berücksichtigen (zB Sonderrechte, Sonderpflichten). So können sich Abtretungsbeschränkungen u Beschränkungen der Abfindung bei Ausscheiden nachteilig u somit wertmindernd auswirken. Gesellschaftsvertragliche Wertermittlungsmethoden, insb im Rahmen v Aufgriffsrechten, sind bei der Bewertung jedenfalls zu beachten, auch wenn das Ergebnis v Verkehrswert abweicht.[85] Außerdem spielt der Beteiligungsumfang insofern eine Rolle, als davon die Einwirkungsmöglichkeit abhängig ist.[86]

28 Für steuerliche Zwecke ist gem § 13 Abs 2 BewG der **gemeine Wert** (§ 10 BewG) maßgeblich.

---

81 *Koppensteiner/Rüffler* § 75 Rz 11; *Schopper* in Gruber/Harrer, GmbHG² § 75 Rz 26 jew unter Hinweis auf § 8 Abs 2.
82 OGH 24.11.1992, 4 Ob 550/92.
83 Ausf *Rauter* in Straube/Ratka/Rauter, GmbHG § 75 Rz 144; *Schopper* in Gruber/Harrer, GmbHG² § 75 Rz 28; *Koppensteiner/Rüffler* § 75 Rz 12.
84 Weitergehend ua *Fischerlehner/Kunisch* in Frenzel, Gesellschafterwechsel 45 ff; *Schopper* in Gruber/Harrer, GmbHG² § 75 Rz 28.
85 *Fischerlehner/Kunisch* in Frenzel, Gesellschafterwechsel 81 f.
86 *Rauter* in Straube/Ratka/Rauter, GmbHG § 75 Rz 146/1: Alleinbesitz, qualifizierte Mehrheit, einfache Mehrheit, Sperrminorität, einfache Mehrheit.

§ 76. (1) Die Geschäftsanteile sind übertragbar und vererblich.

(2) ¹Zur Übertragung von Geschäftsanteilen mittels Rechtsgeschäftes unter Lebenden bedarf es eines Notariatsaktes. ²Der gleichen Form bedürfen Vereinbarungen über die Verpflichtung eines Gesellschafters zur künftigen Abtretung eines Geschäftsanteiles. ³Im Gesellschaftsvertrag kann die Übertragung von weiteren Voraussetzungen, insbesondere von der Zustimmung der Gesellschaft abhängig gemacht werden.

(3) ¹Die Übertragungsbefugnis schließt auch die Befugnis zur vertragsmäßigen Verpfändung in sich. ²Zu letzterer ist ein Notariatsakt nicht erforderlich.

idF BGBl I 2021/86

Literatur: *Adensamer*, Zur kollisionsrechtlichen Anknüpfung von Formfragen bei der Übertragung von GmbH-Geschäftsanteilen, wbl 2004, 508; *Aigner*, Unternehmenskauf – inwieweit gilt § 1409 ABGB für den Share-Deal? ecolex 2007, 16; *Aigner*, Unternehmenskauf – Besonderheiten der Erwerberhaftung des § 1409 ABGB beim Share-Deal, ecolex 2007, 93; *Artmann/Thiery*, GesbR neu – Auswirkungen für die Praxis, RdW 2016, 3; *M. Auer*, Zum Formgebot bei (treuhändiger) Übertragung eines GmbH-Anteils, JBl 2002, 441; *M. Auer*, Zur Formpflicht gem § 76 Abs 2 GmbHG, JBl 2011, 361; *Bachtrog*, Vererblichkeit von Geschäftsanteilen bei der GmbH, NZ 2005, 366; *K. Berger*, Vorsicht Falle: Änderung eines statutarischen Aufgriffsrechts bedarf der Notariatsaktsform!, RdW 1996, 195; *S. Berger*, Die Rom I-Verordnung – was im Vergleich zum EVÜ anders wird, AnwBl 2009, 113; *Birnbauer*, (Schwebend) unwirksame Anteilsabtretung: Mitteilung an das Firmenbuchgericht, GES 2006, 123; *Birnbauer*, Neufassung des GmbH-Gesellschaftsvertrages mit Begründung von Aufgriffsrechten unter Berücksichtigung der Judikaturänderung des OGH, GES 2011, 74; *Birnbauer*, Gesellschafteränderung bei einer gründungsprivilegierten GmbH, GES 2014, 244; *Birnbauer*, Gesellschafterwechsel nach Ausübung eines Aufgriffsrechts, GES 2018, 33; *Birnbauer*, Gesellschafterwechsel auf der Grundlage eines Vermächtnisses (Legats), GES 2019, 305; *Bittner*, Die Auslegung des neuen § 78 Abs 1 GmbH-Gesetz – ein Problem, das keines sein sollte, NZ 1991, 100; *Bittner/Fida/Rosam/Zwinscher*, Liegenschaftserwerb durch Anteilskauf aus zivil-, gesellschafts- und steuerrechtlicher Sicht (2008); *Blümel*, Der GmbH-Geschäftsanteil als zwingend vererblicher Vermögenswert, NZ 2019, 241; *Böhler*, Die Begründung von Sicherungsrechten an GmbH-Geschäftsanteilen, in FS *Koppensteiner* (2016) 39; *Breisch/Mitterecker*, Zur Wirksamkeit der Beurkundung eines GmbH-Gesellschaftsvertrags durch einen ausländischen Notar, wbl 2018, 367; *Bruckbauer*, Notariatsaktspflicht bei Anteilsübertragungen, ecolex 2002, 589; *Brugger*, Unternehmenserwerb (2014); *Brugger*, Abgabensparende Modelle beim GmbH-Anteilserwerb, ecolex 1991, 721; *Brugger*, Zur Formpflicht bei der Fristverlängerung für ein Angebot auf GmbH-Anteilsabtretung, NZ 1993, 1; *Brugger*,

Zur Reduktion der Formpflicht des § 76 Abs 2 GmbHG – eine Übersicht, NZ 2012, 257; *D. Bydlinski*, Anteilsübertragung und Notariatsaktspflicht, ecolex 2010, 1069; *P. Bydlinski*, Veräußerung und Erwerb von GmbH-Geschäftsanteilen (1991); *P. Bydlinski*, Zur Formpflicht bei der Übertragung von GmbH-Anteilen, NZ 1986, 241; *P. Bydlinski*, Die Notariatsaktspflicht 1850 und heute, NZ 1990, 289; *P. Bydlinski*, Der Erwerb von GmbH-Geschäftsanteilen, ÖJZ 1992, 85; *P. Bydlinski*, Aktuelle Judikatur zur Formpflicht beim Anteilserwerb (§ 76 Abs 2 GmbHG), RdW 1993, 98; *P. Bydlinski/F. Bydlinski*, Gesetzliche Formgebote für Rechtsgeschäfte auf dem Prüfstand (2001); *Cetin*, Treuhandbeteiligungen an GmbHs (2014); *Cetin*, Zur Formpflicht bei der Begründung von Treuhandverhältnissen, ecolex 2014, 1064; *Dehn*, Formnichtige Rechtsgeschäfte und ihre Erfüllung (1998); *Duursma-Kepplinger/Duursma*, Gesellschaftsvertragliche Aufgriffs- und Andienungsrechte im Konkursfall, in Buchegger (Hg), Beiträge zum Zivilprozeßrecht VI (2002) 175; *Eckert*, Insolvenz von Gesellschaftern, in Konecny (Hg), Insolvenzforum 2010 (2011) 59; *Entleitner*, Ausgewählte Beschränkungen der vertraglichen Gestaltungsfreiheit im GmbH-Recht, NZ 2018, 281; *Enzinger*, Beschränkungen der Verkehrsfähigkeit von Gesellschaftsbeteiligungen, in FS *Koppensteiner* (2016) 73; *Ettmayer*, Form- und Mehrheitserfordernisse bei Begründung von Aufgriffsrechten, ecolex 2011, 715; *Ettmayer/Walbert*, Die Generalversammlung im Ausland, ecolex 2011, 425; *Fantur/Zehetner*, Vinkulierte Geschäftsanteile, ecolex 2000, 428, 506; *G. Fellner*, OGH zu Registerpublizität der Urkundensammlung des Firmenbuches, RdW 2000/564, 582; *G. Fellner*, Erstreckung gesellschaftsvertraglicher Abtretungs- und Verfügungsverbote an GmbH-Geschäftsanteilen auf Fälle der Übertragung durch Abspaltung und Verschmelzung (Universalrechtsnachfolgevorgänge), GES 2008, 144; *G. Fellner*, Gesellschaftsrechtlich verankerte Abtretungs-, Verfügungs- und Verpfändungsverbote sowie Aufgriffsrechte auf dem Prüfstand der Firmenbuchgerichte – aktuelle Entwicklungen im GmbH-Gesellschaftsvertragsrecht, NZ 2010, 232; *Fichtinger/ St. Foglar-Deinhardstein*, Die Zulässigkeit von Lösungsklauseln für den Insolvenzfall nach dem IRÄG 2010, insbesondere bei Kreditgeschäften, ÖBA 2010, 818; *Fragner*, Ausgewählte Fragen des Aufgriffsrechts, GesRZ 2009, 155; *Frenzel*, Die Übertragung von GmbH-Geschäftsanteilen unter schwer nachprüfbaren aufschiebenden Bedingungen, GesRZ 2017, 24; *Frenzel/Gruber*, Schlüssige Gesellschafterzustimmung zur Übertragung vinkulierter Geschäftsanteile, ecolex 2016, 492; *Frizberg/Frizberg*, Die Formpflicht für die Regelung von Aufgriffsrechten für GmbH-Anteile durch satzungsändernden Gesellschafterbeschluss, ecolex 1996, 753; *Fuhrmann/Kerbl/Deininger*, Grunderwerbsteuer neu, immolex 2015, 238; *Geist*, Zur Wirkung von Veräußerungsbeschränkungen bei GmbH-Geschäftsanteilen, ÖJZ 1996, 414; *Gonaus/Schmidsberger*, Aufgriffsrechte für den Fall der Insolvenz eines Gesellschafters zulässig! RdW 2020, 896; *Gonaus/ Schmidsberger*, Aufgriffsrechte im Lichte der aktuellen Judikatur, RdW 2021, 607; *Gruber*, Studien zur Teleologie der notariellen Form, in Rechberger (Hg), Formpflicht und Gestaltungsfreiheit (2002) 55; *Hager-Rosenkranz*, Beschränkung der Übertragung von GmbH-Geschäftsanteilen in Exekution und Insolvenz, wbl 2006, 253; *Hartlieb/Saurer/Zollner*, SWK Spezial Gründungsprivilegierte GmbH (2014); *Hartlieb/Simonishvili/Zollner*, Aufgriffsrechte und

Gesellschafterinsolvenz – zugleich eine Besprechung von OGH 6 Ob 64/20k, ecolex 2021, 129; *Heidinger,* Haftung des Unternehmensveräußerers in der aktuellen Judikatur, SWK 1996, B 77; *Höller,* Übertragungsbeschränkungen für Geschäftsanteile im Konkurs des GmbH-Gesellschafters, ZIK 2004, 151; *Jabornegg,* Die Lehre vom Durchgriff im Recht der Kapitalgesellschaften, wbl 1989, 43; *Kalss* (Hg), Die Übertragung von GmbH-Geschäftsanteilen in 14 Rechtsordnungen Europas (2003); *Kalss,* Gesellschaftsrechtliche Implikationen des Grundverkehrsrechts, wobl 1996, 1; *Kalss,* Kapitalgesellschaftsrecht und Unternehmensnachfolge, in Kalss/Schauer (Hg), Unternehmensnachfolge (2001) 61; *Kalss,* Grenzüberschreitendes zur Übertragung von GmbH-Geschäftsanteilen, in FS *Priester* (2007) 353; *Kalss,* § 32 Nachfolge im Kapitalgesellschaftsrecht, in Gruber/Kalss/Müller/Schauer (Hg), Erbrecht und Vermögensnachfolge (2010) 1033; *Kalss,* Die mangelnde Anwendbarkeit der laesio enormis auf einen Aufgriffspreis im Gesellschaftsvertrag eines Familienunternehmens, GesRZ 2013, 244; *Kalss/Eckert,* Zivilprozessrechtliche und schiedsrechtliche Fragen um die Übertragung von GmbH-Anteilen, RdW 2007/148, 133; *Kalss/Eckert,* Gesellschaftsrecht und Insolvenzrecht, in Kodek/Konecny (Hg), Insolvenzforum 2007 (2008) 65; *Karollus/Artmann,* Zur Auslegung einer Vinkulierungsklausel – individuelles Zustimmungsrecht, Ersetzung der Zustimmung durch das Gericht und mittelbare Anteilsverschiebung, GesRZ 2001, 64; *Kastner,* Die Treuhand im österreichischen Recht, in FS *Hämmerle* (1972) 163; *Kepplinger/Duursma,* Gewährleistung beim Unternehmenskauf, ZfRV 2001, 86; *Kletečka,* Aufgriffsrechte, Optionsrechte und Anbote im Konkurs, GesRZ 2009, 82; *Konecny,* Das Insolvenzrechtsänderungsgesetz 2010, ZIK 2010, 82; *Koppensteiner,* Vinkulierungsklauseln in mittelbaren Beteiligungsverhältnissen, in FS *Druey* (2002) 427; *Koppensteiner,* Ist § 76 Abs 2 GmbHG auf die Veräußerung/Übertragung von Anteilen an einer ausländischen „GmbH" anwendbar? wbl 2019, 541; *Kornfehl/Nikolai,* Auslösung gesellschaftsvertraglicher Übertragungsbeschränkungen durch Treuhandverhältnisse, NZ 2021, 122; *Kralik,* Bemerkungen zum Veräußerungsverbot und zur Verpfändung nach § 76 GmbHG, in FS *Kastner* (1972) 215; *Kralik,* Auslandsbeurkundung bei Abtretung von österreichischen Gesellschaftsanteilen, IPRax 1990, 255; *Krejci,* Vinkulierte Namensaktien, ecolex 1992, 560; *Kurat,* Konzernwirkung von Vinkulierungsklauseln, GesRZ 2009, 92; *Lenneis,* Akkreszenz aufgrund von Nachfolgeklauseln bei der GmbH? RdW 1995, 415; *Lessiak,* Formgebundenheit der Übertragung von GmbH-Anteilen im Treuhandverhältnis? GesRZ 1988, 217; *Lux,* Zur Regelung statutarisch verankerter Aufgriffsrechte durch Mehrheitsbeschluß bei der GmbH, wbl 1995, 16; *Madl,* Publike Verpfändung von GmbH-Anteilen, ecolex 1998, 306; *Mohr/Eriksson/Michlits/Pesendorfer/Reichel,* Gesamtreform des Exekutionsrechts – GREx: Überblick über die Änderungen und die Exekution auf das bewegliche Vermögen in der neuen Fassung (2021); *Nitsche,* Insolvenzvorsorge in Gesellschaftsverträgen, in FS *Jelinek* (2002) 187; *Nowotny/Gelter,* „Bilanzklausel" und Unternehmenserwerb, GesRZ 2000, 63; *Nowotny/Schwarzinger,* Die Gestaltung der Unternehmensnachfolge bei Kapitalgesellschaften anhand von Fallbeispielen, in Bertl/Mandl/Mandl/Ruppe (Hg), Unternehmensnachfolge durch Erben und Vererben (1996) 121; *Oberlechner,* Wann ist ein Unternehmen mangelhaft? ecolex 2006, 628; *Puck,* Der Unternehmenskauf

(1996); *Rechberger*, Notarielle Beurkundungstätigkeit mit Auslandsbezug (1997); *Reich-Rohrwig*, Anpassung der Gesellschaftsverträge an die GmbHGNov 1980, ÖJZ 1981, 281; *Reich-Rohrwig*, Abtretungsanbote für GmbH-Geschäftsanteile – Steuerjudikatur und Gesellschaftsrecht, wbl 1987, 229; *Reich-Rohrwig*, Zur Heilung formunwirksamer Abtretungen von GmbH-Geschäftsanteilen, ecolex 1990, 546; *Reich-Rohrwig*, Tod eines GmbH-Gesellschafters vor Registrierung der GmbH, ecolex 1991, 389; *Reich-Rohrwig*, Verbreitung und Gesellschafterstruktur der GmbH in Österreich, in FS *Kastner* (1992) 371; *Reich-Rohrwig*, Übertragung vinkulierter Anteile, ecolex 1994, 757; *Reich-Rohrwig*, 100 Jahre GmbH-Gesetz, ecolex 2006, 488; *Reich-Rohrwig/Kurschel*, Änderungen des Aktien- und GmbH-Rechts, ecolex 1991, 22; *Reich-Rohrwig/Thiery*, Gewährleistungsfragen beim Anteilskauf, ecolex 1991, 89; *Rüffler*, Zweifelsfragen zu gesellschaftsvertraglichen Aufgriffsrechten für den Fall des Konkurses eines GmbH-Gesellschafters, wbl 2008, 353; *Schaschl*, Die Genehmigung des bedingten notariellen Verkaufes eines GmbH-Geschäftsanteiles ist nicht formgebunden, SWK 1997, W 11; *Schauer*, Die Distanzgründung der GmbH, NZ 1984, 53; *Schauer*, Worauf bezieht sich das Formgebot bei der Abtretung von GmbH-Anteilen? RdW 1986, 358; *Schauer*, Die GmbH in der Unternehmensnachfolge – der Geschäftsanteil im Spannungsfeld zwischen erbrechtlicher Nachfolge und gesellschaftsvertraglicher Steuerung, GesRZ-Spezial 2006 „100 Jahre GmbH", 33; *Schmidsberger*, Beschränkungen der Übertragung von Geschäftsanteilen, in Kalss/Rüffler (Hg), Satzungsgestaltung in der GmbH – Möglichkeiten und Grenzen (2005) 93; *Schmidsberger/Chalupsky/Duursma*, Unwirksamkeit von gesellschaftsvertraglichen Aufgriffsrechten im Falle der Insolvenz eines Gesellschafters? GES 2020, 3; *Schmidt/Andrieu*, Der verpfändete Kommanditanteil als Kreditsicherheit, ÖBA 2016, 631; *Schönherr*, Kann ein deutscher Notar die Übertragung von Geschäftsanteilen einer österreichischen GmbH rechtswirksam beurkunden? GesRZ 1985, 60; *Schopper/Walch*, Offene Fragen zur gründungsprivilegierten GmbH im System der Kapitalaufbringung, NZ 2014, 186; *Schopper/Walch*, Aufgriffsrechte in der Insolvenz eines GmbH-Gesellschafters, NZ 2019, 441; *Schopper/Walch*, Erbrechtliche Fragen zu Aufgriffsrechten bei GmbH-Geschäftsanteilen, NZ 2020, 161; *Schopper/Walch*, Zur Anwendbarkeit der §§ 1072 ff ABGB auf GmbH-Aufgriffsrechte, ecolex 2020, 519; *H. Schumacher*, Veräußerung gepfändeter GmbH-Geschäftsanteile, RdW 1996, 351; *Schummer*, Zum Formgebot bei Übertragung eines GmbH-Anteils, ecolex 1991, 319; *Schwimann*, Die Beurteilung der Form in Zivilrechtsfällen mit Auslandsberührung, NZ 1981, 65; *Schwimann*, Grundzüge des internationalen Gesellschaftsrechtes, GesRZ 1981, 142; *Stainer*, Die Gewährleistung beim Unternehmenskauf (1993); *Taufner*, Gesellschaftsvertragliche Ausschluss- und Aufgriffsrechte nach dem IRÄG 2010, GesRZ 2011, 157; *Taufner*, Pfandrechtswandlung bei Kapitalgesellschaftsanteilen – Grundlagen und Praxisfälle, ecolex 2016, 789; *Thierrichter*, Haftung des Verkäufers beim Anteilskauf, RdW 2012/341, 319; *Thöni*, Vertrags- und Gesetzesumgehung durch Treuhand an Gesellschaftsanteilen, ecolex 1992, 236; *Tichy*, Einführung und Aufhebung von Vinkulierungsklauseln und statutarischen Aufgriffsrechten mittels Mehrheitsbeschlusses? RdW 1998, 55; *H. Torggler*, Zur Verpfändung von GmbH-Geschäftsanteilen, GesRZ 1977, 77, 112; *H. Torggler*, Vertragliche Gestaltungen zur

Wahrung des Gesellschaftereinflusses, GesRZ 1990, 186; *H. Torggler*, Zur Verpfändung von Gesellschaftsanteilen, ÖBA 1998, 430; *U. Torggler*, Gestaltungsfreiheit bei der GmbH, GesRZ 2010, 185; *Trenker*, GmbH-Geschäftsanteile in Exekution und Insolvenz, JBl 2012, 281; *Trenker*, (Andere) Vermögensrechte nach dem Ministerialentwurf zur Gesamtreform des Exekutionsrechts, ecolex 2021, 317; *Trenkwalder*, Übertragung von Anteilen an österreichischen Gesellschaften mit beschränkter Haftung, in Kalss (Hg), Die Übertragung von GmbH-Geschäftsanteilen (2003) 23; *Umfahrer*, Die Treuhandschaft aus gesellschaftsrechtlicher Sicht, in Apathy (Hg), Die Treuhandschaft (1995) 69; *Umfahrer*, Formfragen bei Abänderung des GmbH-Vertrages, ecolex 1996, 99; *Umfahrer*, Aufgriffsrechte, Abfindungsregelungen und Vinkulierungsbestimmungen als Gestaltungsinstrumente im GmbH-Gesellschaftsvertrag, GesRZ-Spezial 2006 „100 Jahre GmbH", 28; *Umlauft*, Die Hinzu- und Anrechnung von Schenkungen im Erb- und Pflichtteilsrecht nach dem ErbRÄG 2015[2] (2018); *Umlauft*, Das Formgebot für die Begründung eines Aufgriffsrechtes nach dem GmbHG, GesRZ 1996, 170; *Umlauft*, Die Auswirkungen des Insolvenzrechts auf gesellschaftsvertragliche Aufgriffsrechte, GesRZ 2009, 4; *Umlauft*, Insolvenzeröffnung als gesellschaftsvertraglich vereinbarter Grund des Ausscheidens aus der Gesellschaft: Zulässigkeit nach IRÄG 2010? in FS *Roth* (2011) 845; *Umlauft*, Gesellschaftsvertragliche Aufgriffsrechte in der Insolvenz des Gesellschafters, NZ 2012, 289; *Unschuld*, Die Vererbung von Geschäftsanteilen in der GmbH (2008); *Vonkilch*, Immobilisierung von GmbH-Geschäftsanteilen durch Vorkaufsrechte? RdW 2019, 228; *Walch*, Die gründungsprivilegierte GmbH nach dem Abgabenänderungsgesetz 2014, ecolex 2014, 335; *Walch*, Zur Notariatsaktpflicht der Geschäftsanteilsübertragung bei zeitlichem Auseinanderfallen von Verpflichtungs- und Verfügungsgeschäft, NZ 2015, 126; *Warto*, Zum Modus bei der Übertragung von GmbH-Geschäftsanteilen, ÖJZ 2012, 437; *Weismann*, Übertragungsbeschränkungen bei GmbH-Geschäftsanteilen (2008); *Wiesinger*, Zur Verpfändung von GmbH-Geschäftsanteilen, ecolex 2011, 11; *Wilhelm*, Zur Gewährleistung beim Kauf eines Unternehmensanteils, RdW 1985, 266; *Wilhelm*, Zur Formalität verdeckter Schenkungen von GmbH-Anteilen, NZ 1994, 250; *Winkler/Mutz*, Untergang eines Pfandrechtes an einem Gesellschaftsanteil bei Umgründungen, RdW 2005/744, 662; *Wolkerstorfer*, Zur Publizität bei der Verpfändung von Forderungen, JBl 2011, 225, 288; *Zehetner/Zehetner*, Schutz vor unliebsamen Mitgesellschaftern: Vinkulierung von Geschäftsanteilen, GBU 2004/12/13, 48; *Zib*, Zur Verweigerung der Zustimmung zur Übertragung vinkulierter Aktien, in FS *Straube* (2009) 249; *Zib*, Auslandsbeurkundung bei Übertragung von Geschäftsanteilen österreichischer und deutscher GmbH, JBl 2013, 344.

Inhaltsübersicht

I. Übertragung und Vererbung von Geschäftsanteilen 1–41
  A. Grundsatz der freien Übertragbarkeit und Vererblichkeit (Abs 1) 1–4
  B. Übertragung durch Rechtsgeschäft unter Lebenden ... 5–11
  C. Übertragungsbeschränkungen 12–29

	1. Vinkulierung	12–23a
	2. Weitere Voraussetzungen – Aufgriffsrechte	24–29
D.	Rechtsfolgen der Übertragung	30–35
	1. Allgemeines	30
	2. Haftung des Erwerbers	31
	3. Gewährleistung	32–34
	4. Irrtum, List, laesio enormis	35
E.	Übertragung von Todes wegen	36–41
II.	Formerfordernisse (Abs 2)	42–67a
A.	Zweck der Formpflicht	42, 43
B.	Anwendungsbereich	44–51
C.	Treuhandverhältnisse	52–56
D.	Ausnahmen vom Formgebot	57–59
E.	Auslandsbezug	60–62
F.	Rechtsfolgen des Verstoßes gegen die Formpflicht	63–67a
	1. Unwirksamkeit	63
	2. Heilungsmöglichkeit	64–67a
III.	Verpfändung von Geschäftsanteilen (Abs 3)	68–76
IV.	Pfändung von Geschäftsanteilen	77–83a
V.	Steuern und Gebühren	84–88

I. Übertragung und Vererbung von Geschäftsanteilen

A. Grundsatz der freien Übertragbarkeit und Vererblichkeit (Abs 1)

1 Geschäftsanteile sind gem § 76 Abs 1 **übertragbar u vererblich**.

2 Eine **Einschränkung der freien Übertragbarkeit** durch Rechtsgeschäft unter Lebenden ergibt sich durch die in § 76 Abs 2 S 1 angeordnete Notariatsaktpflicht (Rz 42 ff). Darüber hinaus lässt § 76 Abs 2 S 3 gesellschaftsv Einschränkungen der freien Übertragbarkeit zu (Rz 12 ff). Auch der Erwerb v Gesellschaftsanteilen durch die Gesellschaft selbst ist gem § 81 nur beschränkt zulässig (s hiezu weiterführend § 81 Rz 11 ff). Die Eröffnung eines **Insolvenzverfahrens** über das Vermögen der Gesellschaft hindert die Veräußerung der Geschäftsanteile demgegenüber nicht.[1] Auch die **Pfändung** eines Geschäftsanteils steht dessen Veräußerung nicht entgegen (s hiezu auch Rz 80).[2]

---

1 OGH 9.7.1997, 3 Ob 188/97m.
2 OGH 8.11.1995, 3 Ob 186/94.

Ein genereller **Ausschluss der Übertragbarkeit** ist unzulässig.[3] Ein zeitlich befristetes Verbot der Übertragung an Nichtgesellschafter für einen Zeitraum v fünf Jahren nach Entstehen der Gesellschaft wurde seitens der Rsp jedoch für zulässig erachtet.[4] Eine weitere Ausnahme ist unter der Voraussetzung zuzulassen, dass der Ausschluss der Übertragbarkeit mit der Einräumung einer Kündigungsmöglichkeit verbunden wird.[5]

Ein **Ausschluss der Vererblichkeit** wird v hM u Rsp zutr als unzulässig angesehen. Der Geschäftsanteil fällt daher stets in die Verlassenschaft u ist in das Inventar aufzunehmen.[6]

B. Übertragung durch Rechtsgeschäft unter Lebenden

Die wirksame Übertragung eines Geschäftsanteils setzt ein **Verpflichtungs- u ein Verfügungsgeschäft** voraus. Diese können auch getrennt erfolgen.[7] Die Eintragung des Gesellschafterwechsels in das FB hat auf die Wirksamkeit der Übertragung keinen Einfluss.[8]

Das Zustandekommen des Rechtsgeschäfts ist nach den allg bürgerlich-rechtlichen Grundsätzen zu beurteilen.[9] Bei Trennung v **Anbot u Annahme** kommt das Rechtsgeschäft mit Zugehen des Notariatsaktes über die Annahme beim Anbotsteller zustande.[10] Bei befristetem Anbot ist es ausreichend, wenn der Notariatsakt über die Annahme innerhalb

---

3 OGH 2.4.1924, 3 Ob 205/24, SZ 6/133; *Rauter* in Straube/Ratka/Rauter, GmbHG § 76 Rz 25; *Koppensteiner/Rüffler*, GmbHG[3] § 76 Rz 3; *Schopper* in Gruber/Harrer, GmbHG[2] § 76 Rz 23.
4 *Rauter* in Straube/Ratka/Rauter, GmbHG § 76 Rz 25 mit Verweis auf OGH 23.5.1911, R VII 96/11 AC 3033.
5 *Kralik* in FS *Kastner* 215 (216); *Koppensteiner/Rüffler*, GmbHG[3] § 76 Rz 3.
6 RIS-Justiz RS0007884; *Schopper* in Gruber/Harrer, GmbHG[2] § 76 Rz 9; *Umfahrer*, GmbHG[7] Rz 15.15; *Zollner* in Torggler, GmbHG § 76 Rz 12; zur Zulässigkeit der Vereinbarung v Aufgriffsrechten bzw Übertragungspflichten für den Todesfall s Rz 40; allg zur Übertragung des Geschäftsanteils v Todes wegen s Rz 36 ff.
7 *Rauter* in Straube/Ratka/Rauter, GmbHG § 76 Rz 31; s hiezu auch Rz 45.
8 RIS-Justiz RS0059827; RS0112377; zu den Rechtswirkungen der Eintragung des Gesellschafterwechsels ins FB s § 78 Rz 1 ff.
9 *Koppensteiner/Rüffler*, GmbHG[3] § 76 Rz 11; *Schopper* in Gruber/Harrer, GmbHG[2] § 76 Rz 4.
10 RIS-Justiz RS0112377.

der Frist errichtet u der Anbotsteller gleichfalls innerhalb der Frist hierüber verständigt wird.[11]

7 Ein **gutgläubiger Erwerb** v Nichtberechtigten ist nach hM nicht möglich, uzw auch dann nicht, wenn der Veräußerer im FB eingetragen war.[12] Lediglich bei Scheingeschäften wird ein Gutglaubenserwerb ausnahmsweise für zulässig erachtet.[13] Auch ein gutgläubiger lastenfreier Erwerb ist nicht möglich.[14]

8 Inwieweit ein **rückwirkender Erwerb** eines Geschäftsanteils zulässig ist, ist nach den im Einzelfall betroffenen Rechten zu beurteilen.[15] Eine rückwirkende Abtretung v Gewinnansprüchen für vergangene Geschäftsjahre ist möglich,[16] eine rückwirkende Übertragung des Stimmrechtes demgegenüber nicht.[17]

9 **Vor Eintragung der Gesellschaft in das FB** bedürfen das Ausscheiden u der Eintritt eines Gesellschafters einer einstimmigen Änderung des GesV.[18] Zwar kann auch im Gründungsstadium eine Abtretungsvereinbarung in der Form eines Notariatsaktes vereinbart werden, doch wird diese Abtretung frühestens mit Eintragung der Gesellschaft in das FB wirksam.[19]

10 Die **Übertragung v Teilen eines Geschäftsanteils** durch Rechtsgeschäft unter Lebenden[20] bedarf gem § 79 Abs 1 S 1 der gesv vorgesehenen Erlaubnis (s hiezu weiterführend § 79 Rz 4 ff).

11 Auch Geschäftsanteile an einer **gründungsprivilegierten GmbH** (§ 10b) sind übertragbar.[21] Erwirbt ein Gesellschafter einen weiteren Geschäftsanteil hinzu, sind die gründungsprivilegierten Stammeinlagen zusammenzurechnen.[22] Im Fall der Teilung eines Geschäftsanteils gehen

---

11 RIS-Justiz RS0014085.
12 RIS-Justiz RS0010881; RS0010879; *Koppensteiner/Rüffler*, GmbHG³ § 76 Rz 11; *Zollner* in Torggler, GmbHG § 76 Rz 6.
13 *Reich-Rohrwig*, ecolex 2006, 488 (492).
14 RIS-Justiz RS0087044; *H. Torggler*, GesRZ 1977, 112 (114); *Koppensteiner/Rüffler*, GmbHG³ § 76 Rz 29.
15 *Koppensteiner/Rüffler*, GmbHG³ § 76 Rz 11.
16 OGH 30.10.1990, 8 Ob 643/90.
17 OGH 12.3.1992, 6 Ob 5/91.
18 RIS-Justiz RS0109197.
19 OGH 17.12.1997, 6 Ob 342/97f; *Reich-Rohrwig*, GmbHR I² Rz 1/41.
20 Zur Teilung des Geschäftsanteils im Erbfall s § 79 Rz 3 ff.
21 *Schopper/Walch*, NZ 2014/70, 186 (194); *Walch*, ecolex 2014, 335 (338).
22 *Rauter* in Straube/Ratka/Rauter, GmbHG § 76 Rz 24/1.

die gründungsprivilegierten Stammeinlagen anteilig auf die neuen Geschäftsanteile über.[23]

C. Übertragungsbeschränkungen

1. Vinkulierung

Die Übertragbarkeit v Geschäftsanteilen kann gem § 76 Abs 2 S 3 durch Vereinbarungen im GesV beschränkt werden. Beispielhaft nennt die Regelung die Bindung der Übertragung an die Zustimmung der Gesellschaft (sog **Vinkulierung**). Übertragungsbeschränkungen können jedoch auch in Nebenvereinbarungen (insb Syndikatsverträgen) vorgesehen sein.[24] Eine untersch Ausgestaltung – auch je nach Geschäftsanteil – ist zulässig.[25] **12**

Die **nachträgliche Einf** gesv Vinkulierungsklauseln ist zulässig, bedarf jedoch der Zustimmung aller betroffenen Gesellschafter. Gleiches gilt für die nachträgliche Verschärfung bestehender Vinkulierungsklauseln.[26] **13**

Die **nachträgliche Aufhebung oder Abschwächung** gesv Vinkulierungsklauseln bedarf jener Mehrheit, welche die betr Vinkulierungsklausel für die Zustimmung zur Anteilsübertragung vorsieht.[27] **14**

Die Vereinbarung v **Nebenleistungen** setzt gem § 8 Abs 2 u die Einräumung v **Entsendungsrechten in den AR** setzt gem § 30c Abs 2 jew die Vinkulierung der betr Anteile voraus.[28] **15**

Die **Eintragung** der Vinkulierung v Geschäftsanteilen **in das FB** ist nicht zulässig.[29] Eine gesv Vinkulierungsklausel **wirkt** jedoch auch ohne eine solche Eintragung **absolut**.[30] Bis zur – allenfalls auch nachträglichen – Genehmigung ist die beabsichtigte Übertragung schwebend un- **16**

---

23 *Schopper/Walch*, NZ 2014/70, 186 (195); *Walch*, ecolex 2014, 335 (338).
24 *Rauter* in Straube/Ratka/Rauter, GmbHG § 76 Rz 49.
25 *Fantur/Zehetner*, ecolex 2000, 428 (432).
26 OGH 27.4.2015, 6 Ob 4/15d.
27 *Tichy*, RdW 1998, 55 (59 f); *Weismann*, Übertragungsbeschränkungen 54; *Rauter* in Straube/Ratka/Rauter, GmbHG § 76 Rz 67; *Koppensteiner/Rüffler*, GmbHG³ § 76 Rz 4.
28 *Weismann*, Übertragungsbeschränkungen 44 ff; *Schopper* in Gruber/Harrer, GmbHG² § 76 Rz 22.
29 RIS-Justiz RS0113160.
30 *Rauter* in Straube/Ratka/Rauter, GmbHG § 76 Rz 75; *Koppensteiner/Rüffler*, GmbHG³ § 76 Rz 7; *Schopper* in Gruber/Harrer, GmbHG² § 76 Rz 26; *Umfahrer*, GmbHG⁷ Rz 15.27, 15.32.

wirksam.³¹ Eine bloß in einer Nebenvereinbarung (insb Syndikatsvertrag) vereinbarte Vinkulierung entfaltet keine absolute Wirkung.³² Wird dem erwerbswilligen Dritten die nebenvertragliche Vinkulierung jedoch bekannt gegeben, kann dieser unter Anwendung der Kollusionsregeln quasi-dingliche Wirkung zukommen.³³

17 Mangels abweichender Regelung im GesV bedarf die **Zustimmung zur Übertragung** keiner bestimmten Form.³⁴ Es handelt sich um eine empfangsbedürftige Willenserklärung, welche mit Zugang beim Veräußerer, Erwerber oder einem anderen an der Übertragung Beteiligten wirksam wird.³⁵ Wer die Zustimmungserklärung nach außen abzugeben hat, richtet sich primär nach dem GesV.³⁶ Mangels entspr Regelung wird nach überwiegender A die Zuständigkeit der Geschäftsführung angenommen.³⁷ Davon zu unterscheiden ist die (Innen-)Kompetenz zur Entscheidung über die Zustimmung, die mangels abweichender Regelung den Gesellschaftern zukommt.³⁸ Der bezughabende Gesellschafterbeschluss bedarf der einfachen Mehrheit, jedoch kann der GesV Abweichendes – etwa eine höhere Mehrheit oder die Zustimmung aller Gesellschafter – vorsehen.³⁹ Der veräußerungswillige Gesellschafter ist mangels Anwendbarkeit des § 39 Abs 4 stimmberechtigt.⁴⁰ Die Be-

---

31 RIS-Justiz RS0039034.
32 OGH 21.5.1997, 7 Ob 2350/96f.
33 *Fantur/Zehetner*, ecolex 2000, 506 (509); *Weismann*, Übertragungsbeschränkungen 167 f; *Rauter* in Straube/Ratka/Rauter, GmbHG § 76 Rz 78.
34 OGH 21.2.2008, 6 Ob 7/08k; *Fantur/Zehetner*, ecolex 2000, 428 (429); *Schopper* in Gruber/Harrer, GmbHG² § 76 Rz 24.
35 *Koppensteiner/Rüffler*, GmbHG³ § 76 Rz 6; *Schopper* in Gruber/Harrer, GmbHG² § 76 Rz 24; *Weismann*, Übertragungsbeschränkungen 84; **aA** *Fantur/Zehetner*, ecolex 2000, 428 (430): nur gegenüber dem Veräußerer abzugeben.
36 *Rauter* in Straube/Ratka/Rauter, GmbHG § 76 Rz 101.
37 *Weismann*, Übertragungsbeschränkungen 88 ff; *Koppensteiner/Rüffler*, GmbHG³ § 76 Rz 6; **aA** *Rauter* in Straube/Ratka/Rauter, GmbHG § 76 Rz 117: Zuständigkeit des entscheidenden Organs.
38 *Fantur/Zehetner*, ecolex 2000, 428 (429); *Weismann*, Übertragungsbeschränkungen 64 f; *Koppensteiner/Rüffler*, GmbHG³ § 76 Rz 5; *Rauter* in Straube/Ratka/Rauter, GmbHG § 76 Rz 103; *Umfahrer*, GmbHG⁷ Rz 15.29.
39 OGH 21.2.2008, 6 Ob 7/08k; *Reich-Rohrwig*, ecolex 1994, 757 (760); *Koppensteiner/Rüffler*, GmbHG³ § 76 Rz 6; *Schopper* in Gruber/Harrer, GmbHG² § 76 Rz 24; idS wohl auch *Umfahrer*, GmbHG⁷ Rz 15.29, 15.31.
40 OGH 14.11.1996, 2 Ob 2146/96v; *Fantur/Zehetner*, ecolex 2000, 428 (429); *Schopper* in Gruber/Harrer, GmbHG² § 76 Rz 25; *Koppensteiner/Rüffler*, GmbHG³ § 39 Rz 46.

schlussfassung im Umlaufwege gem § 34 ist zulässig.[41] Auch eine (bloß) konkludente Genehmigung kommt in Betracht.[42]

Die Entscheidung über die Zustimmung zur Übertragung kann auch **anderen Gesellschaftsorganen** wie GF, AR oder einem Beirat übertragen werden.[43] Eine Übertragung der Zustimmungskompetenz an Dritte ist demgegenüber nach überwiegender A unzulässig.[44] **18**

Vinkulierungsklauseln sind auch im Fall der Veräußerung v Geschäftsanteilen bei **Insolvenz** eines Gesellschafters oder der Gesellschaft anzuwenden.[45] **19**

Inwieweit **Treuhandvereinbarungen** der Zustimmungspflicht unterliegen, ist durch Auslegung der betr Vinkulierungsklausel zu ermitteln.[46] Eine Zustimmungspflicht ist tendenziell zu verneinen, wenn dem Treugeber nur wirtschaftliche Vorteile aus der Beteiligung zukommen sollen.[47] Demgegenüber wird eine Zustimmung erforderlich sein, wenn dem Treugeber wesentliche Einwirkungsmöglichkeiten auf die Ausübung der mit dem Geschäftsanteil verbundenen Verwaltungsrechte – insb auf das Stimmrecht – eingeräumt werden.[48] **20**

Die Vinkulierung umfasst nach zutr hA nicht die bloße Änderung der Beteiligungsverhältnisse bei einem beteiligten Gesellschafter (**mittelbare Anteilsverschiebung**), uzw auch dann nicht, wenn es sich bei dem betr Gesellschafter um eine reine Beteiligungsholding handelt.[49] Dieser Fallkonstellation ist daher durch spezifische, den Fall der dargestellten **21**

---

41 *Schopper* in Gruber/Harrer, GmbHG[2] § 76 Rz 24.
42 OGH 21.2.2008, 6 Ob 7/08k.
43 *Fantur/Zehetner*, ecolex 2000, 428 (428 f); *Rauter* in Straube/Ratka/Rauter, GmbHG § 76 Rz 101; *Koppensteiner/Rüffler*, GmbHG[3] § 76 Rz 5.
44 *Schopper* in Gruber/Harrer, GmbHG[2] § 76 Rz 25; abw *Kralik* in FS *Kastner* 215 (219 ff); ausf hiezu *Rauter* in Straube/Ratka/Rauter, GmbHG § 76 Rz 107.
45 *Höller*, ZIK 2004, 151 (154); *Rüffler*, wbl 2008, 353 (354); *Umlauft*, GesRZ 2009, 4 (7); *Schopper* in Gruber/Harrer, GmbHG[2] § 76 Rz 27; *Rauter* in Straube/Ratka/Rauter, GmbHG § 76 Rz 81; *Koppensteiner/Rüffler*, GmbHG[3] § 76 Rz 8.
46 *Schopper* in Gruber/Harrer, GmbHG[2] § 76 Rz 31.
47 *Thöni*, ecolex 1992, 236 (238 f); *Weismann*, Übertragungsbeschränkungen 215; *Rauter* in Straube/Ratka/Rauter, GmbHG § 76 Rz 86.
48 *Thöni*, ecolex 1992, 236 (236 ff); *Koppensteiner/Rüffler*, GmbHG[3] § 76 Rz 4.
49 *Koppensteiner/Rüffler*, GmbHG[3] § 76 Rz 4; *Schopper* in Gruber/Harrer, GmbHG[2] § 76 Rz 29; **aA** *Karollus/Artmann*, GesRZ 2001, 64 (66).

22 mittelbaren Anteilsverschiebung ausdrücklich umfassende Aufgriffsklauseln[50] zu begegnen.

22 Nach hA verhindert die Vinkulierung nicht die Übertragung v Geschäftsanteilen im Rahmen einer **Spaltung**.[51] Dem Vinkulierungsberechtigten stehen im Fall der Verletzung der Vinkulierungsklausel jedoch ggf Schadenersatzansprüche zu.[52]

23 Im Fall der **Verschmelzung** einer beteiligten Gesellschaft sind deren vinkulierte Anteile v der Gesamtrechtsnachfolge erfasst, ohne dass eine Zustimmung erforderlich wäre.[53]

23a Gesellschaftsvertragliche Vinkulierungsklauseln gelten auch für die Übertragung des Geschäftsanteils durch **Vermächtnis** oder **Schenkung auf den Todesfall**.[54]

2. Weitere Voraussetzungen – Aufgriffsrechte

24 Gemäß § 76 Abs 2 S 3 kann die Übertragung v Geschäftsanteilen – neben der Vinkulierung – v „weiteren Voraussetzungen" abhängig gemacht werden. Hiezu zählen zunächst etwa **bestimmte Qualifikationen**, welche der potentielle Erwerber eines Geschäftsanteils zu erfüllen hat (zB bestehende Gesellschafterstellung, Verwandtschaftsverhältnis oder Branchenzugehörigkeit).[55] Ebenso kann die Übertragung an bestimmte Personen (zB Konkurrenten der Gesellschaft) ausgeschlossen oder die Volleinzahlung der Stammeinlage als Bedingung für die Anteilsabtretung gefordert werden.[56]

---

50 S hiezu *Rauter* in Straube/Ratka/Rauter, GmbHG § 76 Rz 98 mwN.
51 *Kalss*, VSU³ § 14 SpaltG Rz 28 mit Verweis auf OGH 29.11.2007, 1 Ob 130/07k; *Micheler* in Doralt/Nowotny/Kalss, AktG³ § 62 Rz 18; *Fragner*, GesRZ 2009, 155 (162); für ein Zustimmungserfordernis (nur) bei Missbrauchs- oder Umgehungsfällen: *Koppensteiner/Rüffler*, GmbHG³ Anh § 101 Rz 35; für eine Prüfpflicht des FB-Gerichtes: *Rauter* in Straube/Ratka/Rauter, GmbHG § 76 Rz 93.
52 *Fantur/Zehetner*, ecolex 2000, 506 (511); *Weismann*, Übertragungsbeschränkungen 322; *Rauter* in Straube/Ratka/Rauter, GmbHG § 76 Rz 93.
53 OGH 29.11.2007, 1 Ob 130/07k.
54 *Rauter* in Straube/Ratka/Rauter, GmbHG § 76 Rz 70; *Haberer/Zehetner* in Artmann/Karollus, AktG⁶ § 62 Rz 34; *Micheler* in Doralt/Nowotny/Kalss, AktG³ § 62 Rz 18.
55 *Koppensteiner/Rüffler*, GmbHG³ § 76 Rz 9; *Zollner* in Torggler, GmbHG § 76 Rz 9.
56 *Rauter* in Straube/Ratka/Rauter, GmbHG § 76 Rz 123; zur Problematik eines generellen Ausschlusses der Übertragbarkeit s Rz 3.

Für zulässig erachtet werden weiters Regelungen, die allen oder einzelnen Gesellschaftern im Fall der Übertragung v Geschäftsanteilen **Vorkaufsrechte iSd § 1072 ABGB oder (sonstige) Aufgriffsrechte** einräumen.[57] Im Gegensatz zum Vorkaufsrecht kann ein Aufgriffsrecht bereits im Fall der **bloßen Veräußerungsabsicht** ausgelöst werden.[58] Aufgriffsrechte können weiters insb für den Fall des **Ablebens eines Gesellschafters**[59] (Rz 40) oder der **Änderung der Mehrheitsverhältnisse** bei einer als Gesellschafter beteiligten Gesellschaft[60] vorgesehen werden. Ebenso bei gesv vorgesehener **Kündigung der Gesellschaft** durch einen Gesellschafter[61] oder bei Vorliegen v **Ausschlussgründen**.[62] Ein **ipso-iure-Übergang** v Geschäftsanteilen kann gesv nicht angeordnet werden.[63]

25

Die **Höhe des** bei Ausübung des Aufgriffsrechts zu bezahlenden **Aufgriffspreises** kann – ebenso wie die weiteren Zahlungsmodalitäten – (gesellschafts-)vertraglich festgelegt werden.[64] Die hiebei geforderte Bestimmbarkeit des Aufgriffspreises setzt voraus, dass entweder der Wert des Geschäftsanteils bereits vordefiniert oder das Verfahren einschließlich der Bewertungsmethode vertraglich vorgegeben ist.[65] Fehlt eine Regelung über die Höhe des Aufgriffspreises, so ist iZw der volle objektive Verkehrswert des zu erwerbenden Geschäftsanteils zu entrichten.[66]

26

Die **Beschränkung des Aufgriffspreises** auf einen unter dem Verkehrswert des Geschäftsanteils liegenden Betrag – etwa auf den anteiligen Buchwert oder den anteiligen steuerlichen Einheitswert des Unternehmens – ist zulässig, sofern hiedurch nicht in sittenwidriger Weise Gläubigerinteressen beeinträchtigt werden.[67] Ist durch die Ausgestal-

27

---

57 RIS-Justiz RS0020381; *Schopper* in Gruber/Harrer, GmbHG² § 76 Rz 32; zur Anwendung der §§ 1072 ff ABGB auf gesv Aufgriffsrechte: *Schopper/Walch*, ecolex 2020, 519.
58 *Rauter* in Straube/Ratka/Rauter, GmbHG § 76 Rz 135.
59 RIS-Justiz RS0059750.
60 *Rauter* in Straube/Ratka/Rauter, GmbHG § 76 Rz 136.
61 RIS-Justiz RS0059745.
62 OGH 22.2.1996, 6 Ob 657/95.
63 RIS-Justiz RS0007884; RS0124080; *Umfahrer*, GmbH⁷ Rz 15.35; aA *Lenneis*, RdW 1995, 415 (415 f).
64 *Umfahrer*, GmbH⁷ Rz 15.40.
65 *Umfahrer*, GmbH⁷ Rz 15.41.
66 RIS-Justiz RS0118023.
67 OGH 16.9.2020, 6 Ob 64/20k; *Umfahrer*, GmbH⁷ Rz 15.42; *Warto*, ÖJZ 2012, 437 (444); *Schopper/Walch*, NZ 2019, 441 (443 f); *Schmidsberger/*

tung der Aufgriffsregelung die Chance auf begünstigten Erwerb eines Geschäftsanteils – zB bei großem Altersunterschied der Gesellschafter u Bestehen eines ermäßigten Aufgriffsrechts für den Todesfall – offenbar unausgewogen verteilt oder ist überhaupt eine (zumindest tw) unentgeltliche Aufgriffsmöglichkeit vereinbart, so sind auch allfällige pflichtteilsrechtliche Konsequenzen zu berücksichtigen.[68]

28 Nach zutr Rsp u hM kann eine Aufgriffsregelung auch für den **Fall der Insolvenz eines Gesellschafters** wirksam vereinbart werden, sofern jene gesv verankert u somit mit absoluter Wirkung ausgestattet ist.[69] Aus dem Blickwinkel der Gläubigerbenachteiligung sittenwidrig u folglich unwirksam ist jedoch eine Abfindungsklausel, welche gerade für den Fall der Insolvenz einen niedrigeren Aufgriffspreis vorsieht.[70] Dieselben Grundsätze gelten für den Aufgriffsfall der **exekutiven Pfändung** des Geschäftsanteils eines Gesellschafters (s hiezu auch Rz 83a).[71]

28a Unter dem Gesichtspunkt des Gläubigerschutzes müssen daher freiwilliges Ausscheiden u das Ableben eines Gesellschafters einerseits sowie Exekution bzw Insolvenz andererseits als erfasste Fälle der Abfindungsregelung **gleich behandelt** werden (Gleichbehandlungsgebot). Sieht die Abfindungsklausel eine Beschränkung unter den Verkehrswert (Schätzwert) des Geschäftsanteils in den Fällen der Exekution bzw Insolvenz des Gesellschafters vor, ist daher erforderlich, dass sie nicht nur in diesen Fällen greift, sondern eine entspr Reduktion des Abfindungsanspruchs für jede Konstellation des freiwilligen (insb der Anteilsüber-

---

Chalupsky/Duursma, GES 2020, 3 (6); *Hartlieb/Simonishvili/Zollner*, ecolex 2021, 129 (131).

68 Weiterführend *Umlauft*, Hinzu- und Anrechnung², 267 ff; *Umfahrer*, GmbH⁷ Rz 15.44 ff; *Schopper/Walch*, NZ 2020, 161; vgl auch *H. Foglar-Deinhardstein/Feldscher* in Adensamer/Mitterecker, HB GesStreit, Rz 11/117.

69 OGH 16.9.2020, 6 Ob 64/20k; *Umlauft*, NZ 2012/110, 289 (295 ff); *Trenker*, JBl 2012, 281 (288); *Schopper/Walch*, NZ 2019, 441 (443); *Hartlieb/Simonishvili/Zollner*, ecolex 2021, 129 (130); *Koppensteiner/Rüffler*, GmbHG³ § 76 Rz 10; aA *Konecny*, ZIK 2010, 82 (86).

70 OGH 16.3.2007, 6 Ob 142/05h; 30.3.2016, 6 Ob 35/16i; 16.9.2020, 6 Ob 64/20k; *H. Foglar-Deinhardstein/Feldscher* in Adensamer/Mitterecker, HB GesStreit, Rz 11/118; *Umlauft*, GesRZ 2009, 4 (5); *Schopper/Walch*, NZ 2019, 441 (443); *Schmidsberger/Chalupsky/Duursma*, GES 2020, 3 (6); *Hartlieb/Simonishvili/Zollner*, ecolex 2021, 129 (131 f); *Koppensteiner/Rüffler*, GmbHG³ § 76 Rz 10.

71 *Koppensteiner/Rüffler*, GmbHG³ § 76 Rz 32; *Schopper* in Gruber/Harrer, GmbHG² § 76 Rz 33.

tragung) u des unfreiwilligen Ausscheidens des Gesellschafters vorsieht.[72]

Das **Gleichbehandlungsgebot** hinsichtlich der Höhe des Abfindungsanspruches (Rz 28a) bezieht sich nach der Rsp nicht nur auf Fälle der Ausübung eines gesv Aufgriffsrechts, sondern auf **sämtliche Fälle** gesv geregelter Gesellschafterwechsel.[73] Folglich wäre es nach der Rsp daher unzulässig, wenn für nicht v Aufgriffsrechten betroffene Fälle eines Gesellschafterwechsels (etwa der zustimmungsfreien Abtretung an Familienangehörige) die Beschränkung der Höhe des Abfindungsanspruchs nicht greift u diesfalls – sei es auch nur im Wege der freien Vereinbarung – ein höherer Abtretungspreis als im Fall der Exekution bzw Insolvenz erzielt werden könnte.[74] 28b

Sofern Vorkaufs- bzw Aufgriffsrechte im GesV verankert sind, wirken diese als **dingliche Verfügungsverbote** u somit absolut.[75] Widersprechende Verfügungsgeschäfte sind daher – auch bei Gutgläubigkeit des Dritten – unwirksam.[76] 29

D. Rechtsfolgen der Übertragung

1. Allgemeines

Mit dem **Abschluss des Verfügungsgeschäftes** ist der Geschäftsanteil an den Erwerber abgetreten.[77] Die Eintragung des Erwerbers ins FB ist für den Anteilserwerb nicht erforderlich.[78] Gegebenenfalls ist die pflegschaftsgerichtliche Genehmigung einzuholen, welche nach der Rsp bei bloßer Teileinzahlung der Stammeinlage zu verweigern ist.[79] 30

---

72 OGH 16.9.2020, 6 Ob 64/20k; *H. Foglar-Deinhardstein/Feldscher* in Adensamer/Mitterecker, HB GesStreit, Rz 11/121.
73 OGH 12.5.2021, 6 Ob 86/21x.
74 Ausf hiezu *Gonaus/Schmidsberger*, RdW 2021, 607.
75 RIS-Justiz RS0020381; *Koppensteiner/Rüffler*, GmbHG³ § 76 Rz 9; *Schopper* in Gruber/Harrer, GmbHG² § 76 Rz 32; *Rauter* in Straube/Ratka/Rauter, GmbHG § 76 Rz 147.
76 OGH 9.4.1992, 8 Ob 631/90; *Umfahrer*, GmbH⁷ Rz 15.27; *Rauter* in Straube/Ratka/Rauter, GmbHG § 76 Rz 147.
77 *Koppensteiner/Rüffler*, GmbHG³ § 76 Rz 11.
78 RIS-Justiz RS0112377; zu den Rechtswirkungen der Eintragung des Gesellschafterwechsels ins FB s § 78 Rz 1 ff.
79 RIS-Justiz RS0048140.

2. Haftung des Erwerbers

31 Im Fall der Übertragung v Geschäftsanteilen tritt der Erwerber in die Rechtsstellung des Veräußerers ein. Der Anteilserwerber haftet gem § 78 Abs 2 solidarisch mit dem Veräußerer für die im Zeitpunkt der Anmeldung des Geschäftsanteilsüberganges bereits **fälligen Einlagepflichten** (s hiezu § 78 Rz 15 ff). Ist der übertragene Geschäftsanteil v einer **verdeckten Sacheinlage** betroffen, so haftet der Erwerber gemeinsam mit dem Veräußerer für die diesfalls nicht erfüllte Bareinlagenverpflichtung.[80] Weiters kann es gem § 1409 ABGB zur **Haftung des Erwerbers für Schulden des Veräußerers** kommen, wenn letzterer neben dem übertragenen Geschäftsanteil kein oder nur unbedeutendes Vermögen hat.[81] Die Erstattungsverpflichtung des Empfängers einer verbotenen Einlagenrückgewähr gem § 83 Abs 1 geht demgegenüber grds nicht auf den Anteilserwerber über.[82]

3. Gewährleistung

32 Für den Geschäftsanteilskauf sind die Gewährleistungsbestimmungen des bürgerlichen Rechts – sohin insb §§ 922 ff ABGB – anwendbar.[83] Verschafft der Verkäufer dem Käufer daher nicht die geschuldete Rechtsposition am Geschäftsanteil, hat der Verkäufer für einen **Rechtsmangel** einzustehen.[84]

33 Der **Kauf aller Anteile an einer Gesellschaft** ist dem Kauf des v der Gesellschaft betriebenen Unternehmens gleichgestellt, sodass in diesem Fall die für einen Unternehmenskauf geltenden Gewährleistungsregeln anzuwenden sind. Der Veräußerer haftet diesfalls – mangels abweichender Parteienvereinbarung – auch für Mängel des v der Gesellschaft betriebenen Unternehmens.[85] Gleiches gilt auch im Fall des Erwerbs einer Mehrheitsbeteiligung, wenn diese dem Anteilserwerber eine beherrschende Stellung über die Gesellschaft verschafft (was idR bei einer Beteiligung v mind 75 % der Fall ist).[86]

---

80 *Schopper* in Gruber/Harrer, GmbHG[2] § 76 Rz 12.
81 *Aigner*, ecolex 2007, 16 (16 ff), 93 (93 ff).
82 *Koppensteiner/Rüffler*, GmbHG[3] § 83 Rz 6; *Auer* in Gruber/Harrer, GmbHG[2] § 83 Rz 10; s weiterführend § 83 Rz 9 u § 82 Rz 67.
83 RIS-Justiz RS0018635.
84 *Reich-Rohrwig/Thiery*, ecolex 1991, 89 (90); *Schopper* in Gruber/Harrer, GmbHG[2] § 76 Rz 13.
85 RIS-Justiz RS0018662.
86 *Walch*, NZ 2013/78, 171 (174); *Puck*, Unternehmenskauf 23; *Stainer*, Gewährleistung beim Anteilskauf 126 f.

Die Gewährleistungsfrist für den Anteilskauf beträgt zwei Jahre. **34**
Nach nunmehr hL gilt dies auch für den Fall, dass der Anteilskauf einem
Unternehmenserwerb gleichzusetzen ist (Rz 33).[87]

4. Irrtum, List, laesio enormis

Für die Anfechtung der Übertragung eines Geschäftsanteils wegen Irr- **35**
tums, Arglist oder laesio enormis gelten die allg zivilrechtlichen Grundsätze.[88]

E. Übertragung von Todes wegen

Durch den **Tod eines Gesellschafters** wird die Gesellschaft nicht auf- **36**
gelöst.[89] Aufgrund der zwingenden Vererblichkeit des Geschäftsanteils
(Rz 4) fällt dieser – ohne dass es einer entspr Satzungsbestimmung bedarf – in die Verlassenschaft.[90] Dies gilt auch im Fall des Ablebens eines
Gesellschafters im Gründungsstadium.[91] Die Gesellschafterrechte u
-pflichten sind während der Verlassenschaftszugehörigkeit des Geschäftsanteils durch den zur Vertretung der Verlassenschaft Berechtigten
auszuüben.[92] Die Verlassenschaft ist bis zur Einantwortung als Gesellschafterin im FB einzutragen.[93]

Von der Rechtsnachfolge v Todes wegen ausgeschlossen sind **37**
höchstpersönliche Rechte des verstorbenen Gesellschafters, wie etwa
ein erhöhter Gewinnanspruch für besonders aufopferungsvolle Tätigkeit, ein aus persönlichen Gründen eingeräumtes Kündigungsrecht oder
ein Sonderrecht auf Geschäftsführung.[94]

---

87 *P. Bydlinski* in Koziol/Bydlinski/Bollenberger, ABGB[6] § 933 Rz 2; *Ofner* in
Schwimann/Kodek, ABGB[4] § 933 Rz 6.
88 *Rauter* in Straube/Ratka/Rauter, GmbHG § 76 Rz 169 f; *Schopper* in Gruber/
Harrer, GmbHG[2] § 76 Rz 17.
89 *Reich-Rohrwig*, GmbHR 621; *Koppensteiner/Rüffler*, GmbHG[3] § 76 Rz 14.
90 RIS-Justiz RS0007884.
91 *Reich-Rohrwig*, ecolex 1991, 389 (389 f); *Koppensteiner/Rüffler*, GmbHG[3]
§ 76 Rz 15.
92 RIS-Justiz RS0086640.
93 *Reich-Rohrwig*, GmbHR I[2] Rz 2/275; *Koppensteiner/Rüffler*, GmbHG[3] § 26
Rz 5; *Verweijen* in Straube/Ratka/Rauter, GmbHG § 26 Rz 2.
94 *Rauter* in Straube/Ratka/Rauter, GmbHG § 76 Rz 234; *Unschuld*, Vererbung
10; weiterführend zu Sonderrechten s § 75 Rz 22 ff.

38 Mit **rechtskräftiger Einantwortung** geht der Geschäftsanteil im Wege der Gesamtrechtsnachfolge auf die Erben über, ohne dass es eines weiteren Übertragungsaktes bedarf.[95] Wird der Geschäftsanteil unter den Erben nicht gem § 79 geteilt, ist § 80 anwendbar.[96]

39 Der Gesellschaft ist der durch die Vererbung bedingte **Inhaberwechsel** – etwa durch Vorlage des Einantwortungsbeschlusses oder einer Amtsbestätigung nach § 182 Abs 3 AußStrG – nachzuweisen.[97] Die GF haben gem § 26 Abs 1 die erforderlichen Änderungen zum FB anzumelden.[98]

40 Die Vereinbarung v **Aufgriffsrechten bzw Übertragungspflichten** für den Todesfall ist zulässig.[99] Die Rechtsnachfolger v Todes wegen sind diesfalls verpflichtet, mit den übrigen Gesellschaftern einen entspr Abtretungsvertrag abzuschließen.[100] Eine Klausel, wonach der Geschäftsanteil im Todesfall *ipso iure* den Mitgesellschafter zufällt, ist demgegenüber unzulässig.[101]

41 Der Geschäftsanteil kann Gegenstand eines **Vermächtnisses** sein. Dem Vermächtnisnehmer steht ein schuldrechtlicher Übertragungsanspruch gegenüber der Verlassenschaft bzw – nach Einantwortung – gegenüber den Erben zu.[102] Im Fall des Vorliegens einer Amtsbestätigung des Verlassenschaftsgerichts gem § 182 Abs 3 AußStrG bedarf die Übertragung des Geschäftsanteils auf den Vermächtnisnehmer keines gesonderten Notariatsakts.[103]

---

95 RIS-Justiz RS0107761; *Umfahrer*, GmbH⁷ Rz 15.16; *Unschuld*, Vererbung 10.
96 *Koppensteiner/Rüffler*, GmbHG³ § 76 Rz 15.
97 OGH 15.2.2000, 5 Ob 110/99h; *Reich-Rohrwig*, GmbHR I² Rz 2/275.
98 *Koppensteiner/Rüffler*, GmbHG³ § 76 Rz 15; *Schopper* in Gruber/Harrer, GmbHG² § 76 Rz 10; s hiezu *Birnbauer*, GES 2019, 305.
99 RIS-Justiz RS0059750.
100 *Schopper* in Gruber/Harrer, GmbHG² § 76 Rz 9; *Rauter* in Straube/Ratka/Rauter, GmbHG § 76 Rz 239.
101 RIS-Justiz RS0007884; RS0124080; *H. Foglar-Deinhardstein/Feldscher* in Adensamer/Mitterecker, HB GesStreit, Rz 11/117; *Umfahrer*, GmbH⁷ Rz 15.15; **aA** *Lenneis*, RdW 1995, 415 (415 f).
102 RIS-Justiz RS0060184; *Schopper* in Gruber/Harrer, GmbHG² § 76 Rz 9.
103 RIS-Justiz RS0107761; s hiezu auch Rz 57.

II. Formerfordernisse (Abs 2)

A. Zweck der Formpflicht

Gemäß § 76 Abs 2 S 1 bedarf die Übertragung eines Geschäftsanteils 42
durch Rechtsgeschäft unter Lebenden der Notariatsaktform. Diese Bestimmung ist **zwingend**. Weder der GesV noch die Vertragsparteien können die Übertragung formfrei stellen.[104] Der Notariatsaktform wird auch durch die **Solennisierung einer Privaturkunde (§ 54 NO)** entsprochen.[105]

Primärer Normzweck der Formpflicht ist nach hA die **Immobilisierung** des Geschäftsanteils, also die Unterbindung seiner Umlauffähigkeit im Handelsverkehr, insb im Börsenhandel.[106] Als weitere Formzwecke werden der **Schutz des Geschäftspartners vor Übereilung** sowie die zweifelsfreie **Feststellbarkeit der Identität** des jew Gesellschafters für die Gesellschaft anerkannt.[107]

B. Anwendungsbereich

Die Formpflicht bezieht sich nach hA **sowohl** auf das **Verpflichtungs-** 44
als auch auf das **Verfügungsgeschäft**.[108]

Verpflichtungs- u Verfügungsgeschäft fallen in der Praxis regelmäßig 45
zusammen. § 76 Abs 2 S 2 unterstellt jedoch ausdrücklich auch Vereinbarungen über die **Verpflichtung zur künftigen Abtretung** eines Geschäftsanteils der Formpflicht u berücksichtigt somit auch jene Fälle, in denen Verpflichtungs- u Verfügungsgeschäft auseinanderfallen.[109] Werden im Abtretungsvertrag daher *signing* u *closing* getrennt, kann nach

---

104 RIS-Justiz RS0086631; *Schopper* in Gruber/Harrer, GmbHG² § 76 Rz 34; *Rauter* in Straube/Ratka/Rauter, GmbHG § 76 Rz 176; *Umfahrer*, GmbH⁷ Rz 15.9.
105 OGH 28.2.2018, 6 Ob 167/17b.
106 *Koppensteiner/Rüffler*, GmbHG³ § 76 Rz 16; *Rauter* in Straube/Ratka/Rauter, GmbHG § 76 Rz 14; *Schopper* in Gruber/Harrer, GmbHG² § 76 Rz 34.
107 RIS-Justiz RS0060234; *Zollner* in Torggler, GmbHG § 76 Rz 14.
108 RIS-Justiz RS0113159; RS0115336; *Koppensteiner/Rüffler*, GmbHG³ § 76 Rz 17; *Umfahrer*, GmbH⁷ Rz 15.10; *Rauter* in Straube/Ratka/Rauter, GmbHG § 76 Rz 188.
109 *Rauter* in Straube/Ratka/Rauter, GmbHG § 76 Rz 189; *Koppensteiner/Rüffler*, GmbHG³ § 76 Rz 17.

dem *signing* (Verpflichtungsgeschäft) ein weiterer Notariatsakt für das Verfügungsgeschäft (Übertragung, *closing*) erforderlich werden.[110] Unter dem Gesichtspunkt der mit der Notariatsaktform verfolgten zweifelsfreien Feststellbarkeit der Identität des jew Gesellschafters für die Gesellschaft (s Rz 43) ist der Abschluss eines Verfügungsgeschäftes unter einer unklaren aufschiebenden Bedingung problematisch.[111]

46 Dementsprechend unterliegen alle **Rechtsgeschäfte, die auf die – auch künftige – Abtretung v Geschäftsanteilen** gerichtet sind, der Notariatsaktpflicht.[112] Dem Formgebot unterliegen daher insb Vorkaufsrechte, Wiederkaufsrechte, Optionsrechte sowie andere Aufgriffsrechte,[113] Verpflichtungen zur künftigen Über- bzw Rücknahme v Geschäftsanteilen,[114] Vorverträge,[115] Verpflichtungen zur Übertragung v Geschäftsanteilen an Dritte, die Zession des Anspruchs auf Übertragung eines Geschäftsanteils, die Einbringung eines Geschäftsanteils[116] sowie die gesv vorgesehene Übertragung des Geschäftsanteils nach Ausschluss des Gesellschafters.[117] Auch die Ausübung v Aufgriffsrechten ist formpflichtig.[118] Ebenso bedarf die Rückabtretung eines Geschäftsanteils an den Veräußerer[119] sowie die Verpflichtung zur Übertragung eines künftig entstehenden oder zu erwerbenden Geschäftsanteils eines Notariatsaktes.[120] Der **Verzicht auf die**

---

110 OGH 23.4.2020, 6 Ob 59/20z; ausf hiezu *Aburumieh/Hoppel*, Besprechung zu OGH 6 Ob 59/20z, GesRZ 2020, 423.
111 Für die Unwirksamkeit eines mit einer unklaren Bedingung versehenen Verfügungsgeschäftes: *Walch*, NZ 2015, 126 (133); *Schopper* in Gruber/Harrer, GmbHG² § 76 Rz 35 FN 192; **aA** *Warto*, ÖJZ 2012, 437 (444); *Rauter* in Straube/Ratka/Rauter, GmbHG § 76 Rz 37/1.
112 RIS-Justiz RS0059756; RS0059900.
113 OGH 28.8.2003, 8 Ob 259/02z; 19.10.1999, 4 Ob 255/99z; *Dehn*, Formnichtige Rechtsgeschäfte 120 f.
114 OGH 25.9.2002, 7 Ob 182/01t; 19.10.1999, 4 Ob 255/99z.
115 OGH 4.9.2002, 9 Ob 165/02h.
116 *Koppensteiner/Rüffler*, GmbHG³ § 76 Rz 19; *Rauter* in Straube/Ratka/Rauter, GmbHG § 76 Rz 192 f.
117 OGH 22.10.2020, 6 Ob 63/20p.
118 OGH 25.10.2017, 6 Ob 180/17i; 26.4.1990, 6 Ob 542/90; offen lassend 19.12.2012, 6 Ob 233/12a; *Schopper* in Gruber/Harrer, GmbHG² § 76 Rz 35; *Rauter* in Straube/Ratka/Rauter, GmbHG § 76 Rz 144; **aA** wohl *Umfahrer*, GesRZ-Spezial 2006, 28 (29).
119 RIS-Justiz RS0113159.
120 *Koppensteiner/Rüffler*, GmbHG³ § 76 Rz 19; *Rauter* in Straube/Ratka/Rauter, GmbHG § 76 Rz 195; *Schopper* in Gruber/Harrer, GmbHG² § 76 Rz 35.

Ausübung v Aufgriffsrechten unterliegt demgegenüber nicht der Formpflicht.[121]

Befindet sich im Gesellschaftsvermögen einer GesbR ein Geschäftsanteil, so unterliegt die **Übertragung eines GesbR-Anteils** u jede sonstige Begr der Gesellschafterstellung in einer solchen GesbR gleichfalls der Formpflicht.[122]   **46a**

Anbot u Anbotsannahme unterliegen jew der Formpflicht.[123] Auch die Verlängerung der Anbotsfrist ist notariatsaktpflichtig.[124] Für die Fristwahrung ist es ausreichend, wenn der Notariatsakt über die Annahme innerhalb der Frist errichtet u der Anbotsteller gleichfalls innerhalb der Frist hievon unterrichtet wurde, sofern der Notariatsakt sodann binnen angemessener oder gewährter Frist nachgereicht wird.[125] Die (einvernehmliche) **Aufhebung eines Anbots** auf Abtretung eines Geschäftsanteils ist demgegenüber formfrei möglich, da die bestehende Zuordnung des Anteils zum Anbotsteller nicht verändert wird.[126] Gleiches gilt für die **Verkürzung einer vereinbarten Bindungsfrist**.[127]   **47**

Der Formpflicht unterliegen jene **Vertragsbestandteile**, bei welchen dies im Hinblick auf den Zweck der Formpflicht (Rz 43) geboten erscheint.[128] Dies ist nicht zwingend gleichbedeutend mit den *essentialia negotii*, da nach Rsp u hA die Gegenleistung – insb also der Kaufpreis – nicht v Formgebot umfasst ist.[129] Der Rechtsgrund der Abtretungsver-   **48**

---

121 OGH 29.11.2016, 6 Ob 214/16p; *Warto*, ÖJZ 2012/45, 437 (446); *Rauter* in Straube/Ratka/Rauter, GmbHG § 76 Rz 144.
122 *Rauter* in Straube/Ratka/Rauter, GmbHG § 76 Rz 190/2; *Schopper* in Gruber/Harrer, GmbHG² § 76 Rz 35; aA *Artmann/Thiery*, RdW 2016, 3 (6).
123 OGH 17.12.2020, 6 Ob 240/20t; 25.11.2020, 6 Ob 198/20s; 2.2.1994, 6 Ob 502/94; 15.4.1980, 4 Ob 517/80; *Koppensteiner/Rüffler*, GmbHG³ § 76 Rz 18; *Zollner* in Torggler, GmbHG § 76 Rz 16; aA *P. Bydlinski*, Veräußerung 41.
124 *Brugger*, NZ 1993, 1 (2 ff); *Brugger*, NZ 2012/90, 257 (259); *Schopper* in Gruber/Harrer, GmbHG² § 76 Rz 36.
125 RIS-Justiz RS0014085.
126 IdS auch *Rauter* in Straube/Ratka/Rauter, GmbHG § 76 Rz 190.
127 OGH 29.11.2016, 6 Ob 214/16p.
128 OGH 15.5.2001, 5 Ob 41/01t; 25.9.2002, 7 Ob 182/01t; 17.12.2020, 6 Ob 186/20a; *Rauter* in Straube/Ratka/Rauter, GmbHG § 76 Rz 207.
129 RIS-Justiz RS0115337; *P. Bydlinski*, Veräußerung 66 f; *Koppensteiner/Rüffler*, GmbHG³ § 76 Rz 20; *Rauter* in Straube/Ratka/Rauter, GmbHG § 76 Rz 208; aA *Wilhelm*, NZ 1994, 250.

pflichtung muss im Notariatsakt nicht angeführt werden.[130] Die genaue Bezeichnung v Geschäftsanteil, Veräußerer u Erwerber im Notariatsakt ist daher ausreichend.[131]

49 Vereinbarungen über **Abtretungsverbote oder Abtretungsbeschränkungen** sind nicht formpflichtig.[132] Gleiches gilt für den **Auftragsvertrag** über die Beschaffung oder Veräußerung eines Geschäftsanteils.[133]

50 Für die nachträgliche **Begr eines gesv Aufgriffsrechts** ist die Beurkundung durch notarielles Protokoll ausreichend.[134] Dies gilt auch dann, wenn das Aufgriffsrecht als bloß formeller Satzungsbestandteil zu qualifizieren ist.[135]

51 Die **Vollmacht** zur Übernahme der Verpflichtung zur Übertragung oder zum Erwerb eines Geschäftsanteils bedarf keines Notariatsaktes, sondern der Form des § 69 NO.[136] Die Vollmacht muss inhaltlich derart determiniert sein, dass ein Unterlaufen des Immobilisierungszweckes (Rz 43) ausgeschlossen ist (idR daher Spezial-, zumindest aber Gattungsvollmacht).[137]

C. Treuhandverhältnisse

52 Die **Verpflichtung des Treuhänders**, den treuhändig gehaltenen Geschäftsanteil **an den Treugeber zu übertragen**, ist **nicht formpflichtig**.[138] Dies wird zutr damit begründet, dass der Geschäftsanteil wirt-

---

130 RIS-Justiz RS0060085; RS0060252; *Koppensteiner/Rüffler*, GmbHG³ § 76 Rz 20; *Schopper* in Gruber/Harrer, GmbHG² § 76 Rz 43.
131 *Koppensteiner/Rüffler*, GmbHG³ § 76 Rz 20; *Schopper* in Gruber/Harrer, GmbHG² § 76 Rz 43.
132 OGH 21.5.1997, 7 Ob 2350/96f; *Koppensteiner/Rüffler*, GmbHG³ § 76 Rz 19; *Rauter* in Straube/Ratka/Rauter, GmbHG § 76 Rz 198.
133 *Koppensteiner/Rüffler*, GmbHG³ § 76 Rz 21; *Rauter* in Straube/Ratka/Rauter, GmbHG § 76 Rz 197.
134 OGH 17.12.2010, 6 Ob 63/10y; *Koppensteiner/Rüffler*, GmbHG³ § 76 Rz 21a; *Schopper* in Gruber/Harrer, GmbHG² § 76 Rz 35; *Rauter* in Straube/Ratka/Rauter, GmbHG § 76 Rz 154.
135 OGH 14.9.2011, 6 Ob 81/11x.
136 *Umfahrer*, GmbH⁷ Rz 15.14; *Koppensteiner/Rüffler*, GmbHG³ § 76 Rz 23.
137 *Umfahrer*, GmbH⁷ Rz 15.14; *Rauter* in Straube/Ratka/Rauter, GmbHG § 76 Rz 184.
138 RIS-Justiz RS0010442; RS0060207; *Lessiak*, GesRZ 1988, 217 (223 f); *Koppensteiner/Rüffler*, GmbHG³ § 76 Rz 22.

schäftlich ohnehin dem Treugeber zuzurechnen ist.[139] Diese **Ausnahme v der Formpflicht** besteht jedoch **nur für das Verpflichtungsgeschäft**, während das betr Verfügungsgeschäft auch bei der Treuhand stets dem Formgebot unterliegt.[140] Von diesen Grundsätzen ausgehend lassen sich die nachstehenden Treuhandkonstellationen unterscheiden:

Erwirbt ein Treuhänder im Rahmen einer bestehenden Treuhandvereinbarung einen Geschäftsanteil auf Rechnung des Treugebers (**Erwerbstreuhand**), besteht die Herausgabepflicht des Treuhänders[141] hinsichtlich des treuhändig gehaltenen Anteils auch dann, wenn der Treuhandvertrag nicht in Notariatsaktform geschlossen wurde.[142]

Überträgt der Gesellschafter seinen Geschäftsanteil an den Treuhänder u wird dadurch Treugeber (**Übertragungstreuhand**), so unterliegt die Vereinbarung mangels Änderung der wirtschaftlichen Zuordnung gleichfalls nicht der Formpflicht.[143]

Soll der auf eigene Rechnung gehaltene Geschäftsanteil künftig auf Rechnung eines Treugebers gehalten werden (**Vereinbarungstreuhand**), so unterliegt die Treuhandvereinbarung aufgrund der damit verbundenen Änderung der wirtschaftlichen Zuordnung der Notariatsaktpflicht.[144]

Ein **Wechsel in der Person des Treuhänders** ist nicht formpflichtig.[145] Gleiches gilt für die **Aufhebung des Treuhandverhältnisses**.[146]

---

139 *Rauter* in Straube/Ratka/Rauter, GmbHG § 76 Rz 200.
140 OGH 21.3.2019, 6 Ob 216/18k; 25.10.2017, 6 Ob 180/17i; 9.7.2014, 2 Ob 67/14p; 20.12.2006, 7 Ob 203/06p; *P. Bydlinski*, Veräußerung 55; *Umfahrer*, GmbH[7] Rz 15.57; *Schopper* in Gruber/Harrer, GmbHG[2] § 76 Rz 38.
141 Zur Verpflichtung des Treugebers, das Treugut bei Kündigung der Erwerbstreuhand v Treuhänder zu übernehmen: OGH 19.3.2015, 6 Ob 63/14d.
142 OGH 9.7.2014, 2 Ob 67/14p; 20.12.2006, 7 Ob 203/06p; *Cetin*, ecolex 2014, 1064 (1066f); *Schopper* in Gruber/Harrer, GmbHG[2] § 76 Rz 40; **aA** *M. Auer*, JBl 2002, 441 (447f).
143 *Lessiak*, GesRZ 1988, 217 (223); *Brugger*, NZ 2012/90, 257 (262); *Ch. Nowotny* in Kalss/Nowotny/Schauer, GesR, Rz 4/27; *Rauter* in Straube/Ratka/Rauter, GmbHG § 76 Rz 204; **aA** *M. Auer*, JBl 2002, 441 (448).
144 OGH 25.2.2004, 7 Ob 287/03m; 28.8.2003, 8 Ob 259/02z; *M. Auer*, JBl 2002, 441 (448); *Umfahrer*, GmbH[7] Rz 15.57; *Koppensteiner/Rüffler*, GmbHG[3] § 76 Rz 22.
145 *Lessiak*, GesRZ 1988, 217 (224); *Schopper* in Gruber/Harrer, GmbHG[2] § 76 Rz 42.
146 RIS-Justiz RS0060207; *Koppensteiner/Rüffler*, GmbHG[3] § 76 Rz 22; krit *Rauter* in Straube/Ratka/Rauter, GmbHG § 76 Rz 206.

Demgegenüber unterliegt ein **Wechsel in der Person des Treugebers** ebenso der Formpflicht[147] wie die Verpflichtung des Treuhänders, den Geschäftsanteil an jemand anderen als den Treugeber zu übertragen.[148]

D. Ausnahmen vom Formgebot

57 Ungeachtet der gesetzl Anordnung der Formpflicht kann die Errichtung eines Notariatsaktes bei Erwerb aufgrund eines **Urteils**[149] oder eines **gerichtl Vergleichs**[150] – einem solchen ist im Hinblick auf § 181 Abs 1 S 3 AußStrG ein vor dem Gerichtskommissär zu Protokoll gegebenes **Erbteilungsübereinkommen** gleichzuhalten – entfallen. Gleiches gilt hinsichtlich der **Amtsbestätigung des Verlassenschaftsgerichtes** iSd § 182 AußStrG[151] u des **Beschlusses auf Überlassung der** (überschuldeten) **Verlassenschaft an Zahlungs** statt gem § 154 AußStrG.[152]

58 Keines Notariatsaktes bedarf weiters die Veräußerung **kaduzierter Geschäftsanteile** durch die Gesellschaft gem § 68.[153] Im Fall der Veräußerung oder des Erwerbs **eigener Anteile** durch die Gesellschaft unterliegt das Verfügungsgeschäft jew gleichfalls keiner Formpflicht.[154] Das Verpflichtungsgeschäft bedarf mE jedoch insb aus Gründen des Übereilungsschutzes (Rz 43) in beiden Fällen eines Notariatsaktes.[155]

59 Die Veräußerung eines Geschäftsanteils im Rahmen eines **Exekutionsverfahrens** ist formfrei zulässig.[156] Ob dies auch für die **Veräußerung durch den Insolvenzverwalter** in der Insolvenz eines Gesellschaf-

---

147 *Brugger*, NZ 2012/90, 257 (262); *Ch. Nowotny* in Kalss/Nowotny/Schauer, GesR, Rz 4/27; *Rauter* in Straube/Ratka/Rauter, GmbHG § 76 Rz 201.
148 *Umfahrer*, GmbH⁷ Rz 15.57; *Schopper* in Gruber/Harrer, GmbHG² § 76 Rz 42.
149 OGH 9.7.2014, 2 Ob 67/14p; 28.6.2000, 6 Ob 18/00s.
150 RIS-Justiz RS0060250.
151 RIS-Justiz RS0107761.
152 OGH 28.6.2000, 6 Ob 18/00s.
153 *Koppensteiner/Rüffler*, GmbHG³ § 76 Rz 21; *Rauter* in Straube/Ratka/Rauter, GmbHG § 76 Rz 217.
154 *M. Auer*, JBl 2002, 441 (447); *M. Auer*, JBl 2011, 361 (367); *Koppensteiner/Rüffler*, GmbHG³ § 76 Rz 21; *Rauter* in Straube/Ratka/Rauter, GmbHG § 76 Rz 217 f.
155 So auch *Schopper* in Gruber/Harrer, GmbHG² § 76 Rz 46; s hiezu auch § 81 Rz 41.
156 RIS-Justiz RS0002208.

ters gilt ist str, mE insb im Hinblick auf den Formzweck des Übereilungsschutzes (Rz 43) jedoch zu verneinen.[157]

E. Auslandsbezug

Die Rsp hat § 76 Abs 2 als **Eingriffsnorm** qualifiziert.[158] Ob dies auch nach Inkrafttreten der Rom I-VO ab 17.12.2009 gilt, ist str. Nach zutr A v *Schopper* besteht die Qualifikation als Eingriffsnorm – nunmehr iSd Art 9 Rom I-VO – weiterhin, da die durch die Notariatsaktpflicht bezweckte Immobilisierung der Geschäftsanteile ein zentrales Wesensmerkmal der öGmbH darstellt.[159] Auch bei einem Abschluss des **Verpflichtungsgeschäftes** im Ausland ist daher die Formpflicht des § 76 Abs 2 zu beachten.

Das **Verfügungsgeschäft** unterliegt nach hM stets dem Gesellschaftsstatut.[160] Art 9 Rom I-VO ist auf das Verfügungsgeschäft nicht anwendbar.[161] Ebenso wird die Anwendung des § 8 IPRG auf das Verfügungsgeschäft nach hM verneint.[162]

Im Fall der Errichtung der Urkunde über die Übertragung eines Geschäftsanteils im Ausland kann der Notariatsakt **durch eine ausländische Beurkundung** ersetzt werden, sofern diese im Hinblick auf den Formzweck qualitativ gleichwertig ist.[163] Die Rsp hat die Beurkundung

---

157 Ebenso *Schopper* in Gruber/Harrer, GmbHG² § 76 Rz 45; gegen Formfreiheit, sofern das Rechtsgeschäft nicht der Genehmigungspflicht nach § 117 Abs 1 IO unterliegt: OGH 28.3.2007, 6 Ob 112/06y sowie *Umfahrer*, GmbH⁷ Rz 15.25; für generelle Formfreiheit: *Koppensteiner/Rüffler*, GmbHG³ § 76 Rz 21.

158 OGH 23.2.1989, 6 Ob 525/89.

159 *Schopper* in Gruber/Harrer, GmbHG² § 76 Rz 47; ebenso *Brugger*, NZ 2012/90, 257 (260); aA *Koppensteiner*, wbl 2019, 541 (544); *Breisch/Mitterecker*, wbl 2018, 367 (370); *Eckert*, Int GesR 388; *Rauter* in Straube/Ratka/Rauter, GmbHG § 76 Rz 179; abw auch Exkurs IntGesR Rz 29.

160 OGH 23.2.1989, 6 Ob 525/89; *Adensamer*, wbl 2004, 508 (510); *Kalss* in FS *Priester* 353 (364); *Rauter* in Straube/Ratka/Rauter, GmbHG § 76 Rz 180; s weiterführend Exkurs IntGesR Rz 30 f.

161 *Eckert*, Int GesR 391 f; *Schopper* in Gruber/Harrer, GmbHG² § 76 Rz 48.

162 *Verschraegen* in Rummel, ABGB³ § 8 IPRG Rz 9; *Rauter* in Straube/Ratka/Rauter, GmbHG § 76 Rz 180/1.

163 OGH 23.4.2020, 6 Ob 59/20z; *Schwimann*, NZ 1981, 65 (67); *Umfahrer*, GmbH⁷ Rz 15.13; *Koppensteiner/Rüffler*, GmbHG³ § 76 Rz 24; *Rauter* in Straube/Ratka/Rauter, GmbHG § 76 Rz 182.

der Geschäftsanteilsübertragung durch einen dt Notar[164] sowie durch einen spanischen Notar[165] zugelassen.[166] Eine Beurkundung nach dem dt Konsulargesetz wurde v der Rsp demgegenüber nicht als gleichwertig angesehen.[167]

F. Rechtsfolgen des Verstoßes gegen die Formpflicht

1. Unwirksamkeit

63 Die Verletzung der Formpflicht bewirkt die **Unwirksamkeit der Geschäftsanteilsabtretung**.[168] Aus einem formungültig geschlossenen Vertrag kann auch kein durchsetzbarer Anspruch auf die Errichtung eines Notariatsaktes über die Abtretung entstehen.[169] Ein aufgrund eines formnichtigen Vertrags bereits **geleisteter Kaufpreis kann kondiziert werden**.[170] Inwieweit der Restvertrag gültig bleibt, ist nach § 878 ABGB zu beurteilen.[171]

2. Heilungsmöglichkeit

64 Für die Frage der **Heilungsmöglichkeit** des Verstoßes gegen die Formpflicht ist mit der hM zu unterscheiden, ob nur das Verpflichtungsgeschäft, nur das Verfügungsgeschäft oder Verpflichtungs- u Verfügungsgeschäft unter einem Formmangel leiden.[172]

65 Wurden sowohl **Verpflichtungs- als auch Verfügungsgeschäft** unter Verletzung der Formpflicht errichtet, ist eine Heilung auch durch tatsächliche Erfüllung (Rz 67) nicht möglich.[173]

---

164 OGH 23.2.1989, 6 Ob 525/89.
165 OLG Wien 4.11.2008, 28 R 194/08t, NZ 2009, 222.
166 Für die Gleichwertigkeit auch einer Beurkundung durch einen Schweizer Notar: *Breisch/Mitterecker*, wbl 2018, 367 (372).
167 OGH 23.4.2020, 6 Ob 59/20z.
168 RIS-Justiz RS0060256.
169 OGH 25.10.2017, 6 Ob 180/17i; 13.4.1999, 4 Ob 99/99h; 25.2.1999, 6 Ob 241/98d; 10.10.1995; 4 Ob 52/95; *Koppensteiner/Rüffler*, GmbHG³ § 76 Rz 25.
170 OGH 25.10.2017, 6 Ob 180/17i; 21.2.1990, 1 Ob 591/90.
171 RIS-Justiz RS0109409.
172 *Rauter* in Straube/Ratka/Rauter, GmbHG § 76 Rz 223.
173 OGH 20.10.2004, 7 Ob 110/04h; *Schopper* in Gruber/Harrer, GmbHG² § 76 Rz 53.

Auch ein Formmangel des **Verfügungsgeschäftes** ist nach hA nicht heilbar.[174] Der Veräußerer kann jedoch aus dem – diesfalls formgültig geschlossenen – Verpflichtungsgeschäft zur Verfügung über den Geschäftsanteil in Notariatsaktform verhalten werden.[175] 66

Im Fall der Formungültigkeit des **Verpflichtungsgeschäfts** ist nach zutr überwiegender A eine Heilung durch beiderseitige Erfüllung – also Zahlung des Kaufpreises u faktische Einräumung der Gesellschafterstellung – möglich.[176] Die Heilung setzt somit jedenfalls eine formgültige Verfügung über den Geschäftsanteil voraus.[177] 67

Durch eine erst **nach Fristablauf zur Ausübung des Aufgriffsrechts** erfolgte Errichtung eines Notariatsakts tritt keine rückwirkende Heilung einer ursprünglich bloß schriftlichen u damit unwirksamen Aufgriffserklärung ein.[178] 67a

III. Verpfändung von Geschäftsanteilen (Abs 3)

Gemäß § 76 Abs 3 kann ein Gesellschafter seinen Geschäftsanteil vertraglich verpfänden. Ist der Geschäftsanteil teilbar, kann das Pfandrecht **auch an einem Teil des Geschäftsanteils** begründet werden.[179] Von der Verpfändung des Geschäftsanteils ist die **Verpfändung einzelner vermögensrechtlicher Ansprüche** zu unterscheiden, welche sich nach den allg Bestimmungen über die Verpfändung v Forderungen richtet.[180] 68

Das Pfandrecht am Geschäftsanteil **umfasst** den Anteil am Liquidationserlös, Ansprüche auf Rückzahlung bei Kapitalherabsetzung u auf Rückzahlung v Nachschüssen sowie auf den Überschuss bei Kaduzie- 69

---

174 OGH 23.4.2020, 6 Ob 59/20z; *P. Bydlinski*, Veräußerung 62 f, 65; *P. Bydlinski*, NZ 1990, 289 (291); *Koppensteiner/Rüffler*, GmbHG³ § 76 Rz 27.
175 *Koppensteiner/Rüffler*, GmbHG³ § 76 Rz 27; *Schopper* in Gruber/Harrer, GmbHG² § 76 Rz 53.
176 *Koppensteiner/Rüffler*, GmbHG³ § 76 Rz 25; *Schopper* in Gruber/Harrer, GmbHG² § 76 Rz 53; weiterführend zum Meinungsstand *Rauter* in Straube/Ratka/Rauter, GmbHG § 76 Rz 227 f.
177 *Rauter* in Straube/Ratka/Rauter, GmbHG § 76 Rz 228.
178 OGH 15.4.2021, 6 Ob 62/21t.
179 *Winkler/Mutz*, RdW 2005/744, 662 (665); *Reich-Rohrwig*, GmbHR 634; *Schopper* in Gruber/Harrer, GmbHG² § 76 Rz 54.
180 *Umfahrer*, GmbH⁷ Rz 15.53; *Rauter* in Straube/Ratka/Rauter, GmbHG § 76 Rz 246.

rung.[181] Mangels abweichender Vereinbarung jedoch **nicht umfasst** ist der **Anspruch auf Gewinnbeteiligung**.[182] Gleichfalls nicht erfasst ist auch der **Barabfindungsanspruch** bei rechtsformübergreifender oder nicht verhältniswahrender Spaltung.[183] Auch persönliche Begünstigungen des Pfandschuldners (zB Wohn- oder Naturalbezugsrechte) kommen dem Pfandgläubiger nicht zu.[184]

70 Bloße **Verwaltungsrechte** sind nicht verpfändbar.[185] Der Pfandgläubiger erwirbt nur ein Befriedigungsrecht gem § 447 ABGB.[186] Ihm stehen daher keine Teilnahme- u keine Stimmrechte, keine Einsichtsrechte u auch keine Minderheitsrechte aus dem verpfändeten Geschäftsanteil zu.[187] Möglich ist jedoch die Erteilung einer **Stimmrechtsvollmacht** an den Pfandgläubiger.[188] Wurde diese für die Dauer der Pfandbestellung „unwiderruflich" erteilt, ist ein Widerruf nur aus wichtigem Grund möglich.[189]

71 Die Verpfändung eines Geschäftsanteils kann an das Erfordernis der Zustimmung durch die Gesellschaft gebunden werden (**Vinkulierung**).[190] Eine Vinkulierungsklausel für die Übertragung des Geschäftsanteils umfasst nach zutr A iZw auch den Fall der Verpfändung.[191] Bei

---

181 *H. Torggler*, ÖBA 1998, 430 (438); *Winkler/Mutz*, RdW 2005/744, 662 (664); *Schopper* in Gruber/Harrer, GmbHG² § 76 Rz 56.
182 *H. Torggler*, ÖBA 1998, 430 (434); *Reich-Rohrwig*, GmbHR 636; *Koppensteiner/Rüffler*, GmbHG³ § 76 Rz 29.
183 *Winkler/Mutz*, RdW 2005/744, 662 (664 f); *Koppensteiner/Rüffler*, GmbHG³ § 76 Rz 29.
184 *Umfahrer*, GmbH⁷ Rz 15.52.
185 *Rauter* in Straube/Ratka/Rauter, GmbHG § 76 Rz 246; *Schopper* in Gruber/Harrer, GmbHG² § 76 Rz 58.
186 *H. Torggler*, ÖBA 1998, 430 (434); *Schopper* in Gruber/Harrer, GmbHG² § 76 Rz 58.
187 *Umfahrer*, GmbH⁷ Rz 15.52; *Rauter* in Straube/Ratka/Rauter, GmbHG § 76 Rz 266.
188 *H. Torggler*, ÖBA 1998, 430 (434 f); *Umfahrer*, GmbH⁷ Rz 15.53; *Koppensteiner/Rüffler*, GmbHG³ § 76 Rz 29.
189 *H. Torggler*, ÖBA 1998, 430 (434 f); zur Problematik des Pfandgläubigers mit gesellschaftergleicher Stellung iZm dem Verbot der Einlagenrückgewähr s § 82 Rz 67.
190 *Koppensteiner/Rüffler*, GmbHG³ § 76 Rz 28; *Rauter* in Straube/Ratka/Rauter, GmbHG § 76 Rz 254.
191 *Umfahrer*, GmbH⁷ Rz 15.53; *Haberer/Zehetner* in Artmann/Karollus, AktG⁶ § 62 Rz 27; aA *H. Torggler*, ÖBA 1998, 430 (431 f); *Reich-Rohrwig*, GmbHR 634; *Böhler* in FS *Koppensteiner* 39 (48 f).

Verweigerung der Zustimmung ist § 77 analog anzuwenden (s auch § 77 Rz 7).[192]

72 Die Verpfändung des Geschäftsanteils bedarf gem § 76 Abs 3 S 2 **keines Notariatsaktes**, aufgrund der Anwendbarkeit des § 452 ABGB jedoch eines **Publizitätsaktes**.[193] In Frage kommt insb die **Verständigung der Gesellschaft** gegenüber einem (einzel- oder gesamtvertretungsbefugten) GF.[194] Verpfändet der Alleingesellschafter u Alleingeschäftsführer seinen Geschäftsanteil, ist nach der Rsp die Kenntnisnahme namens der Gesellschaft im schriftlichen Pfandvertrag ausreichend.[195] Ob auch eine **Eintragung der Verpfändung in den Geschäftsbüchern** des Pfandbestellers ausreichend ist, wurde seitens der Rsp offen gelassen,[196] ist mE jedoch zu bejahen.[197] Die bloße **Errichtung eines** – nicht erforderlichen – **Notariatsaktes** über die Verpfändung ohne weiteren Publizitätsakt ist nicht ausreichend.[198]

73 Eine **Eintragung** der Verpfändung **im FB** ist mangels gesetzl Grundlage nicht möglich.[199] Aus dem gleichen Grund scheidet eine **Hinterlegung** der Pfandbestellungsurkunde **in der Urkundensammlung** des FB-Gerichts aus.[200]

74 Anders als die Verpfändung ist die **Sicherungsübereignung** infolge der damit verbundenen Anteilsübertragung notariatsaktpflichtig.[201]

75 Durch die Verpfändung des Geschäftsanteils wird dessen **Veräußerung** nicht verhindert, ein gutgläubiger lastenfreier Erwerb ist jedoch

---

192 *H. Torggler*, ÖBA 1998, 430 (432); *Umfahrer*, GmbH[7] Rz 15.53; *Koppensteiner/Rüffler*, GmbHG[3] § 76 Rz 28; *Rauter* in Straube/Ratka/Rauter, GmbHG § 76 Rz 254.
193 *Umfahrer*, GmbH[7] Rz 15.52; *Koppensteiner/Rüffler*, GmbHG[3] § 76 Rz 28; *Schopper* in Gruber/Harrer, GmbHG[2] § 76 Rz 55; vgl auch RIS-Justiz RS0107695.
194 OGH 10.4.2008, 3 Ob 22/08v; 22.2.2001, 8 Ob 278/00s; *H. Torggler*, ÖBA 1998, 430 (434); *Madl*, ecolex 1998, 306; *Koppensteiner/Rüffler*, GmbHG[3] § 76 Rz 28.
195 RIS-Justiz RS0123436.
196 OGH 10.4.2008, 3 Ob 22/08v.
197 Ebenso *H. Torggler*, ÖBA 1998, 430 (434); *Reich-Rohrwig*, GmbHR 634; *Madl*, ecolex 1998, 306; *Böhler* in FS *Koppensteiner* 39 (61).
198 *Rauter* in Straube/Ratka/Rauter, GmbHG § 76 Rz 264.
199 *H. Torggler*, ÖBA 1998, 430 (434); *Madl*, ecolex 1998, 306; *Umfahrer*, GmbH[7] Rz 15.52; *Reich-Rohrwig*, GmbHR 634.
200 *Schopper* in Gruber/Harrer, GmbHG[2] § 76 Rz 55.
201 *H. Torggler*, ÖBA 1998, 430 (431); *Reich-Rohrwig*, GmbHR 633; *Rauter* in Straube/Ratka/Rauter, GmbHG § 76 Rz 265.

nicht möglich.[202] Im Fall der **Mehrfachverpfändung** richtet sich der Pfandrang nach der Priorität der Publizitätsakte.[203]

76 Die **Verwertung** eines verpfändeten Geschäftsanteils richtet sich nach § 461 ABGB.[204] Nach zutr A bedarf die Verwertung eines Geschäftsanteils der vorhergehenden gerichtl Pfändung.[205] Die gerichtl Verwertung richtet sich nach den Bestimmungen der §§ 331 ff EO (s hiezu Rz 82 ff).

IV. Pfändung von Geschäftsanteilen

77 Geschäftsanteile sind **pfändbar**.[206] Dies gilt auch im Fall der Eröffnung des Insolvenzverfahrens über das Vermögen der Gesellschaft.[207] Ein gesv Ausschluss der Pfändbarkeit ist nicht möglich.[208] Auch die Vinkulierung eines Geschäftsanteils steht seiner Pfändbarkeit nicht entgegen.[209]

78 Bei **Treuhandverhältnissen** ist ein Titel gegen den Treugeber für eine Pfändung des v Treuhänder gehaltenen Geschäftsanteils nicht ausreichend, jedoch kann der gegen den Treuhänder bestehende Herausgabeanspruch gepfändet werden.[210] Pfändbar ist auch eine **Option** auf unentgeltliche Übertragung des Geschäftsanteils.[211]

---

202 *H. Torggler*, ÖBA 1998, 430 (435); *Koppensteiner/Rüffler*, GmbHG³ § 76 Rz 29; *Rauter* in Straube/Ratka/Rauter, GmbHG § 76 Rz 268.
203 *H. Torggler*, ÖBA 1998, 430 (436); *Hofmann* in Rummel, ABGB³ § 464 Rz 6.
204 *H. Torggler*, ÖBA 1998, 430 (437); *Koppensteiner/Rüffler*, GmbHG³ § 76 Rz 30.
205 *Oberhammer* in Angst/Oberhammer, EO³ § 331 Rz 26; *Rauter* in Straube/Ratka/Rauter, GmbHG § 76 Rz 276; *Schopper* in Gruber/Harrer, GmbHG² § 76 Rz 60; aA *Koppensteiner/Rüffler*, GmbHG³ § 76 Rz 30.
206 *Hager-Rosenkranz*, wbl 2006, 253 (255); *Reich-Rohrwig*, GmbHR 637; *Koppensteiner/Rüffler*, GmbHG³ § 76 Rz 31.
207 OGH 9.7.1997, 3 Ob 188/97m.
208 *Reich-Rohrwig*, GmbHR 637; *Rauter* in Straube/Ratka/Rauter, GmbHG § 76 Rz 281.
209 OGH 23.8.2000, 13 Os 29/00; *Weismann*, Übertragungsbeschränkungen 329; *Mohr/Reichel* in Mohr/Eriksson/Michlits/Pesendorfer/Reichel, Gesamtreform des Exekutionsrechts, Rz 529; *Koppensteiner/Rüffler*, GmbHG³ § 76 Rz 31; *Rauter* in Straube/Ratka/Rauter, GmbHG § 76 Rz 282.
210 RIS-Justiz RS0053195; *Oberhammer* in Angst/Oberhammer, EO³ § 331 Rz 26; *Umfahrer*, GmbH⁷ Rz 15.22.
211 OGH 23.3.1988, 3 Ob 135/87.

Das **Verfahren** der Pfändung folgt dem § 328 EO.²¹² Die Pfändung 79
erfolgt durch Doppelverbot, dh durch Erlassung eines Verfügungsverbots an den Gesellschafter einerseits u eines entspr Leistungsverbots an die Gesellschaft andererseits,²¹³ wobei die Pfändung jedoch bereits mit der Zustellung des Leistungsverbots an die Gesellschaft bewirkt ist (§ 328 Abs 1 S 2 EO).²¹⁴ Zuständig ist jenes Bezirksgericht, in dessen Sprengel der Gesellschaftssitz belegen ist.²¹⁵

Das **Verfügungsverbot** entfaltet keine absolute Wirkung iSe Ver- 80
äußerungsverbots. Wird der gepfändete Geschäftsanteil übertragen, bleibt das Pfandrecht jedoch bestehen;²¹⁶ dies gilt auch gegenüber einem gutgläubigen Erwerber.²¹⁷

Der Umfang der **Pfändungswirkung** entspricht jenem der Verpfän- 81
dung (Rz 69 f).²¹⁸ Die Pfändung erstreckt sich folglich nur auf die mit dem Geschäftsanteil verbundenen Vermögensrechte, nicht jedoch auf die Verwaltungsrechte wie das Stimm- u Bucheinsichtsrecht.²¹⁹

Die **exekutive Verwertung** des gepfändeten Geschäftsanteils er- 82
folgt nach den Bestimmungen der §§ 331 ff EO. In Betracht kommen daher insb der Verkauf, die Versteigerung u die Zwangsverwaltung des Geschäftsanteils (§ 331 Abs 1 EO). Dem Freihandverkauf ist hiebei gegenüber der öffentlichen Versteigerung der Vorzug zu geben (§ 334

---

212 RIS-Justiz RS0004163; *Weismann*, Übertragungsbeschränkungen 327; *Oberhammer* in Angst/Oberhammer, EO³ § 331 Rz 26 ff.
213 OGH 23.5.2019, 3 Ob 50/19b; 9.7.1997, 3 Ob 188/97m; 26.4.1995, 3 Ob 14/95; *Weismann*, Übertragungsbeschränkungen 328; *Mohr/Reichel* in Mohr/Eriksson/Michlits/Pesendorfer/Reichel, Gesamtreform des Exekutionsrechts 143; *Oberhammer* in Angst/Oberhammer, EO³ § 331 Rz 26; *Umfahrer*, GmbH⁷ Rz 15.22.
214 ErlRV 770 BlgNR 27. GP 53; *Mohr/Reichel* in Mohr/Eriksson/Michlits/Pesendorfer/Reichel, Gesamtreform des Exekutionsrechts, Rz 424.
215 RIS-Justiz RS0000654.
216 RIS-Justiz RS0087048; *Koppensteiner/Rüffler*, GmbHG³ § 76 Rz 31.
217 RIS-Justiz RS0087044; *Mohr/Reichel* in Mohr/Eriksson/Michlits/Pesendorfer/Reichel, Gesamtreform des Exekutionsrechts, Rz 524; *Umfahrer*, GmbH⁷ Rz 15.23; *Rauter* in Straube/Ratka/Rauter, GmbHG § 76 Rz 289.
218 *Koppensteiner/Rüffler*, GmbHG³ § 76 Rz 31; *Rauter* in Straube/Ratka/Rauter, GmbHG § 76 Rz 289.
219 RIS-Justiz RS0087048; *Trenker*, ecolex 2021, 317 (318); *Mohr/Reichel* in Mohr/Eriksson/Michlits/Pesendorfer/Reichel, Gesamtreform des Exekutionsrechts, Rz 524; *Umfahrer*, GmbH⁷ Rz 15.22; *Koppensteiner/Rüffler*, GmbHG³ § 76 Rz 31; *Rauter* in Straube/Ratka/Rauter, GmbHG § 76 Rz 290.

EO).²²⁰ Der Verkauf des Geschäftsanteils ist auch noch während der Liquidation der Gesellschaft möglich.²²¹ Ist der Pfandschuldner zur Kündigung des GesV berechtigt, kommt auch eine Verwertung durch Kündigung des Gesellschaftsverhältnisses in Frage (vgl §§ 329 Abs 1, 330 Abs 4 Z 4, 331 Abs 2 Z 5 EO).²²² Im Fall des Verkaufs eines Geschäftsanteils oder der Kündigung des Gesellschaftsverhältnisses ist jedenfalls ein Verwalter zu bestellen (§ 330 Abs 4 Z 3 u 4 EO); gleiches gilt im Fall der Zwangsverwaltung des Geschäftsanteils (§ 332 Abs 2 iVm § 99 Abs 1 EO). Im Fall eines vinkulierten Geschäftsanteils ist der Zustimmungsberechtigte zur Person des Zwangsverwalters vor dessen Bestellung einzuvernehmen (§ 340 Abs 2 EO). Die Zwangsverwaltung, der Verkauf eines Geschäftsanteils sowie die Kündigung des Gesellschaftsverhältnisses bedürfen jew der Genehmigung des Gerichts (§ 331 Abs 2 Z 3 bis 5 EO).

83   Bei der Verwertung **vinkulierter Geschäftsanteile** ist § 340 Abs 1 EO zu beachten. Demzufolge ist der zustimmungsberechtigten Gesellschaft bzw dem zustimmungsberechtigten Gesellschafter unter gleichzeitiger Verständigung v der Pfändung der Schätzwert des v der Verwertung betroffenen Geschäftsanteils bekannt zu geben.²²³ Die Schätzung kann unterbleiben, wenn zw dem betreibenden Gläubiger, dem Verpflichteten u dem Zustimmungsberechtigten eine Einigung über den Übernahmspreis zustande kommt. Eine solche Einigung liegt insb auch dann vor, wenn bereits im GesV eine zulässige²²⁴ Vorausvereinbarung über den Übernahmspreis getroffen wurde.²²⁵ Kann der Geschäftsanteil nicht innerhalb v zwei Monaten nach Benachrichtigung des jew Zustimmungsberechtigten an einen v diesem zugelassenen Käufer (mind) zum Schätzwert verkauft werden, so kann der Verkauf ohne Zustimmung erfolgen.²²⁶

---

220 OGH 19.11.2008, 3 Ob 172/08b; 8.5.2008, 3 Ob 83/08i; *Oberhammer* in Angst/Oberhammer, EO³ § 331 Rz 28.
221 *Rauter* in Straube/Ratka/Rauter, GmbHG § 76 Rz 292; *Schopper* in Gruber/Harrer, GmbHG² § 76 Rz 63.
222 ErlRV 770 BlgNR 27. GP 61; *Mohr/Reichel* in Mohr/Eriksson/Michlits/Pesendorfer/Reichel, Gesamtreform des Exekutionsrechts, Rz 525; *Koppensteiner/Rüffler*, GmbHG³ § 76 Rz 30; *Schopper* in Gruber/Harrer, GmbHG² § 76 Rz 63; *Oberhammer* in Angst/Oberhammer, EO³ § 331 Rz 31.
223 Beachtlich sind lt ErlRV 770 BlgNR 27. GP 60 ausschließlich gesv vereinbarte Zustimmungsrechte.
224 S hiezu Rz 28 ff.
225 ErlRV 770 BlgNR 27. GP 61.
226 *Mohr/Reichel* in Mohr/Eriksson/Michlits/Pesendorfer/Reichel, Gesamtreform des Exekutionsrechts, Rz 532.

In § 340 Abs 3 EO ist nunmehr explizit klargestellt, dass gesv verein- 83a
barte **Aufgriffsrechte** auch im Fall der exekutiven Verwertung v Geschäftsanteilen zu berücksichtigen sind. Dem gesv Aufgriffsberechtigten
ist der Geschäftsanteil nach der Pfändung u vor der Verwertung zur
Übernahme anzubieten. Der Aufgriffsberechtigte kann sein Aufgriffsrecht geltend machen, indem er dies dem Verwalter gegenüber erklärt u
den Aufgriffspreis zahlt. Hiefür steht dem Aufgriffsberechtigten eine
Frist v zwei Monaten zur Verfügung. Als Aufgriffspreis ist ein im GesV
in zulässiger Weise[227] vereinbarter Übernahmepreis, andernfalls der
Schätzwert zugrunde zu legen.[228]

V. Steuern und Gebühren

Gewinne aus der Veräußerung v Geschäftsanteilen unterliegen der **Ein-** 84
kommen- bzw Körperschaftsteuer, wenn der Geschäftsanteil zu einem
inländischen Betriebsvermögen zählt.[229] Ansonsten kommt die Anwendung v § 27 Abs 3 EStG (Einkünfte aus Kapitalvermögen) in Betracht.[230]

Bei **Einbringung** eines Geschäftsanteils gem Art III UmgrStG sind 85
Buchgewinne bei der übernehmenden Körperschaft nach § 18 Abs 6
iVm § 3 Abs 2 UmgrStG grds steuerneutral u bleiben folglich außer Betracht.[231]

Zählen zum Vermögen der Gesellschaft im Inland belegene Grund- 86
stücke, unterliegt die Übertragung gem § 1 Abs 3 GrEStG der **Grund-**
erwerbsteuer, sofern mind 95 % aller Anteile an der Gesellschaft oder
am Gesellschaftsvermögen in der Hand des Erwerbers allein oder in der
Hand einer Unternehmensgruppe gem § 9 KStG vereinigt werden. Treuhändig gehaltene Anteile sind hiebei dem Treugeber zuzurechnen.[232]

Die Veräußerung v Anteilen an einer GmbH mit Liegenschaftsver- 87
mögen löst keine **Einkommensteuer für private Grundstücksver-**
äußerungen iSd §§ 30 ff EStG aus.[233]

---

227 S hiezu Rz 28 ff.
228 ErlRV 770 BlgNR 27. GP 61; *Mohr/Reichel* in Mohr/Eriksson/Michlits/
 Pesendorfer/Reichel, Gesamtreform des Exekutionsrechts, Rz 536.
229 *Koppensteiner/Rüffler*, GmbHG³ § 76 Rz 33.
230 *Rauter* in Straube/Ratka/Rauter, GmbHG § 76 Rz 308.
231 *Schopper* in Gruber/Harrer, GmbHG² § 76 Rz 67.
232 Weiterführend *Fuhrmann/Kerbl/Deininger*, immolex 2015, 238 (241).
233 *Schopper* in Gruber/Harrer, GmbHG² § 76 Rz 67.

88 Die früher bestandene **Gebührenpflicht** für die Abtretung v Geschäftsanteilen wurde mittlerweile **beseitigt**.[234]

§ 77. ¹Wenn der Gesellschaftsvertrag bestimmt, dass die Zustimmung der Gesellschaft zur Übertragung des Geschäftsanteiles notwendig ist, so kann, falls diese Zustimmung versagt wird, dem betreffenden Gesellschafter, wenn er die Stammeinlage vollständig eingezahlt hat, von dem Handelsgerichte des Sitzes der Gesellschaft die Übertragung des Geschäftsanteiles gestattet werden, wenn ausreichende Gründe für die Verweigerung der Zustimmung nicht vorliegen und wenn die Übertragung ohne Schädigung der Gesellschaft, der übrigen Gesellschafter und der Gläubiger erfolgen kann. ²Das Gericht hat vor der Entscheidung die Geschäftsführer zu hören. ³Auch wenn das Gericht die Zustimmung zur Übertragung erteilt hat, kann diese Übertragung dennoch nicht wirksam stattfinden, wenn die Gesellschaft innerhalb eines Monats nach Rechtskraft der Entscheidung dem betreffenden Gesellschafter mittels rekommandierten Schreibens mitteilt, dass sie die Übertragung des betreffenden Geschäftsanteiles zu den gleichen Bedingungen an einen anderen von ihr bezeichneten Erwerber gestatte.

Literatur: *Auer*, Doppelvinkulierung bei GmbH & Co KG, wbl 2002, 253; *Böhler*, Die Begründung von Sicherungsrechten an GmbH-Geschäftsanteilen, in FS Koppensteiner (2016) 39; *Fantur/Zehetner*, Vinkulierte Geschäftsanteile, ecolex 2000, 428, 506; *Fellner*, Gesellschaftsrechtlich verankerte Abtretungs-, Verfügungs- u Verpfändungsverbote sowie Aufgriffsrechte auf dem Prüfstand der Firmenbuchgerichte – aktuelle Entwicklung im GmbH-Gesellschaftsrecht, NZ 2010/56, 232; *Frenzel*, Übertragbarkeit und Teilbarkeit von Geschäftsanteilen, in Frenzel (Hg), Gesellschafterwechsel bei der GmbH (2020) 1; *Gurmann/Sakowitsch*, Vinkulierung v Geschäftsanteilen u Rechtsfolgen der Umgehung, GES 2008, 136; *Karollus/Artmann*, Zur Auslegung einer Vinkulierungsklausel – individuelles Zustimmungsrecht, Ersetzung der Zustimmung durch das Gericht u mittelbare Anteilsverschiebung, GesRZ 2001, 64; *Ley-Grassner/Hiermayer*, Gerichtliches Ersetzungsverfahren, Ersatzerwerb, in Frenzel (Hg), Gesellschafterwechsel bei der GmbH (2020) 95; *Rauter*, GmbH-Gründung – alt u neu zugleich, JAP 2013/2014, 233; *Reich-Rohrwig*, Übertragung vinkulierter Anteile, ecolex 1994, 757; *Reich-Rohrwig*, Rechtsnachfolge in Verträge u vertragliche Rechtsnachfolgeklauseln für Heinz Krejci zum 75. Geburtstag, GesRZ 2016, 126; *Schopper*, Gesellschafterwechsel durch Anteilsübertragung in der Kapitalgesellschaft &

---

234 *Koppensteiner/Rüffler*, GmbHG³ § 76 Rz 34.

Co, in FS Johannes Reich-Rohrwig (2014) 207; *Walch*, Nachträgliche Vinkulierung v GmbH-Geschäftsanteilen, GesRZ 2015, 259; *Weismann*, Übertragungsbeschränkungen bei GmbH-Geschäftsanteilen (2008); *Wiesinger*, Zur Verpfändung v GmbH-Geschäftsanteilen, ecolex 2011, 11.

Inhaltsübersicht

I. Allgemeines	1–9
A. Historische Entwicklung und Zweck	1–3
B. Anwendungsbereich	4–9
II. Voraussetzungen für die gerichtliche Ersatzzustimmung gemäß § 77	10–18
A. Versagung der Zustimmung durch die Gesellschaft	11, 12
B. Vollständige Einzahlung der Stammeinlage	13, 14
C. Keine ausreichenden Gründe für die Verweigerung	15–17a
D. Keine Schädigung der Gesellschaft, der übrigen Gesellschafter und der Gläubiger	18
III. Außerstreitverfahren und Entscheidung	19–25
IV. Nominierung des Ersatzerwerbers (§ 77 S 3)	26–35

I. Allgemeines

A. Historische Entwicklung und Zweck

§ 77 war bereits in der Stammfassung des GmbHG enthalten u ist nach der hL grds **zwingendes Recht**.[1] Die Gesellschafter u auch deren Erben sollen nicht für Generationen an die Gesellschaft gebunden sein.[2] Der historische Gesetzgeber ging dabei davon aus, dass die Auflösungsklage (s § 84 Rz 38) bzw ein Austrittsrecht (s § 81 Rz 25) nicht möglich ist. Die Lit will § 77 daher so lange als zwingendes Recht ansehen, bis die Auflösungsklage u das Austrittsrecht als „gesicherter Bestandteil des geltenden Rechts anerkannt" sind.[3]

Strittig ist in der Lit die Frage, inwieweit v grds zwingenden § 77 im **Ges V abgewichen** werden kann. Unseres Erachtens ist der A v *Walch* zu

1

2

---

1 *Koppensteiner/Rüffler*, GmbHG³ § 77 Rz 1; *Auer*, wbl 2002, 253; *Rauter* in Straube/Ratka/Rauter, GmbHG § 77 Rz 2; *Fantur/Zehetner*, ecolex 2000, 506; s jedoch § 76 Rz 3, wonach ein genereller Ausschluss der Übertragbarkeit bei gesv Einräumung eines Austrittsrechts in der Lit anerkannt wird.
2 HHB 272 BlgHH 17. Sess 14.
3 *Koppensteiner/Rüffler*, GmbHG³ § 77 Rz 1; *Rauter* in Straube/Ratka/Rauter, GmbHG § 77 Rz 2; zuletzt auch *Walch*, GesRZ 2015, 259.

folgen, wonach der GesV aufgrund des Normzwecks jedenfalls zugunsten des veräußerungswilligen Gesellschafters abweichen darf.[4] Zulässig ist daher beispielsweise eine Verkürzung der Monatsfrist für das Nominierungsrecht. Ebenso zulässig ist demnach eine Verlängerung der Monatsfrist, solange ein veräußerungswilliger Gesellschafter dadurch nicht unzumutbar lange an die Gesellschaft gekettet wird.[5] Zulässig ist auch, dass im GesV Gründe vorgesehen werden, bei deren Vorliegen die Zustimmung verweigert werden darf.[6] Jedenfalls unzulässig ist aufgrund des zwingenden Charakters die gänzliche Beseitigung des Verfahrens nach § 77, zB durch Übertragung der Gerichtszuständigkeit auf einen Beirat oder ein sonstiges Organ.[7]

Bei Abweichungen v § 77 im GesV ist grds immer zu fragen, ob die gesv Regelung den Zweck des § 77 (s dazu Rz 1) vereiteln würde.[8]

Unter diesem Aspekt ist es uE beispielsweise zulässig, im GesV anstelle des gesetzl Nominierungsrechts gem § 77 (s Rz 26 ff) ein Aufgriffsrecht (s Rz 29) vorzusehen, das nach Erteilung der gerichtl Zustimmung gem § 77 ausgelöst wird.[9]

In GesV findet sich idZ auch häufig eine Regelung, wonach es als Kündigung durch den abtretungswilligen Gesellschafter auf den Tag gilt, an welchem der Antrag auf gerichtl Zustimmung gem § 77 bei Gericht eingelangt ist. Diese gesv Regelung wird durch ein Aufgriffsrecht der übrigen Gesellschafter ergänzt, das diesen im Falle der Kündigung zusteht. Eine solche gesv Regelung vereitelt nicht den Zweck des § 77, nämlich keine Bindung der Gesellschafter an die Gesellschaft über Generationen (s dazu Rz 1), u ist daher zulässig.[10]

3   § 62 Abs 3 AktG enthält eine Parallelbestimmung.

---

4 *Walch*, GesRZ 2015, 259; dies entspricht wohl zwischenzeitig auch der hM, vgl zB *Rauter* in Straube/Ratka/Rauter, GmbHG § 77 Rz 2; *Ley-Grassner/Hiermayer* in Frenzel, Gesellschafterwechsel 95.
5 Zu den Argumenten s *Walch*, GesRZ 2015, 259.
6 *Schopper* in FS Reich-Rohrwig 207 (214).
7 So auch *Walch*, GesRZ 2015, 259, der jedoch eine Schiedsklausel als zulässig erachtet.
8 So auch *Schopper* in FS Reich-Rohrwig 207 (214).
9 So auch *Rauter* in Straube/Ratka/Rauter, GmbHG § 77 Rz 3/1.
10 So auch *Schopper* in FS Reich-Rohrwig 207 (214).

B. Anwendungsbereich

§ 77 gilt nur für die Übertragung, nicht aber für die **Teilung** v Gesellschaftsanteilen (s § 79 Rz 24).[11]

Bei einer Übertragung v Geschäftsanteilen im **Spaltungsvorgang** wird eine Anwendung des § 77 in der Lit bejaht.[12]

Die Lit unterteilt Vinkulierungen grds danach, ob die Zustimmung zur Übertragung v der Gesellschaft (v den GF), v einem, v mehreren oder v sämtlichen Gesellschaftern oder v der GV (grds Beschluss mit einfacher Mehrheit) zu erteilen ist. Ist die Übertragung v Geschäftsanteilen (ohne weitere Präzisierung) an die Zustimmung der Gesellschaft gebunden, so ist diese grds v den GF namens der Gesellschaft zu erteilen, welche im Innenverhältnis der Beschlussfassung durch die GV bedarf. Der abtretungswillige Gesellschafter wird dabei als stimmberechtigt angesehen.[13] § 77 setzt nach seinem Wortlaut voraus, dass die Übertragung des Anteils der **Zustimmung der Gesellschaft** bedarf. Die zutr hM bejaht die Anwendbarkeit des § 77 aber auch für den Fall, dass **einzelne Gesellschafter** (u nicht „die Gesellschaft") ihre Zustimmung zur Übertragung des Geschäftsanteils erteilen müssen.[14] Gleiches muss uE gelten, wenn die Übertragung des Anteils der Zustimmung anderer Gesellschaftsorgane, wie GF, AR oder Beirat bedarf (s dazu § 76 Rz 18).[15]

Nach der zutr hL kann auch die im GesV vorgesehene Zustimmung der Gesellschaft bei der **Verpfändung** eines Geschäftsanteils in analoger Anwendung des § 77 gerichtl ersetzt werden (s auch § 76 Rz 71).[16] *Fellner* hingegen verneint die analoge Anwendung bei Verpfändung des Geschäftsanteils u führt aus, dass nach der Praxis einiger FB-Gerichte im GesV eine klarstellende Regelung aufgenommen werden könne, wonach

---

11 OGH 4.12.1974, 5 Ob 288/74; RIS-Justiz RS0060288.
12 *Fantur/Zehetner*, ecolex 2000, 506.
13 *Umfahrer*, GmbH, Rz 15.28 ff mwN.
14 OLG Wien 12.10.2009, 28 R 189/09h, GES 2011, 112; 28.2.1997, 28 R 158/96b, NZ 1998, 150; zust *Rauter* in Straube/Ratka/Rauter, GmbHG § 77 Rz 8; *Koppensteiner/Rüffler*, GmbHG³ § 77 Rz 3; *Fantur/Zehetner*, ecolex 2000, 428; *Karollus/Artmann*, GesRZ 2001, 64.
15 So auch *Schopper* in Gruber/Harrer, GmbHG² § 77 Rz 3; *Koppensteiner/Rüffler*, GmbHG³ § 77 Rz 3.
16 *Koppensteiner/Rüffler*, GmbHG³ § 77 Rz 3; *Rauter* in Straube/Ratka/Rauter, GmbHG § 77 Rz 7, § 76 Rz 254; *Zollner* in Torggler, GmbHG § 77 Rz 9; ausf *Böhler* in FS Koppensteiner 39 (50 f).

bei Verweigerung der Zustimmung zur Anteilsverpfändung keine Ersetzung der Zustimmung iSd § 77 möglich ist.[17]

8 Strittig ist weiters, ob § 77 auch auf **syndikatsvertraglich vereinbarte Vinkulierungen** anwendbar ist.[18]

9 § 99 Abs 2 ordnet bei der **Verschmelzung** ausdrücklich die sinngemäße Anwendung des § 77 Abs 1 u 2 an, wonach das Gericht bei Vorliegen eines vinkulierten Geschäftsanteils die fehlende Zustimmung eines Gesellschafters – bei Fehlen eines wichtigen Grunds für deren Verweigerung – ersetzen kann (s § 99 Rz 7).

II. Voraussetzungen für die gerichtliche Ersatzzustimmung gemäß § 77

10 Nach dem Gesetzeswortlaut müssen die Voraussetzungen für die gerichtl Ersatzzustimmung gem § 77 **kumulativ** vorliegen.[19]

A. Versagung der Zustimmung durch die Gesellschaft

11 Damit § 77 zur Anwendung gelangt, muss zunächst im GesV festgelegt sein, dass die Anteilsübertragung der **Zustimmung der Gesellschaft** (bzw anderer Organe, s auch Rz 6) bedarf. Eine vergleichbare syndikatsvertragliche Regelung ist v Gesetzeswortlaut nicht erfasst, doch ist eine analoge Anwendung in Betracht zu ziehen (s Rz 8).[20] Weitere Voraussetzung für die Anwendbarkeit des § 77 ist, dass diese Zustimmung versagt wird.

12 Als **Versagung der Zustimmung** ist auch zu werten, wenn ein Ansuchen um Zustimmung **nicht innerhalb einer angemessenen Frist** erledigt wird, zB bei beharrlicher Nichteinberufung der GV.[21]

---

17 *Fellner*, NZ 2010/56, 232; zust *Wiesinger*, ecolex 2011, 11; **abl** aufgrund des zwingenden Charakters v § 77 *Böhler* in FS Koppensteiner 39 (53 f).
18 Verneinend *Koppensteiner/Rüffler*, GmbHG³ § 77 Rz 4, *Zollner* in Torggler, GmbHG § 77 Rz 9 f; bejahend *Fantur/Zehetner*, ecolex 2000, 428; *Karollus/Artmann*, GesRZ 2001, 64; *Schopper* in Gruber/Harrer, GmbHG² § 77 Rz 3.
19 OLG Wien 12.10.2009, 28 R 189/09h, GES 2011, 112; *Koppensteiner/Rüffler*, GmbHG³ § 77 Rz 4; *Rauter* in Straube/Ratka/Rauter, GmbHG § 77 Rz 14.
20 *Schopper* in Gruber/Harrer, GmbHG² § 77 Rz 3; ausf *Fantur/Zehetner*, ecolex 2000, 506 (506 ff); **aA** *Koppensteiner/Rüffler*, GmbHG³ § 77 Rz 4; *Zollner* in Torggler, GmbHG § 77 Rz 10.
21 *Rauter* in Straube/Ratka/Rauter, GmbHG § 77 Rz 12; *Fantur/Zehetner*, ecolex 2000, 428; *Koppensteiner/Rüffler*, GmbHG³ § 77 Rz 3.

B. Vollständige Einzahlung der Stammeinlage

§ 77 setzt für die gerichtl Ersatzzustimmung voraus, dass der veräußerungswillige Gesellschafter die **Stammeinlage vollständig eingezahlt** hat. Dadurch sind die Interessen der Gesellschaft am Erhalt des Haftungsfonds u der Mitgesellschafter vor einer Ausfallshaftung gem § 70 gesichert.[22]

Im G nicht geregelt u in der Lit str ist die Frage, inwieweit die Stammeinlage im Falle einer **gründungsprivilegierten Gesellschaft** eingezahlt sein muss.[23] Von *Schopper* wird beispielsweise vorgeschlagen, auf die gesamte Stammeinlage abzustellen.[24] Unseres Erachtens ist der M v *Rauter*, wonach § 77 teleologisch zu reduzieren ist u infolgedessen lediglich auf die gründungsprivilegierte Stammeinlage abzustellen ist, zu folgen.[25] Das Gericht wird bei nicht vollständig eingezahlter Stammeinlage die Bonität des Anteilserwerbers prüfen müssen.[26]

13

14

C. Keine ausreichenden Gründe für die Verweigerung

§ 77 setzt ua voraus, dass „**ausreichende Gründe** für die Verweigerung der Zustimmung nicht vorliegen". In den Mat wird auch v „genügenden Gründen" gesprochen. § 62 AktG verlangt hingegen „wichtige Gründe". Die Rsp u ein Teil der Lit sieht darin eine bewusste Unterscheidung. Die Verweigerung der Zustimmung sei daher gegenüber § 62

15

---

22 *Schopper* in Gruber/Harrer, GmbHG² § 77 Rz 3.
23 Bejahend *U. Torggler* in Torggler, GmbHG § 10b Rz 15; verneinend *Rauter* in Straube/Ratka/Rauter, GmbHG § 77 Rz 13/1.
24 *Schopper* in Gruber/Harrer, GmbHG² § 77 Rz 3a: Die Stammeinlage könne ja schon vor Fälligkeit mit Einverständnis der Gesellschaft geleistet werden oder alternativ gerichtl hinterlegt werden. Werde derart vorgegangen, so bestünden keine Gründe, die Ersetzung der Zustimmung für eine gründungsprivilegierte Gesellschaft nicht zuzulassen; zust *Ley-Grassner/Hiermayer* in Frenzel, Gesellschafterwechsel 99.
25 *Rauter* in Straube/Ratka/Rauter, GmbHG § 77 Rz 13/1: Ein erhebliches Schutzdefizit der Mitgesellschafter sei daher u unter Berücksichtigung des Umstands, dass die Gesellschaft vor Ablauf der Gründungsprivilegierung aufgelöst werden könne, nicht anzunehmen, zumal sich die Gesellschafter gemeinsam auf das Modell der Gründungsprivilegierung eingelassen hätten.
26 S dazu *Rauter*, JAP 2013/2014, 233 (237); hierzu weiters *Rauter* in Straube/Ratka/Rauter, GmbHG § 77 Rz 13/1.

Abs 3 AktG erleichtert.[27] Unabhängig v der abw Textierung des Gesetzgebers zw „ausreichenden Gründen" in §77 u „wichtigen Gründen" gem §62 Abs 2 AktG werden im Rahmen der Interessenabwägung (s hierzu §77 Rz 17) dieselben Umstände als relevant erachtet.[28]

16 Ausreichende Gründe für die Verweigerung der Zustimmung sind nach der Lit u Rsp **zB** besondere Nebenleistungspflichten, die v Dritten nicht erfüllt werden können,[29] besondere gesv Voraussetzungen/Eigenschaften des Erwerbers,[30] die Veräußerung an einen Konkurrenten,[31] Gefahr der Konzernierung,[32] Imageverlust durch das Ausscheiden der Unternehmerfamilie,[33] gesv Einstimmigkeitsklausel für Gesellschafterbeschlüsse,[34] nicht jedoch der bloße Umstand, dass es sich um die potenzielle Veräußerung einer Sperrminorität handelt.[35]

17 Ob die für die Verweigerung der Zustimmung ausreichenden Gründe vorliegen, hat das Gericht nach richterlichem Ermessen anhand der konkreten Umstände des Einzelfalls zu prüfen.[36] Im Sinne einer **Interessensabwägung** sind dabei die Interessen aller Beteiligten (Gesell-

---

27 OLG Wien 12.10.2009, 28 R 189/09h, GES 2011, 112; *Rauter* in Straube/Ratka/Rauter, GmbHG §77 Rz 14; *Schopper* in Gruber/Harrer, GmbHG² §77 Rz 4; **aA** u somit für eine Gleichbehandlung: *Fantur/Zehetner*, ecolex 2000, 428 (430 FN 29); *Reich-Rohrwig*, ecolex 1994, 757 (758).
28 *Feltl*, GmbH I §77 E3 unter Hinweis auf OGH 27.6.2019, 6 Ob 18/19v.
29 *Rauter* in Straube/Ratka/Rauter, GmbHG §77 Rz 16; *Schopper* in Gruber/Harrer, GmbHG² §77 Rz 4.
30 *Rauter* in Straube/Ratka/Rauter, GmbHG §77 Rz 16; *Schopper* in Gruber/Harrer, GmbHG² §77 Rz 4.
31 OLG Wien 12.10.2009, 28 R 189/09h, GES 2011, 112; *Rauter* in Straube/Ratka/Rauter, GmbHG §77 Rz 16; *Schopper* in Gruber/Harrer, GmbHG² §77 Rz 4; *Koppensteiner/Rüffler*, GmbHG³ §77 Rz 4; *Fantur/Zehetner*, ecolex 2000, 428 (430); zB Verwendung existenzieller Betriebsgeheimnisse durch Konkurrenzunternehmen.
32 *Rauter* in Straube/Ratka/Rauter, GmbHG §77 Rz 16; *Schopper* in Gruber/Harrer, GmbHG² §77 Rz 4; *Koppensteiner/Rüffler*, GmbHG³ §77 Rz 4; *Karollus/Artmann*, GesRZ 2001, 64.
33 OLG Wien 12.10.2009, 28 R 189/09h, GES 2011, 112; *Rauter* in Straube/Ratka/Rauter, GmbHG §77 Rz 16; *Karollus/Artmann*, GesRZ 2001, 64; *Schopper* in Gruber/Harrer, GmbHG² §77 Rz 4.
34 OLG Wien 12.10.2009, 28 R 189/09h, GES 2011, 112.
35 OGH 27.6.2019, 6 Ob 18/19v zu §62 Abs 3 AktG.
36 OLG Wien 12.10.2009, 28 R 189/09h, GES 2011, 112; *Rauter* in Straube/Ratka/Rauter, GmbHG §77 Rz 17; RIS-Justiz RS0132794; jüngst OGH 27.6.2019, 6 Ob 18/19v zu §62 Abs 3 AktG: Die Frage, ob eine Schädigung der Gesellschaft ausreichend konkretisiert u wahrscheinlich ist, um einer Ge-

schaft, Gesellschafter u Gläubiger sowie des übertragungswilligen Gesellschafters) zu berücksichtigen (s Rz 18).[37] Der OGH hat hierzu jüngst in einer E betr § 62 AktG ausgeführt, sofern die Satzung die Umstände festlege, die als „wichtiger Grund" für die Verweigerung der Zustimmung gelten, seien primär die hierin zum Ausdruck kommenden Interessen der Gesellschaft zu beachten. Ob diese Umstände abschließend aufgezählt oder bei der Abwägung weitere Umstände zu Gunsten der Gesellschaft zu beachten sind, sei eine Auslegungsfrage. Sofern keine gesv Determinierung v „wichtigen Gründen" vorliege, seien zu Gunsten der Gesellschaft der mit dem betr Gesellschaftsanteil verbundene Einfluss u die aus der Motivenlage der voraussichtlichen Erwerber resultierende Beeinträchtigung der Gesellschaftsinteressen umfassend zu berücksichtigen.[38] Diese Ausführungen des OGH sind uE auf die Bestimmung des § 77 sinngemäß anzuwenden.[39]

Nicht erforderlich ist die namentliche Anführung bzw Bekanntgabe der Gründe bei der Verweigerung der Zustimmung.[40]

17a

D. Keine Schädigung der Gesellschaft, der übrigen Gesellschafter und der Gläubiger

Zusätzlich zum Vorliegen eines ausreichenden Grundes für die Verweigerung hat das Gericht die durch die Übertragung **konkret drohende Schädigung** der Gesellschaft, der übrigen Gesellschafter u der Gläubiger zu prüfen.[41] Nach dem OGH ist auch bereits eine „als wahrscheinlich zu erwartende Schädigung" des genannten Personenkreises in die

18

---

  stattung der Übertragung entgegen zu stehen, hänge stets v den konkreten Umständen des Einzelfalls ab.
37 OLG Wien 12.10.2009, 28 R 189/09h, GES 2011, 112; *Rauter* in Straube/Ratka/Rauter, GmbHG § 77 Rz 17; *Schopper* in Gruber/Harrer, GmbHG[2] § 77 Rz 5; *Fantur/Zehetner*, ecolex 2000, 428 (430); *Haberer/Zehetner* in Jabornegg/Strasser, AktG I[5] § 62 Rz 60 zur Parallelbestimmung im AktG.
38 OGH 27.6.2019, 6 Ob 18/19v.
39 Dies ebenso voraussetzend zB *Rauter* in Straube/Ratka/Rauter, GmbHG § 77 Rz 14.
40 *Rauter* in Straube/Ratka/Rauter, GmbHG § 77 Rz 14 ua unter Hinweis auf OLG Wien 12.12.2001, 28 R 122/01.
41 *Haberer/Zehetner* in Jabornegg/Strasser, AktG I[5] § 62 Rz 60: Schädigung ist weiteres Prüfkriterium.

Beurteilung, ob eine gerichtl Ersatzzustimmung zu erteilen ist, einzubeziehen.[42]

III. Außerstreitverfahren und Entscheidung

19 Der **Gesellschafter, der seinen Anteil veräußern** möchte,[43] hat einen entspr **Antrag** beim Gerichtshof erster Instanz in Handelssachen, in dessen Sprengel der Sitz der Gesellschaft liegt, zu stellen. Antragsgegner ist der Zustimmungsberechtigte (die Gesellschaft oder einzelne Gesellschafter).[44] Das zuständige Gericht entscheidet mit **Beschluss im Außerstreitverfahren**.[45]

20 § 77 sieht für die Antragstellung keine bestimmte **Frist** vor, eine unangemessen späte Antragstellung wird jedoch auf ihr Rechtsschutzinteresse geprüft werden können.[46]

21 Das Gericht hat die Entscheidungsgrundlagen im gegenst Verfahren grds amtswegig zu ermitteln.[47] Zur Vervollständigung der Grundlagen für die Interessensabwägung durch das Gericht sind gem § 77 S 2 vor der E die **GF anzuhören**.[48] Die GF haben die Gesellschafter v der Ver-

---

42 OGH 27.6.2019, 6 Ob 18/19v zur Parallelbestimmung § 62 Abs 3 AktG; *Rauter* in Straube/Ratka/Rauter, GmbHG § 77 Rz 14
43 Keine Antragslegitimation des Erwerbers: OLG Wien 8.10.1996, 28 R 47/96d, NZ 1997, 252; *Rauter* in Straube/Ratka/Rauter, GmbHG § 77 Rz 21; *Koppensteiner/Rüffler*, GmbHG³ § 77 Rz 4; *Schopper* in Gruber/Harrer, GmbHG² § 77 Rz 6.
44 *Schopper* in Gruber/Harrer, GmbHG² § 77 Rz 6; *Ley-Grassner/Hiermayer* in Frenzel, Gesellschafterwechsel 96 ff.
45 S § 102; ausdrücklich *Koppensteiner/Rüffler*, GmbHG³ § 77 Rz 2: Keine klagsweise Durchsetzung des Anspruches auf Zustimmung möglich.
46 OLG Wien 12.10.2009, 28 R 189/09h, GES 2011, 112; zu § 62 AktG: OLG Wien 12.12.2001, 28 R 122/01v, NZ 2002/155, 372: Antragstellung nach etwas mehr als einem halben Jahr war unbedenklich; *Haberer/Zehetner* in Jabornegg/Strasser, AktG § 62 Rz 57; für eine angemessene Befristung: *Weismann*, Übertragungsbeschränkungen 111; aA *Schopper* in Gruber/Harrer, GmbHG² § 77 Rz 6, der eine Befristung ablehnt, da die Rechtsgrundlage u Rechtsfolgen des Fristversäumnisses weitgehend unklar bleiben; dies auch unter Hinweis auf *Rauter* in Straube/Ratka/Rauter, GmbHG § 77 Rz Rz 21.
47 *Ley-Grassner/Hiermayer* in Frenzel, Gesellschafterwechsel 97 f mwN; s auch § 77 Rz 17a.
48 S dazu OGH 4.12.1974, 5 Ob 288/74: *„Die Pflicht des Gerichts vor der Entscheidung die Geschäftsführer zu hören, besagt nicht, dass vorerst der Vor-*

fahrenseinleitung zu verständigen, die wiederum mit Mehrheitsbeschluss die GF zu einer bestimmten Prozessführung anweisen können.[49] Der Gesellschafter, der seinen Anteil veräußern möchte, hat dabei kein Stimmrecht (§ 39 Abs 4).[50] Sofern das Zustimmungsrecht den (weiteren) Gesellschaftern zukommt, so sind diese – angesichts ihrer unmittelbaren Parteistellung – ebenfalls zu hören.[51]

Parteistellung u damit Rechtsmittellegitimation hat der Antragsteller (veräußerungswillige Gesellschafter) sowie die Gesellschaft[52] oder auch einzelne Gesellschafter[53] als zustimmungsberechtigte Antragsgegner.[54] Für den Fall der analogen Anwendung des § 77 auf syndikatsvertragliche Vinkulierungen (vgl Rz 8) wird v der Lit auch eine Passivlegitimation der die Zustimmung verweigernden Syndikatspartner bejaht.[55]   **22**

Der stattgebende Beschluss des Gerichts **ersetzt die Zustimmung** des bzw der Zustimmungsberechtigten, wobei dabei die konkrete Übertragung an den genannten Erwerber gestattet wird. Das Gericht kann eine Übertragung nur für die Zukunft erlauben, eine rückwirkende (nachträgliche) Genehmigung ist nicht möglich.[56]   **23**

Ein **Revisionsrekurs** gem § 62 Abs 1 AußStrG kommt praktisch wohl nur bei Ermessensmissbrauch in Betracht.[57]   **24**

---

stand über die Zulässigkeit der Übertragung der Geschäftsanteile an gesellschaftsfremde Personen zu befinden habe."
49 S dazu *Reich-Rohrwig*, ecolex 1994, 757, der im Rahmen des Nominierungsrechts ein vorrangiges Bezugsrecht der verbleibenden Altgesellschafter im Verhältnis der Nennbeträge ihrer Beteiligung bejaht.
50 *Rauter* in Straube/Ratka/Rauter, GmbHG § 77 Rz 24.
51 *Ley-Grassner/Hiermayer* in Frenzel, Gesellschafterwechsel 97.
52 *Ley-Grassner/Hiermayer* in Frenzel, Gesellschafterwechsel 96 ff: *„In jedem Fall ist die Gesellschaft selbst Partei des Ersetzungsverfahrens"*; dies nach uE richtiger A auch dann, wenn nicht sie zustimmungsberechtigt ist.
53 *Fantur/Zehetner*, ecolex 2000, 428 (431); *Karollus/Artmann*, GesRZ 2001, 64 (65); *Koppensteiner/Rüffler*, GmbHG³ § 77 Rz 3.
54 *Rauter* in Straube/Ratka/Rauter, GmbHG § 77 Rz 25; zust auch *Fantur/Zehetner*, ecolex 2000, 428, wobei auf die „rechtsirrige" E des LG Eisenstadt 25.2.1997, 19 Fr 37/97i hingewiesen wird, wonach dem Zustimmungsberechtigten keine Parteistellung gewährt wurde.
55 S *Fantur/Zehetner*, ecolex 2000, 506.
56 *Gurmann/Sakowitsch*, GES 2008, 136 (136 f); *Schopper* in Gruber/Harrer, GmbHG² § 77 Rz 7.
57 Andere grds Rechtsfragen sind – *Schopper* in Gruber/Harrer, GmbHG² § 77 Rz 6 folgend – wohl kaum denkbar, da es sich um eine einzelfallbezogene Ermessensentscheidung handelt.

25 Strittig ist in der Lit, ob § 77 auch für den Fall einer parallelen Vinkulierung der Anteile bei einer **GmbH & Co KG** (s allg § 82 Rz 156 ff) u bei einer **GmbH & Co OG** (s allg § 82 Rz 160) anwendbar ist.[58] Verneint man eine analoge Anwendung, muss im streitigen Verfahren auf Zustimmung zur Übertragung geklagt werden. Da jedoch eine rechtskräftige E im Außerstreitverfahren gem § 77 das Gericht im streitigen Verfahren bindet, kommt eine Unterbrechung des streitigen Verfahrens gem § 190 ZPO in Betracht.[59]

IV. Nominierung des Ersatzerwerbers (§ 77 S 3)

26 Ersetzt das Gericht die Zustimmung zur Übertragung mit stattgebendem Beschluss, kann die Gesellschaft dem veräußerungswilligen Gesellschafter **binnen eines Monats** nach Rechtskraft einen **anderen Erwerber nennen,** der bereit ist, den Anteil **zu den gleichen Konditionen** zu übernehmen (§ 77 S 3).

27 Nach dem Gesetzeswortlaut steht, wenn der GesV bestimmt, dass die Zustimmung der Gesellschaft zur Übertragung des Geschäftsanteils notwendig ist, das Nominierungsrecht der **Gesellschaft** zu. Zur Frage, welchem Organ die Nominierung zukommt, hat der OGH hinsichtlich der Parallelbestimmung § 62 Abs 3 AktG entschieden, dass – sofern für die Zustimmung zur Veräußerung vinkulierter Aktien die HV zuständig ist – es auch für die Nominierung eines Ersatzerwerbers gem *leg cit* der entspr Zustimmung der HV bedarf.[60] Selbiges muss uE auch für das GmbHG gelten, sodass die E, ob u wer als Ersatzerwerber genannt wird, uE grds durch die Gesellschafter mit Gesellschafterbeschluss zu treffen ist.[61] Hierbei kommt

---

58 Bejahend *Reich-Rohrwig,* GesRZ 2016, 126, der eine analoge Anwendung des § 77 bei der GmbH & Co KG häufig als zulässig erachtet, je mehr sich die Gesellschaft (KG) v Typus her einer kapitalistischen Gesellschaft nähert; für eine analoge Anwendung des § 77 bei der GmbH & Co OG s auch *Schopper* in FS Reich-Rohrwig 207 (210); abl *Auer,* wbl 2002, 253; *Rauter* in Straube/Ratka/Rauter, GmbHG § 77 Rz 29; s dazu auch *Koppensteiner/Rüffler,* GmbHG[3] § 77 Rz 5 letzter S, der empfiehlt, das Klagebegehren so zu formulieren, dass der Zustimmungsberechtigte auch innerhalb der Monatsfrist des § 77 einen alternativen Erwerber nominieren kann.
59 *Koppensteiner/Rüffler,* GmbHG[3] § 77 Rz 4; *Auer,* wbl 2002, 253.
60 RIS-Justiz RS0134022; OGH 6.4.2022, 6 Ob 108/21g.
61 So auch im Ergebnis *Rauter* in Straube/Ratka/Rauter, GmbHG § 77 Rz 34; *Fantur/Zehetner,* ecolex 2000, 428 (432); **aA** *Reich-Rohrwig,* ecolex 1994, 757

nach hA dem veräußerungswilligen Gesellschafter kein Stimmrecht zu.[62] Nach uE richtiger hA steht das Nominierungsrecht im Falle eines vereinbarten Zustimmungsrechts einzelner Gesellschafter (vgl Rz 6) den **jew Gesellschaftern** bzw **dem jew Gesellschafter** zu.[63] Die E ist somit grds durch die Personen bzw das Organ (zB auch die GV) zu treffen, die hinsichtlich der Übertragung zustimmungsbefugt sind. Fehlt eine spezielle gesv Vinkulierungsklausel, so gilt nach zutr A die **allg Beschlussmehrheit**, die für die Zustimmung zur Veräußerung einzuhalten ist.[64] Kommt kein wirksamer Beschluss über die Nominierung eines Ersatzerwerbers zustande, erwirbt aufgrund der Ersatzzustimmung durch das Gericht die v veräußerungswilligen Gesellschafter vorgeschlagene Person.[65] Selbiges gilt uE, wenn gem GesV die Zustimmung sämtlicher weiterer Gesellschafter zur Übertragung des Geschäftsanteils notwendig ist, jedoch diese sich nicht auf die Namhaftmachung eines Ersatzerwerbers einigen.

Formal erfolgt die Benennung des Ersatzerwerbers bei Zuständigkeit der Gesellschaft für die Namhaftmachung des Ersatzerwerbers durch den GF als entspr Organ der Gesellschaft, wobei im Innenverhältnis ein Gesellschafterbeschluss erforderlich ist (s Rz 27 mwN). Sind die weiteren Gesellschafter oder ein anderes Organ (wie beispielsweise ein AR oder Beirat) für die Namhaftmachung des Ersatzerwerbers zuständig, so haben auch diese die Benennung nach außen hin zu

28

(758 f); *Koppensteiner/Rüffler*; GmbHG³ § 77 Rz 5; *Schopper* in Gruber/Harrer, GmbHG² § 77 Rz 8: Obliegt die E der Gesellschaft, sind die GF entscheidungsbefugtes Organ. Dabei haben sie den Gesellschaftern den Erwerb der freiwerdenden Anteile zu ermöglichen (§ 52 Abs 3 analog).

62 *Rauter* in Straube/Ratka/Rauter, GmbHG § 77 Rz 36; *Schopper* in Gruber/Harrer, GmbHG² § 77 Rz 8; *Gurmann/Sakowitsch*, GES 2008, 136 (138); abl u somit das Stimmrecht des veräußerungswilligen Gesellschafters bejahend: *Fantur/Zehetner*, ecolex 2000, 428 (429); vgl auch OGH 21.5.1997, 7 Ob 2350/96f, wonach bei gesv Vinkulierung der veräußerungswillige Gesellschafter mangels Anwendbarkeit des § 39 Abs 4 stimmberechtigt ist.

63 *Schopper* in Gruber/Harrer, GmbHG² § 77 Rz 8; *Rauter* in Straube/Ratka/Rauter, GmbHG § 77 Rz 32; wohl ebenso *Fantur/Zehetner*, ecolex 2000, 428 (432); aA *Karollus/Artmann*, GesRZ 2001, 64 (65) jedoch unter Berufung auf *Fantur/Zehetner*.

64 *Rauter* in Straube/Ratka/Rauter, GmbHG § 77 Rz 35; *Schopper* in Gruber/Harrer, GmbHG² § 77 Rz 8; aA *Gurmann/Sakowitsch*, GES 2008, 136: Mangels gesetzl Regelung entscheidet die Gesellschaft gem § 39 mit einfacher Mehrheit, weshalb im GesV die Quoren angehoben werden sollten.

65 So auch *Schopper* in Gruber/Harrer, GmbHG² § 77 Rz 8.

vollziehen. Die GF können diesfalls als „Erklärungsboten" eingesetzt werden.[66]

29 Ein **Aufgriffsrecht**[67] (s § 76 Rz 24) (oder **Vorkaufsrecht**[68]) (s § 76 Rz 25) der übrigen Gesellschafter steht einem Verfahren nach § 77 grds nicht entgegen. Ein im GesV verankertes Vorkaufsrecht oder Aufgriffsrecht hat jedoch nach hA Vorrang gegenüber dem Nominierungsrecht gem § 77 S 3.[69] Sind daher im GesV sowohl Aufgriffsrechte als auch eine Vinkulierung vorgesehen, ist zuerst das Aufgriffsverfahren zu durchlaufen. Wird das Aufgriffsrecht nicht ausgeübt, greift dennoch eine im GesV vorgesehene Vinkulierung. Die Zustimmung kann aber gem § 77 ersetzt werden u ist dann nochmals eine Ersatznominierung gem § 77 S 3 durch die Gesellschaft möglich. Sofern der GesV den Aufgriffs- bzw Vorkaufspreis festlegt, ist v Ersatzerwerber dieser Preis zu zahlen, da dem veräußerungswilligen Gesellschafter kein Recht auf Erzielung eines höheren Preises durch Veräußerung an einen Dritten zusteht.[70]

30 Bei analoger Anwendung des § 77 auf **syndikatsvertragliche Vinkulierungen** (vgl Rz 8) kommt das Nominierungsrecht den zustimmungsberechtigten Syndikatspartnern zu. Mangels Vereinbarung richtet sich das Beschlussquorum nach den Regelungen für die GesbR.[71]

31 Im Hinblick auf das Erfordernis des **rekommandierten Schreibens** an das zuständige Gericht genügt es uE, dass der Zugang des Schreibens zweifelsfrei feststeht.[72] Aus Beweisgründen empfiehlt sich jedoch jedenfalls ein rekommandiertes Schreiben.

---

66 *Ley-Grassner/Hiermayer* in Frenzel, Gesellschafterwechsel 101.
67 *Rauter* in Straube/Ratka/Rauter, GmbHG § 77 Rz 42.
68 OLG Wien 28.2.1997, 28 R 158/96b, NZ 1998, 150; *Koppensteiner/Rüffler*, GmbHG³ § 77 Rz 3.
69 *Schopper* in Gruber/Harrer, GmbHG² § 77 Rz 8; *Rauter* in Straube/Ratka/Rauter, GmbHG § 77 Rz 42; *Karollus/Artmann*, GesRZ 2001, 64; *Gurmann/Sakowitsch*, GES 2008, 136 (138).
70 Soweit der im GesV vereinbarte Preis nicht ausnahmsweise sittenwidrig ist; *Schopper* in Gruber/Harrer, GmbHG² § 77 Rz 8; *Karollus/Artmann*, GesRZ 2001, 64 (65).
71 *Rauter* in Straube/Ratka/Rauter, GmbHG § 77 Rz 37 unter Hinweis auf *Fantur/Zehetner*, ecolex 2000, 506.
72 So auch *Rauter* in Straube/Ratka/Rauter, GmbHG § 77 Rz 38 mit Verweis auf OGH 26.6.1997, 4 Ob 188/97v; aA *Koppensteiner/Rüffler*, GmbHG³ § 77 Rz 5; *Schopper* in Gruber/Harrer, GmbHG² § 77 Rz 9, die jedenfalls das rekommandierte Schreiben verlangen.

Der veräußerungswillige Gesellschafter kann bei rechtzeitiger Bekanntgabe des Ersatzerwerbers den Geschäftsanteil **nur an den Ersatzerwerber rechtswirksam veräußern**, vorausgesetzt der Ersatzerwerber erfüllt die festgelegten Konditionen binnen angemessener Frist.[73] 32

Der veräußerungswillige Gesellschafter ist jedoch nach zutr hM **nicht zur Veräußerung verpflichtet**. Er kann somit auch nach Durchführung des Verfahrens nach § 77 u Nominierung eines Ersatzerwerbers durch die Gesellschaft v der Veräußerung des Geschäftsanteils absehen u in der Gesellschaft verbleiben.[74] Möchte er veräußern, ist ein **Vertrag** abzuschließen.[75] Der veräußerungswillige Gesellschafter kann dem nominierten Ersatzerwerber eine **angemessene Frist für den Abschluss des Vertrags setzen**, bei deren ungenutztem Verstreichen er nicht mehr an die Nominierung gebunden ist.[76] Gleiches gilt, wenn der nominierte Ersatzerwerber nicht vertragsgemäß leistet.[77] Diesfalls muss der Vertrag nach allg Schuldrecht aufgehoben werden, bevor die Nominierung obsolet wird. Ist die Nominierung somit obsolet geworden, kann der veräußerungswillige Gesellschafter den Geschäftsanteil an den v ihm ursprünglich beabsichtigten Erwerber verkaufen.[78] 33

Gibt der durch das Gericht bestimmte Erwerber in Absprache mit dem veräußerungswilligen Gesellschafter ein **Scheinangebot** ab, um einen höheren Kaufpreis zu erzielen oder potentielle Ersatzerwerber v Erwerb abzuhalten, so ist dieses Scheinangebot gem § 916 Abs 1 ABGB (teil)nichtig bzw nach seiner „wahren Beschaffenheit" – also dem ernstlich gewollten Kaufpreis – zu beurteilen.[79] Für den Fall, dass der nominierte Ersatzerwerber auf Grundlage eines solchen Scheinangebots 34

---

[73] *Schopper* in Gruber/Harrer, GmbHG² § 77 Rz 10: Wurde dem v veräußerungswilligen Gesellschafter präferierten Erwerber der Kaufpreis kreditiert, gilt dies auch für den Ersatzerwerber. Jedoch ist dem veräußernden Gesellschafter Sicherheit zu leisten.

[74] *Rauter* in Straube/Ratka/Rauter, GmbHG § 77 Rz 43; *Koppensteiner/Rüffler*, GmbHG³ § 77 Rz 5; *Schopper* in Gruber/Harrer, GmbHG² § 77 Rz 10.

[75] *Rauter* in Straube/Ratka/Rauter, GmbHG § 77 Rz 43.

[76] *Gurmann/Sakowitsch*, GES 2008, 136 (138); *Rauter* in Straube/Ratka/Rauter, GmbHG § 77 Rz 43.

[77] *Reich-Rohrwig*, ecolex 1994, 757, der als angemessene Frist für die Bezahlung des Kaufpreises eine Frist v 14 Tagen annimmt.

[78] *Schopper* in Gruber/Harrer, GmbHG² § 77 Rz 10.

[79] OLG Wien 28.2.1997, 28 R 158/96b, NZ 1998, 150; s auch *Rauter* in Straube/Ratka/Rauter, GmbHG § 77 Rz 46; *Schopper* in Gruber/Harrer, GmbHG² § 77 Rz 11.

einen höheren Kaufpreis bezahlt hat, kann er die Vertragsanpassung begehren u den erhöhten Betrag zurückfordern. Unterbleibt die Nominierung eines Ersatzerwerbers aufgrund eines **Scheinangebots**, beginnt nach der hA die Monatsfrist erst bei Bekanntgabe der „richtigen" Bedingungen zu laufen.[80]

35 Besteht ein Teil des Kaufpreises in einer **Speziessache** u ist es dem Ersatzerwerber deshalb unmöglich, dieselben Bedingungen zu erfüllen, wie der v Gericht bestimmte Dritte, ist nach der Lit ein wertmäßiger Ausgleich durch den Ersatzerwerber ausreichend.[81]

§ 78. (1) Im Verhältnis zur Gesellschaft gilt nur derjenige als Gesellschafter, der im Firmenbuch als solcher aufscheint.

(2) Für die zur Zeit der Anmeldung des Überganges eines Geschäftsanteiles auf diesen rückständigen Leistungen ist der Erwerber zur ungeteilten Hand mit dem Rechtsvorgänger verhaftet.

(3) Die Ansprüche der Gesellschaft wider den Rechtsvorgänger erlöschen binnen fünf Jahren vom Tage der Anmeldung des Erwerbers.

idF BGBl 1991/10

Literatur: *Bittner*, Die Auslegung des neuen § 78 Abs 1 GmbH-Gesetz – ein Problem, das keines sein sollte, NZ 1991, 100; *P. Bydlinski*, Der Erwerb von GmbH-Geschäftsanteilen, ÖJZ 1992, 85; *Kalss*, § 34 Nachfolge im Kapitalgesellschaftsrecht, in Gruber/Kalss/Müller/Schauer (Hg), Erbrecht und Vermögensnachfolge (2017); *Rauter*, Übertragung von GmbH-Geschäftsanteilen, JAP 2005/2006/6, 35; *Rauter*, Einladung nicht registrierter Gesellschafter zur Generalversammlung, JAP 2010/2011/10, 100; *Weismann*, Übertragungsbeschränkungen bei GmbH-Geschäftsanteilen (2008).

Inhaltsübersicht

I. Erwerb der Gesellschafterstellung (Abs 1)	1–14
A. Gesetzeszweck	1, 2
B. Rechtsprechung und Lehre	3–14
II. Gemeinsame Haftung (Abs 2)	15–22
III. Verjährung der Ansprüche (Abs 3)	23

---

80 *Reich-Rohrwig*, ecolex 1994, 757 (760); zust *Rauter* in Straube/Ratka/Rauter, GmbHG § 77 Rz 46; aA *Schopper* in Gruber/Harrer, GmbHG² § 77 Rz 11.
81 *Rauter* in Straube/Ratka/Rauter, GmbHG § 77 Rz 47.

I. Erwerb der Gesellschafterstellung (Abs 1)

A. Gesetzeszweck

Abs 1 soll der Gesellschaft – ausschließlich in ihrem Interesse – Klarheit darüber verschaffen, aus welchen Personen sich der Gesellschafterkreis zusammensetzt u wer daher berechtigt ist, Gesellschafterrechte, wie zB das Stimmrecht in der GV, auszuüben.[1] Es handelt sich daher bei Abs 1 um eine **Schutzvorschrift zugunsten der Gesellschaft**.[2] Die Bestimmung führt zB dazu, dass die Wirksamkeit eines Gesellschafterbeschlusses, welcher unter Stimmrechtsausübung eines zu Unrecht im FB eingetragenen Gesellschafters zustande gekommen ist, auch durch eine spätere *ex tunc* Rückabwicklung des Anteilserwerbs nicht beeinträchtigt wird.[3] Eine Rückforderung v Leistungen, welche ein Gesellschafter an die Gesellschaft erbracht hat, scheitert bei *ex tunc* Rückabwicklung des Anteilserwerbers ebenfalls an § 78.[4] Ein weitergehender Schutzzweck, etwa ein Schutz Dritter, kommt der Bestimmung nicht zu.[5] So schützt § 78 zB den Vertragspartner des zu Unrecht im FB eingetragenen Gesellschafters, dessen Gesellschafterstellung *ex tunc* weggefallen ist, nicht vor allfälligen Regressansprüchen für v diesem an die Gesellschaft erbrachte Leistungen.[6] Nach dem klaren Wortlaut gilt das Kriterium der Eintragung im FB somit nur für das Verhältnis der Gesellschaft zu ihren Gesellschaftern.[7] Außerhalb dieses Verhältnisses richtet sich die Übertragung des Geschäftsanteils insb nach § 76.[8] Der Eintragung ins FB (s Rz 7) kommt somit im Verhältnis zur Gesellschaft **keine konstitutive Wirkung** zu.[9]

1

---

1 OGH 18.2.2010, 6 Ob 1/10f; 26.8.1999, 2 Ob 46/97x.
2 RIS-Justiz RS0060058; *Koppensteiner/Rüffler*, GmbHG³ § 78 Rz 2; *Schopper* in Gruber/Harrer, GmbHG² § 78 Rz 2; *Verweijen* in Straube/Ratka/Rauter, GmbHG § 78 Rz 1.
3 Zutr *Verweijen* in Straube/Ratka/Rauter, GmbHG § 78 Rz 1; zB erfolgreiche Anfechtung des zugrundeliegenden Rechtsverhältnisses.
4 *Verweijen* in Straube/Ratka/Rauter, GmbHG § 78 Rz 1.
5 OGH 17.2.2006, 10 Ob 132/05t; *Schopper* in Gruber/Harrer, GmbHG² § 78 Rz 2.
6 S *Verweijen* in Straube/Ratka/Rauter, GmbHG § 78 Rz 1.
7 RIS-Justiz RS0059827; *Schopper* in Gruber/Harrer, GmbHG² § 78 Rz 2.
8 OGH 11.7.1956, 7 Ob 305/56.
9 OGH 26.8.1999, 2 Ob 46/97x; 17.7.1997, 6 Ob 2371/96m; *Weismann*, Übertragungsbeschränkungen 6: FB-Eintragung wirkt also nur deklarativ; s auch

2 Gemäß Abs 1 gilt der Erwerber in der Zeit zw dem Erwerb des Geschäftsanteils u der Eintragung ins FB gegenüber der Gesellschaft noch nicht als Gesellschafter. Solange der Erwerber im Verhältnis zur Gesellschaft nicht als Gesellschafter gilt, hat er auch keinen **Anspruch auf Ausübung der Mitgliedschaftsrechte**.[10] Dies gilt nach dem missglückten Gesetzeswortlaut selbst dann, wenn die Gesellschaft positive Kenntnis v der Übertragung des Geschäftsanteils hat u diese unstr ist.[11] Bis dato lässt Abs 1 aufgrund dieses missglückten Gesetzeswortlauts[12] einige Fragen offen, wobei die Bestimmung mittlerweile in der Rsp u Lit in ihrer Reichweite relativiert wurde (s Rz 3 f).[13]

B. Rechtsprechung und Lehre

3 Bereits nach der älteren Rsp[14] u L[15] waren entgegen dem Wortlaut der Bestimmung jene als Gesellschafter zu behandeln, die die Voraussetzungen für die Eintragung als Gesellschafter erfüllten. Voraussetzung dafür wiederum war, dass den GF die **Übertragung des Geschäftsanteils mitgeteilt u glaubhaft gemacht** wurde. Dies entspricht auch durchaus der Intention des Gesetzgebers, da die Schutzbedürftigkeit der Gesellschaft nicht mehr gegeben ist, sobald ihr die tatsächlichen Gesellschafterverhältnisse bekannt sind.[16]

4 Nach stRsp steht es daher mit Abs 1 im Einklang, wenn die Gesellschaft, noch bevor der neue Gesellschafter ins FB eingetragen ist, nach der tatsächlichen Rechtslage handelt u dem neuen Gesellschafter bei Vorliegen einer **zweifelsfreien formgültigen Übertragungsurkunde** (Notariatsakt) u Eintritt allfälliger Bedingungen sowohl die **Teilnahme**

Koppensteiner/Rüffler, GmbHG³ § 78 Rz 7b; *Verweijen* in Straube/Ratka/Rauter, GmbHG § 78 Rz 9, wonach ein zu Unrecht kaduzierter Gesellschafter durch Löschung im FB nicht seine Gesellschafterrechte verliert (OGH 2.2.1994, 6 Ob 16/93) u der FB-Eintragung lediglich deklarative Wirkung zukommt.

10 *Schopper* in Gruber/Harrer, GmbHG² § 78 Rz 8; OLG Wien 11.9.2007, 28 R 135/07i, NZ 2008/G 55, 30.
11 *Schopper* in Gruber/Harrer, GmbHG² § 78 Rz 4.
12 So auch *Verweijen* in Straube/Ratka/Rauter, GmbHG § 78 Rz 3.
13 *Rauter*, Besprechung zu OGH 6 Ob 1/10f, JAP 2010/2011/10, 100.
14 OGH 19.10.1989, 7 Ob 681/89.
15 *Bittner*, NZ 1991, 100; *P. Bydlinski*, ÖJZ 1992, 85.
16 *Verweijen* in Straube/Ratka/Rauter, GmbHG § 78 Rz 5.

an der GV[17] als auch die Ausübung des **Stimmrechts** gewährt.[18] Nach zutr Rsp u L hat der neue Gesellschafter jedoch keinen Anspruch darauf (s Rz 8).

Bestehen **Zweifel an der Gesellschaftereigenschaft** des neuen Gesellschafters, weil zB die Frage nicht geklärt ist, ob die im GesV vorgesehene Zustimmung zur Teilung u Veräußerung in der geforderten Form vorliegt, ist die strenge Einhaltung des Abs 1 geboten.[19] Im Fall einer str Gesellschafterstellung ist daher die FB-Eintragung entscheidend.[20] Die Gesellschaft trifft diesfalls keine Rechtspflicht, dem Erwerber die Ausübung des **Stimmrechts** in der GV zu ermöglichen u ist in einem solchen Verhalten weder die Verletzung einer Treuepflicht noch eine schikanöse Rechtsausübung zu erblicken.[21] In der L wird jedoch die M vertreten, dass ein **Treuepflichtverstoß** bzw eine unzulässige Rechtsausübung vorliegt, wenn die Gesellschaft die Anerkennung eines neuen Gesellschafters verweigert, ohne dass sie Zweifel an der Gesellschaftereigenschaft hegt[22] bzw diesen nicht zur GV zulässt.[23]

Hat die Gesellschaft keine eindeutige Information, dass ein konkreter Gesellschafterwechsel stattgefunden hat, ist sie auch nicht verpflichtet, **Stimmrechtsausübungen** des austretenden Gesellschafters in der GV zu verweigern.[24]

Sobald der Gesellschaft der Übergang des Geschäftsanteils nachgewiesen wird, haben die GF in der zur Vertretung notwendigen Anzahl diese Tatsache unverzüglich zum FB anzumelden (§ 26).[25] Insofern hat der Erwerber einen **Anspruch auf Eintragung im FB**. Ist die Gesellschafterstellung str, so weist *Umfahrer* darauf hin, dass der GF diesfalls die Anmeldung des Gesellschafterwechsels zur Eintragung ins FB zunächst zu

---

17 OGH 17.2.2006, 10 Ob 132/05t.
18 RIS-Justiz RS0112377; aus der neueren Jud ua OGH 28.2.2018, 6 Ob 167/17b; dazu auch *Schopper* in Gruber/Harrer, GmbHG² § 78 Rz 4 f: Methodisch unzulässig wäre allerdings, Abs 1 teleologisch zu reduzieren u generell auf einen anderen Zeitpunkt als jenen der FB-Eintragung abzustellen.
19 OGH 26.8.1999, 2 Ob 46/97x.
20 OGH 20.5.2003, 4 Ob 71/03z.
21 RIS-Justiz RS0112377; ua OGH 22.2.2000, 1 Ob 8/00h; 28.2.2018, 6 Ob 167/17b.
22 S *Schopper* in Gruber/Harrer, GmbHG² § 78 Rz 5.
23 *Verweijen* in Straube/Ratka/Rauter, GmbHG § 78 Rz 5; weiterführend Rz 8 unten.
24 OGH 29.3.2001, 8 ObA 44/01f.
25 S OGH 30.8.2016, 6 Ob 103/16i.

unterlassen habe.[26] Verweigert oder verzögert die Gesellschaft grundlos die Anmeldung zum FB, kommen eine Leistungsklage gegen die Gesellschaft (nicht gegen die GF als deren Organ)[27] sowie Schadenersatzansprüche gegen die Gesellschaft u die GF in Betracht (s § 26 Rz 6).[28]

7a Parteistellung im Verfahren über die Eintragung eines Gesellschafterwechsels im FB kommt der Gesellschaft selbst (vertreten durch die GF) sowie jenem Gesellschafter dessen eigene Rechtssphäre berührt wird (dessen Eintragung/Nichteintragung ins FB str ist), zu. Diese sind aufgrund ihrer Parteistellung auch zur Erhebung eines Rekurses gegen den betr FB-Beschluss legitimiert.[29]

7b Der GmbH selbst kommt idR keine Aktivlegitimation zu, mittels Feststellungsklage eine gerichtl E über die Gesellschafterverhältnisse feststellen zu lassen. Lediglich in Ausnahmefällen, zB wenn der Streit um die Gesellschafterstellung bereits zu einer Lähmung der internen Willensbildung der Gesellschaft geführt hat, kann auch der Gesellschaft selbst eine solche zukommen.[30]

8 Ein noch nicht im FB eingetragener Neugesellschafter hat nach der zutr Rsp u L **keinen durchsetzbaren Anspruch** darauf, an einer **GV der Gesellschaft teilzunehmen**.[31] Die Gesellschaft hat bei Kenntnis des

---

26 *Umfahrer*, GmbH[7] Rz 15.64.
27 RIS-Justiz RS0059812; ua OGH 28.2.2018, 6 Ob 167/17b.
28 OGH 6.4.2006, 6 Ob 64/06i; 28.2.2018, 6 Ob 167/17b; OLG Wien 11.9.2007, 28 R 135/07i, NZ 2008/G 55, 30; *Schopper* in Gruber/Harrer, GmbHG[2] § 78 Rz 6; *Verweijen* in Straube/Ratka/Rauter, GmbHG § 78 Rz 7.
29 OGH 22.10.2020, 6 Ob 33/20a.
30 OGH 28.2.2018, 6 Ob 167/17b; 25.11.2020, 6 Ob 206/20t; s auch § 75 Rz 9.
31 OLG Wien 11.9.2007, 28 R 135/07i, NZ 2008/G 55, 30; *Koppensteiner/Rüffler*, GmbHG[3] § 78 Rz 5; so jüngst auch der OGH in der E v 28.2.2018, 6 Ob 167/17b: „*Solange jedoch die Gesellschaftereigenschaft des Erwerbers nicht zweifelsfrei feststeht, also strittig ist, trifft die Gesellschaft keine Rechtspflicht, dem Erwerber die Ausübung des Stimmrechts in der Generalversammlung zu ermöglichen. In einem solchen Verhalten ist weder die Verletzung einer Treuepflicht noch eine schikanöse Rechtsausübung zu erblicken (RIS-Justiz RS0112377 [T2])*", die Frage bei unstr Gesellschafterstellung sohin zunächst ausdrücklich offenlassend, jedoch im Folgesatz ausdrücklich der vorangeführten E des OLG Wien folgend: „*Ein noch nicht im Firmenbuch eingetragener Neugesellschafter hat somit keinen durchsetzbaren Anspruch darauf, an einer Generalversammlung seiner Gesellschaft teilzunehmen (OLG Wien 28 R 135/07i NZ 2008, G 55)*"; **aA** *Verweijen* in Straube/Ratka/Rauter, GmbHG § 78 Rz 5: Aus der E des OGH 17.2.2006, 10 Ob 132/05t gehe hervor, dass der Erwerber bei Vorliegen einer zweifelsfreien formgültigen Über-

Gesellschafterwechsels jew zu prüfen, ob ihr der Übergang des Geschäftsanteils bereits zweifelsfrei nachgewiesen wurde. Bestehen (auch nur geringste) Zweifel darüber, ob der Geschäftsanteil tatsächlich übergegangen ist, ist die Gesellschaft nicht verpflichtet, dem Erwerber die Ausübung des Stimmrechts in der GV zu ermöglichen u ist in einem solchen Verhalten weder die Verletzung einer **Treuepflicht** noch eine schikanöse Rechtsausübung zu erblicken[32] (vgl Rz 5, wonach in der L jedoch die M vertreten wird, dass ein Treuepflichtverstoß bzw eine unzulässige Rechtsausübung vorliegt, wenn die Gesellschaft die Anerkennung eines neuen Gesellschafters verweigert, ohne dass sie Zweifel an der Gesellschaftereigenschaft hegt[33]).

Erst mit **Eintragung des Gesellschafterwechsels ins FB** wird dem Gesellschafter ein **Anspruch** auf Einräumung aller mit dem Anteil verbundenen Rechte verschafft.[34] Die Gesellschaft muss bei ihr angemeldete, noch nicht im FB eingetragene Gesellschafter daher nicht zu einer GV laden, **kann** dies aber tun (vgl § 38 Rz 4).[35] Deshalb kann es auch **kein Mangel der Einberufung** sein, wenn der neue Gesellschafter v der Gesellschaft schon vor seiner Eintragung im FB zu einer GV als Gesellschafter geladen wird.[36] Der Neugesellschafter hat aber vor seiner Eintragung im FB keinen durchsetzbaren Anspruch darauf.[37]

9

Ladet die Gesellschaft den Erwerber zur GV u erkennt ihn als Gesellschafter an, kann sie ihm nachher nicht entgegenhalten, dass er nicht im FB eingetragen war.[38] Wurden hingegen noch die bisherigen Gesellschafter zur GV geladen u zur Stimmabgabe zugelassen, dann müssen sie auch als **anfechtungsbefugt** angesehen werden, da es sachwidrig wäre, sie später, ohne relevante SV-Änderung, als nicht anfechtungs-

10

---

tragungsurkunde (Notariatsakt) u Eintritt allfälliger Bedingungen einen Anspruch gegen die Gesellschaft auf Zulassung zur GV habe (s auch Rz 12).
32 OGH 22.2.2000, 1 Ob 8/00h; 28.2.2018, 6 Ob 167/17b.
33 S *Schopper* in Gruber/Harrer, GmbHG[2] § 78 Rz 5.
34 OLG Wien 11.9.2007, 28 R 135/07i, NZ 2008/G 55, 30; aA *Verweijen* in Straube/Ratka/Rauter, GmbHG § 78 Rz 5; s auch OGH 14.7.2022, 5 Ob 98/22f.
35 OGH 17.2.2005, 6 Ob 205/04x; *Koppensteiner/Rüffler*, GmbHG[3] § 78 Rz 6; *Schopper* in Gruber/Harrer, GmbHG[2] § 78 Rz 4; s auch *Koppensteiner*, Besprechung zu OGH 6 Ob 7/08k, GesRZ 2008, 155 (158).
36 OGH 18.2.2010, 6 Ob 1/10f.
37 OLG Wien 11.9.2007, 28 R 135/07i, NZ 2008/G 55, 30.
38 *Koppensteiner/Rüffler*, GmbHG[3] § 78 Rz 6; *Schopper* in Gruber/Harrer, GmbHG[2] § 78 Rz 8.

berechtigt anzusehen (s auch § 41 Rz 76).[39] Die ggt Rechtsansicht liefe darauf hinaus, allen als Gesellschaftern in Betracht kommenden (nachteilig betroffenen) Personen – Rechtsvorgängern u -nachfolgern – die Anfechtung zu versagen.[40]

11 Für den Veräußerer wird sich im **Innenverhältnis** aus dem Anteilskaufvertrag die Nebenverpflichtung ergeben, dem Erwerber eine der Gesellschafterstellung möglichst angenäherte Position zu verschaffen, dh nur nach dessen Weisung zu stimmen oder ihn, falls möglich, mit einer Stimmrechtsvollmacht auszustatten.[41]

12 **Ausgeschiedene Gesellschafter** sind bis zu ihrer Löschung im FB befugt, bei der GV mitzustimmen u die dort gefassten Beschlüsse gem § 41 anzufechten (vgl § 41 Rz 76).[42] Eine Ausnahme sollte dann gelten, wenn die Gesellschaft zulässigerweise den jew Rechtsnachfolger zur Stimmrechtsausübung zugelassen hat (s dazu Rz 4 u 8).[43]

13 **Gewinnansprüche** zw der Übertragung des Geschäftsanteils u dem Erwerb der Gesellschafterstellung im Verhältnis zur Gesellschaft werden nach hA gem § 1392 ff ABGB bereits mit der Übertragung zediert, wobei in der Mitteilung der Übertragung eine hinreichende Verständigung nach § 1395 ABGB liegt, sodass die Gesellschaft danach nicht mehr schuldbefreiend an den Veräußerer (Altgesellschafter) leisten kann.[44] Im Zweifel stehen nach hA noch nicht durch Gesellschafterbeschluss konkretisierte Gewinnansprüche vergangener Perioden zur Gänze dem Erwerber zu.[45] Es empfiehlt sich daher, im Anteilskaufvertrag eine klare Regelung aufzunehmen, sofern noch Gewinnansprüche aus vergangenen Perioden offen sind.[46]

---

39 OGH 1.8.2003, 1 Ob 165/03a; 17.2.2006, 10 Ob 132/05t; *Schopper* in Gruber/Harrer, GmbHG² § 78 Rz 8; **aA** *Koppensteiner/Rüffler*, GmbHG³ § 78 Rz 6: Dies sei nicht v Schutzzweck der Bestimmung umfasst u die Stimmabgabe des ausgeschiedenen, aber noch im FB eingetragenen Gesellschafters sei nichtig.
40 OGH 1.8.2003, 1 Ob 165/03a.
41 *Schopper* in Gruber/Harrer, GmbHG² § 78 Rz 8.
42 RIS-Justiz RS0117624.
43 OGH 17.2.2006, 10 Ob 132/05t.
44 *P. Bydlinski*, ÖJZ 1992, 85 (86); zust *Koppensteiner/Rüffler*, GmbHG³ § 78 Rz 7; *Schopper* in Gruber/Harrer, GmbHG² § 78 Rz 9; *Verweijen* in Straube/Ratka/Rauter, GmbHG § 78 Rz 5.
45 OGH 30.10.1990, 8 Ob 643/90; s § 82 Rz 34.
46 So auch *Schopper* in Gruber/Harrer, GmbHG² § 78 Rz 9.

§ 78 gilt auch beim Übergang des Geschäftsanteils v Todes wegen (im Erb- u Vermächtnisweg).[47] Der Erbe hat sich gegenüber der Gesellschaft mittels Einantwortungsbeschlusses zu legitimieren. Ist der Nachw unzweifelhaft, kann die Gesellschaft den Erben – wie bei der Übertragung unter Lebenden – auch, wenn er noch nicht im FB als Gesellschafter eingetragen ist, als solchen behandeln.[48]

II. Gemeinsame Haftung (Abs 2)

Absatz 2 soll die Gesellschaft, die oft v der Abtretung erst später erfährt, im Hinblick auf die zeitliche Diskrepanz schützen u macht für die zur Zeit der Anmeldung bei der Gesellschaft rückständigen Leistungen **sowohl Veräußerer als auch Erwerber als Gesamtschuldner** haftbar.[49] Mit dem Begriff der „Anmeldung" in Abs 2 ist die Anmeldung bei der Gesellschaft zu verstehen.[50] Zweck v Abs 2 ist somit die Vermeidung v Komplikationen im Verhältnis zw Gesellschaft, Veräußerer u Erwerber, die sich daraus ergeben könnten, dass der Erwerber gegenüber der Gesellschaft erst zu einem späteren Zeitpunkt Gesellschafter wird.[51]

Nach Abs 2 trifft den Erwerber u den Rechtsvorgänger für rückständige Leistungen eine **solidarische Haftung** als Gesamtschuldner (§§ 888 ff ABGB). Selbst wenn der Erwerber eines Geschäftsanteils aufgrund der fehlenden FB-Eintragung gegenüber der Gesellschaft noch nicht Gesellschafter ist (Abs 1), haftet er bereits solidarisch für rückständige Leistungen.

Leistungen iSd Abs 2 sind insb Ansprüche der Gesellschaft aus offenen Einlageverpflichtungen, aber auch aus einer verdeckten Sacheinlage, der Differenzhaftung nach § 10a oder der Vorbelastungshaftung. Nicht erfasst sind Ansprüche aus der Einlagenrückgewähr.[52]

14

15

16

17

---

47 OGH 13.10.1954, 1 Ob 752/54; 27.4.1976, 4 Ob 511, 512/76; *Verweijen* in Straube/Ratka/Rauter, GmbHG § 78 Rz 3; *Schopper* in Gruber/Harrer, GmbHG² § 78 Rz 2 mwN.
48 Ausf *Kalss* in Gruber/Kalss/Müller/Schauer, Erbrecht u Vermögensnachfolge² § 34 Rz 16.
49 *Verweijen* in Straube/Ratka/Rauter, GmbHG § 78 Rz 12.
50 S *Koppensteiner/Rüffler*, GmbHG³ § 78 Rz 9; *Schopper* in Gruber/Harrer, GmbHG² § 78 Rz 10; *Verweijen* in Straube/Ratka/Rauter, GmbHG § 78 Rz 12.
51 ErlRV 236 BlgHH 17. Sess 86.
52 *Schopper* in Gruber/Harrer, GmbHG² § 78 Rz 15.

18 Rückständig sind Leistungen, die im Zeitpunkt der Anmeldung bei der Gesellschaft fällig sind, aber noch nicht erfüllt wurden.[53] Fälligkeit tritt erst dann ein, wenn durch Gesellschafterbeschluss oder durch das in der Satzung bestimmte Organ der säumige Gesellschafter zur Leistung aufgefordert wird.[54] Für Ansprüche der Gesellschaft, die nach Anmeldung bei der Gesellschaft fällig werden, haftet nach Abs 2 ausschließlich der Erwerber.[55]

19 Nach der zutr hA haften Veräußerer u Erwerber auch für jene rückständigen Leistungen solidarisch, die zw Anmeldung bei der Gesellschaft u Eintragung des Gesellschafterwechsels im FB **fällig** werden.[56]

20 Sofern die Gesellschaft den Erwerber bereits **vor der Eintragung** im FB als Gesellschafter **anerkennt**, haftet nur noch der Erwerber für nach dem Zeitpunkt der Anerkennung fällig werdende Leistungen.[57]

21 Der **Ausgleich im Innenverhältnis** richtet sich danach, ob die Verbindlichkeit bei der Bemessung des Kaufpreises für den Geschäftsanteil berücksichtigt wurde oder nicht.[58] Bei unentgeltlicher Übertragung kann die ergänzende Vertragsauslegung ergeben, dass der übertragende Gesellschafter v ihn noch treffenden Einlageverpflichtungen überhaupt befreit ist.[59]

22 Hat der Erwerber rückständige Leistungen erbracht, kann er diese – selbst bei *ex tunc*-Wirkung einer erfolgreichen Anfechtung gegenüber dem Veräußerer – **gegenüber der Gesellschaft nicht zurückfordern**.[60] Da der Erwerber bei erfolgreicher Anfechtung gar nie Gesellschafter geworden ist, haftet er nach erfolgter Löschung seiner Gesellschafterstellung jedenfalls nicht weiter für bereits fällige Verbindlichkeiten.[61]

---

53 RIS-Justiz RS0111452; OGH 26.1.1999, 4 Ob 341/98w; *Koppensteiner/Rüffler*, GmbHG³ § 78 Rz 9; *Gellis/Feil* § 78 Rz 7; *Verweijen* in Straube/Ratka/Rauter, GmbHG § 78 Rz 13.
54 OGH 26.1.1999, 4 Ob 341/98w.
55 Zu einer allfälligen Haftung nach diesem Zeitpunkt s § 67.
56 *Schopper* in Gruber/Harrer, GmbHG² § 78 Rz 12; *Verweijen* in Straube/Ratka/Rauter, GmbHG § 78 Rz 12.
57 *Schopper* in Gruber/Harrer, GmbHG² § 78 Rz 12.
58 *Koppensteiner/Rüffler*, GmbHG³ § 78 Rz 9; *Schopper* in Gruber/Harrer, GmbHG² § 78 Rz 13; *Verweijen* in Straube/Ratka/Rauter, GmbHG § 78 Rz 13.
59 *Schopper* in Gruber/Harrer, GmbHG² § 78 Rz 13.
60 *Schopper* in Gruber/Harrer, GmbHG² § 78 Rz 16; s auch bereits Rz 1 oben.
61 *Schopper* in Gruber/Harrer, GmbHG² § 78 Rz 16 mwN.

III. Verjährung der Ansprüche (Abs 3)

Gemäß Abs 3 erlöschen die Ansprüche der Gesellschaft gegenüber dem Rechtsvorgänger (Abs 2) binnen **fünf Jahren**. Absatz 3 ist daher eine Verjährungsvorschrift[62] u betrifft nur die Ansprüche der Gesellschaft gegen den Veräußerer des Geschäftsanteils gem Abs 2.[63] Die Fünfjahresfrist beginnt mit dem Tag der Anmeldung bei der Gesellschaft (Rz 15) zu laufen.[64]

23

§ 79. (1) ¹Die Teilung eines Geschäftsanteiles ist, den Fall der Vererbung ausgenommen, nur zulässig, wenn im Gesellschaftsvertrage den Gesellschaftern die Abtretung von Teilen eines Geschäftsanteiles gestattet ist. ²Dabei kann die Zustimmung der Gesellschaft zur Abtretung von Teilen überhaupt oder doch zur Abtretung an Personen, die der Gesellschaft nicht schon als Gesellschafter angehören, vorbehalten werden.

(2) Im Gesellschaftsvertrage kann auch die Zustimmung der Gesellschaft zur Teilung von Geschäftsanteilen verstorbener Gesellschafter unter deren Erben vorbehalten werden.

(3) Die Zustimmung der Gesellschaft bedarf der schriftlichen Form; sie muss die Person des Erwerbers und den Betrag der Stammeinlage bezeichnen, der von dem Erwerber übernommen wird.

(4) Die Vorschriften des § 78, ferner jene über den Mindestbetrag einer Stammeinlage und über die Mindesteinzahlung darauf finden auch bei der Teilung von Geschäftsanteilen Anwendung.

Literatur: *Bittner*, § 14 Nachlassteilung, in Gruber/Kalss/Müller/Schauer (Hg), Erbrecht und Vermögensnachfolge (2017); *Baumgartner/Torggler/Zöchling-Jud*, GmbH-Anteilserwerb durch Miterben, wbl 2022/8, 430, wbl 2022/9, 491; *Frenzel*, Übertragbarkeit und Teilbarkeit von Geschäftsanteilen, in Frenzel (Hg), Gesellschafterwechsel bei der GmbH (2020) 1; *Hirschler*, Gesellschaftsrechtliche und organisatorische Fragen zur Liquidationsspaltung einer Holding-Gesellschaft, RdW 1996, 137; *Kalss*, § 34 Nachfolge im Kapitalgesellschaftsrecht in Gruber/

---

62 ErlRV 236 BlgHH 17. Sess 86.
63 *Schopper* in Gruber/Harrer, GmbHG² § 78 Rz 17.
64 Nach der hA ist die Anmeldung bei der Gesellschaft maßgeblich u nicht Anmeldung beim FB; s *Koppensteiner/Rüffler*, GmbHG³ § 78 Rz 11; *Schopper* in Gruber/Harrer, GmbHG² § 78 Rz 17; *Verweijen* in Straube/Ratka/Rauter, GmbHG § 78 Rz 14.

Kalss/Müller/Schauer (Hg), Erbrecht und Vermögensnachfolge (2017); *Obradović*, Die Teilung eines Geschäftsanteils bei fehlender Regelung im Gesellschaftsvertrag, GesRZ 2012, 333; *Pesendorfer*, Erbrechtliche Aspekte des Gesellschafterwechsels, in Frenzel (Hg), Gesellschafterwechsel bei der GmbH (2020) 305; *Schopper/Walch*, Offene Fragen zur gründungsprivilegierten GmbH im System der Kapitalaufbringung, NZ 2014/70, 186; *Unschuld*, Die Vererbung von Geschäftsanteilen in der GmbH (2008).

Inhaltsübersicht

I. Gesetzeszweck	1–3a
II. Teilung eines Geschäftsanteils (Abs 1)	4–13
A. Regelung im Gesellschaftsvertrag	4–9
B. Sonderfälle	10–13
III. Zustimmung zur Teilung (Abs 1 S 2 und Abs 2)	14–25
A. Entscheidungskompetenz	18, 19
B. Abgabe der Zustimmungserklärung	20
C. Schriftform (Abs 3)	21–23
D. Rechtswirkungen bei Versagen der Zustimmung	24, 25
IV. Anforderung an durch Teilung entstehende Geschäftsanteile (Abs 4)	26–34
V. Teilverpfändung, Teilpfändung, Insolvenz	35–37

I. Gesetzeszweck

1 Zusätzlich zu § 75 Abs 2 (s § 75 Rz 12), der die (zwingende) Einheitlichkeit des Geschäftsanteils anordnet u somit auch eine Vorratsteilung, dh eine Teilung des Geschäftsanteils ohne dessen Veräußerung verbietet, wird in § 79 als **Regelfall die Unteilbarkeit** des Geschäftsanteils angeordnet. Gemäß Abs 1 ist die Teilung eines Geschäftsanteils nur zulässig, wenn im GesV den Gesellschaftern die Abtretung v Teilen eines Geschäftsanteils gestattet ist (s Rz 4). Demnach soll die **Teilung nicht uneingeschränkt möglich** sein.[1] Dieser Grundsatz spiegelt den v Gesetzgeber abgelehnten Handel mit Geschäftsanteilen wider. Die Gesellschaft soll vor einer ungewollten schrankenlosen Vermehrung der Gesellschafter geschützt werden.[2]

2 Nach der Intention des Gesetzgebers soll es der **Voraussicht der Gesellschafter** bei Abschluss des GesV überlassen werden, ob sie über-

---

[1] *Schopper* in Gruber/Harrer, GmbHG² § 79 Rz 1.
[2] ErlRV 236 BlgHH 17. Sess 87.

haupt die Zulassung einer Teilung v Geschäftsanteilen für nötig erachten.³

Da die Teilung eines Geschäftsanteils beim Übergang v **Todes wegen** den Normalfall darstellt, ist sie gem Abs 1 unter Erben grds zulässig (s Rz 8).⁴

Die in Abs 3 vorgesehene **Schriftform** für die Zustimmung der Gesellschaft soll Zweifel u Streitigkeiten vermeiden.⁵ Absatz 4 hat lediglich **klarstellende Funktion** u weist auf die Gültigkeit einiger Regelungen bei der Teilung v Geschäftsanteilen hin.⁶

3

3a

II. Teilung eines Geschäftsanteils (Abs 1)

A. Regelung im Gesellschaftsvertrag

Die Teilung eines Geschäftsanteils setzt voraus, dass **im GesV eine solche gestattet** ist. Zum Teil wird in der L die Aufnahme einer ausdrücklichen Erlaubnis der Teilung v Geschäftsanteilen im GesV gefordert.⁷ Folgende, häufig verwendete Formulierung im GesV entspricht einer solchen ausdrücklichen Erlaubnis:

4

„Die Geschäftsanteile sind teilbar sowie frei veräußerbar und vererblich."

Im GesV findet sich auch häufig folgende Formulierung:

„Jede Abtretung eines Geschäftsanteils oder eines Teils eines Geschäftsanteils bedarf der vorher einzuholenden schriftlichen Zustimmung sämtlicher übriger Gesellschafter."

---

3 OGH 18.2.1976, 1 Ob 530/76.
4 ErlRV 236 BlgHH 17. Sess 86; *Schopper* in Gruber/Harrer, GmbHG² § 79 Rz 2; *Koppensteiner/Rüffler*, GmbHG³ § 79 Rz 2; *Rauter* in Straube/Ratka/Rauter, GmbHG § 79 Rz 3; s hierzu auch ausf *Baumgartner/Torggler/Zöchling-Jud*, wbl 2022, 491 (499 f); *Schopper* in Gruber/Harrer, GmbHG² § 79 Rz 2.
5 Vgl *Gellis/Feil*, GmbHG⁷ § 79 Rz 8; *Schopper* in Gruber/Harrer, GmbHG² § 79 Rz 2; *Rauter* in Straube/Ratka/Rauter, GmbHG § 79 Rz 4.
6 *Koppensteiner/Rüffler*, GmbHG³ § 79 Rz 2; *Schopper* in Gruber/Harrer, GmbHG² § 79 Rz 2.
7 *Rauter* in Straube/Ratka/Rauter, GmbHG § 79 Rz 2.

Auch diese Klausel ist nach der L so zu deuten, dass eine Teilung eines Geschäftsanteils, wenn auch nur mit Zustimmungsvorbehalt, erlaubt ist (zum Zustimmungsvorbehalt s Rz 14 f).[8]

Der GesV kann die Teilung allen oder nur bestimmten Gesellschaftern gestatten.[9] Ohne entspr Regelung im GesV ist die Teilung grds **unzulässig u unwirksam** (s aber Rz 6).[10] Nach der Rsp folgt aus der Unzulässigkeit der Teilung eines Geschäftsanteils auch die Ungültigkeit der Abtretung v Teilen des Geschäftsanteils.[11] Aus dem Stillschweigen des GesV kann nicht geschlossen werden, dass eine Teilung zulässig ist.[12]

5 Die Gestattung der Teilung kann im GesV auch **nachträglich** eingeführt werden, wobei die allg Mehrheitserfordernisse gem § 50 Abs 1 gelten.[13] Teilweise wird in der L die M vertreten, dass die Gesellschafter auch nur einmalig einer Teilung mit **Satzungsdurchbrechungsbeschluss** (s dazu § 49 Rz 26) zustimmen können.[14] Jedenfalls nicht ausreichend für die Gestattung der Teilung ist ein bloßer Gesellschafterbeschluss.[15]

6 Die hA geht davon aus, dass eine Teilung auch ohne gesv Regelung wirksam ist, wenn **alle Gesellschafter an der Teilung mitwirken** oder dieser **zustimmen** (s auch Rz 14).[16] Der OGH hat sich noch nicht mit dieser Frage beschäftigt u lediglich in einer E festgestellt, dass kein Grund bestehe, die fehlende gesv Regelung der Teilung v Amts wegen aufzugrei-

---

8 S auch *Obradović*, GesRZ 2012, 333.
9 *Schopper* in Gruber/Harrer, GmbHG² § 79 Rz 5.
10 *Schopper* in Gruber/Harrer, GmbHG² § 79 Rz 5; *Obradović*, GesRZ 2012, 333 (334).
11 OGH 20.11.1957, 2 Ob 493/57: Unzulässig ist die Umdeutung der unwirksamen Teilübertragung in eine Rechtsgemeinschaft am ungeteilten Geschäftsanteil (§ 80). Es liegt keine schwebende Unwirksamkeit vor; aA *Obradović*, GesRZ 2012, 333 (338): Innerhalb angemessener Frist kann die Unwirksamkeit durch eine nachträgliche gesv Genehmigung oder einen Satzungsdurchbrechungsbeschluss geheilt werden.
12 OLG Wien 18.4.1969, 4 R 57/69, NZ 1970, 69; *Schopper* in Gruber/Harrer, GmbHG² § 79 Rz 5.
13 *Schopper* in Gruber/Harrer, GmbHG² § 79 Rz 5; ausf *Frenzel* in Frenzel, Gesellschafterwechsel 31 ff.
14 *Obradović*, GesRZ 2012, 333 (334 f) mit Formulierungsbeispiel; vgl aber OGH 20.11.1957, 2 Ob 493/57; s hierzu auch *Schopper* in Gruber/Harrer, GmbHG² § 79 Rz 5 f; **abl** *Umfahrer*, GmbH² Rz 15.19.
15 S ausf *Obradović*, GesRZ 2012, 333 (335).
16 *Schopper* in Gruber/Harrer, GmbHG² § 79 Rz 6 unter Verweis auf *Reich-Rohrwig*, GmbHR I² Rz 640.

fen, solange die geteilten Geschäftsanteile formgerecht u mit Billigung der übrigen Gesellschafter übertragen wurden.[17] Fehlt eine gesv Regelung, die eine Teilung gestattet, ist es uE auch ausreichend, wenn die entspr GesV-Änderung in der erforderlichen Form spätestens gleichzeitig mit der Abtretung bzw Teilung des Geschäftsanteils beschlossen wird u die FB-Anmeldung unverzüglich bzw gleichzeitig erfolgt. Der Abtretungsvertrag ist diesfalls aufschiebend bedingt mit der Eintragung der Änderung des GesV im FB abzuschließen. Gleiches muss wohl auch gelten, wenn die (Neu-)Gesellschafter kurz nach der Teilung des Geschäftsanteils mit satzungsändernder Mehrheit (§ 50 Abs 1) nachträglich den GesV insofern ergänzen, dass Teilungen zulässig sind.[18]

Im GesV kann die **Unteilbarkeit** der Geschäftsanteile ausdrücklich festgehalten werden.[19]

Mangels Regelung im GesV werden Geschäftsanteile bei **Vererbung** im Verhältnis der aus dem Einantwortungsbeschluss ersichtlichen Erbquoten geteilt.[20] Die Teilung erfolgt nach zutr hA *ipso iure* mit Einantwortung, ohne dass es weiterer Maßnahmen bedarf.[21] Die gerichtl Einantwortung ersetzt den Notariatsakt.[22] Wird im Rahmen des Verlassenschaftsverfahrens unter den Erben ein Erbteilungsübereinkommen abgeschlossen, das eine davon abw Teilung vorsieht, bedarf dieses Übereinkommen der Errichtung eines Protokolls beim zuständigen Gerichtskommissär, da nur derartigen Vereinbarungen gem § 181 AußStrG die

---

17 OGH 18.2.1976, 1 Ob 530/76; vgl jedoch 20.11.1957, 2 Ob 493/57: Ein einstimmiger u gem § 76 Abs 1 NO beurkundeter GV-Beschluss, wonach die tw Abtretung eines Geschäftsanteils ohne weitere Zustimmung gestattet sei, reicht für die Zulässigkeit der Teilung nicht aus.
18 *Schopper* in Gruber/Harrer, GmbHG[2] § 79 Rz 6; *Obradović*, GesRZ 2012, 333 (333 ff).
19 *Schopper* in Gruber/Harrer, GmbHG[2] § 79 Rz 9 unter Hinweis auf OLG Wien 30.6.1966, 4 R 93/66, NZ 1967, 186.
20 *Schopper* in Gruber/Harrer, GmbHG[2] § 79 Rz 9; *Reich-Rohrwig*, GmbHR I[2] Rz 621; ausf *Rauter* in Straube/Ratka/Rauter, GmbHG § 79 Rz 46 f.
21 Ausf u überzeugend *Baumgartner/Torggler/Zöchling-Jud*, wbl 2022, 430 unter Hinweis auf OGH 19.1.2016, 2 Ob 41/15s; ebenso *Kalss* in Gruber/Kalss/Müller/Schauer, Erbrecht u Vermögensnachfolge § 32 Rz 13; *Schopper* in Gruber/Harrer, GmbHG[2] § 79 Rz 9; *Umfahrer*, GmbH[7] Rz 15.17; **aA** *Schauer*, ecolex 2020, 207, u *Spitzer*, ÖJZ 2021/68, 501.
22 *Duursma et al*, HB GesR, Rz 2551; s dazu auch RIS-Justiz RS0107761; OGH 19.6.1997, 6 Ob 2280/96d; 28.6.2000, 6 Ob 18/00s: Dies gilt gem der Rsp auch für jede andere gerichtl E, welche die Übertragung eines Geschäftsanteils anordnet.

Wirkung eines vor Gericht geschlossenen Vergleichs zukommt (vgl § 76 Rz 57), oder eines Notariatsakts.[23] Selbiges gilt uE grds auch für ein Vermächtniserfüllungsübereinkommen gem § 181 Abs 3 AußStrG oä, mittels welchem einem Vermächtnisnehmer als solchem ein Geschäftsanteil ausgefolgt wird. Ist die Aufteilung aufgrund des GesV oder mangels Zustimmung iSd Abs 2 (s Rz 14) nicht möglich, steht der Anteil den Erben als Mitberechtigten gem § 80 zu (s § 80 Rz 3, FN 4 bzw Rz 11 ff).[24]

9 Auch die Geschäftsanteile einer Gesellschaft, die die **Gründungsprivilegierung** gem § 10b in Anspruch genommen hat, können nach Maßgabe des § 79 geteilt werden.[25]

B. Sonderfälle

10 Im **Gründungsstadium** ist Abs 1 nicht anwendbar, sodass vor Eintragung der Gesellschaft im FB eine Teilung nur mittels Änderung des GesV möglich ist.[26] Diese hat somit in Form eines Nachtrags zum GesV als Notariatsakt zu erfolgen.[27] Die Gesellschafter können sich jedoch bereits im Gründungsstadium dazu verpflichten (s § 75 Rz 14), einen Teil nach Entstehung der Gesellschaft abzutreten,[28] wobei diesfalls § 76 Abs 2 S 2 zu beachten ist.[29]

---

23 Gemäß stRsp ersetzen gerichtl Vergleiche (auch) hinsichtlich des Verpflichtungsgeschäfts den für die Abtretung eines Geschäftsanteiles erforderlichen Notariatsakt (s ua RIS-Justiz RS0060250 mwN). Einem v Gerichtskommissär protokollierten Erbteilungsübereinkommen kommt gem § 181 Abs 1 S 3 AußStrG die Wirkung eines vor Gericht geschlossenen Vergleichs zu, weshalb dieses (gerichtl) Protokoll uE die Notariatsaktform ersetzt; vgl *Pesendorfer* in Frenzel, Gesellschafterwechsel 313 ff; zust *Rauter* in Straube/Ratka/Rauter, GmbHG § 79 Rz 46; **aA** *Umfahrer*, GmbH[7] Rz 15.17 f; *Unschuld*, Verberbung 11 f; *Bittner* in Gruber/Kalss/Müller/Schauer, Erbrecht u Vermögensnachfolge, § 14 Rz 35, die alle bei Abschluss eines diesbzgl Erbteilungsübereinkommens die Notariatsaktform für erforderlich erachten.
24 *Schopper* in Gruber/Harrer, GmbHG[2] § 79 Rz 9; *Reich-Rohrwig*, GmbHR I[2] Rz 640.
25 *Rauter* in Straube/Ratka/Rauter, GmbHG § 79 Rz 21/1; *Schopper/Walch*, NZ 2014/70, 186 (195); *Walch*, ecolex 2014, 335 (338).
26 *Koppensteiner/Rüffler*, GmbHG[3] § 79 Rz 3; *Schopper* in Gruber/Harrer, GmbHG[2] § 79 Rz 8; *Rauter* in Straube/Ratka/Rauter, GmbHG § 79 Rz 20.
27 *Umfahrer* GmbH[7] Rz 2.10.
28 OGH 17.12.1997, 6 Ob 342/97f; *Rauter* in Straube/Ratka/Rauter, GmbHG § 79 Rz 20, s hierzu § 75 Rz 14.
29 *Schopper* in Gruber/Harrer, GmbHG[2] § 79 Rz 8.

Im **Liquidationsstadium** ist eine Teilung nach hA zulässig.[30] **11**

Bei **Verschmelzungen** ist nach der hA eine Teilung des Geschäfts- **12**
anteils selbst ohne gesv Regelung zulässig, wenn mehrere Gesellschafter
der übertragenden Gesellschaft mit einem Geschäftsanteil an der übernehmenden Gesellschaft abgefunden werden (§ 224 Abs 3 AktG iVm
§ 96 Abs 2). Insofern ist § 224 Abs 3 AktG nach der hA *lex specialis*
(s auch § 101 Rz 19).[31]

Der **Untergang des bisherigen Gesellschafters** im Zuge einer **Um-** **13**
gründung (zB Liquidationsspaltung), ist nach der zutr Lit gleichzusetzen mit dem Ableben des Gesellschafters u gelten somit dieselben
Grundsätze wie für den Fall der Vererbung.[32]

III. Zustimmung zur Teilung (Abs 1 S 2 und Abs 2)

Die Zulässigkeit der Teilung eines Geschäftsanteils kann v der **Zustim-** **14**
mung der Gesellschaft abhängig gemacht werden, uzw sowohl bei
Rechtsgeschäften unter Lebenden (Abs 1 S 2) als auch bei der Teilung v
Geschäftsanteilen verstorbener Gesellschafter (Abs 2).[33] Es ist auch
möglich, das Zustimmungserfordernis nur dann vorzusehen, wenn der
Erwerber nicht bereits Gesellschafter ist (Abs 1 letzter S).

Zulässig ist auch eine **nachträgliche Einf** des Zustimmungs- **15**
erfordernisses (s §§ 49 ff) oder eine entspr syndikatsvertragliche Vereinbarung mit bloß schuldrechtlicher Wirkung.[34] Die nachträgliche
Aufhebung oder Abschwächung des Zustimmungsrechts einzelner
Gesellschafter ist nur mit Zustimmung des betr Gesellschafters zulässig.[35]

---

30 *Schopper* in Gruber/Harrer, GmbHG² § 79 Rz 8; *Rauter* in Straube/Ratka/
Rauter, GmbHG § 79 Rz 20.
31 *Schopper* in Gruber/Harrer, GmbHG² § 79 Rz 10; *Koppensteiner/Rüffler*,
GmbHG³ § 79 Rz 3.
32 *Hirschler*, RdW 1996, 137; *Schopper* in Gruber/Harrer, GmbHG² § 79 Rz 11:
Solange die Zustimmung der Gesellschaft für den Vererbungsfall nicht ausdrücklich vorgesehen ist (Abs 2).
33 *Schopper* in Gruber/Harrer, GmbHG² § 79 Rz 2.
34 *Schopper* in Gruber/Harrer, GmbHG² § 79 Rz 12.
35 S OGH 13.2.1997, 6 Ob 2358/96z; *Rauter* in Straube/*Ratka/Rauter*,
GmbHG § 79 Rz 37.

16 Die Teilung kann auch v der **Zustimmung eines, mehrerer oder aller Gesellschafter** abhängig gemacht werden.[36] Ebenso kann das Zustimmungserfordernis nur für bestimmte Geschäftsanteile festgesetzt werden.[37] Als zulässig wird auch eine gesv Regelung erachtet, die die Verweigerung der Zustimmung auf **wichtige Gründe** beschränkt.[38]

17 Nach zutr hA ist trotz gesv vereinbartem Zustimmungserfordernis keine gesonderte Zustimmung erforderlich, sofern **alle Gesellschafter bei der Teilung mitwirken oder zustimmen** (vgl für den Fall, dass im GesV keine Teilung vorgesehen ist, Rz 6).[39]

A. Entscheidungskompetenz

18 Mangels entspr Regelung im GesV obliegt die E über die Zustimmung (im Innenverhältnis) der **GV** (vgl § 76 Rz 17).[40] Der bezughabende Gesellschafterbeschluss bedarf der **einfachen Mehrheit**, jedoch kann der GesV Abw – etwa eine höhere Mehrheit oder die Zustimmung aller Gesellschafter – vorsehen. Auch den Gesellschaftern, deren Geschäftsanteile geteilt u (tw) abgetreten werden sollen, kommt das Stimmrecht zu.[41]

19 Der Gesellschaft kommt bei der E grds ein Ermessensspielraum zu. Sie darf aber **nicht willkürlich oder treuwidrig** entscheiden (zur Klage

---

36 *Schopper* in Gruber/Harrer, GmbHG² § 79 Rz 12 unter Hinweis auf OGH 13.2.1997, 6 Ob 2358/96z; *Rauter* in Straube/Ratka/Rauter, GmbHG § 79 Rz 37; OLG Wien 15.3.2010, 28 R 196/09p, GES 2010, 23.

37 *Reich-Rohrwig*, GmbHR I² Rz 640; zust *Koppensteiner/Rüffler*, GmbHG³ § 79 Rz 6; *Schopper* in Gruber/Harrer, GmbHG² § 79 Rz 12; *Rauter* in Straube/Ratka/Rauter, GmbHG § 79 Rz 33.

38 *Reich-Rohrwig*, GmbHR I² Rz 640; zust *Koppensteiner/Rüffler*, GmbHG³ § 79 Rz 6; *Schopper* in Gruber/Harrer, GmbHG² § 79 Rz 12; *Rauter* in Straube/Ratka/Rauter, GmbHG § 79 Rz 35.

39 *Schopper* in Gruber/Harrer, GmbHG² § 79 Rz 15; *Rauter* in Straube/Ratka/Rauter, GmbHG § 79 Rz 40; *Koppensteiner/Rüffler*, GmbHG³ § 79 Rz 6; *Zollner* in Torggler, GmbHG § 79 Rz 10.

40 OGH 4.12.1974, 5 Ob 288/74; vgl im Detail ua *Schopper* in Gruber/Harrer, GmbHG² § 79 Rz 13, nach welchem zwar die GF in vertretungsbefugter Zahl zur Abgabe dieser Erklärung namens der Gesellschaft befugt sind, die E über die Zustimmung aber der GV obliege.

41 OGH 4.12.1974, 5 Ob 288/74; *Schopper* in Gruber/Harrer, GmbHG² § 79 Rz 13.

auf Zustimmung s Rz 25).[42] Außerdem steht der Gesellschaft für die E nur ein angemessener Zeitraum zu.[43]

B. Abgabe der Zustimmungserklärung

Wer die Zustimmungserklärung nach außen abzugeben hat, richtet sich primär nach dem GesV.[44] Mangels entspr Regelung wird nach zutr A die Zuständigkeit der **Geschäftsführung** angenommen (vgl § 76 Rz 17).[45] Die Zustimmungserklärung ist eine **empfangsbedürftige Willenserklärung**, die grds v den GF in vertretungsbefugter Zahl entweder gegenüber dem Veräußerer oder gegenüber dem Erwerber abgegeben werden muss.[46] Unschädlich ist es, wenn erst nach Abschluss des Veräußerungsgeschäftes zugestimmt wird.[47]

20

C. Schriftform (Abs 3)

Gemäß Abs 3 bedarf die Zustimmung der Gesellschaft der Schriftform. Dieses Schriftformerfordernis kann nach der hL im GesV abbedungen werden[48] u ist die in Abs 3 angeordnete Schriftform insofern **nicht zwingend**.[49]

21

---

42 *Schopper* in Gruber/Harrer, GmbHG² § 79 Rz 16; s auch *Koppensteiner/Rüffler*, GmbHG³ § 79 Rz 9: Zustimmung darf nicht grundlos verweigert werden, wenn der GesV die Teilübertragung eines Geschäftsanteils grds zulässt oder sie im Erbfall nicht ausschließt; zust *Schopper*, aaO; *Rauter* in Straube/Ratka/Rauter, GmbHG § 79 Rz 37/1.
43 *Schopper* in Gruber/Harrer, GmbHG² § 79 Rz 16; vgl auch *Frenzel* in Frenzel, Gesellschafterwechsel 43: Sollte ein die Zustimmung versagender Gesellschafterbeschluss vorliegen, so sei dieser fristgerecht anzufechten.
44 Vgl § 76 Rz 17.
45 *Schopper* in Gruber/Harrer, GmbHG² § 79 Rz 13; *Koppensteiner/Rüffler*, GmbHG³ § 79 Rz 8; aA *Rauter* in Straube/Ratka/Rauter, GmbHG § 79 Rz 38 iVm § 76 Rz 114 ff: Zuständigkeit des entscheidenden Organs.
46 *Koppensteiner/Rüffler*, GmbHG³ § 79 Rz 8.
47 *Koppensteiner/Rüffler*, GmbHG³ § 79 Rz 8; *Schopper* in Gruber/Harrer, GmbHG² § 79 Rz 13; *Rauter* in Straube/Ratka/Rauter, GmbHG § 79 Rz 39: Denkbar sei auch eine nachträgliche Satzungsänderung, welche die Teilabtretung uneingeschränkt gestatte; *Gellis/Feil*, GmbHG⁷ § 79 Rz 8.
48 *Rauter* in Straube/Ratka/Rauter, GmbHG § 79 Rz 43; *Koppensteiner/Rüffler*, GmbHG³ § 79 Rz 8.
49 *Schopper* in Gruber/Harrer, GmbHG² § 79 Rz 14.

22 Nach der Rsp kann v einem *vereinbarten* Schriftformvorbehalt einverständlich auch konkludent abgegangen werden. Die schlüssige Zustimmung kann darin gesehen werden, dass der Abtretungsvertrag in Anwesenheit sämtlicher Gesellschafter geschlossen wird, auch wenn die am Abtretungsvertrag nicht beteiligten Gesellschafter nicht ausdrücklich schriftlich zustimmen.[50] Die zutr hM schließt daraus, dass auch v *gesetzl* Schriftformerfordernis gem Abs 3 **einverständlich konkludent abgegangen** werden kann, wenn alle Gesellschafter an der Übertragung beteiligt sind.[51] Die gleichzeitige Anwesenheit der Gesellschafter ist jedoch nicht Voraussetzung für ein konkludentes Abgehen v der Schriftform; vielmehr können schlüssige Gesellschafterbeschlüsse oder diesen gleichzuhaltende Willenserklärungen auch sukzessive erfolgen.[52]

23 Nach dem Gesetzeswortlaut ist fraglich, ob Abs 3 Anwendung findet, wenn nach dem GesV nicht die Gesellschaft, sondern ein oder mehrere Gesellschafter zustimmungsberechtigt sind. Nach der zutr Rsp u L kann die Zustimmung eines oder mehrerer Gesellschafter, anders als die der Gesellschaft, für die Abs 3 die Schriftform vorschreibt, schon mangels gesetzl Regelung auch **formfrei u schlüssig** erfolgen, wenn alle beteiligten Gesellschafter mitwirken.[53] Dies muss uE umso mehr gelten, als dass nach der hA auch bei Zustimmung durch die Gesellschaft konkludent u schlüssig v Schriftformerfordernis abgegangen werden kann (s auch Rz 19).

---

50 OGH 13.3.1991, 3 Ob 601/90 unter Hinweis auf 4.10.1989, 3 Ob 525/89.
51 *Schopper* in Gruber/Harrer, GmbHG² § 79 Rz 14 unter Hinweis auf OGH 13.3.1991, 3 Ob 601/90: Wirken sämtliche Gesellschafter mit, kann nach dem OGH v Schriftformerfordernis auch konkludent abgegangen werden; *Gellis/Feil*, GmbHG⁷ § 79 Rz 8; offen lassend *Rauter* in Straube/Ratka/Rauter, GmbHG § 79 Rz 41, welcher darauf hinweist, dass nach dem Konzept des Gesetzgebers eine bloß konkludente Zustimmung vermieden werden solle.
52 *Frenzel* in Frenzel, Gesellschafterwechsel 36 f.
53 OGH 13.2.1997, 6 Ob 2358/96z unter Verweis auf *Gellis/Feil*, GmbHG⁷ § 79 Rz 8; RIS-Justiz RS0106970; zust *Schopper* in Gruber/Harrer, GmbHG² § 79 Rz 14: Ist nicht die Gesellschaft, sondern ein oder mehrere Gesellschafter zustimmungsberechtigt, findet nach der Rsp das Schriftformerfordernis nach Abs 3 keine Anwendung; krit u eine Analogie erwägend *Koppensteiner/Rüffler*, GmbHG³ § 79 Rz 8; vgl auch *Kletecka*, Besprechung zu OGH 6 Ob 2358/96z, NZ 1998, 182 mit krit Anm betr schlüssige Zustimmung durch Erberklärung; offen lassend wiederum *Rauter* in Straube/Ratka/Rauter, GmbHG § 79 Rz 42.

D. Rechtswirkungen bei Versagen der Zustimmung

Versagt die Gesellschaft die Zustimmung, kann der Geschäftsanteil **nicht rechtswirksam** geteilt werden u ist die Teilübertragung unwirksam.[54] Es gelten die iZm § 76 Abs 2 entwickelten Grundsätze (dazu § 76 Rz 63).[55] § 77 ist nach der Rsp nicht analog anwendbar (s § 77 Rz 4).[56]

Ein die Zustimmung verweigernder Gesellschafterbeschluss kann gem § 41 **angefochten** werden. Da jedoch ein angefochtener Beschluss noch keine Zustimmung der Gesellschaft bewirkt, lässt die hL auch eine **Klage** gegen die Mitgesellschafter **auf Zustimmung** zu.[57] In der Lit ist str, ob die Gesellschaft oder die Gesellschafter geklagt werden müssen. Unseres Erachtens muss bei Zustimmung durch die Gesellschaft bzw die GV auch die Gesellschaft geklagt werden.[58] Ist nach dem GesV für die Teilung des Geschäftsanteils jedoch die Zustimmung durch einen oder mehrere Gesellschafter erforderlich, so sind diese passivlegitimiert.

IV. Anforderung an durch Teilung entstehende Geschäftsanteile (Abs 4)

Absatz 4 stellt klar, dass bei der Teilung eines Geschäftsanteils die Vorschriften des § 78, jene über den Mindestbetrag einer Stammeinlage u über die Mindesteinzahlung darauf auch Anwendung finden (s Rz 28 f).

Nach § 78 haftet der Veräußerer **solidarisch** für die offene Stammeinlage des geteilten Geschäftsanteils, die zum Zeitpunkt der Anmeldung des Übergangs des Geschäftsanteils bei der Gesellschaft bzw bis zur

---

54 *Schopper* in Gruber/Harrer, GmbHG² § 79 Rz 16; *Rauter* in Straube/Ratka/Rauter, GmbHG § 79 Rz 44.
55 *Koppensteiner/Rüffler*, GmbHG³ § 79 Rz 11.
56 RIS-Justiz RS0060288; RS0059929; zust *Rauter* in Straube/Ratka/Rauter, GmbHG § 79 Rz 45; s auch *Frenzel* in Frenzel, Gesellschafterwechsel 41 f.
57 *Reich-Rohrwig*, GmbHR I² Rz 640; *Koppensteiner/Rüffler*, GmbHG³ § 79 Rz 9; zust *Rauter* in Straube/Ratka/Rauter, GmbHG § 79 Rz 44; wohl auch *Schopper* in Gruber/Harrer, GmbHG² § 79 Rz 16; einschränkend *Gellis/Feil*, GmbHG⁷ § 79 Rz 8: Klage auf Zustimmung nur möglich, falls Verweigerungsgründe im GesV genannt sind.
58 So auch *Koppensteiner/Rüffler*, GmbHG³ § 79 Rz 9; *Schopper* in Gruber/Harrer, GmbHG² § 79 Rz 16 FN 67; aA *Reich-Rohrwig*, GmbHR I² Rz 640; *Frenzel* in Frenzel, Gesellschafterwechsel 42 ff; offen lassend *Rauter* in Straube/Ratka/Rauter, GmbHG § 79 Rz 45.

Eintragung des neuen Gesellschafters im FB fällig ist (s § 78 Rz 15 f) zudem trifft ihn eine Ausfallhaftung auch für die gesamte übertragene Stammeinlage.[59] Der Erwerber des *geteilten* Geschäftsanteils haftet hingegen nur für die Stammeinlage seines Anteils.[60]

28 Nach den Vorschriften über den **Mindestbetrag** (§ 6 Abs 1) muss jede Stammeinlage (somit auch die verbliebene) nach der Teilung zumindest € 70 betragen. Sieht der GesV eine höhere Mindeststammeinlage vor, ist diese maßgeblich.[61] Dabei ist nach zutr hL der dem Erwerber ggf schon zustehende Anteil, mit dem sich der hinzuerworbene Anteil vereinigt, zu berücksichtigen.[62] Gleiches muss beim gleichzeitigen Erwerb versch Anteile gelten.[63]

29 Nach den Vorschriften über die **Mindesteinzahlung** (§ 10) muss auch nach der Teilung auf jede bar zu leistende Stammeinlage mind ein Viertel eingezahlt sein.[64] Daher widerspräche das Ergebnis, dass ein Gesellschafter nach Teilabtretung seine Stammeinlage zur Gänze einbezahlt hätte, der andere hingegen auf seine Stammeinlage noch gar nichts einbezahlt hätte, § 10 Abs 1.[65]

30 Strittig ist, ob eine **offene Einlagenverpflichtung** zwingend verhältnismäßig auf den Geschäftsanteil des Erwerbers übergeht oder der abtretende Gesellschafter diesbzgl einen Gestaltungsspielraum hinsichtlich der Aufteilung hat. Unstrittig ist, dass der Teilerwerber für rückständige Leistungen im entspr Verhältnis (mind) anteilsmäßig haftet.[66] Das OLG

---

59 § 67 Abs 2; *Schopper* in Gruber/Harrer, GmbHG[2] § 79 Rz 21.
60 *Schopper* in Gruber/Harrer, GmbHG[2] § 79 Rz 21.
61 *Gellis/Feil*, GmbHG[7] § 79 Rz 5, 10; zust *Koppensteiner/Rüffler*, GmbHG[3] § 79 Rz 5; *Schopper* in Gruber/Harrer, GmbHG[2] § 79 Rz 17; *Rauter* in Straube/Ratka/Rauter, GmbHG § 79 Rz 23; *Frenzel* in Frenzel, Gesellschafterwechsel 24.
62 *Koppensteiner/Rüffler*, GmbHG[3] § 79 Rz 5; zust *Schopper* in Gruber/Harrer, GmbHG[2] § 79 Rz 17; *Rauter* in Straube/Ratka/Rauter, GmbHG § 79 Rz 23; aA offenbar *Gellis/Feil*, GmbHG[7] § 79 Rz 10.
63 So auch *Rauter* in Straube/Ratka/Rauter, GmbHG § 79 Rz 23.
64 S dazu *Schopper* in Gruber/Harrer, GmbHG[2] § 79 Rz 21 FN 83: Das Erfordernis, wonach insgesamt € 5.000 einbezahlt sein müssen, wird idR erfüllt sein.
65 S dazu OLG Wien 6.10.2004, 28 R 90/04t, NZ 2006/22, 114; ausf *Rauter* in Straube/Ratka/Rauter, GmbHG § 79 Rz 24.
66 So auch OLG Wien 6.10.2004, 28 R 90/04t, NZ 2006/22, 114 mit Verweis auf *Koppensteiner/Rüffler*, GmbHG[3] § 79 Rz 5: Übereinstimmender Inhalt der Lehrmeinungen ist insoweit nämlich, dass der Teilerwerber für rückständige Leistungen im entspr Verhältnis (mind) anteilsmäßig haftet.

Wien stellte zudem fest, dass es dem Übernehmer nicht verwehrt sei, über die aliquote Quote der Einzahlungsverpflichtung hinaus eine höhere Verpflichtung zu übernehmen.[67] Diese Rsp wird in der Lit tw abgelehnt, zumal die bereits bezahlte Einlage zu den Eigenschaften des konkreten Geschäftsanteils zähle u der Gesellschafter v einer verhältnismäßigen Verteilung der offenen Stammeinlage ohne entspr Satzungsbestimmung nicht abweichen könne. Nach dieser Lit geht im Ergebnis daher die offene Stammeinlage zwingend verhältnismäßig über, ohne dass der Gesellschafter einen Gestaltungsspielraum hat.[68]

Nach der Lit gehen bei einer Teilung des Geschäftsanteils die **gründungsprivilegierten Stammeinlagen** (§ 10b) vorbehaltlich einer ggt Satzungsbestimmung pro rata auf den neuen Geschäftsanteil über.[69] 31

Nachschusspflichten gehen nach hA bei Teilung des Geschäftsanteils aufgrund ihrer Abhängigkeit v der Stammeinlage (§ 72 Abs 2) zwingend verhältnismäßig über.[70] 32

Dem abgetretenen Geschäftsanteil kommt grds ein **quotenmäßiger Anteil der Rechte** zu, die dem ursprünglichen Geschäftsanteil zustanden.[71] Nach zutr M gehen **Stimm- u Gewinnbezugsrechte** zwingend verhältnismäßig über, da andernfalls untersch Kategorien v Geschäftsanteilen entstünden, welche weder aus dem GesV noch aus dem FB ersichtlich wären.[72] **Unteilbare Rechte**, wie das Bucheinsichtsrecht, das 33

---

67 OLG Wien 6.10.2004, 28 R 90/04t, NZ 2006/22, 114.
68 So *Schopper* in Gruber/Harrer, GmbHG[2] § 79 Rz 21; im Ergebnis auch *Koppensteiner/Rüffler*, GmbHG[3] § 79 Rz 5; s auch *Umfahrer* GmbH[7] Rz 15.21; aA *Rauter* in Straube/Ratka/Rauter, GmbHG § 79 Rz 24, demzufolge eine verhältnismäßige Aufteilung nicht zwingend ist, sofern die gesetzl Vorschriften zur Mindesteinzahlung gem § 10 eingehalten werden u sich die vertragliche Gestaltung bei Teilung des Anteils nach den bindenden Vorgaben der Satzung u Gesellschafterbeschlüssen hinsichtlich der Leistung der Stammeinlagen richtet.
69 So *Schopper/Walch*, NZ 2014, 186 (195); so auch *Frenzel* in Frenzel, Gesellschafterwechsel 25.
70 *Gellis/Feil*, GmbHG[7] § 79 Rz 4; *Koppensteiner/Rüffler*, GmbHG[3] § 79 Rz 5; *Rauter* in Straube/Ratka/Rauter, GmbHG § 79 Rz 25; *Frenzel* in Frenzel, Gesellschafterwechsel 25; wohl auch *Schopper* in Gruber/Harrer, GmbHG[2] § 79 Rz 22.
71 *Schopper* in Gruber/Harrer, GmbHG[2] § 79 Rz 18; *Rauter* in Straube/Ratka/Rauter, GmbHG § 79 Rz 22.
72 *Koppensteiner/Rüffler*, GmbHG[3] § 79 Rz 5; *Schopper* in Gruber/Harrer, GmbHG[2] § 79 Rz 18; *Rauter* in Straube/Ratka/Rauter, GmbHG § 79 Rz 28; aA *Reich-Rohrwig*, GmbHR I[2] Rz 639.

Auskunftsrecht u sonstige Informationsrechte, das Anfechtungsrecht oder das Recht auf Teilnahme an der GV stehen jedem Gesellschafter zu.[73] Sonderrechte (§ 6 Abs 4) gehen nach hA zwar grds anteilig über (s auch § 75 Rz 23). Führt dies jedoch zu einer Mehrbelastung der Gesellschaft, muss das entspr Sonderrecht iZw gemeinsam ausgeübt werden, etwa durch einen gemeinsamen Vertreter oder in einer bestimmten Reihenfolge.[74] **Höchstpersönliche Rechte**, wie das persönliche Recht zur Geschäftsführung, bleiben hingegen stets beim Veräußerer.[75] **Abreden**, die diesen Grundsätzen widersprechen, entfalten keine Wirksamkeit, sodass das Übertragungsgeschäft nichtig oder zumindest teilnichtig ist.[76]

34 Die Übertragung v Geschäftsanteilen mit gesv Nebenleistungspflichten bedarf gem § 8 Abs 2 der Zustimmung der Gesellschaft. Zweck dieser Bestimmung ist, die Gesellschaft davor zu schützen, dass ihr ein ungewollter Schuldner hinsichtlich der Nebenleistungen aufgezwungen wird. Die uE zutr M geht daher davon aus, dass auch die Teilung des Geschäftsanteils der Zustimmung der Gesellschaft bedarf, wenn eine **Nebenleistungspflicht** verhältnismäßig auf den Anteilserwerber übergehen soll.[77] Bei **unteilbaren** Nebenleistungspflichten sind der Veräußerer u der Erwerber Gesamtschuldner.[78] **Höchstpersönliche** Nebenleistungspflichten verbleiben jedenfalls beim Veräußerer. Ist die Nebenleistungspflicht v der Höhe der Stammeinlage abhängig, ist nach zutr M die Zustimmung der Gesellschaft (analog § 8 Abs 2) nötig. Berührt die Teilung

---

73 *Schopper* in Gruber/Harrer, GmbHG[2] § 79 Rz 19; *Rauter* in Straube/Ratka/Rauter, GmbHG § 79 Rz 29; *Frenzel* in Frenzel, Gesellschafterwechsel 25.
74 *Schopper* in Gruber/Harrer, GmbHG[2] § 79 Rz 19; *Rauter* in Straube/Ratka/Rauter, GmbHG § 79 Rz 29: Wie etwa beim Recht auf Entsendung v Organmitgliedern.
75 *Schopper* in Gruber/Harrer, GmbHG[2] § 79 Rz 19; *Rauter* in Straube/Ratka/Rauter, GmbHG § 79 Rz 29; *Frenzel* in Frenzel, Gesellschafterwechsel 25.
76 *Schopper* in Gruber/Harrer, GmbHG[2] § 79 Rz 24; *Rauter* in Straube/Ratka/Rauter, GmbHG § 79 Rz 30.
77 *Koppensteiner/Rüffler*, GmbHG[3] § 79 Rz 5; *Schopper* in Gruber/Harrer, GmbHG[2] § 79 Rz 23; **aA** offenbar *Reich-Rohrwig*, GmbHR I[2] Rz 639 FN 2 unter Berufung auf *Gellis/Feil*, GmbHG[7] § 79 Rz 4: § 8 ist in § 79 nicht zit. Nach dieser A gehen Nebenleistungspflichten bei Teilung iZw nicht über.
78 *Koppensteiner/Rüffler*, GmbHG[3] § 79 Rz 5; *Frenzel* in Frenzel, Gesellschafterwechsel 26; *Schopper* in Gruber/Harrer, GmbHG[2] § 79 Rz 23: In diesem Fall ist auch keine Zustimmung nach § 8 Abs 2 nötig, weil auch der bisherige Gesellschafter Schuldner bleibt.

die Interessen der Gesellschaft nicht, ist keine Zustimmung gem § 8 Abs 2 nötig, solange der übertragende Gesellschafter noch einen Geschäftsanteil hält.[79]

V. Teilverpfändung, Teilpfändung, Insolvenz

Nach der hA gelten für die **Verpfändung** eines Teils eines Geschäftsanteils dieselben Bedingungen wie bei der Teilung eines Geschäftsanteils (vgl § 76 Rz 68 f).[80] Es kommt also darauf an, ob die Möglichkeit der Teilveräußerung besteht u ob eventuellen Zustimmungserfordernissen Rechnung getragen wurde.[81] Da die Teilung eines Geschäftsanteils dessen Veräußerung oder Verpfändung voraussetzt u Vorratsteilungen ausgeschlossen sind (vgl § 75 Abs 2), reicht uE für die Zulässigkeit der Teilverpfändung eine allg gesv Regelung, wonach die Geschäftsanteile teilbar sind. Insofern bedeutet uE also eine allg gesv Regelung zugleich auch eine Erlaubnis zur Veräußerung[82] u Verpfändung eines Teils eines Geschäftsanteils.

Eine **Pfändung** eines Teils eines Geschäftsanteils ist nach der hA auch ohne Zustimmung wirksam, doch ist bei der Verwertung uE § 340 Abs 1 EO als Nachfolgebestimmung des aufgehobenen § 76 Abs 4 zu beachten (vgl § 127 Rz 7; § 76 Rz 77 ff).[83] Insbesondere bei der Mitberechtigung nach § 80 könnte die Teilpfändung einen praktischen Anwendungsbereich haben.[84]

Die Verwertung eines Teils eines Geschäftsanteils ist in der **Insolvenz** des Gesellschafters zulässig (s § 76 Rz 82), wenn der GesV die Teilung gestattet. Ist gesv ein Zustimmungserfordernis vorgesehen, ist uE

---

79 So *Schopper* in Gruber/Harrer, GmbHG² § 79 Rz 23; *Frenzel* in Frenzel, Gesellschafterwechsel 26.
80 *Koppensteiner/Rüffler*, GmbHG³ § 79 Rz 12; *Rauter* in Straube/Ratka/Rauter, GmbHG § 79 Rz 52; *Schopper* in Gruber/Harrer, GmbHG² § 79 Rz 25; *Zollner* in Torggler, GmbHG § 79 Rz 13.
81 So *Koppensteiner/Rüffler*, GmbHG³ § 79 Rz 12.
82 S ausf *Obradović*, GesRZ 2012, 333.
83 Jew zur Vorgängerbestimmung § 76 Abs 4: *Gellis/Feil*, GmbHG⁷ § 79 Rz 8; *Koppensteiner/Rüffler*, GmbHG³ § 79 Rz 12; *Rauter* in Straube/Ratka/Rauter, GmbHG § 79 Rz 53; *Schopper* in Gruber/Harrer, GmbHG² § 79 Rz 25.
84 *Rauter* in Straube/Ratka/Rauter, GmbHG § 79 Rz 53.

(in Fortsetzung der hM) § 340 Abs 1 EO als Nachfolgebestimmung des aufgehobenen § 76 Abs 4 zu beachten (s § 76 Rz 77 f).[85]

§ 80. (1) [1]Gehört ein Geschäftsanteil mehreren Mitberechtigten, so können sie ihre Rechte daraus nur gemeinschaftlich ausüben. [2]Für Leistungen, die auf den Geschäftsanteil zu bewirken sind, haften sie zur ungeteilten Hand.

(2) Rechtshandlungen, die von der Gesellschaft gegenüber dem Inhaber eines Geschäftsanteiles vorzunehmen sind, geschehen, wenn nicht der Gesellschaft ein gemeinsamer Vertreter bekanntgegeben worden ist, mit rechtlicher Wirkung gegenüber jedem der Mitberechtigten.

Literatur: *Baumgartner/Torggler/Zöchling-Jud*, GmbH-Anteilserwerb durch Miterben, wbl 2022/8, 430, wbl 2022/9, 491; *Huber*, Uneinheitliche Ausübung des Stimmrechts in der GmbH, ecolex 1994, 620; *Kalss*, § 34 Nachfolge im Kapitalgesellschaftsrecht, in Gruber/Kalss/Müller/Schauer (Hg), Erbrecht und Vermögensnachfolge (2017); *Klampfl*, Fruchtgenuss an Gesellschaftsanteilen, GesRZ 2014, 23; *Schauer*, Der Erwerb des GmbH-Geschäftsanteils durch die Erbengemeinschaft, ecolex 2020, 207; *Spitzer*, Universalsukzession, Erbengemeinschaft und GmbH-Geschäftsanteile, ÖJZ 2021/68; *Unschuld*, Die Vererbung von Geschäftsanteilen in der GmbH (2008); *Wünscher*, Die Erbengemeinschaft als GmbH-Gründerin, GesRZ 2018, 292.

Inhaltsübersicht

I.	Allgemeines	1, 2
II.	Anwendungsbereich	3–6
III.	Außenverhältnis: Gemeinschaftliche Rechtsausübung und Haftung (Abs 1)	7–19
	A. Rechtsausübung durch die Mitberechtigten (Abs 1 S 1)	7–11
	B. Gemeinsamer Vertreter für die Rechtsausübung durch die Mitberechtigten	12–14
	C. Haftung der Mitberechtigten (Abs 1 S 2)	15–19
IV.	Rechtshandlungen der Gesellschaft gegenüber den Mitberechtigten (Abs 2)	20–22

---

85 *Koppensteiner/Rüffler*, GmbHG³ § 79 Rz 12; zust *Rauter* in Straube/Ratka/Rauter, GmbHG § 79 Rz 51; *Schopper* in Gruber/Harrer, GmbHG² § 79 Rz 25; aA *Gellis/Feil*, GmbHG⁷ § 79 Rz 8; sämtliche sich noch auf die Vorgängerbestimmung § 76 Abs 4 beziehend.

V. Innenverhältnis 23–25
VI. Übertragbarkeit, Teilung und Verpfändung der
Mitberechtigung 26–28

I. Allgemeines

Miteigentum an einem Geschäftsanteil ist möglich, dh ein Geschäfts- 1
anteil ist zwei oder mehreren Personen dinglich zugeordnet. Demnach
ist auch **jeder Mitberechtigte als Gesellschafter** anzusehen.[1]

§ 80 regelt das Verhältnis der Miteigentümer eines Geschäftsanteils 2
zur Gesellschaft, uzw auch dann, wenn es bloß einen einzigen Geschäftsanteil gibt.[2] Die Bestimmung soll die **Gesellschaft** vor Nachteilen
u Erschwernissen **schützen**, die sich aus der Mitberechtigung mehrerer
Rechtssubjekte an einem Geschäftsanteil ergeben können.[3]

II. Anwendungsbereich

Als Miteigentümer iSd § 80 kommen insb **eheliche Gütergemeinschaf-** 3
ten u **Erbengemeinschaften** in Betracht.[4] Verstirbt ein Gesellschafter u
ist im GesV die Teilung v Geschäftsanteilen ausgeschlossen oder ist die
Teilung aufgrund zwingender gesetzl Bestimmungen unmöglich, weil
zB Geschäftsanteile entstehen würden, die kleiner als der gesetzl vorgesehene Mindestanteil sind (§ 79 Abs 4) oder bei denen jedem Gesellschafter nicht mehr zumindest eine Stimme zukommen würde (§ 39
Abs 2), ist vor Einantwortung die ruhende Verlassenschaft selbst Gesellschafterin des entspr Geschäftsanteils.[5] Erst mit Einantwortung geht der
entspr unteilbare Geschäftsanteil eines verstorbenen Gesellschafters –
sofern zw den Erben vor Einantwortung kein Erbteilungsübereinkommen geschlossen wird, wonach der unteilbare Geschäftsanteil einem Erben gegen Ausgleich der anderen Erben zufällt – ungeteilt im Innerver-

---

1 *Rauter* in Straube/Ratka/Rauter, GmbHG § 80 Rz 5.
2 *Rauter* in Straube/Ratka/Rauter, GmbHG § 80 Rz 1.
3 EBRV 236 BlgHH 17. Sess 87.
4 EBRV 236 BlgHH 17. Sess 87; *Gellis/Feil*, GmbHG[7] § 80 Rz 1; *Koppensteiner/Rüffler*, GmbHG[3] § 80 Rz 2; *Schopper* in Gruber/Harrer, GmbHG[2] § 80 Rz 3; s auch OGH 13.2.1997, 6 Ob 2358/96z.
5 So auch *Schopper* in Gruber/Harrer, GmbHG[2] § 80 Rz 4.

hältnis entspr den Erbquoten *ipso iure*[6] auf die Erben über u entsteht dabei eine Rechtsgemeinschaft gem § 80 an diesem Geschäftsanteil, dh mehrere Personen sind dann Gesellschafter eines ungeteilten Geschäftsanteils.[7]

3a Nach zutr A kann die Erbengemeinschaft als Personenmehrheit nach Einantwortung zB zur Fortführung eines verlassgegenständlichen Einzelunternehmens auch eine GmbH gründen u im Zuge dessen originär einen Geschäftsanteil erwerben, zumal § 80 davon ausgeht, dass eine Personenmehrheit Inhaberin eines ungeteilten Geschäftsanteils mit allen darauf beruhenden, gemeinschaftlich wahrzunehmenden Mitgliedschaftsrechten u -pflichten sein kann u somit auch im FB als solche eingetragen werden kann.[8]

3b Auch der gemeinschaftliche Erwerb aufgrund einer Schenkung oder eines Kaufs kann zu Miteigentum iSd § 80 führen.[9] Erfolgt die Begr v Miteigentum an einem Geschäftsanteil vertraglich, so unterliegt diese der Notariatsaktpflicht.[10]

4 **Kein** Miteigentum iSd § 80 begründet hingegen die **Unterbeteiligung** am Geschäftsanteil.[11] Die Unterbeteiligung besteht als interne Beteiligung einer Person am Geschäftsanteil eines Gesellschafters nur zw dem Hauptbeteiligten u dem Unterbeteiligten. Sie ist idR als GesbR zu qualifizieren. Gesellschafter allein ist der Hauptbeteiligte, der Unterbeteiligte steht nur ihm gegenüber in unmittelbarer Rechtsbeziehung,

---

6 Vgl oben § 79 Rz 8, FN 168, unter Verweis auf *Baumgartner/Torggler/Zöchling-Jud*, wbl 2022/8, 430, die uE überzeugend die A vertreten, dass der Übergang des Geschäftsanteils bei Einantwortung *ipso iure* ohne weiteres Zutun erfolgt.

7 S dazu auch *Kalss* in Gruber/Kalss/Müller/Schauer, Vermögensnachfolge § 34 Rz 41.

8 S hierzu *Wünscher*, GesRZ 2018, 292 mit Rechtsvergleich zur Parallelregelung des § 18 dGmbHG, der als weiteren Anwendungsfall die Gründung einer GmbH zur Zusammenfassung v verlassgegenständlichen Unternehmensbeteiligungen (Aktien oder Geschäftsanteilen) anführt.

9 *Gellis/Feil*, GmbHG[7] § 80 Rz 1; *Koppensteiner/Rüffler*, GmbHG[3] § 80 Rz 2; *Schopper* in Gruber/Harrer, GmbHG[2] § 80 Rz 3.

10 Insofern zutr *Umfahrer*, GmbH[7] Rz 15.54, welcher jedoch nicht zw dem *ex lege*-Entstehen v Miteigentum an einem Geschäftsanteil zB bei einer Erbengemeinschaft mit Einantwortung u dem vertraglichen Entstehen einer solchen unterscheidet; s auch *Schopper* in Gruber/Harrer, GmbHG[2] § 80 Rz 3.

11 *Reich-Rohrwig*, GmbHR I[2] Rz 641; *Gellis/Feil*, GmbHG[7] § 80 Rz 2; *Schopper* in Gruber/Harrer, GmbHG[2] § 80 Rz 4; *Rauter* in Straube/Ratka/Rauter, GmbHG § 80 Rz 15.

gegenüber der Gesellschaft hingegen nur in mittelbarer. Die Einräumung einer Unterbeteiligung kann Gegenstand einer letztwilligen Verfügung oder aber auch des GesV sein. Bei der Einräumung der Unterbeteiligung müssen viele Detailfragen (zB Stimmrecht, Auswirkung der Anteilsveräußerung auf Unterbeteiligung, Vinkulierung etc) bedacht werden.[12]

Auch das **Fruchtgenussrecht** (§ 509 ff ABGB) am Geschäftsanteil begründet kein Miteigentum gem § 80.[13] Die Begr des Fruchtgenussrechts erfolgt durch (nicht-notariatsaktpflichtiges) Verpflichtungs- u Verfügungsgeschäft. Die mit dem Geschäftsanteil einhergehenden Verwaltungsrechte einschließlich des Stimmrechts kommen nicht dem Fruchtgenussberechtigten, sondern dem Gesellschafter zu. Ein direktes „funktional beschränktes" Auskunftsrecht gegenüber der Gesellschaft wird dem Fruchtgenussberechtigten v der Lit jedoch grds zugestanden. Der Fruchtgenussberechtigte hat nach hA jedoch einen unmittelbaren Anspruch gegenüber der Gesellschaft auf v Fruchtgenussrecht umfasste vermögenswerte Vorteile, wie insb den auf den Geschäftsanteil, an welchem das Fruchtgenussrecht besteht, entfallenden Gewinn.[14]

Die Gesellschafter einer **rechtsfähigen Gesellschaft** (OG, KG, GmbH, AG, SE u auch Gen, Verein), der ein Geschäftsanteil gehört, sind keine Mitberechtigten iSd § 80.[15]

---

12 Ausf *Kalss* in Gruber/Kalss/Müller/Schauer, Vermögensnachfolge § 34 Rz 43; *Rauter* in Straube/Ratka/Rauter, GmbHG § 75 Rz 39f.
13 *Reich-Rohrwig*, GmbHR I² Rz 641; *Gellis/Feil*, GmbHG⁷ § 80 Rz 2; *Schopper* in Gruber/Harrer, GmbHG² § 80 Rz 4; *Rauter* in Straube/Ratka/Rauter, GmbHG § 80 Rz 16; *Kalss* in Gruber/Kalss/Müller/Schauer, Vermögensnachfolge § 34 Rz 44 ff; *Klampfl*, GesRZ 2014, 23.
14 Ausf *Kalss* in Gruber/Kalss/Müller/Schauer, Vermögensnachfolge § 34 Rz 44 ff; *Rauter* in Straube/Ratka/Rauter, GmbHG § 75 Rz 40 ff.
15 *Koppensteiner/Rüffler*, GmbHG³ § 80 Rz 2; *Schopper* in Gruber/Harrer, GmbHG² § 80 Rz 4; *Rauter* in Straube/Ratka/Rauter, GmbHG § 80 Rz 17 f, welcher klarstellend darauf hinweist, dass auch im Falle eines Pfandrechts keine Mitberechtigung iSd *leg cit* besteht.

III. Außenverhältnis: Gemeinschaftliche Rechtsausübung und Haftung (Abs 1)

A. Rechtsausübung durch die Mitberechtigten (Abs 1 S 1)

7 Nach **Abs 1 S 1** können die Mitberechtigten eines Geschäftsanteils im Außenverhältnis die Mitgliedschaftsrechte **nur gemeinsam ausüben**, es handelt sich um eine Gesamthandberechtigung.[16] Absatz 1 S 1 soll die Gesellschaft daher vor den Auswirkungen eines Meinungsstreits der Mitberechtigten schützen.[17]

8 Rechte iSd Abs 1 S 1 sind insb Verwaltungsrechte, etwa das **Stimmrecht**, das **Recht zur Anfechtung v Gesellschafterbeschlüssen**, das **Informationsrecht**[18] u auch die Ausübung v **Sonderrechten**.[19] Das Recht zur Teilnahme an der GV steht zwar jedem Mitberechtigten zu, es besteht jedoch nur ein Stimmrecht.[20]

9 Nach zutr hA ist eine **uneinheitliche Stimmabgabe** bei Mitberechtigung für einen Geschäftsanteil grds nicht möglich,[21] es sei denn der GesV sieht eine solche Möglichkeit ausdrücklich vor (s auch § 75 Rz 13).[22] Nach der zutr Lit ist zur Willensbildung im **Innenverhältnis** die für die jew Gemeinschaftsform entscheidungsbefugte Mehrheit maßgeblich (s dazu Rz 23 ff).[23] Bei Uneinigkeit der Beteiligten kann das Stimmrecht daher tw nicht ausgeübt werden, was in der Praxis regelmäßig zu Schwierigkeiten führt (s auch Rz 11 u 12 ff).

10 Auch vermögensrechtliche Ansprüche, wie **Gewinnansprüche**, können bei der Mitberechtigung nach § 80 nur gemeinsam geltend gemacht werden. Die Auszahlung des Gewinns hat nach allg Zivilrecht

---

16 *Baumgartner/Torggler/Zöchling-Jud*, wbl 2022, 491.
17 *Reich-Rohrwig*, GmbHR I² Rz 642; *Schopper* in Gruber/Harrer, GmbHG² § 80 Rz 1.
18 *Koppensteiner/Rüffler*, GmbHG³ § 80 Rz 3; *Schopper* in Gruber/Harrer, GmbHG² § 80 Rz 5.
19 *Schopper* in Gruber/Harrer, GmbHG² § 80 Rz 5.
20 *Schopper* in Gruber/Harrer, GmbHG² § 80 Rz 5.
21 *Koppensteiner/Rüffler*, GmbHG³ § 80 Rz 3; *Schopper* in Gruber/Harrer, GmbHG² § 80 Rz 7; **aA** *Huber*, ecolex 1994, 620.
22 S Rz 11, wonach Abs 1 S 1 nicht zwingend ist u daher im GesV davon abgewichen werden kann, was zu einer uneinheitlichen Stimmabgabe führen kann; *Schopper* in Gruber/Harrer, GmbHG² § 80 Rz 7.
23 *Koppensteiner/Rüffler*, GmbHG³ § 80 Rz 3; *Schopper* in Gruber/Harrer, GmbHG² § 80 Rz 7.

(§ 848 iVm § 890 ABGB) an alle Mitberechtigten zu erfolgen (s auch Rz 21).[24]

§ 80 Abs 1 S 1 wird v der hL als **nicht zwingend** angesehen.[25] Nach dieser A kann daher auch auf das Prinzip gemeinschaftlicher Rechtsausübung verzichtet werden, also gesv zugelassen werden, dass die am Geschäftsanteil Mitberechtigten versch abstimmen können.[26] Der OGH entschied idZ bereits, dass der GesV die Verpflichtung mehrerer mitberechtigter Erben zur Nominierung eines gemeinsamen Vertreters vorsehen kann.[27] Im Hinblick auf die praktischen Schwierigkeiten bei Rechtsausübung durch mehrere Mitberechtigte empfiehlt es sich, im GesV eine Regelung aufzunehmen, wonach bei Mitberechtigung iSd § 80 die Mitgliedschaftsrechte ausschließlich durch einen **gemeinsamen Vertreter** ausgeübt werden können (zum gemeinsamen Vertreter s Rz 12 ff u Rz 25; zur Möglichkeit, bei Erbengemeinschaft im Rahmen des Verlassenschaftsverfahrens ein Erbteilungsübereinkommen zu schließen, s § 79 Rz 8).

B. Gemeinsamer Vertreter für die Rechtsausübung durch die Mitberechtigten

Für die Ausübung ihrer Rechte gem § 80 Abs 1 S 1 können die Mitberechtigten – auch ohne entspr gesv Regelung – nach hA einen **gemeinsamen Vertreter** bestellen, der sowohl ein Mitberechtigter als auch ein Dritter sein kann (s Rz 25; zum gemeinsamen Vertreter gem Abs 2 s Rz 22).[28]

Der **GesV** kann die Bestellung eines gemeinsamen Vertreters zwingend vorsehen[29] u können an diesen Vertreter bestimmte **Anforderun-**

---

24 *Schopper* in Gruber/Harrer, GmbHG² § 80 Rz 6.
25 *Koppensteiner/Rüffler*, GmbHG³ § 80 Rz 4; *Schopper* in Gruber/Harrer, GmbHG² § 80 Rz 1; *Rauter* in Straube/Ratka/Rauter, GmbHG § 80 Rz 2; **aA** *Gellis/Feil*, GmbHG⁷ § 80 Rz 3.
26 *Koppensteiner/Rüffler*, GmbHG³ § 80 Rz 4: Abs 1 S 1 dient den Interessen der Gesellschaft u muss daher auch zu ihrer Disposition stehen; zust *Schopper* in Gruber/Harrer, GmbHG² § 80 Rz 7.
27 OGH 15.9.1954, 3 Ob 570/54.
28 OGH 15.9.1954, 3 Ob 570/54; *Koppensteiner/Rüffler*, GmbHG³ § 80 Rz 5; *Schopper* in Gruber/Harrer, GmbHG² § 80 Rz 9; ausf *Rauter* in Straube/Ratka/Rauter, GmbHG § 80 Rz 18 ff.
29 RIS-Justiz RS0059781.

gen gestellt werden (etwa eine Beschränkung auf berufsmäßig zur Verschwiegenheit verpflichtete Personen oder Ausschluss v Konkurrenten).[30] Ist im GesV die Bestellung eines gemeinsamen Vertreters nicht vorgesehen, kann die Gesellschaft einen solchen nicht verlangen.[31]

14 Sofern in der Gemeinschaft der Mitberechtigten ein **Mehrheitsbeschluss** vorgesehen ist, kann die Bestellung nach zutr A durch die Mehrheit der Mitberechtigten erfolgen (vgl Rz 25).[32] Nach zutr A ist die Bestellung eines gemeinsamen Vertreters auch ohne Benachrichtigung der Gesellschaft grds wirksam, die Gesellschaft kann jedoch v gemeinsamen Vertreter den Nachw der Vollmacht verlangen (vgl Rz 22).[33] Willenserklärungen eines *falsus procurator* sind grds unwirksam, können aber nach allg Grundsätzen nachträglich genehmigt werden. Ebenso ist die Wirksamkeit des Widerrufs der Vertretungsmacht nach allg zivilrechtlichen Grundsätzen zu beurteilen.[34]

C. Haftung der Mitberechtigten (Abs 1 S 2)

15 Gemäß Abs 1 S 2 haften Mitberechtigte für Leistungen, die auf den Geschäftsanteil zu erbringen sind, zur **ungeteilten Hand** (dh als Gesamtschuldner). Die Gesellschaft kann daher v jedem einzelnen Mitberechtigten die Erfüllung der gesamten Leistung verlangen.[35] Im Innenverhältnis (dazu auch Rz 23 f) kann der beanspruchte Mitberechtigte Regress gem § 896 ABGB nehmen, der sich iZw nach dem Verhältnis der quotenmäßigen Beteiligung am Geschäftsanteil richtet.[36]

16 Auf den Geschäftsanteil zu bewirkende **Leistungen**, für die die Mitberechtigten iSd Abs 1 S 2 solidarisch haften, sind etwa rückständige Stammeinlagen, Nachschussverpflichtungen, Zinsen u Konventio-

---

30 *Reich-Rohrwig*, GmbHR I[2] Rz 642; *Schopper* in Gruber/Harrer, GmbHG[2] § 80 Rz 9; zust *Rauter* in Straube/Ratka/Rauter, GmbHG § 80 Rz 21.
31 *Rauter* in Straube/Ratka/Rauter, GmbHG § 80 Rz 21.
32 S *Schopper* in Gruber/Harrer, GmbHG[2] § 80 Rz 9: Aus § 80 Abs 1 S 1 folgt kein zwingendes Einstimmigkeitserfordernis aller Mitberechtigten.
33 *Schopper* in Gruber/Harrer, GmbHG[2] § 80 Rz 9; zust *Rauter* in Straube/Ratka/Rauter, GmbHG § 80 Rz 23, 24/1.
34 *Rauter* in Straube/Ratka/Rauter, GmbHG § 80 Rz 24/1 f.
35 *Schopper* in Gruber/Harrer, GmbHG[2] § 80 Rz 12; *Rauter* in Straube/Ratka/Rauter, GmbHG § 80 Rz 25.
36 *Koppensteiner/Rüffler*, GmbHG[3] § 80 Rz 7.

nalstrafen.³⁷ Für höchstpersönliche Verpflichtungen gilt Abs 1 S 2 nicht.³⁸

Nach zutr A ist die gesamtschuldnerische Haftung gem § 80 Abs 1 S 2 (wie Abs 1 S 1)³⁹ **nicht zwingend**.⁴⁰ Bestätigt wird dies durch die Möglichkeit der Teilung des Geschäftsanteils mit Willen der Gesellschaft u der damit verbundenen Haftungssegmentierung.⁴¹ Nach dieser A kann der GesV vorsehen, dass die Mitberechtigten nur nach Maßgabe ihrer Beteiligung am Geschäftsanteil für Leistungen, die auf den Geschäftsanteil zu bewirken sind, haften sollen.

Strittig ist, ob die Haftung gem § 80 Abs 1 S 2 auch iZm der Haftung eines verbotswidrig begünstigten Mitberechtigten nach § 83 greift u somit alle Mitberechtigten solidarisch für den Rückerstattungsanspruch aus Einlagenrückgewähr haften (ausf zum Schuldner des Rückerstattungsanspruchs § 83 Rz 9).⁴²

Nach zutr A geht die solidarische Haftung gem § 80 der **pro-rata Haftung der Miterben** (§ 821 ABGB) als *lex specialis* vor.⁴³ Weiters steht der Gesellschaft die Möglichkeit der Einl bzw Durchführung eines Kaduzierungsverfahrens jedenfalls auch gegen Miterben (unabhängig v der allfälligen erbrechtlichen Haftungsbeschränkung) zu.⁴⁴

---

37 *Schopper* in Gruber/Harrer, GmbHG² § 80 Rz 13.
38 *Schopper* in Gruber/Harrer, GmbHG² § 80 Rz 13; *Rauter* in Straube/Ratka/Rauter, GmbHG § 80 Rz 25.
39 S Rz 6.
40 So *Koppensteiner/Rüffler*, GmbHG³ § 80 Rz 7; zust *Rauter* in Straube/Ratka/Rauter, GmbHG § 80 Rz 26; aA *Schopper* in Gruber/Harrer, GmbHG² § 80 Rz 12 mit Verweis auf *Gellis/Feil*, GmbHG⁷ § 80 Rz 3 u die dt Lit: Abs 1 S 2 ist zwingend, zumindest soweit Verbindlichkeiten iZm der Kapitalaufbringung u -erhaltung stehen.
41 So *Koppensteiner/Rüffler*, GmbHG³ § 80 Rz 7.
42 Die Kollektivhaftung iZm § 83 bejahend: *Reich-Rohrwig*, GmbHR I² Rz 642; *Kalss* in Gruber/Kalss/Müller/Schauer, Vermögensnachfolge § 34 Rz 41; **aA** u somit die Kollektivhaftung iZm § 83 abl: *Koppensteiner/Rüffler*, GmbHG³ § 80 Rz 7; *Rauter* in Straube/Ratka/Rauter, GmbHG § 80 Rz 28; wohl auch *Schopper* in Gruber/Harrer, GmbHG² § 80 Rz 13, jedoch mit dem Zusatz, dass aber zumindest die Ausfallshaftung nach § 83 Abs 2 u Abs 3 eingreift, denn eine Privilegierung der Mitberechtigten gegenüber sonstigen Gesellschaftern wäre wertungswidersprüchlich.
43 So *Schopper* in Gruber/Harrer, GmbHG² § 80 Rz 14; *Gellis/Feil*, GmbHG⁷ § 80 Rz 3; zust *Rauter* in Straube/Ratka/Rauter, GmbHG § 80 Rz 29; aA *Koppensteiner/Rüffler*, GmbHG³ § 80 Rz 7.
44 *Rauter* in Straube/Ratka/Rauter, GmbHG § 80 Rz 29.

IV. Rechtshandlungen der Gesellschaft gegenüber den Mitberechtigten (Abs 2)

20 Gemäß Abs 2 kann die GmbH **Rechtshandlungen** (s Rz 21) gegenüber **jedem der Mitberechtigten allein** abgeben, sofern die Mitberechtigten keinen gemeinsamen Vertreter bekanntgeben. Zweck der Bestimmung des § 80 Abs 2 ist eine Erleichterung für die Gesellschaft im Verkehr mit Mitberechtigten. Sie soll die im Rahmen ihrer Verwaltung erforderlichen Rechtshandlungen gegenüber einem der Beteiligten mit Wirkung für die ganze Geschäftsanteilsgemeinschaft vornehmen können. Während also die Gemeinschaft nur gemeinsam handeln kann, gilt im Verkehr ihr gegenüber eine Art Einzelvertretungsbefugnis.[45]

21 **Rechtshandlungen** sind nach hA Willenserklärungen der Gesellschaft, aber auch sonstige rechtlich relevante Mitteilungen. Rechtshandlungen iSd Abs 2 sind daher etwa Einladungen zur GV, Aufforderungen, Mahnungen, Kündigungen oder die Kaduzierung.[46] Nicht erfasst sind nach zutr A zweiseitige Rechtsgeschäfte[47] u Zahlungen der Gesellschaft,[48] weshalb auch **keine schuldbefreiende Leistung** an nur einen Mitberechtigten möglich ist (s auch Rz 10).[49]

22 § 80 Abs 2 sieht ausdrücklich die Bestellung eines **gemeinsamen Vertreters** (vgl Rz 12 f) vor, nach dessen Bekanntgabe die Gesellschaft Rechtshandlungen nur noch diesem gegenüber vornehmen kann. Der Wortlaut spricht dafür, dass bloße Kenntnis nicht ausreicht, sondern für eine Anwendbarkeit dieser Bestimmung die **Bekanntgabe** (Mitteilung) der Bestellung des gemeinsamen Vertreters gegenüber der Gesellschaft erforderlich ist (vgl Rz 14).[50]

---

45 OGH 15. 9. 1954, 3 Ob 570/54.
46 *Schopper* in Gruber/Harrer, GmbHG² § 80 Rz 10.
47 *Rauter* in Straube/Ratka/Rauter, GmbHG § 80 Rz 32.
48 So *Koppensteiner/Rüffler*, GmbHG³ § 80 Rz 6; *Schopper* in Gruber/Harrer, GmbHG² § 80 Rz 10; *Rauter* in Straube/Ratka/Rauter, GmbHG § 80 Rz 33; **aA** offenbar *Gellis/Feil*, GmbHG⁷ § 80 Rz 4.
49 *Schopper* in Gruber/Harrer, GmbHG² § 80 Rz 6, 10.
50 *Schopper* in Gruber/Harrer, GmbHG² § 80 Rz 11; offen lassend *Rauter* in Straube/Ratka/Rauter, GmbHG § 80 Rz 23 f, welcher zutr darauf hinweist, dass Erklärungen der Mitberechtigten betr die Vertreter-Bestellung keiner bestimmten Form bedürfen u auch konkludent abgegeben werden können.

V. Innenverhältnis

§ 80 trifft keine Aussage über das Innenverhältnis zw den Mitberechtig- 23
ten. In der Lit wird etwa bei der Erbengemeinschaft u der ehelichen Gütergemeinschaft eine **Miteigentumsgemeinschaft nach §§ 825 ff ABGB** angenommen. Außerdem kann eine Qualifikation als **GesbR** in Betracht kommen.[51]

Nach zutr A richtet sich die Willensbildung bei einer Miteigen- 24
tumsgemeinschaft nach §§ 825 ff ABGB im Innenverhältnis unter den Mitberechtigten nach den §§ 833 ff ABGB,[52] zumal das Einstimmigkeitserfordernis für alle Angelegenheiten die Rechtsgemeinschaft unverhältnismäßig in ihrer Meinungsfindung blockieren würde, was v Gesetzgeber uE nicht intendiert war. Nach den EB soll § 80 Abs 1 die Gesellschaft vielmehr vor Nachteilen u Erschwernissen schützen, die sich aus der Mitberechtigung mehrerer Rechtssubjekte an einem Geschäftsanteil ergeben können, was durch das einheitliche Vorgehen der Rechtsgemeinschaft im Außenverhältnis gewährleistet ist (s dazu Rz 7 ff). Demnach entscheidet in Angelegenheiten der ordentlichen Verwaltung u Benützung im Innenverhältnis die Mehrheit der Stimmen, die sich bei Erbengemeinschaften nach den Erbquoten berechnet. Für darüber hinausgehende Maßnahmen gilt ein („verkapptes") Einstimmigkeitsprinzip, wonach diese vorläufig zu unterbleiben haben, bis eine Einigung oder eine ersatzweise Gerichtsentscheidung vorliegt.[53]

---

51 *Koppensteiner/Rüffler*, GmbHG³ § 80 Rz 8; *Rauter* in Straube/Ratka/Rauter, GmbHG § 80 Rz 36.
52 S dazu *Baumgartner/Torggler/Zöchling-Jud*, wbl 2022, 491, welche überzeugend ausführen, dass im Innenverhältnis (vorbehaltlich abw Vereinbarungen) die §§ 825 ff ABGB, insb auch die §§ 833 ff ABGB, gelten; *Schopper* in Gruber/Harrer, GmbHG² § 80 Rz 7, der ausführt, dass die besseren Gründe dafür sprechen, dass Außenhandlungen aufgrund v Mehrheitsbeschlüssen der Mitberechtigten zulässig sind, natürlich nur soweit für die jew Gemeinschaftsform ein Mehrheits- (§ 833 ABGB) oder Alleinhandeln (§ 178 UGB) mit Außenwirkung zulässig ist (widersprüchlich jedoch in Rz 15, der sich daher wohl auf das Außenverhältnis bezieht); aA offenbar noch *Koppensteiner/Rüffler*, GmbHG³ § 80 Rz 8; *Rauter* in Straube/Ratka/Rauter, GmbHG § 80 Rz 36, 38, nach deren A eine Anwendung des § 833 ABGB aufgrund der speziellen Regelung des § 80 Abs 1 nicht in Betracht kommt.
53 *Baumgartner/Torggler/Zöchling-Jud*, wbl 2022, 491, unter Hinweis auf RIS-Justiz RS0013665 u RS0013692.

24a Zutreffend führt *Rauter* aus, dass – sofern eine GesbR bestehe, zu deren Vermögen ein *quoad dominium* eingebrachter bzw gehaltener Geschäftsanteil gehöre – zu beachten ist, dass der Geschäftsanteil den Gesellschaftern gem § 1180 ABGB zur gesamten Hand zugeordnet ist, sodass die Gesellschafter ihre Berechtigung grds nur gemeinsam ausüben können.[54]

24b Im Rahmen des zwingenden Rechts können die Mitberechtigten eigene Regelungen für das Innenverhältnis treffen.[55] Nach hA darf das Innenverhältnis der Mitberechtigten jedoch nicht im GesV der GmbH geregelt werden.[56]

25 Nach der zutr hA richten sich die Voraussetzungen der Bestellung eines gemeinsamen Vertreters nach der jew rechtlichen Verbindung der Mitberechtigten (vgl Rz 14). Demnach bedarf die Bestellung eines gemeinsamen Vertreters bei Annahme einer Miteigentumsgemeinschaft (§§ 825 ff ABGB) gem § 836 ABGB der **einfachen Mehrheit**.[57] Die E, ob überhaupt ein gemeinsamer Vertreter bestellt wird, bedarf hingegen der Einstimmigkeit.[58] Nach zutr hA kommt eine **gerichtl Bestellung** nach § 836 ABGB in Betracht, wenn der GesV zwingend die Bestellung eines gemeinsamen Vertreters vorsieht.[59]

---

54 *Rauter* in Straube/Ratka/Rauter, GmbHG § 80 Rz 7/1 unter Verweis ua auf *Schopper* in Gruber/Harrer, GmbHG² § 80 Rz 17: Solle die Beteiligung am Vermögensgegenstand übertragen werden, so könne ein Mitberechtigter nicht allein über seine Mitberechtigung verfügen. Von diesem gesetzl Konzept könne jedoch (auf GesbR-Ebene) gesv abgewichen werden, sodass auch eine schlichte Mitberechtigung anstelle einer Zuordnung zur gesamten Hand vorgesehen werden könne.
55 *Koppensteiner/Rüffler*, GmbHG³ § 80 Rz 8; *Schopper* in Gruber/Harrer, GmbHG² § 80 Rz 15.
56 *Rauter* in Straube/Ratka/Rauter, GmbHG § 80 Rz 37; *Reich-Rohrwig*, GmbHR I² Rz 642.
57 *Koppensteiner/Rüffler*, GmbHG³ § 80 Rz 8; *Schopper* in Gruber/Harrer, GmbHG² § 80 Rz 16; zust *Rauter* in Straube/Ratka/Rauter, GmbHG § 80 Rz 38; aA *Gellis/Feil*, GmbHG⁷ § 80 Rz 4: Insoweit ist der § 836 ABGB ausgeschaltet.
58 *Koppensteiner/Rüffler*, GmbHG³ § 80 Rz 8; *Schopper* in Gruber/Harrer, GmbHG² § 80 Rz 16; *Rauter* in Straube/Ratka/Rauter, GmbHG § 80 Rz 38: Da es sich um eine außergewöhnliche Maßnahme handelt.
59 *Koppensteiner/Rüffler*, GmbHG³ § 80 Rz 8; *Schopper* in Gruber/Harrer, GmbHG² § 80 Rz 16: auch eine Zustimmungspflicht kraft Treuepflicht ist denkbar; *Rauter* in Straube/Ratka/Rauter, GmbHG § 80 Rz 38; aA *Gellis/Feil*, GmbHG⁷ § 80 Rz 4: Insoweit ist der § 836 ABGB ausgeschaltet.

VI. Übertragbarkeit, Teilung und Verpfändung der Mitberechtigung

Die Mitberechtigung ist grds unter der Voraussetzung des § 76 (insb Notariatsaktpflicht) **übertragbar**, wobei sich die Übertragbarkeit nach dem Rechtsverhältnis zw den Mitberechtigten richtet (zur Weiterhaftung des Veräußerers s § 78).[60]

26

Eine **Teilung** des Geschäftsanteils können die Mitberechtigten nur verlangen, wenn diese gem § 79 zulässig ist.[61] Nach zutr A unterliegt auch die Teilung des Geschäftsanteils unter den Mitberechtigten der Notariatsaktform (zur Übertragung s Rz 26).[62]

27

Die Mitberechtigung kann **verpfändet** werden (vgl § 79 Rz 25). Auch eine **Pfändung** ist nach den §§ 331 ff EO grds zulässig (zur Verwertung des Geschäftsanteils s § 76 Rz 76 u 82).[63]

28

§ 81. ¹**Der Erwerb und die Pfandnahme eigener Geschäftsanteile durch die Gesellschaft ist verboten und wirkungslos.** ²**Zulässig ist der Erwerb im Exekutionswege zur Hereinbringung eigener Forderungen der Gesellschaft.** ³**Auf den unentgeltlichen Erwerb eigener Anteile, auf den Erwerb eigener Anteile im Weg der Gesamtrechtsnachfolge und auf den Erwerb eigener Anteile zur Entschädigung von Minderheitsgesellschaftern sind die entsprechenden, für den Erwerb eigener Aktien geltenden Vorschriften sinngemäß anzuwenden.**

idF BGBl I 2007/72

Literatur: *Aburumieh*, Der Vorstandsbericht über eigene Aktien in der Hauptversammlung, GesRZ 2005, 278; *Altmeppen*, Endet die Privilegierung rechtsgrundloser Dividendenausschüttungen in der Insolvenz der AG? ZIP 2023, 1217;

---

60 *Schopper* in Gruber/Harrer, GmbHG² § 80 Rz 17, wonach die Übertragbarkeit bei einer Miteigentumsgemeinschaft gem § 829 ABGB, (mangels anderweitiger Regelung) nicht hingegen bei einer GesbR, gegeben ist; *Rauter* in Straube/Ratka/Rauter, GmbHG § 80 Rz 7.
61 *Schopper* in Gruber/Harrer, GmbHG² § 80 Rz 18.
62 *Reich-Rohrwig*, GmbHR I² Rz 641; *Duursma et al*, HB GesR, Rz 2562; **aA** bei Teilung unter den Mitberechtigten gem den Quoten: *Rauter* in Straube/Ratka/Rauter, GmbHG § 80 Rz 7.
63 S *Schopper* in Gruber/Harrer, GmbHG² § 80 Rz 19 mit Verweis auf OGH 27.2.2008, 3 Ob 26/08g; 26.8.2009, 3 Ob 126/09i (je zur GesbR); *Rauter* in Straube/Ratka/Rauter, GmbHG § 80 Rz 7.

N. Arnold, Allgemeines, Gründung und Gesellschaftsvertrag, in GS Arnold² (2016) 1; *Artmann*, Einlagenrückgewähr und Sicherheiten von Gesellschaftern und Dritten, ecolex 2018, 146; *Artmann*, Der Erwerb eigener Anteile durch gemeinsam beherrschte Unternehmen, wbl 2021, 61; *Artmann*, Von der Einheits-GmbH & Co KG zur Personengesellschaft mbH, in FS Schauer (2022) 1; *Aschauer/G. Eckert*, Zur Festlegung des Ausgabekurses bei wechselseitigen Beteiligungen, RWZ 2022, 127; *Aschauer/G. Eckert*, Replik zu *Mock*, RWZ 2022/31, RWZ 2022, 276; *Auer*, Zur Formpflicht gem § 76 Abs 2 GmbHG, JBl 2011, 361; *Baumüller*, Außerplanmäßig abgeschriebene eigene Anteile im Übergang zum RÄG 2014, RWZ 2016/5, 20; *Beiser*, Alineare (asymmetrische) Ausschüttungen und Einlagenrückzahlungen einer GmbH, RdW 2023, 457; *Bloß*, Managementbeteiligungen bei Private-Equity Transaktionen, GmbHR 2016, 104; *von Bonin*, Zur Anwendung der gesetzlichen Vertretungsregeln auf die Einheits-GmbH & Co. KG, NZG 2016, 1299; *Brugger*, Zur Reduktion der Formpflicht des § 76 Abs 2 GmbHG – eine Übersicht, NZ 2012/90, 257; *Cahn*, Wechselseitige Beteiligungen – komplizierte Details, einfache Grundfragen, ecolex 2023, 217; *Diregger/G. Eckert*, Gedanken zur unechten Personengesellschaft, RdW 2013/577, 579; *Dokalik/Hirschler*, RÄG 2014 – Reform des Bilanzrechts², SWK-Spezial 2016; *M. Doralt*, Management Buyout: Aktionärs- und Gläubigerschutz durch den Grundsatz der Kapitalerhaltung (2001); *Ebner*, Eigene Anteile beim Rechtsformwechsel, RdW 2019, 522; *G. Eckert*, Flexibilisierung der Finanzierungsinstrumente im österreichischen Gesellschaftsrecht, in Fleischer/Kalss/Vogt (Hg), Aktuelle Entwicklungen im deutschen, österreichischen und schweizerischen Gesellschafts- und Kapitalmarktrecht 2012 (2013) 287; *G. Eckert*, Gesellschaftsrechtliche Fragen der Finanzierung des Beteiligungserwerbs, in Althuber/Schopper (Hg), HB Unternehmenskauf & Due Diligence I² (2015) 297; *G. Eckert*, Zum Anwendungsbereich der Regelungen zu Finanzierung des Erwerbs eigener Aktien, in FS FL-OGH (2022) 135; *G. Eckert*, Die Spaltung als Transaktionsbaustein, in Aschauer/Bertl/Eberhartinger/Eckert/Egger/Hirschler/Hummel/Kalss/Kofler/Lang/Novotny-Farkas/Nowotny/Petutschnig/Riegler/Rust/Schuch/Spies/Staringer (Hg), Kauf und Verkauf von Unternehmen (2022) 133; *G. Eckert/Schopper*, Kapitalaufbringung bei wechselseitigen Beteiligungen, GesRZ 2020, 381; *Edelmann*, GmbH & Co KG, in Bergmann/Ratka (Hg), HB Personengesellschaften² (2016) 301; *Elsner*, Die Nachschussobliegenheit in der Gesellschaftskrise (2021); *Enzinger*, Interessenkonflikt und Organpflichten: Am Beispiel des Management Buy-out (2005); *Feilmair/Andréewitch-Wallner*, Inhaltliche Ausgestaltung von virtuellen Mitarbeiterbeteiligungsprogrammen in der Praxis, RdW 2022, 677; *H. Foglar-Deinhardstein*, Anmerkungen zum (grenzüberschreitenden) Triangular Merger, GesRZ 2012, 326; *H. Foglar-Deinhardstein*, Gesellschafterausschluss (syndikatsvertraglich) ausgeschlossen. Anmerkung zu OGH 22. 6. 2022, 6 Ob 92/22f, ÖJZ 2022, 911; *H. Foglar-Deinhardstein/Molitoris/Hartig*, Angemessene Barabfindung beim Squeeze-out: Jagd nach einer Chimäre? GesRZ 2020, 43; *H. Foglar-Deinhardstein/Trettnak*, Cross-Border Merger aus Deutschland nach Österreich bei weiterbestehendem Listing, GesRZ 2013, 198; *H. Foglar-Deinhardstein/Trettnak*, Erwerb eigener Aktien bei der Barabfindung anlässlich der (grenzüberschreitenden) Verschmelzung, RWZ 2014/2, 7; *H. Fog-*

lar-Deinhardstein/Vinazzer, Kann das EKEG die Umwandlung von Fremd- in Eigenkapital verhindern? ÖBA 2016, 486; *Gaggl*, Gläubigerschutz bei Umgründung der GmbH & Co KG (2021); *Gall/Potyka/Winner*, Squeeze-out (2006); *Gebhard/Greth*, Zum Trennungsprinzip in der Einheits-GmbH & Co. KG, NZG 2023, 156; *Geißler*, Der Erwerb eigener GmbH-Anteile zur Realisierung von Strukturmaßnahmen, GmbHR 2008, 1018; *Gelter*, Funktionen des gesellschaftsrechtlichen Kapitalschutzes – rechtspolitische und rechtsvergleichende Aspekte, in FS Nowotny (2015) 315; *Geweßler/Steinhart*, Incentivierungsprogramme bei Start-ups, in SWK-Spezial: ESt 2019 (2019) 162; *Gloser/Kulnigg/Puchner*, Das steuerliche Dilemma bei Start-up-(Mitarbeiter-)Beteiligungsprogrammen – ein möglicher Lösungsansatz? RdW 2020, 709; *Grossmayer*, Gläubigerschutz bei Abspaltungen (2010); *Grossmayer*, Einlagenrückgewähr – drei aktuelle Entscheidungen, ecolex 2013, 951; *E. Gruber/Aburumieh*, Aktienrückkauf unter Einsatz von Call- und Put-Optionen zur Bedienung von Aktienoptionsplänen, ÖBA 2006, 45; *E. Gruber/H. Foglar-Deinhardstein*, Satzungsstrenge und neue Spielräume für „autonome" Satzungsbestimmungen, GesRZ 2014, 73; *M. Gruber*, Ausfallshaftung und Kaduzierung, JBl 2012, 273; *Haase/Dubiel*, Zulässigkeit und Grenzen von Vestingmodellen, BB 2022, 1993; *Hanslik* in Althuber/Schopper (Hg), HB Unternehmenskauf & Due Diligence I[2] (2015) 511; *H. Hayden/U. Torggler*, Erstreckung des Verbots des Erwerbs eigener Anteile (§ 51 Abs 2 und § 66 AktG) auf „Gemeinschaftsunternehmen", GesRZ 2022, 58; *T. Hayden*, Bilanzielle und steuerliche Aspekte der Einheits-KG, RdW 2023, 751; *T. Hayden/Thorbauer/Gröhs*, Sanierungsinstrumente für Gesellschaften in der „Krise", PSR 2020, 8; *U. Heidinger*, Die Einheits-GmbH & Co KG und die Möglichkeiten ihrer internationalen Ausgestaltung, Diplomarbeit Univ Graz (2016); *Jabornegg*, Mitarbeiterbeteiligungen aus gesellschaftsrechtlicher Sicht, in Achatz/Jabornegg/Resch (Hg), Mitarbeiterbeteiligung – Aktienoptionen (2002) 1; *Kalss*, Mitarbeiterbeteiligungen aus gesellschaftsrechtlicher Sicht, in Kronberger/Leitsmüller/Rauner (Hg), Mitarbeiterbeteiligung in Österreich (2007) 118; *Kalss*, Ausgewählte Fragen der Gewinnausschüttung, in Bertl/Eberhartinger/Egger/Kalss/Lang/Nowotny/Riegler/Schuch/Staringer (Hg), Reform der Rechnungslegung in Österreich (2015) 101; *Kalss*, Kredite und Sicherheiten im Lichte der Einlagenrückgewähr, in Konecny (Hg), Insolvenz-Forum 2015 (2016) 125; *Kalss/G. Eckert*, Änderungen im Aktien- und GmbH-Recht durch das GesRÄG 2007, GesRZ 2007, 222; Kalss/Frotz/Schörghofer (Hg), HB Vorstand (2017); *Kalss/Zollner*, Eigene Anteile und EKEG, GES 2004, 202; *Kapsch/Zollner*, Veräußerung eigener Aktien, SWK 2006/10, W 25; *Karollus*, EKEG, in Buchegger (Hg), Österreichisches Insolvenzrecht, Zusatzband I (2009); *Karollus*, 6 Ob 48/12w: Das Ende der bisherigen LBO-/MBO-Finanzierungspraxis? GES 2013, 283; *Karollus*, Die Kapitalgrenze für den Erwerb eigener Aktien gemäß § 65 Abs 2 Satz 2 AktG nach dem RÄG 2014, GES 2017, 184; *Karollus*, Wider die Mehrleistungsthese für Kapitalerhöhungen bei wechselseitiger Beteiligung! GesRZ 2020, 169; *Karollus*, Bedarf die Veräußerung eigener Aktien an eine Belegschaftsbeteiligungs- oder Mitarbeiterbeteiligungsstiftung eines Hauptversammlungsbeschlusses? GesRZ 2021, 344; *Karollus*, Debt Push Down bei der Akquisitionsfinanzierung, Verbot der Einlagenrückgewähr und Finanzierungsverbot, ecolex 2022, 868; *Kaufmann*, Downstream-Abspaltung der Beteiligung an der Tochtergesellschaft in die Tochtergesellschaft, ÖStZ 2009/419, 202; *Kernbichler/Mitschka*, Mitarbeiterbeteiligung in Startups, ecolex 2022, 107; *Klein*, Fragen im Zusammenhang mit dem (fehlgeschlagenen) Erwerb eigener Geschäftsanteile, NZG 2016, 1241; *Kocab/Grund*, Einheitsgesellschaft nun auch in Österreich? ecolex 2015, 211; *Koch-Schulte*, Managementbeteiligungen für Private Equity- und Venture Capital-Investments, Corporate Finance 01–02/2022, 20; *Koch-Schulte/de Toma*, „Sweet Equity": BFH sieht allein in überproportionaler Renditechance bei Managementbeteiligung kein Indiz für Arbeitslohn, BB 2021, 2839; *G. Kodek*, Leveraged Buy-outs und upstream-Sicherheiten im amerikanischen Recht – eine Skizze, in FS Hügel (2016) 185; *Koppensteiner*, GmbH-rechtliche Probleme des Management Buy-out, ZHR 1991, 97; *Koppensteiner*, Überbewertung von Vermögen bei der Verschmelzung, wbl 2014, 678; *Koppensteiner*, Zum Umtauschverhältnis bei der Konzentrationsverschmelzung, in FS Hügel (2016) 217; *Koppensteiner*, Gemeinschaftsunternehmen im Normenvergleich, wbl 2020, 241; *Koppensteiner*, Eigene Anteile und wechselseitige Beteiligungen im Aktienrecht, GES 2020, 227; *Koppensteiner*, Nachtrag zur Problematik wechselseitiger Beteiligungen im Aktienrecht, GES 2020, 300; *Krist*, Die Existenzvernichtungshaftung bei der GmbH (2020); *Lachmair*, Checkliste „Mitarbeiterbeteiligung für KMUs", RdW 2004/631, 677; *Ludwig/Schindler*, Mitarbeiterbeteiligungsmodelle im Bilanz-, Gesellschafts- und Steuerrecht, RdW 2008/629, 683; *Minihold/Oberndorfer*, Erwerb eigener Genussrechte, RdW 2010/212, 204; *Mitterecker*, Grenzüberschreitende Sitzverlegungen (2015); *Mitterecker*, Management-Buy-Out und Verbot der Einlagenrückgewähr, die Zweite, GES 2016, 150; *Mitterecker*, Der virtuelle Gesellschaftsanteil, GES 2020, 126; *Mock*, Gläubiger- und Aktionärsschutz bei der Festsetzung von Ausgabebeträgen bei wechselseitigen Beteiligungen, GES 2021, 5; *Mock*, Gläubiger- und Minderheitenschutz im Ringbeteiligungskonzern, wbl 2021, 678; *Mock*, Der Ausgabebetrag bei wechselseitigen Beteiligungen – eine Rechtsfrage! RWZ 2022, 187; *G. Moser*, Die Einstufung des Erwerbes eigener Aktien als Einlagenrückzahlung versus Anschaffung eines Wirtschaftsgutes, GesRZ 2009, 330; *G. Moser*, Die Änderungen im Ausweis eigener Aktien nach dem RÄG 2014, ecolex 2016, 793; *Nolting-Hauff*, Die Beteiligung des Managements im Rahmen von Leveraged Buy-Outs, in FS Elsing (2015) 1103; *Ch. Nowotny*, Probleme der Einführung von Mitarbeiteraktien, RdW 1986, 326; *Ch. Nowotny*, Mitarbeiterbeteiligungen im Gesellschaftsrecht – außerhalb der kapitalmarktorientierten Aktiengesellschaft, in Bertl/Eberhartinger/Egger/Kalss/Lang/Nowotny/Riegler/Schuch/Staringer (Hg), Mitarbeiterbeteiligungen im Unternehmens- und Steuerrecht (2010) 83; *Ch. Nowotny*, Mitarbeiterbeteiligungsstiftung und deren Corporate Governance, ZFS 2017, 187; *Ch. Nowotny*, Art VI Spaltung – Unternehmensrecht, in Wiesner/Hirschler/Mayr (Hg), HB der Umgründungen Band 3 (2019); *G. Nowotny*, Richterliche Rechtsfortbildung im Gesellschaftsrecht, in Torggler (Hg), Richterliche Rechtsfortbildung u ihre Grenzen (2019) 33; *Oetker*, Willensbildung in der Einheits-GmbH & Co. KG zwischen kautelarjuristischer Akrobatik und kreativer Rechtsfortbildung, in FS K. Schmidt (2019) 79; *Ramharter/Zwick*, Bilanzierung eigener Aktien nach dem UGB, RWZ 2019, 355; *J. Reich-Rohrwig*, Probleme der Kapitalerhaltung bei gerichtlicher Nachprüfung des Umtauschverhältnisses, in FS P. Doralt (2003) 459; *Reisch/Hampel*, Aktuelles zum Verbot der Einlagenrückgewähr, ZIK 2015/100, 91; *Rindler*, Die bilanzielle und steuerliche Behandlung von Stock Optionen, in FS Bruckner (2008) 213; *Ritt-Huemer*, Sachdividende, stille Reserven und Ausschüttungssperre, RdW 2019, 77; *Rüffler/Cahn*, Kapitalaufbringung bei wechselseitigen Beteiligungen. Zugleich eine Erwiderung auf *Karollus*, GesRZ 2020, 169, 242; *Rüffler/Vanas*, Zur Berechnung des Ausgabekurses bei Kapitalerhöhungen in wechselseitigen Beteiligungen, GES 2022, 335; *Saria*, Schranken beim Erwerb eigener Aktien nach § 71 I Nr. 8 AktG, NZG 2000, 458; *Saurer*, Leveraged Management Buy-Out. Eine fallbezogene Analyse aus aktien-, handelsbilanz- und steuerrechtlicher Sicht (1995); *Schatzmann*, Veräußerung eigener GmbH-Anteile, in Praxisschrift *Zankl* (2009) 731; *Schaunig*, Bereicherungswille bei Zuwendungen von Privatstiftungen? PSR 2016, 138; *K. Schmidt*, Fortschritt oder Rückschritt im Recht der Einheits-GmbH & Co. KG? ZIP 2007, 2193; *K. Schmidt*, Zur Einheits-GmbH & Co. KG – Kautelarjurisprudenz an ihren Grenzen oder Triumph der Typizität des Atypischen? in FS Westermann (2008) 1425; *Sieder*, Aktiendividende (Scrip Dividend), GesRZ 2020, 123; *Spiegelfeld/H. Foglar-Deinhardstein*, Sanierungsinstrumente in der Krise der Kapitalgesellschaft und Treuepflichten der Anteilseigner, in FS Torggler (2013) 1139; *Steinhart*, Kapitalerhaltung & fremdfinanzierte Unternehmensübernahmen (2010); *Stingl*, Gesamtrechtsnachfolge im Gesellschaftsrecht (2016); *Stölzle*, Der Erwerb eigener Geschäftsanteile einer Gesellschaft m.b.H., GesRZ 1973, 42; Talos/Winner (Hg), EU-VerschG² (2016); *U. Torggler/H. Torggler*, 15 Jahre „Fehringer" – Zur Einlagenrückgewähr über und an Dritte, insb durch Sicherheiten, in FS Jud (2012) 723; *Trettnak/H. Foglar-Deinhardstein*, „Genehmigtes Kapital" bei der GmbH – Beschleunigte Equity-Investments von Neuinvestoren, CFOaktuell 2012, 210; *Url*, Kapitalmärkte als Finanzierungsquelle und Instrument zur Unternehmenskontrolle, WiPol 1/2012, 53; *Varro*, Wann fließt der geldwerte Vorteil aus einer Option zu? RdW 2010/607, 597; *Walch*, Zum Verbot der Selbstzweckstiftung, ZFS 2021, 35; *Weißhaupt*, Geschäftsleiter der Zielgesellschaft als „Diener zweier Herren" des Unternehmenskaufvertrags? ZIP 2016, 2447; *Werner/Gutfleisch*, Das Verhältnis eigener Genussrechte zu stimmrechtslosen Vorzugsaktien und eigenen Aktien, ecolex 2014, 613; *Wertenbruch*, Zum Stimmrecht des Komplementärin in GmbH & Co. KG und Einheits-GmbH & Co. KG nach MoPeG, NZG 2022, 939; *Winner*, Die Zielgesellschaft in der freundlichen Übernahme (2002); *Wolkerstorfer*, Zum Erwerb eigener Anteile im Erbweg, NZ 2016, 367; *Zorn*, Zum Pflichtteilsergänzungsanspruch bei Vermögensübertragung auf eine Privatstiftung, RdW 2016, 284.

Inhaltsübersicht

I. Praktische Relevanz	1–3
II. Gesetzliche Regelung und Zweck	4–10
III. Erwerb eigener Anteile	11–44
A. Gesetzliche Erlaubnistatbestände	12–32
1. Erwerb durch Exekution zur Hereinbringung eigener Forderungen (§ 81 S 2)	13, 14

2. Unentgeltlicher Erwerb (§ 81 S 3 1. Fall) 15
3. Erwerb durch Gesamtrechtsnachfolge
   (§ 81 S 3 2. Fall) 16–23
4. Erwerb zur Entschädigung von Minderheitsgesellschaftern (§ 81 S 3 3. Fall) 24–32
B. Weitere Erlaubnistatbestände aufgrund von Analogien 33, 34
1. Erwerb aus ausschüttbaren Mitteln 33
2. Erwerb in Ausführung einer Einkaufskommission durch ein Kreditinstitut 34
C. (Un-)Zulässigkeit des Erwerbs eigener Anteile beim Gesellschafterausschluss 35–37
D. Erwerb eigener Anteile durch Tochterunternehmen oder Treuhänder 38, 39
E. Gleichbehandlungsgebot, Form- und Genehmigungspflicht sowie Übertragungsbeschränkungen 40–43
F. Sanktionen bei unerlaubtem Erwerb 44
IV. Halten eigener Anteile 45–58
A. Behandlung zulässig erworbener eigener Anteile 45–50
1. Ruhen der Gesellschafterrechte und -pflichten 46, 47
2. Bilanzierung eigener Anteile 48, 49
3. Berichtspflichten 50
B. Wechselseitige Beteiligungen, Ringbeteiligungen, 10%-Bestandsgrenze 51–55
C. Einheits-GmbH & Co KG 56, 57
D. Squeeze-out gemäß GesAusG 58
V. Veräußerung eigener Anteile 59–71
A. Veräußerungspflicht 59–62
B. Gleichbehandlungsgebot, Form- und Genehmigungspflicht sowie Übertragungsbeschränkungen 63–67
C. Debt-equity-swap/Scrip dividend mit Auskehr eigener Anteile 68, 69
D. Untergang/Abspaltung/Gewähr eigener Anteile bei Umgründungen 70, 71
VI. Inpfandnahme eigener Anteile 72–76
VII. Finanzierung des Erwerbs eigener Anteile 77–80
VIII. Exkurs: Mitarbeiterbeteiligung bei der GmbH 81–85
A. Alternativen zur direkten Beteiligung von Mitarbeitern an der GmbH 81
B. Verwendung eigener Anteile für Mitarbeiterbeteiligungen 82–84
C. Bedingtes oder genehmigtes Kapital bei der GmbH 85
IX. Exkurs: Mitarbeiterdarlehen bei der GmbH 86

I. Praktische Relevanz

§ 81 enthält rudimentäre Grundregeln, wie die GmbH mit ihren eigenen Geschäftsanteilen – dh Anteilen an sich selbst – umzugehen hat. Der Gesetzestext spricht v Erwerb v *„eigenen Anteilen"* im Plural; naturgemäß kann die Gesellschaft immer nur einen einzigen Geschäftsanteil an sich selbst halten – erwirbt die GmbH zusätzliche eigene Anteile dazu, wachsen diese dem bereits bestehenden eigenen Geschäftsanteil an. Grundsätzlich ist es der GmbH ohnedies **verboten**, eigene Anteile zu erwerben oder in Pfand zu nehmen. Dies erscheint auf den ersten Blick verschmerzbar, zumal GmbH-Anteile ja gar nicht börsefähig sind, sodass ein laufender Handel der GmbH mit eigenen Anteilen schon v vornherein ausscheidet. Ganz allg dürfte der Bedarf einer durchschnittlichen GmbH, eigene Anteile zu erwerben oder in Pfand zu nehmen, gering sein. Das Gesetz sieht aber trotzdem gewisse **Ausnahmetatbestände** vor, in deren Anwendungsbereich Erwerb u Inpfandnahme doch zulässig sein können. Dabei sind die korrespondierenden aktienrechtlichen Vorschriften (gem §§ 65 ff AktG), soweit vorhanden, sinngemäß anzuwenden. 1

Rechtliche Themen, die mit dem **Erwerb/der Inpfandnahme** eigener Anteile verwandt sind, sind das **Halten** eigener Anteile (s Rz 45 ff), die **Veräußerung** eigener Anteile (s Rz 59 ff) u die **Finanzierung des Erwerbs** eigener Anteile (s Rz 77 ff). 2

Praktisch relevant sind diese Themen insb in folgenden Konstellationen: 3

- Wechselseitige Beteiligungen, Ringbeteiligungen (s Rz 51 ff);
- Einheits-GmbH & Co KG (s Rz 56 f);
- Umgründungen (Verschmelzung, Spaltung, Anwachsung, Einbringung, grenzüberschreitende Sitzverlegung) (s Rz 16 ff, 24 ff, 66, 70 f, 78);
- *Squeeze-out*, sonstiger Gesellschafterausschluss, Kaduzierung (s Rz 13, 35 ff, 58, 79);
- Akquisitionswährung (s Rz 60);
- *Debt-equity-swap*, Sachdividende, *Scrip dividend* (Ausschüttung eigener Anteile) (s Rz 68 f);
- Mitarbeiterbeteiligung, *Put-* u *Call*-Optionen (s Rz 81 ff);
- Mitarbeiterdarlehen (s Rz 80, 86);
- *Leveraged Buy-out, Management Buy-out, Debt-push-down Merger* (s Rz 36, 77 ff).

II. Gesetzliche Regelung und Zweck

4 § 81 behandelt den derivativen Erwerb eigener Anteile. Prinzipiell unzulässig ist der **originäre Erwerb** eigener Anteile im Zuge einer Kapitalerhöhung – direkt oder über ein Tochterunternehmen (§ 51 Abs 2 AktG analog iVm § 189a Z 7 UGB) –, weil dieser an der Kapitalaufbringungskontrolle scheitert.[1] Siehe auch Rz 53. Siehe aber zur Teilnahme eigener Anteile an einer Kapitalerhöhung aus Gesellschaftsmitteln (Kapitalberichtigung) Rz 46.

5 Der **derivative Erwerb** u die **Inpfandnahme** eigener Anteile sind grds verboten. Das Gesetz sieht aber (ausdrücklich) folgende **Erlaubnistatbestände** vor:

- Erwerb durch Exekution zur Hereinbringung eigener Forderungen (s Rz 13 f);
- Unentgeltlicher Erwerb (s Rz 15);
- Erwerb durch Gesamtrechtsnachfolge (s Rz 16 ff);
- Erwerb zur Entschädigung v Minderheitsgesellschaftern (s Rz 24 ff).

6 Zu Erlaubnistatbeständen auf Basis v **Analogien** s Rz 33 ff.

7 Auf den Erwerb **eigener Genussrechte** durch die GmbH ist § 81 mE nicht anwendbar, dh der Erwerb ist grds zulässig;[2] sind die Genussrechtsinhaber zugleich Gesellschafter, ist auf den Rückerwerb freilich § 82 anwendbar, dh der Erwerb muss fremdüblich u/oder betriebl gerechtfertigt sein (s § 82 Rz 16, 81 ff).[3] Zur Anwendbarkeit v § 81 auf *Call-* u *Put-***Optionen** (Aufgriffs- u Andienungsrechte) hinsichtlich eigener Anteile s Rz 84.

8 Hauptintention des grds Erwerbsverbots ist – iSd **Kapitalerhaltung** gem § 82 (s § 82 Rz 8 ff) – der **Schutz des Gesellschaftsvermögens** u somit auch **der Interessen der Gläubiger** der Gesellschaft,[4] weil es beim

---

1 *Auer* in Gruber/Harrer, GmbHG² § 81 Rz 8; *Saurer* in Doralt/Nowotny/Kalss, AktG³ § 51 Rz 7; *Koppensteiner/Rüffler*, GmbHG³ § 52 Rz 11, 20.

2 So zum Aktienrecht *Werner/Gutfleisch*, ecolex 2014, 613 (614); *Kalss* in Doralt/Nowotny/Kalss, AktG³ § 65 Rz 14; *Minihold/Oberndorfer*, RdW 2010/212, 204.

3 Zur Frage, ob die Einziehung eines eigenkapitalartigen Genussrechts wie eine Kapitalherabsetzung zu behandeln ist, vgl *Minihold/Oberndorfer*, RdW 2010/212, 204.

4 *Ebner/Köppl* in Torggler, GmbHG § 81 Rz 1; *Bauer/Zehetner* in Straube/Ratka/Rauter, GmbHG § 81 Rz 1, 4; *Koppensteiner/Rüffler*, GmbHG³ § 81 Rz 1, 2; *Auer* in Gruber/Harrer, GmbHG² § 81 Rz 3.

(entgeltlichen) Erwerb eigener Anteile zu einem Abfluss v liquiden Mitteln aus der Gesellschaft im Austausch gegen unsichere (volatile) Vermögenswerte in Form eigener Anteile kommt.[5] Da der Wert der eigenen Anteile untrennbar v der wirtschaftlichen Entwicklung der GmbH selbst abhängt,[6] führt die Thesaurierung v eigenen Anteilen für die Gesellschaft zu einem **Klumpenrisiko**; für die Gläubiger bilden die eigenen Anteile keinen werthaltigen Haftungsfonds (in der Liquidation oder Insolvenz der GmbH sind die eigenen Anteile entwertet u *de facto* zumeist unveräußerlich[7]). Ohne gesetzl Regelung würde der entgeltliche Erwerb eigener Anteile den Tatbestand der verbotenen Einlagenrückgewähr iSv § 82 erfüllen.[8] Unter den Voraussetzungen der Erlaubnistatbestände gem § 81 liegt eine verbotene Einlagenrückgewähr aufgrund der gesetzl Legitimierung aber gerade nicht vor (s Rz 10, 12). Zur flankierenden Absicherung dient das **Verbot der Inpfandnahme** (s Rz 72 ff) dem **Umgehungsschutz** des Erwerbsverbots.[9]

Als weiterer Gesetzeszweck wird die **Verhinderung der Verwaltungsherrschaft** – dh Hintanhaltung der unkontrollierten Herrschaft der Organe über die Gesellschaft – genannt.[10] Dahinter steht der Gedanke, die GF der Gesellschaft könnten (a) sich durch den Erwerb eigener Anteile der Kontrolle durch die Gesellschafter entziehen u (b) bei Weiterveräußerung der erworbenen eigenen Anteile ungebührlichen Einfluss auf die Zusammensetzung des Gesellschafterkreises nehmen. Dieser Zweck ist jedoch *„nicht ganz ernst zu nehmen."*[11] Zum einen ist unstr, dass die Gesellschafterrechte aus v der Gesellschaft gehal-

9

---

5 *Karollus* in Artmann/Karollus, AktG⁶ § 65 Rz 2; *Cahn/v. Spannenberg* in BeckOGK AktG § 57 Rz 43; *Eckert/Schopper/U. Schmidt* in Eckert/Schopper, AktG-ON § 65 Rz 3; *H. Foglar-Deinhardstein/Trettnak*, RWZ 2014/2, 7; *H. Foglar-Deinhardstein*, GesRZ 2012, 326 (329).
6 *Bauer/Zehetner* in Straube/Ratka/Rauter, GmbHG § 81 Rz 4, 7.
7 Vgl *G. Moser*, GesRZ 2009, 330; *G. Moser*, ecolex 2016, 793 (794); *Karollus*, GesRZ 2020, 169 (172).
8 *Auer* in Gruber/Harrer, GmbHG² § 81 Rz 3; *Kalss* in Doralt/Nowotny/Kalss, AktG² § 234b Rz 21; *Bauer/Zehetner* in Straube/Ratka/Rauter, GmbHG § 81 Rz 4, 14.
9 *Auer* in Gruber/Harrer, GmbHG² § 81 Rz 4, 9; *Bauer/Zehetner* in Straube/Ratka/Rauter, GmbHG § 81 Rz 9; *Koppensteiner/Rüffler*, GmbHG³ § 81 Rz 3.
10 *Bauer/Zehetner* in Straube/Ratka/Rauter, GmbHG § 81 Rz 7; *Rüffler/Cahn*, GesRZ 2020, 242.
11 *Koppensteiner/Rüffler*, GmbHG³ § 81 Rz 2; vgl *Auer* in Gruber/Harrer, GmbHG² § 81 Rz 5.

tenen eigenen Anteilen ohnedies ruhen (s Rz 46). Zum anderen bestehen mE gerade bei der GmbH – einer personalistisch geprägten Struktur, deren Anteile nicht börsefähig sind – keine prinzipiellen Einwände gegen eine Beeinflussung des Gesellschafterkreises durch die Verwaltung, namentlich die GF. Dies gilt wohl insb, wenn die Anteile gem § 76 Abs 2 u § 77 vinkuliert sind (weil die Vinkulierung je nach Ausgestaltung entweder die Einflussnahme durch die GF als klaren Wunsch der Gesellschafter ausweist u damit ausdrücklich legitimiert oder aber ohnedies die Übertragung v der Zustimmung durch die Gesellschafter[mehrheit] abhängig macht),[12] u/oder wenn die Voraussetzungen für einen Bezugsrechtsausschluss iSv § 52 Abs 3 erfüllt wären (s Rz 63). Zu **wechselseitigen u ringförmigen Beteiligungen** s Rz 51 ff. Zur **Einheits-GmbH & Co KG** s Rz 56 f.

10 § 70 u § 83 Abs 2 u 3 sehen iSe **subsidiären Kollektivhaftung**[13] die Ausfallshaftung der Gesellschafter für nicht aufgebrachte oder entzogene Einlagen vor (s § 70 Rz 1 ff; § 83 Rz 26 ff). Die Zurückhaltung des § 81 gegenüber dem Erwerb eigener Anteile ist auch darin begründet, dass jeder Erwerb eines eigenen Anteils das Sicherheitsnetz dieser subsidiären Kollektivhaftung schwächt, weil die GmbH sich selbst nicht als subsidiär Haftpflichtigen in Anspruch nehmen kann[14] (s Rz 47). Die Rsp hat überdies als maßgeblichen Gesetzeszweck, der zudem § 81 u § 82 in Beziehung setzt, herausgearbeitet, dass die Regeln zum Erwerb eigener Anteile eine **Ausnahmevorschrift (Verbotsausnahme) zum Verbot der Einlagenrückgewähr** gem § 82 darstellen.[15] Meines Erachtens soll § 81 daher eine Erleichterung gegenüber dem strengen § 82 bieten u ist entspr auszulegen. Fraglich ist allerdings, ob dem OGH auch dahingehend zu folgen ist, dass § 81 als Ausnahmevorschrift nur dann zu prüfen ist, wenn die relevante Transaktion überhaupt den Grundtatbestand der verbotenen Einlagenrückgewähr erfüllt[16] (s auch Rz 33 zur Zulässigkeit des Erwerbs eigener Anteile aus ausschüttbaren Mitteln).

---

12 So auch OLG Innsbruck 22.4.2020, 3 R 10/20z, GesRZ 2020, 279 (*Eckert*).
13 Vgl *Kalss/Eckert*, Zentrale Fragen 89.
14 *Kalss/Eckert*, Zentrale Fragen 89.
15 So zum Aktienrecht OGH 18.7.2011, 6 Ob 33/11p, GesRZ 2011, 361 (*Hügel*); 30.3.2011, 7 Ob 77/10i – *Immoeast*, GesRZ 2011, 251 (*Diregger*) = ZFR 2011, 238 (*M. Gruber*) = ecolex 2011, 609 (*Wilhelm*).
16 So aber zum Aktienrecht OGH 30.3.2011, 7 Ob 77/10i – *Immoeast*, GesRZ 2011, 251 (*Diregger*) = ZFR 2011, 238 (*M. Gruber*) = ecolex 2011, 609 (*Wilhelm*).

III. Erwerb eigener Anteile

Im Anwendungsbereich der Erlaubnistatbestände, die v Gesetz ausdrücklich normiert sind (s Rz 5, 12 ff) oder auf Basis v Analogien anerkannt werden (s Rz 33 ff), kann der Erwerb eigener Anteile zulässig sein. Soweit aber keiner der nachfolgend beschriebenen Erlaubnistatbestände eingreift, verbietet § 81 **zwingend**[17] jeglichen derivativen Erwerb eigener Anteile, ob durch Rechtsgeschäft oder in anderer Weise (zum originären Erwerb s schon Rz 4), ob isoliert oder zusammen mit anderem Vermögen.[18] Auch (allenfalls kurzfristige) Zwischenerwerbe oder treuhändige Erwerbe sind grds unzulässig.[19] Der GesV kann weitere Einschränkungen für nach dem Gesetz an sich zulässige Erwerbsvorgänge vorsehen.[20] Zur Einhaltung v Gleichbehandlungsgebot, v Form- u Genehmigungspflicht sowie v Übertragungsbeschränkungen s Rz 40 ff. Erwirbt die GmbH eine Beteiligung an einem anderen Rechtsträger, der wiederum Anteile an der GmbH hält, gilt dies mE nicht als Erwerb eigener Anteile, sondern als **Erwerb v Anteilen an einer Obergesellschaft** (s dazu Rz 38, 53). Steuerlich kann der Erwerb eigener Anteile ein Vorgang *causa societatis* (Einlagenrückzahlung oder Gewinnausschüttung) u diesfalls mglw steuerneutral oder aber ein Vorgang *causa obligationis* (Anschaffung eines Wirtschaftsguts) sein; die Abgrenzung richtet sich nach der VwGH-Rsp danach, ob der Rückerwerb ausschließlich im Gesellschafterinteresse oder zumindest auch im betriebl Interesse erfolgt.[21]

11

---

17 OLG Wien 17.5.2005, 28 R 68/05h, GES 2005, 371; OGH 26.4.2001, 6 Ob 4/01h; *Auer* in Gruber/Harrer, GmbHG² § 81 Rz 10.
18 *Koppensteiner/Rüffler*, GmbHG³ § 81 Rz 4.
19 *Auer* in Gruber/Harrer, GmbHG² § 81 Rz 8, 9; *Bauer/Zehetner* in Straube/Ratka/Rauter, GmbHG § 81 Rz 15; *Koppensteiner/Rüffler*, GmbHG³ § 81 Rz 4; *H. Foglar-Deinhardstein* in Napokoj/Foglar-Deinhardstein/Pelinka, AktG § 65 Rz 4, § 66 Rz 6 ff. ME sind aber treuhändige Erwerbe zulässig, die unter einen Erlaubnistatbestand (s Rz 12 ff) subsumierbar sind.
20 *Auer* in Gruber/Harrer, GmbHG² § 81 Rz 10; *Bauer/Zehetner* in Straube/Ratka/Rauter, GmbHG § 81 Rz 10.
21 VwGH 21.9.2016, 2013/13/0120.

A. Gesetzliche Erlaubnistatbestände

12 Sofern der Erwerb zumindest einen der Erlaubnistatbestände erfüllt, ist er mE grds zulässig. Ein nach einem Erlaubnistatbestand zulässiger Erwerb kann grds nicht wegen Nichterfüllung eines anderen Tatbestands unzulässig sein. Jeder dem Grunde nach erlaubte Erwerb muss aber **zusätzlich** (also kumulativ zu den Voraussetzungen gem § 81) **drittvergleichsfähig/betriebl gerechtfertigt** sein (s § 82 Rz 16, 81 ff), weil er sonst – insb bei überhöhtem Erwerbspreis – gegen § 82 (Verbot der Einlagenrückgewähr) verstoßen kann (s Rz 44).[22]

1. Erwerb durch Exekution zur Hereinbringung eigener Forderungen (§ 81 S 2)

13 Steht der GmbH eine titulierte Forderung gegen einen Gesellschafter zu, kann sie dessen Anteil zur Hereinbringung dieser Forderung im Zuge des Exekutionsverfahrens erwerben. Zur Umsetzung dieser Befriedigungsmöglichkeit muss die Gesellschaft zunächst die exekutive **Pfändung** des Anteils betreiben u sich sodann erfolgreich am **Verwertungsverfahren** beteiligen.[23] Höhe der Beteiligungsquote (10%-Erwerbs- oder Bestandsgrenze – s Rz 54) u Volleinzahlung des fraglichen Anteils sowie Finanzierung der Anschaffungskosten für die eigenen Anteile (soweit sie deren Nennwert übersteigen) aus freien Mitteln (Kapitalgrenze – s Rz 30) spielen als isolierte Kriterien oder gar absolute Zulässigkeitsgrenzen keine rechtlich relevante Rolle, sind aber mE aus Sicht der GmbH u ihrer GF als Indikatoren in die wirtschaftliche Beurteilung der kommerziellen Sinnhaftigkeit des Vorhabens einzubeziehen. Ein Erwerb im Verwertungsverfahren über Marktwert – oder eine Weiterveräußerung des erworbenen Anteils unter Marktwert – können wegen Verstoßes gegen § 82 nichtig sein;[24] nehmen am Bieterverfahren mehrere

---

22 OGH 18.7.2011, 6 Ob 33/11p, GesRZ 2011, 361 (*Hügel*); *Kalss/Eckert*, GesRZ 2007, 222 (224); *Koppensteiner/Rüffler*, GmbH H[3] § 81 Rz 1; *Saria*, NZG 2000, 458 (459 ff); *Bauer/Zehetner* in Straube/Ratka/Rauter, GmbHG § 82 Rz 128; *Karollus* in Brandl/Karollus/Kirchmayr/Leitner, HB vGA[3], 1 (35); *Cahn/v. Spannenberg* in BeckOGK AktG § 57 Rz 44; *Eckert/Schopper/Madari* in Eckert/Schopper, AktG-ON § 52 Rz 35; *Eckert/Schopper/U. Schmidt* in Eckert/Schopper, AktG-ON § 65 Rz 77 f.
23 *Auer* in Gruber/Harrer, GmbHG[2] § 81 Rz 26; *Koppensteiner/Rüffler*, GmbH H[3] § 81 Rz 7; *Stölzle*, GesRZ 1973, 42 (43).
24 Vgl *Auer* in Gruber/Harrer, GmbHG[2] § 81 Rz 26.

Bieter außer der GmbH selbst teil, werden die Gebote der übrigen Bieter einen starken Indikator für den Marktwert bilden, an dem sich grds auch die GmbH orientieren wird (wobei es dann immer noch eines triftigen Grundes bedarf, warum die GmbH die übrigen Bieter überbieten u den Anteil anstelle der übrigen Bieter erwerben sollte); gibt es neben der GmbH nur einen oder gar keinen weiteren Bieter, müsste sich die GmbH mE grds durch ein Verkehrswertgutachten u/oder durch Angebote Dritter für eine Weiterveräußerung absichern.[25] Zur Wertvernichtung durch vorschnelle Verwertung s Rz 59. Im Anwendungsbereich der Vorschriften für die **Kaduzierung** sind die §§ 66, 68 u nicht § 81 S 2 einschlägig.[26] Die Exekution in das Vermögen des schuldnerischen Gesellschafters hat mE Vorrang vor der **Ausfallshaftung der übrigen Gesellschafter** gem § 70 u § 83 Abs 2 u 3; die Ausfallshaftung greift somit insb in der Insolvenz des Schuldners ein (**str**) (s § 83 Rz 29).[27]

Für einen genehmigenden Gesellschafterbeschluss (s Rz 42) ist § 39 **14** **Abs 4** zu beachten. **§ 340 Abs 1 EO** ist nicht anwendbar, weil die Gesellschaft ja selbst die Exekution betreibt.[28] Zur **Verwertung** der im Exekutionsverfahren erworbenen Anteile durch **Weiterveräußerung** s Rz 59. Zur Inpfandnahme eigener Anteile s Rz 72 ff; zur Verpfändung eigener Anteile s Rz 75.

2. Unentgeltlicher Erwerb (§ 81 S 3 1. Fall)

Die GmbH darf eigene Anteile im Wege der Einzelrechtsnachfolge un- **15** entgeltlich – insb durch **Schenkung, Legat, Zuwendung seitens einer Stiftung**,[29] Rücknahme eines Anteils, der zuvor als **Sachdarlehen** verliehen worden ist,[30] oder **Einbringung ohne Anteilsgewähr (Sachzuschuss)**[31] (zum Gesellschafterzuschuss s § 72 Rz 7) oder auch bei **umgründungsbedingtem Erwerb** der Anteile eines austretenden Ge-

---

25 Allg zur Relevanz v Bieterwettbewerb, Bewertungsgutachten u Vergleichsangeboten Dritter für die Ermittlung des Verkehrswerts *Karollus* in Brandl/Karollus/Kirchmayr/Leitner, HB vGA³, 1 (91). S auch § 82 Rz 90.
26 *Stölzle*, GesRZ 1973, 42.
27 *Auer* in Gruber/Harrer, GmbHG² § 83 Rz 37; vgl zu § 70 OGH 13.10.2011, 6 Ob 204/11k, GesRZ 2012, 182 (*Schopper/Walch*) = *M. Gruber*, JBl 2012, 273; aA (erfolglose Einmahnung genügt) *Köppl* in Torggler, GmbHG § 83 Rz 19.
28 *Stölzle*, GesRZ 1973, 42 (43).
29 *Eckert/Schopper/U. Schmidt* in Eckert/Schopper, AktG-ON § 65 Rz 14.
30 *Eckert/Schopper/U. Schmidt* in Eckert/Schopper, AktG-ON § 65 Rz 5, Rz 14.

sellschafters, wenn dessen **Barabfindung v dritter Seite** zur Verfügung gestellt wird (s Rz 26 f) – erwerben, soweit diese Anteile **voll einbezahlt** sind (§ 65 Abs 1 Z 2, Abs 2 AktG iVm § 81).[32] Die Volleinzahlung muss bereits vor dem (allenfalls aufschiebend bedingten) Erwerb bestehen, kann also grds nicht durch Verrechnung mit einem v der GmbH im Zuge des Erwerbs des eigenen Anteils erst zu leistenden Kaufpreis hergestellt werden[33] (vgl Rz 29, s aber Rz 33 zum Erwerb aus ausschüttbaren Mitteln). Der Erwerb durch gemischte Schenkungen oder Zuwendungen unter Auflagen ist unzulässig,[34] sofern in einem solchen Fall nicht die Anschaffungskosten für die eigenen Anteile (soweit sie deren Nennwert übersteigen) aus freien Mitteln finanziert werden können (Kapitalgrenze – s Rz 30)[35] oder aber für die Gegenleistung ein Wertausgleich zugunsten der Gesellschaft erfolgt[36] (s auch Rz 16). Ansonsten ist rechtlich irrelevant, wie hoch die zu erwerbende Beteiligungsquote ist (keine 10%-Erwerbsgrenze – s Rz 54), u ob die Anschaffungskosten für die eigenen Anteile (soweit sie deren Nennwert übersteigen) aus freien Mitteln der Gesellschaft finanziert werden können (keine Kapitalgrenze – s Rz 30). Die Volleinzahlung des gesamten Stammkapitals – also auch der Anteile der übrigen Gesellschafter – ist mE nicht verlangt (str).[37] Zum (unentgeltlichen) Rückerwerb v Anteilen ausscheidender Mitarbeiter s Rz 84.

---

31 Vgl zur Einbringung (Sachzuschuss) allg *H. Foglar-Deinhardstein/Vinazzer*, ÖBA 2016, 486 (488) mwN.
32 *Auer* in Gruber/Harrer, GmbHG² § 81 Rz 28; *Ebner/Köppl* in Torggler, GmbHG § 81 Rz 7, 9; *Bauer/Zehetner* in Straube/Ratka/Rauter, GmbHG § 81 Rz 14, 42; *Wolkerstorfer*, NZ 2016, 367 (369); *Elsner*, Nachschussobliegenheit 203.
33 Vgl *Klein*, NZG 2016, 1241 (1242, 1243 f) mwN.
34 *Eckert/Schopper/U. Schmidt* in Eckert/Schopper, AktG-ON § 65 Rz 14.
35 Vgl zu Gegenleistungen iZm einem Erwerb durch Gesamtrechtsnachfolge (s Rz 16) *Bauer/Zehetner* in Straube/Ratka/Rauter, GmbHG § 81 Rz 14, 38, 39, 49; *Kalss/Eckert*, GesRZ 2007, 222 (224); *Eckert/Schopper/U. Schmidt* in Eckert/Schopper, AktG-ON § 65 Rz 23.
36 So wohl auch (weil auf einen Vermögensabfluss bei der Gesellschaft abstellend) *Eckert/Schopper/U. Schmidt* in Eckert/Schopper, AktG-ON § 65 Rz 14.
37 *Auer* in Gruber/Harrer, GmbHG² § 81 Rz 30; *Kalss/Eckert*, GesRZ 2007, 222 (223 f); *Ebner/Köppl* in Torggler, GmbHG § 81 Rz 7; *Eckert/Schopper/U. Schmidt* in Eckert/Schopper, AktG-ON § 65 Rz 67; *H. Foglar-Deinhardstein* in Napokoj/Foglar-Deinhardstein/Pelinka, AktG § 65 Rz 11; aA *Koppensteiner/Rüffler*, GmbHG³ § 81 Rz 8; *Bauer/Zehetner* in Straube/Ratka/Rauter, GmbHG § 81 Rz 43.

3. Erwerb durch Gesamtrechtsnachfolge (§ 81 S 3 2. Fall)

Die GmbH darf eigene Anteile im Wege der **erbrechtlichen** oder **gesell-** 16
schaftsrechtlichen Gesamtrechtsnachfolge erwerben.[38] Auch der Erwerb durch Gesamtrechtsnachfolge ist aber unzulässig, wenn die Gesellschaft im sachlichen u zeitlichen Zusammenhang eine Gegenleistung (außer der Gewährung v Anteilen aus einer umgründungsbedingten Kapitalerhöhung) erbringt,[39] sofern in einem solchen Fall nicht die Anschaffungskosten für die eigenen Anteile (soweit sie deren Nennwert übersteigen) aus freien Mitteln finanziert werden können (Kapitalgrenze – s Rz 30)[40] oder aber für die Gegenleistung ein Wertausgleich zugunsten der Gesellschaft erfolgt (insb im Kontext v Umgründungen, s auch Rz 18). Eine derartige (ohne Ausgleichsmaßnahme verpönte) Gegenleistung kann etwa in der umgründungsbedingten Übernahme eines Vermögens mit negativem Verkehrswert liegen (s Rz 19, 78) oder bei einer Anwachsung gem § 142 UGB in der Leistung einer Abfindungszahlung an den/die ausscheidenden Personengesellschafter; beide Konstellationen wären im Übrigen auch an § 82 zu messen.[41] Meines Erachtens grds kein Hindernis für den zulässigen Erwerb eigener Anteile im Wege der Gesamtrechtsnachfolge sollte hingegen eine bestehende Pflicht zur **Abfindung v Pflichtteilsberechtigten** (str)[42] oder zur **Erfüllung v Auflagen oder Vermächtnissen** darstellen, zumindest soweit die Verlassenschaft diese Belastungen deckt.[43] Ansonsten spielen beim Erwerb

---

38 *Auer* in Gruber/Harrer, GmbHG² § 81 Rz 31; *Bauer/Zehetner* in Straube/Ratka/Rauter, GmbHG § 81 Rz 45.
39 *Auer* in Gruber/Harrer, GmbHG² § 81 Rz 8.
40 *Bauer/Zehetner* in Straube/Ratka/Rauter, GmbHG § 81 Rz 14, 38, 39, 49; *Kalss/Eckert*, GesRZ 2007, 222 (224); *Eckert/Schopper/U. Schmidt* in Eckert/Schopper, AktG-ON § 65 Rz 23.
41 *Bauer/Zehetner* in Straube/Ratka/Rauter, GmbHG § 81 Rz 39, 47, 48; vgl zur Verschmelzung *Aburumieh/Adensamer/H. Foglar-Deinhardstein*, Verschmelzung VII. C Rz 8 ff, 26 ff; *Eckert/Schopper/U. Schmidt* in Eckert/Schopper, AktG-ON § 65 Rz 23.
42 AA *Kalss* in Gruber/Kalss/Müller/Schauer, Erbrecht u Vermögensnachfolge² § 34 Rz 38; *Pesendorfer* in Frenzel, HB Gesellschafterwechsel 305 (316). Vgl aber (zu Pflichtteilsergänzungsansprüchen u Einlagenrückgewähr) VwGH 10.2.2016, Ra 2014/15/0021 = *Zorn*, RdW 2016, 284 = *Schaunig*, PSR 2016, 138.
43 So zur Erfüllung v Auflagen u Vermächtnissen auch *Pesendorfer* in Frenzel, HB Gesellschafterwechsel 305 (316 f).

durch Gesamtrechtsnachfolge Höhe der Beteiligungsquote (10%-Erwerbsgrenze – s Rz 54), Volleinzahlung der Stammeinlage u Finanzierung der Anschaffungskosten für die eigenen Anteile (soweit sie deren Nominale übersteigen) aus freien Mitteln (Kapitalgrenze – s Rz 30) keine rechtlich relevante Rolle.[44] Der Erwerb nicht voll einbezahlter Anteile führt mE nur zu einem Ruhen, nicht aber zu einem Erlöschen der Einlageforderung (**str**, s Rz 47).[45] Allenfalls offene Einlageforderungen sind aber mE – in Hinblick auf den Wiederveräußerungswert der eigenen Anteile – bei Bewertungsfragen, die sich sowohl im Erb- als auch im Umgründungsrecht stellen können, zu berücksichtigen.

17 Wird der GmbH ein eigener Anteil vererbt, kann nach den Umständen des Einzelfalls in Hinblick auf § 82 (Drittvergleichsfähigkeit) die Abgabe einer **bedingten Erbantrittserklärung** geboten sein.[46]

18 Im Zuge v **Umgründungen** kann es zum Erwerb eigener Anteile durch die GmbH im Wege der **(allenfalls partiellen) Gesamtrechtsnachfolge** kommen, uzw insb:

– bei der **Verschmelzung** (oder allenfalls auch grenzüberschreitenden Import-Verschmelzung) einer Gesellschafterin in der Rechtsform einer GmbH/AG/SE auf die Gesellschaft (*Downstream*-Merger – vgl Rz 19 f, 22; § 101 Rz 18 ff) – die GmbH erwirbt die Beteiligung an sich selbst, die bisher v der übertragenden GmbH/AG/SE gehalten wurde, als deren Gesamtrechtsnachfolgerin;

– bei der **Spaltung** v Vermögen einer Gesellschafterin in der Rechtsform einer GmbH/AG/SE zur Aufnahme in die Gesellschaft (*Downstream*-Spaltung – vgl Rz 19, 21 f), wenn dieses abgespaltene Vermögen auch eine Beteiligung an der GmbH umfasst – die GmbH erwirbt die Beteiligung an sich selbst, die bisher v der übertragenden

---

44 *Auer* in Gruber/Harrer, GmbHG[2] § 81 Rz 31; *Bauer/Zehetner* in Straube/Ratka/Rauter, GmbHG § 81 Rz 6, 14, 39, 46; *Ebner/Köppl* in Torggler, GmbHG § 81 Rz 10.
45 Vgl *Karollus* in Artmann/Karollus, AktG[6] § 65 Rz 99/1; *Wolkerstorfer*, NZ 2016, 367 (370 f, 372); *H. Foglar-Deinhardstein* in Napokoj/Foglar-Deinhardstein/Pelinka, AktG § 65 Rz 21, 58; **aA** *Auer* in Gruber/Harrer, GmbHG[2] § 81 Rz 32, der daraus die Unzulässigkeit des Erwerbs nicht voll eingezahlter Anteile im Erbweg folgert.
46 Vgl (strenger) *Auer* in Gruber/Harrer, GmbHG[2] § 81 Rz 32; *Wolkerstorfer*, NZ 2016, 367 (368, 370, 372); (differenzierend) *Bauer/Zehetner* in Straube/Ratka/Rauter, GmbHG § 81 Rz 45; *Pesendorfer* in Frenzel, HB Gesellschafterwechsel 305 (316).

GmbH/AG/SE gehalten wurde, als deren partielle Gesamtrechtsnachfolgerin;
- bei der **Anwachsung gem** § 142 UGB des Vermögens einer PersGes, wenn dieses anwachsende Vermögen auch eine Beteiligung an der GmbH umfasst;[47]
- bei der **Einbringung v Bankbetrieben** gem § 92 BWG.

Soweit beim *Downstream-Merger* oder bei der *Downstream*-Spaltung das übertragene Vermögen in Hinblick auf § 82 einen **positiven Verkehrswert** (genauer: einen nicht-negativen Verkehrswert) haben muss (zur Relevanz des positiven Verkehrswerts bei der Verschmelzung s Rz 78; § 82 Rz 101, 103, 121, 141; § 101 Rz 48 ff), ist für die Berechnung des Verkehrswerts der Wert der Beteiligung der übertragenden Gesellschaft an der übernehmenden GmbH – also genau jener eigenen Anteile, die im Zuge der Umgründung durch Gesamtrechtsnachfolge auf die übernehmende GmbH übergehen – auszublenden (abzuziehen) (s § 101 Rz 49 f).[48]   **19**

Beim *Downstream-Merger* gehen die Anteile am übertragenden Rechtsträger im Zuge der Verschmelzung – gemeinsam mit dem übertragenden Rechtsträger – unter. Es stellt sich daher die Frage nach dem Wertausgleich für die Anteilseigner der übertragenden Gesellschaft u nach der Fortsetzung ihrer Mitgliedschaftsrechte, die sonst entschädigungslos erlöschen würden. Daher müssen gem § 224 Abs 3 AktG iVm § 96 Abs 2 die beim *Downstream-Merger* v der übernehmenden Gesellschaft durch Gesamtrechtsnachfolge erworbenen eigenen Anteile zur Abfindung der Anteilseigner der (untergehenden) übertragenden Gesellschaft verwendet werden (**Durchschleusung, Durchleitung, Anteilsauskehr**), allerdings nur, soweit dies zum Wertausgleich tatsächlich erforderlich ist (s § 101 Rz 18 ff). Sofern die Anteile für die Zwecke der Anteilsauskehr nicht benötigt werden, kann die Gesellschaft die eigenen Anteile, die sie als Gesamtrechtsnachfolgerin der übertragenden Gesell-   **20**

---

[47] Skeptisch zur vollständigen Anwendbarkeit v § 81 auf die Anwachsung *Auer* in Gruber/Harrer, GmbHG² § 81 Rz 32 FN 72; *Kalss/Eckert*, GesRZ 2007, 222 (224); implizit bejahend *Bauer/Zehetner* in Straube/Ratka/Rauter, GmbHG § 81 Rz 39.

[48] OGH 11.11.1999, 6 Ob 4/99b – *Neutronics*; näher *Aburumieh/Adensamer/ H. Foglar-Deinhardstein*, Verschmelzung VII. A Rz 11, VII.C Rz 11, 23, 25, 29, 31 mwN.

schaft erwirbt, auch weiterhin behalten.[49] Zur analogen Anwendbarkeit v § 65a Abs 2 AktG (**10 %-Behaltegrenze** für zulässig erworbene eigene Anteile) s Rz 54.

21 Auch bei der *Downstream*-**Spaltung** zur Aufnahme sind Anteile der übertragenden Gesellschaft an der übernehmenden Gesellschaft, die die übernehmende Gesellschaft im Zuge der Spaltung durch (partielle) Gesamtrechtsnachfolge erwirbt, – soweit erforderlich – an die Anteilseigner der übertragenden Gesellschaft auszukehren (s auch § 82 Rz 144).[50]

22 Bei der Anteilsauskehr erfolgt der Erwerb durch die Anteilsinhaber der übertragenden Gesellschaft – nach Erwerb durch die übernehmende Gesellschaft für eine jur Sekunde – unmittelbar u *ex lege*, was auch im Verschmelzungsvertrag/Spaltungs- u Übernahmsvertrag entspr vorzusehen ist (§ 220 Abs 2 Z 3 AktG iVm § 96 Abs 2; zur Darstellung in der Bilanz s Rz 48).[51] Zur **Anteilsauskehr nicht voll einbezahlter eigener Anteile** beim *Downstream-Merger* s § 101 Rz 21 ff u Rz 37 f; zu beachten ist auch § **99 Abs 5** (s § 101 Rz 24, 38 u § 99 Rz 12 f). Zur Auskehr **vinkulierter Anteile** s Rz 43. Zur **Teilung** eines Geschäftsanteils bei der Anteilsauskehr s § 101 Rz 19.

23 Zum **Untergang eigener Anteile** bei der **Verschmelzung** s Rz 70.

4. Erwerb zur Entschädigung von Minderheitsgesellschaftern (§ 81 S 3 3. Fall)

24 Entgegen dem (insofern etwas irreführenden) weiten Wortlaut hat § 81 S 3 3. Fall nur einen relativ engen Anwendungsbereich, uzw im Umgründungsrecht.[52] Bei folgenden (für die GmbH relevanten) **Umgrün**-

---

49 *Aburumieh/Adensamer/H. Foglar-Deinhardstein*, Verschmelzung V. F Rz 54, 58 mwN; *Koppensteiner*, wbl 2014, 678 (683 f); *Wolkerstorfer*, NZ 2016, 367 (371).
50 *Napokoj*, Spaltung², 20; *Ch. Nowotny* in Wiesner/Hirschler/Mayr, HB der Umgründungen Band 3 Art VI Spaltung Rz 210b); *Brix* in Straube/Ratka/Rauter, GmbHG § 17 SpaltG Rz 82; *Grossmayer*, Gläubigerschutz bei Abspaltungen 91 f; *Kalss*, VSU³ § 17 SpaltG, Rz 93 f; **krit** *Kaufmann*, ÖStZ 2009/419, 202.
51 *Aburumieh/Adensamer/H. Foglar-Deinhardstein*, Verschmelzung V. F Rz 54 mwN.
52 *Elsner*, Nachschussobliegenheit 203. Ein Rückerwerb eigener Anteile wegen **Schadenersatz aus Prospekthaftung** oder wegen **kapitalmarktrechtlicher Rücktrittsrechte** scheidet bei der GmbH aus, weil GmbH-Anteile keine Wertpapiere iSd KMG sind. Vgl *Auer* in Gruber/Harrer, GmbHG² § 82 Rz 52; *Bauer/Zehetner* in Straube/Ratka/Rauter, GmbHG § 82 Rz 152; **aA**

dungen billigt das Gesetz den dissentierenden Anteilseignern der übertragenden/umzuwandelnden Gesellschaft ein zwingendes Austrittsrecht (*Sell-out*) zu:

– Nicht verhältniswahrende oder rechtsformübergreifende **Spaltung** (§§ 9, 11 SpaltG);
– Rechtsformübergreifende **Verschmelzung** (§ 234b AktG) u mE auch **grenzüberschreitende** Export-Dreiecksverschmelzung[53];
– **Grenzüberschreitende** Export-**Umwandlung** (§ 17 EU-UmgrG);
– **Grenzüberschreitende** Export-**Verschmelzung** (§ 40 EU-UmgrG) – näher dazu s Rz 31;
– **Grenzüberschreitende** Export-**Spaltung** (§ 57 EU-UmgrG);
– Rechtsformwechselnde (identitätswahrende) **Umwandlung** (§§ 244, 253 AktG).

Durch das Austrittsrecht soll dem jew Anteilseigner ermöglicht werden, **25** im Zuge einer Umgründung, die den Gehalt seiner bisherigen Mitgliedschaftsrechte fundamental modifiziert, seine Beteiligung gegen baren Wertausgleich abstoßen zu können. Der **Zweck des Austrittsrechts** ist also der Schutz der Minderheit gegen Eingriffe in die Mitgliedschaftsrechte durch Mehrheitsbeschluss. Folgt aus der Natur der Umgründung kein derartiger Eingriff (zB innerösterreichische Verschmelzung einer GmbH auf eine andere GmbH), sieht das Gesetz auch kein Austrittsrecht vor. Übt ein Anteilseigner der übertragenden/umzuwandelnden Gesellschaft sein Austrittsrecht aus, erfolgt der Austritt gegen **Zahlung einer angemessenen Barabfindung** an den austretenden Anteilseigner, der im Gegenzug seine Anteile abzugeben hat. Der austrittswillige Anteilseigner nimmt mangels abw Regelung in der Umgründungsdokumentation grds noch an der Umgründung teil u erhält daher kurzfristig Anteile an der übernehmenden/umgewandelten Gesellschaft.[54]

Zur Absicherung des zwingenden Austrittsrechts muss die jew Um- **26** gründungsdokumentation jedenfalls das **verbindliche Angebot einer angemessenen Barabfindung** an die austretenden Anteilseigner enthalten, das die dissentierenden Anteilsinhaber binnen gesetzl Frist annehmen können. Dabei kann dieses Angebot entweder v einer der an der

---

offenbar *Ebner/Köppl* in Torggler, GmbHG § 81 Rz 6; *Köppl* in Torggler, GmbHG § 82 Rz 10.
53 Zur Barabfindung beim *Triangular Merger H. Foglar-Deinhardstein*, GesRZ 2012, 326 (331).
54 *H. Foglar-Deinhardstein/Trettnak*, RWZ 2014/2, 7 mwN.

Umgründung beteiligten Gesellschaften (sofern diese die gesetzl Voraussetzungen erfüllt [s Rz 29]) oder v einem Dritten gestellt werden.[55] Das **Barabfindungsangebot seitens eines Dritten** – zB durch eine Konzernobergesellschaft – ist praktisch dann interessant, wenn die an der Umgründung beteiligten Gesellschaften (u deren Tochterunternehmen) die gesetzl Vorgaben für die Stellung des Barabfindungsangebots (s Rz 29) verfehlen.

27 Im praktischen Regelfall fungiert die Gesellschaft, die die Barabfindung anbietet u schuldet, auch als Erwerberin der Anteile.[56] Es ist aber grds – soweit dem im konkreten Fall nicht § 82 (Verbot der Einlagenrückgewähr) entgegensteht – auch zulässig, dass als Barabfindungsschuldner einerseits u als Erwerber der hinzugebenden Anteile andererseits untersch Rechtsträger auftreten.[57] Wenn bspw die GmbH zwar als Erwerberin ihrer eigenen (voll eingezahlten) Anteile aus der Abfindung agiert, die Barabfindung aber v dritter Seite (u nicht v einem Tochterunternehmen der GmbH) geschuldet u geleistet wird, ist der Erwerb nicht an § 81 S 2 3. Fall zu messen, sondern mE schon nach § 81 S 3 1. Fall (unentgeltlicher Erwerb – s Rz 15) zulässig.[58]

28 Wenn die GmbH an einer Umgründung teilnimmt, die ein Barabfindungsangebot zu umfassen hat (s Rz 24), stellt sich die Frage, ob die GmbH selbst (oder eines ihrer Tochterunternehmen) dieses Barabfindungsangebot stellen u/oder die v den austretenden Anteilseignern hinzugebenden Anteile erwerben darf. Um die Durchführung v Austritten, insb gegen Barabfindung, durch die Gesellschaft (oder, soweit dies in Hinblick auf § 82 überhaupt zulässig sein kann, ein Tochterunternehmen) rechtlich dem Grunde nach zu ermöglichen, bildet § 81 S 3 3. Fall das **gesetzl Gegenstück zum Austrittsrecht**. Dadurch wird der Erwerb eigener Anteile im Fall der gesetzl vorgesehenen „*Entschädigung v Minderheitsgesellschaftern*" unter Einhaltung gewisser Voraussetzungen ermöglicht[59] (s sogleich).

---

55 *H. Foglar-Deinhardstein/Trettnak*, RWZ 2014/2, 7 mwN.
56 *Aburumieh/Adensamer/H. Foglar-Deinhardstein*, Verschmelzung VII. E Rz 24.
57 *H. Foglar-Deinhardstein/Trettnak*, RWZ 2014/2, 7 FN 8 mwN.
58 Vgl ähnliche Überlegungen zum Verhältnis v S 3 1. Fall u 2. Fall bei *Wolkerstorfer*, NZ 2016, 367. S auch *Eckert/Schopper/U. Schmidt* in Eckert/Schopper, AktG-ON § 65 Rz 35.
59 *Bauer/Zehetner* in Straube/Ratka/Rauter, GmbHG § 81 Rz 37; *H. Foglar-Deinhardstein/Trettnak*, RWZ 2014/2, 7 (7 f) mwN.

Die **gesetzl Voraussetzungen** für den Erwerb eigener Anteile zur Entschädigung v Minderheitsgesellschaftern sind gem § 65 Abs 1 Z 5, Abs 2 AktG iVm § 81 S 3 3. Fall:[60] 29

- dass die Gesellschaft die bilanzrechtlichen Erfordernisse – nämlich die Finanzierung der Anschaffungskosten (soweit sie den Nennwert der eigenen Anteile übersteigen) aus den freien Rücklagen – (s dazu Rz 48) erfüllen kann, ohne dass das Nettoaktivvermögen die Summe aus Stammkapital u gebundener Rücklage unterschreitet (**Leistung aus freien Mitteln – Kapitalgrenze**) (s Rz 30); u
- dass die Geschäftsanteile **voll eingezahlt** sind.

Rechtlich irrelevant ist, wie hoch die zu erwerbende Beteiligungsquote ist (keine 10%-Erwerbsgrenze – s Rz 54).[61] Die Volleinzahlung muss bereits vor dem (allenfalls aufschiebend bedingten) Erwerb bestehen, darf also grds nicht durch Verrechnung mit der erst zu leistenden Barabfindung hergestellt werden[62] (vgl Rz 15, s aber Rz 33 zum Erwerb aus ausschüttbaren Mitteln). Die Volleinzahlung des gesamten Stammkapitals – also auch der Anteile der übrigen Gesellschafter – ist mE nicht verlangt (str).[63]

Die **Kapitalgrenze** soll sicherstellen, dass die Barabfindung **nur aus freien Mitteln** der Schuldnergesellschaft geleistet wird.[64] Nach dem seit dem RÄG 2014 neuen Wortlaut des § 65 Abs 2 S 2 AktG[65] sind die Regeln, gem derer die Kapitalgrenze zu ermitteln ist, nur mehr schwer zu verstehen. Gemeint ist mE, dass in der Bilanz das Nettoaktivvermögen zu Buchwerten (Eigenkapital) nach Umsetzung aller bilanzrechtlich ge- 30

---

60 *Auer* in Gruber/Harrer, GmbHG² § 81 Rz 34; *Bauer/Zehetner* in Straube/Ratka/Rauter, GmbHG § 81 Rz 14, 38, 52; *H. Foglar-Deinhardstein/Trettnak*, RWZ 2014/2, 7 (8 f, 11) mwN.
61 *Bauer/Zehetner* in Straube/Ratka/Rauter, GmbHG § 81 Rz 51.
62 Vgl *Klein*, NZG 2016, 1241 (1242, 1243 f) mwN.
63 *Auer* in Gruber/Harrer, GmbHG² § 81 Rz 30, 34; *Kalss/Eckert*, GesRZ 2007, 222 (223 f); *Ebner/Köppl* in Torggler, GmbHG § 81 Rz 7; aA *Koppensteiner/Rüffler*, GmbHG³ § 81 Rz 8; *Bauer/Zehetner* in Straube/Ratka/Rauter, GmbHG § 81 Rz 43.
64 *G. Moser*, ecolex 2016, 793 (794).
65 § 65 Abs 2 S 2 AktG idgF lautet: *„In den Fällen des Abs. 1 Z 1, 4, 5, 7 und 8 ist der Erwerb ferner nur zulässig, wenn die Gesellschaft den Abzug vom Nennkapital und die Bildung der Rücklage gemäß § 229 Abs. 1a UGB vornehmen kann, ohne daß das Nettoaktivvermögen das Grundkapital und eine nach Gesetz oder Satzung gebundene Rücklage unterschreitet."*

botenen Maßnahmen (s Rz 48) – die im Ergebnis zu einer Reduktion des Eigenkapitals um die Anschaffungskosten für die eigenen Anteile (soweit sie deren Nennwert übersteigen) führen – immer noch zumindest die Summe aus Stammkapital u gebundenen Rücklagen decken muss.[66] Meines Erachtens ist die Kapitalgrenze in Hinblick auf die übernehmende/umgewandelte Gesellschaft auf den **Tag des Barabfindungsangebots als Stichtag** zu berechnen, wobei der Eintritt der Umgründungswirkungen rechnerisch vorwegzunehmen ist.[67] Dabei sind mE zur Vermeidung v Doppelungen bei der übernehmenden/umgewandelten Gesellschaft jene gebundenen Rücklagen auszublenden, die erst aus Anlass der fraglichen Umgründung zu dotieren sind.[68]

31 Bei der **grenzüberschreitenden Export-Verschmelzung** richtet sich die Zulässigkeit des Erwerbs eigener Anteile v den Barabfindungsgläubigern mE grds nach der Rechtsordnung, die auf die übernehmende Gesellschaft anzuwenden ist (s Exkurs IntGesR, Rz 20). Österreichisches Recht ist zwar auf das Austrittsrecht als solches anwendbar, aber für die Beurteilung des Erwerbs der eigenen Anteile nur relevant, sofern der Erwerb eigener Anteile einvernehmlich noch vor Wirksamkeit der Verschmelzung durch die übertragende Gesellschaft durchgeführt werden kann. Bei der **grenzüberschreitenden Import-Verschmelzung** richtet sich die Zulässigkeit des Erwerbs eigener Anteile v allfälligen Barabfindungsgläubigern – unter der Annahme, dass das ausländische Recht ein Austrittsrecht vorsieht – mE grds nach österr Recht, sofern

---

66 Vgl *H. Foglar-Deinhardstein/Trettnak*, RWZ 2014/2, 7 (8) mwN. So wohl auch *Karollus*, GES 2017, 184; *Karollus* in Artmann/Karollus, AktG[6] § 65 Rz 76/2, 77; *Eckert/Schopper/U. Schmidt* in Eckert/Schopper, AktG-ON § 65 Rz 66.

67 *Aburumieh/Adensamer/H. Foglar-Deinhardstein*, Verschmelzung VII. E Rz 25, 26; *H. Foglar-Deinhardstein/Trettnak*, RWZ 2014/2, 7 (8 f, 11) mwN; *H. Foglar-Deinhardstein* in Napokoj/Foglar-Deinhardstein/Pelinka, AktG § 65 Rz 31; *Karollus* in Artmann/Karollus, AktG[6] § 65 Rz 77/2. *G. Moser* (in ecolex 2016, 793 [794]) u *Eckert/Schopper/U. Schmidt* (in Eckert/Schopper, AktG-ON § 65 Rz 66) stellen allg auf den „Erwerbszeitpunkt" der eigenen Anteile ab; bei einem Barabfindungsangebot muss mE aber der Angebotszeitpunkt relevant sein, weil der Erwerbszeitpunkt v der Gesellschaft nicht kontrollierbar ist.

68 Näher *Aburumieh/Adensamer/H. Foglar-Deinhardstein*, Verschmelzung VII. E Rz 25, 26; *H. Foglar-Deinhardstein/Trettnak*, RWZ 2014/2, 7 (8 f, 11) mwN.

der Erwerb erst nach Wirksamwerden der Verschmelzung durchgeführt wird.[69]

Die **angemessene Höhe der Barabfindung** ist schon aufgrund umgründungsrechtlicher Vorschriften im Zuge der Vorbereitung der Umgründung – in Hinblick auf den aktuellen Unternehmenswert der jew Gesellschaft – zu ermitteln u zu dokumentieren. Ist die GmbH selbst oder ein Tochterunternehmen der GmbH Barabfindungsschuldnerin, ist die Höhe der Barabfindung außerdem auch an § 82 (Verbot der Einlagenrückgewähr) zu messen (s Rz 12). Wenn die Barabfindung zu niedrig festgelegt ist, billigt das Gesetz den Minderheitsgesellschaftern einen Anspruch auf Ausgleich durch bare Zuzahlung zu; dieser Ausgleichsanspruch kann aber nur in einem speziellen **Überprüfungsverfahren** geltend gemacht werden (s auch Rz 36, § 66 Rz 24), das nach den Bestimmungen des AußStrG durchzuführen ist (vgl §§ 225c ff AktG u die Verweise in § 96 Abs 2, weiters in §§ 234b Abs 5, 235 f, 237, 244, 253 AktG, §§ 9, 11, 17 Z 5 SpaltG, §§ 19, 36, 41, 59 f EU-UmgrG, §§ 6, 12, 13, 17, 21 f SEG, §§ 2 Abs 2 f, 5 Abs 1, 5 UmwG, § 6 Abs 2 GesAusG).[70] Umstritten ist, ob diese Nachzahlungsansprüche betraglich unbeschränkt entstehen können oder nur nach Vorhandensein ausschüttbaren Vermögens fällig werden dürfen.[71] 32

B. Weitere Erlaubnistatbestände aufgrund von Analogien

1. Erwerb aus ausschüttbaren Mitteln

Nach zustimmungswürdiger einhelliger Literaturmeinung[72] ist der Erwerb eigener Anteile grds auch dann zulässig, wenn das Entgelt aus in 33

---

69 Näher *Aburumieh/Adensamer/H. Foglar-Deinhardstein*, Verschmelzung X. B Rz 7; *H. Foglar-Deinhardstein/Trettnak*, RWZ 2014/2, 7 (10 ff) mwN. So auch *Kalss* in MüKo AktG⁶ § 71 Rz 439.
70 Vgl *Aburumieh/Adensamer/H. Foglar-Deinhardstein*, Verschmelzung III. G Rz 4 ff; IV. C Rz 19; *H. Foglar-Deinhardstein*, ecolex 2022, 377.
71 Zu dieser Diskussion vgl *Kalss*, VSU³ § 225c AktG Rz 23; *J. Reich-Rohrwig* in FS P. Doralt 459 (472); *Aburumieh/Adensamer/H. Foglar-Deinhardstein*, Verschmelzung VII. E Rz 29.
72 *Ch. Nowotny* in Kalss/Nowotny/Schauer, GesR² Rz 4/435; *Auer* in Gruber/Harrer, GmbHG² § 81 Rz 36; *Bauer/Zehetner* in Straube/Ratka/Rauter, GmbHG § 81 Rz 3, 40; *Ebner/Köppl* in Torggler, GmbHG § 81 Rz 12; *Koppensteiner/Rüffler*, GmbHG³ § 81 Rz 9; *Reich-Rohrwig*, Kapitalerhaltung 413; *Elsner*, Nachschussobliegenheit 203; *Eckert/Schopper/U. Schmidt* in

der GmbH zum Zeitpunkt des Erwerbs vorhandenen **freien (dh ausschüttbaren) Mitteln (ungebundene Rücklagen, Bilanzgewinn)** abgedeckt werden kann. Diese freien Mittel können mE durch einen „umgekehrten" Sachdividendenbeschluss der Gesellschafter – bei Einhaltung der Voraussetzungen für eine Sachdividende (s Rz 69, § 82 Rz 58, § 101 Rz 36) – auf die Finanzierung des Erwerbs eigener Anteile (anstelle der Ausschüttung einer Bardividende) gewidmet werden.[73] **Einstimmigkeit**[74] oder gar individuelle Zustimmung aller Gesellschafter[75] ist für diesen Beschluss mE jedenfalls dann nicht zu fordern, wenn der GesV zur Ausschüttung v Sachdividenden ermächtigt,[76] u/oder die Voraussetzungen für die Bildung v Rücklagen durch Gesellschafterbeschluss[77] gegeben sind.[78] Die widersprechenden Gesellschafter sind mE auf die Erhebung einer Anfechtungsklage – insb wegen Verletzung des Aushungerungsverbots (s § 35 Rz 42, 50; § 82 Rz 48, 51, 56)[79] – verwiesen.[80] Meines Erachtens können dergestalt auch **nicht voll ein-**

Eckert/Schopper, AktG-ON § 65 Rz 8; vgl auch OGH 30.3.2011, 7 Ob 77/10i – *Immoeast*, GesRZ 2011, 251 (*Diregger*) = ZFR 2011, 238 (*M. Gruber*) = ecolex 2011, 609 (*Wilhelm*), wonach eine Verletzung v § 81 voraussetzt, dass überhaupt ein Verstoß gegen § 82 vorliegen würde; vgl weiters *Gall/Potyka/Winner*, Squeeze-out, Rz 187, *Aburumieh/Adensamer/H. Foglar-Deinhardstein*, Verschmelzung VII. C Rz 23, 37 mwN; vgl auch ähnlich *Koppensteiner*, GES 2020, 227 (237); *Kalss*, VSU³ § 224 AktG Rz 110 (s auch Kommentierung zu Rz 46).

73 Gegen die Legitimierung durch Fassung eines bloß mehrheitlichen u nicht einstimmigen Sachdividendenbeschlusses *Auer* in Gruber/Harrer, GmbHG² § 81 Rz 38 FN 81.

74 Dies fordernd *Auer* in Gruber/Harrer, GmbHG² § 81 Rz 38.

75 Dies fordernd *Eckert/Schopper/U. Schmidt* in Eckert/Schopper, AktG-ON § 65 Rz 8.

76 Vgl *Aburumieh/Adensamer/H. Foglar-Deinhardstein*, Verschmelzung V. F Rz 46 FN 806 mwN.

77 Die Rücklagenbildung durch Gesellschafterbeschluss bedarf der unternehmerischen Rechtfertigung u darf nicht in willkürlicher Höhe erfolgen (OGH 13.5.1959, 3 Ob 129/59; *Koppensteiner/Rüffler*, GmbHG³ § 35 Rz 9, 15).

78 Ähnlich *Ebner/Köppl* in Torggler, GmbHG § 81 Rz 12. S auch Rz 69. Es ist mE keine absolute Voraussetzung, dass die eingesetzten Gewinnanteile auch in eine Rücklage eingestellt werden könnten. **AA** *Bauer/Zehetner* in Straube/Ratka/Rauter, GmbHG § 81 Rz 40; *Koppensteiner/Rüffler*, GmbHG³ § 81 Rz 9.

79 Vgl *E. Gruber/H. Foglar-Deinhardstein*, GesRZ 2014, 73 (82) mwN.

80 Vgl *Ch. Nowotny* in Kalss/Nowotny/Schauer, GesR² Rz 4/435. So implizit auch *Ebner/Köppl* in Torggler, GmbHG § 81 Rz 12.

gezahlte Geschäftsanteile erworben werden; allfällige offene Einlageforderungen sind jedoch wegen § 82 (in Hinblick auf den zu erwartenden niedrigeren Wiederveräußerungspreis) in das Erwerbsentgelt einzupreisen[81] (s aber Rz 15). In einer (KESt-neutralen) Alternative zur Ausschüttung der freien Mittel sollte der Erwerb auch zulässig sein, wenn die freien Mittel durch Gesellschafterbeschluss freiwillig in eine **gebundene Rücklage** eingestellt werden – zusätzlich wäre dann mE noch die Rücklage gem § 229 Abs 1a UGB (s Rz 48) zu bilden.[82]

2. Erwerb in Ausführung einer Einkaufskommission durch ein Kreditinstitut

§ 65 Abs 1 Z 2 2. Fall AktG gestattet einer Gesellschaft, die **Kreditinstitut** ist, den Erwerb eigener Anteile in Ausführung einer **Einkaufskommission**; dadurch soll dem Kreditinstitut der Handel mit eigenen Anteilen auf Rechnung des Kunden ermöglicht werden. Diese Bestimmung kann mE auf GmbH, die Kreditinstitute sind, analog angewendet werden (**str**).[83] Entsprechend den aktienrechtlichen Vorschriften müssen die betr Anteile voll eingezahlt sein; 10 %-Erwerbs- oder Bestandsgrenze (s Rz 54) u Kapitalgrenze (s Rz 30) sind nicht anwendbar.[84]

34

---

81 Ähnlich *Auer* in Gruber/Harrer, GmbHG[2] § 81 Rz 37. AA (für Volleinzahlungsgebot) *Elsner*, Nachschussobliegenheit 203 f.
82 Wenn diese Voraussetzungen kumulativ erfüllt werden, sollte auch die M v *Bauer/Zehetner* (in Straube/Ratka/Rauter, GmbHG § 81 Rz 2 – kein zulässiger Erwerb eigener Anteile, auch wenn der Erwerb aus dem über den Betrag des Stammkapitals vorhandenen Vermögen geschieht, u die Gesellschaft die Rücklage für eigene Anteile bilden kann, ohne das ausschüttungsgesperrte Eigenkapital zu mindern; dies deshalb, weil sich herausstellen könne, dass der angenommene Vermögensüberschuss nicht besteht, u weil ein eigener Anteil einen fiktiven Finanzposten darstelle) nicht entgegenstehen.
83 *Ebner/Köppl* in Torggler, GmbHG § 81 Rz 13; *Bauer/Zehetner* in Straube/Ratka/Rauter, GmbHG § 81 Rz 14; **aA** *Auer* in Gruber/Harrer, GmbHG[2] § 81 Rz 39.
84 Vgl zum Aktienrecht *Karollus* in Artmann/Karollus, AktG[6] § 65 Rz 26; *H. Foglar-Deinhardstein* in Napokoj/Foglar-Deinhardstein/Pelinka, AktG § 65 Rz 19.

C. (Un-)Zulässigkeit des Erwerbs eigener Anteile beim Gesellschafterausschluss

35 Wenn der GesV ein Ausschlussrecht vorsieht (s § 66 Rz 25 ff), u auf dieser Basis der **Ausschluss eines Gesellschafters** umgesetzt wird, ist die GmbH grds nicht berechtigt, den Geschäftsanteil des ausgeschlossenen Gesellschafters zu erwerben.[85] Zulässig wäre mE aber der Erwerb durch die GmbH v einem dritten Zwischenerwerber, soweit dieser den Anteil zunächst wirksam v ausgeschlossenen Gesellschafter erwirbt u ihn dann der GmbH unentgeltlich oder durch Gesamtrechtsnachfolge zuwendet.

36 Beim **Gesellschafterausschluss gem GesAusG** (*Squeeze-out*) (s Rz 58, § 66 Rz 18 ff) muss die den Minderheitsgesellschaftern geschuldete angemessene Barabfindung entspr der ausdrücklichen Anordnung v § 2 Abs 1 GesAusG v Hauptgesellschafter geleistet werden. Trägt die Zielgesellschaft selbst oder ein anderes Tochterunternehmen des Hauptgesellschafters die **Barabfindung**, verstößt dies gegen § 2 Abs 1 GesAusG u kann damit im Ergebnis auch § 82 (Verbot der Einlagenrückgewähr) verletzen (s § 82 Rz 80).[86] Hat der Hauptgesellschafter den *Squeeze-out* fremdfinanziert, sind auch die Überlegungen zum *Leveraged Buy-out* (s Rz 77) u zum *Debt-push-down Merger* (s Rz 78) zu beachten. Ähnliche Problematiken können sich ergeben, wenn der Hauptgesellschafter noch einem **Nachprüfungsverfahren** gem § 6 Abs 2 GesAusG iVm § 225c ff AktG (s Rz 32, § 66 Rz 24) ausgesetzt u somit weiterhin potentieller Schuldner einer Nachzahlung auf die Barabfindung ist. Die Tragung der Barabfindung durch die Zielgesellschaft kann zulässig sein, wenn die betr GmbH über ausreichend freie Mittel verfügt, die durch Dividendenbeschluss an den Hauptgesellschafter ausgeschüttet werden[87] (s Rz 33). Zur Relevanz

---

[85] OGH 22.2.1996, 6 Ob 657/95; vgl auch 15.12.2014, 6 Ob 14/14y – *Humanitas*, NZ 2015, 107 (*Till*) = ecolex 2015, 128 (*Brugger*) = GesRZ 2015, 130 (*Karollus*) = Reisch/Hampel, ZIK 2015/100, 91 = *Hermann*, GES 2016, 394 = *Prostor*, ZfRV 2019, 179.

[86] *Kalss*, VSU³ § 2 GesAusG, Rz 8; *Gall/Potyka/Winner*, Squeeze-out, Rz 185 ff; *Karollus* in Brandl/Karollus/Kirchmayr/Leitner, HB vGA³, 1 (35); differenzierend *H. Foglar-Deinhardstein/Hartig* in Kalss/Frotz/Schörghofer, HB Vorstand Rz 31/272 f mwN.

[87] *Gall/Potyka/Winner*, Squeeze-out, Rz 187; *H. Foglar-Deinhardstein/Hartig* in Kalss/Frotz/Schörghofer, HB Vorstand, Rz 31/273.

der eigenen Anteile bei der Berechnung der 90 %-Schwelle gem § 1 Abs 2 GesAusG s Rz 58.

Zur Frage des Erwerbs eigener Anteile bei der **Kaduzierung** s § 66 Rz 15 ff u § 68 Rz 1 ff.

37

D. Erwerb eigener Anteile durch Tochterunternehmen oder Treuhänder

§ 81 darf nicht dadurch umgangen werden, dass die GmbH eigene Anteile indirekt über ein **Tochterunternehmen** oder über einen **Treuhänder** (Dritter, der auf Rechnung der GmbH handelt) erwirbt (§ 66 AktG analog iVm § 189a Z 7 UGB).[88] Zulässig ist der Erwerb durch eine Gesellschaft, an der die GmbH beteiligt ist, die aber weder als Tochterunternehmen gem § 189a Z 7 UGB noch als Treuhänderin zu qualifizieren ist (**str**).[89] Ein mit einem Dritten gemeinsam beherrschtes/geleitetes/ geführtes Unternehmen gilt mE nicht als Tochterunternehmen iSv § 66 AktG analog (**str**).[90] Die Erlaubnistatbestände gem GmbHG sind **aus dem Blickwinkel der GmbH** – u nicht des Tochterunternehmens – zu

38

---

[88] *Ebner/Köppl* in Torggler, GmbHG § 81 Rz 3; *Bauer/Zehetner* in Straube/Ratka/Rauter, GmbHG § 81 Rz 14; *Auer* in Gruber/Harrer, GmbHG² § 81 Rz 16 f; *Ch. Nowotny* in Kalss/Nowotny/Schauer, GesR² Rz 4/436; *Koppensteiner/Rüffler*, GmbHG³ § 81 Rz 4, 15; *Karollus* in Artmann/Karollus, AktG⁶ § 66 Rz 28; *H. Foglar-Deinhardstein* in Napokoj/Foglar-Deinhardstein/Pelinka, AktG § 66 Rz 6 ff.

[89] So zum Aktienrecht OLG Innsbruck 22.4.2020, 3 R 10/20z, GesRZ 2020, 279 (*Eckert*); *Karollus* in Artmann/Karollus, AktG⁶ § 66 Rz 27; *H. Foglar-Deinhardstein* in Napokoj/Foglar-Deinhardstein/Pelinka, AktG § 66 Rz 2; *Eckert/Schopper*, GesRZ 2020, 381 (381, 393 f); *Eckert/Schopper* in Eckert/Schopper, AktG-ON § 51 Rz 9; *Eckert/Schopper/U. Schmidt* in Eckert/Schopper, AktG-ON § 66 Rz 31; *Karollus*, GesRZ 2020, 169 (169, 172 f, 175, 177); *H. Hayden/U. Torggler*, GesRZ 2022, 58 (65); ähnlich *Bauer/Zehetner* in Straube/Ratka/Rauter, GmbHG § 81 Rz 25 ff; OGH 28.6.2023, 6 Ob 178/22b, EvBl 2023, 851 (*Drobnik*) = *H. Foglar-Deinhardstein*, ÖJZ 2023, 911; **aA** *Mock*, wbl 2021, 678 (684 ff); (Unzulässigkeit jeder Rückbeteiligung) *Koppensteiner/Rüffler*, GmbHG³ § 81 Rz 16; diese A aber aufgebend *Koppensteiner* in FS Hügel 217 (222); *Koppensteiner*, GES 2020, 227 (237, 240).

[90] OGH 28.6.2023, 6 Ob 178/22b, EvBl 2023, 851 (*Drobnik*) = *H. Foglar-Deinhardstein*, ÖJZ 2023, 911; OLG Innsbruck 22.4.2020, 3 R 10/20z, GesRZ 2020, 279 (*Eckert*); *Artmann*, wbl 2021, 61; *H. Hayden/U. Torggler*, GesRZ 2022, 58; **aA** *Koppensteiner*, wbl 2020, 241 (245 f); *Koppensteiner*, GES 2020, 227 (232 ff, 239); *Mock*, wbl 2021, 678 (684 ff).

prüfen.[91] Zusätzlich ist der Erwerb – abhängig v deren Rechtsform – auch aus der Perspektive der Untergesellschaft zu beurteilen, wobei eine **GmbH als Untergesellschaft** mE grds zulässigerweise **Anteile an ihrer Obergesellschaft** erwerben darf[92] (s auch Rz 11, 53; zur bilanziellen Darstellung der Anteile an der Obergesellschaft vgl § 225 Abs 5 UGB). Eigene Anteile der GmbH, die einmal zulässigerweise v der GmbH oder ihrem Tochterunternehmen erworben worden sind, u die weiterhin zulässigerweise gehalten werden (s Rz 54, 59), dürfen (aus dem Blickwinkel der GmbH) uneingeschränkt (dh ohne weitere Zulässigkeitskontrolle) zw GmbH u Tochterunternehmen u sonst im **Konzernverbund** hin- u hertransferiert werden,[93] sofern dem nicht die auf die jew Gesellschaft je nach Rechtsform anwendbaren Vorschriften entgegenstehen, u soweit die Konditionen der Weiterübertragungen in Hinblick auf § 82 drittvergleichsfähig/betriebl gerechtfertigt (s Rz 12) sind.[94] Zum Ruhen der Gesellschafterrechte aus eigenen Anteilen, die ein Tochterunternehmen oder ein Treuhänder hält, s Rz 46. Zur Einbeziehung eigener Anteile in der Hand eines Tochterunternehmens/Treuhänders in die 10%-Behaltegrenze s Rz 54. Zu **wechselseitigen u ringförmigen Beteiligungen** s Rz 51 ff.

39 Wenn die GmbH (als alleinige Stifterin oder eine v mehreren Stiftern) eine **Privatstiftung** gründet, ist diese kein Tochterunternehmen

---

91 *Auer* in Gruber/Harrer, GmbHG² § 81 Rz 17; *Karollus* in Artmann/Karollus, AktG⁶ § 66 Rz 8 ff, 11; *H. Foglar-Deinhardstein* in Napokoj/Foglar-Deinhardstein/Pelinka, AktG § 66 Rz 3.

92 Vorausgesetzt, die Beteiligung an der Untergesellschaft stellt nicht das einzige Vermögen der Obergesellschaft dar (Umgehung!); vgl (zum Aktienrecht) OGH 28.6.2023, 6 Ob 178/22b, EvBl 2023, 851 (*Drobnik*) = *H. Foglar-Deinhardstein*, ÖJZ 2023, 911; *Karollus* in Artmann/Karollus, AktG⁶ § 65 Rz 6/1, § 66 Rz 4, 8/1; *Kalss* in Doralt/Nowotny/Kalss, AktG³ § 65 Rz 14; *Eckert/Schopper/U. Schmidt* in Eckert/Schopper, AktG-ON § 65 Rz 5, § 66 Rz 4, 6; *H. Foglar-Deinhardstein* in Napokoj/Foglar-Deinhardstein/Pelinka, AktG § 66 Rz 2 f. **AA** *Auer* (in Gruber/Harrer, GmbHG² § 81 Rz 17), nach dem offenbar auch für den Erwerb an einer Obergesellschaft aus Sicht der Tochter-GmbH jedenfalls § 81 gilt. Dies überspannt jedoch mE den Wortlaut v § 66 AktG (s auch § 66a AktG *e contrario*).

93 Vgl zum Aktienrecht *Karollus* in Artmann/Karollus, AktG⁶ § 66 Rz 2/1, 8; *Kalss* in Doralt/Nowotny/Kalss, AktG³ § 65 Rz 14, 16, 92, § 66 Rz 11, 17; *Eckert/Schopper/U. Schmidt* in Eckert/Schopper, AktG-ON § 65 Rz 5, 82, § 66 Rz 5.

94 Vgl zum Aktienrecht *H. Foglar-Deinhardstein* in Napokoj/Foglar-Deinhardstein/Pelinka, AktG § 65 Rz 69.

der GmbH, zumal es sich bei der Privatstiftung gem PSG um ein eigentümerloses Gebilde handelt;[95] daher ist § 66 AktG mE grds nicht anwendbar, wenn die Privatstiftung Anteile an der GmbH erwirbt. Anderes kann gelten, wenn sich die GmbH Stifterrechte vorbehalten hat u dergestalt die Privatstiftung kontrolliert, in welchem Fall eine analoge Anwendung v § 66 AktG geboten sein kann[96] (s zu Zirkelkonstruktionen auch Rz 52).

E. Gleichbehandlungsgebot, Form- und Genehmigungspflicht sowie Übertragungsbeschränkungen

Beim Erwerb eigener Anteile hat die Gesellschaft die **Gleichbehandlung** aller Gesellschafter zu wahren (§ 1186 Abs 2 ABGB, § 65 Abs 1 b AktG iVm § 47 a AktG analog),[97] dh den Gesellschaftern steht grds – vorbehaltlich eines sachlich gerechtfertigten Ausschlusses durch GesV oder Gesellschafterbeschluss – ein **Andienungsrecht** zu. In der Praxis wird sich freilich häufig eine sachliche Differenzierung schon ganz zwanglos aus der Natur des umzusetzenden Erwerbstatbestands (s Rz 5 f) ergeben.[98] **40**

Beim Erwerb eigener Anteile durch die GmbH unterliegt nur das **Verpflichtungsgeschäft**, aber nicht das Verfügungsgeschäft der **Notariatsaktspflicht** (s § 76 Rz 58).[99] Beim Erwerb durch erbrechtliche oder gesellschaftsrechtliche **Gesamtrechtsnachfolge** entfällt auch die Notariatsaktspflicht für das Verpflichtungsgeschäft (s § 76 Rz 38).[100] **41**

---

95 *Bauer/Zehetner* in Straube/Ratka/Rauter, GmbHG § 81 Rz 7. Vgl ähnlich *Walch*, ZFS 2021, 35 (41).
96 Vgl zum Aktienrecht *Kalss* in Doralt/Nowotny/Kalss, AktG³ § 66 Rz 16; *Ch. Nowotny*, ZFS 2017, 187 (191); *H. Foglar-Deinhardstein* in Napokoj/Foglar-Deinhardstein/Pelinka, AktG § 66 Rz 2.
97 *Bauer/Zehetner* in Straube/Ratka/Rauter, GmbHG § 81 Rz 14; *Ebner/Köppl* in Torggler, GmbHG § 81 Rz 14.
98 Vgl zum Aktienrecht *Kalss* in Doralt/Nowotny/Kalss, AktG³ § 65 Rz 82.
99 *Schopper* in Gruber/Harrer, GmbHG² § 76 Rz 46; *Auer* in Gruber/Harrer, GmbHG² § 81 Rz 41; *Ebner/Köppl* in Torggler, GmbHG § 81 Rz 15; *Koppensteiner/Rüffler*, GmbHG³ § 81 Rz 10.
100 *Rauter* in Straube/Ratka/Rauter, GmbHG § 76 Rz 172, 233; *Koppensteiner/Rüffler*, GmbHG³ § 76 Rz 21, 26; *Zollner* in Torggler, GmbHG § 76 Rz 18; *Brugger*, NZ 2012/90, 257; ähnlich OGH 29.11.2007, 1 Ob 130/07k, GES 2008, 59 (*Fantur*); 22.5.2007, 4 Ob 51/07i, GesRZ 2007, 341 (*Hochedlinger*).

42 Der Erwerb eigener Anteile bedarf mE jedenfalls dann eines zust **Gesellschafterbeschlusses**, wenn er ein **ao Geschäft**[101] darstellt.[102] Stimmverbote u Mehrheitserfordernisse richten sich diesfalls mE nach dem GesV u allg Regeln[103] (insb §§ 39 Abs 4, 50 Abs 4, zur Sachdividende s Rz 33, 69). Fehlt der an sich erforderliche Gesellschafterbeschluss, kann dies nicht nur Haftungsfolgen (§ 25 Abs 4) zeitigen, sondern – da die Vertragsparteien ein Gesellschafter u die GmbH selbst sind, u somit das die Regelung des § 20 Abs 2 tragende Verkehrsschutzbedürfnis idR nicht greift – auch das Vertragsverhältnis mit Unwirksamkeit bedrohen.[104]

43 **Vinkulierungen** gem § 76 Abs 2 u andere **Übertragungsbeschränkungen** (Aufgriffsrechte etc) sowie die Vorgaben des § 79 zur **Teilung v Geschäftsanteilen** (s § 79 Rz 4 ff, 14 ff) sind beim Erwerb eigener Anteile mE grds beachtlich.[105] Erwerb durch **Gesamtrechtsnachfolge** bildet aber in Hinblick auf Übertragungsbeschränkungen grds keine genehmigungspflichtige Transaktion (s § 76 Rz 23),[106] sofern die Vinkulierungs-, Aufgriffs- oder sonstige Klausel nicht ausdrücklich Fälle der Gesamtrechtsnachfolge einschließt.[107] Vinkulierungen stehen mE auch der

---

101 Zum Begriff des außergewöhnlichen Geschäfts OGH 23.5.2007, 3 Ob 59/07h, RWZ 2007/76, 261 (*Wenger*) = GesRZ 2008, 22 (*Linder*); 18.3.2016, 9 ObA 58/15t, RWZ 2016/36, 156 (*Wenger*).
102 Ähnlich *Bauer/Zehetner* in Straube/Ratka/Rauter, GmbHG § 81 Rz 11; *Auer* in Gruber/Harrer, GmbHG² § 81 Rz 40; *Ebner/Köppl* in Torggler, GmbHG § 81 Rz 14; *Koppensteiner/Rüffler*, GmbHG³ § 81 Rz 10.
103 *Ebner/Köppl* in Torggler, GmbHG § 81 Rz 14. Ähnlich *Auer* in Gruber/Harrer, GmbHG² § 81 Rz 40.
104 *Auer* in Gruber/Harrer, GmbHG² § 81 Rz 40; *Koppensteiner/Rüffler*, GmbHG³ § 81 Rz 10.
105 *H. Foglar-Deinhardstein* in Napokoj/Foglar-Deinhardstein/Pelinka, AktG § 65 Rz 49. AA zur Vinkulierung *Ebner/Köppl* in Torggler, GmbHG § 81 Rz 14 (sowie zum Aktienrecht *Micheler* in Doralt/Nowotny/Kalss, AktG³ § 62 Rz 19; *Haberer/Zehetner* in Artmann/Karollus, AktG⁶ § 62 Rz 32; *Eckert/Schopper/U. Schmidt* in Eckert/Schopper, AktG-ON § 65 Rz 7), weil kein neuer Gesellschafter in die GmbH eintrete. Die Vinkulierung soll aber mE auch unerwünschte Machtverschiebungen im bestehenden Gesellschafterkreis hintanhalten (vgl *Rauter* in Straube/Ratka/Rauter, GmbH § 76 Rz 57), die auch durch einen Erwerb eigener Anteile durch die Gesellschaft herbeigeführt werden können.
106 OGH 29.11.2007, 1 Ob 130/07k, GES 2008, 59 (*Fantur*); 22.5.2007, 4 Ob 51/07i, GesRZ 2007, 341 (*Hochedlinger*).
107 *Rauter* in Straube/Ratka/Rauter, GmbHG § 76 Rz 135 mwN.

umgründungsbedingten Anteilsauskehr (s Rz 20 f) grds nicht entgegen.[108] Zu Übertragungsbeschränkungen bei der Veräußerung eigener Anteile s Rz 66.

F. Sanktionen bei unerlaubtem Erwerb

Die Rechtsfolgen eines unerlaubten – dh v § 81 nicht legitimierten – **44** Erwerbs eigener Anteile sind umstritten. Jedenfalls können die Rechtsfolgen nach § 25 Abs 3 Z 1 u Abs 4 sowie nach § 83 ausgelöst werden.[109] **Strittig** ist, ob der § 81 widersprechende Erwerb eigener Anteile **nichtig**[110] ist oder aber – bei möglicher Auslösung v Schadenersatz- u Veräußerungspflichten – zwar verboten, jedoch **wirksam**.[111] Verstößt der Erwerb nach seiner konkreten Ausgestaltung wegen mangelnder Drittvergleichsfähigkeit/betriebl Rechtfertigung gegen § 82 (s Rz 12), ist er mE – unabhängig v seiner Vereinbarkeit mit § 81 – jedenfalls mit Nichtigkeit bedroht (s auch Rz 76, 77). Zu beachten ist, dass nach allg Regeln ein gutgläubiger (u deshalb wirksamer) Erwerb v GmbH-Geschäftsanteilen nicht möglich ist.[112] Im Fall eines nichtigen Erwerbsvorgangs stellen sich für das **Rechtsverhältnis des Veräußerers der Anteile zur Gesellschaft** schwierige Fragen zur Anwendbarkeit v § 78 Abs 1.[113] Meines Erachtens wäre § 78 Abs 1 im Fall des gesamtnichtigen Erwerbs eigener Anteile nicht uneingeschränkt an-

---

108 *Aburumieh/Adensamer/H. Foglar-Deinhardstein*, Verschmelzung V. F Rz 55.
109 *Auer* in Gruber/Harrer, GmbHG² § 81 Rz 3, 24, 40; *Ch. Nowotny* in Kalss/Nowotny/Schauer, GesR² Rz 4/435; *Koppensteiner/Rüffler*, GmbHG³ § 81 Rz 1, 11; *Ebner/Köppl* in Torggler, GmbHG § 81 Rz 17.
110 OGH 17.9.2014, 6 Ob 185/13v, RWZ 2014/72, 327 (*Wenger*) = GesRZ 2015, 52 (*J. Reich-Rohrwig/Zimmermann*) = wbl 2015, 228 (*Auer*) = *Kocab/Grund*, ecolex 2015, 211; *Auer* in Gruber/Harrer, GmbHG² § 81 Rz 21 ff, 43; *Koppensteiner/Rüffler*, GmbHG³ § 81 Rz 11; *Ebner/Köppl* in Torggler, GmbHG § 81 Rz 17 (s aber Rz 18).
111 *Ch. Nowotny* in Kalss/Nowotny/Schauer, GesR² Rz 4/435; *Kalss/Eckert*, GesRZ 2007, 222 (224); *Bauer/Zehetner* in Straube/Ratka/Rauter, GmbHG § 81 Rz 14, 32 ff, 62 (für Nichtigkeit nur des Verpflichtungs-, bei Verpflichtung, die verbotswidrig erworbenen Anteile binnen Jahresfrist zu veräußern); für wechselseitige Beteiligungen auch *Koppensteiner/Rüffler*, GmbHG³ § 81 Rz 15.
112 *Koppensteiner/Rüffler*, GmbHG³ § 81 Rz 11.
113 Vgl *Klein*, NZG 2016, 1241 (1242 f) mwN.

wendbar.[114] Vertritt man, dass der unzulässige Erwerb eigener Anteile wirksam erfolgen kann, ergibt sich die analoge Anwendung v § 65a Abs 1 AktG.[115]

IV. Halten eigener Anteile

A. Behandlung zulässig erworbener eigener Anteile

45 Streng genommen kann die Gesellschaft immer nur **einen** eigenen Geschäftsanteil halten – erwirbt die GmbH zusätzliche eigene Anteile dazu, wachsen diese mE dem bereits bestehenden eigenen Geschäftsanteil an.[116] Die GmbH kann über den v ihr gehaltenen eigenen Anteil verfügen, dh diesen (auch tw) **veräußern**[117] (näher s Rz 59 ff) u mE auch **verpfänden** (s Rz 75). Zur **10 %-Behaltegrenze** s Rz 54.

1. Ruhen der Gesellschafterrechte und -pflichten

46 Aus eigenen Anteilen stehen der GmbH **keine** Stimm-, Bezugs-, Gewinnbezugs- oder sonstigen **Gesellschafterrechte** zu[118] (s aber § 52 Rz 23). Lediglich bei der nominellen Kapitalerhöhung gem KapBG (Kapitalerhöhung aus Gesellschaftsmitteln) ist auch die Gesellschaft hinsichtlich ihrer eigenen Anteile zu berücksichtigen (s Rz 4; vgl auch Rz 33).[119] Der rechnerisch auf die eigenen Anteile entfallende **Gewinn** ist auf die übrigen Gesellschafter zu verteilen (s § 82 Rz 46).[120] Bei der

---

114 Näher *H. Foglar-Deinhardstein/Feldscher* in Adensamer/Mitterecker, HB GesStreit, Rz 11/217.
115 *H. Foglar-Deinhardstein/Feldscher* in Adensamer/Mitterecker, HB GesStreit, Rz 11/218.
116 **AA** (Konfiguration des erworbenen Anteils bleibt für Zwecke der Veräußerung erhalten) *Auer* in Gruber/Harrer, GmbHG² § 81 Rz 43.
117 *Ebner/Köppl* in Torggler, GmbHG § 81 Rz 21.
118 *Auer* in Gruber/Harrer, GmbHG² § 81 Rz 41, 44; *Koppensteiner/Rüffler*, GmbHG³ § 81 Rz 10, 13; *Bauer/Zehetner* in Straube/Ratka/Rauter, GmbHG § 81 Rz 7, 36, 54; *Ebner/Köppl* in Torggler, GmbHG § 81 Rz 21; *Schatzmann* in Praxisschrift *Zankl* 731 (734).
119 *Auer* in Gruber/Harrer, GmbHG² § 81 Rz 44; *Koppensteiner/Rüffler*, GmbHG³ § 81 Rz 13; vgl ähnlich *Kalss*, VSU³ § 224 AktG Rz 11 (s auch Kommentierung zu Rz 33).
120 *Geißler*, GmbHR 2008, 1018 (1021).

Verteilung des **Liquidationsüberschusses** bleiben eigene Anteile außer Betracht (s § 91 Rz 20). Mit wirksamer Weiterveräußerung leben die ruhenden Rechte *ex nunc* wieder auf (s auch Rz 61).[121] **Treuhänder** u **Tochterunternehmen** (gem § 189a Z 7 UGB) der GmbH haben hinsichtlich eigener Anteile der GmbH bis zur wirksamen Weiterveräußerung keine Stimm- u Bezugsrechte (§ 65 Abs 5 AktG analog), können aber Gewinnansprüche u Ansprüche auf Beteiligung am Liquidationserlös geltend machen.[122] Bei der Ermittlung, ob ein Gesellschafter iSv § 5 EKEG v den Vorschriften des **Eigenkapitalersatzrechts** (s § 82 Rz 162 ff) erfasst ist, können eigene Anteile relevant sein: Bei der Ermittlung der Mehrheit der Stimmrechte gem § 5 Abs 2 Z 1 EKEG u bei der Vermutung der Beherrschungsmöglichkeit gem § 5 Abs 2 Z 5 EKEG (Überschreitung der Stimmrechtsschwelle v 25%) sind ruhende Stimmrechte aus eigenen Anteilen auszublenden u können daher einen Gesellschafter über die Kontrollschwelle heben.[123] Bei der Berechnung des kapitalmäßigen 25%-Schwellenwerts gem § 5 Abs 1 Z 2 EKEG haben eigene Anteile hingegen keinen Einfluss u sind nicht herauszurechnen.[124]

Aus eigenen Anteilen ruhen auch die **Gesellschafterpflichten**.[125] Insbesondere kann die GmbH weder auf Einzahlung v Einlageforderungen noch aus der Ausfallshaftung gem § 70, § 83 Abs 2, 3 in Anspruch genommen werden[126] (s Rz 10). Aus Gründen des Gläubigerschutzes trifft

47

---

121 *Auer* in Gruber/Harrer, GmbHG² § 81 Rz 44; *Koppensteiner/Rüffler*, GmbHG³ § 81 Rz 13.
122 *Ebner/Köppl* in Torggler, GmbHG § 81 Rz 22; *H. Foglar-Deinhardstein* in Napokoj/Foglar-Deinhardstein/Pelinka, AktG § 65 Rz 57, § 66 Rz 5, 10; *Eckert/Schopper/U. Schmidt* in Eckert/Schopper, AktG-ON § 65 Rz 80; vgl *Koppensteiner/Rüffler*, GmbHG³ § 81 Rz 15; *Auer* in Gruber/Harrer, GmbHG² § 81 Rz 23, 44; nach *Bauer/Zehetner* (in Straube/Ratka/Rauter, GmbHG § 81 Rz 14, 36) ruhen die Stimmrechte bei wechselseitiger Beteiligung nur im Ausmaß des Produkts der Beteiligungsquotienten, dies aber jedenfalls, dh auch dann, wenn das Tochterunternehmen nicht die Definition des § 189a Z 7 UGB erfüllt.
123 *Karollus*, EKEG, in Buchegger, Österreichisches Insolvenzrecht, Zusatzband I § 5 Rz 8, 27; *Kalss/Zollner*, GES 2004, 202 (205 f).
124 *Karollus*, EKEG, in Buchegger, Österreichisches Insolvenzrecht, Zusatzband I § 5 Rz 35; *Kalss/Zollner*, GES 2004, 202 (204 f).
125 *Ebner/Köppl* in Torggler, GmbHG § 81 Rz 21. Nach *Auer* (in Gruber/Harrer, GmbHG² § 81 Rz 44) ruhen nur die noch nicht fälligen Pflichten.
126 *Auer* in Gruber/Harrer, GmbHG² § 81 Rz 30, 44; *Wolkerstorfer*, NZ 2016, 367 (370 f).

die Ausfallshaftung zur Gänze die übrigen Gesellschafter.[127] Mit Weiterveräußerung leben die Gesellschafterpflichten mE wieder auf; es kommt also zu keinem Untergang der Gesellschafterpflichten durch Konfusion (**str**) (s Rz 16).[128]

2. Bilanzierung eigener Anteile

48 In der Bilanz sind eigene Anteile seit dem RÄG 2014 auf der Aktivseite nicht mehr anzusetzen,[129] sondern vielmehr **gem § 229 Abs 1a, 1b UGB** ausschließlich als passivseitige **Reduktion des Eigenkapitals** zu erfassen.[130] Zu diesem Zweck[131] ist gem § 229 Abs 1a UGB der Nennbetrag der eigenen Anteile offen v passivseitigen Posten Stammkapital **abzusetzen**. Um zu verhindern, dass durch dieses Absetzen zusätzliches Ausschüttungspotential geschaffen wird, ist derselbe Betrag in Höhe des Nennbetrags der eigenen Anteile in die **gebundenen Rücklagen** einzustellen. Soweit die Anschaffungskosten der eigenen Anteile v Nennbetrag abweichen, ist außerdem gem § 229 Abs 1a S 2 UGB der **Unterschiedsbetrag** zw Anschaffungskosten u Nennbetrag mit den ungebundenen Rücklagen **zu verrechnen**: Liegen die Anschaffungskosten über dem Nennbetrag, verringern sich daher die ungebundenen Rücklagen um den Unterschiedsbetrag; sind keine ausreichenden freien Rücklagen für die Verrechnung vorhanden, geht die Reduktion zu Lasten des Bilanzgewinns (bzw sie erhöht den Bilanzverlust). Sind die Anschaffungskosten hingegen niedriger als der Nennbetrag, so sind die ungebundenen Rücklagen um den Unterschiedsbetrag zu erhöhen. Werden die eigenen Anteile unentgeltlich erworben, sind die Anschaffungskosten 0.[132] Im Er-

---

[127] *Bauer/Zehetner* in Straube/Ratka/Rauter, GmbHG § 81 Rz 44.
[128] *Auer* in Gruber/Harrer, GmbHG² § 81 Rz 44; *Ebner/Köppl* in Torggler, GmbHG § 81 Rz 21; *Wolkerstorfer*, NZ 2016, 367 (370 f; 372); vgl *Karollus* in Artmann/Karollus, AktG⁶ § 65 Rz 99/1; *H. Foglar-Deinhardstein* in Napokoj/Foglar-Deinhardstein/Pelinka, AktG § 65 Rz 21, 58; nunmehr auch *Bauer/Zehetner* in Straube/Ratka/Rauter, GmbHG § 81 Rz 5; **aA** (hinsichtlich § 70) *Koppensteiner/Rüffler*, GmbHG³ § 81 Rz 8 (s aber Rz 13).
[129] Zur früheren Aktivierungspflicht nach alter Rechtslage *Auer* in Gruber/Harrer, GmbHG¹ § 81 Rz 42; *Ebner/Köppl* in Torggler, GmbHG § 81 Rz 23.
[130] *Bergmann* in Torggler, UGB³ § 229 Rz 8; *G. Moser*, ecolex 2016, 793 (795).
[131] Zum Folgenden *Bergmann* in Torggler, UGB³ § 229 Rz 8; *Dokalik/Hirschler*, RÄG 2014 – Reform des Bilanzrechts², SWK-Spezial 2016, 82 f; *G. Moser*, ecolex 2016, 793 (795); *Wolkerstorfer*, NZ 2016, 367 (372).
[132] *Auer* in Gruber/Harrer, GmbHG² § 81 Rz 42.

gebnis bewirken die bilanziell erforderlichen Maßnahmen, dass die gesamten Anschaffungskosten einer **Ausschüttungssperre** unterworfen werden.[133] Nach dem Wortlaut v § 229 Abs 1a iVm Abs 7 UGB u der neuen Systematik des RÄG 2014 ist es mE möglich, die gebundene Rücklage wegen eigener Anteile zum Ausgleich eines sonst auszuweisenden Bilanzverlusts aufzulösen (str).[134] Aufwendungen, die Anschaffungsnebenkosten darstellen, sind im betr Geschäftsjahr aufwandswirksam zu erfassen.[135] Im **Lagebericht** ist auf den Bestand an eigenen Anteilen einzugehen (§ 243 Abs 3 Z 3 UGB).[136] **Wechselseitige Beteiligungen** (s Rz 51 ff) sind im **Anh** anzugeben (§ 241 Z 6 UGB).[137] Bei einem bloßen **Durchgangserwerb** eigener Anteile (s Rz 20 ff) ist ein bilanzieller Ausweis nicht erforderlich.[138]

Für den Fall der **Veräußerung** eigener Anteile (s Rz 59 ff) regelt § 229 Abs 1b UGB die bilanziellen Konsequenzen:[139] Die **offene Absetzung** des Nennbetrags der eigenen Anteile v Stammkapital endet, sodass das Nennkapital wieder in voller Höhe auszuweisen ist. Die beim Erwerb gebildete **gebundene Rücklage** (s Rz 48) ist aufzulösen. Soweit der Veräußerungserlös den Nennbetrag der eigenen Anteile übersteigt, ist der Unterschiedsbetrag bis zur Höhe des beim Erwerb allenfalls gem § 229 Abs 1a S 2 UGB mit den ungebundenen Rücklagen verrechneten Betrags (s Rz 48) wieder in die ungebundenen Rücklagen einzustellen. Ist der Veräußerungserlös auch höher als die Anschaffungskosten, gibt es weiters noch einen darüber hinausgehenden Unterschiedsbetrag zw Veräußerungserlös u Nennbetrag; mit diesem weiteren Unterschiedsbetrag ist die (gem § 229 Abs 4 UGB bei der großen GmbH gebundene)

49

---

133 So zur Rechtslage vor dem RÄG 2014 *Hügel*, Besprechung zu OGH 6 Ob 33/11p, GesRZ 2011, 364 (365).
134 *H. Foglar-Deinhardstein* in Napokoj/Foglar-Deinhardstein/Pelinka, AktG § 65 Rz 59. AA *G. Moser*, ecolex 2016, 793 (795) mN zur Diskussion; *Auer* in Gruber/Harrer, GmbHG² § 81 Rz 42; *Bauer/Zehetner* in Straube/Ratka/Rauter, GmbHG § 81 Rz 55.
135 *G. Moser*, ecolex 2016, 793 (795).
136 *Geirhofer* in Torggler, UGB² § 243 Rz 16 f.
137 OGH 28.6.2023, 6 Ob 178/22b, EvBl 2023, 851 (*Drobnik*) = *H. Foglar-Deinhardstein*, ÖJZ 2023, 911.
138 *Wolkerstorfer*, NZ 2016, 367 (372); *Bauer/Zehetner* in Straube/Ratka/Rauter, GmbHG § 81 Rz 55.
139 Zum Folgenden *Bergmann* in Torggler, UGB³ § 229 Rz 9; *Dokalik/Hirschler*, RÄG 2014 – Reform des Bilanzrechts², SWK-Spezial 2016, 83 f; *G. Moser*, ecolex 2016, 793 (795 f); *Baumüller*, RWZ 2016/5, 20 (21).

Kapitalrücklage gem § 229 Abs 2 Z 1 UGB zu dotieren.[140] Ist der Veräußerungserlös niedriger als die Anschaffungskosten, wäre die Differenz zu Lasten der freien Rücklage zu verrechnen. Wurden die Anteile in mehreren Tranchen zu untersch Anschaffungskosten erworben, sind die durchschnittlichen Anschaffungskosten zu ermitteln u den folgenden Veräußerungen zugrunde zu legen.[141]

3. Berichtspflichten

50 Die GF haben die Gesellschafter **im Zuge der oGV** (s § 35 Abs 1 Z 1, vgl § 35 Rz 23) über den Bestand an eigenen Anteilen, über die Gründe, den Zweck u die Art des Erwerbs u der Veräußerung eigener Anteile, über deren Zahl, deren Nennbetrag sowie über den auf die eigenen Anteile entfallenden Anteil am Stammkapital u über den Gegenwert der eigenen Anteile oder des Veräußerungspreises sowie über die Verwendung des Erlöses **zu unterrichten** (§ 65 Abs 3 analog).[142]

B. Wechselseitige Beteiligungen, Ringbeteiligungen, 10 %-Bestandsgrenze

51 Eine **wechselseitige Beteiligung** besteht, wenn Rechtsträger A an Rechtsträger B beteiligt ist, wobei B wiederum eine Beteiligung an A hält. Mit **Ringbeteiligung** ist gemeint, dass zwar keine direkte Rückbeteiligung zw A u B besteht, aber B eine Beteiligung an C hält, u C wiederum an A beteiligt ist. Potentiell problematisch seien derartige Konstellationen, weil sie – mangels „echter" Gesellschafter – zu einer (nach traditioneller Sicht verpönten, mE freilich unproblematischen [s schon Rz 9]) Verwaltungsherrschaft (die GmbH als willenloses Werkzeug ihrer Organe) sowie – da die v den direkten/indirekten Rückbeteiligungen betroffenen Kapitalanteile (im Ausmaß des Produkts der Beteiligungsquoten) kein reales Vermögen bilden – zur **Kapitalverwässerung** führen können.[143] Meines Erachtens sind wechselseitige u ringförmige Betei-

---

140 *Ritt-Huemer*, RdW 2019, 77 (78); *Ramharter/Zwick*, RWZ 2019, 355 (356).
141 *G. Moser*, ecolex 2016, 793 (795).
142 *Ebner/Köppl* in Torggler, GmbHG § 81 Rz 14; *Bauer/Zehetner* in Straube/Ratka/Rauter, GmbHG § 81 Rz 14; *Schatzmann* in Praxisschrift *Zankl* 731 (734); vgl allg *Aburumieh*, GesRZ 2005, 278.
143 *Auer* in Gruber/Harrer, GmbHG² § 81 Rz 14; *Bauer/Zehetner* in Straube/Ratka/Rauter, GmbHG § 81 Rz 21; *Koppensteiner/Rüffler*, GmbHG³ § 81

ligungen weder schlechthin zulässig noch schlechthin unzulässig;[144] entscheidend sind vielmehr die Umstände des Einzelfalls:

Eine GmbH, die sich zur Gänze selbst gehört, (**Kein-Mann-GmbH, Keine-Personen-GmbH**) ist unzulässig (s auch § 61 Rz 7).[145] Meines Erachtens haben die GF diesfalls zur Wahrung des Gläubigerschutzes das Liquidationsverfahren einzuleiten; für einen allfälligen Liquidationsüberschuss gilt § 750 ABGB analog.[146] Dieselben Rechtsfolgen müssen mE grds auch dann eintreten, wenn es zu einer wechselseitigen oder ringförmigen 100%-Zirkelbeteiligung zw einer GmbH u einem oder mehreren Tochterunternehmen kommt.[147] Anderes mag gelten, wenn die GmbH eine **Privatstiftung** (mit)stiftet, u diese Privatstiftung bis zu 100% an der GmbH erwirbt, zumal wenn sich die GmbH der wichtigsten Stifterrechte in der Privatstiftung begeben hat (s schon Rz 39).

52

Da der originäre Erwerb eigener Anteile – direkt oder durch ein Tochterunternehmen (§ 51 Abs 2 AktG analog iVm § 189a Z 7 UGB) – schon *per se* unzulässig ist (s Rz 4, s aber Rz 46), kann diese Konstruktion naturgemäß auch nicht zur Herstellung einer wechselseitigen Beteiligung benützt werden.[148] Soweit eine GmbH direkt oder durch ein Tochterunternehmen nach den Regeln des § 81 **derivativ** eigene Anteile erwerben darf, muss auch die daraus resultierende wechselseitige oder Ring-Beteiligung

53

Rz 14; *Karollus*, GesRZ 2020, 169 (173); *Rüffler/Cahn*, GesRZ 2020, 242; *Mock*, wbl 2021, 678 (680 ff).

144 Nachw zu diesen beiden Extrempositionen in der L bei *Ch. Nowotny* in *Kalss/Nowotny/Schauer*, GesR² Rz 4/436. Vgl OGH 28.6.2023, 6 Ob 178/22b, EvBl 2023, 851 (*Drobnik*) = *H. Foglar-Deinhardstein*, ÖJZ 2023, 911 = NZ 2023, 571 (*Walch*) = GesRZ 2023, 382 (*Kalss*): „[...] wechselseitige Beteiligungen [sind] nicht grundsätzlich verboten [...]."

145 *Auer* in Gruber/Harrer, GmbHG² § 81 Rz 5, 30; *Ch. Nowotny* in *Kalss/Nowotny/Schauer*, GesR² Rz 4/435; *Koppensteiner/Rüffler*, GmbHG³ § 81 Rz 8; *Bauer/Zehetner* in Straube/Ratka/Rauter, GmbHG § 81 Rz 7; *Koppensteiner*, wbl 2014, 678 (684 FN 65).

146 *Bachner* in Doralt/Nowotny/Kalss, AktG¹ § 1 Rz 7; *H. Foglar-Deinhardstein* in Napokoj/Foglar-Deinhardstein/Pelinka, AktG § 65 Rz 62; vgl *Koppensteiner/Rüffler*, GmbHG³ § 84 Rz 20 ff; wohl auch *Eckert*, Int GesR 112 (FN 508), 522; skeptisch *Gall* in Doralt/Nowotny/Kalss, AktG³ § 1 Rz 10.

147 Vgl *H. Foglar-Deinhardstein*, GesRZ 2012, 326 (330); *H. Foglar-Deinhardstein* in Napokoj/Foglar-Deinhardstein/Pelinka, AktG § 65 Rz 62; *Mock*, wbl 2021, 678 (683).

148 *Gaggl*, Gläubigerschutz bei Umgründung der GmbH & Co KG 277.

aus Sicht der GmbH zulässig sein.[149] § 81 darf nicht dadurch umgangen werden, dass die GmbH im Widerspruch zu den Vorgaben v § 81 eigene Anteile über ein Tochterunternehmen (gem § 189a Z 7 UGB) erwirbt (s Rz 38). Hingegen darf eine GmbH als Untergesellschaft mE grds zulässigerweise Anteile an ihrer Obergesellschaft erwerben (s aber Rz 38). Ist die Obergesellschaft freilich eine GmbH, AG oder SE, ist aus Sicht der Obergesellschaft wiederum § 66 AktG (analog) zu beachten, der den (derivativen) Erwerb eigener Anteile durch Tochterunternehmen regelt. Zulässig ist mE auch der Erwerb eigener Anteile über ein Tochterunternehmen, das nicht die Definition des § 189a Z 7 UGB erfüllt (**str**).[150] Eine mit einem Dritten gemeinsam beherrschte Gesellschaft gilt mE nicht als Tochterunternehmen iSv § 66 AktG analog iVm § 189a Z 7 UGB (**str**).[151]

54 Die Grenze des § 65 Abs 2 S 1 AktG (**10%-Erwerbsgrenze,** Erwerbsverbot), wonach eine AG insgesamt nicht mehr als 10% des Nennkapitals erwerben darf, ist auf die GmbH **nicht** analog anwend-

---

149 *Auer* in Gruber/Harrer, GmbHG[2] § 81 Rz 15; *Ebner/Köppl* in Torggler, GmbHG § 81 Rz 3; *H. Foglar-Deinhardstein* in Napokoj/Foglar-Deinhardstein/Pelinka, AktG § 65 Rz 63. Vgl OGH 28.6.2023, 6 Ob 178/22b, EvBl 2023, 851 (*Drobnik*) = *H. Foglar-Deinhardstein*, ÖJZ 2023, 911 = NZ 2023, 571 (*Walch*) = GesRZ 2023, 382 (*Kalss*); OLG Innsbruck 22.4.2020, 3 R 10/20z, GesRZ 2020, 279 (*Eckert*); *Eckert/Schopper* in Eckert/Schopper, AkG-ON § 51 Rz 28; *Eckert/Schopper/U. Schmidt* in Eckert/Schopper, AktG-ON § 66 Rz 31 f.

150 So zum Aktienrecht OLG Innsbruck 22.4.2020, 3 R 10/20z, GesRZ 2020, 279 (*Eckert*); *Karollus* in Artmann/Karollus, AktG[6] § 66 Rz 7, 27; *H. Foglar-Deinhardstein* in Napokoj/Foglar-Deinhardstein/Pelinka, AktG § 66 Rz 2; *Eckert/Schopper*, GesRZ 2020, 381 (381, 393 f); *Eckert/Schopper* in Eckert/Schopper, AktG-ON § 51 Rz 9; *Eckert/Schopper/U. Schmidt* in Eckert/Schopper, AktG-ON § 66 Rz 31; *Karollus*, GesRZ 2020, 169 (169, 172 f, 175, 177); *Artmann*, wbl 2021, 61; ähnlich *Bauer/Zehetner* in Straube/Ratka/Rauter, GmbHG § 81 Rz 25 ff; OGH 28.6.2023, 6 Ob 178/22b, EvBl 2023, 851 (*Drobnik*) = *H. Foglar-Deinhardstein*, ÖJZ 2023, 911 = NZ 2023, 571 (*Walch*) = GesRZ 2023, 382 (*Kalss*); aA *Mock*, wbl 2021, 678 (684 ff); (Unzulässigkeit jeder Rückbeteiligung) *Koppensteiner/Rüffler*, GmbHG[3] § 81 Rz 16; diese A aber aufgebend *Koppensteiner* in FS Hügel 217 (222); *Koppensteiner*, GES 2020, 227 (237, 240).

151 OGH 28.6.2023, 6 Ob 178/22b, EvBl 2023, 851 (*Drobnik*) = *H. Foglar-Deinhardstein*, ÖJZ 2023, 911 = NZ 2023, 571 (*Walch*) = GesRZ 2023, 382 (*Kalss*); OLG Innsbruck 22.4.2020, 3 R 10/20z, GesRZ 2020, 279 (*Eckert*); *Artmann*, wbl 2021, 61; *H. Hayden/U. Torggler*, GesRZ 2022, 58; aA *Koppensteiner*, wbl 2020, 241 (245 f); *Koppensteiner*, GES 2020, 227 (232 ff, 239); *Mock*, wbl 2021, 678 (684 ff).

bar.¹⁵² Meines Erachtens ist § 65a Abs 2 AktG (**10%-Bestandsgrenze, Behalteverbot**) bei der GmbH nur auf die Fälle v § 81 S 3 (unentgeltlicher Erwerb, Gesamtrechtsnachfolge, Erwerb zur Entschädigung v Minderheitsgesellschaftern – s Rz 15 ff)¹⁵³ – u somit nicht bei Anwendung v § 81 S 2 (Exekution zur Hereinbringung eigener Forderungen, s Rz 13 f) oder beim Erwerb aus ausschüttbaren Mitteln (s Rz 33) oder aufgrund der Kommission durch ein Kreditinstitut (s Rz 34) – anzuwenden; nach diesem Behalteverbot sind Anteile, die zwar zulässigerweise erworben worden sind, aber 10% des Nennkapitals übersteigen, **innerhalb v drei Jahren** nach dem Erwerb zu veräußern. Auslösendes Ereignis für die Dreijahresfrist ist der dingliche Erwerb der Anteile durch das Verfügungsgeschäft, wobei die Frist bei zwischenzeitigem Unterschreiten der 10%-Bestandsgrenze neu zu laufen beginnt.¹⁵⁴ Wird diese Frist nicht eingehalten, sind eine **Kapitalherabsetzung** gem § 192 AktG analog (dh bei voll eingezahlten Anteilen **ohne Gläubigeraufruf**, s § 54 Rz 14) oder eine **Sachdividende** (s Rz 69, § 82 Rz 58, § 101 Rz 36) zu erwägen.¹⁵⁵ Möglich ist auch, durch eine **Kapitalerhöhung** den Bestand der eigenen Anteile auf maximal 10% zu drücken.¹⁵⁶ Anteile, die v einem Tochterunternehmen gem § 189a Z 7 UGB oder einem Treuhänder gehalten werden, (s Rz 38) gelten für die Berechnung der 10%-Behaltegrenze als eigene Anteile, die die GmbH selbst hält (§ 66 Abs 1 S 3 AktG iVm § 65a Abs 2 AktG analog). Anteile, die die 10%-Behaltegrenze nicht überschreiten, dürfen die

---

152 *Auer* in Gruber/Harrer, GmbHG² § 81 Rz 31, 34, 39; *Bauer/Zehetner* in Straube/Ratka/Rauter, GmbHG § 81 Rz 14, 37; *Ebner/Köppl* in Torggler, GmbHG § 81 Rz 7.
153 Für die generelle Anwendbarkeit *Bauer/Zehetner* in Straube/Ratka/Rauter, GmbHG § 81 Rz 14, 24, 54; *Kalss/Eckert*, GesRZ 2007, 222 (224); für Anwendbarkeit nur für S 3 *Auer* in Gruber/Harrer, GmbHG² § 81 Rz 43; implizit auch *Ebner/Köppl* in Torggler, GmbHG § 81 Rz 16; offen *Wolkerstorfer*, NZ 2016, 367 (371).
154 *H. Foglar-Deinhardstein* in Napokoj/Foglar-Deinhardstein/Pelinka, AktG § 65a Rz 6 mwN; *Eckert/Schopper/U. Schmidt* in Eckert/Schopper, AktG-ON § 65a Rz 7, 12.
155 *Bauer/Zehetner* in Straube/Ratka/Rauter, GmbHG § 81 Rz 14, 34, 35; *Kalss/Eckert*, GesRZ 2007, 222 (224 f); *Auer* in Gruber/Harrer, GmbHG² § 81 Rz 43; *Ebner/Köppl* in Torggler, GmbHG § 81 Rz 20; näher zur Einziehung eigener Anteile gem § 192 AktG analog *Schatzmann* in Praxisschrift Zankl 731 (734). Beide Ausgleichsmaßnahmen sind selbstverständlich auch schon vor Ablauf der Veräußerungsfrist zulässig.
156 *Eckert/Schopper/U. Schmidt* in Eckert/Schopper, AktG-ON § 65a Rz 13.

GmbH u ihre Tochterunternehmen grds behalten.[157] Der OGH hat anerkannt, dass eine (Rück- oder Ring-)Beteiligung außerhalb des Verhältnisses einer Mutter-KapGes zu einem Tochterunternehmen iSv § 66 AktG (analog) iVm § 189a Z 7 UGB zulässig ist, zumindest soweit eine durchgerechnete (un-)mittelbare Selbstbeteiligung v 10 % nicht überschritten werde.[158] Meines Erachtens ist auch eine durchgerechnete Selbstbeteiligung v mehr als 10 % rechtlich *per se* unproblematisch, sofern sie in gesetzl erlaubtem Rahmen erworben wurde u gehalten wird.

55 Unzulässigerweise hergestellte oder bestehende wechselseitige oder ringförmige Beteiligungen sind durch Veräußerung der Anteile (bzw – insb bei Nichtigkeit des Erwerbs [s Rz 44] – Rückabwicklung der Anteilserwerbe) abzubauen.[159] Soll eine **Kapitalerhöhung** bei einer Gesellschaft durchgeführt werden, an der eine zulässige Rückbeteiligung besteht, ist es mE grds nicht erforderlich, für jene Anteilsübernehmerin, an der die Gesellschaft rückbeteiligt ist, in Relation zu den übrigen Anteilsübernehmern entweder eine geringere Zuteilung (Minderzuteilung) oder einen höheren Ausgabebetrag (Mehrleistung) festzulegen (**str**).[160] Das liegt schon daran, dass bei der kapitalerhöhenden Gesellschaft ja

---

157 *Bauer/Zehetner* in Straube/Ratka/Rauter, GmbHG § 81 Rz 36, 54; *H. Foglar-Deinhardstein* in Napokoj/Foglar-Deinhardstein/Pelinka, AktG § 65a Rz 6; vgl OGH 23.4.2020, 6 Ob 56/20h, GesRZ 2020, 356 (*H. Foglar-Deinhardstein*) = ZFR 2020, 512 (*Gassner*).
158 OGH 28.6.2023, 6 Ob 178/22b, EvBl 2023, 851 (*Drobnik*) = *H. Foglar-Deinhardstein*, ÖJZ 2023, 911 = NZ 2023, 571 (*Walch*) = GesRZ 2023, 382 (*Kalss*). *Walch* (in NZ 2023, 573 f) begründet ausführlich, wieso auch eine Selbstbeteiligung v durchgerechnet mehr als 10 % grds rechtlich unproblematisch ist.
159 *Auer* in Gruber/Harrer, GmbHG² § 81 Rz 23, 43; *Koppensteiner/Rüffler*, GmbHG³ § 81 Rz 15; zur Nichtigkeit des Erwerbs bei Verstoß gegen § 81 s OGH 17.9.2014, 6 Ob 185/13v, RWZ 2014/72, 327 (*Wenger*) = GesRZ 2015, 52 (*J. Reich-Rohrwig/Zimmermann*) = wbl 2015, 228 (*Auer*) = *Kocab/Grund*, ecolex 2015, 211.
160 Zum Aktienrecht OGH 28.6.2023, 6 Ob 178/22b, EvBl 2023, 851 (*Drobnik*) = *H. Foglar-Deinhardstein*, ÖJZ 2023, 911 = NZ 2023, 571 (*Walch*) = GesRZ 2023, 382 (*Kalss*); OLG Innsbruck 22.4.2020, 3 R 10/20z, GesRZ 2020, 279 (*Eckert*); *Karollus*, GesRZ 2020, 169; *Eckert/Schopper*, GesRZ 2020, 381; *J. Koch*, AktG¹⁷ § 54 Rz 5a; *Eckert/Schopper* in Eckert/Schopper, AktG-ON § 51 Rz 28; *Aschauer/Eckert*, RWZ 2022, 127; *Aschauer/Eckert*, RWZ 2022, 276; aA *Rüffler/Cahn*, GesRZ 2020, 242; *Koppensteiner*, GES 2020, 227; *Koppensteiner*, GES 2020, 300; *Mock*, GES 2021, 5; *Mock*, wbl 2021, 678 (680 ff, 686 ff); *Mock*, RWZ 2022, 187; *Rüffler/Vanas*, GES 2022, 335; *Cahn*, ecolex 2023, 217. Offen noch OGH 25.11.2020, 6 Ob 93/20z, GesRZ 2021, 185 (*Potyka*).

die Einlage tatsächlich zufließen muss,[161] während bei der Anteilsübernehmerin das abfließende Vermögen ohnedies durch eine wertentsprechende Beteiligung an der kapitalerhöhenden Gesellschaft substituiert wird. Die einhergehende Kapitalverwässerung als behauptetes Problem kann mE weder durch Minderzuteilung noch durch Mehrleistung effektiv ausgeglichen werden (ebensowenig wie die Löcher aus einem Käse herausgeschnitten werden können).[162] Das diskutierte Them ist schlicht dem Pyramiden- oder Teleskopeffekt[163] geschuldet, der freilich der Anerkennung der KapGes durch die Rechtsordnung immanent ist.[164] Einer Weiterverwendung des bei der Kapitalerhöhung eingebrachten Kapitals durch die kapitalerhöhende Gesellschaft für eine Kapitalerhöhung bei der Anteilsübernehmerin setzen die allg Kapitalaufbringungsregeln – insb das **Verbot der verdeckten Sacheinlage** – Grenzen.[165]

C. Einheits-GmbH & Co KG

Eine GmbH & Co KG (allg s § 82 Rz 156 ff), deren Komplementär-GmbH zu 100% im Eigentum der KG steht, wird als **Einheits-GmbH & Co KG (Einheitsgesellschaft)** bezeichnet. Durch diese Konstruktion wird der Gesellschafterwechsel gegenüber der gewöhnlichen GmbH & Co KG erleichtert, weil die Übertragung der Kommanditanteile zur Umsetzung genügt (vorsichtsweise sollte mE dennoch die Notariatsaktsform iSv § 76 Abs 2 eingehalten werden, weil jede Übertragung eines Kommanditanteils automatisch auch eine indirekte Quote des GmbH-Geschäftsanteils, den die KG an der GmbH hält, mitbewegt[166]). 56

Der **OGH** hat die Zulässigkeit der Einheits-GmbH & Co KG zumindest für den Fall einer dt Kommanditgesellschaft mit österr Komplementär-GmbH bejaht.[167] Auch für rein innerösterreichische SV ist die Zuläs- 57

---

161 Zum Aktienrecht OGH 28.6.2023, 6 Ob 178/22b, EvBl 2023, 851 (*Drobnik*) = *H. Foglar-Deinhardstein*, ÖJZ 2023, 911 = NZ 2023, 571 (*Walch*) = GesRZ 2023, 382 (*Kalss*).
162 *H. Foglar-Deinhardstein*, ÖJZ 2023, 911 (916).
163 Vgl *Artmann* in Artmann/Rüffler/Torggler, GmbH & Co KG 83 (88) mwN.
164 Vgl *Rohregger* in Lewisch, JB Wirtschaftsstrafrecht 2014, 41 (44 ff).
165 *H. Foglar-Deinhardstein*, ÖJZ 2023, 911 (917).
166 *H. Foglar-Deinhardstein* in Foglar-Deinhardstein, HB vGA, Rz 1/186.
167 OGH 17.9.2014, 6 Ob 185/13v, RWZ 2014/72, 327 (*Wenger*) = GesRZ 2015, 52 (*J. Reich-Rohrwig/Zimmermann*) = wbl 2015, 228 (*Auer*) = Kocab/Grund, ecolex 2015, 211; krit *Eckert* in Torggler, UGB³ § 161 Rz 7.

sigkeit mE grds zu befürworten (**str**).[168] Dies gilt va, wenn die Komplementär-GmbH reine Arbeitsgesellschafterin ist.[169] Selbst wenn die GmbH aber am Vermögen der KG beteiligt ist, kann sie mE – innerhalb der Grenzen v § 66 AktG analog u § 81 (s Rz 38, § 82 Rz 25, 65) – über die KG zulässig eigene Anteile erwerben.[170] Das Problem der Verwaltungsherrschaft (s Rz 9, 51) – die GmbH als Komplementärin der KG würde diese in ihrer eigenen GV vertreten – kann einfach dadurch gelöst werden, dass die Verfassung der konkreten Einheits-GmbH & Co KG der Kommanditistenversammlung eine wesentliche Rolle zubilligt.[171]

---

168 *H. Foglar-Deinhardstein* in Foglar-Deinhardstein, HB vGA, Rz 1/186; *H. Foglar-Deinhardstein*, ÖJZ 2023, 911 (917); *U. Heidinger*, Die Einheits-GmbH & Co KG 23, 59. Vgl differenzierend *N. Arnold* in GS Arnold², 1 (4 ff). Skeptisch *Artmann* in FS Schauer 1 (2 ff).

169 *H. Foglar-Deinhardstein* in Foglar-Deinhardstein, HB vGA, Rz 1/186; *Gaggl*, Gläubigerschutz bei Umgründung der GmbH & Co KG 276 FN 2025; *T. Hayden*, RdW 2023, 751 (751 f, 753 FN 20); vgl auch *Auer* in Gruber/Harrer, GmbHG² § 81 Rz 19 f; *Ebner/Köppl* in Torggler, GmbHG § 81 Rz 4; *Koppensteiner/Auer* in Straube/Ratka/Rauter, UGB⁴ § 161 Rz 18; *Koppensteiner/Rüffler*, GmbHG³ § 81 Rz 17; *Bauer/Zehetner* in Straube/Ratka/Rauter, GmbHG § 81 Rz 65; *Edelmann* in Bergmann/Ratka, HB Personengesellschaften² Rz 5/9a, 5/62, 5/90; *Haberer/Zib* in Zib/Dellinger, UGB § 161 Rz 44; idS wohl auch OGH 13.4.2000, 6 Ob 8/00w, ecolex 2001, 47 (*Zehetner*) = NZ 2001, 337 (*Umlauft*); 28.6.2000, 6 Ob 7/00y; aA *Eckert* in Torggler, UGB³ § 161 Rz 7.

170 *H. Foglar-Deinhardstein* in Foglar-Deinhardstein, HB vGA, Rz 1/186; vgl *Bauer/Zehetner* in Straube/Ratka/Rauter, GmbHG § 81 Rz 62 f; *Reich-Rohrwig*, Kapitalerhaltung 412 ff; *Diregger/Eckert*, RdW 2013/577, 579 (581); so auch *Eckert* in Torggler, UGB³ § 161 Rz 7. Die Zulässigkeit des unentgeltlichen Erwerbs der GmbH-Anteile durch die KG befürwortend *Koppensteiner/Rüffler*, GmbHG³ § 81 Rz 17; *Gaggl*, Gläubigerschutz bei Umgründung der GmbH & Co KG 277.

171 OGH 17.9.2014, 6 Ob 185/13v, RWZ 2014/72, 327 (*Wenger*) = GesRZ 2015, 52 (*J. Reich-Rohrwig/Zimmermann*) = wbl 2015, 228 (*Auer*) = *Kocab/Grund*, ecolex 2015, 211; *Bauer/Zehetner* in Straube/Ratka/Rauter, GmbHG § 81 Rz 66; *Reich-Rohrwig*, Kapitalerhaltung 414 f; *Diregger/Eckert*, RdW 2013/577, 579 (581); *Edelmann* in Bergmann/Ratka, HB Personengesellschaften² Rz 5/92; OLG Celle 6.7.2016, 9 W 93/16, GmbHR 2016, 1094 (*Sammet*); *von Bonin*, NZG 2016, 1299 (1301 f); *K. Schmidt* in FS Westermann 1425 (1439 f, 1445); *K. Schmidt*, ZIP 2007, 2193 (2196 f); *Oetker* in FS K. Schmidt 79; *Seidel*, BB 2017, 732 (736); *Wertenbruch*, NZG 2022, 939; dies nicht für notwendig erachtend BGH 16.7.2007, II ZR 109/06, EWiR, 689 (*Kort*); KG Berlin 21.12.2018, 22 W 84/18, ZIP 2019, 519; s aber § 170 Abs 2 dHGB nF (dazu *Gebhard/Greth*, NZG 2023,

D. Squeeze-out gemäß GesAusG

Das Halten eigener Anteile ist auch bei der Umsetzung eines **Gesell-** **58**
schafterausschlusses gem GesAusG (*Squeeze-out*) (s Rz 36, § 66
Rz 18 ff) relevant. Ein *Squeeze-out* ist gem § 1 Abs 1 GesAusG auf Verlangen des Hauptgesellschafters durchzuführen. Hauptgesellschafter ist
gem § 1 Abs 2 GesAusG, wem zum Zeitpunkt der Beschlussfassung
durch die GV Anteile in Höhe v mind 90 % des Stammkapitals gehören.[172] Dabei sind gem ausdrücklicher Anordnung des Gesetzes **eigene**
Anteile der GmbH oder Anteile, die ein Treuhänder auf Rechnung der
GmbH hält, v Gesamtnennkapital abzuziehen. Siehe auch § 82 Rz 80.
Erreicht der Hauptgesellschafter die 90 %-Beteiligungsschwelle mithilfe
des Rückerwerbs eigener Anteile durch die Gesellschaft, ist die daran
anschließende Geltendmachung des Ausschlussrechts gem GesAusG
grds zulässig; eine unzulässige Vorgangsweise kann nur ausnahmsweise
vorliegen, etwa wenn die Voraussetzungen für den *Squeeze-out* nicht
rechtskonform erzielt werden, oder diese Voraussetzungen ausschließlich mit dem Ziel der Durchführung des Gesellschafterausschlusses hergestellt werden u bereits v vornherein klar ist, dass diese nach dem
Squeeze-out-Beschluss wieder rückgängig gemacht werden sollen.[173]

V. Veräußerung eigener Anteile

A. Veräußerungspflicht

Eine generelle Verpflichtung zur schnellstmöglichen Veräußerung **59**
eigener Anteile durch die GmbH besteht mE entgegen der hA nicht.[174]

---

156). Zur Möglichkeit v Weisungsrechten der Kommanditisten s schon
OGH 22.12.1976, 1 Ob 797/76 (1 Ob 802/76).
172 OGH 31.1.2013, 6 Ob 210/12v, GesRZ 2013, 162 (*H. Foglar-Deinhardstein*).
173 OGH 23.4.2020, 6 Ob 56/20h, GesRZ 2020, 356 (*H. Foglar-Deinhardstein*)
= ZFR 2020, 512 (*Gassner*); 22.6.2022, 6 Ob 92/22f, EvBl-LS 2022/116
(*Painsi*) = *H. Foglar-Deinhardstein*, ÖJZ 2022, 911; vgl auch *H. Foglar-*
Deinhardstein/Molitoris/Hartig, GesRZ 2020, 43 mwN.
174 So aber *Auer* in Gruber/Harrer, GmbHG² § 81 Rz 43; *Koppensteiner/Rüffler*, GmbHG³ § 81 Rz 12; *Bauer/Zehetner* in Straube/Ratka/Rauter,
GmbHG § 81 Rz 54; **aA** schon *Stölzle*, GesRZ 1973, 42 (43 f).

Dies ergibt sich dogmatisch schon aus einem Umkehrschluss aus §65a Abs 2 AktG analog (s Rz 54 f).[175] Mit Blick auf § 82 ist die GmbH mE nicht zur schnellst-, sondern (außer bei dringendem Liquiditätsbedarf) zur **bestmöglichen Verwertung** verpflichtet, wobei hier im Rahmen der betriebl Rechtfertigung auch nicht-monetäre Vorteile für die GmbH – zB bei der Möglichkeit der Hereinnahme eines neuen strategischen Investors (zu eigenen Anteilen als Akquisitionswährung s Rz 60) oder der Durchführung einer Mitarbeiterbeteiligung (s Rz 82 ff) – einfließen können. Für diese Sichtweise spricht mE gerade auch der Umstand, dass die Gesellschaft bei gem § 81 S 2 aus der Exekution erworbenen Anteilen (s Rz 13 f) erst durch die Verwertung (Wiederveräußerung) dieser Anteile einen Liquiditätsrückfluss generiert u damit wirtschaftliche Befriedigung erlangt,[176] zumal schnellstmögliche Veräußerung immer die Gefahr der Wertvernichtung in sich birgt.[177] Meines Erachtens kann auch durch die **formwechselnde Umwandlung einer AG in einem GmbH** nicht nachträglich eine Veräußerungspflicht für bereits zulässig erworbene u gehaltene eigene Anteile entstehen, weil die aktienrechtliche Zulässigkeit des Erwerbs durch den nachgelagerten Formwechsel nicht mehr beeinträchtigt wird; da § 81 den Erwerb eigener Anteile im Weg der Gesamtrechtsnachfolge zulässt (s Rz 16 ff), kann diese Vorschrift umso weniger dem Behalten eigener Anteile bei identitätswahrendem Formwechsel entgegenstehen.[178]

60 Die eigenen Anteile müssen – wenn sie freiwillig oder pflichtgemäß veräußert werden – nicht unbedingt gegen Geld veräußert werden, sondern können – insb im Zuge v **Unternehmenserwerben, Verschmelzungen** (s § 101 Rz 27) oder *Debt-equity-swaps* (s Rz 68) – auch als **Akquisitionswährung (Transaktionswährung, Tauschwährung)** ein-

---

175 Vgl zum Aktienrecht OGH 23.4.2020, 6 Ob 56/20h, GesRZ 2020, 356 (*H. Foglar-Deinhardstein*) = ZFR 2020, 512 (*Gassner*).
176 **AA** (eine Verpflichtung zur grds schnellstmöglichen Veräußerung ableitend) *Auer* in Gruber/Harrer, GmbHG² § 81 Rz 43; *Koppensteiner/Rüffler*, GmbHG³ § 81 Rz 12.
177 Vgl *H. Foglar-Deinhardstein* in Napokoj/Foglar-Deinhardstein/Pelinka, AktG § 65a Rz 7.
178 *H. Foglar-Deinhardstein* in Napokoj/Foglar-Deinhardstein/Pelinka, AktG § 65 Rz 65; *H. Foglar-Deinhardstein*, Besprechung zu OGH 6 Ob 56/20h, GesRZ 2020, 362 (363); ähnlich *Zollner* in Doralt/Nowotny/Kalss, AktG³ § 241 Rz 9; *Szep* in Artmann/Karollus, AktG⁶ § 241 Rz 11; *Eckert/Schopper/Dobrijević* in Eckert/Schopper, AktG-ON[1.00] § 241 Rz 7. Tw **aA** *Ebner*, RdW 2019, 522.

gesetzt werden (dh der Veräußerer des zu erwerbenden Unternehmens, die Anteilseigner der übertragenden Gesellschaft bei der Verschmelzung bzw der Inferent einer Forderung erhalten als Entgelt eine Beteiligung an der erwerbenden GmbH).[179] Zur Einhaltung des Gleichbehandlungsgrundsatzes s Rz 63.

Ob bei der Veräußerung eigener Anteile des **Verbot der Einlagenrückgewähr** gem § 82 zu beachten ist – die Konditionen der Veräußerung, insb der Verkaufspreis, somit bei sonstiger Nichtigkeit drittvergleichsfähig/betriebl gerechtfertigt auszugestalten sind (s § 82 Rz 16, 81 ff) –, ist **umstritten**.[180] Meines Erachtens sind die Kapitalerhaltungsgrundsätze einzuhalten, zumal diese verlangen, dass kein Vermögen der GmbH – zu dem zweifelsfrei auch die eigenen Anteile gehören – ohne entspr Wertausgleich in Richtung bestehender, ehem oder zukünftiger Gesellschafter abfließt. Den eigenen Anteilen kommt zumindest außerhalb v Liquidation u Insolvenz auch ein Wert zu, der aus dem Wiederaufleben der Gesellschafterrechte im Veräußerungsfall resultiert (s Rz 46).[181] Eine zu billige Abgabe eigener Anteile kann überdies zur Verwässerung der bestehenden Gesellschafter führen.[182] Gibt die GmbH eine größere Beteiligung ab, oder hält der Erwerber bereits eine größere Beteiligung, kann die Einpreisung eines **marktkonformen Zu-**

61

---

179 *Kalss* in Doralt/Nowotny/Kalss, AktG³ § 65 Rz 5; *H. Foglar-Deinhardstein* in Napokoj/Foglar-Deinhardstein/Pelinka, AktG § 65 Rz 65; vgl auch zum Aktienrecht *Kapsch/Zollner*, SWK 2006/10, W 25; *H. Foglar-Deinhardstein*, Besprechung zu OGH 6 Ob 56/20h, GesRZ 2020, 362 (363); ÜbK 31.10.2017, 2017/2/1-22 – *HTI AG*.
180 **Dafür** *Koppensteiner*, GesRZ 2017, 6 (12); *Karollus* in Artmann/Karollus, AktG⁶ § 65 Rz 80, 85 f; *Kapsch/Zollner*, SWK 2006/10, W 25 (W 31 f); *Saria*, NZG 2000, 458 (461); *Kalss* in Kalss/Nowotny/Schauer, GesR² Rz 3/1026; *H. Foglar-Deinhardstein* in Napokoj/Foglar-Deinhardstein/Pelinka, AktG § 65 Rz 70. **Dagegen** *Eckert* in Fleischer/Kalss/Vogt, Aktuelle Entwicklungen 2012, 287 (289 FN 5); *Eckert/Schopper/U. Schmidt* in Eckert/Schopper, AktG-ON § 65 Rz 84 (mit einer Parallele zur Kapitalerhöhung argumentierend, die aber in Rz 83 u Rz 86 gerade bestritten wird); *Schatzmann* in Praxisschrift *Zankl* 731 (732 ff).
181 *G. Moser*, GesRZ 2009, 330 (331); *Karollus*, GesRZ 2020, 169 (172); *Koppensteiner*, wbl 2014, 678 (684 FN 64); (dazu u auch zu einer allfälligen betriebl Rechtfertigung) *Koppensteiner*, GesRZ 2017, 6 (12). **AA** (eigene Anteile seien „wertlose Rechtshülsen") *Rüffler/Cahn*, GesRZ 2020, 242 (248); differenzierend *Rüffler/Vanas*, GES 2022, 335 (338 f).
182 *Kalss* in Doralt/Nowotny/Kalss, AktG³ § 65 Rz 92. S aber Rz 63.

schlags (Kontrollprämie, Paketzuschlag) erforderlich sein[183] (s aber Rz 63 zum faktischen Bezugsrechtsausschluss). Stundungen v Kaufpreisbestandteilen unterliegen mE insb dann nicht dem Verbot der Finanzierung des Erwerbs eigener Anteile (s Rz 77 ff), wenn bereits der sofort fällige Kaufpreisbestandteil den Verkehrswert der eigenen Anteile abdeckt, u der gestundete Kaufpreisbestandteil daher in Wirklichkeit eine Zuschussverpflichtung (zum Gesellschafterzuschuss s § 72 Rz 7) darstellt.

62 Zur Veräußerung eigener Anteile im Zuge v **Mitarbeiterbeteiligungsprogrammen** s Rz 82 ff.

B. Gleichbehandlungsgebot, Form- und Genehmigungspflicht sowie Übertragungsbeschränkungen

63 Bei der Veräußerung eigener Anteile ist die **Gleichbehandlung** der Gesellschafter zu wahren (§ 1186 Abs 2 ABGB, § 65 Abs 1b AktG iVm § 47a AktG analog).[184] Den Gesellschaftern steht daher grds ein **Bezugsrecht** (Vorerwerbsrecht) auf die zu veräußernden eigenen Anteile zu, das durch Gesellschafterbeschluss ausgeschlossen werden kann[185] (s auch Rz 66). Dabei sind die allg Voraussetzungen für den **Bezugsrechtsausschluss** iSv § 52 Abs 3 einzuhalten, die aber bei der Veräußerung eigener Anteile milder anzusetzen sind als bei der Kapitalerhöhung:[186] Die Veräußerung eigener Anteile kann – sofern sie zu einem angemessenen Preis erfolgt (s Rz 61) – nämlich nicht zu einer Verwässerung der Beteiligungsquote oder der Stimmrechte der Gesellschafter führen, sondern resultiert nur im Wiederaufleben ohnedies bereits bestehender Stimmrechte (s Rz 46). Die für die Veräußerung eigener Anteile an ausgewählte Erwerber erforderliche sachliche Rechtfertigung

---

183 Vgl zum Aktienrecht *Karollus* in Artmann/Karollus, AktG[6] § 65 Rz 86; *H. Foglar-Deinhardstein* in Napokoj/Foglar-Deinhardstein/Pelinka, AktG § 65 Rz 70.
184 *Ebner/Köppl* in Torggler, GmbHG § 81 Rz 19.
185 *Ebner/Köppl* in Torggler, GmbHG § 81 Rz 19; *Bauer/Zehetner* in Straube/Ratka/Rauter, GmbHG § 81 Rz 34; *Schatzmann* in Praxisschrift Zankl 731 (734). **AA** zu Bestehen eines Bezugsrechts *Eckert/Schopper/U. Schmidt* in Eckert/Schopper, AktG-ON § 65 Rz 86.
186 Zum Folgenden vgl *Kalss* in Doralt/Nowotny/Kalss, AktG[3] § 65 Rz 92; *Kapsch/Zollner*, SWK 2006/10, W 25 (W 27 ff); *H. Foglar-Deinhardstein* in Napokoj/Foglar-Deinhardstein/Pelinka, AktG § 65 Rz 71.

wird daher grds eher gegeben sein als beim Bezugsrechtsausschluss bei der Kapitalerhöhung. Eine Veräußerung eigener Anteile zu einem Preis über dem wahren Wert kann als (verpönter) **faktischer Bezugsrechtsausschluss** zu qualifizieren sein (s aber Rz 61 zu marktkonformen Zuschlägen). Wenn dies zur Wahrung der Gleichbehandlung aller Gesellschafter erforderlich ist, können die zu veräußernden Anteile **geteilt** werden, auch wenn die Teilungsmöglichkeit im GesV nicht gem § 79 vorgesehen ist.[187]

Bei der Veräußerung eigener Anteile durch die GmbH unterliegt mE nur das **Verpflichtungsgeschäft**, aber nicht das Verfügungsgeschäft der **Notariatsaktspflicht** (str).[188] 64

Die Veräußerung eigener Anteile bedarf mE jedenfalls dann eines zust **Gesellschafterbeschlusses**, wenn er ein **ao Geschäft**[189] darstellt.[190] 65

Vinkulierungen gem § 76 Abs 2 u andere **Übertragungsbeschränkungen** (Aufgriffsrechte etc) sowie die Vorgaben des § 79 zur **Teilung v Geschäftsanteilen** (s § 79 Rz 4 ff, 14 ff) sind bei der Veräußerung eigener Anteile mE grds beachtlich.[191] Werden die durch die gesv Beschränkungen erforderlichen Zustimmungen zur Übertragung ordnungsgemäß erteilt, steht den Gesellschaftern mE – mangels ausdrücklich abw Regelung – grds kein allg Bezugsrecht auf die eigenen Anteile (s Rz 63) mehr zu. Vinkulierungen stehen mE der **umgründungsbedingten Anteils**- 66

---

187 *Bauer/Zehetner* in Straube/Ratka/Rauter, GmbHG § 81 Rz 34; *Kalss/Eckert*, GesRZ 2007, 222 (225).
188 *Auer*, JBl 2011, 361 (365 f); vgl *Schopper* in Gruber/Harrer, GmbHG² § 76 Rz 46 (FN 244); **aA** (keine Notariatsaktspflicht für Verpflichtungs- u Verfügungsgeschäft) OLG Wien 16.5.2002, 8 Ra 127/02h, GES 2003, 19.
189 Zum Begriff des außergewöhnlichen Geschäfts OGH 23.5.2007, 3 Ob 59/07h, RWZ 2007/76, 261 (*Wenger*) = GesRZ 2008, 22 (*Linder*); 18.3.2016, 9 ObA 58/15t, RWZ 2016/36, 156 (*Wenger*).
190 Strenger (jedenfalls erforderlich) *Kalss/Eckert*, GesRZ 2007, 222 (225); *Schatzmann* in Praxisschrift *Zankl* 731 (734).
191 *Ebner/Köppl* in Torggler, GmbHG § 81 Rz 19; *Kalss/Eckert*, GesRZ 2007, 222 (225); *H. Foglar-Deinhardstein* in Napokoj/Foglar-Deinhardstein/Pelinka, AktG § 65 Rz 72; *Eckert/Schopper/U. Schmidt* in Eckert/Schopper, AktG-ON § 65 Rz 85; weniger streng *Schatzmann* in Praxisschrift *Zankl* 731 (734). Nach *Auer* (in Gruber/Harrer, GmbHG² § 81 Rz 43) soll die Konfiguration eines erworbenen Geschäftsanteils für Zwecke der Veräußerung erhalten bleiben u insoweit ein allfälliges Teilungsverbot nicht wirken. Für diese A fehlt jedoch die gesetzl Grundlage.

67 Zur **Bilanzierung** der Veräußerung eigener Anteile s Rz 49.

auskehr (s Rz 20 ff) grds nicht entgegen.[192] Zu Übertragungsbeschränkungen beim Erwerb eigener Anteile s Rz 43.

C. Debt-equity-swap/Scrip dividend mit Auskehr eigener Anteile

68 Unter *Debt-equity-swap* wird die Konvertierung v Fremd- in Eigenkapital verstanden, wobei ein Gläubiger seine Forderung gegen die GmbH gegen eine Beteiligung an der Gesellschaft eintauscht; er kann somit gesellschaftsrechtliche Mitspracherechte ausüben u an zukünftigen Gewinnen partizipieren, während sich die Schuldenlast der GmbH reduziert. Häufig wird der *Debt-equity-swap* durch Einbringung der Forderung gegen Ausgabe neuer Anteile im Zuge einer Kapitalerhöhung (**echter** *Debt-equity-swap*) oder durch Verzicht auf die Forderung gegen Abtretung bestehender Anteile der Alt-Gesellschafter (Anteilsverschiebung) (**unechter** *Debt-equity-swap*) realisiert. Möglich ist es aber auch, dass der Gläubiger auf seine Forderung verzichtet (oder diese an die Gesellschaft zediert), u die GmbH dafür **eigene Anteile** aus ihrem Bestand **an den Gläubiger überträgt (auskehrt).** Das (grds fremdübliche) Entgelt für die Übertragung der eigenen Anteile besteht also im Forderungsverzicht (in der Forderungsabtretung). Der Vorteil bei der Auskehr eigener Anteile gegen Verzicht auf die Forderung des Gläubigers besteht darin, dass – ebenso wie beim unechten *Debt-equity-swap*, aber im Gegensatz zum echten *Debt-equity-swap* – keine Kapitalaufbringungskontrolle (insb keine Sacheinlageprüfung) erforderlich ist.[193]

69 Bei Ausschüttung einer *Scrip dividend* (**Anteilsdividende**) (s auch § 82 Rz 59) erhalten die Gesellschafter anstelle einer Bardividende zusätzliche Anteile (Gratisanteile).[194] Damit kann die Liquidität der Ge-

---

192 *Aburumieh/Adensamer/H. Foglar-Deinhardstein*, Verschmelzung V. F Rz 55.
193 *Eckert* in Fleischer/Kalss/Vogt, Aktuelle Entwicklungen 2012, 287 (288 f); *Eckert/Schopper/U. Schmidt* in Eckert/Schopper, AktG-ON § 65 Rz 83; *Spiegelfeld/H. Foglar-Deinhardstein* in FS Torggler 1139 (1159); *Schatzmann* in Praxisschrift Zankl 731 (731 f); *H. Foglar-Deinhardstein/Vinazzer*, ÖBA 2016, 486 – jew mwN. Vgl *T. Hayden/Thorbauer/Gröhs*, PSR 2020, 8 (16).
194 Näher dazu *E. Gruber/H. Foglar-Deinhardstein*, GesRZ 2014, 73 (83); *Spiegelfeld/H. Foglar-Deinhardstein* in FS Torggler 1139 (1160 ff); *E. Gruber* in Doralt/Nowotny/Kalss, AktG³ § 104 Rz 47; *Kalss* in Bertl et al, Reform der

sellschaft geschont werden. Die *Scrip dividend* kann grds aus dem allfälligen Bestand der GmbH an eigenen Anteilen gespeist werden.[195] Die Voraussetzungen für die Ausschüttung einer **Sachdividende** sind einzuhalten (s auch Rz 33, § 82 Rz 58, § 101 Rz 36). Meines Erachtens ist für diesen Beschluss die individuelle Zustimmung aller Gesellschafter jedenfalls dann nicht notwendig, wenn der GesV zur Ausschüttung v Sachdividenden ermächtigt, u/oder die Voraussetzungen für die Bildung v Rücklagen durch Gesellschafterbeschluss[196] gegeben sind (s Rz 33). Eine Sachdividende kann auch mit einer Bardividende kombiniert werden.[197] Muss das Ausschüttungspotential für die Auskehr eigener Anteile erst geschaffen werden, kommt als Alternative zur Sachdividende die **Kapitalherabsetzung mit Sachauskehr** in Betracht.[198]

D. Untergang/Abspaltung/Gewähr eigener Anteile bei Umgründungen

Bei der **Verschmelzung** (u wegen § 17 Z 5 SpaltG allenfalls auch bei der Spaltung) darf die übernehmende Gesellschaft gem § 224 Abs 1 Z 2 AktG iVm § 96 Abs 2 den Gesellschaftern der übertragenden Gesellschaft keine Anteile gewähren, soweit die übertragende Gesellschaft eigene Anteile hält. Im Ergebnis gehen daher bei der Verschmelzung die **eigenen Anteile der übertragenden Gesellschaft** ersatzlos unter, u an die Anteilsinhaber der übertragenden Gesellschaft werden für diese eigenen Anteile keine Anteile an der übernehmenden Gesellschaft gewährt (s § 101 Rz 34).[199] Bei einer **Abspaltung** können mE eigene Anteile der übertragenden Gesellschaft grds im Wege der partiellen Ge-

70

Rechnungslegung in Österreich 101 (111); *Eckert/Schopper/U. Schmidt* in Eckert/Schopper, AktG-ON § 65 Rz 90.
195 *Sieder*, GesRZ 2020, 123 (128 f).
196 Die Rücklagenbildung durch Gesellschafterbeschluss bedarf der unternehmerischen Rechtfertigung u darf nicht in willkürlicher Höhe erfolgen (OGH 13.5.1959, 3 Ob 129/59; 23.5.2007, 3 Ob 59/07h, RWZ 2007, 261 [*Wenger*] = GesRZ 2008, 22 [*Linder*]; Koppensteiner/Rüffler, GmbHG³ § 35 Rz 9, 15).
197 *Kalss* in Bertl et al, Reform der Rechnungslegung in Österreich 101 (117).
198 *Bauer/Zehetner* in Straube/Ratka/Rauter, GmbHG § 82 Rz 225; *Reich-Rohrwig*, Kapitalerhaltung 110 f.
199 *H. Foglar-Deinhardstein/Trettnak*, GesRZ 2013, 198 (201) mwN; *Aburumieh/Adensamer/H. Foglar-Deinhardstein*, Verschmelzung V. F Rz 44.

samtrechtsnachfolge auf die übernehmende Gesellschaft übertragen werden, zumal die übertragende Gesellschaft fortbesteht.

71 Wenn bei einer **Verschmelzung** oder einer **Spaltung** den Anteilseignern der übertragenden Gesellschaft **Anteile** an der übernehmenden Gesellschaft zu **gewähren** sind, können zu diesem Zweck grds auch eigene Anteile, die die übernehmende Gesellschaft hält, verwendet werden (s § 101 Rz 27).[200] Auch bei der **Einbringung (Sacheinlage)** kann die dem Einbringenden zu gewährende Gegenleistung (Abfindung) in eigenen Anteilen der übernehmenden Gesellschaft bestehen (§ 19 Abs 2 Z 1 UmgrStG).

VI. Inpfandnahme eigener Anteile

72 § 81 verbietet, dass die GmbH **rechtsgeschäftlich** ein Pfandrecht an eigenen Anteilen begründet. Wegen § 65 Abs 1 Z 2 1. Fall AktG analog iVm § 81 S 3 1. Fall (Zulässigkeit des unentgeltlichen Erwerbs) erfasst das Inpfandnahmeverbot mE keine **unentgeltlichen** Inpfandnahmen eigener Anteile, worunter etwa die nachträgliche pfandweise Besicherung einer bereits bestehenden Forderung der GmbH – etwa anlässlich einer Stundung, Zinsverbilligung oder Erweiterung des Kreditrahmens – oder die unentgeltliche Abtretung einer bereits mit eigenen Anteilen besicherten Forderung verstanden werden kann (**str**).[201] Wenn die GmbH ein **Kreditinstitut** ist, kann sie wegen § 65b Abs 1 S 2 AktG analog im Rahmen des gewöhnlichen Betriebs Anteile im Ausmaß v bis zu 10 % des Stammkapitals in Pfand nehmen.[202]

73 Meines Erachtens ist die Inpfandnahme v Anteilen an einem Mutterunternehmen der GmbH grds zulässig (s zum Erwerb v Anteilen an

---

200 *Koppensteiner*, wbl 2014, 678 (682); *Aburumieh/Adensamer/H. Foglar-Deinhardstein*, Verschmelzung V. F Rz 26.

201 *Kalss* in Doralt/Nowotny/Kalss, AktG³ § 65b Rz 3; *J. Koch*, AktG¹⁷ § 71e Rz 3; *Ebner/Köppl* in Torggler, GmbHG § 81 Rz 25; *H. Foglar-Deinhardstein* in Napokoj/Foglar-Deinhardstein/Pelinka, AktG § 65b Rz 6; aA *Bauer/Zehetner* in Straube/Ratka/Rauter, GmbHG § 81 Rz 58 ff; *Auer* in Gruber/Harrer, GmbHG² § 81 Rz 25.

202 *Ebner/Köppl* in Torggler, GmbHG § 81 Rz 25; vgl. *B. Koch* in Apathy/Iro/Koziol, Bankvertragsrecht IX/II² Rz 7/24. AA *Bauer/Zehetner* in Straube/Ratka/Rauter, GmbHG § 81 Rz 58 ff.

einer Obergesellschaft Rz 11, 38, 53).[203] Zulässig ist weiters ganz allg ein **Fruchtgenussrecht** an eigenen Anteilen wie auch die (allenfalls **sicherungsweise**) **Abtretung** v Ansprüchen, die aus dem Geschäftsanteil resultieren (insb **Gewinnanspruch, Bezugsrecht**, s auch Rz 77).[204]

§ 81 erfasst mE nicht den Erwerb v Pfandrechten aufgrund **gesetzl Anordnung**, insb durch **Legalzession**[205] oder auch durch **Gesamtrechtsnachfolge** im Zuge einer Umgründung.[206] Dass die **exekutive Pfändung** eigener Anteile zulässig ist, ergibt sich schon aus § 81 S 2 (s Rz 13 f).[207]

74

§ 81 betrifft die Inpfandnahme eigener Anteile. Eigene Anteile, die die GmbH zulässigerweise hält, darf sie mE grds **verpfänden** (**Inpfandgabe eigener Anteile**) (s Rz 45), zumal mit Veräußerung der Anteile in einem aus der Verpfändung resultierenden Exekutionsverfahren die Rechte aus den Anteilen wiederaufleben (s Rz 46).[208] Durch die Verpfändung an sich (ohne Verwertung) geht das Eigentum an den verpfändeten Anteilen naturgemäß nicht über, sodass es nicht zu einem Aufleben der Stimmrechte oder der Dividendenberechtigung kommt. Die Zulässigkeitsvoraussetzungen für die Veräußerung (s Rz 61, 63 ff) sind mE schon bei der Verpfändung – u nicht erst bei der Verwertung – einzuhalten; anderes kann bei Vinkulierungen u Aufgriffsrechten (s Rz 66) gelten, wenn sie ausnahmsweise nur die Veräußerung, aber nicht die Verpfändung umfassen (s zur Zweifelsregel § 76 Rz 71).[209] Auch die Voraussetzungen

75

---

203 Zur AG *H. Foglar-Deinhardstein* in Napokoj/Foglar-Deinhardstein/Pelinka, AktG § 65b Rz 5. AA *Bauer/Zehetner* in Straube/Ratka/Rauter, GmbHG § 81 Rz 58 ff.
204 *Auer* in Gruber/Harrer, GmbHG² § 81 Rz 13; vgl *Koppensteiner/Rüffler*, GmbHG³ § 81 Rz 5; *Bauer/Zehetner* in Straube/Ratka/Rauter, GmbHG § 81 Rz 57; *Kalss* in Konecny, Insolvenz-Forum 2015, 125 (131); *H. Foglar-Deinhardstein* in Napokoj/Foglar-Deinhardstein/Pelinka, AktG § 65b Rz 3; *Kalss* in Doralt/Nowotny/Kalss, AktG³ § 65b Rz 3; *Eckert/Schopper/U. Schmidt* in Eckert/Schopper, AktG-ON § 65b Rz 4.
205 *Auer* in Gruber/Harrer, GmbHG² § 81 Rz 12; aA *Koppensteiner/Rüffler*, GmbHG³ § 81 Rz 5.
206 Vgl *Kalss* in Doralt/Nowotny/Kalss, AktG³ § 65b Rz 3.
207 *Bauer/Zehetner* in Straube/Ratka/Rauter, GmbHG § 81 Rz 57; *Koppensteiner/Rüffler*, GmbHG³ § 81 Rz 5.
208 Zur AG *H. Foglar-Deinhardstein* in Napokoj/Foglar-Deinhardstein/Pelinka, AktG § 65b Rz 2. Vgl *Karollus* in Artmann/Karollus, AktG⁶ § 65 Rz 99/1, § 65b Rz 5; *Kalss* in Doralt/Nowotny/Kalss, AktG³ § 65 Rz 155.
209 Zur AG *H. Foglar-Deinhardstein* in Napokoj/Foglar-Deinhardstein/Pelinka, AktG § 65b Rz 8.

für einen Bezugsrechtsausschluss (Rz 63) sind zu wahren, sofern der Pfandgläubiger nicht vertraglich verpflichtet werden kann, im Verwertungsfall das Bezugsrecht der Gesellschafter zu berücksichtigen.

76 Die verbotswidrige Inpfandnahme eigener Anteile durch die GmbH ist nach einer A **nichtig**;[210] nach aM ist gem § 65b Abs 2 AktG analog lediglich der Titel unwirksam, das Verfügungsgeschäft aber **wirksam**.[211]

VII. Finanzierung des Erwerbs eigener Anteile

77 Beim (überwiegend, allenfalls sogar stark) fremdfinanzierten Erwerb einer GmbH (***Leveraged Buy-out***), insb bei der Übernahme der Gesellschaft durch das Management (***Management Buy-out***),[212] wird häufig versucht, die **Akquisitionsfinanzierung** aus der Zielgesellschaft selbst heraus zu stützen. Gemäß § 66a AktG ist es der Gesellschaft aber untersagt, Dritten eine Finanzierung (**Kreditgewährung** oder **Sicherheitsleistung**) zum Zweck des Erwerbs v Anteilen an der finanzierenden Gesellschaft oder v Anteilen an deren Mutterunternehmen (gem § 189a Z 6 UGB) zur Verfügung zu stellen, wobei ein derartiges Geschäft – bei Auslösung v Schadenersatzfolgen – dennoch wirksam abgeschlossen werden kann (zu Sanktionen beim unerlaubtem Erwerb eigener Anteile s Rz 44). Ein **Gesellschafterzuschuss** (s § 72 Rz 7)[213] einer Gesellschaft an die Anteilserwerberin unterliegt nicht § 66a AktG, kann aber – bei

---

210 *Auer* in Gruber/Harrer, GmbHG² § 81 Rz 25; *Bauer/Zehetner* in Straube/Ratka/Rauter, GmbHG § 81 Rz 14, 33, 58 ff; vgl auch OGH 17.9.2014, 6 Ob 185/13v, RWZ 2014/72, 327 (*Wenger*) = GesRZ 2015, 52 (*J. Reich-Rohrwig/Zimmermann*) = wbl 2015, 228 (*Auer*) = *Kocab/Grund*, ecolex 2015, 211.
211 *Ebner/Köppl* in Torggler, GmbHG § 24.
212 Allg zum *(Leveraged) Management Buy-out Koppensteiner*, ZHR 1991, 97; *Saurer*, Leveraged Management Buy-Out; *M. Doralt*, Management Buyout; *Winner*, Die Zielgesellschaft in der freundlichen Übernahme 228 ff; *Enzinger*, Interessenkonflikt u Organpflichten; *Steinhart*, Kapitalerhaltung & fremdfinanzierte Unternehmensübernahmen; *Hanslik* in Althuber/Schopper, HB Unternehmenskauf & Due Diligence² Rz 17 ff; *Gelter* in FS Nowotny 315 (335 ff); *Url*, WiPol 1/2012, 53; *Weißhaupt*, ZIP 2016, 2447; *H. Foglar-Deinhardstein/Hartig* in Kalss/Frotz/Schörghofer, HB Vorstand, Rz 32/1 ff; rechtsvergleichend *G. Kodek* in FS Hügel 185.
213 Allg zum Gesellschafterzuschuss *Elsner*, Nachschussobliegenheit 182 f; *Aburumieh/Hoppel*, RdW 2020, 739 (744 ff); *T. Hayden/Thorbauer/Gröhs*, PSR 2020, 8 (10 ff).

fehlender betriebl Rechtfertigung – einen Verstoß gegen das Verbot der Einlagenrückgewähr verwirklichen.[214] Die Kapitalerhaltungskonformität des Zuschusses kann aber durch eine „negative Widmungserklärung" (vertragliches Verbot der kapitalerhaltungswidrigen Verwendung) hergestellt werden.[215] Die Bestimmung des § 66a AktG soll die Umgehung der Regeln zum Erwerb eigener Aktien verhindern. Es ist str, ob diese Bestimmung analog auf die GmbH anzuwenden ist.[216] Die Rsp des OGH leitet das Verbot der Finanzierung des Erwerbs eigener Anteile insb beim *Management Buy-out* direkt aus § 82 ab u gelangt damit – mE in dieser Allgemeinheit überschießend[217] – zur **Nichtigkeitssanktion** (s § 82 Rz 154; allg § 83 Rz 1, 38 ff).[218] Meines Erachtens sollte die Finanzierung des Erwerbs eigener Anteile durch Dritte für die GmbH jedenfalls zulässig sein, soweit diese aus freien (ungebundenen) Mitteln der Gesellschaft (s Rz 33) – dh durch Gewinnausschüttung – erfolgen kann, u diese Ausschüttung nicht in einer Existenzgefährdung der

---

214 OLG Innsbruck 22.4.2020, 3 R 10/20z, GesRZ 2020, 279 (*Eckert*); *Eckert/Schopper/U. Schmidt* in Eckert/Schopper, AktG-ON § 66a Rz 7; *Eckert* in FS FL-OGH 135; vgl *G. Müller/Haslinger/Dicken*, RWZ 2023, 344; *Hirschler/Wenger*, RWZ 2023, 370. Für Anwendbarkeit v § 66a AktG auf einen Gesellschafterzuschuss noch *H. Foglar-Deinhardstein* in Napokoj/Foglar-Deinhardstein/Pelinka, AktG § 66a Rz 4.
215 OLG Innsbruck 22.4.2020, 3 R 10/20z, GesRZ 2020, 279 (*Eckert*).
216 **Dafür** *Ebner/Köppl* in Torggler, GmbHG § 81 Rz 5; *U. Torggler/H. Torggler* in FS Jud 723 (736); *Koppensteiner/Rüffler*, GmbHG³ § 82 Rz 17a; *Kalss* in Doralt/Nowotny/Kalss, AktG³ § 66a Rz 3; **dagegen** *Karollus* in Artmann/Karollus, AktG⁶ § 66a Rz 10; *Karollus* in Brandl/Karollus/Kirchmayr/Leitner, HB vGA³, 1 (141); *Eckert/Schopper/U. Schmidt* in Eckert/Schopper, AktG-ON § 66a Rz 4; differenzierend *Bauer/Zehetner* in Straube/Ratka/Rauter, GmbHG § 81 Rz 14, 18, § 82 Rz 128.
217 *H. Foglar-Deinhardstein* in Foglar-Deinhardstein, HB vGA, Rz 1/140; *Bauer/Zehetner* in Straube/Ratka/Rauter, GmbHG § 81 Rz 19; *Karollus*, ecolex 2022, 868 (873).
218 OGH 20.3.2013, 6 Ob 48/12w – *Kneisz I*, ÖBA 2013, 601 (*Wolkerstorfer/Gebetsberger*) = ecolex 2013, 638 (*F. Hörlsberger/Rieder*) = GesRZ 2013, 230 (*Thurnher*); 17.7.2013, 3 Ob 50/13v – *MBO II*, RWZ 2013/82, 315 (*Wenger*) = GesRZ 2013, 356 (*Artmann*) = ÖBA 2014, 52 (*P. Bydlinski*); 24.11.2015, 1 Ob 28/15x – *Kneisz II*, NZ 2016, 147 (*Auer*) = GesRZ 2016, 219 (*Arlt*) = *Mitterecker*, GES 2016, 150; 13.12.2016, 3 Ob 167/16d; 29.8.2017, 6 Ob 114/17h, wbl 2017, 655 (*Harrer*) = GesRZ 2018, 50 (*Karollus*) = EvBl 2018, 224 (*Told*) = *Bollenberger*, Zak 2018, 24; 22.12.2021, 6 Ob 89/21p, ÖBA 2022, 370 (*A. Wimmer*) = ecolex 2022, 380 (*J. Reich-Rohrwig*). Vgl BGH 10.1.2017, II ZR 94/15.

GmbH resultiert.[219] Befürwortet wird auch die generelle Zulässigkeit v (drittvergleichsfähigen) Finanzierungen zum Erwerb eigener Anteile, soweit diese 10 % des jew Kaufpreises nicht überschreiten.[220] Meines Erachtens ist die Finanzierung auch zuzulassen, soweit sie zulässigerweise durch **Abtretung v Dividendenansprüchen** aus Anteilen an der Gesellschaft besichert wird (s Rz 73).[221] Jedenfalls folgt aus § 66a AktG u §§ 81, 82 keine prinzipielle Unzulässigkeit v *Leveraged Buy-out-* u *Management-Buy-out-Strukturen*.[222] Eine Finanzierung eines Gesellschafters, die nicht drittvergleichsfähig/betriebl gerechtfertigt ist, verstößt gegen § 82 u ist schon deswegen nichtig (s zur strengen OGH-Rsp bei Finanzierungen § 82 Rz 107 ff).[223]

78 Bejaht man die analoge Anwendbarkeit v § 66a AktG oder – wie der OGH – die direkte Anwendbarkeit v § 82 (zumindest außerhalb der vorgeschlagenen Zulässigkeitsgrenzen [s Rz 77, 80]), darf das Verbot der Finanzierung des Erwerbs eigener Anteile auch nicht umgangen

---

219 *H. Foglar-Deinhardstein* in Foglar-Deinhardstein, HB vGA, Rz 1/140; *Karollus*, ecolex 2022, 868 (869, 873). Vgl *Bauer/Zehetner* in Straube/Ratka/Rauter, GmbHG § 82 Rz 125; *Kalss* in Doralt/Nowotny/Kalss, AktG³ § 66a Rz 5; *Karollus* in Artmann/Karollus, AktG⁶ § 66a Rz 11; *Reich-Rohrwig*, Kapitalerhaltung 195 FN 982; *H. Foglar-Deinhardstein/Hartig* in Kalss/Frotz/Schörghofer, HB Vorstand, Rz 32/19; *Artmann*, ecolex 2018, 146; *Eckert/Schopper/U. Schmidt* in Eckert/Schopper, AktG-ON § 66a Rz 7; *H. Foglar-Deinhardstein* in Napokoj/Foglar-Deinhardstein/Pelinka, AktG § 66a Rz 4 f; *Eckert* in Aschauer et al, Kauf u Verkauf v Unternehmen 133 (145); *Eckert* in FS FL-OGH 135 (136 FN 3). Nunmehr mE zu Recht krit zum Grenzkriterium der Existenzgefährdung *J. Reich-Rohrwig/Zimmermann* in Artmann/Karollus, AktG⁶ § 84 Rz 207 f; *Krist*, Existenzvernichtungshaftung 28 f; *Eckert/Wöss* in Aschauer et al, Niedrigverzinsung 71 (80). Differenzierend *Karollus* in Brandl/Karollus/Kirchmayr/Leitner, HB vGA³, 1 (156 f).
220 *Bauer/Zehetner* in Straube/Ratka/Rauter, GmbHG § 81 Rz 14, 18; *Reich-Rohrwig*, Kapitalerhaltung 214.
221 *H. Foglar-Deinhardstein/Hartig* in Kalss/Frotz/Schörghofer, HB Vorstand Rz 32/19; *H. Foglar-Deinhardstein* in Foglar-Deinhardstein, HB vGA, Rz 1/132, 1/140; vgl *Kalss* in Konecny, Insolvenz-Forum 2015, 125 (131).
222 OLG Innsbruck 22.4.2020, 3 R 10/20z, GesRZ 2020, 279 (*Eckert*); *Bauer/Zehetner* in Straube/Ratka/Rauter, GmbHG § 81 Rz 18.
223 *Auer* in Gruber/Harrer, GmbHG² § 82 Rz 47; *Bauer/Zehetner* in Straube/Ratka/Rauter, GmbHG § 81 Rz 19, § 82 Rz 124 ff; *Eckert/Schopper/U. Schmidt* in Eckert/Schopper, AktG-ON § 66a Rz 18. Zur nachträglichen **Sanierung** einer potentiell kapitalerhaltungswidrigen Akquisitionsfinanzierung OGH 24.10.2019, 6 Ob 184/19f.

werden, insb nicht durch **Umgründungsmaßnahmen**, die dazu führen, dass die GmbH bei wirtschaftlicher Betrachtungsweise planmäßig ihren eigenen Erwerb finanziert: Es ist daher rechtlich problematisch, wenn in zeitlichem u sachlichem Zusammenhang mit einem *Leveraged (Management) Buy-out* (s Rz 77) die Akquisitions- u die Zielgesellschaft miteinander verschmolzen werden, sodass im Ergebnis erworbene Gesellschaft u Akquisitionsverbindlichkeit in einem Rechtsträger zusammengeführt werden (***Debt-push-down Merger***).[224] Ist der Verkehrswert der Mutter unter Abzug des Werts der Beteiligung an der Tochter (zur Relevanz des positiven Verkehrswerts bei der Verschmelzung s § 82 Rz 101, 103, 121, 141; § 101 Rz 48 ff) aber nicht negativ (s Rz 19), oder kann die Tochter das negative Vermögen der Mutter mit ihrem Bilanzgewinn abdecken, sollte der *Debt-push-down Merger* mE freilich jedenfalls zulässig sein.[225]

Zur Relevanz beim *Squeeze-out* s Rz 36. 79

Wenn die GmbH den Erwerb v Anteilen durch **Mitarbeiter** der 80
GmbH finanziell unterstützt (zB durch entspr zweckgewidmete Bonuszahlungen, Gehaltsvorschüsse oder **Mitarbeiterdarlehen** [s Rz 86]), ist

---

224 OGH 25.6.1996, 4 Ob 2078/96h – *Fehringer*, JBl 1997, 108 (*Hügel*) = *Saurer*, RdW 1998, 593; 24.11.2015, 1 Ob 28/15x – *Kneisz II*, NZ 2016, 147 (*Auer*) = GesRZ 2016, 219 (*Arlt*) = *Mitterecker*, GES 2016, 150; OLG Innsbruck 21.11.2011, 1 R 225/11i; *Karollus*, GES 2013, 283; *Aburumieh/Adensamer/ H. Foglar-Deinhardstein*, Verschmelzung VII. C Rz 12, 32 mwN; *Auer* in Gruber/Harrer, GmbHG² § 82 Rz 47; *Eckert* in Althuber/Schopper, HB Unternehmenskauf & Due Diligence² Rz 55; *Bauer/Zehetner* in Straube/Ratka/Rauter, GmbHG § 82 Rz 126; *H. Foglar-Deinhardstein* in Foglar-Deinhardstein, HB vGA, Rz 1/140.
225 *Aburumieh/Adensamer/H. Foglar-Deinhardstein*, Verschmelzung VII. C Rz 12, 22 f, 32 mwN; *H. Foglar-Deinhardstein/Hartig* in Kalss/Frotz/Schörghofer, HB Vorstand, Rz 32/20; *H. Foglar-Deinhardstein* in Foglar-Deinhardstein, HB vGA, Rz 1/140; *Karollus*, ecolex 2022, 868 (870 f). So wohl auch OGH 24.11.2015, 1 Ob 28/15x – *Kneisz II*, NZ 2016, 147 (*Auer*) = GesRZ 2016, 219 (*Arlt*) = *Mitterecker*, GES 2016, 150; *Grossmayer*, ecolex 2013, 951 (955); *Karollus*, GES 2013, 283; *Eckert* in Althuber/Schopper, HB Unternehmenskauf & Due Diligence² Rz 55. Für diese Sichtweise sprechen mE auch die Wertungen des § 66a AktG (*H. Foglar-Deinhardstein* in Foglar-Deinhardstein, HB vGA, Rz 1/140 FN 625; vgl zur Unanwendbarkeit v § 66a AktG auf Dividendenausschüttungen *Karollus* in Artmann/Karollus, AktG⁶ § 66a Rz 11; *H. Foglar-Deinhardstein* in Napokoj/Foglar-Deinhardstein/Pelinka, AktG § 66a Rz 4 f; *Eckert* in FS FL-OGH 135 [136 FN 3]; *Karollus*, ecolex 2022, 868 [873 f]).

das Verbot der Finanzierung des Erwerbs eigener Anteile mE jedenfalls insoweit nicht anwendbar, soweit diese Unterstützung das Maß der (im Unternehmen u in der Branche) üblichen betriebl Sozialleistungen nicht übersteigt. Das Verbot der Finanzierung des Erwerbs eigener Anteile kann auf Mitarbeiter nämlich nur anwendbar sein, wenn unübliche Unterstützungen gewährt werden;[226] ansonsten ist die Maßnahme sowohl fremdüblich als auch betriebl gerechtfertigt (s Rz 12; § 82 Rz 16, 81 ff) Zur Einräumung v Sonderkonditionen im Licht v § 82 (Verbot der Einlagenrückgewähr) s Rz 82. Aus einer Analogie zur neuen Regelung des § 66a S 2 u 3 AktG[227] kann mE gefolgert werden,[228] dass auch die **Gewährung eines Vorschusses oder eines Darlehens oder die Leistung einer Sicherheit zum Zweck des Erwerbs v Anteilen durch oder für AN**, die jew über das betriebs- u branchenübliche Maß v Sozialleistungen hinausgehen, zulässig sind, wenn die Gesellschaft im Fall eines hypothetischen Eigenerwerbs der Anteile die Anschaffungskosten für die

---

226 So *Ch. Nowotny*, RdW 1986, 326; *Kalss* in Kronberger/Leitsmüller/Rauner, Mitarbeiterbeteiligung in Österreich 118 (126); *Karollus* in Artmann/Karollus, AktG[6] § 66a Rz 18; *Kalss* in Doralt/Nowotny/Kalss, AktG[2] § 66a Rz 12 f; *Ch. Nowotny* in Doralt/Nowotny/Kalss, AktG[3] § 80 Rz 7, 8. Vgl auch die implizite Wertung v § 80 Abs 2 AktG. Strenger mglw BGH 10.1.2017, II ZR 94/15.
227 § 66a AktG idgF lautet: *„Ein Rechtsgeschäft, das die Gewährung eines Vorschusses oder eines Darlehens oder die Leistung einer Sicherheit durch die Gesellschaft an einen anderen zum Zweck des Erwerbs von Aktien dieser Gesellschaft oder eines Mutterunternehmens (§ 189a Z 6 UGB) zum Gegenstand hat, ist unzulässig. Dies gilt nicht für Rechtsgeschäfte im Rahmen des gewöhnlichen Betriebs von Kreditinstituten sowie für die Gewährung eines Vorschusses oder eines Darlehens oder für die Leistung einer Sicherheit zum Zweck des Erwerbs von Aktien durch oder für Arbeitnehmer der Gesellschaft oder eines mit ihr verbundenen Unternehmens. Diese Rechtsgeschäfte sind jedoch unzulässig, wenn bei einem Erwerb der Aktien durch die Gesellschaft diese den Abzug vom Nennkapital und die Bildung der Rücklage gemäß § 229 Abs. 1a UGB nicht vornehmen könnte, ohne daß das Nettoaktivvermögen das Grundkapital und eine nach Gesetz oder Satzung gebundene Rücklage unterschreiten würde. Die Rechtswirksamkeit des Geschäfts wird davon nicht berührt."* Vgl *Karollus*, GesRZ 2021, 344 (348 f).
228 Aus der immer schon lieblosen Behandlung des § 81 durch den Gesetzgeber kann zumindest in diesem Punkt völlig zwanglos auf das Bestehen einer planwidrigen Lücke geschlossen werden (ähnlich zur Frage der Analogiefähigkeit v § 65 Abs 1 Z 4, Abs 1b S 4 AktG *Karollus*, GesRZ 2021, 344 [349]).

eigenen Anteile (soweit sie deren Nennwert übersteigt) **aus dem freien Vermögen** bilden könnte (allg zur Kapitalgrenze s Rz 29 f).[229]

VIII. Exkurs: Mitarbeiterbeteiligung bei der GmbH

A. Alternativen zur direkten Beteiligung von Mitarbeitern an der GmbH

Sieht man v schuldrechtlich geprägten Mitarbeiterbeteiligungsmodellen ab (zB durch **Genussrechte,** durch **partiarische Darlehen,** durch **Gewinnschuldverschreibungen** oder durch *Phantom stocks*[230]), gibt es für eine GmbH versch gesellschaftsrechtliche Möglichkeiten, ihre Mitarbeiter an der Gesellschaft zu beteiligen.[231] Mit der Einräumung der Stellung als GmbH-Gesellschafter sind sehr weitgehende Informations-, 81

---

[229] Allg zu § 66a S 2 u 3 AktG *Karollus* in Artmann/Karollus, AktG[6] § 66a Rz 18/1 f; *H. Foglar-Deinhardstein* in Napokoj/Foglar-Deinhardstein/Pelinka, AktG § 66a Rz 8, 11; *Kalss* in Doralt/Nowotny/Kalss, AktG[3] § 66a Rz 12; *Eckert/Schopper/U. Schmidt* in Eckert/Schopper, AktG-ON § 66a Rz 15 f.

[230] *Phantom stocks/Phantom shares/Phantom options/Performance shares/Stock appreciation rights* bezeichnen schuldrechtlich eingeräumte Erfolgsprämien, die den begünstigten Mitarbeitern einen variablen Entgeltanspruch gewähren, wobei die Gewährung der Vorteile an den wirtschaftlichen Erfolg der Gesellschaft geknüpft wird. In Bezug auf Gewinnansprüche kann die Gesellschafterstellung schuldrechtlich nachgebildet werden, ohne dass die Begünstigten tatsächlich Gesellschafterstellung erlangen. Mit der Barauszahlung endet freilich idR die Anreizwirkung für den Begünstigten. Vgl *Jabornegg* in Achatz/Jabornegg/Resch, Mitarbeiterbeteiligung 1 (31 f); *Lachmair*, RdW 2004/631, 677; *Ludwig/Schindler*, RdW 2008/629, 683; *Kalss* in Kronberger/Leitsmüller/Rauner, Mitarbeiterbeteiligung in Österreich 118 (130); *Geweßler/Steinhart* in SWK-Spezial: ESt 2019, 162 (167 f, 169 f); *Mitterecker*, GES 2020, 126; *Gloser/Kulnigg/Puchner*, RdW 2020, 709 (709 f); *Saurer* in Doralt/Nowotny/Kalss, AktG[3] § 52 Rz 77d; *Kernbichler/Mitschka*, ecolex 2022, 107 (108 ff); *Koch-Schulte*, Corporate Finance 01–02/2022, 20 (20, 22 ff); *Feilmair/Andréewitch-Wallner*, RdW 2022, 677. Zur Frage der Anwendbarkeit v § 82 auf Begünstige v *Phantom stocks* § 82 Rz 67.

[231] Zum Folgenden *Jabornegg* in Achatz/Jabornegg/Resch, Mitarbeiterbeteiligung 1 (7); *Lachmair*, RdW 2004/631, 677; *Ludwig/Schindler*, RdW 2008/629, 683; *Kalss* in Kronberger/Leitsmüller/Rauner, Mitarbeiterbeteiligung in Österreich 118 (120 f); *Nolting-Hauff* in FS Elsing 1103; *Saurer* in Doralt/Nowotny/Kalss, AktG[3] § 52 Rz 77a.

Stimm- u Kontrollrechte der begünstigten Mitarbeiter verbunden; zudem bedarf jede Anteilsübertragung u jedes vorgelagerte Geschäft der Notariatsaktsform; weiters sind Gesellschafter potentiellen Haftungsansprüchen aus §§ 70 u 83 ausgesetzt. Vor diesem Hintergrund bietet es sich an, alternative gesellschaftsrechtliche Modelle zu erwägen: In Frage kommen insb Beteiligung der Mitarbeiter über eine **stGes** oder eine **Mitarbeiter-KG**, über **Unterbeteiligungen** an GmbH-Anteilen, über eine **Pool-Gesellschaft** (GesbR [Mitarbeitersyndikat], Stiftung, Verein oder GmbH, die/der als GmbH-Gesellschafter fungiert)[232] oder über eine **Treuhandschaft** (s Rz 85). Derartige Gestaltungen sind naturgemäß jew im Detail zu prüfen, insb inwiefern sie nicht in den Anwendungsbereich der §§ 82, 83 fallen können.

B. Verwendung eigener Anteile für Mitarbeiterbeteiligungen

82 Sollen die Mitarbeiter direkt an der GmbH beteiligt werden (**Sweet Equity**),[233] stellt sich die Frage, ob die GmbH dafür ihren allfälligen Bestand an eigenen Anteilen verwenden darf. § 81 nennt – im Gegensatz zu § 65 AktG – die Schaffung eines Mitarbeiterbeteiligungsprogramms bei den Zulässigkeitstatbeständen nicht als eigenen Erwerbszweck. Somit ist die geplante Ausgabe v Anteilen an die Mitarbeiter der GmbH *per se* kein Rechtfertigungsgrund für den Erwerb eigener Anteile. Das hindert die GmbH jedoch mE nicht, Anteile, die sie im Rahmen des § 81 zulässigerweise erworben hat, dennoch für Mitarbeiterbeteiligungsprogramme zu verwenden,[234] soweit die allg Regeln für die Veräußerung eigener Anteile (s Rz 59 ff) eingehalten werden. § 82 (Verbot der Einlagenrückgewähr) verbietet mE die Ausgabe eigener Anteile an Mitarbeiter zu einem günstigen Kaufpreis (oder auch ganz ohne Kaufpreis) nicht, soweit diese Ausgabe zu Vorzugskonditionen als Entgeltbestandteil oder aus sonstigen Gründen betriebl gerechtfertigt u somit drittvergleichsfähig ist. Als Maßstab für den Drittvergleich können unternehmens- u branchenübliche freiwillige Sozialleistungen (Prämien- u Bonuszahlungen, Gehaltsvorschüsse, begünstigte Mitarbeiterkredite) herangezogen wer-

---

232 Vgl *Koch-Schulte*, Corporate Finance 01–02/2022, 20 (21).
233 Vgl allg *Koch-Schulte/de Toma*, BB 2021, 2839; *Koch-Schulte*, Corporate Finance 01–02/2022, 20 (21, 24).
234 *Schatzmann* in Praxisschrift *Zankl* 731; *Geweßler/Steinhart* in SWK-Spezial: ESt 2019, 162 (166).

den (s Rz 80).²³⁵ Da eine Mitarbeiterbeteiligung eine positive Wertentwicklung der GmbH befördern soll, steht sie grds auch im Interesse der Gesellschaft, u die finanzielle Unterstützung des Aufbaus einer Mitarbeiterbeteiligung kann daher betriebl gerechtfertigt sein.²³⁶ Freilich kann die Zuwendung v Mitarbeiterbeteiligungen als Entgeltbestandteil (Sachbezug) **Einkommensteuer (Lohnsteuer)** auslösen, für die allenfalls die GmbH als Dienstgeber haftbar wäre.²³⁷ Dieses Steuerrisiko kann idR vermieden werden, wenn die Finanzierung des Anteilserwerbs nicht durch die GmbH, sondern durch die Gesellschafter gestützt wird.²³⁸ Wendet die GmbH eigene Anteile einer **Mitarbeiterbeteiligungsstiftung** iSd § 4d Abs 4 EStG 1988 oder einer **Belegschaftsbeteiligungsstiftung** iSd § 4d Abs 3 EStG 1988 zu, können die Zuwendungen bei der GmbH als Stifter ggf steuerlich als Betriebsausgabe geltend gemacht werden. Zur Frage, ob Mitarbeiterdarlehen zur Finanzierung des Erwerbs v Anteilen an der GmbH gewährt werden dürfen, s Rz 80 f.

Ein Mitarbeiterbeteiligungsprogramm kann so strukturiert werden, dass die einbezogenen Mitarbeiter gegen ein gewisses Anfangsinvestment bereits eine Anfangsbeteiligung u zusätzlich **Optionen** auf den Erwerb v weiteren Anteilen bei Erreichung bestimmter Voraussetzungen (**Milestones**) u/oder nach Ablauf gewisser Wartefristen (**Vesting Periods**) erhalten.²³⁹ Zur Bedienung solcher Optionen können grds 83

---

235 *Ch. Nowotny*, RdW 1986, 326. Vgl allg *Geweßler/Steinhart* in SWK-Spezial: ESt 2019, 162 (171, 173).
236 *Ch. Nowotny*, in Bertl et al, Mitarbeiterbeteiligungen im Unternehmens- u Steuerrecht, 83 (91).
237 Näher dazu § 3 Abs 1 Z 15 lit b, lit c, lit d EStG 1988; LStR 2002 (Fassung v 15.12.2020) Rz 90n ff, 215 ff, 756, 766a; *Rindler* in FS Bruckner 213; *Ludwig/Schindler*, RdW 2008/629, 683 (684 f); *Varro*, RdW 2010/607, 597; *Geweßler/Steinhart* in SWK-Spezial: ESt 2019, 162 (164 f, 166 f, 172); *Gloser/Kulnigg/Puchner*, RdW 2020, 709 (710 f); *Saurer* in Doralt/Nowotny/Kalss, AktG³ § 52 Rz 77a; *Kernbichler/Mitschka*, ecolex 2022, 107 (108); *Nolting-Hauff* in FS Elsing 1103 (1105 ff); vgl BFH 1.9.2016, VI R 16/15, AG 2017, 75; *Koch-Schulte/de Toma*, BB 2021, 2839. Zur neuen steuerlichen Begünstigung v Start-Up-Mitarbeiterbeteiligungen nach § 67a EStG Novak/Aspalter, ecolex 2023, 923.
238 *Bloß*, GmbHR 2016, 104 (109). Ein weiterer Lösungsansatz (negative Liquidationspräferenz) wird präsentiert bei *Gloser/Kulnigg/Puchner*, RdW 2020, 709 (711 ff).
239 *Bloß*, GmbHR 2016, 104 (108, 110); *Ludwig/Schindler*, RdW 2008/629, 683 (683 f); *Nolting-Hauff* in FS Elsing 1103 (1107 f); *Geweßler/Steinhart* in

eigene Anteile der GmbH verwendet werden. Die Optionsvereinbarungen sind, wenn sie rechtsverbindlich gestaltet sein sollen, in **Notariatsaktsform** abzuschließen (s § 76 Rz 46).

84 Zur Verknüpfung der Mitarbeiterbeteiligung mit dem Dienstverhältnis des betroffenen Mitarbeiters werden häufig *Call*-**Optionen** (Aufgriffsrechte) u allenfalls auch *Put*-**Optionen** (Andienungsrechte) hinsichtlich der an den Mitarbeiter übertragenen Anteile vereinbart. Die Optionsvereinbarungen sind in **Notariatsaktsform** abzuschließen (s § 76 Rz 46). Eine *Call*-Option berechtigt einen Dritten, die Anteile des Mitarbeiters zu erwerben; eine *Put*-Option berechtigt hingegen den ausscheidenden Mitarbeiter, seine Beteiligung einem Dritten anzudienen. Der gleiche wirtschaftliche Zweck kann grds mit schlichten Abtretungs- bzw Übernahmeangeboten in Notariatsaktsform erreicht werden. Voraussetzung für die Ausübung der Option ist idR, dass die Organstellung u/oder das Dienstverhältnis des jew Mitarbeiters enden. Der Kaufpreis für den Erwerb der Anteile bei Ausübung der Option kann davon abhängen, ob die Beendigung des Dienstverhältnisses dem ausscheidenden Mitarbeiter zuzurechnen ist (***Bad Leaver***) oder nicht (***Good Leaver***).[240] Die GmbH selbst kommt als Berechtigte aus einer derartigen *Call*-Option oder als Verpflichtete aus einer derartigen *Put*-Option nur in Frage, soweit die Grenzen des § 81 gewahrt werden können – zu denken ist insb an eine Finanzierung des Kaufpreises v dritter Seite (zB Gesellschafter, Hausbank, Mitarbeiterverein oder -stiftung),[241] sodass die GmbH die Anteile unentgeltlich erwirbt (s Rz 15), oder aus ausschüttbaren Mitteln der GmbH (s Rz 33). Bei einer *Call*-Option genügt es, wenn die Voraussetzungen des § 81 bei Ausübung der Option durch die GmbH gegeben sind; bei der *Put*-Option müssen die Kriterien des § 81 hingegen schon bei Abschluss des Optionsvertrags erfüllt sein.[242] Die Anteile der Mit-

---

SWK-Spezial: ESt 2019, 162 (170 f); *Kernbichler/Mitschka*, ecolex 2022, 107 (110 f); *Koch-Schulte*, Corporate Finance 01–02/2022, 20 (22).

240 *Bloß*, GmbHR 2016, 104 (110); *Nolting-Hauff* in FS Elsing 1103 (1108 f); *Geweßler/Steinhart* in SWK-Spezial: ESt 2019, 162 (171, 173); *Kernbichler/ Mitschka*, ecolex 2022, 107 (111); *Koch-Schulte*, Corporate Finance 01–02/2022, 20 (21 f); *Feilmair/Andréewitch-Wallner*, RdW 2022, 677 (680). Differenzierend zur Zulässigkeit v *Leaver Schemes* BGH 19.9.2005, II ZR 173/04; OLG München 13.5.2020, 7 U 1844/19; *Haase/Dubiel*, BB 2022, 1993.

241 Vgl *Ch. Nowotny*, RdW 1986, 326 (327).

242 Vgl OGH 18.7.2011, 6 Ob 33/11p, GesRZ 2011, 361 (*Hügel*); *E. Gruber/ Aburumieh*, ÖBA 2006, 45 (47); *H. Foglar-Deinhardstein/Trettnak*, RWZ 2014/2, 7 (9).

arbeiter können auch mit Mitverkaufspflichten (**drag along rights**) belastet u mit Mitverkaufsrechten (**tag along rights**) ausgestattet werden.[243]

C. Bedingtes oder genehmigtes Kapital bei der GmbH

Wenn die Bedienung eines Mitarbeiterbeteiligungsprogramms mit eigenen Anteilen im konkreten Fall ausscheidet, stellt sich die Frage, ob das Programm anderweitig mit neuen oder bestehenden Anteilen bedient werden kann. Die kurzfristige Schaffung neuer Anteile im Wege der Kapitalerhöhung wird idR zu schwerfällig sein. Die im Aktienrecht mögliche Schaffung eines **bedingten Kapitals** zur Einräumung v Aktienoptionen (§ 159 AktG) hat im GmbHG ebensowenig wie die Schaffung eines **genehmigten Kapitals** (§ 169 AktG) ein Pendant. Für eine GmbH, die ein Mitarbeiterbeteiligungsprogramm plant, kann es daher sinnvoll sein, vorab einen GmbH-Anteil zu schaffen, der v einem **Treuhänder** gehalten wird (s Rz 81), wobei Treugeber u Treuhänder auf die Ausübung der Gesellschafterrechte aus diesem Anteil verzichten.[244] Als Treugeber können zB Personen aus dem Kreis der Gesellschafter u/oder GF oder – im Rahmen des § 81 – auch die Gesellschaft agieren. Nach den näheren Bestimmungen des Mitarbeiterbeteiligungsprogramms kann den betroffenen Mitarbeitern eine wirtschaftliche Beteiligung als Co-Treugeber am v Treuhänder gehaltenen Pool eingeräumt werden; wahlweise kommt auch eine Abtretung eines Teils der v Treuhänder gehaltenen Beteiligung an die Mitarbeiter in Frage. Zu *Call-* u *Put-*Optionen s Rz 84.

85

IX. Exkurs: Mitarbeiterdarlehen bei der GmbH

Die Gewährung v zins- u/oder fristbegünstigten **Mitarbeiterdarlehen** durch die GmbH ist mE nicht zu beanstanden, soweit das unternehmens- u branchenübliche Maß für freiwillige betriebl Sozialleistungen nicht überschritten wird u die Zustimmungserfordernisse eingehalten werden (insb Kredite an GF werden idR der Zustimmung des AR u/

86

---

243 *Ludwig/Schindler*, RdW 2008/629, 683.
244 Näher dazu *Trettnak/H. Foglar-Deinhardstein*, CFOaktuell 2012, 210. Vgl auch *Geweßler/Steinhart* in SWK-Spezial: ESt 2019, 162 (163); *Kernbichler/Mitschka*, ecolex 2022, 107 (108 FN 12).

oder der GV bedürfen). Ohnedies sind §§ 81, 82 nur ausnahmsweise anwendbar, nämlich wenn das Darlehen zum Erwerb eigener Anteile gewährt wird (s Rz 80, 82), oder der Mitarbeiter ohnedies bereits Gesellschafter ist. Zur Frage, ob Mitarbeiterdarlehen zur Finanzierung des Erwerbs v Anteilen an der GmbH gewährt werden dürfen, s Rz 80 f.

§ 82. (1) Die Gesellschafter können ihre Stammeinlage nicht zurückfordern; sie haben, solange die Gesellschaft besteht, nur Anspruch auf den nach dem Jahresabschluß als Überschuß der Aktiven über die Passiven sich ergebenden Bilanzgewinn, soweit dieser nicht aus dem Gesellschaftsvertrag oder durch einen Beschluß der Gesellschafter von der Verteilung ausgeschlossen ist.

(2) Die Verteilung des Bilanzgewinns erfolgt in Ermangelung besonderer Bestimmungen des Gesellschaftsvertrages nach Verhältnis der eingezahlten Stammeinlagen.

(3) Zinsen von bestimmter Höhe dürfen für die Gesellschafter weder bedungen noch ausbezahlt werden.

(4) Für wiederkehrende Leistungen, zu denen die Gesellschafter nach dem Gesellschaftsvertrage neben den Stammeinlagen verpflichtet sind (§ 8), darf nach Maßgabe der im Gesellschaftsvertrage festgesetzten Bemessungsgrundsätze eine den Wert dieser Leistungen nicht übersteigende Vergütung ohne Rücksicht darauf bezahlt werden, ob der Jahresabschluß einen Reingewinn ergibt.

(5) Wird den Geschäftsführern oder dem Aufsichtsrate in der Zeit zwischen dem Schlusse des Geschäftsjahres und der Beschlußfassung der Gesellschafter über den Jahresabschluß bekannt, daß der Vermögensstand der Gesellschaft durch eingetretene Verluste oder Wertverminderungen erheblich und voraussichtlich nicht bloß vorübergehend geschmälert worden ist, so ist der nach der Bilanz sich ergebende Gewinn in einem der erlittenen Schmälerung des Vermögens entsprechenden Betrage von der Verteilung ausgeschlossen und auf Rechnung des laufenden Geschäftsjahres zu übertragen.

idF BGBl 1990/475

Literatur: *Aburumieh*, Mitwirkung des Aufsichtsrats bei Umstrukturierungen, AR aktuell 2011 H 5, 8; *Aburumieh*, Das Up-stream-Darlehen ist tot – hoch lebe das Up-stream-Darlehen! ecolex 2020, 1073; *Aburumieh/H. Foglar-Deinhardstein*, Internationale Umstrukturierungen – Einlagenrückgewähr, Firmenbuchverfahren, Kapitalentsperrung, GesRZ 2010, 328; *Aburumieh/H. Foglar-Dein-*

hardstein, Die verdeckte Kapitalgesellschaft – eine unendliche Geschichte, GES 2019, 3; *Aburumieh/Hoppel*, Das kleine Einmaleins der Gesellschafterfinanzierung (Teil I), RdW 2020, 739; *Aburumieh/Hoppel*, Beim Parkplatz hört die Freundschaft auf – aber § 82 GmbHG schützt sowieso bei Verkauf! GES 2021, 120; *Achatz/Kirchmayr-Schliesselberger*, Verdeckte Ausschüttungen als Einlagenrückzahlungen, taxlex 2021, 129; *Achatz/Kirchmayr*, Verdeckte Ausschüttungen – Fremdvergleich auch bei sozietären Vorgängen? taxlex 2023, 177; *M. Aigner*, Nachträgliche Vereinbarung einer qualifizierten Nachrangabrede, ÖBA 2022, 344; *Anderl/F. Hörlsberger/B. Müller*, Kein einfachgesetzlicher Schutz für Daten juristischer Personen, ÖJZ 2018, 14; *Angyan*, Die schadenersatzrechtliche Vertrauenshaftung im Recht der Kapitalgesellschaften, RdW 2022, 238; *Anzinger/Klement*, Zur vertraglichen Ausgestaltung der Kündbarkeit von Genussrechten, GES 2011, 321; *Arlt*, Pflicht zur Anfechtung von Gewinnausschüttungsbeschlüssen? GesRZ 2014, 351; *W.-D. Arnold*, Verdeckte Gewinnausschüttung im Handelsrecht, GesRZ 1985, 86; *Artmann*, Einlagenrückgewähr und Cash Pooling im Konkurs, in Konecny (Hg), Insolvenz-Forum 2009 (2010) 131; *Artmann*, Einlagenrückgewähr – uralt und immer wieder neu, in FS Torggler (2013) 49; *Artmann*, Einlagenrückgewähr und Sicherheiten von Gesellschaftern und Dritten, ecolex 2018, 146; *Artmann*, Haftung im Konzern, GesRZ 2019, 419; *Artmann/Rüffler/Torggler* (Hg), Unternehmensfinanzierung (2023); *Aschauer/Bertl/Eberhartinger/Eckert/Egger/Hirschler/Hummel/Kalss/Kofler/Lang/Novotny-Farkas/Nowotny/Petutschnig/Riegler/Rust/Schuch/Spies/Staringer* (Hg), Kauf und Verkauf von Unternehmen (2022); *Aschauer/B. Winkler*, Cash-Pooling – Szenarien möglicher Strafbarkeit, ZWF 2015, 155; *Assadi/Stüttler*, Renaissance von Break-Up-Fees? Ein Deal-Protection-Instrument auf dem kapitalerhaltungsrechtlichen Prüfstand, ecolex 2020, 708; *Astner/Hermann/Pateter*, Gedanken zu Gemeinsamkeiten und Unterschieden der verbotenen Einlagenrückgewähr, der Insolvenzanfechtung und des Eigenkapitalersatzrechts, in Clavora/Kapp/Mohr (Hg), JB Insolvenz- und Sanierungsrecht 2016 (2016) 259; *A. Auer*, Naturalrestitution für geschädigte Wertpapieranleger, RdW 2011, 725; *D. Auer*, VwGH: Konkludenter Vorteilsausgleich bei abweichender Einkünftezurechnung, ecolex 2020, 329; *M. Auer*, Gläubigerschutz bei Vermögensbewegungen down-stream (2016); *Babinek*, Zur Abberufung des Stiftungsvorstands aus wichtigem Grund – Zugleich eine Besprechung der E 6 Ob 101/11p, ecolex 2012, 616; *Bachner*, Creditor Protection in Private Companies (2009); *Balber-Peklar*, Der Dividendenvorbehalt bei Einbringungen und Spaltungen im Umgründungssteuerrecht, taxlex 2012, 407; *Baumgartner*, OGH: Objektiver „Missbrauch" der Vertretungsmacht, RdW 2019, 597; *Beiser*, Die Ausschüttungssperre für umgründungsbedingte Kapitalrücklagen – Redaktionsversehen des Gesetzgebers oder fehlerhafte Auslegung? GesRZ 2005, 3; *Bendlinger*, Verdeckte Ausschüttung als Einlagenrückzahlung? taxlex 2019, 140; *Bergmann*, Genussrechte. Ausgestaltung – Rechnungslegung – Besteuerung (2016); *Bergmann*, Die Ausschüttungssperre des § 235 Abs 1 UGB nach dem AbgÄG 2015, ecolex 2016, 313; *Bergmann*, GmbH & Co KG: Zum Erfordernis einer angemessenen Vergütung der Komplementär-GmbH, GES 2018, 299; *Bergmann/Schörghofer*, RÄG 2014: Keine Anwendung des kapitalgesellschaftsrechtlichen Kapitalerhaltungsregimes auf verdeckte Kapitalgesellschaften!

GesRZ 2014, 340; *Bergmann/Schörghofer*, OGH bestätigt Rechtsprechung zur Kapitalerhaltung bei verdeckten Kapitalgesellschaften, GES 2017, 20; *Bernscherer*, SWK 2021, Die Ausschüttungssperre für aktive latente Steuern gemäß § 235 Abs 2 UGB, 1014; *T. Bezzenberger*, Erwerb eigener Aktien durch die AG (2002); *T. Bezzenberger*, Das Kapital der Aktiengesellschaft: Kapitalerhaltung – Vermögensbindung – Konzernrecht (2005); *Birkenmaier/Obser*, Neue Gestaltungs- und Handlungsspielräume für die inkongruente, disquotale bzw. gespaltene Gewinnverwendung und -verteilung bei der GmbH, GmbHR 2022, 850; *Birkner/N. Leitner*, Wer die Verlobung bricht, muss zahlen, Der Standard, 17.2.2018; *Birnbauer*, GmbH-Vertragsänderung, alineare Gewinnausschüttung, GES 2016, 422; *Birnbauer*, Einforderung ausstehender gründungsprivilegierter Stammeinlagen, GES 2018, 88; *Birnbauer*, Neufassung des Gesellschaftsvertrages einer GmbH, GES 2020, 33; *Birnbauer*, Löschung von Kommanditisten einer GmbH & Co KG im engeren Sinn, GES 2021, 357; *Blaschke*, Augen auf! Die bloße Teilnahme an einer verbotenen Einlagenrückgewähr kann zur Haftung führen, GES 2021, 386; *Bodis*, Wahlmöglichkeit zur Behandlung einer verdeckten Ausschüttung als Einlagenrückzahlung, SWK 2021, 789; *Böhm*, Die Abgrenzung (alinearer) Gewinnausschüttung von betrieblichen Vorgängen, ÖStZ 2019, 236; *Bollenberger*, Zum Kreis der Rückzahlungsverpflichteten bei verbotener Einlagenrückgewähr, Zak 2018, 24; *Brameshuber/Dangl*, Der konkludente Vorteilsausgleich – Voraussetzungen für den Vorteilsausgleich, taxlex 2019, 236; *Bramo-Hackel*, Anpassungen von Verrechnungspreisvereinbarungen im Zuge von COVID-19, CuRe 2020/17; *Brandi*, Gewährleistungen durch die Aktiengesellschaft bei Anteilserwerb durch Kapitalerhöhung, NZG 2004, 600; *Brandstetter*, Zu den Grenzen des Tatbestandes der Untreue nach der StGB-Novelle 2015, ZWF 2019, 218; *St. Briem*, Verbotene Einlagenrückgewähr und Untreue, RdW 2016/59, 93; *Brugger*, Ende des Special Purpose Vehicle (SPV) durch 6 Ob 48/12w? NZ 2013/92, 208; *Brugger*, Rechtsberater stehen unter Beschuss (und wie die Haftung eingeschränkt werden könnte) – Lehren aus 6 Ob 26/21y, WIT, und 6 Ob 151/20d, K. Privatstiftung, NZ 2022, 69; *Bruse*, Kostentragungspflichten bei Transaktionen, in FS Elsing (2015) 1061; *Bucek*, Verdeckte Gewinnausschüttungen aus Pensionszusagen an Gesellschafter-Geschäftsführer, ecolex 2003, 158; *Burtscher/Spitzer*, Vertrauensschutz im Eigenkapitalersatzrecht, wbl 2022, 601; *Busch/G. Moser*, Zur Frage der unterjährigen Auflösung (und Ausschüttung) von Rücklagen bei Kapitalgesellschaften, SWK 2007, W 131; *Cahn*, Die wirtschaftliche Betrachtungsweise, in FS Schmidt (2012) 157; *Cahn*, Wechselseitige Beteiligungen – komplizierte Details, einfache Grundfragen, ecolex 2023, 217; *Cap*, Fragen der internationalen Zuständigkeit im Zusammenhang mit dem Verbot der Einlagenrückgewähr nach österreichischem Recht, in FS FL-OGH (2022) 119; *Chladek/Graf/Seeber*, Einlagenrückgewähr durch Einräumung eines Vorkaufsrechts an eine zukünftige Gesellschafterin – Zugleich ein Besprechung von OGH 17.1.2018, 6 Ob 199/17h, GesRZ 2018, 221; *Chladek/Seeber/Stenzel*, Einlagenrückgewähr: Die Erkundigungs- und Prüfpflicht der Bank darf nicht überspannt werden – Zugleich eine Besprechung von OGH 20.11.2018, 10 Ob 86/18x, GesRZ 2019, 401; *Christiner*, OGH 11.9.2003, 6 Ob 103/03w: Ausschüttungssperre gem. § 235 Z. 3 HGB für alle im Zuge von Umgründungen gebildeten

Rücklagen? RWZ 2004/48, 193; *Crüger/Köhler*, Avalprovisionen: Fremdvergleichskonforme Berechnung mittels Credit Default Swaps, RIW 2008, 378; *P. Csoklich/P. N. Csoklich*, Verbotene Einlagenrückgewähr an Nichtgesellschafter, insbesondere im Zusammenhang mit Privatstiftungen, GesRZ 2019, 54; *Daxkobler/Steindl*, Bezugsrechtsübertragung bei Kapitalerhöhung zum Nominale, RdW 2013/102, 104; *Deichsel/Inzinger/Uedl*, Ausschüttungssperren – Zweck, Zweifelsfragen und Perspektiven, in FS Bertl II (2021) 227; *Dejaco*, Einlagenrückgewähr bei Bestandverträgen, NZ 2019, 81; *Dellinger/Mohr*, EKEG (2004); *Deutsch/Madari*, Kartellrechtliche Konzernhaftung nach dem Sumal-Urteil des EuGH, GesRZ 2021, 367; *Diregger/G. Eckert*, Gedanken zur unechten Personengesellschaft, RdW 2013/577, 579; *Ditz/Engelen*, Finanztransaktionen, in Wassermeyer/Baumhoff/Ditz (Hg), Verrechnungspreise international verbundener Unternehmen[2] (2022) Rz 6.423 ff; *Dokalik/Hirschler*, RÄG 2014 – Reform des Bilanzrechts[2], SWK-Spezial 2016; *M. Doralt*, Management Buyout: Aktionärs- und Gläubigerschutz durch den Grundsatz der Kapitalerhaltung (2001); *W. Doralt/K. Rastegar/Gelter/Conac/K. Rastegar/E. Schuster*, Austrian Limited: Die Pläne zur flexiblen Kapitalgesellschaft und die Reform des Gesellschaftsrechts, GesRZ 2021, 120; *Drobnik*, OGH 6 Ob 154/19v: Erstattungsanspruch nach § 9 Abs 1 Satz 2 EKEG bei Kreditvergabe down-stream, RdW 2020, 746; *Ebner/Gröhs*, Genussscheine bei Abschluss eines Gewinnabführungsvertrages, ÖBA 2021, 394; *G. Eckert*, Einlagenrückgewähr und Umgründungen, in Kalss/Torggler (Hg), Einlagenrückgewähr (2014) 71; *G. Eckert*, Gesellschaftsrechtliche Fragen der Finanzierung des Beteiligungserwerbs, in Althuber/Schopper (Hg), HB Unternehmenskauf & Due Diligence I[2] (2015) 297; *G. Eckert*, Kapitalaufbringung und Agio, in FS Nowotny (2015) 275; *G. Eckert*, Entnahmen und Gesellschafterverrechnungskonten in der Insolvenz der GmbH, in Konecny (Hg), Insolvenz-Forum 2016 (2017) 17; *G. Eckert/Schopper*, Kapitalaufbringung bei wechselseitigen Beteiligungen, GesRZ 2020, 381; *G. Eckert/Spani/Wess*, Neuregelung des § 153 StGB und Auswirkungen auf die Praxis – Teil I + II, ZWF 2015, 258, ZWF 2016, 7; *G. Eckert/Tipold*, Strafbare Dividenden, GES 2013, 59; *Edelmann*, Preisfragen im Übernahmerecht, GesRZ 2016, 19; *G. Eckert/Wöss*, Sorgfaltspflichten bei der Konzernfinanzierung (ausgewählte Probleme), in Aschauer/Bertl/Eberhartinger/Eckert/Egger/Hirschler/Hummel/Kalss/Kofler/Lang/Novotny-Farkas/Nowotny/Petutschnig/Riegler/Rust/Schuch/Spies/Staringer (Hg), Niedrigverzinsung im Bilanz- und Steuerrecht (2023) 71; *Edel/Förstel-Cherng/Dobric*, Ablehnung von Schiedsrichtern im Lichte der jüngsten OGH-Judikatur, RdW 2021, 101; *Edelmann*, GmbH & Co KG, in Bergmann/Ratka (Hg), HB Personengesellschaften[2] (2016) 301; *Ehgartner*, Zur Anwendbarkeit des § 1472 ABGB auf juristische Personen des Privatrechts, RdW 2022, 522; *Eilmansberger/Rüffler*, Zum bei der Bewertung von Kapitalanlagen maßgeblichen Verbraucherleitbild, RdW 2010, 319; *Eiselsberg/Haberer*, Zur Angemessenheit der Vorstandsvergütung im Spannungsverhältnis von Markt, Kodex und Gesetz, RWZ 2004/17, 65; *Einhaus/Selter*, Die Treuepflicht des GmbH-Gesellschafters zwischen Ausschüttungs- und Thesaurierungsinteresse, GmbHR 2016, 1177; *Elsner*, Die Nachschussobliegenheit in der Gesellschaftskrise (2021); *Endfellner*, Die alineare Gewinnausschüttung einer GmbH im Ertragsteuerrecht –

Eine Alternative zur üblichen linearen Gewinnausschüttung, taxlex 2019, 36; *Engin-Deniz*, Zur Einlagenrückgewähr beim fiktiven Cash Pooling, ecolex 2019, 751; *Entleitner*, Ausgewählte Beschränkungen der vertraglichen Gestaltungsfreiheit im GmbH-Recht, NZ 2018, 281; *Enzinger*, Interessenkonflikt und Organpflichten: Am Beispiel des Management Buy-out (2005); *Enzinger*, Frei nach Grillparzer: Des Bestimmtheitsgrundsatzes Glück und Ende, GesRZ 2016, 88; *Ettmayer/Kusznier*, Unternehmensrechtliche Folgen bei Verletzung der Aufsichtsratspflicht, ecolex 2012, 319; *Ettmayer/Sauer/Irresberger/Flöckner*, IKS in der Praxis – Compliance-Pflicht und Business Judgement Rule, ZSS 2021, 61; *Fantur*, Cash Pooling, GES 2019, 169; *Fantur*, Bilanzierung von Rückgewähransprüchen aus verbotener Einlagenrückgewähr, GES 2021, 57; *Feilmair/Andréewitch-Wallner*, Inhaltliche Ausgestaltung von virtuellen Mitarbeiterbeteiligungsprogrammen in der Praxis, RdW 2022, 677; *Fellner/Henöckl*, Die außergerichtliche Sanierungstreuhand, ÖBA 2022, 584; *Fellner/Rüffler*, Zentrale Konzernfinanzierung und Verbot der Einlagenrückgewähr, GES 2019, 59; *Fellner/Rüffler/Seekirchner*, Gewinnausschüttungen während der COVID-19-Krise, ÖBA 2020, 385; *Feltl*, Wankelmut tut selten gut: Zur nachträglichen Modifikation von Ergebnisverwendungsbeschlüssen in der GmbH, GesRZ 2018, 142; *Fidler*, Beteiligungsfinanzierung, verbotene Einlagenrückgewähr und akzessorische Kreditsicherheiten, ÖBA 2018, 600; *Fidler*, Der zukünftige Gesellschafter im EKEG – zugleich ein Beitrag zur Ratio Legis des Kapitalersatzrechts, wbl 2020, 601; *Fidler/Madari*, Gesellschafterkonten in der OG und KG: Rechtsnatur und bilanzielle Einordnung, ÖJA 2023, 322; *Fleischer*, Verdeckte Gewinnausschüttung und Kapitalschutz im Europäischen Gesellschaftsrecht, in Lutter (Hg), Kapital der Aktiengesellschaft, ZGR Sonderheft 17 (2006) 114; *Fleischer*, Mitgliedschaftliche Treuepflichten: Bestandsaufnahme und Zukunftsperspektiven, GesRZ 2017, 362; *Fleischer*, Mitgliedschaftliche Treuepflichten: Bestandsaufnahme und Zukunftsperspektiven, in Kalss/Torggler (Hg), Treuepflichten (2018) 43; *Fleischer*, Verdeckte Gewinnausschüttung im Aktienrecht: Bewertungszeitpunkt – Beweislast – Bewertungseinheit, in FS Krieger (2020) 253; *Fleischer*, Kapital, Sicherung der Kapitalaufbringung und Kapitalerhaltung in den Aktien- und GmbH-Rechten der Europäischen Union, ZIP 2020, 2478; *Fleischer/Trinks*, Minderheitenschutz bei der Gewinnthesaurierung in der GmbH, NZG 2015, 289; *J. W. Flume*, Transaktionstransparenz und Vermögensbindung in der AG – Related Party Transactions in Österreich, GesRZ 2019, 230; *J. W. Flume*, Austauschverträge in volatilen Märkten, JBl 2020, 502; *H. Foglar-Deinhardstein*, Anmerkungen zum (grenzüberschreitenden) Triangular Merger, GesRZ 2012, 326; *H. Foglar-Deinhardstein*, Nochmals zum Gläubigerschutz beim Formwechsel von der GmbH in die AG, GES 2016, 52; *H. Foglar-Deinhardstein*, Wurde das kalte Delisting kaltgestellt? NZ 2017, 321; *H. Foglar-Deinhardstein*, Einlagenrückgewähr: Großer Wert und kleiner Preis – Darf das sein? ecolex 2017, 1173; *H. Foglar-Deinhardstein*, Die Investorenvereinbarung, in Kalss/Torggler (Hg), Aktuelle Fragen bei M&A (2019) 121; *H. Foglar-Deinhardstein*, Einlagenrückgewähr: Unechte Dritte und Umfang der Nichtigkeit? – Anmerkung zu OGH 20.12.2018, 6 Ob 195/18x, ÖJZ 2019, 938; *H. Foglar-Deinhardstein*, Schwere Kost – Neues zur verbotenen Einlagenrückgewähr bei der verdeckten Kapitalgesellschaft und zur Abschlussprüferhaftung, GES 2021, 159;

H. Foglar-Deinhardstein, Gesellschafterausschluss (syndikatsvertraglich) ausgeschlossen – Anmerkung zu OGH 22.6.2022, 6 Ob 92/22f, ÖJZ 2022, 911; *H. Foglar-Deinhardstein,* Die FlexCo als flexible Gesellschafterin ihrer selbst, ÖJZ 2023, 911; *H. Foglar-Deinhardstein/Aichinger,* Angemessene Barabfindung beim Squeeze-out: OLG Wien fasst heiße Eisen an – Praxisfragen zu OLG Wien 1.10.2020, 6 R 78/20i ua, GesRZ 2021, 74; *H. Foglar-Deinhardstein/Aichinger/ Buchinger,* Sanierungstreuhand und Sanierungsprivileg, ecolex 2017, 777; *H. Foglar-Deinhardstein/Feldscher,* Leben mit der Unschärfe – OGH entlastet das Nachprüfungsverfahren: Praxisüberlegungen zum kalten Delisting und zum Nachprüfungsverfahren aus Anlass von 6 Ob 113/21t, NZ 2022, 165; *H. Foglar-Deinhardstein/A. Gruber,* Querverbindungen zwischen Stiftungs-, Zivil- und Gesellschaftsrecht – Praxisfragen zu 2 Ob 98/17a, PSR 2018, 52; *H. Foglar-Deinhardstein/Hartig,* Der Vorstand bei Umgründungen und Squeeze-out, in Kalss/Frotz/ Schörghofer (Hg), HB Vorstand (2017); *H. Foglar-Deinhardstein/Hartig,* Kapitalausstattung: Kapitalaufbringung und Kapitalerhaltung, in Bergmann/Kalss (Hg), HB Rechtsformwahl (2020) 297; *H. Foglar-Deinhardstein/Molitoris/Hartig,* Angemessene Barabfindung beim Squeeze-out: Jagd nach einer Chimäre? GesRZ 2020, 43; *H. Foglar-Deinhardstein/Trettnak,* Agio oder Gesellschafterzuschuss? RdW 2010/504, 500; *H. Foglar-Deinhardstein/Trettnak,* Ausgewählte Fragen zum Recht der Namensaktie nach dem GesRÄG 2011, GES 2013, 180; *H. Foglar-Deinhardstein/Vinazzer,* Kann das EKEG die Umwandlung von Fremd- in Eigenkapital verhindern? ÖBA 2016, 486; *Frank/Kusternigg,* Kapitalerhaltung bei Umstrukturierung einer GmbH & Co KG im engeren Sinn, RdW 2010, 384; *Franke,* Verdeckte Einlagenrückzahlung im Rahmen des § 4 Abs 12 EStG idF AbgÄG 2015 vor dem Hintergrund aktueller Rechtsprechung, ÖStZ 2019, 315; *Fritz,* Gewinnverwendung und Gewinnverteilung in der GmbH, SWK 2020, 1443; *N. Frizberg,* Nachrangige Forderungen im Insolvenzverfahren (2021); *St. Frotz,* Gesellschaftsrechtliche Aspekte von Cash-Pooling-Verträgen in Österreich, in Polster (Hg), HB Cash Pooling (2016) 72; *Gaggl,* Gläubigerschutz bei Umgründung der GmbH & Co KG (2021); *Gaggl,* Zum Periodenverschiebungsproblem bei Einbringung im Unternehmensverbund – gleichzeitig eine Besprechung von OGH 6 Ob 207/20i, wbl 2021, 611; *Ganzer,* Thesaurierungsfreiheit des Mehrheitsaktionärs, NZG 2023, 1251; *Gassler,* Die Nichtanwendung des Kartellverbots (nur) bei der Ausübung von Vetorechten eines mitkontrollierenden Gesellschafters, ÖZK 2020, 72; *Gelter,* Funktionen des gesellschaftsrechtlichen Kapitalschutzes – rechtspolitische und rechtsvergleichende Aspekte, in FS Nowotny (2015) 315; *Gloser/Kulnigg/Puchner,* Das steuerliche Dilemma bei Start-up-(Mitarbeiter-)Beteiligungsprogrammen – ein möglicher Lösungsansatz? RdW 2020, 709; *Gonaus/Schmidsberger,* Nichtzustandekommen eines (positiven) Gewinnverwendungsbeschlusses in der GmbH: Vollausschüttung oder Thesaurierung? RdW 2020, 7; *Gonaus/Schmidsberger,* Zeitliche Reichweite der Ausschüttungssperre nach § 82 Abs 5 GmbHG, RdW 2020, 508; *Gottschalk/Ulmer,* Garantien einer GmbH bei Kapitalerhöhungen, NZG 2021, 997; *Graf,* OGH verteidigt Prospekthaftung, ecolex 2011, 599; *Graf,* Wer den Markt manipuliert, zahlt, ecolex 2013, 864; *Gröhs/Havranek/Prändl,* Die Angemessenheit von Vorstandsvergütungen in der Finanzkrise, AR aktuell 2009 H 1, 8; *Grossmayer,* Kapitalerhaltung bei der

GmbH & Co KG, ecolex 2008, 1023; *Grossmayer*, Einlagenrückgewähr – drei aktuelle Entscheidungen, ecolex 2013, 951; *Grossmayer/J. Reich-Rohrwig*, Nachträgliche Schmälerung von Dividendenansprüchen? ecolex 2020, 379; *Ch. Gruber/M.-Th. Hartlieb*, Überblick über die höchstgerichtliche Judikatur in Stiftungssachen im Jahr 2019, PSR 2020, 4; *E. Gruber/H. Foglar-Deinhardstein*, Satzungsstrenge und neue Spielräume für „autonome" Satzungsbestimmungen, GesRZ 2014, 73; *J. P. Gruber*, Verdeckte Sacheinlagen, RdW 2004/349, 390; *J. P. Gruber*, Spar gegen dm – die Zweite, AR aktuell 2021 H 3, 125; *M. Gruber*, Kapitalmarktinformationshaftung, hypothetische Alternativveranlagung und allgemeines Marktrisiko – Erste Überlegungen zu OGH 6 Ob 28/12d, ÖBA 2012, 572; *Grün*, Leitfaden verdeckte Ausschüttung[2] (2015); *Grundmann*, Europäisches GesR[2] (2011); *Grunewald*, Gewinnfeststellung und Gewinnverwendung in GmbH und KG, ZIP 2023, 88; *Grünwald*, Probleme des Rechtsübergangs bei Spaltungen, GesRZ 1995, 110; *Haberer*, Zwingendes Kapitalgesellschaftsrecht. Rechtfertigung und Grenzen (2009); *Haberer/S.-F. Kraus*, Gedanken zur Angemessenheit der Vorstandsvergütung GES 2010, 10; *Haberer/S.-F. Kraus*, Rechtsfolgen unangemessener Vorstandsvergütungen, GES 2010, 165; Haberer/Krejci (Hg), Konzernrecht (2016); *Habersack*, Wie gewonnen, so zerronnen – Zur Anfechtbarkeit von Dividendenzahlungen an gutgläubige Aktionäre gem. § 134 Abs. 1 InsO, ZIP 2022, 1621; *Hageböke/Kurtalic*, Der Grundsatz der Kapitalerhaltung bei Vorliegen einer Patronatserklärung, ZIP 2022, 2007; *Haglmüller*, Gesellschafterpflichten in der Krise der GmbH (2018); *Hanslik*, Akquisitionsfinanzierung, in Althuber/Schopper (Hg), HB Unternehmenskauf & Due Diligence I[2] (2015) 511; *Hanzl/Geißler*, Einlagenrückgewähr und Leistungsbeziehungen im Konzern, Lexis Briefings Wirtschaftsrecht, März 2020, März 2023; *Harrer*, Satzungsauslegende Beschlüsse, GES 2017, 4; Hausmaninger/Petsche/Vartian (Hg), Wiener Vertragshandbuch I[3] (2019); *H. Hayden*, Pflichtwidriges Handeln des organschaftlichen Vertreters – Bestandsaufnahme, Bewertung und aktuelle Entwicklungen des „Missbrauchs der Vertretungsmacht", PSR 2019, 172; *H. Hayden/T. Hayden/Thorbauer*, Gequälte Suche nach der fremdüblichen Miethöhe bei Luxusimmobilien, RdW 2023, 64, 140; *T. Hayden/Thorbauer/St. Egger*, KESt-Zuflussfiktion bei einer verdeckten Gewinnausschüttung an den beherrschenden GmbH-Gesellschafter-Geschäftsführer durch bloße Fälligkeit oder Buchung? RWZ 2023, 131; *T. Hayden/Thorbauer/Gröhs*, Sanierungsinstrumente für Gesellschaften in der „Krise", PSR 2020, 8; *T. Hayden/Thorbauer/Gröhs/Holzmannhofer*, Zweifelsfragen beim Debt-Mezzanine-Swap, RdW 2020, 951; *Heindler*, Internationale Zuständigkeit für Individualklagen von Aktionären nach dem Dieselgate, IPRax 2018, 103; *Herda*, Artificial Intelligence und Immaterialgüterrecht, wbl 2019, 305; *Hermann*, Der Leistungsempfänger bei verbotener Einlagenrückgewähr, GES 2016, 394; *Hermann/Liebenberger*, Der Fremdvergleich bei verbotener Einlagenrückgewähr: Tatfrage oder Rechtsfrage? GES 2023, 11; *Heusel/M. Goette*, Zum Gewinnausschüttungsanspruch bei Pattsituationen in der GmbH, GmbHR 2017, 385; *Hirschler*, Ausschüttungssperre und Umgründungen, GES 2004, 224; *Hirschler*, Rechnungslegung von Personengesellschaften im Spiegel der OGH-Rechtsprechung, RWZ 2022, 153; *Hirschler/Uedl*, VwGH zur nachträglichen Umdeutung einer verdeckten Gewinnausschüttung in eine Einlagenrückzahlung, RWZ 2021, 180; *Hlawati/Glas/H. Foglar-Deinhardstein/Aichinger,* Spatz in der Hand statt Taube auf dem Dach? GesRZ 2016, 29; *Hlawati/ Ch. Thaler,* Secondary Offering – Haftungsfreistellung bei der Umplatzierung von Aktien aus der Sicht der Praxis, in FS Jud (2012) 249; *Höcher/Kahl,* Von der Untreue und Bildern im Kopf, ecolex 2017, 661; *Hoenig/Klingen,* Die W&I-Versicherung beim Unternehmenskauf, NZG 2016, 1244; *Hoenig/Stingl,* Geschäftschancen – Gedanken zur Reichweite des Einlagenrückgewährverbotes, GesRZ 2007, 23; *A. Hofmann,* Kritische Anmerkungen zum Konstrukt der „typisierenden Betrachtungsweise" – Eine Besprechung von OGH 30.1.2018, 2 Ob 213/17p NZ 2018, 204; *St. Hofmann/T. Hofmann,* Gesellschaftssteuer bei später Auszahlung von Dividenden, RdW 2010/490, 478; *Hofmarcher,* Geschäftsgeheimnisschutz NEU, RWZ 2019, 36; *Holeschofsky,* Zur Haftung für den fehlgeschlagenen Sanierungsversuch – Marginalien zu OGH 14.7.1986, 1 Ob 571/86, GesRZ 1987, 34; *Hollaender,* Untreuetatbestand und Judikaturwandel? JSt 2019, 206; *Holzinger/Bonner,* Personalentsendungen aus Verrechnungspreissicht, ecolex 2016, 1008; *Honsell,* Bankenhaftung bei Unternehmenssanierung, JBl 1987, 146; *Hübner-Schwarzinger,* Steuerliche Konsequenzen einer verunglückten Einbringung, SWK 2008, 935; *Huemer,* Scheingeschäfte im Gesellschaftsrecht – Das Verbot der Einlagenrückgewähr und ihre Folgen, GRAU 2021, 100; *Hügel,* Steuerausgleich in der Unternehmensgruppe, GesRZ 2005, 155; *Hügel,* Geschäftschancen und Konzernsynergien – Zugleich ein Beitrag zur verdeckten Gewinnausschüttung im Gesellschafts- und Steuerrecht, in FS Koppensteiner II (2006) 11; *Hügel,* Verdeckte Gewinnausschüttung und Drittvergleich im Gesellschafts- und Steuerrecht, in Kalss/Torggler (Hg), Einlagenrückgewähr (2014) 19; *Hügel,* Gewinnverwendung und Thesaurierung in der AG und der GmbH, in FS Reich-Rohrwig (2014) 49; *Hügel,* Zur Verrechnung des Spaltungsverlustes mit gebundenem und ungebundenem Eigenkapital, in FS Nowotny (2015) 573; *Hügel,* Zwischenausschüttungen bei der GmbH. Ein kleiner Beitrag zur Deregulierung des Kapitalschutzrechts, GesRZ 2016, 100; *V. Hügel,* Glosse zu 6 Ob 122/16h, JEV 2017, 70; *V. Hügel,* Verbot der Einlagenrückgewähr – Anwendung auf Rechtsgeschäfte zwischen Stiftungsbeteiligten und Beteiligungsgesellschaften einer Privatstiftung, JEV 2019, 77; *Hummer,* Kartellrechtsfreier Raum für Alt-Fusionen!? ÖZK 2020, 65; *Hunecke,* Der Zeichnungsvertrag (2011); Jaufer/Nunner-Krautgasser/Schummer (Hg), Kapitalaufbringung und Kapitalerhaltung (2016); *Jeitler/Lärcher,* Zulässigkeit der Ausgabe neuer Anteile infolge von Gewährleistungszusagen der Gesellschaft im Rahmen von (Start-up)-Kapitalerhöhungen, wbl 2021, 185; *Jennewein,* Kapitalherabsetzender Effekt einer Einbringung des Kommanditanteils einer GmbH & Co KG in die Komplementär-GmbH, GesRZ 2016, 337; *Jetzinger,* Verdeckte Ausschüttungen: Vorgehensweise bei der KESt-Vorschreibung, GES 2016, 425; *Joklik-Fürst,* Internationale Verrechnungspreise, RdW 2020, 800; *Joklik-Fürst/Leopold,* Internationale Konzernverrechnungspreise im Lichte des Finanzstrafrechts, ZSS 2022, 97; *W. Jud/Nitsche,* Zur internen Wirksamkeit des Kapitalerhöhungsbeschlusses bei einer GmbH, NZ 1987, 305; *Kalss,* Kapitalmarktinformationshaftung – Runde wie viel? GesRZ 2012, 149; *Kalss,* Die mangelnde Anwendbarkeit der laesio enormis auf einen Aufgriffspreis im Gesellschaftsvertrag eines Familienunternehmens, GesRZ 2013, 244; *Kalss,* Gesellschaftsrechtliche Anmerkungen zur Libro-Entscheidung, ecolex 2014, 497; *Kalss*, Ausgewählte Fragen der Gewinnausschüttung, in Bertl/Eberhartinger/Egger/Kalss/Lang/Nowotny/ Riegler/Schuch/Staringer (Hg), Reform der Rechnungslegung in Österreich (2015) 101; *Kalss*, Kredite und Sicherheiten im Lichte der Einlagenrückgewähr, in Konecny (Hg), Insolvenz-Forum 2015 (2016) 125; *Kalss*, Nachfolge im Kapitalgesellschaftsrecht, in Gruber/Kalss/Müller/Schauer (Hg), Erbrecht und Vermögensnachfolge[2] (2018) § 34; *Kalss*, Wir müssen die Regeln über die Einlagenrückgewähr überdenken! GesRZ 2018, 257; *Kalss*, Öffentliche Förderungen und Dividendenausschüttungen in COVID-19-Zeiten, GesRZ 2020, 77; *Kalss*, Vollmachtsmissbrauch bei der organschaftlichen Vollmacht – Handlungspflichten für die Organe, GesRZ 2020, 158; *Kalss*, Treuepflichten in Familienunternehmen – Ihre Leistungskraft steigt! GesRZ 2021, 203; *Kalss*, Der Anteilspreis darf verschieden sein! GesRZ 2023, 69; *Kalss*, Gesellschaftsrechtliche Folgen der EU-Sanktionen gegen Russland und Belarus, GesRZ 2023, 75; *Kalss/G. Eckert*, Der maßgebliche Zeitpunkt für die Änderung des Bilanzstichtags, NZ 2006, 353; *Kalss/Klampfl*, Europäisches Gesellschaftsrecht (2015); *Kalss/Probst*, Die Geschäftschance, die große Schwester des Wettbewerbsverbots – Nachlese zum 6. Familienunternehmertag in Göttweig, GesRZ 2018, 135; *Kalss/Winner*, Ausgewählte gesellschaftsrechtliche Judikatur in Österreich und Deutschland im vergangenen Arbeitsjahr, GesRZ 2013, 189; *Karollus*, Banken-, Gesellschafter- und Konzernleitungshaftung nach den „Eumig"-Erkenntnissen, ÖBA 1990, 337, 438; *Karollus*, Verstärkter Kapitalschutz bei der GmbH & Co KG, ecolex 1996, 860; *Karollus* Gedanken zum Kapitalschutz bei der GmbH & Co. KG, in FS Kropff (1997) 669; *Karollus*, Gedanken zur Finanzierung im Konzern und zur Reichweite des Ausschüttungsverbotes, ecolex 1999, 323; *Karollus*, EKEG, in Buchegger (Hg), Österreichisches Insolvenzrecht, Zusatzband I (2009); *Karollus*, Neues zur Prospekthaftung (Konkurrenz zum Verbot der Einlagenrückgewähr und zur „fehlerhaften Gesellschaft", Kausalität des Prospektfehlers für die Disposition des Anlegers, Schadensberechnung und Schadensnachweis) – Anmerkungen zu OGH 30.3.2011, 7 Ob 77/10i, ÖBA 2011, 450; *Karollus*, 6 Ob 48/12w: Das Ende der bisherigen LBO-/MBO-Finanzierungspraxis? GES 2013, 283; *Karollus*, „Durchgriff" durch Privatstiftungen im Zusammenhang mit der Einlagenrückgewähr, ZFS 2015, 145; *Karollus*, Unternehmerische Ermessensentscheidungen und Business Judgment Rule aus primär gesellschaftsrechtlicher Sicht mit besonderem Blick auf Versicherungsunternehmen, VR 2015 H 10, 23; *Karollus*, Wider die Mehrleistungsthese für Kapitalerhöhungen bei wechselseitiger Beteiligung! GesRZ 2020, 169; *Karollus*, Zusammenrechnung von Beteiligungen gemäß § 6 EKEG, GesRZ 2022, 217; *Karollus*, Anfechtung wegen laesio enormis, wenn im konkreten Fall kein inhaltlich ungerechter Vertrag und kein ungerechter Preis vorliegt? JBl 2022, 689; *Karollus*, Debt Push Down bei der Akquisitionsfinanzierung, Verbot der Einlagenrückgewähr und Finanzierungsverbot, ecolex 2022, 868; *Kastner*, Syndikatsverträge in der österreichischen Praxis, ÖZW 1980, 1; *Kaufmann*, Downstream-Abspaltung der Beteiligung an der Tochtergesellschaft in die Tochtergesellschaft, ÖStZ 2009/419, 202; *Kerschner*, Das neue Verrechnungspreisdokumentationsgesetz – der Entwurf im Überblick, RWZ 2016/42, 176; *Kerschner/Schmidjell-Dommes*, Das Verrechnungspreisdokumentationsgesetz, ÖStZ 2016/592, 408; *Kert/Komenda*, Untreue neu nach dem Strafrechtsänderungsgesetz 2015, ÖZW 2015, 141; *Kiefner*, Investorenvereinbarungen zwischen Aktien- und Vertragsrecht, ZHR 2014, 547; *Kiehl/Lindtner*, Update: Untreue, ecolex 2018, 987; *Kirchmayr/Achatz*, Neues zum Dividendenvorbehalt, taxlex 2013, 305; *Kirchmayr/Achatz*, Kapitalerhöhung ohne Agio – eine verdeckte Ausschüttung? taxlex 2014, 173; *Kirchmayr/Zorn*, Kapitalertragsteuer bei verdeckten Ausschüttungen aus Schwarzumsätzen der GmbH, SWK 2015, 974; *Klein*, Pflichten und Haftungsrisiken der Geschäftsleitung beim Cash Pooling, ZIP 2017, 258; *Klement/Fitz*, Einlagenrückgewähr, Veranlassung, Gesellschaftervorteil – Zur Entscheidung 6 Ob 234/21m, GES 2022, 380; *Klett/Reinhardt*, Die mehrmalige Ausschüttung von Dividenden, ZIP 2021, 275; *Knauder*, Zu Fragen irreführender Werbung beim Vertrieb von Kapitalanlagen und daraus resultierender Schadenersatzansprüche – Teil 1, ZFR 2009, 96; *G. Kodek*, Sons of Gwalia – Eine australische Diskussion zum Rang kapitalmarktrechtlicher Schadenersatzansprüche in der Insolvenz, in FS Koppensteiner III (2016) 181; *G. Kodek*, Leveraged Buy-outs und upstream-Sicherheiten im amerikanischen Recht – eine Skizze, in FS Hügel (2016) 185; Kodek (Hg), Untreue NEU (2017); *G. Kodek*, Zur Vertretung der Privatstiftung – zwei Entscheidungen aus Österreich und Liechtenstein, PSR 2019, 56; *G. Kodek*, Komplexes Wirtschaftsstrafrecht am Beispiel der Entscheidung 6 Ob 61/21w, in Lewisch (Hg), JB Wirtschaftsstrafrecht u Organverantwortlichkeit 2022 (2022) 161; *G. Kodek/P. N. Csoklich*, Gesellschaftsrechtliche Aspekte des Wirtschaftsstrafrechts, in Höpfel/Ratz (Hg), WK StGB[2]; *Kohlhaas*, Verdeckte Gewinnausschüttung wegen unentgeltlicher Nutzung einer in Spanien gelegenen Immobilie? BB 2017, 474; *Komenda*, Zur Ermittlung des Untreueschadens bei Kreditvergaben und Spekulationsgeschäften, JBl 2018, 769; *Koppensteiner*, Zum Gewinnabführungsvertrag der GmbH, RdW 1985, 170; *Koppensteiner*, GmbH-rechtliche Probleme des Management-Buy-Out, ZHR 1991, 97; *Koppensteiner*, Gruppenbesteuerung, Verlustvortrag und Gesellschaftsrecht, GES 2005, 404; *Koppensteiner*, Zur Haftung der Gesellschafter bei Zahlungsunfähigkeit der GmbH, JBl 2006, 681; *Koppensteiner*, Neues zur „Existenzvernichtungshaftung", JBl 2008, 749; *Koppensteiner*, Zum lauterkeitsrechtlichen Adressatenleitbild bei der Bewerbung von Kapitalanlagen, RdW 2010, 132; *Koppensteiner*, Kapitalaufbringung und Kapitalerhaltung, GesRZ 2014, 3; *Koppensteiner*, Grenzen der Leitung abhängiger Kapitalgesellschaften, in Kalss/Torggler (Hg), Einlagenrückgewähr (2014) 59; *Koppensteiner*, Nichtigkeit wegen Einlagenrückgewähr verbotswidriger Verträge? in FS Reich-Rohrwig (2014) 117; *Koppensteiner*, Agio und Kapitalaufbringung, GesRZ 2015, 6; *Koppensteiner*, Irreführung bei der Werbung für Kapitalanlagen, ÖBl 2016, 52; *Koppensteiner*, Verfassungs- und Gesellschaftsrecht, wbl 2016, 717; *Koppensteiner*, Investorenvereinbarungen, GesRZ 2017, 6; *Koppensteiner*, Über Verbandsautonomie, JBl 2017, 758; *Koppensteiner*, Durchsetzung von Gewinnansprüchen der Minderheit bei GmbH und OG, RdW 2018, 412; *Koppensteiner*, Zuständigkeitskonflikte im Aktienrecht, GesRZ 2020, 6; *Koppensteiner*, Eigene Anteile und wechselseitige Beteiligungen im Aktienrecht, GES 2020, 227; *Koppensteiner*, Über Unternehmensverträge, GesRZ 2020, 403; *Koppensteiner*, Rechtsmissbrauch im Gesellschaftsrecht, RdW 2023, 240; *Koppensteiner*, Gläubigerschutz bei der übertragenden Umwandlung nach § 2 UmwG, ecolex 2023, 410; *Koppensteiner*, Gesellschafterklagen und Gleichbehandlungsgrundsatz im Kapitalgesellschaftsrecht, ÖJZ 2023, 824; *Koppensteiner*, Individual- und Minderheitenrechte im Gesellschaftsrecht, wbl 2023, 545; *Köppl*, Das Verbot der „Einlagenrückgewähr" unter besonderer Berücksichtigung Dritter (2014); *Kornmeier/Baranowski*, Das Eigentum an Daten – Zugang statt Zuordnung, BB 2019, 1219; *Kothbauer*, Maklerhaftung für sorgfaltswidrige Verkehrswertermittlung, immolex 2021, 400; *S.-F. Kraus*, OGH: Rechtsmissbrauch bei Änderung der Stiftungs-(zusatz-)urkunde! – Eine ergänzende Notiz zu 6 Ob 122/16h, wbl 2018, 121; *S.-F. Kraus/Spendel*, Zur Einforderung von Nachschüssen bei der gründungsprivilegierten GmbH – Ein Beitrag zu OGH 6 Ob 194/17y, wbl 2018, 237; *Krausler*, Gewinnausschüttungen in Zeiten der COVID-19-Pandemie, GES 2020, 242; *Krejci*, Anlegerschutz des Aktionärs, Kapitalerhaltung und fehlerhafte AG, GesRZ 2011, 193; *Kreuch/Vlk*, Die Ausschüttungssperre idF des RÄG 2014 und AbgÄG 2015 im Hinblick auf Gläubigerschutzüberlegungen, RWZ 2016/3, 7; *Kriegner*, Anmerkungen zu § 1 DSG nach Inkrafttreten der Datenschutz-Grundverordnung (DSGVO), wbl 2019, 79; *Krist*, Die Existenzvernichtungshaftung bei der GmbH (2020); *Lachmayer*, Vermietung von (Luxus-)Immobilien an Gesellschafter/Stifter, SWK 2021, 119; *Lamparter/Schweighart*, Das Instrument der Fairness Opinion, ecolex-Script 2010/42; Lang/Marchgraber/Rust/Schuch/Staringer (Hg), Dividenden im Konzern (2016); *Langheinrich/Ryda*, Die verdeckte Gewinnausschüttung, Teil I + II, FJ 2011, 165, 211; *Lehner*, Alineare Ausschüttungen von Kapitalgesellschaften, ÖStZ 2009/742, 366; *Leinemann*, Personenbezogene Daten als Entgelt (2020); *Leupold*, Schadenersatzansprüche der Marktgegenseite nach UWG, ÖBl 2010, 164; *Leupold/Ramharter*, Zum Verhältnis von irrtumsrechtlicher und schadenersatzrechtlicher Rückabwicklung bei Aufklärungspflichtverletzungen, ÖJZ 2010, 807; *Lewisch*, Gesellschaftsrecht und Strafrecht nach „Libro", in Lewisch (Hg), JB Wirtschaftsstrafrecht und Organverantwortlichkeit 2014 (2014) 19; *Lewisch*, Aktuelle Fragen der Gläubigerschutztatbestände, in Lewisch (Hg), JB Wirtschaftsstrafrecht u Organverantwortlichkeit 2018 (2019) 187; *Leyrer*, Kreditgewährung an nahe Angehörige des Gesellschafters als verdeckte Ausschüttung? SWK 2019, 972; *Liensberger*, Gefährdungsschaden bei der Untreue? RZ 2019, 27; *Lind*, Annexzuständigkeit bei Verfügungen über die Insolvenzmasse durch den Schuldner – Anmerkung zur OGH 8.4.2022, 17 Ob 12/21w, ÖJZ 2022, 1239; *Loewit*, Krisenfinanzierung durch stille Gesellschaften und Genussrechte, ecolex 2020, 987; *Loewit/Simsa*, Sorgfaltspflichten der Geschäftsleitung in der Krise oder Insolvenz eines Vertragspartners, ZIK 2023, 14; *Ludwig*, Einlagenrückzahlung neu, in FS Hügel (2016) 243; *Ludwig/Hirschler*, Bilanzierung und Prüfung von Umgründungen² (2012); *Mahr*, Zur Haftung von Liquidatoren einer GmbH & Co KG im engeren Sinn aus Schutzgesetzverletzung der §§ 149, 155 HGB – Anmerkung zur Entscheidung des OGH, 2 Ob 594/95, wbl 1996, 304; *Maidl/Kreifels*, Beteiligungsverträge und ergänzende Vereinbarungen, NZG 2003, 1091; *Manessinger/Steiner*, Das VPDG aus Sicht der Beratung, taxlex 2016, 138; *Marous/Minihold*, Genussrechte als Sanierungs- bzw Finanzierungsinstrument, SWK 2020/16/17, 922; *Marschner*, Einlagen in Kapitalgesellschaften (2015); *Maschke*, Eigenkapitalersatz, in Poltsch/Bertl/Reckenzaun/Isola/Petsch (Hg), Praxishandbuch Insolvenzabwicklung (2016) 821; *Mayerhöfer*, Überlegungen zum wirtschaftlich Berechtigten iSd § 153 StGB bei einer Privatstiftung nach dem Privatstiftungsgesetz, ZWF 2019, 180; *Mayrhuber*, Know-how auf Datenträgern – Insolvenzmasse? ZIK 2021, 104; Mayr/Schlager/Zöchling (Hg), HB Einlagenrückzahlung (2016); *McAllister*, Untreue bei gesellschaftsrechtswidriger Vermögensverschiebung im Konzern? Zur Konkretisierung des durch § 153 StGB geschützten Rechtsguts, ÖJZ 2015/103, 780; *McAllister*, Übernahme von Swapverträgen als Untreue gemäß § 153 StGB – Besprechung zu OGH 2.10.2019, 13 Os 145/18z, ZWF 2020, 63; *Mehringer*, Die Doppelkomplementär & Co. KG, NZG 2017, 41; *Mellert*, Venture Capital Beteiligungsverträge auf dem Prüfstand, NZG 2003, 1096; *Michtner*, Aufrechnung durch Gesellschaft von unberechtigt bezogenen Gehältern mit Gewinnen zulässig, GES 2018, 233; *Michtner*, Der Alleingesellschafter-Geschäftsführer: Wettbewerbsverbot und Ausnützen von Geschäftschancen, GES 2022, 10; *Milchrahm*, Kapitalerhaltung und Satzungsgestaltung in der dienenden Gesellschaft, GRAU 2020, 10; *Milchrahm*, Information im Konzernaufsichtsrat, GRAU 2021, 48; *Milchrahm*, Ausgegliederte Rechtsträger und Kapitalerhaltung, GRAU 2022, 151; Mittendorfer/Mittermair (Hg), HB Unternehmensfinanzierung (2017); *Mitterecker*, Management-Buy-Out und Verbot der Einlagenrückgewähr, die Zweite, GES 2016, 150; *Mitterecker*, Nachtragsausschüttungen bei der GmbH, ecolex 2018, 729; *Mitterecker*, Der virtuelle Gesellschaftsanteil, GES 2020, 126; *Mitterlehner/Panholzer*, Was ist bei Gewinnausschüttungen in der Krise zu beachten? AR aktuell 2020 H 3, 36; *Mock*, Gläubiger- und Aktionärsschutz bei der Festsetzung von Ausgabebeträgen bei wechselseitigen Beteiligungen, GES 2021, 5; *Mollnhuber*, Rechtsprechung zur Unternehmensbewertung im Spruchverfahren, GesRZ 2020, 257; *G. Moser*, Gewinnausschüttung aus einer GmbH und einer AG in einer Verlustsituation – ein gesellschaftsrechtlicher Vergleich, GesRZ 2008, 280; *G. Moser*, Gesellschaftsrechtliche, unternehmensrechtliche und steuerliche Implikationen eines Ergebnisabführungsvertrags, SWK 2009, 1046; *G. Moser*, Einlagenrückgewähr durch Ergebnisabführungsvertrag? RdW 2010/354, 331; *G. Moser*, (Dokumentations-) Anforderungen an einen Cash-Pooling-Vertrag – Zugleich eine Besprechung des BFH-Urteils vom 17.1.2018, I R 74/15, TPI 2019/1, 18; *G. Moser*, Ausschüttungsverbot bei Verschlechterung der Vermögenslage auch im AktG analog § 82 Abs 5 GmbHG? GES 2020, 183; *G. Moser*, Ausschüttungsverbot bei erheblicher nicht nur vorübergehender Verschlechterung der Vermögenslage, SWK 2020, 626; *Mülbert*, Einheit der Methodenlehre? – Allgemeines Zivilrecht und Gesellschaftsrecht im Vergleich, AcP 2014, 188; *Ch. Müller*, Schadenersatzrechtliche Haftung echter Dritter bei Mitwirkung an Verstößen gegen das Einlagenrückgewährverbot? – zugleich eine Besprechung von OGH 23.6.2021, 6 Ob 61/21w, ÖJA 2023, 129; *Napokoj*, Die Spaltung – die legalisierte Einlagenrückgewähr, in FS Hügel (2016) 271; *Naruisch/Allmendinger*, Kautelarpraktische Gestaltungsempfehlungen für Teilgewinnabführungsverträge im Recht der GmbH, ZIP 2021, 281; *Nicolussi*, Die international-privatrechtliche Einordnung des Syndikatsvertrags, JBl 2022, 419; *Nicolussi*, Die Kapitalgesellschaft & Co, GesRZ 2022, 338; *Ch. Nowotny*, Umsatzgeschäfte und verdeckte Gewinnausschüttung, RdW 1987, 286; *Ch. Nowotny*, Gebundene Rücklagen, GesRZ 1996, 68; *Ch. Nowotny*, Zur Bewertung von Stamm- und Vorzugsaktien, RdW 2002/124, 138; *Ch. Nowotny*, Verdeckte Sacheinlagen und Erhaltung von Bareinzahlungen? Anmerkung zum Beitrag von J. P. Gruber,

RdW 2004/350, 392; *Ch. Nowotny*, Von Genüssen, Wandlungen und ähnlichen Merkwürdigkeiten, in FS Wiesner (2004) 327; *Ch. Nowotny*, Der Anspruch auf Gewinn, in FS W. Doralt (2007) 319; *Ch. Nowotny*, Die GmbH & Co KG auf dem Weg zur Kapitalgesellschaft, RdW 2009/284, 326; *Ch. Nowotny*, Bilanzänderung und Bilanzberichtigung nach UGB und IFRS, in Bertl/Eberhartinger/Egger/Kalss/Lang/Nowotny/Riegler/Schuch/Staringer (Hg), Bilanzpolitik (2013) 129; *Ch. Nowotny*, Gewinn, Entnahmen und Eigenkapital bei der GmbH & Co KG, in GedS Arnold[2] (2016) 63; *Ch. Nowotny*, Ausschüttungssperren bei Kapitalgesellschaften – § 235 Abs 1 UGB neu, in FS Hügel (2016) 283; *Ch. Nowotny*, Ausschüttungssperren im Kapitalgesellschaftsrecht, insbesondere nach § 235 Abs 1 UGB, RWZ 2017, 188; *Ch. Nowotny*, Können Jahresabschlüsse ewig nichtig sein? Gedankensplitter aus gesellschaftsrechtlicher Sicht, in FS Bertl II (2021) 647; *G. Nowotny*, Gründungsprüfung bei Umwandlung einer GmbH in eine AG – Replik zu Foglar-Deinhardstein, GES 2011/1, 10, GES 2011, 386; *G. Nowotny*, OGH als gefährlicher Gesetzgeber? Gedanken eines Höchstrichters, in FS Hügel (2016) 297; *G. Nowotny*, Richterliche Rechtsfortbildung im Gesellschaftsrecht, GES 2020, 13; *Obradović*, Ausgewählte Rechtsfragen zum Delisting nach dem BörseG 2018, GesRZ 2018, 214; *Obradović/Demian*, Einlagenrückgewähr beim (fiktiven) Cash Pooling, ZFR 2019, 451; *Oelkers*, Mindestkapital und Nennkapital – Leistungskraft für den Gläubigerschutz, Teil I + II, GesRZ 2004, 360, GesRZ 2005, 27; *Ottersbach*, Disquotale und gespaltene Gewinnausschüttungen, BB 2023, 855; *Palma*, Die 8. mietrechtliche Klausel-Entscheidung, wobl 2018, 218; *Pateter/Pirker*, Zur Rechtsnatur der Nachrangabrede, ZIK 2015/275, 217; *Paulitsch/Cernusca*, Ausschüttung einer Sonderdividende – Ein Fall für betrügerische Krida und Untreue? ecolex 2015, 382; *C. G. Paulus/J. Berg*, Daten als insolvenzrechtlicher Vermögenswert des Schuldners, ZIP 2019, 2133; *Pilgerstorfer*, Betriebseinbringungen mit „unbaren Entnahmen" – ein Problem der verdeckten Sacheinlage. Zugleich eine Besprechung von OGH 6 Ob 81/02h und 6 Ob 196/03x, wbl 2004, 353; *Piringer*, Bilanzieller und tatsächlicher Reorganisationsbedarf im EKEG, ecolex 2021, 227; *Platzer/Leiter*, Umgründungssteuerrechtliche Gestaltungsoptionen für den Unternehmenserwerb, in GedS *Helbich* (2014) 223; *Plott*, KStR 2013: Neues bei den Beteiligungserträgen, SWK 2013, 710; *G. Prinz/J. Prinz*, Gemeinnützigkeit im Steuerrecht[2] (2004); *Prostor*, Rechtliche Natur und Inhalt des Rückgewährungsanspruchs der Aktiengesellschaft – Vergleich der deutschen, der österreichischen und der slowenischen Rechtsordnung, ZfRV 2019, 179; *Pucher*, Umgründung einer GmbH & Co KG im engeren Sinn in eine GmbH, ecolex 2010, 1161; *Puls*, Finanzierungsunterstützung im Konzern aus Verrechnungspreissicht, IStR 2012, 209; *R. Rastegar*, Die Gesellschafterklage in der GmbH (2020); *J. Reich-Rohrwig*, Wirtschaft im Wandel, ecolex-Script 2002/23; *J. Reich-Rohrwig*, Analyse der Satzungen von Aktiengesellschaften in Österreich, in FS Aicher (2012) 605; *J. Reich-Rohrwig*, Unzulässige Einlagenrückgewähr im Spiegel der Rechtsprechung 2003 bis 2013, ecolex 2013, 940; *J. Reich-Rohrwig/Aschl*, Unzulässige Einlagenrückgewähr im Spiegel der Rechtsprechung 2013 bis 2022, ecolex 2022, 850; *J. Reich-Rohrwig/Größ*, Einbringung eines durch unbare Entnahmen überschuldeten Unternehmens in eine GmbH. Zugleich Besprechung von OGH 23.1.2003, 6 Ob 81/02h, ecolex 2003, 680; *J. Reich-Rohrwig/Rizzi*,

Rücksichtlosigkeit bei der Kapitalerhöhung, ecolex 2013, 538; *Reidlinger/Stenitzer*, Zur Reichweite des kartellrechtlichen Konzernprivilegs bei Gemeinschaftsunternehmen, GesRZ 2020, 137; *Reinold/Schimmer*, Zur Vergütungsproblematik der Komplementär-GmbH bei der GmbH & Co KG, ÖStZ 2017, 551; *Reisch*, Verbot der Einlagenrückgewähr und insolvenzrechtliche Anfechtung, jeweils im Zusammenhang mit einem Cash Pooling-Vertrag, ZIK 2019, 122; *Reisch*, Die Patronatserklärung als Sanierungsinstrument und als mögliches Masseaktivum, in FS Konecny (2022) 481; *Reisch/Hampel*, Aktuelles zum Verbot der Einlagenrückgewähr, ZIK 2015/100, 91; *Reiter*, OGH-Rechtsprechung zur Relevanz von VwGH-Erkenntnissen bei Beurteilung von nach UGB aufgestellten Abschlüssen, RWZ 2021, 281; *Reithofer*, Liegenschaftsbewertung, in Barth/Pesendorfer (Hg), Praxishandbuch des neuen Erbrechts (2016) 287; *Renner*, Umfang der Bonitätsprüfung bei Entnahmen vom Verrechnungskonto, GES 2019, 215; *Rericha/Strass*, Kapitalaufbringung und -erhaltung bei der Abgabe von Gewährleistungen durch die Gesellschaft iZm Kapitalerhöhungen, wbl 2016, 730; *Rericha/Strass*, Absicherung des Investors bei Finanzierungsrunden – Sachgerechte Gewährleistungs- und Haftungsmodelle im Überblick, CFO aktuell 2017, 139; *Resenig/Stefaner*, Dividendenabgeltung oder Veräußerungserlös, taxlex 2021, 67; *Reuter*, Grenzüberschreitende Gesellschaftervereinbarungen, RIW 2019, 21; *Richter*, Zur Anwendbarkeit des § 9 EKEG bei einer vertikalen Kreditgewährung (downstream), ZIK 2020, 92; *Richter*, Internationale Zuständigkeit – Beurteilung der Insolvenznähe bei Anspruchsgrundlagenkonkurrenz, JBl 2023, 60; *Rieder/F. Hörlsberger*, Bankrechtliche Aspekte und Gestaltung von Cash-Pooling-Verträgen in Österreich, in Polster (Hg), HB Cash Pooling (2016) 101; *Riss*, Transparenzgebot und Abwicklungstransparenz, wobl 2018, 228; *Ritt-Huemer*, Sachdividende, stille Reserven und Ausschüttungssperre, RdW 2019, 77; *Rohregger*, Die falsch bewertete Sacheinlage – ein Vermögensnachteil für die Gesellschaft? in Lewisch (Hg), JB Wirtschaftsstrafrecht und Organverantwortlichkeit 2014 (2014) 41; *Rohregger/Wagner*, Cum/Ex – Das KESt-Karussell, in Lewisch (Hg), JB Wirtschaftsstrafrecht u Organverantwortlichkeit 2019 (2020) 127; *Rodewald/J. Eckert*, Satzungsbestimmungen zur Abfindung im aktuellen Niedrigzinsumfeld, GmbHR 2017, 329; *Rosifka*, 9. Klausel-Entscheidung: Kritische Anmerkungen, immolex 2019, 312; *G. H. Roth*, Gläubigerschutz bei der GmbH: Was ist unverzichtbar? in FS P. Doralt (2003) 479; *Rüffler*, Gläubigerschutz durch Mindestkapital und Kapitalerhaltung der GmbH – überholtes oder sinnvolles Konzept, GES 2005, 140; *Rüffler*, Muss auch bei Verlusten oder Wertverminderungen, die bloß die stillen Reserven angreifen, nach § 82 Abs 5 GmbHG vorgegangen werden? RWZ 2009/30, 101; *Rüffler*, Die Realteilung der verdeckten Kapitalgesellschaft, in FS Hügel (2016) 323; *Rüffler*, Beschlussmängelrecht der GmbH, in Artmann/Rüffler/Torggler (Hg), Beschlussmängel – Stand und Perspektiven (2018) 57; *Rüffler*, Das Gesellschaftsrecht in Zeiten der Cholera, GES 2020, 117; *Rüffler*, Zur Verzinsung der Barabfindung und zugesprochener barer Zuzahlungen gemäß § 6 GesAusG – Zugleich eine Kritik an OGH 12.5.2021, 6 Ob 246/20z, GesRZ 2021, 209; *Rüffler*, Verstoß gegen das Verbot der Einlagenrückgewähr: Jahresabschluss und Sanierung – Eine Entgegnung, GES 2022, 373; *Rüffler/H. Foglar-Deinhardstein*, Begebung von Bankgarantien durch Kapitalgesellschaften zugunsten ihrer derzeitigen und ehemaligen unmittelbaren wie mittelbaren Gesellschafter im Rahmen einer Spaltung gem SpaltG, GES 2019, 228; *Sabel/Knebel/Schmidt*, Sicherheitengestellung im Konzern, IStR 2012, 42; *Saurer*, Leveraged Management Buy-Out. Eine fallbezogene Analyse aus aktien-, handelsbilanz- und steuerrechtlicher Sicht (1995); *Saurer*, Sicherheitsleistungen zugunsten eines Gesellschafters. Kritische Bemerkungen zu OGH 4 Ob 2078/96h, RdW 1998, 593; *Saurer*, Überlegungen zur Kapitalausstattung bei der GmbH und AG unter besonderer Berücksichtigung der ausgegliederten Rechtsträger im Bereich der „Daseinsvorsorge", in FS Jud (2012) 549; *Schacherreiter*, Klägergerichtsstand für Privatanleger bei fehlerhafter Kapitalmarktinformation? Reflexionen zu 6 Ob 18/17s aus Verbrauchersicht, VbR 2017, 193; *Schaefer/Grützediek*, Haftung der Gesellschaft für „mangelhafte" Gesellschaftsanteile bei Kapitalerhöhungen, NZG 2006, 204; *Schauer*, Wider den Missbrauch im Privatstiftungsrecht – Bemerkungen zu OGH 6 Ob 122/16h, ZFS 2017, 156; *Schaus/Köhler/John*, Fremdübliche Avalprovisionen: Überblick und aktuelle Entwicklungen im Rahmen der Finanzmarktkrise, RIW 2009, 533; *G. Schima*, Reform des Untreuetatbestands und Business Judgment Rule im Aktien- und GmbH-Recht, GesRZ 2015, 286; *Schimka*, Gesellschaftsrechtliche Überlegungen zur Restrukturierungsordnung, GesRZ 2021, 374; *Schimmer*, M&A-Transaktionen: BFG zur steuerlichen Behandlung eines Dividendenvorbehalts beim Share Deal – BFG 26.8.2021, RV/4100568/2016, taxlex 2021, 395; *Schmidsberger/Lipp*, Gruppenbesteuerung und Gesellschaftsrecht, RdW 2011/406, 385; *H. Schmidt*, Verbot der Einlagenrückgewähr im Zusammenhang mit Steuerausgleichsvereinbarungen, RWZ 2006/23, 76; *H. Schmidt/Kienreich*, Sicherheitenbestellung durch Muttergesellschaften, SWK 2021, 831; *K. Schmidt*, Grundlagen und Zukunft der Ausschüttungsverbote, in Kalss/Torggler (Hg), Einlagenrückgewähr (2014) 1; *Schmolke*, Die Haftung des Kommanditisten gem. §§ 30, 31 GmbHG analog für Zuwendungen aus dem Vermögen der GmbH & Co. KG, GmbHR 2023, 1019; *Schmutzer/Erdélyi*, Die Bereinigung einer Holdingstruktur im Wege der Down-Stream-Spaltung und die steuerrechtliche Qualifikation der Gesellschafter, ecolex 2021, 933; *Schneiderbauer/Holzgruber*, Herabsetzung der Haftsumme bei der GmbH & Co KG – Theorie und Praxis, GesRZ 2020, 401; *Schockenhoff/Nußbaum*, Kostenlose Serviceleistungen der Aktiengesellschaft an einzelne Aktionäre, AG 2019, 321; *Schopper*, Ansprüche des Kreditgebers bei Nichtigkeit der Sicherheit wegen Verstoßes gegen Kapitalerhaltungsvorschriften, in FS Fenyves (2013) 1009; *Schopper*, Die GmbH & Co KG im Eigenkapitalersatzgesetz, in GedS Arnold[2] (2016) 111; *Schopper/Strasser*, Konturen einer Existenzvernichtungshaftung in Österreich, GesRZ 2005, 176; *Schopper*, Heilung von Verstößen gegen das Verbot der Einlagenrückgewähr, ecolex 2019, 736; *Schopper/Vogt*, EKEG (2003); *Schopper/Walch*, Nachträgliche Änderung eines Gewinnverwendungsbeschlusses, ecolex 2015, 392; *Schopper/Walch*, Geschäftsführerhaftung in der GmbH & Co KG, NZ 2016, 163; *Schopper/Walch*, Ausgewählte Fragen zur Gewinnverwendung und -verteilung im Kapitalgesellschaftsrecht, NZ 2018, 441; *Schopper/Walch*, Erbrechtliche Fragen zu Aufgriffsrechten bei GmbH-Geschäftsanteilen, NZ 2020, 161; *Schrank/Kleinsasser*, Verbot der Einlagenrückgewähr gilt auch bei „verdeckten Kapitalgesellschaften", SWK 2017, 481; *H. Schumacher*, Konkursverschleppung und Gesellschafterhaftung, RdW 1987, 394; *Schummer*,

Wandelschuldverschreibungen, Mezzaninkapital & Co im Insolvenzverfahren, in Konecny (Hg), Insolvenz-Forum 2012 (2013) 105; *Schummer*, § 82 GmbHG als Analogiebasis für die GmbH & Co KG? in FS Koppensteiner (2016) 303; *Schütt/U. Torggler*, Grundzüge einer Kommanditgesellschaft mbH, RdW 2021, 164; *Schwaiger/Macho*, Das Verrechnungspreisdokumentationsgesetz, taxlex 2016, 136; *Schwaiger/Macho*, Die Verrechnungspreisdokumentationsgesetz-DV, taxlex 2016, 258; *Schwärzler*, Die Vorwegzustimmung zur alinearen Gewinnverteilung im Gesellschaftsvertrag einer GmbH, NZ 2016, 442; *Sieder*, Aktiendividende (Scrip Dividend), GesRZ 2020, 123; *Sieger/Hasselbach*, Die Übernahme von Gewährleistungen durch die Aktiengesellschaft bei Kapitalerhöhung und Aktientausch, BB 2004, 60; *Simader*, SWI-Jahrestagung: Zurechnung von Gewinnausschüttungen im Anwendungsbereich der Mutter-Tochter-Richtlinie, SWI 2010, 70; *Sindelar*, Durchbrechung des Grundsatzes der Kapitalerhaltung auch bei Geltendmachung von Schadenersatzansprüchen aufgrund des Aktienerwerbs am Sekundärmarkt, ÖBA 2012, 763; *Sindelar*, Verdeckte Einlagenrückgewähr durch öffentliche Unternehmen bei Fortführen defizitärer Betriebe? GES 2018, 60; *Situm*, Eine kritische betriebswirtschaftliche Analyse des Krisenbegriffs nach dem österreichischen EKEG unter Berücksichtigung empirischer Ergebnisse und Erkenntnisse im internationalen Kontext, RWZ 2023, 145; *Sommerauer*, Die Nachschusspflicht während aufrechter Gründungsprivilegierung nach § 10b GmbHG, GesRZ 2018, 96; *Spiegelfeld/H. Foglar-Deinhardstein*, Sanierungsinstrumente in der Krise der Kapitalgesellschaft und Treuepflichten der Anteilseigner, in FS Torggler (2013) 1139; *Springer/Wirth/Fux*, Die Fairness Opinion nach IDW S 8 als Beurteilungsmaßstab für Sachverständigenstellungnahmen im Rahmen des österreichischen Übernahmerechts, RWZ 2012/64, 210; *Stanek*, Die Kapitalerhaltung bei Einbringungen ohne Anteilsgewähr gemäß § 19 Abs 2 Z 5 UmgrStG, GesRZ 2018, 158; *Stanek*, Zur Bewertung von Sachdividenden im Gesellschafts-, Bilanz- und Steuerrecht, GesRZ 2018, 295; *Stanek*, Zur Ausschüttungssperre des § 235 Abs 1 UGB bei Zwischengesellschaften von Umgründungen, GES 2022, 309; *Steinhart*, Kapitalerhaltung & fremdfinanzierte Unternehmensübernahmen (2010); *Steinhart*, Die Einbringung von negativen Gesellschaftsanteilen aus kapitalerhaltungsrechtlicher Sicht, RdW 2011/114, 119; *Steinhart*, Angemessenheit des Ausgabepreises bei Kapitalerhöhungen, RdW 2013/702, 715; *Stipanitz*, Die Patronatserklärung als eigenkapitalersetzende Sicherheit, GES 2022, 168; *Straube*, Gedanken zur extensiven Interpretation des Verbots der Einlagenrückgewähr, in FS Bittner (2018) 657; *Striessnig*, Einlagenrückgewährverbot und Schwestergesellschaften – Zur Zurechnung an den gemeinsamen Gesellschafter GesRZ 2019, 157; *Strimitzer*, Der Wert der Geschäftsführung und des Gesellschaftereinflusses, UnternehmerCircle 4/2016, 9; *Strimitzer*, Die Ausschüttungssperre des § 235 Abs 1 UGB, in FS Hügel (2016) 367; *Strimitzer*, Sonderfragen der Bilanzierung von Umgründungen, in FS Bertl II (2021) 507; *Sutter/Kuznetsova*, Berücksichtigung von § 64 Satz 3 GmbHG für die Limitation Language im Rahmen einer Unternehmensfinanzierung? WM 2017, 745; *Swoboda*, Ausgestaltung von Stimmbindungen, ecolex 2019, 519; *Tanzer*, „Rückwirkende" Gewinnausschüttungen im Körperschaftsteuerrecht – Eine Untersuchung zu § 22 Abs 2 KStG, Teil I + II, GesRZ 1985, 70, 112; *Taufner*, Verdeckte Sacheinlagen: Fallstricke für die Bein FS Nowotny (2015) 499; *Zollner*, Aktuelles zu Beschränkungen des Änderungsrechts, PSR 2018, 144; *Zorn*, Forderung am Verrechnungskonto oder verdeckte Ausschüttung? SWK 2015, 577; *Zorn*, VwGH zum Verrechnungskonto des GmbH-Gesellschafters, RdW 2019, 197; *Zorn*, Wohnhausvermietung an Gesellschafter, ÖStZ 2021, 69; *Zorn*, VwGH: Verdeckte Ausschüttung oder Einlagenrückzahlung, RdW 2021, 209; *Zottl/Pendl*, Die Überprüfung der Barabfindung – Erfahrungen, Einsichten und Empfehlungen, GesRZ 2019, 216.

Inhaltsübersicht

I. Allgemeines zu Kapitalerhaltung und Gläubigerschutz ... 1–26
   A. Praktische Bedeutung ... 1
   B. Gesetzliche Regelung ... 2–5
   C. Regelungszweck ... 6–11
      1. Kapitalerhaltung als Gegengewicht zum Trennungsprinzip ... 6, 7
      2. Schutz der Gläubiger, der Gesellschafter, der Anleger und des Rechtsverkehrs ... 8–11
   D. Grundzüge der Kapitalerhaltung ... 12–18
   E. Verhältnis von Kapitalaufbringung und Kapitalerhaltung ... 19–22
   F. Kapitalerhaltung im Europarecht, im deutschen GmbH-Recht, im Aktienrecht und im IPR ... 23–26
II. Erlaubter Vermögenstransfer ... 27–65
   A. Gewinnausschüttung ... 27–60
      1. Materielle und formelle Voraussetzungen der Dividende ... 27–31
      2. Abstrakter und konkreter Dividendenanspruch ... 32, 33
      3. Abgrenzung der Dividendenansprüche auf der Zeitachse ... 34
      4. Vollausschüttungsgebot und Finanzierung der Dividenden ... 35
      5. Ermittlung des Bilanzgewinns ... 36–40
      6. Verwendung des Bilanzgewinns ... 41–45
      7. Verteilung des Bilanzgewinns unter den Gesellschaftern (§ 82 Abs 2) ... 46–49
      8. Gewinnverwendung, Treuepflicht und Anfechtbarkeit ... 50–56
      9. Zwischendividenden ... 57
      10. Sachdividenden, Scrip dividend ... 58, 59
      11. Nachträgliche Änderung der Gewinnverwendung ... 60
   B. Zinsverbot und Vergütung für Nebenleistungspflichten (§ 82 Abs 3, 4) ... 61, 62
      1. Zinsverbot (§ 82 Abs 3) ... 61
      2. Vergütung für satzungsmäßige Nebenleistungspflichten (Abs 4) ... 62

C. Ausschüttungssperren (§ 235 UGB, § 82 Abs 5) 63, 64
D. Sonstige erlaubte Vermögensverschiebungen 65
III. Verbotener Vermögenstransfer 66–153
   A. Geschütztes Vermögen 66
   B. Erfasste Vermögenstransfers und Adressaten des
      Verbots der Einlagenrückgewähr 67–77
      1. Primäre Adressaten 67
      2. Vermögenstransfers unter Einbeziehung gesell-
         schaftsfremder Dritter 68–73
      3. Unechte und echte Dritte 74–77
   C. Offene Verstöße gegen das Verbot der Einlagen-
      rückgewähr 78–80
   D. Verdeckte Verstöße gegen das Verbot der Einlagen-
      rückgewähr 81–153
      1. Grundzüge 81–83
      2. Steuerliche Parallelregelung zur verdeckten
         Gewinnausschüttung 84, 85
      3. Gesellschaftsrechtliche Kriterien für die Ange-
         messenheitsprüfung 86–96
         a) Betriebliche Veranlassung 88
         b) Objektive Angemessenheit 89–91
         c) Betriebliche Rechtfertigung 92–96
      4. Objektive Betrachtung der Angemessenheit 97
      5. Maßgeblicher Zeitpunkt für die Angemessenheits-
         prüfung 98–100
      6. Prüfung des Gesamtplans, Berücksichtigung von
         Ausgleichsmaßnahmen 101
      7. Geltendmachung vertraglicher und gesetzlicher
         Rechte, Schadloshaltung des Gesellschafters 102
      8. Beispiele für verdeckte Gewinnausschüttungen . . . 103–105
      9. Finanzierung der GmbH durch einen Gesellschafter
         (Kreditgewährung, Sicherheitenbestellung) 106
     10. Finanzierung eines Gesellschafters durch die GmbH
         (Kreditgewährung, Sicherheitenbestellung) 107–124
         a) Grundzüge 107–109
         b) Prüfschema für die Zulässigkeit einer
            Finanzierung im Licht des Verbots der Einlagen-
            rückgewähr 110–122
         c) Praktische Maßnahmen zur Wahrung der
            Kapitalerhaltung bei Finanzierungen 123, 124
     11. Vermögenstransfers im Unternehmensverbund/
         Konzern 125–128
     12. Cash-Management-Systeme 129–136a
     13. Übertragung von Geschäftschancen, Existenz-
         vernichtung 137

	14. Übertragung von Daten, Informationen und Know-how	138
	15. Gruppenbesteuerung, Verlustvorträge	139
	16. Umstrukturierungen, Umgründungen	140–153
	a) Verschmelzung	141, 142
	b) Spaltung	143–145
	c) Einbringung	146–149
	d) Umwandlung	150–152
	e) Anwachsung der GmbH & Co KG	153
IV.	Exkurs: Checkliste für Banken	154
V.	Gesplittete Einlagen/Anlegerhaftung	155
VI.	Exkurs: GmbH & Co KG	156–161
	A. Grundzüge	156
	B. Kapitalerhaltung bei der Komplementärgesellschaft	157
	C. Kapitalerhaltung bei der KG (ohne natürliche Person als Vollhafter)	158–161
VII.	Exkurs: EKEG	162–166
VIII.	Sanktionen, Haftung, Nichtigkeit	167
IX.	Heilung (Sanierung) einer verbotenen Einlagenrückgewähr	168

I. Allgemeines zu Kapitalerhaltung und Gläubigerschutz

A. Praktische Bedeutung

1   § 82 behandelt zwei Themen v allerhöchster praktischer Relevanz für jede GmbH, nämlich (a) die **Gewinnverwendung** (dieses Thema umfasst im ersten Schritt die Frage v Ausschüttung versus Thesaurierung sowie im zweiten Schritt die Frage der Verteilung des auszuschüttenden Gewinns unter den Gesellschaftern) u (b) den **verbotenen** (offenen oder verdeckten) **Transfer v Vermögen der GmbH an die Gesellschafter** oder an Personen, die den Gesellschaftern nahestehen. Die korrekte Handhabung beider Themen wirft in der Praxis viele Fragen u Schwierigkeiten auf. *„Der Weg des Gewinns, wie immer er auch ermittelt wird, zum darauf Anspruchsberechtigten ist uU nicht leicht."*[1] Kommt es zu Gesetzwidrigkeiten, bleiben diese häufig zunächst nach außen hin unbemerkt, werden dann aber gerne nachträglich – etwa im Zuge v **Gesellschafterstreitigkeiten**, bei **Steuerprüfungen** (s Rz 85),[2] in der **Krise**,

---

1 *Ch. Nowotny* in FS W. Doralt 319 (330).
2 Vgl *Twardosz* in Foglar-Deinhardstein, HB vGA, Rz 2/109, 2/111.

Sanierung oder Insolvenz der Gesellschaft oder eines Gesellschafters oder bei **strafrechtlichen Ermittlungen**[3] (s Rz 9, 17) u allenfalls auch iZm **GF- oder Gesellschafterwechseln** (zB auch bei M&A-Transaktionen)[4] – aufgegriffen, wobei dann für alle vormals am gesetzwidrigen Vorgang Beteiligten – mglw auch nach langer Zeit – sehr unangenehme rechtliche u steuerliche Konsequenzen drohen (s Rz 17). Auch im Rahmen der **Abschlussprüfung** können Verstöße gegen § 82 aufgedeckt werden, in welchem Fall der Abschlussprüfer – je nach Schwere des Verstoßes – zur Ausübung der Redepflicht gem § 273 UGB u zur Würdigung im Rahmen der Bildung des Prüfungsurteils verpflichtet sein kann (s § 83 Rz 36).[5]
§ 82 ist ein scharfes Schwert, weil Verstöße gegen diese Bestimmung definitionsgemäß weder **Verschulden oder Bösgläubigkeit** der handelnden Personen (s Rz 97) noch **eine wirksame Durchführung des verpönten Vermögenstransfers** (s Rz 13, § 83 Rz 15) voraussetzen.

B. Gesetzliche Regelung

Die **zwingenden** Regeln[6] des § 82 enthalten die Herzstücke des **Kapitalerhaltungsgrundsatzes**.   2

Gemäß **Abs 1** dürfen die Stammeinlagen an die Gesellschafter zurückgeführt werden; darüber hinaus sind grds überhaupt **alle Leistungen aus dem Vermögen der GmbH an die Gesellschafter** – mit Ausnahme der Ausschüttung des ordnungsgemäß ermittelten **Bilanzgewinns** lt JA – **verboten**. Das Vermögen der GmbH soll dadurch gegen   3

---

3 Vgl allg *Höcher/Kahl*, ecolex 2017, 661; *St. Huber* in Foglar-Deinhardstein, HB vGA, Rz 5/1 ff.
4 Vgl *J. Reich-Rohrwig/K. Grossmayer* in Artmann/Karollus, AktG[6] § 84 Rz 19; *H. Foglar-Deinhardstein*, ecolex 2017, 1173 (1174); *Wenger*, RWZ 2018, 231 (235 FN 28); *Karollus*, ZFS 2019, 8 (21); *Karollus* in Brandl/Karollus/Kirchmayr/Leitner, HB vGA[3], 1 (65).
5 Näher OGH 18.2.2021, 6 Ob 207/20i – *AE&E III*, *Fantur*, GES 2021, 57 = RWZ 2021, 186 (*Wenger*) = *H. Foglar-Deinhardstein*, GES 2021, 159 = GesRZ 2021, 186 (*Artmann*) = *Gaggl*, wbl 2021, 611; 24.3.2023, 6 Ob 22/23p – *AE&E IV*; *Karollus* in Brandl/Karollus/Kirchmayr/Leitner, HB vGA[3], 1 (71 f); *Bach* in Brandl/Karollus/Kirchmayr/Leitner, HB vGA[3], 429 (458 ff, 473); *Jaufer/Wesener* in Jaufer/Nunner-Krautgasser/Schummer, Kapitalaufbringung und Kapitalerhaltung 35 (56 f).
6 OGH 25.10.1978, 1 Ob 719/78; 26.3.1996, 1 Ob 2028/96h; 31.1.2013, 6 Ob 100/12t, RWZ 2013/34, 118 (*Wenger*) = EvBl 2013, 682 (*Told*) = GesRZ 2013, 219 (*G. Moser*) = ecolex 2013, 710 (*J. Reich-Rohrwig*).

den „*gewinnunabhängigen Zugriff der Gesellschafter*" gesichert werden.[7] Absatz 1 trifft somit zwei untersch Anordnungen:[8]

- Das **gesperrte (gebundene) Kapital** der GmbH (s Rz 14, 21), bestehend aus **Stammkapital** u **gebundenen Rücklagen** (einschließlich der gesetzl Gewinnrücklage) (s Rz 37, vgl § 23 Rz 8 ff), darf weder formlos entnommen noch im Rahmen der Gewinnverteilung ausgeschüttet werden.
- Auch das über das gesperrte Kapital (gebundene Eigenkapital) hinausgehende **Vermögen** der GmbH darf nicht an die Gesellschafter verteilt werden, sofern es nicht ordnungsgemäß als Bilanzgewinn ausgewiesen ist.

4 Die Kapitalerhaltung nach österr GmbH-Recht erfasst also nicht nur das Stammkapital, sondern – unabhängig v der bilanziellen Situation der GmbH[9] – **das gesamte Vermögen** (gebundenes u ungebundenes Kapital wie auch stille Reserven) (s Rz 24, 66) einschließlich eines noch nicht ordnungsgemäß ermittelten u förmlich festgestellten sowie des aus früheren Geschäftsjahren vorgetragenen Bilanzgewinns.[10] Auch Vermögen

---

7 *Koppensteiner/Rüffler*, GmbHG³ § 82 Rz 3; vgl *Mülbert*, AcP 2014, 188 (259): „*Zu verhindern gilt es die als ex post-Opportunismus bekannten Verhaltensstrategien von Gesellschaftern zu Lasten der Gesellschaftsgläubiger [...] Entscheidend ist nicht die konkrete Höhe des jeweils vorhandenen Gesellschaftsvermögens, sondern der Schutz gegen nachträgliche negative Veränderungen durch die Gesellschafter.*" Dieser gewinnunabhängige Zugriff ist mE unabhängig davon verpönt, ob die Tätigkeit der Gesellschaft auf Gewinnerzielung gerichtet ist oder nicht (offenbar **aA** *Fellner/Rüffler*, GES 2019, 59 [65 ff]). Richtig ist freilich, dass es gegenüber den Gläubigern keine absolute Verpflichtung zur Vermehrung des Gesellschaftsvermögens gibt (*Hügel* in FS Koppensteiner II, 11 [34 FN 82]).
8 *Hügel* in Kalss/Torggler, Einlagenrückgewähr 19 (26 f); *Kalss* in Konecny, Insolvenz-Forum 2015, 125. Vgl *Hügel* in FS Koppensteiner II, 11 (18 f).
9 OGH 29.9.2010, 7 Ob 35/10p, ZFR 2011/38, 82 (*Auer*) = GesRZ 2011, 110 (*Karollus*) = RWZ 2010/89, 363 (*Wenger*); 23.2.2016, 6 Ob 171/15p – *AE&E I*, RWZ 2016/28, 125 (*Wenger*) = EvBl-LS 2016/81 (*Rohrer*) = Schopper/Walch, NZ 2016, 163 = GesRZ 2016, 281 (*Schörghofer*) = ÖBA 2017, 621 (*Dellinger*) = Bergmann/Schörghofer, GES 2017, 20 = *Straube* in FS Bittner 657 = Aburumieh/H. Foglar-Deinhardstein, GES 2019, 3; 22.12.2016, 6 Ob 232/16k, GesRZ 2017, 116 (*Zehetner*) = *Dejaco*, NZ 2019, 81; BGH 10.1.2017, II ZR 94/15.
10 *Köppl* in Torggler, GmbHG § 82 Rz 1; *Bauer/Zehetner* in Straube/Ratka/Rauter, GmbHG § 82 Rz 2, 15, 220; *Reich-Rohrwig*, Kapitalerhaltung 98;

im lediglich wirtschaftlichen Eigentum der GmbH, das auf Rechnung der GmbH im rechtlichen Eigentum eines **Treuhänders** steht, ist betroffen;[11] mE gilt die Kapitalerhaltung aber umgekehrt nicht für Vermögen, das die GmbH als Treuhänder auf Rechnung eines **Treugebers** hält, sofern dieser Treugeber selbst nicht in den Anwendungsbereich des österr KapGesR fällt (s § 101 Rz 36).[12] Neben **Vermögensgegenständen im rechtlichen u wirtschaftlichen (oder auch bloß wirtschaftlichen) Eigentum** der Gesellschaft unterliegen dem gesetzl Schutzschirm der Kapitalerhaltung auch **alle rechtsgeschäftlich oder gesetzl abgesicherten Rechte** u sogar die **Geschäftschancen** der Gesellschaft (s Rz 137).[13] Während Verfügungen über Anteile an Tochtergesellschaften der GmbH selbstverständlich aus Perspektive der GmbH, die die Anteile hält, dem Verbot der Einlagenrückgewähr unterliegen, ist das Vermögen einer österr oder ausländischen **Tochtergesellschaft** der GmbH nur, aber immerhin nach dem auf die Tochter anwendbaren Gläubigerschutzregime geschützt. Eine Anwendbarkeit der Kapitalerhaltungsregeln der **Mutter-GmbH** auf das Vermögen einer österr oder ausländischen Tochter ist mE nur ausnahmsweise denkbar, nämlich dann, wenn das Vermögen genau mit dem Zweck in die Tochter ausgelagert worden ist, das für die Mutter-GmbH anwendbare Verbot der Einlagenrückgewähr zu umschiffen (s aber Rz 26).[14]

Koppensteiner, GesRZ 2014, 3 (4 f). *"Bestandteil des Vermögens der (werbenden) Gesellschaft sind sämtliche Erfolgsfaktoren"* (*Koppensteiner*, GesRZ 2014, 3 [6 f]).
11 *Bauer/Zehetner* in Straube/Ratka/Rauter, GmbHG § 82 Rz 89; *Karollus* in Brandl/Karollus/Kirchmayr/Leitner, HB vGA³, 1 (24).
12 *H. Foglar-Deinhardstein* in Foglar-Deinhardstein, HB vGA, Rz 1/6; *Aburumieh/Adensamer/H. Foglar-Deinhardstein*, Verschmelzung V. F Rz 47; *Karollus* in Brandl/Karollus/Kirchmayr/Leitner, HB vGA³, 1 (24 f); *Milchrahm*, GRAU 2022, 151 (154 f). Allerdings muss eine Vereinbarung, nach der eine GmbH als Treuhänderin für einen ihrer Gesellschafter agiert, selbst wiederum den Vorgaben v § 82 genügen, dh insb drittvergleichsfähig sein (s Rz 12), dies unter besonderer Berücksichtigung der Bonität des Treugebers (s Rz 112 f) (vgl OGH 22.12.2016, 6 Ob 232/16k, GesRZ 2017, 116 [*Zehetner*] = *Dejaco*, NZ 2019, 81).
13 *H. Foglar-Deinhardstein*, ecolex 2017, 1173 (1174) mwN.
14 *H. Foglar-Deinhardstein* in Foglar-Deinhardstein, HB vGA, Rz 1/6; *Aburumieh/H. Foglar-Deinhardstein*, GesRZ 2010, 328 (332 f); vgl ähnlich *Karollus* in Brandl/Karollus/Kirchmayr/Leitner, HB vGA³, 1 (26 f, 74 ff); strenger offenbar (Ö-Bezug genügt bei ausländischer Tochtergesellschaft) OGH 15.4.2010, 6 Ob 226/09t, RWZ 2010/62, 264 (*Wenger*) = GesRZ 2010, 276

5   Absatz 2 regelt die **Verteilung** des **ordnungsgemäß ermittelten Bilanzgewinns** unter den Gesellschaftern (s Rz 46 ff). In **Abs 3** wird die gewinnunabhängige – dh v Bilanzgewinn losgelöste – **Verzinsung v Einlagen** ausdrücklich ausgeschlossen (s Rz 61). **Absatz 4** enthält eine Ausnahmeregelung für den Fall, dass im GesV **(Neben-)Leistungspflichten der Gesellschafter** gem § 8 festgesetzt sind: Unter dieser Voraussetzung ist eine wertkonforme Gegenleistung der Gesellschaft an die jew Gesellschafter zulässig, auch wenn diese Gegenleistung nicht v Bilanzgewinn gedeckt ist (s Rz 62). Aus dieser Spezialregelung mit an sich geringer praktischer Relevanz lassen sich die Grundprinzipien des **Verbots der verdeckten Einlagenrückgewähr (Gewinnausschüttung)** ableiten, nach denen eine Leistung der GmbH an einen Gesellschafter nur – aber immerhin – dann zulässig ist, wenn eine zumindest gleichwertige Gegenleistung erbracht wird (**Äquivalenzprinzip, Angemessenheitspostulat**)[15] (s Rz 62, 81 ff). **Absatz 5** verhängt eine **Ausschüttungssperre**, soweit der im JA ausgewiesene Bilanzgewinn nachträglich – zw Bilanzstichtag u Beschlussfassung der Gesellschafter über den JA (s § 35 Rz 21 ff) – durch Verluste aufgezehrt worden ist (s Rz 25, 41, 53 ff, 60, 63 f).

(*Winner/Obradović*) = ZFR 2011, 128 (*Ruhm*) = *Aburumieh/H. Foglar-Deinhardstein*, GesRZ 2010, 328; zum Umstand, dass die zielgerichtete Zwischenschaltung eines Rechtsträgers (oder auch die Bestellung der GmbH zum Treuhänder des Gesellschafters), um einen ansonsten verbotswidrigen Vermögenstransfer durchführen zu können, das Verbot der Einlagenrückgewähr nicht ausschließt, vgl OGH 15.12.2014, 6 Ob 14/14y = *Humanitas*, NZ 2015, 107 (*Till*) = ecolex 2015, 128 (*Brugger*) = GesRZ 2015, 130 (*Karollus*) = *Reisch/Hampel*, ZIK 2015/100, 91 = *Hermann*, GES 2016, 394 = *Prostor*, ZfRV 2019, 179; 22.12.2016, 6 Ob 232/16k, GesRZ 2017, 116 (*Zehetner*) = *Dejaco*, NZ 2019, 81; 29.8.2017, 6 Ob 114/17h, wbl 2017, 655 (*Harrer*) = GesRZ 2018, 50 (*Karollus*) = EvBl 2018, 224 (*Told*) = *Bollenberger*, Zak 2018, 24; *Bauer/Zehetner* in Straube/Ratka/Rauter, GmbHG § 82 Rz 85; vgl auch zum dt Steuerrecht *Kohlhaas*, BB 2017, 474.

15 OGH 15.4.2010, 6 Ob 226/09t, RWZ 2010/62, 264 (*Wenger*) = GesRZ 2010, 276 (*Winner/Obradović*) = ZFR 2011, 128 (*Ruhm*) = *Aburumieh/H. Foglar-Deinhardstein*, GesRZ 2010, 328; *Köppl* in Torggler, GmbHG § 82 Rz 1; *Auer* in Gruber/Harrer, GmbHG[2] § 82 Rz 2, 5; *Koppensteiner/Rüffler*, GmbHG[3] § 82 Rz 2 f; *U. Torggler/H. Torggler* in FS Jud 723 (727); *Karollus* in Brandl/Karollus/Kirchmayr/Leitner, HB vGA[3], 1 (82 f).

C. Regelungszweck

1. Kapitalerhaltung als Gegengewicht zum Trennungsprinzip

Das GmbH-Recht lässt – anders als das Recht der PersGes – die Gesellschafter idR nicht für Verbindlichkeiten der Gesellschaft haften (**Trennungsprinzip**, s § 61 Rz 27 ff); der Zugriff der Gläubiger ist also durch die Haftungsbeschränkung ieS auf das Vermögen der GmbH limitiert. Die Gesellschafter sind v Gesetzes wegen nicht verpflichtet, der GmbH Nach- oder Zuschüsse zur Verfügung zu stellen (Haftungsbeschränkung iwS)[16] oder die Gesellschaft in der Krise zu sanieren. Um diese gesetzl beschränkte (eigentlich: ausgeschlossene) Haftung der Gesellschafter zu legitimieren, muss – als rechtliches Gegengewicht – der **Schutz der Gläubiger** der Gesellschaft u ihrer Interessen für das GmbH-Recht ein hohes Gut sein.[17] Deswegen ist das Eigenkapital der Gesellschaft – als das v den Gesellschaftern eingesetzte Risikokapital – durch gesetzl Anordnung im Verhältnis zu Forderungen der Gläubiger der Gesellschaft nachrangig[18] (s Rz 3): Die Gesellschafter haben gegenüber der bestehenden GmbH nur einen Anspruch auf Auszahlung v **Dividenden**, die betraglich v Bilanzgewinn gedeckt sein müssen, (s Rz 14, 32) dürfen aber sonst **keine Entnahmen** tätigen, damit der Haftungsfonds der Gläubiger nicht ungebührlich geschmälert wird. Während aufrechter Gesellschaft ist diese Kapitalbindung unbefristet sowie unkündbar[19] u kann nur durch **Kapitalherabsetzung** (s Rz 65) oder **Umgründung** (s Rz 65, 140 ff) durchbrochen werden. Wird die Gesellschaft aufgelöst, steht den Gesellschaftern erst nach Befriedigung aller Gläubiger ein all-

---

16 *Thomale*, JBl 2021, 83 (90 f). Während aufrechter Gründungsprivilegierung einer GmbH sind die Gesellschafter nicht einmal zur Einzahlung jener Stammeinlagen verpflichtet, die die gründungsprivilegierten Stammeinlagen übersteigen (OGH 21.11.2017, 6 Ob 194/17y, NZ 2018, 19 [*Walch*] = *Sommerauer*, GesRZ 2018, 96 = *S.-F. Kraus/Spendel*, wbl 2018, 237 = *Birnbauer*, GES 2018, 88).
17 *Koppensteiner*, GesRZ 2014, 3 (3 f); OGH 28.6.2023, 6 Ob 178/22b, EvBl 2023, 851 (*Drobnik*) = *H. Foglar-Deinhardstein*, ÖJZ 2023, 911 = NZ 2023, 571 (*Walch*) = GesRZ 2023, 382 (*Kalss*). Zur volkswirtschaftlichen Bedeutung des Trennungsprinzips *Angyan*, RdW 2022, 238 (239).
18 Vgl *Trenker* in Konecny, Insolvenz-Forum 2019, 161 (162).
19 OGH 24.1.2006, 10 Ob 34/05f, wbl 2006, 278 (*F. Schuhmacher*); 6.7.2010, 1 Ob 105/10p, GES 2011, 321 (*Anzinger/Klement*); *Bergmann*, Genussrechte 224, 240.

fälliger **Liquidationsüberschuss/-erlös** zu (s § 89 Rz 1; § 90 Rz 3, 7; § 91 Rz 19 ff). Die **Kapitalerhaltung ist** somit die **Kehrseite des Trennungsprinzips**; bei beiden Prinzipien geht es um die korrekte Grenzziehung zw der Vermögenssphäre der GmbH einerseits u den Vermögenssphären ihrer Gesellschafter andererseits.[20]

7   Der **Gläubigerschutz** findet zwar in den Regeln der Kapitalerhaltung eine sehr spezifische Ausprägung, ist aber kein auf das KapGesR beschränktes Anliegen der Rechtsordnung. Schon im allg Zivil- u Unternehmensrecht sind Gläubigerinteressen grds schutzwürdig (vgl etwa § 1409 ABGB, § 38 UGB, §§ 201 ff UGB, im Gesellschaftsrecht weiters URG u EKEG), u der Eingriff in Rechte oder Interessen dritter Gläubiger kann iSv § 879 ABGB gesetz- oder sittenwidrig sein. Hinter den Bilanzierungs-, Rechnungslegungs- u Publizitätspflichten des Rechnungslegungs-, FB- u Umgründungsrechts steht ebenfalls der Gläubigerschutz als eines der maßgeblichen Leitprinzipien.[21] Und auch Anfechtungs- u Insolvenzrecht gem AnfO u IO dienen vornehmlich dem Schutz der Gläubigerinteressen (mit Schwerpunkt auf der Wahrung der Gleichbehandlung aller Gläubiger).[22] Auch im **Rechtsvergleich** zeigt sich, dass der Gläubigerschutz in vielen Rechtsordnungen ein zentrales Prinzip ist.[23] Intelligenter Gläubigerschutz führt zu einer Maximierung des Unternehmenswerts u liegt daher auch im Interesse der Anteilseigner.[24]

---

20 *Hügel* in Kalss/Torggler, Einlagenrückgewähr 19 (33); vgl *G. Kodek/ P. N. Csoklich* in Höpfel/Ratz, WK StGB² Rz 35.
21 Vgl *Bauer/Zehetner* in Straube/Ratka/Rauter, GmbHG § 82 Rz 8; *Reich-Rohrwig*, Kapitalerhaltung 158; *Hügel* in FS Koppensteiner II, 11 (20); *Ch. Nowotny* in FS Hügel 283; *G. Kodek/P. N. Csoklich* in Höpfel/Ratz, WK StGB² Rz 36; (tw krit) *van Bakel-Auer*, RWZ 2020, 261; *Fleischer*, ZIP 2020, 2478 (2480); (exemplarisch in Bezug auf Realisations- u Vorsichtsprinzip im Rechnungslegungsrecht) *Eckert* in Aschauer et al, Kauf u Verkauf v Unternehmen 133 (149); (zur Bilanzpublizität) OGH 24.11.2011, 6 Ob 225/11y, RWZ 2012, 357 (*Wenger*); 6.8.2021, 6 Ob 126/21d, ZIK 2022, 77 (*Riel*); (zum Bestätigungsvermerk des Abschlussprüfers) 28.9.2021, 4 Ob 145/21h, EvBl 2022, 732 (*Brenn; Pock*) = ecolex 2022, 379 (*J. Reich-Rohrwig*).
22 Vgl *Rüffler/Aburumieh/Lind* in Jaufer/Nunner-Krautgasser/Schummer, Kapitalaufbringung und Kapitalerhaltung 71 (94) mwN; *Krist*, Existenzvernichtungshaftung 27 f, 39 ff; *Thomale*, JBl 2021, 14 (26 f).
23 Rechtsvergleichend zum Gläubigerschutz bei KapGes im englischen u im dt Recht *Bachner*, Creditor Protection in Private Companies.
24 *Van Bakel-Auer*, RWZ 2020, 261 (264).

2. Schutz der Gläubiger, der Gesellschafter, der Anleger und des Rechtsverkehrs

Die Kapitalerhaltungsregeln schützen zunächst die jew GmbH selbst 8
als den Dreh- u Angelpunkt der Kapitalerhaltung;[25] sie strahlen aber
auch auf den Schutz der Interessen der Gläubiger der Gesellschaft u
der Gesellschafter der GmbH, va der Minderheitsgesellschafter, aus.
Der eigentliche Regelungszweck liegt nicht im Schutz der Gesellschaft –
zumal diese durch Umgründung oder Liquidation jederzeit beendet
werden kann[26] –, sondern in den genannten Schutzzwecken, die das
Verbot der Einlagenrückgewähr durch Ausstrahlung der Kapitalerhaltung wahrt: im **Schutz der Gläubiger**[27] u mE auch im **Schutz der (Mit-, insb Minderheits-)Gesellschafter**[28] u der (potentiellen) Anle-

---

[25] OGH 13.12.2016, 3 Ob 167/16d; 27.2.2017, 6 Ob 239/16i, GesRZ 2017, 263 (*H. Foglar-Deinhardstein*); 20.12.2018, 6 Ob 195/18x – *Leiner I*, *Dejaco*, NZ 2019, 81 = *P. Csoklich/P. N. Csoklich*, GesRZ 2019, 54 = ZFS 2019, 8 (*Karollus*) = GesRZ 2019, 193 (*Kalss*) = *V. Hügel*, JEV 2019, 77 = *H. Foglar-Deinhardstein*, ÖJZ 2019, 938; *Bauer/Zehetner* in Straube/Ratka/Rauter, GmbHG § 83 Rz 24; vgl *G. Kodek* in Kodek, Untreue NEU 21 (35); *J. W. Flume*, GesRZ 2019, 230 (232).

[26] *A. Wimmer*, wbl 2021, 1 (3). Grds sind die Gesellschafter auch nicht zur Sanierung einer GmbH in der Krise verpflichtet. Vgl *K. Schmidt* in Kalss/Torggler, Einlagenrückgewähr 1 (2); *Spiegelfeld/H. Foglar-Deinhardstein* in FS Torggler 1139 (1151) mwN.

[27] OGH 31.1.2013, 6 Ob 100/12t, RWZ 2013/34, 118 (*Wenger*) = EvBl 2013, 682 (*Told*) = GesRZ 2013, 219 (*G. Moser*) = ecolex 2013, 710 (*J. Reich-Rohrwig*); 23.2.2016, 6 Ob 171/15p – *AE&E I*, RWZ 2016/28, 125 (*Wenger*) = EvBl-LS 2016/81 (*Rohrer*) = *Schopper/Walch*, NZ 2016, 163 = GesRZ 2016, 281 (*Schörghofer*) = ÖBA 2017, 621 (*Dellinger*) = *Bergmann/Schörghofer*, GES 2017, 20 = *Straube* in FS Bittner 657 = *Aburumieh/H. Foglar-Deinhardstein*, GES 2019, 3; *Köppl* in Straube/Ratka/Rauter, GmbHG § 82 Rz 1; *Auer* in Gruber/Harrer, GmbHG[2] § 82 Rz 3; *Koppensteiner/Rüffler*, GmbHG[3] § 82 Rz 3; *Bauer/Zehetner* in Straube/Ratka/Rauter, GmbHG § 82 Rz 3, 6.

[28] Vgl OGH 25.6.1996, 4 Ob 2078/96h – *Fehringer*, JBl 1997, 108 (*Hügel*) = *Saurer*, RdW 1998, 593; 15.12.2014, 6 Ob 14/14y – *Humanitas*, NZ 2015, 107 (*Till*) = ecolex 2015, 128 (*Brugger*) = GesRZ 2015, 130 (*Karollus*) = *Reisch/Hampel*, ZIK 2015/100, 91 = *Hermann*, GES 2016, 394 = *Prostor*, ZfRV 2019, 179; *Reich-Rohrwig*, Kapitalerhaltung 99 ff, 158; *Bauer/Zehetner* in Straube/Ratka/Rauter, GmbHG § 82 Rz 6; *Haberer*, Zwingendes Kapitalgesellschaftsrecht 198 f; *Karollus* in Brandl/Karollus/Kirchmayr/Leitner, HB vGA[3], 1 (4, 15); *Saurer* in Doralt/Nowotny/Kalss, AktG[3] § 52 Rz 3; *U. Torggler/H. Torggler* in FS Jud 723 (726); *Ch. Nowotny* in FS W. Doralt 319; *Kalss/Probst*, Familienunternehmen, Rz 7/110, 8/50; *Hügel* in Kalss/

ger.[29] Regelungstechnisch knüpft die Kapitalerhaltung freilich an den **Schutz der Gesellschaft u ihres Vermögens** an: Für die Dauer des Bestands der Gesellschaft ist daher die Wahrung der Interessen der Gläubiger u der Gesellschafter in der Gesellschaft u bei deren Organen gebündelt u wird (exklusiv) über diese kanalisiert, damit die Gläubiger hinsichtlich der Ansprüche gegen die Gesellschafter nicht in Konkurrenz zur GmbH treten.[30] Wenn in den Bestand der GmbH eingegriffen wird – legitimer

---

Torggler, Einlagenrückgewähr 19 (23, 31 f); *Lewisch* in Lewisch, JB Wirtschaftsstrafrecht 2014, 19 (32); *Kalss*, ecolex 2014, 497; *Eckert/Spani/Wess*, ZWF 2015, 258 (261); *Gelter* in FS Nowotny 315 (331 f); *Zollner* in FS Nowotny 499 (502); *Kalss* in Konecny, Insolvenz-Forum 2015, 125 (125, 127); *R. Rastegar*, Gesellschafterklage 318; *Eckert/Schopper/Madari* in Eckert/Schopper, AktG-ON § 52 Rz 2; *A. Wimmer*, Besprechung zu OGH 6 Ob 89/21p, ÖBA 2022, 374; *H. Foglar-Deinhardstein* in Foglár-Deinhardstein, HB vGA, Rz 1/16; zur Kapitalaufbringung auch *Zollner/Schummer* in Jaufer/Nunner-Krautgasser/Schummer, Kapitalaufbringung und Kapitalerhaltung 1 (2); differenzierend („*nicht unerwünschte Nebenwirkung*") *Auer* in Gruber/Harrer, GmbHG² § 82 Rz 3; *Auer*, Gläubigerschutz bei Vermögensbewegungen down-stream 124; *Koppensteiner/Rüffler*, GmbHG³ § 82 Rz 3; ausdrücklich abl *Koppensteiner*, GesRZ 2014, 3 (4 f); *Koppensteiner* in FS Reich-Rohrwig 117 (118); *Koppensteiner*, GES 2020, 227 (229 FN 15). Wiederum aA (Gläubigerschutz als Reflex des Schutzes der Minderheitsgesellschafter) *Thomale*, JBl 2021, 83 (86 ff, 90 f, 92).

29 *Hügel* in Kalss/Torggler, Einlagenrückgewähr 19 (23 f, 31 f); *Reich-Rohrwig*, Kapitalerhaltung 102 f; *M. Doralt*, Management Buyout 91; *St. Briem*, RdW 2016/59, 93 (94); *H. Foglar-Deinhardstein* in Foglar-Deinhardstein, HB vGA, Rz 1/16; aA *Eckert/Schopper/Madari* in Eckert/Schopper, AktG-ON § 52 Rz 2 f. Historisch stand (zumindest im Aktienrecht) überhaupt der Anleger-, nicht der Gläubigerschutz im Vordergrund. Vgl *Zollner* in Doralt/Nowotny/Kalss, AktG³ § 6 Rz 7; *Thomale*, JBl 2021, 83 (83 ff, 88 f); *Eckert* in FS Nowotny 275 (281 f; „*Das Leitbild des AktG ist das der börsenotierten Gesellschaft mit einer Vielzahl von Kleinanlegern, das der GmbH der privaten Kapitalgesellschaft ohne kapitalmarktgängige Anteile. […] Demgegenüber ist der Anlegerschutz kein Wertungsprinzip des GmbHG; […]*"); *Eckert/Schopper*, GesRZ 2020, 381 (392).

30 Vgl OGH 28.6.2023, 6 Ob 178/22b, EvBl 2023, 851 (*Drobnik*) = *H. Foglar-Deinhardstein*, ÖJZ 2023, 911 = NZ 2023, 571 (*Walch*) = GesRZ 2023, 382 (*Kalss*); *Bauer/Zehetner* in Straube/Ratka/Rauter, GmbHG § 82 Rz 60 („*mittelbarer Schutz der Gläubiger*"), § 83 Rz 24; *Karollus* in Brandl/Karollus/Kirchmayr/Leitner, HB vGA³, 1 (15, 25 f); *U. Torggler* in Kalss/Torggler, Einlagenrückgewähr 89 (94); *Thomale*, JBl 2021, 83 (85 f); *R. Rastegar*, Gesellschafterklage 166, 172 f; *Koppensteiner*, ÖJZ 2023, 824 (828 f). Die paradoxe Konsequenz der exklusiven Vermittlung des Gläubigerschutzes über die

Weise etwa im Zuge der **Liquidation** (s §§ 89 ff), der **Verschmelzung** (s §§ 96 ff), der **Aufspaltung** (§ 1 Abs 2 Z 1 SpaltG) oder der **Insolvenz** –, bleiben die Kapitalerhaltungsregeln zum Schutz der Gläubiger u mE auch der (Minderheits-)Gesellschafter bis zur **Vollbeendigung** der Gesellschaft dennoch anwendbar.[31] Wird eine GmbH durch **errichtende Umwandlung in eine PersGes** transformiert, ist das gebundene Eigenkapital (vgl Rz 3, 14) fortzuführen[32] (s Rz 150). Im Sinne des Gläubigerschutzes ist § 82 auch für die **Ein-Personen-GmbH** anwendbar.[33]

Das Verbot der Einlagenrückgewähr schützt – vermittelt über den Schutz der GmbH (s Rz 8) – nicht nur die Interessen der jew aktuellen, konkreten Gläubiger, sondern das **allg (abstrakte, typisierte) Interesse vorhandener oder zukünftiger Gläubiger** daran, dass eine GmbH auch tatsächlich über einen Haftungsfonds verfügt[34] – genauer daran, 9

Gesellschaft ist mE, dass das Verbot der Einlagenrückgewähr **kein Schutzgesetz zugunsten der Gläubiger** ist (str) (vgl *Karollus* in Brandl/Karollus/Kirchmayr/Leitner, HB vGA³, 1 [71]; *Bauer/Zehetner* in Straube/Ratka/Rauter, GmbHG § 83 Rz 24; *Koppensteiner/Rüffler*, GmbHG³ § 83 Rz 4; *Auer* in Gruber/Harrer, GmbHG² § 83 Rz 8; *Ch. Müller*, ÖJA 2023, 129 (154, 165 f); *Koppensteiner*, ÖJZ 2023, 824 (828); wohl auch OGH 28.6.2023, 6 Ob 178/22b, EvBl 2023, 851 (*Drobnik*) = *H. Foglar-Deinhardstein*, ÖJZ 2023, 911 = NZ 2023, 571 [*Walch*] = GesRZ 2023, 382 [*Kalss*]; aA OGH 23.6.2021, 6 Ob 61/21w, GesRZ 2022, 79 [*Bauer*] = *Blaschke*, GES 2021, 386 = *G. Kodek* in Lewisch, JB Wirtschaftsstrafrecht 2022, 161 = *Ch. Müller*, ÖJA 2023, 129).

31 Vgl OLG Wien 11.10.2007, 28 R 112/07g, GesRZ 2008, 173 (*Inwinkl*); *Karollus* in Brandl/Karollus/Kirchmayr/Leitner, HB vGA³, 1 (15 FN 64, 19); *Köppl* in Torggler, GmbHG § 82 Rz 2; *Koppensteiner/Rüffler*, GmbHG³ § 82 Rz 15, § 91 Rz 19, § 92 Rz 15; *Aburumieh/Adensamer/H. Foglar-Deinhardstein*, Verschmelzung VII. A Rz 6; *Spiegelfeld/H. Foglar-Deinhardstein* in FS Torggler 1139 (1142) mwN; *H. Foglar-Deinhardstein* in Foglar-Deinhardstein, HB vGA, Rz 1/16; *Cahn/v. Spannenberg* in BeckOGK AktG § 57 Rz 53; *Eckert/Schopper/Madari* in Eckert/Schopper, AktG-ON § 52 Rz 18.

32 OGH 7.11.2007, 6 Ob 235/07p, GES 2008, 21 (*Birnbauer*) = RWZ 2008/33, 104 (*Wenger*) = RWZ 2008/34, 107 (*Wiesner*) = GesRZ 2008, 100 (*Umlauft*) = ecolex 2008, 243 (*Karollus*); 17.12.2008, 6 Ob 267/08w, GesRZ 2009, 176 (*Schörghofer*).

33 OGH 14.9.2021, 6 Ob 26/21y, EvBl 2022, 321 (*Painsi*; *Rastegar*) = *Brugger*, NZ 2022, 69; *Auer* in Gruber/Harrer, GmbHG² § 82 Rz 3; *Koppensteiner/Rüffler*, GmbHG³ § 82 Rz 15; *Bauer/Zehetner* in Straube/Ratka/Rauter, GmbHG § 82 Rz 60; *Karollus* in Brandl/Karollus/Kirchmayr/Leitner, HB vGA³, 1 (15); *Kalss* in Konecny, Insolvenz-Forum 2015, 125 (126); *Artmann* in Artmann/Karollus, AktG⁶ § 52 Rz 2.

34 OGH 19.11.2002, 4 Ob 252/02s, ecolex 2003, 177 (*J. Reich-Rohrwig/Größ*); *Bauer/Zehetner* in Straube/Ratka/Rauter, GmbHG § 82 Rz 5; *Koppensteiner*,

dass der Haftungsfonds der GmbH nicht ungebührlich durch gewinnunabhängigen Zugriff der Gesellschafter geschmälert wird (s schon Rz 3). Geschützt wird die Gläubigergesamtheit unabhängig v Art u aktuellem Bestand der Gläubigerstellung u unabhängig v der Situation der Gesellschaft u ihrer konkreten Gläubiger.[35] Ein Verstoß gegen § 82 kann also auch dann vorliegen, wenn gar kein konkreter Gläubiger gefährdet wird. Dabei richten sich die abstrakten Gläubigerinteressen nicht nur statisch auf das vorhandene Vermögen, sondern auch dynamisch auf die Zukunftserträge der GmbH.[36] Nach hA gilt das Verbot der Einlagenrückgewähr auch dann uneingeschränkt, wenn die konkrete GmbH aktuell überhaupt **keine Gläubiger** (mehr) hat. In Hinblick auf die OGH-Jud zur Verschmelzung ist diese A in ihrer Allgemeinheit mE freilich überprüfungsbedürftig.[37] Selbstverständlich verstößt nicht jede für die Gläubiger nachteilige Transaktion einer GmbH automatisch gegen § 82 (s auch Rz 21);[38] vielmehr gilt dies nur innerhalb der gesetzl definierten Grenzen der Kapitalerhaltungsregeln, die insb den **Vermögenstransfer in die Sphäre der Gesellschafter** verbieten (s Rz 12); (auch) außerhalb v § 82 kann eine gläubigerschädigende Maßnahme allenfalls § 870 ABGB (listige Irreführung, zivilrechtlicher Betrug) oder § 879 ABGB[39] u/oder § 146 (Betrug), § 153 (Untreue), § 158 (Gläubigerbegünstigung), § 156 (betrügerische Krida) oder § 159 StGB (fahrlässige

---

GesRZ 2014, 3 (5); *Koppensteiner* in FS Reich-Rohrwig 117 (118); *Kalss* in Konecny, Insolvenz-Forum 2015, 125 (126).
35 *A. Wimmer*, GesRZ 2019, 143 (144).
36 *Hügel* in Kalss/Torggler, Einlagenrückgewähr 19 (35).
37 *H. Foglar-Deinhardstein* in Foglar-Deinhardstein, HB vGA, Rz 1/17; vgl OGH 11.11.1999, 6 Ob 4/99b – *Neutronics*; 15.4.2010, 6 Ob 226/09t, RWZ 2010/62, 264 (*Wenger*) = GesRZ 2010, 276 (*Winner/Obradović*) = ZFR 2011, 128 (*Ruhm*) = *Aburumieh/H. Foglar-Deinhardstein*, GesRZ 2010, 328; vgl auch *Aburumieh/Adensamer/H. Foglar-Deinhardstein*, Verschmelzung VII. C Rz 39, 57; *Aburumieh/Hoppel*, GES 2021, 120 (122 f); (freilich eher skeptisch) *Karollus* in Brandl/Karollus/Kirchmayr/Leitner, HB vGA³, 1 (15 FN 64).
38 *Bauer/Zehetner* in Straube/Ratka/Rauter, GmbHG § 82 Rz 147. „*Geschützt werden die Gläubiger aber nur vor einer unzulässigen Verteilung an die Gesellschafter, nicht hingegen vor einer Aufzehrung des Gesellschaftsvermögens durch wirtschaftlichen Misserfolg*" (*Haberer* in Haberer/Krejci, Konzernrecht, Rz 11.102).
39 Zur potentiellen Haftung eines GmbH-GF gegenüber den Gläubigern der Gesellschaft aus § 879 ABGB OGH 28.2.2018, 6 Ob 244/17a.

Krida) (s auch Rz 17, Exkurs Wirtschaftsstrafrecht Rz 72 f, 54 ff, 7 ff, 23 ff) verletzen.[40]

Die den Gesellschafter treffende **Treuepflicht** (§ 1186 iVm § 1175 Abs 4 ABGB; s § 61 Rz 32 ff)[41] hat sich am Interesse der Gesellschaft[42] auszurichten. Daher entfaltet die Treuepflicht mE auch eine gewisse reflexhafte Schutzwirkung zugunsten Dritter, nämlich der Gläubiger der Gesellschaft. In diesem Sinne ergänzen einander Treuepflicht u Verbot der Einlagenrückgewähr u verschränken sich miteinander[43] (näher s Rz 51 ff). Grundsätzlich kann die Treuepflicht im GesV oder auch in einem Syndikatsvertrag[44] (zumal einem omnilateralen oder einem, dem

10

---

40 Vgl *G. Kodek/P. N. Csoklich* in Höpfel/Ratz, WK StGB² Rz 54; *Karollus* in Brandl/Karollus/Kirchmayr/Leitner, HB vGA³, 1 (40); *Aburumieh/Adensamer/H. Foglar-Deinhardstein*, Verschmelzung VII. A Rz 4, 7, VII. B Rz 3, VII. C Rz 10, 16 ff, 33 f; *Jaufer/Wesener* in Jaufer/Nunner-Krautgasser/Schummer, Kapitalaufbringung und Kapitalerhaltung 35 (46 f); *Bollenberger*, Zak 2018, 24 (27 f); *St. Huber* in Foglar-Deinhardstein, HB vGA, Rz 5/1 ff; zu EKEG u Strafrecht OGH 13.9.2016, 11 Os 64/16w; 17.1.2020, 12 Os 42/19x; *Lewisch* in Lewisch, JB Wirtschaftsstrafrecht u Organverantwortlichkeit 2018, 187 (203 ff); *Lewisch* in WiR, Wirtschaftliche Betrachtungsweise im Recht 163 (169 f).
41 Vgl *H. Foglar-Deinhardstein/A. Gruber*, PSR 2018, 52 (55) mwN; *Kalss*, GesRZ 2021, 203; OGH 29.6.2020, 8 ObA 50/20s.
42 Näher zu Gesellschaftsinteresse u Unternehmenswohl *H. Foglar-Deinhardstein*, GES 2021, 159 (172) mwN; *Wimmer*, wbl 2021, 1 (2 f, 8); *A. Wimmer*, Besprechung zu OGH 6 Ob 89/21p, ÖBA 2022, 374 f.
43 *T. Bezzenberger*, Das Kapital der Aktiengesellschaft 79, 275 ff, 286, 298, 302 ff, 333 ff, 345 ff; *H. Foglar-Deinhardstein* in Foglar-Deinhardstein, HB vGA, Rz 1/18; *Spiegelfeld/H. Foglar-Deinhardstein* in FS Torggler 1139 (1146); *G. Moser*, GES 2020, 183 (187); vgl *U. Torggler*, Treuepflichten im faktischen GmbH-Konzern 100 f, 280; *K. Schmidt* in Kalss/Torggler, Einlagenrückgewähr 1 (14 f); rechtsvergleichend *Gelter* in FS Nowotny 315 (332 ff); *W. Doralt/K. Rastegar/Gelter/Conac/K. Rastegar/E. Schuster*, GesRZ 2021, 120 (130 f).
44 Allg zum Syndikatsvertrag § 4 Rz 49 f mwN; § 39 Rz 29 ff; *Kastner*, ÖZW 1980, 1; *Artmann* in Klang, ABGB³ § 1175 Rz 60; *Haberer*, Zwingendes Kapitalgesellschaftsrecht 346 ff; *Diregger* in Doralt/Nowotny/Kalss, AktG³ § 121 Rz 39 ff; *Kalss/Probst*, Familienunternehmen, Rz 4/13 ff; *M. König/B. Wolf* in Adensamer/Mitterecker, HB GesStreit, Rz 4/1 ff; *Rubin-Kuhn* in Reich-Rohrwig/Ginthör/Gratzl, HB GV² Rz 1.209 ff; *Eckert/Schopper* in Eckert/Schopper, AktG-ON § 17 Rz 30 ff; *U. Torggler* in FS Eccher 1173; *U. Torggler* in FS Grunewald 1135; *Swoboda*, ecolex 2019, 519. Zur kollisionsrechtlichen Behandlung *Reuter*, RIW 2019, 21; *Nicolussi*, JBl 2022, 419. Zur Abgrenzung v *business combination agreement*, Investorenvereinbarung

auch die Gesellschaft zulässiger Weise beigetreten ist) konkretisiert u freilich auch eingeschränkt werden.[45] Allgemein gesprochen kann die Treuepflicht nicht nur zu einem Unterlassen, sondern auch zu einem positiven Tun verpflichten.[46] Gesellschafterbeschlüsse, die Treuepflichten verletzen, sind gesellschaftsrechtlich **anfechtbar**.[47]

11   Weitere Hintergründe des Verbots der Einlagenrückgewähr sind die Möglichkeit unterjähriger Ertrags- u Vermögensschwankungen u die rechnungslegungsrechtlichen Gebote der **jahresabschlussmäßigen u stichtagsbezogenen Ermittlung des Bilanzgewinns** u der Veröffentlichung des JA[48] sowie die Zuordnung der **Gewinnverteilungskompetenz** an die Gesellschafter im GmbH-Recht (Wahrung v Organkompetenzen, s § 35 Rz 8).[49] Das Verbot der Einlagenrückgewähr ist

---

u Unternehmensvertrag *H. Foglar-Deinhardstein* in Kalss/Torggler, M&A 121 (124 f).

45 *Hügel* in FS Reich-Rohrwig 49 (60, 63); *Fleischer*, GesRZ 2017, 362 (368); *Fleischer* in Kalss/Torggler, Treuepflichten 43 (61); *H. Foglar-Deinhardstein/ A. Gruber*, PSR 2018, 52 (55 f); *H. Foglar-Deinhardstein* in Kalss/Torggler, M&A 121 (126); *Kalss*, GesRZ 2021, 203 (207). Vgl OGH 18.2.2021, 6 Ob 140/20m – *dm*, GesRZ 2021, 175 (*Natlacen*) = wbl 2021, 400 (*S.-F. Kraus*) = ecolex 2021, 445 (*I. Welser*) = *I. Welser/Zivny*, RdW 2021, 542; 6.4.2022, 6 Ob 192/21k, GesRZ 2022, 2981 (*Natlacen*). Zu Auswirkungen auf die Treuepflicht bei Einbindung der Gesellschaft in eine **zentrale Konzernfinanzierung** (s Rz 51, 129, 136) *Fellner/Rüffler/Seekirchner*, ÖBA 2020, 385 (389 ff).

46 *Kalss*, GesRZ 2021, 203 (203, 205). Vgl allg zum Zwang zum Vertragsabschluss zur Schadensabwehr OGH 26.8.2003, 5 Ob 82/03z, JBl 2004, 239 (*Rummel*) = immolex 2004, 150 (*Mader*) = wobl 2005, 247 (*Schauer*); 27.2.2017, 6 Ob 122/16h, GesRZ 2017, 181 (*Kalss*) = ZFS 2017, 59 (*Kepplinger*) = *V. Hügel*, JEV 2017, 70 = *Schauer*, ZFS 2017, 156 = ecolex 2017, 1083 (*Rizzi*) = *S.-F. Kraus*, wbl 2018, 121; 21.12.2017, 6 Ob 211/17y, wobl 2019, 104 (*Knoll*); 17.1.2019, 5 Ob 134/18v, wobl 2019,430 (*Knoll*) = immolex 2019, 347 (*Räth*).

47 OGH 18.2.2021, 6 Ob 155/20t – *dm*, GesRZ 2021, 164 (*Leonhartsberger*) = ecolex 2021, 443 (*I. Welser*) = *J. P. Gruber*, AR aktuell 2021 H 3, 125 = *I. Welser/Zivny*, RdW 2021, 542; 18.2.2021, 6 Ob 140/20m – *dm*, GesRZ 2021, 175 (*Natlacen*) = wbl 2021, 400 (*S.-F. Kraus*) = ecolex 2021, 445 (*I. Welser*) = *I. Welser/Zivny*, RdW 2021, 542; 6.4.2022, 6 Ob 192/21k, GesRZ 2022, 2981 (*Natlacen*).

48 *Köppl* in Torggler, GmbHG § 82 Rz 1; *St. Briem*, RdW 2016/59, 93 (94); *Hügel* in Kalss/Torggler, Einlagenrückgewähr 19 (23 f, 31 f).

49 Vgl *Auer* in Gruber/Harrer, GmbHG[2] § 82 Rz 3 mwN; *Haberer* in Haberer/ Krejci, Konzernrecht, Rz 11.103; *P. Csoklich/P. N. Csoklich*, GesRZ 2019, 54.

wirtschaftlich zu betrachten (**wirtschaftliche Betrachtungsweise**)[50] (s auch Rz 101).

D. Grundzüge der Kapitalerhaltung

Das Kapitalerhaltungsprinzip verlangt generell, dass **kein (offener oder verdeckter) Vermögenstransfer** (s Rz 13) aus der Vermögenssphäre einer GmbH in die Vermögenssphäre der Gesellschafter – oder in die Sphäre v Dritten, die den Gesellschaftern nahestehen (s Rz 15, 68 ff, 74 ff) – stattfindet oder auch nur vereinbart wird (s Rz 13, 120); Vermögens- u Liquiditätsabflüsse in Richtung der Ebene der Gesellschafter (u auch in Richtung v Dritten, die den Gesellschaftern nahestehen) sind

12

---

[50] OGH 18.7.2011, 6 Ob 33/11p, GesRZ 2011, 361 (*Hügel*); 20.3.2013, 6 Ob 48/12w – *Kneisz I*, ÖBA 2013, 601 (*Wolkerstorfer/Gebetsberger*) = ecolex 2013, 638 (*F. Hörlsberger/Rieder*) = GesRZ 2013, 230 (*Thurnher*); 23.2.2016, 6 Ob 171/15p – *AE&E I*, RWZ 2016/28, 125 (*Wenger*) = EvBl-LS 2016/81 (*Rohrer*) = *Schopper/Walch*, NZ 2016, 163 = GesRZ 2016, 281 (*Schörghofer*) = ÖBA 2017, 621 (*Dellinger*) = *Bergmann/Schörghofer*, GES 2017, 20 = *Straube* in FS Bittner 657 = *Aburumieh/H. Foglar-Deinhardstein*, GES 2019, 3; 22.12.2016, 6 Ob 232/16k, GesRZ 2017, 116 (*Zehetner*) = *Dejaco*, NZ 2019, 81; 28.3.2018, 6 Ob 128/17t, GesRZ 2018, 242 (*Ch. Nowotny*) = *Michtner*, GES 2018, 233 = GES 2018, 237 (*Fantur*) = *Aburumieh/H. Foglar-Deinhardstein*, GES 2019, 3; 20.12.2018, 6 Ob 195/18x – *Leiner I*, *Dejaco*, NZ 2019, 81 = *P. Csoklich/P. N. Csoklich*, GesRZ 2019, 54 = ZFS 2019, 8 (*Karollus*) = GesRZ 2019, 193 (*Kalss*) = *V. Hügel*, JEV 2019, 77 = *H. Foglar-Deinhardstein*, ÖJZ 2019, 938; 24.5.2019, 8 ObA 53/18d; 23.4.2020, 6 Ob 154/19v – *Alpine*, wbl 2020, 406 (*Koppensteiner*) = *Richter*, ZIK 2020, 92 = ecolex 2020, 711 (*Zimmermann*) = ZFR 2020, 465 (*Artmann*) = *Drobnik*, RdW 2020, 746 = GesRZ 2020, 414 (*Winner*); 25.1.2023, 6 Ob 31/22k; 17.5.2023, 6 Ob 24/23g, ecolex 2023, 850 (*Peissl/Prasser*); *Kalss* in WiR, Wirtschaftliche Betrachtungsweise im Recht 119 (138 ff, 141 ff); *Karollus* in Brandl/Karollus/Kirchmayr/Leitner, HB vGA[3], 1 (39 f); *Fleischer* in FS Krieger 253 (269 ff). Vgl zum Umgründungsrecht *Grünwald*, GesRZ 1995, 110 (111); *Ton*, ecolex 1999, 172; *Reich-Rohrwig*, Kapitalerhaltung 332 f; *Aburumieh/Adensamer/H. Foglar-Deinhardstein*, Verschmelzung VII. C Rz 8, 25; *Eckert* in Althuber/Schopper, HB Unternehmenskauf & Due Diligence[2] Rz 55; *Karollus*, ecolex 2022, 868 (870 f). Zur wirtschaftlichen Betrachtungsweise (auch in anderen Rechtsbereichen) *Cahn* in FS Schmidt 157; *A. Hofmann*, NZ 2018, 204 (207 FN 24); *Karollus*, GesRZ 2020, 169 (171 FN 17); WiR, Wirtschaftliche Betrachtungsweise im Recht; *Karollus*, JBl 2022, 689 (696 f).

grds nur zulässig, wenn (a) explizit ein **gesetzl Erlaubnistatbestand** eingreift, der einen solchen Vermögenstransfer gestattet (s Rz 14, 27 ff, 65), oder (b) ein solcher **Transfer im Austausch mit einer drittvergleichsfähigen Gegenleistung (u/oder aufgrund betriebl Rechtfertigung)** erfolgt (s Rz 5, 16, 81 ff).

13 Unter **Vermögenstransfer** (s Rz 12) ist eine *„in Geld messbare Vermögensminderung"* bei der GmbH zu verstehen.[51] Die Erbringung wertloser Leistungen an einen Anteilseigner, für die die Gesellschaft auch v Dritten kein Entgelt erzielen hätte können, kann somit keine verbotene Einlagenrückgewähr darstellen;[52] ebensowenig kann eine Maßnahme eine verbotene Einlagenrückgewähr sein, die gerade auf die Vermeidung einer Zahlungsverpflichtung der Gesellschaft abzielt.[53] Meines Erachtens muss sich die Vermögensminderung bei der Gesellschaft **wirtschaftlich** (allerdings nicht notwendiger Weise durch rechtswirksame Dispositionen – s sogleich u schon Rz 1) **realisieren**; eine bloß drohende Vermögensminderung, die mglw bilanziell zu einem durch Gewichtung mit dem Risiko verringerten Buchwert des betroffenen Vermögensguts führt, reicht mE grds nicht aus;[54] freilich ist schon die bloße Zusage eines unzulässigen Vermögenstransfers verboten (s Rz 12, 98, 120), weil schon einer solchen Zusage ein Vermögenswert zuzumessen ist.[55] Ebenso ist bei einer Kreditvergabe der Austausch v Guthaben

---

51 *Koppensteiner*, GesRZ 2014, 3 (6). Vgl auch *K. Schmidt* in Kalss/Torggler, Einlagenrückgewähr 1 (7); *U. Torggler/H. Torggler* in FS Jud 723 (731); *Kalss* in Konecny, Insolvenz-Forum 2015, 125 (127); *Eckert/Schopper/Madari* in Eckert/Schopper, AktG-ON § 52 Rz 3, 26; *Krist*, Existenzvernichtungshaftung 42 f; *J. Reich-Rohrwig/Aschl*, ecolex 2022, 850 (862); *Eckert/Wöss* in Aschauer et al, Niedrigverzinsung 71 (78). Nach *Karollus* (in Brändl/Karollus/Kirchmayr/Leitner, HB vGA³, 1 [23, 86]) seien zusätzlich auch verhinderte Vermögensmehrungen erfasst.
52 OGH 26.1.2017, 3 Ob 204/16w; vgl *Eckert/Schopper/Madari* in Eckert/Schopper, AktG-ON § 52 Rz 3, 67; *Eckert/Wöss* in Aschauer et al, Niedrigverzinsung 71 (78); differenzierend *J. Reich-Rohrwig/Aschl*, ecolex 2022, 850 (853).
53 OGH 27.2.2017, 6 Ob 239/16i, GesRZ 2017 (*H. Foglar-Deinhardstein*).
54 *H. Foglar-Deinhardstein* in Foglar-Deinhardstein, HB vGA, Rz 1/22; vgl iZm § 153 StGB *Eckert/Spani/Wess*, ZWF 2016, 7.
55 OGH 24.5.2019, 8 ObA 53/18d; *Köppl* in Torggler, GmbHG § 82 Rz 8; *H. Foglar-Deinhardstein*, NZ 2019, 228; *Kalss* in WiR, Wirtschaftliche Betrachtungsweise im Recht 119 (140); *Eckert/Schopper/Madari* in Eckert/Schopper, AktG-ON § 52 Rz 3; *Eckert/Schopper* in Artmann/Karollus, AktG⁶ § 54 Rz 4.

bei Banken gegen eine Forderung gegen einen Schuldner mit schwächerer Bonität als Vermögenstransfer zu qualifizieren.[56] Der Vermögenstransfer muss **in die Vermögenssphäre des Gesellschafters** – natürlich unter Ausklammerung der Beteiligung an der leistenden GmbH – oder eines ihm nahestehenden Dritten **zielen**;[57] ob der Vermögenstransfer in der Sphäre des betroffenen Gesellschafters einen konkreten (Per-saldo-) Vorteil entfaltet, ist freilich mE grds nicht relevant;[58] **auf Ebene des Gesellschafters** genügt daher **abstrakte Vorteilsgeneigtheit**[59] (vgl auch § 83 Rz 15). Ebensowenig ist grds v Bedeutung, ob die Vermögensminderung eine konkrete Gläubigerbenachteiligung iSd AnfO oder der IO bewirkt.[60] Irrelevant ist schließlich auch, ob der Vermögenstransfer eine rechtswirksame Vermögensübertragung bewirkt oder nicht; auch eine **rechtlich unwirksame Übertragung** kann nach § 82 verboten sein (s Rz 1).[61] Der Vermögenstransfer kann auch darin bestehen, dass die Gesellschaft eine **Verbindlichkeit oder Haftung**, die der Sphäre eines

---

56 *Eckert/Wöss* in Aschauer et al, Niedrigverzinsung 71 (78).
57 *Auer* in Gruber/Harrer, GmbHG² § 82 Rz 26, 37. Vgl OGH 29.8.2022, 6 Ob 234/21m, ecolex 2022, 987 (*Aschl/Zimmermann*) = *Klement/Fitz*, GES 2022, 380 = GesRZ 2023, 191 (*H. Hayden*).
58 *H. Foglar-Deinhardstein* in Foglar-Deinhardstein, HB vGA, Rz 1/22; *H. Foglar-Deinhardstein*, ecolex 2017, 1173 (1174); *P. Csoklich/P. N. Csoklich*, GesRZ 2019, 54 (56); *J. Reich-Rohrwig/Aschl*, ecolex 2022, 850 (862); *Klement/Fitz*, GES 2022, 380 (381); vgl *Auer* in Gruber/Harrer, GmbHG² § 82 Rz 29, 30, 31, 37; *Auer*, Gläubigerschutz bei Vermögensbewegungen down-stream 137 f, 149; *Koppensteiner* in Artmann/Rüffler/Torggler, Konzern 67 (68); *Eckert/Schopper/Madari* in Eckert/Schopper, AktG-ON § 52 Rz 3, 66; *Krist*, Existenzvernichtungshaftung 42 f; mglw aA *U. Torggler*, GesRZ 2013, 11 (14); *Thomale*, JBl 2021, 83 (93); *Artmann* in Artmann/Karollus, AktG⁶ § 52 Rz 31. Umgekehrt: Zielt eine Transaktion gerade darauf, eine Vermögensminderung der GmbH zu vermeiden, ist wiederum irrelevant, ob die Transaktion – als **Nebenfolge** (Nebeneffekt) – allenfalls auch einen Vorteil für einen Gesellschafter entfaltet (vgl OGH 27.2.2017, 6 Ob 239/16i, GesRZ 2017, 263 [*H. Foglar-Deinhardstein*]; noch weitergehend 29.8.2022, 6 Ob 234/21m, ecolex 2022, 987 [*Aschl/Zimmermann*] = *Klement/Fitz*, GES 2022, 380 = GesRZ 2023, 191 [*H. Hayden*]; vgl OLG München 2.7.2009, 31 Wx 24/09).
59 Zust *Eckert/Wöss* in Aschauer et al, Niedrigverzinsung 71 (76).
60 OGH 15.12.2014, 6 Ob 14/14y – *Humanitas*, NZ 2015, 107 (*Till*) = ecolex 2015, 128 (*Brugger*) = GesRZ 2015, 130 (*Karollus*) = *Reisch/Hampel*, ZIK 2015/100, 91 = *Hermann*, GES 2016, 394 = *Prostor*, ZfRV 2019, 179.
61 OGH 29.8.2017, 6 Ob 114/17h, wbl 2017, 655 (*Harrer*) = GesRZ 2018, 50 (*Karollus*) = EvBl 2018, 224 (*Told*) = *Bollenberger*, Zak 2018, 24.

Gesellschafters zuzuordnen ist, übernimmt[62] oder zugunsten eines Anteilseigners eine **Sicherheit** bestellt (s Rz 102, 103 sowie zur Legitimierung durch eine Sachdividende s Rz 58).

14 Der wichtigste gesetzl Erlaubnistatbestand (s Rz 12) ist die **Dividendenausschüttung** (s Rz 6, 32), die daher eine erlaubte Einlagenrückgewähr darstellt: Das Gesetz erlaubt, dass die GmbH jährlich Beträge maximal im Ausmaß des **Bilanzgewinns** (gem § 224 Abs 3 lit A IV iVm § 231 Abs 2 Z 26 oder Abs 3 Z 25 UGB) an die Gesellschafter ausschüttet. Der Bilanzgewinn, der im ordnungsgemäß nach § 35 festgestellten **JA** (s § 35 Rz 31 ff) ausgewiesen ist, erfasst nur zum Bilanzstichtag verwirklichte (realisierte) Gewinne (also keine stillen Reserven).[63] Bei der Ermittlung des Bilanzgewinns kommt dem **gebundenen Eigenkapital** (Stammkapital zuzüglich gebundener Rücklagen [einschließlich der gesetzl Gewinnrücklage]) die Funktion einer Staumauer zu (s Rz 3, 21, 37): Nur soweit das **Nettoaktivvermögen** der Gesellschaft (Aktiva minus Verbindlichkeiten, jew **zu den in der Bilanz gezeigten Buchwerten**) das in der Bilanz passivseitig ausgewiesene gebundene Eigenkapital – die Staumauer – übersteigt, kann es den Bilanzgewinn speisen. Der Bilanzgewinn wiederum bildet gem § 82 Abs 1 die Obergrenze für die Gewinnausschüttung an die Gesellschafter; er beziffert das **jährliche Ausschüttungspotential**.[64]

15 Vom Verbot der Einlagenrückgewähr erfasst sind zunächst Vermögenstransfers an **alle unmittelbaren Gesellschafter** (uzw unabhängig v ihrer Beteiligungsquote), weiters aber auch Vermögenstransfers an **mittelbar beteiligte Gesellschafter** (ebenfalls unabhängig v der Beteiligungsquote) (näher s Rz 67, 75) u grds auch Vermögenstransfers an

---

62 OGH 23.1.2020, 6 Ob 13/20k, GesRZ 2020, 208 (*Hollaus*); 25.6.2020, 6 Ob 21/20m, GesRZ 2021, 41 (*R. Gruber*) = ÖBA 2021, 266 (*Edelmann*) = ecolex 2021, 134 (*J. Reich-Rohrwig*); 23.6.2021, 6 Ob 61/21w, GesRZ 2022, 79 (*Bauer*) = *Blaschke*, GES 2021, 386 = *G. Kodek* in Lewisch, JB Wirtschaftsstrafrecht 2022, 161 = *Ch. Müller*, ÖJA 2023, 129; *Kalss* in Konecny, Insolvenz-Forum 2015, 125 (127); *Stanek*, GesRZ 2018, 158 (160); *Rüffler/H. Foglar-Deinhardstein*, GES 2019, 228 (230); *Karollus* in Brandl/Karollus/Kirchmayr/Leitner, HB vGA³, 1 (134); vgl zur Untreue durch Übernahme eines Negativwerts ohne finanziellen Ausgleich OGH 2.10.2019, 13 Os 145/18z, *McAllister*, ZWF 2020, 63; *Lewisch* in WiR, Wirtschaftliche Betrachtungsweise im Recht 163 (184 f).
63 *Hügel* in Kalss/Torggler, Einlagenrückgewähr 19 (28 ff); *St. Briem*, RdW 2016/59, 93 (94).
64 Vgl *K. Schmidt* in Kalss/Torggler, Einlagenrückgewähr 1 (4 ff).

sonstige beteiligungsmäßig verflochtene Unternehmen, wie etwa **Schwestergesellschaften iwS** (s Rz 71, 75), oder sonst an Gesellschaften oder andere Rechtsträger, die wirtschaftlich einem unmittelbaren oder mittelbaren Gesellschafter zuzurechnen sind[65] **(unechte Dritte)** (näher s Rz 74 f).

Das Verbot der Einlagenrückgewähr untersagt auch **verdeckte Ausschüttungen**, also Vermögenstransfers außerhalb eines gesetzl Erlaubnistatbestands im Wege einer Leistungs- oder Austauschbeziehung **ohne angemessene Gegenleistung** (oder betriebl Rechtfertigung) zugunsten der GmbH. Daraus folgt im Ergebnis für GmbH ein allg Gebot, Leistungs- u Austauschbeziehungen mit Unternehmen, die wirtschaftlich einem unmittelbar oder mittelbar beteiligten Gesellschafter zuzurechnen sind, drittvergleichsfähig zu gestalten **(arm's length transactions)**[66] (s Rz 81 ff, 86 ff). Ist das Gegenüber, mit dem die GmbH eine Leistungs- u Austauschbeziehung zw beteiligungsmäßig verflochtenen Unternehmen unterhält, ebenfalls als KapGes organisiert, hat selbstverständlich auch dieses Gegenüber aus seiner Sicht das Verbot der Einlagenrückgewähr zu beachten, sodass die jew Beziehung mit Preisgrenzen nach oben u nach unten versehen ist – eine derartige Konstellation ist somit ein Fall des **doppelten Sorgfaltsmaßstabs**[67] (s auch Rz 89, 157).

16

Eine Verletzung des Verbots der Einlagenrückgewähr kann die **Nichtigkeit** des zugrundeliegenden Rechtsgeschäfts (s Rz 167; § 83 Rz 38 ff) u **persönliche Haftungsfolgen** für die handelnden Organwalter der Gesellschaft (s § 25 Rz 3; § 83 Rz 32 ff) nach sich ziehen. Im Übrigen kann jeder gesellschaftsrechtliche Regelverstoß, der mit einem (auch nur vorübergehenden) Vermögensabfluss aus der Gesellschaft verbunden ist, – u somit auch jeder Verstoß gegen das Verbot der Einlagenrückgewähr – potentiell den **strafrechtlichen Tatbestand der Untreue** (§ 153 StGB) verwirklichen[68] (s aber Exkurs Wirtschaftsstrafrecht

17

---

65 *Karollus* in Brandl/Karollus/Kirchmayr/Leitner, HB vGA³, 1 (41 ff). Vgl *Artmann*, GesRZ 2019, 419 (419 f).
66 Zum Aktienrecht *Saurer* in Doralt/Nowotny/Kalss, AktG³ § 52 Rz 51 ff, 97; zum Steuerrecht *Joklik-Fürst*, RdW 2020, 800 (803); vgl auch *G. Kodek/ P. N. Csoklich* in Höpfel/Ratz, WK StGB² Rz 43.
67 *Hügel* in Kalss/Torggler, Einlagenrückgewähr 19 (43); *Hügel* in FS Koppensteiner II, 11 (29); vgl *Bergmann*, GES 2018, 299 (300).
68 OGH 30.1.2014, 12 Os 117/12s, 12 Os 118/12p – *Libro*, JBl 2014, 603 (*Kapsch/Kier*); vgl *Kalss/Probst*, Familienunternehmen, Rz 16/29 f; *Ch. No-*

Rz 62 f). Zu anderen möglichen strafrechtlichen Konsequenzen bei Einlagenrückgewähr oder sonstiger Gläubigerschädigung s Rz 9.

18 Die Gesellschafter, die **selbst** an der Transaktion **mitwirken**, die die Kapitalerhaltungsvorschriften verletzt, sind v Verbot der Einlagenrückgewähr nicht geschützt:[69] Insbesondere kann sich ein solcher Gesellschafter, der für die Finanzierung der GmbH eine akzessorische Sicher-

---

wotny/Fida, KapGesR³ Rz 1/324; *G. Kodek/P. N. Csoklich* in Höpfel/Ratz, WK StGB² Rz 54; *St. Briem* in Kodek, Untreue NEU 89; **(krit)** *Lewisch* in Lewisch, JB Wirtschaftsstrafrecht 2014, 19 (24); *Rohregger* in Lewisch, JB Wirtschaftsstrafrecht 2014, 41; *McAllister*, ÖJZ 2015/103, 780; *Jaufer/Wesener* in Jaufer/Nunner-Krautgasser/Schummer, Kapitalaufbringung und Kapitalerhaltung 35 (46 f); *Haberer* in Haberer/Krejci, Konzernrecht, Rz 11.223; *Lewisch* in Kodek, Untreue NEU 105 (111, 114, 122 f); *Lewisch* in WiR, Wirtschaftliche Betrachtungsweise im Recht 163 (179 ff); differenzierend *Eckert/Spani/Wess*, ZWF 2015, 258; *Aschauer/B. Winkler*, ZWF 2015, 155; *Bollenberger*, Zak 2018, 24 (27); *St. Huber* in Foglar-Deinhardstein, HB vGA, Rz 5/8 ff; vgl zu Stiftungsrecht u Untreue OGH 4.11.2013, 10 Ob 22/13b, PSR 2014, 32 (*Zollner*) = ecolex 2014, 341 (*Rizzi*); vgl zu Ermessensüberschreitung u Untreue BGH 12.10.2016, 5 StR 134/15 – *HSH Nordbank*, EWiR 2017, 103 (*Scholl*) = *Baur/Holle*, ZIP 2017, 555 = ecolex 2017, 539 (*J. Reich-Rohrwig*). Zur Frage, ob auch die Ausschüttung einer (ggf überhöhten) Dividende Untreue verwirklichen kann, *Paulitsch/Cernusca*, ecolex 2015, 382. Zur möglichen **Beseitigung der Strafbarkeit** wegen Untreue **durch Vorteils-Nachteils-Ausgleich** OGH 25.11.2015, 13 Os 142/14b – *Telekom*, EvBl-LS 2016/72 (*Ratz*); zur **tatbestandsausschließenden Zustimmung durch die Anteilseigner** OGH 19.4.2018, 17 Os 15/17k – *Land Kärnten*, EvBl-LS 2018/114 (*Ratz*) = *Kiehl/Lindtner*, ecolex 2018, 987 = JSt-Slg 2019, 44 (*Loudon*) = *Hollaender*, JSt 2019, 206; 11.10.2017, 13 Os 55/17p – *Land Salzburg*, EvBl-LS 2018/56 (*Ratz*) = *Komenda*, JBl 2018, 769 = *Liensberger*, RZ 2019, 27 = *Kiehl/Lindtner*, ecolex 2018, 987; *Lewisch* in WiR, Wirtschaftliche Betrachtungsweise im Recht 163 (180 ff); vgl OGH 10.7.2019, 13 Os 128/18z = *Mayerhöfer*, ZWF 2019, 180 = *Brandstetter*, ZWF 2019, 218; *G. Kodek* in Lewisch, JB Wirtschaftsstrafrecht 2022, 161 (170 f). Die spätere Entlastung eines GF durch Beschluss der Gesellschafter steht aber dem Tatbestand der Untreue nicht entgegen u stellt tätige Reue *per se* nicht her (OGH 1.7.2020, 11 Os 46/20d).

69 OGH 14.9.2006, 6 Ob 200/06i; 24.11.2015, 1 Ob 28/15x – *Kneisz II*, NZ 2016, 147 (*Auer*) = GesRZ 2016, 219 (*Arlt*) = *Mitterecker*, GES 2016, 150; *Karollus* in Brandl/Karollus/Kirchmayr/Leitner, HB vGA³, 1 (110); *U. Torggler*, GesRZ 2013, 11 (13); *Reich-Rohrwig*, Kapitalerhaltung 168 ff; *Bauer/Zehetner* in Straube/Ratka/Rauter, GmbHG § 83 Rz 23; *Fidler*, ÖBA 2018, 600 (604 f).

heit bestellt hat, gegenüber der finanzierenden Bank grds nicht auf die Nichtigkeit der zugrundeliegenden Finanzierung berufen (s § 83 Rz 40).

E. Verhältnis von Kapitalaufbringung und Kapitalerhaltung

Kapitalaufbringung u **Kapitalerhaltung** können zusammen mit der Insolvenzantragspflicht als Trias des kapitalgesellschaftsrechtlichen Gläubigerschutzsystems bezeichnet werden.[70] Dabei gehorchen Kapitalaufbringung einerseits (s Rz 20, § 63 Rz 1 ff) u Kapitalerhaltung andererseits (s Rz 21) untersch Regeln:[71] Bei der Kapitalaufbringung geht es darum, was die GmbH empfängt; bei der Kapitalerhaltung geht es darum, ob u was sie verliert.[72] Der oft angeführte Satz, dass Kapitalauf- 19

---

70 Vgl *K. Schmidt* in Kalss/Torggler, Einlagenrückgewähr 1 (1 f); *Zoidl*, GesRZ 2014, 87; *Koppensteiner*, GesRZ 2014, 3; *G.H. Roth* in FS P. Doralt 479; *Zollner/Schummer* in Jaufer/Nunner-Krautgasser/Schummer, Kapitalaufbringung und Kapitalerhaltung 1 (2); *Koppensteiner*, wbl 2016, 717 (728); *H. Foglar-Deinhardstein*, ecolex 2017, 1173; *Thomale*, JBl 2021, 14 (27: „*Unter dem Aspekt des Gläubigerschutzes sind Gesellschaftsrecht und Insolvenzrecht [...] untrennbar miteinander verzahnt [...]*"). Das **Mindeststammkapital** gehört hingegen nicht zu den Grundpfeilern des Gläubigerschutzes: „*Während also Kapitalaufbringung und Kapitalerhaltung für ein sinnvolles Mindestkapitalsystem zwingend erforderlich sind, kann umgekehrt auf das Mindestkapital verzichtet werden, ohne dass Kapitalaufbringung und Kapitalerhaltung aufgegeben werden müssten*" (*Zollner* in Doralt/Nowotny/Kalss, AktG³ § 6 Rz 6; vgl *K. Schmidt* in Kalss/Torggler, Einlagenrückgewähr 1 [4 f]; *Gelter* in FS Nowotny 315 [324 ff, 339]; *Haberer* in Haberer/Krejci, Konzernrecht, Rz 11.9, 11.11 ff; *Wünscher*, GesRZ 2019, 152 [155]; *W. Doralt/ K. Rastegar/Gelter/Conac/K. Rastegar/E. Schuster*, GesRZ 2021, 120 [128 ff]; **abl** zu einem [rechts-]ökonomischen Zusammenhang zw Kapitalaufbringung u Kapitalerhaltung *Mülbert*, AcP 2014, 188 [259]); zu Mindestnennkapital u Gläubigerschutz aus verfassungsrechtlicher Sicht OGH 9.10.2014, 6 Ob 111/14p, GesRZ 2015, 48 [*Schörghofer/Krausler*] = *Beiser*, NZ 2014, 361 = *Bachner*, GES 2014, 491; 31.8.2015, 6 Ob 147/15h, NZ 2015, 350 [*Stöger*] = *Birnbauer*, GES 2015, 414; 20.7.2016, 6 Ob 74/16z, GesRZ 2016, 346 [*Stegner*]; VfGH 14.3.2017, G 311/2016, GES 2017, 88 [*Bachner*] = GesRZ 2017, 261 [*Merzo*]; OGH 19.4.2017, 6 Ob 65/17b). Allg zum Sinn v Kapitalaufbringung und Kapitalerhaltung *H. Foglar-Deinhardstein/Hartig* in Bergmann/ Kalss, HB Rechtsformwahl, Rz 12/3 mwN.
71 Vgl *Gelter* in FS Nowotny 315; *Zollner* in Doralt/Nowotny/Kalss, AktG³ § 6 Rz 6 f; *Rüffler*, GES 2005, 140; *Oelkers*, GesRZ 2004, 360, GesRZ 2005, 27.
72 *Koppensteiner*, GesRZ 2014, 3 (6 f).

bringung u Kapitalerhaltung „*zwei Seiten derselben Medaille*" seien, wird nur durch bedeutende Ausnahmen (einerseits die Privatstiftung, andererseits die verdeckte KapGes – unechte PersGes) als Regel bestätigt.[73] Siehe auch Rz 159, 161.

20 Die **Kapitalaufbringung** (s § 63 Rz 1 ff) spielt insb bei der Gründung u bei der Kapitalerhöhung (s § 52 Rz 1 ff) eine Rolle, also immer dann, wenn neues Nennkapital geschaffen wird; hier ist verlangt, dass das neue Nennkapital zum jew relevanten Stichtag durch Vermögen mit Verkehrswert in entspr Höhe gedeckt ist, das in die Gesellschaft einzubringen ist. Nach erfolgreich absolvierter Kapitalaufbringung (**Kapitaldeckungskontrolle**) u Ablauf des relevanten Stichtags werden aber nicht mehr die Regeln der Kapitalaufbringung, sondern die Grundsätze der Kapitalerhaltung angewendet.[74] Während im Anwendungsbereich der Kapitalerhaltung grds ein angemessenes Verhältnis v Leistung u Gegenleistung in deren jew Gesamtheit verlangt ist, begnügt sich das Recht der Kapitalaufbringung damit, dass der Wert der Einlage mind den Nennbetrag des ausgegebenen Kapitals deckt.[75] Nach str hA unterliegt ein allfälliges gesellschaftsrechtliches (korporatives, formelles) **Agio (Aufgeld)** bei der GmbH – anders als bei der AG – nicht der Kapitalaufbringungskontrolle (s § 10 Rz 6; § 10a Rz 3; § 52 Rz 14, 40, 49, 63); unstr sind die Kapitalaufbringungsregeln auf ein allfälliges schuldrechtliches Agio nicht anwendbar.[76]

21 Nach den Prinzipien der **Kapitalerhaltung** besteht keine Verpflichtung, laufend Gesellschaftsvermögen in Höhe des Stammkapitals der

---

73 *H. Foglar-Deinhardstein*, Besprechung zu OGH 6 Ob 5/18f, ecolex 2018, 838; vgl *Karollus* in Brandl/Karollus/Kirchmayr/Leitner, HB vGA³, 1 (15, 22); *H. Foglar-Deinhardstein/Hartig* in Bergmann/Kalss, HB Rechtsformwahl, Rz 12/3, 12/161 f, 12/171 ff. Wie v OGH gezeigt (OGH 26.4.2018, 6 Ob 5/18f, ecolex 2018, 837 [*H. Foglar-Deinhardstein*] = *Aburumieh/H. Foglar-Deinhardstein*, GES 2019, 3; zust *Schütt/U. Torggler*, RdW 2021, 164 [166]), kann die Kapitalerhaltung auch ohne Kapitalaufbringung existieren, ohne dass dadurch der Sinn der Kapitalerhaltung in Frage gestellt würde.

74 Ähnlich *Rericha/Strass*, wbl 2016, 730 (734): „*Die Normen des Kapitalaufbringungsrechts sind Vorstufe des nach dem Aufbringen des Kapitals einsetzenden Gebots der Kapitalerhaltung*".

75 *Eckert* in Kalss/Torggler, Einlagenrückgewähr 71 (74). Zur Frage der Kapitalaufbringung bei der GmbH & Co KG s schon OGH 28.6.1988, 2 Ob 517/88, GesRZ 1989, 38 (*Ostheim*); 12.9.1996, 8 Ob 2035/96i.

76 Vgl *H. Foglar-Deinhardstein/Hartig* in Bergmann/Kalss, HB Rechtsformwahl, Rz 12/111 f, 12/146 mwN.

GmbH zu thesaurieren. Vielmehr ist es der Gesellschaft gestattet, die vorhandenen Mittel **für laufende betriebl Zwecke aufzuwenden** u sich **zu verschulden** (s auch Rz 9).[77] In dieser Phase transformiert sich die Funktion des Stammkapitals – zuzüglich der gebundenen Rücklagen (einschließlich der gesetzl Gewinnrücklage) (s Rz 14, 37) – in die einer Staumauer (s Rz 3, 14);[78] das Nettoaktivvermögen der Gesellschaft muss diese Staumauer erst übersteigen, damit ein Abfluss v Mitteln an die Gesellschafter – in Form v Ausschüttungen, die v Bilanzgewinn gedeckt sind – zulässig wird. Ansonsten sind Vermögenstransfers (s Rz 13) aus der Gesellschaft an die Gesellschafter grds untersagt, sofern ihnen nicht eine drittvergleichsfähige Gegenleistung u/oder eine betriebl Rechtfertigung gegenübersteht, oder eine gesetzl Ausnahmebestimmung eingreift (s Rz 12). Auch Werte, die im Rahmen der Kapitalaufbringungsregeln nicht sacheinlagefähig sind (zB Dienstleistungen), können Gegenstand einer verbotenen Einlagenrückgewähr sein.[79] Soweit die Kapitalerhaltungsregeln nicht verletzt werden, ist aber eine **Aufzehrung des Stammkapitals** *per se* nicht unzulässig; es gibt kein normativ geschütztes Vertrauen der Gläubiger darauf, dass das Stammkapital jederzeit unverkürzt als Haftungsfonds zur Verfügung steht[80] (s schon Rz 3).

Das Vorgesagte bedeutet aber mE nicht, dass die Kapitalaufbringungs- u die Kapitalerhaltungsregeln einander in ihrem jew Anwendungsbereich wechselseitig ausschließen.[81] Vielmehr können die An- **22**

---

77 *Zollner* in Doralt/Nowotny/Kalss, AktG³ § 6 Rz 7; *Auer*, Gläubigerschutz bei Vermögensbewegungen down-stream 123; vgl *Reich-Rohrwig*, Kapitalerhaltung 285 f; *Mock*, GES 2021, 5 (14).
78 Vgl *Rüffler* in Artmann/Rüffler/Torggler, GmbH & Co KG 99 (101); *Aburumieh/Adensamer/H. Foglar-Deinhardstein*, Verschmelzung VII. A Rz 2, 6, VII. C Rz 42, 45. *T. Bezzenberger* (Erwerb eigener Aktien durch die AG, Rz 68) spricht v einem *„ummauerten Speicherraum"*.
79 *Koppensteiner*, GesRZ 2014, 3 (3, 6).
80 *Lewisch* in Lewisch, JB Wirtschaftsstrafrecht 2014, 19 (32); *Zollner* in Doralt/Nowotny/Kalss, AktG³ § 6 Rz 7. Bei einer 100%-*up-stream*-Verschmelzung – die gesetzl zwingend ohne Kapitalerhöhung durchzuführen ist – kann es zu keiner Anwendung v Kapitalaufbringungsregeln kommen; eine allfällige Unterdeckung des Nennkapitals, die aus der Verschmelzung resultiert, ist daher *per se* nicht problematisch (*Reich-Rohrwig*, Kapitalerhaltung 285; vgl *Aburumieh/Adensamer/H. Foglar-Deinhardstein*, Verschmelzung VII. C Rz 19).
81 *H. Foglar-Deinhardstein* in Foglar-Deinhardstein, HB vGA, Rz 1/31; aA offenbar *Köppl* (in Torggler, GmbHG § 82 Rz 2), nach der entweder die FB-Anmeldung oder die FB-Eintragung die Zäsur zw Kapitalaufbringung und Kapitalerhaltung bildet.

wendungsbereiche einander auf der Zeitachse **überschneiden**, zumal untersch SV (Aufbringung des neu geschaffenen Stammkapitals einerseits u Erhalt des Vermögens während aufrechter Gesellschaft andererseits) erfasst werden.[82] Die Kapitalerhaltung gilt mE schon ab Abschluss des GesV, dh auch schon für die **Vorgesellschaft** (unter dem Vorbehalt der FB-Eintragung der GmbH).[83] Ein u derselbe SV – genauer: ein u dasselbe SV-Element – kann aber mE nicht gleichzeitig gegen Kapitalaufbringung u Kapitalerhaltung verstoßen.[84]

---

82 So auch *Köppl*, Das Verbot der „Einlagenrückgewähr" 21 f.
83 *H. Foglar-Deinhardstein* in Foglar-Deinhardstein, HB vGA, Rz 1/31; vgl *Köppl*, Das Verbot der „Einlagenrückgewähr" 19; *Auer* in Gruber/Harrer, GmbHG² § 82 Rz 12, 17; *Artmann* in Artmann/Karollus, AktG⁶ § 52 Rz 6; *Karollus* in Brandl/Karollus/Kirchmayr/Leitner, HB vGA³, 1 (19); *Cahn/v. Spannenberg* in BeckOGK AktG § 57 Rz 54. Offen *Eckert/Schopper/Madari* in Eckert/Schopper, AktG-ON § 52 Rz 18.
84 *H. Foglar-Deinhardstein* in Foglar-Deinhardstein, HB vGA, Rz 1/31; so auch *Koppensteiner*, GesRZ 2017, 6 (11 FN 72) mwN; ähnlich *Cahn/v. Spannenberg* in BeckOGK AktG § 57 Rz 54; *Rericha/Strass*, wbl 2016, 730 (735 f); *Eckert/Schopper/Madari* in Eckert/Schopper, AktG-ON § 52 Rz 20, 53 (die Kapitalaufbringungsnormen sind als *leges speciales* zu den Kapitalerhaltungsregeln zu qualifizieren); *Eckert/Schopper/U. Schmidt* in Eckert/Schopper, AktG-ON § 65 Rz 83. Dieses Entweder-Oder zeigt sich etwa im Spaltungsrecht, das die Spaltung sowohl bei der übertragenden als auch bei der übernehmenden Gesellschaft einer Kapitalaufbringungskontrolle (Restvermögens- u Gründungsprüfung) unterwirft, während die Anteilsgewähr an die Gesellschafter der übertragenden Gesellschaft (folgerichtig) nicht dem Verbot der Einlagenrückgewähr unterliegt. Vgl *H. Foglar-Deinhardstein/Hartig* in Kalss/Frotz/Schörghofer, HB Vorstand Rz 31/213; *H. Foglar-Deinhardstein*, GES 2021, 159 (163 ff); *Hügel* in FS Koppensteiner II, 11 (41 f); **aA** (allg, nicht spezifisch zum Spaltungsrecht) *Ch. Nowotny/Fida*, KapGesR³ Rz 1/330; *J. Reich-Rohrwig/Größ*, ecolex 2003, 680. Einer ähnlichen Logik folgt die Rückzahlung v Nachschüssen gem § 74: Diese Rückzahlung setzt zwar voraus, dass bei der Gesellschaft nach der Rückzahlung keine Unterbilanz besteht (s Rz 24); anders als bei der Kapitalherabsetzung haben die Gläubiger aber bei der Rückzahlung v Nachschüssen keinen Anspruch auf Sicherstellung (s § 74 Rz 11). Ebenso ist die Viertelregelung des § 10 Abs 1 – als Kapitalaufbringungsregel – auf Kapitalherabsetzungen nicht anwendbar (vgl § 54 Abs 3, § 59 Abs 2 sowie *e contrario* § 60 Abs 1 S 2) (HG Wien 17.6.2019, 75 Fr 7026/19y). Nach A des BMF kann eine Kapitalerhöhung zu einem zu niedrigen Emissionskurs (insb zum Nominale ohne Leistung eines angemessenen Agio) steuerlich eine verdeckte Gewinnausschüttung darstellen (vgl BMF 21.9.2012, BMF-010203/0444-VI/6/2012, GES 2012, 533 [*Marschner*] = *Daxkobler/Steindl*, RdW 2013/102, 104

F. Kapitalerhaltung im Europarecht, im deutschen GmbH-Recht, im Aktienrecht und im IPR

Für die **AG** ist das Verbot der Einlagenrückgewähr – zumindest im Grundsatz – **europarechtlich** zwingend vorgesehen (Art 56 u 57 RL 2017/1132/EU).[85] Für die GmbH existiert eine derartige europarechtliche Vorprägung nicht.[86]   23

Mangels europarechtlicher Vorgaben ist die Kapitalerhaltung im **dt GmbH-Recht** anders – uzw weniger streng – geregelt als im österr GmbH-Recht. Es ist wichtig, diese Unterscheidung im Auge zu behalten, weil in der Praxis häufig ohne nähere Detailprüfung v einer großen   24

= *Kirchmayr/Achatz*, taxlex 2014, 173). Aus gesellschaftsrechtlicher Sicht wäre der Vorgang der Kapitalaufbringung zuzuordnen u kann daher mE kein Verstoß gegen das Verbot der Einlagenrückgewähr sein, zumal eine Kapitalerhöhung niemals zu einem Abfluss v Vermögen aus der GmbH führen kann (so auch *Schopper/Walch*, NZ 2020, 161 [165 FN 41]). Im gesellschaftsrechtlichen Kern geht es um den Schutz der Altgesellschafter vor „*enteignungsgleicher Verwässerung*" (OGH 16.12.1980, 5 Ob 649/80; vgl *J. Reich-Rohrwig/Rizzi*, ecolex 2013, 538; *Steinhart*, RdW 2013/702, 715; *Koppensteiner*, GesRZ 2014, 3; *Artmann* in Artmann/Rüffler/Torggler, Unternehmensfinanzierung 15 [22]). Einen Verstoß gegen § 82 kann es hingegen darstellen, wenn eine GmbH gemeinsam mit einem Gesellschafter an einer Tochter-KapGes beteiligt ist, u bei einer Kapitalerhöhung in der Tochter ihre Bezugsrechte ohne angemessenen Ausgleich dem Gesellschafter überlässt oder sonst eine Verwässerung zugunsten des Gesellschafters ohne Wertausgleich hinnimmt (*Kirchmayr* in Brandl/Karollus/Kirchmayr/Leitner, HB vGA³, 201 [272]; *Winner* in Doralt/Nowotny/Kalss, AktG³ § 149 Rz 9). S auch § 56 Rz 6.

85 *Karollus* in Brandl/Karollus/Kirchmayr/Leitner, HB vGA³, 1 (8 ff). Zur Frage, ob auch die Figur der verdeckten Einlagenrückgewähr aus dem Europarecht folgt, vgl (dagegen) *Gelter* in FS Nowotny 315 (333); *T. Bezzenberger*, Kapital der Aktiengesellschaft 259 ff; aA (dafür) *Haberer* in Haberer/Krejci, Konzernrecht, Rz 11.127; *Artmann* in Artmann/Karollus, AktG⁶ § 52 Rz 7; *Saurer* in Doralt/Nowotny/Kalss, AktG³ § 52 Rz 1a; *Fleischer* in Lutter, Kapital der Aktiengesellschaft, ZGR Sonderheft 17, 114 (118 ff); *Grundmann*, Europäisches GesR² Rz 343; differenzierend *Kalss/Klampfl*, Europäisches Gesellschaftsrecht E. III. Rz 335 f; *Kalss*, GesRZ 2018, 257: Europarecht verlangt nur die Bindung des gezeichneten Kapitals u der nicht ausschüttungsfähigen Rücklagen, stellt aber nicht das gesamte Gesellschaftsvermögen unter den Schutz der Kapitalerhaltung (Kapital-, aber kein Vermögensschutz); Art 56 RL 2017/1132/EU verbietet in seinem Anwendungsbereich aber nicht nur offene, sondern auch verdeckte Ausschüttungen.
86 Vgl *Fleischer*, ZIP 2020, 2478 (2479).

Ähnlichkeit zw dt u österr GmbH-Recht ausgegangen wird. § 30 dGmbHG schützt aber nur jenes Gesellschaftsvermögen vor einem Transfer an die Gesellschafter, das zur wertmäßigen Deckung des Stammkapitals erforderlich ist (näher s die Kommentierung zu §§ 30, 31 dGmbHG, Rz 4 ff).[87] § 82 hingegen stellt – ebenso wie das **dt u das österr Aktienrecht** – das gesamte Gesellschaftsvermögen unter den Schutz der Kapitalerhaltung (s Rz 4).[88] Die im dt GmbH-Recht relevante Grenze der **Unterbilanz** spielt im österr GmbH-Recht nur bei der Ausfallshaftung der Mitgesellschafter gem § 83 (s § 83 Rz 26 ff) u bei der Rückzahlungssperre für Nachschüsse gem § 74 (s § 74 Rz 3 ff) eine Rolle.[89]

25 Nach aktueller österr Rechtslage gelten die **Buchführungs-, Bilanzierungs- u Rechnungslegungsvorschriften** des UGB grds für AG u GmbH in gleicher Weise. Im Kapitalerhaltungsrecht gibt es mE nur punktuelle u keine substanziellen Untersch zw **Aktienrecht** u GmbH-Recht (str).[90] Ins Auge fallen zunächst das untersch **Mindestnennkapital** u die Regelungen zu den **gebundenen Rücklagen** (s Rz 37), wobei letztere freilich für große GmbH iSv § 221 Abs 3 UGB ohnedies genauso wie für AG anwendbar sind (§ 229 Abs 4, 5 UGB, s § 23 Rz 8 ff). Vielfach ist das GmbH-Recht bei der Kapitalerhaltung graduell strenger als das Aktienrecht: Die **Ausschüttungssperre** des Abs 5 (s Rz 5, 41, 53 ff, 60, 63 f) hat im AktG keine Entsprechung, ist mE aber im Aktienrecht

---

[87] Rechtsvergleichend zum Gläubigerschutz bei KapGes im englischen u im dt Recht *Bachner*, Creditor Protection in Private Companies.

[88] Vgl OGH 25.6.1996, 4 Ob 2078/96h – *Fehringer*, JBl 1997, 108 (*Hügel*) = *Saurer*, RdW 1998, 593; 22.10.2003, 3 Ob 287/02f, RWZ 2004/11, 38 (*Wenger*); *Auer* in Gruber/Harrer, GmbHG² § 82 Rz 1; *Koppensteiner/Rüffler*, GmbHG³ § 82 Rz 1; *Karollus* in Brandl/Karollus/Kirchmayr/Leitner, HB vGA³, 1 (12, 24, 145 FN 808); *U. Torggler/H. Torggler* in FS Jud 723 (726 f); *Hügel*, GesRZ 2016, 100 (100, 104 f); rechtspolitisch krit *Kalss*, GesRZ 2018, 257.

[89] *Karollus* in Brandl/Karollus/Kirchmayr/Leitner, HB vGA³, 1 (24, 67 f).

[90] OGH 30.8.2016, 6 Ob 198/15h, NZ 2016, 413 (*Brugger*) = *Bergmann/Schörghofer*, GES 2017, 20 = *I. Welser*, ecolex 2017, 1073 = *Aburumieh/H. Foglar-Deinhardstein*, GES 2019, 3; *H. Foglar-Deinhardstein* in Foglar-Deinhardstein, HB vGA, Rz 1/34; *H. Foglar-Deinhardstein*, GES 2016, 52; *Kalss*, Besprechung zu OGH 6 Ob 209/20h, NZG 2021, 654 (655); aA *G. Nowotny*, GES 2011, 386; allg zu Untersch zw GmbHG u AktG bei der Kapitalerhaltung: *Rüffler/Aburumieh/Lind* in Jaufer/Nunner-Krautgasser/Schummer, Kapitalaufbringung und Kapitalerhaltung 71 (79); *G. Moser*, GES 2020, 183 (184 f); *Kalss/Nicolussi* in Kalss/Torggler, Reform 59 (65 f).

analog anzuwenden (s Rz 53). § 54 a AktG anerkennt die **Zwischendividende**, die im GmbH-Recht nicht gestattet ist (s Rz 57). Das Aktienrecht ist beim **Erwerb eigener Anteile** (vgl § 81) u bei der Schaffung v **genehmigten u bedingten Kapitalien** (s § 81 Rz 85) liberaler als das GmbH-Recht. Bei der **Ausfallshaftung** für nicht aufgebrachte oder entzogene Einlagen ist das GmbH-Recht (§§ 70, 83 Abs 2) zwar drastischer als das Aktienrecht; dafür kennt das Aktienrecht die **Außenhaftung der Aktionäre** gem § 56 Abs 1 AktG, zu der es im GmbH-Recht kein Pendant gibt (s § 83 Rz 25).

Im **int Kontext** ist zu berücksichtigen, dass das Verbot der Einlagenrückgewähr mE nur auf österr KapGes (freilich im Verhältnis zu ihren österr u nicht-österr Gesellschaftern, s Rz 67, Exkurs IntGesR, Rz 20) Anwendung findet. Der OGH scheint es aber grds für möglich zu halten, dass bei ausreichend ausgeprägtem **Ö-Bezug** österr Kapitalerhaltungsrecht auch auf ausländische Gesellschaften anzuwenden sein könnte[91] (s aber Rz 4). Unterliegt eine KapGes österr Gesellschaftsrecht u somit § 52 AktG/§ 82, kann das Verbot der Einlagenrückgewähr mE nicht durch vertragliche **Rechtswahl** abbedungen werden (str, s auch Exkurs IntGesR, Rz 21).[92] Hinsichtlich der **int Gerichtszuständigkeit** für Klagen aus § 83 (analog) ist nicht die EuInsVO, sondern Art 7 Z 1 EuGVVO 2012 anwendbar.[93] Nach einer E des OGH ist die **Vereinbarung eines nicht-österr Gerichtsstands** unwirksam, wenn bei Ab- 26

---

91 OGH 15.4.2010, 6 Ob 226/09t, RWZ 2010/62, 264 (*Wenger*) = GesRZ 2010, 276 (*Winner/Obradović*) = ZFR 2011, 128 (*Ruhm*); vgl (krit) *Aburumieh/H. Foglar-Deinhardstein*, GesRZ 2010, 328 (332 f); *Karollus* in Brandl/Karollus/Kirchmayr/Leitner, HB vGA³, 1 (26 f, 74 ff).

92 *Karollus* in Brandl/Karollus/Kirchmayr/Leitner, HB vGA³, 1 (79); *Kalss* in Konecny, Insolvenz-Forum 2015, 125 (137 f); *Reisch*, ZIK 2019, 122 (123); *H. Foglar-Deinhardstein* in Foglar-Deinhardstein, HB vGA, Rz 1/35; aA *Eckert*, Int GesR 267 f, 284 ff; *Eckert/Schopper* in Eckert/Schopper, AktG-ON § 254 Rz 31. Zur Frage, ob das Verbot der Einlagenrückgewähr Teil des *ordre public* ist, OGH 24.1.2013, 2 Ob 206/12a, ecolex 2013, 795 (*Nueber*); 23.7.2020, 18 OCg 1/20a, 18 OCg 2/20y, 18 OCg 3/20w, *Edel/Förstel-Cherng/Dobric*, RdW 2021, 101; *Ch. Nowotny/Fida*, KapGesR³ Rz 1/324; *Karollus* in Brandl/Karollus/Kirchmayr/Leitner, HB vGA³, 1 (17); *Eckert/Schopper/Madari* in Eckert/Schopper, AktG-ON § 52 Rz 58.

93 OGH 23.1.2020, 6 Ob 202/19b, GesRZ 2020, 337 (*Aburumieh*) = ecolex 2020, 516 (*Planitzer*) = *Cap* in FS FL-OGH 119; 8.4.2022, 17 Ob 12/21w, ÖBA 2022, 916 (*R. Wiedermann*) = GesRZ 2022, 383 (*Klein/Schmelzer*) = *Lind*, ÖJZ 2022, 1239 = *Richter*, JBl 2023, 60.

schluss der Gerichtsstandsklausel die Vertretungsmacht der GF der Gesellschaft fehlt (s § 83 Rz 38), weil der Hauptvertrag gegen § 82 verstößt. Zu bevorzugen ist demgegenüber mE jene A, nach der die Wirksamkeit der Gerichtsstandsvereinbarung losgelöst v Hauptvertrag am Verbot der Einlagenrückgewähr zu messen ist.[94]

II. Erlaubter Vermögenstransfer

A. Gewinnausschüttung

1. Materielle und formelle Voraussetzungen der Dividende

27 Nach hA bedeuten die Begriffe **Gewinnverwendung** u **Gewinnverteilung** dasselbe (str).[95] Die vorgelagerte **Gewinnermittlung** erfolgt im Zuge v Auf- u Feststellung des JA (s Rz 36 ff).

28 Das zentrale Prinzip der Kapitalerhaltung bei der GmbH besteht (wie auch bei der AG) darin, dass die Gesellschaft u ihre Anteilseigner bei der Gewinnverteilung (a) materiell an den **Maximalbetrag des im JA ausgewiesenen Bilanzgewinns** (s Rz 14, 36 ff) u (b) formell an den **ordnungsgemäß festgestellten JA** gebunden sind.[96] Unter diesen Vor-

---

[94] *Aburumieh*, Besprechung zu OGH 6 Ob 202/19b, GesRZ 2020, 340 (342 f); *Cap* in FS FL-OGH 119 (128, 130 f, 133); aA *Planitzer*, Besprechung zu OGH 6 Ob 202/19b, ecolex 2020, 518. Noch offener *R. Wiedermann*, Besprechung zu OGH 17 Ob 12/21w, ÖBA 2022, 922 f.

[95] *Bauer/Zehetner* in Straube/Ratka/Rauter, GmbHG § 82 Rz 29 ff mwN; *Kienast/Twardosz* in Reich-Rohrwig/Ginthör/Gratzl, HB GV² Rz 3.448 FN 1608, Rz 3.451; *Hügel* in FS Reich-Rohrwig 49 (58 f, 62 f); *Gonaus/Schmidsberger*, RdW 2020, 7 (8); zum Aktienrecht OGH 23.5.2007, 3 Ob 59/07h, RWZ 2007/76, 261 (*Wenger*) = GesRZ 2008, 22 (*Linder*); aA *Reich-Rohrwig*, GmbHR I² Rz 3/196, 3/199, 3/203 f; *J. Reich-Rohrwig* in FS Aicher 605 (614).

[96] OGH 29.8.2017, 6 Ob 84/17x, GesRZ 2017, 399 (*R. Gruber*); 28.3.2018, 6 Ob 128/17t, GesRZ 2018, 242 (*Ch. Nowotny*) = Michtner, GES 2018, 233 = GES 2018, 237 (*Fantur*) = *Aburumieh/H. Foglar-Deinhardstein*, GES 2019, 3; 18.2.2021, 6 Ob 207/20i = *AE&E III, Fantur*, GES 2021, 57 = RWZ 2021, 186 (*Wenger*) = *H. Foglar-Deinhardstein*, GES 2021, 159 = GesRZ 2021, 186 (*Artmann*) = *Gaggl*, wbl 2021, 611; *Hügel*, GesRZ 2016, 100 (101); *Hügel* in Kalss/Torggler, Einlagenrückgewähr 19 (25 ff); *E. Gruber/H. Foglar-Deinhardstein*, GesRZ 2014, 73 (82) mwN; *Ch. Nowotny* in FS W. Doralt 319 (320); *St. Briem*, RdW 2016/59, 93; *Karollus*, ecolex 2022, 868 (869).

aussetzungen darf das Dividenden-Vöglein grds erlaubter Weise dem Gläubigerschutz-Käfig entfliehen.[97]

Für eine erlaubte Gewinnausschüttung müssen somit auch alle **Formalvoraussetzungen** (**Aufstellung**, allenfalls gesetzl erforderliche [oder gesv angeordnete/freiwillig durchgeführte] **Abschlussprüfung** u **Feststellung** des JA, allenfalls [s Rz 41, 44 f, 60] erforderlicher **Gewinnverwendungsbeschluss**) eingehalten, u die Leistung muss ausdrücklich als Gewinnausschüttung deklariert werden; andernfalls kann eine verbotene Einlagenrückgewähr grds nicht damit gerechtfertigt werden, dass materiell ohnedies ausreichend ausschüttbare Mittel vorhanden gewesen wären (s Rz 80).[98] **Rücklagen** müssen – soweit dies nach dem UGB überhaupt zulässig ist – erst durch Auflösung im Zuge der Auf- u Feststellung des JA in Bilanzgewinn überführt werden (Änderung der Eigenkapitalgliederung), bevor sie ausgeschüttet werden dürfen (s Rz 37 f); die Ausschüttung v Rücklagen außerhalb des Bilanzgewinns ist verboten.[99]

29

Gibt es noch keinen JA u/oder – soweit erforderlich (s Rz 41, 44 f, 60) – keinen Gewinnverwendungsbeschluss, oder ist der JA oder der Gewinnverwendungsbeschluss nichtig, darf keine Dividende verteilt werden.[100] Aufgrund eines unterjährigen **Zwischenabschlusses (Zwischenbilanz)** oder anderer Berechnungsgrundlagen dürfen grds keine Ausschüttungen erfolgen[101] (s im Detail Rz 57). Eine **Gewinnbezugsgarantie**, also die Verpflichtung der Gesellschaft zur Ausschüttung v Gewinn ohne Rücksicht darauf, ob ein solcher bilanzmäßig ausgewiesen ist, widerspricht Abs 1 u ist daher – jedenfalls im Umfang des nicht bestehenden Gewinns – ohne rechtliche Wirkung.[102] Anderes gilt natur-

30

---

97 *H. Foglar-Deinhardstein*, GES 2021, 159 (164).
98 OGH 14.9.2021, 6 Ob 26/21y, EvBl 2022, 321 (*Painsi*; *Rastegar*) = *Brugger*, NZ 2022, 69; OLG Innsbruck 27.4.2023, 3 R 26/23g; *Karollus* in Brandl/Karollus/Kirchmayr/Leitner, HB vGA³, 1 (32); *Kalss* in Bertl et al, Reform der Rechnungslegung in Österreich 101 (102); *Hügel*, GesRZ 2016, 100 (101); *Hügel* in Kalss/Torggler, Einlagenrückgewähr 19 (27 f). Großzügiger im Umgründungskontext *Karollus*, ecolex 2022, 868 (871 f).
99 Vgl *Koppensteiner*, GesRZ 2014, 3 (4 f); *Hügel*, GesRZ 2016, 100 (102 f).
100 *Köppl* in Torggler, GmbHG § 82 Rz 22; vgl OGH 29.8.2017, 6 Ob 84/17x, GesRZ 2017, 399 (*R. Gruber*); 28.3.2018, 6 Ob 128/17t, GesRZ 2018, 242 (*Ch. Nowotny*) = *Michtner*, GES 2018, 233 = GES 2018, 237 (*Fantur*) = *Aburumieh/H. Foglar-Deinhardstein*, GES 2019, 3.
101 *Hügel*, GesRZ 2016, 100 (101).
102 OGH 25.10.1978, 1 Ob 719/78.

gemäß für **Dividendengarantien** v dritter Seite (s Rz 61) oder **satzungsmäßige Thesaurierungsverbote/Vollausschüttungsgebote** (s Rz 43).

31 Der **Bilanzgewinn einer Tochtergesellschaft** der jew GmbH steht für die Ausschüttungen auf Ebene der Mutter-GmbH nicht zur Verfügung, sondern muss erst aus der Tochter in die Mutter ausgeschüttet werden; um die Ausschüttung aus der Tochter noch im selben Geschäftsjahr für die Ausschüttungen der Mutter-GmbH verwerten zu können, sind die Voraussetzungen für **die phasengleiche (phasenkongruente) Gewinnausschüttung** einzuhalten.[103] Die Ausschüttungssperre des Abs 5 (s Rz 5, 41, 53 ff, 60, 63 f) kann Auswirkungen auf eine phasenkongruente Dividendenaktivierung haben.[104]

2. Abstrakter und konkreter Dividendenanspruch

32 Der abstrakte Anspruch auf den Bilanzgewinn – also das fortdauernde Bezugsrecht (Gewinnstammrecht) – ist als **Anwartschaftsrecht** ein mitgliedschaftliches Vermögensrecht, das untrennbar mit der Mitgliedschaft verknüpft ist (**str**).[105] Mit der konkreten Abreifung der **Dividende** (s Rz 41, 44 f, 60) entsteht aber **ein v Mitgliedschaftsrecht des jew Gesellschafters losgelöstes Gläubigerrecht**, dh ein selbständiger Anspruch gegen die GmbH,[106] der den rein verbandsinternen Bereich verlässt. Diese Forderung lautet grds auf **Zahlung in Geld** u ist unentziehbar, einklagbar, (auch ohne den Geschäftsanteil) durch Zession übertragbar (**zedierbar**)[107] u pfändbar u kann v Gesellschafter grds auch zur **Aufrechnung** gegen Forderungen der Gesellschaft verwendet werden[108] (s aber zur Aufrech-

---

103 Zu den Voraussetzungen s AFRAC-Stellungnahme 4 Dividendenaktivierung (UGB) 2007, zuletzt überarbeitet 2015 (http://www.afrac.at/wp-content/uploads/AFRAC-Stellungnahme-4-Dividendenaktivierung-UGB_clean.pdf); vgl *Karollus* in Brandl/Karollus/Kirchmayr/Leitner, HB vGA³, 1 (29 FN 142); *Pamperl* in Lang et al, Dividenden im Konzern 177; *Zehetner/Cetin*, GES 2017, 12 (17); *Stanek*, GesRZ 2018, 158 (163).
104 *Krausler*, GES 2020, 242 (243) mwN.
105 Offen OGH 21.3.2019, 6 Ob 216/18k mwN, VbR 2019, 147 (*Leupold/Gelbmann*) = *Walch*, GesRZ 2019, 308.
106 *Spiegelfeld/H. Foglar-Deinhardstein* in FS Torggler 1139 (1143) mwN. Umgekehrt soll sich auch die Rückerstattungspflicht gem § 83 mit Entstehung v der Mitgliedschaft lösen (s § 83 Rz 9).
107 OGH 21.3.2019, 6 Ob 216/18k mwN, VbR 2019, 147 (*Leupold/Gelbmann*) = *Walch*, GesRZ 2019, 308.
108 Die abstrakte Anwartschaft auf Gewinnbeteiligung vor Abreifung der Dividende ist demgegenüber ein aufschiebend bedingtes Recht u daher grds nicht

nung gegen den Rückersatzanspruch der GmbH § 83 Rz 19 f; zur Aufrechnung durch die GmbH s § 35 Rz 41, § 83 Rz 20). Aktivlegitimiert zur Durchsetzung des Dividendenanspruchs ist der jew Anteilseigner als rechtlicher Eigentümer des Anteils u nicht ein allfälliger **Treugeber** des Anteilseigners als wirtschaftlicher Eigentümer des Anteils, sofern ihm der Anspruch nicht zediert wird.[109] Mangels abw Vereinbarung ist der Dividendenanspruch in **Euro** zu erfüllen.[110] Zur Kapitalerhöhung gegen Sacheinlage der Dividendenansprüche (**Schütt-aus-hol-zurück**) s Rz 59, § 52 Rz 57. Aus Sicht der GmbH stellt die Dividende eine Verbindlichkeit dar, deren Befriedigung (idR durch Geldzahlung) zum **Abschmelzen v Vermögen** der Gesellschaft in Höhe der Summe aller Dividendenforderungen führt u somit effektiv das Vermögen verringert.[111] Wird die abgereifte Dividende ohne den Geschäftsanteil, in dem sie wurzelt, durch Zession übertragen (**Dividendenzession**), kann die GmbH den Gewinnanspruch bei Vorliegen der allg zivilrechtlichen Voraussetzungen durch direkte Leistung an den Dividendenzessionar erfüllen. Zum **Dividendenvorbehalt** s Rz 34. Zur **Sachdividende** s Rz 58.

Der abstrakte Gewinnanspruch des Gesellschafters als Anwartschaftsrecht entsteht mit **Leistung einer fälligen Zahlung auf seine Stammeinlage**. Mangels abw Regelung ist der Gewinn – nach ordnungsgemäßer Beschlussfassung – gem Abs 2 entspr dem **Verhältnis der aktuell eingezahlten Stammeinlagen** zu verteilen (s Rz 47). Eine freiwillige Vorauszahlung auf die Stammeinlage vor Fälligkeit soll den Gewinnanspruch nach hA nicht erhöhen.[112] Meines Erachtens kann Anderes wenigstens dann gelten, wenn die Einforderung der ausstehenden Beträge auf die Stammeinlagen (s § 63 Rz 12) treuwidrig vereitelt wird, u einzelne Gesellschafter dennoch in Vorleistung treten.[113] Bei der Kapi- 33

---

zur Kompensation geeignet (OGH 7.7.1954, 1 Ob 548/54; 31.10.1956, 2 Ob 443/56).
109 OGH 21.3.2019, 6 Ob 216/18k mwN, VbR 2019, 147 (*Leupold/Gelbmann*) = *Walch*, GesRZ 2019, 308.
110 Dies folgt systematisch aus §§ 1, 4 EuroG, § 907a ABGB, § 193 Abs 4 UGB sowie § 6 GmbHG/§ 6 AktG/Art 4 SE-VO. Vgl *H. Foglar-Deinhardstein* in Napokoj/Foglar-Deinhardstein/Pelinka, AktG § 52 Rz 13.
111 *Spiegelfeld/H. Foglar-Deinhardstein* in FS Torggler 1139 (1143) mwN; vgl *A. Wimmer*, taxlex 2021, 108 (109 FN 19).
112 *Auer* in Gruber/Harrer, GmbHG[2] § 82 Rz 17; *Koppensteiner/Rüffler*, GmbHG[3] § 82 Rz 11; *Bauer/Zehetner* in Straube/Ratka/Rauter, GmbHG § 82 Rz 35; *Artmann* in Artmann/Karollus, AktG[6] § 53 Rz 22, 24.
113 *H. Foglar-Deinhardstein* in Foglar-Deinhardstein, HB vGA, Rz 1/42.

talerhöhung (s § 52 Rz 1 ff) entsteht der Gewinnanspruch aus einer neu geschaffenen Stammeinlage mE schon mit der Einzahlung – vorbehaltlich der Eintragung der Kapitalerhöhung ins FB –, während eine abw A auf die Eintragung der Kapitalerhöhung ins FB abstellt,[114] was aber zu Wertungswidersprüchen führt.

3. Abgrenzung der Dividendenansprüche auf der Zeitachse

34 Bei Übertragung eines Geschäftsanteils (zB durch Verkauf oder im Zuge einer Umgründung) ist für die Abgrenzung der Gewinnansprüche zw Veräußerer u Erwerber iZw auf die Fälligkeit des Gewinnauszahlungsanspruchs abzustellen, dh beim Veräußerer bleiben nur jene Dividenden, die bereits abgereifte Früchte des Geschäftsanteils sind: Solange der Veräußerer im FB eingetragen ist (vgl § 78), stehen ihm alle Dividenden zu, die bis zu seiner FB-Löschung fällig werden.[115] Dem Erwerber stehen ab seiner FB-Eintragung – vorbehaltlich der Wirksamkeit des Erwerbs – alle Gewinnansprüche zu, also va auch die noch gar nicht konkretisierten.[116] Wie die noch nicht abgesonderten Naturalfrüchte bis zu ihrer Trennung v der Muttersache – zB die Äpfel eines Baumes –, teilen somit die noch nicht abgesonderten Dividendenansprüche das rechtliche Schicksal des Geschäftsanteils (Vermögensstamm), dessen Ertrag (**Kapitalfrüchte**) sie sind. Bei einer **unterjährigen Übertragung des Geschäftsanteils** kommt es daher nach der gesetzl Zweifelsregel **nicht** zu einer automatischen **Teilung (Aliquotierung)** des Bilanzgewinns aus dem laufenden Geschäftsjahr zw Erwerber u Veräußerer. Ist eine derartige Regelung gewünscht, muss dies im Anteilsabtretungsvertrag oder im GesV explizit geregelt werden.[117] Die vertragliche Aufteilung (**Divi-**

---

114 Für Relevanz der Einzahlung *W. Jud/Nitsche*, NZ 1987, 305 (307 f); *H. Foglar-Deinhardstein* in Foglar-Deinhardstein, HB vGA, Rz 1/42; wohl auch *Artmann* in Artmann/Karollus, AktG⁶ § 53 Rz 23. Für Relevanz der FB-Eintragung *Koppensteiner/Rüffler*, GmbHG³ § 82 Rz 11; *Bauer/Zehetner* in Straube/Ratka/Rauter, GmbHG § 82 Rz 36. Offen *Auer* in Gruber/Harrer, GmbHG² § 82 Rz 17.
115 *H. Foglar-Deinhardstein* in Foglar-Deinhardstein, HB vGA, Rz 1/43; vgl zum Aktienrecht *Artmann* in Artmann/Karollus, AktG⁶ § 53 Rz 9.
116 OGH 30.10.1990, 8 Ob 643/90; *Kienast/Twardosz* in Reich-Rohrwig/Ginthör/Gratzl, HB GV² Rz 3.452.
117 *Auer* in Gruber/Harrer, GmbHG² § 82 Rz 12; *Bauer/Zehetner* in Straube/Ratka/Rauter, GmbHG § 82 Rz 27. Zur **steuerlichen** Qualifikation eines **Dividendenvorbehalts** (dh Ausschüttung der Dividende an den Veräußerer zu

dendenvorbehalt) kann zB *pro rata temporis* oder gem einer Zwischenbilanz auf den Tag der Anteilsübertragung als Bilanzstichtag erfolgen (wobei selbstverständlich insgesamt das Maximum des Bilanzgewinns gem JA nicht überschritten werden darf) (s auch § 52 Rz 20).

4. Vollausschüttungsgebot und Finanzierung der Dividenden

Der Bilanzgewinn ist als statische Bilanzkennzahl eine reine Rechengröße, die zum Bilanzstichtag das Nettoaktivvermögen zu Buchwerten abzüglich des Eigenkapitals misst. Auch eine Gesellschaft mit schwacher Liquidität u/oder hoher Verschuldung kann grds einen Bilanzgewinn ausweisen. Der Bilanzgewinn ist aber nicht nur **ausschüttungsfähig**, sondern auch **ausschüttungsbedürftig**, dh die Gesellschafter haben grds einen Anspruch auf Verteilung des Bilanzgewinns (**Vollausschüttungsgebot**, s Rz 38, 41, 43, 51, 56; § 35 Rz 41).[118] Im Gewinnvortrag – anstelle der gebotenen Vollausschüttung – liegt grds ein ersatzfähiger

35

---

einem Zeitpunkt, in dem bereits der Erwerber Gesellschafter ist) bei Verkäufen u Umgründungen *Platzer/Leiter* in GedS *Helbich* 223 (241 ff); *Plott*, SWK 2013, 710 (714); *Balber-Peklar*, taxlex 2012, 407; *Simader*, SWI 2010, 70; *Kirchmayr/Achatz*, taxlex 2013, 305; *Marschner*, Einlagen in Kapitalgesellschaften 722 f; *Pfeiffer/Turić* in Lang et al, Dividenden im Konzern 1; *Resenig/Stefaner*, taxlex 2021, 67; *Schimmer*, taxlex 2021, 395; *Staringer* in Aschauer et al, Kauf u Verkauf v Unternehmen 33 (40 f).

118 *Auer* in Gruber/Harrer, GmbHG² § 82 Rz 12; *Bauer/Zehetner* in Straube/Ratka/Rauter, GmbHG § 82 Rz 19; *Ch. Nowotny* in FS W. Doralt 319 (324); *Hügel* in FS Reich-Rohrwig 49 (51); *Spiegelfeld/H. Foglar-Deinhardstein* in FS Torggler 1139 (1143) mwN; vgl OGH 23.5.2007, 3 Ob 59/07h, RWZ 2007/76, 261 (*Wenger*) = GesRZ 2008, 22 (*Linder*); 12.1.2012, 6 Ob 101/11p, ZFS 2012, 34 (*Lenz*; *Leitner-Bommer/Oberndorfer*) = PSR 2012, 32 (*Murko/Zollner*) = GesRZ 2012, 270 (*N. Arnold*) = Babinek, ecolex 2012, 616; 30.8.2016, 6 Ob 143/16x, GesRZ 2016, 414 (*Hoenig*) = *Schwärzler*, NZ 2016, 442 = *Birnbauer*, GES 2016, 422; 24.10.2016, 6 Ob 169/16w, NZ 2017, 26 (*Diregger*) = wbl 2017, 106 (*Nicolussi*) = GesRZ 2017, 57 (*Weigand*) = AnwBl 2017, 255 (*Kacic/Nimmerfall*) = EvBl 2017/52 (*Rohrer*; *Walch*); 21.3.2019, 6 Ob 216/18k, VbR 2019, 147 (*Leupold/Gelbmann*) = *Walch*, GesRZ 2019, 308; 19.12.2019, 6 Ob 105/19p – *dm*, GesRZ 2020, 210 (*Arlt*) = *Hummer*, ÖZK 2020, 65 = *Gassler*, ÖZK 2020, 72 = *Reidlinger/Stenitzer*, GesRZ 2020, 137 = wbl 2020, 162 (*F. Schuhmacher*) = NZ 2020, 65 (*Walch*) = ecolex 2020, 219 (*Frank*); 14.12.2021, 1 Ob 211/21t, iFamZ 2022, 88 (*Deixler-Hübner*) = GesRZ 2022, 232 (*Uitz*). Zum insoweit abw dt GmbHG *Heusel/M. Goette*, GmbHR 2017, 385 (385 f).

Schaden der Gesellschafter;[119] selbiges dürfte gelten, wenn der Bilanzgewinn durch unzulässige Rückstellungen vernichtet wird.[120] Thesaurierte Gewinne sollen aber grds nicht zu den ehelichen Ersparnissen des Gesellschafters gehören u seien daher im Fall der Scheidung nicht in die Aufteilungsmasse einzubeziehen.[121] Da der Bilanzgewinn nicht in der Schublade liegt,[122] muss die GmbH für die Finanzierung jener Liquidität sorgen, die für die Ausschüttungen erforderlich ist. Das kann auch bedeuten, dass Ausschüttungen **fremdfinanziert** werden müssen, in welchem Fall die GmbH nicht nur die abfließenden Dividenden, sondern auch die Zinsen u sonstigen Kosten für die aufgenommenen Fremdmittel zu tragen hat.[123] Mangels abw Regelung im GesV u mangels Eingreifen v gesetzl Ausschüttungssperren (s Rz 53 f, 63 f) u/oder einer Sperrwirkung der Treuepflichten (s Rz 10, 38, 54) ist die Fremdfinanzierung v Dividenden jedenfalls zulässig u geboten (s auch § 57 Rz 5).[124] Zu möglichen Auswirkungen im Licht der Treuepflicht s Rz 10, 51 ff. Zu mög-

---

119 Zum Aktienrecht OGH 23.5.2007 3 Ob 59/07h, RWZ 2007/76, 261 (*Wenger*) = GesRZ 2008, 22 (*Linder*); *S. Bydlinski/Potyka* in Artmann/Karollus, AktG⁶ § 104 Rz 16. Allg *Aburumieh/Hoppel* in Adensamer/Mitterecker, HB GesStreit, Rz 6/70. Zum dt GmbH-Recht OLG Zweibrücken 28.5.2019, 5 U 89/18. Skeptisch u differenzierend *Trinks*, NZG 2021, 587 (592 ff).

120 Vgl OGH 25.6.2020, 6 Ob 72/20m, GesRZ 2021, 54 (*Haberer*) = *Reiter*, RWZ 2021, 281.

121 OGH 14.12.2021, 1 Ob 211/21t, iFamZ 2022, 88 (*Deixler-Hübner*) = GesRZ 2022, 232 (*Uitz*); 2.3.2021, 1 Ob 14/21x, EF-Z 2021, 173 (*Oberhumer*) = *Leb*, iFamZ 2021, 166 = ZFS 2021, 69 (*Eiselsberg*) = PSR 2021,130 (*Oberhumer*).

122 IdS spricht der OGH (30.5.2016, 6 Ob 87/16m, GesRZ 2016, 353 [*A. Foglar-Deinhardstein*] = ÖBA 2017, 181 [*Dellinger*]) – va zur Unterscheidung v echten Überschuss, der durch Bildung oder Auflösung v Rücklagen unbeeinflusst ist – v „*bloßen Bilanzgewinn*".

123 *Spiegelfeld/H. Foglar-Deinhardstein* in FS Torggler 1139 (1143) mwN; *Karollus* in Brandl/Karollus/Kirchmayr/Leitner, HB vGA³, 1 (33); *Kalss* in Bertl et al, Reform der Rechnungslegung in Österreich 101 (103); *Kalss* in Konecny, Insolvenz-Forum 2015, 125 (131); *G. Moser*, SWK 2020, 626 (628); *Wenger/Ebner*, RWZ 2020, 143 (146 FN 31); *Gonaus/Schmidsberger*, RdW 2020, 7; *Karollus*, ecolex 2022, 868 (869, 873). Zur steuerlichen Behandlung fremdfinanzierter Gewinnausschüttungen vgl VwGH 1.6.2016, 2013/13/0058, GES 2016, 369 (*Wurm*).

124 Uzw auch dann, wenn die zur Gewinnausschüttung allenfalls erforderliche Kreditaufnahme aus betriebswirtschaftlicher Sicht „*nicht sinnvoll*" sein mag. Vgl OGH 27.2.2013, 6 Ob 17/13p, GesRZ 2013, 222 (*G. Moser*); *Bachner* in

lichen Regelungen im GesV s Rz 43. Zur Aufrechterhaltung der Zahlungsfähigkeit der Gesellschaft durch v den GF vorzunehmende Dotierung v Rücklagen s Rz 38.

5. Ermittlung des Bilanzgewinns

Im Prozess der Gewinnverwendung u -verteilung u – logisch vorgelagert – der Erzeugung des JA samt Gewinnermittlung weist das GmbHG die Kompetenz für die **Aufstellung** des JA der Verwaltung (GF unter Mitwirkung eines allfälligen AR; zur Mitwirkung des AR § 30k Rz 1 ff) zu. Die GV ist demgegenüber gem § 35 für die **Feststellung** des JA zuständig (s § 35 Rz 31 ff).[125] Zur allfälligen Nichtigkeit des JA, der widerspruchslos eine verbotene Einlagenrückgewähr umfasst, s Rz 40a.

36

Die Überleitung v **Jahresüberschuss/Jahresfehlbetrag**, den die GuV zum Bilanzstichtag ausweist, auf den Bilanzgewinn erfolgt durch Auflösung/Zuweisung (Dotierung) v Rücklagen (s Rz 38) u unter Berücksichtigung des aus früheren Geschäftsjahren **vorgetragenen Bilanzgewinns/Bilanzverlusts**. Ungebundene Rücklagen (s § 23 Rz 16) – auch wenn sie aus **Gesellschafterzuschüssen** (s § 72 Rz 7 f) gebildet worden sind – dürfen bei Auf- oder Feststellung des JA zugunsten des Bilanzgewinnes aufgelöst werden,[126] soweit sich nicht im Einzelfall aus der Widmung oder Zwecksetzung anlässlich der Gesellschaftereinlage eine Verwendungsbeschränkung ergibt.[127] Die Auflösung einer unterjährig durch Zuzahlung auf gesellschaftsrechtlicher Grundlage gebildeten nicht gebundenen Kapitalrücklage ist noch in jenem Geschäftsjahr zulässig, in dem die Zuzahlung geleistet u zunächst in die nicht gebundene Kapitalrücklage eingestellt wurde.[128] Im Gegensatz zu un-

37

Doralt/Nowotny/Kalss, AktG[1] § 238 Rz 7; *Fellner/Rüffler/Seekirchner*, ÖBA 2020, 385 (390); *Karollus*, ecolex 2022, 868 (869, 873).
125 *Koppensteiner/Rüffler*, GmbHG[3] § 82 Rz 6; *Bauer/Zehetner* in Straube/Ratka/Rauter, GmbHG § 82 Rz 24.
126 *Koppensteiner/Rüffler*, GmbHG[3] § 82 Rz 5; *Bauer/Zehetner* in Straube/Ratka/Rauter, GmbHG § 82 Rz 18; *Karollus* in Brandl/Karollus/Kirchmayr/Leitner, HB vGA[3], 1 (29 FN 143).
127 *Ch. Nowotny* in FS W. Doralt 319 (325); vgl. *H. Foglar-Deinhardstein/Trettnak*, RdW 2010/504, 500; *Koppensteiner*, GesRZ 2015, 6 (7 FN 13); *Marschner*, Einlagen in Kapitalgesellschaften 551 (FN 2693).
128 Stellungnahme des Fachsenats für Unternehmensrecht u Revision des Instituts für Betriebswirtschaft, Steuerrecht u Organisation der Kammer der Wirtschaftstreuhänder „Behandlung offener Rücklagen im Jahresabschluss"

gebundenen Rücklagen können **gebundene Rücklagen** (s Rz 3, 14, § 23 Rz 8 ff) nur im Verlustfall aufgelöst werden.[129] Rücklagen, die v einer GmbH gebildet wurden, bevor es sich bei ihr um eine große GmbH iSv § 221 Abs 3 (s Rz 25) handelte, oder bevor sie in eine AG umgewandelt wurde, sind jedenfalls freie Rücklagen u daher nicht gebunden (**str**).[130] Ein allfälliger Ertrag aus der **Veräußerung eigener Anteile** ist gem § 229 Abs 1b UGB in die (gem § 229 Abs 4 UGB bei der großen GmbH) gebundene Kapitalrücklage gem § 229 Abs 2 Z 1 UGB einzustellen, woraus sich eine implizite **Ausschüttungssperre** ergibt[131] (vgl Rz 64, § 81 Rz 48 f).

38 Die Verwaltung, die den JA aufstellt, ist im Zuge dessen auch für die **Dotierung u Auflösung v Rücklagen** zuständig.[132] Dadurch kann die Verwaltung – im Rahmen der Vorgaben v Gesetz u GesV u abhängig v den sonstigen Bilanzpositionen – maßgeblichen Einfluss auf die Höhe des Bilanzgewinns oder -verlusts nehmen. Bei der Dotierung v Rücklagen haben die GF darauf zu achten, dass die Gewinnausschüttung der GmbH nicht zur Zahlungsunfähigkeit der GmbH führt (s Rz 35).[133] Nach der Veräußerung wesentlicher Vermögensbestandteile der Gesellschaft kann es nach A des OGH in der Verantwortung der GF liegen, die Veräußerungserlöse nur so weit als Gewinn zu verteilen, als dadurch die Befriedigung der Gläubigeransprüche nicht vereitelt wird.[134] Ganz allg

---

(KFS/RL 11 v 18. Juni 2001, überarbeitet im Juni 2010); vgl *Busch/G. Moser*, SWK 2007, W 131.

129 *Bauer/Zehetner* in Straube/Ratka/Rauter, GmbHG § 82 Rz 33.
130 *Unger* in Straube/Ratka/Rauter, GmbHG § 23 Rz 26; *Koppensteiner/Rüffler*, GmbHG³ § 23 Rz 6; *Ch. Nowotny*, GesRZ 1996, 68 (69 f); *Pöschke* in Beck-OGK HGB § 272 Rz 153. AA *Eckert/Schopper/Dobrijević* in Eckert/Schopper, AktG-ON § 250 Rz 6.
131 *Ritt-Huemer*, RdW 2019, 77 (78).
132 *Koppensteiner/Rüffler*, GmbHG³ § 82 Rz 8; *Ch. Nowotny* in FS W. Doralt 319 (324); OGH 23.5.2007, 3 Ob 59/07h, RWZ 2007, 261 (*Wenger*) = GesRZ 2008, 22 (*Linder*).
133 *Karollus* in Brandl/Karollus/Kirchmayr/Leitner, HB vGA³, 1 (34 f); *Kalss* in Bertl et al, Reform der Rechnungslegung in Österreich 101 (103). Vgl *Ganzer*, NZG 2023, 1251 (1253).
134 OGH 30.8.2016, 6 Ob 198/15h – *AE&E II*, NZ 2016, 413 (*Brugger*) = *Bergmann/Schörghofer*, GES 2017, 20 = *I. Welser*, ecolex 2017, 1073 = *Aburumieh/H. Foglar-Deinhardstein*, GES 2019, 3; 18.2.2021, 6 Ob 207/20i – *AE&E III*, *Fantur*, GES 2021, 57 = RWZ 2021, 186 (*Wenger*) = *H. Foglar-Deinhardstein*, GES 2021, 159 = GesRZ 2021, 186 (*Artmann*) = *Gaggl*, wbl 2021, 611.

haben die GF die Gesellschafter auf ein Ungleichgewicht zw Kapitalausstattung u Umfang der unternehmerischen Tätigkeit der Gesellschaft (eindringlich) hinzuweisen u müssen auch v sich aus darauf bedacht sein, ein solches Ungleichgewicht durch entspr Geschäftsführungsmaßnahmen zu vermeiden.[135] Die GV kann im Rahmen der Feststellung des JA Dotierungen oder Auflösungen v Rücklagen anordnen u im Zuge dessen auch eine v den GF vorgenommene Bildung oder Auflösung v Rücklagen rückgängig machen (s § 35 Rz 34), soweit dem nicht zwingendes Bilanzrecht oder das Vollausschüttungsgebot (s Rz 35) entgegenstehen. Wenn die GF bei der Rücklagendotierung über das v Gesetz u GesV angeordnete Maß hinausgehen oder auch die unternehmerisch-betriebswirtschaftlich vertretbare Höhe überschreiten, können die Gesellschafter bei Feststellung des JA zu auf das erträgliche Maß reduzierender Korrektur verpflichtet sein.[136]

Theoretisch steht einem **Gesellschafter** ein Anspruch auf Feststellung des JA gegen die Gesellschaft zu; die Gesellschaft müsste ein stattgebendes Urteil bei den Gesellschaftern durchsetzen, was sich in der Praxis schwierig gestalten wird.[137] Grundsätzlich hat ein Gesellschafter – zumindest sofern Gesellschafts- oder Syndikatsvertrag (zu Syndikatsverträgen[138] s § 4 Rz 49 f; § 39 Rz 29 ff) nichts Anderes bestimmen[139] – keinen klagbaren Anspruch auf zust Beteiligung der übrigen Gesell- 39

---

135 OGH 9.1.1986, 3 Ob 521/84.
136 Vgl *Koppensteiner/Rüffler*, GmbHG³ § 82 Rz 13; *Ch. Nowotny* in Straube/Ratka/Rauter, UGB II³ § 222 Rz 5; *Kienast/Twardosz* in Reich-Rohrwig/Ginthör/Gratzl, HB GV² Rz 3.459.
137 *Koppensteiner*, RdW 2018, 412 (416); *Grunewald*, ZIP 2023, 885 (889); *Koppensteiner*, ÖJZ 2023, 824 (826).
138 Allg zum Syndikatsvertrag *Kastner*, ÖZW 1980, 1; *Artmann* in Klang, ABGB³ § 1175 Rz 60; *Haberer*, Zwingendes Kapitalgesellschaftsrecht 346 ff; *Diregger* in Doralt/Nowotny/Kalss, AktG³ § 121 Rz 39 ff; *Kalss/Probst*, Familienunternehmen, Rz 4/13 ff; *M. König/B. Wolf* in Adensamer/Mitterecker, HB GesStreit, Rz 4/1 ff; *Rubin-Kuhn* in Reich-Rohrwig/Ginthör/Gratzl, HB GV² Rz 1.209 ff; *Eckert/Schopper* in Eckert/Schopper, AktGON § 17 Rz 30 ff; *U. Torggler* in FS Eccher 1173; *U. Torggler* in FS Grunewald 1135; *Swoboda*, ecolex 2019, 519. Zur kollisionsrechtlichen Behandlung *Reuter*, Grenzüberschreitende Gesellschaftervereinbarungen, RIW 2019, 21; *Nicolussi*, JBl 2022, 419. Zur Abgrenzung v *business combination agreement*, Investorenvereinbarung u Unternehmensvertrag *H. Foglar-Deinhardstein* in Kalss/Torggler, M&A 121 (124 f).
139 Vgl *Ch. Nowotny* in FS W. Doralt 319 (326).

schafter an der **Feststellung** des JA (**str**).[140] Bei missbräuchlicher u treuwidriger Zustimmungsverweigerung steht aber mE idR die **Anfechtungs- oder positive Beschlussfeststellungsklage** (s Rz 56; s auch § 41 Rz 102, 165 ff) zu.[141]

40 Strittig ist, ob die GF zum **FB** die Fassung des JA, die der GV v den GF vorgelegt wurde,[142] oder jene Fassung, die die GV letztlich beschlossen hat,[143] einzureichen haben. Zur Vermeidung der Verhängung v Zwangsstrafen bei verspäteter Offenlegung des JA (§ 283 UGB) genügt aber jedenfalls, wenn die GF (vorläufig) einen Entwurf des JA zum FB einreichen.[144]

---

140 OGH 16.2.2006, 6 Ob 130/05v; *Koppensteiner/Rüffler*, GmbHG³ § 35 Rz 10, *Enzinger* in Straube/Ratka/Rauter, GmbHG § 35 Rz 12; (wohl auch) *Koppensteiner*, RdW 2018, 412 (415); **aA** *Ch. Nowotny* in FS W. Doralt 319 (326 f); *Harrer* in Gruber/Harrer, GmbHG² § 35 Rz 6 ff, 20; *Heusel/M. Goette*, GmbHR 2017, 385 (388); *Grunewald*, ZIP 2023, 885 (888 f); (wohl auch) *Aburumieh/Hoppel* in Adensamer/Mitterecker, HB GesStreit, Rz 6/59 FN 209; (für Durchsetzbarkeit im Außerstreitverfahren) *Reich-Rohrwig*, GmbHR I² Rz 3/228.

141 *Baumgartner/Mollnhuber/U. Torggler* in Torggler, GmbHG § 35 Rz 6; *H. Foglar-Deinhardstein* in Foglar-Deinhardstein, HB vGA, Rz 1/48; vgl *Ch. Nowotny* in FS W. Doralt 319 (320 f, 326). Auch die Verletzung v Treuepflichten gegenüber der Gesellschaft u/oder den Mitgesellschaftern kann mit **positiver Beschlussfeststellungsklage** aufgegriffen werden. Vgl OGH 16.2.2006, 6 Ob 130/05v; 12.10.2006, 6 Ob 139/06v, RWZ 2007/5, 12 (*Wenger*); 10.4.2008, 6 Ob 37/08x = *Thöni*, GesRZ 2008, 346; 18.9.2009, 6 Ob 49/09p = GesRZ 2010, 57 (*Pachinger*) = RWZ 2010/1, 40 (*Wenger*); *U. Torggler* in Artmann/Rüffler/Torggler, Gesellschafterpflichten in der Krise 1 (37 ff); *Rüffler* in Artmann/Rüffler/Torggler, Beschlussmängel 57 (69); *Koppensteiner*, RdW 2018, 412 (416); *Eckert/Schopper* in Eckert/Schopper, AktG-ON § 197 Rz 49; *H. Foglar-Deinhardstein*, ÖJZ 2022, 911 (913). Unklar o mglw **aA** (freilich zum Aktienrecht) OGH 24.10.2016, 6 Ob 169/16w, NZ 2017, 26 (*Diregger*) = wbl 2017, 106 (*Nicolussi*) = GesRZ 2017, 57 (*Weigand*) = AnwBl 2017, 255 (*Kacic/Nimmerfall*) = EvBl 2017/52 (*Rohrer*; *Walch*); 27.2.2019, 6 Ob 19/19s, NZ 2019, 219 (*Diregger*). Allg zur positiven Beschlussfeststellungsklage OGH 29.11.2016, 6 Ob 213/16s, EvBl-LS 2017/42 (*Rohrer*) = GesRZ 2017, 114 (*J. Reich-Rohrwig*); 19.12.2019, 6 Ob 105/19p – *dm*, GesRZ 2020, 210 (*Arlt*) = *Hummer*, ÖZK 2020, 65 = *Gassler*, ÖZK 2020, 72 = *Reidlinger/Stenitzer*, GesRZ 2020, 137 = wbl 2020, 162 (*F. Schuhmacher*) = NZ 2020, 65 (*Walch*) = ecolex 2020, 219 (*Frank*); *Rohrer*, ÖJZ 2017, 276; *R. Rastegar*, Gesellschafterklage 62 ff.

142 So zum Aktienrecht *E. Gruber* in Doralt/Nowotny/Kalss, AktG³ § 104 Rz 50.

143 So *Schopper/Walch*, ecolex 2015, 392 (395).

144 OGH 14.1.2016, 6 Ob 214/15m.

6. Verwendung des Bilanzgewinns

Soweit nicht eine **Ausschüttungssperre** – insb gem Abs 5 oder gem 41
§ 235 UGB (s Rz 5, 25, 53, 60, 63 f) oder gem § 187 AktG iVm § 59
(s § 59 Rz 1, 21 ff)[145] – eingreift, oder der GesV Abweichendes bestimmt
(s Rz 43 ff), ist grds iSd Vollausschüttungsgebots (s Rz 35) der gesamte
Bilanzgewinn an die Gesellschafter auszuschütten – darauf besteht ein
Rechtsanspruch (s Rz 35, 56).[146] Ein **Gesellschafterbeschluss** ist gem
§ 35 Abs 1 Z 1 für die Gewinnausschüttung nur erforderlich, wenn dies
der GesV explizit verlangt[147] (näher dazu s Rz 44 f, 60; § 35 Rz 39 ff). Ist
gem GesV ein solcher Ausschüttungsbeschluss der Gesellschafter erforderlich, ist der Gewinnanspruch des Gesellschafters durch diesen Beschluss **bedingt**.[148] Der Ausschüttungsbeschluss kann die Auszahlung
der Dividende wiederum an den Eintritt einer aufschiebenden Bedingung (oder auch an den Nicht-Eintritt einer auflösenden Bedingung)
knüpfen.[149] Wird der JA, der eine Dividende vorsieht, festgestellt, ohne
dass explizit ein nach dem GesV erforderlicher Gewinnverwendungsbeschluss gefasst wird, kann nach den Umständen des Einzelfalls iZw

---

145 *Koppensteiner*, RdW 2018, 412 (417).
146 *Köppl* in Torggler, GmbHG § 82 Rz 4; *Auer* in Gruber/Harrer, GmbHG² § 82 Rz 12; *Koppensteiner/Rüffler*, GmbHG³ § 35 Rz 13, § 82 Rz 10; *Bauer/Zehetner* in Straube/Ratka/Rauter, GmbHG § 82 Rz 26; *Hügel* in FS Reich-Rohrwig 49 (51); OGH 25.2.2016, 2 Ob 27/16h, ZVR 2018, 62 (*Huber*).
147 *Bauer/Zehetner* in Straube/Ratka/Rauter, GmbHG § 82 Rz 26; *Auer* in Gruber/Harrer, GmbHG² § 82 Rz 13.
148 OGH 7.7.1954, 1 Ob 548/54; 25.2.2016, 2 Ob 27/16h, ZVR 2018, 62 (*Huber*). Zur str Frage, was geschieht, wenn kein wirksamer Verwendungsbeschluss zustande kommt, *Kienast/Twardosz* in Reich-Rohrwig/Ginthör/Gratzl, HB GV² Rz 3.472 mwN.
149 Zum Aktienrecht *Winner*, ZFR 2020, 226 (229 f); *E. Gruber* in Doralt/Nowotny/Kalss, AktG³ § 104 Rz 48; Vorschlag über die Verwendung des Bilanzgewinns 2019 der STRABAG SE v 23.4.2020 (https://www.strabag.com/databases/internet/_public/files.nsf/SearchView/B3217FEC3B8F147 8C12585760054FB8B/$File/Gewinnverwendungsvorschlag%20Vor stand_Originalunterschriften_D.pdf); Dividendenbekanntmachung der STRABAG SE v 19.6.2020 (https://www.strabag.com/databases/internet/ _public/files.nsf/SearchView/97D5F1E07DF5AC29C125858C00408A2 A/$File/Dividendenbekanntmachung_D.pdf); Ergänzende Dividendenbekanntmachung der STRABAG SE v 23.11.2020 (https://www.strabag.com/ databases/internet/_public/files.nsf/SearchView/FF03EEF7336B58EFC12 5862900269B37/$File/Erg_%20Dividendenbekanntmachung_Nov2020. pdf). Offen *Wenger/Ebner*, RWZ 2020, 187 (194).

ein **(konkludenter) Gewinnausschüttungsbeschluss** angenommen werden.[150] Auch wenn ein Gewinn nicht ausgeschüttet, sondern auf neue Rechnung vorgetragen wird, bleibt das Anwartschaftsrecht (s Rz 32 f) auf diesen Gewinn bestehen: Daher ist im Schadenersatzrecht für die Ermittlung eines **Verdienstentgangs** des Gesellschafters aus vermindertem Anteil am Gesellschaftsgewinn auch jener Bilanzgewinn als Bemessungsgrundlage heranzuziehen, der vor dem Schadensereignis noch nicht ausgeschüttet wurde oder noch nicht fällig war.[151] **Sozialversicherungsrechtlich** ist einem Gesellschafter-GF auch der Gewinn, der ihm als Gesellschafter zufließt, oder auf den er zumindest grds Anspruch hat, in jenem Umfang als Einkommen zuzurechnen, in dem der Gewinn zusammen mit dem GF-Gehalt einem angemessenen Entgelt für die GF-Tätigkeit entspricht. Auch nicht ausgeschüttete Gewinne, die einem Gesellschafter-GF zufließen können, sind im genannten Umfang fiktiv als Einkommen zuzurechnen u können daher als **pensionsschädliches Einkommen** zum (tw) Verlust des Anspruchs auf Alterspension führen.[152]

42 Ist die Fassung eines Gewinnverwendungsbeschlusses im GesV nicht vorgesehen, u enthält der GesV auch keine anderweitigen Bestimmungen über die Gewinnverwendung (näher s Rz 43 ff, 47 ff), entsteht der Dividendenanspruch mit der rechtswirksamen Feststellung des JA durch Beschluss der Gesellschafter u ist gleichzeitig auch **fällig**.[153] Soll der Gewinn thesauriert werden, obwohl der GesV keinen Gewinnverwendungsbeschluss vorsieht, ist dafür die Zustimmung aller (gewinnbezugsberechtigten) Gesellschafter erforderlich.[154] Ist hingegen lt GesV ein Gewinnverwendungsbeschluss notwendig, entsteht der Dividendenanspruch erst mit dem wirksam gefassten Beschluss über die Ergebnisverwendung, uzw dann, wenn die Gesellschafter die Ausschüttung des ganzen oder eines Teils des (im JA ausgewiesenen) Bilanzgewinns beschließen. Soweit der GesV oder der Gewinnverwendungsbeschluss

---

150 *Kienast/Twardosz* in Reich-Rohrwig/Ginthör/Gratzl, HB GV² Rz 3.473; *Eckert* in Konecny, Insolvenz-Forum 2016, 17 (17 f).
151 OGH 25.2.2016, 2 Ob 27/16h, ZVR 2018, 62 (*Huber*).
152 OGH 13.9.2016, 10 ObS 79/16i; s aber OGH 25.11.2016, 10 ObS 80/16m.
153 *Enzinger* in Straube/Ratka/Rauter, GmbHG § 35 Rz 19; *Bauer/Zehetner* in Straube/Ratka/Rauter, GmbHG § 82 Rz 21; *Koppensteiner/Rüffler*, GmbHG³ § 35 Rz 13; vgl OGH 21.3.2019, 6 Ob 216/18k, VbR 2019, 147 (*Leupold/Gelbmann*) = *Walch*, GesRZ 2019, 308.
154 *Aburumieh/Hoppel* in Adensamer/Mitterecker, HB GesStreit, Rz 6/60.

keine abw Regelung enthält, ist der Dividendenanspruch mit Fassung des Beschlusses auch **fällig**.[155] Der Gewinnverwendungsbeschluss kann auch eine **zeitlich gestaffelte Gewinnausschüttung** vorsehen.[156] Weiters kann der Ausschüttungsbeschluss die Auszahlung der Dividende an den Eintritt einer aufschiebenden **Bedingung** (oder auch den Nicht-Eintritt einer auflösenden Bedingung) knüpfen.[157] **Sanktionenrecht** kann die Leistung fälliger Dividenden verbieten.[158] Der Dividendenanspruch **verjährt** in 30 Jahren ab Fälligkeit;[159] der GesV kann mE eine kürzere Verjährungsfrist festsetzen.[160] Zur **Verzinsung** fälliger, aber noch nicht behobener Dividenden s Rz 61. Die GF der Gesellschaft trifft die Pflicht, sich um die **Auszahlung der fälligen Dividenden** u davor um die **Vorhaltung der** für die Auszahlung notwendigen **Liquidität** (allenfalls auch durch Fremdfinanzierung, s Rz 35, 54) zu kümmern.[161]

Wie erwähnt (Rz 41), kann der GesV die Verteilung des Bilanzgewinns v der **Fassung eines entspr Gesellschafterbeschlusses** abhängig machen (näher dazu Rz 41, 44 f, 60; § 35 Rz 39 ff). Der GesV kann

43

---

155 *Enzinger* in Straube/Ratka/Rauter, GmbHG § 35 Rz 18; *St. Hofmann/T. Hofmann*, RdW 2010/490, 478; vgl OGH 21.3.2019, 6 Ob 216/18k, VbR 2019, 147 (*Leupold/Gelbmann*) = *Walch*, GesRZ 2019, 308.
156 *Mitterecker*, ecolex 2018, 729 (732); *Winner*, ZFR 2020, 226 (229).
157 Zum Aktienrecht *Winner*, ZFR 2020, 226 (229 f); *E. Gruber* in Doralt/Nowotny/Kalss, AktG³ § 104 Rz 48. Offen *Wenger/Ebner*, RWZ 2020, 187 (194).
158 *Kalss*, GesRZ 2023, 75 (75, 81 f).
159 *Köppl* in Torggler, GmbHG § 82 Rz 4; *Auer* in Gruber/Harrer, GmbHG² § 82 Rz 12; *Koppensteiner/Rüffler*, GmbHG³ § 82 Rz 10; vgl OGH 16.10.1957, 1 Ob 287/57; 21.3.2019, 6 Ob 216/18k (es gilt § 1478 ABGB, nicht § 1480 ABGB) = VbR 2019, 147 (*Leupold/Gelbmann*) = *Walch*, GesRZ 2019, 308. Gemäß § 1485 ABGB kann sich die Verjährungsfrist auf 40 Jahre verlängern (*Walch*, GesRZ 2019, 308 [309]). Abl zur 40-jährigen Verjährung bei einer unternehmerisch tätigen GmbH OGH 22.4.2022, 8 Ob 81/21a = *Ehgartner*, RdW 2022, 522 = GesRZ 2022, 380 (*Auer*); implizit wohl auch 18.11.2022, 6 Ob 112/22x = *Leiner II* = *Fantur*, GES 2022, 365 = wobl 2023, 232 (*Zott*) = GesRZ 2023, 195 (*Rauter*).
160 Vgl zum Aktienrecht *Artmann* in Artmann/Karollus, AktG⁶ § 53 Rz 10; *E. Gruber/H. Foglar-Deinhardstein*, GesRZ 2014, 73 (83) mwN. Zur steuerlichen Behandlung **nicht abgeholter Dividenden** s *Marschner*, Einlagen in Kapitalgesellschaften 72 f.
161 *Karollus*, ecolex 2022, 868 (873). Vgl zur allg aktienrechtlichen Pflicht des Vorstands zur Ausführung v HV-Beschlüssen *Kalss* in Kalss/Nowotny/Schauer, GesR² Rz 3/486; *Bachner* in Doralt/Nowotny/Kalss, AktG² § 102 Rz 7.

aber (alternativ oder ergänzend) auch konkrete Vorgaben für die Gewinnermittlung u -ausschüttung treffen: Der GesV kann festlegen, wie Bewertungswahlrechte des Rechnungslegungsrechts auszuüben sind.[162] Der GesV kann anordnen, dass Rücklagen über das gesetzl gebotene Mindestmaß hinaus in bestimmter Höhe zu dotieren sind (**Thesaurierungsgebot**).[163] Ein derartiges Thesaurierungsgebot könnte etwa eingreifen, soweit die für eine Ausschüttung des Bilanzgewinns erforderliche Liquidität durch Fremdfinanzierung bereitgestellt werden müsste (s Rz 35, 54).[164] Insbesondere bei GmbH mit einem **ideellen oder gemeinnützigen Zweck** kann (muss) der GesV auch ein vollständiges Thesaurierungsgebot enthalten.[165] Der GesV kann – soweit dadurch das Gleichbehandlungsgebot nicht verletzt wird – auch **einzelne Gesellschafter** v Gewinnbezug ausschließen; der nachträgliche Eingriff in das Gewinnbezugsrecht einzelner Gesellschafter bedarf idR der Zustimmung der Betroffenen.[166] Weiters kann der GesV etwa den **Bilanzgewinn** – tw oder zur Gänze – **v der Verteilung ausschließen**: Denkbar sind zB fixe Beträge oder Prozentbeträge, aber auch Anordnung der Vollthesaurierung bis zur Erreichung eines Maximalbetrags[167] oder Begrenzung der Ausschüttung mit dem Konzerngewinn oder für den individuellen Gesellschafter mit einer Relation zum Wert der v ihm erbrachten Nebenleistungen.[168] Umgekehrt kann der GesV auch ein **Thesaurierungsverbot** enthalten, durch das im Rahmen des gesetzl Zulässigen die Bildung v Rücklagen zur Gänze untersagt oder zumindest eingeschränkt wird (s Rz 29, 30, 37 f). Auf diesem Weg wird dem Voll-

---

162 *Koppensteiner/Rüffler*, GmbHG³ § 82 Rz 9; *Bauer/Zehetner* in Straube/Ratka/Rauter, GmbHG § 82 Rz 23.
163 *Koppensteiner/Rüffler*, GmbHG³ § 82 Rz 9; *Bauer/Zehetner* in Straube/Ratka/Rauter, GmbHG § 82 Rz 23; *Heusel/M. Goette*, GmbHR 2017, 385 (387); *Schopper/Walch*, NZ 2018, 441 (447, 449 f); *Wenger/Ebner*, RWZ 2020, 187 (189).
164 *H. Foglar-Deinhardstein* in Foglar-Deinhardstein, HB vGA, Rz 1/52; vgl zum Aktienrecht *E. Gruber/H. Foglar-Deinhardstein*, GesRZ 2014, 73 (82) mwN.
165 Vgl *G. Prinz/J. Prinz*, Gemeinnützigkeit im Steuerrecht², 80 ff, 215 ff; *Bauer/Zehetner* in Straube/Ratka/Rauter, GmbHG § 82 Rz 38.
166 *Bauer/Zehetner* in Straube/Ratka/Rauter, GmbHG § 82 Rz 38.
167 *Auer* in Gruber/Harrer, GmbHG² § 82 Rz 13.
168 Vgl zum Aktienrecht *E. Gruber/H. Foglar-Deinhardstein*, GesRZ 2014, 73 (82) mwN. Weitere Gestaltungsvarianten für **Thesaurierungsklauseln** bei *Fritz*, SWK 2020, 1443 (1448 f).

ausschüttungsgebot (s Rz 35) schon auf Ebene der Auf- u Feststellung des JA zum Durchbruch verholfen.[169] Die **freiwillige Rücklagenbildung** kann im GesV auch an ein qualifiziertes Mehrheitserfordernis oder die Zustimmung einzelner Gesellschafter gebunden werden.[170] Der GesV kann weiters die **Mindestausschüttung** eines prozentuellen Anteils am Bilanzgewinn anordnen, die Ausschüttung eines bezifferten Mindestbetrags oder eine **Verzinsung** des Anteilswerts bis zum Maximum des verfügbaren Bilanzgewinns vorsehen[171] (s auch Rz 61) oder einzelnen Gesellschaftern oder Gruppen v Gesellschaftern eine **Vorzugsdividende** zubilligen.[172]

Wenn der GesV die Zuständigkeit für die **Beschlussfassung über die Gewinnverwendung** an die GV überträgt (s Rz 41, § 35 Rz 39 ff), so kann dies (a) die E, ob u in welchem Umfang der Bilanzgewinn überhaupt ausgeschüttet werden soll, einerseits (s Rz 45) u (b) (kumulativ oder alternativ) die Frage, nach welchem Schlüssel der auszuschüttende Gewinn – allenfalls abw v der gesetzl oder gesv Zweifelsregel – unter den Gesellschaftern zu verteilen ist, betreffen (näher dazu s Rz 47 ff).[173] Auf klare Formulierungen im GesV sollte jedenfalls geachtet werden.[174] **44**

Weist der GesV den Gesellschaftern die Kompetenz der Beschlussfassung über die Gewinnverwendung zu u trifft sonst keine näheren Anordnungen (s Rz 43 f, 47 ff), können die Gesellschafter – unter Beachtung v **Treue- u Gleichbehandlungspflicht** (s Rz 10, 51 ff, 55) – die **gänzliche Ausschüttung**, die **tw Ausschüttung** oder die **gänzliche** **45**

---

169 *Fleischer/Trinks*, NZG 2015, 289 (291); *Heusel/M. Goette*, GmbHR 2017, 385 (387); vgl *E. Gruber/H. Foglar-Deinhardstein*, GesRZ 2014, 73 (82) mwN; *Schopper/Walch*, NZ 2018, 441 (447, 449 f).
170 *Fleischer/Trinks*, NZG 2015, 289 (291).
171 *Fleischer/Trinks*, NZG 2015, 289 (291); *Heusel/M. Goette*, GmbHR 2017, 385 (387).
172 *Kienast/Twardosz* in Reich-Rohrwig/Ginthör/Gratzl, HB GV² Rz 3.461. Zur Einräumung v Vorzugsdividenden s auch *A. Wimmer*, taxlex 2021, 108 (110 FN 28). Weitere Gestaltungsvarianten für **Ausschüttungsklauseln** bei *Fritz*, SWK 2020, 1443 (1445 f, 1449).
173 *Auer* in Gruber/Harrer, GmbHG² § 82 Rz 13; *Bauer/Zehetner* in Straube/Ratka/Rauter, GmbHG § 82 Rz 32; OGH 30.8.2016, 6 Ob 143/16x, GesRZ 2016, 414 (*Hoenig*) = *Schwärzler*, NZ 2016, 442 = *Birnbauer*, GES 2016, 422.
174 Vgl *Hügel* in FS Reich-Rohrwig 49; OGH 30.8.2016, 6 Ob 143/16x, GesRZ 2016, 414 (*Hoenig*) = *Schwärzler*, NZ 2016, 442 = *Birnbauer*, GES 2016, 422 (mit **Musterklauseln**).

Einbehaltung (Thesaurierung) des Gewinns beschließen; einbehaltener Gewinn kann auf neue Rechnung vorgetragen (**Gewinnvortrag**) oder in eine **Gewinnrücklage** eingestellt werden:[175] Eine Gewinnrücklage bleibt grds bis zur Feststellung des nächsten JA ausschüttungsgesperrt, wird aber auch nicht automatisch mit einem allfälligen Jahresfehlbetrag verrechnet; ein Gewinnvortrag geht hingegen unmittelbar u ohne weitere Organentscheidung in den nächstjährigen Bilanzgewinn/ -verlust ein;[176] zur praktischen Relevanz (zB durch unterjährig gestaffelte Ausschüttung je nach Liquiditätsstand) s auch Rz 60. Grundsätzlich ist es zulässig, die Gewinnrücklage den Gesellschaftern in der Buchhaltung durch entspr Konten **disquotal** (abw v ihren Beteiligungsquoten) zuzuweisen.[177] An den **Gewinnverwendungsvorschlag** der GF (s Rz 54, § 22 Rz 31) sind die Gesellschafter nicht gebunden.[178] Der Gewinnverwendungsvorschlag ist v einem allfälligen AR gem § 30k zu prüfen (s § 30g Rz 152; § 30h Rz 11; § 30k Rz 2, 11, 16, 18, 26). Das Fehlen dieser Prüfung durch den AR führt nur zur Anfechtbarkeit, aber nicht zur Nichtigkeit der GV-Beschlüsse u verhindert daher mE *per se* weder die ordnungsgemäße Feststellung des JA noch die ordnungsgemäße Dividendenausschüttung. Zum **Willkürverbot** bei der Beschlussfassung über die Gewinnverwendung s Rz 50 ff. Zur Änderung der Gewinnverwendung s Rz 60.

---

175 *Bauer/Zehetner* in Straube/Ratka/Rauter, GmbHG § 82 Rz 37; *Hügel* in FS Reich-Rohrwig 49 (51); *Gonaus/Schmidsberger*, RdW 2020, 7 (8). Rücklagenbildung darf aber nur im unternehmerisch-betriebswirtschaftlich vertretbaren Ausmaß erfolgen (vgl OGH 13.5.1959, 3 Ob 129/59; 23.5.2007, 3 Ob 59/07h, RWZ 2007, 261 [*Wenger*] = GesRZ 2008, 22 [*Linder*]; *Koppensteiner/Rüffler*, GmbHG³ § 35 Rz 9, 15). Die Gewinnverwendungskompetenz der GV kann auch nachträglich durch Änderung des GesV eingeführt werden, sofern die bestehende Gewinnverwendungsregelung nicht ausnahmsweise ein Sonderrecht eines Gesellschafters bildet (*Walch*, ÖJZ 2017, 368 [372]).
176 *Hügel* in FS Reich-Rohrwig 49 (52 f).
177 *Birkenmaier/Obser*, GmbHR 2022, 850 (851 f); *Ottersbach*, BB 2023, 855 (857 f).
178 *Ch. Nowotny* in FS W. Doralt 319 (327).

7. Verteilung des Bilanzgewinns unter den Gesellschaftern (§ 82 Abs 2)

Aus **eigenen Anteilen** steht der Gesellschaft selbst kein Gewinnanspruch zu; der freiwerdende Betrag wird aliquot den Dividenden der übrigen Gesellschafter zugeschlagen (s § 81 Rz 46).[179] **46**

Grundsätzlich ist der ausgeschüttete Gewinn – wie übrigens auch der Liquidationsüberschuss (s § 91 Rz 21) – im Verhältnis der eingezahlten (nicht: der übernommenen) Stammeinlagen unter den Gesellschaftern zu verteilen.[180] Der GesV kann andere **Verteilungsregeln** anordnen (zB dass der Gewinn anhand der übernommenen u nicht anhand der eingezahlten Stammeinlagen zu verteilen ist)[181] u mE auch die GV zu einer abw Verteilung ermächtigen.[182] Aus Abs 2 ergibt sich, dass der GesV einen v der dispositiven Regel des Abs 2 abw **fixen Gewinnverteilungsschlüssel** festlegen kann, insb abw Prozentsätze, die sich allenfalls auch nur auf Gewinne aus bestimmten Geschäftsjahren u/oder auf Gewinne bis zur Erreichung eines definierten Gesamtbetrags (Obergrenze, *cap*) beziehen können.[183] In der Praxis besteht aber wegen des mit Satzungsänderungen zwangsläufig verbundenen Aufwands (insb Gerichts- u Notarskosten) häufig der Wunsch, die Zuständigkeit für die Festlegung der Gewinnverteilung im GesV durch eine dahingehende **Ermächtigungsklausel** an die Gesellschafter zu delegieren, sodass die Gesellschafter durch entspr Beschluss jährlich den Gewinnverteilungsschlüssel neu festlegen können. Dies ermöglicht eine flexible u kostengünstige Handhabung, insb weil häufig der Verteilungsschlüssel gar nicht längerfristig im Vorhinein bekannt ist u/oder sich immer wieder ändert. **47**

Auch für eine Gewinnverteilung, die v den Proportionen der Stammeinlagen abweicht, (**asymmetrische/alineare/disproportionale/disquotale Gewinnverteilung**) indem sie zB andere Prozentsätze festlegt oder die Gewinnbeteiligung an die v jew Gesellschafter bereits ab- **48**

---

179 *Auer* in Gruber/Harrer, GmbHG² § 82 Rz 16; *Koppensteiner/Rüffler*, GmbHG³ § 82 Rz 11; *Bauer/Zehetner* in Straube/Ratka/Rauter, GmbHG § 82 Rz 35.
180 *Auer* in Gruber/Harrer, GmbHG² § 82 Rz 1, 7, 16.
181 *Kienast/Twardosz* in Reich-Rohrwig/Ginthör/Gratzl, HB GV² Rz 3.461.
182 *H. Foglar-Deinhardstein* in Foglar-Deinhardstein, HB vGA, Rz 1/56.
183 Weitere **Bsp** für fixe Gewinnverteilungsregeln im GesV bei *Birkenmaier/Obser*, GmbHR 2022, 850 (852 f).

solvierte Dauer der Gesellschafterstellung knüpft,[184] genügt mE grds eine Ermächtigung der GV im GesV; eine betragsmäßige oder prozentuelle Festlegung im GesV ist mE nicht zwingend erforderlich.[185] Aus Sicht der Praxis ist freilich zu beachten, dass die Steuerbehörden tw sehr strenge (u mE überschießende) Anforderungen an die Klauseln im GesV u an die wirtschaftliche Begr für die **steuerliche Anerkennung v asymmetrischen Gewinnausschüttungen** stellen.[186] Bei der Gründung sind die Gesellschafter in der Festlegung des Gewinnverteilungsmechanismus frei; bei der nachträglichen Änderung der Gewinnverteilungsregelung im GesV ist § 50 Abs 4 zu beachten:[187] § 50 Abs 4 steht aber mE der nachträglichen Übertragung der Kompetenz zur Festlegung des Gewinnverteilungsschlüssels an die GV durch entspr Änderung des GesV nicht *a priori* entgegen (zumindest soweit der GesV den Gesellschaftern nicht ein Sonderrecht auf eine Abs 2 entspr Gewinnverteilung zubilligt).[188] Die Gesellschafter, die der konkret beschlossenen alinearen Gewinnverteilung im Einzelfall widersprechen, können diese nämlich mit

---

184 Vgl *Auer* in Gruber/Harrer, GmbHG² § 82 Rz 13; *Bauer/Zehetner* in Straube/Ratka/Rauter, GmbHG § 82 Rz 29; *Heusel/M. Goette*, GmbHR 2017, 385 (391); *Birkenmaier/Obser*, GmbHR 2022, 850 (852 f).
185 *H. Foglar-Deinhardstein* in Foglar-Deinhardstein, HB vGA, Rz 1/57. So auch *Ginthör* in Reich-Rohrwig/Ginthör/Gratzl, HB GV² Rz 3.517. Offen *Eckert/Schopper/Walcher* in Artmann/Karollus, AktG⁶ § 53 Rz 17. Nach der **Rsp** muss die Ermächtigung aber ausdrücklich zur Abweichung v den gesetzl Verteilungsquoten ermächtigen (OGH 30.8.2016, 6 Ob 143/16x, GesRZ 2016, 414 [*Hoenig*] = *Schwärzler*, NZ 2016, 442 = *Birnbauer*, GES 2016, 422 [mit **Musterklauseln**]).
186 *Ginthör* in Reich-Rohrwig/Ginthör/Gratzl, HB GV² Rz 3.521 ff; *Lehner*, ÖStZ 2009/742, 366; *Daxkobler* in Lang et al, Dividenden im Konzern 21; *Endfellner*, taxlex 2019, 36 (37 ff); *Böhm*, ÖStZ 2019, 236; *A. Wimmer*, taxlex 2021, 108 (110 f); *Wiesner/Höltschl* in FS Bertl II, 1003; *Staringer* in Aschauer et al, Kauf u Verkauf v Unternehmen 33 (41 ff).
187 OGH 30.8.2016, 6 Ob 143/16x, GesRZ 2016, 414 (*Hoenig*) = *Schwärzler*, NZ 2016, 442 = *Birnbauer*, GES 2016, 422; *Auer* in Gruber/Harrer, GmbHG² § 82 Rz 13; *Bauer/Zehetner* in Straube/Ratka/Rauter, GmbHG § 82 Rz 38; wohl auch *Walch*, ÖJZ 2017, 368 (372); differenzierend *Schopper/Walch*, NZ 2018, 441 (450 ff).
188 OGH 30.8.2016, 6 Ob 143/16x, GesRZ 2016, 414 (*Hoenig*) = *Schwärzler*, NZ 2016, 442 = *Birnbauer*, GES 2016, 422; vgl zum GesbR-Recht OGH 20.5.2008, 4 Ob 229/07s = *Enzinger*, GesRZ 2016, 88; differenzierend *Schopper/Walch*, NZ 2018, 441 (450 ff).

Anfechtungsklage bekämpfen (s zB Rz 55).[189] Zum Schutz der einzelnen Gesellschafter vor **Aushungerung**[190] (s Rz 51, 56; § 35 Rz 42, 50; § 81 Rz 33) kann der GesV darüber hinaus ein Austrittsrecht vorsehen, das ausgeübt werden kann, wenn etwa die Dividende einen bestimmten Prozentsatz des Bilanzgewinns oder des Jahresüberschusses unterschreitet.[191] Einstimmigkeit oder Zustimmung der Betroffenen (s § 35 Rz 42) ist bei entspr Satzungsermächtigung für eine alineare Gewinnverteilung mE nicht erforderlich[192] (wiewohl sich die Festlegung eines solchen zur Absicherung v Minderheitsgesellschaftern in der Praxis natürlich empfehlen kann): Sollte der Beschluss über eine alineare Gewinnverwendung im konkreten Fall die Interessen einzelner Gesellschafter u/oder der Gesellschaft verletzen, besteht ohnedies die Möglichkeit der Anfechtung; es sind aber sehr wohl Konstellationen denkbar, in denen die **Mehrheit gerechtfertigter Weise** eine **alineare Ausschüttung** be-

---

189 OGH 30.8.2016, 6 Ob 143/16x, GesRZ 2016, 414 (*Hoenig*) = *Schwärzler*, NZ 2016, 442 = *Birnbauer*, GES 2016, 422; vgl *Ginthör* in Reich-Rohrwig/Ginthör/Gratzl, HB GV² Rz 3.518.
190 Vgl *E. Gruber/H. Foglar-Deinhardstein*, GesRZ 2014, 73 (82) mwN; *Kienast/Twardosz* in Reich-Rohrwig/Ginthör/Gratzl, HB GV² Rz 3.512; *Koppensteiner*, GesRZ 2020, 6 (9 f); *Trinks*, NZG 2021, 587 (592); *Ganzer*, NZG 2023, 1251 (1256 f); *Breisch/Mitterecker* in Adensamer/Mitterecker, HB GesStreit, Rz 3/49; *Eckert/Schopper/Setz* in Eckert/Schopper, AktG-ON § 104 Rz 15; *Koppensteiner*, RdW 2023, 240 (244). Mit anderer Terminologie OGH 23.5.2007, 3 Ob 59/07h, RWZ 2007, 261 (*Wenger*) = GesRZ 2008, 22 (*Linder*): „*Ein im § 254 dAktG normiertes sogenanntes ‚Aushungerungsverbot‘, worunter die Verhinderung von (Mindest-)Ausschüttungen durch den Mehrheitsaktionär zu verstehen ist, kennt weder das österreichische Aktienrecht noch das GmbH-Recht. Langanhaltende gänzliche oder überwiegende Thesaurierungen sind allerdings unter dem Gesichtspunkt des Rechtsmissbrauchs zu beurteilen, insbesondere wenn betriebswirtschaftlich Rücklagenbildungen oder Gewinnvorträge nicht erforderlich oder zweckmäßig sind, sodass iSd stRsp der Schädigungszweck und die unlauteren Motive der Rechtsausübung ganz augenscheinlich im Vordergrund stehen.*" Für die Bejahung eines Aushungerungsverbots spricht mE auch, dass der OGH mangels satzungsmäßiger Festlegung die ao Kündigung einer GmbH aus wichtigem Grund nicht anerkennt.
191 *Fleischer/Trinks*, NZG 2015, 289 (291). Vgl zu *shoot-out*-Klauseln *Heusel/M. Goette*, GmbHR 2017, 385 (391 f).
192 *H. Foglar-Deinhardstein* in Foglar-Deinhardstein, HB vGA, Rz 1/57; aA *Schopper/Walch*, NZ 2018, 441 (446 FN 51). Offen *Eckert/Schopper/Walcher* in Artmann/Karollus, AktG⁶ § 53 Rz 17. Differenzierend *Ottersbach*, BB 2023, 855 (855 f).

schließen kann, zB wenn es um die unter den Gesellschaftern vertraglich vereinbarte **Rückführung v früheren (uU disproportional geleisteten) Einlagen** mittels Auflösung der entspr Rücklagen u anschließender Gewinnausschüttung geht, u die Mehrheit sollte dabei mE nicht prinzipiell an die Zustimmung der Minderheit gebunden sein. Aus Sicht der GmbH geht es primär darum, dass Rücklagen in angemessenem Umfang gebildet u nicht mehr als der Bilanzgewinn ausgeschüttet wird, nicht aber darum, in welchem Verhältnis der ausgeschüttete Gewinn unter den Gesellschaftern verteilt wird.[193] Im Einzelfall (s Rz 49) kann mE sogar eine alineare Gewinnverteilung, die aus in der Gesellschaft begründeten Umständen sachlich gerechtfertigt ist, eher im Interesse der GmbH liegen als eine formalistische Gewinnverteilung entspr den Beteiligungsverhältnissen. Von der alinearen Gewinnverteilung kann die **gespaltene Gewinnverteilung** unterschieden werden; bei letzterer wird der Gewinn zwar mglw proportional zur Einzahlung der Stammeinlagen verteilt, allerdings werden die Dividenden nur an manche Gesellschafter ausgezahlt, während sie für andere Anteilseigner vorläufig thesauriert u auf entspr Gesellschafterkonten gutgebucht werden, wobei diese oder gleichwertige Vermögenspositionen in folgenden Geschäftsjahren ausgeschüttet werden sollen.[194]

49 In der Praxis besteht zB in folgenden Fällen ein Bedarf an der (befristeten) Festlegung v **asymmetrischen/alinearen/disproportionalen/disquotalen Gewinnausschüttungen**:

– Ausschüttung v früher (uU disproportional) geleisteten Einlagen[195] als **steuerlich begünstigte Einlagenrückzahlung** (vgl Rz 47 f).[196]
– Ausgleich v Missverhältnissen (Inäquivalenzen), die sonst aus Anlass einer **Umgründung** (Verschmelzung, Einbringung, Spaltung) zu Lasten einer beteiligten Seite bei der Anteilsgewähr auftreten würden.[197]

---

193 So auch *Endfellner*, taxlex 2019, 36 (37).
194 Näher *A. Wimmer*, taxlex 2021, 108; *Ottersbach*, BB 2023, 855 (857 f).
195 Vgl *Marschner*, Einlagen in Kapitalgesellschaften 556.
196 Vgl Mayr/Schlager/Zöchling, HB Einlagenrückzahlung; *Ludwig* in FS Hügel, 243; *Ginthör* in Reich-Rohrwig/Ginthör/Gratzl, HB GV² Rz 3.528; *Wiesner/Höltschl* in FS Bertl II, 1003 (1008 ff); *Beiser*, RdW 2023, 457; BMF 27.9.2017, BMF-010203/0309-IV/6/2017 (Erlass zu § 4 Abs 12 EStG).
197 Vgl *Platzer/Leiter* in GedS Helbich 223 (243 f); *Hübner-Schwarzinger*, SWK 2008, 935 (940); *Ginthör* in Reich-Rohrwig/Ginthör/Gratzl, HB GV² Rz 3.527; vgl *Wiesner/Höltschl* in FS Bertl II, 1003 (1007).

– Erfüllung v **Zahlungsverpflichtungen unter den Gesellschaftern** durch Dividendenausschüttung unter Verzicht des leistungsverpflichteten Gesellschafters auf seinen Dividendenanspruch.[198]
– Erhöhter Gewinnanspruch eines Gesellschafters als Anerkennung für **besonders wertvolle oder aufopferungsvolle Tätigkeit** oder Einbringung besonders wertvoller Betriebsmittel.[199]
– Unterschiedliche Gewinnbeteiligung der Gesellschafter nach **Erfolgsbeitrag**, Profit Center, Geschäftsbereich (*Tracking Stocks*), **Liquidationspräferenz**[200] (s § 89 Rz 4), Anciennität (Dienstalter) oder Seniorität (Lebensalter), akquirierten Aufträgen, *Earn-in-* oder *Earn-out-*Regelung oder *Lockstep-*System, wobei der genaue Verteilungsschlüssel mglw in einem separaten **Syndikatsvertrag**[201] (s § 4 Rz 49 f; § 39 Rz 29 ff) festgelegt ist.[202]
– **Sanierung** einer zB im Gesellschafts- oder Syndikatsvertrag (zu Syndikatsverträgen[203] s § 4 Rz 49 f; § 39 Rz 29 ff) enthaltenen **Rege-**

---

198 *Kalss* in Gruber/Kalss/Müller/Schauer, Erbrecht u Vermögensnachfolge² § 34 Rz 36; vgl zur **GmbH & Co KG** OGH 21.11.2017, 6 Ob 161/17w, GesRZ 2018, 112 (*H. Foglar-Deinhardstein*) = RWZ 2018, 241 (*Wenger*) = *Aburumieh/H. Foglar-Deinhardstein*, GES 2019, 3 = ÖBA 2019, 519 (*Edelmann*).
199 *Ginthör* in Reich-Rohrwig/Ginthör/Gratzl, HB GV² Rz 3.528; vgl *Wiesner/Höltschl* in FS Bertl II, 1003 (1006); *Staringer* in Aschauer et al, Kauf u Verkauf v Unternehmen 33 (41 f); *Ottersbach*, BB 2023, 855.
200 Vgl *Gloser/Kulnigg/Puchner*, RdW 2020, 709 (711 f, 713).
201 Allg zum Syndikatsvertrag *Kastner*, ÖZW 1980, 1; *Artmann* in Klang, ABGB³ § 1175 Rz 60; *Haberer*, Zwingendes Kapitalgesellschaftsrecht 346 ff; *Diregger* in Doralt/Nowotny/Kalss, AktG³ § 121 Rz 39 ff; *Kalss/Probst*, Familienunternehmen, Rz 4/13 ff; *M. König/B. Wolf* in Adensamer/Mitterecker, HB GesStreit, Rz 4/1 ff; *Rubin-Kuhn* in Reich-Rohrwig/Ginthör/Gratzl, HB GV² Rz 1.209 ff; *Eckert/Schopper* in Eckert/Schopper, AktGON § 17 Rz 30 ff; *U. Torggler* in FS Eccher 1173; *U. Torggler* in FS Grunewald 1135; *Swoboda*, ecolex 2019, 519. Zur kollisionsrechtlichen Behandlung *Reuter*, RIW 2019, 21; *Nicolussi*, JBl 2022, 419. Zur Abgrenzung v *business combination agreement*, Investorenvereinbarung u Unternehmensvertrag *H. Foglar-Deinhardstein* in Kalss/Torggler, M&A 121 (124 f).
202 *Ginthör* in Reich-Rohrwig/Ginthör/Gratzl, HB GV² Rz 3.516, 3.519, 3.528; vgl *Wiesner/Höltschl* in FS Bertl II, 1003 (1006 ff).
203 Allg zum Syndikatsvertrag *Kastner*, ÖZW 1980, 1; *Artmann* in Klang, ABGB³ § 1175 Rz 60; *Haberer*, Zwingendes Kapitalgesellschaftsrecht 346 ff; *Diregger* in Doralt/Nowotny/Kalss, AktG³ § 121 Rz 39 ff; *Kalss/Probst*, Familienunternehmen, Rz 4/13 ff; *M. König/B. Wolf* in Adensamer/Mitterecker, HB GesStreit, Rz 4/1 ff; *Rubin-Kuhn* in Reich-Rohrwig/Ginthör/

lung (zB Abfindungsregelung), die mangels Unterlegung mit einer Dividende gegen § 82 verstoßen würde (s auch Rz 57, 60).[204]
– Unterlegung v **Gewährleistungszusagen durch die GmbH an einen Investor bei einer Kapitalerhöhung** (s Rz 101).
– Ausschüttung v **disquotal zugeordneten Gewinnrücklagen** (s Rz 45).

8. Gewinnverwendung, Treuepflicht und Anfechtbarkeit

50 Auch wenn der GesV die GV zur Beschlussfassung über die Gewinnverteilung ermächtigt (s Rz 41, § 35 Rz 39 ff), darf die Gesellschaftermehrheit **nicht willkürlich** über Ausschüttung versus Thesaurierung (s Rz 45) sowie über den Verteilungsschlüssel (Rz 47 ff) Beschluss fassen:

51 Bei der Fassung v Gewinnverwendungsbeschlüssen unterliegen die Gesellschafter der **Treuepflicht** (s Rz 10, 45; § 61 Rz 32 ff). Im Licht des Vollausschüttungsgebots (s Rz 35) hat sich die Treuepflicht – jedenfalls außerhalb v Krisensituationen – primär am Interesse der Mitgesellschafter auszurichten. Die Gesellschafter dürfen daher eine nicht gesetzl oder gesv gebotene Rücklagenbildung nur im unternehmerisch-betriebswirtschaftlich vertretbaren Ausmaß anordnen.[205] In der Regel gebietet die Treuepflicht also die Vermeidung überzogener Thesaurierungen (zum **Aushungerungsverbot** s Rz 48, 56). Das liegt indirekt auch im eigenen Interesse der Gesellschaft: Ohne Anspruch auf Gewinnausschüttung wäre nämlich wirtschaftlich die Zufuhr v Eigenkapital durch Kapitalgeber in die GmbH zumeist gar nicht denkbar. Der Gewinneinbehalt führt freilich zur Stärkung der Eigenkapitaldecke der Gesellschaft u da-

---

Gratzl, HB GV² Rz 1.209 ff; *Eckert/Schopper* in Eckert/Schopper, AktGON § 17 Rz 30 ff; *U. Torggler* in FS Eccher 1173; *U. Torggler* in FS Grunewald 1135; *Swoboda*, ecolex 2019, 519. Zur kollisionsrechtlichen Behandlung *Reuter*, RIW 2019, 21; *Nicolussi*, JBl 2022, 419. Zur Abgrenzung v *business combination agreement*, Investorenvereinbarung u Unternehmensvertrag *H. Foglar-Deinhardstein* in Kalss/Torggler, M&A 121 (124 f).
204 *Rüffler* in Artmann/Rüffler/Torggler, GmbH & Co KG 99 (107). Vgl zur **GmbH & Co KG** OGH 21.11.2017, 6 Ob 161/17w, GesRZ 2018, 112 (*H. Foglar-Deinhardstein*) = RWZ 2018, 241 (*Wenger*) = *Aburumieh/ H. Foglar-Deinhardstein*, GES 2019, 3 = ÖBA 2019, 519 (*Edelmann*).
205 OGH 13.5.1959, 3 Ob 129/59; 23.5.2007, 3 Ob 59/07h, RWZ 2007, 261 (*Wenger*) = GesRZ 2008, 22 (*Linder*); *Koppensteiner/Rüffler*, GmbHG³ § 35 Rz 9, 15; *Entleitner*, NZ 2018, 281 (285).

mit grds zur Steigerung des Unternehmenswerts.[206] Im Ergebnis sind somit immer die Ausschüttungsinteressen der Gesellschafter gegen das Selbstfinanzierungsinteresse der GmbH abzuwägen. Daher sind **auf Seiten der Gesellschaft** zu berücksichtigen: der Unternehmensgegenstand u die zu seiner Verfolgung erforderlichen Mittel einschließlich angemessener Investitionsplanung, die wirtschaftliche Lage der Gesellschaft, ihre Eigenkapitalausstattung, die Höhe u Verfügbarkeit schon vorhandener Rücklagen, ihre Kreditfähigkeit u die Art u Ausschöpfung aufgenommener Kredite sowie die Höhe u Laufzeit v Verbindlichkeiten, die allg Wirtschaftslage u Marktsituation u die Zukunftsprognose für den Wirtschaftszweig, die Notwendigkeit v Vorsorgemaßnahmen für Schadens- u Gewährleistungsfälle sowie für Regressansprüche, ein etwaiger besonderer Kapitalbedarf in Hinblick auf Auseinandersetzungen auf Gesellschafterebene sowie die Erforderlichkeit v Forschungs- u Entwicklungsmaßnahmen sowie Vertriebs- u Werbeaktivitäten; **auf Seiten der Gesellschafter** sind demgegenüber in Betracht zu ziehen: deren wirtschaftliche Situation u deren Interesse an einer angemessenen Rendite auf ihr eingesetztes Kapital, insb unter Berücksichtigung v Ausmaß u Höhe früherer Ausschüttungen, allenfalls aus der Beteiligung herrührende Steuerlasten des Gesellschafters.[207] Rechtlich relevant mag auch sein, wenn die thesaurierungswillige Mehrheit zwar über eine größere Zahl an Stimmen als die ausschüttungswillige Minderheit verfügt, aber nicht mehrheitlich am Kapital beteiligt ist.[208] Ist die Gesellschaft in einen Konzern eingebunden, dessen Struktur eine zentrale Konzernfinanzierung (s Rz 136) umfasst, kann dies für Gewinnausschüttungen aus der Gesellschaft u gegen Thesaurierungen in die Waagschale fallen, zumal wenn im Fall der Thesaurierung daraus resultierende Finanzierungsengpässe auf Ebene der Konzernmutter oder der Konzern-Finanzierungsgesellschaft negativ auf die wirtschaftliche Situation der Gesellschaft zu-

---

206 *Ch. Nowotny* in FS W. Doralt 319 (327); *Walch*, ÖJZ 2017, 368 (372).
207 *Fleischer/Trinks*, NZG 2015, 289 (292, 297); *Heusel/M. Goette*, GmbHR 2017, 385 (389 f); *Trinks*, NZG 2021, 587 (589 f); *Grunewald*, ZIP 2023, 885 (891); vgl *Kienast/Twardosz* in Reich-Rohrwig/Ginthör/Gratzl, HB GV² Rz 3.511 f; *Kalss*, GesRZ 2020, 77; *G. Moser*, GES 2020, 183 (187 ff); *Breisch/Mitterecker* in Adensamer/Mitterecker, HB GesStreit, Rz 3/48 f; *Aburumieh/Hoppel* in Adensamer/Mitterecker, HB GesStreit, Rz 6/65; *Koppensteiner*, GesRZ 2020, 6 (9 f).
208 Vgl *Einhaus/Selter*, GmbHR 2016, 1177 (1185).

rückwirken würden.²⁰⁹ Eine ungebührlich hohe, aus unternehmerischer Sicht nicht erforderliche Thesaurierung widerspricht idR in Hinblick auf das Vollausschüttungsgebot der **Treuepflicht** u kann daher durch **Anfechtungsklage** (u allenfalls durch **positive Beschlussfeststellungsklage** – s Rz 56) bekämpft werden.²¹⁰

52   Die Treuepflicht verlangt grds nicht, dass ein Gesellschafter immer schon dann gegen die Ausschüttung des Bilanzgewinns stimmt, wenn die Thesaurierung für die GmbH bloß allg günstiger als die Ausschüttung ist.²¹¹ Befindet sich die Gesellschaft allerdings **in der Krise u/oder in einem Liquiditätsengpass**, kann sich die Auswirkung der Treuepflicht auf die richtige Stimmrechtsausübung beim Gewinnverwendungsbeschluss ins Gegenteil verkehren:²¹²

53   Dabei ist zunächst an **Verluste** zu denken, die **nach dem Bilanzstichtag, aber vor den Beschlüssen über die Feststellung des JA u die Gewinnverwendung** auftreten u den zum Stichtag ausgewiesenen Bilanzgewinn aufzehren (zu erst nach diesen Beschlüssen auftretenden Verlusten s Rz 54): Gemäß **Abs 5** (s auch Rz 5, 25, 41, 60, 63 f) ist – als **Ausnahme** v sonst maßgeblichen **Stichtagsprinzip**²¹³ – der Bilanz-

---

209 Vgl *Fellner/Rüffler/Seekirchner*, ÖBA 2020, 385 (389 ff).
210 So zur Anfechtungsklage *Auer* in Gruber/Harrer, GmbHG² § 82 Rz 13; *Entleitner*, NZ 2018, 281 (285); *G. Moser*, GES 2020, 183 (188); vgl OGH 13.5.1959, 3 Ob 129/59; *Koppensteiner/Rüffler*, GmbHG³ § 35 Rz 9, 15; *Fleischer/Trinks*, NZG 2015, 289 (291); tw aA *Einhaus/Selter*, GmbHR 2016, 1178 (1182 ff); *Grunewald*, ZIP 2023, 885 (891). Zur positiven Beschlussfeststellungsklage *H. Foglar-Deinhardstein*, ÖJZ 2022, 911 (913) mwN.
211 OGH 31.1.2013, 6 Ob 100/12t, RWZ 2013/34, 118 (*Wenger*) = EvBl 2013, 682 (*Told*) = GesRZ 2013, 219 (*G. Moser*) = ecolex 2013, 710 (*J. Reich-Rohrwig*); 27.2.2013, 6 Ob 17/13p, GesRZ 2013, 222 (*G. Moser*); 24.10.2016, 6 Ob 169/16w, NZ 2017, 26 (*Diregger*) = wbl 2017, 106 (*Nicolussi*) = GesRZ 2017, 57 (*Weigand*) = AnwBl 2017, 255 (*Kacic/Nimmerfall*) = EvBl 2017/52 (*Rohrer, Walch*); 19.12.2019, 6 Ob 105/19p – *dm*, GesRZ 2020, 210 (*Arlt*) = *Hummer*, ÖZK 2020, 65 = *Gassler*, ÖZK 2020, 72 = *Reidlinger/Stenitzer*, GesRZ 2020, 137 = wbl 2020, 162 (*F. Schuhmacher*) = NZ 2020, 65 (*Walch*) = ecolex 2020, 219 (*Frank*); *Spiegelfeld/H. Foglar-Deinhardstein* in FS Torggler 1139 (1147, 1155).
212 *Auer* in Gruber/Harrer, GmbHG² § 82 Rz 13; *Hügel* in FS Reich-Rohrwig 49 (53, 63); *Spiegelfeld/H. Foglar-Deinhardstein* in FS Torggler 1139 (1147) mwN; *Trinks*, NZG 2021, 587 (589); tw aA *Grunewald*, ZIP 2023, 885 (890 f).
213 *Koppensteiner/Rüffler*, GmbHG³ § 82 Rz 3.

gewinn im Ausmaß der erlittenen Vermögensschmälerung (wenn diese erheblich u voraussichtlich nicht nur vorübergehend ist)[214] v der Verteilung ausgeschlossen u auf neue Rechnung vorzutragen (Gewinnvortrag, s Rz 45); nur das übersteigende Delta darf an die Gesellschafter ausgeschüttet werden.[215] Die Aufzehrung v stillen Reserven ohne Auswirkung auf bilanzielle Ansätze ist dabei unbeachtlich;[216] auch übliche Kurs- u Preisschwankungen sind nicht zu berücksichtigen.[217] Die Höhe der Ausschüttungssperre ist erforderlichenfalls durch Aufstellung einer Zwischenbilanz zu ermitteln.[218] Absatz 5 ist **zwingend**.[219] Daraus folgt nach der Rsp des OGH, dass die GF bei Vorliegen der Voraussetzungen des Abs 5 die Auszahlung selbst dann zu verweigern haben, wenn die Gesellschafter Gegenteiliges beschlossen haben sollten (s auch § 83 Rz 32, 38). Es liegt in der Verantwortung der Organe der Gesellschaft (GF, allenfalls AR), bei der Beschlussfassung über den JA auf zwischenzeitig eingetretene Verluste aufmerksam zu machen, u Ausschüttungen, die gegen Abs 5 verstoßen, zu verhindern bzw zu unterlassen.[220] Wenn der Gesellschafter v Vorliegen der Voraussetzungen des Abs 5 weiß, ist er durch die **Treuepflicht** (s Rz 10, 45, 51, 53, 54, 59; § 61 Rz 32 ff) verhalten, gegen die Ausschüttung des Bilanzgewinns zu stimmen, soweit

---

214 Zur Auslegung der Begriffe „erheblich", „Verluste", „Wertverminderungen" u „voraussichtlich nicht bloß vorübergehend" *G. Moser*, GesRZ 2008, 280; *G. Moser*, SWK 2020, 626 (628 f); *Haglmüller*, Gesellschafterpflichten in der Krise 43 ff; *Fellner/Rüffler/Seekirchner*, ÖBA 2020, 385 (389); *Wenger/Ebner*, RWZ 2020, 143 (144 ff).

215 *Auer* in Gruber/Harrer, GmbHG[2] § 82 Rz 6, 14; *Koppensteiner/Rüffler*, GmbHG[3] § 82 Rz 10; *G. Moser*, GesRZ 2008, 280; *Rüffler*, RWZ 2009/30, 101; *Spiegelfeld/H. Foglar-Deinhardstein* in FS Torggler 1139 (1147) mwN; *G. Moser*, SWK 2020, 626 (629).

216 *Köppl* in Torggler, GmbHG § 82 Rz 5; *Rüffler*, RWZ 2009/30, 101; *Ritt-Huemer*, RdW 2019, 77 (78); *G. Moser*, SWK 2020, 626 (630); *Wenger/Ebner*, RWZ 2020, 143 (144).

217 *Bauer/Zehetner* in Straube/Ratka/Rauter, GmbHG § 82 Rz 43.

218 *Köppl* in Torggler, GmbHG § 82 Rz 5; *Auer* in Gruber/Harrer, GmbHG[2] § 82 Rz 14; *Koppensteiner/Rüffler*, GmbHG[3] § 82 Rz 10; *G. Moser*, GES 2020, 183.

219 *Koppensteiner/Rüffler*, GmbHG[3] § 82 Rz 10.

220 OGH 31.1.2013, 6 Ob 100/12t, RWZ 2013/34, 118 (*Wenger*) = EvBl 2013, 682 (*Told*) = GesRZ 2013, 219 (*G. Moser*) = ecolex 2013, 710 (*J. Reich-Rohrwig*); *Karollus* in Brandl/Karollus/Kirchmayr/Leitner, HB vGA[3], 1 (33); *Bauer/Zehetner* in Straube/Ratka/Rauter, GmbHG § 82 Rz 44; *Wenger/Ebner*, RWZ 2020, 143 (144).

diese in Widerspruch zu Abs 5 stehen würde.[221] Nach mE zustimmungswürdiger A ist **Abs 5 im Aktienrecht analog** anzuwenden (**str**).[222] Nicht geboten ist hingegen eine analoge Anwendung v Abs 5 auf die **GmbH & Co KG**.[223]

54 Erst **nach den Beschlüssen über Feststellung des JA u Gewinnverwendung auftretende Verluste** sind nicht unmittelbar v Tatbestand des Abs 5 erfasst[224] (s aber Rz 60). Allerdings können auch der durch die Dividendenausschüttung herbeigeführte Liquiditätsabfluss aus der GmbH oder die allenfalls erforderliche Aufnahme v Fremdmitteln zur Finanzie-

---

221 OGH 31.1.2013, 6 Ob 100/12t, RWZ 2013/34, 118 (*Wenger*) = EvBl 2013, 682 (*Told*) = GesRZ 2013, 219 (*G. Moser*) = ecolex 2013, 710 (*J. Reich-Rohrwig*); 27.2.2013, 6 Ob 17/13p, GesRZ 2013, 222 (*G. Moser*); 24.10.2016, 6 Ob 169/16w, NZ 2017, 26 (*Diregger*) = wbl 2017, 106 (*Nicolussi*) = GesRZ 2017, 57 (*Weigand*) = AnwBl 2017, 255 (*Kacic/Nimmerfall*) = EvBl 2017/52 (*Rohrer; Walch*); *Auer* in Gruber/Harrer, GmbHG² § 82 Rz 13; *Spiegelfeld/H. Foglar-Deinhardstein* in FS Torggler 1139 (1147, 1155); *Entleitner*, NZ 2018, 281 (284).
222 *Kalss/Eckert*, NZ 2006, 353 (355); *Eckert* in Althuber/Schopper, HB Unternehmenskauf & Due Diligence² Rz 43; *Eckert/Tipold*, GES 2013, 59 (62, 65); *Eckert/Schopper/Walcher* in Eckert/Schopper, AktG-ON § 53 Rz 5; *Eckert/Schopper* in Artmann/Karollus, AktG⁶ § 96 Rz 19; *Arlt*, GesRZ 2014, 351 (355); *H. Foglar-Deinhardstein* in Foglar-Deinhardstein, HB vGA, Rz 1/63; *H. Foglar-Deinhardstein* in Napokoj/Foglar-Deinhardstein/Pelinka, AktG § 52 Rz 21, 24; *Rüffler*, GES 2020, 117 (118); *G. Moser*, GES 2020, 183 (186 f, 190); *Kalss*, GesRZ 2020, 77 (77 f); *Fellner/Rüffler/Seekirchner*, ÖBA 2020, 385 (390); *Mitterlehner/Panholzer*, AR aktuell 2020 H 3, 36 (37); *Breisch/Mitterecker* in Adensamer/Mitterecker, HB GesStreit, Rz 3/49 FN 106; ähnlich *G. Moser*, GesRZ 2008, 280; aA *Karollus* in Brandl/Karollus/Kirchmayr/Leitner, HB vGA³ 1 (33); *Grossmayer/J. Reich-Rohrwig*, ecolex 2020, 379 (380); *Wenger/Ebner*, RWZ 2020, 143 (148 f); *Wenger/Ebner*, RWZ 2020, 187 (187, 189); offen *Artmann* in Artmann/Karollus, AktG⁶ § 53 Rz 8; *U. Torggler*, RdW 2020, 301.
223 *Wenger/Ebner*, RWZ 2020, 143 (149 ff); *Wenger* in FS Bertl II, 689 (691).
224 *Auer* in Gruber/Harrer, GmbHG² § 82 Rz 14; *Koppensteiner/Rüffler*, GmbHG³ § 82 Rz 10; *Bauer/Zehetner* in Straube/Ratka/Rauter, GmbHG § 82 Rz 45; *Winner*, ZFR 2020, 226 (229); *Krausler*, GES 2020, 242 (243); *Gonaus/Schmidsberger*, RdW 2020, 508 (511). Zur analogen Anwendung v § 82 Abs 5 auf später auftretende Verluste *Eckert/Tipold*, GES 2013, 59 (62, 65 f); *Kalss* in Bertl et al, Reform der Rechnungslegung in Österreich 101 (104 ff) mwN. Gegen eine solche Analogie, aber überzeugend für die Anwendbarkeit v § 82 Abs 5, falls der Gewinnverwendungsbeschluss erst mit zeitlichem Abstand zum Beschluss über die Feststellung des JA gefasst wird, *Gonaus/Schmidsberger*, RdW 2020, 508 (511).

rung v Ausschüttungen problematisch sein (s Rz 35, 43). Die Aufnahme v Fremdkapital wird zwar idR als Bilanzverlängerung *per se* den Bilanzgewinn nicht mindern, kann aber die Liquiditätssituation u/oder die Verschuldung der GmbH verschlechtern, im Extremfall bis zur Herbeiführung der Insolvenz.[225] Wenn der aus der Gewinnausschüttung resultierende Liquiditätsabfluss oder die Aufnahme v Fremdmitteln zur Finanzierung v Dividendenausschüttungen unternehmerisch-betriebswirtschaftlich unvertretbar ist, kann die **Treuepflicht** (s Rz 10, 45, 51, 53, 59; § 61 Rz 32 ff) die Gesellschafter zur **Selbstbeschränkung** (zum **vorläufigen Liquiditätsverzicht**) verpflichten.[226] Die Stimmausübung zugunsten der Gewinnausschüttung kann im Einzelfall dann treuwidrig sein, wenn die Interessen der Gesellschaft an der Thesaurierung die Interessen des Gesellschafters an der Ausschüttung massiv überwiegen (s Rz 52). Dies ist insb dann anzunehmen, wenn die Bildung einer Rücklage für die Überlebensfähigkeit der GmbH erforderlich ist.[227] Das bedeutet in erster Linie, dass die Gesellschafter eine Gewinnausschüttung in einem Ausmaß, das die Liquidität oder gar den Bestand der GmbH gefährdet, gar nicht beschließen dürfen, u die **Verwaltungsorgane** (GF, allenfalls AR) eine solche Ausschüttung auch gar nicht vorschlagen (zum Gewinnverwendungsvorschlag s Rz 45) dürfen.[228] Tritt die Liqui-

---

225 *Eckert* in Althuber/Schopper, HB Unternehmenskauf & Due Diligence[2] Rz 41; *Spiegelfeld/H. Foglar-Deinhardstein* in FS Torggler 1139 (1147) mwN; *Karollus* in Brandl/Karollus/Kirchmayr/Leitner, HB vGA[3], 1 (34 FN 174); vgl auch *Ch. Nowotny*, RdW 2009/284, 326 (330).
226 *G. Moser*, GES 2020, 183 (187 f); *Trinks*, NZG 2021, 587 (589).
227 OGH 31.1.2013, 6 Ob 100/12t, RWZ 2013/34, 118 (*Wenger*) = EvBl 2013, 682 (*Told*) = GesRZ 2013, 219 (*G. Moser*) = ecolex 2013, 710 (*J. Reich-Rohrwig*); 27.2.2013, 6 Ob 17/13p, GesRZ 2013, 222 (*G. Moser*); 24.10.2016, 6 Ob 169/16w, NZ 2017, 26 (*Diregger*) = wbl 2017, 106 (*Nicolussi*) = GesRZ 2017, 57 (*Weigand*) = AnwBl 2017, 255 (*Kacic/Nimmerfall*) = EvBl 2017/52 (*Rohrer*; *Walch*); 19.12.2019, 6 Ob 105/19p – *dm*, GesRZ 2020, 210 (*Arlt*) = *Hummer*, ÖZK 2020, 65 = *Gassler*, ÖZK 2020, 72 = *Reidlinger/Stenitzer*, GesRZ 2020, 137 = wbl 2020, 162 (*F. Schuhmacher*) = NZ 2020, 65 (*Walch*) = ecolex 2020, 219 (*Frank*); *Auer* in Gruber/Harrer, GmbHG[2] § 82 Rz 13; *Bauer/Zehetner* in Straube/Ratka/Rauter, GmbHG § 82 Rz 26, 45; *Spiegelfeld/H. Foglar-Deinhardstein* in FS Torggler 1139 (1148, 1155); *Ch. Nowotny* in FS Hügel 283 (284); *Entleitner*, NZ 2018, 281 (284); *G. Moser*, SWK 2020, 626 (628 f); *G. Moser*, GES 2020, 183 (187 f); *Karollus*, ecolex 2022, 868 (869, 873).
228 *Spiegelfeld/H. Foglar-Deinhardstein* in FS Torggler 1139 (1148) mwN; *Karollus* in Brandl/Karollus/Kirchmayr/Leitner, HB vGA[3], 1 (34 f); *Kalss* in

ditäts- oder Bestandsgefährdung erst **nach wirksamer Fassung des Gewinnverwendungsbeschlusses**, aber noch **vor der Auszahlung des Gewinns** auf, bleibt das entstandene Gläubigerrecht auf Gewinnauszahlung bestehen. Es ist den Gesellschaftern aber mE uU zumutbar, dass die Dividende – zumindest tw – vorerst nicht ausgezahlt wird (str, s auch Rz 81, § 57 Rz 5).[229] Die **Hemmung/Zwangsstundung des Dividendenanspruchs** erlischt, sobald sich die Lage der Gesellschaft gebessert hat.[230] Zur Relevanz in der **Liquidation** s § 91 Rz 15. Eine für die GmbH nicht verkraftbare Dividendenausschüttung kann grds – auch noch **nach Auszahlung** – auf Basis der AnfO oder der IO angefochten werden.[231] Die Treuepflicht kann – nach den Umständen des konkreten Einzelfalls – auch einen einzelnen Gesellschafter verhalten, eine **asymmetrische/alineare Hemmung/Stundung** nur seines individuellen Di-

---

Bertl et al, Reform der Rechnungslegung in Österreich 101 (103); *Krausler*, GES 2020, 242 (245); *Artmann* in Artmann/Karollus, AktG[6] § 53 Rz 8; *Wenger/Ebner*, RWZ 2020, 187 (189, 191) mwN.

229 *H. Foglar-Deinhardstein* in Foglar-Deinhardstein, HB vGA, Rz 1/64; *Spiegelfeld/H. Foglar-Deinhardstein* in FS Torggler 1139 (1148 f) mwN; vgl *Reich-Rohrwig*, Kapitalerhaltung 172; *Ch. Nowotny* in GedS Arnold[2], 63 (68, 75); *Artmann* in Artmann/Karollus, AktG[6] § 53 Rz 8; *Rüffler*, GES 2020, 117 (118); *U. Torggler*, RdW 2020, 301; *G. Moser*, SWK 2020, 626 (631); *G. Moser*, GES 2020, 183 (188); *Mitterlehner/Panholzer*, AR aktuell 2020 H 3, 36 (38); *Saurer* in Doralt/Nowotny/Kalss, AktG[3] § 52 Rz 133; **aA** *Eckert* in Althuber/Schopper, HB Unternehmenskauf & Due Diligence[2] Rz 47; *Breisch/Mitterecker* in Adensamer/Mitterecker, HB GesStreit, Rz 3/49; *Eckert/Schopper/Walcher* in Artmann/Karollus, AktG[6] § 53 Rz 8; *Fidler/Madari*, ÖJA 2023, 322 (331); differenzierend *Wenger/Ebner*, RWZ 2020, 187 (194 f). Differenzierend zur Frage, ob der Gesellschafter seine eigene wirtschaftliche Existenz zugunsten der GmbH aufs Spiel setzen muss, *Hügel* in FS Reich-Rohrwig 49 (62). Das **EKEG** ist mE auf wegen Zwangsstundung stehengelassene Dividendenforderungen nicht anwendbar (*Spiegelfeld/H. Foglar-Deinhardstein* in FS Torggler 1139 [1148]; im Ergebnis ebenso *Trenker* in Konecny, Insolvenz-Forum 2019, 161 [171 f]; vgl zu erzwungenen Stundungen auch BGH 22.7.2021, IX ZR 195/20).

230 Zust *G. Moser*, SWK 2020, 626 (631).

231 OGH 20.2.2013, 3 Ob 209/12z; *Karollus* in Brandl/Karollus/Kirchmayr/Leitner, HB vGA[3], 1 (34); differenzierend *Wünschmann*, NZG 2017, 51. Vgl ähnlich BGH 22.7.2021, IX ZR 195/20; 30.3.2023, IX ZR 121/22. Zur Frage, ob auch **gutgläubig bezogene Dividendenzahlungen** (vgl § 83 Abs 1 S 2) insolvenzrechtlich anfechtbar sein können, BGH 30.3.2023, IX ZR 121/22, NZI 2023, 543 (*Lütcke*) = FD-InsR 2023, 457518 (*Kiesel*); *Habersack*, ZIP 2022, 1621; *Altmeppen*, ZIP 2023, 1217.

videndenanspruchs zu akzeptieren, wenn gerade die Dividendenausschüttung an diesen Anteilseigner die Gesellschaft in eine Krise oder gar eine Bestandsgefährdung stürzen könnte.[232]

Gewinnverteilungsbeschlüsse, die das **Gleichbehandlungsgebot** verletzen, sind gesellschaftsrechtlich **anfechtbar**.[233] Zur Anfechtung alinearer Gewinnausschüttungen s Rz 48.

In der Praxis ist freilich mit der erfolgreichen **Anfechtung** des Beschlusses über die Thesaurierung des Gewinns oder über die Verteilung des auszuschüttenden Gewinns unter den Gesellschaftern (s Rz 44 f, 47 ff, 50 ff, 55) nicht viel gewonnen, weil die Anfechtung lediglich kassatorische Wirkung hat u keinen konkreten Dividendenanspruch begründet.[234] Zur Durchsetzung der Ausschüttung wird daher idR ein eigener Antrag auf Gewinnausschüttung erforderlich sein, der dann im Fall seiner Ablehnung mE mit **positiver Beschlussfeststellungsklage** (s § 41 Rz 165 ff)[235] durchgesetzt werden kann (s § 41 Rz 67,

---

[232] *H. Foglar-Deinhardstein* in Foglar-Deinhardstein, HB vGA, Rz 1/64. Vgl zum Aktienrecht Investoreninformation zur technischen Abwicklung der Dividendenzahlung betr das Geschäftsjahr 2017 der STRABAG SE v 12.6.2018 (https://www.strabag.com/databases/internet/_public/files.nsf/SearchView/ED0B1C93F758063AC12582AA004E3E5F/$File/STRABAG %20 SE _Dividende_Abwicklung_D_Jun2018.pdf), Dividendenbekanntmachung der STRABAG SE v 15.6.2018 (https://www.strabag.com/databases/internet/_public/files.nsf/SearchView/026AB853B967092FC12582AD004BAF26/$File/Dividendenbekanntmachung_D.pdf) u FAQ Abwicklung Auszahlung Dividende 2017 der STRABAG SE v 15.6.2018 (https://www.strabag.com/databases/internet/_public/files.nsf/SearchView/76E0B7536EA49B0DC12582AD004B6C46/$File/Q&A_Dividendenzahlung_D.pdf) sowie Dividendenbekanntmachung der STRABAG SE v 24.6.2022 (https://www.strabag.com/databases/internet/_public/files.nsf/SearchView/29F65B9CFAE1F6D4C125886B003EA20E/$File/Dividendenbekanntmachung_D.pdf).
[233] *Auer* in Gruber/Harrer, GmbHG[2] § 82 Rz 13.
[234] *Fleischer/Trinks*, NZG 2015, 289 (293); *Rüffler* in Artmann/Rüffler/Torggler, Beschlussmängel 57 (68 f); vgl OGH 30.8.2016, 6 Ob 143/16x, GesRZ 2016, 414 (*Hoenig*) = *Schwärzler*, NZ 2016, 442 = *Birnbauer*, GES 2016, 422.
[235] Allg zur **positiven Beschlussfeststellungsklage** OGH 29.11.2016, 6 Ob 213/16s, EvBl-LS 2017/42 (*Rohrer*) = GesRZ 2017, 114 (*J. Reich-Rohrwig*); 19.12.2019, 6 Ob 105/19p – *dm*, GesRZ 2020, 210 (*Arlt*) = *Hummer*, ÖZK 2020, 65 = *Gassler*, ÖZK 2020, 72 = *Reidlinger/Stenitzer*, GesRZ 2020, 137 = wbl 2020, 162 (*F. Schuhmacher*) = NZ 2020, 65 (*Walch*) = ecolex 2020, 219 (*Frank*); Rohrer, ÖJZ 2017, 276; *R. Rastegar*, Gesellschafterklage 62 ff.

99 f).[236] **Strittig** ist, ob unabhängig davon ein **klagbarer Anspruch auf positive Mitwirkung an einem Gewinnverwendungsbeschluss** besteht.[237] Versucht die Gesellschaftermehrheit unter Missbrauch

---

[236] *Fleischer/Trinks*, NZG 2015, 289 (294); vgl *Spiegelfeld/H. Foglar-Deinhardstein* in FS Torggler 1139 (1146) mwN; *H. Foglar-Deinhardstein* in Foglar-Deinhardstein, HB vGA, Rz 1/66; *Kalss* in Kalss/Nowotny/Schauer, GesR² Rz 3/166; *P. Doralt/Winner* in Doralt/Nowotny/Kalss, AktG³ § 47a Rz 45 f; *Diregger* in Doralt/Nowotny/Kalss, AktG² § 195 Rz 37; *U. Torggler*, Treuepflichten 141 ff; *S.-F. Kraus/U. Torggler* in Torggler, GmbHG § 61 Rz 41; *Harrer* in Gruber/Harrer, GmbHG² §§ 41, 42 Rz 126 ff; *Koppensteiner*, RdW 2018, 412 (416); *Gonaus/Schmidsberger*, RdW 2020, 7 (10 f). Auch die Verletzung v Treuepflichten gegenüber der Gesellschaft u/oder den Mitgesellschaftern kann mit **positiver Beschlussfeststellungsklage** aufgegriffen werden. Vgl OGH 16.2.2006, 6 Ob 130/05v; 12.10.2006, 6 Ob 139/06v, RWZ 2007/5, 12 (*Wenger*); 10.4.2008, 6 Ob 37/08x = *Thöni*, GesRZ 2008, 346; 18.9.2009, 6 Ob 49/09p = GesRZ 2010, 57 (*Pachinger*) = RWZ 2010/1, 40 (*Wenger*); *U. Torggler* in Artmann/Rüffler/Torggler, Gesellschafterpflichten in der Krise 1 (37 ff); *Rüffler* in Artmann/Rüffler/Torggler, Beschlussmängel 57 (68 f); *Eckert/Schopper* in Eckert/Schopper, AktG-ON § 197 Rz 49; *H. Foglar-Deinhardstein*, ÖJZ 2022, 911 (913). Unklar u mglw aA (freilich zum Aktienrecht) OGH 24.10.2016, 6 Ob 169/16w, NZ 2017, 26 (*Diregger*) = wbl 2017, 106 (*Nicolussi*) = GesRZ 2017, 57 (*Weigand*) = AnwBl 2017, 255 (*Kacic/Nimmerfall*) = EvBl 2017/52 (*Rohrer; Walch*); 27.2.2019, 6 Ob 19/19s, NZ 2019, 219 (*Diregger*). Die OGH-Rsp – insb auch 6 Ob 213/16s, nicht aber die insoweit offene E 6 Ob 197/11f – könnte so verstanden werden, dass Treuepflichtverletzungen zu keiner Nichtigkeit der Stimmabgabe führen u daher keine positive Beschlussfeststellungsklage möglich wäre, die nur für Zähl- u Feststellungsfehler offen stünde (vgl [krit] *Diregger* in Doralt/Nowotny/Kalss, AktG³ § 195 Rz 37; *Eckert/Schopper* in Eckert/Schopper, AktG-ON § 197 Rz 49; *Aburumieh/Hoppel* in Adensamer/Mitterecker, HB GesStreit, Rz 6/66). Diese Sicht führte aber – zumal bei der Gewinnverwendung – zu einer unbilligen Einzementierung des Willens der treuwidrig handelnden Mehrheit. Zu bedenken ist idZ auch, dass nach der stRsp eine Auflösung der GmbH aus wichtigem Grund nicht möglich ist.

[237] Für einen klagbaren Anspruch (freilich einschränkend) *Aburumieh/Hoppel* in Adensamer/Mitterecker, HB GesStreit, Rz 6/67; **dagegen** *Koppensteiner/Rüffler*, GmbHG³ § 35 Rz 15; *Enzinger* in Straube/Ratka/Rauter, GmbHG § 35 Rz 28; *Harrer* in Gruber/Harrer, GmbHG² § 35 Rz 18 ff; für Ersetzungsbefugnis des Außerstreitgerichts *Reich-Rohrwig*, GmbHR I² Rz 3/228; offen *Fleischer/Trinks*, NZG 2015, 289 (294); *Gonaus/Schmidsberger*, RdW 2020, 7 (8 FN 16); mit jew untersch Ansätzen zum Aktienrecht *S. Bydlinski/Potyka* in Artmann/Karollus, AktG⁶ § 104 Rz 16; *Kalss/E. Gruber* in Doralt/Nowotny/Kalss, AktG³ § 96 Rz 69; *E. Gruber* in Doralt/Nowotny/Kalss,

der Mehrheitsmacht, die Minderheit ohne wirtschaftliche Notwendigkeit durch konsequente Thesaurierungsbeschlüsse auszuhungern[238] (s Rz 48, 51; § 35 Rz 42, 50; § 81 Rz 33), ist zu erwägen, der Minderheit ein Austrittsrecht aus wichtigem Grund zuzubilligen.[239]

9. Zwischendividenden

Unterjährige Zwischendividenden (Abschlagsdividenden, Vorabausschüttungen, Vorwegnahmen) aus dem laufenden Gewinn sind im GmbH-Recht – anders als im Aktienrecht (§ 54a AktG)[240] – untersagt (s Rz 25, 80).[241] In der Praxis kann ein gleichartiger Effekt zulässiger Weise durch eine Vorverlegung des Bilanzstichtags erreicht werden, die zu einer **Verkürzung des Geschäftsjahrs** führt u damit eine frühere Ausschüttung des Bilanzgewinns ermöglicht.[242] Eine Änderung des Bilanzstichtags bedarf allerdings der entspr Anpassung des GesV u (zumindest für ihre steuerliche Anerkennung) der Zustimmung des FA (§ 2

57

AktG³ § 104 Rz 44, 58; *St. Arnold/Ettmayer* in Napokoj/Foglar-Deinhardstein/Pelinka, AktG § 104 Rz 33; *Eckert/Schopper/Setz* in Eckert/Schopper, AktG-ON § 104 Rz 16. Zum dt GmbH-Recht *Trinks*, NZG 2021, 587 (588 f, 590 f).

238 Vgl *E. Gruber/H. Foglar-Deinhardstein*, GesRZ 2014, 73 (82) mwN.
239 *Fleischer/Trinks*, NZG 2015, 289 (294 f, 298); *Einhaus/Selter*, GmbHR 2016, 1177 (1185).
240 Näher s *H. Foglar-Deinhardstein* in Napokoj/Foglar-Deinhardstein/Pelinka, AktG § 54a.
241 OGH 16.12.1955, 3 Ob 805/54; 29.8.2017, 6 Ob 84/17x, GesRZ 2017, 399 (*R. Gruber*); 18.2.2021, 6 Ob 207/20i – *AE&E III*, *Fantur*, GES 2021, 57 = RWZ 2021, 186 (*Wenger*) = *H. Foglar-Deinhardstein*, GesRZ 2021, 159 = GesRZ 2021, 186 (*Artmann*) = *Gaggl*, wbl 2021, 611; *Koppensteiner/Rüffler*, GmbHG³ § 82 Rz 12; *Bauer/Zehetner* in Straube/Ratka/Rauter, GmbHG § 82 Rz 16, 50; *Karollus* in Brandl/Karollus/Kirchmayr/Leitner, HB vGA³, 1 (31); *Hügel*, GesRZ 2016, 100 (101); *Zehetner/Cetin*, GES 2017, 12 (13). In der Lit werden Ausnahmen v Verbot der Zwischendividende erwogen, wenn ein Zwischenabschluss auf- u festgestellt u allenfalls auch geprüft u veröffentlicht wird, u/oder ein Gläubigeraufgebot gem § 55 Abs 2 analog durchgeführt wird (vgl *Rüffler/Aburumieh/Lind* in Jaufer/Nunner-Krautgasser/Schummer, Kapitalaufbringung und Kapitalerhaltung 71 [104 f] mwN).
242 *Karollus* in Brandl/Karollus/Kirchmayr/Leitner, HB vGA³, 1 (32); *Mitterecker*, ecolex 2018, 729 (732); vgl OGH 19.12.2012, 6 Ob 235/12w, GesRZ 2013, 290 (*Eckert*).

Abs 7 EStG).[243] Gewährt die GmbH einem Gesellschafter ein **Darlehen**, das nach Feststellung des JA mit dem auszuschüttenden (u gem Abs 5 – s Rz 5, 25, 41, 53 ff, 60, 63 f – auch ausschüttbaren) Bilanzgewinn verrechnet werden soll, (zB über ein **Verrechnungskonto**)[244] muss sich dieses Darlehen – insb hinsichtlich der Verzinsung – an den üblichen strengen Kriterien für die Zulässigkeit v *Upstream*-Finanzierungen messen lassen[245] (s Rz 110 ff). Das zukünftige **Dividendenpotential** der GmbH darf aber grds in die Beurteilung der Bonität des Gesellschafters miteinfließen;[246] ebenso der **Wert der Beteiligung** an der darlehensgewährenden Gesellschaft, die der Darlehensnehmer hält.[247] Die Forderung aus einem derartigen *Upstream*-Darlehen kann auch als Sachdividende (s Rz 58) an den kreditnehmenden Gesellschafter ausgeschüttet werden.[248] Schließlich kann eine unterjährige Entnahme mE auch nachträglich (zumindest tw) durch einen erst später entstehenden Dividenden-

---

[243] *Kienast/Twardosz* in Reich-Rohrwig/Ginthör/Gratzl, HB GV² Rz 3.482; vgl *Klett/Reinhardt*, ZIP 2021, 275 (278).

[244] *Bauer/Zehetner* in Straube/Ratka/Rauter, GmbHG § 82 Rz 49; vgl OGH 28.3.2018, 6 Ob 128/17t, GesRZ 2018, 242 (*Ch. Nowotny*) = *Michtner*, GES 2018, 233 = GES 2018, 237 (*Fantur*) = *Aburumieh/H. Foglar-Deinhardstein*, GES 2019, 3; vgl zum Steuerrecht *Kirchmayr* in Brandl/Karollus/Kirchmayr/Leitner, HB vGA³, 201 (285 ff); *Zorn*, SWK 2015, 577; VwGH 23.1.2019, Ra 2018/13/0007, RdW 2019, 197 (*Zorn*) = GES 2019, 213 (*Renner*) = *Leyrer*, SWK 2019, 972. Zur möglichen Anwendung v § 355 UGB (Kontokorrent, Saldofeststellung, Saldoanerkenntnis) auf ein **Verrechnungskonto** *Eckert* in Konecny, Insolvenz-Forum 2016, 17 (25 ff).

[245] *Kienast/Twardosz* in Reich-Rohrwig/Ginthör/Gratzl, HB GV² Rz 3.482; *Eckert* in Konecny, Insolvenz-Forum 2016, 17 (22 f).

[246] *Karollus* in Brandl/Karollus/Kirchmayr/Leitner, HB vGA³, 1 (31, 135 f); vgl *Kalss* in Konecny, Insolvenz-Forum 2015, 125 (131); *Mitterecker*, ecolex 2018, 729 (732); *Artmann* in Artmann/Karollus, AktG⁶ § 52 Rz 20/1 FN 319; krit zum Dividendenpotential als Besicherung *Eckert* in Konecny, Insolvenz-Forum 2016, 17 (22 f).

[247] VwGH 23.1.2019, Ra 2018/13/0007, RdW 2019, 197 (*Zorn*) = GES 2019, 213 (*Renner*) = *Leyrer*, SWK 2019, 972. Die Forderung gegen den Anteilseigner aus dem **Verrechnungskonto** ist richtiger Weise bei der Beurteilung der Bonität der Gesellschaft herauszurechnen (*Zorn*, RdW 2019, 197 [198]). Der Wert der Beteiligung ist schon deswegen gesellschaftsrechtlich berücksichtigungswürdig, weil die Gesellschaft zur Besicherung ihrer Forderung Exekution auf diese Beteiligung führen kann (§ 81 S 2).

[248] *Steinhart*, Kapitalerhaltung & fremdfinanzierte Unternehmensübernahmen 109 f; *Mitterecker*, ecolex 2018, 729 (733); ähnlich *Kalss* in Konecny, Insolvenz-Forum 2015, 125 (131).

anspruch saniert werden, wenn dieser v berechtigten Gesellschafter zur Abdeckung des bereits entnommenen Betrags (zuzüglich drittvergleichsfähiger Zinsen) gewidmet wird (s Rz 60, s aber auch § 83 Rz 19 f).[249] Von der Zwischendividende zu unterscheiden ist die **zeitlich gestaffelte Ausschüttung** des im letzten JA ausgewiesenen Bilanzgewinns, die bei entspr Beschlussfassung durch die GV auch dann möglich ist, wenn zunächst ein Gewinnvortrag beschlossen worden ist[250] (zB um die Liquidität der Gesellschaft zu schonen) (s Rz 60).

10. Sachdividenden, Scrip dividend

Grundsätzlich lautet der Dividendenanspruch auf Zahlung in Geld (s Rz 32). **Sachdividenden** sind grds zulässig,[251] dürfen dem einzelnen Gesellschafter aber nicht durch Mehrheitsbeschluss aufgedrängt werden, sondern bedürfen mE der Zustimmung des jew betroffenen Anteilseigners.[252] Diese individuelle Zustimmung ist mE aber nicht notwendig, wenn der GesV zur Ausschüttung v Sachdividenden ermächtigt,[253] u/oder die Voraussetzungen für die Bildung v Rücklagen 58

---

249 *Rüffler/Aburumieh/Lind* in Jaufer/Nunner-Krautgasser/Schummer, Kapitalaufbringung und Kapitalerhaltung 71 (105); *H. Foglar-Deinhardstein* in Foglar-Deinhardstein, HB vGA, Rz 1/68; vgl OLG Innsbruck 27.4.2023, 3 R 26/23g; *Tanzer*, GesRZ 1985, 70, 112.

250 *Rüffler/Aburumieh/Lind* in Jaufer/Nunner-Krautgasser/Schummer, Kapitalaufbringung und Kapitalerhaltung 71 (104 FN 141); *Mitterecker*, ecolex 2018, 729 (730).

251 ZB OGH 18.2.2021, 6 Ob 207/20i – *AE&E III*, *Fantur*, GES 2021, 57 = RWZ 2021, 186 (*Wenger*) = *H. Foglar-Deinhardstein*, GES 2021, 159 = GesRZ 2021, 186 (*Artmann*) = *Gaggl*, wbl 2021, 611; *Stanek*, GesRZ 2018, 295 mwN; *Schopper*, ecolex 2019, 736 (744); *Sieder*, GesRZ 2020, 123. Zur Sachausschüttung in der **Liquidation** § 90 Rz 7; § 91 Rz 21. Zur Diskussion über die zivilrechtliche Qualifikation v Sachdividenden *G. Müller/Haslinger/Dicken*, RWZ 2023, 344 (346); *Hirschler/Wenger*, RWZ 2023, 370 (371 f).

252 *H. Foglar-Deinhardstein* in Foglar-Deinhardstein, HB vGA, Rz 1/70; *Eckert/Schopper/Walcher* in Artmann/Karollus, AktG[6] § 53 Rz 7; aA (Zustimmung aller Gesellschafter) *Rüffler/Aburumieh/Lind* in Jaufer/Nunner-Krautgasser/Schummer, Kapitalaufbringung und Kapitalerhaltung 71 (106) mwN; *Rüffler* in FS Hügel 323 (325); *Gaggl*, Gläubigerschutz bei Umgründung der GmbH & Co KG 50 f; *Karollus*, ecolex 2022, 868 (872).

253 *Ch. Nowotny* in Kalss/Nowotny/Schauer, GesR, Rz 4/395; vgl *E. Gruber/H. Foglar-Deinhardstein*, GesRZ 2014, 73 (83) mwN; *Kalss* in Bertl et al, Reform der Rechnungslegung in Österreich 101 (108 ff); *Stanek*, GesRZ 2018, 295; *H. Foglar-Deinhardstein* in Foglar-Deinhardstein, HB vGA, Rz 1/70.

durch Gesellschafterbeschluss[254] gegeben sind (s § 81 Rz 33, 69).[255] Meines Erachtens ist die Ausschüttung einer Sachdividende nur zulässig, wenn der **Verkehrswert** der auszuschüttenden Gegenstände im ausschüttbaren Bilanzgewinn Deckung findet; Deckung des Buchwerts im Bilanzgewinn wäre *per se* nicht ausreichend (str, **aA zur Sachauskehr bei der Kapitalherabsetzung** s § 54 Rz 6 f).[256] Dem Argument, dass eine Ausschüttung zum Buchwert ohnedies zu einer ertragswirksamen Realisierung stiller Reserven u damit zu einer Erhöhung des Bilanzgewinns führt, ist nicht zu folgen, weil dieser Gewinn – wenn überhaupt – erst im nächsten JA u somit nur phasenverschoben festgestellt u ausgeschüttet werden kann.[257] Eine Sachdividende kann auch mit einer Bardividende kombiniert werden.[258] Werden durch eine Sachdividende bei der ausschüttenden Gesellschaft stille Reserven aufgedeckt, ist dies kein Anwendungsfall der Ausschüttungssperre gem § 235 UGB (s Rz 64).[259] Eine Sachdividende ist mE auch geeignet, die Übernahme

---

[254] *Saurer* in Doralt/Nowotny/Kalss, AktG³ § 52 Rz 132. Die Rücklagenbildung durch Gesellschafterbeschluss bedarf der unternehmerischen Rechtfertigung u darf nicht in willkürlicher Höhe erfolgen (OGH 13.5.1959, 3 Ob 129/59; 23.5.2007, 3 Ob 59/07h, RWZ 2007, 261 [*Wenger*] = GesRZ 2008, 22 [*Linder*]; *Koppensteiner/Rüffler*, GmbHG³ § 35 Rz 9, 15).

[255] *H. Foglar-Deinhardstein* in Napokoj/Foglar-Deinhardstein/Pelinka, AktG § 52 Rz 23.

[256] *Ch. Nowotny* in Kalss/Nowotny/Schauer, GesR² Rz 4/395; *Kalss* in Bertl et al, Reform der Rechnungslegung in Österreich 101 (114 f); *Hügel* in Kalss/Torggler, Einlagenrückgewähr 19 (31 FN 38); *Reich-Rohrwig*, Kapitalerhaltung 106 ff; *Rüffler/Aburumieh/Lind* in Jaufer/Nunner-Krautgasser/Schummer, Kapitalaufbringung und Kapitalerhaltung 71 (107 f); *Rüffler* in FS Hügel 323 (326); *H. Foglar-Deinhardstein* in Foglar-Deinhardstein, HB vGA, Rz 1/70; *Stanek*, GesRZ 2018, 158 (162); *Ritt-Huemer*, RdW 2019, 77; *Gaggl*, Gläubigerschutz bei Umgründung der GmbH & Co KG 56 ff, 68 ff; *Gaggl*, wbl 2021, 611 (613); *H. Foglar-Deinhardstein*, GES 2021, 159 (162); tw **aA** *Eckert* in Kalss/Torggler, Einlagenrückgewähr 71; *Eckert* in Torggler, UGB³ § 161 Rz 29; *Ludwig/Hirschler*, Bilanzierung u Prüfung v Umgründungen³ Rz 3/132 ff mwN; *Eckert/Schopper/Walcher* in Artmann/Karollus, AktG⁶ § 53 Rz 7.

[257] *Hügel* in Artmann/Rüffler/Torggler, GmbH & Co KG 111 (121 ff); *Stanek*, GesRZ 2018, 158 (162); *Stanek*, GesRZ 2018, 295 (296 ff); *Gaggl*, wbl 2021, 611 (616 f).

[258] *Kalss* in Bertl et al, Reform der Rechnungslegung in Österreich 101 (117).

[259] *Ritt-Huemer*, RdW 2019, 77 (78, 81 ff); *Ludwig/Hirschler*, Bilanzierung u Prüfung v Umgründungen³ Rz 3/138; *Deichsel/Inzinger/Uedl* in FS Bertl II, 227 (236 f).

einer Verbindlichkeit (zB eines Bankkredits) eines Anteilseigners (s Rz 13, 102, 103) durch die Gesellschaft, etwa im Wege der **Schuldübernahme**, zu rechtfertigen. Meines Erachtens muss die Dividende jedenfalls das Nominale (Kapital) der übernommenen Verbindlichkeit abdecken; ob auch allfällige Zinsen der übernommenen Verbindlichkeit bis zu deren Tilgung sowie sonstige Kosten durch die Dividende abgedeckt sein müssen, richtet sich mE danach, ob eine Fremdfinanzierung der Dividende (s Rz 35) aus Sicht der die Verbindlichkeit übernehmenden Gesellschaft zu gleichen Konditionen zulässig wäre, in welchem Fall die Zinsen für die Sachdividende nicht angesetzt werden müssen.[260] Zur **Sachausschüttung in der Liquidation** s § 90 Rz 7, § 91 Rz 21.

Bei Ausschüttung einer *Scrip dividend* (**Anteilsdividende**) erhalten die Gesellschafter anstelle einer Bardividende zusätzliche Anteile (Gratisanteile)[261] (s auch § 81 Rz 69). Damit kann die Liquidität der Gesellschaft geschont werden. Bei der *optional scrip dividend* wird den Gesellschaftern die freie Wahlmöglichkeit zw Behebung der Dividende in bar u Teilnahme am *scrip dividend scheme* angeboten.[262] Die *Scrip dividend* kann grds aus dem allfälligen Bestand der GmbH an **eigenen Anteilen** oder durch eine Kapitalerhöhung gegen Sacheinlage der Dividendenansprüche (**Schütt-aus-hol-zurück**) gespeist werden (s § 52 Rz 57).[263] Die Voraussetzungen für die Ausschüttung einer **Sachdividende** sind einzuhalten (s auch Rz 58). Meines Erachtens ist für diesen Beschluss die individuelle Zustimmung aller Gesellschafter jedenfalls dann nicht notwendig, wenn der GesV zur Ausschüttung v Sachdividenden ermächtigt, u/oder die Voraussetzungen für die Bildung v Rücklagen

59

---

260 *H. Foglar-Deinhardstein* in Foglar-Deinhardstein, HB vGA, Rz 1/70.
261 *H. Foglar-Deinhardstein* in Foglar-Deinhardstein, HB vGA, Rz 1/71; näher dazu *E. Gruber/H. Foglar-Deinhardstein*, GesRZ 2014, 73 (83); *Spiegelfeld/H. Foglar-Deinhardstein* in FS Torggler 1139 (1160 ff); *E. Gruber* in Doralt/Nowotny/Kalss, AktG³ § 104 Rz 47; *Kalss* in Bertl et al, Reform der Rechnungslegung in Österreich 101 (111); *Sieder*, GesRZ 2020, 123.
262 Ein solches Wahlrecht ist aber – entgegen der Behauptung v *Sieder* (GesRZ 2020, 123) – kein konstitutives Merkmal eines *scrip dividend scheme*.
263 *H. Foglar-Deinhardstein* in Foglar-Deinhardstein, HB vGA, Rz 1/71; *Spiegelfeld/H. Foglar-Deinhardstein* in FS Torggler 1139 (1162 ff); vgl *Koppensteiner/Rüffler*, GmbHG³ § 63 Rz 18c, § 82 Rz 12; *Schopper* in Straube/Ratka/Rauter, GmbHG § 63 Rz 186; *Bauer/Zehetner* in Straube/Ratka/Rauter, GmbHG § 82 Rz 52; *Sieder*, GesRZ 2020, 123 (128 f). Allg zum Schütt-aus-hol-zurück-Verfahren *A. Wimmer*, taxlex 2021, 108 (111).

durch Gesellschafterbeschluss[264] gegeben sind.[265] In Hinblick auf die **Treuepflicht** der Gesellschafter (s Rz 10, 45, 51, 53 ff, 60; § 61 Rz 32 ff) sollte es uU zulässig sein, dass jene Dividenden, die gem dem Wahlrecht der Gesellschafter in bar auszuschütten sind, vorläufig zu stunden sind u daher zunächst nicht behoben werden dürfen, während die Anteilsdividenden sofort verteilt werden, weil diese die Liquidität der GmbH nicht beanspruchen.[266]

11. Nachträgliche Änderung der Gewinnverwendung

60 Innerhalb der v GesV u Treuepflichten (s Rz 10, 45, 51, 53 ff, 59; § 61 Rz 32 ff) vorgegebenen Grenzen kann ein einmal gefasster **Gewinnverwendungsbeschluss** (s Rz 45) grds auch durch einen weiteren Gesellschafterbeschluss **nachträglich wieder abgeändert** werden.[267] Ein neuerlicher Gewinnverwendungsvorschlag der GF (s Rz 45, 54) ist dafür mE nicht zwingend erforderlich; gibt es freilich einen solchen Vorschlag, so ist dazu mE – sofern ein AR besteht, u bei sonstiger Anfechtbarkeit des abgeänderten Gewinnverwendungsbeschlusses (s § 41 Rz 34)[268] – auch ein Bericht des AR gem § 30k (s Rz 45) einzuholen.[269] Im Einzelnen gelten für die nachträgliche Änderung des Gewinnverwendungsbeschlusses folgende Regeln: Eine Änderung, die zu einem **höheren Gewinnanspruch** führt, ist grds zulässig. Falls der ursprüngliche Gewinnverwendungsbeschluss bei einer (mittel)großen GmbH bereits gem § 277 Abs 1 UGB im FB offengelegt worden ist, dürfen die Gesellschafter eine **Gewinnrücklage** (s Rz 45) grds nicht mehr auflösen, sofern nicht die Voraussetzungen für eine nachträgliche Änderung des JA ge-

---

264 Die Rücklagenbildung durch Gesellschafterbeschluss bedarf der unternehmerischen Rechtfertigung u darf nicht in willkürlicher Höhe erfolgen (OGH 13.5.1959, 3 Ob 129/59; 23.5.2007, 3 Ob 59/07h, RWZ 2007, 261 [*Wenger*] = GesRZ 2008, 22 [*Linder*]; *Koppensteiner/Rüffler*, GmbHG³ § 35 Rz 9, 15).
265 *H. Foglar-Deinhardstein* in Foglar-Deinhardstein, HB vGA, Rz 1/71.
266 *H. Foglar-Deinhardstein* in Foglar-Deinhardstein, HB vGA, Rz 1/71; *Spiegelfeld/H. Foglar-Deinhardstein* in FS Torggler 1139 (1164).
267 *Schopper/Walch*, ecolex 2015, 392 (393); *Hügel*, GesRZ 2016, 100 (102); *Schopper/Walch*, NZ 2018, 441 (455 ff) mwN; *Gonaus/Schmidsberger*, RdW 2020, 7 (9 f); **aA** (für die GmbH, nicht für die AG) *Feltl*, GesRZ 2018, 142.
268 Zur Anfechtbarkeit wegen Verletzung v § 30k vgl *Eckert/Schopper* in Torggler, GmbHG § 30k Rz 4; *Ettmayer/Kusznier*, ecolex 2012, 319 (320).
269 *H. Foglar-Deinhardstein* in Foglar-Deinhardstein, HB vGA, Rz 1/72. S aber § 35 Rz 47.

geben sind.²⁷⁰ Ein **Gewinnvortrag** (s Rz 45) darf hingegen – bei entspr Beschlussfassung – jedenfalls noch nachträglich ausgeschüttet werden, bis der gesamte im JA ausgewiesene Bilanzgewinn verbraucht ist (s Rz 57),²⁷¹ wobei ggf eine **Ausschüttungssperre gem Abs 5** analog (s Rz 5, 25, 41, 53 ff) eingreift.²⁷² Der geänderte Gewinnverwendungsbeschluss ist im FB offenzulegen.²⁷³ Soll die nachträgliche Änderung den bereits entstandenen **Gewinnanspruch schmälern**, wird die Änderung nur für jene betroffenen Gesellschafter wirksam, die ihr zustimmen (s § 35 Rz 36);²⁷⁴ der geänderte Gewinnverwendungsbeschluss ist im FB offenzulegen. Eine Änderung des Gewinnverwendungsbeschlusses ist mE grds (erst dann) nicht mehr möglich, wenn bereits der gesamte Bilanzgewinn ausgeschüttet, oder wenn der JA des folgenden Geschäftsjahrs bereits festgestellt worden ist.²⁷⁵ Können durch nachträgliche (regelkonforme) Änderungen des JA u/oder des Gewinnverwendungsbeschlusses zusätzliche Dividenden geschaffen werden, können diese grds auch – durch entspr Widmung – zu **nachträglicher Sanierung** auf-

---

270 *Schopper/Walch*, ecolex 2015, 392 (394 f) mwN; *Hügel*, GesRZ 2016, 100 (102); *Gonaus/Schmidsberger*, RdW 2020, 7 (9 f); ähnlich *Kienast/Twardosz* in Reich-Rohrwig/Ginthör/Gratzl, HB GV² Rz 3.482; *Mitterecker*, ecolex 2018, 729 (730 f); **aA** *Ch. Nowotny* in Bertl et al, Bilanzpolitik 129 (133); (differenzierend) *Klett/Reinhardt*, ZIP 2021, 275 (278).
271 *Kienast/Twardosz* in Reich-Rohrwig/Ginthör/Gratzl, HB GV² Rz 3.481; *Kalss/Probst*, Familienunternehmen, Rz 14/56; *Rüffler/Aburumieh/Lind* in Jaufer/Nunner-Krautgasser/Schummer, Kapitalaufbringung und Kapitalerhaltung 71 (104 FN 141); *Mitterecker*, ecolex 2018, 729 (730); *Winner*, ZFR 2020, 226 (229); *Wenger/Ebner*, RWZ 2020, 187 (194); *Gonaus/Schmidsberger*, RdW 2020, 7 (9 f); *Klett/Reinhardt*, ZIP 2021, 275 (277 f: „Ein beschlossener Gewinnvortrag stellt von vornherein nur eine ,Rücklage auf Zeit' dar, womit grundsätzlich nicht auf eine längerfristige Vermögensbindung vertraut werden kann.").
272 *Hügel*, GesRZ 2016, 100 (102); *H. Foglar-Deinhardstein* in Foglar-Deinhardstein, HB vGA, Rz 1/72; *Mitterecker*, ecolex 2018, 729 (731).
273 *Schopper/Walch*, ecolex 2015, 392 (393 f) mwN; *Hügel*, GesRZ 2016, 100 (102); *Ch. Nowotny* in Bertl et al, Bilanzpolitik 129 (133).
274 *Ch. Nowotny* in Bertl et al, Bilanzpolitik 129 (133); *H. Foglar-Deinhardstein* in Foglar-Deinhardstein, HB vGA, Rz 1/72. Ähnlich *Schopper/Walch*, ecolex 2015, 392 (394 f) mwN; *Hügel*, GesRZ 2016, 100 (102). Für das Aktienrecht die Zustimmung sämtlicher Aktionäre fordernd *Eckert/Schopper/Setz* in Eckert/Schopper, AktG-ON § 104 Rz 17.
275 *H. Foglar-Deinhardstein* in Foglar-Deinhardstein, HB vGA, Rz 1/72; *Mitterecker*, ecolex 2018, 729 (731); *Klett/Reinhardt*, ZIP 2021, 275 (279).

gedeckter (ursprünglich verdeckter) Verstöße gegen das Verbot der Einlagenrückgewähr verwendet werden (s Rz 49, 57, s aber auch § 83 Rz 19 f).[276] Allenfalls müssen hier die Vorschriften über die Sachdividende (s Rz 58) eingehalten werden.

B. Zinsverbot und Vergütung für Nebenleistungspflichten (§ 82 Abs 3, 4)

1. Zinsverbot (§ 82 Abs 3)

61 **Absatz 3** verbietet – um Umgehungen v Abs 1 zu verhindern[277] – zwingend die Vereinbarung oder Gewährung v **Zinsen auf das Stammkapital**. Unter Zinsen iSv Abs 3 sind gewinnunabhängige, periodisch wiederkehrende Leistungen als Entgelt für die Erbringung der Stammeinlagen zu verstehen.[278] Davon erfasst sind auch Bauzinsen (den Gesellschaftern für die Anlaufzeit bis zur Aufnahme des Vollbetriebs zugesagte Verzinsung ihrer Einlagen)[279] u Zinsen für vorzeitig (dh vor Fälligkeit) eingezahlte Stammeinlagen.[280] **Strittig** ist, ob das Verzinsungsverbot auch auf **Nachschüsse** sinngemäß anzuwenden ist (vgl § 72 Rz 10).[281] Wirksam begründete, aber noch nicht behobene **Dividenden** u **Liquidationsüberschüsse/-erlöse** dürfen grds (drittvergleichsfähig) verzinst werden, insb bei **Verzug** der Gesellschaft.[282] Zulässig sind auch Gewinnvertei-

---

276 Vgl *Tanzer*, GesRZ 1985, 70, 112; OLG Innsbruck 27.4.2023, 3 R 26/23g.
277 *Koppensteiner/Rüffler*, GmbHG³ § 82 Rz 3.
278 *Auer* in Gruber/Harrer, GmbHG² § 82 Rz 34; *Koppensteiner/Rüffler*, GmbHG³ § 82 Rz 13.
279 *Auer* in Gruber/Harrer, GmbHG² § 82 Rz 4; *Karollus* in Brandl/Karollus/Kirchmayr/Leitner, HB vGA³, 1 (38).
280 OGH 19.12.1967, 8 Ob 330/67; 17.3.1978, 1 Ob 752/77.
281 Für sinngemäße Anwendung *Köppl* in Torggler, GmbHG § 82 Rz 6; *Auer* in Gruber/Harrer, GmbHG² § 82 Rz 34; *Koppensteiner/Rüffler*, GmbHG³ § 74 Rz 1, § 82 Rz 13; *Karollus* in Brandl/Karollus/Kirchmayr/Leitner, HB vGA³, 1 (38); **aA** *Bauer/Zehetner* in Straube/Ratka/Rauter, GmbHG § 82 Rz 55 (Verzinsung zu drittvergleichsfähigen Konditionen zulässig).
282 *Köppl* in Torggler, GmbHG § 82 Rz 6; *St. Hofmann/T. Hofmann*, RdW 2010/490, 478; *Spiegelfeld/H. Foglar-Deinhardstein* in FS Torggler 1139 (1148); *H. Foglar-Deinhardstein/Trettnak*, GES 2013, 180 (182 FN 15); *Karollus* in Brandl/Karollus/Kirchmayr/Leitner, HB vGA³, 1 (37). Zur zulässigen Verzinsung des Abfindungsanspruchs bei der GmbH & Co KG OGH 21.11.2017, 6 Ob 161/17w, RWZ 2018, 241 (*Wenger*) = GesRZ 2018, 112

lungsregeln, die an eine Verzinsung der Stammeinlagen (u/oder v geleisteten **Gesellschafterzuschüssen**; s § 72 Rz 7) anknüpfen, soweit der insgesamt zu verteilende Gewinn mit dem im JA ausgewiesenen Bilanzgewinn gedeckt ist[283] (s Rz 43). Da sich das Verzinsungsverbot an die GmbH richtet, können entspr Zusagen – zB durch **Dividendengarantien** – durch Dritte (etwa den Veräußerer eines Geschäftsanteils oder die Konzernobergesellschaft) wirksam gegeben werden (s Rz 30).[284]

2. Vergütung für satzungsmäßige Nebenleistungspflichten (Abs 4)

Absatz 4 gestattet die **gewinnunabhängige** – dh v Bilanzgewinn losgelöste – **Vergütung für im GesV gem § 8 festgelegte wiederkehrende Leistungspflichten der Gesellschafter**, soweit die Vergütung den Wert der v Gesellschafter zu erbringenden Leistung nicht übersteigt. Gemäß § 8 sind die Nebenleistungspflicht u ihr Umfang sowie die Bemessungsgrundlage für die Vergütung im GesV festzusetzen (s § 8 Rz 8 ff). Der Anspruch des Gesellschafters auf die Vergütung ist nicht mitgliedschaftlich, sondern der schuldrechtliche Anspruch eines Gesellschaftsgläubigers auf das bedungene Entgelt (**str**).[285] **Überhöhtes Entgelt** für wiederkehrende Leistungen gem § 8 ist als verbotene Einlagenrückgewähr zu qualifizieren (s Rz 65, 96).[286] Die Wertung des Abs 4 (**Äquivalenzprinzip, Angemessenheitspostulat**) ist auch auf Leistungsbeziehungen zw

62

(*H. Foglar-Deinhardstein*) = *Aburumieh/H. Foglar-Deinhardstein,* GES 2019, 3 = ÖBA 2019, 519 (*Edelmann*).

283 OGH 3.5.1923, 2 Ob 281/23; *Bauer/Zehetner* in Straube/Ratka/Rauter, GmbHG § 82 Rz 55; *Koppensteiner/Rüffler*, GmbHG[3] § 82 Rz 13; *Eckert/Schoppl* in Artmann/Karollus, AktG[6] § 54 Rz 3.

284 *Köppl* in Torggler, GmbHG § 82 Rz 6; *Koppensteiner/Rüffler*, GmbHG[3] § 82 Rz 12; *Bauer/Zehetner* in Straube/Ratka/Rauter, GmbHG § 82 Rz 39; *Karollus* in Brandl/Karollus/Kirchmayr/Leitner, HB vGA[3], 1 (25, 38 f). Unzulässig sind aber Dividendengarantien der GmbH selbst (vgl OGH 25.10.1978, 1 Ob 719/78).

285 Zur GmbH *Köppl* in Torggler, GmbHG § 82 Rz 7; *Bauer/Zehetner* in Straube/Ratka/Rauter, GmbHG § 82 Rz 40, 57; **aA** zur AG *Artmann* in Artmann/Karollus, AktG[6] § 55 Rz 3; *Saurer* in Doralt/Nowotny/Kalss, AktG[3] § 55 Rz 5. Präzise *Eckert/SchopplMadari* in Artmann/Karollus, AktG[6] § 55 Rz 4: Vergütungsanspruch grds mitgliedschaftlich; mit Erbringung der Leistung reift der Anspruch ab u es entsteht ein Gläubigerrecht.

286 *Bauer/Zehetner* in Straube/Ratka/Rauter, GmbHG § 82 Rz 58; *Artmann* in Artmann/Karollus, AktG[6] § 55 Rz 6; *Eckert/SchopperMadari* in Artmann/Karollus, AktG[6] § 55 Rz 7.

GmbH u Gesellschafter übertragbar, die nicht im GesV festgesetzt sind (s Rz 5, 12, 81 ff).[287]

C. Ausschüttungssperren (§ 235 UGB, § 82 Abs 5)

63 Der GesV kann vorsehen, dass **Rücklagen** im JA über das v Gesetz verlangte zwingende Ausmaß hinaus zu dotieren sind (s Rz 43).[288] Dotierungen v Rücklagen verringern den Bilanzgewinn u somit das Ausschüttungspotential. Nicht jede Ausschüttung im Verstoß gegen **gesv oder rechtsgeschäftlich vereinbarte Ausschüttungssperren** stellt eine verbotene Einlagenrückgewähr iSv § 82 dar.[289] Zur **Ausschüttungssperre gem Abs 5** s Rz 5, 25, 41, 53 ff, 60.

64 Neben **Abs 5** (s Rz 63) u **§ 187 AktG iVm § 59** (s § 59 Rz 1, 21 ff) sowie **§ 229 Abs 1b UGB** (s Rz 37, § 81 Rz 48 f), **§ 229 Abs 7 UGB**, **§ 10 Abs 1 WGG**[290] u **§ 3 Override-V**[291] ergeben sich **Ausschüttungssperren** insb auch aus **§ 235 UGB** (Ausschüttungsverbot für Gewinne, die aus umgründungsbedingten Aufwertungen resultieren).[292] Die Regelung des § 235 UGB hat folgenden praxisrelevanten Hintergrund: IZm Um-

---

287 *Karollus* in Brandl/Karollus/Kirchmayr/Leitner, HB vGA³, 1 (82 f); *Ch. Nowotny* in Kalss/Nowotny/Schauer, GesR² Rz 4/412.
288 VwGH 16.9.1991, 91/15/0027; *Auer* in Gruber/Harrer, GmbHG² § 82 Rz 11.
289 Näher *Karollus* in Brandl/Karollus/Kirchmayr/Leitner, HB vGA³, 1 (30).
290 *Karollus* in Brandl/Karollus/Kirchmayr/Leitner, HB vGA³, 1 (29 f, 83).
291 *Weninger/A. Winkler* in Torggler, UGB³ § 235 Rz 13.
292 Näher dazu *Weninger/A. Winkler* in Torggler, UGB³ § 235 Rz 1 ff; *Bergmann*, ecolex 2016, 313; *Kreuch/Vlk*, RWZ 2016/3, 7; *Winter/Kern/Hlawenka/Türk-Walter*, RWP 2016/14, 70; *Hügel*, GesRZ 2016, 100 (FN 4); *Hirschler/Strimitzer* in Mayr/Schlager/Zöchling, HB Einlagenrückzahlung 147; *Ch. Nowotny* in Haberer/Krejci, Konzernrecht, Rz 15.5; *Ch. Nowotny* in FS Hügel 283; *Ch. Nowotny*, RWZ 2017, 188; *Strimitzer* in FS Hügel 367; *Dokalik/Hirschler*, RÄG 2014 – Reform des Bilanzrechts², 92 ff; *Ludwig/Hirschler*, Bilanzierung u Prüfung v Umgründungen³ Rz 1/93 ff, 3/93 ff; *Ritt-Huemer*, RdW 2019, 77; *Deichsel/Inzinger/Uedl* in FS Bertl II, 227 (234 ff); *Strimitzer* in FS Bertl II, 507 (512 ff); AFRAC-Stellungnahme 31 Ausschüttungssperren nach § 235 Abs 1 UGB (https://www.afrac.at/wp-content/uploads/AFRAC-Stellungnahme_31_Aussch%c3%bcttungssperre_M%c3%a4rz_2017.pdf). Vgl *Auer* in Gruber/Harrer, GmbHG² § 82 Rz 15; OGH 11.9.2003, 6 Ob 103/03w, ecolex 2004, 281 (*J. Reich-Rohrwig*) = *Hirschler*, GES 2004, 224 = *Christiner*, RWZ 2004/48, 193 = *Beiser*, GesRZ 2005, 3.

gründungen räumt § 202 UGB der übernehmenden Gesellschaft ein Wahlrecht ein: Die übernehmende Gesellschaft kann entweder (a) das übernommene Vermögen auf den beizulegenden Wert (entspricht grds dem Verkehrswert) aufwerten – soweit sich nicht aus der Nutzungsmöglichkeit im Unternehmen ein geringerer Wert ergibt – oder aber (b) die Buchwerte der übertragenden Gesellschaft fortführen. Dieses Wahlrecht bezieht sich nur auf die unternehmensrechtliche Bilanz; im Steuerrecht verlangt das UmgrStG grds bei der Umgründung die Fortführung der Buchwerte (dh stille Reserven werden steuerlich nicht aufgedeckt). Das Wahlrecht zw Neubewertung u Buchwertfortführung ist jew für die Gesamtheit des übergegangenen Vermögens auszuüben. Nach hA kann die übernehmende Gesellschaft das Wahlrecht im freien Ermessen ausüben; die wesentlichen Informationen sind aber durch Erläuterungen im Anh zum JA zu berichten. In der Praxis werden Buchwerte insb dann nicht fortgeführt, wenn im übertragenen Vermögen hohe **stille Reserven** stecken.[293] Bei der Aufwertung durch Ansatz des beizulegenden Werts werden diese stillen Reserven unternehmensrechtlich aufgedeckt. Der beizulegende Wert ist die Basis für zukünftige Abschreibungen. Eine derartige Aufwertung ist als prinzipiell legitim zu beurteilen.[294] Fraglich könnte allenfalls sein, ob die mit der Aufwertung einhergehende **Erhöhung des Ausschüttungspotentials** einen zulässigen Zweck für eine Umgründung darstellt. Eine Unzulässigkeit könnte sich insb aus einer Verletzung des Gläubigerschutzes ergeben, weil die Aufwertung ja durch eine buchmäßige Erhöhung der Summe der Aktiva bewirkt, dass bisher in der übertragenden Gesellschaft gebundene Mittel potentiell ausschüttungsfähig werden. § 235 UGB bietet aber schon gesetzl einen gewissen Schutz gegen diese Gläubigergefährdung, indem nämlich eine **Ausschüttungssperre für umgründungsbedingte Buchgewinne** angeordnet wird. Diese Ausschüttungssperre soll also schon v Gesetzes wegen einer Gefährdung v Gläubigerinteressen entgegenwirken.[295] Gemäß § 235 Abs 1 Z 3 UGB erfasst die Aus-

---

[293] *Ch. Nowotny* in Haberer/Krejci, Konzernrecht, Rz 15.5; *Szep* in Artmann/Karollus, AktG[6] § 223 Rz 8.
[294] *Ch. Nowotny* in Haberer/Krejci, Konzernrecht, Rz 15.5. Krit zur Aufwertung durch Umgründung *Reich-Rohrwig*, Kapitalerhaltung 45 FN 206, 195 FN 982.
[295] OGH 18.2.2021, 6 Ob 207/20i – *AE&E III, Fantur*, GES 2021, 57 = RWZ 2021, 186 (*Wenger*) = *H. Foglar-Deinhardstein*, GES 2021, 159 = GesRZ 2021, 186 (*Artmann*) = *Gaggl*, wbl 2021, 611. Vgl *Vanas* in Zib/

schüttungssperre auch Gewinne, die bei einer Umgründung bei der **übertragenden Gesellschaft** aus dem Ansatz des beizulegenden Werts der Gegenleistung entstehen.[296] Auch im Fall v Gewinn- oder Ergebnisabführungsverträgen (s Rz 128) darf der v § 235 UGB erfasste Teil des Bilanzgewinns nicht überrechnet werden.[297] Im Fall einer Verletzung der Ausschüttungssperre ist der Gewinnausschüttungsbeschluss mE nur teilnichtig (s auch § 35 Rz 52) **(str)**.[298] Zu einer (tw) Entsperrung kommt es durch den Abgang eines aufgewerteten Vermögensgegenstands außerhalb einer Umgründung, zB durch einen Verkauf, oder durch die Abschreibung aktivierter stiller Reserven sowie eines Firmenwerts.[299] Aus einer Umgründung entstandene Kapitalrücklagen, die einer Ausschüttungssperre gem § 235 UGB unterliegen, können nach den Bestimmungen des KapBG durch eine **Kapitalerhöhung aus Gesellschaftsmitteln** (Kapitalberichtigung) in Stammkapital umgewandelt werden; sie können nach der einschlägigen AFRAC-Stellungnahme aber auch Gegenstand einer Kapitalherabsetzung sein.[300]

Dellinger, UGB § 235 Rz 3 ff; *Ch. Nowotny* in Haberer/Krejci, Konzernrecht, Rz 15.5, 15.38, 15.39; *Ch. Nowotny* in FS Hügel 283 (288 ff); *Dokalik/Hirschler*, RÄG 2014 – Reform des Bilanzrechts², 94; *Deichsel/Inzinger/Uedl* in FS Bertl II, 227 (230 ff, 235); *Bernscherer*, SWK 2021, 1014. Zur Ausschüttungssperre des § 235 Abs 1 UGB bei **Zwischengesellschaften** v Umgründungen *Stanek*, GES 2022, 309. Zum Zusammenspiel zw § 235 Abs 1 UGB u der **steuerl Innenfinanzierung** *Titz/Wild*, RWZ 2017, 191.

296 *Ritt-Huemer*, RdW 2019, 77 (79 f); *Deichsel/Inzinger/Uedl* in FS Bertl II, 227 (236); vgl OGH 18.2.2021, 6 Ob 207/20i – *AE&E III, Fantur*, GES 2021, 57 = RWZ 2021, 186 (*Wenger*) = *H. Foglar-Deinhardstein*, GES 2021, 159 = GesRZ 2021, 186 (*Artmann*) = *Gaggl*, wbl 2021, 611.

297 *Deichsel/Inzinger/Uedl* in FS Bertl II, 227 (244); AFRAC-Stellungnahme 31 Ausschüttungssperren nach § 235 Abs 1 UGB (https://www.afrac.at/wp-content/uploads/AFRAC-Stellungnahme_31_Aussch%c3%bcttungssperre_M%c3%a4rz_2017.pdf).

298 *Thelen*, RWZ 2019, 361 (363 ff); *Bernscherer*, SWK 2021, 1014 (1015); **aA** (Gesamtnichtigkeit) AFRAC-Stellungnahme 31 Ausschüttungssperren nach § 235 Abs 1 UGB (https://www.afrac.at/wp-content/uploads/AFRAC-Stellungnahme_31_Aussch%c3%bcttungssperre_M%c3%a4rz_2017.pdf).

299 AFRAC-Stellungnahme 31 Ausschüttungssperren nach § 235 Abs 1 UGB (https://www.afrac.at/wp-content/uploads/AFRAC-Stellungnahme_31_Aussch%c3%bcttungssperre_M%c3%a4rz_2017.pdf). Näher *Ch. Nowotny*, RWZ 2017, 188; *Ludwig/Strimitzer* in Hirschler, Bilanzrecht² § 235 Rz 67.

300 *Ettmayer/Grossmayer* in Straube/Ratka/Rauter, GmbHG §2 KapBG, Rz 15; vgl *Aburumieh/Adensamer/H. Foglar-Deinhardstein*, Verschmel-

D. Sonstige erlaubte Vermögensverschiebungen

Neben der Gewinnausschüttung sind folgende Vermögenstransfers aus 65
der GmbH in Richtung der Sphäre der Gesellschafter v Gesetz ausdrücklich durch entspr Erlaubnistatbestände legitimiert u stellen somit
eine **erlaubte Einlagenrückgewähr** dar:

– **Gründungskosten** gem § 7 (s § 7 Rz 8 ff);[301]
– Verteilung des **Liquidationsüberschusses** (allenfalls durch Sachauskehr)[302] nach abgeschlossener Liquidation (s § 89 Rz 1; § 90 Rz 3, 7; § 91 Rz 19 ff);
– Rückzahlungen (oder allenfalls Sachauskehr – s § 54 Rz 6 f)[303] nach durchgeführter effektiver **Kapitalherabsetzung** (s § 57 Rz 2 ff);
– **Rückzahlung v Nachschüssen** unter den Bedingungen v § 74 Abs 1 (s § 74 Rz 1 ff);
– **Vergütung v wiederkehrenden Leistungen** gem § 8 (s Rz 62, 96; § 8 Rz 8 ff);
– Zulässiger **Erwerb eigener Anteile** gem § 81 (s § 81 Rz 5, 12 ff, 33 ff);
– Rückzahlung v Stammeinlagen im Rahmen der **vereinfachten Kapitalherabsetzung wegen Vermögensaufzehrung** gem § 58 (s § 58 Rz 5);
– **Abspaltung zur Neugründung** oder **zur Aufnahme**, bei der die Anteile an der übernehmenden Gesellschaft an die Gesellschafter der übertragenden GmbH gewährt werden (s auch Rz 22 FN 84): Der entschädigungslose Vermögensabgang aus der übertragenden Gesellschaft ist der Spaltung wesensimmanent u wird durch die

---

zung V.B Rz 24 ff; AFRAC-Stellungnahme 31 Ausschüttungssperren nach § 235 Abs 1 UGB (https://www.afrac.at/wp-content/uploads/AFRAC-Stellungnahme_31_Aussch%c3%bettungssperre_M%c3%a4rz_2017.pdf).

301 Vgl OGH 24.10.2019, 6 Ob 100/19b, GesRZ 2020, 206 (*Pilgerstofer*) = *Birnbauer*, GES 2020, 33. Die Gründungskosten müssen in einem angemessenen Verhältnis zum bei der Gründung eingebrachten Verkehrswert stehen. Vgl OGH 11.9.2003, 6 Ob 103/03w, ecolex 2004, 281 (*J. Reich-Rohrwig*); *Koppensteiner/Rüffler*, GmbHG³ § 82 Rz 12; *Saurer* in FS Jud 549 (551 FN 1); *Heidinger/Schneider* in Artmann/Karollus, AktG⁶ § 19 Rz 14 f.

302 *Bauer/Zehetner* in Straube/Ratka/Rauter, GmbHG § 82 Rz 229; *Reich-Rohrwig*, Kapitalerhaltung 112.

303 *Bauer/Zehetner* in Straube/Ratka/Rauter, GmbHG § 82 Rz 225 ff; *Reich-Rohrwig*, Kapitalerhaltung 106 ff.

Gläubigerschutzbestimmungen des Spaltungsrechts ausgeglichen[304] (s auch Rz 22, 143 ff);
- **Ab- oder Aufspaltung zur Neugründung**: vereinfachte Kapitalherabsetzung der übertragenden Gesellschaft bei Einhaltung des **Summengrundsatzes**[305] (s auch Rz 143 ff);
- **Bare Zuzahlungen** bei spezifischen Umgründungssachverhalten;
- **Barabfindung** bei spezifischen Umgründungssachverhalten[306] (s § 81 Rz 24 ff);
- **Ausgleichszahlungen** gem §§ 225c ff AktG **für ein unangemessenes Umtauschverhältnis** bei Verschmelzung oder Spaltung (s aber auch § 81 Rz 32);
- Erfüllung **echter u angemessener Gläubigerrechte v Gesellschaftern** auf vertraglicher oder gesetzl Grundlage (s Rz 81 ff, 105).

III. Verbotener Vermögenstransfer

A. Geschütztes Vermögen

66 Das Verbot der Einlagenrückgewähr iSv § 82 erfasst das **gesamte jew aktuelle Vermögen** der Gesellschaft[307] einschließlich realer u potentiel-

---

304 *Koppensteiner/Rüffler*, GmbHG³ § 82 Rz 17 f; *Bauer/Zehetner* in Straube/Ratka/Rauter, GmbHG § 82 Rz 143; *Reich-Rohrwig*, Kapitalerhaltung 331 ff; *Ton*, ecolex 1999, 172; *Hügel* in FS Koppensteiner II, 11 (41 f); *Auer*, Gläubigerschutz bei Vermögensbewegungen down-stream 161, 236; *Ch. Nowotny* in Haberer/Krejci, Konzernrecht, Rz 15.34; *Napokoj* in FS Hügel 271; *Ch. Huber/Reiter* in Wiesner/Hirschler/Mayr, HB Umgründungen (21. Lfg) § 32 UmgrStG, Rz 73; *H. Foglar-Deinhardstein*, GES 2021, 159 (163 f); *Eckert* in Aschauer et al, Kauf u Verkauf v Unternehmen 133 (134, 146).
305 *Napokoj*, Spaltung², 202 ff mwN; *Hügel* in FS Koppensteiner II, 11 (41 f); *Hügel* in FS Nowotny 573 (580); *Napokoj* in FS Hügel 271 (275 f); vgl *Aburumieh/Adensamer/H. Foglar-Deinhardstein*, Verschmelzung VII. A Rz 11 FN 32; VII. C Rz 54; *H. Foglar-Deinhardstein/Hartig* in Kalss/Frotz/Schörghofer, HB Vorstand, Rz 31/212.
306 S *H. Foglar-Deinhardstein*, Besprechung zu OGH 6 Ob 31/16a, GesRZ 2017, 55; *H. Foglar-Deinhardstein*, NZ 2017, 321 (327).
307 Zur Frage der Abgrenzung des v § 82 geschützten Vermögens vgl *Rüffler/Aburumieh/Lind* in Jaufer/Nunner-Krautgasser/Schummer, Kapitalaufbringung und Kapitalerhaltung 71 (89 FN 72, 73; 93 FN 85). S auch Rz 101, 104.

ler Gewinne[308] (s schon Rz 3 f, 24) – es ist also nicht auf das v den Gesellschaftern aufgebrachte Kapital oder auf die v diesen eingebrachten Gegenstände beschränkt;[309] auch die seinerzeitigen Werte v Vermögensgegenständen zum Zeitpunkt der Einlageleistung sind aus der Perspektive der Kapitalerhaltung irrelevant.[310] Gegenstände, die v den Gesellschaftern als **Sacheinlage** in die GmbH eingebracht wurden, dürfen v der GmbH grds an Dritte oder – unter Wahrung der Voraussetzungen des § 82 – auch an Gesellschafter weiterveräußert werden. Unzulässig ist die Veräußerung v Gegenständen an Gesellschafter (a) zu unangemessenen Konditionen (s Rz 86 ff) oder (b) allenfalls dann, wenn es sich um **unvertretbares betriebsnotwendiges Vermögen** handelt,[311] u der Unternehmensgegenstand (s auch Rz 88) nicht vorab entspr angepasst worden ist (s auch Rz 103) – dies jew unabhängig davon, ob die GmbH dieses Vermögen ursprünglich v einem Gesellschafter oder v dritter Seite erworben oder aber selbst geschaffen hat. Der unzulässige Vermögenstransfer kann auch darin bestehen, dass die Gesellschaft eine **Verbindlichkeit** oder eine **Eventualverbindlichkeit** übernimmt, die der Sphäre eines Gesellschafters zuzuordnen ist (s Rz 68).[312] Siehe auch Rz 58, 104. Vermögen, das der Gesellschaft **v dritter Seite zweckgebunden, unter Auflagen, belastet oder bedingt** überlassen wird, ist allenfalls nicht v Verbot der Einlagenrückgewähr betroffen (s Rz 101, 104).[313]

---

308 *Gaggl*, wbl 2021, 611 (613) mwN.
309 *Karollus* in Brandl/Karollus/Kirchmayr/Leitner, HB vGA³, 1 (28 f).
310 *Auer* in Gruber/Harrer, GmbHG² § 82 Rz 19 mwN.
311 Vgl *Bauer/Zehetner* in Straube/Ratka/Rauter, GmbHG § 82 Rz 219; *Saurer* in Doralt/Nowotny/Kalss, AktG³ § 52 Rz 33; *Karollus* in Brandl/Karollus/Kirchmayr/Leitner, HB vGA³, 1 (28, 118); *Auer* in Gruber/Harrer, GmbHG² § 82 Rz 64 f; *Koppensteiner* in FS Reich-Rohrwig 117 (123).
312 OGH 23.1.2020, 6 Ob 13/20k, GesRZ 2020, 208 (*Hollaus*); 25.6.2020, 6 Ob 21/20m, GesRZ 2021, 41 (*R. Gruber*) = ÖBA 2021, 266 (*Edelmann*) = ecolex 2021, 134 (*J. Reich-Rohrwig*); 23.6.2021, 6 Ob 61/21w, GesRZ 2022, 79 (*Bauer*) = Blaschke, GES 2021, 386 = *G. Kodek* in Lewisch, JB Wirtschaftsstrafrecht 2022, 161 = *Ch. Müller*, ÖJA 2023, 129. Vgl *Kalss* in Konecny, Insolvenz-Forum 2015, 125 (127); *Stanek*, GesRZ 2018, 158 (160); *Rüffler/H. Foglar-Deinhardstein*, GES 2019, 228 (230); *Karollus* in Brandl/Karollus/Kirchmayr/Leitner, HB vGA³, 1 (134); vgl zur Untreue durch Übernahme eines Negativwerts ohne finanziellen Ausgleich OGH 2.10.2019, 13 Os 145/18z, *McAllister*, ZWF 2020, 63; *Lewisch* in WiR, Wirtschaftliche Betrachtungsweise im Recht 163 (184 f).
313 OGH 26.4.2018, 6 Ob 5/18f, ecolex 2018, 837 (*H. Foglar-Deinhardstein*) = *Aburumieh/H. Foglar-Deinhardstein*, GES 2019, 3; *H. Foglar-*

B. Erfasste Vermögenstransfers und Adressaten des Verbots der Einlagenrückgewähr

1. Primäre Adressaten

67 Adressaten des Verbots der (verdeckten) Einlagenrückgewähr sind in erster Linie die (österr u nicht-österr) **Gesellschafter** sowie – als deren Gegenüber – die GmbH selbst u deren **Verwaltungsorgane (GF, ggf AR)** (vgl § 25 Abs 3 Z 1 – s § 83 Rz 32).[314] Zur Anwendbarkeit v § 82 auf die **GmbH & Co KG** s Rz 153, 156 ff. Auf Seiten der Gesellschafter sind alle Anteilseigner erfasst, unabhängig v ihrer Beteiligungsdauer u -höhe, dh der **Zwerggesellschafter** (s aber zur möglichen Relevanz bei der betriebl Rechtfertigung noch Rz 93, 118) ebenso wie der **Alleingesellschafter**,[315] uzw grds auch dann, wenn sie bloß rechtliche Eigentümer des Geschäftsanteils (**Treuhänder**) oder bloß wirtschaftliche Eigentümer des Geschäftsanteils (**Treugeber**) sind.[316] Für die Anwendbarkeit des Verbots der Einlagenrückgewähr genügt wirksam begründetes rechtliches u/oder wirtschaftliches Eigentum; auf die Eintragung des Gesellschaf-

---

Deinhardstein, ecolex 2017, 1173 (1174); *Milchrahm*, GRAU 2022, 151 (155).

314 OGH 25.6.1996, 4 Ob 2078/96h – *Fehringer*, JBl 1997, 108 (*Hügel*) = *Saurer*, RdW 1998, 593; 12.11.1996, 4 Ob 2328/96y; 15.12.2014, 6 Ob 14/14y – *Humanitas*, NZ 2015, 107 (*Till*) = ecolex 2015, 128 (*Brugger*) = GesRZ 2015, 130 (*Karollus*) = *Reisch/Hampel*, ZIK 2015/100, 91 = *Hermann*, GES 2016, 394= *Prostor*, ZfRV 2019, 179; 29.3.2017, 6 Ob 48/17b; *Kalss* in Konecny, Insolvenz-Forum 2015, 125 (129, 137).

315 *Köppl* in Torggler, GmbHG § 82 Rz 11; *Auer* in Gruber/Harrer, GmbHG[2] § 82 Rz 20, 31, 37; *Koppensteiner/Rüffler*, GmbHG[3] § 82 Rz 15; *Karollus* in Brandl/Karollus/Kirchmayr/Leitner, HB vGA[3], 1 (15, 41); *Karollus*, ZFS 2015, 145 (149); *Kalss* in Konecny, Insolvenz-Forum 2015, 125 (129); *Eckert/Schopper/Madari* in Eckert/Schopper, AktG-ON § 52 Rz 5. Zum Alleingesellschafter OGH 14.9.2021, 6 Ob 26/21y, EvBl 2022,3 21 (*Painsi*; *Rastegar*) = *Brugger*, NZ 2022, 69.

316 OGH 25.10.1978, 1 Ob 719/78; 25.1.2023, 6 Ob 31/22k; *Köppl* in Torggler, GmbHG § 82 Rz 13; *Auer* in Gruber/Harrer, GmbHG[2] § 82 Rz 20; *Koppensteiner/Rüffler*, GmbHG[3] § 82 Rz 19; *Bauer/Zehetner* in Straube/Ratka/Rauter, GmbHG § 82 Rz 53, 79; *Karollus* in Brandl/Karollus/Kirchmayr/Leitner, HB vGA[3], 1 (45). Die Anwendung auf Vermögenstransfers an den **bloßen Treuhänder** mag allerdings im Einzelfall überschießend sein, insb wenn der Treugeber gar nicht involviert ist.

ters ins FB kommt es nicht an,[317] ebensowenig darauf, ob dem involvierten Organwalter der GmbH die Gesellschaftereigenschaft seines Gegenübers bekannt ist.[318] Verboten sind auch Leistungen an **ehem oder an zukünftige Gesellschafter** iZm deren Gesellschafterstellung,[319] wie zB die **Abfindung/Abschichtung ausscheidender Gesellschafter** aus dem Vermögen (oder durch Finanzierung) der GmbH (s Rz 80, 121 f)[320] oder allenfalls auch Zahlung, Finanzierung oder Besicherung des **Kaufpreises für den Erwerb eines Anteils** durch einen neuen Gesellschafter aus der Gesellschaft[321] (zur **Finanzierung des Erwerbs eigener Anteile**

---

317 *Auer* in Gruber/Harrer, GmbHG² § 82 Rz 20; *Karollus* in Brandl/Karollus/Kirchmayr/Leitner, HB vGA³, 1 (41); *Eckert/Schopper/Madari* in Eckert/Schopper, AktG-ON § 52 Rz 9.
318 *Koppensteiner*, GesRZ 2014, 3 (9).
319 OGH 1.9.2010, 6 Ob 132/10w, GesRZ 2011, 47 (*Rüffler*) = EvBl 2011, 167 (*Feuchtmüller*) = immolex 2011, 146 (*Cerha*); 14.9.2011, 6 Ob 29/11z, RWZ 2011/94, 355 (*Wenger*) = GesRZ 2012, 122 (*U. Torggler*) = ÖBA 2012, 460 (*Bollenberger*) = ZFR 2012/102, 185 (*Köppl*); 13.9.2012, 6 Ob 110/12p, GesRZ 2013, 38 (*U. Torggler*) = RWZ 2012/91, 321 (*Wenger*); 15.12.2014, 6 Ob 14/14y – *Humanitas*, NZ 2015, 107 (*Till*) = ecolex 2015, 128 (*Brugger*) = GesRZ 2015, 130 (*Karollus*) = *Reisch/Hampel*, ZIK 2015/100, 91 = *Hermann*, GES 2016, 394 = *Prostor*, ZfRV 2019, 179; 29.8.2017, 6 Ob 114/17h, wbl 2017, 655 (*Harrer*) = GesRZ 2018, 50 (*Karollus*) = EvBl 2018, 224 (*Told*) = *Bollenberger*, Zak 2018, 24; 17.1.2018, 6 Ob 199/17h, ecolex 2018, 433 (*Kapsch*) = *Zehentmayer*, ZFR 2018, 218 = GesRZ 2018, 179 (*Durstberger*) = *Chladek/Graf/Seeber*, GesRZ 2018, 221; 20.12.2018, 6 Ob 195/18x – *Leiner I*, ZFS 2019, 8 (*Karollus*) = *Dejaco*, NZ 2019, 81 = *P. Csoklich/P. N. Csoklich*, GesRZ 2019, 54 = GesRZ 2019, 193 (*Kalss*) = *V. Hügel*, JEV 2019, 77 = *H. Foglar-Deinhardstein*, ÖJZ 2019, 938; 20.2.2020, 6 Ob 18/20w, *Aburumieh/Hoppel*, GES 2021, 120; 22.12.2021, 6 Ob 89/21p, ÖBA 2022, 370 (*A. Wimmer*) = ecolex 2022, 380 (*J. Reich-Rohrwig*); *Köppl* in Torggler, GmbHG § 82 Rz 20; *Auer* in Gruber/Harrer, GmbHG² § 82 Rz 20; *Karollus* in Brandl/Karollus/Kirchmayr/Leitner, HB vGA³, 1 (44); *Kalss* in Konecny, Insolvenz-Forum 2015, 125 (129); *Koppensteiner*, GesRZ 2017, 6 (12).
320 OGH 22.2.1996, 6 Ob 657/95; 29.8.2017, 6 Ob 114/17h, wbl 2017, 655 (*Harrer*) = GesRZ 2018, 50 (*Karollus*) = EvBl 2018, 224 (*Told*) = *Bollenberger*, Zak 2018, 24; vgl auch OGH 15.12.2014, 6 Ob 14/14y – *Humanitas*, NZ 2015, 107 (*Till*) = ecolex 2015, 128 (*Brugger*) = GesRZ 2015, 130 (*Karollus*) = *Reisch/Hampel*, ZIK 2015/100, 91 = *Hermann*, GES 2016, 394 = *Prostor*, ZfRV 2019, 179; *Elsner*, Nachschussobliegenheit 131, 200.
321 OGH 12.3.1992, 6 Ob 5/91; 19.11.2002, 4 Ob 252/02s, ecolex 2003, 177 (*J. Reich-Rohrwig/Größ*); 4.7.2007, 7 Ob 142/07v; 26.11.2008, 6 Ob 243/08s; 13.12.2016, 3 Ob 167/16d; 29.8.2017, 6 Ob 114/17h, wbl 2017,

s auch § 81 Rz 77 ff) oder Zuwendungen iZm der Einbringung der Beteiligung des Gesellschafters in eine **Privatstiftung**.[322] Erfasst sind auch **Gründer** einer GmbH u **Neugesellschafter**, die sich zur Übernahme einer Kapitalerhöhung verpflichten, u wohl auch **faktische Gesellschafter**, die ihren Einfluss auf die Gesellschaft zB durch eine jederzeit ausübbare *Call*-Option auf einen Geschäftsanteil abgesichert haben.[323] Eine pauschale **Erwerberhaftung**, die einen neuen Gesellschafter für eine ohne seine Mitwirkung an seine Vorperson geflossene Einlagenrückgewähr haften lässt, ist mE abzulehnen (**str**) (näher s § 83 Rz 9, 15).[324] Verstößt aber die Anteilsübertragung selbst gegen § 82 – zB weil die GmbH sie in unerlaubter Weise finanziert (s Rz 80, 121 f u zur **Finanzierung des Erwerbs eigener Anteile** § 81 Rz 36, 61, 77 ff) –, haften sowohl der Veräußerer als auch der Erwerber.[325] Weiters kann der Erwerber nach allg Regeln (vgl Rz 76) bei Kollusion oder grober Fahrlässigkeit haften.[326] Eine unmittelbare Leistung an einen **mittelbaren (indirekten) Gesellschafter** oder eine Leistung, die zugleich auch eine Leistung an einen solchen mittelbaren Gesellschafter darstellt, macht auch diesen zum Normadressaten (s Rz 75);[327] die Anzahl der zwischen-

---

655 (*Harrer*) = GesRZ 2018, 50 (*Karollus*) = EvBl 2018, 224 (*Told*) = *Bollenberger*, Zak 2018, 24; *Koppensteiner/Rüffler*, GmbH³ § 82 Rz 18; *Wenger*, RWZ 2009/33, 108; BGH 10.1.2017, II ZR 94/15.

322 *Karollus*, ZFS 2015, 145 (151 f).

323 Zu faktischen Gesellschaftern *Karollus* in Brandl/Karollus/Kirchmayr/Leitner, HB vGA³, 1 (45).

324 *Bauer/Zehetner* in Straube/Ratka/Rauter, GmbHG § 82 Rz 78, § 83 Rz 17; *Koppensteiner/Rüffler*, GmbHG³ § 83 Rz 6; *Auer* in Gruber/Harrer, GmbHG² § 83 Rz 10; *Karollus* in Brandl/Karollus/Kirchmayr/Leitner, HB vGA³, 1 (58); *Artmann* in Artmann/Karollus, AktG⁶ § 56 Rz 8, 11; *Karollus* in Artmann/Karollus, AktG⁶ § 65 Rz 79; *H. Foglar-Deinhardstein* in Foglar-Deinhardstein, HB vGA, Rz 1/81; *Eckert/Schopper/Madari* in Eckert/Schopper, AktG-ON § 52 Rz 64, 71; **aA** *Reich-Rohrwig*, Kapitalerhaltung 165 f; *Köppl*, Das Verbot der „Einlagenrückgewähr" 58 ff.

325 *Bauer/Zehetner* in Straube/Ratka/Rauter, GmbHG § 82 Rz 80; *Reich-Rohrwig*, Kapitalerhaltung 200 f.

326 *Bauer/Zehetner* in Straube/Ratka/Rauter, GmbHG § 83 Rz 18.

327 *Auer* in Gruber/Harrer, GmbHG² § 82 Rz 20; *Bauer/Zehetner* in Straube/Ratka/Rauter, GmbHG § 82 Rz 85 f; *Karollus* in Brandl/Karollus/Kirchmayr/Leitner, HB vGA³, 1 (41 f); *U. Torggler* in Straube/Ratka/Rauter, GmbHG § 115 Rz 26; *Kalss* in Konecny, Insolvenz-Forum 2015, 125 (129); *Koppensteiner* in Artmann/Rüffler/Torggler, Konzern 67 (69, 81); *Rüffler/H. Foglar-Deinhardstein*, GES 2019, 228 (230); *Eckert/Schopper/Madari* in

geschalteten Gesellschaften ist grds unerheblich.[328] Verschiedentlich wird vertreten, dass auch der **Fruchtnießer**, der **atypisch stille Gesellschafter** (dh ein stiller Gesellschafter, der gesellschaftergleichen Einfluss auf die Gesellschaft nehmen kann u/oder in der Insolvenz gem § 10 EKEG einem Gesellschafter gleichgestellt wird) oder der **atypische Pfandgläubiger** (Pfandgläubiger mit gesellschaftergleicher Stellung, zur praktischen Relevanz s etwa § 76 Rz 70) in den Adressatenkreis v § 82 fallen.[329] Diese A sind mE abzulehnen, weil Fruchtgenuss, stille Beteiligung u Pfandrecht klassische Drittgläubigerpositionen begründen (s Rz 65, 83), die v einer mitgliedschaftlichen Beziehung zur GmbH abzugrenzen sind,[330] zumal im Fall des Fruchtgenusses u des Pfandrechts

---

Eckert/Schopper, AktG-ON § 52 Rz 10; *H. Foglar-Deinhardstein* in Foglar-Deinhardstein, HB vGA, Rz 1/82; vgl OGH 20.1.2000, 6 Ob 288/99t; 14.9.2011, 6 Ob 29/11z, RWZ 2011/94, 355 *(Wenger)* = GesRZ 2012, 122 *(U. Torggler)* = ÖBA 2012, 460 *(Bollenberger)* = ZFR 2012/102, 185 *(Köppl)*; 10.7.2019, 13 Os 128/18z, *Mayerhöfer*, ZWF 2019, 180 = *Brandstetter*, ZWF 2019, 218; 23.6.2021, 6 Ob 61/21w, GesRZ 2022, 79 *(Bauer)* = *Blaschke*, GES 2021, 386 = *G. Kodek* in Lewisch, JB Wirtschaftsstrafrecht 2022, 161 = *Ch. Müller*, ÖJA 2023, 129; 22.12.2021, 6 Ob 89/21p, ÖBA 2022, 370 *(A. Wimmer)* = ecolex 2022, 380 *(J. Reich-Rohrwig)*; 29.8.2022, 6 Ob 234/21m, ecolex 2022, 987 *(Aschl/Zimmermann)* = *Klement/Fitz*, GES 2022, 380; 25.1.2023 = GesRZ 2023, 191 *(H. Hayden)*; 25.1.2023, 6 Ob 31/22k.
328 *Eckert/U. Schmidt* in Haberer/Krejci, Konzernrecht, Rz 13.40; *Karollus* in Brandl/Karollus/Kirchmayr/Leitner, HB vGA³, 1 (41 FN 226); *Eckert/Schopper/Madari* in Eckert/Schopper, AktG-ON § 52 Rz 10.
329 *Köppl* in Torggler, GmbHG § 82 Rz 13, 14; (zum Fruchtnießer) *Karollus* in Brandl/Karollus/Kirchmayr/Leitner, HB vGA³, 1 (45); *Kalss* in Konecny, Insolvenz-Forum 2015, 125 (129); *Eckert/Schopper/Madari* in Eckert/Schopper, AktG-ON § 52 Rz 9; tw aA *Auer* in Gruber/Harrer, GmbHG² § 82 Rz 20, 52; *Bauer/Zehetner* in Straube/Ratka/Rauter, GmbHG § 82 Rz 79, 81; differenzierend *Köppl*, Das Verbot der „Einlagenrückgewähr" 61 ff.
330 *H. Foglar-Deinhardstein* in Foglar-Deinhardstein, HB vGA, Rz 1/83. So zum Fruchtgenuss auch *V. Hügel*, JEV 2019, 77 (79); BFH 14.2.2022, VIII R 29/18, NZG 2022, 1206 *(Wu)* = *Achatz/Kirchmayr*, taxlex 2023, 177. So zur stillen Beteiligung auch *Auer* in Gruber/Harrer, GmbHG² § 82 Rz 52; *Koppensteiner/Rüffler*, GmbHG³ § 82 Rz 5; *Eckert/Schopper/Madari* in Eckert/Schopper, AktG-ON § 52 Rz 5; OGH 26.9.2017, 6 Ob 204/16t – *Imperial*, RWZ 2017, 344 *(Wenger)* = GesRZ 2017, 391 *(Hochedlinger)* = NZ 2017, 473 *(H. Foglar-Deinhardstein)* = EvBl-LS 2018/3 *(Rohrer)* = VbR 2018, 35 *(Told)* = ZFR 2018, 88 *(Kepplinger)* = AnwBl 2018, 255 *(Hollaender)* = ÖBA 2018, 277 *(Edelmann)* = *Trenker*, ÖBA 2018, 612 = *Aburumieh/H. Foglar-Deinhardstein*, GES 2019, 3.

das Gläubigerrecht durch den jew Gesellschafter u – abstrakt gesprochen – ohne notwendige Mitwirkung der GmbH begründet wird. Anderes kann mE allenfalls gelten, wenn den Fruchtnießer, stillen Teilhaber oder Pfandgläubiger der Vorwurf der Kollusion oder der groben Fahrlässigkeit iZm einer verbotenen Einlagenrückgewähr trifft (s Rz 76), sowie dann, wenn ein stiller Teilhaber außerdem selbst Gesellschafter der GmbH ist (**gesplittete Einlage**), u die Vereinbarung mit der GmbH nicht drittvergleichsfähig ausgestaltet ist.[331] Zur gesplitteten Einlage s auch Rz 155. Zur Einlage eines **atypisch stillen Gesellschafters** hat der OGH klargestellt, dass es für die Qualifikation einer solchen Einlage als Eigenkapital nicht ausreicht, wenn der Stille an den stillen Reserven u am Firmenwert beteiligt ist, oder seine Stellung der eines Kommanditisten angenähert ist; die Einlage eines Stillen kann nur dann materiell Eigenkapital sein, wenn dies entspr vereinbart ist (zB durch Rangrücktrittsvereinbarungen).[332] Eine pauschale Anwendung des Verbots der Einlagenrückgewähr auf einen atypisch stillen Gesellschafter – der nicht selbst Anteilseigner der KapGes ist – scheidet somit aus. Meines Erachtens kann die Anwendung der Kapitalerhaltungsregeln – wenn überhaupt – nur dann angenommen werden, wenn der stille Teilhaber einen qualifizierten Rangrücktritt dahingehend abgegeben hat, dass Ausschüttungen nur zu Lasten eines Bilanzgewinns der emittierenden Gesellschaft erfolgen können.[333] Begünstigte v ***Phantom stocks*** (s § 81 Rz 81) u

---

[331] *H. Foglar-Deinhardstein* in Foglar-Deinhardstein, HB vGA, Rz 1/83; *Aburumieh/H. Foglar-Deinhardstein*, GES 2019, 3 (14). Vgl *Bauer/Zehetner* in Straube/Ratka/Rauter, GmbHG § 82 Rz 154; *Rüffler/Aburumieh/Lind* in Jaufer/Nunner-Krautgasser/Schummer, Kapitalaufbringung und Kapitalerhaltung 71 (91 ff); *Marous/Minihold*, SWK 2020/16/17, 922 (926).

[332] OGH 26.9.2017, 6 Ob 204/16t – *Imperial*, RWZ 2017, 344 (*Wenger*) = GesRZ 2017, 391 (*Hochedlinger*) = NZ 2017, 473 (*H. Foglar-Deinhardstein*) = EvBl-LS 2018/3 (*Rohrer*) = VbR 2018, 35 (*Told*) = ZFR 2018, 88 (*Kepplinger*) = AnwBl 2018, 255 (*Hollaender*) = ÖBA 2018, 277 (*Edelmann*) = *Trenker*, ÖBA 2018, 612 = *Aburumieh/H. Foglar-Deinhardstein*, GES 2019, 3; zust *Leupold* in Torggler, UGB³ § 138 Rz 5; *Huemer*, GRAU 2021, 100 (103). Vgl auch *Trenker* in Konecny, Insolvenz-Forum 2019, 161 (170 f); *Ch. Müller/Rüffler* in Artmann/Rüffler/Torggler, Unternehmensfinanzierung 57 (64). Allg zu Nachrangabreden u Rangrücktritten *M. Aigner*, ÖBA 2022, 344; *Schummer* in Konecny, Insolvenz-Forum 2012, 105 (120 ff).

[333] *Aburumieh/H. Foglar-Deinhardstein*, GES 2019, 3 (15) mN zu den in der Lit diskutierten unterschiedlichsten alternativen oder zusätzlichen Kriterien; *H. Foglar-Deinhardstein/Hartig* in Bergmann/Kalss, HB Rechtsformwahl, Rz 12/170; vgl ähnlich, aber jew nuanciert anders *Leupold* in Torggler,

ähnlichen virtuellen Beteiligungen sind mE *per se* keine Adressaten v § 82.³³⁴

2. Vermögenstransfers unter Einbeziehung gesellschaftsfremder Dritter

Eine verbotene Einlagenrückgewähr ist auch ein **Vermögenstransfer im Dreieck mit einem gesellschaftsfremden Dritten**, daher zB auch, wenn ein Dritter auf Rechnung der Gesellschaft Vermögen an einen Gesellschafter transferiert,³³⁵ wenn die GmbH eine Verbindlichkeit eines Gesellschafters gegenüber einem Dritten tilgen soll (s Rz 66),³³⁶ oder wenn die GmbH Leistungen an Dritte (zB einen Strohmann) erbringt, die wirtschaftlich dem Gesellschafter zukommen.³³⁷ **Bsp:**³³⁸ Die GmbH be- 68

UGB³ § 138 Rz 5; *Trenker* in Konecny, Insolvenz-Forum 2019, 161 (170 f). Abl zu jeglicher Anwendung des Verbots der Einlagenrückgewähr auf atypisch stille Gesellschafter *Eckert/Schopper/Madari* in Eckert/Schopper, AktG-ON § 52 Rz 5.

334 *Geweßler/Steinhart* in SWK-Spezial: ESt 2019, 162 (172); *Mitterecker*, GES 2020, 126 (132). **AA** wohl *Feilmair/Andréewitch-Wallner*, RdW 2022, 677 (678 f).

335 *Köppl* in Torggler, GmbHG § 82 Rz 12; *Karollus* in Brandl/Karollus/Kirchmayr/Leitner, HB vGA³, 1 (53 f); vgl OGH 27.8.2013, 4 Ob 89/13m, ZFR 2014/53, 88 (*Wolfbauer*).

336 OGH 12.11.1996, 4 Ob 2328/96y; 29.5.2008, 2 Ob 225/07p, RWZ 2008/72, 260 (*Wenger*) = GesRZ 2008, 310 (*Stingl*) = GES 2008, 315 (*Bauer*) = ÖBA 2009, 60 (*Bollenberger*); 29.9.2010, 7 Ob 35/10p, ZFR 2011/38, 82 (*Auer*) = GesRZ 2011, 110 (*Karollus*) = RWZ 2010/89, 363 (*Wenger*); 23.1.2020, 6 Ob 13/20k, GesRZ 2020, 208 (*Hollaus*); 25.6.2020, 6 Ob 21/20m, GesRZ 2021, 41 (*R. Gruber*) = ÖBA 2021, 266 (*Edelmann*) = ecolex 2021, 134 (*J. Reich-Rohrwig*); 23.6.2021, 6 Ob 61/21w, GesRZ 2022, 79 (*Bauer*) = *Blaschke*, GES 2021, 386 = *G. Kodek* in Lewisch, JB Wirtschaftsstrafrecht 2022, 161 = *Ch. Müller*, ÖJA 2023, 129; *Köppl* in Torggler, GmbHG § 82 Rz 12; *Schopper*, ecolex 2006, 215.

337 OGH 14.9.2011, 6 Ob 29/11z, RWZ 2011/94, 355 (*Wenger*) = GesRZ 2012, 122 (*U. Torggler*) = ÖBA 2012, 460 (*Bollenberger*) = ZFR 2012/102, 185 (*Köppl*); 15.12.2014, 6 Ob 14/14y – *Humanitas*, NZ 2015, 107 (*Till*) = ecolex 2015, 128 (*Brugger*) = GesRZ 2015, 130 (*Karollus*) = *Reisch/Hampel*, ZIK 2015/100, 91 = *Hermann*, GES 2016, 394 = *Prostor*, ZfRV 2019, 179; 29.8.2017, 6 Ob 114/17h, wbl 2017, 655 (*Harrer*) = GesRZ 2018, 50 (*Karollus*) = EvBl 2018, 224 (*Told*) = *Bollenberger*, Zak 2018, 24; 15.9.2020, 6 Ob 58/20b; vgl *Karollus* in Brandl/Karollus/Kirchmayr/Leitner, HB vGA³, 1 (53); *Rüffler/H. Foglar-Deinhardstein*, GES 2019, 228 (230).

338 *Auer* in Gruber/Harrer, GmbHG² § 82 Rz 22 mwN.

gleicht eine Tischlerrechnung für Einrichtungsgegenstände des Gesellschafters; die GmbH zahlt eine Kreditverbindlichkeit des Gesellschafters zurück;[339] die GmbH bestellt eine Sicherheit für eine andere Gesellschaft des Gesellschafters; die GmbH leistet an einen Dritten, der als Stellvertreter des Gesellschafters agiert u im Innenverhältnis zur Weiterleitung des Erhaltenen an den Gesellschafter verpflichtet ist; die GmbH leistet rechtsgrundlos an einen Dritten, damit dieser seine Verbindlichkeit gegenüber dem Gesellschafter tilgen kann. **Normadressat** bleibt grds der Gesellschafter, in dessen Sphäre sich der Vermögenstransfer aus der Gesellschaft auswirkt; der Dritte haftet solidarisch bei Kollusion oder grober Fahrlässigkeit (s Rz 76).[340]

69 Verboten sind darüber hinaus auch – zumal auf Veranlassung[341] eines Gesellschafters vorgenommene – Zuwendungen der Gesellschaft (direkt) an einen **dem Gesellschafter nahestehenden Dritten**.[342] Als **Bsp** für einen nahestehenden Dritten nennt die Jud eine andere Gesellschaft, an der der Gesellschafter selbst beteiligt ist (näher s Rz 71).[343] Im Einzelnen bedeutet das mE:[344]

---

339 OGH 23.1.2020, 6 Ob 13/20k, GesRZ 2020, 208 (*Hollaus*).
340 *Auer* in Gruber/Harrer, GmbHG² § 82 Rz 21.
341 Die **Veranlassung** ist freilich kein notwendiges Kriterium für die verbotene Einlagenrückgewähr, sondern begründet lediglich deren ersten Anschein. Vgl *U. Torggler* in Straube/Ratka/Rauter, GmbHG § 115 Rz 26, 30. Generell **abl** zum Kriterium der Veranlassung *Karollus* in Brandl/Karollus/Kirchmayr/Leitner, HB vGA³, 1 (43, 54); *Auer*, Gläubigerschutz bei Vermögensbewegungen down-stream 140 ff; *A. Wimmer*, GesRZ 2019, 143 (148 FN 87). Vgl auch die FN 348. Zur steuerlichen Sichtweise OGH 18.12.2015, 13 Os 139/15p, EvBl 2016, 422 (*Ratz*): „*Eine verdeckte Ausschüttung ist daher auch dann anzunehmen, wenn Dritte aufgrund ihres Naheverhältnisses zum Anteilsinhaber eine in der Anteilsinhaberschaft wurzelnde Zuwendung erhalten.*"
342 OGH 20.12.2018, 6 Ob 195/18x – *Leiner I, Dejaco*, NZ 2019, 81 = *P. Csoklich/P. N. Csoklich*, GesRZ 2019, 54 = ZFS 2019, 8 (*Karollus*) = GesRZ 2019, 193 (*Kalss*) = *V. Hügel*, JEV 2019, 77 = *H. Foglar-Deinhardstein*, ÖJZ 2019, 938; 29.8.2022, 6 Ob 234/21m, ecolex 2022, 987 (*Aschl/Zimmermann*) = *Klement/Fitz*, GES 2022, 380 = GesRZ 2023, 191 (*H. Hayden*).
343 OGH 20.1.2000, 6 Ob 288/99t; 22.10.2003, 3 Ob 287/02f, RWZ 2004/11, 38 (*Wenger*); 29.9.2010, 7 Ob 35/10p, ZFR 2011/38, 82 (*Auer*) = GesRZ 2011, 110 (*Karollus*) = RWZ 2010/89, 363 (*Wenger*); 14.9.2011, 6 Ob 29/11z, RWZ 2011/94, 355 (*Wenger*) = GesRZ 2012, 122 (*U. Torggler*) = ÖBA 2012, 460 (*Bollenberger*) = ZFR 2012/102, 185 (*Köppl*).
344 *H. Foglar-Deinhardstein* in Foglar-Deinhardstein, HB vGA, Rz 1/85 ff.

Bei Vermögenstransfers an **nahe Familienangehörige eines Gesell-** 70
schafters (Ehegatten, minderjährige Kinder, wohl auch eingetragene
Partner u Lebensgefährten, nach manchen Autoren auch weitere nahe
Angehörige iSv § 32 Abs 1 IO u § 4 AnfO[345]) ist mE widerleglich zu vermuten,
dass die Leistung auf Veranlassung des Gesellschafters erfolgt,
oder er daraus einen wirtschaftlichen Vorteil zieht,[346] u somit § 82 anwendbar
ist (s auch Rz 75). Soll die Leistung den Gesellschafter aus einer
Verpflichtung gegenüber dem Angehörigen (zB Unterhaltspflichten) befreien,
bedarf es der Vermutung ohnehin nicht.[347]

Auch bei Zuwendungen an **beteiligungsmäßig verflochtene Unter-** 71
nehmen (zB Schwestergesellschaften) greift § 82, uzw jedenfalls dann,
wenn der Vermögenstransfer v einem Gesellschafter veranlasst wird
oder zu einem wirtschaftlichen Vorteil des (gemeinsamen) Gesellschafters
führt.[348] Eine pauschale Ausnahme v § 82 für Schwestergesellschaf-

---

345 ZB *Huemer*, GRAU 2021, 100 (103).
346 *Köppl* in Torggler, GmbHG § 82 Rz 15; *Auer* in Gruber/Harrer, GmbHG² § 82 Rz 23; *U. Torggler*, Besprechung zu OGH 6 Ob 29/11z, GesRZ 2012, 122 (125 f.); *U. Torggler*, GesRZ 2013, 11 (14 f); *H. Foglar-Deinhardstein* in Foglar-Deinhardstein, HB vGA, Rz 1/86; vgl OGH 13.12.2016, 3 Ob 167/16d; 20.12.2018, 6 Ob 195/18x – *Leiner I*, *Dejaco*, NZ 2019, 81 = *P. Csoklich/P. N. Csoklich*, GesRZ 2019, 54 = ZFS 2019, 8 (*Karollus*) = GesRZ 2019, 193 (*Kalss*) = *V. Hügel*, JEV 2019, 77 = *H. Foglar-Deinhardstein*, ÖJZ 2019, 938; 24.10.2019, 6 Ob 71/19p, GesRZ 2020, 148 (*Ratka*) = EvBl 2020, 978 (*Rastegar*); 22.12.2021, 6 Ob 89/21p, ÖBA 2022, 370 (*A. Wimmer*) = ecolex 2022, 380 (*J. Reich-Rohrwig*); 25.1.2023, 6 Ob 31/22k; differenzierend *Bauer/Zehetner* in Straube/Ratka/Rauter, GmbHG § 82 Rz 82; *Karollus* in Brandl/Karollus/Kirchmayr/Leitner, HB vGA³, 1 (46 f).
347 *Auer* in Gruber/Harrer, GmbHG² § 82 Rz 23. Vgl OGH 25.1.2023, 6 Ob 31/22k.
348 *Köppl* in Torggler, GmbHG § 82 Rz 16; *Karollus* in Brandl/Karollus/Kirchmayr/Leitner, HB vGA³, 1 (42 ff) (letzterer mit **Ablehnung** des Kriteriums der Veranlassung oder des wirtschaftlichen Vorteils) mwN; *Hügel* in Kalss/Torggler, Einlagenrückgewähr 19 (42 FN 93, 53); *Eckert* in Kalss/Torggler, Einlagenrückgewähr 71 (72); *Haberer* in Haberer/Krejci, Konzernrecht, Rz 11.149; *Kalss* in Konecny, Insolvenz-Forum 2015, 125 (129, 140); *A. Wimmer*, GesRZ 2019, 143 (148); *Striessnig*, GesRZ 2019, 157; *Artmann*, GesRZ 2019, 419 (419 f); *Eckert/Schopper/Madari* in Eckert/Schopper, AktG-ON § 52 Rz 11 (letztere ebenso mit **Ablehnung** des Kriteriums der Veranlassung oder des wirtschaftlichen Vorteils); *Eckert/Wöss* in Aschauer et al, Niedrigverzinsung 71 (77); vgl OGH 20.1.2000, 6 Ob 288/99t; 22.10.2003, 3 Ob 287/02f, RWZ 2004/11, 38 (*Wenger*); 5.8.2009, 9 Ob

ten iwS würde der Umgehung v § 82 durch Zwischenschaltung v entspr Zweckgesellschaften Tür u Tor öffnen. Für die widerlegliche Vermutung, dass die Leistung an das beteiligungsmäßig verflochtene Unternehmen im Anwendungsbereich v § 82 liegt, genügt mE die **konzernmäßige Verflechtung** iSv § 115 (str, s § 115 Rz 21).[349] Jedenfalls erfasst sind Gesellschaften mit (auch nur mittelbar) identischer Gesellschafterstruktur.[350] Meines Erachtens überzeugend wird vertreten, dass überhaupt jeder Vermögenstransfer an ein Unternehmen oder an eine (Kap- oder Pers-)Gesellschaft, an dem bzw an der ein Gesellschafter direkt oder indirekt beteiligt ist, eine verdeckte Einlagenrückgewähr darstellen kann, allerdings nur **im Ausmaß der Beteiligungsquote des Gesellschafters** am empfangenden Unternehmen bzw **an der empfangenden Gesellschaft**, weil nur in diesem Umfang ein Vermögenstransfer in die Sphäre des Gesellschafters erfolgt.[351] Kein relevantes (weil selbst im zweifellos holzschnittartigen Rahmen des § 82 allzu formalistisches) Kriterium ist mE, ob die Beteiligungsquote des verbindenden Gesell-

---

25/08d (9 Ob 26/08a); 29.9.2010, 7 Ob 35/10p, ZFR 2011/38, 82 *(Auer)* = GesRZ 2011, 110 *(Karollus)* = RWZ 2010/89, 363 *(Wenger)*; 14.9.2011, 6 Ob 29/11z, RWZ 2011/94, 355 *(Wenger)* = GesRZ 2012, 122 *(U. Torggler)* = ÖBA 2012, 460 *(Bollenberger)* = ZFR 2012/102, 185 *(Köppl)*; 16.11.2012, 6 Ob 153/12m, GesRZ 2013, 99 *(Krejci)*; 22.12.2021, 6 Ob 89/21p, ÖBA 2022, 370 *(A. Wimmer)* = ecolex 2022, 380 *(J. Reich-Rohrwig)*; 8.4.2022, 17 Ob 12/21w, ÖBA 2022, 916 *(R. Wiedermann)* = GesRZ 2022, 383 *(Klein/Schmelzer)* = *Lind*, ÖJZ 2022, 1239 = *Richter*, JBl 2023, 60. Im **Steuerrecht** wird die verdeckte Ausschüttung zw Schwestergesellschaften als verdeckte Gewinnausschüttung an die Muttergesellschaft mit anschließender Weitergabe des Vorteils an die begünstigte Schwestergesellschaft eingestuft (vgl *Langheinrich/Ryda*, FJ 2011, 165 [173]).

349 *H. Foglar-Deinhardstein* in Foglar-Deinhardstein, HB vGA, Rz 1/87. So wohl auch *Bauer/Zehetner* in Straube/Ratka/Rauter, GmbHG § 82 Rz 85; ähnlich *U. Torggler/H. Torggler* in FS Jud 723 (733); *U. Torggler*, Besprechung zu OGH 6 Ob 29/11z, GesRZ 2012, 122 (126); aA *Köppl* in Torggler, GmbHG § 82 Rz 16; *U. Torggler*, GesRZ 2013, 11 (14); *Haberer* in Haberer/Krejci, Konzernrecht, Rz 11.149.

350 Vgl *Köppl* in Torggler, GmbHG § 82 Rz 16; *Auer*, Gläubigerschutz bei Vermögensbewegungen down-stream 133 – jew mwN.

351 *Auer* in Gruber/Harrer, GmbHG² § 82 Rz 31; *Auer*, Gläubigerschutz bei Vermögensbewegungen down-stream 150 f; zust *H. Foglar-Deinhardstein* in Foglar-Deinhardstein, HB vGA, Rz 1/87; *A. Wimmer*, GesRZ 2019, 143 (148); *Koppensteiner* in Artmann/Rüffler/Torggler, Konzern 67 (78); *A. Wimmer*, Besprechung zu OGH 6 Ob 89/21p, ÖBA 2022, 373.

schafters an der leistenden Gesellschaft geringer ist als an der empfangenden Gesellschaft (str).[352] Daher wäre mE auch der pauschale Gegenschluss unzulässig, dass nämlich jedenfalls keine Einlagenrückgewähr vorläge, wenn nur die Beteiligungsquote des verbindenden Gesellschafters an der leistenden Gesellschaft höher als an der empfangenden Gesellschaft ist.[353]

Auch der Vermögenstransfer an eine **Privatstiftung**, in der dem Gesellschafter Einfluss oder – als Begünstigter – Vermögensrechte zukommen, kann v § 82 erfasst sein.[354] Wenn die GmbH-Geschäftsanteile v einer **Privatstiftung** gehalten werden, ist fraglich, ob Vermögenstransfers an die Stifter u/oder die Begünstigen der Privatstiftung in den Anwendungsbereich des Verbots der Einlagenrückgewähr fallen können. Meines Erachtens wird die bloße Stifter- oder Begünstigtenposition für eine Zurechnung nicht genügen.[355] Auch **wirtschaftliches Eigentum iSd WiEReG** ist mE nicht ausreichend, weil sich aus dem WiEReG keine gesellschaftsrechtliche Teleologie ableiten lässt.[356] Vielmehr wird ein

72

---

352 So aber *Köppl* in Torggler, GmbHG § 82 Rz 16; *U. Torggler* in Straube/Rakta/Rauter, GmbHG § 115 Rz 26; *Koppensteiner* in Kalss/Torggler, Einlagenrückgewähr 59 (63); *Koppensteiner* in Artmann/Rüffler/Torggler, Konzern 67 (74 ff); *U. Torggler* in FS Konecny 655 (659). ME muss der Vermögensabfluss aus der GmbH in Richtung der Sphäre des Gesellschafters genügen, unabhängig davon, ob dies für den Gesellschafter einen konkret messbaren Vermögensvorteil bedeutet (*H. Foglar-Deinhardstein* in Foglar-Deinhardstein, HB vGA, Rz 1/87; *Eckert/Schopper/Madari* in Eckert/Schopper, AktG-ON § 52 Rz 11). Differenzierend *U. Torggler*, Besprechung zu OGH 6 Ob 29/11z, GesRZ 2012, 122 (127); *Haberer* in Haberer/Krejci, Konzernrecht, Rz 11.149; *Eckert/U. Schmidt* in Haberer/Krejci, Konzernrecht, Rz 13.43; *Striessnig*, GesRZ 2019, 157 (159 f); *Eckert/Schopper/Madari* in Eckert/Schopper, AktG-ON § 52 Rz 11; **abl** wie hier *Auer* in Gruber/Harrer, GmbHG² § 82 Rz 30; *Auer*, Gläubigerschutz bei Vermögensbewegungen down-stream 137 ff, 148 ff; *Bauer/Zehetner* in Straube/Ratka/Rauter, GmbHG § 82 Rz 87; *A. Wimmer*, Besprechung zu OGH 6 Ob 89/21p, ÖBA 2022, 373; vgl *Schmidt-Pachinger* in Doralt/Nowotny/Kalss, AktG³ § 125 Rz 23.
353 *H. Foglar-Deinhardstein* in Foglar-Deinhardstein, HB vGA, Rz 1/87.
354 *Karollus*, ZFS 2015, 145 (149); *Auer* in Gruber/Harrer, GmbHG² § 82 Rz 31; *Kalss* in Konecny, Insolvenz-Forum 2015, 125 (129); *P. Csoklich/P. N. Csoklich*, GesRZ 2019, 54 (56); *Eckert/Schopper/Madari* in Eckert/Schopper, AktG-ON § 52 Rz 15. Vgl OGH 10.7.2019, 13 Os 128/18z, *Mayerhöfer*, ZWF 2019, 180 = *Brandstetter*, ZWF 2019, 218.
355 Vgl *J. Reich-Rohrwig/Aschl*, ecolex 2022, 850 (864).
356 *H. Foglar-Deinhardstein* in Foglar-Deinhardstein, HB vGA, Rz 1/88.

Durchgriff nur im konkreten Einzelfall in Hinblick auf die **in der Stiftungserklärung grundgelegten u in der faktischen Umsetzung auch gelebten Einfluss- u Vermögensrechte** möglich sein.[357] Sind diese Voraussetzungen gegeben, können auch Vermögenstransfers einer GmbH, die v einer Privatstiftung gehalten wird, an die Schwester-Privatstiftung der Gesellschafterin (also eine andere Stiftung mit zB demselben Stifter u Begünstigten) in den Anwendungsbereich v § 82 fallen.[358]

73   Auch **Dritte ohne Nahebeziehung zu einem Gesellschafter** können v den Ausstrahlungswirkung v § 82 erfasst werden, allerdings nur **bei Kollusion oder grober Fahrlässigkeit** (näher s Rz 76). Dass § 82 im Einzelfall dem Dritten ohne Nahebeziehung nicht entgegengehalten werden kann, bedeutet aber nicht notwendigerweise, dass der fragliche Vermögenstransfer nicht trotzdem v Verbot der Einlagenrückgewähr erfasst ist, u somit Ansprüche gegen den involvierten Gesellschafter bestehen können.[359] Die bloße Gewährung v Fremdkapital macht den **Fremdkapitalgeber** nicht zum wirtschaftlichen Eigentümer einer Gesellschaft u daher auch nicht *per se* zum Normadressaten des Verbots der Einlagenrückgewähr.[360]

---

357 *H. Foglar-Deinhardstein* in Foglar-Deinhardstein, HB vGA, Rz 1/88; *H. Foglar-Deinhardstein*, ÖJZ 2019, 938. Ähnlich *Karollus* in Brandl/Karollus/Kirchmayr/Leitner, HB vGA³, 1 (47 ff); *Karollus*, ZFS 2015, 145 (150 ff); *Saurer* in Doralt/Nowotny/Kalss, AktG³ § 52 Rz 46a f; vgl auch VwGH 21.2.2013, 2009/13/0257; 18.10.2017, Ra 2016/13/0050. Nach A des OGH kann insb bei einem früheren Anteilseigner faktische Beherrschung der Privatstiftung, die die Anteile hält, genügen, um diesen in den Anwendungsbereich der Kapitalerhaltung einzubeziehen (OGH 20.12.2018, 6 Ob 195/18x = *Leiner I, Dejaco,* NZ 2019, 81 = *P. Csoklich/P. N. Csoklich,* GesRZ 2019, 54 = ZFS 2019, 8 [*Karollus*] = GesRZ 2019, 193 [*Kalss*] = *V. Hügel,* JEV 2019, 77 = *H. Foglar-Deinhardstein,* ÖJZ 2019, 938).
358 Vgl VwGH 11.2.2016, 2012/13/0061, ZFS 2016, 127 (*Bergmann*).
359 OGH 2.5.2019, 17 Ob 5/19p, NZ 2019, 222 (*H. Foglar-Deinhardstein*) = *Fantur,* GES 2019, 169 = RWZ 2019, 288 (*Wenger*) = *Obradović/Demian,* ZFR 2019, 451 = *Reisch,* ZIK 2019, 122 = ÖBA 2019, 741 (*Scheuwimmer*) = *Engin-Deniz,* ecolex 2019, 751 = GesRZ 2019, 344 (*Edel/Welten*).
360 OGH 26.9.2017, 6 Ob 204/16t – *Imperial,* RWZ 2017, 344 (*Wenger*) = GesRZ 2017, 391 (*Hochedlinger*) = NZ 2017, 473 (*H. Foglar-Deinhardstein*) = EvBl-LS 2018/3 (*Rohrer*) = VbR 2018, 35 (*Told*) = ZFR 2018, 88 (*Kepplinger*) = AnwBl 2018, 255 (*Hollaender*) = ÖBA 2018, 277 (*Edelmann*) = *Trenker,* ÖBA 2018, 612 = *Aburumieh/H. Foglar-Deinhardstein,* GES 2019, 3; (am Bsp v **Mezzaninkapitalgebern**) *Eckert/Schopper/Madari* in Eckert/Schopper, AktG-ON § 52 Rz 5.

3. Unechte und echte Dritte

Auch wenn die Leistung an einen dem Gesellschafter nahestehenden **Dritten** v § 82 erfasst ist (s Rz 67 ff), wird der Dritte dadurch nicht automatisch Normadressat des § 82. Zur Beurteilung der Ausstrahlungswirkung v § 82 auf Dritte ist nach mE zustimmungswürdiger A zw **unechten Dritten** u **echten Dritten** zu unterscheiden:[361]

74

Bei **unechten Dritten** ist – unabhängig v Kollusion oder grober Fahrlässigkeit (s Rz 76) – eine direkte Inanspruchnahme möglich; der unechte Dritte **haftet solidarisch** mit dem involvierten Gesellschafter.[362] Folgende Dritte können – mE immer abhängig v den Umständen des Einzelfalls (insb dann, wenn der Vermögenstransfer auf Veranlassung eines Anteilseigners erfolgt u/oder zu einem Vorteil des Anteilseigners führt)[363] – als unechte Dritte erachtet werden:[364] ehem oder zukünftige Anteilseigner (s Rz 67), mittelbare (indirekte) Gesellschafter (s Rz 67), Schwestergesellschaften (mE solidarisch mit dem gemeinsamen Gesellschafter,[365] s Rz 15, 71), **Treugeber** (s Rz 67), v § 82 erfasste nahe **Fami-**

75

---

361 Vgl *Köppl*, Das Verbot der „Einlagenrückgewähr" 2, 49 ff, 104 ff, 111 ff, 127, 159; *Kalss* in Konecny, Insolvenz-Forum 2015, 125 (129); zust *H. Foglar-Deinhardstein* in Foglar-Deinhardstein, HB vGA, Rz 1/90 ff; *Eckert/Schopper/Madari* in Eckert/Schopper, AktG-ON § 52 Rz 6; *Zehentmayer/Ronacher*, RdW 2023, 99 (100).

362 *Karollus* in Brandl/Karollus/Kirchmayr/Leitner, HB vGA³, 1 (49 ff, 157 f) mwN; *Köppl* in Torggler, GmbHG § 82 Rz 13 ff; § 83 Rz 10; *Reich-Rohrwig*, Kapitalerhaltung 166 ff; *Koppensteiner/Rüffler*, GmbHG³ § 83 Rz 7; *Bauer/Zehetner* in Straube/Ratka/Rauter, GmbHG § 83 Rz 12 ff; *Bollenberger*, Zak 2018, 24 (25); vgl zu Ehegatten OGH 13.12.2016, 3 Ob 167/16d; vgl zur Begünstigten einer Privatstiftung, die (ehem) GmbH-Gesellschafterin ist, OGH 20.12.2018, 6 Ob 195/18x – *Leiner I*, *Dejaco*, NZ 2019, 81 = *P. Csoklich/P. N. Csoklich*, GesRZ 2019, 54 = ZFS 2019, 8 (*Karollus*) = GesRZ 2019, 193 (*Kalss*) = *V. Hügel*, JEV 2019, 77 = *H. Foglar-Deinhardstein*, ÖJZ 2019, 938; 15.9.2020, 6 Ob 58/20b. Krit zur personellen Ausdehnung des Verbots der Einlagenrückgewähr *Kalss* in WiR, Wirtschaftliche Betrachtungsweise im Recht 119 (143 f).

363 *H. Foglar-Deinhardstein* in Foglar-Deinhardstein, HB vGA, Rz 1/91; vgl *Eckert/Wöss* in Aschauer et al, Niedrigverzinsung 71 (77). Abl zum Kriterium der Veranlassung oder des wirtschaftlichen Vorteils *Karollus* in Brandl/Karollus/Kirchmayr/Leitner, HB vGA³, 1 (43, 54). Krit zur bloßen Veranlassung als hinreichendem Kriterium *Milchrahm*, GRAU 2022, 151 (156).

364 Vgl *J. Reich-Rohrwig/Aschl*, ecolex 2022, 850 (864).

365 *Karollus* in Brandl/Karollus/Kirchmayr/Leitner, HB vGA³, 1 (49 ff) mwN; *Koppensteiner* in Artmann/Rüffler/Torggler, Konzern 67 (78); *H. Foglar-*

lienangehörige³⁶⁶ (s auch Rz 70), v § 82 erfasste **Begünstigte einer Privatstiftung** (s auch Rz 72). Siehe auch § 83 Rz 10. Ist eine **Gebietskörperschaft** Anteilseignerin einer GmbH, sind die Personen, die ihren Wohnsitz oder gewöhnlichen Aufenthalt innerhalb des Territoriums der Gebietskörperschaft haben, nicht als unechte Dritte zu qualifizieren.³⁶⁷ **Organwalter der Gesellschaft** sind *per se* keine unechten Dritten.³⁶⁸ Auch eine Person, die einem unechten Dritten nahesteht, kann aufgrund dieses Naheverhältnisses selbst wiederum zum unechten Dritten werden.³⁶⁹

76   **Echte Dritte** – zB eine den Gesellschafter finanzierende Bank, deren Kredit mit einer v der Gesellschaft bestellten Sicherheit besichert wird, oder ein Berater oder Vermittler, der seine zugunsten des Gesellschafters erbrachten Leistungen an die Gesellschaft verrechnet³⁷⁰ – sind hingegen nur ausnahmsweise Normadressaten des § 82, genauer gesagt: Adressaten einer (auf der Schlechtgläubigkeit des echten Dritten gründenden) Drittwirkung des § 82.³⁷¹ Dafür ist zusätzlich erforderlich, dass **Kollu-**

Deinhardstein in Foglar-Deinhardstein, HB vGA, Rz 1/91; **aA** offenbar (ausschließliche Haftung der Schwestergesellschaft) *Haberer* in Haberer/Krejci, Konzernrecht, Rz 11.150; *Eckert/U. Schmidt* in Haberer/Krejci, Konzernrecht, Rz 13.44.

366   OGH 20.12.2018, 6 Ob 195/18x – *Leiner I, Dejaco*, NZ 2019, 81 = *P. Csoklich/P. N. Csoklich*, GesRZ 2019, 54 = ZFS 2019, 8 (*Karollus*) = GesRZ 2019, 193 (*Kalss*) = *V. Hügel*, JEV 2019, 77 = *H. Foglar-Deinhardstein*, ÖJZ 2019, 938; 24.5.2019, 8 ObA 53/18d; 24.10.2019, 6 Ob 71/19p, GesRZ 2020, 148 (*Ratka*) = EvBl 2020, 978 (*Rastegar*); 29.8.2022, 6 Ob 234/21m, ecolex 2022, 987 (*Aschl/Zimmermann*) = *Klement/Fitz*, GES 2022, 380 = GesRZ 2023, 191 (*H. Hayden*); 25.1.2023, 6 Ob 31/22k; *Eckert/Schopper/Madari* in Eckert/Schopper, AktG-ON § 52 Rz 8.

367   *Sindelar*, GES 2018, 60; *Karollus* in Brandl/Karollus/Kirchmayr/Leitner, HB vGA³, 1 (42, 134); *Saurer* in Doralt/Nowotny/Kalss, AktG³ § 52 Rz 23a; *Milchrahm*, GRAU 2022, 151 (153 f).

368   *Karollus*, ZFS 2019, 8 (15 f); *H. Foglar-Deinhardstein*, ÖJZ 2019, 938; *Karollus* in Brandl/Karollus/Kirchmayr/Leitner, HB vGA³, 1 (49); *Eckert/Schopper/Madari* in Eckert/Schopper, AktG-ON § 52 Rz 15; OGH 15.9.2020, 6 Ob 58/20b. Unklar OGH 24.10.2019, 6 Ob 71/19p, GesRZ 2020, 148 (*Ratka*) = EvBl 2020, 978 (*Rastegar*).

369   OGH 25.1.2023, 6 Ob 31/22k; *H. Foglar-Deinhardstein*, ÖJZ 2019, 938; *Eckert/Schopper/Madari* in Eckert/Schopper, AktG-ON § 52 Rz 14.

370   *Kalss*, GesRZ 2020, 158 (162); vgl OGH 17.5.2023, 6 Ob 24/23g, ecolex 2023, 850 (*Peissl/Prasser*).

371   *Zehentmayer/Ronacher*, RdW 2023, 99 (100 ff).

sion – also absichtliches Zusammenwirken des Vertreters der GmbH mit dem Dritten zum Nachteil der Gesellschaft – vorliegt, oder der Dritte v bewusst nachteiligen Handeln des Vertreters der GmbH u des Gesellschafters wusste (**positives Wissen**), oder sich der Missbrauch ihm geradezu aufdrängen musste (**grobe Fahrlässigkeit**) (s auch § 83 Rz 10, 40).[372] Die Beurteilung durch den Dritten ist grds für den **Zeitpunkt** des Abschlusses des Rechtsgeschäfts vorzunehmen.[373] Zumindest bei Finanzierungen soll es aber offenbar auch genügen, wenn der dritte Kreditgeber jedenfalls zum Zeitpunkt der Umsetzung des Rechtsgeschäfts – konkret: bei Zuzählung der Kreditsumme – Kenntnis hatte oder hätte

---

372 OGH 25.6.1996, 4 Ob 2078/96h – *Fehringer*, JBl 1997, 108 (*Hügel*) = *Saurer*, RdW 1998, 593; 22.10.2003, 3 Ob 287/02f, RWZ 2004/11, 38 (*Wenger*); 29.5.2008, 2 Ob 225/07p, RWZ 2008/72, 260 (*Wenger*) = GesRZ 2008, 310 (*Stingl*) = GES 2008, 315 (*Bauer*) = ÖBA 2009, 60 (*Bollenberger*); 29.9.2010, 7 Ob 35/10p, ZFR 2011/38, 82 (*Auer*) = GesRZ 2011, 110 (*Karollus*) = RWZ 2010/89, 363 (*Wenger*); 20.3.2013, 6 Ob 48/12w – *Kneisz I*, ÖBA 2013, 601 (*Wolkerstorfer/Gebetsberger*) = ecolex 2013, 638 (*F. Hörlsberger/Rieder*) = GesRZ 2013, 230 (*Thurnher*); 17.7.2013, 3 Ob 50/13v – *MBO II*, RWZ 2013/82, 315 (*Wenger*) = GesRZ 2013, 356 (*Artmann*) = ÖBA 2014, 52 (*P. Bydlinski*); 15.12.2014, 6 Ob 14/14y – *Humanitas*, NZ 2015, 107 (*Till*) = ecolex 2015, 128 (*Brugger*) = GesRZ 2015, 130 (*Karollus*) = *Reisch/Hampel*, ZIK 2015/100, 91 = *Hermann*, GES 2016, 394 = *Prostor*, ZfRV 2019, 179; 24.11.2015, 1 Ob 28/15x – *Kneisz II*, NZ 2016, 147 (*Auer*) = GesRZ 2016, 219 (*Arlt*) = *Mitterecker*, GES 2016, 150; 29.3.2017, 6 Ob 48/17b; 2.5.2019, 17 Ob 5/19p, NZ 2019, 222 (*H. Foglar-Deinhardstein*) = *Fantur*, GES 2019, 169 = RWZ 2019, 288 (*Wenger*) = *Obradović/Demian*, ZFR 2019, 451 = *Reisch*, ZIK 2019, 122 = ÖBA 2019, 741 (*Scheuwimmer*) = *Engin-Deniz*, ecolex 2019, 751 = GesRZ 2019, 344 (*Edel/Welten*); 23.6.2021, 6 Ob 61/21w, GesRZ 2022, 79 (*Bauer*) = *Blaschke*, GES 2021, 386 = *G. Kodek* in Lewisch, JB Wirtschaftsstrafrecht 2022, 161 = *Ch. Müller*, ÖJA 2023, 129; 14.9.2021, 6 Ob 26/21y, EvBl 2022, 321 (*Painsi*; *Rastegar*) = *Brugger*, NZ 2022, 69; *Auer* in Gruber/Harrer, GmbHG[2] § 82 Rz 21, § 83 Rz 15 f; *Bauer/Zehetner* in Straube/Ratka/Rauter, GmbHG § 82 Rz 88, § 83 Rz 19 ff; *Reich-Rohrwig*, Kapitalerhaltung 168; *Köppl* in Torggler, GmbHG § 82 Rz 17, § 83 Rz 11; *Kalss* in Konecny, Insolvenz-Forum 2015, 125 (130); tw aA *Karollus* in Brandl/Karollus/Kirchmayr/Leitner, HB vGA[3], 1 (53 FN 288, 158). **Krit** zum Kriterium des Schädigungsvorsatzes des Vertreters u **objektive Evidenz** der Pflichtwidrigkeit genügen lassend *Zehentmayr/Ronacher*, RdW 2023, 99 (101 ff).
373 OGH 5.8.2009, 9 Ob 25/08d (9 Ob 26/08a); 29.9.2010, 7 Ob 35/10p, ZFR 2011/38, 82 (*Auer*) = GesRZ 2011, 110 (*Karollus*) = RWZ 2010/89, 363 (*Wenger*); 17.5.2023, 6 Ob 24/23g, ecolex 2023, 850 (*Peissl/Prasser*); *Eckert/Schopper/Madari* in Eckert/Schopper, AktG-ON § 52 Rz 17, 31, 45.

haben müssen (**str**, s Rz 98, 110).[374] Einen dritten Kreditgeber treffen **Nachforschungspflichten** nur dann, wenn der Verdacht einer Einlagenrückgewähr sich aufdrängt (s Rz 154).[375] In jenen Fällen, in denen das Vorliegen einer betriebl Rechtfertigung (s Rz 92 ff, 112, 115 ff) schon bei erstem Anschein plausibel erscheint, u in denen keine Verdachtsmomente (kein **Anfangsverdacht**) gegeben sind, die den Kreditgeber am Vorliegen einer betriebl Rechtfertigung zweifeln lassen müssten, besteht kein weiterer Überprüfungsbedarf in diese Richtung; schon v vornherein hoch verdächtige Fälle lösen hingegen Erkundigungspflichten aus (s Rz 154). Der Kreditgeber hat bei den Beteiligten nach der Gegenleistung nachzufragen, wobei er sich auf nicht offenkundig unrichtige Auskünfte verlassen darf.[376] Nach mE überzeugender A treffen den Dritten **Erkundigungsobliegenheiten** dann, wenn ihm zumindest ein Tatbestandsmerkmal eines Verstoßes gegen § 82 (insb gesellschaftsrechtlicher Zusammenhang zw GmbH u Gesellschafter oder offensichtlich unangemessenes Entgelt oder offensichtlich fehlende betriebl Veranlassung, s Rz 86 ff) bekannt oder aus verlässlicher u unschwer zugänglicher Quelle leicht erkennbar ist.[377] Zu berücksichtigen ist die zum Zeitpunkt des Abschlusses des fraglichen Rechtsgeschäfts **geltende Rechtslage u**

---

374 OGH 24.11.2015, 1 Ob 28/15x – *Kneisz II*, NZ 2016, 147 (*Auer*) = GesRZ 2016, 219 (*Arlt*) = *Mitterecker*, GES 2016, 150; aA *Mitterecker*, GES 2016, 150 (156); *Kalss* in Konecny, Insolvenz-Forum 2015, 125 (135, 140); *Kalss*, GesRZ 2020, 158 (162); *Karollus* in Brandl/Karollus/Kirchmayr/Leitner, HB vGA³, 1 (159).

375 OGH 14.9.2011, 6 Ob 29/11z, RWZ 2011/94, 355 (*Wenger*) = GesRZ 2012, 122 (*U. Torggler*) = ÖBA 2012, 460 (*Bollenberger*) = ZFR 2012/102, 185 (*Köppl*); 17.7.2013, 3 Ob 50/13v – *MBO II*, RWZ 2013/82, 315 (*Wenger*) = GesRZ 2013, 356 (*Artmann*) = ÖBA 2014, 52 (*P. Bydlinski*); 29.3.2017, 6 Ob 48/17b; 2.5.2019, 17 Ob 5/19p, NZ 2019, 222 (*H. Foglar-Deinhardstein*) = *Fantur*, GES 2019, 169 = RWZ 2019, 288 (*Wenger*) = *Obradović/Demian*, ZFR 2019, 451 = *Reisch*, ZIK 2019, 122 = ÖBA 2019, 741 (*Scheuwimmer*) = *Engin-Deniz*, ecolex 2019, 751 = GesRZ 2019, 344 (*Edel/Welten*).

376 OGH 29.9.2010, 7 Ob 35/10p, ZFR 2011/38, 82 (*Auer*) = GesRZ 2011, 110 (*Karollus*) = RWZ 2010/89, 363 (*Wenger*); 29.3.2017, 6 Ob 48/17b.

377 *U. Torggler/H. Torggler* in FS Jud 723 (741 f, 744); *U. Torggler*, GesRZ 2013, 11 (14 f); zust *Haberer* in Haberer/Krejci, Konzernrecht, Rz 11.191; *H. Foglar-Deinhardstein* in Foglar-Deinhardstein, HB vGA, Rz 1/92. AA (Anfangsverdacht nur bei Kenntnis der gesellschaftsrechtlichen Verflechtung) *Karollus*, GesRZ 2011, 114; *Ch. Müller*, ÖJA 2023, 129 (138 f, 142) mwN. Im Überblick zu Erkundigungs- bzw Nachforschungsobliegenheiten eines echten Dritten *Loewit/Simsa*, ZIK 2023, 14 (17 f).

hRsp (s § 83 Rz 32, 40):[378] Die Vernachlässigung bereits vorliegender Lit vermag mE grobe Fahrlässigkeit am Nichterkennen eines (allfälligen) Verstoßes gegen das Verbot der Einlagenrückgewähr nicht zu begründen, wenn noch keine Jud dazu existiert; der Dritte darf mE also auf den Stand der höchstgerichtl Rsp vertrauen.[379] Bereits bestehende OGH-Rsp muss aber dem GF einer GmbH bekannt sein, weil er dem

---

[378] Differenzierend zur Frage, v welchen Teilnehmern des Rechtsverkehrs welche (abgestufte) Kenntnis des Kapitalerhaltungsrechts zu verlangen ist, *Ch. Müller*, ÖJA 2023, 129 (140 ff).
[379] OGH 5.8.2009, 9 Ob 25/08d (9 Ob 26/08a); 14.9.2011, 6 Ob 29/11z, RWZ 2011/94, 355 (*Wenger*) = GesRZ 2012, 122 (*U. Torggler*) = ÖBA 2012, 460 (*Bollenberger*) = ZFR 2012/102, 185 (*Köppl*); 23.2.2016, 6 Ob 171/15p – *AE&E I*, RWZ 2016/28, 125 (*Wenger*) = EvBl-LS 2016/81 (*Rohrer*) = Schopper/Walch, NZ 2016, 163 = GesRZ 2016, 281 (*Schörghofer*) = ÖBA 2017, 621 (*Dellinger*) = Bergmann/Schörghofer, GES 2017, 20 = *Straube* in FS Bittner 657 = *Aburumieh/H. Foglar-Deinhardstein*, GES 2019, 3; 2.5.2019, 17 Ob 5/19p, NZ 2019, 222 (*H. Foglar-Deinhardstein*) = *Fantur*, GES 2019, 169 = RWZ 2019, 288 (*Wenger*) = *Obradović/Demian*, ZFR 2019, 451 = *Reisch*, ZIK 2019, 122 = ÖBA 2019, 741 (*Scheuwimmer*) = *Engin-Deniz*, ecolex 2019, 751 = GesRZ 2019, 344 (*Edel/Welten*); 18.2.2021, 6 Ob 207/20i – *AE&E III*, *Fantur*, GES 2021, 57 = RWZ 2021, 186 (*Wenger*) = *H. Foglar-Deinhardstein*, GES 2021, 159 = GesRZ 2021, 186 (*Artmann*) = *Gaggl*, wbl 2021, 611; *Karollus* in Brandl/Karollus/Kirchmayr/Leitner, HB vGA³, 1 (21, 164, 169); *H. Foglar-Deinhardstein* in Foglar-Deinhardstein, HB vGA, Rz 1/92, 1/241; aA mglw OGH 20.3.2013, 6 Ob 48/12w – *Kneisz I*, ÖBA 2013, 601 (*Wolkerstorfer/Gebetsberger*) = ecolex 2013, 638 (*F. Hörlsberger/Rieder*) = GesRZ 2013, 230 (*Thurnher*); 24.11.2015, 1 Ob 28/15x – *Kneisz II*, NZ 2016, 147 (*Auer*) = GesRZ 2016, 219 (*Arlt*) = *Mitterecker*, GES 2016, 150 (in diesen beiden E wurde die Haftung eines Kreditinstituts auf Basis gänzlich neuer höchstgerichtl Aussagen zu bisher ungeklärten Fragen der Einlagenrückgewähr bejaht; krit dazu *Rüffler/Aburumieh/Lind* in Jaufer/Nunner-Krautgasser/Schummer, Kapitalaufbringung und Kapitalerhaltung 71 [83] FN 47; vgl auch zum Verbot der Überraschungsentscheidung: *G. Nowotny* in FS Hügel 297 [302]; *Rebhahn*, ÖZW 2017, 2[8]; vgl zur unechten Rückwirkung bei Jud-Änderung: *Fleischer*, AG 2016, 185 [193 f] mwN; *Haberer*, GesRZ 2016, 95 [99]). Allg zur nur vorübergehenden Verbindlichkeit der hM vgl *Harrer*, GES 2017, 4 (5); *G. Kodek*, ÖJZ 2024, 1; zu Methoden u Grenzen der Rechtsfortbildung *Torggler*, Richterliche Rechtsfortbildung u ihre Grenzen. Zur Frage, welcher Zeitpunkt für den Jud-Stand maßgeblich ist, wenn der maßgebliche Vertretungsakt auf einer bereits früher erteilten Vollmacht beruht, vgl *Rüffler/Aburumieh/Lind* in Jaufer/Nunner-Krautgasser/Schummer, Kapitalaufbringung und Kapitalerhaltung 71 (82 FN 45).

Haftungsmaßstab des § 1299 ABGB unterliegt.[380] **Rechtsanwälte** sind berufsrechtlich verpflichtet, kapitalerhaltungsrechtliche Verdachtsmomente zu prüfen u die v ihnen vertretenen GmbH v Abschluss mglw nichtiger Rechtsgeschäfte abzuhalten.[381] Für diese Zwecke muss der RA bei einem sich *prima facie* aufdrängenden Verstoß gegen § 82 seinen Mandanten konkret darauf u auf die damit verbundenen Risiken hinweisen sowie die für u gegen einen Verstoß sprechenden Argumente konkret erörtern.[382] **Organwalter eines echten Dritten** sind grds nicht Adressaten des Verbots der Einlagenrückgewähr, haften aber dennoch persönlich aus Schadenersatz (§ 1295 Abs 2 ABGB), wenn sie massiv schädigend u insofern sittenwidrig handeln, als sie einen endgültigen Vermögensnachteil der betroffenen Gesellschaft zumindest billigend in Kauf nehmen u maßgeblich zu einem offensichtlichen Verstoß gegen das Verbot der Einlagenrückgewähr beitragen.[383] Ein echter Dritter wird nicht bloß deswegen zum unechten Dritten (s Rz 75), weil der Vermögenstransfer in seine Sphäre v einem Gesellschafter oder einem unechten Dritten veranlasst worden ist.[384]

77 Kann dem Dritten wegen Kollusion oder grober Fahrlässigkeit die Nichtigkeit des Geschäfts mit Erfolg entgegengehalten werden, scheidet eine allfällige **Haftung des GF** gegenüber der GmbH (s § 83 Rz 32 f) mE

---

380 OGH 23.2.2016, 6 Ob 171/15p – *AE&E I*, RWZ 2016/28, 125 *(Wenger)* = EvBl-LS 2016/81 *(Rohrer)* = *Schopper/Walch*, NZ 2016, 163 = GesRZ 2016, 281 *(Schörghofer)* = ÖBA 2017, 621 *(Dellinger)* = *Bergmann/Schörghofer*, GES 2017, 20 = *Straube* in FS Bittner 657 = *Aburumieh/H. Foglar-Deinhardstein*, GES 2019, 3; 30.8.2016, 6 Ob 198/15h – *AE&E II*, NZ 2016, 413 *(Brugger)* = *Bergmann/Schörghofer*, GES 2017, 20 = *I. Welser*, ecolex 2017, 1073 = *Aburumieh/H. Foglar-Deinhardstein*, GES 2019, 3; 18.2.2021, 6 Ob 207/20i – *AE&E III, Fantur*, GES 2021, 57 = RWZ 2021, 186 *(Wenger)* = *H. Foglar-Deinhardstein*, GES 2021, 159 = GesRZ 2021, 186 *(Artmann)* = *Gaggl*, wbl 2021, 611; differenzierend *Rüffler*, GES 2016, 391 (392). S auch § 83 Rz 32.
381 OGH 25.6.2020, 6 Ob 89/20m, AnwBl 2020, 657 *(Saurer)*; 14.9.2021, 6 Ob 26/21y, EvBl 2022, 321 *(Painsi; Rastegar)* = *Brugger*, NZ 2022, 69.
382 OGH 14.9.2021, 6 Ob 26/21y, EvBl 2022, 321 *(Painsi; Rastegar)* = *Brugger*, NZ 2022, 69. Differenzierend *J. Reich-Rohrwig/Aschl*, ecolex 2022, 850 (857 f).
383 OGH 23.6.2021, 6 Ob 61/21w, GesRZ 2022, 79 *(Bauer)* = *Blaschke*, GES 2021, 386 = *G. Kodek* in Lewisch, JB Wirtschaftsstrafrecht 2022, 161 = *Ch. Müller*, ÖJA 2023, 129.
384 *Karollus* in Brandl/Karollus/Kirchmayr/Leitner, HB vGA³, 1 (54).

mangels ersatzfähigen Schadens aus.[385] In der Lit wird allerdings mit beachtlichen Argumenten vertreten, dass dem Dritten – zB einem unwirksam besicherten Kreditgeber – im Einzelfall Schadenersatzansprüche gem § 1019 ABGB u § 25 GmbHG analog gegen den GF zustehen können.[386] Denkbar ist weiters ein Anspruch des Gläubigers gegen den GF aus § 870 ABGB (listige Irreführung, zivilrechtlicher Betrug).[387]

C. Offene Verstöße gegen das Verbot der Einlagenrückgewähr

Unter **offener verbotener Einlagenrückgewähr** wird der plumpe Vorgang verstanden, dass ein Vermögenstransfer aus der GmbH in die Sphäre eines Gesellschafters getätigt wird, der weder v einem gesetzl Erlaubnistatbestand (s Rz 12, 27 ff, 65) gedeckt ist noch in ein (hinsichtlich seiner Angemessenheit ohnedies noch näher zu prüfendes) Umsatz- oder sonstiges Rechtsgeschäft (s dazu Rz 81 ff) gekleidet ist.[388] Ungeklärt ist, ob eine offene Einlagenrückgewähr durch einen hypothetischen Dritt- oder Fremdvergleich – wäre die Transaktion drittvergleichsfähig, wenn sie in ein Rechtsgeschäft gekleidet worden wäre? – legitimiert werden kann[389] (allg zum Dritt- oder Fremdvergleich s Rz 87 ff).

78

---

385 OGH 22.10.2003, 3 Ob 287/02f, RWZ 2004/11, 38 (*Wenger*); *H. Foglar-Deinhardstein* in Foglar-Deinhardstein, HB vGA, Rz 1/93; mglw **aA** OGH 30.8.2016, 6 Ob 198/15h, NZ 2016, 413 (*Brugger*) = *Bergmann/Schörghofer*, GES 2017, 20 = *I. Welser*, ecolex 2017, 1073 = *Aburumieh/H. Foglar-Deinhardstein*, GES 2019, 3.
386 *Schopper* in FS Fenyves 1009; *Karollus* in Brandl/Karollus/Kirchmayr/Leitner, HB vGA³, 1 (161); *Eckert/Schopper/Madari* in Eckert/Schopper, AktG-ON § 52 Rz 63.
387 Zur potentiellen Haftung eines GmbH-GF gegenüber den Gläubigern der Gesellschaft aus § 870 ABGB OGH 28.2.2018, 6 Ob 244/17a.
388 *Auer* in Gruber/Harrer, GmbHG² § 82 Rz 33; *Bauer/Zehetner* in Straube/Ratka/Rauter, GmbHG § 82 Rz 48; *Reich-Rohrwig*, Kapitalerhaltung 116.
389 Dies mglw andeutend *Reich-Rohrwig*, Kapitalerhaltung 116; *Bauer/Zehetner* in Straube/Ratka/Rauter, GmbHG § 82 Rz 56, 58; OGH 18.2.2021, 6 Ob 207/20i – *AE&E III, Fantur*, GES 2021, 57 = RWZ 2021, 186 (*Wenger*) = *H. Foglar-Deinhardstein*, GES 2021, 159 = GesRZ 2021, 186 (*Artmann*) = *Gaggl*, wbl 2021, 611. **Dagegen** aber ausdrücklich OGH 26.9.2017, 6 Ob 204/16t – *Imperial*, RWZ 2017, 344 (*Wenger*) = GesRZ 2017, 391 (*Hochedlinger*) = NZ 2017, 473 (*H. Foglar-Deinhardstein*) = EvBl-LS 2018/3 (*Rohrer*) = VbR 2018, 35 (*Told*) = ZFR 2018, 88 (*Kepplinger*) = AnwBl 2018,

79 Zur verbotenen **Gewährung v Zinsen auf die Stammeinlagen** s Rz 61.

80 Weitere **Bsp** für offene Verstöße gegen das Verbot der Einlagenrückgewähr:[390]

– Unzulässiger **Gründerlohn** (vgl § 7 Abs 1);[391]
– **Entnahmen** eines Gesellschafters, die nicht ordnungsgemäße Auszahlung einer Dividende sind,[392] zB auch über ein **Verrechnungskonto**[393] (s Rz 57); freilich kann die Verbuchung im Rechnungswesen u/oder die steuerliche Behandlung indizieren, dass keine Entnahme, sondern ein Darlehen gewollt ist;[394]
– (Sach-)**Dividendenausschüttungen vor ordnungsgemäßer Feststellung des JA** u/oder vor Fassung eines gem GesV erforderlichen Gewinnverteilungsbeschlusses,[395] (Sach-)Dividendenausschüttungen **in einem nicht v JA gedeckten Betrag, Zwischendividenden**, Abschlagsdividenden, Vorauszahlungen auf zukünftige Gewinne[396] (s Rz 25, 57 ff);

---

255 (*Hollaender*) = ÖBA 2018, 277 (*Edelmann*) = *Trenker*, ÖBA 2018, 612 = *Straube* in FS Bittner 657 = *Aburumieh/H. Foglar-Deinhardstein*, GES 2019, 3; **abl** wohl auch OLG Innsbruck 27.4.2023, 3 R 26/23g.

390 Vgl *Auer* in Gruber/Harrer, GmbHG² § 82 Rz 35; *Bauer/Zehetner* in Straube/Ratka/Rauter, GmbHG § 82 Rz 49 f; *Artmann* in Artmann/Karollus, AktG⁶ § 52 Rz 9.

391 *Koppensteiner/Rüffler*, GmbHG³ § 83 Rz 3; *Bauer/Zehetner* in Straube/Ratka/Rauter, GmbHG § 83 Rz 5; *Artmann* in Artmann/Karollus, AktG⁶ § 52 Rz 1.

392 OGH 25.10.1978, 1 Ob 719/78.

393 *Bauer/Zehetner* in Straube/Ratka/Rauter, GmbHG § 82 Rz 49; vgl zum Steuerrecht *Kirchmayr* in Brandl/Karollus/Kirchmayr/Leitner, HB vGA³, 201 (285 ff); *Zorn*, SWK 2015, 577; VwGH 23.1.2019, Ra 2018/13/0007, RdW 2019, 197 (*Zorn*) = GES 2019, 213 (*Renner*) = *Leyrer*, SWK 2019, 972. Zur möglichen Anwendung v § 355 UGB (Kontokorrent, Saldofeststellung, Saldoanerkenntnis) auf ein **Verrechnungskonto** *Eckert* in Konecny, Insolvenz-Forum 2016, 17 (25 ff). Die Einbuchung einer geplanten Gewinnausschüttung am Verrechnungskonto, die jedoch nicht durchgeführt, sondern storniert wird, stellt keine verdeckte Gewinnausschüttung dar (BFG 14.2.2020, RV/5100278/2017).

394 *Eckert* in Konecny, Insolvenz-Forum 2016, 17 (20 f).

395 *Reich-Rohrwig*, Kapitalerhaltung 116.

396 OGH 16.12.1955, 3 Ob 805/54; *Koppensteiner/Rüffler*, GmbHG³ § 82 Rz 12; *Bauer/Zehetner* in Straube/Ratka/Rauter, GmbHG § 82 Rz 16, 50;

- (Sach-)Dividendenausschüttungen auf Basis eines (zB wegen fehlender Abschlussprüfung) **nichtigen JA**[397] (s Rz 29 f; zur Heilung/Sanierung s Rz 168; zum allenfalls eingreifenden Gutglaubensschutz s § 83 Rz 16 ff);
- Auszahlung eines **Liquidationsüberschusses** (s Rz 65) oder Auszahlungen iZm einer **Kapitalherabsetzung** (s Rz 65) vor ordnungsgemäßer Durchführung des jew zwingend vorgesehenen vorgelagerten Verfahrens;[398]
- Vereinbarung eines **gewinnunabhängigen Entnahmerechts** oder einer **Gewinn- oder Zinsgarantie** (s Rz 30) mit der Gesellschaft;[399]
- **Auskehrung v Vermögensgegenständen** der GmbH ohne entspr Entgelt, entgeltlose Retournierung v Sacheinlagen,[400] (ggf originäre) Begr v **Immaterialgüterrechten** zugunsten des Gesellschafters unter Verletzung bestehender Rechte (zB Werknutzungsrechte oder Schutzrechte gem §§ 9 UWG, 43 ABGB u 37 UGB) der GmbH;[401]
- **Auszahlung** eines v der GmbH aufgenommenen **Kredits** an einen Gesellschafter;[402]
- Tragung **überhöhter Gründungskosten** durch die GmbH (s Rz 65, vgl § 7 Rz 8 ff), auch wenn zu diesem Zweck der GesV nachträglich geändert wird;[403]

Karollus in Brandl/Karollus/Kirchmayr/Leitner, HB vGA³, 1 (31); *Hügel*, GesRZ 2016, 100 (101).
[397] *Bauer/Zehetner* in Straube/Ratka/Rauter, GmbHG § 82 Rz 49; *Karollus* in Brandl/Karollus/Kirchmayr/Leitner, HB vGA³, 1 (30 f); *Ch. Nowotny* in FS Bertl II, 647 (652); *Eckert/Schopper/Setz* in Eckert/Schopper, AktG-ON § 104 Rz 18.
[398] Vgl *Reich-Rohrwig*, Kapitalerhaltung 116 f.
[399] OGH 25.10.1978, 1 Ob 719/78.
[400] *Koppensteiner/Rüffler*, GmbHG³ § 82 Rz 12.
[401] Vgl OLG Frankfurt am Main 30.11.1995, 6 U 192/91, DZWiR 1996, 244 (*Westermann/Wilhelmi*) = WiB 1996, 166 (*Wilken*); VwGH 3.3.2022, Ra 2020/15/0031, RdW 2022, 350 (*Zorn*); *Huemer*, GRAU 2021, 100 (103); *Saurer* in Doralt/Nowotny/Kalss, AktG³ § 52 Rz 56; *Reich-Rohrwig*, Kapitalerhaltung 123 f; *Cahn/v. Spannenberg* in BeckOGK AktG § 57 Rz 34.
[402] Vgl OGH 20.3.2013, 6 Ob 48/12w – *Kneisz I*, ÖBA 2013, 601 (*Wolkerstorfer/Gebetsberger*) = ecolex 2013, 638 (*F. Hörlsberger/Rieder*) = GesRZ 2013, 230 (*Thurnher*).
[403] OGH 24.10.2019, 6 Ob 100/19b, GesRZ 2020, 206 (*Pilgerstofer*) = *Birnbauer*, GES 2020, 33. Die Gründungskosten müssen in einem angemessenen Verhältnis zum bei der Gründung eingebrachten Verkehrswert

– Zahlungen der GmbH an einen Gesellschafter aus **Scheingeschäften** u/oder auf Basis **gefälschter Rechnungen**,[404] **Umleitung** v Zahlungen, die der GmbH zustehen, an einen Gesellschafter;
– Vereinnahmung v Entgelten aus **Schwarzgeschäften** oder v **Kickback-Zahlungen**, Provisionen oder **Schmiergeldern** durch einen Gesellschafter oder einen diesem nahestehenden Dritten;[405]
– **Abfindung** oder **Abschichtung** eines (allenfalls auch ausscheidenden) Gesellschafters oder seiner Erben aus dem Vermögen der GmbH (s Rz 67),[406] Finanzierung der Barabfindung beim *Squeeze-out* gem GesAusG durch die betroffene GmbH (s § 81 Rz 36 u Rz 58),[407] **Rückzahlung** des auf die Beteiligungsquote des (allenfalls auch ausscheidenden) Gesellschafters entfallenden aliquoten Eigenkapitals (**Buchwerts**).[408] Zur Tragung v **Transaktionskosten** s Rz 103.

D. Verdeckte Verstöße gegen das Verbot der Einlagenrückgewähr

1. Grundzüge

81 Auf der einen Seite verbietet § 82 grds den Transfer v Vermögen aus der GmbH in Richtung der Sphäre der Gesellschafter (s Rz 13). Auf der anderen Seite sollen die Gesellschafter natürlich rechtlich nicht gehindert sein, ihrer GmbH **als gewöhnliche Gläubiger auf Basis eines wirksamen**

---

stehen. Vgl OGH 11.9.2003, 6 Ob 103/03w, ecolex 2004, 281 (*J. Reich-Rohrwig*); *Koppensteiner/Rüffler*, GmbHG³ § 82 Rz 12; *Saurer* in FS Jud 549 (551 FN 1); *Heidinger/Schneider* in Artmann/Karollus, AktG⁶ § 19 Rz 14 f.

404 *Huemer*, GRAU 2021, 100 (102 f).

405 *Reich-Rohrwig*, Kapitalerhaltung 118; vgl *Auer* in Gruber/Harrer, GmbHG² § 82 Rz 42; vgl zum Steuerrecht *Kirchmayr* in Brandl/Karollus/Kirchmayr/Leitner, HB vGA³, 201 (312 f); *Kirchmayr/Zorn*, SWK 2015, 974.

406 Vgl OGH 30.9.2002, 1 Ob 141/02w; 12.09.2001, 4 Ob 154/01b, ecolex 2002, 356 (*J. Reich-Rohrwig*); *Elsner*, Nachschussobliegenheit 131, 200.

407 *Karollus* in Brandl/Karollus/Kirchmayr/Leitner, HB vGA³, 1 (35); differenzierend *H. Foglar-Deinhardstein/Hartig* in Kalss/Frotz/Schörghofer, HB Vorstand, Rz 31/272 f mwN.

408 Vgl *Reich-Rohrwig*, Kapitalerhaltung 116 f; *Koppensteiner/Rüffler*, GmbHG³ § 82 Rz 12.

Rechtsgrunds[409] gegenübertreten zu können[410] – man denke nur an **Schadenersatzansprüche** eines Gesellschafters gegen die GmbH oder an das **Gehalt eines Gesellschafters, der als GF der GmbH fungiert**,[411] aber auch an **Entgelt für Lieferungen u Leistungen (aus Umsatzgeschäften)** des Gesellschafters zugunsten der GmbH.[412] Die Balance zw diesen Gesichtspunkten findet das **Verbot der verdeckten Einlagenrückgewähr**, auch **Verbot der verdeckten Gewinnausschüttung** genannt. Genau genommen dreht sich der Verbotstatbestand weder um die Rückgewähr v Einlagen noch um die Ausschüttung v Gewinnen:[413] Der verdeckte Vermögenstransfer in die Sphäre eines Gesellschafters ist auch dann unzulässig, wenn die Einlagen erhalten bleiben, oder die GmbH Verluste schreibt. Im Wesentlichen geht es darum, dass die Gesellschafter auch in ihrer Position als Gläubiger der GmbH nicht anders (insb nicht besser) behandelt werden sollen als jeder Drittgläubiger, sondern *at arm's length*.[414] Ansonsten wäre der Umgehung der Kapitalerhaltungsvorschriften Tür u Tor geöffnet. Deshalb sollen die Gesellschafter auch als Gläubiger nicht mehr erhalten als das, was gegenüber einem Drittgläubiger angemessen ist. § 82 verbietet also eine **positive Diskriminierung der Gesellschafter** im Vergleich zu anderen Transaktionspartnern der GmbH.[415] Es besteht aber

---

409 *Auer* in Gruber/Harrer, GmbHG² § 82 Rz 1, 5, 18; *Koppensteiner/Rüffler*, GmbHG³ § 82 Rz 2 f, 5; *Bauer/Zehetner* in Straube/Ratka/Rauter, GmbHG § 82 Rz 2 f, 17.
410 OGH 15.3.2012, 6 Ob 28/12d, GesRZ 2012, 252 (*F. Schuhmacher*) = EvBl 2012, 763 (*Csoklich*); vgl *Karollus* in Brandl/Karollus/Kirchmayr/Leitner, HB vGA³, 1 (36 f); OGH 21.12.2017, 6 Ob 187/17v, GesRZ 2018, 121 (*Brix/Wagner*) = ecolex 2018, 435 (*H. Foglar-Deinhardstein*) = ZFR 2018, 284 (*Schacherreiter*).
411 Eine angemessen Entlohnung eines Gesellschafters aus seiner GF- oder sonstigen Organfunktion ist jedenfalls zulässig (vgl OGH 16.6.1920, 3 R 78/20; 14.10.1925, 2 Ob 861/25); ebenso zulässig sind Bonuszahlungen für GF-Tätigkeiten, die über die gewöhnlichen Aufgaben hinausgehen (OGH 26.7.2016, 9 ObA 69/16m, GES 2016, 348 [*Fantur*]).
412 Vgl OGH 19.11.2002, 4 Ob 252/02s, ecolex 2003, 177 (*J. Reich-Rohrwig/Größ*); *Fleischer* in FS Krieger 253 (256).
413 Vgl *Thomale*, JBl 2021, 83 (92) mwN.
414 *Köppl* in Torggler, GmbHG § 82 Rz 18; *Karollus* in Brandl/Karollus/Kirchmayr/Leitner, HB vGA³, 1 (81 ff, 89); *Koppensteiner*, GesRZ 2014, 3 (6); *G. Kodek/P. N. Csoklich* in Höpfel/Ratz, WK StGB² Rz 43.
415 Ähnlich *U. Torggler/H. Torggler* in FS Jud 723 (729); *Hügel* in Kalss/Torggler, Einlagenrückgewähr 19 (36); *Kalss* in Konecny, Insolvenz-Forum 2015, 125 (128).

keine Verpflichtung, den Vorteil der GmbH dadurch zu maximieren, dass Gesellschafter in ihren Leistungsbeziehungen mit der GmbH schlechter behandelt werden als Dritte.[416] **Spielräume aufgrund einer starken Marktposition** muss die GmbH freilich gegenüber ihren Gesellschaftern grds genauso ausnützen wie sie dies gegenüber Dritten tut.[417] Findet bei einem Rechtsgeschäft ein unmittelbarer u fremdüblicher Leistungsaustausch zw den beteiligten Vertragsparteien aus deren jew Vermögen auf schuldrechtlicher Basis statt, steht dem § 82 nicht entgegen.[418] Offen ist, ob wirksam begründete Drittgläubigeransprüche v Gesellschaftern (zB aus **Dividenden** – s Rz 32 – oder aus **Prospekthaftung** – s Rz 155) **in der Krise oder in der Insolvenz der Gesellschaft** allenfalls trotzdem gegenüber Ansprüchen v Drittgläubigern ohne mitgliedschaftliche Position **nachrangig** zu behandeln sind, weil sie im Eigenkapital wurzeln (s auch Rz 54, § 57 Rz 5).[419]

82   Das Verbot der Einlagenrückgewähr erfasst grds alle Vermögensverschiebungen in die Sphäre eines Gesellschafters (s Rz 9, 12 f), ob offen (s Rz 78 ff) oder ob verdeckt. **Verdeckte Vermögensverschiebungen** sind solche **im Gewand eines Drittgeschäfts**, dh auf Basis eines Vertrags oder in sonstiger Weise, die die Gesellschafter aufgrund des mitgliedschaftlichen Verhältnisses zu Lasten des gemeinsamen Sondervermögens bevorteilt.[420] Unter das Verbot der Einlagenrückgewähr fallen **Zuwendungen oder Vergünstigungen aller Art** ohne Rücksicht darauf, ob sie in der Bilanz der GmbH (oder des Gesellschafters) einen Niederschlag finden.[421] Ver-

---

416 *Karollus* in Brandl/Karollus/Kirchmayr/Leitner, HB vGA³, 1 (89); *H. Foglar-Deinhardstein*, GesRZ 2017, 266; *Rüffler*, GES 2022, 373 (374 f).
417 *Koppensteiner*, GesRZ 2014, 3 (7); *Hügel* in Kalss/Torggler, Einlagenrückgewähr 19 (39 f).
418 *Rohregger* in Lewisch, JB Wirtschaftsstrafrecht 2014, 41 (43).
419 Vgl OGH 15.3.2012, 6 Ob 28/12d, GesRZ 2012, 252 (*F. Schuhmacher*) = EvBl 2012, 763 (*Csoklich*); 21.5.2013, 1 Ob 34/13a; *Karollus* in Brandl/Karollus/Kirchmayr/Leitner, HB vGA³, 1 (37); *Trenker*, ÖBA 2013, 187; *Trenker*, VbR 2013, 16; *Spiegelfeld/H. Foglar-Deinhardstein* in FS Torggler 1139 (1149) mwN; *G. Kodek* in FS Koppensteiner III, 181 (184, 192); *Trenker* in Konecny, Insolvenz-Forum 2019, 161 (171); *N. Frizberg*, Nachrangige Forderungen 31 f. AA *Fidler/Madari*, ÖJA 2023, 322 (331).
420 OGH 20.1.2000, 6 Ob 288/99t; 22.10.2003, 3 Ob 287/02f, RWZ 2004/11, 38 (*Wenger*); 29.9.2010, 7 Ob 35/10p, ZFR 2011/38, 82 (*Auer*) = GesRZ 2011, 110 (*Karollus*) = RWZ 2010/89, 363 (*Wenger*).
421 OGH 25.6.1996, 4 Ob 2078/96h – *Fehringer*, JBl 1997, 108 (*Hügel*) = *Saurer*, RdW 1998, 593; 22.10.2003, 3 Ob 287/02f, RWZ 2004/11, 38 (*Wenger*);

boten ist nicht nur die effektive Gewährung, sondern auch schon die mit Bindungswillen gegebene Zusage der unzulässigen Leistung[422] (s auch Rz 12 f, 120).

Werden echte u angemessene Gläubigerrechte (zB **Verzugszinsen**)[423] geltend gemacht, steht dem § 82 nicht entgegen (s Rz 65, 67, 81, 105). Das gilt grds nicht nur für **vertragliche**, sondern auch für **gesetzl Rechte**. Deswegen können auch der Beitritt eines Gesellschafters zur GmbH oder seine Einlageleistung oder seine sonstigen Leistungen an die GmbH v **Gläubigern** dieses Gesellschafters oder in seiner Insolvenz v **Insolvenzverwalter auf Basis der AnfO oder der IO wirksam angefochten** werden, ohne dass dem § 82 entgegengehalten werden könnte.[424] Zu **Prospekthaftungsansprüchen** als Drittgläubigerrechte s Rz 81, 155. Zu **Pflichtteilsergänzungsansprüchen** s Rz 105. Zu **Rechtsgeschäften** s Rz 86 ff.

83

9.9.2010, 7 Ob 35/10p, ZFR 2011/38, 82 (*Auer*) = GesRZ 2011, 110 (*Karollus*) = RWZ 2010/89, 363 (*Wenger*); 23.2.2016, 6 Ob 171/15p – *AE&E I*, RWZ 2016/28, 125 (*Wenger*) = EvBl-LS 2016/81 (*Rohrer*) = Schopper/Walch, NZ 2016, 163 = GesRZ 2016, 281 (*Schörghofer*) = ÖBA 2017, 621 (*Dellinger*) = Bergmann/Schörghofer, GES 2017, 20 = *Straube* in FS Bittner 657 = *Aburumieh/H. Foglar-Deinhardstein*, GES 2019, 3; 22.12.2016, 6 Ob 232/16k, GesRZ 2017, 116 (*Zehetner*) = *Dejaco*, NZ 2019, 81; BGH 10.1.2017, II ZR 94/15; *K. Schmidt* in Kalss/Torggler, Einlagenrückgewähr 1 (7 FN 27); *Gaggl*, wbl 2021, 611 (613); *Eckert/Schopper/Madari* in Eckert/Schopper, AktG-ON § 52 Rz 3, 45.

422 *Köppl* in Torggler, GmbHG § 82 Rz 8; *H. Foglar-Deinhardstein*, NZ 2019, 228; *Schopper*, ecolex 2019, 776 (779); *Eckert/Schopper/Madari* in Eckert/Schopper, AktG-ON § 52 Rz 3; *Eckert/Schopper* in Artmann/Karollus, AktG[6] § 54 Rz 4.
423 *Karollus* in Brandl/Karollus/Kirchmayr/Leitner, HB vGA³, 1 (37).
424 OGH 26.5.2010, 3 Ob 51/10m, ÖBA 2011, 407 (*Karollus*) = Rebernig/Schmidsberger, ZIK 2010, 162 = Zollner, GES 2010, 210; *Karollus* in Brandl/Karollus/Kirchmayr/Leitner, HB vGA³, 1 (37) mwN; *Astner/Hermann/Pateter* in Clavora/Kapp/Mohr, JB Insolvenz- und Sanierungsrecht 2016, 259 (274); *Rüffler/Aburumieh/Lind* in Jaufer/Nunner-Krautgasser/Schummer, Kapitalaufbringung und Kapitalerhaltung 71 (94 ff); *Eckert/SchopperMadari* in Eckert/Schopper, AktG-ON § 52 Rz 21. In der Praxis erweisen sich die OGH-Aussagen jedoch im Einzelfall als mE überschießend (*H. Foglar-Deinhardstein* in Foglar-Deinhardstein, HB vGA, Rz 1/100 FN 421).

2. Steuerliche Parallelregelung zur verdeckten Gewinnausschüttung

84 Das **Steuerrecht** kennt die Einkommensverteilung durch **verdeckte Gewinnausschüttung** gem § 8 Abs 2 KStG.[425] Die Bestimmung zielt auf Gewinnkorrektur zum Zweck des Schutzes des Steueraufkommens mittels korrekter Besteuerung des Gewinns durch **KöSt u KESt**: Das Steuerrecht nimmt die ungerechtfertigte Vermögensverschiebung als gegeben hin u behandelt sie als Gewinnausschüttung, die einerseits eine Erhöhung des mit KöSt zu versteuernden Gewinns der GmbH bewirkt u andererseits – sofern nicht eine steuerbefreite Konzerndividende (Schachtelbefreiung) vorliegt – in eine Besteuerung der verdeckten Dividende des bedachten Gesellschafters durch Vorschreibung v KESt mündet.[426] Die KESt auf eine verdeckte Ausschüttung kann im Ermessen mittels Haftungsbescheid der GmbH vorgeschrieben werden.[427] Eine verdeckte Gewinnausschüttung kann aber uU als **steuerneutrale Einlagenrückzahlung** zu qualifizieren sein.[428] **Umsatzsteuerlich** kann eine verdeckte Gewinnausschüttung Eigenverbrauch darstellen.[429]

85 Eine steuerrechtlich relevante verdeckte Gewinnausschüttung ist zwar häufig, aber nicht notwendiger Weise zugleich auch ein Verstoß gegen

---

[425] S *Twardosz* in Foglar-Deinhardstein, HB vGA, Rz 2/19 ff.

[426] *Langheinrich/Ryda*, FJ 2011, 165 (168); *Grün*, Leitfaden verdeckte Ausschüttung², 3 ff, 36 ff; *Hügel* in Kalss/Torggler, Einlagenrückgewähr 19 (21 f); *Kras* in Brandl/Karollus/Kirchmayr/Leitner, HB vGA³, 379 (381, 397 ff); *T. Hayden/Thorbauer/St. Egger*, RWZ 2023, 131; vgl VwGH 6.9.2023, Ra 2021/15/0027, RdW 2023, 826 (*Zorn*); zur **Schachtelbefreiung** zB VwGH 28.6.2016, 2013/13/0062, ZFS 2016, 131 (*Marschner*).

[427] VwGH 28.5.2015, 2014/15/0046; vgl *Jetzinger*, GES 2016, 425. Zu möglichen **finanzstrafrechtlichen** Konsequenzen OGH 18.12.2015, 13 Os 139/15p, EvBl 2016, 422 (*Ratz*); *Twardosz* in Foglar-Deinhardstein, HB vGA, Rz 4/1 ff; *Joklik-Fürst/Leopold*, ZSS 2022, 97 (101 ff).

[428] VwGH 5.2.2021, Ro 2019/13/0027, ecolex 2021, 957 (*Misic*) = *Achatz/Kirchmayr-Schliesselberger*, taxlex 2021, 129 = *Hirschler/Uedl*, RWZ 2021, 180 = GES 2021, 95 (*Kras*) = *Bodis*, SWK 2021, 789 = *Zorn*, RdW 2021, 209; 30.6.2022, Ra 2019/13/0051; *Twardosz* in Foglar-Deinhardstein, HB vGA, Rz 2/104 ff; *Bendlinger*, taxlex 2019, 140; *Hügel* in FS Koppensteiner II, 11 (23); zweifelnd *Franke*, ÖStZ 2019, 315.

[429] *Langheinrich/Ryda*, FJ 2011, 165 (168); s *Prinz* in Foglar-Deinhardstein, HB vGA, Rz 3/1 ff.

§ 82.[430] Umgekehrt ist auch eine verbotene Einlagenrückgewähr nicht unbedingt als steuerliche verdeckte Gewinnausschüttung zu würdigen.[431] Die steuerliche Sicht kann also nicht in jedem Fall im Weg einer Parallelverschiebung zur abschließenden Beurteilung des Vorliegens einer gesellschaftsrechtlichen Einlagenrückgewähr herangezogen werden. Eine **steuerliche Beanstandung** sollten die Organwalter aber jedenfalls zum Anlass nehmen, auch eine gesellschaftsrechtliche Prüfung vorzunehmen (s Rz 1) u allenfalls notwendige Sanierungs- bzw Sanktionierungsmaßnahmen (s Rz 167 f; § 83 Rz 6 ff, 25, 26 ff, 32 ff, 37 ff) einzuleiten.[432]

3. Gesellschaftsrechtliche Kriterien für die Angemessenheitsprüfung

§ 82 verbietet es der GmbH nicht, mit ihren Gesellschaftern Rechtsgeschäfte abzuschließen u umzusetzen, solange darin nicht eine verdeckte Einlagenrückgewähr (Gewinnausschüttung) liegt. In den Anwendungsbereich v § 82 fallen daher Zuwendungen wegen der Gesellschaftereigenschaft des Empfängers (*causa societatis*, dh wegen der mitgliedschaftlichen/verbandsrechtlichen Position des Empfängers), nicht aber Leistungen der Gesellschaft, bei denen der Gesellschafter nicht anders als ein außenstehender Dritter behandelt wird (*causa obligationis*, s Rz 16, 81 ff, 96, 118) (**str**).[433]

86

Primärer Maßstab für die Prüfung v Rechtsgeschäften ist der **Dritt- oder Fremdvergleich**: Im Rahmen des Drittvergleichs ist das fragliche Rechtsgeschäft dahingehend zu prüfen, ob ein derartiges Geschäft (a) überhaupt auch mit einem gesellschaftsfremden Dritten (**betriebl Veranlassung**, s Rz 88) u bejahendenfalls (b) auch zu diesen Bedingun-

87

---

430 *Köppl* in Torggler, GmbHG § 82 Rz 9; *Auer* in Gruber/Harrer, GmbHG² § 82 Rz 40; *Koppensteiner/Rüffler*, GmbHG³ § 82 Rz 15.
431 *Bauer/Zehetner* in Straube/Ratka/Rauter, GmbHG § 82 Rz 47.
432 Vgl *Karollus* in Brandl/Karollus/Kirchmayr/Leitner, HB vGA³, 1 (60, 70, 91); OGH 1.9.2010, 6 Ob 132/10w, GesRZ 2011, 47 (*Rüffler*) = EvBl 2011, 167 (*Feuchtmüller*) = immolex 2011, 146 (*Cerha*); 13.9.2012, 6 Ob 110/12p, RWZ 2012/91, 321 (*Wenger*) = GesRZ 2013, 38 (*U. Torggler*).
433 OGH 30.3.2011, 7 Ob 77/10i – *Immoeast*, GesRZ 2011, 251 (*Diregger*) = ZFR 2011, 238 (*M. Gruber*) = ecolex 2011, 609 (*Wilhelm*); 15.3.2012, 6 Ob 28/12d, GesRZ 2012, 252 (*F. Schuhmacher*) = EvBl 2012, 763 (*Csoklich*); *Fleischer* in FS Krieger 253 (255); *Eckert/Schopper/Madari* in Eckert/Schopper, AktG-ON § 52 Rz 4, 32; **aA** *Koppensteiner/Rüffler*, GmbHG³ § 82 Rz 16; *Köppl* in Torggler, GmbHG § 82 Rz 21.

gen (**objektive Angemessenheit**, s Rz 89) geschlossen worden wäre,[434] wobei v üblichen Verhalten voneinander unabhängiger Personen in vergleichbaren Situationen auszugehen ist,[435] u mangelnde objektive Angemessenheit durch allfällige **betriebl Rechtfertigung** (s Rz 92 ff) ausgeglichen werden kann:

a) Betriebliche Veranlassung

88 Die **betriebl Veranlassung**[436] (s Rz 87) muss mE anhand des Unternehmensgegenstands der GmbH (s auch Rz 66) u der konkreten Gegebenheiten ihres Geschäftsbetriebs darstellbar sein.[437] Freilich kann der Unternehmensgegenstand der Gesellschaft auch die Erbringung v Leistungen an verbundene Unternehmen oder v **atypischen Tätigkeiten**, zB v genossenschaftlichen oder gemeinnützigen Aktivitäten oder v Fördermaßnahmen, gestatten, oder die Tätigkeit der Gesellschaft sogar auf die Erbringung solcher Leistungen u Wahrnehmung solcher Maß-

---

[434] Vgl OGH 13.9.2012, 6 Ob 110/12p, RWZ 2012/91, 321 (*Wenger*) = GesRZ 2013, 38 (*U. Torggler*); 16.11.2012, 6 Ob 153/12m, GesRZ 2013, 99 (*Krejci*); 4.3.2013, 8 Ob 20/13v, GesRZ 2013, 286 (*Milchrahm*) = RWZ 2013/39, 139 (*Wenger*); 20.3.2013, 6 Ob 48/12w – *Kneisz I*, ÖBA 2013, 601 (*Wolkerstorfer/Gebetsberger*) = ecolex 2013, 638 (*F. Hörlsberger/Rieder*) = GesRZ 2013, 230 (*Thurnher*); *Hermann/Liebenberger*, GES 2023, 11 (13).

[435] Vgl *Grün*, Leitfaden verdeckte Ausschüttung², 48 mwN; ähnlich *Kalss* in Konecny, Insolvenz-Forum 2015, 125 (128).

[436] OGH 13.9.2012, 6 Ob 110/12p, GesRZ 2013, 38 (*U. Torggler*) = RWZ 2012, 321 (*Wenger*); 22.12.2016, 6 Ob 232/16k, GesRZ 2017, 116 (*Zehetner*) = *Dejaco*, NZ 2019, 81; 29.8.2017, 6 Ob 114/17h, wbl 2017, 655 (*Harrer*) = GesRZ 2018, 50 (*Karollus*) = EvBl 2018, 224 (*Told*) = *Bollenberger*, Zak 2018, 24; 24.5.2019, 8 ObA 53/18d; *Karollus* in Brandl/Karollus/Kirchmayr/Leitner, HB vGA³, 1 (107 f); *Saurer* in Doralt/Nowotny/Kalss, AktG³ § 52 Rz 25; *Hermann/Liebenberger*, GES 2023, 11 (13).

[437] *Karollus* in Brandl/Karollus/Kirchmayr/Leitner, HB vGA³, 1 (109); *Ch. Nowotny* in Kalss/Nowotny/Schauer, GesR² Rz 4/414; *Artmann* in Artmann/Karollus, AktG⁶ § 52 Rz 13; *H. Foglar-Deinhardstein* in Foglar-Deinhardstein, HB vGA, Rz 1/105; *P. Csoklich/P. N. Csoklich*, GesRZ 2019, 54 (55); *Fellner/Rüffler*, GES 2019, 59 (64 ff); *Aburumieh*, ecolex 2020, 1073 (1075 FN 25); *A. Wimmer*, Besprechung zu OGH 6 Ob 89/21p, ÖBA 2022, 374 f; vgl VwGH 11.2.2016, 2012/13/0061, ZFS 2016, 127 (*Bergmann*); *Hügel* in FS Koppensteiner II, 11 (33); grds **abl** zum Kriterium der betriebl Veranlassung *Zehetner*, GesRZ 2016, 167; *Zehetner/Cetin*, GesRZ 2017, 197 (201 f); *Kalss* in Konecny, Insolvenz-Forum 2015, 125 (127); *Eckert/Schopper/Madari* in Eckert/Schopper, AktG-ON § 52 Rz 28; *U. Torggler*, RdW 2022, 657.

nahmen beschränken (s Rz 90).[438] Keine Rolle sollte das Kriterium der betriebl Veranlassung bei der **Veräußerung oder Vermietung nicht betriebsnotwendigen Vermögens** spielen (s Rz 66).[439] Zur **Veräußerung v unvertretbarem betriebsnotwendigem Vermögen** s Rz 103. An der betriebl Veranlassung mangelt es etwa, wenn eine GmbH bei ihrem Gesellschafter ein **verzinstes Darlehen** aufnimmt, das sie gar nicht benötigt[440] (s auch Rz 106, 111), oder wenn die Gesellschaft eine v ihr **nicht benötigte Liegenschaft** (i) v einem Anteilseigner anmietet[441] oder (ii) v einem Dritten oder einem Anteilseigner erwirbt, um sie einem Anteilseigner zur Nutzung zu überlassen.[442] Betrieblich veranlasst können **Bonuszahlungen an Gesellschafter-GF** für ihre Mitwirkung an einer Veräußerung der Anteile an der GmbH (Unterstützung der Gesellschafter bei der *Due Diligence* u bei den Vertragsverhandlungen) sein, soweit ein komplikationsloser Anteilsübergang auch im Interesse der Gesellschaft selbst liegt, weil die GmbH zB schon aus Reputationsgründen an einem möglichst reibungsfreien Unternehmenserwerb ohne Potenzial zu an die Öffentlichkeit gelangenden Konfliktlagen u Indiskretionen interessiert ist, u die GmbH ein Eigeninteresse hat, bei einem Verkaufsverfahren aktiv u gestaltend mitzuwirken u künftig über eine für die Verfolgung des Unternehmensgegenstands optimale Struktur v Eigentümern, die an einem dauerhaften Engagement interessiert sind, zu verfügen.[443] Fehlt einem Geschäft die betriebl Veranlassung, indiziert dies die **Gesamtnichtigkeit** (s § 83 Rz 39).[444]

---

438 Vgl *Told* in Artmann/Rüffler/Torggler, Konzern 133 (150 ff, 158 ff); *St. Perner/Spitzer*, ÖJZ 2023, 633.
439 *Koppensteiner*, GesRZ 2014, 3 (7); *Dejaco*, NZ 2019, 81 (85); vgl *U. Torggler*, GesRZ 2013, 43.
440 VwGH 11.2.2016, 2012/13/0061, ZFS 2016, 127 (*Bergmann*).
441 *Dejaco*, NZ 2019, 81 (84).
442 Vgl *Lachmayer*, SWK 2021, 119; *Zorn*, ÖStZ 2021, 69; *H. Hayden/ T. Hayden/Thorbauer*, RdW 2023, 64.
443 OGH 26.7.2016, 9 ObA 69/16m, GES 2016, 348 (*Fantur*). Tw krit *Saurer* in Doralt/Nowotny/Kalss, AktG³ § 52 Rz 77d f; *J. Reich-Rohrwig/Aschl*, ecolex 2022, 850 (861 f).
444 *Obradović*, GesRZ 2018, 214 (218) mwN; *Dejaco*, NZ 2019, 81 (87 f); *Karollus*, ZFS 2019, 8 (20); *Karollus* in Brandl/Karollus/Kirchmayr/Leitner, HB vGA³, 1 (113); *Winner* in Kalss/Torggler, Reform 128 (140).

b) Objektive Angemessenheit

89 Beim Kriterium der **objektiven Angemessenheit** ist in Hinblick auf § 82 nur eine Inäquivalenz zum Nachteil der GmbH problematisch; zulässig wäre selbstverständlich eine Bevorzugung der GmbH durch für sie unangemessen günstige Konditionen[445] (soweit nicht ein **doppelter Sorgfaltsmaßstab** anzuwenden ist, s Rz 16, 157). Hinsichtlich der Angemessenheit des Verhältnisses zw Leistung u Gegenleistung ist grds der **Zeitpunkt des Vertragsabschlusses** maßgeblich[446] (näher s Rz 98). Nach der mE insoweit abzulehnenden Rsp des OGH sind außerhalb der Massengeschäfte alle zw einer GmbH u ihren Gesellschaftern getätigten Rechtsgeschäfte *prima facie* verdächtig, sodass diesfalls die Gesellschafter für die Gleichwertigkeit ihrer Gegenleistungen **behauptungs- u beweispflichtig** sein sollen.[447] Verstößt eine Leistungsbeziehung mit einem Gesellschafter gegen § 82, wird der Verstoß auch durch Ausscheiden des Gesellschafters aus der GmbH nicht saniert; für eine Heilung *ex nunc* (allg zur Sanierung einer verbotenen Einlagenrück-

---

445 *Karollus* in Brandl/Karollus/Kirchmayr/Leitner, HB vGA³, 1 (84 FN 486).
446 OGH 5.8.2009, 9 Ob 25/08d (9 Ob 26/08a); 1.9.2010, 6 Ob 132/10w, GesRZ 2011, 47 (*Rüffler*) = EvBl 2011, 167 (*Feuchtmüller*) = immolex 2011, 146 (*Cerha*); *Köppl* in Torggler, GmbHG § 82 Rz 19; *Fleischer* in FS Krieger 253 (256 ff, 271); *Cahn/v. Spannenberg*, BeckOGK AktG § 57 Rz 19; *Eckert/Schopper/Madari* in Eckert/Schopper, AktG-ON § 52 Rz 17, 31, 45.
447 OGH 17.1.2018, 6 Ob 199/17h, ecolex 2018, 433 (*Kapsch*) = *Zehentmayer*, ZFR 2018, 218 = GesRZ 2018, 179 (*Durstberger*) = *Chladek/Graf/Seeber*, GesRZ 2018, 221; 20.12.2018, 6 Ob 195/18x – *Leiner I*, ZFS 2019, 8 (*Karollus*) = *Dejaco*, NZ 2019, 81 = *P. Csoklich/P. N. Csoklich*, GesRZ 2019, 54 = GesRZ 2019, 193 (*Kalss*) = *V. Hügel*, JEV 2019, 77 = *H. Foglar-Deinhardstein*, ÖJZ 2019, 938; 25.3.2019, 8 ObA 18/19h; 14.9.2021, 6 Ob 26/21y, EvBl 2022, 321 (*Painsi*; *Rastegar*) = *Brugger*, NZ 2022, 69. Vgl (leicht skeptisch) *Karollus* in Brandl/Karollus/Kirchmayr/Leitner, HB vGA³, 1 (86, 99). **AA** *Saurer* in Doralt/Nowotny/Kalss, AktG³ § 52 Rz 30; (Beweislast liegt bei der Gesellschaft, aber ggf Beweiserleichterung im Einzelfall) *Fleischer* in FS Krieger 253 (262 ff, 271); *Cahn/v. Spannenberg* in BeckOGK AktG § 57 Rz 25. Zur Segmentierung des Fremdvergleichs in **prozessuale Tat- u Rechtsfrage** *Hermann/Liebenberger*, GES 2023, 11 (17 ff). Zu Behauptungs- u Beweislast bei Berufung auf wegen Verstoßes gegen das Verbot der Einlagenrückgewähr **anspruchshindernder** Tatsachen ggü einem **echten Dritten** OGH 24.8.2022, 7 Ob 99/22t, *Fantur*, GES 2022, 281 = *Zehentmayer/Ronacher*, RdW 2023, 99 = *Schmid*, ZFR 2022, 589 = ZfRV-LS 2022/66 (*Ofner*); 17.5.2023, 6 Ob 24/23g, ecolex 2023, 850 (*Peissl/Prasser*).

gewähr s Rz 99, 168) muss der Vertrag grds neu verhandelt u neu abgeschlossen werden.[448]

Für die Angemessenheitsprüfung ist – losgelöst v der bilanziellen Darstellung[449] – der **Marktpreis** bzw der **Verkehrswert** (Buchwert plus stille Reserven) der zu beurteilenden Leistung unter Anwendung des Bestbieterprinzips (das Billigste ist nicht immer das Beste) heranzuziehen.[450] Neben dem Wertverhältnis v Ware/Leistung u Preis sind auch andere Faktoren wie das Absatzrisiko oder marktübliche Rabatte u **Preisnachlässe** zu berücksichtigen.[451] Beim **internen (inneren) Fremdvergleich** werden gleichartige Leistungsbeziehungen der betr GmbH selbst mit Nicht-Gesellschaftern als Vergleichsmaßstab herangezogen, u/oder iSd vertikalen Vergleichbarkeit andersartige Leistungsbeziehungen der GmbH mit Nicht-Gesellschaftern in ein angemessenes Verhältnis zur zu beurteilenden Leistung gesetzt; der **externe (äußere) Fremdvergleich** stellt auf die horizontale Vergleichbarkeit u somit auf bekannte Marktpreise oder vergleichbare Transaktionen unter Dritten ab, wobei – beim indirekten externen Fremdvergleich – untersch Bedingungen der Transaktionen durch die Vornahme v Zu- u Abschlägen ausgeglichen werden können.[452] Dem inneren Fremdvergleich kommt ge-

---

448 OGH 1.9.2010, 6 Ob 132/10w, GesRZ 2011, 47 (*Rüffler*) = EvBl 2011, 167 (*Feuchtmüller*) = immolex 2011, 146 (*Cerha*); 4.3.2013, 8 Ob 20/13v, GesRZ 2013, 286 (*Milchrahm*) = RWZ 2013/39, 139 (*Wenger*); 13.12.2016, 3 Ob 167/16d; *Schopper*, ecolex 2019, 736 (740 f).

449 OGH 29.9.2010, 7 Ob 35/10p, ZFR 2011/38, 82 (*Auer*) = GesRZ 2011, 110 (*Karollus*) = RWZ 2010/89, 363 (*Wenger*); 23.2.2016, 6 Ob 171/15p – *AE&E I*, RWZ 2016/28, 125 (*Wenger*) = EvBl-LS 2016/81 (*Rohrer*) = *Schopper/Walch*, NZ 2016, 163 = GesRZ 2016, 281 (*Schörghofer*) = ÖBA 2017, 621 (*Dellinger*) = *Bergmann/Schörghofer*, GES 2017, 20 = *Straube* in FS Bittner 657 = *Aburumieh/H. Foglar-Deinhardstein*, GES 2019, 3; 22.12.2016, 6 Ob 232/16k, GesRZ 2017, 116 (*Zehetner*) = *Dejaco*, NZ 2019, 81; BGH 10.1.2017, II ZR 94/15; *K. Schmidt* in Kalss/Torggler, Einlagenrückgewähr 1 (7 FN 27); *Eckert/Schopper/Madari* in Eckert/Schopper, AktG-ON § 52 Rz 45.

450 *Köppl* in Torggler, GmbHG § 82 Rz 19; *Auer* in Gruber/Harrer, GmbHG² § 82 Rz 36; *Karollus* in Brandl/Karollus/Kirchmayr/Leitner, HB vGA³, 1 (101); *Eckert/Schopper/Madari* in Eckert/Schopper, AktG-ON § 52 Rz 31; *Told* in Artmann/Rüffler/Torggler, Konzern 133 (151, 153); *Krist*, Existenzvernichtungshaftung 26.

451 *Köppl* in Torggler, GmbHG § 82 Rz 19 mwN; *Reich-Rohrwig*, Kapitalerhaltung 121; *Cahn/v. Spannenberg* in BeckOGK AktG § 57 Rz 23.

452 *Karollus* in Brandl/Karollus/Kirchmayr/Leitner, HB vGA³, 1 (86 f, 116); *Bachl* in Brandl/Karollus/Kirchmayr/Leitner, HB vGA³, 411 (417 f); vgl

genüber dem externen grds der Vorrang zu; der externe greift primär dann ein, wenn der interne nicht möglich ist.[453] Wesentlich ist, dass ein korrekter Preisvergleich nur Preise im selben **geographischen Markt** u auf derselben **Marktstufe** berücksichtigt.[454] Der Drittvergleich muss sich nicht zwingend auf den österr Markt beschränken; vielmehr hat sich mE die **geographische Abgrenzung** an der Ausrichtung der GmbH selbst u der Branche auszurichten: Für eine int agierende Gesellschaft ist es mE durchaus angemessen, int Vergleichsgrößen heranzuziehen, sofern die Vergleichbarkeit nicht schon aus offensichtlichen Gründen (zB unsichere politische Verhältnisse in einem Staat) ausscheidet.[455] Für **versch Geschäftspartner** u **versch Geschäftsabschlüsse** muss es keinen einheitlichen Wert eines Produkts geben; vielmehr bestimmt die jew Gesamtsituation, welcher Preis einem Geschäftspartner zugemessen wird; berücksichtigt werden können zB die Ersparnis v Vertretern u sonstigen Marketingkosten, die Sicherheit einer weiteren (allenfalls langfristigen) Abnahme, die Erschließung eines neuen Markts, die Möglichkeit zur Veräußerung sonst unverkäuflicher Restposten etc.[456] Ein angemessenes Entgelt wird idR – mE zumindest dann, wenn die Gesellschaft **Gewinnerzielung** bezweckt u nicht ideelle oder andere nichtkommerzielle Zwecke verfolgt (s Rz 88)[457] – auch eine übliche **Gewinnspanne (Marge)** umfassen; eine Leistung zu **Selbstkosten** verstößt – mangels betriebl Rechtfertigung (s Rz 92 ff, 112, 115 ff) – grds gegen § 82.[458] Wird daher ein Patent oder ein Betrieb v einer Gesellschaft

---

OGH 16.11.2012, 6 Ob 153/12m, GesRZ 2013, 99 (*Krejci*); *Haberer/ S.-F. Kraus*, GES 2010, 10 (14 f).

453 OGH 16.11.2012, 6 Ob 153/12m, GesRZ 2013, 99 (*Krejci*); *Hügel* in Kalss/Torggler, Einlagenrückgewähr 19 (39 f); *Koppensteiner*, GesRZ 2014, 3 (7); *Eckert/Schopper/Madari* in Eckert/Schopper, AktG-ON § 52 Rz 31; *Hermann/Liebenberger*, GES 2023, 11 (13).

454 Vgl *Holzner* in Rummel/Lukas, ABGB⁴ § 305 Rz 3; *Eccher/Riss* in KBB, ABGB⁶ § 305 Rz 3 f; *J. W. Flume*, JBl 2020, 502 (516 ff).

455 *H. Foglar-Deinhardstein* in Foglar-Deinhardstein, HB vGA, Rz 1/107.

456 Vgl OGH 16.11.2012, 6 Ob 153/12m, GesRZ 2013, 99 (*Krejci*); *Kalss/Winner*, GesRZ 2013, 189 (194); *Koppensteiner*, GesRZ 2014, 3 (8); *Karollus* in Brandl/Karollus/Kirchmayr/Leitner, HB vGA³, 1 (87).

457 Zum Drittvergleich bei nicht (ausschließlich) auf Gewinn ausgerichteten Gesellschaften *Told* in Artmann/Rüffler/Torggler, Konzern 133 (150 ff) mwN.

458 OGH 22.12.2016, 6 Ob 232/16k, GesRZ 2017, 116 (*Zehetner*) = *Dejaco*, NZ 2019, 81; *Karollus* in Brandl/Karollus/Kirchmayr/Leitner, HB vGA³, 1 (86) mwN; *Hügel* in Kalss/Torggler, Einlagenrückgewähr 19 (42, 44);

auf ein verbundenes Unternehmen transferiert, hat eine drittvergleichsfähige Vergütung neben dem Substanzwert auch die gleichzeitig transferierten **Geschäftschancen** (s auch Rz 137), im Fall einer betriebl Einheit auch den **Firmenwert** zu umfassen.[459] Die im Steuerrecht (s Rz 84) anerkannten Methoden zur Ermittlung des angemessenen Preises[460] können grds auch gesellschaftsrechtlich genützt werden: Insb zur Beurteilung der Angemessenheit v Lieferungen u Leistungen **im Konzern** werden häufig die **Nettomargen-Methode**, die **Kostenaufschlagsmethode (Cost plus-Methode)**, die **Wiederkaufspreismethode**, die **Gewinnverteilungsmethode**, die **indirekte Gewinnabgrenzungsmethode** u die **OECD Transfer Pricing Guidelines** herangezogen.[461] Die Angemessenheit eines Preises kann auch v einem **Sachverständigen** durch Bewertung v Leistung u Gegenleistung anhand anerkannter Bewertungsmethoden ermittelt werden.[462] Erfahrungsgemäß können aber auch **Bewertungsgutachten** anerkannter Experten durch reale Marktpreise widerlegt werden. Daher geht die **Wertbestätigung am Markt** durch reale Transaktionen unter fremden Dritten im redlichen Geschäftsverkehr aus der näheren Vergangenheit der gutachtlichen Wertermittlung grds vor.[463] Weiters ist mE die Einholung eines Sachverstän-

---

Eckert/Schopper/Madari in Eckert/Schopper, AktG-ON § 52 Rz 31; differenzierend zu fakturierten Preisen unter den Vollkosten OGH 16.11.2012, 6 Ob 153/12m, GesRZ 2013, 99 (*Krejci*).
459 *Hügel* in Kalss/Torggler, Einlagenrückgewähr 19 (53); *Hügel* in FS Koppensteiner II, 11 (30, 41).
460 S *Twardosz* in Foglar-Deinhardstein, HB vGA, Rz 2/137, 2/140 f, 2/142 ff, 2/146 ff, 2/157 ff.
461 *Bauer/Zehetner* in Straube/Ratka/Rauter, GmbHG § 82 Rz 62; *Reich-Rohrwig*, Kapitalerhaltung 122; *Hügel* in Kalss/Torggler, Einlagenrückgewähr 19 (40); *J. W. Flume*, GesRZ 2019, 230 (236); *Kras* in Brandl/Karollus/Kirchmayr/Leitner, HB vGA³, 379 (382 ff); *Eckert/Schopper/Madari* in Eckert/Schopper, AktG-ON § 52 Rz 31; *Winter/Kern/Marchhart/Furtak*, Verrechnungen von Dienstleistungen im Konzern, RWP 2023, 46 (48 f). Zu den OECD Transfer Pricing Guidelines *Joklik-Fürst*, RdW 2020, 800 (803); *Joklik-Fürst/Leopold*, ZSS 2022, 97 (98) – jew mwN.
462 OGH 16.11.2012, 6 Ob 153/12m, GesRZ 2013, 99 (*Krejci*); *Koppensteiner/Rüffler*, GmbHG³, § 82 Rz 16; *Karollus* in Brandl/Karollus/Kirchmayr/Leitner, HB vGA³, 1 (85).
463 Vgl ausdrücklich § 13 Abs 2 S 2 BewG; § 11 Abs 2 dBewG; BFH 1.9.2016, VI R 16/15, AG 2017, 75; AFRAC-Stellungnahme 24: Beteiligungsbewertung (UGB) (März 2018) Rz 13 („*Falls ein verbindliches Kaufangebot für die Beteiligung vorliegt, ist anstelle des objektivierten Unternehmenswerts grund-*

digengutachtens *ex ante* nicht immer schon dann zwingend, wenn ein vergleichbarer Marktpreis (zB bei nicht marktgängigen Vorprodukten oder bei der Übertragung v Unternehmen) fehlt;[464] eine verlässliche **Selbstkalkulation** (unter Ansatz v eigenen Kosten u betriebl Interesse an dem Leistungsaustausch), die **Einholung v Vergleichsangeboten** oder die Durchführung eines transparenten **Bieterwettbewerbs** (*beauty contest*) sind genauso zulässig.[465] Wird in einem **Gerichtsverfahren** zur Überprüfung der Angemessenheit eines Preises ein Sachverständigengutachten eingeholt, u besteht für die Wertermittlung durch den Sachverständigen keine gesetzl vorgeschriebene Methode, soll das v den Tatsacheninstanzen gebilligte Ergebnis des GA als Tatfrage keiner Nachprüfung durch den OGH unterliegen, sofern keine grds inadäquate Bewertungsmethode angewendet wurde.[466] Preisermittlungs-

---

sätzlich der Angebotspreis der Beteiligungsbewertung zugrunde zu legen."); AFRAC-Stellungnahme 24: Beteiligungsbewertung (UGB) (Dezember 2022) Erläuterung zu Rz 15 („*Liegt ein verbindliches Kaufangebot für die Beteiligung vor, ist der darin enthaltene Angebotspreis als beizulegender Wert der Beteiligung anzusetzen, außer der Angebotspreis ist offensichtlich so niedrig, dass das Unternehmen dieses Angebot nicht annehmen würde.*"); LG Köln 24.7.2009, 82 O 10/08, AG 2009, 835 („*Ein Marktpreis ist jeder Schätzung des Marktwertes durch Sachverständige überlegen. Es handelt sich um einen realisierten Wert, in den alle maßgeblichen Marktaspekte einfließen, und nicht um einen theoretischen Laborwert.*"). S auch *Reithofer* in Barth/Pesendorfer, Praxishandbuch des neuen Erbrechts 287 (292 f); *Karollus* in Brandl/Karollus/Kirchmayr/Leitner, HB vGA³, 1 (87 FN 503).

464 *H. Foglar-Deinhardstein* in Foglar-Deinhardstein, HB vGA, Rz 1/108; aA offenbar *Köppl* in Torggler, GmbHG § 82 Rz 19. Zum Problem der Verfälschung v Unternehmenswerten durch ein Niedrigzinsumfeld *Rodewald/ Eckert*, GmbHR 2017, 329.

465 *Karollus* in Brandl/Karollus/Kirchmayr/Leitner, HB vGA³, 1 (85, 91); *H. Foglar-Deinhardstein/Hartig* in Bergmann/Kalss, HB Rechtsformwahl, Rz 12/129; vgl *Bachl* in Brandl/Karollus/Kirchmayr/Leitner, HB vGA³, 411 (417 f, 424 f, 427). S auch § 81 Rz 13. Nach der Rsp (OGH 17.1.2018, 6 Ob 199/17h, ecolex 2018, 433 [*Kapsch*] = *Zehentmayer*, ZFR 2018, 218 = GesRZ 2018, 179 [*Durstberger*] = *Chladek/Graf/Seeber*, GesRZ 2018, 221) ist bei Fehlen v Marktpreisen „*jedenfalls eine fachgerechte Bewertung nach anerkannten Bewertungsmethoden notwendig*", wobei sich die Organe der Gesellschaft im Rahmen eines vertretbaren unternehmerischen Ermessens halten müssen. Daraus folgt aber mE nicht die zwingende Notwendigkeit eines externen Bewertungsgutachtens.

466 OGH 16.11.2012, 6 Ob 153/12m, GesRZ 2013, 99 (*Krejci*); vgl OGH 25.11.2020, 6 Ob 96/20s, GesRZ 2021, 151 (*Haberer*); OLG Zweibrücken

methoden u Bewertungsgutachten liefern idR – schon aus methodischen Gründen – keinen exakten Wert, sondern eine **Bandbreite (Preisband, Preisspanne, Schwankungsbreite, Toleranzgrenze)**:[467] Jeder Wert innerhalb einer solchen Bandbreite – auch an deren äußersten Rand – ist idR als angemessen u fremdvergleichsfähig zu erachten (sofern es nicht zu einer gezielten Diskriminierung innerhalb der Bandbreite kommt); das Abstellen auf einen Durchschnittswert ist unrichtig.[468] Gibt es **feste Marktpreise** (oder eigene **Preislisten** der GmbH), ist grds auf diese zu referenzieren.[469] Der **Börsekurs** einer Aktie lässt zwar keine sicheren Schlüsse auf den **Unternehmenswert** u den objektiven **Wert der Beteiligung** zu;[470] idR – insb beim Handel überschaubarer Stückzahlen auf

---

6.9.2016, 9 W 3/14, NZG 2017, 308 = *Leuering/Rubner*, NJW-Spezial 2017, 49; Nachw zur Diskussion bei *Zottl/Pendl*, GesRZ 2019, 216 (221).

467 Vgl zu Preisspannen bei Liegenschaftsbewertungen OGH 6.8.2021, 6 Ob 115/21m, immolex 2021, 400 (*Kothbauer*) = immolex 2021, 424 (*Plank*) = EvBl 2022, 76 (*Painsi*) = ImmoZak 2022, 22 (*Dobler*) = Zak 203, 48 (*I. Vonkilch*). Zu Bandbreiten bei Unternehmensbewertungen *H. Foglar-Deinhardstein/Feldscher* in Adensamer/Mitterecker, HB GesStreit, Rz 11/255 mwN; *Wasmann*, AG 2021, 179 (187).

468 *Bauer/Zehetner* in Straube/Ratka/Rauter, GmbHG § 82 Rz 62; *Reich-Rohrwig*, Kapitalerhaltung 123; *Reich-Rohrwig*, ecolex 2013, 948 (948 f); *Koppensteiner*, GesRZ 2014, 3 (7); *Karollus* in Brandl/Karollus/Kirchmayr/Leitner, HB vGA³, 1 (87 f); *Haberer* in Haberer/Krejci, Konzernrecht, Rz 11.154; vgl OGH 16.11.2012, 6 Ob 153/12m, GesRZ 2013, 99 (*Krejci*); VwGH 30.5.1989, 88/14/0111; 10.5.1994, 90/14/0050; 27.7.1999, 94/14/0018; *Krejci*, Unternehmensrecht⁵, 241; *Hlawati/Glas/H. Foglar-Deinhardstein/Aichinger*, GesRZ 2016, 29 (31 FN 16) mwN; *H. Foglar-Deinhardstein/Molitoris/Hartig*, GesRZ 2020, 43 (49 ff) mwN.; *Beiser*, ÖStZ 2021, 285 (286 f); *Eckert/Schopper/Madari* in Eckert/Schopper, AktG-ON § 52 Rz 31; *H. Foglar-Deinhardstein/Feldscher*, NZ 2022, 165 (176); *Rüffler*, GES 2022, 373 (374); *Eckert/Wöss* in Aschauer et al, Niedrigverzinsung 71 (88).

469 *Karollus* in Brandl/Karollus/Kirchmayr/Leitner, HB vGA³, 1 (88, 116 f); *Ch. Nowotny* in Kalss/Nowotny/Schauer, GesR² Rz 4/414.

470 OGH 9.3.1999, 4 Ob 353/98k; 6.6.2001, 6 Ob 109/01z – *Bank Austria*, ÖBA 2002, 135 (*Kalss*) = *van Husen*, ecolex 2001, 839 = *Wenusch*, GesRZ 2001, 182; 5.7.2001, 6 Ob 99/01d – *Postsparkasse*, ÖBA 2002, 135 (*Kalss*); 20.1.2009, 4 Ob 188/08p – *Meinl*, MR 2009, 92 (*Heidinger*) = *Knauder*, ZFR 2009, 96 = ÖBl-LS 2009/158 (*Thöni*) = ecolex 2009, 694 (*Horak*) = *Wilhelm*, ecolex 2009, 929 = *Leupold/Ramharter*, ÖJZ 2010, 807 = *Leupold*, ÖBl 2010, 164 = *Koppensteiner*, RdW 2010, 132 = *Eilmansberger/Rüffler*, RdW 2010, 319 = *Koppensteiner*, ÖBl 2016, 52. Zu den **preisbildenden Faktoren für den Preis/Kurs einer Aktie** *H. Foglar-*

einem liquiden Markt – wird aber eine Veräußerung/ein Erwerb zum aktuellen Börsekurs im Licht des § 82 zulässig sein, sofern nicht zB die Vereinbarung eines Paketzuschlags (einer Kontrollprämie) geboten erscheint. Beim Aktienerwerb durch die GmbH (zB beim **Paketerwerb**) sind den Börsekurs übersteigende Zuschläge u Prämien mE grds nur bei entspr Bewertung (durch Wertgutachten oder in Hinblick auf zeitnahe Vor- oder Paralleltransaktionen oder Tender-Verfahren) u/oder betriebl Rechtfertigung (s Rz 92 ff, 112, 115 ff) zulässig.[471] Beim **Paketverkauf** würde eine hypothetische Veräußerung über die Börse idR zu einem Kursverfall führen; bei der Veräußerung eines Pakets börsenotierter Aktien hat sich der angemessene Preis (noch exklusive Paketzuschlag) daher mE nicht am aktuellen Kurs, sondern am gewichteten Durchschnittsbörsekurs der letzten Monate (vgl § 26 ÜbG) zu orientieren, der durch eine entspr Bewertung (durch Wertgutachten oder in Hinblick auf zeitnahe Vor- oder Paralleltransaktionen oder Tender-Verfahren) zu plausibilisieren ist, wobei diese Plausibilisierung zu Korrekturen nach oben oder ausnahmsweise – etwa mangels ausreichender Marktliquidität – auch nach unten führen kann.[472] **Stimmrechtslose Vorzugsaktien**

Deinhardstein, NZ 2017, 321 (328 FN 61); *Rohregger/Wagner* in Lewisch, JB Wirtschaftsstrafrecht u Organverantwortlichkeit 2019, 127 (128 f). Zur Frage der **indirekten oder direkten Anteilsbewertung** OGH 12.5.2021, 6 Ob 246/20z – *BEKO Holding*, GesRZ 2021, 241 (*H. Foglar-Deinhardstein/Aichinger; Vanovac/Löffler*) = *Rüffler*, GesRZ 2021, 209; *H. Foglar-Deinhardstein/Molitoris/Hartig*, GesRZ 2020, 43 (FN 9); *Zottl/Pendl*, GesRZ 2019, 216 (222); *H. Foglar-Deinhardstein*, NZ 2018, 216 f – jew mwN. Auch bei der Anteilsbewertung geht aber die Wertbestätigung am Markt grds der gutachtlichen Wertermittlung vor (*H. Foglar-Deinhardstein/Feldscher* in Adensamer/Mitterecker, HB GesStreit, Rz 11/32).

471 OGH 18.7.2011, 6 Ob 33/11p, GesRZ 2011, 361 (*Hügel*); *Kalss* in Doralt/Nowotny/Kalss, AktG³ § 65 Rz 18, 154; *Karollus* in Artmann/Karollus, AktG⁶ § 65 Rz 80; *H. Foglar-Deinhardstein* in Foglar-Deinhardstein, HB vGA, Rz 1/108.

472 Vgl zur Orientierung am **Durchschnittsbörsekurs** für die Beurteilung der Angemessenheit der Barabfindung beim *Squeeze-out* OLG Wien 1.10.2020, 6 R 78/20i, 6 R 92/20y – *BEKO Holding, H. Foglar-Deinhardstein/Aichinger*, GesRZ 2021, 74 (77 FN 36, 79 f); LG Wels 31.12.2020, 35 Fr 954/17m – *BWT*; OLG Linz 5.5.2021, 6 R 47/21 f – *BWT*; *Mollnhuber*, GesRZ 2020, 257 (258 f, 262 f); *H. Foglar-Deinhardstein/Feldscher*, NZ 2022, 165 (176). Zum **Paketzuschlag** (*control premium*) etwa *Bachl* in Brandl/Karollus/Kirchmayr/Leitner, HB vGA³, 411 (418, 420).

haben idR einen niedrigeren Wert als Stammaktien.[473] Einen „einheitlichen Verrechnungspreis" für Gesellschaftsanteile gibt es nicht; es ist daher zulässig, für versch Erwerber untersch Preise festzulegen u jew die besondere Verwendungsmöglichkeit u die besonderen Umstände miteinzubeziehen.[474] Den **Stifterrechten** des Stifters einer Privatstiftung kann nach den Umständen des Einzelfalls ein Vermögenswert zukommen.[475] Der Wert einer **Forderung** entspricht grds ihrem Nominale (Nominalismus, Nominalprinzip, Nennwertgrundsatz); Korrekturen können sich aus der mangelnden Einbringlichkeit, Fremdwährungsrisiken (die GmbH muss in € bilanzieren; daraus ergibt sich bei Fremdwährungsbeträgen das Risiko v Buchverlusten) u einem Vergleich zur aktuellen Marktsituation (insb Zinslandschaft) ergeben.[476] Im Einzelfall kann eine Forderung für einen potentiellen Erwerber einen besonderen Wert haben, wenn sie nämlich durch **Aufrechnung** zur Tilgung einer Schuld gegenüber einem Gläubiger verwendet werden u dadurch ggf das Entstehen (weiterer) Verzugszinsen u/oder Prozesskosten vermeiden kann.[477] Bei einer **börsenotierten Anleihe** wird auch der Börsekurs zu berücksichtigen sein. Weicht der Verkehrswert eines Wirtschaftsguts v **Buchwert** ab, ist die Übertragung zum (niedrigeren) Buchwert (zu Lasten der GmbH) grds unzulässig; dies gilt selbstverständlich auch, wenn das Wirtschaftsgut bereits vollständig abgeschrieben ist.[478] Sind **gesetzl zwingende Preisbildungsregeln** zu beachten (zB bei der Legung eines Übernahmeangebots oder bei Erfüllung eines Ausgleichs-

---

473 *Strimitzer*, UnternehmerCircle 4/2016, 9 (11); *Gall/Potyka/Winner*, Squeeze-out, Rz 206; *Edelmann*, GesRZ 2016, 19 (24); *Kalss*, VSU² § 234b AktG, Rz 35; *Ch. Nowotny*, RdW 2002/124, 138; *Winner*, Wert u Preis 481; vgl ÜbK 15.1.2001, GZ 2000/2/6-81.
474 *Kalss*, GesRZ 2013, 244 (249) mwN; *Kalss*, GesRZ 2023, 69.
475 OGH 26.4.2018, 6 Ob 228/17y, NZ 2018, 213 (*H. Foglar-Deinhardstein*) = ZFS 2018, 73 (*Oberndorfer*) = GesRZ 2018, 253 (*Hartlieb*) = *Zollner*, PSR 2018, 144.
476 *H. Foglar-Deinhardstein* in Foglar-Deinhardstein, HB vGA, Rz 1/108. Zur Bilanzierung v Fremdwährungsgeschäften AFRAC-Stellungnahme 38 Währungsumrechnung (UGB) 2020 (https://www.afrac.at/wp-content/uploads/AFRAC-Stellungnahme-38_Waehrungsumrechnung_Dezember_2020.pdf).
477 *H. Foglar-Deinhardstein*, GesRZ 2017, 265.
478 *Bauer/Zehetner* in Straube/Ratka/Rauter, GmbHG § 82 Rz 61/1, 63; *Reich-Rohrwig*, Kapitalerhaltung 120 f; *Karollus* in Brandl/Karollus/Kirchmayr/Leitner, HB vGA³, 1 (90); *Rüffler* in FS Hügel 323 (326); vgl OGH 20.1.2000, 6 Ob 288/99t.

anspruchs nach §§ 24, 26d HVertrG [analog] oder beim Ersatz v Investitionen in ein Bestandobjekt [§ 10 MRG sowie § 1097 ABGB – s auch Rz 105]), gibt mE der gesetzl determinierte Preis grds den Drittvergleich vor.[479] Eine über den Anwendungsfall hinausgehende Indizwirkung für den ansonsten als angemessen zu erachtenden Preis ergibt sich aber mE aus einer regulatorisch vorgegebenen Preisbildung idR nicht.[480]

91 Neben den **Hauptleistungspflichten** (zB Ware u Preis) müssen auch die übrigen Konditionen der Leistungsbeziehung (zB **Zahlungsziele, Preis- u Zinsanpassungsklauseln, Gewährleistungen u Schad- u Klagloshaltungen, Informationsrechte, Laufzeit, Kündigungsrechte, Tragung v Instandhaltungs- u Betriebskosten, Regelungen zum Schicksal getätigter Investitionen** etc) drittvergleichsfähig sein[481] (s Rz 98, 102). Dieses Postulat kann mE grds – abhängig v den Umständen des Einzelfalls – auch marktübliche Abweichungen v dispositiven Recht erfassen.[482] Im Zweifelsfall kann das Einholen einer **Fairness Opinion** empfehlenswert sein (s dazu Rz 123). Meines Erachtens ist bei der Beurteilung der Drittvergleichsfähigkeit v Nebenbedingungen eines Vertrags durchaus in Betracht zu ziehen, ob die jew Vertragsklausel der Gesellschaft einseitig – zB durch Weisungsbeschluss der Gesellschafter – vorgegeben oder aber – zB zw Schwestergesellschaften – **in Vertragsverhandlungen im Einzelnen ausgehandelt** worden ist.[483] Zu bedenken ist, dass noch so übliche Konditionen u vertragliche Regelungen für den konkreten Einzelfall völlig unpassend u ungeeignet sein können. Auch eine unübliche Klausel kann daher mE einem Drittvergleich standhalten, wenn sie für den Einzelfall ausverhandelt u maßgeschneidert wurde, va wenn die Verhandlungen auf Augenhöhe – dh ohne dass eine Partei ihre Einflussmöglichkeiten auf die andere ausnützt – stattgefunden haben. Freilich gibt es auch zw beteiligungsmäßig überhaupt nicht verflochtenen Verhandlungspartnern häufig ein Machtgefälle, das

---

479 *H. Foglar-Deinhardstein* in Foglar-Deinhardstein, HB vGA, Rz 1/108. Vgl *Hügel* in FS Koppensteiner II, 11 (30).
480 *H. Foglar-Deinhardstein/Feldscher* in Adensamer/Mitterecker, HB Ges-Streit, Rz 11/33.
481 *Karollus* in Brandl/Karollus/Kirchmayr/Leitner, HB vGA³, 1 (85); *Saurer* in Doralt/Nowotny/Kalss, AktG³ § 52 Rz 118; vgl VwGH 30.6.2015, Ra 2015/15/0028.
482 *H. Foglar-Deinhardstein* in Foglar-Deinhardstein, HB vGA, Rz 1/109.
483 *H. Foglar-Deinhardstein* in Foglar-Deinhardstein, HB vGA, Rz 1/109. Ähnliche Überlegungen bei *Aburumieh*, ecolex 2020, 1073 (1078).

sich – im Rahmen des rechtlich Zulässigen – auch legitimer Weise im Verhandlungsergebnis abbilden darf. Im Steuerrecht wird vertreten, dass das Fehlen einer **schriftlichen Vereinbarung** die (widerlegliche) Vermutung der mangelnden Fremdüblichkeit begründe;[484] dieser apodiktischen A ist mE aus gesellschaftsrechtlicher Sicht nicht zu folgen.

c) Betriebliche Rechtfertigung

Ob eine Zuwendung als verbotene Einlagenrückgewähr zu qualifizieren ist, hängt nicht allein v objektiven Missverhältnis zw Leistung u Gegenleistung (s Rz 89 ff) ab. Ein solches Missverhältnis lässt zwar grds auf eine Verbotswidrigkeit schließen. Die auf Inäquivalenz v Leistung u Gegenleistung gestützte **Vermutung des Gesellschaftergeschäfts** kann aber **widerlegt** werden:[485] Ein Geschäft, das mangels objektiver Wertäquivalenz ein Vermögensopfer der Gesellschaft bedeutet, kann nach der Rsp des OGH damit gerechtfertigt werden, dass **besondere betriebl Gründe im Interesse der Gesellschaft** vorliegen (**betriebl Rechtfertigung**), sodass das zu beurteilende Geschäft (a) entweder auch mit einem Außenstehenden – einem gesellschaftsfremden Dritten – geschlossen worden wäre[486] oder (b) – wenn es sich um ein Geschäft handelt, das typischer Weise nicht mit Konzernfremden abgeschlossen wird – aus dem Blickwinkel der Gesellschaft u v deren Organwaltern der gebotenen Sorgfalt gem § 25 (s Rz 96) entspricht.[487] MaW muss ein

92

---

484 *Twardosz* in Foglar-Deinhardstein, HB vGA, Rz 2/42 ff, 2/82 f, 2/147 ff.
485 OGH 1.12.2005, 6 Ob 271/05d – *Strickwarenerzeugung*, ÖBA 2006, 293 (*Karollus*) = JBl 2006, 388 (*Artmann*); 29.9.2010, 7 Ob 35/10p, ZFR 2011, 82 (*Auer*) = GesRZ 2011, 110 (*Karollus*) = RWZ 2010, 363 (*Wenger*); 16.11.2012, 6 Ob 153/12m, GesRZ 2013, 99 (*Krejci*); *Bauer/Zehetner* in Straube/Ratka/Rauter, GmbHG § 82 Rz 61 f; *Karollus* in Brandl/Karollus/Kirchmayr/Leitner, HB vGA³, 1 (84); *U. Torggler/H. Torggler* in FS Jud 723 (730, 735).
486 OGH 22.12.2016, 6 Ob 232/16k, GesRZ 2017, 116 (*Zehetner*) = *Dejaco*, NZ 2019, 81; 22.12.2021, 6 Ob 89/21p, ÖBA 2022, 370 (*A. Wimmer*) = ecolex 2022, 380 (*J. Reich-Rohrwig*); vgl *Auer* in Gruber/Harrer, GmbHG² § 82 Rz 36, 38; *Koppensteiner/Rüffler*, GmbHG³, § 82 Rz 16.
487 *W.-D. Arnold*, GesRZ 1985, 86 (93 ff); *Ch. Nowotny*, RdW 1987, 286; *Hügel* in FS Koppensteiner II, 11 (37 f); *Koppensteiner/Rüffler*, GmbHG³ § 82 Rz 16 f; *Karollus* in Brandl/Karollus/Kirchmayr/Leitner, HB vGA³, 1 (89); *U. Torggler/H. Torggler* in FS Jud 723 (729 f); *Hügel* in Kalss/Torggler, Einlagenrückgewähr 19 (42 f); *Artmann* in Artmann/Karollus, AktG⁶ § 52 Rz 13; *Saurer* in Doralt/Nowotny/Kalss, AktG³ § 52 Rz 35; *Obradović*/

Verlustgeschäft nicht gegen § 82 verstoßen, wenn ausnahmsweise Vorteile, die sich im objektiven Wert der ausgetauschten Leistungen nicht niederschlagen, den Wertabgang aufwiegen.[488] Zu fragen ist bei nicht konzerntypischen Geschäften, ob ein objektiv sorgfältig handelnder GF das konkrete Rechtsgeschäft unter den gleichen Bedingungen auch mit einem außenstehenden Dritten abgeschlossen hätte; bei **konzerntypischen Geschäften** reduziert sich die Prüfung auf die Frage nach der Einhaltung der objektiv gebotenen Sorgfalt angesichts der Bedingungen des konkreten Rechtsgeschäfts. Bei der jew Analyse ist umfassend auf alle Vorteile abzustellen, die der Gesellschaft zukommen; diese können in einer monetären Gegenleistung, aber auch in sonstigen Vorteilen liegen, die sich zB aus der wirtschaftlichen Zusammenarbeit mit dem Gesellschafter ergeben.[489] Ein wertinäquivalentes Geschäft verstößt daher nur dann gegen § 82, wenn es *ex ante* mit der **Sorgfalt eines ordentlichen GF** unvereinbar ist. Hätte ein gewissenhaft nach unternehmerischen Grundsätzen handelnder GF unter sonst gleichen Umständen zu glei-

---

Wietrzyk in Haberer/Krejci, Konzernrecht, Rz 12.96; *Fellner/Rüffler*, GES 2019, 59 (60 f, 64 f); *J. W. Flume*, GesRZ 2019, 230 (235 f); *Aburumieh*, ecolex 2020, 1073 (1075); *A. Wimmer*, Besprechung zu OGH 6 Ob 89/21p, ÖBA 2022, 375; *Artmann* in Artmann/Rüffler/Torggler, Unternehmensfinanzierung 15 (28 f, 31); vgl *Rericha/Strass*, wbl 2016, 730 (739) mwN; OGH 22.12.2016, 6 Ob 232/16k, GesRZ 2017, 116 (*Zehetner*) = *Dejaco*, NZ 2019, 81; 2.5.2019, 17 Ob 5/19p, NZ 2019, 222 (*H. Foglar-Deinhardstein*) = *Fantur*, GES 2019, 169 = RWZ 2019, 288 (*Wenger*) = *Obradović/Demian*, ZFR 2019, 451 = *Reisch*, ZIK 2019, 122 = ÖBA 2019, 741 (*Scheuwimmer*) = GesRZ 2019, 344 (*Edel/Welten*) = *Engin-Deniz*, ecolex 2019, 751.
488 OGH 22.12.2016, 6 Ob 232/16k, GesRZ 2017, 116 (*Zehetner*) = *Dejaco*, NZ 2019, 81; *U. Torggler/H. Torggler* in FS Jud 723 (730, 736).
489 OGH 1.12.2005, 6 Ob 271/05d – *Strickwarenerzeugung*, ÖBA 2006, 293 (*Karollus*) = JBl 2006, 388 (*Artmann*); 29.9.2010, 7 Ob 35/10p, ZFR 2011/38, 82 (*Auer*) = GesRZ 2011, 110 (*Karollus*) = RWZ 2010/89, 363 (*Wenger*); 16.11.2012, 6 Ob 153/12m, GesRZ 2013, 99 (*Krejci*); 23.2.2016, 6 Ob 171/15p – *AE&E I*, RWZ 2016/28, 125 (*Wenger*) = EvBl-LS 2016/81 (*Rohrer*) = *Schopper/Walch*, NZ 2016, 163 = GesRZ 2016, 281 (*Schörghofer*) = ÖBA 2017, 621 (*Dellinger*) = *Bergmann/Schörghofer*, GES 2017, 20 = *Straube* in FS Bittner 657 = *Aburumieh/H. Foglar-Deinhardstein*, GES 2019, 3; 2.5.2019, 17 Ob 5/19p, NZ 2019, 222 (*H. Foglar-Deinhardstein*) = *Fantur*, GES 2019, 169 = RWZ 2019, 288 (*Wenger*) = *Obradović/Demian*, ZFR 2019, 451 = *Reisch*, ZIK 2019, 122 = ÖBA 2019, 741 (*Scheuwimmer*) = *Engin-Deniz*, ecolex 2019, 751 = GesRZ 2019, 344 (*Edel/Welten*); OLG Innsbruck 22.4.2020, 3 R 10/20z, GesRZ 2020, 279 (*Eckert*).

chen Bedingungen u – bei nicht konzerntypischen Geschäften – auch mit einem Nichtgesellschafter abgeschlossen, ist die Leistung betriebl gerechtfertigt;[490] objektiver Maßstab für die Sorgfalt des GF bei der Beurteilung der betriebl Rechtfertigung ist § 25 Abs 1, 1a (str),[491] wobei (nur, aber immerhin) branchen-, situations- u größenadäquate Bemühungen geschuldet sind.[492] Im Rahmen des § 25 Abs 1, 1a haftet ein GF – sofern er nicht zwingendes Recht verletzt – nur für geradezu unvertretbare unternehmerische Entscheidungen (**eklatante Überschreitungen des Ermessensspielraums**),[493] u dann jedenfalls nicht, wenn er sich bei einer Entscheidung nicht v sachfremden Interessen leiten lässt u auf Basis angemessener Informationen annehmen darf, zum Wohl der Gesellschaft zu handeln (s § 25 Rz 24 ff).[494] Soweit § 25 Abs 1, 1a dem

---

490 OGH 1.12.2005, 6 Ob 271/05d – *Strickwarenerzeugung*, ÖBA 2006, 293 (*Karollus*) = JBl 2006, 388 (*Artmann*); 15.12.2014, 6 Ob 14/14y – *Humanitas*, NZ 2015, 107 (*Till*) = ecolex 2015, 128 (*Brugger*) = GesRZ 2015, 130 (*Karollus*) = *Reisch/Hampel*, ZIK 2015/100 = *Hermann*, GES 2016, 394 = *Prostor*, ZfRV 2019, 179; 22.12.2016, 6 Ob 232/16k, GesRZ 2017, 116 (*Zehetner*) = *Dejaco*, NZ 2019, 81; *Bauer/Zehetner* in Straube/Ratka/Rauter, GmbHG § 82 Rz 61 f; *Cahn/v. Spannenberg* in BeckOGK AktG § 57 Rz 21. *Artmann* (in Artmann/Rüffler/Torggler, Unternehmensfinanzierung 15 [29]) schlägt vor, bei konzerntypischen Geschäften auf eine fiktive Konzernsituation abzustellen.

491 Vgl *Köppl* in Torggler, GmbHG § 82 Rz 20; *Auer* in Gruber/Harrer, GmbHG[2] § 82 Rz 38; *Koppensteiner/Rüffler*, GmbHG[3] § 82 Rz 16; *Kalss/Probst*, Familienunternehmen, Rz 8/50; *U. Torggler/H. Torggler* in FS Jud 723 (730, 735); *U. Torggler*, Besprechung zu OGH 6 Ob 29/11z, GesRZ 2012, 122 (126); *U. Torggler* in Straube/Ratka/Rauter, GmbHG § 115 Rz 26; *Hügel* in Kalss/Torggler, Einlagenrückgewähr 19 (43 f); *Auer*, Gläubigerschutz bei Vermögensbewegungen down-stream 125; *Kalss* in Konecny, Insolvenz-Forum 2015, 125 (128, 138); *A. Wimmer*, Besprechung zu OGH 6 Ob 89/21p, ÖBA 2022, 375; *H. Foglar-Deinhardstein*, ecolex 2017, 1173 (1175) – jew mwN; aA *Koppensteiner*, GesRZ 2014, 3 (8).

492 *J. Reich-Rohrwig*, ecolex 2013, 940 (949).

493 Vgl OGH 26.2.2002, 1 Ob 144/01k; 22.5.2003, 8 Ob 262/02s; 23.5.2007, 3 Ob 59/07h, RWZ 2007, 261 (*Wenger*) = GesRZ 2008, 22 (*Linder*); 11.6.2008, 7 Ob 58/08t; *Karollus* in Brandl/Karollus/Kirchmayr/Leitner, HB vGA[3], 1 (49 FN 263); *S.-F. Kraus/U. Torggler* in Torggler, GmbHG § 25 Rz 11.

494 Zur **Business Judgement Rule** iSv § 25 Abs 1a als rechtsformübergreifend anerkanntem Rechtsgrundsatz: OGH 23.3.2016, 6 Ob 160/15w, ZFS 2016, 58 (*Karollus*) = *Konwitschka*, GesRZ 2016, 113 = *G. Schima/Toscani*, JEV 2016, 74 = ecolex 2016, 695 (*J. Reich-Rohrwig*); 30.8.2016, 6 Ob 198/15h,

GF einen **haftungsfreien Ermessensspielraum** zubilligt, muss daher mE im gleichen Umfang auch eine betriebl Rechtfertigung der betr Maßnahme möglich sein (s § 83 Rz 32).[495] Nur eine schlechthin unvertretbare E ist *a priori* unzulässig.[496] Am Maßstab des § 25 Abs 1, 1a lässt sich also die Vereinbarkeit mit § 82 ablesen[497] (s Rz 97). Es genügt somit, wenn die fragliche Maßnahme im Entscheidungszeitpunkt *ex ante* als vorteilhaft

---

NZ 2016, 413 (*Brugger*) = *Bergmann/Schörghofer*, GES 2017, 20 = *I. Welser*, ecolex 2017, 1073 = *Aburumieh/H. Foglar-Deinhardstein*, GES 2019, 3; 25.4.2019, 6 Ob 35/19v, ZFS 2019, 46 (*Karollus*) = *G. Kodek*, PSR 2019, 56 = *Zehentmayer*, ZFR 2019, 398 = GesRZ 2019, 361 (*W. Doralt*) = *Baumgartner*, RdW 2019, 597 = *H. Hayden*, PSR 2019, 172 = *Kalss*, GesRZ 2020, 158 = ecolex 2020, 212 (*Rizzi*) = *Ch. Gruber/M.-Th. Hartlieb*, PSR 2020, 4 (5 f); 15.9.2020, 6 Ob 58/20b; *Rüffler*, GES 2016, 391; *H. Foglar-Deinhardstein*, GES 2021, 159 (169 f).

495 *H. Foglar-Deinhardstein* in Foglar-Deinhardstein, HB vGA, Rz 1/110; *Eckert/Schopper/Madari* in Eckert/Schopper, AktG-ON § 52 Rz 33. Vgl *Karollus* in Brandl/Karollus/Kirchmayr/Leitner, HB vGA³, 1 (71); *Milchrahm*, GRAU 2020, 10 (12 f); ähnlich *Zehetner*, GesRZ 2016, 167 (170); *Eckert/Wöss* in Aschauer et al, Niedrigverzinsung 71 (88); OGH 30.8.2016, 6 Ob 198/15h, NZ 2016, 413 (*Brugger*) = *Bergmann/Schörghofer*, GES 2017, 20 = *I. Welser*, ecolex 2017, 1073 = *Aburumieh/H. Foglar-Deinhardstein*, GES 2019, 3. **AA** *Koppensteiner*, GesRZ 2014, 3 (8).

496 Zum Zusammenhang zw § 25 Abs 1 a, dem Kriterium der Unvertretbarkeit iSv § 153 StGB u dem Verbot der Einlagenrückgewähr *Eckert/Spani/Wess*, ZWF 2015, 258; *Karollus*, VR 2015 H 10, 23; *G. Schima*, GesRZ 2015, 286; *Zehetner*, GesRZ 2016, 167 (170); *G. Kodek* in Kodek, Untreue NEU 21 (23, 25 f, 27); vgl auch OGH 30.8.2016, 6 Ob 198/15h, NZ 2016, 413 (*Brugger*) = *Bergmann/Schörghofer*, GES 2017, 20 = *I. Welser*, ecolex 2017, 1073 = *Aburumieh/H. Foglar-Deinhardstein*, GES 2019, 3; BGH 12.10.2016, 5 StR 134/15 – *HSH Nordbank*, EWiR 2017, 103 (*Scholl*) = *Baur/Holle*, ZIP 2017, 555 = ecolex 2017, 539 (*J. Reich-Rohrwig*). Nach den Gesetzesmaterialien zu § 153 StGB bedeutet Unvertretbarkeit das Liegen außerhalb des vernünftigerweise Argumentierbaren. Zu Kriterien zur Ermittlung der Unvertretbarkeit *Kert/Komenda*, ÖZW 2015, 141 (145); *Lewisch* in Kodek, Untreue NEU 105 (114 ff).

497 Das OLG Innsbruck spricht daher v „*Geschäftsleitertest*" (OLG Innsbruck 22.4.2020, 3 R 10/20z, GesRZ 2020, 279 [*Eckert*]). Vgl *Aburumieh*, Besprechung zu OGH 6 Ob 202/19b, GesRZ 2020, 340 (343); *H. Foglar-Deinhardstein/Aburumieh*, Besprechung zu OGH 6 Ob 225/19k, NZ 2021, 148; *Aburumieh/Hoppel*, GES 2021, 120 (121); *A. Wimmer*, Besprechung zu OGH 6 Ob 89/21p, ÖBA 2022, 375; *Joklik-Fürst/Leopold*, ZSS 2022, 97 (97, 99 ff).

für die Gesellschaft beurteilen werden durfte.[498] In den Bereichen Vertrieb, Werbung, Marketing u Kundenbindung (s Rz 94) kann die betriebl Rechtfertigung aus Sicht der GmbH mE auch in der **wirtschaftlichen Sogwirkung v IP-Rechten** liegen, wenn die IP-Rechte dem Gesellschafter gehören, u dieser deren Nutzung auch der GmbH zugänglich macht.[499]

Die **Zwergbeteiligung** eines Gesellschafters, mit dem der Leistungsaustausch stattfindet, (s Rz 67, 119) kann im Zusammenhalt mit anderen Umständen die betriebl Rechtfertigung indizieren.[500] Eine betriebl Rechtfertigung kann mE auch in der **befristeten Umstellung der bislang kommunizierten Dividendenpolitik** – zB durch Thesaurierung der an sich für das kommende Geschäftsjahr geplanten Dividende – liegen.[501] 93

Ungeklärt ist, ob die **betriebl Rechtfertigung zu quantifizieren**, dh zu bewerten, ist,[502] oder ob sie sogar in einem konkret bilanziell messbaren Vorteil bestehen muss.[503] Meines Erachtens ist zu differenzieren:[504] Soweit die identifizierte betriebl Rechtfertigung quantifizierbar 94

---

498 *Zehetner/Cetin*, GesRZ 2017, 197 (201, 203); *Fleischer* in FS Krieger 253 (254). Mit konkreten **Bsp** *Eckert/Schopper/Madari* in Eckert/Schopper, AktG-ON § 52 Rz 34.
499 *H. Foglar-Deinhardstein* in Foglar-Deinhardstein, HB vGA, Rz 1/111.
500 OGH 20.1.2000, 6 Ob 288/99t; 1.12.2005, 6 Ob 271/05d – *Strickwarenerzeugung*, ÖBA 2006, 293 (*Karollus*) = JBl 2006, 388 (*Artmann*); *Karollus* in Brandl/Karollus/Kirchmayr/Leitner, HB vGA³, 1 (99 f); vgl *Hügel* in Kalss/Torggler, Einlagenrückgewähr 19 (21); *Eckert/U. Schmidt* in Haberer/Krejci, Konzernrecht, Rz 13.43; *Kalss* in Konecny, Insolvenz-Forum 2015, 125 (129); *Zehetner/Cetin*, GesRZ 2017, 197 (201 ff); *Cahn/v. Spannenberg* in BeckOGK AktG § 57 Rz 29 f.
501 *H. Foglar-Deinhardstein* in Foglar-Deinhardstein, HB vGA, Rz 1/111; ähnlich *Kalss* in Konecny, Insolvenz-Forum 2015, 125 (131); allg zur Ausschüttungspolitik *Koppensteiner*, GesRZ 2017, 6 (10 f).
502 Dies fordernd *Hügel* in Kalss/Torggler, Einlagenrückgewähr 19 (48); *Koppensteiner*, GesRZ 2014, 3 (8 FN 45); *Artmann* in Artmann/Karollus, AktG⁶ § 52 Rz 19/1. AA *Haberer* in Haberer/Krejci, Konzernrecht, Rz 11.142; *St. Frotz* in Polster, HB Cash Pooling 73 (79); *Bauer/Zehetner* in Straube/Ratka/Rauter, GmbHG § 82 Rz 113; *Karollus* in Brandl/Karollus/Kirchmayr/Leitner, HB vGA³, 1 (102 f, 152, 153 f). Differenzierend *Wenger*, RWZ 2018, 231; *Eckert/Schopper/Madari*, AktG-ON § 52 Rz 34.
503 BGH 31.5.2011, II ZR 141/09 – *Telekom III*, GesRZ 2011, 384 (*M. Doralt/P. Doralt*).
504 *H. Foglar-Deinhardstein* in Foglar-Deinhardstein, HB vGA, Rz 1/112.

ist, ist sie einer Bewertung zu unterziehen, um sie in Relation zum zu rechtfertigenden Vermögenstransfer aus der Gesellschaft heraus setzen zu können. Bei der Abwägung v Chancen gegen Risiken sind die möglichen Vorteile u die drohenden Nachteile, jew multipliziert mit der **Eintrittswahrscheinlichkeit**, einander gegenüberzustellen.[505] Das bedeutet aber mE nicht notwendiger Weise, dass nur messbare Vorteile eine betriebl Rechtfertigung darstellen können, zumal auch sorgfältig handelnde ordentliche GF (s Rz 92) gewisse Maßnahmen setzen, aus denen kein quantifizierbarer Nutzen folgt.[506] So ist es mE nicht untersagt, dass eine GmbH gemeinsam mit einem Gesellschafter an Wettbewerben, Ausschreibungen u *beauty contests* oder an diversen Werbe-, Marketing-, Vertriebs-, Kundenbindungs- oder Fortbildungsaktivitäten (s Rz 92) oder auch an Forschungs- u Entwicklungsprojekten teilnimmt u sich jew kostenmäßig beteiligt; v derartigen Aktivitäten können potentiell sowohl die GmbH als auch der Gesellschafter profitieren, obwohl mglw vorab nicht quantifizierbar ist, wie sich dieser potentielle Nutzen zw GmbH u Gesellschafter verteilt.[507] Jedenfalls zu eng ist die Sicht, nach der nur bilanziell messbare Vorteile als betriebl Rechtfertigung taugen.[508] Generell ist die Bezifferung u Bewertung v Vor- u Nachteilen keine absolute Voraussetzung für die Möglichkeit der Berücksichtigung einer betriebl Rechtfertigung; freilich ist in Fällen größerer objektiver Missverhältnisse oder v Geschäften, die nach ihrer Art überhaupt nur mit Anteilseignern abgeschlossen werden können (s Rz 96), tendenziell ein höherer Standard bei Begr u allfälliger ziffernmäßiger Aufbereitung zu verlangen als in anderen Fällen.[509] Der Umstand, dass eine Leistungs- u Austauschbeziehung hinsichtlich einzelner Konditionen oder sogar in ihrer Gesamtheit einem Angemessenheitstest nicht standhält, hat mE zwar selbstverständlich in die Beurteilung der betriebl Rechtfertigung

---

505 *Fleischer* in K. Schmidt/Lutter, AktG³ § 57 Rz 28.
506 *Karollus* in Brandl/Karollus/Kirchmayr/Leitner, HB vGA³, 1 (102 f, 153 f); *H. Foglar-Deinhardstein* in Foglar-Deinhardstein, HB vGA, Rz 1/112.
507 *H. Foglar-Deinhardstein* in Foglar-Deinhardstein, HB vGA, Rz 1/112. Vgl auch die **Bsp** bei *Hügel* in Kalss/Torggler, Einlagenrückgewähr 19 (49); *Steinhart*, Kapitalerhaltung & fremdfinanzierte Unternehmensübernahmen 149 f; *Jaufer/Wesener* in Jaufer/Nunner-Krautgasser/Schummer, Kapitalaufbringung und Kapitalerhaltung 35 (45); *Zehetner/Cetin*, GesRZ 2017, 197 (201).
508 *H. Foglar-Deinhardstein*, ecolex 2017, 1173 (1175) mwN.
509 *Wenger*, RWZ 2018, 231 (233).

einzufließen, schließt aber eben gerade nicht aus, dass die betriebl Rechtfertigung letztlich trotzdem bejaht werden kann; die Figur der betriebl Rechtfertigung soll ja gerade anerkennen, dass im konkreten Einzelfall auch ein objektiv sorgfältig handelnder Geschäftsleiter aus guten Gründen ein wertinäquivalentes Geschäft abschließen u durchführen wird.[510]

Zur betriebl Rechtfertigung bei **Finanzierungen/Sicherheitenbestellungen** der GmbH zugunsten des Gesellschafters s Rz 112, 115 ff. 95

Auch Geschäfte, die schon wegen ihrer Rechtsnatur auf einer *causa* 96 *societatis* (s Rz 86) beruhen, weil sie auf dem arbeitsteiligen Zusammenwirken zw verbundenen Unternehmen – insb auf der Aufgabenteilung im **Konzern** – beruhen (zB **wiederkehrende Leistungen** gem Abs 4 iVm § 8 – s Rz 62, Konzernumlagen, Konzernumgründungen, Unternehmens-, Beherrschungs-, Gewinnabführungs- u Ergebnisabführungsverträge [s Rz 128], konzerninterne Lizenzvereinbarungen über Immaterialgüterrechte, *Cash Pooling*-Vereinbarungen, Steuerausgleichsvereinbarungen iZm der Gruppenbesteuerung, Erwerb eigener Anteile [s § 81], Lieferung/Abnahme v halbfertigen Produkten im Konzern, konzerninterne Erbringung/konzerninterner Bezug v sonstigen vor- oder nachgelagerten Leistungen in der Produktions- oder Vertriebskette, Erbringung/Bezug v Infrastruktur-, Stabsstellen- oder Forschungs- u Entwicklungsleistungen oder v IT-Services im Konzern, konzerninterne Outsourcing-/Auslagerungs-Vereinbarungen – s Rz 62, 125 ff, 127 f, 129 ff, 139, 140 ff) können dennoch im Einklang mit § 82 stehen, wenn die jew Transaktion aus dem Blickwinkel der GmbH der gebotenen Sorgfalt iSv § 25 (s Rz 92) entspricht:[511] Dabei hat der GF

---

510 *H. Foglar-Deinhardstein*, Besprechung zu OGH 17 Ob 5/19p, NZ 2019, 222 (228 f).
511 *W.-D. Arnold*, GesRZ 1985, 86 (93 ff); *Ch. Nowotny*, RdW 1987, 286; *Koppensteiner/Rüffler*, GmbHG³ § 82 Rz 16 f; *Karollus* in Brandl/Karollus/Kirchmayr/Leitner, HB vGA³, 1 (17, 89, 94 f, 97 f); *U. Torggler/H. Torggler* in FS Jud 723 (729 f); *Hügel* in Kalss/Torggler, Einlagenrückgewähr 19 (42); *Obradović/Wietrzyk* in Haberer/Krejci, Konzernrecht, Rz 12.96; *Fellner/ Rüffler*, GES 2019, 59 (60 f, 64 f); *J. W. Flume*, GesRZ 2019, 230 (235 ff); vgl *Rericha/Strass*, wbl 2016, 730 (739) mwN; OGH 22.12.2016, 6 Ob 232/16k, GesRZ 2017, 116 (*Zehetner*) = *Dejaco*, NZ 2019, 81; 2.5.2019, 17 Ob 5/19p, NZ 2019, 222 (*H. Foglar-Deinhardstein*) = *Fantur*, GES 2019, 169 = RWZ 2019, 288 (*Wenger*) = *Obradović/Demian*, ZFR 2019, 451 = *Reisch*, ZIK 2019, 122 = ÖBA 2019, 741 (*Scheuwimmer*) = *Engin-Deniz*, ecolex 2019, 751 = GesRZ 2019, 344 (*Edel/Welten*); OLG Innsbruck 22.4.2020, 3 R 10/20z, GesRZ 2020, 279 (*Eckert*).

nicht nur die Angemessenheit des Preises, sondern auch die Angemessenheit des Nutzens der bezogenen Leistung in Betracht zu ziehen; eine bloße Verlustverlagerung im Konzern wäre grds unzulässig.[512] Bei einer wechselseitigen Beteiligung kann nach den Umständen des Einzelfalls auch die Leistung eines **Gesellschafterzuschusses** (s § 72 Rz 7)[513] durch eine Gesellschaft an ihre Anteilseignerin betriebl gerechtfertigt sein.[514]

4. Objektive Betrachtung der Angemessenheit

97 Das Vorliegen einer verbotenen Einlagenrückgewähr ist – anders als im Steuerrecht (s Rz 84) – **objektiv** zu beurteilen;[515] die subjektiven Vorstellungen der Beteiligten sind nach hA grds nicht relevant, auch wenn sie das objektiv unzulässige Geschäft irriger Weise für rechtmäßig halten (s Rz 1).[516] Allerdings verstoßen Geschäfte, deren Unangemessenheit nicht einmal für einen objektiv sorgfältig handelnden Organwalter *ex ante* erkennbar ist, mE keinesfalls gegen § 82 (**str**, s Rz 92).[517] Nach M mancher kann auch ein Werttransfer, der auf Seiten der GmbH auf

---

512 *Hügel* in Kalss/Torggler, Einlagenrückgewähr 19 (42); *Karollus* in Brandl/Karollus/Kirchmayr/Leitner, HB vGA³, 1 (89).
513 Allg zum Gesellschafterzuschuss *Elsner*, Nachschussobliegenheit 182 f; *Aburumieh/Hoppel*, RdW 2020, 739 (744 ff); *T. Hayden/Thorbauer/Gröhs*, PSR 2020, 8 (10 ff).
514 OLG Innsbruck 22.4.2020, 3 R 10/20z, GesRZ 2020, 279 (*Eckert*); *Eckert/Schopper/U. Schmidt* in Eckert/Schopper, AktG-ON § 66a Rz 7.
515 OGH 23.2.2016, 6 Ob 171/15p – *AE&E I*, RWZ 2016/28, 125 (*Wenger*) = EvBl-LS 2016/81 (*Rohrer*) = Schopper/Walch, NZ 2016, 163 = GesRZ 2016, 281 (*Schörghofer*) = ÖBA 2017, 621 (*Dellinger*) = Bergmann/Schörghofer, GES 2019, 20 = *Straube* in FS Bittner 657 = *Aburumieh/H. Foglar-Deinhardstein*, GES 2019, 3; 26.4.2016, 6 Ob 72/16f, GesRZ 2016, 343 (*Ettmayer/St. Arnold*); 29.8.2017, 6 Ob 114/17h, wbl 2017, 655 (*Harrer*) = GesRZ 2018, 50 (*Karollus*) = EvBl 2018, 224 (*Told*) = Bollenberger, Zak 2018, 24.
516 *Köppl* in Torggler, GmbHG § 82 Rz 21; *Auer* in Gruber/Harrer, GmbHG² § 82 Rz 39; *Karollus* in Brandl/Karollus/Kirchmayr/Leitner, HB vGA³, 1 (95); *Reich-Rohrwig*, Kapitalerhaltung 120; *Artmann*, GesRZ 2019, 419 (420); *J. Reich-Rohrwig/Aschl*, ecolex 2022, 850 (854); **aA** *Bauer/Zehetner* in Straube/Ratka/Rauter, GmbHG § 82 Rz 61 f.
517 *Auer* in Gruber/Harrer, GmbHG² § 82 Rz 39 mwN; *U. Torggler/H. Torggler* in FS Jud 723 (728); *H. Foglar-Deinhardstein* in Foglar-Deinhardstein, HB vGA, Rz 1/115; vgl *Karollus* in Brandl/Karollus/Kirchmayr/Leitner, HB vGA³, 1 (71, 93 f); *Zehetner/Cetin*, GesRZ 2017, 197 (201); **aA** *Koppensteiner*, GesRZ 2014, 3 (9).

einem **Managementfehler** beruht, aus dem Anwendungsbereich v § 82 herausfallen.[518] Jedenfalls verlangt § 82 **Marktüblichkeit**, aber nicht notwendigerweise das Erkennen eines Marktversagens. Die Angemessenheit richtet sich somit jew nach der gängigen Marktpraxis u deren Standards.[519] Zum (eingeschränkten) **Gutglaubensschutz** gem § 83 s § 83 Rz 16 ff.

5. Maßgeblicher Zeitpunkt für die Angemessenheitsprüfung

Für die Beurteilung, ob ein drittvergleichsfähiges Geschäft vorliegt, ist grds auf den **Zeitpunkt des Vertragsabschlusses** abzustellen,[520] auch wenn das Geschäft erst zu einem späteren Zeitpunkt umgesetzt wird, oder der Vermögenstransfer für die GmbH erst zu einem noch späteren Zeitpunkt (zB Ausfall des gewährten Kredits, Inanspruchnahme der bestellten Sicherheit) spürbar wird (s Rz 13). Nachträgliche Wertveränderungen sind im Allg nicht beachtlich. Nach der neueren Rsp des OGH kann es offenbar tw auch auf den Zeitpunkt der Umsetzung des Vertrags ankommen (insb Darlehensauszahlung bei Finanzierungen) (**str**, näher s Rz 110 ff).[521] Jedenfalls erfordert die Drittvergleichsfähigkeit allerdings, dass sich die Gesellschaft im üblichen Rahmen vertraglich **gegen zukünftige Wertveränderungen absichert** (zB durch Indexierungs-, sonstige Wertsicherungs- oder Zinsänderungsklauseln,

98

---

518 *Hügel* in Kalss/Torggler, Einlagenrückgewähr 19 (21); *Hügel* in FS Koppensteiner II, 11 (37 f); *Cahn/v. Spannenberg* in BeckOGK AktG § 57 Rz 23, 29; **aA** *Koppensteiner*, GesRZ 2014, 3 (9); *Karollus* in Brandl/Karollus/Kirchmayr/Leitner, HB vGA³, 1 (94).
519 Vgl *Ettmayer/Sauer/Irresberger/Flöckner*, ZSS 2021, 61 (63).
520 OGH 5.8.2009, 9 Ob 25/08d (9 Ob 26/08a); 1.9.2010, 6 Ob 132/10w, GesRZ 2011, 47 (*Rüffler*) = EvBl 2011, 167 (*Feuchtmüller*) = immolex 2011, 146 (*Cerha*); 4.3.2013, 8 Ob 20/13v, GesRZ 2013, 286 (*Milchrahm*) = RWZ 2013/39, 139 (*Wenger*); *Köppl* in Torggler, GmbHG § 82 Rz 19; *Koppensteiner*, GesRZ 2014, 3 (8 FN 51); *Kalss* in Konecny, Insolvenz-Forum 2015, 125 (128); *J. W. Flume*, GesRZ 2019, 230 (231); *Schopper*, ecolex 2019, 736 (739); *Fleischer* in FS Krieger 253 (256 ff); *Cahn/v. Spannenberg*, BeckOGK AktG § 57 Rz 19; *Eckert/Schopper/Madari* in Eckert/Schopper, AktG-ON § 52 Rz 17, 31, 45.
521 OGH 24.11.2015, 1 Ob 28/15x – *Kneisz II*, NZ 2016, 147 (*Auer*) = GesRZ 2016, 219 (*Arlt*) = *Mitterecker*, GES 2016, 150; **aA** *Mitterecker*, GES 2016, 150 (156); *Kalss* in Konecny, Insolvenz-Forum 2015, 125 (135, 140); *Kalss*, GesRZ 2020, 158 (162); *Fleischer* in FS Krieger 253 (258); *Eckert/Schopper/Madari* in Eckert/Schopper, AktG-ON § 52 Rz 31.

Anpassungs- u Kündigungsrechte etc) u bei Verwirklichung der entspr Risiken auch v ihren vertraglichen u gesetzl Rechten Gebrauch macht (s auch Rz 91, 102, 103, 113).[522] In Zeiten der (extremen) Krise kann der Drittvergleich auch verlangen, dass eine KapGes versucht, ein Ruhen, eine Auflösung oder eine Neuverhandlung bestehender Vereinbarungen zu verhandeln.[523]

99 Meines Erachtens sind die GF ab Abschluss des verpönten Geschäfts berechtigt u verpflichtet, **Gegenmaßnahmen** einzuleiten: Im ersten Schritt können sie versuchen, das Geschäft durch einvernehmliche Anpassung der Konditionen zu sanieren (s Rz 89, 168); ist dies nicht möglich oder nicht tunlich, haben die GF die gesetzl Ansprüche der GmbH (s Rz 167; § 83 Rz 6 ff, 19, 25, 26 ff, 32 ff, 37 ff) zu betreiben (**str**).[524] Keine absolute Betreibungspflicht gilt freilich bei unklarer Sach- u Rechtslage.[525]

100 Im **FB-Verfahren** ist für die Beurteilung des Vorliegens eines Verstoßes gegen § 82 durch das Gericht im Fall v konstitutiven FB-Eintragungen mE auf den Zeitpunkt der Eintragung abzustellen (str).[526]

---

522 *Karollus* in Brandl/Karollus/Kirchmayr/Leitner, HB vGA³, 1 (91 f); *Bauer/Zehetner* in Straube/Ratka/Rauter, GmbHG § 82 Rz 123; *Saurer* in Doralt/Nowotny/Kalss, AktG³ § 52 Rz 29; *Eckert/Schopper/Madari* in Eckert/Schopper, AktG-ON § 52 Rz 31; **aA** *Cahn/v. Spannenberg* in BeckOGK AktG § 57 Rz 37. Zurückhaltend zu Wertsicherungsklauseln bei Bestandverträgen OGH 21.2.2017, 4 Ob 196/16a; 29.8.2017, 6 Ob 240/16m.
523 Vgl *Bramo-Hackel*, CuRe 2020/17.
524 *Bauer/Zehetner* in Straube/Ratka/Rauter, GmbHG § 82 Rz 123; *Koppensteiner* in FS Reich-Rohrwig 117 (124, 128 f); *H. Foglar-Deinhardstein* in Foglar-Deinhardstein, HB vGA, Rz 1/117; **aA** *Reich-Rohrwig* (in Kapitalerhaltung 181), der den Verstoß gegen § 82 als zweiaktigen Vorgang (Gewährung des Kredits/Übernahme der Haftung als erster Schritt u Zahlung/Verfall als zweiter Schritt) sieht.
525 *J. Reich-Rohrwig/Aschl*, ecolex 2022, 850 (855).
526 *Aburumieh/H. Foglar-Deinhardstein*, GesRZ 2010, 328 (331 FN 25); *Aburumieh/Adensamer/H. Foglar-Deinhardstein*, Verschmelzung VII. A Rz 15 mit Hinweis auf die tw **abw FB-Praxis** (Zeitpunkt der Anmeldung); *H. Foglar-Deinhardstein* in Foglar-Deinhardstein, HB vGA, Rz 1/118.

6. Prüfung des Gesamtplans, Berücksichtigung von Ausgleichsmaßnahmen

Bei der Beurteilung, ob gegen das Verbot der Einlagenrückgewähr verstoßen wurde, ist nicht auf einzelne Abschnitte eines SV, sondern auf die gesamte Konstruktion – den **Gesamtplan** – abzustellen; geboten ist eine **wirtschaftliche Gesamtbetrachtung**[527] (s schon Rz 11). Dabei kann ein Vorgang, der isoliert betrachtet eine verbotene Einlagenrückgewähr darstellt, durch planmäßige Verknüpfung mit geeigneten Ausgleichsmaßnahmen gerechtfertigt werden.[528] Unzulässig wäre freilich die pauschale Berufung auf einen allg Nachteilsausgleich durch nicht näher spezifi-

101

---

[527] OGH 29.9.2010, 7 Ob 35/10p, ZFR 2011/38, 82 (*Auer*) = GesRZ 2011, 110 (*Karollus*) = RWZ 2010/89, 363 (*Wenger*); 20.3.2013, 6 Ob 48/12w – *Kneisz I*, ÖBA 2013, 601 (*Wolkerstorfer/Gebetsberger*) = ecolex 2013, 638 (*F. Hörlsberger/Rieder*) = GesRZ 2013, 230 (*Thurnher*); 15.12.2014, 6 Ob 14/14y – *Humanitas*, NZ 2015, 107 (*Till*) = ecolex 2015, 128 (*Brugger*) = GesRZ 2015, 130 (*Karollus*) = *Reisch/Hampel*, ZIK 2015/100, 91 = *Hermann*, GES 2016, 394 = *Prostor*, ZfRV 2019, 179; 24.11.2015, 1 Ob 28/15x – *Kneisz II*, NZ 2016, 147 (*Auer*) = GesRZ 2016, 219 (*Arlt*) = *Mitterecker*, GES 2016, 150; 22.12.2016, 6 Ob 232/16k, GesRZ 2017, 116 (*Zehetner*) = *Dejaco*, NZ 2019, 81; 25.1.2023, 6 Ob 31/22k; 17.5.2023, 6 Ob 24/23g, ecolex 2023, 850 (*Peissl/Prasser*); *Karollus*, GES 2013, 283; *Kalss* in Konecny, Insolvenz-Forum 2015, 125 (131); *H. Foglar-Deinhardstein*, GesRZ 2017, 266; *Kalss* in WiR, Wirtschaftliche Betrachtungsweise im Recht 119 (138 ff, 141 ff); *Karollus* in Brandl/Karollus/Kirchmayr/Leitner, HB vGA³, 1 (39 f); *Fleischer* in FS Krieger 253 (269 ff). Vgl zum Umgründungsrecht *Grünwald*, GesRZ 1995, 110 (111); *Ton*, ecolex 1999, 172; *Reich-Rohrwig*, Kapitalerhaltung 332 f; *Aburumieh/Adensamer/H. Foglar-Deinhardstein*, Verschmelzung VII. C Rz 8, 25; *Eckert* in Althuber/Schopper, HB Unternehmenskauf & Due Diligence² Rz 55; *Karollus*, ecolex 2022, 868 (870 f). Zur wirtschaftlichen Betrachtungsweise (auch in anderen Rechtsbereichen) *Cahn* in FS Schmidt 157; *A. Hofmann*, NZ 2018, 204 (207 FN 24); *Karollus*, GesRZ 2020, 169 (171 FN 17); WiR, Wirtschaftliche Betrachtungsweise im Recht; *Karollus*, JBl 2022, 689 (696 f).

[528] Vgl OGH 18.2.2021, 6 Ob 207/20i – *AE&E III*, Fantur, GES 2021, 57 = RWZ 2021, 186 (*Wenger*) = *H. Foglar-Deinhardstein*, GesRZ 2021, 159 = GesRZ 2021, 186 (*Artmann*) = *Gaggl*, wbl 2021, 611; *Milchrahm*, GRAU 2020, 10 (13); *H. Foglar-Deinhardstein*, GesRZ 2012, 326 (331); *Karollus*, ecolex 2022, 868 (870 f). *T. Bezzenberger* (Das Kapital der Aktiengesellschaft 235 ff) u *Fleischer* (in FS Krieger 253 [269 ff]) stellen darauf ab, ob ein ordentlicher u gewissenhafter Geschäftsleiter ein Bündel wirtschaftlich, aber nicht rechtlich verbundener Verträge unter sonst gleichen Bedingungen auch mit einem unabhängigen Dritten abgeschlossen hätte.

zierte Vorteile, die den die Gesellschaft treffenden Nachteil angeblich ausgleichen; erforderlich ist ein innerer wirtschaftlicher Zusammenhang zw der nachteiligen u der ausgleichenden Maßnahme.[529] In der Praxis empfiehlt sich daher eine v vornherein vorgenommene, explizit dokumentierte Verknüpfung, bei der idealer Weise auch der wirtschaftliche Zusammenhang zw Nachteil u **Ausgleichsmaßnahmen (Nachteilsausgleich/Vorteilsausgleich)** (zB Gesellschafterzuschuss [s § 72 Rz 7][530] oder Unterlegung mit einer [Sach-]Dividende [s auch Rz 60] oder mit einer Kapitalherabsetzung oder durch Liquidation mit Sachauskehr)[531] dargestellt wird.[532] Der Ausgleich des Nachteils muss mE nicht unver-

---

529 *Artmann* in Artmann/Karollus, AktG[6] § 52 Rz 14; *T. Bezzenberger*, Das Kapital der Aktiengesellschaft 235 ff; *Fleischer* in FS Krieger 253 (269 ff). Vgl *H. Foglar-Deinhardstein*, GesRZ 2012, 326 (331).

530 Allg zum Gesellschafterzuschuss *Elsner*, Nachschussobliegenheit 182 f; *Aburumieh/Hoppel*, RdW 2020, 739 (744 ff); *T. Hayden/Thorbauer/Gröhs*, PSR 2020, 8 (10 ff). Zu Gesellschafterzuschüssen als Ausgleichsmaßnahme *Aburumieh/Hoppel*, GES 2021, 120 (122); OGH 18.2.2021, 6 Ob 207/20i – *AE&E III, Fantur*, GES 2021, 57 = RWZ 2021, 186 (*Wenger*) = *H. Foglar-Deinhardstein*, GES 2021, 159 = GesRZ 2021, 186 (*Artmann*) = *Gaggl*, wbl 2021, 611; *G. Müller/Haslinger/Dicken*, RWZ 2023, 344; *Hirschler/Wenger*, RWZ 2023, 370.

531 Vgl OGH 18.2.2021, 6 Ob 207/20i – *AE&E III, Fantur*, GES 2021, 57 = RWZ 2021, 186 (*Wenger*) = *H. Foglar-Deinhardstein*, GES 2021, 159 = GesRZ 2021, 186 (*Artmann*) = *Gaggl*, wbl 2021, 611; *Karollus* in Brandl/Karollus/Kirchmayr/Leitner, HB vGA[3], 1 (103, 105); *Ch. Huber/Reiter* in Wiesner/Hirschler/Mayr, HB Umgründungen § 32 UmgrStG (21. Lfg) Rz 73. Zur Frage, ob eine **Patronatserklärung** eine geeignete Ausgleichsmaßnahme sein kann, *Hageböke/Kurtalic*, ZIP 2022, 2007.

532 *Karollus* in Brandl/Karollus/Kirchmayr/Leitner, HB vGA[3], 1 (103); *Ch. Nowotny* in Haberer/Krejci, Konzernrecht, Rz 15.35; *Kalss* in Konecny, Insolvenz-Forum 2015, 125 (131); *P. Csoklich/P. N. Csoklich*, GesRZ 2019, 54 (55). Ein **steuerlich** anzuerkennender Vorteilsausgleich, der die Annahme einer verdeckten Ausschüttung ausschließt, setzt eine eindeutige Vereinbarung über den Ausgleich der gegenseitigen Vorteilszuwendungen voraus, sofern nicht im Einzelfall v einem **konkludenten Vorteilsausgleich** ausgegangen werden kann (VwGH 22.11.2018, Ra 2018/15/0037, RWZ 2019, 11 [*Wiesner*] = GES 2019, 151 [*Raab/Renner*] = *Brameshuber/Dangl*, taxlex 2019, 236 = *D. Auer*, ecolex 2020, 329). Freilich kann es (umgründungs-) steuerlich auch angeraten sein, dass zw der zu legitimierenden Transaktion u der Ausgleichsmaßnahme kein Synallagma besteht (*Hirschler/Wenger*, RWZ 2023, 370 [372 f]). Allg zur Figur des Vorteilsausgleichs *J. Reich-Rohrwig* in Straube/Ratka/Rauter, GmbHG § 25 Rz 163, 176.

züglich erfolgen; ein Nachteilsausgleich, der nicht innerhalb desselben Geschäftsjahrs erfolgt, ist mE aber nur im Ausnahmefall akzeptabel.[533] S auch Rz 66, 104 zur Vereinbarkeit mit § 82, wenn die **Mittel v dritter Seite zur Verfügung gestellt** werden, oder wenn die GmbH Vermögen zweckgebunden, belastet, unter Auflagen oder bedingt erwirbt. Im **Umgründungsrecht** ergibt sich eine Parallelwertung daraus, dass ein Verstoß gegen § 82 jedenfalls dann ausscheidet, wenn das im Zuge einer Verschmelzung bewegte Vermögen insgesamt (*per saldo*, netto) einen positiven Verkehrswert hat (s Rz 103, 141, § 101 Rz 48 ff).[534] Verzichtet die Gesellschaft auf die Geltendmachung u Einbringlichmachung einer v einem Gesellschafter zugesagten vorteilsausgleichenden Zahlung, liegt darin eine verdeckte Gewinnausschüttung[535] (s auch Rz 101). Umstritten ist, ob die GmbH im Rahmen einer **Kapitalerhöhung Gewährleistungszusagen gegenüber einem Investor (Neugesellschafter)** abgeben darf.[536] Jedenfalls ist es unzulässig, dass die GmbH das Eigenkapitalrisiko des Investors übernimmt u für ihre eigene Werthaltigkeit haftet; deshalb dürfen die Regeln der Kapitalaufbringung (s Rz 19 ff) (insb Verbot der Unter-pari-Emission, Gebote der Werthaltigkeit, der Vollein-

---

533 *H. Foglar-Deinhardstein* in Foglar-Deinhardstein, HB vGA, Rz 1/119; *H. Foglar-Deinhardstein*, GES 2021, 159 (161). Zu dieser Diskussion *Koppensteiner* in Kalss/Torggler, Einlagenrückgewähr 59 (60 f); *Kalss* in WiR, Wirtschaftliche Betrachtungsweise im Recht 119 (142 f) mwN; *Artmann* in Artmann/Karollus, AktG[6] § 52 Rz 14, 21/3; *Karollus* in Brandl/Karollus/Kirchmayr/Leitner, HB vGA[3], 1 (103); *Milchrahm*, GRAU 2022, 151 (155). Vgl auch *Told* in Artmann/Rüffler/Torggler, Konzern 133 (156 f, 165). Steuerlich können verdeckte Ausschüttungen nach Ablauf des jew Wirtschaftsjahrs nicht mehr rückgängig gemacht werden (VwGH 29.1.1998, 96/15/0015; 25.11.2009, 2008/15/0039; 31.5.2011, 2008/15/0153; 6.9.2023, Ra 2021/15/0027, RdW 2023, 826 [*Zorn*]).
534 Näher *H. Foglar-Deinhardstein*, GES 2021, 159 (161 f) mwN.
535 BFG 13.3.2023, RV/7102647/2020.
536 Zu dieser Diskussion *Wenger*, RWZ 2002/19, 65; *Maidl/Kreifels*, NZG 2003, 1091 (1093 f); *Mellert*, NZG 2003, 1096 (1099); *Sieger/Hasselbach*, BB 2004, 60; *Brandi*, NZG 2004, 600; *Schaefer/Grützediek*, NZG 2006, 204; *Kiefner*, ZHR 2014, 547 (560 ff); *Hunecke*, Der Zeichnungsvertrag 270 ff; *Rericha/Strass*, wbl 2016, 730; *Rericha/Strass*, CFO aktuell 2017, 139; *Koppensteiner*, GesRZ 2017, 6 (11 ff); *Jeitler/Larcher*, wbl 2021, 185; *Saurer* in Doralt/Nowotny/Kalss, AktG[3] § 52 Rz 20d f; *H. Foglar-Deinhardstein* in Kalss/Torggler, M&A 121 (128 f); vgl auch *Hlawati/Ch. Thaler* in FS Jud 249; aus der Perspektive des (freilich nicht vergleichbaren) dt GmbH-Rechts *Gottschalk/Ulmer*, NZG 2021, 997.

zahlung u der Leistung zur freien Verfügbarkeit) u des Verbots des Erwerbs eigener Anteile gem § 81 nicht verletzt werden. Die Übernahme v Gewährleistungen durch die GmbH ist jedoch mE möglich, wenn parallel zur Kapitalerhöhung u ohne Beeinträchtigung der vorstehend genannten Grenzen ein **separierter Haftungsfonds** geschaffen wird, aus dem die Gewährleistungsansprüche ggf bedient werden können,[537] zB durch eine mit Eintritt des Gewährleistungsfalls bedingte, gesellschafterseitige Zusage (a) einer asymmetrischen Gewinnverteilung (s Rz 49) oder (b) einer Übertragung v Dividendenansprüchen (s Rz 32, § 81 Rz 33, 73, 77) oder (c) eines Wertausgleichs durch Anteilsverschiebung[538] oder – umgekehrt – durch die Zusage eines schuldrechtlichen Aufgelds (Agio)[539]/eines Gesellschafterzuschusses[540] (s § 72 Rz 7), die mit Nichteintritt des Gewährleistungsfalls (bis zum Ablauf der vereinbarten Frist) bedingt ist, bzw die Gewährung eines Gesellschafterdarlehens mit bedingter Zusage der Umwandlung in Eigenkapital durch Sacheinlage.[541] Sofern ein derartiger separierter Haftungsfonds überhaupt § 82 unterliegt (s aber Rz 104 zu zweckgebunden überlassenem Vermögen), müsste den Gewährleistungen der GmbH mE eine drittvergleichsfähige Gegenleistung/betriebl Rechtfertigung gegenüberstehen, die naturgemäß nicht in der Einlageleistung selbst liegen dürfte (zB gegenläufige Gewährleistungszusagen des Investors, Gewährung v Zuschüssen oder Darlehen, Abschluss langfristiger Liefer- oder Lizenzverträge, Übertragung v

---

537 *H. Foglar-Deinhardstein* in Foglar-Deinhardstein, HB vGA, Rz 1/120; näher *Wenger*, RWZ 2002/19, 65 (66); *Sieger/Hasselbach*, BB 2004, 60 (63 f); *Brandi*, NZG 2004, 600 (603 ff); *Schaefer/Grützediek*, NZG 2006, 204 (206 ff); *Rericha/Strass*, wbl 2016, 730; *Koppensteiner*, GesRZ 2017, 6 (11 f); *H. Foglar-Deinhardstein* in Kalss/Torggler, M&A 121 (128 f); *Saurer* in Doralt/Nowotny/Kalss, AktG³ § 52 Rz 20e.

538 Näher *Jeitler/Larcher*, wbl 2021, 185 (189 ff); *Saurer* in Doralt/Nowotny/Kalss, AktG³ § 52 Rz 20e.

539 *Koppensteiner*, GesRZ 2015, 6; *H. Foglar-Deinhardstein/Trettnak*, RdW 2010/504, 500; *Rericha/Strass*, wbl 2016, 730 (735); *Koppensteiner*, GesRZ 2017, 6 (11 f).

540 Allg zum Gesellschafterzuschuss *Elsner*, Nachschussobliegenheit 182 f; *Aburumieh/Hoppel*, RdW 2020, 739 (744 ff); *T. Hayden/Thorbauer/Gröhs*, PSR 2020, 8 (10 ff).

541 Zur Umwandlung v Fremd- in Eigenkapital (*debt-equity-swap*) allg *H. Foglar-Deinhardstein/Vinazzer*, ÖBA 2016, 486; *Zollner/Schummer* in Jaufer/Nunner-Krautgasser/Schummer, Kapitalaufbringung und Kapitalerhaltung 1 (26 ff); *T. Hayden/Thorbauer/Gröhs*, PSR 2020, 8 (16 f) – jew mwN.

wertvollem Know-how, Eröffnung neuer Vertriebsmöglichkeiten oder sonstiger strategischer Vorteile).[542] Siehe aber auch weniger streng § 52 Rz 63.

7. Geltendmachung vertraglicher und gesetzlicher Rechte, Schadloshaltung des Gesellschafters

Verzichtet die GmbH auf die **Geltendmachung oder Durchsetzung** ihr **102** zustehender **vertraglicher oder gesetzl Rechte** gegenüber einem **Gesellschafter** (zB Rabatte, Skonti, Gewährleistungsbehelfe, Verzugszinsen, Indexierungs- oder sonstige Anpassungsrechte, Darlehensforderungen, Schadenersatzansprüche, Regressansprüche,[543] **Ausgleichsanspruch** gem §§ 24, 26d HVertrG [analog],[544] Sicherstellungsanspruch eines Sicherheitenbestellers gegenüber dem Schuldner gem § 1365 ABGB [analog],[545] Rangrücktritt, Ausstattungsverpflichtung aus einer Patronatserklärung,[546] Regressanspruch der aus **kartellrechtlichen Konzernhaftung** in Anspruch genommenen Tochter-GmbH gegen die Mutter,[547] zugesagte Ausgleichsmaßnahme [s Rz 101]) (s Rz 98, 113) oder **stundet** Ansprüche gegen einen Gesellschafter oder lässt Ansprüche gegen einen Gesellschafter **verjähren**,[548] oder **ersetzt** die GmbH einem Gesellschafter diesen persönlich treffende **Schadenersatzleistungen oder Strafen**, kann dies als Verstoß gegen § 82 zu qualifizieren sein. Die Vorgangsweise der GmbH muss auch hier einem Drittvergleich (s Rz 87 ff) genügen oder zumindest betriebl gerechtfertigt (s Rz 92 ff) sein: Schöpft die GmbH ihre Rechte nicht aus, kann dies dann unbedenklich sein, wenn ein sorgfältig handelnder GF – etwa in Hinblick auf die Förderung der gesamten Geschäftsbeziehung – gegenüber einem Dritten in einer vergleichbaren Situation auch derartig gehandelt hätte.[549] Liegt der Verstoß, der die Schadenersatzleistung

---

542 *H. Foglar-Deinhardstein* in Foglar-Deinhardstein, HB vGA, Rz 1/120.
543 *Klement/Fitz*, GES 2022, 380 (382); BFG 8.8.2023, RV/1100419/2022.
544 *Hügel* in Kalss/Torggler, Einlagenrückgewähr 19 (54); *Hügel* in FS Koppensteiner II, 11 (28, 30, 44).
545 *Reich-Rohrwig*, Kapitalerhaltung 184.
546 *Reisch* in FS Konecny 481 (493); *Ch. Müller/Rüffler* in Artmann/Rüffler/Torggler, Unternehmensfinanzierung 57 (63).
547 *Deutsch/Madari*, GesRZ 2021, 367 (372).
548 *Haberer* in Haberer/Krejci, Konzernrecht, Rz 11.169; *Karollus* in Brandl/Karollus/Kirchmayr/Leitner, HB vGA³, 1 (124); *Eckert/Schopper/Madari* in Eckert/Schopper, AktG-ON § 52 Rz 17, 31 (skeptisch aber in Rz 45); *Hügel* in FS Koppensteiner II, 11 (31 f).
549 *Karollus* in Brandl/Karollus/Kirchmayr/Leitner, HB vGA³, 1 (124 f).

oder Strafe des Gesellschafters verursacht hat, ausschließlich im Interesse der GmbH, kann die Übernahme der Schadenersatzleistung oder der Strafe durch die GmbH unbedenklich sein.[550] Beteiligt sich eine Gesellschaft an einer **Sanierungsmaßnahme** zugunsten ihres Anteilseigners u gewährt zu diesem Zweck einen **Schuldnachlass (Forderungsverzicht)**, muss dies keine verbotene Einlagenrückgewähr bedeuten, zumal wenn andere Gläubiger im selben Ausmaß am Schuldnachlass partizipieren (*haircut*, Restrukturierung).[551] Auch eine **Schuldübernahme** (s Rz 13, 103) kann als Teil einer allg Sanierungsmaßnahme betriebl gerechtfertigt sein, etwa wenn die Sanierung dem Ziel der Sicherung eines Absatzmarkts (auch) für die Gesellschaft dient,[552] oder durch Abwendung einer Insolvenz des Anteilseigners ein Dominoeffekt für die Gesellschaft verhindert werden soll.[553] Zur **Forderungseinlösung** zu Sanierungszwecken s Rz 105. Trägt die Gesellschaft die Kosten einer **Sanierungstreuhandschaft** auf Ebene der Gesellschafter, kann dies nach den Umständen des Einzelfalls betriebl gerechtfertigt sein.[554] Zur Frage der Zulässigkeit der Übernahme v Gewährleistungen durch die GmbH bei einer Kapitalerhöhung s Rz 101.

8. Beispiele für verdeckte Gewinnausschüttungen

103 In der Praxis sind häufig folgende Fälle v verdeckter Einlagenrückgewähr anzutreffen:

– **Erwerb** v Gesellschafter über – oder **Veräußerung** an den Gesellschafter unter – angemessenem Wert (zB Veräußerung zum Buchwert – s Rz 90),[555] zB hinsichtlich **Liegenschaftsvermögens**, Gesell-

---

550 Vgl zum Steuerrecht *Kirchmayr* in Brandl/Karollus/Kirchmayr/Leitner, HB vGA³, 201 (281).
551 BMF, KStR 2013 idF GZ BMF-010216/0002-IV/6/2018 v 29. März 2018 Rz 903, 911.
552 BMF, KStR 2013 idF GZ BMF-010216/0002-IV/6/2018 v 29.3.2018 Rz 912.
553 Vgl *A. Wimmer*, GesRZ 2019, 143 (148); *H. Foglar-Deinhardstein/Aburumieh*, Besprechung zu OGH 6 Ob 225/19k, NZ 2021, 148. S auch *Saurer* in Doralt/Nowotny/Kalss, AktG³ § 52 Rz 74.
554 *H. Foglar-Deinhardstein/Aburumieh*, Besprechung zu OGH 6 Ob 225/19k, NZ 2021, 147 ff; *Fellner/Henöckl*, ÖBA 2022, 584 (589).
555 OGH 12.3.1992, 6 Ob 5/91; 13.2.1997, 6 Ob 2110/96d, ecolex 1997, 851 (*Zehetner*); 26.4.2000, 3 Ob 122/99h; 19.11.2002, 4 Ob 252/02s, ecolex 2003, 177 (*J. Reich-Rohrwig/Größ*); 16.11.2012, 6 Ob 153/12m, GesRZ 2013, 99 (*Krejci*); vgl VwGH 23.11.1977, 410, 618/77; 31.5.2005, 2000/15/0059, 0060; *Auer* in Gruber/Harrer, GmbHG² § 82 Rz 42; *Koppensteiner/Rüffler*, GmbHG³ § 82 Rz 15, 16; *Gaggl*, wbl 2021, 611 (613).

schaftsanteilen, eines Kunden-, Klienten- oder Patientenstocks,[556] v **Waren** u **Dienstleistungen** etc;
- Gebrauchsüberlassung (zB eines Kfz, einer Liegenschaft, einer Wohnung, v Betriebsmitteln etc) bei unangemessenem Entgelt (insb **Miet- oder Pachtzins**; unterpreisige Vermietung oder überpreisige Anmietung) zu Lasten der Gesellschaft;[557]
- Überhöhte Entlohnung (Gehalt) eines Anteilseigners aus einer Organfunktion, zB eines **Gesellschafter-GF**,[558] sonstige unangemessene Vergütungen eines Gesellschafters aus einer Organfunktion (Pensionszusagen, Abfertigungen, Tantiemen, Provisionen, *golden handshakes* etc);[559]
- Unangemessene Vorteile eines Gesellschafters aus einem **Dienst-, Werk-, Beratungs-, Dienstleistungs- oder Pensionsvertrag** (Vergütung [zB Pauschalentgelte oder Entgelt ohne Leistungsnachweis], Unkündbarkeit eines Dienstvertrags,[560] Dienstwagen, Dienstwohnung, Versicherungen, Reise- u Repräsentationskosten [Einladun-

---

556 Vgl VwGH 26.5.1993, 90/13/0155; BFG 21.6.2019, RV/5100830/2011.
557 OGH 24.10.2006, 10 Ob 16/06k; 1.9.2010, 6 Ob 132/10w, GesRZ 2011, 47 (*Rüffler*) = EvBl 2011, 167 (*Feuchtmüller*) = immolex 2011, 146 (*Cerha*); 13.9.2012, 6 Ob 110/12p, RWZ 2012/91, 321 (*Wenger*) = GesRZ 2013, 38 (*U. Torggler*); 4.3.2013, 8 Ob 20/13v, GesRZ 2013, 286 (*Milchrahm*) = RWZ 2013, 139 (*Wenger*); 26.4.2016, 6 Ob 72/16f, GesRZ 2016, 343 (*Ettmayer/St. Arnold*); 22.12.2016, 6 Ob 232/16k, GesRZ 2017, 116 (*Zehetner*) = *Dejaco*, NZ 2019, 81; 21.2.2017, 4 Ob 196/16a; 29.8.2017, 6 Ob 240/16m; *Dejaco*, NZ 2019, 81; *Zorn*, ÖStZ 2021, 69; *Lachmayer*, SWK 2021, 119; *H. Hayden/T. Hayden/Thorbauer*, RdW 2023, 64.
558 Eine angemessen Entlohnung ist aber jedenfalls zulässig (vgl OGH 16.6.1920, 3 R 78/20; 14.10.1925, 2 Ob 861/25); ebenso zulässig sind Bonuszahlungen für GF-Tätigkeiten, die über die gewöhnlichen Aufgaben hinausgehen (OGH 26.7.2016, 9 ObA 69/16m, GES 2016, 348 [*Fantur*]). Ausf zur Angemessenheit v Managervergütungen *Haberer/S.-F. Kraus*, GES 2010, 10, 165; *Gröhs/Havranek/Prändl*, AR aktuell 2009 H 1, 8; *Eiselsberg/Haberer*, RWZ 2004/17, 65; *Grün*, Leitfaden verdeckte Ausschüttung[2], 62 ff. Seit 2016 sind Gewinnausschüttungen bei Gesellschafter-GF nach § 25 Abs 1 GSVG in die Bemessungsgrundlage für die Sozialversicherung einzubeziehen. Zur sozialversicherungsrechtlichen Zusammenrechnung v GF-Gehalt u (fiktiven) Gewinnausschüttungen s Rz 41.
559 Vgl VwGH 8.3.1994, 91/14/0151; 26.11.2002, 99/15/0223, GES 2003, 217 (*Schilcher*); 27.11.2003, 99/15/0178, GES 2004, 287 (*Obermair*); 25.11.2009, 2008/15/0040; *Auer* in Gruber/Harrer, GmbHG[2] § 82 Rz 42; *Grün*, Leitfaden verdeckte Ausschüttung[2], 86 ff, 95 ff; *Bucek*, ecolex 2003, 158.
560 OGH 24.5.2019, 8 ObA 53/18d.

gen, Feiern, Familienfeste, Familienurlaube] etc),[561] Scheindienstverhältnisse,[562] Lohnzahlungen, obwohl der DN nicht leistungsbereit ist u die Mitarbeit verweigert;[563]

- **Inanspruchnahme v AN, Betriebsmitteln, Einrichtungen oder Leistungen** der GmbH durch den Gesellschafter – oder des Gesellschafters durch die GmbH – gegen unangemessenes (dh zu niedriges bzw zu hohes) Entgelt;[564]
- **Übernahme v Privataufwendungen** des Gesellschafters (zB Leasingraten, Versicherungsprämien, Renovierungskosten, Kreditraten) durch die GmbH;[565] Herstellung/Erwerb v **Luxusgütern** durch die GmbH u deren preisgünstige oder unentgeltliche Überlassung oder Weitergabe an den Gesellschafter;[566]
- **Anschaffung v nutzlosen Vermögensgegenständen** oder **Zukauf v nutzlosen Leistungen**, für die nur der Gesellschafter, aber nicht die GmbH Verwendung hat,[567] sofern der Preis nicht auch das Weiterveräußerungsrisiko abdeckt;[568]

---

561 *Kalss/Probst*, Familienunternehmen, Rz 16/29. Vgl zu **Familienurlauben** FG Nürnberg 13.10.2020, 1 K 1065/19, GmbHR 2021, 564 (*Möller*). Eine angemessene **Dienstwohnung** für einen Gesellschafter-GF ist aber zulässig, uzw grds selbst dann, wenn die Gesellschaft die Dienstwohnung zunächst v Gesellschafter anmietet u sie ihm dann als Dienstwohnung zur Verfügung stellt (vgl aus steuerlicher Sicht VwGH 26.7.2017, Ra 2016/13/0025, wobl 2018, 131 [*Ch. Lenneis*] = immolex 2018, 231 [*Fuhrmann*])
562 *Huemer*, GRAU 2021, 100 (102). Vgl zum Steuerrecht *Kirchmayr* in Brandl/Karollus/Kirchmayr/Leitner, HB vGA³, 201 (282).
563 OGH 28.3.2018, 6 Ob 128/17t, GesRZ 2018, 242 (*Ch. Nowotny*) = *Michtner*, GES 2018, 233 = GES 2018, 237 (*Fantur*) = *Aburumieh/H. Foglar-Deinhardstein*, GES 2019, 3.
564 OGH 22.12.2016, 6 Ob 232/16k, GesRZ 2017, 116 (*Zehetner*) = *Dejaco*, NZ 2019, 81.
565 Vgl OGH 12.11.1996, 4 Ob 2328/96y; 3.8.2005, 9 Ob 127/04y, RWZ 2005/88, 291 (*Wenger*); 27.2.2013, 6 Ob 135/12i, ecolex 2013, 439 (*Melicharek*) = GesRZ 2013, 233 (*Hofmann*); 23.1.2020, 6 Ob 13/20k, GesRZ 2020, 208 (*Hollaus*).
566 Vgl *Lachmayer*, SWK 2021, 119; *Zorn*, ÖStZ 2021, 69; *H. Hayden/ T. Hayden/Thorbauer*, RdW 2023, 64.
567 Vgl OGH 13.9.2012, 6 Ob 110/12p, RWZ 2012/91, 321 (*Wenger*) = GesRZ 2013, 38 (*U. Torggler*); VwGH 26.5.1999, 94/13/0336; *Auer* in Gruber/Harrer, GmbHG² § 82 Rz 42.
568 *Koppensteiner*, GesRZ 2014, 3 (7).

– **Haftungsübernahmen für Schulden** des Gesellschafters ohne angemessene Gegenleistung;[569] **Übernahme u Tilgung v** Verpflichtungen eines Gesellschafters (zB v **Unterhaltspflichten** einer natPers, **verpflichtenden Aufgaben einer** Gemeinde oder einer anderen **Gebietskörperschaft, Bankschulden**) ohne angemessene Gegenleistung.[570] Zur Unterlegung einer **Schuldübernahme** (s schon Rz 13, 102) mit einer Sachdividende s Rz 58;
– **Veräußerung v unvertretbarem betriebsnotwendigem Vermögen** an einen Gesellschafter[571] (mE allerdings dann nicht, wenn vorab der Unternehmensgegenstand entspr angepasst worden ist[572] oder die Nutzung durch die Gesellschaft weiterhin sichergestellt ist[573]) (s Rz 66);
– **Verzicht auf** – oder **Stundung/Kreditierung v** – **Forderungen** der GmbH gegen den Gesellschafter[574] (zB aus Lieferungen u Leistungen, aus Darlehen, auf Leistung eines Ausgleichsanspruchs gem §§ 24, 26d HVertrG [analog][575]) – oder **Verzicht auf Sicherheiten, auf einen Rangrücktritt** oder **auf eine Ausstattungsverpflichtung aus einer Patronatserklärung**[576] – jew ohne angemessene Gegenleistung[577]

---

569 Vgl OGH 29.5.2008, 2 Ob 225/07p, RWZ 2008/72, 260 (*Wenger*) = GesRZ 2008, 310 (*Stingl*) = GES 2008, 315 (*Bauer*) = ÖBA 2009, 60 (*Bollenberger*); VwGH 23.3.1979, 1218, 1287/78; *Auer* in Gruber/Harrer, GmbHG² § 82 Rz 42.
570 Vgl *Karollus* in Brandl/Karollus/Kirchmayr/Leitner, HB vGA³, 1 (134); *Milchrahm*, GRAU 2022, 151 (154).
571 *Karollus* in Brandl/Karollus/Kirchmayr/Leitner, HB vGA³, 1 (28, 118); vgl *Bauer/Zehetner* in Straube/Ratka/Rauter, GmbHG § 82 Rz 219; *Saurer* in Doralt/Nowotny/Kalss, AktG³ § 52 Rz 33; *Auer* in Gruber/Harrer, GmbHG² § 82 Rz 64 f; *Koppensteiner* in FS Reich-Rohrwig 117 (123).
572 *H. Foglar-Deinhardstein* in Foglar-Deinhardstein, HB vGA, Rz 1/79, 1/122, 1/240. Vgl *Koppensteiner* in Kalss/Torggler, Einlagenrückgewähr 59 (64); *Hügel* in FS Koppensteiner II, 11 (33).
573 ZB bei einem **Sale-and-lease-back-Geschäft** (vgl *Karollus* in Brandl/Karollus/Kirchmayr/Leitner, HB vGA³, 1 [118]) oder bei **Übertragung einer Software mit Rücklizensierung** an die veräußernde Gesellschaft (vgl *Saurer* in Doralt/Nowotny/Kalss, AktG³ § 52 Rz 33).
574 *Haberer* in Haberer/Krejci, Konzernrecht, Rz 11.168.
575 *Hügel* in Kalss/Torggler, Einlagenrückgewähr 19 (54); *Hügel* in FS Koppensteiner II, 11 (28, 30, 44).
576 *Reisch* in FS Konecny 481 (493).
577 Vgl VwGH 30.3.2006, 2002/15/0120.

oder betriebl Rechtfertigung[578] (zum Schuldnachlass oder zur Schuldübernahme zu Sanierungszwecken s Rz 102);
- **Gewährung v Finanzierungen** an den Gesellschafter ohne drittvergleichsfähige Bedingungen (s Rz 107 ff);
- **Sicherheitenbestellung für Verbindlichkeiten des Gesellschafters** ohne drittvergleichsfähige Bedingungen (s Rz 107 ff);
- **Nichtausübung des Sicherstellungsanspruchs** gem § 1365 ABGB (analog), der dem **Sicherheitenbesteller** gegen den Schuldner zusteht, durch die Gesellschaft[579] (s Rz 102, 113);
- **Verschmelzungen** mit beteiligungsmäßig verflochtenen Gesellschaften **ohne positiven Verkehrswert** (genauer: ohne nicht-negativen Verkehrswert), sofern keine Ausgleichsmaßnahmen ergriffen werden (s Rz 101, 121, 141; § 81 Rz 19, 78; § 101 Rz 48 ff);
- **Einbringung eines Unternehmens als Sacheinlage** ohne Anteilsgewährung, wobei der Verkehrswert des in die GmbH eingebrachten Unternehmens (zB unter Berücksichtigung der aus unbaren Entnahmen resultierenden Verbindlichkeit der Gesellschaft) nicht positiv ist[580] (s Rz 148);
- **Übertragung v Geschäftschancen (Corporate Opportunities)**, über die die Gesellschaft verfügen kann, an den Gesellschafter ohne angemessene Gegenleistung (s Rz 137);
- Nicht marktkonforme u daher für die GmbH nachteilige **Emission v Wertpapieren/Veranlagungen** (zB Schuldverschreibungen, Anleihen, Genussrechte, stille Beteiligungen, partiarische Darlehen) an Gesellschafter[581] (s Rz 67 u 155);

---

578 *Eckert/Schopper/Madari* in Eckert/Schopper, AktG-ON § 52 Rz 42.
579 *Reich-Rohrwig*, Kapitalerhaltung 184.
580 OGH 23.10.2003, 6 Ob 196/03x, ecolex 2004, 189 (*Konwitschka*) = *J. P. Gruber*, RdW 2004/349, 390 = RdW 2003/270, 323 (*Ch. Nowotny*); 30.8.2007, 2 Ob 143/07d; vgl *J. Reich-Rohrwig/Größ*, ecolex 2003, 680; *Pilgerstorfer*, wbl 2004, 353; *Thurnher*, GesRZ 2005, 10; *Taufner*, ÖJZ 2011/42, 389; *Stanek*, GesRZ 2018, 158; *Ch. Nowotny/Fida*, KapGesR³ Rz 1/331.
581 *Auer* in Gruber/Harrer, GmbHG² § 82 Rz 52; vgl *Bauer/Zehetner* in Straube/Ratka/Rauter, GmbHG § 82 Rz 154; *Bergmann*, Genussrechte 177 f, 186, 325; *Rüffler/Aburumieh/Lind* in Jaufer/Nunner-Krautgasser/Schummer, Kapitalaufbringung und Kapitalerhaltung 71 (91 ff); *Marous/Minihold*, SWK 2020/16/17, 922 (926). Der ***Debt-Mezzanine-Swap*** nicht werthaltiger Forderungen wirft aber mE keine kapitalerhaltungs-, sondern ausschließlich bilanzrechtliche Fragen auf (vgl *T. Hayden/Thorbauer/Gröhs/Holzmannhofer*, RdW 2020, 951 [952]).

– Abkauf v Stimm- u anderen Gesellschafterrechten oder Auskauf v lästigen Gesellschaftern durch die GmbH, etwa iZm streitigen GV oder **Anfechtungsklagen**;[582]
– Tragung v **Transaktionskosten** (*Due Diligence*, Unternehmensbewertung, Berater- oder Vermittlerkosten, *Break-up-Fee* etc) bei einer Transaktion auf Ebene der Gesellschafter (zB Anteilsübertragung, s Rz 67, 80, 121 f) durch die GmbH (sofern für die GmbH nicht ein drittvergleichsfähiger Vorteil/eine betriebl Rechtfertigung besteht, zB bei einem Sanierungserwerb).[583] Zulässig sind hingegen **Bonuszahlungen, Anerkennungsprämien**, *appreciation awards*, **Exit-Boni** uä, die den GF-Gesellschaftern für ihre Mitwirkung an u das erfolgreiche Ergebnis einer **Anteilsveräußerung** gewährt werden, soweit damit über ihre gewöhnlichen Aufgaben hinausgehende Tätigkeiten für die GmbH selbst abgegolten werden u diese Aktivitäten im Interesse der Gesellschaft an einem ordnungsgemäßen Wechsel ihrer Gesellschafter stehen;[584]
– Vereinbarung der **Zession eines Anspruchs zum Inkasso durch den Anteilseigner**, wenn diese Zession zur Verschlechterung der wirtschaftlichen u rechtlichen Position der Gesellschaft führt, u die wirtschaftlichen u rechtlichen Vorteile der Zession ausschließlich dem Zessionar zukommen (etwa weil dieser den abgetretenen Anspruch zur Abwehr v Prozessansprüchen durch Aufrechnung verwenden kann);[585]
– Entgeltfreie Einräumung eines **Vorkaufsrechts auf eine Liegenschaft**, das den Anteilseigner im Vorkaufsfall zum Erwerb der Liegenschaft **zum Einheitswert** ermächtigt;[586]

---

582 Vgl *Karollus* in Brandl/Karollus/Kirchmayr/Leitner, HB vGA³, 1 (100, 126); *Cahn/v. Spannenberg* in BeckOGK AktG § 57 Rz 47 f; *Koppensteiner*, RdW 2023, 240 (243).
583 Vgl *Bruse* in FS Elsing 1061 (1068 f); *Koppensteiner*, GesRZ 2017 6 (9, 11 ff). Zu **Break-up-Fees** *Birkner/N. Leitner*, Der Standard, 17.2.2018; *H. Foglar-Deinhardstein* in Kalss/Torggler, M&A 121 (129 ff) mwN; *Wared*, GesRZ 2019, 161; *Assadi/Stüttler*, ecolex 2020, 708.
584 OGH 26.7.2016, 9 ObA 69/16m, GES 2016, 348 (*Fantur*). Tw krit *Saurer* in Doralt/Nowotny/Kalss, AktG³ § 52 Rz 77 d f; *J. Reich-Rohrwig/Aschl*, ecolex 2022, 850 (861 f).
585 OGH 29.8.2017, 6 Ob 114/17h, wbl 2017, 655 (*Harrer*) = GesRZ 2018, 50 (*Karollus*) = EvBl 2018, 224 (*Told*) = *Bollenberger*, Zak 2018, 24
586 OGH 17.1.2018, 6 Ob 199/17h, ecolex 2018, 433 (*Kapsch*) = *Zehentmayer*, ZFR 2018, 218 = GesRZ 2018, 179 (*Durstberger*) = *Chladek/Graf/Seeber*,

- Gewährung eines **lebenslangen unentgeltlichen Wohnungsgebrauchsrechts**;[587]
- Unentgeltliche Einräumung einer **Servitut**;[588]
- Gewährung einer **Spesenpauschale** als Ausgleich dafür, dass dem Bruder des Anteilseigners eine Dienstwohnung im selben Wert zur Verfügung gestellt wurde;[589]
- Als *Forward Deal* gestaltete **Immobilientransaktion** (eine Immobilien-Projektgesellschaft wird schon in der Projektentwicklungsphase im Wege eines *forward purchase agreement* oder eines *forward funding agreement* verkauft), wenn der zu verkaufenden Projektgesellschaft, die die Immobilie hält u entwickelt, überhöhte Entwicklungskosten aufgebürdet werden, um für den Investor den Kaufpreis für den Erwerb der Projektgesellschaft zu reduzieren.

104 Eine **Umgründung gegen Geld**, das weder bare Zuzahlung noch Barabfindung im gesetzl zulässigen Ausmaß ist, verstößt grds gegen das Verbot der Einlagenrückgewähr.[590] Keine verbotene Einlagenrückgewähr ist zu erblicken, wenn v einer GmbH getätigte Aufwendungen nach deren Auflösung ihrer Alleingesellschafterin zukommen, dieser Aufwand aber das Vermögen der GmbH nicht belastet hat, weil die dafür verwendeten **Mittel v Dritten zur Verfügung gestellt** wurden, ohne dass die GmbH eine Rückzahlungsverpflichtung trifft[591] (s Rz 66 u zu

---

GesRZ 2018, 221; 22.10.2020, 6 Ob 44/20v; vgl *Karollus* in Brandl/Karollus/Kirchmayr/Leitner, HB vGA³, 1 (122).
587 OGH 20.12.2018, 6 Ob 195/18x – *Leiner I, Dejaco*, NZ 2019, 81 = *P. Csoklich/P. N. Csoklich*, GesRZ 2019, 54 = ZFS 2019, 8 (*Karollus*) = GesRZ 2019, 193 (*Kalss*) = *V. Hügel*, JEV 2019, 77 = *H. Foglar-Deinhardstein*, ÖJZ 2019, 938.
588 *Karollus* in Brandl/Karollus/Kirchmayr/Leitner, HB vGA³, 1 (122).
589 OGH 25.3.2019, 8 ObA 18/19h.
590 *Kalss*, VSU³ § 220 AktG, Rz 35 u § 224 AktG, Rz 28; *H. Foglar-Deinhardstein*, GesRZ 2012, 326 (327). Aus steuerlicher Sicht *Staringer* in Aschauer et al, Kauf u Verkauf v Unternehmen 33 (49 ff). Umstritten ist, ob **Umgründungen gegen Ausgabe v Genussrechten** zulässig sind. Differenzierend krit *Kalss*, VSU³ § 220 AktG Rz 36, § 224 Rz 41. Für die Zulässigkeit *Ch. Nowotny* in FS Wiesner 327 (330).
591 OGH 8.4.2014, 3 Ob 19/14m – *Panoramastraße*, GesRZ 2014, 331 (*Karollus*) = ecolex 2014, 1069 (*J. Reich-Rohrwig*); 15.12.2014, 6 Ob 14/14y – *Humanitas*, NZ 2015, 107 (*Till*) = ecolex 2015, 128 (*Brugger*) = GesRZ 2015, 130 (*Karollus*) = Reisch/Hampel, ZIK 2015/100, 91 = *Hermann*, GES 2016, 394 = *Prostor*, ZfRV 2019, 179.

Gesamtplan u Ausgleichsmaßnahmen schon Rz 101). Daraus kann mE die allg Wertung abgeleitet werden, dass Vermögen, das die GmbH v vornherein nur zweckgebunden, belastet, unter Auflagen oder (auflösend) bedingt erworben hat, nicht dem Schutz v § 82 unterliegt, sofern der Gesellschaft insgesamt keine Belastung entsteht.[592] Aus allg Gläubigerschutz- u Transparenzerwägungen kann es sich in der Praxis empfehlen, derartiges Vermögen im offengelegten JA (zB im Anh) ausdrücklich zu identifizieren u allenfalls – insb bei größeren Transaktionen – vor Durchführung des Vermögenstransfers eine Information des Rechtsverkehrs – ähnlich einem Gläubigeraufruf bei Liquidation (s § 91 Rz 12 ff), Kapitalherabsetzung (s Rz 65; § 55 Rz 6 ff) oder grenzüberschreitender Verschmelzung[593] – durchzuführen.

Hat ein Dritter eine Forderung gegen einen Gesellschafter, u löst die GmbH diese Forderung ein (**Forderungseinlösung**), hängt es v den Umständen des Einzelfalls ab, ob ein Verstoß gegen § 82 vorliegt. Unzulässig kann eine solche Einlösung sein, wenn die Forderung nicht werthaltig ist, oder wenn der Gesellschafter die Einlösung treuwidrig veranlasst hat, um die Betreibung der Forderung gegen ihn zu stören.[594] Im Kontext einer **Restrukturierung**, deren Sanierungswirkung (auch) der GmbH zu Gute kommt, kann eine Forderungseinlösung aber mE grds zulässig 105

---

592 *H. Foglar-Deinhardstein*, ecolex 2017, 1173 (1174) mwN; *Karollus* in Brandl/Karollus/Kirchmayr/Leitner, HB vGA³, 1 (104, 125). IdS wohl – am Bsp der Einbringung *quoad usum* – auch OGH 26.4.2018, 6 Ob 5/18f, ecolex 2018, 837 (*H. Foglar-Deinhardstein*) = *Aburumieh/H. Foglar-Deinhardstein*, GES 2019, 3; *Milchrahm*, GRAU 2022, 151 (155). Zur Frage der Abgrenzung des v § 82 geschützten Vermögens vgl *Rüffler/Aburumieh/Lind* in Jaufer/Nunner-Krautgasser/Schummer, Kapitalaufbringung und Kapitalerhaltung 71 (89 FN 72, 73; 93 FN 85). Diese Grundsätze können mE auch auf **Besserungsvereinbarungen** (allg zu Besserungsvereinbarungen *T. Hayden/Thorbauer/Gröhs*, PSR 2020, 8 [19, 28]; *Hofians/Ressler* in Straube/Ratka/Rauter, UGB³ § 229 Rz 25) angewendet werden.
593 S *Aburumieh/Adensamer/H. Foglar-Deinhardstein*, Verschmelzung X.B Rz 25 ff, 45 ff.
594 *U. Torggler/H. Torggler* in FS Jud 723 (731 f); vgl OGH 23.6.2021, 6 Ob 61/21w, GesRZ 2022, 79 (*Bauer*) = *Blaschke*, GES 2021, 386 = *G. Kodek* in Lewisch, JB Wirtschaftsstrafrecht 2022, 161 = *Ch. Müller*, ÖJA 2023, 129. Zur Zulässigkeit einer Forderungseinlösung, die dazu dienen soll, dass die GmbH die gegen sie geltend gemachte Forderung eines Dritten durch Aufrechnung tilgen kann, OGH 27.2.2017, 6 Ob 239/16i, GesRZ 2017, 263 (*H. Foglar-Deinhardstein*).

sein[595] (s auch Rz 102). Zur Frage der Zulässigkeit der Übernahme v **Gewährleistungen** durch die GmbH **bei einer Kapitalerhöhung** s Rz 101. Zahlt eine GmbH ihrem Gesellschafter aus einem Mietvertrag eine **Ablöse für** v Gesellschafter getätigte **Investitionen**, kann darin eine verdeckte Gewinnausschüttung liegen, wenn der Wert der Investitionen ohnehin mit dem Mietzins abgegolten wird.[596] Bei der in einem Mietvertrag enthaltenen Bestimmung, dass **für Investitionen** bei Auflösung des Mietverhältnisses **kein Ersatz** gebührt, handelt es sich um eine allg übliche Klausel;[597] ein solcher Vorausverzicht ist – vorbehaltlich des § 10 MRG u tw des § 1097 ABGB (s auch Rz 90) – zulässig u wirksam.[598] Eine derartige Regelung in einem Mietvertrag zw einer GmbH als Mieterin u ihrem Gesellschafter als Vermieter kann daher mE nur ausnahmsweise gegen § 82 verstoßen, nämlich insb dann, wenn angesichts der Umstände des Einzelfalls – wie etwa Höhe des Mietzinses (ohne Berücksichtigung der Investitionskosten, sodass die Mieterin für ihre eigenen Investitionen Miete zahlt) u (eher kurze) Vertragslaufzeit sowie tatsächlich geringe Nutzung des Mietgegenstands durch die GmbH – kein betriebl Interesse der mietenden GmbH an der endgültigen Tragung der Investitionen ableitbar ist.[599] Steht einer GmbH aus einem Mietvertrag mit einem (indirekten) Gesellschafter ein Anspruch auf **Investitionsablöse** zu, wird diese Investitionsablöse aber bei Beendigung des Mietvertrags durch Aufrechnung mit einer vertragsgemäßen Pönale wegen vorzeitiger Auflösung des Vertrags reduziert, so liegt darin keine verdeckte Ausschüttung der getätigten Investitionen an den Gesellschafter.[600] Auch die Abgeltung gegen die GmbH gerichtl durchsetzbarer **Pflichtteilsergänzungsansprüche** kann ebensowenig eine verbotene Einlagenrückgewähr sein[601]

---

595 *H. Foglar-Deinhardstein* in Foglar-Deinhardstein, HB vGA, Rz 1/124; *H. Foglar-Deinhardstein*, GesRZ 2017, 266.
596 VwGH 5.9.2012, 2010/15/0018.
597 OGH 14.12.1989, 8 Ob 673/89; vgl OGH 13.6.2012, 2 Ob 104/12a, immolex 2012, 277 (*Graf*) = wobl 2013, 90 (*Rosifka*).
598 OGH 13.6.2012, 2 Ob 104/12a, immolex 2012, 277 (*Graf*) = wobl 2013, 90 (*Rosifka*); 21.11.2017, 6 Ob 181/17m = *Palma*, wobl 2018, 218 = *Riss*, wobl 2018, 228 = *Rosifka*, immolex 2019, 312.
599 Vgl (mE zu wenig differenzierend) VwGH 26.4.2012, 2008/15/0315; 23.6.2009, 2004/13/0090.
600 VwGH 28.6.2016, 2013/13/0062, ZFS 2016, 131 (*Marschner*).
601 Zust *Karollus* in Brandl/Karollus/Kirchmayr/Leitner, HB vGA³, 1 (37). Vgl VwGH 10.2.2016, Ra 2014/15/0021 = *Zorn*, RdW 2016, 284 = *Schaunig*, PSR 2016, 138.

(s Rz 83) wie die Erfüllung eines **familienrechtlichen Wohnungserhaltungs- u Wohnungsnutzungsanspruchs**, der einem Ehepartner gegen den anderen zusteht, der ursprünglich zur Nutzung der Wohnung berechtigt war.[602] Ob kostenlose **Serviceleistungen einer GmbH für ausgewählte Mehrheits-, Groß-, Kern- oder Anker-Gesellschafter** (zB Unterstützung bei der Verwaltung oder Übertragung der Anteile, Vorabinformationen, Einladungen, Gesellschaftertreffen etc) eine verbotene Einlagenrückgewähr darstellen, ist nach den konkreten Umständen des Einzelfalls zu beurteilen.[603]

9. Finanzierung der GmbH durch einen Gesellschafter (Kreditgewährung, Sicherheitenbestellung)

Gibt ein Gesellschafter der GmbH entgeltlichen **Geld- oder Haftungskredit**, indem er der GmbH ein verzinstes Darlehen gewährt oder für die Finanzierung der GmbH gegen Provision eine Sicherheit (zB Pfandrecht, Bürgschaft, Garantie, Schuld- oder Vertragsbeitritt) bestellt, kann dies gegen § 82 verstoßen, wenn die GmbH die Unterstützung durch den Gesellschafter überhaupt nicht benötigt (Mangel der **betriebl Veranlassung**, s Rz 88), u/oder wenn der GmbH ein überhöhtes Entgelt (Zinsen, Avalprovision, Risikoprämie, überhöhte Wertsicherung, Tragung des Fremdwährungsrisikos) abverlangt wird,[604] u/oder wenn der Gesellschafter einen über seine Beteiligung an der Kreditnehmerin hinausgehenden Vorteil zieht (zB Finanzierung v Leistungen an den Gesellschafter aus den Kreditmitteln).[605] Zu **eigenkapitalersetzenden Gesellschafterfinanzierungen** u EKEG s Rz 162 ff. 106

---

602 OGH 18.5.2020, 8 Ob 44/19g, IFamZ 2020, 320 (*Deixler-Hübner*).
603 Vgl zum Aktienrecht *Schockenhoff/Nußbaum*, AG 2019, 321; *Eckert/Schopper/Madari* in Eckert/Schopper, AktG-ON § 52 Rz 25.
604 *Grün*, Leitfaden verdeckte Ausschüttung², 99 f. Vgl zu einer potentiell problematischen Konstellation einer Sicherheitenbestellung durch die Muttergesellschaft *H. Schmidt/Kienreich*, SWK 2021, 831.
605 *Eckert/Schopper/Madari* in Eckert/Schopper, AktG-ON § 52 Rz 37; *Eckert/Wöss* in Aschauer et al, Niedrigverzinsung 71 (80).

10. Finanzierung eines Gesellschafters durch die GmbH (Kreditgewährung, Sicherheitenbestellung)

a) Grundzüge

107 Eine GmbH kann in untersch Weise zur Finanzierung eines Gesellschafters beitragen u dadurch potentiell einen Verstoß gegen § 82 verwirklichen. Die häufigsten Ausprägungen sind Geld- u Haftungskredit,[606] also die **Gewährung eines Geldkredits an den Gesellschafter** einerseits u die **Bestellung einer Sicherheit** (zB Pfandrecht, Sicherungsübereignung oder -zession, Bürgschaft, Garantie, Schuld- oder Vertragsbeitritt, Kontoaufrechnungserklärung)[607] **für Verbindlichkeiten des Gesellschafters** andererseits. Handelt es sich bei der Verbindlichkeit des Gesellschafters, für die die Sicherheit bestellt wird, (tw oder zur Gänze) um eine **materiell eigene Schuld der GmbH**, weil die aufgenommenen Mittel an die GmbH weitergeleitet werden, kann die Sicherheitenbestellung in diesem Umfang aus dem Verbot der Einlagenrückgewähr herausfallen (zumindest wenn die GmbH bei Rückführung des Kredits sukzessive freigestellt wird)[608] (s auch Rz 136). **Strittig** ist, ob diese v der Anwendbarkeit des § 82 befreiende **Weiterleitung** der Mittel als

---

606 *Auer* in Gruber/Harrer, GmbHG² § 82 Rz 48 mwN.
607 Vgl OGH 25.6.1996, 4 Ob 2078/96h – *Fehringer*, JBl 1997, 108 (*Hügel*) = *Saurer*, RdW 1998, 593; 22.10.2003, 3 Ob 287/02f, RWZ 2004/11, 38 (*Wenger*); 1.12.2005, 6 Ob 271/05d – *Strickwarenerzeugung*, ÖBA 2006, 293 (*Karollus*) = JBl 2006, 388 (*Artmann*); 24.10.2006, 10 Ob 16/06k; 29.9.2010, 7 Ob 35/10p, ZFR 2011/38, 82 (*Auer*) = GesRZ 2011, 110 (*Karollus*) = RWZ 2010/89, 363 (*Wenger*); 14.9.2011, 6 Ob 29/11z, RWZ 2011/94, 355 (*Wenger*) = GesRZ 2012, 122 (*U. Torggler*) = ÖBA 2012, 460 (*Bollenberger*) = ZFR 2012/102, 185 (*Köppl*).
608 OGH 17.7.2013, 3 Ob 50/13v – *MBO II*, RWZ 2013/82, 315 (*Wenger*) = GesRZ 2013, 356 (*Artmann*) = ÖBA 2014, 52 (*P. Bydlinski*); *Auer* in Gruber/Harrer, GmbHG² § 82 Rz 43 f; *Karollus* in Brandl/Karollus/Kirchmayr/Leitner, HB vGA³, 1 (143 f); *Saurer* in Doralt/Nowotny/Kalss, AktG³ § 52 Rz 73. Zusätzlich ist mE die ausreichende Bonität des weiterleitenden Gesellschafters relevant, weil die GmbH bei Inanspruchnahme der Sicherheit sonst keinen werthaltigen Regressanspruch hat (*H. Foglar-Deinhardstein* in Foglar-Deinhardstein, HB vGA, Rz 1/126 FN 569). Die Werthaltigkeit des Rückgriffanspruchs ist dann nicht relevant, wenn das der Weiterleitung dienende Gesellschafterdarlehen an die Sicherheitenbestellerin **nicht eigenkapitalersetzend** ist, sodass die GmbH mit ihrem Regressanspruch gegen die Darlehensforderung aufrechnen kann (*Bauer/Zehetner* in Straube/Ratka/Rauter, GmbHG § 82 Rz 118; vgl *Reich-Rohrwig*, Kapitalerhaltung 189).

(nicht inäquivalentes) Gesellschafterdarlehen oder als Gesellschafterzuschuss (zum Gesellschafterzuschuss[609] s § 72 Rz 7) erfolgen muss, oder ob auch die Weiterleitung durch Kapitalerhöhung oder Nachschuss ausreicht.[610] Umgekehrt kann es bedenklich sein, wenn die GmbH einen Kredit bei einem dritten Kreditgeber aufnimmt, der zur **Weiterleitung (Weiterreichung, Durchleitung) an einen Gesellschafter** bestimmt ist (s auch Rz 133).[611] Die Kapitalerhaltungskonformität einer Finanzierung kann aber grds durch eine *„negative Widmungserklärung"* (vertragliches Verbot der kapitalerhaltungswidrigen Verwendung) bewirkt werden.[612] Stellt die GmbH dem Gesellschafter über ein **Verrechnungskonto**[613] Liquidität zur Verfügung, ist auch dieser Vorgang aus Kapitalerhaltungssicht ein Darlehen der Gesellschaft an den Anteilseigner.

Gewährt eine GmbH ihrem Gesellschafter einen **zinslosen Lieferantenkredit** über eine handelsübliche Zahlungsfrist, ist dies – soweit es zu 108

---

609 Allg zum Gesellschafterzuschuss *Elsner*, Nachschussobliegenheit 182 f; *Aburumieh/Hoppel*, RdW 2020, 739 (744 ff); *Hayden/Thorbauer/Gröhs*, PSR 2020, 8 (10 ff).
610 Gegen die Anerkennung v Kapitalerhöhung u Nachschuss als Weiterleitung der Mittel *Auer* in Gruber/Harrer, GmbHG² § 82 Rz 44; *Karollus* in Brandl/Karollus/Kirchmayr/Leitner, HB vGA³, 1 (143); *Reich-Rohrwig*, Kapitalerhaltung 188 f; aA *Bauer/Zehetner* in Straube/Ratka/Rauter, GmbHG § 82 Rz 116.
611 Vgl OGH 25.6.1996, 4 Ob 2078/96h – *Fehringer*, JBl 1997, 108 (*Hügel*) = *Saurer*, RdW 1998, 593; 20.3.2013, 6 Ob 48/12w – *Kneisz I*, ÖBA 2013, 601 (*Wolkerstorfer/Gebetsberger*) = ecolex 2013, 638 (*F. Hörlsberger/Rieder*) = GesRZ 2013, 230 (*Thurnher*); 17.7.2013, 3 Ob 50/13v – *MBO II*, RWZ 2013/82, 315 (*Wenger*) = GesRZ 2013, 356 (*Artmann*) = ÖBA 2014, 52 (*P. Bydlinski*); 15.12.2014, 6 Ob 14/14y – *Humanitas*, NZ 2015, 107 (*Till*) = ecolex 2015, 128 (*Brugger*) = GesRZ 2015, 130 (*Karollus*) = *Reisch/Hampel*, ZIK 2015/100, 91 = *Hermann*, GES 2016, 394 = *Prostor*, ZfRV 2019, 179; *Mitterecker*, GES 2016, 150 (153); *Karollus*, ecolex 2022, 868 (872 f); zur **zulässigen Gestaltung** der Weiterleitung *Kalss* in Konecny, Insolvenz-Forum 2015, 125 (131); *Karollus*, ecolex 2022, 868 (870, 872 f).
612 Vgl OLG Innsbruck 22.4.2020, 3 R 10/20z, GesRZ 2020, 279 (*Eckert*).
613 *Bauer/Zehetner* in Straube/Ratka/Rauter, GmbHG § 82 Rz 49; vgl OGH 28.3.2018, 6 Ob 128/17t, GesRZ 2018, 242 (*Ch. Nowotny*) = *Michtner*, GES 2018, 233 = GES 2018, 237 (*Fantur*) = *Aburumieh/H. Foglar-Deinhardstein*, GES 2019, 3; vgl zum Steuerrecht *Kirchmayr* in Brandl/Karollus/Kirchmayr/Leitner, HB vGA³, 201 (285 ff); *Zorn*, SWK 2015, 577; VwGH 23.1.2019, Ra 2018/13/0007, RdW 2019, 197 (*Zorn*) = GES 2019, 213 (*Renner*) = *Leyrer*, SWK 2019, 972.

keiner Besserstellung des Gesellschafters im Vergleich zu anderen Abnehmern kommt – grds in Hinblick auf § 82 unproblematisch.[614]

109 Ist der Gesellschafter, dem die GmbH einen Kredit gewährt, **Verbraucher**,[615] kann das die Anwendbarkeit des **Verbraucherkreditgesetzes (VKrG)** zur Folge haben.[616] Dieses sieht versch (zugunsten des Verbrauchers) zwingende Regelungen vor, deren Verletzung mit zivil- u verwaltungsstrafrechtlichen Sanktionen bedroht ist.

b) Prüfschema für die Zulässigkeit einer Finanzierung im Licht des Verbots der Einlagenrückgewähr

110 Die Beurteilung, ob die Finanzierung eines (direkten/indirekten) Gesellschafters oder einer Schwestergesellschaft durch eine GmbH – sei es durch Kreditgewährung oder durch Sicherheitenbestellung – zulässig ist, hat zum Zeitpunkt der Einräumung der Finanzierung zu erfolgen,[617] nach neuerer Rsp offenbar zusätzlich auch zum Zeitpunkt der Zuzählung der Kreditsumme (**str**) (s Rz 76, 98).[618] Dabei sind mE im Licht der

---

614 *Hügel* in Kalss/Torggler, Einlagenrückgewähr 19 (49); *Karollus* in Brandl/Karollus/Kirchmayr/Leitner, HB vGA³, 1 (138); *Saurer* in Doralt/Nowotny/Kalss, AktG³ § 52 Rz 61; *Eckert/Schopper/Madari* in Eckert/Schopper, AktG-ON § 52 Rz 42.

615 Zur Abgrenzung v Unternehmer- u Verbrauchereigenschaft eines Gesellschafters vgl OGH 19.3.2013, 4 Ob 232/12i, ÖBA 2013, 663 (*Weber*) = ecolex 2013, 978 (*Wilhelm*); 16.12.2013, 6 Ob 43/13m, GesRZ 2014, 193 (*Hackl*); 29.1.2015, 6 Ob 170/14i; 28.4.2015, 10 Ob 24/15z; 27.6.2016, 6 Ob 95/16p = *Mann-Kommenda*, Zak 2016/613, 324; 29.1.2015, 6 Ob 170/14i; 28.2.2018, 6 Ob 14/18d, NZ 2018, 348 (*Skarics*); 20.12.2018, 6 Ob 126/18z, GES 2019, 22 (*Fantur*) = RWZ 2019, 63 (*Wenger*) = wbl 2019, 287 (*S.-F. Kraus*) = GesRZ 2019, 188 (*H. Foglar-Deinhardstein/Kober*); 15.9.2020, 6 Ob 32/20d, NZ 2020, 463 (*Reheis*) = ZFS 2020, 123 (*Oberndorfer*) = PSR 2021, 25 (*Dollenz*) = GesRZ 2021, 110 (*Kalss*); 20.10.2021, 6 Ob 88/21s.

616 Vgl allg *E. Heinrich* in Schwimann/Kodek, ABGB⁴ § 2 VKrG Rz 9; *Schurr* in Fenyves/Kerschner/Vonkilch, ABGB³ (Klang) § 2 VKrG Rz 10 ff.

617 *Auer* in Gruber/Harrer, GmbHG² § 82 Rz 43; *Eckert/Schopper/Madari* in Eckert/Schopper, AktG-ON § 52 Rz 17, 31, 45; vgl BGH 10.1.2017, II ZR 94/15.

618 OGH 24.11.2015, 1 Ob 28/15x – *Kneisz II*, NZ 2016, 147 (*Auer*) = GesRZ 2016, 219 (*Arlt*) = *Mitterecker*, GES 2016, 150; **aA** *Mitterecker*, GES 2016, 150 (156); *Kalss* in Konecny, Insolvenz-Forum 2015, 125 (135, 140); *Kalss*, GesRZ 2020, 158 (162); *Eckert/Schopper/Madari* in Eckert/Schopper, AktG-ON § 52 Rz 31.

Rsp zum Verbot der Einlagenrückgewähr folgende Prüfschritte einzuhalten:[619]

Im **ersten Schritt** ist zu fragen, ob die Leistungsbeziehung – konkret: die Finanzierung – an sich überhaupt (also noch ohne die Angemessenheit der Gegenleistung näher zu prüfen) aus Sicht der GmbH **betriebl veranlasst** ist[620] (s Rz 88). Fehlt es schon v vornherein an einem betriebl Interesse der GmbH an der Leistungsbeziehung, kann bereits daraus die Unzulässigkeit folgen.[621] Grundsätzlich ist es nicht Aufgabe einer KapGes, auf Kosten der eigenen (wenn auch mglw überschüssigen) Liquidität die Finanzierungskosten eines Gesellschafters oder einer Schwestergesellschaft gering zu halten.[622] Hohe Liquiditätsreserven können aber für die Zulässigkeit einer kurzfristigen Finanzierung sprechen.[623] Eine mit dem Darlehensnehmer bestehende Geschäftsbeziehung spricht für die betriebl Veranlassung.[624] Bei konzerninternen Darlehen kann in einer gesamtwirtschaftlichen Situation äußerst niedriger oder sogar negativer Bankzinsen die betriebl Veranlassung aus Sicht der darlehensgebenden GmbH mE durchaus auch in der Notwendigkeit fruchtbringender Veranlagung vorhandener Liquidität liegen.[625]

111

---

619 S schon *H. Foglar-Deinhardstein* in Foglar-Deinhardstein, HB vGA, Rz 1/129 ff.
620 Mit **Bsp** *Eckert/Wöss* in Aschauer et al, Niedrigverzinsung 71 (79).
621 OGH 22.12.2016, 6 Ob 232/16k, GesRZ 2017, 116 (*Zehetner*) = *Dejaco*, NZ 2019, 81; 29.8.2017, 6 Ob 114/17h, wbl 2017, 655 (*Harrer*) = GesRZ 2018, 50 (*Karollus*) = EvBl 2018, 224 (*Told*) = Bollenberger, Zak 2018, 24; 21.12.2017, 6 Ob 206/17p, GesRZ 2018, 125 (*Stagl*) = *Aburumieh/ H. Foglar-Deinhardstein*, GES 2019, 3; 20.12.2018, 6 Ob 195/18x – *Leiner I*, *Dejaco*, NZ 2019, 81 = *P. Csoklich/P. N. Csoklich*, GesRZ 2019, 54 = ZFS 2019, 8 (*Karollus*) = GesRZ 2019, 193 (*Kalss*) = *V. Hügel*, JEV 2019, 77 = *H. Foglar-Deinhardstein*, ÖJZ 2019, 938; *Karollus* in Brandl/Karollus/ Kirchmayr/Leitner, HB vGA³, 1 (6, 105 ff); *P. Csoklich/P. N. Csoklich*, GesRZ 2019, 54 (55); *Eckert/Schopper/Madari* in Eckert/Schopper, AktG-ON § 52 Rz 38.
622 *Auer* in Gruber/Harrer, GmbHG² § 82 Rz 48; vgl *Saurer* in Doralt/Nowotny/Kalss, AktG³ § 52 Rz 60.
623 *Kalss* in Bertl et al, Reform der Rechnungslegung in Österreich 101 (106).
624 *Karollus*, Besprechung zu OGH 6 Ob 114/17h, GesRZ 2018, 55; OGH 23.4.2020, 6 Ob 154/19v – *Alpine*, wbl 2020, 406 (*Koppensteiner*) = *Richter*, ZIK 2020, 92 = ecolex 2020, 711 (*Zimmermann*) = ZFR 2020, 465 (*Artmann*) = *Drobnik*, RdW 2020, 746 = GesRZ 2020, 414 (*Winner*).
625 *H. Foglar-Deinhardstein* in Foglar-Deinhardstein, HB vGA, Rz 1/130; *H. Foglar-Deinhardstein*, ecolex 2017, 1173 (1176); *Eckert/Schopper/Madari*

112 Im **zweiten Schritt** ist die **Äquivalenz (wertmäßige Ausgeglichenheit)** der Leistungsbeziehung zu beurteilen. Naturgemäß muss durch Abschluss der Finanzierungsvereinbarung ein einbringlicher (Regress-)Anspruch gegen den Gesellschafter/die Schwestergesellschaft entstehen.[626] Die bloße Begr einer (werthaltigen) (Regress-)Forderung ist aber nicht ausreichend, um die Kreditgewährung an einen Gesellschafter oder eine Schwestergesellschaft zu rechtfertigen. Vielmehr sind zur Beurteilung der Drittvergleichsfähigkeit insb folgende Kriterien in Betracht zu ziehen:[627]

– **Bonität (Kreditwürdigkeit)** des Kreditnehmers (auch in Hinblick auf die Höhe der gewährten Finanzierung) u/oder Angemessenheit der **Besicherung** des Kredits – daraus kann auch auf die voraussichtliche Vollwertigkeit des Rückzahlungs- bzw Regressanspruchs der GmbH gegen den Kreditnehmer geschlossen werden (s Rz 113);
– **Angemessenheit der Verzinsung (der Avalprovision)** unter Berücksichtigung (i) einer angemessenen **Risikoprämie für das Ausfallsrisiko** u das **Klumpenrisiko** sowie (ii) der **übrigen Konditionen** (Währung, Laufzeit, Tilgung etc) (s Rz 114);
– **Betriebl Rechtfertigung** (s Rz 115 ff).

113 Die **Bonität (Kreditwürdigkeit)** ist zum Zeitpunkt der Kreditgewährung/Sicherheitenbestellung zu beurteilen. Abstriche gegenüber einer Bank ergeben sich idR schon daraus, dass Kreditinstitute regulatorischer Kontrolle unterworfen sind u für sie die staatliche Einlagensicherung gilt.[628]

---

in Eckert/Schopper, AktG-ON § 52 Rz 38; *Eckert/Wöss* in Aschauer et al, Niedrigverzinsung 71 (79); vgl auch *Aschauer/B. Winkler*, ZWF 2015, 155 (156). Krit („*Etikettenschwindel*") – aber wohl noch unter anderen gesamtwirtschaftlichen Rahmenbedingungen – *Karollus* in Leitner, HB vGA², 1 (98). Vorsichtig zust nunmehr zur betriebl Veranlassung einer Veranlagung im Konzern zur Vermeidung v Negativzinsen *Karollus* in Brandl/Karollus/Kirchmayr/Leitner, HB vGA³, 1 (139).
626 *Köppl* in Torggler, GmbHG § 82 Rz 23; BGH 10.1.2017, II ZR 94/15.
627 Vgl *Reich-Rohrwig*, Kapitalerhaltung 173 ff; *Karollus* in Brandl/Karollus/Kirchmayr/Leitner, HB vGA³, 1 (121, 134 ff); *Auer* in Gruber/Harrer, GmbHG² § 82 Rz 45 ff; *Koppensteiner/Rüffler*, GmbHG³ § 82 Rz 17b; *Bauer/Zehetner* in Straube/Ratka/Rauter, GmbHG § 82 Rz 103 ff; *Kalss* in Konecny, Insolvenz-Forum 2015, 125 (130 f); *Karollus*, Besprechung zu OGH 6 Ob 114/17h, GesRZ 2018, 55; vgl auch BGH 10.1.2017, II ZR 94/15.
628 *Auer* in Gruber/Harrer, GmbHG² § 82 Rz 48.

Demgegenüber ist allerdings mE auch in Betracht zu ziehen, dass heutzutage bekanntlich auch Bankeinlagen *de facto* keine absolute Absicherung gegen Wertverlust der veranlagten Beträge bieten.[629] Zu analysieren ist, ob es dem Kreditnehmer möglich wäre, sich auch extern zu finanzieren, u ob er auf Basis einer sachgerechten Planung einen Cashflow wird generieren können, der eine Begleichung v Zinsen, Provisionen u Finanzierungsbetrag auf vertrags- u fremdverhaltenskonforme Weise gewährleisten kann. Das zukünftige **Dividendenpotential** der GmbH darf grds in die Beurteilung der Bonität des Gesellschafters miteinfließen;[630] ebenso der **Wert der Beteiligung** an der darlehensgewährenden Gesellschaft, die der Darlehensnehmer hält.[631] Hat die GmbH im Vorfeld der Gewährung der Finanzierung eine ordnungsgemäße Bonitätsprüfung durchgeführt, ist eine **nachträgliche Bonitätsverschlechterung** des Schuldners grds unschädlich,[632] sofern sich die Gesellschaft gegen dieses Risiko in drittvergleichsfähiger Weise abgesichert hat (zB durch das Recht, nachträglich [zusätzliche] Sicherheitenbestellung zur Absicherung ihrer [Regress-] Forderung zu verlangen, oder eine Kündigungsmöglichkeit)[633] (s Rz 98), u, wenn sich das Risiko materialisiert, auch v ihren vertraglichen u gesetzl

---

629 *H. Foglar-Deinhardstein* in Foglar-Deinhardstein, HB vGA, Rz 1/130, 1/132.
630 *Karollus* in Brandl/Karollus/Kirchmayr/Leitner, HB vGA³, 1 (31, 135 f); vgl *Kalss* in Konecny, Insolvenz-Forum 2015, 125 (131); *Mitterecker*, ecolex 2018, 729 (732); krit zum Dividendenpotential als Besicherung *Eckert* in Konecny, Insolvenz-Forum 2016, 17 (22 f); *Eckert/Schopper/Madari* in Eckert/Schopper, AktG-ON § 52 Rz 41.
631 VwGH 23.1.2019, Ra 2018/13/0007, RdW 2019, 197 (*Zorn*) = GES 2019, 213 (*Renner*) = *Leyrer*, SWK 2019, 972; vgl *Eckert/Schopper/Madari* in Eckert/Schopper, AktG-ON § 52 Rz 41. Die Forderung der Gesellschaft gegen den Anteilseigner – etwa aus einem Verrechnungskonto – ist richtiger Weise bei der Beurteilung der Bonität der Gesellschaft herauszurechnen (*Zorn*, RdW 2019, 197 [198]; *Renner*, GES 2019, 215). Der Wert der Beteiligung ist aber schon deswegen gesellschaftsrechtlich berücksichtigungswürdig, weil die Gesellschaft zur Besicherung ihrer Forderung Exekution auf diese Beteiligung führen kann (§ 81 S 2).
632 *Köppl* in Torggler, GmbHG § 82 Rz 23; *Eckert/Schopper/Madari* in Eckert/Schopper, AktG-ON § 52 Rz 41. Freilich sind bei der Bonitätsprüfung zukünftige, bereits absehbare Entwicklungen miteinzubeziehen (*Leyrer*, SWK 2019, 972 [974]).
633 Vgl *Bauer/Zehetner* in Straube/Ratka/Rauter, GmbHG § 82 Rz 123; *Karollus* in Brandl/Karollus/Kirchmayr/Leitner, HB vGA³, 1 (139); s auch BGH 10.1.2017, II ZR 94/15.

Rechten Gebrauch macht (s Rz 102, 103).[634] Die Besicherung des gewährten Kredits kann auch durch die sicherungsweise Abtretung/Verpfändung der (bereits abgereiften oder zumindest konkret geplanten) Dividenden, die dem jew Gesellschafter aus der GmbH zustehen, an die Gesellschaft erfolgen (s § 81 Rz 73, 77).[635]

114 Bei der Beurteilung der Angemessenheit v **Darlehenssumme, Verzinsung, Avalprovision, Risikoprämie** sowie **Laufzeit, Tilgungsraten, Kündigungsgründen** etc werden bankübliche Konditionen üblicherweise aus Sicht der kreditgebenden GmbH übertroffen werden müssen (**str**), weil eine gewöhnliche GmbH weder über die Sachkompetenz noch die Möglichkeiten der Risikostreuung einer Bank verfügt,[636] u die GmbH – unabhängig v der momentanen Bonität des Gesellschafters – jedenfalls ein fremdes Insolvenzrisiko übernimmt.[637] Freilich trägt eine konzerninterne Finanzierung den Vorteil in sich, dass die Transaktionskosten der Bank wegfallen, sodass die Zinsen nicht direkt an banküblichen Konditionen gemessen werden dürfen.[638] Das angemessene Entgelt für eine **Sicherheitenbestellung** bemisst sich aus Sicht der

---

634 Vgl *Reich-Rohrwig*, Kapitalerhaltung 184; OLG Wien 29.11.2021, 8 Ra 89/21y, ecolex 2022, 850 (*J. Reich-Rohrwig/Aschl*, 859).
635 *Kalss* in Konecny, Insolvenz-Forum 2015, 125 (131); vgl *H. Foglar-Deinhardstein/Hartig* in Kalss/Frotz/Schörghofer, HB Vorstand, Rz 32/19.
636 *Auer* in Gruber/Harrer, GmbHG² § 82 Rz 45 f, 48; *Bauer/Zehetner* in Straube/Ratka/Rauter, GmbHG § 82 Rz 103, 109, 112; *Reich-Rohrwig*, Kapitalerhaltung 183; *Karollus* in Brandl/Karollus/Kirchmayr/Leitner, HB vGA³, 1 (137, 148); *Kalss* in Bertl et al, Reform der Rechnungslegung in Österreich 101 (106) – jew mwN; *Eckert/Schopper/Madari* in Eckert/Schopper, AktG-ON § 52 Rz 40 f; OGH 29.8.2017, 6 Ob 114/17h, wbl 2017, 655 (*Harrer*) = GesRZ 2018, 50 (*Karollus*) = EvBl 2018, 224 (*Told*) = *Bollenberger*, Zak 2018, 24; 21.12.2017, 6 Ob 206/17p, GesRZ 2018, 125 (*Stagl*) = *Aburumieh/H. Foglar-Deinhardstein*, GES 2019, 3; aA *U. Torggler/H. Torggler* in FS Jud 723 (734 f); OGH 22.12.2016, 6 Ob 232/16k, GesRZ 2017, 116 (*Zehetner*) = *Dejaco*, NZ 2019, 81; 22.12.2021, 6 Ob 89/21p, ÖBA 2022, 370 (*A. Wimmer*) = ecolex 2022, 380 (*J. Reich-Rohrwig*); VPR 2021 (GZ 2021-0.586.616 v 07.10.2021) Rz 129; VwGH 30.3.2010, 2005/13/0182; 17.12.2014, 2010/13/0115, ecolex 2015, 1102 (*Reinold*): „*Ein fremdübliches Entgelt für die Übernahme einer Haftung kann sich letztlich an banküblichen Avalprovisionen oder hypothetischen Versicherungsprämien orientieren.*"
637 *U. Torggler/H. Torggler* in FS Jud 723 (734).
638 *Aschauer/B. Winkler*, ZWF 2015, 155 (156); vgl *Hügel* in Kalss/Torggler, Einlagenrückgewähr 19 (49 f).

GmbH mit „Höhe × Wahrscheinlichkeit eines Regressausfalls + Kosten + Risikoaufschlag".[639] Unerheblich ist, ob die GmbH für die bestellte Sicherheit eine Rückstellung bilden muss oder nicht.[640] Problematisch kann es insb sein, wenn die sicherheitenbestellende GmbH dem Kreditgeber eine **Erweiterungsoption (Erweiterungsabrede)** zubilligt, sodass der Kreditgeber einseitig u unlimitiert weitere Verbindlichkeiten einbeziehen kann.[641]

Das Kriterium der **betriebl Rechtfertigung** (s schon Rz 92 ff, 112) ist nach der Rsp des OGH[642] folgendermaßen zu verstehen: Eine verdeckte Einlagenrückgewähr kann auch damit gerechtfertigt werden, dass besondere betriebl Gründe im Interesse der GmbH vorliegen, wenn dies nach der Formel des Fremdvergleichs dahingehend gedeckt ist, dass das Geschäft, das mangels objektiver Wertäquivalenz ein Vermögensopfer der Gesellschaft bedeutet, (a) entweder auch mit einem Außenstehenden geschlossen worden wäre (rechtfertigendes Eigeninteresse der Gesellschaft) oder (b) – wenn es sich um ein Geschäft handelt, das typischer Weise nicht mit Konzernfremden abgeschlossen wird – aus dem Blickwinkel der Gesellschaft u v deren Organwaltern der gebotenen Sorgfalt gem § 25 (s Rz 92, 96) entspricht. Bei der Prüfung der Frage, ob ein **objektiv sorgfältig handelnder GF** ein konkretes Rechtsgeschäft unter den gleichen Bedingungen auch mit einem außenstehenden Dritten abgeschlossen hätte, ist umfassend auf alle Vorteile

115

---

639 *U. Torggler/H. Torggler* in FS Jud 723 (734). Konkrete Vorschläge zur **Berechnung einer angemessenen Avalprovision** bei VPR 2021 (GZ 2021-0.586.616 v 7.10.2021) Rz 126 ff; *Steinhart*, Kapitalerhaltung & fremdfinanzierte Unternehmensübernahmen 143 (FN 601); *Reich-Rohrwig*, Kapitalerhaltung 207 f; *Crüger/Köhler*, RIW 2008, 378; *Schaus/Köhler/John*, RIW 2009, 533; *Ditz/Engelen* in Wassermeyer/Baumhoff, Verrechnungspreise international verbundener Unternehmen² Rz 6.521 ff; *Sabel/Knebel/Schmidt*, IStR 2012, 42; *Puls*, IStR 2012, 209.
640 *Kalss* in Konecny, Insolvenz-Forum 2015, 125 (138); *Karollus* in Brandl/Karollus/Kirchmayr/Leitner, HB vGA³, 1 (144).
641 *Karollus* in Brandl/Karollus/Kirchmayr/Leitner, HB vGA³, 1 (159).
642 OGH 29.9.2010, 7 Ob 35/10p, ZFR 2011/38, 82 (*Auer*) = GesRZ 2011, 110 (*Karollus*) = RWZ 2010/89, 363 (*Wenger*); 22.12.2016, 6 Ob 232/16k, GesRZ 2017, 116 (*Zehetner*) = *Dejaco*, NZ 2019, 81; 2.5.2019, 17 Ob 5/19p, NZ 2019, 222 (*H. Foglar-Deinhardstein*) = *Engin-Deniz*, ecolex 2019, 751 = RWZ 2019, 288 (*Wenger*) = *Obradović/Demian*, ZFR 2019, 451 = *Reisch*, ZIK 2019, 122 = ÖBA 2019, 741 (*Scheuwimmer*) = GesRZ 2019, 344 (*Edel/Welten*); 22.12.2021, 6 Ob 89/21p, ÖBA 2022, 370 (*A. Wimmer*) = ecolex 2022, 380 (*J. Reich-Rohrwig*).

abzustellen, die der Gesellschaft zukommen; diese können in einer monetären Gegenleistung, aber auch in sonstigen Vorteilen liegen, die sich aus der wirtschaftlichen Zusammenarbeit mit dem Gesellschafter/der Schwestergesellschaft ergeben. Das **Konzerninteresse** als solches begründet keine betriebl Rechtfertigung;[643] wohl aber ist zu berücksichtigen, wenn eine Gesellschaft nicht autonom agiert, sondern jur u wirtschaftlich in einen Verbund eingegliedert ist, weil durch diese Einbindung in den Verbund die wirtschaftliche Tätigkeit dieser Gesellschaft darauf ausgerichtet ist, eine ganz bestimmte Rolle im Verbund – oft iSe **Arbeitsteilung** – einzunehmen. Die Verteilung v versch Aufgaben zw beteiligungsmäßig verflochtenen Unternehmen u die damit einhergehenden wirtschaftlichen Abhängigkeiten der Unternehmen voneinander sind also grds berücksichtigenswert.[644] Zu denken ist insb daran, dass eine GmbH ein beteiligungsmäßig verflochtenes Unternehmen finanziert, das arbeitsteilig die **überlebensnotwendigen vor- oder nachgelagerten Leistungen in der Produktions- oder Vertriebskette** (zB Lieferung oder Abnahme halbfertiger Produkte, [Sub-]Lizensierung v **IP-Rechten**) oder ganz **essentielle Infrastruktur-, Stabsstellen- oder Forschungs- u Entwicklungsleistungen** erbringt.[645] In der Praxis ist es empfehlenswert, den Umstand, dass eine GmbH ganz am Konzerninteresse orientiert ist, auch im **Unternehmensgegenstand** festzuhalten.[646] Die betriebl Rechtfertigung einer Sicherheitenbestellung kann darin bestehen, dass Finanzierungsengpässe der mit der Sicherheitenbestellerin wirtschaftlich u personell verflochtenen Kreditnehmerin durch die – für

---

643 *U. Torggler/H. Torggler* in FS Jud 723 (733). Vgl *Karollus* in Brandl/Karollus/Kirchmayr/Leitner, HB vGA³, 1 (17); *Artmann*, GesRZ 2019, 419.
644 Vgl *Karollus*, ecolex 1999, 323; OGH 1.12.2005, 6 Ob 271/05d – *Strickwarenerzeugung*, ÖBA 2006, 293 (*Karollus*) = JBl 2006, 388 (*Artmann*); *Striessnig*, GesRZ 2019, 157 (159); *Milchrahm*, GRAU 2020, 10 (13); *Karollus* in Brandl/Karollus/Kirchmayr/Leitner, HB vGA³, 1 (101); *A. Wimmer*, Besprechung zu OGH 6 Ob 89/21p, ÖBA 2022, 375 f.
645 Vgl *Auer* in Gruber/Harrer, GmbHG² § 82 Rz 46; *Zehetner/Cetin*, GesRZ 2017, 197 (201); *Koppensteiner*, GES 2020, 227 (236); *Artmann*, GesRZ 2019, 419.
646 *H. Foglar-Deinhardstein* in Foglar-Deinhardstein, HB vGA, Rz 1/134. So auch *Haberer/Krejci* in Haberer/Krejci, Konzernrecht, Rz 1.167; *Schima/Arlt* in Haberer/Krejci, Konzernrecht, Rz 9.30; *Told* in Artmann/Rüffler/Torggler, Konzern 133 (144 f, 153 ff, 158 ff); *Fellner/Rüffler*, GES 2019, 59 (64 ff); *Milchrahm*, GRAU 2020, 10 (13 f). Vgl *St. Perner/Spitzer*, ÖJZ 2023, 633.

die Aufstockung eines Projekt-Finanzierungskredits kurzfristig nötige – Übernahme einer Sachhaftung vermieden werden.[647]

Zur Frage der **Quantifizierung der betriebl Rechtfertigung** s Rz 94. 116

Zwischen den einzelnen Kriterien (s Rz 112 ff) besteht eine **Wechselwirkung**. Sie sind mE nicht als starre Elemente, sondern iSe **beweglichen Systems** zu verstehen,[648] bei dem die geringe Verwirklichung einzelner Teile durch stärkere Ausprägung anderer ausgeglichen werden kann.[649] Daraus folgt mE, dass zB eine – zumal ausgeprägte – betriebl Rechtfertigung mglw Abstriche bei Bonitätsbeurteilung u/oder Zinssatz erlaubt *et vice versa*.[650] Das Risiko der kreditgewährenden GmbH ist jedenfalls durch **angemessene zeitliche u betragliche Grenzen der Finanzierung** zu limitieren; größere Finanzierungsvolumina sind in möglichst kleine Beträge mit möglichst kurzer Laufzeit zu zerlegen. Sicherzustellen ist – insb über **Informations- u möglichst kurzfristige Kündigungsrechte –**, dass die GmbH selbst immer über die Liquidität verfügt, die sie selbst (mglw auch unerwartet) benötigt.[651] 117

Sogar wenn anhand der vorstehenden Kriterien (s Rz 112 ff, 117) die Inäquivalenz der Leistungsbeziehung feststeht, kann ein Vermögenstransfer gerechtfertigt sein, wenn er nicht durch die Gesellschafterstellung beeinflusst wurde (kein Vermögenstransfer *causa societatis*, s Rz 86).[652] Das klassische Bsp für eine unbeeinflusste Trans- 118

---

647 OGH 20.11.2018, 10 Ob 86/18x, GesRZ 2019, 401 (*Chladek/Seeber/Stenzel*).
648 Vgl *Bauer/Zehetner* in Straube/Ratka/Rauter, GmbHG § 82 Rz 112 f; *Saurer*, RdW 1998, 593 (597); *Karollus*, ecolex 1999, 323 (325); *Karollus*, Besprechung zu OGH 6 Ob 114/17h, GesRZ 2018, 55; *Mitterecker*, ecolex 2018, 729 (733); wohl auch *Artmann*, Besprechung zu OGH 6 Ob 271/05d, JBl 2006, 388; *Kalss* in Konecny, Insolvenz-Forum 2015, 125 (139).
649 *H. Foglar-Deinhardstein* in Foglar-Deinhardstein, HB vGA, Rz 1/136; *Eckert/Schopper/Madari* in Eckert/Schopper, AktG-ON § 52 Rz 40.
650 *Artmann* in Artmann/Karollus, AktG[6] § 52 AktG Rz 19/1; *Karollus* in Brandl/Karollus/Kirchmayr/Leitner, HB vGA[3], 1 (138, 152); *Auer* in Gruber/Harrer, GmbHG[2] § 82 Rz 46; *Kalss* in Konecny, Insolvenz-Forum 2015, 125 (139); *Karollus*, Besprechung zu OGH 6 Ob 114/17h, GesRZ 2019, 55; *H. Foglar-Deinhardstein* in Foglar-Deinhardstein, HB vGA, Rz 1/136; *Eckert/Wöss* in Aschauer et al, Niedrigverzinsung 71 (79).
651 Vgl *Karollus* in Brandl/Karollus/Kirchmayr/Leitner, HB vGA[3], 1 (139); *Eckert/Schopper/Madari* in Eckert/Schopper, AktG-ON § 52 Rz 41.
652 *Karollus* in Brandl/Karollus/Kirchmayr/Leitner, HB vGA[3], 1 (5 f, 52, 99 f); *Zehetner/Cetin*, GesRZ 2017, 197 (201 ff); *Saurer* in Doralt/Nowotny/

aktion ist ein Geschäft mit einem Gesellschafter mit einem **Zwerganteil** (s Rz 67, 93).

119 Jede Kreditgewährung bedeutet auch eine Einschränkung der wirtschaftlichen Bewegungsfreiheit der kreditgewährenden GmbH, die durch einen Liquiditätsüberschuss in der Gesellschaft oder eine besonders starke betriebl Rechtfertigung zu legitimieren ist. Je geringer die Eigenmittelausstattung der Gesellschaft, desto weniger darf die Gesellschaft Kredit gewähren. Die **Stundung einer Forderung** ist dahingehend zu überprüfen, ob sie zu einer Verringerung der Befriedigungsaussichten der GmbH führt, dh ob die sofortige Geltendmachung eine bessere Quote verspricht als ein Zuwarten.[653] Keinesfalls zulässig soll nach hA sein, dass eine GmbH ein **existenzbedrohendes Risiko** dahingehend eingeht, dass eine allfällige Uneinbringlichkeit oder Verzögerung der Einbringlichmachung der kreditierten Beträge bzw des Regressanspruchs aus der Inanspruchnahme der Sicherheit die weitere Existenz der Gesellschaft in Frage stellen würde[654] (s auch Rz 137). Wenn man dieses Grenzkriterium befürworten will, ist mE nicht nur auf die absolute Höhe der riskierten Beträge, sondern auch auf die Wahrscheinlichkeit der Verwirklichung des Risikos abzustellen (**str**).[655] Kapitalerhal-

---

Kalss, AktG³ § 52 Rz 37; *Cahn/v. Spannenberg* in BeckOGK AktG § 57 Rz 29 ff; *Eckert/Schopper/Madari* in Eckert/Schopper, AktG-ON § 52 Rz 4, 32.
653 *Saurer* in Doralt/Nowotny/Kalss, AktG³ § 52 Rz 61.
654 OGH 1.12.2005, 6 Ob 271/05d – *Strickwarenerzeugung*, ÖBA 2006, 293 (*Karollus*) = JBl 2006, 388 (*Artmann*); 2.5.2019, 17 Ob 5/19p, NZ 2019, 222 (*H. Foglar-Deinhardstein*) = Fantur, GES 2019, 169; = RWZ 2019, 288 (*Wenger*) = *Obradović/Demian*, ZFR 2019, 451 = *Reisch*, ZIK 2019, 122 = ÖBA 2019, 741 (*Scheuwimmer*) = Engin-Deniz, ecolex 2019, 751 = GesRZ 2019, 344 (*Edel/Welten*); 22.12.2021, 6 Ob 89/21p, ÖBA 2022, 370 (*A. Wimmer*) = ecolex 2022, 380 (*J. Reich-Rohrwig*); *Karollus* in Brandl/Karollus/Kirchmayr/Leitner, HB vGA³, 1 (154 f); *Reich-Rohrwig*, Kapitalerhaltung 173 ff, 184; *U. Torggler/H. Torggler* in FS Jud 723 (736). Nunmehr mE zu Recht krit zum Grenzkriterium der Existenzgefährdung *J. Reich-Rohrwig/Zimmermann* in Artmann/Karollus, AktG⁶ § 84 Rz 207 f; *Krist*, Existenzvernichtungshaftung 28 f; *Eckert/Wöss* in Aschauer et al, Niedrigverzinsung 71 (80). Differenzierend *Karollus* in Brandl/Karollus/Kirchmayr/Leitner, HB vGA³, 1 (156 f); *Eckert/Schopper/Madari* in Eckert/Schopper, AktG-ON § 52 Rz 39, 47.
655 *Auer* in Gruber/Harrer, GmbHG² § 82 Rz 45 FN 149; *Haberer* in Haberer/Krejci, Konzernrecht, Rz 11.184; *Karollus* in Kodek, Untreue NEU 43 (80);

tungsrechtlich problematisch sei es ebenso, wenn v vornherein feststeht, dass die gewährte Finanzierung nicht zurückgezahlt werden kann.[656]

Genügt die **Gewährung einer Sicherheit** zugunsten des Gesellschafters nicht den Anforderungen des § 82, ist bereits die Bestellung der Sicherheit unzulässig, auch wenn der Gläubiger noch gar nicht auf die Sicherheit greift (s Rz 1, 12 f, 82).[657] 120

Beim (überwiegend, allenfalls sogar stark) fremdfinanzierten Erwerb einer GmbH (*Leveraged Buy-out*), zB bei der Übernahme der Gesellschaft durch das Management (*Management Buy-out*),[658] wird häufig versucht, die **Akquisitionsfinanzierung** aus der Zielgesellschaft selbst heraus zu stützen. Umstritten ist, ob auf derartige Finanzierungen § 66a AktG analog oder § 82 anwendbar ist (s § 81 Rz 77 f). Ist die Finanzierung nicht drittvergleichsfähig/betriebl gerechtfertigt, verstößt sie jedenfalls gegen § 82 u ist schon deswegen mit Nichtigkeit bedroht.[659] Weiters ist es rechtlich problematisch, wenn in zeitlichem u sachlichem Zusammenhang mit einem *Leveraged (Management) Buy-out* die Akquisitions- u die Zielgesellschaft miteinander verschmolzen werden, sodass im Ergebnis erworbene Gesellschaft u Akquisitionsverbindlichkeit in einem Rechtsträger zusammengeführt werden (***Debt-push-down*** 121

Karollus in Brandl/Karollus/Kirchmayr/Leitner, HB vGA³, 1 (155 f) mN auch zur Gegenansicht.
656 *Karollus* in Brandl/Karollus/Kirchmayr/Leitner, HB vGA³, 1 (136); vgl OGH 23.6.2021, 6 Ob 61/21w, GesRZ 2022, 79 (*Bauer*) = *Blaschke*, GES 2021, 386 = *G. Kodek* in Lewisch, JB Wirtschaftsstrafrecht 2022, 161 = *Ch. Müller*, ÖJA 2023, 129; OLG Wien 29.11.2021, 8 Ra 89/21y, ecolex 2022, 850 (*J. Reich-Rohrwig/Aschl*, 859).
657 *Köppl* in Torggler, GmbHG § 82 Rz 23; *H. Foglar-Deinhardstein*, NZ 2019, 228; *Schopper*, ecolex 2019, 736 (739); vgl *Kalss* in WiR, Wirtschaftliche Betrachtungsweise im Recht 119 (140); *Eckert/Schopper/Madari* in Eckert/Schopper, AktG-ON § 52 Rz 3; BGH 10.1.2017, II ZR 94/15.
658 Allg zum *(Leveraged) Management Buy-out Koppensteiner*, ZHR 1991, 97; *Saurer*, Leveraged Management Buy-Out; *M. Doralt*, Management Buyout; *Winner*, Die Zielgesellschaft in der freundlichen Übernahme 228 ff; *Enzinger*, Interessenkonflikt u Organpflichten; *Steinhart*, Kapitalerhaltung und fremdfinanzierte Unternehmensübernahmen; *Hanslik* in Althuber/Schopper, HB Unternehmenskauf & Due Diligence² Rz 17 ff; *Gelter* in FS Nowotny 315 (335 ff); *Url*, WiPol 1/2012, 53; *Weißhaupt*, ZIP 2016, 2447; *H. Foglar-Deinhardstein/Hartig* in Kalss/Frotz/Schörghofer, HB Vorstand Rz 32/1 ff; rechtsvergleichend *G. Kodek* in FS Hügel 185.
659 *Auer* in Gruber/Harrer, GmbHG² § 82 Rz 47; *Bauer/Zehetner* in Straube/Ratka/Rauter, GmbHG § 81 Rz 19, § 82 Rz 124 ff.

Merger)⁶⁶⁰ (näher s § 81 Rz 78). Ist der Verkehrswert der Mutter unter Abzug des Werts der Beteiligung an der Tochter (zur Relevanz des positiven Verkehrswerts bei der Verschmelzung s Rz 101, 103, 141; § 101 Rz 48 ff) aber nicht negativ (näher s § 81 Rz 19, 78), oder kann die Tochter das negative Vermögen der Mutter mit ihrem Bilanzgewinn abdecken, sollte der *Debt-push-down Merger* mE freilich jedenfalls zulässig sein.⁶⁶¹

122 Würde eine Finanzierung an sich gegen § 82 verstoßen, kann sie auch durch eine geeignete **Ausgleichsmaßnahme** (zB Zuschuss, Kapitalherabsetzung, Sachdividende etc) (s Rz 60; 101; zum Gesellschafterzuschuss⁶⁶² s § 72 Rz 7) legitimiert werden.⁶⁶³

---

660 OGH 25. 6.1996, 4 Ob 2078/96h – *Fehringer*, JBl 1997, 108 (*Hügel*) = *Saurer*, RdW 1998, 593; 24.11.2015, 1 Ob 28/15x – *Kneisz II*, NZ 2016, 147 (*Auer*) = GesRZ 2016, 219 (*Arlt*) = *Mitterecker*, GES 2016, 150; OLG Innsbruck 21.11.2011, 1 R 225/11i; *Karollus*, GES 2013, 283; *Aburumieh/Adensamer/H. Foglar-Deinhardstein*, Verschmelzung VII. C Rz 12, 32 mwN; *Auer* in Gruber/Harrer, GmbHG² § 82 Rz 47; *Eckert* in Althuber/Schopper, HB Unternehmenskauf & Due Diligence² Rz 55; *Bauer/Zehetner* in Straube/Ratka/Rauter, GmbHG § 82 Rz 126; *H. Foglar-Deinhardstein* in Foglar-Deinhardstein, HB vGA, Rz 1/140.
661 *Aburumieh/Adensamer/H. Foglar-Deinhardstein*, Verschmelzung VII. C Rz 12, 22 f, 32 mwN; *H. Foglar-Deinhardstein/Hartig* in Kalss/Frotz/Schörghofer, HB Vorstand, Rz 32/20; *H. Foglar-Deinhardstein* in Foglar-Deinhardstein, HB vGA, Rz 1/140; *Karollus*, ecolex 2022, 868 (870 f). So wohl auch OGH 24.11.2015, 1 Ob 28/15x – *Kneisz II*, NZ 2016, 147 (*Auer*) = GesRZ 2016, 219 (*Arlt*) = *Mitterecker*, GES 2016, 150; *Grossmayer*, ecolex 2013, 951 (955); *Karollus*, GES 2013, 283; *Eckert* in Althuber/Schopper, HB Unternehmenskauf & Due Diligence² Rz 55. Für diese Sichtweise sprechen mE auch die Wertungen des § 66a AktG, der die Finanzierung des Anteilserwerbs an sich verbietet, aber dann nicht eingreift, wenn diese Finanzierung aus gesetzeskonformen Gewinnausschüttungen erfolgt (*H. Foglar-Deinhardstein* in Foglar-Deinhardstein, HB vGA, Rz 1/140 FN 625; vgl zur Unanwendbarkeit v § 66a AktG auf Dividendenausschüttungen *Karollus* in Artmann/Karollus, AktG⁶ § 66a Rz 11; *Karollus*, ecolex 2022, 868 [873 f]).
662 Allg zum Gesellschafterzuschuss *Elsner*, Nachschussobliegenheit 182 f; *Aburumieh/Hoppel*, RdW 2020, 739 (744 ff); *T. Hayden/Thorbauer/Gröhs*, PSR 2020, 8 (10 ff). Zu Gesellschafterzuschüssen als Ausgleichsmaßnahme *Aburumieh/Hoppel*, GES 2021, 120 (122); OGH 18.2.2021, 6 Ob 207/20i – *AE&E III*, *Fantur*, GES 2021, 57 = RWZ 2021, 186 (*Wenger*) = *H. Foglar-Deinhardstein*, GES 2021, 159 = GesRZ 2021, 186 (*Artmann*) = *Gaggl*, wbl 2021, 611; *G. Müller/Haslinger/Dicken*, RWZ 2023, 344; *Hirschler/Wenger*, RWZ 2023, 370.
663 *Karollus* in Brandl/Karollus/Kirchmayr/Leitner, HB vGA³, 1 (146); *Reich-Rohrwig*, Kapitalerhaltung 103 ff, 188; *Kalss* in Konecny, Insolvenz-Forum 2015, 125 (131).

c) Praktische Maßnahmen zur Wahrung der Kapitalerhaltung bei Finanzierungen

123 Die Praxis hat versch Methoden entwickelt, die die Vereinbarkeit v Finanzierungen mit § 82 materiell sicherstellen u/oder formal dokumentieren sollen, zumal diese Vereinbarkeit angesichts der sonst drohenden rechtlichen Sanktionen im gemeinsamen Interesse aller Beteiligten – inklusive der finanzierenden Bank (s Rz 154) – liegt:[664]

- **Limitation Language** (Vorbehaltsklausel) im Kredit- u/oder im Sicherheitenbestellungsvertrag: In den Vertrag wird eine Klausel aufgenommen, die die Rechte u Pflichten der Parteien auf das kapitalerhaltungsrechtlich zulässige Ausmaß beschränkt;[665] häufig wird die finanzierende Bank eine Ausgleichshaftung für die allenfalls entstehende Haftungslücke v dritter Seite verlangen;
- Durchführung einer **Financial Strength Review** zur Prüfung der Bonität des Kreditnehmers (s Rz 113 f);
- Abschluss eines **Security Fee Agreement**, in dem mit dem Sicherheitenbesteller eine – angesichts der konkreten Konditionen der Finanzierung – angemessene *security fee* (Avalprovision) vereinbart wird (s Rz 114);
- Schriftliche Dokumentation des **Corporate Benefit** (der betriebl Rechtfertigung, s Rz 115 ff), der für die kreditgewährende GmbH mit der Finanzierung verbunden ist;
- Einholen einer **Fairness Opinion**, in der ein Gutachter die Angemessenheit der Konditionen der Finanzierung bestätigt.[666]

---

[664] Vgl *Steinhart*, Kapitalerhaltung & fremdfinanzierte Unternehmensübernahmen 159 ff.

[665] **Musterklauseln** bei *Steinhart*, Kapitalerhaltung & fremdfinanzierte Unternehmensübernahmen 161; *Diwok*, Pfandrecht, in Hausmaninger/Petsche/Vartian, Wiener Vertragshandbuch I³, 411; *Karollus* in Brandl/Karollus/Kirchmayr/Leitner, HB vGA³, 1 (171 f). Steuerlich werden entspr Steuerklauseln aber mglw nicht anerkannt, vgl *Kirchmayr* in Brandl/Karollus/Kirchmayr/Leitner, HB vGA³, 201 (315). Zur dt Vertragspraxis mit Blick auf § 30 dGmbHG *Sutter/Kuznetsova*, WM 2017, 745.

[666] Allg zum Instrument der Fairness Opinion *Lamparter/Schweighart*, ecolex-Script 2010/42; *Springer/Wirth/Fux*, RWZ 2012/64, 210; *Wachter*, ZFR 2015/163, 309; *Aburumieh*, AR aktuell 2011 H 5, 8 (9 f); *Trettnak*, RdW 2011/73, 77. S auch Rz 91.

124 Zu praktischen Verhaltensmaßstäben für die **finanzierende Bank** s Rz 154. Zur Frage des **Wegfalls/Bestands (nicht) akzessorischer Sicherheiten** s § 83 Rz 40.

11. Vermögenstransfers im Unternehmensverbund/Konzern

125 Ist eine GmbH in einen Unternehmensverbund oder Konzern eingegliedert, sind auch die Vermögenstransfers innerhalb des Verbunds an § 82 zu messen. Weder das **Konzerninteresse** als solches noch die Interessen der Konzernspitze begründen eine pauschale betriebl Rechtfertigung[667] (s Rz 92 ff, 96, 112, 115 ff); wohl aber ist zu berücksichtigen, wenn eine Gesellschaft nicht autonom agiert, sondern jur u wirtschaftlich in einen Verbund eingegliedert ist, weil durch diese Einbindung in den Verbund die wirtschaftliche Tätigkeit dieser Gesellschaft darauf ausgerichtet ist, eine ganz bestimmte Rolle im Verbund – oft iSe **Arbeitsteilung** – einzunehmen.[668] Die Verteilung v versch Aufgaben zw beteiligungsmäßig verflochtenen Unternehmen u die damit einhergehenden wirtschaftlichen Abhängigkeiten der Unternehmen voneinander sind also grds berücksichtigenswert.[669] Nimmt eine GmbH in einem Unternehmensverbund oder Konzern eine ganz spezifische Rolle ein, sollte dies ausdrücklich im Unternehmensgegenstand dokumentiert werden.[670] Grundsätzlich ist auch bei konzerninternen Transfers iSd Drittvergleichs u der betriebl Rechtfertigung (s Rz 86 ff) danach zu fragen, ob (a) ein sorgfältig handelnder GF das Geschäft zu den gleichen Konditionen auch mit einem unverbundenen Dritten abgeschlossen hätte, oder (b) – wenn es sich um ein Geschäft handelt, das typischer Weise nicht

---

667 *Auer* in Gruber/Harrer, GmbHG² § 82 Rz 54. Vgl *Karollus* in Brandl/Karollus/Kirchmayr/Leitner, HB vGA³, 1 (17); *Artmann*, GesRZ 2019, 419.

668 *H. Foglar-Deinhardstein* in Foglar-Deinhardstein, HB vGA, Rz 1/134, 1/144.

669 Vgl *Karollus*, ecolex 1999, 323; *Artmann*, Besprechung zu OGH 6 Ob 271/05d, JBl 2006, 388; *Karollus*, Besprechung zu OGH 6 Ob 271/05d, ÖBA 2006, 293 (299); *Karollus* in Brandl/Karollus/Kirchmayr/Leitner, HB vGA³, 1 (101); *Artmann*, GesRZ 2019, 419.

670 *H. Foglar-Deinhardstein* in Foglar-Deinhardstein, HB vGA, Rz 1/134, 1/144. So auch *Haberer/Krejci* in Haberer/Krejci, Konzernrecht, Rz 1.167; *Schima/Arlt* in Haberer/Krejci, Konzernrecht, Rz 9.30; *Told* in Artmann/Rüffler/Torggler, Konzern 133 (144 f, 153 ff, 158 ff); *Fellner/Rüffler*, GES 2019, 59 (64 ff); *Milchrahm*, GRAU 2020, 10 (13 f). Vgl *Hügel* in FS Koppensteiner II, 11 (33); *St. Perner/Spitzer*, ÖJZ 2023, 633.

mit Konzernfremden abgeschlossen wird – ob das Geschäft aus dem Blickwinkel der Gesellschaft u v deren Organwaltern der gebotenen Sorgfalt gem § 25 (s Rz 92, 96) entspricht.[671] Wirtschaftliche Abhängigkeiten, etwa v einem Partner in der Produktions- oder Vertriebskette, u wirtschaftlich werthaltige Vorteile bzw bei Nichtdurchführung des fraglichen Geschäfts drohende wirtschaftliche Nachteile (s Rz 115) dürfen natürlich ins Kalkül gezogen werden.[672]

Aus Sicht der jew GmbH sind jedenfalls konzerninterne Vermögenstransfers *up-stream* (an einen direkten oder indirekten Gesellschafter) oder *side-stream* (an Schwester-, Cousinen-, Tanten-, Nichten-Unternehmen usw) erfasst.[673] Ein **Vermögenstransfer** *downstream* (an eine direkte oder indirekte Tochtergesellschaft, zB auch durch Weiterleitung einer v der Mutter aufgenommenen Finanzierung an die Tochter oder durch eine Sicherheitenbestellung für eine Verbindlichkeit der Tochter) kann – zumindest bei 100%iger Beteiligung – mE keinen Verstoß gegen § 82 verwirklichen, weil der Vermögensabfluss aus der GmbH reflexhaft durch Erhöhung des Werts der Beteiligung ausgeglichen wird; dies ist mE eine abstrakte Überlegung, die die Anwendbarkeit v § 82 ausschließt, unabhängig davon, ob im konkreten Fall tatsächlich eine Werterhöhung der Beteiligung eintritt, ob Liquidität aus der Mutter in die Tochter abfließt, u ob der *Downstream*-Vermögenstransfer aus Sicht eines sorgfältigen GF überhaupt sinnvoll ist (str).[674]

126

---

671 *W.-D. Arnold*, GesRZ 1985, 86 (93 ff); *Ch. Nowotny*, RdW 1987, 286; *Koppensteiner/Rüffler*, GmbHG³ § 82 Rz 16 f; *Karollus* in Brandl/Karollus/Kirchmayr/Leitner, HB vGA³, 1 (89); *U. Torggler/H. Torggler* in FS Jud 723 (729 f); *Hügel* in Kalss/Torggler, Einlagenrückgewähr 19 (42 f); *Obradović/Wietrzyk* in Haberer/Krejci, Konzernrecht, Rz 12.96; *Fellner/Rüffler*, GES 2019, 59 (60 f, 64 f); *J. W. Flume*, GesRZ 2019, 230 (235 f); vgl *Rericha/Strass*, wbl 2016, 730 (739) mwN; OGH 22.12.2016, 6 Ob 232/16k, GesRZ 2017, 116 (*Zehetner*) = *Dejaco*, NZ 2019, 81; 2.5.2019, 17 Ob 5/19p, NZ 2019, 222 (*H. Foglar-Deinhardstein*) = *Fantur*, GES 2019, 169 = RWZ 2019, 288 (*Wenger*) = *Obradović/Demian*, ZFR 2019, 451 = *Reisch*, ZIK 2019, 122 = ÖBA 2019, 741 (*Scheuwimmer*) = GesRZ 2019, 344 (*Edel/Welten*) = Engin-Deniz, ecolex 2019, 751.
672 *H. Foglar-Deinhardstein* in Foglar-Deinhardstein, HB vGA, Rz 1/134, 1/144. Vgl *Auer* in Gruber/Harrer, GmbHG² § 82 Rz 54.
673 *Auer* in Gruber/Harrer, GmbHG² § 82 Rz 55.
674 *Bauer/Zehetner* in Straube/Ratka/Rauter, GmbHG § 82 Rz 90, 114, 147; *Reich-Rohrwig*, Kapitalerhaltung 187, 284, 286; *Karollus* in Brandl/Karollus/Kirchmayr/Leitner, HB vGA³, 1 (51 f, 135); *Eckert/U. Schmidt* in Haberer/Krejci, Konzernrecht, Rz 13.45; *Kalss* in Konecny, Insolvenz-Forum

Anders kann sich die Situation darstellen, wenn an der Tochter nicht nur die Mutter-GmbH, sondern daneben auch Gesellschafter der Mutter-GmbH beteiligt sind.[675]

127 **Konzernverrechnungspreise (Transfer Pricing)** sind jedenfalls am Verbot der Einlagenrückgewähr zu messen.[676] Bei aufeinander abgestimmten Fertigungs- u Absatzprogrammen kann die Ermittlung angemessener Preise für den Leistungsaustausch im Konzern durchaus herausfordernd sein[677] (s Rz 90 f). **Konzernumlagen** (s Rz 96) sind

---

2015, 125 (130, 140); *Stanek*, GesRZ 2018, 158 (159) mwN; *H. Foglar-Deinhardstein* in Foglar-Deinhardstein, HB vGA, Rz 1/145; *Saurer* in Doralt/Nowotny/Kalss, AktG³ § 52 Rz 110; *Eckert/Schopper/Madari* in Eckert/Schopper, AktG-ON § 52 Rz 12, 37, 44, 54; *U. Torggler* in FS Konecny 655; *Karollus*, ecolex 2022, 868; (implizit wohl auch) OGH 18.2.2021, 6 Ob 207/20i – *AE&E III*, *Fantur*, GES 2021, 57 = RWZ 2021, 186 (*Wenger*) = *H. Foglar-Deinhardstein*, GES 2021, 159 = GesRZ 2021, 186 (*Artmann*) = *Gaggl*, wbl 2021, 611 (in dieser E wird anerkannt, dass ein Gesellschafterzuschuss eine Ausgleichsmaßnahme sein kann, die eine Einlagenrückgewähr legitimiert; eine Einlagenrückgewähr kann aber denklogisch nicht durch eine weitere Einlagenrückgewähr gerechtfertigt werden) u OGH 25.11.2020, 6 Ob 203/20a – *Biogena*, ecolex 2021, 234 (*H. Foglar-Deinhardstein/Wünscher*) = GesRZ 2021, 190 (*Breisch*) = *Tomic*, wbl 2021, 369 (in dieser E wird implizit anerkannt, dass vor einer *Upstream*-Verschmelzung die Muttergesellschaft ihre überschuldete Tochter durch entspr Mittelzufuhr sanieren kann); **aA** *Auer* in Gruber/Harrer, GmbHG² § 82 Rz 55; *Koppensteiner* in Artmann/Rüffler/Torggler, Konzern 67 (71 ff, 81); *Gaggl*, Gläubigerschutz bei Umgründung der GmbH & Co KG 79 ff.

675 *Karollus* in Brandl/Karollus/Kirchmayr/Leitner, HB vGA³, 1 (51, 135 FN 746;182 FN 985); *Eckert/U. Schmidt* in Haberer/Krejci, Konzernrecht, Rz 13.45. Zu potentiell problematischen *Downstream*-Konstellationen *H. Schmidt/Kienreich*, SWK 2021, 831.

676 Vgl *Koppensteiner/Rüffler* GmbHG³, § 82 Rz 15; *Joklik-Fürst*, RdW 2020, 800 (803 f). Zur **Dokumentationspflicht für Verrechnungspreise** in multinationalen Unternehmensgruppen *Schwaiger/Macho*, taxlex 2016, 136; *Manessinger/Steiner*, taxlex 2016, 138; *Kerschner/Schmidjell-Dommes*, ÖStZ 2016/592, 408; *Kerschner*, RWZ 2016/42, 176; *Schwaiger/Macho*, taxlex 2016, 258; *Winter/Kern/Hlawenka/Dietl*, RWP 2016, 125; *Twardosz* in Foglar-Deinhardstein, HB vGA, Rz 2/137; *Kras* in Brandl/Karollus/Kirchmayr/Leitner, HV vGA³, 379 (401 ff); *Joklik-Fürst/Leopold*, ZSS 2022, 97 (98 f). Zu Verrechnungspreisen bei Personalentsendungen *Holzinger/Bonner*, ecolex 2016, 1008. Zur **Versicherbarkeit** der Richtigkeit v Verrechnungspreisen iZm W&I-Versicherungen *Hoenig/Klingen*, NZG 2016, 1244 (1247).

677 *Auer* in Gruber/Harrer, GmbHG² § 82 Rz 56 mwN.

überhaupt nur zulässig, soweit die verpflichtete GmbH tatsächlich (v ihr auch benötigte) Leistungen erhält, die sie angemessen vergütet (zB Assistenzleistungen in den Bereichen Werbung, Marktforschung, Schulungen, Immaterialgüter, IT etc); reine „Konzernsteuern" für Leistungen der Konzernspitze iZm deren eigenen Aufgaben (*shareholder activities*, also Anteilsverwaltung, Konzernplanung u -leitung, Management- u Überwachungsleistungen, Wahrnehmung der Gesellschafterrechte, Einhaltung der Konzernrechnungslegung u der Konzernpublizität) sind grds nicht umlagefähig.[678] Bei konzerninternen **Outsourcing-/Auslagungerungsvereinbarungen** ist zu beachten, dass die die auslagernde Gesellschaft grds vollen Zugang zu den ausgelagerten Funktionen behalten muss u in ihrem Beurteilungs- u Entscheidungsspielraum vertraglich nicht eingeschränkt werden darf.[679]

Zu den **Unternehmensverträgen** gehören nach allg Verständnis[680] **128** **Konzernverträge, Beherrschungsverträge, Gewinnabführungs- u Ergebnisabführungsverträge** (§ 238 Abs 1 AktG) sowie **Betriebsführungs-, Betriebsüberlassungs- u Unternehmenspachtverträge** (§ 238 Abs 2 AktG). Auch solche Unternehmensverträge (s Rz 96) müssen zw beteiligungsmäßig verflochtenen Gesellschaften den Kriterien des Verbots der Einlagenrückgewähr entsprechen.[681] Soweit allerdings ein Gewinnabführungsvertrag lediglich die jahresweise Abschöpfung des gesamten Bilanzgewinns – u somit nicht die Auskehrung v Vermögenswerten, die nicht Bilanzgewinn sind – vorsieht, ist der Vertrag grds v § 82

---

678 *Auer* in Gruber/Harrer, GmbHG² § 82 Rz 56 mwN; *Karollus* in Brandl/Karollus/Kirchmayr/Leitner, HB vGA³, 1 (121 f); *Haberer* in Haberer/Krejci, Konzernrecht, Rz 11.156; *Artmann*, GesRZ 2019, 419 (420); vgl *Joklik-Fürst/Leopold*, ZSS 2022, 97 (98). Näher zur Abgrenzung zw *shareholder activities* u *stewardship activities Winter/Kern/Marchhart/Furtak*, RWP 2023, 46 (47 f).
679 Vgl *J. Reich-Rohrwig* in Artmann/Karollus, AktG⁶ § 70 Rz 67; *J. Reich-Rohrwig*, ecolex-Script 2002/23.
680 Vgl *Koppensteiner*, JBl 2017, 758; *Koppensteiner*, GesRZ 2020, 403; *U. Torggler* in Torggler, GmbHG § 115 Rz 7; *P. Doralt/Diregger* in Doralt/Nowotny/Kalss, AktG³ § 15 Rz 94 ff, 98 ff, 112 ff, 143; *Gall* in Doralt/Nowotny/Kalss, AktG³ § 238 Rz 5 ff; *Auer* in Artmann/Karollus, AktG⁶ § 15 Rz 22 ff; *H. Foglar-Deinhardstein* in Foglar-Deinhardstein, HB vGA, Rz 1/147. Zu **Teilgewinnabführungsverträgen** *Koppensteiner*, GesRZ 2020, 403 (406 f); *Naruisch/Allmendinger*, ZIP 2021, 281.
681 *Koppensteiner*, GesRZ 2020, 403 (405; 407 f; 409 f).

gedeckt.[682] Eine zur Gewinnabführungspflicht der Untergesellschaft gegenläufige Verlustausgleichspflicht der Obergesellschaft – die aus dem Gewinnabführungs- einen Ergebnisabführungsvertrag macht, welcher zu einer Überrechnung aller Gewinne u Verluste der Unter- auf die Obergesellschaft führt[683] – ist daher mE aus Gläubigerschutzgesichtspunkten grds nicht erforderlich (**str**).[684] Umgekehrt kann mE ein Ergebnisabführungsvertrag zw Schwestergesellschaften unzulässig sein, wenn dadurch der verlustausgleichsverpflichteten Gesellschaft wirtschaftlich der negative Verkehrswert ihrer Schwester aufgebürdet wird.[685] Auch das Bestehen eines Ergebnisabführungsvertrags rechtfertigt keine verdeckte Einlagenrückgewähr der Unter- zugunsten der Obergesellschaft.[686]

12. Cash-Management-Systeme

129 Viele Unternehmensverbünde u Konzerne mit Ö-Bezug haben ein *Cash-Management*-System, das für alle verflochtenen Gesellschaften gemeinsam arbeitet. Unter *Cash-Management*-System ist ein geordnetes System zu verstehen, das mit zweckentsprechenden Maßnahmen auf eine zielorientierte Gestaltung des kurzfristigen Finanzpotentials des Unternehmensverbunds ausgerichtet ist.[687] Häufig umfasst das *Cash-Management*-System **Clearing** bzw **Netting** (s Rz 130), **Cash Pooling** (s Rz 131) u/oder **zentrale Kreditaufnahme** (s Rz 136). Die entspr Vertragswerke werden manchmal zw allen teilnehmenden Gesellschaften u der Bank, manchmal aber auch nur zw den teilnehmenden Gesellschaften u einer zentralen Finanzierungsgesellschaft einerseits u dieser zen-

---

682 *Auer* in Gruber/Harrer, GmbHG² § 82 Rz 61 mwN; *Koppensteiner/Rüffler*, GmbHG³ § 82 Rz 5; *Milchrahm/Rauter* in Straube/Ratka/Rauter, GmbHG § 50 Rz 141. Zu Einlagenrückgewähr ie **Ergebnisabführungsvertrag** *G. Moser*, SWK 2009, 1046 (1050); *G. Moser*, RdW 2010/354, 331; *Ebner/Gröhs*, ÖBA 2021, 394 (395).
683 Vgl zur Überrechnung im Detail *G. Moser*, SWK 2009, 1046 (1050 f).
684 *Gall* in Doralt/Nowotny/Kalss, AktG³ § 238 Rz 10; *Milchrahm/Rauter* in Straube/Ratka/Rauter, GmbHG § 50 Rz 102 ff; *Hartig* in Napokoj/Foglar-Deinhardstein/Pelinka, AktG § 238 Rz 14; *Ebner/Gröhs*, ÖBA 2021, 394 (395); **aA** *Koppensteiner*, RdW 1985, 170 (172 f).
685 Vgl ähnlich *Milchrahm/Rauter* in Straube/Ratka/Rauter, GmbHG § 50 Rz 141; *Szep* in Artmann/Karollus, AktG⁶ § 238 Rz 10.
686 *Ch. Nowotny* in Kalss/Nowotny/Schauer, GesR² Rz 4/417; *G. Moser*, RdW 2010/354, 331.
687 *Auer* in Gruber/Harrer, GmbHG² § 82 Rz 57 mwN; vgl *Eckert/Wöss* in Aschauer et al, Niedrigverzinsung 71 (85).

tralen Gesellschaft u der Bank andererseits abgeschlossen. Im **dt GmbH-Recht** besteht mit § 30 Abs 1 S 2 dGmbHG eine privilegierende Sonderbestimmung für *Cash-Pooling*-Systeme. Eine derartige Bestimmung fehlt im österr Recht, sodass in Ö *Cash-Management*-Systeme am strengen Maßstab des § 82 zu messen sind.[688]

Clearing/Netting bedeutet, dass konzerninterne Forderungen u Verbindlichkeiten periodisch miteinander verrechnet werden, um Zahlungsströme zu verringern.[689] Allgemein gesprochen sind beim Netting für eine teilnehmende österr GmbH die Aufrechnungsbestimmungen des ABGB u des GmbHG (§ 63 Abs 3) sowie die Bestimmungen des **EKEG** (s Rz 162 ff) einzuhalten.[690] In Hinblick auf § 82 müssen natürlich die zuvor entstandenen konzerninternen Forderungen u Verbindlichkeiten ebenso drittvergleichsfähig sein wie die Aufrechnungsvereinbarungen (insb hinsichtlich Berücksichtigung v Zinsenlauf, Kündigungsfristen für die Rahmenvereinbarung, Informationsrechte hinsichtlich Bonität der übrigen Teilnehmer).[691]

130

Cash Pooling ist darauf gerichtet, das konsolidierte Finanzergebnis (Zinsergebnis) der Gruppe zu optimieren u/oder die Liquiditätsplanung u -steuerung der Gruppe zu erleichtern. Zusätzlich können Finanzierungskosten reduziert u Volatilitäten auf Ebene der einzelnen Gruppenmitglieder ausgeglichen werden. Die unternehmerische Notwendigkeit einer vorausschauenden Liquiditätsplanung u -steuerung hat sich noch verschärft, seit angesichts der globalen Wirtschaftssituation nicht mehr davon ausgegangen werden kann, dass mit ungenützten Bankguthaben zumindest laufende Zinserträge erwirtschaftet werden.[692] Zur Erreichung der Zwecke des *Cash Pooling* werden über ein zentrales Konto (*master account*) die positiven Banksalden der Mitglieder abgeschöpft u die negativen Banksalden ausgeglichen.[693] **Effektives (physisches)** *Cash*

131

---

[688] *Bauer/Zehetner* in Straube/Ratka/Rauter, GmbHG § 82 Rz 96 ff.
[689] *Auer* in Gruber/Harrer, GmbHG² § 82 Rz 57.
[690] *Auer* in Gruber/Harrer, GmbHG² § 82 Rz 58; *Bauer/Zehetner* in Straube/Ratka/Rauter, GmbHG § 82 Rz 99; *St. Frotz* in Polster, HB Cash Pooling 73 (92 ff).
[691] *H. Foglar-Deinhardstein* in Foglar-Deinhardstein, HB vGA, Rz 1/149.
[692] *H. Foglar-Deinhardstein*, Besprechung zu OGH 17 Ob 5/19p, NZ 2019, 222 (228).
[693] *Auer* in Gruber/Harrer, GmbHG² § 82 Rz 57; *Koppensteiner/Rüffler*, GmbHG³ § 82 Rz 17c; *Obradović/Wietrzyk* in Haberer/Krejci, Konzernrecht, Rz 12.1 ff; aus **steuerlicher** Sicht *Pfund/Schröger* in Mittendorfer/Mit-

Pooling (*cash concentration*) bedeutet, dass die Zahlungsströme zw *master account* u Konten der Teilnehmer real durchgeführt werden (in der Variante des *Zero Balancing* werden die Konten aller Teilnehmer bankarbeitstäglich auf Null gestellt; in der Variante des *Target Balancing* verbleibt auf jedem Konto ein Sockelbetrag); **fiktives (virtuelles)** *Cash Pooling* (*notional pooling*) bedeutet, dass reine Rechenvorgänge ohne tatsächlichen Geldfluss vorgenommen werden.[694] Durch die Kombination v *Cash Pooling* mit **zentraler Kreditaufnahme** (s Rz 136) können wegen der paketweisen Inanspruchnahme v Finanzierungen Konditionen erreicht werden, die – zumindest aus der konsolidierten Sicht des Unternehmensverbunds als Ganzem – idR günstiger sind als die Aufnahme v Einzelfinanzierungen durch die Mitglieder.[695]

132 *Cash Pooling*-Konstruktionen sind in Ö sehr verbreitet. Ein **kaltes** *Cash Pooling*, bei dem das konzernzentrale *treasury department* ungehindert u ohne rechtlichen Rahmen auf die Konten der untergeordneten Gesellschaften zugreift, wäre *per se* unzulässig.[696] Ansonsten sind *Cash Pooling*-Konstruktionen bei entspr vertraglicher Gestaltung grds rechtlich zulässig, müssen aber aus Sicht des österr Gesellschaftsrechts am Maßstab des Verbots der Einlagenrückgewähr gemessen werden.[697]

133 *Cash Pooling*-Konstruktionen – va **Zero Balancing-Modelle** (s Rz 131) – sind vor diesem Hintergrund als durchaus rechtlich sensibel zu erachten. Aus Sicht des § 82 handelt es sich beim *Cash Pooling* um ein Bündel v wechselseitigen konzerninternen Darlehensverträgen (je nach

---

termair, HB Unternehmensfinanzierung AT 5/246 ff. Zur Behandlung in der Geldflussrechnung *Fleischer*, RWZ 2020, 254.

694 *Karollus* in Brandl/Karollus/Kirchmayr/Leitner, HB vGA[3], 1 (173); *Artmann* in Konecny, Insolvenz-Forum 2009, 131 (132 f); *Winder*, GesRZ 2019, 28; vgl OGH 2.5.2019, 17 Ob 5/19p, NZ 2019, 222 (*H. Foglar-Deinhardstein*) = *Fantur*, GES 2019, 169 = RWZ 2019, 288 (*Wenger*) = *Obradović/Demian*, ZFR 2019, 451 = *Reisch*, ZIK 2019, 122 = ÖBA 2019, 741 (*Scheuwimmer*) = *Engin-Deniz*, ecolex 2019, 751 = GesRZ 2019, 344 (*Edel/Welten*).

695 *Auer* in Gruber/Harrer, GmbHG[2] § 82 Rz 57; *Bauer/Zehetner* in Straube/Ratka/Rauter, GmbHG § 82 Rz 91; *Aschauer/B. Winkler*, ZWF 2015, 155.

696 *H. Foglar-Deinhardstein* in Foglar-Deinhardstein, HB vGA, Rz 1/151. Vgl *U. Torggler*, GesRZ 2013, 11 (13); *St. Frotz* in Polster, HB Cash Pooling 73 (88). Zu steuerlichen **Dokumentations-Anforderungen** an *Cash Pooling*-Verträge *G. Moser*, TPI 2019/1, 18.

697 *Karollus* in Brandl/Karollus/Kirchmayr/Leitner, HB vGA[3], 1 (173); *Schmidsberger/Duursma* in Mittendorfer/Mittermair, HB Unternehmensfinanzierung BT 2/481 ff; vgl *Klein*, ZIP 2017, 258 (259).

Ausgestaltung – s Rz 129 – mit der jew Bank als zusätzlichem Vertragspartner), die anhand der für Kredite u Sicherheiten entwickelten Kriterien auf ihre Drittvergleichsfähigkeit zu prüfen sind.[698] Tendenziell ist fiktives (virtuelles) *Cash Pooling* rechtlich weniger problematisch als effektives *Cash Pooling*.[699] Marktübliche Verzinsung[700] sowie Informations-, Einsichts- u Frühwarnsystem samt Ausstiegsklauseln sind selbstverständlich äußerst hilfreich, um das rechtliche Risiko zu reduzieren.[701] Üblicherweise empfehlen sich zusätzliche (pragmatische) Vorsichtsmaßnahmen, zumal die bereits genannten Maßnahmen idR nicht ausreichend sein werden, um das Risiko eines Verlusts des Pool-Guthabens zur Gänze auszugleichen (zB Vereinbarung mit der Bank, dass die Insolvenz einer Poolgesellschaft die übrigen Teilnehmer nicht belasten darf).[702] Berücksichtigenswert ist mE auch, wenn die in den *Cash Pool*

---

698 *Auer* in Gruber/Harrer, GmbHG² § 82 Rz 59; *St. Frotz* in Polster, HB Cash Pooling 73 (81 ff); *Obradović/Wietrzyk* in Haberer/Krejci, Konzernrecht, Rz 12.94; *Klein*, ZIP 2017, 258 (264); vgl OGH 2.5.2019, 17 Ob 5/19p, NZ 2019, 222 (*H. Foglar-Deinhardstein*) = *Fantur*, GES 2019, 169 = RWZ 2019, 288 (*Wenger*) = *Obradović/Demian*, ZFR 2019, 451 = *Reisch*, ZIK 2019, 122 = ÖBA 2019, 741 (*Scheuwimmer*) = *Engin-Deniz*, ecolex 2019, 751 = GesRZ 2019, 344 (*Edel/Welten*).
699 *Auer* in Gruber/Harrer, GmbHG² § 82 Rz 59; *Koppensteiner/Rüffler*, GmbHG³ § 82 Rz 17c; *Obradović/Wietrzyk* in Haberer/Krejci, Konzernrecht, Rz 12.94; *Klein*, ZIP 2017, 258 (264); *Winder*, GesRZ 2019, 28; *Eckert/Schopper/Madari* in Eckert/Schopper, AktG-ON § 52 Rz 47. *Eckert/Wöss* (in Aschauer et al, Niedrigverzinsung 71 [86]) argumentieren überhaupt, dass § 82 auf fiktives *Cash Pooling* nicht anwendbar sei.
700 Dazu im Detail *Obradović/Wietrzyk* in Haberer/Krejci, Konzernrecht, Rz 12.101 ff; vgl *Klein*, ZIP 2017, 258 (259); OGH 2.5.2019, 17 Ob 5/19p, NZ 2019, 222 (*H. Foglar-Deinhardstein*) = *Fantur*, GES 2019, 169 = RWZ 2019, 288 (*Wenger*) = *Obradović/Demian*, ZFR 2019, 451 = *Reisch*, ZIK 2019, 122 = ÖBA 2019, 741 (*Scheuwimmer*) = *Engin-Deniz*, ecolex 2019, 751 = GesRZ 2019, 344 (*Edel/Welten*).
701 *Koppensteiner/Rüffler*, GmbHG³ § 82 Rz 17c; *Bauer/Zehetner* in Straube/Ratka/Rauter, GmbHG § 82 Rz 95; *Klein*, ZIP 2017, 258 (259, 261 f); *Saurer* in Doralt/Nowotny/Kalss, AktG³ § 52 Rz 86b f; *Eckert/Schopper/Madari* in Eckert/Schopper, AktG-ON § 52 Rz 47; OGH 2.5.2019, 17 Ob 5/19p, NZ 2019, 222 (*H. Foglar-Deinhardstein*) = *Fantur*, GES 2019, 169 = RWZ 2019, 288 (*Wenger*) = *Obradović/Demian*, ZFR 2019, 451 = *Reisch*, ZIK 2019, 122 = ÖBA 2019, 741 (*Scheuwimmer*) = *Engin-Deniz*, ecolex 2019, 751 = GesRZ 2019, 344 (*Edel/Welten*).
702 *Bauer/Zehetner* in Straube/Ratka/Rauter, GmbHG § 82 Rz 94; vgl allg zur Risikovermeidung *Klein*, ZIP 2017, 258 (263 ff).

einbezogenen Beträge das ungebundenen Kapital der teilnehmenden GmbH nicht überschreiten (weil dieses idR durch Dividendenausschüttung ohnedies aus der GmbH abgezogen werden könnte). Zusätzlich ist in Betracht zu ziehen, ob den teilnehmenden Gesellschaften auch **Sicherheiten** zugunsten der Master Account-Gesellschaft u/oder der finanzierenden Bank abverlangt werden; eine Besicherung des Gesamtsaldos (Übernahme des Ausfallrisikos sämtlicher Teilnehmer) wird idR – zumindest mangels geeigneter Ausgleichsmaßnahmen (s Rz 101) oder betriebl Rechtfertigung (s Rz 92 ff, 115 f) – unzulässig sein;[703] ebenso allenfalls eine Haftungsübernahme, die für die teilnehmende GmbH zu einem Risiko führt, das als **existenzbedrohend** (s Rz 119, 137) einzuschätzen ist.[704] Systematisch ist darauf zu achten, dass durch die Rahmenvereinbarungen eine faire Verteilung der Vorteile u Lasten zw den Mitgliedern gewährleistet ist; Zinsvor- u -nachteile sowie laufende Kosten sind adäquat zw den Mitgliedern zu verteilen,[705] wobei insb zu berücksichtigen ist, dass eine liquiditätsstarke GmbH nicht zu Lasten des *Cash Pools* oder einzelner liquiditätsschwacher Teilnehmer benachteiligt wird.[706] Die *Master Account*-Gesellschaft darf jedenfalls

---

703 *Koppensteiner/Rüffler*, GmbHG[3] § 82 Rz 17c; *Bauer/Zehetner* in Straube/Ratka/Rauter, GmbHG § 82 Rz 100; *Aburumieh*, ecolex 2020, 1073 (1077); vgl OGH 2.5.2019, 17 Ob 5/19p, NZ 2019, 222 (*H. Foglar-Deinhardstein*) = *Fantur*, GES 2019, 169 = RWZ 2019, 288 (*Wenger*) = *Obradović/Demian*, ZFR 2019, 451 = *Reisch*, ZIK 2019, 122 = ÖBA 2019, 741 (*Scheuwimmer*) = *Engin-Deniz*, ecolex 2019, 751 = GesRZ 2019, 344 (*Edel/Welten*).
704 OGH 2.5.2019, 17 Ob 5/19p, NZ 2019, 222 (*H. Foglar-Deinhardstein*) = *Fantur*, GES 2019, 169 = RWZ 2019, 288 (*Wenger*) = *Obradović/Demian*, ZFR 2019, 451 = *Reisch*, ZIK 2019, 122 = ÖBA 2019, 741 (*Scheuwimmer*) = *Engin-Deniz*, ecolex 2019, 751 = GesRZ 2019, 344 (*Edel/Welten*); 22.12.2021, 6 Ob 89/21p, ÖBA 2022, 370 (*A. Wimmer*) = ecolex 2022, 380 (*J. Reich-Rohrwig*). Nunmehr mE zu Recht krit zum Grenzkriterium der Existenzgefährdung *J. Reich-Rohrwig/Zimmermann* in Artmann/Karollus, AktG[6] § 84 Rz 207 f; *Krist*, Existenzvernichtungshaftung 28 f; *Eckert/Wöss* in Aschauer et al, Niedrigverzinsung 71 (80). Differenzierend *Karollus* in Brandl/Karollus/Kirchmayr/Leitner, HB vGA[3], 1 (156 f); *Eckert/Schopper/Madari* in Eckert/Schopper, AktG-ON § 52 Rz 39, 47.
705 *Auer* in Gruber/Harrer, GmbHG[2] § 82 Rz 59; *Eckert/Wöss* in Aschauer et al, Niedrigverzinsung 71 (86). **Detaillierte Vorschläge für die Ausgestaltung** bei *Winder*, GesRZ 2019, 28 (29).
706 *Bauer/Zehetner* in Straube/Ratka/Rauter, GmbHG § 82 Rz 92; vgl OGH 2.5.2019, 17 Ob 5/19p, NZ 2019, 222 (*H. Foglar-Deinhardstein*) = *Fantur*, GES 2019, 169 = RWZ 2019, 288 (*Wenger*) = *Obradović/Demian*, ZFR

eine angemessene Vergütung für ihre Dienstleistungen (Transfer v Salden) u die v ihr allenfalls übernommenen Haftungs- u Ausfallrisiken verrechnen.[707] Schließlich ist auch relevant, dass es nach der Jud im Licht v § 82 bedenklich ist, wenn die GmbH einen Kredit bei einem dritten Kreditgeber aufnimmt, der zur **Weiterleitung an einen Gesellschafter** bestimmt ist (s Rz 107).[708]

134 Für die Frage der verbotenen Einlagenrückgewähr ist natürlich primär die Prüfung der drittvergleichsfähigen Gegenleistung u/oder der betriebl Rechtfertigung anhand der Fakten im konkreten Einzelfall relevant. Es ist durchaus üblich, eine entspr Analyse auszuformulieren u in den Gesellschafter- u/oder den Geschäftsführungsbeschluss zu integrieren (s Rz 123).[709]

135 Neben dem Verbot der Einlagenrückgewähr sind bei *Cash Pooling*-Systemen insb folgende rechtliche Themen zu beachten:[710]

– In aller Regel wird die Teilnahme einer österr GmbH an einem konzernweiten *Cash Pooling* ein **ao Geschäft** darstellen, sodass sich in jedem Fall die Einholung der Zustimmung der Gesellschafter durch entspr Beschluss empfiehlt.

– Gesellschafterdarlehen, die einer österr GmbH in deren Krise gewährt werden, sind nach den näheren Bestimmungen des **EKEG** bis zur Sanierung der Gesellschaft rückzahlungsgesperrt. Diese Regelungen können natürlich auch beim *Cash Pooling* zu beachten sein (s Rz 162 ff).

2019, 451 = *Reisch*, ZIK 2019, 122 = ÖBA 2019, 741 (*Scheuwimmer*) = *Engin-Deniz*, ecolex 2019, 751 = GesRZ 2019, 344 (*Edel/Welten*).
707 *Winder*, GesRZ 2019, 28 (29); *Milchrahm*, GRAU 2020, 10 (12).
708 Vgl OGH 25.6.1996, 4 Ob 2078/96h – *Fehringer*, JBl 1997, 108 (*Hügel*) = *Saurer*, RdW 1998, 593; 20.3.2013, 6 Ob 48/12w – *Kneisz I*, ÖBA 2013, 601 (*Wolkerstorfer/Gebetsberger*) = ecolex 2013, 638 (*F. Hörlsberger/Rieder*) = GesRZ 2013, 230 (*Thurnher*); 17.7.2013, 3 Ob 50/13v – *MBO II*, RWZ 2013/82, 315 (*Wenger*) = GesRZ 2013, 356 (*Artmann*) = ÖBA 2014, 52 (*P. Bydlinski*); 15.12.2014, 6 Ob 14/14y – *Humanitas*, NZ 2015, 107 (*Till*) = ecolex 2015, 128 (*Brugger*) = GesRZ 2015, 130 (*Karollus*) = Reisch/Hampel, ZIK 2015/100, 91 = *Hermann*, GES 2016, 394 = *Prostor*, ZfRV 2019, 179.
709 *H. Foglar-Deinhardstein* in Foglar-Deinhardstein, HB vGA, Rz 1/153.
710 Vgl *Karollus* in Brandl/Karollus/Kirchmayr/Leitner, HB vGA³, 1 (178 f); *St. Frotz* in Polster, HB Cash Pooling 73 (77 ff); *Schmidsberger/Duursma* in Mittendorfer/Mittermair, HB Unternehmensfinanzierung BT 2/493 ff; *Eckert/Wöss* in Aschauer et al, Niedrigverzinsung 71 (87).

- Zu beachten ist, dass es durch das *Cash Pooling* zu keinem **widmungswidrigen Abfluss zweckgebundener Mittel** – zB aus Subventionen, Förderungen oder zweckgebundenen Krediten – aus der Gesellschaft kommt.
- Eine Gesellschaft kann selbstverständlich auch bei aufrechter Einbindung in einen *Cash Pool* **insolvent** werden.[711]
- Aus **regulatorischer Sicht** stellt sich die Frage, ob *Cash Pooling* ein Bankgeschäft ist, dessen Erbringung einer Banklizenz bedarf. Entscheidungen des VwGH u des OGH dürften hier aber eher Entwarnung geben.[712] Zu überlegen ist auch die Qualifikation als AIF.[713]

136 Auch bei der **zentralen Kreditaufnahme** im Unternehmensverbund ist darauf zu achten, dass eine teilnehmende GmbH mit hoher Bonität eine adäquate Gegenleistung für ihre Teilnahme an der gemeinsamen Kreditaufnahme erhält, zumal aus der Perspektive der einzelnen GmbH mit hoher Bonität die individuelle Finanzierung allenfalls sogar günstiger sein kann.[714] Wenn ein Teil des zentral aufgenommenen Kredits, der dem Wert der v der GmbH bestellten Sicherheit (abzüglich des banküblichen Risikoaufschlags) entspricht, an die besichernde GmbH weitergeleitet wird, so wird ein **materiell eigener Kredit** besichert, was – bei drittvergleichsfähigen Konditionen – grds rechtlich in Ordnung ist (s näher Rz 107), zumal wenn die Konzernmutter **zinsgünstigeren Kredit** bekommt als die besichernde Tochter.[715] Potentiell problematisch ist es hingegen, wenn eine Konzerngesellschaft für mehr haftet als sie aus der zentralen Kreditaufnahme bekommt.[716] Zum Einfluss der Einbin-

---

711 Vgl etwa BGH 28.6.2022, II ZR 112/21.
712 VwGH 20.06.2012, 2008/17/0226 = *Brandl/Wolfbauer*, ZFR 2013, 16; OGH 24.3.2023, 6 Ob 141/22m; vgl *Schrank/Meister*, ZFR 2013/150, 256; *Karollus* in Brandl/Karollus/Kirchmayr/Leitner, HB vGA³, 1 (179); *Rieder/F. Hörlsberger* in Polster, HB Cash Pooling 101; *Obradović/Wietrzyk* in Haberer/Krejci, Konzernrecht, Rz 12.19 ff, 12.23; *Fellner/Rüffler*, GES 2019, 59 (64); vgl auch *Artmann* in Artmann/Rüffler/Torggler, Unternehmensfinanzierung 15 (32) mit Verweis auf § 3 Abs 3 Z 14 ZaDiG 2018.
713 *Artmann* in Artmann/Rüffler/Torggler, Unternehmensfinanzierung 15 (32).
714 *H. Foglar-Deinhardstein* in Foglar-Deinhardstein, HB vGA, Rz 1/155.
715 *Bauer/Zehetner* in Straube/Ratka/Rauter, GmbHG § 82 Rz 70; vgl *Auer* in Gruber/Harrer, GmbHG² § 82 Rz 60; *Saurer* in Doralt/Nowotny/Kalss, AktG³ § 52 Rz 89.
716 *Bauer/Zehetner* in Straube/Ratka/Rauter, GmbHG § 82 Rz 101.

dung in eine zentrale Konzernfinanzierung auf die zw Gesellschaftern u Gesellschaft wechselwirkenden **Treuepflichten** s Rz 51, 129.

Vergleichbare kapitalerhaltungsrechtliche Schwierigkeiten wie bei *Cash-Management*-Systemen können sich auch bei der Einbindung einer KapGes in die **konzernweite Versicherung** ergeben. Auch hier ist darauf zu achten, dass es aus Sicht der einzelnen Gesellschaft nicht zu einer unangemessenen Belastung zugunsten der übrigen Konzerngesellschaften, etwa durch Überversicherung oder überhöhte Prämien, kommt.[717]

136a

13. Übertragung von Geschäftschancen, Existenzvernichtung

Die Übertragung v Geschäftschancen (Corporate Opportunities), über die die Gesellschaft verfügen kann, an den Gesellschafter ohne angemessene Gegenleistung kann gegen § 82 verstoßen.[718] Positiv-rechtlich kann die Geschäftschancenlehre nunmehr aus § 1186 Abs 1 ABGB sowie aus § 112 Abs 1 UGB abgeleitet werden.[719] Im Licht der Kapitalerhaltung relevant sind nur solche Geschäftschancen, die bereits so verdichtet sind, dass ihnen ein Marktwert zukommt.[720] Dies ist (widerleglich) indiziert, wenn sie mit einem Vermögensgegenstand (zB Unternehmen, Betrieb oder Teilbetrieb mit Firmenwert, Kundenstock, stille Reserven in einzelnen Vermögensgegenständen) oder einem Recht (zB Vertriebsverträge, gewerbliche Schutzrechte, verbindliche Angebote,

137

---

717 *H. Foglar-Deinhardstein* in Foglar-Deinhardstein, HB vGA, Rz 1/156; *H. Foglar-Deinhardstein*, Besprechung zu OGH 17 Ob 5/19p, NZ 2019, 226 (230). Zum **Energie-Pooling durch Energiegemeinschaften** *Kitzmüller/Kubat*, ecolex 2023, 953.
718 OGH 14.9.2021, 6 Ob 71/21s, RWZ 2021, 336 (*Wenger*) = NZ 2022, 91 (*Reheis*) = *Michtner*, GES 2022, 10 = GesRZ 2022, 143 (*Artmann*) = ecolex 2022, 895 (*J. Reich-Rohrwig*). Vgl OGH 15.4.2010, 6 Ob 226/09t, RWZ 2010/62, 264 (*Wenger*) = GesRZ 2010, 276 (*Winner/Obradović*) = ZFR 2011, 128 (*Ruhm*) („*Minderung der Erwerbsaussichten*"); ebenso OGH 23.2.2016, 6 Ob 171/15p – *AE&E I*, RWZ 2016/28, 125 (*Wenger*) = EvBl-LS 2016/81 (*Rohrer*) = *Schopper/Walch*, NZ 2016, 163 = GesRZ 2016, 281 (*Schörghofer*) = ÖBA 2017, 621 (*Dellinger*) = *Bergmann/Schörghofer*, GES 2017, 20 = *Straube* in FS Bittner 657 = *Aburumieh/H. Foglar-Deinhardstein*, GES 2019, 3.
719 *Kalss/Probst*, GesRZ 2018, 135 (138).
720 OGH 14.9.2021, 6 Ob 71/21s, RWZ 2021, 336 (*Wenger*) = NZ 2022, 91 (*Reheis*) = *Michtner*, GES 2022, 10 = GesRZ 2022, 143 (*Artmann*) = ecolex 2022, 895 (*J. Reich-Rohrwig*); *H. Foglar-Deinhardstein* in Foglar-Deinhardstein, HB vGA, Rz 1/157.

Optionen, Exklusivitätsrechte, Lizenzen, vertraglich abgesichertes geheimes Know-how[721]) einhergehen, oder bereits Investitionen (Entwicklungs-, Planungs-, Sondierungs- u Projektkosten, Kosten einer *Due Diligence* u/oder der Teilnahme an einem Bieterwettbewerb) getätigt wurden, die sich der Gesellschafter nun erspart (frustrierte Aufwendungen der GmbH).[722] Ein allg **Schutz des Tätigkeitsbereichs einer GmbH** besteht aber nicht; die Konzernmutter kann also selbstverständlich die Aufgaben unter den Konzerngesellschaften neu verteilen (Funktionsverlagerung), Schlüsselmitarbeiter der jew GmbH abwerben (Personalabzug), eine für die jew GmbH wichtige Lizenz kündigen etc;[723]

---

[721] *Milchrahm*, GRAU 2021, 48 (52); *Hügel* in FS Koppensteiner II, 11 (25 f, 31, 36 f). Aus steuerlicher Sicht stellt eine Idee oder ein Konzept nur dann Know-how iSe selbständigen Wirtschaftsguts dar, wenn es sich um ein v der Person des Wissensträgers abgesondertes, selbständig bewertbares Gut handelt (vgl Mayr/Melhardt/Lattner/Kufner, Salzburger Steuerdialog 2016, 9 f). Insolvenzrechtlich fällt Know-how in die Insolvenzmasse, sobald es hinreichend konkret nach außen getreten ist, um einer Verwertung zugänglich zu sein (OGH 27.11.2020, 1 Ob 207/20b; *Mayrhuber*, ZIK 2021, 104 [107 f]). Die Kriterien des § 26b Abs 1 UWG müssen mE nicht (vollständig) erfüllt sein, um die Anwendbarkeit des Verbots der Einlagenrückgewähr bejahen zu können (*H. Foglar-Deinhardstein* in Foglar-Deinhardstein, HB vGA, Rz 1/157 FN 674). Gesellschaftsrechtlich unterliegen „*verwertbare und verfügbare Ideen*" als Know-how dem Kapitalerhaltungsschutz (*Krist*, Existenzvernichtungshaftung 59).

[722] *Auer* in Gruber/Harrer, GmbHG² § 82 Rz 49; *Koppensteiner/Rüffler*, GmbHG³ § 82 Rz 17e; *Hoenig/Stingl*, GesRZ 2007, 23 (25); *Karollus* in Brandl/Karollus/Kirchmayr/Leitner, HB vGA³, 1 (128 f); *Kalss/Probst*, GesRZ 2018, 135 (139); vgl (zurückhaltend) OGH 14.9.2021, 6 Ob 71/21s, RWZ 2021, 336 (*Wenger*) = NZ 2022, 91 (*Reheis*) = Michtner, GES 2022, 10 = GesRZ 2022, 143 (*Artmann*) = ecolex 2022, 895 (*J. Reich-Rohrwig*); *Bauer/Zehetner* in Straube/Ratka/Rauter, GmbHG § 82 Rz 68 f; *U. Torggler*, GesRZ 2013, 11 (13); *Hügel* in Kalss/Torggler, Einlagenrückgewähr 19 (50 ff); *Wenger*, Besprechung zu OGH 6 Ob 171/15p, RWZ 2016/28, 125 (127 f); *Haberer* in Haberer/Krejci, Konzernrecht, Rz 11.163 ff; *Eckert/Schopper/Madari* in Eckert/Schopper, AktG-ON § 52 Rz 48; *J. Reich-Rohrwig/Aschl*, ecolex 2022, 850 (853); (zurückhaltend) *Krist*, Existenzvernichtungshaftung 50 f.

[723] *Auer* in Gruber/Harrer, GmbHG² § 82 Rz 50 mwN; *Karollus* in Brandl/Karollus/Kirchmayr/Leitner, HB vGA³, 1 (129); *Koppensteiner* in Kalss/Torggler, Einlagenrückgewähr 59 (64); vgl *Bauer/Zehetner* in Straube/Ratka/Rauter, GmbHG § 82 Rz 68; *Krist*, Existenzvernichtungshaftung 51 f, 57 ff; *Eckert/Schopper/Madari* in Eckert/Schopper, AktG-ON § 52 Rz 48.

das ergibt sich schon aus der allg Freiheit, eine GmbH jederzeit zu beenden[724] (s Rz 8). Entzieht ein Gesellschafter der GmbH die Existenzgrundlage (s auch Rz 119) u führt dadurch die Insolvenz der GmbH herbei, kann dies nach freilich umstrittener A zu einer **(Durchgriffs-) Haftung wegen existenzvernichtenden Eingriffs** führen (s aber § 83 Rz 15).[725] Die Übertragung einer **Geschäftschance eines Gesellschafters in die GmbH** ist mE auch dann keinesfalls eine verbotene Einlagenrückgewähr, wenn die Wahrnehmung dieser Chance für die GmbH mit **Finanzierungsbedarf** verbunden ist.[726] Ansonsten wäre beinahe jede GmbH-Gründung schon *per se* eine verbotene Einlagenrückgewähr.[727]

---

724 *U. Torggler*, GesRZ 2013, 11 (13); *Hügel* in FS Koppensteiner II, 11 (33, 43 f).
725 **Dafür** *Koppensteiner*, JBl 2006, 681; *Koppensteiner*, JBl 2008, 749; *Schopper/Strasser*, GesRZ 2005, 176; **dagegen** *U. Torggler*, JBl 2006, 85; *U. Torggler*, JBl 2006, 809; *S.-F. Kraus/U. Torggler* in Torggler, GmbHG § 61 Rz 23; *Artmann*, GesRZ 2019, 419 (420); *U. Torggler*, RdW 2022, 657; differenzierend *Bauer/Zehetner* in Straube/Ratka/Rauter, GmbHG § 82 Rz 215 ff; offen OGH 14.7.1986, 1 Ob 571/86 – *Eumig*, JBl 1986, 713 (*J. Reich-Rohrwig*) = ZIP 1987, 705 (*Honsell*) = *Honsell*, JBl 1987, 146 = *Holeschofsky*, GesRZ 1987, 34 = *Thöni*, GesRZ 1987, 126 = *H. Schumacher*, RdW 1987, 394 = *Karollus*, ÖBA 1990, 337, 438; 29.4.2004, 6 Ob 313/03b, GesRZ 2004, 379 (*Harrer*) = RWZ 2004/93, 366 (*Wenger*) = GES 2005, 19 (*Fantur*) = ÖZW 2005, 21 (*Artmann*); 28.3.2018, 6 Ob 4/18z, GesRZ 2018, 346 (*Bauer*).
726 *H. Foglar-Deinhardstein* in Foglar-Deinhardstein, HB vGA, Rz 1/157. **AA** OGH 20.3.2013, 6 Ob 48/12w – *Kneizl I*, ÖBA 2013, 601 (*Wolkerstorfer/Gebetsberger*) = ecolex 2013, 638 (*F. Hörlsberger/Rieder*) = GesRZ 2013, 230 (*Thurnher*); **krit** dazu *Artmann* in FS Torggler 49 (54 ff); *Karollus* in Brandl/Karollus/Kirchmayr/Leitner, HB vGA³, 1 (132 ff, 183 ff, 186 ff) mwN; *Brugger*, NZ 2013/92, 208; *Karollus*, GES 2013, 283; *Grossmayer*, ecolex 2013, 951 (953); *Hügel* in Kalss/Torggler, Einlagenrückgewähr 19 (51 FN 129); *U. Torggler* in Kalss/Torggler, Einlagenrückgewähr 89 (102); *Hügel*, GesRZ 2016, 100 (FN 6); *Mitterecker*, GES 2016, 150 (151); *Rüffler/Aburumieh/Lind* in Jaufer/Nunner-Krautgasser/Schummer, Kapitalaufbringung und Kapitalerhaltung 71 (87 f); *Rericha/Strass*, wbl 2016, 730 (739 f, FN 99, 100); *Karollus*, ecolex 2022, 868 (868 f); mglw einlenkend OGH 17.7.2013, 3 Ob 50/13v – *MBO II*, RWZ 2013/82, 315 (*Wenger*) = GesRZ 2013, 356 (*Artmann*) = ÖBA 2014, 52 (*P. Bydlinski*); 8.4.2014, 3 Ob 19/14m – *Panoramastraße*, GesRZ 2014, 331 (*Karollus*) = ecolex 2014, 1069 (*J. Reich-Rohrwig*); *G. Nowotny* in Torggler, Richterliche Rechtsfortbildung u ihre Grenzen 33 (45).
727 *H. Foglar-Deinhardstein/Hartig* in Kalss/Frotz/Schörghofer, HB Vorstand, Rz 32/21; ebenso *Karollus*, ecolex 2022, 868.

Umgekehrt ist die Übertragung einer Geschäftschance der Gesellschaft an den Anteilseigner mE dann grds zulässig, wenn die Wahrnehmung der Chance mit weiterem Finanzierungsbedarf verbunden wäre, u diese Finanzierungslast v Anteilseigner übernommen wird.[728]

14. Übertragung von Daten, Informationen und Know-how

138 Weitgehend ungeklärt ist, ob das Absaugen v **Informationen, Daten** u **Know-how**[729] aus der GmbH durch einen Gesellschafter einen Verstoß gegen § 82 darstellen kann. Während Informationen, Daten, Kenntnisse, Geschäftskontakte, Verbindungen u Know-how sowie **Betriebs- u Geschäftsgeheimnisse** gegenüber fremden Dritten regelmäßig faktisch u auch rechtlich – insb durch entspr Vereinbarungen – geschützt werden, werden sie im Konzern oft ungeschützt weitergereicht u gepoolt. Die Frage ist auch rechtlich komplex, weil (a) dem Gesellschafter einer GmbH gegenüber der Gesellschaft ein umfassendes Informations-, Auskunfts- u Einsichtsrecht u damit ein umfassender Zugriff auf die Informationen u Daten der GmbH zusteht, u außerdem (b) Know-how u Goodwill *per se* – ohne vertragliche Vereinbarung – nicht unbedingt immaterialgüterrechtlichen Schutz genießen.[730] Ungeklärt ist derzeit auch

---

728 *H. Foglar-Deinhardstein* in Foglar-Deinhardstein, HB vGA, Rz 1/157.

729 Aus steuerlicher Sicht stellt eine Idee oder ein Konzept nur dann Know-how iSe selbständigen Wirtschaftsguts dar, wenn es sich um ein v der Person des Wissensträgers abgesondertes, selbständig bewertbares Gut handelt (vgl Mayr/Melhardt/Lattner/Kufner, Salzburger Steuerdialog 2016, 9 f). Insolvenzrechtlich fällt Know-how in die Insolvenzmasse, sobald es hinreichend konkret nach außen getreten ist, um einer Verwertung zugänglich zu sein (OGH 27.11.2020, 1 Ob 207/20b; *Mayrhuber*, ZIK 2021, 104 [107 f]; ähnlich *C. G. Paulus/J. Berg*, ZIP 2019, 2133 [2140 ff]). Die Kriterien des § 26b Abs 1 UWG müssen mE nicht (vollständig) erfüllt sein, um die Anwendbarkeit des Verbots der Einlagenrückgewähr bejahen zu können (*H. Foglar-Deinhardstein* in Foglar-Deinhardstein, HB vGA, Rz 1/157 FN 674, Rz 1/158 FN 681). Gesellschaftsrechtlich unterliegen „*verwertbare und verfügbare Ideen*" als Know-how dem Kapitalerhaltungsschutz (*Krist*, Existenzvernichtungshaftung 59).

730 Zur Frage, ob der Schutz v Geschäfts- u Betriebsgeheimnissen nach UWG gegenüber Gesellschaftern greift, vgl *Thiele* in Wiebe/Kodek, UWG² § 13 Rz 22 ff. Nach aktueller Rechtslage genießen die Daten einer KapGes wohl keinen gesetzl **datenschutzrechtlichen** Schutz mehr (vgl *Kriegner*, wbl 2019, 79; *Anderl/F. Hörlsberger/B. Müller*, ÖJZ 2018, 14; *Hofmarcher*, RWZ 2019, 36). Allg zum Eigentum an Daten *Kornmeier/Baranowski*, BB 2019, 1219; *C. G. Paulus/J. Berg*, ZIP 2019, 2133. Allg zum rechtlichen

noch das Verhältnis gesellschaftsrechtlicher Informationsrechte u -pflichten zum neuen § 26c UWG.[731] Selbstverständlich kann Daten u Informationen, die nicht allg zugänglich sind, jedenfalls ein gewisser Marktwert zukommen.[732] Deswegen sind diese Informationen u Daten v der jew GmbH u ihren Organen im Interesse der Gesellschaft zu schützen.[733] Sofern Informationen tatsächlich ein Vermögenswert zugeordnet werden kann, müsste der GmbH mE für den Transfer dieser Informationen an einen Gesellschafter oder eine Schwestergesellschaft ein drittvergleichsfähiger Vorteil zukommen.[734] Außerdem können sondergesetzl Geheimhaltungs- u Vertraulichkeitsverpflichtungen – zB Regelungen zum Daten- u Persönlichkeitsschutz oder zum Verbot des unlauteren Wettbewerbs –, aber mE durchaus auch sachlich angemessene vertragliche Regelungen den gesellschaftsrechtlichen Auskunftsanspruch des Gesellschafters begrenzen.[735] Im Einzelfall ist dann jew zu prüfen, ob die jew Geheimhaltungspflicht jeglichen Informationstransfer ausschließt oder etwa auch durch vertragliche Überbindung der Geheimhaltungsverpflichtung, Schaffung v **Vertraulichkeitsbereichen** oder andere geeignete Maßnahmen gewahrt werden kann. Bei der Bewertung der transferierten Daten u Informationen ist mE insb auch zu berücksichtigen, ob (a) der Empfänger exklusive oder lediglich nicht-

---

Schutz der mittels *Artificial Intelligence* hergestellten Produkte *Herda*, wbl 2019, 305. Allg zum wirtschaftlichen Wert personenbezogener Daten *Leinemann*, Personenbezogene Daten als Entgelt 31 ff, 223.

731 Zu § 26c UWG s zB *Hofmarcher*, RWZ 2019, 36 (38).

732 Zum Untersch zw Daten u Informationen sowie zu deren potentiellem monetären Wert *C. G. Paulus/J. Berg*, ZIP 2019, 2133 (2137 f). Allg zum wirtschaftlichen Wert personenbezogener Daten *Leinemann*, Personenbezogene Daten als Entgelt 31 ff, 223.

733 *H. Foglar-Deinhardstein* in Foglar-Deinhardstein, HB vGA, Rz 1/158; *H. Foglar-Deinhardstein*, ecolex 2017, 1173 (1176); zust *Hanzl/Geißler*, Einlagenrückgewähr u Leistungsbeziehungen im Konzern, Lexis Briefings Wirtschaftsrecht, März 2020, März 2023; ähnlich *Schopper* in Artmann/Rüffler/Torggler, Konzern 101 (109 f).

734 *H. Foglar-Deinhardstein* in Foglar-Deinhardstein, HB vGA, Rz 1/158; *Schopper* in Artmann/Rüffler/Torggler, Konzern 101 (109 f); *Joklik-Fürst*, RdW 2020, 800 (804); *Milchrahm*, GRAU 2021, 48 (52). AA offenbar *Hügel* in Kalss/Torggler, Einlagenrückgewähr 19 (55).

735 *H. Foglar-Deinhardstein* in Foglar-Deinhardstein, HB vGA, Rz 1/158; *Milchrahm*, GRAU 2021, 48 (52). Vgl zum Aktienrecht *S. Bydlinski/Potyka* in Artmann/Karollus, AktG[6] § 118 Rz 20 f; *M. Doralt* in Doralt/Nowotny/Kalss, AktG[3] § 118 Rz 107 FN 292, Rz 109.

exklusive Nutzungsrechte erwirbt, u ob (b) für das legale Verwenden der transferierten Daten ohnedies noch die Zustimmung der Betroffenen einzuholen ist.[736] Mit der Übertragung v Daten, Informationen u Know-how kann naturgemäß auch die Übertragung v Geschäftschancen (**Corporate Opportunities**) einhergehen (s Rz 137). Diese Prinzipien sind mE auch auf **digitale Geschäftsmodelle** anzuwenden, bei denen durch das Verschneiden v Daten aus heterogenen Datenstrukturen neue wertschöpfende Informationen generiert werden.[737]

15. Gruppenbesteuerung, Verlustvorträge

139 **Steuerliche Verlustvorträge** stellen grds einen Vermögenswert dar, weil sie die Möglichkeit einer zukünftigen Steuerersparnis eröffnen.[738] Kommt es zum Zweck der Erlangung der Vorteile der **Gruppenbesteuerung** gem § 9 KStG zum Abschluss einer **Steuerausgleichsvereinbarung**, müssen die in die Gruppe einbezogenen GmbH für ihre Beiträge, insb die Zurverfügungstellung v steuerlichen Verlustvorträgen, einen angemessenen Ausgleich erhalten.[739] Für Vorteile, die eine GmbH als Gruppenmitglied aus der Teilnahme an der Steuergruppe erlangt, kann ihr ein entspr Entgelt abverlangt werden. Im Detail, insb iZm einem allfälligen Ausscheiden aus der Steuergruppe, ist vieles str.[740]

---

736 *H. Foglar-Deinhardstein* in Foglar-Deinhardstein, HB vGA, Rz 1/158; *H. Foglar-Deinhardstein*, ecolex 2017, 1173 (1176).
737 Näher *H. Foglar-Deinhardstein*, ecolex 2017, 1173 (1176) mwN. Zust *Hanzl/Geißler*, Einlagenrückgewähr u Leistungsbeziehungen im Konzern, Lexis Briefings Wirtschaftsrecht, März 2020, März 2023. Vgl *C. G. Paulus/ J. Berg*, ZIP 2019, 2133 (2137). Allg zum wirtschaftlichen Wert personenbezogener Daten *Leinemann*, Personenbezogene Daten als Entgelt 31 ff, 223.
738 *Auer* in Gruber/Harrer, GmbHG² § 82 Rz 51 mwN.
739 *Auer* in Gruber/Harrer, GmbHG² § 82 Rz 51 mwN; *Karollus* in Brandl/Karollus/Kirchmayr/Leitner, HB vGA³, 1 (129 f); (differenzierend) *Eckert/ Schopper/Madari* in Eckert/Schopper, AktG-ON § 52 Rz 50; mglw aA *U. Torggler*, RdW 2022, 657.
740 Vgl *Reich-Rohrwig*, Kapitalerhaltung 427 f; *Koppensteiner*, GES 2005, 404; *Hügel*, GesRZ 2005, 155; *H. Schmidt*, RWZ 2006/23, 76; *Hügel* in FS Koppensteiner II, 11 (34 FN 34, 39 FN 99); *Hoenig/Stingl*, GesRZ 2007, 23 (31 f); *Bauer/Zehetner* in Straube/Ratka/Rauter, GmbHG § 82 Rz 242 ff; *Schmidsberger/Lipp*, RdW 2011/406, 385; *Koppensteiner* in Kalss/Torggler, Einlagenrückgewähr 59 (62); *Haberer* in Haberer/Krejci, Konzernrecht, Rz 11.158 ff; *Eckert/Schopper/Madari* in Eckert/Schopper, AktG-ON § 52 Rz 50.

16. Umstrukturierungen, Umgründungen

Umstrukturierungen einer GmbH, insb **Umgründungen**, können bei fehlerhafter Strukturierung oder Durchführung gegen § 82 verstoßen.[741] Diese Gefahr besteht insb bei **Konzernumgründungen**, weil hier die Korrekturfunktion außenstehender Dritter, die ihre Vermögensinteressen u Gleichbehandlungsrechte wahren, fehlt.[742] Der Umstand, dass die Strukturierung einer Umgründung im Einklang mit den steuerlichen Regeln des UmgrStG steht, schließt keineswegs aus, dass die Umgründung trotzdem die zwingenden Kapitalerhaltungsregeln verletzt. Umgekehrt kann eine Strukturierung, die die Kapitalerhaltungsregeln befolgt, dazu führen, dass die steuerlichen Begünstigungen des UmgrStG auf die betroffene Umgründung nicht angewendet werden können, was aber gesellschaftsrechtlich wiederum *per se* unschädlich ist.[743] Bei Transaktionen u Umstrukturierungen ab einer gewissen Größenordnung haben nicht einschlägig jur vorgebildete GF idR spezialisierte Berater beizuziehen, um eine gesetzeskonforme Abwicklung zu gewährleisten (s § 83 Rz 32).[744] Zum **Bestandschutz durch FB-Eintragung** s § 83 Rz 41, § 98 Rz 30, § 101 Rz 46. Zum Gläubigerschutz bei **umgründungsbedingter Hebung stiller Reserven** u daraus resultierender Erhöhung des Ausschüttungspotentials s Rz 64.

140

a) Verschmelzung

Zu den Fragen des **positiven Verkehrswerts** u der **Kapitalentsperrung** s § 101 Rz 48 ff, 55 ff; § 81 Rz 19, 78. *Upstream*-Verschmelzungen sind wegen der parallelen Gefahrenlage in der Beurteilung ihrer Zulässigkeit grds mit dem gleichen Maßstab wie *Downstream*-Verschmelzungen zu beurteilen (s § 101 Rz 48).[745]

141

---

741 *Auer* in Gruber/Harrer, GmbHG² § 82 Rz 53; *H. Foglar-Deinhardstein/Hartig* in Kalss/Frotz/Schörghofer, HB Vorstand, Rz 31/44.
742 *Ch. Nowotny* in Haberer/Krejci, Konzernrecht, Rz 15.28.
743 *Steinhart*, RdW 2011/114, 119 (119, 122).
744 OGH 30.8.2016, 6 Ob 198/15h, NZ 2016, 413 (*Brugger*) = *Bergmann/Schörghofer*, GES 2017, 20 = *I. Welser*, ecolex 2017, 1073 = *Aburumieh/H. Foglar-Deinhardstein*, GES 2019, 3; *Rüffler*, GES 2018, 391 (392); vgl auch *H. Foglar-Deinhardstein/Hartig* in Kalss/Frotz/Schörghofer, HB Vorstand, Rz 31/22 FN 28 mwN.
745 OGH 24.11.2015, 1 Ob 28/15x – *Kneiz II*, NZ 2016, 147 (*Auer*) = GesRZ 2016, 219 (*Arlt*) = *Mitterecker*, GES 2016, 150; *Ch. Nowotny* in Haberer/Krejci, Konzernrecht, Rz 15.33; *Karollus*, ecolex 2022, 868 (871).

142 Gegen das Verbot der Einlagenrückgewähr kann die **Verschmelzung** v Gesellschaften versch **Konzernäste** (zB zw zwei Enkelgesellschaften oder einer Nichte auf eine Tante oder einer Enkelin auf die Großmutter) dann verstoßen, wenn dadurch eine Zwischengesellschaft ohne Gegenleistung entreichert wird (s § 101 Rz 36).[746]

b) Spaltung

143 Die für die Verschmelzung entwickelten Grundregeln gelten auch für die **Abspaltung zur Aufnahme** *down-stream* oder *side-stream*, wenn dabei negatives Vermögen auf eine übernehmende GmbH übertragen wird.[747]

144 Weiters liegt ein Verstoß gegen § 82 vor, wenn der Gesellschafter der spaltenden GmbH oder AG selbst eine KapGes ist, u dieser Gesellschafter **zugunsten einer Obergesellschaft auf die Anteilsgewähr** an der übernehmenden Gesellschaft **verzichtet** u dafür keinen Wertausgleich erhält (zB Spaltung mit inäquivalenter Anteilsgewähr oder Spaltung aus der Enkelin auf die Großmutter, zw Cousinen oder aus der Nichte auf die Tante).[748] Bei einer **entflechtenden Spaltung** wird die Beteiligung der Muttergesellschaft an der Tochtergesellschaft auf letztere abgespalten u v dieser in sinngemäßer Anwendung v § 224 Abs 3 AktG an die Gesellschafter der Muttergesellschaft ausgekehrt (s auch § 81 Rz 21); da dieser Vorgang der Tochtergesellschaft die Spaltungshaftung gem § 15 SpaltG aufbürdet, kann er – mangels Ausgleichsmaßnahmen (s Rz 101, 122) – eine verbotene Einlagenrückgewähr verwirklichen.[749] Als Aus-

---

746 *Koppensteiner/Rüffler*, GmbHG³ § 82 Rz 17f; *Ch. Nowotny* in Haberer/Krejci, Konzernrecht, Rz 15.36.

747 *Koppensteiner/Rüffler*, GmbHG³ § 82 Rz 17f; *Napokoj* in FS Hügel 271 (277f); *Ch. Huber/Reiter* in Wiesner/Hirschler/Mayr, HB Umgründungen § 32 UmgrStG (21. Lfg) Rz 73; *H. Foglar-Deinhardstein* in Foglar-Deinhardstein, HB vGA, Rz 1/172; *H. Foglar-Deinhardstein/Hartig* in Kalss/Frotz/Schörghofer, HB Vorstand, Rz 31/214.

748 *Bauer/Zehetner* in Straube/Ratka/Rauter, GmbHG § 82 Rz 144; *Reich-Rohrwig*, Kapitalerhaltung 221, 329 ff; *Ch. Nowotny* in Haberer/Krejci, Konzernrecht, Rz 15.36; *Napokoj* in FS Hügel 271 (279); *H. Foglar-Deinhardstein/Hartig* in Kalss/Frotz/Schörghofer, HB Vorstand, Rz 31/215; *Ch. Huber/Reiter* in Wiesner/Hirschler/Mayr, HB Umgründungen § 32 UmgrStG (21. Lfg) Rz 73.

749 *Ch. Nowotny* in Haberer/Krejci, Konzernrecht, Rz 15.36. Ähnlich *Eckert/Schopper/U. Schmidt* in Eckert/Schopper, AktG-ON § 65 Rz 23.

gleichsmaßnahme ist in der Praxis etwa anerkannt, dass ein direkter oder indirekter Anteilseigner der übernehmenden u auskehrenden Tochtergesellschaft auf seine Rechnung die Ansprüche aus der Spaltungshaftung durch Ausstellung einer Bankgarantie besichern lässt.[750]

Wie das verschmelzungsrechtliche Verbot der **Kapitalentsperrung** – eine GmbH mit höherem gebundenem Eigenkapital (Stammkapital plus gebundene Rücklagen [einschließlich der gesetzl Gewinnrücklage]) darf mangels Ausgleichsmaßnahmen nicht auf eine GmbH mit niedrigerem gebundenem Eigenkapital verschmolzen werden – (s Rz 141)[751] auf die **Spaltung zur Aufnahme** umzulegen ist, ist in Lit u FB-Praxis umstritten. In der Praxis wird das Thema häufig als irrelevant erachtet,[752] zumal bei der Abspaltung – anders als bei der Verschmelzung (u bei der Aufspaltung) – die übertragende Gesellschaft bestehen bleibt, u außerdem die speziellen Spaltungshaftungsvorschriften (die indirekt auch durch die verpflichtende Restvermögensprüfung bei der übertragenden Gesellschaft abgesichert werden) eingreifen. Nach einem Vorschlag in der Lit[753] genügt es jedenfalls, wenn die Summe v (a) gebundenem Kapital der übertragenden Gesellschaft nach der Spaltung u (b) gebundenem Kapital der übernehmenden Gesellschaft nach der Spaltung nicht niedriger ist als das gebundene Kapital der übertragenden Gesellschaft vor der Spaltung. Das würde in der Praxis bedeuten, dass jedenfalls dann keine Kapitalentsperrung eintreten kann, wenn das gebundene Eigenkapital der übertragenden Gesellschaft im Zuge der Spaltung nicht –

145

---

750 Die Problematik (u weitere mögliche Ausgleichsmaßnahmen) diskutierend *Napokoj*, Spaltung², 20; *Ch. Nowotny* in Wiesner/Hirschler/Mayr, HB Umgründungen Band 3 Art VI Spaltung, Rz 210b; *Ch. Huber/Reiter* in Wiesner/Hirschler/Mayr, HB Umgründungen § 32 UmgrStG (21. Lfg) Rz 28 FN 37, Rz 73; *Brix* in Straube/Ratka/Rauter, GmbHG § 17 SpaltG, Rz 82; *Kalss*, VSU³ § 17 SpaltG, Rz 93 f; *Rüffler/H. Foglar-Deinhardstein*, GES 2019, 228; *Schmutzer/Erdélyi*, ecolex 2021, 933 (934 f); krit *Kaufmann*, ÖStZ 2009/419, 202.

751 Zum kapitalentsperrenden Effekt *obiter* auch OGH 18.2.2021, 6 Ob 207/20i – *AE&E III*, *Fantur*, GES 2021, 57 = RWZ 2021, 186 (*Wenger*) = *H. Foglar-Deinhardstein*, GES 2021, 159 = GesRZ 2021, 186 (*Artmann*) = *Gaggl*, wbl 2021, 611.

752 So auch *Ch. Nowotny* in Wiesner/Hirschler/Mayr, HB Umgründungen Band 3 Art VI UmgrStG, Rz 175.

753 *Eckert* in Althuber/Schopper, HB Unternehmenskauf & Due Diligence² Rz 59; ähnlich *Kalss*, VSU³ § 17 SpaltG, Rz 103, 106 ff; *Reich-Rohrwig*, Kapitalerhaltung 329 FN 1506, 333.

durch Kapitalherabsetzung u/oder Übertragung gebundener Rücklagen – angetastet wird. Nach aM[754] darf das gebundene Eigenkapital der übernehmenden GmbH nicht niedriger sein als das gebundene Eigenkapital der übertragenden Gesellschaft nach der Spaltung; ist dies dennoch der Fall, habe eine Kapitalherabsetzung der übertragenden Gesellschaft zu erfolgen, oder die übernehmende Gesellschaft müsse eine gebundene Rücklage zur Auffüllung der Differenz zum gebundenen Kapital der übertragenden Gesellschaft nach Spaltung bilden. Meines Erachtens[755] ist diese A insofern zu streng, als sie – sofern die gesamte Differenz als gebundene Rücklage bilanziert werden muss – auch zu einem Bilanzverlust oder sogar zu einem negativen Eigenkapital der übernehmenden Gesellschaft führen kann. Daher muss bei der übernehmenden Gesellschaft mE keinesfalls mehr als das ungebundene Kapital, das nach der Spaltung überhaupt vorhanden ist, in die gebundene Rücklage eingestellt werden; allenfalls freilich weniger, sofern dies zur Überbrückung der Differenz auf das gebundene Kapital der übertragenden Gesellschaft ausreicht. Insgesamt ist mE ohnedies jene zuvor genannte A überzeugender, die nur darauf abstellt, dass das vor der Spaltung bei der übertragenden Gesellschaft vorhandene gebundene Kapital zumindest in **Summe** auch nach der Spaltung noch vorhanden sein muss; dies entspricht auch den Anforderungen, die bei einer Zerlegung der Transaktion in eine Spaltung zur Neugründung (Summengrundsatz gem § 3 SpaltG) u eine unmittelbar nachfolgende Verschmelzung der neu gegründeten Gesellschaft auf die letztlich übernehmende Gesellschaft gelten würden.[756]

c) Einbringung

146 Bei einer **Einbringung**[757] überträgt der Einbringende Vermögen in die übernehmende Gesellschaft. Aus der Sicht des Einbringenden besteht

---

[754] *Auer*, Gläubigerschutz bei Vermögensbewegungen down-stream 236; wohl auch *Ch. Huber/Reiter* in Wiesner/Hirschler/Mayr, HB Umgründungen § 32 UmgrStG (21. Lfg) Rz 73.

[755] *H. Foglar-Deinhardstein* in Foglar-Deinhardstein, HB vGA, Rz 1/174.

[756] *Eckert* in Althuber/Schopper, HB Unternehmenskauf & Due Diligence² Rz 59; *H. Foglar-Deinhardstein/Hartig* in Kalss/Frotz/Schörghofer, HB Vorstand, Rz 31/216; *H. Foglar-Deinhardstein* in Foglar-Deinhardstein, HB vGA, Rz 1/174.

[757] Allg zur Einbringung (Sachzuschuss) *H. Foglar-Deinhardstein/Vinazzer*, ÖBA 2016, 486 (488 FN 21) mwN; *H. Foglar-Deinhardstein/Hartig* in

die Gegenleistung idR in der Gewähr neuer oder in der Werterhöhung bestehender Anteile; die Gegenleistung wird aber nicht aus dem bereits vor der Einbringung bestehenden Vermögen der übernehmenden Gesellschaft geleistet, sondern entsteht gerade erst durch die Zuwendung des Einbringenden.[758]

Eine Einbringung kann gegen § 82 verstoßen, wenn die einbringende GmbH das einzubringende Vermögen, das einen positiven Verkehrswert hat, (allenfalls sogar in steuerlich zulässiger Weise) **ohne Anteilsgewähr** u ohne sonstige ausreichende Ausgleichsmaßnahme (zB Gesellschafterzuschuss[759] [s § 72 Rz 7], Kapitalherabsetzung oder Sachdividendenbeschluss) in eine Mutter- oder Schwestergesellschaft oder aber in eine Tochtergesellschaft, an der sie gemeinsam mit einem Gesellschafter oder einem anderen verbundenen Rechtsträger beteiligt ist, überträgt.[760] **147**

Die *Downstream*-Einbringung ohne Anteilsgewähr u sonstige Gegenleistung ist aus Sicht der einbringenden GmbH unbedenklich, soweit die unentgeltliche Zuwendung in die Tochter oder Enkelin deren Beteiligungswert entspr erhöht, sodass die einbringende GmbH keine Ver- **148**

Kalss/Frotz/Schörghofer, HB Vorstand Rz 31/137 f, 31/140 ff; 31/152 ff, 31/162 ff; *Stanek*, GesRZ 2018, 158 (158 f).
758 *Rohregger* in Lewisch, JB Wirtschaftsstrafrecht 2014, 41 (47).
759 Allg zum Gesellschafterzuschuss *Elsner*, Nachschussobliegenheit 182 f; *Aburumieh/Hoppel*, RdW 2020, 739 (744 ff); *T. Hayden/Thorbauer/Gröhs*, PSR 2020, 8 (10 ff). Zu Gesellschafterzuschüssen als Ausgleichsmaßnahme *Aburumieh/Hoppel*, GES 2021, 120 (122); OGH 18.2.2021, 6 Ob 207/20i – *AE&E III, Fantur*, GES 2021, 57 = RWZ 2021, 186 (*Wenger*) = *H. Foglar-Deinhardstein*, GES 2021, 159 = GesRZ 2021, 186 (*Artmann*) = *Gaggl*, wbl 2021, 611; *G. Müller/Haslinger/Dicken*, RWZ 2023, 344; *Hirschler/Wenger*, RWZ 2023, 370.
760 OGH 13.2.1997, 6 Ob 2110/96d, ecolex 1997, 851 (*Zehetner*); 11.3.1999, 6 Ob 5/99z; 10.6.1999, 6 Ob 6/99x; 20.1.2000, 6 Ob 288/99t; 18.2.2021, 6 Ob 207/20i – *AE&E III, Fantur*, GES 2021, 57 = RWZ 2021, 186 (*Wenger*) = *H. Foglar-Deinhardstein*, GES 2021, 159 = GesRZ 2021, 186 (*Artmann*) = *Gaggl*, wbl 2021, 611; *Koppensteiner/Rüffler*, GmbHG³ § 82 Rz 17 f; *Bauer/Zehetner* in Straube/Ratka/Rauter, GmbHG § 82 Rz 147 f; *Reich-Rohrwig*, Kapitalerhaltung 217 ff; *Steinhart*, RdW 2011/114, 119 (120); *Ch. Nowotny* in Haberer/Krejci, Konzernrecht, Rz 15.35; *Stanek*, GesRZ 2018, 158; *Ch. Huber/Reiter* in Wiesner/Hirschler/Mayr, HB Umgründungen § 32 UmgrStG (21. Lfg) Rz 73; *Saurer* in Doralt/Nowotny/Kalss, AktG³ § 52 Rz 110; *Eckert/Schopper/Madari* in Eckert/Schopper, AktG-ON § 52 Rz 54; *H. Foglar-Deinhardstein/Hartig* in Kalss/Frotz/Schörghofer, HB Vorstand Rz 31/177 f mwN.

mögenseinbuße erleidet.[761] Hingegen verstößt aus Sicht einer übernehmenden GmbH – oder allfälliger beteiligungsmäßig verflochtener Zwischengesellschaften – die *Downstream*-Einbringung v **Vermögen mit** (zB aufgrund **unbarer Entnahmen** der Einbringenden) **negativem Verkehrswert** ohne Anteilsgewähr gegen § 82, soweit keine Ausgleichsmaßnahmen ergriffen werden[762] (s Rz 103, 147). Selbst wenn der Anteil an einer KapGes einen negativen Verkehrswert hat, kommt ihm – sofern er nicht mit Verbindlichkeiten, zB offenen Einlageverpflichtungen, verbunden ist – aus Sicht der übernehmenden Gesellschaft nie weniger als ein Wert v 0 zu, weil der Gesellschafter nicht für die Schulden der KapGes haftet. Die Einbringung eines derartigen Anteils in eine GmbH kann daher § 82 grds nicht verletzen.[763]

149 Wird bei einer Einbringung Vermögen ohne positiven Verkehrswert eingebracht, kann das UmgrStG wegen Fehlens der Voraussetzung des § 12 Abs 1 UmgrStG nicht angewendet werden. Dies ist in der Praxis aber idR unproblematisch, weil die wichtigste steuerliche Begünstigung des UmgrStG – die Buchwertfortführung, dh die Nichtaufdeckung stiller Reserven – diesfalls mangels Vorliegens stiller Reserven wohl gar nicht benötigt wird.[764] Allerdings kann das Fehlen eines positiven Verkehrswerts aus Sicht der übernehmenden GmbH oder allfälliger beteiligungsmäßig verflochtener Zwischengesellschaften einen Konflikt mit der Kapitalerhaltung (s Rz 148) oder – falls die Einbringung gegen Gewähr v neu geschaffenen Anteilen erfolgen soll – der Kapitalaufbringung

---

761 OGH 26.4.2001, 6 Ob 5/01f; 10.1.2005, 6 Ob 314/04a; 1.10.2008, 6 Ob 132/08t; *Koppensteiner/Rüffler*, GmbHG³ § 82 Rz 17 f; *Bauer/Zehetner* in Straube/Ratka/Rauter, GmbHG § 82 Rz 147; *Saurer* in Doralt/Nowotny/Kalss, AktG³ § 52 Rz 110.
762 OGH 23.1.2003, 6 Ob 81/02h, RdW 2003/270, 323 (*Ch. Nowotny*) = ecolex 2003, 685 (*Konwitschka*) = *J. Reich-Rohrwig/Größ*, ecolex 2003, 680; 23.10.2003, 6 Ob 196/03x, ecolex 2004, 189 (*Konwitschka*) = *J.P. Gruber*, RdW 2004/349, 390 = *Ch. Nowotny*, RdW 2004/350, 392; 1.10.2008, 6 Ob 132/08t; *Koppensteiner/Rüffler*, GmbHG³ § 82 Rz 17 f; *Bauer/Zehetner* in Straube/Ratka/Rauter, GmbHG § 82 Rz 147; *Steinhart*, RdW 2011/114, 119 (121); *Stanek*, GesRZ 2018, 158 (160); *Ch. Nowotny/Fida*, KapGesR³ Rz 1/331; *Saurer* in Doralt/Nowotny/Kalss, AktG³ § 52 Rz 111; *Eckert/Schopper/Madari* in Eckert/Schopper, AktG-ON § 52 Rz 53.
763 *Steinhart*, RdW 2011/114, 119 (121 f); *H. Foglar-Deinhardstein/Hartig* in Kalss/Frotz/Schörghofer, HB Vorstand Rz 31/179.
764 *Steinhart*, RdW 2011/114, 119 (121); *Hübner-Schwarzinger*, SWK 2008, 935 (937).

(s Rz 19 ff) bedeuten.⁷⁶⁵ Aus Kapitalerhaltungssicht zulässig muss die Einbringung eines Vermögens mit negativem Verkehrswert aus einer Tochtergesellschaft in die unmittelbare Muttergesellschaft sein.⁷⁶⁶

d) Umwandlung

Bei der **errichtenden Umwandlung** einer GmbH auf eine PersGes gilt das Kapitalerhaltungsgebot in gewissem Umfang fort (s Rz 8). Insbesondere muss nach der Rsp des OGH zur Vermeidung einer **Kapitalentsperrung** (s dazu Rz 141, 145, 153; § 101 Rz 55 ff) die Höhe der übernommenen Einlagen der Höhe des Stammkapitals entsprechen, u die zu beteiligenden Personengesellschafter haben eine Einlage in Höhe ihrer Stammeinlage an der umzuwandelnden GmbH zu übernehmen, wobei es ihnen freisteht, ob sie sich als Kommanditist oder Komplementär beteiligen.⁷⁶⁷ Die PersGes kann auch bloß mit *einem* Gesellschafter der KapGes gegründet werden; dabei muss freilich mind ein weiterer Gesellschafter hinzutreten.⁷⁶⁸ Ist die Kapitalentsperrung nicht vermeidbar, kann sie mE durch geeignete Ausgleichsmaßnahmen neutralisiert werden (s dazu § 101 Rz 57). Allerdings wäre mE richtigerweise nicht auf die Pflichteinlagen, sondern auf die Haftsummen abzustellen.⁷⁶⁹

150

---

765 *Steinhart*, RdW 2011/114, 119 (121 FN 25); *Stanek*, GesRZ 2018, 158 (160); *Rohregger* in Lewisch, JB Wirtschaftsstrafrecht 2014, 41 (49); *H. Foglar-Deinhardstein/Hartig* in Kalss/Frotz/Schörghofer, HB Vorstand Rz 31/180; *Eckert/Schopper/Madari* in Eckert/Schopper, AktG-ON § 52 Rz 53.
766 *Stanek*, GesRZ 2018, 158 (160); vgl zur Verschmelzung *Reich-Rohrwig*, Kapitalerhaltung 284 ff; *Auer*, Gläubigerschutz bei Vermögensbewegungen down-stream 219; *Aburumieh/Adensamer/H. Foglar-Deinhardstein* in FAH, GmbHG § 101 Rz 50; *Aburumieh/Adensamer/H. Foglar-Deinhardstein*, Verschmelzung VII. C Rz 15 mwN.
767 Krit dazu *Artmann* in Artmann/Karollus, AktG⁶ § 52 Rz 23; *Gaggl*, Gläubigerschutz bei Umgründung der GmbH & Co KG 173 f.
768 OGH 7.11.2007, 6 Ob 235/07p, GES 2008, 21 (*Birnbauer*) = RWZ 2008/33, 104 (*Wenger*) = RWZ 2008/34, 107 (*Wiesner*) = GesRZ 2008, 100 (*Umlauft*) = ecolex 2008, 243 (*Karollus*); 17.12.2008, 6 Ob 267/08w, GesRZ 2009, 176 (*Schörghofer*); *Ch. Nowotny* in Haberer/Krejci, Konzernrecht, Rz 15.41; (tw krit differenzierend) *Gaggl*, Gläubigerschutz bei Umgründung der GmbH & Co KG 145 ff, 187 ff; **abl** zur Anwendung der Kapitalentsperrung auf die errichtende Umwandlung *Hügel*, GesRZ 2016, 100 (FN 5).
769 *H. Foglar-Deinhardstein* in Foglar-Deinhardstein, HB vGA, Rz 1/179; *H. Foglar-Deinhardstein*, Besprechung zu OGH 6 Ob 161/17w, GesRZ 2018, 116 FN 14 mwN. Vgl *Artmann* in Artmann/Rüffler/Torggler, GmbH & Co

151 Die Auswirkungen der Kapitalerhaltung auf die **verschmelzende Umwandlung** einer GmbH auf ihren Hauptgesellschafter sind mangels einschlägiger Jud weitgehend ungeklärt.[770]

152 Die **identitätswahrende Umwandlung (Rechtsformwechsel)** v einer GmbH in eine AG oder umgekehrt kann mE grds nicht gegen Gläubigerinteressen verstoßen u somit auch nicht § 82 verletzen;[771] findet iZm der Umwandlung eine Kapitalmaßnahme (Kapitalerhöhung oder -herabsetzung) statt, sind selbstverständlich die einschlägigen Kapitalaufbringungs- u Kapitalerhaltungsregeln zu beachten.

e) Anwachsung der GmbH & Co KG

153 Soll eine **GmbH & Co KG** (allg zur Anwendbarkeit v § 82 auf die GmbH & Co KG s Rz 156 ff) auf ihre Komplementär-GmbH umstrukturiert werden, kann dies durch Einbringung aller Kommanditanteile an der KG in die Komplementär-GmbH erfolgen, als deren Folge die KG erlischt; ihr Vermögen wächst gem § 142 UGB auf die Komplementär-GmbH an (**Anwachsung**). Nach umstrittener A ist auch in dieser Struktur die Frage der Kapitalentsperrung (s Rz 141, 145; § 101 Rz 55 ff) zu beachten: Ist das gebundene Eigenkapital der GmbH niedriger als die Summe der Haftsummen der KG, müssten daher entspr Ausgleichsmaßnahmen zur Neutralisierung der Kapitalentsperrung ergriffen werden (s § 101 Rz 57).[772]

KG 83 (85). So wohl auch *Ch. Nowotny* in Haberer/Krejci, Konzernrecht, Rz 15.41.
770 Vgl *Kalss*, VSU³ § 1 UmwG Rz 10; § 2 UmwG Rz 17, 155 f; *Bauer/Zehetner* in Straube/Ratka/Rauter, GmbHG § 82 Rz 149; *Reich-Rohrwig*, Kapitalerhaltung 306 ff; *Gaggl*, Gläubigerschutz bei Umgründung der GmbH & Co KG 209 ff, 218 ff; *Koppensteiner*, ecolex 2023, 410.
771 *H. Foglar-Deinhardstein* in Foglar-Deinhardstein, HB vGA, Rz 1/181; **aA** *G. Nowotny*, GES 2011, 386.
772 *Reich-Rohrwig*, Kapitalerhaltung 418; *Ch. Nowotny* in Haberer/Krejci, Konzernrecht, Rz 15.44, 15.45; *Pucher*, ecolex 2010, 1161 (1164); *Jennewein*, GesRZ 2016, 337; *Eckert* in Torggler, UGB³ § 161 Rz 30; **aA** *Leupold* in Torggler, UGB³ § 142 Rz 6; *Hügel*, GesRZ 2016, 100 (FN 5); *Frank/Kusternigg*, RdW 2010, 384 (386); *Wenger* in FS Bertl II, 689 (694 f); (differenzierend) *Gaggl*, Gläubigerschutz bei Umgründung der GmbH & Co KG 242 ff; 253 ff, 297 ff.

IV. Exkurs: Checkliste für Banken

Aus Sicht einer finanzierenden Bank lassen sich aus der bisher vorliegenden OGH-Rsp folgende Grundregeln mit Blick auf § 82 u die daraus abgeleiteten Grundsätze für Finanzierungen (s Rz 106, 107 ff) ableiten:

– Aus Sicht der Bank kann ein Verstoß gegen § 82 sowohl **Kreditrückzahlungen** als auch die **Verwertung v Sicherheiten** verhindern oder deren Rückabwicklung nach sich ziehen.
– In der Insolvenz einer GmbH ist die finanzierende Bank als *deep pocket defendant* ein begehrter Beklagter.[773]
– Bei **Akquisitionsfinanzierungen** hat die finanzierende Bank die Funktion eines Torwächters (*gatekeeper*), der auf die kapitalerhaltungskonforme Gestaltung der Transaktion achten u den SV genau prüfen soll.[774]
– Leistungen einer GmbH an ein finanzierendes Kreditinstitut fallen grds nicht unter das Verbot der Einlagenrückgewähr, weil **echte Dritte** (s Rz 76 f, § 83 Rz 40) im Prinzip nicht v Verbotstatbestand erfasst sind. Verstößt die Finanzierung gegen § 82, kann der Verstoß aber im Einzelfall bei **Kollusion** oder **grober Fahrlässigkeit** auch dem Kreditinstitut entgegengehalten werden (s Rz 76).
– Wenn der Verstoß gegen § 82 der Bank entgegengehalten werden kann, hat dies mglw erhebliche wirtschaftliche Konsequenzen: Die Bank kann sich **Rückforderungsansprüchen** der GmbH ausgesetzt sehen; der GmbH kann ein **Leistungsverweigerungsrecht** gegenüber der Bank zustehen; bestellte **Sicherheiten** fallen mglw weg u sind damit der Verwertung durch die Bank entzogen.
– Wie erwähnt, muss sich die kreditgebende Bank § 82 entgegenhalten lassen, wenn (i) sie kollusiv (dh in Schädigungsabsicht) mit der GmbH zusammenwirkt, oder wenn (ii) sie Kenntnis v Verstoß hat, oder ihr zumindest grobe Fahrlässigkeit vorzuwerfen ist (s Rz 76). Der Bank muss also der Missbrauch bewusst gewesen sein, oder er muss sich ihr geradezu aufgedrängt haben.

---

773 Vgl *U. Torggler* in Artmann/Rüffler/Torggler, GmbH & Co KG 3 (9); *Hügel* in Kalss/Torggler, Einlagenrückgewähr 19 (51).
774 *Fidler*, ÖBA 2018, 600 (609 f).

– Daraus folgt nach der Rsp des OGH eine allg **Erkundigungs- u Prüfpflicht** der Bank.[775] Die Bank trifft eine Erkundigungspflicht insb dahingehend, ob ein angemessenes Entgelt geleistet wird, aber auch hinsichtlich der übrigen Parameter für eine im Licht v § 82 zulässige Finanzierung (s Rz 110 ff). Zu unterscheiden ist zw hoch verdächtigen u sonstigen Fällen.

– Als **hoch verdächtig** wurden in der Jud folgende Fälle qualifiziert: eine MBO-Finanzierung (s Rz 121) ohne erkennbaren Ansatzpunkt für eine betriebl Rechtfertigung (s Rz 92 ff, 112, 115 ff), eine Sicherheitenbestellung ohne Geschäftsbeziehung zw Sicherheitengeber u Kreditnehmer,[776] generell die Sicherheitenbestellung durch einen Dritten,[777] die Gründung eines Akquisitionsvehikels zum Anteilserwerb, wobei die Rückzahlung des Kredits aus Gewinnausschüttungen gespeist werden soll.[778] In diesen hoch verdächtigen Fällen (s Rz 76) trifft die Bank eine Erkundigungspflicht zu Entgelt u sonstigen Kriterien (betriebl Rechtfertigung etc)[779] (s Rz 110 ff). Eine **Plausibilitätsprüfung** ist aber grds ausreichend; eine echte Nachforschungspflicht besteht grds nicht, insb trifft die Bank keine Ver-

---

775 OGH 29.3.2017, 6 Ob 48/17b; 2.5.2019, 17 Ob 5/19p, NZ 2019, 222 (*H. Foglar-Deinhardstein*) = *Fantur*, GES 2019, 169 = RWZ 2019, 288 (*Wenger*) = *Obradović/Demian*, ZFR 2019, 451 = *Reisch*, ZIK 2019, 122 = ÖBA 2019, 741 (*Scheuwimmer*) = *Engin-Deniz*, ecolex 2019, 751 = GesRZ 2019, 344 (*Edel/Welten*); *Mitterecker*, GES 2016, 150 (154). Eine Erkundigungspflicht bei Missbrauch der Vertretungsmacht im Stiftungsrecht verneinend OGH 25.4.2019, 6 Ob 35/19v, ZFS 2019, 46 (*Karollus*) = *G. Kodek*, PSR 2019, 56 = *Zehentmayer*, ZFR 2019, 398 = GesRZ 2019, 361 (*W. Doralt*) = *Baumgartner*, RdW 2019, 597 = *H. Hayden*, PSR 2019, 172 = *Kalss*, GesRZ 2020, 158 = ecolex 2020, 212 (*Rizzi*) = *Ch. Gruber/M.-Th. Hartlieb*, PSR 2020, 4 (5 f).
776 OGH 29.9.2010, 7 Ob 35/10p, ZFR 2011/38, 82 (*Auer*) = GesRZ 2011, 110 (*Karollus*) = RWZ 2010/89, 363 (*Wenger*).
777 OGH 14.9.2011, 6 Ob 29/11z, RWZ 2011/94, 355 (*Wenger*) = GesRZ 2012, 122 (*U. Torggler*) = ÖBA 2012, 460 (*Bollenberger*) = ZFR 2012/102, 185 (*Köppl*).
778 OGH 20.3.2013, 6 Ob 48/12w – *Kneisz I*, ÖBA 2013, 601 (*Wolkerstorfer/Gebetsberger*) = ecolex 2013, 638 (*F. Hörlsberger/Rieder*) = GesRZ 2013, 230 (*Thurnher*); 24.11.2015, 1 Ob 28/15x – *Kneisz II*, NZ 2016, 147 (*Auer*) = GesRZ 2016, 219 (*Arlt*) = *Mitterecker*, GES 2016, 150.
779 OGH 14.9.2011, 6 Ob 29/11z, RWZ 2011/94, 355 (*Wenger*) = GesRZ 2012, 122 (*U. Torggler*) = ÖBA 2012, 460 (*Bollenberger*) = ZFR 2012/102, 185 (*Köppl*); 29.3.2017, 6 Ob 48/17b.

pflichtung zur Durchführung einer Angemessenheitsprüfung; vielmehr ist es grds möglich, sich auf nicht offenkundig unrichtige Auskünfte zu verlassen.[780]
- In **sonstigen Fällen** ist eine Nachfrage der Bank nur dort geboten, wo sich der Verdacht einer unzulässigen Einlagenrückgewähr schon so weit aufdrängt, dass er nahezu einer Gewissheit gleichkommt.[781] In Fällen, in denen schon beim ersten Anschein eine betriebl Rechtfertigung plausibel erscheint, u keine Verdachtsmomente gegeben sind, die die Bank am Vorliegen einer betriebl Rechtfertigung zweifeln lassen müssen, besteht grds kein weiterer Überprüfungsbedarf.[782]
- In allen Fällen ist zu prüfen, ob eine **Existenzgefährdung** droht (s Rz 119, 137).[783]
- Die Bank muss die ihr präsentierten Daten auswerten u entspr Schlüsse daraus ziehen.[784]
- Wird der Bank eine Bilanz der GmbH übermittelt, muss sie diese würdigen u auf Unregelmäßigkeiten in der Bilanz reagieren.[785]
- Bestellt eine Gesellschaft zugunsten des Kredits einer anderen Gesellschaft, zu der sie (außer allenfalls der Zugehörigkeit zum gleichen Konzern) keine Geschäfts- oder sonstige Beziehung unterhält, eine Sicherheit, ist dies hochverdächtig.[786]

---

780 OGH 29.9.2010, 7 Ob 35/10p, ZFR 2011/38, 82 (*Auer*) = GesRZ 2011, 110 (*Karollus*) = RWZ 2010/89, 363 (*Wenger*); 29.3.2017, 6 Ob 48/17b; 20.11.2018, 10 Ob 86/18x, GesRZ 2019, 401 (*Chladek/Seeber/Stenzel*).
781 OGH 14.9.2021, 6 Ob 158/21k.
782 OGH 2.5.2019, 17 Ob 5/19p, NZ 2019, 222 (*H. Foglar-Deinhardstein*) = *Fantur*, GES 2019, 169 = RWZ 2019, 288 (*Wenger*) = *Obradović/Demian*, ZFR 2019, 451 = *Reisch*, ZIK 2019, 122 = ÖBA 2019, 741 (*Scheuwimmer*) = *Engin-Deniz*, ecolex 2019, 751 = *Karollus*, GesRZ 2019, 344 (*Edel/Welten*); 17.5.2023, 6 Ob 24/23g, ecolex 2023, 850 (*Peissl/Prasser*).
783 Nunmehr aber mE zu Recht krit zum Grenzkriterium der Existenzgefährdung *J. Reich-Rohrwig/Zimmermann* in Artmann/Karollus, AktG[6] § 84 Rz 207 f; *Krist*, Existenzvernichtungshaftung 28 f. Differenzierend *Karollus* in Brandl/Karollus/Kirchmayr/Leitner, HB vGA[3], 1 (156 f).
784 OGH 14.9.2011, 6 Ob 29/11z, RWZ 2011/94, 355 (*Wenger*) = GesRZ 2012, 122 (*U. Torggler*) = ÖBA 2012, 460 (*Bollenberger*) = ZFR 2012/102, 185 (*Köppl*).
785 OGH 29.5.2008, 2 Ob 225/07p, RWZ 2008/72, 260 (*Wenger*) = GesRZ 2008, 310 (*Stingl*) = GES 2008, 315 (*Bauer*) = ÖBA 2009, 60 (*Bollenberger*).
786 OGH 29.9.2010, 7 Ob 35/10p, ZFR 2011/38, 82 (*Auer*) = GesRZ 2011, 110 (*Karollus*) = RWZ 2010/89, 363 (*Wenger*); 14.9.2011, 6 Ob 29/11z,

- Sobald (höchstgerichtl) Rsp existiert, wird diese als bekannt vorausgesetzt[787] (s Rz 76). Die Eintragung einer Maßnahme ins FB entfaltet mit Blick auf die Einlagenrückgewähr keinen Vertrauensschutz zugunsten der Bank.[788]
- Grundsätzlich sind Sicherheiten, die v oben – dh zB v einem Gesellschafter der kreditnehmenden GmbH – bestellt werden, unproblematisch. Ein v § 82 beeinträchtigter Kreditvertrag kann freilich jegliche akzessorische Sicherheit – dh auch eine solche v oben – wegfallen lassen.[789] Tendenziell weniger problematisch sind nichtakzessorische Sicherheiten u/oder der Beitritt eines echten Mitschuldners, der selbst auch unmittelbare wirtschaftliche Vorteile aus dem gewährten Kredit lukriert (s auch § 83 Rz 40).
- Nach den Umständen des Einzelfalls kann die Erkundigungs- u Prüfpflicht des Sicherheitengläubigers schon dann ausgeschlossen sein, wenn die sicherheitenbestellende GmbH einen **RA** mit der Errichtung der Sicherheitendokumentation beauftragt hat, weil der Rechtsberater berufsrechtlich verpflichtet ist, kapitalerhaltungsrechtliche Verdachtsmomente zu prüfen u die v ihm vertretene GmbH v Abschluss mglw nichtiger Rechtsgeschäfte abzuhalten.[790]
- Die Jud legt bei der Anwendung v § 82 für Banken offenbar einen strengeren Haftungsmaßstab an als für GF.[791]

RWZ 2011/94, 355 (*Wenger*) = GesRZ 2012, 122 (*U. Torggler*) = ÖBA 2012, 460 (*Bollenberger*) = ZFR 2012/102, 185 (*Köppl*).
787 OGH 14.9.2011, 6 Ob 29/11z, RWZ 2011/94, 355 (*Wenger*) = GesRZ 2012, 122 (*U. Torggler*) = ÖBA 2012, 460 (*Bollenberger*) = ZFR 2012/102, 185 (*Köppl*).
788 Vgl OGH 20.3.2013, 6 Ob 48/12w – *Kneisz I*, ÖBA 2013, 601 (*Wolkerstorfer/Gebetsberger*) = ecolex 2013, 638 (*F. Hörlsberger/Rieder*) = GesRZ 2013, 230 (*Thurnher*); 24.11.2015, 1 Ob 28/15x – *Kneisz II*, NZ 2016, 147 (*Auer*) = GesRZ 2016, 219 (*Arlt*) = *Mitterecker*, GES 2016, 150.
789 OGH 17.7.2013, 3 Ob 50/13v – *MBO II*, RWZ 2013/82, 315 (*Wenger*) = GesRZ 2013, 356 (*Artmann*) = ÖBA 2014, 52 (*P. Bydlinski*); 24.11.2015, 1 Ob 28/15x – *Kneisz II*, NZ 2016, 147 (*Auer*) = GesRZ 2016, 219 (*Arlt*) = *Mitterecker*, GES 2016, 150; 13.12.2016, 3 Ob 167/16d; krit *Fidler*, ÖBA 2018, 600.
790 OGH 25.6.2020, 6 Ob 89/20m, AnwBl 2020, 657 (*Saurer*).
791 Vgl OGH 5.8.2009, 9 Ob 25/08d (9 Ob 26/08a); 23.2.2016, 6 Ob 171/15p – *AE&E I*, RWZ 2016/28, 125 (*Wenger*) = EvBl-LS 2016/81 (*Rohrer*) = *Schopper/Walch*, NZ 2016, 163 = GesRZ 2016, 281 (*Schörghofer*) = ÖBA 2017, 621 (*Dellinger*) = *Bergmann/Schörghofer*, GES 2017, 20 = *Straube* in

V. Gesplittete Einlagen/Anlegerhaftung

Zeichnet ein Gesellschafter v der GmbH emittierte, drittvergleichsfähige **155** (vgl Rz 67, 103) **Wertpapiere/Veranlagungen** (zB Schuldverschreibungen, Anleihen, Genussrechte, stille Beteiligungen, partiarische Darlehen) u hält somit eine **gesplittete Einlage** an der GmbH, steht § 82 einer **Prospekthaftung** der GmbH gegenüber dem Gesellschafter nach KMG nicht entgegen[792] (s aber Rz 81). Ebensowenig verhindert § 82 den Anspruch eines Anlegers auf Ersatzleistung durch die Entschädigungseinrichtung für Wertpapierdienstleistungen gem § 75 WAG 2007 (§ 73 WAG 2018).[793]

FS Bittner 657 = *Aburumieh/H. Foglar-Deinhardstein*, GES 2019, 3. Tendenziell zust *Ch. Müller*, ÖJA 2023, 129 (140 f).

[792] OGH 30.3.2011, 7 Ob 77/10i – *Immofinanz I*, GesRZ 2011, 251 (*Diregger*) = *Krejci*, GesRZ 2011, 193 = *Karollus*, ÖBA 2011, 450 = *C. Völkl*, wbl 2011, 474 = ZFR 2011, 238 (*M. Gruber*) = *Graf*, ecolex 2011, 599 = ecolex 2011, 609 (*Wilhelm*) = *U. Torggler*, ecolex 2011, 1121 = *A. Auer*, RdW 2011, 725 = *Told*, GES 2012, 333 = *Sindelar*, ÖBA 2012, 763 = *Trenker*, VbR 2013, 16; 15.3.2012, 6 Ob 28/12d – *Immofinanz II*, GesRZ 2012, 252 (*F. Schuhmacher*) = *Kalss*, GesRZ 2012, 149 = EvBl 2012, 763 (*Rohrer*; *P. N. Csoklich*) = *M. Gruber*, ÖBA 2012, 572 = *Told*, GES 2012, 333 = *Wilhelm*, ecolex 2012, 453 = *Sindelar*, ÖBA 2012, 763 = *Trenker*, VbR 2013, 16 = *Graf*, ecolex 2013, 864. Vgl *Bauer/Zehetner* in Straube/Ratka/Rauter, GmbHG § 82 Rz 157 f; *Reich-Rohrwig*, Kapitalerhaltung 364; *Köppl* in Torggler, GmbHG § 82 Rz 10; *Haberer* in Haberer/Krejci, Konzernrecht, Rz 11.229 ff; *Eckert/Schopper/Madari* in Eckert/Schopper, AktG-ON § 52 Rz 36. Allg zur Drittgläubigerposition eines Anteilseigners bei Geltendmachung v kapitalmarktrechtlichen Ansprüchen OGH 7.7.2017, 6 Ob 18/17s – *Volkswagen*, VbR 2017, 180 (*Oberhammer*) = EvBl 2017, 973 (*Rohrer*; *Wilfinger*) = *Schacherreiter*, VbR 2017, 193 = ÖBA 2018, 50 (*Schacherreiter*) = *Heindler*, IPRax 2018, 103; 21.12.2017, 6 Ob 187/17v – *Österreichische Post*, GesRZ 2018, 121 (*Brix/Wagner*) = ecolex 2018, 435 (*H. Foglar-Deinhardstein*) = ZFR 2018, 284 (*Schacherreiter*).

[793] OGH 27.8.2013, 4 Ob 89/13m, ZFR 2014/53, 88 (*Wolfbauer*); 9.9.2013, 6 Ob 98/13z.

VI. Exkurs: GmbH & Co KG

A. Grundzüge

156 Wird die Frage der **GmbH & Co KG** im Licht der Kapitalerhaltung[794] diskutiert, versteht man unter dem Begriff GmbH & Co KG im Allg eine KG, die keine natPers als unbeschränkt haftenden Gesellschafter hat, sondern bei der alle Vollhafter GmbH sind (GmbH & Co KG ieS). Häufig fungiert eine einzige GmbH als unbeschränkt haftende Gesellschafterin (Komplementärin) der GmbH & Co KG. Weiters besteht häufig – zumindest tw – Identität zw den Gesellschaftern der Komplementär-GmbH u den Kommanditisten der KG. Bei der **sternförmigen GmbH & Co KG** ist dieselbe GmbH gleichzeitig Komplementärin mehrerer KG.[795] Bei der **doppelstöckigen (mehrstufigen) GmbH & Co KG** ist eine GmbH & Co KG wiederum Komplementärin einer weiteren KG.[796] Zur **Einheits-GmbH & Co KG** s § 81 Rz 56 f.

B. Kapitalerhaltung bei der Komplementärgesellschaft

157 Selbstverständlich ist zunächst die **Komplementär-GmbH** selbst v § 82 betroffen. In der Praxis ist das insb dann relevant, wenn (tw) die gleichen Personen an der Komplementär-GmbH u – als Kommanditisten – an

---

[794] Zur Frage der Kapitalaufbringung bei der GmbH & Co KG s schon OGH 28.6.1988, 2 Ob 517/88, GesRZ 1989, 38 (*Ostheim*); 12.9.1996, 8 Ob 2035/96i. Allg zur histor Entwicklung der GmbH & Co KG *Fleischer/Wansleben*, GmbHR 2017, 169; *Hügel* in Artmann/Rüffler/Torggler, GmbH & Co KG 111 (111 ff); *Nicolussi*, GesRZ 2022, 338 (338 ff); *Schmolke*, GmbHR 2023, 1019.

[795] *Schopper* in GedS Arnold[2] 111 (114); *Wenger*, Besprechung zu OGH 6 Ob 171/15p, RWZ 2016/28, 125 (126); *Edelmann* in Bergmann/Ratka, HB Personengesellschaften[2] Rz 5/9, 5/107; vgl OGH 30.8.2016, 6 Ob 198/15h, NZ 2016, 413 (*Brugger*) = Bergmann/Schörghofer, GES 2017, 20 = *I. Welser*, ecolex 2017, 1073 = *Aburumieh/H. Foglar-Deinhardstein*, GES 2019, 3. Demgegenüber ist die **Doppel- oder Mehrfachkomplementär & Co KG** eine GmbH & Co KG mit zwei oder mehreren Komplementär-GmbHs; vgl *Mehringer*, NZG 2017, 41.

[796] *Schopper* in GedS Arnold[2] 111 (114); *Rüffler/Aburumieh/Lind* in Jaufer/Nunner-Krautgasser/Schummer, Kapitalaufbringung und Kapitalerhaltung 71 (78); *Eckert* in Torggler, UGB[3] § 161 Rz 7; (zur direkten Kommanditistenhaftung in der doppelstöckigen KG) BGH 3.8.2021, II ZR 123/20.

der KG beteiligt sind. Die Kommanditisten, die zugleich Gesellschafter der Komplementär-GmbH sind, dürfen ihr Risiko nicht ohne angemessene Gegenleistung der Komplementär-GmbH aufbürden. Das bedeutet insb, dass die GmbH für ihre GF-Tätigkeit in der KG u ihre unbeschränkte Haftung als Komplementärin (u ggf auch für ihre Forthaftung nach dem Ausscheiden als Komplementärin) jew eine **angemessene Vergütung** erhalten muss:[797] Das Haftungsentgelt steht unabhängig davon zu, ob die GmbH in die KG Vermögen eingebracht hat. Eine v vornherein einheitliche Bemessung des Haftungsentgelts scheidet grds aus; das Haftungsentgelt ist vielmehr nach den konkreten Umständen des Einzelfalls – mit einer gewissen Toleranzgrenze/Bandbreite – zu bestimmen. Als Basis für die Ermittlung des Haftungsentgelts dient das Haftungspotential, also jenes Vermögen, dessen Verlust die Komplementär-GmbH riskiert. Das Haftungspotential entspricht grds dem Nettoaktivvermögen (Vermögen einschließlich stiller Reserven abzüglich Fremdkapital) der GmbH, wobei dieser Betrag aber mit der Gesamthöhe der Verbindlichkeiten der KG gedeckelt ist. Die Höhe des auf die Bemessungsgrundlage anzuwendenden Prozentsatzes muss aufgrund der konkreten Umstände des Einzelfalls angemessen sein, wobei Risikowahrscheinlichkeit, Art u Umfang des Geschäftsbetriebs u der Komplementärin zur Verfügung stehenden Sicherheiten zu berücksichtigen sind. Bei der sternförmigen oder doppelstöckigen GmbH & Co KG (s Rz 156) muss selbstverständlich jew das gesamte Haftungsrisiko aufgewogen werden. Sofern man bei der GmbH & Co KG die Anwendbarkeit der GmbH-rechtlichen Kapitalerhaltungsregeln auch auf die KG bejaht (s Rz 159 ff), ist die Vergütung der Komplementär-GmbH ein Anwendungsfall für den **doppelten Sorgfaltsmaßstab**[798] (s Rz 16, 89).

---

797 Näher zum Folgenden VwGH 17.12.2014, 2010/13/0115, ecolex 2015, 1102 (*Reinold*); BFG 27.9.2022, RV/5100077/2020, GES 2022, 358 (*Bergmann*); vgl *Reinold/Schimmer*, ÖStZ 2017, 551; *Bergmann*, GES 2018, 299. Zur GF-Vergütung bei der **Einheits-GmbH & Co KG** (zu dieser § 81 Rz 56 f) *T. Hayden*, RdW 2023, 751 (753 ff).
798 *Bergmann*, GES 2018, 299 (300); vgl allg *Hügel* in Kalss/Torggler, Einlagenrückgewähr 19 (43); *Hügel* in FS Koppensteiner II, 11 (29).

C. Kapitalerhaltung bei der KG (ohne natürliche Person als Vollhafter)

158 Weiters können bei der GmbH & Co KG uU auch **Ausschüttungen aus der KG an die Kommanditisten** eine verbotene Einlagenrückgewähr darstellen, soweit diese **gleichzeitig Gesellschafter der Komplementär-GmbH sind.**[799] So beurteilte etwa der OGH eine Klausel als mit dem Gläubigerschutz unvereinbar, nach der den Kommanditisten über einen langen Zeitraum unabhängig v den Vermögensverhältnissen der KG ein über dem Betrag der Einlage liegendes Abfindungsguthaben zugesichert wurde, weil dies idR dazu führe, dass ausscheidende Gesellschafter zu Lasten der noch verbleibenden Gesellschafter u der Gesellschaftsgläubiger abgefunden werden.[800] Ferner kann auch ein Kapitalerhaltungsverstoß vorliegen, wenn **Vermögen der KG an einen Gesellschafter der Komplementär-GmbH** transferiert wird: der Haftungsfonds der KG wird dadurch zu Lasten der Komplementär-GmbH u zugunsten ihres Gesellschafters geschmälert.[801]

159 In einer v der hA abgelehnten Jud-Linie ist der OGH einen entscheidenden Schritt weitergegangen u hat das **Verbot der Einlagenrückgewähr im Wege der Analogie direkt auf eine GmbH & Co KG ohne natPers als Vollhafter angewendet,** uzw nicht nur im Verhältnis zu den Gesellschaftern der Komplementär-GmbH, sondern **auch im Verhältnis der KG zu Nur-Kommanditisten,** also zu Gesellschaftern der KG, die gar keine Beteiligung an der Komplementär-GmbH hal-

---

799 OGH 30.9.2002, 1 Ob 141/02w; 30.8.2016, 6 Ob 198/15h, NZ 2016, 413 (*Brugger*) = *Bergmann/Schörghofer*, GES 2017, 20 = *I. Welser*, ecolex 2017, 1073 = *Aburumieh/H. Foglar-Deinhardstein*, GES 2019, 3; 25.6.2020, 6 Ob 21/20m, GesRZ 2021, 41 (*R. Gruber*) = ÖBA 2021, 266 (*Edelmann*) = ecolex 2021, 134 (*J. Reich-Rohrwig*); 23.6.2021, 6 Ob 61/21w, GesRZ 2022, 79 (*Bauer*) = *Blaschke*, GES 2021, 386 = *G. Kodek* in Lewisch, JB Wirtschaftsstrafrecht 2022, 161 = *Ch. Müller*, ÖJA 2023, 129; 17.5.2023, 6 Ob 24/23g, ecolex 2023, 850 (*Peissl/Prasser*); *Koppensteiner/Rüffler*, GmbHG³ § 82 Rz 20; *Bauer/Zehetner* in Straube/Ratka/Rauter, GmbHG § 82 Rz 231; *Schmolke*, GmbHR 2023, 1019 (1023).
800 OGH 9.2.1995, 8 Ob 16/94.
801 OGH 23.6.2021, 6 Ob 61/21w, GesRZ 2022, 79 (*Bauer*) = *Blaschke*, GES 2021, 386 = *G. Kodek* in Lewisch, JB Wirtschaftsstrafrecht 2022, 161 = *Ch. Müller*, ÖJA 2023, 129; *Koppensteiner/Auer* in Straube/Ratka/Rauter, UGB⁴ § 161 Rz 21; *H. Foglar-Deinhardstein*, GES 2021, 159 (160).

ten.[802] Die Ausdehnung der GmbH-rechtlichen Kapitalerhaltung greift nach der Rsp nicht, wenn zumindest einer der Komplementäre eine natPers ist; auf die Bonität dieser natPers oder die Frage, ob sich die nat-

---

802 OGH 29.5.2008, 2 Ob 225/07p, RWZ 2008/72, 260 (*Wenger*) = GesRZ 2008, 310 (*Stingl*) = GES 2008, 315 (*Bauer*) = ÖBA 2009, 60 (*Bollenberger*); 15.4.2010, 6 Ob 226/09t, RWZ 2010/62, 264 (*Wenger*) = GesRZ 2010, 276 (*Winner/Obradović*) = ZFR 2011, 128 (*Ruhm*) = *Aburumieh/H. Foglar-Deinhardstein*, GesRZ 2010, 328; 23.2.2016, 6 Ob 171/15p – *AE&E I*, RWZ 2016/28, 125 (*Wenger*) = EvBl-LS 2016/81 (*Rohrer*) = Schopper/Walch, NZ 2016, 163 = GesRZ 2016, 281 (*Schörghofer*) = ÖBA 2017, 621 (*Dellinger*) = Bergmann/Schörghofer, GES 2017, 20 = *Straube* in FS Bittner 657 = *Aburumieh/H. Foglar-Deinhardstein*, GES 2019, 3; (zur AG & Co KG) 30.8.2016, 6 Ob 198/15h – *AE&E II*, NZ 2016, 413 (*Brugger*) = EvBl-LS 2017/9 (*Rohrer*) = Bergmann/Schörghofer, GES 2017, 20 = *I. Welser*, ecolex 2017, 1073 = *Aburumieh/H. Foglar-Deinhardstein*, GES 2019, 3; 26.9.2017, 6 Ob 204/16t – *Imperial*, RWZ 2017, 344 (*Wenger*) = GesRZ 2017, 391 (*Hochedlinger*) = NZ 2017, 473 (*H. Foglar-Deinhardstein*) = EvBl-LS 2018/3 (*Rohrer*) = VbR 2018, 35 (*Told*) = ZFR 2018, 88 (*Kepplinger*) = AnwBl 2018, 255 (*Hollaender*) = ÖBA 2018, 277 (*Edelmann*) = *Trenker*, ÖBA 2018, 612 = *Straube* in FS Bittner 657 = *Aburumieh/H. Foglar-Deinhardstein*, GES 2019, 3; 21.11.2017, 6 Ob 161/17w, RWZ 2018, 241 (*Wenger*) = GesRZ 2018, 112 (*H. Foglar-Deinhardstein*) = *Aburumieh/H. Foglar-Deinhardstein*, GES 2019, 3 = ÖBA 2019, 519 (*Edelmann*); 21.12.2017, 6 Ob 206/17p, GesRZ 2018, 125 (*Stagl*) = *Aburumieh/H. Foglar-Deinhardstein*, GES 2019, 3; 28.3.2018, 6 Ob 128/17t, GesRZ 2018, 242 (*Ch. Nowotny*) = *Michtner*, GES 2018, 233 = GES 2018, 237 (*Fantur*) = *Aburumieh/H. Foglar-Deinhardstein*, GES 2019, 3; 26.4.2018, 6 Ob 5/18f, ecolex 2018, 837 (*H. Foglar-Deinhardstein*) = *Aburumieh/H. Foglar-Deinhardstein*, GES 2019, 3; 23.1.2020, 6 Ob 202/19b, GesRZ 2020, 337 (*Aburumieh*) = ecolex 2020, 516 (*Planitzer*) = *Cap* in FS FL-OGH 119; 18.5.2020, 8 Ob 44/19g, IFamZ 2020, 320 (*Deixler-Hübner*); 25.6.2020, 6 Ob 21/20m, GesRZ 2021, 41 (*R. Gruber*) = ÖBA 2021, 266 (*Edelmann*) = ecolex 2021, 134 (*J. Reich-Rohrwig*); (zur AG & Co KG) 18.2.2021, 6 Ob 207/20i – *AE&E III, Fantur*, GES 2021, 57 = RWZ 2021, 186 (*Wenger*) = *H. Foglar-Deinhardstein*, GES 2021, 159 = GesRZ 2021, 186 (*Artmann*) = *Gaggl*, wbl 2021, 611; 23.6.2021, 6 Ob 61/21w, GesRZ 2022, 79 (*Bauer*) = *Blaschke*, GES 2021, 386 = *G. Kodek* in Lewisch, JB Wirtschaftsstrafrecht 2022, 161 = *Ch. Müller*, ÖJA 2023, 129; 24.3.2023, 6 Ob 22/23p – *AE&E IV*, GesRZ 2023, 405 (*C. Völkl/Brudl*); OLG Innsbruck 27.4.2023, 3 R 26/23g; OGH 17.5.2023, 6 Ob 24/23g, ecolex 2023, 850 (*Peissl/Prasser*); **aA** *Koppensteiner/Auer* in Straube/Ratka/Rauter, UGB[4] § 161 Rz 21; *Koppensteiner/Rüffler*, GmbHG[3] § 82 Rz 20; *Eckert* in Torggler, UGB[3] § 161 Rz 17 ff; *Auer* in Gruber/Harrer, GmbHG[2] § 82 Rz 68; *Schörghofer* in Kalss/Nowotny/Schauer, GesR[2] Rz 2/1058; *Ch. Nowotny*, RdW 2009/284,

Pers gem einer entspr Vereinbarung im Fall einer Inanspruchnahme bei einem Dritten schad- u klaglos halten kann, soll es dabei offenbar nicht ankommen. Einbringungen, bei denen Vermögen der GmbH & Co KG, der keine natPers als Vollhafter angehört, durch Sacheinlagevertrag ohne Gegenleistung auf den Kommanditisten übertragen werden, verstoßen somit nach A des OGH gegen § 82.[803] Die OGH-Rsp zur Anwendbarkeit der kapitalgesellschaftsrechtlichen Kapitalerhaltungsgrundsätze auf die verdeckte KapGes (unechte PersGes) ist mE wegen der aus ihr resultierenden Diskriminierung der GmbH gegenüber natPers abzulehnen.[804] Außerdem widerspricht sie mE versch Gesetzes-

---

326 (327); *Diregger/Eckert*, RdW 2013/577, 579 (583); *U. Torggler*, GesRZ 2013, 11 (15); *Auer*, Gläubigerschutz bei Vermögensbewegungen down-stream 159; *Bergmann*, Genussrechte 158 f, 334; *Schummer* in FS Koppensteiner III, 303; *Bergmann/Schörghofer*, GES 2017, 20; *Gaggl*, Gläubigerschutz bei Umgründungen der GmbH & Co KG 4 ff; *Schütt/U. Torggler*, RdW 2021, 164 (167); *Nicolussi*, GesRZ 2022, 338 (342 f); *H. Foglar-Deinhardstein* in Foglar-Deinhardstein, HB vGA, Rz 1/189; differenzierend krit *G. Nowotny*, GES 2020, 13 (15 f); *G. Nowotny* in Torggler, Richterliche Rechtsfortbildung u ihre Grenzen 33 (39 f, 43); *Drobnik*, Diskussionsbericht, in Torggler, Richterliche Rechtsfortbildung u ihre Grenzen 115 (116). Nach A des OGH dürfte auf unechte PersGes – unabhängig v der Rechtsform des Komplementärs/der Komplementäre, also überraschender Weise auch auf die **AG** & Co KG – immer das GmbHG analog anwendbar ist. Vgl schon *Ch. Nowotny*, RdW 2009, 326 (327); (tw krit) *Rüffler/Aburumieh/Lind* in Jaufer/Nunner-Krautgasser/Schummer, Kapitalaufbringung und Kapitalerhaltung 71 (78 ff) mwN; (tw krit) *Jabornegg/Artmann* in Artmann, UGB³ § 161 UGB Rz 55 mwN; *Koppensteiner/Auer* in Straube/Ratka/Rauter, UGB⁴ § 161 Rz 21; *Gaggl*, Gläubigerschutz bei Umgründung der GmbH & Co KG 49; *H. Foglar-Deinhardstein*, GES 2021, 159 (161 FN 10). Zur analogen Anwendung v § 30 dGmbHG auf eine GmbH & Co KG BGH 28.1.2020, II ZR 10/19, GmbHR 2020, 534 (*Schmitz-Herscheidt/Münnich*); *Schmolke*, GmbHR 2023, 1019.

803 OGH 30.8.2016, 6 Ob 198/15h – *AE&E II*, NZ 2016, 413 (*Brugger*) = *Bergmann/Schörghofer*, GES 2017, 20 = *I. Welser*, ecolex 2017, 1073 = *Aburumieh/H. Foglar-Deinhardstein*, GES 2019, 3; 18.2.2021, 6 Ob 207/20i – *AE&E III*, Fantur, GES 2021, 57 = RWZ 2021, 186 (*Wenger*) = *H. Foglar-Deinhardstein*, GES 2021, 159 = GesRZ 2021, 186 (*Artmann*) = *Gaggl*, wbl 2021, 611.

804 Der Komplementär einer KG kann unabhängig davon ein Habenichts sein, ob es sich bei ihm um eine natPers oder um eine GmbH handelt. Vgl *Koppensteiner* in Artmann/Rüffler/Torggler, GmbH & Co KG, 13 (17); *Auer* in Gruber/Harrer, GmbHG² § 82 Rz 68; *H. Foglar-Deinhardstein* in Foglar-Deinhardstein, HB vGA, Rz 1/189.

änderungen seit Entstehen dieser Jud-Linie:[805] 2013 wurde in der RAO durch das BRÄG 2013 die Möglichkeit der Gründung einer GmbH & Co KG auch für Rechtsanwälte eröffnet. In den Mat wird erläutert, dass die GmbH & Co KG im Vergleich zur GmbH flexiblere Entnahmemöglichkeiten bietet. Diese Erl wäre absurd, hielte der Gesetzgeber die A der OGH-Rsp für richtig. 2014 wurde durch das RÄG 2014 § 221 Abs 5 UGB neu gefasst. Dabei wurde klargestellt, dass die Bestimmung über die Dotierung gebundener Rücklagen (s Rz 3, 14, 21, 37, § 23 Rz 8 ff) v der GmbH & Co KG nicht zu beachten ist. Auch daraus ergibt sich mE, dass eine analoge Anwendung v § 82 auf eine GmbH & Co KG ausscheidet (**str**).[806] Unstrittig ist, dass die **Kapitalaufbringungsvorschriften** des GmbH-Rechts (s Rz 19 f) **nicht** auf die GmbH & Co KG anwendbar sind[807] (s auch Rz 161). Die OGH-Rsp zur Kapitalerhaltung bei der GmbH & Co KG ändert nichts daran, dass sich bei der GmbH & Co KG **Ermittlung, Verteilung u Entnahme des Gewinns** nach den für den Grundtypus der KG geltenden Grundsätzen richten.[808] Eine **Abfindung** ausscheidender Kommanditisten darf nach dem OGH trotz des Verbots der Einlagenrückgewähr aus dem Gesellschaftsvermögen der KG geleistet werden, wenn die Abfindung durch alineare (asymmetrische) Gewinnausschüttungen (s Rz 48 f) oder unter analoger Anwendung der Kapitalherabsetzungsvorschriften der §§ 54 ff geleistet wird.[809] Als weitere **Ausgleichsmaßnahmen** kommen mE Ge-

---

805 *H. Foglar-Deinhardstein* in Foglar-Deinhardstein, HB vGA, Rz 1/189.
806 *Bergmann/Schörghofer*, GesRZ 2014, 340; *H. Foglar-Deinhardstein* in Foglar-Deinhardstein, HB vGA, Rz 1/189; **aA** OGH 30.8.2016, 6 Ob 198/15h, NZ 2016, 413 (*Brugger*) = Bergmann/Schörghofer, GES 2017, 20 = *I. Welser*, ecolex 2017, 1073 = *Aburumieh/H. Foglar-Deinhardstein*, GES 2019, 3.
807 *Eckert* in Torggler, UGB³ § 161 Rz 31 mwN; *Aburumieh/Hoppel*, RdW 2020, 830 (832); *Gaggl*, Gläubigerschutz bei Umgründungen der GmbH & Co KG 6, 77 f, 83, 87 ff, 95; *Nicolussi*, GesRZ 2022, 338 (346); vgl OGH 26.4.2018, 6 Ob 5/18f, ecolex 2018, 837 (*H. Foglar-Deinhardstein*) = *Aburumieh/H. Foglar-Deinhardstein*, GES 2019, 3; *Schütt/U. Torggler*, RdW 2021, 164.
808 OGH 23.6.2021, 6 Ob 90/21k, EvBl 2021, 1042 (*Painsi; Illetschko*) = Hirschler, RWZ 2022, 153.
809 OGH 21.11.2017, 6 Ob 161/17w, RWZ 2018, 241 (*Wenger*) = GesRZ 2018, 112 (*H. Foglar-Deinhardstein*) = *Aburumieh/H. Foglar-Deinhardstein*, GES 2019, 3 = ÖBA 2019, 519 (*Edelmann*); *Koppensteiner/Auer* in Straube/Ratka/Rauter, UGB⁴ §§ 137, 138 Rz 8; *Koppensteiner/Auer* in Straube/Ratka/Rauter, UGB⁴ § 161 Rz 21; *Gaggl*, Gläubigerschutz bei Umgründung

sellschafterzuschüsse (s § 72 Rz 7), die Zustimmung oder der qualifizierte Rangrücktritt der Gläubiger oder das bestätigte Fehlen v Gläubigern in Frage.[810] Ein Abfindungsguthaben, das den Verkehrswert des abzuschichtenden Anteils überschreitet, mag unzulässig sein, insb wenn die Abfindung die Insolvenzreife der KG herbeiführen würde.[811] Das Erlöschen der **Haftsumme** eines Kommanditisten aus Anlass seines Ausscheidens aus einer GmbH & Co KG verwirklicht mE keinen kapitalentsperrenden Effekt (s allg Rz 141, 145, 150, 153; § 101 Rz 55 ff) (**str**).[812] Als Ausgleichsmaßnahmen zur Rechtfertigung der ***Upstream-Einbringung*** (*Upstream*-Realabteilung) v Vermögen einer GmbH & Co KG stehen insb (i) eine (Sach-)Dividende (s Rz 58), (ii) eine Kapitalherabsetzung mit Sachauskehr, (iii) die Liquidation mit Sachauskehr oder (iv) ein Gesellschafterzuschuss zur Verfügung.[813] Die analoge Anwendung des SpaltG wäre eine weitere Möglichkeit zur Legitimation;

---

der GmbH & Co KG 45; vgl zur Legitimierung einer *Upstream*-Einbringung OGH 18.2.2021, 6 Ob 207/20i – *AE&E III, Fantur*, GES 2021, 57 = RWZ 2021, 186 (*Wenger*) = *H. Foglar-Deinhardstein*, GES 2021, 159 = GesRZ 2021, 186 (*Artmann*) = *Gaggl*, wbl 2021, 611. Vgl auch *Elsner*, Nachschussobliegenheit 208 f. Zur **praktischen Umsetzung im FB-Verfahren** *Birnbauer*, GES 2021, 357.

810 *H. Foglar-Deinhardstein*, Besprechung zu OGH 6 Ob 161/17w, GesRZ 2018, 116; *Aburumieh/H. Foglar-Deinhardstein*, GES 2019, 3 (8); *H. Foglar-Deinhardstein*, GES 2021, 159 (161). Zu Gesellschafterzuschüssen als Ausgleichsmaßnahme *Aburumieh/Hoppel*, GES 2021, 120 (122); OGH 18.2.2021, 6 Ob 207/20i – *AE&E III, Fantur*, GES 2021, 57 = RWZ 2021, 186 (*Wenger*) = *H. Foglar-Deinhardstein*, GES 2021, 159 = GesRZ 2021, 186 (*Artmann*) = *Gaggl*, wbl 2021, 611; *G. Müller/Haslinger/Dicken*, RWZ 2023, 344; *Hirschler/Wenger*, RWZ 2023, 370. Allg zu **Nachrangabreden** u **Rangrücktritten** *M. Aigner*, ÖBA 2022, 344; *N. Frizberg*, Nachrangige Forderungen 32 ff; *Schummer* in Konecny, Insolvenz-Forum 2012, 105 (120 ff).

811 *H. Foglar-Deinhardstein*, Besprechung zu OGH 6 Ob 161/17w, GesRZ 2018, 116; *Aburumieh/H. Foglar-Deinhardstein*, GES 2019, 3 (7) mwN.

812 *H. Foglar-Deinhardstein*, Besprechung zu OGH 6 Ob 161/17w, GesRZ 2018, 116; *Aburumieh/H. Foglar-Deinhardstein*, GES 2019, 3 (8); *Gaggl*, Gläubigerschutz bei Umgründung der GmbH & Co KG 85; *Schneiderbauer/Holzgruber*, GesRZ 2020, 401.

813 OGH 18.2.2021, 6 Ob 207/20i – *AE&E III, Fantur*, GES 2021, 57 = RWZ 2021, 186 (*Wenger*) = *H. Foglar-Deinhardstein*, GES 2021, 159 = GesRZ 2021, 186 (*Artmann*) = *Gaggl*, wbl 2021, 611; vgl *Gaggl*, Gläubigerschutz bei Umgründung der GmbH & Co KG 47 ff; *G. Müller/Haslinger/Dicken*, RWZ 2023, 344; *Hirschler/Wenger*, RWZ 2023, 370.

eine analoge Anwendung des SpaltG zusätzlich zur Durchführung einer Sachdividende ist hingegen mE nicht erforderlich.[814] Die **Ausschüttungssperre** gem § 82 Abs 5 (s Rz 5, 25, 41, 53 ff, 60, 63 f) ist nicht analog auf die GmbH & Co KG anzuwenden.[815] Bemerkenswerter Weise bleibt nach A des OGH auch bei der GmbH & Co KG **§ 172 Abs 3 UGB** anwendbar, der das Wiederaufleben der Außenhaftung des Kommanditisten bei Kapital- u unzulässigen Gewinnentnahmen anordnet;[816] damit nähert sich die v OGH postulierte Rechtslage dem aktienrechtlichen Konzept an (§ 56 AktG).[817] Offen ist, ob ein in Anspruch genommener Kommanditist seinen Regressanspruch gegen die GmbH & Co KG durchsetzen kann (mE grds ja). Bei der **Liquidation** einer GmbH & Co KG (s § 89 Rz 10) ist zwingend das an sich dispositive Liquidationsrecht des UGB anzuwenden.[818] Eine „Organtheorie", aus der sich ergeben sollte, dass Mehrheitserfordernisse für bestimmte genehmigungspflichtige Geschäfte auch dann zur Anwendung kämen, wenn die GmbH diese Maßnahmen nicht im eigenen Namen, sondern als GF einer GmbH & Co KG tätigen will, ist aus der OGH-Rsp zur Anwendung der Kapitalerhaltungsgrundsätze auf die GmbH & Co KG nicht abzuleiten.[819]

In einer weiteren E hat der OGH die Anwendbarkeit v § 82 auch auf das Verhältnis der GmbH & Co KG zu ihren **Komplementären** postu- **160**

---

814 *H. Foglar-Deinhardstein*, GES 2021, 159 (163 ff, 166, 173); vgl *Rüffler/Aburumieh/Lind* in Jaufer/Nunner-Krautgasser/Schummer, Kapitalaufbringung und Kapitalerhaltung 71 (106 FN 150, 109); *Eckert* in Kalss/Torggler, Einlagenrückgewähr 71 (79 ff); *Gaggl*, Gläubigerschutz bei Umgründung der GmbH & Co KG 99 ff, 288 f. Mglw aA OGH 18.2.2021, 6 Ob 207/20i – *AE&E III, Fantur*, GES 2021, 57 = RWZ 2021, 186 (*Wenger*) = *H. Foglar-Deinhardstein*, GES 2021, 159 = GesRZ 2021, 186 (*Artmann*) = *Gaggl*, wbl 2021, 611.
815 *Wenger/Ebner*, RWZ 2020, 143 (149 ff); *Wenger* in FS Bertl II, 689 (691).
816 OGH 29.5.2008, 2 Ob 225/07p, RWZ 2008/72, 260 (*Wenger*) = GesRZ 2008, 310 (*Stingl*) = GES 2008, 315 (*Bauer*) = ÖBA 2009, 60 (*Bollenberger*); vgl *Aburumieh/H. Foglar-Deinhardstein*, GES 2019, 3 (8).
817 Vgl *Eckert* in Torggler, UGB³ § 161 Rz 20.
818 OGH 21.12.1995, 2 Ob 594/95 = *Mahr*, wbl 1996, 304; 21.11.2017, 6 Ob 161/17w, GesRZ 2018, 112 (*H. Foglar-Deinhardstein*) = RWZ 2018, 241 (*Wenger*) = *Aburumieh/H. Foglar-Deinhardstein*, GES 2019, 3 = ÖBA 2019, 519 (*Edelmann*); Koppensteiner/Auer in Straube/Ratka/Rauter, UGB⁴ § 161 Rz 23; *Gaggl*, Gläubigerschutz bei Umgründung der GmbH & Co KG 47.
819 OGH 6.8.2021, 6 Ob 125/21g.

liert.[820] Meines Erachtens kann aber die unbeschränkte Haftung einer Komplementär-GmbH mit ausreichender Bonität als Ausgleichsmaßnahme (s Rz 101) oder als betriebl Rechtfertigung (s Rz 92 ff, 112, 115 ff) anerkannt werden, die eine Einlagenrückgewähr legitimieren.[821] Von den literarischen Wegbereitern der OGH-Rsp wird auch eine Ausweitung dieser Grundsätze generell auf die **GmbH & Co OG** – dh eine kapitalistische OG ohne natPers als Vollhafter[822] – u auf die **GmbH & Still** – dh eine GmbH mit stillen Teilhabern, bei der die stillen Einlagen Eigenkapitalcharakter haben (insb iSv § 10 Abs 2 EKEG)[823] – gefordert. Nach der hier vertretenen A sind diese Ausweitungen naturgemäß abzulehnen (zur praktischen Handhabung bei der GmbH & Co OG im Fall der Ausweitung s Rz 161). Die OGH-Rsp spricht eher für eine Erweiterung auf die GmbH & Co OG.[824] Am Bsp einer GmbH & Co KG & Still hat der OGH zur **atypisch stillen Beteiligung** klargestellt, dass eine pauschale Anwendung des Verbots der Einlagenrückgewähr

---

820 OGH 23.2.2016, 6 Ob 171/15p = *AE&E I*, RWZ 2016/28, 125 (*Wenger*) = EvBl-LS 2016/81 (*Rohrer*) = *Schopper/Walch*, NZ 2016, 163 = GesRZ 2016, 281 (*Schörghofer*) = ÖBA 2017, 621 (*Dellinger*) = *Bergmann/Schörghofer*, GES 2017, 20 = *Straube* in FS Bittner 657 = *Aburumieh/H. Foglar-Deinhardstein*, GES 2019, 3; 23.6.2021, 6 Ob 61/21w, GesRZ 2022, 79 (*Bauer*) = *Blaschke*, GES 2021, 386 = *G. Kodek* in Lewisch, JB Wirtschaftsstrafrecht 2022, 161 = *Ch. Müller*, ÖJA 2023, 129. Vgl *Edelmann* in Bergmann/Ratka, HB Personengesellschaften² Rz 5/84 f; *Rüffler* in FS Hügel 323 (325); *Schrank/Kleinsasser*, SWK 2017, 481 (485); *Bergmann/Schörghofer*, GES 2017, 20 (21); *Nicolussi*, GesRZ 2022, 338 (343).
821 *Aburumieh/H. Foglar-Deinhardstein*, GES 2019, 3 (12 f).
822 *Karollus* in Brandl/Karollus/Kirchmayr/Leitner, HB vGA³, 1 (21); *Reich-Rohrwig*, Kapitalerhaltung 401; *J. Reich-Rohrwig/K. Grossmayer* in Artmann/Karollus, AktG⁶ § 84 Rz 326; vgl *Rüffler/Aburumieh/Lind* in Jaufer/Nunner-Krautgasser/Schummer, Kapitalaufbringung und Kapitalerhaltung 71 (80 f); *Edelmann* in Bergmann/Ratka, HB Personengesellschaften² Rz 5/96; *Rüffler* in FS Hügel 323 (325, 328); aA *Diregger/Eckert*, RdW 2013/577, 579 (584); *Eckert* in Torggler, UGB³ § 161 Rz 19; *Schummer* in FS Koppensteiner II, 303 (314).
823 *Bauer/Zehetner* in Straube/Ratka/Rauter, GmbHG § 82 Rz 233; *Reich-Rohrwig*, Kapitalerhaltung 419.
824 OGH 23.6.2021, 6 Ob 61/21w, GesRZ 2022, 79 (*Bauer*) = *Blaschke*, GES 2021, 386 = *G. Kodek* in Lewisch, JB Wirtschaftsstrafrecht 2022, 161 = *Ch. Müller*, ÖJA 2023, 129; vgl *Nicolussi*, GesRZ 2022, 338 (344). Andere Einschätzung der Rsp noch bei *Aburumieh/H. Foglar-Deinhardstein*, GES 2019, 3 (12 f, 15 f); *H. Foglar-Deinhardstein/Hartig* in Bergmann/Kalss, HB Rechtsformwahl, Rz 12/168.

auf einen atypisch stillen Gesellschafter – der nicht selbst Anteilseigner der GmbH ist – ausscheidet (s Rz 67).[825]

Zur **praktischen Handhabung** der Vorgaben der OGH-Rsp zur **161** GmbH & Co KG, insb bei der Bilanzierung, bietet eine Stellungnahme der AFRAC wichtige Hinweise.[826] Für die GmbH & Co OG finden sich entspr Hinweise in der Lit[827] (s aber Rz 160). Da es bei der GmbH & Co KG auf Ebene der PersGes keine Regelungen zu Mindestnennkapital, Kapitalaufbringung (s Rz 19 f, 159) u gebundenem Eigenkapital (zu gebundenen Rücklagen s Rz 159) gibt, kann bei diesen mE das Eigenkapital auch bis auf Null herabgesetzt werden, ohne dass irgendwelche **Kapitalherabsetzungsregeln** analog angewendet werden müssten,[828] u bei

---

825 OGH 26.9.2017, 6 Ob 204/16t – *Imperial*, RWZ 2017, 344 (*Wenger*) = GesRZ 2017, 391 (*Hochedlinger*) = NZ 2017, 473 (*H. Foglar-Deinhardstein*) = EvBl-LS 2018/3 (*Rohrer*) = VbR 2018, 35 (*Told*) = ZFR 2018, 88 (*Kepplinger*) = AnwBl 2018, 255 (*Hollaender*) = ÖBA 2018, 277 (*Edelmann*) = *Trenker*, ÖBA 2018, 612 = *Straube* in FS Bittner 657 = *Aburumieh/ H. Foglar-Deinhardstein*, GES 2019, 3; *Huemer*, GRAU 2021, 100 (103). Vgl *Eckert/Schopper/Madari* in Eckert/Schopper, AktG-ON § 52 Rz 5; *Ch. Müller/Rüffler* in Artmann/Rüffler/Torggler, Unternehmensfinanzierung 57 (64). Zur gesonderten Frage, in welchen Fällen eine stille Beteiligung als Eigenkapital zu qualifizieren ist, *Aburumieh/H. Foglar-Deinhardstein*, GES 2019, 3 (15); *Loewit*, ecolex 2020, 987 (990).
826 AFRAC-Stellungnahme 18 Eigenkapital bei der GmbH & Co KG (UGB) (https://www.afrac.at/wp-content/uploads/AFRAC-Stellungnahme-18-Eigenkapital-GmbH-Co-KG-UGB_clean.pdf). Vgl auch praktische Hinweise bei *Rüffler/Aburumieh/Lind* in Jaufer/Nunner-Krautgasser/Schummer, Kapitalaufbringung und Kapitalerhaltung 71 (96 ff); *Rüffler* in FS Hügel 323 (328); OGH 23.6.2021, 6 Ob 90/21k, EvBl 2021, 1042 (*Painsi; Illetschko*) = *Hirschler*, RWZ 2022, 153.
827 *Ch. Nowotny*, RdW 2009/284, 326 (330, 331); *Karollus* in FS Kropff 669 (675, 678); *Rüffler* in Artmann/Rüffler/Torggler, GmbH & Co KG 99 (107); *Ch. Nowotny* in GedS Arnold[2] 63 (67 ff); *Rüffler* in FS Hügel 323 (328).
828 *Karollus*, ecolex 1996, 860 (861 FN 14); *Karollus* in FS Kropff 669 (678); *Rüffler/Aburumieh/Lind* in Jaufer/Nunner-Krautgasser/Schummer, Kapitalaufbringung und Kapitalerhaltung 71 (102 f); *H. Foglar-Deinhardstein* in Foglar-Deinhardstein, HB vGA, Rz 1/160; *Rüffler* in FS Hügel 323 (327 f) mN zur **Gegenansicht**; *H. Foglar-Deinhardstein*, Besprechung zu OGH 6 Ob 161/17w, GesRZ 2018, 115 f; *H. Foglar-Deinhardstein*, Besprechung zu OGH 6 Ob 5/18f, ecolex 2018, 838; *Aburumieh/H. Foglar-Deinhardstein*, GES 2019, 3 (5, 7 f); *Gaggl*, Gläubigerschutz bei Umgründung der GmbH & Co KG 89, 112; für Anwendung der Kapitalherabsetzungsregeln (nur) bei Herabsetzung der Haftsummen: *Kalss* in GedS Arnold[2] 37 (51 f);

der **Realteilung** kann sich die **Restvermögensprüfung** darauf beschränken, dass kein negatives Eigenkapital besteht.[829] Selbiges gilt mE für die **GmbH & Co OG**, sofern diese überhaupt dem Kapitalerhaltungsregime des KapGesR unterliegt (s aber Rz 160).[830]

VII. Exkurs: EKEG

162 Ziel des **Eigenkapitalersatzgesetzes (EKEG)**[831] ist ein Ausgleich zw dem Gläubigerschutz einerseits u dem Interesse der Gesellschafter an freien Finanzierungsentscheidungen andererseits. Den Gesellschaftern soll es zwar grds nicht verwehrt sein, das – gegenüber einer Kapitalerhöhung – wesentlich flexiblere Finanzierungsinstrument des Gesellschafterkredits (s Rz 106; § 72 Rz 10) zu wählen, um bei Bedarf auch kurzfristig die Liquiditätssituation der Gesellschaft zu verbessern. Befindet sich die Gesellschaft aber in der **Krise**, dh in einer Situation, in welcher sie v dritter Seite mglw keinen Kredit mehr zu marktüblichen Bedingungen erhalten würde, soll sich die **Finanzierungsverantwortung der Gesellschafter** realisieren.[832] Die Finanzierung in der Krise soll deshalb nicht auf eine Art u Weise gestaltet werden, durch welche das Finanzierungsrisiko auf die Gesellschaftsgläubiger verlagert wird, indem die Gesellschafter im Falle des Misserfolgs der Sanierung ihre Rückforderungsansprüche geltend machen u so den Haftungsfonds der übrigen Gläubiger schmälern können. Deswegen wird durch entspr ge-

---

Reich-Rohrwig, Kapitalerhaltung 404; *Grossmayer*, ecolex 2008, 1023 (1025); *Ch. Nowotny*, RdW 2009/284, 326 (328 ff); *Diregger/Eckert*, RdW 2013/557, 579 (584); *Eckert* in Torggler, UGB³ § 161 Rz 25.

829 *Aburumieh/H. Foglar-Deinhardstein*, GES 2019, 3 (5, 8) mwN.
830 *Aburumieh/H. Foglar-Deinhardstein*, GES 2019, 3 (12) mwN.
831 Allg *Dellinger/Mohr*, EKEG; *Schopper/Vogt*, EKEG, in Koller/Lovrek/Spitzer, IO²; *Karollus*, EKEG, in Buchegger, Österreichisches Insolvenzrecht, Zusatzband I; *Ch. Nowotny* in Kalss/Nowotny/Schauer, GesR² Rz 4/438 ff; *Bauer/Zehetner* in Straube/Ratka/Rauter, GmbHG § 82 Rz 161 ff; *Artmann* in Artmann/Karollus, AktG⁶ § 52 Rz 34 ff; *Saurer* in Doralt/Nowotny/Kalss, AktG³ § 52 Rz 134 ff; *Reich-Rohrwig*, Kapitalerhaltung 51 ff. Das EKEG soll **Rechtssicherheit durch abschließende Tatbestände** schaffen (vgl *Mohr* in *Dellinger/Mohr*, EKEG § 18 Rz 3; *Trenker*, wbl 2011, 126 [130, 132]; *Trenker* in Konecny, Insolvenz-Forum 2019, 161 [170] mwN).
832 Vgl OGH 8.5.1991, 8 Ob 9/91; *Thomale*, JBl 2021, 83 (96).

setzl Anordnung der in der Krise gewährte Kredit wie Eigenkapital u in einem Insolvenzverfahren gem § 57a IO gegenüber den Insolvenzforderungen nachrangig behandelt. Das v Gesellschafter investierte Eigenkapital ist Risikokapital, weil es in der Gesellschaft gebunden ist u in der Liquidation oder Insolvenz erst nach Befriedigung der Gläubiger rückgewährt werden darf. Daher soll es in der Krise der Gesellschaft dem Gesellschafter nicht möglich sein, sein Eigenkapitalrisiko zu Lasten der Gesellschaft u v deren Gläubigern dadurch abzumildern, dass er in die Rolle des Fremdkapitalgebers schlüpft.

Das EKEG beschränkt die Verfügungsbefugnis v qualifizierten Gesellschaftern, die ihrer GmbH in deren Krise iSv § 2 EKEG Kredit gewährt haben: Bis zur Überwindung der Krise ist der Rückforderungsanspruch des Kreditgebers gesperrt. Die GmbH soll nicht wegen der Rückforderung eines Gesellschafters insolvent werden; ist die Gesellschaft bereits insolvent, soll der Haftungsfonds der übrigen Gläubiger nicht durch die Gesellschafter geschmälert werden. In den Anwendungsbereich des EKEG fallen ausschließlich in der Krise gewährte Kredite v **Gesellschaftern** iSd §§ 5 ff EKEG. Erfasst sind ua Gesellschafter, welche zB an einer KapGes kontrollierend oder mit einem Anteil v zumindest 25 % am Nennkapital beteiligt sind, aber auch Personen, welche beherrschenden Einfluss auf die Gesellschaft ausüben. Zur Relevanz v eigenen Anteilen bei der Ermittlung v erfassten Gesellschaftern s § 81 Rz 46. Wenn ein Kreditgeber allein nicht über eine Stellung gem § 5 Abs 1 EKEG verfügt, kommt gem § 6 EKEG eine Zusammenrechnung mit den Anteilen u/oder dem Einfluss bzw den Einflussrechten weiterer Gesellschafter in Betracht.[833] Die Anwendbarkeit des EKEG setzt grds voraus, dass der Kreditgeber im Zeitpunkt der Kreditgewährung Gesellschafter iSd §§ 5 ff EKEG ist; nur ausnahmsweise kann es genügen, wenn die Kreditgewährung in unmittelbarem Zusammenhang mit einer bereits vereinbarten zukünftigen Beteiligung des Kreditgebers an der Gesellschaft steht.[834] **In der Krise** befindet sich die Gesellschaft gem § 2 Abs 1 EKEG bei Zahlungsunfähigkeit (§ 66 IO) oder bei Überschuldung (§ 67 IO), oder wenn die Eigenmittelquote weniger als 8 % u (kumulativ) die fiktive Schuldentilgungsdauer mehr als 15 Jahre betragen (es sei denn, die Gesellschaft bedarf nicht der

---

833 Näher *Karollus*, GesRZ 2022, 217.
834 OGH 28.5.2020, 17 Ob 1/20a, EvBl 2020, 974 (*Weixelbraun-Mohr; Felzmann*) = ZFR 2021, 29 (*Vogt*) = *Fidler*, wbl 2020, 601.

Reorganisation).⁸³⁵ Gewährt ein erfasster Gesellschafter während bestehender Krise einen **Kredit** (iSd § 3 EKEG),⁸³⁶ so wird dieser als eigenkapitalersetzend betrachtet u unterliegt der umfassenden **Rückzahlungssperre** des § 14 Abs 1 EKEG, welcher zufolge der Gesellschafter weder den Kreditbetrag noch die darauf entfallenden Zinsen zurückfordern kann, solange die Gesellschaft nicht saniert ist. Das ihr zur Verfügung gestellte Fremdkapital bleibt daher vorübergehend, dh für die Dauer der Krise bis zur Sanierung, in der Gesellschaft wie Eigenkapital gebunden. Werden an den Gesellschafter dennoch Rückzahlungen geleistet, so kann die Gesellschaft diese mit dem Rückerstattungsanspruch gem § 14 Abs 1 EKEG wiederum zurückfordern.⁸³⁷ Dasselbe gilt gem gesetzl Anordnung, wenn sich der Gesellschafter durch Aufrechnung, Pfandverwertung oder in anderer Weise Befriedigung verschafft. Zur Relevanz in der **Liquidation** s § 91 Rz 15. Die Gesellschaft ist nicht saniert, solange sie zahlungsunfähig oder überschuldet ist oder Reorganisationsbedarf besteht; Reorganisationsbedarf kann auch vorliegen, wenn die Kennzahlen des § 2 Abs 1 Z 3 EKEG nicht (mehr) erfüllt sind.⁸³⁸ Eine Ausnahme v der Anwendbarkeit des EKEG galt gem § 13 2. COVID-19-Justiz-Begleitgesetz für bis zum Ablauf des 31.1.2021 für nicht mehr als 120 Tage gewährte u zugezählte unbesicherte Geldkredite.

163a Gewährt ein Gesellschafter in einem Zeitpunkt, in dem eine Kreditgewährung eigenkapitalersetzend wäre, für die Rückzahlung des Kredits eines Dritten eine Sicherheit, so wird auch diese **Gesellschaftersicherheit als eigenkapitalersetzend** behandelt: Gemäß § 15 Abs 1 EKEG

---

835 Praktische Vorschläge zur Ermittlung des Bestehens des Reorganisationsbedarfs *Piringer*, ecolex 2021, 227. Zur Frage, inwieweit das **Vertrauen** eines gutgläubigen Gesellschafters auf das Nicht-Vorliegen der Krisen-Tatbestände vor der Anwendung des EKEG schützt, *Burtscher/Spitzer*, wbl 2022, 601; OGH 25.9.2023, 17 Ob 18/23f. Krit zur Definition der Krise im EKEG *Situm*, RWZ 2023, 145.

836 V Begriff des Kredits sind mE grds nur mit dem Gesellschafter vereinbarte Darlehen u Kredite, nicht aber ohne Einverständnis des Gesellschafters zurückbehaltene Beträge erfasst. Vgl *Spiegelfeld/H. Foglar-Deinhardstein* in FS Torggler 1139 (1148 f).

837 Zu EKEG u **Strafrecht** OGH 13.9.2016, 11 Os 64/16w; 17.1.2020, 12 Os 42/19x; *Lewisch* in Lewisch, JB Wirtschaftsstrafrecht u Organverantwortlichkeit 2018, 187 (203 ff); *Lewisch* in WiR, Wirtschaftliche Betrachtungsweise im Recht 163 (169 f).

838 OGH 30.1.2017, 6 Ob 246/16v. Praktische Vorschläge zur Ermittlung des Bestehens des Reorganisationsbedarfs *Piringer*, ecolex 2021, 227.

kann sich der Kreditgeber bis zur Sanierung der Gesellschaft trotz entgegenstehender Vereinbarung wegen der Rückzahlung des Kredits aus der Sicherheit befriedigen, ohne zuerst gegen die Gesellschaft vorgehen zu müssen.[839] Bezahlt der Gesellschafter die fremde Schuld, so kann er gegen die Gesellschaft nicht Regress nehmen, solange diese nicht saniert ist u, wenn das Insolvenzverfahren nach einem bestätigten Sanierungsplan aufgehoben ist, soweit der Regressanspruch die Sanierungsplanquote übersteigt. Der Regressanspruch aus der eigenkapitalersetzenden Gesellschaftersicherheit wird somit wie ein Eigenkapital ersetzender Kredit behandelt, dh derselben Rückzahlsperre unterworfen.[840] Fordert der Kreditgeber v der Gesellschaft die Rückzahlung des Kredits, so kann die Gesellschaft gem § 15 Abs 2 EKEG vor ihrer Sanierung v Gesellschafter, der die eigenkapitalersetzende Sicherheit gewährt hat, Zahlung an den Dritten verlangen, soweit die v ihm geleistete Sicherheit reicht. Entscheidend für das Eingreifen dieser Schranken ist nicht der Zeitpunkt der Kreditgewährung, sondern jener der Sicherheitenbestellung. Die Bestimmungen können daher auch auf Altforderungen anwendbar sein, wenn nachträglich eine weitere Sicherheit bestellt wird; besicherte Neuforderungen fallen nach freilich umstrittener A jedenfalls unter § 15 EKEG, sofern die Forderung in der Krise begründet wurde, auch wenn die Sicherheit noch vor der Krise bestellt worden ist u sich lediglich im Wege einer bereits bestehenden Erweiterungsabrede auch auf den neuen Kredit erstreckt; jedenfalls werden aber bereits bestehende u früher besicherte Kreditmittel durch die nachträgliche Erweiterung des besicherten Kredits während der Krise nicht rückwirkend durch §§ 15 f EKEG erfasst.[841] Nach den Umständen des Einzelfalls kann auch eine **Patronatserklärung** eine eigenkapitalersetzende Sicherheit sein.[842]

Eigenkapitalersetzende Forderungen sind **insolvenzantragstauglich** (§ 70 IO) u – mangels Rangrücktritts gem § 67 Abs 3 IO[843] – im insolvenz- **164**

---

839 Vgl *N. Frizberg*, Nachrangige Forderungen 16 ff; OGH 25.9.2023, 17 Ob 18/23f.
840 OGH 31.7.2013, 9 Ob 41/12p, GesRZ 2014, 54 (*Cach*) = *Brenn*, ÖJZ 2013, 989 = ZRB 2013, 194 (*Wenusch*) = *Wilhelm*, ecolex 2013, 937 = ÖZW 2014, 77 (*Ecker*) = ZEuP 2015, 181 (*Küppers/Pallien*); 30.1.2017, 6 Ob 246/16v; 25.9.2023, 17 Ob 18/23f.
841 *H. Foglar-Deinhardstein/Aichinger/Buchinger*, ecolex 2017, 777 (781) mwN.
842 *Stipanitz*, GES 2022, 168.
843 Allg zu Nachrangabreden u Rangrücktritten *M. Aigner*, ÖBA 2022, 344; *Schummer* in Konecny, Insolvenz-Forum 2012, 105 (120 ff).

rechtlichen **Überschuldungsstatus** der Schuldnerin zu berücksichtigen. Bei der Beurteilung der **Zahlungsunfähigkeit** sind sie aber auszublenden.[844] Gemäß § 14 Abs 1 EKEG werden eigenkapitalersetzende Forderungen v einem bestätigten Sanierungsplan auf die Sanierungsplanquote gekürzt.[845] Gemäß § 57a IO sind im Insolvenzverfahren Forderungen aus eigenkapitalersetzenden Leistungen erst nach den Insolvenzforderungen zu befriedigen.[846] Finanzierungen iSd §§ 36a u 36b IO sind aber nur dann nachrangig iSv § 57a Abs 1, 2 IO, wenn die Nachrangigkeit vereinbart wurde.[847] § 12b IO ordnet an, dass Ab- u Aussonderungsrechte aus Sicherheiten für Forderungen aus eigenkapitalersetzender Leistungen mit Eröffnung des Insolvenzverfahrens erlöschen u nur bei Aufhebung des Insolvenzverfahrens gem § 123a IO wieder aufleben. Gemäß § 18a IO können Insolvenzgläubiger bei Vorliegen der Voraussetzungen des § 16 EKEG nur den Ausfall geltend machen. Wurde dem Insolvenzschuldner v einem nach dem EKEG erfassten Gesellschafter eine Sache zum Gebrauch überlassen, so kann gem § 26a IO die Sache vor Ablauf v einem Jahr ab der Eröffnung des Insolvenzverfahrens nicht zurückgefordert werden, wenn dadurch die Fortführung des Unternehmens gefährdet wäre.

165   § 9 EKEG regelt das Verhältnis zw EKEG einerseits u § 82 andererseits:[848] Bei Kreditvergabe im Konzern, insb an eine Schwestergesellschaft iwS, die **auf Weisung** eines anderen Konzernmitglieds erfolgt, hat die kreditgewährende Gesellschaft einen Anspruch auf Erstattung

---

844 OGH 22.11.2021, 1 Ob 15/21v; *Pateter/Pirker*, ZIK 2015/275, 217 (218 f); *Maschke* in Poltsch et al, Praxishandbuch Insolvenzabwicklung 821 (843). Vgl *Trenker* in Konecny, Insolvenz-Forum 2019, 161 (166). **AA** *N. Frizberg*, Nachrangige Forderungen 14 f.
845 Vgl *Trenker* in Konecny, Insolvenz-Forum 2019, 161 (164 f, 179 ff); *N. Frizberg*, Nachrangige Forderungen 180 ff, 188 ff.
846 OGH 22.11.2021, 1 Ob 15/21v. Vgl *Trenker* in Konecny, Insolvenz-Forum 2019, 161 (162 ff, 168 ff); *N. Frizberg*, Nachrangige Forderungen 182 f.
847 *Schimka*, GesRZ 2021, 374 (379).
848 Zum Folgenden *Bauer/Zehetner* in Straube/Ratka/Rauter, GmbHG § 82 Rz 195; vgl auch (differenzierend) *Karollus*, EKEG, in Buchegger, Österreichisches Insolvenzrecht, Zusatzband I § 9 Rz 39 f, § 14 Rz 30; *Astner/Hermann/Pateter* in Clavora/Kapp/Mohr, JB Insolvenz- und Sanierungsrecht 2016, 259; *Schopper/Vogt* in Koller/Lovrek/Spitzer, IO² § 9 EKEG; *Eckert/Schopper/Madari* in Eckert/Schopper/AktG-ON § 52 Rz 23, 43. Nunmehr für einen **Vorrang** des Verbots der Einlagenrückgewähr vor dem EKEG *Karollus* in Brandl/Karollus/Kirchmayr/Leitner, HB vGA³, 1 (37). Zum jew untersch *telos* v § 82 u des EKEG *Bachner*, JBl 2018, 679; *A. Wimmer*, Besprechung zu OGH 6 Ob 89/21p, ÖBA 2022, 373.

der Kreditsumme gegen das weisungsgebende Konzernmitglied. Dieses tritt mit der Erstattung in die Rechtsposition des Kreditgebers ein. Der Kredit ist somit einerseits dem Eigenkapitalersatzrecht unterworfen (keine Rückzahlung durch die unmittelbar empfangende Gesellschaft), andererseits greifen auch die Regeln des Einlagenrückgewährverbots, indem ein Erstattungsanspruch der kreditgewährenden Gesellschaft gegen die weisungsgebende Obergesellschaft normiert wird, während die empfangende Gesellschaft das erhaltene Kapital behält. Der Erstattungsanspruch gem § 9 Abs 1 S 2 EKEG ist in seinem Kern ein Sonderfall des § 83 Abs 1 u kann grds auch bei Kreditgewährung auf Weisung eines Konzernmitglieds *down-stream*, also v der Mutter- an die Tochtergesellschaft, anwendbar sein.[849] Umstritten ist, ob § 9 EKEG auch **Finanzierungsleistungen** v „unten nach oben", somit v der Gesellschaft an ihre Anteilseigner, erfassen kann.[850]

Aus dem Eigenkapitalersatzrecht folgt keine Verpflichtung des Gesellschafters, in der Krise seine Forderungen gegenüber der Gesellschaft, die nicht der Rückzahlungssperre unterliegen, (zB Mietzins) zu stunden.[851]

166

VIII. Sanktionen, Haftung, Nichtigkeit

Zu den **Sanktionen** im Fall eines Verstoßes gegen § 82 s § 83 Rz 6 ff, 26 ff, 32 ff, 37 ff.

167

---

849 OGH 23.4.2020, 6 Ob 154/19v – *Alpine*, wbl 2020, 406 (*Koppensteiner*) = *Richter*, ZIK 2020, 92 = ecolex 2020, 711 (*Zimmermann*) = ZFR 2020, 465 (*Artmann*) = *Drobnik*, RdW 2020, 746 = GesRZ 2020, 414 (*Winner*); *Saurer* in Doralt/Nowotny/Kalss, AktG³ § 52 Rz 158e.
850 Vgl *Karollus*, EKEG, in Buchegger, Österreichisches Insolvenzrecht, Zusatzband I § 9 Rz 23; *Artmann* in Artmann/Karollus, AktG⁶ § 52 Rz 49, 52, 60; *Saurer* in Doralt/Nowotny/Kalss, AktG³ § 52 Rz 158e – jew mwN.
851 OGH 20.2.2003, 6 Ob 18/03w; vgl *J. Reich-Rohrwig*, ecolex 2013, 940.

IX. Heilung (Sanierung) einer verbotenen Einlagenrückgewähr

168 Von einer Ausgleichsmaßnahme, die eine ansonsten verbotene Einlagenrückgewähr legitimiert, (s Rz 101) ist die **Sanierung (Heilung)** einer verbotenen Einlagenrückgewähr zu unterscheiden: Die Ausgleichsmaßnahme wird planvoll mit der krit Maßnahme verknüpft, um sie zu rechtfertigen; bei der Sanierung geht es darum, eine bereits geschehene Verletzung der Kapitalerhaltungsregeln *ex post* zu heilen. Zur Frage, ob ein bereits eingetretener Verstoß gegen § 82 noch **geheilt (saniert)** werden kann (s auch Rz 99), ist die L noch wenig konturiert; in der Rsp finden sich nunmehr erste Hinweise (vgl zur Frage v Gesamt- u Teilnichtigkeit bei einem Verstoß gegen § 82 s § 83 Rz 39). Dass eine Heilung grds möglich sein muss, ergibt sich mE schon daraus, dass der Normzweck des § 82 iSd Gläubigerschutzes nicht in erster Linie auf gegenst Sicherung des Gesellschaftsvermögens, sondern primär auf wertmäßige Wiederherstellung des Vermögens der GmbH zum *status quo ante* gerichtet ist.[852] Heilt ein anfechtbarer oder nichtiger Beschluss über Feststellung des JA oder Gewinnverwendung, insb durch Fassung eines mangelfreien Bestätigungsbeschlusses nach nunmehr korrekt durchlaufener Vorbereitung der Beschlussfassung, durch Ablauf der Anfechtungsfrist oder durch Heilung der Nichtigkeit gem §§ 200, 202 AktG analog iVm § 41 (s § 41 Rz 58 f),[853] so wird auch eine frühere, auf Basis des defekten Beschlusses an sich unzulässige Gewinnausschüttung nachträglich zulässig.[854] Wenn die Heilung einer verbotenen Einlagenrückgewähr durch

---

852 *Auer* in Gruber/Harrer, GmbHG² § 82 Rz 64 mwN; *Bauer/Zehetner* in Straube/Ratka/Rauter, GmbHG § 82 Rz 219; *Karollus* in Brandl/Karollus/Kirchmayr/Leitner, HB vGA³, 1 (56, 110 f); *Saurer* in Doralt/Nowotny/Kalss, AktG³ § 52 Rz 118; *Koppensteiner* in FS Reich-Rohrwig 117 (119, 126); *Eckert/Schopper/Madari* in Eckert/Schopper, AktG-ON § 52 Rz 67; *H. Foglar-Deinhardstein* in Foglar-Deinhardstein, HB vGA, Rz 1/197. Allg zur möglichen Sanierung einer verbotenen Einlagenrückgewähr durch Neuabschluss eines ursprünglich nichtigen Vertrags OGH 13.12.2016, 3 Ob 167/16d.
853 Vgl allg (aus aktienrechtlicher Sicht) zu Einlagenrückgewähr u Heilung durch FB-Eintragung: *Saurer* in Doralt/Nowotny/Kalss, AktG³ § 52 Rz 22; *Diregger* in Doralt/Nowotny/Kalss, AktG³ § 202 Rz 35 (s aber auch § 44 GmbHG u *Enzinger* in Straube/Ratka/Rauter, GmbHG § 41 Rz 29).
854 Zum Aktienrecht *Saurer* in Doralt/Nowotny/Kalss, AktG³ § 52 Rz 22. Strenger (Sanierung nur durch neuen Ausschüttungsbeschluss u einver-

nachträgliche Widmung eines Dividendenanspruchs auf den ursprünglich unzulässigen Vermögenstransfer als zulässig erachtet wird (s Rz 49, 57, 60),[855] muss mE folgerichtig auch die Sanierung durch nachträgliche Leistung eines Gesellschafterzuschusses[856] (s allg § 72 Rz 7) möglich sein, zumal wenn dieser Zuschuss als Heilungsmaßnahme gewidmet ist.[857] Verstößt ein (zweiseitiges) Rechtsgeschäft wegen unangemessener Konditionen gegen § 82, muss es – außerhalb der Insolvenz des Gesellschafters bzw des unechten/echten Dritten – jedenfalls zulässig sein, dass die GmbH u ihr vertragliches Gegenüber den Vertrag zu nunmehr angemessenen Bedingungen neu abschließen. Eine Rückabwicklung des ursprünglichen Geschäfts kann diesfalls unterbleiben, wenn sämtliche negativen Folgen, die der GmbH erwachsen sind, ausgeglichen werden, u somit der Nichtigkeitsgrund entfällt, wobei dieser Ausgleich insb die Zahlung eines angemessenen Nutzungsentgelts[858] u/oder angemessener Zinsen sowie den Ersatz sonstiger vermögenswerter Nachteile umfassen muss.[859] Meines Erachtens steht § 83 Abs 4 (Verbot des Verzichts auf

---

nehmliche Aufrechnung v Rückzahlungs- u Dividendenforderung) *Ch. Nowotny* in FS Bertl II, 647 (652).
855 OGH 29.8.2017, 6 Ob 84/17x, GesRZ 2017, 399 (*R. Gruber*); OLG Innsbruck 27.4.2023, 3 R 26/23g. Vgl *Rüffler* in Artmann/Rüffler/Torggler, GmbH & Co KG 99 (107); *Rüffler/Aburumieh/Lind* in Jaufer/Nunner-Krautgasser/Schummer, Kapitalaufbringung und Kapitalerhaltung 71 (105); *Tanzer*, GesRZ 1985, 70, 112; *Schopper*, ecolex 2019, 736 (742 f, 744 f); *Karollus* in Brandl/Karollus/Kirchmayr/Leitner, HB vGA³, 1 (60 f); *Rüffler*, GES 2022, 373 (378).
856 Allg zum Gesellschafterzuschuss *Elsner*, Nachschussobliegenheit 182 f; *Aburumieh/Hoppel*, RdW 2020, 739 (744 ff); *T. Hayden/Thorbauer/Gröhs*, PSR 2020, 8 (10 ff).
857 OLG Innsbruck 27.4.2023, 3 R 26/23g; *H. Foglar-Deinhardstein* in Foglar-Deinhardstein, HB vGA, Rz 1/197.
858 Vgl *Koppensteiner* in FS Reich-Rohrwig 117 (126 f). ME könnte ggf die Zahlung sowohl v Nutzungsentgelt als auch v Zinsen erforderlich sein.
859 OLG Innsbruck 27.4.2023, 3 R 26/23g; *Saurer* in Doralt/Nowotny/Kalss, AktG³ § 52 Rz 119 f; *Koppensteiner* in FS Reich-Rohrwig 117 (128); *H. Foglar-Deinhardstein*, GES 2021, 159 (166); vgl *Reich-Rohrwig*, Kapitalerhaltung 163 („*eine die Inäquivalenz beseitigende, die Vermögensinteressen der KapGes wiederherstellende Vertragsanpassung*"); *Schopper*, ecolex 2019, 736 (740, 742 ff) mH zur **steuerlichen** Beurteilung. Zur nachträglichen Sanierung einer potentiell kapitalerhaltungswidrigen Akquisitionsfinanzierung OGH 24.10.2019, 6 Ob 184/19f. Allg zur nachträglichen Sanierung eines ursprünglich nichtigen Kaufvertrags durch angemessene Erhöhung des Kaufpreises OGH 25.11.2020, 6 Ob 226/20h. Zur Sanierung der Nichtigkeit

einen Rückersatzanspruch) einer Vereinbarung zur Heilung (Sanierung) einer verbotenen Einlagenrückgewähr bei Wertausgleich für die GmbH nicht entgegen (s § 83 Rz 19 f).[860] Nach der Rsp des OGH kann eine verbotene Einlagenrückgewähr – zumindest bei einer verdeckten KapGes (GmbH & Co KG) – dadurch rückwirkend saniert werden, dass die aus der Einlagenrückgewähr resultierenden Rückersatzansprüche gegen Forderungen des Gesellschafters **aufgerechnet** (s § 83 Rz 20) werden, zB indem sie bei der jährlichen Gewinnverteilung mit der Forderung auf den Gewinnanteil verrechnet werden.[861] Freilich sind Forderungen des Gesellschafters zur Aufrechnung mit dem Rückersatzanspruch ungeeignet, die aus einem wegen Verstoßes gegen das Verbot der Einlagenrückgewähr nichtigen Rechtsgeschäft resultieren.[862] Ist im Verhältnis zw Gesellschaft u Anteilseigner § 355 UGB (**Kontokorrent**) anwendbar, kann es auch zu einer laufenden Saldierung der Rückersatzansprüche der Gesellschaft mit anderen Ansprüchen zw Gesellschaft u Anteilseignern kommen.[863] Eine offene Frage ist, ob die GmbH auch einseitig an einem Geschäft, das gegen § 82 verstößt, festhalten u dessen Durchführung zu korrigierten Bedingungen durchsetzen kann. Meines Erachtens sollte die Gesellschaft, wenn sie an sich – gemessen an der Sicht eines ordentlichen u gewissenhaften GF – Interesse an dem fraglichen Geschäft hat, iZw dessen korrigierte Aufrechterhaltung u damit Durchführung zu angemessenen Konditionen durchsetzen können (**str**) (s § 83 Rz 39).[864]

---

durch Neuabschluss eines ursprünglich nichtigen Vertrags OGH 13.12.2016, 3 Ob 167/16d.

860 *H. Foglar-Deinhardstein* in Foglar-Deinhardstein, HB vGA, Rz 1/197; *Schopper*, ecolex 2019, 736 (741 f).

861 OGH 28.3.2018, 6 Ob 128/17t, GesRZ 2018, 242 (*Ch. Nowotny*) = *Michtner*, GES 2018, 233 = GES 2018, 237 (*Fantur*) = *Aburumieh/H. Foglar-Deinhardstein*, GES 2019, 3; 18.2.2021, 6 Ob 207/20i – *AE&E III, Fantur*, GES 2021, 57 = RWZ 2021, 186 (*Wenger*) = *H. Foglar-Deinhardstein*, GES 2021, 159 = GesRZ 2021, 186 (*Artmann*) = *Gaggl*, wbl 2021, 611; OLG Innsbruck 27.4.2023, 3 R 26/23g.

862 OGH 18.2.2021, 6 Ob 207/20i – *AE&E III, Fantur*, GES 2021, 57 = RWZ 2021, 186 (*Wenger*) = *H. Foglar-Deinhardstein*, GES 2021, 159 = GesRZ 2021, 186 (*Artmann*) = *Gaggl*, wbl 2021, 611; *Karollus* in Brandl/Karollus/Kirchmayr/Leitner, HB vGA³, 1 (61).

863 *Eckert* in Konecny, Insolvenz-Forum 2016, 17 (27 f).

864 *Karollus* in Brandl/Karollus/Kirchmayr/Leitner, HB vGA³, 1 (110); *Saurer* in Doralt/Nowotny/Kalss, AktG³ § 52 Rz 121 f; *H. Foglar-Deinhardstein* in Foglar-Deinhardstein, HB vGA, Rz 1/197; **aA** *Koppensteiner* in FS Reich-Rohrwig 117 (127 ff).

Zur allfälligen Korrekturobliegenheit der GmbH s § 83 Rz 11. Umgekehrt steht dem Anteilseigner grds kein **Wahlrecht/Anpassungsrecht** zu, allenfalls auch gegen den Willen der Gesellschaft auf einen angemessenen Preis „aufzuzahlen" u damit das Geschäft zu retten;[865] auch dieser Grundsatz steht aber mE einer anderslautenden Vereinbarung, die dem Anteilseigner die **geltungserhaltende Aufzahlung** ermöglicht, nicht entgegen.[866] Zur Frage der Sanierung einer verbotenen Einlagenrückgewähr iZm dem **Ausscheiden des Gesellschafters aus der GmbH** s Rz 89. Zur Frage der Heilung (Sanierung) einer verbotenen Einlagenrückgewähr durch **(konstitutive) FB-Eintragung** einer gesellschaftsrechtlichen Maßnahme (zB Verschmelzung) s § 83 Rz 41, § 101 Rz 46.

§ 83. (1) [1]Gesellschafter, zu deren Gunsten gegen die Vorschriften dieses Gesetzes, gegen die Bestimmungen des Gesellschaftsvertrages oder entgegen einem Gesellschaftsbeschlusse Zahlungen von der Gesellschaft geleistet worden sind, sind der Gesellschaft zum Rückersatze verpflichtet. [2]Was ein Gesellschafter in gutem Glauben als Gewinnanteil bezogen hat, kann er jedoch in keinem Falle zurückzuzahlen verhalten werden.

(2) Ist die Erstattung weder von dem Empfänger noch von den Geschäftsführern zu erlangen, so haften, insoweit durch die Zahlung das Stammkapital vermindert ist, für den Abgang am Stammkapitale die Gesellschafter nach Verhältnis ihrer Stammeinlagen.

(3) Beiträge, die von einzelnen Gesellschaftern nicht zu erlangen sind, werden nach dem bezeichneten Verhältnisse auf die übrigen verteilt.

(4) Zahlungen, die auf Grund der vorstehenden Bestimmungen zu leisten sind, können den Verpflichteten weder ganz noch teilweise erlassen werden.

---

865 OGH 20.12.2018, 6 Ob 195/18x – *Leiner I*, *Dejaco*, NZ 2019, 81 = *P. Csoklich/P. N. Csoklich*, GesRZ 2019, 54 = ZFS 2019, 8 (*Karollus*) = GesRZ 2019, 193 (*Kalss*) = *V. Hügel*, JEV 2019, 77 = *H. Foglar-Deinhardstein*, ÖJZ 2019, 938; *Schopper*, ecolex 2019, 736 (742); *Karollus* in Brandl/Karollus/Kirchmayr/Leitner, HB vGA³, 1 (113).

866 *H. Foglar-Deinhardstein*, ÖJZ 2019, 938; *H. Foglar-Deinhardstein*, GES 2021, 159 (166).

(5) Die Ansprüche der Gesellschaft verjähren in fünf Jahren, sofern sie nicht beweist, daß der Ersatzpflichtige die Widerrechtlichkeit der Zahlung kannte.

Literatur: *Aburumieh/H. Foglar-Deinhardstein,* Die verdeckte Kapitalgesellschaft – eine unendliche Geschichte, GES 2019, 3; *Aburumieh/Hoppel,* Beim Parkplatz hört die Freundschaft auf – aber § 82 GmbHG schützt sowieso bei Verkauf! GES 2021, 120; *Adensamer,* Ausgewählte Fragen zur Gesellschafterklage im GmbH-Recht, GesRZ 2021, 267; *W.-D. Arnold,* Verdeckte Gewinnausschüttung im Handelsrecht, GesRZ 1985, 86; *Artmann,* Einlagenrückgewähr – uralt und immer wieder neu, in FS Torggler (2013) 49; *Artmann,* Einlagenrückgewähr und Sicherheiten von Gesellschaftern und Dritten, ecolex 2018, 146; *Artmann,* Haftung im Konzern, GesRZ 2019, 419; *Astner/Hermann/Pateter,* Gedanken zu Gemeinsamkeiten und Unterschieden der verbotenen Einlagenrückgewähr, der Insolvenzanfechtung und des Eigenkapitalersatzrechts, in Clavora/Kapp/Mohr (Hg), JB Insolvenz- und Sanierungsrecht 2016 (2016) 259; *Auer,* Gläubigerschutz bei Vermögensbewegungen down-stream (2016); *Bergmann/Schörghofer,* OGH bestätigt Rechtsprechung zur Kapitalerhaltung bei verdeckten Kapitalgesellschaften, GES 2017, 20; *Bertl/Aschauer,* Das Kriterium der Wesentlichkeit für die Nichtigkeit des Jahresabschlusses, RWZ 2008, 109; *Birnbauer,* Neufassung des Gesellschaftsvertrages einer GmbH, GES 2020, 33; *Blaschke,* Augen auf! Die bloße Teilnahme an einer verbotenen Einlagenrückgewähr kann zur Haftung führen, GES 2021, 386; *Bollenberger,* Verdeckte Einlagenrückgewähr durch Umsatzgeschäfte: Wertausgleich und Nichtigkeit, RdW 2008/2, 7; *Bollenberger,* Sittenwidrigkeit nach § 879 ABGB wegen Beeinträchtigung von Interessen Dritter? JBl 2013, 137; *Bollenberger,* Zum Kreis der Rückzahlungsverpflichteten bei verbotener Einlagenrückgewähr, Zak 2018, 24; *Brugger,* Rechtsberater stehen unter Beschuss (und wie die Haftung eingeschränkt werden könnte) – Lehren aus 6 Ob 26/21y, WIT, und 6 Ob 151/20d, K. Privatstiftung, NZ 2022, 69; *Cap,* Fragen der internationalen Zuständigkeit im Zusammenhang mit dem Verbot der Einlagenrückgewähr nach österreichischem Recht, in FS FL-OGH (2022) 119; *Cernicky-Piechl/Fida,* Streit über Einlagenrückgewähr, RdW 2016/592, 813; *P. Csoklich/ P. N. Csoklich,* Verbotene Einlagenrückgewähr an Nichtgesellschafter, insbesondere im Zusammenhang mit Privatstiftungen, GesRZ 2019, 54; *Dejaco,* Einlagenrückgewähr bei Bestandverträgen, NZ 2019, 81; *Dollenz/Lindbauer/Milla,* Nichtigkeit des Jahresabschlusses: Zur Relevanz von Wesentlichkeit bei verbotener Einlagenrückgewähr, RWZ 2018, 250; *G. Eckert,* Entnahmen und Gesellschafterverrechnungskonten in der Insolvenz der GmbH, in Konecny (Hg), Insolvenz-Forum 2016 (2017) 17; *Edelmann,* GmbH & Co KG, in Bergmann/Ratka (Hg), HB Personengesellschaften[2] (2016) 301; *Engin-Deniz,* Zur Einlagenrückgewähr beim fiktiven Cash Pooling, ecolex 2019, 751; *Fantur,* Cash Pooling, GES 2019, 169; *Fantur,* Bilanzierung von Rückgewähransprüchen aus verbotener Einlagenrückgewähr, GES 2021, 57; *Fidler,* Beteiligungsfinanzierung, verbotene Einlagenrückgewähr und akzessorische Kreditsicherheiten, ÖBA 2018, 600; *Fleischer,* Vergleiche über Organhaftungs-, Einlage- und Drittansprüche der Aktiengesellschaft,

AG 2015, 133; *H. Foglar-Deinhardstein*, Einlagenrückgewähr: Großer Wert und kleiner Preis – Darf das sein? ecolex 2017, 1173; *H. Foglar-Deinhardstein*, Einlagenrückgewähr: Unechte Dritte und Umfang der Nichtigkeit? – Anmerkung zu OGH 20.12.2018, 6 Ob 195/18x, ÖJZ 2019, 938; *H. Foglar-Deinhardstein*, Schwere Kost – Neues zur verbotenen Einlagenrückgewähr bei der verdeckten Kapitalgesellschaft und zur Abschlussprüferhaftung, GES 2021, 159; *H. Foglar-Deinhardstein/Feldscher*, Scheiden tut weh? – Ausscheiden und Ausschluss von Gesellschaftern im Kapitalgesellschaftsrecht, in Adensamer/Mitterecker (Hg), HB GesStreit (2021) 441; *H. Foglar-Deinhardstein/A. Gruber*, Querverbindungen zwischen Stiftungs-, Zivil- und Gesellschaftsrecht – Praxisfragen zu 2 Ob 98/17a, PSR 2018, 52; *H. Foglar-Deinhardstein/Hartig*, Der Vorstand bei Umgründungen und Squeeze-out, in Kalss/Frotz/Schörghofer (Hg), HB Vorstand (2017) 877; *H. Foglar-Deinhardstein/Vinazzer*, Kann das EKEG die Umwandlung von Fremd- in Eigenkapital verhindern? ÖBA 2016, 486; *Gaggl*, Zum Periodenverschiebungsproblem bei Einbringung im Unternehmensverbund – gleichzeitig eine Besprechung von OGH 6 Ob 207/20i, wbl 2021, 611; *Graf*, Rechtswidrige Zinsanpassungsklauseln und Verjährungsrecht, ecolex 2003, 648; *Grossmayer*, Einlagenrückgewähr – drei aktuelle Entscheidungen, ecolex 2013, 951; *M. Gruber*, Ausfallshaftung und Kaduzierung, JBl 2012, 273; *P. Gruber/Spitzer*, Änderung der Rechtslage und nachvertragliche anwaltliche Pflichten – Rechtsberatung ohne Ende am Beispiel des FaBo+? EF-Z 2020, 56; Haberer/Krejci (Hg), Konzernrecht (2016); *Habersack*, Wie gewonnen, so zerronnen – Zur Anfechtbarkeit von Dividendenzahlungen an gutgläubige Aktionäre gem. § 134 Abs. 1 InsO, ZIP 2022, 1621; *Harrer*, Die Kompetenzen der Generalversammlung bei unzulässigen Entnahmen, in FS Aicher (2012) 235; *Harrer*, Satzungsauslegende Beschlüsse, GES 2017, 4; *Hermann*, Der Leistungsempfänger bei verbotener Einlagenrückgewähr, GES 2016, 394; *Hügel*, Geschäftschancen und Konzernsynergien – Zugleich ein Beitrag zur verdeckten Gewinnausschüttung im Gesellschafts- und Steuerrecht, in FS Koppensteiner II (2006) 11; *Hügel*, Verdeckte Gewinnausschüttung und Drittvergleich im Gesellschafts- und Steuerrecht, in Kalss/Torggler (Hg), Einlagenrückgewähr (2014) 19; *V. Hügel*, Verbot der Einlagenrückgewähr – Anwendung auf Rechtsgeschäfte zwischen Stiftungsbeteiligten und Beteiligungsgesellschaften einer Privatstiftung, JEV 2019, 77; Jaufer/Nunner-Krautgasser/Schummer (Hg), Kapitalaufbringung und Kapitalerhaltung (2016); *Joklik-Fürst*, Internationale Verrechnungspreise, RdW 2020, 800; *Kalss*, Kredite und Sicherheiten im Lichte der Einlagenrückgewähr, in Konecny (Hg), Insolvenz-Forum 2015 (2016) 125; *Kalss*, Vollmachtsmissbrauch bei der organschaftlichen Vollmacht – Handlungspflichten für die Organe, GesRZ 2020, 158; *Kalss/Winner*, Ausgewählte gesellschaftsrechtliche Judikate in Österreich und Deutschland im vergangenen Arbeitsjahr, GesRZ 2013, 189; *Klauser*, Kreditzinsen – wie weiter? ecolex 2003, 656; Kodek (Hg), Untreue NEU (2017); *G. Kodek*, Schaden, Anspruchsgrundlagen und Geltendmachung – ein Überblick, in Konecny (Hg), Insolvenz-Forum 2017 (2018) 165; *G. Kodek*, Einlagenrückgewähr und notwendige Streitgenossenschaft – eine Klarstellung, NZ 2021, 674; *G. Kodek/P. N. Csoklich*, Gesellschaftsrechtliche Aspekte des Wirtschaftsstrafrechts, in Höpfel/Ratz (Hg), WK StGB[2]; *Koppensteiner*, Grenzen der Leitung abhängiger Kapitalgesellschaften, in Kalss/Torggler (Hg), Einlagenrückgewähr (2014) 59; *Koppensteiner*, Nichtigkeit wegen Einlagenrückgewähr verbotswidriger Verträge? in FS Reich-Rohrwig (2014) 117; *Koppensteiner*, Über Unternehmensverträge, GesRZ 2020, 403; *Köppl*, Das Verbot der „Einlagenrückgewähr" unter besonderer Berücksichtigung Dritter (2014); *Krejci*, Zum GmbH-rechtlichen Ausschüttungsverbot, wbl 1993, 269; *Krejci*, Zu den Rechtsfolgen drittfinanzierter, unerlaubter Ausschüttungen, in FS Koppensteiner (2001) 115; *Krist*, Die Existenzvernichtungshaftung bei der GmbH (2020); *Leitner*, Wann beginnt die Verjährungsfrist des Rückforderungsanspruchs wegen überhöhter Zinsenzahlungen? ecolex 2004, 262; *Leitner*, Der Zinsenstreit in der Rsp der Untergerichte, ecolex 2004, 440; *Madl*, Ausgewählte Rechtsfragen zur Rückforderung zuviel bezahlter Zinsen bei mangelnder Bestimmtheit einer Zinsanpassungsklausel, ÖBA 2003, 722; *Michtner*, Aufrechnung durch Gesellschaft von unberechtigt bezogenen Gehältern mit Gewinnen zulässig, GES 2018, 233; *Milchrahm*, Ausgegliederte Rechtsträger und Kapitalerhaltung, GRAU 2022, 151; *Milla/Stückler/Szaurer*, Änderung von Abschlüssen, in FS Bertl II (2021) 359; *Mitterecker*, Management-Buy-Out und Verbot der Einlagenrückgewähr, die Zweite, GES 2016, 150; *Ch. Müller*, Schadenersatzrechtliche Haftung einer Dritter bei Mitwirkung an Verstößen gegen das Einlagenrückgewährverbot? – zugleich eine Besprechung von OGH 23.6.2021, 6 Ob 61/21w, ÖJA 2023, 129; *Ch. Nowotny*, Können Jahresabschlüsse ewig nichtig sein? Gedankensplitter aus gesellschaftsrechtlicher Sicht, in FS Bertl II (2021) 647; *Ch. Nowotny*, Leistungsstörungen beim Unternehmenskauf, in Aschauer/Bertl/Eberhartinger/Eckert/Egger/Hirschler/Hummel/Kalss/Kofler/Lang/Novotny-Farkas/Nowotny/Petutschnig/Riegler/Rust/Schuch/Spies/Staringer (Hg), Kauf und Verkauf von Unternehmen (2022) 151; *G. Nowotny*, OGH als gefährlicher Gesetzgeber? Gedanken eines Höchstrichters, in FS Hügel (2016) 297; *Obradović*, Ausgewählte Rechtsfragen zum Delisting nach dem BörseG 2018, GesRZ 2018, 214; *Obradović/Demian*, Einlagenrückgewähr beim (fiktiven) Cash Pooling, ZFR 2019, 451; *Pilz*, Einlagenrückgewähr (verdeckte Gewinnausschüttung) und Jahresabschlussprüfung/Bestätigungsvermerk, RWZ 1996, 252; *Platzer*, Verdeckte Gewinnausschüttung im Jahresabschluß und bei der Jahresabschlußprüfung, SWK 1985 H 16, 171; *Pummerer/Steller*, Sanierung verbotener Einlagenrückgewähr und Jahresabschluss, GES 2022, 367; *Pummerer/Steller/Moßhammer*, Verbotene Einlagenrückgewähr, Wesentlichkeit und Nichtigkeit von Jahresabschlüssen, RWZ 2018, 245; *R. Rastegar*, Die Gesellschafterklage in der GmbH (2020); *Rebhahn*, Zur Haftung des Staates für Aufsicht und Intervention bei Banken – Ein Überblick aus Anlass von HBI und HETA, ÖZW 2017, 2; *J. Reich-Rohrwig*, Unzulässige Einlagenrückgewähr im Spiegel der Rechtsprechung 2003 bis 2013, ecolex 2013, 940; *J. Reich-Rohrwig*, Auslegung und Reichweite von Bilanzgarantien, in Althuber/Schopper (Hg), HB Unternehmenskauf & Due Diligence I² (2015) 394; *J. Reich-Rohrwig/Zimmermann*, Ist die Ausfallshaftung des GmbH-Gesellschafters nach § 83 Abs 2 GmbHG unbeschränkt? ecolex 2017, 613; *Reisch*, Verbot der Einlagenrückgewähr und insolvenzrechtliche Anfechtung, jeweils im Zusammenhang mit einem Cash Poolingvertrag, ZIK 2019, 122; *Reisch/Hampel*, Aktuelles zum Verbot der Einlagenrückgewähr, ZIK 2015/100, 91; *R. Reiter*, Die Wesentlichkeit gem § 189a Z 10 UGB im

Verhältnis zur Wesentlichkeit für die Nichtigkeit eines Jahresabschlusses nach § 202 Abs 1 Z 2 AktG, RWZ 2016, 231; *Rüffler*, Die Aktionärsklage, ÖJZ 2021, 405; *Rüffler*, Verstoß gegen das Verbot der Einlagenrückgewähr: Jahresabschluss und Sanierung – Eine Entgegnung, GES 2022, 373; *Rüffler/H. Foglar-Deinhardstein*, Begebung von Bankgarantien durch Kapitalgesellschaften zugunsten ihrer derzeitigen und ehemaligen unmittelbaren wie mittelbaren Gesellschafter im Rahmen einer Spaltung gem SpaltG, GES 2019, 228; *Saurer*, Überlegungen zur Kapitalausstattung bei der GmbH und AG unter besonderer Berücksichtigung der ausgegliederten Rechtsträger im Bereich der „Daseinsvorsorge", in FS Jud (2012) 549; *Schopper*, Ausfallshaftung der Mitgesellschafter für verbotswidrige Rückzahlung Eigenkapital-ersetzender Leistungen? Ein Beitrag zum „einstufigen" System des Eigenkapitalersatzrechts, GES 2004, 410; *Schopper*, Ansprüche des Kreditgebers bei Nichtigkeit der Sicherheit wegen Verstoßes gegen Kapitalerhaltungsvorschriften, in FS Fenyves (2013) 1009; *Schopper*, Heilung von Verstößen gegen das Verbot der Einlagenrückgewähr, ecolex 2019, 736; *Schopper/Walch*, Unternehmensrechtliche Verjährungsregeln und ihr Verhältnis zum allgemeinen Zivilrecht, ÖBA 2013, 418; *Schopper/Walch*, Geschäftsführerhaftung in der GmbH & Co KG, NZ 2016, 163; *Spendel*, Verkürzung der Verjährungsfrist gem § 25 Abs 6 GmbHG? Zugleich eine kritische Anmerkung zu 9 ObA 136/19v, wbl 2021, 121; *Spitzer/Schindl*, (Notwendige) Streitgenossenschaft? Die Einlagenrückgewähr im Zivilprozess, ecolex 2021, 826; *Straube*, Gedanken zur extensiven Interpretation des Verbots der Einlagenrückgewähr, in FS Bittner (2018) 657; *Striessnig*, Das Einlagenrückgewährverbot und die Verjährung bei Mietverträgen, GesRZ 2016, 266; *Thelen*, Zur Teilnichtigkeit eines Ausschüttungsbeschlusses wegen Verstoßes gegen § 235 UGB, RWZ 2019, 361; *U. Torggler*, Zum deliktischen Schutz der Mitgliedschaft(-srechte), JBl 2003, 747; *U. Torggler*, Fünf (Anti-)Thesen zum Haftungsdurchgriff, JBl 2006, 85; *U. Torggler*, Zur Konzernhaftung nach österreichischem Recht, GesRZ 2013, 11; *U. Torggler*, Rechtsfolgen verbotener Vermögensverlagerungen, in Kalss/Torggler (Hg), Einlagenrückgewähr (2014) 89; Torggler (Hg), Richterliche Rechtsfortbildung und ihre Grenzen (2019); *U. Torggler/H. Torggler*, 15 Jahre „Fehringer" – Zur Einlagenrückgewähr über und an Dritte, insb durch Sicherheiten, in FS Jud (2012) 723; *Walch*, Zulässigkeit eines Vergleichs zwischen Kapitalgesellschaft und Gesellschaftern über Einlageforderungen, in Nueber/Przeszlowska/Zwirchmayr (Hg), Privatautonomie und ihre Grenzen im Wandel (2015) 93; *I. Welser*, Drei Entscheidungen zur Business Judgment Rule – die „Grundlegende", die „Verunsichernde" und die „Begehrlichkeiten Bestrafende", ecolex 2017, 1073; *Wenger*, Redepflicht des Wirtschaftsprüfers, in Bertl/Hirschler/Aschauer (Hg), HB Wirtschaftsprüfung (2019) 825; *Wiegele*, Die Verzinsung des Rückforderungsanspruchs nach verbotener Einlagenrückgewähr, ecolex 2019, 746; *Wiegele*, Besteuerung von Verzugszinsen aus Ansprüchen nach § 83 GmbHG/§ 56 AktG? ecolex 2019, 748; *Wünscher*, Die Durchgriffshaftung wegen Vermögensvermischung im GmbH-Recht, RdW 2018, 280; *Zoidl*, Die Rückerstattungsansprüche bei verbotener Einlagenrückgewähr. Leges speciales zum allgemeinen Bereicherungsrecht? GesRZ 2014, 87.

Inhaltsübersicht

I.	Praktische Bedeutung	1
II.	Gesetzliche Regelung und Zweck	2–5
III.	Rückersatzanspruch der GmbH	6–24
	A. Grundzüge (Abs 1 S 1)	6, 7
	B. Gläubiger des Rückersatzanspruchs	8
	C. Schuldner des Rückersatzanspruchs	9, 10
	D. Voraussetzungen und Umfang des Erstattungsanspruchs	11–14
	E. Weitere Charakteristika des Rückersatzanspruchs, (internationale) Gerichtszuständigkeit	15–15a
	F. Gutglaubensschutz (Abs 1 S 2)	16–18
	G. Verbot des Verzichts auf den Rückersatzanspruch, Aufrechnung, Schad- und Klagloshaltung (Abs 4)	19–21
	H. Verjährung (Abs 5)	22, 23
	I. Verhältnis des Rückersatzanspruchs zu Ansprüchen nach allgemeinem Zivilrecht	24
IV.	Keine Außenhaftung der Gesellschafter	25
V.	Ausfallshaftung der Mitgesellschafter (Abs 2, 3)	26–31
VI.	Haftung der Geschäftsführer, Aufsichtsratsmitglieder und Abschlussprüfer	32–36
VII.	Ansprüche nach allgemeinem Zivilrecht	37–44
	A. Anspruchskonkurrenz	37
	B. Nichtigkeitssanktion	38–40a
	C. Bestandschutz im Firmenbuch	41
	D. Bereicherungsrechtliche Ansprüche	42
	E. Eigentumsklage	43
	F. Schadenersatz	44
VIII.	Heilung (Sanierung) einer verbotenen Einlagenrückgewähr	45

I. Praktische Bedeutung

1 § 83 regelt die **Sanktionierung v Verstößen gegen die Kapitalerhaltungsvorschriften**, insb gegen § 82. Aus heutiger Sicht – mit Blick auf das scharfe Sanktionensystem zum Verbot der Einlagenrückgewähr, das die Jud va unter Rückgriff auf allg Zivilrecht herausgearbeitet hat (s Rz 24, 37 ff) – wirkt die gesetzl Regelung relativ rudimentär. Die Rsp stellt bei der Konturierung der Sanktionen für Verstöße gegen das Verbot der Einlagenrückgewähr nämlich mehr u mehr die **Nichtigkeitssanktion** für Verstöße gegen Gesetz u gute Sitten nach allg Zivilrecht (**§ 879 ABGB**) in den Mittelpunkt u geht im Ergebnis recht großzügig über das differenzierte Regelwerk des § 83 hinweg.¹ Die praktische Folge ist, dass gerade in Krisen- u Insolvenzszenarien die Geltendmachung der verbotenen Einlagenrückgewähr als schärfere Waffe die klassische **Anfechtung durch Gläubiger oder Insolvenzverwalter nach AnfO u IO** bereits spürbar zurückgedrängt hat (s Rz 11).²

II. Gesetzliche Regelung und Zweck

Inhaltlich besteht ein enger Zusammenhang zw § 82, der die materiellen Grundregeln der **Kapitalerhaltung** normiert, einerseits u § 83 sowie § 25 Abs 3 Z 1 (s § 25 Rz 3), die die Sanktionierung v Verstößen gegen § 82 regeln, andererseits. 2

Systematisch gibt es Parallelen v § 83 zu § 63 Abs 3 (Verzichts-, Stundungs- u Aufrechnungsverbot, s § 63 Rz 33 ff)³ sowie zu § 70 (s § 70 Rz 7 ff). **Abs 2 u 3** sowie § 70 stehen im Zeichen der für das GmbH-Recht typischen **subsidiären Kollektivhaftung** aller Gesellschafter einer GmbH (s Rz 26 ff),⁴ die es im Aktienrecht nicht gibt. Die Skepsis des § 81 gegenüber dem Erwerb eigener Anteile durch die GmbH selbst (s § 81 Rz 5 ff) ist auch darin begründet, dass jeder Erwerb eines eigenen Anteils das Sicherheitsnetz dieser subsidiären Kollektivhaftung schwächt, weil die GmbH naturgemäß sich nicht selbst als subsidiär Haftpflichtige in Anspruch nehmen kann.⁵ 3

Auch Verstöße gegen andere **zwingende Bestimmungen**, die im Licht **der Kapitalerhaltung** mit § 82 kommunizieren, wie insb die §§ 7, 57, 74 u 81, können die Rechtsfolgen des § 83 auslösen,⁶ sofern nicht im jew Einzelfall eine speziellere Sanktion eingreift. 4

---

1 Krit *Auer* in Gruber/Harrer, GmbHG² § 83 Rz 30; *Krist*, Existenzvernichtungshaftung 34 ff, 42 ff.
2 Zur Abgrenzung zw Einlagenrückgewähr u Anfechtung *Astner/Hermann/Pateter* in Clavora/Kapp/Mohr, JB Insolvenz- und Sanierungsrecht 2016, 259; *Rüffler/Aburumieh/Lind* in Jaufer/Nunner-Krautgasser/Schummer, Kapitalaufbringung und Kapitalerhaltung 71 (94 ff); *Eckert/Schopper/Madari* in Eckert/Schopper, AktG-ON § 52 Rz 21.
3 Vgl *H. Foglar-Deinhardstein/Vinazzer*, ÖBA 2016, 486 mwN.
4 Vgl *Kalss/Eckert*, Zentrale Fragen 89; *Köppl* in Torggler, GmbHG § 83 Rz 18.
5 *Kalss/Eckert*, Zentrale Fragen 89.
6 *Auer* in Gruber/Harrer, GmbHG² § 83 Rz 1, 6; vgl *Bachner* in Doralt/Nowotny/Kalss, AktG² § 178 Rz 16.

5 Die gesetzl Regelung des § 83 ist – ebenso wie § 82 (s § 82 Rz 6 ff) – darauf gerichtet, das Vermögen der Gesellschaft im **Interesse der Gesellschaftsgläubiger** (u – jedenfalls im Umfang des Abs 1 – auch der [Minderheits-]Gesellschafter) vor ungeregeltem Abfluss in die Sphäre der Gesellschafter zu schützen.[7] § 83 ist daher im gleichen Umfang **zwingend** wie das jew materielle kapitalerhaltungsrechtliche Leistungsverbot (s Rz 4), dem er zum Durchbruch verhelfen soll.[8]

III. Rückersatzanspruch der GmbH

A. Grundzüge (Abs 1 S 1)

6 Absatz 1 S 1 sieht vor, dass bei (offenem oder verdecktem) Verstoß gegen § 82 (oder sonstige kapitalerhaltungsrechtliche Regelungen, s Rz 4) jener Gesellschafter, der die unzulässige Leistung empfangen hat (oder – falls die unzulässige Leistung v einem Dritten empfangen wurde – jener Gesellschafter, in dessen Sphäre die Leistung geflossen ist), zum **Rückersatz der erhaltenen Leistung** verpflichtet ist.[9] Erfasst sind jegliche **gesetzwidrige Leistungen** (also entgegen dem Gesetzeswortlaut nicht nur „*Zahlungen*") an Gesellschafter (oder unechte/echte Dritte, s § 82 Rz 75 ff),[10] daher zB auch ein unzulässiger Gründerlohn, überhöhter Ersatz v Gründungskosten,[11] Zahlungen aus einer Kapitalherabsetzung

---

7 OGH 26.4.2016, 6 Ob 72/16f, GesRZ 2016, 343 (*Ettmayer/St. Arnold*); *Auer* in Gruber/Harrer, GmbHG² § 83 Rz 2, 26; *Bauer/Zehetner* in Straube/Ratka/Rauter, GmbHG § 83 Rz 1, 24; *Köppl* in Torggler, GmbHG § 83 Rz 1.
8 *Auer* in Gruber/Harrer, GmbHG² § 83 Rz 3; vgl *Bauer/Zehetner* in Straube/Ratka/Rauter, GmbHG § 83 Rz 49; *Koppensteiner/Rüffler*, GmbHG³ § 83 Rz 3; *Köppl* in Torggler, GmbHG § 83 Rz 1.
9 *Artmann* in Artmann/Karollus, AktG⁶ § 56 Rz 9.
10 OGH 25.10.1978, 1 Ob 719/78; 26.3.1996, 1 Ob 2028/96h; *Koppensteiner/Rüffler*, GmbHG³ § 83 Rz 3; *Bauer/Zehetner* in Straube/Ratka/Rauter, GmbHG § 83 Rz 6; *Auer* in Gruber/Harrer, GmbHG² § 83 Rz 5.
11 Vgl OGH 24.10.2019, 6 Ob 100/19b, GesRZ 2020, 206 (*Pilgerstofer*) = *Birnbauer*, GES 2020, 33. Die Gründungskosten müssen in einem angemessenen Verhältnis zum bei der Gründung eingebrachten Verkehrswert stehen. Vgl OGH 11.9.2003, 6 Ob 103/03w, ecolex 2004, 281 (*J. Reich-Rohrwig*); *Koppensteiner/Rüffler*, GmbHG³ § 82 Rz 12; *Saurer* in FS Jud 549 (551 FN 1); *Heidinger/Schneider* in Artmann/Karollus, AktG⁶ § 19 Rz 14 f.

ohne die erforderlichen Voraussetzungen (s § 57 Rz 8),[12] die rechtswidrige Rückzahlung v Nachschüssen oder die Gegenleistung beim unzulässigen Erwerb eigener Anteile.[13]

Entgegen dem Wortlaut v Abs 1 ist – neben gesetzwidrigen Leistungen (s Rz 6) – nicht jede Leistung an einen Gesellschafter, die **gegen GesV oder Gesellschafterbeschluss verstößt**, v § 83 erfasst: Erforderlich ist vielmehr ein Vermögenstransfer, der entweder (a) zwingendes Gesetzesrecht (insb § 82 – s aber Rz 4) oder (b) eine privatautonome Festlegung der Gesellschafter (im GesV oder durch Beschluss), die hinsichtlich der Kapitalbindung noch über das zwingende Gesetzesrecht hinausgeht, verletzt.[14] Außerdem sind die Wertungen der §§ 41, 42 zu beachten, nach denen bestimmte rechtswidrige Gesellschafterbeschlüsse nicht nichtig, sondern bloß anfechtbar sind. Beschließen die Gesellschafter etwa entgegen einem rein gesv – also nicht gesetzl zwingenden – Thesaurierungsgebot (s allg § 82 Rz 43) eine Gewinnausschüttung, ist der Beschluss nur anfechtbar, u der Vermögenstransfer daher erst bei wirksamer Beseitigung des Beschlusses v § 83 erfasst.[15] Verletzt ein Gesellschafterbeschluss hingegen unmittelbar die zwingenden Anordnungen v § 82, indem zB die Ausschüttung v gar nicht vorhandenem Bilanzgewinn beschlossen wird, wird der Erstattungsanspruch gem Abs 1 sofort ausgelöst.[16]

7

---

12 Vgl *Bachner* in Doralt/Nowotny/Kalss, AktG² § 178 Rz 16.
13 *Koppensteiner/Rüffler*, GmbHG³ § 83 Rz 3; *Bauer/Zehetner* in Straube/Ratka/Rauter, GmbHG § 83 Rz 5; *Auer* in Gruber/Harrer, GmbHG² § 83 Rz 6; *Köppl* in Torggler, GmbHG § 83 Rz 2.
14 *Auer* in Gruber/Harrer, GmbHG² § 83 Rz 7; vgl *Bauer/Zehetner* in Straube/Ratka/Rauter, GmbHG § 83 Rz 7.
15 *Auer* in Gruber/Harrer, GmbHG² § 83 Rz 7; ähnlich *Koppensteiner/Rüffler*, GmbHG³ § 41 Rz 27, § 83 Rz 3; *Köppl* in Torggler, GmbHG § 83 Rz 2; *Diregger* in Doralt/Nowotny/Kalss, AktG³ § 195 Rz 16; *Eckert/Schopper/Madari* in Eckert/Schopper, AktG-ON § 52 Rz 25; *Eckert/Schopper/Setz* in Eckert/Schopper, AktG-ON § 104 Rz 18. Der umgekehrte Vorgang – Beschluss über die Thesaurierung des Gewinns trotz gesv Ausschüttungsgebots (s § 82 Rz 43) – kann mE schon mangels Vermögenstransfers keinen Verstoß gegen § 82 bedeuten u daher immer nur Anfechtbarkeit begründen (*H. Foglar-Deinhardstein* in Foglar-Deinhardstein, HB vGA, Rz 1/204 FN 856).
16 *Auer* in Gruber/Harrer, GmbHG² § 83 Rz 7; vgl *Bauer/Zehetner* in Straube/Ratka/Rauter, GmbHG § 83 Rz 7.

B. Gläubiger des Rückersatzanspruchs

8 Der Anspruch gem § 83 steht der GmbH – u nicht einzelnen Gesellschaftern[17] – zu; er wird v den **GF**, im Insolvenzverfahren v **Insolvenzverwalter** geltend gemacht.[18] Zur Frage der Bestellung eines **Prozessvertreters** gem § 35 Abs 1 Z 6 s § 35 Rz 92 ff. Soll der Rückersatzanspruch gegen einen Gesellschafter-GF durchgesetzt werden, kommt wegen Interessenkollision auch die gerichtl Bestellung eines **Not-GF** oder eines **Kollisionskurators** in Betracht.[19] Die GmbH ist alleiniger Gläubiger des Rückersatzanspruchs, kann den Anspruch aber grds **zedieren**.[20] Zur **Zession an den Schuldner** des Rückersatzanspruchs s aber Rz 19. Jedenfalls ist die Abtretung v Ansprüchen, die der Gesellschaft aus einer verbotenen Einlagenrückgewähr zustehen, – zumindest an einen Gesellschafter – im Licht v Abs 4 u § 63 Abs 3 nur zulässig, wenn dafür eine **werthaltige Gegenleistung** erbracht wird; die Zession an einen Gesellschafter ohne werthaltige Gegenleistung wäre ihrerseits ein Verstoß gegen das Verbot der Einlagenrückgewähr u somit nichtig.[21] Für die Ge-

---

17 OGH 28.3.2018, 6 Ob 41/18z, GesRZ 2018, 346 (*Bauer*); OLG Innsbruck 27.4.2023, 3 R 26/23g; *Eckert/Schopper/Madari* in Eckert/Schopper, AktG-ON § 52 Rz 70. In der Lit wird aber die *actio pro socio* zur Geltendmachung v Ansprüchen aus § 83 (*Koppensteiner*, wbl 2018, 428 [433 f]; *Koppensteiner*, wbl 2023, 545 [553]) oder eine **individuelle Klage des Anteilseigners auf Unterlassung**, (verschuldensunabhängige) **Beseitigung u Feststellung** (*Rüffler*, ÖJZ 2021, 405; *U. Torggler*, JBl 2003, 747 [755 FN 129]; aA *Adensamer*, GesRZ 2021, 267; *Koppensteiner*, ÖJZ 2023, 824 [828 f]; differenzierend OGH 28.6.2023, 6 Ob 178/22b, EvBl 2023, 851 [*Drobnik*] = *H. Foglar-Deinhardstein*, ÖJZ 2023, 911 = NZ 2023, 571 [*Walch*] = GesRZ 2023, 382 [*Kalss*]) postuliert.
18 *Karollus* in Brandl/Karollus/Kirchmayr/Leitner, HB vGA³, 1 (55); *Koppensteiner/Rüffler*, GmbHG³ § 83 Rz 13; *Bauer/Zehetner* in Straube/Ratka/Rauter, GmbHG § 83 Rz 50; *Köppl* in Torggler, GmbHG § 83 Rz 5; *Eckert/Schopper/Madari* in Eckert/Schopper, AktG-ON § 52 Rz 70.
19 OGH 24.10.2019, 6 Ob 71/19p, GesRZ 2020, 148 (*Ratka*) = EvBl 2020, 978 (*Rastegar*).
20 *Koppensteiner/Rüffler*, GmbHG³ § 83 Rz 4; *Bauer/Zehetner* in Straube/Ratka/Rauter, GmbHG § 83 Rz 26; *Auer* in Gruber/Harrer, GmbHG² § 83 Rz 9; *Eckert/Schopper/Madari* in Eckert/Schopper, AktG-ON § 52 Rz 73; OGH 29.8.2017, 6 Ob 114/17h, wbl 2017, 655 (*Harrer*) = GesRZ 2018, 50 (*Karollus*) = EvBl 2018, 224 (*Told*) = *Bollenberger*, Zak 2018, 24; OLG Innsbruck 27.4.2023, 3 R 26/23g.
21 OGH 29.8.2017, 6 Ob 114/17h, wbl 2017, 655 (*Harrer*) = GesRZ 2018, 50 (*Karollus*) = EvBl 2018, 224 (*Told*) = *Bollenberger*, Zak 2018, 24; vgl *Koppen-*

sellschaftsgläubiger ist direkt auf Basis des § 83 grds kein unmittelbarer Zugriff auf die Gesellschafter möglich (s Rz 25, 34, 44; § 82 Rz 8 FN 30, Rz 25);[22] die Gläubiger können den Erstattungsanspruch der Gesellschaft aber im **Exekutionsverfahren** pfänden u sich überweisen lassen[23] oder ggf gegen die Gesellschafter **Anfechtungsansprüche gem AnfO u IO** richten.[24] Zur Durchsetzung des Anspruchs durch **Minderheitsgesellschafter** s Rz 13.

C. Schuldner des Rückersatzanspruchs

Die Haftung gem § 83 trifft den Gesellschafter, in dessen Sphäre der Vermögenstransfer (an ihn selbst oder einen Dritten) zielt,[25] unabhängig davon, ob er in weiterer Folge aus der Gesellschaft ausgeschieden oder als Gesellschafter aus dem FB gelöscht worden ist.[26] Eine pauschale **Erwerberhaftung**, die einen neuen Gesellschafter für eine ohne seine Mitwirkung an seine Vorperson geflossene Einlagenrückgewähr haften lässt, ist mE abzulehnen[27] (s § 82 Rz 67). Der **Gesamtrechtsnachfolger** tritt frei-

9

---

  steiner/Rüffler, GmbHG[3] § 83 Rz 4; *Bauer/Zehetner* in Straube/Ratka/Rauter, GmbHG § 83 Rz 26; *Auer* in Gruber/Harrer, GmbHG[2] § 83 Rz 9; *Eckert/Schopper/Madari* in Eckert/Schopper, AktG-ON § 52 Rz 73.
22 *Zoidl*, GesRZ 2014, 87; *Bauer/Zehetner* in Straube/Ratka/Rauter, GmbHG § 83 Rz 24; *Auer* in Gruber/Harrer, GmbHG[2] § 83 Rz 8; *Koppensteiner*, ÖJZ 2023, 824 (828).
23 *Koppensteiner/Rüffler*, GmbHG[3] § 83 Rz 4; *Bauer/Zehetner* in Straube/Ratka/Rauter, GmbHG § 83 Rz 25; *Auer* in Gruber/Harrer, GmbHG[2] § 83 Rz 8; *Köppl* in Torggler, GmbHG § 83 Rz 6.
24 *Eckert/Schopper/Madari* in Eckert/Schopper, AktG-ON § 52 Rz 21.
25 Vgl *Köppl* in Torggler, GmbHG § 82 Rz 15 f; § 83 Rz 8; *Bauer/Zehetner* in Straube/Ratka/Rauter, GmbHG § 83 Rz 10 ff; *Auer* in Gruber/Harrer, GmbHG[2] § 83 Rz 10; OGH 29.8.2017, 6 Ob 114/17h, wbl 2017, 655 (*Harrer*) = GesRZ 2018, 50 (*Karollus*) = EvBl 2018, 224 (*Told*) = *Bollenberger*, Zak 2018, 24.
26 Vgl OGH 8.6.2010, 4 Ob 11/10m; OLG Innsbruck 27.4.2023, 3 R 26/23g; *Karollus* in Brandl/Karollus/Kirchmayr/Leitner, HB vGA[3], 1 (58); *Koppensteiner/Rüffler*, GmbHG[3] § 83 Rz 6; *Bauer/Zehetner* in Straube/Ratka/Rauter, GmbHG § 83 Rz 17; *Auer* in Gruber/Harrer, GmbHG[2] § 83 Rz 10; *Köppl* in Torggler, GmbHG § 83 Rz 8; *Schopper*, ecolex 2019, 736 (737 f); *Eckert/Schopper/Madari* in Eckert/Schopper, AktG-ON § 52 Rz 71.
27 Die Rückerstattungspflicht löst sich nach dieser A – so wie umgekehrt der abgereifte Dividendenanspruch (s § 82 Rz 32) – v der Mitgliedschaft (s Rz 15, § 82 Rz 67) u gehört daher nicht zu den Pflichten, die bei Übertragung des Ge-

lich in die Rückersatzhaftung des Rechtsvorgängers ein (soweit diese bereits vor Eintritt der Rechtsnachfolge entstanden ist); hingegen soll die Haftung nicht übergehen, wenn ein Nicht-Gesellschafter eine gegen § 82 verstoßende Forderung oder einen derartigen Vertrag im Wege der **Einzelrechtsnachfolge** v Gesellschafter erwirbt.[28] Gegenüber den übrigen Gesellschaftern der GmbH haftet der v verbotenen Vermögenstransfer begünstigte Gesellschafter auf Basis v §§ 82, 83 grds nicht, selbst wenn diese übrigen Gesellschafter selbst wiederum KapGes sind.[29] Trifft den Gesellschafter kein Verschulden, kann ihm ein **Regressanspruch gegen die GF** gem § 896 ABGB zustehen; ansonsten ist die Solidarhaftung v Gesellschafter u GF intern nach hM grds gem §§ 1301 ff ABGB aufzuteilen (str).[30] Siehe aber Rz 35.

10 Eine Erfassung Dritter als Schuldner des Rückersatzanspruchs kommt im Einzelfall aufgrund teleologischer Erwägungen in Frage.[31] **Unechte Dritte** (s Rz 17; § 82 Rz 75) haften solidarisch mit dem in-

---

schäftsanteils mit diesem übergehen (vgl zu diesen allg OGH 23.2.1989, 6 Ob 525/89, IPRax 1990, 252 [*Kralik*]): OLG Innsbruck 27.4.2023, 3 R 26/23g; *Bauer/Zehetner* in Straube/Ratka/Rauter, GmbHG § 82 Rz 78, § 83 Rz 17; *Koppensteiner/Rüffler*, GmbHG³ § 83 Rz 6; *Auer* in Gruber/Harrer, GmbHG² § 83 Rz 10; *Karollus* in Brandl/Karollus/Kirchmayr/Leitner, HB vGA³, 1 (58); *Köppl* in Torggler, GmbHG § 83 Rz 8; *Saurer* in Doralt/Nowotny/Kalss, AktG³ § 56 Rz 20; *Artmann* in Artmann/Karollus, AktG⁶ § 56 Rz 8, 11; *Karollus* in Artmann/Karollus, AktG⁶ § 65 Rz 79; *H. Foglar-Deinhardstein* in Foglar-Deinhardstein, HB vGA, Rz 1/206; *H. Foglar-Deinhardstein/Feldscher* in Adensamer/Mitterecker, HB GesStreit, Rz 11/8; *Schopper*, ecolex 2019, 736 (738); *Eckert/Schopper/Madari* in Eckert/Schopper, AktG-ON § 52 Rz 64, 71 (Erwerberhaftung kann sich aber ggf aus § 1409 ABGB ergeben); aA *Reich-Rohrwig*, Kapitalerhaltung 165 f; *Köppl*, Das Verbot der „Einlagenrückgewähr" 58 ff.
28 *Köppl* in Torggler, GmbHG § 83 Rz 8; aA *Schopper*, ecolex 2019, 736 (739).
29 *Karollus* in Brandl/Karollus/Kirchmayr/Leitner, HB vGA³, 1 (25 f).
30 *Koppensteiner/Rüffler*, GmbHG³ § 83 Rz 6; *Bauer/Zehetner* in Straube/Ratka/Rauter, GmbHG § 83 Rz 68; aA *Auer* in Gruber/Harrer, GmbHG² § 83 Rz 21 (GF habe gem § 1358 ABGB vollen Regress beim Gesellschafter; das Verschulden des GF werde nur durch das Einbringlichkeitsrisiko sanktioniert).
31 *Reich-Rohrwig*, Kapitalerhaltung 166; *Karollus*, Besprechung zu OGH 7 Ob 35/10p, GesRZ 2011, 112 (115); *Bauer/Zehetner* in Straube/Ratka/Rauter, GmbHG § 82 Rz 84, § 83 Rz 19, 21 ff; *Koppensteiner/Rüffler*, GmbHG³ § 82 Rz 18, § 83 Rz 7; aA *U. Torggler*, GesRZ 2013, 11 (14 f): Empfänger haftet nur bei positiver Kenntnis oder grob fahrlässiger Unkenntnis des Verstoßes.

volvierten Gesellschafter,[32] wobei (bei allfälligem Mitverschulden anteilige) Regressansprüche zw empfangendem u veranlassendem Rechtsträger denkbar sind,[33] aber mE auch korrigierende Binnenansprüche nach §§ 82, 83 zw diesen beiden Rechtsträgern.[34] **Echte Dritte** (s Rz 19, 40; § 82 Rz 76 f) haften hingegen grds nur bei Kollusion oder grober Fahrlässigkeit[35] oder bei sittenwidriger Schädigung (§ 1295 Abs 2

---

[32] *Karollus* in Brandl/Karollus/Kirchmayr/Leitner, HB vGA³, 1 (49 ff, 58) mwN; *Köppl* in Torggler, GmbHG § 82 Rz 13 ff, § 83 Rz 10; *Reich-Rohrwig*, Kapitalerhaltung 166 ff; *Koppensteiner/Rüffler*, GmbHG³ § 83 Rz 7; *Bauer/Zehetner* in Straube/Ratka/Rauter, GmbHG § 83 Rz 12 f, 21; *Artmann* in Artmann/Karollus, AktG⁶ § 56 Rz 9 f; *Rüffler/H. Foglar-Deinhardstein*, GES 2019, 228 (231); *Eckert/Schopper/Madari* in Eckert/Schopper, AktG-ON § 52 Rz 71; ähnlich *Auer* in Gruber/Harrer, GmbHG² § 83 Rz 11 ff; aA offenbar (ausschließliche Haftung der Schwestergesellschaft) *Haberer* in Haberer/Krejci, Konzernrecht, Rz 11.150; *Eckert/U. Schmidt* in Haberer/Krejci, Konzernrecht, Rz 13.44. Allg zur Haftung eines unechten Dritten gem § 83 OGH 22.12.2021, 6 Ob 89/21p, ÖBA 2022, 370 (*A. Wimmer*) = ecolex 2022, 380 (*J. Reich-Rohrwig*).
[33] *Bauer/Zehetner* in Straube/Ratka/Rauter, GmbHG § 83 Rz 13.
[34] *H. Foglar-Deinhardstein* in Foglar-Deinhardstein, HB vGA, Rz 1/207.
[35] OGH 25.6.1996, 4 Ob 2078/96h – *Fehringer*, JBl 1997, 108 (*Hügel*) = *Saurer*, RdW 1998, 593; 22.10.2003, 3 Ob 287/02f, RWZ 2004/11, 38 (*Wenger*); 29.5.2008, 2 Ob 225/07p, RWZ 2008/72, 260 (*Wenger*) = GesRZ 2008, 310 (*Stingl*) = GES 2008, 315 (*Bauer*) = ÖBA 2009, 60 (*Bollenberger*); 29.9.2010, 7 Ob 35/10p, ZFR 2011/38, 82 (*Auer*) = GesRZ 2011, 110 (*Karollus*) = RWZ 2010/89, 363 (*Wenger*); 20.3.2013, 6 Ob 48/12w – *Kneisz I*, ÖBA 2013, 601 (*Wolkerstorfer/Gebetsberger*) = ecolex 2013, 638 (*F. Hörlsberger/Rieder*) = GesRZ 2013, 230 (*Thurnher*); 17.7.2013, 3 Ob 50/13v – *MBO II*, RWZ 2013/82, 315 (*Wenger*) = GesRZ 2013, 356 (*Artmann*) = ÖBA 2014, 52 (*P. Bydlinski*); 15.12.2014, 6 Ob 14/14y – *Humanitas*, NZ 2015, 107 (*Till*) = ecolex 2015, 128 (*Brugger*) = GesRZ 2015, 130 (*Karollus*) = *Reisch/Hampel*, ZIK 2015/100, 91 = *Hermann*, GES 2016, 394 = *Prostor*, ZfRV 2019, 179; 24.11.2015, 1 Ob 28/15x – *Kneisz II*, NZ 2016, 147 (*Auer*) = GesRZ 2016, 219 (*Arlt*) = *Mitterecker*, GES 2016, 150; 11.10.2016, 10 Ob 61/16t; 29.8.2017, 6 Ob 114/17h, wbl 2017, 655 (*Harrer*) = GesRZ 2018, 50 (*Karollus*) = EvBl 2018, 224 (*Told*) = *Bollenberger*, Zak 2018, 24; 23.6.2021, 6 Ob 61/21w, GesRZ 2022, 79 (*Bauer*) = *Blaschke*, GES 2021, 386 = *G. Kodek* in Lewisch, JB Wirtschaftsstrafrecht 2022, 161 = *Ch. Müller*, ÖJA 2023, 129; 14.9.2021, 6 Ob 26/21y, EvBl 2022, 321 (*Painsi; Rastegar*) = *Brugger*, NZ 2022, 69; *Auer* in Gruber/Harrer, GmbHG² § 82 Rz 21, § 83 Rz 15 f; *Bauer/Zehetner* in Straube/Ratka/Rauter, GmbHG § 82 Rz 88, § 83 Rz 19 ff; *Reich-Rohrwig*, Kapitalerhaltung 168; tw aA *Karollus* in Brandl/Karollus/Kirchmayr/Leitner, HB vGA³, 1 (53 FN 288); *Köppl* in Torggler, GmbHG § 82 Rz 17, § 83 Rz 11.

ABGB).³⁶ Dies lässt sich auch aus dem Verbot der **Beeinträchtigung fremder Forderungsrechte**/des Eingriffs in solche Rechte³⁷ ableiten: Ein Dritter haftet dem Gläubiger für den Eingriff in auch bloß relative Rechte, wenn er die Erfüllung des relativen Rechts durch den Schuldner vorsätzlich oder – bei offenkundigen Gläubigerrechten – auch nur fahrlässig vereitelt. Auf § 82 f kann das mE folgendermaßen umgelegt werden: Die GmbH hat gegenüber ihren Gesellschaftern ein Recht auf Erhaltung ihres Vermögens u – im Fall einer Verletzung der Vermögenserhaltung – auf Rückersatz; in diese Rechte darf ein echter Dritter nicht störend eingreifen.³⁸ Zu **Erkundigungs- u Prüfobliegenheiten** eines echten Dritten s Rz 40, § 82 Rz 76, § 82 Rz 154. Bei Haftung eines echten Dritten steht der GmbH mE kein Anspruch gem Abs 1 zu, aber allenfalls – insb wegen Nichtigkeit des Rechtsgeschäfts gem § 879 ABGB (s Rz 38) – nach allg zivilrechtlichen Regeln ein Kondiktions-, Vindikations u/oder Schadenersatzanspruch (näher s Rz 37 ff, 43 f) (**str**).³⁹ Auch die allfällige Haftung des echten Dritten

---

Krit zum Kriterium des Schädigungsvorsatzes des Vertreters u **objektive Evidenz der Pflichtwidrigkeit** genügen lassend *Zehentmayer/Ronacher*, RdW 2023, 99 (101 ff).

36 OGH 23.6.2021, 6 Ob 61/21w, GesRZ 2022, 79 (*Bauer*) = *Blaschke*, GES 2021, 386 = *G. Kodek* in Lewisch, JB Wirtschaftsstrafrecht 2022, 161 = *Ch. Müller*, ÖJA 2023, 129.

37 Vgl allg OGH 3.7.1968, 5 Ob 134/68; 27.7.1995, 1 Ob 537/95; 21.2.2002, 8 Ob 194/01i; 13.9.2007, 6 Ob 169/07g; 14.11.2013, 2 Ob 126/13p; 17.11.2015, 4 Ob 192/15m; *Rummel* in Rummel/Lukas, ABGB⁴ § 859 Rz 62 ff; *Mader* in Kletečka/Schauer, ABGB-ON¹·⁰³ § 440 Rz 3; *G. Kodek* in Kletečka/Schauer, ABGB-ON¹·⁰³ § 1294 Rz 10, 12; *Lukas* in *Kletečka/Schauer*, ABGB-ON¹·⁰² § 1394 Rz 13 f; *Hügel* in FS Koppensteiner II, 11 (25); *J. Reich-Rohrwig/K. Grossmayer* in Artmann/Karollus, AktG⁶ § 84 Rz 604 ff.

38 Vgl dahingehende Überlegungen bei *Bollenberger*, Zak 2018, 24 (26); *Bollenberger*, JBl 2013, 137 (140 f); *Ch. Müller*, ÖJA 2023, 129 (146 f, 156 ff, 166 ff). Zum umgekehrten Fall des Eingriffs in Mitgliedschaftsrechte u zum deliktischen Schutz gegen solche Eingriffe vgl OGH 15.3.2021, 6 Ob 248/20v; *U. Torggler*, JBl 2003, 747.

39 *Koppensteiner/Rüffler*, GmbHG³ § 83 Rz 7; *Bauer/Zehetner* in Straube/Ratka/Rauter, GmbHG § 83 Rz 19, 22; *Auer* in Gruber/Harrer, GmbHG² § 83 Rz 15; *Köppl* in Torggler, GmbHG § 83 Rz 11; *Karollus* in Brandl/Karollus/Kirchmayr/Leitner, HB vGA³, 1 (53, 160) mH zur diesbzgl unklaren Rsp; *Kalss* in Konecny, Insolvenz-Forum 2015, 125 (136); *Bollenberger*, Zak 2018, 24 (26 f); *Ch. Müller*, ÖJA 2023, 129 (166 ff). Die Rsp nimmt mglw einen Anspruch gem § 83 Abs 1 auch gegen echte Dritte an (OGH 20.3.2013, 6 Ob

ist gegenüber der GmbH **solidarisch** zu der des involvierten Gesellschafters.[40] Offen ist mE, ob zw Gesellschafter u echtem Dritten wechselseitige Regressansprüche denkbar sind, oder ob nur dem echten Dritten ein Regressanspruch gegen den Gesellschafter zustehen kann, weil er für eine materiell fremde Schuld haftet. Finanziert die Gesellschaft unzulässiger Weise einen **Anteilserwerb** auf Ebene der Anteilseigner, ist eine solidarische Haftung des Veräußerers u des Erwerbers denkbar.[41]

D. Voraussetzungen und Umfang des Erstattungsanspruchs

Zur Geltendmachung des Rückersatzanspruchs gem Abs 1 ist keine Anfechtung gem AnfO oder IO erforderlich (s Rz 1).[42] Der Erstattungsanspruch gem Abs 1 entfällt mglw dann, wenn der GmbH die einseitige Korrektur möglich ist, zB wenn die GmbH eine unzulässig geleistete Zwischendividende (s § 82 Rz 57) (zuzüglich angemessener Zinsen) v der wirksam beschlossenen Dividende abziehen kann (s auch Rz 20), oder wenn die GmbH überhöhte Pensionsrückstellungen für einen Gesellschafter-GF durch entspr Auflösung korrigieren kann.[43] Grenzen einer solchen **Korrekturobliegenheit** sind mE aber jedenfalls die Insolvenz des Gesellschafters u das Aufrechnungsverbot gem Abs 4 (s Rz 19).[44] Allgemein zur Heilung (Sanierung) v Verstößen gegen § 82 s § 82 Rz 168.

11

48/12w – *Kneisz I*, ÖBA 2013, 601 [*Wolkerstorfer/Gebetsberger*] = ecolex 2013, 638 [*F. Hörlsberger/Rieder*] = GesRZ 2013, 230 [*Thurnher*]). So explizit auch *Eckert/Schopper/Madari* in Eckert/Schopper, AktG-ON § 52 Rz 71, 76.
40 *Bauer/Zehetner* in Straube/Ratka/Rauter, GmbHG § 83 Rz 20; *Reich-Rohrwig*, Kapitalerhaltung 166 ff; *Köppl*, Das Verbot der „Einlagenrückgewähr" 146 ff; *H. Foglar-Deinhardstein* in Foglar-Deinhardstein, HB vGA, Rz 1/207; **aA** *Hermann*, GES 2016, 394.
41 OGH 29.8.2017, 6 Ob 114/17h, wbl 2017, 655 (*Harrer*) = GesRZ 2018, 50 (*Karollus*) = EvBl 2018, 224 (*Told*) = Bollenberger, Zak 2018, 24; *Karollus* in Brandl/Karollus/Kirchmayr/Leitner, HB vGA³, 1 (58).
42 OGH 12.11.1996, 4 Ob 2328/96y.
43 *Koppensteiner/Rüffler*, GmbHG³ § 83 Rz 8; *Bauer/Zehetner* in Straube/Ratka/Rauter, GmbHG § 83 Rz 32; **aA** *Auer* in Gruber/Harrer, GmbHG² § 83 Rz 23.
44 *H. Foglar-Deinhardstein* in Foglar-Deinhardstein, HB vGA, Rz 1/208.

12 Der Rückersatzanspruch ist primär auf **Naturalrestitution** gerichtet;[45] wenn u soweit die Naturalrestitution nicht möglich[46] oder ausreichend ist, besteht Anspruch auf **Wertersatz** in Höhe des Wertverlusts im Vermögen der GmbH.[47] Für die Zeit v verbotenem Empfang bis zur Rückerstattung stehen **Verzugszinsen** bzw ein angemessenes **Nutzungsentgelt** zu.[48] Bei einer **offenen Einlagenrückgewähr** (s § 82 Rz 78 ff) ist nach hA die gewährte Leistung/Sache zurückzugeben; in der Insolvenz des Gesellschafters hat die GmbH ein Aussonderungsrecht.[49] Bei einer **verdeckten Einlagenrückgewähr** (s § 82 Rz 81 ff) richtet sich der Rückersatzanspruch nach hA nach dem Umfang der Nichtigkeit (s Rz 39): Bei Gesamtnichtigkeit umfasst er die Rückabwicklung der gesamten Leistung der GmbH, bei Teilnichtigkeit nur

---

45 OGH 18.2.2021, 6 Ob 207/20i – *AE&E III, Fantur*, GES 2021, 57 = RWZ 2021, 186 (*Wenger*) = *H. Foglar-Deinhardstein*, GES 2021, 159 = GesRZ 2021, 186 (*Artmann*) = *Gaggl*, wbl 2021, 611; *Bauer/Zehetner* in Straube/Ratka/Rauter, GmbHG § 83 Rz 30; *Auer* in Gruber/Harrer, GmbHG² § 83 Rz 4, 16; *Köppl* in Torggler, GmbHG § 83 Rz 12; *Rüffler/H. Foglar-Deinhardstein*, GES 2019, 228 (231); *Eckert/Schopper/Madari* in Eckert/Schopper, AktG-ON § 52 Rz 67; vgl (**abl**) *Krist*, Existenzvernichtungshaftung 34, 43 f. Zur Frage, ob die GmbH nur das Recht oder auch die Pflicht hat, Naturalrestitution zu fordern, *Reich-Rohrwig*, Kapitalerhaltung 163; *Auer* in Gruber/Harrer, GmbHG² § 83 Rz 4; *U. Torggler* in Kalss/Torggler, Einlagenrückgewähr 89 (97); *Köppl* in Torggler, GmbHG § 83 Rz 14.
46 Unmöglich ist die Naturalrestitution etwa, wenn der (solidarisch) Haftpflichtige gar nicht (mehr) über die Sache, die aus dem Vermögen der GmbH transferiert wurde, verfügt.
47 OGH 18.2.2021, 6 Ob 207/20i – *AE&E III, Fantur*, GES 2021, 57 = RWZ 2021, 186 (*Wenger*) = *H. Foglar-Deinhardstein*, GES 2021, 159 = GesRZ 2021, 186 (*Artmann*) = *Gaggl*, wbl 2021, 611; *Köppl* in Torggler, GmbHG § 83 Rz 12 f; *Eckert/Schopper/Madari* in Eckert/Schopper, AktG-ON § 52 Rz 67.
48 *Karollus* in Brandl/Karollus/Kirchmayr/Leitner, HB vGA³, 1 (57); *Auer* in Gruber/Harrer, GmbHG² § 83 Rz 4, 16; *Bauer/Zehetner* in Straube/Ratka/Rauter, GmbHG § 83 Rz 32; *Köppl* in Torggler, GmbHG § 83 Rz 13; *Koppensteiner* in FS Reich-Rohrwig 117 (126); *Cernicky-Piechl/Fida*, RdW 2016/592, 813(815). Zur **Zinshöhe** *Wiegele*, ecolex 2019, 746; *Karollus* in Brandl/Karollus/Kirchmayr/Leitner, HB vGA³, 1 (57 FN 321). Zur **Besteuerung** der Verzugszinsen *Wiegele*, ecolex 2019, 748. Zur **Verjährung der Zinsen** *Karollus* in Brandl/Karollus/Kirchmayr/Leitner, HB vGA³, 1 (61).
49 *Koppensteiner* in FS Reich-Rohrwig 117 (119 f, 124); *Krist*, Existenzvernichtungshaftung 31 – jew mwN.

den Wertausgleich im Ausmaß der Inäquivalenz.[50] Die Haftung des Gesellschafters ist nicht mit der Höhe seiner Stammeinlage gedeckt, sondern umfasst die volle Höhe des verbotenen Transfers.[51] Kapitalaufbringungs- u Sacheinlagevorschriften sind auf die Erfüllung des Rückersatzanspruchs mE nicht anwendbar (s Rz 20; s aber Rz 19 FN 81). Insbesondere muss der Rückersatzanspruch mE nicht zwingend durch Leistung an die GmbH zu deren freier Verfügung erfüllt werden; die Gesellschaft kann daher mE den Gesellschafter auch zur direkten Erfüllung an einen Drittgläubiger anweisen oder die bare Rückersatzleistung auf ein verpfändetes Konto auszahlen lassen.[52]

Die Geltendmachung des Anspruchs bedarf nach hA **keines genehmigenden Gesellschafterbeschlusses** gem § 35 Abs 1 Z 6 (s § 35 Rz 88);[53] vielmehr wären Gesellschafterbeschlüsse, die sich gegen die Geltendmachung des Rückforderungsanspruchs richten, gem Abs 4 nichtig (s Rz 38).[54] Bleiben die GF (s Rz 8) untätig, kann die **Gesellschafterminderheit** den Anspruch gem § 48 durchsetzen (s § 48 Rz 1, 16, 22).[55]

13

---

50 *Karollus* in Brandl/Karollus/Kirchmayr/Leitner, HB vGA³, 1 (57, 114); *Auer* in Gruber/Harrer, GmbHG² § 83 Rz 17; *Zoidl*, GesRZ 2014, 87 (88), *Artmann/Rüffler*, GesR² Rz 1442; aA *Koppensteiner/Rüffler*, GmbHG³ § 83 Rz 8 (immer nur Rückersatzanspruch auf Wertdifferenz).
51 *Karollus* in Brandl/Karollus/Kirchmayr/Leitner, HB vGA³, 1 (28); *Eckert/Schopper/Madari* in Eckert/Schopper, AktG-ON § 52 Rz 64.
52 *H. Foglar-Deinhardstein* in Foglar-Deinhardstein, HB vGA, Rz 1/209.
53 OGH 26.4.2016, 6 Ob 72/16f, GesRZ 2016, 343 (*Ettmayer/St. Arnold*); 25.10.2018, 6 Ob 190/18m; 24.1.2019, 6 Ob 219/18a, GesRZ 2019, 198 (*Gelter*); 24.10.2019, 6 Ob 71/19p, GesRZ 2020, 148 (*Ratka*) = EvBl 2020, 978 (*R. Rastegar*); *R. Rastegar*, Gesellschafterklage 26 f.
54 OGH 23.2.2016, 6 Ob 171/15p – AE&E I, RWZ 2016/28, 125 (*Wenger*) = EvBl-LS 2016/81 (*Rohrer*) = Schopper/Walch, NZ 2016, 163 = GesRZ 2016, 281 (*Schörghofer*) = ÖBA 2017, 621 (*Dellinger*) = Bergmann/Schörghofer, GES 2017, 20 = *Straube* in FS Bittner 657 = *Aburumieh/H. Foglar-Deinhardstein*, GES 2019, 3; 26.4.2016, 6 Ob 72/16f, GesRZ 2016, 343 (*Ettmayer/St. Arnold*); 30.8.2016, 6 Ob 198/15h – AE&E II, NZ 2016, 413 (*Brugger*) = Bergmann/Schörghofer, GES 2017, 20 = *I. Welser*, ecolex 2017, 1073 = *Aburumieh/H. Foglar-Deinhardstein*, GES 2019, 3; 24.10.2019, 6 Ob 71/19p, GesRZ 2020, 148 (*Ratka*) = EvBl 2020, 978 (*Rastegar*); *Karollus* in Brandl/Karollus/Kirchmayr/Leitner, HB vGA³, 1 (60); *Bauer/Zehetner* in Straube/Ratka/Rauter, GmbHG § 83 Rz 51, 55; *Auer* in Gruber/Harrer, GmbHG² § 83 Rz 28; *Koppensteiner/Rüffler*, GmbHG³ § 83 Rz 13; *Köppl* in Torggler, GmbHG § 83 Rz 5; aA *Harrer* in FS Aicher 235 (241 ff).
55 *Koppensteiner/Rüffler*, GmbHG³ § 83 Rz 13; *Bauer/Zehetner* in Straube/Ratka/Rauter, GmbHG § 83 Rz 52; *Köppl* in Torggler, GmbHG § 83 Rz 5;

14 Gibt es mehrere gem Abs 1 zum Rücksatz Verpflichtete (s Rz 9 f), entscheiden die GF im Ermessen gem § 25, wer in Anspruch genommen wird; eine schematische Verpflichtung zur Gleichbehandlung besteht nicht.[56]

E. Weitere Charakteristika des Rücksatzanspruchs, (internationale) Gerichtszuständigkeit

15 Der Rücksatzanspruch gem § 83 löst sich mit seiner Entstehung (s Rz 22) v Geschäftsanteil u ist nicht mehr mit diesem verknüpft (s Rz 9), dh er richtet sich gegen jene Person, die den Anteil zum Zeitpunkt des Verbotsverstoßes hält[57] (zur Frage der Haftung eines Erwerbers s Rz 9 u § 82 Rz 67). Allerdings ist der Erstattungsanspruch dennoch ein **mitgliedschaftlicher** – u daher weder ein schadenersatz- noch ein bereicherungsrechtlicher – **Anspruch**.[58] Für den Rücksatzanspruch ist daher nur auf den unzulässigen Vermögensabfluss u nicht

---

Karollus in Brandl/Karollus/Kirchmayr/Leitner, HB vGA³, 1 (60); OGH 24.10.2019, 6 Ob 71/19p, GesRZ 2020, 148 (*Ratka*) = EvBl 2020, 978 (*Rastegar*). In der Lit wird aber die *actio pro socio* zur Geltendmachung v Ansprüchen aus § 83 (*Koppensteiner*, wbl 2018, 428 [433 f]; *Koppensteiner*, wbl 2023, 545 [553]) oder eine **individuelle Klage des Anteilseigners auf Unterlassung**, (verschuldensunabhängige) **Beseitigung u Feststellung** (*Rüffler*, ÖJZ 2021, 405; *U. Torggler*, JBl 2003, 747 [755 FN 129]; aA *Adensamer*, GesRZ 2021, 267; *Koppensteiner*, ÖJZ 2023, 824 [828 f]; differenzierend OGH 28.6.2023, 6 Ob 178/22b, EvBl 2023, 851 [*Drobnik*] = *H. Foglar-Deinhardstein*, ÖJZ 2023, 911 = NZ 2023, 571 [*Walch*] = GesRZ 2023, 382 [*Kalss*]) postuliert.

56 *Bauer/Zehetner* in Straube/Ratka/Rauter, GmbHG § 83 Rz 16.
57 *Bauer/Zehetner* in Straube/Ratka/Rauter, GmbHG § 83 Rz 17; *Auer* in Gruber/Harrer, GmbHG² § 83 Rz 10; *Eckert/Schopper/Madari* in Eckert/Schopper, AktG-ON § 52 Rz 64, 71; vgl OGH 1.9.2010, 6 Ob 132/10w, GesRZ 2011, 47 (*Rüffler*) = EvBl 2011, 167 (*Feuchtmüller*) = immolex 2011, 146 (*Cerha*); 13.9.2012, 6 Ob 110/12p, RWZ 2012/91, 321 (*Wenger*) = GesRZ 2013, 38 (*U. Torggler*); OLG Innsbruck 27.4.2023, 3 R 26/23g.
58 OGH 15.12.2014, 6 Ob 14/14y – *Humanitas*, NZ 2015, 107 (*Till*) = ecolex 2015, 128 (*Brugger*) = GesRZ 2015, 130 (*Karollus*) = Reisch/Hampel, ZIK 2015/100, 91 = *Hermann*, GES 2016, 394 = *Prostor*, ZfRV 2019, 179; 21.12.2017, 6 Ob 206/17p, GesRZ 2018, 125 (*Stagl*) = *Aburumieh/H. Foglar-Deinhardstein*, GES 2019, 3; OLG Innsbruck 27.4.2023, 3 R 26/23g; *Karollus* in Brandl/Karollus/Kirchmayr/Leitner, HB vGA³, 1 (56); *Auer* in Gruber/Harrer, GmbHG² § 83 Rz 4; *Eckert/Schopper/Madari* in Eckert/Schopper, AktG-ON § 52 Rz 64.

auf einen kongruenten Schaden der GmbH (s Rz 44) abzustellen.[59] Die Haftung ist **unabhängig v Verschulden** oder mangelnder Redlichkeit.[60] Es kommt auch nicht auf eine irrtümliche Leistungserbringung oder eine Bereicherung des Leistungsempfängers, sondern nur auf die Entreicherung der GmbH an (vgl auch § 82 Rz 13);[61] der Einwand des Wegfalls der Bereicherung scheidet somit im Anwendungsbereich v § 83 aus.[62] Der Anspruch ist mit Erhalt der verbotswidrigen Leistung durch den Gesellschafter sofort **fällig** u in der **Bilanz** zu aktivieren[63] (s auch Rz 22; zur allfälligen Nichtigkeit des JA s Rz 40a). Führt die Rückabwicklung der verbotenen Einlagenrückgewähr freilich zu einer Bereicherung der GmbH selbst, kann dies Bereicherungsansprüche eines entreicherten echten Dritten (s § 82 Rz 76 f) gegen die Gesellschaft auslösen (s Rz 42).

---

59 OGH 15.12.2014, 6 Ob 14/14y – *Humanitas*, NZ 2015, 107 (*Till*) = ecolex 2015, 128 (*Brugger*) = GesRZ 2015, 130 (*Karollus*) = *Reisch/Hampel*, ZIK 2015/100, 91 = *Hermann*, GES 2016, 394 = *Prostor*, ZfRV 2019, 179; 29.8.2017, 6 Ob 114/17h, wbl 2017, 655 (*Harrer*) = GesRZ 2018, 50 (*Karollus*) = EvBl 2018, 224 (*Told*) = *Bollenberger*, Zak 2018, 24; *Eckert/Schopper/Madari* in Eckert/Schopper, AktG-ON § 52 Rz 64.
60 *Köppl* in Torggler, GmbHG § 83 Rz 8, 13; *Zoidl*, GesRZ 2014, 87 (88); *Bauer/Zehetner* in Straube/Ratka/Rauter, GmbHG § 83 Rz 58; *Eckert/Schopper/Madari* in Eckert/Schopper, AktG-ON § 52 Rz 66.
61 *Köppl* in Torggler, GmbHG § 83 Rz 1.
62 OGH 13.9.2012, 6 Ob 110/12p, RWZ 2012/91, 321 (*Wenger*) = GesRZ 2013, 38 (*U. Torggler*); 29.8.2017, 6 Ob 114/17h, wbl 2017, 655 (*Harrer*) = GesRZ 2018, 50 (*Karollus*) = EvBl 2018, 224 (*Told*) = *Bollenberger*, Zak 2018, 24; *Auer* in Gruber/Harrer, GmbHG² § 83 Rz 16; *Köppl* in Torggler, GmbHG § 83 Rz 13; *Dejaco*, NZ 2019, 81 (88); vgl aber FN 110; *Schopper/Walch*, ÖBA 2013, 418 (424).
63 *Karollus* in Brandl/Karollus/Kirchmayr/Leitner, HB vGA³, 1 (59); *Bach* in Brandl/Karollus/Kirchmayr/Leitner, HB vGA³, 429 (438 ff, 471); *Auer* in Gruber/Harrer, GmbHG² § 83 Rz 4; *Hügel* in Kalss/Torggler, Einlagenrückgewähr 19 (21); *Koppensteiner/Rüffler*, GmbHG³ § 83 Rz 3; *Bauer/Zehetner* in Straube/Ratka/Rauter, GmbHG § 83 Rz 8; *Jaufer/Wesener* in Jaufer/Nunner-Krautgasser/Schummer, Kapitalaufbringung und Kapitalerhaltung 35 (49 ff); *Pilz*, RWZ 1996, 252; *Eckert/Schopper/Madari* in Eckert/Schopper, AktG-ON § 52 Rz 65; OGH 18.2.2021, 6 Ob 207/20i – *AE&E III*, *Fantur*, GES 2021, 57 = RWZ 2021, 186 (*Wenger*) = *H. Foglar-Deinhardstein*, GES 2021, 159 = GesRZ 2021, 186 (*Artmann*) = *Gaggl*, wbl 2021, 611; OLG Innsbruck 27.4.2023, 3 R 26/23g; aA *Fantur*, GES 2021, 57; *Pummerer/Steller*, GES 2022, 367 (369); *Rüffler*, GES 2022, 373 (377 f); *Zorn*, RdW 2023, 827. **Steuerlich** ist die Rückzahlung einer verdeckten Gewinnausschüttung als steuerneutrale Einlage zu werten (VwGH 21.12.1993, 93/14/0216; *Zorn*, RdW 2023, 827 f).

Soweit Nachteile der Gesellschaft noch nach den Regeln über die Einlagenrückgewähr – namentlich gem § 83 – ausgeglichen werden können, scheidet ein Anspruch aus dem Titel der Existenzvernichtungshaftung oder der Durchgriffshaftung (s § 82 Rz 137) aus.[64]

15a Hinsichtlich der **int Gerichtszuständigkeit** für Klagen aus § 83 (analog) ist nicht die EuInsVO, sondern Art 7 Z 1 EuGVVO 2012 anwendbar.[65] Nach einer E des OGH ist die **Vereinbarung eines nicht-österr Gerichtsstands** unwirksam, wenn bei Abschluss der Gerichtsstandsklausel die Vertretungsmacht der GF der Gesellschaft fehlt (s Rz 38), weil der Hauptvertrag gegen § 82 verstößt. Zu bevorzugen ist demgegenüber mE jene A, nach der die Wirksamkeit der Gerichtsstandsvereinbarung losgelöst v Hauptvertrag am Verbot der Einlagenrückgewähr zu messen ist.[66] Jedenfalls kann aus der vorhin genannten E aber nicht abgeleitet werden, dass die **Vereinbarung eines innerösterreichischen Gerichtsstands** in einem GesV oder in einem GF-Vertrag auf (konkurrierende) Ansprüche nach § 83 (ggf iVm § 25) nicht anwendbar sein kann.[67]

F. Gutglaubensschutz (Abs 1 S 2)

16 Den Gesellschafter trifft gem § 83 Abs 1 S 2 kein Rückersatzanspruch, wenn er Gewinnanteile (Dividenden, s § 82 Rz 27 ff) in gutem Glauben bezogen hat. Der Gutglaubensschutz bezieht sich nach hA **nur auf deklarierte Dividendenzahlungen** im Zuge des regulären Ausschüttungsverfahrens (zB wenn JA u/oder Gewinnverwendungsbeschluss nichtig sind oder durch Anfechtung rückwirkend beseitigt werden, oder wenn gegen eine Ausschüttungssperre [s Rz 53 f, 63 f] verstoßen wird;[68] mE allenfalls auch für unterjährige Zwischendividenden [s § 82 Rz 57 FN 241]);[69] für

---

64 OGH 28.3.2018, 6 Ob 41/18z, GesRZ 2018, 346 (*Bauer*); *Wünscher*, RdW 2018, 280 (282); vgl *Artmann*, GesRZ 2019, 419 (420).
65 OGH 23.1.2020, 6 Ob 202/19b, GesRZ 2020, 337 (*Aburumieh*) = ecolex 2020, 516 (*Planitzer*) = *Cap* in FS FL-OGH 119; 8.4.2022, 17 Ob 12/21w, ÖBA 2022, 916 (*R. Wiedermann*) = GesRZ 2022, 383 (*Klein/Schmelzer*) = *Lind*, ÖJZ 2022, 1239 = *Richter*, JBl 2023, 60.
66 *Aburumieh*, Besprechung zu OGH 6 Ob 202/19b, GesRZ 2020, 340 (342 f). Noch offener *R. Wiedermann*, Besprechung zu OGH 17 Ob 12/21w, ÖBA 2022, 922 f.
67 OGH 18.3.2022, 6 Ob 236/21f.
68 *Karollus* in Brandl/Karollus/Kirchmayr/Leitner, HB vGA³, 1 (55).
69 *H. Foglar-Deinhardstein* in Foglar-Deinhardstein, HB vGA, Rz 1/213.

verdeckte Gewinnausschüttungen (s § 82 Rz 81 ff) kann der Gutglaubensschutz daher grds nicht in Anspruch genommen werden.[70] Meines Erachtens sollte der Gutglaubensschutz aber auch bei der **Verteilung des Liquidationsüberschusses** greifen, soweit der Gesellschafter auf die Liquidations-Schlussbilanz vertrauen durfte (s § 91 Rz 23).[71] Zum Gutglaubensschutz bei der Rückzahlung nach einer **Kapitalherabsetzung** s § 57 Rz 8; bei der **Rückzahlung v Nachschüssen** s § 74 Rz 15. Der gute Glaube muss zum Zeitpunkt der Zahlungsannahme bestehen[72] u zumindest Rechtmäßigkeit v Gewinnermittlung, -ausweis u -auszahlung, die Höhe des Gewinnanspruchs u das Nichtbestehen v Auszahlungshindernissen umfassen.[73] Grob fahrlässiges Nichterkennen v Verstößen gegen Gesetz oder GesV schließt guten Glauben jedenfalls aus.[74] **Strittig** ist, wen die **Beweislast** für die vorliegende/fehlende Gutgläubigkeit trifft.[75]

---

70 OGH 26.4.2016, 6 Ob 72/16f, GesRZ 2016, 343 (*Ettmayer/St. Arnold*); 29.8.2017, 6 Ob 114/17h, wbl 2017, 655 (*Harrer*) = GesRZ 2018, 50 (*Karollus*) = EvBl 2018, 224 (*Told*) = *Bollenberger*, Zak 2018, 24; *Karollus* in Brandl/Karollus/Kirchmayr/Leitner, HB vGA³, 1 (55); *Reich-Rohrwig*, Kapitalerhaltung 171 f; *Auer* in Gruber/Harrer, GmbHG² § 83 Rz 20; vgl *Koppensteiner/Rüffler*, GmbHG³ § 83 Rz 1, 10; *Bauer/Zehetner* in Straube/Ratka/Rauter, GmbHG § 83 Rz 3, 39, 41.
71 *H. Foglar-Deinhardstein* in Foglar-Deinhardstein, HB vGA, Rz 1/213; aA *Auer* in Gruber/Harrer, GmbHG² § 83 Rz 20 mwN; *Karollus* in Brandl/Karollus/Kirchmayr/Leitner, HB vGA³, 1 (55); *Eckert/SchopperMadari* in Artmann/Karollus, AktG⁶ § 56 Rz 17.
72 OGH 26.3.1996, 1 Ob 2028/96h; *Bauer/Zehetner* in Straube/Ratka/Rauter, GmbHG § 83 Rz 40; *Auer* in Gruber/Harrer, GmbHG² § 83 Rz 18; *Köppl* in Torggler, GmbHG § 83 Rz 15.
73 OGH 29.8.2017, 6 Ob 84/17x, GesRZ 2017, 399 (*R. Gruber*); *Bauer/Zehetner* in Straube/Ratka/Rauter, GmbHG § 83 Rz 44; *Auer* in Gruber/Harrer, GmbHG² § 83 Rz 18; *Köppl* in Torggler, GmbHG § 83 Rz 15; *Eckert/SchopperMadari* in Artmann/Karollus, AktG⁶ § 56 Rz 18.
74 OGH 26.3.1996, 1 Ob 2028/96h; zur Frage, ob auch leichte Fahrlässigkeit schädlich sein kann, vgl OGH 13.9.2012, 6 Ob 110/12p, RWZ 2012/91, 321 (*Wenger*) = GesRZ 2013, 38 (*U. Torggler*); *Köppl* in Torggler, GmbHG § 83 Rz 15; *Eckert/Schopper/Madari* in Artmann/Karollus, AktG⁶ § 56 Rz 18. Zur Frage, ob auch gutgläubig bezogene Dividendenzahlungen **insolvenzechtlich anfechtbar** sein können, *Habersack*, ZIP 2022, 1621.
75 Für den Gesellschafter treffende Beweislast *Karollus* in Brandl/Karollus/Kirchmayr/Leitner, HB vGA³, 1 (56); *Bauer/Zehetner* in Straube/Ratka/Rauter, GmbHG § 83 Rz 45; *Eckert/Schopper/Madari* in Artmann/Karollus, AktG⁶ § 56 Rz 18. Für die Gesellschaft treffende Beweislast *Reich-Rohrwig*, Kapitalerhaltung 172; *Haberer* in Haberer/Krejci, Konzernrecht, Rz 11.131.

17 Der Gutglaubensschutz ist grds auch auf **unechte Dritte** (s Rz 10, § 82 Rz 75) anwendbar, die auf die Rechtmäßigkeit des Gewinnbezugs des Gesellschafters vertrauen. Ist der unechte Dritte nicht gutgläubig u dem Gesellschafter zuzurechnen, kann dies auch für den Gesellschafter den Gutglaubensschutz zu Fall bringen.[76]

18 Greift der Gutglaubensschutz zugunsten der Gesellschafter ein, bleiben allfällige **Ansprüche gegen die GF u AR-Mitglieder** gem §§ 25 u 33 (s Rz 32 ff) davon unberührt.[77] Durch die v OGH angenommene parallele Anwendbarkeit des allg Bereicherungsrechts (s Rz 23 f, 42) entfällt aber ohnedies weitgehend die praktische Bedeutung des Gutglaubensschutzes.[78]

G. Verbot des Verzichts auf den Rückersatzanspruch, Aufrechnung, Schad- und Klagloshaltung (Abs 4)

19 Der Rückersatzanspruch ist zwingend u nicht disponibel; die GmbH darf gem Abs 4 **weder auf ihn verzichten noch ihn stunden**, sondern ist – bei sonstiger Haftung der unrechtmäßig agierenden Organwalter u Gesellschafter – zur Geltendmachung u Betreibung verpflichtet (zur Relevanz für Bereicherungsansprüche gegen die Gesellschaft s Rz 42).[79] Auf Erlass oder Stundung gerichtete Organ- oder Gesellschafter-

---

76 *Köppl* in Torggler, GmbHG § 83 Rz 16.
77 *Bauer/Zehetner* in Straube/Ratka/Rauter, GmbHG § 83 Rz 43; *Köppl* in Torggler, GmbHG § 83 Rz 17; *Eckert/Schopper/Madari* in Artmann/Karollus, AktG⁶ § 56 Rz 18.
78 *Zoidl*, GesRZ 2014, 87 (92); differenzierend *U. Torggler* in Kalss/Torggler, Einlagenrückgewähr 89 (99). Zur Frage, ob der Gutglaubensschutz in der **Insolvenz** der Gesellschaft endet, BGH 30.3.2023, IX ZR 121/22, NZI 2023, 543 (*Lütcke*) = FD-InsR 2023, 457518 (*Kiesel*); *Habersack*, ZIP 2022, 1621; *Altmeppen*, ZIP 2023, 1217.
79 OGH 15.12.2014, 6 Ob 14/14y – *Humanitas*, NZ 2015, 107 (*Till*) = ecolex 2015, 128 (*Brugger*) = GesRZ 2015, 130 (*Karollus*) = *Reisch/Hampel*, ZIK 2015/100, 91 = *Hermann*, GES 2016, 394 = *Prostor*, ZfRV 2019, 179; *Koppensteiner/Rüffler*, GmbHG³ § 83 Rz 1, 3, 12; *Koppensteiner* in FS Reich-Rohrwig 117 (124); *Bauer/Zehetner* in Straube/Ratka/Rauter, GmbHG § 83 Rz 49; *Auer* in Gruber/Harrer, GmbHG² § 83 Rz 4, 7, 26. Keine absolute Betreibungspflicht gilt freilich bei **unklarer Sach- u Rechtslage** (*J. Reich-Rohrwig/Aschl*, ecolex 2022, 850 [855]).

beschlüsse sind gem Abs 4 unbeachtlich.[80] Dem **Gesellschafter** ist auch eine **Aufrechnung** gegen den Rückersatzanspruch untersagt.[81] Dieses Aufrechnungsverbot gilt aber nicht, wenn zum Zeitpunkt der Aufrechnungserklärung der Rückersatzanspruch gem § 83 bereits **verjährt** ist, u die Gesellschaft daher einen Anspruch auf Rückforderung einer verbotswidrigen Leistung nach allg **Bereicherungsrecht** (s Rz 42) geltend macht.[82] Zur Aufrechnung durch die Gesellschaft mit dem Rückersatzanspruch s Rz 20. Der Gesellschafter kann auch das Zurückbehaltungsrecht gem § 471 ABGB nicht ins Treffen führen.[83] (Nur) bei Unsicherheiten in tatsächlicher oder rechtlicher Hinsicht darf die GmbH mit dem Gesellschafter einen drittvergleichsfähigen **Vergleich** über Rückgewähransprüche (zuzüglich Zinsen – s Rz 12)[84] abschließen.[85] Unzuläs-

---

80 *Ch. Nowotny* in Kalss/Nowotny/Schauer, GesR² Rz 4/431; ähnlich *Koppensteiner/Rüffler*, GmbHG³ § 83 Rz 12; *Bauer/Zehetner* in Straube/Ratka/Rauter, GmbHG § 83 Rz 55.
81 OGH 26.4.2016, 6 Ob 72/16f, GesRZ 2016, 343 (*Ettmayer/St. Arnold*); 29.8.2017, 6 Ob 114/17h, wbl 2017, 655 (*Harrer*) = GesRZ 2018, 50 (*Karollus*) = EvBl 2018, 224 (*Told*) = Bollenberger, Zak 2018, 24; 21.12.2017, 6 Ob 206/17p, GesRZ 2018, 125 (*Stagl*) = *Aburumieh/H. Foglar-Deinhardstein*, GES 2019, 3; 28.3.2018, 6 Ob 128/17t, GesRZ 2018, 242 (*Ch. Nowotny*) = *Michtner*, GES 2018, 233 = GES 2018, 237 (*Fantur*) = *Aburumieh/ H. Foglar-Deinhardstein*, GES 2019, 3; 21.11.2018, 6 Ob 180/18s; 25.11.2020, 6 Ob 226/20h; *Karollus* in Brandl/Karollus/Kirchmayr/Leitner, HB vGA³, 1 (58 f); *Auer* in Gruber/Harrer, GmbHG² § 83 Rz 26; *Koppensteiner/Rüffler*, GmbHG³ § 83 Rz 1, 12; ähnlich *Bauer/Zehetner* in Straube/Ratka/Rauter, GmbHG § 83 Rz 56. Dies kann mE schon aus § 83 Abs 4 geschlossen werden; ein Rückgriff auf § 63 Abs 3 – wie in 6 Ob 72/16f, 6 Ob 114/17h u 6 Ob 206/17p – ist dafür nicht erforderlich, zumal § 63 eine Kapitalaufbringungsvorschrift ist (*H. Foglar-Deinhardstein* in Foglar-Deinhardstein, HB vGA, Rz 1/216 FN 917; zum Dualismus Kapitalaufbringung u -erhaltung s § 82 Rz 22).
82 OGH 21.12.2017, 6 Ob 206/17p, GesRZ 2018, 125 (*Stagl*) = *Aburumieh/ H. Foglar-Deinhardstein*, GES 2019, 3; 28.3.2018, 6 Ob 128/17t, GesRZ 2018, 242 (*Ch. Nowotny*) = *Michtner*, GES 2018, 233 = GES 2018, 237 (*Fantur*) = *Aburumieh/H. Foglar-Deinhardstein*, GES 2019, 3; 21.11.2018, 6 Ob 180/18s; 23.6.2021, 6 Ob 61/21w, GesRZ 2022, 79 (*Bauer*) = Blaschke, GES 2021, 386 = *G. Kodek* in Lewisch, JB Wirtschaftsstrafrecht 2022, 161 = *Ch. Müller*, ÖJA 2023, 129.
83 *Eckert/Schopper/Madari* in Eckert/Schopper, AktG-ON § 52 Rz 72.
84 *Cernicky-Piechl/Fida*, RdW 2016/592, 813 (815).
85 *Karollus* in Brandl/Karollus/Kirchmayr/Leitner, HB vGA³, 1 (59, 124); *Auer* in Gruber/Harrer, GmbHG² § 83 Rz 27; *U. Torggler* in Kalss/Torggler, Ein-

sig wäre ein Vergleich, bei dem nicht der Sache, sondern nur der Form nach ein Vergleich vorliegt (versteckter Verzicht);[86] der Vergleich darf den Bereich des bei objektiver Beurteilung ernstlich Zweifelhaften nicht verlassen.[87] Drittvergleichsfähig ist ein nach Sach- u Streitstand gerechtfertigter Vergleich,[88] also zB dann, wenn die Nichtgeltendmachung eines Anspruchs im Einzelfall dadurch gerechtfertigt ist, dass der Anspruch erkennbar fraglich, die Zahlungsfähigkeit des Schuldners zweifelhaft oder die Durchführung eines Prozesses langwierig u kostspielig ist, sowie wenn die (zumindest tw) Nichtgeltendmachung des Anspruchs aus geschäftlichem Kalkül oder Kulanz geboten erscheint.[89] Die bloße Zahlungsunfähigkeit des Gesellschafters rechtfertigt freilich – in Hinblick auf §§ 66 ff, 83 Abs 2, 3 – *per se* keinen Vergleich.[90] In die Gesamtbetrachtung (s § 82 Rz 11, § 82 Rz 101) darf mE auch einfließen, ob bei einer andauernden Geschäftsbeziehung zumindest für die Zukunft eine rechtskonforme Ausgestaltung vereinbart werden kann, sowie ob eine derartige Vereinbarung – wie jeder geglückte Vergleich – dauerhaft Rechtsfrieden u Rechtssicherheit bringt.[91] In der Praxis sollte bei einer Vergleichsvereinbarung jedenfalls besonderes Augenmerk darauf gerichtet werden, ob sie – insb bei mehreren potentiellen Solidarschuldnern – tatsächlich alle potentiellen Ansprüche der GmbH aus einer allfälligen Einlagenrückgewähr erfassen soll oder nicht. Ein nicht kapitalerhaltungskonformer (gerichtl) Vergleich über Ansprüche der Gesellschaft gegen einen Anteilseigner ist mit absoluter Nichtigkeit be-

---

lagenrückgewähr 89 (97); *J. Reich-Rohrwig/K. Grossmayer* in Artmann/Karollus, AktG[6] § 84 Rz 123; vorsichtig zust OGH 24.1.2019, 6 Ob 219/18a, GesRZ 2019, 198 (*Gelter*); differenzierend *Walch* in Nueber/Przeszlowska/Zwirchmayr, Privatautonomie und ihre Grenzen im Wandel 93 (106 ff); **aA** *Köppl* in Torggler, GmbHG § 83 Rz 18.

86 *Auer* in Gruber/Harrer, GmbHG[2] § 83 Rz 27; *Fleischer*, AG 2015, 133 (141).
87 *Fleischer*, AG 2015, 133 (141). Strenger *Bauer/Zehetner* in Straube/Ratka/Rauter, GmbHG § 83 Rz 57: Vergleich ist nur zulässig, wenn nicht klar ist, ob tatsächlich ein Verstoß gegen § 82 vorliegt. Vermittelnd *Schopper*, ecolex 2019, 736 (741).
88 *Haberer* in Haberer/Krejci, Konzernrecht, Rz 11.170.
89 Vgl *Fleischer*, AG 2015, 133 (143); *Auer* in Gruber/Harrer, GmbHG[2] § 83 Rz 27; *Cernicky-Piechl/Fida*, RdW 2016/592, 813 (814); (freilich abl zur zweifelhaften Zahlungsfähigkeit als legitimem Grund für einen Vergleichsschluss) *J. Reich-Rohrwig/Aschl*, ecolex 2022, 850 (856).
90 *Cernicky-Piechl/Fida*, RdW 2016/592, 813 (814).
91 *H. Foglar-Deinhardstein* in Foglar-Deinhardstein, HB vGA, Rz 1/216.

droht.[92] Selbstverständlich darf die GmbH weder **grundlos auf Ansprüche verzichten** noch **Zahlungen auf nicht bestehende Forderungen**, die ein Gesellschafter geltend macht, leisten.[93] Gegenüber **echten Dritten** (s Rz 10, § 82 Rz 75 f) gelten die Einschränkungen des Abs 4 nicht.[94] Einer **Vereinbarung zur Heilung (Sanierung)** einer verbotenen Einlagenrückgewähr (s § 82 Rz 168) steht Abs 4 – bei Wertausgleich für die GmbH – mE nicht entgegen.[95] Unzulässig kann aber die Vereinbarung einer **Zession des Rückersatzanspruchs an den Schuldner** des Rückersatzanspruchs oder an einen anderen Gesellschafter sein, zumal wenn diese Zession zum Erlöschen der Rückgewährpflicht durch **Konfusion** (*confusio*) führt, oder die wirtschaftlichen u rechtlichen Vorteile der Zession ausschließlich dem Zessionar zukommen (etwa weil dieser den abgetretenen Anspruch zur Abwehr v Prozessansprüchen durch Aufrechnung verwenden kann).[96] Wird der Rückersatzanspruch wirksam an einen Dritten zediert (zu den Voraussetzungen s auch Rz 8; § 82 Rz 103), gilt das Verzichtsverbot gem Abs 4 nicht mehr für den Zessionar.[97] Weiters wäre mE grds ein Erlöschen des Rückersatzanspruchs durch **Konfusion** rechtlich möglich, wenn der betroffene Gesellschafter den Anspruch gemeinsam mit anderem Vermögen durch Gesamtrechtsnachfolge (insb im Zuge einer **Umgründung**) erwirbt; die Umgründung wird dadurch nicht *per se* unzulässig. Zur Aufrechnung durch die Gesellschaft s Rz 20.

Die **GmbH** kann – trotz allenfalls entgegenstehenden **vertraglichen Aufrechnungsverbots** – mit dem Rückersatzanspruch gegen Ansprüche des Gesellschafters aufrechnen.[98] Der Rückersatzanspruch ist daher zB 20

---

92 OGH 25.10.2018, 6 Ob 190/18m.
93 Vgl *Fleischer*, AG 2015, 133 (144).
94 *Köppl* in Torggler, GmbHG § 83 Rz 18; *Schopper*, ecolex 2019, 736 (741).
95 *H. Foglar-Deinhardstein* in Foglar-Deinhardstein, HB vGA, Rz 1/216.
96 OGH 29.8.2017, 6 Ob 114/17h, wbl 2017, 655 (*Harrer*) = GesRZ 2018, 50 (*Karollus*) = EvBl 2018, 224 (*Told*) = Bollenberger, Zak 2018, 24. Vgl *Karollus* in Brandl/Karollus/Kirchmayr/Leitner, HB vGA³, 1 (59); *Eckert/Schopper/Madari* in Eckert/Schopper, AktG-ON § 52 Rz 73.
97 *Schopper*, ecolex 2019 736 (744).
98 OGH 1.9.2010, 6 Ob 132/10w, GesRZ 2011, 47 (*Rüffler*) = EvBl 2011, 167 (*Feuchtmüller*) = immolex 2011, 146 (*Cerha*); 13.9.2012, 6 Ob 110/12p, RWZ 2012/91, 321 (*Wenger*) = GesRZ 2013, 38 (*U. Torggler*); 26.4.2016, 6 Ob 72/16f, GesRZ 2016, 343 (*Ettmayer/St. Arnold*); 29.8.2017, 6 Ob 84/17x, GesRZ 2017, 399 (*R. Gruber*); 28.3.2018, 6 Ob 128/17t, GesRZ 2018, 242 (*Ch. Nowotny*) = Michtner, GES 2018, 233 = GES 2018, 237 (*Fantur*)

gegen Dividendenansprüche des Gesellschafters (s § 82 Rz 32) aufrechenbar (s auch Rz 11; § 82 Rz 168). Auch eine drittvergleichsfähige **Aufrechnungsvereinbarung** zw GmbH u Gesellschafter ist zulässig.[99] Die v der Rsp auf die Aufrechnung zw Einlageforderungen u Ansprüchen des Gesellschafters angewendeten Sacheinlagevorschriften[100] sind mE nicht anwendbar, weil Kapitalaufbringungsvorschriften für Verstöße gegen die Kapitalerhaltung nicht gelten[101] (s Rz 12; § 82 Rz 22; s aber § 83 Rz 19 FN 81). Zum **Verbot der Aufrechnung** gegen den Rückersatzanspruch **durch den Gesellschafter** s Rz 19. Zum Nachteils-/Vorteilsausgleich iZm einer verbotenen Einlagenrückgewähr s § 82 Rz 101.

21   Eine vertragliche **Haftungsfreistellung** (-freizeichnung, Schad- u Klagloshaltung) zugunsten des Gesellschafters für Ansprüche, die aus §§ 82, 83 resultieren, durch die GmbH selbst ist mE unzulässig.[102] Von dritter Seite – dh auch **auf Gesellschafterebene** (zB auch zw Alt- u Neugesellschaftern) – kann eine solche Schad- u Klagloshaltung mE (zumindest für den Bereich unverschuldeter oder leicht schuldhafter, aber mglw auch grob schuldhafter Verstöße gegen §§ 82, 83) gewährt werden.[103] Versicherungsschutz – etwa im Rahmen einer **D&O-Versicherung** für einen Gesellschafter-GF – ist mE nur zulässig, soweit der Gesellschafter die laufenden Versicherungskosten selbst trägt, oder der Versicherung ein Regressanspruch gegen den Gesellschafter zusteht.[104]

= *Aburumieh/H. Foglar-Deinhardstein*, GES 2019, 3; OLG Innsbruck 27.4.2023, 3 R 26/23g; *Eckert* in Konecny, Insolvenz-Forum 2016, 17 (24 f); *Schopper*, ecolex 2019, 736 (741 f); *Karollus* in Brandl/Karollus/Kirchmayr/Leitner, HB vGA³, 1 (59).

99 OGH 28.3.2018, 6 Ob 128/17t, GesRZ 2018, 242 (*Ch. Nowotny*) = *Miethner*, GES 2018, 233 = GES 2018, 237 (*Fantur*) = *Aburumieh/H. Foglar-Deinhardstein*, GES 2019, 3; *Eckert* in Konecny, Insolvenz-Forum 2016, 17 (24 f); *H. Foglar-Deinhardstein* in Foglar-Deinhardstein, HB vGA, Rz 1/217.

100 Vgl *H. Foglar-Deinhardstein/Vinazzer*, ÖBA 2016, 486 mwN.

101 *H. Foglar-Deinhardstein* in Foglar-Deinhardstein, HB vGA, Rz 1/217.

102 *H. Foglar-Deinhardstein* in Foglar-Deinhardstein, HB vGA, Rz 1/218.

103 Offen noch *Karollus*, ZFS 2019, 8 (21). Nunmehr befürwortend *Karollus* in Brandl/Karollus/Kirchmayr/Leitner, HB vGA³, 1 (59, 65 FN 375). Zur **Vertragspraxis** *J. Reich-Rohrwig* in Althuber/Schopper, HB Unternehmenskauf & Due Diligence², 394 (418 f); *J. Reich-Rohrwig*, Besprechung zu 6 Ob 21/20m, ecolex 2021, 135; *Aburumieh/Hoppel*, GES 2021, 120 (121 FN 3); *Saurer* in Doralt/Nowotny/Kalss, AktG³ § 52 Rz 77e; *Ch. Nowotny* in Aschauer et al, Kauf u Verkauf v Unternehmen 151 (160).

104 *H. Foglar-Deinhardstein* in Foglar-Deinhardstein, HB vGA, Rz 1/218.

H. Verjährung (Abs 5)

Der Rückersatzanspruch gem § 83 **verjährt binnen fünf Jahren ab** 22
Empfang der verbotenen Leistung[105] (s auch Rz 15) – richtiger Weise
mE ab faktischem Vermögensabfluss aus der Gesellschaft. **Positive
Kenntnis der Widerrechtlichkeit** durch den Empfänger führt allerdings
zur Anwendung der **langen Verjährungsfrist v 30 bzw 40 Jahren**
(Abs 5 HS 2 iVm §§ 1472, 1485 ABGB); fahrlässige Unkenntnis reicht
nicht für die Verlängerung der Verjährungsfrist.[106] Die Verjährung wird
gem § 1494 ABGB analog gehemmt, wenn der Verpflichtete aus dem
Rückersatzanspruch als einziger oder als zumindest für die Vertretung
notwendiger GF fungiert,[107] oder die Ansprüche der Gesellschaft sonst
wegen einer Interessenkollision der Organwalter nicht geltend gemacht
werden.[108] Besteht eine Aufrechnungslage zw dem Rückersatzanspruch
der GmbH u Gegenansprüchen des Gesellschafters (s Rz 20), kann die
Rückwirkung der Aufrechnungserklärung den Eintritt der Verjährung

---

105 OGH 21.12.2017, 6 Ob 206/17p, GesRZ 2018, 125 (*Stagl*) = *Aburumieh/
H. Foglar-Deinhardstein*, GES 2019, 3; *Koppensteiner/Rüffler*, GmbHG³
§ 83 Rz 10 f; *Bauer/Zehetner* in Straube/Ratka/Rauter, GmbHG § 83 Rz 46;
Auer in Gruber/Harrer, GmbHG² § 83 Rz 4, 24 („*Verjährungsbeginn und
Entstehung des Anspruches fallen zusammen.*"); *Dejaco*, NZ 2019, 81 (88);
Eckert/Schopper/Madari in Artmann/Karollus, AktG⁶ § 56 Rz 20; *Rauter*,
GesRZ 2023, 199. Vgl auch die steuerliche Rsp, nach der es für die Zurechnung einer verdeckten Ausschüttung an den Gesellschafter darauf ankommt,
ob, wann u in welcher Höhe ihm ein vermögenswerter Vorteil zugeflossen
ist (VwGH 30.11.1993, 93/14/0155; 9.7.2008, 2005/13/0020; 5.9.2012,
2010/15/0018).
106 OGH 13.9.2012, 6 Ob 110/12p, RWZ 2012/91, 321 (*Wenger*) = GesRZ 2013,
38 (*U. Torggler*); *Zoidl*, GesRZ 2014, 87 (88); *Koppensteiner/Rüffler*,
GmbHG³ § 83 Rz 11; *Bauer/Zehetner* in Straube/Ratka/Rauter, GmbHG
§ 83 Rz 47 f; *Auer* in Gruber/Harrer, GmbHG² § 83 Rz 25; *Köppl* in Torggler, GmbHG § 83 Rz 23; *Karollus* in Brandl/Karollus/Kirchmayr/Leitner,
HB vGA³, 1 (61 f); *Striessnig*, GesRZ 2016, 266 (267); *Dejaco*, NZ 2019, 81
(88, 90 f). Abl zur 40-jährigen Verjährung bei einer unternehmerisch tätigen
GmbH OGH 22.4.2022, 8 Ob 81/21a, *Ehgartner*, RdW 2022, 522 = GesRZ
2022, 380 (*Auer*); implizit wohl auch 6 Ob 112/22x – *Leiner II, Fantur*,
GES 2022, 365 = wobl 2023, 232 (*Zott*) = GesRZ 2023, 195 (*Rauter*).
107 OGH 13.9.2012, 6 Ob 110/12p, RWZ 2012/91, 321 (*Wenger*) = GesRZ 2013,
38 (*U. Torggler*); *Artmann* in FS Torggler, 49 (50 ff); *Striessnig*, GesRZ 2016,
266 (267).
108 *Dejaco*, NZ 2019, 81 (90 f).

verhindern.[109] Durch die v OGH angenommene parallele Anwendbarkeit des allg Bereicherungsrechts (s Rz 23 f, 42) reduziert sich aber die praktische Bedeutung der kurzen Verjährung gem § 83 Abs 5.[110] Zur Relevanz der Verjährungsfrist gem § 83 bei **(nichtigen) Rechtsgeschäften**, insb bei **Bestandverträgen (Miet- u Pachtverträgen)** s Rz 23. Zur Verjährung v **Schadenersatzansprüchen** s Rz 44.

23 Auch wenn der Rückersatzanspruch gem § 83 bereits verjährt ist, kann die GmbH wegen der Nichtigkeit des Rechtsgeschäfts (s Rz 38 ff) grds – soweit die dafür erforderlichen Kriterien erfüllt sind – weiterhin eine **Leistungskondiktion wegen ungerechtfertigter Bereicherung** geltend machen.[111] Die Leistungskondiktion verjährt grds erst nach 30 bzw 40 Jahren (§§ 1472, 1485 ABGB).[112] Die privilegierende Verjährungsregel des Abs 5 schlägt nach der OGH-Rsp nicht auf das allg Bereicherungsrecht durch (**str**).[113] Anderes gilt etwa bei **Bestandverträgen**

---

109 OGH 13.9.2012, 6 Ob 110/12p, RWZ 2012/91, 321 (*Wenger*) = GesRZ 2013, 38 (*U. Torggler*); 22.12.2021, 6 Ob 89/21p, ÖBA 2022, 370 (*A. Wimmer*) = ecolex 2022, 380 (*J. Reich-Rohrwig*); *Karollus* in Brandl/Karollus/Kirchmayr/Leitner, HB vGA³, 1 (64).

110 *Grossmayer*, ecolex 2013, 951; *Zoidl*, GesRZ 2014, 87 (92); *Koppensteiner* in FS Reich-Rohrwig 117 (125); differenzierend *U. Torggler* in Kalss/Torggler, Einlagenrückgewähr 89 (98 f). Der verbleibende Sinn der kurzen Verjährung gem § 83 Abs 5 kann darin gesehen werden, dass erst nach Ablauf dieser Verjährung der **Wegfall der Bereicherung** (s Rz 15) eingewendet werden kann (vgl *Schopper/Walch*, ÖBA 2013, 418 [424]; *Dejaco*, NZ 2019, 81 [88]), u dass nach Ablauf der Verjährung das **Aufrechnungsverbot** für den Schuldner des Rückersatzanspruchs **wegfällt** (OGH 21.12.2017, 6 Ob 206/17p, GesRZ 2018, 125 [*Stagl*] = *Aburumieh/H. Foglar-Deinhardstein*, GES 2019, 3).

111 OGH 13.9.2012, 6 Ob 110/12p, RWZ 2012/91, 321 (*Wenger*) = GesRZ 2013, 38 (*U. Torggler*); 4.3.2013, 8 Ob 20/13v, GesRZ 2013, 286 (*Milchrahm*) = RWZ 2013/39, 139 (*Wenger*); 20.3.2013, 6 Ob 48/12w – *Kneisz I*, ÖBA 2013, 601 (*Wolkerstorfer/Gebetsberger*) = ecolex 2013, 638 (*F. Hörlsberger/Rieder*) = GesRZ 2013, 230 (*Thurnher*); 26.4.2016, 6 Ob 79/16k, GesRZ 2016, 412 (*Artmann*).

112 OGH 13.9.2012, 6 Ob 110/12p, RWZ 2012/91, 321 (*Wenger*) = GesRZ 2013, 38 (*U. Torggler*); *Karollus* in Brandl/Karollus/Kirchmayr/Leitner, HB vGA³, 1 (62 f); *Haberer* in Haberer/Krejci, Konzernrecht, Rz 11.228. Abl zur 40-jährigen Verjährung bei einer unternehmerisch tätigen GmbH OGH 22.4.2022, 8 Ob 81/21a, *Ehgartner*, RdW 2022, 522 = GesRZ 2022, 380 (*Auer*); implizit wohl auch 18.11.2022, 6 Ob 112/22x – *Leiner II*, *Fantur*, GES 2022, 365 = wobl 2023, 232 (*Zott*) = GesRZ 2023, 195 (*Rauter*).

113 OGH 13.9.2012, 6 Ob 110/12p, RWZ 2012/91, 321 (*Wenger*) = GesRZ 2013, 38 (*U. Torggler*); 21.12.2017, 6 Ob 206/17p, GesRZ 2018, 125 (*Stagl*) = *Abu-*

(Miet- u Pachtverträgen): Die bereicherungsrechtliche Verjährungsfrist bei Rückforderung v zu viel bezahltem Bestandzins ist nämlich gem § 27 Abs 3 MRG iVm § 5 Abs 4 KlGG (analog) nur drei Jahre u somit grds kürzer als die Verjährungsfrist für den konkurrierenden Rückersatzanspruch gem § 83.[114] Die für die erfolgte **Gebrauchsüberlassung einer Liegenschaft** geltend gemachten Kondiktionsansprüche nach § 877 ABGB analog fallen unter die sinngemäß heranzuziehenden dreijährige Verjährungsfrist des § 1486 Z 4 ABGB.[115] Allgemein gilt, dass die dreijährige Verjährungsfrist des § 1486 ABGB auch auf **(Bereicherungs-) Ansprüche zu erstrecken ist, die funktionell vertraglichen Erfüllungsansprüchen ähneln oder wirtschaftlich an deren Stelle treten**; insb ist auf Kondiktionsansprüche aus einem **ungültigen, ansonsten aber § 1486 ABGB unterliegenden Rechtsgeschäft** die dreijährige Verjährung anzuwenden.[116] Zur Verlängerung u Hemmung der Verjährungsfrist gem § 83 s Rz 22. Zur Parallelität der Eigentumsklage zum Rückersatzanspruch s Rz 43.

I. Verhältnis des Rückersatzanspruchs zu Ansprüchen nach allgemeinem Zivilrecht

Zwischen dem Rückersatzanspruch gem § 83 u allg zivilrechtlichen Ansprüchen besteht nach der Rsp des OGH Anspruchsgrundlagenkonkurrenz (s Rz 23, 37, 42 ff).

24

---

rumieh/*H. Foglar-Deinhardstein*, GES 2019, 3; 23.6.2021, 6 Ob 61/21w, GesRZ 2022, 79 (*Bauer*) = *Blaschke*, GES 2021, 386 = *G. Kodek* in Lewisch, JB Wirtschaftsstrafrecht 2022, 161 = *Ch. Müller*, ÖJA 2023, 129; aA *J. Reich-Rohrwig*, ecolex 2013, 940 (948); *Koppensteiner* in FS Reich-Rohrwig 117 (121, 124 f) mwN; *U. Torggler* in Kalss/Torggler, Einlagenrückgewähr 89 (98 f).

114 OGH 4.3.2013, 8 Ob 12/13t, immolex 2013, 208 (*Prader*) = ZRB 2013, 150 (*Seeber*); 25.8.2015, 5 Ob 25/15k, immolex 2016, 51 (*Prader*) = wobl 2017, 92 (*Pesek*); 26.4.2016, 6 Ob 79/16k, GesRZ 2016, 412 (*Artmann*); vgl *Striessnig*, GesRZ 2016, 266 (267); *Dejaco*, NZ 2019, 81 (89 ff).
115 OGH 18.11.2022, 6 Ob 112/22x – *Leiner II, Fantur*, GES 2022, 365 = wobl 2023, 232 (*Zott*) = GesRZ 2023, 195 (*Rauter*).
116 OGH 18.11.2022, 6 Ob 112/22x – *Leiner II, Fantur*, GES 2022, 365 = wobl 2023, 232 (*Zott*) = GesRZ 2023, 195 (*Rauter*).

IV. Keine Außenhaftung der Gesellschafter

25 § 83 sieht – im Gegensatz zur aktienrechtlichen Regelung des § 56 Abs 1 AktG[117] – **keine** gesellschaftsrechtliche **Außenhaftung des Gesellschafters**, der eine verbotswidrige Leistung empfangen hat, gegenüber den Gläubigern der Gesellschaft vor (s Rz 8, 34, § 82 Rz 25). Theoretisch könnten die Gläubiger exekutionsweise durch Pfändung u Überweisung auf die Ansprüche der GmbH gegen den Gesellschafter greifen (s Rz 8, 26)[118] oder ggf gegen die Gesellschafter **Anfechtungsansprüche gem AnfO u IO** richten.[119] Eine Außenhaftung könnte sich weiters bei sittenwidriger u/oder strafrechtsrelevanter Gläubigerschädigung ergeben (s § 82 Rz 9, 17).[120] Nach innen haftet ein Gesellschafter aus §§ 82, 83 nur der GmbH, aber grds nicht gegenüber den übrigen Gesellschaftern (s Rz 9).

V. Ausfallshaftung der Mitgesellschafter (Abs 2, 3)

26 Wenn durch eine verbotene Einlagenrückgewähr das stammkapitalentsprechende Vermögen der GmbH angegriffen wurde (**Unterbilanz**, s Rz 28), u die Erstattung v den primär Haftenden – nämlich den Leistungsempfängern u den haftpflichtigen GF (nicht aber den AR-Mitgliedern)[121] – nicht zu erlangen ist, kommt es subsidiär zu einer **verschuldensunabhängigen Ausfallshaftung der Mitgesellschafter** des Leistungsempfängers **in Höhe des Abgangs v Stammkapital** (Abs 2 u 3) (näher zu Umfang u Voraussetzungen s Rz 27).[122] Gläubiger des Ausfalls-

---

117 *H. Foglar-Deinhardstein* in Napokoj/Foglar-Deinhardstein/Pelinka, AktG § 56.
118 *Koppensteiner/Rüffler*, GmbHG³ § 83 Rz 4; *Bauer/Zehetner* in Straube/Ratka/Rauter, GmbHG § 83 Rz 25; *Auer* in Gruber/Harrer, GmbHG² § 83 Rz 8; *Köppl* in Torggler, GmbHG § 83 Rz 6; *Karollus* in Brandl/Karollus/Kirchmayr/Leitner, HB vGA³, 1 (66); *Haberer* in Haberer/Krejci, Konzernrecht, Rz 11.220.
119 *Eckert/Schopper/Madari* in Eckert/Schopper, AktG-ON § 52 Rz 21.
120 Vgl *St. Huber* in Foglar-Deinhardstein, HB vGA, Rz 5/1 ff.
121 *Bauer/Zehetner* in Straube/Ratka/Rauter, GmbHG § 83 Rz 59.
122 *Auer* in Gruber/Harrer, GmbHG² § 83 Rz 42 f; *Schopper*, ecolex 2006, 215. Eine Einschränkung der Ausfallshaftung auf Fälle, in denen die Einlagenrückgewähr für die übrigen Gesellschafter bei gehöriger Sorgfalt erkennbar

haftungsanspruchs ist die GmbH; in deren Insolvenz wird der Anspruch v Insolvenzverwalter geltend gemacht. Außerhalb der Insolvenz könnten die Gläubiger der GmbH theoretisch exekutionsweise durch Pfändung u Überweisung auf die Ansprüche der GmbH gegen die Gesellschafter greifen.[123]

Die Ausfallshaftung trifft die Mitgesellschafter[124] **anteilig** nach ihrem relativen Beteiligungsverhältnis untereinander, das nach den übernommenen Stammeinlagen zu ermitteln ist; bei fehlender Leistungsfähigkeit einzelner Mitgesellschafter sind deren Quoten den übrigen zuzuteilen (s Rz 30) (Abs 3).[125] **Strittig** ist, ob die Ausfallshaftung bis zur Höhe des Abgangs am Stammkapital unbeschränkt oder aber betraglich (zB mit der Gesamthöhe des Stammkapitals) begrenzt zu verstehen ist.[126]   27

Die Ausfallshaftung setzt – wie erwähnt (s Rz 26) – fehlende Deckung des Stammkapitals (**Unterbilanz**) voraus, die durch die verbotene Leistung verursacht[127] oder – bei bereits bestehender Unterbilanz – ver-   28

---

war u nicht hintangehalten wurde, fordernd *J. Reich-Rohrwig/Zimmermann*, ecolex 2017, 613 (616).
123 *Karollus* in Brandl/Karollus/Kirchmayr/Leitner, HB vGA³, 1 (67).
124 Zur Frage, ob sich der Ausfallhaftungsanspruch gegen die Gesellschafter zum Zeitpunkt der haftungsbegründenden Leistung oder die Gesellschafter zum Zeitpunkt der Fälligkeit des Anspruchs richtet, vgl *Auer* in Gruber/Harrer, GmbHG² § 83 Rz 41; *Koppensteiner/Rüffler*, GmbHG³ § 83 Rz 14. ME sollten im Rahmen der Ausfallshaftung jedenfalls jene Gesellschafter in Anspruch genommen werden können, die im Zeitpunkt des Fälligwerdens der Ausfallshaftung (dh im Zeitpunkt des Ausfalls der Primärschuldner) Gesellschafter sind (*Köppl* in Torggler, GmbHG § 83 Rz 19; *H. Foglar-Deinhardstein/Feldscher* in Adensamer/Mitterecker, HB GesStreit, Rz 11/8).
125 *Karollus* in Brandl/Karollus/Kirchmayr/Leitner, HB vGA³, 1 (67); *Bauer/Zehetner* in Straube/Ratka/Rauter, GmbHG § 83 Rz 62.
126 Gegen betragliche Begrenzung (Haftung für verbotswidrige Leistung, bis das Gesellschaftsvermögen das Stammkapital wieder deckt, dh allenfalls auch Verpflichtung zum Ausgleich eines negativen Eigenkapitals) *Bauer/Zehetner* in Straube/Ratka/Rauter, GmbHG § 83 Rz 61; *Auer* in Gruber/Harrer, GmbHG² § 83 Rz 42; *Köppl* in Torggler, GmbHG § 83 Rz 20; *Thomale* in Kalss/Torggler, Reform 9 (19, 37 FN 215); offen *Koppensteiner/Rüffler*, GmbHG³ § 83 Rz 14; für Beschränkung auf die Höhe des Stammkapitals *Haberer* in Haberer/Krejci, Konzernrecht, Rz 11.216; *Karollus* in Brandl/Karollus/Kirchmayr/Leitner, HB vGA³, 1 (68); *J. Reich-Rohrwig/Zimmermann*, ecolex 2017, 613; (*de lege ferenda*) *Winner* in Kalss/Torggler, Reform 128 (143).
127 *Bauer/Zehetner* in Straube/Ratka/Rauter, GmbHG § 83 Rz 2.

tieft[128] worden ist (zur Relevanz der Unterbilanz im dt GmbH-Recht s § 82 Rz 24 u bei der Rückzahlungssperre für Nachschüsse s § 82 Rz 24; § 74 Rz 4 f, 8, 12). Maßgeblich für die Feststellung der Unterbilanz sind die Bilanzwerte (nicht der Verkehrswert) des Gesellschaftsvermögens.[129] Nach umstrittener A muss die Unterbilanz sowohl zum Zeitpunkt der verbotenen Leistung als auch zum Zeitpunkt der Geltendmachung der Ausfallshaftung vorliegen.[130] Wiedererreichen eines stammkapitaldeckenden Vermögens bis zum Zeitpunkt der letzten mündlichen Verhandlung soll genügen, um den Ausfallshaftungsanspruch entfallen zu lassen;[131] mE müsste der GmbH aber jedenfalls Kostenersatz zustehen.[132]

29 Der Ausfallhaftungsanspruch wird mit Ausfall der Primärschuldner (Empfänger, GF) fällig; die GmbH muss den Beweis erbringen, dass die Ansprüche der Gesellschaft bei den Verpflichteten nicht (zur Gänze) einbringlich sind; ansonsten müsste die GmbH nämlich mE zunächst gem § 81 S 2 in die Beteiligung des betroffenen Gesellschafters vollstrecken (**str**) (s § 81 Rz 13 f).[133] Der Erstattungsbetrag ist dann nicht zu erlangen, wenn die Realisierung binnen angemessener Zeit unzumutbar ist,[134] also insb bei Insolvenz der Primärschuldner.

30 Die Gesellschafter haften aus Abs 2 u 3 nicht als Gesamtschuldner, sondern zunächst gem Abs 2 **anteilig** nach Verhältnis der Stammeinlagen, wobei sich die anteilige Haftung gem Abs 3 erweitert, wenn auch

---

128 *Auer* in Gruber/Harrer, GmbHG² § 83 Rz 36; *Schopper*, wbl 2004, 412.
129 *Auer* in Gruber/Harrer, GmbHG² § 83 Rz 36; vgl *Koppensteiner/Rüffler*, GmbHG³ § 74 Rz 1; *Trenker* in Torggler, GmbHG § 74 Rz 1; *Brugger/Schopper* in Straube/Ratka/Rauter, GmbHG § 74 Rz 5.
130 *Koppensteiner/Rüffler*, GmbHG³ § 83 Rz 1, 14; *Bauer/Zehetner* in Straube/Ratka/Rauter, GmbHG § 83 Rz 65; *Köppl* in Torggler, GmbHG § 83 Rz 22; **aA** (Unterbilanz zum Zeitpunkt der verbotenen Leistung genügt) *Auer* in Gruber/Harrer, GmbHG² § 83 Rz 36; *Karollus* in Brandl/Karollus/Kirchmayr/Leitner, HB vGA³, 1 (67 f).
131 *Koppensteiner/Rüffler*, GmbHG³ § 83 Rz 14; *Bauer/Zehetner* in Straube/Ratka/Rauter, GmbHG § 83 Rz 65; *Köppl* in Torggler, GmbHG § 83 Rz 22; *J. Reich-Rohrwig/Zimmermann*, ecolex 2017, 613 (616); **aA** *Auer* in Gruber/Harrer, GmbHG² § 83 Rz 46.
132 *H. Foglar-Deinhardstein* in Foglar-Deinhardstein, HB vGA, Rz 1/227.
133 *H. Foglar-Deinhardstein* in Foglar-Deinhardstein, HB vGA, Rz 1/228; *Auer* in Gruber/Harrer, GmbHG² § 83 Rz 37; vgl zu § 70 OGH 13.10.2011, 6 Ob 204/11k, GesRZ 2012, 182 (*Schopper/Walch*) = *M. Gruber*, JBl 2012, 273; **aA** (erfolglose Einmahnung genügt) *Köppl* in Torggler, GmbHG § 83 Rz 19.
134 *Köppl* in Torggler, GmbHG § 83 Rz 19.

v einem der Ausfallhaftungsschuldner Befriedigung nicht erlangt werden kann.[135]

Wer nach Abs 2 in Anspruch genommen wird, hat **Regressansprüche** gegen die GF (s auch Rz 9, 35) u die primär haftenden Gesellschafter. Bei Inanspruchnahme gem Abs 3 besteht auch eine Regressforderung gegenüber jenem Gesellschafter, der die gesetzl Haftungserweiterung ausgelöst hat.[136]

31

VI. Haftung der Geschäftsführer, Aufsichtsratsmitglieder und Abschlussprüfer

Die **GF** haften gem § 83 Abs 2 iVm § 25 Abs 1, 3 Z 1 für **verschuldete**[137] Verstöße gegen das Verbot der Einlagenrückgewähr, uzw bei Vorliegen der schadenersatzrechtlichen Voraussetzungen grds auch dann, wenn der Rückersatzanspruch gegen den Gesellschafter wegen Gutgläubigkeit des Gesellschafters entfällt (s Rz 18).[138] Ein durch Verstoß gegen § 82 durch die GF bewirkter Schadenseintritt wird nach A des OGH allein durch allfällige Rückforderungsansprüche der Gesellschaft nicht saniert.[139] Ein ordentlicher u gewissenhafter GF würde einem Leistungsaustausch nur zustimmen, wenn er die angebotene Leistung überhaupt

32

---

135 *Köppl* in Torggler, GmbHG § 83 Rz 20.
136 *Koppensteiner/Rüffler*, GmbHG³ § 83 Rz 15; *Bauer/Zehetner* in Straube/Ratka/Rauter, GmbHG § 83 Rz 63, 66 ff; *Köppl* in Torggler, GmbHG § 83 Rz 21; ähnlich *Auer* in Gruber/Harrer, GmbHG² § 83 Rz 47.
137 *Bauer/Zehetner* in Straube/Ratka/Rauter, GmbHG § 83 Rz 58; OGH 29.8.2017, 6 Ob 114/17h, wbl 2017, 655 (*Harrer*) = GesRZ 2018, 50 (*Karollus*) = EvBl 2018, 224 (*Told*) = *Bollenberger*, Zak 2018, 24.
138 *Karollus* in Brandl/Karollus/Kirchmayr/Leitner, HB vGA³, 1 (55 FN 301, 70); *Bauer/Zehetner* in Straube/Ratka/Rauter, GmbHG § 83 Rz 43 f, 58 f; *Auer* in Gruber/Harrer, GmbHG² § 83 Rz 21; *Koppensteiner/Rüffler*, GmbHG³ § 83 Rz 2; *Köppl* in Torggler, GmbHG § 83 Rz 9; vgl OGH 22.10.2003, 3 Ob 287/02f, RWZ 2004/11, 38 (*Wenger*); 16.11.2012, 6 Ob 153/12m, GesRZ 2013, 99 (*Krejci*); 18.2.2021, 6 Ob 207/20i – *AE&E III, Fantur*, GES 2021, 57 = RWZ 2021, 186 (*Wenger*) = *H. Foglar-Deinhardstein*, GES 2021, 159 = GesRZ 2021, 186 (*Artmann*) = *Gaggl*, wbl 2021, 611.
139 OGH 30.8.2016, 6 Ob 198/15h – *AE&E II*, NZ 2016, 413 (*Brugger*) = *Bergmann/Schörghofer*, GES 2017, 20 = *I. Welser*, ecolex 2017, 1073 = *Aburumieh/H. Foglar-Deinhardstein*, GES 2019, 3; mglw aA OGH 22.10.2003, 3 Ob 287/02f, RWZ 2004/11, 38 (*Wenger*).

benötigt, wenn er seine Handlungsalternativen verantwortungsvoll abgeklärt hat, wenn er bereits zum Zeitpunkt des Leistungsaustauschs detaillierte Kenntnis über die Angemessenheit der Gegenleistung (dem Grunde [Qualität] u der Höhe nach) hat u wenn er die Angemessenheit aufgrund der vorliegenden Tatsachen auch zeitnah dokumentiert.[140] Meines Erachtens stehen der Rückforderungsanspruch gegen die Gesellschafter u der Anspruch gem § 83 Abs 2 iVm § 25 Abs 1, 3 Z 1 gegen die GF separat nebeneinander; das Erlöschen des einen Anspruchs führt nicht zwingend zum Erlöschen des anderen, wobei freilich derselbe Vermögensabfluss der Gesellschaft insgesamt nur einmal zu ersetzen ist. Die Ersatzansprüche gem § 25 **verjähren** in fünf Jahren; diese Frist kann nicht verkürzt werden.[141] Der Einwand, dass der Schaden auch bei **rechtmäßigem Alternativverhalten** eingetreten wäre, ist gegen den Anspruch gem § 83 Abs 2 iVm § 25 Abs 1, 3 Z 1 grds zulässig.[142] Soweit § 25 Abs 1, 1a dem GF einen **haftungsfreien Ermessensspielraum** zubilligt, muss mE im gleichen Umfang auch eine betriebl Rechtfertigung der betr Maßnahme möglich sein (s § 82 Rz 92).[143] Bereits bestehende OGH-Rsp muss dem GF einer GmbH bekannt sein, weil er dem Haftungsmaßstab des § 1299 ABGB unterliegt; zu berücksichtigen ist jew die zum Zeitpunkt des Abschlusses des fraglichen Rechtsgeschäfts **geltende Rechtslage u hRsp** (s Rz 40, § 82 Rz 76).[144] Bei **str Rechtsfragen**

---

140 *Joklik-Fürst*, RdW 2020, 800 (802 f).
141 OGH 26.8.2020, 9 ObA 136/19v, *Spendel*, wbl 2021, 121.
142 OGH 30.8.2016, 6 Ob 198/15h – *AE&E II*, NZ 2016, 413 (*Brugger*) = *Bergmann/Schörghofer*, GES 2017, 20 = *I. Welser*, ecolex 2017, 1073 = *Aburumieh/H. Foglar-Deinhardstein*, GES 2019, 3; 18.2.2021, 6 Ob 207/20i – *AE&E III, Fantur*, GES 2021, 57 = RWZ 2021, 186 (*Wenger*) = *H. Foglar-Deinhardstein*, GES 2021, 159 = GesRZ 2021, 186 (*Artmann*) = *Gaggl*, wbl 2021, 611; *Karollus* in Brandl/Karollus/Kirchmayr/Leitner, HB vGA³, 1 (71).
143 *H. Foglar-Deinhardstein* in Foglar-Deinhardstein, HB vGA, Rz 1/231; vgl (differenzierend) *Karollus* in Brandl/Karollus/Kirchmayr/Leitner, HB vGA³, 1 (70 f, 93 f); ähnlich *Zehetner*, GesRZ 2016, 167 (170); OGH 30.8.2016, 6 Ob 198/15h, NZ 2016, 413 (*Brugger*) = *Bergmann/Schörghofer*, GES 2017, 20 = *I. Welser*, ecolex 2017, 1073 = *Aburumieh/H. Foglar-Deinhardstein*, GES 2019, 3.
144 OGH 30.8.2016, 6 Ob 198/15h, NZ 2016, 413 (*Brugger*) = *Bergmann/Schörghofer*, GES 2017, 20 = *I. Welser*, ecolex 2017, 1073 = *Aburumieh/H. Foglar-Deinhardstein*, GES 2019, 3; 18.2.2021, 6 Ob 207/20i – *AE&E III, Fantur*, GES 2021, 57 = RWZ 2021, 186 (*Wenger*) = *H. Foglar-Deinhardstein*, GES 2021, 159 = GesRZ 2021, 186 (*Artmann*) = *Gaggl*, wbl 2021, 611. Nach diesen E sei das Datum der Veröffentlichung der OGH-Rsp im

ist das Vertreten einer objektiv vernünftigen Rechtsmeinung haftungsbefreiend.[145] Dies gilt mE auch bei vereinzelter – noch nicht ständiger – Rsp u ebenso bei ständiger Jud, die noch Detailfragen offen lässt.[146] Bei Transaktionen u Umstrukturierungen ab einer gewissen Größenordnung haben nicht einschlägig jur vorgebildete GF idR **spezialisierte Berater** beizuziehen, um eine gesetzeskonforme Abwicklung zu gewährleisten.[147] Die Einholung fachlichen Rats kann aber nur dann haftungsbefreiend wirken, wenn die Beratung bei einer verlässlichen, sachlich kompetenten Stelle, unter Offenlegung des gesamten SV u bei ergebnisoffener Formulierung der Anfrage eingeholt wird; bloße **Gefälligkeitsgutachten** haben keine exkulpierende Wirkung.[148] Erstattungs-

---

über das Internet zugänglichen RIS-Justiz maßgeblich. Dies ist mE überschießend (*H. Foglar-Deinhardstein* in Foglar-Deinhardstein, HB vGA, Rz 1/232 FN 977; *H. Foglar-Deinhardstein*, GES 2021, 159 [169]; so auch *Brugger*, NZ 2016, 419 f; *I. Welser*, ecolex 2017, 1073 [1075 ff]), zumal der OGH selbst auf seiner Website nur *„ausgewählte"* E *„von richtungsweisender Bedeutung"* präsentiert, u es über die bloße Veröffentlichung einer E hinaus wesentlich auch auf die (notwendigerweise zeitversetzte) Rezeption der jew E in Fachzeitschriften, L u Folgejudikatur ankommt (vgl *H. Foglar-Deinhardstein*, ecolex 2017, 1173 [1176 f] unter Verweis auf RIS-Justiz RS0103384; s auch *P. Gruber/Spitzer*, EF-Z 2020, 56 [60 FN 61]; *G. Kodek*, ÖJZ 2024, 1). Vgl auch zum verwandten Thema der verbotenen Überraschungsentscheidung *G. Nowotny* in FS Hügel 297 (302). Differenzierend auch *Rüffler*, GES 2016, 391 (392); *Rebhahn*, ÖZW 2017, 2 (8). Allg zur nur vorübergehenden Verbindlichkeit der hM vgl *Harrer*, GES 2017, 4 (5); zu Methoden u Grenzen der Rechtsfortbildung Torggler, Richterliche Rechtsfortbildung u ihre Grenzen. Zu Vertrauensschutz u Übergangsfrist bei neuer Rsp *Hügel* in Artmann/Rüffler/Torggler, GmbH & Co KG 111 (120 f FN 83); vgl zur unechten Rückwirkung bei Jud-Änderung *Fleischer*, AG 2016, 185 (193 f) mwN; *Haberer*, GesRZ 2016, 95 (99).
145 OGH 18.2.2021, 6 Ob 207/20i – *AE&E III, Fantur*, GES 2021, 57 = RWZ 2021, 186 (*Wenger*) = *H. Foglar-Deinhardstein*, GES 2021, 159 = GesRZ 2021, 186 (*Artmann*) = *Gaggl*, wbl 2021, 611; *Karollus* in Brandl/Karollus/Kirchmayr/Leitner, HB vGA³, 1 (71).
146 *H. Foglar-Deinhardstein*, GES 2021, 159 (169).
147 OGH 30.8.2016, 6 Ob 198/15h, NZ 2016, 413 (*Brugger*) = *Bergmann/Schörghofer*, GES 2017, 20 = *I. Welser*, ecolex 2017, 1073 = *Aburumieh/H. Foglar-Deinhardstein*, GES 2019, 3; vgl auch *H. Foglar-Deinhardstein/Hartig* in Kalss/Frotz/Schörghofer, HB Vorstand Rz 31/22 FN 28 mwN; *Bauer/Zehetner* in Straube/Ratka/Rauter, GmbHG § 83 Rz 59/2.
148 OGH 30.8.2016, 6 Ob 198/15h – *AE&E II*, NZ 2016, 413 (*Brugger*) = *Bergmann/Schörghofer*, GES 2017, 20 = *I. Welser*, ecolex 2017, 1073 = *Abu-*

pflichtige Gesellschafter einerseits u GF andererseits haften gegenüber der GmbH **solidarisch**.[149] Die Haftung der GF kann nicht nur durch den verbotenen Vermögenstransfer, sondern auch durch die Nichtgeltendmachung der Rückgewähransprüche der GmbH ausgelöst werden[150] (s aber zu – in Grenzen – zulässigen Vergleichsvereinbarungen über Rückerstattungsansprüche Rz 19). Ein **Weisungs- oder Genehmigungsbeschluss der Gesellschafter** – der ohnedies nichtig wäre (s Rz 38) – hat für die GF grds keine haftungsbefreiende Wirkung;[151] mE kann Anderes bei der Genehmigung eines zulässigen Vergleichs (s Rz 19) durch Beschluss der Gesellschafter gelten.[152] Ungeklärt ist, ob der **Entlastungsbeschluss** der GV die Geltendmachung erkennbarer (bereits entstandener) Ersatzansprüche gem § 25 Abs 3 Z 1 präkludieren kann.[153] Zur Befreiung aus einer Regresshaftung durch Beschluss der Gesellschafter s Rz 35. Die Geltendmachung der Ansprüche der GmbH gegen die GF bedarf mE gem § 35 Abs 1 Z 6 der Beschlussfassung der

---

rumieh/H. Foglar-Deinhardstein, GES 2019, 3; 18.2.2021, 6 Ob 207/20i – *AE&E III, Fantur*, GES 2021, 57 = RWZ 2021, 186 (*Wenger*) = *H. Foglar-Deinhardstein*, GES 2021, 159 = GesRZ 2021, 186 (*Artmann*) = *Gaggl*, wbl 2021, 611.

149 *Koppensteiner/Rüffler*, GmbHG³ § 83 Rz 2; *Bauer/Zehetner* in Straube/Ratka/Rauter, GmbHG § 83 Rz 58; *Auer* in Gruber/Harrer, GmbHG² § 83 Rz 21; *Ch. Müller/Rüffler* in Artmann/Rüffler/Torggler, Unternehmensfinanzierung 57 (65 FN 65); OGH 29.8.2017, 6 Ob 114/17h, wbl 2017, 655 (*Harrer*) = GesRZ 2018, 50 (*Karollus*) = EvBl 2018, 224 (*Told*) = Bollenberger, Zak 2018, 24.

150 *Karollus* in Brandl/Karollus/Kirchmayr/Leitner, HB vGA³, 1 (69 f); *Ch. Nowotny* in Kalss/Nowotny/Schauer, GesR² Rz 4/432.

151 OGH 22.10.2003, 3 Ob 287/02f, RWZ 2004/11, 38 (*Wenger*); 23.2.2016, 6 Ob 171/15p – *AE&E I*, RWZ 2016/28, 125 (*Wenger*) = EvBl-LS 2016/81 (*Rohrer*) = Schopper/Walch, NZ 2016, 163 = GesRZ 2016, 281 (*Schörghofer*) = ÖBA 2017, 621 (*Dellinger*) = Bergmann/Schörghofer, GES 2017, 20 = *Straube* in FS Bittner 657 = *Aburumieh/H. Foglar-Deinhardstein*, GES 2019, 3; 25.6.2020, 6 Ob 21/20m, GesRZ 2021, 41 (*R. Gruber*) = ÖBA 2021, 266 (*Edelmann*) = ecolex 2021, 134 (*J. Reich-Rohrwig*); *Karollus* in Brandl/Karollus/Kirchmayr/Leitner, HB vGA³, 1 (70); *Koppensteiner/Rüffler*, GmbHG³ § 20 Rz 9, § 25 Rz 17; *J. Reich-Rohrwig* in Straube/Ratka/Rauter, GmbHG § 25 Rz 191. AA *S.-F. Kraus/Torggler* in Torggler, GmbHG § 25 Rz 31; *Rauter*, GesRZ 2023, 200.

152 *H. Foglar-Deinhardstein* in Foglar-Deinhardstein, HB vGA, Rz 1/233; vgl *Koppensteiner/Rüffler*, GmbHG³ § 25 Rz 24.

153 **Dagegen** *Koppensteiner/Rüffler*, GmbHG³ § 35 Rz 19; *Enzinger* in Straube/Ratka/Rauter, GmbHG § 35 Rz 39.

Gesellschafter, wobei die v Rückforderungsanspruch betroffenen Gesellschafter einem Stimmverbot unterliegen.[154] Der Überweisungsgläubiger (§ 308 EO) u der Insolvenzverwalter benötigen freilich keinen Beschluss der Gesellschafter.[155] Bei der Einhaltung der Regeln des § 82 kommt den GF kein Ermessen zu;[156] das mit der gebotenen Sorgfalt ausgeübte Ermessen des GF kann aber auf Ebene der betriebl Rechtfertigung eine Rolle spielen (s § 82 Rz 92, 115).

Die Haftung kann gem § 33 auch die **AR-Mitglieder** treffen, insb wenn sie hinsichtlich des verbotenen Vorgangs schuldhaft gegen ihre Überwachungspflichten verstoßen haben.[157] Sie haften solidarisch mit den GF.[158]

Die Organmitglieder der GmbH haften für Verstöße gegen § 82 grds nur gegenüber der GmbH. Den **Anteilseignern** steht gegen die Organe ihrer Gesellschaft idR kein eigener Schadenersatzanspruch zu, wenn die Gesellschaft selbst unmittelbar geschädigt wurde u sich der Schaden der Anteilseigner nur mittelbar in Form des Wertverlusts (oder der nicht erfolgten Wertsteigerung) ihres Anteils manifestiert; Nachteile im Vermögen der Anteilseigner, die lediglich den Schaden der Gesellschaft reflektieren (**Reflexschäden**), sind nicht als ersatzfähiger Schaden der Anteilseigner anzusehen.[159] Das Verbot der Einlagenrückgewähr ist weiters mE **kein Schutzgesetz zugunsten der Gläubiger (str))**[160]

---

154 *W.-D. Arnold*, GesRZ 1985, 86; *Krejci*, wbl 1993, 269; *Schopper*, wbl 2004, 410; *Bauer/Zehetner* in Straube/Ratka/Rauter, GmbHG § 83 Rz 53; vgl auch *Harrer* in Gruber/Harrer, GmbHG² § 35 Rz 57a ff; **differenzierend** (kein Beschluss gem § 35 Abs 1 Z 6 erforderlich, wenn Anspruch gem § 83 verfolgt wird) OGH 26.4.2016, 6 Ob 72/16f, GesRZ 2016, 343 (*Ettmayer/St. Arnold*); 25.10.2018, 6 Ob 190/18m; 24.1.2019, 6 Ob 219/18a, GesRZ 2019, 198 (*Gelter*); 24.10.2019, 6 Ob 71/19p, GesRZ 2020, 148 (*Ratka*) = EvBl 2020, 978 (*Rastegar*). S aber § 35 Rz 88.
155 OGH 8.2.1990, 6 Ob 747/89; 24.6.1998, 3 Ob 34/97i, ecolex 1998, 774 (*J. Reich-Rohrwig*); 25.7.2000, 10 Ob 104/00t, RWZ 2000, 330 (*Wenger*); *S.-F. Kraus/U. Torggler* in Torggler, GmbHG § 25 Rz 24; *Feltl/Told* in Gruber/Harrer, GmbHG² § 25 Rz 202.
156 *Karollus* in Brandl/Karollus/Kirchmayr/Leitner, HB vGA³, 1 (70 f, 93 f).
157 *Karollus* in Brandl/Karollus/Kirchmayr/Leitner, HB vGA³, 1 (69); *Koppensteiner/Rüffler*, GmbHG³ § 83 Rz 2.
158 *Koppensteiner/Rüffler*, GmbHG³ § 33 Rz 5, § 83 Rz 2; *Bauer/Zehetner* in Straube/Ratka/Rauter, GmbHG § 83 Rz 59.
159 OGH 28.3.2018, 6 Ob 41/18z, GesRZ 2018, 346 (*Bauer*).
160 *Karollus* in Brandl/Karollus/Kirchmayr/Leitner, HB vGA³, 1 (71); *Bauer/Zehetner* in Straube/Ratka/Rauter, GmbHG § 83 Rz 24; *Koppensteiner/*

(s Rz 8, 25, 44, § 82 Rz 8 FN 30). Eine **Außenhaftung der Organmitglieder** könnte sich allenfalls bei sittenwidriger u/oder strafrechtsrelevanter Gläubigerschädigung u/oder aus § 870 ABGB (listige Irreführung, zivilrechtlicher Betrug) (s Rz 25, 44; § 82 Rz 9, 17) ergeben.[161]

35 Kann einem Dritten wegen Kollusion oder grober Fahrlässigkeit die Nichtigkeit des gegen § 82 verstoßenden Geschäfts mit Erfolg entgegengehalten werden (s § 82 Rz 76 f), scheidet eine allfällige **Haftung des GF** gegenüber der GmbH mangels ersatzfähigen Schadens aus.[162] Bestehen aus einer Solidarhaftung für Verstöße gegen § 82 **Regressansprüche** v in Anspruch genommenen Gesellschaftern gegen GF (s Rz 9, 31), können die GF durch haftungsbefreienden Gesellschafterbeschluss aus der Regresshaftung entlassen werden.[163] Zu möglichen **Ansprüchen echter Dritter** gegen die GF gem § 1019 ABGB u § 25 analog s Rz 42.

36 Der **(Konzern-)Abschlussprüfer** hat auf v ihm erkannte Verstöße gegen § 82 idR zumindest durch **Ausübung der Redepflicht** zu reagieren (s § 82 Rz 1).[164] Nach einer strengeren E des OGH muss der Abschlussprüfer sogar bei jeglichen erkennbaren Verstößen gegen § 82 die Redepflicht ausüben.[165] Der Mitverschuldenseinwand ist dem Abschlussprüfer nach mE zu apodiktischer A des OGH verschlossen, nicht

---

Rüffler, GmbHG³ § 83 Rz 4; *Auer* in Gruber/Harrer, GmbHG² § 83 Rz 8; *Ch. Müller*, ÖJA 2023, 129 (154, 165 f); *Koppensteiner*, ÖJZ 2023, 824 (828); wohl auch OGH 28.6.2023, 6 Ob 178/22b, EvBl 2023, 851 (*Drobnik*) = *H. Foglar-Deinhardstein*, ÖJZ 2023, 911 = NZ 2023, 571 (*Walch*) = GesRZ 2023, 382 (*Kalss*); **aA** OGH 23.6.2021, 6 Ob 61/21w, GesRZ 2022, 79 (*Bauer*) = *Blaschke*, GES 2021, 386 = *G. Kodek* in Lewisch, JB Wirtschaftsstrafrecht 2022, 161 = *Ch. Müller*, ÖJA 2023, 129.

161 Zur potentiellen Haftung eines GmbH-GF gegenüber den Gläubigern der Gesellschaft aus § 879 ABGB OGH 28.2.2018, 6 Ob 244/17a. Zu Einlagenrückgewähr u Strafrecht *St. Huber* in Foglar-Deinhardstein, HB vGA, Rz 5/1 ff.

162 OGH 22.10.2003, 3 Ob 287/02f, RWZ 2004/11, 38 (*Wenger*).

163 *Bauer/Zehetner* in Straube/Ratka/Rauter, GmbHG § 83 Rz 68; *H. Foglar-Deinhardstein* in Foglar-Deinhardstein, HB vGA, Rz 1/236.

164 Näher *Karollus* in Brandl/Karollus/Kirchmayr/Leitner, HB vGA³, 1 (71 f); *Bach* in Brandl/Karollus/Kirchmayr/Leitner, HB vGA³, 429 (458 ff, 473); *Jaufer/Wesener* in Jaufer/Nunner-Krautgasser/Schummer, Kapitalaufbringung und Kapitalerhaltung 35 (56 f).

165 OGH 18.2.2021, 6 Ob 207/20i – *AE&E III, Fantur*, GES 2021, 57 = RWZ 2021, 186 (*Wenger*) = *H. Foglar-Deinhardstein*, GES 2021, 159 = GesRZ 2021, 186 (*Artmann*) = *Gaggl*, wbl 2021, 611.

aber der **Einwand rechtmäßigen Alternativverhaltens**.[166] Ist der im Prüfungsbericht fehlende Hinweis auf den Verstoß gegen die Kapitalerhaltungsvorschriften nicht kausal für den Schaden, tritt keine Haftung des Abschlussprüfers ein.[167] Haftungsbegründend kann nach A des OGH auch ein **pflichtwidrig erteilter Bestätigungsvermerk** sein, insb wenn dieser zu einer überhöhten Dividendenauszahlung führt.[168] Zur allfälligen Nichtigkeit des JA, der widerspruchslos eine verbotene Einlagenrückgewähr umfasst, s Rz 40a.

VII. Ansprüche nach allgemeinem Zivilrecht

A. Anspruchskonkurrenz

Zwischen dem Rückersatzanspruch gem § 83 u allg zivilrechtlichen Ansprüchen – Bereicherungsansprüchen (s Rz 42), Vindikationsansprüchen (s Rz 43) oder deliktischen Ansprüchen (s Rz 44) – besteht nach der Rsp des OGH **Anspruchsgrundlagenkonkurrenz**; sie existieren nebeneinander (s Rz 24).[169]

37

---

166 OGH 18.2.2021, 6 Ob 207/20i – *AE&E III, Fantur*, GES 2021, 57 = RWZ 2021, 186 (*Wenger*) = *H. Foglar-Deinhardstein*, GES 2021, 159 = GesRZ 2021, 186 (*Artmann*) = *Gaggl*, wbl 2021, 611; *Karollus* in Brandl/Karollus/Kirchmayr/Leitner, HB vGA³, 1 (71).
167 OGH 24.3.2023, 6 Ob 22/23p – *AE&E IV*.
168 OGH 18.2.2021, 6 Ob 207/20i – *AE&E III, Fantur*, GES 2021, 57 = RWZ 2021, 186 (*Wenger*) = *H. Foglar-Deinhardstein*, GES 2021, 159 = GesRZ 2021, 186 (*Artmann*) = *Gaggl*, wbl 2021, 611. Differenzierend *H. Foglar-Deinhardstein*, GES 2021, 159 (167 f) mwN.
169 *Bauer/Zehetner* in Straube/Ratka/Rauter, GmbHG § 83 Rz 36 ff; vgl OGH 13.9.2012, 6 Ob 110/12p, RWZ 2012/91, 321 (*Wenger*) = GesRZ 2013, 38 (*U. Torggler*); 4.3.2013, 8 Ob 20/13v, GesRZ 2013, 286 (*Milchrahm*) = RWZ 2013/39, 139 (*Wenger*); 20.3.2013, 6 Ob 48/12w – *Kneisz I*, ÖBA 2013, 601 (*Wolkerstorfer/Gebetsberger*) = ecolex 2013, 638 (*F. Hörlsberger/Rieder*) = GesRZ 2013, 230 (*Thurnher*); 29.8.2017, 6 Ob 114/17h, wbl 2017, 655 (*Harrer*) = GesRZ 2018, 50 (*Karollus*) = EvBl 2018, 224 (*Told*) = Bollenberger, Zak 2018, 24; 21.12.2017, 6 Ob 206/17p, GesRZ 2018, 125 (*Stagl*) = *Aburumieh/H. Foglar-Deinhardstein*, GES 2019, 3; 21.11.2018, 6 Ob 180/18s; 23.1.2020, 6 Ob 202/19b, GesRZ 2020, 337 (*Aburumieh*) = ecolex 2020, 516 (*Planitzer*) = *Cap* in FS FL-OGH 119; 25.6.2020, 6 Ob 21/20m, GesRZ 2021, 41 (*R. Gruber*) = ÖBA 2021, 266 (*Edelmann*) = ecolex 2021, 134 (*J. Reich-Rohrwig*); 23.6.2021, 6 Ob 61/21w,

B. Nichtigkeitssanktion

38 Verdeckt ein Rechtsgeschäft eine verbotene Einlagenrückgewähr, so zieht der Verstoß gegen § 82 **absolute**,[170] v **Amts** wegen (insb auch im FB-Verfahren)[171] **wahrzunehmende**[172] Nichtigkeit des verdeckenden

---

GesRZ 2022, 79 (*Bauer*) = *Blaschke*, GES 2021, 386 = *G. Kodek* in Lewisch, JB Wirtschaftsstrafrecht 2022, 161 = *Ch. Müller*, ÖJA 2023, 129; 18.11.2022, 6 Ob 112/22x – *Leiner II, Fantur*, GES 2022, 365 = wobl 2023, 232 (*Zott*) = GesRZ 2023, 195 (*Rauter*); *Köppl* in Torggler, GmbHG § 83 Rz 4; *Dejaco*, NZ 2019, 81 (90 f).

170 OGH 14.9.2011, 6 Ob 29/11z, RWZ 2011/94, 355 (*Wenger*) = GesRZ 2012, 122 (*U. Torggler*) = ÖBA 2012, 460 (*Bollenberger*) = ZFR 2012/102, 185 (*Köppl*); 17.7.2013, 3 Ob 50/13v – *MBO II*, RWZ 2013/82, 315 (*Wenger*) = GesRZ 2013, 356 (*Artmann*) = ÖBA 2014, 52 (*P. Bydlinski*); 15.12.2014, 6 Ob 14/14y – *Humanitas*, NZ 2015, 107 (*Till*) = ecolex 2015, 128 (*Brugger*) = GesRZ 2015, 130 (*Karollus*) = *Reisch/Hampel*, ZIK 2015/100, 91 = *Hermann*, GES 2016, 394 = *Prostor*, ZfRV 2019, 179; 24.11.2015, 1 Ob 28/15x – *Kneisz II*, NZ 2016, 147 (*Auer*) = GesRZ 2016, 219 (*Arlt*) = *Mitterecker*, GES 2016, 150; 22.12.2016, 6 Ob 232/16k, GesRZ 2017, 116 (*Zehetner*) = *Dejaco*, NZ 2019, 81; 25.10.2018, 6 Ob 190/18m; 20.2.2020, 6 Ob 18/20w, *Aburumieh/Hoppel*, GES 2021, 120; 18.2.2021, 6 Ob 207/20i – *AE&E III, Fantur*, GES 2021, 57 = RWZ 2021, 186 (*Wenger*) = *H. Foglar-Deinhardstein*, GES 2021, 159 = GesRZ 2021, 186 (*Artmann*) = *Gaggl*, wbl 2021, 611; 14.9.2021, 6 Ob 26/21y, EvBl 2022, 321 (*Painsi; Rastegar*) = *Brugger*, NZ 2022, 69.

171 Im **Grundbuchsverfahren** geht die Überprüfung der Kapitalerhaltung über den Anwendungsbereich v § 94 Abs 1 Z 2 GBG hinaus u ist daher grds nicht beurteilbar (vgl OGH 31.8.2010, 5 Ob 39/10m, immolex 2011, 25 [*Limberg*] = GesRZ 2011, 46 [*Ch. Nowotny*]).

172 OGH 11.11.1999, 6 Ob 4/99b – *Neutronics*; 17.1.2001, 6 Ob 121/00p; 19.11.2002, 4 Ob 252/02s, ecolex 2003, 177 (*J. Reich-Rohrwig/Größ*); 22.10.2003, 3 Ob 287/02f, RWZ 2004/11, 38 (*Wenger*); 1.9.2010, 6 Ob 132/10w, GesRZ 2011, 47 (*Rüffler*) = EvBl 2011, 167 (*Feuchtmüller*) = immolex 2011, 146 (*Cerha*); 15.12.2014, 6 Ob 14/14y – *Humanitas*, NZ 2015, 107 (*Till*) = ecolex 2015, 128 (*Brugger*) = GesRZ 2015, 130 (*Karollus*) = *Reisch/Hampel*, ZIK 2015/100, 91 = *Hermann*, GES 2016, 394 = *Prostor*, ZfRV 2019, 179; 24.11.2015, 1 Ob 28/15x – *Kneisz II*, NZ 2016, 147 (*Auer*) = GesRZ 2016, 219 (*Arlt*) = *Mitterecker*, GES 2016, 150; 11.10.2016, 10 Ob 61/16t (Prozessgericht hat Nichtigkeit einer Vereinbarung nur dann amtswegig wahrzunehmen, wenn (i) Anzeichen für einen Verstoß vorliegen u (ii) sich daraus Auswirkungen auf den gegenst Klagsanspruch ergeben); 20.2.2020, 6 Ob 18/20w = *Aburumieh/Hoppel*, GES 2021, 120. Differenzierend, soweit im Prozess ein Verstoß gegen das

Rechtsgeschäfts nach sich (§ 879 ABGB).[173] Die Nichtigkeit wirkt *ex tunc*[174] u setzt keine Anfechtung des Rechtsgeschäfts voraus (s aber Rz 40).[175] Die Nichtigkeit des Verpflichtungsgeschäfts schlägt auch auf das Verfügungsgeschäft (u damit auch auf die wirksame Begr dinglicher Rechte, zB eines Pfandrechts) durch.[176] Die Leistung einer wegen § 82 nichtigen Zahlung kann nicht als Erfüllung iSd § 1412 ABGB gesehen werden u hat daher **keine schuldbefreiende Wirkung**.[177] Die Nichtigkeitssanktion erfasst grds auch **Gesellschafterbeschlüsse** (einschließlich Weisungs- u Genehmigungsbeschlüsse), die § 82 verletzen (s auch Rz 32;

Verbot der Einlagenrückgewähr **ggü einem echten Dritten** geltend gemacht wird, OGH 24.8.2022, 7 Ob 99/22t, *Fantur*, GES 2022, 281 = *Zehentmayer/Ronacher*, RdW 2023, 99 = *Schmid*, ZFR 2022, 589 = ZfRV-LS 2022/66 (*Ofner*).
173 OGH 13.12.2016, 3 Ob 167/16d. **AA** *U. Torggler*, RdW 2022, 657; zum dt Aktienrecht BGH 12.3.2013, II ZR 179/12, JuS 2013, 738 (*K. Schmidt*): Nach dt Aktienrecht ist der Rückersatzanspruch des § 62 dAktG eine abschließende Regelung; weder Verpflichtungs- noch Verfügungsgeschäft sind nichtig; es stehen daher auch keine bereicherungs- oder sachenrechtlichen Ansprüche zu.
174 OGH 1.9.2010, 6 Ob 132/10w, GesRZ 2011, 47 (*Rüffler*) = EvBl 2011, 167 (*Feuchtmüller*) = immolex 2011, 146 (*Cerha*); 4.3.2013, 8 Ob 20/13v, GesRZ 2013, 286 (*Milchrahm*) = RWZ 2013/39, 139 (*Wenger*); 18.2.2021, 6 Ob 207/20i = *AE&E III, Fantur*, GES 2021, 57 = RWZ 2021, 186 (*Wenger*) = *H. Foglar-Deinhardstein*, GES 2021, 159 = GesRZ 2021, 186 (*Artmann*) = *Gaggl*, wbl 2021, 611.
175 *Mitterecker*, GES 2016, 150 (153); OGH 29.8.2017, 6 Ob 114/17h, wbl 2017, 655 (*Harrer*) = GesRZ 2018, 50 (*Karollus*) = EvBl 2018, 224 (*Told*) = *Bollenberger*, Zak 2018, 24.
176 OGH 13.2.1997, 6 Ob 2110/96d, ecolex 1997, 851 (*Zehetner*); 13.12.2016, 3 Ob 167/16d; *Koppensteiner/Rüffler*, GmbHG³ § 82 Rz 19. **AA** zum dt Aktienrecht BGH 12.3.2013, II ZR 179/12, JuS 2013, 738 (*K. Schmidt*): Weder das Verpflichtungs- noch das Verfügungsgeschäft sind nichtig. Freilich gilt in Dtl nicht das Kausalitäts-, sondern das Abstraktionsprinzip (vgl *Kalss/Winner*, GesRZ 2013, 189 [195 FN 61]; *Koppensteiner* in Kalss/Torggler, Einlagenrückgewähr 59 [62]; *Koppensteiner* in FS Reich-Rohrwig 117 [120 ff]; *Haberer* in Haberer/Krejci, Konzernrecht, Rz 11.206).
177 OGH 29.8.2017, 6 Ob 114/17h, wbl 2017, 655 (*Harrer*) = GesRZ 2018, 50 (*Karollus*) = EvBl 2018, 224 (*Told*) = *Bollenberger*, Zak 2018, 24; 23.6.2021, 6 Ob 61/21w, GesRZ 2022, 79 (*Bauer*) = *Blaschke*, GES 2021, 386 = *G. Kodek* in Lewisch, JB Wirtschaftsstrafrecht 2022, 161 = *Ch. Müller*, ÖJA 2023, 129. Vgl zum **Zurückweisungsrecht des Gläubigers** *Karollus* in Brandl/Karollus/Kirchmayr/Leitner, HB vGA³, 1 (60).

§ 82 Rz 53),[178] u die **Vertretungsmacht der GF** bei kapitalerhaltungswidrigen Geschäften mit Gesellschaftern.[179] Die Nichtigkeitssanktion beeinträchtigt mE aber weder die Regelungen zum **gutgläubigen Erwerb** der verbotswidrig an den Gesellschafter übertragenen Sache **durch einen Dritten**[180] (s Rz 43) noch den **Bestandschutz nach** erfolgter **FB-Eintragung (str,** s Rz 41).[181]

39 Strittig ist, wann verdeckte Einlagenrückgewähr zu gänzlicher u wann zu tw Nichtigkeit führt. Meines Erachtens gibt es keinen Grund-

---

178 OGH 25.6.1996, 4 Ob 2078/96h – *Fehringer*, JBl 1997, 108 (*Hügel*) = *Saurer*, RdW 1998, 593; 22.10.2003, 3 Ob 287/02f, RWZ 2004/11, 38 (*Wenger*); 23.2.2016, 6 Ob 171/15p – *AE&E I*, RWZ 2016/28, 125 (*Wenger*) = EvBl-LS 2016/81 (*Rohrer*) = Schopper/Walch, NZ 2016, 163 = GesRZ 2016, 281 (*Schörghofer*) = ÖBA 2017, 621 (*Dellinger*) = Bergmann/Schörghofer, GES 2017, 20 = Straube in FS Bittner 657 = Aburumieh/H. Foglar-Deinhardstein, GES 2019, 3; 26.4.2016, 6 Ob 72/16f, GesRZ 2016, 343 (*Ettmayer/St. Arnold*); 30.8.2016, 6 Ob 198/15h, NZ 2016, 413 (*Brugger*) = Bergmann/Schörghofer, GES 2017, 20 = I. Welser, ecolex 2017, 1073 = *Aburumieh/H. Foglar-Deinhardstein*, GES 2019, 3; *Auer* in Gruber/Harrer, GmbHG² § 82 Rz 62; *Koppensteiner/Rüffler*, GmbHG³ § 20 Rz 9, § 25 Rz 17, § 41 Rz 13, 30, § 82 Rz 19; *Karollus* in Brandl/Karollus/Kirchmayr/Leitner, HB vGA³, 1 (14, 60, 74); *J. Reich-Rohrwig* in Straube/Ratka/Rauter, GmbHG § 25 Rz 191; *Enzinger* in Straube/Ratka/Rauter, GmbHG § 41 Rz 13, 24, 46; *U. Torggler*, GesRZ 2013, 11 (13); *Koppensteiner* in FS Reich-Rohrwig 117 (123); *Koppensteiner*, GesRZ 2020, 403 (405). Die Nichtigkeit des Gesellschafterbeschlusses kann aus § 879 ABGB oder aus § 83 Abs 4 oder aus § 199 Abs 1 Z 3 2. F AktG analog iVm § 41 abgeleitet werden (s § 41 Rz 25 ff, 28 ff, 41 f; *Eckert/Schopper/Madari* in Eckert/Schopper, AktG-ON § 52 Rz 59; *R. Rastegar*, Gesellschafterklage 67 f mwN). Allg können Gesellschafterbeschlüsse auch (nur) **teilnichtig** sein; vgl OGH 29.11.2016, 6 Ob 213/16s, EvBl-LS 2017/42 (*Rohrer*) = GesRZ 2017, 114 (*J. Reich-Rohrwig*); 21.12.2017, 6 Ob 104/17p, GesRZ 2018, 117 (*Ratka*) = ecolex 2018, 834 (*Asztalos*) = SchiedsVZ 2018, 372 (*Kraus*); *Thelen*, RWZ 2019, 361 (362 ff).
179 OGH 23.1.2020, 6 Ob 202/19b, GesRZ 2020, 337 (*Aburumieh*) = ecolex 2020, 516 (*Planitzer*) = *Cap* in FS FL-OGH 119.
180 *Bauer/Zehetner* in Straube/Ratka/Rauter, GmbHG § 82 Rz 75; *Reich-Rohrwig*, Kapitalerhaltung 161; *H. Foglar-Deinhardstein* in Foglar-Deinhardstein, HB vGA, Rz 1/239.
181 *Bauer/Zehetner* in Straube/Ratka/Rauter, GmbHG § 82 Rz 75; *H. Foglar-Deinhardstein* in Foglar-Deinhardstein, HB vGA, Rz 1/239; *Napokoj/H. Foglar-Deinhardstein*, Besprechung zu OGH 6 Ob 210/19d, NZ 2020, 108 (112 f) mwN.

satz, dass iZw Gesamtnichtigkeit eintritt.[182] Nach einer Rsp-Linie des OGH richtet sich die Antwort auf die Frage, ob ein Verstoß gegen das Verbot der Einlagenrückgewähr zu **Gesamt- oder Teilnichtigkeit** führt –, ob also der Vertrag zur Gänze wegfällt oder aber der Vertrag selbst wirksam bleibt u lediglich ein Wertausgleich erfolgt, also zB das Entgelt entspr zu reduzieren/zu erhöhen ist –, nach dem **hypothetischen Parteiwillen** (wobei aber ein zumindest grob fahrlässiger Gesellschafter nicht mehr schutzwürdig sei u daher auch an einem v ihm nicht gewollten Geschäft festgehalten werden könne).[183] Im Sinne einer anderen Linie der OGH-Rsp[184] u der überwiegenden Literaturmeinung[185] ist

---

182 *H. Foglar-Deinhardstein* in Foglar-Deinhardstein, HB vGA, Rz 1/240; *H. Foglar-Deinhardstein*, ÖJZ 2019, 938 (939); vgl zur **Restgültigkeit iZw** wegen § 878 ABGB auch OGH 21.12.2017, 6 Ob 104/17p, GesRZ 2018, 117 (*Ratka*) = ecolex 2018, 834 (*Asztalos*) = SchiedsVZ 2018, 372 (*Kraus*); 21.12.2017, 6 Ob 187/17v, GesRZ 2018, 121 (*Brix/Wagner*) = ecolex 2018, 435 (*H. Foglar-Deinhardstein*) = ZFR 2018, 284 (*Schacherreiter*); *U. Torggler*, Besprechung zu OGH 6 Ob 110/12p, GesRZ 2013, 43; *Karollus* in Brandl/Karollus/Kirchmayr/Leitner, HB vGA³, 1 (111 f); *Thelen*, RWZ 2019, 361 (364).

183 OGH 1.9.2010, 6 Ob 132/10w, GesRZ 2011, 47 (*Rüffler*) = EvBl 2011, 167 (*Feuchtmüller*) = immolex 2011, 146 (*Cerha*); 13.9.2012, 6 Ob 110/12p, RWZ 2012/91, 321 (*Wenger*) = GesRZ 2013, 38 (*U. Torggler*); vgl *Bollenberger*, RdW 2008/2, 7.

184 OGH 4.7.2007, 7 Ob 142/07v, RWZ 2009, 108 (*Wenger*); 29.4.2014, 9 Ob 18/14h; 27.2.2017, 6 Ob 239/16i, GesRZ 2017, 263 (*H. Foglar-Deinhardstein*); 20.12.2018, 6 Ob 195/18x – *Leiner I, Dejaco*, NZ 2019, 81 = *P. Csoklich/P. N. Csoklich*, GesRZ 2019, 54 = ZFS 2019, 8 (*Karollus*) = GesRZ 2019, 193 (*Kalss*) = *V. Hügel*, JEV 2019, 77 = *H. Foglar-Deinhardstein*, ÖJZ 2019, 938; 25.6.2020, 6 Ob 225/19k, NZ 2021, 144 (*H. Foglar-Deinhardstein/Aburumieh*) = *Spitzer/Schindl*, ecolex 2021, 826 = *G. Kodek*, NZ 2021, 674.

185 Vgl *G. Kodek/P. N. Csoklich* in Höpfel/Ratz, WK StGB² Rz 47; *Bollenberger*, RdW 2008, 7 (9); *Auer* in Gruber/Harrer, GmbHG² § 82 Rz 64 ff mwN; *Bauer/Zehetner* in Straube/Ratka/Rauter, GmbHG § 82 Rz 76; *Reich-Rohrwig*, Kapitalerhaltung 159 f; *U. Torggler* in Kalss/Torggler, Einlagenrückgewähr 89 (95 ff); *Karollus* in Brandl/Karollus/Kirchmayr/Leitner, HB vGA³, 1 (110 f); *Köppl* in Torggler, GmbHG § 83 Rz 3; *Zoidl*, GesRZ 2014, 87 (88, 90 f); *Haberer* in Haberer/Krejci, Konzernrecht, Rz 11.212; *Dejaco*, NZ 2019, 81 (87); *Rüffler/H. Foglar-Deinhardstein*, GES 2019, 228 (232 f); *Winner* in Kalss/Torggler, Reform 128 (140 f); *H. Foglar-Deinhardstein* in Foglar-Deinhardstein, HB vGA, Rz 1/240; *Lanschützer/Neuner* in Napokoj/Foglar-Deinhardstein/Pelinka, AktG § 56 Rz 13; **aA** (immer Gesamtnichtigkeit) *Koppensteiner* in FS Reich-Rohrwig 117 (125 ff).

aber primär auf den **Verbotszweck** abzustellen (s auch Rz 42). Auf den hypothetischen Parteiwillen kann es freilich immerhin ankommen, soweit dieser dem Normzweck nicht entgegensteht.[186] Der Normzweck des § 82 ist iSd Gläubigerschutzes zwar nicht in erster Linie auf gegenst Sicherung des Gesellschaftsvermögens, sondern primär auf wertmäßige Wiederherstellung des Vermögens der GmbH gerichtet.[187] Ob aber dem Gläubigerschutz durch Gesamtnichtigkeit, die zu vollständiger Rückabwicklung führt, oder durch Teilnichtigkeit, die in einer Wertausgleichshaftung resultiert, besser gedient ist, ist nach den Umständen des Einzelfalls zu beurteilen:[188] Zu fragen ist, ob ein sorgfältig handelnder GF das fragliche Umsatzgeschäft überhaupt nicht oder dem Grunde nach schon, aber zu anderen Konditionen abgeschlossen hätte.[189] Wurde eine unvertretbare, aber betriebsnotwendige Sache (zB eine betriebsnotwendige Liegenschaft oder Anlage oder betriebsnotwendige Immaterialgüterrechte) – ohne vorherige Anpassung des Unternehmensgegenstands[190] (s § 82 Rz 66, 88, 103) – an einen Gesellschafter transferiert, greift ein reiner Wertausgleichsanspruch wohl zu kurz.[191] Wurde eine

---

186 *Artmann*, ecolex 2018, 146 (149); *Bollenberger*, RdW 2008, 7 (9); *U. Torggler*, Besprechung zu OGH 6 Ob 110/12p, GesRZ 2013, 43; *Rüffler/H. Foglar-Deinhardstein*, GES 2019, 228 (232); *Schopper*, ecolex 2019, 736; *H. Foglar-Deinhardstein*, ÖJZ 2019, 938; *Winner* in Kalss/Torggler, Reform 128 (140 f). Vgl allg *Rummel* in Rummel/Lukas, ABGB⁴ § 871 Rz 18, § 878 Rz 12; *St. Foglar-Deinhardstein*, VbR 2017, 44 (47); OGH 27.9.2017, 9 Ob 62/16g, EvBl 2018, 458 (*Spitzer*) = ÖBA 2018, 335 (*Liebel*). Prononciert für den Vorrang des Normzwecks vor dem hypothetischen Parteiwillen u für den Primat der Teilnichtigkeit *Karollus* in Brandl/Karollus/Kirchmayr/Leitner, HB vGA³, 1 (112).
187 *Auer* in Gruber/Harrer, GmbHG² § 82 Rz 64 mwN; *Bauer/Zehetner* in Straube/Ratka/Rauter, GmbHG § 82 Rz 219; *Karollus* in Brandl/Karollus/Kirchmayr/Leitner, HB vGA³, 1 (110 f); *Saurer* in Doralt/Nowotny/Kalss, AktG³ § 52 Rz 118.
188 Vgl (mit den folgenden Bsp) *Auer* in Gruber/Harrer, GmbHG² § 82 Rz 64 f; *Auer*, Gläubigerschutz bei Vermögensbewegungen down-stream 126 ff; ähnlich auch *Karollus* in Brandl/Karollus/Kirchmayr/Leitner, HB vGA³, 1 (109 ff); *Dejaco*, NZ 2019, 81 (87 f).
189 *Auer* in Gruber/Harrer GmbHG² § 83 Rz 17; *Saurer* in Doralt/Nowotny/Kalss, AktG³ § 52 Rz 122.
190 Vgl *Koppensteiner* in Kalss/Torggler, Einlagenrückgewähr 59 (64).
191 Vgl *Bauer/Zehetner* in Straube/Ratka/Rauter, GmbHG § 82 Rz 219; *Karollus* in Brandl/Karollus/Kirchmayr/Leitner, HB vGA³, 1 (28, 118); *Auer* in Gruber/Harrer, GmbHG² § 82 Rz 64 f; *Koppensteiner* in FS Reich-Rohrwig

Sache an den Gesellschafter transferiert u ist dort zufällig untergegangen, wird der GmbH ein Wertausgleichsanspruch zuzubilligen sein.[192] Im Fall der Insolvenz des Gesellschafters sollte der GmbH iZw ein Aussonderungsanspruch gem § 44 IO zustehen.[193] Wenn die Gesellschaft an sich – gemessen an der Sicht eines ordentlichen u gewissenhaften GF – an dem fraglichen Geschäft ein Interesse hat, sollte sie mE iZw dessen korrigierte Aufrechterhaltung u somit Durchführung zu angemessenen Konditionen durchsetzen können (**str**).[194] Hat die GmbH Dienstleistungen erbracht oder bereits Miet- u Pachtzinse geleistet u dafür jew keine drittvergleichsfähige Gegenleistung erhalten, kommt ohnedies nur Wertersatz in Betracht.[195] Im Fall der Teilnichtigkeit wird der Vertrag *ex lege* auf ein angemessenes Austauschverhältnis korrigiert.[196] Mit Blick auf den Schutzzweck des Verbots der Einlagenrückgewähr können auch einzelne vertragliche Rechte aufrecht bleiben: Verstößt ein Darlehen der GmbH an einen Gesellschafter gegen § 82, erfasst die Nichtigkeit grds nur die Pflicht auf Zuzählung u Belassung des Darlehens; das vertragliche Recht der GmbH auf Rückzahlung des Darlehens zuzüglich Zinsen kann aber erhalten bleiben.[197] Hat die Gesellschaft v einem Anteilseigner eine Liegenschaft angemietet, wobei die Anmietung im Interesse der Gesellschaft steht, u wurde ein überhöhter Mietzins vereinbart, ist der Mietvertrag im Umfang der Überschreitung des angemessenen Mietzinses teil-

---

117 (123); *Krist*, Existenzvernichtungshaftung 44; *Winner* in Kalss/Torggler, Reform 128 (140).
192 So auch *Koppensteiner* in FS Reich-Rohrwig 117 (127); *U. Torggler* in Kalss/Torggler, Einlagenrückgewähr 89 (96 f).
193 Vgl *Auer* in Gruber/Harrer, GmbHG² § 82 Rz 63 f; *Koppensteiner* in FS Reich-Rohrwig 117 (123); *Auer*, Gläubigerschutz bei Vermögensbewegungen down-stream 125, 127; *Eckert/Schopper/Madari* in Eckert/Schopper, AktG-ON § 52 Rz 56.
194 *Karollus* in Brandl/Karollus/Kirchmayr/Leitner, HB vGA³, 1 (110, 112); *Saurer* in Doralt/Nowotny/Kalss, AktG³ § 52 Rz 121 f; *Dejaco*, NZ 2019, 81 (87 f); *H. Foglar-Deinhardstein* in Foglar-Deinhardstein, HB vGA, Rz 1/240; **aA** *Koppensteiner* in FS Reich-Rohrwig 117 (127 ff).
195 *Koppensteiner* in FS Reich-Rohrwig 117 (125 FN 44); vgl *Kalss* in Konecny, Insolvenz-Forum 2015, 125 (135); *J. Reich-Rohrwig/Aschl*, ecolex 2022, 850 (853).
196 Am Bsp überhöhten Bestandszinses bei Bestandverträgen OGH 1.9.2010, 6 Ob 132/10w, GesRZ 2011, 47 (*Rüffler*) = EvBl 2011, 167 (*Feuchtmüller*) = immolex 2011, 146 (*Cerha*); 13.9.2012, 6 Ob 110/12p, RWZ 2012/91, 321 (*Wenger*) = GesRZ 2013, 38 (*U. Torggler*); *Striessnig*, GesRZ 2016, 266.
197 *Karollus* in Brandl/Karollus/Kirchmayr/Leitner, HB vGA³, 1 (114).

nichtig.[198] Wurde das Rechtsgeschäft zw einer GmbH u ihrem Gesellschafter-GF abgeschlossen u verwirklicht die Voraussetzungen des verbotenen **Insichgeschäfts**, ist jedenfalls – bis zu einer allfälligen nachträglichen Genehmigung gem § 25 Abs 4 – Gesamtnichtigkeit anzunehmen.[199] Fehlt einem Geschäft die **betriebl Veranlassung** (s § 82 Rz 88), indiziert dies die **Gesamtnichtigkeit**.[200] Es spricht für die **Teilnichtigkeit**, wenn bei angenommener Gesamtnichtigkeit einem v zwei oder mehreren gleichmäßig am verbotenen Vorgang Beteiligten materiell grundlos ein **Zufallsgewinn** auf Kosten des/der anderen zufiele.[201] Soweit eine GmbH einem Rechtsgeschäft nur tw u/oder nachträglich beitritt, wird die Nichtigkeitsfolge mE idR nur jene Teile des Rechtsgeschäfts, die sich auf die GmbH beziehen, bzw nur den nachträglichen Beitrittsvertrag treffen. Wenn zw den betroffenen Parteien **Treuepflichten** wirken, ist es denkbar, dass eine kapitalerhaltungswidrige Vereinbarung nur **qualitativ teilnichtig** u daher im Wege der **Konversion** in eine kapitalerhaltungskonforme Regelung umzudeuten ist, sodass die an sich verbotswidrige Regelung etwa auf Ebene der Anteilseigner erhalten werden kann u dort als Anspruchsgrundlage für einen Ausgleich unter den Anteilseignern nutzbar ist.[202] Bei einer **offenen Einlagenrückgewähr** (s § 82 Rz 78 ff) ist nach hA die gewährte Leistung/Sache zurückzugeben; in der Insolvenz des Gesellschafters hat die GmbH ein Aussonderungsrecht.[203]

---

198 OGH 4.3.2013, 8 Ob 20/13v, GesRZ 2013, 286 (*Milchrahm*) = RWZ 2013, 139 (*Wenger*); 21.2.2017, 4 Ob 196/16a; 29.8.2017, 6 Ob 240/16m; *Dejaco*, NZ 2019, 81 (87 f).
199 *Karollus* in Brandl/Karollus/Kirchmayr/Leitner, HB vGA³, 1 (115); vgl zur **Sanierung** durch Zustimmung der Gesellschafter OGH 13.9.2012, 6 Ob 110/12p, GesRZ 2013, 38 (*U. Torggler*) = RWZ 2012/91, 321 (*Wenger*).
200 *Obradović*, GesRZ 2018, 214 (218) mwN; *Dejaco*, NZ 2019, 81 (87 f); *Karollus*, Besprechung zu OGH 6 Ob 195/18x, ZFS 2019, 20; *Karollus* in Brandl/Karollus/Kirchmayr/Leitner, HB vGA³, 1 (113).
201 *J. Reich-Rohrwig/Aschl*, ecolex 2022, 850 (857).
202 *Rüffler* in Artmann/Rüffler/Torggler, GmbH & Co KG 99 (107 f); *Leupold* in Torggler, UGB³ §§ 137, 138 Rz 5; *Zollner/Hartlieb* in Zib/Dellinger, UGB § 137 Rz 32; *Rüffler/Aburumieh/Lind* in Jaufer/Nunner-Krautgasser/Schummer, Kapitalaufbringung und Kapitalerhaltung 71 (103); *H. Foglar-Deinhardstein*, Besprechung zu OGH 6 Ob 161/17w, GesRZ 2018, 115; *H. Foglar-Deinhardstein/A. Gruber*, PSR 2018, 52 (55); *Aburumieh/H. Foglar-Deinhardstein*, GES 2019, 3 (6); *H. Foglar-Deinhardstein*, GES 2021, 159 (167).
203 *Koppensteiner* in FS Reich-Rohrwig 117 (119 f, 124); *Krist*, Existenzvernichtungshaftung 31 – jew mwN.

Grundsätzlich kann sich ggf jedermann – also auch ein „unbeteiligter 40
Dritter" – auf die **absolute Nichtigkeit** eines Geschäfts berufen, ohne
dass es einer besonderen Anfechtung bedürfte (s Rz 38).[204] Wird wegen
verbotener Einlagenrückgewähr auf **Feststellung** der Nichtigkeit eines
Vertrags geklagt, bilden sämtliche Vertragsparteien – allenfalls einschließlich der entreicherten Gesellschaft – grds eine **notwendige Streitgenossenschaft**.[205] Ein **echter Dritter** (s Rz 10, § 82 Rz 76 f, 154) haftet
für eine verbotene Einlagenrückgewähr nur dann (solidarisch),[206] wenn
ihm **Kollusion bzw Missbrauch der Vertretungsmacht** zuzurechnen
sind: Außer im Fall der Kollusion trifft die Haftung den Dritten nach
den Grundsätzen über den Missbrauch der Vertretungsmacht (u mE
nach den Grundsätzen über den Eingriff in fremde Forderungsrechte
[s Rz 10]) dann, wenn der Gesellschafter bewusst zum Nachteil der Gesellschaft handelt, u der Dritte davon weiß, oder sich der Missbrauch
ihm geradezu aufdrängen muss, die Unkenntnis des Dritten somit auf
grober Fahrlässigkeit beruht.[207] Die Beurteilung durch den Dritten ist

204 ZB OGH 22.10.2014, 1 Ob 142/14k; 30.10.2014, 8 Ob 28/14x; 26.9.2019, 6 Ob 166/18g; 22.10.2020, 6 Ob 44/20v; 20.2.2020, 6 Ob 18/20w = *Aburumieh/Hoppel*, GES 2021, 120; vgl (zur Parallelität v § 83 u **Eigentumsfreiheitsklage**) OGH 14.9.2011, 6 Ob 29/11z, RWZ 2011/94, 355 (*Wenger*) = GesRZ 2012, 122 (*U. Torggler*) = ÖBA 2012, 460 (*Bollenberger*) = ZFR 2012/102, 185 (*Köppl*). Zum erforderlichen **Prozessvorbringen** bei Berufung auf das Verbot der Einlagenrückgewähr ggü einem **echten Dritten** OGH 24.8.2022, 7 Ob 99/22t, *Fantur*, GES 2022, 281 = *Zehentmayer/Ronacher*, RdW 2023, 99 = *Schmid*, ZFR 2022, 589 = ZfRV-LS 2022/66 (*Ofner*); 17.5.2023, 6 Ob 24/23g, ecolex 2023, 850 (*Peissl/Prasser*).
205 OGH 25.6.2020, 6 Ob 225/19k, NZ 2021, 144 (*H. Foglar-Deinhardstein/Aburumieh*) = *Spitzer/Schindl*, ecolex 2021, 826 = *G. Kodek*, NZ 2021, 674.
206 *Bauer/Zehetner* in Straube/Ratka/Rauter, GmbHG § 83 Rz 20; *Reich-Rohrwig*, Kapitalerhaltung 166. Zum erforderlichen **Prozessvorbringen** bei Berufung auf das Verbot der Einlagenrückgewähr ggü einem **echten Dritten** OGH 24.8.2022, 7 Ob 99/22t, *Fantur*, GES 2022, 281 = *Zehentmayer/Ronacher*, RdW 2023, 99 = *Schmid*, ZFR 2022, 589 = ZfRV-LS 2022/66 (*Ofner*); 17.5.2023, 6 Ob 24/23g, ecolex 2023, 850 (*Peissl/Prasser*).
207 OGH 25.6.1996, 4 Ob 2078/96h – *Fehringer*, JBl 1997, 108 (*Hügel*) = *Saurer*, RdW 1998, 593; 29.9.2010, 7 Ob 35/10p, ZFR 2011/38, 82 (*Auer*) = GesRZ 2011, 110 (*Karollus*) = RWZ 2010/89, 363 (*Wenger*); 15.12.2014, 6 Ob 14/14y – *Humanitas*, NZ 2015, 107 (*Till*) = ecolex 2015, 128 (*Brugger*) = GesRZ 2015, 130 (*Karollus*) = *Reisch/Hampel*, ZIK 2015/100, 91 = *Hermann*, GES 2016, 394 = *Prostor*, ZfRV 2019, 179; 22.12.2016, 6 Ob 232/16k, GesRZ 2017, 116 (*Zehetner*) = *Dejaco*, NZ 2019, 81; 29.3.2017, 6 Ob 48/17b; 2.5.2019, 17 Ob 5/19p, NZ 2019, 222 (*H. Foglar-Deinhard-*

grds für den **Zeitpunkt** des Abschlusses des Rechtsgeschäfts vorzunehmen.[208] Zumindest bei Finanzierungen soll es aber offenbar auch genügen, wenn der dritte Kreditgeber jedenfalls zum Zeitpunkt der Umsetzung des Rechtsgeschäfts – konkret: bei Zuzählung der Kreditsumme – Kenntnis hatte oder hätte haben müssen (**str**, s § 82 Rz 98, § 82 Rz 110).[209] Zu berücksichtigen ist die zum Zeitpunkt des Abschlusses des fraglichen Rechtsgeschäfts **geltende Rechtslage u hRsp**:[210] Die Vernachlässigung bereits vorliegender Lit vermag grobe Fahrlässigkeit am Nichterkennen eines (allfälligen) Verstoßes gegen das Verbot der Einlagenrückgewähr nicht zu begründen, wenn noch keine Jud dazu exis-

---

    stein) = *Fantur*, GES 2019, 169 = RWZ 2019, 288 (*Wenger*) = *Obradović/Demian*, ZFR 2019, 451 = *Reisch*, ZIK 2019, 122 = ÖBA 2019, 741 (*Scheuwimmer*) = *Engin-Deniz*, ecolex 2019, 751 = GesRZ 2019, 344 (*Edel/Welten*); 23.6.2021, 6 Ob 61/21w, GesRZ 2022, 79 (*Bauer*) = *Blaschke*, GES 2021, 386 = *G. Kodek* in Lewisch, JB Wirtschaftsstrafrecht 2022, 161 = *Ch. Müller*, ÖJA 2023, 129; *Köppl* in Torggler, GmbHG § 82 Rz 15 f; *Auer* in Gruber/Harrer, GmbHG² § 82 Rz 21; *Bollenberger*, Zak 2018, 24 (26); *Karollus* in Brandl/Karollus/Kirchmayr/Leitner, HB vGA³, 1 (73 f). **Krit zum Kriterium des Schädigungsvorsatzes des Vertreters u objektive Evidenz der Pflichtwidrigkeit** genügen lassend *Zehentmayer/Ronacher*, RdW 2023, 99 (101 ff). Nach *Kalss* (in Konecny, Insolvenz-Forum 2015, 125 [135]; ebenso in GesRZ 2020, 158 [162]) stellt sich gegenüber dem echten Dritten die Frage der **Teilnichtigkeit** nicht; das Rechtsgeschäft ist entweder wirksam oder zur Gänze unwirksam. **AA** *Artmann*, ecolex 2018, 146 (148 ff): Teilnichtigkeit ist auch im Verhältnis zw Gesellschaft u Dritten möglich, insb dann, wenn sich der zu beurteilende SV in zulässige u unzulässige Komponenten teilen lässt. Skeptisch wiederum zu diesem Ansatz *Fidler*, ÖBA 2018, 600 (603 f). Differenzierend *Karollus* in Brandl/Karollus/Kirchmayr/Leitner, HB vGA³, 1 (115, 159 f). Die Möglichkeit der Teilnichtigkeit auch beim echten Dritten befürwortend *Ch. Müller*, ÖJA 2023, 129 (149 f).

208 OGH 5.8.2009, 9 Ob 25/08d (9 Ob 26/08a); 29.9.2010, 7 Ob 35/10p, ZFR 2011/38, 82 (*Auer*) = GesRZ 2011, 110 (*Karollus*) = RWZ 2010/89, 363 (*Wenger*); *Eckert/Schopper/Madari* in Eckert/Schopper, AktG-ON § 52 Rz 17, 31, 45.

209 OGH 24.11.2015, 1 Ob 28/15x – *Kneisz II*, NZ 2016, 147 (*Auer*) = GesRZ 2016, 219 (*Arlt*) = *Mitterecker*, GES 2016, 150; **aA** *Mitterecker*, GES 2016, 150 (156); *Kalss* in Konecny, Insolvenz-Forum 2015, 125 (135, 140); *Kalss*, GesRZ 2020, 158 (162); *Karollus* in Brandl/Karollus/Kirchmayr/Leitner, HB vGA³, 1 (159).

210 Differenzierend zur Frage, v welchen Teilnehmern des Rechtsverkehrs welche (abgestufte) Kenntnis des Kapitalerhaltungsrechts zu verlangen ist, *Ch. Müller*, ÖJA 2023, 129 (140 ff).

tiert; der Dritte darf mE also auf den Stand der höchstgerichtl Rsp vertrauen (s § 82 Rz 76).[211] Bereits bestehende OGH-Rsp muss aber dem GF einer GmbH bekannt sein, weil er dem Haftungsmaßstab des § 1299 ABGB unterliegt (s Rz 32; § 82 Rz 76).[212] Offen ist, ob die Haftung des

---

[211] OGH 5.8.2009, 9 Ob 25/08d (9 Ob 26/08a); 14.9.2011, 6 Ob 29/11z, RWZ 2011, 355 (*Wenger*) = GesRZ 2012, 122 (*U. Torggler*) = ÖBA 2012, 460 (*Bollenberger*) = ZFR 2012, 185 (*Köppl*); 23.2.2016, 6 Ob 171/15p – *AE&E I*, RWZ 2016, 125 (*Wenger*) = EvBl-LS 2016/81 (*Rohrer*) = *Schopper/Walch*, NZ 2016, 163 = GesRZ 2016, 281 (*Schörghofer*) = ÖBA 2017, 621 (*Dellinger*) = *Bergmann/Schörghofer*, GES 2017, 20 = *Straube* in FS Bittner 657 = *Aburumieh/H. Foglar-Deinhardstein*, GES 2019, 3; 18.2.2021, 6 Ob 207/20i – *AE&E III, Fantur*, GES 2021, 57 = RWZ 2021, 186 (*Wenger*) = *H. Foglar-Deinhardstein*, GES 2021, 159 = GesRZ 2021, 186 (*Artmann*) = *Gaggl*, wbl 2021, 611; *Karollus* in Brandl/Karollus/Kirchmayr/Leitner, HB vGA³, 1 (21); *H. Foglar-Deinhardstein* in Foglar-Deinhardstein, HB vGA, Rz 1/92, 1/232, 1/241; aA mglw OGH 20.3.2013, 6 Ob 48/12w – *Kneisz I*, ÖBA 2013, 601 (*Wolkerstorfer/Gebetsberger*) = ecolex 2013, 638 (*F. Hörlsberger/Rieder*) = GesRZ 2013, 230 (*Thurnher*); 24.11.2015, 1 Ob 28/15x – *Kneisz II*, NZ 2016, 147 (*Auer*) = GesRZ 2016, 219 (*Arlt*) = *Mitterecker*, GES 2016, 150 (in diesen beiden E wurde die Haftung eines Kreditinstituts auf Basis gänzlich neuer höchstgerichtlicher Aussagen zu bisher ungeklärten Fragen der Einlagenrückgewähr bejaht; krit dazu *Rüffler/Aburumieh/Lind* in Jaufer/Nunner-Krautgasser/Schummer, Kapitalaufbringung und Kapitalerhaltung 71 [83] FN 47; vgl auch zum Verbot der Überraschungsentscheidung: *G. Nowotny* in FS Hügel 297 [302]; *Rebhahn*, ÖZW 2017, 2 [8]; vgl zur unechten Rückwirkung bei Jud-Änderung: *Fleischer*, AG 2016, 185 [193 f] mwN; *Haberer*, GesRZ 2016, 95 [99]). Zu Vertrauensschutz u Übergangsfrist bei neuer Rsp *Hügel* in Artmann/Rüffler/Torggler, GmbH & Co KG 111 (120 f FN 33). Allg zur nur vorübergehenden Verbindlichkeit der hM vgl *Harrer*, GES 2017, 4 (5); *G. Kodek*, ÖJZ 2024, 1; zu Methoden u Grenzen der Rechtsfortbildung Torggler, Richterliche Rechtsfortbildung u ihre Grenzen. Zur Frage, welcher Zeitpunkt für den Jud-Stand maßgeblich ist, wenn der maßgebliche Vertretungsakt auf einer bereits früher erteilten Vollmacht beruht, vgl *Rüffler/Aburumieh/Lind* in Jaufer/Nunner-Krautgasser/Schummer, Kapitalaufbringung und Kapitalerhaltung 71 (82 FN 45).

[212] OGH 23.2.2016, 6 Ob 171/15p – *AE&E I*, RWZ 2016, 125 (*Wenger*) = EvBl-LS 2016/81 (*Rohrer*) = *Schopper/Walch*, NZ 2016, 163 = GesRZ 2016, 281 (*Schörghofer*) = ÖBA 2017, 621 (*Dellinger*) = *Bergmann/Schörghofer*, GES 2017, 20 = *Straube* in FS Bittner 657 = *Aburumieh/H. Foglar-Deinhardstein*, GES 2019, 3; 30.8.2016, 6 Ob 198/15h, NZ 2016, 413 (*Brugger*) = *Bergmann/Schörghofer*, GES 2017, 20 = *I. Welser*, ecolex 2017, 1073 = *Aburumieh/H. Foglar-Deinhardstein*, GES 2019, 3; differenzierend *Rüffler*, GES 2016, 391 (392).

echten Dritten voraussetzt, dass eine rechtsgeschäftliche (insb **vertragliche) Beziehung zw dem echten Dritten u der Gesellschaft** besteht.[213] Im Fall einer **Finanzierung**, die betriebl gerechtfertigt (s § 82 Rz 92, 115) sein soll, besteht für den dritten Kreditgeber kein näherer Überprüfungsbedarf, wenn das Vorliegen einer betriebl Rechtfertigung schon bei erstem Anschein plausibel erscheint, u keine Verdachtsmomente gegeben sind, die den Kreditgeber am Vorliegen einer betriebl Rechtfertigung zweifeln lassen müssten; schon v vornherein hoch verdächtige Fälle (s § 82 Rz 76, 154)[214] lösen hingegen Erkundigungspflichten aus – der Kreditgeber hat dann bei den Beteiligten nach der Gegenleistung nachzufragen, wobei er sich auf nicht offenkundig unrichtige Auskünfte verlassen darf.[215] Liegt bei der gebotenen wirtschaftlichen Gesamtbetrachtung (s § 82 Rz 11, 101) eine verbotene verdeckte Einlagenrückgewähr vor, u ist ein Kreditgeber v der intendierten Vorgangsweise jedenfalls zum Zeitpunkt der Zuzählung der Kreditsumme in Kenntnis, hat dies nach der Rsp des OGH die Unwirksamkeit des Kreditgeschäfts zur Folge.[216] Muss sich dem Kreditgeber der Missbrauch (die unzulässige

---

213 Dies postulierend *Bollenberger*, Zak 2018, 24 (25 ff), nach dem im Fall, in dem der echte Dritte nur ein Vertragsverhältnis mit dem Anteilseigner, aber nicht mit der Gesellschaft hat, lediglich die Möglichkeit zur Anfechtung durch den Anteilseigner der an den echten Dritten geleisteten Zahlungen (nach AnfO oder IO) besteht. Plastisch *Ch. Müller*, ÖJA 2023, 129 (143): Für Ansprüche gem § 83 genügen faktische Leistungsbeziehungen; für Ansprüche ggü echten Dritten sind rechtliche Leistungsbeziehungen ausschlaggebend. Im Ergebnis lässt aber *Ch. Müller* auch für echte Dritte die faktische Leistungsbeziehung für eine potentielle Haftung genügen (ÖJA 2023, 129 [149, 166 ff]).
214 Zum durchaus krit zu hinterfragenden Umstand, dass die OGH-Rsp den Kreis der hoch verdächtigen Fälle sehr weit zieht, s zB OGH 14.9.2011, 6 Ob 29/11z, RWZ 2011/94, 355 (*Wenger*) = GesRZ 2012, 122 (*U. Torggler*) = ÖBA 2012, 460 (*Bollenberger*) = ZFR 2012/102, 185 (*Köppl*). Einschränkend hingegen am Bsp *Cash Pooling* OGH 2.5.2019, 17 Ob 5/19p, NZ 2019, 222 (*H. Foglar-Deinhardstein*) = *Fantur*, GES 2019, 169 = RWZ 2019, 288 (*Wenger*) = *Obradović/Demian*, ZFR 2019, 451 = *Reisch*, ZIK 2019, 122 = ÖBA 2019, 741 (*Scheuwimmer*) = *Engin-Deniz*, ecolex 2019, 751 = GesRZ 2019, 344 (*Edel/Welten*).
215 OGH 29.9.2010, 7 Ob 35/10p, ZFR 2011/38, 82 (*Auer*) = GesRZ 2011, 110 (*Karollus*) = RWZ 2010/89, 363 (*Wenger*); 29.3.2017, 6 Ob 48/17b.
216 OGH 14.9.2011, 6 Ob 29/11z, RWZ 2011/94, 355 (*Wenger*) = GesRZ 2012, 122 (*U. Torggler*) = ÖBA 2012, 460 (*Bollenberger*) = ZFR 2012/102, 185 (*Köppl*); 17.7.2013, 3 Ob 50/13v – *MBO II*, RWZ 2013/82, 315 (*Wenger*)

Einlagenrückgewähr) geradezu aufdrängen, hat dies nach der Rsp wegen Unwirksamkeit des Vertretungsakts namens der geschädigten KapGes die Unwirksamkeit des gesamten Kreditvertrags zur Folge.[217] Soweit eine **akzessorische Sicherheit** (zB Bürgschaft, Pfandrecht) bestellt wurde, kann die Nichtigkeit des der gesicherten Forderung zugrundeliegenden Rechtsgeschäfts wegen Verstoßes gegen § 82 auch v Interzedenten (zB Drittpfandbesteller) geltend gemacht werden.[218] Der Verweis auf die Akzessorietät der Sicherheit geht aber ins Leere, wenn die übernommene Haftung entweder **nicht akzessorisch** ist (zB abstrakte Garantie) oder nach der übereinstimmenden Absicht aller Beteiligten der Besicherung einer materiell eigenen Kreditverbindlichkeit des Sicherheitenbestellers (**echte Mitschuld**) dient.[219] Die Gesellschafter, die selbst an der Transaktion mitwirken, die die Kapitalerhaltungsvorschriften verletzt, sind v Verbot der Einlagenrückgewähr nicht geschützt, sodass sich ein Gesellschafter (u mE ggf auch ein unechter Dritter, s § 82 Rz 75)[220] –

= GesRZ 2013, 356 (*Artmann*) = ÖBA 2014, 52 (*P. Bydlinski*); 24.11.2015, 1 Ob 28/15x – *Kneisz II*, NZ 2016, 147 (*Auer*) = GesRZ 2016, 219 (*Arlt*) = *Mitterecker*, GES 2016, 150; 29.3.2017, 6 Ob 48/17b. S aber § 82 Rz 76, 98, 110.

217 OGH 14.9.2011, 6 Ob 29/11z, RWZ 2011/94, 355 (*Wenger*) = GesRZ 2012, 122 (*U. Torggler*) = ÖBA 2012, 460 (*Bollenberger*) = ZFR 2012/102, 185 (*Köppl*); 24.11.2015, 1 Ob 28/15x – *Kneisz II*, NZ 2016, 147 (*Auer*) = GesRZ 2016, 219 (*Arlt*) = *Mitterecker*, GES 2016, 150; 2.5.2019, 17 Ob 5/19p, NZ 2019, 222 (*H. Foglar-Deinhardstein*) = *Fantur*, GES 2019, 169 = RWZ 2019, 288 (*Wenger*) = *Obradović/Demian*, ZFR 2019, 451 = *Reisch*, ZIK 2019, 122 = ÖBA 2019, 741 (*Scheuwimmer*) = *Engin-Deniz*, ecolex 2019, 751 = GesRZ 2019, 344 (*Edel/Welten*).

218 OGH 14.9.2011, 6 Ob 29/11z, RWZ 2011, 355 (*Wenger*) = GesRZ 2012, 122 (*U. Torggler*) = ÖBA 2012, 460 (*Bollenberger*) = ZFR 2012, 185 (*Köppl*); 24.11.2015, 1 Ob 28/15x – *Kneisz II*, NZ 2016, 147 (*Auer*) = GesRZ 2016, 219 (*Arlt*) = *Mitterecker*, GES 2016, 150. AA *Fidler*, ÖBA 2018, 600 (607, 610): Akzessorietät ist einzuschränken, wenn nach der Sicherungsabrede der Sicherungsgeber das Kapitalerhaltungsrisiko übernommen hat, was beim Anteilseigner (nicht aber bei einem gesellschaftsfremden Dritten) iZw zu vermuten sei. Ebenfalls aA *Karollus* in Brandl/Karollus/Kirchmayr/Leitner, HB vGA³, 1 (189 ff).

219 OGH 17.7.2013, 3 Ob 50/13v – *MBO II*, RWZ 2013/82, 315 (*Wenger*) = GesRZ 2013, 356 (*Artmann*) = ÖBA 2014, 52 (*P. Bydlinski*); 24.11.2015, 1 Ob 28/15x – *Kneisz II*, NZ 2016, 147 (*Auer*) = GesRZ 2016, 219 (*Arlt*) = *Mitterecker*, GES 2016, 150; vgl auch *Artmann*, ecolex 2018, 146 (149); *Karollus* in Brandl/Karollus/Kirchmayr/Leitner, HB vGA³, 1 (188 f).

220 *H. Foglar-Deinhardstein* in Foglar-Deinhardstein, HB vGA, Rz 1/241.

auch bei akzessorischen Sicherheiten – nicht auf eine aus dem Verbot der Einlagenrückgewähr abgeleitete Nichtigkeit berufen kann.[221] Offen ist, unter welchen Voraussetzungen die Berufung eines echten Dritten auf die Nichtigkeit ausscheidet.[222] **Zusammengefasst** ergeben sich somit bei **Kreditsicherheiten** drei Fallgruppen: (i) Nicht akzessorische Sicherheiten u echte Mitschuld bleiben idR auch bei nichtigem Kreditvertrag erhalten. (ii) Akzessorische Sicherheiten eines unbeteiligten Dritten sind – bei Nichtigkeit des besicherten Kreditvertrags – unwirksam. (iii) (Akzessorische u nicht akzessorische) Sicherheiten, die ein (involvierter) Gesellschafter (u mE auch ein involvierter unechter Dritter) bestellt hat, bleiben idR auch bei Nichtigkeit des Kreditvertrags aufrecht. Ein leistungspflichtiger Sicherungsgeber kann sich allenfalls mit seinem **Regressanspruch** direkt an den begünstigten Anteilseigner halten.[223] Denkbar sind weiters **Schadenersatzansprüche gegen den Kreditgeber**, sofern der Kreditgeber den Sicherheitenbesteller nicht über die kapitalerhaltungsrechtlichen Risiken der Transaktion aufgeklärt hat.[224]

40a Strittig ist, ob eine verbotene Einlagenrückgewähr, die widerspruchslos in den JA Eingang findet, diesen mit **Nichtigkeit** infizieren kann (zur Pflicht, den Rückersatzanspruch in der Bilanz zu aktivieren, s Rz 15; zur Redepflicht des Abschlussprüfers u seinen Pflichten bei Fällung des Prüfurteils s Rz 36). Meines Erachtens droht nur dann Nichtigkeit, wenn der im JA widerspruchslos umfasste Verstoß gegen die Kapitalerhaltungsregeln **quantitativ u qualitativ wesentlich** ist u dadurch ein **zu hohes Ausschüttungspotential** erzeugt wird.[225]

---

221 OGH 14.9.2006, 6 Ob 200/06i; 24.11.2015, 1 Ob 28/15x – *Kneisz II*, NZ 2016, 147 (*Auer*) = GesRZ 2016, 219 (*Arlt*) = *Mitterecker*, GES 2016, 150; *Fidler*, ÖBA 2018, 600 (603 f).
222 *Loewit/Stegner*, Besprechung zu OGH 6 Ob 186/21b, GesRZ 2023, 49.
223 *Fidler*, ÖBA 2018, 600 (609 f).
224 *Fidler*, ÖBA 2018, 600 (609 f).
225 *R. Reiter*, RWZ 2016, 231 (236); *Eckert/Schopper* in Artmann/Karollus, AktG[6] § 202 Rz 13, 15 f, 19 f; *Diregger* in Doralt/Nowotny/Kalss, AktG[3] § 202 Rz 24; *Milla/Stückler/Szaurer* in FS Bertl II, 359 (371); *H. Foglar-Deinhardstein*, GES 2021, 159 (168 f, 173); *Eckert/Wöss* in Aschauer et al, Niedrigverzinsung 71 (81 f). Nach aA führt jede Aufnahme eines Kapitalerhaltungsverstoßes in den JA zur Nichtigkeit des JA u der Folgeabschlüsse (*Pummerer/Steller/Moßhammer*, RWZ 2018, 245 [247 f]; *Pummerer/Steller*, GES 2022, 367), oder die Nichtigkeit des JA setzt (nur, aber immerhin) einen wesentlichen Verstoß (*Dollenz/Lindbauer/Milla*, RWZ 2018, 250 [252 ff, 255]; *Jaufer/Wesener* in Jaufer/Nunner-Krautgasser/Schummer, Kapitalauf-

C. Bestandschutz im Firmenbuch

Die (konstitutive) FB-Eintragung einer gesellschaftsrechtlichen Maßnahme (zB einer Verschmelzung oder anderen Umgründung) führt nicht zur Heilung (Sanierung) einer verbotenen Einlagenrückgewähr[226] (allg zu Einlagenrückgewähr u Umgründungen s § 82 Rz 140 ff). Ob dennoch – trotz Verstoßes gegen das Verbot der Einlagenrückgewähr – die Wirkungen einer ins FB eingetragenen Verschmelzung bestehen bleiben (**Bestandschutz**), oder die Verschmelzung rückgängig zu machen wäre, ist umstritten.[227] Meines Erachtens bleibt der Bestand der Verschmelzung *per se* unberührt (s Rz 38).[228] Allfällige aus der verbotenen Einlagenrückgewähr resultierende Ansprüche bleiben aber grds erhalten. Siehe auch § 96 Rz 21 ff, § 98 Rz 30, § 101 Rz 46.

41

---

bringung und Kapitalerhaltung 35 [56]; *Bertl/Aschauer*, RWZ 2008, 109 [110]; *Platzer*, SWK 1985 H 16, 171 [175 f]; *Wenger* in Bertl/Hirschler/Aschauer, HB Wirtschaftsprüfung 825 [833 FN 32]; [differenzierend] *Bach* in Brandl/Karollus/Kirchmayr/Leitner, HB vGA³, 429 [462 ff, 473]) oder eine wesentliche Fehlbewertung (*Rüffler*, GES 2022, 373) voraus. Zur **Heilung** eines nichtigen JA *Ch. Nowotny* in FS Bertl II, 647 (651 f).

226 OGH 24.11.2015, 1 Ob 28/15x – *Kneisz II*, NZ 2016, 147 (*Auer*) = GesRZ 2016, 219 (*Arlt*) = *Mitterecker*, GES 2016, 150; 13.12.2016, 3 Ob 167/16d (zu einer errichtenden Umwandlung); *H. Foglar-Deinhardstein/Hartig* in Kalss/Frotz/Schörghofer, HB Vorstand, Rz 31/44; *Napokoj/H. Foglar-Deinhardstein*, Besprechung zu OGH 6 Ob 210/19d, NZ 2020, 108 (113) mwN; *Karollus*, ecolex 2022, 868 (870).

227 *Aburumieh/Adensamer/H. Foglar-Deinhardstein*, Verschmelzung VI. E Rz 2 mwN; vgl allg (aus aktienrechtlicher Sicht) zu Einlagenrückgewähr u Heilung durch FB-Eintragung *Diregger* in Doralt/Nowotny/Kalss, AktG³ § 202 Rz 35 (s aber auch § 44 u *Enzinger* in Straube/Ratka/Rauter, GmbHG § 41 Rz 29).

228 *H. Foglar-Deinhardstein* in Foglar-Deinhardstein, HB vGA, Rz 1/239, 1/243; *Artmann*, ecolex 2018, 146 (150); *Koppensteiner* in Artmann/Rüffler/Torggler, Konzern 67 (80); *Ch. Nowotny* in FS Bertl II, 647 (655); *Eckert/Schopper/Madari* in Eckert/Schopper, AktG-ON § 52 Rz 56; *Napokoj/H. Foglar-Deinhardstein*, Besprechung zu OGH 6 Ob 210/19d, NZ 2020, 108 (112 ff) mwN.

D. Bereicherungsrechtliche Ansprüche

42 Neben § 83 bestehen die Ansprüche der GmbH nach **allg Bereicherungsrecht** (insb gem § 877, § 1431 ABGB) (s Rz 23 f, 37).[229] Bereicherungsrechtlich können auch aus einer verbotenen Einlagenrückgewähr resultierende **Folgeschäden** geltend gemacht werden.[230] Das – nach der Rsp aus § 63 Abs 3, mE aber richtiger Weise aus § 83 Abs 4 ableitbare – Aufrechnungsverbot, das den Schuldner des Rückersatzanspruchs trifft (s Rz 19), gilt nicht, wenn zum Zeitpunkt der Aufrechnungserklärung der **Rückersatzanspruch gem § 83** bereits **verjährt** ist u die Gesellschaft daher einen Anspruch auf Rückforderung einer verbotswidrigen Leistung nach allg Bereicherungsrecht geltend macht (s Rz 19).[231] Ist der Rückersatzanspruch gem § 83 bereits verjährt, müsste dem Schuldner auch der **Einwand des Wegfalls der Bereicherung** zustehen.[232] Zur Verjährung des Bereicherungsanspruchs s Rz 23. Fraglich ist, ob aus der Nichtigkeit des gegen § 82 verstoßenden Rechtsgeschäfts (s Rz 38) – zB bei v einem echten Dritten an die GmbH gewährten Finanzierungen – auch **Bereicherungsansprüche eines echten Dritten** (zB der finanzierenden Bank) **gegen die Gesellschaft** resultieren können (s Rz 15). Freilich ist bei der bereicherungsrechtlichen Rückabwicklung eines nichtigen Rechtsgeschäfts auf den Verbotszweck (s auch Rz 39) Bedacht zu neh-

---

229 OGH 13.9.2012, 6 Ob 110/12p, RWZ 2012/91, 321 (*Wenger*) = GesRZ 2013, 38 (*U. Torggler*); 4.3.2013, 8 Ob 20/13v, GesRZ 2013, 286 (*Milchrahm*) = RWZ 2013/39, 139 (*Wenger*); 20.3.2013, 6 Ob 48/12w – *Kneisz I*, ÖBA 2013, 601 (*Wolkerstorfer/Gebetsberger*) = ecolex 2013, 638 (*F. Hörlsberger/Rieder*) = GesRZ 2013, 230 (*Thurnher*); 26.4.2016, 6 Ob 79/16k, GesRZ 2016, 412 (*Artmann*); 21.12.2017, 6 Ob 206/17p, GesRZ 2018, 125 (*Stagl*) = *Aburumieh/H. Foglar-Deinhardstein*, GES 2019, 3; vgl *Pletzer* in *Kletečka/Schauer*, ABGB-ON[1.02] § 877 Rz 8; *Köppl* in Torggler, GmbHG § 83 Rz 4, 14; *Striessnig*, GesRZ 2016, 266; *Haberer* in Haberer/Krejci, Konzernrecht, Rz 11.226 ff; *Kalss* in Konecny, Insolvenz-Forum 2015, 125 (136).
230 *U. Torggler*, JBl 2006, 85 (96); *U. Torggler*, GesRZ 2013, 11 (13 ff).
231 OGH 21.12.2017, 6 Ob 206/17p, GesRZ 2018, 125 (*Stagl*) = *Aburumieh/H. Foglar-Deinhardstein*, GES 2019, 3; 28.3.2018, 6 Ob 128/17t, GesRZ 2018, 242 (*Ch. Nowotny*) = *Michtner*, GES 2018, 233 = GES 2018, 237 (*Fantur*) = *Aburumieh/H. Foglar-Deinhardstein*, GES 2019, 3; 21.11.2018, 6 Ob 180/18s; *Karollus* in Brandl/Karollus/Kirchmayr/Leitner, HB vGA³, 1 (63).
232 Vgl *Schopper/Walch*, ÖBA 2013, 418 (424); *Dejaco*, NZ 2019, 81 (88); dies wohl andeutend OGH 21.12.2017, 6 Ob 206/17p, GesRZ 2018, 125 (*Stagl*) = *Aburumieh/H. Foglar-Deinhardstein*, GES 2019, 3.

men. Erfordert das Verbot der Einlagenrückgewähr etwa die Nichtigkeit eines Kreditvertrags, wird dem Kreditgeber daher grds kein bereicherungsrechtlicher Anspruch auf Rückzahlung der Kreditsumme zustehen, weil dies dem Verbotszweck zuwiderläuft.[233] Ein Bereicherungsanspruch kann aber dennoch zu bejahen sein, uzw hinsichtlich der tatsächlich bei der Gesellschaft verbliebenen Bereicherung: Dabei ist zu berücksichtigen, dass die Gesellschaft den ihr zustehenden Ersatzanspruch gegen den durch die Einlagenrückgewähr begünstigten Gesellschafter entspr betreiben muss (s Rz 19), u die GmbH daher die erhaltene Finanzierung in jenem Maß zurückzuerstatten hat, in welchem der Gesellschaft kein Schaden erwachsen ist. Macht die Gesellschaft ihren Rückersatzanspruch nicht rechtzeitig u ordnungsgemäß geltend u bleibt sie deshalb auf ihrem Schaden sitzen, so darf dies den bereicherungsrechtlichen Rückzahlungsanspruch des Dritten nicht schmälern.[234] Bei Kenntnis oder Kennenmüssen der Einlagenrückgewähr durch den echten Dritten steht aber der Mitverschuldenseinwand zu.[235] Soweit die Gesellschaft durch den rückgabepflichtigen Gesellschafter zu entlasten ist, wird in der Lit postuliert, dass sich der echte Dritte mit seiner Leistungskondiktion – auf Basis einer Gesamtgläubigerschaft mit der Gesellschaft – auch direkt an den Gesellschafter halten kann.[236] In der Lit wird weiters mit beachtlichen Argumenten vertreten, dass dem Dritten – zB einem unwirksam besicherten Kreditgeber – im Einzelfall **Schadenersatzansprüche** gem § 1019 ABGB u § 25 analog **gegen den GF** zustehen können.[237] Fraglich ist ferner, ob der Gesellschaft u/oder einem Gesellschafter **Verwendungs- oder Regressansprüche gegenüber einem echten Dritten**, der sich auf die Nichtigkeit eines Rechtsgeschäfts wegen verbotener Einlagenrückgewähr stützt u dadurch einen Vermögensvorteil erlangt, zustehen können.[238]

---

233 OGH 20.3.2013, 6 Ob 48/12w – *Kneisz I*, ÖBA 2013, 601 (*Wolkerstorfer/Gebetsberger*) = ecolex 2013, 638 (*F. Hörlsberger/Rieder*) = GesRZ 2013, 230 (*Thurnher*); vgl allg *St. Foglar-Deinhardstein*, VbR 2017, 44 (47) mwN.
234 OGH 15.12.2014, 6 Ob 14/14y – *Humanitas*, NZ 2015, 107 (*Till*) = ecolex 2015, 128 (*Brugger*) = GesRZ 2015, 130 (*Karollus*) = *Reisch/Hampel*, ZIK 2015/100, 91 = *Hermann*, GES 2016, 394 = *Prostor*, ZfRV 2019, 179; *Mitterecker*, GES 2016, 150 (155 f); *Fidler*, ÖBA 2018, 600 (608 f); *Karollus* in Brandl/Karollus/Kirchmayr/Leitner, HB vGA³, 1 (188).
235 *Kalss* in Konecny, Insolvenz-Forum 2015, 125 (136) mwN.
236 *Krejci* in FS Koppensteiner I, 115 (127 f); *Fidler*, ÖBA 2018, 600 (608 f).
237 *Schopper* in FS Fenyves 1009; *Kalss* in Konecny, Insolvenz-Forum 2015, 125 (136); *Eckert/Schopper/Madari* in Eckert/Schopper, AktG-ON § 52 Rz 63.
238 *Aburumieh/Hoppel*, GES 2021, 120 (124).

E. Eigentumsklage

43 **Strittig** ist das Verhältnis zw der Eigentumsklage (*rei vindicatio*) gem § 366 ABGB einerseits u § 83 andererseits. Meines Erachtens schließt § 83 die Eigentumsklage nicht aus, sondern beide Ansprüche können parallel geltend gemacht werden.[239] Voraussetzung für die Eigentumsklage ist allerdings naturgemäß, dass der Gesellschafter kein Eigentum erworben hat; dies kann insb dann der Fall sein, wenn das Verpflichtungsgeschäft gesamtnichtig (s Rz 39) ist, zumal die Nichtigkeit des Verpflichtungsgeschäfts auch auf das Verfügungsgeschäft (u damit auch auf die wirksame Begr dinglicher Rechte) durchschlägt.[240] Hingegen kann der Gesellschafter Eigentümer geworden sein, wenn zB das Rechtsgeschäft nur teilnichtig ist (s Rz 39), oder wenn er **originär** Eigentum erworben hat (zB durch gutgläubigen Erwerb gem Abs 1 [s Rz 16 ff] oder durch Vermengung v Geld gem § 371 1. Fall ABGB).[241] Hat ein Dritter v Gesellschafter gutgläubig Eigentum erworben (§ 367 ABGB, § 63 GBG) (s Rz 38), so ist Wertersatz zu leisten.[242]

---

239 *Karollus* in Brandl/Karollus/Kirchmayr/Leitner, HB vGA³, 1 (64, 113); *Reich-Rohrwig*, Kapitalerhaltung 164; *U. Torggler* in Kalss/Torggler, Einlagenrückgewähr 89 (97); *Saurer* in Doralt/Nowotny/Kalss, AktG³ § 56 Rz 22; *Edelmann* in Bergmann/Ratka, HB Personengesellschaften² Rz 5/82; *Eckert/Schopper/Madari* in Eckert/Schopper, AktG-ON § 52 Rz 56, 60; *H. Foglar-Deinhardstein* in Foglar-Deinhardstein, HB vGA, Rz 1/245; (zur Parallelität v § 83 u **Eigentumsfreiheitsklage**) OGH 14.9.2011, 6 Ob 29/11z, RWZ 2011/94, 355 (*Wenger*) = GesRZ 2012, 122 (*U. Torggler*) = ÖBA 2012, 460 (*Bollenberger*) = ZFR 2012/102, 185 (*Köppl*); aA *Koppensteiner/Rüffler*, GmbHG³ § 83 Rz 9; *Auer* in Gruber/Harrer, GmbHG² § 83 Rz 31; (krit *de lege ferenda*) *Winner* in Kalss/Torggler, Reform 128 (139 f); offen *Köppl* in Torggler, GmbHG § 83 Rz 4; vgl OGH 13.9.2012, 6 Ob 110/12p, RWZ 2012/91, 321 (*Wenger*) = GesRZ 2013, 38 (*U. Torggler*).
240 OGH 29.5.1991, 9 ObA 104/91; 13.2.1997, 6 Ob 2110/96d, ecolex 1997, 851 (*Zehetner*); 13.12.2016, 3 Ob 167/16d; *Koppensteiner/Rüffler*, GmbHG³ § 82 Rz 19. AA zum dt Aktienrecht BGH 12.3.2013, II ZR 179/12, JuS 2013, 738 (*K. Schmidt*): Weder das Verpflichtungs- noch das Verfügungsgeschäft sind nichtig. Freilich gilt in Dtl nicht das Kausalitäts-, sondern das Abstraktionsprinzip (vgl *Kalss/Winner*, GesRZ 2013, 189 [195 FN 61]; *Koppensteiner* in Kalss/Torggler, Einlagenrückgewähr 59 [62]; *Koppensteiner* in FS Reich-Rohrwig 117 [120 ff]; *Haberer* in Haberer/Krejci, Konzernrecht, Rz 11.206).
241 *Karollus* in Brandl/Karollus/Kirchmayr/Leitner, HB vGA³, 1 (64); *Auer* in Gruber/Harrer, GmbHG² § 83 Rz 31; *Saurer* in Doralt/Nowotny/Kalss, AktG³ § 56 Rz 22.
242 *Auer* in Gruber/Harrer, GmbHG² § 83 Rz 16.

F. Schadenersatz

Ein Vermögensabfluss aus der Gesellschaft kann eine verbotene Einlagenrückgewähr darstellen, aber auch **Schadenersatzansprüche** begründen. Eine verbotene Einlagenrückgewähr setzt voraus, dass der Transfer in die Sphäre eines Gesellschafters oder eines ihm nahestehenden Dritten zielt. Auf einen schädigenden Eingriff des Gesellschafters oder sein Verschulden kommt es hingegen nicht an.[243] Demgegenüber setzt der Schadenersatzanspruch einen Schaden bei der Gesellschaft voraus (s Rz 15), den der Gesellschafter unter Verletzung seiner gesellschafterlichen Treuepflichten oder des allg Deliktrechts (wobei § 82 mE kein Schutzgesetz ist [**str**], s Rz 8, 34, § 82 Rz 8 FN 30) schuldhaft verursacht hat, ohne dass hier in Betracht zu ziehen wäre, ob ein Vermögenstransfer in die Sphäre des Gesellschafters (oder eines ihm nahestehenden Dritten) oder aber an einen gesellschaftsfremden Dritten erfolgt.[244] Nach Schadenersatzregeln kann – insb auch wegen der Ersatzfähigkeit entgangenen Gewinns gem § 349 UGB – mehr zustehen als gem § 83;[245] auch die schadenersatzrechtlichen **Verjährungsregeln** (§ 1489 ABGB) weichen v § 83 ab.[246] Der Einwand des **rechtmäßigen Alternativverhaltens** ist rechtlich gegen einen Schadenersatzanspruch, aber nicht gegen

44

---

243 *U. Torggler/H. Torggler* in FS Jud 723 (728).
244 *Auer* in Gruber/Harrer, GmbHG² § 82 Rz 26, 39; *U. Torggler* in Straube/Ratka/Rauter, GmbHG § 115 Rz 26; *U. Torggler*, GesRZ 2013, 11 (13 f) – jew mwN.
245 Freilich gilt § 349 UGB nur für Schadenersatzansprüche aus unternehmensbezogenen Geschäften, sodass die Anwendbarkeit auf den Ersatz für verbotene Einlagenrückgewähr zweifelhaft sein mag. Zur Abgrenzung v Unternehmer- u Verbrauchereigenschaft eines Gesellschafters vgl OGH 19.3.2013, 4 Ob 232/12i, ÖBA 2013, 663 (*Weber*) = ecolex 2013, 978 (*Wilhelm*); 16.12.2013, 6 Ob 43/13m, GesRZ 2014, 193 (*Hackl*); 29.1.2015, 6 Ob 170/14i; 28.4.2015, 10 Ob 24/15z; 27.6.2016, 6 Ob 95/16p = *Mann-Kommenda*, Zak 2016/613, 324; 28.2.2018, 6 Ob 14/18d, NZ 2018, 348 (*Skarics*); 20.12.2018, 6 Ob 126/18z, GES 2019, 22 (*Fantur*) = RWZ 2019, 63 (*Wenger*) = wbl 2019, 287 (*S.-F. Kraus*) = GesRZ 2019, 188 (*H. Foglar-Deinhardstein/Kober*); 15.9.2020, 6 Ob 32/20d, NZ 2020, 463 (*Reheis*) = ZFS 2020, 123 (*Oberndorfer*) = PSR 2021, 25 (*Dollenz*) = GesRZ 2021, 110 (*Kalss*); 20.10.2021, 6 Ob 88/21s.
246 OGH 23.6.2021, 6 Ob 61/21w, GesRZ 2022, 79 (*Bauer*) = *Blaschke*, GES 2021, 386 = *G. Kodek* in Lewisch, JB Wirtschaftsstrafrecht 2022, 161 = *Ch. Müller*, ÖJA 2023, 129.

einen Anspruch gem § 83 möglich.[247] Erfüllt ein Verstoß gegen das Verbot der Einlagenrückgewähr zugleich auch den **strafrechtlichen Tatbestand der Untreue** (§ 153 StGB, s dazu § 82 Rz 17), bildet dies aus zivilrechtlicher Sicht ebenfalls eine Anspruchsgrundlage für Schadenersatzansprüche der Gesellschaft[248] (zur **Verjährung** bei Ersatzansprüchen wegen qualifiziert strafbaren Handelns s § 1489 ABGB). **Echte Dritte** (s s Rz 10, 40; § 82 Rz 76 f, 154) u **Organwalter eines echten Dritten** haften schadenersatzrechtlich (§ 1295 Abs 2 ABGB), wenn sie massiv schädigend u insofern sittenwidrig handeln, als sie einen endgültigen Vermögensnachteil der betroffenen Gesellschaft zumindest billigend in Kauf nehmen u dadurch maßgeblich zu einem offensichtlichen Verstoß gegen das Verbot der Einlagenrückgewähr beitragen.[249] Eine allg schadenersatzrechtliche Haftung echter Dritter kann auch damit begründet werden, dass die Mitwirkung eines echten Dritten an einer Einlagenrückgewähr die Befriedigungsfähigkeit der Gesellschaft beeinträchtigt.[250]

VIII. Heilung (Sanierung) einer verbotenen Einlagenrückgewähr

45 Zur Heilung (Sanierung) im Fall eines Verstoßes gegen § 82 s § 82 Rz 168.

---

247 *Karollus* in Brandl/Karollus/Kirchmayr/Leitner, HB vGA³, 1 (57).
248 *G. Kodek* in Kodek, Untreue NEU 21 (37 ff); *St. Huber* in Foglar-Deinhardstein, HB vGA, Rz 5/8 ff; vgl OGH 1.9.2015, 6 Ob 3/15g – *Bawag*, GES 2015, 405 (*Neubauer*) = GesRZ 2016, 57 (*Durstberger*); 25.6.2020, 6 Ob 21/20m, GesRZ 2021, 41 (*R. Gruber*) = ÖBA 2021, 266 (*Edelmann*) = ecolex 2021, 134 (*J. Reich-Rohrwig*); ähnlich zu **Bilanzdelikten** (§§ 163a ff StGB) u Schadenersatz *G. Kodek* in Konecny, Insolvenz-Forum 2017, 165 (177 f). Zivilrechtliche Ansprüche der Gesellschaft gegen **echte Dritte** (s § 82 Rz 76 f) bei strafrechtswidriger verbotener Einlagenrückgewähr verneinend *Bollenberger*, Zak 2018, 24 (27 f).
249 OGH 23.6.2021, 6 Ob 61/21w, GesRZ 2022, 79 (*Bauer*) = *Blaschke*, GES 2021, 386 = *G. Kodek* in Lewisch, JB Wirtschaftsstrafrecht 2022, 161 = *Ch. Müller*, ÖJA 2023, 129. Vgl *Milchrahm*, GRAU 2022, 151 (152).
250 *Ch. Müller*, ÖJA 2023, 129 (166 ff).

III. Hauptstück.
Auflösung

Erster Abschnitt.
Auflösung

§ 84. (1) Die Gesellschaft mit beschränkter Haftung wird aufgelöst:
1. durch Ablauf der im Gesellschaftsvertrage bestimmten Zeit;
2. durch Beschluß der Gesellschafter, welcher der notariellen Beurkundung bedarf;
3. durch Beschluß auf Fusion mit einer Aktiengesellschaft oder einer anderen Gesellschaft mit beschränkter Haftung (§ 96);
4. durch die Eröffnung des Konkursverfahrens oder mit der Rechtskraft eines Beschlusses, durch den das Insolvenzverfahren mangels kostendeckenden Vermögens nicht eröffnet oder aufgehoben wird;
5. durch Verfügung der Verwaltungsbehörde;
6. durch Beschluß des Handelsgerichtes.

(2) Im Gesellschaftsvertrage können weitere Auflösungsgründe festgesetzt sein.

idF BGBl I 2010/58

Literatur: *Adensamer/Eckert*, Umzug von Gesellschaften in Europa, insbesondere Wegzug österreichischer Gesellschaften ins Ausland, GES 2004, 52; *Andrae*, Löschung von Firmen aus Sicht des Rechtspflegers – Teil I: Löschung auf Antrag, NZ 2003/100, 364; *Andrae*, Löschung von Firmen aus Sicht des Rechtspflegers – Teil II: Amtswegige Löschung, NZ 2004/2, 18; *Auer*, Existenz, Gründung und Verwendung von Mantelgesellschaften, wbl 2001, 245; *Bartsch/Pollak/Buchegger* (Hg), Österreichisches Insolvenzrecht II/2[4] und Österreichisches Insolvenzrecht IV[4] (2004); *Bachner*, Aufgaben der Organe von Kapitalgesellschaften in der Insolvenz, in Konecny (Hg), Insolvenz-Forum 2008, 145; *Birnbauer*, Löschung von Eintragungen nach § 77a KO, GES 2006, 225; *Birnbauer*, Fortsetzung einer durch Konkurseröffnung aufgelösten GmbH nach Bestätigung des Sanierungsplans, Prokuraerteilung, GES 2010, 278; *Birnbauer*, Aus der aktuellen Rechtsprechung, GesRZ 2017, 322; *Burgstaller/Viechtbauer*, Zur Kündigung der GmbH – unvollständige Kündigungsklauseln in GmbH-Satzungen, GesRZ 1999, 13; *Diwok/Göth* (Hg), Bankwesengesetz (2005); *Duursma-Kepplinger*, Die Haftungsordnung im Gesellschaftskonkurs (2009); *Elsner*, Kündigungsmöglichkeiten im Gesellschaftsrecht, ecolex 1995, 175; *Erle*, Anforderungen an die Kapitalausstattung einer aufgelösten GmbH bei ihrer Fortsetzung, GmbHR 1997, 973; *Fraberger*,

Handels- und steuerrechtliche Buchführungspflichten im Konkurs im Wandel der Rechtsprechung, taxlex 2006, 427; *Gellis*, Rückwandlung aufgelöster Gesellschaften m.b.H.? NZ 1933, 229; *Hannak*, GmbH-Gesetz und Wirklichkeit am Beispiel der Ausschließung eines Gesellschafters, in FS Hämmerle (1972) 127; *Harrer*, Ausschließung, Austritt und Kündigung im Recht der GmbH, in FS Frotz (1993) 275; *Jaufer*, Das Unternehmen in der Krise³ (2014); *Kalss*, Die Bedeutung der Publizitäts-, Kapital-, Zweigniederlassungs- und Einpersonengesellschaftsrichtlinie der Europäischen Union für das österreichische Gesellschaftsrecht (AG und GmbH), in Koppensteiner (Hg), Österreichisches und europäisches Wirtschaftsprivatrecht I: Gesellschaftsrecht (1994) 125; *Kalss/Eckert*, Gesellschaftsrecht und Insolvenzrecht, in Kodek/Konecny (Hg), Insolvenz-Forum 2007, 65; *Kastner*, Ausschließung eines Gesellschafters einer Gesellschaft mbH, ÖJZ 1952, 183 = Gesammelte Aufsätze 493; *Konecny*, Das Verfahrensgebäude der Insolvenzordnung, in Konecny (Hg), ZIK Spezial IRÄG 2010 (2010); *Konecny*, Die EuInsVO 2015 im Überblick, ZIK 2017/108; *Konecny*, Europäisches Insolvenzrecht, in Mayr (Hg), Europäisches Zivilverfahrensrecht V (2018); *Konecny*, Die Umbenennung eines Sanierungsverfahrens in ein Konkursverfahren führt zur Auflösung einer GmbH, ZIK 2019, 33; *Konecny/Schubert* (Hg), Insolvenzgesetze (2014); *Koppensteiner*, Durchsetzung von Gewinnansprüchen der Minderheit bei GmbH und OG, RdW 2018/322, 412; *Koppensteiner*, Sonderrechte bei Auflösung, Unternehmensübertragung und verschmelzender Umwandlung im Recht der GmbH, wbl 2001, 1; *Koppensteiner*, Zum Ausschluss und Austritt bei der GmbH, RdW 2022, 605; *Leupold*, Das IRÄ-BG – Überblick und ausgewählte Fragen, ZIK 2010, 167; *Milchrahm*, Besprechung zu OGH 6 Ob 207/15g, GesRZ 2016, 287; *Ch. Nowotny*, Die Auflösung der Aktiengesellschaft durch Kündigung, NZ 1974, 105; *Ch. Nowotny*, Schutz der Minderheit durch Treuepflicht des Großaktionärs? RdW 1988, 341; *G. Nowotny*, Amtslöschung gem § 40 FBG – Rechtspflegerzuständigkeit, NZ 2000, 329; *Paschinger*, Umstrittene Klagen im GmbH-Recht, GesRZ 1983, 182; *Poltsch/Bertl/Fraberger/Reckenzaun/Isola/Petsch* (Hg), Praxishandbuch Insolvenzabwicklung (2016); *Reich-Rohrwig*, Auflösung einer GmbH wegen Nichtanpassung an das Mindeststammkapital, ecolex 1990, 485; *Reich-Rohrwig*, Tod eines GmbH-Gesellschafters vor Registrierung der GmbH, ecolex 1991, 389; *Riel*, Die Befugnisse des Masseverwalters im Zivilverfahrensrecht (1995); *Riel*, Die nicht entlohnungsrechtlichen Bestimmungen des IVEG, ZIK 1999, 116; *Riel/Zehetner*, Handelsrechtliche Rechnungslegungs- und Offenlegungspflichten im Konkurs, ZIK 2001, 110; *Rüffler*, Zweifelsfragen zu gesellschaftsvertraglichen Aufgriffsrechten für den Fall des Konkurses eines GmbH-Gesellschafters, wbl 2008, 353; *Rüffler/Aburumieh/Lind* in Jaufer/Nunner-Krautgasser/Schummer (Hg), Kapitalaufbringung und Kapitalerhaltung (2016) 71; *Santner*, Die GmbH und das Amtslöschungsgesetz, ZIK 1996, 14; *Saurer*, Beendigung der Gesellschaft kann rechtsmissbräuchlich sein, AnwBl 2017, 479; *Taufner*, Gesellschaftsvertragliche Ausschluss- und Aufgriffsrechte nach dem IRÄG 2010, GesRZ 2011, 157; *U. Torggler*, Gestaltungsfreiheit bei der GmbH, GesRZ 2010, 185; *Trenker*, GmbH-Geschäftsanteile in Exekution und Insolvenz, JBl 2012, 281; *Umfahrer*, Aufgriffsrechte, Abfindungsregelungen und Vinkulierungsbestimmungen als Gestaltungsinstrumente im

GmbH-Gesellschaftsvertrag, GesRZ-Sonderheft 100 Jahre GmbH (2006) 28; *Umlauft*, Insolvenzeröffnung als gesellschaftsvertraglich vereinbarter Grund des Ausscheidens aus der Gesellschaft: Zulässigkeit nach IRÄG 2010? in FS Roth (2012) 845; *Weichselbaumer*, Aufgriffsrechte für die GmbH-Gesellschafterinsolvenz (2016); *Wünsch*, Zulässigkeit und Wirkung der Kündigung im Recht der GmbH, in FS Demelius (1973) 509.

Inhaltsübersicht

I.	Einführung	1
II.	Auflösungsgründe	2–43
	A. Zeitablauf (Z 1)	2, 3
	B. Gesellschafterbeschluss (Z 2)	4–8
	C. Verschmelzung (Z 3) und sonstige Umgründungen	9
	D. Eröffnung eines Konkursverfahrens (Z 4 Fall 1)	10–19
	E. Nichteröffnung/Aufhebung eines Insolvenzverfahrens (Z 4 Fall 2, § 39 FBG)	20, 21
	F. Verfügung einer Verwaltungsbehörde (Z 5)	22
	G. Beschluss des Handelsgerichts (Z 6)	23–37
	1. Löschung wegen Vermögenslosigkeit (§ 40 FBG)	23–32
	2. Löschung wegen Gründungsmängeln (§ 10 Abs 2 u 3 FBG)	33–37
	H. Nichtigkeitsklage analog § 216 AktG	38
	I. Auflösung aus wichtigem Grund	39
	J. Auflösung gemäß Gesellschaftsvertrag (Abs 2)	40–43
III.	Rechtsfolgen der Auflösung	44–46
IV.	Fortsetzung der Gesellschaft	47–56
	A. Zulässigkeit	47, 48
	B. Voraussetzungen	49–56

I. Einführung

Die Systematik des GmbHG differenziert grds zw der Auflösung der Gesellschaft samt anschließender Liquidation sowie der Löschung der Gesellschaft. Die Auflösungsgründe bewirken noch nicht den finalen „Todesstoß" der Gesellschaft. Diese hat vielmehr die Chance, der an die Auflösung u Liquidation anschließenden Löschung zu entgehen, wenn sie ordnungsgemäß fortgesetzt wird (zu den Voraussetzungen der Fortsetzung vgl Rz 49 ff). Die Löschung gem § 40 FBG ist der einzige erkennbare Fall, in dem Auflösung u Löschung zeitlich zusammenfallen u dies auch nicht mehr umkehrbar ist (vgl Rz 23, 48). 1

II. Auflösungsgründe

A. Zeitablauf (Z 1)

2 Enthält der GesV keine abw Regelung, gilt eine GmbH als auf **unbestimmte Zeit** vereinbart.[1] Die Unauflösbarkeit der Gesellschaft kann nicht wirksam vereinbart werden (zur Frage der Umdeutung in einen einstimmigen Auflösungsbeschluss vgl Rz 4).[2] Der GesV kann umgekehrt aber eine **zeitliche Befristung** vorsehen.[3] Diese kann kalendermäßig fixiert werden oder auch an bestimmte oder zumindest bestimmbare zukünftige Ereignisse anknüpfen, deren Eintreten – anders als bei einer Bedingung – jedenfalls gewiss sein muss (zB Auslaufen eines Patents oder einer Konzession; bestimmtes Alter oder Tod eines Gesellschafters).[4] Die Zeitdauer ist im FB einzutragen (vgl § 11 S 2 aE); Auflösungsgründe nach Abs 2 (vgl Rz 40 ff) hingegen nicht.[5] Mit Zeitablauf ist die Gesellschaft *ipso iure* aufgelöst; die Eintragung im FB wirkt nur deklarativ (vgl § 88 Rz 10).[6]

3 Eine **nachträgliche Änderung der zeitlichen Befristung** ist möglich. Bei nachträglicher **Beseitigung oder Verlängerung** einer zeitlichen Befristung handelt es sich um eine Änderung des GesV, für welche eine qualifizierte Mehrheit (vgl § 50 Abs 1: grds Dreiviertelmehrheit) erforderlich ist.[7] Bei Nebenleistungspflichten (vgl § 8) oder Sonderrechten einzelner Gesellschafter ist zusätzlich auch die Zustimmung des betroffenen Gesellschafters erforderlich (vgl § 50 Abs 4); nicht jedoch bei bloßen Nachschuss- u Einlagezahlungsverpflichtungen.[8] Eine Verlängerung sowie Beseitigung einer Befristung muss jedenfalls wirksam (dh in das FB eingetragen) werden, bevor die Auflösung eintritt.[9] Die nach-

---

[1] *Reich-Rohrwig*, GmbHR 674.
[2] *Koppensteiner/Rüffler*, GmbHG³ § 84 Rz 6.
[3] *Zehetner* in Straube/Ratka/Rauter, GmbHG § 84 Rz 20.
[4] *Ch. Nowotny*, NZ 1974, 105 (106); *Gelter* in Gruber/Harrer, GmbHG² § 84 Rz 6 mwN auch zur Abgrenzung zw Befristung u Bedingung; *Leupold* in Torggler, GmbHG § 84 Rz 1.
[5] *Koppensteiner/Rüffler*, GmbHG³ § 84 Rz 6.
[6] *Zehetner* in Straube/Ratka/Rauter, GmbHG § 84 Rz 23.
[7] *Zehetner* in Straube/Ratka/Rauter, GmbHG § 84 Rz 24; **aA** *Reich-Rohrwig*, GmbHR 675 (bei nachträglicher Verlängerung: Zustimmung sämtlicher Gesellschafter erforderlich).
[8] HA, vgl etwa *Leupold* in Torggler, GmbHG § 84 Rz 2.
[9] *Koppensteiner/Rüffler*, GmbHG³ § 84 Rz 7.

trägliche **Einf** einer Befristung kann Auflösungsbeschluss oder GesV-Änderung sein. Bewirkt der Beschluss sofort die Auflösung der Gesellschaft, liegt ein Auflösungsbeschluss gem Abs 1 Z 2 vor, für welchen die einfache Mehrheit gem Z 2 ausreicht (vgl Rz 4).[10] Selbiges gilt, wenn der Beschluss lediglich eine angemessene Frist zur Vorbereitung bzw Durchführung der Abwicklungsmaßnahmen setzt.[11] Ist dies nicht der Fall, bedarf die nachträgliche Einf einer Befristung der Änderung des GesV, für welche eine qualifizierte Mehrheit (§ 50 Abs 1) erforderlich ist. Strittig ist, ob auch eine nachträgliche **Verkürzung** einer zeitlichen Befristung ein Auflösungsbeschluss iSd Z 2 sein kann oder ob dies nur mittels Änderung des GesV möglich ist.[12]

B. Gesellschafterbeschluss (Z 2)

Die Auflösung kann – anders als im Aktienrecht (vgl § 203 Abs 1 Z 2 AktG) – grds mit **einfacher Mehrheit** beschlossen werden.[13] Die Auflösung bedarf nicht der Zustimmung v Sonderrechtsinhabern, da diese iZw nur bei Weiterbestand der Gesellschaft gelten.[14] Ist etwas Anderes gewünscht, kann u muss dies im GesV entspr geregelt werden; denkbar ist zB eine Regelung, wonach die Auflösung v der Zustimmung v einzelnen Gesellschaftern (also auch Sonderrechtsinhabern) abhängig gemacht

4

---

10 *Leupold* in Torggler, GmbHG § 84 Rz 6; *Gelter* in Gruber/Harrer, GmbHG² § 84 Rz 10.
11 *Haas* in Noack/Servatius/Haas, GmbHG²³ § 60 Rz 18.
12 *Gelter* in Gruber/Harrer, GmbHG² § 84 Rz 10 (im Fall einer befristeten Gesellschaft ist eine Auflösung vor Zeit an sich nicht möglich – Änderung des GesV erforderlich); *Haas* in Noack/Servatius/Haas, GmbHG²³ § 60 Rz 18 (wenn der GesV eine Zeitdauer der Gesellschaft bestimmt, ohne eine Verkürzung der festgesetzten Frist zuzulassen, ist der Auflösungsbeschluss eine Änderung des GesV, nicht aber, wenn der GesV nur einen Termin für die erstmalige Kündigungsmöglichkeit bestimmt); *Zehetner* in Straube/Ratka/Rauter, GmbHG § 84 Rz 26 (Vor- oder Zurückverlegung des Auflösungszeitpunkts nur im Wege einer GesV-Änderung möglich); aA *Leupold* in Torggler, GmbHG § 84 Rz 6 (Verkürzung kann auch Auflösungsbeschluss sein, wenn es sich um keine Mindestfrist handelt).
13 OGH 15.1.1992, 9 ObS 21/91; *Ch. Nowotny* in Kalss/Nowotny/Schauer, GesR² Rz 4/539; zu den Beweggründen der erleichterten Auflösungsmöglichkeit vgl EBRV 236 BlgHH 17. Sess 90.
14 *Koppensteiner*, wbl 2001, 1 (3 f).

wird.[15] Der GesV kann für den Auflösungsbeschluss auch ein anderes (höheres[16] oder niedrigeres[17]) Quorum festlegen oder die Auflösung an das Vorliegen zusätzlicher Erfordernisse (zB eines wichtigen Grundes) knüpfen.[18] Sieht der GesV generell für alle Beschlüsse ein höheres Quorum vor, gilt dieses auch für den Beschluss über die Auflösung.[19] Die Gesellschaft kann im GesV nicht für unauflösbar erklärt werden (vgl Rz 2); eine derartige Bestimmung ist in ein Einstimmigkeitserfordernis umzudeuten.[20]

5 Der Auflösungsbeschluss ist ein sog **Grundlagenbeschluss** u fällt daher zwingend in die Kompetenz der Gesellschafter; eine Delegation oder Einschränkung der Zuständigkeit an bzw durch ein anderes Organ ist nicht zulässig.[21] Ein Auflösungsbeschluss stellt an sich keine Änderung des GesV dar.[22] Bei Auflösung einer zeitlich befristeten Gesellschaft vor Ablauf der gesv festgelegten Befristung kann dies aber uU anders sein; hier ist str, ob für diese nachträgliche Verkürzung der Befristung ein „einfacher" Auflösungsbeschluss (einfache Mehrheit) ausreicht oder ob hierfür eine Änderung des GesV (qualifizierte Mehrheit) erforderlich ist (vgl dazu Rz 3).

6 Der Auflösungsbeschluss hat den **Stichtag der Auflösung** zu bestimmen. Die Auflösung kann für einen zukünftigen Zeitpunkt beschlossen werden; ein rückwirkender Auflösungsbeschluss ist jedoch nicht zulässig.[23] Bei Auflösung eines Kreditinstituts (§ 7a BWG), einer Kapitalanlagegesellschaft (§ 2 Abs 8 InvFG) oder einer Kapitalanlagegesellschaft für Immobilien (§ 2 Abs 8 ImmoInvFG) sind die jew sondergesetzlichen Bestimmungen zu beachten.[24] Der Auflösungsbeschluss wird unabhängig v dessen Eintragung im FB wirksam, dh die **FB-Eintragung** wirkt bloß **deklarativ**; es sei denn es ist eine Ände-

---

15 *Koppensteiner*, wbl 2001, 1 (3 f).
16 Vgl OGH 19.11.1991, 4 Ob 524/91; *Reich-Rohrwig*, GmbHR 657.
17 *Leupold* in Torggler, GmbHG § 84 Rz 4 mit Verweis auf § 84 Abs 2.
18 *Reich-Rohrwig*, GmbHR 657.
19 *Gelter* in Gruber/Harrer, GmbHG² § 84 Rz 8.
20 *Zehetner* in Straube/Ratka/Rauter, GmbHG § 84 Rz 27 mwN; *Leupold* in U. Torggler, GmbHG § 84 Rz 4.
21 *Leupold* in Torggler, GmbHG § 84 Rz 4.
22 *Gelter* in Gruber/Harrer, GmbHG² § 84 Rz 10.
23 *Zehetner* in Straube/Ratka/Rauter, GmbHG § 84 Rz 28; *Berner* in MüKo GmbHG³ § 60 Rz 104.
24 Vgl im Detail *Zehetner* in Straube/Ratka/Rauter, GmbHG § 84 Rz 37 ff.

rung des GesV erforderlich (diesfalls konstitutive Wirkung, vgl § 88 Rz 10).[25]

Der Beschluss ist **notariell zu beurkunden**.[26] Wird das Formerfordernis nicht eingehalten, ist der Beschluss nicht wirksam u nicht eintragungsfähig.[27] Der Auflösungsbeschluss kann auch konkludent (unter Einhaltung der notwendigen Form) gefasst werden, muss aber inhaltlich eindeutig sein, zB durch die Bestellung v Liquidatoren.[28] Die bloße (Teil-)Betriebseinstellung führt uE noch nicht zur Auflösung der Gesellschaft. Gesellschaftsgläubiger können die Beschlussfassung nicht verhindern; ihnen kommt ohnedies spezielles Augenmerk im Zuge des Liquidationsverfahrens zu (vgl § 91 Rz 12 ff).[29] Der Beschluss bedarf **keiner sachlichen Rechtfertigung**; eine Inhaltskontrolle im Hinblick auf Erforderlichkeit u Verhältnismäßigkeit kommt daher regelmäßig nicht in Betracht.[30] Dennoch können unter bestimmten Voraussetzungen **Treuepflichterwägungen** eine Rolle spielen; so könnte etwa bei missbräuchlichen Beschlüssen eine Anfechtung gem §§ 41 f in Betracht gezogen werden (vgl auch § 41 Rz 98 f).[31] Der OGH[32] bejaht die Treuepflicht nur für die Beziehungen der Gesellschafter bei aufrechtem Bestand des Gesellschaftsverhältnisses u nicht für die Grundsatzfrage der Beendigung der Gesellschaft. Ein Recht der Minderheit auf Fortsetzung der Gesellschaft besteht somit nicht; allerdings kann auch nach A des OGH in besonderen Ausnahmefällen Rechtsmissbrauch vorliegen. 7

Sollten andere Personen als die GF zu **Liquidatoren** bestellt werden, könnte es zweckmäßig sein, dies gleich in Einem mit der Auflösung zu beschließen (vgl § 89 Rz 30). Eine **Änderung der Fa** muss nicht beschlossen werden.[33] Die Liquidatoren haben zwar einen Firmenzusatz 8

---

25 *Koppensteiner/Rüffler*, GmbHG[3] § 84 Rz 8.
26 Str bei einer Einpersonen-GmbH: vgl *Gellis/Feil*, GmbHG[7] § 84 Rz 5 (beglaubigte Unterschrift ausreichend); aA *Zehetner* in Straube/Ratka/Rauter, GmbHG § 84 Rz 29 mwN zu abw M.
27 OGH 22.4.1969, 8 Ob 71/69.
28 *Koppensteiner/Rüffler*, GmbHG[3] § 84 Rz 8.
29 *Zehetner* in Straube/Ratka/Rauter, GmbHG § 84 Rz 33.
30 *Koppensteiner/Rüffler*, GmbHG[3] § 41 Rz 35, § 84 Rz 8.
31 *Ch. Nowotny*, RdW 1988, 341; *Gelter* in Gruber/Harrer, GmbHG[2] § 84 Rz 13; *Berger* in Doralt/Nowotny/Kalss, AktG[3] § 203 Rz 29 (etwa bei Verschaffung eines Sondervorteils zugunsten des Mehrheitsaktionärs zum Schaden der Gesellschaft oder der Aktionäre).
32 Vgl OGH 29.5.2017, 6 Ob 76/17w.
33 *Zehetner* in Straube/Ratka/Rauter, GmbHG § 84 Rz 35 mwN.

(zB „*in Liquidation*", „*in Liqu.*", „*i. L.*") zu verwenden (§ 90 Abs 1 iVm § 153 UGB); dieser Zusatz wird aber nicht Bestandteil der Fa u bedarf daher weder einer Änderung des GesV noch der Eintragung im FB (der Zusatz kann aber im FB eingetragen werden; vgl dazu auch § 90 Rz 17 u § 5 Rz 29).

C. Verschmelzung (Z 3) und sonstige Umgründungen

9 Gemäß § 84 Abs 1 Z 3 bewirkt auch ein Beschluss auf **Fusion (Verschmelzung)** der Gesellschaft mit einer AG oder einer anderen GmbH die Auflösung (jew nur) der übertragenden Gesellschaft. Bei Verschmelzung findet jedoch keine Liquidation statt; das Vermögen geht durch Gesamtrechtsnachfolge auf den anderen Rechtsträger über (vgl im Detail §§ 96 ff). Dasselbe gilt auch bei **Aufspaltung** (§ 1 Abs 2 Z 1 SpaltG) sowie **übertragender Umwandlung** (§§ 1, 2 Abs 1, 5 Abs 1 UmwG).

D. Eröffnung eines Konkursverfahrens (Z 4 Fall 1)

10 Bis zur **Insolvenzrechts-Nov** im Jahr 2010[34] gab es Insolvenzverfahren nach der Konkursordnung (Konkursverfahren) u nach der Ausgleichsordnung (Ausgleichsverfahren). Mit der Nov wurde die Ausgleichsordnung aufgehoben u die Konkursordnung in IO umbenannt sowie tiefgreifenden Änderungen unterzogen. Die IO differenziert nun unter dem Überbegriff „Insolvenzverfahren" zw Konkursverfahren u Sanierungsverfahren mit oder ohne Eigenverwaltung (vgl § 180 Abs 1, § 167 Abs 1 IO).[35] Bis zur Nov führte die Eröffnung eines Konkursverfahrens – selbst wenn dieses v Beginn an auf die Fortführung u Sanierung des Unternehmens durch Zwangsausgleich ausgerichtet war – immer zur Auflösung der Gesellschaft gem § 84 Abs 1 Z 4. Bei erfolgreicher Sanierung des Unternehmens durch rechtskräftige Bestätigung des Zwangsausgleichs u Aufhebung des Konkursverfahrens war zur Fortsetzung der Gesellschaft daher immer ein entspr Fortsetzungsbeschluss erforderlich.[36]

---

34 IRÄG 2010; IRÄ-BG 2010 (Änderung des § 84 Abs 1 Z 4).
35 Zur grds Verfahrensstruktur anschaulich *Konecny* in Konecny, ZIK Spezial IRÄG 2010, 1 ff.
36 Vgl nur *Koppensteiner/Rüffler*, GmbHG³ § 84 Rz 31 mwN.

Die Nov brachte idZ eine erhebliche Vereinfachung mit sich. Nachdem der Reformgesetzgeber den Auflösungstatbestand der Z 4 weiterhin an die **Konkurseröffnung**[37] knüpft, ist daraus zu schließen, dass ein als Sanierungsverfahren eröffnetes Insolvenzverfahren nicht mehr zur Auflösung führt.[38] Die Auflösung wird grds nur mehr durch die Eröffnung eines Insolvenzverfahrens als Konkursverfahren, nicht aber durch die Eröffnung eines Insolvenzverfahrens als Sanierungsverfahren bewirkt.[39] Zu beachten ist aber, dass es auch dann zur Auflösung der Gesellschaft kommt, wenn ein zunächst eröffnetes Sanierungsverfahren gem § 167 Abs 3 IO in ein Konkursverfahren umbenannt wird.[40] Um-

11

---

37 Für das Recht der PersGes wurde mit dem GesbR-RG (BGBl I 2014/83) § 131 Z 3 UGB dahingehend geändert, dass die Auflösung an die **Rechtskraft** der Konkurseröffnung geknüpft wird. Diese Änderung verwundert, weil schon mit dem Eröffnungsbeschluss der Übergang der Verfügungs- u Verwertungsbefugnis auf den Insolvenzverwalter erfolgt, hat doch ein Rechtsmittel gegen den Eröffnungsbeschluss gem § 71c IO keine aufschiebende Wirkung (vgl dazu auch FN 38).

38 Vgl auch *Leupold* in Torggler, GmbHG § 84 Rz 8; *Gelter* in Gruber/Harrer, GmbHG² § 84 Rz 15; *Birnbauer*, GES 2010, 278 (279); zum Recht der PersGes vgl *Leupold* in Torggler, UGB³ § 131 Rz 6. Vgl auch OGH 29.5.2017, 6 Ob 60/17t zu § 131 Z 5 UGB, wonach ein Sanierungsverfahren (auch) ohne Eigenverwaltung über das Vermögen eines Gesellschafters nicht zur Auflösung der Gesellschaft führt. § 131 Z 3 u Z 5 UGB machen die Auflösung der Gesellschaft jew v der (rechtskräftigen) Eröffnung des *Konkursverfahrens* abhängig. Die Auslegung des OGH zu § 131 Z 5 UGB kann daher auch für die Bestimmung des § 131 Z 3 UGB nutzbar gemacht werden u damit uE auch für § 84 Z 4 Fall 1.

39 Ebenso wenig führt die Eröffnung eines Restrukturierungsverfahrens (vgl die mit BGBl I 147/2021 eingeführte u am 17.7.2021 in Kraft getretene ReO) zur Auflösung der Gesellschaft. Der Gesetzgeber ließ den Wortlaut v § 84 Z 4 Fall 1 „Konkurseröffnung" unberührt, sodass kein Anhaltspunkt dafür vorhanden ist, das Verfahren nach der ReO zur Auflösung der Gesellschaft führen könnten. Ein Restrukturierungsverfahren ist auf die Sicherstellung der Bestandfähigkeit gerichtet (§ 1 Abs 1 ReO) u stellt gegenüber einem Sanierungsverfahren nach der IO einen doch deutlich weniger invasiven Eingriff dar.

40 Nach dem OLG Wien 27.11.2017, 6 R 366/17p, ZIK 2019/46, 33 gilt dies sogar für den Fall, dass der Sanierungsplanantrag zurückgezogen wird, *weil* die Aufhebung des Insolvenzverfahrens mit Zustimmung aller Gläubiger (§ 123b IO) angestrebt wird. *De lege lata* wird man dem wohl zustimmen müssen, obwohl ein Antrag nach § 123b IO die Erfordernisse eines Sanierungsplanes definitionsgemäß übersteigt.

gekehrt kann der Insolvenzschuldner in jedem Stadium eines Konkursverfahrens den Abschluss eines Sanierungsplans beantragen (vgl § 140 Abs 1 IO). Ist der Schuldner damit erfolgreich, ist für diese – in der Praxis gar nicht seltenen – Fälle die bisherige Rechtslage maßgeblich, wonach infolge stattgefundener Auflösung für die Fortsetzung der Gesellschaft ein entspr Fortsetzungsbeschluss erforderlich ist (vgl Rz 10, 49).

12 Weist das Rekursgericht über Rechtsmittel[41] des Schuldners den Konkursantrag rechtskräftig ab, werden damit der erstinstanzliche Eröffnungsbeschluss u sohin auch der **Auflösungsgrund beseitigt** u könnte die Gesellschaft wieder fortgesetzt werden (vgl zur Fortsetzung Rz 47 ff). Gleiches gilt für die Aufhebung des Konkursverfahrens mit Zustimmung aller Gläubiger gem § 123 b IO sowie bei Aufhebung durch rechtskräftige Bestätigung eines Sanierungsplans gem § 152 b Abs 2 IO. Zu den Voraussetzungen der Fortsetzung vgl Rz 49 ff.

13 Im Anwendungsbereich der **EuInsVO** ist es denkbar, dass über das Vermögen einer ö Gesellschaft durch Gerichte anderer Mitgliedstaaten ein Insolvenzverfahren eröffnet wird. Gemäß Art 3 Abs 1 EuInsVO richtet sich die Zuständigkeit der Gerichte eines Mitgliedstaates danach, wo der Schuldner den Mittelpunkt seiner hauptsächlichen Interessen hat (COMI = *Center of main interests*).[42] Bei Gesellschaften u jP stellt Art 3 Abs 1 S 2 EuInsVO eine Vermutung auf, wonach sich deren COMI bis zum Beweis des Gegenteils nach ihrem satzungsmäßigen Sitz richtet. Es sind aber auch Konstellationen denkbar, in denen Sitz u COMI nicht übereinstimmen.[43] Da die Eröffnung eines Insolvenzverfahrens gem Art 17 Abs 1 EuInsVO in jedem anderen Mitgliedstaat unmittelbare Wirkungen entfaltet, kann uE auch die Eröffnung eines ausländischen Insolvenzverfahrens die Auflösung der Gesellschaft bewirken. Dabei muss es aber darauf ankommen, ob das ausländische Insolvenzverfahren

---

41 Zu beachten ist, dass gem § 71c Abs 2 IO Rechtsmittel gegen Beschlüsse, mit denen das Insolvenzverfahren eröffnet wird, keine aufschiebende Wirkung haben; vgl auch OGH 7.5.2020, 3 Ob 51/20a. Der Masseverwalter hat daher die v der IO zugewiesenen Aufgaben auszuüben, wird allerdings bei Anhängigkeit eines Rekurses (sofern dieser nicht offenkundig aussichtslos ist) nur die dringlichsten Maßnahmen vornehmen; vgl *Schumacher* in Koller/Lovrek/Spitzer, IO § 71c Rz 25.
42 Vgl dazu *Koller* in Koller/Lovrek/Spitzer, EuInsVO Art 3 Rz 5 ff.
43 Vgl *Koller* in Koller/Lovrek/Spitzer, EuInsVO Art 3 Rz 13 ff; *Konecny* in Mayr, EuZVR Rz 17.60 ff; vgl auch die Bsp bei *Klauser* in Konecny/Schubert, Insolvenzgesetze, Art 3 EuInsVO, Rz 29.

in seinen Grundwertungen dem ö Konkursverfahren entspricht oder v vornherein auf Sanierung ausgerichtet ist. Nur wenn der Liquidationsgedanke im Vordergrund steht, kann uE der Tatbestand der Auflösung nach § 84 Abs 1 Z 4 vorliegen. Im Verhältnis zu Drittstaaten ist § 240 IO zu beachten.

Konkursverfahren (nach der ö IO) sind bei Vorliegen der **Insolvenzgründe** Zahlungsunfähigkeit u/oder Überschuldung zu eröffnen (vgl §§ 66 u 67 IO). Zur Verpflichtung der organschaftlichen Vertreter bzw des Mehrheitsgesellschafters zur Insolvenzantragstellung gem § 69 Abs 2, 3 u 3a u den Rechtsfolgen v deren Verletzung vgl § 25 Rz 31. Im Gegensatz zu Konkursverfahren können Sanierungsverfahren nur über Schuldnerantrag[44] u auch bei Vorliegen drohender Zahlungsunfähigkeit[45] eröffnet werden (vgl § 167 Abs 1 u 2 IO). Zu beachten ist, dass ein einmal als Konkurs eröffnetes Verfahren nicht zu einem Sanierungsverfahren werden kann (vgl § 167 Abs 2 IO), wohl aber umgekehrt (§ 167 Abs 3 IO). Insolvenzfähig ist auch eine bereits aufgelöste Gesellschaft, deren Vermögen noch nicht verteilt ist (vgl § 68 IO). 14

Die Auflösung der Gesellschaft infolge Eröffnung eines Konkursverfahrens ist **v Amts wegen im FB einzutragen** (vgl § 88 Abs 2); zu den sonst im FB aufgrund der Eröffnung eines Insolvenzverfahrens vorzunehmenden Eintragungen vgl § 3 Abs 1 Z 14 FBG iVm § 77a Abs 1 IO. Nachdem die Auflösung nach dem klaren Wortlaut des § 84 Abs 1 Z 4 an die Konkurseröffnung geknüpft ist, tritt die **Auflösungswirkung** parallel zu jener der Konkurseröffnung u damit am Tag nach der öffentlichen Bekanntmachung des Inhalts des Insolvenzedikts (§ 2 Abs 1 IO) ein.[46] Für eine konstitutive Wirkung der FB-Eintragung ist damit kein Anhaltspunkt vorhanden.[47] 15

---

44 Ein Gläubigerantrag gem § 70 Abs 1 IO kann nur zur Eröffnung eines Konkursverfahrens führen. In der Praxis wird einem derartigen Gläubigerantrag häufig mit einem Schuldnerantrag auf Eröffnung eines Sanierungsverfahrens begegnet, um die Eröffnung des Insolvenzverfahrens als Konkursverfahren zu verhindern. Über diese Möglichkeit ist der Schuldner gem § 70 Abs 2 IO durch das Gericht zu belehren.
45 Zum Begriff vgl *Lentsch* in Koller/Lovrek/Spitzer, IO § 167 Rz 13 ff.
46 Ein Rechtsmittel gegen den Eröffnungsbeschluss hat gem § 71c Abs 2 IO keine aufschiebende Wirkung (vgl dazu auch FN 41).
47 Dies entspricht der hA, vgl *Leupold* in Torggler, GmbHG § 84 Rz 9; *Gelter* in Gruber/Harrer, GmbHG² § 84 Rz 21 mwN.

16 Mit Eröffnung eines Insolvenzverfahrens wird gem § 2 Abs 2 IO das gesamte der Exekution unterworfene **Vermögen der Gesellschaft deren freier Verfügung entzogen** (= Insolvenzmasse). Dieses Vermögen hat der Insolvenzverwalter zu verwalten u iSd bestmöglichen Befriedung vorhandener Gläubiger zu verwerten (vgl nur § 81a iVm § 114 Abs 1 IO).[48] Die Verfügungsbefugnis des Insolvenzverwalters nach außen wird in den Fällen des § 117 IO durch die Zustimmungserfordernisse v Gläubigerausschuss u Insolvenzgericht eingeschränkt (vgl § 83 Abs 1 IO). Im Innenverhältnis ergeben sich Beschränkungen für den Insolvenzverwalter etwa aus den §§ 114 u 116 IO (Äußerungsrecht des Gläubigerausschusses) sowie durch allenfalls v Insolvenzgericht nach § 84 Abs 1 IO erteilte Weisungen. Aufgrund des Anspruchs der IO, das insolvenzverfangene Vermögen umfassend zu verwalten u zu verwerten, bleibt für die gesellschaftsrechtlichen Liquidationsvorschriften grds kein Anwendungsbereich.[49] Die Regelungen der IO stellen insoweit *leges speciales* dar. § 119 Abs 5 IO bietet aber die Möglichkeit, Teile der Insolvenzmasse aus dem Konkursverfahren auszuscheiden,[50] dies mit Wirkung einer Teilaufhebung des Konkursverfahrens u Wiedererlangung der unbeschränkten Verfügungsmacht des Schuldners hinsichtlich des ausgeschiedenen Vermögens.[51] An der durch die Konkurseröffnung bewirkten Auflösung der Gesellschaft ändert sich dadurch nichts; mangels weiterer Anwendbarkeit der Bestimmungen der IO sind auf diese ausgeschiedenen Vermögenswerte uE die Liquidationsbestimmungen der §§ 89 ff anzuwenden.

17 Die **Organisation** der durch die Konkurseröffnung gem § 84 Z 4 aufgelösten GmbH bleibt auch im Konkurs gewahrt; die Organe nehmen weiterhin ihre Funktionen wahr, soweit diese nicht v Insolvenzverwalter verdrängt werden oder deren Ausübung dem Zweck des Kon-

---

48 Vgl etwa OGH 7.5.2020, 3 Ob 51/20a.
49 *Gelter* in Gruber/Harrer, GmbHG² § 84 Rz 26; *Leupold* in Torggler, UGB³ § 131 Rz 7; *Jabornegg/Artmann* in Artmann, UGB³ § 145 Rz 8.
50 Einen Hinweis verdient der Umstand, dass mit dem IRÄG 1997 die Möglichkeit, Vermögenswerte aus dem Insolvenzverfahren auszuscheiden, auf Verfahren natPers eingeschränkt wurde. Diese Einschränkung wurde kurze Zeit später mit dem IVEG wieder aufgehoben, nachdem sich diese Änderung in der Praxis nicht bewährt hatte; vgl dazu *Riel* in Konecny/Schubert, Insolvenzgesetze § 119 IO, Rz 38 mwN.
51 Vgl *Jelinek* in Koller/Lovrek/Spitzer, IO § 119 Rz 85; *Riel* in Konecny/Schubert, Insolvenzgesetze § 119 IO, Rz 47; *Kodek* in Bartsch/Pollak/Buchegger, Österreichisches Insolvenzrecht IV⁴ § 119 Rz 166.

kurses zuwiderliefe.[52] Dem Insolvenzverwalter ist es daher auch verwehrt, Mitglieder der Organe abzuberufen bzw zu bestellen. Die Bestellung sowie auch die Abberufung des GF einer GmbH sind rein gesellschaftsinterne, organisatorische Maßnahmen, die für sich genommen auf die Vermögensverhältnisse der Gesellschaft keinen Einfluss nehmen.[53] Nachdem der Insolvenzverwalter jedoch gem § 25 Abs 1 S 1 IO die Rechte u Pflichten der Gesellschaft als Arbeitgeber wahrnimmt, ist für die arbeitsrechtliche Ebene der Gesellschaft zur Geschäftsführung der Insolvenzverwalter zuständig. Er kann daher etwa auch einen Anstellungsvertrag mit einem GF rechtswirksam zur Auflösung bringen[54] bzw einen solchen neu begründen; für das organschaftliche Verhältnis ist aber weiterhin ein Bestellungs- bzw Abberufungsakt der Gesellschafter notwendig.[55]

Die Insolvenzeröffnung lässt die Verpflichtung zur Einhaltung der unternehmens- (u abgaben-) rechtlichen **Buchführungs- u Bilanzierungsvorschriften** unberührt.[56] Die Buchführungs- u Bilanzierungspflicht trifft während des Insolvenzverfahrens den Insolvenzverwalter; die insolvenzrechtlichen Rechnungslegungsbestimmungen nach den §§ 121 ff IO verdrängen diese Verpflichtungen nicht.[57] In der Praxis ist es für den Insolvenzverwalter oft schwer oder gar unmöglich diese Sorgfaltsanforderungen einzuhalten. Zum Teil liegt dies an fehlenden Unterlagen, zT an nicht vorhandenen Massemitteln. Die Rsp des OGH,[58] der

18

---

52 RIS-Justiz RS0059995.
53 RIS-Justiz RS0059891.
54 Vgl OGH 24.9.2015, 9 ObA 89/15a. **Anm:** Dem GmbHG fehlt eine dem § 78 Abs 2 AktG vergleichbare Regelung, mit welcher der ggf als Insolvenzforderung anzumeldende Schadenersatzanspruch des Organmitglieds (§ 25 Abs 2 IO) zeitlich beschränkt wird.
55 Vgl bereits FN 52 u 53.
56 *Kodek* in Bartsch/Pollak/Buchegger, Österreichisches Insolvenzrecht IV[4] §§ 121, 122 Rz 1 aE. **Anm:** Die Offenlegungspflicht nach § 277 ff UGB bleibt auch bei Abweisung eines Insolvenzantrages mangels kostendeckenden Vermögens aufrecht, vgl OGH 19.4.2017, 6 Ob 47/17f.
57 Vgl RIS-Justiz RS0039298; *Bertl/Schereda* in Poltsch/Bertl/Fraberger/Reckenzaun/Isola/Petsch, Praxishandbuch Insolvenzabwicklung 125.
58 Vgl dazu etwa OGH 14.9.2011, 6 Ob 134/11s (grds kein Entfall der Offenlegungsverpflichtung solange Unternehmensfortführung durch den Masseverwalter als werbendes Unternehmen, es sei denn die Unternehmensfortführung wäre gegen den Willen des Masseverwalters durch das Insolvenzgericht beschlossen worden); *Bertl/Schereda* in Poltsch/Bertl/Fraberger/Reckenzaun/Isola/Petsch, Praxishandbuch Insolvenzabwicklung 125 (129).

Offenlegungsverpflichtung im Einzelfall bei Untunlichkeit, Unmöglichkeit oder Unwirtschaftlichkeit zu entgehen, brachte für den Insolvenzverwalter – angesichts drohender Zwangsstrafen gem § 283 UGB – keine ausreichende Rechtssicherheit mit sich. Der Gesetzgeber hat diesem Umstand mit dem RÄG 2014 Rechnung getragen.[59] § 285 Abs 1 UGB sieht nunmehr vor, dass während der Dauer eines Insolvenzverfahrens mit Ausnahme eines Sanierungsverfahrens mit Eigenverwaltung[60] keine Zwangsstrafverfügungen nach § 283 UGB zu erlassen sind, wobei jedoch Rechte v Gesellschaftern u Dritten, die Offenlegung einzufordern, davon unberührt bleiben. Eine derartige Verpflichtung kann sich auch aus abgabenrechtlichen Vorschriften ergeben.[61] Der Insolvenzverwalter wird daher ungeachtet der Befreiung v Zwangsstrafen durch § 285 UGB gut beraten sein, tunlichst die Buchführungs- u Bilanzierungsvorschriften einzuhalten. Die Offenlegungspflicht lebt jedenfalls wieder auf, wenn das Unternehmen nach Aufhebung des Insolvenzverfahrens fortgeführt wird[62] (zur Fortführung vgl Rz 47 ff); nach den Gesetzesmaterialien[63] gilt dies jedoch nicht, wenn das Insolvenzverfahren zur Abwicklung u letztendlich zur Löschung des Unternehmens führt. Der OGH[64] deutet an, dass sich die Organe einer Gesellschaft mglw auf den Entfall der Offenlegungspflicht erfolgreich berufen können, wenn das Vermögen der Gesellschaft während des Insolvenzverfahrens verwertet wird, sowie im Fall einer an das Insolvenzverfahren anschließenden Liquidation, sofern diese in unmittelbarem zeitlichen Anschluss an das Insolvenzverfahren abgeschlossen wird.

19 In der Vertragspraxis werden für den Insolvenzfall eines Gesellschafters häufig **Aufgriffsrechte** der Mitgesellschafter vorgesehen. Der OGH

---

59 ErlRV 367 BlgNR 25. GP 20.
60 Die Wertung des Gesetzgebers, in dieser Verfahrensart weiterhin die Offenlegung des JA durch Verhängung v Zwangsstrafen erzwingen zu können, ist insofern schlüssig, als das Unternehmen bei Eigenverwaltung v den bisher tätigen Organen fortgeführt wird (vgl ErlRV 367 BlgNR 25. GP 20). Darüber hinaus ist zu beachten, dass ein Sanierungsverfahren mit Eigenverwaltung ua überhaupt nur dann eröffnet werden darf, wenn die nach Unternehmensrecht aufzustellenden JA vorliegen (§ 169 Abs 2 IO).
61 ErlRV 367 BlgNR 25. GP 20.
62 Dies gilt auch im Fall einer Insolvenzaufhebung mangels kostendeckenden Vermögens gem § 123a IO (vgl dazu OGH 17.12.2020, 6 Ob 230/20x; 29.11.2016, 6 Ob 197/16p).
63 ErlRV 367 BlgNR 25. GP 20.
64 Vgl OGH 17.12.2020, 6 Ob 230/20x; 29.11.2016, 6 Ob 197/16p.

hat mit der E 6 Ob 64/20k der äußerst kontroversiell geführten literarischen Diskussion[65] einen (vorläufigen) Schlusspunkt gesetzt. Demnach sind die §§ 25a, 25b IO auf mehrseitige Rechtsgeschäfte nicht anwendbar. Diese Bestimmungen ebenso wie § 26 Abs 3 IO stehen daher der wirksamen Vereinbarung eines Aufgriffsrechts für den Fall der Gesellschafterinsolvenz nicht entgegen, sofern die Regelung der Abfindung für den ausscheidenden Gesellschafter in allen Fällen des Ausscheidens – sowohl bei freiwilligem (bspw bei Gesellschafterwechsel durch Anteilsübertragung) als auch bei unfreiwilligem Ausscheiden – gleich behandelt wird.[66] Vgl im Detail dazu auch bei § 76 Rz 28.

E. Nichteröffnung/Aufhebung eines Insolvenzverfahrens (Z 4 Fall 2, § 39 FBG)

Bis zur Insolvenzrechtsnovelle 2010 sah das GmbHG keinen eigenen Auflösungstatbestand für die *in praxi* häufigen Fälle der Nichteröffnung oder Aufhebung eines Insolvenzverfahrens mangels kostendeckenden Vermögens vor. Für den ersten Anwendungsfall (Nichteröffnung) ordnete aber schon bisher § 39 Abs 1 FBG die Auflösung der Gesellschaft an. Für einen eigenen Auflösungsfall bei Aufhebung eines zunächst eröffneten Konkursverfahrens mangels kostendeckenden Vermögens bestand insofern kein Anlass, als die Eröffnung des Konkursverfahrens stets die Auflösung bewirkte (vgl dazu bereits die Ausführungen zu Rz 10). Seit dem IRÄ-BG 2010 ist nun sowohl in § 39 Abs 1 FBG als auch in § 84 Abs 1 Z 4 angeordnet, dass auch die Rechtskraft eines Beschlusses, durch den ein **Insolvenzverfahren mangels kostendeckenden Vermögens nicht eröffnet oder aufgehoben wird**, zur Auflösung der Gesellschaft führt. Aus Sicht der Praxis ist es allerdings kaum denkbar, dass die Auflösung einer Gesellschaft durch die Rechtskraft eines Beschlusses gem § 123 iVm § 123a IO (Aufhebung des Insolvenzverfahrens mangels Vermögens) herbeigeführt werden wird. Vielmehr wird bereits die Änderung der Bezeichnung eines Sanierungsverfahrens auf Konkursverfahren gem § 167 Abs 3 IO zur Auflösung geführt haben

20

---

65 Vgl die Nachw insb im ErwGr Pkt 1.2. in 6 Ob 64/20k.
66 Bestätigend mittlerweile auch OGH 8.1.2021, 6 Ob 251/20k; 12.5.2021, 6 Ob 86/21x. Ob die ausdrücklich für den Exekutionsfall neu geschaffene Bestimmung des § 340 (insb Abs 3) EO auch für den Fall der Insolvenz angewendet werden kann, ist fraglich.

(vgl Rz 11); ist dies doch aus insolvenzrechtlichen Erwägungen der erste logische Schritt eines nicht erfolgreich verlaufenden Sanierungsverfahrens.

21 Die **Auflösungswirkung** der Beschlüsse gem § 71b Abs 1 IO (Abweisung der Eröffnung eines Insolvenzverfahrens mangels kostendeckenden Vermögens) sowie gem § 123 iVm § 123a IO (Aufhebung eines Insolvenzverfahrens mangels kostendeckenden Vermögens) tritt mit deren jew **Rechtskraft** ein. Dies ergibt sich uE schon daraus, dass gem § 71c Abs 2 IO nur Rechtsmitteln gegen Eröffnungsbeschlüsse eine aufschiebende Wirkung versagt wird. Das Insolvenzgericht hat gem § 77a Abs 1 Z 2 u Z 6 IO die Eintragung dieser Tatbestände im FB zu veranlassen;[67] das FB-Gericht hat die Eintragung ohne eigene Prüfungsbefugnis[68] zu vollziehen (vgl § 39 Abs 2 FBG, § 88 Abs 2). Die Eintragung erfolgt mit deklarativer Wirkung, dient sie doch nur der Publizität der mit der Rechtskraft der Beschlüsse herbeigeführten Auflösung. § 84 u auch § 39 FBG treffen keinerlei Aussagen zur Löschung einer aufgelösten Gesellschaft.[69] Sofern kein Insolvenzverfahren eröffnet wird, schließt an die Auflösung grds das Liquidationsverfahren der §§ 89 ff an (vgl Rz 44). Bei Insolvenzeröffnung werden diese Bestimmungen durch jene der IO verdrängt (vgl Rz 16). Bei Vermögenslosigkeit der Gesellschaft ist mit Löschung gem § 40 FBG vorzugehen (vgl Rz 23 ff).

F. Verfügung einer Verwaltungsbehörde (Z 5)

22 Gemäß § 84 Abs 1 Z 5 kann die Gesellschaft auch durch Verfügung einer Verwaltungsbehörde aufgelöst werden (vgl dazu § 86 Rz 1 ff).

---

67 Vgl *Schumacher* in Koller/Lovrek/Spitzer, IO § 77a Rz 1; zur praktischen Abwicklung vgl *Katzmayr* in Konecny/Schubert, Insolvenzgesetze § 77a IO, Rz 4.
68 OGH 19.05.2005, 6 Ob 11/05v; *Schumacher* in Koller/Lovrek/Spitzer, IO § 77a Rz 2, 11.
69 Etwas missverständlich, aber uE nicht ggt: OGH 19.12.2002, 8 Ob 197/02g, wonach bei rechtskräftiger Abweisung des Antrags auf Konkurseröffnung mangels kostendeckenden Vermögens die Vermögenslosigkeit vermutet wird.

G. Beschluss des Handelsgerichts (Z 6)

1. Löschung wegen Vermögenslosigkeit (§ 40 FBG)

Gemäß § 40 FBG kann eine KapGes,[70] die kein Vermögen besitzt, **auf** **23** **Antrag** der nach dem Sitz der Gesellschaft zuständigen **gesetzl Interessenvertretung** oder der **Steuerbehörde** oder v **Amts wegen** durch Gerichtsbeschluss gelöscht werden. Mit der Löschung gilt die Gesellschaft als aufgelöst; eine Abwicklung/Liquidation findet nicht statt. Damit weicht der Gesetzgeber v ansonsten bestehenden System der Differenzierung zw Auflösung u Löschung der Gesellschaft ab. Für eine derartige Differenzierung besteht in diesem Fall uE auch keinerlei Veranlassung; immerhin gibt es in diesem Fall kein liquidationsfähiges Vermögen (vgl Rz 24) u auch keinen Weg zurück in eine werbende Gesellschaft (vgl Rz 48). § 40 FBG wurde mit dem BGBl I 1999/74 eingeführt u ersetzte die früher in § 2 AmtsLG vorgesehene Löschungsmöglichkeit.[71] Zweck der Bestimmung ist der Schutz des Rechtsverkehrs u die Bereinigung des FB.[72] Das Amtslöschungsverfahren dient dem öffentlichen Interesse u nicht dem privaten Interesse der Gesellschaft; diese kann die Einleitung eines amtswegigen Löschungsverfahrens zwar anregen, ein Antragsrecht steht ihr jedoch nicht zu.[73]

Die Löschung setzt die **Vermögenslosigkeit** der Gesellschaft voraus. **24** Vermögen ist, was bei kaufmännisch-wirtschaftlicher Betrachtungsweise verwertbar bzw zur Gläubigerbefriedigung oder ggf zur Ausschüttung an die Gesellschafter geeignet ist, somit verteilungsfähige Aktiva.[74] Ein anhängiges Aktivverfahren über vermögensrechtliche Ansprüche[75] steht somit einer Löschung entgegen,[76] nicht aber ein anhängiger Passivpro-

---

70 Ob eine Amtslöschung gem § 40 FBG auch bei kapitalistischen PersGes möglich ist, wird kontroversiell beurteilt, vgl die Nachw in *Rüffler/Aburumieh/Lind* in Jaufer/Nunner-Krautgasser/Schummer, Kapitalaufbringung und Kapitalerhaltung 71 (113, FN 178).
71 Vgl ErlRV 1588 BlgNr 20. GP 4.
72 *G. Nowotny* in Kodek/Nowotny/Umfahrer, FBG § 40 Rz 3; ErlRV 1588 BlgNr 20. GP 4.
73 Vgl zuletzt OGH 27.2.2013, 6 Ob 160/12s.
74 RIS-Justiz RS0060128.
75 Ein behaupteter wettbewerbsrechtlicher Unterlassungs- u Widerrufsanspruch bildet – für sich betrachtet – jedoch keinen Vermögenswert, der die Annahme v Vermögenslosigkeit ausschließen könnte; vgl OGH 23.4.2007, 4 Ob 213/06m.
76 *Leupold* in Torggler, GmbHG § 84 Rz 13.

zess.[77] Eine aufrechte Gewerbeberechtigung ist kein Vermögen u hindert eine Löschung daher ebenfalls nicht.[78] Im Löschungsverfahren gilt gem § 15 Abs 1 FBG iVm § 16 Abs 1 AußStrG der **Untersuchungsgrundsatz**, dh das Gericht hat v Amts wegen das Vorhandensein v Gesellschaftsvermögen zu prüfen. Dies etwa durch Befragung der Liquidatoren, Beischaffung der Akten aus allenfalls vorangegangen Insolvenzverfahren, Namensabfragen im GB oder Anfragen bei Exekutionsgerichten u Sozialversicherungsträgern.[79] Das Gericht hat bei der Prüfung der Vermögenslosigkeit besonders genau u gewissenhaft vorzugehen u das öffentliche Interesse am Schutz des Rechtsverkehrs u Bereinigung des FB mit den privaten Interessen der Gesellschaft auf Fortbestand gegeneinander abzuwägen.[80]

25 Wird ein **Insolvenzverfahren** mangels kostendeckenden Vermögens entweder nicht eröffnet (§ 71b Abs 1 IO) oder aufgehoben (§ 123 Abs 1 iVm § 123a IO) oder endet das Insolvenzverfahren mit Schlussverteilung u Aufhebung (§ 123 Abs 1 iVm § 139 IO), schließt daran in der Praxis so gut wie immer[81] ein Löschungsverfahren gem § 40 FBG an. Nach der Rsp des OGH besteht für den Fall der rechtskräftigen Abweisung eines Konkursantrags mangels hinreichenden Vermögens die Vermutung der Vermögenslosigkeit.[82] Diese Wertung ist uE jedenfalls auch auf die anderen soeben genannten Anwendungsfälle zu übertragen; wurde doch unter dem Regime der Insolvenzordnung bereits geprüft, ob Vermögen vorhanden ist bzw vorhandenes Vermögen verwertet. Zumindest *de lege ferenda* ist zu überlegen, Verfahrensvereinfachungen dahingehend vorzusehen, dass in den hier genannten Insolvenz-Anwen-

---

77 Nach jüngerer stRsp steht ein möglicher Kostensatzanspruch im Fall der Klagsabweisung dem nicht entgegen; vgl etwa OGH 22.4.2014, 7 Ob 55/14k (7 Ob 56/14g), anders noch OGH 10.4.1991, 2 Ob 518/91.
78 OLG Wien 22.8.2008, 28 R 155/08g.
79 Vgl etwa OLG Wien 30.12.2005, 28 R 291/05b; 28 R 249/04z.
80 *G. Nowotny* in Kodek/Nowotny/Umfahrer, FBG § 40 Rz 11 f; *Koppensteiner/Rüffler*, GmbHG³ § 84 Rz 13; *Zehetner* in Straube/Ratka/Rauter, GmbHG § 84 Rz 72; OLG Wien 21.6.1994, 6 R 45/94, welches dies insb damit begründet, dass eine Löschung nach § 40 FBG nicht nur die Auflösung der Gesellschaft bewirkt, sondern eine Liquidation unterbleibt, weshalb – abgesehen v den Gesellschaftern – va die Gläubiger der Gesellschaft kaum an deren Löschung interessiert sein werden.
81 In seltenen Fällen kann es auch zur Fortsetzung u Sanierung der Gesellschaft kommen (vgl dazu die Ausführungen zu Rz 56).
82 OGH 19.12.2002, 8 Ob 197/02g.

dungsfällen ohne weiteres Verfahren, in dem nochmals die Frage des Vorhandenseins v Vermögen geprüft wird, die Löschung der Gesellschaft vorzunehmen ist. Damit könnte dem in der Praxis festzustellenden u überaus unbefriedigenden Zustand begegnet werden, dass derartige Gesellschaften noch für erhebliche Zeiträume in einem „Graubereich" weiterexistieren. Für die seltenen Fälle, in denen die Gesellschaft in diesem Stadium noch fortgesetzt wird, kann uE durch die Äußerungsfrist des § 18 FBG (vgl Rz 28) ausreichender Rechtsschutz für die Gesellschaft gewährleistet werden. Nach herrschender, uE allerdings kritikwürdiger, A kommt die Fortsetzung einer Gesellschaft nach Aufhebung des Insolvenzverfahrens gem § 139 IO nicht in Betracht (vgl auch Rz 54).[83]

Die **Vermögenslosigkeit wird vermutet**, wenn die Gesellschaft die JA u ggf die Lageberichte v zwei aufeinanderfolgenden Geschäftsjahren nicht vollzählig zum FB eingereicht hat u seit dem Zeitpunkt, zu dem der JA für das zweite Geschäftsjahr einzureichen gewesen wäre, mind sechs Monate vergangen sind.[84] Mit Inkrafttreten des BRIS-UmsG wird bei der Vermutung der Vermögenslosigkeit nicht mehr auf eine Aufforderung durch das Gericht abgestellt, sondern nur mehr auf den Ablauf einer bestimmten Frist.[85] Die Vermögenslosigkeit wird nach dem neuen Wortlaut des § 40 Abs 1 dritter S FBG bereits dann vermutet, wenn nach dem Ende der Offenlegungsfrist für das zweite Geschäftsjahr mind sechs Monate vergangen sind.[86] Weiters wird nun auch in § 40 Abs 1 FBG auf die „Vollzähligkeit" (statt wie bisher auf die „Vollständigkeit") 26

---

83 Vgl die Nachw bei *Gelter* in Gruber/Harrer, GmbHG[2] § 84 Rz 58.
84 Dies entspricht bereits dem neuen Wortlaut des § 40 Abs 1 S 3 FBG idF des BRIS-UmsG (Bundesgesetz, mit dem das Firmenbuchgesetz, das EU-Verschmelzungsgesetz und das Gerichtsgebührengesetz geändert werden; Inkrafttreten mit 1.6.2017).
85 Vgl ErlRV 1517 BlgNR 25. GP 4 mit der Begr, dass auch bei der Verhängung v Zwangsstrafen keine vorherige Aufforderung vorgesehen ist, sondern nach Ablauf der Offenlegungsfrist sogleich eine Zwangsstrafverfügung erlassen wird. Nach A des Gesetzgebers ist es daher auch bei der Vermutung der Vermögenslosigkeit nicht mehr zweckgemäß, auf eine Aufforderung durch das Gericht abzustellen.
86 Vgl ErlRV 1517 BlgNR 25. GP 4 mit folgendem Bsp: Bei einer GmbH mit Regelgeschäftsjahr (Bilanzstichtag 31. Dezember, daher Offenlegungsfrist bis 30. September des Folgejahres), die für die Geschäftsjahre 2016 u 2017 keine JA einreicht, könnte die Vermögenslosigkeit daher frühestens im April 2019 vermutet werden.

der geforderten Unterlagen abgestellt, um klarzustellen, dass der v FB-Gericht anzuwendende Prüfungsmaßstab derselbe ist wie jener nach § 282 Abs 1 UGB.[87] Mit dieser gesetzl Vermutung wird der Untersuchungsgrundsatz eingeschränkt.[88] Die Vermutung der Vermögenslosigkeit ist widerleglich u gilt auch dann nicht, wenn das Vorhandensein v Vermögen offenkundig[89] ist. **Offenkundig** ist eine Tatsache dann, wenn sie allg- oder gerichtskundig ist.[90] Die bloße Ersichtlichkeit aus anderen Akten desselben Gerichts sowie der Umstand, dass ein Register (GB oder FB) öffentlich ist, reichen für die Offenkundigkeit grds nicht aus.[91] Offenkundig ist das Vorliegen v Vermögen aber etwa dann, wenn die Nichtvorlage der JA offenbar auf anderen Gründen beruht.[92] Noch aushaftende Stammeinlagen stellen zwar einen Vermögenswert dar, jedoch kein offenkundiges Vermögen iSd § 40 Abs 1 letzter S FBG,[93] weil bei Forderungen die Möglichkeit der Durchsetzung des Anspruchs bestehen muss, die durch den bloßen FB-Stand nicht bescheinigt werden kann.[94]

27   Gemäß **§ 18 FBG** hat das Gericht die betroffene Gesellschaft v der Löschung zu **verständigen** u unter Setzung einer angemessenen, mind 14-tägigen Frist zur Äußerung aufzufordern. Mit Inkrafttreten des BRIS-UmsG ist in § 40 FBG keine gerichtl Aufforderung mehr zur Einreichung der JA vorgesehen (vgl Rz 26). Das Amtslöschungsverfahren wird daher sogleich mit der Verständigung v der beabsichtigten Löschung durch das Gericht eingeleitet.[95] Im Fall der Nichtäußerung kann

---

87 Vgl ErlRV 1517 BlgNR 25. GP 4.
88 OLG Wien 16.4.2003, 28 R 70/03z.
89 Vgl zum Begriff auch § 269 ZPO.
90 *G. Nowotny* in Kodek/Nowotny/Umfahrer, FBG § 40 Rz 14.
91 Vgl dazu im Detail *G. Nowotny* in Kodek/Nowotny/Umfahrer, FBG § 40 Rz 14 ff mwN.
92 Bsp aus den Mat (vgl ErlRV 1588 BlgNr 20. GP 6): Wenn eine wirtschaftlich besonders erfolgreiche KapGes ihren positiven Geschäftsgang nicht offenlegen möchte u daher den Offenlegungspflichten nicht entspricht. Krit *Leupold* in Torggler, GmbHG § 84 Rz 15: Motive allein begründen keine Offenkundigkeit.
93 OGH 7.7.2008, 6 Ob 4/08v.
94 OLG Innsbruck 7.9.2010, 3 R 133/10y mwN.
95 Vgl ErlRV 1517 BlgNR 25. GP 5, wonach dem Rechtsschutzbedürfnis der Gesellschaft u der Gesellschafter weiterhin dadurch ausreichend Rechnung getragen wird, dass diese Verständigung auf die Möglichkeit einer Äußerung binnen angemessener Frist hinzuweisen hat. Mit einer derartigen Äußerung

das Gericht annehmen, dass die Gesellschaft der beabsichtigten Verfügung (= Löschung) keine Einwendungen entgegensetzt. Die Aufforderung hat den Hinweis auf diese Rechtsfolge zu enthalten.[96] Gegen diese Verständigung ist mangels Rechtsschutzinteresse kein Rechtsmittel möglich.[97] Die Gesellschafter haben im Amtslöschungsverfahren nach § 40 FBG kein Recht auf Verständigung gem § 18 FBG v der beabsichtigten Löschung u kein Recht auf Zustellung der Löschungsverfügung.[98] Die Verständigung ist der Gesellschaft zu Handen des vertretungsbefugten Organs zuzustellen.[99] Wer sich im Löschungsverfahren trotz der gem § 18 FBG ergehenden Aufforderung nicht äußert, kann im Rechtsmittel gegen den Löschungsbeschluss keinen neuen SV geltend machen.[100]

Hat die Gesellschaft **keine gesetzl Vertreter**, so kann die Verständigung v der beabsichtigten Löschung gem § 40 Abs 1 FBG an die Gesellschafter durch einmonatige Aufnahme in die Ediktsdatei (iSd § 25 ZustG) zugestellt werden (vgl **§ 41 FBG**).[101] Diese Verständigung hat

28

---

könnte insb geltend gemacht werden, dass die Gesellschaft sehr wohl noch über Vermögen verfügt.
96 Vgl den Wortlaut des § 18 FBG; *Koppensteiner/Rüffler*, GmbHG³ § 84 Rz 14; aA *Pilgerstorfer* in Artmann, UGB³ § 41 FBG, Rz 9, wonach eine Säumnisandrohung iSd § 18 FBG mit Hinweis auf eine Zustimmungsfiktion im Amtslöschungsverfahren nicht geboten sei, wenn das Gericht v Amts wegen im Rahmen des Untersuchungsgrundsatzes – ohne sich auf eine Zustimmung der Gesellschaft oder Gesellschafter stützen zu dürfen – die Voraussetzungen für die Löschung der Gesellschaft wegen Vermögenslosigkeit prüfen muss.
97 OGH 20.1.2000, 6 Ob 133/99y.
98 OGH 13.9.2001, 6 Ob 183/01g.
99 Vgl im Detail (ua zur Frage der wirksamen Zustelladressaten, zur Form der Zustellung sowie zum Zustellverfahren) *G. Nowotny* in Kodek/Nowotny/Umfahrer, FBG § 40 Rz 55 ff.
100 RIS-Justiz RS0117347; zuletzt OGH 21.12.2011, 6 Ob 224/11a, unter Hinweis darauf, dass die Aufforderung nach § 18 FBG inhaltlich iW der Aufforderung nach § 17 AußStrG entspricht, weshalb der zu dieser Bestimmung ergangenen Rsp des OGH, wonach eine im Verfahren erster Instanz versäumte Äußerung selbst bei behaupteter entschuldbarer Fehlleistung nicht im Rekurs nachgeholt werden kann, auch zu § 18 FBG zu folgen ist. Vgl auch *Kodek* in Kodek/Nowotny/Umfahrer, FBG § 18 Rz 2, 50.
101 Dies entspricht bereits dem neuen Wortlaut des § 41 FBG idF des BRIS-UmsG (Inkrafttreten mit 1.6.2017); vgl auch *Pilgerstorfer* in Artmann, UGB³ § 41 FBG, Rz 9. Zur alten Rechtslage vgl noch *G. Nowotny* in Kodek/Nowotny/Umfahrer, FBG § 41.

den Hinweis zu enthalten, dass alle weiteren Zustellungen im Löschungsverfahren an die zuletzt dem Gericht bekannte Anschrift der Gesellschafter erfolgen werden. Das Gericht hat die Gesellschafter an dieser Anschrift über Form u Inhalt dieser öffentlichen Bekanntmachung zu benachrichtigen; ein Zustellanstand hinsichtlich dieser Benachrichtigung hindert das weitere Verfahren nicht. Der Löschungsbeschluss ist den Gesellschaftern an dieser Anschrift zuzustellen. Unabhängig v dieser Zustellung an die Gesellschafter gilt die Zustellung des Löschungsbeschlusses an die Gesellschaft u die Gesellschafter vier Wochen nach Aufnahme in die Ediktsdatei (§ 10 Abs 1 UGB) als bewirkt (relevant insb für den Beginn der Rekursfrist, vgl Rz 30).

29 Vor der Löschung sind gem § 40 Abs 2 FBG die nach dem Sitz der Gesellschaft zuständige **gesetzl Interessenvertretung** u die **Steuerbehörde zu hören**, sofern diese nicht ohnehin selbst Antragsteller waren. Äußern sich diese Stellen binnen vier Wochen nicht, so gilt ihre Zustimmung als gegeben. Erteilt die Steuerbehörde (ausdrücklich oder fingiert) ihre Zustimmung, ist eine Unbedenklichkeitsbescheinigung (vgl § 160 Abs 3 BAO) nicht erforderlich.[102] Der Löschungsbeschluss ist der Gesellschaft sowie den Amtsparteien (gesetzl Interessenvertretung u Steuerbehörde) zuzustellen (vgl § 21 FBG).

30 **Rekursberechtigt** sind die Gesellschaft (als Antragsgegnerin iSd § 2 Abs 1 Z 2 AußStrG oder als nach Verfahrenszweck unmittelbar Betroffene iSd § 2 Abs 1 Z 3 AußStrG), die gesetzl Interessenvertretung u die Steuerbehörde (Beteiligtenstellung nach § 40 Abs 2 FBG),[103] die Gesellschafter[104] u die Gesellschaftsgläubiger[105]. Die GF im eigenen Namen

---

102 *G. Nowotny* in Kodek/Nowotny/Umfahrer, FBG § 40 Rz 66 mit der Begr, dass § 40 Abs 2 FBG im Verhältnis zu § 160 Abs 3 BAO die speziellere (u auch zeitlich spätere) Norm ist u daher dieser Bestimmung vorgeht. Vgl auch OLG Wien 11.11.2003, 28 R 368/03y bei Antragstellung durch Steuerbehörde.
103 OLG Wien 27.11.2002, 28 R 103/02a (keine Beschwer bei Antragstellung, Zustimmung oder Zustimmungsfiktion gem § 40 Abs 2 FBG).
104 OGH 29.8.2008, 6 Ob 168/02b: *„Die Löschung der Gesellschaft führt zwangsläufig auch zum Verlust der im Firmenbuch eingetragenen Gesellschafterrechte. Sie greift damit nicht nur in wirtschaftliche Interessen des Gesellschafters ein, sondern beeinträchtigt auch seine Rechtsstellung in Bezug auf ins Firmenbuch eingetragene Rechte."* Vgl auch *Andrae*, NZ 2004/2, 18 (22); anders noch OGH 20.5.1999, 6 Ob 330/98t.
105 RIS-Justiz RS0006888.

sind nicht rekursbefugt;[106] unter bestimmten Voraussetzungen kann ein derartiger Rekurs jedoch in einen Rekurs der Gesellschaft umgedeutet werden.[107] Die **Rekursfrist** beträgt 14 Tage. Für die Gesellschaft u die Amtsparteien (gesetzl Interessenvertretung u Steuerbehörde) beginnt diese mit Zustellung (§ 46 Abs 1 AußStrG); für die sonstigen rekursberechtigten Personen (Gesellschafter u Gesellschaftsgläubiger) mit der öffentlichen Bekanntmachung in der Ediktsdatei (§ 21 Abs 2 FBG iVm § 46 Abs 1 AußStrG). Im Anwendungsbereich des § 41 FBG (dh bei einer vertreterlosen Gesellschaft) beginnt die Frist für die Gesellschaft u die Gesellschafter erst mit Ablauf v vier Wochen nach Aufnahme in die Ediktsdatei;[108] auf die individuelle Zustellung an die Gesellschafter kommt es nicht an.[109]

Die **Löschung** einer Gesellschaft während eines **laufenden Zivilprozesses**[110] beeinträchtigt deren Parteifähigkeit als **klagende** Partei nicht, weil noch Gesellschaftsvermögen in Form des eingeklagten Anspruchs oder zumindest in Form eines allfälligen Kostenersatzanspruchs besteht (vgl § 89 Rz 34). Wird die **beklagte** Gesellschaft während eines anhängigen Prozesses gelöscht, ist das Verfahren auf Begehren des Klägers fortzusetzen. Strebt der Kläger hingegen nicht die Fortsetzung des Verfahrens gegen die gelöschte Gesellschaft an, ist die Klage zurückzuweisen u das bisherige Verfahren für nichtig zu erklären.[111] Zur Rechtslage der Auswirkungen der Löschung einer Gesellschaft während eines laufenden Zivilprozesses vgl im Detail § 89 Rz 34 f. Bemerkenswert ist, dass der OGH die Überlegungen zur Löschung einer beklagten Gesellschaft während eines anhängigen Zivilprozesses in der Folge auch auf jene Fälle ausgedehnt hat, in denen ein Antrag auf Eröffnung des Konkurses über die beklagte Gesellschaft mangels kostendeckenden Vermögens

31

---

106 *G. Nowotny* in Kodek/Nowotny/Umfahrer, FBG § 40 Rz 87 mwN, uzw auch zur älteren, noch ggt Rsp des OGH.
107 OLG Wien 12.12.2006, 28 R 178/06m.
108 Dies ist eine Abweichung zu § 21 Abs 2 FBG, wonach die Wirkung der Zustellung u damit auch der Beginn der Rekursfrist sofort mit der öffentlichen Bekanntmachung in der Ediktsdatei eintreten; krit daher *Pilgerstorfer* in Artmann, UGB³ § 41 FBG, Rz 10.
109 ErlRV 466 BlgNR 22. GP 28.
110 Zur Frage, wie bei Löschung einer Gesellschaft wegen Vermögenslosigkeit während eines laufenden Abgabenverfahrens vor dem Bundesfinanzgericht vorzugehen ist, vgl VwGH 28.10.2014, Ro 2014/13/0035.
111 Vgl RIS-Justiz RS0110979 u OGH 29.3.2017, 7 Ob 91/16g, 26.2.2020, 9 ObA 137/19s.

abgewiesen wurde.[112] Nach A des OGH[113] mache es keinen wesentlichen Untersch, ob die Gesellschaft gem § 40 FBG wegen Vermögenslosigkeit gelöscht oder gem § 39 FBG aufgelöst werde; es sei daher sachgemäß dem Kläger in beiden Fällen das Recht zu geben, das Verfahren fortzusetzen, ihn jedoch hierzu nicht zu zwingen. Auch zuletzt ist der OGH[114] dieser Linie treu geblieben u hat ausgesprochen, dass die Grundsätze der Leitentscheidung[115] zur Frage der Löschung einer beklagten Gesellschaft während eines anhängigen Prozesses auch auf eine beklagte Gesellschaft bei Abweisung eines Konkursantrags mangels kostendeckenden Vermögens nach Klagserhebung anzuwenden sind. Demnach hat der Kläger bei Auflösung der beklagten KapGes nach § 39 Abs 1 oder § 40 Abs 1 FBG binnen angemessener Frist dem Gericht bekannt zu geben, dass er v der Verfahrensfortsetzung abstehe, widrigenfalls sein Fortsetzungswille unterstellt wird.[116] Unseres Erachtens ist diese Rsp, wonach bereits die Auflösung gem § 39 Abs 1 FBG zu einem Wahlrecht u allfälliger Nichtigerklärung des Verfahrens führen könnte, kritikwürdig, da dies uE mit dem Grundsatz, wonach die Auflösung einer Gesellschaft nichts an deren Parteifähigkeit ändert, nicht in Einklang zu bringen ist. Dennoch wird man sich in der Praxis an der zit Rsp zu orientieren haben.

32   Stellt sich nach der Löschung das Vorhandensein v Vermögen heraus, das der Verteilung unterliegt, so findet gem § 40 Abs 4 FBG eine **Nachtragsliquidation** statt.[117] Die Bestellung eines Nachtragsabwicklers setzt jedenfalls die Löschung der Gesellschaft im FB voraus.[118] Die Abwickler sind auf Antrag eines Beteiligten v Gericht zu ernennen.[119]

---

112 Seit der OGH-E 19.12.2002, 8 Ob 197/02g.
113 OGH 19.12.2002, 8 Ob 197/02g.
114 OGH 23.10.2014, 2 Ob 176/14t; 26.2.2020, 9 ObA 137/19s (wobei der OGH in dieser E auch im Hinblick auf § 39 FBG interessanterweise die Diktion „Löschung" u nicht „Auflösung" verwendet; uE wäre die Löschung [u nicht bereits die Auflösung] der richtige Anknüpfungspunkt); 15.9.2020, 6 Ob 97/20p.
115 OGH 22.10.1998, 8 ObA 2344/96f.
116 OGH 23.10.2014, 2 Ob 176/14t. Eine Frist v 14 Tagen wird als angemessen erachtet, vgl OGH 26.2.2020, 9 ObA 137/19s.
117 Ausf dazu G. Nowotny in Kodek/Nowotny/Umfahrer, FBG § 40 Rz 38 ff; Pilgerstorfer in Artmann, UGB³ § 40 FBG, Rz 60 ff.
118 OGH 27.06.2016, 6 Ob 114/16g.
119 Zur Frage der Entlohnung eines Nachtragsliquidators vgl OGH 27.9.2016, 6 Ob 160/16x.

Zur Antragstellung ist jeder berechtigt, der ein Interesse an der Verwertung, Befriedigung oder Verteilung v noch vorhandenem Gesellschaftsvermögen hat.[120] Als Voraussetzung für die Bestellung eines Nachtragsliquidators nach § 40 Abs 4 FBG genügt gem aktueller Rsp neben der Bescheinigung eines als verwertbar anzusehenden Vermögens auch die Notwendigkeit weiterer Abwicklungsmaßnahmen (vgl § 214 Abs 4 AktG).[121] Vermögen ist, was bei kaufmännisch-wirtschaftlicher Betrachtungsweise verwertbar, zur Gläubigerbefriedigung oder ggf zur Ausschüttung an die Gesellschafter geeignet ist, somit verteilungsfähige Aktiva (vgl dazu bereits Rz 24).[122] In der Praxis stellt sich für Gläubiger oftmals die Frage, ob u wie festgestellt werden kann, ob überhaupt verwertbares Vermögen vorhanden ist. Hier kann das Bucheinsichtsrecht gem § 93 Abs 4 (vgl § 93 Rz 19) helfen, welches auch bei Löschung der Gesellschaft gem § 40 FBG analog anzuwenden ist.[123] Ein Wiedereintragung der Gesellschaft im FB ist nicht notwendig, aber auch nicht ausgeschlossen u kann erfolgen, wenn es das FB-Gericht für zweckmäßig erachtet.[124]

---

120 RIS-Justiz RS0114803.
121 Dies jedenfalls dann, wenn die Gesellschaft einer Vertretung in einem Insolvenzverfahren bedarf, das wegen eines nach der Durchführung des Nachtragsverteilungsverfahrens mglw verbleibenden Restvermögens fortgesetzt wurde, vgl OGH 15.9.2020, 6 Ob 118/20a mit Darstellung der Lehrmeinungen; vgl auch die E-Besprechung v *Birnbauer* in GesRZ 2021, 89 (92). In der zit E bejaht der OGH unter Verweis auf seine E v 5.10.2000, 6 Ob 20/00g auch die Rechtsmittelbefugnis der Gesellschaft, wobei sich die Frage stellt, durch wen die Gesellschaft in diesen Fällen organschaftlich vertreten wird; naheliegend wäre der frühere (letzte) GF, vgl auch dazu die E-Besprechung v *Birnbauer* in GesRZ 2021, 89 (92). Vgl auch OGH 27.1.2023, 1 Ob 242/22b zur Bestellung eines Nachtragsliquidators zwecks gerichtl Hinterlegung nach § 1425 ABGB zugunsten einer gelöschten GmbH.
122 RIS-Justiz RS0060128. Auch (Deckungs-)Ansprüche der Gesellschaft gegen eine Haftpflichtversicherer sind Vermögen, das einer Nachtragsliquidation zu unterziehen ist, vorausgesetzt, dass die Werthaltigkeit der Forderung bescheinigt wird, wobei verbleibende Zweifel u Unklarheiten zu Lasten desjenigen gehen, der die Bestellung des Nachtragsliquidators beantragt, vgl OGH 25.10.2017, 6 Ob 142/17a.
123 OGH 26.8.2004, 6 Ob 50/04b; *Gelter* in Gruber/Harrer, GmbHG² § 93 Rz 26, 28; *Koppensteiner/Rüffler*, GmbHG³ § 93 Rz 11.
124 OGH 15.3.2021, 6 Ob 29/21i, wobei der OGH festhält, dass es sich nicht um eine Wiedereintragung der (vor der Löschung) werbenden Gesellschaft handelt. Da die Gesellschaft mit der seinerzeitigen Löschung wegen Ver-

2. Löschung wegen Gründungsmängeln (§ 10 Abs 2 u 3 FBG)

33 Gemäß **§ 10 Abs 2 FBG** kann das FB-Gericht eine Eintragung, die wegen Mangels einer wesentlichen Voraussetzung unzulässig ist oder wird, v Amts wegen löschen (vgl dazu auch § 4 Rz 47). Ob das Gericht ein Verfahren nach § 10 Abs 2 FBG einleitet oder nicht, liegt in dessen pflichtgemäßem Ermessen. Dabei ist eine Abwägung zw dem öffentlichen Interesse an der Richtigkeit u Vollständigkeit des FB u dem Interesse des Betroffenen an der (unzulässigen) Eintragung vorzunehmen.[125] Sowohl Betroffene iSd § 18 FBG als auch Dritte können amtswegige Löschungen nach § 10 Abs 2 FBG nur anregen, haben aber keinen Erledigungsanspruch.[126] Lehnt das Gericht die Einleitung eines Verfahrens nach Abs 2 ab, kann dagegen – mangels Antragsrecht – kein Rechtsmittel erhoben werden.[127]

34 Gemäß **§ 10 Abs 3 FBG** hat das FB-Gericht v Amts wegen die Nichtigkeit der Gesellschaft einzutragen, wenn die sinngemäß anzuwendenden Voraussetzungen des § 216 Abs 1 AktG vorliegen (zur Möglichkeit der Geltendmachung einer Nichtigkeitsklage analog zu § 216 Abs 1 AktG vgl Rz 38). Erfasst sind folgende Fälle:

– Der GesV enthält **keine Bestimmungen** über die **Fa** der Gesellschaft, die **Höhe des Stammkapitals** oder den **Gegenstand des Unternehmens** (**Z 1**). Das Fehlen des Sitzes stellt hingegen keinen Nichtigkeitsgrund iSd § 216 Abs 1 AktG dar.[128] Eine bloß rechtswidrige Fa (zu den Rechtsfolgen vgl § 5 Rz 56 f) u/oder eine Verletzung der Vorschriften zum Stammkapital (vgl § 6) genügen nicht; die Anwendbarkeit der Bestimmung setzt deren vollständiges Fehlen voraus.[129]

– Der im GesV umschriebene oder tatsächlich verfolgte **Gegenstand des Unternehmens** ist **rechts- oder sittenwidrig** (**Z 2**, zu unerlaubten Zwecken vgl § 1 Rz 8 ff). Dies ist auch dann denkbar, wenn der

---

mögenslosigkeit als aufgelöst gilt, wäre die Gesellschaft als Liquidationsgesellschaft einzutragen. Dies muss uE auch für die Wiedereintragung im Rahmen einer Nachtragsliquidation gem § 93 Abs 5 gelten (vgl § 93 Rz 23).
125 *Zehetner* in Straube/Ratka/Rauter, GmbHG § 84 Rz 62 mwN.
126 OGH 22.12.2021, 6 Ob 157/21p.
127 *Koppensteiner/Rüffler*, GmbHG³ § 84 Rz 15b.
128 *Adensamer/Eckert*, GES 2004, 52 (60).
129 *Gelter* in Gruber/Harrer, GmbHG² § 84 Rz 37; *Diregger* in Doralt/Nowotny/Kalss, AktG³ § 216 Rz 14, 16.

Unternehmensgegenstand nachträglich unzulässig wird.[130] Da der Wortlaut des § 216 Abs 1 AktG v Wortlaut des Art 12 PublizitätsRL[131] abweicht, wird in der L zT diskutiert, dass die Nichtigkeit nur bei Unzulässigkeit des im GesV umschriebenen Unternehmensgegenstands eintreten soll, nicht jedoch bei unzulässigem tatsächlichen Unternehmensgegenstand;[132] aufgrund des klaren Wortlauts des § 216 Abs 1 Z 2 AktG wird dies v der hM jedoch abgelehnt.[133]

Liegen die Voraussetzungen des § 10 Abs 3 FBG vor, **hat** das FB-Gericht demgemäß vorzugehen; dem Gericht kommt hier – anders als bei § 10 Abs 2 FBG – kein Ermessen zu. Die Eintragung der „Nichtigkeit" wirkt – entgegen dem Wortlaut – nicht *ex tunc*, sondern löst die Gesellschaft *ex nunc* auf u versetzt diese in das Stadium der Liquidation (vgl § 89 Rz 6).[134] Erst nach Beendigung der Liquidation erfolgt deren Löschung aus dem FB.[135] Auf die amtswegige Nichtigerklärung nach Abs 3 besteht kein Rechtsanspruch, vgl aber die Klagemöglichkeit analog zu § 216 AktG (vgl Rz 38).[136]   35

Das **Löschungsverfahren** richtet sich grds nach denselben Regelungen wie das Löschungsverfahren gem § 40 FBG (vgl dazu Rz 23 ff, s dort auch die Frage der Parteistellung).[137] Die Gesellschaft ist gem § 18 FBG v der Einleitung des Verfahrens zu verständigen. Ihr ist ggf die Möglichkeit zur Behebung des Mangels (etwa durch Änderung des GesV) zu geben.[138] Eine Heilung ist nur bei Fehlen der Fa oder des Unternehmensgegenstands möglich, nicht jedoch bei Fehlen des Stammkapitals.[139]   36

---

130 *Gelter* in Gruber/Harrer, GmbHG² § 84 Rz 38 mit Bsp.
131 EU-RL 2009/101/EG.
132 IdS etwa *Gelter* in Gruber/Harrer, GmbHG² § 84 Rz 38.
133 *Diregger* in Doralt/Nowotny/Kalss, AktG³ § 216 Rz 22; *Geist/Jabornegg* in Jabornegg/Strasser, AktG⁵ § 216 Rz 4; *Auer*, wbl 2001, 245 (249).
134 *Auer*, wbl 2001, 245 (248); *Koppensteiner/Rüffler*, GmbHG³ § 84 Rz 15; *Leupold* in Torggler, GmbHG § 84 Rz 20.
135 *Kodek* in Kodek/Nowotny/Umfahrer, FBG § 10 Rz 74.
136 *Zehetner* in Straube/Ratka/Rauter, GmbHG § 84 Rz 67.
137 Vgl dazu im Detail *Kodek* in Kodek/Nowotny/Umfahrer, FBG § 10 Rz 41 ff, 73 ff.
138 OGH 7.7.1977, 6 Ob 8/77; *Zehetner* in Straube/Ratka/Rauter, GmbHG § 84 Rz 61.
139 *Gelter* in Gruber/Harrer, GmbHG² § 84 Rz 39, mwN; hinsichtlich des Stammkapitals wird dies damit begründet, dass nicht nachträglich mit einem Mehrheitsbeschluss eine Einlageverpflichtung für alle geschaffen werden soll.

37 **Umstritten** ist das Verhältnis v Abs 3 zu Abs 2 u die Frage, ob der durch das GesRÄG 1996 neu eingefügte Abs 3 die Möglichkeiten der amtswegigen Löschung abschließend regelt oder ob noch weitere, nicht im Katalog des § 216 AktG genannte, Gründungsmängel zur Löschung der Gesellschaft führen könnten.[140] Der OGH hat die Regelung des § 10 Abs 3 FBG iVm § 216 AktG iZm der Frage der Heilung eines Formmangels des GesV als abschließend qualifiziert u die Heilung des Formmangels (kein Notariatsakt) durch Eintragung der Gesellschaft ins FB bejaht.[141] Folgt man der A, dass Abs 3 eine abschließende Aufzählung v „Nichtigkeitsgründen" enthält, kann Abs 2 nur als Grundlage für die Löschung v einzelnen FB-Eintragungen (wie zB eines Organmitglieds oder einer Prokura) herangezogen werden, nicht aber für die Löschung der Gesellschaft als solche.[142] Möglich ist aber auf Grundlage des Abs 2 jedenfalls eine amtswegige Löschung einer inländischen Zweigniederlassung nach Vollbeendigung einer Gesellschaft mit Hauptniederlassung oder Sitz im Ausland.[143] § 10 Abs 2 FBG erfasst grds sowohl deklarative als auch konstitutive[144] FB-Eintragungen. Zur Klarstellung der Rechts-

---

140 Für abschließende Regelung *Kodek* in Kodek/Nowotny/Umfahrer, FBG § 10 Rz 65 f; *Diregger* in Doralt/Nowotny/Kalss, AktG³ § 216 Rz 39; *Geist/ Diregger* in Jabornegg/Strasser, AktG⁵ § 216 Rz 11; *Gelter* in Gruber/Harrer, GmbHG² § 84 Rz 34; *Leupold* in Torggler, GmbHG § 84 Rz 21; **aA** *Koppensteiner/Rüffler*, GmbHG³ § 84 Rz 15; *Zehetner* in Straube/Ratka/Rauter, GmbHG § 84 Rz 63; *Petrasch/Verweijen* in Straube/Ratka/Rauter, GmbHG § 9 Rz 22 u offenbar auch *Auer*, wbl 2001, 245 (248) iZm der Frage der Zulässigkeit v Mantelgesellschaften.

141 OGH 23.2.2016, 6 Ob 207/15g. Ob das Verhältnis zw Abs 3 u 2 damit abschließend, dh auch hinsichtlich allfälliger sonstiger Gründungsmängel, geklärt ist, ist fraglich, vgl *Milchrahm*, Besprechung zu OGH 6 Ob 207/15g, GesRZ 2016, 287 (289).

142 *Gelter* in Gruber/Harrer, GmbHG² § 84 Rz 34.

143 OGH 13.9.2007, 6 Ob 146/06y: „*Die Löschung ist im Interesse des Rechtsverkehrs geboten, der bei einem Aufrechterhalten der Eintragung über das Bestehen des eingetragenen Rechtsträgers (Gesellschaft) getäuscht werden könnte. Die Voraussetzungen für die Anwendung des § 10 Abs 2 FBG sind gegeben*"; s auch *Leupold* in Torggler, GmbHG § 84 Rz 21; **aA** *Andrae*, NZ 2003/100, 364 (370 f): Für eine Anmeldepflicht gem § 31 Abs 2 HGB (nunmehr § 30 Abs 2 UGB).

144 *Kodek* in Kodek/Nowotny/Umfahrer, FBG § 10 Rz 23. Bei konstitutiven Eintragungen ist aber gerade wegen der rechtsbegründenden Eigenschaft der Eintragung in aller Regel die materielle Rechtslage mit der im FB dokumentierten identisch. Die rechtsbegründende Wirkung einer konstitutiven

lage hat der OGH in einer aktuellen E *obiter dictum* ausgeführt, dass eine zulässige u wirksame konstitutive Eintragung einer GesV-Änderung, die durch spätere Satzungsänderungen nicht mehr aktuell wirksam u somit „obsolet" wird, jedoch nicht gem § 10 Abs 2 FBG gelöscht werden darf, weil sie die seinerzeit bewirkte u bis zur Eintragung der späteren abändernden Satzungsänderung geltende Rechtslage richtig darstellt.[145]

H. Nichtigkeitsklage analog § 216 AktG

Nach hA soll die bei der AG vorgesehene Möglichkeit einer **Klage auf Nichtigerklärung** (§ 216 AktG; zu den erfassten Nichtigkeitsgründen vgl schon Rz 34) im Wege der **Analogie** auch bei der GmbH anwendbar sein.[146] Aktivlegitimiert ist jeder Gesellschafter, jeder GF u jedes (falls vorhanden) AR-Mitglied. Damit soll deren fehlendes Antragsrecht in den Verfahren gem § 10 Abs 3 FBG kompensiert werden.[147] Passivlegitimiert ist die Gesellschaft. Es handelt sich um eine Rechtsgestaltungsklage, welche innerhalb eines Jahres nach Eintragung der Gesellschaft eingebracht werden muss (vgl § 216 Abs 3 AktG). Zu den weiteren Klagsvoraussetzungen u zur Heilungsmöglichkeit vgl §§ 216 ff AktG. Die Nichtigerklärung erfolgt *ex nunc*. Eine Nichtigkeitsklage mit ex-tunc-Wirkung gibt es nach hA nicht; dies stünde auch dem Verständnis der Art 11 ff der PublizitätsRL[148] entgegen.[149] Nach hA erfolgt die Auf-

38

Eintragung kann ausnahmsweise dann nicht eintreten, wenn der zugrundeliegende Rechtsakt so mangelhaft ist, dass er keine Rechtswirkung entfaltet (zB bei Scheinbeschlüssen, nichtigen Beschlüssen oder infolge Beschlussanfechtung beseitigter Beschlüsse). Nur in den letztgenannten Fällen stimmt die materielle Rechtslage nicht mit der eingetragenen Rechtslage überein u ist demnach die Eintragung unzulässig; vgl OGH 22.12.2021, 6 Ob 17/21 p.

145 OGH 22.12.2021, 6 Ob 157/21p (die Löschung derartiger Rechtstatsachen ist sogar irreführend, weil sie auch dahingehend verstanden werden kann, die betr FB-Eintragung sei v Anfang an unwirksam gewesen).
146 **Dafür** *Koppensteiner/Rüffler*, GmbHG[3] § 84 Rz 20; *Leupold* in Torggler, GmbHG § 84 Rz 23; offenbar zust auch *Zehetner* in Straube/Ratka/Rauter, GmbHG § 84 Rz 112; **aA** *Gelter* in Gruber/Harrer, GmbHG[2] § 84 Rz 43 (Zweifel am Bestehen einer Gesetzeslücke).
147 *Leupold* in Torggler, GmbHG § 84 Rz 23.
148 EU-RL 2009/101/EG.
149 *Koppensteiner/Rüffler*, GmbHG[3] § 84 Rz 20; *Gelter* in Gruber/Harrer, GmbHG[2] § 84 Rz 43.

lösung nicht schon mit Rechtskraft des klagsstattgebenden Urteils, sondern erst mit Eintragung des (klagsstattgebenden) Urteils im FB (vgl § 88 Rz 10).[150]

I. Auflösung aus wichtigem Grund

39 Sowohl der **Gesetzgeber**[151] als auch die **Jud**[152] lehnen eine Auflösung/ Kündigung der Gesellschaft aus wichtigem Grund bei Fehlen einer gesv Grundlage (vgl dazu Rz 40 ff) mangels Vorliegens einer Gesetzeslücke **ab**. Diese Rsp – die auch die Ablehnung eines Ausschlusses aus wichtigem Grund (§ 140 UGB analog) umfasst[153] (vgl dazu § 66 Rz 25 ff) – wird v einem wesentlichen Teil der L[154] kritisiert u eine Auflösung der Gesellschaft aus wichtigem Grund für zulässig gehalten (zT begründet mit einer Analogie zum PersGes-Recht, zT mit der rechtlichen Einordnung als Dauerschuldverhältnis). Auch wenn die für die Zulässigkeit

---

150 *Zehetner* in Straube/Ratka/Rauter, GmbHG § 84 Rz 110 mwN zu dieser A; **aA** *Leupold* in Torggler, GmbHG § 84 Rz 23 (Auflösung tritt bereits mit Rechtskraft des klagsstattgebenden Gestaltungsurteils ein; FB-Eintragung nur deklarativ).
151 EBRV 236 BlgHH 17. Sess 90; HHB 272 BlgHH 17. Sess 13.
152 OGH 29.1.2001, 3 Ob 57/00d; 10.6.2016, 20 Os 1/16x; RIS-Justiz RS0114677; RS0102055; RS0130622; RS0130623.
153 OGH 25.9.2001, 4 Ob 216/01w; OGH 17.10.2006, 1 Ob 135/06v; OGH 14.9.2011, 6 Ob 80/11z.
154 Vgl aktuell etwa *Reich-Rohrwig*, GmbHR 669 ff; *Reich-Rohrwig*, ecolex 1991, 389 (391 f); *Kastner/Doralt/Nowotny*, GesR[5], 425; welche für ein ao Kündigungsrecht eines Gesellschafters u für den Ausschluss eines Gesellschafters aus wichtigem Grund eintreten; einschr auch *Wünsch* in FS Demelius 509 (521 ff) für die Zulässigkeit einer Kündigung aus wichtigem Grund; *Harrer* in FS Frotz 275 (284); *Koppensteiner/Rüffler*, GmbHG[3] § 84 Rz 21 u *Koppensteiner*, RdW 2018, 412 für analoge Anwendung der Auflösungsklage nach § 133 UGB; *Koppensteiner*, RdW 2022, 605 zum Ausschluss u Austritt bei der GmbH; offenlassend *Zehetner* in Straube/Ratka/ Rauter, GmbHG § 84 Rz 117; **aA** (dh gegen ein ao Kündigungsrecht) *Paschinger*, GesRZ 1983, 182 (186 ff); *Leupold* in Torggler, GmbHG § 84 Rz 24; *Gelter* in Gruber/Harrer, GmbHG[2] § 84 Rz 46a, nach letzterem könnte jedoch uU aus Treuepflichterwägungen eine Zustimmungspflicht zur Auflösung bestehen, wobei hier jedoch die ggt Rsp des OGH zu berücksichtigen ist, die eine Treuepflicht bei Beschlussfassung über die Beendigung der Gesellschaft ausdrücklich ablehnt, vgl OGH 29.5.2017, 6 Ob 76/17w (vgl auch Rz 7).

einer Auflösung aus wichtigem Grund angeführten Gründe grds zu befürworten sind u auch praktischer Bedarf an einem derartigen Instrumentarium besteht, ist in der Praxis jedenfalls die zit Rsp zu berücksichtigen. Dem Vertragsverfasser ist zu empfehlen, bei Bedarf eine entspr Regelung in den GesV aufzunehmen (vgl Rz 40, 43). Zum Gesellschafterausschluss gem GesAusG vgl § 66 Rz 18 ff. Zu Besonderheiten der dt GmbH vgl § 34 dGmbHG, Rz 37 ff.

J. Auflösung gemäß Gesellschaftsvertrag (Abs 2)

Die Gesellschafter können – innerhalb der Schranken des zwingenden Rechts u § 879 ABGB – im GesV **weitere Auflösungsgründe** vereinbaren. **Bsp**: Vorliegen eines wichtigen Grunds (mangels gesv Grundlage ist eine Auflösung aus wichtigem Grund unzulässig; vgl Rz 39), Insolvenz eines Gesellschafters, Einstellung eines Betriebs, Erreichen des Gesellschaftszwecks, Vereinigung aller Geschäftsanteile in einer Hand,[155] Unterschreiten bestimmter Bilanzkennzahlen.[156] Anders als eine Befristung gem Abs 1 Z 1 knüpfen diese Auflösungsgründe an ungewisse Ereignisse an u sind daher nicht in das FB einzutragen (vgl Rz 2).[157] 40

Praktisch wichtigster Auflösungsgrund ist ein **gesv vereinbartes Kündigungsrecht**.[158] Ohne entspr gesv Vereinbarung ist keine Kündigung möglich (uzw auch nicht aus wichtigem Grund; vgl dazu Rz 39).[159] Das Kündigungsrecht kann unbedingt eingeräumt werden (sodass die Kündigung nicht v bestimmten Voraussetzungen abhängt) oder an bestimmte Voraussetzungen geknüpft sein (**Bsp**: Vorliegen eines wichtigen Grunds; Erreichen eines bestimmten Lebensalters; Insolvenz, Tod oder Ausscheiden eines Gesellschafters; Nichterreichen v bestimmten Umsätzen/Gewinnen).[160] Das Kündigungsrecht kann allen Gesellschaftern oder nur einzelnen oder einer Gruppe v Gesellschaftern eingeräumt 41

---

155 Mangels ausdrücklicher Vereinbarung kein Auflösungsgrund – dies folgt schon aus der Zulässigkeit einer Einpersonengründung (vgl § 3 Abs 2).
156 *Gelter* in Gruber/Harrer, GmbHG² § 84 Rz 48; *Koppensteiner/Rüffler*, GmbHG³ § 84 Rz 25.
157 *Leupold* in Torggler, GmbHG § 84 Rz 26.
158 OGH 25.9.2003, 2 Ob 189/01k; *Zehetner* in Straube/Ratka/Rauter, GmbHG § 84 Rz 115 mwN.
159 *Zehetner* in Straube/Ratka/Rauter, GmbHG § 84 Rz 117; *Elsner*, ecolex 1995, 175 (177).
160 *Gelter* in Gruber/Harrer, GmbHG² § 84 Rz 49 mwN.

werden.[161] Die Kündigungserklärung ist an die Gesellschaft zu adressieren, welche (vertreten durch die GF) die übrigen Gesellschafter zu informieren hat. Haben die Mitgesellschafter jedoch ein Aufgriffsrecht, ist die Kündigungserklärung iZw auch an diese zu richten.[162]

42 Nach hM bewirkt die Kündigung iZw die Auflösung der Gesellschaft u nicht bloß das Ausscheiden des Kündigenden.[163] Der GesV kann aber vorsehen, dass die übrigen Gesellschafter (oder einzelne v ihnen) berechtigt sind, den Geschäftsanteil des Kündigenden zu übernehmen (**Aufgriffsrecht**, vgl dazu auch § 76 Rz 25).[164] Durch den Aufgriff kann die Auflösung der Gesellschaft abgewendet werden. Zulässig wäre auch die Vereinbarung einer Übernahme-/Aufgriffs**pflicht** der übrigen Gesellschafter.[165] Zur Form der nachträglichen Vereinbarung eines Aufgriffsrechts sowie zur Form der Ausübung der Aufgriffserklärung vgl § 76 Rz 46. Unzulässig ist eine Übernahme des Geschäftsanteils durch die GmbH selbst (vgl § 81). Denkbar wäre aber eine Vereinbarung, dass die Kündigung nur das Ausscheiden des Kündigenden im Wege einer Kapitalherabsetzung bewirkt (dies jedoch nur unter Einhaltung der diesbzgl Voraussetzungen, vgl § 54).[166]

43 Sollten die Gesellschafter eine Kündigungsmöglichkeit wünschen, ist eine Regelung dazu im GesV umzusetzen, insb sind Kündigungsakt (zB Kündigung nur unter Einhaltung einer bestimmten Kündigungsfrist u zu einem bestimmten Termin[167]) u Kündigungsfolgen (Auflösung, Aufgriffsrecht bzw -pflicht etc) genau zu regeln.[168] Auch die **Abfindung** des kündigenden Gesellschafters (Bemessung, Fälligkeit) sollte geregelt werden (vgl auch § 76 Rz 26). Fehlt es an einer Vereinbarung, hat die Abfindung iZw dem objektiven Verkehrswert (vgl § 306 ABGB) zu entsprechen.[169] Die Methode zur Ermittlung des Verkehrswerts stellt eine Tatfrage dar, welche der richterlichen Beweiswürdigung unter-

---

161 *Reich-Rohrwig*, GmbHR 675.
162 *Koppensteiner/Rüffler*, GmbHG³ § 84 Rz 25.
163 *Koppensteiner/Rüffler*, GmbHG³ § 84 Rz 25 mwN auch zu abw M.
164 *Reich-Rohrwig*, GmbHR 676; *Zehetner* in Straube/Ratka/Rauter, GmbHG § 84 Rz 118.
165 *Reich-Rohrwig*, GmbHR 676.
166 Vgl im Detail *Reich-Rohrwig*, GmbHR 677.
167 *Zehetner* in Straube/Ratka/Rauter, GmbHG § 84 Rz 118.
168 Vgl im Detail *Burgstaller/Viechtbauer*, GesRZ 1999, 13 (13 ff).
169 RIS-Justiz RS0118023.

liegt.[170] Zu den untersch Bewertungsmethoden sowie zur Frage der Beschränkung der Abfindung auf den Buchwert vgl § 76 Rz 27.

III. Rechtsfolgen der Auflösung

Die Auflösung der Gesellschaft führt idR nicht zur Beendigung der Gesellschaft u auch nicht zum Verlust v deren Rechtspersönlichkeit.[171] Mit der Auflösung tritt die Gesellschaft ins Stadium der **Liquidation** u ist gem §§ 89 ff abzuwickeln. An die Stelle des ursprünglichen Gesellschaftszwecks tritt der Abwicklungszweck (vgl § 89 Rz 2).[172] Im Übrigen ändert sich nichts Wesentliches. Die Unternehmensorganisation bleibt durch die Auflösung iW unberührt (mit Ausnahme der GF, an deren Stelle die Liquidatoren treten, vgl dazu auch § 89 Rz 11 ff; für den Fall der Konkurseröffnung vgl Rz 16, 17).[173] Rechtsverhältnisse bleiben (vorerst) bestehen u die Gesellschaft ist weiterhin partei- u konkursfähig.[174] Gewerbeberechtigungen bleiben aufrecht.[175] Die Auflösung der Gesellschaft ist in das FB einzutragen; diese wirkt jedoch nur deklarativ (vgl § 88 Rz 10). 44

Rechts- u Parteifähigkeit enden erst mit Vollbeendigung der Gesellschaft. Die **Vollbeendigung** der Gesellschaft tritt ein, wenn kein Gesellschaftsvermögen mehr vorhanden ist u die Gesellschaft im FB gelöscht wurde; diese beiden Voraussetzungen müssen kumulativ vorliegen. Zur Frage der vollständigen Vermögenslosigkeit vgl § 93 Rz 5 f. 45

Keine Liquidation (vgl dazu auch § 89 Rz 8) findet statt bei Übertragung des Vermögens im Wege der Gesamtrechtsnachfolge, wie etwa bei Verschmelzung, Aufspaltung, übertragender Umwandlung sowie bei Verstaatlichung (zur Verstaatlichung vgl § 95).[176] Ebensowenig bei 46

---

170 OGH 25.9.2003, 2 Ob 189/01k.
171 OGH 25.2.1997, 1 Ob 5/97k.
172 OGH 23.4.1996, 1 Ob 509/96; *Koppensteiner/Rüffler*, GmbHG³ § 84 Rz 5 u 27.
173 *Zehetner* in Straube/Ratka/Rauter, GmbHG § 84 Rz 7.
174 Vgl etwa OGH 17.12.1997, 6 Ob 356/97i (zur verpflichtenden Angabe einer zustellfähigen Geschäftsadresse auch im Liquidationsverfahren).
175 Vgl §§ 11 Abs 1, 85 Z 3 GewO; zu Kapitalanlagegesellschaften vgl *Zehetner* in Straube/Ratka/Rauter, GmbHG § 84 Rz 10.
176 *Ch. Nowotny* in Kalss/Nowotny/Schauer, GesR² Rz 4/541; *Zehetner* in Straube/Ratka/Rauter, GmbHG § 84 Rz 14.

Eröffnung eines Insolvenzverfahrens (diesfalls Verwertung nach den Vorschriften der IO;[177] vgl dazu auch Rz 16) sowie bei Löschung wegen Vermögenslosigkeit (§ 40 FBG, vgl Rz 23 ff). Ist die GmbH Komplementärin einer **GmbH & Co KG**, wird die Auflösung der Komplementär-GmbH nach der Rsp[178] dem Tod einer natPers gleichgesetzt u führt gem § 131 Z 4 UGB zur Auflösung der KG. Umstritten ist, welche Auswirkungen es auf die GmbH & Co KG hat, wenn die Komplementär-GmbH als übertragende Gesellschaft auf eine andere Gesellschaft verschmolzen wird.[179]

IV. Fortsetzung der Gesellschaft

A. Zulässigkeit

47 Anders als im AktG (vgl § 215 AktG) enthält das GmbHG keine Regelung zur Fortsetzung einer aufgelösten Gesellschaft. Dennoch wird dies nach heute hA grds in allen Auflösungsfällen – mit Ausnahme des § 40 FBG – für **zulässig** erachtet.[180]

48 Bei Löschung gem **§ 40 FBG** ist ein Fortsetzungsbeschluss nach A der Rsp **ausgeschlossen**.[181] Auch wenn diese Einschränkung der Fortsetzungsmöglichkeit in der Lit kritisiert wird,[182] ist diese Rsp jedenfalls zu beachten, zumal diese auch zuletzt wieder bestätigt wurde.[183] Eine

---

177 *Koppensteiner/Rüffler*, GmbHG³ § 84 Rz 26; einschr *Gelter* in Gruber/Harrer, GmbHG² § 84 Rz 26.
178 OGH 23.11.1995, 6 Ob 582/95; krit *Leupold* in Torggler, GmbHG § 84 Rz 32 (Auflösung der Komplementär-GmbH führt nicht *per se* zur Auflösung der KG, sondern zum Ausscheiden der Komplementärin; allenfalls liegt wichtiger Grund iSd § 133 UGB vor).
179 Vgl dazu im Detail *Aburumieh/Adensamer/H. Foglar-Deinhardstein*, Verschmelzung VI. B Rz 30.
180 OGH 26.1.2006, 6 Ob 216/05s; *Gelter* in Gruber/Harrer, GmbHG² § 84 Rz 56 mwN.
181 RIS-Justiz RS0112036.
182 *Koppensteiner/Rüffler*, GmbHG³ § 84 Rz 29; *Zehetner* in Straube/Ratka/Rauter, GmbHG § 84 Rz 124; *Leupold* in Torggler, GmbHG § 84 Rz 45.
183 Vgl etwa OGH 29.4.2021, 8 Ob 18/21m; 15.3.2021, 6 Ob 29/21i; 15.9.2020, 6 Ob 118/20a; 19.3.2015, 6 Ob 10/15; 19.3.2015, 6 Ob 178/14s. Vgl auch OGH 25.1.2023, 6 Ob 244/22h zur Feststellung der Gesellschaftereigenschaft bei einer gelöschten GmbH.

Fortsetzung ist in diesem Fall nur dann möglich, wenn der Löschungsbeschluss aufgrund eines Mangels im Löschungsverfahren erfolgreich bekämpft wird.[184]

B. Voraussetzungen

Zur Fortsetzung der Gesellschaft haben die Gesellschafter grds einen **Fortsetzungsbeschluss** zu fassen.[185] Bei Auflösung der Gesellschaft infolge Eröffnung eines Konkursverfahrens (vgl Rz 10 ff) ist uE jedoch zu differenzieren. Ist ein Rekurs gegen einen erstinstanzlichen Konkurseröffnungsbeschluss in der Form erfolgreich, dass der Eröffnungsantrag rechtskräftig abgewiesen wird, wird damit auch ausgesprochen, dass die Konkurseröffnung zu Unrecht erfolgte. Die Auflösung hätte daher nie eintreten dürfen, weshalb uE für diesen Fall kein Fortsetzungsbeschluss erforderlich ist.[186] Aus § 77a Abs 2 S 1 iVm § 79 Abs 1 IO ist für diesen Fall zu entnehmen, dass amtswegig die mit der Eröffnung verbundenen Veröffentlichungen u Eintragungen rückgängig zu machen sind.[187] Unseres Erachtens ist daher auch die Eintragung der Auflösung der Gesellschaft amtswegig zu löschen.[188] Anderes gilt bei Aufhebung des Konkursverfahrens mit rechtskräftiger Bestätigung eines Sanierungsplans (§ 152b Abs 2 IO) sowie mit Zustimmung aller Gläubiger (§ 123b IO). In diesen Fällen ist das Konkursverfahren rechtskonform in Gang gesetzt worden, sodass die mit Konkurseröffnung bewirkte Auflösung in

49

---

184 G. Nowotny in Kodek/Nowotny/Umfahrer, FBG § 40 Rz 48.
185 Zehetner in Straube/Ratka/Rauter, GmbHG § 84 Rz 125.
186 Vgl auch Schumacher in Bartsch/Pollak/Buchegger, Österreichisches Insolvenzrecht II/2⁴ § 79 Rz 17, wonach bei erfolgreichem Rekurs die Auflösung einer PersGes durch Konkurseröffnung gem § 131 Z 3 HGB (nunmehr UGB) v Anfang an als nicht erfolgt zu werten ist. Gegen das Erfordernis eines Fortsetzungsbeschlusses weiters Leupold in Torggler, UGB³ § 144 Rz 4; Koppensteiner/Rüffler, GmbHG³ § 84 Rz 31; Gelter in Gruber/Harrer, GmbHG² § 84 Rz 59; Zehetner in Straube/Ratka/Rauter, GmbHG § 84 Rz 130.
187 Vgl Senoner in Konecny/Schubert, Insolvenzgesetze § 79 IO, Rz 1, wonach die mit Eröffnung des Insolvenzverfahrens vorgenommenen Veröffentlichungen zu spiegeln sind.
188 Zu beachten ist jedoch, dass sämtliche Vorgänge weiterhin aus dem Verzeichnis der gelöschten Eintragungen (§ 31 iVm § 33 Abs 4 FBG) ersichtlich sind. Damit ist für die betroffene Gesellschaft im Geschäftsverkehr keine befriedigende Situation erreicht.

diesen Fällen durch einen Fortsetzungsbeschluss der Gesellschafter zu beseitigen ist.[189] Strittig ist, ob im Fall des Widerrufs eines Auflösungsbescheids durch die Verwaltungsbehörde ein Fortsetzungsbeschluss erforderlich ist oder nicht (vgl § 86 Rz 11).[190]

50 Der Beschluss ist – als *contrarius actus* zum Auflösungsbeschluss – jedenfalls **notariell zu beurkunden** (vgl Rz 7).[191] Umstritten ist jedoch, welche Mehrheit für den Beschluss erforderlich ist. Versteht man den Fortsetzungsbeschluss – uE zutr – als *contrarius actus* zum Auflösungsbeschluss, ist hierfür **dieselbe Mehrheit erforderlich wie beim Auflösungsbeschluss**;[192] dies ist grds die einfache Mehrheit. Ist aber im GesV für die Auflösung ein höhere Mehrheit vorgesehen (vgl Rz 4), gilt diese auch für den Fortsetzungsbeschluss.[193] Erfolgte die Auflösung der Gesellschaft durch GesV-Änderung (insb bei nachträglicher Einf oder Verkürzung einer zeitlichen Befristung relevant, vgl Rz 3), bedarf es auch für deren Fortsetzung wiederum der Änderung des GesV samt Einhaltung der diesbzgl Vorschriften (Dreiviertelmehrheit gem § 50 Abs 1).[194] Ebenso wird bei Umgründungen (Abs 1 Z 3) für den Fortsetzungsbeschluss als *contrarius actus* zum Umgründungsbeschluss eine Dreiviertelmehrheit erforderlich sein.[195] Durch den Auflösungsbeschluss entsteht kein Sonderrecht des für die Auflösung stimmenden

---

189 Vgl auch *Gelter* in Gruber/Harrer, GmbHG² § 84 Rz 59; OGH 10.10.2002, 6 Ob 152/02z; allg zur Fortsetzung einer durch Konkurseröffnung aufgelösten GmbH nach Bestätigung des Sanierungsplans s auch *Birnbauer*, GES 2010, 278.

190 Gegen Beschlusserfordernis etwa *Koppensteiner/Rüffler*, GmbHG³ § 86 Rz 4, § 84 Rz 31; *Gelter* in Gruber/Harrer, GmbHG² § 86 Rz 7, § 84 Rz 61; *Leupold* in Torggler, GmbHG § 86 Rz 10; **aA** (dh für Beschlusserfordernis): *Umfahrer*, GmbH[7] Rz 16.24 FN 2966 unter Hinweis auf OGH 18.6.1969, 5 Ob 161/69; *Diwok* in Diwok/Göth, BWG § 6 Rz 35; differenzierend *Zehetner* in Straube/Ratka/Rauter, GmbHG § 86 Rz 22, 28: grds für Beschlusserfordernis, da die eingetretene Auflösung nicht *per se* rückwirkend wegfallen kann, aber bei *ex-tunc*-Wirkung des Widerrufs/der Rücknahme kein Fortsetzungsbeschluss erforderlich.

191 OLG Wien 3.3.1994, 6 R 105/93, NZ 1994, 189; *Zehetner* in Straube/Ratka/Rauter, GmbHG § 84 Rz 125 mwN.

192 Vgl etwa *Zehetner* in Straube/Ratka/Rauter, GmbHG § 84 Rz 126 mwN; **aA** *Wünsch* in FS Demelius 509 (513); *Reich-Rohrwig*, ecolex 1990, 485 (486) (beide für Einstimmigkeit).

193 *Leupold* in Torggler, GmbHG § 84 Rz 34.

194 *Zehetner* in Straube/Ratka/Rauter, GmbHG § 84 Rz 127, 139.

195 *Gelter* in Gruber/Harrer, GmbHG² § 84 Rz 57.

Gesellschafters auf den Liquidationserlös, weshalb dessen Zustimmung gem § 50 Abs 4 nach hA nicht erforderlich ist;[196] uE sollte dies auch bei Fortsetzung im Fall der zunächst beschlossenen Umgründung gelten. Auch konkludente Fortsetzung wird – sofern die erforderliche Form gewahrt ist – zT als zulässig erachtet, zB bei Umgründungen nach Auflösung der Gesellschaft;[197] diesfalls enthält der Umgründungsbeschluss (Dreiviertelmehrheit) konkludent auch den Fortsetzungsbeschluss.[198]

Bei **Auflösung aufgrund Kündigung** soll nach A der Lit für die Fortsetzung die Zustimmung des Kündigenden erforderlich sein.[199] Unseres Erachtens ist dies zu relativieren. Eine Fortsetzung mit dem betr (dh kündigenden) Gesellschafter bedarf uE jedenfalls dessen Zustimmung. Soll jedoch die Gesellschaft ohne den Kündigenden fortgesetzt werden, wäre uE – analog zu § 141 UGB – ein einstimmiger Beschluss nur der übrigen Gesellschafter ausreichend;[200] uE müsste diesfalls jedoch sichergestellt sein, dass der kündigende Gesellschafter, der somit aus der Gesellschaft ausscheidet, v den übrigen Gesellschaftern (nicht v der Gesellschaft!) entspr abgefunden wird. In der Praxis wird für den Fall der Kündigung häufig ein Aufgriffsrecht der übrigen Gesellschafter vereinbart (vgl dazu § 76 Rz 25). 51

Grundsätzlich ist eine Fortsetzung nur möglich, wenn der **Auflösungsgrund beseitigt** wird. 52

– Bei Auflösung infolge **Konkurseröffnung** genügt dazu die rechtskräftige Aufhebung des Beschlusses infolge erfolgreicher Anfechtung, Bestätigung eines Sanierungsplans (§ 152b IO) oder Zustimmung der Gläubiger (§ 123b IO). Zur Frage des Erfordernisses eines Fortsetzungsbeschlusses vgl Rz 49.
– Bei Auflösung durch **rechtskräftige Nichteröffnung/Aufhebung des Insolvenzverfahrens mangels kostendeckenden Vermögens** (§ 84 Z 4 Fall 2; § 39 Abs 1 FBG) ist ein Nachw über die Beseitigung der Konkurseröffnungsgründe sowie Beseitigung der Vermögens-

---

196 Vgl etwa *Koppensteiner/Rüffler*, GmbHG³ § 84 Rz 32; **aA** *Reich-Rohrwig*, GmbHR 690.
197 Vgl dazu im Detail *Aburumieh/Adensamer/H. Foglar-Deinhardstein*, Verschmelzung III. A Rz 6.
198 *Leupold* in Torggler, GmbHG § 84 Rz 36 f.
199 *Reich-Rohrwig*, GmbHR 689; *Gelter* in Gruber/Harrer, GmbHG² § 84 Rz 57.
200 Vgl *Leupold* in Torggler, UGB³ § 141 Rz 6; *Jabornegg/Artmann* in Artmann, UGB³ § 141 Rz 11.

losigkeit Voraussetzung für die Fortsetzung.[201] Unseres Erachtens ist unter diesen Voraussetzungen auch bei rechtskräftiger Aufhebung des Konkursverfahrens nach Schlussverteilung gem § 139 IO grds eine Fortsetzung denkbar (vgl Rz 54).

– Bei Auflösung durch die **Verwaltungsbehörde** erfordert die Fortsetzung den Widerruf bzw die Zurücknahme des Bescheids (vgl auch § 86 Rz 11).[202]
– Bei Auflösung durch **Umgründungsbeschluss** (Verschmelzung, Aufspaltung, übertragende Umwandlung) der übertragenden Gesellschaft führt eine (erfolgreiche) Anfechtung *ipso iure* zur Beseitigung der Auflösungsfolge (*ex-tunc*-Wirkung des Urteils); ein Fortsetzungsbeschluss ist diesfalls nicht erforderlich.[203] Dies gilt aber nur solange, als die Umgründung nicht im FB eingetragen wurde (Bestandschutz, vgl § 98 Rz 30).
– Im Fall der Auflösung gem **§ 10 Abs 3 FBG sowie § 216 AktG analog** ist der Gründungsmangel durch Änderung des GesV zu beheben. Die diesbzgl Beschlussfassung enthält idR konkludent auch den Fortsetzungsbeschluss.[204]

53 Eine Fortsetzung ist nicht mehr möglich, wenn die Gesellschaft bereits **gelöscht ist**[205] oder wenn bereits mit der **Verteilung des Gesellschaftsvermögens** begonnen wurde (vgl auch § 89 Rz 9).[206] Die A der (älteren) L, wonach die Fortsetzung der Gesellschaft in der Liquidationsphase dann möglich sei, wenn der an die Gesellschafter verteilte Liquidationserlös zurückerstattet wird,[207] wird v der Rsp abgelehnt.[208]

---

201 OGH 23.9.2004, 6 Ob 187/04z; *Gelter* in Gruber/Harrer, GmbHG² § 84 Rz 58 mwN.
202 *Koppensteiner/Rüffler*, GmbHG³ § 84 Rz 30.
203 OGH 22.1.1953, 1 Ob 18/53; *Leupold* in Torggler, GmbHG § 84 Rz 43.
204 *Leupold* in Torggler, GmbHG § 84 Rz 44.
205 RIS-Justiz RS0120497; *Gellis/Feil*, GmbHG⁷ § 84 Rz 12; **aA** *Zehetner* in Straube/Ratka/Rauter, GmbHG § 84 Rz 133, der nicht auf die Löschung, sondern auf die Vollbeendigung der Gesellschaft abstellt.
206 OGH 23.9.2004, 6 Ob 87/04v; 26.1.2006, 6 Ob 216/05s; *Koppensteiner/Rüffler*, GmbHG³ § 84 Rz 34.
207 *Reich-Rohrwig*, GmbHR 688; idS aber auch Vertreter der jüngeren L, vgl etwa *Leupold* in Torggler, GmbHG § 84 Rz 38, die sich für eine Fortsetzungsmöglichkeit ausspricht, wenn die Rückzahlung des Erhaltenen nicht nur versprochen wurde, sondern auch tatsächlich erfolgt.
208 OGH 23.9.2004, 6 Ob 87/04v.

Umstritten ist, ob für die Fortsetzung eine bestimmte **Kapitalausstattung** erforderlich ist.[209] In der L wird zT vertreten, dass jedenfalls ein Mindestvermögen erforderlich ist, welches die Überschuldung u eine damit einhergehende Insolvenzantragspflicht ausschließt.[210] Diese Aussagen überzeugen in ihrer Allgemeinheit nicht. Entscheidend ist uE ausschließlich, ob der konkret vorliegende Auflösungsgrund beseitigt worden ist. Bei den vermögensbezogenen Auflösungstatbeständen (Abs 1 Z 4) erfordert die Fortsetzung idR die wirtschaftliche Sanierung u die damit einhergehende Beseitigung des Auflösungsgrundes. In derartigen Fällen ist dem FB-Gericht nachzuweisen, dass jenes Substrat, welches zunächst die Auflösung bewirkt hat, nicht mehr weiter vorliegt. Im Ergebnis dürfen daher die Insolvenzgründe der Zahlungsunfähigkeit u/oder Überschuldung gem §§ 66 u 67 IO nicht weiter bestehen u muss entspr Vermögen vorhanden sein.[211] Mit einem rechtskräftig bestätigten Sanierungsplan (§ 152b IO) ist ein derartiger Nachw jedenfalls erbracht,[212] wobei zu beachten ist, dass sich diese Frage nur bei einem im Laufe eines Konkursverfahrens abgeschlossenen Sanierungsplan stellt.[213] Die hA schließt die Möglichkeit der Fortsetzung für den Fall eines Konkursverfahrens, welches mit Schlussverteilung gem § 139 IO endet, generell aus.[214] Unseres Erachtens ist dies nicht zutr, zumal aus der Gesellschaftersphäre eine entspr Vermögensausstattung auch in diesem Fall erfolgen kann. Ein sachlicher Untersch zu den Fällen der Ab-

54

---

209 Vgl etwa OLG Graz 4.6.1987, 1 R 114/87, welches ein für die Fortführung der Wirtschaftstätigkeit ausreichendes Gesellschaftsvermögen voraussetzt; zum Meinungsstand in Dtl vgl *Berner* in MüKo GmbHG[3] § 60 Rz 247 ff; *Erle*, GmbHR 1997, 973 ff.
210 Vgl etwa *Koppensteiner/Rüffler*, GmbHG[3] § 84 Rz 34; *Leupold* in Torggler, GmbHG § 84 Rz 39; für Dtl: *K. Schmidt/Bitter* in Scholz, GmbHG[12] § 60 Rz 86 (weitergehende Anforderungen sollen sich jedoch dann ergeben, wenn unter dem Mantel einer aufgelösten Gesellschaft eine wirtschaftliche Neugründung erfolgt).
211 Vgl OGH 23.9.2004, 6 Ob 187/04z; 19.5.2005, 6 Ob 11/05v.
212 Vgl *Gelter* in Gruber/Harrer, GmbHG[2] § 84 Rz 58 zur Rechtslage nach dem IRÄG 2010 (Sanierungsplan); zur wertungsmäßig identen Rechtslage vor dem IRÄG 2010 (Zwangsausgleich) *Zehetner* in Straube/Ratka/Rauter, GmbHG § 84 Rz 140 aE.
213 Die Eröffnung eines Sanierungsverfahrens führt nicht zur Auflösung der Gesellschaft, sodass diese Themenstellung in solchen Fällen nicht auftritt; vgl dazu auch die Ausführungen bei Rz 11.
214 Vgl die Nachw bei *Gelter* in Gruber/Harrer, GmbHG[2] § 84 Rz 58.

weisung oder Aufhebung eines Insolvenzverfahrens mangels kostendeckenden Vermögens (bei welchen die Rsp[215] eine Fortsetzungsmöglichkeit ja grds bejaht) ist uE nicht erkennbar. In jenen Fällen, in denen ein Rechtsmittel gegen einen erstinstanzlichen Konkurseröffnungsbeschluss erfolgreich war, ist für die Fortsetzung der Gesellschaft ein Vermögensnachweis uE nicht zu fordern, zumal ja durch die Rechtsmittelentscheidung feststeht, dass der Auflösungsgrund tatsächlich nicht bestanden hat.

55 Im Fall der Fortsetzung sind die GF neu zu bestellen, uzw auch wenn die ehem GF als Liquidatoren tätig waren.[216] Die Fortsetzung ist gem § 9 FBG im **FB einzutragen**. Zur Anmeldung verpflichtet sind die wiederbestellten GF (nicht die Liquidatoren); die Zuständigkeit der Liquidatoren endet mit Wirksamwerden des Fortsetzungsbeschlusses.[217] Die Anmeldung hat in beglaubigter Form zu erfolgen.[218] Strittig ist, ob die Anmeldung der Fortsetzung durch sämtliche GF zu erfolgen hat[219] oder ob die Anmeldung durch GF in vertretungsbefugter Zahl ausreicht.[220] Unseres Erachtens ist eine Anmeldung in vertretungsbefugter Zahl ausreichend (wie auch bei der Anmeldung der Auflösung, vgl dazu § 88 Rz 5). Die Anmeldung kann gem § 24 FBG durch Zwangsstrafen erzwungen werden.[221] Fraglich ist, ob eine Erklärung der GF erforderlich ist, dass mit der Verteilung des Gesellschaftsvermögens an die Gesellschafter noch nicht begonnen wurde.[222] Aus Rechtssicherheitserwägungen ist eine derartige Erklärung uE zu empfehlen. Umstritten ist weiters, ob die FB-Eintragung deklarativ[223] oder

---

215 Vgl OGH 23.9.2004, 6 Ob 187/04z; 19.5.2005, 6 Ob 11/05v.
216 Vgl *Birnbauer*, GES 2010, 278 (280); *Gelter* in Gruber/Harrer, GmbHG² § 84 Rz 63 mwN.
217 *Leupold* in Torggler, GmbHG § 84 Rz 47; *Gelter* in Gruber/Harrer, GmbHG² § 84 Rz 63.
218 Vgl *Zehetner* in Straube/Ratka/Rauter, GmbHG § 84 Rz 142 (s dort auch die beizuschließenden Unterlagen).
219 *Umfahrer*, GmbH⁷ Rz 16.28; *Zehetner* in Straube/Ratka/Rauter, GmbHG § 84 Rz 142; *Gelter* in Gruber/Harrer, GmbHG² § 84 Rz 63.
220 *Birnbauer*, GES 2010, 278 (280); *Leupold* in Torggler, GmbHG § 84 Rz 47.
221 OLG Wien 3.11.2010, 28 R 214/10m.
222 **Dafür** etwa *Zehetner* in Straube/Ratka/Rauter, GmbHG § 84 Rz 142; *Umfahrer*, GmbH⁷ Rz 16.28; zweifelnd *Gelter* in Gruber/Harrer, GmbHG² § 84 Rz 63.
223 OGH 23.4.1996, 1 Ob 2014/96z; *Koppensteiner/Rüffler*, GmbHG³ § 84 Rz 35 mwN zu dieser A; für Deutschland: *Berner* in MüKo GmbHG³ § 60 Rz 237.

konstitutiv[224] wirkt. Unbeschadet der Eintragung in das FB ist die Gesellschaft nicht rechtswirksam fortgesetzt, wenn es an der Erfüllung materiell-rechtlicher Voraussetzungen mangelt.[225] Konstitutiv wirkt die FB-Eintragung uE jedenfalls bei Fortsetzung durch GesV-Änderung (vgl § 49 Abs 2, vgl auch schon Rz 50).[226]

Mit dem Gedanken, die Kreditwürdigkeit der Gesellschaft nicht auf Dauer zu beeinträchtigen, hat der Gesetzgeber mit § 77a Abs 2 IO die Möglichkeit geschaffen, fünf Jahre nach Aufhebung des Insolvenzverfahrens oder nach einem beschlussmäßigen Ausschluss der Einsicht in die Insolvenzdatei wegen Erfüllung des Sanierungsplanes (§ 256 Abs 3 IO) die **Löschung sämtlicher die Insolvenz betr Eintragungen im FB** über Schuldnerantrag zu verlangen.[227] Ein derartiger Antrag ist beim FB-Gericht zu stellen. Nach dem Wortlaut des § 77a Abs 2 S 2 IO ist die Löschung der Eintragung der Nichteröffnung des Insolvenzverfahrens mangels kostendeckenden Vermögens nicht vorgesehen, stellt doch Abs 2 S 2 *leg cit* explizit nur auf die in Abs 1 Z 1 bis 5 geregelten Tatbestände ab. Vor allem *Riel*[228] hat daraus geschlossen, dass eine restriktive Auslegung dieser Bestimmung im Interesse des Geschäftsverkehrs geboten u daher eine Löschung der Eintragung im FB nicht möglich sei. Der OGH hat sich der M v *Riel* jedoch nicht angeschlossen. Demnach ist auch die Löschung der Eintragung der Nichteröffnung eines Insolvenzverfahrens mangels hinreichenden Vermögens möglich, wenn die Gesellschaft ihre Fortsetzung beschlossen hat u nachgewiesenermaßen über entspr Vermögen zur Fortsetzung verfügt.[229] Unseres Erachtens ist dies zutr, besteht doch keine sachliche Rechtfertigung dafür, eine Gesell-

56

---

224 *Reich-Rohrwig*, GmbHR 693; *Zehetner* in Straube/Ratka/Rauter, GmbHG § 84 Rz 143; *Leupold* in Torggler, GmbHG § 84 Rz 46; allesamt mit dem Argument einer Analogie zu § 215 Abs 4 AktG.
225 OGH 23.4.1996, 1 Ob 2014/96z.
226 Vgl idS auch *Gelter* in Gruber/Harrer, GmbHG² § 84 Rz 63; *Leupold* in Torggler, GmbHG § 84 Rz 46.
227 Vgl dazu *Katzmayr* in Konecny/Schubert, Insolvenzgesetze § 77a IO, Rz 14, der zutr darauf hinweist, dass diesem Gedanken seitens des Gesetzgebers nur halbherzig Rechnung getragen wurde, da die insolvenzrechtlichen Vorgänge dem Verzeichnis der gelöschten Eintragungen im FB entnommen werden können.
228 *Riel*, ZIK 1999, 116.
229 Vgl zuletzt OGH 19.5.2005, 6 Ob 11/05v; vgl dazu auch die Darstellung des Meinungsstandes bei *Katzmayr* in Konecny/Schubert, Insolvenzgesetze § 77a IO, Rz 21 mwN.

schaft, die ihren wirtschaftlichen Fortbestand in einer derart schwierigen Situation tatsächlich schafft, zu benachteiligen; wobei natürlich in der Praxis derartige Fälle zumeist mit einer Löschung gem § 40 FBG enden (vgl Rz 25).

§ 86. (1) Die Auflösung einer Gesellschaft mit beschränkter Haftung kann von der Verwaltungsbehörde verfügt werden:

1. wenn die Gesellschaft die durch die Bestimmungen dieses Gesetzes (§ 1 Abs. 2) gezogenen Grenzen ihres Wirkungskreises überschreitet;
2. wenn die Geschäftsführer im Betrieb des gesellschaftlichen Unternehmens sich einer gerichtlich strafbaren Handlung schuldig machen und nach der Art der begangenen strafbaren Handlung im Zusammenhalt mit dem Charakter des gesellschaftlichen Unternehmens von dem weiteren Betrieb desselben Mißbrauch zu besorgen wäre.

(2) Die Auflösung zu verfügen ist berufen:

1. wenn es sich um den Betrieb von Versicherungsgeschäften handelt, der Bundesminister für Finanzen;
2. bei anderen Gesellschaften der für den Sitz der Gesellschaft zuständige Landeshauptmann.

(3) Gegen die Entscheidung des Landeshauptmannes kann binnen zwei Wochen die Berufung an den Bundesminister für Inneres ergriffen werden.

(4) § 6 Abs. 3 des Kreditwesengesetzes, BGBl. Nr. 63/1979, bleibt unberührt.

idF BGBl 1991/10 (s auch BGBl 2021/98 [§ 105 Abs 2 BWG])

Literatur: *Diwok/Göth*, Bankwesengesetz (2005); *Doralt*, Gesellschafts- und zivilrechtliche Bemerkungen zur Konzessionserteilung nach dem KWG-Entwurf, in FS Krasensky (1978) 81; *Zehetner*, Die Schließung von Zweigniederlassungen ausländischer Kapitalgesellschaften, in FS Krejci (2001) 389.

Inhaltsübersicht

I. Einführung	1
II. Auflösungsgründe	2–5
III. Verfahren, Zuständigkeit	6–11

I. Einführung

§ 86 regelt die Auflösung der Gesellschaft durch **Verfügung einer Verwaltungsbehörde**. Auch die Auflösung einer inländischen Zweigniederlassung einer ausländischen Gesellschaft kann in sinngemäßer Anwendung des § 86 erfolgen (vgl § 113).[1] Die praktische Bedeutung dieser Vorschrift ist aber eher gering;[2] am ehesten ist in der Praxis die Auflösung nach § 6 Abs 4 BWG anzutreffen.

II. Auflösungsgründe

Die Gesellschaft kann v der Verwaltungsbehörde aufgelöst werden, wenn sie die in § 1 Abs 2 gezogenen Grenzen ihres **Wirkungsbereiches überschreitet**, dh konkret bei Betrieb v Versicherungsgeschäften oder im Falle der Tätigkeit als politischer Verein (**Abs 1 Z 1**). Sonstige gesetz- oder sittenwidrige Tätigkeiten, die nicht unter § 1 Abs 2 fallen (vgl zB § 3 Abs 1 Z 1 BörseG, § 21 Abs 1 Z 1 GSpG, § 6 Abs 1 PKG; § 5 Abs 1 BausparkassenG; § 879 ABGB), stellen keinen Auflösungsgrund iSd § 86 dar;[3] ebenso wenig das Überschreiten des gesv Unternehmensgegenstands.[4] Bei rechts- oder sittenwidrigem Unternehmensgegenstand (zu unerlaubten Zwecken vgl § 1 Rz 8 ff) sind aber jedenfalls die §§ 10 Abs 2 u 3 FBG (Löschung wegen Gründungsmängeln) zu beachten (vgl dazu § 84 Rz 33 ff).

Weiters ist die Gesellschaft aufzulösen, wenn sich die GF im Betrieb des gesellschaftlichen Unternehmens einer **gerichtl strafbaren Handlung** schuldig machen u nach der Art der begangenen strafbaren Handlung iZm dem Charakter des Unternehmens v dem weiteren Betrieb Missbrauch zu besorgen wäre (**Abs 1 Z 2**); dh es muss eine strafgerichtliche Verurteilung der Gesellschaft oder eines ihr zurechenbaren Entscheidungsträgers vorliegen u die Straftaten müssen einen wesentlichen Bestandteil der Geschäftstätigkeit der Gesellschaft darstellen.[5] Ob fort-

---

1 Vgl im Detail *Zehetner* in FS Krejci 389 (394).
2 *Koppensteiner/Rüffler*, GmbHG³ § 86 Rz 1; *Zehetner* in Straube/Ratka/Rauter, GmbHG § 86 Rz 1.
3 *Reich-Rohrwig*, GmbHR 666 f; *Leupold* in Torggler, GmbHG § 86 Rz 2.
4 *Reich-Rohrwig*, GmbHR 667; *Zehetner* in Straube/Ratka/Rauter, GmbHG § 86 Rz 6.
5 Vgl dazu *Gelter* in Gruber/Harrer, GmbHG² § 86 Rz 3, auch mit Bsp.

dauernde Missbrauchsgefahr vorliegt, ist unter Berücksichtigung der im Gesetz genannten Kriterien (Art der Handlung, Charakter des Unternehmens) v Amts wegen zu prüfen.[6] Unabhängig v der Möglichkeit der Auflösung der Gesellschaft bei gerichtl strafbarer Handlung der GF ist die Gesellschaft seit dem Inkrafttreten des VbVG u bei Vorliegen der darin festgelegten Voraussetzungen selbst strafrechtlich verantwortlich.[7]

4 Gem § 86 Abs 4 iVm § 6 Abs 4 BWG führt auch die **Rücknahme der Konzession** als Kreditinstitut durch Bescheid der FMA zur Auflösung der Gesellschaft. Die Auflösungswirkung tritt in diesem Fall aber nicht sofort ein, sondern erst drei Monate nach Rechtskraft des Bescheides. Die Auflösung kann also dadurch verhindert werden, dass die Gesellschaft bis dahin BWG-konform umgestaltet wird, dh Änderung des Unternehmensgegenstandes sowie der Fa.[8] Nach Ablauf der Frist ist die Gesellschaft aufgelöst; in diesem Fall soll aber nach A der L noch ein Fortsetzungsbeschluss möglich sein.[9] Die FMA hat eine Ausfertigung des Bescheids dem FB-Gericht (vgl auch noch Rz 10) u bei Zweigstellen ausländischer Kreditinstitute deren zuständiger Behörde zuzustellen; die Konzessionsrücknahme ist in das FB einzutragen (vgl § 6 Abs 4 letzter S BWG).

5 Bei einer Verfügung gem § 86 Abs 1 Z 1 u 2 kann die Verwaltungsbehörde die **sofortige Einstellung der Tätigkeit** der Gesellschaft anordnen (vgl § 94 Abs 2 u 3). Die Einstellung v Bankgeschäften muss hingegen nicht verfügt werden, da die Gesellschaft nach Konzessionsrücknahme ohnedies keine Bankgeschäfte mehr ausüben darf (vgl § 4 Abs 1 BWG).

---

6 Vgl dazu die Bsp bei *Reich-Rohrwig*, GmbHR 667.
7 Vgl dazu im Detail *Leupold* in Torggler, GmbHG § 86 Rz 4.
8 *Zehetner* in Straube/Ratka/Rauter, GmbHG § 86 Rz 15 f; *Diwok* in Diwok/Göth, BWG § 6 Rz 32 ff.
9 Vgl *Doralt* in FS Krasensky, 81 (88); *Gelter* in Gruber/Harrer, GmbHG[2] § 86 Rz 7 mit dem Hinweis, dass es in diesem Fall eines einstimmigen Beschlusses bedarf, da damit zwangsläufig eine Änderung des Unternehmensgegenstands verbunden ist.

III. Verfahren, Zuständigkeit

Zuständig für die Auflösung der Gesellschaft ist bei Versicherungs- 6
geschäften der **BMF** (Abs 2 Z 1)[10] u in den sonstigen Fällen der für den
Sitz[11] der Gesellschaft zuständige **Landeshauptmann** (Abs 2 Z 2).

Bis zur Verwaltungsgerichtsbarkeits-Nov 2012[12] bestand nach einem 7
erstinstanzlichen Bescheid einer Verwaltungsbehörde idR ein Recht auf
Berufung an eine andere Verwaltungsbehörde. Mit der **Verwaltungsgerichtsbarkeits-Nov 2012** wurde dieser administrative Instanzenzug
jedoch abgeschafft[13] u stattdessen mit Wirkung ab 1.1.2014 ein Beschwerderecht an ein VwG eingeführt (vgl Art 130 Abs 1 B-VG). Die
Verteilung der Zuständigkeit zw den VwG (LVwG, BVwG u Bundesfinanzgericht) ist in Art 131 B-VG geregelt.[14] Die derzeit noch bestehende Regelung des § 86 Abs 3, wonach gegen den Bescheid des Landeshauptmanns binnen zwei Wochen Berufung an den BMI erhoben
werden kann, widerspricht diesen verfassungsrechtlichen Vorschriften u
ist v Gesetzgeber daher entspr zu korrigieren.[15]

Seit der Verwaltungsgerichtsbarkeits-Nov 2012 ist gegen den Be- 8
scheid des BMF (Abs 2 Z 1) bzw des Landeshauptmanns (Abs 2 Z 2)
daher mit **Beschwerde an das zuständige VwG** vorzugehen.[16] Eine
solche Beschwerde ist binnen vier Wochen zu erheben (§ 7 Abs 4
VwGVG). Eine rechtzeitig eingebrachte u zulässige Beschwerde gem
Art 130 Abs 1 Z 1 B-VG (Beschwerde gegen einen Bescheid der Verwaltungsbehörde wegen Rechtswidrigkeit) hat grds aufschiebende Wir-

---

10 Krit *Zehetner* in Straube/Ratka/Rauter, GmbHG § 86 Rz 7 f (für Zuständigkeit der FMA).
11 Relevant ist der Satzungssitz; vgl *Gelter* in Gruber/Harrer, GmbHG² § 86 Rz 5.
12 BGBl I 2012/51.
13 Mit Ausnahme des „innergemeindlichen" Instanzenzugs (vgl Art 132 Abs 6 B-VG).
14 Generalklausel zugunsten der LVwG: *„Soweit sich aus Abs 2 u 3 nicht anderes ergibt, erkennen über Beschwerden nach Art 130 Abs 1 B-VG die Verwaltungsgerichte der Länder"*. Das BVwG erkennt über Beschwerden gegen Bescheide, Säumnis u Akte unmittelbarer verwaltungsbehördlicher Befehls- u Zwangsgewalt v Verwaltungsbehörden in Angelegenheiten der Vollziehung des Bundes, die unmittelbar v Bundesbehörden besorgt werden.
15 Vgl dazu auch *Zehetner* in Straube/Ratka/Rauter, GmbHG § 86 Rz 8, insb auch zur Frage der Derogation (*lex posterior derogat legi priori*).
16 IdS auch *Zehetner* in Straube/Ratka/Rauter, GmbHG § 86 Rz 8.

kung, wobei jedoch die Behörde die aufschiebende Wirkung unter bestimmten Voraussetzungen mit Bescheid ausschließen kann (vgl § 13 VwGVG). Die Rücknahme der Bankkonzession erfolgt durch die FMA (§ 6 BWG). Über Beschwerden gegen Bescheide der FMA entscheidet das **BVwG** (vgl § 22 Abs 2a FMABG). Beschwerden gegen Bescheide der FMA u Vorlageanträge haben, ausgenommen in Verwaltungsstrafsachen, keine aufschiebende Wirkung (vgl § 22 Abs 2 FMABG).

9 Gegen E der VwG ist eine (eingeschränkte) **Revision an den VwGH** (vgl Art 133 B-VG[17]) u/oder eine **Beschwerde an den VfGH** (vgl Art 144 B-VG[18]) denkbar, welche jew binnen sechs Wochen erhoben werden können. Diesen kommt grds keine aufschiebende Wirkung zu; unter bestimmten Voraussetzungen kann jedoch auf Antrag aufschiebende Wirkung zuerkannt werden (vgl § 30 VwGG, § 85 VfGG).

10 Die Verwaltungsbehörde (§ 88 Abs 1 S 2) bzw die FMA (§ 6 Abs 4 BWG) hat das **FB-Gericht** v Amts wegen über die Auflösung zu informieren (vgl § 88 Rz 4). Das FB-Gericht hat die Auflösung im FB einzutragen (§ 88 Abs 2); dabei ist es an den Bescheid der Verwaltungsbehörde gebunden (dh keine Überprüfung der Rechtmäßigkeit der Auflösung durch das FB-Gericht).[19]

11 Die **Fortsetzung der Gesellschaft** setzt die Beseitigung des Auflösungsgrundes, dh den Widerruf bzw die Rücknahme der Verfügung durch die Verwaltungsbehörde, voraus.[20] Strittig ist, ob für die Fortsetzung auch ein Gesellschafterbeschluss erforderlich ist (vgl auch § 84 Rz 49).[21]

---

17 Zulässig, wenn sie v der Lösung einer Rechtsfrage abhängt, der grds Bedeutung zukommt, insb weil das Erkenntnis bzw der Beschluss v der Rsp des VwGH abweicht, eine solche Rsp fehlt oder die zu lösende Rechtsfrage in der bisherigen Rsp des VwGH nicht einheitlich beantwortet wird.
18 Soweit der Beschwerdeführer durch die E in einem verfassungsgesetzlich gewährleisteten Recht oder wegen Anwendung einer gesetzwidrigen VO, einer gesetzwidrigen Kundmachung über die Wiederverlautbarung eines Gesetzes (Staatsvertrages), eines verfassungswidrigen Gesetzes oder eines rechtswidrigen Staatsvertrages in seinen Rechten verletzt zu sein behauptet.
19 *Zehetner* in Straube/Ratka/Rauter, GmbHG § 86 Rz 24, 26.
20 *Leupold* in Torggler, GmbHG § 86 Rz 10; *Gelter* in Gruber/Harrer, GmbHG[2] § 86 Rz 7 mit Verweis auf OGH-Rsp.
21 Gegen Beschlusserfordernis vgl etwa *Koppensteiner/Rüffler*, GmbHG[3] § 86 Rz 4, § 84 Rz 31; *Gelter* in Gruber/Harrer, GmbHG[2] § 86 Rz 7, § 84 Rz 61; *Leupold* in Torggler, GmbHG § 86 Rz 10; **aA** (dh für Beschlusserfordernis): *Umfahrer*, GmbH[7] Rz 16.24 FN 2966 unter Hinweis auf OGH 18.6.1969,

§ 88. (1) ¹Die Auflösung der Gesellschaft durch Zeitablauf oder Beschluß der Gesellschafter muß durch die Geschäftsführer sofort zum Firmenbuch angemeldet werden. ²Die von der Verwaltungsbehörde rechtskräftig verfügte Auflösung ist dem Handelsgerichte von Amts wegen mitzuteilen.

(2) Das Gericht hat die Auflösung in allen Fällen, und zwar wenn sie durch gerichtliches Erkenntnis rechtskräftig ausgesprochen, oder wenn sie durch Konkurseröffnung erfolgt ist, von Amts wegen ungesäumt unter Ersichtlichmachung der Art der Auflösung in das Firmenbuch einzutragen.

(3) ¹Kommen die Geschäftsführer einer an sie ergangenen Aufforderung des Gerichtes zur Erstattung der ihnen obliegenden Anmeldung der Auflösung nicht nach, so ist die Aufforderung unter Bestimmung einer Frist mit dem Beisatze zu wiederholen, daß nach Ablauf der Frist die Auflösung unter gleichzeitiger Ernennung der Liquidatoren durch das Gericht von Amts wegen eingetragen würde. ²Vor Eintragung der Auflösung und Ernennung der Liquidatoren hat das Gericht die Geschäftsführer und nach Ermessen auch einen oder mehrere der mit der Geschäftsführung nicht betrauten Gesellschafter zu vernehmen.

idF BGBl 1991/10

Literatur: *Birnbauer*, Anmeldung der beschlossenen Auflösung einer GmbH, GES 2008, 114; *Birnbauer*, Auflösung und Liquidation einer GmbH, GES 2012, 144; *Frotz*, Rechtsprobleme um die Auflösung einer GmbH & Co KG, GesRZ 1976, 106; *Stern*, Firmenbuchanmeldungen durch Prokuristen, RdW 1998, 451; *Thöni*, Zur Reichweite der Prüfungsbefugnis des Firmenbuchgerichts bei GmbH-Gesellschafterbeschlüssen, in FS Koppensteiner (2001) 231.

Inhaltsübersicht

I. Einführung	1
II. Anmeldepflicht	2–4
III. Anmeldepflichtige Personen	5, 6
IV. Durchsetzung	7, 8
V. Eintragung	9, 10

---

5 Ob 161/69; *Diwok* in Diwok/Göth, BWG § 6 Rz 35; differenzierend *Zehetner* in Straube/Ratka/Rauter, GmbHG § 86 Rz 22, 28: Grds für Beschlusserfordernis, da die eingetretene Auflösung nicht *per se* rückwirkend wegfallen kann, aber bei *ex-tunc*-Wirkung des Widerrufs/der Rücknahme kein Fortsetzungsbeschluss erforderlich.

I. Einführung

1 Die Bestimmung soll insb dazu dienen, dass die Auflösung der Gesellschaft im FB veröffentlicht wird (**Publizitätsgrundsatz**), da dies für Dritte (potentielle Gläubiger u Gesellschafter) v wesentlicher Bedeutung ist.[1]

II. Anmeldepflicht

2 Obwohl **Abs 1** die **Anmeldepflicht** ausdrücklich nur bei Auflösung der Gesellschaft durch Zeitablauf oder Beschluss der Gesellschafter regelt, soll diese Verständigungspflicht immer dann gelten, wenn dem FB-Gericht die Auflösung nicht ohnedies schon v Amts wegen bekannt ist oder ihm die Auflösung v einer anderen Behörde v Amts wegen mitgeteilt werden muss.[2]

3 Demnach gilt die **Anmeldepflicht** für folgende Auflösungsgründe:[3]
- Zeitablauf (§ 84 Abs 1 Z 1, vgl § 84 Rz 2 f);
- Beschluss der Gesellschafter (§ 84 Abs 1 Z 2, vgl § 84 Rz 4 ff);
- Verwirklichung gesv vereinbarter Auflösungsgründe (§ 84 Abs 2, vgl § 84 Rz 40 ff);[4]
- Auflösung aus wichtigem Grund durch Gerichtsurteil (bei entspr gesv Regelung, vgl § 84 Rz 39 u 40);
- Rechtskräftiges Gestaltungsurteil aufgrund einer Klage auf Nichtigerklärung (§ 216 AktG analog, vgl § 84 Rz 38);
- Verstaatlichung (§ 95, vgl § 95 Rz 4).

4 Demgegenüber besteht bei folgenden Auflösungsgründen **keine Anmeldepflicht**:
- Amtswegige Nichtigerklärung (§ 10 Abs 2 u 3 FBG, vgl § 84 Rz 33 ff);
- Löschung wegen Vermögenslosigkeit (§ 40 FBG, vgl § 84 Rz 23);

---

1 *Koppensteiner/Rüffler*, GmbHG³ § 88 Rz 1; *Zehetner* in Straube/Ratka/Rauter, GmbHG § 88 Rz 1.
2 *Reich-Rohrwig*, GmbHR 686; *Gelter* in Gruber/Harrer, GmbHG² § 88 Rz 2.
3 Zu den anzumeldenden u nicht anzumeldenden Auflösungsgründen vgl im Detail *Zehetner* in Straube/Ratka/Rauter, GmbHG § 88 Rz 4 ff.
4 OGH 31.8.1989, 6 Ob 13/89.

- Rechtskräftige Verfügung der Verwaltungsbehörde (§ 84 Abs 1 Z 5, § 86, vgl § 86 Rz 10);
- Eröffnung des Konkursverfahrens (§ 84 Abs 1 Z 4 Fall 1, vgl § 84 Rz 15);
- Rechtskräftige Nichteröffnung/Aufhebung des Konkursverfahrens mangels kostendeckenden Vermögens (§ 39 Abs 1 FBG, § 84 Abs 1 Z 4 Fall 2, vgl § 84 Rz 21).

III. Anmeldepflichtige Personen

Anmeldepflichtig sind die GF, obwohl deren Funktion grds bereits mit Auflösung der Gesellschaft endet.[5] Zum Teil wird aber vertreten, dass alternativ auch die Liquidatoren zur Anmeldung der Auflösung berechtigt sein sollen.[6] Strittig ist, ob **alle**[7] GF die Auflösung anzumelden haben oder ob die Anmeldung in **vertretungsberechtigter Anzahl**[8] ausreicht. Meines Erachtens reicht die Anmeldung durch GF in vertretungsbefugter Zahl aus. Sind GF in vertretungsbefugter Zahl nicht mehr vorhanden, soll die Anmeldung auch durch die verbleibenden GF genügen.[9] Strittig ist, ob auch eine Anmeldung in gemischter Vertretung ausreichend ist.[10] Gibt es gar keine GF mehr oder sind diese nicht mehr greif-

5

---

5 *Koppensteiner/Rüffler*, GmbHG³ § 88 Rz 3; iSe nachwirkenden Pflicht der GF: *Berger* in Doralt/Nowotny/Kalss, AktG³ § 204 Rz 4.
6 IdS etwa OLG Wien 26.4.2010, 28 R 28/10h, begründet mit der Neufassung des § 149 Abs 1 UGB, mit welcher die Beschränkung der Vertretungsmacht der Liquidatoren auf ihren Geschäftskreis aufgehoben wurde; *Birnbauer*, GES 2012, 144 (146), unter Heranziehung v § 92 Abs 2 als zusätzliches Argument für die Anmeldebefugnis der Liquidatoren. Zur Diskrepanz zw § 88 (Anmeldepflicht der GF) u § 89 (Anmeldepflicht der Liquidatoren) vgl *Zehetner* in Straube/Ratka/Rauter, GmbHG § 88 Rz 18.
7 *Koppensteiner/Rüffler*, GmbHG³ § 88 Rz 3 mit Hinweis auf § 9 (Eintragung der Gesellschaft) u § 51 Abs 1 (GesV-Änderung).
8 *Reich-Rohrwig*, GmbHR 686; *Zehetner* in Straube/Ratka/Rauter, GmbHG § 88 Rz 19; *Gelter* in Gruber/Harrer, GmbHG² § 88 Rz 4; *Leupold* in Torggler, GmbHG § 88 Rz 5.
9 *Gelter* in Gruber/Harrer, GmbHG² § 88 Rz 4 unter Hinweis auf die aktienrechtliche Lit.
10 **Dagegen** *Geist/Jabornegg* in Jabornegg/Strasser, AktG⁵ § 204 Rz 3, mit der Begr, dass die Auflösung das Erlöschen v Prokuren mit sich bringt; **dafür** *Gelter* in Gruber/Harrer, GmbHG² § 88 Rz 4; *Stern*, RdW 1998, 451 (452), beide mit dem Argument, dass es sich bei der gemischten Vertretung um eine Form

bar, sind die **Liquidatoren** zur Anmeldung der Auflösung der Gesellschaft befugt[11] u in diesem Fall mE auch verpflichtet.[12] Gibt es weder GF noch Liquidatoren, die zur Anmeldung verpflichtet sind, kann das Gericht ein oder mehrere **Not-GF** bestellen (vgl § 15a).[13] Die **Gesellschafter** selbst können die Auflösung der Gesellschaft jedenfalls nicht anmelden.[14]

6 Die Anmeldung hat grds **sofort**[15] u in **beglaubigter Form**[16] zu erfolgen. Grundsätzlich müssen der Anmeldung **keine Urkunden** beigelegt werden, dennoch empfiehlt sich dies, da der FB-Richter aufgrund der ihn treffenden amtswegigen Ermittlungspflicht einen Nachw verlangen kann.[17] Üblicherweise wird daher das notariell beurkundete GV-Protokoll über den Auflösungsbeschluss bzw eine beglaubigte Abschrift davon beigelegt;[18] es sei denn der Auflösungsgrund ergibt sich bereits ohne Weiteres aus dem GesV.[19] Weiters erscheint es zweckmäßig, mit der Anmeldung der Auflösung auch gleich die Anmeldung der Liquidationsfirma (§ 90 Abs 1 iVm § 153 UGB) sowie der Liquidatoren (§ 89 Abs 4) zu verbinden (vgl auch § 84 Rz 8);[20] diesfalls sind der Anmeldung jedenfalls noch weitere Beilagen anzuschließen (vgl dazu § 89 Abs 4).

---

der organschaftlichen Vertretung handelt; demnach soll auch eine Mitwirkung des Gesamtprokuristen möglich sein.

11 *Zehetner* in Straube/Ratka/Rauter, GmbHG § 88 Rz 18 (gestützt auf eine Analogie zu § 89); OLG Wien 26.4.2010, 28 R 28/10h (gestützt auf § 149 Abs 1 letzter S UGB iVm § 90 Abs 1); dem OLG Wien folgend auch *Leupold* in Torggler, GmbHG § 88 Rz 6.
12 Vgl auch *Gelter* in Gruber/Harrer, GmbHG² § 88 Rz 4 unter Hinweis auf die aktienrechtliche Lit: *Geist/Jabornegg* in Jabornegg/Strasser, AktG⁵ § 204 Rz 3; *Berger* in Doralt/Nowotny/Kalss, AktG³ § 204 Rz 5.
13 *Zehetner* in Straube/Ratka/Rauter, GmbHG § 88 Rz 20.
14 OGH 31.8.1989, 6 Ob 13/89.
15 Vgl etwa *Koppensteiner/Rüffler*, GmbHG³ § 88 Rz 2; *Geist/Jabornegg* in Jabornegg/Strasser, AktG⁵ § 204 Rz 4, mit Hinweis darauf, dass bei Vorliegen sachlich gerechtfertigter Gründe (zB zeitnahe Veräußerung des Unternehmens oder der Geschäftsanteile) auch ein gewisses Zuwarten zulässig sein kann.
16 *Gelter* in Gruber/Harrer, GmbHG² § 88 Rz 6 mwN.
17 *Koppensteiner/Rüffler*, GmbHG³ § 88 Rz 4; *Zehetner* in Straube/Ratka/Rauter, GmbHG § 88 Rz 22.
18 *Zehetner* in Straube/Ratka/Rauter, GmbHG § 88 Rz 22.
19 *Koppensteiner/Rüffler*, GmbHG³ § 88 Rz 4.
20 *Reich-Rohrwig*, GmbHR 687.

IV. Durchsetzung

Kommen die GF ihrer Verpflichtung zur Anmeldung der Auflösung der Gesellschaft nicht nach, können sie v **Gericht dazu aufgefordert** werden (**Abs 3**). Kommen sie auch dieser Aufforderung nicht nach, ist diese unter Festsetzung einer bestimmten Frist zu wiederholen, dies bereits unter der Androhung, dass nach Ablauf der Frist die **Eintragung der Auflösung sowie die Bestellung der Liquidatoren v Amts wegen** vorgenommen werden wird. Davor sind jedoch die GF v Gericht zu hören, um ihnen die Möglichkeit zu geben, sich zum Unterbleiben der Anmeldung zu äußern bzw darzulegen, warum kein Auflösungsgrund vorliegt.[21] Gesellschafter, die nicht mit der Geschäftsführung betraut sind, kann das Gericht nach eigenem Ermessen hören. 7

Jeder kann die Einleitung eines derartigen Verfahrens anregen; die Ablehnung kann jedoch nicht mittels Rekurs bekämpft werden.[22] Nicht ganz klar ist, ob neben § 88 Abs 3 auch **Zwangsstrafen** gem § 24 FBG verhängt werden können; in der L wird dies zT bejaht.[23] Neben der in § 88 geregelten öffentlich-rechtlichen Verpflichtung besteht auch eine privatrechtliche Verpflichtung der GF gegenüber der Gesellschaft zur Anmeldung.[24] 8

V. Eintragung

Das Gericht hat die Auflösung nach den allg geltenden Maßstäben zu prüfen (vgl § 11 Rz 3 ff) u ungesäumt unter Angabe ihres Grundes einzutragen (vgl § 11 Abs 2 u § 9 FBG).[25] Wurde die im GesV vorgesehene Beschlussmehrheit für einen Auflösungsbeschluss geändert, muss diese GesV-Änderung jedenfalls vor Eintragung der Auflösung im FB eingetragen werden, weil das FB-Gericht die Auflösung nicht eintragen 9

---

21 *Koppensteiner/Rüffler*, GmbHG³ § 88 Rz 5.
22 OLG Wien 20.11.1996, 28 R 105/96h (zur Anregung durch einen Gesellschafter); *Gellis/Feil*, GmbHG⁷ § 88 Rz 4.
23 Vgl etwa *Koppensteiner/Rüffler*, GmbHG³ § 88 Rz 5; *Zehetner* in Straube/Ratka/Rauter, GmbHG § 88 Rz 25 mwN; offenlassend OLG Wien 20.11.1996, 28 R 105/96h.
24 *Gelter* in Gruber/Harrer, GmbHG² § 88 Rz 8 mwN.
25 Zur Frage, wie mit einem nichtigen bzw anfechtbaren Auflösungsbeschluss umzugehen ist, vgl *Gelter* in Gruber/Harrer, GmbHG² § 88 Rz 12 mwN.

darf, wenn diese nicht mit der in dem – ihm alleine bekannten – ursprünglichen GesV vorgesehenen Mehrheit beschlossen worden ist.[26] Eine bloß im Innenverhältnis wirksame Auflösung ist somit nicht denkbar.[27] Für die Bekanntmachung der Eintragung gilt § 10 UGB, diese wird v FB veranlasst. Davon zu unterscheiden ist der Gläubigeraufruf gem § 91 Abs 1, dieser ist v der Gesellschaft selbst zu veranlassen (vgl § 91 Rz 12 ff). Die Eintragung einer Auflösung durch gerichtl E setzt deren Rechtskraft voraus.[28]

10 Die Eintragung der Auflösung wirkt grds nur **deklarativ**.[29] Wesentliche Konsequenzen der Eintragung bzw Nichteintragung der Auflösung sind die Publizitätswirkungen des FB (vgl § 15 UGB).[30] Eine **konstitutive Wirkung** hat die Eintragung lediglich bei § 40 FBG (Vermögenslosigkeit, vgl § 84 Rz 23), § 10 Abs 2 u 3 FBG (amtswegige Nichtigerklärung, vgl § 84 Rz 35), analoger Anwendung v § 216 AktG (Nichtigkeitsklage, vgl § 84 Rz 38) sowie bei Auflösung der Gesellschaft durch Änderung des GesV[31] (vgl auch § 84 Rz 6).

---

26 OGH 19.11.1991, 4 Ob 524/91; vgl dazu auch *Zehetner* in Straube/Ratka/Rauter, GmbHG § 88 Rz 26.
27 OGH 19.11.1991, 4 Ob 524/91.
28 *Zehetner* in Straube/Ratka/Rauter, GmbHG § 88 Rz 28.
29 *Zehetner* in Straube/Ratka/Rauter, GmbHG § 88 Rz 30 mwN.
30 OGH 1.7.1976, 6 Ob 8/76; *Frotz*, GesRZ 1976, 106.
31 *Berger* in Doralt/Nowotny/Kalss, AktG³ § 204 Rz 8.

Zweiter Abschnitt.
Liquidation

§ 89. (1) Der Auflösung der Gesellschaft hat, wenn das Gesetz nichts anderes bestimmt, die Liquidation zu folgen.

(2) ¹Als Liquidatoren treten die Geschäftsführer ein, wenn nicht durch den Gesellschaftsvertrag oder einen Beschluß der Gesellschafter eine oder mehrere andere Personen dazu bestellt werden. ²Doch kann das Handelsgericht auch außer dem Falle des § 88 Abs. 3 auf Antrag des Aufsichtsrates oder auf Antrag von Gesellschaftern, deren Stammeinlagen den zehnten Teil des Stammkapitals oder den Nennbetrag von 700 000 Euro oder eine im Gesellschaftsvertrag festgelegte geringere Höhe erreichen, aus wichtigen Gründen neben diesen oder an deren Stelle andere Liquidatoren ernennen.

(3) Gerichtlich ernannte Liquidatoren können aus wichtigen Gründen durch das Gericht, Liquidatoren, die nicht von dem Gerichte ernannt sind, durch Beschluß der Gesellschafter und unter den Voraussetzungen des Absatzes 2 auch durch das Gericht jederzeit abberufen werden.

(4) ¹Die ersten Liquidatoren sowie ihre Vertretungsbefugnis, jeder Wechsel der Liquidatoren und jede Änderung ihrer Vertretungsbefugnis sind durch die Liquidatoren zur Eintragung in das Firmenbuch anzumelden. ²Der Anmeldung sind die Urkunden über die Bestellung oder Abberufung sowie über die Vertretungsbefugnis in Urschrift oder öffentlich beglaubigter Abschrift für das Gericht des Sitzes der Gesellschaft beizufügen. ³Die Eintragung der gerichtlichen Ernennung oder Abberufung von Liquidatoren in das Firmenbuch erfolgt von Amts wegen.

(5) Das in § 24 für die Geschäftsführer ausgesprochene Verbot findet auf die Liquidatoren keine Anwendung.

idF BGBl I 2006/103

Literatur: *Andrae*, Löschung von Firmen aus Sicht des Rechtspflegers (Teil I): Löschung auf Antrag, NZ 2003/100, 364; *Andrae*, Löschung von Firmen aus Sicht des Rechtspflegers (Teil II): Amtswegige Löschung, NZ 2004/2, 18; *Birnbauer*, Antrag auf Bestellung eines Nachtragsliquidators, GES 2007, 439; *Birnbauer*, Anmeldung der beschlossenen Auflösung einer GmbH, GES 2008, 114; *Birnbauer*, Löschung einer GmbH nach beendeter Liquidation, GES 2012, 83; *Dellinger*, Liquidation im Gesellschaftsrecht – Ein rechtsformübergreifender Überblick, taxlex 2022, 227; *Dellinger/Mohr*, EKEG (2004); *Draxler*, Private

Equity Exit (2010); *Drobnik/U. Torggler*, Veräußerung des GmbH-Vermögens, übertragende Auflösung und Holzmüller/Gelatine, RdW 2020, 418, 513; *Fraberger*, Unterlassung der unternehmensrechtlichen Bilanzierung im Insolvenzverfahren – OGH präzisiert die Voraussetzungen, Kurskorrektur erforderlich? ZUS 2012, 145; *Gloser/Kulnigg/Puchner*, Das steuerliche Dilemma bei Start-up-(Mitarbeiter-)Beteiligungsprogrammen – ein möglicher Lösungsansatz? RdW 2020, 709; *Gurmann*, Anspruch gegen eine gelöschte GmbH bzw deren Haftpflichtversicherung, RdW 2013/198, 197; *P. Huber/Zandler*, Exit-Regelungen in Private-Equity-Transaktionen, ecolex 2007, 832; *Leutgeb/J. Schima/Steinkellner*, Bilanzierung einer Kapitalgesellschaft in der Liquidation, in FS Bertl II (2021) 351; *Maidl/Kreifels*, Beteiligungsverträge und ergänzende Vereinbarungen, NZG 2003, 1091; *Marschall*, Bilanzierung zwischen Bilanzstichtag und Auflösungsstichtag bei Aktiengesellschaften, ecolex 2020, 613; *Marschall*, Art und Modus der Gläubigersicherstellung bei Aktiengesellschaften in der Abwicklung, ecolex 2021, 1110; *Oberhammer*, Amtslöschung einer GmbH im anhängigen Passivprozeß – Anmerkungen zur Entscheidung eines verstärkten Senats vom 22.10.1998, 8 ObA 2344/96f, JBl 1999, 268; *Pateter/Pirker*, Zur Rechtsnatur der Nachrangabrede, ZIK 2015, 217; *Puchinger/Goëss*, Leitfaden zur Liquidation kleiner GmbHs, ecolex 2005, 122; *Schummer*, Wandelschuldverschreibungen, Mezzaninkapital & Co im Insolvenzverfahren, in Konecny (Hg), Insolvenz-Forum 2012, 105; *Stingl*, Gesamtrechtsnachfolge im Gesellschaftsrecht (2016); *Trisko*, Die Rechnungslegung von Kapitalgesellschaften in der Liquidation, RWZ 2002/84, 305; *Wenger*, Liquidation der GmbH: Gesellschafterbeschluss als Wirksamkeitsvoraussetzung für die Veräußerung als Ganzes, RWZ 2004/51, 201; *Zehetner*, Die Schließung von Zweigniederlassungen ausländischer Kapitalgesellschaften, in FS Krejci (2001) 398.

Inhaltsübersicht

I. Allgemeines	1–10
A. Überblick über den Ablauf einer Liquidation	5
B. Wann kommt es zur Liquidation?	6–10
II. Bestellung der Liquidatoren	11–25
A. Grundzüge	11
B. Dienstverhältnis	12
C. Kein Wettbewerbsverbot	13
D. Arten der Bestellung zum Liquidator	14–25
1. Die amtierenden Geschäftsführer als Liquidatoren	14
2. Bestellung durch Beschluss oder im Gesellschaftsvertrag	15–18
3. Bestellung durch das Gericht	19–25
a) Bei Anordnung der Verwaltungsbehörde	19
b) Bei Säumnis der Geschäftsführer nach § 88 Abs 3	20
c) Auf Antrag des Aufsichtsrats oder von Minderheitsgesellschaftern	21–23
d) Bestellung eines Notliquidators	24

e) Praktische Vorgehensweise bei Abberufung und/
oder Bestellung durch das Gericht 25
III. Ende des Liquidatorenamts 26, 27
IV. Praktischer Ablauf beim Firmenbuchgericht 28–31
V. Weitere praktische Herausforderungen im Zusammenhang
mit einer Liquidation 32–35
A. Zweigniederlassungen 32, 33
B. Anhängige Zivilprozesse 34, 35

I. Allgemeines

„Die Auflösung [einer GmbH] bedeutet nicht deren Beendigung, sondern die Änderung des Gesellschaftszweckes (die Abwicklung)."[1] Die Liquidation ist dabei das v Gesetz vorgezeichnete **außergerichtliche Verfahren**, das – sofern das Gesetz nicht ausdrücklich Abweichendes anordnet – **nach Auflösung einer GmbH u zur Vorbereitung ihrer Vollbeendigung** (u ihrer Löschung aus dem FB) zwecks geordneter Abwicklung der Gesellschaft sowie zur Beendigung ihrer vermögensrechtlichen Beziehungen zu Gläubigern (Dritten) u zu den Gesellschaftern durchzuführen ist. Vorrangiges Ziel einer Liquidation ist stets die **Befriedigung der Gläubiger**.[2] Dieser Zweck sollte bei der Interpretation der rudimentären Gesetzesregeln stets vor Augen behalten werden u kann bei Zweifelsfragen zu praktischen Lösungsansätzen verhelfen. Nach abgeschlossener Liquidation u Eintragung der Löschung im FB verliert die GmbH ihre Rechtsfähigkeit; damit ist die Vollbeendigung der GmbH erreicht. Weder Auflösung oder Liquidation noch Vollbeendigung der GmbH führen zu einer **direkten Haftung der GmbH-Gesellschafter** gegenüber den Gläubigern der Gesellschaft. Weder Vermögensgegenstände noch Verbindlichkeiten der Gesellschaft wachsen auf die Gesellschafter an (s § 91 Rz 18). Somit steht auch in der Liquidation den Gläubigern – iSd **Trennungsprinzips** – grds nur das Vermögen der GmbH als Haftungsfonds zur Verfügung;[3] reicht das Vermögen zur Befriedigung der Gläubiger nicht aus, kommt es in der Liquidation zur **Insolvenz** der GmbH (s § 91 Rz 18). Reicht das Ver-

1

---

1 *Puchinger/Goëss*, ecolex 2005, 122; vgl *Dellinger*, taxlex 2022, 227.
2 Der Vorrang der Gläubigerbefriedigung ist zwingend (*G. Kodek* in Artmann/Karollus, AktG[6] § 213 Rz 8; *Marschall*, ecolex 2021, 1110 [1111]; *Dellinger*, taxlex 2022, 227 [229]).
3 *Gelter* in Gruber/Harrer, GmbHG[2] § 91 Rz 41.

mögen hingegen zur Gläubigerbefriedigung, gibt es aber (trotz bestmöglicher Verwertung des Vermögens) keinen verbleibenden **Liquidationsüberschuss**, der an die Gesellschafter verteilt werden könnte (s § 90 Rz 3; § 91 Rz 18 ff), hat dies lediglich die faktische Auswirkung, dass die Gesellschafter in der Liquidation leer ausgehen, aber ansonsten keine rechtlichen Konsequenzen.

2 Sobald sich die GmbH im Liquidationsstadium befindet, **ändert sich zwar der Gesellschaftszweck**, nicht aber die Identität der Gesellschaft. Der Gesellschaftszweck ist auf Abwicklung der Geschäftstätigkeiten, Zahlung v Verbindlichkeiten u Verteilung eines eventuell verbleibenden Vermögens an die Gesellschafter gerichtet. Die Liquidation der Gesellschaft ist nicht mit der **Stilllegung des Unternehmens** der GmbH gleichzusetzen, zumal die Abwicklung der GmbH gem § 90 Abs 4 auch durch Veräußerung des Vermögens als Ganzes umgesetzt werden kann; die Veräußerung des gesamten Vermögens wird aber idR nur bei einem noch lebenden Unternehmen sinnvoll sein.[4] Auf den geänderten Gesellschaftszweck der zu liquidierenden GmbH weist ein entsprechender Firmenzusatz hin, den die GmbH im Rechtsverkehr verpflichtend zu führen hat (idR *„in Liqu."*) (s § 90 Rz 17 f).[5] Die Tätigkeit des **AR** u der **GV** wird in der Liquidation grds unverändert fortgesetzt (vgl dazu § 92 Rz 1 ff, s aber § 94 Rz 2).

3 In jenen Fällen, in welchen das Gesetz die **Auflösung** der GmbH vorsieht, hat grds die Liquidation zu folgen. Insofern ist – v einigen Ausnahmen abgesehen (s Rz 8) – die Durchführung der **Liquidation** bei Auflösung der Gesellschaft **zwingend**. Auch bei der inhaltlichen Ausgestaltung der Liquidation sind die meisten gesetzl Bestimmungen zwingend. Der Grund für die grds verpflichtende Einhaltung der Liquidationsbestimmungen liegt darin, dass sonst alle dem **Gläubigerschutz** dienenden Regeln des GmbH-Rechts (insb die Regeln der **Kapitalerhaltung** gem §§ 81 ff) durch Auflösung der Gesellschaft ausgehebelt werden könnten, womit der Gläubigerschutz ins Leere gehen würde. Auch während der Liquidation bleibt das Verbot der Einlagenrückgewähr (s § 82 Rz 66 ff) grds anwendbar (s auch § 90 Rz 8, 12; § 91 Rz 19),[6] insb dürfen **Austauschgeschäfte mit Gesellschaftern** nur gegen drittvergleichsfähige Gegenleistung u/oder bei betriebl Rechtfertigung erfolgen.

---

4 Vgl *Gelter* in Gruber/Harrer, GmbHG² § 90 Rz 11.
5 *Rieder/Huemer*, GesR⁵, 338.
6 *Gelter* in Gruber/Harrer, GmbHG² § 92 Rz 14.

In der Praxis geht der **offenen Liquidation**, die an die formale Auflösung der Gesellschaft anschließt u im Gesetz geregelt ist, häufig eine **stille Liquidation** voraus: Darunter kann die zw den Gesellschaftern einvernehmlich abgestimmte Vorgangsweise verstanden werden, die Verwertung des Gesellschaftsvermögens ohne förmlichen Auflösungsbeschluss zu betreiben.[7] Auf die stille Liquidation sind die gesetzl Liquidationsvorschriften grds nicht anwendbar; ein Beschluss der Gesellschafter, mit dem die GF angewiesen werden, die werbende Tätigkeit einzustellen u das Gesellschaftsvermögen zu versilbern, kann aber als konkludenter Auflösungsbeschluss zu qualifizieren sein u somit das formalisierte Liquidationsverfahren auslösen.[8] Im Allg wird die bloße Durchführung einer stillen Liquidation nicht genügen, um die Löschung der GmbH aus dem FB herbeizuführen (sofern nicht ausnahmsweise ein sonstiger Löschungstatbestand greift, zB **amtswegige Löschung nach § 40 FBG** oder Löschung im Zuge einer **Verschmelzung** – s Rz 7).

Wenn im Kontext eines **Venture Capital**/Private Equity-Investments v Liquidation die Rede ist, ist zumeist nicht ausschließlich die Liquidation iSd gesellschaftsrechtlichen Abwicklungsverfahrens gemeint. Häufig billigt der Beteiligungsvertrag dem Venture Capital/Private Equity-Investor eine **Liquidations- u Veräußerungspräferenz** (*liquidation preference*, **Erlösvorzug**) zu. Eine derartige vertragliche Regelung soll das (Bar-)Investment eines Kapitalgebers dadurch absichern, dass dieser Investor das v ihm eingesetzte Kapital – allenfalls zuzüglich einer Mindestrendite – bevorzugt, dh vorberechtigt vor den übrigen Gesellschaftern (insb etwa den Gründungsgesellschaftern) ausgezahlt erhält. Üblicherweise greift die Liquidations- u Veräußerungspräferenz nicht nur im Fall der Liquidation der Gesellschaft, sondern auch für Dividenden u auch dann, wenn ein Veräußerungserlös unter den Gesellschaftern zu verteilen ist, der aus einer Veräußerung des Unternehmens im Weg eines **asset deal** oder aus einer Veräußerung der Anteile an der GmbH im Weg eines **share deal** resultiert.[9]

4

---

7 *Trisko*, RWZ 2002/84, 305; *Dellinger*, taxlex 2022, 227 (230).
8 *Trisko*, RWZ 2002/84, 305.
9 Vgl *Draxler*, Private Equity Exit 142 ff; *Maidl/Kreifels*, NZG 2003, 1091 (1095); *P. Huber/Zandler*, ecolex 2007, 832 (833, 835); *Gloser/Kulnigg/Puchner*, RdW 2020, 709 (711 ff).

A. Überblick über den Ablauf einer Liquidation

5 Der Ablauf der Beendigung einer GmbH v der Auflösung über die Löschung bis hin zu einer eventuellen Nachtragsliquidation stellt sich Schritt für Schritt folgendermaßen dar:

- 1. **Auflösung** der Gesellschaft (§ 84), idR **durch Beschluss der Gesellschafter**, mit dem der **Stichtag der Auflösung** bestimmt wird (s Rz 6);
- 2. **Anmeldung** der Auflösung **beim FB-Gericht** (§ 88);
- 3. Bestellung der **Liquidatoren**[10] (§ 89); erfolgt idR schon gemeinsam mit 1. (s Rz 16, 30);
- 4. Anmeldung der Liquidatoren beim FB-Gericht (§ 89), erfolgt idR gemeinsam mit 2;
- 5. Beginn der eigentlichen Liquidation mit Erstellung einer **Liquidationseröffnungsbilanz** (§ 91);
- 6. Durchführung des **Gläubigeraufrufs** (§ 91);
- 7. **Verwertung des Gesellschaftsvermögens** u Beendigung allfälliger laufender Geschäfte;
- 8. **Befriedigung der Gläubiger** (§ 91);
- 9. IdR **Beschluss der Gesellschafter** über die in Punkt 10. u 11. angesprochenen Angelegenheiten;
- 10. Erstellung der **Liquidationsschlussbilanz**, Einholung der steuerlichen **Unbedenklichkeitsbescheinigung**, **Bestellung des Verwahrers**, **Verteilung des verbleibenden Vermögens** auf die Gesellschafter (§ 91);
- 11. **Entlastung der Liquidatoren** (§ 93), zuvor allenfalls Erstellung der **Liquidationsschlussrechnung**;
- 12. **Löschung der GmbH** im FB (§ 93);
- 13. **Verwahrung der Bücher u Schriften** für die Dauer v sieben Jahren (§ 93);
- 14. **Nachtragsliquidation**, falls nach der Löschung der GmbH noch Gesellschaftsvermögen hervorkommt (§ 93).

---

10 Gleichzeitig kann die Abberufung (u Entlastung) der GF vorgenommen werden.

B. Wann kommt es zur Liquidation?

Der in der Praxis häufigste Fall, in dem es zur Liquidation der Gesellschaft kommt, ist die **Auflösung der GmbH durch Beschluss der Gesellschafter**. Für diesen Beschluss genügt, mangels abw Regelung im GesV, die **einfache Mehrheit**.[11] Wird der Auflösungsbeschluss angefochten, kann die Liquidation grds durch eine **einstweilige Verfügung** gem § 42 Abs 4 blockiert werden, weil der Auflösungsbeschluss geeignet ist, einen drohenden unwiederbringlichen Nachteil für die Gesellschaft darzutun.[12] Der Beschluss der Gesellschafter über die Auflösung hat den **Stichtag der Auflösung** zu bestimmen; die Festlegung eines rückwirkenden Stichtags ist nicht zulässig.[13] Mit dem Auflösungsstichtag ist die Auflösung sofort wirksam, sofern die Auflösung nicht einer Änderung des GesV u somit einer konstitutiven FB-Eintragung bedarf.[14] Soll das bisherige **Geschäftsjahr** beibehalten werden, empfiehlt sich, dies vorsichtsweise ausdrücklich im Beschluss festzuhalten (s § 91 Rz 8). Ein weiterer praxisrelevanter Fall ist die Auflösung einer GmbH gem § 84 Abs 1 Z 4, wenn im Insolvenzfall **mangels kostendeckenden Vermögens kein Insolvenzverfahren** durchgeführt wird, aber noch Vermögen zur Gläubigerbefriedigung vorhanden ist.[15] Weniger praxisrelevante Fälle einer Liquidation sind etwa: 6

– **Zeitablauf** der GmbH;
– Eintritt eines besonderen **Auflösungsgrunds lt GesV**;
– **Auflösungsverfügung** durch eine Verwaltungsbehörde (§ 84 Abs 1 Z 5 iVm § 86) (s auch Rz 19 u § 94 Rz 2, 3);
– **Nichtigerklärung der GmbH durch das FB-Gericht** wegen wesentlicher Mängel im GesV (§ 10 Abs 3 FBG iVm § 216 Abs 1 AktG) (s § 94 Rz 1).

---

11 *Dellinger*, taxlex 2022, 227 (228). Das ist insofern bemerkenswert, als die Änderung des Unternehmensgegenstands bei der werbenden GmbH der Einstimmigkeit bedarf (§ 50 Abs 3). Vgl *Drobnik/U. Torggler*, RdW 2020, 513.
12 OGH 24.7.2019, 6 Ob 119/19x, GesRZ 2020, 58 (*Stagl*).
13 *Trisko*, RWZ 2002/84, 305.
14 Eine Änderung des GesV wäre zB dann erforderlich, wenn dieser eine bestimmte Dauer der Gesellschaft vorsieht, die durch den Auflösungsbeschluss unterschritten werden soll (*Dellinger*, taxlex 2022, 227 [228]; *Koppensteiner/ Rüffler*, GmbHG³ § 84 Rz 8).
15 *Leupold* in Torggler, GmbHG § 84 Rz 9; *Gelter* in Gruber/Harrer, GmbHG² § 94 Rz 2; *Dellinger*, taxlex 2022, 227 (228).

7 Eine Liquidation hat bei Auflösung der GmbH jedenfalls auch dann zu erfolgen, wenn es nur einen Gesellschafter oder keine Verbindlichkeiten (u damit auch keine Gläubiger) der GmbH gibt.

8 Hingegen hat im Fall der **Vermögenslosigkeit der GmbH iSv § 40 FBG**, die zur amtswegigen Löschung führt, eine Liquidation zu unterbleiben, weil sie hier dem Zweck nach entbehrlich ist (s § 94 Rz 1).[16] Im Fall einer **Insolvenz** wird die Gesellschaft zwar – sofern es zum Konkurs kommt – auch beendet, jedoch kommen dabei nicht die Vorschriften des GmbHG, sondern primär die der IO zur Anwendung. Nur für den Fall, dass nach Abschluss des Insolvenzverfahrens noch Vermögen besteht, das nicht dem Konkursverfahren unterliegt, oder sonstiges Vermögen hervorkommt, ist eine Liquidation durchzuführen (s § 93 Rz 1), sofern die Gesellschaft nicht ohnedies aufgrund eines entspr Beschlusses der Gesellschafter **fortgesetzt** wird. Eine Liquidation unterbleibt ebenfalls in all jenen Fällen, in denen es gleichzeitig mit der Beendigung der Gesellschaft zu (universeller oder partieller) **Gesamtrechtsnachfolge** kommt, weil diesfalls kein Vermögen zu liquidieren ist (zB bei einer **Verschmelzung**, einer **übertragenden Umwandlung** oder einer **Aufspaltung**).[17] Sieht der GesV eine Kündigungsmöglichkeit vor, kommt es im Fall der **Kündigung** durch einen Gesellschafter dann nicht zur Liquidation, wenn ein **Aufgriffsrecht** am Anteil des kündigenden Gesellschafters besteht u ausgeübt wird, weil in diesem Fall die GmbH als werbende Gesellschaft weiterbesteht.[18]

9 Während der Liquidation können die Gesellschafter grds auch noch die **Fortsetzung der Gesellschaft** beschließen. Der Fortsetzungsbeschluss bedarf derselben Form u Mehrheit wie der Auflösungsbeschluss, weil er eben diesen als *contrarius actus* beseitigen soll.[19] Eine Fortsetzung kann beschlossen werden, solange noch nicht mit Vermögensverteilung an die Gesellschafter begonnen worden ist.[20] Die Fortsetzung führt zur Beendigung der Liquidation; die GmbH wird wieder zur werbenden Gesellschaft.

10 Für die **Liquidation einer GmbH & Co KG** bestehen in der Praxis zwei Möglichkeiten. Nach der einen Variante scheiden zunächst alle Gesellschafter bis auf einen (zB alle Kommanditisten) aus u das gesamte Ver-

---

16 *Gelter* in Gruber/Harrer, GmbHG² § 84 Rz 42.
17 *Koppensteiner/Rüffler*, GmbHG³ § 89 Rz 6.
18 *Koppensteiner/Rüffler*, GmbHG³ § 89 Rz 9.
19 *Umfahrer*, GmbH⁷ Rz 16.21.
20 *Umfahrer*, GmbH⁷ Rz 16.25.

mögen der KG geht gem § 142 UGB mittels Gesamtrechtsnachfolge auf eine als Gesellschafterin verbleibende GmbH (zB die Komplementär-GmbH) über; anschließend wird die (verbleibende) GmbH gem §§ 89 ff liquidiert. Die andere Variante besteht darin, zunächst die Komplementär-GmbH zu liquidieren, durch deren Vollbeendigung es in weiterer Folge idR gem § 178 UGB[21] zur Auflösung der KG kommt. Die E zw den beiden Varianten sollte in der Praxis nach den Umständen des Einzelfalls getroffen werden. Bei der Liquidation einer GmbH & Co KG ist zwingend das an sich dispositive Liquidationsrecht des UGB anzuwenden.[22]

II. Bestellung der Liquidatoren

A. Grundzüge

In der Praxis übernehmen idR die **bisherigen GF** das Amt der Liquidatoren (s Rz 14). Es besteht aber auch die Möglichkeit, **im GesV oder per Gesellschaftsbeschluss** andere Personen zu Liquidatoren zu bestellen (s Rz 16 ff). In gewissen Fällen kann auch das **HG** Liquidatoren ernennen (s dazu Rz 19 ff). Wichtig für die Lösung v Zweifelsfragen in der Praxis ist, dass Liquidatoren letztlich nichts anderes als die GF in der Liquidation sind u sich somit ein Blick auf die Vorschriften über die GF (s §§ 15 ff) lohnen kann. § 92 Abs 1 normiert ganz allg, dass – sofern nicht explizit eine andere Regelung eingreift – für die Liquidatoren die Bestimmungen über die GF zur Anwendung gelangen. Für Details zu den Rechten u Pflichten v Liquidatoren (wie zB das Haftungsregime) s § 92 Rz 7 ff. In der Praxis ist es hilfreich, dass auch **Gesellschaften u jP** (zB RA-Gesellschaften) zu Liquidatoren bestellt werden können[23] (s § 125 Rz 6); anders verhält es sich bei GF einer werbenden GmbH, die zwingend natPers sein müssen.

11

---

21 Näher *Leupold* in Torggler, UGB³ § 178 Rz 1 ff.
22 OGH 21.12.1995, 2 Ob 594/95 = *Mahr*, wbl 1996, 304; 21.11.2017, 6 Ob 161/17w, GesRZ 2018, 112 (*H. Foglar-Deinhardstein*) = RWZ 2018, 241 (*Wenger*) = *Aburumieh/H. Foglar-Deinhardstein*, GES 2019, 3 = ÖBA 2019, 519 (*Edelmann*); Koppensteiner/Auer in Straube/Ratka/Rauter, UGB⁴ § 161 Rz 23; *Gaggl*, Gläubigerschutz bei Umgründung der GmbH & Co KG 47; *Dellinger*, taxlex 2022, 227 (230).
23 *Haberer/Zehetner* in Straube/Ratka/Rauter, GmbHG § 89 Rz 17; *Koppensteiner/Rüffler*, GmbHG³ § 89 Rz 10; *Wasserer* in Torggler, GmbHG § 89 Rz 3; *Dellinger*, taxlex 2022, 227 (229).

B. Dienstverhältnis

12 Grundsätzlich gilt für die schuldrechtliche Stellung der Liquidatoren dasselbe wie für GF; es sind also insb eine arbeitsrechtliche **Anstellung** u ein **freier Dienstvertrag** möglich. Im praktisch häufigsten Fall, dass die GF das Amt der Liquidatoren übernehmen, bleibt der Dienstvertrag grds weiterhin aufrecht. Gerichtlich bestellte Liquidatoren haben ebenfalls einen Anspruch auf Entlohnung; dabei gelten dieselben Grundsätze wie für die Entlohnung eines Notgeschäftsführers (vgl dazu § 15a Rz 45 ff). Um eine gerichtl Festsetzung zu vermeiden, empfiehlt es sich, die Höhe der Entlohnung mit den bestellten Liquidatoren vertraglich zu vereinbaren. Zum Rechtsmittelausschluss des § 63 Abs 2 Z 1 AußStrG bei gerichtl Kostenbestimmung s Rz 93 Rz 23.

C. Kein Wettbewerbsverbot

13 Im Gegensatz zu GF gilt für Liquidatoren das **Wettbewerbsverbot des § 24 nicht** (§ 89 Abs 5). Aus praktischer Sicht ist diese Regelung sinnvoll, weil es aufgrund des geänderten Gesellschaftszwecks (Abwicklung der Gesellschaft) zu keinen nennenswerten Interessenkonflikten mit Geschäften der Liquidatoren kommen sollte. Liquidatoren dürfen sich somit im (ehem) Geschäftszweig der zu liquidierenden GmbH betätigen. Liquidatoren dürfen jedoch nicht ihnen **anvertraute Informationen** insofern zum eigenen Vorteil ausnützen, als sie dadurch das Liquidationsergebnis nachteilig beeinflussen könnten. Die Aufhebung des Wettbewerbsverbots ist jedoch dispositiv, sodass die GmbH mit den Liquidatoren abw davon **schuldrechtlich** sehr wohl ein **Wettbewerbsverbot** vereinbaren kann. Dies empfiehlt sich in der Praxis va in Konzerngefügen, wenn bloß eine (Konzern-)GmbH liquidiert wird, u man verhindern möchte, dass sich die Liquidatoren relevante Konzerninformationen zu Nutze machen.

D. Arten der Bestellung zum Liquidator

1. Die amtierenden Geschäftsführer als Liquidatoren

14 Sofern im GesV oder durch Beschluss der Gesellschafter nichts anderes bestimmt ist, werden die bisherigen GF automatisch zu *„geborenen"* Liquidatoren. Das gilt jedoch nur für bis dahin tatsächlich noch im Amt befindliche GF; auf eine (noch nicht gelöschte) FB-Eintragung kommt es nicht an. Es bedarf grds keines eigenen Akts u keiner eigenen Annahme der vormaligen GF (anders bei neu bestellten Liquidatoren, die ihr Amt zunächst annehmen müssen, erst dann wird deren Bestellung als Liquidatoren wirksam),[24] obwohl in der FB-Praxis zT ein gesonderter Beschluss der Gesellschafter zur Bestellung der Liquidatoren verlangt wird, sodass dieses Thema am besten mit dem FB vorbesprochen werden sollte (zur Eintragung ins FB s Rz 31). Geschäftsführer können sich auch nicht im Nachhinein gegen ihren – aus der **geborenen Liquidatorenstellung** resultierenden – Wechsel in die Position des Liquidators zur Wehr setzen (zB mittels Rekurs). Falls gewünscht ist, dass ein GF zukünftig nicht als Liquidator agieren soll, kann dies im Vorhinein im GesV oder bei seiner Bestellung vereinbart werden.

2. Bestellung durch Beschluss oder im Gesellschaftsvertrag

Falls gewünscht wird, dass andere Personen als die bisherigen GF als Liquidatoren agieren sollen („*gekorene*" Liquidatoren), wird dies idR durch **Beschluss der Gesellschafter** ad hoc geregelt. Weniger üblich ist eine Bestellung schon im Vorhinein durch eine Bestimmung im GesV. 15

Mit **Beschluss der Gesellschafter** können Liquidatoren unabhängig davon bestellt werden, ob der GesV dies vorsieht. Hier sind versch Konstellationen u Modalitäten möglich, ähnlich wie es für die Bestellung v GF gilt. Es kann zB auch schon vor der Auflösung mittels Beschluss im Vorhinein die Bestellung der Liquidatoren vorgenommen werden. In diesem Fall wirkt die Auflösung als aufschiebende Bedingung für die Bestellung. 16

Sowohl durch Beschluss oder Bestimmung im GesV bestellte als auch geborene Liquidatoren können jederzeit **abberufen** u ersetzt werden (s Rz 27). Ebenso können weitere Liquidatoren (zusätzlich) bestellt werden. 17

Grundsätzlich ist für den Beschluss über die **Bestellung v Liquidatoren** die **einfache Mehrheit** erforderlich. Wurde für die GF Bestellung ein anderes Quorum im GesV festgelegt, gilt dieses auch für die Bestellung der Liquidatoren, sofern nicht explizit etwas anderes dafür bestimmt wurde. Nach § 39 Abs 5 iVm § 92 Abs 1 darf ein Gesellschafter, der selbst zur Wahl steht, auch an der Abstimmung mitwirken. Der Beschluss, mit dem Liquidatoren bestellt werden, kann – wie jeder andere 18

---

24 *Koppensteiner/Rüffler*, GmbHG³ § 89 Rz 15.

Beschluss der Gesellschafter – **angefochten** werden. Wird der Beschluss über die Bestellung des Liquidators für unwirksam *ex tunc* erklärt, so sind auch alle zwischenzeitigen Vertretungshandlungen des Liquidators grds unwirksam. Dies gilt dann nicht, wenn ein Fall des Vertrauensschutzes eines Dritten vorliegt, der im Vertrauen auf den FB-Stand mit der Gesellschaft in Liquidation kontrahiert.[25] Im GesV können zusätzlich oder anstatt der bisherigen GF konkrete oder durch gewisse Merkmale (wie zB ihre Funktion) eindeutig bestimmbare Personen zu Liquidatoren bestimmt werden sowie versch weitere Konstellationen geregelt werden. Dazu zählen insb **Sonderrechte eines Gesellschafters** auf Ernennung oder Nominierung oder auf das Amt des Liquidators selbst oder die Übertragung der Bestellkompetenz an ein anderes Gesellschaftsorgan, wie zB den AR. Die Zulässigkeit der Einräumung dieser Sonderrechte wird v der hM[26] bejaht, weil solche Bestellkompetenzen aus teleologischer Sicht dem Schutz der Gläubigerinteressen nicht widersprechen.

3. Bestellung durch das Gericht

a) Bei Anordnung der Verwaltungsbehörde

19 Im Fall einer **Auflösung durch Verfügung einer Verwaltungsbehörde** (§ 84 Abs 1 Z 5 iVm § 86) (s auch Rz 6) kann diese anordnen, dass die Gesellschaftsorgane ihre Tätigkeit sofort einzustellen haben. In diesem Fall ist gem § 94 Abs 2 ausschließlich das Gericht für die Bestellung der Liquidatoren zuständig (s dazu u zu weiteren Fällen, in denen die Verwaltungsbehörde dies anordnen kann § 94 Rz 2, 3).

b) Bei Säumnis der Geschäftsführer nach § 88 Abs 3

20 Ein weiterer Fall, bei welchem das Gericht Liquidatoren zu bestellen hat, ist die **Säumnis der GF bei der Anmeldung der Auflösung** gem § 88 Abs 3. Kommen die GF einer Aufforderung des Gerichts zur Erstattung der ihnen obliegenden Anmeldung der Auflösung nicht nach, so nimmt das Gericht – nach wiederholter Aufforderung u Verstreichen einer Frist – die Anmeldung selbst vor u ernennt dabei auch gleichzeitig die Liquidatoren (für weitere Details dazu s § 88 Rz 7).

---

25 OGH 27.6.2019, 6 Ob 12/19m.
26 *Haberer/Zehetner* in Straube/Ratka/Rauter, GmbHG § 89 Rz 18; *Koppensteiner/Rüffler*, GmbHG³ § 89 Rz 10; *Wasserer* in Torggler, GmbHG § 89 Rz 3.

c) Auf Antrag des Aufsichtsrats oder von Minderheitsgesellschaftern

Der **AR oder Gesellschafter**, die (alleine oder gemeinsam) **10%** des Stammkapitals halten, oder deren Stammeinlagen den **Nennbetrag v € 700.000** erreichen (abgestellt wird auf die Stammeinlagen, nicht auf die Stimmrechte), können einen **Antrag auf Bestellung v (neuen oder zusätzlichen) Liquidatoren** stellen. Für die Ausübung dieses Minderheitenrechts kann gesv auch ein geringerer Anteil oder überhaupt keine Mindestbeteiligungshöhe vorgesehen werden. Für einen Antrag ist stets das Vorliegen eines **wichtigen Grunds** nötig. Als wichtiger Grund gilt ganz allg, *„wenn ohne die Entscheidung des Gerichts die ordnungsgemäße und ungestörte Abwicklung ohne Nachteile für die Beteiligten nicht gewährleistet ist"*.[27] Dazu zählen insb Pflichtverletzungen u Verhinderungen (wie eine schwere Krankheit) der Liquidatoren, grobe Interessenkollisionen mit den Gesellschaftern oder schwerwiegende Differenzen zw den einzelnen Liquidatoren, die eine Abwicklung stark behindern.[28]

21

Im Antrag auf Bestellung v neuen oder zusätzlichen Liquidatoren können dem Gericht **konkrete Vorschläge für Liquidatoren** unterbreitet werden. Dies empfiehlt sich jedenfalls in der Praxis; wenngleich das Gericht nicht formal daran gebunden ist, folgt es häufig aus Praktikabilitätserwägungen den erstatteten Vorschlägen.

22

Strittig ist, ob ein Antrag auf gerichtl Bestellung v Liquidatoren durch AR oder Minderheitsgesellschafter voraussetzt, dass bereits Liquidatoren im Amt oder zumindest für die geplante Liquidation vorgesehen sind.[29] Unseres Erachtens ist, wenn Liquidatoren überhaupt fehlen, ein Antrag auf Bestellung v Notliquidatoren zu stellen (s dazu Rz 24), wobei auch hier in der Praxis dem Gericht Vorschläge unterbreitet werden können. Das Gericht muss die amtierenden Liquidatoren nicht unbedingt **austauschen** (Abberufung der bisherigen u Bestellung

23

---

27 *Wasserer* in Torggler, GmbHG § 89 Rz 4 mwN. Vgl OGH 23.9.2020, 6 Ob 28/20s, GesRZ 2021, 95 (*Warto*); 18.2.2021, 6 Ob 201/20g, ecolex 2021, 553 (*Melicharek*).
28 Vgl näher OGH 23.9.2020, 6 Ob 28/20s, GesRZ 2021, 95 (*Warto*); 18.2.2021, 6 Ob 201/20g, ecolex 2021, 553 (*Melicharek*).
29 **Dafür** *Gelter* in Gruber/Harrer, GmbHG[2] § 89 Rz 18 f; **dagegen** OLG Wien 28.8.1994, 6 R 73/94, NZ 1995, 114; *Koppensteiner/Rüffler*, GmbHG[3] § 89 Rz 12.

neuer Liquidatoren), sondern kann neben den bisherigen Liquidatoren **weitere bestellen** oder sogar nur die **Vertretungsbefugnis** der in Amt stehenden Liquidatoren **verändern** (s § 90 Rz 13); letztere Kompetenz ergibt sich aus einem Größenschluss.[30]

d) Bestellung eines Notliquidators

24 Obwohl im Gesetzestext die **Bestellung eines Notliquidators** nicht explizit vorgesehen ist, kann es nach Rsp u hM aufgrund des Generalverweises des § 92 Abs 1 auf die für die GF geltenden Bestimmungen zu Situationen kommen, in denen ein sog Notliquidator bestellt werden muss.[31] In Fällen, in denen etwa überhaupt keine Liquidatoren im Amt sind oder diese aus rechtlichen oder faktischen Gründen gehindert sind, ihr Amt auszuüben, kann ein Beteiligter[32] (va Gesellschaftsgläubiger oder Gesellschafter, die keine ausreichende Beteiligung für einen Antrag gem Abs 2 hätten) nach den Bestimmungen des § 15a[33] die Bestellung eines Notliquidators beantragen (s dazu § 15a Rz 26 ff). Dem Notliquidator steht ein Anspruch auf angemessene Entlohnung u Ersatz der Barauslagen zu. Die Vergütung des Notliquidators erfolgt in analoger Anwendung der Bestimmungen zur Entlohnung des Kurators.[34] Der Vergütungsanspruch des Notliquidators ist beim bestellenden FB-Gericht im außerstreitigen Verfahren durchzusetzen; auch die Gewährung v Akontozahlungen (Vorschüssen) fällt in die Zuständigkeit des Gerichts.[35] Zum **Nachtragsliquidator** s § 93 Rz 23.

e) Praktische Vorgehensweise bei Abberufung und/oder Bestellung durch das Gericht

25 Für die gerichtl Abberufung u/oder Bestellung der Liquidatoren sind die **LG in Handelssachen** (in Wien somit das HG) zuständig. Die ört-

---

30 *Haberer/Zehetner* in Straube/Ratka/Rauter, GmbHG § 89 Rz 25.
31 OGH 4.8.2010, 3 Ob 95/10g; OLG Wien 14.12.2016, 28 R 263/16a, GES 2017, 29.
32 RIS-Justiz RS0113945.
33 Im Liquidationsstadium werden die wichtigen Gründe des § 89 nicht als Prüfungsmaßstab für § 15a herangezogen, weil andernfalls die Beschränkung der Antragslegitimation gem § 89 unterlaufen werden würde (RIS-Justiz RS0132583).
34 OLG Wien 17.7.2019, 6 R 101/19w, GES 2019, 364 (*Fantur*).
35 OLG Wien 17.7.2019, 6 R 101/19w, GES 2019, 364 (*Fantur*).

liche Zuständigkeit wird durch den Sitz der GmbH bestimmt. Es handelt sich dabei um ein **Außerstreitverfahren**; die Zuständigkeit eines **Schiedsgerichts** kann nicht wirksam vereinbart werden.[36] Zwar ist das Gericht formal nicht an Vorschläge der Antragsteller gebunden, dennoch ist es empfehlenswert, mit der Antragstellung (idR drei) Vorschläge zu erstatten u diese insb mit Interessen der Gläubiger oder der GmbH zu begründen.[37] Gegen eine E des Gerichts bzgl der Abberufung u/oder Bestellung v Liquidatoren ist als Rechtsmittel ein Rekurs möglich.[38] Diesen kann sowohl der Antragsteller als auch die GmbH einbringen. Dem **Gericht** steht ggü einem gerichtl bestellten Liquidator **keine Weisungsbefugnis** dahingehend, wie der Liquidator seine Tätigkeit auszuüben habe, zu.[39]

III. Ende des Liquidatorenamts

Das Amt der Liquidatoren endet spätestens nach Beendigung der Liquidation mit der **Löschung der GmbH** aus dem FB (vgl § 93 Rz 12).[40] Liquidatoren können – unabhängig davon, wie sie zu ihrem Amt gekommen sind – innerhalb der Grenzen des § 16a Abs 1 jederzeit **zurücktreten**, selbst wenn dadurch die GmbH über keine Vertretung mehr verfügt;[41] diesfalls sind jedoch schadenersatzrechtliche Konsequenzen denkbar (s § 92 Rz 13). Die Funktion eines gerichtl bestellten Liquidators endet nach der Rsp des OGH auch im Fall des Rücktritts erst durch **gerichtl Enthebungsbeschluss**.[42] 26

In der Praxis häufig ist eine **Abberufung der Liquidatoren durch Beschluss der Gesellschafter**. Ein Gesellschafter, der Liquidator ist, ist gem § 39 Abs 5 iVm § 92 Abs 1 bei der Abstimmung über seine Abberufung stimmberechtigt. Auch das **Gericht** kann zu den Bedingungen des 27

---

36 Vgl OGH 23.9.2020, 6 Ob 28/20s, GesRZ 2021, 95 (*Warto*).
37 *Gelter* in Gruber/Harrer, GmbHG² § 89 Rz 21.
38 Zwar kann gegen die E Rekurs erhoben werden, eine Abberufung v Liquidatoren bewirkt allerdings den sofortigen Funktionsverlust mit Zustellung des Abberufungsbeschlusses (OGH 24.9.2019, 6 Ob 160/19a).
39 Vgl zur GesbR OGH 30.8.2023, 6 Ob 130/23w.
40 *Gelter* in Gruber/Harrer, GmbHG² § 93 Rz 17, 20 f.
41 *Wasserer* in Torggler, GmbHG § 89 Rz 7 mwN.
42 OGH 15.2.2007, 6 Ob 292/06v; krit *Gelter* in Gruber/Harrer, GmbHG² § 89 Rz 28; *Koppensteiner/Rüffler*, GmbHG³ § 89 Rz 14.

§ 89 Abs 2 S 2 eine Abberufung auf Antrag vornehmen. Weniger häufig ist eine Abbestellung gerichtl bestellter Liquidatoren. Gerichtlich bestellte Liquidatoren können nach Abs 3 auch nur wieder v Gericht abberufen werden, wobei eine solche gerichtl Abberufung auch einen wichtigen Grund erfordert. Eine Abberufung durch Beschluss der Gesellschafter scheidet somit aus.[43] Dem AR u den Minderheitsgesellschaftern steht freilich auch ein Antrag gem § 89 Abs 2 S 2 offen (s Rz 21).[44] Als **wichtiger Grund** gilt ganz allg, dass eine ordnungsgemäße Abwicklung nicht möglich ist[45] (ebenso wie bei einer Bestellung durch das Gericht; s Rz 21). Ein solcher wichtiger Grund liegt etwa im Fall einer Interessenkollision zw dem Liquidator u der Gesellschaft vor, oder wenn der (Not-)Liquidator eigenmächtig Akontozahlungen auf seine Vergütung entnimmt u die Gesellschafter darüber unvollständig informiert.[46] Zur **Löschung** des ausscheidenden Liquidators **aus dem FB** s Rz 31.

IV. Praktischer Ablauf beim Firmenbuchgericht

28 Sämtliche **Anmeldungen zum FB** in der Phase der Liquidation, auch die Anmeldung der ersten Liquidatoren, sind **v den Liquidatoren** selbst vorzunehmen. Grundsätzlich haben alle **FB-Eintragungen** in der Phase der Liquidation bloß **deklarativen Charakter**. Einzutragen sind die ersten Liquidatoren samt Vertretungsbefugnis, jeder Wechsel u jede Änderung der Vertretungsbefugnis sowie das Ausscheiden eines Liquidators. Gerichtlich bestellte Liquidatoren werden v Amts wegen im FB eingetragen (§ 89 Abs 4 S 3). Folgende Schritte sind bei einer Antragstellung auf **FB-Eintragung oder -Löschung v Liquidatoren** zu beachten:

– Die Anmeldung hat **durch die Liquidatoren** in vertretungsbefugter Anzahl zu erfolgen u ist v diesen **beglaubigt** zu unterfertigen.[47]
– Beizulegen ist die **Urkunde**, mit der es **zur Bestellung bzw Abberufung** kam; also insb der Beschluss der Gesellschafter (sei es im Fall der Bestellung als notarielles GV-Protokoll oder als notariell beglau-

---

43 OLG Wien 17.7.2019, 6 R 101/19w, GES 2019, 364 (*Fantur*).
44 *Gelter* in Gruber/Harrer, GmbHG² § 89 Rz 27.
45 OLG Wien 17.7.2019, 6 R 101/19w, GES 2019, 364 (*Fantur*).
46 OLG Wien 17.7.2019, 6 R 101/19w, GES 2019, 364 (*Fantur*).
47 *Birnbauer*, GES 2008, 114.

bigter Umlaufbeschluss; für die bloße Abberufung ist keine Beglaubigung erforderlich[48]) als Urschrift oder als beglaubigte Abschrift.
- Beizufügen ist ebenfalls eine beglaubigte **Musterzeichnung** der Liquidatoren; diese kann uE entfallen, wenn sie schon als GF eine Musterzeichnung abgegeben haben,[49] obwohl zT in der Praxis neue Musterzeichnungen v FB eingefordert werden.

Beschlüsse der Gesellschafter, mit denen Liquidatoren bestellt oder abberufen werden, müssen Folgendes enthalten: 29

- Die **beglaubigten Unterschriften aller Gesellschafter** (für die bloße Abberufung ist keine Beglaubigung erforderlich[50]).
- Vor- u Familienname der bestellten/abberufenen Liquidatoren u ihr jew Geburtsdatum sowie eine zustellfähige Postadresse.
- Angaben über Beginn bzw Ende u Art der Vertretungsbefugnis.

In der Praxis empfiehlt sich, den Beschluss über die Auflösung der GmbH mit dem Beschluss über die Abberufung der GF u die Bestellung der Liquidatoren zu verbinden u gemeinsam beim FB anzumelden (s Rz 5). Da die Bestellung der Liquidatoren schon mit dem im Beschluss der Gesellschafter vorgesehenen Datum wirksam wird – die Anmeldung zum FB hat bloß deklarativen Charakter –, kann die FB-Anmeldung bereits v den Liquidatoren vorgenommen werden.[51] Entgegen der tw vorherrschenden Praxis beim FB müssen die abberufenen GF die Anmeldung uE nicht mehr mittragen, sofern die Abberufung bereits wirksam wurde. Im Falle v Personenidentität v früheren GF u Liquidatoren empfiehlt sich jedoch ein Hinweis auf die frühere Funktion als GF. Zur Eintragung v geborenen Liquidatoren s Rz 31. Zur **Löschung v Prokuristen** anlässlich der FB-Eintragung der Auflösung s § 90 Rz 16. 30

Im Fall der **geborenen Liquidatoren** (s Rz 14) empfiehlt sich folgendes Vorgehen: In der Anmeldung der Auflösung ist idR ein Hinweis darauf ausreichend, dass der bisherige GF ab dem Tag der Auflösung als Liquidator agiert. Eine gesonderte Abbestellung (als GF) u Neubestel- 31

---

48 *Koppensteiner/Rüffler*, GmbHG3 § 89 Rz 22 unter Verweis auf § 17 Rz 6.
49 So auch *Dellinger*, taxlex 2022, 227 (229).
50 *Koppensteiner/Rüffler*, GmbHG3 § 89 Rz 22 unter Verweis auf § 17 Rz 6.
51 Mit detaillierter Erklärung zur dogmatischen Zulässigkeit dieser Konstruktion: OLG Wien 26.4.2010, 28 R 28/10h, GES 2011, 72. Vgl auch *Birnbauer*, GES 2008, 114.

lung (als Liquidator) ist uE nicht erforderlich, wird aber in der FB-Praxis zT dennoch verlangt.

Bsp: *"Peter Maier, geb. am 01. (ersten) Mai 1970 (neunzehnhundertsiebzig), als bis zur Auflösung der Gesellschaft selbständig vertretungsbefugter, alleiniger Geschäftsführer der GmbH, ist gemäß § 89 (neunundachtzig) Absatz 2 (zwei) GmbHG ab Wirksamkeit der Auflösung der Gesellschaft, sohin ab 04. (vierten) März 2017 (zweitausendsiebzehn), selbständig vertretungsbefugter Liquidator der Gesellschaft."*

Ein **ausscheidender Liquidator** (s Rz 26 f) kann seine **Löschung** auch selbst anmelden.[52] Bestellungen oder Abberufungen v Liquidatoren durch das Gericht werden v Amts wegen in das FB eingetragen.

V. Weitere praktische Herausforderungen im Zusammenhang mit einer Liquidation

A. Zweigniederlassungen

32 **Zweigniederlassungen** kommt keine eigene Rechtspersönlichkeit zu, sodass sie auch im Falle einer Liquidation dem rechtlichen Schicksal ihres Rechtsträgers folgen. Somit sind inländische Zweigniederlassungen bei einem Liquidationsverfahren letztlich ebenfalls aus dem FB zu löschen (ein eigener Hinweis im Löschungsantrag auf die Zweigniederlassung ist uE nicht erforderlich; dies sollte jedoch vorsichtshalber mit dem FB-Gericht abgestimmt werden). Demgegenüber kommt es bei der **bloßen Schließung einer (inländischen) Zweigniederlassung einer österr GmbH** zu keinen Folgen für den Rechtsträger der Zweigniederlassung – die österr GmbH –, u die Liquidationsvorschriften kommen hier nicht zur Anwendung (vgl auch §§ 107–114 Rz 29 ff).

33 Handelt es sich um die Löschung einer **inländischen Zweigniederlassung einer ausländischen Gesellschaft**, sieht § 113 Abs 2 vor, dass es zu einer Abwicklung der Geschäfte unter *„sinngemäßer Anwendung"* der Liquidationsvorschriften kommt (vgl auch §§ 107–114 Rz 29 ff). In der FB-Praxis ist es jedoch bei inländischen Zweigniederlassungen eines nicht-österr EU-Rechtsträgers möglich, unter Nachw der Schließung u der Vermögenslosigkeit des Betriebs sowie des Fehlens v Gläubigern der Zweigniederlassung (zB durch eidesstättige Erklärung) sowie unter

---

52 *Gelter* in Gruber/Harrer, GmbHG[2] § 89 Rz 31.

Vorlage der steuerlichen Unbedenklichkeitsbescheinigung direkt die Löschung der Zweigniederlassung beim FB zu beantragen, ohne ein separates Liquidationsverfahren abwickeln zu müssen.[53]

B. Anhängige Zivilprozesse

In der Praxis stellt sich oft die Frage, wie in noch anhängigen Zivilprozessen während der Liquidation vorzugehen ist. Bei Prozessen, in denen die GmbH selbst einen Anspruch **einklagt** – oder als Beklagte einen Gegenanspruch eingewendet hat –, kann es eben deswegen nicht zur Vollbeendigung kommen, weil noch Gesellschaftsvermögen in Form des eingeklagten Anspruchs oder zumindest in Form eines allfälligen Kostenersatzanspruchs besteht,[54] es sei denn, die Prozessführung ist offenbar aussichtslos (iSd Jud zur Verfahrenshilfe).[55] Für die vollständige Abwicklung muss somit der Ausgang des Prozesses oder die Wirksamkeit eines allfälligen (außergerichtlichen) Vergleichs abgewartet werden.[56] 34

Falls die GmbH **Beklagte** ist, steht ein möglicher Kostenersatzanspruch der Beklagten der Vollbeendigung der GmbH nicht entgegen.[57] Wird die beklagte GmbH **während des noch anhängigen Prozesses** gegen sie **aus dem FB gelöscht**, ist das Verfahren auf Begehren des Klägers fortzusetzen. Falls der Kläger dies nicht begehrt, wird die Klage zurückgewiesen u das Verfahren für nichtig erklärt.[58] Der Wille des Klägers zur Verfahrensfortsetzung gegen die gelöschte Gesellschaft muss nicht ausdrücklich erklärt werden (s auch § 84 Rz 31). Er kann sich vielmehr auch daraus ergeben, dass der Kläger trotz der ihm bekannten, den Verlust der Parteifähigkeit herbeiführenden Umstände das 35

---

53 OLG Innsbruck 2.10.2007, 3 R 100/07s; OLG Wien 15.3.2006, 28 R 308/05b; *Zehetner* in FS Krejci 398 (418 ff).
54 *Gelter* in Gruber/Harrer, GmbHG² § 93 Rz 22; OGH 23.4.2007, 4 Ob 213/06m.
55 *Haberer/Zehetner* in Straube/Ratka/Rauter, GmbHG § 93 Rz 8.
56 RIS-Justiz RS0062191.
57 OGH 11.3.1998, 9 ObA 17/98k; 22.10.1998, 8 ObA 2344/96f, GesRZ 1999, 34 (*Dellinger*) = *Oberhammer*, JBl 1999, 268; 22.4.2014, 7 Ob 55/14k (7 Ob 56/14g); 26.2.2020, 9 ObA 137/19s.
58 OGH 22.10.1998, 8 ObA 2344/96f, GesRZ 1999, 34 (*Dellinger*) = *Oberhammer*, JBl 1999, 268; 29.6.1999, 1 Ob 70/99x; 26.2.2020, 9 ObA 137/19s; 29.4.2020, 9 ObA 137/19s.

Verfahren durch Anträge oder Rechtsmittel fortsetzt.[59] Der Kläger kann somit durch entspr Ausübung seines **Wahlrechts** den Eintritt einer **Fortbestandsannahme** erreichen, auf deren Basis die gelöschte GmbH weiterhin als **parteifähig** gilt.[60] Die dogmatische Frage, ob dies nur unter der Annahme gilt, dass noch Vermögen der GmbH vorhanden ist, spielt in der Praxis wohl insoweit keine Rolle, als ein gegen die gelöschte GmbH erwirkter Titel idR ohnedies nur dann relevant wird, wenn noch Vermögen identifiziert werden kann. In der Praxis kann das Fortführen des Prozesses den Vorteil haben, dass eventuell noch vorhandene Ansprüche der GmbH (zB gegen frühere Organmitglieder) gepfändet werden können. Auch **nach der Löschung einer GmbH** aus dem FB kann eine GmbH noch geklagt werden, wenn sie – zB wegen einer Deckungszusage ihrer Haftpflichtversicherung – nicht vermögenslos (s § 93 Rz 5) u daher weiterhin parteifähig ist; im Fall des Prozessgewinns kann die klagende Partei auf den Deckungsanspruch der gelöschten Gesellschaft gegen die Haftpflichtversicherung greifen.[61] Als **organschaftliche Vertreter der gelöschten GmbH im Passivprozess** haben im Fall der Nachtragsliquidation (s § 93 Rz 20 ff) die **Nachtragsliquidatoren**, ansonsten ein **Prozesskurator** gem § 8 ZPO zu agieren.[62]

§ 90. (1) **Bei der Liquidation kommen die Vorschriften der §§ 149, 150 Abs. 1 und 153 UGB zur Anwendung.**

(2) **Die Liquidatoren haben, selbst wenn sie von dem Gerichte ernannt sind, bei der Geschäftsführung den von den Gesellschaftern gefaßten Beschlüssen Folge zu leisten.**

(3) ¹**Die Ausschreibung weiterer Einzahlungen auf nicht voll eingezahlte Stammeinlagen ist nach Auflösung der Gesellschaft nur insoweit zulässig, als es zur Befriedigung der Gläubiger erforderlich er-**

---

59 RIS-Justiz RS0110979; OGH 26.2.2020, 9 ObA 137/19s. V der einmal getroffenen Wahl kann nachträglich nicht mehr abgegangen werden; wurde das Wahlrecht ausgeübt, ist es konsumiert (OGH 23.10.2014, 2 Ob 176/14t).
60 OGH 26.2.2020, 9 ObA 137/19s. Näher *Gelter* in Gruber/Harrer, GmbHG² § 93 Rz 23 f.
61 OGH 27.11.2008, 2 Ob 166/08p; 16.2.2012, 6 Ob 265/11f; vgl *Gurmann*, RdW 2013/198, 197 (198).
62 *Gelter* in Gruber/Harrer, GmbHG² § 93 Rz 25 mwN; *Gurmann*, RdW 2013/198, 197 (198).

scheint. ²Die Einzahlungen sind stets nach Verhältnis der bis zur Auflösung geleisteten Einzahlungen zu fordern.

(4) Die Verwertung des Gesellschaftsvermögens durch Veräußerung des Vermögens als Ganzes kann nur auf Grund eines mit einer Mehrheit von drei Vierteilen der abgegebenen Stimmen gefaßten Beschlusses der Gesellschafter erfolgen.

idF BGBl I 2005/120

Literatur: Siehe Lit zu § 89.

Inhaltsübersicht

I. Regelungsinhalt	1, 2
II. Geschäftsführung der Liquidatoren	3–10
A. Zielsetzung: Bestmögliche Vermögensverwertung	3
B. Typische Tätigkeiten der Liquidatoren	4–8
C. Haftung der Liquidatoren bei Befugnisüberschreitung	9, 10
III. Weisungsbefugnis der Gesellschafter	11, 12
IV. Vertretungsbefugnis der Liquidatoren	13–16
V. Zeichnung der Liquidatoren	17, 18
VI. Weitere Zufuhr von Eigenkapital	19, 20
VII. Veräußerung des Unternehmens als Ganzes	21

I. Regelungsinhalt

§ 90 enthält – mit dem primären Zweck des **Gläubigerschutzes**[1] – punktuelle Regelungen zum Ablauf der eigentlichen Liquidation, nämlich über: 1

- die Aufgaben der Liquidatoren im Rahmen der Geschäftsführung (s Rz 3 ff);
- das Verhältnis der Liquidatoren zu den Gesellschaftern (s Rz 11 f) u
- die Vertretungsbefugnis der Liquidatoren (s Rz 13 ff) sowie über
- einige Detailfragen, wie insb zur Aufforderung zur Einzahlung auf nicht voll eingezahlte Stammeinlagen (s Rz 19 f) u zur Verwertung des Gesellschaftsvermögens als Ganzes (s Rz 21).

---

1 OGH 11.12.2007, 4 Ob 207/07f.

2   Absatz 1 erklärt durch Verweis folgende **Bestimmungen des UGB** – über die Liquidation v PersGes – auch bei der Liquidation der GmbH für anwendbar:

„Rechte und Pflichten der Liquidatoren; Auseinandersetzung

§ 149. (1) Die Liquidatoren haben die laufenden Geschäfte zu beenden, die Forderungen einzuziehen, das übrige Vermögen in Geld umzusetzen und die Gläubiger zu befriedigen; zur Beendigung schwebender Geschäfte können sie auch neue Geschäfte eingehen. Die Liquidatoren vertreten die Gesellschaft gerichtlich und außergerichtlich.

(2) Den Gesellschaftern sind die Gegenstände, die sie der Gesellschaft zur Benutzung überlassen haben, zurückzugeben. Für einen durch Zufall abhanden gekommenen oder verschlechterten Gegenstand können sie keinen Ersatz verlangen.

§ 150. (1) Sind mehrere Liquidatoren vorhanden, so können sie die zur Liquidation gehörenden Handlungen nur in Gemeinschaft vornehmen, sofern nicht bestimmt ist, daß sie einzeln handeln können; eine solche Bestimmung ist zur Eintragung in das Firmenbuch anzumelden.

§ 153. Die Liquidatoren haben ihre Unterschrift in der Weise abzugeben, daß sie der bisherigen, als Liquidationsfirma zu bezeichnenden Firma ihren Namen beifügen."

II. Geschäftsführung der Liquidatoren

A. Zielsetzung: Bestmögliche Vermögensverwertung

3   § 149 UGB iVm § 90 Abs 1 regelt die Verwaltungstätigkeit der Liquidatoren u zählt beispielhaft einige der typischen Tätigkeiten im Zuge einer Abwicklung auf. **Ziel** der Tätigkeit der Liquidatoren ist die **bestmögliche Verwertung des Vermögens** der Gesellschaft, um einerseits möglichst **alle offenen Forderungen** begleichen zu können sowie andererseits ein möglichst hohes **Liquidationsergebnis (Liquidationsüberschuss, Liquidationserlös)** (s § 91 Rz 18 ff) für die Gesellschafter zu lukrieren.[2] Welcher konkrete Ermessensspielraum den Liquidatoren zusteht, hängt jew v Einzelfall ab u ist an wirtschaftlichen (Gesamt-)Überlegungen zu messen. Da Liquidatoren – wie GF – über eine grds

---

2 OGH 24.2.2004, 5 Ob 89/03d, ecolex 2004, 717 (*J. Reich-Rohrwig*), RWZ 2004/51, 201 (*Wenger*); 11.12.2007, 4 Ob 207/07f.

unbeschränkte organschaftliche Vertretungsmacht (s Rz 13, zur Einschränkung der Vertretungsbefugnis s aber Rz 21) verfügen, sind sie im Außenverhältnis zur Vornahme jedes Geschäfts befugt.

B. Typische Tätigkeiten der Liquidatoren

Zu den typischen Handlungen der Liquidatoren zählen: 4
- die Beendigung laufender Geschäfte;
- der Abschluss neuer Geschäfte, sofern sie der Beendigung schwebender Geschäfte u/oder der Schließung des Unternehmens der GmbH dienen;
- die Einziehung v Forderungen;
- die Versilberung des übrigen Vermögens;
- die Befriedigung der Gläubiger u
- die Verteilung des allenfalls verbleibenden Liquidationsüberschusses an die Gesellschafter.

Zwecks Einziehung der Forderungen der Gesellschaft sind alle Handlungen vorzunehmen, die der Entstehung, zur Herbeiführung der Fälligkeit u zur außergerichtlichen oder gerichtl Durchsetzung v Forderungen dienen, wie insb Mahnungen, Kündigungen, Mängelrügen, Rücktritts- oder Wandlungserklärungen, Irrtumsanfechtungen, Einbringung v Klagen u Führung v Exekutionsverfahren.[3] Zu den *„laufenden Geschäften"*, die es zu beenden gilt, werden auch anhängige **Zivilprozesse** gezählt (s dazu § 89 Rz 33 f). Die Liquidatoren haben diese mit Blick auf ein optimales Liquidationsergebnis zu betreiben. In diesem Licht kann auch ein **Vergleich** zweckdienlich sein (zur Einholung eines Expertengutachtens zur Beurteilung der Zulässigkeit eines konkreten Vergleichs s Rz 8). Auch **neue Prozesse** kommen in Frage, insb soweit sie der Beendigung laufender Geschäfte, der Einziehung v Forderungen oder der Verwertung des Vermögens dienen. Dies gilt auch für die Verfolgung möglicher Ansprüche der GmbH aus Garantie- u/oder Gewährleistungsfällen gegenüber Dritten, zB bei sog Projekt-GmbH etwa in der der Bau- u Immobilienbranche. 5

Den Liquidatoren steht es grds zu, jede Art v **neuen Geschäften** einzugehen, **sofern sie der Liquidation dienen** (s Rz 8). Dazu zählen insb 6

---

[3] OGH 23.9.2020, 6 Ob 28/20s, GesRZ 2021, 95 (*Warto*).

Geschäfte zur Veräußerungen v Vermögensgegenständen, aber auch die Anschaffung neuer Materialien, um bspw eine Produktionsreihe mit bereits vorhandenen Rohstoffen zu beenden, die dann versilbert werden soll.[4] Ein praktisch relevantes neues Geschäft ist häufig die Bevollmächtigung eines RA oder Notars. Unzulässig sind neue Geschäfte nur dann, wenn sie die GmbH *de facto* wieder in eine werbende Gesellschaft verwandeln würden.[5]

7 Wie das Gesellschaftsvermögen verwertet wird, steht den Liquidatoren grds frei. Anhand v wirtschaftlichen Überlegungen soll jedenfalls das **bestmögliche Ergebnis** erzielt werden. In der Praxis ist etwa der Verkauf des Unternehmens oder eines Betriebs der GmbH wie auch bloß v Teilen des Unternehmens oder eines Betriebs ebenso denkbar wie der Verkauf einzelner Vermögensgegenstände. Wenn die Gesellschafter damit einverstanden sind, kann auch die GmbH als Ganzes im Wege eines *share deal* veräußert werden, wozu idR die Fassung eines Fortsetzungsbeschlusses (s § 89 Rz 9) erforderlich sein wird.[6] Auch kann sich eine **Abspaltung** eines wesentlichen, lukrativen Unternehmensteils als sinnvoll erweisen; das OLG Wien hat solch eine Abspaltung für zulässig erklärt[7] (s allg zu Umgründungen in der Liquidation § 92 Rz 25). Entgegen dem (zu restriktiven) Wortlaut des § 149 UGB, der vorsieht, dass *„das übrige Vermögen in Geld umzusetzen"* ist, besteht durchaus die Möglichkeit, nach Befriedigung der Gläubiger das **verbleibende Gesellschaftsvermögen** *in natura* – also **durch Sachausschüttung** – an die Gesellschafter zu verteilen (s § 91 Rz 20 u allg zur Sachdividende § 82 Rz 58).[8] Freilich muss sich – sofern nicht der GesV eine entspr Regelung enthält – kein Gesellschafter gegen seinen Willen mit Sachwerten begnügen. Für die Verteilung des Liquidationsüberschusses in Sachwerten ist aber uE nicht unbedingt ein einstimmiger Beschluss der Gesellschafter

---

4 *Gelter* in Gruber/Harrer, GmbHG² § 90 Rz 8; vgl *Dellinger*, taxlex 2022, 227 (231).
5 *Gelter* in Gruber/Harrer, GmbHG² § 90 Rz 8; vgl *Dellinger*, taxlex 2022, 227 (231).
6 *Dellinger*, taxlex 2022, 227 (230).
7 OLG Wien 11.10.2007, 28 R 112/07g, GesRZ 2008, 173 (*Inwinkl*).
8 *Haberer/Zehetner* in Straube/Ratka/Rauter, GmbHG § 90 Rz 6; *Wasserer* in Torggler, GmbHG § 91 Rz 9; vgl *Bauer/Zehetner* in Straube/Ratka/Rauter, GmbHG § 82 Rz 229 (Sachauskehr im Zuge der Liquidation nur mit Zustimmung der Gläubiger; hier ist uE an den Fall der Sachauskehr vor Befriedigung der Gläubiger gedacht).

Voraussetzung;⁹ vielmehr sollte die individuelle Zustimmung der v der Sachausschüttung betroffenen Gesellschafter genügen (s auch § 82 Rz 58).

Ob eine Maßnahme der Liquidatoren der Abwicklung dient u somit zulässig ist, ist stets eine Frage der Umstände des Einzelfalls u muss im eigenen Ermessen unter Beachtung v wirtschaftlichen Überlegungen beantwortet werden. Im Einzelfall kann das Einholen v Expertengutachten (s Rz 5; § 92 Rz 13) sinnvoll sein, wenn der Aufwand für das GA verhältnismäßig im Vergleich zur Relevanz der geplanten Maßnahme ist. Soweit die GmbH in Liquidation **Geschäfte mit ihren Gesellschaftern** oder diesen nahestehenden Dritten durchführt, ist grds weiterhin uneingeschränkt das **Verbot der Einlagenrückgewähr** gem § 82 zu beachten, sodass – bei ansonsten drohender Nichtigkeit – eine drittvergleichsfähige Gegenleistung u/oder eine betriebl Rechtfertigung erforderlich ist, damit das Geschäft zulässig ist (s § 89 Rz 3; § 91 Rz 3, 19; § 82 Rz 66 ff). Eine Übertragung des Vermögens der GmbH in Liquidation an einen Gesellschafter gegen Abgeltung des Buchwerts oder gar ohne Gegenleistung ist daher – jedenfalls vor Befriedigung der Gläubiger – grds unzulässig.

8

C. Haftung der Liquidatoren bei Befugnisüberschreitung

Den Liquidatoren steht im Außenverhältnis die **volle Vertretungsmacht** zu, nur im Fall einer **Kollusion** wird das Rechtsgeschäft unwirksam (vgl dazu Rz 15). Im Innenverhältnis dürfen die Liquidatoren grds nur all jene Geschäfte eingehen, die der Abwicklung dienen. Wenn Liquidatoren das **interne Dürfen** – das sich konkret auch durch Zustimmungsvorbehalte u Weisungsbeschlüsse definiert (zur Pflicht, die Gesellschafter mit ao Maßnahmen zu befassen, s Rz 11) – verletzen u sich somit der GmbH gegenüber pflichtwidrig verhalten, werden sie im Falle eines schuldhaft verursachten Schadens der GmbH gegenüber schadenersatzpflichtig. Bei Zweifeln, ob eine Handlung oder ein Geschäft zulässig sind, empfiehlt es sich in der Praxis Rücksprache mit den Gesellschaftern zu halten u einen Beschluss der Gesellschafter einzufordern.

9

---

9 So aber *Haberer/Zehetner* in Straube/Ratka/Rauter, GmbHG § 90 Rz 6; *Wasserer* in Torggler, GmbHG § 91 Rz 9; differenzierend *Gelter* in Gruber/Harrer, GmbHG² § 91 Rz 36.

10 Die Liquidatoren können jedoch auch **direkt gegenüber Gesellschaftsgläubigern** ersatzpflichtig werden, weil § 90 als Schutzgesetz iSd § 1311 ABGB zu Gunsten der Gläubiger gilt (s dazu § 92 Rz 16 f).[10]

Bsp: Abschluss eines Mietvertrags, der dem Abwicklungszweck entgegensteht, u ein daraus resultierender Schaden des Gläubigers.[11]

III. Weisungsbefugnis der Gesellschafter

11 Grundsätzlich bleiben auch während der Liquidation sämtliche übrigen Organe der GmbH bestehen. Insbesondere behält die **GV** ihr **Weisungsrecht**; die Gesellschafter können somit grds den Liquidatoren mit (einfachem) Mehrheitsbeschluss Weisungen erteilen.[12] Dies gilt explizit auch für Liquidatoren, die gerichtl bestellt wurden. Dem **Gericht** steht ggü einem gerichtl bestellten Liquidator **keine Weisungsbefugnis** dahingehend, wie der Liquidator seine Tätigkeit auszuüben habe, zu.[13] In der Praxis ist es empfehlenswert, dass die Gesellschafter noch vor Beginn der eigentlichen Liquidationstätigkeit mittels Beschlusses eine **Liquidationsstrategie** festlegen, die die Liquidatoren zu befolgen haben. Wie auch bei der werbenden GmbH müssen die Liquidatoren vor **außergewöhnlichen Maßnahmen** die Zustimmung der Gesellschafter einholen, dies zB bei einer grundlegenden Änderung der ursprünglich festgelegten Liquidationsstrategie.[14]

12 **Weisungen**, die **strafrechtswidrig** sind u/oder durch Verstoß gegen das Verbot der Einlagenrückgewähr (s Rz 8, § 82 Rz 66 ff, § 89 Rz 3) oder die Liquidationsvorschriften **Gläubigerinteressen schädigen** – wie etwa eine Weisung, Gesellschaftsvermögen oder Liquidationserlöse schon vor Befriedigung der Gläubiger an die Gesellschafter zu verteilen (s § 91 Rz 3) – **sind nichtig** u nicht zu befolgen.[15]

---

10 OGH 9.10.1997, 2 Ob 184/97s; 11.12.2007, 4 Ob 207/07f.
11 Vgl OGH 11.12.2007, 4 Ob 207/07f.
12 Vgl OGH 24.1.2019, 6 Ob 219/18a, GesRZ 2019, 198 (*Gelter*).
13 Vgl zur GesbR OGH 30.8.2023, 6 Ob 130/23w.
14 *Haberer/Zehetner* in Straube/Ratka/Rauter, GmbHG § 90 Rz 14.
15 Vgl *Haberer/Zehetner* in Straube/Ratka/Rauter, GmbHG § 90 Rz 13; *Gelter* in Gruber/Harrer, GmbHG² § 90 Rz 6.

IV. Vertretungsbefugnis der Liquidatoren

Liquidatoren kommt eine grds unbeschränkte organschaftliche Vertretungsmacht zu. Zur Einschränkung der Vertretungsbefugnis durch Abs 4 s Rz 21. Zwei oder mehrere Liquidatoren vertreten die GmbH nur gemeinsam (**Gesamtvertretung**), sofern im GesV oder im Bestellungsbeschluss nichts anderes bestimmt ist (näher s Rz 14). Das **FB-Gericht** kann bei gerichtl Bestellung zusätzlicher Liquidatoren auch die Vertretungsbefugnis der bereits in Amt stehenden Liquidatoren verändern (vgl § 89 Rz 22). Wenn im Falle v Gesamtvertretungsbefugnis ein Liquidator wegfällt, wird nicht automatisch der andere – bzw, im Fall v mehr als zwei Liquidatoren, die anderen – vertretungsbefugt. Es ist entweder ein neuer Liquidator zu bestellen oder die Vertretungsbefugnis zu ändern (s sogleich Rz 14). **Passiv vertretungsbefugt** ist stets jeder Liquidator selbst. Im Fall einer **Interessenkollision** ist ein Liquidator jedoch nicht befugt, Erklärungen für die GmbH entgegenzunehmen. **Bsp**: Zustellung einer v ihm eingebrachten Klage gegen die GmbH zu seinen Handen.[16]

13

Eine Abänderung der Gesamtvertretungsbefugnis hin zu einer **Kollektiv- oder** zu einer **Einzelvertretungsbefugnis** ist grds zulässig. Die diesbzgl Änderung der Vertretungsbefugnis muss v den Liquidatoren gem § 89 Abs 4 beim FB angemeldet u dort eingetragen werden (vgl dazu § 89 Rz 27). Eine solche Änderung der Vertretungsbefugnis ist jedenfalls durch Änderung bzw Ergänzung des GesV möglich. Gesellschaftsvertragliche Vertretungsregelungen für die GF, die v dispositiven Recht abweichen, gelten iZw aber nicht auch für die Phase der Liquidation (s § 92 Rz 6). Strittig ist, ob eine Änderung der Vertretungsbefugnis auch – praktisch viel einfacher u rascher – durch einen Mehrheitsbeschluss der Gesellschafter beschlossen werden kann.[17] Eine für die Praxis rechtssichere Regelung wäre eine **Ermächtigung der GV** zu einem solchen Beschluss **im GesV**.[18] Ebenso unklar ist, ob eine Satzungsklausel, die einem GF Einzelvertretungsbefugnis einräumt, weitergilt, wenn dieser nahtlos in die Funktion des Liquidators wechselt.[19]

14

---

16 *Haberer/Zehetner* in Straube/Ratka/Rauter, GmbHG § 90 Rz 16.
17 **Dafür**: *Haberer/Zehetner* in Straube/Ratka/Rauter, GmbHG § 90 Rz 18; **dagegen**: *Koppensteiner/Rüffler*, GmbHG³ § 90 Rz 7.
18 *Haberer/Zehetner* in Straube/Ratka/Rauter, GmbHG § 90 Rz 18 mwN.
19 So *Haberer/Zehetner* in Straube/Ratka/Rauter, GmbHG § 90 Rz 17 mwN; aA *Gelter* in Gruber/Harrer, GmbHG² § 90 Rz 18.

Um auch hier möglichen Rechtsunsicherheiten vorzubeugen, empfiehlt sich in der Praxis, dies schon im GesV, spätestens im Zuge der Beschlussfassung über die Auflösung der GmbH, ausdrücklich für die Liquidatoren klarzustellen.

15 Wie bei den GF ist die Vertretungsbefugnis der Liquidatoren nur in den Fällen bewusster Schädigung (**Kollusion**) u bei **Insichgeschäften** beschränkt (s dazu § 18 Rz 25 ff).

16 Nach hM[20] gilt **§ 210 Abs 5 AktG** auch für die GmbH (analog); somit ist es **unzulässig**, in der Phase der Liquidation **Prokuristen zu bestellen**. Mit Auflösung der GmbH erlöschen bestehende Prokuren u wandeln sich in **Handlungsvollmachten** um (vgl § 210 Abs 5 AktG). Um diesbzgl Rechtsunsicherheiten zu vermeiden, empfiehlt es sich in der Praxis, im Zuge der Auflösung der GmbH bestehende Prokuren ausdrücklich zu widerrufen, deren Löschung aus dem FB zu beantragen[21] u allenfalls auf neu einzuräumende Handlungsvollmachten (insb Generalvollmachten) auszuweichen.[22] Zulässig ist, dass die Liquidatoren namens der GmbH **General- oder andere Handlungsvollmachten** erteilen.

V. Zeichnung der Liquidatoren

17 Die Liquidatoren geben Erklärungen für die Gesellschaft mit der Fa der GmbH, die mit einen **Liquidationszusatz** ergänzt wird, u ihrer Namensunterschrift (zur Musterzeichnung s § 89 Rz 27) ab. Typische Bsp für den Liquidationszusatz sind: *„i. L."*; *„in Liqu."*; *„in Liquidation"* oder *„in Abwicklung"*. Wichtig ist, dass der Liquidationszusatz nicht Teil der Fa wird u es somit erstens keiner Änderung des GesV u zweitens auch keiner Eintragung im FB bedarf, selbst wenn in der Praxis der Zusatz zT v Amts wegen eingetragen wird.[23] Daraus ergibt sich auch, dass

---

20 *Haberer/Zehetner* in Straube/Ratka/Rauter, GmbHG § 90 Rz 9; *Gelter* in Gruber/Harrer, GmbHG² § 90 Rz 23; **aA** *Wasserer* in Torggler, GmbHG § 90 Rz 4.
21 *Birnbauer*, GES 2008, 114.
22 Vgl OGH 24.2.2004, 5 Ob 89/03d, ecolex 2004, 717 (*J. Reich-Rohrwig*), RWZ 2004/51, 201 (*Wenger*).
23 *Gelter* in Gruber/Harrer, GmbHG² § 90 Rz 21; vgl OGH 31.8.2006, 6 Ob 15/05g.

der Liquidationszusatz allein **keine Unterscheidungskraft der Fa** iSd § 18 Abs 1 UGB herbeiführt.[24]

Eine **Änderung der Firma** ist auch noch während der Liquidation **18** möglich, was insb bei Verkauf des Unternehmens oder eines Teils davon zusammen mit der Fa sinnvoll sein kann (s § 92 Rz 5).[25] Die Anordnung, dass bei Zeichnung der Liquidatoren für die Gesellschaft verpflichtend ein **Liquidationszusatz** zu verwenden ist (s Rz 17; § 89 Rz 2), ist zwar einerseits bloß eine Ordnungsvorschrift, also keine Voraussetzung für das Zustandekommen eines Rechtsgeschäfts mit der GmbH; das Fehlen des Liquidationszusatzes kann aber andererseits vertragsrechtliche oder haftungsrechtliche Konsequenzen haben. Zu denken ist an eine Irrtumsanfechtung wegen falscher Vorstellung über die GmbH als Vertragspartnerin oder an eine Haftung aus cic. Außerdem wird die Vorschrift über einen verpflichtenden Liquidationszusatz als **Schutzvorschrift** iSd § 1311 ABGB verstanden, sodass sich geschädigte Vertragspartner der GmbH direkt an den Liquidatoren schadlos halten können (vgl Rz 10, § 92 Rz 16 f).[26]

VI. Weitere Zufuhr von Eigenkapital

Die GmbH kann **weitere Einzahlungen auf nicht voll eingezahlte** **19** **Stammeinlagen** v den Gesellschaftern (nur, aber immerhin) dann einfordern, wenn sie zur Befriedigung v Gläubigern notwendig sind, uzw unabhängig davon, ob die Einlagepflichten bereits fällig sind oder noch nicht.[27] Sofern die Einzahlungen zulässig sind, sind sie stets nach dem Verhältnis der bis zur Auflösung geleisteten Einzahlungen zu fordern.

Bsp: Eine GmbH mit einem Stammkapital v € 100.000 hat fünf Gesellschafter, v denen jeder eine Stammeinlage v € 20.000 übernommen u jeder bloß die Hälfte der Stammeinlage eingezahlt hat. Der GmbH fehlen € 30.000 zur Gläubigerbefriedigung. Somit hat jeder Gesellschafter nach Aufforderung € 6.000 in die GmbH einzuzahlen. Die Erforderlichkeit solcher Einzahlungen muss die Gesellschaft beweisen.

---

24 *Gelter* in Gruber/Harrer, GmbHG[2] § 90 Rz 21 mwN; *Haberer/Zehetner* in Straube/Ratka/Rauter, GmbHG § 90 Rz 22.
25 *Gelter* in Gruber/Harrer, GmbHG[2] § 90 Rz 21.
26 *Gelter* in Gruber/Harrer, GmbHG[2] § 90 Rz 22.
27 *Gellis/Feil*, GmbHG[7] § 90 Rz 7; *Dellinger*, taxlex 2022, 227 (231).

Die Liquidatoren haben die notwendigen Mittel mit rekommandierten Schreiben (Einschreiben) v den Gesellschaftern einzufordern. Diese Einforderung ist – anders als in der werbenden Gesellschaft – nicht an Termine des GesV oder einen Beschluss der Gesellschafter gebunden (vgl § 92 Rz 22 f).[28] Außerdem ist in der Liquidation § 64 nicht anzuwenden, sodass die Einforderung v nicht voll geleisteten Stammeinlagen zum FB nicht angemeldet u auch nicht veröffentlicht werden muss.[29]

20 Im Gegensatz zu Einzahlungen auf nicht voll eingezahlte Stammeinlagen können **Nachschüsse** v den Gesellschaftern in der Liquidation nicht mehr eingefordert werden. Nachschüsse sollen die Finanzierung v laufenden Geschäften ermöglichen u sind in einer Abwicklung dem Grunde nach nicht mehr zulässig (s § 91 Rz 20 u § 92 Rz 24). Nur falls der Nachschussanspruch noch vor der Auflösung entstanden ist u zur Gläubigerbefriedigung erforderlich ist, können ihn die Liquidatoren v den Gesellschaftern einfordern (s § 92 Rz 24).[30]

VII. Veräußerung des Unternehmens als Ganzes

21 Die Bestimmung des Abs 4, wonach die Verwertung des Gesellschaftsvermögens durch **Veräußerung des Vermögens als Ganzes** eines qualifizierten Mehrheitsbeschlusses v drei Vierteln der abgegeben Stimmen bedarf, ist praxisrelevant, weil die Gesamtveräußerung durchaus die effizienteste Art der Verwertung sein kann. Zu beachten ist dabei einerseits, dass es sich hierbei um eine **Beschränkung der Vertretungsmacht** der Liquidatoren (s Rz 13 ff) **im Außenverhältnis** handelt; eine fehlende Zustimmung der Gesellschafter verhindert somit das Zustandekommen eines wirksamen Rechtsgeschäfts;[31] der diesfalls schwebend unwirksame Vertrag kann aber im Nachhinein v den Gesellschaftern genehmigt werden.[32] Andererseits gilt dieses Dreiviertel-Mehrheitserfordernis bzw ein allenfalls im GesV vorgesehenes höheres Quorum uU auch dann, wenn

---

28 *Gelter* in Gruber/Harrer, GmbHG² § 90 Rz 24.
29 *Koppensteiner/Rüffler*, GmbHG³ § 92 Rz 13.
30 *Wasserer* in Torggler, GmbHG § 90 Rz 7.
31 OGH 24.2.2004, 5 Ob 89/03d, ecolex 2004, 717 (*J. Reich-Rohrwig*) = RWZ 2004/51, 201 (*Wenger*); 13.12.2005, 5 Ob 232/05i; *Drobnik/U. Torggler*, RdW 2020, 418 (420).
32 *Gelter* in Gruber/Harrer, GmbHG² § 90 Rz 15.

zwar nicht das Unternehmen als Ganzes, aber doch **wesentliche Unternehmensbestandteile** veräußert werden.[33] In der Praxis empfiehlt sich, die Möglichkeit der Gesamtveräußerung rechtzeitig im Gesellschafterkreis abzuklären u die diesbzgl Beschlussmehrheit frühzeitig sicherzustellen. Auch bei der Veräußerung des Vermögens als Ganzes an einen Gesellschafter gilt das Verbot der Einlagenrückgewähr (s Rz 8, § 91 Rz 19). Bei einer Veräußerung iSv Abs 4 können die Bestimmungen des § 1409 ABGB u des § 38 UGB zur Anwendung kommen.[34] Soll die **Fa** der GmbH mitveräußert werden, bedarf es einer Änderung des GesV[35] (s § 92 Rz 5) u allenfalls der Zustimmung des namensgebenden Gesellschafters.

§ 91. (1) [1]Die Liquidatoren haben für den Beginn der Liquidation eine Bilanz (Eröffnungsbilanz) und weiterhin für den Schluß jedes Geschäftsjahres einen Jahresabschluß und einen Lagebericht aufzustellen. [2]§ 211 Abs. 1 letzter Halbsatz und Abs. 2 bis 5 des Aktiengesetzes 1965 sind sinngemäß anzuwenden. [3]Die Liquidatoren haben ferner die Auflösung der Gesellschaft in den Bekanntmachungsblättern zu veröffentlichen und dabei die Gläubiger der Gesellschaft aufzufordern, sich bei ihnen zu melden. [4]Bekannte Gläubiger sind hiezu unmittelbar aufzufordern.

(2) [1]Die bei Auflösung der Gesellschaft vorhandenen und die während der Liquidation eingehenden Gelder sind zur Befriedigung der Gläubiger zu verwenden. [2]Nicht erhobene Schuldbeträge sowie die Beträge für noch nicht fällige oder streitige Forderungen sind zurückzubehalten. [3]Gleiches gilt von schwebenden Verbindlichkeiten.

(3) [1]Das nach Berichtigung und Sicherstellung der Schulden verbleibende Vermögen dürfen die Liquidatoren nicht vor Ablauf von drei Monaten seit dem Tage der Veröffentlichung der durch Absatz 1 vorgeschriebenen Aufforderung an die Gläubiger unter die Gesellschafter verteilen. [2]Die Verteilung hat in Ermangelung besonderer

---

33 Somit handelt es sich bei dieser Bestimmung um einen Fall der Positivierung der (auf das GmbH-Recht umgelegten) Holzmüller-Doktrin, wonach bei ao Maßnahmen der Geschäftsführung ein Beschluss der Gesellschafter mit qualifizierter Mehrheit notwendig ist. Vgl *Haberer/Zehetner* in Straube/Ratka/Rauter, GmbHG § 90 Rz 27 ff; *Wenger*, RWZ 2004/51, 201 (202).
34 *Gelter* in Gruber/Harrer, GmbHG² § 90 Rz 14.
35 *Gelter* in Gruber/Harrer, GmbHG² § 90 Rz 14.

Bestimmungen des Gesellschaftsvertrages nach dem Verhältnisse der eingezahlten Stammeinlagen zu erfolgen.

(4) Die von Gläubigern oder Gesellschaftern nicht behobenen Beträge sind vor Beendigung der Liquidation zu Gericht zu erlegen.

idF BGBl 1990/475

Literatur: Siehe Lit zu § 89.

Inhaltsübersicht

I. Überblick	1
II. Rechnungslegung in der Liquidation	2–11
A. Allgemeines und Ablauf	2, 3
B. Eröffnungsbilanz	4–7
C. Jahresabschlüsse	8, 9
D. Liquidationsschlussbilanz und -schlussrechnung	10, 11
III. Befriedigung der Gläubiger	12–18
A. Gläubigeraufruf	12–14
B. Befriedigung oder Sicherstellung der Gläubiger	15–18
IV. Vermögensverteilung an die Gesellschafter	19–23
A. Verteilung	19–21
B. Nachträgliche Meldung von Gläubigern	22, 23

I. Überblick

1 In den vier Abs des § 91 werden drei zentrale Elemente der Liquidation geregelt, nämlich die **Rechnungslegung** in der Liquidation, die **Gläubigerbefriedigung** u die **Verteilung des Vermögens an die Gesellschafter**. Über eine Verweiskette auf Bestimmungen des AktG u des UGB normiert § 91 Abs 1, welche Bilanzvorschriften in der Liquidation anzuwenden sind. Bei Verstößen gegen die Vorschriften des § 91, denen **Schutzgesetzcharakter** zukommt, können die Liquidatoren direkt gegenüber den Gläubigern der GmbH haften[1] (s Rz 16 u § 92 Rz 16 f).

---

1 *Wasserer* in Torggler, GmbHG § 91 Rz 8; vgl OGH 24.3.1926, 1 Ob 211/26; 9.10.1997, 2 Ob 184/97s.

II. Rechnungslegung in der Liquidation

A. Allgemeines und Ablauf

Für die **Bilanzierung in der Liquidation** ist trotz der unübersichtlichen Verweisungen auf das AktG u der Weiterverweisungen auf das UGB stets vor Augen zu halten, dass auch im Stadium der Liquidation – mit einigen Besonderheiten – nach den GoB weiter Rechnung gelegt wird. Das Ziel der Rechnungslegung in der Liquidation ist die maximale **Transparenz des Vermögensbestands u der Vermögensentwicklung** für Gläubiger u Gesellschafter. Abweichungen v den Rechnungslegungsregeln einer werbenden Gesellschaft ergeben sich aus dem geänderten Gesellschaftszweck, nämlich der Abwicklung. Die Bilanz der werbenden GmbH ist eine Gewinnverteilungsbilanz; bei den Bilanzen in der Liquidation handelt es sich um reine **Vermögensverteilungsbilanzen**, zumal während laufender Liquidation **keine Gewinnausschüttungen** mehr stattfinden dürfen (s Rz 3).[2] Das bisherige **Geschäftsjahr** kann dabei beibehalten werden (s Rz 8, § 89 Rz 5). Aus der Liquidationsbilanz soll sich die **Prognose des voraussichtlichen Liquidationsüberschusses** ergeben.[3] Der geänderte Gesellschafts- u Bilanzierungszweck lässt die in weiterer Folge beschriebenen Abweichungen anschaulicher erscheinen.

Folgender Ablauf ist hinsichtlich der Rechnungslegung vorgesehen:

- Erstellung einer **Eröffnungsbilanz** zum Stichtag der Auflösung (s Rz 4 ff);
- Erstellung eines **JA (grds samt Lagebericht)** zum Schluss jeden Geschäftsjahrs (s Rz 8 f);
- Erstellung einer **Liquidationsschlussbilanz** am Ende der Liquidation (s Rz 10 f);
- Erstellung einer **Liquidationsschlussrechnung** nach Verteilung des Abwicklungsguthabens (optional) (s Rz 10 f).

Soweit im Folgenden keine Abweichungen oder Besonderheiten erwähnt werden, gelten die üblichen Rechnungslegungsvorschriften, wie sie bei einer werbenden GmbH zur Anwendung gelangen. Die Vorbereitung u Durchführung der **Buchführung u Rechnungslegung** ge-

---

2 *Trisko*, RWZ 2002/84, 305.
3 *Trisko*, RWZ 2002/84, 305.

hört zu den Aufgaben der Liquidatoren. Die Liquidatoren kann dabei auch die Verpflichtung treffen, noch fehlende JA (aus der Zeit als werbende Gesellschaft) aufzustellen u offenzulegen.[4] Falls die Liquidatoren ihren Pflichten nicht nachkommen, können sie v den Gesellschaftern oder v Gericht **abberufen** werden[5] (vgl dazu § 89 Rz 16, 20 ff, 26). Falls der GmbH dadurch ein Schaden entsteht, können die Liquidatoren schadenersatzpflichtig werden (s dazu § 92 Rz 13). Nach § 125 können die Pflichten gem § 91 Abs 1 S 1 mit **Zwangsstrafen** durchgesetzt werden (vgl § 125 Rz 9). Alle Liquidationsabschlüsse bedürfen der **Feststellung durch Beschluss der GV** (s Rz 8).[6] Eine Verteilung des Bilanzgewinns (**Dividendenausschüttung**) findet während laufender Liquidation nicht statt; die Gesellschafter dürfen erst nach Befriedigung der Gläubiger zum Zug kommen u sind daher auf die Verteilung des Liquidationsüberschusses nach Beendigung der Liquidation (s Rz 18 ff) verwiesen[7] (vgl § 90 Rz 12; s aber zu bereits vor der Auflösung abgereiften Gewinnansprüchen Rz 15). Jegliche Gewinnausschüttungen während laufender Liquidation verstoßen daher gegen das **Verbot der Einlagenrückgewähr** (§ 82) (s § 89 Rz 3, § 90 Rz 8) u sind gem § 83 Abs 1 rückzuerstatten.[8]

B. Eröffnungsbilanz

4 Zum **Stichtag der Auflösung** (s Rz 8, § 89 Rz 4 f) ist eine **Liquidationseröffnungsbilanz** zu erstellen.[9] Diese steht nicht in Bilanzkontinuität zu den vorangehenden Bilanzen. Zweck der Liquidationseröffnungsbilanz ist eine Prognose des Liquidationsergebnisses, also darüber, ob der Verwertungserlös für die Deckung der Gläubigerforderungen u der Kosten der Betriebsstilllegung ausreichen wird; die Pflicht zur Erstellung der

---

4 OGH 10.10.2002, 6 Ob 152/02z, RWZ 2003, 75 (*Wenger*); 29.1.2004, 6 Ob 303/03g; 14.9.2011, 6 Ob 134/11s, EvBl 2012, 176 (*Riel*) = GesRZ 2012, 137 (*Jelinek*) = *Fraberger*, ZUS 2012, 145; 17.12.2020, 6 Ob 230/20x; *Leutgeb/J. Schima/Steinkellner* in FS Bertl II, 351 (352); *Koppensteiner/Rüffler*, GmbHG³ § 91 Rz 4.
5 OGH 18.2.2021, 6 Ob 201/20g, ecolex 2021, 553 (*Melicharek*).
6 *Gelter* in Gruber/Harrer, GmbHG² § 91 Rz 17.
7 *Haberer/Zehetner* in Straube/Ratka/Rauter, GmbHG § 91 Rz 41; *Gelter* in Gruber/Harrer, GmbHG² § 91 Rz 27, 41; *Trisko*, RWZ 2002/84, 305.
8 *Gelter* in Gruber/Harrer, GmbHG² § 91 Rz 41; § 92 Rz 14.
9 *Birnbauer*, GES 2012, 83 (85).

Liquidationseröffnungsbilanz sichert also die Insolvenzantragspflicht (s § 91 Rz 18) ab.[10] Die Bestimmungen des UGB über Wertansätze u die Gliederung des JA sind aufgrund der Verweisung auf § 211 Abs 3 AktG unanwendbar; es soll daher statt der bisherigen Buchwerte zu **realen Veräußerungswerten** (die auch über den Anschaffungs- oder Herstellungskosten liegen können) bilanziert werden.[11] Inhalt der Eröffnungsbilanz ist der Vermögensstatus der Gesellschaft mit sämtlichen verwertbaren Aktiva samt ihren voraussichtlichen Erlösen. Daher können etwa auch nicht entgeltlich erworbene immaterielle Anlagegüter zu aktivieren sein.[12] All jene Posten, denen kein Erlös gegenüberstehen kann, wie zB Bilanzierungshilfen, sind nicht in die Bilanz aufzunehmen. Forderungen aus schwebenden Geschäften sind anzusetzen. Ist mit einer Veräußerung des Unternehmens als Ganzes (s § 90 Rz 21) zu rechnen, dann soll auch der **Firmenwert** entspr in der Bilanz aufgenommen werden.[13]

Auf der **Passivseite** sind va die an Gläubiger zu zahlenden Beträge anzusetzen, darunter auch Verbindlichkeiten aus schwebenden Geschäften. Außerdem sind alle mit der Liquidation in Zusammenhang stehenden Aufwendungen u Kosten anzuführen.[14] Das Stammkapital sowie alle Passivposten mit **Eigenkapital**charakter sind nicht auszuweisen.[15]

Die Eröffnungsbilanz ist **innerhalb v fünf Monaten** ab dem Stichtag der Auflösung aufzustellen.[16] Sie ist nach hM durch einen **Anh** zu erläutern (str).[17] GuV-Rechnung u Lagebericht sind bei der Eröffnungsbilanz nicht vorgesehen; die GuV-Rechnung entfällt, weil keine Vermögensbewegungen über einen Abrechnungszeitraum, sondern nur die zum Bilanzstichtag vorhandenen Vermögensgegenstände (zu Liquidations-

---

10 *Dellinger*, taxlex 2022, 227 (230). Vgl *Leutgeb/J. Schima/Steinkellner* in FS Bertl II, 351 (356 f).
11 OGH 18.2.2021, 6 Ob 201/20g, ecolex 2021, 553 (*Melicharek*); *Trisko*, RWZ 2002/84, 305; *Leutgeb/J. Schima/Steinkellner* in FS Bertl II, 351 (356).
12 *Leutgeb/J. Schima/Steinkellner* in FS Bertl II, 351 (356).
13 *Wasserer* in Torggler, GmbHG § 91 Rz 1.
14 *Leutgeb/J. Schima/Steinkellner* in FS Bertl II, 351 (356).
15 *Koppensteiner/Rüffler*, GmbHG § 91 Rz 4.
16 OLG Wien, 28 R 42/05k, NZ 2005, 281 (*Andrae*); OGH 18.2.2021, 6 Ob 201/20g, ecolex 2021, 553 (*Melicharek*); *Gelter* in Gruber/Harrer, GmbHG[2] § 91 Rz 11; *Leutgeb/J. Schima/Steinkellner* in FS Bertl II, 351 (352).
17 *Wasserer* in Torggler, GmbHG § 91 Rz 1; *Puchinger/Goëss*, ecolex 2005, 122 (123); *Leutgeb/J. Schima/Steinkellner* in FS Bertl II, 351 (353); (als Empfehlung) *Trisko*, RWZ 2002/84, 305; aA *Gelter* in Gruber/Harrer, GmbHG[2] § 91 Rz 11.

werten) u Schulden zu erfassen sind.[18] Eine **Konzerneröffnungsbilanz** ist ebenso nicht vorgesehen.[19] Nach der verwiesenen Anordnung v § 211 Abs 3 AktG ist keine **Prüfung** der Bilanz erforderlich, außer eine qualifizierte Minderheit der Gesellschafter beantragt, dass das Gericht aus wichtigem Grund eine solche anordnet (§ 211 Abs 3 S 2 AktG) (s auch Rz 8). Dass § 211 Abs 3 AktG nicht auch § 268 UGB, sondern nur die §§ 269 bis 276 UGB für nicht anwendbar erklärt, ist bloß ein Redaktionsversehen.[20]

7   In der Praxis empfiehlt sich – soweit möglich –, die Auflösung der GmbH zum Stichtag des regulären Bilanzstichtags, also zum Ende des Geschäftsjahrs, zu beschließen. Somit kann – je nach Praxis des zuständigen FB-Gerichts – die Eröffnungsbilanz mglw bereits an die Stelle des (planmäßigen) JA treten. Allenfalls kann auch der Bilanzstichtag durch entspr **Änderung des Geschäftsjahrs** u des GesV auf den Stichtag der Auflösung der GmbH gelegt werden (s § 92 Rz 5). In den Fällen, wo Auflösungs- u Bilanzstichtag nicht in Deckung gebracht werden können, u daher nach dem Gesetzeswortlaut eine eigene Eröffnungsbilanz vorgesehen ist, empfiehlt sich, mit dem jew zuständigen FB-Gericht abzuklären, ob im konkreten Fall tatsächlich die **Offenlegung** der Eröffnungsbilanz gefordert ist.[21] In der Praxis ist häufig der Verweis auf den letzten JA gegenüber dem FB ausreichend.[22] Falls v FB-Gericht tatsächlich eine Eröffnungsbilanz eingefordert wird, muss diese idR dann auch entspr offengelegt werden. Die Gesellschafter haben Anspruch auf **Zusendung** der Eröffnungsbilanz.[23]

---

18 *Trisko*, RWZ 2002/84, 305.
19 *Trisko*, RWZ 2002/84, 305.
20 *Haberer/Zehetner* in Straube/Ratka/Rauter, GmbHG § 91 Rz 13; *Wasserer* in Torggler, GmbHG § 91 Rz 1; *Andrae*, Anm zu OLG Wien 28 R 42/05k, NZ 2005, 281; *Gelter* in Gruber/Harrer, GmbHG² § 91 Rz 19.
21 Vgl *Andrae*, Anm zu OLG 28 R 42/05k, NZ 2005, 281.
22 Vgl *Birnbauer*, GES 2012, 83 (85) (keine Verpflichtung zur Offenlegung der Liquidationseröffnungsbilanz); *Gelter* in Gruber/Harrer, GmbHG² § 91 Rz 18. Streng für die Offenlegung der Eröffnungsbilanz allerdings OGH 18.2.2021, 6 Ob 201/20g, ecolex 2021, 553 (*Melicharek*).
23 OGH 18.2.2021, 6 Ob 201/20g, ecolex 2021, 553 (*Melicharek*).

C. Jahresabschlüsse

Nach Eröffnung der Liquidation ist eine Rechnungslegung für vor der Auflösung voll abgelaufene Geschäftsjahre erforderlich, wenn für diese noch kein JA vorhanden ist; zuständig für die Aufstellung eines solchen JA sind während der Liquidation die Liquidatoren.[24] Nach hA ist im Fall der unterjährigen Auflösung auch für das (Rumpf-)Geschäftsjahr bis zum Zeitpunkt der Auflösung noch ein eigener JA auf den Tag vor der Auflösung aufzustellen.[25] Während der Phase der Liquidation müssen die Liquidatoren zum Schluss jeden Geschäftsjahrs einen JA erstellen,[26] uzw unabhängig davon, ob die GmbH überhaupt noch eine Geschäftstätigkeit entfaltet[27] (s § 125 Rz 21). Das bisherige **Geschäftsjahr** kann beibehalten werden (§ 91 Abs 1 iVm § 211 Abs 1 letzter Halbsatz AktG);[28] dies sollte vorsichtsweise im Beschluss über die Auflösung ausdrücklich festgehalten werden. Wird das Geschäftsjahr nicht beibehalten, beginnt mit dem Stichtag der Auflösung (s Rz 4, § 89 Rz 4 f) ein neues, zwölfmonatiges Liquidationsgeschäftsjahr zu laufen.[29] Zur Aufstellung eines **Konzernabschlusses** ist die GmbH in Liquidation nicht verpflichtet.[30] Der erste JA wird idR ein Rumpfgeschäftsjahr erfassen, nämlich v Stichtag der Auflösung bis zum Stichtag des Geschäftsjahrs (für den Fall, dass die Auflösung nicht ohnedies zum Bilanzstichtag des Geschäftsjahrs beschlossen wurde).[31] Der Zweck des JA ist die **Fortschreibung der Liquidationseröffnungsbilanz**.[32] Es kommen somit

---

24 OGH 10.10.2002, 6 Ob 152/02z, RWZ 2003, 75 (*Wenger*); 29.1.2004, 6 Ob 303/03g; 14.9.2011, 6 Ob 134/11s, EvBl 2012, 176 (*Riel*) = GesRZ 2012, 137 (*Jelinek*) = *Fraberger*, ZUS 2012, 145; 17.12.2020, 6 Ob 230/20x; *Leutgeb/J. Schima/Steinkellner* in FS Bertl II, 351 (352).
25 OGH 18.2.2021, 6 Ob 201/20g, ecolex 2021, 553 (*Melicharek*); *Haberer/Zehetner* in Straube/Ratka/Rauter, GmbHG § 91 Rz 6; *G. Kodek* in Artmann/Karollus, AktG[6] § 211 Rz 16; *Eckert/Schopper/Wöss* in Eckert/Schopper, AktG-ON[1.00] § 211 Rz 13; *Marschall*, ecolex 2020, 613 (615); referierend *Leutgeb/J. Schima/Steinkellner* in FS Bertl II, 351 (352).
26 *Birnbauer*, GES 2012, 83 (85).
27 OGH 27.2.2013, 6 Ob 160/12s; *Birnbauer*, GES 2008, 114 (115).
28 *Trisko*, RWZ 2002/84, 305.
29 *Trisko*, RWZ 2002/84, 305.
30 *Gelter* in Gruber/Harrer, GmbHG[2] § 91 Rz 12; *Koppensteiner/Rüffler*, GmbHG[3] § 91 Rz 4.
31 *Leutgeb/J. Schima/Steinkellner* in FS Bertl II, 351 (357).
32 *Puchinger/Goëss*, ecolex 2005, 122 (124).

auch dieselben Regeln wie bei der Eröffnungsbilanz zur Anwendung, va hinsichtlich der Bewertungsansätze. Der JA besteht, wie auch sonst, aus der Bilanz, der GuV u dem Anh. Der **Anh** hat die in den §§ 236 bis 243b UGB vorgesehenen Angaben zu enthalten, wobei §§ 238 bis 240 UGB nur für mittelgroße u große Gesellschaften gelten u Kleinst-KapGes in Liquidation v der Erleichterung des § 242 UGB profitieren.[33] Der JA ist nur auf Antrag einer Minderheit einer **Prüfung** zu unterziehen (s schon für die Eröffnungsbilanz Rz 6). Die **GV stellt den JA fest** (s Rz 3) u beschließt über die **Entlastung** der Liquidatoren u eines allfälligen AR; der JA ist, wie auch sonst, **offenzulegen**.[34] In der Praxis kommt es nicht selten vor, dass die Liquidationsdauer den regulären Bilanzstichtag mitumfasst, weil Gläubigeraufruf, Einholung der für die Löschung notwendigen Unbedenklichkeitsbescheinigung des FA sowie Vermögensverteilung jedenfalls mehrere Monate in Anspruch nehmen.

9 In § 91 Abs 1 ist explizit die Erstellung eines **Lageberichts** gefordert. Dieser hat – der Liquidation entspr – keine zukunftsbezogenen Angaben zu enthalten, sondern bloß Angaben zum weiteren Fortgang der Liquidation.[35] Bei kleinen GmbH besteht keine Pflicht zur Erstellung eines Lageberichts (§ 243 Abs 4 UGB).[36]

D. Liquidationsschlussbilanz und -schlussrechnung

10 Die **Liquidationsschlussbilanz** ist der letzte JA, der mit Beendigung der Liquidation zu erstellen ist, weil dadurch auch das letzte Geschäftsjahr u die Rechnungslegungspflicht der GmbH enden. Stichtag ist jener Tag, an dem alle Verwertungshandlungen u steuerlichen Veranlagungen abgeschlossen sind.[37] Die Schlussbilanz stellt das **Reinvermögen vor Verteilung des Liquidationsüberschusses an die Gesellschafter** dar.[38] Dieser letzte JA hat eine Bilanz, eine GuV u einen **Anh** zu enthalten; ein **Lagebericht** ist nicht vorgesehen.[39] Die Bilanz zeigt den verteilungsfähi-

---

33 *Gelter* in Gruber/Harrer, GmbHG² § 91 Rz 12.
34 *Trisko*, RWZ 2002/84, 305.
35 *Gelter* in Gruber/Harrer, GmbHG² § 91 Rz 12.
36 *Wasserer* in Torggler, GmbHG § 91 Rz 2; *Gelter* in Gruber/Harrer, GmbHG² § 91 Rz 12.
37 *Puchinger/Goëss*, ecolex 2005, 122 (125); *Gelter* in Gruber/Harrer, GmbHG² § 91 Rz 13.
38 *Wasserer* in Torggler, GmbHG § 91 Rz 2.
39 *Gelter* in Gruber/Harrer, GmbHG² § 91 Rz 13.

gen Liquidationserlös; in der GuV wird der Erfolg der Verwertungsvorgänge dargestellt. In der Praxis empfiehlt es sich, nach Möglichkeit den Stichtag der Liquidationsschlussbilanz auf den Regelbilanzstichtag zu legen, weil diesfalls die letzte reguläre Bilanz der GmbH jener der Liquidationsschlussbilanz entspricht u letztere nicht separat aufgestellt werden muss.

Vom GmbHG zwar nicht vorgesehen, in der Praxis aber häufig u – zu Dokumentationszwecken u auch zur Vorbereitung der finalen **Entlastung** der Liquidatoren gem § 93 – sehr empfehlenswert ist eine **Liquidationsschlussrechnung** (s § 93 Rz 7).[40] Sie zeigt die Verteilung des nach der Befriedigung der Gläubiger übriggebliebenen Verwertungsvermögens an die Gesellschafter. Eine Verpflichtung oder zumindest Obliegenheit zur Aufstellung einer Liquidationsschlussrechnung kann aus allg Grundsätzen (insb § 1012 ABGB zur Rechnungslegungspflicht des Vermögensverwalters sowie § 214 Abs 1 AktG analog) abgeleitet werden.[41] Die Liquidationsschlussrechnung muss schon mangels Verpflichtung zur Aufstellung gegenüber dem FB nicht separat offengelegt werden.[42]

11

III. Befriedigung der Gläubiger

A. Gläubigeraufruf

Die Liquidatoren müssen die Auflösung der GmbH in den **Bekanntmachungsblättern** veröffentlichen u in der Veröffentlichung die Gläubiger auffordern, sich bei ihnen zu melden (**Gläubigeraufruf**). Sofern im GesV nicht Besonderes vorgesehen ist, reicht eine Bekanntmachung über die **elektronische Verlautbarungs- u Informationsplattform des Bundes (EVI)**,[43] was in der Praxis auch der Standardfall ist. Dabei sollte ein **Beleg** der Einschaltung erstellt werden, denn dieser muss dem FB-Gericht als Nachw für den Gläubigeraufruf spätestens mit dem Antrag

12

---

40 *Puchinger/Goëss*, ecolex 2005, 122 (126); *Gelter* in Gruber/Harrer, GmbHG[2] § 91 Rz 14; *Wasserer* in Torggler, GmbHG § 91 Rz 2; *Leutgeb/J. Schima/Steinkellner* in FS Bertl II, 351 (358).
41 *Gelter* in Gruber/Harrer, GmbHG[2] § 93 Rz 5.
42 Vgl *Birnbauer*, GES 2012, 83 (85); OGH 14.9.2011, 6 Ob 185/11s.
43 Vgl noch zum Amtsblatt der Wiener Zeitung OGH 23.10.2000, 6 Ob 119/00v, ecolex 2001, 50 (*Grave*).

auf Löschung der GmbH vorgelegt werden. Während das Aktienrecht einen dreimaligen Aufruf vorsieht, genügt bei der GmbH ein **einmaliger Gläubigeraufruf**. Unseres Erachtens ist der Zeitpunkt der Veröffentlichung eine Ermessensentscheidung der Liquidatoren, zumal wenn keine Weisung der Gesellschafter zu sofortiger Veröffentlichung vorliegt (**str**).[44] Erst die (fehlerfreie) Veröffentlichung des Gläubigeraufrufs löst die **Dreimonatsfrist (Sperrfrist)** gem § 91 Abs 3 aus, vor deren Ablauf das Vermögen der Gesellschaft nicht an die Gesellschafter verteilt werden darf (s Rz 19).[45]

13 Die Bekanntmachung hat Folgendes zu enthalten:

– Hinweis auf die **Auflösung** der GmbH samt **Auflösungsstichtag** (s Rz 4);
– **Aufforderung an die Gläubiger,** sich beim Liquidator zu melden;
– **Adresse** (des Liquidators oder der Gesellschaft), bei der sich die Gläubiger melden sollen; der Name des Liquidators muss hingegen nicht genannt werden;[46]
– Hinweis auf die **Dreimonatsfrist (Sperrfrist)** gem § 91 Abs 3 (optional, aber in der Praxis empfehlenswert);
– Hinweis darauf, dass die Aufforderung zur Anmeldung **kein Anerkenntnis** ist (optional, aber in der Praxis empfehlenswert).

---

44 *Berger* in Doralt/Nowotny/Kalss, AktG³ § 208 Rz 7; *Eckert/Schopper/Epicoco* in Eckert/Schopper, AktG-ON¹·⁰⁰ § 208 Rz 5. AA (unverzügliche Veröffentlichung) *Gelter* in Gruber/Harrer, GmbHG² § 91 Rz 23; *G. Kodek* in Artmann/Karollus, AktG⁶ § 208 Rz 4. Eine unverzügliche Veröffentlichung des Gläubigeraufrufs wird aber v G – anders als in § 55 Abs 2 für die Kapitalherabsetzung – bei der Liquidation nicht angeordnet. Die Gesellschafter sind ohnedies durch ihr Weisungsrecht (s § 90 Rz 11 f) u die Gläubiger durch die dreimonatige Sperrfrist sowie die Insolvenzantragspflicht (s § 91 Rz 18) geschützt. Auch wirtschaftlich ist es sinnvoller, zuerst den Betrieb einzustellen, die gewöhnlichen Gläubiger (Lieferanten, DN etc) zu reduzieren sowie mit der Versilberung der Assets zu beginnen u erst danach die noch verbliebenen wenigen Gläubiger zu verständigen; ansonsten müsste jeder neue Gläubiger nochmals verständigt werden. Eine Kapitalherabsetzung hingegen erfolgt demgegenüber ja bei laufendem Betrieb. Dementspr wertet der OGH auch die behauptetermaßen unterlassene Veröffentlichung des Gläubigeraufrufs nicht als potentielle schwere Pflichtverletzung eines Liquidators (OGH 24.1.2019, 6 Ob 219/18a, GesRZ 2019, 198 [*Gelter*]). Vgl weiters *Marschall*, ecolex 2021, 1110 (1111); *Dellinger*, taxlex 2022, 227 (230).
45 *Gelter* in Gruber/Harrer, GmbHG² § 91 Rz 23.
46 OGH 23.10.2000, 6 Ob 119/00v, ecolex 2001, 50 (*Grave*).

Eine Warn- u Informationsfunktion gegenüber den Gläubigern der GmbH hat auch der verpflichtende **Liquidationszusatz zur Firma** der Gesellschaft (s § 90 Rz 17 f). Zusätzlich sind **bekannte Gläubiger** unmittelbar, also direkt u persönlich zu kontaktieren; dies gilt auch für all jene Gläubiger, die den Liquidatoren bekannt sein müssen, u solche, deren Adressen leicht zu eruieren sind.[47] Zu den Gläubigern können insb auch die **AN** der GmbH zählen. Auch Gläubiger v str oder noch nicht fälligen Forderungen sind zu verständigen, zumal eine solche Verständigung kein inhaltliches Anerkenntnis bedeutet.[48] Bloß potentielle künftige (u somit hypothetische) Gläubiger der GmbH, etwa aus noch laufenden Gewährleistungs- u Garantiezusagen der GmbH gegenüber Dritten, sind uE allerdings nicht darunter zu subsumieren u sind daher nicht persönlich zu verständigen.[49] Die Verständigung bekannter Gläubiger hat uE zeitgerecht vor Ablauf der Dreimonatsfrist zu erfolgen (s § 55 Rz 9). Für die **Abwicklung v Kreditinstituten** gelten besondere, verschärfte Verständigungspflichten gem § 7a BWG.[50]

14

B. Befriedigung oder Sicherstellung der Gläubiger

Grundsätzlich ändert sich an der Fälligkeit v Forderungen u Verbindlichkeiten allein durch die Auflösung nichts.[51] Vor Verteilung des Gesellschaftsvermögens an die Gesellschafter müssen aber die **Schulden der GmbH getilgt oder zumindest sichergestellt** werden. Zu diesem Zweck sind die bei Auflösung der GmbH vorhandenen u aus der Verwertung des Vermögens der GmbH im Zuge der Liquidation eingehenden Mittel zu verwenden. Solange kein Insolvenztatbestand eintritt (vgl dazu Rz 17), können die Forderungen grds sukzessive, dh nach der **Reihenfolge ihres Einlangens**, berichtigt werden.[52] Demgegenüber ist die **Gleichbehandlung aller Gläubiger** nur im Insolvenzverfahren sowie allenfalls im Liquidationsverfahren nach Ablehnung der Durchführung

15

---

47 *Gelter* in Gruber/Harrer, GmbHG² § 91 Rz 22.
48 *Wasserer* in Torggler, GmbHG § 91 Rz 4.
49 All jenen, die eine Forderung gegenüber der GmbH behaupten möchten, steht es ohnedies frei, sich nach erfolgtem Gläubigeraufruf direkt beim Liquidator zu melden u ihre Ansprüche konkret geltend zu machen.
50 *Gelter* in Gruber/Harrer, GmbHG² § 91 Rz 22.
51 *Wasserer* in Torggler, GmbHG § 91 Rz 5.
52 *Wasserer* in Torggler, GmbHG § 91 Rz 6.

eines Insolvenzverfahrens mangels kostendeckenden Vermögens erforderlich.[53] Von der Pflicht zur Befriedigung bzw Sicherstellung offener Forderungen sind nicht nur Geldforderungen, sondern **alle Ansprüche** erfasst, insb auch aus Anwartschaften u Haftungen, sowie auch Abschichtungs- u Rückforderungsansprüche v stillen Gesellschaftern oder Hybridkapitalgebern (Inhaber v Schuldverschreibungen, Genussrechten etc).[54] **Unstrittige u bereits fällige Verbindlichkeiten** sind v den Liquidatoren sofort zu begleichen; dazu zählen auch Forderungen v Gesellschaftern, die bereits vor der Auflösung fällig gewesen sind (zB Gewinnauszahlungen aus ordnungsgemäßen **Dividendenansprüchen** [zu während laufender Liquidation ausgeschlossenen Gewinnausschüttungen s Rz 2 f] oder Gegenleistungen aus drittvergleichsfähigen Geschäften [zum Verbot der Einlagenrückgewähr s Rz 3 u § 82 Rz 66 ff]), u die daher noch vor Ablauf der Sperrfrist beglichen werden können.[55] Anderes gilt für Gesellschafterforderungen, deren Bedienung aufgrund der Vorschriften des **EKEG** (s § 82 Rz 162 ff) oder aus allg **Treuepflichterwägungen** (s § 82 Rz 10, 51 ff) gesperrt ist; die Entsperrung einer dem EKEG unterliegenden Kreditforderung tritt uE erst ein, wenn feststeht, dass der Liquidationserlös zur Befriedigung der Gläubiger ausreicht.[56] Für **mitgliedschaftliche Forderungen der Gesellschafter**, deren Fälligkeit nach Auflösung der GmbH eintritt, ist der Grundsatz des Liquidationsverfahrens zu beachten, dass Gesellschafter erst nach sonstigen Gläubigern zum Zug kommen dürfen, dh die Gesellschafter sind auf den Liquidationserlös verwiesen;[57] **drittvergleichsfähige Austauschgeschäfte mit Gesellschaftern** dürfen uE aber auch während laufender Liquidation entlohnt werden.[58] Gläubiger, die mit der GmbH eine (schlichte) **Nachrangvereinbarung** abgeschlossen haben, sind im Fall der Liquidation erst nach den Forderungen aller anderen, nicht nachrangigen Gläubiger zu befriedigen.[59] Ein Gläubiger, der mit der GmbH eine (qualifizierte) **Rangrücktrittsvereinbarung** iSv § 67 Abs 3 IO eingeht,

---

53 *Gelter* in Gruber/Harrer, GmbHG² § 91 Rz 25.
54 *Gelter* in Gruber/Harrer, GmbHG² § 91 Rz 24.
55 *Wasserer* in Torggler, GmbHG § 91 Rz 5; *Gelter* in Gruber/Harrer, GmbHG² § 91 Rz 26; § 92 Rz 14; *Trisko*, RWZ 2002/84, 305.
56 Vgl *Gelter* in Gruber/Harrer, GmbHG² § 91 Rz 26.
57 *Gelter* in Gruber/Harrer, GmbHG² § 91 Rz 27.
58 So wohl auch *Gelter* in Gruber/Harrer, GmbHG² § 92 Rz 14.
59 *Schummer* in Konecny, Insolvenz-Forum 2012, 105 (120 f); *Pateter/Pirker*, ZIK 2015, 217.

erklärt, dass er Befriedigung erst nach Beseitigung eines negativen Eigenkapitals oder, im Fall der Liquidation, nach Befriedigung aller Gläubiger begehrt, u dass wegen dieser Verbindlichkeit kein Insolvenzverfahren eröffnet zu werden braucht.[60] Auch der Gläubiger einer mit einem Rangrücktritt belegten Forderung darf aber uE ungeschmälert an einem nicht über seine Initiative eröffneten Insolvenzverfahren der GmbH teilnehmen (str).[61] Bei der Prüfung, ob rechnerische Überschuldung iSd IO vorliegt, sind Verbindlichkeiten, die einem qualifizierten Rangrücktritt unterliegen, auszublenden; Verbindlichkeiten, die bloß nachrangig gestellt sind, fließen in die Überschuldungsbilanz ein, können sich aber zumindest positiv auf die Fortbestehensprognose auswirken.[62]

Auch Gläubiger, die sich erst **nachträglich** – also nach Ablauf der Frist v drei Monaten ab der Bekanntmachung – melden, können ihre Forderungen wirksam geltend machen,[63] weil die Dreimonatsfrist **keine Präklusivwirkung** für verspätete Forderungsanmeldungen entfaltet (vgl Rz 22 f). Jedoch kann der Gläubiger seinen Anspruch verlieren, sobald der Liquidationsüberschuss rechtmäßig u vollständig an die Gesellschafter verteilt worden ist (s Rz 21, 23).[64] **16**

Beträge, die **v Gläubigern nicht behoben** wurden, sowie Beträge zur Bedienung v noch **nicht fälligen, bedingten, befristeten, streitigen oder schwebenden (ungewissen) Verbindlichkeiten** sind v den Liquidatoren zurückzubehalten. Grundsätzlich genügt es, dass mit der Inanspruchnahme der GmbH ernsthaft zu rechnen ist, dh der geltend gemachte Anspruch nicht offensichtlich unbegründet ist.[65] Um mit der Verteilung des Liquidationserlöses an die Gesellschafter beginnen zu können, muss zum Schutz der Gläubiger (zumindest) Vorsorge dafür **17**

---

60 Vgl *Pateter/Pirker*, ZIK 2015, 217 (218 f).
61 So auch *A. Foglar-Deinhardstein*, Besprechung zu 6 Ob 87/16m, GesRZ 2016, 353 (358) mwN; *Dellinger* in Dellinger/Mohr, EKEG § 67 KO, Rz 4; **aA** OGH 30.5.2016, 6 Ob 87/16m, GesRZ 2016, 353 (*A. Foglar-Deinhardstein*) = ÖBA 2017, 181 (*Dellinger*); *Schummer* in Konecny, Insolvenz-Forum 2012, 105 (122); differenzierend *Pateter/Pirker*, ZIK 2015, 217 (219).
62 *Schummer* in Konecny, Insolvenz-Forum 2012, 105 (121 ff); *Pateter/Pirker*, ZIK 2015, 217 (217 f); OGH 30.5.2016, 6 Ob 87/16m, GesRZ 2016, 353 (*A. Foglar-Deinhardstein*) = ÖBA 2017, 181 (*Dellinger*).
63 *Gelter* in Gruber/Harrer, GmbHG² § 91 Rz 23, 40.
64 *Wasserer* in Torggler, GmbHG § 91 Rz 7.
65 *Gelter* in Gruber/Harrer, GmbHG² § 91 Rz 24; *Wasserer* in Torggler, GmbHG § 91 Rz 5.

getroffen werden, dass solche Verbindlichkeiten sichergestellt sind.[66] Ein **Sicherstellungsanspruch** für bereits ausreichend besicherte Ansprüche besteht freilich nicht.[67] Die **Höhe der Sicherheitsleistung** richtet sich nach der Höhe der Verbindlichkeit, dem Leistungstermin u der Wahrscheinlichkeit der wirksamen Inanspruchnahme; bei ungewissen Verbindlichkeiten bietet sich die Orientierung an den Kriterien für eine Rückstellungsbildung an.[68] Die **Art der Sicherstellung** bisher unbesicherter Forderungen richtet sich grds nach §§ 1373 f ABGB; es ist daher primär eine dingliche Sicherheit, subsidiär eine Bürgschaft oder allenfalls eine spezielle Deckungszusage durch eine Versicherung oder eine Bank (**Bankgarantie**) beizubringen.[69] In der Praxis kann die in Abs 4 erwähnte **gerichtl Hinterlegung** nützlich sein: Nach hM ist die gerichtl Hinterlegung nicht nur für bereits fällige, bloß nicht behobene, sondern auch für nicht fällige/str/schwebende Forderungen möglich; den Liquidatoren kommt also ein **Wahlrecht zw Sicherstellung u gerichtl Hinterlegung** zu.[70] Nach Abschluss der Verteilung des Liquidationsüberschusses unter den Gesellschaftern sind auch sichergestellte Beträge gem Abs 4 bei Gericht zu hinterlegen[71] u die bestellten Sicherheiten daher freizulassen. Die gerichtl Hinterlegung richtet sich grds nach § 1425 ABGB.[72] Die Freilassung v bestellten Sicherheiten oder v hinterlegtem Vermögen nach Löschung der GmbH kann eine **Nachtragsliquidation** auslösen (s § 93 Rz 22). Die Gläubiger haben einen **Anspruch** darauf, **sichergestellt zu werden**, u können diesen Anspruch gerichtl – auch mit einstweiliger Verfügung – durchsetzen.[73] Außerdem können Liquidatoren gegenüber Gläubigern, die nicht rechtmäßig befriedigt oder sichergestellt wurden, wegen des **Schutzgesetzcharakters** v § 91 direkt haften (s Rz 1 u § 92 Rz 16 f).

---

66 *Gelter* in Gruber/Harrer, GmbHG² § 93 Rz 4.
67 *Gelter* in Gruber/Harrer, GmbHG² § 91 Rz 28, 31.
68 *Gelter* in Gruber/Harrer, GmbHG² § 91 Rz 29; vgl *Marschall*, ecolex 2021, 1110 (1112).
69 Vgl *Gelter* in Gruber/Harrer, GmbHG² § 91 Rz 28; *Marschall*, ecolex 2021, 1110 (1111 f) mwN.
70 *Haberer/Zehetner* in Straube/Ratka/Rauter, GmbHG § 91 Rz 43; *Gelter* in Gruber/Harrer, GmbHG² § 91 Rz 30.
71 *Gelter* in Gruber/Harrer, GmbHG² § 91 Rz 30, § 93 Rz 4.
72 *Gelter* in Gruber/Harrer, GmbHG² § 91 Rz 43.
73 *Koppensteiner/Rüffler*, GmbHG³ § 91 Rz 13; *Wasserer* in Torggler, GmbHG § 91 Rz 5.

Eine der zentralen Aufgaben der Liquidatoren ist zu prüfen, ob während der Liquidation ein **Insolvenztatbestand** eintritt, also ob die GmbH iSd §§ 66, 67 IO zahlungsunfähig u/oder überschuldet ist. In diesem Fall sind die Liquidatoren verpflichtet, die **Einleitung eines Insolvenzverfahrens** nach den Regelungen der IO zu beantragen (s § 89 Rz 1, § 92 Rz 16).

IV. Vermögensverteilung an die Gesellschafter

A. Verteilung

Die **Verteilung des Liquidationsüberschusses**[74] erfolgt im Wege der Einzelrechtsnachfolge v der GmbH in Liquidation auf die jew berechtigten Gesellschafter; es findet keine Anwachsung des Vermögens statt (s § 89 Rz 1),[75] vielmehr ist für jede Übertragung ein **zivilrechtlicher Übertragungsakt** erforderlich.[76]

Für die Zulässigkeit der Vermögensverteilung (**Verteilung des Liquidationsüberschusses**) an die Gesellschafter müssen nach § 91 Abs 3 zwei Voraussetzungen vorliegen: (i) Befriedigung bzw Sicherstellung aller bekannten Gläubiger u (ii) Ablauf v drei Monaten (**Sperrfrist**) seit dem Tag der Veröffentlichung der Bekanntmachung der Auflösung (s Rz 12). Mit Erfüllung dieser Voraussetzungen entsteht unmittelbar der Anspruch der Gesellschafter auf Verteilung des Liquidationserlöses; ein expliziter Beschluss der Gesellschafter ist dafür nicht erforderlich,[77] wird aber in der Praxis dennoch häufig eingeholt. Die Dreimonatsfrist kann – auch mit Zustimmung der Gläubiger – keinesfalls verkürzt werden,[78] weil sie va dem Schutz unbekannter Gläubiger dient, denen ausreichend Zeit gewährt werden soll, sich bei den Liquidatoren zu melden. Das Vorliegen der für die Löschung der Gesellschaft aus dem FB erforderlichen steuerlichen Unbedenklichkeitsbescheinigung gem § 160 Abs 3 BAO ist uE keine Voraussetzung für die Verteilung des Liquidati-

---

74 Zur **Besteuerung** des Liquidationsgewinns VwGH 4.9.2019, Ro 2017/13/0009, ZFS 2019, 130 (*Marschner*) = *Kanduth-Kristen*, ZIK 2019, 176 = *Zorn*, 2019, 787 = *Kanduth-Kristen/Komarek*, ÖStZ 2019, 565.
75 Vgl *Gurmann*, RdW 2013/198, 197 (198).
76 *Gelter* in Gruber/Harrer, GmbH² § 91 Rz 38.
77 *Gelter* in Gruber/Harrer, GmbH² § 91 Rz 33.
78 *Wasserer* in Torggler, GmbHG § 91 Rz 7.

onserlöses. Eine rechtswidrige Vermögensverteilung an die Gesellschafter verstößt gegen das **Verbot der Einlagenrückgewähr** gem § 82 (s Rz 3, § 82 Rz 66 ff) u ist daher mit **Nichtigkeit** bedroht. Zu Unrecht ausgezahlte Beträge müssen daher – sofern sie zur Gläubigerbefriedigung notwendig sind – grds wieder zurückerstattet werden, jedenfalls aber im Zuge der Vermögensverteilung an den Gesellschafter mit marktüblicher Verzinsung auf dessen Anteil am Liquidationsüberschuss angerechnet werden. Zur (Un-)Zulässigkeit v **Kapitalherabsetzungen** während der Liquidation s § 92 Rz 5.

21 Zuständig für die Verteilung des verbleibenden Vermögens an die Gesellschafter sind die Liquidatoren. Vor der eigentlichen Verteilung sind allfällige **Rückzahlungen für Nachschüsse**, die ein Gesellschafter gewährt hat, durchzuführen (s § 90 Rz 20 u § 92 Rz 24).[79] Die **Verteilung des** (verbleibenden) **Liquidationsüberschusses** erfolgt grds – mangels abw Regelung im GesV – **im Verhältnis der tatsächlich erbrachten Einlagen**, wobei eingezahlte Stammeinlagen u erbrachte Sacheinlagen nach dem im GesV festgelegten Wert zu berücksichtigen sind.[80] **Eigene Anteile** bleiben bei der Verteilung des Liquidationserlöses außer Betracht, weil Gesellschafterrechte aus eigenen Anteilen ruhen (s § 81 Rz 46). Bei gem §§ 67 f **kaduzierten Anteilen** kommt die Anspruchsberechtigung dem Erwerber zu; in Fällen der Ausfallshaftung erhöht sich die Verteilungsquote des haftenden Gesellschafters entspr seiner Beitragsleistung.[81] Im GesV oder – zumindest bei gesv Ermächtigung – mit Gesellschaftsbeschluss kann ein anderer Verteilungsschlüssel festgelegt werden (s § 92 Rz 5).[82] Eine Gewinnverteilungsregelung des GesV gilt iZw nicht auch für die Verteilung des Liquidationsüberschusses.[83] Im Kontext v Venture Capital/Private Equity-Investments billigt der Beteiligungsvertrag dem Venture Capital/Private Equity-Investor häufig eine **Liquidations- u Veräußerungspräferenz** zu; näher dazu s § 89 Rz 4. Grundsätzlich richtet sich der Anspruch des Gesellschafters auf Beteiligung am Liquidationsüberschuss auf Geld; eine **Verteilung v Sachwerten** ist aber unter gewissen Voraussetzungen zulässig (vgl § 90

---

79 *Wasserer* in Torggler, GmbHG § 91 Rz 9.
80 *Wasserer* in Torggler, GmbHG § 91 Rz 9.
81 *Koppensteiner/Rüffler*, GmbHG³ § 91 Rz 15; *Wasserer* in Torggler, GmbHG § 91 Rz 9.
82 Vgl *Gelter* in Gruber/Harrer, GmbH² § 91 Rz 35.
83 *Haberer/Zehetner* in Straube/Ratka/Rauter, GmbHG § 91 Rz 54; *Wasserer* in Torggler, GmbHG § 91 Rz 9.

Rz 7) u kann in der Praxis häufig – insb im Konzernzusammenhang – sinnvoll sein. Von den Gesellschaftern nicht behobene Beträge sind gerichtl zu hinterlegen (§ 1425 ABGB iVm § 91 Abs 4). Für eine fehlerhafte Verteilung durch die Liquidatoren, die zu Schäden der Gesellschafter führen, können die **Liquidatoren den Gesellschaftern gegenüber haften** (s § 92 Rz 19).[84] Gesellschafter, die in der Folge zu wenig erhalten haben, können bereicherungsrechtlich gegen die Gesellschafter vorgehen, die mehr erhalten haben, als ihnen eigentlich zusteht.[85]

B. Nachträgliche Meldung von Gläubigern

Bei der **nachträglichen Meldung v Gläubigern** sind vier Szenarien mit untersch Folgen möglich: 22

– Ein Gläubiger meldet sich nach Ablauf der Dreimonatsfrist, aber noch vor Beginn der Verteilung des Liquidationsüberschusses: Der Gläubiger hat Anspruch darauf, befriedigt oder sichergestellt zu werden.
– Ein Gläubiger meldet sich während der laufenden Verteilung des Liquidationsüberschusses: Die Verteilung muss unterbrochen werden, bis der Gläubiger befriedigt oder sichergestellt worden ist.[86]
– Ein Gläubiger, den die Liquidatoren persönlich zu kontaktieren gehabt hätten, dies aber verabsäumt haben, meldet sich nach abgeschlossener Verteilung: Zahlungen oder sonstige Verteilungsleistungen des Liquidationsüberschusses an die Gesellschafter müssen auf Basis v § 83 Abs 1 rückgängig gemacht werden, soweit dies erforderlich ist, um den Gläubiger zu befriedigen bzw sicherzustellen.[87]
– Ein Gläubiger, der den Liquidatoren unbekannt war, meldet sich nach rechtmäßiger u vollständiger Verteilung: Er hat keinen Anspruch auf Befriedigung oder Sicherstellung. Allerdings hat er im Fall nachträglich hervorkommenden Vermögens Anspruch darauf, dass diese Mittel primär zur Abdeckung seiner Ansprüche verwendet werden.[88]

---

84 *Wasserer* in Torggler, GmbHG § 91 Rz 9.
85 *Haberer/Zehetner* in Straube/Ratka/Rauter, GmbHG § 91 Rz 56; *Wasserer* in Torggler, GmbH § 91 Rz 9.
86 *Gelter* in Gruber/Harrer, GmbHG² § 91 Rz 33, 40.
87 *Haberer/Zehetner* in Straube/Ratka/Rauter, GmbHG § 91 Rz 59.
88 *Gelter* in Gruber/Harrer, GmbHG² § 91 Rz 40.

23 Zusammenfassend lässt sich also einerseits erkennen, dass die Sperrfrist v drei Monaten **keine Präklusivfrist** ist u Gläubiger grds auch noch nach deren Ablauf Anspruch auf Befriedigung haben. Auch für die offenen Forderungen bestellte Sicherheiten bleiben uE aufrecht. Andererseits sind uE Gesellschafter aus Gründen der Rechtssicherheit u der praktischen Zweckmäßigkeit nicht zu Rückzahlungen des Liquidationsüberschusses verpflichtet, sofern die **Verteilung des Liquidationsüberschusses** bereits **abgeschlossen** ist u sie ihren Anteil **gutgläubig** empfangen haben bzw die Liquidatoren diese gutgläubig verteilt haben. Diesfalls liegen nämlich uE keine verbotenen Zahlungen iSd § 83 Abs 1 vor (vgl dazu § 83 Rz 16).[89]

§ 92. (1) Insoweit die vorstehenden Paragraphen nicht abweichende Anordnungen enthalten, haben alle in diesem Gesetze hinsichtlich der Geschäftsführer getroffenen Bestimmungen sinngemäß auch in Bezug auf die Liquidatoren Anwendung zu finden.

(2) Auch hinsichtlich der Rechtsverhältnisse der Gesellschafter untereinander und gegenüber der Gesellschaft, sowie der Gesellschaft zu dritten Personen, dann der Rechte und Pflichten und der Verantwortlichkeit des Aufsichtsrates kommen die hierüber in diesem Gesetze getroffenen Anordnungen ungeachtet der Auflösung der Gesellschaft bis zur Beendigung der Liquidation zur Anwendung, soweit sich aus den Bestimmungen dieses Abschnittes und dem Zwecke der Liquidation nicht etwas anderes ergibt.

Literatur: Siehe Lit zu § 89.

Inhaltsübersicht

I. Allgemeines	1–6
II. Spezielle Regelungen für die Liquidatoren	7–20
A. Einzelne Besonderheiten	7–9
B. Haftung der Liquidatoren	10–20
1. Allgemeines zur Haftung	10–12
2. Haftung gegenüber der Gesellschaft	13–15
3. Haftung gegenüber Gläubigern	16–18
4. Haftung gegenüber Gesellschaftern	19
5. Strafbestimmungen für Liquidatoren	20

---

[89] *Wasserer* in Torggler, GmbH § 91 Rz 9; aA *Auer* in Gruber/Harrer, GmbHG² § 83 Rz 20 mwN.

III. Spezielle Regelungen für die Gesellschafter 21–24
    A. Nebenleistungspflichten 21
    B. Einforderung von Stammeinlagen und Nachschüsse . . 22–24
IV. Umgründungen 25

I. Allgemeines

§ 92 normiert die subsidiäre Geltung der Bestimmungen für die werbende Gesellschaft, dh für die GmbH im Stadium vor der Liquidation, auch für die Phase der Liquidation. In Abs 1 wird dies für die **Liquidatoren** (mit Bezug auf die GF) u in Abs 2 für die **Verhältnisse der Gesellschafter untereinander u zur GmbH** sowie für den **AR** u für die **Rechtsverhältnisse der GmbH zu Dritten** festgelegt. 1

Die Bestimmungen über die Liquidation (§§ 89 bis 95) sind somit *leges speciales* zu den restlichen Normen des GmbHG.[1] Die Grundaussage des § 92 ist, dass – sofern nicht eine besondere Regelung in den Bestimmungen über die Liquidation getroffen wird –, die übrigen Bestimmungen sinngemäß zur Anwendung gelangen. *„Sinngemäß"* heißt mit Blick auf den Zweck der Liquidation. Zwar spricht Absatz 2 v einer Geltung der Bestimmungen bis zur Beendigung der Liquidation; jedoch gelten diese auch im Falle einer möglichen **Nachtragsliquidation** (vgl § 93 Rz 20 ff).[2] 2

Nicht nur das GmbHG, auch Bestimmungen anderer Gesetze können (u müssen) in der Liquidation – sinngemäß – zur Anwendung gelangen, wie zB solche des **EKEG**[3] (s § 91 Rz 15) oder **§ 1409 ABGB** u **§ 38 UGB** (s § 90 Rz 21).[4] 3

Mit Blick auf eine Liquidation sollten bestehende **Vertragsverhältnisse**, so etwa auch jene einer allfälligen **D&O-Versicherung** (Haftpflichtversicherung für Organwalter u/oder weitere Manager der Gesellschaft), einer Überprüfung unterzogen werden. In der Praxis kommt es vor, dass D&O-Versicherungspolizzen den Fall der Abwicklung der GmbH nicht oder nicht zu den üblichen Konditionen mitumfassen, so- 4

---

1 *Gelter* in Gruber/Harrer, GmbHG² § 92 Rz 1.
2 *Gelter* in Gruber/Harrer, GmbHG² § 92 Rz 1.
3 *Gelter* in Gruber/Harrer, GmbHG² § 92 Rz 15.
4 *Gelter* in Gruber/Harrer, GmbHG² § 90 Rz 14.

dass hier aus Sicht der GmbH u va der Liquidatoren rechtzeitig agiert werden sollte.

5 **Änderungen des GesV** sind in der Phase der Liquidation nur bedingt zulässig u praktisch gesehen idR wenig sinnvoll. Als praktisch relevantes Bsp für eine notwendige Satzungsänderung ist freilich die Änderung der Fa bei **Verkauf des gesamten Unternehmens samt Fa** zu nennen; in diesem Fall bedarf es nämlich idR einer anderen Fa für die zu liquidierende Gesellschaft u somit einer Anpassung des GesV (s § 90 Rz 18; zum Verkauf des gesamten Unternehmens s § 90 Rz 21).[5] Rechtlich möglich sind weiters zB die Änderung des **Bilanzstichtags (Geschäftsjahrs)** (s § 91 Rz 7), der gesv **Regeln über die Liquidatoren** oder der Regelungen über die **Vermögensverteilung** nach abgeschlossener Gläubigerbefriedigung (s § 91 Rz 20).[6] Die Zulässigkeit v **Kapitalmaßnahmen** während laufender Liquidation ist aus dem Blickwinkel des Liquidationszwecks zu beurteilen:[7] Rechtlich möglich ist die **ordentliche Kapitalerhöhung** – welche eine Voraussetzung für vollständige Gläubigerbefriedigung oder die Fassung eines Fortsetzungsbeschlusses bilden kann – ebenso wie die **vereinfachte (nominelle) Kapitalherabsetzung** – welche zu keiner Vermögensverteilung führt, aber mglw erst die Basis für eine ordentliche Kapitalerhöhung schafft. Mit dem Liquidationsverfahren unvereinbar sind demgegenüber die **nominelle Kapitalerhöhung aus Gesellschaftsmitteln** u die **ordentliche Kapitalherabsetzung**.

6 **Abweichungen v dispositiven Recht im GesV** gelten iZw nicht für die Phase der Liquidation. **Bsp**: Bestimmung der Einzelvertretungsbefugnis statt einer Gesamtvertretungsbefugnis der GF (vgl § 90 Rz 14); eine Gewinnverteilungsklausel als Quote über den Liquidationserlös (vgl § 91 Rz 20); Ernennungsbefugnis der GF durch Gebietskörperschaften (vgl Rz 8). Jedoch gilt ein im GesV vereinbartes abw Quorum für die GF-Bestellung auch für die Bestellung v Liquidatoren (vgl § 89 Rz 17).

---

5 Vgl allgm *Gelter* in Gruber/Harrer, GmbHG[2] § 92 Rz 11.
6 *Gelter* in Gruber/Harrer, GmbHG[2] § 92 Rz 11.
7 Zum Folgenden *Gelter* in Gruber/Harrer, GmbHG[2] § 92 Rz 12 mwN; *Koppensteiner/Rüffler*, GmbHG[3] § 92 Rz 10 f.

II. Spezielle Regelungen für die Liquidatoren

A. Einzelne Besonderheiten

Liquidatoren treten an die Stelle der GF, das heißt etwa, dass auf sie auch die Verantwortung für die Erfüllung diverser **Abgabenverbindlichkeiten** der GmbH übergeht. Soweit das **Gewerberecht** auf die gesellschaftsrechtlichen GF abstellt, ersetzen die Liquidatoren die GF auch gew.[8] In der Phase der Liquidation ist es nicht möglich, **Prokuristen** zu bestellen;[9] bestehende Prokuren erlöschen (s § 90 Rz 16). 7

Zur **Bestellung u Abberufung** v Liquidatoren trifft § 89 besondere Anordnungen (vgl § 89 Rz 10 ff), u für die Regelung der **Geschäftsführung u Vertretung** durch die Liquidatoren gelten die spezifischen Bestimmungen des § 90 (s § 90 Rz 3 ff, 13 ff). Bei der **Anmeldung v Liquidatoren zum FB** verdrängt § 89 Abs 4 die Bestimmung des § 17 Abs 1. Eine Befugnis im GesV, welche eine **Gebietskörperschaft** zur Ernennung der Vertretungsorgane ermächtigt (§ 15 Abs 3), ist auch für die Phase der Liquidation möglich. Jedoch gilt eine solche Klausel, die sich auf die GF bezieht, iZw nicht für die Ernennung v Liquidatoren (vgl Rz 6). Für dringende Fälle kommt die gerichtl Bestellung eines **Notliquidators** in Betracht (vgl § 89 Rz 23).[10] 8

Das **Wettbewerbsverbot für GF** gem § 24 gilt nicht für Liquidatoren (s § 89 Rz 12). **Strittig** ist, ob die Pflicht nach § 36 Abs 2, eine GV einzuberufen, wenn die **Hälfte des Stammkapitals** verlorengegangen ist oder wenn die GmbH eine qualifiziert niedrige Eigenmittelquote hat, auch in der Liquidation gilt.[11] Die Liquidatoren haben weiterhin für ein **IKS** nach § 22 Abs 1 Sorge zu tragen; für die **Rechnungslegung** sieht § 91 Besonderheiten vor (s § 91 Rz 2 ff).[12] 9

---

8 *Gelter* in Gruber/Harrer, GmbHG² § 92 Rz 4.
9 *Gelter* in Gruber/Harrer, GmbHG² § 92 Rz 9.
10 *Gelter* in Gruber/Harrer, GmbHG² § 92 Rz 4.
11 Offen jew *Haberer/Zehetner* in Straube/Ratka/Rauter, GmbHG § 92 Rz 16; *Gelter* in Gruber/Harrer, GmbHG² § 92 Rz 9.
12 *Gelter* in Gruber/Harrer, GmbHG² § 92 Rz 4.

B. Haftung der Liquidatoren

1. Allgemeines zur Haftung

10 Oberstes Ziel für die Tätigkeit der Liquidatoren ist die bestmögliche Verwertung des Vermögens der GmbH, um zunächst alle Gläubiger zu befriedigen oder sicherzustellen u dann einen möglichst hohen Liquidationserlös für die Gesellschafter zu lukrieren. Als Handlungsmaßstab für die Liquidatoren gilt nach § 25 Abs 1 die Sorgfalt eines ordentlichen Geschäftsmannes bei der Führung der Liquidationsgeschäfte.[13] Auch die *Business Judgement Rule* des § 25 Abs 1a gilt für die Liquidatoren.[14] Diese besagt, dass ein Liquidator jedenfalls dann mit der Sorgfalt eines ordentlichen Geschäftsmannes handelt, *„wenn er sich bei einer unternehmerischen Entscheidung nicht von sachfremden Interessen leiten lässt und auf der Grundlage angemessener Information annehmen darf, zum Wohle der Gesellschaft zu handeln."* (vgl dazu § 25 Rz 24 ff).

11 Gemäß § 25 Abs 5 wirkt das Befolgen einer **Gesellschafterweisung** dann nicht als haftungsbefreiend, wenn der Ersatz zur Befriedigung v Gläubigern erforderlich ist (vgl dazu § 25 Rz 17).

12 Folgende drei wesentliche Haftungsszenarien bestehen für Liquidatoren:

– Haftung gegenüber der Gesellschaft für Schäden, die der Gesellschaft bei der Führung der Abwicklungsgeschäfte entstehen (s Rz 13 ff);
– Haftung gegenüber Gläubigern bei Verletzung v Liquidationsvorschriften, die dem Schutz der Gläubiger dienen (s Rz 16 ff);
– In Ausnahmefällen: Direkte Haftung gegenüber den Gesellschaftern (s Rz 19).

2. Haftung gegenüber der Gesellschaft

13 Eine Haftung der Liquidatoren für Schäden, die der GmbH entstehen, wird durch schuldhafte Verletzung der Pflichten der Liquidatoren ausgelöst. Dies kommt bei der Führung der Abwicklungsgeschäfte etwa durch eine **Befugnisüberschreitung** in Betracht, also durch Verletzung des internen Dürfens (s § 90 Rz 9). Außerdem kommt eine Haftung dann in Frage, wenn Liquidatoren ihrer Pflicht zur **Rechnungslegung**

---

13 *Gelter* in Gruber/Harrer, GmbHG² § 92 Rz 5.
14 OGH 24.1.2019, 6 Ob 219/18a, GesRZ 2019, 198 (*Gelter*).

nicht nachkommen u der GmbH dadurch ein Schaden entsteht (s § 91 Rz 3). Ein weiterer Fall einer möglichen Haftung ist ein **treuwidriger Rücktritt** eines Liquidators, durch den der GmbH ein Schaden entsteht (s § 89 Rz 25). In der Praxis ziehen Liquidatoren häufig im Namen der GmbH **sachkundige Experten** bei (s auch § 90 Rz 5, 8). Für das Verschulden solcher Experten haften die Liquidatoren im Falle eines Schadens grds nicht nach den strengen Bestimmungen der Erfüllungsgehilfenhaftung gem § 1313a ABGB, sondern bloß für ein Auswahlverschulden.[15] Wie für die GF ist auch für die Liquidatoren eine **Entlastung durch die GV** vorgesehen (s § 91 Rz 8, 11; § 93 Rz 7 ff). Die Entlastung bewirkt grds **Präklusion** der Ersatzansprüche der GmbH gegen die Liquidatoren, die aus gegebenen Informationen erkennbar waren; die Präklusion ist jedoch nur insoweit wirksam, als der Ersatz nicht zur Gläubigerbefriedigung erforderlich ist (vgl Rz 11).[16]

Die Haftung der Liquidatoren gegenüber der Gesellschaft ist eine **14 organschaftliche**, dh sie kann unabhängig v der Art der vertraglichen Beziehung zw GmbH u Liquidator entstehen. Allerdings können sich neben den bei Rz 13 genannten Haftungsgründen noch weitere Haftungsgründe aus dem **Dienstvertrag** ergeben. Gesellschaftsrechtliche Schadenersatzansprüche der GmbH gegen die Liquidatoren **verjähren** nach fünf Jahren ab Kenntnis v Schaden u Schädiger (§ 25 Abs 6). Die Beweislastumkehr des § 84 Abs 2 AktG, die analog auf die GF der GmbH angewendet wird,[17] gilt auch für die Liquidatoren, dh dass die Liquidatoren beweisen müssen, dass sie nicht schuldhaft gehandelt haben. Für die Geltendmachung der Haftung ist ein **Beschluss der GV gem § 35 Abs 1 Z 6** erforderlich; falls der Antrag auf Fassung eines solchen Beschlusses abgelehnt wird, kann eine Minderheit der Gesellschafter nach § 48 selbst diese Ansprüche geltend machen.

Im **Konzernverbund** sind konzerninterne schuldrechtliche **Haf- 15 tungsfreistellungen** für Liquidatoren, die idR auch sonstige Organfunktionen im Konzernverbund innehaben, üblich u beliebt. Dabei handelt es sich um Verpflichtungserklärungen v dritter Seite, etwa des Mehrheits- bzw Alleingesellschafters oder der Konzernmutter, den Liquidator im Haftungsfall – zumindest in gewissem Umfang – schadlos

---

15 Zum Fall eines v Liquidator namens der GmbH in Liquidation zur Vertragserrichtung beigezogenen RA: OGH 11.8.2006, 9 Ob 77/06y, RWZ 2007/31, 105 (*Wenger*).
16 *Gelter* in Gruber/Harrer, GmbHG[2] § 92 Rz 7.
17 RIS-Justiz RS0121916.

zu halten. Solche Freistellungen werden idR nur für Haftung aus Fällen leichter Fahrlässigkeit gewährt, sollten aber bei entspr Vereinbarung auch darüber hinaus Wirksamkeit entfalten, soweit sie nicht zu einer völligen u unbegrenzten Enthaftung führen.[18]

3. Haftung gegenüber Gläubigern

16 Da zumeist keine vertragliche oder vertragsähnliche Beziehung zw den Liquidatoren u den Vertragspartnern der GmbH vorliegt, scheidet eine vertragliche Haftung aus. Jedoch sind mehrere Bestimmungen des Liquidationsrechts, die (auch) dem Schutz der Gläubiger dienen, als **Schutzgesetze iSv § 1311 ABGB** zu verstehen, die eine deliktische Haftung v Liquidatoren direkt gegenüber den Gläubigern der GmbH ermöglichen:[19]

– **§ 90**: Schädigung v Gläubigern durch Abschluss v Geschäften, die nicht v Liquidationszweck erfasst sind (s § 90 Rz 10);
– **§ 90**: Unterlassen der Führung des Liquidationszusatzes zur Fa der Gesellschaft bei Geschäften, die zu einer falschen Vorstellung über die GmbH u in der Folge zu einem Schaden bei einem Vertragspartner führt (s § 90 Rz 18);
– **§ 91**: Verstöße gegen die Verpflichtung zur Befriedigung oder Sicherstellung der Gläubiger (s § 91 Rz 16). **Bsp**: Unterlassener oder fehlerhafter Gläubigeraufruf oder Unterlassen des Kontaktierens bekannter Gläubiger bzw Verteilung des Liquidationserlöses vor Befriedigung/Sicherstellung offener Gläubigerforderungen oder vor Ablauf der Dreimonatsfrist;
– **§ 69 IO**: Missachtung der Antragspflicht auf Eröffnung eines Insolvenzverfahrens u daraus folgender Ausfall/Minderung einer Gläubigerforderung (s § 91 Rz 17);
– Schutzgesetze sind auch Strafnormen, die dem Schutz der Gläubiger dienen können, wie zB **§ 134 StGB** (Unterschlagung).[20]

17 Auch noch nach der Vollbeendigung der GmbH ist eine Haftung der Liquidatoren gegenüber Gläubigern wegen Fehlern bei der Befriedigung bzw Sicherstellung (s Rz 16) denkbar. Schon aus diesem Grund ist es

---

18 *Runggaldier/Schima*, Manager-Dienstverträge⁴, 188 f.
19 OGH 9.10.1997, 2 Ob 184/97s; *Gelter* in Gruber/Harrer, GmbHG² § 92 Rz 6.
20 RIS-Justiz RS0023677.

unbedingt angeraten, den Gläubigeraufruf (s § 91 Rz 12 f) u die Verständigung der bekannten Gläubiger (s § 91 Rz 14) sorgfältig u korrekt durchzuführen, um jegliches Haftungsrisiko für die Liquidatoren auszuschließen.

Auch wenn eine direkte Inanspruchnahme der Liquidatoren nicht erfolgreich sein sollte, besteht für die Gläubiger jedenfalls auch die Möglichkeit, einen allfälligen **Ersatzanspruch** der Gesellschaft gegen die Liquidatoren **exekutiv zu pfänden** u so zum Ersatz des Schadens zu gelangen.[21]

18

4. Haftung gegenüber Gesellschaftern

Eine direkte Haftung der Liquidatoren gegenüber den Gesellschaftern kommt insb bei **fehlerhafter Durchführung der Verteilung des Liquidationserlöses** in Betracht, wie zB bei Berechnungsfehlern oder auch bei falscher Verteilung wegen unrichtiger rechtlicher Beurteilung[22] (vgl § 91 Rz 20).

19

5. Strafbestimmungen für Liquidatoren

Ganz grds sind auf die Liquidatoren dieselben **firmenbuchrechtlichen u strafrechtlichen Strafbestimmungen** anzuwenden wie auf GF. In der Praxis sind insb folgende Straftatbestände relevant:

20

- **§ 125**: Zwangsstrafen des **FB-Gerichts** bei Nichteinhaltung der Rechnungslegungspflichten nach § 91 Abs 1, bei Verletzung bestimmter Pflichten iZm dem AR nach §§ 30d, 30j Abs 2 u 3 sowie bei Verletzung der Pflicht zur Übergabe der Bücher u Schriften an einen Verwahrer nach § 93 Abs 3.
- **§ 283 UGB**: Zwangsstrafen des **FB-Gerichts** bei Verletzung der Pflichten nach §§ 222 Abs 1 u 277 ff UGB (Pflicht zur Aufstellung des JA u des Konzernabschlusses sowie Pflichten iZm der Offenlegung).
- **§ 24 FBG**: Zwangsstrafen des **FB-Gerichts** für nicht vorgenommene Anmeldungen zum FB u unzulässige Verwendung einer Fa.
- **§§ 163a bis 163d StGB**: Die mit 1.1.2016 in Kraft getretenen **Strafbestimmungen über Bilanzdelikte** ersetzen die bisherige Strafnorm des § 122.

---

21 *Gelter* in Gruber/Harrer, GmbHG² § 92 Rz 6.
22 *Haberer/Zehetner* in Straube/Ratka/Rauter, GmbHG § 91 Rz 56.

III. Spezielle Regelungen für die Gesellschafter

A. Nebenleistungspflichten

21 **Nebenleistungspflichten** bleiben grds auch in der Phase der Liquidation der GmbH aufrecht, es sei denn, sie sind im Licht des Zwecks der Liquidation nicht mehr angebracht.[23] Diese Ausnahme betrifft in der Praxis solche Regelungen, die v einem langfristigen Fortbestehen der GmbH ausgehen u in besonderem Maß in die (mittel- bis langfristige) Zukunft gerichtet sind.

B. Einforderung von Stammeinlagen und Nachschüsse

22 Für die **Einforderung v Stammeinlagen u Nachschüssen** bestehen in der Liquidation Abweichungen v den Vorschriften für die Phase der werbenden GmbH, die sich aus dem geänderten Zweck, nämlich der Abwicklung ergeben:

23 Noch nicht (voll) eingezahlte **Stammeinlagen** können auch in der Liquidation eingefordert werden, jedoch nur, wenn sie zur Befriedigung der Gläubiger notwendig sind (s § 90 Rz 19). Dafür ist jedoch – anders als bei der werbenden Gesellschaft gem § 35 Abs 1 Z 2 – kein Beschluss der Gesellschafter notwendig. Stattdessen sind gem § 90 Abs 3 alleine die Liquidatoren für die Einforderung zuständig.[24]

24 **Nachschüsse** sind in der Liquidation unzulässig u dürfen daher nach Auflösung der Gesellschaft auch nicht mehr eingefordert werden (s § 90 Rz 20).[25] Nachschüsse, die bereits vor der Auflösung entstanden sind u nicht für die Gläubigerbefriedigung nötig sind, müssen vor der Verteilung des Liquidationserlöses zurückgezahlt werden (s § 91 Rz 20). Für diese Rückzahlung ist – anders als in § 35 Abs 1 Z 3 – kein Beschluss der Gesellschafter erforderlich; die Liquidatoren haben diese Rückzahlung in eigener Zuständigkeit vorzunehmen.[26]

---

23 *Haberer/Zehetner* in Straube/Ratka/Rauter, GmbHG § 92 Rz 7.
24 *Gelter* in Gruber/Harrer, GmbHG² § 92 Rz 9.
25 *Wasserer* in Torggler, GmbHG § 92 Rz 4.
26 *Gelter* in Gruber/Harrer, GmbHG² § 92 Rz 9.

IV. Umgründungen

Bis zum Beginn der Vermögensverteilung an die Gesellschafter können 25
sich GmbH in Liquidation noch an **Umgründungen** beteiligen.[27] In
der Praxis erweisen sich in manchen Fällen Umgründungen, insb **Verschmelzungen** oder **Spaltungen**, welche die Übertragung des gesamten
Vermögens bzw v Vermögensteilen im Wege der Gesamtrechtsnachfolge
zur Folge haben u mglw rascher als eine Liquidation umgesetzt werden
können, als die zweckmäßigste Methode der Abwicklung.[28] Im Einzelfall sind freilich einige Besonderheiten zu beachten, wie etwa, dass
bei einer Verschmelzung oder Spaltung die übernehmende GmbH
grds eines **Fortsetzungsbeschlusses** bedarf[29] (s auch § 96 Rz 5). Auch
bei einer **formwechselnden (identitätswahrenden) Umwandlung** ist
ein Fortsetzungsbeschluss nötig. Der Fortsetzungsbeschluss kann in
der Praxis gemeinsam mit dem Umwandlungsbeschluss gefällt werden.[30]
Unzulässig ist demgegenüber eine formwechselnde Umwandlung einer
AG in Liquidation in eine GmbH in Liquidation.[31]

§ 93. (1) Nach Beendigung der Liquidation haben die Liquidatoren unter Nachweisung der durch Beschluß der Gesellschafter erwirkten Entlastung bei dem Handelsgerichte um die Löschung der Liquidationsfirma anzusuchen.

(3) ¹Die Bücher und Schriften der aufgelösten Gesellschaft sind einem der Gesellschafter oder einem Dritten auf die Dauer von sieben Jahren nach dem Schluß des Kalenderjahres, in dem die Liquidation beendet wurde, zur Aufbewahrung zu übergeben. ²Die Person des Verwahrers wird in Ermangelung einer Bestimmung des Gesellschaftsvertrages oder eines Beschlusses der Gesellschafter durch das Handelsgericht bestimmt.

---

27 *Gelter* in Gruber/Harrer, GmbHG² § 92 Rz 16; *Aburumieh/Adensamer/H. Foglar-Deinhardstein*, Verschmelzung III. A Rz 6.
28 Vgl zur Spaltung u obiter zur Verschmelzung OLG Wien 11.10.2007, 28 R 112/07g, GesRZ 2008, 173 (*Inwinkl*).
29 *Gelter* in Gruber/Harrer, GmbHG² § 92 Rz 16; *Aburumieh/Adensamer/H. Foglar-Deinhardstein*, Verschmelzung III. A Rz 6 – jew differenzierend u mwN.
30 *Wasserer* in Torggler, GmbHG § 92 Rz 5.
31 OGH 10.10.2002, 6 Ob 164/02i.

(4) ¹Die Gesellschafter und deren Rechtsnachfolger behalten das Recht auf Einsicht und Benützung der Bücher und Schriften. ²Gläubiger der Gesellschaft können von dem Gerichte zur Einsicht ermächtigt werden.

(5) Stellt sich nachträglich noch weiteres, der Verteilung unterliegendes Vermögen heraus, so hat das Handelsgericht der Hauptniederlassung auf Antrag eines Beteiligten die bisherigen Liquidatoren wieder zu berufen oder andere Liquidatoren zu ernennen.

idF BGBl I 2000/142

Literatur: Siehe Lit zu § 89.

Inhaltsübersicht

I.	Übersicht und Ablauf	1–4
II.	Beendigung der Liquidationsmaßnahmen	5, 6
III.	Entlastung der Liquidatoren und des Aufsichtsrats	7–9
IV.	Löschung der GmbH	10–15
	A. Antrag beim Firmenbuchgericht	10, 11
	B. Wirkungen der Löschung	12, 13
	C. Anhängige Prozesse	14, 15
	1. Aktivprozesse	14
	2. Passivprozesse	15
V.	Verwahrung der Bücher und Schriften	16–19
VI.	Nachtragsliquidation	20–23

I. Übersicht und Ablauf

1 § 93 regelt einerseits die letzten Schritte der Liquidation im unmittelbaren Kontext der **Vollbeendigung** einer GmbH, also die **Löschung der GmbH aus dem FB** (Abs 1) u die **Verwahrung der Bücher u Schriften** samt Einsichtsrecht (Abs 3, 4), sowie andererseits die **Nachtragsliquidation** (Abs 5). Die Vorschriften des § 93 kommen bei Beendigung durch ein Liquidationsverfahren zur Anwendung, **nicht** aber **bei amtswegiger Löschung** einer GmbH (also in den Fällen einer Auflösung nach § 40 FBG u nach § 10 Abs 2, 3 FBG) (s Rz 11, § 89 Rz 7, § 94 Rz 1),[1]

---

[1] *Koppensteiner/Rüffler*, GmbHG³ § 93 Rz 2; *Haberer/Zehetner* in Straube/Ratka/Rauter, GmbHG § 93 Rz 3; **aA** (nur zu § 10 Abs 3 FBG) *Gelter* in Gruber/Harrer, GmbHG² § 93 Rz 3.

u auch **nicht bei Aufhebung des Konkurses** nach Verteilung der Masse (s § 89 Rz 7). Wenn im Falle der Löschung einer GmbH in Folge einer Insolvenz noch Vermögen hervorkommt, findet die Verteilung gem § 138 Abs 1 IO durch den Masseverwalter statt. Nur für den Fall, dass gem § 138 Abs 3 IO davon abgesehen wird, kommt es zu einer **Nachtragsliquidation** (s Rz 20 ff) unter Befolgung der Liquidationsvorschriften.[2]

Folgender Ablauf bis hin zur Löschung der GmbH aus dem FB ist v Gesetz vorgezeichnet: **2**

- **Beendigung der Liquidationsmaßnahmen** (s Rz 5 f);
- **Entlastung** der Liquidatoren u ggf des AR (s Rz 7 ff);
- Bestimmung eines **Verwahrers** der Bücher u Schriften (s Rz 16 ff);
- Einholen der **steuerlichen Unbedenklichkeitsbescheinigung (UB)** gem § 160 Abs 3 BAO (s Rz 3);
- **Erklärung der Liquidatoren** über die Beendigung der Liquidation (s Rz 3, 10);
- **Antragstellung beim FB-Gericht** auf Löschung der GmbH (s Rz 3, 10);
- Beschluss des FB-Gerichts, mit dem die **Löschung der GmbH aus dem FB** verfügt wird (s Rz 11).

Für eine effiziente u möglichst kostengünstige Löschung bedarf es zumindest zweier zentraler Dokumente, nämlich eines Beschlusses der Gesellschafter u eines Antrags an das FB-Gericht. Beide Hauptdokumente haben eine Reihe v Inhalten u Beilagen zu umfassen. Der **Beschluss der Gesellschafter** sollte idR folgende Beschlüsse zum Gegenstand haben: **3**

- Die **Genehmigung der Liquidationsschlussrechnung** (s Rz 7, § 91 Rz 11);
- Die **Genehmigung des Beendigungsberichts** der Liquidatoren;
- Die **Entlastung der Liquidatoren** u ggf des AR (s Rz 7 ff);
- Die **Bestellung eines Verwahrers** der Bücher u Schriften (s Rz 16 ff).

---

2 *Gelter* in Gruber/Harrer, GmbHG[2] § 93 Rz 3.

Mit dem **FB-Antrag** sind folgende Erklärungen/Beilagen vorzulegen:

– der soeben erwähnte **Beschluss der Gesellschafter**;
– eine **Erklärung aller Liquidatoren über die Beendigung der Liquidation**[3] (s Rz 10); ein Bevollmächtigter benötigt zur Abgabe dieser Erklärung eine **Spezialvollmacht**;[4]
– eine **Unbedenklichkeitsbescheinigung (UB) des FA** gem § 160 Abs 3 BAO;[5]
– ein Beleg der **Veröffentlichung des Gläubigeraufrufs** nach § 91 Abs 1[6] (s § 91 Rz 12);
– ZT (je nach FB-Praxis) eine **Einwilligungserklärung des bestellten Verwahrers**, diese Funktion zu übernehmen (s Rz 17).

4 In der Folge werden die in der Praxis relevantesten Herausforderungen iZm der Löschung u der Nachtragsliquidation behandelt. Für Spezialfragen, wie insb zur Möglichkeit, **Rechtsmittel** gegen Beschlüsse des FB-Gerichts zu erheben, wird auf das Lit-Verzeichnis verwiesen.

II. Beendigung der Liquidationsmaßnahmen

5 Die Löschung der GmbH aus dem FB setzt deren **vollständige Vermögenslosigkeit** voraus, dh die GmbH darf – nach bestem Wissen der Liquidatoren – über kein Aktivvermögen mehr verfügen. Zum Aktivvermögen zählt all das, was zur Befriedigung v Gläubigern oder zur Ausschüttung an die Gesellschafter geeignet ist,[7] daher etwa **Markenrechte** oder auch **Ansprüche** gegen (frühere) Gesellschafter, GF oder Liquidatoren (s Rz 8) sowie gegen andere Dritte, wie zB aus Gewährleistung, Schadenersatz oder Gläubigeranfechtung, weiters **eingefor-**

---

3 *Wasserer* in Torggler, GmbHG § 93 Rz 1.
4 *Umfahrer*, GmbH[7] Rz 16.46; *Wasserer* in Torggler, GmbHG § 93 Rz 1; *Gelter* in Gruber/Harrer, GmbHG[2] § 93 Rz 12.
5 Die Bescheinigung muss unbedingt dem Wortlaut des § 160 Abs 3 BAO entsprechen, eine bloße Bestätigung des FA, wonach *„gegenwärtig keine Abgabenforderungen bestehen"*, genügt nicht. Vgl OLG Wien, 30.1.2006, 28 R 316/05d, NZ 2006, 218 *(Andrae)*; *Birnbauer*, GES 2012, 83 (85).
6 *Andrae*, NZ 2003/100, 364. Nach *Birnbauer*, GES 2012, 83 (83, 85) nicht zwingend, aber empfehlenswert.
7 Vgl (auch zum Folgenden) *Gelter* in Gruber/Harrer, GmbHG[2] § 93 Rz 14; OGH 15.9.2020, 6 Ob 118/20a, GesRZ 2021, 89 *(Birnbauer)* = *Jarec*, ecolex 2021, 1022.

derte offene Einlagen (s § 92 Rz 23), Ansprüche oder Deckungszusagen aus **Haftpflichtversicherungen**[8] u Ansprüche aus **Haftrücklässen** oder **Bankgarantien**.[9] Zu anhängigen **Zivilprozessen** s § 89 Rz 34 f. Die Anhängigkeit eines Passivprozesses (s dazu § 89 Rz 35) verhindert grds nicht die Löschung aus dem FB.[10] Ein möglicher **Kostenersatzanspruch** im Verfahren einer beklagten GmbH steht ihrer Vollbeendigung nicht entgegen.[11] Behauptete wettbewerbsrechtliche Unterlassungs- oder Widerrufsansprüche einer GmbH bilden – für sich betrachtet – keinen Vermögenswert, der die Annahme der Vermögenslosigkeit der GmbH ausschließen könnte; allerdings ist der (durch den Prozesserfolg bedingte) **Anspruch auf Kostenersatz** einer GmbH, die einen wettbewerbsrechtlichen Unterlassungs- u Widerrufsanspruch noch vor ihrer Auflösung eingeklagt hat, ein die Annahme der Vermögenslosigkeit ausschließendes Vermögen.[12] **Sicherheitsleistungen** gem § 91 Abs 3 oder **hinterlegtes Vermögen** nach § 91 Abs 4 (s § 91 Rz 16) gelten nach hL nicht als Aktivvermögen idS (str).[13] Nicht als Aktivvermögen zählen außerdem ungewisse zukünftige Einnahmen[14] oder Abwicklungsbedarf, welcher nicht vermögensrechtlicher Natur ist (zB ausständige Abgabe einer Willenserklärung).[15]

Passiva stehen einer Vollbeendigung u Löschung der GmbH zwar nicht im Wege; jedoch können die Liquidatoren den Gläubigern gegenüber schadenersatzpflichtig werden, wenn sie die GmbH beenden, ohne die Forderungen der Gläubiger sicherzustellen oder zu befriedigen (s § 92 Rz 16 f).[16]

6

---

8 OGH 27.11.2008, 2 Ob 166/08p.
9 RIS-Justiz RS0060134.
10 AA *Koppensteiner/Rüffler*, GmbHG³ § 93 Rz 3.
11 OGH 11.3.1998, 9 Oba 17/98k; 22.10.1998, 8 ObA 2344/96f, GesRZ 1999, 34 (*Dellinger*) = *Oberhammer*, JBl 1999, 268; 22.4.2014, 7 Ob 55/14k (7 Ob 56/14g); 26.2.2020, 9 ObA 137/19s.
12 OGH 23.4.2007, 4 Ob 213/06m.
13 *Haberer/Zehetner* in Straube/Ratka/Rauter, GmbHG § 93 Rz 6; *Wasserer* in Torggler, GmbHG § 93 Rz 1; *Koppensteiner/Rüffler*, GmbHG³ § 93 Rz 3; *Marschall*, ecolex 2021, 1110 (1112 f); aA *Gelter* in Gruber/Harrer, GmbHG² § 93 Rz 14 (nur mit schuldbefreiender Wirkung hinterlegte Gegenstände u v dritter Seite bestellte Sicherheiten zählen nicht als Vermögen der GmbH, v der GmbH selbst bestellte Sicherheiten schaden hingegen der Vermögenslosigkeit).
14 *Gelter* in Gruber/Harrer, GmbHG² § 93 Rz 14.
15 *Wasserer* in Torggler, GmbHG § 93 Rz 1.
16 *Gelter* in Gruber/Harrer, GmbHG² § 93 Rz 4, 14.

III. Entlastung der Liquidatoren und des Aufsichtsrats

7 Die **Entlastung der Liquidatoren** ist in Abs 1 explizit als Voraussetzung für die Löschung der GmbH gefordert. Die Entlastung durch Beschluss der GV bewirkt grds **Präklusion** der Ersatzansprüche der GmbH gegen die Liquidatoren, die aus gegebenen Informationen erkennbar waren; die Präklusion ist jedoch nur insoweit wirksam, als der Ersatz nicht zur Gläubigerbefriedigung erforderlich ist (s § 92 Rz 11, 13).[17] In der Praxis empfiehlt sich im Interesse aller Beteiligten, die Entlastung auf Grundlage der **Liquidationsschlussrechnung** (s Rz 3, § 91 Rz 11) durchzuführen.[18] Das Fehlen der Schlussrechnung kann einen Grund für die Verweigerung der Entlastung darstellen oder zur Anfechtbarkeit des Entlastungsbeschlusses führen.[19] Besteht ein **AR** (s § 89 Rz 2), so ist auch über dessen Entlastung zu beschließen.[20]

8 Die **Entlastung** ist insofern **für eine Vollbeendigung unerlässlich**, als sie klarstellt, dass die GmbH – zumindest auf Basis offengelegter Informationen – keine Ansprüche mehr gegen die Liquidatoren hat;[21] derartige Ansprüche würden als Vermögensbestandteile eine Vollbeendigung verhindern (s Rz 5). Ein Antrag auf Löschung bedarf somit unbedingt eines erfolgten Entlastungsbeschlusses. Ein Entlastungsbeschluss ist nur in einem Fall nicht erforderlich, nämlich dann, wenn bloß ein Gesellschafter besteht, der zugleich auch Liquidator ist.[22]

9 Die Entlastung kann in der GV oder im Umlaufweg beschlossen werden. Nach dem **Stimmverbot** gem § 39 Abs 4 ist ein Gesellschafter-Liquidator beim Beschluss über seine eigene Entlastung nicht stimmberechtigt.[23] Der Beschluss bedarf **keiner notariellen Protokollierung oder Beglaubigung,**[24] ist aber dem FB-Gericht vorzulegen (s Rz 3, 10).[25]

---

17 *Gelter* in Gruber/Harrer, GmbHG² § 92 Rz 7.
18 *Wasserer* in Torggler, GmbHG § 93 Rz 1.
19 *Gelter* in Gruber/Harrer, GmbHG² § 93 Rz 5.
20 *Gelter* in Gruber/Harrer, GmbHG² § 93 Rz 6.
21 *Gelter* in Gruber/Harrer, GmbHG² § 93 Rz 6. Vgl *Dellinger*, taxlex 2022, 227 (231 f).
22 *Gelter* in Gruber/Harrer, GmbHG² § 93 Rz 6; *Andrae*, NZ 2003/100, 364.
23 *Gelter* in Gruber/Harrer, GmbHG² § 93 Rz 6.
24 *Birnbauer*, GES 2012, 83 (84).
25 *Andrae*, NZ 2003/100, 364.

IV. Löschung der GmbH

A. Antrag beim Firmenbuchgericht

Ein Antrag auf Löschung kann nur bei Vorliegen folgender Voraussetzungen gestellt werden:

- Ablauf der **Dreimonatsfrist (Sperrfrist)** gem § 91 Abs 3 (s § 91 Rz 12, 19);
- **Befriedigung/Sicherstellung aller Gläubiger** (s Rz 5, § 91 Rz 15 f);
- **Verteilung des gesamten Liquidationsüberschusses** an die Gesellschafter (s Rz 5 f; § 91 Rz 18 ff);
- Erteilung der **Entlastung für die Liquidatoren** u ggf den AR (s Rz 7 ff);
- **Bestellung eines Verwahrers** oder Antrag auf Bestellung eines Verwahrers durch das Gericht (s Rz 16 ff).

Der FB-Antrag hat die bei Rz 3 erwähnten Nachw durch Erklärungen u beigelegte Urkunden zu umfassen. Insbesondere muss der Antrag eine **Erklärung sämtlicher Liquidatoren über die Beendigung der Liquidation** enthalten; daher sollte der Antrag idR v allen Liquidatoren (beglaubigt) unterfertigt werden.[26] Zur Vertretung durch mit Spezialvollmacht Bevollmächtigte s Rz 3. Sind die Liquidatoren mit der Stellung des Löschungsantrags **säumig**, kann das FB-Gericht uE die GmbH amtswegig löschen (§ 40 FBG analog; s Rz 1, 20 § 89 Rz 7, § 94 Rz 1) (str),[27] ohne freilich dazu verpflichtet zu sein.[28]

Sofern die Löschung ordnungsgemäß beantragt wurde, verfügt das Gericht die **Löschung der GmbH aus dem FB** mit entspr Beschluss u veröffentlicht sie gem § 10 UGB iVm § 6 WZEVI-G über die **elektronische Verlautbarungs- u Informationsplattform des Bundes (EVI)** u in der **Ediktsdatei**.[29] In den Fällen v § 10 Abs 2 u 3 (wesentlicher Mangel bei der Eintragung im FB bzw wesentlicher Mangel im GesV) u bei

---

26 *Koppensteiner/Rüffler*, GmbHG³ § 93 Rz 5; *Wasserer* in Torggler, GmbHG § 93 Rz 1; *Gelter* in Gruber/Harrer, GmbHG² § 93 Rz 12; *Birnbauer*, GES 2012, 83 (84).
27 Vgl zur Diskussion *Haberer/Zehetner* in Straube/Ratka/Rauter, GmbHG § 93 Rz 4 mwN. Für die direkte Anwendbarkeit v § 40 FBG: *Gelter* in Gruber/Harrer, GmbHG² § 93 Rz 12, 16.
28 *Andrae*, NZ 2004/2, 18.
29 *Wasserer* in Torggler, GmbHG § 93 Rz 2.

Vermögenslosigkeit nach § 40 FBG kommt es hingegen zu keinem Löschungsverfahren, sondern zur **amtswegigen Löschung** (s Rz 1, § 89 Rz 7, § 94 Rz 1).[30]

B. Wirkungen der Löschung

12 Die Löschung der GmbH aus dem FB ist nach hA nicht gleichbedeutend mit ihrer Vollbeendigung. Vielmehr bedarf es nach der L v **Doppeltatbestand**[31] zur **Vollbeendigung der GmbH** der Erfüllung zweier Voraussetzungen: (i) der **Vermögenslosigkeit** (s Rz 5 f) u (ii) der **Löschung der GmbH aus dem FB** durch das Gericht. Erst mit kumulativer Erfüllung beider Voraussetzungen hört die Gesellschaft zu existieren auf. Die Löschung der GmbH *per se* hat hingegen nur **deklarative Wirkung**;[32] lediglich in Hinblick auf die Beendigung der Funktion der Liquidatoren u eines allfälligen AR hat sie **konstitutive Wirkung**, uzw unabhängig davon, ob die GmbH bei der Löschung vermögenslos ist oder nicht (s § 89 Rz 25).[33]

13 Hat die GmbH nach ihrer Löschung noch Vermögen, bleibt sie iSd L v Doppeltatbestand (s Rz 12) bis zur Vollbeendigung **als jP** oder – nach aA – zumindest **als teilrechtsfähiges Gebilde** bestehen; sie ist weiterhin partei- u konkursfähig; auch allfällige Gewerbeberechtigungen bleiben bestehen.[34] Unabhängig v der Frage der Vermögenslosigkeit gibt es Fälle, in denen auch noch nach der Löschung **Rechtsbeziehungen u Handlungspflichten der (Nach-)Gesellschaft** fortbestehen können (wie etwa in Hinblick auf die Ausstellung v Dienstzeugnissen oder einer Löschungsquittung für eine Hypothek).[35] In solchen Fällen kann das FB-Gericht gestatten, dass eine bestimmte Person zur Durchführung einzelner Maßnahmen ohne Wiedereintragung der GmbH ins FB er-

---

30 *Wasserer* in Torggler, GmbHG § 93 Rz 1.
31 OGH 3.4.2008, 8 ObA 72/07g, GesRZ 2008, 222 (*Geroldinger*); 25.9.2015, 6 Ob 136/15s, GesRZ 2015, 392 (*Schimka*), 26.2.2020, 9 ObA 137/19s; 6.5.2020, 3 Ob 47/20p; 15.9.2020, 6 Ob 118/20a, GesRZ 2021, 89 (*Birnbauer*) = *Jarec*, ecolex 2021, 1022; *K. Schmidt*, GesRZ 2016, 142; *Wasserer* in Torggler, GmbHG § 93 Rz 2; *Dellinger*, taxlex 2022, 227 (232).
32 RIS-Justiz RS0050186; OGH 26.2.2020, 9 ObA 137/19s.
33 *Gelter* in Gruber/Harrer, GmbHG[2] § 93 Rz 17, 21; *Birnbauer*, GES 2012, 83 (84).
34 *Gelter* in Gruber/Harrer, GmbHG[2] § 93 Rz 18, 20 f.
35 *Gelter* in Gruber/Harrer, GmbHG[2] § 93 Rz 19, 21.

mächtigt wird.[36] Sofern es sich jedoch um vermögensrechtliche Maßnahmen handelt, muss es zu einer **Nachtragsliquidation** kommen u die GmbH durch Bestellung v Nachtragsliquidatoren als jP reaktiviert werden (s Rz 20 ff).[37]

C. Anhängige Prozesse

1. Aktivprozesse

In der Praxis stellt sich häufig die Frage, wie in noch anhängigen Zivilprozessen vor der Löschung der GmbH vorzugehen ist. Zu Prozessen, in denen die Gesellschaft selbst einen Anspruch einklagt, s § 89 Rz 33.

2. Passivprozesse

Zu Prozessen, in denen die GmbH Beklagte ist, s § 89 Rz 35.

V. Verwahrung der Bücher und Schriften

Die Aufgabe des Verwahrers ist die **Verwahrung aller schriftlichen Unterlagen im Einklang mit § 212 UGB**, also der Bücher, Buchführungs- u Bilanzierungsunterlagen, Belege, (Regel- u Sonder-)Bilanzen, JA, (Prüfungs-)Berichte, Protokolle, Inventare, Inventuraufzeichnungen u Korrespondenz, ob physisch oder elektronisch verfasst.[38] Zu verwahren sind auch Anweisungen, die unerlässlich für das Verständnis u den Zugang zu den Unterlagen sind sowie Software, die es ermöglicht, auf besondere Dateiformate zuzugreifen.[39]

In der Praxis erfolgt die Bestellung des **Verwahrers der Bücher u Schriften** typischerweise durch Beschluss der Gesellschafter. Es kommt jedoch auch eine Bestellung durch den GesV in Betracht. Können sich die Gesellschafter nicht auf einen Verwahrer einigen u gibt es keine Regelung im GesV, muss eine Bestellung durch Gericht beantragt wer-

---

36 *Gelter* in Gruber/Harrer, GmbHG² § 93 Rz 19, 21; vgl OLG Innsbruck 8.8.2005, 3 R 122/05y, NZ 2006, 155 (*Andrae*).
37 *Gelter* in Gruber/Harrer, GmbHG² § 93 Rz 21.
38 *Gelter* in Gruber/Harrer, GmbHG² § 93 Rz 9; *Wasserer* in Torggler, GmbHG § 93 Rz 3.
39 *Gelter* in Gruber/Harrer, GmbHG² § 93 Rz 9.

den.[40] Dieser Antrag kann gemeinsam mit dem Löschungsantrag eingebracht werden. Als Verwahrer handelt oft einer der Gesellschafter selbst, ein Wirtschaftstreuhänder oder ein RA. Es empfiehlt sich in der Praxis, eine schriftliche **Einwilligungserklärung des bestellten Verwahrers** einzuholen, denn zuweilen fordert das FB-Gericht die Vorlage einer solchen Erklärung ein (s Rz 3). Kommt es zu einer Veräußerung des Unternehmens als Ganzes gem § 90 Abs 4, so übernimmt der **Erwerber** damit auch die Bücher u Schriften u die Verwahrungspflicht trifft ihn.[41]

18 Verantwortlich für die Übergabe der Bücher u Schriften an den Verwahrer sind die Liquidatoren. Die Übergabe durch die Liquidatoren kann mit Zwangsstrafen nach § 125 erzwungen werden (s § 125 Rz 9). Mit dem Verwahrer kommt ein **Verwahrungsvertrag** zustande, den die Gesellschaft zu Gunsten der Gesellschafter abschließt.[42] Die **Kosten für die Verwahrung** (Aufwandersatz u drittvergleichsfähiges Entgelt) sind aus dem Vermögen der Gesellschaft zurückzubehalten u treuhändig oder beim Verwahrer zu erlegen.[43]

19 Die Bücher u Schriften sind **sieben Jahre** lang aufzubewahren, beginnend mit dem auf die Liquidationsbeendigung folgenden Kalenderjahr. Damit in Zusammenhang steht das **Einsichtsrecht**, das den Gesellschaftern (u deren Rechtsnachfolgern) sowie (mit gerichtl Ermächtigung) Gläubigern zusteht. Dieses umfasst auch das Anfertigen v Kopien.[44] Das Einsichtsrecht der Gesellschafter ist unbeschränkt, sofern es nicht für gesellschaftsfremde Zwecke rechtsmissbräuchlich ausgeübt wird,[45] u besteht auch über die sieben Jahre hinaus, sofern die Unterlagen noch vorhanden sind.[46] Gläubiger müssen ein Interesse an der Einsicht glaubhaft machen; erst dann erhalten sie die Ermächtigung des FB-Gerichts zur (grds unbeschränkten[47]) Einsichtnahme.[48] Gegen eine Ver-

---

40 *Andrae*, NZ 2003/100, 364 (369); *Wasserer* in Torggler, GmbHG § 93 Rz 3.
41 *Gelter* in Gruber/Harrer, GmbHG² § 93 Rz 10.
42 *Gelter* in Gruber/Harrer, GmbHG² § 93 Rz 10.
43 *Gelter* in Gruber/Harrer, GmbHG² § 93 Rz 10.
44 *Koppensteiner/Rüffler*, GmbHG³ § 93 Rz 11; *Wasserer* in Torggler, GmbHG § 93 Rz 3.
45 *Wasserer* in Torggler, GmbHG § 93 Rz 3.
46 OGH 29.8.2019, 6 Ob 141/19g, GesRZ 2020, 61 (*Feltl*).
47 OGH 19.02.2004, 6 Ob 314/03z; 29.8.2019, 6 Ob 141/19g, GesRZ 2020, 61 (*Feltl*).
48 *Wasserer* in Torggler, GmbHG § 93 Rz 3.

wahrung im Ausland bestehen uE keine Bedenken, sofern dadurch die Einsichtsrechte nicht behindert werden.[49]

VI. Nachtragsliquidation

Zu einer **Nachtragsliquidation** kommt es dann, wenn die Löschung der GmbH aus dem FB vorgenommen wurde, obwohl noch verwertbares oder verteilbares Vermögen (s Rz 5 f) besteht, u nach der Löschung dieses noch verwertbare oder verteilbare Vermögen zu Tage tritt.[50] Auch im Falle einer **amtswegigen Löschung** nach § 40 FBG (s Rz 1, § 89 Rz 7, § 94 Rz 1) kann es zu einer Nachtragsliquidation kommen.[51] Ohne Löschung aus dem FB gibt es auch keine Nachtragsliquidation.[52] Eine Nachtragsliquidation ist schlicht die Fortsetzung der Liquidation, die – wie sich nach Löschung der GmbH herausstellt – noch gar nicht vollständig abgeschlossen war, weil doch noch Vermögen existiert u die Löschung somit nicht rechtsvernichtend gewirkt hat.[53] Die Rechtspersönlichkeit der GmbH ist somit erhalten geblieben; allerdings muss die Handlungsfähigkeit wiederhergestellt werden.[54] Das alte Liquidationsverfahren wird fortgesetzt, muss aber nicht in seiner Gesamtheit wiederholt werden.[55] Das Hervorkommen bisher unbekannter Gläubiger rechtfertigt *per se* keine Nachtragsliquidation.[56]

Zwei Voraussetzungen müssen kumulativ vorliegen, damit es zu einer Nachtragsliquidation kommt: (i) ein **Antrag eines Beteiligten** beim FB-Gericht u (ii) die **Bescheinigung v verteilungsfähigen Aktiva**. Antragsberechtigte Beteiligte sind Gesellschafter, ehem Organwalter der Gesellschaft u Dritte, die ein rechtliches Interesse[57] an einer Nachtrags-

---

49 Vgl ähnlich *Gelter* in Straube/Ratka/Rauter, UGB³ § 190 Rz 26; *Hilber* in Torggler, UGB³ § 190 Rz 6.
50 *Wasserer* in Torggler, GmbHG § 93 Rz 4.
51 Vgl OGH 22.2.2001, 6 Ob 19/01i; 15.3.2021, 6 Ob 29/21i; *Gelter* in Gruber/Harrer, GmbHG² § 84 Rz 33.
52 Vgl OGH 27.6.2016, 6 Ob 114/16g.
53 *Gellis/Feil*, GmbHG⁷ § 93 Rz 5.
54 *Gelter* in Gruber/Harrer, GmbHG² § 93 Rz 30.
55 *Wasserer* in Torggler, GmbHG § 93 Rz 5.
56 *Gelter* in Gruber/Harrer, GmbHG² § 93 Rz 30.
57 Vgl OGH 22.2.2001, 6 Ob 274/00p; 15.9.2020, 6 Ob 118/20a, GesRZ 2021, 89 (*Birnbauer*) = *Jarec*, ecolex 2021, 1022.

liquidation glaubhaft machen.[58] Rechtliches Interesse bedeutet Interesse an der Verwertung des Gesellschaftsvermögens zum Zweck der Gläubigerbefriedigung u Verteilung des Überschusses.[59] Schuldner der GmbH haben idZ keine Beteiligtenstellung, weil sie kein schutzwürdiges Interesse daran haben, dass ein Nachtragsliquidationsverfahren – u somit eine Geltendmachung v Ansprüchen gegen sie – verhindert wird.[60] Wenn eine aus dem FB gelöschte Gesellschaft aufgrund bestehenden Aktivvermögens rechts- u parteifähig ist, u zu deren Gunsten – aufgrund eines Prätendentenstreits – eine Hinterlegung nach § 1425 ABGB erfolgen soll, hat das Gericht gem § 5 Abs 2 Z 2 lit d AußStrG dem Erleger aufzutragen, die Bestellung eines Nachtragsliquidators zu beantragen.[61]

22 Hinsichtlich der verteilungsfähigen Aktiva genügt **Bescheinigung** – es bedarf keines vollen Beweises.[62] Relevantes Vermögen ist nur, was bilanzierungsfähig u verwertbar ist.[63] Nicht berücksichtigungswürdig ist daher etwa Vermögen, das die GmbH durch Prozessführung gar nicht mehr in Besitz nehmen könnte, weil ihre Forderungen bereits gepfändet sind.[64] Ist das Vermögen nicht idS verwertbar, dass es zur Gläubigerbefriedigung oder zur Verteilung an die Gesellschafter geeignet wäre, oder sind die Aktiva so klein, dass sie nicht einmal die Kosten einer Nachtragsliquidation decken könnten (**Bagatellgrenze**), wird das Gericht idR keine Nachtragsliquidation verfügen u kann sich mit der **Bestellung eines Kurators** zur Vornahme einzelner Maßnahmen begnügen.[65] Grundsätzlich kann aber neben der Bescheinigung eines als verwertbar anzusehenden Vermögens auch die Notwendigkeit irgendwelcher weiterer Abwicklungsmaßnahmen für die Bestellung eines

---

58 *Wasserer* in Torggler, GmbHG § 93 Rz 4; OGH 27.1.2023, 1 Ob 242/22b.
59 *Gelter* in Gruber/Harrer, GmbHG² § 93 Rz 33.
60 *Haberer/Zehetner* in Straube/Ratka/Rauter, GmbHG § 93 Rz 40.
61 OGH 27.1.2023, 1 Ob 242/22b.
62 *Wasserer* in Torggler, GmbHG § 93 Rz 4; OGH 15.9.2020, 6 Ob 118/20a, GesRZ 2021, 89 (*Birnbauer*) = *Jarec*, ecolex 2021, 1022.
63 OGH 15.9.2020, 6 Ob 118/20a, GesRZ 2021, 89 (*Birnbauer*) = *Jarec*, ecolex 2021, 1022.
64 OLG Wien 28 R 184/04s, NZ 2005, G 18; OGH 15.9.2020, 6 Ob 118/20a, GesRZ 2021, 89 (*Birnbauer*) = *Jarec*, ecolex 2021, 1022.
65 *Gelter* in Gruber/Harrer, GmbHG² § 93 Rz 31. Vgl *Birnbauer*, GES 2007, 439, zum Fall eines zugunsten einer gelöschten Gesellschaft grundbücherlich einverleibten Pfandrechts, in dem ein Nachtragsliquidator bestellt wird, um an der Löschung des Pfandrechts mitzuwirken.

Nachtragsliquidators genügen.⁶⁶ Ob dieses Vermögen vor Löschung bekannt, aber nicht verwertbar war, oder ob das Vermögen bloß versehentlich nicht bei der Liquidation berücksichtigt wurde, spielt keine Rolle. Oft handelt es sich bei den Aktiva um **Sicherheiten oder hinterlegtes Vermögen iSv § 91 Abs 2 u 4** (s § 91 Rz 16), die frei geworden sind,⁶⁷ oder um **Schadenersatz-**⁶⁸ **oder Gewährleistungsansprüche**.⁶⁹ Bei Forderungen hat der Antragsteller deren Werthaltigkeit darzutun.⁷⁰ Ein weiterer häufiger Fall sind Vermögensgegenstände der GmbH, die im Zuge der ursprünglichen Liquidation wegen **unrichtig gewordenen oder sonst fehlerhaften Registerstands** (insb im Grundbuch, im FB, in Registern für Immaterialgüterrechte oder in Eisenbahn- oder Schiffsregistern) übersehen wurden.

Nach erfolgter Antragstellung eines Beteiligten u der Bescheinigung v verteilungsfähigen Aktiva verfügt das Gericht per Beschluss die **Fortsetzung der Liquidation**. Ob im Zuge der Wiederaufnahme des Liquidationsverfahrens die GmbH **wieder im FB** eingetragen wird, ist eine Ermessensentscheidung des Gerichts;⁷¹ handelt es sich zB bloß um einmalige Handlungen oder um geringfügiges Vermögen, dann kann die Eintragung nach Ermessen des FB-Gerichts unterbleiben.⁷² Reicht der bloße Bestellungsbeschluss der Nachtragsliquidatoren nicht aus (zB für Grundbuchsangelegenheiten), muss eine Eintragung der GmbH ins FB

23

---

66 OLG Innsbruck 8.8.2005, 3 R 122/05y, NZ 2006, 155 (*Andrae*); OGH 15.9.2020, 6 Ob 118/20a, GesRZ 2021, 89 (*Birnbauer*) = *Jarec*, ecolex 2021, 1022.
67 *Koppensteiner/Rüffler*, GmbHG³ § 93 Rz 12.
68 Auch Ansprüche der GmbH gegen einen Haftpflichtversicherer sind Vermögen, welche einer Nachtragsliquidation zu unterziehen sind (OGH 25.10.2017, 6 Ob 142/17a).
69 Handelt es sich um eine Forderung, so hat der Antragsteller den Wert der Forderung darzustellen: OGH 15.5.2014, 6 Ob 61/14k; 30.3.2016, 6 Ob 28/16k. Zur Verwertung v Forderungen der GmbH gegen GF oder Gesellschafter *Altmeppen*, ZIP 2017, 497.
70 OGH 15.9.2020, 6 Ob 118/20a, GesRZ 2021, 89 (*Birnbauer*) = *Jarec*, ecolex 2021, 1022.
71 OGH 15.3.2021, 6 Ob 29/21i; *G. Nowotny* in Kodek/Nowotny/Umfahrer, FBG² § 40 Rz 46; *Birnbauer*, GES 2007, 439 (440); *Gurmann*, RdW 2013/198, 197 (198); **aA** (verpflichtende Wiedereintragung) *Wasserer* in Torggler, GmbHG § 93 Rz 5.
72 *Umfahrer*, GmbH⁷ Rz 16.56; *Gelter* in Gruber/Harrer, GmbHG² § 93 Rz 19, 21; vgl OLG Innsbruck 8.8.2005, 3 R 122/05y, NZ 2006, 155 (*Andrae*).

beantragt werden.[73] Die **Nachtragsliquidatoren** werden v **Gericht ernannt**;[74] in der Praxis sind es häufig die ehem Liquidatoren, weil sie mit der Abwicklung am besten vertraut sind. Die Abberufung des Nachtragsliquidators u die Bestellung eines anderen Liquidators kann nur ein Beteiligter beantragen; die Beteiligtenstellung setzt ein rechtliches Interesse voraus, während die Beeinträchtigung bloß wirtschaftlicher Interessen nicht ausreicht; zu den Beteiligten gehören Gesellschafter, frühere Gesellschaftsorgane u Dritte, die ein Interesse an der Verwertung haben.[75] Strittig ist, ob die gerichtl Abberufung eines Nachtragsliquidators eines wichtigen Grundes bedarf.[76] Die Auswahl des zu bestellenden Nachtragsliquidators obliegt dem Gericht. Der Antragsteller kann zwar eine bestimmte Person vorschlagen; sein Vorschlag ist aber nur eine Anregung, der das Gericht nicht nachkommen muss. Der Antragsteller hat daher kein subjektives Recht, dass er selbst oder eine bestimmte andere Person zum Nachtragsliquidator bestellt wird.[77] In der Nachtragsliquidation gelten sinngemäß die Bestimmungen über die Liquidation. Dem Nachtragsliquidator steht ein Anspruch auf Entlohnung u Ersatz der Barauslagen zu. Die Vergütung des Nachtragsliquidators erfolgt in analoger Anwendung der Bestimmungen zur Entlohnung des Kurators.[78] Ein Revisionsrekurs gegen gerichtl bestimmte Kuratorkosten ist absolut unzulässig.[79] Für den Schutz der Gesellschaft, die im Verfahren zur Bestimmung der Entlohnung nicht v Nachtragsliquidator vertreten werden kann, ist idR die sorgfältige amtswegige Prüfpflicht des FB-Gerichts ausreichend; ein Kollisionskurator ist nur in besonderen Fällen, etwa bei besonders hohen Ansprüchen auf Belohnung u Aufwandersatz, zu bestellen.[80] Nach Abschluss der Nachtragsliquidation haben die Nachtragsliquidatoren die **neuerliche Löschung der GmbH** zu beantragen,

---

73 *Umfahrer*, GmbH[7] Rz 16.56.
74 Einem Gesellschafter u bisherigen GF bzw Liquidator einer GmbH, die nach Beendigung der Liquidation im FB gelöscht wurde, kommt keine Rechtsmittellegitimation in dem Verfahren zu, in dem für die gelöschte GmbH ein Nachtragsliquidator bestellt wurde (OGH 25.10.2017, 6 Ob 182/17h).
75 OGH 22.2.2001, 6 Ob 274/00p.
76 Vgl *Wasserer* in Torggler, GmbHG § 93 Rz 5 mN zur Diskussion.
77 OGH 4.7.2013, 6 Ob 114/13b.
78 OLG Wien 17.7.2019, 6 R 101/19w, GES 2019, 364 (*Fantur*).
79 OGH 27.9.2016, 6 Ob 160/16x; ebenso zum gerichtl bestellten Liquidator OGH 30.1.2017, 6 Ob 248/16p.
80 OGH 27.9.2016, 6 Ob 160/16x.

wobei uE vorab die **Entlastung der Nachtragsliquidatoren** notwendig ist (str).[81]

§ 94. (1) Die Bestimmungen über die Liquidation gelangen auch dann zur Anwendung, wenn die Auflösung durch Verfügung der Verwaltungsbehörde oder Beschluß des Handelsgerichtes erfolgt.

(2) [1]Wurde jedoch in der Verfügung der Verwaltungsbehörde angeordnet, daß die Gesellschaftsorgane sofort ihre Tätigkeit einzustellen haben, so sind die Liquidatoren ausschließlich von dem Handelsgerichte zu ernennen. [2]Zugleich hat das Gericht, und zwar selbst dann, wenn die Bestellung eines Aufsichtsrates im Gesellschaftsvertrage nicht vorgesehen ist, einen Aufsichtsrat zu ernennen, dem die durch das Gesetz dem Aufsichtsrate und der Beschlußfassung der Gesellschafter zugewiesenen Aufgaben zufallen.

(3) Die Einstellung der Tätigkeit der gesellschaftlichen Organe mit der im zweiten Absatze bezeichneten Wirkung kann von der zur Auflösung zuständigen Verwaltungsbehörde auch gegenüber einer aus anderen Gründen aufgelösten Gesellschaft verfügt werden, wenn einer der in § 86 angeführten Fälle eintritt.

Literatur: Siehe Lit zu § 89.

§ 94 beschäftigt sich mit Fragen der Liquidation im Falle einer **Auflösung durch Verfügung der Verwaltungsbehörde oder durch Beschluss des HG**. Die Auflösung durch die Verwaltungsbehörde wird in § 86 (s § 86 Rz 1 ff) geregelt, die Auflösung durch das HG in §§ 10 Abs 2, 3, 40 FBG iVm § 84 Abs 1 Z 6 (vgl § 84 Rz 23 ff; § 89 Rz 7; § 93 Rz 1, 20). Die aufgelöste Gesellschaft tritt gem Abs 1 grds in Liquidation.[1] Im Fall der **Löschung der GmbH wegen Vermögenslosigkeit** iSv § 40 FBG iVm § 84 Abs 1 Z 6 (s § 89 Rz 8) ist Abs 1 freilich dahingehend teleologisch zu reduzieren, dass eine Liquidation zu unterbleiben hat, weil sie hier dem Zweck nach entbehrlich ist.[2] Die GmbH ist daher mit der Lö-

1

---

81 *Gelter* in Gruber/Harrer, GmbHG² § 93 Rz 38; aA *Haberer/Zehetner* in Straube/Ratka/Rauter, GmbHG § 93 Rz 43.
1 Vgl *Leupold* in Torggler, GmbHG § 84 Rz 20; *Gelter* in Gruber/Harrer, GmbHG² § 86 Rz 7.
2 *Gelter* in Gruber/Harrer, GmbHG² § 84 Rz 42.

schung gem § 40 FBG vollbeendet, es sei denn, es kommt noch Vermögen hervor, in welchem Fall eine Nachtragsliquidation durchzuführen ist (s § 93 Rz 20).

2   Im Fall der **Auflösung durch die Verwaltungsbehörde** – die zB dann in Frage käme, wenn die GmbH als **kriminelle Organisation** tätig wäre – besteht eine Sonderregel: Die Behörde kann bei massiver Gefährdung des öffentlichen Interesses[3] anordnen, dass die Gesellschaftsorgane, also GV, GF u ein allfälliger AR, ihre Tätigkeit sofort einzustellen haben. In diesem Fall ist die Bestellung u Abberufung der Liquidatoren ausschließlich Sache des **Gerichts**. Außerdem wird in diesem Fall durch das Gericht ein **AR** bestellt, auch wenn bisher weder ein solcher bestand, noch im GesV ein solcher vorgesehen ist. Dieser AR übernimmt zusätzlich zu seinen üblichen Aufgaben auch jene der GV der GmbH. Er ist daher auch für die Feststellung der Abschlüsse (s § 91 Rz 3, 8) u die Entlastung der Liquidatoren (s § 91 Rz 8; § 93 Rz 7 ff) zuständig.[4]

3   Nach Abs 3 kann die Verwaltungsbehörde die **sofortige Einstellung der Tätigkeit der Organe** u die damit folgende Bestellung der Liquidatoren u eines AR durch das Gericht gem Abs 2 auch in anderen Fällen verfügen. Dies ist dann denkbar, wenn die GmbH zunächst zwar nicht durch die Verwaltungsbehörde gem § 86 aufgelöst wurde, sondern aus einem anderen Grund (wie etwa durch Zeitablauf oder durch Beschluss der Gesellschafter), jedoch dann – nach der Auflösung – einer der in § 86 (s § 86 Rz 1 ff) angeführten Fälle eintritt (zB Überschreitung des gesetzl zulässigen Wirkungskreises der GmbH). Unseres Erachtens müsste diese Befugnis der Behörde entgegen dem gesetzl Wortlaut, der teleologisch zu reduzieren ist, auch dann gelten, wenn der Auflösungsgrund gem § 86 bereits vor der mittlerweile eingetretenen Auflösung aus anderem Grund bestanden hat.[5]

---

3   *Koppensteiner/Rüffler*, GmbHG[3] § 94 Rz 2; *Wasserer* in Torggler, GmbHG § 94 Rz 1.
4   *Gelter* in Gruber/Harrer, GmbHG[2] § 94 Rz 3.
5   Offenbar aA („*in der Zwischenzeit*") *Haberer/Zehetner* in Straube/Ratka/Rauter, GmbHG § 94 Rz 7.

§ 95. (1) Die Liquidation unterbleibt, wenn der Bund, ein Land oder eine Gemeinde alle Geschäftsanteile einer Gesellschaft mit beschränkter Haftung zwecks Auflösung der Gesellschaft erworben hat oder das Vermögen einer aufgelösten Gesellschaft als Ganzes einschließlich der Schulden durch Vertrag übernimmt und erklärt, in sämtliche Verpflichtungen der Gesellschaft einzutreten, auf die Durchführung der Liquidation zu verzichten und im Fall der Übernahme durch Vertrag auch die Befriedigung der Gesellschafter zu bewirken.

(2) Der Anmeldung der Auflösung ist eine mit allen gesetzmäßigen Erfordernissen ihrer Gültigkeit versehene Erklärung über die im Sinne des ersten Absatzes übernommenen Verpflichtungen, der Anmeldung der vertragsmäßigen Übernahme überdies der Vertrag und der ihn genehmigende Beschluß der Gesellschafter anzuschließen.

(3) ¹Zugleich mit der Eintragung ist die Firma zu löschen. ²Der Übergang des Vermögens der Gesellschaft und er Schulden ist als im Zeitpunkt der Eintragung bewirkt anzusehen.

idF BGBl 1980/320

Literatur: Siehe Lit zu § 89.

§ 95 enthält Sonderbestimmungen für die Abwicklung bei Übernahme der GmbH durch Gebietskörperschaften, also für Fälle der **freiwilligen Verstaatlichung**.[1] In der Praxis ist diese Bestimmung bis dato kaum v Bedeutung. In der Zukunft könnte die Bestimmung allerdings dann an Bedeutung gewinnen, wenn es in Hinblick auf derzeit **ausgegliederte Rechtsträger v Gebietskörperschaften**, die vielfach in GmbH-Form geführt werden, zu Um- oder Restrukturierungen, etwa auch zur gänzlichen Auflösung ausgegliederter Rechtsträger, kommen sollte. Diesfalls könnte sich einen Abwicklung (ohne separates Liquidationsverfahren) gem § 95 anbieten. Zusammengefasst bestimmt § 95, dass die (gesellschaftsrechtliche) Liquidation unter gewissen Voraussetzungen unterbleiben kann, weil bei Übernahme durch eine Gebietskörperschaft keine Gefährdung der Gläubiger besteht.[2] Die Bestimmung ist nur auf Über-

1

---

1 *Gelter* in Gruber/Harrer, GmbHG² § 95 Rz 1.
2 Zu den steuerlichen Auswirkungen vgl BMF 2.2.2001, Körperschaftsteuerrechtliche Auswirkung der Übernahme einer GmbH durch eine Gemeinde nach § 95 GmbHG, ecolex 2001, 407.

nahmen durch (inländische) Gebietskörperschaften selbst – nicht jedoch auf Übernahmen durch ausgegliederte Gesellschaften im Eigentum öffentliche Rechtsträger u zB in der Rechtsform einer GmbH oder AG – anwendbar;[3] auch eine Anwendung auf den umgekehrten Vorgang – also die Ausgliederung v Vermögen einer Gebietskörperschaft in eine GmbH – scheidet aus, sodass diese nur im Weg der Einzelrechtsnachfolge durchgeführt werden kann.[4]

2 Das Gesetz nennt zwei Varianten der Übernahme einer GmbH durch eine Gebietskörperschaft: (i) den **Erwerb aller Geschäftsanteile** durch die Gebietskörperschaft (*share deal*) u (ii) den **Erwerb des gesamten Vermögens inklusive der Schulden** durch die Gebietskörperschaft (*asset deal*). Beide Varianten sind sowohl vor als auch nach einer Auflösung der GmbH anwendbar; somit können die Bestimmungen des § 95 auch dann ins Spiel kommen, wenn die GmbH sich schon in Liquidation befindet. Falls es zu einem Erwerb nach Auflösung kommt, wird eine schon begonnene Liquidation beendet.[5]

3 Eine Übernahme durch eine Gebietskörperschaft gem § 95 erfordert die folgenden Schritte:

– Herstellung aller **öffentlich-rechtlichen Voraussetzungen**;
– **Erwerb aller Geschäftsanteile** an der GmbH (*share deal*) zwecks Auflösung der Gesellschaft **oder Erwerb des Vermögens** der GmbH **als Ganzes** einschließlich aller Aktiva u Passiva (*asset deal*);
– Im Fall eines *asset deal*: **Beschluss der Gesellschafter** mit Dreiviertelmehrheit gem § 90 Abs 4[6] (s zur beschränkten Vertretungsmacht bei fehlendem Beschluss § 90 Rz 21);
– **Erklärung der Gebietskörperschaft** an die GmbH,[7] in sämtliche Verpflichtungen der GmbH einzutreten u auf die Durchführung der Liquidation zu verzichten;
– Im Fall eines *asset deal*: Vereinbarung über die **Abfindung der Gesellschafter**. Die Abfindung ist nach den Grundsätzen über die Ver-

---

3 *Gelter* in Gruber/Harrer, GmbHG[2] § 95 Rz 2.
4 *Stingl*, Gesamtrechtsnachfolge im Gesellschaftsrecht 6.
5 *Haberer/Zehetner* in Straube/Ratka/Rauter, GmbHG § 95 Rz 7, 9.
6 *Haberer/Zehetner* in Straube/Ratka/Rauter, GmbHG § 95 Rz 12; *Koppensteiner/Rüffler*, GmbHG[3] § 95 Rz 4; *Gelter* in Gruber/Harrer, GmbHG[2] § 95 Rz 5.
7 *Gelter* in Gruber/Harrer, GmbHG[2] § 95 Rz 6.

teilung des Liquidationserlöses zu verteilen u unmittelbar an die Gesellschafter zu zahlen.[8]

Der **Antrag auf Löschung der Gesellschaft aus dem FB** muss v den GF bzw den Liquidatoren in vertretungsbefugter Anzahl beglaubigt unterschrieben werden.[9] Mit dem Antrag sind vorzulegen:[10]

- beim *asset deal*: Übernahmevertrag (bzw uE bloß Auszüge des Übernahmevertrags, welche den Rechtsübergang belegen);
- beim *asset deal*: Beschluss der Gesellschafter, der den Verkauf genehmigt (s Rz 3);
- die Erklärungen der Gebietskörperschaft, in die Verpflichtungen der GmbH einzutreten, auf die Liquidation zu verzichten u – im Fall des *asset deal* – die Gesellschafter abzufinden;
- die steuerliche Unbedenklichkeitsbescheinigung gem § 160 Abs 3 BAO.

Im FB wird sodann die Löschung der Gesellschaft eingetragen. Die Eintragung der Löschung bewirkt konstitutiv den Übergang des Vermögens im Wege der **Gesamtrechtsnachfolge** auf die Gebietskörperschaft,[11] wodurch der Gläubigerschutz gewahrt sein sollte.[12]

---

8 *Gelter* in Gruber/Harrer, GmbHG² § 95 Rz 5.
9 *Gelter* in Gruber/Harrer, GmbHG² § 95 Rz 8; *Haberer/Zehetner* in Straube/Ratka/Rauter, GmbHG § 95 Rz 18.
10 *Gelter* in Gruber/Harrer, GmbHG² § 95 Rz 8; *Haberer/Zehetner* in Straube/Ratka/Rauter, GmbHG § 95 Rz 18.
11 *Wasserer* in Torggler, GmbHG § 95 Rz 1; *Gelter* in Gruber/Harrer, GmbHG² § 95 Rz 1, 8; *Haberer/Zehetner* in Straube/Ratka/Rauter, GmbHG § 95 Rz 16, 19; *Koppensteiner/Rüffler*, GmbHG³ § 95 Rz 7.
12 Krit *Gelter* in Gruber/Harrer, GmbHG² § 95 Rz 7.

Dritter Abschnitt.
Verschmelzung

Begriff der Verschmelzung

§ 96. (1) ¹Gesellschaften mit beschränkter Haftung können unter Ausschluß der Abwicklung verschmolzen werden. ²Die Verschmelzung kann erfolgen

1. durch Übertragung des Vermögens einer Gesellschaft oder mehrerer Gesellschaften (übertragende Gesellschaften) im Wege der Gesamtrechtsnachfolge auf eine andere bestehende Gesellschaft (übernehmende Gesellschaft) gegen Gewährung von Geschäftsanteilen dieser Gesellschaft (Verschmelzung durch Aufnahme) oder
2. durch Übertragung der Vermögen zweier oder mehrerer Gesellschaften (übertragende Gesellschaften) jeweils im Wege der Gesamtrechtsnachfolge auf eine von ihnen dadurch gegründete neue Gesellschaft gegen Gewährung von Geschäftsanteilen dieser Gesellschaft (Verschmelzung durch Neugründung).

(2) Soweit im folgenden nichts Abweichendes bestimmt wird, sind die §§ 220 bis 233 AktG sinngemäß anzuwenden.

idF BGBl 1996/304

Literatur: *Adensamer*, Verschmelzungsstichtag und Rechtsträgerexistenz, GES 2009, 328; *Beiser*, Verschmelzungen zwischen Mutter und Tochter und das Verbot der Einlagenrückgewähr, GesRZ 2014, 36; *Birnbauer*, Verschmelzung Mutter auf Tochtergesellschaft (down-stream-merger) im Recht der GmbH, übernehmende Gesellschaft, GES 2015, 76; *Brix*, Durchführung der Generalversammlung zur Fassung des Verschmelzungsbeschlusses, GesRZ 2016, 407; *Diregger*, Aus der aktuellen Rechtsprechung, Firmenbuch, GesRZ 2018, 236; *M. Doralt*, Management Buyout (2001); *Drobnik/Mayer*, Differenzhaftung bei Verschmelzung und nomineller Kapitalerhöhung, RdW 2019/352, 448; *Eckert*, Internationales Gesellschaftsrecht (2010); *Eckert*, Die Neutronics-Entscheidung des OGH, in Kalss/Fleischer/Vogt (Hg), Bahnbrechende Entscheidungen – Gesellschafts- und Kapitalmarktrechts-Geschichten (2016) 225; *Fischer*, Grenzüberschreitende Umgründungen und Sicherstellung von Gläubigeransprüchen, GesRZ 2020, 199; *Fischer*, Grenzüberschreitende Verschmelzungen: Schutz von Minderheitsgesellschaftern, GES 2021, 66; *Ch. Fries*, Gesamtrechtsnachfolge bei Verschmelzung, ecolex 1992, 477; *R. Fries*, Handbuch der Verschmelzungen, Umwandlungen und Vermögensübertragungen (1993); *Frischhut/Tröthan*, Einreichung Spaltungsplan nach § 7 SpaltG nur mit Unterschrift? RdW 2007/731, 720; *Fritz*, Die Fusionswelle rollt wieder ... und was macht der Aufsichtsrat?! (Teil 1), AR aktuell 3/2017, 21; *Fritz*, Die Fusionswelle rollt wieder ... und was macht der Aufsichtsrat?! (Teil 2), AR aktuell 4/2017, 29; *Fritzer/Hartlieb*, § 226 Abs 3 AktG und die Grenzen der richtlinienkonformen Interpretation, ÖBA 2017, 16; *Gall/Kainberger*, Aktuelle Fragen der Transaktionsstrukturierung im Lichte der Judikatur des OGH zur Einlagenrückgewähr, GesRZ 2014, 217; *Glanzmann*, Umstrukturierungen – Eine systematische Darstellung des schweizerischen Fusionsgesetzes³ (2014); *Granner*, Überlegungen zur Nachfolge in wasserpolizeiliche Instandsetzungsaufträge, ÖZW 2014, 62; *Grünwald*, Umwandlung – Verschmelzung – Spaltung (1996); *Hartlieb/Zollner*, Sanierungsfusionen, ecolex 2015, 970; *Haslinger/Mitterecker*, Die Polbud-Entscheidung des EuGH und das neue Unternehmensrechtspaket der EU-Kommission: Aktuelles zur grenzüberschreitenden Sitzverlegung, GES 2018, 223; *Hayden/Varro*, Möglichkeit einer isolierten Gesellschaftssitzverlegung (EuGH-Rs Polbud), RdW 2018/101, 120; *Heckschen*, Öffentlich-rechtliche Rechtspositionen im Rahmen von Umwandlungen, ZIP 2014, 626; *Heckschen*, Inhalt und Umfang der Gesamtrechtsnachfolge – sog. Vertrauensstellungen und Mitgliedschaften, GmbHR 2014, 626; *Hoflehner/Hahn*, Grenzüberschreitende „Export"-Sitzverlegung durch Satzungsänderung, RdW 2018/171, 207; *Hoyer*, Unübertragbarkeit persönlicher Dienstbarkeiten juristischer Personen bei Fusions- und Abspaltungsvorgängen? in FS Krejci (2001) 1211; *Hügel*, Verschmelzung und Einbringung (1993); *Hügel*, Umgründungsbilanzen (1997); *Hügel*, Umgründungsrechtliche Gesamtrechtsnachfolge, Dienstbarkeiten höchstpersönliche Rechte, in FS Koppensteiner (2001) 91; *Jennewein*, Der Verweis in § 2 Abs 3 UmwG auf § 232 Abs 1a AktG, GesRZ 2017, 174; *Kalss*, Öffentlich-rechtliche Berechtigungen und Genehmigungen bei Umgründungen, GesRZ 2000, 213; *Kalss*, Umgründungen, Notariatsakt als Wirksamkeitsvoraussetzung des Verschmelzungsvertrages, GesRZ 2014, 252; *Kalss*, Umgründungen, Sidestream Merger zweier GmbHs, GesRZ 2017, 266; *Kalss/Eckert*, Änderungen im Aktien- und GmbH-Recht durch das GesRÄG 2007, GesRZ 2007, 222; *Kämpf*, Verzichtsmöglichkeiten bei Unternehmensstrukturänderungen (Spaltung), ecolex 2019, 599; *Keller*, Firmenbuchrechtliche Anmeldung und Eintragung von Umstrukturierungsvorgängen mit Gesamtrechtsnachfolgewirkung, ecolex 2014, 531; *Klampfl*, Internationale Umgründungen, GesRZ 2016, 228; *Konecny*, Errichtende Umwandlung und Insolvenzantrag gegen die übertragende Gesellschaft, ZIK 2015/315, 238; *Koppensteiner*, Rechtsformwechselnde Satzungssitzverlegung und Niederlassungsfreiheit; Überlegungen zur Polbud-Entscheidung des EuGH, wbl 2018, 181; *Koppensteiner*, Pfandrechte in der Umgründung, GesRZ 2020, 252; *Kriwanek*, EuGH: Verschmelzung durch Aufnahme – Haftung für Geldbuße, RdW 2015/267, 295; *Ludwig/Hirschler*, Bilanzierung und Prüfung von Umgründungen³ (2018); *Lutter/Bayer/Schmidt*, Europäisches Unternehmens- und Kapitalmarktrecht⁶ (2018); *Mitterecker*, Die Neunmonats-Frist des § 220 Abs 3 AktG bei grenzüberschreitenden Verschmelzungen, GES 2016, 337; *Mitterecker*, Verzichtsmöglichkeiten bei der Erstellung eines Verschmelzungsberichts bei grenzüberschreitenden Verschmelzungen, ecolex 2017, 134; *Mollnhuber*, Umtauschverhältnis und Unternehmensbewertung bei der Verschmelzung (2017); *Mollnhuber*, Rechtsprechung zur Unternehmensbewertung im Spruchverfahren, GesRZ 2020,

257; *Napokoj*, Bestandschutz eingetragener Verschmelzungen, GES 2007, 231; *Napokoj*, Praxishandbuch Spaltung² (2015); *Ch. Nowotny*, „Rückwirkende" Umgründungen in der Handelsbilanz, SWK 1997, W 96; *Ch. Nowotny*, Umgründungen im Konzern, in Haberer/Krejci (Hg), Konzernrecht (2016) 593; *R. Perner/Scheicher*, Von Wien nach München – grenzüberschreitende Umwandlung in der Praxis, ecolex 2019, 1038; *Potyka*, Das Aktienrechts-Änderungsgesetz 2019, RdW 2019/399, 512 (516); *Rabel*, Börsenkurse und Angemessenheit des Umtauschverhältnisses bei Verschmelzungen, RWZ 2020/69, 416; *J. Reich-Rohrwig/Zimmermann*, Memo: Aktienrechts-Änderungsgesetz 2019 – AktRÄG 2019 beschlossen, ecolex 2019, 780; *Rüffler*, Lücken im Umgründungsrecht (2002); *Sagasser/Bula/Brünger* (Hg), Umwandlungen⁵ (2017); *Schneider*, Übergang öffentlich-rechtlicher Rechtspositionen anlässlich von Umgründungen, GES 2004, 4; *K. Schmidt*, Universalsukzession kraft Rechtsgeschäfts, AcP 191 (1991), 495; *Schwarz*, Ansprüche aufgrund der Fortbestandsfiktion bei der Verschmelzung, Teil I, GES 2019, 171; *Schwarz*, Ansprüche aufgrund der Fortbestandsfiktion bei der Verschmelzung, Teil II – ein demonstrativer Überblick möglicher Ansprüche, GES 2019, 290; *Stanek*, Die Kapitalerhaltung bei Einbringungen ohne Anteilsgewähr gemäß § 19 Abs 2 Z 5 UmgrStG, GesRZ 2018, 158; *Taufner*, Pfandrechtswandlung bei Kapitalgesellschaftsanteilen – Grundlagen und Praxisfälle, ecolex 2016, 789; *Told*, Sonderrechtsinhaber und sonstige Gläubiger in Verschmelzung und Spaltung (nach C-483/14), GES 2017, 63; *Umfahrer*, Ausgewählte Probleme und Zweifelsfragen bei der Anwendung des EU-GesRÄG in Umgründungsvorgängen, GesRZ 1997, 1; *Vanovac/Löffler*, Änderungen des Verfahrens zur Überprüfung des Umtauschverhältnisses nach dem AktG durch das AktRÄG 2019, GesRZ 2019, 392; *Warto*, Differenzhaftung bei Verschmelzungen, in FS Koppensteiner (2001), 359; *Wimmer*, Differenz- und Existenzvernichtungshaftung bei Sanierungsfusionen im GmbH-Recht, GesRZ 2019, 143; *Wimmer*, Klarstellungen zu Fragen bei (grenzüberschreitenden) Umgründungen, wbl 2017, 9; *Winner*, Wert und Preis im Zivilrecht (2008); *Winner*, Wertermittlung bei dominierten Transaktionen, in Kalss/Fleischer/Vogt (Hg), Gesellschafts- und Kapitalmarktrecht in Deutschland, Österreich und der Schweiz (2014) 109; *Zollner/Hartlieb*, „Sonderrechtsinhaber" in der Verschmelzung und Spaltung, ecolex 2015, 122.

Inhaltsübersicht

I.	Grundlegendes	1–8
II.	Verschmelzungsvertrag	9–46
	A. Bedeutung und Rechtsnatur	9–11
	B. Abschlusskompetenz, Form, Wirksamkeit	12–16
	C. Entwurf	17–20
	D. Bedingungen, Befristungen	21
	E. Mängel	22
	F. Änderung, Aufhebung	23, 24
	G. Inhalt	25–46
	1. Katalog gemäß § 220 Abs 2 AktG	27–43

    2. Weitere Regelungen 44–46
III. Bilanzen und Bilanzierung 47–54
    A. Sonderbilanzen 47–52
    B. Bilanzierung und Vermögensbindung 53, 54
IV. Anmeldung und Eintragung 55–59
V. Rechtswirkungen 60–77
    A. Gesamtrechtsnachfolge 61–72
    B. Erlöschen der übertragenden Gesellschaft 73
    C. Anpassung kollidierender Verträge 74–76
    D. Erwerb von Mitgliedschaftsrechten 77

I. Grundlegendes

Der dritte Abschnitt des GmbHG (§§ 96 bis 101) regelt die Verschmelzung, die nach dem Gesetzeswortlaut entweder durch Vereinigung des Vermögens mit einer bestehenden Gesellschaft (**Verschmelzung durch Aufnahme**, § 96 Abs 1 Z 1) oder durch Übertragung des Vermögens mind zweier Rechtsträger auf eine dadurch neu gegründete Gesellschaft (**Verschmelzung durch Neugründung**, § 96 Abs 1 Z 2) vollzogen werden kann. 1

Die Verschmelzung ist die stärkste Form der Unternehmenskonzentration u führt sowohl organisationsrechtlich als auch wirtschaftlich zu einer vollständigen Integration mehrerer Rechtsträger.[1] Als typusprägende Elemente lassen sich mit dem Wortlaut v § 96 Abs 1 festhalten:[2] 2

- Die **Übertragung des Vermögens** eines oder mehrerer Rechtsträger(s) **als Ganzes**
- im **Wege der Gesamtrechtsnachfolge**,
- die **Gewährung v Anteilen** des (bestehenden oder im Rahmen der Verschmelzung gegründeten) **übernehmenden Rechtsträgers** an die Gesellschafter des übertragenden Rechtsträgers sowie
- das **liquidationslose Erlöschen des übertragenden Rechtsträgers**.

Idealtypisch zielt das G auf die Vereinigung unabhängiger Gesellschaften. Die zentrale praktische Bedeutung hat die Verschmelzung aber im 3

---

1 Zu alternativen Gestaltungen *Aburumieh/Adensamer/H. Foglar-Deinhardstein*, Verschmelzung II. E Rz 1 ff sowie *Rüffler*, Lücken im Umgründungsrecht 5, 54 ff.
2 *Aburumieh/Adensamer/H. Foglar-Deinhardstein*, Verschmelzung II. A Rz 2.

Konzern.³ Dabei kann es sich sowohl um Verschmelzungen innerhalb 100%iger Beteiligungsstrukturen als auch unter Beteiligung v außenstehenden Anteilseignern handeln. Für Verschmelzungen unter Beteiligung nur eines (Allein-)Gesellschafters sind im G – mangels Schutzbedürfnis konzernfreier Minderheitsgesellschafter – Erleichterungen vorgesehen (vgl § 97 Rz 8, § 98 Rz 13 ff, 21, § 100 Rz 9, 11, 18, 20 f).⁴

4 Das GmbHG regelt die Verschmelzung nicht umfassend, sondern enthält nur die GmbH-rechtlichen Spezifika. Im Übrigen verweist § 96 Abs 2 auf die vergleichsweise ausf Regelung im neunten Teil des AktG (§§ 219 bis 234b AktG). Die aktuelle Ausgestaltung der Verschmelzung in Ö ist in weiten Bereichen durch das am 1.7.1996 in Kraft getretene EU-GesRÄG 1996 zur Anpassung der österr Rechtslage an die RL 78/855/EWG („Fusions-RL") geprägt.⁵ Die RL regelt nur die AG. Eine mittelbare Verpflichtung zur richtlinienkonformen Auslegung ergibt sich für das GmbH-Recht aus der generellen Verweisung auf die aktienrechtlichen Bestimmungen (§ 96 Abs 2) u der intendierten Einheitlichkeit der Regelungen zur GmbH u zur AG.⁶

5 Die §§ 96 bis 101 sind grds auf Verschmelzungen inländischer GmbH zugeschnitten u finden auf Verschmelzungen unter ausschließlicher Beteiligung v Gesellschaften mit ausländischem Personalstatut keine Anwendung.⁷ **Grenzüberschreitende Verschmelzungen** österr mit Gesellschaften aus EU-/EWR-Mitgliedstaaten regelt das EU-UmgrG.⁸ Die Zulässigkeit v Verschmelzungen mit drittstaatlichen Gesellschaften ist im Einzelfall zu prüfen u mit dem zuständigen FB-Gericht abzustimmen. Das GmbHG steht einer solchen Strukturmaßnahme nicht v vornherein entgegen, soweit diese unter Wahrung der v der Strukturmaßnahme betroffenen Interessen v Minderheitsgesellschaftern, Gläubigern u AN erfolgt. Für rechtsformübergreifende Verschmelzungen – dh Ver-

---

3 Vgl *Ch. Nowotny* in Haberer/Krejci, Konzernrecht, Rz 15.1; *Aburumieh/Adensamer/H. Foglar-Deinhardstein*, Verschmelzung II. B Rz 1 mwN.
4 *Aburumieh/Adensamer/H. Foglar-Deinhardstein*, Verschmelzung II. B Rz 2 u V. I (insb) Rz 26 ff.
5 Ausf zu den wesentlichen Gesetzesänderungen u europarechtlichen Grundlagen *Aburumieh/Adensamer/H. Foglar-Deinhardstein*, Verschmelzung II. A Rz 2 ff.
6 Vgl *Schindler/Brix* in Straube/Ratka/Rauter, GmbHG § 96 Rz 1; *Kalss*, VSU³ § 96 GmbHG, Rz 1 mwN; *Kalss/Eckert*, Zentrale Fragen 208 ff.
7 *Eckert/Schopper* in Torggler, GmbHG § 96 Rz 96.
8 Vgl dazu die Kommentierung v *Rieder/Potyka*, EU-UmgrG.

schmelzungen unter Beteiligung mind einer AG u mind einer GmbH – gelten die §§ 234 ff AktG (jew unter tw Verweisung auf die Bestimmungen im GmbHG, vgl auch Rz 44).[9] Verschmelzungsfähig sind grds nur ins FB eingetragene GmbH.[10] Vorbereitungshandlungen können jedoch schon im Stadium der **Vorgesellschaft** vorgenommen werden;[11] im Einzelfall können die Eintragung der Gesellschaft u die Eintragung der Verschmelzung sogar zeitlich zusammenfallen.[12] Nach allg u zutr M kann auch eine im **Abwicklungsstadium** befindliche übertragende Gesellschaft verschmolzen werden, solange noch nicht mit der Vermögensverteilung begonnen wurde.[13] Auch eine im Auflösungsstadium befindliche übernehmende Gesellschaft ist verschmelzungsfähig (s auch § 92 Rz 25), sofern deren Fortsetzung beschlossen wurde[14] oder die Verschmelzung mit dem Liquidationszweck vereinbar ist (zB bei einer *Downstream*-Verschmelzung zur Bereinigung einer Holding-Struktur).[15]

§ 96 Abs 1 unterscheidet die Verschmelzung durch Aufnahme (Z 1), in deren Rahmen eine bereits (zumindest als Vorgesellschaft) bestehende Gesellschaft als übernehmender Rechtsträger fungiert, v jener durch Neugründung (Z 2). Die Verschmelzung zur Aufnahme ist der gesetzl Grundfall u im G umfassend festgelegt. Die abw Regelungen zur Verschmelzung durch Neugründung, bei der als Folge der Verschmelzung ein neuer Rechtsträger entsteht, sind in § 233 AktG zusammengefasst. Die Verschmelzung durch Neugründung schließt einen Gründungsvorgang mit ein. Sie ist daher der komplexere Vorgang (vgl auch Rz 25, 44, 47, 52, 68). In der Praxis ist dieser Verschmelzungstypus selten.[16] **6**

Neben den im G ausdrücklich positivierten Verschmelzungsformen (Verschmelzung durch Aufnahme/Neugründung, rechtsformübergreifende u grenzüberschreitende Verschmelzung) hat sich in der Praxis, namentlich im Konzern, eine Vielzahl möglicher Gestaltungsvarianten herausgebildet (zB *Up*-, *Side*-, *Downstream*-Strukturen, Dreiecks- u **7**

---

9 *Aburumieh/Adensamer/H. Foglar-Deinhardstein*, Verschmelzung III. A Rz 4.
10 *Aburumieh/Adensamer/H. Foglar-Deinhardstein*, Verschmelzung III. A Rz 5.
11 *Kalss*, VSU³ § 219 AktG, Rz 15; *Fantur*, GES 2003, 55 (55 ff).
12 *Aburumieh/Adensamer/H. Foglar-Deinhardstein*, Verschmelzung III. A Rz 5 mwN zu den Voraussetzungen dieser Konstellation.
13 *Eckert/Schopper* in Torggler, GmbHG § 96 Rz 6.
14 *Aburumieh/Adensamer/H. Foglar-Deinhardstein*, Verschmelzung III. A Rz 6 mwN.
15 *Eckert/Schopper* in Torggler, GmbHG § 96 Rz 6, mwN.
16 *Aburumieh/Adensamer/H. Foglar-Deinhardstein*, Verschmelzung IV B Rz 1.

nicht verhältniswahrende Verschmelzungen), die auch mit anderen Umgründungsformen (Spaltung, Umwandlung, Anwachsung) kombiniert oder als Mehrfachzüge auf einen Stichtag bezogen werden können (vgl § 39 UmgrStG).[17]

8   Der typische Ablauf einer Verschmelzung gestaltet sich (stark vereinfacht) wie folgt:[18]

– **Planungsphase**: Entwicklung der Verschmelzungsstruktur, Abstimmung der relevanten Fristen, Überblick über erforderliche Dokumentation (zB Vereinfachungen, Erforderlichkeit v Bewertungsgutachten, etc);
– Aufstellung u ggf Prüfung der **Schlussbilanz** der übertragenden Gesellschaft (Rz 47);
– Abschluss des **Verschmelzungsvertrags** (bzw Aufstellung eines Entwurfs) (Rz 9 ff);
– schriftlicher **Bericht** der GF (§ 100 Rz 2 ff);
– Prüfung durch einen **Verschmelzungsprüfer** (§ 100 Rz 20 ff) (nur auf Verlangen eines Gesellschafters);
– Prüfung durch den **AR** (§ 100 Rz 15 ff);
– **Einberufung der GV**, Vorabinformation an die Gesellschafter (vgl § 97);
– **Verschmelzungsbeschlüsse** (uU Kapitalerhöhungsbeschluss bei der übernehmenden Gesellschaft, vgl § 98 u § 101 Rz 4 ff);
– **FB-Anmeldung** u Eintragung der Verschmelzung (vgl Rz 55 ff).

II. Verschmelzungsvertrag

A. Bedeutung und Rechtsnatur

9   Gemäß § 96 Abs 2 iVm § 220 Abs 1 AktG haben die GF der Verschmelzungspartner einen Verschmelzungsvertrag abzuschließen oder einen schriftlichen Entwurf (vgl Rz 17 ff) aufzustellen.[19]

---

17 Vgl dazu ausf mwN *Aburumieh/Adensamer/H. Foglar-Deinhardstein*, Verschmelzung IV. D bis IV. G.
18 Mit graphischer Darstellung *Aburumieh/Adensamer/H. Foglar-Deinhardstein*, Verschmelzung V. Rz 2.
19 Der Vertrag oder sein Entwurf kann v den Parteien bereits im Stadium der Vorgesellschaft abgeschlossen bzw aufgestellt werden (*Aburumieh/Adensamer/H. Foglar-Deinhardstein*, Verschmelzung V. A Rz 4).

Der Verschmelzungsvertrag ist die Grundlage jeder Verschmelzung 10
u wird zw allen an der Verschmelzung beteiligten Rechtsträgern (nicht
deren Gesellschaftern) vereinbart. Sein Mindestinhalt ist in § 220 Abs 2
AktG detailreich festgelegt (vgl Rz 27 ff) u iÜ privatautonom gestaltbar
(vgl Rz 45 f). Der Verschmelzungsvertrag ist sowohl körperschaftlicher
Organisationsakt als auch schuldrechtliches Rechtsgeschäft (entgeltlicher Vertrag),[20] auf das die einschlägigen zivilrechtlichen Vorschriften
Anwendung finden.[21] Darüber hinaus ist der Verschmelzungsvertrag gemeinsam mit dem Verschmelzungsbericht der Geschäftsführung, den
Prüfungsberichten der Verschmelzungsprüfer u ggf des AR ein wesentlicher Baustein der Vorabinformation der Anteilseigner (vgl § 97). Dingliche Wirkung entfaltet der Vertrag nicht. Als Voraussetzung der FB-Eintragung u der dadurch eintretenden Verschmelzungswirkungen
bildet er die Grundlage für die Gesamtrechtsnachfolge, die er aber nicht
selbst herbeiführt.

Der Verschmelzungsvertrag ist grds objektiv, aus Sicht eines verstän- 11
digen Dritten auszulegen. Soweit Drittinteressen nicht betroffen sind,
folgt die Auslegung § 914 ABGB.[22]

B. Abschlusskompetenz, Form, Wirksamkeit

Zuständig für den Vertragsabschluss sind die GF, die in **vertretungs-** 12
befugter Zahl abschließen. **Prokuristen** sind im Rahmen der gemischten Gesamtvertretung, nicht aber ohne Beteiligung v GF, zugelassen.[23]
Im Innenverhältnis obliegt die E über den Abschluss des Verschmelzungsvertrags der Gesamtgeschäftsführung (Plenarzuständigkeit) u
kann nicht im Rahmen einer Ressortverteilung einzelnen GF zugewiesen werden.[24] Außerdem kommt den Gesellschaftern eine Weisungs- u
Initiativbefugnis zu, sodass diese die GF verbindlich zur Vorbereitung u

---

20 *Eckert/Schopper* in Torggler, GmbHG § 96 Rz 3; *Szep* in Artmann/Karollus, AktG[6] § 219 Rz 2; *Marsch-Barner/Oppenhoff* in Kallmeyer, UmwG[7] § 4 Rz 2 f; zur Spaltung *Napokoj*, Praxishandbuch Spaltung[2], 88.
21 *Eckert/Schopper* in Torggler, GmbHG § 96 Rz 3.
22 *Aburumieh/Adensamer/H. Foglar-Deinhardstein*, Verschmelzung V. A Rz 11; *Kalss*, VSU[3] § 220 AktG, Rz 5.
23 *Kalss*, VSU[3] § 220 AktG, Rz 9; *Grünwald/Ch. Nowotny* in Wiesner/Hirschler/Mayr, HB Umgründungen, Band D Art I Rz 20; *Szep* in Artmann/Karollus, AktG[6] § 220 Rz 2.
24 *Aburumieh/Adensamer/H. Foglar-Deinhardstein*, Verschmelzung V. A Rz 4.

Durchführung einer Verschmelzung anhalten können.[25] Handeln die Organvertreter für mehrere Gesellschaften, ist eine Befreiung v Verbot der Mehrfachvertretung (zB im GesV) oder eine nachträgliche Genehmigung (durch die übrigen GF oder die Gesellschafter) – jew in der für das Grundgeschäft geltenden (Notariatsakts-)Form[26] – erforderlich. Letztere kann auch noch im Rahmen des Verschmelzungsbeschlusses erteilt werden.[27]

13 Die GF können sich durch **Bevollmächtigte** vertreten lassen. Erforderlich ist eine beglaubigt zu unterfertigende Spezialvollmacht, die als solche zumindest die Eckpunkte der Verschmelzung abzubilden hat.[28] Nicht ausreichend sind Gattungs- oder Generalvollmachten. Auch eine Mehrfachvertretung durch bevollmächtigte Vertreter bedarf einer entspr Freistellung (idR in der Spezialvollmacht) bzw einer nachträglichen Genehmigung durch die GF. Ist der Verschmelzungsvertrag v einem vollmachtlosen Vertreter abgeschlossen worden, kann der Vertragsabschluss v GF genehmigt werden.

14 Der Verschmelzungsvertrag ist als **Notariatsakt** zu errichten (zur Auslandsbeurkundung im Kontext der Abtretung v GmbH-Geschäftsanteilen vgl Exkurs IntGesR Rz 29 ff). Gegenstand des Notariatsakts ist der Verschmelzungsvertrag in seiner Gesamtheit, was auch Nebenurkunden u vertragswesentliche Vereinbarungen einschließt.

15 Der Verschmelzungsvertrag steht – ausgenommen in den in den §§ 231, 232 Abs 1 a AktG aufgezählten Fällen (vgl § 98 Rz 13 ff, 21) – unter dem Vorbehalt einer **Zustimmung der Anteilseigner** (zu den diesbzgl Vorgaben vgl § 98). Davor ist der Vertrag schwebend unwirksam. Gleiches gilt für gesv Zustimmungspflichten (zB AR), die ebenfalls der (Außen-)Wirksamkeit des Verschmelzungsvertrags entgegenstehen (vgl auch § 100 Rz 19). Nicht im GesV normierte Zustimmungspflichten (AR, Beiräte) wirken – wie auch die interne Willensbildung innerhalb der Geschäftsführung – nur im Innenverhältnis. Wird dem Verschmelzungsbeschluss ein Entwurf (vgl Rz 17 ff) zugrunde gelegt, wird der

---

25 *Szep* in Artmann/Karollus, AktG[6] § 220 Rz 3; *Kalss*, VSU[3] § 220 AktG, Rz 7; *H. Foglar-Deinhardstein/Hartig* in Kalss/Frotz/Schörghofer, HB für den Vorstand, Kap 31 Rz 43.
26 Vgl OGH 26.8.2008, 5 Ob 164/08s.
27 Ausf *Aburumieh/Adensamer/H. Foglar-Deinhardstein*, Verschmelzung V. A Rz 5.
28 Vgl *Aburumieh/Adensamer/H. Foglar-Deinhardstein*, Verschmelzung V. A Rz 6.

Verschmelzungsvertrag mit Errichtung des Notariatsakts unmittelbar rechtswirksam.

Ist der Vertrag (nach Vorliegen sämtlicher Zustimmungsbeschlüsse) rechtswirksam, kann jeder Verschmelzungspartner v den übrigen Parteien Erfüllung, dh Durchführung der Verschmelzung u Abgabe der zur FB-Anmeldung (vgl auch Rz 56) erforderlichen Maßnahmen u Rechtshandlungen, verlangen u gerichtl durchsetzen.[29]   **16**

C. Entwurf

Den GF steht es frei, an Stelle eines Verschmelzungsvertrags zunächst einen schriftlichen Entwurf aufzustellen. Der Entwurf hat dem später errichteten Verschmelzungsvertrag vollinhaltlich zu entsprechen u unterscheidet sich v diesem nur in der Form (zu Änderungen s unten Rz 23). Für die Vertretung gilt das zum Vertragsabschluss Gesagte (Rz 12 f). Vertretungsmängel heilen durch die nachfolgende Vertragsunterzeichnung durch die GF.[30]   **17**

Der Entwurf ist **schriftlich** aufzustellen. Ob Schriftlichkeit Unterschriftlichkeit iSv § 886 ABGB oder nur eine schriftliche Fixierung des Entwurfs bedeutet, ist **str**.[31] Nach hier vertretener A sind auch bloße Paraphierungen, die Fassung eines (internen) GF-Beschlusses über den Vertragsentwurf oder die Veröffentlichung (§ 221 Abs 1 oder Abs 1 a AktG) bzw – bei der GmbH – Zusendung an die Gesellschafter gem § 97 einer nicht unterfertigten (auch elektronischen) Kopie formwirksam.[32]   **18**

---

29 *Aburumieh/Adensamer/H. Foglar-Deinhardstein*, Verschmelzung V. A Rz 9.
30 Vgl *Aburumieh/Adensamer/H. Foglar-Deinhardstein*, Verschmelzung V. A Rz 14.
31 Für Unterschriftlichkeit *Kalss*, VSU³ § 220 AktG, Rz 8; *Schindler/Brix* in Straube/Ratka/Rauter, GmbHG § 96 Rz 14; *Warto* in Gruber/Harrer, GmbHG² § 96 Rz 20; *Eckert/Schopper* in Eckert/Schopper, AktG-ON § 220 Rz 7; *Schörghofer* in Doralt/Nowotny/Kalss, AktG³ § 220 Rz 4; offen *Grünwald/Ch. Nowotny* in Wiesner/Hirschler/Mayr, HB Umgründungen, Band D Art I Rz 19; *Szep* in Artmann/Karollus, AktG⁶ § 220 Rz 1; aA *Umfahrer*, GesRZ 1997, 1 (6); *Napokoj*, Praxishandbuch Spaltung², 91; *Marsch-Barner/Oppenhoff* in Kallmeyer, UmwG⁷ § 4 Rz 8; wohl auch *Frischhut/Tröthan*, RdW 2007/731, 720 (721 f).
32 So auch *Aburumieh/Adensamer/H. Foglar-Deinhardstein*, Verschmelzung V. A Rz 15; *Simon* in KölnKo UmwG § 4 Rz 8.

19 Sowohl die Vorbereitung (§ 97) als auch die Durchführung der Beschlussfassung (§§ 98 f) können auf Grundlage eines Vertragsentwurfs erfolgen. Die GV ist an die vorgelegte Fassung gebunden u kann dem Entwurf, bei sonstiger Anfechtbarkeit des Verschmelzungsbeschlusses, grds nur vollständig zustimmen oder diesen zur Gänze ablehnen. Beschlussfassungen über alternative Formulierungen oder Vertragsentwürfe sind aber zulässig.[33] Nach Vorliegen der Verschmelzungsbeschlüsse sind die GF der beteiligten Rechtsträger zur Errichtung des Notariatsakts u zum Vollzug der Verschmelzung verpflichtet.

20 Der in Notariatsaktsform errichtete Vertrag muss spätestens bei Anmeldung des Verschmelzungsvorgangs vorliegen (vgl auch Rz 50). Fehlt dieser, ist die Verschmelzung erneut anzumelden (eine Sanierungsmöglichkeit gem § 17 FBG besteht nicht)[34]. Für die Fristenwahrung (insb § 220 Abs 3 AktG, vgl Rz 50) gilt dann der Zeitpunkt der vollständigen Anmeldung. Wird die Verschmelzung dennoch im FB eingetragen, heilt der Formmangel (vgl Rz 60).

D. Bedingungen, Befristungen

21 Ein Abschluss unter **aufschiebender Bedingung** (zB bei Kettenumgründungen oder bei Fehlen öffentlich-rechtlicher Genehmigungen oder kartellrechtlicher E) oder **Befristung** ist zulässig u der Vertrag bis zum Eintritt der Bedingung oder Befristung schwebend unwirksam. Auch die Einräumung einer **Option** (zB durch ein bindendes Vertragsangebot) ist uE zulässig.[35] Die Bedingung oder Befristung muss spätestens bis zur FB-Eintragung der Verschmelzung eintreten, was im Rahmen des Verfahrens (auch durch nachträgliches Vorbringen) zu bescheinigen ist. Dass die Bedingung im Zeitpunkt der Anmeldung der Verschmelzung zum FB noch nicht eingetreten ist, ist unschädlich; es ist daher eine fristwahrende (vgl Rz 50) Anmeldung zum FB auch ohne Bedingungseintritt möglich. Auch ein Abschluss des Vertrags unter **auflösender Bedingung oder Befristung** ist – ebenfalls bis zum Eintritt der Verschmelzungswirkungen durch FB-Eintragung – zulässig. Anschlie-

---

33 *Aburumieh/Adensamer/H. Foglar-Deinhardstein*, Verschmelzung V. A Rz 16.
34 Liegt ein formgültiger Vertrag bereits vor, der nur versehentlich der FB-Anmeldung nicht beigelegt wurde, ist aber gem § 17 FBG vorzugehen.
35 Vgl *Marsch-Barner* in Kallmeyer, UmwG[6] § 4 Rz 11 mwN.

ßend greift der Bestandschutz der Verschmelzung (vgl dazu § 98 Rz 30).[36]

E. Mängel

Mängel des Verschmelzungsvertrags sind ein **Eintragungshindernis** u v Amts wegen zu berücksichtigen. Sind sie verbesserungsfähig (zB Fehlen v Blg, Präzisierung des Verschmelzungsvertrags, Bescheinigung eines positiven Verkehrswerts) hat das Gericht gem § 17 FBG ihre Behebung aufzutragen. Im Übrigen gelten die allg Grundsätze des bürgerlichen Rechts, insb zu **Anfechtung** u **Nichtigkeit** (zB §§ 870 f, 879 ABGB).[37] Die Anfechtung kann vor oder nach dem Verschmelzungsbeschluss erfolgen. Die Geltendmachung v Leistungsstörungen scheitert idR an dem der Vertragserfüllung (Rechtswirksamkeit der Verschmelzung) nachgelagerten Bestandschutz der Verschmelzung. Gegebenenfalls kommt ein nachträglicher Interessenausgleich im Wege ergänzender Vertragsauslegung in Betracht.[38]

22

F. Änderung, Aufhebung

Die einvernehmliche **Änderung** oder **Aufhebung** des Verschmelzungsvertrags bzw des Entwurfs durch die GF ist (unter Einhaltung der jew Form) bis zur Eintragung der Verschmelzung grds möglich.[39] Zuständig sind bis zum ersten Verschmelzungsbeschluss alleine die GF, die den (grds ohnehin noch gem § 221 Abs 1 AktG schwebend unwirksamen) Vertrag jederzeit ändern oder aufheben können.[40] Allfällige Vorbereitungshandlungen (§ 97) (zB Übersendung an die Gesellschafter) sind

23

---

36 *Aburumieh/Adensamer/H. Foglar-Deinhardstein*, Verschmelzung V. A Rz 12.
37 Vgl *Kalss*, VSU³ § 220 AktG, Rz 12; *Marsch-Barner/Oppenhoff* in Kallmeyer, UmwG⁷ § 4 Rz 13 ff; *Schröer/Greitemann* in Semler/Stengel/Leonard, UmwG⁵ § 4 Rz 38 ff.
38 *Aburumieh/Adensamer/H. Foglar-Deinhardstein*, Verschmelzung V. A Rz 13.
39 Vgl ausf *Aburumieh/Adensamer/H. Foglar-Deinhardstein*, Verschmelzung V. A Rz 18; zur Spaltung *Napokoj*, Praxishandbuch Spaltung², 92.
40 Vgl *Kalss*, VSU³ § 220 AktG, Rz 10; *Marsch-Barner/Oppenhoff* in Kallmeyer, UmwG⁷ § 4 Rz 16; *Drygala* in Lutter (Bayer/Vetter), UmwG⁶ § 4 Rz 26; *Mayer* in Widmann/Mayer, UmwG⁷ § 4 Rz 62; *Schröer/Greitemann* in Semler/Stengel/Leonard, UmwG⁵ § 4 Rz 28.

unter Fristenwahrung zu wiederholen, soweit die Gesellschafter nicht darauf verzichten. Ansonsten ist der Beschluss anfechtbar. Die Gesellschafter können auch eine neuerliche Prüfung des Vertrags verlangen. Bereits vorliegende Verschmelzungsbeschlüsse sind zu wiederholen. Rein redaktionelle Änderungen (zB Korrektur v Tippfehlern) verpflichten weder zur Wiederholung der ex ante Information noch einer ggf bereits erfolgten Beschlussfassung (vgl § 97). Im Übrigen können auch die Gesellschafter schon aufgrund ihres Weisungsrechts (vgl § 20 Rz 9 ff) durch entspr Beschluss bis zur Eintragung der Verschmelzung die Änderung oder Aufhebung des Verschmelzungsvertrags bzw des Entwurfs verlangen, was sodann v den jew GF umzusetzen ist.[41] Ist die Verschmelzung im FB bei der übernehmenden Gesellschaft eingetragen, ist sie rechtswirksam u der Verschmelzungsvertrag wegen dem eingetretenen Bestandschutz nicht mehr abänderbar.

24 **Rücktritt** v u **Kündigung** des Verschmelzungsvertrags durch einen Vertragspartner (zB bei Verzögerung der Verschmelzung oder Verletzung v Mitwirkungshandlungen) sind nach hM möglich u nach allg zivilrechtlichen Grundsätzen zu beurteilen. Sie liegen in der alleinigen Zuständigkeit der Geschäftsführung. Einer Zustimmung der Anteilseigner bedarf es nicht.

G. Inhalt

25 Der Verschmelzungsvertrag muss alle Vereinbarungen der Verschmelzung abbilden. Er regelt va, wie sich aus § 220 Abs 2 AktG ergibt, die Übertragung des Vermögens der übertragenden auf die übernehmende Gesellschaft u die Gegenleistung, nämlich die Gewährung v Anteilen an der übernehmenden Gesellschaft. Bei der Verschmelzung zur Neugründung gehört zum Verschmelzungsvertrag auch der GesV des neuen Rechtsträgers (§ 233 Abs 2 AktG). Die Schlussbilanz (vgl Rz 47 ff) zählt nicht zum (Mindest-)Inhalt des Verschmelzungsvertrags, wird diesem in der Praxis aber idR (vielfach auch gemeinsam mit einer steuerlichen Verschmelzungsbilanz)[42] als Anl beigeschlossen (vgl auch Rz 46).

---

41 *Kalss*, VSU³ § 220 AktG, Rz 10; *Aburumieh/Adensamer/H. Foglar-Deinhardstein*, Verschmelzung V. A Rz 18.
42 Dies vereinfacht die Meldung der Verschmelzung bei den Abgabenbehörden, der diesfalls nur ein Dokument (umfassend Vertrag, Schluss- u steuerliche Verschmelzungsbilanz) beizulegen ist.

§ 220 Abs 2 AktG legt den Mindestinhalt des Verschmelzungsvertrags oder, falls die Parteien (zunächst) nur einen Entwurf aufstellen, für diesen, fest. Die Regelung gilt gleichermaßen für die GmbH (§ 96 Abs 2). Z 1 (vgl Rz 27) konkretisiert die Parteien, die Z 2 (vgl Rz 28) u Z 3 (vgl Rz 29) Leistung u Gegenleistung. Die Angaben gem Z 5 (Verschmelzungsstichtag, vgl Rz 38) sind ebenfalls zwingend erforderlich. Z 4 (vgl Rz 36) hingegen nur, wenn neue Anteile ausgegeben werden (str)[43] u Z 6 (Sonderrechte, vgl Rz 42) u Z 7 (Sondervorteile, vgl Rz 43) nur, falls entspr Rechte bestehen oder gewährt werden sollen.[44]

1. Katalog gemäß § 220 Abs 2 AktG

Die Angabe v **Fa u Sitz** (Z 1) der beteiligten Gesellschaften dient der Kennzeichnung der Verschmelzungspartner. Zeitlicher Bezugspunkt für die Information ist der Vertragsabschluss. Bei einer beabsichtigten Firmenänderung ist die eingetragene Fa anzugeben (eine neue Fa kann zu Informationszwecken ergänzt werden).[45]

Die **Übertragung des Vermögens** (Z 2) der übertragenden Gesellschaft(en) im Wege der Gesamtrechtsnachfolge ist vertraglich zu vereinbaren. Damit wird auf die wesentlichen Rechtsfolgen einer Verschmelzung Bezug genommen, nämlich die Vermögensübertragung im **Wege der Gesamtrechtsnachfolge** u die Übertragung des **gesamten Vermögens** der übertragenden Gesellschaft. Diese folgen allerdings unmittelbar aus dem G (§ 96 Abs 1). Eine Einschränkung des übertragenen Vermögens unter Zurückhaltung einzelner Vermögensgegenstände ist unwirksam.[46] Eine Konkretisierung des übertragenen Vermögens oder Regelungen zu einzelnen Vermögensgegenständen (zB Aufsandungserklärung) sind nicht erforderlich,[47] können im Einzelfall aber aus praktischer Sicht vorteilhaft sein.[48]

---

[43] AA *Eckert/Schopper* in Torggler, GmbHG § 96 Rz 20.
[44] *Aburumieh/Adensamer/H. Foglar-Deinhardstein*, Verschmelzung V. A Rz 73.
[45] Vgl *Grünwald/Ch. Nowotny* in Wiesner/Hirschler/Mayr, HB Umgründungen, Band D Art I Rz 26; *Marsch-Barner/Oppenhoff* in Kallmeyer, UmwG⁷ § 5 Rz 2; *Schindler/Brix* in Straube/Ratka/Rauter, GmbHG § 96 Rz 25.
[46] *Kalss*, VSU³ § 220 AktG, Rz 18; *Simon* in KölnKo UmwG § 5 Rz 6; *Marsch-Barner/Oppenhoff* in Kallmeyer, UmwG⁷ § 5 Rz 4; *Drygala* in Lutter (Bayer/Vetter), UmwG⁶ § 5 Rz 15.
[47] *Koppensteiner/Rüffler*, GmbHG³ § 96 Rz 8; *Schindler/Brix* in Straube/Ratka/Rauter, GmbHG § 96 Rz 34.
[48] *Aburumieh/Adensamer/H. Foglar-Deinhardstein*, Verschmelzung V. A Rz 27 f.

29 **Umtauschverhältnis u bare Zuzahlungen** (Z 3): Die Regelungen zur Verschmelzung gehen idealtypisch v einer Gegenleistung an die Gesellschafter der übertragenden Gesellschaft (für die Hingabe ihrer Anteile an der übertragenden Gesellschaft) aus, die in einer Beteiligung an der übernehmenden Gesellschaft besteht (vgl dazu § 101 Rz 1 ff). Die Relation zw Leistung u Gegenleistung bildet das Umtauschverhältnis, welches das Verhältnis der Stammeinlage an der übertragenden Gesellschaft zur dafür gewährten Stammeinlage an der übernehmenden Gesellschaft festlegt.[49] Das Umtauschverhältnis muss im Vertrag nur festgelegt werden. Seine Erl erfolgt im Verschmelzungsbericht (vgl zu diesem § 100 Rz 3 ff) u in einem allfälligen Bericht des Verschmelzungsprüfers (vgl zu diesem § 100 Rz 20 ff).[50] Bestehen mehrere übertragende Gesellschaften, ist das Umtauschverhältnis für jede einzelne Gesellschaft anzuführen. Ein Umtauschverhältnis v 3:1 bedeutet bspw, dass einem Gesellschafter für seine Stammeinlage an der übertragenden Gesellschaft im Nominale v € 900 eine Stammeinlage mit dem Nominalwert v € 300 an der übernehmenden Gesellschaft gewährt wird. Üblich ist eine tabellarische Angabe der v den Gesellschaftern der übertragenden Gesellschaft im Zuge der Verschmelzung erworbenen Stammeinlagen.[51]

30 Das Umtauschverhältnis ist der am schwierigsten zu ermittelnde Teil des Verschmelzungsvertrags.[52] In der Praxis spielt es eine untergeordnete Rolle, weil die weitaus überwiegende Anzahl v Verschmelzungsvorgängen im Konzern u idR ohne die Gewährung v Anteilen an der übernehmenden Gesellschaft stattfindet. Damit entfällt auch die Festlegung eines Umtauschverhältnisses.[53]

31 Im Idealfall behält jeder Gesellschafter einer verschmelzungsbeteiligten Gesellschaft nach Eintragung der Verschmelzung seinen bisherigen

---

49 *Aburumieh/Adensamer/H. Foglar-Deinhardstein*, Verschmelzung V. A Rz 31; *Hügel*, Verschmelzung und Einbringung 157 f; *Szep* in Artmann/Karollus, AktG[6] § 220 Rz 8; *Kalss*, VSU[3] § 220 AktG, Rz 19.
50 *Schindler/Brix* in Straube/Ratka/Rauter, GmbHG § 96 Rz 38; *Lanfermann* in Kallmeyer, UmwG[7] § 5 Rz 18; *Drygala* in Lutter (Bayer/Vetter), UmwG[6] § 5 Rz 26; *Mayer* in Widmann/Mayer, Umwandlungsrecht[7] § 5 Rz 94.
51 *Schindler/Brix* in Straube/Ratka/Rauter, GmbHG § 96 Rz 40; *Eckert/Schopper* in Torggler, GmbHG § 96 Rz 24.
52 *Hügel*, Verschmelzung und Einbringung 157 ff; *Kalss*, VSU[3] § 220 AktG, Rz 19; *Grünwald/Ch. Nowotny* in Wiesner/Hirschler/Mayr, HB Umgründungen, Band D Art I Rz 31; *Ch. Nowotny/Fida*, KapGesR, Rz 4/11; *Warto* in Gruber/Harrer, GmbHG[2] § 96 Rz 28.
53 *Schindler/Brix* in Straube/Ratka/Rauter, GmbHG § 96 Rz 37.

relativen Anteil am verschmolzenen Vermögen. Angesichts der in der Praxis bestehenden (prognoseabhängigen) Bewertungsbandbreiten ist ein „richtiges" Ergebnis aber nicht erzielbar.[54] Das Umtauschverhältnis muss daher nur **angemessen** sein. Innerhalb einer gewissen Bandbreite kann es daher auch mehrere angemessene Umtauschverhältnisse geben.[55] Gesellschafter sollen nur, aber immerhin **keine wesentliche Beeinträchtigung**[56] des inneren Werts ihrer Beteiligung erleiden (sofern sie nicht auf die Angemessenheit verzichten oder einvernehmlich einen anderen Wert festlegen).[57] Bei der Verschmelzung konzernfreier Gesellschaften ist das zw den Verschmelzungspartnern erzielte Verhandlungsergebnis zu berücksichtigen (**Vertragsmodell**).[58] Für die Prüfung des Umtauschverhältnisses sieht das G ein eigenes (außerstreitiges) Verfahren vor (vgl §§ 225c ff AktG, vgl § 98 Rz 25).

Maßgeblich sind nicht die Buch-, sondern die tatsächlichen Werte.[59] **32** In der Regel erfolgt die Festlegung des Umtauschverhältnisses auf Basis

---

54 BGH 4.12.2012, II ZR 17/12, NZG 2013, 233; *Mollnhuber*, GesRZ 2020, 257 (259) mwN.
55 Vgl *Mollnhuber*, GesRZ 2020, 257 (260); BGH 15.9.2020, II ZR/6/20 – *Wella III*, NZG 2020, 1386.
56 Zur Erheblichkeitsschwelle u den in der dt Rsp herausgearbeiteten Schwellenwerten *Mollnhuber*, GesRZ 2020, 257 (260) mwN; vgl auch *H. Foglar-Deinhardstein/Molitoris/Hartig*, GesRZ 2020, 43 (49 f); *H. Foglar-Deinhardstein/Feldscher* in Adensamer/Mitterecker, Gesellschafterstreit, Rz 11/255 mwN; *Wasmann*, AG 2021, 179 (187).
57 Vgl zum Angemessenheitsgebot ausf *Aburumieh/Adensamer/H. Foglar-Deinhardstein*, Verschmelzung V. A Rz 32 ff; *Eckert/Schopper* in Torggler, GmbHG § 96 Rz 25; *Kalss*, VSU³ § 220 AktG, Rz 20; *Drygala* in Lutter (Bayer/Vetter), UmwG[6] § 5 Rz 27; *Bula/Thees* in Sagasser/Bula/Brünger, Umwandlungen[5] § 9 Rz 79.
58 Die Angemessenheitskontrolle ist nach A v Teilen der Lit diesfalls weitgehend auf die Prüfung eines ordnungsgemäßen Zustandekommens des Verhandlungsergebnisses zu beschränken (so etwa *Kalss*, VSU³ § 220 AktG, Rz 20; *Eckert/Schopper* in Torggler, GmbHG § 96 Rz 25; s bereits *Hügel*, Verschmelzung und Einbringung 161, 163 ff; einschränkend *Aburumieh/Adensamer/ H. Foglar-Deinhardstein*, Verschmelzung V. A Rz 36 ff; krit auch *Mollnhuber*, Umtauschverhältnis und Unternehmensbewertung bei der Verschmelzung 359 ff; **aA** für Dtl: BVerfG, NZG 2012, 1035 (1037) – *Daimler/Chrysler*; vgl dazu in Ö *Kalss/Winner*, GesRZ 2013, 189 [196]).
59 *Winner*, Wert und Preis im Zivilrecht 404; *Szep* in Artmann/Karollus, AktG[6] § 220 Rz 10.

eines Bewertungsgutachtens,[60] dem nach hA *stand-alone*-Werte zugrunde zu legen sind.[61] Eine durch die Verschmelzung erzielte Wertsteigerung (Synergieeffekte u vergleichbare Transaktionsgewinne) wird zw den Verschmelzungspartnern daher gem der im Umtauschverhältnis abgebildeten *stand-alone*-Werte oder (in einer Verhandlungssituation) entspr dem erzielten Verhandlungsergebnis aufgeteilt.[62]

33 Im Verschmelzungsvertrag ist ferner die Höhe allfälliger **barer Zuzahlungen** festzulegen, die v der übernehmenden Gesellschaft gem § 224 Abs 5 AktG zusätzlich[63] zu den Geschäftsanteilen zu leisten sind (vgl auch § 101 Rz 29 ff).[64] Der Höhe nach besteht eine Beschränkung v 10% des Nominalwerts der gewährten Geschäftsanteile. Die Möglichkeit barer Zuzahlungen besteht nur für die Gesellschafter der übertragenden, nicht aber für jene der übernehmenden Gesellschaft. Im Aktienrecht werden Zuzahlungen überwiegend zum Spitzenausgleich verwendet. Im GmbH-Recht, wo sich das Problem des Spitzenausgleichs nicht stellt, spielen sie eine untergeordnete Rolle[65] u werden zT auch grds in Frage gestellt.[66] Dem G ist keine Einschränkung auf den Spitzenausgleich zu entnehmen u die Möglichkeit der Abgeltung v Sonderrechten sowie der Gewährung eines geldmäßigen Ausgleichs, wenn der Wert der v den

---

60 Die Praxis orientiert sich am Fach-GA des Fachsenats für Betriebswirtschaft u Organisation der Kammer der Wirtschaftstreuhänder v 26.3.2014 (KFS/BW 1).
61 Vgl *Winner* in Fleischer/Kalss/Vogt, Gesellschafts- und Kapitalmarktrecht in Deutschland, Österreich und der Schweiz 2013, 109 (116).
62 Vgl mwN *Mollnhuber*, GesRZ 2020, 257 (258); *Winner* in Artmann/Rüffler/U. Torggler, Unternehmensbewertung und Gesellschaftsrecht 57 (73 f); *Aburumieh/Adensamer/H. Foglar-Deinhardstein*, Verschmelzung V. A Rz 33; *Eckert/Schopper* in Torggler, GmbHG § 96 Rz 25; differenzierend *Mollnhuber*, Umtauschverhältnis und Unternehmensbewertung bei der Verschmelzung 70 ff.
63 Eine Verschmelzung ausschließlich gegen Barabfindung ist unzulässig (*Kalss*, VSU³ § 220 AktG, Rz 32, 36, § 224 AktG, Rz 38; *Lanfermann* in Kallmeyer, UmwG⁷ § 5 Rz 22; *Sehindler/Brix* in Straube/Ratka/Rauter, GmbHG § 101 Rz 13).
64 *Aburumieh/Adensamer/H. Foglar-Deinhardstein*, Verschmelzung V. A Rz 42 ff.
65 *Aburumieh/Adensamer/H. Foglar-Deinhardstein*, Verschmelzung V. A Rz 44.
66 MwN *Schindler/Brix* in Straube/Ratka/Rauter, GmbHG § 96 Rz 41, § 101 Rz 13; *Warto* in Gruber/Harrer, GmbHG² § 96 Rz 31; *Kalss/Eckert*, GesRZ 2007, 222 (228); abl *Winner*, Wert und Preis im Zivilrecht 404 FN 280; *Koppensteiner/Rüffler*, GmbHG³ § 96 Rz 10.

Gesellschaftern der übertragenden Gesellschaft hingegebenen Anteile bei der übernehmenden Gesellschaft die Mindesteinlage nicht erreicht,[67] besteht auch im GmbH-Recht. Es ist daher auch hier v einer Zulässigkeit barer Zuzahlungen auszugehen (vgl auch § 101 Rz 29).[68]

34 Zu den Mindestangaben im Verschmelzungsvertrag gehören auch die **Einzelheiten der Anteilsgewähr** u die Gründe ihres Unterbleibens (vgl dazu im Detail auch § 101 Rz 1 ff). Dies gilt besonders für die Herkunft der Anteile. Anzugeben ist daher, ob es sich um (i) neue, im Wege der Kapitalerhöhung geschaffene Geschäftsanteile (§ 101 Rz 4 ff), (ii) eigene Anteile der übernehmenden Gesellschaft (§ 101 Rz 27), einschließlich solcher, die an die Anteilsinhaber der übertragenden Gesellschaft gem § 224 Abs 3 AktG „durchgeschleust" (vgl zur Anteilsdurchschleusung § 101 Rz 18 ff) werden, oder (iii) Anteile v dritter Seite (§ 101 Rz 28) handelt.[69] Der Kapitalerhöhungsbetrag ist im Vorfeld nicht immer feststellbar, weshalb seine Aufnahme unterbleiben kann (str).[70] Ein Rahmen (insb Höchstbetrag)[71] (vgl § 101 Rz 9) ist aber anzugeben. Die Bestellung eines Treuhänders ist bei der GmbH nur erforderlich, falls bare Zuzahlungen oder Barabfindungen gewährt werden sollen.[72]

35 Erfolgt keine Gewährung v Anteilen (vgl § 101 Rz 32 ff), so sind die Tatsache des Unterbleibens sowie die in § 224 Abs 1 u Abs 2 AktG abschließend aufgezählten Gründe dafür darzulegen.[73] Die Erl muss dem FB-Gericht eine materielle Prüfung ermöglichen, ob der im Verschmelzungsvertrag festgelegte Befreiungstatbestand tatsächlich vorliegt. Die Angabe v Motiven ist nicht erforderlich.[74]

---

67 Für die Zulässigkeit eines diesbzgl Ausgleichs: *Schindler/Brix* in Straube/Ratka/Rauter, GmbHG § 101 Rz 13; *Kalss*, VSU³ § 96 GmbHG, Rz 15; *Warto* in Gruber/Harrer, GmbHG² § 96 Rz 31; *Grünwald/Ch. Nowotny* in Wiesner/Hirschler/Mayr, HB Umgründungen, Band D Art I Rz 35; *Hügel*, Verschmelzung und Einbringung 436 FN 7.
68 *Eckert/Schopper* in Torggler, GmbHG § 96 Rz 26; *Kalss*, VSU³ § 96 GmbHG, Rz 15; *Schindler/Brix* in Straube/Ratka/Rauter, GmbHG § 101 Rz 13; *Warto* in Gruber/Harrer, GmbHG² § 96 Rz 31.
69 *Aburumieh/Adensamer/H. Foglar-Deinhardstein*, Verschmelzung V. A Rz 45.
70 *Aburumieh/Adensamer/H. Foglar-Deinhardstein*, Verschmelzung V. A Rz 45; *Kalss*, VSU³ § 220 AktG, Rz 33.
71 *Aburumieh/Adensamer/H. Foglar-Deinhardstein*, Verschmelzung V. F Rz 22.
72 *Kalss*, VSU³ § 96 GmbHG, Rz 15.
73 *Eckert/Schopper* in Torggler, GmbHG § 96 Rz 28.
74 *Aburumieh/Adensamer/H. Foglar-Deinhardstein*, Verschmelzung V. A Rz 47; aA *Schindler/Brix* in Straube/Ratka/Rauter, GmbHG § 96 Rz 43.

36 Werden neu geschaffene Geschäftsanteile gewährt,[75] sind im Verschmelzungsvertrag der **Zeitpunkt der** (erstmaligen) **Gewinnberechtigung** aus diesen Anteilen u diesbzgl Besonderheiten anzugeben (Z 4). Die Bestimmung bezieht sich auf den Bilanzgewinn lt Bilanz. Ansprüche, die lediglich daraus ableitbar sind oder sich darauf beziehen (zB Genussrechte), werden nicht erfasst. IdR wird der Beginn der Gewinnberechtigung aus den neuen Anteilen nahtlos an das Ende der Gewinnberechtigung aus den untergegangenen Anteilen anschließen.[76] Abweichende Vertragsgestaltungen sind zulässig (u ggf bei Festlegung des Umtauschverhältnisses zu berücksichtigen).[77] Unterbleibt eine Anteilsgewähr, entfallen die in § 220 Abs 2 Z 4 AktG genannten Angaben.[78] Sind bei der Verschmelzung Komplikationen (zB Anfechtungsklagen) zu erwarten, so empfiehlt sich die Vereinbarung einer variablen Stichtagsregelung (vgl auch Rz 41).[79] **Besonderheiten des Gewinnanspruchs** sind alle Abweichungen v der gesetzl Gewinnverteilung gem § 82 Abs 2. Dies sind zB auch im GesV enthaltene Thesaurierungsverpflichtungen (§ 82 Abs 1).

37 Werden im Rahmen der Verschmelzung keine neuen Anteile gewährt, kann eine Angabe gem Z 4 unterbleiben. Diesbezüglich empfiehlt[80] sich eine **Negativangabe** im Verschmelzungsvertrag.

38 Im Verschmelzungsvertrag muss ein **Verschmelzungsstichtag** (Z 5)[81] bestimmt werden, der den Zeitpunkt der Ergebnisabgrenzung

---

75 § 220 Abs 2 Z 4 AktG bezieht sich nur auf im Rahmen der Verschmelzung neu geschaffene Anteile. Erfolgt eine Abfindung mit bestehenden Anteilen (zB eigene Anteile der übernehmenden Gesellschaft), sind diese Anteile ohnehin bereits gewinnberechtigt (vgl *Aburumieh/Adensamer/H. Foglar-Deinhardstein*, Verschmelzung V. A Rz 51).

76 Vorausgesetzt, die JA der verschmelzungsbeteiligten Gesellschaften lauten auf denselben Stichtag (vgl *Aburumieh/Adensamer/H. Foglar-Deinhardstein*, Verschmelzung V. A Rz 54).

77 Vgl *Eckert/Schopper* in Torggler, GmbHG § 96 Rz 29.

78 *Kalss*, VSU³ § 220 AktG, Rz 38.

79 *Aburumieh/Adensamer/H. Foglar-Deinhardstein*, Verschmelzung V. A Rz 55.

80 Für eine diesbzgl Verpflichtung *Eckert/Schopper* in Torggler, GmbHG § 96 Rz 20; aA *Aburumieh/Adensamer/H. Foglar-Deinhardstein*, Verschmelzung V. A Rz 51.

81 Vgl dazu allg *Adensamer*, GES 2009, 328; *Aburumieh/Adensamer/H. Foglar-Deinhardstein*, Verschmelzung V. A Rz 59 ff; *Kalss*, VSU³ § 220 AktG, Rz 39; *Schindler/Brix* in Straube/Ratka/Rauter, GmbHG § 96 Rz 47; *Grünwald/Ch. Nowotny* in Wiesner/Hirschler/Mayr, HB Umgründungen, Band D Art I Rz 39; *Warto* in Gruber/Harrer, GmbHG² § 96 Rz 35.

zw übertragender u übernehmender Gesellschaft festlegt.[82] Der Stichtag ist grds frei bestimmbar u entfaltet keine Außenwirkung. Die Rechtswirkungen der Verschmelzung treten gem § 225a Abs 3 AktG nicht zum Verschmelzungsstichtag, sondern zum Zeitpunkt der FB-Eintragung ein.

Die Bedeutung der Stichtagsregelung gem Z 5 liegt primär im Bereich des Rechnungswesens.[83] Der darin angeordnete Übergang der Rechnungslegung ist aber v Vollzug der Verschmelzung abhängig u kann daher grds erst danach berücksichtigt werden.[84] Der Verschmelzungsstichtag ist auch für die **steuerliche Zuordnung** des Verschmelzungsvorgangs maßgeblich (§§ 2 f UmgrStG).[85] Ertragsteuerlich gilt die Vermögensübertragung mit Ablauf des Verschmelzungsstichtags als eingetreten. Danach erfolgende Vermögensänderungen werden der übernehmenden Gesellschaft zugerechnet (**Rückwirkungsfiktion** gem §§ 2 Abs 3, 3 Abs 1 Z 3 UmgrStG).

39

Die der Verschmelzung zugrunde zu legende **Schlussbilanz** hat gem § 220 Abs 3 AktG auf den Verschmelzungsstichtag zu lauten. Sie muss auf einen höchstens neun Monate vor FB-Anmeldung liegenden Stichtag aufgestellt sein (vgl auch Rz 50). Der Verschmelzungsstichtag kann daher nicht vor diesem Zeitraum liegen. Er muss ferner vor dem Zeitpunkt der Anmeldung der Verschmelzung zum FB liegen (arg § 225 Abs 1 Z 6 AktG).[86] Innerhalb dieser Grenzen besteht Gestaltungsfreiheit. Die Existenz der verschmelzungsbeteiligten Gesellschaften zum Verschmelzungsstichtag ist nicht erforderlich.[87]

40

Die Festlegung eines variablen Stichtags ist zulässig (vgl schon Rz 36).[88] Jede Verschiebung des Stichtags gem Z 5 macht aber gleichzeitig eine neue Schlussbilanz erforderlich (arg § 220 Abs 3 AktG).

41

---

82 *Simon* in KölnKo UmwG § 5 Rz 68; *Winter* in Schmitt/Hörtnagl, UmwG[9] § 5 UmwG, Rz 73; *Kalss*, VSU[3] § 220 AktG, Rz 39.
83 *Lanfermann* in Kallmeyer, UmwG[7] § 5 Rz 31 f.
84 *Aburumieh/Adensamer/H. Foglar-Deinhardstein*, Verschmelzung V. A Rz 63.
85 Vgl *Aburumieh/Adensamer/H. Foglar-Deinhardstein*, Verschmelzung IX. C Rz 14 f.
86 *Ch. Nowotny*, SWK 1997, W 96 (W 100); *Kalss*, VSU[3] § 220 AktG, Rz 40; *Adensamer*, GES 2009, 328 (329).
87 *Adensamer*, GES 2009, 328 (329 f).
88 *Aburumieh/Adensamer/H. Foglar-Deinhardstein*, Verschmelzung V. A Rz 70; aA *Napokoj*, Praxishandbuch Spaltung[2], 108.

42 Gemäß Z 6 sind im Verschmelzungsvertrag auch die Rechte anzugeben, welche die übernehmende Gesellschaft einzelnen Gesellschaftern (der übertragenden oder der übernehmenden Gesellschaft) sowie den Inhabern v Vorzugsaktien, Schuldverschreibungen u Genussrechten (auf schuld- oder gesellschaftsrechtlicher Basis) gewährt, bzw die für diese Personen vorgesehenen Maßnahmen (**„Sonderrechte"**).[89] Die Bestimmung umfasst bestehende oder im Rahmen der Verschmelzung (neu) gewährte individuelle Begünstigungen (**Individualrechte**). Anzugeben sind zudem die (ausgleichenden) Maßnahmen, die für die Inhaber solcher besonderen Rechtspositionen vorgesehen sind, wenn ihnen nach Vollzug der Verschmelzung keine gleichwertigen Rechte mehr zustehen (vgl § 226 Abs 3 AktG).[90] Für den Fall, dass keine solchen Rechte bestehen oder gewährt werden, sind im Verschmelzungsvertrag Negativangaben üblich, aber nicht erforderlich. Zum besonderen Zustimmungserfordernis gem § 99 Abs 1 bei nicht in die übernehmende Gesellschaft übernommenen Sonderrechten vgl § 99 Rz 3 ff; zu besonderen Zustimmungsquoren iSv § 99 Abs 3 vgl § 99 Rz 8.

43 Zuletzt sind im Verschmelzungsvertrag **besondere Vorteile** anzugeben, die einem GF oder AR-Mitglied, einem Abschlussprüfer der an der Verschmelzung beteiligten Gesellschaften oder einem Verschmelzungsprüfer gewährt werden (Z 7). Andere als die in Z 7 genannten Personen sind v der Angabepflicht im Verschmelzungsvertrag selbst dann nicht erfasst, wenn ihre Tätigkeit inhaltlichen Einfluss auf den Verschmelzungsvorgang hat. Zudem muss ein funktionaler Zusammenhang zur Verschmelzung bestehen.[91] Zuwendungen iSv Z 7 können sowohl v der übertragenden als auch v der übernehmenden Gesellschaft gewährt oder in Aussicht gestellt werden. Nicht erfasst sind Zuwendungen v dritter Seite. Der Angabepflicht unterliegen darüber hinaus nur „besondere Vorteile". Übliche Honorare für Abschluss- oder Verschmelzungsprüfer sind daher nicht angabepflichtig.[92] Ein Verstoß gegen die Angabepflicht macht die Zusage in analoger Anwendung der §§ 24 Abs 3 iVm 19

---

89 Ausf *Aburumieh/Adensamer/H. Foglar-Deinhardstein*, Verschmelzung V. A Rz 72.
90 *Kalss*, VSU³ § 220 AktG, Rz 41 f.
91 *Kalss*, VSU³ § 220 AktG, Rz 43 mwN; *Schindler/Brix* in Straube/Ratka/Rauter, GmbHG § 96 Rz 55.
92 Vgl dazu *Aburumieh/Adensamer/H. Foglar-Deinhardstein*, Verschmelzung V. A Rz 80; *Lutter/Bayer/Schmidt*, Europäisches Unternehmens- und Kapitalmarktrecht⁶ 635 (Rz 20.39).

Abs 3 AktG unwirksam.[93] Werden keine Rechte iSd Z 7 gewährt, besteht keine Verpflichtung zur Aufnahme eines diesbzgl Hinweises in den Verschmelzungsvertrag.

2. Weitere Regelungen

§ 220 Abs 2 AktG legt nur den Mindestinhalt des Verschmelzungsvertrags (Entwurfs) fest. Dieser Katalog wird bei der rechtsformübergreifenden Verschmelzung (vgl Rz 5) um Angaben zur Barabfindung ergänzt, die gem § 234b Abs 1 AktG durch die übernehmende Gesellschaft oder einen Dritten angeboten werden. Bei der Verschmelzung zur Neugründung (vgl Rz 6) zählt der GesV der neuen Gesellschaft ebenfalls zum zwingenden Bestandteil des Verschmelzungsvertrags (§ 233 Abs 2 AktG). 44

Darüber hinaus unterliegt der Inhalt des Verschmelzungsvertrags grds der **privatautonomen Gestaltung** der Vertragsparteien. Die Parteien sind aber verpflichtet, Abreden (außerhalb des Katalogs gem § 220 Abs 2 AktG), die iZm der Verschmelzung getroffen werden, im Verschmelzungsvertrag abzubilden.[94] 45

In der Praxis sind va die folgenden Angaben üblich bzw erforderlich:[95] 46

- Bei **Mehrfachzügen** eine Bezugnahme auf einen Umgründungsplan gem § 39 UmgrStG (zB als Anl). Fehlt eine solche Bezugnahme, treten die steuerlichen Rechtsfolgen gem § 39 UmgrStG für die gesamte Mehrfachumgründung nicht ein.[96]
- **Kosten:** Bei Konzentrationsverschmelzung ist die Aufnahme einer diesbzgl Regelung (zB Kostenteilung) sinnvoll, insb, wenn die Verschmelzung nicht vollzogen wird.
- **Bilanzen:** Die **Schlussbilanz** (Rz 47 ff) ist nicht zwingender Bestandteil des Verschmelzungsvertrags. Sie ist aber Teil der ex-ante-Information (vgl § 97 Rz 2) u unterliegt den diesbzgl Offenlegungspflichten. Ferner ist sie der FB-Anmeldung der übernehmenden Gesellschaft beizulegen (vl Rz 55 ff). Die Aufnahme einer steuerlichen

---

93 *Aburumieh/Adensamer/H. Foglar-Deinhardstein*, Verschmelzung V. A Rz 81.
94 *Aburumieh/Adensamer/H. Foglar-Deinhardstein*, Verschmelzung V. A Rz 81.
95 Vgl *Aburumieh/Adensamer/H. Foglar-Deinhardstein*, Verschmelzung V. A Rz 82.
96 Vgl nur *Huber/Stanek* in Wundsam/Zöchling/Huber/Khun, UmgrStG[6] § 39 Rz 14.

Verschmelzungsbilanz ist nicht erforderlich, aber uU aus steuerlicher Sicht sinnvoll (s schon oben Rz 25).[97] Gleiches gilt für eine Regelung zum Übergang des **wirtschaftlichen Eigentums** (maßgeblich für die bilanzielle Zuordnung der Verschmelzung).[98]

- **Gläubigerschutz, Kapitalerhaltung**: Etwaige iZm dem Gläubigerschutz bzw der Kapitalerhaltung (vgl die *Neutroncis*-E des OGH)[99] erforderliche oder im Rahmen des FB-Verfahrens geforderte **begleitende Maßnahmen** (bspw zum Ausgleich eines kapitalherabsetzenden Effekts oder eines negativen Vermögens bei einem der beteiligten Rechtsträger)[100] werden idR ebenfalls im Verschmelzungsvertrag abgebildet (vgl § 101 Rz 42 ff).
- **Bedingung, Befristung**: Die Verschmelzungspartner können den Verschmelzungsvertrag unter aufschiebender Bedingung oder Befristung abschließen (vgl dazu Rz 21). Die Ausgestaltung im Einzelfall ist im Vertrag abzubilden.

III. Bilanzen und Bilanzierung

A. Sonderbilanzen

47 Das G sieht die Errichtung versch **Sonderbilanzen** anlässlich der Verschmelzung vor. Dies ist in erster Linie die **Schlussbilanz** der übertragenden Gesellschaft gem § 220 Abs 3 AktG. Darüber hinaus haben die Verschmelzungspartner ggf Zwischenbilanzen (§ 221a Abs 2 Z 3 u Abs 3 AktG) u, bei der Verschmelzung zur Neugründung, eine Gründungsbilanz (Eröffnungsbilanz) aufzustellen (§ 193 UGB). Für steuerliche Zwecke bedarf es einer Verschmelzungsbilanz der übertragenden Gesellschaft.[101]

---

97 *Aburumieh/Adensamer/H. Foglar-Deinhardstein*, Verschmelzung V. A Rz 85.
98 Vgl zum Begriff u zur Abbildung im Verschmelzungsvertrag *Aburumieh/Adensamer/H. Foglar-Deinhardstein*, Verschmelzung V. A Rz 86.
99 OGH 11.11.1999, 6 Ob 4/99b. Vgl *Eckert* in Kalss/Fleischer/Vogt, Bahnbrechende Entscheidungen – Gesellschafts- und Kapitalmarktrechts-Geschichten 225 (225 ff).
100 Vgl nur *Ch. Nowotny* in Haberer/Krejci, Konzernrecht, Rz 15.28 ff.
101 Vgl *Aburumieh/Adensamer/H. Foglar-Deinhardstein*, Verschmelzung IX. C Rz 14 ff.

Gemäß § 96 Abs 2 iVm § 220 Abs 3 AktG hat jede übertragende Gesellschaft eine auf den Verschmelzungsstichtag bezogene **Schlussbilanz** aufzustellen (vgl zur Publizität Rz 46).[102] In der Praxis lautet der Verschmelzungsstichtag oft auf den letzten Bilanzstichtag der übertragenden Gesellschaft vor der Verschmelzung u wird der JA der übertragenden Gesellschaft (Bilanz u bilanzbezogene Teile des Anh; nicht aber die GuV)[103] als Schlussbilanz herangezogen. Wenn der Verschmelzungsstichtag v Regelbilanzstichtag abweicht, ist eine gesonderte Schlussbilanz zu erstellen.

48

Die Bewertungsansätze der Schlussbilanz dienen als Grundlage für die **Buchwertfortführung** (§ 202 Abs 2 UGB) u bestimmen (mittelbar) die Höhe der **Ausschüttungssperre** gem § 235 Abs 1 UGB (vgl Rz 54) u damit das ausschüttungsfähige Vermögen in dem der Verschmelzung folgenden Geschäftsjahr.[104] Im FB-Verfahren dient die Schlussbilanz als erste **Indikation** bei der Prüfung eines **positiven Verkehrswerts** bei der übertragenden Gesellschaft.[105] Grundlage einer Ergebnisverwendung ist sie – zumindest in ihrer Eigenschaft als Schlussbilanz – nicht.[106]

49

Die Schlussbilanz muss auf einen höchstens neun Monate vor der FB-Anmeldung (vgl Rz 55) der Verschmelzung liegenden **Stichtag** aufgestellt sein (§ 220 Abs 3 AktG). Die Fristberechnung folgt § 902 Abs 2 ABGB (fristwahrend ist nur das Einlangen bei Gericht, nicht die Postaufgabe).[107] Eine gem § 17 FBG verbesserungsfähige Anmeldung ist

50

---

102 Vgl allg *Ludwig/Hirschler*, Bilanzierung und Prüfung von Umgründungen³ Kap. 4.I Rz 4.1 ff; *Kalss*, VSU³ § 220 AktG, Rz 53 ff; *Hügel*, Umgründungsbilanzen 2.1.
103 *Aburumieh/Adensamer/H. Foglar-Deinhardstein*, Verschmelzung V. B Rz 7.
104 Zur Funktion der Schlussbilanz ausf *Aburumieh/Adensamer/H. Foglar-Deinhardstein*, Verschmelzung V. B Rz 3; *Eckert/Schopper* in Torggler, GmbHG § 96 Rz 36.
105 Zur diesbzgl eingeschränkten Aussagekraft der Schlussbilanz: *Aburumieh/Adensamer/H. Foglar-Deinhardstein*, Verschmelzung V. B Rz 3. Ergänzende Bescheinigungsmittel (zB Verkehrswertgutachten) werden idR erst dann verlangt, wenn sich ein positiver Verkehrswert nicht eindeutig aus der Bilanz ableiten lässt (zB negatives Eigenkapital).
106 KFS/RL 25 Rz 23; *Ludwig/Hirschler*, Bilanzierung und Prüfung von Umgründungen³ Kap 4.I Rz 4.8.
107 Vgl OGH 17.7.1997, 6 Ob 124/97x; *Kalss*, VSU³ § 220 AktG, Rz 58; *Schindler/Brix* in Straube/Ratka/Rauter, GmbHG § 96 Rz 59.

fristwahrend.[108] Entscheidend ist die Verbesserungsfähigkeit des Mangels im Zeitpunkt der Anmeldung.[109] Schwerwiegende Mängel (insb Fehlen oder Nichtigkeit des Verschmelzungsvertrags [vgl Rz 20] oder der erforderlichen Verschmelzungsbeschlüsse, jew im Zeitpunkt der FB-Anmeldung) sind unbehebbar u daher nicht fristwahrend.[110]

51 Für die Schlussbilanz gelten die Vorschriften über den JA sinngemäß (§ 220 Abs 3 S 2 AktG).[111] Besteht für den JA eine **Prüfpflicht** (vgl § 22 Rz 6), ist auch die Schlussbilanz zu prüfen.[112] Die Schlussbilanz ist v sämtlichen Organvertretern der übertragenden Gesellschaft zu unterzeichnen.[113] Ob auch eine Verpflichtung zur Feststellung der Schlussbilanz durch die GV besteht, ist umstr (vgl auch § 98 Rz 6).[114] Zur Feststellung des JA vgl allg bei § 35 Rz 21 ff.

52 Abhängig v Art u Strukturierung der Verschmelzung kann ein Verschmelzungsvorgang auch die Errichtung v Zwischen- (§ 221a Abs 2 Z 3 AktG) oder Eröffnungsbilanzen (Verschmelzung zur Neugründung, vgl Rz 47) erfordern.[115]

---

108 Vgl im Kontext der grenzüberschreitenden Verschmelzung: *Mitterecker*, GES 2016, 337 (342).
109 *Aburumieh/Adensamer/H. Foglar-Deinhardstein*, Verschmelzung V. B Rz 4.
110 RIS-Justiz RS0117286; *Kalss*, GesRZ 2014, 253 (254).
111 Vgl zu Ansatz- u Bewertungswahlrechten, Offenlegungspflichten bzgl Anh u GuV, größenabhängigen Erleichterungen: *Aburumieh/Adensamer/ H. Foglar-Deinhardstein*, Verschmelzung V. B Rz 6 f.
112 *Eckert/Schopper* in Torggler, GmbHG § 96 Rz 37; *Warto* in Gruber/Harrer, GmbHG² § 96 Rz 40.
113 KFS/RL 25 Rz 32; *Kalss*, VSU³ § 220 AktG, Rz 55; *Eckert/Schopper* in Torggler, GmbHG § 96 Rz 37; *Aburumieh/Adensamer/H. Foglar-Deinhardstein*, Verschmelzung V. B Rz 8.
114 Gegen eine Feststellungspflicht: KFS/RL 25 Rz 31; *Ludwig/Hirschler*, Bilanzierung und Prüfung von Umgründungen³ Kap. 4.I Rz 4.20; *Kalss*, VSU³ § 220 AktG, Rz 55; für eine Feststellungspflicht noch Vorauf Rz 51; *Aburumieh/Adensamer/H. Foglar-Deinhardstein*, Verschmelzung V. B Rz 8; *Eckert/Schopper* in Torggler, GmbHG § 96 Rz 37; *Eckert/Schopper* in Eckert/Schopper, AktG-ON § 220 Rz 28. Empfehlenswert ist jedenfalls eine diesbzgl Vorabstimmung mit dem FB-Gericht.
115 Vgl dazu allg *Aburumieh/Adensamer/H. Foglar-Deinhardstein*, Verschmelzung V. B Rz 11 ff, 16 ff.

B. Bilanzierung und Vermögensbindung

Im Vermögen der übernehmenden Gesellschaft stellt die Verschmelzung 53
einen laufenden Geschäftsfall dar u ist idR erst im auf die Verschmelzung folgenden JA abgebildet. Liegt der Regelbilanzstichtag der übertragenden Gesellschaft zw dem Stichtag der Schlussbilanz u der FB-Eintragung, trifft die GF keine Verpflichtung zur Aufstellung des JA, wenn die FB-Anmeldung innerhalb der Aufstellungsfrist gem § 222 Abs 1 UGB erfolgt. Erfolgt die FB-Anmeldung nach Ablauf dieser Frist, kann das FB-Gericht – zumal wenn Aufstellung u Übersendung des JA bereits gerichtl geltend gemacht worden sind – den GF uE die Aufstellung des JA im Rahmen einer Zwischenerledigung vor Eintragung der Verschmelzung auftragen, weil mit dem verschmelzungsbedingten Erlöschen der übertragenden Gesellschaft der Bezugspunkt für die Aufstellungspflicht wegfällt (eine Aufstellung nach Wirksamkeit der Verschmelzung ist nicht mehr möglich). Der übernehmende Rechtsträger hat idZ ein Wahlrecht zw (i) Fortführung der in der Schlussbilanz ausgewiesenen Buchwerte (§ 202 Abs 2 Z 1 UGB) u (ii) dem Ansatz des beizulegenden Werts (§ 202 Abs 1 UGB). Dieses Wahlrecht ist im Rahmen der Bilanzierung u nicht bereits im Verschmelzungsvertrag auszuüben.[116]

§ 235 Abs 1 UGB[117] normiert eine **Ausschüttungsbegrenzung** iZm 54
Umgründungsmaßnahmen (vgl auch § 82 Rz 64). Danach dürfen im Bilanzgewinn enthaltene Gewinnteile, die sich bei der übernehmenden Gesellschaft durch die Bewertung des Vermögens mit dem beizulegenden Wert gegenüber dem Buchwert ergeben, nicht ausgeschüttet werden. Dies unabhängig davon, ob es sich um *Downstream-* bzw *Sidestream-* (§ 235 Abs 1 Z 1) oder um *Upstream-*Vorgänge (§ 235 Abs 1 Z 2) handelt.[118]

---

116 *Aburumieh/Adensamer/H. Foglar-Deinhardstein*, Verschmelzung V. B Rz 21; *Szep* in Artmann/Karollus, AktG⁶ § 223 Rz 8; nunmehr auch *Kalss*, VSU³ § 220 AktG, Rz 63 (aA noch Vorauflage Rz 58).
117 IdFd AbgÄG 2015, wobei diese Neuregelung am 1.1.2016 in Kraft trat u für Ausschüttungsbeschlüsse nach dem 31.12.2015 (soweit sich diese auf Verschmelzungsvorgänge nach dem 31.5.2015 beziehen) gilt; ausf zu historischer Rechtslage u Rsp *Aburumieh/Adensamer/H. Foglar-Deinhardstein*, Verschmelzung V. B Rz 23.
118 EBRV 896 BlgNR 25. GP 35.

IV. Anmeldung und Eintragung

55 Die GF der verschmelzungsbeteiligten Gesellschaften haben die Verschmelzung sowohl bei dem FB-Gericht, in dessen Sprengel die übernehmende Gesellschaft ihren Sitz hat, als auch bei jenem, in dessen Sprengel die übertragende(n) Gesellschaft(en) ihren Sitz hat bzw haben, anzumelden (§ 225 Abs 1 AktG). Die FB-Anmeldung ist v den GF in vertretungsbefugter Anzahl vorzunehmen.[119] Die Zulässigkeit einer Beteiligung v Prokuristen im Rahmen der gemischten Gesamtvertretung ist **str.**[120] Eine bestimmte zeitliche Reihenfolge der FB-Anmeldungen der übertragenden oder der übernehmenden Gesellschaft ist v G nicht vorgesehen, sodass diese auch nicht am selben Tag beim FB einlangen müssen.[121] Grundsätzlich muss die Anmeldung nach § 220 Abs 3 S 3 AktG (vgl schon oben Rz 50) spätestens neun Monate nach dem Verschmelzungsstichtag erfolgen, wobei verbesserungsfähige Anmeldungen ausreichend sind.[122] Erfolgt im Zuge der Verschmelzung eine Kapitalerhöhung bei der übernehmenden Gesellschaft, ist auch dieser Umstand anzumelden (eine verbundene FB-Anmeldung mit der Verschmelzung ist zwar üblich, aber nicht zwingend).[123]

56 Bei Vorliegen sämtlicher Voraussetzungen für die Wirksamkeit der Verschmelzung sind die GF zur Anmeldung verpflichtet (vgl auch Rz 16).[124] Die FB-Eingaben sind notariell beglaubigt zu unterfertigen (bei Beteiligung mehrerer GF können auch gesonderte Eingaben eingereicht werden)[125]. Eine Unterzeichnung im Vollmachtsnamen ist zulässig, bedarf aber ebenfalls der notariell beglaubigten Form. Eine Berufung auf die RA oder Notaren erteilte Vollmacht (§ 6 Abs 4 AußstrG

---

119 EBRV 32 BlgNR 20. GP 99; *Eckert/Schopper* in Torggler, GmbHG § 96 Rz 42.
120 Für eine Zulässigkeit zB *Aburumieh/Adensamer/H. Foglar-Deinhardstein*, Verschmelzung V. G Rz 1; **dagegen** *Schindler/Brix* in Straube/Ratka/Rauter, GmbHG § 96 Rz 67, jew mwN.
121 *Schindler/Brix* in Straube/Ratka/Rauter, GmbHG § 96 Rz 71 aE.
122 Zur fehlenden Verbesserungsfähigkeit vgl OGH 27.2.2017, 6 Ob 253/16y, GesRZ 2017, 266 (*Kalss*).
123 *Aburumieh/Adensamer/H. Foglar-Deinhardstein*, Verschmelzung V. G Rz 2, 9; *Kalss*, VSU³ § 225 AktG, Rz 10.
124 *Schindler/Brix* in Straube/Ratka/Rauter, GmbHG § 96 Rz 66; *Kalss*, VSU³ § 225 AktG, Rz 11.
125 S mwN *Aburumieh/Adensamer/H. Foglar-Deinhardstein*, Verschmelzung V. G Rz 1.

iVm § 30 Abs 2 ZPO, § 8 Abs 1 RAO, § 5 Abs 4a NO) scheitert idR an der restriktiven FB-Praxis,[126] die gewöhnlich auf eine ausdrücklich auf den Verschmelzungsvorgang gerichtete Spezialvollmacht besteht. Die „Negativerklärungen" gem § 225 Abs 2 AktG (vgl dazu § 98 Rz 28 f u § 41 Rz 57, 111; vgl auch zur besonderen Erklärungspflicht bei Unterbleiben der GV in der übernehmenden Gesellschaft bei § 98 Rz 20) sind vertretungsfeindlich, können aber auch außerhalb der FB-Anmeldung abgegeben werden. Für diese genügt eine privatschriftliche Unterzeichnung in vertretungsbefugter Anzahl.[127]

57 Die begehrte Eintragung ist in der FB-Anmeldung gem § 16 FBG bestimmt zu bezeichnen. Zur besseren Übersichtlichkeit empfiehlt sich, eine kurze Beschreibung des Ablaufs der Verschmelzung in die FB-Anmeldung aufzunehmen.[128] Sofern auf einzelne Schritte bzw Dokumente zulässigerweise verzichtet wurde oder Vereinfachungen greifen, ist eine diesbzgl Erl zu empfehlen. Dies gilt auch für einen positiven Verkehrswert u bei Kombination mehrerer Umgründungsschritte.[129]

58 Der Anmeldung gem § 225 Abs 1 AktG sind bei der übernehmenden Gesellschaft folgende Unterlagen in Urschrift, Ausfertigung oder beglaubigter Abschrift bzw bei elektronischer Einreichung[130] durch Beifügung einer Referenz zu einem Urkundenarchiv beizufügen (bei der übertragenden Gesellschaft werden, außer einer allfälligen Vollmacht des Einschreiters, keine Blg vorgelegt):

- **Verschmelzungsvertrag** (Notariatsakt), falls dieser nicht als Teil der Niederschrift der GV vorgelegt wird;
- **Niederschriften der GV** (notariell beurkundetes Protokoll) samt Nachw der diesbzgl Einberufungen (vgl § 97 Rz 5 u § 38), soweit die Gesellschafter nicht im Rahmen einer Vollversammlung darauf verzichtet oder der Beschlussfassung nicht widersprochen haben;
- **behördliche Genehmigung** (sofern die Verschmelzung einer behördlichen Genehmigung bedarf);

---

126 **AA** (iSe Zulässigkeit) *Kalss*, VSU³ § 225 AktG, Rz 7; *Eckert/Schopper* in Torggler, GmbHG § 96 Rz 42.
127 Vgl nur *Eckert/Schopper* in Torggler, GmbHG § 96 Rz 42; *Warto* in Gruber/Harrer, GmbHG² § 96 Rz 78.
128 *Jennewein* in Jennewein, FBG § 16 Rz 3.
129 *Eckert/Schopper* in Torggler, GmbHG § 96 Rz 45; *Aburumieh/Adensamer/H. Foglar-Deinhardstein*, Verschmelzung V. G Rz 4.
130 *Eckert/Schopper* in Torggler, GmbHG § 96 Rz 50; *Aburumieh/Adensamer/H. Foglar-Deinhardstein*, Verschmelzung V. G Rz 5.

- **Verschmelzungsberichte** gem § 100 Abs 1 iVm § 220a AktG oder diesbzgl Verzichtserklärungen (falls diese außerhalb der GV erklärt wurden);
- **Prüfungsberichte** gem § 100 Abs 2 iVm § 220b AktG, für den Fall, dass eine Prüfung verlangt wurde;
- (ggf) **AR-Berichte** gem § 220c AktG (die Vorlage ist nicht zwingend, wird aber in der FB-Praxis gelegentlich verlangt);
- **Schlussbilanz** der übertragenden Gesellschaft, falls diese der FB-Anmeldung nicht bereits als Blg zum GV-Protokoll oder zum Verschmelzungsvertrag angeschlossen wurde.

Das FB-Gericht kann im Rahmen seiner materiellen Prüfpflicht die Vorlage weiterer Nachw verlangen.[131] So wird in der FB-Praxis etwa vereinzelt noch die Vorlage einer steuerlichen Unbedenklichkeitsbescheinigung gem § 160 Abs 3 BAO hinsichtlich der übertragenden Gesellschaft verlangt, obwohl dies nach uE überzeugender A wegen der durch die Verschmelzung bewirkten Gesamtrechtsnachfolge nicht erforderlich ist.[132] Zu den erforderlichen Blg bei Durchführung einer Kapitalerhöhung vgl § 101 Rz 16.

59 Haben nicht sämtliche verschmelzungsbeteiligten Gesellschaften ihren **Sitz** im selben Sprengel, beendet das Gericht, das für die übertragende Gesellschaft zuständig ist, seine Zuständigkeit, teilt dies dem Gericht, welches für die übernehmende Gesellschaft zuständig ist, mit u übersendet diesem sämtliche, die übertragende Gesellschaft betr Urkunden u sonstige Schriftstücke (§ 225 Abs 3 AktG).[133] Die Eintragung der Verschmelzung wird dann ausschließlich v dem für die übernehmende Gesellschaft zuständigen Gericht vorgenommen; es trägt die Verschmelzung bei allen beteiligten Gesellschaften gleichzeitig ein (§ 225a Abs 1 AkG).[134] Das FB-Gericht prüft die Eintragung in formeller u materieller Hinsicht. Die **formelle Prüfung** beinhaltet die Zuständigkeit des Gerichts, die Befugnis der Anmeldenden, ob ein formgerechtes u bestimm-

---

131 *Eckert/Schopper* in Torggler, GmbHG § 96 Rz 48.
132 Vgl *Eckert/Schopper* in Torggler, GmbHG § 96 Rz 49; *Kalss*, VSU³ § 225 AktG, Rz 28; *Szep* in Artmann/Karollus, AktG⁶ § 225 Rz 6; aA *Warto* in Gruber/Harrer, GmbHG² § 96 Rz 73; *Schörghofer* in Doralt/Nowotny/Kalss, AktG³ § 225 Rz 7. Empfehlenswert ist jedenfalls eine Vorabstimmung mit dem zuständigen FB-Gericht.
133 *Aburumieh/Adensamer/H. Foglar-Deinhardstein*, Verschmelzung V. G Rz 15.
134 *Aburumieh/Adensamer/H. Foglar-Deinhardstein*, Verschmelzung V. H Rz 1.

tes Eintragungsbegehren vorliegt sowie die Vorlage aller für die Anmeldung vorgeschriebenen Unterlagen u Erklärungen. In **materieller** Hinsicht steht insb die Prüfung der Einhaltung v Gläubigerschutzvorschriften im Mittelpunkt.[135] Eine rechtzeitige Abstimmung mit dem zuständigen FB-Richter ist bei diesbzgl potentiell problematischen SV (wie bspw bei Vorliegen eines kapitalherabsetzenden Effekts, vgl dazu § 101 Rz 55 ff oder etwa hinsichtlich der Sacheinlageprüfung bei Kapitalerhöhung, vgl § 101 Rz 12) zu empfehlen.[136] Bei der übernehmenden Gesellschaft werden die Verschmelzung mit Hinweis auf den Verschmelzungsvertrag sowie allenfalls der Verschmelzungsbeschluss, bei der übertragenden Gesellschaft deren Löschung eingetragen. Mit der Eintragung bei der übernehmenden Gesellschaft im FB wird dann die Verschmelzung für alle beteiligten Gesellschaften wirksam.[137]

V. Rechtswirkungen

Mit FB-Eintragung bei der übernehmenden Gesellschaft kommt es *ipso iure* zum (gleichzeitigen) Eintritt der in § 225a Abs 3 AktG genannten Rechtswirkungen, namentlich: 60

– Übergang des Vermögens einschließlich der Schulden der übertragenden Gesellschaft auf die übernehmende Gesellschaft u Anpassung korrelierender Verträge (§ 225 Abs 3 Z 1 AktG);
– Erlöschen der übertragenden Gesellschaft (§ 225 Abs 3 Z 2 AktG);
– (im Fall einer Anteilsgewähr) Erwerb der Anteile an der übernehmenden Gesellschaft durch die Gesellschafter der übertragenden Gesellschaft (§ 225 Abs 3 Z 3 AktG); sowie
– Heilung einer allfälligen Formunwirksamkeit des Verschmelzungsvertrags (§ 225 Abs 3 Z 4 AktG).

---

135 *Eckert/Schopper* in Torggler, GmbHG § 96 Rz 52 f; *Aburumieh/Adensamer/H. Foglar-Deinhardstein*, Verschmelzung V. H Rz 2 ff; *Kalss*, VSU³ § 225 AktG, Rz 38 ff.
136 *Aburumieh/Adensamer/H. Foglar-Deinhardstein*, Verschmelzung V. H Rz 2.
137 *Aburumieh/Adensamer/H. Foglar-Deinhardstein*, Verschmelzung V. H Rz 1, 4; *Eckert/Schopper* in Torggler, GmbHG § 96 Rz 55.

A. Gesamtrechtsnachfolge

61 Der in § 225a Abs 3 Z 1 AktG angeordnete Vermögensübergang vollzieht sich im Wege der Gesamtrechtsnachfolge (Universalsukzession) u umfasst im Gegensatz zur partiellen Gesamtrechtsnachfolge bei der Spaltung das Vermögen der übertragenden Gesellschaft in seiner Gesamtheit.[138] Die Gesamtrechtsnachfolge korreliert mit dem liquidationslosen Erlöschen des übertragenden Rechtsträgers u dient der Erleichterung des Vollzugs des Vermögensübergangs im Vergleich zu einer Übertragung im Wege der Einzelrechtsnachfolge.[139]

62 Der in § 225a Abs 3 Z 1 AktG verwendete Vermögensbegriff ist ein **umfassender**. Er bezieht sich auf das **gesamte** zum Zeitpunkt der FB-Eintragung bestehende **Vermögen** des übertragenden Rechtsträgers[140] u umfasst damit das Aktiv- u Passivvermögen des übertragenden Rechtsträgers samt allen Rechten u Pflichten, wie das bewegliche u unbewegliche Anlagevermögen, Geld, Forderungen u sonstige Rechte, etwa Bezugsrechte, Anwartschaftsrechte oder Schadenersatzansprüche.[141] Es spielt keine Rolle, ob das Vermögen bilanziell erfasst oder bekannt war. Auch auf das Bestehen v Vinkulierungen oder sonstigen den Rechtsverhältnissen nach allg Zivilrecht anhaftenden Übertragungsbeschränkungen kommt es nicht an.[142] Abweichende Gestaltungen im Verschmelzungsvertrag für einzelne Vermögensgegenstände des übertragenden Rechtsträgers können nicht getroffen werden u sind nichtig.[143] Um einzelne Objekte v Vermögensübergang auszunehmen, müssen diese vor Vollzug der Verschmelzung mit dinglicher Wirkung aus dem Vermögen der übertragenden Gesellschaft ausgeschieden sein.

63 Die Gesamtrechtsnachfolge bezieht sich auch auf **ausländischem Recht unterliegende Schuldverhältnisse** oder im **Ausland belegenes**

---

138 Ausf *Aburumieh/Adensamer/H. Foglar-Deinhardstein*, Verschmelzung VI. B Rz 1 ff.
139 *K. Schmidt*, AcP (191) 1991, 495 (511); *Hügel* in FS Koppensteiner 91 (92); *Kalss*, GesRZ 2000, 213 (218).
140 *Aburumieh/Adensamer/H. Foglar-Deinhardstein*, Verschmelzung VI. B Rz 3; *Hoyer* in FS Krejci 1211 (1227).
141 *Aburumieh/Adensamer/H. Foglar-Deinhardstein*, Verschmelzung VI. B Rz 4 ff.
142 RIS-Justiz RS0123152, GES 2008, 59 (*Fantur*); OGH 22.5.2007, 4 Ob 51/07.
143 *Aburumieh/Adensamer/H. Foglar-Deinhardstein*, Verschmelzung VI. B Rz 3; *Leonard/Simon* in Semler/Stengel/Leonard, UmwG[5] § 20 Rz 8; *Grunewald* in Lutter (Bayer/Vetter), UmwG[6] § 20 Rz 7.

Vermögen des übertragenden Rechtsträgers.[144] Auf Verschmelzungen österr Gesellschaften ist daher in Bezug auf die Verschmelzungswirkungen grds österr GesR anzuwenden (Abw gilt gem §§ 31 f IPRG für dingliche Rechte an unbeweglichen Sachen).[145] Die sach- u kollisionsrechtliche Rechtslage aus Sicht der Auslandsjurisdiktion ist vorab zu prüfen.

Eigentum u sonstige **dingliche Rechte** gehen nach allgM ipso iure auf den übernehmenden Rechtsträger über. Übertragungsakte sind dafür ebenso wenig erforderlich wie die Einhaltung sonstiger sachenrechtlicher Publizität (zB §§ 426 ff ABGB). Dies gilt auch für im Vermögen des übertragenden Rechtsträgers enthaltene **Liegenschaften**, die unter Durchbrechung des grundbuchsrechtlichen Eintragungsgrundsatzes auf die übernehmende Gesellschaft übergehen. Der Grundbuchstand ist nachträglich gem § 136 GBG zu berichtigen.[146] An den Liegenschaften anhaftende **Nutzungsrechte Dritter**, wie etwa Grunddienstbarkeiten u Sicherungsrechte (Hypotheken), gehen gemeinsam mit dieser auf die übernehmende bzw durch die Verschmelzung neu gegründete Gesellschaft über.[147] Ein **gutgläubiger Eigentumserwerb** v Nichtberechtigten anlässlich der Verschmelzung findet allerdings nicht statt (**str**).[148] Der verschmelzungsbedingte Eigentumserwerb an **Superädifikaten** vollzieht sich ebenfalls außerbücherlich. **64**

Ist die Übertragung einer Liegenschaft (Einzel- oder Gesamtrechtsnachfolge) nach dem jew anwendbaren LG bewilligungspflichtig (vgl zB § 4 TirGVG 1996), geht das Eigentum an der betr Liegenschaft auch **65**

---

144 Vgl *Aburumieh/Adensamer/H. Foglar-Deinhardstein*, Verschmelzung VI. B Rz 4; dies folgt aus der kollisionsrechtlichen Zuordnung der Gesamtrechtsnachfolge zum Gesellschaftsstatut (vgl Exkurs IntGesR Rz 32), vgl allg *Leonard/Simon* in Semler/Stengel/Leonard, UmwG[5] § 20 Rz 10; *Marsch-Barner/Oppenhoff* in Kallmeyer, UmwG[7] § 20 Rz 5; *Eckert*, Int GesR 689 f; *Adensamer/Eckert*, GES 2007, 95 (105).
145 MwN *Aburumieh/Adensamer/H. Foglar-Deinhardstein*, Verschmelzung VI. B Rz 4.
146 RIS-Justiz RS0060147. Dazu ist der Rechtsübergang (zB durch einen FB-Auszug) nachzuweisen u eine Unbedenklichkeitsbescheinigung des zuständigen FA oder eine Selbstberechnungserklärung gem der §§ 11 f GrEStG beizubringen.
147 MwN *Aburumieh/Adensamer/H. Foglar-Deinhardstein*, Verschmelzung VI. B Rz 6.
148 *Aburumieh/Adensamer/H. Foglar-Deinhardstein*, Verschmelzung VI. B Rz 8; **aA** für die Konzentrationsverschmelzung *Grünwald*, Umwandlung – Verschmelzung – Spaltung 238 f.

66 Forderungen u Verbindlichkeiten der übertragenden Gesellschaft gehen auf die übernehmende Gesellschaft über. Dies gilt auch für Forderungen, deren Übertragung ausgeschlossen worden ist. (Auch absolut wirkende) vertragliche oder gesetzl Zessionsverbote stehen dem nicht entgegen.[151] Forderungen iZm mit Einlageverpflichtungen aus nicht voll einbezahlten Geschäftsanteilen (vgl dazu iZm der Anteilsgewähr auch bei § 101 Rz 21 ff, 32, 37 ff) gehen nur über, wenn eine entspr Fälligstellung gem § 65 Abs 2 erfolgt ist (**str**).[152] Gläubigern der übertragenden Gesellschaft stehen keine Zustimmungs- u Widerspruchsrechte iZm dem Rechtsübergang zu. Die Vereinbarung vertraglicher Kündigungsrechte bei Dauerschuldverhältnissen ist aber zulässig u im Vorfeld der Verschmelzung zu prüfen.[153] Zugehörige Sicherungsrechte bleiben grds ebenfalls aufrecht u werden auf die übernehmende Gesellschaft übertragen.[154]

67 **Wiederkaufs-**, **Vorkaufs- u Rückverkaufsrechte** der übertragenden Gesellschaft gehen nach nunmehriger Rsp des OGH u auch der hL auf die übernehmende Gesellschaft über.[155] Ob bzw in welchem Ausmaß die Gesamtrechtsnachfolge auch **andere höchstpersönliche Rechtspositionen** (zB Auftrag u Vollmacht [einschließlich Prokura u Handlungsvoll-

---

149 *Aburumieh/Adensamer/H. Foglar-Deinhardstein*, Verschmelzung VI. B Rz 7.
150 *Kalss*, VSU³ § 230 AktG, Rz 16; *Szep* in Artmann/Karollus, AktG⁶ § 230 Rz 11.
151 *Aburumieh/Adensamer/H. Foglar-Deinhardstein*, Verschmelzung VI. B Rz 10 f.
152 MwN *Aburumieh/Adensamer/H. Foglar-Deinhardstein*, Verschmelzung VI. B Rz 40.
153 *Szep* in Artmann/Karollus, AktG⁵ § 225a Rz 14.
154 Vgl *Aburumieh/Adensamer/H. Foglar-Deinhardstein*, Verschmelzung VI. B Rz 12.
155 OGH 18.12.2019, 5 Ob 136/19i; 21.1.2020, 1 Ob 173/19a, ecolex 2020, 412 (*H. Foglar-Deinhardstein*) = *Nicolussi*, GesRZ 2020, 132 = *P. Csoklich*, JBl 2020, 678 = Hayden/Drach, PSR 2022, 9; 18.6.2020, 5 Ob 74/20y, EvBl 2020, 1020 (*Weixelbraun-Mohr; H. Foglar-Deinhardstein*) = ecolex 2020, 966 (*Horn/Berger*) = immolex 2021, 106 (*Richter*) = Hayden/Drach, PSR 2022, 9; 23.6.2022, 5 Ob 215/21k, NZ 2022, 609 (*Bittner*) = GesRZ 2023, 53 (*Dellinger*); *Kalss*, VSU³ § 225a AktG, Rz 42; *Eckert/Schopper* in Eckert/Schopper, AktG-ON § 225a Rz 18.

macht], persönliche Dienstbarkeiten u schuldrechtliche Veräußerungs- u Belastungsverbote) umfasst, oder ob diese infolge der Verschmelzung untergehen, ist str u im Einzelfall – abhängig v der konkret zu übertragenden Rechtsposition – zu prüfen.[156]

Organfunktionen (GF, AR) bei der übertragenden Gesellschaft erlöschen. Anstellungsverträge der GF bleiben jedoch nach hM aufrecht, sofern diese nicht vertraglich an den Fortbestand der Organbestellung geknüpft sind (**str**).[157] Organmandate bei der übernehmenden Gesellschaft bleiben bestehen. Bei einer Verschmelzung zur Neugründung sind die Organe neu zu bestellen. 68

Bei der übertragenden Gesellschaft bestehende **Arbeitsverhältnisse** gehen mit FB-Eintragung auf die übernehmende Gesellschaft über. Bei der Übertragung eines Unternehmens, Betriebs oder Betriebsteils verwirklicht die Verschmelzung auch einen Betriebsübergang iSv § 3 Abs 1 AVRAG. Die übernehmende Gesellschaft tritt als neuer Arbeitgeber mit allen Rechten u Pflichten in die im Zeitpunkt des Überganges bestehenden Arbeitsverhältnisse (bei der übertragenden Gesellschaft anwendbare Kollektivverträge, Betriebsvereinbarungen, betriebl Übungen sind grds zu berücksichtigen)[158] ein. Im Zusammenhang mit dem Betriebsübergang besteht ein besonderer Kündigungsschutz betroffener AN.[159] 69

Auch **Bestandverträge** der übertragenden Gesellschaft gehen – in- u außerhalb des Anwendungsbereichs des MRG (diesbzgl sind die ergänzenden Bestimmungen des MRG zu berücksichtigen)[160] – nach allg Regeln auf die übernehmende Gesellschaft über. Allenfalls den Vertragsparteien zustehende Kündigungsrechte sind im Einzelfall zu prüfen. § 1120 ABGB ist auf Verschmelzungsvorgänge nicht anwendbar. 70

---

156 Vgl dazu ausf *Aburumieh/Adensamer/H. Foglar-Deinhardstein*, Verschmelzung VI. B Rz 13 ff; *Kalss*, VSU³ § 225a AktG, Rz 44 f; *Eckert/Schopper* in Eckert/Schopper, AktG-ON § 225a Rz 18; zur Spaltung *Napokoj*, Praxishandbuch Spaltung², 31 ff.
157 ISd hM OGH 16.7.2002, 4 Ob 163/02b; *Aburumieh/Adensamer/H. Foglar-Deinhardstein*, Verschmelzung VI. B Rz 17; **aA** *Eckert/Schopper* in Torggler, GmbHG § 96 Rz 56; *Grünwald/Ch. Nowotny* in Wiesner/Hirschler/Mayr, HB Umgründungen, Band D Art I Rz 159; jew mwN.
158 *Aburumieh/Adensamer/H. Foglar-Deinhardstein*, Verschmelzung VI. B Rz 20 f.
159 Vgl *Aburumieh/Adensamer/H. Foglar-Deinhardstein*, Verschmelzung VIII. H Rz 4 ff.
160 Vgl *Aburumieh/Adensamer/H. Foglar-Deinhardstein*, Verschmelzung VI. B Rz 22 ff.

71 Die Gesamtrechtsnachfolge umfasst auch die v der übertragenden Gesellschaft gehaltenen **Beteiligungen**,[161] die ebenfalls auf den übernehmenden Rechtsträger übergehen (das Bestehen bzw die Ausgestaltung v *change of control*-Klauseln ist vorab zu prüfen).[162] Gesellschaftsanteile der übernehmenden Gesellschaft werden durch die Verschmelzung idR nicht berührt. Für Anteile an KapGes u Kommanditanteile ist dies unstr.[163] Die Stellung als **unbeschränkt haftender Gesellschafter** einer OG oder KG u jene als Gesellschafter einer GesbR gehen ebenfalls auf die übernehmende Gesellschaft über, nach tw vertretener A soll die Verschmelzung aber einen Auflösungsgrund bei jenen Gesellschaften (OK, KG, GesbR) verwirklichen (str).[164] Dem ist nicht zu folgen u v einem Fortbestand der betr Gesellschaft als werbende Gesellschaft auch nach Verschmelzung auszugehen.[165]

72 Die in § 225a Abs 3 Z 1 AktG angeordnete Gesamtrechtsnachfolge zielt zwar primär auf privatrechtliche Rechtspositionen (ohne dass dem G eine diesbzgl Einschränkung zu entnehmen wäre)[166]. Entspr gilt aber vorbehaltlich sondergesetzlicher Schranken auch für **öffentlich-rechtliche** Rechtspositionen (str).[167] Im Einzelnen sind spezialgesetzliche Sonderregelungen zu beachten (zB § 11 Abs 4 GewO).[168]

---

161 Zu Beteiligungen an ausländischen (Kapital-)Gesellschaften s *Eckert*, Int GesR 690.

162 Ausf *Aburumieh/Adensamer/H. Foglar-Deinhardstein*, Verschmelzung VI. B Rz 27 ff.

163 *Aburumieh/Adensamer/H. Foglar-Deinhardstein*, Verschmelzung VI. B Rz 28, 30.

164 So *Kalss*, VSU³ § 225a AktG, Rz 64; *Koppensteiner/Auer* in Straube, UGB⁴ § 131 Rz 15; *Grünwald*, Umwandlung – Verschmelzung – Spaltung 297 f; *Szep* in Artmann/Karollus, AktG⁶ § 225a Rz 20.

165 Mit ausf Begr: *Aburumieh/Adensamer/H. Foglar-Deinhardstein*, Verschmelzung VI. B Rz 30 f; s auch *Ch. Fries*, ecolex 1992, 477 (478 f); *R. Fries*, HB der Verschmelzungen, Umwandlungen und Vermögensübertragungen 69 f; *Heckschen*, GmbHR 2014, 626 (635); nunmehr auch *Grünwald/ Ch. Nowotny* in Wiesner/Hirschler/Mayr, HB Umgründungen, Band D Art I Rz 154.

166 *Heckschen*, ZIP 2014, 1605 (1610); s auch *Eckert/Schopper* in Torggler, GmbHG § 96 Rz 59.

167 Vgl *Kalss*, GesRZ 2000, 213 (220); *Wallentin/Bruckmüller* in Wiesner/ Hirschler/Mayr, HB Umgründungen, Q4 Rz 293; **aA** *Granner*, ÖZW 2014, 62 (63 f); s auch *Schneider*, GES 2004, 4 (5 ff).

168 *Aburumieh/Adensamer/H. Foglar-Deinhardstein*, Verschmelzung VI. B Rz 45 ff; *Napokoj*, Praxishandbuch Spaltung², 50 ff.

B. Erlöschen der übertragenden Gesellschaft

Mit Eintragung der Verschmelzung bei der übernehmenden Gesellschaft erlischt der übertragende Rechtsträger. In einem erlöschen auch die Rechte u Pflichten aus der Mitgliedschaft an der übertragenden Gesellschaft (insb gehen Gewinnansprüche unter, es sei denn, diese seien durch einen entspr Ausschüttungsbeschluss bereits zu einem Gläubigerrecht geworden). Dingliche Belastungen (zB Verpfändungen) in Bezug auf Mitgliedschaftsrechte sollen nach in der Lit vertretener, aber nicht unumstrittener A auf die dafür im Austausch gewährten Anteile an der übernehmenden Gesellschaft übergehen (dingliche Surrogation) (vielfach werden entspr Vorkehrungen bereits in die zugrundeliegenden Anteilsverpfändungsverträge aufgenommen, zB „[...] mitverpfändet sind [...] zukünftige Gesellschaftsanteile, die [...] (zB durch Verschmelzung) an die Stelle des verpfändeten Geschäftsanteils treten, [...]").[169] Werden keine Anteile ausgegeben, fallen die Rechte Dritter aber jedenfalls weg; denkbar sind allenfalls Schadenersatzansprüche. Schuldrechtliche Belastungen (Vorkaufsrechte, Optionen) sollen aber jedenfalls nicht (automatisch) v dieser Surrogationswirkung erfasst sein; hier ist im Auslegungsweg das rechtliche Schicksal zu erforschen.

73

C. Anpassung kollidierender Verträge

Neben der Anordnung der Gesamtrechtsnachfolge enthält § 225a Abs 3 Z 1 S 2 AktG auch eine Sonderbestimmung für noch nicht erfüllte gegenseitige Verträge, die durch die Verschmelzung unvereinbar geworden sind oder deren Erfüllung für den übernehmenden Rechtsträger eine schwere Unbilligkeit begründen würden.[170] Solche Verträge sind nach Billigkeitsgrundsätzen anzupassen.

74

Das G sieht eine Vertragsanpassung nur unter bestimmten Voraussetzungen vor. Darüber hinaus gelten allg zivilrechtliche Grundsätze (insb der Wegfall der Geschäftsgrundlage).[171] Die Bestimmung zielt auf

75

---

169 Vgl nur mwN *Taufner*, ecolex 2016, 789 (792 f).
170 Vgl *Kalss*, VSU³ § 225a AktG, Rz 101 ff; *Szep* in Artmann/Karollus, AktG⁶ § 225a Rz 14; *Grünwald*, Umwandlung – Verschmelzung – Spaltung 258 ff; *Warto* in Gruber/Harrer, GmbHG² § 96 Rz 102.
171 *Aburumieh/Adensamer/H. Foglar-Deinhardstein*, Verschmelzung VI. C Rz 2.

gegenseitige (dh entgeltliche, zweiseitig verbindliche) Verträge mit Abnahme-, Lieferungs- oder ähnlichen Verpflichtungen, die zum Zeitpunkt des Eintritts der Verschmelzungswirkungen v keiner Seite vollständig erfüllt sind.[172] Die Bestimmung umfasst ferner nur solche Verträge, welche die verschmelzungsbeteiligten Gesellschaften mit dritten Personen geschlossen haben. **Unvereinbar** sind Verpflichtungen, wenn sie einander widersprechen, dh die Erfüllung eines Vertrags eine Verletzung des anderen mit sich bringt u dieser Widerspruch auch nicht im Wege der Auslegung beseitigt werden kann.[173] Eine **schwere Unbilligkeit** für die übernehmende Gesellschaft wird dann anzunehmen sein, wenn sie die Erfüllung der vertraglichen Verpflichtungen weit mehr belastet als dies bei Vertragsabschluss absehbar war u auch unter Berücksichtigung der Interessen des Vertragspartners hinnehmbar ist.[174] Dass die verschmelzungsbeteiligten Gesellschaften bei Abschluss des Verschmelzungsvertrags v der Vertragskollision wussten oder wissen konnten, schadet hingegen nicht.

76 § 225a Abs 3 Z 1 S 2 AktG berechtigt die übernehmende Gesellschaft (nicht aber deren Vertragspartner), nach billigem Ermessen des Gerichts Vertragsanpassung zu verlangen. Im Rahmen der anzustellenden Interessenabwägung ist zu berücksichtigen, dass der übernehmende Rechtsträger die Verschmelzung herbeigeführt hat.[175] Stehen der übernehmenden Gesellschaft Kündigungs- oder Vertragsanpassungsrechte zu, ist nach hM primär auf diese zurückzugreifen.[176]

D. Erwerb von Mitgliedschaftsrechten

77 Zur Anteilsgewährung s § 101 Rz 1 ff.

---

172 *Marsch-Barner/Oppenhoff* in Kallmeyer, UmwG[7] § 21 Rz 2 ff; *Grunewald* in Lutter (Bayer/Vetter), UmwG[6] § 21 Rz 3 f.
173 *Kalss*, VSU[3] § 225a AktG, Rz 103; *Simon* in KölnKo UmwG § 21 Rz 8.
174 MwN *Aburumieh/Adensamer/H. Foglar-Deinhardstein*, Verschmelzung VI. C Rz 3.
175 *Grunewald* in Lutter (Bayer/Vetter), UmwG[6] § 21 Rz 10.
176 *Kalss*, VSU[3] § 225a AktG, Rz 104; *Szep* in Artmann/Karollus, AktG[6] § 225a Rz 14.

Vorbereitung der Verschmelzung

§ 97. (1) ¹Unbeschadet von § 100 sind die gemäß § 221a Abs. 2 AktG erforderlichen Unterlagen den Gesellschaftern zu übersenden. ²Zwischen dem Tag der Aufgabe der Sendung zur Post und der Beschlußfassung muß mindestens ein Zeitraum von 14 Tagen liegen. ³Die Einreichung der Unterlagen bei dem Gericht und die Veröffentlichung eines Hinweises darauf sowie die Auflegung zur Einsicht sind nicht erforderlich.

(2) ¹Die Geschäftsführer haben jedem Gesellschafter auf Verlangen ab dem Zeitpunkt der Einberufung jederzeit Auskunft auch über alle für die Verschmelzung wesentlichen Angelegenheiten der anderen Gesellschaft zu geben. ²In der Einberufung ist auf dieses Recht ausdrücklich hinzuweisen.

idF BGBl 1996/304

Literatur: *Brix*, Vorbereitung des Verschmelzungsbeschlusses der Generalversammlung, GesRZ 2016, 332; *Schimka*, Anfechtung des Beschlusses auf Übertragung der Anteile auf den Hauptgesellschafter gegen Gewährung einer angemessenen Abfindung wegen Informationspflichtverletzung: Relevanz- oder Kausalitätstheorie? GesRZ 2009, 107; s auch bei § 96.

Inhaltsübersicht

I. Grundsätzliches	1
II. Zusendung der Verschmelzungsunterlagen (Abs 1)	2–9
A. Umfasste Unterlagen und Informationen	2–4
B. Frist	5, 6
C. Form der Zusendung	7
D. Unterbleiben	8, 9
III. Besonderes Auskunftsrecht (Abs 2)	10

I. Grundsätzliches

Bei der Verschmelzung v GmbH sind die **Informations- u Offenlegungspflichten im Vorfeld der GV** im Vergleich zur AG stark vereinfacht. An Stelle der Einreichung des Verschmelzungsvertrags beim FB u Veröffentlichung eines Hinweises darauf (§ 221a Abs 1 AktG iVm § 6 WZEVI-G) oder Veröffentlichung des Verschmelzungsvertrags in der Ediktsdatei (§ 221a Abs 1a AktG) sowie Zugänglichmachung bei der Gesellschaft (§ 221a Abs 2 iVm § 108 Abs 3 bis 5 AktG) tritt die Zusen- 1 dung der Verschmelzungsunterlagen (vgl Rz 2) an die Gesellschafter gem § 97 Abs 1.

II. Zusendung der Verschmelzungsunterlagen (Abs 1)

A. Umfasste Unterlagen und Informationen

2 Den Gesellschaftern[1] sind durch die GF die in § 221a Abs 2 AktG genannten Unterlagen der **übertragenden u der übernehmenden** Gesellschaft im Vorfeld der GV zur Verfügung zu stellen. Das sind (soweit diese Unterlagen überhaupt zu erstellen sind):[2]

- (Entwurf des) Verschmelzungsvertrag(s);
- JA[3] u Lageberichte (sofern hinsichtlich letzterer keine Befreiung greift, vgl § 22 Rz 5) für die letzten drei Geschäftsjahre,[4] es sei denn, die GmbH besteht erst kürzer;[5] der JA für das letzte Geschäftsjahr ist uE nur zu veröffentlichen, wenn dieser bereits erstellt ist oder bereits zu erstellen war (zur Frist vgl § 22 Rz 5);[6] ist der JA erstellt, aber

---

1 Für Zusendung auch an sonstige allenfalls in der GV teilnahmeberechtigte Personen (vgl dazu § 34 Rz 7) vgl *Koppensteiner/Rüffler*, GmbHG[3] § 97 Rz 4; das Unterbleiben der Zusendung an diese Personen hat uE aber keine negativen Auswirkungen.
2 Vgl dazu *Aburumieh/Adensamer/H. Foglar-Deinhardstein*, Verschmelzung V. F Rz 2 (S 136 ff).
3 Zur Frage der Bereitstellung v Konzernabschlüssen (iZm Squeeze-out) vgl *Schimka*, GesRZ 2009, 107 (108), vgl abl OGH 6.11.2008, 6 Ob 91/08p (zum Squeeze-out), wonach die (dem § 221a Abs 2 Z 2 AktG ähnliche) gesetzl Aufzählung des § 3 Abs 5 (hier interessierend: Z 4) GesAusG grds taxativ ist. Gegen Zusendung der Konzernrechnungslegungsunterlagen etwa auch *Eckert/Schopper* in Torggler, GmbHG § 97 Rz 2.
4 Nicht-Offenlegung für das letzte Jahr (etwa, weil der JA noch nicht zu erstellen ist, s sogleich) führt uE nicht zur Fristverlängerung, sodass uE diesfalls nicht in das vierte Geschäftsjahr zurückzugehen ist, so auch *Eckert/Schopper* in Torggler, GmbHG § 97 Rz 2 u *Grünwald/Ch. Nowotny* in Wiesner/Hirschler/Mayr, HB Umgründungen, Band D Art I Rz 86; **aA** *Szep* in Artmann/Karollus, AktG[6] § 221a Rz 4 u *Kalss*, VSU[3] § 221a AktG, Rz 28.
5 *Schindler/Brix* in Straube/Ratka/Rauter, GmbHG § 97 Rz 7. Abschlüsse allfälliger Rechtsvorgänger sind nicht erfasst, vgl *Eckert/Schopper* in Torggler, GmbHG § 97 Rz 2.
6 *Grünwald/Ch. Nowotny* in Wiesner/Hirschler/Mayr, HB Umgründungen, Band D Art I Rz 86; *Eckert/Schopper* in Torggler, GmbHG § 97 Rz 2; uU in diese Richtung gehend OGH 6.11.2008, 6 Ob 91/08p (zum Squeeze-out).

zB noch nicht geprüft u/oder festgestellt, ist dieser uE dennoch zu übersenden, aber darauf hinzuweisen.[7]
- Schlussbilanz (bei Abweichen v Regelbilanzstichtag), sofern diese bereits erstellt u (bei abschlussprüfpflichtigen GmbH, vgl § 22 Rz 6) in geprüfter Form vorliegt (vgl auch § 96 Rz 47 ff);
- Zwischenbilanzen (vgl § 96 Rz 47, 52);
- endgültige u unterfertigte Verschmelzungsberichte gem § 220a AktG iVm § 100 Abs 1 (vgl § 100 Rz 3 ff);
- endgültige u unterfertigte Berichte über die Verschmelzungsprüfung gem § 220b AktG iVm § 100 Abs 2 (vgl § 100 Rz 20 ff); nicht aber der Prüfbericht aus Anlass einer verschmelzungsbedingten Kapitalerhöhung (vgl § 101 Rz 12 f);[8]
- endgültige u unterfertigte Berichte der AR gem § 220c AktG (vgl § 100 Rz 15 ff).

Unterbleibt bei der übernehmenden Gesellschaft die GV, ist ein **Hinweis auf das Minderheitenrecht gem § 231 Abs 3 AktG** (vgl § 98 Rz 17 ff) in die Verständigung aufzunehmen, es sei denn, die Gesellschafter der übernehmenden Gesellschaft verzichten überhaupt auf die Informationserteilung (Rz 8)[9]. Unseres Erachtens ist nicht zwingend die Form des § 231 Abs 3 S 3 AktG iVm § 6 WZEVI-G (Bekanntmachung über die elektronische Verlautbarungs- u Informationsplattform des Bundes [EVI]) erforderlich, sondern kann der Hinweis in die Informationserteilung gem § 97 Abs 1 aufgenommen werden.[10] An Stelle der Monatsfrist des § 231 Abs 3 S 3 iVm § 221a Abs 1 AktG greift uE für diesen Hinweis in der GmbH grds die Frist des § 97 Abs 1 v 14 Tagen vor der GV der übertragenden Gesellschaft (vgl zur Fristberechnung bei Entfall der GV der übertragenden Gesellschaft § 98 Rz 16);[11] freilich muss aber für die Ausübung des Minderheitenrechts des § 231 Abs 3 AktG die Monatsfrist des § 231 Abs 3 S 1 AktG zur Verfügung stehen (vgl auch Rz 6 u § 98 Rz 18, s dort auch zum möglichen Verzicht). 3

---

[7] Vgl auch *Eckert/Schopper* in Torggler, GmbHG § 97 Rz 2; *Kalss*, VSU³ § 221a AktG, Rz 28 (auch mit Hinweis auf **aA**); vgl auch *Grünwald/Ch. Nowotny* in Wiesner/Hirschler/Mayr, HB Umgründungen, Band D Art I Rz 86.
[8] *Kalss*, VSU³ § 221a AktG, Rz 33 u § 223 AktG, Rz 31.
[9] *Kalss*, VSU³ § 231 AktG, Rz 24.
[10] Vgl dazu *Aburumieh/Adensamer/H. Foglar-Deinhardstein*, Verschmelzung V. F Rz 4 (S 143 f) mwN.
[11] *Aburumieh/Adensamer/H. Foglar-Deinhardstein*, Verschmelzung V. F Rz 4 (S 144).

4 Bei **Einberufung** der GV ist auf das **besondere Auskunftsrecht des § 97 Abs 2** (vgl Rz 10) hinzuweisen; werden Einberufung u Informationserteilung gem § 97 Abs 1 verknüpft (vgl auch Rz 5, 7), ist diese **Hinweispflicht** zu beachten.

B. Frist

5 Zwischen dem Tag der **Versendung** (= Absendung) der Unterlagen u der GV (bzw der Einleitung eines Umlaufverfahrens, vgl dazu § 98 Rz 7)[12] müssen **mind 14 Tage** liegen. § 903 ABGB (Samstag, Sonn- u Feiertage sowie Karfreitag) ist hinsichtlich des Fristendes zu beachten, sodass sich dadurch die Frist verlängern kann.[13] Wird der Unterlagenversand mit der Einberufung der GV verbunden, greift dennoch die (längere) Frist des § 97 Abs 1 (zur grds kürzeren Einberufungsfrist für die GV vgl § 38 Rz 7).

6 Zur Fristberechnung bei **Unterbleiben der GV** vgl Rz 3 u § 98 Rz 16. Findet weder in der übertragenden noch in der übernehmenden Gesellschaft eine GV statt, verlängert sich hier die Frist faktisch auf einen Monat, denn binnen dieser Frist – gerechnet ab Informationsbereitstellung – könnten die Gesellschafter gem § 231 Abs 3 S 1 AktG die Abhaltung einer GV verlangen (vgl Rz 3 u § 98 Rz 16).[14]

C. Form der Zusendung

7 Die Unterlagen können uE in **jeder** (dokumentierbaren) **Form** versendet oder zB auch persönlich übergeben werden, insb ist die im G genannte Übersendung per Post nicht zwingend;[15] uE ist daher auch eine elektronische Übersendung denkbar,[16] sofern nicht der GesV zwingend eine andere Form vorschreibt. Wird der Unterlagenversand mit der Ein-

---

12 *Kalss*, VSU³ § 97 GmbHG, Rz 9.
13 *Kalss*, VSU³ § 97 GmbHG, Rz 9 u § 221a AktG, Rz 7 u 42; vgl *Bollenberger/P. Bydlinski* in KBB⁷ § 903 ABGB, Rz 3.
14 *Eckert/Schopper* in Torggler, GmbHG § 97 Rz 4 u § 98 Rz 11.
15 *Schindler/Brix* in Straube/Ratka/Rauter, GmbHG § 97 Rz 1.
16 *Aburumieh/Adensamer/H. Foglar-Deinhardstein*, Verschmelzung V. F Rz 4 (S 142); *Kalss*, VSU³ § 97 GmbHG, Rz 10; krit *Warto* in Gruber/Harrer, GmbHG² § 97 Rz 5.

berufung der GV verbunden, ist (auch) die diesbzgl Form einzuhalten (vgl § 38 Rz 1 ff).

D. Unterbleiben

Auf die Zusendung der Verschmelzungsunterlagen kann jeder Gesellschafter individuell (Schriftform ratsam) **verzichten**;[17] nur wenn alle Gesellschafter verzichten, oder eine **100%-*up-stream*-**Verschmelzung vorliegt, kann die Informationserteilung gem § 97 Abs 1 unterbleiben.[18]

8

Unzulässigerweise nicht zugesandte Unterlagen begründen grds **Anfechtbarkeit** des Verschmelzungsbeschlusses, vgl dazu § 98 Rz 24.

9

III. Besonderes Auskunftsrecht (Abs 2)

Gemäß § 97 Abs 2 haben die GF jedem Gesellschafter auf Verlangen **ab dem Zeitpunkt der Einberufung**[19] jederzeit Auskunft auch über alle für die Verschmelzung **wesentlichen Angelegenheiten der anderen Gesellschaft** zu geben. Informationsschuldner sind die GF der eigenen GmbH.[20] In der **Einberufung** ist auf dieses Recht ausdrücklich **hinzuweisen**. Die Informationserteilung ist in zweckentsprechender Form, schriftlich oder mündlich, zu erteilen.[21] Zur Erläuterung u zum Auskunftsrecht in der GV vgl § 98 Rz 11 f.

10

---

17 *Aburumieh/Adensamer/H. Foglar-Deinhardstein*, Verschmelzung V. I Rz 24; *Kalss*, VSU³ § 97 GmbHG, Rz 13.
18 *Aburumieh/Adensamer/H. Foglar-Deinhardstein*, Verschmelzung V. I Rz 31.
19 *Kalss*, VSU³ § 97 GmbHG, Rz 15 befürwortet ein Beginnen dieser Frist bereits mit Zugang der Unterlagen gem § 97 Abs 1; **abl** etwa *Koppensteiner/Rüffler*, GmbHG³ § 97 Rz 7.
20 *Kalss*, VSU³ § 97 GmbHG, Rz 16.
21 *Aburumieh/Adensamer/H. Foglar-Deinhardstein*, Verschmelzung V. F Rz 4 (S 144).

Beschluß der Gesellschafter

§ 98. ¹Der Beschluß der Gesellschafter über die Verschmelzung bedarf einer Mehrheit von drei Vierteln der abgegebenen Stimmen. ²Er kann im Gesellschaftsvertrag an weitere Erfordernisse geknüpft sein. ³Der Beschluß bedarf der notariellen Beurkundung.

idF BGBl 1996/304

Literatur: *Aburumieh/E. Gruber*, Verzicht auf Einberufung einer Hauptversammlung gemäß § 231 AktG, GesRZ 2011, 223; *Brix*, Vorbereitung des Verschmelzungsbeschlusses der Generalversammlung, GesRZ 2016, 332; *Brix*, Durchführung der Generalversammlung zur Fassung des Verschmelzungsbeschlusses, GesRZ 2016, 407; *H. Foglar-Deinhardstein*, Wo und wie die angemessene Squeeze-out-Barabfindung durchzusetzen ist, ecolex 2022, 377; *Napokoj*, Bestandschutz eingetragener Verschmelzungen, GES 2007, 231; s auch bei § 96.

Inhaltsübersicht

I. Grundsätzliches	1
II. Beschlussfassung	2–12
A. Mehrheit	2–4
B. Inhalt	5, 6
C. Form	7–10
D. Informationspflichten in der Generalversammlung	11, 12
III. Vereinfachungen	13–23
A. Übernehmende Gesellschaft	13–20
1. Unterbleiben der Generalversammlung	13–15
2. Fristberechnung Offenlegungspflichten	16
3. Minderheitenrecht	17–20
B. Übertragende Gesellschaft	21
C. Randthemen im Zusammenhang mit dem Unterbleiben der Generalversammlung	22, 23
IV. Beschlussanfechtung	24–30
A. Anfechtungsausschluss	24–29
B. Verschmelzungsrechtlicher Bestandschutz	30

I. Grundsätzliches

1 Die **Wirksamkeit der Verschmelzung** hängt grds v der positiven **Beschlussfassung der GV** (zur Möglichkeit eines Umlaufbeschlusses vgl Rz 7) in der übertragenden u in der übernehmenden Gesellschaft ab (vgl § 221 Abs 1 AktG; vgl auch § 96 Rz 15). Davon statuiert das G **Ausnahmen** (vgl dazu Rz 13 ff, 21). Ein Verzicht auf die Mitwirkung der Gesellschafter ist – abseits dieser gesetzl Ausnahmen – nicht möglich.[1] Die **Reihenfolge** der Beschlussfassungen (also ob zuerst in der übertragenden oder der übernehmenden Gesellschaft) ist gesetzl nicht vorgegeben; auch lässt das G offen, ob die Beschlussfassungen vor finaler Ausfertigung des Verschmelzungsvertrags in Form eines Notariatsakts oder danach erfolgen, insofern besteht Wahlfreiheit (vgl auch § 96 Rz 19).[2]

II. Beschlussfassung

A. Mehrheit

Der Beschluss bedarf einer Mehrheit v **75%** (drei Viertel) der abgegebenen Stimmen; der GesV kann **weitere Beschlusserfordernisse** (vgl dazu § 50 Rz 3 ff) vorsehen. Auch bei Verschmelzung v Gesellschaften mit untersch Unternehmensgegenständen gilt diese Mehrheit, § 50 Abs 3 (Einstimmigkeit bei Änderung des Unternehmensgegenstands, vgl § 50 Rz 12 ff) wird überlagert.[3] 2

Greift § 99 Abs 3 (vgl § 99 Rz 8 f) u wird keine Regelung, die die durch diese Bestimmung geschützte Sperrminorität perpetuiert, aus Anlass der Verschmelzung im GesV der übernehmenden Gesellschaft umgesetzt, so ist der Verschmelzungsbeschluss in der betr Gesellschaft mit der **höchsten gesv vorgesehenen** – u über 75% hinausgehenden – Mehrheit zu fassen.[4] Für die **übertragende** Gesellschaft sind weiters allfällige erhöhte Beschlussquoren für die **Auflösung** der Gesellschaft zu beachten.[5] Zu weiteren **Sonderzustimmungserfordernissen** vgl § 99 (vgl auch Rz 23). 3

Das **Stimmverbot** des § 39 Abs 4 (vgl § 39 Rz 53 ff) greift **nicht**, insb auch nicht bei *Up*- u *Downstream*-Verschmelzung.[6] 4

---

1 *Aburumieh/Adensamer/H. Foglar-Deinhardstein*, Verschmelzung V. F Rz 7.
2 *Aburumieh/Adensamer/H. Foglar-Deinhardstein*, Verschmelzung V. F Rz 5; *Brix*, GesRZ 2016, 407 (409).
3 *Warto* in Gruber/Harrer, GmbHG² § 98 Rz 16; *Koppensteiner/Rüffler*, GmbHG³ § 98 Rz 2.
4 *Aburumieh/Adensamer/H. Foglar-Deinhardstein*, Verschmelzung V. F Rz 8.
5 *Aburumieh/Adensamer/H. Foglar-Deinhardstein*, Verschmelzung V. F Rz 8; *Kalss*, VSU³ § 221 AktG, Rz 15 u § 98 GmbHG, Rz 12.
6 *Brix*, GesRZ 2016, 407 (409).

B. Inhalt

5 Beschluss zu fassen ist über die wesentlichen Eckpunkte der Verschmelzung, sohin über die Inhalte des Verschmelzungsvertrags (vgl auch § 221 Abs 4 AktG, s Rz 7).[7] Üblicherweise wird auch der dem Protokoll beizuschließende Verschmelzungsvertrag (vgl Rz 7) durch Verweis zum Beschlussinhalt gemacht u genehmigt.[8]

6 Ist eine **verschmelzungsbedingte Kapitalerhöhung** vorgesehen, ist auch darüber Beschluss zu fassen (vgl § 101 Rz 8 ff). Daneben empfiehlt sich die Beschlussfassung über die **Entlastung** der Organmitglieder der übertragenden Gesellschaft (zur Entlastung vgl generell § 35 Rz 55 ff, insb 61). Auch die Beschlussfassung (**Feststellung**) über den JA ist zu empfehlen, wenn der Verschmelzungsstichtag mit jenem des Regelbilanzstichtags der übertragenden Gesellschaft zusammenfällt u der entspr JA noch nicht festgestellt wurde; ob darüber hinaus auch bei einem v Regelbilanzstichtag der übertragenden Gesellschaft abw Verschmelzungsstichtag eine gesonderte Feststellung der Schlussbilanz zwingend geboten ist, ist umstritten, wird v der hA aber abgelehnt (vgl auch § 96 Rz 51).[9]

C. Form

7 Die GV sind gem § 87 NO notariell zu beurkunden.[10] Der **Verschmelzungsvertrag** (oder dessen Entwurf) ist in die Niederschrift über den Verschmelzungsbeschluss aufzunehmen oder dieser als **Anlage** beizufügen (§ 221 Abs 4 AktG).[11] Bei Beachtung des Gebots der notariellen

---

7 *Brix*, GesRZ 2016, 407 (409).
8 Vgl die Musterformulierung bei *Aburumieh/Adensamer/H. Foglar-Deinhardstein*, Verschmelzung V. F Rz 15.
9 Gegen eine Feststellungspflicht: KFS/RL 25 Rz 31; *Ludwig/Hirschler*, Bilanzierung und Prüfung von Umgründungen³ Kap. 4.I Rz 4.20; *Kalss*, VSU³ § 220 AktG, Rz 55; für eine Feststellungspflicht: *Aburumieh/Adensamer/H. Foglar-Deinhardstein*, Verschmelzung V. B Rz 8; *Eckert/Schopper* in Torggler, GmbHG § 96 Rz 37.
10 Vgl dazu etwa *Brix*, GesRZ 2016, 407 (409 f); *Schindler/Brix* in Straube/Ratka/Rauter, GmbHG § 98 Rz 4.
11 Vgl dazu *Brix*, GesRZ 2016, 407 (409): Beischluss einer beglaubigten Kopie – uE wäre auch eine einfache Kopie oder auch der Entwurf (vgl Rz 1) ausreichend.

Beurkundung (nicht: bloße Beglaubigung) wird auch das **Rundlaufverfahren** (Umlaufbeschluss, vgl § 34 Rz 52 ff, insb 69) für zulässig gehalten (str, vgl auch § 101 Rz 8 u § 49 Rz 44 f).[12] Unseres Erachtens ist dieses Verfahren iZm einer Verschmelzung noch nicht ausreichend etabliert, sodass sich eine Vorabstimmung mit dem FB empfiehlt. Gemäß § 90a NO jedenfalls möglich ist jedoch eine notarielle Beurkundung der Beschlussfassung unter Nutzung einer elektronischen Kommunikationsmöglichkeit iSv § 69b NO, sodass die physische Anwesenheit aller Teilnehmer der GV am selben Ort nicht erforderlich ist.

Es ist sinnvoll, allfällige **verschmelzungsbezogene Verzichtserklärungen** der Gesellschafter[13] (vgl zu Informations- u Berichtspflichten § 97 Rz 8, § 100 Rz 9, 18, 20) in das GV-Protokoll aufzunehmen; jedenfalls empfiehlt sich dies – aufgrund des besonderen Formerfordernisses – für den Verzicht auf die **Erhebung v Anfechtungs- oder Nichtigkeitsklagen** (vgl Rz 29). **8**

Die Stimmrechtsausübung auf Basis einer **Vollmacht** ist nach allg Grundsätzen zulässig (vgl dazu § 39 Rz 40 ff);[14] **(nur)** sofern die Vollmacht auch die Abgabe einer Zustimmungserklärung gem § 99 Abs 6 erfasst, sollte diese **beglaubigt** werden (vgl § 99 Rz 16).[15] Gleiches gilt bei Abgabe eines Verzichts auf die Erhebung einer Anfechtungsklage (vgl Rz 29). **9**

Die GV ist nach allg Regeln **einzuberufen** (vgl § 38 Rz 1 ff; eine Verknüpfung mit der Informationserteilung gem § 97 Abs 1 ist denkbar, vgl § 97 Rz 5, 7), wobei auf das **besondere Auskunftsrecht des § 97 Abs 2** besonders **hinzuweisen** ist (vgl § 97 Rz 4 u 10). Nach Beschlussfassung sind den Gesellschaftern Kopien der gefassten Beschlüsse zuzusenden (vgl § 40 Rz 12 ff). **10**

---

12 *Aburumieh/Adensamer/H. Foglar-Deinhardstein*, Verschmelzung V. F Rz 7 mwN u *Brix*, GesRZ 2016, 407 (408); **aA** *Warto* in Gruber/Harrer, GmbHG² § 98 Rz 7 aE.
13 Vgl die Zusammenstellung denkbarer Verzichte bei *Aburumieh/Adensamer/ H. Foglar-Deinhardstein*, Verschmelzung V. I Rz 2 ff.
14 *Brix*, GesRZ 2016, 407 (410).
15 *Aburumieh/Adensamer/H. Foglar-Deinhardstein*, Verschmelzung V. F Rz 18.

D. Informationspflichten in der Generalversammlung

11 In der GV sind die in § 221a Abs 2 AktG genannten **Unterlagen** (vgl § 97 Rz 2) **aufzulegen** (§ 221a Abs 5 S 1 AktG).[16] Die Geschäftsführung hat den **Verschmelzungsvertrag** zu Beginn der Verhandlung mündlich zu **erläutern** (§ 221a Abs 5 S 2 AktG), insb auch das Umtauschverhältnis (vgl zu diesem § 96 Rz 29 ff).[17] Sofern zw dem Tag der Aufstellung des (Entwurfs des) Verschmelzungsvertrags u dem Zeitpunkt der Beschlussfassung (dh nicht bei Verzicht auf die Informationserteilung [§ 97 Rz 8], wenn – wie diesfalls regelmäßig – diese Zeitpunkte zusammenfallen)[18] **wesentliche Veränderungen der Vermögens- oder Ertragslage** einer der an der Verschmelzung beteiligten Gesellschaften eingetreten sind, hat die Geschäftsführung darüber die Gesellschafter vor Beschlussfassung zu **unterrichten**; dies gilt insb, wenn die Veränderung ein anderes Umtauschverhältnis rechtfertigen würde (§ 221a Abs 5 S 3 AktG).[19] Zu diesem Zweck hat die **Geschäftsführung der Gesellschaft**, bei der es zu einer solchen Veränderung der Vermögens- oder Ertragslage gekommen ist, die **Geschäftsführung der anderen** beteiligten Gesellschaft(en) darüber unverzüglich zu unterrichten (§ 221a Abs 5 S 4 AktG). Die Erfüllung dieser Informationspflichten ist sinnvollerweise im GV-Protokoll festzuhalten.[20]

12 Das **Auskunftsrecht des Gesellschafters** in der GV jener Gesellschaft, in der er beteiligt ist, umfasst auch (über das allg Auskunftsrecht hinausgehend, vgl dazu § 34 Rz 4, 13) alle **wesentlichen Angelegenheiten der anderen** beteiligten **Gesellschaft** (§ 221a Abs 6 S 1 AktG), wobei die Auskunftsverweigerungsgründe des § 118 Abs 3 AktG analog gelten (§ 221a Abs 6 S 2 AktG).[21] Dieses Auskunftsrecht setzt das bereits ab Einberufung der GV bestehende spezielle Auskunftsrecht, das auch alle für die Verschmelzung wesentlichen Angelegenheiten der anderen Gesellschaft umfasst (§ 97 Abs 2 S 1, vgl § 97 Rz 10), fort.[22]

---

16 *Brix*, GesRZ 2016, 407.
17 *Brix*, GesRZ 2016, 407.
18 *Brix*, GesRZ 2016, 407 (408).
19 *Brix*, GesRZ 2016, 407 (407 f).
20 *Brix*, GesRZ 2016, 407 (410).
21 *Schindler/Brix* in Straube/Ratka/Rauter, GmbHG § 97 Rz 13 aE; *Brix*, GesRZ 2016, 407 (408 u 410 zur Protokollierung in der GV).
22 *Brix*, GesRZ 2016, 407 (408).

III. Vereinfachungen

A. Übernehmende Gesellschaft

1. Unterbleiben der Generalversammlung

Die Beschlussfassung in der **übernehmenden Gesellschaft** kann unterbleiben, wenn die **übernehmende** Gesellschaft im Zeitpunkt der FB-Eintragung der Verschmelzung (str)[23] (unmittelbar oder mittelbar[24]) **mind 90%**[25] **an der übertragenden** Gesellschaft hält (§ 231 Abs 1 Z 1 AktG) oder wenn die aus Anlass der Verschmelzung **zu gewährenden Anteile nicht mehr als 10%**[26] des (allenfalls aus Anlass der Verschmelzung erhöhten) Stammkapitals der übernehmenden Gesellschaft (**Bagatellverschmelzung**) übersteigen (§ 231 Abs 1 Z 2 AktG), sofern in diesen Fällen nicht eine 5%-Minderheit dennoch die Abhaltung der GV fordert (vgl dazu Rz 17).[27]

13

Die Entscheidung über das Unterbleiben der GV liegt im **pflichtgemäßen Ermessen der Geschäftsführung**; die Holzmüller-Doktrin

14

---

[23] Vgl dazu *Aburumieh/Adensamer/H. Foglar-Deinhardstein*, Verschmelzung V. I Rz 32, 29 u 39 je mwN; *Schindler/Brix* in Straube/Ratka/Rauter, GmbHG § 98 Rz 14; aA: *Kalss*, VSU³ § 231 AktG, Rz 8; *Warto* in Gruber/Harrer, GmbHG² § 98 Rz 53; *Eckert/Schopper/Wöss* in Eckert/Schopper, AktG-ON § 231 Rz 3.

[24] Str, vgl dazu *Aburumieh/Adensamer/H. Foglar-Deinhardstein*, Verschmelzung V. I Rz 32 mwN; *Kalss*, VSU³ § 231 AktG, Rz 4. Auch der Anteilsbesitz für die übernehmende Gesellschaft durch einen Treuhänder wird für ausreichend erachtet, vgl *Kalss*, VSU³ § 231 AktG, Rz 4.

[25] Eigene Anteile der übertragenden Gesellschaft oder treuhändig für diese gehaltene Anteile sind in Abzug zu bringen, vgl *Aburumieh/Adensamer/ H. Foglar-Deinhardstein*, Verschmelzung V. I Rz 32 u *Kalss*, VSU³ § 231 AktG, Rz 5; str ist, ob v Tochtergesellschaften gehaltene Anteile einzubeziehen sind, vgl dazu *Warto* in Gruber/Harrer, GmbHG² § 98 Rz 52 mwN; *Kalss*, VSU³ § 231 AktG, Rz 5 ist zB **dafür**.

[26] Neue u vorhandene eigene Anteile der übernehmenden Gesellschaft sind in die Berechnung der 10%-Schwelle mit einzubeziehen, nicht aber durchgeschleuste Anteile (str), vgl *Aburumieh/Adensamer/H. Foglar-Deinhardstein*, Verschmelzung V. I Rz 44 mwN; *Kalss*, VSU³ § 231 AktG, Rz 12. Beim 100%-*Downstream-Merger* (der regelmäßig ohne Kapitalerhöhung erfolgt, vgl § 101 Rz 20) könnte nach der hier vertretenen M daher die Abhaltung einer GV in der übernehmenden Gesellschaft unterbleiben.

[27] *Aburumieh/Adensamer/H. Foglar-Deinhardstein*, Verschmelzung V. F Rz 6 u V. I Rz 32, 35 ff, 44.

(vgl dazu § 35 Rz 5 ff) gilt uE (str) nicht.[28] Über § 35 könnte die GV aber die Beschlusskompetenz grds an sich ziehen.[29]

15 Die Vereinfachungsmöglichkeit des **§ 231 AktG** gilt **nicht** für eine allfällige **Kapitalerhöhung** zur Durchführung der Anteilsgewähr (vgl § 101 Rz 8 ff) oder sonstige Beschlüsse anlässlich der Verschmelzung (zB GesV-Änderung).[30]

2. Fristberechnung Offenlegungspflichten

16 Wird v der Vereinfachungsmöglichkeit des § 231 Abs 1 AktG Gebrauch gemacht, so sind **besondere Fristregelungen zur Offenlegung** gem § 97 Abs 1 zu beachten. Demnach ist bei der übernehmenden Gesellschaft der Tag der GV der übertragenden Gesellschaft maßgeblich (§ 231 Abs 2 AktG). Unterbleibt auch in der übertragenden Gesellschaft die GV, läuft die 14-Tages-Frist[31] des § 97 Abs 1 ab Zusendung der Unterlagen, dh vor Ablauf dieser Frist darf keine FB-Eintragung erfolgen (§ 232 Abs 1a S 2 AktG); diesfalls kommt es auf die Zusendung der Unterlagen in der übernehmenden Gesellschaft an, denn bei 100%-*Upstream*-Verschmelzungen ist in der übertragenden Gesellschaft die Informationserteilung entbehrlich.[32] Bei Verzicht auf die Informationserteilung ist diese Frist nicht abzuwarten.[33] Vgl zu gleichgelagerten Fragen zur Fristberechnung für die Ausübung des Minderheitsrechts gem § 231 Abs 3 AktG auch § 232 Abs 1a letzter Halbsatz AktG, vgl Rz 18.

---

28 *Aburumieh/E. Gruber*, GesRZ 2011, 223 (224) mwN; *Warto* in Gruber/Harrer, GmbHG² § 98 Rz 55; aA *Schindler/Brix* in Straube/Ratka/Rauter, GmbHG § 98 Rz 13.

29 *Kalss*, VSU³ § 98 GmbHG Rz 5 aE.

30 *Aburumieh/E. Gruber*, GesRZ 2011, 223; *Aburumieh/Adensamer/H. Foglar-Deinhardstein*, Verschmelzung V. I Rz 44, 32.

31 Die in § 232 Abs 1a S 2 AktG genannte Monatsfrist für die Informationsbereitstellung ist uE bei der GmbH durch die 14-Tagesfrist des § 97 zu ersetzen (so auch *Kalss*, VSU³ § 97 GmbHG, Rz 12), jedoch greift die Monatsfrist des § 231 Abs 3 S 1 AktG für die Ausübung des Minderheitsrechts, vgl dazu Rz 18 u § 97 Rz 3 u 6, wenn darauf nicht verzichtet wird.

32 *Aburumieh/Adensamer/H. Foglar-Deinhardstein*, Verschmelzung V. I Rz 40, 31, vgl auch § 97 Rz 8.

33 Vgl *Aburumieh/Adensamer/H. Foglar-Deinhardstein*, Verschmelzung V. I Rz 40.

3. Minderheitenrecht

Macht die Geschäftsführung v der Vereinfachungsmöglichkeit des § 231 Abs 1 AktG Gebrauch, so können Gesellschafter der übernehmenden Gesellschaft, deren Anteile zusammen **5% des Stammkapitals** – oder einen **geringeren** Anteil gem GesV – erreichen, bis zum Ablauf eines Monats nach Beschlussfassung der GV der übertragenden Gesellschaft die Einberufung einer GV bei der übernehmenden Gesellschaft verlangen.

17

Findet **auch in der übertragenden Gesellschaft keine GV** statt (vgl Rz 21), so ist gem § 232 Abs 1a letzter Halbsatz AktG für den Beginn dieser **Monatsfrist** der Tag maßgeblich, an dem die Unterlagen gem § 97 bei der übernehmenden Gesellschaft[34] bereitgestellt werden (vgl auch § 97 Rz 3, 6) oder ein Verzicht auf Bereitstellung der Informationen wirksam wird.[35] **Verzichten** die Gesellschafter der übernehmenden Gesellschaft auf die Ausübung des Minderheitenrechts gem § 231 Abs 3 AktG, so muss die Monatsfrist nicht abgewartet werden.[36]

18

Bei **Informationserteilung** der übernehmenden Gesellschaft gem § 97 Abs 1 sind die Gesellschafter auf das Minderheitenrecht des § 231 Abs 3 AktG **hinzuweisen**, nicht aber, wenn auch auf die Informationserteilung verzichtet wird (vgl § 97 Rz 3 u 8).[37]

19

Die **Formalvorgaben** des § 37 Abs 1 (Schriftformgebot, Angabe des Zwecks, vgl § 37 Rz 5 ff) gelten **nicht** bei Ausübung dieses Minderheitenrechts.[38] Zu überlegen wäre allerdings, § 37 Abs 2 (**Selbsteinberufung**, § 37 Rz 15 ff) analog anzuwenden, wenn dem Verlangen nicht entsprochen wird. Die Rechtsdurchsetzung wäre daher in der GmbH einfacher möglich als in der AG (vgl § 105 Abs 4 AktG: gerichtl Ermäch-

20

---

34 Bei der übertragenden Gesellschaft greift uE bei der 100%-*Upstream*-Verschmelzung die Informationsverpflichtung gem § 97 Abs 1 nicht, vgl dazu *Aburumieh/Adensamer/H. Foglar-Deinhardstein*, Verschmelzung V. I Rz 35 u 31, vgl auch § 97 Rz 8.
35 Vgl dazu *Aburumieh/Adensamer/H. Foglar-Deinhardstein*, Verschmelzung V. I Rz 35.
36 *Aburumieh/Adensamer/H. Foglar-Deinhardstein*, Verschmelzung V. I Rz 35 aE u Rz 12.
37 Vgl *Aburumieh/Adensamer/H. Foglar-Deinhardstein*, Verschmelzung V. I Rz 36.
38 *Warto* in Gruber/Harrer, GmbHG² § 98 Rz 57; *Aburumieh/E. Gruber*, GesRZ 2011, 223 (225) zur AG.

tigung zur Selbsteinberufung[39]). Bei **Anmeldung** der Verschmelzung (vgl § 96 Rz 55 ff) hat die **Geschäftsführung** gem § 225 Abs 2 S 3 AktG eine **Erklärung** abzugeben, dass die Gesellschafter der übernehmenden Gesellschaft v ihrem Recht gem § 231 Abs 3, die Einberufung einer GV zu verlangen, nicht Gebrauch gemacht oder auf dieses Recht schriftlich verzichtet haben.

B. Übertragende Gesellschaft

21 Die Beschlussfassung in der **übertragenden Gesellschaft** kann unterbleiben, wenn sich spätestens im Zeitpunkt der Eintragung der Verschmelzung (str, vgl auch schon Rz 13)[40] alle Anteile der übertragenden Gesellschaft direkt oder indirekt in der Hand der übernehmenden Gesellschaft befinden (100 %-*Upstream*-Verschmelzung, vgl **§ 232 Abs 1a AktG**).[41]

C. Randthemen im Zusammenhang mit dem Unterbleiben der Generalversammlung

22 Ob die (insb: freiwillige) Einholung eines GV-Beschlusses **haftungsexkulpierend** wirken kann, ist umstritten; für die übertragende Gesellschaft wird dies gem § 227 Abs 1 S 2 AktG explizit ausgeschlossen.[42]

23 Trotz Entfall der GV können sich **besondere Zustimmungserfordernisse** aus § 99 ergeben, diese hängen grds nicht v der Abhaltung der Gesellschafterbeschlussfassung ab. Fraglich ist, ob bei Eingreifen des § 99 Abs 3 (vgl Rz 3 u § 99 Rz 8 f) die GV-Befassung unterbleiben kann (vgl aber auch § 99 Rz 9 zu Fällen, wo § 99 Abs 3 überhaupt nicht anwendbar ist). Nach dem Telos des Gesetzes sollte uE ein Unterbleiben der GV nur dann möglich sein (relevant ist dies ohnedies nur hinsicht-

---

39 Vgl zur AG *Aburumieh/E. Gruber*, GesRZ 2011, 223 (225).
40 *Aburumieh/Adensamer/H. Foglar-Deinhardstein*, Verschmelzung V. I Rz 39; *Schindler/Brix* in Straube/Ratka/Rauter, GmbHG § 98 Rz 18; aA *Warto* in Gruber/Harrer, GmbHG² § 98 Rz 63; *Eckert/Schopper/Wöss* in Eckert/Schopper, AktG-ON § 232 Rz 3.
41 *Aburumieh/Adensamer/H. Foglar-Deinhardstein*, Verschmelzung V. F Rz 6 u I Rz 39.
42 Vgl dazu *Aburumieh/Adensamer/H. Foglar-Deinhardstein*, Verschmelzung VI. F Rz 3, 13.

lich des Unterbleibens der GV in der übernehmenden Gesellschaft, denn das Unterbleiben in der übertragenden Gesellschaft setzt 100%-Anteilsbesitz voraus, sodass sich die Frage nach dem Minderheitenschutz nicht stellt), wenn die Sperrminorität durch Regelung im GesV der übernehmenden Gesellschaft perpetuiert wird (vgl dazu § 99 Rz 8); alternativ wäre uE die Einholung v Zustimmungserklärungen v Gesellschaftern im erforderlichen Ausmaß denkbar, ohne dass formal eine GV abgehalten oder ein Umlaufbeschluss gefasst wird.

IV. Beschlussanfechtung

A. Anfechtungsausschluss

Grundsätzlich richtet sich die Anfechtung v Verschmelzungsbeschlüssen nach den allg Regeln der §§ 41 ff.[43] Jedoch kann die **Anfechtung gem § 225b AktG nicht** darauf gestützt werden, dass das **Umtauschverhältnis** oder die allfälligen baren Zuzahlungen nicht angemessen festgelegt sind oder dass die in den Verschmelzungsberichten, Prüfungsberichten oder den Berichten der AR enthaltenen Erläuterungen des Umtauschverhältnisses oder der baren Zuzahlungen den gesetzl Bestimmungen nicht entsprechen (vgl dazu auch § 41 Rz 110).[44] Zu beachten ist auch § 195 Abs 4 S 2 AktG[45], wonach eine Anfechtungsklage auf unrichtige, unvollständige oder unzureichende **Informationen in der GV** über die Ermittlung, Höhe oder Angemessenheit des **Umtauschverhältnisses** (einschließlich barer Zuzahlungen) nicht gestützt werden kann.[46]

24

---

[43] Eine sachliche Rechtfertigung ist für den Verschmelzungsbeschluss nicht erforderlich, dennoch können Treuepflichterwägungen greifen, vgl dazu *Eckert/Schopper* in Torggler, GmbHG § 98 Rz 9.

[44] Fehlen diese Unterlagen oder Angaben zum Umtauschverhältnis völlig, greift der Anfechtungsausschluss nicht, gleiches gilt bei sonstigen – dh nicht das Umtauschverhältnis betr – Informationsmängeln, sofern der Mangel iSd Relevanztheorie relevant ist, vgl *Aburumieh/Adensamer/H. Foglar-Deinhardstein*, Verschmelzung V. F Rz 67; *Eckert/Schopper* in Torggler, GmbHG § 98 Rz 7 f.

[45] Diese Bestimmung gilt analog in der GmbH, vgl *Eckert/Schopper* in Torggler, GmbHG § 98 Rz 7.

[46] Werden derartige Informationen in der GV vollständig verweigert, greift uE der Anfechtungsausschluss nicht, vgl *Aburumieh/Adensamer/H. Foglar-*

25 Denn für die Überprüfung des Umtauschverhältnisses normieren §§ 225c ff AktG ein eigenes außerstreitiges **Überprüfungsverfahren**.[47] Dieses hat auf die Eintragung der Verschmelzung – u damit deren Wirksamkeit – keine Auswirkungen, es ist der FB-Eintragung nachgeschaltet.

26 Nach den gesetzl Bestimmungen ist die **Anfechtung** des **Kapitalerhöhungsbeschlusses** nicht ausgeschlossen (str, vgl auch die abw A bei § 41 Rz 110 aE).[48] Jedoch erstreckt sich der verschmelzungsrechtliche **Bestandschutz** (vgl Rz 30) auch auf die verschmelzungsbedingte **Kapitalerhöhung**.[49] Wurde dem Verlangen eines Gesellschafters auf Prüfung der Verschmelzung gem § 100 Abs 2 (vgl § 100 Rz 20) nicht entsprochen, so hat er dies anlässlich der Beschlussfassung zur Niederschrift zu erklären; dies gilt auch als Widerspruch gegen den Verschmelzungsbeschluss (vgl auch § 100 Rz 20).

27 § 230 Abs 1 AktG regelt, dass nach Eintragung der Verschmelzung in das FB eine Anfechtung des Verschmelzungsbeschlusses der übertragenden Gesellschaft **gegen die übernehmende Gesellschaft** zu richten ist. Gemäß § 230 Abs 2 S 2 AktG kann die Anfechtungsklage nach Eintragung der Verschmelzung ohne Vorliegen der Voraussetzungen des § 235 ZPO auf **Schadenersatz** abgeändert oder auf **Prozesskostenersatz** eingeschränkt werden (vgl auch § 41 Rz 111); dies korreliert mit dem verschmelzungsrechtlichen Bestandschutz, denn ein Anfechtungsbegehren könnte nach Eintragung der Verschmelzung im FB nicht mehr umgesetzt werden (vgl Rz 30).

28 Bei FB-Anmeldung der Verschmelzung (vgl dazu § 96 Rz 55 ff) ist gem § 225 Abs 2 AktG eine Erklärung der GF[50] (sog „**Negativerklärung**") jeder beteiligten Gesellschaft vorzulegen, dass eine Klage auf Anfechtung oder Feststellung der Nichtigkeit des Verschmelzungs-

---

Deinhardstein, Verschmelzung V. F Rz 68; **aA** *Eckert/Schopper* in Torggler, GmbHG § 98 Rz 7 aE.

47 Vgl dazu etwa *Warto* in Gruber/Harrer, GmbHG² § 98 Rz 24 ff; vgl auch *H. Foglar-Deinhardstein*, ecolex 2022, 377 (377 f).

48 Vgl dazu *Aburumieh/Adensamer/H. Foglar-Deinhardstein*, Verschmelzung V. F Rz 69 mwN, **aA** etwa *Eckert/Schopper* in Torggler, GmbHG § 98 Rz 13.

49 Vgl OGH 19.12.2019, 6 Ob 210/19d, NZ 2020, 108 (*Napokoj/H. Foglar-Deinhardstein*) = JAP 2020/2021, 38 (*Rauter*); *Aburumieh/Adensamer/H. Foglar-Deinhardstein*, Verschmelzung VI. E Rz 1 aE, mwN.

50 In vertretungsbefugter Anzahl, vgl etwa *Schindler/Brix* in Straube/Ratka/Rauter, GmbHG § 96 Rz 77.

beschlusses innerhalb eines Monats nach der Beschlussfassung (bei der GmbH gem § 41 Abs 4 zu korrigieren: nach Absendung der Kopie des GV-Protokolls an die Gesellschafter, vgl dazu § 41 Rz 152 ff) nicht erhoben oder zurückgezogen worden ist oder dass alle Aktionäre durch notariell beurkundete Erklärung auf eine solche Klage verzichtet haben (vgl auch § 96 Rz 56). Können diese Erklärungen nicht vorgelegt werden, so hat das Gericht gem § 19 FBG vorzugehen (vgl auch § 41 Rz 57, 111).[51]

Der **Verzicht** auf die Erhebung v **Anfechtungsklagen** bedarf der **notariellen Beurkundung** (vgl § 225 Abs 2 AktG), die bloße Beglaubigung wäre nicht ausreichend; wird dieser Verzicht basierend auf einer Bevollmächtigung abgegeben, sollte uE sicherheitshalber die **Vollmacht notariell beglaubigt** werden.[52]

B. Verschmelzungsrechtlicher Bestandschutz

Eine einmal eingetragene Verschmelzung kann nicht mehr rückgängig gemacht werden (**keine „Entschmelzung"**). Gemäß § 230 Abs 2 S 1 AktG lassen Mängel der Verschmelzung die Wirkungen der Eintragung gem § 225a Abs 3 AktG unberührt (vgl auch § 41 Rz 57, 111). Dieser Bestandschutz bezieht sich auf alle Mängel der Verschmelzung unabhängig v der Schwere des Mangels u erfasst somit auch Fälle der Einlagenrückgewähr oder einer sonstigen Nichtigkeit des Verschmelzungsvertrags.[53] Mit der Eintragung der Verschmelzung ist aber nicht unbedingt eine **Heilung v Mängeln** verbunden; das G (§ 225a Abs 3 Z 4 AktG) ordnet lediglich die Heilung eines allfälligen Formmangels des Verschmelzungsvertrags an; sonstige Mängel heilen aber nicht unbedingt mit Eintragung der Verschmelzung, sodass daraus zB Schadenersatzansprüche erwachsen könnten (vgl auch § 101 Rz 46);[54] hier ergeben sich viele De-

---

51 Vgl dazu *Aburumieh/Adensamer/H. Foglar-Deinhardstein*, Verschmelzung V. G Rz 6 u H Rz 3.
52 *Aburumieh/Adensamer/H. Foglar-Deinhardstein*, Verschmelzung V. I Rz 16.
53 Vgl OGH 19.12.2019, 6 Ob 210/19d, NZ 2020, 108 (*Napokoj/H. Foglar-Deinhardstein*) = JAP 2020/2021, 38 (*Rauter*); *Napokoj*, GES 2007, 231 (232); *Szep* in Artmann/Karollus, AktG[6] § 230 Rz 10; *Warto* in Gruber/Harrer, GmbHG[2] § 98 Rz 159; für die AG *Diregger* in Doralt/Nowotny/Kalss, AktG[2] § 195 Rz 115.
54 Vgl OGH 19.12.2019, 6 Ob 210/19d, NZ 2020, 108 (*Napokoj/H. Foglar-Deinhardstein*) = JAP 2020/2021, 38 (*Rauter*).

tailfragen.⁵⁵ Keinen Bestandschutz gibt es bei Verstößen gegen das kartellrechtliche Zusammenschlussverbot oder bei Fehlen sonstiger aufsichtsrechtlicher Genehmigungen, die für eine Verschmelzung erforderlich sind.⁵⁶

Besondere Zustimmungserfordernisse

§ 99. (1) Werden bei der übertragenden Gesellschaft durch die Verschmelzung die einzelnen Gesellschaftern durch den Gesellschaftsvertrag eingeräumten Rechte, insbesondere Rechte in der Geschäftsführung der Gesellschaft oder bei der Bestellung der Geschäftsführer oder des Aufsichtsrats beeinträchtigt, so bedarf der Verschmelzungsbeschluß der übertragenden Gesellschaft der Zustimmung dieses Gesellschafters, es sei denn, daß die übernehmende oder neu gegründete Gesellschaft gleichwertige Rechte gewährt.

(2) Sieht der Gesellschaftsvertrag einer beteiligten Gesellschaft ein Zustimmungsrecht bei der Übertragung von Geschäftsanteilen vor, so bedarf der Verschmelzungsbeschluß der Zustimmung dieses Gesellschafters; § 77 erster und zweiter Satz ist sinngemäß anwendbar.

(3) Sieht der Gesellschaftsvertrag einer beteiligten Gesellschaft für einzelne Beschlußgegenstände, die nach dem Gesetz nur einer Mehrheit von drei Viertel der abgegebenen Stimmen oder einer geringeren Mehrheit bedürfen, eine darüber hinausgehende Beschlußmehrheit vor, so bedarf auch der Verschmelzungsbeschluß dieser Gesellschaft derselben Mehrheit, es sei denn, daß im Gesellschaftsvertrag der übernehmenden oder der neu gegründeten Gesellschaft durch entsprechende Anhebung der Mehrheitserfordernisse für dieselben Beschlußgegenstände die Rechte der Minderheit gewahrt werden.

---

55 Vgl dazu den Überblick bei *Aburumieh/Adensamer/H. Foglar-Deinhardstein*, Verschmelzung VI. E Rz 2 sowie ausf etwa *Napokoj*, GES 2007, 231 (231 ff); vgl auch *Szep* in Artmann/Karollus, AktG⁶ § 230 Rz 10 f; *Kalss*, VSU³ § 230 AktG Rz 14 ff.

56 *Kalss*, VSU³ § 230 AktG Rz 17 f; *Szep* in Artmann/Karollus, AktG⁶ § 230 Rz 11; *Eckert/Schopper/Wöss* in Eckert/Schopper, AktG-ON § 230 Rz 6; *Warto* in Gruber/Harrer, GmbHG² § 96 Rz 158; *Aburumieh/Adensamer/ H. Foglar-Deinhardstein*, Verschmelzung VI. E Rz 2; *Napokoj/H. Foglar-Deinhardstein*, NZ 2020, 108 (112).

(4) Sind die Geschäftsanteile der übertragenden Gesellschaft frei übertragbar und macht der Gesellschaftsvertrag der übernehmenden oder neu gegründeten Gesellschaft die Übertragung von bestimmten Voraussetzungen, insbesondere von der Zustimmung der Gesellschaft, abhängig, so bedarf der Verschmelzungsbeschluß der Zustimmung aller Gesellschafter der übertragenden Gesellschaft.

(5) Sind bei einer beteiligten Gesellschaft die Einzahlungen auf die bar zu leistenden Stammeinlagen noch nicht vollständig geleistet, so bedarf der Verschmelzungsbeschluß der Zustimmung aller Gesellschafter der übrigen Gesellschaften.

(6) ¹Ist nach den vorhergehenden Vorschriften die Zustimmung eines Gesellschafters erforderlich, so kann diese auch außerhalb der Generalversammlung erteilt werden. ²In diesem Fall muß sie gerichtlich oder notariell beglaubigt unterfertigt sein und der übernehmenden Gesellschaft spätestens innerhalb einer Frist von drei Monaten nach der Beschlußfassung zugehen; der Verschmelzungsvertrag ist in die Zustimmungserklärung aufzunehmen oder dieser als Anlage beizufügen.

idF BGBl 1996/304

Literatur: Siehe Lit zu §§ 96–98; *Walch*, Aus der aktuellen Rechtsprechung – Kapitalgesellschaften; Nachträgliche Vinkulierung von GmbH-Geschäftsanteilen, GesRZ 2015, 259.

Inhaltsübersicht

I. Grundsätzliches 1, 2
II. Sonderrechte in der übertragenden Gesellschaft (Abs 1) ... 3, 4
III. Übertragung von Geschäftsanteilen (Abs 2) 5–7
IV. Besondere Beschlussquoren (Abs 3) 8, 9
V. Vinkulierung (Abs 4) 10, 11
VI. Nicht voll einbezahlte Stammeinlagen (Abs 5) 12, 13
VII. Form (Abs 6)..................................... 14–16

I. Grundsätzliches

§ 99 sieht unter bestimmten Voraussetzungen besondere Zustimmungserfordernisse für die Verschmelzung vor, welche neben die allg u allenfalls auch besonderen („weiteren") Beschlusserfordernisse des § 98 treten (vgl § 98 Rz 2). Die Tatbestände des § 99 zielen darauf ab, den Eintritt v bestimmten Nachteilen iZm der Verschmelzung für ein-

1

zelne Gesellschafter nur bei Erteilung deren Zustimmung zuzulassen. Neben § 99 können sich auch aus anderen gesetzl Bestimmungen, hier insb **§ 50 Abs 4**, Zustimmungserfordernisse ergeben.[1] § 99 ist – mit Zustimmung des jew Beeinträchtigten – **beschränkt dispositiv**.[2] Werden **keine Anteile gewährt**, ist § 99 dennoch grds anwendbar, im Einzelnen können sich Ausnahmen ergeben (vgl Rz 6, 9, 11, 13).[3] Liegt für die Verschmelzung ein **wichtiger Grund** vor, könnte nach in der Lit vertretener A das Zustimmungserfordernis entfallen (vgl zu diesem Gedanken generell § 50 Rz 29 sowie zum ähnlichen Gedanken – Zustimmungspflicht aus Treuepflichterwägungen – § 50 Rz 22).[4]

2 Die Folgen des Fehlens der erforderlichen Zustimmung sind nur hinsichtlich **Abs 3** (vgl Rz 8 f) klar – in diesem Fall greift **Anfechtbarkeit** des Verschmelzungsbeschlusses.[5] In den **übrigen Fällen** des § 99 sind die Folgen des Fehlens der erforderlichen Zustimmung str (vgl § 41 Rz 114 ff; § 50 Rz 21).[6] Überwiegend dürfte v schwebender Unwirksamkeit ausgegangen werden, sodass die Verschmelzung nicht eingetragen werden dürfte (vgl auch § 41 Rz 116 ff).[7] Da insb die Jud nicht einheitlich Unwirksamkeit vertritt, sondern zT v bloßer Anfechtbarkeit ausgeht (vgl dazu bei § 41 Rz 84, 115; § 50 Rz 21), sollte uE aus Sicht des beeinträchtigten Gesellschafters sicherheitshalber Anfechtungsklage erhoben werden (vgl aber auch § 41 Rz 118).[8] Wird die Verschmelzung dennoch eingetragen, greift der verschmelzungsrechtliche Bestandschutz gem § 230 Abs 2 AktG (vgl § 98 Rz 30), jedoch tritt keine Heilung des Mangels ein, sodass der beeinträchtigte Gesellschafter Schaden-

---

1 Vgl generell *Kalss*, VSU³ § 99 GmbHG, Rz 4, 12 (hier mit weiteren Bsp, zB iZm Höchststimmrechten, Wettbewerbsverboten, Nachschusspflichten u Individualkündigungsrechten) u 14 (hier zur übernehmenden Gesellschaft); zu Schiedsklauseln vgl *Kalss*, VSU³ § 99 GmbHG, Rz 42 u *Eckert/Schopper* in Torggler, GmbHG § 99 Rz 8.
2 Vgl dazu *Kalss*, VSU³ § 99 GmbHG, Rz 5.
3 Anders *Koppensteiner/Rüffler*, GmbHG³ § 99 Rz 3 (§ 99 bei Unterbleiben einer Anteilsgewähr nie anwendbar).
4 IZm Abs 1 vgl *Kalss*, VSU³ § 99 GmbHG, Rz 17.
5 *Aburumieh/Adensamer/H. Foglar-Deinhardstein*, Verschmelzung V. F Rz 13 aE.
6 Vgl dazu mwN *Aburumieh/Adensamer/H. Foglar-Deinhardstein*, Verschmelzung V. F Rz 13.
7 Vgl *Kalss*, VSU³ § 99 GmbHG, Rz 51 f.
8 *Aburumieh/Adensamer/H. Foglar-Deinhardstein*, Verschmelzung V. F Rz 13; anders (Unzulässigkeit einer Anfechtungsklage) etwa *Kalss*, VSU³ § 99 GmbHG, Rz 51 sowie *Eckert/Schopper* in Torggler, GmbHG § 99 Rz 9.

ersatzansprüche geltend machen kann.[9] In der Lit wird auch ein Rekursrecht des beeinträchtigten Gesellschafters gegen den Eintragungsbeschluss der Verschmelzung erwogen.[10]

II. Sonderrechte in der übertragenden Gesellschaft (Abs 1)

Sind bei der **übertragenden** Gesellschaft einzelnen[11] Gesellschaftern durch **GesV**[12] **Sonderrechte** eingeräumt u gewährt die übernehmende bzw neue Gesellschaft durch **Festsetzung im GesV** u unter gleichzeitiger Festlegung im Verschmelzungsvertrag gem § 220 Abs 2 Z 6 AktG (vgl § 96 Rz 42)[13] keine gleichwertigen Rechte, so bedarf der Verschmelzungsbeschluss der übertragenden Gesellschaft der Zustimmung dieser Gesellschafter. 3

Erfasst sind etwa „echte" Sonderrechte auf Geschäftsführung (vgl § 16 Rz 36 ff), aber auch die Einschränkung der Abberufung eines GF aus wichtigem Grund gem § 16 Abs 3[14] (vgl § 16 Rz 31 ff), aber auch sonstige Rechte iZm der Bestellung/Abberufung v GF u AR (also zB auch Entsendungs- u Nominierungsrechte), uzw unabhängig davon, ob diese *ad personam* eingeräumt sind oder mit einem Geschäftsanteil verknüpft sind (vgl dazu § 30c Rz 9 f).[15] Erfasst sind[16] neben herrschafts- 4

---

9 *Kalss*, VSU³ § 99 GmbHG, Rz 52.
10 *Koppensteiner/Rüffler*, GmbHG³ § 99 Rz 14.
11 Vgl dazu *Kalss*, VSU³ § 99 GmbHG, Rz 10 (gleichmäßige Begünstigung aller Gesellschafter reicht grds nicht, außer bei anderer Festlegung oder anderem Auslegungsergebnis); vgl auch *Eckert/Schopper* in Torggler, GmbHG § 99 Rz 9 mwN (gleichmäßige Berechtigung nur dann maßgeblich, wenn das betr Recht für den einzelnen Gesellschafter nach dem GesV unentziehbar sein soll). Vgl auch *Kalss*, VSU³ § 99 GmbHG, Rz 13 zur Verschiebung v prozentuellen Beteiligungsschwellen u an diese geknüpfte Rechte (grds nicht tatbestandsmäßig).
12 Syndikatsvertragliche Festlegung reicht nicht, vgl etwa *Schindler/Brix* in Straube/Ratka/Rauter, GmbHG § 99 Rz 2 mwN.
13 Vgl *Aburumieh/Adensamer/H. Foglar-Deinhardstein*, Verschmelzung V.F Rz 11.
14 Anders (gegen hM) *Eckert/Schopper* in Torggler, GmbHG § 99 Rz 3.
15 *Schindler/Brix* in Straube/Ratka/Rauter, GmbHG § 99 Rz 4 u 5 je mwN.
16 Zur Abgrenzung zu § 50 Abs 4 vgl *Kalss*, VSU³ § 99 GmbHG, Rz 12 sowie Rz 10, 14 für die übernehmende Gesellschaft.

rechtlichen Sonderrechten (zB Veto-, Zustimmungs-, Dirimierungs- u Mehrstimmrechte, zB aber auch als Sonderrechte gestaltete Aufgriffsrechte [vgl dazu auch Rz 5, 10][17]) auch vermögensrechtliche Sonderrechte (zB Gewinn-/Liquidationsvorzug).[18]

III. Übertragung von Geschäftsanteilen (Abs 2)

5 Sieht der **GesV einer der beteiligten Gesellschaften** ein (persönliches) **Zustimmungsrecht eines einzelnen oder aller** (dh jedes einzelnen)[19] **Gesellschafter(s) bei der Übertragung v Geschäftsanteilen** vor, so bedarf der Verschmelzungsbeschluss der Zustimmung dieses bzw dieser Gesellschafter. Hängt die Vinkulierung an der Zustimmung der Gesellschaft (uzw auch, wenn diese durch die GV vertreten wird, vgl § 76 Rz 17 f)[20] oder eines Gesellschaftsorgans, greift Abs 2 nicht.[21] Ob auch gesV Aufgriffsrechte erfasst sind, ist str.[22]

6 Absatz 2 greift nicht, wenn das Zustimmungsrecht in der übernehmenden Gesellschaft besteht, aber **keine Anteile gewährt** werden.[23] Absatz 2 greift in der übernehmenden Gesellschaft weiters nicht bei identischen Gesellschafterkreisen; in der übertragenden diesfalls nur dann nicht, wenn zusätzlich im GesV der übernehmenden Gesellschaft gleichwertige Rechte gewährt werden.[24] Denn in diesen Fällen ist sichergestellt, dass keine weiteren Gesellschafter ohne Zustimmung des Betroffenen hinzutreten.

---

17 Vgl zu alledem *Kalss*, VSU³ § 99 GmbHG, Rz 11 sowie zB auch *Koppensteiner/Rüffler*, GmbHG³ § 99 Rz 6.
18 *Schindler/Brix* in Straube/Ratka/Rauter, GmbHG § 99 Rz 5.
19 *Aburumieh/Adensamer/H. Foglar-Deinhardstein*, Verschmelzung V. F Rz 11; *Kalss*, VSU³ § 99 GmbHG, Rz 20. Nicht relevant ist die Zustimmung der GV, vgl auch FN 28.
20 *Eckert/Schopper* in Torggler, GmbHG § 99 Rz 5.
21 *Koppensteiner/Rüffler*, GmbHG³ § 99 Rz 7.
22 Vgl dazu *Eckert/Schopper* in Torggler, GmbHG § 99 Rz 5 aE (dagegen) sowie *Kalss*, VSU³ § 99 GmbHG, Rz 21 (unter bestimmten Voraussetzungen dafür) u ihr folgend *Warto* in Gruber/Harrer, GmbHG² § 99 Rz 12. S auch Rz 4, 10.
23 *Kalss*, VSU³ § 99 GmbHG, Rz 22.
24 Vgl dazu *Kalss*, VSU³ § 99 GmbHG, Rz 22; s dort auch zur Frage, ob abw Beteiligungsquoten schaden (schädlich, wenn auch die Übertragung an bestehende Gesellschafter der Individualzustimmung unterliegt).

Die Zustimmung kann **gerichtl ersetzt** werden (vgl auch § 77). Dass die Stammeinlage nicht voll einbezahlt ist (vgl § 77 Rz 13 f), schadet hier allerdings nicht.[25] An Stelle der GF ist der zustimmungsberechtigte Gesellschafter zu hören.[26]

IV. Besondere Beschlussquoren (Abs 3)

Sieht der GesV einer der beteiligten Gesellschaften für **einzelne**[27] Beschlussgegenstände, die nach dem G nur einer Dreiviertel- oder einer geringeren Mehrheit bedürfen, eine über die Dreiviertel-Mehrheit hinausgehende **Beschlussmehrheit**[28] vor, so bedarf der Verschmelzungsbeschluss dieser Gesellschaft derselben Mehrheit, es sei denn, im GesV der übernehmenden bzw neu gegründeten Gesellschaft werden die Mehrheitserfordernisse für dieselben Beschlussgegenstände entspr perpetuiert.[29] Eine solche Gestaltung des GesV ist im Verschmelzungsvertrag zu erläutern (vgl auch § 96 Rz 42).[30] Es ist nicht (immer) ausreichend, alleine das prozentuelle Mehrheitserfordernis in der übernehmenden/neuen Gesellschaft auszugleichen, denn es ist der mit der Verschmelzung einhergehende **Verwässerungseffekt** mitzuberücksichtigen, dh eine Minderheit, die den entspr Beschluss vor der Verschmelzung verhindern konnte, muss diese Möglichkeit auch nach Verschmelzung haben, sodass idR das Mehrheitserfordernis anzuheben ist.[31]

Absatz 3 ist in der übernehmenden Gesellschaft nicht anwendbar (aber grds schon in der übertragenden), wenn bei der Verschmelzung gem § 224 AktG **keine Anteile gewährt** werden.[32] Nach hM ist Abs 3

---

25 *Koppensteiner/Rüffler*, GmbHG³ § 99 Rz 7.
26 *Koppensteiner/Rüffler*, GmbHG³ § 99 Rz 7.
27 Nicht erfasst ist der Fall der pauschalen Anhebung v Beschlussmehrheiten, vgl *Eckert/Schopper* in Torggler, GmbHG § 99 Rz 11.
28 Nicht geschützt sind Präsenzquoren; besondere Zustimmungsrechte einzelner Gesellschafter fallen unter Abs 1, nicht Abs 3, vgl *Kalss*, VSU³ § 99 GmbHG, Rz 27.
29 *Aburumieh/Adensamer/H. Foglar-Deinhardstein*, Verschmelzung V. F Rz 11.
30 *Kalss*, VSU³ § 99 GmbHG, Rz 33.
31 Vgl dazu *Kalss*, VSU³ § 99 GmbHG, Rz 31 f sowie *Eckert/Schopper* in Torggler, GmbHG § 99 Rz 12, je mit Bsp.
32 *Kalss*, VSU³ § 99 GmbHG, Rz 29; *Eckert/Schopper* in Torggler, GmbHG § 99 Rz 11. Generell anders (§ 99 nie anwendbar, wenn keine Anteile gewährt werden) *Koppensteiner/Rüffler*, GmbHG³ § 99 Rz 3.

aufgrund des klaren Wortlauts auf Beschlussgegenstände, die v Gesetzes wegen einer höheren als der 75%-Mehrheit bedürfen (zB 90% gem § 2 Abs 1 UmwG), nicht anzuwenden, uzw auch dann, wenn das gesetzl Mehrheitserfordernis vertraglich noch erhöht wird.[33] Ebensowenig erfasst ist der Fall, dass die gesetzl höhere Beschlussmehrheit durch eine gesv, auf eine bestimmte Minderheit zielende, Klausel geändert wurde u diese durch die Verschmelzung verloren geht (zB Änderung des Einstimmigkeitserfordernisses des § 50 Abs 3 [Änderung des Unternehmensgegenstands, vgl § 50 Rz 12 ff] auf 80%).[34] Zur Frage der Anwendung des § 99 Abs 3 bei Unterbleiben der GV vgl § 98 Rz 23.

V. Vinkulierung (Abs 4)

10 Sind die **Geschäftsanteile der übertragenden Gesellschaft frei übertragbar, nicht aber jene an der übernehmenden Gesellschaft**[35] (insb durch eine Vinkulierung, erfasst könnten aber auch Aufgriffs-, Vorkaufs- u ähnliche Rechte[36] sein), bedarf der Verschmelzungsbeschluss der Zustimmung aller Gesellschafter der übertragenden Gesellschaft.[37] Nach hM gilt dies auch, wenn die Übertragung bei der übertragenden Gesellschaft zwar nicht frei möglich ist, aber in der übernehmenden Gesellschaft im Vergleich zur übertragenden die Übertragung **erheblich erschwert** wird.[38]

---

33 *Eckert/Schopper* in Torggler, GmbHG § 99 Rz 11 mwN; **dagegen** *Koppensteiner/Rüffler*, GmbHG³ § 99 Rz 4.
34 *Kalss*, VSU³ § 99 GmbHG, Rz 28.
35 Nicht erfasst ist der umgekehrte Fall (freie Übertragbarkeit in der übernehmenden, Vinkulierung in der übertragenden Gesellschaft), vgl dazu *Kalss*, VSU³ § 99 GmbHG, Rz 38.
36 Vgl dazu *Kalss*, VSU³ § 99 GmbHG, Rz 35, 37; *Koppensteiner/Rüffler*, GmbHG³ § 99 Rz 8.
37 *Aburumieh/Adensamer/H. Foglar-Deinhardstein*, Verschmelzung V. F Rz 11. Vgl allg auch OGH 27.4.2015, 6 Ob 4/15d, wonach – mit Hinweis auf § 99 Abs 4 – sowohl nachträgliche Vinkulierungen v Geschäftsanteilen als auch deren Verschärfung der Zustimmung aller Gesellschafter bedürfen (vgl dazu § 76 Rz 13).
38 *Aburumieh/Adensamer/H. Foglar-Deinhardstein*, Verschmelzung V. F Rz 11; *Warto* in Gruber/Harrer, GmbHG² § 99 Rz 16 mwN.

Die Regelung gilt jedenfalls auch, wenn **keine Anteile gewährt** werden.[39] Zur Vinkulierung einer v der übertragenden Gesellschaft gehaltenen Beteiligung, die durch die verschmelzungsrechtliche Gesamtrechtsnachfolge mit auf die übernehmende Gesellschaft übertragen wird, vgl § 76 Rz 23. 11

VI. Nicht voll einbezahlte Stammeinlagen (Abs 5)

Sind **bei einer der am Verschmelzungsvorgang beteiligten Gesellschaften** die **Einzahlungen** auf die bar zu leistenden **Stammeinlagen noch nicht vollständig** geleistet, so bedarf der Verschmelzungsbeschluss der Zustimmung aller Gesellschafter der übrigen Gesellschaften. Sind die Anteile in der übernehmenden Gesellschaft nicht voll einbezahlt, so erweitert sich das Haftungsrisiko der hinzutretenden Gesellschafter der übertragenden Gesellschaft (Ausfallshaftung gem § 70) bei Beteiligung an der übernehmenden Gesellschaft, sodass deren Zustimmung zur Verschmelzung erforderlich ist. Sind die Anteile **in der übertragenden Gesellschaft** nicht voll einbezahlt, ist nach der hier vertretenen A (vgl dazu § 101 Rz 37 f)[40] je nachdem zu differenzieren, ob die offene Einlage in der übertragenden Gesellschaft bereits eingefordert wurde oder nicht – wurde diese eingefordert, greift uE die Ausfallshaftung u damit § 99 Abs 5 nicht (vgl § 101 Rz 38). Vgl dazu auch § 101 Rz 21 ff, insb 24, zum *Downstream-Merger*. 12

§ 99 Abs 5 gilt jedenfalls nicht, wenn **keine Anteile gewährt** werden, denn nur bei Anteilsgewähr können sich Fragen der Ausfallshaftung iZm der „Vermischung" der Gesellschafterpositionen ergeben.[41] 13

---

39 *Kalss*, VSU³ § 99 GmbHG, Rz 36; **aA** (§ 99 nie anwendbar, wenn keine Anteile gewährt werden) *Koppensteiner/Rüffler*, GmbHG³ § 99 Rz 3.
40 Anders aber die hM, die für die zwingende Ausgabe nicht voll einbezahlter Anteile u damit Anwendung v § 99 Abs 5 eintritt, vgl etwa *Schindler/Brix* in Straube/Ratka/Rauter, GmbHG § 99 Rz 13 mwN.
41 *Aburumieh/Adensamer/H. Foglar-Deinhardstein*, Verschmelzung V. F Rz 11 mwN; *Eckert/Schopper* in Torggler, GmbHG § 99 Rz 7.

VII. Form (Abs 6)

14 Gemäß Abs 6 kann die Zustimmung **auch außerhalb der GV** erteilt werden, ist in diesem Fall aber gerichtl oder notariell zu beglaubigen, u muss der übernehmenden Gesellschaft spätestens innerhalb v **drei Monaten** nach der Beschlussfassung über die Verschmelzung **zugehen** (rechtzeitige Absendung ist nicht ausreichend, die Erklärung muss bei der Gesellschaft zugehen). Unseres Erachtens ist die Beschlussfassung in der übernehmenden Gesellschaft fristauslösend; unterbleibt diese (vgl dazu § 98 Rz 13 ff), ist uE auf die Beschlussfassung in der übertragenden Gesellschaft abzustellen. Wird weder in der übertragenden (vgl dazu § 98 Rz 21) noch in der übernehmenden Gesellschaft ein Gesellschafterbeschluss gefasst, könnte uE die Fristberechnung analog § 232 Abs 1a S 2 AktG erfolgen (vgl auch § 98 Rz 18). Der Verschmelzungsvertrag ist bei Erteilung der Zustimmung außerhalb der GV in die Zustimmungserklärung aufzunehmen oder dieser als Anlage beizufügen.

15 Die **positive Stimmabgabe** in der GV enthält auch **gleichzeitig** die Zustimmung gem Abs 6 (vgl dazu auch § 50 Rz 19).[42] Dasselbe gilt beim Umlaufbeschlussverfahren (vgl zur Frage der Zulässigkeit § 98 Rz 7).[43]

16 Unseres Erachtens kann die Zustimmung auch außerhalb der GV durch einen **Bevollmächtigten** abgegeben werden – die Vollmacht sollte explizit auf die Erteilung der Zustimmung gem § 99 lauten u uE sicherheitshalber auch beglaubigt sein.[44]

Bericht der Geschäftsführer, Prüfung der Verschmelzung

§ 100. (1) Der Bericht der Geschäftsführer gemäß § 220a AktG und gegebenenfalls die Prüfung durch den Aufsichtsrat gemäß § 220c AktG sind nicht erforderlich, wenn alle Gesellschafter schriftlich oder in der Niederschrift zur Generalversammlung darauf verzichten.

(2) ¹Der Verschmelzungsvertrag oder sein Entwurf ist auf Verlangen eines ihrer Gesellschafter gemäß § 220b AktG zu prüfen. ²Ist kein Aufsichtsrat bestellt, so bestellt das Gericht den Prüfer auf An-

---

42 *Aburumieh/Adensamer/H. Foglar-Deinhardstein*, Verschmelzung V. F Rz 10.
43 *Kalss*, VSU³ § 99 GmbHG, Rz 48.
44 *Aburumieh/Adensamer/H. Foglar-Deinhardstein*, Verschmelzung V. F Rz 18 aE.

trag der Geschäftsführer. ³Die Kosten trägt die Gesellschaft. ⁴Wurde dem Verlangen eines Gesellschafters auf Prüfung der Verschmelzung nicht entsprochen, so hat er dies anläßlich der Beschlußfassung zur Niederschrift zu erklären. ⁵Dies gilt auch als Widerspruch gegen den Verschmelzungsbeschluß.

idF BGBl I 2011/53

Literatur: *Aburumieh*, Mitwirkung des Aufsichtsrats bei Verschmelzungen, AR aktuell 5/2011, 8; *Bachner*, Bewertungskontrolle bei Fusionen (2000); *Grundmann*, Europäisches Gesellschaftsrecht² (2011); *Habersack/Verse*, Europäisches Gesellschaftsrecht⁵ (2019); *Hügel*, Verschmelzung und Einbringung (1993); *Kalss*, Das neue österreichische Verschmelzungsrecht nach dem Ministerialentwurf, GesRZ 1995, 243; *J. Reich-Rohrwig*, EU-Gesellschaftsrechtsänderungsgesetz (1996); *Winner*, Wert und Preis im Zivilrecht (2008); *Winner/Oberhofer*, Unabhängigkeit und Bestellung von externen Prüfern bei gesellschaftsrechtlichen Umstrukturierungen, GesRZ 2007, 34.

Inhaltsübersicht

I.	Allgemeine Grundlagen	1
II.	Bericht der Geschäftsführer	2–14
	A. Grundlegendes	2–4
	B. Schuldner der Berichtspflicht	5
	C. Formale Anforderungen und Übersendung	6, 7
	D. Inhalt und Zweck	8
	E. Verzicht und Grenzen	9–11
	F. Mängel	12–14
III.	Prüfung durch den Aufsichtsrat	15–19
	A. Aufsichtsratsbericht	15–17
	B. Entfall der Berichtspflicht	18
	C. Zustimmung des Aufsichtsrats	19
IV.	Verschmelzungsprüfung	20–28
	A. Inhalt und Zweck	20–22
	B. Verschmelzungsprüfer	23–25
	C. Prüfungsgegenstand und Inhalt des Prüfungsberichts	26
	D. Formelle Anforderungen und Offenlegung	27
	E. Verantwortlichkeit	28

I. Allgemeine Grundlagen

1 § 100 Abs 1 sieht für das GmbH-Recht eine im Vergleich zu § 232 Abs 2 AktG **erleichterte Verzichtbarkeit** des **Berichts der GF** (§ 220a AktG) sowie der **Prüfung durch den AR** vor. Eine **Verschmelzungsprüfung** (§ 220b AktG) hat im Gegensatz zur AG überhaupt **nur auf Verlangen** stattzufinden.

II. Bericht der Geschäftsführer

A. Grundlegendes

2 § 96 Abs 2 iVm § 220a AktG verpflichten die GF zur Erstattung eines schriftlichen Verschmelzungsberichts, in dem rechtlich u wirtschaftlich erläutert u begründet werden:

- die voraussichtlichen **Folgen der Verschmelzung**,
- der **Verschmelzungsvertrag** oder dessen Entwurf (vgl § 96 Rz 9 ff),
- das **Umtauschverhältnis** (vgl § 96 Rz 29 ff),
- ggf die Höhe barer Zuzahlungen (vgl § 96 Rz 33, § 101 Rz 29 ff),[1] u
- allfällige Maßnahmen zu Gunsten v Inhabern schuldrechtlicher Beteiligungen (vgl § 96 Rz 42, § 101 Rz 44).

3 Die Bestimmung des § 220a AktG entstammt Art 9 der RL 78/855/EWG („Verschmelzungs-RL")[2] u wurde in Ö im Rahmen des EU-GesRÄG umgesetzt.[3] Vgl im Spaltungsrecht inhaltsgleich § 4 SpaltG.[4] Das Gegenstück im EU-UmgrG (§ 29) ist neben dem Schutz der Anteilseigner auch den Interessen v Gläubigern u AN verpflichtet.[5] Adressaten des

---

1 Zur Zulässigkeit barer Zuzahlungen im GmbH-Recht vgl mwN *Aburumieh/Adensamer/H. Foglar-Deinhardstein*, Verschmelzung V. A Rz 30, 44; krit *Winner*, Wert und Preis im Zivilrecht 404 FN 280; *Koppensteiner/Rüffler*, GmbHG³ Allg Einl Rz 10; *Hügel*, Verschmelzung und Einbringung 436 FN 7.
2 Vgl dazu *Grundmann*, Europäisches Gesellschaftsrecht² Rz 868, 892 ff; *Habersack/Verse*, Europäisches Gesellschaftsrecht⁵ § 8 Rz 1.
3 Vgl dazu *Reich-Rohrwig*, EU-GesRÄG 247.
4 Vgl *Napokoj*, Praxishandbuch Spaltung², 128 ff.
5 *Plasser* in Rieder/Potyka, EU-UmgrG § 29 Rz 1 ff. Vgl zu § 6 EU-VerschG noch mwN: *Eckert* in Kalss, VSU³ § 6 EU-VerschG, Rz 14; *Talos/Rericha* in Talos/Winner, EU-Verschmelzungsgesetz² § 6 Rz 35 ff.

Berichts gem § 220a AktG iVm § 100 Abs 1 sind die Gesellschafter, was auch in der Verzichtsmöglichkeit (Rz 9) zum Ausdruck kommt.

Der Verschmelzungsbericht der GF ist auf die Vorabinformation der Gesellschafter gerichtet u gleichzeitig ein wichtiger Bezugspunkt für die Prüfung der Verschmelzung durch AR (vgl Rz 15 ff) u Verschmelzungsprüfer (vgl Rz 20 ff).[6] Er ergänzt den Verschmelzungsvertrag u ist gemeinsam mit der Verschmelzungsprüfung sowie den (übrigen) gem § 97 Abs 1 zu übersendenden Unterlagen Teil der ex-ante-Information der Gesellschafter.[7] Die Funktion der Berichtspflicht besteht va darin, den Verschmelzungsvorgang für die Gesellschafter transparent zu gestalten u Informationsasymmetrien zw den GF einerseits u den Gesellschaftern andererseits, aber auch zw versch Gesellschaftergruppen zu überwinden.[8] Diese sollen sich ein Bild davon machen können, ob die Verschmelzung wirtschaftlich zweckmäßig ist u den gesetzl Anforderungen genügt.[9] **Gläubiger- u AN-Interessen** werden **nicht berücksichtigt** (allgM). 4

B. Schuldner der Berichtspflicht

Der Bericht ist v den GF aufzustellen. Diese sind selbst Träger der Berichtspflicht u handeln nicht als Organvertreter der GmbH. Die Pflicht trifft die **Geschäftsführung in ihrer Gesamtheit**; eine Zuordnung an einzelne GF, zB durch Ressortverteilung, ist nicht zulässig. Jeder GF ist verpflichtet, an der Erstellung des Berichts (idR durch Beschlussfassung) mitzuwirken, was aber nicht bedeutet, dass die G auch eine Unterfertigung des Berichts durch sämtliche GF verlangt (vgl Rz 6). Die interne Beschlussfassung der GF erfolgt (mangels abw Regelung in GesV oder GO) mit einfacher Mehrheit (str).[10] Die Vorbereitung des Verschmelzungsberichts kann an einzelne GF oder auch (idR) an externe Berater 5

---

6 *Aburumieh/Adensamer/H. Foglar-Deinhardstein*, Verschmelzung V. C Rz 3.
7 EBRV 32 BlgNR XX. GP 95; *Grünwald/Ch. Nowotny* in Wiesner/Hirschler/Mayr, HB Umgründungen, Band D Art I Rz 52; *Kalss*, VSU[3] § 220a AktG, Rz 3.
8 *Kalss*, GesRZ 1995, 243 (243).
9 Vgl mwN *Aburumieh/Adensamer/H. Foglar-Deinhardstein*, Verschmelzung V. C Rz 3.
10 MwN *Aburumieh/Adensamer/H. Foglar-Deinhardstein*, Verschmelzung V. C Rz 5.

delegiert werden. Der Bericht ist als Wissenserklärung **vertretungsfeindlich**. Die Mitwirkung v Prokuristen ist (auch im Rahmen der gemischten Gesamtvertretung) ausgeschlossen.

C. Formale Anforderungen und Übersendung

6 Der Verschmelzungsbericht ergeht schriftlich u ist mit der hM[11] v den GF in vertretungsbefugter Anzahl zu unterfertigen. Eine Vorlage des (internen) GF-Beschlusses im FB-Verfahren ist weder erforderlich noch praxisüblich.[12] Ein gemeinsamer Bericht durch die GF sämtlicher verschmelzungsbeteiligter Gesellschaften ist zulässig, die einzelnen GF bleiben aber auch bei gemeinsamer Berichterstattung ausschließlich ihrer Gesellschaft verpflichtet.[13]

7 Der Bericht ist (mit den anderen in § 221a Abs 2 AktG genannten Unterlagen) den Gesellschaftern zu übersenden, wobei zw dem Tag der Postaufgabe (Absendezeitpunkt) u der Beschlussfassung ein Zeitraum v mind 14 Tagen liegen muss (vgl § 97 Rz 5 f).[14] Der Bericht ist der FB-Anmeldung (vgl § 96 Rz 55 ff) der übernehmenden Gesellschaft gem § 96 Abs 2 iVm § 225 Abs 1 Z 4 AktG als Anl beizuschließen.[15]

D. Inhalt und Zweck

8 Der Bericht muss den Mindestinhalt gem § 220a AktG (insb den Verschmelzungsvertrag u die voraussichtlichen Folgen der Verschmelzung) jew ausf rechtlich u wirtschaftlich erläutern u begründen. Eine weitere

---

11 Vgl jew mwN: *Eckert/Schopper* in Torggler, GmbHG § 100 Rz 4; *Kalss*, VSU[3] § 220a AktG, Rz 7; *Warto* in Gruber/Harrer, GmbHG[2] § 100 Rz 7; *Aburumieh/Adensamer/H. Foglar-Deinhardstein*, Verschmelzung V. C Rz 5; nunmehr auch *Szep* in Artmann/Karollus, AktG[6] § 220a Rz 2; offen *Grünwald/Ch. Nowotny* in Wiesner/Hirschler/Mayr, HB Umgründungen, Band D Art I Rz 56.
12 *Aburumieh/Adensamer/H. Foglar-Deinhardstein*, Verschmelzung V. C Rz 5.
13 S nur *Eckert/Schopper* in Torggler, GmbHG § 100 Rz 4; *Kalss*, VSU[3] § 220a AktG, Rz 8; *Koppensteiner/Rüffler*, GmbHG[3] § 100 Rz 2.
14 Ein Gleichlauf mit der Einberufungsfrist gem § 38, der eine Siebentagesfrist normiert, ist nicht erforderlich (*Schindler/Brix* in Straube/Ratka/Rauter, GmbHG § 97 Rz 2; *Kalss*, VSU[3] § 97 GmbHG, Rz 9).
15 *Aburumieh/Adensamer/H. Foglar-Deinhardstein*, Verschmelzung V. C Rz 19.

Konkretisierung dieser Begriffe fehlt;[16] das G enthält nur eine generelle Umschreibung des Mindestinhalts, verlangt aber eine ausf Berichterstattung. Der damit eröffnete Gestaltungsspielraum der GF ist im Einzelnen anhand der wesentlichen Funktion des Berichts – als **Informationsgrundlage** für die E der Gesellschafter über die Verschmelzung – zu konkretisieren.[17] Das G verlangt keine detailgenaue Berichterstattung oder eine sachliche Gewähr für Vollständigkeit u Richtigkeit des Verschmelzungsvertrags. Der Bericht soll den Gesellschaftern vielmehr eine **Plausibilitätskontrolle** in Bezug auf die Verschmelzungsplanung u -entscheidung durch die GF ermöglichen.[18] Der in § 220a AktG umschriebene Inhalt ist (auch bei getrennter Berichterstattung) sowohl in Bezug auf das eigene Unternehmen als auch die anderen beteiligten Gesellschaften abzubilden.[19]

E. Verzicht und Grenzen

Gemäß § 100 Abs 1 kann der Verschmelzungsbericht entfallen, wenn sämtliche Gesellschafter der (betr) GmbH darauf verzichten.[20] Der Verzicht ist **schriftlich** zu erstatten u kann in der GV oder außerhalb erklärt werden. Er wirkt ausschließlich für diese Gesellschaft u ist daher nur für diese zu prüfen.[21] Gleichlautende Verzichtserklärungen seitens der Gesellschafter des Verschmelzungspartners (vgl zur AG: § 232 Abs 2 AktG) sind nicht erforderlich.[22] Dies gilt auch bei der rechtsformübergreifenden Verschmelzung, uzw für sämtliche beteiligten Gesellschaften (GmbH, AG).[23] Ein Verzicht kann auch im Vollmachtsnamen

9

---

16 Vgl *Aburumieh/Adensamer/H. Foglar-Deinhardstein*, Verschmelzung V. C Rz 9 auch mwN auch aus der dt Jud.
17 Zur Funktionsabgrenzung zur Verschmelzungsprüfung vgl *Aburumieh/Adensamer/H. Foglar-Deinhardstein*, Verschmelzung V. C Rz 9.
18 Vgl ausf *Aburumieh/Adensamer/H. Foglar-Deinhardstein*, Verschmelzung V. C Rz 8 ff; *Kalss*, VSU³ § 220a AktG, Rz 10 ff; *Eckert/Schopper* in Torggler, GmbHG § 100 Rz 5.
19 *Aburumieh/Adensamer/H. Foglar-Deinhardstein*, Verschmelzung V. C Rz 10.
20 Vgl *Aburumieh/Adensamer/H. Foglar-Deinhardstein*, Verschmelzung V. C Rz 21; *Koppensteiner/Rüffler*, GmbHG³ § 100 Rz 4.
21 *Schindler/Brix* in Straube/Ratka/Rauter, GmbHG § 100 Rz 2.
22 *Warto* in Gruber/Harrer, GmbHG² § 100 Rz 14; *Kalss*, VSU³ § 100 GmbHG, Rz 7.
23 *Aburumieh/Adensamer/H. Foglar-Deinhardstein*, Verschmelzung V. C Rz 21; *Kalss*, VSU³ § 234 AktG, Rz 6, § 234a AktG, Rz 11.

erfolgen. Dazu bedarf es einer ausdrücklich darauf gerichteten **Spezialvollmacht**.[24]

10 Die Berichtspflicht der GF steht im Spannungsverhältnis zw dem Wunsch der Gesellschafter nach möglichst umfassender Information u dem Interesse der Gesellschaft nach einer **Geheimhaltung** sensibler Daten. Sie endet jedenfalls dort, wo die Information geeignet ist, der GmbH oder einem verbundenen Unternehmen einen erheblichen Nachteil zuzufügen oder ihre Aufnahme in den Bericht strafrechtlich relevant ist (§ 118 Abs 3 AktG). Der GF hat im Bericht darauf hinzuweisen, dass Angaben aus Gründen der Geheimhaltung unterbleiben u die Gründe dafür plausibel zu machen.[25]

11 *Upstream*-Verschmelzung: Befinden sich alle Geschäftsanteile der übertragenden Gesellschaft direkt oder indirekt in der Hand der übernehmenden Gesellschaft, so kann die Erstattung v Verschmelzungsberichten der GF, die Prüfung der Verschmelzung durch einen Verschmelzungsprüfer u die Prüfung sowie Berichterstattung durch die AR entfallen (§ 232 Abs 1 AktG).

F. Mängel

12 Wird ein Verschmelzungsbericht (trotz Fehlen der erforderlichen Verzichtserklärungen) nicht erstellt, den Gesellschaftern nicht gem § 97 Abs 1 übersandt oder seinem Inhalt nach den gesetzl Anforderungen nicht gerecht, so ist die in § 97 abgebildete Vorabinformation der Gesellschafter nicht, zumindest aber nicht ordnungsgemäß erfolgt u der Verschmelzungsbeschluss (grds) **anfechtbar**.[26] Dies gilt nicht für irrelevante Mängel (Relevanztheorie, vgl dazu § 41 Rz 86), einschließlich solcher, die durch eine mündliche Information leicht behoben werden können (vgl zur Beschlussanfechtung bei der Verschmelzung § 98 Rz 24 ff).[27]

---

24 *Aburumieh/Adensamer/H. Foglar-Deinhardstein*, Verschmelzung V. C Rz 21; *Kalss*, VSU³ § 220 a AktG, Rz 23.
25 Vgl dazu *Eckert/Schopper* in Torggler, GmbHG § 100 Rz 6.
26 *Aburumieh/Adensamer/H. Foglar-Deinhardstein*, Verschmelzung V. C Rz 24; *Szep* in Artmann/Karollus, AktG⁶ § 220a Rz 11; *Kalss*, VSU³ § 220a AktG, Rz 26.
27 *Szep* in Artmann/Karollus, AktG⁶ § 220a Rz 11; *Kalss*, VSU³ § 220a AktG, Rz 26.

Trotz bestehender Anfechtbarkeit kann die Verschmelzung gem § 225 Abs 1 AktG zum FB angemeldet werden u ist, wenn innerhalb der Monatsfrist gem § 41 Abs 4 keine Anfechtung erfolgt, in das FB einzutragen.[28]

13

Schuldhaft falsche Angaben der GF im Verschmelzungsbericht sind nach allg Schadenersatzrecht zu beurteilen.[29] Die strafrechtliche Verantwortlichkeit für vorsätzliche Fehldarstellungen im Bericht richtet sich nach § 163a Abs 1 Z 1 StGB.

14

III. Prüfung durch den Aufsichtsrat

A. Aufsichtsratsbericht

Gemäß § 220c AktG haben die AR der an der Verschmelzung beteiligten Gesellschaften die beabsichtigte Verschmelzung auf der Grundlage des Verschmelzungsberichts u des Berichts des Verschmelzungsprüfers zu prüfen u darüber einen schriftlichen Bericht zu erstatten.[30] Eine gemeinsame Berichterstattung der AR beider verschmelzungsbeteiligten Gesellschaften ist zulässig.[31]

15

Der Gegenstand der Prüfung des AR ist – wie jene des Verschmelzungsprüfers (vgl Rz 26) – die rechtliche Richtigkeit der Verschmelzung, darüber hinaus aber auch ihre wirtschaftliche Zweckmäßigkeit (zum Verschmelzungsbericht vgl Rz 4). Die Aufgabe des AR ist daher weiter als jene des Verschmelzungsprüfers, kann sich aber sowohl auf die Prüfungstätigkeit des externen Prüfers, als auch auf den Bericht der GF stützen. Der AR kann sich auf das Urteil des Verschmelzungsprüfers grds verlassen, hat dessen Aussagen aber einer Plausibilitätskontrolle zu unterziehen.[32] Fehlt ein Bericht der GF (§ 100 Abs 1) oder findet keine Prüfung der Verschmelzung statt (§ 100 Abs 2), entfällt dadurch nicht automatisch auch die entspr Prüfpflicht des AR.[33] Aus dem Entfall der

16

---

28 *Kalss*, VSU³ § 220a AktG, Rz 26.
29 *Eckert/Schopper* in Torggler, GmbHG § 100 Rz 7.
30 Vgl dazu *Aburumieh*, AR aktuell 2011 H 5, 8.
31 *Aburumieh*, AR aktuell 2011 H 5, 8; *Eckert/Schopper* in Torggler, GmbHG § 100 Rz 10; *Kalss*, VSU³ § 220c AktG, Rz 11.
32 Vgl nur *Aburumieh*, AR aktuell 2011 H 5, 8 (9).
33 *Aburumieh/Adensamer/H. Foglar-Deinhardstein*, Verschmelzung V. E Rz 1.

Verschmelzungsprüfung folgt aber auch keine Erweiterung seiner Aufgaben. Bei Fehlen einer oder beider der in § 220c AktG genannten Grundlagen (Verschmelzungsbericht, -prüfung), kann der AR einen Verschmelzungsbericht der GF anfordern oder auch einen externen Sachverständigen auf Kosten der Gesellschaft beiziehen.[34] Die Auskunftsverweigerungsgründe gem § 118 Abs 3 AktG gelten für den AR sinngemäß (vgl zum Verschmelzungsbericht Rz 10).

17 Der Bericht ist schriftlich zu erstatten u v Vorsitzenden zu unterfertigen, nachdem sich der gesamte AR damit befasst u darüber beschlossen hat. Abweichende A einzelner AR-Mitglieder sind zu dokumentieren.[35] Die haftungs- u strafrechtliche Verantwortlichkeit des AR für Fehler im Bericht entspricht grds jener der GF im Rahmen ihrer Berichtspflicht gem § 220a AktG (vgl Rz 14).

B. Entfall der Berichtpflicht

18 Die Prüfung durch den AR kann unterbleiben:
- Wenn die Gesellschafter der betr GmbH darauf verzichten (ob es sich um einen obligatorischen oder fakultativen AR handelt, ist nicht entscheidend);[36]
- bei der 100%igen *Upstream*-Verschmelzung gem § 232 Abs 1 AktG iVm § 96 Abs 2, uzw auch bei der übernehmenden Gesellschaft;
- (nur betr die Prüfung durch den AR der übernehmenden Gesellschaft) wenn der Buchwert der übertragenden Gesellschaft die für den Unternehmenserwerb gem § 30j Abs 5 Z 1 festgesetzten Betragsgrenzen nicht überschreitet (maßgeblich ist das in der Schlussbilanz ausgewiesene buchmäßige Eigenkapital) (§ 220c S 2 AktG).[37]

Fehlt bei einer an der Verschmelzung beteiligten Gesellschaft ein AR, obwohl es sich um eine AR-pflichtige GmbH handelt, unterbleibt deshalb der Bericht des AR dieser Gesellschaft, führt dies zur Anfechtbar-

---

34 *Aburumieh/Adensamer/H. Foglar-Deinhardstein*, Verschmelzung V. E Rz 1.
35 *Aburumieh*, AR aktuell 2011 H 5, 8; *Aburumieh/Adensamer/H. Foglar-Deinhardstein*, Verschmelzung V. E Rz 5; *Kalss*, VSU³ § 220c AktG, Rz 18, 25.
36 *Kalss*, VSU³ § 220c AktG, Rz 22.
37 *Eckert/Schopper* in Torggler, GmbHG § 100 Rz 11; *Aburumieh/Adensamer/ H. Foglar-Deinhardstein*, Verschmelzung V. I Rz 6.

keit des Verschmelzungsbeschlusses (vgl zur Beschlussanfechtung bei der Verschmelzung § 98 Rz 24 ff).[38]

C. Zustimmung des Aufsichtsrats

Von der Prüfung durch den AR zu unterscheiden ist die Frage nach einer (verpflichtenden) **Zustimmung des AR** der übernehmenden Gesellschaft zur Aufnahme der übertragenden Gesellschaft, wie sie § 30j Abs 5 Z 1 allg für den Erwerb v Beteiligungen vorsieht. Eine Zustimmung kann unterbleiben, wenn ohnehin die GV über die Verschmelzung beschließt. Fehlt eine entspr Beschlussfassung, kann die Verschmelzung aber nach herrschender u uE zutr A nur mit Zustimmung des AR durchgeführt werden (vgl auch § 96 Rz 15).[39]

IV. Verschmelzungsprüfung

A. Inhalt und Zweck

Gemäß § 100 Abs 2 ist der Verschmelzungsvertrag oder sein Entwurf auf Verlangen eines Gesellschafters gem § 220b AktG zu prüfen. Im Gegensatz zur AG findet die Prüfung **nur auf Verlangen** statt. Es handelt sich dabei um ein **Individualrecht** jedes einzelnen Gesellschafters, welches diesem unabhängig v der Beteiligungshöhe zusteht.[40] Das G normiert keine spezielle Frist, bis wann das Verlangen gestellt werden muss. Es kann daher bis zur u sogar noch in der – diesfalls zu vertagenden – GV, in der über die Verschmelzung beschlossen wird, gestellt werden.[41] Gesellschaftern steht es frei, auf dieses Recht zu verzichten, jew aber nur für

---

38 OGH 25.4.2019, 6 Ob 209/18f, GesRZ 2019, 358 (*Deutsch*); *Kalss*, VSU³ § 220c AktG, Rz 28, § 100 GmbHG, Rz 4.
39 *Eckert/Schopper* in Torggler, GmbHG § 100 Rz 12; *Kalss*, VSU³ § 220c AktG, Rz 2.
40 *Kalss*, VSU³ § 100 GmbHG, Rz 14 u 18, wonach die Beteiligungshöhe allerdings bei der Beurteilung der sachlichen Grenzen der Rechtsausübung zu berücksichtigen ist; so auch *Warto* in Gruber/Harrer, GmbHG² § 100 Rz 30.
41 *Kalss*, VSU³ § 100 GmbHG, Rz 19; *Koppensteiner/Rüffler*, GmbHG³ § 100 Rz 5; *Warto* in Gruber/Harrer, GmbHG² § 100 Rz 30; *Schindler/Brix* in Straube/Ratka/Rauter, GmbHG § 100 Rz 4.

einen bestimmten Verschmelzungsvorgang.[42] Machen sie v ihrem Recht Gebrauch, hat dies die Bestellungs- u Prüfungspflicht lediglich für die Gesellschaft, welcher sie angehören, zur Folge.[43] Ein entspr Ersuchen kann formfrei gestellt werden, wobei aber aus Beweisgründen ein schriftliches Verlangen sinnvoll ist.[44] Wird dem Verlangen nicht entsprochen, ist dies gem § 100 Abs 2 zu Protokoll zu erklären (vgl auch § 98 Rz 26). Diese Erklärung gilt gem § 100 Abs 2 S 5 auch als Widerspruch gegen den Verschmelzungsbeschluss. Wird v keinem Gesellschafter eine Verschmelzungsprüfung verlangt, so liegt es im Ermessen der GF, eine solche durchführen zu lassen. Zudem kann auch der AR nach allg Grundsätzen eine Prüfung durch einen Sachverständigen verlangen (Rz 16).

21 Gemäß § 232 Abs 1 AktG ist eine Prüfung nicht erforderlich, wenn sich alle Aktien einer übertragenden Gesellschaft direkt oder indirekt in der Hand der übernehmenden Gesellschaft befinden.

22 Die Verschmelzungsprüfung ist ausschließlich auf **Gesellschafterschutz** gerichtet.[45] Die inhaltliche Kontrolle des Verschmelzungsvertrags durch einen (unabhängigen) externen Sachverständigen ist ein wichtiger Baustein des ex-ante-Schutzes der Anteilsinhaber. Der Bericht des Verschmelzungsprüfers dient den Gesellschaftern als objektive Informationsgrundlage für die Beschlussfassung gem § 98 bzw die Beantragung eines außerstreitigen Überprüfungsverfahrens gem § 225c ff AktG.[46]

---

42 *Eckert/Schopper* in Torggler, GmbHG § 100 Rz 13.
43 *Kalss*, VSU³ § 100 GmbHG, Rz 15; *Schindler/Brix* in Straube/Ratka/Rauter, GmbHG § 100 Rz 4; *Warto* in Gruber/Harrer, GmbHG² § 100 Rz 30.
44 *Aburumieh/Adensamer/H. Foglar-Deinhardstein*, Verschmelzung V. I Rz 22 mwN.
45 AllgM *Eckert/Schopper* in Torggler, GmbHG § 100 Rz 14; *Szep* in Artmann/Karollus, AktG⁶ § 220b Rz 1; *Bachner*, Bewertungskontrolle bei Fusionen 67; *Aburumieh/Adensamer/H. Foglar-Deinhardstein*, Verschmelzung V. D Rz 2; weiter *Kalss*, VSU³ § 220b AktG, Rz 3 ff, die neben dem Gesellschafterschutz auch auf die verhaltenssteuernde Zielsetzung der Verschmelzungsprüfung (Präventivfunktion) sowie auf ihre Funktion zur Sicherung v Gläubigerinteressen hinweist.
46 *Aburumieh/Adensamer/H. Foglar-Deinhardstein*, Verschmelzung V. D Rz 2.

B. Verschmelzungsprüfer

Zuständig für die Bestellung des Verschmelzungsprüfers ist der AR, der auch den Prüfungsauftrag erteilt. Fehlt ein solcher, ist der Verschmelzungsprüfer auf Antrag der GF (in vertretungsbefugter Anzahl) v Gericht (Gerichtshof 1. Instanz für Handelssachen, in dessen Sprengel die Gesellschaft ihren Sitz hat) zu bestellen. Das Gericht ist an den im Antrag aufgenommenen Bestellungsvorschlag nicht gebunden, sondern kann nach freiem Ermessen auch eine andere Person bestellen, die die gesetzl Qualifikationserfordernisse erfüllt. In der FB-Praxis wird idR ein Dreiervorschlag verlangt, aus dem das Gericht dann einen Prüfer auswählt.[47] Der Prüfungsauftrag erfolgt diesfalls durch die GF. Die Prüfung durch einen gemeinsamen Verschmelzungsprüfer für alle beteiligten Gesellschaften ist lt § 220b Abs 2 S 2 AktG zulässig, wenn der gemeinsame Prüfer auf Antrag der AR aller beteiligten Gesellschaften durch das Gericht bestellt wird. In diesem Fall gilt § 270 Abs 5 UGB (Anspruch des bestellten Prüfers auf angemessene Entlohnung u auf Auslagenersatz) sinngemäß.

Für die Auswahl, das Auskunftsrecht u die Verantwortlichkeit des Verschmelzungsprüfers gelten die §§ 268 Abs 4, 271, 271a, 272 u 275 UGB sinngemäß. Verschmelzungsprüfer können demgemäß Wirtschaftsprüfer oder Wirtschaftsprüfungsgesellschaften sein. Nach § 223 Abs 2 S 2 AktG kann der Verschmelzungsprüfer gleichzeitig Sacheinlageprüfer der übernehmenden Gesellschaft (vgl dazu § 101 Rz 12 f) sein. Darüber hinaus kann auch der Abschlussprüfer grds als Verschmelzungsprüfer auftreten, sofern er nicht zugleich bei der Verschmelzungskonzeption berät, an der Erstellung der Verschmelzungsunterlagen aktiv mitwirkt oder durch sonstige Anhaltspunkte die Besorgnis einer Befangenheit besteht; denn der Prüfer muss generell unbefangen sein u schon den Eindruck einer Befangenheit vermeiden.[48]

---

47 *Eckert/Schopper* in Torggler, GmbHG § 100 Rz 15; *Aburumieh/Adensamer/H. Foglar-Deinhardstein*, Verschmelzung V. D Rz 4; zu den Rechtsfolgen v Bestellungsfehlern vgl *Winner/Oberhofer*, GesRZ 2007, 34 (35).
48 Vgl *Winner/Oberhofer*, GesRZ 2007, 34 (35); *Kalss*, VSU³ § 220b AktG, Rz 11; krit *Warto* in Gruber/Harrer, GmbHG² § 100 Rz 28; in der FB-Praxis wird der Abschlussprüfer als Verschmelzungsprüfer gelegentlich nicht akzeptiert, weshalb eine Vorabstimmung mit dem zuständigen FB-Gericht empfehlenswert ist.

25 Bei der Durchführung der Verschmelzungsprüfung hat der Verschmelzungsprüfer gegenüber den Verschmelzungspartnern sowie deren Mutter- u Tochterunternehmen ein Auskunfts-, Einsichts- u Prüfungsrecht (§ 220b AktG iVm § 272 UGB). Die Prüfer können idZ alle für die sorgfältige Prüfung erforderlichen Aufklärungen u Nachw verlangen.[49]

C. Prüfungsgegenstand und Inhalt des Prüfungsberichts

26 Gegenstand der Prüfung ist der gesamte Verschmelzungsvertrag (dessen Entwurf) hinsichtlich dessen Vollständigkeit, Richtigkeit u Angemessenheit der Vertragsbedingungen. Kern der Prüfung ist die Angemessenheit des Umtauschverhältnisses, insb die Methode seiner Ermittlung (§ 220b Abs 1, 4 AktG); auf besondere Bewertungsschwierigkeiten ist einzugehen.[50] Der Verschmelzungsbericht einschließlich der Zweckmäßigkeit der Verschmelzung oder der Verschmelzungsfolgen ist grds nicht Gegenstand der Prüfung.[51] Er ist aber als Erkenntnishilfe u Informationsquelle heranzuziehen.[52]

D. Formelle Anforderungen und Offenlegung

27 § 220b Abs 4 AktG verlangt einen schriftlichen Verschmelzungsbericht. „Schriftlichkeit" bedeutet „Unterschriftlichkeit". Die Prüfungsberichte sind gem § 220 Abs 4 S 5 AktG den GF sowie jedem einzelnen AR-Mitglied der GmbH vorzulegen u den Gesellschaftern gem § 97 14 Tage vor der Beschlussfassung zuzusenden. Gemäß § 225 Abs 1 Z 5 AktG sind die Berichte der FB-Anmeldung (vgl dazu § 96 Rz 55 ff) beizufügen. Nach Eintragung der Verschmelzung sind sie Teil der Urkundensammlung u als solcher für jedermann zugänglich.

---

49 *Eckert/Schopper* in Torggler, GmbHG § 100 Rz 19.
50 *Aburumieh/Adensamer/H. Foglar-Deinhardstein*, Verschmelzung V. D Rz 9.
51 *Aburumieh/Adensamer/H. Foglar-Deinhardstein*, Verschmelzung V. D Rz 10 mwN; differenzierend *Kalss*, VSU³ § 220b AktG, Rz 21 u 26.
52 Vgl *Szep* in Artmann/Karollus, AktG⁶ § 220b Rz 10; *Kalss*, VSU³ § 220b AktG, Rz 19; *Schindler/Brix* in Straube/Ratka/Rauter, GmbHG § 100 Rz 5; *Warto* in Gruber/Harrer, GmbHG² § 100 Rz 27; *Grünwald/Ch. Nowotny* in Wiesner/Hirschler/Mayr, HB Umgründungen, Band D Art I Rz 61.

E. Verantwortlichkeit

Die Verantwortlichkeit des Verschmelzungsprüfers folgt § 275 UGB. **28**
Danach ist der Prüfer zur gewissenhaften u unparteiischen Prüfung verpflichtet. Für vorsätzliche oder fahrlässige Pflichtverletzung ist er sämtlichen an der Verschmelzung beteiligten Gesellschaften u deren Gesellschaftern nach allg Regeln zum Ersatz verpflichtet. Dies gilt unabhängig davon, ob der Verschmelzungsprüfer als gemeinsamer Prüfer für alle an der Verschmelzung beteiligten Gesellschaften fungiert. Mehrere Prüfer haften als Gesamtschuldner. Als „Beauftragter" ist der Verschmelzungsprüfer gem § 163a Abs 1 Z 1 StGB auch strafrechtlich verantwortlich.[53]

Erhöhung des Stammkapitals

§ 101. Erhöht die übernehmende Gesellschaft zur Durchführung der Verschmelzung das Stammkapital, so entfällt die Übernahmserklärung; § 52 Abs. 2 bis 5 und § 53 Abs. 2 Z 1 sind nicht anwendbar.

idF BGBl 1996/304

Literatur: *Aburumieh/H. Foglar-Deinhardstein*, Internationale Umstrukturierungen, GesRZ 2010, 329; *St. Arnold/Zollner*, Das Schicksal „besonderer Rechte" bei Umstrukturierungen in gesellschaftsrechtlicher und vertragsrechtlicher Perspektive, RIW 2016, 565; *Auer*, Gläubigerschutz bei Vermögensbewegungen down-stream (2016); *Bayer/J. Schmidt*, Gläubigerschutz bei (grenzüberschreitenden) Verschmelzungen, ZIP 2016, 841; *Binder/Khol*, Bankenehe Hypo Vereinsbank und Bank Austria, ecolex 2000, 875; *G. Eckert*, Die Neutronics-Entscheidung des OGH, in Kalss/Fleischer/Vogt (Hg), Bahnbrechende Entscheidungen – Gesellschafts- und Kapitalmarktrechts-Geschichten (2016) 225; *H. Foglar-Deinhardstein*, Anmerkungen zum (grenzüberschreitenden) Triangular Merger, GesRZ 2012, 326; *H. Foglar-Deinhardstein/Aburumieh*, Kapitalentsperrung über die Grenze, GesRZ 2009, 342; *H. Foglar-Deinhardstein/Hartig*, Der Vorstand bei Umgründungen und Squeeze-out, in Kalss/Frotz/Schörghofer (Hg), HB für den Vorstand (2017) 877; *H. Foglar-Deinhardstein/Trettnak*, Cross-Border Merger aus Deutschland nach Österreich bei weiterbestehendem Listing, GesRZ 2013, 198; *H. Foglar-Deinhardstein/Trettnak*, Erwerb eigener Aktien bei der Barabfindung anlässlich der (grenzüberschreitenden) Verschmelzung, RWZ 2014/2, 7; *Fritzer/Hartlieb*, § 226 Abs 3 AktG und die Grenzen der richtlinienkonformen Interpretation – Zu den Auswirkungen von EuGH C-483/14 (KA Finanz) auf das österreichische Verschmelzungsrecht, ÖBA 2017,

---

53 S nur *Eckert/Schopper* in Torggler, GmbHG § 100 Rz 20.

16; *Hartlieb*, Der Schutz besonderer Gläubiger in der Umstrukturierung der AG (2017); *Jennewein*, Kapitalherabsetzender Effekt einer Einbringung des Kommanditanteils einer GmbH & Co KG in die Komplementär-GmbH, GesRZ 2016, 337; *Kalss/G. Eckert*, Änderungen im Aktien- und GmbH-Recht durch das GesRÄG 2007, GesRZ 2007, 222; *Koppensteiner*, Überbewertung von Vermögen bei der Verschmelzung, wbl 2014, 678; *Mitterecker*, Management-Buy-Out und Verbot der Einlagenrückgewähr, die Zweite, GES 2016, 150; *Mitterecker*, Summengrundsatz bei Verschmelzungen mit kapitalentsperrendem Effekt, GesRZ 2016, 393; *Napokoj*, Die Spaltung – die legalisierte Einlagenrückgewähr, in FS Hügel 271; *Ch. Nowotny*, Umgründungen im Konzern, in Haberer/Krejci (Hg), Konzernrecht (2016) 593; *G. Nowotny*, Umgründungsrecht wohin? ecolex 2000, 116; *Potyka*, EuGH-Urteil in der Rs KA Finanz – Änderung des § 226 Abs 3 AktG erforderlich? RdW 2016/296, 388; *Ritt-Huemer*, Sachdividende, stille Reserven und Ausschüttungssperre, RdW 2019, 77; *Rohregger*, Nichtverhältniswahrende Verschmelzung, GES 2002, 74 und GES 2003, 13; *Rüffler/Aburumieh/Lind*, Kapitalerhaltung bei Nicht-Kapitalgesellschaften, in Jaufer/Nunner-Krautgasser/Schummer (Hg), Kapitalaufbringung und Kapitalerhaltung (2016) 71; *Saurer*, Aktienrechtliche Grenzen beim downstream-merger, NZ 1995, 169; *Steinhart*, Die Einbringung von negativen Gesellschaftsanteilen aus kapitalerhaltungsrechtlicher Sicht, RdW 2011/114, 119; *Stern*, GmbH-Verschmelzung und nicht voll eingezahlte Geschäftsanteile, RdW 1998, 178; *Tomic*, Zur Zulässigkeit von up-stream Verschmelzungen überschuldeter Tochtergesellschaften (Sanierungsverschmelzungen): Anmerkungen zu OGH 6 Ob 203/20a, wbl 2021, 369; *U. Torggler*, Verjährung der Ausgleichsansprüche gem § 226 Abs 2 AktG usw, in FS Neumayr (2023) 1025; *Winner*, Übernahmeangebot bei Verschmelzung? in Kalss/Fleischer/Vogt (Hg), Bahnbrechende Entscheidungen – Gesellschafts- und Kapitalmarktrechts-Geschichten (2016) 45; *Wolkerstorfer*, Zum Erwerb eigener Anteile im Erbweg, NZ 2016, 367; *Zollner*, Sonderrechte in der internationalen Verschmelzung, ecolex 2016/127, 497.

Inhaltsübersicht

I. Überblick	1–3
II. Kapitalerhöhung	4–17
A. Grundsätzliches	4, 5
B. Anwendbare Vorschriften	6, 7
C. Beschlussfassung	8–11
D. Kapitalaufbringungskontrolle	12–14
E. Firmenbuch	15–17
III. Sonstige Formen der Anteilsgewähr	18–28
A. Durchschleusen von Anteilen – Anteilsauskehr	18–26
1. Grundsätzliche Technik der Anteilsdurchschleusung	18, 19
2. Kapitalerhöhung neben Anteilsdurchschleusung	20
3. Nicht voll einbezahlte Geschäftsanteile	21–25
4. Großmutter-Enkel-Verschmelzung	26
B. Verwendung eigener Anteile	27

C. Verwendung von Anteilen Dritter 28
IV. Bare Zuzahlungen 29–31
V. Unterbleiben der Anteilsgewähr 32–41
   A. Verbot der Anteilsgewähr 32–34
      1. Upstream-Verschmelzung 32
      2. Ausnahme: Enkel-Großmutter-Verschmelzung ... 33
      3. Eigene Anteile der übertragenden Gesellschaft 34
   B. Sidestream-Strukturen (Wahlrecht) 35–38
      1. Verbot der Einlagenrückgewähr 36
      2. Nicht voll einbezahlte Geschäftsanteile 37, 38
   C. Verzicht 39, 40
   D. Negatives Vermögen 41
VI. Kapitalerhaltung und Gläubigerschutz 42–63
   A. Grundzüge des Gläubigerschutzes bei der Verschmelzung 42–45
   B. Verschmelzungsbezogener Gläubigerschutz durch Kapitalerhaltung 46–57
      1. Verbotene Einlagenrückgewähr durch Verschmelzung 46, 47
      2. Das Erfordernis des positiven Verkehrswerts 48–54
      3. Das Verbot der Kapitalentsperrung 55–57
   C. Verschmelzungsbezogener Gläubigerschutz durch das Verbot sittenwidriger Gläubigerschädigung 58
   D. Nachgelagerter Schutz konkreter Gläubigerforderungen 59–63

I. Überblick

Nach dem gesetzl Leitbild findet bei der Verschmelzung eine **Anteilsgewähr an die Gesellschafter der übertragenden Gesellschaft** statt. Die dazu erforderlichen Anteile sind grds im Wege einer Kapitalerhöhung zu schaffen (vgl Rz 4 ff); in Frage kommt aber auch die Verwendung eigener Anteile (vgl Rz 27) oder v Anteilen Dritter (vgl Rz 28). Beim *Downstream-Merger* kommt es (gem entspr gesetzl Anordnung) primär zur Anteilsdurchschleusung (vgl Rz 18 ff). Die Anteilsgewähr kann mit baren Zuzahlungen durch die übernehmende Gesellschaft verknüpft sein (vgl Rz 29 ff); davon zu unterscheiden sind allfällige bare Zuzahlungen Dritter.[1] Abweichend v gesetzl Idealtypus der Verschmel-

1

---

1 Vgl dazu *Aburumieh/Adensamer/H. Foglar-Deinhardstein*, Verschmelzung V. F Rz 25.

zung **kann** die Anteilsgewähr in bestimmten Fallkonstellationen **unterbleiben** (vgl Rz 35 ff, 39), in manchen Fallkonstellationen **muss** sie unterbleiben (vgl Rz 32 ff, 41). Denkbar ist unter bestimmten Voraussetzungen auch die Anteilsgewähr an Drittgesellschaften (also nicht an der übernehmenden Gesellschaft; sog *Triangular Merger*, s Rz 26).[2]

2   Der **Verschmelzungsvertrag** hat gesetzeskonforme Regelungen über die Anteilsgewähr bzw deren Unterbleiben zu enthalten (vgl § 96 Rz 34 ff).

3   Unabhängig davon, ob die Verschmelzung mit oder ohne Kapitalerhöhung erfolgt, sind jedenfalls die anwendbaren **Kapitalerhaltungsregeln (Verbot der Einlagenrückgewähr)** u sonstigen **Gläubigerschutzbestimmungen** einzuhalten (vgl Rz 42 ff).

II. Kapitalerhöhung

A. Grundsätzliches

4   Neben dem möglichen Zweck der Vermeidung einer Kapitalentsperrung (Rz 55 ff) kann eine verschmelzungsbedingte Kapitalerhöhung dazu dienen, die erforderliche Umtauschwährung für die Gesellschafter der übertragenden Gesellschaft zu schaffen. Es gelten grds die Regelungen zur **Kapitalerhöhung mit Sacheinlagen** (vgl § 52 Rz 18, 54 ff); § 101 enthält aber Sonderregeln (näher s Rz 6). Gemäß § 223 Abs 2 AktG iVm § 96 Abs 2 ist prinzipiell eine Prüfung der Kapitalaufbringung erforderlich (vgl Rz 12, s aber auch Rz 7 zu möglichen Ausnahmen). Der Kapitalerhöhungsbeschluss ist gesondert v Verschmelzungsbeschluss zu fassen (vgl Rz 8). Die Kapitalerhöhung wird mit FB-Eintragung der Verschmelzung wirksam (vgl Rz 17) – sie ist Voraussetzung für das Wirksamwerden des Verschmelzungsvertrags, was in diesem auch konkret festzuhalten ist.[3] Die Kapitalerhöhung ist im Verschmelzungsvertrag zu beschreiben (§ 220 Abs 2 Z 3 AktG, vgl dazu § 96 Rz 34).

5   Die zu gewährenden Anteile werden durch das **Umtauschverhältnis** gem Verschmelzungsvertrag (vgl § 96 Rz 29 ff) determiniert. Die Festlegung eines (die gewährten Anteile wertmäßig übersteigenden)

---

2 Vgl dazu *Aburumieh/Adensamer/H. Foglar-Deinhardstein*, Verschmelzung V. F Rz 26 u IV. E Rz 1 f; *H. Foglar-Deinhardstein*, GesRZ 2012, 326 (327 ff).
3 *Schindler/Brix* in Straube/Ratka/Rauter, GmbHG § 101 Rz 2.

Verschmelzungsagios ist dabei nicht erforderlich, aber möglich.[4] Dieses Agio ist in die Kapitalrücklage einzustellen; gebunden ist diese nur bei großen Gesellschaften (vgl § 23 Rz 8 ff), jedoch greift jedenfalls die Ausschüttungssperre des § 235 UGB (vgl § 82 Rz 64, § 96 Rz 54).

B. Anwendbare Vorschriften

Grundsätzlich gelten die Regelungen über die **Kapitalerhöhung mit Sacheinlagen** (vgl dazu § 52 Rz 54 ff). Abweichend davon sind gem § 101 die folgenden Regelungen **nicht anzuwenden:**[5] 6

– § 52 Abs 2 bis 5 iVm § 53 Abs 2,[6] dh die Regelungen über das Bezugsrecht der Altgesellschafter (vgl § 52 Rz 23 ff), über die Zulassung der neu hinzutretenden Gesellschafter (vgl § 52 Rz 26 ff, 40) sowie über die Übernahmserklärung (vgl § 52 Rz 37 ff, § 53 Rz 7).
– §§ 6, 6a Abs 1 (vgl zur Hälfteklausel sowie den Vereinfachungen gem § 6a Abs 2 bis 3 aber auch noch Rz 7), 10 u 10a (jew iVm § 52 Abs 6), soweit die Einlageleistung u deren Kontrolle, die Aufbringung der Stammeinlagen sowie die § 10-Erklärung[7] betroffen sind (str).[8] Strittig ist auch, ob die Bestimmungen über die Differenzhaftung (vgl § 52 Rz 15, 62 f sowie § 10a Rz 6 ff) auf die verschmelzungsbedingte Kapitalerhöhung anzuwenden sind – dies ist uE nicht der Fall.[9]

---

4 *Eckert/Schopper* in Torggler, GmbHG § 101 Rz 3; *Kalss*, VSU³ § 101 GmbHG Rz 11; vgl aber auch *Koppensteiner/Rüffler*, GmbHG³ § 98 Rz 5 (zwingende Einstellung in die Kapitalrücklage).

5 Vgl dazu *Aburumieh/Adensamer/H. Foglar-Deinhardstein*, Verschmelzung V. F Rz 31.

6 § 101 verweist fälschlicherweise auf § 53 Abs 2 Z 1; dieser Verweis lautet richtig auf § 53 Abs 2.

7 Für Erfordernis der § 10-Erklärung etwa *Koppensteiner/Rüffler*, GmbHG³ § 101 Rz 6; *Umfahrer*, GmbHG⁷ Kap 17 Rz 17.41 FN 3172.

8 Vgl dazu *Aburumieh/Adensamer/H. Foglar-Deinhardstein*, Verschmelzung V. F Rz 31 mwN; *Kalss*, VSU³ § 101 GmbHG, Rz 7.

9 Anders noch in der Vorauflage. Vgl zum Meinungsstand *Warto* in Gruber/Harrer, GmbHG² § 101 Rz 11; zT wird hier danach differenziert, ob der betr Gesellschafter für oder gegen die Verschmelzung gestimmt hat; gegen die Anwendbarkeit der Bestimmungen über die Differenzhaftung § 52 Rz 62; BGH 6.11.2018, II ZR 199/17; *Kalss*, VSU³ § 101 GmbHG, Rz 22; *Eckert/Schopper/Caramanica* in Eckert/Schopper, AktG-ON¹·⁰⁰ § 223 Rz 13; vgl (zur Kapitalberichtigung) OGH 13.10.2010, 3 Ob 86/10h, RWZ 2010, 328 (*Wenger*) = GesRZ 2011, 115 (*van Husen*) = *Koppensteiner*, wbl 2015, 1.

- § 6a Abs 4 (iVm § 24 AktG, § 52 Abs 6) betr Erstattung eines Gründungsberichts, § 6a Abs 4 (iVm § 25 Abs 1 AktG, § 52 Abs 6) betr Prüfung durch die GF u den AR (str).[10]

7 Die Regelungen über die **Sacheinlageprüfung** sind grds bei jeder verschmelzungsbedingten Kapitalerhöhung anzuwenden (vgl Rz 12). Zu erwägen wäre allerdings, die **Vereinfachungen** des § 6a Abs 1 (Hälfteklausel, vgl § 6a Rz 2 ff) sowie des § 6a Abs 2 u 3 (Fortführung eines seit mind fünf Jahren bestehenden Unternehmens bei selbem bzw familiärem Gesellschafterkreis, vgl § 6a Rz 5 ff) nutzbar zu machen;[11] aufgrund der v OGH judizierten isolierten Betrachtungsweise bei Kapitalerhöhungen (vgl § 52 Rz 48) wird bei der Verschmelzung § 6a Abs 1 der Anwendungsbereich entzogen (es sei denn, es würde gleichzeitig eine Barkapitalerhöhung beschlossen), denn die Kapitalerhöhung bei Verschmelzung ist eine reine Sachkapitalerhöhung.[12]

C. Beschlussfassung

8 Der Kapitalerhöhungsbeschluss ist **gesondert** v Verschmelzungsbeschluss zu fassen, er könnte auch in einer separaten GV gefasst werden;[13] nach der wohl hM scheidet für einen Beschluss zur Änderung des GesV u damit auch für einen Kapitalerhöhungsbeschluss ein Umlaufbeschluss aus (vgl § 49 Rz 44 f; s zum Verschmelzungsbeschluss allerdings § 98 Rz 7). Für die wirksame Beschlussfassung ist die **75 %-Mehrheit** erforderlich (§ 52 Abs 1 iVm § 50 Abs 1, vgl § 52 Rz 6); aus § 50 Abs 4 können sich besondere Zustimmungserfordernisse ergeben.[14]

9 Der **Beschlussinhalt** richtet sich nach den Vorschriften zur Sachkapitalerhöhung (vgl § 52 Rz 18, 54 ff),[15] dh es sind der Gegenstand der

---

10 Vgl dazu *Aburumieh/Adensamer/H. Foglar-Deinhardstein*, Verschmelzung V. F Rz 31 u insb auch FN 760; *Kalss*, VSU³ § 101 GmbHG Rz 21.
11 Vgl dazu *Aburumieh/Adensamer/H. Foglar-Deinhardstein*, Verschmelzung V. F Rz 32 mwN.
12 Vgl dazu *Kalss/Eckert*, GesRZ 2007, 222 (230).
13 *Schindler/Brix* in Straube/Ratka/Rauter, GmbHG § 101 Rz 3.
14 Vgl *Warto* in Gruber/Harrer, GmbHG² § 101 Rz 8 u § 99 Rz 7; s aber die hier vertretene M iZm der Ausfallshaftung Rz 24, 38 sowie § 99 Rz 12.
15 Vgl die Musterformulierung bei *Aburumieh/Adensamer/H. Foglar-Deinhardstein*, Verschmelzung V. F Rz 23.

Sacheinlage, die Person, v der die Sacheinlage erworben wird, der Geldwert, wofür die Vermögensgegenstände übernommen werden (dh der Betrag der gewährten Stammeinlagen zuzüglich allfälliger barer Zuzahlungen), besonders eingeräumte Begünstigungen (neben der Festlegung im Verschmelzungsvertrag, vgl § 96 Rz 42), der Zweck der Kapitalerhöhung (Schaffung der Umtauschwährung für die Verschmelzung) sowie das Ausmaß (zumindest iSe Höchstbetrags, str, vgl auch § 96 Rz 34) der Kapitalerhöhung im Beschluss festzusetzen.[16] Strittig ist, ob diese Angaben alleine im Beschluss ausreichen, oder eine Festlegung **auch im GesV** zu erfolgen hat; aus Rechtssicherheitserwägungen u zur Haftungsvermeidung ist die Aufnahme in den GesV empfehlenswert,[17] wenngleich dies natürlich eine formalistische Doppelung darstellt.[18] Zu den erforderlichen Festlegungen im Verschmelzungsvertrag vgl Rz 4 sowie § 96 Rz 34.

Erforderlich ist die Beschlussfassung in einer **notariellen GV**. Wird für die Verschmelzung das **Rundlaufverfahren** des § 34 für zulässig gehalten (vgl dazu § 98 Rz 7), so sollte dies uE konsequenterweise auch für die verschmelzungsbedingte Kapitalerhöhung gelten, sofern das Erfordernis der notariellen Beurkundung gem § 87 NO (**nicht:** bloße Beglaubigung) eingehalten wird (vgl aber die hM bei § 49 Rz 45; s auch oben bei Rz 8).[19] 10

Eine Anfechtung des Kapitalerhöhungsbeschlusses ist möglich; der Anfechtungsausschluss des § 225b AktG greift **nicht** (str, vgl dazu § 98 Rz 26, abw A bei § 41 Rz 110). Allerdings unterliegt auch der Kapitalerhöhungsbeschluss dem verschmelzungsrechtlichen Bestandschutz (vgl § 98 Rz 26 u 30). 11

D. Kapitalaufbringungskontrolle

Seit dem GesRÄG 2011 ist bei verschmelzungsbedingter Kapitalerhöhung in der GmbH immer eine **Sacheinlageprüfung** (vgl dazu § 52 12

---

16 Vgl zu alle dem *Aburumieh/Adensamer/H. Foglar-Deinhardstein*, Verschmelzung V. F Rz 22 mwN.
17 *Aburumieh/Adensamer/H. Foglar-Deinhardstein*, Verschmelzung V. F Rz 24.
18 Gegen Erfordernis der Festlegung im GesV etwa *Kalss*, VSU³ § 101 GmbHG, Rz 11.
19 *Aburumieh/Adensamer/H. Foglar-Deinhardstein*, Verschmelzung V. F Rz 7 aE.

Rz 56 ff) durch einen gerichtl bestellten Prüfer[20] durchzuführen (zu möglichen Ausnahmen bei Anwendung v § 6a Abs 1 bis 3 vgl schon Rz 7). Durch die Prüfung soll sichergestellt werden, dass der geringste oder höhere Ausgabebetrag (zuzüglich allfälliger barer Zuzahlungen, vgl zu diesen Rz 29 f) durch das zu übertragende Vermögen gedeckt ist (**Verbot der Unter-pari-Emission**, vgl auch § 52 Rz 35);[21] maßgeblich ist uE der Zeitpunkt der Anmeldung beim FB (str).[22] Zu diesem Zeitpunkt muss der Prüfbericht spätestens vorliegen; dieser ist nicht an die Gesellschafter zuzusenden (vgl § 97 Rz 2).[23] Das FB-Gericht hat – dem Untersuchungsgrundsatz folgend – die Werthaltigkeit der Sacheinlage zu prüfen.[24] Erklärt der Sacheinlageprüfer im Prüfbericht oder ist offensichtlich, dass der Wert der Sacheinlage nicht unwesentlich hinter dem Ausgabewert der dafür zu gewährenden Anteile zurückbleibt, so hat das FB-Gericht die Eintragung abzulehnen, aber davor Gelegenheit zur Stellungnahme zu geben (vgl § 151 Abs 3 AktG, diese Bestimmung ist uE auch bei der GmbH zu beachten).[25]

13 Für die Durchführung der Prüfung gelten die **Sachgründungsvorschriften** sinngemäß, sohin § 25 Abs 3 bis 5 AktG (gerichtl Bestellung des Prüfers auf Antrag der Gesellschaft u erforderliche Qualifikation des Prüfers, vgl § 52 Rz 59, § 6a Rz 18), § 26 AktG (Umfang der Prüfung, Erstattung u Offenlegung des schriftlichen Prüfungsberichts, vgl § 52 Rz 59, § 6a Rz 19), § 27 AktG (Informationspflichten gegenüber dem Prüfer, Meinungsverschiedenheiten zw den Gesellschaften u dem Prüfer, Entlohnung des Prüfers, vgl § 6a Rz 20) sowie §§ 42, 44 AktG (Haftung des Prüfers u Verjährung, vgl § 52 Rz 59, § 6a Rz 24).[26]

---

20 Dieser kann gleichzeitig Verschmelzungsprüfer sein, vgl § 96 Abs 2 iVm § 223 Abs 2 S 2 AktG.
21 *Aburumieh/Adensamer/H. Foglar-Deinhardstein*, Verschmelzung V. F Rz 33.
22 Anders zB *Schindler/Brix* in Straube/Ratka/Rauter, GmbHG § 101 Rz 5 (Maßgeblichkeit des Tags der Eintragung); vgl zur Problematik auch *Aburumieh/Adensamer/H. Foglar-Deinhardstein*, Verschmelzung V. F Rz 33, insb FN 773; differenzierend: *Nagele/Lux* in Artmann/Karollus, AktG[6] § 150 Rz 22.
23 *Aburumieh/Adensamer/H. Foglar-Deinhardstein*, Verschmelzung V. F Rz 36 mwN.
24 OGH 15.4.2010, 6 Ob 226/09t, RWZ 2010/62, 264 (*Wenger*) = GesRZ 2010, 276 (*Winner/Obradović*) = ZFR 2011, 128 (*Ruhm*).
25 *Aburumieh/Adensamer/H. Foglar-Deinhardstein*, Verschmelzung V. H Rz 5.
26 *Aburumieh/Adensamer/H. Foglar-Deinhardstein*, Verschmelzung V. F Rz 34.

Eine **Prüfung** durch die **GF** oder einen allfälligen **AR** ist **nicht** erfor- 14
derlich, vgl schon Rz 6.

E. Firmenbuch

Der Antrag auf Eintragung der Kapitalerhöhung samt diesbzgl Ände- 15
rung des GesV wird regelmäßig mit jenem zur Verschmelzung **verbunden**; das ist aber nicht zwingend.[27] Der Antrag ist an das für die
übernehmende Gesellschaft zuständige FB-Gericht zu adressieren u v
sämtlichen GF beglaubigt zu unterfertigen (vgl auch § 51 Rz 1). Unseres Erachtens ist die Vertretung durch Bevollmächtigte (weil: kein
Erfordernis einer § 10-Erklärung, str, vgl Rz 6) zulässig; die gemischte
Vertretung mit Prokuristen ist hingegen nicht möglich.[28]

Dem Gericht sind folgende **Beilagen** vorzulegen: Kapitalerhöhungs- 16
beschluss samt Beschluss zur Änderung des GesV, Verschmelzungsvertrag (Sacheinlagevereinbarung), Sacheinlageprüfbericht, allfällige
behördliche Genehmigungen, Wortlaut des neuen GesV.[29] Seit dem
Wegfall der Gesellschaftsteuer per 1.1.2016[30] ist weder eine steuerliche
Unbedenklichkeitsbescheinigung noch eine Selbstberechnungserklärung für die Eintragung der Kapitalerhöhung in das FB erforderlich.[31]

Die **Eintragung** v Verschmelzung u Kapitalerhöhung ins FB erfolgt 17
gemeinsam (vgl schon Rz 4). Zur auch materiellen Prüfpflicht iZm der
Sacheinlageprüfung vgl schon Rz 12, vgl auch § 96 Rz 59.[32]

---

27 *Aburumieh/Adensamer/H. Foglar-Deinhardstein*, Verschmelzung V. G Rz 9.
28 *Aburumieh/Adensamer/H. Foglar-Deinhardstein*, Verschmelzung V. G Rz 10.
29 *Aburumieh/Adensamer/H. Foglar-Deinhardstein*, Verschmelzung V. G Rz 13.
30 BGBl I 2014/13 (Abgabenänderungsgesetz 2014).
31 S jedoch § 96 Rz 58 zur vereinzelt geforderten Vorlage einer steuerlichen Unbedenklichkeitsbescheinigung für die Eintragung der Verschmelzung in das
FB.
32 *Aburumieh/Adensamer/H. Foglar-Deinhardstein*, Verschmelzung V. H Rz 5.

III. Sonstige Formen der Anteilsgewähr

A. Durchschleusen von Anteilen – Anteilsauskehr

1. Grundsätzliche Technik der Anteilsdurchschleusung

18 Sofern die übertragende Gesellschaft (oder ein Treuhänder gem § 224 Abs 4 AktG für diese) einen Geschäftsanteil an der übernehmenden Gesellschaft besitzt (***Downstream-Merger***), ist dieser gem **§ 224 Abs 3 AktG iVm § 96 Abs 2 zwingend** (vgl Rz 27) – soweit zum Wertausgleich erforderlich – zur Abfindung der Gesellschafter der übertragenden Gesellschaft zu verwenden (**Anteilsdurchschleusung, Anteilsauskehr**).[33] Regelmäßig wird aufgrund der Vorgaben zur **Kapitalerhaltung** (Stichwort: Übertragung eines positiven Vermögens; vgl auch Rz 41, 48 ff) eine vollständige Anteilsdurchschleusung erforderlich sein; denkbar wäre aber zB, dass die übertragende Gesellschaft eigene Anteile gehalten hat, welche bei Verschmelzung untergehen, u für welche kein Wertausgleich zu leisten ist (s § 81 Rz 20, 70).[34] Unseres Erachtens könnten die Anteilsinhaber der übertragenden Gesellschaft auch auf die Anteilsgewähr verzichten (vgl Rz 39), sofern dies keine Einlagenrückgewähr (vgl Rz 36 ff) darstellt.[35]

19 Der Geschäftsanteil wird durch die übernehmende Gesellschaft durchgeschleust u an die Anteilsinhaber der übertragenden Gesellschaft ausgekehrt (s § 81 Rz 20). Ist zur Anteilsauskehr eine **Teilung** des Geschäftsanteils erforderlich (weil an der übertragenden Gesellschaft mehrere Gesellschafter beteiligt sind), so greifen die Vorgaben des § 79 (Zulassung der Teilbarkeit im GesV [vgl § 79 Rz 4 ff], allenfalls Zustimmung des im GesV dazu bezeichneten Organs [vgl § 79 Rz 14 ff]) uE nicht, denn § 224 Abs 3 ist als *lex specialis* aufzufassen (vgl auch § 79 Rz 12, s aber Rz 27).[36] Der Erwerb durch die Anteilsinhaber der übertragenden Gesellschaft erfolgt unmittelbar – nach Erwerb durch die übernehmende

---

33 *Aburumieh/Adensamer/H. Foglar-Deinhardstein*, Verschmelzung V. F Rz 54.
34 *H. Foglar-Deinhardstein/Trettnak*, RWZ 2014/2, 7 (11); *H. Foglar-Deinhardstein/Trettnak*, GesRZ 2013, 198 (200 f); vgl *Wolkerstorfer*, NZ 2016/127, 367 (371).
35 *Aburumieh/Adensamer/H. Foglar-Deinhardstein*, Verschmelzung V. F Rz 58.
36 *Schopper* in Gruber/Harrer, GmbHG² § 79 Rz 10; *Koppensteiner/Rüffler*, GmbHG³ § 79 Rz 3.

Gesellschaft selbst für die Dauer einer jur Sekunde[37] – u *ex lege*, was auch im **Verschmelzungsvertrag** entspr zu umschreiben ist.[38] Bei fehlender Umschreibung im Verschmelzungsvertrag (vgl § 96 Rz 34) tritt uE aber keine Nichtigkeit ein.[39]

2. Kapitalerhöhung neben Anteilsdurchschleusung

Neben der Anteilsdurchschleusung kann eine Kapitalerhöhung durchgeführt werden bzw sogar zwingend geboten sein, nämlich, wenn die übertragende Gesellschaft neben der Beteiligung an der übernehmenden Gesellschaft **weiteres sacheinlagefähiges Vermögen** besaß u weitere Gesellschafter in der übernehmenden Gesellschaft vorhanden sind, weil ansonsten kein angemessener Wertausgleich zugunsten der Anteilsinhaber der übertragenden Gesellschaft erfolgen würde.[40] Eine Kapitalerhöhung könnte aber bei gleichen Beteiligungsverhältnissen oder bei Verzicht der betr Gesellschafter unterbleiben.[41]

20

3. Nicht voll einbezahlte Geschäftsanteile

Sind die Anteile an der übertragenden u/oder der übernehmenden Gesellschaft nicht voll einbezahlt, kann dies auch (vgl noch Rz 37 f) iZm der Anteilsdurchschleusung zu **Sonderfragen** führen:

21

Sind die Anteile an der **übertragenden Gesellschaft voll einbezahlt**, **nicht** aber jene der übertragenden Gesellschaft an der **übernehmenden Gesellschaft**, ist uE die Zustimmung der Anteilsinhaber der übertragenden Gesellschaft erforderlich. Ansonsten käme es nämlich zu deren Lasten zu einer Leistungsvermehrung, denn diese erhielten nicht voll einbezahlte Anteile im Tausch für bereits einbezahlte Anteile u wären damit einer neuerlichen Einzahlungsverpflichtung ausgesetzt. Ausnahmsweise

22

---

37 **AA** *Kalss*, VSU³ § 224 AktG, Rz 35; *Eckert/Schopper* in Torggler, GmbHG § 101 Rz 8.
38 OGH 11.11.1999, 6 Ob 4/99b – *Neutronics*.
39 *Aburumieh/Adensamer/H. Foglar-Deinhardstein*, Verschmelzung V. F Rz 54 aE mwN; **aA** noch (aber bei anderer Rechtslage) OGH 11.11.1999, 6 Ob 4/99b – *Neutronics*.
40 *Aburumieh/Adensamer/H. Foglar-Deinhardstein*, Verschmelzung V. F Rz 59; *Saurer*, NZ 1995, 169 (170); *Kalss*, VSU³ § 224 AktG Rz 36.
41 *Aburumieh/Adensamer/H. Foglar-Deinhardstein*, Verschmelzung V. F Rz 59; *Kalss*, VSU³ § 224 AktG, Rz 36; *H. Foglar-Deinhardstein*, GesRZ 2012, 326 (328).

kann die Zustimmung uE entfallen, uzw wenn die Einlageverpflichtung auf Ebene der übernehmenden Gesellschaft, bei Einhaltung der Publizitätsanforderungen bei Sacheinlagen, schon durch den Verschmelzungsvorgang selbst (durch Übertragung des gesamten Vermögens der übertragenden Gesellschaft in die übernehmende Gesellschaft) erfüllt werden kann.[42] Diesfalls ist allerdings zu fordern, dass der übernehmenden Gesellschaft – abzüglich der Beteiligung – zunächst Vermögenswerte in Höhe der ausstehenden Einlagen zufließen, wobei in diesem Ausmaß keine Anteilsauskehr erfolgen darf.[43]

23 Sind umgekehrt die Anteile an der **übertragenden Gesellschaft nicht voll einbezahlt**, jene der **übertragenden Gesellschaft an der übernehmenden Gesellschaft** aber **schon**, greifen die allg Regelungen (vgl zum hier vertretenen Lösungsansatz, der nach der Einforderung der Stammeinlagen differenziert, Rz 37 f), doch müsste uE hier regelmäßig eine Einforderung nicht bereits einbezahlter Einlagen erfolgen (es sei denn, die Einlage könnte bereits durch den Verschmelzungsvorgang erbracht werden[44]), weil eine Kapitalerhöhung (u damit die Ausgabe zusätzlicher, nicht voll einbezahlter Anteile, vgl Rz 37) beim *Downstream-Merger* überhaupt nur dann möglich wäre, wenn es neben der Beteiligung an der übernehmenden Gesellschaft noch sonstiges zu übertragendes Vermögen gäbe (s Rz 20).

24 § 99 Abs 5 ist uE bei der Variante der Einlageneinforderung restriktiv anzuwenden, da nach der hier vertretenen A diesfalls keine Ausfallshaftung greift (vgl Rz 38). § 99 Abs 5 wäre allerdings in beiden Konstellationen dann zu beachten, wenn es in der übernehmenden Gesellschaft weitere Gesellschafter mit nicht voll einbezahlten Einlagen gäbe (vgl auch § 99 Rz 12).[45]

---

42 Vgl dazu *Aburumieh/Adensamer/H. Foglar-Deinhardstein*, Verschmelzung V. F Rz 60. Ob offene Bareinlageverpflichtungen durch Sacheinlagen erfüllt werden können, ist str; abl jedenfalls OLG Wien 19.3.1980, 5 R 26/80; offenlassend OGH 30.8.2000, 6 Ob 132/00f, vgl *Aburumieh/Adensamer/ H. Foglar-Deinhardstein*, Verschmelzung V. F Rz 60 FN 842.
43 Näher *Aburumieh/Adensamer/H. Foglar-Deinhardstein*, Verschmelzung V. F Rz 60 mwN.
44 Vgl zu diesem Gedankengang *Aburumieh/Adensamer/H. Foglar-Deinhardstein*, Verschmelzung V. F Rz 61 aE.
45 Vgl zu alledem *Aburumieh/Adensamer/H. Foglar-Deinhardstein*, Verschmelzung V. F Rz 61.

Bestehen **sowohl bei der übertragenden als auch bei der übernehmenden Gesellschaft nicht voll einbezahlte Anteile**, sind die soeben skizzierten Lösungswege (Rz 21 bis 24) zu kombinieren.[46] Somit ist uE der Einzahlungsanspruch der übertragenden Gesellschaft gegenüber ihren Anteilseignern grds fällig zu stellen u geht im Wege der Gesamtrechtsnachfolge auf die übernehmende Gesellschaft über. Diese Fälligstellung kann unterbleiben, wenn der übernehmenden Gesellschaft im Zuge der Verschmelzung unter Abzug der aushaftenden Einlageverpflichtung (u bei Ausblendung der Beteiligung an der übernehmenden Gesellschaft selbst – s Rz 49) insgesamt ein positives Vermögen zufließt. Wenn der Einlageanspruch der übernehmenden Gesellschaft gegenüber der übertragenden Gesellschaft nicht durch Vermögensübertragung im Zuge der Verschmelzung erfüllt werden kann, ist die Verschmelzung v der Zustimmung der Anteilseigner der übertragenden Gesellschaft abhängig.[47]

4. Großmutter-Enkel-Verschmelzung

Sonderfragen wirft auch eine *Downstream*-**Großmutter-Enkel-Verschmelzung** auf; diese würde ohne **Sondermaßnahmen** zu einer (mglw) unzulässigen, jedenfalls aber aus Gläubigerschutzerwägungen unerwünschten Ringbeteiligung (vgl auch § 81 Rz 51 ff) führen.[48] Daher wird erwogen,[49] die Anteile an der Muttergesellschaft – wie auch sonst beim *Downstream-Merger* – unmittelbar an die Anteilsinhaber der übertragenen Großmuttergesellschaft auszukehren (*Triangular Merger*).[50] Für diese Auskehr der Anteile an der Mutter der übernehmenden

---

46 *Aburumieh/Adensamer/H. Foglar-Deinhardstein*, Verschmelzung V. F Rz 62.
47 Näher *Aburumieh/Adensamer/H. Foglar-Deinhardstein*, Verschmelzung V. F Rz 62 mwN.
48 *Aburumieh/Adensamer/H. Foglar-Deinhardstein*, Verschmelzung V. F Rz 65.
49 *H. Foglar-Deinhardstein*, GesRZ 2012, 326 (329 f); *Binder/Khol*, ecolex 2000, 875; *Warto* in Gruber/Harrer, GmbHG² § 96 Rz 64; *Winner*, Übernahmeangebot bei Verschmelzung? in Kalss/Fleischer/Vogt, Bahnbrechende Entscheidungen – Gesellschafts- und Kapitalmarktrechts-Geschichten 45.
50 Vgl zu den Zulässigkeitsvoraussetzungen (verfügt die Großmutter neben der Beteiligung an der Muttergesellschaft noch über weiteres Vermögen, ist ein Verzicht auf die Anteilsgewähr u die Zustimmung aller Gesellschafter der Großmutter erforderlich, insb, wenn es in der Mutter u/oder der Enkelin noch außenstehende Gesellschafter gibt) *Aburumieh/Adensamer/H. Foglar-Deinhardstein*, Verschmelzung V. F Rz 65; *H. Foglar-Deinhardstein*, GesRZ 2012, 326 (329 f).

Gesellschaft spricht uE auch das Gläubigerinteresse, weil die Anteile an der Mutter ansonsten im Vermögen der übernehmenden Tochtergesellschaft verbleiben würden u dort eine Rückbeteiligung erzeugen würden; ein – allenfalls großvolumiges – Portfolio an Anteilen an der eigenen Muttergesellschaft kann aber schon insofern zum Nachteil der Gläubiger gereichen, weil deren Werthaltigkeit insb im Fall der Liquidation oder Insolvenz einer der beiden Gesellschaften fraglich ist. Zur *Upstream*-Enkel-Großmutter-Verschmelzung s Rz 33.

B. Verwendung eigener Anteile

27 Sind bei der übernehmenden Gesellschaft **eigene Anteile vorhanden**, oder werden diese zulässigerweise gem § 81 erworben (vgl § 81 Rz 5, 15, 16 ff, 20 ff, 24 ff), **können** diese zur Abfindung der Gesellschafter der übertragenden Gesellschaft verwendet werden (vgl § 81 Rz 71). Beim *Downstream-Merger* **müssen** primär die durchgeschleusten, eigenen Anteile verwendet werden, soweit dies zur Abfindung der Gesellschafter der übertragenden Gesellschaft erforderlich ist (s schon Rz 18 f).[51] Eine (neuerliche) Kapitalaufbringungskontrolle findet bei Verwendung eigener Anteile nicht statt (zur Kapitalerhöhung vgl aber Rz 12).[52] Zur Teilung durchgeschleuster eigener Anteile s Rz 19. Anders als bei Anwendung des § 224 Abs 3 AktG (iVm § 96 Abs 2) müssen bei Verwendung eines bereits bei der übernehmenden Gesellschaft vorhandenen eigenen Anteils für die Abfindung mehrerer Gesellschafter der übertragenden Gesellschaft uE die Vorgaben des § 79 für die **Teilung** eines Geschäftsanteils (s § 79 Rz 4 ff, 14 ff) eingehalten werden.

C. Verwendung von Anteilen Dritter

28 Die übernehmende Gesellschaft **darf grds keine Anteile v dritten Personen (entgeltlich) erwerben**, um damit die Gesellschafter der übertragenden Gesellschaft abzufinden.[53] Jedoch könnte **ein Dritter** (zB der Alleingesellschafter der übernehmenden Gesellschaft) Anteile (unent-

---

51 *Kalss*, VSU³ § 224 AktG, Rz 30.
52 *Eckert/Schopper* in Torggler, GmbHG § 101 Rz 9.
53 Vgl *Aburumieh/Adensamer/H. Foglar-Deinhardstein*, Verschmelzung V. F Rz 26.

geltlich) zur Weiterreichung an die Gesellschafter der übertragenden Gesellschaft **zur Verfügung stellen**.[54] Stimmen die Gesellschafter der übertragenden Gesellschaft einer solchen Verwendung v Anteilen eines Dritten in Form eines **Verzichts** auf eine „formalisierte" Anteilsgewähr gem § 224 Abs 2 Z 2 AktG zu, u wird die Anteilsübertragung in **Notariatsaktsform** vereinbart, ist ein **Beitritt** des Dritten zum Verschmelzungsvertrag sowie eine detaillierte Regelung zu Herkunft u Übertragung der Anteile Dritter im Verschmelzungsvertrag uE entbehrlich;[55] lediglich der Verzicht ist im Verschmelzungsvertrag zu erläutern.[56]

IV. Bare Zuzahlungen

§ 224 Abs 5 AktG gestattet bei entspr Regelung im Verschmelzungsvertrag (vgl § 96 Rz 29, 33 f) **bare Zuzahlungen zusätzlich zur Anteilsgewähr,** uzw **bis zu 10 %** des Nominales der v der übernehmenden Gesellschaft gewährten Anteile.[57] **Strittig** ist, ob bare Zuzahlungen auch in der GmbH zulässig sind; uE sollte dies bejaht werden, auch wenn hier kein Spitzenausgleich erforderlich ist.[58] Bei der GmbH können die baren Zuzahlungen zB zur Glättung eines unrunden Umtauschverhältnisses oder zur Abfindung v Sonderrechten dienen (vgl auch § 96 Rz 33).[59]

29

Bei der **Sacheinlageprüfung** sind bare Zuzahlungen v Wert des auf die übernehmende Gesellschaft übertragenen Vermögens **abzuziehen** (vgl Rz 12).[60] Die Zahlung ist über einen Treuhänder gem § 225a Abs 2 AktG abzuwickeln.[61]

30

---

54 Vgl auch *Eckert/Schopper* in Torggler, GmbHG § 101 Rz 10.
55 Nicht differenzierend *Eckert/Schopper* in Torggler, GmbHG § 101 Rz 10 (Beitritt erforderlich).
56 Vgl dazu im Detail *Aburumieh/Adensamer/H. Foglar-Deinhardstein*, Verschmelzung V. F Rz 26.
57 Vgl dazu *Aburumieh/Adensamer/H. Foglar-Deinhardstein*, Verschmelzung V. F Rz 38 ff.
58 Vgl zum Meinungsstand etwa *Schindler/Brix* in Straube/Ratka/Rauter, GmbHG § 101 Rz 13.
59 *Eckert/Schopper* in Torggler, GmbHG § 101 Rz 22.
60 *Eckert/Schopper* in Torggler, GmbHG § 101 Rz 4, 22 aE; *Aburumieh/Adensamer/H. Foglar-Deinhardstein*, Verschmelzung VII. E Rz 19.
61 *Eckert/Schopper* in Torggler, GmbHG § 101 Rz 24.

31 Von den baren Zuzahlungen zu unterscheiden sind **Zahlungen Dritter** (zB als Gegenleistung für Erklärung eines Verzichts auf die Anteilsgewähr, zum Verzicht vgl Rz 39); diese unterliegen nicht der 10%-Grenze.

V. Unterbleiben der Anteilsgewähr

A. Verbot der Anteilsgewähr

1. Upstream-Verschmelzung

32 Gemäß **§ 224 Abs 1 Z 1 AktG** iVm **§ 96 Abs 2 darf** die übernehmende Gesellschaft **keine Anteile gewähren**, soweit sie – oder ein Dritter im eigenen Namen, aber für Rechnung der Gesellschaft, also ein **Treuhänder** (§ 224 Abs 4 AktG) – Anteile der übertragenden Gesellschaft besitzt; andernfalls würde sich die übernehmende Gesellschaft selbst Anteile gewähren.[62] Für die Beurteilung des Anteilsbesitzes kommt es auf den Zeitpunkt der Eintragung der Verschmelzung im FB an.[63] Nicht voll einbezahlte Anteile sind unschädlich, weil es zur Confusio v Gläubiger- u Schuldnerposition kommt.[64]

2. Ausnahme: Enkel-Großmutter-Verschmelzung

33 Auf *Upstream*-Enkel-Großmutter-Verschmelzungen ist § 224 Abs 1 Z 1 AktG nicht anzuwenden; denn das Unterbleiben der Anteilsgewähr würde zu Kapitalerhaltungsthemen bei der dazwischenliegenden Muttergesellschaft führen (vgl auch Rz 36). Umgekehrt führt die Anteilsgewähr durch die Großmutter an die Muttergesellschaft zu einer Ringbeteiligung (vgl § 81 Rz 51 ff), sodass die Zulässigkeit der Gestaltung **umstritten** ist.[65] Zur *Downstream*-Großmutter-Enkel-Verschmelzung s Rz 26.

---

[62] *Aburumieh/H. Foglar-Deinhardstein*, GesRZ 2010, 328 (329).
[63] *Aburumieh/Adensamer/H. Foglar-Deinhardstein*, Verschmelzung V. F Rz 42.
[64] *Kalss*, VSU³ § 224 AktG, Rz 26.
[65] Vgl zu alledem *Aburumieh/Adensamer/H. Foglar-Deinhardstein*, Verschmelzung V. F Rz 43.

3. Eigene Anteile der übertragenden Gesellschaft

Gemäß § 224 Abs 1 Z 2 AktG iVm § 96 Abs 2 darf die übernehmende Gesellschaft **keine Anteile gewähren**, soweit eine übertragende Gesellschaft bzw ein v ihr engagierter Treuhänder (§ 224 Abs 4 AktG, vgl Rz 32) im Zeitpunkt der Eintragung der Verschmelzung im FB (vgl Rz 32) eigene Anteile besitzt, weil sich ansonsten wiederum die übernehmende Gesellschaft (als Rechtsnachfolgerin der übertragenden Gesellschaft) selbst Anteile gewähren würde.[66] Die eigenen Anteile gehen samt den entspr Rücklagen (s § 81 Rz 48 f) mit Wirksamkeit der Verschmelzung unter[67] (s § 81 Rz 70).   34

B. Sidestream-Strukturen (Wahlrecht)

Gemäß § 224 Abs 2 Z 1 AktG iVm § 96 Abs 2 darf die übernehmende Gesellschaft bei entspr Ausübung dieses Wahlrechts u entspr Begr im Verschmelzungsvertrag (vgl § 96 Rz 35) v der **Gewährung v Anteilen absehen**, soweit[68] die Gesellschafter sowohl an der übernehmenden als auch an der übertragenden Gesellschaft im gleichen Verhältnis unmittelbar oder mittelbar[69] beteiligt sind, es sei denn, dass dies dem Verbot der Einlagenrückgewähr (s Rz 36) oder dem Verbot der Befreiung v Einlageverpflichtungen (s Rz 37) widerspricht.   35

1. Verbot der Einlagenrückgewähr

Eine iSd § 224 Abs 2 Z 1 AktG verpönte **Einlagenrückgewähr** (vgl allg § 82 Rz 81 ff, 142) liegt vor, wenn ein Tochtergesellschaften-Ast zu Lasten des anderen Tochtergesellschaften-Astes aufgrund Nicht-Gewährung v Anteilen entreichert wird. Bsp: Die Enkelgesellschaft 1 wird ohne Anteilsgewähr auf die Enkelgesellschaft 2 verschmolzen, sodass die (ö)[70] Muttergesellschaft 1 der Enkelgesellschaft mit FB-Eintragung   36

---

66 *Aburumieh/Adensamer/H. Foglar-Deinhardstein*, Verschmelzung V, F Rz 44.
67 *Kalss*, VSU³ § 224 AktG, Rz 13.
68 Zur Frage bloß partieller Beteiligungsgleichheit u bloß tw Anteilsgewähr (str) vgl *Eckert/Schopper* in Torggler, GmbHG § 101 Rz 16 aE.
69 Vgl dazu (Durchrechnung) etwa *Eckert/Schopper* in Torggler, GmbHG § 101 Rz 16; *Kalss*, VSU³ § 224 AktG, Rz 21.
70 OGH 15.4.2010, 6 Ob 226/09t, RWZ 2010/62, 264 (*Wenger*) = GesRZ 2010, 276 (*Winner/Obradović*) = ZFR 2011, 128 (*Ruhm*).

der Maßnahme einen Vermögensnachteil erleidet.[71] Diese Verschmelzung wäre nur zulässig, wenn **besondere Ausgleichsmaßnahmen** ergriffen werden, nämlich Ausschüttung einer Sachdividende (s § 82 Rz 58, § 81 Rz 33) in Höhe des Wertabgangs durch die Muttergesellschaft 1 an die Großmuttergesellschaft, oder Durchführung einer Kapitalherabsetzung mit Aufgebotsverfahren bei der Muttergesellschaft 1, Vereinbarung eines Gesellschafterzuschusses (vgl allg § 72 Rz 7) durch die Großmutter in die Muttergesellschaft 1 oder Gewährung wertäquivalenter Anteile an der Muttergesellschaft 2 durch die Großmutter an die Muttergesellschaft 1.[72] Agiert die Muttergesellschaft 1 (GmbH) als bloßer Treuhänder für eine natPers als Treugeber, greift uE das Verbot der Einlagenrückgewähr nicht (s § 82 Rz 4).[73]

2. Nicht voll einbezahlte Geschäftsanteile

37 Gemäß § 224 Abs 2 Z 1 AktG darf die Anteilsgewähr dann nicht unterbleiben, wenn es durch das Unterbleiben der Anteilsgewähr zu einer **Befreiung v Einlageverpflichtungen** käme, dh wenn nicht voll einbezahlte Anteile bestehen. Nach der hM hat diesfalls die übernehmende Gesellschaft an die Gesellschafter der übertragenden Gesellschaft entspr neue Anteile auszugeben, die mit dem Restzahlungsanspruch zu belasten sind, dh diese sind als nicht voll einbezahlte Anteile auszugeben.[74] Unseres Erachtens sollte wie folgt differenziert werden:[75] Wurde die offene Einlage schon eingefordert,[76] dann geht dieser Anspruch im Wege der Gesamtrechtsnachfolge auf die übernehmende Gesellschaft über, u

---

71 *Aburumieh/Adensamer/H. Foglar-Deinhardstein*, Verschmelzung V. F Rz 46; *H. Foglar-Deinhardstein/Hartig* in Kalss/Frotz/Schörghofer, HB für den Vorstand, Kap 31 Rz 78 mwN. Vgl auch *Aburumieh/H. Foglar-Deinhardstein*, GesRZ 2010, 328 (329 f).

72 Vgl dazu je mwN *Aburumieh/Adensamer/H. Foglar-Deinhardstein*, Verschmelzung V. F Rz 46; s etwa auch *Eckert/Schopper* in Torggler, GmbHG § 101 Rz 18; *Kalss*, VSU³ § 224 AktG, Rz 25.

73 *Aburumieh/Adensamer/H. Foglar-Deinhardstein*, Verschmelzung V. F Rz 47.

74 Vgl etwa *Kalss*, VSU³ § 224 AktG, Rz 26; *Koppensteiner/Rüffler*, GmbHG³ § 96 Rz 9; *Schindler/Brix* in Straube/Ratka/Rauter, GmbHG § 101 Rz 9. **Gegen hM:** *Stern*, RdW 1998, 178 (178 ff).

75 Vgl *Aburumieh/Adensamer/H. Foglar-Deinhardstein*, Verschmelzung V. F Rz 48.

76 Zu Sonderproblemen iZm gründungsprivilegierten Stammeinlagen vgl *Aburumieh/Adensamer/H. Foglar-Deinhardstein*, Verschmelzung V. F Rz 63.

es bleibt (nur) der letzte, im Zeitpunkt der Eintragung der Verschmelzung bestehende Anteilsinhaber der übertragenden Gesellschaft zur Zahlung der Einlage verpflichtet; die Ausgabe neuer Anteile ist nicht erforderlich. Wurde die offene Einlage noch nicht eingefordert, ist die Ausgabe nicht voll einbezahlter Anteile erforderlich, weil die verbandsrechtliche Einzahlungsverpflichtung ansonsten untergeht.

Wurden die offenen Zahlungen auf die Stammeinlagen nicht eingefordert, u sind daher in der übernehmenden GmbH nicht voll einbezahlte Anteile auszugeben, so greift die **Zustimmungspflicht gem § 99 Abs 5** (vgl § 99 Rz 12, dh Zustimmung der bereits bestehenden Gesellschafter der übernehmenden Gesellschaft), zumal sich deren Haftungsrisiko aufgrund der Ausfallshaftung gem § 70 erweitert.[77] Nach der hier vertretenen A (vgl Rz 37; **anders aber die hM**)[78] greift § 99 Abs 5 aber nicht bei Einforderung der offenen Stammeinlage vor Verschmelzung, denn diesfalls ist die Ausfallshaftung gem § 70 nicht anwendbar. 38

C. Verzicht

Gemäß § 224 Abs 2 Z 2 AktG iVm § 96 Abs 2 können Gesellschafter auch auf eine **Anteilsgewähr verzichten**, sofern auch sonst eine Anteilsgewähr unterbleiben könnte, dh kein Verstoß gegen das Verbot der Einlagenrückgewähr (vgl Rz 36) u keine Befreiung v Einlageverpflichtungen (vgl Rz 37) vorliegt.[79] Der Verzicht ist nicht formpflichtig,[80] doch empfiehlt sich ein schriftlicher Verzicht zum Nachw gegenüber dem FB-Gericht. Der Verzicht ist außerdem im Verschmelzungsvertrag entspr zu erläutern (vgl auch § 96 Rz 35).[81] 39

Vom Verzicht zu unterscheiden ist die nicht verhältniswahrende Zuteilung v Anteilen in der übernehmenden Gesellschaft (**nicht verhältniswahrende Verschmelzung**), bei der sich lediglich die Betei- 40

---

77 Vgl *Aburumieh/Adensamer/H. Foglar-Deinhardstein*, Verschmelzung V. F Rz 50.
78 Vgl die Nachweise bei *Aburumieh/Adensamer/H. Foglar-Deinhardstein*, Verschmelzung V. F Rz 50 FN 821.
79 OGH 15.4.2010, 6 Ob 226/09t, RWZ 2010/62, 264 (*Wenger*) = GesRZ 2010, 276 (*Winner/Obradović*) = ZFR 2011, 128 (*Ruhm*).
80 *Schindler/Brix* in Straube/Ratka/Rauter, GmbHG § 101 Rz 10.
81 Vgl dazu *Aburumieh/Adensamer/H. Foglar-Deinhardstein*, Verschmelzung V. F Rz 52.

ligungsverhältnisse der Gesellschafter der übertragenden Gesellschaft verschieben.[82]

D. Negatives Vermögen

41 Die **Anteilsgewähr durch Kapitalerhöhung** muss (wegen Scheiterns der Kapitalaufbringungskontrolle) auch dann **unterbleiben**, wenn das übertragene Vermögen **keinen oder nur einen geringfügig positiven Verkehrswert** aufweist.[83] Zur grds Frage der Zulässigkeit einer Verschmelzung in diesem Fall vgl Rz 51. Zum maßgeblichen Bewertungszeitpunkt vgl Rz 12, 53.

VI. Kapitalerhaltung und Gläubigerschutz

A. Grundzüge des Gläubigerschutzes bei der Verschmelzung

42 Jede Verschmelzung ist für die **Interessen der Gläubiger** der beteiligten Gesellschaften relevant. Da die übertragende Gesellschaft im Zuge der Verschmelzung ohne Liquidation erlischt, kommt den Gläubigern durch die Verschmelzung ihr bisheriger Schuldner abhanden. Dabei ist die gesetzl zulässige Auflösung einer GmbH im Weg der Verschmelzung aber *per se* genauso wenig ein Verstoß gegen rechtliche Prinzipien des Gläubigerschutzes wie die Auflösung einer Gesellschaft im Wege der Liquidation (s §§ 89 ff), solange nur die Gläubigerrisiken im gesetzl gebotenen Ausmaß (insb durch Einhaltung der **Kapitalerhaltungsregeln**) neutralisiert werden (s Rz 46 ff).[84] Weiters – u losgelöst v der Frage, welche Gesellschaft(en) im Zuge der Verschmelzung untergeht/untergehen u welche fortbesteht – müssen die Gläubiger einer verschmelzungsbeteiligten Gesellschaft nach Durchführung der Verschmelzung jedenfalls die Konkurrenz der Gläubiger der anderen verschmelzungsbeteiligten Ge-

---

82 Vgl dazu *Rohregger*, GES 2002, 74 (74 ff), GES 2003, 13 (13 ff).
83 *Eckert/Schopper* in Torggler, GmbHG § 101 Rz 12 aE; *Schindler/Brix* in Straube/Ratka/Rauter, GmbHG § 101 Rz 5, 10 (Erfordernis eines Verzichts der Gesellschafter der übertragenden Gesellschaft); *Aburumieh/Adensamer/ H. Foglar-Deinhardstein*, Verschmelzung VII. C Rz 8, Rz 20, 35.
84 *Aburumieh/Adensamer/H. Foglar-Deinhardstein*, Verschmelzung VII. A Rz 6 mwN.

sellschaft(en) hinnehmen.[85] Auch dieser Umstand führt aber grds zu keiner Unzulässigkeit der Verschmelzung, soweit nicht die **Grenze der Sittenwidrigkeit** (Schädigung der Gläubigerinteressen bei Dominanz der Absicht der Drittschädigung) überschritten wird (näher s Rz 58).[86]

Insgesamt muss eine Verschmelzung keineswegs zwingend zu einer **43** Verbesserung der Situation der Gläubiger führen, u es gibt auch **keinen allg Grundsatz**, dass eine überschuldete Gesellschaft nicht verschmolzen werden dürfte, oder eine verschmelzungsbeteiligte Gesellschaft jedenfalls **einen positiven Verkehrswert** haben muss[87] (näher zur Frage des positiven Verkehrswerts s Rz 48 ff). Erforderlich ist vielmehr nur, aber immerhin eine adäquate **Wahrung der Gläubigerinteressen mit Blick auf die Umstände des konkreten Einzelfalls**. Das G trifft verschmelzungsspezifische Anordnungen iW nur für jenen Gläubigerschutz, der der Wirksamkeit der Verschmelzung **nachgelagert** ist (näher s Rz 59 ff). Der Gläubigerschutz, der der Verschmelzung **vorgelagert** ist, wird demgegenüber aus allg Prinzipien der **Verbote der Einlagenrückgewähr u der Sittenwidrigkeit** abgeleitet (näher s Rz 46 ff, 58).

Für **Hybridkapitalgeber** der GmbH (insb Inhaber v **Schuldver-** **44** **schreibungen**, v **Genussrechten** oder allenfalls v atypischen **stillen Beteiligungen**) sieht das G ein eigenes Regelwerk des Gläubigerschutzes vor (§ 226 Abs 3 AktG iVm § 96 Abs 2, vgl auch § 96 Rz 42).[88] Nach

---

85 *Eckert* in Kalss/Fleischer/Vogt, Bahnbrechende Entscheidungen – Gesellschafts- und Kapitalmarktrechts-Geschichten 225.
86 *Aburumieh/Adensamer/H. Foglar-Deinhardstein*, Verschmelzung VII. A Rz 7 f mwN. Allg zur Sittenwidrigkeit als *ultima ratio* OGH 30.3.2016, 6 Ob 20/16h; 24.10.2016, 6 Ob 169/16w, NZ 2017, 26 (*Diregger*) = wbl 2017, 106 (*Nicolussi*) = GesRZ 2017, 57 (*Weigand*) = EvBl 2017/52 (*Brenn; Walch*).
87 OGH 25.11.2020, 6 Ob 203/20a, ecolex 2021, 234 (*H. Foglar-Deinhardstein/ Wünscher*) = GesRZ 2021, 190 (*Breisch*) = wbl 2021, 369 (*Tomic*); 7.11.2007, 6 Ob 235/07p, GesRZ 2008, 100 (*Umlauft*) = ecolex 2008, 243 (*Karollus*) = RWZ 2008, 104 (*Wenger*) = GES 2008, 21 (*Birnbauer*); OLG Wien, 29.6.2004, 28 R 104/04a, 28 R 130/04z, NZ 2005, 311; *G. Nowotny*, ecolex 2000, 116 (117).
88 Näher *Aburumieh/Adensamer/H. Foglar-Deinhardstein*, Verschmelzung VII. A Rz 8, VII. E Rz 1 ff; s aber jetzt EuGH 7.4.2016, C-483/14 – *KA Finanz*, EuZW 2016, 339 (*Stiegler*) = GesRZ 2016, 228 (*Klampfl*) = *Bayer/ J. Schmidt*, ZIP 2016, 841 = *Potyka*, RdW 2016/296, 388 = *Zollner*, ecolex 2016, 497 = *St. Arnold/Zollner*, RIW 2016, 565 = *J. Schmidt*, AG 2016, 713 = *Hartlieb*, ZFR 2016, 475 = *Told*, GES 2017, 63; OGH 21.6.2016, 1 Ob 93/16g, ecolex 2016, 984 (*Fritzer/Hartlieb*) = ZFR 2016, 593 (*H. Foglar-Deinhardstein*) = GesRZ 2017, 119 (*Kalss*); 20.7.2016, 6 Ob 80/16g, GesRZ 2016,

einer Literaturmeinung gilt § 1487 Fall 3 ABGB für die Verjährung v Ausgleichsansprüchen gem § 226 Abs 3 AktG.[89]

45 Auch (Begleit-)Maßnahmen, die integrierter Bestandteil der Verschmelzung sind u/oder mit ihr einhergehen, können Gläubigerinteressen berühren. Zur **Kapitalaufbringung** bei der verschmelzungsbedingten Kapitalerhöhung s Rz 12 ff, 20. Zu Konflikten der **Verschmelzungsstruktur** mit dem Verbot der Einlagenrückgewähr s Rz 36. Weiters spielen Gläubigerinteressen eine rechtlich relevante Rolle bei der **Gewährung v Geld oder Genussrechten** statt Anteilen, bei **baren Zuzahlungen** (s Rz 29 f), bei der **Barabfindung widersprechender Gesellschafter** im Zuge der rechtsformübergreifenden Verschmelzung u bei der **nachträglichen Anpassung** v unangemessenem Umtauschverhältnis, unangemessenen baren Zuzahlungen oder unangemessener Barabfindung.[90]

B. Verschmelzungsbezogener Gläubigerschutz durch Kapitalerhaltung

1. Verbotene Einlagenrückgewähr durch Verschmelzung

46 Verschmelzungen können bei fehlerhafter Strukturierung oder Durchführung gegen das **Verbot der Einlagenrückgewähr** gem § 82 verstoßen (s Rz 3, 18, 36; § 82 Rz 8, 49, 65, 103, 121, 141 f). Erfolgt dennoch die Eintragung der rechtswidrigen Verschmelzung ins FB, bleiben die einmal erfolgte (konstitutive) Registereintragung u damit die Wirksamkeit der Verschmelzung (nach überwiegender A) zwar durch einen Verstoß gegen das Verbot der Einlagenrückgewähr unberührt (**Bestandschutz**, vgl § 98 Rz 30) (s § 83 Rz 41).[91] Die FB-Eintragung heilt aber nicht den Verbotsverstoß an sich, sodass aus dem Verstoß resultierende **Haf-**

---

350 (*Klampfl*); *Kirchmayr/Rieder*, RdW 2016, 774; *Fritzer/Hartlieb*, ÖBA 2017, 16; *Hartlieb*, Der Schutz besonderer Gläubiger 99 ff.
89 *U. Torggler* in FS Neumayr 1025.
90 Näher *Aburumieh/Adensamer/H. Foglar-Deinhardstein*, Verschmelzung VII. A Rz 9, VII. E Rz 17, 18, 22, 28.
91 OGH 24.11.2015, 1 Ob 28/15x − *Kneisz II*, NZ 2016, 147 (*Auer*) = GesRZ 2016, 219 (*Arlt*) = *Mitterecker*, GES 2016, 150. Nachw zur Diskussion in der Lit bei *Aburumieh/Adensamer/H. Foglar-Deinhardstein*, Verschmelzung VI. E Rz 2 FN 315.

tungsanspruche weiterhin offen stehen.[92] Diese **Haftungsansprüche können sich auch jew gegen die handelnden GF persönlich richten** (s § 83 Rz 32).

Der Umstand, dass die Strukturierung einer Umgründung im Einklang mit den **steuerlichen Regeln des UmgrStG** steht, schließt keineswegs aus, dass die Umgründung nicht trotzdem die zwingenden Kapitalerhaltungsregeln verletzt. Umgekehrt kann eine Strukturierung, die die Kapitalerhaltungsregeln befolgt, theoretisch dazu führen, dass die steuerlichen Begünstigungen des UmgrStG auf die betroffene Umgründung nicht angewendet werden können, was aber gesellschaftsrechtlich wiederum *per se* unschädlich ist.[93]

2. Das Erfordernis des positiven Verkehrswerts

In der Praxis wird die Frage, ob die geplante Verschmelzung gegen das **Verbot der Einlagenrückgewähr** (Gebot der Kapitalerhaltung) verstößt, in erster Linie durch den Test überprüft, ob das im Zuge der Verschmelzung bewegte Vermögen einen **positiven Verkehrswert** hat (s § 82 Rz 103; näher zur theoretischen u zur praktischen Bedeutung dieses Begriffs s Rz 52). Die Frage des positiven Verkehrswerts ist im Licht der Kapitalerhaltung uE grds nur bei der **Konzernverschmelzung** relevant, dh dann, wenn die verschmelzungsbeteiligten Gesellschaften direkt oder indirekt beteiligungsmäßig verflochten sind.[94] Dabei sind *Upstream*-Verschmelzungen wegen der parallelen Gefahrenlage in der Beurteilung ihrer Zulässigkeit grds mit dem gleichen Maßstab wie *Downstream*-Verschmelzungen zu beurteilen.[95]

Nach der Sicht der Praxis ist für die Zulässigkeit der Verschmelzung in Hinblick auf das Verbot der Einlagenrückgewähr grds erforderlich, dass das (Gesamt-)Vermögen der *übertragenden* Gesellschaft (Netto-

---

92 *Aburumieh/Adensamer/H. Foglar-Deinhardstein,* Verschmelzung VI. E Rz 2 f mwN; *Napokoj* in FS Hügel 271 (280 f); *H. Foglar-Deinhardstein/Hartig* in Kalss/Frotz/Schörghofer, HB für den Vorstand, Kap 31 Rz 44.
93 *Steinhart,* RdW 2011/114, 119 (119, 122).
94 *Aburumieh/Adensamer/H. Foglar-Deinhardstein,* Verschmelzung VII. B Rz 2; *H. Foglar-Deinhardstein/Hartig* in Kalss/Frotz/Schörghofer, HB für den Vorstand, Kap 31 Rz 75; *Ch. Nowotny* in Haberer/Krejci, Konzernrecht Rz 15.33.
95 OGH 24.11.2015, 1 Ob 28/15x – *Kneisz II,* NZ 2016, 147 (*Auer*) = GesRZ 2016, 219 (*Arlt*) = *Mitterecker,* GES 2016, 150.

aktivvermögen) einen **positiven Verkehrswert** hat.[96] Auch das Vermögen der *übernehmenden* Gesellschaft unmittelbar vor der Verschmelzung u das Vermögen der aus der Verschmelzung hervorgehenden Gesellschaft sollten einen positiven Verkehrswert haben.[97] Ist eine verschmelzungsbeteiligte Gesellschaft an der anderen beteiligt, darf der **Wert der Beteiligung** an der Tochter bei der Ermittlung des positiven Verkehrswerts des Vermögens der Muttergesellschaft nicht mitberücksichtigt werden (s § 81 Rz 19).[98] Ein auf den ersten Blick unproblematisches Bilanzbild der Muttergesellschaft mit einem (mglw hoch) positiven Eigenkapital darf also nicht darüber hinwegtäuschen, dass trotzdem eine verbotene Einlagenrückgewähr vorliegen kann. Bei **mehreren übertragenden Gesellschaften** ist für die Beurteilung des positiven Verkehrswerts uE an jede einzelne Gesellschaft gesondert anzuknüpfen.[99]

50 Die vorstehenden Grundsätze gelten uE sowohl beim *Downstream-* als auch beim *Sidestream-Merger*.[100] Paradebeispiel einer unzulässigen Verschmelzung ist der *Downstream-Merger*, bei dem der Verkehrswert der Mutter ohne Ansatz des Werts der Beteiligung an der Tochter (s Rz 49) negativ ist.[101] Allerdings ist ein *Downstream-Merger* auf eine übernehmende Tochtergesellschaft mit negativem Wert uE dann im Licht v § 82 unproblematisch, wenn der Verkehrswert der übertragenden Mutter bei Ausblendung des Werts der Tochtergesellschaft positiv ist.[102] Zum **Debt-push-down-Merger** s Rz 54. Beim *Upstream-Merger* ist die Übertragung eines negativen Vermögens der übertragenden Tochter auf die übernehmende Mutter aus dem Blick-

---

96 S jedoch Rz 50 zu Ausnahmen v diesem Prinzip.
97 Näher *Aburumieh/Adensamer/H. Foglar-Deinhardstein*, Verschmelzung VII. A Rz 11; VII. C Rz 8 ff; VII. C Rz 26 ff; vgl *Mitterecker*, GES 2016, 150 (152); vgl aber auch Rz 50.
98 OGH 11.11.1999, 6 Ob 4/99b – *Neutronics*; 25.11.1999, 6 Ob 163/99k; 17.1.2001, 6 Ob 121/00p.
99 Näher *Aburumieh/Adensamer/H. Foglar-Deinhardstein*, Verschmelzung VII. C Rz 9.
100 Näher *Aburumieh/Adensamer/H. Foglar-Deinhardstein*, Verschmelzung VII. C Rz 11 f, 13 f.
101 OGH 11.11.1999, 6 Ob 4/99b – *Neutronics*; 25.11.1999, 6 Ob 163/99k; 17.1.2001, 6 Ob 121/00p.
102 *Aburumieh/Adensamer/H. Foglar-Deinhardstein*, Verschmelzung VII. C Rz 29 mwN.

winkel der Kapitalerhaltung unproblematisch, weil eine Muttergesellschaft Verbindlichkeiten ihrer Tochter übernehmen darf, u es ihr freisteht, ob sie ihre Tochter vor oder nach der Verschmelzung saniert.[103] Freilich kann ein derartiger *Upstream-Merger* wegen Sittenwidrigkeit – insb bei Herbeiführung der Insolvenzreife der übernehmenden Gesellschaft – dennoch unzulässig sein (vgl Rz 58). Für eine Zulässigkeit genügt es allerdings, dass die übernommenen Verbindlichkeiten im ungebundenen Eigenkapital oder zumindest im Verkehrswert der übernehmenden Muttergesellschaft Deckung finden, die Muttergesellschaft nach der Verschmelzung die (fälligen) Verbindlichkeiten sämtlicher Gläubiger (der übertragenden u der übernehmenden Gesellschaft) bedienen kann u die Muttergesellschaft durch die Übernahme des negativen Vermögens nicht selbst insolvenzreif wird.[104] Hingegen ist der *Upstream-Merger* einer Tochtergesellschaft auf eine übernehmende Mutter, deren Vermögen unter Abzug des Werts der Tochter negativ ist, idR unzulässig.[105]

Sind die Voraussetzungen des positiven Verkehrswerts nicht erfüllt, müssen **Ausgleichsmaßnahmen** ergriffen werden, um die Zulässigkeit der Verschmelzung zu erreichen.[106] Bei negativem Verkehrswert der

51

---

103 Vgl OGH 25.11.2020, 6 Ob 203/20a, ecolex 2021, 234 (*H. Foglar-Deinhardstein/Wünscher*) = GesRZ 2021, 190 (*Breisch*) = wbl 2021, 369 (*Tomic*); *Schörghofer* in Doralt/Nowotny/Kalss, AktG³ § 224 Rz 15; *Reich-Rohrwig*, Kapitalerhaltung 284 ff; *Auer*, Gläubigerschutz bei Vermögensbewegungen down-stream 219; *Aburumieh/Adensamer/H. Foglar-Deinhardstein*, Verschmelzung VII. C Rz 15 mwN.

104 OGH 25.11.2020, 6 Ob 203/20a, ecolex 2021, 234 (*H. Foglar-Deinhardstein/Wünscher*) = GesRZ 2021, 190 (*Breisch*) = wbl 2021, 369 (*Tomic*); *Schörghofer* in Doralt/Nowotny/Kalss, AktG³ § 224 Rz 15; *Kalss*, VSU³ § 224 AktG, Rz 95; *Szep* in Artmann/Karollus, AktG⁶ § 224 Rz 17.

105 Vgl OGH 20.3.2013, 6 Ob 48/12w – *Kneisz I*, ÖBA 2013, 601 (*Wolkerstorfer/Gebetsberger*) = ecolex 2013, 638 (*Hörlsberger/Rieder*) = GesRZ 2013, 230 (*Thurnher*); 24.11.2015, 1 Ob 28/15x – *Kneisz II*, NZ 2016, 147 (*Auer*) = GesRZ 2016, 219 (*Arlt*) = *Mitterecker*, GES 2016, 150; *Aburumieh/Adensamer/H. Foglar-Deinhardstein*, Verschmelzung VII. C Rz 31; *Rüffler/Aburumieh/Lind* in Jaufer/Nunner-Krautgasser/Schummer, Kapitalaufbringung und Kapitalerhaltung 71 (87 f).

106 Näher *Aburumieh/Adensamer/H. Foglar-Deinhardstein*, Verschmelzung VII. C Rz 21 ff, 36 ff; *H. Foglar-Deinhardstein/Hartig* in Kalss/Frotz/Schörghofer, HB für den Vorstand, Kap 31 Rz 76 – jew mwN. Allg zur Relevanz des Gesamtplans bei Prüfung eines Verstoßes gegen das Verbot der Einlagenrückgewähr § 82 Rz 101.

übertragenden Gesellschaft kommen zum Schutz der Gläubiger der *übernehmenden* Gesellschaft insb folgende Maßnahmen in Frage:

- Sachdividendenbeschluss der übernehmenden Gesellschaft mit Widmung auf die Finanzierung des Verschmelzungsverlusts;
- Einstellen der ausschüttbaren Mittel der übernehmenden Gesellschaft in eine gebundene Rücklage (vgl § 23 Rz 8 ff);
- Kapitalherabsetzung der übernehmenden Gesellschaft;
- Beim *Downstream-Merger*: reduzierte Anteilsauskehr;[107]
- Kapitalzuschuss durch die Gesellschafter in die übernehmende Gesellschaft (allenfalls auch noch vor der Verschmelzung in die übertragende Gesellschaft);
- Patronatserklärung/Haftungsübernahme der Gesellschafter zu Gunsten der übernehmenden Gesellschaft;
- Betriebl Rechtfertigung (s § 82 Rz 92 ff, 112, 115 ff) durch Synergiepotentiale oder Sanierungseffekte;
- Qualifizierter Rangrücktritt der Gläubiger der übertragenden Gesellschaft;[108]
- Gläubigeraufruf vor Durchführung der Verschmelzung bei der übernehmenden Gesellschaft unter freiwilligem Anbot eines Sicherstellungsanspruchs für noch nicht fällige Forderungen.

Bei negativem Verkehrswert der *übernehmenden* Gesellschaft kommen zum Schutz der Gläubiger der *übertragenden* Gesellschaft insb folgende Maßnahmen in Frage:

- Sachdividendenbeschluss der übertragenden Gesellschaft mit Widmung auf die Finanzierung des Verschmelzungsverlusts;
- Kapitalherabsetzung der übertragenden Gesellschaft;
- Kapitalzuschuss durch die Gesellschafter in die übernehmende Gesellschaft;

---

[107] Krit zu dieser Variante *Eckert* in Kalss/Fleischer/Vogt, Bahnbrechende Entscheidungen – Gesellschafts- und Kapitalmarktrechts-Geschichten 225 (229 FN 12).

[108] Schlichte **Rangrücktritts-/Nachrangigkeitserklärungen** oder die **Zustimmung aller Gläubiger der übernehmenden Gesellschaft** sind jedenfalls geeignet, eine ansonsten anzunehmende sittenwidrige Gläubigerbeeinträchtigung (s Rz 58) auszugleichen. Vgl *Aburumieh/Adensamer/H. Foglar-Deinhardstein*, Verschmelzung VII. C Rz 24 mwN.

- Patronatserklärung/Haftungsübernahme der Gesellschafter zu Gunsten der übernehmenden Gesellschaft;
- Entgeltfreie Übertragung v Anteilen an der übernehmenden Gesellschaft an diese selbst;
- Betriebl Rechtfertigung (s § 82 Rz 92 ff, 112, 115 ff) durch Synergiepotentiale oder Sanierungseffekte;
- Qualifizierter Rangrücktritt der Gläubiger der übernehmenden Gesellschaft;[109]
- Gläubigeraufruf vor Durchführung der Verschmelzung bei der übertragenden Gesellschaft unter freiwilligem Anbot eines Sicherstellungsanspruchs für noch nicht fällige Forderungen;
- Bescheinigung, dass die übertragende Gesellschaft keine Gläubiger hat.

Beim positiven Verkehrswert geht es um den **Verkehrswert** des fraglichen Vermögens **nach den anerkannten Grundsätzen der Unternehmensbewertung**. Die Buchwerte sind nicht relevant, bieten aber in der Praxis, va auch im FB-Verfahren, wichtige Informationen für eine erste Plausibilisierung. Das FB-Gericht kann sich zur Beurteilung des positiven Verkehrswerts auf das Bild stützen, das die vorgelegten **Bilanzen** ergeben, sofern keine begründeten Zweifel an deren Richtigkeit bestehen. In der Regel wird somit eine Bilanz ohne buchmäßige Überschuldung (negatives Eigenkapital) zur Bescheinigung des positiven Verkehrswerts ausreichen. In Zweifelsfällen empfiehlt sich die Einholung eines Sachverständigengutachtens. Das FB-Gericht darf ein solches GA nur verlangen, wenn hinreichende Hinweise auf einen negativen Verkehrswert vorliegen.[110] 52

Maßgeblicher **Zeitpunkt** für das Bestehen des geforderten positiven Verkehrswerts ist uE der Zeitpunkt des Wirksamwerdens der Verschmelzung durch Eintragung ins FB. Das Ergreifen v Ausgleichsmaßnahmen (s Rz 51) sollte daher bis zu diesem Zeitpunkt ausreichend sein. 53

---

109 Schlichte **Rangrücktritts-/Nachrangigkeitserklärungen** oder die **Zustimmung aller Gläubiger der übertragenden Gesellschaft** sind jedenfalls geeignet, eine ansonsten anzunehmende sittenwidrige Gläubigerbeeinträchtigung (s Rz 58) auszugleichen. Vgl *Aburumieh/Adensamer/H. Foglar-Deinhardstein*, Verschmelzung VII. C Rz 38 f.
110 *Aburumieh/Adensamer/H. Foglar-Deinhardstein*, Verschmelzung VII. A Rz 13 f mwN; vgl auch *Eckert* in Kalss/Fleischer/Vogt, Bahnbrechende Entscheidungen – Gesellschafts- und Kapitalmarktrechts-Geschichten 225 (229 FN 14; 231).

Die FB-Praxis verlangt freilich idR, dass der positive Verkehrswert auch schon zum Zeitpunkt der Anmeldung der Verschmelzung zum FB vorliegt.[111]

54 Zur Frage des *Debt-push-down-Merger* s § 81 Rz 78. Ist der Verkehrswert der Mutter unter Abzug des Werts der Beteiligung an der Tochter nicht negativ (s Rz 49 f), sollte uE auch der *Debt-push-down-Merger* zulässig sein (s § 81 Rz 78).[112]

3. Das Verbot der Kapitalentsperrung

55 Aus dem Verbot der Einlagenrückgewähr gem § 82 resultiert auch das Verbot der **Kapitalentsperrung**: Hat die *übertragende* Gesellschaft ein höheres gebundenes Eigenkapital (Summe aus Stammkapital u gebundenen Rücklagen) als die *übernehmende* Gesellschaft, führt die Verschmelzung zu einem kapitalentsperrenden Effekt. Die Verschmelzung ist diesfalls unzulässig, sofern nicht **Maßnahmen** ergriffen werden, **die die Kapitalentsperrung ausgleichen** (s Rz 57).[113] Diese Grundsätze gelten gleichermaßen **für Konzern- u für Konzentrationsverschmelzungen**.[114]

---

[111] Vgl *Aburumieh/Adensamer/H. Foglar-Deinhardstein*, Verschmelzung VII. A Rz 16 mwN; *Aburumieh/H. Foglar-Deinhardstein*, GesRZ 2010, 328 (331 FN 25).

[112] *H. Foglar-Deinhardstein/Hartig* in Kalss/Frotz/Schörghofer, HB für den Vorstand, Kap 32 Rz 20. Vgl dazu auch die Wertung v § 66a AktG, der die Finanzierung des Anteilserwerbs durch die Gesellschaft an sich verbietet, aber dann nicht eingreift, wenn diese Finanzierung aus gesetzeskonformen Gewinnausschüttungen erfolgt (vgl *Karollus* in Artmann/Karollus, AktG[6] § 66a Rz 11; *Kalss* in Doralt/Nowotny/Kalss, AktG[3] § 66a Rz 5; *H. Foglar-Deinhardstein* in Napokoj/H. Foglar-Deinhardstein/Pelinka, AktG § 66a Rz 5 f).

[113] OGH 11.11.1999, 6 Ob 4/99b – *Neutronics*; 26.8.2004, 6 Ob 165/04i; 15.4.2010, 6 Ob 226/09t, RWZ 2010/62, 264 (*Wenger*) = GesRZ 2010, 276 (*Winner/Obradović*) = ZFR 2011, 128 (*Ruhm*). Näher *Aburumieh/Adensamer/H. Foglar-Deinhardstein*, Verschmelzung VII. A Rz 11; VII. C Rz 40 ff; vgl *Mitterecker*, GES 2016, 150 (152). Zum kapitalentsperrenden Effekt am Rande auch OGH 18.2.2021, 6 Ob 207/20i – *AE&E III* = *Fantur*, GES 2021, 57 = RWZ 2021, 186 (*Wenger*) = *H. Foglar-Deinhardstein*, GES 2021, 159 = GesRZ 2021, 186 (*Artmann*) = *Gaggl*, wbl 2021, 611.

[114] *Aburumieh/Adensamer/H. Foglar-Deinhardstein*, Verschmelzung VII. C Rz 44 mwN; *H. Foglar-Deinhardstein/Hartig* in Kalss/Frotz/Schörghofer, HB für den Vorstand, Kap 31 Rz 77.

Für den Kapitalentsperrungstest ist das Kapital der übertragenden **56** Gesellschaft unmittelbar vor Wirksamwerden der Verschmelzung mit dem Kapital der übernehmenden Gesellschaft unmittelbar nach Wirksamwerden der Verschmelzung zu vergleichen. Änderungen, insb **Kapitalmaßnahmen** (zB eine verschmelzungsbedingte Kapitalerhöhung), die bis zum oder auch durch das Wirksamwerden der Verschmelzung eintreten, sind in die Beurteilung miteinzubeziehen.[115] **Gebundenes Kapital** (s § 82 Rz 3) bei der übernehmenden Gesellschaft **in zumindest gleicher Höhe** wie bei der übertragenden Gesellschaft ist zur Vermeidung der Kapitalentsperrung ausreichend.[116] **Gebundene Rücklagen** (vgl § 23 Rz 8 ff, § 82 Rz 3, 14, 25, 37) sind – zusätzlich zum Stammkapital – bei der Beurteilung der Kapitalentsperrung einzubeziehen; es ist bei jeder Gesellschaft immer auf die Summe v Stammkapital u gebundenen Rücklagen abzustellen.[117] Im Fall **mehrerer übertragender Gesellschaften** ist für die Beurteilung der Kapitalentsperrung nur eine übertragende Gesellschaft – nämlich die übertragende mit dem betragsmäßig höchsten gebundenen Kapital – maßgeblich.[118]

Eine allfällige Kapitalentsperrung muss bei sonstiger Unzulässigkeit **57** der Verschmelzung durch geeignete **Ausgleichsmaßnahmen** neutralisiert werden.[119] Insbesondere kommen folgende Maßnahmen in Frage:

---

115 *Kalss*, VSU³ § 224 AktG, Rz 53 f; *H. Foglar-Deinhardstein/Aburumieh*, GesRZ 2009, 342 (343); *Aburumieh/Adensamer/H. Foglar-Deinhardstein*, Verschmelzung VII. C Rz 49 mwN.
116 *Kalss*, VSU³ § 224 AktG, Rz 52 f; *H. Foglar-Deinhardstein/Aburumieh*, GesRZ 2009, 342 (343 f); *Aburumieh/Adensamer/H. Foglar-Deinhardstein*, Verschmelzung VII. C Rz 47 ff; *Mitterecker*, GesRZ 2016, 393 (394, 396 ff).
117 *Kalss*, VSU³ § 224 AktG, Rz 56, 68; *H. Foglar-Deinhardstein/Aburumieh*, GesRZ 2009, 342 (344); *Aburumieh/Adensamer/H. Foglar-Deinhardstein*, Verschmelzung VII. C Rz 50; *Diregger/Fichtinger* in Torggler, GmbHG § 54 Rz 15; *Eckert* in Kalss/Fleischer/Vogt, Bahnbrechende Entscheidungen – Gesellschafts- und Kapitalmarktrechts-Geschichten 225 (226 FN 5); *Ch. Nowotny* in Haberer/Krejci, Konzernrecht Rz 15.38.
118 *Kalss*, VSU³ § 224 AktG, Rz 55; *H. Foglar-Deinhardstein/Aburumieh*, GesRZ 2009, 342 (345 f); *Aburumieh/Adensamer/H. Foglar-Deinhardstein*, Verschmelzung VII. C Rz 54 f.
119 Näher *Aburumieh/Adensamer/H. Foglar-Deinhardstein*, Verschmelzung VII. C Rz 56 f mwN; *Ch. Nowotny* in Haberer/Krejci, Konzernrecht Rz 15.40; *Mitterecker*, GesRZ 2016, 393 (394 f); vgl auch *Jennewein*, GesRZ 2016, 337. Allg zur Relevanz des Gesamtplans bei Prüfung eines Verstoßes gegen das Verbot der Einlagenrückgewähr § 82 Rz 101.

- Kapitalherabsetzung der *übertragenden* Gesellschaft (vgl § 54 Rz 2)
- Kapitalberichtigung (Kapitalerhöhung aus Gesellschaftsmitteln) der *übernehmenden* Gesellschaft
- Freiwillige vorübergehende Bildung einer gebundenen Rücklage (vgl § 23 Rz 8 ff) bei der *übernehmenden* Gesellschaft[120]
- Nachweis, dass alle Gläubiger der *übertragenden* Gesellschaft befriedigt oder sichergestellt wurden, oder dass die Gläubiger solches trotz Aufforderung nicht verlangt haben
- Gläubigeraufruf vor Durchführung der Verschmelzung bei der *übertragenden* Gesellschaft unter freiwilligem Anbot eines Sicherstellungsanspruchs für noch nicht fällige Forderungen
- Erklärung der verschmelzungsbeteiligten Gesellschaften u der Gesellschafter, dass der entsperrte Betrag vorläufig nicht ausgeschüttet wird.

C. Verschmelzungsbezogener Gläubigerschutz durch das Verbot sittenwidriger Gläubigerschädigung

58 Verstößt eine Verschmelzung konkret nicht gegen das Verbot der Einlagenrückgewähr (s Rz 46 ff), oder kann sie schon v vornherein nicht dagegen verstoßen – insb weil keine Konzernverschmelzung (s Rz 48) vorliegt, u die Verschmelzung keine Kapitalentsperrung (s Rz 55 ff) bewirkt –, kann die Verschmelzung dennoch Gläubigerinteressen beeinträchtigen. Dies ist insb dann möglich, wenn die Verschmelzung zur Zusammenführung eines relativ besseren mit einem relativ schlechteren Haftungsfonds führt, oder sich schon alle verschmelzungsbeteiligten Gesellschaften vor der Verschmelzung in der **Krise** befinden. Geht diese Beeinträchtigung der Gläubigerinteressen so weit, dass sie eine **sittenwidrige Gläubigerschädigung** verwirklicht[121] (s schon Rz 42), ist die Verschmelzung auch dann unzulässig, wenn sie das Verbot der Einlagenrückgewähr (s Rz 46 ff) nicht verletzt. Die Frage der Sittenwidrig-

---

120 Vgl auch *Eckert* in Kalss/Fleischer/Vogt, Bahnbrechende Entscheidungen – Gesellschafts- und Kapitalmarktrechts-Geschichten 225 (232).
121 *Aburumieh/Adensamer/H. Foglar-Deinhardstein*, Verschmelzung VII. A Rz 7 f mwN. Allg zur Sittenwidrigkeit als *ultima ratio*: OGH 30.3.2016, 6 Ob 20/16h; 24.10.2016, 6 Ob 169/16w, NZ 2017, 26 (*Diregger*) = wbl 2017, 106 (*Nicolussi*) = GesRZ 2017, 57 (*Weigand*) = EvBl 2017/52 (*Brenn*; *Walch*).

keit stellt sich bei der **Konzernverschmelzung** ebenso wie bei **Konzentrationsverschmelzung** (also auch bei der Verschmelzung v beteiligungsmäßig nicht verflochtenen Gesellschaften) u ist auch nicht an die Frage des positiven Verkehrswerts (s Rz 48 ff) geknüpft. Jedenfalls wegen Sittenwidrigkeit unzulässig ist eine Verschmelzung, die die **Insolvenzreife** der übernehmenden Gesellschaft (sei es durch Zahlungsunfähigkeit, sei es durch insolvenzrechtliche Überschuldung ohne positive Fortbestehensprognose) herbeiführt.[122]

D. Nachgelagerter Schutz konkreter Gläubigerforderungen

Der v G angeordnete **nachgelagerte Gläubigerschutz** bei der Verschmelzung betrifft nicht – wie der vorgelagerte Gläubigerschutz (s Rz 48, 55, 58) – die typisierten Interessen der abstrahierten Gläubigergemeinschaft in ihrer Gesamtheit, sondern die **subjektiv-konkreten Ansprüche einzelner Gläubiger**. In der Praxis spielt der individuelle Gläubigerschutz eine eher geringe Rolle; dies wohl insb deshalb, weil er zu seiner Umsetzung der aktiven Rechteausübung durch den individuell betroffenen Gläubiger bedarf, wobei dieses Recht aber **nur Gläubigern mit noch nicht fälligen Forderungen** zusteht, während Gläubiger mit fälligen Forderungen auf die gewöhnliche klags- oder einredeweise Durchsetzung ihres Anspruchs verwiesen bleiben.[123] Da der individuelle Gläubigerschutz nach dem Bild des Gesetzes der Verschmelzung nachgelagert ist, kann er deren Wirksamwerden schon aus systematischen Gründen nicht verhindern.[124] 59

Der **Sicherstellungsanspruch gem § 226 Abs 1 AktG iVm § 96 Abs 2** steht grds den Gläubigern aller verschmelzungsbeteiligten Gesell- 60

---

[122] *Aburumieh/Adensamer/H. Foglar-Deinhardstein*, Verschmelzung VII. B Rz 3, VII. C Rz 10, 16 ff, 33 f mwN; vgl *Ch. Nowotny* in Haberer/Krejci, Konzernrecht Rz 15.30; *Kalss*, VSU³ § 224 AktG, Rz 74, 92, 94 f, 97, 100, 103; *Szep* in Artmann/Karollus, AktG⁶ § 224 Rz 10; idS auch OGH 25.11.2020, 6 Ob 203/20a, wo ebenfalls auf die fehlende Insolvenzreife der übernehmenden Gesellschaft als Zulässigkeitskriterium für die Verschmelzung unter Beteiligung einer übertragenden Gesellschaft mit negativem Verkehrswert abgestellt wird (s Rz 50).

[123] *Aburumieh/Adensamer/H. Foglar-Deinhardstein*, Verschmelzung VII. D Rz 1.

[124] *Kalss*, VSU³ § 226 AktG, Rz 2, 7; *Aburumieh/Adensamer/H. Foglar-Deinhardstein*, Verschmelzung VII. D Rz 4.

schaften zu. Er erfasst **alle gesetzl u vertraglichen Forderungen**, die bis zur Bekanntmachung der Eintragung der Verschmelzung gem § 10 UGB iVm § 6 WZEVI-G dem Grunde nach entstanden u **noch nicht fällig** sind.[125] Erfasst sind grds auch Forderungen aus **Dauerschuldverhältnissen**[126] sowie befristete, bedingte, betagte oder ungewisse Forderungen.[127] Für **fällige Forderungen** besteht kein Sicherstellungsanspruch, auch wenn sie bestritten sind;[128] ebensowenig für Ansprüche, die keinem Insolvenzrisiko unterliegen (**dingliche oder dinglich besicherte Rechte** sowie Gläubigerrechte gem § 226 Abs 2 AktG).[129]

61 Der Anspruch auf Sicherstellung richtet sich grds auf **Bestellung eines Pfandrechts** (Pfandrecht, Hypothek); wenn die Bestellung eines Pfandrechts nicht möglich ist, muss der Gläubiger eine persönliche Sicherheit durch einen **tauglichen Bürgen** akzeptieren. Die Bestellung einer **Bankgarantie** einer Bank mit ausreichender Bonität ist uE jedenfalls ausreichend. Die Höhe der Sicherheit richtet sich danach, was nach Anschauung sorgfältiger Unternehmer bei Berücksichtigung des konkreten Risikos zur Befriedigung des Gläubigers erforderlich ist.[130]

62 Für die Durchsetzung der Sicherstellung der begründeten, aber noch nicht fälligen Forderung muss der Gläubiger glaubhaft machen, dass die Erfüllung der **Forderung durch die Verschmelzung gefährdet** ist (zur insofern abw Parallelregelung bei der Kapitalherabsetzung s § 55 Rz 12). Die Gefährdung ist für den konkreten Gläubiger u seine konkrete Forderung zu prüfen. Wenn die Verschmelzung etwa Zahlungsverpflichtungen der beteiligten Gesellschaften – aus den baren Zuzahlungen, der Barabfindung oder der Abschichtung der Hybridkapitalgeber (s Rz 44) – erzeugt oder allg Liquidität oder Bonität des Schuldners erheblich verschlechtert – zB weil eine der verschmelzungsbeteiligten Gesellschaften einen hohen Bestand an kurzfristig fällig werdenden Verbindlichkeiten

---

125 OGH 17.1.2001, 6 Ob 121/00p; 15.4.2010, 6 Ob 226/09t, RWZ 2010/62, 264 (*Wenger*) = GesRZ 2010, 276 (*Winner/Obradović*) = ZFR 2011, 128 (*Ruhm*).
126 OGH 26.8.2003, 5 Ob 182/03f.
127 *Kalss*, VSU³ § 226 AktG, Rz 11; *Aburumieh/Adensamer/H. Foglar-Deinhardstein*, Verschmelzung VII. D Rz 6 mwN.
128 OGH 17.1.2001, 6 Ob 121/00p.
129 *Aburumieh/Adensamer/H. Foglar-Deinhardstein*, Verschmelzung VII. D Rz 6 f.
130 *Aburumieh/Adensamer/H. Foglar-Deinhardstein*, Verschmelzung VII. D Rz 9 f mwN.

hat –, liegen Umstände vor, auf die ein Sicherstellungsanspruch gestützt werden kann.[131]

Zur Wahrung seines Sicherstellungsanspruchs muss der Gläubiger ihn innerhalb v **sechs Monaten** nach Veröffentlichung der Eintragung der Verschmelzung gem § 10 UGB iVm § 6 WZEVI-G bei der übernehmenden Gesellschaft geltend machen. Wird der Sicherstellungsanspruch unberechtigt verweigert, kann ihn der Gläubiger durch **Klage** im streitigen Verfahren durchsetzen. Absicherung durch **einstweilige Verfügung** ist möglich.[132]

---

[131] *Aburumieh/Adensamer/H. Foglar-Deinhardstein*, Verschmelzung VII.D Rz 12 ff mwN.
[132] *Aburumieh/Adensamer/H. Foglar-Deinhardstein*, Verschmelzung VII.D Rz 17 f mwN; vgl OGH 17.1.2001, 6 Ob 121/00p.

V. Hauptstück.
Behörden und Verfahren

§ 102. Über Angelegenheiten, die in diesem Gesetz dem Gericht zugewiesen sind, verhandelt und entscheidet, sofern es sich nicht um bürgerliche Rechtsstreitigkeiten handelt, die dem Prozeßgericht zugewiesen sind, der für den Sitz der Gesellschaft zuständige, zur Ausübung der Gerichtsbarkeit in Handelssachen berufene Gerichtshof erster Instanz im Verfahren außer Streitsachen.

idF BGBl I 1980/320

Literatur: *Mayr/Fucik*, Verfahren außer Streitsachen (2013).

Inhaltsübersicht

I. Normzweck	1
II. Außerstreitige Gerichtsbarkeit	2–7
A. Allgemein	2
B. Firmenbuchanmeldungen	3
C. Mitteilungen	4
D. Anträge ohne Firmenbucheintragung	5
E. Amtswegige Verfahren und Eintragungen	6, 7
1. Amtswegige Verfahren	6
2. Amtswegige Eintragungen	7
III. Streitige Gerichtsbarkeit	8
IV. Außerstreitverfahren und GmbH	9–18
A. Zuständigkeit	9, 10
1. Sachliche Zuständigkeit	9
2. Örtliche Zuständigkeit	10
B. Entscheidungsorgane	11–14
1. Allgemein	11
2. Richter	12
3. Diplomrechtspfleger	13, 14
C. Verfahrensgrundsätze	15
D. Entscheidung	16
E. Rechtsmittel	17, 18

I. Normzweck

1 Der Normzweck des § 102 besteht darin, die **Durchsetzung** der aus **diesem Gesetz abgeleiteten Ansprüche** in das **Außerstreitverfahren** zu verweisen, soweit nicht eine gesetzl Anordnung besteht, dass über derartige Ansprüche im streitigen Verfahren zu entscheiden ist.[1] Bezweckt wird auch die **Abgrenzung** der **außerstreitigen** v der **streitigen Gerichtsbarkeit**.[2]

II. Außerstreitige Gerichtsbarkeit

A. Allgemein

2 Das **Außerstreitverfahren** ist, so wie das streitige Verfahren, ein **zivilgerichtliches Erkenntnisverfahren**, in dem **bürgerliche Rechtssachen** behandelt u entschieden werden.[3]

Da eine **Unterscheidung** der Außerstreitsachen v Streitsachen nur **schwer möglich** ist, muss eine Abgrenzung durch die Zuweisung des Gesetzgebers ausreichend sein.[4] Das **streitige Verfahren** kommt dann zur Anwendung, wenn das **Gesetz** nicht ausdrücklich **Abweichendes anordnet**.[5]

Für den Anwendungsbereich des **FBG** kommen die **allg Bestimmungen** über das **außerstreitige Verfahren** (§§ 1 bis 80a AußStrG) in Betracht. Hiervon **ausgenommen** sind die Bestimmungen über das Abänderungsverfahren gem §§ 72 bis 77 AußStrG.[6]

In jenen Fällen, in denen das FB-Gericht beteiligt ist, gilt das **Außerstreitrecht**, dh:

- FB-Anmeldungen;
- Mitteilungen;

---

1 OGH 6.3.1991, 1 Ob 518/91; 5.12.1990, 2 Ob 612/90; *Koppensteiner/Rüffler*, GmbHG³ § 102 Rz 2.
2 *Trenker* in Torggler, GmbHG § 102 Rz 1; *Frauenberger-Pfeiler* in Straube/Ratka/Rauter, GmbHG § 102 Rz 1.
3 *Mayr/Fucik*, Verfahren außer Streitsachen, Rz 1, 2.
4 *Mayr/Fucik*, Verfahren außer Streitsachen, Rz 36.
5 *Mayr/Fucik*, Verfahren außer Streitsachen, Rz 38.
6 S auch *Kodek/Nowotny/Umfahrer*, FBG § 15 Rz 1 ff.

– Anträge ohne FB-Eintragung;
– Amtswegige Verfahren.

Das FBG (insbesondere die Verfahrensbestimmungen nach §§ 15 ff FBG) gilt nicht für sonstige gesellschaftsrechtliche Angelegenheiten, die im Außerstreitverfahren zu erledigen sind. Für derartige Außerstreitverfahren gelten nur die allg Bestimmungen des AußStrG.[7]

B. Firmenbuchanmeldungen

Demzufolge werden bei der GmbH im außerstreitigen Verfahren folgende **FB-Anmeldungen** (Anträge auf Eintragungen/Änderungen u Löschungen) behandelt: 3

– Entstehung der Gesellschaft (§ 9);
– Änderungen – auch Namens- u Anschriftenänderungen – bei den GF sowie Änderungen der Art ihrer Vertretungsbefugnis (§ 17);
– Änderungen bzw Übertragungen – auch Namens- u Anschriftenänderungen – im Hinblick auf Stammeinlagen sowie geleistete Einzahlungen der Gesellschafter (§ 26);
– Ausschluss eines Gesellschafters infolge Kaduzierung (§ 66);
– Änderungen – auch Namens- u Anschriftenänderungen – bei den AR-Mitgliedern (§ 30 f);
– Änderungen – auch Namens- u Anschriftenänderungen – bei Prokuristen (§§ 48 ff UGB iVm § 3 Abs 1 Z 9 FBG);
– Änderungen der Geschäftsanschrift der Gesellschaft (§ 26 iVm § 3 Abs 1 Z 4 FBG);
– Änderungen des Geschäftszweigs (§ 3 Abs 1 Z 5 FBG);
– Eintragungen, Änderungen u Löschungen der Internetseite (§ 3 Abs 3 FBG);
– Berichtigung v diakritischen Zeichen (§ 25 FBG);
– Vorlage des Jahres- u des Konzernabschlusses (§§ 277 ff UGB);
– Errichtungen u Aufhebungen v inländischen u ausländischen Zweigniederlassungen;
– Änderungen des GesV (zB Sitzverlegungen, Bilanzstichtagsänderungen, Erhöhung oder Herabsetzung des Stammkapitals, Aufhebung der Gründungsprivilegierung – §§ 49 ff);

---

[7] *Pilgerstorfer* in Artmann, UGB³ § 15 FBG, Rz 2.

- Auflösung der Gesellschaft (§ 84);
- Fortsetzung der Gesellschaft (vgl § 215 AktG);
- Änderungen – auch Namens- u Anschriftenänderungen – bei den Liquidatoren sowie Änderungen der Art ihrer Vertretungsbefugnis (§ 89 ff);
- Löschung der Gesellschaft (§ 93);
- Verschmelzungen (§ 96);
- Umwandlung in eine FlexKapG gem FlexKapGG;
- formwechselnde Umwandlungen gem AktG;
- verschmelzende Umwandlungen gem UmwG;
- Spaltungen gem SpaltG;
- Gesellschafterausschluss nach dem GesAusG.

Grundsätzlich können konstitutive u deklarative Eintragungen (idR v Diplomrechtspflegern) im Wege des Zwangsstrafverfahrens nach § 24 FBG erzwungen werden.[8]

C. Mitteilungen

4 Nachfolgende **Mitteilungen** an das zuständige FB-Gericht führen ua zu keiner FB-Eintragung:

- Mitteilungen gem § 36 (Verlust der Hälfte des Stammkapitals);
- Mitteilungen gem § 64 (Einforderung weiterer Einzahlungen);
- Mitteilungen v Gerichten, Verwaltungsbehörden, Staatsanwaltschaften, Interessensvertretungen u Notaren als Gerichtskommissäre gem § 13 Abs 1 FBG (unrichtige, unvollständige oder unterlassene FB-Eintragungen);
- Mitteilungen der zuständigen gesetzl Interessensvertretungen gem § 14 Abs 3 FBG (unrichtige, unvollständige oder unterlassene FB-Eintragungen);
- Mitteilungen der Verletzung v Pflichtangaben auf Geschäftspapieren u Bestellscheinen gem § 14 UGB.

---

8 *Pilgerstorfer* in Artmann, UGB[3] § 24 FBG, Rz 4; *Zib/Dellinger*, UGB § 24 FBG, Rz 9; *Szöky* in *Straube/Ratka/Rauter*, UGB I[4] § 24 FBG, Rz 4; ggt M: *Kodek/Nowotny/Umfahrer*, FBG § 24 Rz 1 ff.

D. Anträge ohne Firmenbucheintragung

Das zuständige FB-Gericht wird – ohne FB-Eintragung – zB aufgrund nachfolgender Anträge tätig:[9]

- Bestellung eines Not-GF (§ 15 a);
- Bestellung fehlender AR-Mitglieder (§ 30 d Abs 1);
- Bestellung v Revisoren;
- Zustimmung zur Übertragung des Geschäftsanteils (§ 77);
- Liquidatorenbestellung (§ 89 Abs 2);
- Bucheinsicht durch Gesellschafter.

E. Amtswegige Verfahren und Eintragungen

1. Amtswegige Verfahren

Das zuständige FB-Gericht wird im Außerstreitverfahren v Amts wegen zB wie folgt tätig:

- Zwangsstrafverfahren wegen Nichtbeachtung v Anmelde- u Vorlageverpflichtungen (§ 24 FBG);
- Zwangsstrafverfahren wegen Gebrauchs einer nicht zustehenden Fa (§ 24 FBG);
- Zwangsstrafverfahren gem § 283 UGB wegen Nichtvorlage des JA (§§ 277 ff UGB);
- Verfahren gem § 285 UGB zur Stundung, Ratenzahlung oder Nachlass v bereits rechtskräftig verhängten Zwangsstrafen gem § 24 FBG u § 283 UGB;
- Löschungsverfahren zur Löschung unrichtiger Teileintragungen (§ 10 Abs 2 FBG);
- Amtslöschungsverfahren wegen Vermögenslosigkeit (§§ 40 ff FBG).

2. Amtswegige Eintragungen

Amtswegige FB-Eintragungen werden wie folgt vorgenommen:

- Eintragungen u Löschungen nach der Insolvenzordnung (§ 77 a IO – vgl § 84 Rz 10 ff [Auflösung]);
- Eintragungen der Auflösung (§ 88 Abs 2 bzw § 39 Abs 2 FBG);

---

9 *Koppensteiner/Rüffler*, GmbHG[3] § 102 Rz 8.

- Eintragungen u Löschungen nach der Exekutionsordnung (§ 342 EO);
- Eintragungen u Löschungen v gerichtlichen Erwachsenenvertretern (§ 32 UGB iVm § 271 ff ABGB);
- Eintragungen u Löschungen der Tatsache des Scheinunternehmens eines Rechtsträgers (§ 3 Z 15a FBG iVm § 8 Sozialbetrugsbekämpfungsgesetz);
- Eintragungen der Löschung unrichtiger Tatsachen (§ 10 Abs 2 FBG);
- Eintragungen der Löschung v KapGes, Erwerbs- u Wirtschaftsgenossenschaften und Privatstiftungen wegen Vermögenslosigkeit (§§ 40 ff FBG);
- Eintragung der Löschung der v FB-Gericht eingetragenen Insolvenzzurückweisungen gem § 63 IO (§ 10 Abs 4 FBG);
- Eintragungen der Vorlage v JA (§§ 277 ff UGB);
- Eintragung der Vorlage v Konzern-JA (§ 280 UGB);
- Eintragungen v Sanktionsmaßnahmen – Einfrieren v Vermögenswerten (§ 6 Abs 2 Sanktionengesetz 2010);
- Eintragung der Aufhebung der Sanktionsmaßnahmen (§ 6 Abs 3 Sanktionengesetz 2010);
- Berichtigung v Schreibfehlern u anderen offensichtlichen Unrichtigkeiten (§ 26 FBG).

III. Streitige Gerichtsbarkeit

8   In die **streitige Gerichtsbarkeit** fallen zB:[10]

- Ansprüche der Gesellschafter gegen die Gesellschaft (abzuleiten aus §§ 34, 35, 61, 70);
- Gegenseitige Ansprüche der Gesellschafter (abzuleiten aus §§ 39, 61);
- Gerichtl GF-Abberufung (§ 16 Abs 2);
- Gewinnansprüche der Gesellschafter (§ 70 Abs 3);
- Nichtigerklärung v Gesellschafterbeschlüssen (§ 42);
- Schadenersatzansprüche (§§ 10 Abs 3, 25, 33, 56 Abs 2);
- Unwirksamkeit der Anteilsübertragung (§ 76);
- Vermögensrechtliche Ansprüche (§§ 63, 65, 72, 83).

---

10 *Frauenberger-Pfeiler* in Straube/Ratka/Rauter, GmbHG § 102 Rz 12; *Koppensteiner/Rüffler*, GmbHG³ § 102 Rz 8; *Trenker* in Torggler, GmbHG § 102 Rz 8.

IV. Außerstreitverfahren und GmbH

A. Zuständigkeit

1. Sachliche Zuständigkeit

Im Außerstreitverfahren des GmbH-Rechts sind die mit **Handels-** 9
sachen betrauten Gerichtshöfe erster Instanz (die LG bzw in Wien
das HG Wien) zuständig. Dies gilt auch für das streitige Gerichtsverfahren (§ 51 Abs 1 Z 7 JN).

2. Örtliche Zuständigkeit

Örtlich zuständig im Außerstreitverfahren ist jenes Gericht, in dessen 10
Sprengel die **GmbH ihren Sitz** (s die Bestimmungen der Errichtungserklärung bzw des GesV, vgl § 4 u § 5) hat (§ 120 Abs 2 JN).

Eine **Sitzverlegung** (vgl § 13 UGB) ist nur aufgrund einer Änderung der Errichtungserklärung bzw des GesV möglich (§§ 49 ff).

Bei **ausländischen Gesellschaften mit inländischer Zweigniederlassung** (vgl § 107) ist jenes Gericht zuständig, das für den Ort der inländischen Zweigniederlassung zuständig ist. Bei mehreren inländischen Zweigniederlassungen richtet sich die Zuständigkeit nach dem Ort der frühesten inländischen Zweigniederlassung (§ 120 Abs 3 JN).

B. Entscheidungsorgane

1. Allgemein

In FB-Sachen u Angelegenheiten der außerstreitigen Gerichtsbarkeit 11
entscheidet gem § 7a Abs 3 JN ein **Einzelrichter**. Die **österr Bundesverfassung** normiert in Art 87a B-VG, dass einzelne – konkret zu bezeichnende – Angelegenheiten der Gerichtsbarkeit erster Instanz besonders ausgebildeten **nichtrichterlichen Bediensteten** (den **Diplomrechtspflegern**) übertragen werden können. Das österr RpflG regelt dazu speziell in den §§ 16, 22 RpflG die strikt einzuhaltende **Kompetenzaufteilung** v Richter- u Diplomrechtspflegeragenden.[11]

Der Diplomrechtspfleger ist bei der Besorgung der in seinen Wirkungsbereich fallenden Geschäfte „nur" an die **Weisung** des nach der

---

11 *Kodek* in Kodek/Nowotny/Umfahrer, FBG § 15 Rz 65.

Geschäftsverteilung des jew Gerichtes zuständigen **Richters gebunden** (§ 8 Abs 1 RpflG). Dieses richterliche Weisungsrecht wird jedoch in der Praxis **äußerst selten** angewendet.[12]

Der Richter kann sich generell die **Erledigung einzelner Geschäftsstücke vorbehalten** oder die **Erledigung an sich ziehen** (§ 9 Abs 1 RpflG).[13]

2. Richter

12 Die in § 22 Abs 2 RpflG aufgezählten Angelegenheiten bleiben dem **Richter vorbehalten**.[14] Dies betrifft bei der GmbH folgende Eintragungsarten:

- Neueintragung der GmbH ab einem Stammkapital v € 100.000;
- Änderungen des GesV bzw der Errichtungserklärung (§§ 49 ff) ab einem Stammkapital v € 100.000;
- Kapitalerhöhungen (§§ 52 ff) ab einem im FB eingetragenen Stammkapital v € 100.000;
- Kapitalherabsetzungen (§§ 54 ff) ab einem im FB eingetragenen Stammkapital v € 100.000;
- Umstellung auf € (Euro-Justiz-Begleitgesetz) ab einem Stammkapital v € 100.000;
- Auflösung (§§ 84 ff);
- Fortsetzung (in Analogie zu § 215 AktG);
- Nichtigerklärung v GV-Beschlüssen bzw Gesellschafterbeschlüssen (§§ 41 ff);
- Gerichtl Bestellungen der GF (§ 15a);
- Gerichtl Bestellungen der AR-Mitglieder (§ 30d);
- Bestellungen v besonderen Vertretern;
- Bestellungen v Gründungsprüfer, Sonderprüfer, Abschlussprüfer u Abwickler;
- Bestellungen v Spaltungs- u Verschmelzungsprüfer;
- Verschmelzungen (§§ 96 ff);
- Vermögensübertragungen;
- Umwandlungen (§§ 245 ff AktG bzw §§ 1 ff UmwG);
- Umwandlungen (§§ 25, 26 FlexKapGG);

---

12 *Lackenberger* in Szöky, RpflG § 8 Rz 6.
13 *Lackenberger* in Szöky, RpflG § 9 Rz 1.
14 *Szöky* in Szöky, RpflG § 22 Rz 80 ff.

- Spaltungen (§§ 1 ff SpaltG);
- Betriebs- oder Teilbetriebsübertragungen (Art V Z 1 lit b GesRÄG 1993 bzw § 3 Z 5 FBG);
- Nachtragsliquidationen (§ 93 Abs 5);
- Errichtung u Aufhebung v ausländischen Zweigniederlassungen mit einem Sitz außerhalb der EU (§ 107);
- Löschung unrichtiger, v Richter eingetragener Tatsachen (§ 10 Abs 2 FBG);
- Berichtigungen v Richter vorgenommener Eintragungen (Schreibfehler u andere offenbare Unrichtigkeiten – § 26 FBG).

3. Diplomrechtspfleger

13 Alle Erledigungen bzw Eintragungsarten, die nicht gem § 22 Abs 2 RpflG dem Richter vorbehalten sind, **können** v nach der Geschäftsverteilung (diese ist im Gerichtsgebäude zur öffentlichen Einsicht angebracht) zuständigen **Diplomrechtspfleger** durchgeführt werden:[15]

- Neueintragung der GmbH bis zu einem Stammkapital v € 99.999;
- Änderungen u Neufassungen des GesV bzw der Errichtungserklärung bis zu einem Stammkapital v € 99.999;
- Umstellung auf € bis zu einem Stammkapital v € 99.999 (Euro-Justiz-Begleitgesetz);
- Eintragungen bei den GF (§ 15 ff);
- Eintragungen bei den Liquidatoren (§§ 89 ff);
- Eintragungen bei den Prokuristen (§§ 48 ff UGB);
- Eintragungen aufgrund v vereinfachter FB-Anmeldungen (§ 11 FBG – Geschäftsanschrift, Geschäftszweig, Internetseite, Gesellschafter, AR-Mitglieder, diakritische Zeichen gem § 25 FBG);
- Errichtung u Aufhebung v Zweigniederlassungen inländischer Rechtsträger mit einem Sitz innerhalb der EU;
- Löschung der GmbH infolge beendeter Liquidation (§ 93).

14 Folgende **Eintragungen** werden **v Amts wegen** v Diplomrechtspfleger vorgenommen:

- Eintragungen betr Vorlage der JA (§§ 277 ff UGB);
- Eintragungen betr Vorlage der Konzern-JA (§ 280 UGB);

---

15 *Szöky* in Szöky, RpflG § 22 Rz 104 ff.

– Berichtigung v Schreibfehlern u anderen offenbaren Unrichtigkeiten (§ 26 FBG);
– Eintragung u Löschung der unbekannten Geschäftsanschrift (§ 3 Abs 1 Z 4a FBG);
– Eintragung u Löschung der Tatsache, dass die Gesellschaft als Scheinunternehmen iSd § 8 Sozialbetrugsbekämpfungsgesetz anzusehen ist (§ 3 Abs 1 Z 15a FBG);
– Löschung der GmbH wegen Vermögenslosigkeit (§§ 40 ff FBG – s auch § 84 Rz 23 ff [Auflösung]);
– Eintragungen u Löschungen nach der IO (§ 77a IO);
– Eintragungen u Löschungen der Zwangsverwaltungen (§ 342 EO).

Folgende **amtswegige Verfahren** werden v Diplomrechtspfleger erledigt:

– Zwangsstrafverfahren gem § 24 FBG wegen Nichtbeachtung v Anmelde- u Vorlageverpflichtungen, Gebrauchs einer nicht zustehenden Fa, Nichtbeachtung der Pflichtangaben auf Geschäftsbriefen u Bestellscheinen (§ 14 UGB);
– Zwangsstrafverfahren gem § 283 UGB wegen Nichtvorlage v JA- u Konzern-JA;
– Verfahren gem § 285 UGB zur Stundung, Ratenzahlung oder Nachlass v bereits rechtskräftig verhängten Zwangsstrafen gem § 24 FBG u § 283 UGB;
– Löschungsverfahren zur Löschung unrichtiger Teileintragungen (§ 10 Abs 2 FBG);
– Amtslöschungsverfahren wegen Vermögenslosigkeit (§§ 40 ff FBG).

C. Verfahrensgrundsätze

15 Der **SV im Außerstreitverfahren** ist durch die zuständigen Entscheidungsorgane (vgl §§ 16, 22 RpflG) **v Amts wegen zu erheben** (§§ 16, 31 AußStrG).[16] Erhebungen des **FB-Gerichtes** sind jedoch grds auf eine **Plausibilitätsprüfung** beschränkt.[17]

---

16 *Mayr/Fucik*, Verfahren außer Streitsachen, Rz 118 ff.
17 *Kodek* in Kodek/Nowotny/Umfahrer, FBG § 15 Rz 20; *Potyka* in Straube/Ratka/Rauter, UGB I⁴ § 7 Rz 40.

D. Entscheidung

Entscheidungen im Außerstreitverfahren ergehen grds in **Beschlussform**.[18] Beschlüsse über **FB-Eintragungen** sind – entgegen der Bestimmung in § 39 AußStrG – **nicht zu begründen** (§ 20 Abs 1 FBG).[19] Der Beschluss ist – außer es wird im Beschluss der Vollzug erst nach Rechtskraft ausdrücklich angeordnet – **sofort** in der Datenbank zu vollziehen, also die FB-Eintragung sofort vorzunehmen.[20]

16

E. Rechtsmittel

Sofern sie konkrete Rechtsfolgen bewirken, können **Beschlüsse** mit **Rekurs** (vgl §§ 45 AußStrG) angefochten werden.[21] Reine **Androhungen** (wie zB im Zwangsstrafverfahren nach § 24 FBG) sowie **Mitteilungen** (zB §§ 17, 18 FBG) können hingegen **nicht angefochten** werden.

17

Ob ein **Revisionsrekurs** gegen einen **Beschluss des Rekursgerichtes** zulässig ist, richtet sich nach den Bestimmungen der §§ 62 ff AußStrG[22].

18

§ 104. Der Bundesminister für Finanzen kann auch bei Gesellschaften mit beschränkter Haftung in den Fällen, in denen sonst kein Staatskommissär und Stellvertreter gemäß § 76 Abs 1 bis 3 Bankwesengesetz[1] zu bestellen ist, diese Aufsichtsorgane bestellen, wenn dies zur Ausübung des Aufsichtsrechtes des Bundesministers für Finanzen nach dem Bankwesengesetz erforderlich ist.

idF BGBl 1980/320

Literatur: *Kastner*, Gesellschaft mbH Gesetz – Novelle 1980, JBl 1980, 617; *Koppensteiner*, Bankenaufsicht und Bankengruppen (1991); *Raschauer/Wessely*, Ausgewählte Fragestellungen im Staatskommissär im Wirtschaftsrecht, ÖZW 2004, 70; *Feltl*, GmbHG (2022).

---

18 *Mayr/Fucik*, Verfahren außer Streitsachen, Rz 185, 242.
19 *Szöky* in Straube/Ratka/Rauter, UGB I⁴ § 20 FBG, Rz 4, 5.
20 *Szöky* in Straube/Ratka/Rauter, UGB I⁴ § 20 FBG, Rz 6.
21 *Mayr/Fucik*, Verfahren außer Streitsachen, Rz 267 ff.
22 *Mayr/Fucik*, Verfahren außer Streitsachen, Rz 304 ff.
1 Früher § 26 Abs 1 KWG; vgl § 105 (2) BWG, BGBl 1980/320.

Inhaltsübersicht

I. Überblick 1
II. Bestellung eines Staatskommissärs samt Stellvertreter 2

I. Überblick

1   Nach § 76 Abs 1 BWG kann ein **Staatskommissär** u dessen Stellvertreter nur für Kreditinstitute bestellt werden, deren Bilanzsumme eine Milliarde Euro übersteigt. § 104 ermöglicht nun zur Ausübung des Aufsichtsrechts nach dem BWG die Bestellung eines Staatskommissärs (u dessen Stellvertreters) auch für GmbHs, deren Bilanzsumme niedriger liegt. *„Vermutlich ist damit berücksichtigt worden, dass sich für kleinere Banken häufig die Rechtsform der GmbH anbietet."*[2]

Laut § 104 steht das **Aufsichts- u Bestellungsrecht** dem BMF zu. Diese Bestimmung ist jedoch seit der Einführung des FMAG[3] obsolet. Der Staatskommissär u sein Stellvertreter handeln als Organe der FMA,[4] der nunmehr die Aufsichtsrechte über das Bankwesen zukommen.

Die **Rechte u Pflichten** des Staatskommissärs u seines Stellvertreters ergeben sich aus § 76 Abs 4 bis 11 BWG.

II. Bestellung eines Staatskommissärs samt Stellvertreter

2   § 76 Abs 1 BWG schreibt die Bestellung eines Staatskommissärs u dessen Stellvertreters vor. Im Gegensatz dazu handelt es sich bei § 104 um eine „Kann-Vorschrift".[5] Die Bestellung v Aufsichtsorganen ist erlaubt, wenn dies zur Ausübung des Aufsichtsrechts nach dem BWG erforderlich ist. Damit wird auf die in § 69 Abs 1 BWG angeführten Ziele der Aufsicht Bezug genommen.[6] Folglich ist auf das volkswirtschaftliche In-

---

2 *Koppensteiner/Rüffler*, GmbHG³ § 104 Rz 1.
3 BGBl I 2001/97.
4 § 76 Abs 1 BWG.
5 *Koppensteiner/Rüffler*, GmbHG³ § 104 Rz 2.
6 *Koppensteiner/Rüffler*, GmbHG³ § 104 Rz 2; *Frauenberger-Pfeiler* in Straube/Ratka/Rauter, GmbHG, § 104 Rz 3.

teresse an einem funktionsfähigen Bankwesen u an der Finanzstabilität Bedacht zu nehmen. Dazu ist die Überwachung der Einhaltung der Vorschriften des BWG u anderer Rechtsvorschriften für Banken erforderlich. Aufsichtsorgane können jedoch nur bestellt werden, wenn ein **konkreter Anlass** besteht u mildere Aufsichtsmittel zB nach § 70 Abs 1 BWG nicht reichen.[7]

---

7 *Koppensteiner/Rüffler*, GmbHG³ § 104 Rz 2; *Frauenberger-Pfeiler* in Straube/Ratka/Rauter, GmbHG, § 104 Rz 3. Zu den zivilrechtlichen Konsequenzen mangelhafter Aufsicht s ÖBA 2007, 59 = SZ 2006/32 = ZIK 2006/130 = RdW 2006/317d; RIS-Justiz RS0038631 und § 3 FMAG.

VI. Hauptstück.
Ausländische Gesellschaften

Zweigniederlassungen von Gesellschaften mit beschränkter Haftung mit Sitz im Ausland

§ 107. (1) Liegt der Sitz einer Gesellschaft mit beschränkter Haftung im Ausland, so ist die Gesellschaft durch die Geschäftsführer zur Eintragung in das Firmenbuch anzumelden, wenn sie eine inländische Zweigniederlassung hat.

(2) [1]Gesellschaften, deren Personalstatut nicht das Recht eines Mitgliedstaats der Europäischen Union oder eines Vertragsstaats des Abkommens über die Schaffung eines Europäischen Wirtschaftsraumes, BGBl. Nr. 909/1993, ist, haben für den gesamten Geschäftsbetrieb der Zweigniederlassung mindestens eine Person zu bestellen, die zur ständigen gerichtlichen und außergerichtlichen Vertretung der Gesellschaft befugt ist und ihren gewöhnlichen Aufenthalt im Inland hat; eine Beschränkung des Umfangs ihrer Vertretungsmacht ist Dritten gegenüber unwirksam. [2]Die Vertretungsbefugnis kann jedoch an mehrere Personen gemeinschaftlich erteilt werden (Gesamtvertretung). [3]Gesellschaften, deren Personalstatut das Recht eines Mitgliedstaats der Europäischen Union oder des Europäischen Wirtschaftsraums ist, können einen solchen ständigen Vertreter bestellen.

(3) Die Geschäftsführer der Gesellschaft haben ihre Namensunterschrift zur Aufbewahrung beim Gericht zu zeichnen; wird ein ständiger Vertreter gemäß Abs. 2 bestellt, so hat auch dieser seine Namensunterschrift zur Aufbewahrung beim Gericht zu zeichnen.

(4) [1]Für die Anmeldung gilt § 12 Abs. 2 UGB. [2]Der Anmeldung sind der Gesellschaftsvertrag in der geltenden Fassung in öffentlich beglaubigter Abschrift und, sofern der Gesellschaftsvertrag nicht in deutscher Sprache erstellt ist, eine beglaubigte Übersetzung in deutscher Sprache beizufügen.

(5) [1]In das Firmenbuch einzutragen sind neben den in § 12 Abs. 3 UGB geforderten auch die Angaben gemäß § 11 und gemäß §§ 3 und 5 FBG mit Ausnahme der Angaben über die Gesellschafter, die von ihnen übernommenen Stammeinlagen und die hierauf geleisteten Einzahlungen sowie der Angaben über die Aufsichtsratsmitglieder. [2]Ist gemäß Abs. 2 ein ständiger Vertreter bestellt, so sind der Name, das Geburtsdatum und die für Zustellungen maßgebliche inländische Geschäftsanschrift dieses Vertreters sowie der Beginn und die Art

(Einzel- oder Gesamtvertretung) seiner Vertretungsbefugnis einzutragen.

(6) ¹Die Eröffnung oder die Abweisung eines Insolvenz- oder ähnlichen Verfahrens über das Vermögen der Gesellschaft sowie Änderungen des Gesellschaftsvertrags sind zur Eintragung in das Firmenbuch anzumelden. ²Für die Anmeldung der Änderung des Gesellschaftsvertrags gilt § 51 Abs. 1 und 2 sinngemäß, soweit nicht das ausländische Recht Abweichungen notwendig macht.

(7) ¹Für Anmeldungen zur Eintragung in das Firmenbuch, ausgenommen die Anmeldung gemäß Abs. 1, ist neben den Geschäftsführern auch der Vertreter gemäß Abs. 2 befugt. ²Im übrigen gilt § 12 Abs. 4 UGB.

idF BGBl I 2005/120

§ 112. Die für das Inland bestellte Vertretung hat über die inländischen Geschäfte gesondert Bücher zu führen.

idF BGBl I 1990/475

Auflösung der Niederlassung

§ 113. (1) Die Auflösung der inländischen Zweigniederlassung einer ausländischen Gesellschaft kann in sinngemäßer Anwendung des § 86 erfolgen.

(2) Die Abwicklung der Geschäfte der inländischen Zweigniederlassung hat unter sinngemäßer Anwendung der Bestimmungen über die Abwicklung von Gesellschaften mit beschränkter Haftung zu erfolgen.

idF BGBl I 1996/304

§ 114. Der § 102 ist auf ausländische Gesellschaften sinngemäß anzuwenden.

idF BGBl 1996/304

Literatur: *Adensamer/Hristov*, Brexit und Statutenwechsel bei Kapitalgesellschaften, RdW 2022, 528; *Bachner*, Abschied von der Sitztheorie im internationalen Gesellschaftsrecht, in FS 40 Jahre IPRG (2020) 373; *Bachner*, Die britische

Limited nach dem BREXIT, ÖJZ 2022, 694; *Beiser*, Eine Divergenz zwischen Gesellschaftsrecht und Abgabenrecht? GesRZ 2022, 72; *Ehrlich*, Anerkennung von Auslandsgesellschaften und Zweigniederlassungen vor österreichischen Gerichten insb im Lichte der EuGH-Urteile Überseering und Centros und unter Berücksichtigung der Europäischen Aktiengesellschaft (SE), RdW 2005/300, 281; Eckert, Internationales Gesellschaftsrecht (2010); *Eidenmüller*, Ausländische Kapitalgesellschaften im deutschen Recht (2004); *Engelhart*, Keine Insolvenzfähigkeit der Zweigniederlassung, ZIK 2016, 162; *Grabler/Stolzlechner/Wendl*, Gewerbeordnung³ (2011); *Grundmann*, Europäisches Gesellschaftsrecht² (2011); *Habersack/Verse*, Europäisches Gesellschaftsrecht⁴ (2011); *Heidel*, Aktienrecht und Kapitalmarktrecht⁵ (2019); *Kalss/Adensamer*, Ausländische Gesellschaften in Österreich, in Hirte/Bücker (Hg), Grenzüberschreitende Gesellschaften² (2006); *Kalss/Klampfl*, Europäisches Gesellschaftsrecht (2015); *Kropholler*, Internationales Privatrecht⁶ (2006); *Merkt*, Centros – Konsequenzen für die nationalen Gesetzgeber, in Gesellschaftsrechtliche Vereinigung (Hg), Gesellschaftsrecht in der Diskussion 1999 (2000) 127; *Ratka*, Befugnisse, Pflichten und Haftung des „ständigen Vertreters", in FS Aicher (2012) 547; *Ratka*, Europäisches Konzernrecht, in Haberer/Krejci (Hg), Handbuch Konzernrecht (2016); *Reithmann/Martiny*, Internationales Vertragsrecht⁸ (2015); *F Schuhmacher/Gruber*, Rechtsfragen der Zweigniederlassung (1993); *Staringer*, Besteuerung doppelt ansässiger Kapitalgesellschaften (1999); *v Bar/Mankowski*, Internationales Privatrecht I² (2003); *U Torggler*, Die „österreichische Post-Brexit-Limited" Anmerkungen zu OGH 27.1.2022, 9 Ob 74/21d, in FS Zorn (2022) 589; *Zehetner*, Niederlassungsfreiheit und Sitztheorie, ecolex 1999, 771; *Zehetner*, Die Schließung von Zweigniederlassungen ausländischer Kapitalgesellschaften, in FS Krejci (2001) 389.

Inhaltsübersicht

I. Grundlagen	1–9
A. Grundsätzliches	1–3
B. Erfasste Gesellschaften	4–6
C. Zweigniederlassung	7–9
II. Firma	10, 11
III. Vertretung der ausländischen GmbH	12–16
IV. Anmeldung, Publizität	17–22
V. Eintragung (Rechtswirkungen)	23, 24
VI. Rechnungslegung	25, 26
VII. Gewerberecht	27, 28
VIII. Auflösung, Liquidation, Insolvenz	29–32
IX. Sanktionen	33

I. Grundlagen

A. Grundsätzliches

1 Die §§ 107 bis 114 regeln das erforderliche Maß an Publizität, dem *ausländische GmbH*, die in Ö eine Zweigniederlassung unterhalten, zu entsprechen haben. Dem Informationsbedürfnis des österr Handels- u Wirtschaftsverkehrs in Bezug auf ausländische Rechtsträger wird nach Maßgabe dieser Bestimmungen durch Eintragung im FB – in das jedermann einsehen kann – Rechnung getragen.[1]

2 Die §§ 107 bis 114 sind in erster Linie fremdenrechtliche Bestimmungen[2] mit öffentlich-rechtlichem Charakter. Sie sind **keine Kollisionsnormen** u enthalten zu dem auf den jew ausländischen Rechtsträger anwendbaren Recht grds keine Aussage.[3] Dieses ist als Vorfrage auf Basis des einschlägigen IPR zu ermitteln (vgl zum int GesR: Exkurs IntGesR Rz 1 ff). Die §§ 107 bis 114 sind gem ihrer öffentlich-rechtlichen Funktion weitgehend selbständig anzuknüpfen u folgen österr Recht.[4] Diesem unterliegt auch das Registerverfahren (*lex fori*).[5] Zuständig ist der mit Handelssachen betraute Gerichtshof, in dessen Sprengel sich die Zweigniederlassung befindet (§ 120 Abs 3 JN).[6] Für die Anmeldung u Eintragung ausländischer GmbH-Äquivalente ist daher zunächst österr Recht maßgeblich, soweit das für den ausländischen Rechtsträger maßgebliche (ausländische) Gesellschaftsstatut oder europarechtliche Vorgaben nicht Abweichungen erfordern (§ 12 Abs 4 UGB).[7]

---

1 Vgl *Kalss/Klampfl*, Europäisches GesR, E. III Rz 205 ff.
2 *Koppensteiner/Rüffler*, GmbHG³ §§ 107, 112–114 Rz 1; vgl zum Begriff *v Bar/Mankowski*, Internationales Privatrecht I² § 4 Rz 28 ff.
3 Vgl *Kindler* in MüKo BGB⁵ Int GesR, Rz 217 ff; zur Frage der Rechtspersönlichkeit s auch RIS-Justiz RS0087052.
4 Vgl auch RIS-Justiz RS0045451; vgl auch *Pilgerstorfer* in Jabornegg/Artmann, UGB³ § 12 Rz 18 f.
5 ZB OGH 25.9.1990, 4 Ob 544/90; *Reich-Rohrwig*, GmbHR 812; *Schwimann*, NZ 1981, 65 (67); *Verschraegen* in Rummel/Lukas, ABGB³ § 12 IPRG, Rz 8; *Rehberg* in Eidenmüller, Ausländische Kapitalgesellschaften im deutschen Recht § 5 Rz 73; *Hausmann* in Reithmann/Martiny, Internationales Vertragsrecht⁸ Rz 7.172.
6 *Schenk* in Straube, HGB³ § 13 Rz 11.
7 OGH 29.4.2004, 6 Ob 44/04w; OGH 25.9.1990, 4 Ob 544/90; s auch *G. Nowotny* in Kodek/Nowotny/Umfahrer, FBG § 13 HGB, Rz 24; *Roth*, GesRZ 1995, 1 (1 ff).

§ 107 verpflichtet GmbH mit Sitz im Ausland, bestehende inländische Zweigniederlassungen beim zuständigen österr FB-Gericht anzumelden.[8] § 107 ist gemeinsam mit seiner aktienrechtlichen Parallelbestimmung (§ 254 AktG) eine Spezialnorm zu § 12 UGB.[9] Die Bestimmung wurde im Zuge des EU-GesRÄG 1996 neu gefasst u regelt die Umsetzung der RL 89/666/EWG „Zweigniederlassungs-RL" (welche die Anforderungen, die Mitgliedstaaten für die Eintragung v Zweigniederlassungen verlangen können, grds abschließend regelt)[10] im österr Recht.[11] Die RL 89/666/EWG ist in Titel I, Kapitel III, Abschnitt 2 der RL 2017/1132/EU („GesR-RL") integriert worden.[12] Im Anwendungsbereich des Europarechts ist § 107 in richtlinien- u primärrechtskonformer Weise auszulegen.[13]

B. Erfasste Gesellschaften

Normadressaten v § 107 Abs 1 sind GmbH mit Sitz im Ausland. „Sitz" iSv § 107 Abs 1 bezeichnet den im GesV bezeichneten **Satzungssitz** (vgl zum Verwaltungssitz Exkurs IntGesR Rz 3).[14] Darüber hinaus setzt

---

[8] Zu Sonderbestimmungen zu Kreditinstituten u Versicherungsunternehmen vgl *Brugger* in Gruber/Harrer, GmbHG[2] § 107 Rz 76 ff.

[9] Vgl *Ratka* in Straube/Ratka/Rauter, GmbHG §§ 107–114 Rz 2; zu § 12 UGB vgl *Pilgerstorfer* in Jabornegg/Artmann, UGB[3] § 12 Rz 1 ff.

[10] EuGH 30.9.2003, C-167/01.

[11] Vgl *Kalss/Eckert*, Zentrale Fragen 668; zur Zweigniederlassungs-RL statt vieler *Kalss/Klampfl*, Europäisches GesR, E. III Rz 232 ff; *Grundmann*, Europäisches GesR[2] Rz 815 ff; abgedruckt bei *Habersack/Verse*, Europäisches GesR[4] § 5 Rz 65.

[12] Da die GesR-RL den Text inhaltlich nicht verändert hat, kann auf die Anmerkungen zur RL 89/666/EWG zurückgegriffen werden. Die GesR-RL enthält keine wesentlichen inhaltlichen Änderungen, wohl aber eine geänderte Artikelnummerierung (vgl zB *Klinke* in Heidel, Aktienrecht und Kapitalmarktrecht[5] Europäisches Gesellschaftsrecht, Rz 311 f).

[13] Statt vieler *Ratka* in Straube/Ratka/Rauter, GmbHG §§ 107–114 Rz 15 f; *Koppensteiner/Rüffler*, GmbHG[3] §§ 107, 112–114 Rz 4; *Lutter* in Lutter, Auslandsgesellschaften 1 (2) jew mwN.

[14] RIS-Justiz RS0112342; *Ratka* in Straube/Ratka/Rauter, GmbHG §§ 107–114 Rz 60; *Koppensteiner/Rüffler*, GmbHG[3] §§ 107, 112–114 Rz 8; *Kalss/Adensamer* in Hirte/Bücker, Grenzüberschreitende Gesellschaften[2] § 20 Rz 31; Verständnis als Satzungssitz einschränkend auf den Anwendungsbereich der Niederlassungsfreiheit: *Pilgerstorfer* in Jabornegg/Artmann, UGB[3] § 12 Rz 16 f; *Eckert/Schopper* in Eckert/Schopper, AktG-ON § 254 Rz 3.

§ 107 Abs 1 die **Existenz** der ausländischen GmbH, dh einer zur GmbH österr Prägung äquivalenten ausländischen Rechtsform, voraus (§ 12 Abs 2 UGB), was als Vorfrage nach Maßgabe des anwendbaren Gesellschaftskollisionsrechts zu beurteilen ist. Unter § 107 fallen **keine Gesellschaften mit österr Personalstatut**.[15] GmbH mit Verwaltungssitz im Inland unterliegen daher nur dann § 107, wenn auf sie – nach Maßgabe des anwendbaren IPR – ausländisches GesR Anwendung findet.[16] Bestehen Anhaltspunkte für einen inländischen Verwaltungssitz, sind Gesellschaften aus Drittstaaten (infolge des Brexit einschließlich des Vereinigten Königreichs) im FB-Verfahren anzuhalten, einen aufrechten Verwaltungssitz im Ausland zu bescheinigen.[17] Dies gilt für mitgliedstaatliche Gesellschaften aus Sitztheorie-Staaten sinngemäß (§ 12 Abs 2 UGB),[18] was in der FB-Praxis aber nur in Einzelfällen verlangt wird.[19]

5 In der österr Rsp werden Gesellschaften aus Drittstaaten mit österr Verwaltungssitz als österr GesbR betrachtet (vgl Exkurs IntGesR Rz 37).[20] Stimmen in der österr Lit, die auch solche Gesellschaften als zur jew österr Rechtsform wesensäquivalente „Gesellschaft *sui generis*" einordnen wollten,[21] hat der OGH in seiner rezenten E zu 9 Ob 74/21d[22] ausdrücklich verworfen.[23] Solche Gesellschaften unterliegen daher, man-

---

15 *Jennewein*, FBG § 3 Rz 34; *Ratka* in Straube/Ratka/Rauter, GmbHG §§ 107–114 Rz 62; *Pilgerstorfer* in Jabornegg/Artmann, UGB³ § 12 Rz 4, 15.
16 *Eckert/Schopper* in Torggler, GmbHG §§ 107–114 Rz 3; *Ratka* in Straube/Ratka/Rauter, GmbHG §§ 107–114 Rz 62; *Koppensteiner/Rüffler*, GmbHG³ §§ 107, 112–114 Rz 8; *Eckert/Schopper* in Eckert/Schopper, AktG-ON § 254 Rz 3.
17 Für die AG *Eckert/Schopper* in Eckert/Schopper, AktG-ON § 254 Rz 5.
18 So auch *Pilgerstorfer* in Jabornegg/Artmann, UGB³ § 12 Rz 15 f, 36; *Eckert/Schopper* in Torggler, GmbHG §§ 107–114 Rz 5; vgl auch *Brugger* in Gruber/Harrer, GmbHG² § 107 Rz 88.
19 Vgl *Adensamer/Hristov*, RdW 2022, 528 (529).
20 Diesfalls wären auch bereits eingetragene österr Zweigniederlassungen nach Maßgabe v § 10 Abs 2 FBG zu löschen (vgl *Pilgerstorfer* in Jabornegg/Artmann, UGB³ § 12 Rz 57.
21 Vgl dazu noch die Vorauflage Rz 5; *Adensamer/Mitterecker*, GesRZ 2017, 129 (131).
22 OGH 27.1.2022, 9 Ob 74/21d, GesRZ 2022, 153 (*Thomale/Soldo*) = NZG 2022, 1072 (*Thomale*).
23 Zu dieser E ausf *Beiser*, GesRZ 2022, 72; krit *Thomale*, NZG 2022, 1072 (1077); *Adensamer/Hristov*, RdW 2022, 528 (529 f).

gels Rechts- u Parteifähigkeit,[24] weder der Anmeldungspflicht gem § 107 Abs 1, noch sind sie zu einer Anmeldung berechtigt. Dies trägt dem Publizitätsbedürfnis des österr Rechtsverkehrs Rechnung (str!). Es ist davon auszugehen, dass diese Rsp auch auf Gesellschaften aus Mitgliedstaaten, die der Sitztheorie folgen, umzulegen ist (vgl Exkurs IntGesR Rz 37).

Die **Äquivalenz** zur österr GmbH ist durch das Gericht v Amts wegen[25] durch **Substitution** zu ermitteln u meint ein Übereinstimmen in den wesentlichen typprägenden Merkmalen (entscheidend ist die „Funktionsäquivalenz" zur entspr österr Rechtsform, wie insb Ausschluss des Börsehandels mit GmbH-Geschäftsanteilen, Haftungsbeschränkung).[26] Innerhalb des EWR zählen dazu jedenfalls die in Art. 1 der RL 89/667/EWG aufgezählten Rechtsformen.

C. Zweigniederlassung

Der Begriff der Zweigniederlassung ist gesetzl nicht determiniert u richtet sich nach österr Recht, wobei im Anwendungsbereich des Unionsrechts die Vorgaben der Zweigniederlassungs-RL (nunmehr GesR-RL) u der Niederlassungsfreiheit zu berücksichtigen sind.[27] Allgemein werden als Zweigniederlassungen (i) nicht rechtsfähige, (ii) organisatorisch weitgehend verselbständigte Einheiten verstanden, (iii) die unter eigener Leitung tätig werden, (iv) eine räumliche Trennung v der Hauptniederlassung aufweisen, u (v) auf mehr als nur vorübergehende Dauer (nicht anmeldepflichtig zB Messestand) angelegt sind.[28] Erfor-

---

24 OGH 27.1.2022, 9 Ob 74/21d Rz 30; krit zu dieser Rechtsfolge ua *Thomale*, NZG 2022, 1072 (1077); *Eckert*, Internationales Gesellschaftsrecht 497 ff.
25 *Ratka* in Straube/Ratka/Rauter, GmbHG §§ 107–114 Rz 65; *Brugger* in Gruber/Harrer, GmbHG² § 107 Rz 8; eine diesbzgl Nachweispflicht der Antragstellerin besteht grds nicht; vgl aber zur verst Mitwirkungspflicht der Parteien im FB-Verfahren iZm der Ermittlung ausländischen Rechts: OGH 15.4.2010, 6 Ob 226/09t.
26 VwGH 27.4.2006, 2003/16/0110; vgl die Aufzählung bei *Ratka* in Straube/Ratka/Rauter, GmbHG §§ 107–114 Rz 63 ff; *Brugger* in Gruber/Harrer² GmbHG § 107 Rz 8; vgl allg *v Bar/Mankowski*, Internationales Privatrecht I² Rz 7/239; *Kropholler*, Internationales Privatrecht⁵, 229 ff.
27 OGH 29.4.2004, 6 Ob 43/04y.
28 Vgl OGH 29.4.2004, 6 Ob 44/04w; *Koppensteiner/Rüffler*, GmbHG³ Anh § 114 Rz 2; *Eckert/Schopper* in Torggler, GmbHG §§ 107–114 Rz 2; *Eckert/Schopper* in Eckert/Schopper, AktG-ON § 254 Rz 2.

derlich sind daher auch entspr Einrichtungen in kommerzieller Hinsicht, die es ermöglichen, den vorgesehenen Geschäftsbetrieb fortlaufend (nicht nur vorübergehend) u (mit Ausnahme v Weisungen der Unternehmensführung) relativ selbständig zu führen. Nicht notwendig ist aber ein eigenes Vermögen der Zweigniederlassung. Bloße Vermittlungsstellen ohne eigene Abschlussbefugnis erfüllen diese Voraussetzungen ebenso wenig wie Schauräume, Werkstätten oder Auslieferungslager, in denen nur faktische Dienste geleistet werden.[29]

8 Das Bestehen einer ausländischen Hauptniederlassung ist im Anwendungsbereich der Niederlassungsfreiheit nur für Gesellschaften aus Sitztheoriestaaten vorauszusetzen (vgl dazu Rz 4 f).[30] Gesellschaften aus EWR-Mitgliedstaaten, die ihre Geschäfte ausschließlich in Ö führen u daher über **keine Hauptniederlassung** ieS verfügen, unterliegen daher grds ebenfalls der Eintragungspflicht gem § 107 Abs 1 (unter der Voraussetzung, dass sie trotz ausschließlich inländischem Tätigkeitsschwerpunkt ein ausländisches Personalstatut haben, vgl die Einschränkung zu Sitztheoriestaaten sowie Rz 4 f).[31]

9 Die tatsächliche Errichtung einer Zweigniederlassung ist ein faktischer Vorgang der Geschäftsführung u im Rahmen des FB-Verfahrens durch geeignete Nachw zu bescheinigen.[32] Es besteht kein allg Kriterienkatalog, die firmenbuchgerichtliche Prüfung erfolgt einzelfallbezogen.[33] Taugliche Bescheinigungsmittel sind etwa Mietverträge über Geschäftsräumlichkeiten, Vereinbarungen über die Nutzung geeigneter Infrastruktur (zB Telefon, IT, Sekretariat) oder GA der zuständigen Wirtschaftskammer.[34] Organisationsinterne Maßnahmen beim ausländischen Rechtsträger, die der Errichtung gem dessen Personalstatut allenfalls zugrunde liegen müssen (zB Beschlussfassung durch die Gesellschafter oder die GF), sind dem ausländischen Gesellschaftsstatut zu entnehmen u im Rahmen des FB-Verfahrens nicht zu prüfen. In der

---

29 OGH 29.4.2004, 6 Ob 43/04y; *Pilgerstorfer* in Jabornegg/Artmann, UGB³ § 12 Rz 19.
30 OGH 29.4.2004, 6 Ob 44/04w.
31 Zuletzt EuGH 30.9.2003, C-167/01; vgl auch OGH 29.4.2004, 6 Ob 44/04w; *Kalss/Klampfl*, Europäisches GesR, E. III Rz 234; *Koppensteiner/Rüffler*, GmbHG³ §§ 107, 112–114 Rz 10; *Pilgerstorfer* in Jabornegg/Artmann, UGB³ § 12 Rz 17.
32 *Brugger* in Gruber/Harrer, GmbHG² § 107 Rz 10.
33 OGH 4.7.2013, 6 Ob 119/13p.
34 *Brugger* in Gruber/Harrer, GmbHG² § 107 Rz 88.

FB-Praxis wird eine Vorlage idR auch nicht verlangt. Die FB-Anmeldung setzt noch keine geschäftlichen Aktivitäten der Zweigniederlassung voraus,[35] die allenfalls noch gar nicht zulässig sind (vgl zum Gewerberecht Rz 27 f). Ebenfalls nicht erforderlich ist, dass die für den tatsächlichen Geschäftsbetrieb der Zweigniederlassung erforderlichen Einrichtungen bereits zur Gänze vorhanden sind; es müssen jedoch räumliche u organisatorische Vorkehrungen getroffen worden sein, die Rückschlüsse darauf zulassen, dass tatsächlich eine Betriebsstätte geschaffen wird, die einen fortlaufenden (nicht nur gelegentlichen) u weitgehend verselbständigten Geschäftsbetrieb ermöglicht.[36] Hierbei können auch geplante Maßnahmen in die Überprüfung einbezogen werden, sofern mit ihrer Realisierung mit hoher Wahrscheinlichkeit gerechnet werden kann.[37]

II. Firma

Die Zweigniederlassung firmiert zunächst unter der Fa des ausländischen Rechtsträgers, da sich die Eintragungspflicht gem § 107 auf die ausländische GmbH selbst erstreckt.[38] Die Anforderungen der Firmenbildung folgen dem ausländischen Gesellschaftsstatut, was im FB-Auszug auch transparent ist (der Fa des ausländischen Rechtsträgers wird der Vermerk „ausländische Firma" nachgestellt). Maßstab v Inhalt u Zulässigkeit ist daher nicht österr Recht, sondern das ausländische Personalstatut der Gesellschaft.[39] Eine Übersetzung der Fa ist nicht erforderlich, doch ist diese ggf in lateinische Buchstaben zu trans-

10

---

35 OLG Wien 31.3.2006, 28 R 26/06h; *Brugger* in Gruber/Harrer, GmbHG² § 107 Rz 15.
36 RIS-Justiz RS0118928.
37 OGH 29.4.2004, 6 Ob 44/04w.
38 So die hM, vgl OGH 16.3.2011, 6 Ob 67/10m; *Eckert/Schopper* in Torggler, GmbHG §§ 107–114 Rz 7; *Eckert/Schopper* in Eckert/Schopper, AktG-ON § 254 Rz 7 mwN; *Kalss/Adensamer* in Hirte/Bücker, Grenzüberschreitende Gesellschaften² § 20 Rz 45; *Verschraegen* in Rummel/Lukas, ABGB³ § 13 IPRG Rz 11; *Schuhmacher* in Straube/Ratka/Rauter, UGB² Vor § 17 Rz 22; *Engljähringer* in Schuhmacher/Gruber, Zweigniederlassung 15, 69.
39 OGH 16.3.2011, 6 Ob 67/10m; s dazu unten Rz 41 ff; für Drittstaaten gilt entspr der Anknüpfungsregel gem § 10 IPRG das Recht am Sitz der gesellschaftlichen Hauptverwaltung.

kribieren.[40] Für eine darüber hinausgehende Vorschreibung erläuternder Zusätze bzw der Übersetzung des fremdsprachigen Rechtsformzusatzes, wie dies im Schrifttum wiederholt vorgeschlagen wurde,[41] fehlt *de lege lata* die Rechtsgrundlage. *De lege ferenda* sind die v EuGH namentlich in *Inspire Art* gezogenen Grenzen (keine Stigmatisierungen)[42] zu beachten.

11 Mangels Rechtsfähigkeit der Zweigniederlassung ist für deren Fa zunächst ebenfalls das Personalstatut des ausländischen Rechtsträgers maßgeblich,[43] zumal die Zweigniederlassung grds nicht verpflichtet ist, eine v der ausländischen Gesellschaft abw Fa zu führen oder dieser Fa einen auf die Zweigniederlassung hinweisenden Zusatz (zB „Zweigniederlassung Österreich") beizufügen (arg § 50 Abs 3 UGB). Anderes gilt bei Erteilung v Filialprokura (Rz 12 f) u wohl auch bei Bestellung eines ständigen Vertreters gem § 107 Abs 2 UGB. Die Verwendung einer v Rechtsträger abw Fa (selbst mit anderem Firmenkern) ist zulässig. Doch gelten diesbzgl die allg firmenrechtlichen Grundsätze (Firmenwahrheit, Irreführungsverbot, Firmenunterscheidbarkeit), die im Wege der *Sonderanknüpfungen* (§ 1 IPRG) an das Recht am Ort der Niederlassung[44] Anwendung finden.[45] Im Anwendungsbereich der Niederlassungsfreiheit ist zu berücksichtigen, dass die Anwendung österr firmenrechtlicher Bestimmungen als Beschränkung der Niederlassungsfreiheit einer einzelfallbezogenen Rechtfertigung im zwingenden Allgemein-

---

40 *Brugger* in Gruber/Harrer, GmbHG[2] § 107 Rz 38; *Pilgerstorfer* in Jabornegg/Artmann, UGB[3] § 12 Rz 40.
41 *Straube/Ratka*, GES 2003, 148 (151); *Ratka*, Grenzüberschreitende Sitzverlegung von Gesellschaften 192 ff; für Dtl s mwN *Merkt* in Gesellschaftsrechtliche Vereinigung, GesR in der Diskussion 1999, 127.
42 EuGH 30.9.2003, C-167/01 – *Inspire Art*.
43 **AA** (iS einer Maßgeblichkeit [nur] österr Rechts) *Pilgerstorfer* in Jabornegg/Artmann, UGB[3] § 12 Rz 24a f (unter der Einschränkung des unionsrechtlich Zulässigen).
44 Vgl *Pilgerstorfer* in Jabornegg/Artmann, UGB[3] § 12 Rz 23 f; s auch *Rehberg* in Eidenmüller, Ausländische Kapitalgesellschaften § 5 Rz 31; *K Schmidt* in Lutter, Europäische Auslandsgesellschaften 15, 27; anders *Mankowski/Knöfel* in Hirte/Bücker, Grenzüberschreitende Gesellschaften[2] § 13 Rz 70 f.
45 *Verschraegen* in Rummel/Lukas, ABGB[3] § 13 IPRG, Rz 11; der *ordre public* (§ 5 IPRG) bietet hingegen keine taugliche Grundlage für die Anwendung österr Firmenrechts (so aber *Schuhmacher* in Straube/Ratka/Rauter, UGB[2] Vor § 17 Rz 49; *Engljähringer* in Schuhmacher/Gruber, Zweigniederlassung 15, 69.

interesse bedarf, die im Regelfall an den strengen Kriterien des EuGH scheitert.[46]

III. Vertretung der ausländischen GmbH

Zuordnungssubjekt v Vertretungshandlungen ist, mangels Rechtsfähigkeit, nicht die österr Zweigniederlassung, sondern die ausländische GmbH, die auch im Rahmen ihres österr Geschäftsbetriebs durch ihre **organschaftlichen** oder **gewillkürten Vertreter** (zB Prokuristen einer dt GmbH) vertreten wird. 12

Die **organschaftliche Vertretung** durch die GF der ausländischen Gesellschaft richtet sich nach dem auf die Gesellschaft anwendbaren Recht.[47] Die Vertretungsbefugnis gem dem ausländischen Personalstatut ist dem österr FB durch Vorlage entspr Handelsregisterauszüge (idR in notariell beglaubigter u ggf überbeglaubigter oder mit einer Apostille versehener Form) oder, wenn diese die organschaftliche Vertretungsbefugnis nicht abbilden, durch andere geeignete Bescheinigungsmittel nachzuweisen (idR durch eine Bestätigung eines ausländischen Notars, dass die unterfertigende Person berechtigt ist, die ausländische Gesellschaft zu vertreten). 13

Gemäß § 107 Abs 2 sind Gesellschaften, die dem Recht eines Drittstaats unterliegen, dazu verpflichtet, für Zwecke der inländischen Zweigniederlassung mind einen **ständigen Vertreter** zu bestellen. Dem Recht eines EU-/EWR-Mitgliedstaats unterliegende Gesellschaften haben das Recht dazu.[48] 14

Der ständige Vertreter ist kein Organ, sondern ein gewillkürter Vertreter, der v der ausländischen Gesellschaft nach Maßgabe des jew anwendbaren Organisationsrechts bestellt wird.[49] Der Umfang der Vertre- 15

---

46 Restriktiv daher OGH 16.3.2011, 6 Ob 67/10m mwN; s auch *Eckert/Schopper* in Torggler, GmbHG §§ 107–114 Rz 7; *Eckert/Schopper* in Eckert/Schopper, AktG-ON § 254 Rz 7; *Kalss/Adensamer* in Hirte/Bücker, Grenzüberschreitende Gesellschaften[2] § 20 Rz 45; für eine Zulässigkeit *Pilgerstorfer* in Jabornegg/Artmann, UGB[3] § 12 Rz 23.
47 OGH 11.10.1995, 3 Ob 64/95; *Eckert/Schopper* in Torggler, GmbHG §§ 107–114 Rz 9; *Eckert/Schopper* in Eckert/Schopper, AktG-ON § 254 Rz 9; anders noch OGH 12.2.1975, 8 Ob 187/74, GesRZ 1975, 101.
48 Für die AG *Eckert/Schopper* in Eckert/Schopper, AktG-ON § 254 Rz 10.
49 **AA** noch OGH 26.2.1930, 2 Ob 183/30. Gegenüber dem österr FB reicht idR ein Hinweis auf die erfolgte Bestellung (des ständigen Vertreters). Eine Be-

tungsbefugnis des **ständigen Vertreters** unterliegt gem § 49 IPRG österr Recht.[50] Sie umfasst die gerichtl u außergerichtl Vertretung der ausländischen Gesellschaft für den gesamten inländischen Geschäftsbetrieb der Zweigniederlassung (§ 107 Abs 2). Dies entspricht weitgehend der Prokura gem § 49 UGB, aber ohne die in § 49 Abs 2 UGB normierten Einschränkungen (Veräußerung u Belastung v Liegenschaften). Ferner ist der ständige Vertreter gem § 107 Abs 7 zu Ergänzungs- u Änderungsmeldungen beim FB berechtigt (s Rz 20). Die Vertretungsbefugnis ist über § 107 Abs 2 hinaus ihrem Umfang nach unbeschränkbar.[51] Örtliche Einschränkungen auf den Geschäftsbetrieb der konkreten Zweigniederlassung sind aber zulässig. Verfügt die ausländische KapGes daher über mehrere inländische Zweigniederlassungen, kann sich die Vertretungsbefugnis, abhängig v der durch die ausländische Gesellschaft erteilten Vollmacht, auf sämtliche oder einzelne Zweigniederlassungen beziehen.[52] Die örtliche Beschränkung der Vertretungsbefugnis auf eine Zweigniederlassung ist im FB einzutragen.

16 Verfügt die ausländische Gesellschaft über **Prokuristen** oder **Handlungsbevollmächtigte**, ist deren Vertretungsbefugnis (wie auch jene des ständigen Vertreters) nach dem gem § 49 IPRG anwendbaren Recht zu beurteilen.[53] Maßgeblich ist danach primär der dem jew Vertragspartner erkennbare Wille des Geschäftsherrn (§ 49 Abs 1 IPRG), der auch schlüssig erklärt werden kann (mangels Rechtswahl ist gem § 49 Abs 2 IPRG der v Geschäftsherrn beabsichtigte [regelmäßige] bzw – subsidiär [§ 49 Abs 3 IPRG] – der tatsächliche Tätigkeitsort des Prokuristen oder Handlungsbevollmächtigten maßgeblich).[54] Eine v einer ausländischen GmbH erteilte u dort im Register eingetragene Prokura oder Handlungsvollmacht (vgl zB §§ 48 f u § 54 dHGB) wird daher idR nach ausländischem Recht, eine auf den Geschäftsbetrieb der österr Zweignie-

---

scheinigung des Bestellungsakts der ausländischen GmbH wird nur vereinzelt verlangt (aA *Brugger* in Gruber/Harrer, GmbHG² § 107 Rz 50).
50 Vgl auch RIS-Justiz RS0045451.
51 *Eckert/Schopper* in Torggler, GmbHG §§ 107–114 Rz 11; *Eckert/Schopper* in Eckert/Schopper, AktG-ON § 254 Rz 11 mwN.
52 So (für die AG) auch *Jabornegg/Geist* in Jabornegg/Strasser, AktG⁵ § 254 Rz 30; *Zehetner*, ecolex 1999, 775 (776); offenbar auch *Eckert/Schopper* in Torggler, GmbHG §§ 107–114 Rz 11; abl *Pilgerstorfer* in Jabornegg/Artmann, UGB³ § 12 Rz 26.
53 Vgl EBRV 784 BlgNR XIV. GP 65 f; OGH 11.10.1995, 3 Ob 64/95.
54 EBRV 784 BlgNR XIV. GP 66.

derlassung beschränkte (Filial-)Prokura demgegenüber nach österr Recht zu beurteilen sein.[55]

IV. Anmeldung, Publizität

Zuständig für die Anmeldung sind gem § 107 Abs 1 die Organvertreter (GF) der ausländischen Gesellschaften, die – einschließlich ihrer Vertretungsbefugnis – nach Maßgabe des jew anwendbaren Gesellschaftsstatuts zu ermitteln sind (vgl dazu zum int GesR: Exkurs IntGesR Rz 18).[56] Die FB-Anmeldung bedarf der notariell beglaubigten u ggf überbeglaubigten oder mit einer Apostille versehenen Form. Eine rechtsgeschäftliche Bevollmächtigung auf Basis einer (den nämlichen Formvorschriften unterliegenden) Spezialvollmacht ist zulässig. Ein inländischer ständiger Vertreter ist nicht antragsberechtigt.[57]

17

Anzumelden u einzutragen sind (Ersteintragungen)[58]:
Für den **ausländischen Rechtsträger**:

18

- Fa (samt Rechtsformzusatz);
- Register u Registernummer;
- Rechtsform;
- Personalstatut (zB italienisches Recht) u allfällige Beschränkungen der Unternehmensdauer;
- Sitz (im Ausland);
- Geschäftsanschrift (im Ausland);
- Geschäftszweig;
- Höhe des Stammkapitals (samt Währungsangabe);
- Stichtag des JA (sowie Tag seiner Einreichung);
- Art der Vertretungsbefugnis der Organvertreter (zB selbständig, gemeinsam mit einem weiteren GF, etc);
- Tag u Abschluss des GesV sowie das Datum der letzten Änderung;

---

55 Vgl dazu EBRV 784 BlgNR XIV. GP 65 f; offen *Brugger* in Gruber/Harrer, GmbHG[2] § 107 Rz 55; aus der int Lit mwN: *Hausmann* in Reithmann/Martiny, Internationales Vertragsrecht[8] Rz 7.387; für einen Gleichlauf mit dem Gesellschaftsstatut: *Kindler* in MüKo BGB[5] Int GesR, Rz 266 f.
56 *Kalss/Adensamer* in Hirte/Bücker, Grenzüberschreitende Gesellschaften[2] § 20 Rz 29.
57 *Brugger* in Gruber/Harrer, GmbHG[2] § 107 Rz 5.
58 Die Eintragungspflicht besteht unabhängig v einer entspr Verpflichtung im Ausland.

- GF mit Namen, Geburtsdatum, Anschrift (idR Geschäftsanschrift des ausländischen Rechtsträgers), bei jP: Register, Registernummer u Sitz) sowie Beginn u Art der Vertretungsbefugnis;
- Ggf (auch für die österr Zweigniederlassung vertretungsbefugte) Prokuristen[59] mit Namen, Geburtsdatum, Anschrift (idR Geschäftsanschrift des ausländischen Rechtsträgers) sowie Beginn u Art der Vertretungsbefugnis.

Für die **Zweigniederlassung**:
- Fa;
- Tätigkeit der Zweigniederlassung;
- Ort u Geschäftsanschrift der Zweigniederlassung;
- Ggf ständige Vertreter mit Namen, Geburtsdatum, Anschrift (idR Geschäftsanschrift der Zweigniederlassung) sowie Beginn u Art der Vertretungsbefugnis.

Nicht einzutragen sind Gesellschafter, Stammeinlagen (einschließlich darauf geleisteter Einzahlungen) u AR (§ 107 Abs 5).

19 Folgende Dokumente u Bescheinigungsmittel sind der FB-Anmeldung beizulegen (fremdsprachige Texte sind beglaubigt zu übersetzen):

- Registerauszug des ausländischen Rechtsträgers (beglaubigt, mit Apostille oder überbeglaubigt);
- GesV (Satzung) des ausländischen Rechtsträgers (Original oder beglaubigte, mit Apostille oder überbeglaubigte Kopie);
- Musterzeichnungserklärungen der vertretungsbefugten Organe des ausländischen Rechtsträgers sowie allfälliger Prokuristen u inländischer ständiger Vertreter (beglaubigt, mit Apostille oder überbeglaubigt);
- Bescheinigung der tatsächlichen Errichtung der Zweigniederlassung (regelmäßig in Form einer Stellungnahme der zuständigen Wirtschaftskammer, der Vorlage eines Mietvertrags oder einer sonstigen Vereinbarung über die Bereitstellung der für die Unterhaltung der Zweigniederlassung erforderlichen Infrastruktur) sowie ggf eines

---

59 Gem § 107 Abs 5 iVm § 3 Abs 1 Z 9 FBG. Die Anmeldung v Prokuristen ist nur im Verhältnis zu Gesellschaften aus Drittstaaten, bei Zweigniederlassungen v EU- oder EWR-Gesellschaften hingegen nicht verpflichtend (vgl *G. Nowotny* in Kodek/Nowotny/Umfahrer, FBG § 13 HGB, Rz 34; *Brugger* in Gruber/Harrer, GmbHG² § 107 Rz 55, 93).

aufrechten Verwaltungssitzes im Ausland (vgl Rz 4). Eine Erklärung der GF wird idR nicht als ausreichend angesehen.

Sämtliche Änderungen v eintragungspflichtigen Tatsachen sind – nach erfolgter FB-Eintragung – ebenfalls zum FB anzumelden (Aktualisierungspflicht). Darüber hinaus unterliegt auch die Eröffnung eines Insolvenz- oder sonstigen Verfahrens über den ausländischen Rechtsträger der Anmeldepflicht gem § 107 Abs 6 (zu einer ggf im Inland bestehenden Anmeldepflicht der GF gem § 69 Abs 3 IO, bzw subsidiär der Mehrheitsgesellschafter[60] [§ 69 Abs 3a IO], vgl Exkurs IntGesR Rz 34; eine auf Eröffnung des Insolvenzverfahrens der inländischen Zweigniederlassung gerichtete Anmeldepflicht des ständigen Vertreters ist [wie auch die Frage der Insolvenzfähigkeit, vgl Rz 31 f][61] str[62] u nach hier vertretener A abzulehnen). Zuständig für **Folgeanmeldungen** sind die GF, aber auch allfällige ständige Vertreter in vertretungsbefugter Anzahl.[63] Die Erforderlichkeit einer notariellen Beglaubigung (einschließlich Überbeglaubigung oder Apostille) ist nach Maßgabe v § 11 UGB zu beurteilen. Darüber hinaus ist die Errichtung einer weiteren Zweigniederlassung beim ausländischen Rechtsträger anzumelden. Diesbezüglich bleibt jedoch das Registergericht am Ort der ersten eingetragenen inländischen Zweigniederlassung für die Eintragung weiterer Zweigniederlassungen u sämtliche weiteren Eintragungen zuständig. 20

Zu den Folgeanmeldungen gehören auch **Änderungen des GesV** (§ 107 Abs 6).[64] Diesbezüglich gelten die Bestimmungen über die Eintragung v Satzungsänderungen (§ 51 Abs 1 u 2) sinngemäß, freilich nur nach Maßgabe des Personalstatuts des ausländischen Rechtsträgers. Die 21

---

60 Dazu mwN *Adensamer/Kerschbaum*, NZG 2013, 773 (775 ff).
61 **Dafür** *Koppensteiner/Rüffler*, GmbHG³ §§ 107, 112–114 Rz 20; krit *G. Nowotny* in Kodek/Nowotny/Umfahrer, FBG § 13 HGB, Rz 11. Im Anwendungsbereich der EU-InsVO sind allein die dort normierten Vorgaben für die Eröffnung v Partikularinsolvenzverfahren zu beachten (*Duursma-Kepplinger* in Duursma-Kepplinger/Duursma/Chalupsky, Europäische Insolvenzverordnung, Art 2 Rz 20 ff; *G. Nowotny* in Kodek/Nowotny/Umfahrer, FBG § 13 HGB, Rz 12, vgl Rz 31).
62 **Dafür** *Koppensteiner/Rüffler*, GmbHG³ §§ 107, 112–114 Rz 25 mwN; offen *Brugger* in Gruber/Harrer, GmbHG² § 107 Rz 108.
63 Vgl auch *Brugger* in Gruber/Harrer, GmbHG² § 107 Rz 100 ff.
64 Allg *Kalss/Adensamer* in Hirte/Bücker, Grenzüberschreitende Gesellschaften² § 20 Rz 38.

Rechtswirksamkeit der Satzungsänderung ist ebenfalls nach dem jew anwendbaren ausländischen Recht zu beurteilen (vgl Exkurs IntGesR Rz 16) u v österr FB-Gericht nicht zu prüfen.[65] Zur Bescheinigung genügt idR die Vorlage eines Handelsregisterauszugs oder, falls die Satzungsänderung nicht im Auslandsregister abgebildet ist, die Vorlage einer (beglaubigten) Kopie des GV-Beschlusses u des aktualisierten GesV, jew in beglaubigter u ggf überbeglaubigter oder mit einer Apostille versehener Form. Fremdsprachige Texte sind beglaubigt zu übersetzen. Eine auszugsweise Vorlage der v der Satzungsänderung betroffenen Teile ist nach hier vertretener A ausreichend (str!).[66]

22 Der Handelsregisterauszug, der GesV sowie die Musterzeichnungserklärungen sind jew in notariell beglaubigter u ggf überbeglaubigter oder mit einer Apostille versehener Form vorzulegen. Liegen die Dokumente nicht in dt Sprache vor, sind diese mit einer beglaubigten dt Übersetzung durch einen in Ö gerichtl beeideten Dolmetsch zu versehen (die Übersetzung hat auch die Beglaubigungsformel des ausländischen Notars sowie die Apostille zu umfassen). Dokumente in englischer Sprache werden in der FB-Praxis fallweise (etwa hinsichtlich einer Apostille oder eines Handelsregisterauszugs) akzeptiert.

V. Eintragung (Rechtswirkungen)

23 Die Eintragung erfolgt nach Prüfung der formellen u materiellen Eintragungsvoraussetzungen durch den FB-Richter, soweit es sich um die Zweigniederlassung einer Gesellschaft mit Sitz in einem EU-Mitgliedsstaat handelt, durch den Rechtspfleger.[67] Einzutragen ist primär der aus-

---

65 Vgl *Pilgerstorfer* in Jabornegg/Artmann, UGB³ § 12 Rz 42.
66 Vgl dazu mwN *Koppensteiner/Rüffler*, GmbHG³ §§ 107, 112–114 Rz 22; *Pilgerstorfer* in Jabornegg/Artmann, UGB³ § 12 Rz 42.
67 Vgl § 16 Abs 2 Z 6 u § 22 Abs 2 Z 1 lit c RPflG. Folgeeintragungen fallen – soweit nicht ausländisches Recht anzuwenden ist – jedenfalls in die Zuständigkeit der Rechtspfleger (*Pilgerstorfer* in Jabornegg/Artmann, UGB³ § 12 Rz 54; tw abw iSe allg Richterzuständigkeit: *G. Nowotny* in Kodek/Nowotny/Umfahrer, FBG § 13 HGB, Rz 40). Vgl 227/ME XXV. GP v 19.9.2016 (Bundesgesetz, mit dem das Rechtspflegergesetz geändert wird). Nach dem Gesetzesentwurf sollen künftig auch Ersteintragungen v Zweigniederlassungen v Gesellschaften aus EU-Mitgliedstaaten der Rechtspflegerzuständigkeit unterliegen.

ländische Rechtsträger selbst. An diesen – nicht an die inländische(n) Zweigniederlassung(en) – wird auch die FB-Nr vergeben.

Die Eintragung der Zweigniederlassung ist nicht Voraussetzung für die Entstehung der Gesellschaft, sie hat lediglich deklarative Bedeutung.[68] Die Auslandsgesellschaft ist mit vollzogener Gründung nach Maßgabe des auf sie anwendbaren Rechts rechts- u parteifähig (zu den Konsequenzen eines Statutenwechsels Exkurs IntGesR Rz 36 f); die Zweigniederlassung selbst verfügt über keine Rechtsfähigkeit, Träger der Rechte u Pflichten ist die ausländische Gesellschaft;[69] die Zweigniederlassung ist daher auch nicht grundbuchsfähig.[70] Die Vertretung der Zweigniederlassung richtet sich im Grundsatz ebenfalls nach dem Personalstatut des ausländischen Rechtsträgers. Dessen organschaftliche oder rechtsgeschäftlich bestellte Vertreter vertreten auch die Zweigniederlassung.[71] Die Verweigerung der Eintragung durch das österr FB-Gericht hat keine anderen unmittelbaren Konsequenzen, als dass die Gesellschaft im FB nicht aufscheint u die entspr Anmelde- u Offenlegungspflichten entfallen.[72] Sie ist trotz Nichteintragung als Rechtsträger existent u kann wie jede andere Gesellschaft am Rechtsverkehr teilnehmen. 24

VI. Rechnungslegung

Die Rechnungslegung des ausländischen Rechtsträgers unterliegt dessen Personalstatut (Exkurs IntGesR Rz 25). § 112, der eine Rechnungslegungspflicht für inländische Zweigniederlassungen anordnet, wird v 25

---

68 *Zehetner* in Straube/Ratka/Rauter, UGB³ § 280a Rz 21; *Koppensteiner/Rüffler*, GmbHG³ §§ 107, 112–114 Rz 18; *Dommes/Eckert/Lembeck/Metzler*, SWI 2005, 477 (477 f).
69 RIS-Justiz RS0087052; RS0035046; RS0061595; RS0112341; OGH 11.10.1995, 3 Ob 64/95; 3.12.1974, 8 Ob 221/74; 13.9.2007, 6 Ob 146/06v; *G. Nowotny* in Kodek/Nowotny/Umfahrer, FBG § 13 HGB, Rz 4; *Ehrlich*, RdW 2005/300, 281 (282); *Schenk* in Straube/Ratka/Rauter, UGB³ § 13 Rz 4; *Koppensteiner/Rüffler*, GmbHG³ §§ 107, 112–114 Rz 20.
70 RIS-Justiz RS0132143; OGH 19.11.2020, 5 Ob 68/20s; 12.6.2018, 5 Ob 71/18d.
71 S nur *G. Nowotny* in Kodek/Nowotny/Umfahrer, FBG § 13 HGB, Rz 6.
72 Freilich erfordert etwa die Ausstellung einer Gewerbeberechtigung für einen ausländischen Rechtsträger regelmäßig die Eintragung v deren österr Zweigniederlassung im FB (vgl diesbzgl ausf Rz 27 f).

der Niederlassungsfreiheit verdrängt u ist gegenüber mitgliedstaatlichen Gesellschaften nicht anzuwenden (allgM).[73] Die JA sind ausschließlich nach dem jew ausländischen Gründungsrecht aufzustellen u beim dortigen Register einzureichen. Ob § 112 zumindest auf Zweigniederlassungen drittstaatlicher Gesellschaften anzuwenden ist oder wegen Verstoß gegen Art 31 GesR-RL (zuvor Art 9 Zweigniederlassungs-RL) auch hier unberücksichtigt bleibt, ist str.[74]

26 Der nach ausländischem Recht erstellte u offen gelegte JA ist gem § 280a UGB beim FB-Gericht der Zweigniederlassung einzureichen u nach den §§ 277, 281 u 282 UGB in dt Sprache bzw in einer (unbeglaubigten) Übersetzung offen zu legen. Die Offenlegungspflicht in Ö betrifft (auch bei drittstaatlichen Gesellschaften)[75] nur die nach ausländischem Recht erstellten u ggf geprüften Rechnungslegungsunterlagen. Sie umfasst auch nicht-prüfpflichtige Gesellschaften u ist unabhängig davon, ob der Offenlegungsverpflichtung im Herkunftsstaat tatsächlich entsprochen wurde. Der Abschluss ist aber auch in Ö erst offen zu legen, wenn die dort maßgebliche Offenlegungsfrist abgelaufen ist. Die Offenlegung ist nach § 284 Abs 1 UGB durch Zwangsstrafen sanktioniert.

VII. Gewerberecht

27 Der im Gewerberecht verwendete Begriff der „weiteren Betriebsstätte" (§ 46 GewO) ist keine gew Entsprechung zur Zweigniederlassung gem §§ 107 ff. Vielmehr ist damit jede weitere Niederlassung außerhalb der gew Hauptniederlassung – das ist die zuerst angemeldete inländische Niederlassung – gemeint (nach diesem Verständnis ist die [erste] inländi-

---

73 *Eckert/Schopper* in Torggler, GmbHG §§ 107–114 Rz 12; *Kalss/Adensamer* in Hirte/Bücker, Grenzüberschreitende Gesellschaften² § 20 Rz 53; *Eckert*, Int GesR 382; *Ratka* in FS Aicher 547 (565 f); vgl für die AG *Eckert/Schopper* in Eckert/Schopper, AktG-ON § 254 Rz 12.
74 Gegen eine Anwendung: *Eckert/Schopper* in Torggler, GmbHG §§ 107–114 Rz 12; *Koppensteiner/Rüffler*, GmbHG³ §§ 107, 112–114 Rz 4; aA *Staringer*, Besteuerung doppelt ansässiger Kapitalgesellschaften 258). Differenzierend *Kalss/Klampfl*, Europäisches GesR, Rz 242 (FN 692) für Anwendung bei Nichtäquivalenz der Rechnungslegungsunterlagen des Drittstaats.
75 *Eckert/Schopper* in Torggler, GmbHG §§ 107–114 Rz 12; *Eckert/Schopper* in Eckert/Schopper, AktG-ON § 254 Rz 12.

sche Zweigniederlassung iSv § 107 gleichzeitig gew Hauptniederlassung). Weitere – beim ausländischen Rechtsträger eingetragene – inländische Zweigniederlassungen können aber weitere Betriebsstätten sein, wenn das Gewerbe auch dort ausgeübt wird.[76]

Gemäß § 14 Abs 4 GewO dürfen jP u sonstige ausländische Rechtsträger, die weder ihren Sitz noch eine (Zweig-)Niederlassung im Inland haben, kein Gewerbe ausüben, soweit nicht Staatsverträge etwas anderes vorsehen (vgl idZ §§ 373 a f u § 51 GewO). Mit „Sitz" ist auch in diesem Kontext der im GesV enthaltene Satzungssitz gemeint (ein inländischer Verwaltungssitz ist aus gew Sicht unbeachtlich, soweit damit nicht ein Verlust der Rechtsfähigkeit einhergeht, vgl dazu Exkurs IntGesR Rz 36 f). Der Anwendungsbereich v § 14 Abs 4 GewO ist – wegen immanentem Eingriff in die Niederlassungs- u ggf Dienstleistungsfreiheit[77] – auf Gesellschaften aus Drittstaaten zu beschränken.[78] Ungeachtet dessen wird die Eintragung der Zweigniederlassung in der Behördenpraxis für die Erteilung einer österr Gewerbeberechtigung, nicht jedoch für die Ausübung v Gewerben im Wege des freien Dienstleistungsverkehrs regelmäßig vorausgesetzt. 28

VIII. Auflösung, Liquidation, Insolvenz

Fragen, die die **Beendigung der ausländischen GmbH** u das dabei einzuhaltende Verfahren betreffen, namentlich das Erlöschen der Gesellschaft u der Eintritt der Gesamtrechtsnachfolge im Fall ihrer Verschmelzung, Spaltung oder Umwandlung, richten sich grds nach deren Personalstatut (vgl zum int GesR: Exkurs IntGesR Rz 32).[79] 29

Nach § 113 Abs 1 kann die inländische Zweigniederlassung in sinngemäßer Anwendung v § 86 **amtswegig aufgelöst** werden. Der praktische Anwendungsbereich dieser Bestimmung ist allerdings zu 30

---

76 *Brugger* in Gruber/Harrer, GmbHG² § 107 Rz 73.
77 EuGH 22.12.2010, C-338/09 – *Yellow Cab*.
78 Vgl *Brugger* in Gruber/Harrer, GmbHG² § 107 Rz 74; *Koppensteiner/Rüffler*, GmbHG³ §§ 107, 112–114 Rz 19; s auch *Grabler/Stolzlechner/Wendl*, GewO³ § 46 Rz 7.
79 *Eckert/Schopper* in Torggler, GmbHG §§ 107–114 Rz 28; *Eckert*, Int GesR 394; *Adensamer*, KollisionsR 40 f; jew mwN.

vernachlässigen (vgl zu § 86 Rz 1).[80] Eine nicht mehr bestehende Zweigniederlassung ist darüber hinaus gem § 10 FBG amtswegig zu löschen.[81] Die **Abwicklung der inländischen Zweigniederlassung** hat gem § 113 Abs 2 unter Beachtung der Liquidationsbestimmungen bei der GmbH (§§ 89 ff) zu erfolgen (vgl insb zur Verpflichtung zur Liquidationsrechnungslegung u zum Gläubigeraufruf § 91 Rz 2, 15). Im Anwendungsbereich der Niederlassungsfreiheit ist die Verweisung wegen Verstoß gegen das diesbzgl Beschränkungs- u Diskriminierungsverbot nicht anzuwenden.[82] Dies wird auch **in der FB-Praxis nicht verlangt**. Ausreichend ist idR eine Löschungsanmeldung, der eine steuerliche Unbedenklichkeitsbescheinigung (§ 160 Abs 3 BAO) anzuschließen ist. Der Anwendungsbereich v § 113 Abs 2 reduziert sich daher auf Zweigniederlassungen ausländischer Gesellschaften aus Drittstaaten. Auch in diesem Kontext ist die Verweisung *de lege ferenda* zu hinterfragen.[83] Von Teilen der Lit,[84] die iZm der krit aufgenommenen Rsp zur Einordnung drittstaatlicher Gesellschaften mit österr Verwaltungssitz ergangen ist,[85] wurde die Bestimmung als dogmatische Grundlage für die geordnete Abwicklung solcher Rechtsträger vorgeschlagen. Dadurch könnten die negativen Folgen eines unbeabsichtigten „kalten Statutenwechsels"[86] vermieden werden (vgl ausf Exkurs IntGesR, Rz 37).[87]

31 Die Eröffnung oder Abweisung eines **Insolvenz**- oder vergleichbaren Verfahrens über das Vermögen der ausländischen GmbH ist gem

---

80 *Koppensteiner/Rüffler*, GmbHG³ § 107, 112–114 Rz 26.
81 Vgl iZm einer Zweigniederlassung einer (im ausländischen Register) gelöschten Auslandsgesellschaft OGH 13.9.2007, 6 Ob 146/06y.
82 AllgM OLG Wien, 15.3.2006, 28 R 308/05b; OLG Innsbruck 2.10.2007, 3 R 100/07s; *Brugger* in Gruber/Harrer, GmbHG² § 113 Rz 17; *Kalss/Adensamer* in Hirte/Bücker, Grenzüberschreitende Gesellschaften² § 20 Rz 39; *G. Nowotny* in Kodek/Nowotny/Umfahrer, FBG § 13 HGB, Rz 43; ausf *Zehetner* in FS Krejci 418; für die AG *Eckert/Schopper* in Eckert/Schopper, AktG-ON § 254 Rz 13.
83 Vgl *Zehetner* in FS Krejci 418.
84 *U Torggler* in FS Zorn 589 (593 ff).
85 OGH 27.1.2022, 9 Ob 74/21d, GesRZ 2022, 153 (*Thomale/Soldo*) = ecolex 2022, 463 (*Mitterecker/Tomic*) = GES 2022, 123 = JBl 2023, 599 (*Rauter*); dem 9. Senat folgend OGH 24.5.2022, 10 Ob 41/21h, Rz 15, GES 2022, 262 = wbl 2023, 110; 30.8.2023, 6 Ob 123/23s, RdW 2023, 793 (*Kriwanek/Tuma*); offenbar auch OGH 25.1.2023, 6 Ob 31/22k.
86 Vgl *Bachner* in FS 40 Jahre IPRG 373 (393); *Bachner*, ÖJZ 2022, 694; *Eckert*, Int GesR 497 ff.
87 *U Torggler* in FS Zorn 589 (593 ff).

§ 107 Abs 6 zum FB anzumelden. Zuständig sind die Organe der Gesellschaft (allenfalls substituiert durch einen Insolvenzverwalter) oder ein allfälliger ständiger Vertreter (§ 107 Abs 7).[88] Die Folgen der Verfahrenseröffnung für die Vertretungsbefugnis der Organe u eine allfällige Übertragung auf den Insolvenzverwalter sind dem gem Art 7 Abs 1 EU-InsVO (idF v 20.5.2015 bzw Art 4 Abs 1 idF v 30.6.2000 [in Geltung bis zum Ablauf des 26.6.2017. Die Bezugnahmen auf die EU-InsVO beziehen sich im Folgenden auf die nach dem 26.6.2017 geltende Fassung]) (EU- oder EWR) oder §§ 221 ff IO (Drittstaaten) anwendbaren Insolvenzrecht zu entnehmen (vgl Exkurs IntGesR Rz 33, zur Abgrenzung zum int GesR vgl Exkurs IntGesR Rz 15). Das nach Maßgabe der EU-InsVO bzw der §§ 221 ff IO zuständige Insolvenzgericht kann ein Sekundärinsolvenzverfahren beschränkt auf das Vermögen der Zweigniederlassung eröffnen, wobei es hierbei nicht auf eine formelle Qualifikation als Zweigniederlassung ankommt.[89]

Ob die Zweigniederlassung **selbständig** insolvenzfähig ist (arg § 63 Abs 2 IO), ist umstritten.[90] In der Gerichtspraxis ist die Insolvenzeröffnung über das Vermögen v Zweigniederlassungen zwar nicht unüblich, das OLG Wien hat die eigenständige Insolvenzfähigkeit einer Zweigniederlassung unter Hinweis auf die fehlende Rechts- u Parteifähigkeit aber ausdrücklich abgelehnt.[91] Eine Anmeldepflicht gem § 107 Abs 2 analog besteht jedenfalls nicht.[92] Eintragungen iZm der Eröffnung eines inländischen Insolvenzverfahrens werden v Amts wegen vorgenommen. Die Insolvenzgründe sind jene gem §§ 66 f IO (Überschuldung, Zahlungs-

32

---

88 Vgl *Brugger* in Gruber/Harrer, GmbHG² § 107 Rz 109.
89 *Brugger* in Gruber/Harrer, GmbHG² § 107 Rz 114.
90 **Dafür** *Koppensteiner/Rüffler*, GmbHG³ §§ 107, 112–114 Rz 20; *Jabornegg/Geist* in Jabornegg/Strasser, AktG⁵ § 254 Rz 23; *Ratka* in Straube/Ratka/Rauter, GmbHG §§ 107–114 Rz 174; **aA** *Zib* in Zib/Dellinger, UGB Vor § 12 UGB Rz 22; *Engelhart*, ZIK 2016, 162 (163); krit auch *G. Nowotny* in Kodek/Nowotny/Umfahrer, FBG § 13 HGB, Rz 11; *Eckert/Schopper* in Eckert/Schopper, AktG-ON § 254 Rz 14 mwN. Im Anwendungsbereich der EU-InsVO sind allein die dort normierten Vorgaben für die Eröffnung v Partikularinsolvenzverfahren zu beachten (*Duursma-Kepplinger* in Duursma-Kepplinger/Duursma/Chalupsky, Europäische Insolvenzverordnung Art 2 Rz 20 ff; *G. Nowotny* in Kodek/Nowotny/Umfahrer, FBG § 13 HGB, Rz 12, vgl Rz 31).
91 OLG Wien 19.5.2016, 28 R 127/16a, ZIK 2016, 86; vgl dazu *Engelhart*, ZIK 2016, 162.
92 So auch *Brugger* in Gruber/Harrer, GmbHG² § 107 Rz 115.

unfähigkeit). Maßstab einer Überschuldungsprüfung ist das Vermögen der Zweigniederlassung, was bei Fehlen einer (zweigniederlassungsbezogenen) Rechnungslegung zu hinterfragen ist.[93] Insgesamt sprechen auch nach der hier vertretenen A die besseren Gründe gegen eine eigenständige Insolvenzfähigkeit der Zweigniederlassung. Ein Insolvenzverfahren, das auf die Verwertung des einer inländischen Zweigniederlassung zugeordneten Vermögens gerichtet ist, ist daher gegen den ausländischen Rechtsträger u nicht gegen die Zweigniederlassung zu führen. Abhängig davon, ob der Interessenmittelpunkt des ausländischen Rechtsträgers (vgl Art 3 Abs 1 EU-InsVO) bei der inländischen Zweigniederlassung oder im Ausland verortet ist, ist das Verfahren als Haupt- oder Partikularverfahren zu führen.[94]

IX. Sanktionen

33 Im Falle v Verletzungen der Anmeldepflicht kann das FB-Gericht gem § 24 FBG Zwangsstrafen bis zu € 3.600 verhängen, die auch gegen die organschaftlichen u – nach hA[95] – die ständigen Vertreter der Gesellschaft, nicht aber gegen Prokuristen u Handlungsbevollmächtigte gerichtet sind. Haftungssanktionen gegen die handelnden Personen gem § 2 Abs 1 (analog), sind aus österr Sicht im Kontext der Zweigniederlassung abzulehnen (str).[96]

---

93 Vgl *G. Nowotny* in Kodek/Nowotny/Umfahrer, FBG § 13 HGB, Rz 11.
94 Vgl *Engelhart*, ZIK 2016, 162 (163 ff).
95 Vgl *Ratka* in Straube/Ratka/Rauter, GmbHG §§ 107–114 Rz 112; *Brugger* in Gruber/Harrer, GmbHG² § 107 Rz 72.
96 Ausf *Adensamer*, ZIK 2005, 155 (158); *Kalss/Adensamer* in Hirte/Bücker, Grenzüberschreitende Gesellschaften² § 20 Rz 41; *Koppensteiner/Rüffler*, GmbHG³ §§ 107, 112–114 Rz 18; *Brugger* in Gruber/Harrer, GmbHG² § 107 Rz 72; aA *Rüffler*, GES 2005, 411 (422), jew mwN.

Exkurs: Internationales Gesellschaftsrecht

§ 10 IPRG. Das Personalstatut einer juristischen Person oder einer sonstigen Personen- oder Vermögensverbindung, die Träger von Rechten und Pflichten sein kann, ist das Recht des Staates, in dem der Rechtsträger den tatsächlichen Sitz seiner Hauptverwaltung hat.

§ 12 IPRG. Die Rechts- und Handlungsfähigkeit einer Person sind nach deren Personalstatut zu beurteilen.

idF BGBl 1978/304

Literatur: *Aburumieh/H. Foglar-Deinhardstein*, Internationale Umstrukturierungen – Einlagenrückgewähr, Firmenbuchverfahren, Kapitalentsperrung, GesRZ 2010, 328; *Adensamer*, Ein neues Kollisionsrecht für Gesellschaften (2006); *Adensamer*, Zur kollisionsrechtlichen Anknüpfung von Formfragen bei der Übertragung von GmbH-Geschäftsanteilen, wbl 2004, 508; *Adensamer/Eckert*, Das Kollisionsrecht der grenzüberschreitenden Verschmelzung, GES 2007, 95, 143; *Adensamer/Eckert*, Vorstandshaftung nach österreichischem Recht in Kalss (Hg), Vorstandhaftung in 15 europäischen Ländern (2005) 165; *Adensamer/Eckert/Hristov*, Europarechtliche und internationalprivatrechtliche Fragen, in Bergmann/Kalss (Hg), Rechtsformwahl (2020) 75; *Adensamer/Hristov*, Brexit und Statutenwechsel bei Kapitalgesellschaften, RdW 2022, 528; *Adensamer/Kerschbaum*, Was übrig bleibt vom GesRÄG 2013 – Gedanken zur krisenbezogenen Einberufungspflicht gemäß § 36 II 2 GmbHG und zur Insolvenzantragspflicht des (auch ausländischen) Mehrheitsgesellschafters, NZG 2013, 773; *Adensamer/Oelkers/Zechner*, Unternehmenssanierung zwischen Gesellschafts- und Insolvenzrecht (2006); *Altmeppen*, Masseschmälernde Zahlungen, NZG 2016, 521; *Artmann/Rüffler/Torggler*, Gesellschaftsrecht und IPR (2020); *Bachner*, Abschied von der Sitztheorie im internationalen Gesellschaftsrecht, in FS 40 Jahre IPRG (2020) 373; *Bachner*, Die britische Limited nach dem BREXIT, ÖJZ 2022, 694; *Bachner*, Die Limited in der Insolvenz (2007); *Bachner/Kodek*, Österreichische Umgründungen und englisches Kollisionsrecht, ZfRV 2011/4, 19; *Bachner/Schacherreiter*, Das rechtliche Schicksal einer Limited nach der Löschung im Heimatregister, GES 2006, 295; *Bachner/Winner*, Das österreichische internationale Gesellschaftsrecht nach Centros, GesRZ 2000, 73, 161; *Bartels*, Zuzug ausländischer Kapitalgesellschaften unter der Sitztheorie, ZHR 2012, 412; *Bayer/Schmidt*, Das Vale-Urteil des EuGH: Die endgültige Bestätigung der Niederlassungsfreiheit als „Formwechsel", ZIP 2012, 1481; *Bayer/Schmidt*, Gläubigerschutz bei grenzüberschreitenden Verschmelzungen, ZIP 2016, 841; *Bayth*, Die Bereichsausnahme auf dem Gebiet des Gesellschaftsrechts in Artikel 1 Absatz 2 Buchstabe d Verordnung Rom II (2014); *Beiser*, Die Personenqualität ausländischer Kapitalgesellschaften, GesRZ 2022, 72; *Bendlinger*, Drittstaatsgesellschaften mit Verwaltungssitz und Ort der Geschäftsleitung in Österreich, VWT 2022, 274; *Bezzenberger*, Das Kapital der Aktiengesellschaft (2005); *Dommes/Eckert/Lembeck/Metzler*, Die englische Private Company Limited in Österreich – gesellschaftsrechtliche Fragen, SWI 2005, 477; *P. Doralt*, Anerkennung ausländischer Gesellschaften, JBl 1969, 181; *Drobnik*, Die britische Limited post Brexit, ZfRV 2023, 37; *Eckert*, Internationale Zuständigkeit nach der EuGVVO bei Kapitalgesellschaften, ecolex 2003, 76; *Eckert*, Konzernrecht und Internationales Privatrecht, in Haberer/Krejci (Hg), HB Konzernrecht (2016) 259; *Eckert*, Sitzverlegung von Gesellschaften nach der Cartesio-Entscheidung des EuGH, GesRZ 2009, 139; *Eckert/Adensamer*, Umzug von Gesellschaften in Europa, insbesondere Wegzug österreichischer Gesellschaften ins Ausland, GES 2004, 52; *Eidenmüller*, Ausländische Kapitalgesellschaften im deutschen Recht (2004); *Fantur*, Brexit: Was tun mit den britischen Limiteds? GES 2018, 321; *Fleischer*, Verdeckte Gewinnausschüttung und Kapitalschutz im Europäischen Gesellschaftsrecht, in Lutter (Hg), Das Kapital der Aktiengesellschaft in Europa (2006) 114; *Gelter*, Funktionen des gesellschaftsrechtlichen Kapitalschutzes – Rechtspolitische und rechtsvergleichende Aspekte, in FS Nowotny (2015) 315; *Goette*, Auslandsbeurkundungen im Kapitalgesellschaftsrecht, in FS Boujong (1996) 131; *Grabler/Stolzlechner/Wendl*, Gewerbeordnung[3] (2011); *Grundmann*, Europäisches Gesellschaftsrecht[2] (2011); *Haberer*, Kapitalaufbringung und Kapitalerhaltung im Konzern, in Haberer/Krejci (Hg), HB Konzernrecht (2016) 365; *Habersack/Verse*, Europäisches Gesellschaftsrecht[5] (2019); *Hasenauer/Stingl*, Grenzüberschreitende Sitzverlegung von Gesellschaften, in FS Hügel (2016) 117; *Hayden/Hayden/Schachner-Gröhs*, Rechtsfähigkeit und Typenvergleich von in Österreich ansässigen UK-Ltd nach dem Brexit – gesellschaftsrechtsautonome Auslegung des § 1 Abs 2 KStG, RdW 2022/473, 571; *Heinze*, Die Bedeutung der steuerlichen Anzeige- und Übersendungspflichten der Notare (insbesondere nach § 54 I EStDV) für die Zulässigkeit der Auslandsbeurkundung im Gesellschaftsrecht, NZG 2017, 371; *Herzog*, Die Umsetzung der EU-Mobilitätsrichtlinie – Wesentliche Neuerungen, Streitfragen und Kritikpunkte, GES 2023, 3; *Hristov*, Die Liquidation im Ertragsteuerrecht (2011); *Jennewein*, Grenzüberschreitende Sitzverlegung einer deutschen GmbH nach Österreich, GesRZ 2016, 277; *Kalss/Adensamer*, Ausländische Gesellschaften in Österreich, in Hirte/Bücker (Hg), Grenzüberschreitende Gesellschaften[2] (2006); *Kalss/Eckert*, Kapitalschutz in ausgewählten europäischen Rechtsordnungen und Verschmelzungen über die Grenze, in Frey (Hg), Corporate Crossing (2007) 57; *Kalss/Eckert*, Zentrale Fragen des GmbH-Rechts – Entwicklung, Perspektiven, Materialien (2005); *Kalss/Klampfl*, Europäisches Gesellschaftsrecht (2015); *Karollus*, Umstrukturierungen und Sitzverlegungen über die Grenze – aktuelle Rechtslage (vor der Umsetzung der Richtlinie [EU] 2019/2121), in Artmann/Rüffler/U. Torggler (Hg), Gesellschaftsrecht und IPR (2020) 87; *Kodek*, Eigenkapitalersatzrecht und Internationales Privatrecht, in Konecny (Hg), Insolvenz-Forum 2009 (2010) 161; *Konecny*, Insolvenznaher Prozess bei insolvenzspezifischer Organhaftung, ZIP 2016/207, 153; *Koppensteiner*, Internationale Unternehmen im deutschen Gesellschaftsrecht (1971); *Koppensteiner*, Ist § 76 Abs 2 GmbHG auf die Veräußerung/Übertragung von Anteilen an einer ausländischen „GmbH" anwendbar? wbl 2019, 541; *Kropholler*, Internationales Privatrecht⁶ (2006); *Lang/Rust/Schuch/Staringer* (Hg), Körperschaftsteuergesetz² (2016); *Lutter*, Europäische Auslandsgesellschaften in Deutschland (2005); *Lutter*, Umwandlungsgesetz⁵ (2014); *Lutter/Bayer/Schmidt*, Europäisches Unternehmens- und Kapitalmarktrecht⁶ (2017); *Mankowski*, Insolvenzrecht gegen Gesellschaftsrecht 2:0 im europäischen Spiel um § 64 GmbHG, NZG 2016, 281; *Mankowski*, Internationale Zuständigkeit bei Treuhandvertrag über die Verwaltung einer Kommanditbeteiligung, LMK 2019, 422737; *Merkt/Göthel*, Internationaler Unternehmenskauf³ (2011); *Mischkreu/Oberkleiner/Knesl*, Steuerneutrale Umgründung einer Limited anlässlich des Brexits, ÖStZ 2020, 664; *Mitterecker*, Grenzüberschreitende Sitzverlegungen (2015); *Mitterecker*, Grenzüberschreitende Verschmelzungen (2014); *Olk*, Beurkundungserfordernisse nach deutschem GmbH-Recht bei Verkauf und Abtretung von Anteilen an ausländischen Gesellschaften, NJW 2010, 1639; *Ratka*, Grenzüberschreitende Sitzverlegung von Gesellschaften (2002); *Ratka*, Europäisches Konzernrecht, in Haberer/Krejci (Hg), HB Konzernrecht (2016); *Reithmann/Martiny*, Internationales Vertragsrecht⁸ (2015); *Rieder/Potyka*, EU-UmgrG (2023); *G. Roth*, Die Rechtsstellung ausländischer Gesellschaften in der EU, GesRZ 1995, 1; *W.-H. Roth*, Grenzüberschreitender Rechtsformwechsel nach VALE, in FS Hoffmann-*Becking* (2013) 965; *Rüffler*, Die Behandlung von Scheinauslandsgesellschaften, GES 2005, 411; *Rüffler*, Die Umwandlung auf den deutschen Alleingesellschafter – eine Kritik an der Entscheidung des OGH 6 Ob 283/02i, GesRZ 2004, 3; *Sandrock*, Die Konkretisierung der Überlagerungstheorie in einigen zentralen Einzelfragen – Ein Beitrag zum internationalen Gesellschaftsrecht, in FS Beitzke (1979) 669; *Schauer*, Kollisionsrechtliche Fragen öffentlicher Übernahmeangebote, in FS P. Doralt (2004) 529; *Schopper*, Liechtensteinische und österreichische Stiftungen im Internationalen Privatrecht, in FS Delle Karth (2013) 889; *Schopper/Skarics*, Grenzüberschreitende Umwandlung nach der Entscheidung des EuGH in der Rs VALE, NZ 2012/123, 321; *Schwab*, Das auf den Verschmelzungsplan anwendbare Recht, GesRZ 2012, 103; *Schwimann*, Die Beurteilung der Form in Zivilrechtsfällen mit Auslandsberührung, NZ 1981, 65; *Seggewiße/Weber*, Auswirkungen eines britischen Austritts aus der Europäischen Union auf die in Deutschland tätigen Limiteds, GmbHR 2016, 1302; *Staringer*, Besteuerung doppelt ansässiger Kapitalgesellschaften (1999); *Staringer*, Die Körperschaftsteuerpflicht doppelt ansässiger Kapitalgesellschaften, in FS Zorn (2022) 589; *Straube/Ratka*, Nach „Centros" und „Überseering" folgt nun „Inspire Art": Nationales Gesellschaftsrecht (fast) chancenlos, GES 2003, 148; *Süß/Wachter*, Handbuch des internationalen GmbH-Rechts (2016); *Teichmann*, Die Auslandsgesellschaft & Co., ZGR 2014, 220; *U. Torggler*, Die „österreichische Post-Brexit-Limited" Anmerkungen zu OGH 27.1.2022, 9 Ob 74/21d, in FS Zorn (2022) 589; *Traar*, die Verlegung des Verwaltungssitzes österreichischer Gesellschaften in das Ausland – Eine rechtspolitische Betrachtung, GES 2010, 68; *v. Bar/Mankowski*, Internationales Privatrecht I² (2003); *Wachter*, Brexit und Gesellschaftsrecht, in Schriftenreihe der Gesellschaftsrechtlichen Vereinigung (VGR), Gesellschaftsrecht in der Diskussion 2016 (2017) 189; *Walch*, Die subsidiäre Anwendbarkeit des allgemeinen Zivilrechts im GmbHG (2014); *Wetzler*, Besonderheiten beim grenzüberschreitenden Unternehmenskauf in Hölters (Hg), Handbuch Unternehmenskauf[8] (2015) 1409; *Wimmer*, Klarstellungen zu Fragen bei (grenzüberschreitenden) Umgründungen, wbl 2017, 9; *Winner*, Die Sitzverlegung, GesRZ 2023, 284; *Winter/Marx/de Decker*, Von Paris nach Charlottenburg – zur Praxis grenzüberschreitender Formwechsel, DStR 2016, 1997; *Zehetner*, Die Schließung von Zweigniederlassungen ausländischer Kapitalgesellschaften, in FS Krejci (2001) 389; *Zollner/Schummer*, Aktuelle Fragen der Kapitalaufbringung, in Jaufer/Nunner-Krautgasser/Schummer, Kapitalaufbringung und Kapitalerhaltung – Tagungsband 2015 der Plattform für Wirtschaft-, Insolvenz- und Sanierungsrecht (2016) 1.

Inhaltsübersicht

I. Kollisionsrechtliche Anknüpfung	1–8
II. Reichweite des Gesellschaftsstatuts	9–34
A. Grundsätzliches	9–15
B. Einzelfragen	16–34
1. Rechts- u Parteifähigkeit	16, 17
2. Organisation	18, 19
3. Finanzverfassung	20, 21
4. Eigenkapitalersatz	22–24
5. Rechnungslegung	25
6. Haftung	26
7. Mitgliedschaft	27, 28
8. Anteilsabtretung	29–31
9. Beendigung	32
10. Insolvenz	33, 34
III. Grenzüberschreitende Sitzverlegung	35–45
A. Grundsätzliches	35
B. Verlegung des Verwaltungssitzes	36–40
C. Verlegung des Satzungssitzes	41–45
IV. Grenzüberschreitende Typenvermischung	46, 47

I. Kollisionsrechtliche Anknüpfung

1 Das int GesR bestimmt – als Teilgebiet des IPR –, welcher Rechtsordnung eine Gesellschaft in gesellschaftsrechtlicher Hinsicht unterliegt; zusammengefasst das auf eine Gesellschaft anwendbare Recht (ihr Gesellschaftsstatut). Die zugehörigen Kollisionsnormen, welchen die konkrete Verweisung auf das Recht eines Staates zu entnehmen ist, lassen sich aus drei versch Rechtsquellen ermitteln: (i) autonomem österr Recht (insb dem IPRG); (ii) dem Recht der EU; u (iii) völkerrechtlichen Verträgen (zB der Freundschafts-; Handels- u Konsularvertrag zw Ö u den USA[1]).[2] Gemäß § 53 Abs 1 IPRG genießen völkerrechtliche Verträge Vorrang vor den im IPRG angeordneten Verweisungen;[3] sie stehen allerdings der Hierarchie nach unter dem Europarecht, das nach Maßgabe des unionsrechtlichen Anwendungsvorrangs sowohl autonomem österr int GesR als auch (idR) völkerrechtlichen Verträgen vorgeht.[4]

Die relevanten Bestimmungen im autonomen österr Recht enthalten die §§ 10, 12 IPRG. § 10 IPRG normiert den Verwaltungssitz als zentrales Anknüpfungsmoment (**Sitztheorie**), während § 12 IPRG die Reichweite des Gesellschaftsstatuts (Personalstatuts) absteckt. Die Verweisung auf das Recht am Verwaltungssitz ist eine **Gesamtverweisung**; Rück- u Weiterverweisungen sind gem § 5 IPRG beachtlich.[5]

Der **Verwaltungssitz** ist nicht der (im GesR idR maßgebliche) Sitz, den der GesV bestimmt (*Satzungssitz*), sondern der faktische Standort einer Gesellschaft. § 10 IPRG ist gem seinem Wortlaut eine **allseitige Kollisionsnorm**. Ihm unterliegen sämtliche – auch die nach österr Recht gegründeten – Gesellschaften. Die Verlegung des Verwaltungssitzes einer österr GmbH ins Ausland (Wegzug, zur sachrechtlichen Zulässigkeit vgl § 5 Rz 65) hat daher gem dem Wortlaut v § 10 IPRG eine Verweisung auf das IPR des Zuzugsstaats u – wenn dieser der Sitztheorie folgt – einen Statutenwechsel zur Folge (vgl dazu Rz 36 f). Unter Berücksichtigung des Zwecks der v § 10 IPRG angeordneten Sitzanknüpfung ist die Bestimmung jedoch mit der wohl hM[6] **teleologisch zu reduzieren** u der Tatbestand (die Verweisung auf das Recht am Sitz der Hauptverwaltung)

---

1 BGBl 192/1931.
2 *Weller* in MüKo GmbHG³ Einl Rz 338 ff.
3 EBRV 784 BlgNR XIV. GP 23; Art IX. des Übereinkommens mit den USA sieht eine Anerkennungsverpflichtung v Gesellschaften des jew Vertragspartners (Ö, USA) jedoch nur dann vor, wenn sich die Hauptniederlassung einer nach österr oder amerikanischem Recht gegründeten Gesellschaft in ihrem jew Gründungsstaat befindet, was im Ergebnis einem v der Sitztheorie geprägten Verständnis entspricht u daher einer Sitzanknüpfung mE nicht entgegensteht (aA *Eckert*, Int GesR 498).
4 Vgl OGH 30.8.2000, 6 Ob 167/00b.
5 EBRV 784 BlgNR XIV. GP 22; RIS-Justiz RS0108523.
6 Wie hier bereits *Koppensteiner*, Internationale Unternehmen 126 ff; *Koppensteiner/Rüffler*, GmbHG³ Allg Einl Rz 18; *Eckert* in Haberer/Krejci, Konzernrecht, Rz 8.5; *Eckert*, Int GesR 114 ff; *Eckert*, GesRZ 2009, 139 (140); *Heidinger/Schneider* in Artmann/Karollus, AktG⁶ § 5 Rz 10.

auf **Zuzugsfälle zu beschränken**. Dies ist jedoch **str**.[7] *De lege lata* sind daher auch die mit einem Wegzug verbundenen Rechtsfolgen zu prüfen. *De lege ferenda* wäre eine Klarstellung des Gesetzgebers wünschenswert.

4   Das IPRG enthält keine gesetzl Konkretisierung des Begriffs „Verwaltungssitz". Die Mat bezeichnen ihn als den Ort, an dem die Zentralverwaltung tatsächlich geführt wird;[8] die hM versteht als „Sitz der Hauptverwaltung" jenen Ort, an dem nach außen erkennbar die grundlegenden E der Unternehmensleitung effektiv in laufende Geschäftsführungsakte umgesetzt werden.[9] Maßgeblich ist daher nicht die interne Willensbildung, sondern ihre Außenwirksamkeit (zB der Ort, an dem mehrheitlich die relevanten Beschlüsse gefasst, Weisungen erteilt oder Vertretungshandlungen gesetzt werden).[10] Dies wird in der Praxis vielfach (aber nicht zwingend) mit dem Tätigkeitsort der Geschäftsführung u der berufenen Vertretungsorgane übereinstimmen u entspricht iW dem – im Steuerrecht maßgeblichen – Ort der Geschäftsleitung (§ 27 BAO), an den § 1 Abs 2 KStG anknüpft.[11] Denkbar ist auch, dass die für die Verwirklichung des Verwaltungssitzes erforderlichen Geschäftsführungs- u Vertretungsakte nicht v der Geschäftsführung selbst, sondern in Umsetzung v deren strategischen Leitentscheidungen durch leitende Angestellte gesetzt werden, denen eine entspr Leitungs- u Vertretungsbefugnis im Außenverhältnis zukommt (zB Prokura). Dies zu-

---

7   Für ein Verständnis v § 10 IPRG als allseitige Kollisionsnorm: *Brugger* in Gruber/Harrer, GmbHG² § 107 Rz 122 f; so ebenfalls noch *Adensamer*, KollisionsR 36; *Karollus* in Leitner, HB vGA², 53 f (beide mit rechtspolitischer Kritik); differenzierend *Mitterecker*, Sitzverlegungen 53 ff.

8   EBRV 784 BlgNR XIV. GP 23.

9   Vgl RIS-Justiz RS0108520; OGH 28.8.1997, 3 Ob 2029/96w; 7.10.1998, 3 Ob 44/98m; 6.5.1998, 3 Ob 393/97h; unerheblich sind dagegen die Staatsangehörigkeit v Organen oder Gesellschaftern (OGH 7.10.1998, 3 Ob 44/98m; 7.7.1988, 8 Ob 516/88) oder die Angaben der Gesellschaft selbst (OGH 14.7.1993, 8 Ob 634/92); für Tochtergesellschaften mit eigener Rechtspersönlichkeit ist die tatsächliche Hauptverwaltung der Tochter, nicht jene der Mutter maßgeblich (OGH 17.6.1981, 1 Ob 541/81); grundlegend *Sandrock* in FS Beitzke 669 (683).

10 *Eckert* in Haberer/Krejci, Konzernrecht Rz 8.7; *Eckert/Schopper* in Torggler, GmbHG §§ 107–114 Rz 15.

11 Körperschaftsteuerrichtlinien 2013 Rz 6 (danach befindet sich der Ort der Geschäftsleitung dort, wo der für die Geschäftsführung maßgebende Wille gebildet wird); vgl dazu auch *Staringer*, Besteuerung doppelt ansässiger Kapitalgesellschaften 44.

mal die für die Verortung des Verwaltungssitzes relevanten „effektiven Umsetzungsmaßnahmen", anders als die umzusetzenden Grundlagenentscheidungen selbst, nach österr GmbH-Recht einer (vertikalen) Delegation an nachgeordnete Unternehmensebenen zugänglich sind.[12] Weil es bei der Ermittlung des Verwaltungssitzes primär um die faktische Vornahme der relevanten Geschäftsführungs- u Vertretungsakte ankommt, ist im Einzelfall neben einer präzisen u dokumentierten Aufgabenzuteilung auch eine Dokumentation der Geschäftsführungsakte anzuraten, um eine rechtssichere Bestimmung des Verwaltungssitzes zu gewährleisten. Der im GesV u regelmäßig auch im FB (Handelsregister) abgebildete Satzungssitz begründet nur eine widerlegbare Vermutung.[13]

Hat eine (österr[14] oder ausländische) Gesellschaft ihren **Verwaltungssitz im Ausland**, verweist österr IPR gem § 10 iVm § 5 Abs 1 IPRG auf das IPR des Verwaltungssitzstaats (Gesamtverweisung; wobei die Verweisung in Bezug auf österr Gesellschaften unter dem Vorbehalt eines allseitigen Verständnisses v § 10 IPRG steht, aA Rz 3). Abhängig v dessen Ausgestaltung[15] (i) nimmt dieses entweder die Verweisung an (lokales IPR folgt ebenfalls der Sitztheorie), (ii) verweist auf das IPR eines dritten (Gründungs-)Staats (lokales IPR folgt der Gründungstheorie mit Gesamtverweisung), (iii) verweist direkt auf das materielle Recht (GesR) eines dritten Gründungsstaats (lokales IPR folgt Gründungstheorie mit Sachnormverweisung) oder – wenn die Gesellschaft nach österr Recht gegründet ist – (iv) verweist auf österr Recht zurück (im Fall einer Rückverweisung auf österr Recht ist gem § 5 Abs 2 IPRG unabhängig v einer Sachnorm- oder Gesamtverweisung österr GesR anzuwenden).[16] Dies gilt unabhängig davon, ob bei einer GmbH, BV, Sà rl, Ltd, etc Verwaltungs- u Satzungssitz v Anfang an

5

---

12 Zur inhaltsgleichen Rechtslage im Aktienrecht vgl mwN *Adensamer* in Napokoj/Foglar-Deinhardstein/Pelinka, AktG § 84 Rz 30 f.
13 *Ratka* in Straube/Ratka/Rauter, GmbHG §§ 107–114 Rz 22; s auch *Hausmann* in Reithmann/Martiny, Internationales Vertragsrecht[8] Rz 7.66.
14 Vgl *Eckert/Schopper* in Eckert/Schopper, AktG-ON § 254 Rz 17.
15 Das für anwendbar erklärte fremde Recht ist wie in seinem ursprünglichen Geltungsbereich anzuwenden. Maßgeblich ist daher in erster Linie die Rsp des Auslandsstaats (RIS-Justiz RS0043940).
16 Vgl zur grafischen Darstellung der Verweisungstechnik *Eckert/Adensamer*, GES 2004, 52 (55 ff); zu den Rechtsfolgen der Verwaltungssitzverlegung mit rechtspolitischer Kritik *Karollus* in Leitner, HB vGA[2], 54 f.

auseinanderfallen (originäre Sitzverlegung)[17] oder dieser Zustand nachträglich durch grenzüberschreitende Sitzverlegung hergestellt wird (vgl zu den Problemen Rz 36 ff).[18]

6 Innerhalb des **EWR** werden die Rechtsfolgen der Sitztheorie weitgehend v den Regeln des Europarechts überlagert (Anwendungsvorrang der Niederlassungsfreiheit, vgl dazu insb die E des EuGH zu C-212/97 – *Centros*, C-208/00 – *Überseering*, C-167/01 – *Inspire Art* u C-210/06 – *Cartesio*). Konkret gebietet die unionsrechtliche Niederlassungsfreiheit (Art 49, 54 AEUV), nach den Rechtsvorschriften eines anderen Mitgliedstaats gegründete Gesellschaften, die ihren satzungsmäßigen Sitz, ihre Hauptverwaltung oder ihre Hauptniederlassung innerhalb der EU haben (Art 54 Abs 1 AEUV), auch als Gesellschaft dieses Mitgliedstaats anzuerkennen (dies gilt für Gesellschaften aus EWR-Mitgliedstaaten sinngemäß). Die Anwendung österr gesellschaftsrechtlicher Normen auf mitgliedstaatliche Gesellschaften bedarf als Beschränkung der Niederlassungsfreiheit einer einzelfallbezogenen Rechtfertigung, die im Regelfall an den strengen Kriterien des EuGH scheitert.[19] Dies schließt die europarechtliche Zulässigkeit einer Anwendung einzelner österr gesellschaftsrechtlicher Bestimmungen zwar nicht grds aus; es widerspricht aber der Wertung v § 12 IPRG, wonach gesellschaftsrechtliche Normen einheitlich anzuknüpfen sind (Einheitslehre, vgl Rz 9).[20]

7 Im Anwendungsbereich der Niederlassungsfreiheit ist daher im Ergebnis unabhängig v Verwaltungssitz v einer umfassenden Anknüpfung an das ausländische Registerrecht (**Gründungstheorie**) auszugehen.[21]

---

17 Vgl zum Begriff auch *Kalss/Klampfl*, Europäisches GesR, Rz 101.
18 Vgl *Bayer* in Lutter/Hommelhoff, GmbHG[20] § 4a Rz 7 ff.
19 *Eckert* in Haberer/Krejci, Konzernrecht, Rz 8.5/1; *Eckert/Schopper* in Eckert/Schopper, AktG-ON § 254 Rz 15 mwN; *Kalss/Klampfl*, Europäisches GesR, Rz 109.
20 Vgl EBRV 784 BlgNR XIV. GP 22; *Eckert*, Int GesR 245 f; *Eckert/Schopper* in Torggler, GmbHG §§ 107–114 Rz 14; *Ratka* in Straube/Ratka/Rauter, GmbHG §§ 107–114 Rz 56 (auch zu Differenzierungslehre u Überlagerungstheorie).
21 Allg M, vgl nur RIS-Justiz RS0112341; *Eckert* in Haberer/Krejci, Konzernrecht, Rz 8.5/1; *Eckert*, Int GesR 40 f; *Karollus* in Leitner, HB vGA[2], 53; *Pilgerstorfer* in Artmann, UGB[3] § 12 Rz 7; einschränkend in Bezug auf die Beurteilung eigenkapitalersetzender Gesellschafterdarlehen: *Kodek* in Konecny, Insolvenz-Forum 2009, 161 (179 f) (vgl Rz 22). Die aus der Niederlassungsfreiheit gewonnene Spielart der Gründungstheorie ist als Anknüpfung an das Recht des Registerstaats zu begreifen (dieser muss nicht zwingend mit dem

Wenn der ausländische Registerstaat die Anwendbarkeit österr Rechts aber selbst anordnet,[22] bleibt es bei § 10 IPRG;[23] denn die Niederlassungsfreiheit stellt es dem Gründungs- oder Registerstaat weitgehend frei,[24] die Rechtsfolgen einer Verlegung des Verwaltungssitzes „seiner Gesellschaften" ins Ausland autonom festzulegen (EuGH C-210/06 – *Cartesio*). Die v § 5 IPRG angeordnete Verweisung auf die Kollisionsnormen (u nicht direkt auf materielles GesR) des Gründungsstaats bleibt v den Vorgaben der Niederlassungsfreiheit unberührt. Aus kollisionsrechtlicher Perspektive ist die im Anwendungsbereich der Niederlassungsfreiheit gebotene Verweisung auf das (ausländische) Gründungs- u Registerrecht daher eine Gesamtverweisung, nach der Rück- u Weiterverweisungen beachtlich sind.[25]

Für in Ö eingetragene GmbH mit ausländischem Verwaltungssitz bleibt es daher (verneint man eine teleologische Reduktion v § 10 IPRG, Rz 3) bei der Anwendung v § 10 iVm § 5 Abs 1 IPRG u den damit einhergehenden Rechtsfolgen, die jew v der Ausgestaltung v IPR u materiellem GesR des Rechts am faktischen Standort (Verwaltungssitz) abhängig sind (vgl Rz 63 f).[26] Zusammengefasst ist die Verlegung des Verwaltungssitzes v österr GmbH aus kollisionsrechtlicher Sicht (zu den gesellschaftsrechtlichen Konsequenzen vgl Rz 36) daher nur dann unproblematisch, wenn sich der Verwaltungssitz dieser Gesellschaft in einem Staat (ob es sich dabei um einen EU-/EWR- oder Drittstaat handelt, ist in diesem Kontext unbeachtlich) befindet, der seinerseits der Gründungstheorie folgt. Dies gilt namentlich nicht für

8

Gründungsstaat übereinstimmen). Sie lässt daher einen gewillkürten Statutenwechsel durch Satzungssitzverlegung (vgl Rz 41 ff) zu. Die Anwendung der Niederlassungsfreiheit setzt naturgemäß die Registereintragung in einem Mitgliedstaat voraus, der zum Zeitpunkt der Inanspruchnahme aufrechtes Mitglied der EU ist (vgl BGH 16.2.2021, II ZB 25/17 (Rz 11), NZG 2021, 702; OGH 27.1.2022, 9 Ob 74/21d, JBl 2023, 599 [603] [*Rauter*]).

22 Vgl zu Dtl mwN *Kindler* in MüKo BGB XIII[8] Int GesR, Rz 523 ff.
23 *Eckert/Schopper* in Torggler, GmbHG §§ 107–114 Rz 14; *Eckert*, Int GesR 40 f, 65 f; *Mitterecker* Sitzverlegungen 168 ff; *Eckert/Schopper* in Eckert/Schopper, AktG-ON § 254 Rz 15.
24 Vgl EuGH 16.12.2008, C-210/06 – *Cartesio*; dazu ausf *Eckert*, GesRZ 2009, 139 (139 ff); *Eckert* in Haberer/Krejci, Konzernrecht, Rz 8.4; *Karollus* in Artmann/Rüffler/U Torggler, Gesellschaftsrecht und IPR 87 (140 f).
25 Zutr *Eckert*, Int GesR 72 f; *Mitterecker*, Sitzverlegungen 154 ff; anders noch (vor EuGH 16.12.2008, C-210/06 – *Cartesio*) *Adensamer*, KollisionsR 141 f.
26 Zuletzt mwN: *Eckert* in Haberer/Krejci, Konzernrecht, Rz 8.6.

Dtl,[27] was angesichts der engen wirtschaftlichen Verflechtung mit Ö in der Praxis vielfach Probleme aufwirft.[28] Das Personalstatut ausländischer Gesellschaften, die nach dem Recht eines Drittstaats – außerhalb des Anwendungsbereichs der Niederlassungsfreiheit – gegründet sind (zB Schweiz) mit österr Verwaltungssitz, ist ebenfalls unverändert gem § 10 IPRG zu ermitteln (zu den Konsequenzen s Rz 37).[29]

II. Reichweite des Gesellschaftsstatuts

A. Grundsätzliches

9 Der kollisionsrechtliche Begriff des „Personalstatuts" (im Kontext des GesR auch „Gesellschaftsstatut") bezeichnet jene Rechtsordnung, welche für die persönlichen Rechtsverhältnisse eines Menschen, einer jP oder auch einer Personengesamtheit maßgeblich ist (§ 12 IPRG). Bei jP u Gesellschaften ist der Begriff umfassend zu verstehen.[30] Ihm unterliegen grds sämtliche gesellschaftsrechtlichen Fragen, die einheitlich anzuknüpfen sind (**Einheitslehre**).[31] Die Abgrenzung des Gesellschaftsstatuts ergibt sich jedoch nicht ausschließlich aus § 12 IPRG, sondern wird auch durch das Unionsrecht, namentlich die gesellschaftsrechtlichen RL sowie angrenzende VO (insb **Rom I-VO** u **Rom II-VO, EU-InsVO**) bestimmt, das innerhalb seines Anwendungsbereichs Regelungen nationalen Rechts vorgeht.[32] Vor den unionsrechtlichen Wertungen, die

---

27 Einen rechtsvergleichenden Überblick über die Ausgestaltung (auch des) int GesR bieten *Süß/Wachter*, Handbuch des internationalen GmbH-Rechts³.
28 Krit *Adensamer/Kerschbaum*, NZG 2014, 773 (777).
29 HM, vgl OLG Wien 23.12.2013, 28 R 377/13m; *Ratka* in Straube/Ratka/Rauter, GmbHG §§ 107–114 Rz 19; vgl für Dtl BHG 27.10.2008, II ZR 158/06.
30 OLG Wien 9.9.2014, 28 R 189/14s.
31 EBRV 784 BlgNR XIV. GP 22 f; RIS-Justiz RS0077060. Aus der Lit vgl zuletzt *Eckert* in Haberer/Krejci, Konzernrecht, Rz 8.5/1; *Eckert*, Int GesR 236 ff; *Adensamer*, KollisionsR 38 ff; *Eckert/Schopper* in Torggler, GmbHG §§ 107–114 Rz 17; *dies* in Eckert/Schopper, AktG-ON § 254 Rz 19; *Ratka* in Straube/Ratka/Rauter, GmbHG §§ 107–114 Rz 56; *Brugger* in Gruber/Harrer, GmbHG² § 107 Rz 17 f, jew mwN. Für Dtl s nur *Weller* in MüKo GmbHG³ Einl Rz 387 f.
32 *Rüffler/Koller* in Artmann/Rüffler/Torggler, Gesellschaftsrecht und IPR 1 (4), *Kalss/Adensamer* in Hirte/Bücker, Grenzüberschreitende Gesellschaften² § 20 Rz 95.

durch **autonome Auslegung** zu ermitteln sind,[33] müssen sowohl das IPRG als auch die dem österr Sachrecht (GesR) zugrunde liegende Ordnung zurücktreten.[34] Damit verbundene Wertungsbrüche sind hinzunehmen. Soweit eine Fragestellung vertraglich (Rom I-VO), deliktisch (Rom II-VO) oder auch insolvenzrechtlich (EU-InsVO) zu qualifizieren ist, kommt eine Zuordnung zum Gesellschaftsstatut – v Ausnahmen abgesehen – nicht in Betracht.[35]

Von besonderer praktischer Relevanz ist die **Abgrenzung** zum **Vertragsstatut** der **Rom I-VO**, die auf nach dem 17.12.2009 geschlossene vertragliche Schuldverhältnisse Anwendung findet. Hier ist im Einzelnen vieles umstritten.[36] Relevant ist eine solche Grenzziehung etwa iZm der kollisionsrechtlichen Bewertung v Kapitalerhaltungsthemen, die beim Beitritt österr Konzernges zu ausländischem Recht unterliegenden Finanzierungsverträgen[37] oder zu Cash-Pools (s § 82 Rz 106 ff, 129 ff) zu prüfen sind. Gleiches gilt für Verträge über den (mittelbaren) Erwerb eigener Anteile (s § 81 Rz 1 ff) u sonstige Anteilsabtretungen im Konzern, Betriebseinbringungen (Asset-Deals), Syndikatsverträge, aber

10

---

33 Vgl Generalanwalt *Saugmandsgaard Øe*, Schlussanträge zu EuGH 3.10.2019, C-272/18 – *VKI/TVP*, Rz 42.

34 *Eckert* in Haberer/Krejci, Konzernrecht, Rz 8.9; *Martiny* in MüKo BGB XIII[8] Art 1 Rom, Rz 6; *Rödter*, Das Gesellschaftskollisionsrecht im Spannungsfeld zur Rom I- u Rom II-VO 62 f spricht insoweit v einer „*Negativabgrenzung des Gesellschaftsstatuts*".

35 Eine Mehrfachqualifikation (zum Begriff vgl *v Bar/Mankowski*, IPR I[2] § 7 Rz 178) ist wegen des Anwendungsvorrangs der unionsrechtlichen Kollisionsnormen u deren Zielsetzung (Rechtsvereinheitlichung, Rechtssicherheit) abzulehnen (im Kontext der Rom I-VO vgl *Rödter*, Das Gesellschaftskollisionsrecht im Spannungsfeld zur Rom I- u Rom II-VO 63 f, 65); *Eckert/Schopper* in Eckert/Schopper, AktG-ON § 254 Rz 18.

36 Vgl exemplarisch *Eckert* in Haberer/Krejci, Konzernrecht, Rz 8.11; im Kontext des Eigenkapitalersatzrechts: *Kodek* in Konecny, Insolvenz-Forum 2009, 161 (176). Zur einschlägigen Rsp zur Abgrenzung v Vertrags- u Gesellschaftsstatut vgl insb EuGH 3.10.2019, C-272/18 – *VKI/TVP*, NZG 2020, 140, dazu *Mankowski*, LMK 2019, 422737; 7.4.2016, C-483/14 – *KA Finanz*, GesRZ 2016, 228 [*Klampfl*] = NZI 2016, 482 (*Hübler*) = EuZW 2016, 339 [*Stiegler*]; vgl auch *Wimmer*, wbl 2017, 9; *Bayer/Schmidt*, ZIP 2016, 841. S außerdem OGH 28.8.2014, 6 Ob 137/13k; u auch die Darstellung bei *Eckert*, Int GesR 129 ff.

37 Im Rahmen v LBO-Konstruktionen (s § 81 Rz 77) für eine Anknüpfung entspr gesellschaftsrechtlicher Beschränkungen an das Gesellschaftsstatut: *Wetzler* in Hölters, Unternehmenskauf[8] Rz 15.59.

auch bei nicht österr Recht unterliegenden Anstellungsverträgen v Organvertretern österr GmbH.[38] Den vorgenannten Vertragstypen ist gemein, dass sie trotz ihrer Berührungspunkte zum GesR grds vertragsrechtlich zu qualifizieren sind (allg M).[39] Das auf sie anwendbare Recht folgt daher primär der ausdrücklichen oder stillschweigenden Rechtswahl der Vertragspartner (Grundsatz der Privatautonomie gem Art 3 Abs 1 Rom I-VO). Fehlt eine Rechtswahl, sind sie (i) gem dem Katalog v Art 4 Abs 1 Rom I-VO, (ii) nach dem Recht der vertragscharakteristischen Leistung (Art 4 Abs 2 Rom I-VO) oder (iii) gem einer sonstigen engeren Verbindung (Art 4 Abs 3 Rom I-VO) anzuknüpfen. Ob zwingende Normen österr GesR, die auf die Rechtswirksamkeit oder Erfüllbarkeit eines Rechtsverhältnisses (Vertrags) einwirken (zB Nichtigkeitsfolge gem § 82 [s § 83 Rz 38 ff], Rückzahlungssperre gem § 14 EKEG, s dazu unten Rz 50 ff), auf einen v einer österr Gesellschaft geschlossenen aber ausländischem Recht unterliegenden Vertrag Anwendung finden, ist str u nur in engen Grenzen zulässig (vgl im Einzelnen Rz 21 f).[40]

11 Die **sachliche Reichweite des Vertragsstatuts** wird in Art 12 Rom I-VO konkretisiert. Das gem der VO anzuwendende Recht ist maßgeblich für:

– Auslegung des Vertrags (lit a),
– Erfüllung der durch ihn begründeten Verpflichtungen (lit b),
– Folgen der vollständigen oder tw Nichterfüllung dieser Verpflichtungen (lit c),
– die versch Arten des Erlöschens der Verpflichtungen sowie die Verjährung u die Rechtsverluste, die sich aus dem Ablauf einer Frist ergeben (lit d), sowie
– Folgen der Nichtigkeit des Vertrags (lit e).

---

[38] Vgl dazu *Jenderek*, Die arbeitsrechtliche Stellung geschäftsführender Organmitglieder im Internationalen Privatrecht 141 ff.
[39] Vgl EuGH 3.10.2019, C-272/18 – *VKI/TVP*, Rz 36 bis 38; ebenso Generalanwalt *Saugmandsgaard Øe*, Schlussanträge zu EuGH 3.10.2019, C-272/18 – *VKI/TVP*, Rz 53, danach ist eine bloße Verbindung zu Fragen des GesR für eine Zuordnung zur gesellschaftsrechtlichen Bereichsausnahme gem Art 1 Abs 2 lit f, lit g Rom I-VO nicht ausreichend. Vgl statt vieler auch *Eckert*, Int GesR 130 f, mwN.
[40] Vgl dazu *Eckert* in Haberer/Krejci, Konzernrecht Rz 8.8 ff mwN; *Eckert/Schopper* in Eckert/Schopper, AktG-ON § 254 Rz 31.

Eine **Negativabgrenzung** ergibt sich aus

- den Bereichsausnahmen (gem Art 1 Abs 2 lit f, lit g) für Fragen des GesR sowie der rechtsgeschäftlichen u organschaftlichen Vertretung,
- der Regelung zu Eingriffsnormen (Art 9 Rom I-VO) sowie
- dem *ordre public*.[41]

Die **Bereichsausnahmen** gem Art 1 Abs 2 lit f u lit g sind zwar generell eng auszulegen,[42] das Wort *„insbesondere"* zeigt aber, dass die in Art 1 Abs 2 lit f Rom I-VO enthaltene Aufzählung nicht abschließend, sondern beispielhaft gemeint ist.[43] Bei Auslegung der Begriffe ist daher nicht beim Begriffskern stehen zu bleiben, sondern sind der Bereichsausnahme auch jene gesellschaftsrechtlichen Normen zuzuordnen, die in engem Funktionszusammenhang zu den in Art 1 Abs 2 lit f genannten Inhalten stehen.[44] In diesem Zusammenhang ist auch auf das Begriffsverständnis der gesellschaftsrechtlichen RL zurückzugreifen.[45] Dies bedeutet aber nicht, dass schuldrechtliche Vereinbarungen, deren Inhalt (auch in Teilen) die gesellschaftsrechtliche Bereichsausnahme berührt, zwingend im Ganzen gesellschaftsrechtlich zu qualifizieren sind.[46] Vielmehr kann ein grds der Rom I-VO zuzuordnender Vertrag auch in einzelnen Teilaspekten dem Gesellschaftsstatut unterliegen, die dann im Wege einer Teilanknüpfung Anwendung finden.[47] Dies muss sich allerdings

12

---

41 Vgl dazu ausf *Eckert*, Int GesR 135 ff; 156 ff; *Eckert* in Haberer/Krejci, Konzernrecht, Rz 8.11.
42 Vgl Begr zum Kommissionsentwurf KOM (2003) 427, 10; EuGH 3.10.2019, C-272/18 – *VKI/TVP*, Rz 35 ff; aus der Lit: *Kodek* in Konecny, Insolvenz-Forum 2009, 161 (177 f); allg zur Auslegung primären u sekundären Unionsrechts: *Grundmann*, Europäisches GesR² Rz 102 ff.
43 EuGH 7.4.2016, C-483/14 Rz 51.
44 *Jenderek*, Die arbeitsrechtliche Stellung geschäftsführender Organmitglieder im Internationalen Privatrecht 148.
45 Vgl im Kontext der EU-InsVO: *Eckert* in Haberer/Krejci, Konzernrecht, Rz 8.8.23.
46 Vgl Generalanwalt *Saugmandsgaard Øe*, Schlussanträge zu EuGH 3.10.2019, C-272/18 – *VKI/TVP*, Rz 53; zu den diesbzgl Problemen des Normenmangels vgl *Eckert* in Haberer/Krejci, Konzernrecht, Rz 8.9; *Eckert*, Int GesR 130 f.
47 Vgl idZ Generalanwalt *Saugmandsgaard Øe*, Schlussanträge zu EuGH 3.10.2019, C-272/18 – *VKI/TVP*, Rz 53; EuGH 7.4.2016, C-483/14. In der letztgenannten E geht der EuGH v einer gesellschaftsrechtlichen Anknüpfung v Art 15 der RL 78/855/EWG im Kontext eines vertraglich qualifizierten Anleihevertrags aus (so offenbar auch OGH 20.7.2016, 6 Ob 80/16g); für eine Sonderanknüpfung v der gesellschaftsrechtlichen Bereichsausnahme unterlie-

aus den Wertungen des Unionsrechts selbst u nicht etwa aus jenen nationalen Rechts, namentlich des IPRG, ergeben.

13 Neben der gesellschaftsrechtlichen Bereichsausnahme ergibt sich auch bei **fehlendem Auslandsbezug** eine Einschränkung der Rechtswahlmöglichkeit (Art 3 Abs 3 Rom I-VO). Zwar wird eine Rechtswahl nicht ausgeschlossen, wenn der Vertrag bereits in einem Land offensichtlich verortet ist, doch bleiben die zwingenden Bestimmungen der abgewählten Rechtsordnung weiter anwendbar.[48] Eine eingeschränkte Anwendung gesellschaftsrechtlicher Normen über Art 9 Rom I-VO (**Eingriffsnormen**) ist abzulehnen.[49] Sie ist, wenn überhaupt, nur sehr eingeschränkt möglich.[50] Dies gilt umso mehr für eine punktuelle Anwendung österr GesR auf ausländischem Recht unterliegende Verträge über den Umweg des *ordre public*.[51]

14 Die **Rom II-VO** regelt seit 11.1.2009 das auf außervertragliche Schuldverhältnisse anwendbare Recht. Ihr sachlicher Anwendungsbereich umfasst:

– unerlaubte Handlungen, wie Schäden aus Produkthaftung, unlauterem Wettbewerb u Verletzung v Immaterialgüterrechten,
– ungerechtfertigte Bereicherung,
– GoA u
– Verschulden bei Vertragsverhandlungen.

---

genden Fragen (im Kontext des EKEG) auch *Kodek* in Konecny, Insolvenz-Forum 2009, 161 (177 f, 184 f); *Adensamer/Eckert/Hristov* in Bergmann/Kalss, Rechtsformwahl, Rz 4/12; aA *Eckert*, Int GesR 129 ff, 334 ff.

48 Vgl *Martiny* in Reithmann/Martiny, Internationales Vertragsrecht[8] Rz 2.124.
49 Mit ausf Begr: *Eckert*, Int GesR 135, 184 ff; *Eckert* in Haberer/Krejci, Konzernrecht, Rz 8.16; s auch *Jenderek*, Die arbeitsrechtliche Stellung geschäftsführender Organmitglieder im Internationalen Privatrecht 152 f; im Kontext der notariellen Beurkundung (Notariatsaktspflicht) *Rödter*, Das Gesellschaftskollisionsrecht im Spannungsfeld zur Rom I- u Rom II-VO 108; so auch mit abw Begr *Rüffler/Koller* in Artmann/Rüffler/Torggler, Gesellschaftsrecht und IPR 1 (7 f); aA *Verschraegen* in Rummel, ABGB[3] § 12 IPRG, Rz 12; zur Rechtslage vor Inkrafttreten des EVÜ: OGH 23.2.1989, 6 Ob 525/89.
50 AA *Rüffler/Koller* in Artmann/Rüffler/Torggler, Gesellschaftsrecht und IPR 1 (7), unter Bezugnahme auf EuGH 17.10.2013, C-184/12 – *Unamar*.
51 *Eckert*, Int GesR 135 ff; *Eckert* in Haberer/Krejci, Konzernrecht, Rz 8; vgl aber OGH 25.4.1952, 3 Ob 240/52, SZ 25/103; krit *Schwind*, Handbuch des österreichischen Internationalen Privatrechts 285 f; *Schönherr*, GesRZ 1985, 60 (88).

Außervertragliche Schuldverhältnisse, die sich aus dem GesR ergeben, sind v Anwendungsbereich der Rom II-VO ausgenommen (**gesellschaftsrechtliche Bereichsausnahme**).[52] Zur Auslegung der gesellschaftsrechtlichen Bereichsausnahme gelten die Ausführungen zum Vertragsstatut (Rom I-VO) sinngemäß (s oben Rz 12).

In der **EU-InsVO** fehlt eine gesellschaftsrechtliche Bereichsausnahme u daher eine ausdrückliche Abgrenzung zum Gesellschaftsstatut.[53] Fragen zu einer gesellschafts- oder insolvenzrechtlichen Einordnung sind – wie generell – funktional u nicht anhand ihrer systemischen Einordnung im Sachrecht (als gesellschafts- oder insolvenzrechtliche Norm) vorzunehmen.[54] Insolvenzrechtlich zu qualifizieren sind etwa Normen, die auf die Verhinderung v Masseverkürzungen vor Eröffnung des Insolvenzverfahrens u damit auf gleichmäßige Befriedigung der Gläubiger gerichtet sind (vgl zur Insolvenzantragspflicht Rz 34).[55] Der unionsrechtliche Anwendungsvorrang u das damit einhergehende Erfordernis einer autonomen Auslegung der VO ist auch im Kontext der EU-InsVO zu berücksichtigen. 15

B. Einzelfragen

1. Rechts- u Parteifähigkeit

Im Einzelnen umfasst das Gesellschaftsstatut die (allg) **Rechts- u Parteifähigkeit** der GmbH,[56] ihre Entstehung als Rechtssubjekt (**Gesell-** 16

---

52 Vgl zur Abgrenzung auch *Eckert/Schopper* in Torggler, GmbHG §§ 107–114 Rz 17; sowie ausf *Eckert*, Int GesR 137 ff; *Bayth*, Die Bereichsausnahme auf dem Gebiet des Gesellschaftsrechts in Artikel 1 Absatz 2 Buchstabe d Verordnung Rom II 86 ff; *Eckert/Schopper* in Eckert/Schopper, AktG-ON § 254 Rz 32.
53 Vgl ausf *Eckert*, Int GesR 219 ff.
54 *Eckert/Schopper* in Torggler, GmbHG §§ 107–114 Rz 17; *Eckert* in Haberer/Krejci, Konzernrecht, Rz 8.23; *Adensamer*, KollisionsR 44.
55 EuGH 10.12.2015, C-594/14 – *Kornhaas*.
56 RIS-Justiz RS0108521. Nichts anderes gilt mE – auch gegenüber dem gutgläubigen österr Rechtsverkehr – für allfällige v Gesellschaftsstatut angeordnete Einschränkungen der Rechts- u Parteifähigkeit (*Eckert/Schopper* in Torggler, GmbHG §§ 107–114 Rz 18; *dies* in Eckert/Schopper, AktG-ON § 254 Rz 20; aA *Koppensteiner/Rüffler*, GmbHG³ Allg Einl Rz 18; *Behrens/Hoffmann* in Habersack/Casper/Löbbe, Großkomm GmbHG³ EinlB, Rz B 97 f).

schaftsgründung)⁵⁷ samt dem maßgeblichen Zeitpunkt u den Voraussetzungen hierzu (zB Satzungsinhalt,⁵⁸ Kapitalisierung) sowie die zugehörigen Rechtsfragen.⁵⁹ Dies gilt auch für Fragen der Vorgesellschaft⁶⁰ u die nach ihr bestehenden Haftungsverhältnisse (Haftung der Gründer auch gegenüber dem gutgläubigen Rechtsverkehr)⁶¹ sowie die aktive u passive Wechsel- u Scheckfähigkeit (Art 91 Abs 2 WechselG, Art 60 Abs 2 ScheckG).⁶² Dennoch werden nicht schlechthin alle Aspekte der Rechts- u Parteifähigkeit u der Gesellschaftsgründung erfasst.⁶³ Die Insolvenzfähigkeit richtet sich nach dem Staat der Verfahrenseröffnung (Art 7 Abs 2 lit a EU-InsVO idF v 20.5.2015 bzw Art 4 idF v 30.6.2000 [in Geltung bis zum Ablauf des 26.6.2017. Die Bezugnahmen auf die EU-InsVO beziehen sich im Folgenden auf die nach dem 26.6.2017 geltende Fassung]). Ausgeschlossen bleiben ferner schuldvertragliche Nebenabreden der Gesellschafter (zur Frage der Zulässigkeit einer solchen Regelung außerhalb des GesV ist aber das Gesellschaftsstatut maßgeblich); der Gesellschaftsgründung vorangehende Vorverträge;⁶⁴ sowie generell jene Fragen der Gesellschaftsgründung, die nicht gesellschaftsrechtlich, sondern vertragsrechtlich oder als Formfragen zu qualifizieren sind (vgl dazu Rz 10, 29).

17 Das Gesellschaftsstatut ist auch für die Persönlichkeitsrechte einer Gesellschaft, insb das **Namens- u Firmenrecht**, maßgeblich (zur Firmenpublizität v Zweigniederlassungen vgl §§ 107–114 Rz 10),⁶⁵ wobei

---

57 EBRV 784 BlgNR XIV. GP 22; OGH 22.3.1983, 5 Ob 555/83; OGH 26.4.1989, 1 Ob 537/89.
58 RIS-Justiz RS0077060; OGH 25.9.1990, 4 Ob 544/90.
59 EBRV 784 BlgNR XIV. GP 22 f, 25 f; OGH 13.9.2007, 6 Ob 146/06y.
60 *Ratka* in Straube/Ratka/Rauter, GmbHG §§ 107–114 Rz 57.
61 *Eckert/Schopper* in Torggler, GmbHG §§ 107–114 Rz 18; vgl auch OGH 30.9.1987, 9 ObA 45/87.
62 Vgl *Hausmann* in Reithmann/Martiny, Internationales Vertragsrecht⁸ Rz 7.131. Die vorgenannten Bestimmungen enthalten aber auch eine Sonderanknüpfung an den Ort der Abgabe der Erklärung.
63 Vgl *Hausmann* in Reithmann/Martiny, Internationales Vertragsrecht⁸ Rz 7.127 ff.
64 *Kalss/Adensamer* in Hirte/Bücker, Grenzüberschreitende Gesellschaften² § 20 Rz 13; *Koppensteiner*, Internationale Unternehmen 138; *Martiny* in Martiny, Internationales Vertragsrecht⁸ Rz 470 ff; *Ratka* in Straube/Ratka/Rauter, GmbHG §§ 107–114 Rz 57; zur Vorgründungsgesellschaft vgl *Behrens/Hoffmann* in Habersack/Casper/Löbbe, Großkomm GmbHG³ EinlB, Rz B 92.
65 OGH 16.3.2011, 6 Ob 67/10m; *Verschraegen* in Rummel, ABGB³ § 13 IPRG, Rz 11; *Koppensteiner/Rüffler*, GmbHG³ §§ 107, 112–114 Rz 13; *Behrens/*

sich aus Verkehrsschutzerwägungen Einschränkungen (Sonderanknüpfungen) ergeben können (Eignung zur Irreführung, Verstoß gegen wettbewerbsrechtliche Normen).[66]

2. Organisation

Das **Organisationsrecht** der GmbH unterliegt deren Gesellschaftsstatut. Dieses bestimmt über die (innere u äußere) Organisation des Rechtsträgers.[67] Das Gesellschaftsstatut benennt die Organe der Gesellschaft u regelt ihre Zusammensetzung u Befugnisse.[68] Dies gilt namentlich für deren Gestaltung im Innen- u Außenverhältnis, ihre Aufgaben, die Berufung u Abberufung ihrer Mitglieder, deren Rechtsstellung einschließlich der Bestimmungen über Geschäftsführung u Vertretungsmacht.[69] Die Stellung der Organmitglieder wird aber nur bezogen auf ihre organschaftliche Funktion v Gesellschaftsstatut bestimmt. Ihre vertragsrechtliche (zB arbeitsrechtliche) Position ist gem Art 8 Rom I-VO vertragsrechtlich zu qualifizieren.[70] Anders als die organschaftliche Vertretung unterliegt die (auch typisierte) gewillkürte Vertretung (zB Prokura, Handlungsvollmacht) sowie die Scheinvertretung (*falsa procuratio*) nicht dem Gesellschafts-, sondern dem Vollmachtsstatut gem § 49 IPRG (ein der Vollmacht zugrunde liegendes Auftragsverhältnis ist vertragsrechtlich zu qualifizieren).[71] Dieses folgt vorrangig der Rechtswahl der Beteiligten, mangels einer solchen verweist es auf den Ort, an dem v der Vollmacht Gebrauch gemacht wird (Wirkungsstatut) (vgl §§ 107–114 Rz 15 f).

18

Hoffmann in Habersack/Casper/Löbbe, Großkomm GmbHG³ EinlB, Rz B 101; für die AG *Eckert/Schopper* in Eckert/Schopper, AktG-ON § 254 Rz 7.
66 *Kalss/Adensamer* in Hirte/Bücker, Grenzüberschreitende Gesellschaften² § 20 Rz 46; *Behrens/Hoffmann* in Habersack/Casper/Löbbe, Großkomm GmbHG³ EinlB, Rz B 101.
67 *Schopper* in FS Delle Karth 889 (889f).
68 *Behrens/Hoffmann* in Habersack/Casper/Löbbe, Großkomm GmbHG³ EinlB, Rz B 103.
69 RIS-Justiz RS0077038. Zur Maßgeblichkeit des Gesellschaftsstatuts für die Frage der Zulässigkeit v Insichgeschäften: LG ZRS Wien 27.2.2017, 46 R 424/16t; u iZm der Bestellung eines Not-GF: OLG Wien 27.7.2009, 28 R 123/09d; vgl *Eckert/Schopper* in Eckert/Schopper, AktG-ON § 254 Rz 21, 24.
70 *Jenderek*, Die arbeitsrechtliche Stellung geschäftsführender Organmitglieder im Internationalen Privatrecht 100.
71 RIS-Justiz RS0077038.

19 Die unternehmerische **Mitbestimmung**, als Recht der Entsendung v AN-Vertretern in Organe der Gesellschaft, unterliegt dem Personalstatut jener Gesellschaft, deren Organe zu bilden bzw zu besetzen sind.[72] Die betriebl Mitbestimmung liegt hingegen außerhalb des Regelungsbereichs v §§ 10, 12 IPRG u folgt kollisionsrechtlich eigenen Grundsätzen.[73]

3. Finanzverfassung

20 Auch die **Finanzverfassung** einer GmbH unterliegt ihrem Personalstatut.[74] Die **Aufbringung** (zB Wirksamkeit v Sacheinlagen) u **Erhaltung** des Gesellschaftskapitals einschließlich der Erforderlichkeit einer Mindestkapitalziffer (s § 82 Rz 19) sind – auch wegen der engen Verzahnung mit dem Trennungsprinzip u der im österr KapGesR verankerten Haftungsbeschränkung der Gesellschafter – nach dem Gesellschaftsstatut zu beurteilen. Dies umfasst Fragen zur Leistung v Bar- u (auch verdeckten) Sacheinlagen u deren Erfüllungswirkung ebenso wie die Nachgründung oder das Verbot der **Einlagenrückgewähr**.[75] Offene Ausschüttungen sowie die Fassung zugrundeliegender Beschlüsse (insb Ausschüttungsbeschlüsse) sind daher an das Gesellschaftsstatut anzuknüpfen. Danach richtet sich auch, ob u unter welchen Voraussetzungen eine Befreiung v der Einlagepflicht eintritt oder die Gesellschafter einen Anspruch auf Ausschüttung haben. Schließlich sind dem Personalstatut der GmbH auch die Rechtsfolgen verdeckter Sacheinlagen (Differenzhaftung, Nichterfüllung der Einlageverpflichtung) u verbotener Ausschüttungen (Rückgewähranspruch gem § 83 Abs 1, Ausfallshaftung der Mitgesellschafter gem § 83 Abs 2 u 3, vgl dazu § 83; zur kollisionsrechtlichen Anknüpfung der haftungsrechtlichen Verantwortlichkeit der GF vgl Rz 26) zu entnehmen. Fragen zur Zulässigkeit des **Erwerbs eigener Anteile** (s § 81 Rz 1 ff) u die Folgen eines Verstoßes gegen die

---

[72] Allg M; s nur *Eckert/Schopper* in Torggler, GmbHG §§ 107–114 Rz 22; *Behrens/Hoffmann* in Habersack/Casper/Löbbe, Großkomm GmbHG³ EinlB, Rz B 124.

[73] Vgl *Behrens/Hoffmann* in Habersack/Casper/Löbbe, Großkomm GmbHG³ EinlB, Rz B 124.

[74] MwN OGH 25.3.2014, OGH 9 Ob 68/13k.

[75] Vgl statt vieler *Karollus* in Leitner, HB vGA², 52; *Eckert* in Haberer/Krejci, Konzernrecht, Rz 8.28 ff; für Dtl: *Behrens/Hoffmann* in Habersack/Casper/Löbbe, Großkomm GmbHG³ EinlB, Rz B 107 ff; für die AG *Eckert/Schopper* in Eckert/Schopper, AktG-ON § 254 Rz 26.

gesetzl Grenzen (jedenfalls betr die Haftung der GF u Gesellschafter sowie das Ruhen der Rechte aus den Geschäftsanteilen; zur Nichtigkeit des Rechtsgeschäfts vgl Rz 21) sind ebenfalls gem §§ 10, 12 IPRG anzuknüpfen.[76]

Ob die **Wirksamkeit** (bzw allfällige **Nichtigkeit**)[77] im Kontext v Kapitalaufbringung u -erhaltung **verbotswidriger Schuldverträge** (umfassend auch Verträge über den Erwerb eigener Geschäftsanteile) dem Personalstatut der Gesellschaft oder dem weitgehend privatautonom gestaltbaren Vertragsstatut zuzuordnen ist, ist **str** (allg zur Abgrenzung Rz 10).[78] Diese Differenzierung ist dort relevant, wo ein SV Berührungspunkte zu versch Rechtsordnungen aufweist (ansonsten bleiben die zwingenden Bestimmungen der abgewählten Rechtsordnung gem Art 3 Abs 3 Rom I-VO anwendbar), das Vertrags- v Personalstatut der Gesellschaft abweicht u die dort für maßgeblich erklärten Sachnormen untersch Rechtsfolgen anordnen. Generell sind Wirksamkeit u Unwirksamkeit – einschließlich der Nichtigkeit – v vertraglichen Schuldverhältnissen dem Vertragsstatut zuzuordnen (Art 10 Rom I-VO), zumal zwingende gesellschaftsrechtliche Normen (zB das Verbot verdeckter Sacheinlagen oder der Einlagenrückgewähr) nicht als Eingriffsnormen (Art 9 Rom I-VO) oder *ordre public*-widrig zu betrachten sind (vgl Rz 13).[79] Im – allerdings nicht abschließenden (Rz 12), wenngleich eng auszulegenden – Katalog der gesellschaftsrechtlichen Bereichsausnahme gem Art 1 Abs 2 lit f[80] Rom I-VO sind diese Themenbereiche (abgesehen v einer ausdrücklichen Bezugnahme auf die „innere Verfassung" der Gesellschaft) ebenfalls nicht unmittelbar enthalten.[81] Zur Auslegung der Bereichsausnahme für Fragen des GesR sind auch die Sekundärrechtsakte heranzuziehen u können Prinzipien des europäischen GesR wertvolle Anhaltspunkte liefern. Die Grundsätze der Aufbringung u Erhal-

---

76 Vgl *Eckert*, Int GesR 294 ff (auch zum Erwerb durch Tochterunternehmen).
77 Vgl nur jew mwN zur Einlagenrückgewähr *Karollus* in Leitner, HB vGA[2] 1 (77); zu verdeckten Sacheinlagen *Zollner* in Jaufer/Nunner-Krautgasser/Schummer, Kapitalaufbringung und Kapitalerhaltung 1 (32); *Koppensteiner/Rüffler*, GmbHG[3] § 6 Rz 24.
78 Vgl ausf dazu *Eckert*, Int GesR 257 ff; *Eckert/Schopper* in Torggler, GmbHG §§ 107–114 Rz 24.
79 MwN *Eckert/Schopper* in Torggler, GmbHG §§ 107–114 Rz 29.
80 *Martiny* in MüKo BGB XIII[8] Art I Rom I-VO, Rz 66 ff.
81 Vgl zu Fragen der verdeckten Sacheinlage: OGH 25.3.2014, 9 Ob 68/13k, die v OGH der Bereichsausnahme gem Art 1 Abs 2 lit e EVÜ (entspr Art 1 Abs 2 lit f Rom I-VO) zugeordnet u gesellschaftsrechtlich qualifiziert wurden.

tung eines festen (Nenn-)Kapitals, die nach hM[82] auch den **Umgehungsschutz** (namentlich durch verdeckte Ausschüttungen)[83] miteinschließen, haben ihren festen Platz im europäischen GesR. Dies kommt insb in den Art 15 ff der (für AG maßgeblichen) RL 2012/30/EU (Neufassung v RL 77/91/EWG), „Kapital-RL", aber auch in Art 5 SE-VO deutlich zum Ausdruck. Dem entspricht auch der Funktionszusammenhang zw der Finanzverfassung u der in Art 1 Abs 2 lit f Rom I-VO ausdrücklich genannten persönlichen Haftung der Gesellschafter (vgl dazu Rz 28). Es wäre daher denkbar auch die Nichtigkeitssanktion verbotswidriger (kollisionsrechtlich grds der Rom I-VO unterliegender) Schuldverhältnisse im Wege einer Teilanknüpfung (vgl dazu bereits Rz 12) der **gesellschaftsrechtlichen Bereichsausnahme** zuzuordnen.[84] Sie würde daher – wie auch die übrigen Sanktionen (vgl Rz 20) – dem Gesellschaftsstatut zugeordnet, was schwierige Anpassungsprobleme bei einer schuldrechtlichen Qualifikation (bei österr GmbH zB iZm dem Rückgewähranspruch des Gesellschafters u der GF-Haftung bei verbotswidriger Leistungen, die beide dem Gesellschaftsstatut unterliegen [allg M], vgl Rz 20) vermeidet. Der OGH ist im Verhältnis zw Gesellschafter u Gesellschaft durch eine Einschränkung der (unstreitig gesellschaftsrechtlich zu qualifizierenden, Rz 18) organschaftlichen Vertretungsbefugnis der Geschäftsführung im Ergebnis zu einer Nichtigkeit des verbotswidrigen Vertragsverhältnisses gelangt.[85]

---

82 *Kalss/Klampfl*, Europäisches GesR, Rz 336; *Haberer* in Haberer/Krejci, Konzernrecht Rz 11.127; *Fleischer* in Lutter, Das Kapital der Aktiengesellschaft in Europa, ZGR Sonderheft 17, 114 (118 ff); *Grundmann*, Europäisches GesR² Rz 343; *Habersack/Verse*, Europäisches GesR⁵ § 6 Rz 42; aA *Bezzenberger*, Das Kapital der Aktiengesellschaft 259 ff.
83 Zu verdeckten Sacheinlagen *Habersack/Verse*, Europäisches GesR⁵ § 6 Rz 37 ff.
84 So im Kontext verdeckter Sacheinlagen wohl auch OGH 25.3.2014, 9 Ob 68/13k; zum Eigenkapitalersatzrechts (dazu Rz 22) offenbar auch *Kodek* in Konecny, Insolvenz-Forum 2009, 161 (184); aA *Eckert/Schopper* in Torggler, GmbHG §§ 107–114 Rz 24, 29; *Eckert*, Int GesR 259; vgl aber mit Tendenz zur Maßgeblichkeit der für Bereichsausnahme für organschaftliche u rechtsgeschäftliche Vertretung *Eckert* in Haberer/Krejci, Konzernrecht, Rz 8.33. Zur Frage, ob der Anwendungsbereich der Kapital-RL auch die Figur der verdeckten Einlagenrückgewähr umfasst, vgl (krit) *Gelter* in FS Nowotny 315 (333); (dafür) *Haberer* in Haberer/Krejci, Konzernrecht Rz 11.127.
85 OGH 23.1.2020, 6 Ob 202/19b, GesRZ 2020, 337 (*Aburumieh*).

4. Eigenkapitalersatz

Für die kollisionsrechtliche Einordnung des EKEG ist nach zutr hM zw **22** dem Stadium vor u nach Eröffnung eines Insolvenzverfahrens über das Vermögen der darlehensempfangenden Gesellschaft zu unterscheiden.[86] **Außerhalb der Insolvenz** ist wegen des Funktionszusammenhangs zur Kapitalerhaltung eine **gesellschaftsrechtliche Qualifikation** des EKEG angezeigt.[87] Die kollisionsrechtliche Einordnung des Kreditvertrags, die nach Maßgabe des Vertragsstatuts gem Art 3 f Rom I-VO vorzunehmen ist (vgl Rz 10),[88] ist für die Einordnung des EKEG ebenso wenig entscheidend (vgl gleichsinnig zur Kapitalerhaltung Rz 20) wie das Personalstatut des Kreditgebers.[89] Die Bestimmungen des EKEG bilden zwar keine Eingriffsnorm iSd Art 9 Rom I-VO,[90] sind aber als der Finanzverfassung zugehörige Frage ebenfalls der gesellschaftsrechtlichen Bereichsausnahme gem Art 1 Abs 2 lit f Rom I-VO zuzuordnen u daher nicht nach dieser, sondern nach Maßgabe der §§ 10, 12 IPRG zu beurteilen (eine Zuordnung zum Insolvenzstatut gem Art 7 Abs 1 EU-InsVO [bis zum 26.6.2017: Art 4 EU-InsVO aF] scheidet vor Eröffnung des Insolvenzverfahrens aus, vgl nach Eröffnung des Insolvenzverfahrens unten Rz 23)[91].[92] Die Rückzahlungssperre gem § 14 EKEG findet daher nur auf österr Gesellschaften als Kreditnehmer Anwendung, dies aber unabhängig davon, ob der Kreditgeber und/oder der Darlehensvertrag

---

86 HM, vgl nur *Eckert*, Int GesR 303; *Kodek* in Konecny, Insolvenz-Forum 2009, 161 (161 ff).
87 So auch EBRV 124 BlgNR XXII. GP 11; vgl für die AG *Eckert/Schopper* in Eckert/Schopper, AktG-ON § 254 Rz 28.
88 *Martiny*, Internationales Vertragsrecht[8] Rz 6.441.
89 So auch *Kodek* in Konecny, Insolvenz-Forum 2009, 161 (183 ff); *Karollus* in Buchegger, Österreichisches Insolvenzrecht Zusatzband I, Vor § 1 EKEG, Rz 26; aA *Eckert*, Int GesR 239 ff; *Eckert/Schopper* in Torggler, GmbHG §§ 107–114 Rz 26.
90 *Eckert/Schopper* in Torggler, GmbHG §§ 107–114 Rz 26.
91 S zB *Kodek* in Konecny, Insolvenz-Forum 2009, 161 (179); aA *Rüffler*, GES 2005, 411 (414 f).
92 IdS *Kodek* in Konecny, Insolvenz-Forum 2009, 161 (183 ff); *Karollus* in Buchegger, Österreichisches Insolvenzrecht Zusatzband I, Vor § 1 EKEG, Rz 25; LG München I, 8.5.2015, 32 O 26502/12, GWR 2015, 406 (*Schmitz/Rühle*) = NZG 2015, 1108 (*Fest*); u (vor Inkrafttreten der Rom I-VO) *Adensamer*, KollisionsR 185 f; *Kalss/Adensamer* in Hirte/Bücker, Grenzüberschreitende Gesellschaften[2] § 20 Rz 92 ff; *Roth* in FS Doralt 479 (491); *Dellinger* in Dellinger/Mohr, EKEG § 4 Rz 13; aA *Eckert*, Int GesR 305 ff.

österr oder ausländischem Recht unterliegt. Dies gilt für GmbH aus EU-/EWR-Mitgliedstaaten selbst dann, wenn diese in Ö ihre Hauptniederlassung haben oder ausschließlich hier wirken (eine partielle Anwendung des österr Eigenkapitalersatzrechts auf EU-/EWR-Auslandsgesellschaften widerspricht, selbst im Fall einer Vereinbarkeit mit den Grundfreiheiten,[93] den Wertungen der einheitlichen Anknüpfung gem der §§ 10, 12 IPRG (**Einheitslehre**, vgl Rz 9).[94] Gesellschafterdarlehen an Gesellschaften aus Drittstaaten mit österr Verwaltungssitz sind nur unter der Prämisse gem § 14 EKEG rückzahlungsgesperrt, dass solche Gesellschaften nicht mit der hM als Folge der Anwendung österr GesR ihre Eigenschaft als KapGes verloren haben (vgl ausf zu den Folgen eines Statutenwechsels Rz 37).[95] An der gesellschaftsrechtlichen Qualifikation des Rückzahlungsanspruchs ändert sich durch die Eröffnung des Insolvenzverfahrens nichts. Die Geltendmachung des Anspruchs obliegt ab diesem Zeitpunkt dem Insolvenzverwalter.[96]

23 Im **Insolvenzverfahren** der darlehensempfangenden Gesellschaft richtet sich der Rang v Gesellschafterdarlehen gem Art 7 Abs 2 lit i EU-InsVO (bis zum 26.6.2017: Art 4 EU-InsVO aF) nach dem **Insolvenzstatut**.[97] § 57 a Abs 1 IO, der Eigenkapital ersetzende Leistungen für nachrangig erklärt, gilt daher auch für mitgliedstaatliche Gesellschaften mit nicht-österr Personalstatut, sofern über diese in Ö ein Haupt- oder Partikularinsolvenzverfahren eröffnet wird.[98]

---

93 **Dafür** *Eckert*, Int GesR 317 ff; *Kodek* in Konecny, Insolvenz-Forum 2009, 161 (179 ff); **dagegen** *Behrens/Hoffmann* in Habersack/Casper/Löbbe, Großkomm GmbHG³ EinlB Rz 107 ff.
94 **AA** aber *Kodek* in Konecny, Insolvenz-Forum 2009, 161 (179 ff).
95 Vgl krit *Adensamer*, KollisionsR 184 f.
96 *Eckert*, Int GesR 327.
97 Die Beurteilung einer konkreten Forderung als „Eigenkapital ersetzend" ist ebenfalls auf Basis des Insolvenzstatuts vorzunehmen (*Adensamer*, KollisionsR 189 f; *Rüffler/Koller* in Artmann/Rüffler/Torggler, Gesellschaftsrecht und IPR 1 (28); *Kodek* in Konecny, Insolvenz-Forum 2009, 161 (165); *Eckert*, Int GesR 322 ff; *Epicoco*, NZ 2016/150, 424 (426); *Rüffler*, GES 2005, 411 (417); für Dtl: *U. Huber* in Lutter, Auslandsgesellschaften 216 f). **AA** (für gesonderte kollisionsrechtliche Anknüpfung der Eigenschaft einer Forderung als „Eigenkapital ersetzend" bzw für eine alleinige Maßgeblichkeit des Gesellschaftsstatuts) *Karollus* in Buchegger, Österreichisches Insolvenzrecht Zusatzband I, Vor § 1 EKEG, Rz 25; für Dtl *Eidenmüller* in Eidenmüller, Ausländische Kapitalgesellschaften § 9 Rz 42 f.
98 *Eckert/Schopper* in Torggler, GmbHG §§ 107–114 Rz 26; *Karollus* in Buchegger, Österreichisches Insolvenzrecht Zusatzband I, Vor § 1 EKEG, Rz 25;

Sicherheiten für Eigenkapital ersetzende Leistungen sind kollisionsrechtlich gem der *lex rei sitae* zu beurteilen u nicht insolvenzrechtlich zu qualifizieren. Gemäß Art 8 EU-InsVO (bis zum 26.6.2017: Art 5 EU-InsVO aF) werden dingliche Rechte an körperlichen oder unkörperlichen Gegenständen, die sich im Zeitpunkt der Verfahrenseröffnung in einem anderen Mitgliedstaat befinden, v der Insolvenzeröffnung nicht berührt.[99] 24

5. Rechnungslegung

Die Rechnungslegung ist mit der zutr hA[100] dem Personalstatut der GmbH zuzuordnen u folgt damit den §§ 10, 12 IPRG.[101] Aus kollisionsrechtlicher Sicht gibt die enge Verzahnung v Rechnungslegung u Finanzverfassung gegenüber einer öffentlich-rechtlichen Zuordnung der Rechnungslegung[102] den Ausschlag (zur Rechnungslegungspflicht inländischer Zweigniederlassungen s §§ 107–114 Rz 25 f).[103] 25

6. Haftung

Das Gesellschaftsstatut ist aber nicht nur für das Verbandsinnenrecht verantwortlich, sondern auch für die Folgen seiner Verletzung. Fragen der **Organhaftung** sind daher – jedenfalls soweit es die haftungsrechtliche Verantwortlichkeit v Organträger gegenüber der Gesellschaft (**Innenhaftung**) betrifft – ebenfalls unter den Regelungsbereich v § 12 IPRG einzuordnen.[104] Für die Haftung gegenüber dritten Personen (**Außenhaftung**) ist eine differenzierte Betrachtungsweise angezeigt. Die zahlreichen Einzelfragen sind insb in Abgrenzung v Gesellschafts- 26

Eckert, Int GesR 322; *Kalss/Adensamer* in Hirte/Bücker, Grenzüberschreitende Gesellschaften² § 20 Rz 95 ff; jew mwN.
99 Vgl *Eckert*, Int GesR 325 ff.
100 OLG Graz 28.3.2007, 4 R 41/07t; *Gelter*, RdW 2005/176, 134; *Dommes/Eckert/Lembeck/Metzler*, SWI 2005, 477 (479); *Staringer*, Besteuerung doppelt ansässiger Kapitalgesellschaften 249 ff.
101 Für die AG vgl mwN *Eckert/Schopper* in Eckert/Schopper, AktG-ON § 254 Rz 12, 27.
102 Vgl dazu *Westhoff* in Hirte/Bücker, Grenzüberschreitende Gesellschaften² § 18 Rz 24 f; *Eckert*, Int GesR 381.
103 *Behrens/Hoffmann* in Habersack/Casper/Löbbe, Großkomm GmbHG³ EinlB, Rz B 112.
104 *Adensamer/Eckert* in Kalss, Vorstandshaftung 165 (277).

zum Delikts- u Insolvenzstatut, die funktional u nicht anhand der Gesetzessystematik vorzunehmen ist, zu lösen.[105] Die Haftung der GF wegen individueller Aufklärungspflichten aus cic richtet sich nach Art 12 Rom II-VO.[106]

7. Mitgliedschaft

27 Das Gesellschaftsstatut regelt auch die Rechte u Pflichten, die aus der **Mitgliedschaft** für die Gesellschafter untereinander u im Verhältnis zur Gesellschaft oder zu Dritten erwachsen; einschließlich der entspr Änderungen sowie dem Erlöschen.[107] Darunter fällt das gesamte Bündel der mitgliedschaftlichen Herrschafts-, Teilhabe u Vermögensrechte, aber auch gesellschaftsrechtliche Treuepflichten werden v den §§ 10, 12 IPRG umfasst. Absprachen zw Gesellschaftern (zB Syndikatsverträge) unterliegen grds dem Vertragsstatut (die Frage ihrer allg Zulässigkeit bzw der Zulässigkeit einzelner Regelungen außerhalb des GesV ist aber nach dem Gesellschaftsstatut zu beurteilen)[108] u können daher auch einem v Gesellschaftsstatut abw Recht unterstellt werden.[109] Für die Übertragung der Mitgliedschaft im Wege der Einzelrechtsnachfolge (**Anteilsabtretungen**) ist zu differenzieren: Während sich die Voraussetzungen der Übertragbarkeit (zB durch Rechtsgeschäft oder Erbgang; Zulässigkeit u Art der Verbriefung v Gesellschaftsanteilen) sowie der tatsächliche Übertragungsakt (Verfügungsgeschäft) nach den Regeln des Gesellschaftsstatuts richten, ist das der Übertragung oder Belastung zugrunde liegende Rechtsgeschäft, einschließlich der Form der Übertragung, abw anzuknüpfen (vgl Rz 29). Im Übrigen sind Verträge zw der Gesellschaft u ihren Gesellschaftern kollisionsrechtlich grds nach Maßgabe der Rom I-VO zu beurteilen (vgl zur Abgrenzung mit dem Gesellschaftsstatut Rz 9 ff).

28 Die **Durchgriffshaftung bei der GmbH** – als unmittelbare Verantwortlichkeit (Haftung) der Gesellschafter für Verbindlichkeiten der Ver-

---

105 Vgl *Adensamer/Eckert* in Kalss, Vorstandshaftung 165 (277).
106 *Eckert/Schopper* in Torggler, GmbHG §§ 107–114 Rz 22.
107 *Kalss/Adensamer* in Hirte/Bücker, Grenzüberschreitende Gesellschaften² § 20 Rz 17; *Eckert/Schopper* in Eckert/Schopper, AktG-ON § 254 Rz 22, 24; zur Durchgriffshaftung OGH 17.6.1981, 1 Ob 541/81.
108 S *Behrens/Hoffmann* in Habersack/Casper/Löbbe, Großkomm GmbHG³ EinlB, Rz B 106.
109 Vgl dazu *Eckert*, Int GesR 377.

bandsperson – ist in Übereinstimmung mit der zutr hM[110] u Rsp[111] dem Gesellschaftsstatut zuzuordnen. Dies folgt aus seiner festen Verwurzelung im GesR, die namentlich in der dogmatischen Fundierung der einzelnen Fallgruppen (**Sphärenvermischung, Unterkapitalisierung, Existenzvernichtung**) sowie zusätzlich in ihrer Zielsetzung, Lücken im verbandsrechtlichen Kapital- u damit letzten Endes Gläubigerschutz zu schließen, zum Ausdruck kommt. Die kollisionsrechtliche Einordnung der Haftung des Mehrheitsgesellschafters aus Verletzung seiner in § 69 Abs 3a IO angeordneten Insolvenzantragspflicht entspricht jener des GF (vgl Rz 34).

8. Anteilsabtretung

Ob u unter welchen Voraussetzungen Abtretungsverträge über GmbH-Geschäftsanteile auch im Ausland beurkundet werden können bzw welchen Formvorschriften im Inland vollzogene Abtretungen ausländischer GmbH-Äquivalente unterliegen, ist str u v der Rsp bislang nicht abschließend geklärt.[112] Mit der hM u Jud ist auch für die kollisionsrechtliche Einordnung zw Verpflichtungs- u Verfügungsgeschäft zu unterscheiden.[113] Das schuldrechtliche **Verpflichtungsgeschäft** unterliegt dem Anwendungsbereich der **Rom I-VO**.[114] Diese gilt auch für die einzuhaltenden Formvorschriften, die gem Art 11 Rom I-VO alternativ nach dem **Recht**

29

---

110 *Eckert* in Haberer/Krejci, Konzernrecht, Rz 8.43 ff; *Eckert*, Int GesR 340 f; *Adensamer*, Kollisionsrecht 196 f; *Kalss/Adensamer* in Hirte/Bücker, Grenzüberschreitende Gesellschaften² § 20 Rz 109 ff.
111 OGH 17.6.1981, 1 Ob 541/81. Für Dtl BGH 5.7.2004, II ZR 389/02; 14.3.2005, II ZR 5/03.
112 Zum Meinungsstand vgl zB *Rüffler/Koller* in Artmann/Rüffler/Torggler, Gesellschaftsrecht und IPR 1 (5 ff).
113 *Eckert/Schopper* in Torggler, GmbHG §§ 107–114 Rz 48; *Schopper* in Gruber/Harrer, GmbHG² § 76 Rz 47; *Rauter* in Straube/Ratka/Rauter, GmbHG § 76 Rz 178; *Göthel* in Reithmann/Martiny, Internationales Vertragsrecht⁸ Rz 6.2581; *Behrens/Hoffmann* in Habersack/Casper/Löbbe, Großkomm GmbHG³ EinlB, Rz B 199. Die Übertragung v GmbH-Anteilen durch (auch ausländische) Strukturmaßnahmen, wie insb Verschmelzung, Spaltung, Umwandlung, aber auch Anwachsung, ist idR nach den Personalstatuten der beteiligten Gesellschaften zu beurteilen (vgl Rz 32).
114 Vgl Generalanwalt *Saugmansgaard Øe*, Schlussanträge zu EuGH 3.10.2019, C-272/18 – *VKI/TVP*, Rz 49; für eine vertragsrechtliche Qualifikation bereits OGH 23.2.1989, 6 Ob 525/89; aus der Lit jew mwN *Schauer* in FS Doralt 529 (535); *Rauter* in Straube/Ratka/Rauter, GmbHG § 76 Rz 179; *Adensamer*, wbl 2004, 508 (510 ff); für die AG mwN *Eckert/Schopper* in Eckert/Schopper, AktG-ON § 254 Rz 29.

des zugrundeliegenden Rechtsgeschäfts (*lex causae*) oder der **Ortsform** (*lex loci*) zu beurteilen sind.[115] Die Gegenauffassung, wonach § 76 Abs 2 aufgrund seiner rechtsformprägenden Bedeutung gar nicht als Formvorschrift iSd Schuldvertragsstatuts zu werten ist, sondern als materiell-gesellschaftsrechtliche Vorschrift der gesellschaftsrechtlichen Bereichsausnahme u in weiterer Folge dem Gesellschaftsstatut unterliegt,[116] ist mE abzulehnen. Auch wenn die Formpflicht gem § 76 Abs 2 ein Strukturmerkmal der GmbH ist, berührt die Anteilsabtretung weder Bestand noch (Finanz- oder Organisations-)Verfassung der Gesellschaft, um die es aber in Art 1 Abs 2 lit d Rom I-VO geht.[117] Dies zeigt auch die Etablierung einer weiteren geschlossenen KapGes in Ö durch das GesRÄG 2023 (FlexKapG), die weite Bereiche des GmbHG mit einer (wenngleich geringfügig) reduzierten Formpflicht bei der Anteilsabtretung (§ 12 Abs 1 FlexKapGG) verbindet. Auch eine Einordnung v § 76 Abs 2 als **Eingriffsnorm** iSv Art 9 Rom I-VO ist zu verneinen.[118] Ein ausländischer Abschlussort begründet bereits einen ausreichenden Auslandsbezug iSv Art 3 Abs 3 Rom I-VO, weshalb auch eine v Ort abw Form des Grundgeschäfts gewählt werden kann.[119] Die **Auslandsbeurkundung** des **Verpflichtungsgeschäfts** über die Abtretung eines österr GmbH-Anteils ist daher auch ohne qualitative Vergleichbarkeit der ausländischen Beurkundung mit der Notariatsaktsform gem § 76 Abs 2 zulässig u rechtswirksam, solange hierbei den Formvorschriften der *lex causae* oder der Ortsform entsprochen wurde. Voraussetzung ist nur, dass *lex causae* oder *lex loci* eine der österr GmbH vergleichbare Gesellschaftsform kennen.[120] Ob umgekehrt ein **im Inland**

---

115 S nur mwN *Czernich* in Althuber/Schopper, Unternehmenskauf und Due Diligence[2] Rz 29 ff; *Adensamer*, wbl 2004, 508 (510 ff); **AA** *Rüffler/Koller* in Artmann/Rüffler/Torggler, Gesellschaftsrecht und IPR 1 (7 ff).
116 Vgl *Rüffler/Koller* in Artmann/Rüffler/Torggler, Gesellschaftsrecht und IPR 1 (7 ff).
117 Vgl EuGH 3.10.2019, C-272/18 – *VKI/TVP*, Rz 35 ff; *Behrens/Hoffmann* in Habersack/Casper/Löbbe, Großkomm GmbHG[3] EinlB, Rz B 198.
118 Zur Rechtslage vor dem EVÜ noch abw: OGH 23.2.1989, 6 Ob 525/89 (Qualifikation als Eingriffsnorm). Diese Rechtsauffassung kann spätestens seit Inkrafttreten der Rom I-VO (vgl oben Rz 13) nicht mehr aufrechterhalten werden (so auch *Rauter* in Straube/Ratka/Rauter, GmbHG § 76 Rz 178; ausf *Eckert*, Int GesR 387 f; **aA** *Brugger*, NZ 2012, 257 (260); *Schopper* in Gruber/Harrer, GmbHG[2] § 76 Rz 47).
119 *Rauter* in Straube/Ratka/Rauter, GmbHG § 76 Rz 179; *Eckert*, Int GesR 388 f.
120 *Rauter* in Straube/Ratka/Rauter, GmbHG § 76 Rz 179; *Löbbe* in Habersack/Casper/Löbbe, Großkomm GmbHG[3] § 15 Rz 141.

abgeschlossenes, österr Recht unterliegendes **Verpflichtungsgeschäft** (zB Kaufvertrag, Einbringungsvertrag) über Geschäftsanteile ausländischer GmbH-Äquivalente[121] (zB BV, Ltd, Sàrl, srl, etc) gem § 76 Abs 2 als Notariatsakt zu errichten ist, ist umstritten.[122] Art 11 Rom I-VO führt jedenfalls zur Maßgeblichkeit österr Rechts, da beide Anknüpfungspunkte (*lex loci, lex causae*) auf österr Recht verweisen. Ob aus § 76 Abs 2 (iSe teleologischen Reduktion) eine inhaltliche Einschränkung auf österr Beteiligungstitel gewonnen werden kann, ist unsicher;[123] so trägt der Ausschluss der Geschäftsanteile v Börsenhandel (als historische Zielsetzung der Notariatsaktsform)[124] im Grundsatz auch in Bezug auf ausländische GmbH-Anteile.[125] Ohnehin ist aber der int Anwendungsbereich v § 76 Abs 2 nicht durch Interpretation dieser Norm, sondern auf Basis anwendbaren Kollisionsrechts zu ermitteln. Erfüllt der Vertrag die Anforderungen der (milderen) Form des ausländischen Gesellschaftsstatuts, kann die Einhaltung v dessen Formvorschriften als **konkludente Teilrechtswahl**[126] der Form des Gesellschaftsstatuts u sohin als formwahrend betrachtet werden (str).[127] So wird es regelmäßig nicht dem Parteiwillen entsprechen, durch

---

121 Entscheidend ist, dass die ausländische Gesellschaftsform der österr GmbH vergleichbar ist (vgl *Eckert*, Int GesR 390; *Löbbe* in Habersack/Casper/Löbbe, Großkomm GmbHG³ § 15 Rz 94).

122 Vgl *Eckert*, Int GesR 390 f; *Merkt/Göthel*, Internationaler Unternehmenskauf³ § 7 Rz 39 ff.

123 Für eine Anwendbarkeit der dt Parallelbestimmung zu § 76 Abs 2 (§ 15 Abs 3 dGmbHG) auf Auslandsgesellschaften: OLG Celle, NJW-RR 1992, 1126; **aA** OLG München, ZIP 1993, 508; ähnlich *Koppensteiner*, wbl 2019, 541 (544).

124 Vgl EBRV 236 BlgHH XVII. Session 84 f; abgedruckt bei *Kalss/Eckert*, Zentrale Fragen 624 f.

125 Vgl *Eckert*, Int GesR 390 f; **aA** OLG München, ZIP 1993, 508.

126 Vgl zur Teilrechtswahl *Spellenberg* in MüKo BGB XIII⁸ Art 11 Rom I-VO Rz 47 ff, MüKo BGB XI⁷ Vor Art. 11 EGBGB Rz 30 f, MüKo BGB XII⁸ Art 11 EGBGB Rz 76; *Martiny*, in Reithmann/Martiny, Internationales Vertragsrecht⁸ Rz 2.25 ff; krit aber *Reithmann* in Reithmann/Martiny, Internationales Vertragsrecht⁸ Rz 5.207 ff. Zur ausdrücklichen Teilrechtswahl im Kontext v ausländischen GmbH-Anteilen *Eckert*, Int GesR 391. Krit *Rüffler/Koller* in Artmann/Rüffler/Torggler, Gesellschaftsrecht und IPR 1 (12).

127 Zum gleichen Ergebnis gelangt, wer Art 11 Rom I-VO dahingehend auslegt, dass als lex causae nicht nur das Recht, dem der Vertrag zugrunde liegt betrachtet wird, sondern auch das Gesellschaftsstatut vgl BGH, NZG 2005, 41 (43); *Merkt/Göthel*, Internationaler Unternehmenskauf³ § 7 Rz 45; *Olk*, NJW 2010, 1639 (1642).

die Wahl österr Rechts auf die günstigere Form des Gesellschaftsstatuts zu verzichten u so einen ggf formungültigen Vertrag zu fabrizieren.[128] Anderes gilt naturgemäß, wenn es den Parteien erkennbar darauf ankam, auch die Form des Vertrags österr Recht zu unterstellen (diesfalls werden sie die Formpflicht gem § 76 Abs 2 aber idR beachten).[129]

30   Das **Verfügungsgeschäft**, einschließlich gesv Vinkulierungen u Aufgriffsrechte,[130] unterliegt dem **Gesellschaftsstatut**.[131] Ob die **Form** des **Verfügungsgeschäfts** ausschließlich dem Gesellschaftsstatut oder – wie hier vertreten – gem § 8 IPRG (Regelung zur selbständigen Anknüpfung v Formfragen im österr IPR) *alternativ* an das Recht des Grundgeschäfts (hier: Gesellschaftsstatut) *oder* die Ortsform anzuknüpfen ist, ist umstritten.[132] Die wohl hM u Jud gehen – unter Bezugnahme auf die rechtsformprägende Bedeutung der Notariatsaktpflicht (vgl dazu mwN § 76 Rz 42 f) – v einer Zuordnung auch der Form ausschließlich zum Gesellschaftsstatut oder v einer Qualifikation als **Eingriffsnorm** aus.[133] Beide Varianten führen (im Kontext österr GmbH) im Ergebnis zum österr Recht (§ 76 Abs 2). Findet österr Recht auf die Form der Anteilsabtretung Anwendung, kann den Anforderungen v § 76 Abs 2 auch durch eine qualitativ gleichwertige Auslandsbeurkundung entsprochen wer-

---

128 Vgl *Spellenberg* in MüKo BGB XIII[8] Art 11 Rom I-VO Rz 47.
129 S *Löbbe* in Habersack/Casper/Löbbe, Großkomm GmbHG[3] § 15 Rz 94.
130 *Eckert/Schopper* in Torggler, GmbHG §§ 107–114 Rz 27; *Weller* in MüHB GesR VI[4] § 8 Rz 4.
131 Für die dinglichen Übertragungsvorgänge kann die Rom I-VO wegen ihrer Beschränkung auf Schuldverträge schon kraft Art 1 Rom I-VO nicht anwendbar sein; iSe gesellschaftsrechtlichen Anknüpfung zB *Rüffler/Koller* in Artmann/Rüffler/Torggler, Gesellschaftsrecht und IPR 1 (10); *Eckert/Schopper* in Torggler, GmbHG §§ 107–114 Rz 27; *Zollner* in Torggler, GmbHG § 76 Rz 21; *Schopper* in Gruber/Harrer, GmbHG[2] § 76 Rz 48; *Rauter* in Straube/Ratka/Rauter, GmbHG § 76 Rz 180/1.
132 **Dafür**: *Adensamer*, wbl 2004, 508 (513) (unter Hinweis auf das weite Verständnis v § 8 IPRG, vgl EBRV 784 BlgNR XIV. GP 19); *Adensamer*, KollisionsR 56; *Eckert*, Int GesR 391f; offen *Rauter* in Straube/Ratka/Rauter, GmbHG § 76 Rz 180; *Zollner* in Torggler, GmbHG § 76 Rz 21; vgl zur iW gleichlautenden dt Rechtslage: BGH 16.2.1981, II ZB 8/80; *Reichert/Weller* in MüKo GmbHG[3] § 15 Rz 153; *Goette* in FS Boujong 131 (138, 143); *Löbbe* in Habersack/Casper/Löbbe, Großkomm GmbHG[3] § 15 Rz 139.
133 OGH 23.2.1989, 6 Ob 525/89; aus der Lit vgl *Verschraegen* in Rummel, ABGB[3] §§ 8, 9 IPRG, Rz 9; *Koppensteiner/Rüffler*, GmbHG[3] § 76 Rz 24; *Schopper* in Gruber/Harrer, GmbHG[2] § 76 Rz 48.

den (**Substitution**).[134] In Rsp u FB-Praxis wird die Beurkundung durch einen dt,[135] spanischen,[136] aber auch italienischen Notar idR als gleichwertig angesehen.

Trotz der hier vertretenen A ist der **Praxis** zu empfehlen, sich nicht auf die alternative Ortsform oder die Wirksamkeit einer (stillschweigenden) Teilrechtswahl zu verlassen. Zu **Auslandsbeurkundungen** fehlt aktuelle Rsp; die zur alten Rechtslage (vor Rom I-VO, EVÜ) ergangene E zu 6 Ob 525/89 erfordert die Einhaltung der Notariatsakts- oder einer qualitativ vergleichbaren Form (Rz 30). Für österr Verpflichtungsgeschäfte über **ausländische GmbH-Anteile** sollte idealerweise ebenfalls die Notariatsakts- oder eine qualitativ vergleichbare Form gewählt werden. **Zumindest** die Aufnahme einer **ausdrücklichen Teilrechtswahl** des Formstatuts (idR Recht, dem die Gesellschaft unterliegt, *Gesellschaftsstatut*) in den Vertrag ist zu empfehlen.[137] Eine entspr Formulierung könnte etwa lauten: „*Dieser Vertrag unterliegt österreichischem Recht unter Ausschluss seiner Verweisungsnormen. Dies gilt jedoch nicht für die Form des Vertrags, die dem auf die Gesellschaft anwendbaren Recht (Gesellschaftsstatut) unterliegt.*" Zuletzt bleibt festzuhalten, dass iZm Anteilsabtretungen mit Auslandsbezug auch die Wirksamkeit des Übertragungsvorgangs aus Sicht ausländischen Rechts (u sein registerrechtlicher Vollzug) zu beachten ist. Hier ist zu empfehlen, frühzeitig lokale Berater zu involvieren, um die Wirksamkeit des Abtretungsvorgangs aus Perspektive sämtlicher beteiligter Rechtsordnungen zu gewährleisten (zB durch Errichtung lokaler Transfer Deeds).

9. Beendigung

Schließlich regelt das Gesellschaftsstatut das **Ende der Gesellschaft**. Es entscheidet über die mit Auflösung, Abwicklung u Beendigung der Gesellschaft zusammenhängenden Fragen. Dazu gehören die Gründe die zur Auflösung führen sowie die damit zusammenhängenden Wirkun-

---

134 Vgl *Koppensteiner/Rüffler*, GmbHG[3] § 76 Rz 24; *Schopper* in Gruber/Harrer, GmbHG[2] § 76 Rz 49.
135 OGH 23.2.1989, 6 Ob 525/89.
136 OLG Wien 4.11.2008, 28 R 194/08t, NZ 2009, 222; aA *Zib*, JBl 2013, 344 (350).
137 Vgl *Eckert*, Int GesR 391; *Merkt/Göthel*, Internationaler Unternehmenskauf[3] § 7 Rz 47; vgl dazu die Formulierungen bei *Göthel* in Reithmann/Martiny, Internationales Vertragsrecht[8] Rz 6.2581 (dt); u bei *Merkt/Göthel*, Internationaler Unternehmenskauf[3] § 7 Rz 47 (eng).

gen, wie die rechtliche Stellung der Abwicklungsgesellschaft (zur Insolvenz vgl Rz 33). Dem Gesellschaftsstatut unterliegen aber auch alle **Änderungen in der Unternehmensstruktur**, namentlich durch **Umwandlungen, Verschmelzungen, Spaltungen** uÄ,[138] einschließlich des jew mit der einzelnen Umgründungsmaßnahme verbundenen Rechtsrahmens. Dies umfasst Formen u Fristen der Strukturmaßnahme (zur Vertragsform vgl § 8 IPRG, str)[139], Regelungen, die zum Schutz v (Minderheits-)Gesellschaftern, AN u Gläubigern der Gesellschaft vorgesehen sind sowie die Rechtswirkungen der Strukturmaßnahmen, wie das Erlöschen des Rechtsträgers sowie die Vermögensübertragung im Wege der Gesamtrechtsnachfolge.[140]

10. Insolvenz

33 Für die Auflösung, Abwicklung u Beendigung der Gesellschaft in der Insolvenz ist das im Einzelfall anwendbare Recht in Abgrenzung zw Gesellschaftsstatut u Insolvenzstatut zu ermitteln.[141] Maßgeblich ist die autonom auszulegende u innerhalb ihres Anwendungsbereichs vorrangige EU-InsVO. Soweit der SV Berührungspunkte zu Drittstaaten aufweist u die EU-InsVO nicht anwendbar ist, gelten die autonomen Vorschriften der IO (§§ 221 ff IO). Die Anknüpfung des Insolvenzstatuts folgt gem Art 7 Abs 1 EU-InsVO (bis zum 26.6.2017: Art 4 EU-InsVO aF) dem Recht der Verfahrenseröffnung (*lex fori concursus*).[142] Der Regelungsbereich des Insolvenzstatuts umfasst grds das gesamte Insolvenzverfahren, einschließlich der rechtlichen Wirkungen. Dem Insolvenzstatut unterliegen die Voraussetzungen, nach denen ein Insolvenzverfahren zu eröffnen ist, einschließlich der **Insolvenzfähigkeit**, also die Fähigkeit, Gemeinschuldner in einem Insolvenzverfahren zu sein (die

---

138 RIS-Justiz RS0077097; vgl *Eckert/Schopper* in Eckert/Schopper, AktG-ON § 254 Rz 30.
139 OGH 20.3.2003, 6 Ob 283/02i; 25.9.1990, 4 Ob 544/90; 26.4.1989, 1 Ob 537/89; *Adensamer/Eckert*, GES 2007, 95 (96).
140 OGH 20.3.2003, 6 Ob 283/02i; aus der Lit *Aburumieh/Adensamer/H. Foglar-Deinhardstein*, Verschmelzung VI. B. Rz 4; *Adensamer/Eckert*, GES 2007, 95 (105); *Bachner/Kodek*, ZfRV 2011, 19 (20).
141 Vgl dazu *Rüffler/Koller* in Artmann/Rüffler/Torggler, Gesellschaftsrecht und IPR 1 (17 ff).
142 Vgl ausf *Rüffler/Koller* in Artmann/Rüffler/Torggler, Gesellschaftsrecht und IPR 1 (17).

allg Rechtsfähigkeit der GmbH ist auch nach Eröffnung des Insolvenzverfahrens nach dem Gesellschaftsstatut zu beurteilen[143]. Die **Befugnisse des Insolvenzverwalters**, umfassend auch seine Vertretungsbefugnis für den Gemeinschuldner, unterliegen ebenfalls dem Insolvenzstatut. Darüber hinaus beurteilen sich nach dem Insolvenzstatut der **Umfang der Insolvenzmasse** u ihre **Verteilung**, einschließlich des **Rangs der Forderungen** versch Gläubiger sowie allg die Durchführung u Beendigung des Insolvenzverfahrens.[144]

Die kollisionsrechtliche Einordnung der **Insolvenzantragspflicht** (§ 69 IO) u der zugehörigen **Insolvenzverschleppungshaftung** ist umstritten. In Betracht kommt neben einer insolvenz- u einer gesellschaftsrechtlichen Einordnung auch eine selbständige Anknüpfung am Interessenmittelpunkt (COMI) des Gemeinschuldners.[145] Unter Berücksichtigung des unionsrechtlichen Anwendungsvorrangs ist die kollisionsrechtliche Qualifikationsentscheidung am Anwendungsbereich der EU-InsVO[146] auszurichten. Der EuGH hat sich mit der wohl hM[147] in C-594/14 (*Kornhaas*)[148] (innerhalb des Anwendungsbereichs der EU- 34

---

143 *Behrens/Hoffmann* in Habersack/Casper/Löbbe, Großkomm GmbHG³ EinlB, Rz B 132.
144 *Behrens/Hoffmann* in Habersack/Casper/Löbbe, Großkomm GmbHG³ EinlB, Rz B 132.
145 Für eine insolvenzrechtliche Anknüpfung der Insolvenzantragspflicht (Auswahl) *Rüffler/Koller* in Artmann/Rüffler/Torggler, Gesellschaftsrecht und IPR 1 (26); *Brugger* in Gruber/Harrer, GmbHG² § 107 Rz 108, 128; *Ratka* in Straube/Ratka/Rauter, GmbHG §§ 107–114 Rz 137; *Rüffler*, GES 2005, 411 (416); offen *Koppensteiner/Rüffler*, GmbHG³ Allg Einl, Rz 19a; für Dtl s nur *Weller* in MüKo GmbHG³ Einl, Rz 425; *Eidenmüller*, Ausländische KapGes § 9 Rz 31; aA (für eine gesellschaftsrechtliche Qualifikation) *Eckert*, Int GesR 366 ff; *Eckert/Schopper* in Torggler, GmbHG §§ 107–114 Rz 22 jew mwN; für Dtl vgl nur mwN *Behrens/Hoffmann* in Habersack/Casper/Löbbe, Großkomm GmbHG³ EinlB, Rz 139 f. Im Ergebnis ebenfalls für eine insolvenzrechtliche Einordnung (jew mit abw Begründung): Über die Anwendung v § 48 IPRG: OGH 31.8.2006, 6 Ob 163/06y; auf Basis v § 1 IPRG *Adensamer*, KollisionsR 214 f; *Bachner*, Die Limited in der Insolvenz 60 f.
146 Im Verhältnis zu Drittstaaten gelten die autonomen Regelungen des österr Rechts (§§ 221 ff IO), die jedoch weitgehend den Regelungen der EU-InsVO nachempfunden sind.
147 Vgl die Nachw in FN 134.
148 EuGH 10.12.2015, C-594/14, ZIK 2016, 153 = NZ 2016, 421 (*Epicoco*) = GmbHR 2016, 24 (*Römermann*); im Anschluss BGH 15.3.2016, II ZR 119/14, GmbHR 2016, 592 (*Poertzgen*); aus der Lit vgl jew mwN: *Man-*

InsVO) für eine **insolvenzrechtliche Qualifikation** der Insolvenzantragspflicht u Haftung ausgesprochen u dies mit dem engen Funktionszusammenhang zum Insolvenzverfahren begründet.[149] Ähnlich sehen dies der OGH u wohl auch der österr Gesetzgeber.[150] Für eine solche Einordnung spricht, dass dem Insolvenzstatut auch die Voraussetzungen, unter denen ein Insolvenzverfahren eröffnet wird (Insolvenzgründe [§§ 66 f IO], Recht zur Verfahrenseröffnung) zuzuordnen sind. Die maßgebende Kollisionsregel enthält Art 7 Abs 1 EU-InsVO (bis zum 26.6.2017: Art 4 Abs 1 EU-InsVO aF), nach der auf ein Insolvenzverfahren u seine Wirkungen das Insolvenzrecht des Mitgliedstaats der Verfahrenseröffnung anzuwenden ist.[151] Die E lässt allerdings unbeantwortet, wie zu verfahren ist, wenn eine Insolvenzeröffnung (zB bei masselosen Insolvenzen) unterbleibt. In diesem Fall geht die Kollisionsregel des Art 7 Abs 1 EU-InsVO (bis zum 26.6.2017: Art 4 Abs 1 EU-InsVO aF) ins Leere.[152] Es spricht viel dafür, das anwendbare Recht über § 1 IPRG (Grundsatz der stärksten Beziehung) an den **Interessenmittelpunkt (COMI) des Gemeinschuldners** anzuknüpfen.[153] Dadurch

---

kowski, NZG 2016, 281 (285); *Altmeppen*, NZG 2016, 521. In der E ging es um die Qualifikation v § 64 Abs 1 u 2 dGmbHG (aF). Die Bestimmung regelte – vergleichbar zu § 69 IO u § 25 Abs 3 Z 2 – die Insolvenzantragspflicht u das Zahlungsverbot nach Eintritt der Insolvenzreife (vgl dazu rechtsvergleichend *Adensamer/Oelkers/Zechner*, Unternehmenssanierung zw Gesellschafts- u Insolvenzrecht 33 ff); vgl (im Kontext der int Zuständigkeit) bereits EuGH 4.12.2014, C-295/13.

149 Vgl *Rüffler/Koller* in Artmann/Rüffler/Torggler, Gesellschaftsrecht und IPR 1 (25 ff).

150 OGH 31.8.2006, 6 Ob 163/06y; EBRV 2356 BlgNR. 24. GP 15 (krit *Adensamer/Kerschbaum*, NZG 2014, 773 [776 f]). § 69 Abs 3 IO, der bei einer gesellschaftsrechtlichen Anknüpfung ins Leere laufen würden (gegenüber EU-/EWR-Mitgliedstaaten wäre diese Bestimmung wegen der Verweisung auf das ausländische Gründungsrecht nicht anwendbar).

151 Die int Zuständigkeit für die Verfahrenseröffnung liegt gem Art 3 Abs 1 EU-InsVO bei den Gerichten des Mitgliedstaats, in dem der Interessenmittelpunkt (*centre of main interest* – „COMI") des Gemeinschuldners liegt.

152 Vgl zur Thematik zuletzt *Epicoco*, NZ 2016/150, 424 (425 f): gegenüber einer insolvenzrechtlichen Qualifikation daher krit *Eckert*, Int GesR 365, 368; *Adensamer*, KollisionsR 213 f; *Bachner*, Limited in der Insolvenz 58; im Kontext des EKEG: *Kodek* in Konecny, Insolvenz-Forum 2009, 161 (176); für Dtl vgl *Huber* in Lutter, Europäische Auslandsgesellschaften 325.

153 Vgl insb *Adensamer*, KollisionsR 213 f; *Bachner*, Limited in der Insolvenz 58; zuletzt *Epicoco*, NZ 2016/150, 424 (426); für eine analoge Rechtsanwen-

ist gewährleistet, dass die Insolvenzantragspflicht, die Insolvenzgründe, das Recht auf Verfahrenseröffnung sowie das auf ein mögliches Insolvenzverfahren anwendbare Recht unabhängig v einer Verfahrenseröffnung beim faktischen Tätigkeitsschwerpunkt des Gemeinschuldners verortet u einer Rechtsordnung zu entnehmen sind. Im Verhältnis zu Gesellschaften aus Drittstaaten gilt Entspr (vgl insb §§ 221 ff IO). Ob solche Gesellschaften mit inländischem COMI im österr Recht überhaupt rechtsfähig sind, ist allerdings umstritten (vgl zu den Rechtsfolgen eines Statutenwechsels Rz 37).[154] Mit der Insolvenzantragspflicht u der Insolvenzverschleppungshaftung ist auch das **Zahlungsverbot** gem § 25 Abs 3 Z 2 insolvenzrechtlich zu qualifizieren.

Insolvenz (Insolvenzfähigkeit u Insolvenzgründe): unter Berücksichtigung des unionsrechtlichen Anwendungsvorrangs (vgl Rz 6) ist die Grenze zw int GesR u int Insolvenzrecht (im Anwendungsbereich der EU-InsVO) durch Auslegung der EU-InsVO zu ziehen.

III. Grenzüberschreitende Sitzverlegung

A. Grundsätzliches

Die Sitzverlegung über die Grenze kann sich als isolierte Verlagerung des (i) Verwaltungs- oder (ii) des Satzungssitzes einer Gesellschaft u als (iii) gemeinsame Verlegung sowohl des faktischen Tätigkeitsschwerpunkts als auch des Satzungssitzes vollziehen.[155] Im IPRG wird ausschließlich auf den Verwaltungssitz Bezug genommen. Im materiellen GesR wird im Regelfall auf den Satzungssitz abgestellt.[156] Umzug, Wegzug oder Zuzug werden im Kontext der grenzüberschreitenden Sitzverlegung sowohl für die nachträgliche Hinein- oder Hinausverlegung der Unternehmensleitung als auch für die ursprüngliche Wahl des Verwaltungssitzes in einem anderen Staat (originäre Sitzver-

35

---

dung auch *Rüffler/Koller* in Artmann/Rüffler/Torggler, Gesellschaftsrecht und IPR 1 (26).
154 Krit *Adensamer/Kerschbaum*, NZG 2014, 773 (776 f); vgl auch *Karollus* in Leitner, HB vGA[2] 55.
155 Vgl zur Thematik mwN zuletzt *Mitterecker*, Sitzverlegungen 69 ff; *Hasenauer/Stingl* in FS Hügel 117.
156 Vgl *Ratka* in Straube/Ratka/Rauter, GmbHG § 5 Rz 95; *Eckert/Adensamer*, GES 2004, 52.

legung, Rz 5) verwendet. Aus kollisions- u sachrechtlicher Sicht sind beide Fallgruppen gleich zu behandeln.

B. Verlegung des Verwaltungssitzes

36 Im Anwendungsbereich der Sitztheorie führt eine grenzüberschreitende Verlegung des Verwaltungssitzes zunächst zu einer Verweisung auf das IPR des Staats am neuen Sitz der Hauptverwaltung u, wenn dieses die Verweisung annimmt, zur Änderung des auf die Gesellschaft anwendbaren materiellen (Gesellschafts-)Rechts (**Statutenwechsel**, zu den Rechtswirkungen vgl Rz 37).

37 Im Fall einer (isolierten) **Verlegung des Verwaltungssitzes** einer EU-/EWR-ausländischen GmbH nach Ö (zB aus dem Vereinigten Königreich oder der Schweiz; im Anwendungsbereich der Niederlassung ist grds v einer Anknüpfung an das Recht des Registerstaats auszugehen;[157] die grenzüberschreitende Verlegung des Verwaltungssitzes erfolgt daher unter Wahrung des anwendbaren Rechts [**Statutenwahrung**, vgl Rz 6 f]) (**Zuzug**) ist der ausländische Rechtsträger durch die Brille materiell österr GesR zu beurteilen u sohin einer österr Gesellschaftsform zuzuordnen. Gleiches gilt für den Zuzug einer GmbH aus einem EU-/EWR-Mitgliedstaat, der seinerseits der Sitztheorie folgt (vgl Dtl[158]).[159] Die damit einhergehenden Rechtsfolgen sind **umstritten**. Mangels FB-Eintragung als (österr) GmbH ist ein solcher Rechtsträger v der älteren Jud als rechtliches

---

157 S an dieser Stelle nur *Kalss/Klampfl*, Europäisches GesR, Rz 99 ff.

158 Ob für dt GmbH mit ausländischem Verwaltungssitz die Sitztheorie oder – seit Inkrafttreten des MoMiG („Gesetz zur Modernisierung des GmbH-Rechts u zur Bekämpfung v Missbräuchen") – die Gründungstheorie gilt, ist umstritten (vgl dazu mwN *Kieninger* in MüHB GesR VI[4] § 52 Rz 19 ff).

159 S *Mitterecker*, Sitzverlegungen 79 f, 139; *Eckert*, Int GesR 101 ff. Festzuhalten bleibt, dass in der österr Lit u Rsp idR nicht danach differenziert wird, ob eine aus einem EWR-Mitgliedstaat zuziehende Gesellschaft aus einem Staat kommt, der seinerseits der Gründungs- oder der Sitztheorie folgt. Der OGH hat in mehreren E (29.4.2004, 6 Ob 43/04y; 8.5.2008, 6 Ob 232/07x) – allerdings vor EuGH 16.12.2008, C-210/06 – *Cartesio* – ausgesprochen, dass das Gesellschaftsstatut einer nach einem EWR-Staat gegründeten Gesellschaft ihr Gründungsrecht sei. Dem entsprechen auch die überwiegenden Stellungnahmen in der österr Lit (*Brugger* in *Gruber/Harrer*, GmbHG[2] § 107 Rz 24; *Ratka* in Straube/Ratka/Rauter, GmbHG §§ 107–114 Rz 47 ff; *Koppensteiner/Rüffler*, GmbHG[3] Allg Einl, Rz 17).

Nullum[160] bezeichnet worden; die hM[161] sieht in ihm eine österr **GesbR**, was der „Auffangfunktion" dieser Rechtsform Rechnung trägt (vgl § 1175 Abs 1 ABGB).[162] Der OGH hat sich dieser Rechtsauffassung zuletzt angeschlossen.[163] Rechtsträger aus Drittstaaten[164] mit österr Verwaltungssitz sind danach „*als Gesellschaft bürgerlichen Rechts anzusehen*"[165]. Im Fall einer Alleingesellschafterstruktur kann freilich keine PersGes vorliegen u kommt es zu einem Eintritt des Alleingesellschafters in das Gesellschaftsvermögen. Als dogmatische Stütze dieser Rechtsnachfolge wird auf § 142 UGB (analog) verwiesen u sohin *ex lege* eine Gesamtrechtsnachfolge des verbleibenden Alleingesellschafters angeordnet.[166] Mangels Rechtsfähigkeit einer GesbR führt der Wechsel des Rechtskleids aber auch bei einer Gesellschaftermehrheit zwingend zu einem Rechtsträgerwechsel (anders als in Dtl, wo zumindest bei einer Gesellschaftermehrheit eine Rechtsfähigkeit des Nachfolgerechtsträgers bestehen bleibt) mit allen Konsequenzen eines „kalten Statutenwechsels"[167]. Diese umfassen neben steuerlichen Risken[168]

---

160 Zuletzt OGH 27.4.2006, 6 Ob 45/06w; 11.5.2008, 8 Ob 54/06y.
161 Vgl *Staringer*, Besteuerung doppelt ansässiger Kapitalgesellschaften 50 f; *Adensamer*, KollisionsR 68 f; *Eckert/Adensamer*, GES 2004, 52 (57 f); *Ratka*, Grenzüberschreitende Sitzverlegung von Gesellschaften 80 f; offen *Brugger* in Gruber/Harrer, GmbHG² § 107 Rz 23; sinngleich BGH 27.10.2008, II ZR 158/06 – *Trabrennbahn*; vgl auch BGH 1.7.2002, II ZR 320/00; OLG Hamburg 30.3.2007, 11 U 231/04, zuletzt OLG München, 5.8.2021, 29 U 2411/21; aA *Eckert*, Int GesR 529 ff.
162 Vgl dazu *Walch*, Die subsidiäre Anwendbarkeit des allgemeinen Zivilrechts im GmbH-Recht 161 f.
163 OGH 27.1.2022, 9 Ob 74/21d, GesRZ 2022, 153 (*Thomale/Soldo*) = ecolex 2022, 463 (*Mitterecker/Tomic*) = GES 2022, 123 = JBl 2023, 599 (*Rauter*); dazu auch *Adensamer/Hristov*, RdW 2022, 528 (528 ff); *Drobnig*, ZfRV 2023, 37 (42 ff); *Bachner*, ÖJZ 2022, 694 (694 ff).
164 Konkret handelte es sich hierbei um eine UK Ltd.
165 OGH 27.1.2022, 9 Ob 74/21d Rz 36; krit *Drobnig*, ZfRV 2023, 37 (42); *Adensamer/Hristov*, RdW 2022, 528 (529).
166 OGH 27.1.2022, 9 Ob 74/21d Rz 36; dem 9. Senat folgend OGH 24.5.2022, 10 Ob 41/21h, Rz 15, GES 2022, 262 = wbl 2023, 110; 30.8.2023, 6 Ob 123/23s, RdW 2023, 793 (*Kriwanek/Tuma*); offenbar auch OGH 25.1.2023, 6 Ob 31/22k; *Eckert*, Int GesR 503; krit *U Torggler* in FS Zorn 589 (593 f), *Drobnig*, ZfRV 2023, 37 (42 ff); vgl ebenfalls krit zur dt Rechtslage *Bartels*, ZHR 2012, 412 (421 ff).
167 Vgl *Bachner* in FS 40 Jahre IPRG 373 (393); *ders*, ÖJZ 2022, 694; *Eckert*, Internationales Gesellschaftsrecht 497 ff.
168 Zur Frage, ob eine ausländische KapGes (aus Dritt- oder Sitztheoriestaaten aus der EU/dem EWR) mit österr Verwaltungssitz trotz Verlust der Rechts-

im Besonderen den Verlust der Rechtsfähigkeit,[169] die persönliche Haftung der Gesellschafter (Minderheitsgesellschafter haben vielfach auch keine Möglichkeit, eine Verwaltungssitzverlegung nach Ö zu verhindern) u den fehlenden int Entscheidungseinklang,[170] da der Auslandsrechtsträger aus Perspektive seines „Heimatrechts" auch nach erfolgter Sitzverlegung vielfach unverändert bestehen bleibt. Bei eingetragenen Zweigniederlassungen steht der Verlust des ausländischen Rechtskleids im Spannungsverhältnis mit der Publizitätswirkung des österr FB, in dem die in eine GesbR bzw einen Alleingesellschafter „umgewandelte" Gesellschaft mit dem ausländischen Personalstatut ihrer Registereintragung (zB „Personalstatut nach englischem Recht") zunächst abgebildet bleibt. Im registerrechtlichen Eintragungsverfahren einer ausländischen Zweigniederlassung (bzgl Gesellschaften aus Drittstaaten, infolge des Brexit einschließlich solcher aus dem Vereinigten Königreich) sollte daher neben dem Nachw ihrer tatsächlichen Errichtung auch ein Vorbringen zu einem bestehenden ausländischen Verwaltungssitz, samt Vorlage bzgl Bescheinigungsmittel verlangt werden (vgl dazu §§ 107–114 Rz 4).[171] Ob die in der Lit vertretenen Lösungsvorschläge zur Vermeidung der mit der „GesbR-Lösung" einhergehenden Rechtsfol-

---

fähigkeit weiterhin als KöSt-Subjekt anerkannt werden kann (sog „Trennungsthese"), krit BMF Info „Entwurf zur Ertragsteuerlichen Beurteilung von Drittstaatsgesellschaften mit Verwaltungssitz (§ 10 IPRG) und Ort der Geschäftsleitung (§ 27 Abs. 2 BAO) in Österreich" [dazu u zum aktuellen Meinungsstand in der steuerlichen Lit *H Hayden/T Hayden/Schachner-Gröhs*, RdW 2022, 571 (576)]; *Adensamer/Hristov*, RdW 2022, 528 (531 f); *Bendlinger*, VWT 2022, 274; vgl auch *Mischkreu/Oberkleiner/Knesl*, ÖStZ 2020, 664; Punkt 1.5.2. Salzburger Steuerdialog 2009; mwN *Hohenwarter-Mayr* in Lang/Rust/Schuch/Staringer, KStG² § 1 Rz 56 ff; aus dSicht **abl** *Wachter* in VGR Bd. 22, 189 (216). Verneint man dies, wäre die zugezogene drittstaatliche KapGes im Ergebnis kein KöSt-Subjekt mehr u ertragsteuerlich transparent, sodass ihre Einkünfte unmittelbar bei ihren Gesellschaftern steuerlich zu erfassen wären (vgl *Staringer* in FS Zorn 549 [552 ff]). Zu den Konsequenzen einer dann denkbaren Liquidationsbesteuerung (samt Aufdeckung der stillen Reserven) ausf *Hristov*, Die Liquidation im Ertragsteuerrecht. **AA** (iSe autonomen steuerlichen Betrachtung des Auslandsrechtsträgers) zuletzt *Staringer* in FS Zorn 549 (559 ff) u *Beiser*, GesRZ 2022, 72 (73 ff).
169 Zum Parteiwechsel im Zivilprozess vgl OGH 27.1.2022, 9 Ob 74/21d, Rz 39.
170 Vgl zum Begriff *Bar/Mankowski*, Internationales Privatrecht I², 7/193.
171 *Adensamer/Hristov*, RdW 2022, 528 (529); für die AG vgl *Eckert/Schopper* in Eckert/Schopper, AktG-ON § 254 Rz 5

gen (dazu ausf Voraufl Exkurs: §§ 10, 12 IPRG Rz 37)[172] noch v der Jud aufgegriffen werden, ist zwar nicht ausgeschlossen, für die nahe Zukunft aber wohl wenig wahrscheinlich.[173]

Die Rechtsfolgen der Verlegung des Verwaltungssitzes einer österr GmbH ins Ausland (**Wegzug**) sind davon abhängig, ob man – wie hier (vgl Rz 3) – v einer teleologischen Reduktion v § 10 IPRG für Fälle des Wegzugs ausgeht, oder § 10 IPRG als allseitige Kollisionsregel begreift. Im Fall einer teleologischen Reduktion bleibt es auch nach erfolgter Sitzverlegung bei der Maßgeblichkeit österr GmbH-Rechts.[174] Das GmbHG enthält mit § 5 Abs 2 nur eine ausdrückliche Bezugnahme auf den Verwaltungssitz der Gesellschaft (vgl dazu § 5 Rz 59). Verbleibt auch nach erfolgter (Verwaltungs-)Sitzverlegung ins Ausland zumindest einer der in § 5 Abs 2 genannten Anknüpfungspunkte in Ö (Betrieb, Geschäftsleitung, Verwaltungssitz), steht das GmbHG einer Verlegung des Verwaltungssitzes ins Ausland neutral gegenüber. **38**

Wendet man die in § 10 IPRG angeordnete Anknüpfung an den Verwaltungssitz auch auf im Ausland domizilierende österr GmbH an, verweist diese auf das IPR des Zuzugsstaats (vgl zu den möglichen Varianten Rz 5). Verweist dieses auf österr Recht zurück, bleibt es bei den in Rz 36 dargestellten Rechtsfolgen. Nimmt ausländisches IPR die Verweisung an oder verweist es auf das IPR eines Drittstaats (u dieser nicht weiter auf österr Recht), richtet sich das weitere Schicksal der GmbH nach dem für anwendbar erklärten Sachrecht des Zuzugs- oder Drittstaats. § 5 Abs 2 ist nicht einschlägig. **39**

Der EuGH hat es den Mitgliedstaaten in *Cartesio* freigestellt, die Mobilität v ihrem Recht unterliegenden Gesellschaften zu beschränken.[175] Die Anwendung der in § 10 IPRG angeordneten Kollisionsregel auf nach österr Recht gegründete GmbH verstößt daher nicht gegen **40**

---

172 Vgl zur Liquidationsgesellschaft mit ausf Begr zuletzt *U Torggler* in FS Zorn 589 (593 ff) unter Bezugnahme auf § 113 GmbHG (§ 254 Abs 8 AktG); *Eckert*, Int GesR 504 ff; *Eckert/Schopper* in Eckert/Schopper, AktG-ON § 254 Rz 16; so auch *Mitterecker*, Sitzverlegungen 79 ff.
173 Dies auch vor dem Hintergrund, dass die E in OGH 24.5.2022, 10 Ob 41/21h, Rz 15 bestätigt u in OGH 30.8.2023, 6 Ob 123/23s sowie in 25.1.2023, 6 Ob 31/22k unkritisch zitiert wurde; vgl auch *Adensamer/Hristov*, RdW 2022, 528 (530).
174 Vgl *Mitterecker*, Sitzverlegungen 86 ff.
175 Vgl *Kalss/Klampfl*, Europäisches GesR, Rz 102 ff; *Eckert*, GesRZ 2009, 139 (145 f); *Eckert*, Int GesR 64 f; *Mitterecker*, Sitzverlegungen 6, 125.

Unionsrecht. Dem jew Zuzugsstaat steht es auch frei, die Verweisung anzunehmen, wenn sein IPR – wie zB in Dtl oder Luxemburg – seinerseits der Sitztheorie folgt. Auch darin liegt kein Verstoß gegen die Art 49, 54 AEUV. Die vorstehend (Rz 36 f) skizzierten Rechtsfolgen gelten daher sowohl innerhalb als auch außerhalb des Anwendungsbereichs der Niederlassungsfreiheit (Wegzug in EWR- oder Drittstaaten).

C. Verlegung des Satzungssitzes

41 Die grenzüberschreitende Satzungssitzverlegung ist zunächst eine Änderung des GesV u erfordert somit – bei einer österr GmbH – eine entspr Beschlussfassung der GV samt nachfolgender Eintragung im FB (§ 49).[176] Nach traditionellem Verständnis im österr GmbH-Recht muss der Satzungssitz einer GmbH im Inland liegen (vgl § 5 Abs 4 aF[177]).[178] Ein GV-Beschluss, der auf eine Änderung des GesV durch Aufnahme eines **ausländischen Satzungssitzes** gerichtet ist, wird nach älterer A in einen **Auflösungsbeschluss** umgedeutet,[179] nach der wohl hM als **nichtig** angesehen.[180] Ein ausländischer Satzungssitz ist daher – soweit er nicht im Anwendungsbereich des Unionsrechts als Ausübung der Niederlassungsfreiheit zu betrachten ist (dazu Rz 40 f)[181] – nicht eintragungsfähig, weshalb – mangels FB-Eintragung – keine Rechtswirksamkeit der Satzungsänderung eintritt.

42 Innerhalb der EU bzw des EWR haben Gesellschaften die Möglichkeit, sich durch grenzüberschreitende (Satzungs-)Sitzverlegung form-

---

176 Die Beschlussfassung hat im Rahmen einer GV zu erfolgen u ist notariell zu beurkunden (§ 49 Abs 1). Die notariell zu beglaubigende FB-Anmeldung ist v sämtlichen GF zu unterfertigen (§ 51 Abs 1).

177 Mit EBRV abgedruckt bei *Kalss/Eckert*, Zentrale Fragen 474 f.

178 *Koppensteiner/Rüffler*, GmbHG³ § 4 Rz 4; *Aicher/Feltl* in Straube/Ratka/Rauter, GmbHG § 4 Rz 9; *Ratka* in Straube/Ratka/Rauter, GmbHG § 5 Rz 80; *Pilgerstorfer* in Artmann, UGB³ § 13 Rz 7; *Umfahrer*, GmbH⁶ Rz 91, vgl auch *Traar*, GES 2010, 68.

179 Vgl zB *Kastner/Doralt/Nowotny*, GesR⁵, 190; *Hämmerle/Wünsch*, Handelsrecht II³, 246; *Micheler* in Doralt/Nowotny/Kalss, AktG² § 254 Rz 38.

180 Vgl *Koppensteiner/Rüffler*, GmbHG³ § 4 Rz 4a; vgl auch § 5 Rz 65. IdZ ist zu beachten, dass die relevante Regelung im österr Recht (§ 5, vgl dazu § 5 Rz 59 ff) nur zur Anwendung gelangt, wenn die Verlegung des Satzungssitzes ins Ausland nicht auch mit einem Statutenwechsel verbunden ist (bei Simultanverlegung v Satzungs- u Verwaltungssitz vgl unten Rz 42 f).

181 Vgl dazu unten Rz 42 f.

wechselnd in eine Gesellschaft des Zuzugsstaats umzuwandeln (**Sitzverlegung unter Rechtsformwechsel**).[182] Der Formwechsel vollzieht sich unter Wahrung der Identität des Rechtsträgers. Eine Vermögensübertragung findet nicht statt. Als Form der Ausübung der Niederlassungsfreiheit steht der Formwechsel sowohl im Wegzugs- als auch Zuzugsstaat unter dem Schutz der Niederlassungsfreiheit, die diese Gestaltungsmöglichkeit zumindest nicht generell ausschließen dürfen.[183] Mit der Mobilitäts-RL[184] hat der europäische Gesetzgeber einen sekundärrechtlichen Rahmen uA für grenzüberschreitende Satzungssitzverlegungen (Umwandlungen) etabliert.[185] Österreich hat die Mobilitäts-RL im Wege des Gesellschaftsrechtlichen Mobilitätsgesetzes[186] umgesetzt, das am 1.8.2023 in Kraft getreten ist (§ 70 Abs 1 EU-UmgrG). Das EU-UmgrG regelt neben grenzüberschreitenden Satzungssitzverlegungen – das G verwendet (in Entsprechung zur Terminologie der RL) den Begriff der „grenzüberschreitenden Umwandlung" – auch grenzüberschreitende Verschmelzungen u Spaltungen. Bezogen auf die Verschmelzung tritt es damit an die Stelle des EU-VerschG. Der im EU-UmgrG etablierte Rechtsrahmen zielt wie bisher darauf ab, grenzüberschreitende Umstrukturierungen unter angemessener Interessenwahrung der gesellschaftsrechtlichen Stakeholder (Minderheits-)Gesellschafter, Gläubiger u AN zu ermöglichen u zu vollziehen. Bei Strukturierung v Satzungssitzverlegungen sind nach dem neuen Rechtsrahmen ausdrücklich auch Gestaltungen zugelassen, die mit einer isolierten Satzungssitzverlegung,

---

182 EuGH 12.7.2012, C-378/19 – *Vale*, 16.12.2008, C-210/06 – *Cartesio*; vgl ausf mwN: *Kalss/Klampfl*, Europäisches GesR, Rz 126 ff.
183 Soweit die Gestaltungsmaßnahme mit der tatsächlichen Ausübung einer Tätigkeit im Aufnahmemitgliedstaat einhergeht (*Kalss/Klampfl*, Europäisches GesR, Rz 126 f).
184 RL 2019/2121/EU, ABl L 321 v 12.12.2019, 1.
185 Daneben regelt die RL grenzüberschreitende Verschmelzungen u Spaltungen.
186 „Bundesgesetz, mit dem zur Umsetzung der Gesellschaftsrechtlichen Mobilitäts-Richtlinie 2019/2121 ein Bundesgesetz über grenzüberschreitende Umgründungen von Kapitalgesellschaften in der Europäischen Union (EU-Umgründungsgesetz – EU-UmgrG) erlassen wird und das Firmenbuchgesetz, das Rechtspflegergesetz, das Übernahmegesetz, das Aktiengesetz, das Umwandlungsgesetz, das Bankwesengesetz sowie das Gerichtsgebührengesetz geändert werden (Gesellschaftsrechtliches Mobilitätsgesetz – GesMobG)" (BGBl I 78/2023).

unter Aufrechterhaltung des bisherigen Verwaltungssitzes, einhergehen (§ 8 Abs 1 EU-UmgrG).[187]

43 Die zentralen Eckpunkte einer grenzüberschreitenden Satzungssitzverlegung (Umwandlung) sind:[188]

- Die Errichtung eines schriftlichen **Umwandlungsplans** durch die GF (§ 10 Abs 1 EU-UmgrG) als Grundlage für die Sitzverlegung (Umwandlung). Dieses Dokument bedarf keiner notariellen Form u ist inhaltlich weitgehend an den Verschmelzungsplan des EU-VerschG angelehnt.
- Die Aufstellung einer Schlussbilanz auf den Umwandlungsstichtag (§ 10 Abs 2 EU-UmgrG).
- Die **Berichterstattung** durch die **GF** (Umwandlungsbericht gem § 11 EU-UmgrG). Abweichend zur Regelung des Verschmelzungsberichts im EU-VerschG, ist der Umwandlungsbericht nur auf Information v Gesellschaftern u AN (u nicht auch auf Gläubigerinformation) gerichtet. Der auf Gesellschafterinformation gerichtete Abschnitt kann bei Verzicht der Gesellschafter oder einer Alleingesellschafterstruktur unterbleiben (§ 11 Abs 4 EU-UmgrG).
- Die **Prüfung** des Umwandlungsplans (§ 12 EU-UmgrG), insb der angemessenen Barabfindung, durch einen **externen Sachverständigen** (Umwandlungsprüfung) sowie die Prüfung v Umwandlungsbericht u Prüfungsbericht durch den **AR** (§ 13 EU-UmgrG), jew samt Berichterstattung an die Gesellschafter.
- Offenlegung u (*ex ante*-)Information an Gesellschafter u AN gem §§ 14 f EU-UmgrG.
- Einberufung u **Beschlussfassung der GV** über die Umwandlung samt zugehöriger Änderung des GesV (Anpassung des GesV gem den Anforderungen des Aufnahmemitgliedstaats) gem § 16 EU-UmgrG.
- **FB-Anmeldung der beabsichtigten Umwandlung** beim zuständigen österr FB-Gericht, die – bei der Hinaus-Umwandlung – mit dem Antrag auf **Ausstellung der Rechtmäßigkeitsbescheinigung** verbunden ist (Hinaus-Umwandlung: § 21 EU-UmgrG; Herein-Umwandlung: § 24 EU-UmgrG).
- Die **Rechtswirksamkeit der Umwandlung** tritt mit der Registereintragung im Aufnahmemitgliedstaat ein. Eine Löschung der Gesellschaft im Wegzugsmitgliedstaat erfolgt unmittelbar über Mitteilung

---

187 *Winner*, GesRZ 2023, 284 (286).
188 Vgl dazu ausf *Winner*, GesRZ 2023, 284 (285 ff).

des Registers des Zuzugsmitgliedstaats. Eine darauf gerichtete FB-Anmeldung ist nicht erforderlich.

Dem **Gläubigerschutz** soll auch im EU-UmgrG durch Maßnahmen *ex ante* u solche *ex post* Rechnung getragen werden, wobei die Schutzinstrumente ungeachtet der abw Gefährdungslage[189] weitgehend dem bisherigen EU-VerschG entsprechen u sich abhängig v der Umwandlungsrichtung unterscheiden („Hinaus-" bzw „Herein-Umwandlung"). Zunächst kann die Gesellschaft ihren Gläubigern bereits im Umwandlungsplan Sicherheiten anbieten (§ 10 Abs 1 Z 6 EU-UmgrG). Bei der Hinaus-Umwandlung haben Gläubiger, Inhaber v Schuldverschreibungen u Genussrechten, über die gegebenenfalls gem § 10 Abs 1 Z 6 EU-UmgrG angebotenen Sicherheiten hinaus, das Recht, innerhalb einer dreimonatigen Frist nach Bekanntmachung des Umwandlungsplans die Besicherung ihrer nicht fälligen u einredefreien Forderungen zu begehren (§ 20 Abs 1 EU-UmgrG).[190] Bis zum Ablauf der Frist u angemessener Sicherheitsleistung an Gläubiger, die eine entspr Klage erhoben haben, oder dem Nachw, dass andere als die befriedigten oder sichergestellten Gläubiger keine Klagen erhoben haben, darf auch die Vorabbescheinigung des FB-Gerichts nicht ausgestellt werden. Eine inhaltliche Prüfung durch das FB-Gericht ist dabei nicht vorgesehen, weshalb klagende Gläubiger, mangels Sicherheitsleistung der Gesellschaft, faktisch die Möglichkeit haben, die Umwandlung (bis zum Vorliegen eines rechtskräftigen Urteils) zu blockieren.[191] Gläubiger, deren Forderungen vor Offenlegung entstanden sind, haben darüber hinaus die Möglichkeit, ihre Ansprüche am früheren Sitz der Gesellschaft geltend zu machen. Eine darauf gerichtete Klage muss allerdings innerhalb v zwei Jahren nach Rechtswirksamkeit der Umwandlung erhoben werden. Bei der Herein-Umwandlung wird der Erwartungshaltung v (Neu-)Gläubigern mit einer Gesellschaft zu kontrahieren, welche die österr Anforderungen der Kapitalaufbringung durchlaufen hat, durch Anwendung der Gründungsvorschriften Rechnung getragen (§ 23 EU-UmgrG).

44

---

189 Zur Gefährdungslage der Gläubiger bei der grenzüberschreitenden Umwandlungen vgl *Winner*, GesRZ 2023, 284 (286 f).
190 Befristet ist dabei nicht das Sicherheitsbegehren an sich, vielmehr kann die Leistung der Sicherheit nur innerhalb v drei Monaten ab Offenlegung des Umwandlungsplans mit Klage gegen die Gesellschaft durchgesetzt werden (vgl *Potyka* in Rieder/Potyka, EU-UmgrG § 20 Rz 1; *Winner*, GesRZ 2023, 284 [287]).
191 *Winner*, GesRZ 2023, 284 (288).

45 Strukturell kennt man alldies bereits weitgehend aus dem SEG u dem EU-VerschG, das durch das EU-UmgrG nur soweit zur Umsetzung der Mobilitäts-RL erforderlich geändert werden sollte.[192] Neu ist hingegen die v G gem den Vorgaben der Mobilitäts-RL für sämtliche Umgründungsarten (Umwandlung/Sitzverlegung, Verschmelzung u Spaltung) vorgesehene **Missbrauchskontrolle** des Gerichts am bisherigen Sitz der Gesellschaft.[193] So ist *ex ante*, vor Ausstellung der Rechtmäßigkeitsbescheinigung, zu prüfen, ob die Umwandlung zu missbräuchlichen, betrügerischen oder kriminellen Zwecken vorgenommen werden soll. Während für die Frage nach kriminellem oder betrügerischem Verhalten auf die strafrechtlichen Vorgaben verwiesen werden kann, wirft die Auslegung des Missbrauchsbegriffs Fragen auf. Dem Schutz v Gläubigern, Gesellschaftern u AN wird durch Einhaltung der dafür vorgesehenen Vorkehrungen im EU-UmgrG ohnehin entsprochen. Einen darüber hinausgehenden Missbrauch zugunsten dieser Stakeholder wird man wohl nur in Ausnahmefällen annehmen können.[194] Allgemein wird der Missbrauchstatbestand im Einklang mit den Grundwertungen des Unionsrechts daher als *ultima ratio* auszulegen sein, um nicht als Einfallstor nationaler Interessen missbraucht zu werden.[195] Gemäß der Konkretisierung des österr Gesetzgebers (§ 21 Abs 7 UmgrG) ist Missbräuchlichkeit anzunehmen, wenn im FB die Feststellung eingetragen ist, dass die Gesellschaft als Scheinunternehmen gilt (§ 3 Abs 1 Z 15a FBG iVm § 8 SBBG). Wird dem Gericht hingegen ein Auskunftsbescheid nach § 118 BAO vorgelegt, der einen abgabenrechtlichen Gestaltungsmissbrauch (§ 118 Abs 2 Z 5 BAO) verneint, ist kein Missbrauch anzunehmen; wie überhaupt das Gericht bei Fehlen konkreter Anhaltspunkte, sei es aus der Anmeldung oder mglw auch aus v Dritten übermittelten Informationen, grds davon ausgehen kann, dass kein Missbrauch vorliegt.[196] Aus steuerlicher Sicht ist davon insb dann auszugehen, wenn dem FB-Gericht eine Unbedenklichkeitsbescheinigung gem § 160 Abs 3 BAO vorgelegt wird. Der inhaltliche Mehrwert eines Steuerrulings gem § 118 BAO ist daher *de lege ferenda* zu hinterfragen. Auf Basis der *lex lata* empfiehlt sich eine restriktive Auslegung. Es bleibt offen, wie die Registerpraxis mit diesen Vorgaben umgehen wird.

---

192 247/ME XXVII. GP 1.
193 Vgl 247/ME XXVII. GP 1; *Herzog*, GES 2023, 1 (8 f); *Winner*, GesRZ 2023, 284 (290 f).
194 Zutr *Winner*, GesRZ 2023, 284 (291).
195 Vgl *Schmidt*, NZG 2022, 635 (640) mwN.
196 Vgl 247/ME XXVII. GP 9.

IV. Grenzüberschreitende Typenvermischung

Gesellschaften mit beschränkter Haftung u äquivalente ausländische **46** Rechtsträger können sich ihrerseits an in- u ausländischen Gesellschaften nach Maßgabe der jew anwendbaren Rechte beteiligen.[197] Dies gilt auch für ihre Beteiligung als unbeschränkt haftender Gesellschafter einer österr oder ausländischen PersGes (BV & Co KG, Ltd & Co KG, Sà rl & Co KG, etc). Im Binnenmarkt (EU-, EWR) ist die Beteiligung als unbeschränkt haftender Gesellschafter eine Spielart des Rechts auf freie Niederlassung u unterliegt daher dem Anwendungsbereich v Art 54 Abs 2 AEUV.[198] Die Beteiligung ausländischer Kap- an österr PersGes ist gängige Praxis u die FB-rechtliche Implementierung entspr Gestaltungen idR unproblematisch u ohne Verzögerung realisierbar. Ob dies die Eintragung einer österr Zweigniederlassung des ausländischen Komplementärs erfordert, ist nach Maßgabe v § 107 zu beurteilen (vgl zu den Anforderungen insb §§ 107–114 Rz 7). Sind die dort normierten Tatbestandsvoraussetzungen nicht verwirklicht, besteht auch keine Anmeldepflicht.[199]

Der umgekehrte Fall ist naturgemäß vor dem Hintergrund des auf **47** die ausländische PersGes anwendbaren Rechts sowie der entspr Registerpraxis zu beurteilen. In der dt Registerpraxis ist eine Beteiligung österr GmbH als Komplementäre dt PersGes grds zulässig, wenngleich nicht unkompliziert, da damit vielfach eine Verlegung des Verwaltungssitzes v Dtl nach Ö verbunden ist.[200] Aus Perspektive österr Rechts wäre die Beteiligung einer österr GmbH an einer ausländischen KG auch vor dem Hintergrund des int wohl einzigartig-restriktiven österr Kapitalschutzes bei der kapitalistischen GmbH & Co KG eine interessante Gestaltungsvariante, da Fragen der Kapitalerhaltung dem Gesellschaftsstatut der ausländischen PersGes zuzuordnen sind (vgl Rz 20). Allgemein gilt festzuhalten, dass im Rahmen solcher Gestaltungen (österr GmbH

---

197 Vgl dazu *Kalss/Klampfl*, Europäisches GesR, Rz 89 ff mwN.
198 Vgl *Kalss/Klampfl*, Europäisches GesR, Rz 92.
199 Vgl idZ noch OGH 25.9.1963, 7 Ob 244/63, wonach eine ausländische Gesellschaft nur dann als Komplementärin einer österr KG fungieren kann, wenn sie die Eintragung einer inländischen Zweigniederlassung erwirkt hat.
200 Zur Zulässigkeit eines ausländischen Verwaltungssitzes dt PersGes krit *Teichmann*, ZGR 2014, 220, 229; *Kieninger* in MüHB GesR VI[4] § 52 Rz 24 f; **dafür** *M. Roth* in Baumbach/Hopt, HGB[40] § 106 Rz 8; vgl auch *Kalss/Klampfl*, Europäisches GesR, Rz 98.

als Komplementärin ausländischer PersGes; ausländische GmbH als Komplementärin inländischer PersGes) zunächst die kollisionsrechtlichen Implikationen – u ihre Auswirkungen auf die sachrechtliche Beurteilung des Rechtsträgers – gesondert auf Ebene der GmbH u der PersGes zu prüfen sind.

VII. Hauptstück.
Konzerne

§ 115. (1) Sind rechtlich selbständige Unternehmen zu wirtschaftlichen Zwecken unter einheitlicher Leitung zusammengefasst, so bilden sie einen Konzern; die einzelnen Unternehmen sind Konzernunternehmen.

(2) Steht ein rechtlich selbständiges Unternehmen auf Grund von Beteiligungen oder sonst unmittelbar oder mittelbar unter dem beherrschenden Einfluss eines anderen Unternehmens, so gelten das herrschende und das abhängige Unternehmen zusammen als Konzern und einzeln als Konzernunternehmen.

idF BGBl I 1980/320

Literatur: *Artmann*, Gesellschaftsrechtliche Fragen der Organschaft (2004); *Artmann*, Haftungsdurchgriff im GmbH-Recht, RdA 2002, 370; *Artmann/Rüffler/ Torggler*, Konzern – Einheit oder Vielheit? (2019); *Binnewies*, Die Konzerneingangskontrolle in der abhängigen Gesellschaft (1996); *Eckert/Gassauer-Fleissner*, Überwachungspflichten im Konzern, GES 2004, 416; *Eckert/Schopper*, AktG-ON; *Gröhs*, Der gesellschaftsrechtliche Konzernbegriff (§ 15 AktG, § 115 GmbHG), RdW 1987, 250; *Grünwald*, Die Aufsichtsratspflicht im GmbH-Konzern, NZ 1984, 228, NZ 1985, 7; *Haberer/Krejci*, Konzernrecht (2016); *Henze*, Der qualifiziert faktische GmbH-Konzern, ecolex 1994, 392, 466; *Hommelhoff/ Semler/P. Doralt/G. H. Roth*, Entwicklungen im GmbH-Konzernrecht = ZGR Sonderheft 6 (1986); *Jabornegg*, Die Lehre vom Durchgriff im Recht der Kapitalgesellschaften, wbl 1989, 1, 43; *W. Jud*, Die Inkompatibilität zwischen Aufsichtsratmandat und anderer Organfunktion im Konzern, GesRZ 1982, 111; *W. Jud/ Hauser*, Die Vinkulierung von Namensaktien als Instrument der konzernrechtlichen Eingangskontrolle, NZ 1995, 121; *Kalss*, Zur Entwicklung des Konzernrechts – Ein Bericht über den Deutschen Juristentag, GesRZ 1993, 26; *Kalss/ Eckert*, Rechtsfragen von Geschäften im Konzern, RdW 2007/615, 583; *Kalss/ Eckert*, Bearbeiter *U. Torggler/H. Torggler*, Rechtsfragen von Geschäften im Konzern, GBU 2007/11/09, 35; *Kalss/Rüffler*, GmbH-Konzernrecht (2003); *Kalss/Torggler*, Einlagenrückgewähr (2014); *Karollus*, Banken-, Gesellschafter- und Konzernleitungshaftung nach den „Eumig"-Erkenntnissen, ÖBA 1990, 337, 438; *Karollus*, Gedanken zur Finanzierung im Konzern und zur Reichweite des Ausschüttungsverbotes, ecolex 1999, 323; *Kastner*, Zu den legistischen Aufgaben auf dem Gebiet des österreichischen Gesellschaftsrechts, JBl 1990, 545; *Knauder/Ruhm/Sima*, Konzernrecht² (2010); *Koppensteiner*, Über wirtschaftliche Abhängigkeit, in FS Stimpel (1985) 811; *Koppensteiner*, Neues zur „Existenzvernichtungshaftung", JBl 2008, 749; *Koppensteiner*, Zur Haftung des GmbH-Gesellschafters, wbl 1988, 1; *Koppensteiner*, Missbrauchsverbot und Unternehmensverbund, wbl 2007, 465; *Koppensteiner*, Zum Gewinnabführungsvertrag der GmbH, RdW 1985, 170; *Krejci,* Empfiehlt sich die Einführung neuer Unternehmensformen? Gutachten für den 10. ÖJT (1988); *Krejci,* Zulässigkeitskontrollen konzernbildender Unternehmensverträge, ÖZW 1988, 65; *Lutter/ Timm,* Konzernrechtlicher Präventivschutz im GmbH-Recht, NJW 1982, 409; *Polster* (Hg), HB Cash Pooling (2016); *Reich-Rohrwig,* Verbotene Einlagenrückgewähr bei Kapitalgesellschaften, ecolex 2003, 152; *G. H. Roth/Fitz,* Leviathan und der Kleinaktionär, RdW 1985, 99; *Schopper/C. Strasser,* Konturen einer Existenzvernichtungshaftung in Österreich, GesRZ 2005, 176; *Schumacher,* Konkursverschleppung und Gesellschafterhaftung, RdW 1987, 394; *Thöni,* Zur Verantwortlichkeit des GmbH-Gesellschafters, GesRZ 1987, 82, 126; *U. Torggler,* Zum Wettbewerbsverbot des Mehrheitsgesellschafters (GmbH), GesRZ 1995, 233; *U. Torggler,* Zum deliktischen Schutz der Mitgliedschaft(-srechte), JBl 2003, 747; *U. Torggler,* Zur Konzernhaftung nach österreichischem Recht, GesRZ 2013, 11; *Ulmer,* Der Gläubigerschutz im faktischen GmbH-Konzern beim Fehlen von Minderheitsgesellschaftern, ZHR 148 (1984) 391; *Vanis,* Zur Unterwerfung von Kapitalgesellschaften im Konzern, GesRZ 1987, 132.

Inhaltsübersicht

I. Anwendungsbereich und Inhalt der Konzerndefinition	1–10
A. Anwendungsbereich und Bedeutung	1, 2
B. Inhalt	3–10
1. Einheitliche Leitung	4–7
2. Beherrschender Einfluss	8–10
II. Schutz von Minderheitsgesellschaftern und Gläubigern bei Konzernbildung und im aufrechten Konzern	11–22
A. Minderheitenschutz	13–20
1. Konzernbildungskontrolle	13–15
2. Konzernleitungskontrolle	16–20
B. Gläubigerschutz	21, 22

I. Anwendungsbereich und Inhalt der Konzerndefinition

A. Anwendungsbereich und Bedeutung

1 Unter dem Begriff „Konzern" wird ein Verbund rechtlich selbständiger Unternehmen zu einer wirtschaftlichen Einheit verstanden. § 115 beschreibt in Abs 1, dass bei Zusammenfassung v Unternehmen unter einheitlicher Leitung ein Konzern vorliegt, auch wenn die Konzernunternehmen weiterhin rechtlich selbständig sind. Absatz 2 enthält eine widerlegbare Vermutung, dass bei Abhängigkeit der Gesellschaft zu dem beherrschenden Unternehmen eine Konzernbeziehung besteht.

Ein Konzern ist eine flexible u effiziente Organisationsform, mit der ua Kosten geteilt sowie Systeme gemeinsam genutzt (zB gemeinsame IT-Systeme) u so Synergieeffekte erzielt werden können. Unter der Konzerngefahr wird hingegen verstanden, dass ein Hauptgesellschafter die Tätigkeit der Gesellschaft zur Verfolgung v dem Gesellschaftsinteresse widersprechenden unternehmerischen Interessen nützen könnte. Gefahren für Minderheitsgesellschafter u Gläubiger können drohen.[1] Zwar bestehen einzelne Regelungen in versch Rechtsgebieten, **ein umfassendes Konzernrecht in Ö fehlt** jedoch. Da weder der Konzern selbst noch das beherrschende Unternehmen Gläubigern u allfälligen benachteiligten Minderheitsgesellschaftern haftet, werden v der Lit allg Grundsätze, wie insb die Treuepflicht u Stimmbindungsverbote, verwendet, um allfällige Minderheitsgesellschafter der abhängigen Gesellschaft zu schützen (vgl Rz 13 ff). Zum Schutz der Gläubiger der abhängigen Gesellschaft wird insb das Verbot der Einlagenrückgewähr herangezogen (vgl Rz 21 f). Die Rsp hat sich mit dem Konzernbegriff u mit Aspekten der Einlagenrückgewähr auseinandergesetzt, jedoch – soweit ersichtlich – nicht umfassend mit dem Schutz v Minderheitsgesellschaftern im Konzernverhältnis. Dies ist wohl auch darauf zurückzuführen, dass in der Praxis häufig sämtliche Anteile an den abhängigen Gesellschaften direkt oder indirekt v der Konzernmutter gehalten werden.

An die in § 115 enthaltene Definition knüpfen nur vereinzelt Rechtsfolgen, im GmbH-Recht einzig iZm der Pflicht zur **Bestellung eines AR** (§ 29 Abs 1 Z 3 u Abs 2 Z 1; s dazu § 29). Der in § 29 herangezogene Konzernbegriff weicht allerdings insofern ab, als er auf eine unmittelbare Beteiligung v mehr als 50 % bei der Beherrschung abstellt (vgl dazu § 29 Rz 13, 19, 23 f). Der in der Definition in Abs 1 (v § 115) vorkommende Begriff der „einheitlichen Leitung" ist auch iZm dem Abstellen auf eine konzernmäßige Verbundenheit (§ 30a Abs 2 Z 3 u Abs 3) u die Beziehung zu einem Konzernunternehmen (§ 30j Abs 2) heranzuziehen. Das AktG beinhaltet eine Definition mit gleichem Wortlaut in § 15 AktG. Von § 115 **tw abw Konzernbegriffe** finden sich in anderen Gesetzen, va in: 2

- § 244 Abs 1 u § 189a UGB – stellen iZm der Konsolidierung auf „einheitliche Leitung" u auf die (auch im GmbHG verwendeten) Be-

---

1 *Knauder/Sima* in Gratzl/Hausmaninger/Justich, Handbuch zur Aktiengesellschaft[2], 870 (Definition v Konzerngefahr); *Milchrahm* in Straube/Ratka/Rauter, GmbHG § 115 Rz 52.

griffe „Mutter- u Tochterunternehmen" (§ 189a Z 6 u Z 7 UGB) sowie „verbundene Unternehmen" ab (§ 189a Z 8 UGB);
- § 9 Abs 1 EKEG – zielt auf „einheitliche Leitung" oder „kontrollierende Beteiligung" ab;
- § 7 Abs 1 Z 5 KartG – greift bei „beherrschendem Einfluss";
- §§ 130 ff BörseG zur börserechtlichen Beteiligungspublizität sowie § 22 Abs 2 u 3 ÜbG – ziehen eine „kontrollierende Beteiligung" heran;
- § 22 Abs 1 Z 2 PSG für die Bestellung eines AR (vgl auch § 29 FN 34) u § 110 Abs 6 ArbVG iZm der Entsendung v AN-Vertretern in den AR – stellen auf „einheitliche Leitung" oder eine „Beherrschung aufgrund einer unmittelbaren Beteiligung v mehr als 50 %" ab.[2]

Die Interpretation des jew Konzernbegriffs orientiert sich am **Zweck** der Bestimmung.[3] Auf die Wertungen des § 115 mit seiner weiteren Auslegung, wie sie v L u Rsp entwickelten wurden, wird jedoch zB iZm Stimmbindungsverboten (vgl Rz 18) u Einlagenrückgewähr (vgl Rz 21) zurückgegriffen.

B. Inhalt

3 Beide Abs des § 115 gehen v der **Verbindung rechtlich selbständiger Unternehmen** aus, wobei Unternehmen häufig als Organisationen, die wirtschaftlich werthafte Leistungen anbieten, definiert werden.[4] Für die Selbständigkeit kommt es nicht auf eine eigene Rechtspersönlichkeit an, sondern es wird darauf abgestellt, dass der Rechtsträger des Unternehmens u der Rechtsträger des verbundenen Unternehmens rechtlich nicht ident sind.[5] Beispielsweise bilden Niederlassungen desselben Rechtsträgers daher keinen gemeinsamen Konzern. Sämtliche Gesellschaftsformen können unter den Begriff des Unternehmens fallen.[6] Strittig ist, ob die Zusammenfassung zu wirtschaftlichen Zwecken – wie in Abs 1

---

2 Auf eine unmittelbare u nicht bloß mittelbare Beteiligung stellt auch § 29 ab.
3 OGH 10.3.2003, 16 Ok 20/02 (iZm Gesellschafts- u Kartellrecht).
4 *Knauder/Sima* in Gratzl/Hausmaninger/Justich, Handbuch zur Aktiengesellschaft[2], 886.
5 *Knauder/Ruhm/Sima*, Konzernrecht[2], 13.
6 *Haberer/Krejci* in Haberer/Krejci, Konzernrecht Rz 1.122 f: Wegen der eigenen Rechtspersönlichkeit fungieren bei der GesbR allerdings die Gesellschafter als Rechtsträger.

angesprochen – erfolgen muss u damit eine reine ideelle Zweckverfolgung ausgeschlossen ist oder ob dem Begriff keine Bedeutung zukommt.[7] Eine typische Konzernstruktur besteht bspw aus einer Holdinggesellschaft u mehreren (direkten u indirekten) Tochtergesellschaften, wobei die Holdinggesellschaft neben den Beteiligungen an den Tochtergesellschaften auch bestimmte Funktionen zentral ausführt, selbst aber nicht operativ tätig ist. Während die Holdinggesellschaft oft als (börsennotierte) AG geführt wird, die in dieser Form ua leichteren Zugang zum Kapitalmarkt erhält, wird für die Konzerngesellschaften häufig die GmbH als Gesellschaftsform gewählt. Gründe für die häufige Wahl v GmbH als Konzerngesellschaften liegen im Weisungsrecht, dem jederzeitigen Bestellungs- u Abberufungsrecht u der weitgehend flexiblen Ausgestaltungsmöglichkeiten. Bei einer AG als abhängiger Gesellschaft besteht hingegen oft ein Spannungsverhältnis zw der Integration u der Unabhängigkeit des Vorstands, was sich umso deutlicher beim Vorhandensein v Minderheitsaktionären zeigt. Mit der Eingliederung in einen Konzern u der Konzernleitung ist in der Praxis häufig Einfluss auf die Führung der Geschäfte der GmbH verbunden, der sich zB in der Verfolgung einer Konzernstrategie zeigen kann. Typisch ist auch die zentrale Ausführung bestimmter Aufgaben wie Rechts- u Finanzangelegenheiten, die dann tw v den Konzerngesellschaften mangels der erforderlichen Ressourcen, zB Personal oder Know-how, nicht mehr selbständig erbracht werden können. Auch könnten im Rahmen eines Konzerns der Muttergesellschaft oder anderen Konzerngesellschaften (eventuell auf Weisung der Muttergesellschaft) günstigere Preise als marktüblich verrechnet werden, wodurch Nachteile für die betroffene Gesellschaft u mittelbar für deren allfällige Minderheitsgesellschafter u Gläubiger drohen (zum Schutz der Minderheitsgesellschafter u Gläubiger s Rz 11 ff, 21 ff). Hier bestehen allerdings zT auch Beschränkungen zB aus steuerrechtlichen Vorschriften. Manche potentielle Nachteile zeigen sich erst, wenn der gesamte Konzern in Schwierigkeiten gerät, zB bei erhöhter Abhängigkeit durch die Zentralisierung v Aufgaben, da diese Aufgaben dann nicht mehr selbständig erbracht werden können u das Überleben der Konzerngesellschaft (zB wegen der fehlenden Finanzierung) dann in Gefahr sein kann.

---

7 Dazu *Auer* in Artmann/Karollus, AktG[6] § 15 Rz 8 f; *Koppensteiner/Rüffler*, GmbHG[3] § 115 Rz 15 halten dieses Tatbestandsmerkmal für irrelevant.

1. Einheitliche Leitung

4 Entscheidender Anknüpfungspunkt des Abs 1 ist die Zusammenfassung **unter einheitlicher Leitung**. Das Tatbestandsmerkmal „Zusammenfassung" bedeutet eine übergreifende organisatorische Zusammenfassung.[8] Zusammengefasst wird auf versch Art u Weise. Die Unternehmen werden wirtschaftlich geführt, als ob es sich um ein einziges Unternehmen handeln würde.[9] Strittig ist das Mindestmaß an Koordination zw den Gesellschaften, das für eine einheitliche Leitung erforderlich ist.[10] Die **Koordination nur einzelner Unternehmensbereiche** ist ausreichend.[11] Dem Finanzbereich kommt dabei entscheidende Bedeutung zu.[12] Zu den idZ relevanten Maßnahmen zählen budgetäre Vorgaben, Steuerung größerer Investitionen oder ein einheitliches Liquiditätsmanagement.[13] Für die einheitliche Leitung ist es nicht notwendig, dass sämtliche wirtschaftlichen Prozesse einheitlich geplant u ohne Berücksichtigung der rechtlichen Selbständigkeit der Konzernunternehmen durchgesetzt werden. Eine **grds Abstimmung der Geschäftspolitik u -führung** zw den Mitgliedern reicht nach überwiegender A aus.[14] Im Sinn eines beweglichen Systems ist auf das tatsächliche Ausmaß an Kontrolle u Steuerung abzustellen.[15]

5 Mit welchen **Mitteln** die einheitliche Leitung erreicht wird, ist gesetzl **nicht vorgegeben**. Nicht erforderlich ist ein rechtlich abgesichertes Weisungsrecht[16] oder die Erteilung v Weisungen[17], **auch rein faktische**

---

8 *Auer* in Artmann/Karollus, AktG[6] § 15 Rz 10.
9 *Haberer/Krejci* in Haberer/Krejci, Konzernrecht Rz 1.127.
10 *Knauder/Sima* in Gratzl/Hausmaninger/Justich, Handbuch zur Aktiengesellschaft[2], 887 Rz 37.
11 OGH 1.12.2005, 6 Ob 217/05p.
12 OGH 1.12.2005, 6 Ob 217/05p; *Auer* in Artmann/Karollus, AktG[6] § 15 Rz 1.
13 *P. Doralt/Diregger* in Doralt/Nowotny/Kalss, AktG[3] § 15 Rz 43.
14 *P. Doralt/Diregger* in Doralt/Nowotny/Kalss, AktG[3] § 15 Rz 43; *P. Doralt/Diregger*, MüKo AktG[4] ö KonzernR, Rz 20: nach A v *Doralt/Diregger* kann die einheitliche Leitung auch auf Unternehmensbereiche wie Einkauf, Marketing u den damit verbundenen gemeinsamen Marktauftritt beschränkt sein.
15 *P. Doralt/Diregger* in Doralt/Nowotny/Kalss, AktG[3] § 15 Rz 43.
16 *Diregger* in Gruber/Harrer, GmbHG[2] § 115 Rz 16.
17 *Milchrahm* in Straube/Ratka/Rauter GmbHG § 115 Rz 79; *P. Doralt/Diregger* in Doralt/Nowotny/Kalss, AktG[2] § 15 Rz 44, die auch nur drohende Folgen für die Karriere bei Nichtbefolgung der RL oder des Rats für ausreichend erachten; *Eckert/Schopper/Walcher* in Eckert/Schopper, AktG-ON § 15 Rz 12.

Einflussnahme zur Koordination der Interessen erfüllt das Tatbestandsmerkmal. Als Mittel kommen auch Beteiligungen, personelle Verflechtungen zw den Konzerngesellschaften, maßgebliche Finanzierungen oder Verträge, insb Unternehmensverträge,[18] in Betracht.[19]

Die einheitliche Leitung kann auch mittelbar (über die Einflussnahme auf die Tochtergesellschaft durch die Konzernspitze [vgl § 29 Rz 13]) erfolgen, allerdings muss die Leitungstätigkeit **tatsächlich ausgeübt** werden, nicht ausreichend ist bloße Beherrschungsmöglichkeit aufgrund der Mehrheit der Anteile.[20] Verschiedene Mittel werden häufig kumuliert eingesetzt, zB sichern entspr Beteiligungen einen bestimmenden Einfluss darauf, welche Personen als Organmitglieder bestellt werden. Damit kommt es auch zu personellen Verflechtungen, die eine an den Konzernvorgaben orientierte Unternehmenspolitik sicherstellen.[21] Da die einheitliche Leitung ein **aktiv planendes Handeln** erfordert, stellt die bloße Ausübung v Kontrollrechten keine solche dar.[22]

Nicht nur zw Unternehmen, bei denen ein Abhängigkeitsverhältnis besteht (**Unterordnungskonzern**), sondern auch bei Unternehmen, die auf gleicher Stufe miteinander verbunden sind (**Gleichordnungskonzern**), ist einheitliche Leitung möglich.[23] Da eine leitende Muttergesellschaft fehlt, koordinieren sich bei Gleichordnungskonzernen die Konzernunternehmen untereinander, uzw idR indem die gleiche(n) Person(en) in den Verwaltungsorganen fungiert bzw fungieren.[24]

---

18 Ob auch langfristige Lieferverträge ein solches Mittel sind, ist str. *Diregger* in Gruber/Harrer, GmbHG² § 115 Rz 16 sieht dies tendenziell als ausreichend (allenfalls iVm Organbestellungsrechten) an, mwN.
19 Zu Unternehmensverträgen im Detail s *Diregger* in Gruber/Harrer, GmbHG² § 115 Rz 27 ff einschließlich der für den Minderheitsgesellschafter wichtigen Mehrheitserfordernisse für den Abschluss.
20 OGH 1.12.2005, 6 Ob 217/05p.
21 *Auer* in Artmann/Karollus, AktG⁶ § 15 Rz 14.
22 *Knauder* in Ruhm/Kerbl/Bernwieser, Der Konzern im Gesellschafts- und Steuerrecht 825.
23 *P. Doralt/Diregger* in Doralt/Nowotny/Kalss, AktG³ § 15 Rz 43.
24 *Diregger* in Gruber/Harrer, GmbHG² § 115 Rz 16.

2. Beherrschender Einfluss

8 Zentrales Kriterium des Abs 2 ist der beherrschende Einfluss auf ein anderes, das abhängige Unternehmen. Nach überwiegender L besteht die Abhängigkeit schon bei der **Möglichkeit zur Ausübung** eines **beherrschenden Einflusses**. Es kommt also nicht darauf an, ob der Gesellschafter seinen beherrschenden Einfluss auch tatsächlich ausübt.[25] Absatz 2 beinhaltet also keinen selbständigen Konzerntatbestand, sondern nur die **widerlegliche Vermutung**, dass bei Abhängigkeit der Gesellschaft zu dem beherrschenden Unternehmen eine Konzernbeziehung besteht.[26] Während Abs 1 die materielle Konzerndefinition beinhaltet, deren zentrales Merkmal die Ausübung einheitlicher Leitung ist, stellt Abs 2 nach hM nur eine Konkretisierung bzgl des Unterordnungskonzerns dar.[27]

9 Als Grundlage für Abhängigkeit führt der Gesetzgeber im Wortlaut Beteiligungen an, ohne auf deren Höhe näher einzugehen. Zumindest langfristig kommt es auf die **Wahrscheinlichkeit einflusskonformen Verhaltens** an.[28] Beim Halten der Mehrheit der Anteile wird die Abhängigkeit vermutet, wobei die Vermutung widerlegbar ist.[29] Die Beweislast trifft denjenigen, der die Abhängigkeit bestreiten möchte.[30] Schon der Wortlaut erlaubt auch eine nur mittelbare Beherrschung (anders § 29, der auf eine unmittelbare Beteiligung abstellt [vgl dazu § 29 Rz 13, 19, 23 f]). Die Möglichkeit, bestimmte E zu verhindern, reicht hingegen nicht aus.[31] Wenn zur Sperrminorität jedoch noch weitere Faktoren, wie

---

25 *P. Doralt/Diregger* in Doralt/Nowotny/Kalss, AktG³ § 15 Rz 41; so auch *Auer* in Artmann/Karollus, AktG⁶ § 15 Rz 15; *U. Torggler* in Torggler, GmbHG § 115 Rz 10: Die einheitliche Leitung muss nur möglich sein (Konzernierbarkeit).
26 Diese A scheint sich weitgehend durchgesetzt zu haben. Arg „gelten": *P. Doralt/Diregger* in Doralt/Nowotny/Kalss, AktG³ § 15 Rz 41; *Auer* in Artmann/Karollus, AktG⁶ § 15 Rz 19.
27 *Haberer/Krejci* in Haberer/Krejci, Konzernrecht Rz 1.111 f, 1.133: „Beherrschbarkeit ist also letztlich nichts anderes als potentielle, aus Gründen des präventiven Rechtsschutzes von Gesetzes wegen widerleglich vermutete einheitliche Leitung".
28 OGH 13.9.2000, 4 Ob 197/00z; *Milchrahm* in Straube/Ratka/Rauter, GmbHG § 115 Rz 61.
29 OGH 13.9.2000, 4 Ob 197/00z.
30 *Koppensteiner/Rüffler*, GmbHG³ § 115 Rz 13.
31 *Koppensteiner/Rüffler*, GmbHG³ § 115 Rz 9.

eine starke Stellung in den Organen, hinzukommen, kann Abhängigkeit vorliegen.[32]

Als Mittel zur Herstellung des beherrschenden Einflusses können daher neben Beteiligungen auch Unternehmensverträge in Betracht kommen.[33] Auch bei einer Minderheitsbeteiligung kann Abhängigkeit vorliegen, wenn aufgrund v Stimm- oder Sonderrechte oder Rechte aus einem Beherrschungsvertrag die **Bestellung u Abberufung der Mehrheit der GF** erreicht werden kann.[34] Beherrschungsverträge führen zur Abhängigkeit, Gewinnabführungsverträge idR auch, schon weil sie ohne den durch entspr Beteiligung vermittelten Einfluss nicht abgeschlossen werden. Andere Unternehmensverträge bewirken für sich alleine noch keine Abhängigkeit.[35]

II. Schutz von Minderheitsgesellschaftern und Gläubigern bei Konzernbildung und im aufrechten Konzern

Der **Konzern** ist – unabhängig davon, ob er auf vertraglicher Grundlage oder auf faktischem Zusammenschluss beruht – nach der Rsp keine Gesellschaft u besitzt daher selbst **keine Rechtsfähigkeit**. Da die Konzernunternehmen selbständige Unternehmen sind, kann auch das beherrschende Unternehmen grds **keine Haftung** für Verbindlichkeiten v

---

32 *Diregger* in Gruber/Harrer, GmbHG[2] § 115 Rz 20.
33 Andere Mittel, die zu wirtschaftlicher Abhängigkeit führen, wie Darlehensverträge oder langfristige Lieferverträge, sind str (die Lit ist tendenziell abl), s *P. Doralt/Diregger* in Doralt/Nowotny/Kalss, AktG[3] § 15 Rz 46: maßgebliche Finanzierungen, Personalunion u Unternehmenverträge; abl: *Auer* in Artmann/Karollus, AktG[6] § 15 Rz 18; *Koppensteiner/Rüffler*, GmbHG[3] § 115 Rz 12 lehnen eine Abhängigkeit aus wirtschaftlichen Gründen, wie durch maßgebliche Darlehens- oder langfristige Lieferverträge, ab. Auch *Milchrahm* verlangt einen gesellschaftsrechtlich vermittelten Einfluss: *Milchrahm* in Straube/Ratka/Rauter, GmbHG § 115 Rz 64.
34 *Milchrahm* in Straube/Ratka/Rauter, GmbHG § 115 Rz 65.
35 *Koppensteiner/Rüffler*, GmbHG[3] § 115 Rz 12; zur Abhängigkeitsbegründung durch Beherrschungsvertrag u zu Ergebnis- u Gewinnabführungsverträgen s auch *Milchrahm* in Straube/Ratka/Rauter, GmbHG § 115 Rz 66.

Konzernunternehmen treffen.[36,37,38] Gleichzeitig besteht bei Einbindung in einen Konzern die Gefahr, dass die GmbH statt eigener fremde Interessen, nämlich die des Gesamtkonzerns, verfolgt. *„Im Ergebnis schafft der gesellschaftsrechtliche Konzernbegriff ja keine Organisationsform, sondern ist nur die Erfassung des Phänomens, das im Rahmen der bestehenden gesellschaftsrechtlichen Organisationsformen auftreten kann u die Gefahr beinhaltet, dass gesellschaftsfremde Interesse einfließen u schützenswerte Interessen (Minderheitsgesellschafter etc) beeinträchtigt werden".*[39] Neben dem Bedarf, Minderheitsgesellschafter zu schützen, können auch Gläubiger der abhängigen Gesellschaft[40] Schutz benötigen. Für iZm Konzernsachverhalten zu lösende rechtliche Fragestellungen greift die L mangels einheitlichem Konzernrecht in Ö auf allg Grundsätze zurück. In einer in der jüngeren Vergangenheit zur AG ergangenen E[41] hat der OGH auch dargelegt, dass es keine „Konzernorgane" gibt. Im konkreten SV war der Vorstand der Dachgesellschaft auch zugleich GF der anderen Konzerngesellschaften u hatte für eine harte Patronatserklärung keine Zustimmung des AR der Dachgesellschaft eingeholt. Der OGH bestätigte, was er schon zur GmbH in einer früheren E zur Abberufung eines GF einer Dachgesellschaft ausgeführt hatte, uzw dass dieser GF gegenüber seiner (Dach-)Gesellschaft zur ordnungsgemäßen Konzernleitung verpflichtet ist. Eine schlechte Überwachung der Tochtergesellschaften stellt eine Verletzung seiner

---

36 Grundlegend: OGH 16.6.1983, 6 Ob 579/83.
37 In der Rechtssache EuGH 20.6.2013, C-186/12 – *Impacto Azul*, befasste sich der EuGH hingegen mit einer im portugiesischen Recht vorgesehenen gesamtschuldnerischen Haftung der Muttergesellschaft gegenüber den Gläubigern der vollständig beherrschten Tochter. Der EuGH verwies auf die fehlende Harmonisierung der Regelungen über Konzerne. Weiters hielt er fest, dass die Beschränkung des Haftungsprivilegs auf Muttergesellschaften mit Sitz in Portugal nicht gegen die Niederlassungsfreiheit verstößt, da dadurch die Ausübung dieser Freiheit für Muttergesellschaften mit Sitz in anderen Mitgliedstaaten nicht weniger attraktiv wird.
38 OGH 17.6.1981, 1 Ob 541/81: Ob eine Gesellschaft für die Schulden der v ihr beherrschten Tochtergesellschaft haftet, richtet sich nach dem Gesellschaftsstatut der abhängigen Gesellschaft.
39 OGH 10.3.2003, 16 Ok 20/02.
40 Zu Konzerneingangs- u Ausgangsschranken auf Ebene der Obergesellschaft s zB *Milchrahm* in Straube/Ratka/Rauter, GmbHG § 115 Rz 126 ff.
41 OGH 25.11.2020, 6 Ob 209/20h.

Pflicht zur ordnungsgemäßen Geschäftsführung der Dachgesellschaft dar.[42] Der OGH hielt in der E zur AG weiters fest, dass die Überwachungstätigkeit des AR der Dachgesellschaft auch den Vorstand bei seiner Konzernleitung umfasst.

Sowohl iZm der Bildung v Konzernen als auch iZm Haftung bei aufrechten Konzernen werden v Teilen der L strengere Anforderungen **an qualifizierte (faktische) Konzerne** gestellt. Auch der OGH hat diesen Begriff unter Berufung auf die dt Rechtslage schon herangezogen, ohne das Vorliegen eines solchen Konzerns im konkreten Fall zu bejahen. *„Dort wird für eine solche Haftung teils auf eine dauernde nachhaltige Schädigung der abhängigen Gesellschaft abgestellt, insb darauf, dass das herrschende Unternehmen keine Rücksicht auf die eigenen Belange der abhängigen GmbH nimmt, teils ist davon die Rede, dass die Tochtergesellschaft unter Außerachtlassung ihrer rechtlichen Selbständigkeit wie eine bloße Betriebsabteilung geführt werde, teils wird darauf abgestellt, dass die Beherrschung eine solche Dichte erlangt haben muss, dass einzelne schädigende Maßnahmen nicht mehr isoliert werden können"*.[43] Da in einem Klagebegehren jedoch die Ansprüche zu konkretisieren sind, bestehen deutliche Schwierigkeiten bei der Geltendmachung v diesbzgl Ansprüchen. Die hM sieht die Errichtung eines qualifizierten faktischen Konzerns als verboten an u verlangt die Zustimmung des Minderheitsgesellschafters sowie die Sicherung der Interessen der Gläubiger,[44] andere Teile der Lit sehen hingegen als entscheidend an, ob die jew zu diesem Zustand führenden Maßnahmen rechtswidrig sind. Diese Eingriffe sind nach gesellschaftsrechtlichen Grundsätzen zu prüfen, angedacht werden ein satzungsändernder Beschluss im Rahmen des Konzerneingangsschutzes, vorbeugende Unterlassungsklagen wegen Treuwidrigkeit bei fehlender Zustimmung des Minderheitsgesellschafters, uU ein Austritts- oder Auflösungsrecht für den Minderheitsgesellschafter u die Haftung des herrschenden Gesellschafters.[45] In der Lit wird hinsichtlich des Schutzes regelmäßig zw Konzerneingangs- (auch Konzernbildungs-) u Konzernzustandskon-

---

42 OGH 23.11.1988, 7 Ob 700/88.
43 OGH 12.4.2001, 8 ObA 98/00w.
44 *Diregger* in Gruber/Harrer, GmbHG² § 115 Rz 65 beschreibt versch Lösungen zur Innen- u Außenhaftung; *P. Doralt/Diregger*, MüKo AktG⁵ ö KonzernR, Rz 94 ff.
45 *Milchrahm* in Straube/Ratka/Rauter GmbHG § 115 Rz 96 ff.

trolle (auch Konzernleitungskontrolle) unterschieden, auch wenn es Überschneidungen gibt.[46]

A. Minderheitenschutz

1. Konzernbildungskontrolle

13 Dass es zulässig ist, Leitungsmacht faktisch auszuüben, ergibt sich schon aus der Konzerndefinition.[47] Schutz für die Minderheitsgesellschafter kann zB durch Vinkulierungen oder Aufgriffsrechte im GesV vereinbart werden,[48] sonst muss der Schutz (mangels einheitlichem Konzernrecht) aus versch gesetzl Bestimmungen abgeleitet werden, wobei die einzelnen damit zusammenhängenden Fragen in der Lit nicht einheitlich beantwortet werden u – soweit ersichtlich – umfassende einschlägige Rsp fehlt. In der Praxis werden idR sämtliche Anteile an den Konzerngesellschaften direkt oder indirekt v der Gesellschaft an der Spitze des Konzerns gehalten. Sofern doch Minderheitsgesellschafter vorhanden sind, zB bei Zukäufen oder Joint Ventures, werden die Rechte der Minderheitsgesellschafter oft in Syndikatsverträgen spezifiziert.

14 Teile der L sehen vor der Konzernierung einer GmbH eine Aufklärungs- u Informationspflicht.[49] Überwiegend sieht die L die Begründung v Abhängigkeit oder die tatsächliche Leitung nicht als – v der Minderheit eine Zustimmung erfordernde – Änderung des Unternehmensgegenstands an, da die Interessen der Untergesellschaft noch nicht zwangsläufig beeinträchtigt sind. Weitgehend einhellig wird befürwortet, dass der Übergang zum faktisch **qualifizierten Konzern** eine Zustimmung der Minderheitsgesellschafter erfordert. Während Teile der L den Zustand als maßgeblich ansehen u daher eine Änderung des Unternehmensgegenstands verlangen, sind für andere Teile

---

46 Wobei statt „Kontrolle" auch der Begriff „Schranken" verwendet wird. Zu Konzernausgangsschranken: *Milchrahm* in Straube/Ratka/Rauter, GmbHG § 115 Rz 132 ff.
47 *P. Doralt/Diregger*, MüKo AktG[5] ö KonzernR, Rz 36.
48 Weitere vertragliche Vorkehrungen, auch zur Konzernleitungskontrolle: *Milchrahm* in Straube/Ratka/Rauter, GmbHG § 115 Rz 102 f.
49 Abl *Ch. Nowotny* in Kalss/Nowotny/Schauer, GesR[2], Rz 4/554; dafür *U. Torggler* in Torggler, GmbHG § 115 Rz 6.

einzelne nachteilige Maßnahmen heranzuziehen, da nur sie greifbar sind.[50]

Zunehmend wird in der Lit außerdem eine **analoge Anwendung des Wettbewerbsverbots** in § 24 auf den GmbH-Gesellschafter mit herrschendem Einfluss befürwortet (s auch § 61 Rz 36 u § 24 Rz 2 FN 10) u so Schutz vor der Abhängigkeit v einem Konkurrenzunternehmen u vor der Nutzung v Geschäftschancen durch diesen Gesellschafter (bei Konzernbildung u während des aufrechten Konzerns) anerkannt. Beschlüsse, die das Wettbewerbsverbot einschränken, sollen einer richterlichen materiellen Beschlusskontrolle unterliegen.[51]

2. Konzernleitungskontrolle

Zum Schutz der Minderheitsgesellschafter im aufrechten Konzern werden versch Maßnahmen diskutiert. Anders als bei der AG hat der Minderheitsgesellschafter einer GmbH nach der Rsp einen nicht näher zu begründenden, alle Geschäftsangelegenheiten umfassenden Informationsanspruch gegen die Gesellschaft.[52] Er hat daher eher die Möglichkeit, Informationen über Maßnahmen zu erlangen, die seine Interessen gefährden könnten. Im aufrechten Konzern kommt überdies der **Treuepflicht** (allg zur Treuepflicht § 61 Rz 30 ff) des Mehrheitsgesellschafters gegenüber dem Minderheitsgesellschafter entscheidende Bedeutung zu, jedoch besteht nach hL weder eine gesteigerte Treuepflicht noch ein erhöhter Sorgfaltsmaßstab.[53] Maßnahmen sollen an dem durch den Gesellschaftszweck bestimmten Gesellschaftsinteresse, das idR auf selbständige u eigennützige Interessenverfolgung zielt,[54] gemessen werden. Rechtsfolge v treuwidrigen Maßnahmen kann va ein Schadenersatzanspruch sein, außer das Gesellschaftsinteresse wurde schon ursprünglich oder nachträglich auf das Konzerninteresse ausgerichtet.[55] Dieses Mittel zum Schutz der Minderheitsgesellschafter wird v der L bei infor-

---

50 *Wenger* in Haberer/Krejci, Konzernrecht Rz 10.14 ff.
51 *Ch. Nowotny* in Kalss/Nowotny/Schauer, GesR², Rz 4/556; *Haberer/Krejci*, in Haberer/Krejci, Konzernrecht Rz 1.301 f.
52 OGH 30.9.1996, 6 Ob 7/96.
53 *Ch. Nowotny* in Kalss/Nowotny/Schauer, GesR², Rz 4/555.
54 *U. Torggler* in Torggler, GmbHG § 115 Rz 13.
55 *U. Torggler* in Torggler, GmbHG § 115 Rz 13 f. In Analogie zu § 1014 ABGB befürwortet *U. Torggler* darüber hinaus einen verschuldensunabhängigen Anspruch auf Schadenersatz aus Anlass v Maßnahmen, die v herrschenden Unternehmen treuwidrig im Konzerninteresse veranlasst wurden.

meller Einflussnahme herangezogen, wenn – im Gegensatz zu konzerninternen Rechtsgeschäften – Stimmbindungsverbote nicht zur Anwendung gelangen können.[56]

17 Teile der L leiten aus Verbot der Einlagenrückgewähr (s § 82 Rz 1 ff) u Gleichbehandlungsgrundsatz ein **Verbot der Nachteilszufügung ohne Nachteilsausgleich im Konzern** ab, denn das Gesellschaftsvermögen stellt auch für den Gesellschafter ein zu respektierendes fremdes Vermögen dar.[57] Auch die Rechtsfolgen sind str, in Betracht kommen Unterlassungsansprüche der Minderheit,[58] Haftung der Verwaltungsmitglieder der abhängigen Gesellschaft wegen Sorgfaltspflichtverletzung,[59] u (Teil-)Nichtigkeit des nachteiligen Geschäfts.[60]

18 Ein Instrument zum Minderheitenschutz bei konzerninternen Rechtsgeschäften ist das Stimmverbot gem § 39 Abs 4 (allg zu Stimmverboten s § 39 Rz 53 ff). Nach dieser Bestimmung unterliegt ein Gesellschafter auch einem **Stimmverbot** bei Beschlüssen, die ein **Rechtsgeschäft** zw der Gesellschaft u einer dritten Konzerngesellschaft betreffen, auch wenn der Befangenheitsgrund eine dritte Konzerngesellschaft betrifft, die den Gesellschafter beherrscht oder v ihm beherrscht wird, wofür – wie neue Rsp bestätigt[61] – beherrschender Einfluss ausreicht.[62]

19 Bei Maßnahmen, die gegen das Verbot der **Einlagenrückgewähr** verstoßen, kann die Minderheit – sofern die Voraussetzungen des § 48 erfüllt sind – den Anspruch (der Gesellschaft) auf **Rückgewähr** gegen

---

56 *Knauder/Ruhm/Sima*, Konzernrecht[2], 58 nennen als Bsp eine Ausnützung v Geschäftschancen der Gesellschaft sowie damit zusammenhängend die Vernachlässigung v wesentlichen Unternehmensfunktionen durch die Gesellschaft bzw die gezielte u einseitige Verlagerung v Risiken auf die Gesellschaft, die einen Treuepflichtverstoß des veranlassenden Gesellschafters darstellen können.
57 *P. Doralt/Diregger*, MüKo AktG[5] ö KonzernR, Rz 79 ff; *Ch. Nowotny* in Kalss/Nowotny/Schauer, GesR[2], Rz 4/555 geht davon aus, dass die Minderheit einen Anspruch hat, dass die Mehrheit ihren Einfluss nicht so ausübt, dass der abhängigen Gesellschaft dadurch ein Vermögensnachteil droht.
58 *Ch. Nowotny* in Kalss/Nowotny/Schauer, GesR[2], Rz 4/555.
59 *P. Doralt/Diregger*, MüKo AktG[5] ö KonzernR, Rz 48.
60 *U. Torggler/H. Torggler*, GBU 2007/11/09, 35 zu *Kalss/Eckert*, RdW 2007/615, 583: Rechtsfolge sei entgegen der Rsp nicht absolute, sondern nur eine Teilnichtigkeit des nachteiligen Geschäfts mit Anspruch auf Wertausgleich.
61 OGH 31.7.2015, 6 Ob 196/14p.
62 *Milchrahm* in Straube/Ratka/Rauter, GmbHG § 115 Rz 161.

den Empfänger bzw auf Schadenersatz gegen den GF durchsetzen[63] (zur Frage, ob die Minderheit einen Prozessvertreter zur Geltendmachung der Ansprüche bestellen kann, s § 35 Z 6 Rz 97). Die Geltendmachung einer verbotenen Einlagenrückgewähr bedarf keines Beschlusses gem § 35 Z 6 (s § 35 Rz 88).[64] Strittig ist, iZm qualifizierten Konzernen, ob die Minderheitsgesellschafter ein Recht haben, unter Zahlung einer angemessenen Abfindung aus der Gesellschaft **auszuscheiden**, sofern diese nicht schon der Änderung des Unternehmensgegenstands zugestimmt hatten.[65] Nach A v U. *Torggler* steht den Minderheitsgesellschaftern ohnehin schon eine **Auflösungsklage** aus wichtigem Grund analog § 133 UGB u damit die Möglichkeit, die Abfindung durchzusetzen, zu (s auch § 84 Rz 39).[66] Ein wichtiger Grund wäre die Ausübung der Konzernleitungsmacht ohne angemessene Rücksicht auf die Belange der abhängigen Gesellschaft, ohne dass sich der ihr zugefügte Nachteil durch Einzelausgleichsmaßnahmen ausgleichen ließe.[67]

Bei **faktischer Geschäftsführung** (s § 25 Rz 2; § 61 Rz 52, 61) durch den Gesellschafter könnte auf ihn der Maßstab des § 25 angewendet werden,[68] denn als faktischer GF kommt auch ein Gesellschafter in Betracht, der auf die Leitung der Gesellschaft maßgebend Einfluss nimmt u dabei diese oder die Gesellschaftsgläubiger schädigt oder zumindest an der Schädigung mitwirkt. Gesellschafter, die auch nur mittelbar die Leitung der Gesellschaft beeinflussen, unterliegen den Sorgfaltspflichten, die die Leitungsorgane einzuhalten haben. Daraus ergibt sich aber grds nur eine Innenhaftung gegenüber der GmbH (zum Begriff s § 25 Rz 2, 6 ff).[69]

20

---

63 *Artmann*, Gesellschaftsrechtliche Fragen der Organschaft 134.
64 OGH 26.4.2016, 6 Ob 72/16f.
65 Dafür: *Koppensteiner/Rüffler*, GmbHG³ Anh § 71 Rz 25 ff.
66 *U. Torggler* in Torggler GmbHG § 115 Rz 8; abl: OGH 29.1.2001, 3 Ob 57/00d.
67 *Artmann*, Gesellschaftsrechtliche Fragen der Organschaft 136 unter Heranziehung der dt Rsp.
68 *Ch. Nowotny* in Kalss/Nowotny/Schauer, GesR², Rz 4/555; OGH 12.4.2001, 8 ObA 98/00w.
69 OGH 12.4.2001, 8 ObA 98/00w; *U. Torggler* in Torggler, GmbHG § 115 Rz 9 f lehnt diese Fälle v Durchgriffshaftung ab, abl auch *Koppensteiner/Rüffler*, GmbHG³ § 61 Rz 37 a. Durchgriffshaftungen basieren auf Wertungen des dt Aktienrechts, die in Ö nicht bestehen u v BGH inzwischen zugunsten der nicht konzernspezifischen Existenzvernichtungshaftung aufgegeben wurden. Zur Durchgriffshaftung allg ua auch R *Ch. Nowotny* in Kalss/Nowotny/

B. Gläubigerschutz

21 Das wichtigste Mittel zum Gläubigerschutz bildet § 82. Das Verbot der **Einlagenrückgewähr** erfasst jeden Vermögenstransfer v einer Gesellschaft zum Gesellschafter, auch in Form v Rechtsgeschäften (außer Gewinnausschüttungen) (s § 82 Rz 81 ff), den die Gesellschaft aufgrund des Gesellschaftsverhältnisses zu Lasten des Vermögens der Gesellschaft vornimmt u der den Gesellschafter bevorteilt. Zu prüfen ist, ob das Rechtsgeschäft zu diesen Bedingungen auch mit einem unabhängigen Dritten abgeschlossen worden wäre (zum Drittvergleich s § 82 Rz 87 ff). Ein objektives Missverhältnis zw Leistung u Gegenleistung zum Nachteil der Gesellschaft indiziert eine solche Begünstigung des Gesellschafters.[70] Ob ein Rechtsgeschäft, zB eine Finanzierungsmaßnahme im Konzern, zugunsten eines Gesellschafters dennoch zulässig ist, hängt v der betriebl Rechtfertigung anhand v konkreten Vorteilen der Gesellschaft im Vergleich zum Handeln bei rechtlich nicht verbundenen Unternehmen ab.[71] Eine Rechtfertigung durch Konzerninteresse alleine ist nicht ausreichend.[72] **Auch Zuwendungen an beteiligungsmäßig verbundene Unternehmen**, wie Schwestergesellschaften, werden v § 82 erfasst, zumindest wenn die Zuwendung v einem Gesellschafter veranlasst wird[73] oder zu einem wirtschaftlichen Vorteil dieses Gesellschafters führt (s § 82 Rz 71). Für eine widerlegliche Vermutung, dass eine Leistung an ein solches Unternehmen unter § 82 fällt, reicht nach Teilen der L schon eine konzernmäßige Verbundenheit nach § 115 (zu den erfassten Vermögenstransfers u der Vermutung s § 82 Rz 71). Während Vermögenstransfers up- u side-stream v Verbot erfasst werden, kann ein Vermögenstransfer down-stream (an direkte oder indirekte Tochtergesellschaften im Alleineigentum) keinen Verstoß darstellen, da der Vermögensabfluss durch die

---

Schauer, GesR², Rz 4/558; *P. Doralt/Diregger*, MüKo AktG⁵ ö KonzernR, Rz 86 ff.
70 *St. Frotz* in Polster, HB Cash Pooling 79.
71 OGH 1.12.2005, 6 Ob 271/05d. *Karollus*, ecolex 1999, 323, hält es für ausreichend, dass die Maßnahme aus Sicht der Gesellschaft noch vertretbar ist u daher unter Berücksichtigung aller Umstände noch als Maßnahme eines sorgfältigen GF angesehen werden kann.
72 *Artmann*, Gesellschaftsrechtliche Fragen der Organschaft 125.
73 *U. Torggler*, GesRZ 2013, 11 (14) sieht nur eine gesellschaftsfremde Motivation, einschließlich einer Veranlassung im Konzerninteresse, als v Anwendungsbereich erfasst an.

Werterhöhung der Beteiligung ausgeglichen wird (s § 82 Rz 126). Zivilrechtliche Rechtsfolgen eines Verstoßes sind insb absolute Nichtigkeit des Geschäfts, Anspruch auf Rückerstattung der Gesellschaft gegen den empfangenden Gesellschafter u Schadenersatzansprüche gegen die GF (Innenhaftung) (s zu den Rechtsfolgen im Detail § 83).

Die Rechtsfolgen des qualifizierten faktischen Konzerns sind unklar, s dazu Rz 12. **22**

VIII. Hauptstück.
Strafbestimmungen, Schlussbestimmung

§ 125. ¹Die Geschäftsführer oder die Liquidatoren, im Falle einer inländischen Zweigniederlassung die für diese im Inland vertretungsbefugten Personen, sind, unbeschadet der allgemeinen unternehmensrechtlichen Vorschriften, zur Befolgung der §§ 30d, 30j Abs. 2 und 3, 91 Abs. 1 erster Satz und 93 Abs. 3 dieses Bundesgesetzes vom Gericht durch Zwangsstrafen bis zu 3 600 Euro anzuhalten. ²§ 24 Abs. 2 bis 5 FBG ist anzuwenden.

idF BGBl I 2015/22

Literatur: *Dokalik/Birnbauer*, Das neue Verfahren zur Erzwingung der Offenlegung nach §§ 277 f UGB, GesRZ 2011, 22; *Kodek/G. Nowotny*, Zur Parteistellung der Gesellschaft im Zwangsstrafenverfahren, NZ 2004/51, 165; *Pilgerstorfer*, Verwirrung im Zwangsstrafenverfahren des Firmenbuchs, RdW 2000/433, 459; *Temmel/Lang*, Die „neue" Haftung für Vorstands- und Aufsichtsratsmitglieder, SWK 2001, 1051; *Torggler*, Die Verhängung von Zwangsstrafen ohne vorherige Androhung? GBU 2000/05/10; *Urtz*, Das neue Zwangsstrafenverfahren nach § 283 UGB, ZFR 2011, 222; *Zehetner*, Folgen der Nichtoffenlegung des Jahresabschlusses, ecolex 1998, 482; *Zehetner*, Offenlegung und Zwangsstrafen, ecolex 2001, 280.

Inhaltsübersicht

I.	Grundlagen	1, 2
II.	Gegenstand und Zweck der Norm	3, 4
III.	Anwendungsbereich	5–11
	A. Adressaten	5–8
	B. Tatbestandsmäßigkeit	9–11
IV.	Rechtsfolgen und Verfahrensablauf	12–18
V.	Konkurrenzen	19–22
	A. Abgrenzung zur Leistungsklage	19
	B. Verhältnis zu sonstigen Zwangsstrafen	20–22

I. Grundlagen

1 § 125 bestimmt die Verhängung v Zwangsstrafen bei Nichterfüllung darin verwiesener Pflichten. Die Regelung ist § 258 AktG nachgebildet.[1]

2 Die Strafbestimmung kommt **unbeschadet der allg unternehmensrechtlichen Vorschriften** zur Anwendung (s Rz 20). Dies geht ausdrücklich aus dem Wortlaut der Bestimmung hervor u ist als Verweis auf funktionsähnliche Regelungen zu verstehen.[2]

Neben § 258 AktG bestehen **parallele Bestimmungen** zur Verhängung v Zwangsstrafen bei pflichtwidrigem Verhalten im Genossenschaftsrecht (§§ 29 Abs 3, 87 GenG) u im EWIV-Recht (§ 14 EWIV-G). Darüber hinaus finden sich entspr Regelungen zu Zwangsstrafen in den §§ 14 Abs 5 u 283 f UGB.

II. Gegenstand und Zweck der Norm

3 Geschäftsführer, Liquidatoren u Personen, die zur Vertretung inländischer Zweigniederlassungen v ausländischen Gesellschaften berechtigt sind, werden durch § 125 zur **Befolgung gesetzl Verhaltenspflichten** angehalten. Nur ausdrücklich genannte Pflichten können erzwungen werden (zu diesen Rz 9).

4 Es ist der **Zweck** des § 125, bestimmte im öffentlichen Interesse liegende Verhaltensweisen unabhängig v der Initiative eines Privaten zur Durchsetzung zu verhelfen.[3] Die Norm zielt va auf die **Herbeiführung** des pflichtgemäßen Verhaltens ab. Daraus würde eigentlich folgen, dass die Androhung einer Zwangsstrafe u ihre Verhängung ihren Zweck erfüllt hat, wenn danach das gebotene Verhalten gesetzt wird. Es wäre demnach zweckwidrig, auf die Entrichtung der Strafe zu bestehen, wenn das vorgeschriebene Verhalten gesetzt, die Strafe aber noch nicht entrichtet wurde.[4]

---

1 *M. Gruber* in Gruber/Harrer, GmbHG[2] § 125 Rz 1; *Koppensteiner/Rüffler*, GmbHG[3] § 125 Rz 1; *Weilinger/Knauder* in Straube/Ratka/Rauter, GmbHG § 125 Rz 1 ff.
2 *Koppensteiner/Rüffler*, GmbHG[3] § 125 Rz 3.
3 *Gellis/Feil*, GmbHG[7] § 125 Rz 1; *Koppensteiner/Rüffler*, GmbHG[3] § 125 Rz 2; *Weilinger/Knauder* in Straube/Ratka/Rauter, GmbHG § 125 Rz 4.
4 Vgl zB VwGH 9.5.1990, Z 89/03/0269; s auch VfSlg 15.589/1999.

Nichtsdestotrotz kommt der Zwangsstrafe aber auch eine **repressive Funktion** zu. Verhängte Strafen sind daher grds auch dann zu vollstrecken, wenn der zu erzwingenden Pflicht bereits nachkommen wurde. Gleiches gilt, wenn die Erfüllung der Pflicht nachträglich unmöglich geworden ist (§ 24 Abs 5 FBG wie auch § 283 Abs 6 UGB).[5] Der Zwangsstrafe wäre anderenfalls jeglicher Abschreckungseffekt genommen, weil sich deren Adressaten bei Nachholung der vorgeschriebenen Handlung auf die Straflosigkeit verlassen könnten.[6]

III. Anwendungsbereich

A. Adressaten

Das Beugemittel der Zwangsstrafe nach § 125 kann ausdrücklich gegenüber **GF, Liquidatoren** u **Vertretern einer inländischen Zweigniederlassung** verhängt werden. Mit Letzteren sind jedoch nicht vertretungsbefugte Personen schlechthin, sondern nur solche gemeint, die in § 107 Abs 2 UGB genannt werden.[7] 5

Bestraft werden können nur **natPers**.[8] Bei Liquidatoren kommen jedoch auch jP in Betracht[9] (s § 89 Rz 11). 6

Das G weist untersch Adressaten versch Pflichten zu. Die nach § 125 relevanten Verhaltensanordnungen haben daher auch einen **jew anderen Adressatenkreis**. Die Bestimmungen der §§ 91 Abs 1 S 1 u 93 Abs 3 etwa betreffen ausschließlich Liquidatoren.[10] 7

---

5 *Weilinger/Knauder* in Straube/Ratka/Rauter, GmbHG § 125 Rz 5; *Gellis/Feil*, GmbHG[7] § 125 Rz 2; *Koppensteiner/Rüffler*, GmbHG[3] § 125 Rz 6; *M. Gruber* in Gruber/Harrer, GmbHG[2] § 125 Rz 2; s auch OGH 13.7.2000, 6 Ob 171/00s; 13.7.2000, 6 Ob 178/00w. **Dagegen** *Trenker* in Torggler, GmbHG § 125 Rz 1.
6 *Weilinger/Knauder* in Straube/Ratka/Rauter, GmbHG § 125 Rz 5; dazu *Pilgerstorfer*, RdW 2000/433, 459 (463 f).
7 *Koppensteiner/Rüffler*, GmbHG[3] § 125 Rz 3; *M. Gruber* in Gruber/Harrer, GmbHG[2] § 125 Rz 3; *Weilinger/Knauder* in Straube/Ratka/Rauter, GmbHG § 125 Rz 8.
8 *M. Gruber* in Gruber/Harrer, GmbHG[2] § 125 Rz 3; *Trenker* in Torggler, GmbHG § 125 Rz 2.
9 *Weilinger/Knauder* in Straube/Ratka/Rauter, GmbHG § 125 Rz 8.
10 *Koppensteiner/Rüffler*, GmbHG[3] § 125 Rz 3; *Weilinger/Knauder* in Straube/Ratka/Rauter, GmbHG § 125 Rz 10.

8 Trifft eine in § 125 verwiesene Pflicht ein **Kollegialorgan**, sind alle seine Mitglieder Adressaten der Zwangsstrafe. Eine etwaige interne Ressortverteilung ist unbeachtlich.[11]

B. Tatbestandsmäßigkeit

9 Die Bestimmung will die Befolgung versch Pflichten sicherstellen. Gewährleistet werden sollen iW die **Funktionen des AR** sowie die **Publizität der Gesellschaft**.[12]

Von § 125 umfasst sind die Beschlussfähigkeit des AR (§ 30d), der Anforderungsbericht des AR (§ 30j Abs 2) u der Augenschein durch den AR bzw die Beiziehung eines Sachverständigen (§ 30j Abs 3).[13] Weiters sind die Publizitätspflichten der Gesellschaft, konkret die Liquidationseröffnungsbilanz (§ 91 Abs 1 S 1) u der Zugriff auf die Bücher u Schriften der beendeten Gesellschaft (§ 93 Abs 3) v Tatbestand erfasst (s § 91 Rz 3, § 93 Rz 18).

10 Für die Tatbestandsmäßigkeit nach § 125 reicht die **objektive Pflichtverletzung** aus. Verschulden ist nach hL nicht Voraussetzung, weil die Regelung primär auf die Durchsetzung des vorgeschriebenen Verhaltens abzielt (s Rz 6).[14]

11 **Wiederholungsgefahr** ist für die Erfüllung des Tatbestands nicht erforderlich.[15]

IV. Rechtsfolgen und Verfahrensablauf

12 Eine Zwangsstrafe kann bis zu der **Höhe** v € 3.600 verhängt werden. Aus § 125 S 2 iVm § 24 Abs 2 FBG folgt, dass diese Strafe auf bis zu € 7.200 erhöht werden kann, wenn der Betroffene der gerichtl Anordnung nicht innerhalb v zwei Monaten nach Eintritt der Rechtskraft des

---

11 RIS-Justiz RS0113283 (Offenlegung des JA), *Weilinger/Knauder* in Straube/Ratka/Rauter, GmbHG § 125 Rz 9; *Trenker* in Torggler, GmbHG § 125 Rz 2.
12 *M. Gruber* in Gruber/Harrer, GmbHG² § 125 Rz 4.
13 *Weilinger/Knauder* in Straube/Ratka/Rauter, GmbHG § 125 Rz 11.
14 *Weilinger/Knauder* in Straube/Ratka/Rauter, GmbHG § 125 Rz 6; *Koppensteiner/Rüffler*, GmbHG³ § 125 Rz 4. **AA** *Trenker* in Torggler, GmbHG § 125 Rz 4.
15 OGH 24.3.1994, 6 Ob 9/94; *Trenker* in Torggler, GmbHG § 125 Rz 4.

Beschlusses nachkommt. Für **mittelgroße u große Gesellschaften** kann sich die Strafe in weiterer Folge gemäß § 24 Abs 5 FBG auf das Dreifache bzw auf das Sechsfache erhöhen.[16] Eine **wiederholte Verhängung** einer Zwangsstrafe ist ebenso zulässig.[17]

Die Zwangsstrafe wird **amtswegig** auferlegt. Ein Antrag ist daher nicht erforderlich. Einer Person, welche die Verhängung einer Zwangsstrafe anregt, kommt im weiteren Verfahren keine Parteistellung zu.[18] Folglich besteht auch keine Möglichkeit eines Rekurses, wenn gegen die säumigen Gesellschafter letztlich keine Beugestrafe verhängt worden ist.[19]

Zuständig ist das **HG**; die örtliche Zuständigkeit richtet sich nach dem Sitz der Gesellschaft (§ 102 UGB).[20] Die Aufforderung zur Pflichterfüllung ist wie eine Klage **zuzustellen** (§ 24 Abs 3 FBG).

Das **Verfahren** zur Verhängung einer Zwangsstrafe ist **zweistufig**. Zunächst werden die betroffenen Personen darüber informiert, welches Verhalten zu setzen ist, u dass im Falle der Nichtbefolgung eine Zwangsstrafe droht. Somit wird den Verpflichteten in einem ersten Schritt die Möglichkeit eingeräumt, die geforderte Handlung nachzuholen. Erst nach der unbeachteten Mitteilung ist die Zwangsstrafe zu verhängen.[21]

Wenn ein Verstoß gegen eine in § 125 verwiesene Pflicht wegen der Umstände des Einzelfalls naheliegt u aus dem bisherigen Verhalten erkennbar ist, dass die bloße Androhung einer Zwangsstrafe nicht zur entspr Handlung führen wird, kann das Gericht ohne vorherige Androhung auch gleich mittels **Zwangsstrafverfügung** vorgehen.[22] Diese

---

16 *M. Gruber* in Gruber/Harrer, GmbHG² § 125 Rz 5.
17 *Koppensteiner/Rüffler*, GmbHG³ § 125 Rz 6; *Weilinger/Knauder* in Straube/Ratka/Rauter, GmbHG § 125 Rz 19; Zwangsstrafen gem § 125 sind keine Strafen iSd Art 6 EMRK u können daher mehrfach verhängt werden (vgl VfGH 7.10.2015, G 224/2015; OGH 26.4.2016, 6 Ob 37/16h).
18 Zur Parteistellung der Gesellschaft *Kodek/G. Nowotny*, NZ 2004/51, 165.
19 OGH 20.1.1994, 6 Ob 4/94; *Trenker* in Torggler, GmbHG § 125 Rz 7.
20 *Koppensteiner/Rüffler*, GmbHG³ § 125 Rz 6; *Weilinger/Knauder* in Straube/Ratka/Rauter, GmbHG § 125 Rz 16.
21 *Weilinger/Knauder* in Straube/Ratka/Rauter, GmbHG § 125 Rz 17; *M. Gruber* in Gruber/Harrer, GmbHG² § 125 Rz 5. S auch bereits *Pilgerstorfer*, RdW 2000/433, 459 (462 f); *Torggler*, GBU 2000/05/10; *Zehetner*, ecolex 1998, 483; *Zehetner*, ecolex 2001, 281.
22 *Weilinger/Knauder* in Straube/Ratka/Rauter, GmbHG § 125 Rz 18; *Trenker* in Torggler, GmbHG § 125 Rz 6.

Möglichkeit der Zwangsstrafverfügung gem § 283 Abs 2 u 3 UGB folgt aus dem Verweis des § 125 auf § 24 Abs 4 FBG.[23]

16 Gegen den Beschluss über die Verhängung einer Zwangsstrafe nach § 125 kann **Rekurs** erhoben werden. Die Mitteilung, in der eine Zwangsstrafe lediglich angedroht wird, ist hingegen nicht **bekämpfbar**.[24]

17 Die Verhängung einer dritten u jeder weiteren Zwangsstrafe ist zwingend im Bekanntmachungsblatt auf Kosten der Gesellschaft zu **veröffentlichen**.[25] Gemäß § 125 iVm § 24 Abs 2 FBG ist der rechtskräftige Beschluss zu publizieren.[26]

18 Bei Zwangsstrafen handelt es sich um Geldstrafen, daher sind solche **keine Insolvenzforderung** gem § 58 Z 2 IO.[27]

V. Konkurrenzen

A. Abgrenzung zur Leistungsklage

19 Zur Durchsetzung der in § 125 genannten Pflichten kann neben der Verhängung einer Zwangsstrafe auch eine Leistungsklage erhoben werden. Abgesehen v einer im Zuge dieser erwirkten einstweiligen Verfügung kann die ausstehende Handlung jedoch erst im Rahmen der **Exekution** nach § 354 EO durch Beugemittel erzwungen werden. Weil eine Exekution die erfolgreiche Stattgabe der Klage voraussetzt, kann die Durchsetzung der gewünschten Amtspflicht in der Regel länger dauern als mittels Zwangsstrafe.[28]

---

23 *Trenker* in Torggler, GmbHG § 125 Rz 6; *Dokalik/Birnbauer*, GesRZ 2011, 22; *Urtz*, ZFR 2011, 223 f; *Weilinger/Knauder* in Straube/Ratka/Rauter, GmbHG § 125 Rz 18.
24 OGH 18.4.2002, 6 Ob 56/02g; 24.10.1991, 6 Ob 15/91; 1.10.1992, 6 Ob 16/92; *Weilinger/Knauder* in Straube/Ratka/Rauter, GmbHG § 125 Rz 17.
25 *Rohregger/Wess* in Preuschl/Wess, Wirtschaftsstrafrecht § 125 GmbHG, Rz 11; *Zehetner*, ecolex 2001, 281.
26 *Koppensteiner/Rüffler*, GmbHG³ § 125 Rz 6; *Weilinger/Knauder* in Straube/Ratka/Rauter, GmbHG § 125 Rz 20; *M. Gruber* in Gruber/Harrer, GmbHG² § 125 Rz 5.
27 OGH 27.2.2013, 6 Ob 160/12s; *Trenker* in Torggler, GmbHG § 125 Rz 6.
28 *Kert* in Artmann/Karollus, AktG⁶ § 258 Rz 22; *Kalss* in Doralt/Nowotny/Kalss, AktG³ § 258 Rz 8; *Weilinger/Knauder* in Straube/Ratka/Rauter, GmbHG § 125 Rz 12.

B. Verhältnis zu sonstigen Zwangsstrafen

Zwangsstrafen nach § 125 können **unbeschadet** anderer unternehmensrechtlicher Zwangsstrafen verhängt werden. Darauf wird ausdrücklich im Wortlaut des § 125 hingewiesen (Rz 2). Organpflichtverletzungen werden auch nach den §§ 283 f UGB u § 24 Abs 1 FBG sanktioniert. Abgrenzungsschwierigkeiten zw diesen u § 125 wurden durch Inkrafttreten des RÄG 2014 beseitigt.[29]

20

§ 283 Abs 1 UGB sieht eine Zwangsstrafe bei Nichtbefolgung der **Aufstellungs- u Offenlegungspflichten** des JA u Konzernabschlusses vor.[30] Eine Androhung der Zwangsstrafe ist nicht erforderlich, diese kann ohne vorausgehendes Verfahren sofort amtswegig verhängt werden, wenn die Offenlegung nicht bis zum letzten Tag der Offenlegungsfrist erfolgt (§ 283 Abs 2 UGB).[31] Die Verpflichtung zur Aufstellung u Vorlage des JA besteht bis zur **Löschung der Gesellschaft**. Dies gilt auch, wenn die sich in Liquidation befindliche Gesellschaft keine Tätigkeit mehr ausübt[32] (s § 91 Rz 8).

21

§ 24 Abs 1 FBG sieht die gerichtl Zwangsstrafe für das pflichtwidrige Unterlassen einer **Anmeldung, Zeichnung** der **Namensunterschrift** oder eine **Einreichung** v Schriftstücken zum FB vor.[33] Durch den Verweis des § 125 auf § 24 Abs 2 bis 5 FBG wird die Möglichkeit der Verhängung v Zwangsstrafen durch das FB-Gericht auf die in § 125 genannten Pflichten (Rz 9) erweitert. Wird eine Zwangsstrafe wegen der Verletzung einer in § 125 verwiesenen Pflicht nach dem GmbHG verhängt, ist diese Bestimmung gegenüber § 24 FBG die allein anwendbare *lex specialis*.[34]

22

---

29 Vgl *Weilinger/Knauder* in Straube/Ratka/Rauter, GmbHG § 125 Rz 14. Zu früheren Abgrenzungsproblemen s etwa auch *Zehetner*, ecolex 2001, 280.
30 Dazu ausf *Schuster* in Straube/Ratka/Rauter, UGB II/RLG³ § 283 Rz 12; s auch *Aschauer/Fida* in Torggler, UGB³ § 283 Rz 1.
31 *Schuster* in Straube/Ratka/Rauter, UGB II/RLG³ § 283 Rz 20.
32 OGH 27.2.2013, 6 Ob 160/12s.
33 Dazu etwa *Schenk/Schuster* in Straube/Ratka/Rauter, UGB I⁴ § 24 FBG, Rz 2 ff.
34 *Kodek* in Kodek/Nowotny/Umfahrer, FBG § 24 Rz 12; *Rohregger/Wess* in Preuschl/Wess, Wirtschaftsstrafrecht § 125 GmbHG, Rz 13; *Schenk/Schuster* in Straube/Ratka/Rauter, UGB I⁴ § 24 FBG, Rz 10.

Exkurs: Wirtschaftsstrafrecht

Literatur: *Ainedter*, Klarstellung der Tatbestandsmerkmale für Organisierte Schwarzarbeit, AnwBl 2022/172, 296; *Bauer*, Betrug oder Sozialbetrug? Zum Verhältnis von § 146 zu § 153d StGB, ZfG 2017, 143; *Bollenberger/Wess*, Neues Bilanzstrafrecht – Was bedeutet Schadenseignung? ZWF 2016, 144; *Brandstetter*, Bilanzdelikte aus Sicht der Verteidigung, in Keppert/Brandstetter (Hg), Bilanzdelikte (2009) 61; *Brandstetter/Rauch/Wegscheider*, Korruptionsstrafrecht NEU – der „private Bereich" Struktur und Grundzüge der relevanten Tatbestände, JSt 5/2008, 155; *Brugger*, Kartellstrafrecht: Keine Ausdehnung des § 168b StGB über das Bundesvergabegesetz hinaus, wbl 2015/29, 366; *Eckert/Spani/Wess*, Neuregelung des § 153 StGB und Auswirkungen auf die Praxis – Teil II, ZWF 1/2016, 7; *Enzinger*, Bilanzdelikte aus der Sicht der Wissenschaft, in Keppert/Brandstetter (Hg), Bilanzdelikte (2009) 19; *Fabrizy/Michel-Kwapinski/Oshidari*, Strafgesetzbuch[14] (2022); *Fischer*, Strafgesetzbuch[70] (2023); *Fuchs*, Die Reform der Untreue durch das StRÄG 2015, in Lewisch (Hg), Jahrbuch Wirtschaftsstrafrecht und Organverantwortlichkeit 2015, 345; *Fuchs*, Spezielle Probleme von Untreue und Korruption, in Lewisch (Hg), Jahrbuch Wirtschaftsstrafrecht und Organverantwortlichkeit 2013, 35; *Gangl*, Strafbarer Förderungsmissbrauch (2004); *Gilhofer/Pillichshammer*, Korruption im Unternehmen, GRAU 2022/17, 73; *Haumer*, Europäisches und globales Unternehmensstrafrecht de lege ferenda, AnwBl 2016, 582; *Heigenhauser*, Urgenz des Rechtsanwalts bei Behörden: strafbar gemäß § 308 StGB (verbotene Intervention)? AnwBl 2010, 63; *Herbst/Wess*, Das VbVG und die verfassungsgerichtliche Zulässigkeit der strafrechtlichen Verantwortlichkeit juristischer Personen, ZWF 2015/3, 118; *Hilf*, Verfolgungsermessen und Diversion im Verbandsstrafverfahren, in FS Miklau (2006) 191; *Hinterhofer*, Bilanzstrafrecht neu, RdW 2015/260, 283; *Hinterhofer/Wirth*, § 163a StGB – Verbandsinterne Bilanzdelikte, in Albiez/Petutschnig/Wimpissinger (Hg), Bilanz und Haftung (2018); *Höcher*, Erlaubte Einflussnahme und Verbotene Intervention, ÖJZ 2015/141, 1083; *Höcher/Singer*, Kaffee, Kuchen, Korruptionsstrafrecht, ecolex 2014, 234; *Holzinger/Moringer*, Zur Frage der Verfassungswidrigkeit des Verbandsverantwortlichkeitsgesetz (VbVG), ÖJZ 2015/54, 403; *Illichmann*, in Petsche/Mair (Hg), Handbuch Compliance[3], 594; *Jarolim/Gogl*, Kampf der Korruption – Neue Straftatbestände zur Bekämpfung von Bestechung im privaten und öffentlichen Sektor, RFG 2008/27, 103; *Kalss*, Die Übernahme von Geldstrafen durch die Gesellschaft im Lichte neuer verwaltungsstrafrechtlicher Regelungen gegenüber Gesellschaften, in Lewisch (Hg), Jahrbuch Wirtschaftsstrafrecht und Organverantwortlichkeit 2015, 73; *Karollus/Wolkerstorfer*, § 163b StGB: Das neue Bilanzstrafrecht läuft bei Prüfungsgesellschaften ins Leere! wbl 2016, 132; *Kienapfel/Höpfel/Kert*, Strafrecht AT[16] (2020); *Kienapfel*, Der bestechliche Machthaber (§§ 153, 153a StGB), RZ 1988, 74; *Kodek/Csoklich*, Gesellschaftsrechtliche Aspekte des Wirtschaftsstrafrechts, in Höpfl/Ratz (Hg), WK StGB[2]; *Kofler-Senoner* (Hg), Compliance-Management für Unternehmen (2016); *Koukol*, Compliance und Strafrecht (2016); *Krakow/Flatz*, Die Verbotene Intervention – Wann ist Einflussnahme ungebührlich? ecolex 2013, 14; *Kristoferitsch*, Internal Investigations in der Praxis: Arbeitsrecht, Datenschutz, Strafrecht, in Lewisch (Hg), Jahrbuch Wirtschaftsstrafrecht und Organverantwortlichkeit 2013, 281; *Lewisch*, Bilanzstrafrecht: Status Quo und Reform, in Kalss/Torggler (Hg), Enforcement im Rechnungslegungsrecht (2015) 63; *Lewisch*, Strafrecht Besonderer Teil I[2] (1999); *Lewisch*, Verbandsverantwortlichkeit und Verfassungsrecht, in Lewisch (Hg), Jahrbuch Wirtschaftsstrafrecht und Organverantwortlichkeit 2016, 89; *Lewisch*, Verbandsverantwortlichkeit, in WiR – Studiengesellschaft für Recht und Wirtschaft (Hg), Wirtschaftsstrafrecht (2008) 231; *Lewisch*, Wirtschaftsstrafrecht: Eine Standortbestimmung, ÖZW 2015, 122; *Lewisch/Parker*, Strafbarkeit der juristischen Person? (2001); *Löschnig-Gspandl*, Zur Bestrafung von juristischen Personen, ÖJZ 2002, 241; *Mayerhofer*, Strafgesetzbuch[6] § 158; *McAllister*, Untreue bei gesellschaftsrechtswidriger Vermögensverschiebung im Konzern? ÖJZ 2015/103, 780; *Medigovic*, Geht das neue Korruptionsstrafrecht für Amtsträger zu weit? ÖJZ 2009/16, 149; *Moos*, Die Strafbarkeit juristischer Personen und der Schuldgrundsatz, RZ 2004, 98; *Oberlaber*, Bilanzstrafrecht neu – Was ist strafbar, was nicht? ÖJZ 2016/45, 299; *Oppel*, Korruptions- und sonstiges Wirtschaftsstrafrecht für die Vergabepraxis. Ein Überblick aus dem Blickwinkel der Vergabepraxis, ZVB 11/2015/118, 417; *Paulitsch*, Verbandsverantwortlichkeit ausländischer Gesellschaftsformen nach dem VbVG, ecolex 2010, 459; *Rebisant/Singer*, Das Strafrechtsänderungsgesetz 2015, ZWF 2015, 150; *Rohregger*, Aktuelle Fragen des Bilanzstrafrechts, in Lewisch (Hg), Jahrbuch Wirtschaftsstrafrecht und Organverantwortlichkeit 2016, 73; *Rohregger*, Das neue Bilanzstrafrecht – ein erster Überblick, ÖZW 2015, 162; *Schima*, Reform des Untreuetatbestands und Business Judgment Rule im Aktien- und GmbH-Recht, GesRZ 2015/5, 286; *Schima/Toscani*, Handbuch GmbH-Geschäftsführer[2] (2020); *Schmoller*, Strafe ohne Schuld? Überlegungen zum neuen Verbandsverantwortlichkeitsgesetz, RZ 2008, 8; *Schrank*, Übernahme von Strafen durch die Gesellschaft – Ein Fall fürs Strafgericht? CFOaktuell 2013/2, 59; *Schumann/Bruckmüller/Gappmayer*, Wettbewerbsbeschränkende Absprachen im Vergabeverfahren und kollusive Beteiligung auf Seiten des Auftraggebers, RPA 5/2009, 224; *Steininger*, Verbandsverantwortlichkeitsgesetz[2] (2020); *Tipold*, Compliance als Schutz vor Verbandsverantwortlichkeit? ALJ 2016/1, 90; *Tipold*, Das Strafrechtsänderungsgesetz, JSt 2015, 408; *Tipold*, Zurechnung fremden Verhaltens, in FS Fuchs (2014) 603; *Triffterer/Rosbaud/Hinterhofer* (Hg), Salzburger Kommentar zum Strafgesetzbuch[43] (2022); *Vrba/Unger*, Persönliche Haftung des Geschäftsführers einer GmbH, in Vrba (Hg), Schadenersatz in der Praxis (2022), Kapitel V; *Wess*, Verbandsverantwortlichkeit, ÖZW 2015/4, 131; *Wess/Machan*, Bilanzstrafrecht, in Kert/Kodek (Hg), Das große Handbuch Wirtschaftsstrafrecht[2] (2022) 321; *Winkler/Spahic*, Bilanzfälschung – Wesentlichkeit und Schadenseignung nach § 163a StGB (Teil I), ZWF 2018, 229; *Winkler/Spahic*, Bilanzfälschung – Wesentlichkeit und Schadenseignung nach § 163a StGB (Teil II), ZWF 2018, 274; *Wolm/Sartor*, Criminal Compliance aus Sicht der Strafverteidigung, ZWF 2016/1, 17; *Zeder*, Bilanzstrafrecht: Reform vollbracht, in Lewisch (Hg), Jahrbuch Wirtschaftsstrafrecht und Organverantwortlichkeit 2015, 365; *Zierl*, Konkurrenzfragen bei den Straftatbeständen zur Sanktionierung von Korruption in der Privatwirtschaft, JSt 5–6/2013, 242.

Inhaltsübersicht

I.	Einleitung	1–4
II.	Strafbestimmung im GmbHG	5
III.	Taten zum Schaden der Gläubiger der Gesellschaft	6–52

   A. Betrügerische Krida (§ 156 StGB) 7–13
      1. Allgemeines 7
      2. Täterkreis 8, 9
      3. Tathandlungen 10–13
   B. Schädigung fremder Gläubiger (§ 157 StGB) 14–17
      1. Allgemeines 14
      2. Täterkreis 15
      3. Tathandlungen 16, 17
   C. Begünstigung eines Gläubigers (§ 158 StGB) 18–22
      1. Allgemeines 18
      2. Täterkreis 19
      3. Tathandlung 20, 21
      4. Straflosigkeit andrängender Gläubiger 22
   D. Grob fahrlässige Beeinträchtigung von Gläubigerinteressen (§ 159 StGB) 23–33
      1. Allgemeines 23–25
      2. Täterkreis 26
      3. Tathandlungen 27–33
         a) Herbeiführen der Zahlungsunfähigkeit (Abs 1) . . 28, 29
         b) Herbeiführen der Gläubigerschädigung (Abs 2) 30, 31
         c) Herbeiführen der Sanierungsbedürftigkeit (Abs 3) 32, 33
   E. Umtriebe während einer Geschäftsaufsicht oder im Insolvenzverfahren (§ 160 StGB) 34–41
      1. Allgemeines 34
      2. Stimmrechtserschleichung (Abs 1 Z 1) 35–37
      3. Stimmenverkauf und Stimmenkauf (Abs 1 Z 2) 38
      4. Passive und aktive Gläubigerbestechung (Abs 1 Z 3) 39
      5. Passive Bestechung bestimmter Organe (Abs 2) . . . 40, 41
   F. Vollstreckungsvereitelung (§§ 162 f StGB) 42–48
      1. Allgemeines zur Vollstreckungsvereitelung gemäß § 162 StGB 42–44
      2. Täterkreis des § 162 StGB 45
      3. Tathandlungen des § 162 StGB 46, 47
      4. Anmerkungen zur Vollstreckungsvereitelung zugunsten eines anderen (§ 163 StGB) 48
   G. „Sozialbetrug" (§§ 153 c ff StGB) 49–52
      1. Allgemeines 49
      2. Vorenthalten von Dienstnehmerbeiträgen zur Sozialversicherung (§ 153 c StGB) 50
      3. Betrügerisches Anmelden zur Sozialversicherung oder Bauarbeiter-Urlaubs- und Abfertigungskasse (§ 153 d StGB) 51

		4. Organisierte Schwarzarbeit (§ 153 e StGB)	52
IV.	Taten zum Schaden der Gesellschaft		53–79
	A.	Untreue (§ 153 StGB)	54–73
		1. Allgemeines	54
		2. Täterkreis	55
		3. Tathandlung	56–69
		a) Befugnismissbrauch	56–60
		b) Regeln im Dienst des Vermögensschutzes wirtschaftlich Berechtigter	61–68
		c) Unvertretbare Weise	69
		4. Schaden	70
		5. Abgrenzung zur Veruntreuung § 133 StGB	71
		6. Abgrenzung zum Betrug § 146 StGB	72, 73
	B.	Geschenkannahme durch Machthaber (§ 153 a StGB)	74–79
		1. Täterkreis	74, 75
		2. Tathandlung	76–79
		a) „Für die Ausübung der Befugnis"	76–78
		b) Nicht bloß geringfügiger Vermögensvorteil	79
V.	Taten zum Schaden Dritter		80–127
	A.	Bilanzdelikte (§§ 163 a ff StGB)	81–99
		1. Unvertretbare Darstellung wesentlicher Informationen über bestimmte Verbände (§ 163a StGB)	83–93
		a) Allgemeines	83, 84
		b) Täterkreis	85–88
		c) Tathandlungen	89–93
		2. Unvertretbare Berichte von Prüfern bestimmter Verbände (§ 163 b)	94–98
		a) Allgemeines	94
		b) Täterkreis	95, 96
		c) Tathandlungen	97, 98
		3. Erfasste Verbände (§ 163c StGB)	99
	B.	Wettbewerbsbeschränkende Absprachen bei Vergabeverfahren (§ 168 b StGB)	100–108
		1. Allgemeines	100–102
		2. Tathandlungen	103–107
		3. Strafaufhebungsgrund	108
	C.	Strafbare Handlungen im Zusammenhang mit Geschäfts- und Betriebsgeheimnissen (§§ 122 ff StGB)	109–121
		1. Verletzung eines Geschäfts- oder Betriebsgeheimnisses (§ 122 StGB)	109–115
		a) Allgemeines	109
		b) Täterkreis	110, 111
		c) Tathandlung	112–115
		2. Auskundschaftung eines Geschäfts- oder Betriebsgeheimnisses	116–121
		a) Allgemeines	116–119

                b) Täterkreis 120
                c) Tathandlung 121
        D. Förderungsmissbrauch (§ 153 b StGB) 122–127
            1. Täterkreis 122
            2. Tathandlung 123–127
                a) Förderung 124, 125
                b) Verwendung zu anderen Zwecken 126
                c) Missbräuchlich 127
VI. Korruptionsstrafrechtsrelevante Taten 128–153
        A. Bestechung, Vorteilszuwendung, Vorteilszuwendung
           zur Beeinflussung 128–140
            1. Allgemeines 128
            2. Täterkreis 129
            3. Tathandlung 130–140
                a) Amtsträger/Amtsgeschäft 133, 134
                b) (ungebührlicher) Vorteil 135–139
                c) pflichtwidrig/pflichtgemäß 140
        B. Verbotene Intervention 141–147
            1. Allgemeines 141
            2. Täterkreis 142
            3. Tathandlung 143–147
        C. Geschenkannahme und Bestechung von Bediensteten
           oder Beauftragten 148–153
            1. Allgemeines 148
            2. Täterkreis 149, 150
            3. Tathandlung 151–153
VII. Verbandsverantwortlichkeit und Compliance 154–193
        A. Relevante Bestimmungen des VbVG 154–174
            1. Verbandsverantwortlichkeit 155, 156
            2. Verbände 157–160
            3. Entscheidungsträgertat (Abs 2) 161–165
            4. Mitarbeitertat (Abs 3) 166–168
            5. Verbandsgeldbuße 169–172
            6. Verfassungskonformität des VbVG 173, 174
        B. Compliance als möglicher Schutz vor dem VbVG 175–193
            1. Grundgedanke von (Criminal) Compliance 175–177
            2. Compliance und GmbH 178–180
            3. Compliance und VbVG 181–185
            4. Interne Unternehmensermittlungen 186–188
            5. Übernahme von Geldstrafen und Verfahrenskosten
               durch die Gesellschaft 189–193
                a) Übernahme von Geldstrafen 190–192
                b) Übernahme von Verfahrenskosten 193
VIII. Hinweis auf das Finanzstrafrecht 194–196

I. Einleitung

1 Geschäftsleitungsorgane haben täglich eine Vielzahl an E zu treffen – strafrechtliche Überlegungen stehen dabei meist nicht im erforderlichen Fokus. Der Exkurs „Wirtschaftsstrafrecht" hat eine **Sensibilisierung für Straftatbestände**, die für Handlungen der Geschäftsleitungsorgane relevant sein können, zum Ziel. Das Wirtschaftsstrafrecht ist letztlich ebenso lebendig u vielseitig wie das Wirtschaftsleben u das Wirtschaftsrecht selbst.[1]

2 **Strafverfahren** kosten nicht nur Geld, sondern es können auch Freiheitsstrafen drohen. Darüber hinaus können gerichtl strafbare Handlungen neben der reinen Strafe weitere Konsequenzen, wie zB den Ausschluss natürlicher Personen v der Ausübung eines Gewerbes (§ 13 GewO), nach sich ziehen. Das GmbHG selbst sieht keine automatisch eintretenden Rechtsfolgen vor.

3 Dieser Exkurs beschäftigt sich nicht mit jenen Straftaten, die v jedem Menschen begangen werden können (zB Mord, Körperverletzung oder Diebstahl), sondern mit Delikten, die **spezifisch für die Tätigkeit als Geschäftsführungsorgan in Frage kommen**. Dabei ist zunächst zw strafgerichtlichen Tatbeständen (insb im StGB, VbVG) u der verwaltungsstrafrechtlichen Bestimmung im GmbHG zu differenzieren. Im Folgenden sollen die einzelnen Straftatbestände thematisch, in der gebotenen Kürze wie folgt dargestellt werden:

– Verwaltungsstrafbestimmung des GmbHG (Rz 5),
– Taten zum Schaden der Gläubiger der Gesellschaft (Rz 6 ff),
– Taten zum Schaden der Gesellschaft (Rz 52 ff),
– Taten zum Schaden Dritter (Rz 76 ff),
– Korruptionsstrafrechtlich relevante Taten (Rz 122 ff) sowie
– Verbandsverantwortlichkeit u Compliance (Rz 149 ff).

4 Allgemein gesprochen ist **Strafe** ein mit **Tadel verbundenes Übel**, das wegen einer strafbaren Handlung v einem Strafgericht aufgrund u nach Maßgabe der **Schuld des Täters** verhängt wird.[2] Die Schuld[3] ist nicht nur die Voraussetzung („*aufgrund*"), sondern zugleich auch die Grenze

---

1 *Lewisch*, ÖZW 2015, 122.
2 *Höpfel* in Höpfel/Ratz, WK² StGB § 1 Rz 8; *Kienapfel/Höpfel/Kert*, Strafrecht AT¹⁶ Z 2 Rz 2.
3 § 4 StGB sieht vor, dass nur jener strafbar ist, der schuldhaft handelt.

(*"nach Maßgabe"*) der Strafe.[4] Typisch für das Strafrecht ist es, dass der Täter nur für eigenes Unrecht u für eigene Schuld sanktioniert wird. Ausnahmen können bei bestimmten Delikten bestehen, die als **reine Erfolgsdelikte** ausgestaltet sind. Demnach kann jeder, der objektiv sorgfaltswidrig handelt, dh gegen eine Rechtsnorm oder Verkehrsnorm verstößt, oder dessen Verhalten dem Vergleich mit einem maßgerechten Menschen in der entspr Situation nicht standhält,[5] für diese Delikte bestraft werden.[6]

Eine weitere Ausnahme sieht das VbVG vor, wonach der GmbH (als jP) bei Vorliegen bestimmter Voraussetzungen sehr wohl fremdes Verhalten (nämlich jenes ihrer Entscheidungsträger u/oder Mitarbeiter) zugerechnet werden kann. Die GmbH kann eine sog **Verbandsverantwortlichkeit** treffen.

II. Strafbestimmung im GmbHG

§ 125 GmbHG enthält eine **verwaltungsrechtliche** Strafbestimmung. Als deren Täter kommen GF, Liquidatoren oder Personen, die zur Vertretung inländischer Zweigniederlassungen v ausländischen Gesellschaften berechtigt sind, in Betracht. Hinsichtlich der Details zu dieser Strafbestimmung kann auf die Kommentierung im vorstehenden Kapitel verwiesen werden.

III. Taten zum Schaden der Gläubiger der Gesellschaft

Taten, welche die Gläubiger der Gesellschaft schädigen, stehen meist iZm einer Krise der Gesellschaft. Es handelt sich dabei insb um folgende Delikte:

– Betrügerische Krida (§ 156 StGB),
– Schädigung fremder Gläubiger (§ 157 StGB),
– Begünstigung eines Gläubigers (§ 158 StGB),

---

4 *Fabrizy/Michel-Kwapinski/Oshidari*, StGB[14] § 1 Rz 1; *Kienapfel/Höpfel/Kert*, Strafrecht AT[16] Z 2 Rz 3.
5 *Kienapfel/Höpfel/Kert*, Strafrecht AT[16] Z 16 Rz 10.
6 *Fischer*, StGB[69] Vor § 13 Rz 18.

- Grob fahrlässige Beeinträchtigung v Gläubigerinteressen (§ 159 StGB),
- Umtriebe während einer Geschäftsaufsicht oder im Insolvenzverfahren (§ 160 StGB),
- Vollstreckungsvereitelung (§§ 162 ff StGB),
- „Sozialbetrug" (§§ 153 c ff StGB).

A. Betrügerische Krida (§ 156 StGB)

§ 156. (1) Wer einen Bestandteil seines Vermögens **verheimlicht, beiseite schafft, veräußert** oder **beschädigt**, eine nicht bestehende Verbindlichkeit **vorschützt** oder **anerkennt** oder sonst sein Vermögen wirklich oder zum Schein **verringert** und **dadurch die Befriedigung seiner Gläubiger** oder wenigstens eines von ihnen **vereitelt** oder **schmälert**, ist mit Freiheitsstrafe von sechs Monaten bis zu fünf Jahren zu bestrafen.

(2) Wer durch die Tat einen 300 000 Euro übersteigenden Schaden herbeiführt, ist mit Freiheitsstrafe von einem bis zu zehn Jahren zu bestrafen.

idF BGBl I 2015/112

1. Allgemeines

7   Geschütztes Rechtsgut des § 156 StGB ist das **Interesse der Gläubiger an der Forderungseintreibung**.[7] § 156 StGB schützt aber bloß das Gläubigerinteresse an der Befriedigung v im Tatzeitpunkt bereits bestehenden Forderungen.[8] Der Schuldner soll daran gehindert werden, durch tatsächliche oder scheinbare Dispositionen die Gläubigerbefriedigung ganz oder tw zu verhindern. Weder setzt das Delikt betrugsartiges Verhalten (insofern irreführend die Bezeichnung als *„betrügerische"* Krida) noch die Zahlungsunfähigkeit oder Überschuldung des Schuldners voraus.[9]

---

7   RIS-Justiz RS0128145.
8   RIS-Justiz RS0133786.
9   *Kirchbacher* in Höpfel/Ratz, WK² StGB § 156 Rz 1 f; *Mayerhofer*, StGB⁶ § 156 Rz 4.

2. Täterkreis

Unmittelbarer Täter kann nur der **Schuldner mehrerer**, somit mind zweier Gläubiger sein. Nach Maßgabe des § 161 Abs 1 StGB zählen auch **leitende Angestellte** einer jP oder einer PersGes ohne Rechtspersönlichkeit, insb **GF einer GmbH**, zum unmittelbaren Täterkreis.[10]

Unter **leitenden Angestellten** sind gem der Legaldefinition in § 74 Abs 3 StGB zu verstehen: *"Angestellte eines Unternehmens, auf dessen Geschäftsführung ihnen ein maßgeblicher Einfluss zusteht [...]. Ihnen stehen Geschäftsführer, Mitglieder des Vorstands oder Aufsichtsrats und Prokuristen ohne Angestelltenverhältnis gleich."*

3. Tathandlungen

Tathandlungen sind die **wirkliche**[11] oder **scheinbare Verringerung des Vermögens** des Täters bzw des v Täter geleiteten Unternehmens.[12] Das Gesetz selbst nennt demonstrative[13] Bsp tatbestandsmäßiger Handlungen. Mögliche Begehungsweisen sind somit etwa:

- Verheimlichen,
- Beiseiteschaffen,
- Veräußern u Beschädigen v Vermögensteilen sowie
- Vorschützen oder Anerkennen nicht bestehender Verbindlichkeiten.

Beispiele für tatbestandsmäßige Handlungen aus der Rsp sind etwa:

- Vorlage eines Scheinvertrags,[14]
- Einräumung eines Belastungs- u Veräußerungsverbots,[15]
- Verbringung eines Geldbetrags ins Ausland,[16]
- Rückzahlung eines Eigenkapital ersetzenden Darlehens durch den GF einer kreditunwürdigen GmbH an die Gesellschafter.[17]

---

10 *Kirchbacher* in Höpfel/Ratz, WK² StGB § 156 Rz 3.
11 Wirkliche Vermögensverringerung iSd § 156 StGB liegt dann vor, wenn die Aktiven ohne entspr Gegenwert verkürzt oder die Passiven ohne gleichwertige Aufstockung der Aktiven erhöht werden (RIS-Justiz RS0132283).
12 OGH 30.3.2022, 8 Ob 10/22m.
13 *Kirchbacher* in Höpfel/Ratz, WK² StGB § 156 Rz 6.
14 OGH 25.6.2002, 14 Os 127/01; 29.3.2011, 12 Os 189/10a.
15 OGH 1.10.2002, 11 Os 184/01.
16 OGH 22.10.1987, 12 Os 118/87.
17 OGH 1.10.2001, 11 Os 41/02; 9.9.2003, 11 Os 76/03.

12 Vermögensbestandteile iSd § 156 StGB sind alle Sachen u Rechte, welche die Gläubiger in einem Exekutionsverfahren verwerten können bzw könnten.[18] Es gilt ein wirtschaftlicher u nicht ein juristischer Vermögensbegriff.[19]

13 **Gläubiger** sind alle physischen Personen u jP, die den Anspruch haben, aus dem Vermögen des Schuldners für eine privatrechtliche oder öffentlich-rechtliche Forderung Befriedigung zu erlangen.[20] Es sind alle Gläubiger maßgeblich u nicht nur jene, für die das Täterverhalten zumindest abstrakt einen Nachteil bringen kann, weshalb das Gesetz auch nur eine **Gläubigermehrheit** u keine Opfermehrheit fordert.[21]

Das Verbrechen der betrügerischen Krida ist nur dann vollendet, wenn feststeht, dass ein Gläubiger infolge eines das Vermögen verringernden Verhaltens des Schuldners eine Forderung nur zT oder gar nicht beglichen erhält.[22]

Ist die Kausalität der inkriminierten Handlungen für den Befriedigungsausfall zu verneinen, kommt – bei entspr (auch auf einen Befriedigungsausfall gerichteten) Vorsatz – die Strafbarkeit wegen Versuchs in Betracht.[23]

B. Schädigung fremder Gläubiger (§ 157 StGB)

§ 157. Ebenso ist zu bestrafen, wer **ohne Einverständnis mit dem Schuldner** einen **Bestandteil des Vermögens des Schuldners** verheimlicht, beiseite schafft, veräußert oder beschädigt oder ein nicht bestehendes Recht gegen das Vermögen des Schuldners geltend macht und **dadurch die Befriedigung der Gläubiger** oder wenigstens eines von ihnen vereitelt oder schmälert.

---

18 *Fabrizy/Michel-Kwapinski/Oshidari*, StGB[14] § 156 Rz 3; *Kirchbacher* in Höpfel/Ratz, WK[2] StGB § 156 Rz 7.
19 *Kirchbacher* in Höpfel/Ratz, WK[2] StGB § 156 Rz 7/1.
20 *Kirchbacher* in Höpfel/Ratz, WK[2] StGB § 156 Rz 4; *Rainer* in Triffterer/Rosbaud/Hinterhofer, SbgK-StGB[42] § 156 Rz 10.
21 *Kirchbacher* in Höpfel/Ratz, WK[2] StGB § 156 Rz 5/1, 5/2; *Rainer* in Triffterer/Rosbaud/Hinterhofer, SbgK-StGB[42] § 156 Rz 10.
22 RIS-Justiz RS0115184.
23 OGH 29.9.2021, 13 Os 59/21g.

1. Allgemeines

Die Tatstruktur der Schädigung fremder Gläubiger entspricht mit geringfügigen, nachfolgend dargestellten Abweichungen jener der betrügerischen Krida. Geschütztes Rechtsgut ist auch hier das **Gläubigerinteresse an der Forderungsbefriedigung**.[24] Auf die Ausführungen zur betrügerischen Krida kann daher verwiesen werden (Rz 7 ff). 14

2. Täterkreis

Unmittelbarer Täter ist eine Person, die **ohne Einverständnis** des Schuldners oder des leitenden Angestellten dessen bzw das Vermögen der vertretenen Gesellschaft wirklich oder scheinbar verringert, um dadurch die Befriedigung wenigstens eines Gläubigers des Schuldners zu vereiteln oder zu schmälern.[25] 15

3. Tathandlungen

Auch § 157 StGB nennt wie § 156 StGB: 16

- Verheimlichen,
- Beiseiteschaffen,
- Veräußerung u
- Beschädigen

v Vermögensteilen als mögliche Tathandlungen.

Als Gegenstück zum *„Vorschützen oder Anerkennen einer nicht bestehenden Verbindlichkeit"* nennt § 157 StGB das *„Geltendmachen eines nicht bestehenden Rechts"*. Tatbestandsmäßig kann hier nur eine fingierte Forderung sein.[26] 17

C. Begünstigung eines Gläubigers (§ 158 StGB)

§ 158. (1) Wer **nach Eintritt seiner Zahlungsunfähigkeit** einen **Gläubiger begünstigt** und **dadurch die anderen Gläubiger** oder wenigstens einen von ihnen **benachteiligt**, ist mit Freiheitsstrafe bis zu zwei Jahren zu bestrafen.

---

24 *Kirchbacher* in Höpfel/Ratz, WK² StGB § 157 Rz 1; *Rainer* in Triffterer/Rosbaud/Hinterhofer, SbgK-StGB⁴² § 157 Rz 4.
25 *Kirchbacher* in Höpfel/Ratz, WK² StGB § 157 Rz 2.
26 *Kirchbacher* in Höpfel/Ratz, WK² StGB § 157 Rz 3 ff.

(2) Der **Gläubiger**, der den Schuldner zur Sicherstellung oder Zahlung einer ihm zustehenden Forderung **verleitet** oder die Sicherstellung oder Zahlung **annimmt**, ist nach Abs. 1 nicht zu bestrafen.

1. Allgemeines

18 § 158 StGB pönalisiert Gemeinschuldner, die nach Eintritt der Zahlungsunfähigkeit entgegen dem Gebot der Gleichbehandlung einen oder mehrere Gläubiger bevorzugen u dadurch einen oder mehrere andere Gläubiger benachteiligen. Anders als die §§ 156 f StGB knüpft § 158 StGB somit an einen Zeitpunkt **nach Eintritt der Zahlungsunfähigkeit des Schuldners** an. Geschütztes Rechtsgut sind hier die Befriedigungsansprüche der nicht begünstigten Gläubiger.[27]

2. Täterkreis

19 Täter kann nur sein, wer **Schuldner** v zumindest zwei Gläubigern ist.[28] Auch **leitende Angestellte** (Rz 9) sind kraft gesetzl Anordnung (vgl § 161 Abs 1 StGB) in den unmittelbaren Täterkreis miteinbezogen.

3. Tathandlung

20 Tatbestandsmäßig handelt, wer nach Eintritt der Zahlungsunfähigkeit die Befriedigungsmöglichkeiten der Gläubiger zueinander durch Veränderung des gemeinsamen Befriedigungsfonds verschiebt.[29] Dies kann insb durch Zahlung oder Sicherstellung – zB durch ein Pfand oder eine Hypothek – die der Gläubiger nicht oder nicht in der Art oder nicht in der Zeit zu beanspruchen hätte, erfolgen. So etwa durch die Zahlung eines Betrags, der über die insolvenzrechtlich vorgesehene Befriedigung hinausgeht.[30]

---

27 *Kirchbacher* in Höpfel/Ratz, WK² StGB § 158 Rz 1 f.
28 *Kirchbacher* in Höpfel/Ratz, WK² StGB § 158 Rz 3; **aA** *Lewisch* BT I², 276: zumindest drei Gläubiger.
29 OGH 14.9.1999, 14 Os 40/99. § 156 StGB pönalisiert eine Verringerung des Befriedigungsfonds, während § 158 StGB bei insgesamt gleich bleibendem Bestand des Befriedigungsfonds eine bloße Verschiebung beinhaltet, die einen oder mehrere Gläubiger begünstigt (*Vrba/Unger* in Vrba, Schadenersatz in der Praxis, Rz 17).
30 *Kirchbacher* in Höpfel/Ratz, WK² StGB § 158 Rz 4.

Nicht tatbestandsmäßiges Handeln liegt etwa vor, wenn eine 21
Steuerpflicht erfüllt wird[31] oder bei einer angemessenen Zug-um-Zug-
Bezahlung des Lieferanten einer gekauften u den Aktiven des Gemein-
schuldners zugeführten Sache.[32]

Im Unterschied zu § 156 StGB kommt es zu keiner Vermögensverschiebung.[33]

4. Straflosigkeit andrängender Gläubiger

§ 158 Abs 2 StGB sieht einen **persönlichen Strafausschließungsgrund** 22
für den andrängenden Gläubiger vor, der den Schuldner zur Sicherstellung oder Zahlung einer ihm zustehenden Forderung verleitet oder die
Sicherstellung bzw Zahlung annimmt. Die Straflosigkeit gilt jedoch nur
für Forderungen, die dem Gläubiger wirklich zustehen, somit nicht für
bestrittene oder bedingte Forderungen.[34]

D. Grob fahrlässige Beeinträchtigung von Gläubigerinteressen (§ 159 StGB)

§ 159. (1) Wer **grob fahrlässig** (§ 6 Abs. 3) seine **Zahlungsunfähigkeit** dadurch **herbeiführt**, dass er **kridaträchtig** handelt (Abs. 5), ist mit
Freiheitsstrafe bis zu einem Jahr oder mit Geldstrafe bis zu
720 Tagessätzen zu bestrafen.

(2) Ebenso ist zu bestrafen, wer **in Kenntnis** oder **fahrlässiger Unkenntnis** seiner Zahlungsunfähigkeit **grob fahrlässig** (§ 6 Abs. 3) die **Befriedigung wenigstens eines seiner Gläubiger** dadurch vereitelt oder
schmälert, dass er nach Abs. 5 **kridaträchtig** handelt.

(3) Ebenso ist zu bestrafen, wer grob fahrlässig (§ 6 Abs. 3) seine
wirtschaftliche Lage durch kridaträchtiges Handeln (Abs. 5) derart
beeinträchtigt, dass **Zahlungsunfähigkeit** eingetreten wäre, wenn
nicht von einer oder mehreren Gebietskörperschaften ohne Verpflichtung hiezu unmittelbar oder mittelbar Zuwendungen erbracht, vergleichbare Maßnahmen getroffen oder Zuwendungen oder vergleichbare Maßnahmen anderer veranlasst worden wären.

---

31 OGH 31.7.1986, 13 Os 90/86.
32 OGH 14.9.1999, 14 Os 40/99.
33 *Preuschl/Dangl* in *Preuschl/Wess*, Wirtschaftsstrafrecht § 158 StGB, Rz 11.
34 *Kirchbacher* in Höpfel/Ratz, WK² StGB § 158 Rz 10 f.

(4) Mit Freiheitsstrafe bis zu zwei Jahren ist zu bestrafen, wer

1. im Fall des Abs. 1 einen 1 000 000 Euro übersteigenden Befriedigungsausfall seiner Gläubiger oder wenigstens eines von ihnen bewirkt,
2. im Fall des Abs. 2 einen 1 000 000 Euro übersteigenden zusätzlichen Befriedigungsausfall seiner Gläubiger oder wenigstens eines von ihnen bewirkt oder
3. durch eine der in den Abs. 1 oder 2 mit Strafe bedrohten Handlungen die wirtschaftliche Existenz vieler Menschen schädigt oder im Fall des Abs. 3 geschädigt hätte.

(5) **Kridaträchtig handelt**, wer entgegen Grundsätzen ordentlichen Wirtschaftens

1. einen bedeutenden Bestandteil seines Vermögens zerstört, beschädigt, unbrauchbar macht, verschleudert oder verschenkt,
2. durch ein außergewöhnlich gewagtes Geschäft, das nicht zu seinem gewöhnlichen Wirtschaftsbetrieb gehört, durch Spiel oder Wette übermäßig hohe Beträge ausgibt,
3. übermäßigen, mit seinen Vermögensverhältnissen oder seiner wirtschaftlichen Leistungsfähigkeit in auffallendem Widerspruch stehenden Aufwand treibt,
4. Geschäftsbücher oder geschäftliche Aufzeichnungen zu führen unterlässt oder so führt, dass ein zeitnaher Überblick über seine wahre Vermögens-, Finanz- und Ertragslage erheblich erschwert wird, oder sonstige geeignete und erforderliche Kontrollmaßnahmen, die ihm einen solchen Überblick verschaffen, unterlässt oder
5. Jahresabschlüsse, zu deren Erstellung er verpflichtet ist, zu erstellen unterlässt oder auf eine solche Weise oder so spät erstellt, dass ein zeitnaher Überblick über seine wahre Vermögens-, Finanz- und Ertragslage erheblich erschwert wird.

idF BGBl I 2015/112

1. Allgemeines

23 § 159 StGB umfasst **drei Vergehen**:

– das grob fahrlässige Herbeiführen der Zahlungsunfähigkeit durch kridaträchtiges Handeln (Abs 1),
– die grob fahrlässige Gläubigerschädigung durch kridaträchtiges Handeln nach erkennbarem Eintritt der Zahlungsunfähigkeit (Abs 2) sowie

– das grob fahrlässige Herbeiführen der konkreten Gefahr der Zahlungsunfähigkeit durch kridaträchtiges Handeln, wobei die Insolvenz durch Eingreifen einer Gebietskörperschaft abgewendet wird (Abs 3).

Sämtliche Vergehen knüpfen am Vorliegen (Abs 1), der Erkennbarkeit (Abs 2) oder der Gefahr (Abs 3) der **Zahlungsunfähigkeit** an u ist diese auch bedeutsam für die Grenzziehung zw den einzelnen Deliktsfällen.[35] Zahlungsunfähigkeit liegt vor, wenn der Schuldner durch dauernden Mangel an flüssigen Mitteln nicht im Stande ist, alle fälligen Schulden bei redlicher wirtschaftlicher Gestaltung in angemessener Frist zu begleichen.[36]

Geschütztes Rechtsgut aller drei Vergehen ist **fremdes Vermögen**. Die Abs 1 u 2 dienen dem Gläubigerschutz, Abs 3 soll darüber hinaus auch öffentliche Mittel schützen, wobei Abs 1 u 2 die Verletzung des Rechtsguts u Abs 3 bereits dessen Gefährdung pönalisieren.[37]

24

25

2. Täterkreis

Unmittelbarer Täter aller Vergehen nach § 159 StGB kann nur ein **Schuldner** oder ein **leitender Angestellter** (Rz 9) eines solchen (vgl § 161 Abs 1 StGB) sein. Es ist bereits ausreichend, wenn eine Person Schuldner eines einzigen Gläubigers ist.[38]

26

3. Tathandlungen

Als Tathandlungen hinsichtlich sämtlicher Vergehen werden **kridaträchtige Handlungen** gefordert. Diese müssen den jew tatbestandsmäßigen Erfolg in objektiv zurechenbarer Weise verursacht haben.[39] Vorausgesetzt ist dabei stets, dass die kridaträchtigen Handlungen entgegen den Grundsätzen ordentlichen Wirtschaftslebens vorgenommen wurden. **Kridaträchtig** handelt gem Abs 5, wer:

27

– einen bedeutenden Bestandteil seines Vermögens zerstört, beschädigt, unbrauchbar macht, verschleudert oder verschenkt;

---

35 *Preuschl/Dangl* in Preuschl/Wess, Wirtschaftsstrafrecht § 159 StGB, Rz 13.
36 RIS-Justiz RS0118268.
37 *Kirchbacher* in Höpfel/Ratz, WK² StGB § 159 Rz 7 f.
38 *Kirchbacher* in Höpfel/Ratz, WK² StGB § 159 Rz 33.
39 *Fabrizy/Michel-Kwapinski/Oshidari*, StGB[14] § 159 Rz 5; *Kirchbacher* in Höpfel/Ratz, WK² StGB § 159 Rz 37.

- durch ein außergewöhnlich gewagtes Geschäft, das nicht zu seinem gewöhnlichen Wirtschaftsbetrieb gehört, durch Spiel oder Wette übermäßig hohe Beträge ausgibt;
- übermäßigen, mit seinen Vermögensverhältnissen oder seiner wirtschaftlichen Leistungsfähigkeit in auffallendem Widerspruch stehenden Aufwand treibt;
- Geschäftsbücher oder geschäftliche Aufzeichnungen zu führen, unterlässt oder so führt, dass ein zeitnaher Überblick über seine wahre Vermögens-, Finanz- u Ertragslage erheblich erschwert wird oder sonstige geeignete u erforderliche Kontrollmaßnahmen, die ihm einen solchen Überblick verschaffen, unterlässt oder
- JA, zu deren Erstellung er verpflichtet ist, zu erstellen, unterlässt oder auf eine solche Weise oder so spät erstellt, dass ein zeitnaher Überblick über seine wahre Vermögens-, Finanz- u Ertragslage erheblich erschwert wird.

a) Herbeiführen der Zahlungsunfähigkeit (Abs 1)

28 Die Zahlungsunfähigkeit muss durch zumindest eine der in Abs 5 genannten **kridaträchtigen Handlungsweisen** herbeigeführt worden sein. Häufig wird jedoch ein Zusammenwirken versch Handlungsweisen die Zahlungsunfähigkeit bewirken.[40]

29 Eine **konkrete Gläubigerschädigung** muss nicht nachgewiesen werden, weil mit dem Eintritt der Zahlungsunfähigkeit ex lege eine Beeinträchtigung der Gläubigerinteressen angenommen wird.[41] Zahlungsunfähigkeit liegt nach der herrschenden Jud dann vor, wenn der Schuldner durch dauernden Mangel an flüssigen Mitteln nicht im Stande ist, allfällige Schulden bei redlicher wirtschaftlicher Gebarung in angemessener Frist zu begleichen.[42] Für die Tatbildlichkeit reicht Mitursächlichkeit der angenommenen kridaträchtigen Handlungen für die Herbeiführung der Insolvenz aus.[43]

---

40 *Kirchbacher* in Höpfel/Ratz, WK² StGB § 159 Rz 70.
41 *Kirchbacher* in Höpfel/Ratz, WK² StGB § 159 Rz 68 mit Verweis auf OGH 3.11.1987, 11 Os 11/87.
42 RIS-Justiz RS0118268.
43 RIS-Justiz RS0118309.

b) Herbeiführen der Gläubigerschädigung (Abs 2)

Pönalisiert wird jedes **kridaträchtige Handeln** (vgl erneut Abs 5) nach erkennbarem Eintritt der Zahlungsunfähigkeit, durch das die Befriedigung zumindest eines Gläubigers vereitelt oder geschmälert wird. **30**

Bereits die **Erkennbarkeit der Zahlungsunfähigkeit** genügt. Ob der Schuldner sie tatsächlich erkannt hat, ist unerheblich.[44] Der Taterfolg ist erst dann eingetreten, wenn zumindest ein Gläubiger **effektiv einen Befriedigungsausfall** erleidet.[45] **31**

c) Herbeiführen der Sanierungsbedürftigkeit (Abs 3)

§ 159 Abs 3 StGB erfasst Fälle, bei denen der Schuldner seine wirtschaftliche Lage durch kridaträchtiges Verhalten derart beeinträchtigt, dass er kurz vor der Zahlungsunfähigkeit steht. Der Taterfolg ist daher bereits eingetreten, wenn u sobald die **konkrete Gefahr der Zahlungsunfähigkeit** des Schuldners besteht. **32**

Als **weitere objektive Bedingung** kommt hinzu, dass v einer oder mehreren Gebietskörperschaften ohne rechtliche Verpflichtung hierzu die Zahlungsunfähigkeit abgewendet wurde.[46] **33**

E. Umtriebe während einer Geschäftsaufsicht oder im Insolvenzverfahren (§ 160 StGB)

§ 160. (1) Mit Freiheitsstrafe bis zu einem Jahr oder mit Geldstrafe bis zu 720 Tagessätzen ist zu bestrafen:

1. wer eine nicht zu Recht bestehende Forderung oder eine Forderung in einem nicht zu Recht bestehenden Umfang oder Rang geltend macht, um dadurch **einen ihm nicht zustehenden Einfluss im Insolvenzverfahren zu erlangen**;
2. ein **Gläubiger**, der für die **Ausübung seines Stimmrechts** in einem bestimmten Sinn oder für das **Unterlassen der Ausübung** seines Stimmrechts für sich oder einen Dritten einen **Vermögensvorteil annimmt** oder sich versprechen lässt, und auch wer einem Gläubiger zu diesem Zweck einen Vermögensvorteil **gewährt oder verspricht**;

---

44 OGH 10.3.2005, 12 Os 37/04.
45 *Kirchbacher* in Höpfel/Ratz, WK² StGB § 159 Rz 78.
46 *Kirchbacher* in Höpfel/Ratz, WK² StGB § 159 Rz 83 ff.

3. ein **Gläubiger**, der für **die Zustimmung zum Abschluss eines Sanierungsplans** ohne Zustimmung der übrigen Gläubiger für sich oder einen Dritten einen **Sondervorteil annimmt** oder **sich versprechen lässt**, und auch wer einem Gläubiger zu diesem Zweck einen Sondervorteil **gewährt** oder **verspricht**.

(2) Ebenso sind eine zur Geschäftsaufsicht bestellte Person, der Insolvenzverwalter und ein Mitglied des Gläubigerausschusses im Insolvenzverfahren zu bestrafen, die für sich oder einen Dritten zum Nachteil der Gläubiger einen ihnen nicht gebührenden Vermögensvorteil annehmen oder sich versprechen lassen.

idF BGBl I 2015/112

1. Allgemeines

34 § 160 StGB sanktioniert versch Umtriebe während einer Geschäftsaufsicht oder während eines bereits anhängigen Insolvenzverfahrens. **Geschütztes Rechtsgut** ist stets die **Gläubigerbefriedigung**.

2. Stimmrechtserschleichung (Abs 1 Z 1)

35 Die Strafdrohung richtet sich gegen **Gläubiger oder Außenstehende**, die im Rahmen eines Insolvenzverfahrens eine Forderung geltend machen, die nicht oder nicht im behaupteten Umfang oder Rang zu Recht besteht.

36 Dem Täter muss es darauf ankommen, durch die unrichtige Geltendmachung der Forderung einen ihm **nicht zustehenden Einfluss** im Insolvenzverfahren zu erlangen. Mit der Geltendmachung der Forderung ist die Tat vollendet.[47]

37 Macht der Täter eine nicht oder nicht im behaupteten Umfang oder Rang zu Recht bestehende Forderung im Zusammenwirken mit dem Schuldner geltend u wird dadurch die Befriedigung zumindest eines Gläubigers vereitelt oder geschmälert, liegt **betrügerische Krida** (vgl § 156 StGB) vor. Macht er dies ohne Einverständnis des Schuldners, kann **Schädigung fremder Gläubiger** (§ 157 StGB) vorliegen. § 160 StGB wird dann jew verdrängt.[48]

---

47 *Kirchbacher* in Höpfel/Ratz, WK² StGB § 160 Rz 3.
48 *Kirchbacher* in Höpfel/Ratz, WK² StGB § 160 Rz 4.

3. Stimmenverkauf und Stimmenkauf (Abs 1 Z 2)

Die Strafdrohung richtet sich gegen Gläubiger, die ihre Stimme in einem Insolvenzverfahren verkaufen, aber auch gegen jeden anderen, der die Stimme eines Gläubigers kauft. Hauptanwendungsfall ist die **Ausübung des Stimmrechts** in der Gläubigerversammlung u im Gläubigerausschuss.

38

4. Passive und aktive Gläubigerbestechung (Abs 1 Z 3)

Die Z 3 behandelt einen **Sonderfall des Stimmenverkaufs bzw Stimmenkaufs**, nämlich die passive (hinsichtlich des Gläubigers, der den Sondervorteil annimmt oder sich versprechen lässt) u aktive (hinsichtlich jedes anderen, der den Sondervorteil gewährt oder verspricht) Bestechung eines Gläubigers zum Zweck der Zustimmung zum Abschluss eines Sanierungsplans. Negative Voraussetzung der Anwendung dieser Bestimmung ist, dass die übrigen Gläubiger der Gewährung des Sondervorteils nicht zustimmen.[49]

39

5. Passive Bestechung bestimmter Organe (Abs 2)

Täter nach § 160 Abs 2 StGB können nur **bestimmte Organe eines Insolvenzverfahrens** (konkret eine zur Geschäftsführung bestellte Person, der Insolvenzverwalter oder ein Mitglied des Gläubigerausschusses) sein, die für sich oder einen Dritten zum Nachteil der Gläubiger einen ihnen nicht gebührenden Vermögensvorteil annehmen oder sich versprechen lassen.

40

Liegt ein Befugnismissbrauch zum Schaden der Gläubiger vor, ist dies als **Untreue** iSd § 153 StGB zu qualifizieren u ist der Täter für diese zu bestrafen (Rz 53 ff).[50]

41

F. Vollstreckungsvereitelung (§§ 162 f StGB)

§ 162. (1) Ein **Schuldner**, der einen **Bestandteil seines Vermögens** verheimlicht, beiseite schafft, veräußert oder beschädigt, eine nicht bestehende Verbindlichkeit vorschützt oder anerkennt oder sonst sein Vermögen wirklich oder zum Schein verringert und **dadurch die Befriedigung eines Gläubigers durch Zwangsvollstreckung** oder in einem

---

49 *Fabrizy/Michel-Kwapinski/Oshidari*, StGB[14] § 160 Rz 2.
50 *Kirchbacher* in Höpfel/Ratz, WK[2] StGB § 160 Rz 8.

anhängigen **Zwangsvollstreckungsverfahren** vereitelt oder schmälert, ist mit Freiheitsstrafe bis zu sechs Monaten oder mit Geldstrafe bis zu 360 Tagessätzen zu bestrafen.

(2) Wer durch die Tat einen 5 000 Euro übersteigenden Schaden herbeiführt, ist mit Freiheitsstrafe bis zu drei Jahren zu bestrafen.

idF BGBl I 2015/112

§ 163. Ebenso ist zu bestrafen, wer **ohne Einverständnis mit dem Schuldner** einen Bestandteil des Vermögens des Schuldners verheimlicht, beiseite schafft, veräußert oder beschädigt oder ein nicht bestehendes Recht **gegen das Vermögen des Schuldners** geltend macht und dadurch die Befriedigung eines Gläubigers durch Zwangsvollstreckung oder in einem anhängigen Zwangsvollstreckungsverfahren vereitelt oder schmälert.

1. Allgemeines zur Vollstreckungsvereitelung gemäß § 162 StGB

42 Geschütztes Rechtsgut des § 162 StGB ist das **Gläubigerinteresse an der Forderungsbefriedigung durch Zwangsvollstreckung**.[51]

43 **Tatbildmäßig** entspricht die Vollstreckungsvereitelung iW der betrügerischen Krida (§ 156 StGB). Im Gegensatz zur betrügerischen Krida setzt die Vollstreckungsvereitelung jedoch keine Gläubigermehrheit voraus (bereits ein Gläubiger ist somit ausreichend). Hinzu kommt, dass der Täter einer Vollstreckungsvereitelung die Befriedigung des Gläubigers nur in Ansehung einer bestimmten Zwangsvollstreckung vereitelt oder schmälert, während der Täter einer betrügerischen Krida dies schlechthin tut.[52]

44 Das **Exekutionsverfahren** muss noch nicht anhängig sein, es muss sich die exekutive Eintreibung einer bestimmten Forderung aber bereits fassbar abzeichnen.[53]

2. Täterkreis des § 162 StGB

45 Unmittelbarer Täter kann nur der **Schuldner** zumindest eines Gläubigers oder der **leitende Angestellte** (Rz 9) eines solchen (vgl § 161 Abs 1 StGB) sein.[54]

---

51 *Kirchbacher* in Höpfel/Ratz, WK² StGB § 162 Rz 1.
52 *Fabrizy/Michel-Kwapinski/Oshidari*, StGB¹⁴ § 156 Rz 9.
53 OGH 17.5.1990, 12 Os 59/89.
54 *Kirchbacher* in Höpfel/Ratz, WK² StGB § 162 Rz 3.

3. Tathandlungen des § 162 StGB

Die Tathandlungen entsprechen jenen der betrügerischen Krida. Es kann daher auf die entspr Ausführungen verwiesen werden (vgl Rz 7 ff). **46**

Im Gegensatz zur betrügerischen Krida kommt es jedoch nicht darauf an, ob das Gesamtvermögen durch die Tathandlung eine Verminderung erfährt. Vielmehr ist es ausreichend, dass eine eingeleitete Exekution in Ansehung eines **bestimmten** bereits v dieser betroffenen **Objekts** vereitelt wird. Es ist daher nicht tatbildmäßig, wenn der Täter eine Tathandlung in Bezug auf eine Sache setzt, die der Exekution ohnehin entzogen ist oder auf die ein Dritter Ansprüche nach § 37 EO hat.[55] **47**

4. Anmerkungen zur Vollstreckungsvereitelung zugunsten eines anderen (§ 163 StGB)

Wie die Vollstreckungsvereitelung (§ 162 StGB) ein **Gegenstück** zur betrügerischen Krida darstellt (§ 156 StGB), stellt die Vollstreckungsvereitelung zugunsten eines anderen das Gegenstück zur Schädigung fremder Gläubiger (§ 157 StGB) dar. Es kann somit weitestgehend auf die Ausführungen zu § 157 StGB verwiesen werden, mit der Maßgabe, dass bei § 163 StGB – wie bei § 162 StGB – **keine Gläubigermehrheit** erforderlich ist (bereits ein Gläubiger ist ausreichend) u dass die Befriedigung des Gläubigers nur in Ansehung einer **bestimmten Zwangsvollstreckung** vereitelt oder geschmälert wird.[56] **48**

G. „Sozialbetrug" (§§ 153c ff StGB)

§ 153c. (1) Wer als **Dienstgeber Beiträge** eines Dienstnehmers zur Sozialversicherung dem berechtigten Versicherungsträger **vorenthält**, ist mit Freiheitsstrafe bis zu einem Jahr oder mit Geldstrafe bis zu 720 Tagessätzen zu bestrafen.

(2) ¹Trifft die Pflicht zur Einzahlung der Beiträge eines Dienstnehmers zur Sozialversicherung eine juristische Person oder eine Personengemeinschaft ohne Rechtspersönlichkeit, so ist Abs. 1 auf **alle natürlichen Personen** anzuwenden, die dem **zur Vertretung befugten Organ** angehören. ²Dieses Organ ist berechtigt, die Verantwor-

---

55 *Kirchbacher* in Höpfel/Ratz, WK² StGB § 162 Rz 4, 8.
56 *Fabrizy/Michel-Kwapinski/Oshidari*, StGB¹⁴ § 163 Rz 1, s dazu auch die Ausführungen in den Rz 76 ff.

tung für die Einzahlung dieser Beiträge einzelnen oder mehreren Organmitgliedern aufzuerlegen; ist dies der Fall, findet Abs. 1 nur auf sie Anwendung.

(3) Der Täter ist **nicht zu bestrafen**, wenn er bis zum Schluss der Verhandlung

1. die ausstehenden Beiträge zur Gänze einzahlt oder
2. sich dem berechtigten Sozialversicherungsträger gegenüber vertraglich zur Nachentrichtung der ausstehenden Beiträge binnen einer bestimmten Zeit verpflichtet.

(4) Die Strafbarkeit **lebt wieder auf**, wenn der Täter seine nach Abs. 3 Z 2 eingegangene Verpflichtung nicht einhält.

idF BGBl I 2015/112

§ 153 d. (1) Wer die **Anmeldung** einer Person zur Sozialversicherung **in dem Wissen**, dass die in Folge der Anmeldung auflaufenden **Sozialversicherungsbeiträge nicht vollständig geleistet** werden sollen, **vornimmt, vermittelt oder in Auftrag gibt**, ist mit Freiheitsstrafe bis zu drei Jahren zu bestrafen, wenn die in Folge der Anmeldung auflaufenden Sozialversicherungsbeiträge nicht vollständig geleistet werden.

(2) Ebenso ist zu bestrafen, wer die Meldung einer Person zur Bauarbeiter-Urlaubs- und Abfertigungskasse **in dem Wissen**, dass die in Folge der Meldung auflaufenden Zuschläge nach dem **Bauarbeiter-Urlaubs- und Abfertigungsgesetz** nicht vollständig geleistet werden sollen, **vornimmt, vermittelt oder in Auftrag gibt**, wenn die in Folge der Meldung auflaufenden Zuschläge nicht vollständig geleistet werden.

(3) Wer die Tat nach Abs. 1 oder Abs. 2 **gewerbsmäßig** oder in Bezug auf eine **größere Zahl** von Personen begeht, ist mit Freiheitsstrafe von sechs Monaten bis zu fünf Jahren zu bestrafen.

idF BGBl I 2015/112

§ 153 e. (1) Wer gewerbsmäßig

1. Personen zur selbstständigen oder unselbstständigen Erwerbstätigkeit **ohne die erforderliche Anmeldung zur Sozialversicherung** oder ohne die **erforderliche Gewerbeberechtigung** anwirbt, vermittelt oder überlässt,
2. eine **größere Zahl illegal erwerbstätiger Personen (Z 1) beschäftigt** oder mit der selbstständigen Durchführung von Arbeiten **beauftragt** oder

3. in einer Verbindung einer *größeren Zahl illegal erwerbstätiger Personen* (Z 1) **führend tätig** ist,

ist mit Freiheitsstrafe bis zu zwei Jahren zu bestrafen.

(2) Nach Abs. 1 ist auch zu bestrafen, wer eine der dort genannten Handlungen als **leitender Angestellter** (§ 74 Abs. 3) einer juristischen Person oder einer Personengemeinschaft ohne Rechtspersönlichkeit begeht.

idF BGBl I 2009/98

1. Allgemeines

Durch das sog „Sozialbetrugsgesetz"[57] wurde der vormalige § 114 ASVG als neuer § 153c StGB in das StGB *„überstellt"* u darüber hinaus wurden zwei weitere Bestimmungen (§§ 153d u 153e StGB) geschaffen. Zusammen pönalisieren diese Bestimmungen versch Handlungen, die man als „Sozialbetrug" bezeichnen kann. Strafrechtlich sanktioniert werden seither:

49

– das Vorenthalten v DN-Beiträgen zur Sozialversicherung (§ 153c StGB),
– das betrügerische Anmelden zur Sozialversicherung oder Bauarbeiter-Urlaubs- u Abfertigungskasse (§ 153d StGB) u
– die Organisierte Schwarzarbeit (§ 153e StGB).

2. Vorenthalten von Dienstnehmerbeiträgen zur Sozialversicherung (§ 153c StGB)

§ 153c StGB pönalisiert das **Vorenthalten**[58] v **DN-Beiträgen** zur Sozialversicherung. Maßgeblich sind die DN-Anteile der tatsächlich ausbezahlten Löhne.[59] Beitragsschuldner u damit mögliche Täter sind nach Abs 1 in erster Linie **Dienstgeber**. Nach Abs 2 wird der Täterkreis auch auf alle natürlichen Personen, die dem vertretungsbefugten Organ einer jP oder einer Personengemeinschaft ohne Rechtspersönlichkeit angehö-

50

---

57 BGBl I 2004/152.
58 Vorenthalten sind Beiträge erst nach Ablauf der dem Beitragsschuldner nach § 59 Abs 1 ASVG eingeräumten Frist ab Fälligkeit (§ 58 Abs 1 ASVG) der Beitragsschuld. OGH 27.7.1982, 10 Os 170/80, SSt 53/45; *Fabrizy/Michel-Kwapinski/Oshidari*, StGB[14] § 153c Rz 3.
59 MatRV 698 BlgNr 22. GP 7 mwN.

ren, ausgeweitet, soweit diese Organisation die Beiträge schuldet.[60] **Leitende Angestellte** sind nach § 153c StGB **nicht** strafbar.[61] Einbehalten werden allerdings nicht schon die DN-Anteile der bereits fälligen Löhne, sondern nur die DN-Anteile der tatsächlich ausbezahlten Löhne.[62]

3. Betrügerisches Anmelden zur Sozialversicherung oder Bauarbeiter-Urlaubs- und Abfertigungskasse (§ 153d StGB)

51 § 153d StGB wurde durch das BGBl I 2015/112 umfassend novelliert. Dadurch sollte eine effizientere Bekämpfung des Phänomens des Sozialbetruges durch die strafrechtliche Erfassung **aller „betrügerischen"** Anmeldungen u die Erweiterung der Strafbarkeit auf das **„Vermitteln"** bzw **„In-Auftrag-Geben"**[63] solcher Anmeldungen bewirkt werden.[64] Tatsubjekt kann nicht nur der Dienstgeber, sondern jedermann[65] sein. Es handelt sich bei § 153d StGB daher um ein Allgemeindelikt.[66] Unmittelbarer Täter ist auch derjenige, der die Anmeldung zur Sozialversicherung in Auftrag gibt, wobei es keiner persönlichen Vornahme der Anmeldung bedarf.[67] Zu beachten ist, dass § 153d Abs 1 StGB nicht auf inländische Rechtsgüter beschränkt ist, nachdem er nicht ausschließlich Vermögensinteressen der österr Sozialversicherungsträger schützt.[68]

4. Organisierte Schwarzarbeit (§ 153e StGB)

52 § 153e StGB enthält drei Strafbestimmungen, die sich auf **illegal erwerbstätige Personen** beziehen.[69] Unter illegaler Erwerbstätigkeit versteht das Gesetz (vgl § 153e Abs 1 Z 1 StGB) idZ eine selbständige oder unselbständige Erwerbstätigkeit ohne die erforderliche Anmeldung

---

60 Die Organisation kann selbst bestimmten Organmitgliedern die Verantwortung für die Abführung der Beiträge auferlegen, sodass in einem solchen Fall nur diese strafbar sind.
61 MatRV 698 BlgNr 22. GP 8.
62 RIS-Justiz RS0084575.
63 Vgl OGH 29.6.2021, 14 Os 23/21w.
64 MatRV 698 BlgNr 25. GP 2 mwN.
65 Beispielsweise auch ein Angestellter oder ein Buchhalter.
66 *Kirchbacher/Sadoghi* in Höpfel/Ratz, WK² StGB § 153d Rz 4; *Bauer*, ZfG 2017, 143.
67 Vgl OGH 29.6.2021, 14 Os 23/21w.
68 RIS-Justiz RG0000181.
69 *Fabrizy/Michel-Kwapinski/Oshidari*, StGB¹⁴ § 153e Rz 1 f.

zur Sozialversicherung oder ohne die erforderliche Gewerbeberechtigung.

Pönalisiert wird (jew gewerbsmäßig iSd § 70 StGB):[70]

- das Anwerben, Vermitteln oder Überlassen v (Abs 1 Z 1),
- das Beschäftigen oder Beauftragen v (Abs 1 Z 2) sowie
- das führende Tätigsein in einer Verbindung einer größeren Zahl v (Abs 1 Z 3)

illegal erwerbstätigen Personen.

Laut der obergerichtlichen Rsp muss eine größere Zahl illegal erwerbstätiger Personen beschäftigt oder beauftragt werden, damit es zur einer Strafbarkeit gem § 153e Abs 1 Z 2 StGB kommt. Unter einer größeren Zahl ist ein Richtwert v ca zehn Personen zu verstehen.[71]

IV. Taten zum Schaden der Gesellschaft

Die nachfolgend dargestellten strafbaren Tathandlungen schädigen primär nicht Gläubiger der Gesellschaft, sondern gereichen zum Schaden der Gesellschaft. Es handelt sich dabei insb um folgende Delikte:

- Untreue (153 StGB),
- Geschenkannahme durch Machthaber (§ 153a StGB).

A. Untreue (§ 153 StGB)

§ 153. (1) Wer seine **Befugnis**, über **fremdes** Vermögen zu verfügen oder einen anderen zu verpflichten, **wissentlich missbraucht** und dadurch den anderen **am Vermögen schädigt**, ist mit Freiheitsstrafe bis zu sechs Monaten oder mit Geldstrafe bis zu 360 Tagessätzen zu bestrafen.

(2) Seine Befugnis missbraucht, wer **in unvertretbarer Weise** gegen solche Regeln verstößt, die dem **Vermögensschutz des wirtschaftlich Berechtigten** dienen.

(3) Wer durch die Tat einen 5 000 Euro übersteigenden Schaden herbeiführt, ist mit Freiheitsstrafe bis zu drei Jahren, wer einen

---

70 Vgl OGH 19.10.2021, 13 Os 47/21t, AnwBl 2022/172.
71 RIS-Justiz RS0127943.

300 000 Euro übersteigenden Schaden herbeiführt, mit Freiheitsstrafe von einem bis zu zehn Jahren zu bestrafen.

idF BGBl I 2015/154

1. Allgemeines

54 § 153 StGB dient ausschließlich dem **Vermögensschutz des Machtgebers**. Dieser soll vor schädigenden Handlungen seiner Machthaber geschützt werden. Der Begriff „**Vermögen**" umfasst hierbei die Gesamtheit aller wirtschaftlich ins Gewicht fallender u rechnerisch feststellbarer Werte,[72] wie bspw Eigentumsrechte oder Forderungen.[73]

2. Täterkreis

55 Als Täter der Untreue kommt nur derjenige in Betracht, dem die **Befugnis zur Verfügung über fremdes Vermögen** zukommt. Welchem Rechtsgrund eine derartige Befugnis entspringt, ist dabei nicht v Bedeutung. Die Verfügungs- u Verpflichtungsbefugnis kann sich aus Gesetz[74], behördlichem Auftrag[75] oder Rechtsgeschäft[76] ergeben.[77]

Sowohl Gesellschaftsorganen als auch bspw Prokuristen[78] oder Handlungsbevollmächtigten[79] ist die Befugnis eingeräumt, über fremdes Vermögen (nämlich jenes der Gesellschaft) zu verfügen.

3. Tathandlung

a) Befugnismissbrauch

56 Seine Befugnis missbraucht, wer im **Rahmen seines rechtlichen Könnens gegen das interne Dürfen** verstößt.[80] Die Handlung des Täters ist demnach im Außenverhältnis v der ihm eingeräumten Befugnis („Voll-

---

72 RIS-Justiz RS0094171; RS0116843.
73 *Kirchbacher/Sadoghi* in Höpfel/Ratz, WK² StGB § 146 Rz 61.
74 ZB Organe v Gebietskörperschaften, die durch Wahl bestellt werden.
75 ZB Masseverwalter (OGH 17.4.1991, 13 Os 17/91), Sachwalter (OGH 15.10.2009, 13 Os 25/09i) oder Kuratoren (OGH 20.6.1978, 9 Os 66/78).
76 ZB zivilrechtliche Bevollmächtigungen.
77 *Kirchbacher/Sadoghi* in Höpfel/Ratz, WK² StGB § 153 Rz 4 bis 6.
78 ZB OGH 9.11.1989, 13 Os 109/89.
79 ZB OGH 28.4.1987, 10 Os 158/86.
80 OGH 28.6.2000, 14 Os 107/99; 18.5.2022, 13 Os 14/22s.

macht") gedeckt. Allerdings bestehen im Innenverhältnis Vorschriften, über die sich der Täter wissentlich hinwegsetzt.[81]

57 Nur die **missbräuchliche** Vornahme (oder Unterlassung) eines Rechtsgeschäfts oder einer sonstigen Rechtshandlung kann den Tatbestand der Untreue erfüllen.

Die dem Täter eingeräumte Befugnis muss wenigstens ein Minimum rechtlicher Verfügungs- oder Verpflichtungsmacht über fremdes Vermögen enthalten.[82] Ermächtigungen zu **bloß faktischen Tätigkeiten** scheiden daher aus.[83] Ebenso verhält es sich, wenn der Täter im Außenverhältnis keine den Machtgeber verpflichtende Vermögensverfügung trifft, sondern lediglich intern die E der zuständigen Organe beeinflusst.[84]

58 Einen klassischen Fall des Befugnismissbrauchs kann das **Entgegennehmen v Provisionen** durch den Machthaber darstellen: Dieser schließt unter Inanspruchnahme seiner Vollmacht ein Geschäft (zB Kaufvertrag, Werkvertrag) ab, wobei ihm der Geschäftspartner eine Provision (zB zusätzliche Lieferung v Waren für den Privatgebrauch des Machthabers,[85] zusätzliche Verrichtung v Arbeiten für den Machthaber[86]) gewährt. Geht die Provision **zu Lasten des Machtgebers** (zB durch Preisaufschläge, um die Kosten für die Provisionen zu decken), liegt ein Befugnismissbrauch vor.[87]

59 **Sponsoring** durch den Machthaber kann ebenfalls Untreue begründen: Spenden oder Zuwendungen zu sportlichen, kulturellen, karitativen u anderen gemeinnützigen Zwecken können zwar grds im Interesse des Machtgebers liegen (Imagepflege; Werbung). Allerdings ist jew im konkreten Fall zu prüfen, ob zw dem Umfang der gewährten Leistung u dem für den Machtgeber zu erwartenden Nutzen ein ausgeglichenes Verhältnis besteht.[88] Je zweifelhafter der Nutzen der Vermögenszuwendung für das Unternehmen ist, desto beschränkter ist das Verfügungsrecht des Machthabers.[89] Aus diesem Grund sind insb bei **Parteispen-**

---

81 RIS-Justiz RS0094545.
82 OGH 17.2.2009, 14 Os 186/08x.
83 RIS-Justiz RS0094733.
84 OGH 17.2.2009, 14 Os 186/08x.
85 OGH 15.10.1995, 11 Os 75/96.
86 OGH 9.3.1979, 9 Os 67/78.
87 RIS-Justiz RS0095562; RS0019667.
88 OGH 6.9.1990, 12 Os 50/90; vgl RIS-Justiz RS0095560.
89 *Kirchbacher/Sadoghi* in Höpfel/Ratz, WK² StGB § 153 Rz 35.

den v Machthabern die Leistungsfähigkeit, Zielsetzungen u Bedürfnisse des Machtgebers sowie die Gepflogenheiten des seriösen Geschäftslebens besonders zu berücksichtigen,[90] weil diesen bloß die Hoffnung auf künftige Leistungen zugrunde liegt.[91]

60 Als Erfolgsdelikt kann Untreue auch durch **Unterlassen** begangen werden (§ 2 StGB).[92] Der Befugnismissbrauch liegt hierbei in der Nichtvornahme eines rechtlich gebotenen Tuns.[93] Nach der allg Regel des § 2 StGB muss das Unterlassen einer Rechtshandlung einem Befugnismissbrauch durch aktives Tun gleichwertig sein (Modalitätenäquivalenz); der Täter nimmt die ihm eingeräumte Befugnis (pflichtwidrig) gerade nicht in Anspruch.[94] Dies ist bspw beim pflichtwidrigen Verjährenlassen v Forderungen oder bei der pflichtwidrigen Unterlassung einer Mängelrüge der Fall.[95] Eine mangelfreie Einwilligung des Machtgebers schließt den Befugnismissbrauch des Machthabers aus.[96]

b) Regeln im Dienst des Vermögensschutzes wirtschaftlich Berechtigter

61 Maßgeblich zur Beurteilung, ob ein Befugnismissbrauch vorliegt, ist die **Ausgestaltung des Innenverhältnisses**. Explizite Vorgaben (zB in GesV oder GO;[97] Weisungen[98]) verpflichten den Machthaber, ebenso wie die allg Maxime, stets zum größtmöglichen Nutzen des Machtgebers zu handeln.[99] Nur solche Regeln sind als Prüfungsmaßstab heranzuziehen, die dem Vermögensschutz des wirtschaftlich Berechtigten (u nicht der Gläubiger oder der Öffentlichkeit) dienen.[100]

62 Unter „**wirtschaftlich Berechtigte**" sind die **Eigentümer der Gesellschaft** zu verstehen. Bei einer GmbH handelt es sich hierbei um die Gesellschafter. Die Gesellschaft selbst hat kein eigenes wirtschaftliches Interesse. Die Zustimmung aller Eigentümer sollte grds einen Miss-

---

90 *Kirchbacher/Sadoghi* in Höpfel/Ratz, WK² StGB § 153 Rz 35.
91 OGH 20.11.1985, 10 Os 211/84.
92 RIS-Justiz RS0094733; OGH 12.11.1982, 10 Os 37/81.
93 *Kirchbacher/Sadoghi* in Höpfel/Ratz, WK² StGB § 153 Rz 30.
94 OGH 1.7.1997, 14 Os 101/96.
95 *Lewisch*, BT I² 250.
96 RIS-Justiz RS0132027.
97 Bericht des JuAu 728 BlgNR XXV. GP 5.
98 *Pfeifer* in Triffterer/Rosbaud/Hinterhofer, SbgK-StGB⁴² § 153 Rz 23.
99 RIS-Justiz RS0094918.
100 Bericht des JuAu 728 BlgNR XXV. GP 5.

brauch ausschließen.[101] In der sogenannten *Libro*-E[102] judizierte der OGH jedoch Gegenteiliges: Eine Einwilligung (der Aktionäre) in die Vertretungshandlung des Machthabers sei unerheblich.[103]

Eine (**unzulässige**) **Gewinnausschüttung** oder **Einlagenrückgewährung** (§ 52 AktG bzw § 82, s § 82 Rz 17), die allen Berechtigten zukommt, begründet grds den Tatbestand der Untreue nicht.[104] Sollten jedoch nur einige Gesellschafter v den genannten Handlungen profitieren, würde dies sehr wohl eine Untreue zu Lasten der übrigen, benachteiligten Gesellschafter darstellen.[105]

Ebenso kommt es bei der Festsetzung v **Verrechnungspreisen** zum Nachteil der Gesellschaft zu keiner Schädigung des *„wirtschaftlich Berechtigten"*, wenn der Vermögensnachteil der Tochtergesellschaft durch einen äquivalenten Vermögensvorteil bei der Muttergesellschaft ausgeglichen wird: Zwar missbraucht der Machthaber seine Befugnis, wenn er Verrechnungspreise so festsetzt, dass sie zum Nachteil seiner Gesellschaft jenseits des Bewertungsspielraums liegen. Allerdings liegt im genannten Bsp durch den bei der Muttergesellschaft eingetretenen Vermögensvorteil kein Schaden der *„wirtschaftlich Berechtigten"* vor.[106]

Die **Business Judgment Rule** ist in § 25 Abs 1a (aber auch in § 84 Abs 1a AktG) verankert, bezieht sich nach der Rsp jedoch dem Grunde nach auch auf Vertretungsorgane v Privatstiftungen:[107]

„Ein Vorstandsmitglied/Ein Geschäftsführer handelt jedenfalls im Einklang mit der Sorgfalt eines ordentlichen [und gewissenhaften] Geschäftsleiters, wenn er sich bei einer unternehmerischen Entscheidung nicht von sachfremden Interessen leiten lässt und auf der Grundlage an-

---

101 *Lewisch*, Vortrag Manz, Jahrestagung Wirtschaftsstrafprozess 2016, 10.10.2016; vgl OGH 27.7.1982, 10 Os 170/80; 30.11.2021, 14 Os 94/21m, AnwBl 2022/222.
102 OGH 30.1.2014, 12 Os 117/12s, 12 Os 118/12p – *Libro*, JBl 2014, 603 (*Kapsch/Kier*).
103 Die *Libro*-E stammt aus dem Jahr 2014 u wurde demnach vor der Strafrechtsnovelle 2016 erlassen, die den Befugnismissbrauch als Verstoß gegen solche Regeln definiert, die dem Vermögensschutz des wirtschaftlich Berechtigten dienen.
104 *Schima*, GesRZ 2015, 286 (I.1).
105 *Fuchs* in Lewisch, JB Wirtschaftsstrafrecht 2015, 345 (355).
106 *McAllister*, ÖJZ 2015/103, 780 (789).
107 OGH 23.2.2016, 6 Ob 160/15w.

gemessener Information annehmen darf, zum Wohle der Gesellschaft zu handeln."

66 Handelt der Machthaber somit *ex ante* betrachtet gem den zit Bestimmungen im bestmöglichen Interesse der Gesellschaft, ist sein Verhalten **jedenfalls regelkonform u sohin nicht pflichtwidrig.**

67 Bei der Business Judgment Rule handelt es sich um einen Grundsatz, der es Machthabern ermöglicht, (auch riskante) E zu treffen, ohne ein Strafverfahren befürchten zu müssen. Selbst wenn sich die E *ex post* als unrichtig herausstellt u der Gesellschaft daraus ein Schaden erwächst, ist der Machthaber frei v Haftung, wenn er iSd Business Judgment Rule *ex ante* bestrebt war, im **bestmöglichen Interesse der Gesellschaft** zu handeln.[108]

68 Doch selbst wenn die Voraussetzungen der Business Judgment Rule nicht erfüllt sind, ist nicht automatisch v einem Sorgfaltsverstoß auszugehen (*„jedenfalls"*).[109]

c) Unvertretbare Weise

69 Nicht jeder Verstoß gegen interne Regeln begründet einen strafrechtlich relevanten Befugnismissbrauch. Risikobehaftete E alleine weisen noch nicht auf eine Untreue hin. Zur Erfüllung des Tatbestands der Untreue muss der Täter in *„unvertretbarer Weise"* gegen Regeln des internen Dürfens verstoßen. Er handelt unvernünftig u trifft E, die **außerhalb des Rahmens des sachlich Argumentierbaren liegen.**[110]

4. Schaden

70 Mit Schadenseintritt (dem effektiven Verlust an Vermögenssubstanz[111]) ist die Untreue vollendet. Dabei muss der Schaden **unmittelbar durch den Missbrauch** eintreten, ohne, dass es einer weiteren Handlung bedarf.[112] Nach der Jud liegt bei wirtschaftlich unvertretbaren Geschäften bereits mit dem Vermögensverlust (zB unvertretbare Auszahlung eines Darlehens an einen bereits insolventen Schuldner) ein Schaden vor.[113]

---

108 OGH 23.2.2016, 6 Ob 160/15w.
109 *Schima*, GesRZ 5/2015, 286 (II.2.1).
110 *Fuchs* in Lewisch, JB Wirtschaftsstrafrecht 2015, 345 (350).
111 OGH 25.9.2001, 14 Os 148/00; *Eckert/Spani/Wess*, ZWF 1/2016, 7.
112 OGH 11.11.2015, 15 Os 97/14x.
113 OGH 1.9.2015, 6 Ob 3/15g; 29.6.2021, 14 Os 5/21y.

Auf den Ablauf der Rückzahlungsfrist kommt es im genannten Bsp nicht an.[114]

Das Vorliegen eines effektiven Vermögensnachteils wird durch einen Vergleich der Vermögenslage vor u nach der missbräuchlichen Handlung im Wege einer Gesamtsaldierung ermittelt.[115]

5. Abgrenzung zur Veruntreuung § 133 StGB

Während der Täter bei der Untreue die ihm rechtlich eingeräumte Verfügungsmacht missbraucht, nutzt der Täter der Veruntreuung seine **faktisch bestehende Verfügungsmöglichkeit** über eine **anvertraute Sache** durch deren **Zueignung** aus.[116] Zwischen den Delikten der Untreue u der Veruntreuung besteht tatbestandliche Exklusivität.[117]

71

6. Abgrenzung zum Betrug § 146 StGB

Bereits die Tathandlungen der Untreue u des Betrugs weisen wesentliche Untersch auf: Während im Anwendungsbereich des § 153 StGB der Täter seine Befugnis missbraucht, nutzt er zur Verwirklichung des § 146 StGB eine Täuschung.[118] Demnach ist auch der Täterkreis ein anderer: Den Vollmachtsmissbrauch u somit die Untreue verwirklicht der Täter v innen heraus. Dahingegen erfolgt die Tathandlung des Betrugs durch einen Außenstehenden.[119]

72

Darüber hinaus ist die Untreue als **Fremdschädigungsdelikt** zu qualifizieren. Beim Betrug schädigt sich das Opfer dahingegen (bedingt durch die Täuschung) selbst. Entsteht der Schaden bereits durch das Verhalten des Getäuschten u nicht erst durch nachträglichen Befugnismissbrauch, so kommt nur eine Strafbarkeit nach § 146 StGB in Betracht.[120]

73

---

114 RIS-Justiz RS0126620.
115 RIS-Justiz RS0094836.
116 RIS-Justiz RS0094566; OGH 9.9.1981, 11 Os 106/81; 26.8.2014, 11 Os 49/14m; 29.10.2013, 11 Os 82/13p.
117 OGH 10.3.1993, 13 Os 121/92.
118 RIS-Justiz RS0094507.
119 *Lewisch*, ÖZW 4/2015, 122 (124).
120 RIS-Justiz RS0132242.

B. Geschenkannahme durch Machthaber (§ 153a StGB)

§ 153a. Wer für die Ausübung der ihm durch **Gesetz, behördlichen Auftrag** oder **Rechtsgeschäft** eingeräumten **Befugnis**, über **fremdes Vermögen** zu verfügen oder einen anderen zu verpflichten, einen **nicht bloß geringfügigen Vermögensvorteil angenommen** hat und **pflichtwidrig nicht abführt**, ist mit Freiheitsstrafe bis zu einem Jahr oder mit Geldstrafe bis zu 720 Tagessätzen zu bestrafen.

idF BGBl I 2015/112

1. Täterkreis

74 Ebenso wie im Anwendungsbereich der Untreue kann Täter des § 153a StGB nur derjenige sein, dem die **Befugnis** zur Verfügung über fremdes Vermögen zukommt. Nach § 153a StGB kann sich nur strafbar machen, wen eine Verpflichtung zur Abführung v Vermögensvorteilen trifft. Eine solche kann sich entweder aus einem **Vertrag oder unmittelbar aus dem Gesetz** (insb aus § 1009 ABGB) ergeben.[121]

75 Da § 153a StGB keine spezielle Form des Vorsatzes verlangt, ist **Eventualvorsatz** ausreichend. Der Vorsatz auf Verwirklichung des gesamten Tatbestandes muss bereits bei der Vorteilsannahme vorliegen u auch auf die pflichtwidrige Nichtabführung gerichtet sein.

2. Tathandlung

a) „Für die Ausübung der Befugnis"

76 Die Annahme des Vermögensvorteils u die Ausübung der Befugnis müssen in einem **inneren Zusammenhang** stehen; maW der Täter erhält die Zuwendung **für die Ausübung seiner Befugnis**.[122]

77 § 153a StGB stellt nach der L[123] u einem Teil der Rsp[124] einen **subsidiären Auffangtatbestand** zu § 153 StGB dar. § 153a StGB gelangt nur dann zur Anwendung, wenn die Vermögenszuwendung an den

---

121 RIS-Justiz RS0025431 (bzgl eines Hausverwalters).
122 *Kirchbacher/Sadoghi* in Höpfel/Ratz, WK² StGB § 153a Rz 6.
123 *Kienapfel*, RZ 1988, 74.
124 OGH 13.4.2016, 13 Os 12/16p, wonach § 153a zu § 153 StGB im Verhältnis der materiellen Subsidiarität steht.

Machthaber keinerlei Nachteile für den Machtgeber zu entfalten vermochte[125] oder der Täter ohne Schädigungsvorsatz handelt.[126]

Dem JAB[127] u einem anderen Teil der Rsp[128] zufolge umfasst § 153a StGB jedoch nur die Durchführung pflichtgemäßer Geschäfte. Demnach *„sollen Machthaber, die für eine **an sich nicht missbräuchliche** Ausübung ihrer Befugnis von wem immer einen Vermögensvorteil annehmen und für sich behalten, nicht nach § 153 StGB, sondern nach der neuen Strafbestimmung* [gemeint § 153a StGB] *bestraft werden"* (Fettdruck nicht im Original).[129]

b) Nicht bloß geringfügiger Vermögensvorteil

Ein Vermögensvorteil ist jeder Vorteil, der einer Bewertung in Geld zugänglich ist u umfasst nicht bloß Geld- oder Sachzuwendungen, sondern auch Dienstleistungen oder Forderungsverzichte.[130] Allerdings kann nur die Annahme eines „**nicht bloß geringfügigen**" Vermögensvorteils Strafbarkeit nach § 153a StGB begründen. Die Rsp setzt die Geringfügigkeitsgrenze in Einklang mit § 141 StGB u § 150 StGB bei € 100 an.[131] Daran hat sich auch nach Erhöhung der Wertgrenzen durch die Strafrechtsnovelle 2016[132] nichts geändert.

V. Taten zum Schaden Dritter

Neben den Taten, die insb die Gläubiger der Gesellschaft oder die Gesellschaft selbst schädigen, sanktionieren die nachfolgend dargestellten Delikte Handlungen, die sich meist gegen *„sonstige Dritte"* richten, aber wiederum auch die Gesellschaft selbst mittelbar schädigen können. Zu diesen zählen:

---

125 RIS-Justiz RS0094817; OGH 6.8.1997, 13 Os 110/97.
126 *Zierl*, JSt 5–6/2013, 241 (242).
127 JAB 359 BlgNR XVII. GP 19.
128 OGH 15.6.1988, 15 Os 9/88, 15 Os 10/88.
129 JAB 359 BlgNR XVII. GP 19.
130 *Kirchbacher/Sadoghi* in Höpfel/Ratz, WK² StGB § 153a Rz 8.
131 RIS-Justiz RS0120079.
132 BGBl I 2015/112.

- Bilanzdelikte (§§ 163a ff StGB),
- Wettbewerbsbeschränkende Absprachen bei Vergabeverfahren (§ 168b StGB),
- Strafbare Handlungen iZm Geschäfts- u Betriebsgeheimnissen (§§ 122 ff StGB),
- Förderungsmissbrauch (§ 153b StGB).

A. Bilanzdelikte (§§ 163a ff StGB)

81 Seit dem am 1.1.2016 in Kraft getretenen Strafrechtsänderungsgesetz 2015 (StRÄG 2015)[133] ist das Bilanzstrafrecht nunmehr in den §§ 163a ff StGB zusammengefasst geregelt worden.[134] Die Strafbestimmungen lassen sich in:

- **verbandsinterne** Bilanzdelikte (§ 163a StGB) u
- **verbandsexterne** Bilanzdelikte (§ 163b StGB)

gliedern. Zusätzlich wurde die Möglichkeit der tätigen Reue (§ 163d StGB) geschaffen.

82 Bilanzdelikte zielen auf den **Schutz des Vertrauens** bestimmter Personen in die **Richtigkeit u Vollständigkeit v Informationen über Verbände**.[135] Vor dem Hintergrund bestehender Informationsasymmetrien sollen betroffene Personen (bzw deren Vermögen) strafrechtlich abgesichert werden.[136]

1. Unvertretbare Darstellung wesentlicher Informationen über bestimmte Verbände (§ 163a StGB)

§ 163a. (1) Wer als Entscheidungsträger (§ 2 Abs. 1 Verbandsverantwortlichkeitsgesetz – VbVG, BGBl. I Nr. 151/2005) eines in § 163c angeführten Verbandes oder sonst als von einem Entscheidungsträger mit der Informationsdarstellung Beauftragter in

---

133 BGBl I 2015/112.
134 Dazu *Lewisch* in Kalss/Torggler, Enforcement, 63 ff.
135 *Enzinger* in Keppert/Brandstetter, Bilanzdelikte, 61 (61 ff); weiters *Brandstetter* in Keppert/Brandstetter, Bilanzdelikte, 19 (19 ff).
136 *Rohregger*, ÖZW 2015, 162 (164).

1. einem Jahres- oder Konzernabschluss, einem Lage- oder Konzernlagebericht oder einem anderen an die Öffentlichkeit, an die Gesellschafter oder die Mitglieder, an ein aufsichtsberechtigtes Organ oder dessen Vorsitzenden gerichteten Bericht,
2. einer öffentlichen Aufforderung zur Beteiligung an dem Verband,
3. einem Vortrag oder einer Auskunft in der Haupt-, General- oder Mitgliederversammlung oder sonst einer Versammlung der Gesellschafter oder Mitglieder des Verbandes,
4. Aufklärungen und Nachweisen (§ 272 Abs. 2 UGB) oder sonstigen Auskünften, die einem Prüfer (§ 163b Abs. 1) zu geben sind, oder
5. einer Anmeldung zum Firmenbuch, die die Leistung von Einlagen auf das Gesellschaftskapital betrifft,

eine die Vermögens-, Finanz- oder Ertragslage des Verbandes betreffende oder für die Beurteilung der künftigen Entwicklung der Vermögens-, Finanz- oder Ertragslage bedeutsame wesentliche Information (§ 189a Z 10 Unternehmensgesetzbuch – UGB, dRGBl. S. 219/1897), einschließlich solcher Umstände, die die Beziehung des Verbandes zu mit ihm verbundenen Unternehmen betreffen, in unvertretbarer Weise falsch oder unvollständig darstellt, ist, wenn dies geeignet ist, einen erheblichen Schaden für den Verband, dessen Gesellschafter, Mitglieder oder Gläubiger oder für Anleger herbeizuführen, mit Freiheitsstrafe bis zu zwei Jahren zu bestrafen.

(2) Ebenso ist zu bestrafen, wer als Entscheidungsträger einen Sonderbericht nicht erstattet, der angesichts der drohenden Gefährdung der Liquidität des Verbandes gesetzlich geboten ist.

(3) Mit Freiheitsstrafe bis zu drei Jahren ist zu bestrafen, wer die Tat nach Abs. 1 oder 2 in Bezug auf einen Verband begeht, dessen übertragbare Wertpapiere zum Handel an einem geregelten Markt eines Mitgliedstaats der Europäischen Union oder eines Vertragsstaats des Abkommens über den Europäischen Wirtschaftsraum im Sinn des Art. 4 Abs. 1 Nr. 21 der Richtlinie 2014/65/EU über Märkte für Finanzinstrumente sowie zur Änderung der Richtlinien 2002/92/EG und 2011/61/EU, ABl. Nr. L 173 vom 12.6.2014 S. 349, zugelassen sind.

(4) Wegen Beteiligung (§§ 12, 14) ist nicht zu bestrafen, wer schon nach § 163b mit Strafe bedroht ist.

idF BGBl I 2015/112

a) Allgemeines

83 § 163a StGB regelt die Strafbarkeit der falschen oder unvollständigen Darstellung durch **interne Entscheidungsträger** eines Verbands. Das Delikt umfasst nicht nur die Fälschung v Bilanzen, sondern darüber hinaus auch andere unternehmensbezogene Fehldarstellungen.

84 Ergänzt wird die Regelung durch **Abs 2**, wonach auch die **Unterlassung** eine Strafbarkeit nach Abs 1 herbeiführt. Das Unterlassungsdelikt sanktioniert die Nichterstattung eines Sonderberichts durch einen Entscheidungsträger, obwohl ein solcher angesichts einer drohenden Gefährdung der Liquidität des Verbands gesetzl geboten ist.[137]

b) Täterkreis

85 § 163a Abs 1 StGB ist an die **Entscheidungsträger** der in § 163c StGB genannten Verbände (dazu Rz 99) adressiert. Wer unter den Begriff des Entscheidungsträgers fällt, richtet sich nach § 1 Abs 2 VbVG (Rz 157 f).[138] Auf diesen wird in § 163a Abs 1 StGB verwiesen.

86 Hinzu kommen jene Personen, die v einem Entscheidungsträger mit der Informationsdarstellung **beauftragt** wurden.[139] Die Beauftragung muss sich lediglich auf die in § 163a Abs 1 Z 1 bis 5 StGB angeführten Vorgänge zur Informationsdarstellung beziehen. Ein Auftragsverhältnis im zivilrechtlichen Sinn ist nicht erforderlich.[140] Beauftragte Prüfer fallen jedoch in den speziellen Tatbestand des § 163b StGB (dazu Rz 94 ff).

87 Als Entscheidungsträger in Betracht kommen somit unstr **organschaftliche Vertreter** v Verbänden, va GF u Mitglieder des Vorstands, wie auch **Mitglieder des AR** u des **Verwaltungsrats**.

88 § 163a StGB ist ein **Sonderdelikt**. Unmittelbarer Täter kann nur eine Person sein, auf welche die in Abs 1 umschriebenen persönlichen Eigenschaften bzw Verhältnisse zutreffen. Beitrags- oder Bestimmungstäter können hingegen auch Personen sein, welche die geforderten Charakteristika nicht aufweisen. Eine Strafbarkeit scheidet aus, wenn kein Entscheidungsträger involviert ist.[141]

---

137 *Hinterhofer/Wirth* in Albiez/Petutschnig/Wimpissinger, Bilanz und Haftung, 25 (27).
138 Dazu etwa *Lehmkuhl/Zeder* in Höpfl/Ratz, WK² StGB § 2 VbVG, Rz 1 ff; *Steininger*, Verbandsverantwortlichkeitsgesetz² Kap 3 Rz 1 ff.
139 *Rohregger*, ÖZW 2015, 162 (164) mwN.
140 *Wess/Machan* in Kert/Kodek, Wirtschaftsstrafrecht² 321 (328) mwN.
141 *Arnold* in Arnold, Privatstiftungsgesetz⁴ § 163a StGB, Rz 6 ff.

c) Tathandlungen

Die Bestimmung straft es, als **Entscheidungsträger** eines bestimmten Verbands in bestimmten **Darstellungsmedien wesentliche Informationen**, welche die **Vermögens-, Finanz- oder Ertragslage** des Verbands oder seine Beziehungen zu verbundenen Unternehmen betreffen, in **unvertretbarer Weise falsch oder unvollständig** darzustellen. Die Handlung muss weiters dazu **geeignet** sein, einen **erheblichen Schaden** für bestimmte Personen herbeizuführen.

Absatz 1 normiert **drei Erheblichkeitsschwellen** für die Strafbarkeit: Die Wesentlichkeit der falschen oder unvollständigen Information, die Unvertretbarkeit der Fehldarstellung sowie die Geeignetheit zur Herbeiführung eines erheblichen Schadens.[142]

Der Tatbestand wird ausdrücklich nur durch die Darstellung v die Vermögens-, Finanz- oder Ertragslage des Verbands betr oder für die Beurteilung v deren künftigen Entwicklung bedeutsamen **wesentlichen Informationen** verwirklicht. Wesentlich ist eine Information, wenn vernünftigerweise zu erwarten ist, dass ihre Auslassung oder fehlerhafte Angabe E beeinflusst, die deren Nutzer auf Grundlage dieser treffen (§ 189a Z 10 UGB). Die Beurteilung der Wesentlichkeit einer Information ist eine Einzelfallentscheidung, bei der auf den Empfängerhorizont des Adressaten des jew Darstellungsmediums abzustellen ist.[143]

Tatbestandsmäßig kann auch nur jene falsche oder unvollständige Darstellung sein, die in **unvertretbarer Weise** erfolgt. Die Schwelle der Strafbarkeit ist nicht bei jeglicher unternehmerischer Fehleinschätzung erreicht, sondern erst bei jener, die außerhalb bestehender Bewertungs- u Ermessensspielräume liegt u unvertretbar ist.[144]

Die dritte Schwelle der Strafbarkeit bildet die Eignung zur Herbeiführung eines **erheblichen Schadens**. Die falsche oder unvollständige Darstellung muss wörtlich dazu geeignet sein, den Verband, dessen Gesellschafter, Mitglieder, Gläubiger oder Anleger erheblich zu schädigen

---

142 Zu diesen Kriterien ausf *Rohregger* in Lewisch, JB Wirtschaftsstrafrecht 2016, 73 (82 ff); *Winkler/Spahic*, ZWF 2018, 229; *Winkler/Spahic*, ZWF 2018, 274.
143 Ausf *Rohregger* in Lewisch, JB Wirtschaftsstrafrecht 2016, 73 (83 f).
144 Dazu *Rohregger* in Lewisch, JB Wirtschaftsstrafrecht 2016, 73 (84 f). Siehe zum gesellschaftsrechtlichen Maßstab *Kodek/Csoklich* in WK StGB² Wirtschaftsstrafrecht Rz 106 ff.

(§§ 163a Abs 1, 163b Abs 1 StGB). Ein tatsächlicher Schaden ist nicht erforderlich.[145]

2. Unvertretbare Berichte von Prüfern bestimmter Verbände (§ 163b)

§ 163b. (1) Wer als Abschlussprüfer, Gründungsprüfer, Sonderprüfer, Verschmelzungsprüfer, Spaltungsprüfer, Revisor, Stiftungsprüfer, Mitglied der Prüfungskommission (§ 40 ORF-Gesetz, BGBl. Nr. 379/1984) oder sonst als aufgrund verbandsrechtlicher Bestimmungen bestellter Prüfer mit vergleichbaren Funktionen eines in § 163c angeführten Verbands in

1. seinem Prüfungsbericht oder
2. einem Vortrag oder einer Auskunft in der Haupt-, General- oder Mitgliederversammlung oder sonst einer Versammlung der Gesellschafter oder Mitglieder des Verbands

in unvertretbarer Weise wesentliche Informationen (§ 163a Abs. 1) falsch oder unvollständig darstellt oder verschweigt, dass der Jahres- oder Konzernabschluss, der Lage- oder Konzernlagebericht oder sonst der geprüfte Abschluss, Vertrag oder Bericht wesentliche Informationen (§ 163a Abs. 1) in unvertretbarer Weise falsch oder unvollständig darstellt, ist, wenn dies geeignet ist, einen erheblichen Schaden für den Verband, dessen Gesellschafter, Mitglieder oder Gläubiger oder für Anleger herbeizuführen, mit Freiheitsstrafe bis zu zwei Jahren zu bestrafen.

(2) Ebenso ist zu bestrafen, wer als Prüfer (Abs. 1)

1. in unvertretbarer Weise einen inhaltlich unrichtigen Bestätigungsvermerk erteilt, wenn dies geeignet ist, einen erheblichen Schaden für den Verband, dessen Gesellschafter, Mitglieder oder Gläubiger oder für Anleger herbeizuführen, oder
2. einen Bericht nicht erstattet, der angesichts der drohenden Bestandsgefährdung des Verbandes gesetzlich geboten ist.

(3) Nach Abs. 2 Z 1 ist nicht zu bestrafen, wer schon wegen der falschen oder unvollständigen Darstellung nach Abs. 1 mit Strafe bedroht

---

[145] *Rebisant/Singer*, ZWF 2015, 150 (150 f); *Tipold*, JSt 2015, 408; s auch *Wess/Machan* in Kert/Kodek, Wirtschaftsstrafrecht[2] 321 (332). Weiterführend zu diesem Kriterium *Bollenberger/Wess*, ZWF 2016, 144 (144 ff); *Rohregger* in Lewisch, JB Wirtschaftsstrafrecht 2016, 73 (85 ff).

ist. Nach Abs. 1 ist nicht zu bestrafen, wer schon wegen der Nichterstattung des Berichtes nach Abs. 2 Z 2 mit Strafe bedroht ist.

(4) Wer eine Tat nach Abs. 1 oder 2 als Prüfer eines in § 163a Abs. 3 angeführten Verbandes begeht, ist mit Freiheitsstrafe bis zu drei Jahren zu bestrafen.

(5) Wegen Beteiligung (§§ 12, 14) ist nicht zu bestrafen, wer schon nach § 163a mit Strafe bedroht ist.

idF BGBl I 2015/112

a) **Allgemeines**

§ 163b StGB regelt die Strafbarkeit der unvertretbar falschen oder unvollständigen **Berichterstattung durch (externe) Prüfer** v Verbänden. Eine gesetzl Pflicht zur Prüfung ist für die Anwendbarkeit der Strafbestimmung nicht Voraussetzung.[146]

b) **Täterkreis**

Der Kreis der Täter umfasst:

- Abschlussprüfer,
- Gründungsprüfer,
- Sonderprüfer,
- Verschmelzungsprüfer,
- Spaltungsprüfer,
- Revisor,
- Stiftungsprüfer,
- Mitglieder der Prüfungskommission (§ 40 ORF-G) sowie
- alle sonst auf Basis verbandsrechtlicher Bestimmungen bestellte Prüfer mit vergleichbaren Funktionen.

Als Täter kommen dem Wortlaut nach jedenfalls **natürliche Personen** in ihrer Funktion als bestellte Prüfer in Betracht. Wird eine jP als Prüfer bestellt, ist die Anwendbarkeit des § 163b StGB mangels Subjekt hingegen fraglich.[147]

---

146 Ausweislich der Materialen RV 689 BlgNR 25. GP 30. S auch *Wess/Machan* in Kert/Kodek, Wirtschaftsstrafrecht² 321 (339).
147 Dazu *Lewisch* in Lewisch, JB Wirtschaftsstrafrecht 2016, 73 (89 ff); *Karollus/Wolkerstorfer*, wbl 2016, 132; *Rohregger* in Lewisch, JB Wirtschaftsstrafrecht 2016, 73 (79 ff).

c) Tathandlungen

97 Die Bestimmung enthält iW **drei Tathandlungen**:

- Zunächst die **Fehldarstellung** entspr § 163a Abs 1 StGB, mit der Unterscheidung, dass die Darstellung in einem Prüfbericht oder einem Vortrag oder einer Auskunft in der Haupt-, General- oder Mitgliederversammlung oder sonstigen Versammlung der Gesellschafter oder Mitglieder des Verbands erfolgt ist.
- Gleiches gilt für das **Verschweigen** einer in einem Bericht unvertretbar falschen oder unvollständigen Darstellung.
- Daneben besteht eine Sonderregelung für den Bestätigungsvermerk (Abs 2 Z 1) u drittens ist eine Strafbarkeit der Unterlassung einer gesetzl Pflicht eines **Sonderberichts** normiert (Abs 2 Z 2).[148]

98 Die oben zu den verbandsinternen Bilanzdelikten dargestellten Einschränkungen der Strafbarkeit gelten auch für den § 163b StGB. Auf die Ausführungen zu den **drei Erheblichkeitsschwellen** der Wesentlichkeit der Information, Unvertretbarkeit u Erheblichkeit des Schadens wird sohin verwiesen (Rz 90).

3. Erfasste Verbände (§ 163 c StGB)

99 § 163 c StGB listet die v den Tatbeständen der §§ 163a, 163b StGB erfassten Verbände auf. Es ist darauf hinzuweisen, dass der Begriff „*Verband*" nicht mit jenem des § 1 VbVG deckungsgleich ist.[149] Die **taxative Liste** umfasst folgende Rechtsträger:

- GmbH,
- AG,
- SE,
- Gen,
- Europäische Gen (SCE),
- Versicherungsvereine auf Gegenseitigkeit,
- große Vereine iSd § 22 Abs 2 VerG,
- OG u KG iSd § 189 Abs 1 Z 2 lit a UGB,
- Sparkassen,
- Privatstiftungen,

---

148 *Rohregger*, ÖZW 2015, 162 (168).
149 Zum Verbandsbegriff nach dem VbVG; vgl *Lehmkuhl/Zeder* in Höpfl/Ratz, WK² StGB § 1 VbVG, Rz 6 ff; weiters *Paulitsch*, ecolex 2010, 459 (459 ff).

– die Stiftung nach dem ORF-Gesetz u
– den in Z 1 bis 11 genannten Verbänden vergleichbare ausländische Verbände, deren übertragbare Wertpapiere zum Handel an einem geregelten Markt im Inland zugelassen sind oder die im Hinblick auf eine Zweigniederlassung im Inland im FB eingetragen sind (§ 12 UGB).

B. Wettbewerbsbeschränkende Absprachen bei Vergabeverfahren (§ 168b StGB)

§ 168b. (1) Wer bei einem Vergabeverfahren einen **Teilnahmeantrag** stellt, ein **Angebot** legt oder **Verhandlungen** führt, die auf einer **rechtswidrigen Absprache beruhen**, die darauf abzielt, den Auftraggeber zur Annahme eines **bestimmten Angebots zu veranlassen**, ist mit Freiheitsstrafe bis zu drei Jahren zu bestrafen.

(2) ¹Nach Abs. 1 ist nicht zu bestrafen, wer **freiwillig verhindert**, dass der Auftraggeber das Angebot annimmt oder dieser seine Leistung erbringt. ²Wird ohne Zutun des Täters das Angebot nicht angenommen oder die Leistung des Auftraggebers nicht erbracht, so wird er straflos, wenn er sich **freiwillig und ernsthaft bemüht**, die Annahme des Angebots oder das Erbringen der Leistung zu verhindern.

idF BGBl I 2002/62

1. Allgemeines

§ 168b StGB ist ganz allg auf **rechtswidrige Absprachen im Rahmen eines Vergabeverfahrens** abgestellt. Regelmäßig werden derartige Bieterabsprachen (sog Submissionskartelle) den Tatbestand des Betrugs verwirklichen (Submissionsbetrug).[150] In der Praxis wird es jedoch kaum möglich sein, den dadurch entstandenen Schaden u einen entspr Schädigungsvorsatz nachzuweisen. Genau in jenen Fällen soll § 168b StGB als **Auffangtatbestand** dienen.[151]

In der vergaberechtlichen Lit wird zwar auch die A vertreten, dass § 168b StGB dem Schutz des freien Wettbewerbs diene, die Einordnung der Bestimmung in jenen Abschnitt des StGB, der primär dem Schutz v

---

150 Vertiefend: *Schmieder/Wess*, Vergabeverfahren; Preisabsprachen; Betrug, ZWF 2019, 110.
151 *Fabrizy/Michel-Kwapinski/Oshidari*, StGB[14] § 168b Rz 1.

Vermögen vor Augen hat, legt jedoch nahe, dass § 168b StGB in erster Linie dem **Schutz des Vermögens des Auftraggebers** dient.[152]

102 § 168b StGB ist jedenfalls auf Vergaben nach dem Bundesvergabegesetz anwendbar.[153] Unerheblich ist daher, ob die Vergabe im Wege eines offenen Verfahrens, eines nicht offenen Verfahrens oder eines Verhandlungsverfahrens, im Wege eines Wettbewerbes oder ohne einen solchen durchgeführt wird.[154] Strittig ist jedoch, ob auch Vergaben, die nicht dem Bundesvergabegesetz unterliegen, v Tatbestand des § 168b StGB erfasst sind.[155]

2. Tathandlungen

103 § 168b StGB pönalisiert:

- das Stellen eines Teilnahmeantrages,
- das Legen eines Angebots sowie
- das Führen v Verhandlungen

bei Vergabeverfahren, soweit diese Handlungen auf einer **rechtswidrigen Absprache** beruhen.

104 Unter **Absprachen** sind idZ jegliche Abmachungen über ein bestimmtes Verhalten beim Vergabeverfahren unabhängig v ihrer Form zu verstehen.[156]

105 Die **Rechtswidrigkeit** der Absprache richtet sich nach den geltenden Bestimmungen des KartG.[157] Demnach sind grds

- Vereinbarungen zw Unternehmen,
- Beschlüsse v Unternehmervereinigungen u
- aufeinander abgestimmte Verhaltensweisen,

---

152 *Kirchbacher* in Höpfel/Ratz, WK² StGB § 168b Rz 55 ff mit Verweis auf vergaberechtliche Lit.
153 *Kirchbacher* in Höpfel/Ratz, WK² StGB § 168b Rz 13.
154 RV 1005 BlgNR 21. GP 34.
155 RV 1005 BlgNR 21. GP 34, wonach allg auf Vergabeverfahren abzustellen ist; *Kirchbacher* in Höpfel/Ratz, WK² StGB § 168b Rz 13, wonach § 168b StGB auch „*wettbewerbsbeschränkende Absprachen bei Vergabeverfahren [umfasst], die nicht dem Bundesvergabegesetz unterliegen*"; *Brugger*, wbl 2015/29, 366 (366 ff), wonach nur Vergaben im Rahmen des Bundesvergabegesetzes erfasst sind.
156 *Kirchbacher* in Höpfel/Ratz, WK² StGB § 168b Rz 42.
157 Maßgeblich sind die §§ 1 bis 3 KartG; beachte auch § 2 KartG, wonach sog „Bagatellkartelle" v Kartellverbot des § 1 ausgenommen sind.

die jew eine Wettbewerbsbeschränkung bezwecken oder bewirken, rechtswidrig.[158]

106 Die rechtswidrige Absprache muss schließlich darauf gerichtet sein, den Auftraggeber zur **Annahme eines bestimmten Angebots** zu veranlassen.

107 Aus dem Wortlaut des § 168b StGB ist nicht klar ersichtlich, ob die Norm nur **Absprachen zw Bietern** oder auch solche zw Auftraggeber u Bieter erfasst. Aus der Zielsetzung des § 168b StGB ergibt sich allerdings, dass Absprachen zw Auftraggeber u Bieter wohl nicht unter die Bestimmung fallen sollen.[159]

3. Strafaufhebungsgrund

108 § 168b Abs 2 StGB normiert einen **persönlichen Strafaufhebungsgrund**. Voraussetzung hierfür ist entweder, dass der Täter die Auftragsannahme oder die Leistungserbringung durch den Auftraggeber verhindert, oder sich im Fall, dass das Angebot ohne das Zutun des Täters nicht angenommen wurde, freiwillig u ernsthaft bemüht, die Annahme des Angebots oder das Erbringen der Leistung zu verhindern. Liegen die Voraussetzungen vor, ist der Täter straffrei.

C. Strafbare Handlungen im Zusammenhang mit Geschäfts- und Betriebsgeheimnissen (§§ 122 ff StGB)

§ 122. (1) Wer ein **Geschäfts- oder Betriebsgeheimnis** (Abs. 3) **offenbart** oder **verwertet**, das ihm bei seiner Tätigkeit in Durchführung einer durch **Gesetz** oder **behördlichen Auftrag** vorgeschriebenen Aufsicht, Überprüfung oder Erhebung **anvertraut** oder **zugänglich** geworden ist, ist mit Freiheitsstrafe bis zu sechs Monaten oder mit Geldstrafe bis zu 360 Tagessätzen zu bestrafen.

(2) Wer die Tat begeht, um sich oder einem anderen einen **Vermögensvorteil zuzuwenden** oder einem anderen einen **Nachteil zuzufügen**, ist mit Freiheitsstrafe bis zu einem Jahr oder mit Geldstrafe bis zu 720 Tagessätzen zu bestrafen.

---

158 *Kirchbacher* in Höpfel/Ratz, WK² StGB § 168b Rz 44 ff mwN.
159 RV 1005 BlgNR 21. GP 32 ff; *Schumann/Bruckmüller/Gappmayer*, RPA 5/2009, 224 (227).

(3) Unter Abs. 1 fällt nur ein Geschäfts- oder Betriebsgeheimnis, das der Täter **kraft Gesetzes zu wahren verpflichtet** ist und dessen Offenbarung oder Verwertung **geeignet ist**, ein **berechtigtes Interesse** des von der Aufsicht, Überprüfung oder Erhebung Betroffenen zu verletzen.

(4) Der Täter ist nicht zu bestrafen, wenn die Offenbarung oder Verwertung nach Inhalt und Form durch ein **öffentliches** oder ein **berechtigtes privates Interesse gerechtfertigt ist**.

(5) Der Täter ist nur **auf Verlangen** des in seinem Interesse an der Geheimhaltung Verletzten (Abs. 3) zu verfolgen.

idF BGBl I 2015/112

§ 123. (1) Wer ein Geschäfts- oder Betriebsgeheimnis mit dem **Vorsatz auskundschaftet**, es zu **verwerten**, einem anderen zur Verwertung **zu überlassen** oder der Öffentlichkeit **preiszugeben**, ist mit Freiheitsstrafe bis zu zwei Jahren zu bestrafen.

(2) Der Täter ist nur **auf Verlangen** des Verletzten zu verfolgen.

idF BGBl I 2015/112

1. Verletzung eines Geschäfts- oder Betriebsgeheimnisses (§ 122 StGB)

a) Allgemeines

109 Im Rahmen einer **gesetzl** oder **behördlich angeordneten Überprüfung** wird dem Einzelnen auferlegt, betriebsfremden Prüfern Einblick in unternehmensinterne Abläufe zu gewähren. Um die Unternehmer vor einer Weitergabe oder Verwertung der dem Prüfungsorgan dabei zur Kenntnis gelangten Information zu schützen, sieht § 122 StGB die Strafbarkeit derartigen Verhaltens vor.[160]

b) Täterkreis

110 Als Täter des § 122 StGB kommt jeder in Betracht, dem in Durchführung einer durch Gesetz oder behördlichen Auftrag vorgeschriebenen Aufsicht, Überprüfung oder Erhebung **Geschäfts- oder Betriebsgeheimnisse anvertraut** oder **zugänglich gemacht** worden sind. Zusätzlich muss den Täter hinsichtlich des Geheimnisses eine durch Gesetz

---

160 EBRV 30 BlgNR 13. GP 263.

auferlegte (nicht nur vertragliche) **Verschwiegenheitspflicht** treffen.[161]

Bei § 122 StGB handelt es sich um ein **Privatanklagedelikt**, welches daher nur auf Verlangen des Opfers zu verfolgen ist.

c) Tathandlung

Die Tathandlung besteht im *„Offenbaren oder Verwerten"* der Geheimnisse. „**Offenbaren**" bezieht sich auf das Zugänglichmachen des Geheimnisses an einen Dritten, der bis dato davon keine Kenntnis hatte. „**Verwerten**" meint die Nutzung des Geheimnisses zum Vorteil des Täters.[162] Zusätzlich muss die Offenbarung geeignet sein, ein berechtigtes Interesse des v der Aufsicht, Überprüfung oder Erhebung Betroffenen zu verletzen.

Während „**Geschäftsgeheimnisse**" Tatsachen wirtschaftlicher Natur (zB Umsätze) umfassen, beziehen sich „**Betriebsgeheimnisse**" auf Tatsachen technischer Natur (zB Warenerzeugung).[163] Offenkundige oder leicht ermittelbare Tatsachen können weder ein Geschäfts- noch ein Betriebsgeheimnis begründen.[164]

Es sind nur solche Geheimnisse v § 122 StGB erfasst, v denen der Täter durch die Aufsicht, Überprüfung oder Erhebung Kenntnis erlangte („**anvertraut oder zugänglich gemacht worden ist**"). Somit fallen auch Informationen, die dem Täter im Rahmen der genannten Tätigkeiten bloß zufällig oder aus Übereifer bekannt wurden, unter den Strafrechtsschutz des § 122 StGB.[165]

Absatz 4 sieht einen **Rechtfertigungsgrund** vor: So kann die Offenbarung oder Verwertung v (bspw illegalen) Geheimnissen gerechtfertigt sein, wenn sie durch ein **öffentliches** oder ein **berechtigtes privates Interesse** gedeckt ist. Dabei hat der Täter die Offenbarung oder Verwertung möglichst schonend durchzuführen (*„nach Inhalt u Form"*).[166]

---

161 *Lewisch* in Höpfel/Ratz, WK² StGB § 122 Rz 5. Eine solche ergibt sich bspw aus § 225m AktG u § 45 Abs 6; vgl *Thiele* in Triffterer/Rosbaud/Hinterhofer, SbgK-StGB⁴² § 122 Rz 26.
162 *Lewisch* in Höpfel/Ratz, WK² StGB § 121 Rz 7; *Dohr/Pollirer/Weiss/Knyrim*, DSG² § 122 StGB.
163 Vgl RIS-Justiz RS0079583 (zu § 11 UWG).
164 *Lewisch* in Höpfel/Ratz, WK² StGB § 122 Rz 11.
165 EBRV 30 BlgNR 13. GP 264.
166 *Thiele* in Triffterer/Rosbaud/Hinterhofer, SbgK-StGB⁴² § 122 Rz 60.

2. Auskundschaftung eines Geschäfts- oder Betriebsgeheimnisses

a) Allgemeines

116 Das Delikt sanktioniert das *„Auskundschaften"* v **Betriebs- u Geschäftsgeheimnissen** (Rz 113). Der Täter muss zwar mit dem Vorsatz handeln, das Geheimnis zu verwerten, einem anderen zur Verwertung zu überlassen oder der Öffentlichkeit preiszugeben, das tatsächliche Verwenden des Geheimnisses ist für die Vollendung der Tat hingegen nicht erforderlich.[167]

117 Einen speziellen Fall des § 123 StGB regelt § 124 Abs 1 StGB; nämlich die Auskundschaftung v inländischen Geheimnissen zur Verwertung im **Ausland**. Zusätzlich sieht § 124 Abs 2 StGB die Strafbarkeit der Preisgabe eines Geheimnisses zur Verwendung oder Verwertung im Ausland vor.[168] Der Begriff Ausland umfasst jeden Ort, der nicht Inland iSd § 62 StGB ist, somit nicht zum Bundesgebiet gehört.[169]

118 Die **unbefugte Mitteilung** v Geschäftsgeheimnissen durch **Mitarbeiter** wird in § 11 Abs 1 UWG strafrechtlich pönalisiert. Ebenso ist die anschließende **Verwendung oder Weitergabe** v Wirtschaftsgeheimnissen durch den **Mitteilungsempfänger** strafbar (Abs 2).[170] Im Untersch zu §§ 123 f StGB ist jedoch das Auskundschaften v §§ 11 f UWG nicht erfasst.[171]

119 Bei § 123 StGB handelt es sich ebenfalls um ein **Privatanklagedelikt** (Abs 2).[172]

b) Täterkreis

120 § 123 StGB ist ein schlichtes Tätigkeitsdelikt; es kann v **jedermann** begangen werden.

---

167 *Lewisch* in Höpfel/Ratz, WK² StGB § 123 Rz 1.
168 Ausf dazu *Lewisch* in Höpfel/Ratz, WK² StGB § 124; s auch *Mayerhofer*, StGB⁶ § 124.
169 RIS-Justiz RS0125292.
170 Zur Verwendung anvertrauter Inhalte zu Wettbewerbszwecken s auch § 12 UWG.
171 *Thiele* in Wiebe/Kodek, UWG² § 11 Rz 64.
172 Zur Natur solcher Delikte vgl § 71 StPO.

c) Tathandlung

Strafbar ist ausdrücklich das **Auskundschaften**, nicht jedoch die alleinige Preisgabe eines Geschäfts- oder Betriebsgeheimnisses (ohne vorheriges Spionieren).[173] Unter Auskundschaften ist das Ausspähen oder auch Spionieren zu verstehen. Die Tathandlung umfasst grds alle Handlungen u konkrete Bemühungen, die darauf gerichtet sind, Kenntnis v einem Geschäfts- oder Betriebsgeheimnis zu erlangen. Zu denken ist etwa an das Sammeln v Unterlagen oder die Beschaffung v Material.[174]

121

D. Förderungsmissbrauch (§ 153 b StGB)

§ 153 b. (1) Wer eine ihm gewährte **Förderung missbräuchlich zu anderen Zwecken** als zu jenen verwendet, zu denen sie gewährt wurde, ist mit Freiheitsstrafe bis zu sechs Monaten oder mit Geldstrafe bis zu 360 Tagessätzen zu bestrafen.

(2) Nach Abs. 1 ist auch zu bestrafen, wer die Tat als **leitender Angestellter** (§ 74 Abs. 3) einer juristischen Person oder einer Personengemeinschaft ohne Rechtspersönlichkeit, der die Förderung gewährt wurde, oder zwar ohne Einverständnis mit demjenigen, dem die Förderung gewährt wurde, aber als dessen leitender Angestellter (§ 74 Abs. 3) begeht.

(3) Wer die Tat in Bezug auf einen 5 000 Euro übersteigenden Betrag begeht, ist mit Freiheitsstrafe bis zu zwei Jahren zu bestrafen.

(4) Wer die Tat in Bezug auf einen 300 000 Euro übersteigenden Betrag begeht, ist mit Freiheitsstrafe von sechs Monaten bis zu fünf Jahren zu bestrafen.

(5) ¹Eine **Förderung** ist eine Zuwendung, die zur **Verfolgung öffentlicher Interessen aus öffentlichen Haushalten** gewährt wird und für die **keine angemessene geldwerte Gegenleistung** erbracht wird; ausgenommen sind Zuwendungen mit Sozialleistungscharakter und Zuschüsse nach § 12 des Finanz-Verfassungsgesetzes 1948. ²Öffentliche Haushalte sind die Haushalte der Gebietskörperschaften, anderer Per-

---

173 *Lewisch* in Höpfel/Ratz, WK² StGB § 123 Rz 6.
174 *Mayerhofer*, StGB⁶ § 123 Rz 2 f; *Lewisch* in Höpfel/Ratz, WK² StGB § 123 Rz 4; *Fabrizy/Michel-Kwapinski/Oshidari*, StGB¹⁴ § 123 Rz 1.

sonen des öffentlichen Rechts, mit Ausnahme der Kirchen und Religionsgesellschaften.

idF BGBl I 2019/111

1. Täterkreis

122 Täter des Förderungsmissbrauchs kann nur derjenige sein, dem die Förderung gewährt wurde. Ist eine jP Empfänger der Förderung, kommt als Täter nur ein **leitender Angestellter** (Rz 9) in Frage (Abs 2).

2. Tathandlung

123 Die Tathandlung des § 153b StGB besteht in der **missbräuchlichen Verwendung** einer Förderung zu **anderen Zwecken** als zu jenen, zu denen sie gewährt wurde.[175]

a) Förderung

124 Gemäß § 153b Abs 5 StGB ist unter „**Förderung**" eine Zuwendung zu verstehen, die zur Verfolgung öffentlicher Interessen aus öffentlichen Haushalten (zB Bund, Länder, Gemeinden) gewährt wird u für die keine angemessene geldwerte Gegenleistung erbracht wird. Nicht als Förderung iSd § 153b StGB gelten Zuwendungen mit Sozialleistungscharakter (zB Familienbeihilfe) u Zuschüsse nach § 12 des Finanz-Verfassungsgesetzes 1948.[176]

125 Der Begriff „**Zuwendung**" umfasst sowohl das Gewähren v Geldmitteln als auch andere finanzielle Leistungen wie Darlehen oder Zinsen- u Kreditkostenzuschüsse.[177]

b) Verwendung zu anderen Zwecken

126 Nur eine Verwendung der gewährten Mittel, die **eindeutig außerhalb** des Förderungszwecks liegt, erfüllt den Tatbestand des Förderungsmissbrauchs.[178] Der Täter muss, um § 153b StGB zu verwirklichen, die ge-

---

175 Vgl OGH 23.5.2002, 12 Os 14/01.
176 RV 1230 BlgNR 20. GP 20.
177 Ebd.
178 *Gangl*, Förderungsmissbrauch 81; *Kirchbacher/Sadoghi* in Höpfel/Ratz, WK² StGB § 153b Rz 19.

währte Förderung **aktiv** einem anderen Zweck zuführen. Das bloße Nichtverwenden begründet die Strafbarkeit nicht.[179]

c) Missbräuchlich

Die Verwendung der Förderung zu einem anderen Zweck muss missbräuchlich erfolgen: Nicht v § 153b StGB erfasst sind bloße Formalverstöße gegen Förderungsrichtlinien. Gleiches gilt für Fälle, in denen trotz zweckentsprechender Verwendung der Mittel das Förderungsziel nicht erreicht wird.[180]

127

VI. Korruptionsstrafrechtsrelevante Taten

A. Bestechung, Vorteilszuwendung, Vorteilszuwendung zur Beeinflussung

§ 307. (1) ¹Wer einem **Amtsträger** oder **Schiedsrichter** für die **pflichtwidrige** Vornahme oder Unterlassung eines **Amtsgeschäfts** einen Vorteil für ihn oder einen Dritten **anbietet, verspricht** oder **gewährt**, ist mit Freiheitsstrafe bis zu drei Jahren zu bestrafen. ²Ebenso ist zu bestrafen, wer einem **Sachverständigen** (§ 304 Abs. 1) für die **Erstattung eines unrichtigen Befundes** oder **Gutachtens** einen Vorteil für ihn oder einen Dritten anbietet, verspricht oder gewährt.

(2) Wer die Tat in Bezug auf einen 3.000 Euro übersteigenden Wert des Vorteils begeht, ist mit Freiheitsstrafe von sechs Monaten bis zu fünf Jahren zu bestrafen, wer jedoch die Tat in Bezug auf einen 50.000 Euro übersteigenden Wert des Vorteils begeht, ist mit Freiheitsstrafe von einem bis zu zehn Jahren zu bestrafen.

(3) Wer die Tat in Bezug auf eine Person begeht, die ausschließlich nach § 74 Abs. 1 Z 4a lit. b letzte Alternative Amtsträger ist, ist nach dieser Bestimmung strafbar, wenn er mit dem Vorsatz handelt, dass durch die Vornahme oder Unterlassung des Amtsgeschäftes die finanziellen Interessen der Union geschädigt oder wahrscheinlich geschädigt werden.

idF BGBl I 2019/111

---

179 JAB 1359 BlgNR 20. GP 2.
180 Ebd.

§ 307a. (1) Wer einem **Amtsträger** oder **Schiedsrichter** für die **pflichtgemäße** Vornahme oder Unterlassung eines **Amtsgeschäfts** einen **ungebührlichen** Vorteil (§ 305 Abs. 4) für ihn oder einen Dritten **anbietet, verspricht** oder **gewährt**, ist mit Freiheitsstrafe bis zu zwei Jahren zu bestrafen.

(2) Wer die Tat in Bezug auf einen 3.000 Euro übersteigenden Wert des Vorteils begeht, ist mit Freiheitsstrafe bis zu drei Jahren zu bestrafen, wer jedoch die Tat in Bezug auf einen 50.000 Euro übersteigenden Wert des Vorteils begeht, ist mit Freiheitsstrafe von sechs Monaten bis zu fünf Jahren zu bestrafen.

(3) § 307 Abs. 3 gilt sinngemäß.

idF BGBl I 2019/111

§ 307b. (1) Wer außer in den Fällen der §§ 307 und 307a einem **Amtsträger** oder **Schiedsrichter** einen **ungebührlichen Vorteil** (§ 305 Abs. 4) für ihn oder einen Dritten mit dem Vorsatz **anbietet, verspricht** oder **gewährt**, ihn dadurch in seiner Tätigkeit als Amtsträger **zu beeinflussen**, ist mit Freiheitsstrafe bis zu zwei Jahren zu bestrafen.

(2) Wer die Tat in Bezug auf einen 3 000 Euro übersteigenden Wert des Vorteils begeht, ist mit Freiheitsstrafe bis zu drei Jahren zu bestrafen, wer jedoch die Tat in Bezug auf einen 50 000 Euro übersteigenden Wert des Vorteils begeht, ist mit Freiheitsstrafe von sechs Monaten bis zu fünf Jahren zu bestrafen.

idF BGBl I 2012/61

1. Allgemeines

128 Die §§ 307 bis 307b StGB stellen das Pendant zu den §§ 304 bis 306 StGB dar. Während letztgenannte Bestimmungen die passive „Bestechlichkeit" pönalisieren, stellen die §§ 307 bis 307b StGB die aktive „Bestechung" unter Strafe.

2. Täterkreis

129 **Jedermann** kommt als Täter der §§ 307 bis 307b StGB in Frage.

3. Tathandlung

Die Tathandlungen der §§ 307 bis 307b StGB sind weitgehend gleich: Der Täter **bietet** einem **Amtsträger** oder **Schiedsrichter** einen **Vorteil an** (bzw **verspricht** oder **gewährt** einen solchen).[181]

130

Während im Anwendungsbereich des § 307 StGB die Intention des Täters darin liegt, den Amtsträger zur **pflichtwidrigen** Vornahme oder Unterlassung eines Amtsgeschäfts zu veranlassen, zielt der Täter im Rahmen des § 307a darauf ab, den Amtsträger zu einem **pflichtgemäßen** Amtsgeschäft zu bewegen. § 307b StGB kommt dahingegen nur zur Anwendung, wenn die Tat nicht bereits nach § 307 StGB oder § 307a StGB strafbar ist. § 307b StGB bezieht sich auf das künftige Verhalten des Amtsträgers (**Anfüttern**).

131

§ 307 Abs 3 StGB normiert eine zusätzliche Tatbestandsvoraussetzung für den Täter, der die Tat nach § 307 bzw § 307a[182] StGB in Bezug auf einen Unionsbeamten begeht. Der Täter muss mit dem Vorsatz handeln, dass durch die Vornahme bzw die Unterlassung des Amtsgeschäfts die finanziellen Interessen (wahrscheinlich) geschädigt werden.

131a

Da die Bestechung in Hinblick auf eine **pflichtwidrige** Vornahme oder Unterlassung eines Amtsgeschäfts am schwersten wiegt, ist das Gewähren, Anbieten oder Versprechen **jedes** Vorteils, gleich welcher Wertigkeit, verboten. Bei der Bestechung betr **pflichtgemäßer** Amtsgeschäfte können nur solche Vorteile eine Strafbarkeit nach § 307a StGB begründen, die als „ungebührlich" (vgl § 305 Abs 4 StGB, s Rz 137) gelten. § 307b StGB stellt ebenso auf die Ungebührlichkeit des Vorteils ab.

132

a) Amtsträger/Amtsgeschäft

Der Begriff des *„Amtsträgers oder Schiedsrichters"* wird in § 74 Abs 1 Z 4a[183] StGB legaldefiniert, geht über den Beamtenbegriff des § 302 StGB hinaus u ist funktional zu verstehen.[184]

133

---

181 RIS-Justiz RS0096193.
182 Aufgrund des Verweises in § 307a Abs 3 StGB.
183 Nach § 74 Abs 1 Z 4a ist jeder Amtsträger, der
„b. *für den Bund, ein Land, einen Gemeindeverband, eine Gemeinde, für eine andere Person des öffentlichen Rechts, ausgenommen eine Kirche oder Religionsgesellschaft, für einen anderen Staat oder für eine internationale Organisation Aufgaben der Gesetzgebung, Verwaltung oder Justiz als deren Organ oder Dienstnehmer wahrnimmt, Unionsbeamter (Z 4b) ist oder – für*

134 „Amtsgeschäft" umfasst alle im Rahmen des Aufgabenbereichs des Amtsträgers liegende Tätigkeiten. Dies können sowohl Handlungen im Bereich der Hoheitsverwaltung als auch im Rahmen der Privatwirtschaftsverwaltung[185] sein.[186]

b) (ungebührlicher) Vorteil

135 „Vorteile" stellen sowohl materielle als auch immaterielle Leistungen dar, die zu einer **Verbesserung** der wirtschaftlichen, rechtlichen, gesellschaftlichen oder beruflichen Stellung des Annehmenden führen (können). Leistungen, auf die der Amtsträger einen rechtlichen Anspruch hat, sind davon nicht erfasst.[187] Der (ungebührliche) Vorteil kann in Geld bestehen, eine Dienstleistung sein, eine Sachzuwendung (zB Wertgegenstände) darstellen oder sonst einen Vermögenswert haben (zB Erstattung der Urlaubskosten,[188] Theaterkarten, Übernahme der Kosten

---

die Zwecke der §§ 168d, 304, 305, 307 und 307a – der öffentliche Aufgaben im Zusammenhang mit der Verwaltung der oder Entscheidungen über die finanziellen Interessen der Europäischen Union in Mitgliedstaaten oder Drittstaaten übertragen bekommen hat und diese Aufgaben wahrnimmt,
c. sonst im Namen der in lit. b genannten Körperschaften befugt ist, in Vollziehung der Gesetze Amtsgeschäfte vorzunehmen, oder
d. als Organ oder Bediensteter eines Unternehmens tätig ist, an dem eine oder mehrere inländische oder ausländische Gebietskörperschaften unmittelbar oder mittelbar mit mindestens 50 vH des Stamm-, Grund- oder Eigenkapitals beteiligt sind, das eine solche Gebietskörperschaft allein oder gemeinsam mit anderen solchen Gebietskörperschaften betreibt oder durch finanzielle oder sonstige wirtschaftliche oder organisatorische Maßnahmen tatsächlich beherrscht, jedenfalls aber jedes Unternehmens, dessen Gebarung der Überprüfung durch den Rechnungshof, dem Rechnungshof gleichartige Einrichtungen der Länder oder einer vergleichbaren internationalen oder ausländischen Kontrolleinrichtung unterliegt."

184 *Nordmeyer/Stricker* in Höpfl/Ratz, WK² StGB §304 Rz 9; OGH 25.2.2022, 14 Os 118/19p.
185 RIS-Justiz RS0096976: „*[...] Privatwirtschaftsverwaltung liegt dagegen vor, wenn zwischen dem Rechtsträger und den anderen Rechtssubjekten eine grundsätzliche rechtliche Gleichordnung besteht, der Rechtsträger mithin ‚wie ein Privater handelt' und sich zur Erreichung eines Verwaltungsziels der gleichen Mittel bedient, die die Rechtsordnung jedermann, also auch Privaten, zur Verfügung stellt.*"
186 RIS-Justiz RS0095954.
187 RIS-Justiz RS0130815.
188 OGH 28.6.2000, 14 Os 107/99.

einer Weihnachtsfeier).[189] Auch immaterielle Vorteile sind v den §§ 307 ff StGB erfasst. Darunter fallen etwa Auszeichnungen oder das Unterstützen eines Bewerbungsgesuchs.[190]

Der Vermögensvorteil muss jedoch **messbar** sein u ins Gewicht fallen,[191] was bei typischen Werbegeschenken (*„Kugelschreiber, Kalender, Klumpert"*[192]) nicht der Fall ist.[193]

In § 305 Abs 4 StGB[194] findet sich eine Aufzählung, welche **Vorteile** nicht als „ungebührlich" iSd §§ 307a u 307b StGB gelten:

„(4) Keine ungebührlichen Vorteile sind

1. Vorteile, deren Annahme gesetzlich erlaubt ist, oder die im Rahmen von Veranstaltungen gewährt werden, an deren Teilnahme ein amtlich oder sachlich gerechtfertigtes Interesse besteht,

2. Vorteile für gemeinnützige Zwecke (§ 35 BAO), auf deren Verwendung der Amtsträger oder Schiedsrichter keinen bestimmenden Einfluss ausübt, sowie

3. in Ermangelung von Erlaubnisnormen im Sinne der Z 1 orts- oder landesübliche Aufmerksamkeiten geringen Werts, es sei denn, dass die Tat gewerbsmäßig begangen wird."

Gemäß Z 1 kann es jedenfalls nicht strafbarkeitsbegründend sein, solche Vorteile anzubieten, zu versprechen oder zu gewähren, für deren Annahme eine **konkrete Erlaubnisnorm** besteht. § 59 Abs 2 BDG ermöglicht bspw explizit die Annahme v **orts- oder landesüblichen Aufmerksamkeiten** v **geringem** Wert. Nur für Amtsträger, für die keine gesetzl Erlaubnis iSd § 59 Abs 2 BDG besteht, ergibt sich die Erlaubnis zur Annahme derartiger Vorteile aus der Z 3. Ob ein Vorteil landes- oder ortsüblich ist, richtet sich nach der geographischen Lage, dem Wert des Vorteils, dem Tätigkeitsbereich des Amtsträgers u dem Gesamtkontext.[195] Allgemein gilt, dass Bargeld immer als *„ungebührlich"* iSd § 305 Abs 4

---

189 BMJ, Korruptionsstrafrecht Neu, Fibel zum Korruptionsstrafrechtsänderungsgesetz (2012) 26.
190 Ebd.
191 *Nordmeyer/Stricker* in Höpfel/Ratz, WK² StGB § 304 Rz 34 ff.
192 *Höcher/Singer*, ecolex 2014/3, 234 (235).
193 Vgl *Medigovic*, ÖJZ 2009/16, 149 (156); *Gilhofer/Pillichshammer*, GRAU 2022/17, 73 (75).
194 IdF BGBl 2019/111.
195 *Hauss/Komenda* in Triffterer/Rosbaud/Hinterhofer, SbgK-StGB⁴² (30. Lfg) § 305 Rz 54.

Z 3 StGB zu werten ist.[196] Bei sonstigen Aufmerksamkeiten wird die Wertobergrenze mit € 100 angesetzt.[197] Ebenso verhält es sich bei § 307b StGB.

138 Der Vorteil u die Vornahme oder Unterlassung einer Rechtshandlung müssen in einem **ursächlichen Zusammenhang** stehen (*„für"*).[198]

139 Der Täter **bietet** einen Vorteil **an**, wenn er ihn sofort in Aussicht stellt, er **verspricht** ihn, wenn er den Vorteil für die Zukunft zusagt, oder **gewährt** ihn durch dessen tatsächliche Hingabe.[199] Der Vorteil muss sich zur Erfüllung des § 307b StGB auf die künftige Tätigkeit als Amtsträger beziehen.[200]

c) pflichtwidrig/pflichtgemäß

140 Ein Amtsträger handelt **pflichtwidrig**, wenn er entgegen Amts- oder Dienstpflichten,[201] gegen Gesetze, VO, Erlässe oder Weisungen[202] eine nicht ausschließlich v sachlichen u rechtlichen Gründen getragene Vornahme (oder Unterlassung) eines Amtsgeschäfts tätigt; ansonsten handelt er pflichtgemäß.[203] Im Rahmen des **Ermessensspielraums** gesetzte Handlungen sind grds nicht pflichtwidrig[204], müssen jedoch v sachlichen Gesichtspunkten getragen sein.[205]

---

196 AA *Hauss/Komenda* in Triffterer/Rosbaud/Hinterhofer, SbgK-StGB[42] (30. Lfg) § 305 Rz 45.
197 Vgl OGH 11.9.1990, 14 Os 87/90; 9.10.2014, 13 Os 88/14m.; 9.4.2015, 17 Os 46/14i; 5.8.2004, 12 Os 45/04, wonach eine fallbezogene Prüfung durchzuführen ist.
198 RIS-Justiz RS0106271; im Falle des § 307b muss sich der Vorteil auf die künftige Tätigkeit als Amtsträger beziehen (RIS-Justiz RS0133424).
199 *Nordmeyer/Stricker* in Höpfel/Ratz, WK[2] StGB § 307 Rz 1, 21 ff.
200 RIS-Justiz RS0133424.
201 OGH 12.4.1984, 13 Os 49/84 (zu § 304 StGB).
202 Vgl *Fuchs* in Lewisch, JB Wirtschaftsstrafrecht 2013, 35 (39).
203 *Hauss/Komenda* in Triffterer/Rosbaud/Hinterhofer, SbgK-StGB[42] (30. Lfg) § 307 Rz 40; vgl OGH 26.11.2013, 17 Os 20/13i, wonach *„ein Amtsgeschäft pflichtwidrig vorgenommen oder unterlassen [wird], wenn der Täter dem Vorteil, den er fordert, annimmt oder sich versprechen lässt, einen Einfluss auf dessen Erledigung einräumt."*
204 Vgl jedoch RIS-Justiz RS0096116; RS0096099.
205 *Nordmeyer/Stricker* in Höpfel/Ratz, WK[2] StGB § 304 Rz 30.

B. Verbotene Intervention

§ 308. (1) Wer **für sich** oder einen **Dritten** dafür einen Vorteil **fordert, annimmt** oder **sich versprechen lässt**, dass er einen **ungebührlichen Einfluss** auf die **Entscheidungsfindung** eines **Amtsträgers** oder eines **Schiedsrichters** nehme, ist mit Freiheitsstrafe bis zu zwei Jahren zu bestrafen.

(2) Ebenso ist zu bestrafen, wer **einem anderen** dafür einen **Vorteil anbietet, verspricht** oder **gewährt**, dass dieser einen ungebührlichen Einfluss auf die Entscheidungsfindung eines Amtsträgers oder eines Schiedsrichters nehme.

(3) Wer die Tat in Bezug auf einen 3 000 Euro übersteigenden Wert des Vorteils begeht, ist mit Freiheitsstrafe bis zu drei Jahren zu bestrafen. Wer die Tat in Bezug auf einen 50 000 Euro übersteigenden Wert des Vorteils begeht, ist mit Freiheitsstrafe von sechs Monaten bis zu fünf Jahren zu bestrafen.

(4) Eine **Einflussnahme** auf die Entscheidungsfindung eines Amtsträgers oder Schiedsrichters ist dann **ungebührlich**, wenn sie auf die pflichtwidrige Vornahme oder Unterlassung eines Amtsgeschäfts abzielt oder mit dem Anbieten, Versprechen oder Gewähren eines ungebührlichen Vorteils (§ 305 Abs. 4) für den Amtsträger oder für ihn an einen Dritten verbunden ist.

(5) Der Täter ist nicht nach den vorstehenden Absätzen zu bestrafen, wenn die Tat nach einer anderen Bestimmung mit strengerer Strafe bedroht ist.

idF BGBl I 2012/61

1. Allgemeines

§ 308 StGB liegt ein **dreipersonales Verhältnis** zu Grunde: Der Täter nach Abs 2 bietet, verspricht oder gewährt einer zweiten Person einen Vorteil, damit diese einen ungebührlichen Einfluss auf die Entscheidungsfindung eines Dritten (eines Amtsträgers) nimmt.[206] Ist die Tat jedoch nach einer anderen Bestimmung mit strengerer Strafe bedroht, kommt § 308 StGB nicht zur Anwendung (Abs 5).

---

206 Vgl *Höcher*, ÖJZ 2015/141, 1083 (1084).

2. Täterkreis

142 Als Täter des § 308 StGB kommt **jedermann** in Betracht.

3. Tathandlung

143 Während Abs 1 die passive Seite (den Vorteilsnehmer) der verbotenen Intervention unter Strafe stellt, bezieht sich Abs 2 auf die aktive Seite (den Vorteilsgeber).[207] Die nachstehenden Ausführungen behandeln Abs 2, sind jedoch spiegelbildlich auch auf Abs 1 anwendbar.

144 Die Tathandlung besteht im Anbieten, Versprechen oder Gewähren eines Vorteils, damit der Vorteilsempfänger **einen ungebührlichen Einfluss auf die Entscheidungsfindung eines Amtsträgers** oder eines Schiedsrichters nehme. Die Verbotene Intervention ist bereits mit dem Anbieten, Versprechen oder Gewähren des Vorteils vollendet.[208]

145 Zum Begriff des Anbietens, Versprechens oder Gewährens des Vorteils s Rz 139 u des Amtsträgers s Rz 133.

146 **Einfluss nimmt, wer auf einen anderen einwirkt.** Die Möglichkeit zur Einflussnahme kann sich ua aus Parteizugehörigkeit, Geschäftsverbindungen oder auch aus Freundschaft ergeben.[209]

147 **Ungebührlich** ist die Einflussnahme entweder, wenn sie in Hinblick auf die pflichtwidrige Vornahme oder Unterlassung eines Amtsgeschäfts getätigt wird, oder wenn ein ungebührlicher Vorteil (vgl § 305 Abs 4 StGB) angeboten, versprochen oder gewährt wird. Im Umkehrschluss ist die Einflussnahme demnach nicht ungebührlich (u sohin nicht nach § 308 StGB strafbar), wenn sie auf ein pflichtgemäßes Verhalten abzielt, oder aber der Vorteil nicht ungebührlich ist.

Zur Pflichtwidrigkeit, zum ungebührlichen Vorteil u zum Amtsgeschäft s Rz 134 ff.

---

207 *Höcher* in Triffterer/Rosbaud/Hinterhofer, SbgK-StGB[42] (33. Lfg) § 308 Rz 9.
208 *Krakow/Flatz*, ecolex 2013, 11 (14); **aA** *Heigenhauser*, AnwBl 2010, 63 (64).
209 *Höcher* in Triffterer/Rosbaud/Hinterhofer, SbgK-StGB[42] (33. Lfg) § 308 Rz 31.

C. Geschenkannahme und Bestechung von Bediensteten oder Beauftragten

§ 309. (1) Ein **Bediensteter** oder **Beauftragter eines Unternehmens**, der im geschäftlichen Verkehr für die **pflichtwidrige** Vornahme oder Unterlassung einer Rechtshandlung von einem anderen für sich oder einen Dritten einen Vorteil **fordert, annimmt** oder **sich versprechen lässt**, ist mit Freiheitsstrafe bis zu zwei Jahren zu bestrafen.

(2) Ebenso ist zu bestrafen, wer einem Bediensteten oder Beauftragten eines Unternehmens im geschäftlichen Verkehr für die **pflichtwidrige** Vornahme oder Unterlassung einer Rechtshandlung für ihn oder einen Dritten einen Vorteil **anbietet, verspricht** oder **gewährt**.

(3) Wer die Tat in Bezug auf einen 3 000 Euro übersteigenden Vorteil begeht, ist mit Freiheitsstrafe bis zu drei Jahren, übersteigt der Vorteil jedoch 50 000 Euro mit Freiheitsstrafe von sechs Monaten bis zu fünf Jahren zu bestrafen.

idF BGBl I 2012/61

1. Allgemeines

Während die §§ 304 ff StGB die passive u aktive „Bestechung" v Amtsträgern umfassen, stellt § 309 StGB die Korruption im **privaten Sektor** unter Strafe.

2. Täterkreis

Täter des § 309 StGB sind **Bedienstete oder Beauftragte eines Unternehmens**. Bedienstete sind sowohl weisungsgebundene AN als auch Organmitglieder v jP.[210] Als Beauftragte sind all jene zu qualifizieren, denen die Möglichkeit zukommt, Einfluss[211] auf E im Unternehmen zu nehmen oder berechtigt sind, für dieses geschäftlich zu handeln.[212] „*Beauftragte*" haben eine Auffangfunktion u umfassen all jene, die keinen Weisungen unterliegen u, ohne in einem Dienstverhältnis zu stehen, aufgrund eines Rechtsgeschäfts für das Unternehmen tätig sind.[213] Der Ge-

---

210 RV 285 BlgNR 23. GP 9.
211 Eine bloß faktische Möglichkeit der Einflussnahme genügt (vgl RIS-Justiz RS0133669).
212 Ebd.
213 *Thiele* in Triffterer/Rosbaud/Hinterhofer, SbgK-StGB[36] (29. Lfg) § 309 Rz 29.

schäftsinhaber oder Alleingesellschafter-GF[214] zählt jedoch nicht zu den „*Beauftragten*" u unterfällt mangels Weisungsgebundenheit auch nicht den „*Bediensteten*".[215] Dies ergibt sich auch aus dem Schutzzweck des § 309 StGB, der ua den Geschäftsherrn vor pflichtwidrigen Rechtshandlungen seiner Bediensteten u Beauftragten schützen soll.[216]

150 Die Definition des „*Unternehmens*" richtet sich nach § 1 Abs 2 UGB u § 1 KSchG.[217]

3. Tathandlung

151 Die Tathandlung besteht im Fordern, Annehmen oder Sich-Versprechen-Lassen eines Vorteils für die **pflichtwidrige Vornahme oder Unterlassung einer Rechtshandlung im geschäftlichen Verkehr**. Das Erfordernis des „*geschäftlichen Verkehrs*[218]" richtet sich hierbei nach § 1 UWG.[219]

152 Das Tatbestandselement der „*Rechtshandlung*" umfasst **rechtsgeschäftliche u prozessuale Handlungen**.[220] Diese müssen unmittelbar rechtliche Wirkungen für das Unternehmen entfalten.[221] Rein faktische Handlungen, wie bspw das Ermöglichen eines Telefonats[222] oder die Abgabe gutachterlicher Stellungnahmen,[223] fallen demnach nicht unter den Anwendungsbereich des § 309 StGB.[224] Pflichtwidrig wird eine Rechtshandlung vorgenommen, wenn gegen Amts- oder Dienstpflich-

---

214 *Brandstetter/Rauch/Wegscheider*, JSt 2008, 155 (157).
215 *Thiele* in Trifferer/Rosbaud/Hinterhofer, SbgK-StGB[42] (29. Lfg) § 309 Rz 28.
216 *Brandstetter/Rauch/Wegscheider*, JSt 2008, 155 (156).
217 Demnach ist ein Unternehmen jede auf Dauer angelegte Organisation selbständiger wirtschaftlicher Tätigkeit, mag sie auch nicht auf Gewinn gerichtet sein.
218 OGH 30.4.1996, 4 Ob 2065/96 definiert den „*geschäftlichen Verkehr*" als „*jede selbständige auf Erwerb gerichtete Tätigkeit – im Gegensatz zu rein privater oder amtlicher Tätigkeit –, also jede geschäftliche Betätigung im weitesten Sinn, ohne dass Gewinnabsicht notwendig wäre; es genügt vielmehr eine selbständige, zu wirtschaftlichen Zwecken ausgeübte Tätigkeit, in der eine Teilnahme am Erwerbsleben zum Ausdruck kommt.*"
219 RV 285 BlgNR 23. GP 10.
220 *Thiele* in Trifferer/Rosbaud/Hinterhofer, SbgK-StGB[42] (29. Lfg) § 309 Rz 48.
221 RIS-Justiz RS0132760.
222 Ebd.
223 OGH 29.6.2021, 14 Os 23/21w.
224 RV 285 BlgNR XXIII. GP 13.

ten[225] (sohin gegen Gesetze, Weisungen,[226] Arbeitsvertrag oder Compliance Regeln [s dazu Rz 175 ff]) verstoßen wird.

§ 309 StGB setzt einen Konnex zw dem Fordern, Annehmen oder Sich-Versprechen-Lassen des Vorteils u der Rechtshandlung voraus („*für*").[227]   153

VII. Verbandsverantwortlichkeit und Compliance

A. Relevante Bestimmungen des VbVG

Die Verbandsverantwortlichkeit wird nicht in einem Tatbestand des StGB geregelt, sondern in einem eigenen G – dem VbVG.[228] Die wichtigsten Bestimmungen des VbVG sind: 154

Verbände

§ 1. (1) ¹Dieses Bundesgesetz regelt, unter welchen Voraussetzungen **Verbände für Straftaten verantwortlich** sind und wie sie sanktioniert werden, sowie das Verfahren, nach dem die Verantwortlichkeit festgestellt und Sanktionen auferlegt werden. ²Straftat im Sinne dieses Gesetzes ist eine nach einem Bundes- oder Landesgesetz mit gerichtlicher Strafe bedrohte Handlung; auf Finanzvergehen ist dieses Bundesgesetz jedoch nur insoweit anzuwenden, als dies im Finanzstrafgesetz, BGBl. Nr. 129/1958, vorgesehen ist.

(2) Verbände im Sinne dieses Gesetzes sind **juristische Personen** sowie **eingetragene Personengesellschaften** und **Europäische wirtschaftliche Interessenvereinigungen**.

(3) **Keine Verbände** im Sinne dieses Gesetzes sind

1. die Verlassenschaft;
2. Bund, Länder, Gemeinden und andere juristische Personen, soweit sie in Vollziehung der Gesetze handeln;
3. anerkannte Kirchen, Religionsgesellschaften und religiöse Bekenntnisgemeinschaften, soweit sie seelsorgerisch tätig sind.

idF BGBl I 2007/112

---

225 OGH 12.4.1984, 13 Os 49/84 (bzgl § 304 StGB).
226 *Jarolim/Gogl*, RFG 2008/27, 103 (104).
227 OGH 26.11.2013, 17 Os 20/13i.
228 BGBl I 2005/151 idgF BGBl I 2016/26.

Entscheidungsträger und Mitarbeiter

§ 2. (1) **Entscheidungsträger** im Sinne dieses Gesetzes ist, wer

1. Geschäftsführer, Vorstandsmitglied oder Prokurist ist oder aufgrund organschaftlicher oder rechtsgeschäftlicher Vertretungsmacht in vergleichbarer Weise dazu befugt ist, den Verband nach außen zu vertreten,
2. Mitglied des Aufsichtsrates oder des Verwaltungsrates ist oder sonst Kontrollbefugnisse in leitender Stellung ausübt, oder
3. sonst maßgeblichen Einfluss auf die Geschäftsführung des Verbandes ausübt.

(2) **Mitarbeiter** im Sinne dieses Gesetzes ist, wer

1. auf Grund eines Arbeits-, Lehr- oder anderen Ausbildungsverhältnisses,
2. auf Grund eines dem Heimarbeitsgesetz 1960, BGBl. Nr. 105/1961, unterliegenden oder eines arbeitnehmerähnlichen Verhältnisses,
3. als überlassene Arbeitskraft (§ 3 Abs. 4 des Arbeitskräfteüberlassungsgesetzes – AÜG, BGBl. Nr. 196/1988) oder
4. auf Grund eines Dienst- oder sonst eines besonderen öffentlich-rechtlichen Rechtsverhältnisses Arbeitsleistungen für den Verband erbringt.

idF BGBl I 2005/151

Verantwortlichkeit

§ 3. (1) Ein Verband ist unter den weiteren Voraussetzungen des Abs. 2 oder des Abs. 3 für eine Straftat verantwortlich, wenn

1. die Tat **zu seinen Gunsten** begangen worden ist oder
2. durch die Tat **Pflichten verletzt** worden sind, die den **Verband treffen**.

(2) Für Straftaten eines **Entscheidungsträgers** ist der Verband verantwortlich, wenn der Entscheidungsträger als solcher die Tat **rechtswidrig** und **schuldhaft** begangen hat.

(3) Für Straftaten von **Mitarbeitern** ist der Verband verantwortlich, wenn

1. **Mitarbeiter** den Sachverhalt, der dem gesetzlichen Tatbild entspricht, **rechtswidrig** verwirklicht haben; der Verband ist für eine Straftat, die

vorsätzliches Handeln voraussetzt, nur verantwortlich, wenn ein **Mitarbeiter vorsätzlich** gehandelt hat; für eine Straftat, die fahrlässiges Handeln voraussetzt, nur, wenn **Mitarbeiter** die nach den Umständen **gebotene Sorgfalt außer Acht** gelassen haben; und
2. die Begehung der Tat dadurch **ermöglicht** oder **wesentlich erleichtert** wurde, dass **Entscheidungsträger** die nach den Umständen **gebotene und zumutbare Sorgfalt außer Acht** gelassen haben, insbesondere indem sie wesentliche technische, organisatorische oder personelle **Maßnahmen zur Verhinderung** solcher Taten **unterlassen haben**.

(4) Die Verantwortlichkeit eines Verbandes für eine Tat und die Strafbarkeit von Entscheidungsträgern oder Mitarbeitern wegen derselben Tat schließen einander nicht aus.

idF BGBl I 2005/151

1. Verbandsverantwortlichkeit

Verbandsverantwortlichkeit bedeutet, dass Verbände für Straftaten verantwortlich sein können, aber nicht, dass sich Verbände – wie Individualstraftäter – strafbar machen.[229] Die zentrale Norm hinsichtlich der Verantwortlichkeit[230] v Verbänden ist § 3 VbVG, der die Voraussetzungen, unter denen ein Verband für die Straftaten seiner Entscheidungsträger u/oder Mitarbeiter strafrechtlich verantwortlich sein kann, definiert. Diese Bestimmung sieht zwei Fallkonstellationen vor:

– Entscheidungsträgertat (Abs 2) u
– Mitarbeitertat (Abs 3).

Grundvoraussetzung für eine Verbandsverantwortlichkeit ist, dass entweder

– die Tat zugunsten des Verbands[231] begangen wurde (§ 3 Abs 1 Z 1 VbVG) oder

---

229 *Lehmkuhl/Zeder* in Höpfl/Ratz, WK² StGB § 3 VbVG, Rz 1.
230 Bei der Verbandsverantwortlichkeit handelt es sich um eine strafrechtliche Kategorie eigener Art (VfGH 2.12.2016, G 497/2015-26; G 679/2015-20). Aus diesem Grund spricht man auch nicht v der Strafbarkeit eines Verbands, sondern v dessen strafrechtlicher Verantwortlichkeit.
231 Eine Tat wurde zugunsten des Verbands begangen, wenn er dadurch wirtschaftlich bereichert wurde, sich Aufwendungen erspart hat, eine Verbesserung der Wettbewerbsposition durch zB Bestechung erreicht hat oder die-

- durch die Tat Pflichten[232] verletzt wurden, die den Verband treffen (§ 3 Abs 1 Z 2 VbVG).

Unabhängig davon, ob es sich um eine Entscheidungsträger- oder eine Mitarbeitertat handelt, muss **eine** dieser beiden Grundvoraussetzungen erfüllt sein.

Gemäß § 3 Abs 4 VbVG ist es möglich, dass für ein u dieselbe Tat eine strafrechtliche Verantwortlichkeit des Verbands **neben** jener der für den Verband handelnden natürlichen Personen (Entscheidungsträger oder Mitarbeiter) eintritt bzw stellt dies sogar den typischen Fall dar.

Die Strafbarkeit eines Verbands setzt die spezifische Akzessorität zw der Haftung des belangten Verbands u dem Handeln des Entscheidungsträgers oder Mitarbeiters voraus. Die Strafbarkeit eines Verbands kann somit ausschließlich nur durch die Begehung einer mit gerichtl Strafe bedrohten Handlung durch bestimmte natPers ausgelöst werden.[233]

2. Verbände

157 Die Sanktionsadressaten des VbVG sind „**Verbände**", die in § 1 Abs 2 VbVG **legaldefiniert** sind. Unternehmen sind per se keine Verbände iSd VbVG, vielmehr knüpft die Verbandseigenschaft an die **Rechtspersönlichkeit** nach dem Zivilrecht an. Voraussetzung für die strafrechtliche Verantwortlichkeit ist die Fähigkeit einer Vereinigung, Träger v Rechten u Pflichten zu sein.[234] Als jP des Privatrechts können insb KapGes (GmbH, AG, SE) verantwortlich werden.[235]

158 Gemäß § 10 Abs 1 VbVG treffen die im VbVG vorgesehenen Rechtsfolgen den Rechtsnachfolger, wenn die Rechte u Verbindlichkeiten des Verbands im Wege der **Gesamtrechtsnachfolge**[236] auf einen an-

---

ser einen wirtschaftlichen Vorteil erlangt hat; vgl *Wess*, ÖZW 2015/4, 131 (134) mwN.

232 Dabei ist nicht jede den Verband treffende Pflicht ausreichend, sondern sind der Tätigkeitsbereich des Verbands u die damit verbundenen betriebstypischen Risiken zu berücksichtigen. Die Pflicht kann sich aus dem Gesetz, einer VO, einem behördlichen Individualakt oder einem Vertrag ergeben; abermals *Wess*, ÖZW 2015/4, 131 (134) mwN.

233 RIS-Justiz RS0131120

234 *Lehmkuhl/Zeder* in Höpfl/Ratz, WK² StGB § 1 VbVG, Rz 7.

235 *Lehmkuhl/Zeder* in Höpfl/Ratz, WK² StGB § 1 VbVG, Rz 9.

236 Der Gesamtrechtsnachfolge ist Einzelrechtsnachfolge gleichzuhalten, wenn iW dieselben Eigentumsverhältnisse am Verband bestehen u der Betrieb oder die Tätigkeit iW fortgeführt wird (§ 10 Abs 2 VbVG).

deren Verband übertragen werden. Ebenso wirken über den Rechtsvorgänger verhängte Rechtsfolgen auch für den Rechtsnachfolger.[237]

§ 1 Abs 3 VbVG sieht explizit **Ausnahmen** vor, die nicht als Verbände zu qualifizieren sind: **159**

– die Verlassenschaft;
– Bund, Länder, Gemeinden u jP, soweit sie in Vollziehung der Gesetze handeln;
– anerkannte Kirchen, Religionsgesellschaften u religiöse Bekenntnisgemeinschaften, soweit sie seelsorgerisch tätig sind.[238]

Ein **Konzern** in seiner Gesamtheit ist ebenfalls **kein Verband** iSd VbVG,[239] sondern fasst lediglich rechtlich selbstständige Unternehmen, die untersch Rechtsformen aufweisen können, zu wirtschaftlichen Zwecken unter einer einheitlicher Leitung zusammen (s § 115 Abs 1). **160**

3. Entscheidungsträgertat (Abs 2)

Eine Entscheidungsträgertat gem § 3 Abs 2 VbVG liegt vor, wenn – neben der Erfüllung einer der beiden Grundvoraussetzungen (s Rz 156) – ein **Entscheidungsträger** des Verbands eine **tatbestandsmäßige, rechtswidrige u schuldhafte Anlasstat** begangen hat.[240] Die Tat des Entscheidungsträgers wird dem Verband somit unmittelbar zugerechnet; ein originäres Verschulden des Verbands ist nicht erforderlich.[241] Der Verband hat keine Möglichkeit, sich frei zu beweisen, also nachzuweisen, dass er Vorkehrungen gegen Straftaten seiner Entscheidungsträger getroffen hat. Der unterlaufene Sorgfaltsverstoß wird **unwiderleglich vermutet** (s dazu auch Rz 173 f).[242] **161**

---

237 *Lehmkuhl/Zeder* in Höpfl/Ratz, WK² StGB § 10 VbVG, Rz 2.
238 Darüber hinaus sind die GesbR (mangels Rechtspersönlichkeit nach dem Zivilrecht), die stille Gesellschaft (als reine Innengesellschaft) u Einzelunternehmen sowie die sie betreibenden natürlichen Personen keine Verbände. *Steininger*, Verbandsverantwortlichkeitsgesetz² § 1 Rz 30; *Lehmkuhl/Zeder* in Höpfl/Ratz, WK² StGB § 1 VbVG, Rz 27 ff.
239 *Lehmkuhl/Zeder* in Höpfl/Ratz, WK² StGB § 1 VbVG, Rz 30.
240 *Lehmkuhl/Zeder* in Höpfl/Ratz, WK² StGB § 3 VbVG, Rz 24.
241 *Wess*, ÖZW 2015/4, 131 (134).
242 EBRV 944 BlgNR 22. GP 22; *Tipold*, in FS Fuchs, 603; *Wess*, ÖZW 2015/4, 131 (134).

162 Eine strafrechtliche Verbandsverantwortlichkeit kann sowohl durch **aktives Tun** als auch durch **Unterlassen** iSd § 2 StGB des Entscheidungsträgers begründet werden.[243]

163 § 2 Abs 1 VbVG definiert, wer **Entscheidungsträger** sein kann. Demnach kommen nur natürliche Personen in Betracht, wobei unerheblich ist, aufgrund welchen Rechtsverhältnisses der Entscheidungsträger für den Verband handelt.[244] Entscheidungsträger kann sein, wer:

– die Befugnis zur umfassenden Vertretung nach außen (§ 2 Abs 1 **Z 1** VbVG);
– die Befugnis zur Kontrolle in leitender Stellung (§ 2 Abs 1 **Z 2** VbVG) oder
– tatsächlich maßgeblichen Einfluss auf die Geschäftsführung hat (Auffangtatbestand in § 2 Abs 1 **Z 3** VbVG).[245]

164 **Entscheidungsträger** können daher insb folgende Personen einer GmbH sein:

– GF (§ 15),
– Faktische GF,[246]
– Prokuristen,
– Personen mit Generalhandlungsvollmacht,[247]
– Mitglieder des AR (§ 29),
– Leiter einer Revisionsabteilung,[248]
– Kreditgeber oder Erwerber sämtlicher Geschäftsanteile (weil sie den Verband faktisch bzw wirtschaftlich beherrschen).[249]

---

243 Diese zuletzt genannten Garantenpflichten werden häufig v Verband auf die Entscheidungsträger überwälzte Pflichten sein, wie zB die Verantwortung für Gefahrenquellen. Abermals *Lehmkuhl/Zeder* in Höpfl/Ratz, WK² StGB § 3 VbVG, Rz 24.
244 EBRV 994 BlgNR 22. GP 19; *Lehmkuhl/Zeder* in Höpfl/Ratz, WK² StGB § 2 VbVG, Rz 3.
245 *Lehmkuhl/Zeder* in Höpfl/Ratz, WK² StGB § 2 VbVG, Rz 18; RIS-Justiz RS0119794.
246 OGH 10.9.1987, 13 Os 42/87; 15.12.1993, 13 Os 135/93; *Steininger*, Verbandsverantwortlichkeitsgesetz² § 2 Rz 22; *Lehmkuhl/Zeder* in Höpfl/Ratz WK² StGB § 2 VbVG, Rz 18.
247 *Lehmkuhl/Zeder* in Höpfl/Ratz, WK² StGB § 2 VbVG, Rz 8 f.
248 *Lehmkuhl/Zeder* in Höpfl/Ratz, WK² StGB § 2 VbVG, Rz 16.
249 OGH 14.7.1986, 1 Ob 571/86.

Entscheidungsträger, die v **außen** eingesetzt worden sind, wie zB der durch gerichtl E bestellte Not-GF (s dazu die Ausführungen zu § 15a) kommen nicht in Frage.[250]

Eine zur Verantwortung des Verbands führende „Entscheidungsträgertat" liegt nur dann vor, wenn diese v Entscheidungsträger in Ausübung seiner Funktion begangen wurde. Somit muss die verübte Straftat iZm der Stellung im Verband sein.[251]

165

4. Mitarbeitertat (Abs 3)

Gemäß § 3 **Abs 3** VbVG kann eine strafrechtliche Verbandsverantwortlichkeit dadurch begründet werden, dass die Anlasstat durch einen oder mehrere Mitarbeiter des Verbands begangen wird, sofern diese durch eine **Organisationspflichtverletzung** (Leitungs-, Koordinations-, Überwachungs- oder Kontrollpflichtverletzung) auf Entscheidungsträgerebene **ermöglicht** oder **wesentlich erleichtert** worden ist.[252]

166

Für die Zurechnung v Taten eines Mitarbeiters genügt, im Gegensatz zur Entscheidungsträgertat, **tatbestandsmäßiges** u **rechtswidriges** Verhalten; ein schuldhaftes Verhalten ist nicht erforderlich.[253]

Die Verbandsverantwortlichkeit gem § 3 Abs 3 VbVG beinhaltet, anders als die Entscheidungsträgertat, Elemente einer *„originären Verbandsverantwortlichkeit".*[254] Das sog **Organisationsverschulden** trifft die Entscheidungsträger jedenfalls dann nicht, wenn sie nachweislich für eine umfassende Aufklärung ihrer Mitarbeiter gesorgt bzw entspr Maßnahmen gesetzt haben. Welche Maßnahmen bzw Vorkehrungen geboten u zumutbar sind bzw waren, ist im **Einzelfall** zu prüfen. Der Sorgfaltsmaßstab ergibt sich aus Rechtsnormen, Verkehrsnormen oder subsidiär aus dem hypothetischen Verhalten des mit den rechtlich geschützten Werten verbundenen Menschen aus dem Verkehrskreis des Täters.[255] Der Verstoß gegen reine Formalvorschriften soll nicht zu einer Verbandsverantwortlichkeit führen.[256]

167

---

250 *Lehmkuhl/Zeder* in Höpfl/Ratz, WK² StGB § 2 VbVG, Rz 12 mit Verweis auf EBRV 994 BlgNR 22. GP 19.
251 RIS-Justiz RS0130433.
252 *Lehmkuhl/Zeder* in Höpfl/Ratz WK² StGB § 3 VbVG, Rz 33.
253 *Lehmkuhl/Zeder* in Höpfl/Ratz WK² StGB § 3 VbVG, Rz 34.
254 *Wess*, ÖZW 2015/4, 131 (135) mwN.
255 *Lehmkuhl/Zeder* in Höpfl/Ratz WK² StGB § 3 VbVG, Rz 42.
256 *Lehmkuhl/Zeder* in Höpfl/Ratz WK² StGB § 3 VbVG, Rz 43.

168 § 2 Abs 2 VbVG definiert, wer **Mitarbeiter** iSd VbVG sein kann. Demnach ist Mitarbeiter, wer für den Verband Arbeitsleistungen erbringt u dies aufgrund eines Rechtsverhältnisses[257] tut.[258] Als Mitarbeiter kommen nur **natürliche Personen** in Frage. Ausgenommen sind etwa unentgeltlich tätige Personen, mithelfende Familienmitglieder oder natürliche Personen als Subunternehmer.[259]

5. Verbandsgeldbuße

169 Als Sanktion einer dem Verband zurechenbaren Tatbegehung sieht § 4 Abs 1 VbVG die **Verbandsgeldbuße** vor. Die Bemessung erfolgt in Tagessätzen, wobei die Ertragslage des Verbands unter Berücksichtigung v dessen sonstiger wirtschaftlicher Leistungsfähigkeit für die Anzahl u Höhe des Tagessatzes entscheidend ist.

170 In § 5 VbVG werden demonstrativ[260] **Erschwerungs- u Milderungsgründe** aufgezählt, die zu einer höheren oder niedrigeren Bemessung der Anzahl der Tagessätze führen können. So sind etwa als **erschwerend** zu qualifizieren (Abs 2):

- das Ausmaß der Schädigung oder Gefährdung, für die der Verband verantwortlich ist (Z 1),
- die Höhe des aus der Straftat v Verband erlangten Vorteils (Z 2) u/oder
- das Ausmaß der Duldung oder Begünstigung des gesetzwidrigen Verhalten v Mitarbeitern durch den Verband (Z 3).

171 Als **Milderungsgründe** sieht das VbVG (Abs 3) etwa folgende vor:

- Vorkehrungen des Verbands, die er vor der Tat zur Verhinderung solcher Taten getroffen hat oder die Mitarbeiter zu rechtstreuem Verhalten angehalten haben (Z 1),
- das bloße Vorliegen einer Mitarbeitertat (Z 2),
- der erhebliche Beitrag des Verbands zur Wahrheitsfindung nach der Tat (Z 3),
- die Wiedergutmachung der Folgen der Tat (Z 4) oder

---

257 Das Gesetz nimmt weitestgehend auf das Arbeits- u Dienstrecht Bezug. EBRV 994 BlgNR 22. GP 20.
258 *Lehmkuhl/Zeder* in Höpfl/Ratz WK² StGB § 2 VbVG, Rz 19.
259 *Lehmkuhl/Zeder* in Höpfl/Ratz WK² StGB § 2 VbVG, Rz 26.
260 *Lehmkuhl/Zeder* in Höpfl/Ratz WK² StGB § 5 VbVG, Rz 2.

– die Setzung wesentlicher Schritte zur zukünftigen Verhinderung ähnlicher Taten (Z 5).

Ein **Rückgriff** auf Entscheidungsträger oder Mitarbeiter für Sanktionen u Rechtsfolgen, die den Verband aufgrund des VbVG treffen, ist gem § 11 VbVG **ausgeschlossen**.

6. Verfassungskonformität des VbVG

Seit Inkrafttreten des VbVG bestehen erhebliche Bedenken hinsichtlich der Verfassungsmäßigkeit bzw systematischen Kompatibilität.[261] Diese Bedenken richten sich primär gegen die Ausgestaltung der § 3 Abs 2 u Abs 3 VbVG (Entscheidungsträger- u Mitarbeitertat). Die Kritiker sind der A, dass diese Bestimmungen des VbVG **verfassungsrechtlich bedenklich** erscheinen, weil das Zurechnungskonzept des VbVG mit dem höchstpersönlichen Charakter **strafrechtlicher Schuld inkompatibel** bzw das reine Zurechnungsmodell wegen des Fehlens eines eigenen Kriteriums der Verbandsschuld bzw des Organisationsverschuldens auch mit einem auf jP adaptierten Schuldbegriff unvereinbar sei.[262] Darüber hinaus sei § 3 Abs 3 VbVG wegen **Sachwidrigkeit** verfassungsrechtlich bedenklich, weil weder ein Mitarbeiter noch ein Entscheidungsträger ein Delikt schuldhaft verwirklicht haben muss.[263]

Diese verfassungsrechtlichen Bedenken wurden bereits mehrfach mittels eines sogenannten **Parteiantrages** auf Normenkontrolle gem Art 140 Abs 1 Z 1 lit d B-VG („Gesetzesbeschwerde")[264] an den VfGH zur Prüfung herangetragen.[265] Der VfGH stellte nunmehr die **Verfassungskonformität** des VbVG fest. Demnach sei es zulässig, einer jP die Verantwortlichkeit für rechtswidriges u schuldhaftes Verhalten einer

---

261 Zu den Bedenken vor Inkrafttreten des VbVG: *Lewisch/Parker*, Strafbarkeit 162; *Löschnig-Gspandl*, ÖJZ 2002, 241; *Moos*, RZ 2004, 98; Zu den Bedenken nach Inkrafttreten des VbVG: *Schmoller*, RZ 2008, 8; *Lewisch*, in WiR, Wirtschaftsstrafrecht 231 f; *Herbst/Wess*, ZWF 2015/3, 118; *Holzinger/Moringer*, ÖJZ 2015/54, 403; zum VbVG im Allg jüngst: *R. Haumer*, AnwBl 2016, 582.
262 *Wess*, ÖZW 2015/4, 131 (137); *Lewisch*, Verbandsverantwortlichkeit 229 f; *Holzinger/Moringer*, ÖJZ 2015/54, 403 (405 f).
263 *Wess*, ÖZW 2015, 131 (137); *Herbst/Wess*, ZWF 2015/3, 118 (122 f).
264 *Wess*, ÖZW 2015/4, 131 (138).
265 Die bereits zurückgewiesenen E sind zB VfGH 22.9.2016, G 176/2016; 7.10.2015, G 372/2015.

Person zuzurechnen, nämlich dann, wenn ein Konnex zw der jP u jenen natürlichen Personen bestehe, deren Verhalten zugerechnet werde.²⁶⁶

B. Compliance als möglicher Schutz vor dem VbVG

1. Grundgedanke von (Criminal) Compliance

175 Der aus dem anglo-amerikanischen (Rechts-)Raum stammende Begriff **Compliance** bedeutet wörtlich übersetzt **Übereinstimmung, Beachtung, Einhaltung, Gefügigkeit**.²⁶⁷

176 Das Thema Compliance gewann zunächst mit dem Inkrafttreten des VbVG im Jahr 2006 erheblich an Bedeutung. 10 Jahre später bzw einige gerichtl E zum VbVG später ist Compliance aus dem Wirtschafts(straf) recht nicht mehr wegzudenken. Die medial ausgebreiteten Wirtschaftsskandale, wie zB Volkswagen in Deutschland, führen zu einer **erhöhten Risikosensibilisierung** in den einzelnen Unternehmen (Verbänden). Verdichtet wurde das Netz der Compliance-Regelungen ua durch die DSGVO u die Whistleblower-RL.

177 **Compliance** bedeutet, dass sich Unternehmen zur Einhaltung der maßgeblichen Rechtsvorschriften bekennen, interne Regeln zur Absicherung dieser Regelbefolgung erlassen, entspr Schulungs- u Kontrollmaßnahmen ergreifen, Instrumente zur Sammlung diesbzgl Informationen im Unternehmen implementieren u letztlich Sanktionen bei allfälligen Regelverstößen vorsehen.²⁶⁸ **Compliance-Management-Systeme** erfüllen folgende **Funktionen:**²⁶⁹

- Schutzfunktion,
- Beratungs- u Informationsfunktion,
- Qualitätssicherungs- u Innovationsfunktion,
- Monitoring- bzw Überwachungsfunktion,
- Marketingfunktion.

---

266 VfGH 2.12.2016, G 497/2015, G 679/2015.
267 *Koukol*, Compliance 3.
268 *Lewisch*, ÖZW 2015, 122 (128).
269 *Koukol*, Compliance 23 f. Weiterführend *Walter* in Kofler-Senoner, Compliance-Management 5 ff.

2. Compliance und GmbH

Wenngleich (außer in wenigen Bereichen des Finanzsektors) **keine** gesetzl normierte **Verpflichtung** zur Einrichtung eines Compliance-Management-Systems besteht,[270] kann sich diese für die GF einer GmbH **indirekt** aus ihrer gesetzl Sorgfaltspflicht bzw der Verpflichtung zur Einrichtung eines IKS ergeben.

So obliegt die Leitung einer GmbH dem **GF**. Zu den Pflichten des GF einer GmbH zählt, das Unternehmen unter Beachtung aller maßgebenden Rechtsvorschriften zu leiten u sich stets ein genaues Bild v der Lage des Unternehmens zu machen. Geschäftsführer sind verpflichtet, bei der Geschäftsführung die **Sorgfalt eines ordentlichen Geschäftsmannes** anzuwenden (§ 25 Abs 1). Maßstab ist dabei die Sorgfalt, die Fähigkeiten u die Kenntnisse, die v einem GF in dem jew Geschäftszweig u abhängig v der Unternehmensgröße üblicherweise erwartet werden können. Im Hinblick auf den Sorgfaltsmaßstab ist zu berücksichtigen, dass mittlerweile die **Business Judgement Rule** ausdrücklich im GmbHG (§ 25 Abs 1a) verankert wurde (s neben der Kommentierung zu § 25 Abs 1a auch in diesem Teil Rz 65 ff).

Außerdem sieht § 22 Abs 1 die Pflicht zur Führung eines Rechnungswesens u IKS vor. Im Jahr 2020 hat auch der OGH explizit festgehalten, dass GF IKS einrichten u diese regelmäßig evaluieren müssen.[271] Ist ein AR eingerichtet, obliegt diesem die Überwachung der GF (§ 30j Abs 1). Bei Vorliegen der Größenmerkmale des § 271 Abs 1 UGB ist in AR-pflichtigen GmbH ein Prüfungsausschuss zu bestellen (§ 29).

3. Compliance und VbVG

Eine der beiden Grundvoraussetzung der Verbandsverantwortlichkeit ist gem § 3 Abs 1 Z 2 VbVG, dass durch die Tat **Pflichten** verletzt worden sind, die den Verband treffen. Bei der Begehung der Mitarbeitertat ist zudem erforderlich, dass *„die Begehung der Tat dadurch ermöglicht oder wesentlich erleichtert wurde, dass Entscheidungsträger die nach den Umständen gebotene und zumutbare Sorgfalt außer Acht gelassen haben, insbesondere indem sie wesentliche technische, organisatorische*

---

270 *Illichmann* in Petsche/Mair, Handbuch Compliance³, 799; *Koukol*, Compliance 170.
271 OGH 26.8.2020, 9 Ob A 136/19v.

oder personelle Maßnahmen zur Verhinderung solcher Taten unterlassen haben." (§ 3 Abs 3 Z 2 VbVG).

182 Das VbVG knüpft an die **Außerachtlassung** der nach den Umständen **gebotenen u zumutbaren Sorgfalt** durch die Entscheidungsträger an, was idR nichts anderes bedeutet als die Unterlassung technischer, organisatorischer oder personeller Maßnahmen.

183 Zur Vermeidung eines derartigen Organisationsverschuldens des Verbands u in Hinblick auf die Milderungs- u Erschwerungsgründe (Rz 171 f) kann die Implementierung eines Compliance-Management-Systems im Einzelfall jedoch eine Verbandsverantwortlichkeit **ausschließen** oder die allenfalls zu verhängende Verbandsgeldbuße **minimieren**.

184 Zu beachten ist allerdings, dass Compliance-Regelungen den **Sorgfaltsmaßstab uU erhöhen können**. Dadurch kann die Gefahr eines zu hohen Sorgfaltslevels, der die strafrechtlich tatsächlich gebotene Sorgfalt übertreffen u letztlich sogar erhöhen könnte, drohen.[272] Die unternehmensinternen Regeln schaffen zwar keine (Straf-)Tatbestände u begründen keine neuen Strafbarkeitsrisiken, sie haben jedoch **Indizwirkung**.[273] Außerdem können unklare Formulierungen problematisch in Hinblick auf den Tatbestand der Untreue gem § 153 StGB (Rz 53 ff) werden.[274]

185 Ein Compliance-Management-System ist zwar nicht die Generallösung für durch das VbVG entstehende strafrechtliche Problematiken, aber es bietet zumindest einen **tauglichen Ansatz**, Verbandsverantwortlichkeiten zu vermeiden bzw die Konsequenzen einer entstandenen Verbandsverantwortlichkeit zu minimieren.

4. Interne Unternehmensermittlungen

186 Compliance bedeutet nicht nur die Setzung v Maßnahmen zur Vermeidung v strafrechtlich relevanten Handlungen, sondern – im Falle des Verdachts strafrechtlicher Verstöße – die Setzung weiterer interner u externer[275] rechtlicher Schritte. In diesem Zusammenhang spielen **interne**

---

272 *Tipold*, ALJ 2016/1, 90 (101).
273 Dazu ausf *Koukol*, Compliance 183.
274 S auch *Wolm/Sartor*, ZWF 2016/1, 17 (20).
275 Sollte die Staatsanwaltschaft bereits Kenntnis v Verdacht der strafrechtlichen Verstöße haben, kann es sich anbieten, die unternehmensinternen u staatsanwaltschaftlichen Ermittlungen abzustimmen u insofern mit der Staatsanwaltschaft zusammenzuarbeiten. Beachte idZ § 209a StPO (Rücktritt v der Verfolgung wegen Zusammenarbeit mit der Staatsanwaltschaft). S zur

Unternehmensermittlungen, die häufig durch externe (Rechts-)Berater unterstützt bzw v diesen begleitet werden, eine entscheidende Rolle. Die sogenannten **Internal Investigations** dienen der Beweisgewinnung im Falle des Verdachts strafrechtlicher Verstöße in einem Unternehmen u ggf der Ergreifung weiterer erforderlicher Präventivmaßnahmen.[276]

Die Entscheidungsträger eines Verbands haben dabei die **Vorteile** (wie zB Risikosteuerung, Haftungsvermeidung, Optimierung betriebsinterner Abläufe) u **Nachteile** (wie zB Kosten, Reputationsverlust durch negative Medienberichterstattung) abzuwägen.[277] Interne Unternehmensermittlungen haben jedenfalls im Rahmen der Gesetze zu erfolgen.[278]

Interne Unternehmensermittlungen sind nicht nur für die Milderungs- u Erschwerungsgründe, sondern auch hinsichtlich des **Verfolgungsermessens** der Staatsanwaltschaft in § 18 VbVG beachtlich: Die Staatsanwaltschaft kann v der Verfolgung eines Verbands absehen oder zurücktreten, wenn in **Abwägung**

– der Schwere der Tat,
– des Gewichts der Pflichtverletzung oder des Sorgfaltsverstoßes,
– der Folgen der Tat,
– des Verhaltens des Verbands nach der Tat,
– der zu erwartenden Höhe sowie
– allfälliger bereits eingetretener oder unmittelbar absehbarer rechtlicher Nachteile des Verbands oder seiner Eigentümer aus der Tat

eine über den Verband zu verhängende Geldbuße eine Verfolgung u Sanktionierung verzichtbar erscheint. Dies ist gem § 18 Abs 1 VbVG insb der Fall, wenn Ermittlungen oder Verfolgungsanträge mit einem beträchtlichen Aufwand verbunden wären, der offenkundig außer Ver-

---

Verlängerung der Kronzeugenregelung um weitere sieben Jahre (bis 31.12.2028) Strafrechtsänderungsprozessgesetz II 2016, BGBl I 2021/234.
276 *Wolm/Sartor*, ZWF 2016/1, 17 (21).
277 IdZ ist der die Compliance treffend beschreibende S: „*If you think compliance is expensive, try non-compliance*" anzuführen.
278 So ist insb auf § 118a StGB (Widerrechtlicher Zugriff auf ein Computersystem), § 119 StGB (Verletzung des Telekommunikationsgeheimnisses), § 119a StGB (Missbräuchliches Abfragen v Daten) u § 51 DSG (Datenverwendung in Gewinn- oder Schädigungsabsicht) hinzuweisen. *Kristoferitsch* in Lewisch, JB Wirtschaftsstrafrecht 2013, 295.

hältnis zur Bedeutung der Sache oder zu den im Fall einer Verurteilung zu erwartenden Sanktionen stünde.

Die Staatsanwaltschaft kann bis zum Ende des Beweisverfahrens in der Hauptverhandlung v Antrag auf Verhängung einer Verbandsgeldbuße zurücktreten.[279]

5. Übernahme von Geldstrafen und Verfahrenskosten durch die Gesellschaft

189 In vielen Fällen sind die betroffene bzw verantwortliche Person sowie die Gesellschaft froh, wenn das Strafverfahren „bloß" mit einer Geldstrafe geendet hat. Daran knüpft jedoch die Frage an, ob u inwieweit die **Gesellschaft** die gegen einen Entscheidungsträger oder Mitarbeiter verhängte Geldstrafe sowie die damit zusammenhängenden Verfahrenskosten **übernimmt**.[280] Eine solche Übernahme ist jedoch nicht generell, sondern nur unter bestimmten Voraussetzungen zulässig. Eine zu Unrecht erfolgte Übernahme kann weitreichende Konsequenzen sowohl zivil- als auch strafrechtlicher Natur nach sich ziehen. Zu empfehlen ist daher, in den jew Anstellungsvertrag die Verpflichtung der Gesellschaft aufzunehmen, nach einer Verwaltungsübertretung oder Verwirklichung eines Straftatbestandes zu prüfen, ob die Gesellschaft eine verhängte Geldstrafe u die Verfahrenskosten übernehmen kann.[281]

a) Übernahme von Geldstrafen

190 Eine Übernahme v Geldstrafen u Verfahrenskosten, insb die Kosten für die anwaltliche Vertretung, wird oft mittels **Haftungsfreistellungen** im Vorstands- oder GF-Vertrag vereinbart. Der Jud des OGH folgend sind solche Haftungsfreistellungen **nichtig** u führen weder zu einem Anspruch des betroffenen Organs noch zu einer Verpflichtung des Unternehmens, wenn die Haftungsfreistellung **vor** der Begehung der strafbaren Handlung abgeschlossen werden.[282] Eine solche Vereinbarung

---

279 *Lehmkuhl/Zeder* in Höpfel/Ratz, WK² StGB § 18 VbVG, Rz 3 mit Verweis auf *Hilf*, Verfolgungsermessen 191 (200).
280 Dies steht mit dem Regressverbot des § 11 VbVG nicht im Widerspruch, weil dort eben gerade die jP getroffen werden soll; vgl *Kalss* in Lewisch, JB Wirtschaftsstrafrecht 2015, 73 (91).
281 Dazu ausf *Schima/Toscani*, Handbuch GmbH-Geschäftsführer² 203.
282 OGH 16.12.1992, 9 Ob A 284/92.

verstößt gegen Grundsätze des Strafrechtes u gegen die guten Sitten, „*zumal eine solche Vereinbarung dazu verwendet werden könnte, den Täter zur Begehung der strafbaren Handlung zu verleiten, anzustiften oder ihn in seinem bereits vorhandenen Vorsatz zu bestärken.*"[283]

Grundsätzlich liegt es „*im Wesen und in der höchstpersönlichen Natur jeder vom Gericht oder von einer Verwaltungsbehörde verhängten Strafe, dass sie, gleichgültig ob Freiheits- oder Vermögensstrafe, ein Übel darstelle, welches grundsätzlich nur dem schuldtragenden Täter vermeint und von ihm allein zu tragen sei.*"[284]

Eine Übernahmevereinbarung, die zivilrechtlich unwirksam ist, birgt auch ein **strafrechtliches Risiko**. Würde die Gesellschaft im Falle einer zivilrechtlichen Unwirksamkeit der Übernahmevereinbarung die Strafe bezahlen bzw refundieren, wäre dies, aus Sicht der Gesellschaft, die Bezahlung einer Nichtschuld. Diese Vorgehensweise kann – bei Vorliegen der übrigen Voraussetzungen, insb des entspr Vorsatzes – eine **Untreuehandlung** gem § 153 StGB (Rz 53 ff) sein.[285]

191

Die Übernahme der Geldstrafe erst **nach** Begehung der Tat ist zulässig u **wirksam**, sofern aus Sicht der Gesellschaft **eindeutig überwiegende Gründe** für die Erstattung der Geldstrafe vorliegen, wie zB die Verhinderung der negativen Auswirkung auf die Geschäftstätigkeit u die Sicherung des Ansehens der Gesellschaft in der Öffentlichkeit oder die Verhinderung der Vorstandsarbeit.[286] Es bedarf daher einer sorgfältigen Prüfung der Unternehmensinteressen, wobei sich die daraus resultierende E am pflichtgemäßen Ermessensmaßstab iSd § 25 Abs 1 a zu orientieren hat.[287]

192

b) Übernahme von Verfahrenskosten

Anders verhält es sich mit der Übernahme v Verfahrenskosten (gerade wenn keine Rechtsschutz- oder D&O-Versicherung besteht), weil diese, nach A des OGH, nicht Inhalt eines staatlichen Strafanspruchs sind, sondern vielmehr **gewöhnliche Aufwendungen** darstellen, die v den Beteiligten für eine geordnete Rechtspflege unvermeidlich getätigt wer-

193

---

283 OGH 16.12.1992, 9 Ob A 284/92; 30.6.1999, 9 Ob A 68/99m; 11.9.2003, 6 Ob 281/02w; *Schima/Toscani*, Handbuch GmbH-Geschäftsführer² 202.
284 OGH 16.12.1992, 9 Ob A 284/92 mwN.
285 *Schrank*, CFO aktuell 2013/2, 60 (59).
286 *Schrank*, CFO aktuell 2013/2, 60 (59).
287 *Kalss*, in JB Wirtschaftsstrafrecht 2015, 73 (96).

den müssen.[288] Die Grenze vertraglicher Überwälzbarkeit liegt jedoch in jenen Fällen, wo der Tat vorsätzliche Schädigung u damit schwerstes Verschulden zugrunde liegt, was in den meisten wirtschaftsstrafrechtlichen Causen der Fall ist.[289] Bei der Übernahme v Verfahrenskosten, die einem Entscheidungsträger entstanden sind, ist auch § 1014 ABGB zu beachten, der den gesetzl Anspruch auf Ersatz der mit einer angemessenen Rechtsvertretung u Verteidigung verbundenen Kosten gewährt.[290]

VIII. Hinweis auf das Finanzstrafrecht

194 Bei Finanzstrafverfahren ist zw **verwaltungsbehördlichen** u **gerichtl Finanzstrafverfahren** zu differenzieren. Das Gericht ist gem § 53 Abs 1 FinStrG zur Ahndung v vorsätzlich begangenen Finanzvergehen zuständig, deren strafbestimmender Wertbetrag € 100.000[291] übersteigt. Finanzvergehen, deren Ahndung nicht in die Zuständigkeit des Gerichts fällt, sind gem § 53 Abs 6 FinStrG v den Finanzstrafbehörden zu verfolgen.

195 Die im **FinStrG** vorgesehenen Delikte sind:

- Abgabenhinterziehung (§ 33),
- grob fahrlässige Abgabenverkürzung (§ 34),
- Schmuggel u Hinterziehung v Eingangs- oder Ausgangsabgaben (§ 35),
- Verzollungsumgehung; grob fahrlässige Verkürzung v Eingangs- oder Ausgangsabgaben (§ 36),
- Abgabenhehlerei (§ 37),
- Abgabenbetrug (§ 39),
- verbotene Herstellung v Tabakwaren (§ 43),
- vorsätzliche (§ 44) u fahrlässige (§ 45) Eingriffe in Monopolrechte,
- Monopolhehlerei (§ 46),
- Verletzung der Verschlusssicherheit (§ 48),
- Herbeiführung unrichtiger Präferenznachweise (§ 48a),
- Verletzung v Verpflichtungen im Bargeldverkehr (§ 48b) u
- Finanzordnungswidrigkeiten (§ 49 bis § 51).

---

288 Zur Jud ausf: *Schrank*, CFO aktuell 2013/2, 60 (59).
289 *Schrank*, CFO aktuell 2013/2, 60 (59) mit Verweis auf OGH 15.10.1997, 3 Ob 2400/96d.
290 *Schima/Toscani*, Handbuch GmbH-Geschäftsführer² 204.
291 In den Fällen des § 35 u § 37 Abs 1 FinStrG liegt die Grenze bei € 50.000.

Auf Finanzvergehen ist das VbVG nur insofern anzuwenden, als dies im **196** FinStrG vorgesehen ist (§ 1 Abs 1 S 2 VbVG). Demnach gelten für gerichtl Finanzvergehen v Verbänden die Bestimmungen des 1. u 2. Abschnittes des VbVG (§§ 1 bis 12 VbVG); für finanzbehördlich zu ahndende Finanzvergehen v Verbänden sind die §§ 2, 3, 4 Abs 1, 10, 11 u 12 Abs 2 VbVG sinngemäß anzuwenden.

§ 127. (1) Mit dem Vollzuge dieses Gesetzes, das drei Monate nach seiner Kundmachung in Wirksamkeit tritt, und mit der Erlassung der zu dessen Durchführung erforderlichen Vorschriften sind Mein Justizminister und Meine Minister des Innern, der Finanzen, des Handels, der Eisenbahnen und des Ackerbaues beauftragt.

(2) § 44 Abs. 1 in der Fassung des Bundesgesetzes BGBl. I Nr. 142/2000 und der durch dieses Bundesgesetz angeordnete Entfall des § 93 Abs. 2 treten mit 1. Jänner 2002 in Kraft.

(3) § 122 in der Fassung des Bundesgesetzes BGBl. I Nr. 97/2001 tritt mit 1. Jänner 2002 in Kraft.

(4) [1]§ 30a, § 30b Abs. 1a, § 30e Abs. 1, § 30g Abs. 3, 4, 4a und 5, § 30h Abs. 1, § 30j Abs. 5 Z 10 und § 30k Abs. 1 in der Fassung des Bundesgesetzes BGBl. I Nr. 59/2005 treten mit 1. Jänner 2006 in Kraft. [2]§ 30a ist nur auf nach diesem Zeitpunkt gewählte oder entsandte Aufsichtsräte anzuwenden. [3]§ 30k Abs. 1 gilt für den Konzernabschluss und den Konzernlagebericht von Geschäftsjahren, die nach dem 31. Dezember 2005 beginnen.

(5) [1]§ 5, § 6a Abs. 4, § 16 Abs. 2, § 18 Abs. 3, § 23, § 30a Abs. 2 und 3, § 30e Abs. 1, § 30j Abs. 5 Z 1 und 10, § 90 Abs. 1, § 107 Abs. 4, 5 und 7, § 122 Abs. 1 Z 4 und § 125 in der Fassung des Handelsrechts-Änderungsgesetzes, BGBl. I Nr. 120/2005, treten mit 1. Jänner 2007 in Kraft. [2]§ 61 Abs. 3 tritt mit Ablauf des 31. Dezember 2006 außer Kraft.

(6) §§ 9, 10, 30f, 53, 56, 89, 122 und 125 in der Fassung des Bundesgesetzes, BGBl. I Nr. 103/2006, treten mit 1. Juli 2006 in Kraft.

(7) §§ 29 und 81 in der Fassung des Bundesgesetzes BGBl. I Nr. 72/2007 treten mit 15. Dezember 2007 in Kraft.

(8) [1]Die §§ 6a, 30g und 30j in der Fassung des Bundesgesetzes BGBl. I Nr. 70/2008 treten mit 1. Juni 2008 in Kraft. [2]§ 6a Abs. 4 ist anzuwenden, wenn die Bestellung zum Prüfer nach dem 31. Mai 2008 erfolgt. [3]§ 30g Abs. 4a ist auf Geschäftsjahre anzuwenden, die nach dem 31. Dezember 2008 beginnen; bis dorthin ist § 30g Abs. 4a

in der bisher geltenden Fassung anzuwenden. ⁴§ 30j Abs. 5 Z 11 ist auf Verträge anzuwenden, die nach dem 31. Mai 2008 geschlossen werden.

(9) Die §§ 25 Abs. 3 Z 2 und 84 Abs. 1 Z 4 in der Fassung des Bundesgesetzes BGBl. I Nr. 58/2010 treten mit 1. August 2010 in Kraft.

(10) § 125 in der Fassung des Budgetbegleitgesetzes 2011, BGBl. I Nr. 111/2010, ist auf Verstöße gegen die in § 125 genannten Pflichten anzuwenden, die nach dem 1. Jänner 2011 gesetzt werden.

(11) § 100 Abs. 1 in der Fassung des Gesellschaftsrechts-Änderungsgesetzes 2011, BGBl. I Nr. 53/2011, tritt mit 1. August 2011 in Kraft. Auf Verschmelzungen, bei denen vor diesem Zeitpunkt die Übersendung der Unterlagen (§ 97 Abs. 1) erfolgte oder ein Verzicht darauf wirksam wurde, sind die bis dahin geltenden Bestimmungen weiter anzuwenden.

(12) § 4 Abs. 3, § 6 Abs. 1, § 10 Abs. 1, § 12, § 36, § 51 Abs. 2, § 52 Abs. 4 und § 54 Abs. 3 in der Fassung des Gesellschaftsrechts-Änderungsgesetzes 2013, BGBl. I Nr. 109/2013, treten mit 1. Juli 2013 in Kraft.

(13) § 6 Abs. 1, § 10 Abs. 1, § 10b, § 11 und § 54 Abs. 3 in der Fassung des Bundesgesetzes BGBl. I Nr. 13/2014 treten mit 1. März 2014 in Kraft.

(14) Auf Gesellschaften, die vor dem 1. März 2014 zur Eintragung in das Firmenbuch angemeldet wurden (§ 9 Abs. 1), sind § 6 Abs. 1 und § 10 Abs. 1 in der Fassung des GesRÄG 2013, BGBl. I Nr. 109/2013, weiter anzuwenden.

(15) Auf Gesellschaften, die vor dem 1. März 2014 eine beabsichtigte Herabsetzung des Stammkapitals zum Firmenbuch angemeldet haben (§ 55 Abs. 1), ist § 54 Abs. 3 in der Fassung des GesRÄG 2013, BGBl. I Nr. 109/2013, weiter anzuwenden.

(Anm.: Abs. 16 und 17 aufgehoben durch Art. 2 Z 7, BGBl. I Nr. 179/2023)

(18) ¹§ 30a Abs. 2 und 3, § 30e Abs. 1, § 30j Abs. 5 und § 125 in der Fassung des Bundesgesetzes BGBl. I Nr. 22/2015 treten mit 20. Juli 2015 in Kraft und sind erstmalig auf Geschäftsjahre anzuwenden, die nach dem 31. Dezember 2015 beginnen. ²Auf Geschäftsjahre, die vor dem 1. Jänner 2016 begonnen haben, sind die Bestimmungen in der Fassung vor dem Bundesgesetzes BGBl. I Nr. 22/2015 weiterhin anzuwenden. ³§ 125 in der Fassung des Bundesgesetzes BGBl. I Nr. 22/2015 ist auf Verstöße gegen die in § 125 genannten Pflichten

anzuwenden, die nach dem 19. Juli 2015 gesetzt werden oder fortdauern.

(19) § 25 in der Fassung des Bundesgesetzes BGB. I Nr. 112/2015 (*Anm.: richtig: BGBl. I Nr. 112/2015*) tritt mit 1. Jänner 2016 in Kraft; § 122 tritt mit Ablauf des 31. Dezember 2015 außer Kraft.

(20) § 29 Abs. 1 und § 30g Abs. 4a in der Fassung des Bundesgesetzes BGBl. I Nr. 43/2016 treten mit 17. Juni 2016 in Kraft; der zusätzliche Bericht (Z 2 erster Satz) ist erstmals über die Prüfung von Geschäftsjahren zu erstellen, die nach dem 16. Juni 2016 beginnen.

(21) § 30k in der Fassung des Bundesgesetzes BGBl. I Nr. 20/2017 tritt mit 6. Dezember 2016 in Kraft und ist erstmalig auf Unterlagen für Geschäftsjahre anzuwenden, die nach dem 31. Dezember 2016 beginnen.

(22) [1]§ 9a sowie § 10 Abs. 2 und 3 in der Fassung des Deregulierungsgesetzes 2017, BGBl. I Nr. 40/2017, treten mit 1. Jänner 2018 in Kraft und sind auf Gesellschaften anzuwenden, die nach dem 31. Dezember 2017 zur Eintragung in das Firmenbuch angemeldet werden. [2]Die Verordnungen nach § 9a Abs. 4, 5 und 7 dürfen bereits vor dem 1. Jänner 2018 erlassen, jedoch frühestens mit diesem Tag in Kraft gesetzt werden.

(*Anm.: Abs. 23 aufgehoben durch Art. 2, BGBl. I Nr. 157/2020*)

(24) § 30 dritter Satz in der Fassung des Bundesgesetzes BGBl. I Nr. 104/2017 tritt mit 1. Jänner 2018 in Kraft und ist auf Wahlen und Entsendungen in den Aufsichtsrat anzuwenden, die nach dem 31. Dezember 2017 erfolgen. Bestehende Aufsichtsratsmandate bleiben davon unberührt; das Mindestanteilsgebot ist bei einem Nachrücken von vor dem 1. Jänner 2018 gewählten oder entsandten Ersatzmitgliedern zu beachten.

(25) § 4 Abs. 3 in der Fassung des Elektronische Notariatsform-Gründungsgesetzes, BGBl. I Nr. 71/2018, tritt mit 1. Jänner 2019 in Kraft.

(26) § 76 Abs. 4 in der Fassung vor der Gesamtreform des Exekutionsrechts – GREx, BGBl. I Nr. 86/2021 tritt mit Ablauf des 30. Juni 2021 außer Kraft.

(27) § 10 Abs. 2 in der Fassung des Gesellschaftsrechtlichen Digitalisierungsgesetzes 2022, BGBl. I Nr. 186/2022, tritt mit 1. Dezember 2022 in Kraft.

(28) § 15 Abs. 1a und 1b sowie § 16a Abs. 3 treten mit 1. Jänner 2024 in Kraft und sind auf Verurteilungen anzuwenden, deren Rechtskraft nach dem 31. Dezember 2023 eingetreten ist.

(29) § 6 Abs. 1, § 9a Abs. 2 und 3, § 10 Abs. 1 und § 54 Abs. 3 in der Fassung des Gesellschaftsrechts-Änderungsgesetzes 2023, BGBl. I Nr. 179/2023, treten mit 1. Jänner 2024 in Kraft. § 10b samt Überschrift sowie § 127 Abs. 16 und 17 treten mit Ablauf des 31. Dezember 2023 außer Kraft.

(30) ¹Auf Gesellschaften, bei denen die Inanspruchnahme der Gründungsprivilegierung am 1. Jänner 2024 im Firmenbuch eingetragen ist, ist § 10b mit der Maßgabe weiter anzuwenden, dass es abweichend von § 10b Abs. 5 zweiter Satz zu keiner Beendigung der Gründungsprivilegierung durch Zeitablauf kommt. ²In einer solchen Gesellschaft kann eine Abänderung des Gesellschaftsvertrags, die nach dem 31. Dezember 2024 zum Firmenbuch angemeldet wird, nur eingetragen werden, wenn im abgeänderten Gesellschaftsvertrag die Bestimmungen über die Gründungsprivilegierung beseitigt wurden. ³Wenn die von den einzelnen Gesellschaftern laut abgeändertem Gesellschaftsvertrag übernommenen Stammeinlagen zumindest gleich hoch sind wie ihre bisherigen gründungsprivilegierten Stammeinlagen, ist für die Anmeldung einer solchen Abänderung des Gesellschaftsvertrags zum Firmenbuch ein Gläubigeraufruf nicht erforderlich.

idF BGBl I 2023/179

Literatur: *Jäger*, OLG Innsbruck 7:2.2018, 3 R 9/18z, ÖRPfl 2020, 29; *Karollus/Huemer*, Offene Fragen zum Verbot der Organbestellung gegen das Organisationsgefälle, GES 2006, 153; *Kary*, Regelungschaos um GmbH light: Kein Verfassungsverstoß, Die Presse 2017/14/12; *Rüffler*, Zwei Ungereimtheiten des GesRÄG 2005, wbl 2006, 14.

1 § 127 ordnet an, welche BM zur Vollziehung des Gesetzes zuständig sind u regelt, zu welchem Zeitpunkt das Gesetz u einzelne spätere Nov in Kraft treten.

2 § 127 Abs 1 ist durch das BMG[1] überholt.[2] Gemäß § 2 Abs 1 Z 2 iVm der Anl Teil 2 F Z 1 BMG ist primär der BMJ zur Vollziehung des GmbHG zuständig. Die Vollziehung des § 86 Abs 3 obliegt dem BMI u jene der § 86 Abs 2 Z 1 u § 104 dem BMF.

---

1 Bundesministeriengesetz, BGBl 1986/76 idF BGBl I 2007/6.
2 Vgl *Weilinger/Knauder* in *Straube/Ratka/Rauter*, GmbHG § 127 Rz 2.

Die Abs 2 bis 20 regeln das Inkrafttreten versch Nov beginnend mit dem Budgetbegleitgesetz 2001. Zu beachten ist, dass in § 127 nicht alle Inkrafttretensbestimmungen v Nov aufgenommen worden sind.[3]

Auslegungsprobleme hat es iZm Abs 4, der das Inkrafttreten des GesRÄG 2005 u somit insb auch das Inkrafttreten der §§ 30a u 30e Abs 1 regelt, gegeben.[4] Gemäß § 30e Abs 1 kann ein AR-Mitglied nicht gleichzeitig GF v Tochterunternehmen sein, was auch § 30a Abs 2 Z 2 verbietet. Während § 127 Abs 4 S 2 vorsieht, dass § 30a nur auf solche AR-Mitglieder anzuwenden ist, die nach diesem Zeitpunkt neu gewählt u entsandt wurden, ist für § 30e Abs 1 keine solche zeitliche Einschränkung in einer gesonderten Übergangsbestimmung vorgesehen. Zur Parallelbestimmung in § 262 Abs 10 S 1 u 2 AktG hat der **OGH** mittlerweile klargestellt, dass der Gesetzestext derart zu interpretieren ist, dass ein Mandatsinhaber durch die Gesetzesänderung nicht gezwungen sein soll, eines oder mehrere seiner Mandate sogleich niederzulegen. Vielmehr sollen die Mandate zunächst unverändert weiterlaufen, bis eines durch Zeitablauf oder in sonstiger Weise endet. Erst nach Beendigung u allfälliger (Wieder-)Aufnahme eines solchen Mandats soll geprüft werden, ob die gesetzl Voraussetzungen idF des GesRÄG 2005 die (Wieder-)Aufnahme gestatten, dh nicht gegen das Verbot der Doppelfunktion verstoßen wird. Daraus ist zu schließen, dass nach A des OGH nicht nur § 30a, sondern auch § 30e Abs 1 nur auf solche AR-Mitglieder anzuwenden ist, die nach dem 1.1.2006 neu gewählt oder entsandt werden.[5]

Der OGH stellte bereits wiederholt an den VfGH den Antrag, ua § 127 Abs 13 bis 16 idF des AbgÄG 2014 als verfassungswidrig aufzuheben, wobei der jüngste Antrag (OGH 20.7.2016, 6 Ob 74/16z) mit Erkenntnis vom 14.3.2017 hinsichtlich des § 127 Abs 13 bis 16 (zu § 127 Abs 16 s Rz 6a) als unzulässig zurückgewiesen u hinsichtlich der Verfassungsmäßigkeit der §§ 6 Abs 1 u 10 Abs 1 abgewiesen wurde.[6]

---

3 S *Koppensteiner/Rüffler*, GmbHG³ § 127 Rz 2 mit Hinweis darauf, dass insb das 1. Euro-Umstellungsgesetz-Bund (BGBl I 98/2001) und das Rechnungslegungsänderungsgesetz 2004 (BGBl I 161/2004) fehlen.
4 S ausf *Weilinger/Knauder* in *Straube/Ratka/Rauter*, GmbHG § 127 Rz 5.
5 OGH 13.9.2007, 6 Ob 20/07w; vgl auch *Rüffler*, wbl 2006, 14 (15); *Koppensteiner/Rüffler*, GmbHG³ § 30a Rz 14b; **aA** *Karollus/Huemer*, GES 2006, 153 (160 ff).
6 VfGH 14.3.2017, G 311/2016, NZ 2017/55; s dazu *Kary*, Regelungschaos um GmbH light: Kein Verfassungsverstoß, Die Presse, 14.12.2017.

6 Gemäß § 127 Abs 14 ist auf das Stammkapital u die Stammeinlagen einer zw dem 1.7.2013 u dem 1.3.2014 zur Eintragung in das FB angemeldeten GmbH § 6 Abs 1 u § 10 Abs 1 idF BGBl I 2013/109 weiterhin (u dauerhaft) anwendbar. Das Stammkapital einer in diesem Zeitraum gegründeten GmbH musste sohin zumindest € 10.000 erreichen. Dies galt auch dann, wenn der GesV einer in diesem Zeitraum gegründeten GmbH zur Gänze neu gefasst wurde.[7]

6a Mit dem GesRÄG 2023 wurde das Mindeststammkapital für GmbH erneut auf € 10.000,00 herabgesetzt. Infolgedessen war § 127 Abs 16, welcher die gesetzl vorgeschriebene Kapitalerhöhung bei gründungsprivilegierten Gesellschaften auf zumindest € 35.000,00 vorsah, aufzuheben. Selbiges gilt für § 127 Abs 17, welcher derartige Kapitalerhöhungen v der gerichtl Eintragungsgebühr befreite.[8]

7 Die mit dem DeregulierungsG 2017 neu geschaffene, bereits im Vorfeld höchst umstrittene[9] u in der Lit nach wie vor scharf kritisierte[10] „vereinfachte Gründung" gem § 9a (s § 9a) wurde gem § 127 Abs 23 zunächst derart befristet, dass diese mit Ablauf des 31. Dezember 2020 wieder außer Kraft tritt. Der Gesetzgeber hat zwischenzeitig § 127 Abs 23 aufgehoben u damit die Bestimmungen über die „vereinfachte Gründung" gem § 9a ins Dauerrecht übernommen.[11]

8 Anstelle der Bestimmung des § 76 Abs 4 (wie auch des § 62 Abs 4 AktG) ist mit Ablauf des 30.6.2021 § 340 Abs 1 EO getreten, welcher die Verwertung v vinkulierten KapGes-Anteilen (insb GmbH-Geschäftsanteilen u Aktien) einheitlich regelt.[12]

9 § 127 Abs 29 sieht vor, dass auf bestehende gründungsprivilegierte GmbH die mit dem GesRÄG 2023 aufgehobene Bestimmung des § 10b betr die Gründungsprivilegierung, ausgenommen die Beendigung v dieser spätestens zehn Jahre nach Eintragung der Gesellschaft im FB, weiterhin anwendbar bleibt. Ausweislich der Materialien soll somit eine

---

7 *Jäger*, ÖRPfl 2020, 29 unter Verweis auf OLG Wien 3.2.2020, 6 R 14/20b.
8 276/ME 27. GP 15.
9 S insb die Stellungnahme der Vereinigung der österr Richterinnen u Richter, 9/SN-266/ME 25. GP 2; Stellungnahme der Vereinigung der Diplomrechtspflegerinnen u Diplomrechtspfleger, 19/SN-266/ME 25. GP 2; Stellungnahme der österr Notariatskammer, 22/SN-266/ME 25. GP 4.
10 *Umfahrer*, GmbH[7] Rz 3.18 mwN.
11 BGBl I 2020/157; s § 9a Rz 1; vgl ua *Potyka* in Straube/Ratka/Rauter, GmbHG § 9a Rz 5, 28.
12 Hierzu ausf § 76 Rz 77 ff; s auch ua *Feltl*, GmbHG § 76 Anm 7.

Einzahlungspflicht der Gesellschafter nur bis zur Höhe der jew übernommenen gründungsprivilegierten Stammeinlage bestehen u die Inanspruchnahme der Gründungsprivilegierung durch die GmbH weiterhin im FB eingetragen bleiben.[13] Eine Verpflichtung der GmbH zur Änderung des GesV zwecks Aufhebung der Gründungsprivilegierung besteht nicht. Wird jedoch der GesV einer bis dato gründungsprivilegierten GmbH geändert u die Abänderung des GesV nach dem Stichtag 31.12.2024 zum FB angemeldet, so kann gem § 127 Abs 29 die Abänderung nur eingetragen werden, wenn im GesV auch die Bestimmungen über die Gründungsprivilegierung beseitigt werden.

Erfolgt im Rahmen der Aufhebung der Gründungsprivilegierung eine Herabsetzung des Stammkapitals, so ist diese gem § 127 Abs 29 vereinfacht – namentlich ohne Gläubigeraufruf – möglich, wenn die v den einzelnen Gesellschaftern gem abgeändertem GesV übernommenen Stammeinlagen zumindest gleich hoch sind wie die bisherigen gründungsprivilegierten Stammeinlagen.[14] Sollte die gem abgeändertem GesV übernommene Einlage auch nur eines einzelnen Gesellschafters die Höhe der bisherigen gründungsprivilegierten Stammeinlage nicht erreichen, so wären uE mangels einer anderen Bestimmung die Bestimmungen über die ordentliche Kapitalherabsetzung gem § 54 ff einzuhalten.

---

13 276/ME 27. GP 15.
14 Zum Gläubigerschutz vgl die erläuternden Bemerkungen 276/ME 27. GP 15 f.

Branchenspezifische Vorschriften

Ärzte-GmbH

Literatur: *Aigner/Hausreither*, Kassenreform – gesetzliche Anpassungen, RdM 2019, 285; *Aigner/Kierein/Kopetzki*, Ärztegesetz[3] (2014); *Aigner/Kletečka/Kletečka-Pulker/Memmer* (Hg), Handbuch Medizinrecht für die Praxis (2016, Stand: 1.5.2023); *Aigner/Windischhofer*, PrimVG, Primärversorgungsgesetz 2017 (2017); *Aubauer/Thomas*, Die Ärzte-GmbH, taxlex 2010, 323; *Baumgartner*, Die Verbindlicherklärung von Strukturplänen durch die Gesundheitsplanungs GmbH, ZfV 2018, 255; *BMG*, Erlass 92115/0001-II/A/3/2014 vom 17.4.2014; *Cerha/Resch/Wallner*, PrimVG, Primärversorgungsgesetz (2018); *Emberger/Wallner*, Ärztegesetz[2] (2007); *Fantur*, Die neue Ärzte-GmbH aus der Sicht des Vertragserrichters, GES 2010, 155; *Füszl*, Das Bundesgesetz zur Stärkung der ambulanten öffentlichen Gesundheitsversorgung, ÖZPR 2010, 100; *Gruber/Paliege-Barfuß*, GewO[7] (Stand 1.10.2022); *Grubmann*, VersVG[9] (2022); *Holzgruber/Hübner-Schwarzinger/Minihold* (Hg), Die Ärzte-Gruppenpraxis[2] (2018); *Joklik*, Das „Hartlauer-Urteil" des EuGH und seine Folgen für die Bedarfsprüfung, RdM 2009, 147; *Krejci*, Gesellschaftsrechtliches zur Gruppenpraxis, ZAS 2010, 249; *Mazal*, Gruppenpraxis versus Anstaltsbegriff, RdM 2000, 129; *Neumayr/Resch/Wallner* (Hg), Gmundner Kommentar zum Gesundheitsrecht[2] (2022); *Resch*, Anstellung eines Arztes mit ius practicandi in einer Einzelordination, RdM 2018, 84; *Resch*, Ausgewählte Rechtsfragen der Anstellung von Ärzten bei Ärzten, RdM 2019, 207; *Resch*, Vertragspartnerrecht für Primärversorgungseinheiten, ZAS 2019, 4; *Resch/Wallner* (Hg), Handbuch Medizinrecht[3] (2020); *Schneider*, Ärztliche Ordinationen und selbständige Ambulatorien im Verwaltungs-, Sozial- und Steuerrecht (2001); *Sieh/Lumsden*, Die Ärzte-GmbH, ecolex 2010, 1120; *Stärker*, Die Abgrenzung zwischen Gruppenpraxis und selbständigem Ambulatorium nach der neuen Rechtslage, ecolex 2010, 1123; *Wallner*, Handbuch Ärztliches Berufsrecht[2] (2018); *Wallner*, Organisationsvorschriften für Primärversorgungseinheiten, RdM 2018, 139; *Wiedenbauer/Kanduth-Kristen/Grün/Hofer*, Die Ärzte-GmbH (2015); *Windisch-Graetz*, Selbständiges Ambulatorium und Ärztliche Ordination, RdM 1995, 144; *Zahrl*, Die Ärzte-GmbH (Teil II), RdM 2011, 77.

Inhaltsübersicht

I. Die GmbH als Rechtsträgerin im Ärzte- und Krankenanstaltenrecht (Vor §§ 52, 52a ÄrzteG)	1–9
A. Ordinations- und Apparategemeinschaft	2–4
B. Gruppenpraxis	5–7
C. Abgrenzung zwischen Gruppenpraxis und Ambulatorium (nicht bettenführender Krankenanstalt)	8, 9
II. Ordinations- und Apparategemeinschaften	10–18
A. Erscheinungsformen von Ordinations- und Apparategemeinschaften (§ 52 Abs 1 ÄrzteG)	10–14

B. Gesellschafter von Ordinations- und Apparate-
　　　　gemeinschaften (§ 52 Abs 2 und Abs 3 ÄrzteG) . . . . 　15–18
　III. Zusammenarbeit im Rahmen von Gruppenpraxen . . . . . . 　19–67
　　　A. Die Ärzte-GmbH als Rechtsträger einer Gruppenpraxis
　　　　(§ 52a Abs 1 ÄrzteG). . . . . 　19–25
　　　　1. Die Ärzte-GmbH als Behandlungsgesellschaft . . . . 　19–21
　　　　2. Mindestanzahl/Höchstanzahl von Gesellschaftern
　　　　　einer Ärzte-GmbH (§ 52a Abs 1 iVm Abs 3 S 1
　　　　　ÄrzteG). . . . . 　22–25
　　　B. Firma einer Ärzte-GmbH (§ 52a Abs 2 ÄrzteG) . . . . . . 　26
　　　C. Ärzterechtliche Besonderheiten der Ärzte-GmbH . . . . 　27–51
　　　　1. Gesellschafter einer Ärzte-GmbH (§ 52a Abs 3 Z 1
　　　　　ÄrzteG). . . . . 　27–30
　　　　2. Verbot der Beteiligung anderer Personen als Ärzte
　　　　　am Umsatz und Gewinn; Verbot der Übertragung
　　　　　von Gesellschafterrechten (§ 52a Abs 3 Z 2 und Z 3
　　　　　ÄrzteG). . . . . 　31–34
　　　　3. Unternehmensgegenstand (§ 52a Abs 3 Z 4 und Z 5
　　　　　ÄrzteG). . . . . 　35–39
　　　　4. Maßgebliche persönliche Berufsausübung der
　　　　　Gesellschafter (§ 52a Abs 3 Z 6 ÄrzteG) . . . . 　40, 41
　　　　5. Anstellung von Gesellschaftern (§ 52a Abs 3 Z 7
　　　　　ÄrzteG). . . . . 　42, 43
　　　　6. Größenbeschränkung bei der Anstellung anderer
　　　　　Gesundheitsberufe (§ 52a Abs 3 Z 8 ÄrzteG) . . . . . 　44–49
　　　　7. Weisungsfreiheit in der Berufsausübung (§ 52a Abs 3
　　　　　Z 9 ÄrzteG), Entscheidungen über Fragen der
　　　　　Berufsausübung (§ 52a Abs 3 Z 10 ÄrzteG) . . . . 　50, 51
　　　D. Sitz der Gesellschaft/Berufssitze (§ 52a Abs 4 ÄrzteG) . . 　52–56
　　　E. Geschäftsführung (§ 52a Abs 5 ÄrzteG) . . . . 　57–63
　　　F. Gesellschaftsvertrag (§ 52a Abs 6 ÄrzteG) . . . . 　64–67
　IV. Gründung von Gruppenpraxen . . . . 　68–76
　　　A. Gründung einer Gruppenpraxis in Form der Ärzte-
　　　　GmbH (§ 52b Abs 1 und Abs 2 ÄrzteG) . . . . 　68–73
　　　B. Eintragung in die Ärzteliste als Voraussetzung für
　　　　den Praxisbetrieb (§ 52b Abs 3 ÄrzteG) . . . . 　74
　　　C. Sonderproblem bei Einbringung einer Ordination in
　　　　die Ärzte-GmbH . . . . 　75, 76
　V. Zulassungsverfahren für Gruppenpraxen im Rahmen der
　　　ambulanten öffentlichen Gesundheitsversorgung . . . . 　77–84
　　　A. Einführung und Anwendung des komplexen
　　　　Zulassungsregimes des § 52c ÄrzteG in der Praxis . . . . 　77–79
　　　B. Bedarfsprüfung auf Antrag einer Gesellschaft oder
　　　　Vorgesellschaft (§ 52c Abs 1 und 2 ÄrzteG) . . . . 　80–82
　　　C. Bedarfsprüfung im Fall wesentlicher gesellschafts-
　　　　rechtlicher Veränderungen (§ 52c Abs 5 ÄrzteG) . . . . . 　83, 84

VI. Berufshaftpflichtversicherung 85–100
   A. Haftung für Behandlungsfehler und Versicherungs-
      pflicht (§ 52d Abs 1 ÄrzteG) 85–90
   B. Mindestversicherungssumme und höhere Haftungs-
      höchstgrenze bei der Ärzte-GmbH (§ 52d Abs 2 ÄrzteG)   91–93
   C. Die Gesellschafterhaftung in der Ärzte-GmbH
      (§ 52d Abs 3 ÄrzteG) 94–97
      1. Haftung „auf Grund Gesellschafterstellung"
         (Abs 3 S 1) 94, 95
      2. „Haftungsdurchgriff" (Abs 3 S 2) 96, 97
   D. Aufrechter und unbegrenzter Versicherungsschutz
      (§ 52d Abs 4 und 5 ÄrzteG) 98–100
VII. Primärversorgungseinheiten 101–120
   A. Allgemeines 101–103
   B. Rechtsträger einer Primärversorgungseinheit 104–107
      1. Die GmbH als Rechtsträgerin einer Primärver-
         sorgungseinheit (§ 2 Abs 5 Z 1 lit a PrimVG) 104
      2. Gesellschafter einer GmbH als Rechtsträger einer
         Primärversorgungseinheit (§ 2 Abs 2 PrimVG,
         § 9 Abs 1a bis 1c PrimVG) 105
      3. Das selbstständige Ambulatorium als Rechtsträger
         einer Primärversorgungseinheit 106
      4. Rechtsträger einer Primärversorgungseinheit als
         Netzwerk 107
   C. Zulassungsverfahren 108
   D. Firma einer Primärversorgungseinheit 109, 110
   E. Besonderheiten einer GmbH als Rechtsträger einer
      Primärversorgungseinheit 111–120
      1. GmbH als Rechtsträger einer Gruppenpraxis-
         Primärversorgungseinheit (§ 2 Abs 5 Z 1 PrimVG) .. 111–114
      2. GmbH als Rechtsträger eines Ambulatoriums-
         Primärversorgungseinheit 115, 116
      3. Gesellschafter einer Primärversorgungseinheit-
         GmbH in Form eines Netzwerks (§ 2 Abs 5 Z 2
         PrimVG) 117
      4. Unternehmensgegenstand 118
      5. Sonderbestimmungen für Gruppenpraxen als
         Rechtsträger einer Primärversorgungseinheit 119, 120
VIII. Die GmbH als Rechtsträgerin im Zahnärzte- und Kranken-
    anstaltenrecht (Vor §§ 25, 26 ZÄG) 121–125
   A. Zahnärzterecht 121, 122
   B. Zur Abgrenzung von Ordinations- und Apparate-
      gemeinschaft von Ärzten und Zahnärzten 123, 124
   C. Abgrenzung zwischen zahnärztlicher Gruppenpraxis
      und Ambulatorium 125
IX. Ordinations- und Apparategemeinschaften 126–128

X.	Zusammenarbeit im Rahmen von Gruppenpraxen	129–152
	A. Allgemeines	129
	B. Die Zahnärzte-GmbH als Rechtsträgerin einer Gruppenpraxis (§ 26 Abs 1 ZÄG)	130, 131
	1. Die Zahnärzte-GmbH als Behandlungsgesellschaft	130
	2. Mindestanzahl von Gesellschafter einer Zahnärzte GmbH (§ 26 Abs 1 iVm Abs 3 S 1 ZÄG)	131
	C. Firma einer Zahnärzte-GmbH (§ 26 Abs 2 ZÄG)	132, 133
	D. Besonderheiten der Zahnärzte-GmbH	134–149
	1. Gesellschafter einer Zahnärzte-GmbH (§ 26 Abs 3 Z 1 ZÄG)	134, 135
	2. Verbot der Beteiligung anderer Personen als Angehörige des zahnärztlichen Berufs an Umsatz und Gewinn; Verbot der Übertragung von Gesellschafterrechten (§ 26 Abs 3 Z 2 und Z 3 ZÄG)	136
	3. Unternehmensgegenstand (§ 26 Abs 3 Z 4 ZÄG)	137–139
	4. Maßgebliche persönliche Berufsausübung der Gesellschafter (§ 26 Abs 5 ZÄG)	140
	5. Anstellung von Gesellschaftern (§ 26 Abs 3 Z 6 ZÄG)	141–147
	6. Größenbeschränkung bei der Anstellung anderer Gesundheitsberufe (§ 26 Abs 3 Z 7 ZÄG)	148
	7. Weisungsfreiheit in der Berufsausübung (§ 26 Abs 3 Z 8 ZÄG)	149
	E. Sitz der Gesellschaft/Berufssitz (§ 26 Abs 4 ZÄG)	150
	F. Geschäftsführung (§ 26 Abs 5 ZÄG)	151
	G. Gesellschaftsvertrag (§ 26 Abs 7 ZÄG)	152
XI.	Gründung von Gruppenpraxen	153–159
	A. Gründung einer Gruppenpraxis in Form einer Zahnärzte-GmbH (§ 26a Abs 1 und Abs 2 ZÄG)	153–157
	B. Eintragung in die Ärzteliste als Voraussetzung für den Praxisbetrieb (§ 26a Abs 3 ZÄG)	158
	C. Sonderproblem bei Einbringung einer Ordination in die Zahnärzte GmbH	159
XII.	Zulassungsverfahren für Gruppenpraxen im Rahmen der ambulanten öffentlichen Gesundheitsversorgung	160–162
	A. Einführung und Anwendung des komplexen Zulassungsregimes des § 26b ZÄG in der Praxis	160, 161
	B. Bedarfsprüfung auf Antrag einer Gesellschaft oder Vorgesellschaft (§ 26b Abs 1 und 2 ZÄG)	162

I. Die GmbH als Rechtsträgerin im Ärzte- und Krankenanstaltenrecht (Vor §§ 52, 52a ÄrzteG)

Die Rechtsform der GmbH steht in zwei Ausprägungen iZm dem ärztlichen Berufsrecht zur Verfügung. Das ärztliche Berufsrecht lässt die GmbH in zwei Fällen zu: **1**

– Die GmbH als Vergesellschaftung v **Betriebsmitteln** (zB Ordinationsräumlichkeiten u medizinische Geräte). Berufsrechtlich wird diese Form der GmbH als Ordinations- u Apparategemeinschaft bezeichnet.
– Die GmbH als **Behandlungsgesellschaft**,[1] die berufsrechtlich als Gruppenpraxis bezeichnet wird.

A. Ordinations- und Apparategemeinschaft

Die GmbH als Ordinations- u Apparategemeinschaft gem § 52 ÄrzteG wird in der Praxis meist als Wirtschaftsgesellschaft zur Kooperation bei der **Anschaffung v Geräten u der Teilung v Raumkosten** verwendet. Die exakte Ausgestaltung ist dabei überwiegend v steuerlichen Überlegungen dominiert. Die ärztliche Tätigkeit wird v diesen Wirtschaftsgesellschaften nicht berührt. So kommt der Behandlungsvertrag mit den Patienten nicht mit der GmbH, sondern mit dem jew die Behandlung durchführenden Gesellschafter zustande. Die GmbH iSd § 52 ÄrzteG ist, im Untersch zur Gruppenpraxis,[2] nicht berufsberechtigt. Neben der GmbH ist für Ordinations- u Apparategemeinschaften im Übrigen berufsrechtlich auch jede andere Rechtsform zulässig.[3] **2**

Gemäß dem Wortlaut des ÄrzteG dürfen an einer Ordinations- u Apparategemeinschaft **nur freiberuflich tätige Ärzte oder Rechtsträger ärztlicher Gruppenpraxen**[4] beteiligt sein.[5] **3**

Trotz der auf den ersten Blick eindeutigen Formulierung des Gesetzeswortlauts ist umstritten, ob **Vergesellschaftungen zw Ärzten u an- 4**

---

1 *Holzgruber* in Holzgruber/Hübner-Schwarzinger/Minihold, Die Ärzte-Gruppenpraxis², 7.
2 Zum Begriff der Gruppenpraxis s unten unter Rz 5 ff.
3 *Schneider* in Aigner/Kletečka/Kletečka-Pulker/Memmer, Handbuch Medizinrecht für die Praxis, IV. Organisations- und Unternehmensrecht, 64 f.
4 Zum Begriff der Gruppenpraxis s unten unter Rz 5 ff.
5 § 52 Abs 2 u Abs 3 ÄrzteG.

deren Personen zu wirtschaftlichen Zwecken des Betriebs eines gemeinsamen Standortes tatsächlich gänzlich ausgeschlossen sind. Teile der L reduzieren den Gesetzestext teleologisch auf Gesellschaften, die steuerliche Mitunternehmerschaften (steuerliche Ertragsgemeinschaften) darstellen und erachten rein steuerliche Regiegemeinschaften zur reinen Kostenteilung als zulässig.[6] Hier sprechen die besseren Argumente für die teleologische Reduktion, da selbst Miet- oder Kooperationsverträgen mit Dritten außerhalb v Ordinations- u Apparategemeinschaften (selbstverständlich) zulässig sind, die wirtschaftlich vergleichbar ausgestaltet werden können.

B. Gruppenpraxis

5   Bei der Gruppenpraxis handelt es sich um eine sog Berufsausübungs-Gesellschaft. Der **Rechtsträger** einer Gruppenpraxis ist daher selbst **zur Berufsausübung berechtigt**.[7] Wird die Gesellschaft mit dem Unternehmensgegenstand gegründet, ärztliche Behandlungen durchzuführen, so liegt eine Gruppenpraxis gem § 52a ÄrzteG vor. Diese Unterscheidung wird insb aus der vertraglichen Beziehung zum Patienten deutlich: So berührt das Vorliegen einer Ordinations- u Apparategemeinschaft gem § 52 ÄrzteG PatientInnen nicht; der Behandlungsvertrag wird weiterhin direkt mit dem Arzt (der auch Gesellschafter einer Ordinations- u Apparategemeinschaft ist) abgeschlossen, da die Gesellschaft selbst über keine Berufsbefugnis verfügt. Liegt dagegen die berufsrechtliche Zulassung als Gruppenpraxis vor, so kommt der Behandlungsvertrag direkt zw den PatientInnen u der (berufsberechtigten) Gesellschaft zustande.[8] Eine Gruppenpraxis kann aufgrund ihrer Be-

---

6   Für die teleologische Reduktion s etwa *Schneider* in Aigner/Kletečka/Kletečka-Pulker/Memmer, Handbuch Medizinrecht für die Praxis, IV. Organisations- und Unternehmensrecht, 64 f; soweit ersichtlich eher **dagegen** *Holzgruber* in Holzgruber/Hübner-Schwarzinger/Minihold, Die Ärzte-Gruppenpraxis[2], 5 f.

7   *Wiedenbauer* in Wiedenbauer/Kanduth-Kristen/Grün/Hofer, Die Ärzte-GmbH 3; s auch *Karollus* in Resch/Wallner, Handbuch Medizinrecht[3] XXX. Vergesellschaftung von Ärzten und Zahnärzten, Rz 5.

8   *Karollus* in Resch/Wallner, Handbuch Medizinrecht[3] XXX. Vergesellschaftung von Ärzten und Zahnärzten, Rz 5; *Holzgruber* in Holzgruber/Hübner-Schwarzinger/Minihold, Die Ärzte-Gruppenpraxis[2], 7; *Schneider* in Aigner/

rufsbefugnis auch Vertragspartner bei Abschluss v Kassenverträgen mit den Sozialversicherungsträgern sein.[9]

War die Vergesellschaftung in Form v Ordinations- u Apparategemeinschaften bereits seit Jahrzehnten möglich,[10] so hat sich die **Zulässigkeit der Behandlungsgesellschaft** erst aus einem VfGH-Erkenntnis entwickelt.[11] In diesem wurde die Beschränkung auf reine Innengesellschaften wegen des Widerspruchs zum Gleichheitssatz beseitigt, da keine sachliche Rechtfertigung für den Ausschluss v Außengesellschaften freiberuflich tätiger Ärzte erkennbar war, sodass der Weg zur Behandlungsgesellschaft geöffnet wurde. Formal wurde die Möglichkeit der Gruppenpraxis als Form der Behandlungsgesellschaft durch die zweite ÄrzteG-Nov zugelassen.[12] Seit deren Inkrafttreten am 10.8.2001 bis zur Nov des ÄrzteG im Jahr 2010[13] war als Rechtsträger einer Gruppenpraxis ausschließlich die Rechtsform der OG berufsrechtlich zulässig. 6

Anstoß für die **Öffnung der GmbH für den ärztlichen Berufsstand** war eine E im krankenanstaltenrechtlichen Bereich. Mit dem Urteil des EuGH in der Sache „*Hartlauer*"[14] hat der EuGH den Umstand, dass die Zulassung v selbstständigen Ambulatorien (nach dem Krankenanstaltenrecht) bedarfsprüfungspflichtig war u die Zulassung v Behandlungsgesellschaften nach dem ÄrzteG bis dahin keiner Bedarfsprüfung unterlag, als unionsrechtswidrig erkannt.[15] Im Zuge dessen hat der Gesetzgeber mit dem Bundesgesetz zur Stärkung der ambulanten öffentlichen Gesundheit[16] dem langjährigen Wunsch der österr Ärztekammer entsprochen, Gruppenpraxen auch in der Rechtsform einer GmbH be- 7

Kletečka/Kletečka-Pulker/Memmer, Handbuch Medizinrecht für die Praxis, IV. Organisations- und Unternehmensrecht 71.
9 *Karollus* in Resch/Wallner, Handbuch Medizinrecht³ XXX. Vergesellschaftung von Ärzten und Zahnärzten, Rz 6.
10 § 7a ÄrzteG 1949 idF BGBl 1974/460 bzw § 23 ÄrzteG 1984 bereits idF BGBl 1987/314; sowie schließlich § 52 ÄrzteG 1998 bereits idF BGBl 1998/169.
11 VfGH 1.3.1996, G 1279/95, G 1280/95, VfSlg 14444/1996.
12 Zweite ÄrzteG-Nov, BGBl I 2001/110, mit der die §§ 52a u 52b ÄrzteG geschaffen wurden; s dazu auch *Karollus* in Resch/Wallner, Handbuch Medizinrecht³ XXX. Vergesellschaftung von Ärzten und Zahnärzten, Rz 2.
13 BGBl I 2010/61.
14 EuGH 10.3.2009, C-169/07.
15 Vgl *Joklik*, RdM 2009, 147.
16 BGBl I 2010/61.

treiben zu können.[17] Aufgrund der berufsrechtlichen Spezifika wird diese GmbH auch als „Ärzte-GmbH" bezeichnet.[18]

C. Abgrenzung zwischen Gruppenpraxis und Ambulatorium (nicht bettenführender Krankenanstalt)

8 Die **Abgrenzung v ärztlichen Gruppenpraxen zu Krankenanstalten** (insb nicht bettenführende Krankenanstalten in Form v selbstständigen Ambulatorien)[19] ergibt sich aus dem **Verfassungsrecht.** Krankenanstalten sind in der Grundsatzgesetzgebung Bundessache u in der Ausführungsgesetzgebung u -vollziehung Landessache.[20] Das ärztliche Berufsrecht u damit die Gruppenpraxen unterliegt dagegen verfassungsrechtlich allein der Regelungskompetenz des Bundes.[21] Sowohl auf Ebene des Krankenanstaltenrechts als auch auf Ebene des ÄrzteG wird seit jeher versucht, eine Abgrenzung zw den beiden Behandlungseinrichtungen zu finden. Auf Basis der Jud des VfGH[22] ist das Vorliegen einer Krankenanstalt dann anzunehmen, wenn der Inhaber dieser Behandlungseinrichtung nicht mehr in vertretbarer Weise in der Lage ist, alleine die medizinische Behandlung wahrzunehmen.[23] Entsprechende gesetzl Regelungen sind sowohl im ÄrzteG[24] wie auch im ZÄG[25] u spiegelbildlich im Krankenanstaltenrecht[26] enthalten. Zusammenfassend ist daher aus der Sicht des Gesetzgebers offensichtlich die Höhe der Organisationsdichte das entscheidende Kriterium (Organisation als Anstalt). Die Praktikabilität

---

17 *Karollus* in Resch/Wallner, Handbuch Medizinrecht³ XXX. Vergesellschaftung von Ärzten und Zahnärzten, Rz 4.
18 *Fantur,* GES 2010, 155.
19 § 2 Abs 1 Z 5 iVm § 2 Abs 2 lit e KAKuG; zur Abgrenzung v Gruppenpraxen zu selbständigen Ambulatorien s ausf bereits *Schneider,* Ärztliche Ordinationen und selbständige Ambulatorien.
20 Art 12 Abs 1 Z 1 B-VG.
21 Art 10 Abs 1 Z 12 B-VG.
22 ZB VfGH 7.3.1992, G198/90 ua, VfSlg 13023/1992.
23 S dazu etwa *Stöger* in Neumayr/Resch/Wallner, Gmundner Kommentar² § 1 KAKuG, Rz 4 mit Verweis auf *Windisch-Graetz,* RdM 1995, 144 (145) u *Mazal,* RdM 2000, 129.
24 § 52a Abs 3 ÄrzteG.
25 § 26 Abs 3 ZÄG.
26 § 2 Abs 3 KAKuG.

der in Rsp u Lit entwickelten Unterscheidungsmerkmale ist oft nicht gegeben, da sie sich nicht an den Bedürfnissen der Rechtspraxis nach einfachen, nachvollziehbaren u unzweideutigen Kriterien orientiert.

Die GmbH als Rechtsträger einer Krankenanstalt ist – wie der Rechtsträger einer Gruppenpraxis – nach den krankenanstaltenrechtlichen Vorgaben ebenfalls eine Behandlungsgesellschaft. Aus gesellschaftsrechtlicher Sicht können Rechtsträger einer Krankenanstalt auch andere jurPers sein. Bei einer Gruppenpraxis stehen gem den Vorgaben des ÄrzteG demgegenüber neben der GmbH nur die OG zur Verfügung. 9

II. Ordinations- und Apparategemeinschaften

§ 52 ÄrzteG (1) Die Zusammenarbeit von freiberuflich tätigen Ärzten im Sinne des § 49 Abs. 2 kann bei Wahrung der Eigenverantwortlichkeit eines jeden Arztes auch in der gemeinsamen Nutzung von Ordinationsräumen (Ordinationsgemeinschaft) und/oder von medizinischen Geräten (Apparategemeinschaft) bestehen.

(2) ¹Ordinations- und Apparategemeinschaften dürfen nur zwischen den im Abs. 1 genannten Ärzten begründet werden. ²Die Tätigkeit der Gemeinschaft muß ausschließlich als freiberufliche Tätigkeit im Sinne des § 49 Abs. 2 anzusehen sein, und es muß jeder einzelne Arzt im Rahmen der Gemeinschaft freiberuflich im Sinne des § 49 Abs. 2 tätig werden.

(3) Ordinations- und Apparategemeinschaften dürfen unbeschadet von Abs. 2 darüber hinaus auch zwischen den im Abs. 1 genannten Ärzten und einer Gruppenpraxis in der Rechtsform einer offenen Gesellschaft begründet werden.

idF BGBl I 2006/122

A. Erscheinungsformen von Ordinations- und Apparategemeinschaften (§ 52 Abs 1 ÄrzteG)

Bei einer Vergesellschaftung der ärztlichen Zusammenarbeit in Form v Ordinations- oder Apparategemeinschaften handelt es sich um Wirtschaftsgesellschaften, die gegenüber den Patienten nicht in Erscheinung 10 treten.[27] Ordinations- u Apparategemeinschaften können, im Untersch zur Gruppenpraxis, nicht Vertragspartner eines Behandlungsvertrags werden, da ihnen dazu keine Berufsbefugnis zukommt.[28] Hinsichtlich wirtschaftlicher Angelegenheiten können Ordinations- u Apparategemeinschaften nach außen tätig werden, wenn sie nicht als reine Innengesellschaft ausgestaltet sind.

11 Bei einer **Ordinationsgemeinschaft** kommt es zu einer gemeinsamen Nutzung v bestimmten Räumen einer Ordination durch mehrere Ärzte, welche eigenverantwortlich tätig werden. Eine **Apparategemeinschaft** liegt im Falle einer gemeinsamen Nutzung medizinisch-technischer Geräte vor.[29]

12 Strittig ist, ob auch die **gemeinsame Nutzung des Personals** im Rahmen des § 52 ÄrzteG zulässig ist.[30] Die besseren Gründe sprechen für eine Zulässigkeit, da für eine Ordinationsgemeinschaft beispielsweise ein gemeinsamer Empfang unumgänglich ist u im Fall einer Apparategemeinschaft nicht-ärztliches Personal zur Bedienung der Geräte nötig sein wird.[31] Außerhalb des Anwendungsbereichs des § 52 ÄrzteG bleibt die Bildung v anderweitigen Gemeinschaften, wie zur Nutzung v Personal (ohne Ordination oder Apparate) oder zum gemeinsamen Einkauf, möglich.[32]

13 Eine Ordinations- u Apparategemeinschaft nach § 52 ÄrzteG kann **in jeder zulässigen Gesellschaftsform**, sohin auch in Form einer GmbH betrieben werden.[33]

14 Eine Ordinations- oder Apparategemeinschaft kann **auch auf einer *ad hoc*-Basis** errichtet werden, wie dies beispielsweise für die Teilnahme an Ausschreibungen durch verschiedene Ärzte/Fachärzte der Fall ist. In diesen Fällen wird eine GesbR vorliegen. Die Gemeinschaft übernimmt die organisatorische Abwicklung, während die einzelnen Ärzte/Fach-

---

27 § 52 Abs 1 ÄrzteG.
28 S dazu Rz 2 ff (Vor §§ 52, 52a ÄrzteG).
29 *Wallner* in Resch/Wallner, Handbuch Medizinrecht³ XXI. Berufsrecht der Ärzte, Rz 77.
30 *Wallner* in Resch/Wallner, Handbuch Medizinrecht³ XXI. Berufsrecht der Ärzte, Rz 77.
31 Bejahend etwa bereits auch *Aigner/Kierein/Kopetzki*, ÄrzteG³ FN 2 zu § 52; differenzierend *Wallner* in Neumayr/Resch/Wallner, Gmundner Kommentar² §§ 52–52c Rz 1.
32 *Karollus* in Resch/Wallner, Handbuch Medizinrecht³ XXX. Vergesellschaftung von Ärzten und Zahnärzten, Rz 97 mwN.
33 *Wallner*, Handbuch Ärztliches Berufsrecht², 89.

ärzte (oder auch Gruppenpraxen) für die ärztliche Leistungserbringung verantwortlich sind.

B. Gesellschafter von Ordinations- und Apparategemeinschaften (§ 52 Abs 2 und Abs 3 ÄrzteG)

Gemäß dem Wortlaut des ÄrzteG dürfen an einer Ordinations- u Apparategemeinschaft **nur freiberuflich tätige Ärzte**[34] oder **Rechtsträger ärztlicher Gruppenpraxen** in der Rechtsformen einer **OG**[35] beteiligt sein.

Zunächst ist festzuhalten, dass – entgegen dem Wortlaut – auch Gruppenpraxen in der Rechtsform einer **GmbH** beteiligt sein können. § 52 Abs 3 ÄrzteG wurde nach der durch die Nov 2010 eingeführten Zulässigkeit einer Ärzte-GmbH[36] nicht an die neue Rechtslage angepasst.[37] Umstritten ist auch, ob Vergesellschaftungen zw Ärzten u anderen Personen – ebenso entgegen dem klaren Wortlaut des § 52 Abs 2 ÄrzteG – zulässig sind.

§ 25 Abs 1 ZÄG enthält etwa die Regelung, dass Zahnärzte auch mit Angehörigen anderer Gesundheitsberufe Ordinations- u Apparategemeinschaften gründen können. Demnach wäre eine **Wirtschaftsgesellschaft zw Ärzten u Zahnärzten** nach dem ZÄG erlaubt, nach dem ÄrzteG jedoch verboten, was zu gleichheitsrechtlichen Bedenken führt.[38] Der Gesetzeswortlaut ist daher jedenfalls dahingehend zu reduzieren, dass Ordinations- u Apparategemeinschaften auch mit Angehörigen anderer Gesundheitsberufe zulässig sind.[39]

Abgesehen davon reduzieren Teile der L den Gesetzestext teleologisch auf Gesellschaften, die **steuerliche Mitunternehmerschaften** (steuerliche Ertragsgemeinschaften) darstellen u erachten rein steuerliche Regiegemeinschaften zur reinen Kostenteilung als zulässig.[40] Auch

---

34 § 52 Abs 2 ÄrzteG.
35 § 52 Abs 3 ÄrzteG.
36 S dazu Rz 6 ff (Vor §§ 52, 52a ÄrzteG).
37 Vgl auch die vergleichbare Bestimmung in § 25 Abs 2 ZÄG, wo generell auf Gruppenpraxen (ohne Einschränkung auf eine bestimmte Rechtsform) verwiesen wird.
38 S dazu auch Rz 127 (zu § 25 ZÄG); *Karollus* in Resch/Wallner, Handbuch Medizinrecht³ XXX. Vergesellschaftung von Ärzten und Zahnärzten, Rz 99.
39 So etwa auch *Wallner*, Handbuch Ärztliches Berufsrecht², 93 f.
40 Für die teleologische Reduktion s etwa *Schneider* in Aigner/Kletečka/Kletečka-Pulker/Memmer, Handbuch Medizinrecht für die Praxis, IV. Organi-

hier sprechen die besseren Argumente für die teleologische Reduktion, da selbst Miet- oder Kooperationsverträge mit Dritten außerhalb v Ordinations- u Apparategemeinschaften zulässig sind, die wirtschaftlich vergleichbar ausgestaltet werden können.

III. Zusammenarbeit im Rahmen von Gruppenpraxen

§ 52a ÄrzteG (1) Die Zusammenarbeit von Ärzten, insbesondere zum Zweck der ambulanten öffentlichen Gesundheitsversorgung, kann weiters auch als selbstständig berufsbefugte Gruppenpraxis in der Rechtsform einer

1. offenen Gesellschaft im Sinne des § 105 des Unternehmensgesetzbuches (UGB), BGBl. I Nr. 120/2005, oder
2. Gesellschaft mit beschränkter Haftung (GmbH) im Sinne des GmbH-Gesetzes (GmbHG), RGBl. Nr. 58/1906,

erfolgen.

(2) [1]In der Firma der Gruppenpraxis sind jedenfalls der Name eines Gesellschafters und die in der Gruppenpraxis durch die Gesellschafter vertretenen Fachrichtungen anzuführen. [2]Gesellschafter von Gruppenpraxen sind ausschließlich Mitglieder der Ärztekammern in den Bundesländern.

(3) [1]Eine Gruppenpraxis darf keine Organisationsdichte und -struktur einer Krankenanstalt in der Betriebsform eines selbständigen Ambulatoriums gemäß § 2 Abs. 1 Z 5 KAKuG aufweisen. [2]In diesem Sinne gelten folgende Rahmenbedingungen:

1. Der Gruppenpraxis dürfen als Gesellschafter nur zur selbstständigen Berufsausübung berechtigte Ärzte angehören.
2. Andere natürliche Personen und juristische Personen dürfen der Gruppenpraxis nicht als Gesellschafter angehören und daher nicht am Umsatz oder Gewinn beteiligt werden.
3. Die Übertragung und Ausübung von übertragenen Gesellschaftsrechten ist unzulässig.

---

sations- und Unternehmensrecht, 64 f; soweit ersichtlich eher **dagegen**: *Holzgruber* in Holzgruber/Hübner-Schwarzinger/Minihold, Die Ärzte-Gruppenpraxis[2], 5 f.

4. Die Berufsbefugnis der Gruppenpraxis ergibt sich aus der Berufsberechtigung der an der Gruppenpraxis als Gesellschafter beteiligten Ärzte.
5. Die Tätigkeit der Gruppenpraxis muss auf die
   a) Ausübung von Tätigkeiten im Rahmen der Berufsbefugnis der Gruppenpraxis einschließlich Hilfstätigkeiten und mit der Berufsbefugnis der Gruppenpraxis im direkten Zusammenhang stehende Tätigkeiten von Angehörigen anderer Gesundheitsberufe sowie
   b) Verwaltung des Gesellschaftsvermögens
   beschränkt werden.
6. Jeder Gesellschafter ist maßgeblich zur persönlichen Berufsausübung in der Gesellschaft verpflichtet.
7. Unzulässig ist die Anstellung von Gesellschafterinnen/Gesellschaftern.
8. [1]Eine Anstellung von Angehörigen anderer Gesundheitsberufe ist nur in einem Ausmaß zulässig, das keine Regelung in einer Anstaltsordnung erfordert. [2]Wenn das Verhältnis zwischen den Gesellschaftern und den Vollzeitäquivalenten der angestellten Angehörigen anderer Gesundheitsberufe, ausgenommen Ordinationsgehilfen, die Verhältniszahl 1:5 übersteigt oder wenn die Zahl der angestellten Angehörigen anderer Gesundheitsberufe, ausgenommen Ordinationsgehilfen, die Zahl 30 übersteigt, wird das Vorliegen eines selbständigen Ambulatoriums vermutet. [3]Bei Sonderfächern mit hohem Technisierungsgrad wie Medizinische und Chemische Labordiagnostik, Physikalische Medizin und Allgemeine Rehabilitation sowie Radiologie tritt auch bei Übersteigen der genannten Zahlen die Vermutung des Vorliegens eines selbständigen Ambulatoriums solange nicht ein, als die ärztliche Verantwortung für die ärztliche Leistung für einen bestimmten Behandlungsfall bei einem bestimmten Gesellschafter liegt.
9. Die Berufsausübung der Gesellschafter darf nicht an eine Weisung oder Zustimmung der Gesellschafter (Gesellschafterversammlung) gebunden werden.
10. [1]Über Fragen der Berufsausübung entscheiden ausschließlich die entsprechend berufsberechtigten Gesellschafter. [2]Gegen den Willen jener Gesellschafter, die über die den Gegenstand einer Entscheidung überwiegend betroffene Berufsberechtigung verfügen, darf keine Entscheidung getroffen werden.

11. Für die Patienten ist die freie Arztwahl unter den Gesellschaftern derselben Fachrichtung zu gewährleisten.

(4) ¹Eine Gruppenpraxis darf im Bundesgebiet nur einen Berufssitz haben, der zugleich Berufssitz der an ihr beteiligten Ärzte ist. ²Darüber hinaus darf eine Gruppenpraxis in Form einer Vertragsgruppenpraxis unter nachfolgenden Voraussetzungen mehrere in die Ärzteliste einzutragende Standorte im Bundesgebiet haben:

1. Die Anzahl der Standorte darf die Anzahl der an der Gruppenpraxis beteiligten Gesellschafter nicht überschreiten.
2. Einer der Standorte muss zum Berufssitz der Gruppenpraxis erklärt werden.
3. Jeder Gesellschafter darf zwar unbeschadet des § 45 Abs. 3 an sämtlichen Standorten der Gruppenpraxis seinen Beruf ausüben, in diesem Fall jedoch keinen sonstigen Berufssitz haben.
4. Es kann eine wesentliche Verbesserung des Versorgungsangebots im Einzugsgebiet erreicht werden.

(5) ¹Im Gesellschaftsvertrag ist zu bestimmen, ob und welche Gesellschafter zur Geschäftsführung und Vertretung berechtigt sind. ²Zum Abschluss von Behandlungsverträgen für die Gesellschaft ist jeder Gesellschafter berechtigt. ³Die vorübergehende Einstellung oder Untersagung der Berufsausübung bis zur Dauer von sechs Monaten hindert Ärzte nicht an der Zugehörigkeit zur Gesellschaft, wohl aber an der Vertretung und an der Geschäftsführung.

(6) ¹Jeder Gesellschafter ist, insbesondere durch eine entsprechende Gestaltung des Gesellschaftsvertrags, zur Einhaltung der Bestimmungen dieses Bundesgesetzes, insbesondere der Anmeldungspflicht nach § 29 Abs. 1 Z 7 einschließlich der Vorlage des Gesellschaftsvertrages und gegebenenfalls des Bescheids über die Zulassung als Gruppenpraxis gemäß § 52c verpflichtet. ²Jeder Gesellschafter ist für die Erfüllung seiner Berufs- und Standespflicht persönlich verantwortlich, diese Verantwortung kann weder durch den Gesellschaftsvertrag noch durch Beschlüsse der Gesellschafter oder Geschäftsführungsmaßnahmen eingeschränkt oder aufgehoben werden.

(7) Soweit in diesem Bundesgesetz auf Ärzte, Ärzte für Allgemeinmedizin, approbierte Ärzte oder Fachärzte abgestellt wird,

sind die jeweiligen Bestimmungen auf Gruppenpraxen gegebenenfalls anzuwenden.

idF BGBl I 2019/20

A. Die Ärzte-GmbH als Rechtsträger einer Gruppenpraxis (§ 52a Abs 1 ÄrzteG)

1. Die Ärzte-GmbH als Behandlungsgesellschaft

Die Gruppenpraxis ist eine berufsbefugte Behandlungsgesellschaft.[41] **19** Rechtsträger kann eine OG[42] oder eine GmbH[43] („Ärzte-GmbH") sein. Der Behandlungsvertrag kommt direkt zw den Patienten u der berufsbefugten Gesellschaft zustande.[44] Der einzelne Gesellschafter einer Ärzte-GmbH wird als Erfüllungsgehilfe der Gruppenpraxis gem § 1313a ABGB tätig.[45] Andere Rechtsformen stehen nicht zur Verfügung, wobei dies v Teilen der L kritisiert wird.[46]

In der Praxis ergeben sich Besonderheiten in der gesellschaftsrechtlichen Ausgestaltung einer GmbH aus **sozialversicherungsrechtlichen (kassenrechtlichen) Vorgaben.** Dabei wird zw Gruppenpraxen mit Kassenverträgen u solchen ohne Kassenverträge (sog „Wahlarztgruppenpraxen") unterschieden. Gruppenpraxen mit Kassenvertrag verfügen auf Basis der zw den Sozialversicherungsträgern u den Ärztekammern abgeschlossenen Gruppenpraxengesamtverträge über direkte Abrechnungsverträge („Kassenverträge") mit den Sozialversicherungsträgern, **20**

---

41 S dazu Rz 5 ff (Vor §§ 52, 52a ÄrzteG).
42 § 52a Abs 1 Z 1 ÄrzteG.
43 § 52a Abs 1 Z 2 ÄrzteG.
44 *Karollus* in Resch/Wallner, Handbuch Medizinrecht³ XXX. Vergesellschaftung von Ärzten und Zahnärzten, Rz 5; *Holzgruber* in Holzgruber/Hübner-Schwarzinger/Minihold, Die Ärzte-Gruppenpraxis², 7; *Schneider* in Aigner/Kletečka/Kletečka-Pulker/Memmer, Handbuch Medizinrecht für die Praxis, IV. Organisations- und Unternehmensrecht 71.
45 *Zahrl*, RdM 2011, 77.
46 *Karollus* in Resch/Wallner, Handbuch Medizinrecht³ XXX. Vergesellschaftung von Ärzten und Zahnärzten, Rz 8 mwN auch zu einer möglichen Unionsrechtswidrigkeit durch das Abstellen auf rein österr Gesellschaftsformen; vgl dazu beispielsweise auch die umfassendere Regelung des § 1a RAO.

während der Patient bei Wahlgruppenpraxen die Honorarnote direkt zu begleichen hat.[47]

21 Eine Beschränkung des Gesellschafterkreises auf **fachgleiche Ärzte** („monocolore" im Gegensatz zu „multicoloren" Gruppenpraxen) ist in § 52a Abs 1 Z 2 ÄrzteG nicht vorgesehen. Die zw den Sozialversicherungsträgern u den Ärztekammern abgeschlossenen Gesamtverträge sehen aber fast ausschließlich vor, dass Kassengruppenpraxen fachgleich sein müssen, sodass GmbH-Gesellschafter daher ausschließlich fachgleiche Ärzte sein können.[48]

2. Mindestanzahl/Höchstanzahl von Gesellschaftern einer Ärzte-GmbH (§ 52a Abs 1 iVm Abs 3 S 1 ÄrzteG)

22 Obwohl nach den Bestimmungen des GmbHG[49] eine Ein-Personen-GmbH rechtlich zulässig ist, hält die hL eine **Ein-Personen-Ärzte-GmbH** in teleologisch reduzierender Auslegung des Gesetzeswortlauts für **unzulässig**.[50] Begründet wird dies damit, dass § 52a ÄrzteG v der *„Zusammenarbeit von Ärzten"* spricht. Zu bemerken ist allerdings, dass sich in den Gesetzesmaterialien dazu kein Hinweis findet.

23 Unabhängig v der Frage, welche berufs- u kassenvertragsrechtlichen Konsequenzen eine Ein-Personen-GmbH hätte (zB wenn bei einer Ärzte-GmbH mit zwei Gesellschaftern ein Gesellschafter ausscheidet), ist der A zu folgen, dass der Umstand der Beteiligung nur eines Arztes an der Ärzte-GmbH gesellschaftsrechtlich kein gesetzl Auflösungstatbestand ist.[51]

24 **Höchstgrenzen** für die Anzahl an Gesellschaftern sind im ÄrzteG nicht vorgesehen. Derartige Vorgaben können sich zumindest bei Kas-

---

47 *Holzgruber* in Holzgruber/Hübner-Schwarzinger/Minihold, Die Ärzte-Gruppenpraxis², 45 ff.
48 *Holzgruber* in Holzgruber/Hübner-Schwarzinger/Minihold, Die Ärzte-Gruppenpraxis², 7 f.
49 § 3 Abs 2 GmbHG.
50 So etwa *Karollus* in Resch/Wallner, Handbuch Medizinrecht³ XXX. Vergesellschaftung von Ärzten und Zahnärzten, Rz 16 f; *Fantur*, GES 2010, 155; *Wiedenbauer* in Wiedenbauer/Kanduth-Kristen/Grün/Hofer, Die Ärzte-GmbH, 37; *Holzgruber* in Holzgruber/Hübner-Schwarzinger/Minihold, Die Ärzte-Gruppenpraxis², 8.
51 So auch *Fantur*, GES 2010, 155.

sengruppenpraxen aber aus den sozialversicherungsrechtlichen bzw gesamtvertraglichen Regelungen[52] ergeben.

Zumindest ein Teil der Lit vertritt die A, dass sich bei einer hohen Anzahl v Gesellschaftern aus verfassungsrechtlichen Überlegungen eine **Abgrenzungsproblematik zu Krankenanstalten** ergeben könnte.[53] Dies wurde auch im Gesetzgebungsprozess erörtert.[54] Die Diskussionen über eine Höchstanzahl an Gesellschaftern erscheint aus gesellschaftsrechtlicher Sicht als unbegründet, da weder das GmbHG noch das ÄrzteG derartige Einschränkungen vorsehen. Überdies bleibt es dabei, dass jeder Gesellschafter maßgeblich zur persönlichen Berufsausübung in der Gesellschaft verpflichtet ist.[55] Die Abgrenzung zur Krankenanstalt ist daher selbst bei einer großen Anzahl an Gesellschaftern, die alle zur persönlichen Ausübung in der Gesellschaft verpflichtet sind, gegeben.[56]

25

B. Firma einer Ärzte-GmbH (§ 52a Abs 2 ÄrzteG)

In Ergänzung zu den firmenrechtlichen Vorschriften des GmbHG müssen in der Fa der Ärzte-GmbH jedenfalls der **Name eines Gesellschafters** sowie die in der Gruppenpraxis **vertretene(n) Fachrichtung(en)** angeführt werden. § 52a Abs 2 ÄrzteG bildet den Mindestinhalt der Fa, der im Rahmen der gesellschaftsrechtlichen Zulässigkeit auch ergänzt werden kann. In der Praxis spielten die Begriffe „Zentrum", „Institut" oder „Klinik" eine wesentliche Rolle. Hierbei kann es sich um im Einzelfall irreführende Firmenwortlautbestandteile handeln.[57]

26

---

52 Zur Auswahl der Gesellschafter einer Kassengruppenpraxis s etwa *Holzgruber* in Holzgruber/Hübner-Schwarzinger/Minihold, Die Ärzte-Gruppenpraxis², 56.
53 So etwa *Karollus* in Resch/Wallner, Handbuch Medizinrecht³ XXX. Vergesellschaftung von Ärzten und Zahnärzten, Rz 18; *Stärker*, ecolex 2010, 1123.
54 *Wiedenbauer* in Wiedenbauer/Kanduth-Kristen/Grün/Hofer, Die Ärzte-GmbH 37; mit Verweis auf *Sieh/Lumsden*, ecolex 2010, 1120 (1122).
55 § 52a Abs 3 Z 6 ÄrzteG; s dazu unten Rz 40 f.
56 Zur Abgrenzung zw Gruppenpraxis u Krankenanstalt s Rz 8 (Vor §§ 52, 52a ÄrzteG).
57 Vgl *Karollus* in Resch/Wallner, Handbuch Medizinrecht³ XXX. Vergesellschaftung von Ärzten und Zahnärzten, Rz 25.

C. Ärzterechtliche Besonderheiten der Ärzte-GmbH

1. Gesellschafter einer Ärzte-GmbH (§ 52a Abs 3 Z 1 ÄrzteG)

27 Gesellschafter einer Gruppenpraxis dürfen ausschließlich **zur selbständigen Berufsausübung berechtigte Ärzte** sein. Gesellschafter können daher weder Familienangehörige, jurPers oder nicht mehr in die Ärzteliste eingetragene Ärzte sein. Ausgeschlossen ist somit, mit Ausnahme der Sonderbestimmung bei PVE[58], aber auch eine gesellschaftsrechtliche Beteiligung v Personen, die einem anderen Gesundheitsberuf (mit Ausnahme der Dentisten bei zahnärztlichen Gruppenpraxen[59]) oder gar keinem Gesundheitsberuf angehören.[60]

28 **Andere Gesundheitsberufe** sind all jene Berufe, für die ein eigenes Berufsgesetz im Gesundheitswesen existiert. Darunter fallen:

- Psychologen,[61]
- Psychotherapeuten,[62]
- Angehörige der Gesundheits- u Krankenpflegeberufe,[63]
- Medizinphysiker,[64]
- Hebammen,[65]
- Kardiotechniker,[66]
- Angehörige des gehobenen medizinisch-technischen Dienstes,[67]
- Angehörige des medizinisch-technischen Fachdienstes u des Sanitätshilfsdienstes,[68]
- Medizinische Masseure u Heilmasseure,[69]
- Musiktherapeuten,[70]

---

58 § 9 Abs 1a bis 1c PrimVG; vgl auch Rz 111.
59 § 60 Abs 2 ZÄG; vgl auch *Schneider* in Aigner/Kletečka/Kletečka-Pulker/Memmer, Handbuch Medizinrecht für die Praxis, IV. Organisations- und Unternehmensrecht 74b.
60 *Zahrl*, RdM 2011, 77 (78).
61 Psychologengesetz.
62 Psychotherapiegesetz.
63 Gesundheits- u Krankenpflegegesetz.
64 Strahlenschutzgesetz.
65 Hebammengesetz.
66 Kardiotechnikergesetz.
67 Medizin-technische Dienste-Gesetz.
68 Medizinisch-technischer Fachdienst u Sanitätshilfsdienste-Gesetz.
69 Medizinischer Masseur- u Heilmasseurgesetz.
70 Musiktherapiegesetz.

- Sanitäter,[71]
- Medizinische Assistenzberufe.[72]

Insbesondere **im Todesfall** steht das Gesellschaftsrecht mit dem ÄrzteG in einem Spannungsfeld. Die Praxis behilft sich hier mit einem *„Witwen-/Witwer- und Deszendenten-Fortbetrieb"*[73], der allerdings keine gesetzl Grundlage hat. Dadurch wird ein zeitlich beschränkter Fortbetrieb ermöglicht u das Ausscheiden der Rechtsnachfolger als Gesellschafter der Ärzte-GmbH mit sofortiger Wirkung verhindert.[74] Bei Ärzte-GmbH mit nur zwei Gesellschaftern oder, noch verschärfter, bei Ärzte-OG mit zwei Gesellschaftern könnte dies sonst zur Auflösung der Gesellschaft führen. Entsprechende Vorkehrungen sind im GesV zu treffen. 29

Entscheidend für die Möglichkeit, Gesellschafter einer Ärzte-GmbH zu werden, ist die **selbstständige Berufsbefugnis**. Der Verweis in § 52a Abs 2 ÄrzteG auf die Mitgliedschaft bei einer Ärztekammer[75] ist deshalb zu kurz gegriffen, weil auch in Ausbildung befindliche Ärzte Kammermitglied, aber nicht zur selbstständigen Berufsausübung berechtigt sind.[76] 30

2. Verbot der Beteiligung anderer Personen als Ärzte am Umsatz und Gewinn; Verbot der Übertragung von Gesellschafterrechten (§ 52a Abs 3 Z 2 und Z 3 ÄrzteG)

Eine Besonderheit der Ärzte-GmbH ergibt sich aus dem **Verbot der Beteiligung Dritter** (außer zur selbstständigen Berufsausübung berechtigter Ärzte) an einer Ärzte-GmbH (dies mit Ausnahme des Sonderfalls bei PVE[77]). In dieser Bestimmung wird die Intention des Gesetzgebers deutlich, wirtschaftliche Verflechtungen mit Nicht-Berufsangehörigen 31

---

71 Sanitätergesetz.
72 Medizinische Assistenzberufe-Gesetz.
73 Ähnlich zu § 42 GewO – vgl dazu zB *Gruber/Paliege-Barfuß*, GewO[7] § 43.
74 So etwa *Holzgruber* in Holzgruber/Hübner-Schwarzinger/Minihold, Die Ärzte-Gruppenpraxis[2], 9; *Karollus* in Resch/Wallner, Handbuch Medizinrecht[3] XXX. Vergesellschaftung von Ärzten und Zahnärzten, Rz 13; zur zahnärztlichen Gruppenpraxis vgl *Krauskopf* in Neumayr/Resch/Wallner, Gmundner Kommentar[2] § 26 ZÄG, Rz 3.
75 § 52 Abs 2 ÄrzteG.
76 So auch *Wiedenbauer* in Wiedenbauer/Kanduth-Kristen/Grün/Hofer, Die Ärzte-GmbH 38.
77 § 9 Abs 1a bis 1c PrimVG; vgl auch Rz 111.

gesetzl zu verbieten.[78] Die wenig gelungene Formulierung des Gesetzgebers wird an mehreren Stellen kritisiert.[79] Die Intention des Gesetzgebers wird dabei in der L nicht in Frage gestellt, wiewohl die Verhältnismäßigkeit dieser Regelung durchaus zu hinterfragen ist. Nach der Lit schließt diese Bestimmung aber jegliche in anderen Bereichen durchaus übliche zivilrechtliche Finanzierungsformen aus („*Verbot hybrider Finanzierungen*"[80]). Somit scheiden Umsatz- u Gewinnbeteiligungen über zB typisch oder atypisch stGes, Genussrechte oder partiarische Darlehen mit der Gesellschaft aus.[81] Zweck des Verbots ist, die wirtschaftliche Beteiligung v Nicht-Ärzten auszuschließen. Sind hingegen an derartigen Formen (indirekt) nur Ärzte bzw Fachärzte beteiligt, ist eine teleologische Reduktion des Verbots naheliegend.

32 § 52a Abs 3 Z 3 ÄrzteG führt sowohl in der Praxis als auch in der L zu Unklarheiten. Die hL leitet daraus völlig übereinstimmend ein **Treuhandverbot** ab, auch wenn sich dies weder aus den Gesetzesmaterialien, noch aus dem Gesetzestext selbst eindeutig ergibt.[82] Die hM basiert insb darauf, dass in der Vorgängerbestimmung das Verbot der treuhändigen Übertragung u Ausübung v Gesellschafterrechten eindeutig geregelt war.[83]

33 Weiters wird in der Praxis erörtert, ob die **Übertragung des Stimmrechtes** an dritte Personen zulässig ist, wobei dies v großen Teil der L bejaht wird.[84] Zu Diskussionen führt allerdings die Frage, ob § 52a Abs 3

---

78 *Holzgruber* in Holzgruber/Hübner-Schwarzinger/Minihold, Die Ärzte-Gruppenpraxis², 8 f.
79 ZB *Karollus* in Resch/Wallner, Handbuch Medizinrecht³ XXX. Vergesellschaftung von Ärzten und Zahnärzten, Rz 12.
80 *Wiedenbauer* in Wiedenbauer/Kanduth-Kristen/Grün/Hofer, Die Ärzte-GmbH 39.
81 *Wiedenbauer* in Wiedenbauer/Kanduth-Kristen/Grün/Hofer, Die Ärzte-GmbH 39; *Karollus* in Resch/Wallner, Handbuch Medizinrecht³ XXX. Vergesellschaftung von Ärzten und Zahnärzten, Rz 12; *Minihold* in Holzgruber/Hübner-Schwarzinger/Minihold, Die Ärzte-Gruppenpraxis², 110.
82 *Wiedenbauer* in Wiedenbauer/Kanduth-Kristen/Grün/Hofer, Die Ärzte-GmbH 42; *Karollus* in Resch/Wallner, Handbuch Medizinrecht³ XXX. Vergesellschaftung von Ärzten und Zahnärzten, Rz 15; so auch *Sieh/Lumsden*, ecolex 2010, 1120 (1121); *Zahrl*, RdM 2011, 77 (78).
83 § 52a Abs 6 S 3 u 4 ÄrzteG idF BGBl I 2006/122.
84 *Karollus* in Resch/Wallner, Handbuch Medizinrecht³ XXX. Vergesellschaftung von Ärzten und Zahnärzten, Rz 14; s auch *Sieh/Lumsden*, ecolex 2010, 1120 (1121); gegen eine Stimmrechtsübertragung bei zahnärztlichen Grup-

Z 3 ÄrzteG auch eine Beschränkung im Hinblick auf das Erteilen einer **Stimmrechtsvollmacht** beinhaltet. Auch wenn ein derartiges Verbot insb v Seiten einzelner Landesärztekammern argumentiert wird, kann das Verbot einer Stimmrechtsvollmacht (auch an berufsfremde Personen) für einzelne GV mangels fehlenden Regelungszwecks nicht angenommen werden. Problematisch könnten Stimmrechtsvollmachten dann sein, wenn sie unwiderruflich erteilt werden[85] oder – zumindest an berufsfremde Personen – Stimmrechtsvollmachten zu Beschlussfassungsgegenständen erteilt werden, die direkt mit der Behandlung v Patienten verbunden sind. Einer solchen Stimmrechtsvollmacht würde sowohl der Arztvorbehalt[86] als auch § 52a Abs 3 Z 9 ÄrzteG entgegenstehen, wonach die Berufsausübung der Gesellschafter nicht an eine Weisung oder Zustimmung der Gesellschafter (GV) gebunden werden darf.

Zumindest aus der Formulierung des § 52a Abs 3 Z 3 ÄrzteG könnte auch abgeleitet werden, dass die **Übertragung v Geschäftsanteilen** an sich unzulässig wäre, wovon keinesfalls ausgegangen werden kann, da ansonsten jegliche Übertragungen v Geschäftsanteilen – selbst v einem berufsberechtigten Arzt auf einen anderen berufsberechtigten Arzt – unmöglich wären.[87] Für eine derartige Auslegung finden sich keine Hinweise in den Mat. Auch das (damalige) BMG hat sich dieser Rechtsansicht in Form eines Erlasses angeschlossen.[88] 34

3. Unternehmensgegenstand (§ 52a Abs 3 Z 4 und Z 5 ÄrzteG)

Da die GmbH gem § 52a Abs 3 Z 4 ÄrzteG berufsbefugt ist u die Tätigkeit der Ärzte-GmbH gem § 52a Abs 3 Z 5 ÄrzteG auf die Berufsbefugnis abzielt, hat sich der **Unternehmensgegenstand** im GesV auf die ärztliche Berufsausübung zu beschränken.[89] Weiters ist ggf auf das jew Fachgebiet der beteiligten Gesellschafter einzuschränken.[90] 35

---

penpraxen etwa *Krauskopf* in Neumayr/Resch/Wallner, Gmundner Kommentar[2] § 26 ZÄG, Rz 4.
85 Zur Zulässigkeit unwiderruflicher Stimmrechtsvollmachten s zB *Enzinger* in Straube, WK GmbHG § 39 Rz 61.
86 § 2 Abs 2 ÄrzteG.
87 S dazu etwa *Krejci*, ZAS 2010, 249.
88 BMG, Erlass 92115/0001-II/A/3/2014 v 17.4.2014.
89 ZB *Minihold* in Holzgruber/Hübner-Schwarzinger/Minihold, Die Ärzte-Gruppenpraxis[2], 114.
90 Zur Unterscheidung der „monocoloren Gruppenpraxis" v der „multicoloren Gruppenpraxis" s oben Rz 21.

36 Zum möglichen Unternehmensgegenstand zählen gem § 52a Abs 3 Z 5 lit a ÄrzteG aber auch **Hilfstätigkeiten** u die mit der Berufsbefugnis der Gruppenpraxis in direktem Zusammenhang stehenden **Tätigkeiten v Angehörigen anderer Gesundheitsberufe**. Unter anderen Gesundheitsberufen werden Berufsgruppen verstanden, die über ein eigenes Gesundheitsberufegesetz verfügen.[91] Die Tätigkeit der nichtärztlichen Gesundheitsberufe wird aber iZm den Fachgebieten der an der Gesellschaft beteiligten Ärzten (u damit der Berufsberechtigung der Ärzte-GmbH) stehen müssen.[92]

37 Der Begriff der **Hilfstätigkeit** ist v Begriff der Tätigkeiten anderer Gesundheitsberufe zu trennen. Unter Hilfstätigkeiten könnte etwa der Handel mit medizinnahen Produkten (Kontaktlinsen, Kosmetika, Nahrungsergänzungsmittel etc) im Rahmen der jew passenden ärztlichen Berufsbefugnis subsummiert werden.[93]

38 Zumindest aus dem Wortlaut des § 52a Abs 3 Z 5 lit a ÄrzteG könnte abgeleitet werden, dass der Betrieb einer **Hausapotheke** einer Ärzte-GmbH für Allgemeinmedizin zulässig wäre. Dem steht § 29 ApoG entgegen, wonach die Führung einer Hausapotheke nur v einem Arzt *ad personam* erfolgen kann; dies auch, wenn er Mitglied einer Gruppenpraxis ist.[94] Sohin ist die Aufnahme des Betriebes einer Hausapotheke in den Unternehmensgegenstand einer Ärzte-GmbH bereits aufgrund öffentlich-rechtlicher Vorgaben unzulässig.

39 § 52a Abs 3 Z 5 lit b ÄrzteG definiert als weiteren Unternehmensgegenstand die **Verwaltung des Gesellschaftsvermögens**. Die **Beteiligung einer Ärzte-GmbH an anderen Gesellschaften** wird zulässig sein.[95] Zu begründen ist diese Rechtsansicht *e contrario* aus dem Umstand, dass die Rechtsträgerin einer Gruppenpraxis gem den Bestim-

---

91 Zur Definition der anderen Gesundheitsberufe s oben Rz 28.
92 *Zahrl*, RdM 2011, 77 (78).
93 So auch *Wiedenbauer* in Wiedenbauer/Kanduth-Kristen/Grün/Hofer, Die Ärzte-GmbH 34 f.
94 *Karollus* in Resch/Wallner, Handbuch Medizinrecht³ XXX. Vergesellschaftung von Ärzten und Zahnärzten, Rz 35; mit Verweis auf *Aigner/Kierein/Kopetzki*, ÄrzteG³ § 52a, Anm 7; *Zahrl* in Emberger/Wallner, ÄrzteG² § 52a, Anm 8; *Wallner*, Handbuch ärztliches Berufsrecht², 97.
95 So auch *Wiedenbauer* in Wiedenbauer/Kanduth-Kristen/Grün/Hofer, Die Ärzte-GmbH 36; *Minihold* in Holzgruber/Hübner-Schwarzinger/Minihold, Die Ärzte-Gruppenpraxis², 114.

mungen des § 52a Abs 3 Z 2 ÄrzteG kein zulässiger Gesellschafter einer anderen Gruppenpraxis sein kann.[96]

4. Maßgebliche persönliche Berufsausübung der Gesellschafter (§ 52a Abs 3 Z 6 ÄrzteG)

Schwierigkeiten bereitet die Auslegung der Formulierung, der Gesellschafter einer Ärzte-GmbH sei *„maßgeblich zur persönlichen Berufsausübung"* verpflichtet. Mit Bezug auf die Mat wird seitens eines Teils der L kritisiert, dass die Formulierung „maßgeblich" in der Wortinterpretation nicht den Inhalt der Mat widerspiegelt, wo festgehalten wird, dass der Gesellschafter „*den Schwerpunkt*" seiner ärztlichen Berufsausübung in der Ärzte-GmbH zu entfalten hat.[97] Ein Teil der L führt aus, dass es sich bei der Erwähnung des „*Schwerpunktes*" der ärztlichen Tätigkeit um ein redaktionelles Versehen handeln muss; die Verwendung des Wortes „*maßgeblich*" im Gesetzestext wäre vielmehr dahingehend zu verstehen, dass jeder Gesellschafter einer Ärzte-GmbH zumindest einen relevanten Beitrag zur ärztlichen Tätigkeit in der Gruppenpraxis zu leisten hat.[98] Diese Auslegung des Gesetzestextes erscheint vorzugswürdig, da jeder Gesellschafter einer Ärzte-GmbH alleine schon berufsrechtlich einen weiteren Berufssitz haben könnte.[99]

40

Nebenbeschäftigungsverbote bzw Einschränkungen v weiteren Beschäftigungen eines Gesellschafters einer Ärzte-GmbH können sich aus kassenvertragsrechtlichen Vorgaben ergeben.[100] Hierzu sollten im GesV Regelungen aufgenommen werden. Insbesondere im Hinblick auf konkurrenzierende Tätigkeiten oder Tätigkeiten, die auf eine Kündigung eines bestehenden Kassenvertrags der Ärzte-GmbH hinauslaufen könnten, ist eine Regelung im GesV jedenfalls erforderlich.

41

---

96 Vgl *Karollus* in Resch/Wallner, Handbuch Medizinrecht³ XXX. Vergesellschaftung von Ärzten und Zahnärzten, FN 123.
97 ErlRV 779 BlgNR 24. GP 20; s dazu auch *Karollus* in Resch/Wallner, Handbuch Medizinrecht³ XXX. Vergesellschaftung von Ärzten und Zahnärzten, Rz 52.
98 So etwa *Zahrl*, RdM 2011, 77 (78).
99 Zur Frage der Berufssitze eines Gesellschafters einer Ärzte-GmbH s unten Rz 52 ff.
100 So etwa die Limitierung v Gesellschaftern einer Ärzte-GmbH als angestellter Arzt im selben Fach oder die Erbringung v Wahlarztleistungen im selben Fach im Rahmen eines anderen Ordinationsbetriebs.

5. Anstellung von Gesellschaftern (§ 52a Abs 3 Z 7 ÄrzteG)

42 Eine Besonderheit der Ärzte-GmbH ergibt sich aus § 52a Abs 3 Z 7 ÄrzteG. Demnach ist die **Anstellung v Gesellschaftern unzulässig**.[101] Im Sinn der Unterscheidung zw der Bestellung eines Gesellschafters zum GF einerseits u der vertragsrechtlichen Beziehung des GF zur Gesellschaft andererseits hat § 52a Abs 3 Z 7 ÄrzteG die Konsequenz, dass bei wörtlicher Auslegung eine Anstellung eines Arztes in der Ärzte-GmbH unzulässig wäre. Ist die eingeschränkte Möglichkeit der Anstellung v Gesellschaftern in der Ärzte-GmbH hinsichtlich der Erbringung ärztlicher Leistungen (u der damit verbundenen eigenverantwortlichen Berufsausübung) noch nachvollziehbar, so kann das Verbot einer Anstellung v Gesellschaftern als GF hinsichtlich der wirtschaftlichen Geschäftsführung – ganz iSd hL – nicht überzeugen. Diese tritt daher für eine teleologische Reduktion ein, um eine Anstellung v Gesellschaftern zu Managementzwecken als zulässig zu erachten. Die Übernahme v Managementaufgaben durch einen angestellten Gesellschafter kann auch nicht die Abgrenzung zu einer Krankenanstalt (insb einem selbstständigen Ambulatorium) gefährden.[102]

43 Das bis zur ÄrzteG-Nov 2019[103] bestehende Verbot der **Anstellung v anderen Ärzten** in Gruppenpraxen (u damit auch in Ärzte-GmbH) ist nicht mehr in Geltung.[104] Für Zahnärzte-GmbH gilt das Anstellungsverbot weiterhin.[105]

---

101 § 52a Abs 3 Z 7 ÄrzteG; zur Anstellung v Ärzten bei Ärzten s auch *Wallner* in Resch/Wallner, Handbuch Medizinrecht³ XXI. Berufsrecht der Ärzte, Rz 177; s dazu auch *Resch*, RdM 2019, 207.
102 *Karollus* in Resch/Wallner, Handbuch Medizinrecht³ XXX. Vergesellschaftung von Ärzten und Zahnärzten, Rz 46a ff; mit Verweis auf *Minihold* in Holzgruber/Hübner-Schwarzinger/Minihold, Die Ärzte-Gruppenpraxis², 121; sowie aus berufsrechtlicher Sicht *Holzgruber* in Holzgruber/Hübner-Schwarzinger/Minihold, Die Ärzte-Gruppenpraxis², 18; *Sieh/Lumsden*, ecolex 2010, 1120 (1122); zumindest aus der Sicht des BMG wurde die Zulässigkeit der Anstellung eines Gesellschafters als GF bestätigt, s dazu *BMG*, Erlass 92115/0001-II/A/3/2014 v 17.4.2014.
103 BGBl I 2019/20.
104 § 52a Abs 3 Z 7 ÄrzteG idF BGBl I 2010/61.
105 § 26 Abs 3 Z 6 ZÄG; vgl dazu auch Rz 141 ff.

6. Größenbeschränkung bei der Anstellung anderer Gesundheitsberufe (§ 52a Abs 3 Z 8 ÄrzteG)

Aufgrund der verfassungsrechtlich notwendigen Abgrenzung zu einer Krankenanstalt hat der Gesetzgeber versucht, mittels Vermutungstatbeständen Abgrenzungskriterien zu schaffen.[106] Demnach ist eine **Anstellung v Angehörigen anderer Gesundheitsberufe** gem § 52a Abs 3 Z 8 ÄrzteG nur in einem Ausmaß zulässig, das keine Regelung in einer Anstaltsordnung erfordert.

44

Nach der gesetzl Bestimmung wird das **Vorliegen einer Anstaltsordnung** dann vermutet, wenn das Verhältnis zw den Gesellschaftern u den angestellten Angehörigen anderer Gesundheitsberufe (ausgenommen Ordinationsgehilfen) das Verhältnis 1:5 übersteigt oder wenn die Zahl der angestellten Angehörigen anderer Gesundheitsberufe (ausgenommen Ordinationsgehilfen) die Zahl 30 übersteigt. In diesem Fall vermutet der Gesetzgeber das Vorliegen eines selbstständigen Ambulatoriums u damit die Anwendbarkeit der krankenanstaltenrechtlichen Regelungen. Einzige Ausnahme sind Sonderfächer wie medizinische u chemische Labordiagnostik, physikalische Medizin u allg Rehabilitation sowie Radiologie. Bei diesen Sonderfächern mit hohem Technisierungsgrad tritt die Vermutung des Vorliegens eines selbstständigen Ambulatoriums so lange nicht ein, als die ärztliche Verantwortung für die ärztliche Leistung für einen bestimmten Behandlungsfall bei einem bestimmten Gesellschafter liegt,[107] wie dies in der Praxis auch der Regelfall ist.

45

Die Größenbegrenzung führt dazu, dass der **Unternehmensgegenstand** einer Ärzte-GmbH (als Rechtsträger einer Gruppenpraxis) **bei Überschreitung** derselben zum Rechtsträger eines selbständigen Ambulatoriums geändert werden müsste. Damit die GmbH als Rechtsträger eines selbständigen Ambulatoriums fortgeführt werden könnte, müssten aber die Voraussetzungen des Krankenanstaltenrechts für die Errichtung[108] u den Betrieb[109] eines selbständigen Ambulatoriums erfüllt sein. Aufgrund der strengen Jud des VwGH zur Bedarfs-

46

---

106 *Karollus* in Resch/Wallner, Handbuch Medizinrecht³ XXX. Vergesellschaftung von Ärzten und Zahnärzten, Rz 49; s dazu auch *Zahrl*, RdM 2011, 77 (79).
107 § 52a Abs 3 Z 8 ÄrzteG.
108 § 3a KAKuG.
109 § 3b KAKuG.

prüfung[110] ist die Änderung des Unternehmensgegenstandes daher nur zulässig, wenn die Voraussetzungen für eine positive Bedarfsprüfung erfüllt sind. In der Praxis gibt es dazu aufgrund der komplexen Vorgaben der Bedarfsprüfung im Krankenanstaltenrecht keine Präzedenzfälle.

47 **Die Größenabgrenzung erscheint willkürlich.** Es ist nicht einzusehen, warum bei fünf angestellten Vollzeitäquivalenten anderer Gesundheitsberufe noch eine Gruppenpraxis vorliegen soll, während der sechste Angestellte die Gruppenpraxis automatisch zu einem selbstständigen Ambulatorium macht. In diesem Sinne tritt die L gegen die Vermutungstatbestände als gesetzl Fiktion[111] dafür ein, die Gesetzesbestimmung als widerlegliche Vermutung zu interpretieren.[112] Praktische Konsequenz daraus wäre, dass bei Nichterreichen der Größenkriterien die Qualifikation als Gruppenpraxis nicht in Frage gestellt wird, bei Überschreiten dennoch das Vorliegen eines selbstständigen Ambulatoriums widerlegt werden könnte.[113]

48 Wie bereits iZm dem Unternehmensgegenstand einer Ärzte-GmbH ausgeführt, wird sich die Anstellung anderer Gesundheitsberufe auf das **Fachgebiet der Ärzte-GmbH** als Rechtsträger der Gruppenpraxis beschränken. *Holzgruber* führt idZ das Bsp an, dass *„die Anstellung einer Hebamme in einer rein urologischen Gruppenpraxis [...] daher rechtlich unzulässig [wäre]"*.[114]

49 Fraglich, aber uE zu bejahen ist, dass die Ausnahme der Größenbeschränkung v Ordinationsgehilfen im Gesetzestext auch für **Ordinationsassistenten** nach dem Medizinische Assistenzberufe-Gesetz gelten muss.[115] Der Gesetzgeber hat aufgrund des erheblichen administrativen

---

110 Zur Unterscheidung des Zulassungsverfahrens bei Gruppenpraxen v jenem bei selbständigen Ambulatorien s etwa *Holzgruber* in Holzgruber/Hübner-Schwarzinger/Minihold, Die Ärzte-Gruppenpraxis², 31 ff u 36 ff.
111 ErlRV 779 BlgNr 24. GP 20.
112 ZB *Karollus* in Resch/Wallner, Handbuch Medizinrecht³ XXX. Vergesellschaftung von Ärzten und Zahnärzten, Rz 50; mit Verweis auf *Sieh/Lumsden*, ecolex 2010, 1120 (1122); *Füszl*, ÖZPR 2010, 100; *Zahrl*, RdM 2011, 77 (79).
113 *Karollus* in Resch/Wallner, Handbuch Medizinrecht³ XXX. Vergesellschaftung von Ärzten und Zahnärzten, Rz 50; s dazu auch *Holzgruber* in Holzgruber/Hübner-Schwarzinger/Minihold, Die Ärzte-Gruppenpraxis², 21.
114 *Holzgruber* in Holzgruber/Hübner-Schwarzinger/Minihold, Die Ärzte-Gruppenpraxis², 22.
115 Zum Zeitpunkt der Verfassung der Gesetzesbestimmung war das Medizinische Assistenzberufe-Gesetz noch nicht in Kraft, sodass ausschließlich das

Leistungsvolumens der Ordinationsgehilfen (u jetzigen Ordinationsassistenz) generell v der Größenbeschränkung ausgenommen.[116]

7. Weisungsfreiheit in der Berufsausübung (§ 52a Abs 3 Z 9 ÄrzteG), Entscheidungen über Fragen der Berufsausübung (§ 52a Abs 3 Z 10 ÄrzteG)

Gemäß § 52a Abs 3 Z 9 ÄrzteG hat die Berufsausübung der Gesellschafter **weisungsfrei** zu erfolgen. Hintergrund für diese Regelung ist die Unabhängigkeit der ärztlichen Heilbehandlung. Gesellschaftsrechtlich hat dies zur Folge, dass Beschlüsse, die Einfluss auf die Durchführung medizinischer Heilbehandlungen durch einen Gesellschafter nehmen, unzulässig sind. Die Mehrheit der L geht davon aus, dass allenfalls dennoch gefasste Beschlüsse aufgrund des Schutzzwecks (öffentliches Interesse der Regelung) gesellschaftsrechtlich **absolut nichtig** sind u eine Beschlussanfechtungsklage bei derartigen Beschlüssen nicht erforderlich ist.[117]   50

§ 52a Abs 3 Z 9 ÄrzteG wird durch § 52a Abs 3 Z 10 ÄrzteG ergänzt, wonach über **Fragen der Berufsausübung** ausschließlich die entspr berufsberechtigten Gesellschafter entscheiden. Demnach darf auch gegen den Willen jener Gesellschafter, die über die entspr Fachberechtigung verfügen, nicht entschieden werden.[118]   51

D. Sitz der Gesellschaft/Berufssitze (§ 52a Abs 4 ÄrzteG)

Gemäß § 5 Abs 2 ist als **Sitz der GmbH** ein Ort zu bestimmen, an dem sich ein Betrieb oder die Geschäftsleitung befindet oder an dem die Verwaltung geführt wird.   52

Berufsbild des Ordinationsgehilfen bekannt war. Da die Ordinationsassistenz die Weiterentwicklung des Berufsbildes des Ordinationsgehilfen ist, müsste die Ausnahme der Größenbeschränkung auch auf diese Berufsgruppe zur Anwendung kommen; so auch *Holzgruber* in Holzgruber/Hübner-Schwarzinger/Minihold, Die Ärzte-Gruppenpraxis[2], 22 FN 21.

116 So *Zahrl*, RdM 2011, 77 (79); mit Verweis auf ErlRV 779 BlgNR 24. GP 20.
117 *Karollus* in Resch/Wallner, Handbuch Medizinrecht[3] XXX. Vergesellschaftung von Ärzten und Zahnärzten, Rz 58; *Zahrl*, RdM 2011, 77 (79); beide jew mit Verweis auf *Fantur*, GES 2010, 155.
118 Zum Zusammenhang mit der Geschäftsführungsbefugnis s unten Rz 57 ff.

53 Davon zu unterscheiden ist bei einer Ärzte-GmbH der **Berufssitz**. Ein niedergelassener Arzt hat das Recht, bis zu zwei Berufssitze im Bundesgebiet festzulegen.[119] Der Berufssitz ist der Ort, an dem sich die Ordinationsstätte befindet.[120] Die Beschränkung auf eine bestimmte Anzahl v Berufssitzen wurde v VfGH bereits behandelt.[121] Im Hinblick auf die Berufssitze ist der VfGH zu dem Ergebnis gekommen, dass eine Einschränkung auf zwei Berufssitze sachlich gerechtfertigt ist.[122] Begründet wird dies mit der notwendigen persönlichen Anwesenheit eines Arztes im Verhältnis zum Patienten wie auch mit der Überwachung der hygienischen Anforderungen der Ordinationsstätte.[123]

54 Für die Frage der Berufssitze einer Ärzte-GmbH ist diese Fragestellung insofern v Relevanz, als gem § 52a Abs 4 ÄrzteG eine Gruppenpraxis nur einen Berufssitz haben kann, der zugleich Berufssitz der an ihr beteiligten Ärzte ist. Allerdings besteht die Möglichkeit, dass eine Ärzte-GmbH als Vertragsgruppenpraxis **mehrere in die Ärzteliste eingetragene Standorte** im Bundesgebiet haben kann, nämlich dann, wenn

– die Anzahl der Standorte die Anzahl der an der Ärzte-GmbH beteiligten Gesellschafter nicht überschreitet,[124]
– einer der Standorte zum Berufssitz der Gruppenpraxis erklärt wird,[125]
– wobei in diesem Fall jeder Gesellschafter unbeschadet des § 45 Abs 3 ÄrzteG an sämtlichen Standorten der Gruppenpraxis seinen Beruf ausüben darf[126] u
– es zu einer wesentlichen Verbesserung des Versorgungsangebots im Einzugsgebiet kommt.[127]

55 Da eine GmbH nur einen Sitz haben kann, kann sich bei einer Ärzte-GmbH, die als Vertragsgruppenpraxis mehrere Standorte hat, die Frage stellen, **welcher Standort „sitzauslösend" ist**; dies deshalb, da Anknüp-

---

119 § 45 Abs 1 u 3 ÄrzteG.
120 § 45 Abs 2 ÄrzteG.
121 VfGH 2.10.1992, G 338/91.
122 VfGH 30.11.2000, B 1229/99.
123 § 56 ÄrzteG.
124 § 52a Abs 4 Z 1 ÄrzteG.
125 § 52a Abs 4 Z 2 ÄrzteG.
126 In diesem Fall jedoch keinen sonstigen Berufssitz haben kann – § 52a Abs 4 Z 3 ÄrzteG.
127 § 52a Abs 4 Z 4 ÄrzteG.

fungspunkt für die Sitzwahl der räumliche Tätigkeitsschwerpunkt des Unternehmens, der Ort, an dem das oberste Entscheidungsgremium seine Funktion ausübt, u der Ort, an dem die tatsächliche (verwaltungsgemäße) Umsetzung der Entscheidungen der Geschäftsleitung erfolgt (Verwaltung), ausschlaggebend ist.[128]

Wieso der Gesetzgeber die Möglichkeit ausschließlich auf Vertragsgruppenpraxen beschränkt hat, ist im Hinblick auf die Errichtung einer Ärzte-GmbH in Form einer Wahlgruppenpraxis nicht nachvollziehbar u unter gleichheitsrechtlichen Aspekten auch problematisch.[129]

56

E. Geschäftsführung (§ 52a Abs 5 ÄrzteG)

Aufgrund der gesetzl Regelung für die Vertretungsbefugnis bei Ärzte-GmbH steht fest, dass sowohl ein **beteiligter Arzt als GF als auch ein Fremd-GF** bestellt werden kann. Bei einem nicht-ärztlichen Fremd-GF ist die Vertretungsbefugnis berufsrechtlich auf wirtschaftliche u unternehmerische Tätigkeiten beschränkt, Vertretungen im Rahmen der ärztlichen Behandlung iSd Behandlungsvertrags sind damit ausgeschlossen.[130]

57

Ungeregelt ist die Frage der möglichen Personen eines **Liquidators** einer Ärzte-GmbH. Es ist davon auszugehen, dass die gesetzl Regelungen hinsichtlich der GF analog anzuwenden sind.[131]

58

Eine Besonderheit zum GmbH-Recht stellt die Regelung in § 52a Abs 5 ÄrzteG dahingehend dar, dass **jeder Gesellschafter**, unabhängig davon, ob er auch zum GF bestellt ist, **zum Abschluss v Behandlungsverträgen** *ex lege* berechtigt ist. Systematisch stellt diese Sondervertretungsmacht für Behandlungsverträge einen Bruch mit dem allg GmbH-Recht dar, wonach ausschließlich GF (u nicht Gesellschafter) Vertretungshandlungen für die GmbH setzen können.

59

---

128 Vgl § 5 Rz 60.
129 So auch *Zahrl*, RdM 2011, 77 (80).
130 *Wiedenbauer* in Wiedenbauer/Kanduth-Kristen/Grün/Hofer, Die Ärzte-GmbH 52; s dazu auch *Minihold* in Holzgruber/Hübner-Schwarzinger/Minihold, Die Ärzte-Gruppenpraxis[2], 116.
131 So auch *Minihold* in Holzgruber/Hübner-Schwarzinger/Minihold, Die Ärzte-Gruppenpraxis[2], 117.

60 In diesem Zusammenhang wird die M vertreten, dass Gesellschafter durch diese Sondervertretungsmacht nicht für die GmbH rechtsgeschäftlich tätig werden können (sie also nicht berechtigen oder verpflichten können). Einige Autoren schließen daraus, dass **keine Verträge im Namen u auf Rechnung der GmbH** abgeschlossen werden können.[132] Andere vertreten die M, dass es sich diesbzgl um eine Gattungsvollmacht handelt.[133]

61 Der A, dass der Abschluss v Behandlungsverträgen keinen rechtsgeschäftlichen Abschluss für die Ärzte-GmbH darstellen würde, ist uE nicht zu folgen. Der Abschluss des Behandlungsvertrages ist ein zivilrechtlicher Vertrag, der die **Ärzte-GmbH als Rechtsträgerin** der Gruppenpraxis gegenüber Patienten **berechtigt u verpflichtet**. Dies zeigt sich insb daraus, dass im Falle einer Fehlbehandlung die Haftung aus dem Behandlungsvertrag bei der Ärzte-GmbH als Vertragspartner liegt, genauso wie die Ärzte-GmbH (beispielsweise als Wahlarztgruppenpraxis) gegenüber dem Patienten einen Honoraranspruch geltend machen kann. Rechtsgrundlage dafür kann nur eine vertragliche Beziehung sein, die auf die Vertretungshandlung des Gesellschafters zurückgeht.

62 Auslegungsbedürftig ist die Formulierung des § 52a Abs 5 ÄrzteG, wonach **im GesV zu bestimmen** ist, ob u welche Gesellschafter zur Geschäftsführung u Vertretung berechtigt sind. Der Wortlaut der Bestimmung deutet auf ein Sonderrecht auf Geschäftsführung für alle Gesellschafter hin, was nicht dem Sinn des Gesetzgebers entsprechen dürfte.[134] Eine andere Auslegung würde bedeuten, dass ein Gesellschafter-GF ausschließlich durch Vertragsänderung mit ¾-Mehrheit abberufen werden könnte.[135] § 52a Abs 5 ÄrzteG ist daher teleologisch zu reduzieren, sodass eine Abberufung auch durch Beschlussfassung mit einfacher Mehrheit zulässig sein muss.[136]

63 Das ÄrzteG enthält keinerlei Regelungen, die die **Erteilung v Prokura oder Handlungsvollmachten** verbieten würde. Da der Gesetzgeber dies bei anderen Freiberuflern verankert hat,[137] ist daraus abzulei-

---

132 ZB *Wiedenbauer* in Wiedenbauer/Kanduth-Kristen/Grün/Hofer, Die Ärzte-GmbH 53.
133 *Fantur*, GES 2010, 155; mit Verweis auf *Krejci*, ZAS 2010, 249 (256).
134 So auch *Fantur*, GES 2010, 155.
135 Vgl § 50 Abs 1.
136 *Fantur*, GES 2010, 155; so auch *Zahrl*, RdM 2011, 77 (80).
137 ZB § 21c Z 10 RAO.

ten, dass den allg Regeln des GmbHG[138] zu folgen ist u die Erteilung v Prokura u Handlungsvollmachten zulässig ist.[139]

F. Gesellschaftsvertrag (§ 52a Abs 6 ÄrzteG)

Gemäß § 52a Abs 6 ÄrzteG werden die Gesellschafter im GesV zur **Einhaltung der Bestimmungen des ÄrzteG** verpflichtet. Daraus folgt, dass Verstöße gegen das ÄrzteG aus gesellschaftsrechtlicher Sicht auch **Verstöße gegen den GesV** darstellen.[140]

Geschäftsführer einer GmbH dürfen ohne Einwilligung der Gesellschaft weder Geschäfte in deren Geschäftszweig für eigene oder fremde Rechnung machen noch sich bei einer Gesellschaft desselben Geschäftszweiges als persönlich haftender Gesellschafter beteiligen oder in einer solche Gesellschaft eine Stelle im Vorstand, Aufsichtsrat oder als Geschäftsführer annehmen.[141] Das **Wettbewerbsverbot** ist eine Ausprägung der Treuepflicht.

Reine Gesellschafter einer GmbH unterliegen dagegen keinem Wettbewerbsverbot, sofern ein solches vertraglich nicht vereinbart wurde.

Da bei Ärzte-GmbH nicht immer jeder der Gesellschafter auch Geschäftsführer sein muss, ist – auch im Hinblick auf die Möglichkeit eines zweiten Berufssitzes eines Gesellschafters – eine entspr Regelung in den GesV einer Ärzte-GmbH aufzunehmen, wenn konkurrenzierende Tätigkeiten der Gesellschafter nicht gewünscht sind.

64

65

66

67

IV. Gründung von Gruppenpraxen

§ 52b ÄrzteG (1) Die Gründung einer Gruppenpraxis setzt die
1. Eintragung in das Firmenbuch,
2. Zulassung durch den Landeshauptmann gemäß § 52c, sofern nicht
   a) jeder Gesellschafter bereits einen Einzelvertrag mit der Österreichischen Gesundheitskasse hat oder die zu gründende

---

138 S § 28.
139 *Karollus* in Resch/Wallner, Handbuch Medizinrecht³ XXX. Vergesellschaftung von Ärzten und Zahnärzten, Rz 58; s auch *Wiedenbauer* in Wiedenbauer/Kanduth-Kristen/Grün/Hofer, Die Ärzte-GmbH 53.
140 *Fantur*, GES 2010, 155.
141 § 24 Abs 1.

Gruppenpraxis bereits im Stellenplan vorgesehen ist und die Voraussetzungen des Abs. 2 einschließlich der nachweislichen Befassung des Landesgesundheitsfonds vorliegen oder

b) die Gruppenpraxis ausschließlich sozialversicherungsrechtlich nicht erstattungsfähige Leistungen zu erbringen beabsichtigt, oder

c) der verfahrensgegenständliche Leistungsumfang sowie das Einzugsgebiet in den Verordnungen gemäß § 23 oder § 24 des Bundesgesetzes zur partnerschaftlichen Zielsteuerung-Gesundheit, BGBl. I Nr. 26/2017, in der Fassung des Bundesgesetzes BGBl. I Nr. 191/2023 (Gesundheits-Zielsteuerungsgesetz), geregelt ist, sowie

3. Eintragung in die Ärzteliste

voraus.

(2) [1]Die Gründung einer Gruppenpraxis gemäß Abs. 1 Z 2 lit. a hat nach Maßgabe des jeweiligen Regionalen Strukturplans Gesundheit (RSG) zu erfolgen und bedarf einer schriftlichen Anzeige an den zuständigen Landeshauptmann über eine wechselseitige schriftliche Zusage zwischen der Gesellschaft oder Vorgesellschaft und der Österreichischen Gesundheitskasse über einen unter Bedachtnahme auf den jeweiligen RSG abzuschließenden Gruppenpraxis-Einzelvertrag (§ 342a ASVG in Verbindung mit § 342 ASVG) hinsichtlich des Leistungsangebots (Leistungsvolumen einschließlich Personalausstattung, Leistungsspektrum und Öffnungszeiten unter Berücksichtigung von Tagesrand- und Nachtzeiten, Sams-, Sonn- und Feiertagen sowie erforderlichenfalls Bereitschaftszeiten). [2]Mit der Anzeige hat der Landeshauptmann unverzüglich den jeweiligen Landesgesundheitsfonds zu befassen. [3]Die Gründung einer Gruppenpraxis, die im Stellenplan bereits vorgesehen ist, deren Gesellschafter aber nicht bereits über einen Einzelvertrag mit der Österreichischen Gesundheitskasse verfügen (Abs. 1 Z 2 lit. a zweiter Satzteil), ist überdies der gesetzlichen Interessenvertretung privater Krankenanstalten des betreffenden Bundeslandes anzuzeigen.

(3) Die Gruppenpraxis darf ihre ärztliche Tätigkeit nur nach Eintragung in die Ärzteliste, die gegebenenfalls erst nach Zulassung gemäß § 52c oder Befassung der Landesgesundheitsplattform gemäß Abs. 2 letzter Satz erfolgen darf, aufnehmen.

(4) [1]Wenn eine Gruppenpraxis gemäß Abs. 1 Z 2 lit. b sozialversicherungsrechtlich erstattungsfähige Leistungen erbringt, sind dies-

bezüglich geschlossene Behandlungsverträge hinsichtlich des Honorars nichtig, worüber der Patient vor Inanspruchnahme der Leistung nachweislich aufzuklären ist. ²Gleiches gilt, wenn eine Gruppenpraxis gemäß Abs. 1 Z 2 lit. a oder eine gemäß § 52c zugelassene Gruppenpraxis über das zugelassene Leistungsangebot hinaus sozialversicherungsrechtlich erstattungsfähige Leistungen erbringt.

(5) Die Gründung einer Gruppenpraxis gemäß Abs 1. Z 2 lit c. hat nach Maßgabe des jeweiligen Regionalen Strukturplans Gesundheit (RSG) zu erfolgen und bedarf einer schriftlichen Anzeige an den zuständigen Landeshauptmann über eine wechselseitige schriftliche Zusage zwischen der Gesellschaft oder Vorgesellschaft und der Österreichischen Gesundheitskasse über einen unter Bedachtnahme auf den jeweiligen RSG abzuschließenden Gruppenpraxis-Einzelvertrag (§ 342a ASVG in Verbindung mit § 342 ASVG) hinsichtlich des Leistungsangebots (Leistungsvolumen einschließlich Personalausstattung, Leistungsspektrum und Öffnungszeiten unter Berücksichtigung von Tagesrand- und Nachtzeiten, Sams-, Sonn- und Feiertagen sowie erforderlichenfalls Bereitschaftszeiten). Mit der Anzeige hat der Landeshauptmann unverzüglich den jeweiligen Landesgesundheitsfonds zu befassen.

idF BGBl I 2023/191

A. Gründung einer Gruppenpraxis in Form der Ärzte-GmbH (§ 52b Abs 1 und Abs 2 ÄrzteG)

Eine Gruppenpraxis kann in der Rechtsform einer OG oder einer GmbH gegründet werden.[142] An der Gruppenpraxis müssen zumindest zwei Gesellschafter beteiligt sein. Die Gründung einer Ein-Personen-Ärzte-GmbH ist nach der hL – im Untersch zum GmbHG – nicht zulässig.[143] Die GmbH wird mit Abschluss des GesV errichtet u entsteht mit Eintragung ins FB. Durch letztere erlangt die GmbH Rechtspersönlichkeit. 68

Die Eintragung der GmbH ins FB ist der **erste Gründungsschritt** der Ärzte-GmbH. Diese setzt gem § 3 den Abschluss eines GesV u die Bestellung der GF voraus. Darüber hinaus sind auch bei Ärzte-GmbH die gesellschaftsrechtlichen Gründungsvorschriften des GmbHG, wie insb 69

---

142 § 52a Abs 1 ÄrzteG.
143 S dazu oben Rz 21 ff (zu § 52a ÄrzteG).

der Mindestinhalt des GesV gem § 4 u die Leistung der Einlagen gem § 10, zu erfüllen. Zur Gründung einer Gruppenpraxis bedarf es neben dieser **gesellschaftsrechtlichen Gründung** zweier berufsrechtlicher Gründungsschritte, nach deren Erfüllung eine Gruppenpraxis erfolgreich gegründet ist.[144]

70 Als zweiten Gründungsschritt einer Ärzte-GmbH bedarf es einer **öffentlich-rechtlichen Zulassung** der Ärzte-GmbH durch den Landeshauptmann.[145] In der Praxis entfällt das komplexe Zulassungsregime nach § 52c ÄrzteG im Regelfall. Haben die Ärzte-Gesellschafter bereits jew Einzelverträge mit der ÖGK, die folglich v jedem Gesellschafter auf die Ärzte-GmbH übertragen werden, oder ist die Gruppenpraxis bereits im Stellenplan vorgesehen, so ist für die Zulassung (in beiden Fällen) eine schriftlich angezeigte, wechselseitige Zusage der ÖGK über den Abschluss eines Gruppenpraxis-Einzelvertrags ausreichend.[146]

71 Der Stellenplan legt die Zahl der Planstellen für Ärzte für Allgemeinmedizin, für Fachärzte u Gruppenpraxen fest. Im Fall einer Gruppenpraxis belegt jeder Gesellschafter der Gruppenpraxis eine Planstelle.[147] Die schriftliche Anzeige über die Zusage gem § 52b Abs 2 ÄrzteG kann auch im Stadium der Vorgesellschaft durchgeführt werden.[148] Ist der Leistungsumfang der betr Gruppenpraxis u das Einzugsgebiet bereits in den Verordnungen gem § 23 oder § 24 Gesundheits-ZielsteuerungsG geregelt, so entfällt iSe Vereinfachung ein weiteres Zulassungsverfahren. Gruppenpraxen, die ausschließlich sozialversicherungsrechtlich nicht erstattungsfähige Leistungen erbringen, wie beispielsweise im Bereich der Schönheitschirurgie oder der In-vitro-Fertilisation, sind v Zulassungsregime des § 52c ÄrzteG befreit.[149]

72 **Die Gründungsschritte sind zu trennen.** Im Rahmen der gesellschaftsrechtlichen Gründung des § 52b Abs 1 Z 1 ÄrzteG ist das Vorliegen der öffentlich-rechtlichen Zulassungsvoraussetzungen des § 52b

---

144 ErlRV 779 BlgNR 24. GP 20.
145 § 52c Abs 1 Z 2 ÄrzteG.
146 § 52a Abs 1 Z 2 lit a ÄrzteG; ErlRV 779 BlgNR 24. GP 21; *Aubauer/Thomas*, taxlex 2010, 323 (325).
147 Ausnahmen davon können sich aus Gruppenpraxengesamtverträgen in einzelnen Bundesländern ergeben.
148 § 52b Abs 2 ÄrzteG; § 52c Abs 1 ÄrzteG; *Karollus* in Resch/Wallner, Handbuch Medizinrecht³ XXX. Vergesellschaftung von Ärzten und Zahnärzten, Rz 72.
149 § 52b Abs 1 Z 2 lit b ÄrzteG.

Abs 1 Z 2 ÄrzteG – sowie die Einhaltung der übrigen Vorgaben des ÄrzteG – v FB-Gericht nicht zu prüfen. Dies ergibt sich schon alleine daraus, dass eine bereits ins FB eingetragene GmbH die Zulassung gem § 52c Abs 1 u 2 ÄrzteG beantragen kann.[150]

Letzter Gründungsschritt ist die **Eintragung der Ärzte-GmbH in die Ärzteliste**.[151] Diese kann erst nach der öffentlich-rechtlichen Zulassung bzw nach der nachweislichen Befassung der Landesgesundheitsplattform erfolgen.[152] Ebenso muss die Eintragung ins FB bereits erfolgt sein, da die Vorgesellschaft noch kein tauglicher Rechtsträger für eine Gruppenpraxis ist.[153] Für die Eintragung in die Ärzteliste wird daher tw die Vorlage eines FB-Auszuges verlangt.

B. Eintragung in die Ärzteliste als Voraussetzung für den Praxisbetrieb (§ 52b Abs 3 ÄrzteG)

Der Praxisbetrieb der Ärzte-GmbH bzw die ärztliche Tätigkeit darf erst nach erfolgreicher Eintragung in die Ärzteliste[154] sowie nach Erbringung eines Nachw über den Abschluss einer Berufshaftpflichtversicherung[155] aufgenommen werden. Eine Mitgliedschaft in der Ärztekammer kommt der Ärzte-GmbH selbst nicht zu, allerdings werden diese GmbH in der Ärzteliste geführt.[156] Dies hat zur Folge, dass Ansprüche v Ärzten gegen die GmbH zunächst im Rahmen eines Schlichtungsverfahren nach § 94 ÄrzteG geltend zu machen sind.

C. Sonderproblem bei Einbringung einer Ordination in die Ärzte-GmbH

Gemäß § 10 Abs 1 sind **Sacheinlagen** sofort zu erbringen u müssen daher zum Zeitpunkt der Anmeldung der GmbH bereits geleistet sein. Kommt es zur Einbringung einer bestehenden ärztlichen Ordination in

---

150 *Fantur*, GES 2010, 156.
151 § 52b Abs 1 Z 3 ÄrzteG.
152 § 52b Abs 3 ÄrzteG.
153 *Karollus* in Resch/Wallner, Handbuch Medizinrecht³ XXX. Vergesellschaftung von Ärzten und Zahnärzten, Rz 72; mit Verweis auf § 52a Abs 1 ÄrzteG.
154 § 52b Abs 3 ÄrzteG.
155 § 52d Abs 1 ÄrzteG; s dazu Rz 85.
156 *Karollus* in Resch/Wallner, Handbuch Medizinrecht³ XXX. Vergesellschaftung von Ärzten und Zahnärzten, Rz 30.

die neu zu gründende Ärzte-GmbH im Wege einer Sachgründung, muss die Ordination daher noch vor Anmeldung zum FB in die Ärzte-GmbH eingebracht werden. Bis zur vollzogenen Eintragung in die Ärzteliste darf die Ärzte-GmbH ihre ärztliche Tätigkeit gem § 52b Abs 3 ÄrzteG jedoch nicht aufnehmen.

76 Die Ärzte-GmbH darf die Gruppenpraxis bis zur Eintragung der Ärzte-GmbH in die Ärzteliste nicht **betreiben**, was dazu führt, dass die eingebrachte Ordination grds vorübergehend zu schließen wäre. Allerdings können die einzelnen Ärzte die ärztlichen Leistungen im Rahmen der Ordination vorübergehend im eigenen Namen erbringen, bis die Ärzte-GmbH in die Ärzteliste eingetragen ist.[157] Die Einnahmen u Vorteile aus diesen Behandlungen müssen in der Folge gänzlich der Ärzte-GmbH zu Gute kommen, damit nicht gegen das Verbot der Einlagenrückgewähr verstoßen wird.

V. Zulassungsverfahren für Gruppenpraxen im Rahmen der ambulanten öffentlichen Gesundheitsversorgung

§ 52c ÄrzteG (1) [1]Der Landeshauptmann hat auf Antrag einer Gesellschaft oder Vorgesellschaft, die die Gründung einer Gruppenpraxis gemäß § 52b beabsichtigt, unter Wahrung der Zielsetzung

1. der Aufrechterhaltung einer qualitativ hochwertigen, ausgewogenen und allgemein zugänglichen ambulanten Gesundheitsversorgung und
2. des finanziellen Gleichgewichts des Systems der sozialen Sicherheit

diese als Gruppenpraxis zur Leistungserbringung im Rahmen der ambulanten öffentlichen Gesundheitsversorgung bei Vorliegen der Voraussetzungen des Abs. 2 mit Bescheid zuzulassen. [2]Dabei ist im Rahmen des Antrags durch Auflagen der Versorgungsauftrag der Gruppenpraxis hinsichtlich des Leistungsangebots (Leistungsvolumen einschließlich Personalausstattung, Leistungsspektrum und Öffnungszeiten unter Berücksichtigung von Tagesrand- und Nachtzeiten, Sams-, Sonn- und Feiertagen sowie erforderlichenfalls Bereitschaftszeiten) zu bestimmen.

---

157 *Karollus* in Resch/Wallner, Handbuch Medizinrecht[3] XXX. Vergesellschaftung von Ärzten und Zahnärzten, Rz 73.

(2) Eine Gesellschaft oder Vorgesellschaft ist als Gruppenpraxis zuzulassen, wenn unter Berücksichtigung der Ergebnisse der Planungen des jeweiligen RSG, insbesondere allfälliger rechtsverbindlich festgelegter Teile, hinsichtlich

1. der örtlichen Verhältnisse (regionale rurale oder urbane Bevölkerungsstruktur und Besiedlungsdichte) und der für die ambulante öffentliche Gesundheitsversorgung bedeutsamen Verkehrsverbindungen,
2. des Inanspruchnahmeverhaltens und der Auslastung von bestehenden Leistungsanbietern, die sozialversicherungsrechtlich erstattungsfähige Leistungen erbringen, durch Patienten,
3. der durchschnittlichen Belastung bestehender Leistungsanbieter gemäß Z 2,
4. Öffnungszeiten bestehender Leistungsanbieter gemäß Z 2, insbesondere an Tagesrandzeiten und an Wochenenden, sowie
5. der Entwicklungstendenzen in der Medizin

eine wesentliche Verbesserung des Versorgungsangebots im Einzugsgebiet erreicht werden kann.

(3) Der Landeshauptmann hat im Rahmen des Zulassungsverfahrens

1. ein Gutachten der Gesundheit Österreich GmbH oder eines vergleichbaren Planungsinstituts einzuholen sowie
2. eine begründete Stellungnahme der jeweiligen Landesgesundheitsplattform über das Vorliegen der Kriterien gemäß Abs. 2 zu Grunde zu legen.

(4) Parteistellung im Sinne des § 8 AVG und das Recht der Beschwerde gemäß Art. 132 Abs. 5 B-VG sowie Revision gemäß Art. 133 Abs. 8 B-VG haben auch

1. die betroffenen Sozialversicherungsträger,
2. die örtlich zuständige Landesärztekammer sowie
3. die gesetzliche Interessenvertretung privater Krankenanstalten.

(5) [1]Wesentliche Änderungen des Leistungsangebots (Abs. 1) bedürfen der Zulassung durch den Landeshauptmann unter Anwendung der Abs. 1 bis 4. [2]Von einer neuerlichen Zulassung ist abzusehen, wenn eine zugelassene Gruppenpraxis ihren Standort innerhalb desselben Einzugsgebietes verlegt.

(6) ¹Der Landeshauptmann hat unter größtmöglicher Schonung wohl erworbener Rechte Bescheide zurückzunehmen oder abzuändern, wenn sich

1. die für die Zulassung maßgeblichen Umstände geändert haben oder
2. nachträglich hervorkommt, dass eine erforderliche Voraussetzung schon ursprünglich nicht bestanden hat oder
3. die Auflagen des Zulassungsbescheids nach erfolglosem Verstreichen einer zur Einhaltung der Auflagen gesetzten Frist nicht eingehalten werden.

²Die Nichteinhaltung von Auflagen gemäß Z 3 stellt eine Berufspflichtverletzung gemäß § 49 Abs. 1 dar.

(7) ¹Der Landeshauptmann hat der Österreichischen Ärztekammer die Zurücknahme eines Bescheids gemäß Abs. 6 unverzüglich mitzuteilen. ²Die Österreichische Ärztekammer hat umgehend die Streichung der Gruppenpraxis aus der Ärzteliste durchzuführen.

idF BGBl I 2023/191

A. Einführung und Anwendung des komplexen Zulassungsregimes des § 52c ÄrzteG in der Praxis

77 Die Zulassungsverfahren nach §§ 52b u 52c ÄrzteG wurden im Rahmen der Nov zur Stärkung der ambulanten öffentlichen Gesundheitsversorgung (BGBl I 2010/61) als Reaktion auf das *„Hartlauer"*-Urteil des EuGH eingeführt.[158]

78 Sind die Voraussetzungen für das vereinfachte Zulassungsverfahren (Anzeige der wechselseitigen Zusage gem § 52b Abs 2 ÄrzteG) nicht erfüllt, weil beispielsweise nicht jeder Gesellschafter einen aufrechten Einzelvertrag mit der zuständigen GKK hat u die Gruppenpraxis auch nicht v Stellenplan gedeckt ist, kommt es zum umfassenden Zulassungsverfahren gem § 52c ÄrzteG.[159]

79 In der Praxis hat das Zulassungsregime nach § 52c ÄrzteG kaum Bedeutung, da Zulassungen außerhalb des Stellenplans zumeist an der **Hürde der Bedarfsprüfung** des § 52c Abs 2 ÄrzteG scheitern. Hin-

---

158 *Karollus* in Resch/Wallner, Handbuch Medizinrecht³ XXX. Vergesellschaftung von Ärzten und Zahnärzten, Rz 4; s dazu näher Rz 7 (Vor §§ 52, 52a ÄrzteG).
159 ErlRV 779 BlgNR 24. GP 21.

sichtlich der Dauer des Zulassungsverfahrens für Gruppenpraxen bestehen noch keine ausreichenden Erfahrungswerte. Die Verwaltungspraxis für die Zulassung v Krankenanstalten u selbstständigen Ambulatorien, deren Verfahren nahezu ident ausgestaltet sind,[160] zeigt, dass Zulassungsverfahren mehrere Jahre in Anspruch nehmen können.

B. Bedarfsprüfung auf Antrag einer Gesellschaft oder Vorgesellschaft (§ 52c Abs 1 und 2 ÄrzteG)

Der **Antrag auf Zulassung der Ärzte-GmbH** als Gruppenpraxis kann sowohl v der in das FB eingetragenen GmbH als auch v der Vorgesellschaft gestellt werden.[161] Der Landeshauptmann lässt die Ärzte-GmbH bzw die Vorgesellschaft iW dann als Gruppenpraxis zu, wenn unter Berücksichtigung der Ergebnisse der Planungen des jew **Regionalen Strukturplans für Gesundheit (RSG)** eine wesentliche Verbesserung des Versorgungsangebots im Einzugsgebiet erreicht werden kann.[162] Für jedes Bundesland existiert ein eigener RSG, welcher unter den Rahmenbedingungen des **Österreichischen Strukturplan Gesundheit (ÖSG)** erstellt wurde.[163]

Durch das Vereinbarungsumsetzungsgesetz 2017 (BGBl I 2017/26) wurde die Möglichkeit zur Verbindlicherklärung v Teilen des ÖSG u des RSG in § 52c Abs 2 ÄrzteG übernommen. Aufgrund verfassungsrechtlicher Bedenken wurde das System der Verbindlichmachung zum Zeitpunkt der Verfassung dieses Beitrags höchstgerichtlich überprüft,[164] weshalb es diesbzgl zu Änderungen kommen kann.

Die Vorgesellschaft einer GmbH entsteht durch Abschluss eines GesV in Form des Notariatsaktes u endet mit der Eintragung der GmbH ins FB. Die Vorgesellschaft ist nach hA (tw) rechtsfähig.[165] Der

---

160 Vgl beispielsweise § 3 u § 3a KAKuG.
161 § 52c Abs 1 ÄrzteG.
162 § 52c Abs 2 ÄrzteG.
163 Beispielsweise der Regionaler Strukturplan Gesundheit Wien 2025/2030 oder der Regionaler Strukturplan Gesundheit für Niederösterreich 2025 – Teil 1.
164 VfGH 30.6.2022, G 334/2021, V 265/2021; im Detail zu den verfassungsrechtlichen Bedenken s Antrag auf Aufhebung gem § 57 Abs 2 VfGG des LVwG Wien v 2.7.2020, ECLI:AT:LVWGWI:2020:VGW.106.087.7521. 2020.1; *Baumgartner*, ZfV 2018, 255; bezogen auf die verfassungsrechtliche Problematik iZm § 23 Gesundheits-Zielsteuerungsgesetz.
165 Vgl § 2 Rz 6 ff.

ärztliche Praxisbetrieb kann im Stadium der Vorgesellschaft jedoch noch nicht aufgenommen werden, da für die Ausübung der ärztlichen Tätigkeit die Eintragung der Ärzte-GmbH in die Ärzteliste Voraussetzung ist.[166] Der Eintragung in die Ärzteliste geht die Eintragung ins FB voraus, womit das Stadium der Vorgesellschaft beendet ist.

C. Bedarfsprüfung im Fall wesentlicher gesellschaftsrechtlicher Veränderungen (§ 52c Abs 5 ÄrzteG)

83 Die Genehmigungspflicht in Form der Bedarfsprüfung besteht nicht nur im Fall einer Neugründung der Ärzte-GmbH, sondern auch dann, wenn sich das **Leistungsangebot** einer bereits bestehenden Gruppenpraxis **wesentlich geändert** hat.[167]

84 Gesellschaftsrechtliche Veränderungen führen nicht zwingend zu einer neuerlichen Bedarfsprüfung. Eine Bedarfsprüfung ist bei einem reinen Gesellschafterwechsel, der keine Änderung des Leistungsangebots mit sich bringt, beispielsweise zu verneinen. Kommt es zu einer Erhöhung der Zahl der Gesellschafter, wird idR das quantitative Leistungsangebot gesteigert, was zu einer neuerlichen Genehmigungspflicht nach § 52c ÄrzteG führt. Gleiches gilt, wenn im Rahmen eines Gesellschafterwechsels der neue Gesellschafter eine v der Ärzte-GmbH bisher noch nicht umfasste Fachrichtung vertritt u sich das Leistungsangebot folglich erhöht.

VI. Berufshaftpflichtversicherung

§ 52d ÄrzteG (1) Eine freiberufliche ärztliche Tätigkeit darf erst nach Abschluss und Nachweis einer Berufshaftpflichtversicherung bei einem zum Geschäftsbetrieb in Österreich berechtigten Versicherer aufgenommen werden.

(2) ¹Die Mindestversicherungssumme hat für jeden Versicherungsfall zur Deckung der aus der ärztlichen Berufsausübung entstehenden Schadenersatzansprüche 2 000 000 Euro zu betragen. ²Eine Haftungshöchstgrenze darf pro einjähriger Versicherungsperiode bei einer Gruppenpraxis in der Rechtsform einer Gesellschaft mit beschränkter Haftung das Fünffache der Mindestversicherungs-

---

166 S dazu oben Rz 74 (zu § 52b ÄrzteG).
167 § 52c Abs 5 ÄrzteG.

summe, bei sonstiger freiberuflicher ärztlicher Tätigkeit das Dreifache der Mindestversicherungssumme nicht unterschreiten. ³Bei der Festlegung der Versicherungsbedingungen sind die fachspezifischen Prämien zu berücksichtigen.

(3) ¹Bei einer Gruppenpraxis in Rechtsform einer Gesellschaft mit beschränkter Haftung hat die Versicherung auch Schadenersatzansprüche zu decken, die gegen einen Arzt auf Grund seiner Gesellschafterstellung bestehen. ²Besteht die Berufshaftpflichtversicherung nicht oder nicht im vorgeschriebenen Umfang, so haften neben der Gruppenpraxis in Rechtsform einer Gesellschaft mit beschränkter Haftung auch die Gesellschafter unabhängig davon, ob ihnen ein Verschulden vorzuwerfen ist, persönlich in Höhe des fehlenden Versicherungsschutzes.

(4) ¹Die Versicherung ist während der gesamten Dauer der ärztlichen Berufsausübung aufrecht zu erhalten. Der Österreichischen Ärztekammer ist

1. im Zuge der Eintragung in die Ärzteliste der Abschluss sowie
2. jederzeit auf Verlangen das Bestehen

eines entsprechenden Versicherungsvertrags nachzuweisen. ²Die Versicherer sind verpflichtet, der Österreichischen Ärztekammer unaufgefordert und umgehend den Abschluss des Versicherungsvertrags sowie jeden Umstand, der eine Beendigung oder Einschränkung des Versicherungsschutzes oder eine Abweichung von der ursprünglichen Versicherungsbestätigung bedeutet oder bedeuten kann, zu melden. ³Die Versicherer sind verpflichtet, auf Verlangen der Österreichischen Ärztekammer über solche Umstände Auskunft zu erteilen.

(5) ¹Der Ausschluss oder eine zeitliche Begrenzung der Nachhaftung des Versicherers sowie der Ausschluss von Personen, deren Handlungen oder Unterlassungen dem Versicherten zuzurechnen sind, sind unzulässig. ²Die Versicherer sind verpflichtet, der Österreichischen Ärztekammer unaufgefordert und umgehend jeden Umstand zu melden, der eine Beendigung oder Einschränkung des Versicherungsschutzes oder eine Abweichung von der ursprünglichen Versicherungsbestätigung bedeutet oder bedeuten kann, und auf Verlangen über solche Umstände Auskunft zu erteilen.

(6) ¹Der geschädigte Dritte kann den ihm zustehenden Schadenersatzanspruch im Rahmen des betreffenden Versicherungsvertrages

auch gegen den Versicherer geltend machen. ²Der Versicherer und der ersatzpflichtige Versicherte haften als Gesamtschuldner.

(7) Der Versicherte und erforderlichenfalls die Österreichische Ärztekammer hat dem Patienten oder dessen gesetzlichen Vertreter auf Nachfrage Auskunft über die abgeschlossene Berufshaftpflichtversicherung (Abs. 1 bis 3), insbesondere den Versicherer, zu erteilen.

idF BGBl 2018/59

A. Haftung für Behandlungsfehler und Versicherungspflicht (§ 52d Abs 1 ÄrzteG)

85 Ein **Behandlungsvertrag** kommt direkt zw Patienten u der berufsbefugten Behandlungsgesellschaft zustande.[168] Die **vertragliche Haftung** aus diesem Behandlungsvertrag trifft daher zunächst die Ärzte-GmbH. Eine vertragliche Haftung auch des behandelnden Arztes der Ärzte-GmbH scheidet aus, da dieser nicht Vertragspartner wird. Der behandelnde Arzt kann allenfalls aus einer deliktischen Haftung in Anspruch genommen werden.[169]

86 Für eine Gruppenpraxis **tätige Personen** werden der Ärzte-GmbH gem § 1313a ABGB bzw nach den Grundsätzen der Repräsentantenhaftung[170] **zugerechnet**. Dabei handelt es sich um Gesellschafter, angestellte Ärzte sowie Vertretungsärzte u Konsiliarärzte, sofern der Behandlungsvertrag mit dem Patienten im Namen der Ärzte-GmbH abgeschlossen wird.

87 Im **Innenverhältnis** können behandelnde Ärzte gegenüber der Ärzte-GmbH gem § 1313 ABGB schadenersatzpflichtig werden. Die Sorgfaltshaftung des GF im Innenverhältnis zur GmbH gem § 25 greift nicht, wenn die ärztliche Leistung, die im Rahmen des Behandlungsvertrages erbracht wird, nicht im Rahmen der GF-Tätigkeit erbracht wird.[171]

---

168 S dazu oben Rz 19 (zu § 52a ÄrzteG).
169 *Karollus* in Resch/Wallner, Handbuch Medizinrecht³ XXX. Vergesellschaftung von Ärzten und Zahnärzten, Rz 65; *Schneider* in Aigner/Kletečka/Kletečka-Pulker/Memmer, Handbuch Medizinrecht für die Praxis, IV. Organisations- und Unternehmensrecht 72.
170 RIS-Justiz RS0009113.
171 *Karollus* in Resch/Wallner, Handbuch Medizinrecht³ XXX. Vergesellschaftung von Ärzten und Zahnärzten, Rz 64.

Ob eine Innenhaftung für Behandlungsfehler nach § 25 ausscheidet, wird im Einzelfall zu beurteilen sein.

Eine **Gesellschafterhaftung** besteht im GmbHG grds nicht. Den behandelnden Arzt-Gesellschafter kann bei Behandlungsfehlern allerdings eine deliktische Haftung treffen. Die Wirkung der Haftungsbeschränkung ist damit für den betroffenen Gesellschafter durchbrochen. 88

Infolge der Risikogeneigtheit der ärztlichen Tätigkeit trifft die Ärzte-GmbH eine **Versicherungspflicht**.[172] Die Tätigkeit der Ärzte-GmbH darf erst nach Abschluss u Nachw einer Berufshaftpflichtversicherung bei einem zum Geschäftsbetrieb in Ö berechtigten Versicherer aufgenommen werden. Da sich der Unternehmensgegenstand der Ärzte-GmbH auf die ärztliche Berufsausübung beschränkt,[173] darf die Ärzte-GmbH vor Nachw des Versicherungsabschlusses nicht operativ tätig werden. 89

Sollte die Berufshaftpflichtversicherung für die Gruppenpraxis nicht oder nicht im vorgeschriebenen Umfang bestehen, kommt es zu einem **Haftungsdurchgriff** u zu einer – im GmbHG sonst nicht vorgesehenen – **Gesellschafterhaftung**.[174] 90

B. Mindestversicherungssumme und höhere Haftungshöchstgrenze bei der Ärzte-GmbH (§ 52d Abs 2 ÄrzteG)

Die Berufshaftpflichtversicherung deckt Schadenersatzansprüche, die aus der ärztlichen Berufsausübung entstehen. Neben einer **Mindestversicherungssumme** pro Versicherungsfall v € 2 Mio ist eine **Haftungshöchstgrenze** pro einjähriger Versicherungsperiode bei der Ärzte-GmbH v Fünffachen der Mindestversicherungssumme – also zumindest € 10 Mio – vorgesehen. Eine mit der Versicherung vereinbarte jährliche Höchstgrenze unabhängig v der Zahl der Versicherungsfälle, ab deren Erreichen die Versicherung leistungsfrei ist, darf daher nicht unter dem Fünffachen (im Falle einer OG: dem Dreifachen) der Mindestversicherung liegen. Dabei kommt es auf den Eintritt des Versicherungsfalles bzw des Schadenereignisses u nicht etwa auf die Auszahlung der Versicherungsleistung an.[175] Wird die 91

---

172 ErlRV 779 BlgNR 24. GP 22.
173 S dazu Rz 35 ff (zu § 52a ÄrzteG).
174 § 52d Abs 3 ÄrzteG; s näher dazu unten Rz 94 ff.
175 *Grubmann*, VersVG[8] AHVB 2005 u EHVB 2005 Version 2012 Zu Art 1 AHVB E 92.

vereinbarte jährliche Haftungshöchstgrenze erreicht u tritt ein weiterer Versicherungsfall ein, ist die Versicherung leistungsfrei. Die Ärzte-GmbH haftet mit dem Gesellschaftsvermögen u der behandelnde Arzt uU deliktisch.[176] Mit Blick auf die Haftpflichtpraxis scheinen die in § 52d Abs 2 ÄrzteG statuierten Haftungssummen als mglw zu hoch angesetzt.

92 Die Versicherung deckt **Versicherungsfälle**, die aufgrund der freiberuflichen ärztlichen Tätigkeit entstehen.[177] Ansprüche, die ausschließlich aufgrund einer gesellschaftsrechtlichen Tätigkeit entstehen, wie beispielsweise ein Sorgfaltsverstoß des GF, sind v der Versicherung nicht erfasst.[178]

93 Die Österreichische Ärztekammer hat mit dem Verband der Versicherungsunternehmen einen **Rahmenvertrag** hinsichtlich der Versicherungsbedingungen geschlossen.[179] Demnach kommen die Allgemeinen Bedingungen für die Haftpflichtversicherung (AHVB) sowie die Ergänzenden Allgemeinen Bedingungen für die Haftpflichtversicherung (EHVB) zur Anwendung. Der Rahmenvertrag enthält keine Vorgaben zur Prämienhöhe. Obwohl § 52d Abs 2 ÄrzteG letzter S explizit auf die Berücksichtigung „fachspezifischer Prämien" hinweist, sind die Prämien in der Praxis untersch ausgestaltet u ein fachspezifischer Gleichlauf nicht erkennbar.

C. Die Gesellschafterhaftung in der Ärzte-GmbH (§ 52d Abs 3 ÄrzteG)

1. Haftung „auf Grund Gesellschafterstellung" (Abs 3 S 1)

94 Handelt es sich um eine Ärzte-GmbH, so hat die Versicherung auch Schadenersatzansprüche zu decken, die gegen einen Arzt aufgrund seiner Gesellschafterstellung bestehen.[180] Der Bedeutungsinhalt ist unklar. Allein *aufgrund* der Stellung als Gesellschafter sind Schadenersatzansprüche nicht denkbar.[181] Klassische gesellschaftsrechtliche Haftungs-

---

176 § 61 Abs 2.
177 OGH 29.11.2017, 7 Ob 177/17f mit Verweis auf ErlRV 779 BlgNR 24. GP 22.
178 *Karollus* in Resch/Wallner, Handbuch Medizinrecht³ XXX. Vergesellschaftung von Ärzten und Zahnärzten, Rz 68; s dazu Rz 94 f.
179 Rahmenvereinbarung der Österreichischen Ärztekammer (ÖAK) mit dem Verband der Versicherungsunternehmen (VVO) über die Vertragsbedingungen der Berufshaftpflichtversicherung gem § 117b Abs 1 Z 22a ÄrzteG.
180 § 52d Abs 3 S 1 ÄrzteG.
181 *Fantur*, GES 2010, 155.

tatbestände (zB verbotene Einlagenrückgewähr) können nicht gemeint sein, da die Versicherung *„aus der ärztlichen Berufsausübung entstehende Schadenersatzansprüche"*[182] decken soll. Ansprüche, die mit der – hier: ärztlichen – Leistungserbringung nichts zu tun haben, sollen v einer Berufshaftpflichtversicherung gerade nicht erfasst sein.

Gemeint sind direkte **Ansprüche v Patienten gegen den behandelnden Arzt-Gesellschafter** *ex delicto*.[183] Eine solche deliktische Haftung für Behandlungsfehler kann jedoch gerade nicht davon abhängen, ob der Arzt eine Gesellschafterstellung innehat. Ein für die Gruppenpraxis tätig werdender, angestellter Arzt ohne Gesellschafterstellung kann ebenso deliktisch haften u die Berufshaftpflichtversicherung muss zwingend auch die Tätigkeiten dieser angestellten Ärzte ohne Gesellschafterstellung decken.[184] Die Regelung ist daher im Grunde genommen überflüssig.[185]

2. „Haftungsdurchgriff" (Abs 3 S 2)

Es kommt zu einem Haftungsdurchgriff auf die Gesellschafter der GmbH, **sofern die Berufshaftpflichtversicherung nicht oder nicht im vorgeschriebenen Umfang besteht** u dies unabhängig davon, ob ein Verschulden vorzuwerfen ist.[186] Die Haftung ist betraglich mit der fehlenden Versicherungsdeckung begrenzt.

Es ist unerheblich, aus welchem Grund der ausreichende Versicherungsschutz fehlt. Bei gänzlichem Fehlen einer Berufshaftpflichtversicherung haften die Gesellschafter bis zur Mindestversicherungssumme v € 2 Mio pro einzelnen Versicherungsfall u – im Fall der GmbH – insgesamt bis zu € 10 Mio pro Jahr. Der Haftungsdurchgriff ist daher mit der Haftungshöchstgrenze iSd § 52d Abs 2 ÄrzteG begrenzt. Die Gesellschafter haften für den Schaden solidarisch.

---

182 § 52d Abs 2 ÄrzteG; s dazu oben Rz 91.
183 *Fantur*, GES 2010, 155; *Karollus* in Resch/Wallner, Handbuch Medizinrecht³ XXX. Vergesellschaftung von Ärzten und Zahnärzten, Rz 68 mwN; *Schneider* in Aigner/Kletečka/Kletečka-Pulker/Memmer, Handbuch Medizinrecht für die Praxis, IV. Organisations- und Unternehmensrecht 72.
184 § 52d Abs 5 ÄrzteG; s dazu unten Rz 100.
185 Vgl auch *Karollus* in Resch/Wallner, Handbuch Medizinrecht³ XXX. Vergesellschaftung von Ärzten und Zahnärzten, Rz 68.
186 § 52d Abs 3 S 2 ÄrzteG.

D. Aufrechter und unbegrenzter Versicherungsschutz (§ 52d Abs 4 und 5 ÄrzteG)

98 Die ärztliche Tätigkeit darf erst nach Eintragung in die Ärzteliste erfolgen u ist an die aufrechte Eintragung gebunden.[187] Wird die Ärzte-GmbH aus der Ärzteliste gestrichen, sind die ärztlichen Tätigkeiten zu unterlassen. Im Zuge der Eintragung einer Ärzte-GmbH in die Ärzteliste ist der Österreichischen Ärztekammer ein **Nachw über den Abschluss einer Berufshaftpflichtversicherung** vorzulegen.[188]

99 Die ärztliche Tätigkeit darf **erst nach Erbringung dieses Nachw** ausgeübt werden.[189] Der Nachw wird v der Versicherung elektronisch u unaufgefordert an die jew zuständige Ärztekammer erbracht. Für die Meldung ist ein Formblatt vorgesehen.[190] In der Folge ist die Berufshaftpflichtversicherung während der gesamten Zeit, in der die Ärzte-GmbH bzw deren Ärzte ärztliche Tätigkeiten erbringen, aufrecht zu erhalten.[191] Die Beendigung des Versicherungsverhältnisses ist ebenso v der Versicherung an die zuständigen Ärztekammer zu melden.[192] Die Ärzte-GmbH hat in der Folge eine neue Berufshaftpflichtversicherung abzuschließen, andernfalls es zum Haftungsdurchgriff iSd § 52d Abs 3 ÄrzteG kommen kann.

100 Die **Nachhaftung** muss zeitlich unbeschränkt bestehen. Unzulässig ist außerdem der **Ausschluss** v Personen, deren Handlungen oder Unterlassungen dem Versicherten zuzurechnen sind.[193] Diese mit BGBl I 2014/82 eingeführte Novellierung dient als Klarstellung, dass die Berufshaftpflichtversicherung auch die Tätigkeiten v bei der Ärzte-GmbH angestellten Ärzten ohne Gesellschafterstellung zu umfassen hat,[194] damit ein umfassender aufrechter Versicherungsschutz besteht.

---

187 § 52b Abs 3 ÄrzteG; ErlRV 779 BlgNR 24. GP 20; s dazu auch Rz 71 f (zu § 52b ÄrzteG).
188 § 52d Abs 4 Z 1 ÄrzteG.
189 § 52d Abs 1 ÄrzteG.
190 Anl 1 zur Rahmenvereinbarung der Österreichischen Ärztekammer (ÖAK) mit dem Verband der Versicherungsunternehmen (VVO) über die Vertragsbedingungen der Berufshaftpflichtversicherung gem § 117b Abs 1 Z 22a ÄrzteG.
191 § 52d Abs 4 ÄrzteG.
192 § 52d Abs 4 ÄrzteG.
193 § 52d Abs 5 ÄrzteG.
194 *Karollus* in Resch/Wallner, Handbuch Medizinrecht³ XXX. Vergesellschaftung von Ärzten und Zahnärzten, Rz 68.

VII. Primärversorgungseinheiten

§ 2 PrimVG (1) Eine Primärversorgungseinheit nach diesem Bundesgesetz ist eine durch verbindliche und strukturierte Zusammenarbeit gemäß dem Versorgungskonzept (§ 6) nach außen, vor allem gegenüber der Bevölkerung im Einzugsgebiet, als Einheit auftretende Erstanlaufstelle im Gesundheitsversorgungssystem und hat als solche Angebote zur Förderung von Gesundheit und Prävention vor Krankheiten und für eine umfassende Behandlung von Akuterkrankungen und chronischen Erkrankungen zur Verfügung zu stellen sowie die für eine gesamtheitliche und kontinuierliche Gesundheitsvorsorge und Krankenversorgung erforderlichen Maßnahmen zu koordinieren.

(2) [1]Die Primärversorgungseinheit hat jedenfalls aus einem Kernteam, das sich aus mindestens zwei Ärztinnen/Ärzten für Allgemeinmedizin und mindestens einem Angehörigen des gehobenen Dienstes für Gesundheits- und Krankenpflege zusammensetzt, zu bestehen. [2]Orts- und bedarfsabhängig soll zusätzlich mindestens eine Fachärztin/ein Facharzt für Kinder- und Jugendheilkunde Teil des ärztlichen Kernteams sein. [3]Abhängig von den Planungsvorgaben im Regionalen Strukturplan Gesundheit (RSG) darf das ärztliche Kernteam auch

1. ausschließlich aus mindestens zwei Fachärztinnen/Fachärzten für Kinder- und Jugendheilkunde oder
2. aus mindestens einer Fachärztin/einem Facharzt für Kinder- und Jugendheilkunde und einer Ärztin/einem Arzt für Allgemeinmedizin bestehen.

(3) [1]Orts- und bedarfsabhängig sind weitere Angehörige von Gesundheits- und Sozialberufen und Einrichtungen, in denen solche Personen beschäftigt werden, von der Primärversorgungseinheit verbindlich und strukturiert einzubinden. [2]Als solche kommen insbesondere Fachärztinnen und Fachärzte für Frauenheilkunde und Geburtshilfe, Hebammen, Psychologinnen und Psychologen, Psychotherapeutinnen und Psychotherapeuten, Angehörige der Gesundheits- und Krankenpflege, die im Medizinische Assistenzberufe-Gesetz und im Medizinischer Masseur- und Heilmasseurgesetz geregelten Berufe und die gehobenen medizinisch-technischen Dienste in Betracht sowie gegebenenfalls die Kooperation mit öffentlichen Apotheken.

(4) ¹Eine Primärversorgungseinheit nach diesem Bundesgesetz hat mit eigener Rechtspersönlichkeit ausgestattet zu sein. ²Sie muss im jeweiligen Regionalen Strukturplan Gesundheit (RSG) abgebildet sein und über einen auf dem Sachleistungsprinzip beruhenden Primärversorgungsvertrag (§ 8) mit den in Betracht kommenden Krankenversicherungsträgern verfügen, wobei jedenfalls die Österreichische Gesundheitskasse Vertragspartner der Primärversorgungseinheit sein muss.

(5) ¹Eine Primärversorgungseinheit kann entsprechend den örtlichen Verhältnissen an einem Standort oder als Netzwerk an mehreren Standorten eingerichtet sein (Primärversorgungstypus). ²Sie kann nach Maßgabe der Z 1 und 2 in jeder zulässigen Organisationsform in der jeweils zulässigen Rechtsform geführt werden.

1. Eine an einem Standort eingerichtete Primärversorgungseinheit kann nur in der Organisationsform
   a) einer Gruppenpraxis (§ 52a des Ärztegesetzes 1998 (ÄrzteG 1998), BGBl. I Nr. 169/1998), allenfalls in Verbindung mit § 9 Abs 1) oder
   b) eines selbständigen Ambulatoriums (§ 2 Abs. 1 Z 5 des Bundesgesetzes über Krankenanstalten- und Kuranstalten (KAKuG), BGBl. Nr. 1/1957) geführt werden.
2. Wird eine Primärversorgungseinheit als Netzwerk, zB in Form eines Vereins, geführt, so kann diese nur aus freiberuflich tätigen Ärztinnen und Ärzten, Gruppenpraxen sowie anderen nichtärztlichen Angehörigen von Gesundheits- und Sozialberufen oder deren Trägerorganisationen gebildet werden.

idF BGBl I 2023/81

§ 9 PrimVG (1) § 52a Abs. 4 ÄrzteG 1998 ist mit der Maßgabe anzuwenden, dass die Anzahl der Standorte die Anzahl der an der Gruppenpraxis beteiligten Gesellschafterinnen und Gesellschafter überschreiten darf, sofern eine wesentliche Verbesserung des Versorgungsangebots im Einzugsgebiet im Sinne der Kriterien des § 52c Abs. 2 ÄrzteG 1998 erreicht werden kann.

(1a) ¹Gesellschafterinnen und Gesellschafter einer Primärversorgungseinheit in Form einer Gruppenpraxis können unter den Voraussetzungen des Abs. 1c auch Angehörige anderer gesetzlich geregelter Gesundheitsberufe sein (multiprofessionelle Gruppenpraxis).

²Die ärztegesetzlichen Bestimmungen über Gruppenpraxen sind unter Berücksichtigung der besonderen Regelungen gemäß Abs. 1c anzuwenden.

(1b) (Grundsatzbestimmung) Multiprofessionelle Gruppenpraxen gelten nicht als Krankenanstalten in der Betriebsform eines selbständigen Ambulatoriums gemäß § 2 Abs. 1 Z 5 KAKuG, sofern hinsichtlich der Anstellung von Angehörigen anderer gesetzlich geregelter Gesundheitsberufe § 52a Abs. 3 Z 8 ÄrzteG 1998 eingehalten wird.

(1c) Die Einrichtung und der Betrieb einer Primärversorgungseinheit als multiprofessionelle Gruppenpraxis ist unter folgenden Voraussetzungen zulässig:

1. Abweichend von § 52a Abs. 1 Z 1 ÄrzteG 1998 darf eine multiprofessionelle Gruppenpraxis nur in der Rechtsform einer Gesellschaft mit beschränkter Haftung betrieben werden.
2. § 52a Abs. 2 zweiter Satz ÄrzteG 1998 gilt nur für ärztliche Gesellschafterinnen und Gesellschafter.
3. Abweichend von § 52a Abs. 3 Z 1 ÄrzteG 1998 dürfen Gesellschafterinnen und Gesellschafter einer multiprofessionellen Gruppenpraxis auch Angehörige anderer gesetzlich geregelter Gesundheitsberufe sein, sofern sie
    a) zur freiberuflichen Berufsausübung berechtigt sind und
    b) in der Primärversorgungseinheit im Kernteam (§ 2 Abs. 2) oder gemäß § 2 Abs. 3 hauptberuflich tätig sind.
4. Den ärztlichen Gesellschafterinnen und Gesellschaftern muss die Mehrheit (mehr als 50 %) am Kapital der Gesellschaft und bei der Willensbildung ein bestimmender Einfluss zukommen.
5. Abweichend von § 52a Abs. 3 Z 4 ÄrzteG 1998 ergibt sich die Berufsbefugnis der multiprofessionellen Gruppenpraxis aus den Berufsberechtigungen der an der multiprofessionellen Gruppenpraxis als Gesellschafterinnen und Gesellschafter beteiligten
    a) Ärztinnen und Ärzten sowie
    b) Angehörigen anderer gesetzlich geregelter Gesundheitsberufe.
6. Abweichend von § 52a Abs. 3 Z 5 lit. a ÄrzteG 1998 muss die Tätigkeit der multiprofessionellen Gruppenpraxis auf die Ausübung von
    a) Tätigkeiten im Rahmen der Berufsbefugnis der multiprofessionellen

Gruppenpraxis (Z 5) einschließlich Hilfstätigkeiten und

b) mit der Berufsbefugnis der multiprofessionellen Gruppenpraxis im direkten Zusammenhang stehenden Tätigkeiten von angestellten Angehörigen anderer Gesundheitsberufe beschränkt sein.
7. § 52a Abs. 5 dritter Satz ÄrzteG 1998 gilt sinngemäß auch für Gesellschafterinnen und Gesellschafter, die Angehörige anderer gesetzlich geregelter Gesundheitsberufe sind.
8. § 52a Abs. 6 erster Satz ÄrzteG 1998 gilt nur für ärztliche Gesellschafterinnen und Gesellschafter.
9. [1]Die multiprofessionelle Gruppenpraxis muss über eine Berufshaftpflichtversicherung im Ausmaß des § 52d Abs. 2 ÄrzteG 1998 zur Deckung sämtlicher aus ihrer Tätigkeit entstehender Schadenersatzansprüche verfügen. [2]§ 52d Abs. 3 erster ÄrzteG 1998 gilt sinngemäß auch für Gesellschafterinnen und Gesellschafter, die Angehörige anderer gesetzlich geregelter Gesundheitsberufe sind.

(2) [1]Abweichend von § 52b ÄrzteG 1998 setzt die Gründung einer Primärversorgungseinheit in Form einer Gruppenpraxis voraus, dass

1. die Primärversorgungseinheit im RSG abgebildet ist,
2. – als Ergebnis eines Verfahrens nach § 14 – eine vorvertragliche Zusage der Österreichischen Gesundheitskasse zum Abschluss eines Primärversorgungsvertrags (§ 8) vorliegt und
3. die Eintragung ins Firmenbuch erfolgt ist.

[2]Außer in den Fällen des § 52b Abs. 1 Z 2 lit. a ÄrzteG 1998 darf die Gruppenpraxis ihre ärztliche Tätigkeit erst nach bescheidmäßiger Feststellung durch den Landeshauptmann, dass die Voraussetzungen der Z 1 bis 3 erfüllt sind und der anschließenden Eintragung in die Ärzteliste aufnehmen.

(3) § 52c ÄrzteG 1998 ist nicht anzuwenden.

(4) Wird eine Primärversorgungseinheit in der Form eines selbständigen Ambulatoriums geführt, so begründet dessen ärztliche Leitung einen Berufssitz gemäß § 45 ÄrzteG 1998.

idF BGBl I 2023/81

§ 10 PrimVG (Grundsatzbestimmung) Für Primärversorgungseinheiten in Form von selbständigen Ambulatorien gilt Folgendes:

1. ¹Abweichend von § 3a Abs. 2 Z 1 und Abs. 3, 5 und 7 KAKuG ist die Errichtungsbewilligung für eine Primärversorgungseinheit in Form eines selbständigen Ambulatoriums nur dann zu erteilen, wenn eine Primärversorgungseinheit im RSG abgebildet ist und – als Ergebnis eines Verfahrens nach § 14 oder § 14a – eine vorvertragliche Zusage der Österreichischen Gesundheitskasse zum Abschluss eines Primärversorgungsvertrags (§ 8) vorliegt. ²Die Bedarfsprüfung nach § 3a Abs. 2 Z 1 in Verbindung mit Abs. 3 KAKuG entfällt.
2. Eine Bewilligung zum Betrieb einer Primärversorgungseinheit in Form eines selbständigen Ambulatoriums ist zu erteilen, wenn die Voraussetzungen des § 3b Abs. 1 oder 2 KAKuG erfüllt sind. § 6 KAKuG ist nicht anzuwenden.
3. Für eine Primärversorgungseinheit in Form eines selbständigen Ambulatoriums entfällt die Verpflichtung zur Einrichtung einer Arzneimittelkommission nach § 40 Abs. 1 lit. c in Verbindung mit § 19a KAKuG.
4. In einer Primärversorgungseinheit ist die ärztliche Leiterin/der ärztliche Leiter nach § 7 KAKuG hauptberuflich zur persönlichen Berufsausübung verpflichtet. Gesellschafterinnen und Gesellschafter von Primärversorgungseinheiten in Form von selbständigen Ambulatorien dürfen nur gemeinnützige Anbieter gesundheitlicher oder sozialer Dienste, gesetzliche Krankenversicherungsträger, Gebietskörperschaften bzw. von Gebietskörperschaften eingerichtete Körperschaften und Fonds sein.

idF BGBl I 2023/81

A. Allgemeines

Die **Schaffung v PVE** wurde auf Basis einer Art 15a-B-VG-Vereinbarung implementiert.[195] Mit der PVE wird ein neuer Leistungsanbieter zum bestehenden Hausarztsystem wie auch zu den sonstigen Einrichtungen der ambulanten Versorgung im niedergelassenen Bereich geschaffen.[196]

---

195 Art 15a-B-VG-Vereinbarungen über die Organisation u Finanzierung des Gesundheitswesens, BGBl I 2017/98 sowie BGBl I 2017/97.
196 *Karollus* in Resch/Wallner, Handbuch Medizinrecht³ XXX. Vergesellschaftung von Ärzten und Zahnärzten, Rz 104; zum Begriff der Primärversorgung s auch *Wallner* in Cerha/Resch/Wallner, PrimVG § 1 Rz 2 ff.

Die rechtlichen Rahmenbedingungen für die Schaffung v PVE wurden durch das PrimVG sowie das ASVG[197] geschaffen.

102 Die PVE muss aus einem **Kernteam**, bestehend aus Ärzten für Allgemeinmedizin u Angehörigen des gehobenen Dienstes für Gesundheits- u Krankenpflege bestehen. Teil des Kernteams können auch Ärzte für Kinder- u Jugendheilkunde sein.[198] Im Zuge der ersten Nov des PrimVG wurde zusätzlich die Möglichkeit geschaffen, dass das Kernteam ausschließlich aus Fachärzten für Kinder- u Jugendheilkunde besteht, womit die rechtlichen Voraussetzungen für sogenannte „Kinder-PVE" geschaffen wurde.[199] Zu beachten ist, dass die personellen Vorgaben des § 2 PrimVG nicht mit der Gesellschafterposition gleichzusetzen sind.[200]

103 Eine PVE kann an einem Standort (als **Zentrum**) oder als **Netzwerk** (mit mehreren Standorten)[201] betrieben werden. Wird eine PVE als Zentrum an nur einem Standort geführt, so kommt als Rechtsträger entweder eine ärztliche Gruppenpraxis iSd § 52a ÄrzteG (unter Einbeziehung der neu geschaffenen multiprofessionellen Gruppenpraxen)[202] oder ein selbständiges Ambulatorium in Betracht. Wird eine PVE als Zentrum in Form einer ärztlichen Gruppenpraxis betrieben, so kann Rechtsträger – neben einer OG – auch eine GmbH sein. Ist eine GmbH Rechtsträger einer PVE, so ist die Gesellschafterstellung eingeschränkt auf zur selbständigen Berufsausübung berechtigte Ärzte für Allgemeinmedizin, Fachärzte für Kinder- u Jugendheilkunde sowie zur freiberuflichen Berufsausübung berechtigte andere gesetzl geregelte Gesundheitsberufe.[203]

Träger eines Netzwerkes dagegen kann neben einer standortübergreifenden Gruppenpraxis[204] jede beliebige Rechtsform des Gesellschaftsrechts (sowohl PersGes als auch KapGes), u damit auch eine GmbH sein.[205] Teilnehmer am Primärversorgungsnetzwerk hatten sohin

---

197 §§ 342 bis 342c ASVG; zu den gesamtvertraglichen Vorgaben s auch *Resch*, ZAS 2019, 4.
198 § 2 Abs 2 PrimVG; s auch *Holzgruber/Hübner-Schwarzinger/Minihold*, Die Ärzte-Gruppenpraxis², 58.
199 ErlRV 2087 BlgNR 27. GP 2 f.
200 Zur Gesellschafterstellung vgl Rz 111.
201 § 2 Abs 5 PrimVG.
202 § 9 Abs 1a bis 1c PrimVG; vgl Rz 111.
203 § 52a Abs 3 Z 1 ÄrzteG; zur Gesellschafterstellung vgl Rz 111.
204 § 52a Abs 4 ÄrzteG.
205 *Wallner*, RdM 2018, 139 (269 f).

bereits bisher die Möglichkeit, auch eine GmbH, an der nicht ausschließlich Ärzte beteiligt sind, zu gründen.[206]

B. Rechtsträger einer Primärversorgungseinheit

1. Die GmbH als Rechtsträgerin einer Primärversorgungseinheit (§ 2 Abs 5 Z 1 lit a PrimVG)

Da es sich bei einer an einem Standort errichteten PVE als Zentrum immer um eine Gruppenpraxis gem § 52a ÄrzteG handelt, ist die GmbH (auch im Fall einer multiprofessionellen Gruppenpraxis) in diesem Fall immer eine **Behandlungsgesellschaft**.[207] Der Behandlungsvertrag wird mit der GmbH als Rechtsträger der PVE abgeschlossen.[208]

104

2. Gesellschafter einer GmbH als Rechtsträger einer Primärversorgungungseinheit (§ 2 Abs 2 PrimVG, § 9 Abs 1a bis 1c PrimVG)

Gesellschafter einer GmbH als Rechtsträger einer PVE können Ärzte für Allgemeinmedizin u Fachärzte für Kinder- u Jugendheilkunde sowie unter den im PrimVG definierten Voraussetzungen bei multiprofessionellen Gruppenpraxen auch Angehörige anderer gesetzl geregelter nicht-ärztlicher Gesundheitsberufe sein.[209]

105

3. Das selbstständige Ambulatorium als Rechtsträger einer Primärversorgungseinheit

Rechtsträger eines selbständigen Ambulatoriums kann grds **jede zulässige Gesellschaftsform**, u sohin auch eine GmbH sein. Hervorzuheben ist, dass das PrimVG den Rechtsträger einer PVE in Form eines selbständigen Ambulatoriums auf gemeinnützige Anbieter gesundheitlicher u sozialer Dienste, gesetzl Krankenversicherungsträger, v Gebietskörperschaften eingerichtete Körperschaften u Fonds beschränkt.[210] Ambu-

106

---

206 *Wallner* in Cerha/Resch/Wallner, PrimVG § 2 Rz 15; vgl dazu Rz 121.
207 Vgl § 52a ÄrzteG Rz; so auch *Cerha* in Cerha/Resch/Wallner, PrimVG § 9 Rz 4.
208 So auch *Cerha* in Cerha/Resch/Wallner, PrimVG § 8 Rz 15.
209 § 9 Abs 1c PrimVG – vgl Rz 111; zur Rechtslage vor der PrimVG-Nov 2013 vgl *Wallner* in Cerha/Resch/Wallner, PrimVG § 2 Rz 12.
210 § 10 Z 4 PrimVG; zur Gesellschafterstellung vgl Rz 121.

latorien, die eine PVE in Form einer GmbH betreiben, müssen nicht selbst gemeinnützig sein.[211]

4. Rechtsträger einer Primärversorgungseinheit als Netzwerk

107 Auch PVE, die als Netzwerk geführt werden, benötigen einen Rechtsträger. Auch wenn daher niedergelassene Ärzte unter Beibehaltung der Standorte ihrer einzelnen Ordinationsstätten in einer PVE zusammenarbeiten, ist ein Rechtsträger zur Abwicklung der Zahlungsströme gegenüber den Sozialversicherungsträgern zu implementieren.[212] Der Rechtsträger kann **jede beliebige Gesellschaftsform**, sohin auch die einer GmbH, haben.

C. Zulassungsverfahren

108 Die Zulassungsverfahren sowohl für PVE in Form einer Gruppenpraxis als auch in Form eines selbstständigen Ambulatoriums weisen Besonderheiten zu den Zulassungsverfahren einfacher Gruppenpraxen u selbständiger Ambulatorien auf.[213]

D. Firma einer Primärversorgungseinheit

109 Die Bezeichnung „Primärversorgungseinheit" darf ausschließlich v nach dem PrimVG eingerichteten PVE geführt werden,[214] womit eine Täuschung des Geschäftsverkehrs vermieden wird.[215] Da eine nach dem PrimVG errichtete PVE erst dann vorliegt, wenn zumindest eine vorvertragliche Zusage auf Abschluss eines Primärversorgungsvertrags existiert, wird die (spätere) Trägergesellschaft einer PVE zur Eintragung ins FB mit

---

211 S dazu etwa *Wallner* in Cerha/Resch/Wallner, PrimVG § 2 Rz 13; zur Voraussetzung der Gemeinnützigkeit vgl § 10 Abs 4 PrimVG sowie Rz 120.
212 *Karollus* in Resch/Wallner, Handbuch Medizinrecht³ XXX. Vergesellschaftung von Ärzten und Zahnärzten, Rz 110; s auch *Aigner/Windischhofer*, PrimVG § 2 Anm 10; u *Wallner* in Cerha/Resch/Wallner, PrimVG § 2 Rz 17 ff, § 8 Rz 11 ff.
213 Zu den Besonderheiten der Zulassungsverfahren s im Detail *Holzgruber* in Holzgruber/Hübner-Schwarzinger/Minihold, Die Ärzte-Gruppenpraxis 61.
214 § 12 Abs 1 PrimVG; *Karollus* in Resch/Wallner, Handbuch Medizinrecht³ XXX. Vergesellschaftung von Ärzten und Zahnärzten, Rz 122.
215 *Cerha* in Cerha/Resch/Wallner, PrimVG § 12 Rz 2.

einem neutralen Firmenwortlaut gegründet werden müssen. Erst nach Vorliegen der vorvertraglichen Zusage kann dann eine Änderung der Fa unter Aufnahme des Zusatzes „Primärversorgungseinheit" erfolgen.[216]

Ist Rechtsträger einer PVE eine **Gruppenpraxis**, so erscheint fraglich, ob die Firmenbildungsvorschriften des ÄrzteG für Gruppenpraxen[217] anwendbar ist. Dies erscheint entgegen der hL[218] nicht geboten, da eine PVE eine eigene Form der Versorgung im niedergelassenen Bereich darstellt u § 12 PrimVG *lex specialis* ist. Auch die Nov zum PrimVG, mit der unter den im PrimVG[219] geregelten Voraussetzungen auch Angehörige anderer, gesetzl geregelter nicht-ärztlicher Gesundheitsberufe Gesellschafter einer GmbH sein können, schweigt zu dieser Frage. Zwar regelt der Gesetzgeber, dass § 52a Abs 2 zweiter S ÄrzteG nur für die ärztlichen Gesellschafter gilt, eine Regelung für die Fa einer solchen „multiprofessionellen GmbH" iSd § 52a Abs 2 erster S ÄrzteG fehlt.

E. Besonderheiten einer GmbH als Rechtsträger einer Primärversorgungseinheit

1. GmbH als Rechtsträger einer Gruppenpraxis-Primärversorgungseinheit (§ 2 Abs 5 Z 1 PrimVG)

Eine an einem Standort eingerichtete PVE kann nur in der Organisationsform einer **Gruppenpraxis**[220] oder der eines **selbstständigen Ambulatoriums**[221] geführt werden.

Bis zur ersten Nov des PrimVG[222] durften Gesellschafter einer Gruppenpraxis ausschließlich zur selbstständigen Berufsausübung berechtigte Ärzte sein, sodass auch bei einer PVE an einem Standort, die als Gruppenpraxis geführt wird, der Gesellschafterkreis auf diese Personen eingeschränkt war.

---

216 So auch *Cerha* in Cerha/Resch/Wallner, PrimVG § 12 Rz 2.
217 Vgl auch § 52a ÄrzteG.
218 **Dafür** zB *Karollus* in Resch/Wallner, Handbuch Medizinrecht³ XXX. Vergesellschaftung von Ärzten und Zahnärzten, Rz 123; *Cerha* in Cerha/Resch/Wallner, PrimVG § 12 Rz 1.
219 § 9 Abs 1c PrimVG.
220 § 2 Abs 5 Z 1 lit a PrimVG.
221 § 2 Abs 5 Z 1 lit b PrimVG.
222 BGBl I 2023/81.

Durch die erste Nov des PrimVG wurde (derzeit ausschließlich bei PVE) die Möglichkeit geschaffen, dass – unter tw Abänderung des § 52a ÄrzteG – auch Angehörige gesetzlich geregelter nichtärztlicher Gesundheitsberufe Gesellschafter sein können.[223]

Mit der Einführung multiprofessioneller Gruppenpraxen ist ein Systembruch verbunden, da erstmalig auch Angehörige nichtärztlicher Gesundheitsberufe Gesellschafter sein können, wie dies bislang nur bei Krankenanstalten (insb in der Rechtsform v Ambulatorien) der Fall war. Der Gesetzgeber hat daher eigene Voraussetzungen für diese Sonderform festgelegt, die sich wie folgt darstellen lassen:

– Eine multiprofessionelle Gruppenpraxis als Rechtsträgerin einer PVE an einem Standort muss die Rechtsform einer GmbH haben (eine OG ist daher nicht zulässig).[224]
– Gesellschafter, die Angehörige anderer gesetzl geregelter nichtärztlicher Gesundheitsberufe sind, müssen zur freiberuflichen Berufsausübung berechtigt sein[225] u im Kernteam oder hauptberuflich in der PVE tätig sein.[226]
– Den ärztlichen Gesellschaftern muss die Mehrheit (mehr als 50 %) am Kapital der Gesellschaft u bei der Willensbildung ein bestimmender Einfluss zukommen.[227] Der Gesetzgeber hat sich bei dieser Definition an den Bestimmungen der RAO orientiert.[228]
– Auch eine multiprofessionelle Gruppenpraxis muss über eine Haftpflichtversicherung gem den Vorgaben des ÄrzteG verfügen.[229] Der Haftungsdurchgriff bei fehlender Berufshaftpflichtversicherung[230] ist auf die Angehörigen der gesetzl geregelten nichtärztlichen Gesundheitsberufe ausgedehnt.[231]

Im PrimVG[232] sind Ärzte für Allgemeinmedizin, Fachärzte für Kinder- u Jugendheilkunde u Angehörige anderer gesetzl geregelter nichtärzt-

---

223 § 9 Abs 1a bis 1c PrimVG; zum Begriff des Kernteams s Rz 102.
224 § 9 Abs 1c Z 1 PrimVG.
225 § 9 Abs 1c Z 3 lit a PrimVG.
226 § 9 Abs 1c Z 3 lit b PrimVG.
227 § 9 Abs 1c Z 4 PrimVG.
228 § 21c Z 11 RAO; ErlRV 2087 BlgNR 27. GP 4.
229 § 52d ÄrzteG.
230 § 52d Abs 3 ÄrzteG; vgl Rz 96.
231 § 9 Abs 1c Z 9 PrimVG.
232 § 2 Abs 2 PrimVG.

licher Gesundheitsberufe als mögliche Gesellschafter genannt. Andere **Fachärzte** scheiden als Gesellschafter aus. Mit der Nov des PrimVG wurden zwar ausdrücklich auch Fachärzte für Frauenheilkunde u Geburtshilfe erwähnt[233] (nicht allerdings als Angehörige des Kernteams). § 9 Abs 1c Z 3 lit b PrimVG verweist idZ bei den – neben den Mitgliedern des Kernteams – möglichen Gesellschaftern auf Angehörige anderer gesetzl geregelter Gesundheitsberufe (was zumindest bei wörtlicher Auslegung auch andere Fachärzte umfassen könnte, da auch die in § 2 Abs 3 zweiter S PrimVG erwähnten Fachärzte für Frauenheilkunde u Geburtshilfe einem gesetzl geregelten Gesundheitsberuf angehören). Diese Formulierung ist insofern unglücklich gewählt, als der Gesetzgeber offensichtlich nur Angehörige anderer gesetzl geregelter, nichtärztlicher Gesundheitsberufe definieren wollte. Dies erschließt sich aus den Materialien, in denen ausdrücklich festgehalten wird, dass Fachärzten für Frauenheilkunde u Geburtshilfe Kooperationspartner sein können, die Abrechnung der gynäkologischen Leistungen aber weiterhin über den jew Kasseneinzelvertrag erfolgen wird. Eine Tätigkeit im ärztlichen Kernteam der PVE als Gesellschafter soll dadurch aber nicht ermöglicht werden.[234]

Der Primärversorgungsgesamtvertrag sieht noch vor, dass eine PVE zumindest aus **drei Ärzten** (Vollzeitäquivalente) besteht.[235] Da gem § 47a ÄrzteG eine Anstellung v Ärzten in Gruppenpraxen zulässig ist, konnte eines der ärztlichen Vollzeitäquivalente in einer PVE bereits bisher bei Zustimmung der Gesamtvertragsparteien auch angestellt werden. Mit der Nov des PrimVG wurde klargestellt, dass eine GmbH als Rechtsträger einer Gruppenpraxis-PVE zumindest zwei Gesellschafter haben muss.[236]

Aus diesen rechtlichen Vorgaben folgt sohin, dass die sonstigen Angehörigen des Kernteams, nämlich Angehörige des Gesundheits- u Krankenpflegepersonals genauso wie auch Angehörige anderer gesetzl geregelter nichtärztlicher Gesundheitsberufe, **nach neuer Rechtslage Gesellschafter** einer GmbH als Rechtsträger eines PVE sein können.[237]

---

233 § 2 Abs 3 zweiter S PrimVG.
234 ErlRV 2087 BlgNR 27. GP 3.
235 § 1 iVm § 10 Abs 1 Z 2 Primärversorgungsgesamtvertrag.
236 § 2 Abs 2 PrimVG; vgl auch ErlRV 2087 BlgNR 27. GP 2.
237 Vgl Rz 111; zur alten Rechtslage s *Cerha* in Cerha/Resch/Wallner, PrimVG § 9 Rz 5.

114 Eine Sonderregelung für die GmbH als Rechtsträger einer PVE besteht darin, dass die Anzahl der beteiligten **Gesellschafter die Anzahl der Standorte** überschreiten darf.[238]

2. GmbH als Rechtsträger eines Ambulatoriums-Primärversorgungseinheit

115 Wird die PVE am selben Standort als selbstständiges Ambulatorium geführt, so ist für den Fall, dass Rechtsträger des Ambulatoriums eine GmbH ist, eine **Einschränkung bei der Anzahl der beteiligten Gesellschafter** (im Gegensatz zur Gruppenpraxis) **nicht** gegeben.

Eine **Einschränkung des Rechtsträgers** einer PVE in Form eines selbständigen Ambulatoriums ergibt sich aus § 2 Abs 10 Z 4 S 2 PrimVG, in dem dieser Rechtsträger auf gemeinnützige Anbieter gesundheitlicher oder sozialer Dienste, gesetzl Krankenversicherungsträger, Gebietskörperschaften bzw v Gebietskörperschaften eingerichtete Körperschaften u Fonds eingeschränkt ist.[239]

116 Hinsichtlich des Gemeinnützigkeitsbegriffs wird in der Lit diskutiert, ob der Gemeinnützigkeitsbegriff nach dem KAKuG[240] oder nach der BAO[241] heranzuziehen ist. Die hL schließt sich den Ausführungen in den Gesetzesmaterialien an, wonach der Gemeinnützigkeitsbegriff der BAO-Basis dieser Regelung ist.[242]

3. Gesellschafter einer Primärversorgungseinheit-GmbH in Form eines Netzwerks (§ 2 Abs 5 Z 2 PrimVG)

117 Wird ein Primärversorgungsnetzwerk in Form einer **standortübergreifenden Gruppenpraxis**[243] betrieben, so ist die Gesellschafterstellung ebenfalls auf zur selbstständigen Berufsausübung berechtige Ärzte für Allgemeinmedizin, Fachärzte für Kinder- u Jugendheilkunde u die gesetzl definierten Angehörigen anderer gesetzl geregelter nichtärztlicher

---

238 § 9 Abs 1 PrimVG iVm § 52a Abs 4 ÄrzteG; s dazu auch *Karollus* in Resch/Wallner, Handbuch Medizinrecht³ XXX. Vergesellschaftung von Ärzten und Zahnärzten, Rz 111.
239 § 9 PrimVG.
240 § 16 KAKuG.
241 § 35 BAO.
242 S dazu *Cerha* in Cerha/Resch/Wallner, PrimVG § 10 Rz 25; s auch *Aigner/Windischhofer*, PrimVG § 10 Anm 4.
243 § 52a Abs 4 ÄrzteG.

Gesundheitsberufe beschränkt.[244] Wird eine nicht berufsbefugte GmbH als Rechtsträger eines Primärversorgungsnetzwerks gewählt, so kommen alle Rechtsformen des Gesellschaftsrechts, u damit auch die GmbH, in Betracht.[245] In diesem Fall kann die Trägergesellschaft selbst mangels Berufsbefugnis keine ärztlichen Leistungen erbringen. Die Gesellschafterstellung in einer PVE-GmbH, die ausschließlich als nicht berufsbefugter Rechtsträger einer PVE fungiert, war bereits vor der Nov zum PrimVG nicht auf freiberuflich tätige Ärzte für Allgemeinmedizin, Kinderärzte u eingeschränkt. Auch die dem Kernteam angehörigen Berufsgruppen, sohin die Angehörigen des diplomierten Krankenpflegepersonals, konnten bereits vor der Nov Gesellschafter sein. Weiters konnten auch sonstige Angehörige anderer Gesundheits- u Sozialberufe, die als freiberufliche Leistungsanbieter Teil des Netzwerks sind, bereits Gesellschafter der Trägergesellschaft sein.[246]

4. Unternehmensgegenstand

Der **Unternehmensgegenstand** ist abhängig davon, ob als Rechtsträger der PVE eine berufsbefugte GmbH oder eine nicht berufsbefugte GmbH verwendet wird. Lediglich Gruppenpraxen können den Unternehmensgegenstand so ausgestalten, dass sie berufsbefugt sind.[247]

5. Sonderbestimmungen für Gruppenpraxen als Rechtsträger einer Primärversorgungseinheit

Im Gegensatz zu „normalen" Gruppenpraxen kann in GmbH, die Rechtsträger einer PVE sind, die **Höchstgrenze der Gesellschafteranzahl**[248] überschritten werden.[249] Damit soll die Sicherstellung einer hochwertigen Versorgung im Bereich der Primärversorgung insb auch im ländlichen Raum erzielt werden.[250]

---

244 S dazu oben Rz 111.
245 *Wallner* in Cerha/Resch/Wallner, PrimVG § 2 Rz 15.
246 *Wallner* in Cerha/Resch/Wallner, PrimVG § 2 Rz 23; s dazu auch *Holzgruber* in Holzgruber/Hübner-Schwarzinger/Minihold, Die Ärzte-Gruppenpraxis², 73.
247 § 52a Abs 3 Z 4 ÄrzteG.
248 § 52a Abs 4 Z 1 ÄrzteG.
249 § 9 Abs 1 PrimVG.
250 *Karollus* in Resch/Wallner, Handbuch Medizinrecht³ XXX. Vergesellschaftung von Ärzten und Zahnärzten, Rz 111; mit Verweis auf IA2225/A BlgNR 25. GP 20.

120 Ähnlich wie bei Ärzte-GmbH[251] sieht das PrimVG **Zulassungsvoraussetzungen** vor. Die Gründung einer GmbH als Rechtsträger einer PVE wie auch einer nicht berufsbefugten GmbH als Rechtsträger eines Primärversorgungsnetzwerkes muss im jew anwendbaren Regionalen Strukturplan Gesundheit (RSG) vorgesehen sein, eine vorvertragliche Zusage der ÖGK zum Abschluss eines Primärversorgungsvertrags vorliegen u die Gesellschaft im FB eingetragen sein. Die PVE in Form einer Gruppenpraxis darf ihre ärztliche Tätigkeit erst nach bescheidmäßiger Feststellung durch den Landeshauptmann, dass die Voraussetzungen der § 9 Abs 2 Z 1 bis 3 PrimVG erfüllt sind, u der anschließenden Eintragung in die Ärzteliste aufnehmen.[252]

VIII. Die GmbH als Rechtsträgerin im Zahnärzte- und Krankenanstaltenrecht (Vor §§ 25, 26 ZÄG)

A. Zahnärzterecht

121 Zu § 25 ZÄG (entspricht § 52 ÄrzteG) u den §§ 26 ff ZÄG (entsprechen den §§ 52a ÄrzteG weitestgehend) kann hinsichtlich der Verwendung der GmbH als **Rechtsträgerin** auf die Ausführungen zum ÄrzteG verwiesen werden.[253]

122 Sofern zw den gesetzl Bestimmungen des ÄrzteG u des ZÄG Untersch bestehen, wird darauf iZm der Kommentierung der betr Bestimmungen des ZÄG verwiesen.

B. Zur Abgrenzung von Ordinations- und Apparategemeinschaft von Ärzten und Zahnärzten

123 Unbestritten dürfte derzeit sein, dass eine gemeinsame **Gruppenpraxis** v Ärzten u Zahnärzten nicht zulässig ist.[254] Abgeleitet wird dies aus den Gesetzesmaterialien, in denen der Wunsch der ärztlichen u zahn-

---

251 Vgl § 52a ÄrzteG.
252 § 9 Abs 2 S 2 PrimVG.
253 Vgl dazu vor §§ 52, 52a ÄrzteG.
254 ZB *Karollus* in Resch/Wallner, Handbuch Medizinrecht³ XXX. Vergesellschaftung von Ärzten und Zahnärzten, Rz 11.

ärztlichen Berufsvertretung einer Trennung ausdrücklich enthalten ist.[255]

Umstritten ist die Frage, ob eine Vergesellschaftung zw Ärzten u anderen Personen (u damit Zahnärzten) iSe **Ordinations- u Apparategemeinschaft** zulässig sein kann.[256]

124

C. Abgrenzung zwischen zahnärztlicher Gruppenpraxis und Ambulatorium

Aufgrund der Gleichartigkeit der verfassungsrechtlichen Ausgangslage hinsichtlich der Abgrenzung zw zahnärztlichen Gruppenpraxen u selbständigen Ambulatorien kann auf die Ausführungen zum ÄrzteG verwiesen werden.[257]

125

IX. Ordinations- und Apparategemeinschaften

§ 25 ZÄG (1) Die Zusammenarbeit von freiberuflich tätigen Angehörigen des zahnärztlichen Berufs oder mit freiberuflich tätigen Angehörigen anderer Gesundheitsberufe im Sinne des § 24 Abs. 1 kann bei Wahrung der Eigenverantwortlichkeit jedes/jeder Berufsangehörigen auch in der gemeinsamen Nutzung

1. von Ordinationsräumen (Ordinationsgemeinschaft) oder
2. von zahnmedizinischen bzw. medizinischen Geräten (Apparategemeinschaft)

bestehen.

(2) Ordinations- und Apparategemeinschaften dürfen auch zwischen freiberuflich tätigen Angehörigen des zahnärztlichen Berufs und einer Gruppenpraxis im Sinne des § 26 begründet werden.

idF BGBl I 2005/126

---

255 RV 779 BlgNR 24. GP 25.
256 Vgl ausf Rz 3 f (Vor §§ 52, 52a ÄrzteG).
257 § 2 Abs 1 Z 5 iVm § 2 Abs. 2 lit e KAKuG; zur Abgrenzung v Gruppenpraxen generell vgl ausf Rz 8 f (Vor §§ 52, 52a ÄrzteG) sowie *Schneider*, Ärztliche Ordinationen und selbständige Ambulatorien.

126 Die Systematik der Ordinations- u Apparategemeinschaften bei Zahnärzten entspricht jener bei Humanärzten. Die Ausführungen zur Zusammenarbeit in Ordinations- u Apparategemeinschaft betr Humanärzten gelten daher größtenteils auch für Zahnärzte.[258]

127 § 25 ZÄG u § 52 ÄrzteG unterscheiden sich aber in einem nicht unwesentlichen Punkt. § 25 Abs 1 ZÄG ist im Vergleich zu § 52 ÄrzteG insofern liberaler gefasst, als er auf die **mögliche Zusammenarbeit** v Angehörigen des zahnärztlichen Berufes **mit freiberuflich Tätigen anderer Gesundheitsberufe** verweist. § 52 ÄrzteG schränkt die Zusammenarbeit auf Humanärzte ein. Dies führt zu dem Ergebnis, dass Ordinations- u Apparategemeinschaften als Wirtschaftsgesellschaften zw Ärzten u Zahnärzten nach dem ZÄG erlaubt, nach dem ÄrzteG jedoch verboten wären, was zu gleichheitsrechtlichen Bedenken führt.[259]

128 Weiters dürfen Ordinations- u Apparategemeinschaften zw freiberuflich tätigen Angehörigen des zahnärztlichen Berufs u einer zahnärztlichen Gruppenpraxis,[260] auch in der Rechtsform einer GmbH, gegründet werden.

X. Zusammenarbeit im Rahmen von Gruppenpraxen

§ 26 ZÄG (1) Die Zusammenarbeit von freiberuflich tätigen Angehörigen des zahnärztlichen Berufs, insbesondere zum Zweck der ambulanten öffentlichen Gesundheitsversorgung, kann weiters auch als selbständig berufsbefugte Gruppenpraxis in der Rechtsform einer

1. offenen Gesellschaft im Sinne des § 105 Unternehmensgesetzbuch (UGB), BGBl. I Nr. 120/2005, oder
2. Gesellschaft mit beschränkter Haftung (GmbH) im Sinne des GmbH-Gesetzes (GmbHG), RGBl. Nr. 58/1906,

erfolgen.

(2) ¹In der Firma der Gruppenpraxis ist jedenfalls der Name eines/einer Gesellschafters/Gesellschafterin anzuführen. ²Gesell-

---

258 S dazu die Ausführungen unter § 52 ÄrzteG.
259 Vgl Rz 15 (zu § 52 ÄrzteG); s auch *Karollus* in Resch/Wallner, Handbuch Medizinrecht³ XXX. Vergesellschaftung von Ärzten und Zahnärzten, Rz 99; vgl auch *Krauskopf* in Neumayr/Resch/Wallner, Gmundner Kommentar² § 25 ZÄG, Rz 5.
260 Gemäß § 26 ZÄG.

schafter/Gesellschafterinnen von Gruppenpraxen sind ausschließlich Mitglieder der Österreichischen Zahnärztekammer.

(3) Eine Gruppenpraxis darf keine Organisationsdichte und -struktur einer Krankenanstalt in der Betriebsform eines selbständigen Ambulatoriums gemäß § 2 Abs. 1 Z 5 Krankenanstalten und Kuranstaltengesetz (KAKuG), BGBl. Nr. 1/1957, in der Fassung des Bundesgesetzes BGBl. I Nr. 61/2010, aufweisen. In diesem Sinne gelten folgende Rahmenbedingungen:

1. Der Gruppenpraxis dürfen als Gesellschafter/Gesellschafterinnen nur zur selbständigen Berufsausübung berechtigte Angehörige des zahnärztlichen Berufs angehören.
2. Andere natürliche Personen und juristische Personen dürfen der Gruppenpraxis nicht als Gesellschafter/Gesellschafterinnen angehören und daher nicht am Umsatz oder Gewinn beteiligt werden.
3. Die Übertragung und Ausübung von übertragenen Gesellschaftsrechten ist unzulässig.
4. Die Tätigkeit der Gruppenpraxis muss auf die
   a) Ausübung von Tätigkeiten im Rahmen der Berufsbefugnis der Gruppenpraxis einschließlich Hilfstätigkeiten sowie
   b) Verwaltung des Gesellschaftsvermögens
   beschränkt werden.
5. Jeder Gesellschafter ist maßgeblich zur persönlichen Berufsausübung in der Gesellschaft verpflichtet.
6. Unzulässig sind
   a) die Anstellung von Gesellschaftern/Gesellschafterinnen und anderen Angehörigen des zahnärztlichen Berufs sowie
   b) das Eingehen sonstiger zivil- oder arbeitsrechtlicher Beziehungen der Gesellschaft oder der Gesellschafter/Gesellschafterinnen zu anderen Angehörigen des zahnärztlichen Berufs oder Gesellschaften, insbesondere durch den Abschluss von freien Dienstverträgen, Werkverträgen und Leiharbeitsverhältnissen, zum Zweck der Erbringung zahnärztlichen Leistungen in der Gruppenpraxis, die über das Ausmaß einer vorübergehenden Vertretung, insbesondere auf Grund von Fortbildung, Krankheit und Urlaub, hinausgeht.
7. [1]Eine Anstellung von Angehörigen anderer Gesundheitsberufe ist nur in einem Ausmaß zulässig, das keine Regelung in einer Anstaltsordnung erfordert. [2]Wenn das Verhältnis zwischen den Gesellschaftern/Gesellschafterinnen und den Vollzeitäquivalen-

ten der angestellten Angehörigen anderer Gesundheitsberufe die Verhältniszahl 1:5 übersteigt oder wenn die Zahl der angestellten Angehörigen anderer Gesundheitsberufe die Zahl 30 übersteigt, wird das Vorliegen eines selbständigen Ambulatoriums vermutet. ³Bei Übersteigen der genannten Zahlen tritt die Vermutung des Vorliegens eines selbständigen Ambulatoriums solange nicht ein, als die zahnärztliche Verantwortung für die zahnärztliche Leistung für einen bestimmten Behandlungsfall bei einem/einer bestimmten Gesellschafter/Gesellschafterin liegt.

8. Die Berufsausübung der Gesellschafter/Gesellschafterinnen darf nicht an eine Weisung oder Zustimmung der Gesellschafter/Gesellschafterinnen (Gesellschafterversammlung) gebunden werden.

9. Für die Patienten/Patientinnen ist die freie Wahl des/der Behandlers/Behandlerin unter den Gesellschaftern/Gesellschafterinnen zu gewährleisten.

(4) ¹Eine Gruppenpraxis darf im Bundesgebiet nur einen Berufssitz haben, der zugleich Berufssitz der an ihr beteiligten Angehörigen des zahnärztlichen Berufs ist. ²Darüber hinaus darf eine Gruppenpraxis in Form einer Vertragsgruppenpraxis unter nachfolgenden Voraussetzungen mehrere in die Zahnärzteliste einzutragende Standorte im Bundesgebiet haben:

1. Die Anzahl der Standorte darf die Anzahl der an der Gruppenpraxis beteiligten Gesellschafter/Gesellschafterinnen nicht überschreiten.

2. Einer der Standorte muss zum Berufssitz der Gruppenpraxis erklärt werden.

3. Jeder/Jede Gesellschafter/Gesellschafterin darf zwar unbeschadet des § 27 Abs. 2 an sämtlichen Standorten der Gruppenpraxis seinen Beruf ausüben, in diesem Fall jedoch keinen sonstigen Berufssitz haben.

4. Es kann eine wesentliche Verbesserung des Versorgungsangebots im Einzugsgebiet erreicht werden.

(5) ¹Im Gesellschaftsvertrag ist zu bestimmen, ob und welche Gesellschafter/Gesellschafterinnen zur Geschäftsführung und Vertretung berechtigt sind. ²Zum Abschluss von Behandlungsverträgen für die Gesellschaft ist jeder/jede Gesellschafter/Gesellschafterin berechtigt. ³Die vorübergehende Untersagung (§§ 46 f) oder Unterbre-

chung der Berufsausübung bis zur Dauer von sechs Monaten hindert Angehörige des zahnärztlichen Berufs nicht an der Zugehörigkeit zur Gesellschaft, wohl aber an der Vertretung und an der Geschäftsführung.

(6) ¹Jeder/Jede Gesellschafter/Gesellschafterin ist, insbesondere durch eine entsprechende Gestaltung des Gesellschaftsvertrags, zur Einhaltung der Bestimmungen dieses Bundesgesetzes, insbesondere der Meldepflicht nach § 14 einschließlich der Vorlage des Gesellschaftsvertrages und gegebenenfalls des Bescheids über die Zulassung als Gruppenpraxis gemäß § 26b verpflichtet. ²Jeder/Jede Gesellschafter/Gesellschafterin ist für die Erfüllung seiner/ihrer Berufs- und Standespflicht persönlich verantwortlich, diese Verantwortung kann weder durch den Gesellschaftsvertrag noch durch Beschlüsse der Gesellschafter/Gesellschafterinnen oder Geschäftsführungsmaßnahmen eingeschränkt oder aufgehoben werden.

(7) Soweit in diesem Bundesgesetz auf Angehörige des zahnärztlichen Berufs abgestellt wird, sind die jeweiligen Bestimmungen auf Gruppenpraxen gegebenenfalls anzuwenden.

idF BGBl I 2010/61

A. Allgemeines

Ähnlich wie bei der Ordinations- u Apparategemeinschaft ist in groben Zügen auch bei der zahnärztlichen Gruppenpraxis **weitestgehend Vergleichbarkeit mit humanärztlichen Gruppenpraxen** gegeben.[261] Insbesondere die Zulässigkeit der Anstellung v Humanärzten bei humanärztlichen Gruppenpraxen (bzw die Anstellungsmöglichkeit v Humanärzten bei anderen Humanärzten) hat zu einzelnen, nicht unwesentlichen Abweichungen geführt, da das diesbzgl Verbot der Anstellung bei Gruppenpraxen aus § 52a ÄrzteG entfernt wurde. Diese Nov wurde im ZÄG nicht mitvollzogen, sodass nunmehr die Formulierung des § 26 ZÄG v § 52a ÄrzteG abweicht.[262]

129

---

261 Vgl Rz 11 (zu § 52a ÄrzteG).
262 Zur Situation bei Humanärzten vgl Rz 42 ff (zu § 52a ÄrzteG).

B. Die Zahnärzte-GmbH als Rechtsträgerin einer Gruppenpraxis (§ 26 Abs 1 ZÄG)

1. Die Zahnärzte-GmbH als Behandlungsgesellschaft

130 Die Zahnärzte-GmbH kann (wie auch die Ärzte-GmbH bei den Humanärzten) **Rechtsträgerin der Gruppenpraxis** als Behandlungsgesellschaft sein.[263] Aus der Sicht des Patienten ergeben sich im Vergleich zur Ärzte-GmbH keine Untersch; der Behandlungsvertrag wird mit der Zahnärzte-GmbH abgeschlossen.

2. Mindestanzahl von Gesellschafter einer Zahnärzte GmbH (§ 26 Abs 1 iVm Abs 3 S 1 ZÄG)

131 Obwohl gem § 3 Abs 2 eine **Ein-Personen-GmbH** rechtlich zulässig ist, hält die hL diese – wie bei der Ärzte-GmbH – in teleologischer reduzierender Auslegung des Gesetzeswortlautes für **unzulässig**.[264]

C. Firma einer Zahnärzte-GmbH (§ 26 Abs 2 ZÄG)

132 Die firmenrechtlichen Vorschriften des ZÄG entsprechen grds jenen des ÄrzteG,[265] unterscheiden sich aber dadurch, dass ein Vermerk zur Fachrichtung in der Fa der Gesellschaft nicht erforderlich ist. Dies folgt aus dem Umstand, dass es im zahnärztlichen Berufsrecht weder Fachrichtungen noch untersch Berufsbefugnisse gibt.[266]

133 Sofern Gesellschafter eine Zahnärzte-GmbH sowohl Zahnärzte als auch Dentisten sein sollten, sind in der Fa die **vertretenen zahnärztlichen Berufe** anzuführen.[267]

---

263 § 26 Abs 1 Z 2 ZÄG; s dazu Rz 19 ff (zu § 52a ÄrzteG).
264 So etwa *Karollus* in Resch/Wallner, Handbuch Medizinrecht³ XXX. Vergesellschaftung von Ärzten und Zahnärzten, Rz 16; *Fantur*, GES 2010, 155; *Wiedenbauer* in Wiedenbauer/Kandl/Kristen/Grün/Hofer, Die Ärzte-GmbH, 37; *Holzgruber* in Holzgruber/Hübner-Schwarzinger/Minihold, Die Ärzte-Gruppenpraxis², 8; s auch *Zahrl*, RdM 2011, 77 (78); s dazu auch *Sieh/Lumsden*, ecolex 2010, 1120 (1121); vgl auch Rz 22 ff (zu § 52a ÄrzteG).
265 Vgl Rz 26 (zu § 52a ÄrzteG).
266 *Schneider* in Aigner/Kletečka/Kletečka-Pulker/Memmer, Handbuch Medizinrecht für die Praxis, IV. Organisations- und Unternehmensrecht 74a.
267 § 60 Abs 2 ZÄG.

D. Besonderheiten der Zahnärzte-GmbH

1. Gesellschafter einer Zahnärzte-GmbH (§ 26 Abs 3 Z 1 ZÄG)

Gesellschafter einer zahnärztlichen Gruppenpraxis dürfen nur **Angehörige des zahnärztlichen Berufs** sein. Als Angehörige des zahnärztlichen Berufs gelten Zahnärzte, aber auch Fachärzte für Zahn-, Mund- u Kieferheilkunde[268] sowie Dentisten.[269] Ausgeschlossen ist damit auch bei der Zahnärzte-GmbH die gesellschaftsrechtliche Beteiligung v Personen, die einem anderen Gesundheitsberuf angehören.[270]

134

Wie im ÄrzteG gibt es auch im ZÄG keine Bestimmungen über die **Rechtsnachfolge** oder Übergangsregelungen im Todesfall eines Gesellschafters. Im Untersch zu humanärztlichen Gruppenpraxen ist derzeit (Stand Oktober 2023) kein Gruppenpraxengesamtvertrag zw den Sozialversicherungsträgern, insb der ÖGK einerseits u der Österreichischen Zahnärztekammer abgeschlossen, sodass zahnärztliche Gruppenpraxen mit Kassenvertrag (noch) nicht bestehen können. Daher existiert im Bereich der zahnärztlichen Gruppenpraxen auch kein in derartigen Gruppenpraxengesamtverträgen (samt Zusatzvereinbarungen) vorgesehener „Witwen-/Witwer-Deszendenten-Fortbetrieb".[271] Bei Zahnärzte-GmbH mit nur zwei Gesellschaftern (oder Zahnärzte-OG mit zwei Gesellschaftern) könnte dies zur Auflösung der Gesellschaft führen.

135

2. Verbot der Beteiligung anderer Personen als Angehörige des zahnärztlichen Berufs an Umsatz und Gewinn; Verbot der Übertragung von Gesellschafterrechten (§ 26 Abs 3 Z 2 und Z 3 ZÄG)

Der Wortlaut des § 26 Abs 3 Z 2 u Z 3 ZÄG ist ident mit § 52a Abs 3 Z 2 u Z 3 ÄrzteG, sodass auf die diesbzgl Ausführungen zum ÄrzteG verwiesen werden kann.[272]

136

---

268 § 52 ZÄG.
269 § 60 ZÄG; s dazu auch *Krauskopf* in Neumayr/Resch/Wallner, Gmundner Kommentar², § 26 ZÄG, Rz 2; s auch *Karollus* in Resch/Wallner, Handbuch Medizinrecht³ XXX. Vergesellschaftung von Ärzten und Zahnärzten, Rz 11.
270 Vgl dazu Rz 27 ff (zu § 52a ÄrzteG).
271 Ähnlich zu § 42 GewO – vgl dazu *Gruber/Paliege-Barfuß*, GewO⁷ § 43; zu den Humanärzten vgl Rz 29 (zu § 52a ÄrzteG).
272 Vgl dazu Rz 31 ff (zu § 52a ÄrzteG).

3. Unternehmensgegenstand (§ 26 Abs 3 Z 4 ZÄG)

137 § 52a Abs 3 Z 4 ÄrzteG enthält im Gegensatz zu § 26 ZÄG eine Regelung, wonach sich die **Berufsbefugnis** der Gesellschaft aus der Berufsberechtigung der an der Gruppenpraxis beteiligten Gesellschafter ergibt. Das Fehlen dieser Regelung im ZÄG erklärt sich daraus, dass eine „multicolore" Gruppenpraxis, also eine Gruppenpraxis mit mehreren versch Fachrichtungen – im Gegensatz zu den Humanärzten – nicht denkbar ist.

138 Eine vergleichbare Regelung findet sich aber in § 60 Abs 2 Z 2 ZÄG betr eine Gruppenpraxis, die aus **Zahnärzten u Dentisten** besteht. Demnach ergibt sich die Berufsberechtigung je nachdem, ob die Gesellschafter ausschließlich Zahnärzte bzw Dentisten sind oder ob beide Berufsgruppen vertreten sind.

139 Im Vergleich zum ÄrzteG fehlt in § 26 Abs 3 Z 4 lit a ZÄG der in der Parallelbestimmung des § 52a Abs 3 Z 5 lit a ÄrzteG enthaltene Halbsatz *„und mit der Berufsbefugnis der Gruppenpraxen im direkten Zusammenhang stehende Tätigkeiten von Angehörigen anderer Gesundheitsberufe"*. Das Fehlen dieses Halbsatzes ist insb deshalb nicht erklärlich, da auch Zahnärzte regelmäßig **mit Angehörigen anderer Gesundheitsberufe**, zB mit Zahntechnikern, zusammenarbeiten. Es ist daher davon auszugehen, dass das ZÄG in diesem Punkt lückenhaft ist.[273]

4. Maßgebliche persönliche Berufsausübung der Gesellschafter (§ 26 Abs 5 ZÄG)

140 Aufgrund des identen Wortlauts der Bestimmungen des ZÄG kann auf die Ausführungen zu § 52a Abs 3 Z 6 ÄrzteG verwiesen werden.[274]

5. Anstellung von Gesellschaftern (§ 26 Abs 3 Z 6 ZÄG)

141 Ein wesentlicher Untersch zu den humanärztlichen Regelungen liegt in der Anstellung v Ärzten bzw Zahnärzten. Zu unterscheiden ist zw der Anstellung v Gesellschaftern u der Anstellung v Zahnärzten, die nicht selbst Gesellschafter sind.

---

273 Vgl dazu etwa *Krauskopf* in Neumayr/Resch/Wallner, Gmundner Kommentar² § 26 ZÄG, Rz 12; sowie *Karollus* in Resch/Wallner, Handbuch Medizinrecht³ XXX. Vergesellschaftung von Ärzten und Zahnärzten, Rz 32.

274 Vgl dazu Rz 42 ff (zu § 52a ÄrzteG).

142 Zur **Anstellung der Gesellschafter** einer Zahnärzte-GmbH s die v der hL vertretenen teleologischen Reduktion zu § 52a ÄrzteG.[275]

143 Die **Anstellung gesellschaftsfremder Zahnärzte** unterscheidet sich allerdings seit der ÄrzteG-Nov 2019[276] v den Humanärzten. Seit dieser Nov ist die Anstellung v Humanärzten in ärztlichen Einzelordinationen u Gruppenpraxen (u damit auch in Ärzte-GmbH) zulässig, während das Anstellungsverbot v Zahnärzten bei zahnärztlichen Gruppenpraxen (u damit für Zahnärzte-GmbH) sowie in zahnärztlichen Einzelordinationen nach wie vor in Geltung ist. Somit ist nicht nur die Anstellung v Gesellschaftern in einer Zahnärzte-GmbH (u auch einer Zahnärzte-OG) unzulässig, sondern auch die Anstellung v gesellschaftsfremden Zahnärzten.[277] Ebenfalls unzulässig ist das Eingehen sonstiger zivil- oder arbeitsrechtlicher Beziehungen der Gesellschaft oder der Gesellschafter zu anderen Angehörigen des zahnärztlichen Berufes oder Gesellschaften, insb der Abschluss v freien Dienstverträgen, Werkverträgen u Leihwerkverträgen u Leiharbeitsverhältnissen zum Zweck der Erbringung zahnärztlicher Leistungen einer Gruppenpraxis; dies insoweit, als das Ausmaß einer vorübergehender Vertretung, insb aufgrund v Fortbildung, Krankheit u Urlaub überschritten wird.[278]

144 Die Mat zum ehemals wortgleichen § 52a Abs 3 Z 7 ÄrzteG[279] führen dazu aus, dass sich das Ausmaß einer **vorübergehenden Vertretung** insb nach der langjährig bewährten Vorgangsweise für die üblichen Vertretungsfälle Unfall, Krankheit u Urlaub bestimmt. Die Mat weisen weiters darauf hin, dass es sich um eine demonstrative Aufzählung handelt, wobei weitere denkbare Vertretungsfälle die Ausübung eines politischen Mandats oder die Funktion einer gesetzl Interessensvertretung sein können.[280]

145 Auch die L hat aus dieser Formulierung abgeleitet, dass die Aufzählung der Vertretungsfälle nur beispielhaft ist.[281] Im Umkehrschluss ist

---

275 Vgl Rz 42 (zu § 52a ÄrzteG).
276 BGBl I 2019/20; zur Anstellung v Ärzten bei Ärzten s auch *Wallner* in Resch/Wallner, Handbuch Medizinrecht[3] XXI. Berufsrecht der Ärzte, Rz 77; s dazu auch *Resch*, RdM 2019, 207.
277 § 26 Ab. 3 Z 6 lit a ZÄG.
278 § 26 Abs 3 Z 6 lit b ZÄG.
279 IdF der Nov BGBl I 2019/20.
280 ErlRV 7979 BlgNR 24. GP 20.
281 So etwa *Karollus* in Resch/Wallner, Handbuch Medizinrecht[3] XXX. Vergesellschaftung von Zahnärzten, Rz 45.

sohin das Eingehen zivil- oder arbeitsrechtlicher Beziehungen, abgesehen v einer vorübergehenden Vertretung, zu einer Zahnärzte-GmbH unzulässig.

146 Strittig ist, ob sich dieses Anstellungsverbot ausschließlich auf die Erbringung zahnärztlicher Leistungen bezieht oder ein generelles Anstellungsverbot definiert.[282]

Die Regelung diente ursprünglich der kompetenzrechtlichen Abgrenzung der Gruppenpraxen v Krankenanstalten. Abgesehen v der Frage, welche Organisationsdichte durch die Anstellung v Zahnärzten in einer zahnärztlichen Gruppenpraxis zu einer Krankenanstalten führen kann, stellt ein Anstellungsverbot in einer zahnärztlichen Gruppenpraxis – wenn überhaupt – nur eines v mehreren Kriterien zur Abgrenzung gegenüber einer Krankenanstalt dar.[283] Diese Abgrenzung wird durch die Nov des ÄrzteG im Jahr 2019[284] umso untauglicher, weil durch die Legalisierung der Anstellung v Humanärzten in Gruppenpraxen die Abgrenzungsargumentation zur Krankenanstalt auch bei den Zahnärzten wegfallen muss.[285] Eine Anpassung der Regelung im ZAG wäre daher erforderlich.

147 Das Verbot der Eingehung sonstiger zivil- u arbeitsrechtlicher Beziehungen wird auf Verträge zur Erbringung zahnärztlicher Tätigkeiten zu reduzieren sein,[286] sodass sonstige vertragsrechtliche Beziehungen zu Zahnärzten nicht erfasst werden.[287]

---

[282] Für eine teleologische Einschränkung zur aF des § 52a Abs 3 Z 7 ÄrzteG s etwa *Wallner* in Neumayr/Resch/Wallner, Gmundner Kommentar² §§ 52–52c ÄrzteG, Rz 17; ebenfalls für eine einschränkende Interpretation etwa *Karollus* in Resch/Wallner, Handbuch Medizinrecht³ XXX. Vergesellschaftung von Ärzten und Zahnärzten, Rz 45, 47; zur neuen Rechtslage des § 52a Abs 3 Z 7 ÄrzteG u zur Frage der Anstellung v Gesellschaftern als GF s § 52a Abs 3 Z 7 ÄrzteG, Rz 42 f.
[283] So etwa auch *Resch*, RdM 2018, 85.
[284] BGBl I 2019/20.
[285] So auch *Karollus* in Resch/Wallner, Handbuch Medizinrecht³ XXX. Vergesellschaftungen von Ärzten und Zahnärzten, Rz 47a.
[286] § 26 Abs 3 Z 6 lit b ZÄG.
[287] So etwa zur aF des § 52a ÄrzteG vgl *Holzgruber* in Holzgruber/Hübner-Schwarzinger/Minihold, Die Ärzte-Gruppenpraxis², 19.

6. Größenbeschränkung bei der Anstellung anderer Gesundheitsberufe (§ 26 Abs 3 Z 7 ZÄG)

Wortgleich mit § 52a Abs 3 Z 8 ÄrzteG sieht § 26 Abs 3 Z 7 ZÄG eine Größenbeschränkung bei der Anstellung v anderen Gesundheitsberufen dahingehend vor, dass eine solche Anstellung nur zulässig ist, wenn keine Anstaltsordnung erforderlich ist.[288]

148

7. Weisungsfreiheit in der Berufsausübung (§ 26 Abs 3 Z 8 ZÄG)

Dass die Berufsausübung der Gesellschafter nicht an eine **Weisung oder Zustimmung** der GV gebunden werden kann, entspricht dem ÄrzteG.[289] Dort ist eine zusätzliche Z[290] enthalten, wonach in Fragen der Berufsausübung ausschließlich die entspr Gesellschafter entscheiden.[291] Des Weiteren kann gegen den Willen jenes Gesellschafters, der hinsichtlich der zu treffenden E über die (überwiegend betroffene) Berufsausübung verfügt, keine E getroffen werden.[292] Entspricht die Intention des Gesetzgebers sowohl hinsichtlich § 26 Abs 3 Z 8 ZÄG wie auch hinsichtlich § 52a Abs 3 Z 9 ÄrzteG der Sicherstellung der Weisungsfreiheit der Behandlung,[293] so kann das Fehlen einer dem § 52a Abs 3 Z 10 ÄrzteG entspr Regelung im § 26 ZÄG nur dahingehend erklärt werden, dass diese Regelung im ÄrzteG auf „multicolore" Gruppenpraxen (also Gruppenpraxen mit versch Fächern) abzielt. Solche „multicoloren" Gruppenpraxen sind im Bereich des ZÄG nicht möglich, sodass zu diesem Punkt kein Regelungsbedarf besteht.

149

E. Sitz der Gesellschaft/Berufssitz (§ 26 Abs 4 ZÄG)

Die Regelung im ZÄG decken sich mit den Regelungen im ÄrzteG, sodass auf die Kommentierung zu diesen verwiesen werden kann.[294]

150

---

288 Vgl Rz 44 ff (zu § 52a ÄrzteG).
289 § 52a Abs 3 Z 9 ÄrzteG.
290 § 52a Abs 3 Z 10 ÄrzteG.
291 § 52a Abs 3 Z 10 S 1 ÄrzteG.
292 § 52a Abs 3 Z 10 S 2 ÄrzteG.
293 Vgl Rz 50 f (zu § 52a ÄrzteG).
294 Rz 52 ff (zu § 52a ÄrzteG).

F. Geschäftsführung (§ 26 Abs 5 ZÄG)

151 § 26 Abs 5 ZÄG entspricht der Parallelbestimmung im ÄrzteG.[295]

G. Gesellschaftsvertrag (§ 26 Abs 7 ZÄG)

152 § 26 Abs 7 ZÄG u § 52a Abs 6 ÄrzteG sind bis auf die Verweise auf die jew berufsrechtlichen Paragrafen deckungsgleich. Sohin werden auch die Gesellschafter einer Zahnärzte-GmbH im GesV zur **Einhaltung der Bestimmungen des ZÄG** verpflichtet. Verstöße gegen das ZÄG stellen aus gesellschaftsrechtlicher Sicht auch Verstöße gegen den GesV dar.[296]

XI. Gründung von Gruppenpraxen

§ 26a ZÄG (1) Die Gründung einer Gruppenpraxis setzt die
1. Eintragung in das Firmenbuch und
2. Zulassung durch den/die Landeshauptmann/Landeshauptfrau gemäß § 26b, sofern nicht
   a) jeder/jede Gesellschafter/Gesellschafterin bereits einen Einzelvertrag mit der Österreichischen Gesundheitskasse hat oder die zu gründende Gruppenpraxis bereits im Stellenplan vorgesehen ist und die Voraussetzungen des Abs. 2 einschließlich der nachweislichen Befassung des Landesgesundheitsfonds vorliegen oder
   b) die Gruppenpraxis ausschließlich sozialversicherungsrechtlich nicht erstattungsfähige Leistungen zu erbringen beabsichtigt oder
   c) der verfahrensgegenständliche Leistungsumfang sowie das Einzugsgebiet in den Verordnungen gemäß § 23 oder § 24 des Bundesgesetzes zur partnerschaftlichen Zielsteuerung-Gesundheit, BGBl. I Nr. 26/2017, in der Fassung des Bundesgesetzes BGBl. I Nr. 191/2023 (Gesundheits-Zielsteuerungsgesetz), geregelt ist,

   voraus.

---

295 Vgl Rz 57 ff (zu § 52a ÄrzteG).
296 Vgl Rz 64 ff (zu § 52a ÄrzteG).

(2) ¹Die Gründung einer Gruppenpraxis gemäß Abs. 1 Z 2 lit. a hat nach Maßgabe des Regionalen Strukturplans Gesundheit (RSG) zu erfolgen und bedarf einer schriftlichen Anzeige an den/die zuständigen/zuständige Landeshauptmann/Landeshauptfrau über eine wechselseitige schriftliche Zusage zwischen der Gesellschaft oder Vorgesellschaft und der Österreichischen Gesundheitskasse über einen unter Bedachtnahme auf den jeweiligen RSG abzuschließenden Gruppenpraxis-Einzelvertrag (§ 342a ASVG in Verbindung mit § 342 ASVG) hinsichtlich des Leistungsangebots (Leistungsvolumen einschließlich Personalausstattung, Leistungsspektrum und Öffnungszeiten unter Berücksichtigung von Tagesrand- und Nachtzeiten, Sams-, Sonn- und Feiertagen sowie erforderlichenfalls Bereitschaftszeiten). ²Mit der Anzeige hat der/die Landeshauptmann/Landeshauptfrau unverzüglich den jeweiligen Landesgesundheitsfonds zu befassen. ³Die Gründung einer Gruppenpraxis, die im Stellenplan bereits vorgesehen ist, deren Gesellschafter aber nicht bereits über einen Einzelvertrag mit der Österreichischen Gesundheitskasse verfügen (Abs. 1 Z 2 lit. a zweiter Satzteil), ist überdies der gesetzlichen Interessenvertretung privater Krankenanstalten des betreffenden Bundeslandes anzuzeigen.

(3) Die Gruppenpraxis darf ihre zahnärztliche Tätigkeit nur nach Eintragung in die Zahnärzteliste, die gegebenenfalls erst nach Zulassung gemäß § 26b erfolgen darf, aufnehmen.

(4) Wenn eine Gruppenpraxis gemäß Abs. 1 Z 2 lit. b sozialversicherungsrechtlich erstattungsfähige Leistungen erbringt, sind diesbezüglich geschlossene Behandlungsverträge hinsichtlich des Honorars nichtig, worüber der/die Patient/Patientin vor Inanspruchnahme der Leistung nachweislich aufzuklären ist. Gleiches gilt, wenn eine Gruppenpraxis gemäß Abs. 1 Z 2 lit. a oder eine gemäß § 26b zugelassene Gruppenpraxis über das zugelassene Leistungsangebot hinaus sozialversicherungsrechtlich erstattungsfähige Leistungen erbringt.

(5) Die Gründung einer Gruppenpraxis gemäß Abs. 1 Z 2 lit. c hat nach Maßgabe des jeweiligen Regionalen Strukturplans Gesundheit (RSG) zu erfolgen und bedarf einer schriftlichen Anzeige an den zuständigen Landeshauptmann über eine wechselseitige schriftliche Zusage zwischen der Gesellschaft oder Vorgesellschaft und der Österreichischen Gesundheitskasse über einen unter Bedachtnahme auf den jeweiligen RSG abzuschließenden Gruppenpraxis-Einzelvertrag

(§ 343d ASVG in Verbindung mit § 342a ASVG in Verbindung mit § 342 ASVG) hinsichtlich des Leistungsangebots (Leistungsvolumen einschließlich Personalausstattung, Leistungsspektrum und Öffnungszeiten unter Berücksichtigung von Tagesrand- und Nachtzeiten, Sams-, Sonn- und Feiertagen sowie erforderlichenfalls Bereitschaftszeiten). Mit der Anzeige hat der/die Landeshauptmann/Landeshauptfrau unverzüglich den jeweiligen Landesgesundheitsfonds zu befassen.

idF BGBl I 2023/191

A. Gründung einer Gruppenpraxis in Form einer Zahnärzte-GmbH (§ 26a Abs 1 und Abs 2 ZÄG)

153 Der Wortlaut des § 26a ZÄG ist bis auf einige wenige unwesentliche Abweichungen ident mit § 52b ÄrzteG, sodass auf die Ausführungen dazu verwiesen werden kann.[297]

In der Praxis unterscheidet sich die Gründung einer Zahnärzte-GmbH v jener einer Ärzte-GmbH aber, da die **öffentlich-rechtliche Zulassung** zumindest nach derzeitiger Rechtslage bei den Zahnärzten abweicht.[298] Dies deshalb, da es bis dato im Bereich der zahnärztlichen Gruppenpraxen **keine zahnärztlichen Gruppenpraxen-Gesamtverträge** u damit auch keine Stellenplanung für zahnärztliche Gruppenpraxen gibt.

154 In Betracht kommt daher derzeit nur die Gründung einer zahnärztlichen Wahlgruppenpraxis (ohne Kassenverträge), sodass das komplexe Zulassungsregime nach § 26b ZÄG zur Anwendung kommt.

155 Eine wesentliche Unterscheidung zu einer humanärztlichen Gruppenpraxis ergibt sich aus § 71a Abs 1 ZÄG: Dieser sieht – wie im Übrigen grds auch § 230 Abs 1 ÄrzteG – vor, dass Anträge auf Durchführung eines Zulassungsverfahrens zurückzuweisen sind, wenn kein nach Inkrafttreten des Bundesgesetzes BGBl I 2010/61 geschlossener **Gesamtvertrag für Gruppenpraxen** mit der örtlichen GKK (bzw nunmehr: mit der ÖGK) vorliegt; es sei denn, es kommt ein Sonder-Einzelvertrag mit der örtlich zuständigen GKK (bzw der ÖGK) zur Anwendung.[299]

---

[297] Vgl Rz 68 ff (zu § 52b ÄrzteG).
[298] Zur öffentlich-rechtlichen Zulassung vgl Rz 70 ff (§ 52b ÄrzteG).
[299] § 71a Abs 2 ZÄG.

Diese Bestimmung ist in der L umstritten, da bei wörtlicher Auslegung neue Wahlarzt-Gruppenpraxen bis zum Abschluss eines Gruppenpraxen-Gesamtvertrags gar nicht gegründet werden könnten.[300] Bei dieser Auslegung liegt die Zulassung v zahnärztlichen Wahlgruppenpraxen praktisch in der Hand der Gesamtvertragsparteien.

Wie ebenfalls in der Lit an mehreren Stellen angemerkt, ist die Bestimmung des § 71a Abs 1 ZÄG mglw auch **unionsrechtswidrig**. Entsprechende Ausführungen finden sich bereits in einer unterinstanzlichen E.[301] Die Unionsrechtswidrigkeit wurde im Licht der EuGH-Jud[302] argumentiert. Eine **Zulassung für Wahlgruppenpraxen** wäre demnach ohne bestehenden Gesamtvertrag oder Gruppenpraxeneinzelvertrag – im Untersch zu Ambulatorien u sonstigen Gruppenpraxen – **nicht möglich**; die so entstehende Differenzierung wurde bereits zum Zeitpunkt der E des LVwG OÖ nach Ablauf v vier Jahren nach Erlassen der Gesetzesbestimmung als unverhältnismäßig qualifiziert, da potenziellen Interessenten keine Möglichkeit zukommt, auf die Erfüllung dieser Bedingung (Erlassung eines Gesamtvertrags) in irgendeiner Form Einfluss nehmen zu können. Seit der zit E des LVwG OÖ sind weitere sechs Jahre vergangen, sodass über die Unverhältnismäßigkeit kein Zweifel mehr besteht (insb im Hinblick auf zB die „Korrekturgesetzgebung" bei als verfassungswidrig erkannten G gem Art 140 Abs 5 B-VG). **156**

Soweit ersichtlich mussten sich die Höchstgerichte mit § 71a ZÄG bis dato nicht beschäftigen. Lediglich in einer E hat der VwGH[303] kurz auf den § 71a ZÄG Bezug genommen, diesen allerdings nicht näher behandelt, da aufgrund der Bindungswirkung des in Rechtskraft erwachsen Zurückverweisungsbeschlusses des VwG in diesem Verfahren eine Anwendung des § 71a ZÄG nicht mehr infrage gekommen ist. **157**

Im Sinne der Instrumente der Gesetzesauslegung ist sohin die klare Absicht des Gesetzgebers (Sinn einer Rechtsvorschrift) zu ermitteln. Da die Mat weder zu § 71a Abs 1 ZÄG noch zu § 230 Abs 1 ÄrzteG einen Hinweis auf die Absicht des Gesetzgebers geben, ist der maßgebliche

---

300 So etwa *Karollus* in Resch/Wallner, Handbuch Medizinrecht³ XXX. Rz 83a, mit Verweis auf *Zahrl*, RDM 2011, 83; *Krauskopf*, RDM 2011, 203; *Wiedenbauer* in Wiedenbauer/Kanduth-Kristen/Grün/Hofer, Ärzte GmbH, Rz 58 ff.
301 LVwG OÖ 12.6.2014, LVWG-050024/3/Gf/DU/Rt.
302 EuGH 10.3.2009, C 169/07.
303 VwGH 4.4.2019, Ra 2016/11/0142.

Sinn der Bestimmung anhand dessen, was der Gesetzgeber erreichen wollte u was objektive Zweck der Regelung ist, zu ermitteln.

Einzige sinnvolle Überlegung der Einführung des § 71a ZÄG kann sohin nur sein, dass der Gesetzgeber in der Übergangsfrist **bis zum Abschluss eines Gruppenpraxisgesamtvertrags** eine für die Rückerstattung gem § 132 ASVG („80 %-Regel") erforderliche Vergleichsgrundlage mit Kassengruppenpraxen herstellen wollte.[304]

B. Eintragung in die Ärzteliste als Voraussetzung für den Praxisbetrieb (§ 26a Abs 3 ZÄG)

158 Auch bei der Zahnärzte-GmbH darf der Praxisbetrieb bzw die zahnärztliche Tätigkeit erst nach **Eintragung in die Zahnärzteliste**[305] sowie nach Erbringung eines Nachw über den **Abschluss einer Berufshaftpflichtversicherung**[306] aufgenommen werden. Eine Mitgliedschaft in der Zahnärztekammer kommt auch der Zahnärzte-GmbH selbst nicht zu, allerdings werden diese Gesellschaften in der Zahnärzteliste geführt.[307] Dies hat zur Folge, dass Ansprüche v Zahnärzten gegen die Gesellschaft, wie bei den Humanärzten, zunächst im Rahmen eines Schlichtungsverfahren nach § 54 ZÄKG geltend zu machen sind.

C. Sonderproblem bei Einbringung einer Ordination in die Zahnärzte GmbH

159 Die zivil-, unternehmens- u gesellschaftsrechtlichen Themen bei **Einbringung** einer zahnärztlichen Ordination in eine Zahnärzte-GmbH entsprechen denen der Ärzte-GmbH.[308]

---

304 ZB *Wallner*, Handbuch Ärztliches Berufsrecht², 95.
305 § 26a Abs 3 ZÄG.
306 § 26c Abs 1 ÄrzteG; s dazu im Detail zur identen Bestimmung des § 26c ZÄG auch die Ausführungen zu § 52d ÄrzteG, Rz 85.
307 *Karollus* in Resch/Wallner, Handbuch Medizinrecht³ XXX. Vergesellschaftung von Ärzten und Zahnärzten, Rz 30.
308 Vgl Rz 75 ff (zu § 52b ÄrzteG).

XII. Zulassungsverfahren für Gruppenpraxen im Rahmen der ambulanten öffentlichen Gesundheitsversorgung

§ 26b ZÄG (1) ¹Der/Die Landeshauptmann/Landeshauptfrau hat auf Antrag einer Gesellschaft oder Vorgesellschaft, die die Gründung einer Gruppenpraxis gemäß § 26a beabsichtigt, zur Wahrung der Zielsetzung der

1. Aufrechterhaltung einer qualitativ hochwertigen, ausgewogenen und allgemein zugänglichen ambulanten Gesundheitsversorgung und
2. Wahrung des finanziellen Gleichgewichts des Systems der sozialen Sicherheit

diese als Gruppenpraxis zur Leistungserbringung im Rahmen der ambulanten öffentlichen Gesundheitsversorgung bei Vorliegen der Voraussetzungen des Abs. 2 mit Bescheid zuzulassen. ²Dabei ist im Rahmen des Antrags durch Auflagen der Versorgungsauftrag der Gruppenpraxis hinsichtlich des Leistungsangebots (Leistungsvolumen einschließlich Personalausstattung, Leistungsspektrum und Öffnungszeiten unter Berücksichtigung von Tagesrand- und Nachtzeiten, Sams-, Sonn- und Feiertagen sowie erforderlichenfalls Bereitschaftszeiten) zu bestimmen.

(2) Eine Gesellschaft oder Vorgesellschaft ist als Gruppenpraxis zuzulassen, wenn unter Berücksichtigung der Ergebnisse der Planungen des jeweiligen RSG hinsichtlich

1. der örtlichen Verhältnisse (regionale rurale oder urbane Bevölkerungsstruktur und Besiedlungsdichte) und der für die ambulante öffentliche Gesundheitsversorgung bedeutsamen Verkehrsverbindungen,
2. des Inanspruchnahmeverhaltens und der Auslastung von bestehenden Leistungsanbietern, die sozialversicherungsrechtlich erstattungsfähige Leistungen erbringen, durch Patienten/Patientinnen,
3. der durchschnittlichen Belastung bestehender Leistungsanbieter gemäß Z 2,
4. Öffnungszeiten bestehender Leistungsanbieter gemäß Z 2, insbesondere an Tagesrandzeiten und an Wochenenden, sowie
5. der Entwicklungstendenzen in der Zahnmedizin.

eine wesentliche Verbesserung des Versorgungsangebots im Einzugsgebiet erreicht
werden kann.

(3) Der/Die Landeshauptmann/Landeshauptfrau hat im Rahmen des Zulassungsverfahrens

1. ein Gutachten der Gesundheit Österreich GmbH oder eines vergleichbaren Planungsinstituts einzuholen sowie
2. eine begründete Stellungnahme der jeweiligen Landesgesundheitsplattform über das Vorliegen der Kriterien gemäß Abs. 2 zugrundezulegen.

(4) Parteistellung im Sinne des § 8 Allgemeines Verwaltungsverfahrensgesetz 1991 (AVG), BGBl. Nr. 51, und das Recht der Beschwerde gemäß Art. 132 Abs. 5 sowie Revision gemäß Art. 133 Abs. 8 Bundes-Verfassungsgesetz (B-VG), BGBl. Nr. 1/1930, haben auch

1. die betroffenen Sozialversicherungsträger,
2. die Österreichische Zahnärztekammer sowie
3. die gesetzliche Interessenvertretung privater Krankenanstalten.

(5) [1]Wesentliche Änderungen des Leistungsangebots (Abs. 1) bedürfen der Zulassung durch den/die Landeshauptmann/Landeshauptfrau unter Anwendung der Abs. 1 bis 4. [2]Von einer neuerlichen Zulassung ist abzusehen, wenn eine zugelassene Gruppenpraxis ihren Standort innerhalb desselben Einzugsgebietes verlegt.

(6) [1]Der/Die Landeshauptmann/Landeshauptfrau hat unter größtmöglicher Schonung erworbener Rechte Bescheide zurückzunehmen oder abzuändern, wenn sich

1. die für die Zulassung maßgeblichen Umstände geändert haben oder
2. nachträglich hervorkommt, dass eine erforderliche Voraussetzung schon ursprünglich nicht bestanden hat oder
3. die Auflagen des Zulassungsbescheids nach erfolglosem Verstreichen einer zur Einhaltung der Auflagen gesetzten Frist nicht eingehalten werden.

[2]Die Nichteinhaltung von Auflagen gemäß Z 3 ist eine Berufspflichtverletzung.

(7) ¹Der/Die Landeshauptmann/Landeshauptfrau hat der Österreichischen Zahnärztekammer die Zurücknahme eines Bescheids gemäß Abs. 6 unverzüglich mitzuteilen. ²Diese hat umgehend die Streichung der Gruppenpraxis aus der Zahnärzteliste durchzuführen.

(*Anm.: Abs. 8 aufgehoben durch BGBl. I Nr. 80/2013*)

idF BGBl I 2023/191

A. Einführung und Anwendung des komplexen Zulassungsregimes des § 26b ZÄG in der Praxis

Die Zulassungsverfahren nach den §§ 26a u 26b ZÄG wurden im Rahmen der Nov zur Stärkung der ambulanten öffentlichen Gesundheitsversorgung (BGBl I 2010/61) als Reaktion auf das *„Hartlauer"*-Urteil des EuGH eingeführt.[309]

Im Gegensatz zum ÄrzteG kommt § 26b ZÄG u dem dort geregelten Zulassungsregime größere Bedeutung zu, da Zulassungen über den Stellenplan **mangels Vorliegen v Gruppenpraxengesamtverträgen** für zahnärztliche Gruppenpraxen derzeit nicht möglich sind. Für zahnärztliche (Wahl-)Gruppenpraxen sind daher Bedarfsprüfungen gem den §§ 26a, 26b ZÄG durchzuführen.[310] Hinsichtlich der Dauer des Zulassungsverfahrens für Gruppenpraxen zeigen die ersten Erfahrungswerte, dass – ähnlich wie bei der Zulassung v Krankenanstalten u selbstständigen Ambulatorien, deren Verfahren nahezu ident ausgestaltet sind – die Zulassungsverfahren mehrere Monate bis Jahre in Anspruch nehmen können.

160

161

B. Bedarfsprüfung auf Antrag einer Gesellschaft oder Vorgesellschaft (§ 26b Abs 1 und 2 ZÄG)

Der Ablauf der Bedarfsprüfung ist ident mit dem Ablauf im ÄrzteG, sodass auf die dortigen Ausführungen verwiesen werden kann.[311]

162

---

309 *Karollus* in Resch/Wallner, Handbuch Medizinrecht³ XXX. Vergesellschaftung von Ärzten und Zahnärzten, Rz 4; zur identen Bestimmung im ÄrzteG vgl § 52c ÄrzteG, Rz 77 ff.
310 Vgl auch Rz 154 f (zu § 26a ZÄG).
311 Vgl Rz 80 ff (zu § 52c ÄrzteG).

Bank-GmbH

Literatur: *Dellinger* (Hg), Bankwesengesetz: BWG-Kommentar[10] (2020); *Diwok/Göth*, Bankwesengesetz-Kommentar (2005); *Fischer/Schulte-Mattler* (Hg), KWG CRR[6] Kommentar (2023); *Griller* (Hg), Banken im Binnenmarkt (1992); *Kammel/Schütz* (Hg), BaSAG-Kommentar (2022); *Laurer/Schütz/ Kammel/Ratka* (Hg), BWG[4] (2017); *Oppitz/Chini*, BWG I (2021); *B. Raschauer*, Finanzmarktaufsichtsrecht (2015); *Reisenhofer/Ahari/Galostian Fard/Habliczek/ Schiele*, Sanierung und Abwicklung von Banken-BaSAG[2] (2022); *Schwennicke/ Auerbach*, Kreditwesengesetz (KWG) mit Zahlungsdiensteaufsichtsgesetz (ZAG) – Kommentar[4] (2021); *Seiser*, Sanierung und Abwicklung von Banken (2023).

Inhaltsübersicht

I. Allgemeines und Empirisches	1–6
II. Rechtsformzwang für Kreditinstitute, aufsichtskonforme Ausgestaltung der Satzung, Firmenbucheintrag des Rechtsträgers und Mindesteigenmittel- sowie MREL-Mindesterfordernisse	7–20
A. Rechtsformzwang und aufsichtskonforme Satzung einschließlich Beachtung des Vier-Augen-Prinzips	7–13
B. Firmenbucheintrag des Rechtsträgers, Mindesteigenmittel und MREL-Mindesterfordernisse	14–20
III. Aufsichtsrechtliche Konzessions-, Governance- sowie Organisationserfordernisse	21–57
A. Konzessionserfordernisse	21–30
B. Governance- und Organisationserfordernisse	31–55
1) Geschäftsleitung und Aufsichtsrat	35–42
2) Interner Kontrollrahmen	43–46
3) Risikomanagementfunktion	47
4) Vergütungspolitik	48
5) Compliance-Funktion	49
6) Interne Revision	50
7) Notfallrichtlinie und Plan für die operative Belastbarkeit und Aufrechterhaltung des Geschäftsbetriebs	51
8) Informations- und Kommunikationstechnologie-Richtlinie und -Systeme	52
9) Auslagerungen; Aufsichtsrats- und Ausschussmindeststruktur	53–55
C. Sorgfaltspflichten der Geschäftsleiter und der Aufsichtsratsmitglieder	56
D. Bankprüfer	57

IV. Kreditinstitutsgruppen, Konzernbildungen, Umgründungen, Beteiligungserwerbe, Kapitalaufbringung, Börsegang, Bankenabwicklung 58–64
V. Zusammenfassung 65

I. Allgemeines und Empirisches

Von den 646 in Ö konzessionierten Kreditinstituten (Stand 1.3.2023) sind die meisten als eingetragene Gen, Sparkassen u AG organisiert. Nur 15 der in Ö konzessionierten Kreditinstitute weisen die Rechtsform einer GmbH auf. Von diesen 15 wiederum sind nur fünf Kreditinstitute im Besitz einer Bankkonzession, deren Umfang man pauschalierend als Universalbankkonzession beschreiben könnte (§ 1 Abs 1 Z 1, Z 2 u Z 3 BWG u weitere Teilkonzessionen nach § 1 Abs 1 BWG). Unter diesen fünf konzessionierten Bank-GmbH sind drei Banken Tochterunternehmen v Automobilkonzernen (BMW Austria Bank GmbH, FCA Bank GmbH, Mercedes-Benz Bank GmbH): Solche Banken betreiben häufig schwerpunktmäßig das Finanzgeschäft mit Wholesale- u Retailkunden betr den An- u Verkauf v Kraftfahrzeugen, sind daher wirtschaftlich gesehen unechte Universalbanken. Über Universalbankkonzessionen verfügen jedoch weiters die Santander Consumer Bank GmbH u die Western Union International Bank GmbH, die auch faktisch zwei umfassend tätige Bank-GmbH darstellen. Alle anderen Banken sind Spezialbanken, insb gewerbliche Haftungsträger (NÖ Bürgschaften und Beteiligungen GmbH [NÖBEG], Oberösterreichische Kreditgarantiegesellschaft mbH, Österreichische Hotel- und Tourismusbank Gesellschaft mbH, Alpenländische Garantie-Gesellschaft mbH), Wechselstuben (The Change Group Wechselstuben GmbH, Interchange Austria GmbH) u sonstige Spezialbanken (Leasfinanz Bank GmbH) mit eingeschränkter Bankkonzession. **1**

Da nach österr Bankwesenrecht, anders als nach dt Kreditwesenrecht, die „Verwaltung v Investmentfonds" (darin eingeschlossen bestimmte AIF) nach wie vor als „Bankgeschäft" definiert ist, sei an dieser Stelle ergänzend angeführt, dass die meisten in Ö konzessionierten **Kapitalanlagegesellschaften** als GmbH organisiert sind (u daher formal Spezialbank-GmbH darstellen). **2**

Auch alle **Immobilien-Kapitalanlagegesellschaften** sind als Spezialbank-GmbH organisiert. **3**

4 Ebenso sind **betriebl Vorsorgekassen** nach wie vor Spezialbanken iSd BWG, deren Mehrzahl in der Praxis als GmbH organisiert ist, die aber primär dem BMSVG unterworfen sind.

5 Keine Kreditinstitute stellen konzessionierte **Zahlungsinstitute** dar, die in der Rechtspraxis überwiegend als GmbH ausgestaltet sind, aber in dieser Kommentierung nicht behandelt werden, da sie nicht v den Konzessionsregelungen des BWG erfasst sind. Dasselbe gilt für in Ö konzessionierte **Klasse 2- u Klasse 3-Wertpapierfirmen** gem § 3 WAG u für Wertpapierdienstleistungsunternehmen gem § 4 WAG: Sie unterfallen den Regelungen des ZaDiG u des WAG. Hingegen müssen kraft G alle **Pensionskassen**, sowohl betriebl als auch überbetriebliche, dem Rechtsformzwang nach als Nichtbank-AG ausgestaltet sein. Erwähnenswert ist weiters, dass die einzige in Ö zugelassene Zentrale Gegenpartei für Börsegeschäfte (Art 17 EMIR-VO), nämlich die CCP Austria Abwicklungsstelle für Börsegeschäfte, ebenfalls in der Rechtsform einer GmbH organisiert ist. Schließlich ist anzuführen, dass die 22 österr konzessionierten AIFM sowie die 39 österr registrierten AIFM (sie alle verfügen nicht über eine Bankkonzession) fast ausschließlich in der Rechtsform v GmbH organisiert sind. Letzteres trifft auch auf die in Ö registrierten „Dienstleister in Bezug auf virtuelle Währungen" (§ 32a FM-GwG) zu.

6 Die Ausgangsvermutung, dass die Einhaltung der konzessionsrechtlichen, governancerechtlichen u mindesteigenmittelrechtlichen Vorschriften des BWG u der CRR AG rechtlich u praktisch erleichtert ist, liegt nahe.

Die folgenden Ausführungen gehen daher (auch) der Frage nach, ob sich diese Ausgangsvermutung bestätigen lässt.

II. Rechtsformzwang für Kreditinstitute, aufsichtskonforme Ausgestaltung der Satzung, Firmenbucheintrag des Rechtsträgers und Mindesteigenmittel- sowie MREL-Mindesterfordernisse

Konzessionserteilung

§ 4 BWG (1) ¹Der Betrieb der in § 1 Abs. 1 genannten Geschäfte bedarf der Konzession der Finanzmarktaufsichtsbehörde (FMA). ²Sofern der Betrieb dieser Geschäfte durch eine Konzession gemäß § 3 WAG 2018 abgedeckt wird, ist die Erteilung einer Konzession gemäß dem ersten Satz jedoch nicht zulässig, es sei denn, das Unternehmen erfüllt die Voraussetzungen gemäß Art. 4 Abs. 1 Nr. 1 Buchstabe b der Verordnung (EU) Nr. 575/2013 und

1.) der über einen Zeitraum von zwölf aufeinanderfolgenden Monaten berechnete Monatsdurchschnitt der gesamten Vermögenswerte des Unternehmens entspricht oder überschreitet 30 Milliarden Euro oder

2.) der über einen Zeitraum von zwölf aufeinanderfolgenden Monaten berechnete Monatsdurchschnitt der gesamten Vermögenswerte liegt unter 30 Milliarden Euro und das Unternehmen gehört zu einer Gruppe, in der der Gesamtwert der konsolidierten Bilanzsumme aller Unternehmen der Gruppe, die einzeln über Gesamtvermögenswerte von weniger als 30 Milliarden Euro verfügen und den Handel für eigene Rechnung (§ 1 Z 3 lit. c WAG 2018) oder die Übernahme der Emission von Finanzinstrumenten oder Platzierung von Finanzinstrumenten mit fester Übernahmeverpflichtung (§ 1 Z 3 lit. f WAG 2018) ausüben, 30 Milliarden Euro entspricht oder überschreitet, beides berechnet als Durchschnitt von zwölf aufeinanderfolgenden Monaten.

³War das Unternehmen zu dem Zeitpunkt, zu dem es oder die Gruppe eine der in den Z 1 oder 2 bestimmten Grenzen überschreitet, gemäß § 3 WAG 2018 konzessioniert, so darf es im Rahmen dieser Konzession seine Wertpapiergeschäfte fortsetzen, bis die FMA über den Antrag auf Konzession gemäß dem ersten Satz rechtskräftig entschieden hat. ⁴Stellt die FMA nach Eingang der Informationen gemäß § 112 Abs. 3 WAG 2018 fest, dass ein Unternehmen gemäß § 5 als Kreditinstitut zugelassen werden muss, hat sie das Unternehmen davon zu unterrichten und das Konzessionsverfahren ab dem Tag der Unterrichtung einzuleiten. ⁵Im Falle einer erneuten Zulassung hat die FMA einen möglichst standardisierten Ablauf sicherzustellen, bei dem die aufgrund der bestehenden Zulassung vorliegenden Angaben zu verwenden sind.

(2) Die Konzession ist bei sonstiger Nichtigkeit schriftlich zu erteilen; sie kann mit entsprechenden Bedingungen und Auflagen versehen werden, auch nur auf einzelne oder mehrere der Geschäfte des § 1 Abs. 1 lauten und Teile von einzelnen Bankgeschäften aus dem Konzessionsumfang ausnehmen.

(3) Der Antragsteller hat dem Antrag auf Erteilung einer Konzession folgende Angaben und Unterlagen anzuschließen:

1.) Den Sitz und die Rechtsform;
2.) die Satzung;
3.) den Geschäftsplan, aus dem die Art der geplanten Geschäfte, der organisatorische Aufbau des Kreditinstitutes unter Angabe der Mutterunternehmen Finanzholdinggesellschaften und gemischten Finanzholdinggesellschaften innerhalb seiner Kreditinstitutsgruppe, die geplanten Strategien und Verfahren zur Überwachung, Steuerung und Begrenzung der bankgeschäftlichen und bankbetrieblichen Risiken gemäß § 39 und die Verfahren und Pläne gemäß § 39a hervorgehen; weiters hat der Geschäftsplan
   a) eine Budgetrechnung und
   b) wenn der Konzessionsantrag die Entgegennahme von Einlagen umfasst, eine Prognoserechnung über die Höhe der gedeckten Einlagen gemäß § 7 Abs. 1 Z 5 ESAEG
   für die ersten drei Jahre zu enthalten;
4.) die Höhe des den Geschäftsleitern im Inland unbeschränkt und ohne Belastung zur freien Verfügung stehenden Anfangskapitals;
5.) die Identität und die Höhe des Beteiligungsbetrages der Eigentümer, die eine qualifizierte Beteiligung am Kreditinstitut halten, sowie die Angabe der Konzernstruktur, sofern diese Eigentümer einem Konzern angehören, sowie die für die Beurteilung der Zuverlässigkeit dieser Eigentümer, der gesetzlichen Vertreter und der allenfalls persönlich haftenden Gesellschafter dieser Eigentümer erforderlichen Angaben;
5a.) sofern keine qualifizierten Beteiligungen gemäß Z 5 vorhanden sind, die Identität und der Beteiligungsbetrag der zwanzig größten Aktionäre oder Gesellschafter und die Angabe der Konzernstruktur, sofern diese Eigentümer einem Konzern angehören;
6.) die Namen der vorgesehenen Geschäftsleiter und deren Qualifikation zum Betrieb des Unternehmens;
7.) Die Identität und Adresse oder Sitz aller jener natürlichen oder juristischen Personen, derer sich das Kreditinstitut außerhalb seines Sitzes bei der Durchführung des Finanztransfergeschäftes bedient (Agenten). [...]

idF BGBl I 2021/98

§ 5 BWG (1) Die Konzession ist zu erteilen, wenn:

1.) Das Unternehmen als Kreditinstitut in der Rechtsform einer Kapitalgesellschaft, einer Genossenschaft oder einer Sparkasse geführt werden soll;
2.) die Satzung keine Bestimmungen enthält, die die Sicherheit der dem Kreditinstitut anvertrauten Vermögenswerte und die ordnungsgemäße Durchführung der Geschäfte gemäß § 1 Abs. 1 nicht gewährleisten;
2a.) die aus dem gemäß § 4 Abs. 3 Z 3 vorgelegten Geschäftsplan hervorgehenden geplanten Strategien und Verfahren zur Überwachung, Steuerung und Begrenzung der bankgeschäftlichen und bankbetrieblichen Risiken gemäß § 39 und die Verfahren und Pläne gemäß § 39a wirksam und der Art, dem Umfang und der Komplexität der geplanten Bankgeschäfte angemessen sind;
3.) die Personen, die eine qualifizierte Beteiligung am Kreditinstitut halten, den im Interesse einer soliden und umsichtigen Führung des Kreditinstitutes zu stellenden Ansprüchen genügen und keine Tatsachen vorliegen, aus denen sich Zweifel an der persönlichen Zuverlässigkeit dieser Personen ergeben; liegen derartige Tatsachen vor, dann darf die Konzession nur erteilt werden, wenn die Unbegründetheit der Zweifel bescheinigt wurde;
4.) durch enge Verbindungen des Kreditinstitutes mit anderen natürlichen oder juristischen Personen die FMA an der Erfüllung ihrer Aufsichtspflicht nicht gehindert wird;
4a.) Rechts- und Verwaltungsvorschriften eines Drittlandes, denen eine mit dem Kreditinstitut in enger Verbindung stehende natürliche oder juristische Person unterliegt, oder Schwierigkeiten bei der Anwendung dieser Vorschriften die FMA nicht an der Erfüllung ihrer Überwachungspflicht hindern;
5.) das Anfangskapital oder die Anfangsdotation mindestens 5 Millionen Euro beträgt und den Geschäftsleitern unbeschränkt und ohne Belastung im Inland zur freien Verfügung steht;
6.) bei keinem der Geschäftsleiter ein Ausschließungsgrund im Sinne des § 13 Abs. 1 bis 3, 5 und 6 GewO 1994, BGBl. Nr. 194/1994, in der jeweils geltenden Fassung vorliegt und über das Vermögen keines der Geschäftsleiter beziehungsweise keines anderen Rechtsträgers als einer natürlichen Person, auf dessen Geschäfte einem Geschäftsleiter maßgebender Einfluss zusteht

oder zugestanden ist, der Konkurs eröffnet wurde, es sei denn, im Rahmen des Konkursverfahrens ist es zum Abschluss eines Sanierungsplanes gekommen, der erfüllt wurde; dies gilt auch, wenn ein damit vergleichbarer Tatbestand im Ausland verwirklicht wurde.

7.) die Geschäftsleiter über geordnete wirtschaftliche Verhältnisse verfügen und keine Tatsachen vorliegen, aus denen sich Zweifel an ihrer persönlichen für den Betrieb der Geschäfte gemäß § 1 Abs. 1 erforderlichen Zuverlässigkeit, Aufrichtigkeit und Unvoreingenommenheit ergeben; die Mitgliedschaft bei einem mit dem Kreditinstitut verbundenen Unternehmen oder einer mit dem Kreditinstitut verbundenen Rechtsperson stellt dabei für sich alleine keine Tatsache dar, die Zweifel an der Unvoreingenommenheit eines Geschäftsleiter rechtfertigen würden; bei der Überprüfung der Zuverlässigkeit hat die FMA auch auf die von der EBA gemäß Art. 69 Abs. 1 der Richtlinie 2013/36/EU eingerichtete Datenbank zurückzugreifen; liegen derartige Tatsachen vor, dann darf die Konzession nur erteilt werden, wenn die Unbegründetheit der Zweifel bescheinigt wurde;

8.) die Geschäftsleiter auf Grund ihrer Vorbildung fachlich geeignet sind und für den Betrieb des Kreditinstitutes erforderlichen Erfahrungen haben. Die fachliche Eignung eines Geschäftsleiters setzt voraus, dass dieser in ausreichendem Maße theoretische und praktische Kenntnisse in den beantragten Geschäften gemäß § 1 Abs. 1 sowie Leitungserfahrung hat; die fachliche Eignung für die Leitung eines Kreditinstitutes ist anzunehmen, wenn eine zumindest dreijährige leitende Tätigkeit bei einem Unternehmen vergleichbarer Größe und Geschäftsart nachgewiesen wird;

9.) gegen einen Geschäftsleiter, der nicht österreichischer Staatsbürger ist, in dem Staat, dessen Staatsbürgerschaft er hat, keine Ausschließungsgründe als Geschäftsleiter eines Kreditinstitutes im Sinne der Z 6, 7, 8 oder 13 vorliegen; dies ist durch die Bankenaufsicht des Heimatlandes zu bestätigen; kann jedoch eine solche Bestätigung nicht erlangt werden, so hat der betreffende Geschäftsleiter dies glaubhaft zu machen, das Fehlen der genannten Ausschließungsgründe zu bescheinigen und eine Erklärung abzugeben, ob die genannten Ausschließungsgründe vorliegen;

9a.) die Geschäftsleiter ausreichend Zeit für die Erfüllung ihrer Aufgaben im Kreditinstitut aufwenden; dabei hat ein Geschäftsleiter im Falle der Ausübung mehrerer Tätigkeiten in geschäftsführender Funktion oder als Mitglied eines Aufsichtsrates die Umstände im Einzelfall und die Art, den Umfang und die Komplexität der Geschäfte des Kreditinstitutes zu berücksichtigen; Geschäftsleiter von Kreditinstituten, die von erheblicher Bedeutung im Sinne des Abs. 4 sind, dürfen insgesamt nur eine Tätigkeit in geschäftsführender Funktion sowie zusätzlich zwei Tätigkeiten als Mitglied eines Aufsichtsrates wahrnehmen; für die Berechnung der Anzahl der Tätigkeiten gelten mehrere Tätigkeiten in geschäftsführender Funktion und als Mitglied eines Aufsichtsrates
   a) innerhalb derselben Gruppe bestehend aus
      aa) dem EU-Mutterinstitut, dessen Tochterunternehmen und eigenen Tochterunternehmen oder sonstigen Unternehmen, die derselben Kreditinstitutsgruppe angehören, soweit alle vorgenannten in die Beaufsichtigung auf konsolidierter Basis einbezogen sind oder einer zusätzlichen Beaufsichtigung gemäß § 6 Abs. 1 FKG unterliegen, oder
      bb) verbundenen Unternehmen gemäß § 228 Abs. 3 UGB, § 245a UGB oder § 15 AktG;
   b) bei Mitgliedern desselben institutsbezogenen Sicherungssystems gemäß Art. 113 Abs. 7 der Verordnung (EU) Nr. 575/2013 oder
   c) bei Unternehmen, an denen das Kreditinstitut eine qualifizierte Beteiligung gemäß Art. 4 Abs. 1 Nr. 36 der Verordnung (EU) Nr. 575/2013 hält
   als nur eine Tätigkeit. Tätigkeiten in geschäftsführender Funktion oder als Mitglied eines Aufsichtsrates bei Organisationen, die nicht überwiegend gewerbliche Ziele verfolgen, sind bei der Berechnung nicht miteinzubeziehen. Die FMA kann auf Antrag eine Überschreitung der Begrenzung um eine Tätigkeit als Mitglied eines Aufsichtsrates genehmigen. Die FMA hat die EBA über derartige Genehmigungen regelmäßig zu informieren;
10.) mindestens ein Geschäftsleiter den Mittelpunkt seiner Lebensinteressen in Österreich hat;
11.) mindestens ein Geschäftsleiter die deutsche Sprache beherrscht;

12.) das Kreditinstitut mindestens zwei Geschäftsleiter hat und in der Satzung die Einzelvertretungsmacht, eine Einzelprokura oder eine Einzelhandlungsvollmacht für den gesamten Geschäftsbetrieb ausgeschlossen und bei Kreditgenossenschaften die Führung der Geschäfte auf die Geschäftsleiter eingeschränkt ist;
13.) kein Geschäftsleiter einen anderen Hauptberuf außerhalb des Bankwesens oder außerhalb von Versicherungsunternehmen oder Pensionskassen oder außerhalb von Zahlungsinstituten oder E-Geld-Instituten oder von Wertpapierfirmen oder Wertpapierdienstleistungsunternehmen ausübt;
14.) der Sitz und die Hauptverwaltung im Inland liegen;
15.) die Voraussetzungen des § 5a erfüllt werden.

(2) ¹Ein Kreditinstitut und jede gemäß § 94 geschützte Bezeichnung dürfen als Firma oder Geschäftszweig nur dann in das Firmenbuch eingetragen werden, wenn die entsprechenden rechtskräftigen Bescheide in Urschrift oder beglaubigter Abschrift (Kopie) vorliegen. ²Die Vorlage der Bescheide entfällt, soweit der Betrieb von Bankgeschäften nach § 9, § 11, § 13 oder § 103 Z 5 zulässig ist. ³Das zuständige Gericht hat Beschlüsse über solche Firmenbucheintragungen auch der FMA und der Oesterreichischen Nationalbank zuzustellen. ⁴Die FMA hat dem zuständigen Gericht die gemäß § 9 Abs. 2 und 5, § 11 Abs. 3 und § 13 Abs. 3 erhaltenen Angaben zu übermitteln. [...]

idF BGBl I 2021/98

Konzessionsmitteilungen

§ 8 BWG Die FMA hat der EBA mitzuteilen:

1.) Die Konzessionsvoraussetzungen gemäß § 5;
2.) jede Konzessionserteilung gemäß § 4 einschließlich des Namens des Einlagensicherungs- und Anlegerentschädigungssystems, bei dem das betroffene CRR-Kreditinstitut Mitglied ist;
2a.) jede Konzessionserteilung gemäß § 4 für den Betrieb einer inländischen Zweigstelle eines ausländischen Kreditinstitutes, sowie alle späteren Änderungen dieser Konzessionen;
2b.) die regelmäßig gemeldeten gesamten Vermögenswerte und Verbindlichkeiten inländischer Zweigstellen ausländischer Kreditinstitute;

2c.) den Namen der Drittlandsgruppe, der eine inländische Zweigstelle eines ausländischen Kreditinstituts angehört;
3.) jeden Konzessionsentzug gemäß § 6 unter der Angabe der Gründe.

idF BGBl I 2021/98

Zulassung

Art 8 Abs 2 CRD ¹Die EBA arbeitet Entwürfe technischer Regulierungsstandards aus, in denen Folgendes präzisiert wird:

a) die Informationen, einschließlich des Geschäftsplans, des organisatorischen Aufbaus und der Unternehmensführungsregelung gemäß Art 10, die den zuständigen Behörden in dem Antrag auf Zulassung von Kreditinstituten zu übermitteln sind,
b) die Anforderungen an Anteilseigner und Gesellschafter mit qualifizierten Beteiligungen oder, falls keine qualifizierten Beteiligungen vorhanden sind, an die 20 größten Anteilseigner oder Gesellschafter gemäß Artikel 14 und
c) die Umstände im Sinne des Artikels 14, die die zuständige Behörde an der ordnungsgemäßen Wahrnehmung ihrer Aufsichtsaufgaben hindern könnten.

²Der Kommission wird die Befugnis übertragen, die technischen Regulierungsstandards nach Unterabsatz 1 Buchstaben a, b und c gemäß den Artikeln 10 bis 14 der Verordnung (EU) Nr. 1093/2010 zu erlassen.

Geschäftsplan, organisatorischer Aufbau und Unternehmensführungsregelung

Art 10 CRD (1) ¹Die Mitgliedstaaten schreiben vor, dass dem Zulassungsantrag ein Geschäftsplan beizufügen ist, aus dem die Art der geplanten Geschäfte und der organisatorische Aufbau des Kreditinstituts unter Angabe von Mutterunternehmen, Finanzholdinggesellschaften und gemischten Finanzholdinggesellschaften innerhalb der Gruppe hervorgehen. ²Die Mitgliedstaaten schreiben ferner vor, dass dem Zulassungsantrag eine Beschreibung der in Artikel 74 Absatz 1 genannten Regelungen, Verfahren und Mechanismen beizufügen ist.

(2) Die zuständigen Behörden verweigern die Zulassung für die Aufnahme der Tätigkeit eines Kreditinstituts, wenn sie nicht davon

überzeugt sind, dass die in Artikel 74 Absatz 1 genannten Regelungen, Verfahren und Mechanismen ein solides und wirksames Risikomanagement seitens dieses Instituts ermöglichen.

idF CRD V, ABl L 150 v 7. 6. 2019, 253

Interne Unternehmensführung und Sanierungs- und Abwicklungspläne

Art 74 CRD (1) ¹Die Institute verfügen über eine solide Unternehmensführungsregelung, wozu eine klare Organisationsstruktur mit genau festgelegten, transparenten und kohärenten Zuständigkeiten, wirksame Verfahren zur Ermittlung, Steuerung, Überwachung und Meldung der tatsächlichen und potenziellen künftigen Risiken, angemessene interne Kontrollmechanismen, einschließlich solider Verwaltungs- und Rechnungslegungsverfahren, Netzwerk- und Informationssysteme, die gemäß der Verordnung (EU) 2022/2554 eingerichtet und verwaltet werden, sowie eine Vergütungspolitik und -praxis, die mit einem soliden und wirksamen Risikomanagement vereinbar und diesem förderlich sind, zählen. ²Die in Unterabsatz 1 genannte Vergütungspolitik und -praxis ist geschlechtsneutral.

(2) ¹Die in Absatz 1 dieses Artikels genannten Regelungen, Verfahren und Mechanismen sind der Art, dem Umfang und der Komplexität der dem Geschäftsmodell innewohnenden Risiken und den Geschäften des Kreditinstituts angemessen und lassen keinen Aspekt außer Acht. ²Den technischen Kriterien der Artikel 76 bis 95 wird Rechnung getragen.

(3) ¹Die EBA gibt im Einklang mit Artikel 16 der Verordnung (EU) Nr. 1093/2010 und unter Berücksichtigung von Absatz 2 des vorliegenden Artikels Leitlinien für die in Absatz 1 des vorliegenden Artikels genannten Regelungen, Verfahren und Mechanismen heraus. ²Die EBA gibt im Einklang mit Artikel 16 der Verordnung (EU) Nr. 1093/2010 Leitlinien für eine geschlechtsneutrale Vergütungspolitik für die Institute heraus. ³Innerhalb von zwei Jahren nach Veröffentlichung der in Unterabsatz 2 genannten Leitlinien und auf der Grundlage der von den zuständigen Behörden erhobenen Informationen erstellt die EBA einen Bericht über die Anwendung einer geschlechtsneutralen Vergütungspolitik durch die Institute.

idF CRD V, ABl L 150 v 7. 6. 2019, 253

Verweis des Art 74 CRD auf die Art 76 bis 95 CRD. Die Artikel 76 bis 95 CRD betreffen:

- das unter der Verantwortung der Geschäftsleitung stehende Risikomanagement samt seinem Strategiedialog mit dem Aufsichtsrat,
- die Pflicht für Institute von erheblicher Bedeutung, interne Kapazitäten für die Kreditrisikobewertung zu entwickeln und zur Berechnung der Eigenmittelanforderungen für das Kreditrisiko verstärkt den auf internen Beurteilungen basierenden Ansatz zu verwenden, samt dessen aufsichtlicher Überwachung,
- die Pflicht zum Management des Kreditrisikos und des Gegenparteiausfallrisikos, des Restrisikos, des Konzentrationsrisikos, des Verbriefungsrisikos, des Marktrisikos, des Zinsänderungsrisikos bei Geschäften des Anlagebuchs, des operationellen Risikos, des Liquiditätsrisikos und des Risikos einer übermäßigen Verschuldung,
- die Pflicht zur Festlegung ausreichender Regelungen für die Unternehmungsführung und -kontrolle durch die Geschäftsleitung, auch im Dialog mit dem Aufsichtsrat,
- die Pflicht zum Treffen von Vorkehrungen für eine länderspezifische Berichterstattung,
- die Pflicht zur Offenlegung der Kapitalrendite,
- das Treffen von ausreichenden Vorkehrungen zur Fitness und Properness jedes einzelnen Geschäftsleitungsmitglied und der Geschäftsleitung als Kollektivorgan sowie zu deren Aufrechterhaltung,
- die Pflicht zur Festlegung einer geschlechtsneutralen und dem Risikoappetit angemessenen Vergütungspolitik unter Beachtung von Zusatzbeschränkungen für Institute, die staatliche Unterstützung erhalten,
- die Pflicht zur Festlegung von Zusatzbeschränkungen für variable Vergütungsbestandteile sowie
- die Pflicht zur Einrichtung eines Vergütungsausschusses bei Instituten von erheblicher Bedeutung.

idF CRD V, ABl L 150 v 7. 6. 2019, 253

Der EZB übertragene Aufgaben

Art 4 SSM-VO – (1) Im Rahmen des Artikels 6 ist die EZB im Einklang mit Absatz 3 ausschließlich für die Wahrnehmung der folgenden Aufgaben zur Beaufsichtigung sämtlicher in den teilnehmenden Mitgliedstaaten niedergelassenen Kreditinstitute zuständig:

a) Zulassung von Kreditinstituten und Entzug der Zulassung von Kreditinstituten vorbehaltlich der Bestimmungen des Artikels 14;
b) [...]
c) [...]
d) Gewährleistung der Einhaltung der in Artikel 4 Absatz 3 Unterabsatz 1 genannten Rechtsakte, die Aufsichtsanforderungen an Kreditinstitute in Bezug auf Eigenmittelanforderungen, Verbriefung, Beschränkungen für Großkredite, Liquidität, Verschuldungsgrad sowie Meldung und Veröffentlichung entsprechender Informationen festlegen;
e) Gewährleistung der Einhaltung der in Artikel 4 Absatz 3 Unterabsatz 1 genannten Rechtsakte, die Anforderungen an Kreditinstitute hinsichtlich solider Regelungen für die Unternehmensführung, einschließlich Eignungsanforderungen an die für die Geschäftsführung der Kreditinstitute verantwortlichen Personen, Risikomanagementverfahren, interner Kontrollmechanismen, Vergütungspolitiken und -praktiken sowie wirksamer Verfahren zur Beurteilung der Angemessenheit des internen Kapitals, einschließlich auf internen Ratings basierender Modelle festlegen;
f) [...]
g) Beaufsichtigung auf konsolidierter Basis der in einem teilnehmenden Mitgliedstaat niedergelassenen Muttergesellschaften von Kreditinstituten, einschließlich der Finanzholdinggesellschaften und der gemischten Finanzholdinggesellschaften, sowie Mitwirkung an der Beaufsichtigung auf konsolidierter Basis von Muttergesellschaften, die nicht in einem teilnehmenden Mitgliedstaat niedergelassen sind, einschließlich in Aufsichtskollegien unbeschadet der Beteiligung der nationalen zuständigen Behörden als Beobachter in diesen Aufsichtskollegien;
h) [...]
i) Wahrnehmung von Aufsichtsaufgaben in Bezug auf Sanierungspläne und frühzeitiges Eingreifen, wenn ein Kreditinstitut oder eine Gruppe, für die die EZB die konsolidierende Aufsichtsbehörde ist, die geltenden aufsichtsrechtlichen Anforderungen nicht erfüllt oder voraussichtlich nicht erfüllen wird, sowie – nur in den im einschlägigen Unionsrecht für die zuständigen

Behörden ausdrücklich vorgesehenen Fällen – in Bezug auf erforderliche strukturelle Änderungen bei Kreditinstituten zur Verhinderung finanzieller Stresssituationen oder von Zusammenbrüchen, jedoch ausschließlich jeglicher Abwicklungsbefugnisse.

[...]

idF ABl L 218 v 19.8.2015, 82

A. Rechtsformzwang und aufsichtskonforme Satzung einschließlich Beachtung des Vier-Augen-Prinzips

Aus den Bestimmungen der §§ 4 Abs 1 bis 3 u 5 Abs 1 Z 1 BWG wird zutr ein relativer Rechtsformzwang für Kreditinstitute abgeleitet.[1] Dieser relative **Rechtsformzwang** schränkt die in Betracht kommenden Rechtsformen auf KapGes, Gen, Sparkassen u SE sowie SCE ein. Die Einschränkung auf die genannten Rechtsformen sowie der unionsrechtlich vorgegebene Ausschluss v Einzelbankiers werden grundrechtlich durch die Grundsätze der Kapitalaufbringung u Kapitalerbringung gerechtfertigt, die dem Gläubigerschutz u der Absicherung des Vertrauens in die Kreditwirtschaft dienen.[2] Der Ausschluss v PersGes des UGB (OG, KG) v Betrieb v Bankgeschäften ist verfassungsrechtlich u grundrechtlich problematisch.[3] Der VfGH hat allerdings die konzessionsrechtliche Einschränkung des Betriebs des Hypothekenbankgeschäfts auf AG unter dem mittlerweile aufgehobenen HypBG 1899 für verfassungskonform erachtet.[4] Dies schloss bis zum 6.7.2022 Hypothekenbanken in der Rechtsform v GmbH v der Emission v Pfandbriefen aus.

7

Des Weiteren muss nach § 5 Abs 1 Z 2 u Z 12 BWG die **Satzung aufsichtskonform** ausgestaltet sein. Dies zieht für Bank-GmbH nach sich, dass diese zwingend über einen AR zu verfügen haben.[5] Die aufsichtskonforme Ausgestaltung der Satzung wäre weiters dann verletzt, wenn

8

---

1 *Oppitz* in Oppitz/Chini, BWG I² § 5 Rz 3.
2 Vgl zur unionsrechtlichen Diskussion der Grundrechtskonformität sowie der Grundfreiheitenkonformität des Verbots der Neuzulassung v Einzelbankiers bereits *Knobl* in Griller, Banken im Binnenmarkt 132 ff.
3 Vgl *Oppitz* in Oppitz/Chini, BWG I² § 5 Rz 3 FN 2.
4 VfGH 15.6.1990, B 1562/88, VfSlg 12378/1990.
5 Vgl § 28a Abs 2c BWG; zutr *Oppitz* in Oppitz/Chini, BWG I² § 5 Rz 4 in Anschluss an *Nowotny* in Kalss/Nowotny/Schauer, GesR² Rz 4/255.

die Satzung das Vier-Augen-Prinzip missachtet oder etwa die Betragsschwellen für die AR-Zustimmung (§ 95 Abs 5 AktG) derart niedrig oder derart hoch festgelegt werden, dass aus Praktikabilitäts- u Risikogesichtspunkten ein ordnungsgemäßer Betrieb nicht mehr gewährleistet erscheint.[6] Das in § 5 Abs 1 Z 12 BWG festgelegte Vier-Augen-Prinzip ist nach der österr höchstgerichtlichen Jud als zwingende Kollektivvertretungsregelung hinsichtlich der Außenvertretungsbefugnis für Kreditinstitute zu verstehen. Wird diese zwingende Kollektivvertretungsregelung verletzt, so ist eine Rechtshandlung, die nur einem Geschäftsleitungsmitglied nach den Grundsätzen der Anscheinsvollmacht zugerechnet werden kann, auch gegenüber Verbrauchern unwirksam.[7] Das Vier-Augen-Prinzip muss nicht bloß in der Satzung als Ausschluss der Einzelvertretungsmacht sowie der Einzelprokura u der Einzelhandelsvollmacht niedergelegt sein, sondern es müssen auch mind zwei Geschäftsleiter in der Bank bestellt sein. Das Vier-Augen-Prinzip schließt eine Ressortverteilung im Bereich der Geschäftsleitung, etwa im Wege einer GO des Vorstands, nicht aus.[8] Das Vier-Augen-Prinzip schließt natürlich auch nicht aus, dass zwei gemeinsam Vertretungsberechtigte (etwa zwei Gesamtprokuristen) einen Bankmitarbeiter mit einer Einzelvollmacht ausstatten, bestimmte Geschäfte namens der Bank abzuschließen, wobei auch Gattungsvollmachten zulässig sind.[9]

9 Der **zwingend zu bestellende AR** einer allfälligen Bank-GmbH (zulässig ist auch ein sonstiges, im GesV vorgesehenes Aufsichtsorgan) muss aufgrund der EBA-Leitlinien[10] einerseits die Mindestorganisationsvorschriften des BWG erfüllen (Pflicht zur Einrichtung eines Prüfungsausschusses ab Erreichen einer Bilanzsumme v € 1 Mrd oder ab Notiz übertragbarer Wertpapiere an einem geregelten Markt; bei Erreichen einer Bilanzsumme v € 5 Mrd Pflicht zur Einrichtung eines Nominierungsausschusses, eines Vergütungsausschusses u eines Risikoausschusses; Pflicht zur Bestellung mind zweier formal unabhängiger AR-Mitglieder im Falle des Erreichens oder Überschreitens der Bilanz-

---

6 Vgl *Diwok* in Diwok/Göth, BWG § 5 Rz 10; *Oppitz* in Oppitz/Chini, BWG I² § 5 Rz 4.
7 OGH 13.9.2012, 8 Ob 93/12b.
8 *Oppitz* in Oppitz/Chini, BWG I² § 5 Rz 16.
9 *Oppitz* in Oppitz/Chini, BWG I² § 5 Rz 16.
10 EBA/GL/2021/12 v 11.11.2021 betr eine gemeinsame Bewertungsmethodik für die Erteilung der Zulassung v Kreditinstituten nach der CRD.

summe v € 5 Mrd;[11] für größere Banken wie etwa „SRI"[12] gibt es Zusatzanforderungen).

Andererseits müssen versch **unabhängige *Key-Function-Holder*-Funktionen** (Schlüsselfunktionen) eingerichtet werden; weiters müssen die Aufbauorganisation des Kreditinstituts u die vorgesehene Risikostrategie u Risikobereitschaft dem Geschäftsmodell, der Komplexität u dem Risikoprofil des Geschäfts des Kreditinstituts angemessen ausgestaltet sein.

Schließlich muss die Finanzierungsstruktur eines antragstellenden Kreditinstituts auf Basis eines vorgelegten Geschäftsplans u unterbreiteter Finanzprognosen in ein aufsichtliches Gesamtbild münden. Dieses Gesamtbild muss eine Beurteilung ermöglichen, ob

a) das Geschäftsmodell eines antragstellenden Kreditinstituts tragfähig u rentabel ist u
b) das antragstellende Kreditinstitut in der Lage sein wird, die Aufsichtsanforderungen im Verlauf des Planungshorizonts zu erfüllen.

Dabei wird aus aufsichtsrechtlicher Sicht insb auf einen **Dreijahres-Zeitraum** abgestellt.[13]

Aus dem Zusammenspiel der bereits bei der Zulassung nachzuweisenden Mindestanforderungen an die Kapitalaufbringung, dem Strategiedialog zw AR u Geschäftsleitung u den Mindestorganisationsvorschriften ergibt sich daher, dass für den Betrieb einer auf Ausweitung des Geschäftsvolumens ausgerichteten Bank die Rechtsform einer AG oder FlexKapG geeigneter erscheint als die Rechtsform einer GmbH. Denn einerseits sind Bank-GmbH v der Zulassung ihrer Eigenkapital- u eigenkapitalähnlichen Instrumente zum Handel an geregelten Märkten u v den aktienrechtlichen Erlaubnistatbeständen des Erwerbs eigener Anteile ausgeschlossen. Andererseits müssen sie sich jedoch zwingend mit einem den arbeitsverfassungsrechtlichen Vorschriften entspr AR ausstatten, alle Mindestorganisationregelungen einhalten u die zwingend

---

11 Vgl näher § 30g Rz 156 ff zu den Ausschüssen nach BWG.
12 Dies sind gem § 2 Z 25 BWG bescheidmäßig als national Systemrelevante Institute eingestufte Kreditinstitute mit besonderen Pufferanforderungen, die nie als „*kleines und nicht komplexes Institut*" (Art 4 Abs 1 Z 145 CRR) eingestuft werden dürfen. Abwicklungsrechtlich ist jedoch eine andere Kategorisierung, nämlich die als Säule 1-Abwicklungseinheit („G-SRI", *Top Tier*-Bank oder „gefischte Bank") maßgeblich, vgl näher unten Rz 29 u 64.
13 Vgl die EBA-Leitlinien EBA/GL/2021/12 Rz 78 bis 107.

vorgegebene AR- u Ausschussstruktur des bankaufsichtsrechtlichen GesR einhalten, ohne in den Genuss der Kapitalaufbringungsregelungen u der Vorschriften über den Erwerb eigener Anteile für AG oder Flex-KapG zu gelangen. Schon daraus lässt sich ableiten, warum in der österr Rechtspraxis nur Kreditinstitute mit Spezialbankkonzessionen oder sonst eingeschränkten Konzessionen oder faktisch eingeschränkten Geschäftsaktivitäten sowie Kapitalanlagegesellschaften, Immobilien-Kapitalanlagegesellschaften u betriebl Vorsorgekassen als Bank-GmbH ausgestaltet sind.[14]

13   Dieser Befund erhärtet sich, wenn man die **EBA-Leitlinien zur internen Governance**[15] in die Betrachtung einbezieht: Nach Rz 40 der genannten Leitlinien müssen alle „Institute", die auf einzel-, teilkonsolidierter oder konsolidierter Basis selbst v „erheblicher Bedeutung"[16] sind, einen Risiko-, einen Nominierungs- u einen Vergütungsausschuss einrichten.

Nach Rz 46 ff müssen die Ausschüsse derartiger Institute bestimmte Mindestunabhängigkeitsanforderungen hinsichtlich ihrer Mitglieder erfüllen.[17]

Nach Rz 68 hat die Geschäftsleitung eines Instituts sicherzustellen, dass die internen Kontrollfunktionen unabhängig v den Geschäftsbereichen sind, diese kontrollieren u über angemessene finanzielle u personelle Mittel verfügen.

Nach Rz 77 u 78 der Leitlinien sollten in Instituten keine unnötig komplexen oder undurchsichtige Strukturen eingerichtet werden u die mit der Einrichtung der Strukturen verbundenen besonderen Risiken durch die Geschäftsleitung verstanden u kontrolliert werden.

Nach Rz 142 soll der interne Kontrollrahmen v Instituten einen notwendigen Austausch angemessener Informationen zw den Geschäftsbereichen u der Compliance-Funktion sowie der AML-Compliance-Funktion gewährleisten sowie zw den Leitern der internen Kontrollfunktionen u dem Leitungsorgan des Instituts ermöglichen.[18]

---

14 Daran kann sich zugunsten v Flexiblen KapGes ab 1.1.2024 etwas ändern, vgl dazu näher unten Rz 61.
15 EBA/GL/2021/05 v 2.7.2021.
16 Vgl näher Art 76 Abs 3, Art 88 Abs 2 u Art 95 Abs 1 CRD sowie § 5 Abs 4 BWG.
17 Vgl näher unten Rz 55.
18 Vgl näher unten Rz 43 u 46.

Nach Rz 169 sollen die internen Kontrollfunktionen mind eine Risikomanagementfunktion, eine Compliance-Funktion u eine interne Revision umfassen.[19] Die Leiter dieser Funktionen sollen bestimmten Mindestunabhängigkeitsanforderungen entsprechen.[20] Die Kontrollfunktionalitäten dieser internen Kontrollfunktionen lassen sich in einem Institut, das als Bank-AG ausgestaltet ist, einfacher praktisch umsetzen als in einer Bank-GmbH oder einer Bank-FlexKapG, deren Geschäftsleitung dem Weisungsrecht der GV unterliegt.

B. Firmenbucheintrag des Rechtsträgers, Mindesteigenmittel und MREL-Mindesterfordernisse

Gemäß § 5 Abs 2 BWG besteht eine **Vorlagepflicht** des einzutragenden Rechtsträgers (der künftigen Bank-GmbH) im Hinblick auf die Konzession als Kreditinstitut (darin eingeschlossen die Zulassung als CRR-Kreditinstitut), *id est* des Konzessionsbescheids gegenüber dem FB-Gericht der künftigen Bank-GmbH. Es handelt sich um eine im Vergleich zu sonstigen GmbH gesetzl aufgestellte Marktzugangsbeschränkung, die jedoch grundrechtlich sachlich gerechtfertigt u verhältnismäßig ausgestaltet ist. Das zuständige Gericht muss Beschlüsse über FB-Eintragungen v Kreditinstituten u gem § 94 BWG geschützte Bezeichnungen **auch der FMA u der OeNB zustellen**, die dadurch jedoch keine Parteistellung eingeräumt erhalten.[21] Spiegelbildlich bestimmt § 7 Abs 2 BWG, dass das Erlöschen einer Bankkonzession (etwa im Falle einer Zurücklegung) v der FMA bescheidmäßig festzustellen ist. Die FMA hat eine Ausfertigung dieses Bescheids dem FB-Gericht zuzustellen; erst danach ist das Erlöschen der Konzession ins FB einzutragen. Die Zurücklegung einer Bankkonzession ist nur schriftlich zulässig u nur dann, wenn zuvor sämtliche Bankgeschäfte abgewickelt worden sind.[22]

14

---

19. Vgl näher unten Rz 44.
20. Vgl näher unten Rz 46.
21. *Oppitz* in Oppitz/Chini, BWG I² § 5 Rz 19.
22. Was das Erfordernis einer vorherigen Abwicklung der Bankgeschäfte tatsächlich bedeutet, wird näher bei *Oppitz* in Oppitz/Chini, BWG I² § 7 Rz 5 FN 9 dargelegt: Eine Vollbeendigung ist nicht Voraussetzung der Zurücklegung, ebensowenig eine Zurückzahlung hinausgelegter Kredite. Die Zurücklegung einer Bankkonzession ist auch nicht *per se* ein wichtiger Kündigungsgrund für zivil- oder wertpapierrechtlich begründete Dauerschuldverhältnisse, vgl OGH 29.6.2015, 6 Ob 68/15s.

15 Die Pflicht zur aufsichtskonformen Ausgestaltung der Satzung zieht nach sich, dass der im GesV umschriebene **Unternehmensgegenstand** den Betrieb jener Bankgeschäfte umfassen muss, die im Umfang der v der FMA oder EZB erteilten Konzession für das Kreditinstitut Deckung finden.

16 Des Weiteren müssen **Sitz u Hauptverwaltung** der Bank-GmbH zwingend in Ö belegen sein.

17 Unter den in § 2 Z 4 BWG definierten Begriff der **Satzung** fällt der GesV, jedoch weder die GO für den Vorstand noch die GO für den AR noch allfällige Syndikatsverträge. Geschäftsordnungen für den Vorstand u/oder den AR werden in der Praxis durch Beschlüsse des Gesamt-AR festgelegt, die ihrerseits auf GV-Ermächtigungen (GO für den Vorstand) beruhen oder ohne diese (GO für den AR) zustande kommen. Klarerweise wird schon aus aufsichtsrechtlichen Compliancegründen die GV jeder Bank-GmbH bestrebt sein, die aufsichtsrechtlichen Mindestanforderungen an die Ressort- u Zuständigkeitsverteilung im Vorstand sowie die aufsichtsrechtlich vorgegebene Mindestausschussstruktur im AR einzuhalten. Die auf die zu Geschäftsleitern bestellten natPers bezogenen Zuverlässigkeitsbestimmungen sowie Eignungs- u Erfahrungsvorschriften müssen klarerweise nicht in der Satzung widergespiegelt sein. Dies gilt auch für die Anfangskapitalisierung des Unternehmens, das Bankgeschäfte betreiben will. In der Praxis wird in einem zeitlichen Naheverhältnis zum Tag der Konzessionsantragstellung der Konzessionsbehörde eine Bankbestätigung über die Einzahlung des Anfangskapitals vorgelegt.

18 Schließlich ist noch auf das konzessionsrechtlich begründete **Mindestanfangskapitalerfordernis** v EUR 5 Mio für Bank-GmbH hinzuweisen. In der Praxis sind jedoch die durch die CRR u die CRD sowie das BWG vorgeschriebenen **Mindesteigenmittelerfordernisse** auf Basis des Geschäftsvolumens des Aktivgeschäfts u der außerbilanziellen Geschäfte mit erheblich restriktiveren Wirkungen auf die Ausübung des Geschäftsbetriebs v Kreditinstituten verbunden als das formelle Marktzugangserfordernis des Mindestanfangskapitals v EUR 5 Mio.

Zusammengefasst müssen Kreditinstitute über eine harte Kernkapitalquote v 4,5 % des Gesamtrisikobetrags, eine Kernkapitalquote v 6 % des Gesamtrisikobetrags u eine Gesamtkapitalquote v 8 % des Gesamtrisikobetrags als Mindesteigenmittelanforderungen verfügen.[23] Darüber

---

23 Art 92 CRR, Art 429 ff CRR.

hinaus müssen, abhängig v der Größe eines Kreditinstituts u der Art der v ihm betriebenen Aktivgeschäfte sowie der Relevanz der daraus resultierenden Risiken für das Gesamtsystem weltweit tätiger Banken („G-SRI") sowie für das Gesamtsystem der (jew) nationalen Volkswirtschaft („O-SRI") zusätzliche **Kapitalpufferanforderungen** erfüllt werden, die v der FMA/EZB vorgeschrieben werden. Zusätzliche bankspezifische Kapitalanforderungen aufgrund der Risikogeneigtheit der v Kreditinstitut betriebenen Geschäfte können v der FMA/EZB als Säule 2-Kapitalanforderungen verbindlich vorgeschrieben werden („P2R").[24] Dieser sog „SREP (Säule 2)-Aufschlag" (*Capital Add-On*) ist institutsspezifisch u setzt sich zu höchstens 25 % aus Ergänzungskapital (Art 62 ff CRR), zu höchstens 18,75 % aus zusätzlichem Kernkapital (Art 51 ff CRR) u zu mind 56,25 % aus hartem Kernkapital (Art 26 ff CRR) zusammen. Die Unterschreitung des SREP-Aufschlags durch ein Kreditinstitut führt zu sofortigen Sanktionen durch die Aufsichtsbehörden. Weiters teilen die Aufsichtsbehörden (FMA/EZB) dem Kreditinstitut institutsspezifisch die sog *„SREP-Guidance"* (höhere aufsichtliche Eigenmittelerwartung gem § 70c BWG) mit, deren Nichteinhaltung nicht zu den Ausschüttungsbeschränkungen gem § 70 Abs 4a BWG (Art 141 CRD) führt.

Darüber hinaus müssen Kreditinstitute, abhängig v ihrer Einstufung als G-SRI oder sonstige Säule 1-Abwicklungseinheiten seit 1.1.2022 sog **Mindest-MREL-Quoten u tw Mindest-Nachrangkapitalerfordernisse** einhalten. Für Nicht-Säule 1-Abwicklungseinheiten (österr Bank-GmbH werden idR zu dieser Gruppe zu zählen sein) gelten idR keine zusätzlichen Mindest-Nachrangkapitalerfordernisse, weil die Abwicklungsvoraussetzungen bei ihnen häufig nicht erfüllt werden, ihre Abwicklung daher nicht erforderlich ist u sie im Rahmen eines Insolvenzverfahrens unter Beachtung der Sonderbestimmungen für Kreditinstitute aus dem Markt ausscheiden können. Allerdings ist für die Anwendung des *Bail-In*-Instruments nicht die Erfüllung sämtlicher Abwicklungsvoraussetzungen erforderlich. Anderes kann für Bank-GmbH, die Teil einer Abwicklungsgruppe (für Abwicklungszwecke werden Abwicklungsgruppen anders zusammengesetzt als Kreditinstitutsgruppen für aufsichtliche Zwecke, wobei interne MREL-Erfordernisse festgelegt werden) sind, gelten: Dort werden v der FMA bzw. dem *Single Resolution Board* (einer Agentur der Kommission mit eigener

19

---

24 § 70 Abs 4a u Abs 4b BWG; dazu *Johler* in Dellinger, BWG § 70 Rz 93 bis 98.

Rechtspersönlichkeit) MREL-Quoten im Rahmen der Säule 2 (§ 39a BWG) vorgeschrieben. Dabei entspricht die Mindest-MREL-Quote der Summe aus Verlustabsorptionsbetrag (Säule 1 plus zusätzliche Eigenmittelanforderung gem § 70 BWG für die Verlustabsorption), der Einschätzung der Abwicklungsbehörde im Hinblick auf die zusätzliche Eigenmittelanforderung (*Capital-Add-On*) sowie dem kombinierten Kapitalpuffererfordernis für die Abwicklungsgruppe, dem Rekapitalisierungsbetrag (beträgt Null im Falle der Nichtanwendung v Abwicklungsinstrumenten, insb der Verwertung des Kreditinstituts im Konkursverfahren bzw im Falle der Rekapitalisierung durch ein *Bail-In* entspricht er den Gesamtkapitalanforderungen [*Total SREP Capital Requirement Ratio*] an das Institut nach dem *Bail-In*) sowie dem Marktvertrauenspuffer (*market confidence charge*). Der Marktvertrauenspuffer entspricht grds der kombinierten Kapitalpufferanforderung (exklusive dem antizyklischen Kapitalpuffer) nach Anwendung der Abwicklungsinstrumente für das abgewickelte Kreditinstitut.

20 Schließlich ist noch auf die Pflichten jedes Kreditinstituts zur Einhaltung einer **Liquiditätsdeckungsanforderung** (*LCR*),[25] einer **strukturellen Liquiditätsquote** (*NSFR*)[26] bzw erleichterten strukturellen Liquiditätsquote (*Simplified NSFR*)[27] u einer **Verschuldungsquote** (*Leverage Ratio*)[28] hinzuweisen. Weiters kann die FMA einem Kreditinstitut eine zusätzliche Liquiditätsanforderung (Säule 2-*Liquidity Add-On*) bescheidmäßig vorschreiben, deren Verletzung zu Sanktionen durch die Behörde führt.[29]

---

25 Artt 411–428 CRR.
26 Artt 428a ff CRR.
27 Art 428aq CRR.
28 Das *Tier 1*-Kapital eines Kreditinstituts muss mind 3% der (ungewichteten) Gesamtrisikopositionsmessgröße erreichen, Art 429 ff CRR.
29 Art 105 CRD, § 70d BWG.

III. Aufsichtsrechtliche Konzessions-, Governance- sowie Organisationserfordernisse

A. Konzessionserfordernisse

§ 4 BWG (1) ¹Der Betrieb der in § 1 Abs. 1 genannten Geschäfte bedarf der Konzession der Finanzmarktaufsichtsbehörde (FMA). ²Sofern der Betrieb dieser Geschäfte durch eine Konzession gemäß § 3 WAG 2018 abgedeckt wird, ist die Erteilung einer Konzession gemäß dem ersten Satz jedoch nicht zulässig, es sei denn, das Unternehmen erfüllt die Voraussetzungen gemäß Art. 4 Abs. 1 Nr. 1 Buchstabe b der Verordnung (EU) Nr. 575/2013 und

1.) der über einen Zeitraum von zwölf aufeinanderfolgenden Monaten berechnete Monatsdurchschnitt der gesamten Vermögenswerte des Unternehmens entspricht oder überschreitet 30 Milliarden Euro oder

2.) der über einen Zeitraum von zwölf aufeinanderfolgenden Monaten berechnete Monatsdurchschnitt der gesamten Vermögenswerte liegt unter 30 Milliarden Euro und das Unternehmen gehört zu einer Gruppe, in der der Gesamtwert der konsolidierten Bilanzsumme aller Unternehmen der Gruppe, die einzeln über Gesamtvermögenswerte von weniger als 30 Milliarden Euro verfügen und den Handel für eigene Rechnung (§ 1 Z 3 lit. c WAG 2018) oder die Übernahme der Emission von Finanzinstrumenten oder Platzierung von Finanzinstrumenten mit fester Übernahmeverpflichtung (§ 1 Z 3 lit. f WAG 2018) ausüben, 30 Milliarden Euro entspricht oder überschreitet, beides berechnet als Durchschnitt von zwölf aufeinanderfolgenden Monaten.

³War das Unternehmen zu dem Zeitpunkt, zu dem es oder die Gruppe eine der in den Z 1 oder 2 bestimmten Grenzen überschreitet, gemäß § 3 WAG 2018 konzessioniert, so darf es im Rahmen dieser Konzession seine Wertpapiergeschäfte fortsetzen, bis die FMA über den Antrag auf Konzession gemäß dem ersten Satz rechtskräftig entschieden hat. ⁴Stellt die FMA nach Eingang der Informationen gemäß § 112 Abs. 3 WAG 2018 fest, dass ein Unternehmen gemäß § 5 als Kreditinstitut zugelassen werden muss, hat sie das Unternehmen davon zu unterrichten und das Konzessionsverfahren ab dem Tag der Unterrichtung einzuleiten. ⁵Im Falle einer erneuten Zulassung

hat die FMA einen möglichst standardisierten Ablauf sicherzustellen, bei dem die aufgrund der bestehenden Zulassung vorliegenden Angaben zu verwenden sind.

(2) Die Konzession ist bei sonstiger Nichtigkeit schriftlich zu erteilen; sie kann mit entsprechenden Bedingungen und Auflagen versehen werden, auch nur auf einzelne oder mehrere der Geschäfte des § 1 Abs. 1 lauten und Teile von einzelnen Bankgeschäften aus dem Konzessionsumfang ausnehmen.

(3) Der Antragsteller hat dem Antrag auf Erteilung einer Konzession folgende Angaben und Unterlagen anzuschließen:

1.) Den Sitz und die Rechtsform;
2.) die Satzung;
3.) den Geschäftsplan, aus dem die Art der geplanten Geschäfte, der organisatorische Aufbau des Kreditinstitutes unter Angabe der Mutterunternehmen Finanzholdinggesellschaften und gemischten Finanzholdinggesellschaften innerhalb seiner Kreditinstitutsgruppe, die geplanten Strategien und Verfahren zur Überwachung, Steuerung und Begrenzung der bankgeschäftlichen und bankbetrieblichen Risiken gemäß § 39 und die Verfahren und Pläne gemäß § 39a hervorgehen; weiters hat der Geschäftsplan
   a. eine Budgetrechnung und
   b. wenn der Konzessionsantrag die Entgegennahme von Einlagen umfasst, eine Prognoserechnung über die Höhe der gedeckten Einlagen gemäß § 7 Abs. 1 Z 5 ESAEG für die ersten drei Jahre zu enthalten;
4.) die Höhe des den Geschäftsleitern im Inland unbeschränkt und ohne Belastung zur freien Verfügung stehenden Anfangskapitals;
5.) die Identität und die Höhe des Beteiligungsbetrages der Eigentümer, die eine qualifizierte Beteiligung am Kreditinstitut halten, sowie die Angabe der Konzernstruktur, sofern diese Eigentümer einem Konzern angehören, sowie die für die Beurteilung der Zuverlässigkeit dieser Eigentümer, der gesetzlichen Vertreter und der allenfalls persönlich haftenden Gesellschafter dieser Eigentümer erforderlichen Angaben;
5.a) sofern keine qualifizierten Beteiligungen gemäß Z 5 vorhanden sind, die Identität und der Beteiligungsbetrag der zwanzig größten Aktionäre oder Gesellschafter und die Angabe der Konzernstruktur, sofern diese Eigentümer einem Konzern angehören;

6.) die Namen der vorgesehenen Geschäftsleiter und deren Qualifikation zum Betrieb des Unternehmens;
7.) Die Identität und Adresse oder Sitz aller jener natürlichen oder juristischen Personen, derer sich das Kreditinstitut außerhalb seines Sitzes bei der Durchführung des Finanztransfergeschäftes bedient (Agenten).

§ 5 BWG (1) Die Konzession ist zu erteilen, wenn:

1.) Das Unternehmen als Kreditinstitut in der Rechtsform einer Kapitalgesellschaft, einer Genossenschaft oder einer Sparkasse geführt werden soll;
2.) die Satzung keine Bestimmungen enthält, die die Sicherheit der dem Kreditinstitut anvertrauten Vermögenswerte und die ordnungsgemäße Durchführung der Geschäfte gemäß § 1 Abs. 1 nicht gewährleisten;
2.a) die aus dem gemäß § 4 Abs. 3 Z 3 vorgelegten Geschäftsplan hervorgehenden geplanten Strategien und Verfahren zur Überwachung, Steuerung und Begrenzung der bankgeschäftlichen und bankbetrieblichen Risiken gemäß § 39 und die Verfahren und Pläne gemäß § 39a wirksam und der Art, dem Umfang und der Komplexität der geplanten Bankgeschäfte angemessen sind;
3.) die Personen, die eine qualifizierte Beteiligung am Kreditinstitut halten, den im Interesse einer soliden und umsichtigen Führung des Kreditinstitutes zu stellenden Ansprüchen im Einklang mit den Kriterien des § 20b Abs. 1 genügen und keine Tatsachen vorliegen, aus denen sich Zweifel an der persönlichen Zuverlässigkeit dieser Personen ergeben; liegen derartige Tatsachen vor, dann darf die Konzession nur erteilt werden, wenn die Unbegründetheit der Zweifel bescheinigt wurde;
4.) durch enge Verbindungen des Kreditinstitutes mit anderen natürlichen oder juristischen Personen die FMA an der Erfüllung ihrer Aufsichtspflicht nicht gehindert wird;
4.a) Rechts- und Verwaltungsvorschriften eines Drittlandes, denen eine mit dem Kreditinstitut in enger Verbindung stehende natürliche oder juristische Person unterliegt, oder Schwierigkeiten bei der Anwendung dieser Vorschriften die FMA nicht an der Erfüllung ihrer Überwachungspflicht hindern;

5.) das Anfangskapital oder die Anfangsdotation mindestens 5 Millionen Euro beträgt und den Geschäftsleitern unbeschränkt und ohne Belastung im Inland zur freien Verfügung steht;
6.) bei keinem der Geschäftsleiter ein Ausschließungsgrund im Sinne des § 13 Abs. 1 bis 3, 5 und 6 GewO 1994, BGBl. Nr. 194/1994, in der jeweils geltenden Fassung vorliegt und über das Vermögen keines der Geschäftsleiter beziehungsweise keines anderen Rechtsträgers als einer natürlichen Person, auf dessen Geschäfte einem Geschäftsleiter maßgebender Einfluss zusteht oder zugestanden ist, der Konkurs eröffnet wurde, es sei denn, im Rahmen des Konkursverfahrens ist es zum Abschluss eines Sanierungsplanes gekommen, der erfüllt wurde; dies gilt auch, wenn ein damit vergleichbarer Tatbestand im Ausland verwirklicht wurde.
7.) die Geschäftsleiter über geordnete wirtschaftliche Verhältnisse verfügen und keine Tatsachen vorliegen, aus denen sich Zweifel an ihrer persönlichen für den Betrieb der Geschäfte gemäß § 1 Abs. 1 erforderlichen Zuverlässigkeit, Aufrichtigkeit und Unvoreingenommenheit ergeben; die Mitgliedschaft bei einem mit dem Kreditinstitut verbundenen Unternehmen oder einer mit dem Kreditinstitut verbundenen Rechtsperson stellt dabei für sich alleine keine Tatsache dar, die Zweifel an der Unvoreingenommenheit eines Geschäftsleiter rechtfertigen würden; bei der Überprüfung der Zuverlässigkeit hat die FMA auch auf die von der EBA gemäß Art. 69 Abs. 1 der Richtlinie 2013/36/EU eingerichtete Datenbank zurückzugreifen; liegen derartige Tatsachen vor, dann darf die Konzession nur erteilt werden, wenn die Unbegründetheit der Zweifel bescheinigt wurde;
8.) die Geschäftsleiter auf Grund ihrer Vorbildung fachlich geeignet sind und für den Betrieb des Kreditinstitutes erforderlichen Erfahrungen haben. Die fachliche Eignung eines Geschäftsleiters setzt voraus, dass dieser in ausreichendem Maße theoretische und praktische Kenntnisse in den beantragten Geschäften gemäß § 1 Abs. 1 sowie Leitungserfahrung hat; die fachliche Eignung für die Leitung eines Kreditinstitutes ist anzunehmen, wenn eine zumindest dreijährige leitende Tätigkeit bei einem Unternehmen vergleichbarer Größe und Geschäftsart nachgewiesen wird;

9.) gegen einen Geschäftsleiter, der nicht österreichischer Staatsbürger ist, in dem Staat, dessen Staatsbürgerschaft er hat, keine Ausschließungsgründe als Geschäftsleiter eines Kreditinstitutes im Sinne der Z 6, 7, 8 oder 13 vorliegen; dies ist durch die Bankenaufsicht des Heimatlandes zu bestätigen; kann jedoch eine solche Bestätigung nicht erlangt werden, so hat der betreffende Geschäftsleiter dies glaubhaft zu machen, das Fehlen der genannten Ausschließungsgründe zu bescheinigen und eine Erklärung abzugeben, ob die genannten Ausschließungsgründe vorliegen;

9a.) die Geschäftsleiter ausreichend Zeit für die Erfüllung ihrer Aufgaben im Kreditinstitut aufwenden; dabei hat ein Geschäftsleiter im Falle der Ausübung mehrerer Tätigkeiten in geschäftsführender Funktion oder als Mitglied eines Aufsichtsrates die Umstände im Einzelfall und die Art, den Umfang und die Komplexität der Geschäfte des Kreditinstitutes zu berücksichtigen; Geschäftsleiter von Kreditinstituten, die von erheblicher Bedeutung im Sinne des Abs. 4 sind, dürfen insgesamt nur eine Tätigkeit in geschäftsführender Funktion sowie zusätzlich zwei Tätigkeiten als Mitglied eines Aufsichtsrates wahrnehmen; für die Berechnung der Anzahl der Tätigkeiten gelten mehrere Tätigkeiten in geschäftsführender Funktion und als Mitglied eines Aufsichtsrates

a. innerhalb derselben Gruppe bestehend aus

a.a. dem EU-Mutterinstitut, dessen Tochterunternehmen und eigenen Tochterunternehmen oder sonstigen Unternehmen, die derselben Kreditinstitutsgruppe angehören, soweit alle vorgenannten in die Beaufsichtigung auf konsolidierter Basis einbezogen sind oder einer zusätzlichen Beaufsichtigung gemäß § 6 Abs. 1 FKG unterliegen, oder

b.b. verbundenen Unternehmen gemäß § 189a Z 8 UGB, § 245a UGB oder § 15 AktG;

b. bei Mitgliedern desselben institutsbezogenen Sicherungssystems gemäß Art. 113 Abs. 7 der Verordnung (EU) Nr. 575/2013 oder

c. bei Unternehmen, an denen das Kreditinstitut eine qualifizierte Beteiligung gemäß Art. 4 Abs. 1 Nr. 36 der Verordnung (EU) Nr. 575/2013 hält

als nur eine Tätigkeit. Tätigkeiten in geschäftsführender Funktion oder als Mitglied eines Aufsichtsrates bei Organisationen, die nicht überwiegend gewerbliche Ziele verfolgen, sind bei der Berechnung nicht miteinzubeziehen. Die FMA kann auf Antrag eine Überschreitung der Begrenzung um eine Tätigkeit als Mitglied eines Aufsichtsrates genehmigen. Die FMA hat die EBA über derartige Genehmigungen regelmäßig zu informieren;

10.) mindestens ein Geschäftsleiter den Mittelpunkt seiner Lebensinteressen in Österreich hat;
11.) mindestens ein Geschäftsleiter die deutsche Sprache beherrscht;
12.) das Kreditinstitut mindestens zwei Geschäftsleiter hat und in der Satzung die Einzelvertretungsmacht, eine Einzelprokura oder eine Einzelhandlungsvollmacht für den gesamten Geschäftsbetrieb ausgeschlossen und bei Kreditgenossenschaften die Führung der Geschäfte auf die Geschäftsleiter eingeschränkt ist;
13.) kein Geschäftsleiter einen anderen Hauptberuf außerhalb des Bankwesens oder außerhalb von Versicherungsunternehmen oder Pensionskassen oder außerhalb von Zahlungsinstituten oder E-Geld-Instituten oder von Wertpapierfirmen oder Wertpapierdienstleistungsunternehmen ausübt;
14.) der Sitz und die Hauptverwaltung im Inland liegen;
15.) die Voraussetzungen des § 5a erfüllt werden.

(2) ¹Ein Kreditinstitut und jede gemäß § 94 geschützte Bezeichnung dürfen als Firma oder Geschäftszweig nur dann in das Firmenbuch eingetragen werden, wenn die entsprechenden rechtskräftigen Bescheide in Urschrift oder beglaubigter Abschrift (Kopie) vorliegen. ²Die Vorlage der Bescheide entfällt, soweit der Betrieb von Bankgeschäften nach § 9, § 11, § 13 oder § 103 Z 5 zulässig ist. ³Das zuständige Gericht hat Beschlüsse über solche Firmenbucheintragungen auch der FMA und der Oesterreichischen Nationalbank zuzustellen. ⁴Die FMA hat dem zuständigen Gericht die gemäß § 9 Abs. 2 und 5, § 11 Abs. 3 und § 13 Abs. 3 erhaltenen Angaben zu übermitteln. [...]

§ 8 BWG Die FMA hat der EBA mitzuteilen:

1.) Die Konzessionsvoraussetzungen gemäß § 5;
2.) jede Konzessionserteilung gemäß § 4 einschließlich des Namens des Einlagensicherungs- und Anlegerentschädigungssystems, bei dem das betroffene CRR-Kreditinstitut Mitglied ist;

2a.) jede Konzessionserteilung gemäß § 4 für den Betrieb einer inländischen Zweigstelle eines ausländischen Kreditinstitutes, sowie alle späteren Änderungen dieser Konzessionen;
2b.) die regelmäßig gemeldeten gesamten Vermögenswerte und Verbindlichkeiten inländischer Zweigstellen ausländischer Kreditinstitute;
2c.) den Namen der Drittlandsgruppe, der eine inländische Zweigstelle eines ausländischen Kreditinstituts angehört;
3.) jeden Konzessionsentzug gemäß § 6 unter der Angabe der Gründe.

Art 8 Abs 2 CRD Die EBA arbeitet Entwürfe technischer Regulierungsstandards aus, in denen Folgendes präzisiert wird:

a. die Informationen, einschließlich des Geschäftsplans, des organisatorischen Aufbaus und der Unternehmensführungsregelung gemäß Artikel 10, die den zuständigen Behörden in dem Antrag auf Zulassung von Kreditinstituten zu übermitteln sind,
b. die Anforderungen an Anteilseigner und Gesellschafter mit qualifizierten Beteiligungen oder, falls keine qualifizierten Beteiligungen vorhanden sind, an die 20 größten Anteilseigner oder Gesellschafter gemäß Artikel 14 und
c. die Umstände im Sinne des Artikels 14, die die zuständige Behörde an der ordnungsgemäßen Wahrnehmung ihrer Aufsichtsaufgaben hindern könnten.

Der Kommission wird die Befugnis übertragen, die technischen Regulierungsstandards nach Unterabsatz 1 Buchstaben a, b und c gemäß den Artikeln 10 bis 14 der Verordnung (EU) Nr. 1093/2010 zu erlassen.

Art 10 CRD (1) [1]Die Mitgliedstaaten schreiben vor, dass dem Zulassungsantrag ein Geschäftsplan beizufügen ist, aus dem die Art der geplanten Geschäfte und der organisatorische Aufbau des Kreditinstituts unter Angabe von Mutterunternehmen, Finanzholdinggesellschaften und gemischten Finanzholdinggesellschaften innerhalb der Gruppe hervorgehen. [2]Die Mitgliedstaaten schreiben ferner vor, dass dem Zulassungsantrag eine Beschreibung der in Artikel 74 Absatz 1 genannten Regelungen, Verfahren und Mechanismen beizufügen ist.

(2) Die zuständigen Behörden verweigern die Zulassung für die Aufnahme der Tätigkeit eines Kreditinstituts, wenn sie nicht davon überzeugt sind, dass die in Artikel 74 Absatz 1 genannten Regelungen, Verfahren und Mechanismen ein solides und wirksames Risikomanagement seitens dieses Instituts ermöglichen.

Art 74 CRD (1) ¹Die Institute verfügen über eine solide Unternehmensführungsregelung, wozu eine klare Organisationsstruktur mit genau festgelegten, transparenten und kohärenten Zuständigkeiten, wirksame Verfahren zur Ermittlung, Steuerung, Überwachung und Meldung der tatsächlichen und potenziellen künftigen Risiken, angemessene interne Kontrollmechanismen, einschließlich solider Verwaltungs- und Rechnungslegungsverfahren, Netzwerk- und Informationssysteme, die gemäß der Verordnung (EU) 2022/2554 eingerichtet und verwaltet werden, sowie eine Vergütungspolitik und -praxis, die mit einem soliden und wirksamen Risikomanagement vereinbar und diesem förderlich sind, zählen.

²Die in Unterabsatz 1 genannte Vergütungspolitik und -praxis ist geschlechtsneutral.

(2) ¹Die in Absatz 1 dieses Artikels genannten Regelungen, Verfahren und Mechanismen sind der Art, dem Umfang und der Komplexität der dem Geschäftsmodell innewohnenden Risiken und den Geschäften des Kreditinstituts angemessen und lassen keinen Aspekt außer Acht. ²Den technischen Kriterien der Artikel 76 bis 95 wird Rechnung getragen.

(3) ¹Die EBA gibt im Einklang mit Artikel 16 der Verordnung (EU) Nr. 1093/2010 und unter Berücksichtigung von Absatz 2 des vorliegenden Artikels Leitlinien für die in Absatz 1 des vorliegenden Artikels genannten Regelungen, Verfahren und Mechanismen heraus.

²Die EBA gibt im Einklang mit Artikel 16 der Verordnung (EU) Nr. 1093/2010 Leitlinien für eine geschlechtsneutrale Vergütungspolitik für die Institute heraus.

³Innerhalb von zwei Jahren nach Veröffentlichung der in Unterabsatz 2 genannten Leitlinien und auf der Grundlage der von den zuständigen Behörden erhobenen Informationen erstellt die EBA einen Bericht über die Anwendung einer geschlechtsneutralen Vergütungspolitik durch die Institute.

Ausschließlich zuständige Behörde für die Erteilung einer Konzession 21
an ein CRR-Kreditinstitut[30], das als Bank-GmbH organisiert ist, ist in Ö
die EZB. Diese lässt ihre E im Wege eines Intimationsbescheids durch
die FMA gegenüber dem Konzessionswerber zugehen. Das dabei einzuhaltende Verfahren ist das Verfahren der Zusammenarbeit zw nationalen Aufsichtsbehörden (FMA) u der EZB.[31] Bank-GmbH, welche
CRR-Finanzinstituten vorbehaltene Tätigkeiten ausüben,[32] ihren Sitz/
Hauptverwaltung in Ö haben u Bankgeschäfte (§ 1 Abs 1 BWG) betreiben, werden durch die FMA konzessioniert.[33] Davon ausgenommen
sind Klasse 1-Wertpapierfirmen, die nunmehr (vgl Art 4 Abs 1 Z 1 lit b
CRR) im Falle der Überschreitung gewisser Größengrenzen der konsolidierten Bilanzsumme des Unternehmens als „CRR-Kreditinstitute"
zu qualifizieren sind, deren Zulassung wiederum der EZB vorbehalten
ist.

Die materiellen Konzessionsvoraussetzungen ergeben sich aus den 22
§§ 4 u 5 BWG. Die FMA hat der EBA Konzessionserteilungen (in Bezug auf CRR-Finanzinstitute u auch in Bezug auf CRR-Kreditinstitute,
jew mit Sitz in Ö) ebenso wie jeden Konzessionsentzug gem § 6 BWG
(nicht jedoch das Erlöschen der Konzession nach Erlassung eines Feststellungsbescheids der FMA) mitzuteilen. Die unter Rz 7 bis 20 oben
noch nicht behandelten **materiellen Konzessionsvoraussetzungen** umfassen den Geschäftsplan des Konzessionswerbers samt Budgetrechnung u Prognoserechnung über die Höhe der gedeckten Einlagen für
die ersten drei Jahre, die Identität u Höhe des Beteiligungsbetrages der
qualifiziert Beteiligten am Konzessionswerber, die Angabe der Konzernstruktur, die für die Beurteilung der Zuverlässigkeit der Eigentümer
u der gesetzl Vertreter der Eigentümer erforderlichen Angaben, im Falle
des Nichtvorliegens qualifizierter Beteiligungen die Identität u den Beteiligungsbetrag der 20 größten Gesellschafter sowie die Angabe der
Konzernstruktur, die Namen der vorgesehenen Geschäftsleiter u deren
Qualifikation zum Betrieb des Unternehmens u die Identität u Adresse
oder Sitz allfälliger Agenten, derer sich das Kreditinstitut außerhalb
seines Sitzes zur Durchführung des Finanztransfergeschäfts bedient
(vgl § 4 Abs 3 Z 3 bis Z 8 BWG).

---

30 Vgl die Definition in Art 4 Abs 1 Z 1 CRR.
31 Art 72 bis 79 SSM-Rahmenverordnung (EU-VO 468/2014/EU der EZB).
32 Vgl zur Definition des CRR-Finanzinstituts Art 4 Abs 1 Z 26 CRR.
33 § 4 Abs 1 iVm § 1 Abs 1 BWG.

23 **Weitere Konzessionsvoraussetzungen**[34] sind die Nichthinderung der FMA/EZB an der Erfüllung ihrer Aufsichtspflicht durch enge Verbindungen des Konzessionswerbers mit anderen natPers oder jurPers u die Nichtbehinderung der Wahrnehmung v Aufsichts- u Überwachungsaufgaben der FMA durch anwendbare Rechts- u Verwaltungsvorschriften eines Drittlands (Gesellschafter mit Sitz in einem Drittland). Darüber hinaus sind materielle Konzessionsvoraussetzungen das Nichtvorliegen v Ausschließungsgründen iSd GewO bei Geschäftsleitern des Konzessionswerbers, Mindestanforderungen an die finanzielle Zuverlässigkeit der Geschäftsleiter, die Geschäftsleiter müssen zwingend natPers sein, sie müssen weiters *„fit & proper"* sein (geordnete wirtschaftliche Verhältnisse u persönliche Zuverlässigkeit aufweisen).[35] Geschäftsleiter müssen zusätzlich fachlich geeignet u einschlägig erfahren sein. Fachliche Qualifikation u nötige Erfahrung der Geschäftsleitung u AR werden v der FMA nach einer ersten Einschätzung anhand des vorgelegten Lebenslaufs u allfälliger weiterer Unterlagen idR im Rahmen einer persönlichen Anhörung, dem *fit & proper*-Test, beurteilt (vgl das FMA-Rundschreiben zur Eignungsprüfung v Geschäftsleitern, AR-Mitgliedern u Inhabern v Schlüsselfunktionen, auch bekannt als *„FMA Fit and Proper-Rundschreiben"*, v März 2023). Bei Geschäftsleitern, die nicht österr Staatsbürger sind, dürfen in jenem Staat, deren Staatsbürgerschaft sie haben, keine Ausschließungsgründe vorliegen. Die Geschäftsleiter müsssen ausreichend Zeit für die Erfüllung ihrer Aufgaben im Kreditinstitut aufwenden, was auf Basis einer Selbsteinschätzung zu bescheinigen ist. Für Kreditinstitute v erheblicher Bedeutung sind Höchst-Mandatsgrenzen bei Geschäftsleitern u AR-Mitgliedern vorgesehen. Mindestens ein Geschäftsleiter muss den Mittelpunkt seiner Lebensinteressen in Ö haben u ein Geschäftsleiter muss der dt Sprache kundig sein. Geschäftsleiter dürfen keinen anderen branchenfremden Hauptberuf haben, was in Allfinanzkonzernen einen mehrstufigen Einsatz v Geschäftsleitern in Personalunion ermöglicht. Das **Hauptberuflichkeitskriterium** zielt auf die Erzielung eines die Lebensbedürfnisse des Geschäftsleiters deckenden Entgelts ab, wobei ein bestimmtes Mindestausmaß an zeitlicher Beanspruchung gefordert wird. Das Sitz- u Hauptverwaltungserfordernis in Ö wurde bereits in Rz 16 oben behandelt.

---

34 Vgl § 5 Abs 1 Z 3, 4, 4a, 6, 7, 8, 9, 9a, 10, 11, 13 u 14 BWG.
35 Vgl zu dieser Thematik bei Wertpapierfirmen den Exkurs zum WAG, Rz 17 ff zu § 3 WAG u Rz 64 f zu § 12 WAG.

Schließlich ist für den Fall, dass der Konzessionswerber Teil einer Drittlandsgruppe ist, der mind noch ein weiteres, in der EU niedergelassenes CRR-Institut angehört, festgelegt, dass als weitere Konzessionsvoraussetzung die Gründung eines zwischengeschalteten EU-Mutterunternehmens (samt Erfüllung einer allfälligen Konzessionspflicht für eine Finanz-Holdinggesellschaft) vorausgesetzt wird.[36]

Aus **verfahrensrechtlicher Sicht** u aus Sicht der **Vollständigkeit der Blg** eines Konzessionsantrags ist darauf hinzuweisen, dass die Regelungen über die Antragsbeilagen, die früher in der EKV 2016 der FMA enthalten waren u analog auf das Zulassungsverfahren angewendet wurden, ab 18.7.2023 durch unionsweit vereinheitlichte Regelungen abgelöst wurden. Nach der DelVO 2022/2580 der Kommission müssen nunmehr folgende Angaben zum antragstellenden Kreditinstitut dem Zulassungsantrag beigefügt werden: Angaben zu dessen Identität,[37] Angaben zu dessen Werdegang,[38] dessen Tätigkeitsprogramm,[39] Finanzinformationen,[40] Informationen über dessen Geschäftsplan, organisatorischen Aufbau, die IKS u dessen Wirtschaftsprüfer,[41] Angaben über dessen Kapital zum Zeitpunkt der Zulassung,[42] Informationen über dessen tatsächliche Geschäftsleitung,[43] Angaben zu Anteilseignern u Gesellschaftern mit qualifizierten Beteiligungen daran,[44] Angaben zu dessen 20 größten Anteilseignern oder Gesellschaftern, bei denen es sich nicht um Anteilseigner oder Gesellschafter mit qualifizierten Beteiligungen handelt,[45] sowie zusätzliche Informationen, die v den zuständigen Behörden verlangt werden dürfen.[46]

In Anh I der DelVO 2022/2580/EU sind extensive Angaben über die tatsächliche Geschäftsleitung des antragstellenden Kreditinstituts samt Strafregisterbescheinigungen u weiteren v Konzessionswerber abzugebenden Erklärungen aufgeführt, gem Anh II der DelVO

---

36 Vgl § 5 Abs 1 Z 15 BWG.
37 Vgl Art 1 der DelVO 2022/2580/EU.
38 Vgl Art 2 der DelVO 2022/2580/EU.
39 Vgl Art 3 der DelVO 2022/2580/EU.
40 Vgl Art 4 der DelVO 2022/2580/EU.
41 Vgl Art 5 der DelVO 2022/2580/EU.
42 Vgl Art 6 der DelVO 2022/2580/EU.
43 Vgl Art 7 der DelVO 2022/2580/EU.
44 Vgl Art 8 der DelVO 2022/2580/EU.
45 Vgl Art 9 der DelVO 2022/2580/EU.
46 Vgl Art 10 der DelVO 2022/2580/EU.

2022/2580/EU müssen Informationen für die Beurteilung der Anteilseigner oder Gesellschafter mit qualifizierten Beteiligungen durch die zuständigen Behörden in umfassender Weise zur Verfügung gestellt werden.

26 Die Angaben zur **Bewertung der Eignung** v Mitgliedern des Leitungsorgans u v Inhabern v Schlüsselfunktionen sind in eigenen **EBA-Leitlinien** unionsweit *de facto* in der Vollzugspraxis harmonisiert worden.[47] Hierbei wurden insb die Konzepte des ausreichenden Zeitaufwands, der Aufrichtigkeit, Integrität u Unvoreingenommenheit eines Mitglieds des Leitungsorgans, der notwendigen kollektiven Kenntnisse der Gesamtgeschäftsleitung, Fähigkeiten u Erfahrung des Leitungsorgans (Gesamtgeschäftsleitung) sowie des angemessenen Umfangs v Personal- u Finanzressourcen für die Einf der Mitglieder des Leitungsorgans in ihr Amt u deren Schulung festgelegt. Auch das Konzept der Diversität, das bei der Auswahl der Mitglieder des Leitungsorgans heranzuziehen ist, wird näher dargelegt. Des Weiteren werden Anforderungen an die Eignung der Leitung v internen Kontrollfunktionen in einem weiten Sinn (vgl Rz 44 ff unten) u des *Chief Financial Officers*, sofern diese nicht zum Leitungsorgan gehören, u v sonstigen Inhabern v Schlüsselfunktionen fixiert.[48]

27 Darüber hinaus hat die **EBA Leitlinien zu einer gemeinsamen Bewertungsmethode** für die Erteilung der Zulassung v Kreditinstituten gem der CRD veröffentlicht, welche ua die Vorgangsweise bei der aufsichtlichen Beurteilung einer Geschäftsplananalyse, der Höhe des Eigenkapitals, Höhe, Qualität, Zahlung u Verfügbarkeit v Eigenkapital, der internen Governance des Antragstellers u der qualifizierten Beteiligten u Gesellschafter umfassen.[49]

28 **Verfahrensmäßig** gliedert sich das Zulassungsverfahren in eine vor der formalen Antragsstellung liegende Diskussionsphase mit der FMA, die sich ihrerseits intern mit der EZB abstimmt, das v der Aufsichtsbehörde zu stellende Verlangen nach vollständigen Blg zum Zulassungsantrag, der Bestätigung der Vollständigkeit der Antragsbeilagen samt Antrag durch die FMA, eine mehrmonatige Bewertungsphase durch die FMA/EZB u die formale Zustellung der EZB-Entscheidung über die FMA.[50] Die Auf-

---

47 EBA/GL/2021/06, ESMA 35-36-2319 v 2.7.2021.
48 EBA/GL/2021/06, ESMA 35-36-2319 v 2.7.2021.
49 EBA/GL/2021/12 v 11.11.2021.
50 Art 73 ff SSM-Rahmenverordnung (Verordnung [EU] 468/2014/EU der EZB) u § 4 Abs 3 u 6 BWG.

sichtsgebühren für die Ausstellung einer Bankkonzession durch die FMA/ EZB betragen € 10.000, die entspr Entscheidungsgebühr umfasst weitere € 100. Dazu treten jährlich anfallende Aufsichtsgebühren durch die FMA bzw durch die EZB. Kreditinstitute mit Sitz in Ö sind nach wie vor einer Stabilitätsabgabe unterworfen, sofern sie über eine Bilanzsumme v mehr als € 300 Mio verfügen. Diese beträgt 0,024 % der Bemessungsgrundlage (0,029 % der Bemessungsgrundlage, sofern die Bilanzsumme € 20 Mrd übersteigt).

Aus **systematischer Sicht** unterscheiden das BWG u die CRD/CRR zw „Kreditinstituten v erheblicher Bedeutung" (mit einer Mindestbilanzsumme v € 5 Mrd) u anderen Kreditinstituten. Eine weitere Unterscheidung betrifft **Kreditinstitute mit einer Bilanzsumme v mehr als € 1 Mrd u solche, die übertragbare Wertpapiere ausgegeben haben, die zum Handel an einem geregelten Markt zugelassen sind,** *versus* solche Kreditinstitute, auf die das nicht zutrifft.[51] Die CSRD[52] wird eine Unterscheidung zw als große Unternehmen u als kapitalmarktorientierte KMU, jew iSd Bilanzrichtlinie 2013/36/EU, einzustufenden CRR-Kreditinstituten u anderen CRR-Kreditinstituten für Zwecke der Nachhaltigkeitsberichterstattung einführen.[53] Eine weitere unionsrechtlich relevante Unterscheidung differenziert zw „**bedeutenden beaufsichtigten Unternehmen**" u „weniger bedeutenden beaufsichtigten Unternehmen".[54] Eine andere Kategorisierung betrifft jene v global (G-SRI) oder national (O-SRI) **Systemrelevanten Instituten**.[55] Klasse 1-Wertpapierfirmen zählen seit dem Inkrafttreten der CRR II u der Umsetzung v CRD V zu den CRR-Kreditinstituten[56] u benötigen eine EZB-Konzession. Hingegen benötigen Klasse 1-minus, Klasse 2 u Klasse 3-Wertpapierfirmen weiterhin Konzessionen nach dem WAG (Zuständigkeit der FMA). Eine weitere praxisrelevante Differenzierung betrifft Abwicklungseinheiten, die Teil einer Abwicklungsgruppe sind, bei der der Gesamtwert der Vermögenswerte über € 100 Mrd beträgt (*Top-Tier*-**Kreditinstitute**)[57] u „andere abwickelbare Unternehmen".

---

51 § 63a Abs 4 BWG.
52 RL 2022/2464/EU.
53 Vgl Art 1 Abs 3 Bilanzrichtlinie (2013/34/EU).
54 Vgl Art 2 Z 7 u Art 2 Z 16 SSM-Rahmenverordnung.
55 Vgl Art 4 Abs 1 Z 133 CRR sowie § 2 Z 23 BWG u Art 3 Abs 1 Z 30 CRD sowie § 2 Z 25 BWG.
56 Vgl Art 4 Abs 1 Z 1 lit b CRR.
57 § 102 Abs 11 BaSAG.

Schließlich ist zw **„Abwicklungseinheiten"** u Nicht-Abwicklungseinheiten zu differenzieren.[58]

30 Die Konzessionserteilung durch die FMA/EZB setzt schließlich die Erfüllung der materiellen Konzessionsvoraussetzungen durch den **antragstellenden Rechtsträger u seine eine qualifizierte Beteiligung haltenden Gesellschafter** oder die 20 größten Gesellschafter gem § 5 Abs 1 BWG voraus. Weiters müssen die Vorschriften des **ESAEG** (Zwangsmitgliedschaft bei einer Einlagensicherheitseinrichtung) als **Konzessionsvoraussetzung**[59] eingehalten werden, während die Einhaltung des BaSAG,[60] der CRR[61] u geschäftsspezifischer Vorschriften wie des PfandBG, InvFG, ImmoInvFG u des SparkassenG[62] als **Ausübungsvoraussetzung** zu qualifizieren ist. Die Verletzung dieser geschäftsspezifischen Vorschriften bildet daher jew einen Konzessionsrücknahmetatbestand.[63]

B. Governance- und Organisationserfordernisse

§ 25 BWG (1) [1]Kreditinstitute haben jederzeit über angemessene Personalressourcen zu verfügen. [2]Beim Rückgriff auf Dritte (Dienstleister) zur Wahrnehmung wesentlicher bankbetrieblicher Aufgaben sind angemessene Vorkehrungen gemäß der Anlage zu § 25 zu treffen. [3]Die Auslagerung wesentlicher bankbetrieblicher Aufgaben darf weder die Qualität der internen Kontrolle des Kreditinstituts noch die Beaufsichtigung des Kreditinstituts durch die FMA im Hinblick auf die Erfüllung der Anforderungen der in § 69 genannten Bestimmungen beeinträchtigen. [4]Bei Abschluss, Durchführung oder Kündigung einer Vereinbarung über die Auslagerung von wesentlichen bankbetrieblichen Aufgaben ist mit der gebotenen Professionalität und Sorgfalt zu verfahren. [5]Insbesondere ist eine klare Aufteilung der Rechte und Pflichten zwischen dem Kreditinstitut und dem

---

58 § 102 Abs 4 u 5 BaSAG.
59 § 8 Abs 1 u Abs 3 ESAEG sprechen v *ex-lege*-Erlöschen der Teilkonzession für das Einlagengeschäft; solches geht über einen Konzessionsrücknahmetatbestand aber weit hinaus.
60 Voraussetzung des Eintritts eines „*fail or likely to fail*" – Ereignisses bei einem Kreditinstitut ist auch das Vorliegen eines Konzessionsrücknahmetatbestands gem § 6 BWG, vgl § 51 Abs 1 Z 1 BaSAG.
61 Vgl § 70 Abs 4 BWG.
62 Vgl § 70 Abs 4 BWG.
63 Vgl § 70 Abs 4 Z 3 BWG.

Dienstleister in Form einer schriftlichen Vereinbarung vorzunehmen. ⁶Ein besonders hoher Sorgfaltsmaßstab ist bei Auslagerungen an einen Dienstleister mit Sitz in einem Drittland anzulegen.

(2) Eine bankbetriebliche Aufgabe gilt als wesentlich im Sinne des Abs. 1, wenn deren unzureichende oder unterlassene Wahrnehmung die kontinuierliche Einhaltung der Verpflichtungen des Kreditinstituts gemäß diesem Bundesgesetz oder anderer in § 69 genannten anwendbaren Bestimmungen, seine Solvabilität, Liquidität oder die Solidität oder Kontinuität der betriebenen Bankgeschäfte beeinträchtigen würde.

(3) Die Auslagerung wesentlicher bankbetrieblicher Aufgaben darf nicht

1.) zu einer Delegation der Aufgaben der Geschäftsleitung führen;
2.) das Verhältnis und die Pflichten des Kreditinstituts gegenüber seinen Geschäftspartnern und Kunden gemäß diesem Bundesgesetz verändern;
3.) die Einhaltung der in § 69 genannten Bestimmungen behindern oder erschweren und
4.) zu einem Entfall oder einer Veränderung der übrigen Voraussetzungen, unter denen dem Kreditinstitut die Konzession erteilt wurde, führen.

(4) Sofern das Kreditinstitut und der Dienstleister derselben Kreditinstitutsgruppe, demselben institutsbezogenen Sicherungssystem gemäß Art. 113 Abs. 7 der Verordnung (EU) Nr. 575/2013 oder demselben Kreditinstitute-Verbund angehören, kann berücksichtigt werden, in welchem Umfang der Dienstleister kontrolliert oder sein Handeln beeinflusst werden kann.

(5) ¹Kreditinstitute haben der FMA die beabsichtigte Auslagerung wesentlicher bankbetrieblicher Aufgaben vor Abschluss einer Vereinbarung gemäß Abs. 1 schriftlich anzuzeigen. ²Die FMA kann von Kreditinstituten alle erforderlichen Auskünfte über Dienstleister, mit denen Auslagerungsverträge geschlossen werden sollen oder bereits wurden, verlangen. ³Solche Auskünfte dürfen nicht unter Berufung auf eine nach anderen Vorschriften bestehende Verschwiegenheitspflicht verweigert werden. ⁴Kreditinstitute haben die jederzeitige Verfügbarkeit der notwendigen Informationen sicherzustellen, auch wenn der Dienstleister seinen Sitz in einem Drittland hat.

§ 28a BWG (1) Geschäftsleiter (§ 2 Z 1) dürfen frühestens nach Ablauf einer Periode von zwei Jahren nach Beendigung ihrer Funktion als Geschäftsleiter eine Tätigkeit als Vorsitzender des Aufsichtsrates innerhalb desselben Unternehmens aufnehmen, in dem sie zuvor als Geschäftsleiter tätig waren.

(2) Nimmt ein Geschäftsleiter entgegen Abs. 1 eine Funktion als Vorsitzender des Aufsichtsrates ein, so gilt er als nicht zum Vorsitzenden gewählt.

(2a) ¹Die Geschäftsleiter haben für die Festlegung und Überwachung der internen Grundsätze einer ordnungsgemäßen Geschäftsführung zu sorgen, die die erforderliche Sorgfalt bei der Leitung des Instituts gewährleisten, und insbesondere die Aufgabentrennung in der Organisation und die Vorbeugung von Interessenskonflikten vorsehen. ²Die Geschäftsleiter haben die Wirksamkeit dieser Grundsätze regelmäßig zu bewerten und angemessene Schritte zur Behebung von Mängeln einzuleiten.

(2b) Die Geschäftsleiter haben das Wirken des höheren Managements des Kreditinstitutes wirksam zu überwachen.

(2c) Der Aufsichtsrat oder das sonst nach Gesetz oder Satzung zuständige Aufsichtsorgan hat mit der Geschäftsleitung die strategischen Ziele, die Risikostrategie und die internen Grundsätze einer ordnungsgemäßen Geschäftsführung zu erörtern und deren Umsetzung durch die Geschäftsleitung zu überwachen.

(3) Unbeschadet anderer bundesgesetzlicher Bestimmungen darf die Tätigkeit eines Vorsitzenden des Aufsichtsrates bei einem Kreditinstitut nur ausüben, wer die folgenden Anforderungen dauernd erfüllt:

1.) Es liegt kein Ausschließungsgrund im Sinne des § 13 Abs. 1 bis 3, 5 und 6 GewO 1994 vor und über das Vermögen des Vorsitzenden des Aufsichtsrates oder eines anderen Rechtsträgers als einer natürlichen Person, auf deren Geschäfte dem Vorsitzenden des Aufsichtsrates maßgebender Einfluss zusteht oder zugestanden ist, wurde kein Konkurs eröffnet, es sei denn, im Rahmen des Konkursverfahrens ist es zum Abschluss eines Sanierungsplanes gekommen, der erfüllt wurde; dies gilt auch, wenn ein damit vergleichbarer Tatbestand im Ausland verwirklicht wurde;

2.) der Vorsitzende des Aufsichtsrates verfügt über geordnete wirtschaftliche Verhältnisse und es liegen keine Tatsachen vor, aus denen sich Zweifel an seiner persönlichen Zuverlässigkeit, Aufrichtigkeit und Unvoreingenommenheit für die Ausübung der Funktion als Vorsitzender des Aufsichtsrates ergeben; die Mitgliedschaft bei einem mit dem Kreditinstitut verbundenen Unternehmen oder einer mit dem Kreditinstitut verbundenen Rechtsperson stellt dabei für sich alleine keine Tatsache dar, die Zweifel an der Unvoreingenommenheit des Vorsitzenden des Aufsichtsrates rechtfertigen würde; bei der Überprüfung der Zuverlässigkeit hat die FMA auch auf die von der EBA gemäß Art. 69 Abs. 1 der Richtlinie 2013/36/EU eingerichtete Datenbank zurückzugreifen;

3.) der Vorsitzende des Aufsichtsrates ist fachlich geeignet und hat die für die Ausübung seiner Funktion erforderlichen Erfahrungen; die fachliche Eignung setzt für das betreffende Kreditinstitut angemessene Kenntnisse im Bereich des bankbetrieblichen Finanz- und Rechnungswesens voraus;

4.) gegen den Vorsitzenden des Aufsichtsrates, der nicht österreichischer Staatsbürger ist, liegen in dem Staat, dessen Staatsbürgerschaft er hat, keine Ausschließungsgründe als Vorsitzenden des Aufsichtsrates im Sinne der Z 1 bis 3 vor; dies ist durch die Bankenaufsicht des Heimatlandes zu bestätigen; kann jedoch eine solche Bestätigung nicht erlangt werden, so hat der betreffende Vorsitzende des Aufsichtsrates dies glaubhaft zu machen, das Fehlen der genannten Ausschließungsgründe zu bescheinigen und eine Erklärung abzugeben, ob die genannten Ausschließungsgründe vorliegen.

(4) ¹Jede Änderung in der Person des Vorsitzenden des Aufsichtsrates ist der FMA schriftlich binnen zwei Wochen unter Bescheinigung der in Abs. 3 genannten Anforderungen zur Kenntnis zu bringen. ²Auf Antrag der FMA hat der zur Ausübung der Gerichtsbarkeit in Handelssachen berufene Gerichtshof erster Instanz im Verfahren außer Streitsachen die Wahl des Vorsitzenden des Aufsichtsrats zu widerrufen, wenn dieser die in Abs. 3 genannten Anforderungen nicht erfüllt. ³Der Antrag ist binnen vier Wochen nach der Übermittlung des Ergebnisses der Wahl zu stellen. ⁴Bis zur rechtskräftigen Entscheidung des Gerichts ruht die Funktion des Vorsitzenden des Aufsichtsrates. ⁵Ist ein Vorsitzender des Aufsichtsrates

Geschäftsleiter eines Kreditinstituts mit Sitz in einem Mitgliedstaat, so kann die FMA von der Erfüllung der Voraussetzungen gemäß Abs. 3 Z 1 bis 4 ausgehen, sofern ihr nichts Gegenteiliges bekannt wird.

(5) Unbeschadet anderer bundesgesetzlicher Bestimmungen und der Anforderungen nach Abs. 3 haben Mitglieder des Aufsichtsrates oder des sonst nach Gesetz oder Satzung zuständigen Aufsichtsorgans bei einem Kreditinstitut folgende Anforderungen dauerhaft zu erfüllen:

1.) Es liegt kein Ausschließungsgrund gemäß § 13 Abs. 1 bis 3, 5 und 6 GewO 1994 vor und über das Vermögen keines der Mitglieder des Aufsichtsrates oder eines anderen Rechtsträgers als einer natürlichen Person, auf deren Geschäfte einem der Mitgliedern des Aufsichtsrates maßgebender Einfluss zusteht oder zugestanden ist, wurde ein Konkurs eröffnet, es sei denn, im Rahmen des Konkursverfahrens ist es zum Abschluss eines Sanierungsplanes gekommen, der erfüllt wurde; dies gilt auch, wenn ein damit vergleichbarer Tatbestand im Ausland verwirklicht wurde;

2.) die Mitglieder des Aufsichtsrates verfügen über geordnete wirtschaftliche Verhältnisse und es liegen keine Tatsachen vor, aus denen sich Zweifel an ihrer persönlichen Zuverlässigkeit, Aufrichtigkeit und Unvoreingenommenheit für die Ausübung der Tätigkeit als Mitglied des Aufsichtsrates ergeben; die Mitgliedschaft bei einem mit dem Kreditinstitut verbundenen Unternehmen oder einer mit dem Kreditinstitut verbundenen Rechtsperson stellt dabei für sich alleine keine Tatsache dar, die Zweifel an der Unvoreingenommenheit eines Mitglieds des Aufsichtsrates rechtfertigen würde; bei der Überprüfung der Zuverlässigkeit hat die FMA auch auf die von der EBA gemäß Art. 69 Abs. 1 der Richtlinie 2013/36/EU eingerichtete Datenbank zurückzugreifen;

3.) die Mitglieder des Aufsichtsrates verfügen jederzeit über ausreichende Kenntnisse, Fähigkeiten und Erfahrungen, um gemeinsam in der Lage zu sein, die Geschäftstätigkeiten des jeweiligen Kreditinstitutes einschließlich damit verbundener Risiken soweit zu verstehen, dass sie die Entscheidungen der Geschäftsleitung überwachen und kontrollieren können;

4.) gegen Mitglieder des Aufsichtsrates, die nicht österreichische Staatsbürger sind, liegen in dem Staat, dessen Staatsbürgerschaft sie haben, keine Ausschließungsgründe als Mitglied des Aufsichtsrates im Sinne der Z 1 und 2 vor; dies ist durch die Bankenaufsicht des Heimatlandes zu bestätigen; kann jedoch eine solche Bestätigung nicht erlangt werden, so hat das betreffende Mitglied des Aufsichtsrates dies glaubhaft zu machen, das Fehlen der genannten Ausschließungsgründe zu bescheinigen und eine Erklärung abzugeben, ob die genannten Ausschließungsgründe vorliegen;

5.) die Mitglieder des Aufsichtsrates wenden ausreichend Zeit für die Erfüllung ihrer Tätigkeit im Kreditinstitut auf; insbesondere hat ein Mitglied des Aufsichtsrates bei der Ausübung weiterer Tätigkeiten in geschäftsführender Funktion oder als Mitglied eines Aufsichtsrates die Umstände im Einzelfall und die Art, den Umfang und die Komplexität der Geschäfte des Kreditinstitutes zu berücksichtigen; falls sie nicht als Vertreter der Republik Österreich im Aufsichtsrat tätig sind, dürfen Mitglieder des Aufsichtsrates von Kreditinstituten, die von erheblicher Bedeutung im Sinne des § 5 Abs. 4 sind, insgesamt nur eine Tätigkeit in geschäftsführender Funktion in Verbindung mit zwei Tätigkeiten als Mitglied eines Aufsichtsrates oder insgesamt vier Tätigkeiten als Mitglied eines Aufsichtsrates wahrnehmen; für die Berechnung der Anzahl der Tätigkeiten gelten mehrere Tätigkeiten in geschäftsführender Funktion und als Mitglied eines Aufsichtsrates

  a. innerhalb derselben Gruppe bestehend aus

  a.a. dem EU-Mutterinstitut, dessen Tochterunternehmen und eigenen Tochterunternehmen oder sonstigen Unternehmen, die derselben Kreditinstitutsgruppe angehören, soweit alle vorgenannten in die Beaufsichtigung auf konsolidierter Basis einbezogen sind oder einer zusätzlichen Beaufsichtigung gemäß § 6 Abs. 1 FKG unterliegen, oder

  b.b. verbundenen Unternehmen gemäß § 189a Z 8 UGB, § 245a UGB oder § 15 AktG;

  b. bei Mitgliedern desselben institutsbezogenen Sicherungssystems gemäß Art. 113 Abs. 7 der Verordnung (EU) Nr. 575/2013 oder

  c. bei Unternehmen, an denen das Kreditinstitut eine qualifizierte Beteiligung gemäß Art. 4 Abs. 1 Nummer 36 der Verordnung (EU) Nr. 575/2013 hält

als nur eine Tätigkeit. Tätigkeiten in geschäftsführender Funktion oder als Mitglied eines Aufsichtsrates bei Organisationen, die nicht überwiegend gewerbliche Ziele verfolgen, oder Tätigkeiten als Mitglied eines Aufsichtsrates bei einem Kreditinstitut als Vertreter der Republik Österreich sind bei der Berechnung nicht miteinzubeziehen. Die FMA kann auf Antrag eine Überschreitung dieser Begrenzung um eine Tätigkeit als Mitglied eines Aufsichtsrates genehmigen. Die FMA hat die EBA über derartige Genehmigungen regelmäßig zu informieren.

(5a) ¹Dem Aufsichtsrat oder dem sonst nach Gesetz oder Satzung zuständigen Aufsichtsorgan eines Kreditinstituts hat oder haben

1. mindestens ein unabhängiges Mitglied gemäß Abs. 5b,
2. im Falle eines Kreditinstituts von erheblicher Bedeutung gemäß § 5 Abs. 4 oder eines Kreditinstituts, das übertragbare Wertpapiere ausgegeben hat, die zum Handel an einem geregelten Markt gemäß § 1 Z 2 Börsegesetz 2018 zugelassen sind, mindestens zwei unabhängige Mitglieder gemäß Abs. 5b anzugehören.

²Mitglieder des Aufsichtsrates, die gemäß § 110 des Arbeitsverfassungsgesetzes (ArbVG), BGBl. Nr. 22/1974, in den Aufsichtsrat entsandt werden, sind für die Erreichung der Mindestanzahl an unabhängigen Mitgliedern gemäß Z 1 und 2 nicht zu berücksichtigen. ³Die Verpflichtung gemäß Z 1 gilt nicht für Kreditinstitute, deren Anteile zu 100 vH von einem inländischen Kreditinstitut gehalten werden und die weder von erheblicher Bedeutung gemäß § 5 Abs. 4 sind, noch übertragbare Wertpapiere ausgegeben haben, die zum Handel an einem geregelten Markt gemäß § 1 Z 2 Börsegesetz 2018 zugelassen sind.

(5b) Ein Mitglied des Aufsichtsrats oder des sonst nach Gesetz oder Satzung zuständigen Aufsichtsorgans gilt dann nicht als unabhängig, wenn es

1. in den letzten fünf Jahren Geschäftsleiter des betreffenden Kreditinstituts oder eines Kreditinstituts innerhalb der Gruppe gemäß Abs. 5 Z 5 lit. a sublit. aa, der das betreffende Kreditinstitut angehört, war;
2. ein beherrschender Anteilseigner gemäß Art. 22 Abs. 1 der Richtlinie 2013/34/EU oder ein Vertreter dessen Interessen ist, auch wenn der beherrschende Anteilseigner die Republik Österreich oder eine inländische Körperschaft öffentlichen Rechts ist;

3. eine wesentliche finanzielle oder geschäftliche Beziehung mit dem betreffenden Kreditinstitut hat;
4. ein Angestellter des beherrschenden Anteilseigners gemäß Z 2 ist oder eine andere wesentliche Geschäftsbeziehung mit dem beherrschenden Anteilseigner gemäß Z 2 unterhält;
5. ein Angestellter des betreffenden Kreditinstituts oder eines Unternehmens innerhalb der Gruppe gemäß Abs. 5 Z 5 lit. a sublit. aa, der das betreffende Kreditinstitut angehört, ist, es sei denn,
   a. das Mitglied ist nicht Teil des höheren Managements gemäß § 2 Z 1b des betreffenden Kreditinstituts und
   b. das Mitglied wurde gemäß § 110 ArbVG in den Aufsichtsrat entsandt;
6. in den letzten drei Jahren Teil des höheren Managements gemäß § 2 Z 1b innerhalb des betreffenden Kreditinstituts oder eines Unternehmens innerhalb der Gruppe gemäß Abs. 5 Z 5 lit. a sublit. aa, der das betreffende Kreditinstitut angehört, war;
7. in den letzten drei Jahren Bankprüfer des betreffenden Kreditinstituts oder eines anderen Unternehmens innerhalb der Gruppe gemäß Abs. 5 Z 5 lit. a sublit. aa, der das betreffende Kreditinstitut angehört, war, oder den Bestätigungsvermerk unterschrieben hat oder in beratender Funktion von wesentlichem Ausmaß für das betreffende Kreditinstitut oder ein anderes Unternehmen innerhalb der Gruppe gemäß Abs. 5 Z 5 lit. a sublit. aa, der das betreffende Kreditinstitut angehört, tätig war;
8. im letzten Jahr ein wesentlicher Vertragspartner des betreffenden Kreditinstituts oder eines Unternehmens innerhalb der Gruppe gemäß Abs. 5 Z 5 lit. a sublit. aa, der das betreffende Kreditinstitut angehört, war oder mit diesem wesentlichen Vertragspartner im letzten Jahr eine wesentliche Geschäftsbeziehung unterhalten hat;
9. zusätzlich zu seiner Vergütung für seine Funktion als Aufsichtsratsmitglied des Kreditinstituts oder aus der finanziellen oder geschäftlichen Beziehung gemäß Z 3 weitere Zahlungen in wesentlicher Höhe oder andere wesentliche Vorteile seitens der Kreditinstituts oder eines Unternehmens innerhalb der Gruppe gemäß Abs. 5 Z 5 lit. a sublit. aa erhält;
10. über einen Zeitraum von mindestens 12 aufeinander folgenden Jahren Geschäftsleiter oder Mitglied des Aufsichtsrats des betreffenden Kreditinstituts war;

11. ein nahes Familienmitglied gemäß § 28 Abs. 1 Z 5 eines Geschäftsleiters des betreffenden Kreditinstituts oder einer Person der Z 1 bis 8 ist."

(5c) ¹Das bloße Zutreffen eines der Kriterien von § 28a (5b) auf ein Mitglied des Aufsichtsrats bedeutet noch nicht, dass dieses automatisch als nicht unabhängig betrachtet werden muss. ²Vielmehr kann das Kreditinstitut der zuständigen Aufsichtsbehörde nachweisen, dass trotz Vorliegens der in § 28a (5b) genannten Kriterien das Mitglied des Aufsichtsrats nach wie vor als unabhängig angesehen werden kann. ³Diese Möglichkeit besteht nicht für das erste unabhängige Mitglied des Aufsichtsrates; dieses muss alle Kriterien der Unabhängigkeit erfüllen.

(6) Das Kreditinstitut hat über angemessene personelle und finanzielle Ressourcen zu verfügen, um die Einschulung der Geschäftsleiter und Mitglieder des Aufsichtsrates oder des sonst nach Gesetz oder Satzung zuständigen Aufsichtsorgans in ihr Amt zu erleichtern und deren laufende Schulung sicherzustellen.

(7) ¹Die FMA hat die Angaben, die gemäß Art. 435 Abs. 2 lit. c der Verordnung (EU) Nr. 575/2013 veröffentlicht werden, zu erheben und diese zu nutzen, um die Methoden zur Förderung der Diversität zu vergleichen. ²Die FMA hat diese Informationen der EBA zur Verfügung zu stellen.

§ 29 BWG ¹In Kreditinstituten jedweder Rechtsform, die von erheblicher Bedeutung im Sinne des § 5 Abs. 4 sind, ist vom Aufsichtsrat oder dem sonst nach Gesetz oder Satzung zuständigen Aufsichtsorgan des Kreditinstitutes ein Nominierungsausschuss einzurichten. ²Bei Kreditgenossenschaften kann auch der nichthauptamtliche Vorstand den Nominierungsausschuss einrichten. ³Der Nominierungsausschuss hat:

1.) Bewerber für die Besetzung freiwerdender Stellen in der Geschäftsleitung zu ermitteln und dem Aufsichtsrat entsprechende Vorschläge zu unterbreiten;
2.) falls für die jeweilige Rechtsform des Kreditinstitutes gesetzlich vorgesehen, den Aufsichtsrat bei der Erstellung von Vorschlägen an die Hauptversammlung für die Besetzung freiwerdender Stellen im Aufsichtsrat zu unterstützen;

3.) im Rahmen seiner Aufgaben gemäß Z 1 und 2 die Ausgewogenheit und Unterschiedlichkeit der Kenntnisse, Fähigkeiten und Erfahrung aller Mitglieder des betroffenen Organs zu berücksichtigen, eine Aufgabenbeschreibung mit Bewerberprofil zu erstellen und den mit der Aufgabe verbundenen Zeitaufwand anzugeben;
4.) im Rahmen seiner Aufgaben gemäß Z 1 und 2 eine Zielquote für das unterrepräsentierte Geschlecht in der Geschäftsleitung und dem Aufsichtsrat festzulegen sowie eine Strategie zu entwickeln, um dieses Ziel zu erreichen; die Zielquote, die Strategie sowie der Umsetzungsfortschritte sind gemäß Art. 435 Abs. 2 lit. c der Verordnung (EU) Nr. 575/2013 zu veröffentlichen;
5.) im Rahmen seiner Aufgaben gemäß Z 1 und 2 darauf zu achten, dass die Entscheidungsfindung der Geschäftsleitung oder des Aufsichtsrates nicht durch eine einzelne Person oder eine kleine Gruppe von Personen in einer den Interessen des Kreditinstitutes zuwiderlaufenden Art und Weise dominiert werden;
6.) regelmäßig, jedenfalls jedoch, wenn Ereignisse die Notwendigkeit zur Neubeurteilung anzeigen, eine Bewertung der Struktur, Größe, Zusammensetzung und Leistung der Geschäftsleitung und des Aufsichtsrates durchzuführen und dem Aufsichtsrat nötigenfalls Änderungsvorschläge zu unterbreiten;
7.) regelmäßig, jedoch zumindest jährlich, eine Bewertung der Kenntnisse, Fähigkeiten und Erfahrung sowohl der Geschäftsleiter als auch der einzelnen Mitglieder des Aufsichtsrates sowie des jeweiligen Organs in seiner Gesamtheit durchzuführen und diese dem Aufsichtsrat mitzuteilen;
8.) den Kurs der Geschäftsleitung im Hinblick auf die Auswahl des höheren Managements zu überprüfen und den Aufsichtsrat bei der Erstellung von Empfehlungen an die Geschäftsleitung zu unterstützen.

[4]Bei der Wahrnehmung seiner Aufgaben kann der Nominierungsausschuss auf alle Ressourcen zurückgreifen, die er für angemessen hält und ist hierfür durch das Kreditinstitut mit angemessenen Finanzmitteln auszustatten.

§ 39c BWG (1) In Kreditinstituten jedweder Rechtsform, die von erheblicher Bedeutung im Sinne des § 5 Abs 4 sind, ist vom Aufsichtsrat oder dem sonst nach Gesetz oder Satzung zuständigen Aufsichtsorgan des Kreditinstitutes ein Vergütungsausschuss einzurichten.

(2) Zu den Aufgaben des Vergütungsausschusses gehört die Vorbereitung von Beschlüssen zum Thema Vergütung, einschließlich solcher, die sich auf Risiko und Risikomanagement des betreffenden Kreditinstitutes auswirken und vom Aufsichtsrat oder dem sonst nach Gesetz oder Satzung zuständigen Aufsichtsorgan zu fassen sind, sowie die Überwachung der Vergütungspolitik, der Vergütungspraktiken und der vergütungsbezogenen Anreizstrukturen, jeweils im Zusammenhang mit der Steuerung, Überwachung und Begrenzung von Risiken gemäß § 39 Abs. 2b Z 1 bis 10, der Eigenmittelausstattung und Liquidität, wobei auch die langfristigen Interessen von Aktionären, Investoren und Mitarbeitern des Kreditinstitutes sowie das volkswirtschaftliche Interesse an einem funktionsfähigen Bankwesen und an der Finanzmarktstabilität zu berücksichtigen sind.

(3) [1]Die Zusammensetzung des Vergütungsausschusses hat eine unabhängige und integre Beurteilung dieser Themen zu ermöglichen. [2]Der Vergütungsausschuss besteht aus mindestens drei Mitgliedern des Aufsichtsrates, wobei zumindest eine Person über Fachkenntnis und praktische Erfahrung im Bereich der Vergütungspolitik zu verfügen hat (Vergütungsexperte). [3]Für den Fall, dass gemäß § 110 Arbeitsverfassungsgesetz (ArbVG), BGBl. Nr. 22/1974, ein oder mehrere Arbeitnehmervertreter im Aufsichtsrat des Kreditinstitutes mitzuwirken haben, so hat dem Vergütungsausschuss zumindest ein Mitglied aus dem Kreis der Arbeitnehmervertreter anzugehören. [4]Bei Kreditinstituten, deren Bilanzsumme weniger als fünf Milliarden Euro beträgt, kann die Funktion des Vergütungsexperten von einem nicht dem Aufsichtsrat angehörenden Experten ausgeübt werden. [5]Vorsitzender des Vergütungsausschusses oder Vergütungsexperte darf nicht sein, wer in den letzten drei Jahren Geschäftsleiter oder leitender Angestellter (§ 80 AktG) des betreffenden Kreditinstitutes war oder aus anderen Gründen nicht unabhängig und unbefangen ist.

(4) Der Vergütungsausschuss hat zumindest eine Sitzung im Jahr abzuhalten.

§ 39d BWG (1) In Kreditinstituten jedweder Rechtsform, die von erheblicher Bedeutung im Sinne des § 5 Abs 4 sind, ist vom Aufsichtsrat oder dem sonst nach Gesetz oder Satzung zuständigen Aufsichtsorgan des Kreditinstitutes ein Risikoausschuss einzurichten.

(2) Zu den Aufgaben des Risikoausschusses zählt

1.) die Beratung der Geschäftsleitung hinsichtlich der aktuellen und zukünftigen Risikobereitschaft und Risikostrategie des Kreditinstitutes,
2.) die Überwachung der Umsetzung dieser Risikostrategie im Zusammenhang mit der Steuerung, Überwachung und Begrenzung von Risiken gemäß § 39 Abs. 2b Z 1 bis 14, der Eigenmittelausstattung und der Liquidität,
3.) Überprüfung, ob die Preisgestaltung der von einem Kreditinstitut angebotenen Dienstleistungen und Produkten dem Geschäftsmodell und der Risikostrategie des Kreditinstituts angemessen berücksichtigt und gegebenenfalls Vorlage eines Plans mit Abhilfemaßnahmen
4.) unbeschadet der Aufgaben des Vergütungsausschusses, ob bei den vom internen Vergütungssystem angebotenen Anreizen das Risiko, das Kapital, die Liquidität und die Wahrscheinlichkeit und der Zeitpunkt von realisierten Gewinnen berücksichtigt werden.

(3) [1]Die Zusammensetzung des Risikoausschusses hat eine unabhängige und integre Beurteilung der Risikostrategie des Kreditinstitutes zu ermöglichen. [2]Der Risikoausschuss besteht aus mindestens drei Mitgliedern des Aufsichtsrates, die über die zur Überwachung der Umsetzung der Risikostrategie des Kreditinstitutes erforderliche Expertise und Erfahrung verfügen. [3]Vorsitzender des Risikoausschusses darf nicht sein, wer in den letzten drei Jahren Geschäftsleiter oder leitender Angestellter (§ 80 AktG) des betreffenden Kreditinstitutes war oder aus anderen Gründen nicht unabhängig und unbefangen ist. [4]Ein Vertreter der Risikomanagementabteilung (§ 39 Abs. 5) hat an den Sitzungen des Risikoausschusses teilzunehmen und über Risikoarten (§ 39 Abs. 2b) und die Risikolage des Kreditinstitutes zu berichten. [5]Dabei hat er auf riskante Entwicklungen hinzuweisen, die sich auf das Kreditinstitut auswirken oder auswirken könnten.

(4) Der Risikoausschuss hat zumindest eine Sitzung im Jahr abzuhalten.

(5) Bei Kreditinstituten, die von der FMA „gemäß § 23c oder § 23d" als systemrelevantes Institut eingestuft wurden, hat die Mehrheit der Mitglieder und der Vorsitzende des Risikoausschusses unabhängig im Sinne des § 28a Abs. 5b zu sein.

§ 63a Abs 4 BWG [1]In Kreditinstituten jedweder Rechtsform, deren Bilanzsumme eine Milliarde Euro übersteigt oder die übertragbare Wertpapiere ausgegeben haben, die zum Handel an einem geregelten Markt gemäß § 1 Z 2 BörseG 2018 zugelassen sind, ist vom Aufsichtsrat oder dem sonst nach Gesetz oder Satzung zuständigen Aufsichtsorgan des Kreditinstitutes ein Prüfungsausschuss zu bestellen, der sich aus mindestens drei Mitgliedern des Aufsichtsorgans zusammensetzt. [2]Bei Kreditinstituten mit einer Bilanzsumme von über 5 Milliarden Euro hat der Prüfungsausschuss zumindest zwei Sitzungen im Geschäftsjahr, ansonsten zumindest eine Sitzung im Geschäftsjahr abzuhalten. [3]Der Bankprüfer ist den Sitzungen des Prüfungsausschusses jedenfalls zuzuziehen und hat zumindest einmal jährlich über die wichtigsten bei der Abschlussprüfung gewonnenen Erkenntnisse schriftlich zu berichten und diesen Bericht auf Verlangen eines Mitglieds mündlich zu erläutern. [4]Dem Prüfungsausschuss muss eine Person angehören, die über besondere Kenntnisse und praktische Erfahrung im bankbetrieblichen Finanz- und Rechnungswesen und in der Berichterstattung in für das betreffende Kreditinstitut angemessener Weise verfügt (Finanzexperte). [5]Weiters hat der Abschlussprüfer spätestens mit dem Bestätigungsvermerk einen zusätzlichen Bericht an den Prüfungsausschuss nach Art. 11 der Verordnung (EU) Nr. 537/2014 zu erstatten. [6]Die Mitglieder des Prüfungsausschusses, insbesondere der Vorsitzende des Prüfungsausschusses und der Finanzexperte, müssen mehrheitlich unabhängig und unbefangen sein. [7]Als unabhängig gilt nicht, wer in den letzten drei Jahren Geschäftsleiter, leitender Angestellter (§ 80 Aktiengesetz) oder Bankprüfer der Gesellschaft gewesen ist oder den Bestätigungsvermerk unterfertigt hat. [8]Die Ausschussmitglieder müssen in ihrer Gesamtheit mit dem Sektor, in dem das geprüfte Unternehmen tätig ist, vertraut sein. [9]Zu den Aufgaben des Prüfungsausschusses gehören:

1.) die Überwachung des Rechnungslegungsprozesses sowie die Erteilung von Empfehlungen oder Vorschlägen zur Gewährleistung seiner Zuverlässigkeit;
2.) die Überwachung der Wirksamkeit des internen Kontrollsystems, des internen Revisionssystems, und des Risikomanagementsystems der Gesellschaft;
3.) die Überwachung der Abschlussprüfung und der Konzernabschlussprüfung unter Einbeziehung von Erkenntnissen und Schlussfolgerungen in Berichten, die von der Abschlussprüferaufsichtsbehörde nach § 4 Abs. 2 Z 12 APAG veröffentlicht werden;
4.) die Prüfung und Überwachung der Unabhängigkeit des Abschlussprüfers (Konzernabschlussprüfers), insbesondere im Hinblick auf die für die geprüfte Gesellschaft erbrachten zusätzlichen Leistungen; Art. 5 der Verordnung (EU) Nr. 537/2014 und § 271a Abs. 6 UGB gelten;
5.) die Erstattung des Berichts über das Ergebnis der Abschlussprüfung an den Aufsichtsrat und die Darlegung, wie die Abschlussprüfung zur Zuverlässigkeit der Finanzberichterstattung beigetragen hat, sowie die Rolle des Prüfungsausschusses dabei;
6.) die Prüfung des Jahresabschlusses und die Vorbereitung seiner Feststellung, die Prüfung des Vorschlags für die Gewinnverteilung, des Lageberichts und gegebenenfalls des Corporate Governance-Berichts sowie die Erstattung des Berichts über die Prüfungsergebnisse an den Aufsichtsrat;
7.) gegebenenfalls die Prüfung des Konzernabschlusses und des Konzernlageberichts, des konsolidierten Corporate Governance-Berichts sowie die Erstattung des Berichts über die Prüfungsergebnisse an den Aufsichtsrat;
8.) die Durchführung des Verfahrens zur Auswahl des Abschlussprüfers (Konzernabschlussprüfers) unter Bedachtnahme auf die Angemessenheit des Honorars sowie die Empfehlung für die Bestellung des Abschlussprüfers (Konzernabschlussprüfers) an den Aufsichtsrat gemäß Art. 16 der Verordnung (EU) Nr. 537/2014.

[10]Z 4 und Z 8 finden keine Anwendung auf Institute, deren Bankprüfer gesetzlich zuständige Prüfungseinrichtungen sind.

§ 39 BWG (1) ¹Die Geschäftsleiter eines Kreditinstitutes oder eines gemäß § 30 Abs. 6 verantwortlichen Unternehmens haben bei ihrer Geschäftsführung die Sorgfalt eines ordentlichen und gewissenhaften Geschäftsleiters im Sinne des § 84 Abs. 1 AktG anzuwenden. ²Dabei haben sie sich insbesondere über die bankgeschäftlichen und bankbetrieblichen Risiken zu informieren, diese durch angemessene Strategien und Verfahren zu steuern, zu überwachen und zu begrenzen sowie über Pläne und Verfahren gemäß § 39a zu verfügen. ³Weiters haben sie auf die Gesamtertragslage des Kreditinstitutes Bedacht zu nehmen.

(2) ¹Die Kreditinstitute und die gemäß § 30 Abs. 6 verantwortlichen Unternehmen haben für die Erfassung, Beurteilung, Steuerung und Überwachung der bankgeschäftlichen und bankbetrieblichen Risiken, darunter auch jener Risiken, die sich aus ihrem makroökonomischen Umfeld unter Berücksichtigung der Phase des jeweiligen Geschäftszyklus ergeben, des Risikos von Geldwäscherei und Terrorismusfinanzierung sowie ihrer Vergütungspolitik und -praktiken über Verwaltungs-, Rechnungs- und Kontrollverfahren zu verfügen, die der Art, dem Umfang und der Komplexität der betriebenen Bankgeschäfte angemessen sind. ²Die Verwaltungs-, Rechnungs- und Kontrollverfahren haben weitest gehend auch bankgeschäftliche und bankbetriebliche Risiken sowie Risiken aus der Vergütungspolitik und den Vergütungspraktiken zu erfassen, die sich möglicherweise ergeben können. ³Die Organisationsstruktur sowie die Verwaltungs-, Rechnungs- und Kontrollverfahren sind schriftlich und in nachvollziehbarer Weise zu dokumentieren. ⁴Die Organisationsstruktur hat durch den Geschäftsbetrieb angemessene aufbau- und ablauforganisatorische Abgrenzungen Interessen- und Kompetenzkonflikte zu vermeiden. ⁵Die Zweckmäßigkeit dieser Verfahren und deren Anwendung ist von der internen Revision mindestens einmal jährlich zu prüfen. [...]

(2d) ¹Kreditinstitute haben interne Systeme einzuführen oder die standardisierte oder vereinfachte standardisierte Methode anzuwenden, um Risiken, die sich aus möglichen Zinsänderungen oder Änderungen bei Kreditspreads bei Geschäften des Bankbuchs ergeben und sich sowohl auf den wirtschaftlichen Wert des Eigenkapitals als auch auf die Nettozinserträge bei Geschäften des Bankbuchs auswirken, zu ermitteln, zu bewerten, zu steuern und einzudämmen. ²Kleine und nicht komplexe Kreditinstitute im Sinne von Art. 4 Abs. 1 Nr. 145 der

Verordnung (EU) Nr. 575/2013 können zur Ermittlung des Zinsänderungsrisikos bei Geschäften des Bankbuchs die vereinfachte standardisierte Methode anwenden, wenn sich diese Methode zur ordnungsgemäßen Erfassung, Steuerung und Begrenzung des Zinsänderungsrisikos im Bankbuch eignet. ³Die FMA hat die Verwendung der standardisierten Methode zur Ermittlung des Zinsänderungsrisikos vorzuschreiben, wenn die von einem Kreditinstitut eingeführten internen Systeme oder die vereinfachte standardisierte Methode zur Beurteilung des Zinsänderungsrisikos nicht geeignet sind.

(3) Kreditinstitute haben

1.) dafür zu sorgen, ihren Zahlungsverpflichtungen jederzeit nachkommen zu können;
2.) eine unternehmensspezifische, den bankwirtschaftlichen Erfahrungssätzen entsprechende Finanz- und Liquiditätsplanung einzurichten,
3.) durch die dauernde Haltung ausreichender flüssiger Mittel für den Ausgleich künftiger Ungleichgewichte der Zahlungseingänge und Zahlungsausgänge ausreichend vorzusorgen,
4.) über Regelungen zur Überwachung und Kontrolle des Zinsrisikos sämtlicher Geschäfte zu verfügen,
5.) entsprechend der Fälligkeitsstruktur ihrer Forderungen und Verbindlichkeiten insbesondere die Zinsanpassungs- und Kündigungsmöglichkeiten so zu gestalten, dass auf mögliche Veränderungen der Marktverhältnisse Bedacht genommen wird, und
6.) über Unterlagen zu verfügen, anhand derer sich die finanzielle Lage des Kreditinstitutes jederzeit mit hinreichender Genauigkeit rechnerisch bestimmen lässt; diese Unterlagen sind versehen mit entsprechenden Kommentierungen auf Verlangen der FMA vorzulegen. [...]

(5) ¹In Kreditinstituten jedweder Rechtsform, die von erheblicher Bedeutung im Sinne des § 5 Abs. 4 sind, ist eine vom operativen Geschäft unabhängige Risikomanagementabteilung mit direktem Zugang zu den Geschäftsleitern einzurichten, deren Kompetenzen und Ressourcen die Erfüllung folgender Aufgaben sicherstellen:

1.) Erkennung und Messung der Ausprägung von Risiken gemäß Abs. 2b,

2.) Meldung von Risiken gemäß Abs. 2b und der Risikolage an die Geschäftsleiter,
3.) Beteiligung an der Ausarbeitung der Risikostrategie des Kreditinstituts und allen wesentlichen Entscheidungen zum Risikomanagement,
4.) vollständiger Überblick über die Ausprägung der vorhandenen Risikoarten und die Risikolage des Kreditinstituts.

²An der Spitze der Risikomanagementabteilung steht eine Führungskraft, die eigens für diese Funktion zuständig ist. ³Die FMA kann auf Antrag eines Kreditinstitutes bewilligen, dass eine andere Führungskraft des Instituts diese Funktion wahrnimmt, wenn Art, Umfang und Komplexität der Geschäfte des Instituts es nicht rechtfertigen würden, ausschließlich für diesen Zweck eine Person zu benennen und kein Interessenkonflikt besteht. ⁴Der Leiter der Risikomanagementabteilung kann seines Amtes nicht ohne die vorherige Information des Aufsichtsrates enthoben werden. ⁵Der Leiter der Risikomanagementabteilung hat für die Ausübung seiner Funktion fachlich geeignet zu sein und die Anforderungen des § 5 Abs. 1 Z 6 und 7 erfüllen.

(6) Kreditinstitute haben folgende organisatorische Anforderungen zu erfüllen:

1.) Sie haben unter Berücksichtigung der Art, des Umfangs und der Komplexität ihrer Geschäftstätigkeit angemessene Grundsätze und Verfahren schriftlich festzulegen, regelmäßig zu aktualisieren und laufend einzuhalten, die darauf ausgelegt sind, Risiken einer etwaigen Missachtung der in § 69 Abs. 1 aufgelisteten Vorschriften durch ihre Geschäftsleitung, ihre Aufsichtsratsmitglieder und ihre Mitarbeiter sowie die damit verbundenen Risiken aufzudecken und diese Risiken auf ein Mindestmaß zu beschränken.
2.) Kreditinstitute von erheblicher Bedeutung gemäß § 5 Abs. 4 haben eine dauerhafte, wirksame und unabhängig arbeitende Compliance-Funktion mit direktem Zugang zur Geschäftsleitung einzurichten, die die ständige Überwachung und regelmäßige Bewertung der Angemessenheit und Wirksamkeit der Grundsätze und Verfahren gemäß Z 1, sowie der Maßnahmen, die zur Behebung etwaiger Mängel unternommen wurden, sowie die diesbezügliche Beratung der Geschäftsleitung zur Aufgabe hat.

3.) Mit der Leitung der Compliance-Funktion gemäß Z 2 ist eine Person zu betrauen, die die Anforderungen des § 5 Abs. 1 Z 6 und 7 erfüllt und fachlich für die Ausübung ihrer Funktion geeignet ist.

§ 39a BWG (1) ¹Die Kreditinstitute haben über wirksame Pläne und Verfahren zu verfügen, um die Höhe, die Zusammensetzung und die Verteilung des Kapitals, welches zur quantitativen und qualitativen Absicherung aller wesentlichen bankgeschäftlichen und bankbetrieblichen Risiken zur Verfügung steht, regelmäßig zu ermitteln und Kapital im erforderlichen Ausmaß zu halten. ²Die Pläne und Verfahren haben sich an der Art, dem Umfang und der Komplexität der betriebenen Bankgeschäfte zu orientieren.

(2) Die Kreditinstitute haben die Zweckmäßigkeit und Anwendung der Strategien und Verfahren gemäß Abs. 1 in regelmäßigen Abständen, jedenfalls aber jährlich umfassend zu überprüfen und gegebenenfalls anzupassen.

(3) Das gemäß § 30 Abs. 6 verantwortliche Unternehmen hat der Verpflichtung gemäß Abs. 1 auf Grundlage der konsolidierten Finanzlage der Kreditinstitutsgruppe unter Beachtung der in Teil 1 Titel II Kapitel 2 Abschnitte 2 und 3 der Verordnung (EU) Nr. 575/2013 festgelegten Vorgaben nachzukommen.

(4) Kreditinstitute, die ein Mutterunternehmen im Inland oder ein Tochterunternehmen haben, müssen Abs. 1 und 2 nicht auf Einzelbasis anwenden, es sei denn, Art. 15 oder 19 der Verordnung (EU) Nr. 575/2013 werden angewendet.

(5) Abweichend von Abs. 3 und 4 haben nachgeordnete Kreditinstitute Abs. 1 und 2 ausschließlich auf teilkonsolidierter Ebene nachzukommen, wenn diese als Tochterunternehmen Kredit- oder Finanzinstitute oder Vermögensverwaltungsgesellschaften im Sinne von Art. 2 Nummer 5 der Richtlinie 2002/87/EG mit Sitz in einem Drittland haben.

§ 39b BWG (1) Bei der Festlegung und Anwendung der Vergütungspolitik und -praktiken einschließlich der Gehälter und freiwilligen Rentenzahlungen für Mitarbeiterkategorien, deren berufliche Tätigkeit sich wesentlich auf das Risikoprofil des Kreditinstituts auswirkt, haben die Kreditinstitute die in Anlage zu § 39b genannten Grundsätze auf eine Weise anzuwenden, die ihrer Größe, ihrer internen Organisation und der Art, dem Umfang und der Komplexität ihrer Geschäfte sowie den Mitarbeiterkategorien, der Art und der Höhe ihrer Vergütung sowie der Auswirkung ihrer Tätigkeit auf das Risikoprofil angemessen ist.

(2) Die Mitarbeiterkategorien, deren berufliche Tätigkeit sich gemäß Abs. 1 wesentlich auf das Risikoprofil des Kreditinstituts auswirkt, umfassen jedenfalls die folgenden Personengruppen:

1.) die Geschäftsleiter, die Mitglieder des Aufsichtsrates und die Mitglieder des höheren Managements;
2.) Mitarbeiter mit Managementverantwortung für die Kontrollaufgaben oder wesentliche Geschäftsbereiche des Kreditinstituts;
3.) Mitarbeiter, die im vorhergehenden Geschäftsjahr Anspruch auf eine Vergütung in beträchtlicher Höhe hatten, sofern folgende Bedingungen erfüllt sind:
   a. die Vergütung des jeweiligen Mitarbeiters betrug mindestens 500 000 Euro und entsprach mindestens der durchschnittlichen Vergütung der Geschäftsleitung, des Aufsichtsrates und der Mitglieder des höheren Managements gemäß Z 1 und
   b. die jeweiligen Mitarbeiter üben die berufliche Tätigkeit in einem wesentlichen Geschäftsbereich aus, wobei es sich um eine Tätigkeit handelt, die sich erheblich auf das Risikoprofil des betreffenden Geschäftsbereichs auswirkt.

(3) Ergänzend zu den Fällen des § 30 Abs. 7 dritter Satz sind Abs. 1 und 2 in Verbindung mit § 30 Abs. 7 erster und zweiter Satz auf die folgenden Institute einer Kreditinstitutsgruppe nicht anzuwenden:

1.) Tochterunternehmen mit Sitz im Inland, die besondere Vergütungsanforderungen außerhalb dieses Bundesgesetzes anzuwenden haben,
2.) Tochterunternehmen mit Sitz in einem anderen Mitgliedstaat, die besondere Vergütungsanforderungen nach Maßgabe anderer Rechtsakte der Union als der Richtlinie 2013/36/EU anzuwenden haben, und
3.) Tochterunternehmen mit Sitz in einem Drittland, die besondere Vergütungsanforderungen nach Maßgabe anderer Rechtsakte

der Union als der Richtlinie 2013/36/EU anzuwenden hätten, wenn sie ihren Sitz in der Europäischen Union hätten.

(4) Abweichend von Abs. 3 sind Abs. 1 und 2 in Verbindung mit § 30 Abs. 7 erster und zweiter Satz auf einzelne Mitarbeiter von Instituten einer Kreditinstitutsgruppe anzuwenden, wenn die folgenden Voraussetzungen erfüllt sind und § 30 Abs. 7 dritter Satz nicht anwendbar ist:

1.) Das Institut unterliegt weder dem Anwendungsbereich dieses Bundesgesetzes noch der Richtlinie 2013/36/EU;
2.) das Institut ist entweder eine Vermögensverwaltungsgesellschaft gemäß Art. 4 Abs. 1 Nr. 19 der Verordnung (EU) Nr. 575/2013 oder ein Unternehmen, das die in Anhang I Abschnitt A Nr. 2, 3, 4, 6 und 7 der Richtlinie 2014/65/EU aufgeführten Wertpapierdienstleistungen und Anlagetätigkeiten ausführt und
3.) die Mitarbeiter des Instituts sind damit beauftragt, berufliche Tätigkeiten auszuführen, die sich direkt und wesentlich auf das Risikoprofil oder die Geschäftstätigkeit der Institute innerhalb der Kreditinstitutsgruppe auswirken.

§ 39e BWG Die Kredit- und Finanzinstitute haben transparente und angemessene Verfahren zur Bearbeitung von Beschwerden ihrer Kunden und Geschäftspartner einzurichten, um wiederholt auftretende sowie potentielle rechtliche und operationelle Risiken feststellen, analysieren und beheben zu können.

§ 42 BWG (1) ¹Kreditinstitute und Finanzinstitute haben eine interne Revision einzurichten, die unmittelbar den Geschäftsleitern untersteht und ausschließlich der laufenden und umfassenden Prüfung der Gesetzmäßigkeit, Ordnungsmäßigkeit und Zweckmäßigkeit des gesamten Unternehmens dient. ²Die interne Revision muss unter Bedachtnahme auf den Geschäftsumfang so ausgestattet sein, dass sie ihre Aufgaben zweckentsprechend erfüllen kann. ³Mit Aufgaben der internen Revision dürfen Personen, bei denen Ausschließungsgründe vorliegen, nicht betraut werden. ⁴Der Leiter der internen Revision hat die Anforderungen des § 5 Abs. 1 Z 6 und 7 zu erfüllen.

(2) ¹Als Ausschließungsgründe sind Umstände anzusehen, die die ordnungsgemäße Wahrnehmung der Aufgaben der internen Revi-

sion nicht wahrscheinlich erscheinen lassen. ²Ausschließungsgründe liegen insbesondere vor, wenn

1.) den betroffenen Personen die erforderliche Sachkenntnis und Erfahrung im Bankwesen fehlt und
2.) die objektive Wahrnehmung der Funktion beeinträchtigt sein kann, insbesondere wenn die betroffenen Personen gleichzeitig zum Bankprüfer bei demselben Kreditinstitut bestellt sind oder auf diese Personen durch ihre Tätigkeit in der internen Revision einer der in § 62 Z 6, 12 und 13 genannten Ausschließungsgründe als Bankprüfer des Kreditinstituts zutreffen würde.

(3) ¹Die interne Revision betreffende Verfügungen müssen von mindestens zwei Geschäftsleitern gemeinsam getroffen werden. ²Die interne Revision hat allen Geschäftsleitern zu berichten. ³Sie hat über die Prüfungsgebiete und wesentliche Prüfungsfeststellungen auf Grund durchgeführter Prüfungen quartalsweise auch dem Vorsitzenden des Aufsichtsrates oder des sonst nach Gesetz oder Satzung zuständigen Aufsichtsorgans des Kreditinstitutes sowie dem Prüfungsausschuss Bericht zu erstatten. ⁴Der Vorsitzende des Aufsichtsorgans hat in der nächstfolgenden Sitzung des Aufsichtsorgans diesem über die Prüfungsgebiete und die wesentlichen Prüfungsfeststellungen zu berichten.

(4) Die interne Revision hat auch zu prüfen:

1.) Die inhaltliche Richtigkeit und Vollständigkeit der Anzeigen und Meldungen an die FMA und an die Oesterreichische Nationalbank;
2.) (*Anm.: Z 2 aufgehoben durch BGBl. I Nr. 184/2013*)
3.) die Einhaltung des § 41 und der Bestimmungen des FM-GwG;
4.) bei Kreditinstituten, die ihre Eigenmittelanforderungen für das Marktrisiko gemäß Teil 3 Titel IV der Verordnung (EU) Nr. 575/2013 ermitteln,
   a. die Kriterien für die Festlegung der qualifizierten Aktiva;
   b. die Verfahren zur Ermittlung des Marktpreises gemäß Art. 105 Abs. 3 bis 5 der Verordnung (EU) Nr. 575/2013;
   c. das Modell der Bewertung von Optionen, insbesondere die Festlegung der Volatilitäten und der sonstigen Parameter für die Ermittlung des Delta-Faktors gemäß Art. 105 Abs. 6 und 7 der Verordnung (EU) Nr. 575/2013;

d. die Ermittlung der sonstigen, mit Optionen verbundenen Risiken gemäß Art. 329 Abs. 2 der Verordnung (EU) Nr. 575/2013;
5.) die Zweckmäßigkeit und Anwendung der Verfahren gemäß § 39 Abs. 2 und § 39a.
6.) *(Anm.: Z 6 aufgehoben durch BGBl. I Nr. 184/2013)*

(5) ¹Die interne Revision hat einen jährlichen Revisionsplan aufzustellen und die Prüfungen danach durchzuführen. ²Sie hat weiters anlaßbezogen ungeplante Prüfungen vorzunehmen.

(6) ¹Mit den Aufgaben der internen Revision ist eine eigene Organisationseinheit im Kreditinstitut zu betrauen. ²Dies gilt jedoch nicht für Kreditinstitute,

1.) deren Bilanzsumme 300 Millionen Euro nicht übersteigt oder
2.) deren Mitarbeiterstand im Jahresdurchschnitt 50 vollbeschäftigte Mitarbeiter nicht übersteigt oder
3.) deren Bilanzsumme eine Milliarde Euro nicht übersteigt und die einem Zentralinstitut angeschlossen sind oder einer Kreditinstitutsgruppe angehören, wenn im Rahmen des Sektorverbundes oder der Gruppe eine eigene Organisationseinheit für die interne Revision besteht, die unter jederzeitiger Beachtung von Abs. 2 ausgestattet und organisiert ist;
4.) deren Bilanzsumme eine Milliarde Euro nicht übersteigt und die einem EU-Mutterkreditinstitut oder einem Mutterkreditinstitut in einem Mitgliedstaat gemäß § 30 Abs. 1 Z 1 bis 6 nachgeordnet sind, wenn im EU-Mutterkreditinstitut oder in einem Mutterkreditinstitut in einem Mitgliedstaat eine eigene Organisationseinheit für die interne Revision besteht, die unter jederzeitiger Beachtung von Abs. 2 ausgestattet und organisiert ist und die Aufsichts- und Kontrollmöglichkeiten von FMA und Oesterreichischer Nationalbank hierdurch nicht beeinträchtigt werden.

³Die FMA kann auf Antrag eines Kreditinstitutes, das einem Zentralinstitut angeschlossen ist oder einer Kreditinstitutsgruppe angehört, bewilligen, dass vom Erfordernis der Einrichtung einer eigenen Organisationseinheit auch bei Überschreitung der in Z 3 und 4 genannten Grenzen abgesehen werden kann, sofern im Rahmen der Kreditinstitutsgruppe oder des Sektorverbundes eine eigene Organi-

sationseinheit für die interne Revision besteht und die Voraussetzungen der Abs. 1 und 2 eingehalten werden.

(7) Bei Kreditinstitutsgruppen hat die interne Revision des übergeordneten Kreditinstitutes die Aufgaben der internen Konzernrevision wahrzunehmen.

§ 60 BWG (1) Der Jahresabschluß jedes Kreditinstitutes und jedes Kreditinstitute-Verbundes und der Konzernabschluß jeder Kreditinstitutsgruppe nach § 59 Abs. 1 sowie jedes Kreditinstitutskonzerns nach § 59a sind unter Einbeziehung der Buchführung, des Lageberichtes und des Konzernlageberichtes nach § 59 und § 59a durch Bankprüfer zu prüfen.

(2) ¹Bei einem Kreditinstitut in der Rechtsform einer Genossenschaft hat das nach den genossenschaftsrechtlichen Regeln bestellte Prüfungsorgan (Revisor) seiner gesetzlichen Prüfungseinrichtung die Aufgaben des Bankprüfers nach § 60 wahrzunehmen. ²Dies gilt auch für Aktiengesellschaften, in die der Bankbetrieb oder der bankgeschäftliche Teilbetrieb einer Genossenschaft gemäß § 92 Abs. 7 eingebracht wurde, mit Ausnahme von Zentralorganisationen gemäß § 30a. ³Der Bankprüfer einer Zentralorganisation gemäß dem zweiten Satz dieses Absatzes und die Bankprüfer der einer solchen Zentralorganisation zugeordneten Kreditinstitute haben bei der Ausübung ihrer Aufgaben als Bankprüfer zusammenzuarbeiten und die für die Ausübung ihrer Aufgaben als Bankprüfer notwendigen Informationen untereinander auszutauschen.

(3) ¹Die Auskunfts-, Vorlage- und Einschaurechte (§ 272 UGB) des Bankprüfers erstrecken sich auf alle Unterlagen und Datenträger auch dann, wenn diese von einem Dritten geführt oder bei diesem verwahrt werden oder wenn sie im Ausland geführt oder verwahrt werden. ²Werden zu prüfende Unterlagen, insbesondere die Buchhaltung, im Ausland geführt oder verwahrt, so hat das Kreditinstitut unbeschadet der vorstehenden Einschaurechte des Bankprüfers für die jederzeitige Verfügbarkeit der Unterlagen des laufenden Geschäftsjahres und mindestens dreier vorhergehender Geschäftsjahre im Inland zu sorgen. ³Das Kreditinstitut hat dem Bankprüfer die Prüfungspläne und Prüfungsberichte der internen Revision zur Verfügung zu stellen.

(4) Das Kreditinstitut hat dem Bankprüfer auf dessen Anfrage über Aufsichtsmaßnahmen, einschließlich den Stand laufender Verwaltungsverfahren zu informieren und in diesem Zusammenhang relevante Unterlagen zur Verfügung zu stellen.

§ 63 BWG (1) ¹Die Bestellung von Bankprüfern mit Ausnahme von solchen, die Prüfungsorgane gesetzlich zuständiger Prüfungseinrichtungen sind, hat vor Beginn des zu prüfenden Geschäftsjahres zu erfolgen und ist der FMA unverzüglich schriftlich anzuzeigen; wenn eine Wirtschaftsprüfungsgesellschaft zum Bankprüfer bestellt ist, so sind in der Anzeige auch die nach § 77 Abs. 9 WTBG 2017 für den Prüfungsauftrag namhaft gemachten natürlichen Personen anzugeben. ²Jede Änderung dieser Personen ist der FMA unverzüglich anzuzeigen. ³Die FMA kann gegen die Bestellung eines Bankprüfers oder gegen eine bestimmte nach § 77 Abs. 9 WTBG 2017 namhaft gemachte natürliche Person Widerspruch im Sinne des § 270 Abs. 3 UGB erheben, wenn der begründete Verdacht des Vorliegens eines Ausschließungsgrundes gemäß § 61 Abs. 2 oder einer sonstigen Befangenheit besteht; soweit die Bestellung anzeigepflichtig war, hat der Widerspruch innerhalb eines Monats zu erfolgen. ⁴Über den Widerspruch hat das Gericht unter Berücksichtigung der Ausschließungsgründe zu entscheiden; bis zur rechtskräftigen gerichtlichen Entscheidung darf der Bankprüfer oder die nach § 77 Abs. 9 WTBG 2017 namhaft gemachte natürliche Person weder Prüfungshandlungen vornehmen noch dürfen diesen dem Bankgeheimnis unterliegende Auskünfte durch das Kreditinstitut erteilt werden.

(Anm.: Abs. 1a und 1b aufgehoben durch BGBl. I Nr. 33/2005)

(1c) ¹Der Bankprüfer hat innerhalb von zwei Wochen nach seiner Bestellung der FMA zu bescheinigen, dass keine Ausschließungsgründe vorliegen. ²Er hat auf ihr Verlangen alle zur Beurteilung erforderlichen weiteren Bescheinigungen und Nachweise zu erbringen. ³Wird einem solchen Verlangen nicht entsprochen, so kann die FMA gemäß Abs. 1 vorgehen.

(2) ¹Die Bestimmungen der §§ 268 bis 270 UGB über die Prüfung des Jahresabschlusses (Konzernabschluss) sind für Kreditinstitute mit der Maßgabe anzuwenden, dass die Bestellung des Bankprüfers gemäß Abs. 1 vor Beginn des zu prüfenden Geschäftsjahres erfolgen muss. ²An den Beratungen der nach Gesetz und Satzung bestehen-

den Aufsichtsorgane über den Jahresabschluss haben die Bankprüfer als sachverständige Auskunftspersonen teilzunehmen.

(3) ¹Werden vom Bankprüfer bei seiner Prüfungstätigkeit Tatsachen festgestellt, die

1.) eine Berichtspflicht nach § 273 Abs. 2 UGB begründen oder
2.) die Erfüllbarkeit der Verpflichtungen des geprüften Kreditinstituts für gefährdet oder
3.) eine wesentliche Verschärfung der Risikolage oder
4.) wesentliche Verletzungen dieses Bundesgesetzes, der Verordnung (EU) Nr. 575/2013 oder sonstiger für die Bankenaufsicht maßgeblicher gesetzliche oder sonstige Vorschriften oder Bescheide des Bundesministers für Finanzen oder der FMA oder
5.) wesentliche Bilanzposten oder außerbilanzielle Positionen als nicht werthaltig

erkennen lassen, hat er begründete Zweifel an der Richtigkeit von Unterlagen oder an der Vollständigkeitserklärung des Vorstandes oder erfolgt eine Versagung oder eine Einschränkung des Bestätigungsvermerkes, so hat er über diese Tatsachen unbeschadet § 273 Abs. 2 UGB mit Erläuterungen unverzüglich der FMA und der Oesterreichischen Nationalbank schriftlich zu berichten. ²Stellt der Bankprüfer sonstige Mängel, nicht besorgniserregende Veränderungen der Risikolage oder der wirtschaftlichen Situation oder nur geringfügige Verletzungen von Vorschriften fest, und sind die Mängel und Verletzungen von Vorschriften kurzfristig behebbar, so muss der Bankprüfer der FMA und der Oesterreichischen Nationalbank erst dann berichten, wenn das Kreditinstitut nicht binnen einer angemessenen Frist, längstens jedoch binnen drei Monaten, die festgestellten Mängel behoben und dies dem Bankprüfer nachgewiesen hat. ³Zu berichten ist auch dann, wenn die Geschäftsleiter eine vom Bankprüfer geforderte Auskunft innerhalb einer angemessenen Frist nicht ordnungsgemäß erteilen. ⁴Von einem Prüfungsverband bestellte Bankprüfer haben Berichte nach diesem Absatz über den Prüfungsverband zu erstatten, der sie unverzüglich weiterzuleiten hat. ⁵In Fällen, in denen eine Wirtschaftsprüfungsgesellschaft als Bankprüfer bestellt wird, trifft die Berichtspflicht auch die nach § 88 Abs. 7 WTBG namhaft gemachten natürlichen Personen. ⁶Unbeschadet der Verpflichtungen gemäß § 273 Abs. 2 UGB ist ein Bericht nach diesem Absatz gleichzeitig mit der Übermittlung an die FMA und die Oesterreichische Nationalbank auch an den Aufsichtsrat oder das sonst nach Gesetz oder Satzung zuständige Aufsichtsorgan des Kreditinstitutes zu übermitteln.

(3a) Abs. 3 ist auch anzuwenden, wenn der Bankprüfer bei einem verbundenen Unternehmen (§ 189a Z 8 UGB) des Kreditinstitutes als Abschlußprüfer tätig ist.

(3b) Erstattet der Bankprüfer in gutem Glauben Anzeige nach Abs. 3 oder 3a, so gilt dies nicht als Verletzung einer vertraglich oder durch Rechts- oder Verwaltungsvorschriften geregelten Bekanntmachungsbeschränkung und zieht für ihn keine Haftung nach sich.

(3c) ¹Verletzt der Bankprüfer seine Berichtspflichten gemäß Abs. 3, so kann die FMA den Bankprüfer abberufen, wobei in Fällen, in denen die Prüfung von einer Wirtschaftsprüfungsgesellschaft als Bankprüfer durchgeführt wird, auch nur die gemäß § 77 Abs. 9 WTBG 2017 für den Prüfungsauftrag namhaft gemachte natürliche Person abberufen werden kann. ²Im Fall einer Abberufung hat die FMA zeitgleich

1.) dem Kreditinstitut aufzutragen, unverzüglich einen anderen Bankprüfer zu bestellen,
2.) der Wirtschaftsprüfungsgesellschaft aufzutragen, unverzüglich eine andere natürliche Person gemäß § 77 Abs. 9 WTBG 2017 für den Prüfungsauftrag namhaft zu machen,
3.) dem genossenschaftlichen Prüfungsverband aufzutragen, unverzüglich einen anderen Revisor zu bestellen, oder
4.) der Prüfungsstelle des Sparkassen-Prüfungsverbandes aufzutragen, unverzüglich eine andere Person als Prüfer zu beauftragen (§ 3 der Anlage zu § 24 SpG).

(4) ¹Der Bankprüfer hat die Gesetzmäßigkeit des Jahresabschlusses zu prüfen. ²Die Prüfung hat auch zu umfassen:

1.) Die Beachtung der Art. 18, 19, 92, 395, 412 und 413 der Verordnung (EU) Nr. 575/2013;
2.) die Beachtung der §§ 27a und 30 bis 30c dieses Bundesgesetzes;
3.) die Beachtung der §§ 25, 39, 39a, 41 und 42 dieses Bundesgesetzes und der §§ 4 bis 17, 19 Abs. 2, 20 bis 24, 29 und 40 Abs. 1 FM-GwG;
4.) die Beachtung der Art. 89 bis 91 und 405 der Verordnung (EU) Nr. 575/2013;

5.) die Beachtung des § 10 Abs. 1, 2 und 4 BaSAG;
6.) die Zuordnung von Positionen zum Handelsbuch sowie etwaige Umbuchungen gemäß den internen Kriterien für ihre Einbeziehung in das Handelsbuch;
7.) bei Kreditinstituten, die Teil 3 Titel I Kapitel 3 der Verordnung (EU) Nr. 575/2013 anwenden:
   a. die Kriterien für die Festlegung der qualifizierten Aktiva;
   b. die Verfahren zur Ermittlung des Marktpreises unter Berücksichtigung von Art. 105 der Verordnung (EU) Nr. 575/2013;
   c. den Ansatz zur Bewertung von Optionen, insbesondere die Festlegung der Volatilitäten und der sonstigen Parameter für die Ermittlung des Delta-Faktors gemäß Art. 377 der Verordnung (EU) Nr. 575/2013;
   d. die Ermittlung der sonstigen, mit Optionen verbundenen Risiken gemäß Teil 3 Titel IV der Verordnung (EU) Nr. 575/2013;
8.) bei Kreditinstituten, die das Mindesteigenmittelerfordernis für das operationelle Risiko gemäß Teil 3 Titel III Kapitel 3 der Verordnung (EU) Nr. 575/2013 ermitteln: die Einhaltung der Bedingungen gemäß Art. 320 der Verordnung (EU) Nr. 575/2013;
9.) die Beachtung des 3. und 4. Abschnittes des 1. Hauptstücks BörseG 2018, des 2. Hauptstücks WAG 2018, der Titel II, III und IV der Verordnung (EU) Nr. 600/2014 und des Abschnittes 3 des Kapitels II sowie des Kapitels III der delegierten Verordnung (EU) 2017/565;
10.) die Beachtung der Anforderungen gemäß Art. 49 Abs. 3 lit. a sublit. v der Verordnung (EU) Nr. 575/2013 bei institutsbezogenen Sicherungssystemen, die Art. 49 Abs. 3 der Verordnung (EU) Nr. 575/2013 anwenden;
11.) die Zulässigkeit und Richtigkeit von Nettingvereinbarungen sowie die Erfüllung der Voraussetzungen gemäß Art. 296 Abs. 3 der Verordnung (EU) Nr. 575/2013;
11.a) die Qualität der Zahlungsverpflichtungen gemäß § 7 Abs. 1 Z 13 ESAEG;
12.) die Beachtung der §§ 8 bis 35, 39 bis 45, 66 bis 92 sowie 128 bis 138 InvFG 2011, die Beachtung der §§ 2 bis 9 sowie 21 bis 36 ImmoInvFG sowie die Beachtung der §§ 18 bis 45a BMSVG;

13.) Kredite, bei denen besondere Umstände hinsichtlich ihrer Höhe, der Art der Sicherstellung, der Bearbeitung oder einer Abweichung von den gewöhnlichen Geschäftsschwerpunkten des Kreditinstitutes vorliegen;
14.) die Beachtung der sonstigen Vorschriften dieses Bundesgesetzes, der Verordnung (EU) Nr. 575/2013 und der anderen für Kreditinstitute wesentlichen Rechtsvorschriften.

(4a) Die Prüfung durch den Bankprüfer eines Zentralinstituts hat, innerhalb von 6 Monaten nach Abschluss des Geschäftsjahres des Zentralinstituts, auch zu umfassen:

1.) die konsolidierte Bilanz oder die erweiterte Zusammenfassungsrechnung gemäß Art. 49 Abs. 3 lit. a sublit. iv der Verordnung (EU) Nr. 575/2013 bei institutsbezogenen Sicherungssystemen, die Art. 49 Abs. 3 der Verordnung (EU) Nr. 575/2013 anwenden;
2.) den Bericht gemäß Art. 113 Abs. 7 lit. e der Verordnung (EU) Nr. 575/2013.

(5) ¹Das Ergebnis der Prüfung gemäß Abs. 4 und Abs. 4a ist in einer Anlage zum Prüfungsbericht über den Jahresabschluss (bankaufsichtlicher Prüfungsbericht) darzustellen, wobei das Ergebnis der Prüfung gemäß Abs. 4a auch in einer gesonderten Anlage zum Prüfungsbericht dargestellt werden kann. ²Die Prüfung gemäß Abs. 4 Z 1 bis 12 umfasst die Organisationsstruktur und die Verwaltungs-, Rechnungs- und Kontrollverfahren (§ 39 Abs. 2), die die Geschäftsleiter im Hinblick auf die in Abs. 4 Z 1 bis 12 angeführten Bestimmungen eingerichtet haben. ³Das Ergebnis der Prüfung gemäß Abs. 4 Z 1 und 2 sowie Abs. 4a ist mit einer positiven Zusicherung, das Ergebnis der Prüfung gemäß Abs. 4 Z 3 bis 12 zumindest mit einer negativen Zusicherung zu verbinden. ⁴Abweichend davon ist das Ergebnis der Prüfung gemäß Abs. 4 Z 1 und 2 bei Kreditinstituten,

1.) die Mitglied eines Kreditinstitute-Verbundes gemäß § 30a dieses Bundesgesetzes oder eines institutsbezogenen Sicherungssystems gemäß Art. 113 Abs. 7 der Verordnung (EU) Nr. 575/2013 sind, und
2.) deren Bilanzsumme eine Milliarde Euro nicht übersteigt und
3.) die keine übertragbaren Wertpapiere ausgegeben haben, die zum Handel an einem geregelten Markt gemäß § 1 Z 2 BörseG 2018 zugelassen sind,

zumindest mit einer negativen Zusicherung zu verbinden. ⁵Zu Abs. 4 Z 13 und 14 hat der Bankprüfer wesentliche Wahrnehmungen zu berichten, die er im Rahmen seiner Tätigkeit festgestellt hat, auch wenn diese zu keiner Berichtspflicht nach Abs. 3 führen. ⁶Diese Anlage ist mit dem Prüfungsbericht über den Jahresabschluss den Geschäftsleitern und den nach Gesetz oder Satzung bestehenden Aufsichtsorganen der Kreditinstitute so zeitgerecht zu übermitteln, dass die Vorlagefrist des § 44 Abs. 1 eingehalten werden kann. ⁷Die FMA hat Form und Gliederung dieser Anlage sowie der in Abs. 7 genannten Anlage durch Verordnung festzusetzen.

(6) ¹Die Angaben gemäß § 44 Abs. 4 sind auch von Zweigstellen von Kreditinstituten gemäß § 9 Abs. 1 und Finanzinstituten gemäß § 11 Abs. 1 und § 13 Abs. 1, die Tätigkeiten gemäß § 1 Abs. 1 Z 2 bis 8, 11 und 15 bis 17 in Österreich erbringen, prüfen zu lassen. ²Die Prüfung hat zu umfassen:

1.) Die Richtigkeit und Übereinstimmung mit dem Jahresabschluss (§ 44 Abs. 3);
2.) die Beachtung der in den §§ 9 Abs. 7, 11 Abs. 5 sowie 13 Abs. 4 genannten Vorschriften und die Beachtung der §§ 47 bis 67, 69 und 70 WAG 2018 sowie Art. 14 bis 26 der Verordnung (EU) Nr. 600/2014.

(Anm.: Abs. 6a aufgehoben durch BGBl. I Nr. 60/2007)

(7) ¹Das Ergebnis der Prüfung gemäß Abs. 6 ist in einer Anlage zum Prüfungsbericht gemäß § 44 Abs. 4 darzustellen. ²Der Prüfungsbericht ist einschließlich der Anlage den Geschäftsleitern der Zweigstellen von Kreditinstituten und Finanzinstituten aus Mitgliedstaaten in Österreich so zeitgerecht zu übermitteln, dass die Vorlagefristen des § 44 Abs. 3 bis 5 eingehalten werden können.

(8) Anzeigen des Bankprüfers gemäß Art. 7 Unterabsatz 2 der Verordnung (EU) Nr. 537/2014 sind an die FMA zu richten und den Geschäftsleitern sowie dem Aufsichtsrat oder dem sonst nach Gesetz oder Satzung zuständigen Aufsichtsorgan des geprüften Unternehmens unverzüglich zur Kenntnis zu bringen und haben die dem Bankprüfer bekannten Tatsachen für die in Art. 7 Unterabsatz 1 genannten Unregelmäßigkeiten darzustellen.

§ 23 Abs 3 u 4 FM-GwG (3) ¹Die Verpflichteten haben einen besonderen Beauftragten zur Sicherstellung der Einhaltung der Bestimmungen dieses Bundesgesetzes zu bestellen. ²Die Position des besonderen Beauftragten ist so einzurichten, dass dieser lediglich dem Leitungsorgan gegenüber verantwortlich ist und dem Leitungsorgan direkt – ohne Zwischenebenen – zu berichten hat. ³Weiters ist ihm freier Zugang zu sämtlichen Informationen, Daten, Aufzeichnungen und Systemen, die in irgendeinem möglichen Zusammenhang mit Geldwäscherei und Terrorismusfinanzierung stehen könnten, sowie ausreichende Befugnisse zur Durchsetzung der Einhaltung der Bestimmungen dieses Bundesgesetzes einzuräumen. ⁴Verpflichtete haben durch entsprechende organisatorische Vorkehrungen sicherzustellen, dass die Aufgaben des besonderen Beauftragten jederzeit vor Ort erfüllt werden können. ⁵Die Verpflichteten haben sicherzustellen, dass der besondere Beauftragte jederzeit über ausreichende Berufsqualifikationen, Kenntnisse und Erfahrungen verfügt (fachliche Qualifikation) und zuverlässig und integer ist (persönliche Zuverlässigkeit).

(4) Die Verpflichteten haben ein Mitglied des Leitungsorgans zu bestimmen, das für die Einhaltung der Bestimmungen, die der Verhinderung oder der Bekämpfung der Geldwäscherei oder der Terrorismusfinanzierung dienen, zuständig ist.

§ 29 WAG (1) Ein Rechtsträger hat durch Festlegung angemessener Strategien und Verfahren dafür zu sorgen, dass er selbst, seine Geschäftsleitung, Beschäftigten und vertraglich gebundenen Vermittler den Verpflichtungen dieses Bundesgesetzes sowie den organisatorischen Anforderungen und Ausübungsbedingungen des Kapitel II und des Kapitel III der delegierten Verordnung (EU) 2017/565 dieser Personen nachkommen („Compliance").

(2) Ein Rechtsträger hat auf Dauer wirksame organisatorische und verwaltungsmäßige Vorkehrungen für angemessene Maßnahmen zu treffen, um zu verhindern, dass Interessenkonflikte gemäß § 45 den Kundeninteressen schaden. [...]

Allgemeine organisatorische Anforderungen

Art 21 DelVO (EU) 2017/565/EU (Art 16 Abs 2 bis 10 EU-RL 2014/65/EU) (1) ¹Wertpapierfirmen müssen die folgenden organisatorischen Anforderungen erfüllen:

a) Entscheidungsfindungsprozesse und eine Organisationsstruktur, bei der Berichtspflichten sowie zugewiesene Funktionen und Aufgaben klar dokumentiert sind, schaffen und auf Dauer umsetzen;
b) sicherstellen, dass alle relevanten Personen die Verfahren, die für eine ordnungsgemäße Erfüllung ihrer Aufgaben einzuhalten sind, kennen;
c) angemessene interne Kontrollmechanismen, die die Einhaltung von Beschlüssen und Verfahren auf allen Ebenen der Wertpapierfirma sicherstellen, schaffen und auf Dauer umsetzen;
d) Mitarbeiter beschäftigen, die über die Fähigkeiten, Kenntnisse und Erfahrungen verfügen, die zur Erfüllung der ihnen zugewiesenen Aufgaben erforderlich sind;
e) auf allen maßgeblichen Ebenen der Wertpapierfirma eine reibungslos funktionierende interne Berichterstattung und Weitergabe von Informationen einführen und auf Dauer sicherstellen;
f) angemessene und systematische Aufzeichnungen über ihre Geschäftstätigkeit und interne Organisation führen;
g) für den Fall, dass relevante Personen mehrere Funktionen bekleiden, dafür sorgen, dass dies diese Personen weder daran hindert noch daran hindern dürfte, die einzelnen Funktionen ordentlich, ehrlich und professionell zu erfüllen.

Wertpapierfirmen berücksichtigen bei der Erfüllung der in diesem Absatz aufgeführten Anforderungen Nachhaltigkeitsrisiken.

²Bei der Erfüllung der Anforderungen gemäß diesem Absatz, haben die Wertpapierfirmen die Art, den Umfang und die Komplexität ihrer Geschäfte sowie die Art und das Spektrum der im Zuge dieser Geschäfte erbrachten Wertpapierdienstleistungen und Anlagetätigkeiten zu berücksichtigen.

(2) Die Wertpapierfirmen richten Systeme und Verfahren ein, die die Sicherheit, die Integrität und die Vertraulichkeit der Informationen gewährleisten, wobei sie die Art der besagten Informationen berücksichtigen, und setzen diese auf Dauer um.

(3) Die Wertpapierfirmen sorgen für die Festlegung, Umsetzung und Aufrechterhaltung einer angemessenen Notfallplanung, die bei einer Störung ihrer Systeme und Verfahren gewährleisten soll, dass wesentliche Daten und Funktionen erhalten bleiben und Wertpapierdienstleistungen und Anlagetätigkeiten fortgeführt werden oder – sollte dies nicht möglich sein – diese Daten und Funktionen bald zurückgewonnen und die Wertpapierdienstleistungen und Anlagetätigkeiten bald wieder aufgenommen werden.

(4) Die Wertpapierfirmen sorgen für die Festlegung, Umsetzung und Aufrechterhaltung von Rechnungslegungsgrundsätzen und -verfahren, die es ihnen ermöglichen, der zuständigen Behörde auf Verlangen rechtzeitig Abschlüsse vorzulegen, die ein den tatsächlichen Verhältnissen entsprechendes Bild ihrer Vermögens- und Finanzlage vermitteln und mit allen geltenden Rechnungslegungsstandards und -vorschriften in Einklang stehen.

(5) Die Wertpapierfirmen überwachen und bewerten regelmäßig die Angemessenheit und Wirksamkeit ihrer nach den Absätzen 1 bis 4 geschaffenen Systeme, internen Kontrollmechanismen und Vorkehrungen und ergreifen die zur Behebung etwaiger Mängel erforderlichen Maßnahmen.

Einhaltung der Vorschriften („Compliance")

Art 22 DelVO (EU) 2017/565/EU (Art 16 Abs 2 EU-RL 2014/65/EU)
(1) ¹Die Wertpapierfirmen legen angemessene Strategien und Verfahren fest, die darauf ausgelegt sind, jedes Risiko einer etwaigen Missachtung der in der Richtlinie 2014/65/EU festgelegten Pflichten durch die Wertpapierfirma sowie die damit verbundenen Risiken aufzudecken, und setzen diese auf Dauer um, und sie führen angemessene Maßnahmen und Verfahren ein, um dieses Risiko auf ein Mindestmaß zu beschränken und die zuständigen Behörden in die Lage zu versetzen, ihre Befugnisse im Rahmen dieser Richtlinie wirksam auszuüben.

²Die Wertpapierfirmen berücksichtigen die Art, den Umfang und die Komplexität ihrer Geschäfte sowie die Art und das Spektrum der im Zuge dieser Geschäfte erbrachten Wertpapierdienstleistungen und Anlagetätigkeiten.

(2) ¹Die Wertpapierfirmen richten eine permanente und wirksame, unabhängig arbeitende Compliance-Funktion ein, erhalten diese aufrecht und betrauen sie mit den folgenden Aufgaben:

a) ständige Überwachung und regelmäßige Bewertung der Angemessenheit und Wirksamkeit der gemäß Absatz 1 Unterabsatz 1 eingeführten Maßnahmen, Strategien und Verfahren sowie der Schritte, die zur Behebung etwaiger Defizite der Wertpapierfirma bei der Einhaltung ihrer Pflichten unternommen wurden;
b) Beratung und Unterstützung der für Wertpapierdienstleistungen und Anlagetätigkeiten zuständigen relevanten Personen im Hinblick auf die Einhaltung der Pflichten der Wertpapierfirma gemäß der Richtlinie 2014/65/EU;
c) mindestens einmal jährlich Berichterstattung an das Leitungsorgan über die Umsetzung und Wirksamkeit des gesamten Kontrollumfelds für Wertpapierdienstleistungen und Anlagetätigkeiten, über die ermittelten Risiken sowie über die Berichterstattung bezüglich der Abwicklung von Beschwerden und über die ergriffenen oder zu ergreifenden Abhilfemaßnahmen;
d) Überwachung der Prozessabläufe für die Abwicklung von Beschwerden und Berücksichtigung von Beschwerden als Quelle relevanter Informationen im Zusammenhang mit den allgemeinen Überwachungsaufgaben.

²Zur Erfüllung der Anforderungen unter Buchstabe a und b dieses Absatzes nimmt die Compliance-Funktion eine Beurteilung vor, auf deren Grundlage sie ein risikobasiertes Überwachungsprogramm erstellt, das alle Bereiche der Wertpapierdienstleistungen, Anlagetätigkeiten sowie der relevanten Nebendienstleistungen der Wertpapierfirma, einschließlich der relevanten Informationen, die in Bezug auf die Überwachung der Abwicklung von Beschwerden gesammelt wurden, berücksichtigt. ³Das Überwachungsprogramm legt Prioritäten fest, die anhand der Compliance-Risikobewertung bestimmt werden, so dass die umfassende Überwachung der Compliance-Risiken sichergestellt wird.

(3) Damit die in Absatz 2 genannte Compliance-Funktion ihre Aufgaben ordnungsgemäß und unabhängig wahrnehmen kann, stellen die Wertpapierfirmen sicher, dass die folgenden Bedingungen erfüllt sind:

a) die Compliance-Funktion verfügt über die notwendigen Befugnisse, Ressourcen und Fachkenntnisse und hat Zugang zu allen einschlägigen Informationen;
b) ein Compliance-Beauftragter, der für die Compliance-Funktion sowie für die Compliance-Berichterstattung gemäß der Richtlinie 2014/65/EU und gemäß Art 25 Absatz 2 dieser Verordnung verantwortlich ist, wird durch das Leitungsorgan ernannt und ausgetauscht;
c) die Compliance-Funktion informiert ad hoc und direkt das Leitungsorgan, wenn sie ein erhebliches Risiko feststellt, dass die Wertpapierfirma ihre Pflichten gemäß der Richtlinie 2014/65/EU nicht erfüllt;
d) relevante Personen, die in die Compliance-Funktion eingebunden sind, sind nicht an der Erbringung der von ihnen überwachten Dienstleistungen oder Tätigkeiten beteiligt;
e) das Verfahren, nach dem die Vergütung der in die Compliance-Funktion eingebundenen relevanten Personen bestimmt wird, beeinträchtigt weder deren Objektivität noch lässt sie eine solche Beeinträchtigung wahrscheinlich erscheinen.

(4) [1]Kann eine Wertpapierfirma nachweisen, dass die unter Buchstabe d oder e genannten Anforderungen aufgrund der Art, des Umfangs und der Komplexität ihrer Geschäfte sowie der Art und des Spektrums ihrer Wertpapierdienstleistungen und Anlagetätigkeiten unverhältnismäßig sind und dass die Compliance-Funktion weiterhin einwandfrei ihre Aufgabe erfüllt, ist sie nicht zur Erfüllung der Anforderungen gemäß Absatz 3 Buchstabe d oder e verpflichtet. [2]In diesem Fall hat die Wertpapierfirma zu beurteilen, ob die Wirksamkeit der Compliance-Funktion beeinträchtigt ist. [3]Die Bewertung wird regelmäßig überprüft.

Risikomanagement

Art 23 DelVO (EU) 2017/565/EU (Art 16 Abs 5 EU-RL 2014/65/EU)
(1) Wertpapierfirmen haben die folgenden Maßnahmen in Bezug auf Risikomanagement zu ergreifen:

a) angemessene Strategien und Verfahren für ihr Risikomanagement festlegen und auf Dauer umsetzen, mit denen die mit den Geschäften, Abläufen und Systemen der Firma verbundenen Risiken erfasst werden und gegebenenfalls eine Risikotoleranzschwelle

festlegen. Dabei berücksichtigen Wertpapierfirmen Nachhaltigkeitsrisiken;
b) zur Steuerung der mit den Geschäften, Abläufen und Systemen der Firma verbundenen Risiken unter Zugrundelegung der Risikotoleranzschwelle wirksame Vorkehrungen treffen und wirksame Abläufe und Mechanismen festlegen;
c) Folgendes überwachen:
   i) Angemessenheit und Wirksamkeit der von der Wertpapierfirma für das Risikomanagement festgelegten Strategien und Verfahren;
   ii) Grad der Einhaltung der nach Buchstabe b festgelegten Vorkehrungen, Abläufe und Mechanismen durch die Wertpapierfirma und ihre relevanten Personen;
   iii) Angemessenheit und Wirksamkeit der Maßnahmen, mit denen etwaige Unzulänglichkeiten dieser Politiken, Verfahren, Vorkehrungen, Abläufe und Mechanismen, einschließlich ihrer Missachtung durch die relevanten Personen, behoben werden sollen.

(2) ¹Soweit dies angesichts der Art, des Umfangs und der Komplexität ihrer Geschäfte sowie der Art und des Spektrums der im Zuge dieser Geschäfte erbrachten Wertpapierdienstleistungen und Anlagetätigkeiten angemessen und verhältnismäßig ist, richten die Wertpapierfirmen eine unabhängige Risikomanagement-Funktion ein und erhalten diese aufrecht, die die folgenden Aufgaben wahrnimmt:
a) Umsetzung der in Absatz 1 genannten Grundsätze und Verfahren,
b) Berichterstattung an die Geschäftsleitung sowie deren Beratung gemäß Artikel 25 Absatz 2.

²Wenn eine Wertpapierfirma keine Risikomanagement-Funktion gemäß Unterabsatz 1 einrichtet und auf Dauer führt, muss sie auf Anfrage nachweisen können, dass die gemäß Absatz 1 festgelegten Strategien und Verfahren die dort beschriebenen Anforderungen erfüllen.

Innenrevision

Art 24 DelVO (EU) 2017/565/EU (Art 16 Abs 5 EU-RL 2014/65/EU)
Soweit dies angesichts der Art, des Umfangs und der Komplexität ihrer Geschäfte sowie der Art und des Spektrums der im Zuge dieser Geschäfte erbrachten Wertpapierdienstleistungen und Anlagetätigkeiten angemessen und verhältnismäßig ist, haben Wertpapierfirmen eine von den übrigen Funktionen und Tätigkeiten der Wertpapierfirma getrennte und unabhängige Innenrevisionsfunktion einzurichten und aufrechtzuerhalten, welche die folgenden Aufgaben wahrnimmt:

a) Erstellung und dauerhafte Umsetzung eines Revisionsprogramms mit dem Ziel, die Angemessenheit und Wirksamkeit der Systeme, internen Kontrollmechanismen und Vorkehrungen der Wertpapierfirma zu prüfen und zu bewerten;
b) Abgabe von Empfehlungen auf der Grundlage der Ergebnisse der gemäß Buchstabe a ausgeführten Arbeiten sowie Überprüfung der Einhaltung dieser Empfehlungen;
c) Erstellung von Berichten zu Fragen der Innenrevision gemäß Artikel 25 Absatz 2.

Aufgrund des großen Einflusses der EBA-Leitlinien zu einer gemeinsamen Bewertungsmethode für die Erteilung der Zulassung v Kreditinstituten gem Art 8 Abs 5 CRD[64] auf die Aufsichtspraxis soll im Folgenden entspr der Rechtswirklichkeit die Systematik der EBA-Leitlinien hinsichtlich der Governance- u Organisationserfordernisse v Kreditinstituten, auch in der Rechtsform einer GmbH oder einer Flex-KapG, zugrunde gelegt werden.

Für die Konzessionserteilung als Kreditinstitut ist v den zuständigen Aufsichtsbehörden (FMA/EZB) insb das **Verhältnismäßigkeitsprinzip** zu berücksichtigen, welches sich in Bezug auf die Erteilung der Zulassung als Kreditinstitut insb an folgenden Kriterien orientiert: Bilanzsumme, geografische Präsenz, Rechtsform, Börsenotiz, Art der geplanten Tätigkeiten, Geschäftsmodell, Aufbauorganisation, Risikostrategie, Risikobereitschaft u Risikoprofil, Beteiligungsverhältnisse u Finanzierungsstruktur, Art der Kunden, ausgelagerte Funktionen u Vertriebskanäle, IT-Systeme einschließlich der Systeme zum Erhalt der Betriebs-

---

64 Leitlinien EBA/GL/2021/12 v 11.11.2021.

kontinuität u der Auslagerung v Funktionen in diesem Bereich, Angehörigkeit zu einer Gruppe, die der konsolidierten Beaufsichtigung der Aufsichtsbehörde unterliegt, Antragstellung in Bezug auf eine Spezial- oder Universalkonzession, sowie Vollständigkeit der Blg zum Konzessionsantrag bemessen nach den Anforderungen der DelVO 2022/2580/EU (in Kraft ab 18.7.2023).

33 Nach Rz 41 der EBA-Leitlinien soll eine bloße Änderung der Rechtsform eines zugelassenen Kreditinstituts entspr den nationalen gesellschaftsrechtlichen Regeln nicht das Erfordernis einer neuen oder geänderten Konzession nach sich ziehen, wenn die Änderung der Rechtsform keine wesentlichen aufsichtsrechtlichen Änderungen nach sich zieht. Allerdings wird in solchen Fällen idR die Anzeigepflicht gem § 73 Abs 1 Z 1 BWG aufgrund der damit verbundenen Satzungsänderung ausgelöst werden.

34 Die **interne Governance eines Kreditinstituts** wird durch die Vorgaben des Kap 9 der EBA-Leitlinien für die gemeinsame Bewertungsmethode für die Erteilung der Zulassung v Kreditinstituten,[65] die EBA-Leitlinien zur internen Governance v Kreditinstituten[66], die EBA- u ESMA-Leitlinien zur Bewertung der Eignung v Mitgliedern des Leitungsorgans u Inhabern v Schlüsselfunktionen,[67] die EBA-Leitlinien für Vergütungspolitik,[68] die EBA-Leitlinien zur Auslagerung[69] u die EBA-Leitlinien für das Management v IKT- u Sicherheitsrisiken[70] geregelt. Das Risiko v Geldwäsche u Terrorismusfinanzierung wird im Einklang mit den EBA-Leitlinien zu den Risikofaktoren für Geldwäsche u Terrorismusfinanzierung[71] bewertet. Gemäß § 5 Abs 1 Z 2a BWG, § 28a Abs 1 bis 2c BWG sowie § 39 Abs 2 u 2b BWG müssen Geschäftsleitung, AR, IKS, interner Kontrollrahmen u Mindestorganisation eines Kreditinstituts bestimmten Mindestanforderungen entsprechen. Diese Mindestanforderungen werden im Governance-Kapitel der genannten EBA-Leitlinien für die Erteilung der Zulassung v Kreditinstituten wie folgt präzisiert:

---

[65] EBA/GL/2021/12 v 11.11.2021.
[66] EBA/GL/2021/05 v 2.7.2021.
[67] EBA/GL/2021/06 v 2.7.2021; vgl auch das FMA-Rundschreiben *„Fit & proper"* 03/2023 v 18.3.2023.
[68] EBA/GL/2021/04 v 2.7.2021.
[69] EBA/GL/2019/02 v 25.5.2019.
[70] EBA/GL/2019/04 v 29.11.2019.
[71] EBA/GL/2021/02 v 1.3.2021.

1) Geschäftsleitung und Aufsichtsrat

Die Zuständigkeiten u Aufgaben des „Leitungsorgans" (Sammelbegriff für Geschäftsleitung u AR) müssen das Tragen der endgültigen u Gesamtverantwortung für das Institut festlegen u eine Definition, Überwachung u Umsetzungsverantwortung für die Governance-Regelungen innerhalb des Instituts enthalten. Das Leitungsorgan muss mind (i) die allg Geschäftsstrategie u wichtigsten Grundsätze des Kreditinstituts, (ii) die Gesamtrisikostrategie einschließlich der Risikobereitschaft des Kreditinstituts, seines Risikomanagementsystems u der Risikobereitschaft, (iii) einen angemessenen u wirksamen internen Governance u internen Kontrollrahmen mit klarer Organisationsstruktur u unabhängigen internen Risikomanagement-, Compliance- u Revisionsfunktionen festlegen, (iv) eine AML-Compliancefunktion schaffen, (v) die Beträge, Arten u Verteilung sowohl des internen Kapitals als auch des regulatorischen Kapitals u die Risken des Instituts angemessen abdeckend festlegen, (vi) Ziele für das Liquiditätsmanagement des Instituts fixieren, (vii) eine Vergütungspolitik schaffen, die den Mindestanforderungen der EBA-Leitlinien für die Vergütungspolitik entspricht, (viii) Vorkehrungen zur individuellen u kollektiven Eignung, Zusammensetzung, Wirksamkeit u Nachfolgeplanung des Leitungsorgans treffen, (ix) ein Auswahl- u Eignungsbewertungsverfahren für Inhaber v Schlüsselfunktionen fixieren, (x) Vorkehrungen zur Gewährleistung der internen Arbeitsweise jedes Ausschusses des Leitungsorgans festlegen, (xi) eine Risikokultur installieren, die das Risikobewusstsein u das Risikoverhalten des Instituts berücksichtigt, (xii) eine Unternehmenskultur einführen, die ein verantwortungsvolles u ethisches Verhalten fördert, einschließlich eines Verhaltenskodex, (xiii) eine Richtlinie zur Hintanhaltung v institutionellen u personellen Interessenskonflikten einführen u (xiv) Vorkehrungen zur Gewährleistung der Integrität der Systeme zur Rechnungslegung u Finanzberichterstattung sowie zur Einhaltung der Gesetze u maßgeblichen Standards treffen. Weiters hat das Leitungsorgan dafür zu sorgen, dass ein tragfähiges Geschäftsmodell existiert, das alle Risken einschließlich ESG-Risiken berücksichtigt. Des Weiteren müssen alle individuellen u kollektiven Eignungsprüfungen des Leitungsorgans wirksam durchgeführt werden, sodass diese den EBA-Leitlinien zur internen Governance u den EBA-*Fit & Proper*-Leitlinien entsprechen. Die **Geschäftsführung** sollte mit der Umsetzung der v Leitungsorgan festgelegten Strategien betraut sein u die Umsetzung die Strategien regelmäßig mit dem AR erörtern. Die EBA-Leitlinien geben in Rz 135 lit e weiters vor, dass die Geschäftsleitung auch befugt sein sollte, Vorschläge u Informationen u die Entscheidungsfindung in Bezug auf die Strategie des Instituts krit zu hinterfragen u zu überprüfen. Letzteres ist mit der Bindung an durch Gesellschafterbeschluss auszuübende Weisungsrechte der Gesellschafter der GmbH oder einer FlexKapG nicht gut vereinbar.[72]

36 Zusätzlich hat der **AR** einer Bank folgenden Mindestaufgabenkatalog zu beachten:

a) Beaufsichtigung u Überwachung der Entscheidungsfindung u der Maßnahmen des Leitungsorgans u wirksame Aufsicht über die Geschäftsleitung, Gewährleistung u regelmäßige Bewertung der Wirksamkeit des internen Governancerahmens des Kreditinstituts,

b) Beaufsichtigung u Überwachung, ob die strategischen Ziele, Organisationsstruktur u Risikostrategie einschließlich Risikobereitschaft u Risikomanagementsystem sowie Vergütungspolitik u Offenlegungsrahmen konsequent umgesetzt werden,

c) Überwachung, ob die Risikokultur des Kreditinstituts konsequent umgesetzt wird,

d) Beaufsichtigung der Umsetzung u Aufrechterhaltung eines Verhaltenskodex in Bezug auf Interessenskonflikte,

e) Beaufsichtigung der Integrität der Finanzinformationen u der Berichterstattung sowie des IKS,

f) Sicherstellung des unabhängigen Handelns der Leiter der internen Kontrollfunktionen sowie

g) Überwachung der Umsetzung des internen Revisionsplans.

37 Schließlich müssen die **Antragsunterlagen zu den einzurichtenden Ausschüssen** den Vorgaben der EBA-Leitlinien zur internen Governance entsprechen u die AML-Compliance-Funktion den Vorgaben des FM-GwG entsprechen.

38 Die **Eignung** v Geschäftsleitung u AR sowie der Inhaber v Schlüsselfunktionen soll einer Eignungsprüfung durch die Aufsichtsbehörde unterworfen werden. Dabei darf die Zulassung verweigert werden, wenn die Mindestanforderungen an die *Fitness* u *Properness* (Eignung) v

---

[72] Auch an dieser Stelle leuchtet die Präferenz des bankaufsichtsrechtlich determinierten Sondergesellschaftsrechts für Kreditinstitute hinsichtlich der Rechtsform der AG hervor.

Geschäftsleitungsmitgliedern u AR-Mitgliedern nicht erfüllt werden. Die EBA-Leitlinien räumen den Behörden einen gewissen Spielraum ein, wenn sie festlegen, dass die zuständigen Behörden *„auch die Inhaber von Schlüsselfunktionen"* gem den EBA-Leitlinien zur internen Governance einer Eignungsbewertung unterziehen *„sollen"*.[73] Alle Eignungsbewertungen sollen in Übereinstimmung mit den EBA u ESMA-*Fit & Proper*-Leitlinien, die in Ö im FMA-Rundschreiben zur Eignungsprüfung v Geschäftsleitern, AR-Mitgliedern u Inhabern v Schlüsselfunktionen[74] ihren Niederschlag gefunden haben, erfolgen.

Hinsichtlich der **Organisationsstruktur** verlangen die EBA-Leitlinien eine *„solide Organisation mit der Verfügbarkeit wirksamer Berichtswege, der Zuweisung von Verantwortlichkeiten sowie der Risikomessung und -steuerung einschließlich der anschließenden Überwachung, um eine solide und umsichtige Führung des Kreditinstituts zu gewährleisten"*. Die Organisationsstruktur soll dem Geschäftsmodell, der Art u der geografischen Verteilung der Tätigkeiten u der Risken, die das Kreditinstitut eingehen möchte, angemessen sein. Daher ist die entspr Bewertung anhand des überprüften Geschäftsplans des Kreditinstituts vorzunehmen.[75]

39

Im Hinblick auf die Vermeidung v **Geldwäsche u Terrorismusfinanzierungspraktiken** sollen die zuständigen Behörden bewerten, ob die Struktur des Kreditinstituts u seine Einbettung in die Gruppe eine angemessene Aufsicht durch das Leitungsorgan des Instituts behindert u ob die Struktur des Kreditinstituts ein Hindernis für eine wirksame Aufsicht durch die zuständigen Behörden darstellt.

40

Die **Grundsätze für die Behandlung v Interessenkonflikten** müssen im Hinblick auf die Konfliktsteuerung u Minderung v Interessenkonflikten dokumentiert werden u eine angemessene Aufgabentrennung, Informationsbarrieren u Verfahren für die Transaktionen mit nahestehenden Personen enthalten. Derartige Grundsätze/Richtlinien sollen mind die folgenden Situationen oder Beziehungen abdecken, in denen Interessenkonflikte entstehen können:

41

a) wirtschaftliche Interessen;
b) persönliche oder berufliche Beziehungen mit den Eigentümern v qualifizierten Beteiligungen des Instituts;

---

73 EBA/GL/2021/12 Rz 138.
74 FMA-Rs 03/2023 v 17.3.2023.
75 EBA/GL/2021/12 Rz 141.

c) persönliche oder berufliche Beziehungen mit den Mitarbeitern des Instituts oder v Unternehmen, die zum aufsichtlichen Konsolidierungskreis gehören (zB familiäre Beziehungen);
d) sonstige Beschäftigungen u frühere Beschäftigungen in der jüngsten Vergangenheit (zB fünf Jahre zurück);
e) persönliche oder berufliche Beziehungen mit einschlägigen externen Interessensträgern (wesentliche Lieferanten, Beratungsunternehmen oder andere Dienstleistungsanbieter) u
f) politischer Einfluss oder politische Beziehungen.[76]

42 Es müssen mutmaßliche **Missstände** gemeldet werden können (*Whistleblowing*), **Marktmissbrauchsverstöße** entdeckt werden können, eine *Product-Governance*-Richtlinie eingeführt werden, Verbraucherschutzrichtlinien erstellt werden sowie eine **Beschwerderichtlinie** eingeführt werden.[77]

2) Interner Kontrollrahmen

43 Die zuständige Zulassungsbehörde ist dazu verpflichtet zu prüfen, ob das antragstellende Kreditinstitut über einen angemessenen internen Kontrollrahmen verfügt.[78] Dieser soll dem Geschäftsmodell, der Komplexität u den damit verbundenen Risiken des Kreditinstituts angepasst sein. Die Geschäftsleitung hat die Struktur des Kreditinstituts vollständig zu kennen u sicherzustellen, dass die internen Kontrollfunktionen unabhängig v den Geschäftsbereichen sind, die sie kontrollieren u über die entspr finanziellen u personellen Mittel sowie Befugnisse zur wirksamen Wahrnehmung ihrer Aufgaben verfügen. Die Berichtswege, Zuordnung v Verantwortlichkeiten sollten klar, genau abgegrenzt, stimmig, durchsetzbar u ordnungsgemäß dokumentiert sein.[79]

44 Der **interne Kontrollrahmen** muss alle Bereiche eines Kreditinstituts abdecken u das Modell der **drei Verteidigungslinien** (*Lines of Defence*) wiederspiegeln. Dies bedeutet, dass die erste Verteidigungslinie mit den Geschäfts- u Unterstützungseinheiten festgelegt zu werden hat, damit diese die Risiken, die sie bei der Ausübung ihrer Tätigkeit ein-

---

76 Vgl EBA/GL/2021/12 Rz 149 bei u in FN 47.
77 EBA/GL/2021/12 Rz 150 bis 155; weiters § 39e BWG, § 5 Abs 1 Z 4 VERA-VO u die EBA/ESMA JC-Leitlinien zur Beschwerdeabwicklung JC 2018/35.
78 EBA/GL/2021/12 Rz 156 ff.
79 Vgl EBA/GL/2021/12 Rz 157.

gehen, erkennen, bewältigen u angemessene Prozesse u Kontrolle einrichten u überwachen.[80] Die zweite Verteidigungslinie bilden die Risikomanagement-Funktion u die Compliance-Funktion, die dritte Verteidigungslinie die interne Revision. Die zweite u dritte Verteidigungslinie zusammen bilden die internen Kontrollfunktionen innerhalb des internen Kontrollrahmens.[81] Diese drei Verteidigungslinien müssen entspr dem Proportionalitätsgrundsatz in jedem Kreditinstitut eingerichtet sein.

Die **Mindestanforderungen an die Unabhängigkeit** interner Kontrollfunktionen sind die Folgenden:[82] (i) Nicht-Wahrnehmung v operativen Aufgaben durch Mitarbeiter in Kontrollfunktionen, wenn sie diese überwachen u kontrollieren; (ii) Trennung in organisatorischer Hinsicht v jenen Geschäftätigkeiten, die überwacht u kontrolliert werden sollen; (iii) keine Unterstellung des Leiters einer internen Kontrollfunktion unter einer Person, die die Verantwortung für die Durchführung der Tätigkeiten trägt, die die interne Kontrollfunktion überwacht u kontrolliert; (iv) keine Koppelung der Vergütung der Mitarbeiter der internen Kontrollfunktionen an den Erfolg der Tätigkeiten, die v den internen Kontrollfunktionen überwacht u kontrolliert werden. **45**

Die **Leiter der internen Kontrollfunktionen** müssen zusätzliche Anforderungen wie folgt erfüllen:[83] Sie müssen (i) in einer angemessenen Hierarchiestufe angesiedelt sein, damit der Leiter der Kontrollfunktion seine Zuständigkeiten erfüllen kann, (ii) unabhängig v jenen Geschäftsbereichen oder Einheiten, die kontrolliert werden, sein; (iii) Berichterstattungs- u Rechenschaftspflichten gegenüber dem Leitungsorgan unterworfen sein, wobei ihre Leistung v Leitungsorgan überprüft werden sollte; (iv) direkte Möglichkeiten der Kommunikation zw dem AR u dem jew Leiter der Kontrollfunktion haben, sowie einer Berichterstattungspflicht über Bedenken u Warnungen, wenn bestimmte Entwicklungen das Kreditinstitut beeinträchtigen oder beeinträchtigen können, unterliegen. **46**

---

80 EBA/GL/2021/12 Rz 159.
81 EBA/GL/2021/12 Rz 160.
82 EBA/GL/2021/12 Rz 161.
83 EBA/GL/2021/12 Rz 162.

3) Risikomanagementfunktion

47 Die Mindestaufgaben einer Risikomanagementfunktion in einem Kreditinstitut umfassen:[84]

a) Risikostrategie u -entscheidung;
b) Bewertung wesentlicher Veränderungen;
c) Identifizierung, Messung, Bewertung, Verwaltung, Minderung, Überwachung u Berichterstattung über Risiken;
d) Bewertung v Verletzungen der Risikobereitschaft oder Risikolimits u Empfehlung v Abhilfemaßnahmen.[85]

Die Risikomanagementfunktion sollte in die Risikostrategie u Entscheidungsfindung einbezogen werden, bevor eine E v Leitungsorgan getroffen wird. Richtlinien u Verfahren zur Identifizierung, Messung, Überwachung, Minderung u Meldung v Risiken u Risikokonzentrationen müssen einen unbehinderten u lückenlosen Zugang der Risikomanagementfunktion zu allen Geschäftsfeldern u anderen Bereichen einräumen, die potenziell Risiken erzeugen können.[86] Die Rolle der Risikomanagementfunktion soll auch die unabhängige Bewertung v Verstößen gegen den Risikoappetit bzw die Risikolimite umfassen, wobei die Risikomanagementfunktion die betroffenen Geschäftsbereiche u das Leitungsorgan zu informieren u mögliche Maßnahmen zu empfehlen hat. Zu diesem Zweck soll sie weiters direkt an den AR Bericht erstatten.[87]

4) Vergütungspolitik

48 Die Vergütungspolitik hat den §§ 39 Abs 2, 39 b u 39 c BWG sowie dem FMA-Rundschreiben zu Grundsätzen der Vergütungspolitik u Praktiken[88] zu entsprechen. Ergänzend ist anzuführen, dass die Zulassungsbehörden auch die Aufstellung u den Umfang der kreditinstitutsinternen Richtlinie zur Förderung der Diversität des Leitungsorgans zu überprüfen haben u daher auch auf quantitative u gegebenenfalls qualitative Ziele zur Förderung der Diversität u Häufigkeit der Bewertung abzustellen haben.[89]

---

84 Vgl § 39 Abs 5 BWG zum BWG-Risikomanagement u Art 23 DelVO 2017/565/EU zum WAG-Risikomanagement.
85 EBA/GL/2021/12 Rz 165.
86 EBA/GL/2021/12 Rz 168.
87 EBA/GL/2021/12 Rz 169.
88 RS 05/2022 v 15.6.2022.
89 EBA/GL/2021/12 Rz 146.

5) Compliance-Funktion[90]

Es muss die Einrichtung einer Compliance-Funktion sichergestellt sein, wonach unter der Aufsicht des Leitungsorgans Richtlinien u Prozesse zum Management v Compliance-Risiken zu Gewährleistung der Compliance umgesetzt werden.[91] Die Compliance-Funktion muss dem Proportionalitätsprinzip entsprechen u daher der Art u geografischen Verteilung der Tätigkeiten, Risken u Komplexität im Einklang mit dem Geschäftsmodell u der Bewertung des Geschäftsplans angemessen sein.

Die Compliance-Funktion muss in enger Zusammenarbeit mit der Risikomanagementfunktion u der Rechtsabteilung mit der Prüfung betraut werden, ob neue Produkte u neue Verfahren mit dem aktuellen Rechtsrahmen u bekannten bevorstehenden Änderungen v Gesetzen, Rechtsvorschriften u aufsichtlichen Anforderungen im Einklang stehen.[92] Weiters sollte auch die Einrichtung einer AML/CFT-Compliance Funktion zur Einhaltung der Regelwerke betr die Verhinderung v Geldwäsche entweder innerhalb oder getrennt v der Compliance-Funktion vorgesehen sein.[93] Des Weiteren müssen institutsinterne Richtlinien in Bezug auf Geldwäsche u Terrorismusfinanzierung eingeführt werden, die den Anforderungen des FM-GWG entsprechen.[94]

6) Interne Revision[95]

Das Kreditinstitut muss über eine unabhängige u wirksame interne Revision verfügen, welche die Kriterien der Unabhängigkeit u Objektivität erfüllt.[96] Zu diesem Zweck muss die interne Revision direkt an das Leitungsorgan Bericht erstatten können u institutsweit uneingeschränkten Zugang zu allen Aufzeichnungen, Dokumenten, Informationen u Gebäuden des Instituts haben.

49

50

---

90 Vgl § 39 Abs 6 BWG u die FMA-MS-BWG-Compliance 02/2022 zur BWG-Compliance sowie Art 22 DelVO 2017/565/EU u das FMA-Organisationsrundschreiben WAG 2018 01/2021 zur WAG-Compliance.
91 EBA/GL/2021/12 Rz 172.
92 EBA/GL/2021/12 Rz 174.
93 EBA/GL/2021/12 Rz 175 u § 23 Abs 3 sowie § 24 Abs 1 FM-GWG
94 EBA/GL/2021/12 Rz 176 f.
95 Vgl § 42 BWG zur internen Revision eines Kreditinstituts u Art 24 DelVO 2017/656/EU zur internen Revision einer Wertpapierfirma.
96 EBA/GL/2021/12 Rz 178 f.

Die Mindestaufgaben der internen Revisionsfunktion umfassen: (i) die Angemessenheit des internen Kontrollrahmens, (ii) die Entwicklung eines Prüfungsplans mind einmal jährlich auf der Grundlage der jährlichen Kontrollziele der internen Revision, der v Leitungsorgan zu genehmigen ist; (iii) die Vorlage v Empfehlungen, gestützt auf die Ergebnisse ihrer Tätigkeit.[97]

7) Notfallrichtlinie und Plan für die operative Belastbarkeit und Aufrechterhaltung des Geschäftsbetriebs[98]

51 Die Richtlinie u der Plan für die Aufrechterhaltung des Geschäftsbetriebs hat sicherzustellen, dass ein Managementplan für die Aufrechterhaltung des Geschäftsbetriebs existiert, um den Fortbetrieb zu sichern u Verluste im Falle einer schwerwiegenden Beriebsunterbrechung zu begrenzen. Daher muss diese Richtlinie u der Plan eine Analyse der wichtigsten Risken für eine Betriebsunterbrechung u einen Überblick über die Minderungsmaßnahmen enthalten sowie regelmäßige Tests des Betriebskontinuitätsplans sicherstellen.[99]

8) Informations- und Kommunikationstechnologie-Richtlinie und -Systeme

52 Die IKT-Richtlinie[100] muss zuverlässige Informations- u Kommunikationssysteme bereitstellen u sichern, dass die Fähigkeiten zur Aggregation v Risikodaten sowohl in normalen als auch in Stresszeiten aufrechterhalten werden. Die IKT-Richtlinie muss mind folgende Sicherstellungen enthalten: (i) Erfassung genauer u zuverlässiger Risikodaten; (ii) Erfassung u Sammlung aller wesentlichen Risikodaten im gesamten Institut; (iii) zeitnahe Erstellung zusammengefasster u aktueller Risikodaten; (iv) Erstellung zusammengefasster Risikodaten zur Erfüllung einer Vielzahl v Anfragen des Leitungsorgans oder der zuständigen Behörden; (v) Sicherstellung einer soliden, zuverlässigen u sicheren Arbeitsweise v IKT-Systemen, die die gezielten Tätigkeiten der Institute unterstützen.[101]

---

97 EBA/GL/2021/12 Rz 180.
98 Vgl § 39 Abs 2b Z 5 BWG u auch § 11 Abs 2 KI-Risikomanagement-VO der FMA 2013, sowie §§ 85 f ZaDiG.
99 EBA/GL/2021/12 Rz 182; vgl auch §§ 85 f ZaDiG.
100 Vgl § 39a BWG u die EBA-Leitlinien für die IKT-Risikobewertung im Rahmen des SREP, EBA/GL/2017/05 v 11.9.2017.
101 EBA/GL/2021/12 Rz 183.

Die Zulassungsbehörden sollen daher ua bewerten, ob das Management u die Überwachung v IKT- u Sicherheitsrisiken einer unabhängigen u objektiven Kontrollfunktion anvertraut werden, die angemessen v den IKT-Betriebsprozessen getrennt u nicht für eine interne Prüfung verantwortlich ist, sowie, ob eine unabhängige interne Revisionsfunktion sichergestellt ist. Es müssen Vorkehrungen zur Ermittlung, Einrichtung u Pflege einer aktualisierten Zuordnung v geschäftlichen Funktionen getroffen werden, um die Bedeutung der gegenseitigen Abhängigkeiten iZm IKT- u Sicherheitsrisiken zu ermitteln; es müssen die Mindestanforderungen an Informationssicherheit für in IKT-Systeme gespeicherte Informationen erfüllt werden; u es müssen IKT-bezogene Abhängigkeiten im Falle der Auslagerung operativer Funktionen von IKT-Diensten analysiert werden.

Als Finanzunternehmen werden Kreditinstitute u deren IKT-Dienstleister ab 17.1.2025 zur Einhaltung der Vorschriften der VO 2022/2554/EU über die Betriebsstabilität digitaler Systeme des Finanzsektors (*Digital Operational Resilience Act, DORA*) verpflichtet sein. Darin wird vorgeschrieben, einen IKT-Risikomanagementrahmen u ein *Business Continuity Management* zu implementieren (Art 6 bis 15 DORA), Berichte zu IKT-Vorfällen zu erstatten (Art 17 bis 23 DORA), die digitale Betriebsstabilität unter Anwendung v Penetrationstests zu prüfen (Art 23 bis 27 DORA), IKT-Drittdienstleister-Risiken zu steuern u zu überwachen (Art 28 bis 39 DORA) u die Möglichkeit geschaffen, auf Vereinbarungsbasis unter Einhaltung bestimmter wettbewerbs-, geschäftsgeheimnis- u datenschutzrechtlicher Mindestanforderungen Informationen zw betroffenen Unternehmen zulässigerweise auszutauschen (Art 45 DORA).

9) Auslagerungen; Aufsichtsrats- und Ausschussmindeststruktur[102]

Lenkt man den Blick auf die **Auslagerung** v bankbetrieblichen Aufgaben, so sind die Anforderungen des § 25 BWG einschließlich der Anzeigepflicht gem § 25 Abs 5 BWG gegenüber der FMA u die einschlägigen EBA-Leitlinien einzuhalten.[103]

Im Hinblick auf die Mindestorganisation der **Ausschussstruktur** innerhalb des AR eines Kreditinstituts ist auf die den allg gesellschaftsrechtlichen Bestimmungen als *leges speciales* vorgehenden Vorschriften der §§ 29, 39c, 39d u 63a Abs 4 BWG hinzuweisen. Danach ist iW in Kredit-

---

102 Vgl §§ 25, 28a, 29, 39c, 39d u 63a Abs 4 BWG.
103 EBA/GL/2019/02 v 25.2.2019.

instituten jedweder Rechtsform, die v erheblicher Bedeutung iSd § 5 Abs 4 BWG sind (Erreichen oder Überschreiten einer Bilanzsumme v € 5 Mrd, jedenfalls jedoch bedeutende Institute iSd SSM-Rahmenverordnung[104] u v der FMA als G-SRI oder O-SRI eingestufte Institute), ein Nominierungsausschuss, ein Vergütungsausschuss, ein Risikoausschuss u ein Prüfungsausschuss einzurichten.[105] Jedoch ist ein Prüfungsausschuss darüber hinaus in Kreditinstituten jedweder Rechtsform einzurichten, deren Bilanzsumme € 1 Mrd übersteigt oder die übertragbare Wertpapiere herausgegeben haben, die zum Handel an einem geregelten Markt zugelassen sind.[106] Die FMA legt die den Ausschüssen gesetzl zugewiesenen Aufgabenkataloge bei Kreditinstituten, die nicht v erheblicher Bedeutung sind (§ 5 Abs 4 BWG), derart aus, dass diese Aufgaben v Gesamt-AR wahrzunehmen sind, wenn es zulässigerweise an entspr Ausschüssen mangelt.[107]

55 Gemäß § 28a Abs 5c BWG muss im **Gesamt-AR** zumindest ein AR-Mitglied alle Unabhängigkeitskriterien (vgl § 28a Abs 5b BWG) bedingungslos erfüllen.[108] Im Risiko- u im Vergütungsausschuss müssen zumindest zwei unabhängige Mitglieder vertreten sein, welche die Unabhängigkeitskriterien des § 28a Abs 5b BWG erfüllen.[109] Diese Zusatzanordnungen setzen auch hier voraus, dass es sich um Ausschüsse in Kreditinstituten v erheblicher Bedeutung iSd § 5 Abs 4 BWG handelt. Im Fall v Risikoausschüssen v G-SRI u O-SRI müssen darüber hinaus die Mehrheit der Mitglieder u der Ausschussvorsitzende den Unabhängigkeitskriterien des § 28a Abs 5b BWG entsprechen. Keine derartig strengen Unabhängigkeitsanforderungen bestehen an die Mitglieder des **Nominierungsausschusses**; im Falle des **Prüfungsausschusses** ist ein anderer Unabhängigkeitsbegriff maßgebend, der durch Auslegung zu ermitteln ist.[110]

---

104 Vgl Art 6 Abs 4 SSM-VO hinsichtlich der nicht als weniger bedeutend eingestuften Institute u Art 2 Z 16 VO der EZB-VO (EU) 468/2014/EU hinsichtlich der bedeutenden Institute („SI").
105 Zu diesen Ausschüssen vgl *A. Foglar-Deinhardstein*, § 30g Rz 156 bis 161.
106 Vgl dazu näher *Knobl* in Laurer/Schütz/Kammel/Ratka, BWG⁴ § 63a Rz 13 bis 19.
107 Zum Nominierungsausschuss vgl FMA-*Fit & Proper*-Rundschreiben 2023 Rz 160.
108 Vgl FMA-*Fit & Proper*-Rundschreiben 2023 Rz 101.
109 Vgl. FMA-*Fit & Proper*-Rundschreiben 2023 Rz 102 u 103.
110 Vgl näher *Knobl* in Laurer/Schütz/Kammel/Ratka, BWG⁴ § 63a Rz 18.

C. Sorgfaltspflichten der Geschäftsleiter und der Aufsichtsratsmitglieder

Die genuin gesellschaftsrechtlichen Sorgfaltsanforderungen der §§ 25 u 33 GmbHG werden durch die aufsichtsrechtlichen, weit über die gesellschaftsrechtlichen hinausreichenden Sorgfaltsanforderungen v Geschäftsleitern u AR-Mitgliedern v Kreditinstituten ergänzt.[111] So legen etwa § 39 Abs 1 BWG für Geschäftsleiter u § 28a Abs 2c BWG für AR-Mitglieder v Kreditinstituten spezifische aufsichtsrechtliche Sorgfaltsmaßstäbe mit Compliance-Charakter fest, deren Verletzung neben aufsichts- u verwaltungsstrafrechtlichen Folgen auch zivilrechtliche Haftungsfolgen (zumindest im Verhältnis zur Gesellschaft) nach sich ziehen kann.[112] Hinzuweisen ist auf die Mindestsorgfaltspflichten eines Geschäftsleiters einer Bank gem § 39 Abs 2 u 2b BWG sowie gem § 28a Abs 2b BWG, welche über § 84 Abs 1 AktG u § 25 Abs 1 GmbHG hinausgehende Anforderungen festlegen. Für AR-Mitglieder v Banken gilt entspr, dass § 28a Abs 2c BWG über §§ 33 u § 25 GmbHG hinausgehende Sorgfaltsmaßstäbe iSv Compliance-Bestimmungen fixiert, deren Verletzung zivilrechtliche Haftungsfolgen (zumindest im Verhältnis zur Gesellschaft) nach sich ziehen kann.

56

D. Bankprüfer

Schließt man sich der gesellschaftsrechtlich nicht umumstrittenen A an, dass auch der Bankprüfer ein Organ des ihn beauftragenden Kreditinstituts ist, ist auf den erweiterten zwingenden Prüfungsumfang des **Bankprüfers** gem § 60 Abs 1 BWG hinzuweisen. Kreditinstitute gelten ungeachtet ihrer Rechtsform als Unternehmen v öffentlichem Interesse gem § 189a Z 1 UGB.[113] Ein Bankprüfer muss nicht bloß gem § 63 Abs 4 BWG die Gesetzmäßigkeit des JA prüfen, sondern darüberhinausgehend eine zeitraumbezogene Prüfung wirtschaftlicher Verhältnisse auf ihre Konformität mit dem BWG, der CRR u anderer für Kreditinstitute wesentlicher Rechtsvorschriften vornehmen. Dabei sind auch die Regelungen der EU-AbschlussprüfungsVO[114] einzuhalten, welche An-

57

---

111 Vgl §§ 39 Abs 1 u 28a Abs 2c BWG.
112 Vgl *Schmidbauer* in Kalss/Frotz/Schörghofer, HB Vorstand 1101 Rz 122; ähnlich *Herbst* in Kalss/Kunz, HB Aufsichtsrat² 1231 Rz 195 bis 197.
113 § 43 Abs 1a BWG.
114 EU-VO 537/2014/EU.

wendungsvorrang vor den UGB- u BWG-Regelungen genießen. Daher bestimmt sich der Umfang des Bestätigungsvermerks bei Kreditinstituten nicht bloß nach den Vorschriften des UGB u der ISA,[115] sondern auch nach Art 10 AbschlussprüfungsVO, sodass *„Key Audit Matters"* in den Bestätigungsvermerk aufgenommen werden müssen. Weiters muss ein zusätzlicher **Bericht an den Prüfungsausschuss** gem Art 11 AbschlussprüfungsVO erstellt werden. Darüber hinaus umfasst der Prüfungsinhalt bei JA v Kreditinstituten die in § 63 Abs 4 Z 1 bis Z 14 BWG genannten Tatbestände, die in die Anlage zum Prüfungsbericht gem § 63 Abs 5 BWG (**bankaufsichtlicher Prüfungsbericht**) münden.[116] Schließlich wird im Falle v Kreditinstituten, welche die Kriterien der „großen Kapitalgesellschaft" (§ 221 Abs 3 UGB) oder eines kapitalmarktorientierten KMU[117] rechtsformunabhängig erfüllen, zukünftig eine Pflicht zur Durchsicht mit begrenzter Sicherheit (kein Audit) hinsichtlich der Nachhaltigkeitsberichterstattung im Lagebericht eingeführt werden.[118]

Dieser *„review with limited assurance"* kann hinsichtlich der Nachhaltigkeitsberichterstattung nach den künftigen (noch nicht umgesetzten, wobei Umsetzungswahlrechte für die Zulassung v unabhängigen Erbringern v Bestätigungsleistungen u v anderen Bankprüfern zur Nachhaltigkeitsberichterstattungsprüfung durch den nationalen Gesetzgeber bestehen) Regelungen der Nachhaltigkeitsberichterstattungs-RL (CSRD) v Bankprüfer, einem anderen (Bank-)Prüfer oder einem unabhängigen Nachhaltigkeitsberichterstattungsprüfer erfolgen; die Umsetzung der CSRD in Ö steht derzeit noch aus.

---

115 § 269 Abs 1a UGB.
116 Näheres zu den Aufgaben des Bankprüfers u des Prüfungsausschusses in bestimmten Kreditinstituten vgl *Knobl* in Laurer/Schütz/Kammel/Ratka, BWG⁴ § 63 Rz 17 bis 20; § 63a Rz 13 bis 19.
117 Vgl Art 1 Abs 3 RL 2013/34/EU.
118 Vgl Art 19a RL 2013/34/EU u Art 26a RL 2006/43/EG.

IV. Kreditinstitutsgruppen, Konzernbildungen, Umgründungen, Beteilungserwerbe, Kapitalaufbringung, Börsegang, Bankenabwicklung

Die vorangegangenen Ausführungen haben gezeigt, dass bereits ab dem Zeitpunkt der Konzessionserteilung die GmbH oder FlexKapG als Rechtsform weniger geeignet erscheint als die AG, sofern es sich um auf Wachstum ausgelegte Universalbanken handelt. Hingegen sind die Bestimmungen über die Bildung v Kreditinstitutsgruppen, die Konzernbildung, Beteiligungserwerbe durch Dritte sowie Umgründungen rechtsgrundlagenmäßig rechtsformneutral ausgestaltet.[119]

58

Nicht rechtsformneutral ist die aufsichtsrechtliche Vorschrift des § 92 Abs 1 BWG formuliert: Danach haben PersGes des Handelsrechts, welche als Kreditinstitute konzessioniert sind u deren Bilanzsumme EUR 730 Mio übersteigt, ihr Unternehmen nach den Grundsätzen des UmgrStG in eine AG einzubringen. Kleinere PersGes des Handelsrechts mit Bankkonzession haben ein Wahlrecht. Ähnlich dürfen auch Sparkassen u Gen den bankgeschäftlichen Teilbetrieb ihres Unternehmens nur in eine AG einbringen.[120] Hier zeigt sich ein weiteres Mal der aufsichtsrechtlich begründete *favor* zu Gunsten der Rechtsform der AG.

59

Der *favor* ist letztlich auf **Kapitalaufbringungsgrundsätze**, die ausschließlich AG vorbehaltene Möglichkeit des **Börsegangs** in Bezug auf ihre Anteile u die gesetzl stärker vorgezeichnete **Organisationsstruktur** samt der den aufsichtsrechtlichen Forderungen entgegenkommenden **Unabhängigkeit des Vorstands** einer AG zurückzuführen. So darf nach § 39 Abs 1 BörseG 2018 ein Finanzinstrument zum Handel an einem geregelten Markt nur zugelassen werden, wenn die Finanzinstrumente als „übertragbare Wertpapiere" „frei handelbar" sind. Im Falle v GmbH-Anteilen sowie FlexKapG-Anteilen fehlt es einerseits an der Ausgestaltung der Beteiligung als übertragbare Wertpapiere, andererseits an ihrer freien Handelbarkeit. Weiters fehlte es, sofern man eine

60

---

119 Vgl § 30 BWG u Art 11 bis 24 CRR, § 69 GmbHG (Verschmelzung), SpaltG (Abspaltungen u Spaltungen), formwechselnde Umwandlungen nach §§ 239 ff, 245 ff AktG v GmbH in AG oder v AG in GmbH, UmwG (übertragende Umwandlungen) u § 38 UGB (Teilbetriebsübergänge). Steuerliche Erleichterungen finden sich im UmgrStG.
120 § 92 Abs 2 BWG.

Ausgestaltung v verbrieften Derivaten auf die GmbH-Anteile denken wollte, an der Erfüllung des Kriteriums der „fairen, effizienten und ordnungsgemäßen Handelbarkeit des Finanzinstruments". Dasselbe gilt für die fehlende Handelbarkeit von FlexKapG-Geschäftsanteilen.

61 Anders als bei der AG gibt es hinsichtlich der Kapitalaufbringung bei der GmbH **nicht** die Möglichkeiten der gesv Vorsorge für **bedingte Kapitalerhöhungen** u **genehmigtes Kapital** sowie **genehmigtes bedingtes Kapital**.[121] Des Weiteren fehlt es im Vergleich zur AG bei der GmbH an breiteren Erlaubnistatbeständen zum Erwerb eigener Anteile.[122] Die genannten Einschränkungen des GmbH-Rechts im Vergleich zum Aktienrecht (Kapitalaufbringung u Erwerb eigener Anteile) wurden in einer neuen Rechtsform einer KapGes, der FlexKapG, welche ab 1.1.2024 aufgrund des GesRÄG 2023 als neue Form einer KapGes zu jedem gesetzl zulässigen Zweck gegründet werden kann, beseitigt.[123] Weiters sind kapitalmarktorientierte GmbH[124] u FlexKapG auf die Emission v übertragbaren Schuldverschreibungen u verbrieften Derivaten auf die Schuldverschreibungen börserechtlich beschränkt.[125] Mit anderen Worten: Der unternehmensrechtliche Schritt v „**kapitalmarktorientierten Unternehmen**"[126] zum „**börsenotierten Unternehmen**"[127] iSe Börsenotiz v Eigenkapital- oder eigenkapitalähnlichen Instrumenten bleibt GmbH u FlexKapG verwehrt.

62 Zusätzlich sind bestimmte Vorschriften des AktG nur auf börsenotierte AG anwendbar.[128] Das BörseG 2018 enthält klarerweise keine auf GmbH-Anteile anwendbaren Zulassungsvoraussetzungen zum Börsenhandel.

63 Schließlich ist auch der Anwendungsbereich des ÜbG weitgehend auf öffentliche Angebote zum Erwerb v Beteiligungspapieren, die v einer AG mit Sitz im Inland ausgegeben wurden u an einer österr

---

121 Vgl §§ 159 ff (bedingte Kapitalerhöhung), 169 ff (genehmigtes Kapital) u 159 Abs 3 AktG (genehmigtes bedingtes Kapital) versus § 52 GmbHG (bloß ordentliche Kapitalerhöhung).
122 S § 81 GmbHG u § 65 AktG.
123 S §§ 15, 19 u 21 FlexKapGG.
124 Vgl § 39 Abs 1 BörseG u § 189a Z 1 lit a UGB.
125 § 39 Abs 1, Abs 2 BörseG.
126 § 189a Z 1 lit a UGB.
127 §§ 243a, 243c UGB.
128 §§ 3, 78a, 78c, 98a, und 111 AktG.

Börse zum Handel an einem geregelten Markt zugelassen sind, beschränkt.[129]

Das **BaSAG** ist in seiner derzeitigen Fassung streng rechtsformneutral ausgestaltet. Allerdings ergibt sich aus den Vorschriften des BaSAG über die MREL-Quote u die Mindest-Nachrangkapitalanforderungen, dass diese in Stressszenarien u Krisenfällen v (insb börsenotierten) AG mglw leichter erfüllt werden können. Kreditinstitute, welche die Anforderungen an G-SRI oder an *Top-Tier*-Kreditinstitute oder an gefischte Kreditinstitute erfüllen,[130] müssen über institutsspezifisch vorgeschriebene MREL-Erfordernisse hinaus Mindestprozentsätze an *TREA* u *LRE* einhalten (*Total Risk Exposure Amounts, Leverage Risk Exposure*).[131]

64

V. Zusammenfassung

Die Ausgestaltung als Bank-GmbH oder Bank-FlexKapG eignet sich allenfalls für Kreditinstitute mit Spezialbankkonzessionen sowie kleine Kreditinstitute, die nicht auf stärkeres Wachstum ausgerichtet sind u den aufsichtlichen Mindestanforderungen entsprechen wollen. Auch für Nicht-Klasse-1-Wertpapierfirmen u für Zahlungsinstitute eignen sich die Rechtsformen der GmbH u der FlexKapG. Aufgrund der stetig steigenden Zahl an bankaufsichtsrechtlichen Mindestanforderungen u den damit wachsenden Governance-, Compliance-, Risikomanagement-, IT- u sonstigen Mindestorganisationskosten sowie der erleichterten Kapitalaufbringung u der Möglichkeit eines Börsegangs für die Anteile an Kreditinstituten in der Rechtsform v AG ist mit einer weiteren Zurückdrängung der GmbH als Rechtsträger v Kreditinstituten zu rechnen. Die österr Bank-GmbH u die Bank-FlexKapG muss schließlich zwingend einen AR (oder ein sonstiges, gesv vorgesehenes Aufsichtsorgan) einrichten, der bzw das im Falle v Kreditinstituten erheblicher Bedeutung (§ 5 Abs 4 BWG) noch dazu über eine Mindestausschussstruktur verfügen muss, die über die Anforderungen des GmbHG u des FlexKapGG hinausgeht. Sie unterliegt weiters rechtsform-atypischen Zusatzorganisationsregelungen, die in den Konzes-

65

---

129 § 2 ÜbG.
130 §§ 2 Z 15a, 102 Abs 11 u 13 BaSAG.
131 § 102 Abs 11 u 12, § 101 Abs 6 BaSAG.

sions- u Ausübungsvorschriften für Kreditinstitute wurzeln.[132] Am genannten Befund der Zurückdrängung der Rechtsform der GmbH als KapGes für Träger v Bankkonzessionen aus regulatorischen u börserechtlichen Gründen könnte sich nach Einführung der FlexKapG zugunsten dieser neuen Rechtsform einer KapGes etwas ändern,[133] sofern die Konzessions- u Ausübungsvorschriften des BWG, der CRR, des ESAEG, des BaSAG, des PfandBG, des InvFG u des ImmoInvFG unverändert bleiben.[134]

---

132 Vgl oben Rz 34 bis 55.
133 Vgl § 5 Abs 1 Z 1 BWG, § 8 Abs 3 ESAEG, § 51 Abs 1 Z 1 BaSAG iVm § 6 BWG, § 3 Z 7 PfandBG, § 5 Abs 1 InvFG, § 2 Abs 1 ImmoInvFG u Art 4 Abs 1 Z 1 CRR.
134 Vgl zum FlexKapGG oben Rz 61.

Investmentfonds-GmbH

Literatur: *Baur/Tappen*, Investmentgesetze³ (2016); *Bollenberger/Kellner* (Hg), InvFG Kommentar (2016); *Dellinger*, BWG-Kommentar¹¹ (2022); *EBA/ESMA*, Leitlinien der EBA und ESMA zur Bewertung der Eignung von Mitgliedern des Leitungsorgans und Inhabern von Schlüsselfunktionen vom 2.7.2021 (EBA/GL/2021/06 bzw ESMA35-36-2319); *ESMA*, Supervisory briefing on the supervision of costs in UCITS and AIFs, 4 June 2020 (ESMA 34-39-1042); *FMA*, FMA-Mindeststandards für die Erstellung eines Notfallkonzeptes iSd InvFG 2011 sowie § 39 BWG September 2011; *FMA*, FMA-Mindeststandards für Sonderkreditinstitute und AIFM für die Vornahme einer Due Diligence, Februar 2016; *FMA*, FMA-Rundschreiben zur Eignungsprüfung von Geschäftsleitern, Aufsichtsratsmitgliedern und Inhabern von Schlüsselfunktionen vom 18.3.2023; *Ch. Fritz*, Gesellschafts- und Unternehmensformen in Österreich³ (2007); *Heidinger/Paul*, Kommentar zum Investmentfondsgesetz (2005); *Kammel*, Ein Code of Conduct für die Investmentfondsindustrie oder das geänderte Verhältnis von Selbstregulierung zu staatlicher Regulierung, ÖBA 2012, 746; *Kammel/Thierrichter*, Der Begriff des Sondervermögens vor einem investmentfondsrechtlichen Hintergrund, ÖBA 2011, 237; *Laurer/M. Schütz/Kammel/Ratka* (Hg), BWG⁴ (2022); *Leixner*, InvFG 2011 – Investmentfondsgesetz, Kurzkommentar (2011); *Macher/Buchberger/Kalss/Oppitz* (Hg), Kommentar zum Investmentfondsgesetz (2013); *Spennlingwimmer*, Das Verbot der Benachteiligung von Kleinanlegern im Investmentfondsrecht, ÖBA 2015, 197; *Vandamme*, Dokument der Europäischen Kommission, Auf dem Weg zu einem europäischen Markt für die Organismen für gemeinsame Anlagen in Wertpapiere (1988); *Vereinigung Österreichischer Investmentgesellschaften* (Hg), Code of Conduct der österreichischen Investmentfondsindustrie 2012.

Inhaltsübersicht

I. Organismen zur gemeinsamen Veranlagung in Wertpapieren (OGAW)	1–39
A. Allgemeines (§ 2 Abs 1 InvFG)	1–7
1. Organismus zur gemeinsamen Veranlagung in Wertpapieren	1, 2
2. Begriff	3–7
B. Anforderungen an einen Organismus für gemeinsame Anlagen in Wertpapieren (§ 2 Abs 1 InvFG)	8–19
1. Anlagezweck	9–11
2. Publikum	12, 13
3. Gemeinsame Rechnung	14, 15
4. Risikostreuung	16, 17
5. Rücknahme	18, 19

C.	Anforderungen an einen österreichischen Organismus für gemeinsame Anlagen in Wertpapieren (§ 2 Abs 2 InvFG)	20–38
	1. Sondervermögen	20–23
	2. Miteigentum	24–26
	3. Verwaltungsgesellschaft	27, 28
	4. Rechtsform	29–32
	5. Anteile	33–38
D.	Umbrella (§ 2 Abs 3 InvFG)	39
II. Bedingungen für die Aufnahme der Tätigkeit		40–47
A.	Konzessionspflicht	40
B.	Zulässige Tätigkeiten	41–47
	1. Tätigkeiten nach § 5 Abs 2 InvFG	42–44
	2. Anlage des eigenen Vermögens	45–47
III. Konzessionsantrag und Konzessionserteilung		48–75
A.	Konzessionsantrag	48–54
	1. Antragsteller	48
	2. Vorzulegende Unterlagen	49, 50
	3. Verfahrensablauf	51–53
	4. Eintragung ins Firmenbuch und Bezeichnungsschutz	54
B.	Konzessionsvoraussetzungen	55–75
	1. Allgemeines	55
	2. Rechtsform und Bestandsdauer (§ 6 Abs 2 Z 1 und Z 7 InvFG)	56, 57
	3. Bestellung eines Aufsichtsrats und Vinkulierung der Geschäftsanteile (§ 6 Abs 2 Z 2 und Z 3 InvFG)	58, 59
	4. Aufgeld in besonderer Rücklage (§ 6 Abs 2 Z 4 InvFG)	60
	5. Anfangskapital und mündelsichere Veranlagung (§ 6 Abs 2 Z 5 und Z 6 InvFG)	61–63
	6. Unvereinbarkeiten (§ 6 Abs 2 Z 8 InvFG)	64–66
	7. Fachliche Eignung der Geschäftsleiter (§ 6 Abs 2 Z 10 InvFG)	67–69
	8. Risikomanagement (§ 6 Abs 2 Z 11 InvFG)	70
	9. Anforderungen nach WAG 2018 (§ 6 Abs 2 Z 12 InvFG)	71, 72
	10. Anforderungen nach BWG (§ 6 Abs 2 Z 13 InvFG)	73–75
IV. Eigenmittel		76–84
A.	Allgemeines	76
B.	Eigenmittelanforderungen nach § 6 Abs 2 Z 5 InvFG	77–79
	1. Anfangskapital als Minimum-Mindesteigenmittelanforderung	77
	2. Volumenabhängige Erhöhung	78, 79
C.	Weitere Mindestgrenze nach § 8 Abs 2 InvFG	80–82
D.	Rechtsfolgen bei Verstößen	83, 84

V. Kontrolle durch Geschäftsleitung und Aufsichtsrat 85–102
   A. Aufsichtsrat 85–94
      1. Aufsichtsratspflicht 85
      2. Nötige Qualifikationen 86–88
      3. Aufgaben des Aufsichtsrats 89–91
      4. Änderung der Zusammensetzung 92, 93
      5. *Cooling-off*-Periode für Geschäftsleiter 94
   B. Kontrolle durch Geschäftsführung und Aufsichtsrat 95–102
      1. Gemeinsame Kontrolle der Verwaltungsgesellschaft 95
      2. Umfang der Verantwortlichkeit 96–98
      3. Aufgaben der Geschäftsleitung 99, 100
      4. Berichtswesen 101, 102
VI. Pflicht, im besten Interesse der OGAW und ihrer Anteilinhaber zu handeln 103–118
   A. Allgemeines 103, 104
   B. Gleichbehandlung (§ 29 Abs 1 InvFG) 105–109
   C. Angemessene Grundsätze und Verfahren (§ 29 Abs 2 InvFG) 110
   D. Kalkulationsmodelle, Bewertungssysteme, Kosten und Interessenkonflikte (§ 29 Abs 3 InvFG) 111–113
   E. Organisation und Treue (§ 29 Abs 4 InvFG) 114–116
   F. Integrität (§ 29 Abs 5 InvFG) 117, 118
VII. Sorgfaltspflichten 119–141
   A. Allgemeines 119
   B. Sorgfaltspflichten (§ 30 Abs 1 und 2 InvFG) 120–125
   C. Auslagerung Risikomanagement (§ 30 Abs 3 InvFG) 126
   D. Anlegerinteressen und Marktintegrität (§ 30 Abs 4 InvFG) 127, 128
   E. Notfallkonzept Depotbank (§ 30 Abs 5 InvFG) 129–131
   F. Nachhaltigkeitsrisiken (§ 30 Abs 6 InvFG) 132–136
   G. Nachhaltigkeitsfaktoren (§ 30 Abs 7 InvFG) 137–141

I. Organismen zur gemeinsamen Veranlagung in Wertpapieren (OGAW)

§ 2. (1) Ein Organismus zur gemeinsamen Veranlagung in Wertpapieren (OGAW)

1. dient dem ausschließlichen Zweck der Veranlagung der beim Publikum beschafften Gelder für gemeinsame Rechnung nach dem Grundsatz der Risikostreuung in die in § 67 genannten liquiden Finanzanlagen und

2. seine Anteile werden auf Verlangen der Anteilinhaber unmittelbar oder mittelbar zu Lasten des Vermögens des OGAW zurückgenommen und ausgezahlt; diesen Rücknahmen und Auszahlungen gleichgestellt sind Handlungen, mit denen sichergestellt werden soll, dass der Kurs der Anteile des OGAW nicht erheblich von deren Nettoinventarwert abweicht; und
3. er ist gemäß § 50 bewilligt oder gemäß Art. 5 der Richtlinie 2009/65/EG in seinem Herkunftmitgliedstaat bewilligt.

(2) ¹Ein OGAW kann in Österreich nur als Sondervermögen gemäß § 46, das in gleiche, in Wertpapieren verkörperte Anteile zerfällt und im Miteigentum der Anteilinhaber steht, errichtet werden. ²Sofern in diesem Bundesgesetz Pflichten des OGAW festgelegt werden, bezieht sich eine daraus folgende Handlungspflicht auf die diesen OGAW verwaltende Verwaltungsgesellschaft.

(3) ¹Ein OGAW kann sich aus verschiedenen Teilfonds zusammensetzen; für die Zwecke des 2. Teiles 3. Hauptstück 3. Abschnitt gilt jeder Teilfonds eines OGAW als eigener OGAW. ²Für die Zwecke des 2. Teiles 3. Hauptstück 6. Abschnitt und 4. Hauptstück schließt ein OGAW die dazugehörigen Teilfonds ein. ³Für jeden Teilfonds ist ein eigenes KID gemäß § 134 zu erstellen.

A. Allgemeines (§ 2 Abs 1 InvFG)

1. Organismus zur gemeinsamen Veranlagung in Wertpapieren

1   § 2 Abs 1 InvFG enthält die allg Beschreibung u Definition eines „Organismus zur gemeinsamen Veranlagung in Wertpapieren" (abgekürzt „OGAW"), also eines europäischen, richtlinienkonformen[1] Investmentfonds, der in Ö seit 2011 auch in der speziellen Rechtsform eines sog *Umbrella* (vgl § 2 Abs 3 InvFG) aufgelegt werden kann.

2   Ein in Ö aufgelegter OGAW ist nach § 50 InvFG v der FMA zu bewilligen, ein ausländischer OGAW wird in einem anderen EU/EWR-Mitgliedstaat gegründet u v der jew (ausländischen) Finanzaufsichtsbehörde genehmigt (vgl § 2 Abs 1 Z 3 InvFG).

---

1   Auch „OGAW-Richtlinie" genannt.

2. Begriff

Für den **Begriff** des „Investmentfonds" werden in der deutschsprachigen Finanzbranche va folgende Begriffe – allerdings undifferenziert – verwendet: Fonds, Kapitalanlagefonds, Miteigentumsfonds, Wertpapierfonds, Anlagefonds, Investmentvermögen, Sondervermögen, Investmentvehikel oder Investmentunternehmen. Dabei wird nicht ausgesagt, um welchen Fondstypus oder um welche Fondsart es sich dabei genau handelt (zB OGAW, Alternativer Investmentfonds...).

Der Ausdruck des **OGAW** (auf English *„UCITS"*, *„undertakings for collective investment in transferable securities"*) stellt einen EU/EWR-weit harmonisierten Rechtsbegriff dar, der jene Investmentfonds umfasst, welche in der EU/EWR nach den europarechtlichen Vorgaben (vgl EU-RL 2009/65/EG) aufgelegt u verwaltet werden.

Bei den in Ö aufgelegten Investmentfonds gem InvFG sind **Publikumsfonds (OGAW), Spezialfonds, Pensionsinvestmentfonds u andere Sondervermögen** davon umfasst, nicht allerdings Fondskonstrukte oder Alternative Investmentfonds nach dem AIFMG, welche nicht dem InvFG unterliegen, wie zB Immobilienfonds, Beteiligungsmodelle in Infrastruktur, *Private-Equity*-Fonds oder geschlossene Fonds; ebenso wenig Investmentfonds, welche im Ausland aufgelegt u in Ö lediglich zum Vertrieb angezeigt bzw bewilligt wurden (vgl § 140, 6. bis 8. Teil des AIFMG). Auch nicht umfasst sind die – insb in Dtl u in der Schweiz bekannten – **Investmentclubs**, welche als Vereinigung privater Anleger mit dem Ziel der gemeinsamen Geldanlage fungieren. Diese werden häufig als GesbR oder als Verein aufgesetzt.

Bei den sog „ETFs" (*exchange-traded funds*) handelt es sich um Investmentfonds, deren Anteilsscheine an einer Börse (Sekundärmarkt) gehandelt werden. In der Regel bilden ETFs einen oder mehrere Indices (*Benchmarks*, Referenzwerte), Rohstoffe, andere Assetklassen oder Anlagestrategien ab u werden damit zu passiv verwalteten Investmentvehikeln (sog *„Index-Tracker"* oder „Indexfonds").

Der gesetzl Begriff des OGAW ist deshalb unpräzise bzw unvollständig, da das investierbare Universum eben **nicht auf Wertpapiere beschränkt** ist, sondern auch andere Finanzinstrumente umfassen kann, wie zB derivative Instrumente oder Sichteinlagen. Genannte Finanzinstrumente sind alle liquide u handelbar, deren Aufzählung ist im InvFG (vgl § 67 InvFG) taxativer Natur.

B. Anforderungen an einen Organismus für gemeinsame Anlagen in Wertpapieren (§ 2 Abs 1 InvFG)

8 Ein OGAW nach § 2 Abs 1 InvFG hat mehrere **Anforderungen** kumulativ zu erfüllen.

1. Anlagezweck

9 Ein OGAW ist ein **Anlageprodukt**, dient somit der gewinnorientierten oder vermögenserhaltenden **Investition** v Geldern (Anlagezweck), ohne aber unternehmerische bzw operative Zwecke zu verfolgen (zB Kontrolle bzw Einflussnahme auf das Unternehmen). Auch karitative Ziele dürfen nicht angestrebt werden.[2] Sehr wohl aber kann der OGAW im Rahmen seines Anlagezwecks **soziale/ökologische Merkmale** berücksichtigen bzw **nachhaltige Investitionen** zum Ziel haben.[3] Letztgenanntes wäre zB dann der Fall, wenn der OGAW schwerpunktmäßig in Titel mit ESG-Bezug investiert oder im Rahmen des Fondsmanagements ein oder mehrere **Umweltziele** verfolgt (zB Klimaschutz, nachhaltige Nutzung u Schutz der Wasser- u Meeresressourcen).

10 Ein Ausfluss dieses Anlagezwecks ist auch das Verbot des OGAW, **Darlehen** zu gewähren (vgl § 80 Abs 3 InvFG) oder im OGAW befindliche Finanztitel zu verpfänden (vgl § 81 InvFG).

11 Aus Anlegersicht eignet sich ein OGAW aber grds nicht als Anlageinstrument zum laufenden/kurzfristigen Kauf u Verkauf v Anteilsscheinen des OGAW.

2. Publikum

12 Der OGAW beschafft sich seine Mittel bzw sein Volumen beim **allg Publikum** (als Gesamtheit), also gegenüber einem **unbestimmten**, potenziellen Anlegerkreis. Relevant ist die grds Vertriebsaktivität als solche, nicht das tatsächliche Ergebnis dieser Aktivität.[4]

13 Beim Publikumsfonds sind die Anleger idR der Verwaltungsgesellschaft namentlich nicht bekannt, auch deshalb, da der Erwerb u die Veräußerung des Anlegers über ein Wertpapierdepot seines Kreditinstituts (also nicht direkt bei der Verwaltungsgesellschaft) getätigt u abgewickelt

---

2 Vgl *Baur/Tappen*, Investmentgesetze³ Einl I, Rz 5.
3 Vgl Art 8 u 9 der EU-VO 2019/2088.
4 Vgl *Vandamme*, OGAW 10.

werden. Letztgenannte Kreditinstitute sind aus Gründen des Bankgeheimnisses nicht befugt, die Anleger eines OGAW (ohne deren Zustimmung) der Verwaltungsgesellschaft offenzulegen.

3. Gemeinsame Rechnung

Die für den OGAW auftretende Verwaltungsgesellschaft agiert für **ge-** 14
meinsame Rechnung aller Anleger, zusammen bilden diese eine **eigene
Art** einer **Miteigentumsgemeinschaft**. Dabei sind alle Anleger gleich zu
behandeln (vgl §§ 29 u 52 InvFG), eine Bevorzugung eines Anlegers
oder einer Anlegergruppe wäre idZ unzulässig.

Durch die gemeinsame Rechnung wird der OGAW zum **kollektiven** 15
Anlageinstrument, verschafft dem Anleger damit eine direkte Beteiligung an einer (Gesamt-)Verwaltung.

4. Risikostreuung

Eines der Hauptmerkmale eines OGAW ist die **Risikostreuung** (Diver- 16
sifikation) durch gesetzl festgelegte u laufend einzuhaltende **Anlagegrenzen** (qualitative u quantitative Veranlagungsbestimmungen). Dadurch kann im Gegensatz zur Direktanlage eine zu hohe Konzentration
in einen einzigen oder wenige Finanztitel vermieden, das **Risiko des
Verlusts reduziert werden**.

Bei *Master-Feeder*-Konstruktionen (vgl §§ 93 ff InvFG) erlangt der 17
Anleger eines *Feeder*-OGAW die Risikostreuung durch die wesentliche
Investition dieses *Feeder*-OGAW in einen (breit diversifizierten) **Mas**ter-OGAW. Für Spezialfonds (vgl § 164 Abs 4 InvFG) u andere Sondervermögen (vgl §§ 166 u 167 InvFG) gelten **weniger restriktive Risikostreuungsbestimmungen**.

5. Rücknahme

Ein OGAW wird in **offener Form**, dh durch variables Kapital, aufgelegt. 18
Dabei ist auf Verlangen des Anlegers die Verwaltungsgesellschaft verpflichtet – gegen Auszahlung des entspr Anteilswerts –, die Anteilsscheine des OGAW zu den im Prospekt angegebenen Zeitpunkten u
zum jew Fondspreis (Nettoinventarwert) **zurückzunehmen**. Die Rücknahme u Auszahlung erfolgt **zu Lasten des Fondsvermögens**, das Volumen reduziert sich anteilsmäßig. Durch diese Eigenschaft wird der
OGAW gegenüber der Verwaltungsgesellschaft u zugunsten des Anlegers ein **liquides/handelbares** Investmentprodukt.

19 Genannte Rücknahmeverpflichtung gilt auch bei sog „halboffenen" OGAW oder bei einem (v der Verwaltungsgesellschaft vorgenommenen) sog *„soft-closing"*, bei welchem lediglich die Ausgabe neuer Anteilsscheine eingestellt wird. Letztgenanntes könnte beispielsweise dann der Fall sein, wenn ein ordnungsgemäßes Fondsmanagement nur bis zu einem bestimmten Fondsvolumen gewährleistet werden kann, etwa wegen eines sektoralen oder geografischen Investmentschwerpunkts. Die **Offenheit** hat zur Folge, dass die Verwaltungsgesellschaft je nach den im OGAW investierten Finanztiteln u je nach Frequenz der Anteilsscheinrücknahme ein entspr **Liquiditätsmanagement** umgesetzt haben muss, um Auszahlungen v Anteilsscheinrücknahmen entspr **schnell bedienen zu können**. Erwähntes Liquiditätsmanagement wirkt sich zwangsläufig auf das Fondsmanagement u die Höhe des Investitionsgrades aus. Die Offenheit eines OGAW kann v der Verwaltungsgesellschaft bei begründeten Ausnahmefällen unter der sog „Katastrophenklausel"[5] **vorübergehend aufgehoben** werden, nämlich durch eine Aussetzung der Rücknahme nach § 56 InvFG. Dies könnte etwa notwendig sein bei ao Börseschließungen, bei Bewertungsproblemen eines Finanztitels (Bsp: mangelnde Lieferung v Kursquellen) oder anderen Unregelmäßigkeiten (Bsp: Konkurs eines Finanztitels). Das zeitlich befristete Absehen v der Offenheit eines OGAW dient dem **Anlegerschutz** u der **Interessenswahrung**, va in Hinblick auf verbleibende u rückgabewillige Anleger.

C. Anforderungen an einen österreichischen Organismus für gemeinsame Anlagen in Wertpapieren (§ 2 Abs 2 InvFG)

1. Sondervermögen

20 Die Auflage eines OGAW in Ö ist nur als **Sondervermögen** gem §§ 2 u 46 InvFG möglich, welches v einer Verwaltungsgesellschaft für bzw auf Rechnung der Anleger verwaltet wird. Eine Ausgestaltung in anderer Rechtsform ist nicht möglich (sachenrechtlicher Typenzwang).[6] Der Begriff des Sondervermögens wird als Synonym zum OGAW (oder „Investmentfonds") verwendet; diese beiden sind inhaltlich gleichzusetzen.

21 Als Sondervermögen versteht man ein v der Verwaltungsgesellschaft **separates Vermögen**. Es ist damit der OGAW bzw sind die im

---

5 Vgl *Macher/Buchberger/Kalss/Oppitz*, InvFG § 56 Rz 5.
6 VwGH 22.2.2006, 2005/17/0195.

OGAW befindlichen Finanztitel v Vermögen der Verwaltungsgesellschaft (*„Nostro"*) **getrennt**. Ein Sondervermögen haftet nicht für Verbindlichkeiten der Verwaltungsgesellschaft, ebenso wenig können Gläubiger der Verwaltungsgesellschaft auf den OGAW bzw dessen Vermögen greifen. Der Konkurs der Verwaltungsgesellschaft wirkt sich vermögensrechtlich daher nicht auf den OGAW aus. Genannte Trennung erfolgt zum Schutz der Anleger. Der OGAW genießt damit eine bestimmte, wenn auch beschränkte Selbstständigkeit. Sinngemäße Trennung gilt grds auch zw dem OGAW u seiner Verwahrstelle (Depotbank, vgl §§ 39 ff InvFG), mit Ausnahme der Bankeinlagen (Sichteinlagen, kündbare Einlagen), welche der OGAW bei dieser hält. Im Falle des Konkurses der Verwahrstelle sind nur diese Bankeinlagen nicht aussonderungsfähig.

Ein Sondervermögen zeichnet sich dadurch aus, dass es – ohne selbst Rechtssubjekt zu sein – eine eigene Haftungsmasse mit bestimmter Zweckwidmung bildet. Des Weiteren sind die v einer Verwaltungsgesellschaft verwalteten, versch OGAW haftungs- u vermögensrechtlich untereinander bzw voneinander **getrennt**, ein Verlust- u Gewinnausgleich zw untersch OGAW ist nicht zulässig. Genannte Trennung bedingt zum einen auch die Notwendigkeit der untersch Bezeichnungen der versch OGAW,[7] zum anderen schließt diese aber nicht aus, dass zwei OGAW untereinander Rechtsgeschäfte abschließen (OGAW A verkauft dem OGAW B einen bestimmten Finanztitel). 22

Beim **anderen Sondervermögen** nach §§ 166 u 167 InvFG handelt es sich um eine Fondsart mit erweiterten Investmentmöglichkeiten (zB in Immobilienfonds u „Hedgefonds"), ausgedehnten Aus- u Rückgabemodalitäten (v täglich bis quartalsmäßig) u unregelmäßigeren Preisberechnungsfrequenzen (v täglich bis monatlich). 23

2. Miteigentum

Der OGAW ist in gleiche, in Wertpapieren verkörperte Anteile aufgeteilt, wobei der jew Anteil im Eigentum des entspr Anlegers steht (Verwahrung des Anteils bei seinem depotführenden Institut). Zusammen bilden alle Anleger eine eigene Art einer **Miteigentumsgemeinschaft**, die Anleger werden nach Bruchstücken **Miteigentümer** des OGAW bzw dessen Vermögenswerte (Finanztitel, Forderungen/An- 24

---

7 Vgl *Kammel/Thierrichter*, ÖBA 2011, 237 (240).

sprüche). Es wird auch v einer „Bruchteilsgemeinschaft besonderer Art"[8] oder v einer „Miteigentumslösung"[9] gesprochen.

25 Die Begr des Miteigentums aller Anleger erfolgt beim OGAW kraft G u nicht mittels Vertrags. Die sachenrechtliche Stellung u Rechte der Miteigentümer bestehen allerdings nur beschränkt, da beispielsweise keine gemeinsame Verwaltung gem § 833 ABGB durchgeführt wird, ebenso wenig können die Anleger die Miteigentumsgemeinschaft nach § 830 ABGB aufheben. Letztgenanntes obliegt der Verwaltungsgesellschaft (vgl § 60 InvFG) als Vertreterin des OGAW. Weder steht den Anlegern ein Mitwirkungs- oder Weisungsrecht in Hinblick auf die Verwaltung des OGAW zu, noch stehen die Anleger untereinander in einer rechtsgeschäftlichen Beziehung; ebenso wenig kommt dem jew Anleger ein Herausgabeanspruch der einzelnen Finanztitel im OGAW oder das Recht einer Teilungsklage zu.

26 Als Ersatz für diese eingeschränkte Miteigentumsgemeinschaft steht jedem Anleger die Auflösung seiner Teilnahme an dieser Gemeinschaft zur Verfügung, durch das (unabdingbare) **Rückgabe- u Auszahlungsrecht** des Anteils (vgl §§ 55 Abs 2 u 167 Abs 2 Z 1 InvFG) gegenüber der Verwaltungsgesellschaft oder durch das Recht der Übertragung des Anteilsscheins auf eine andere Person. Aufgrund dieser Beschränkungen spricht man auch v einer „Quasi-Miteigentumslösung".[10] Die Aufteilung in gleiche Anteile dient dem Zweck, dass die Verwaltungsgesellschaft **auf gemeinsame Rechnung** aller Anleger handeln kann u sichert damit deren gleiche, rechtliche Stellung ab. Die ausgegebenen Anteile vermitteln den Anlegern – proportional zur geleisteten Einzahlung – **Miteigentum am OGAW** u verkörpern ihre Rechte gegenüber der Verwaltungsgesellschaft u der Verwahrstelle.

3. Verwaltungsgesellschaft

27 Aufgrund der Ausgestaltung als Sondervermögen verfügt ein OGAW über **keine eigene Rechtspersönlichkeit** (vgl § 46 InvFG) bzw Vertretungsbefugnis u kann somit Rechte u Pflichten **nicht selbst ausüben** („fremdverwaltet"). Aus diesem Grund ist eine Person notwendig, welche für den OGAW handelt. Diese Funktion nimmt die **Verwaltungsgesellschaft** (Kapitalanlagegesellschaft) wahr, welche fremdes Vermögen

---

8 Vgl *Baur*, Investmentgesetze³ § 92 KAGB, Rz 18.
9 Vgl *Heidinger/Paul*, InvFG § 1 Z 9.
10 Vgl *Kammel/Thierrichter*, ÖBA 2011, 237 (241).

administriert u dies im besten Interesse des OGAW u dessen Anlegern zu erfüllen hat (vgl § 29 InvFG). Die Verwaltungsgesellschaft tritt mit einer Dispositionsbefugnis als **gesetzl Vertreter** des OGAW u der Anleger auf u unterliegt dabei den Handlungspflichten nach dem InvFG.

Die Verwaltungsgesellschaft erwirbt im Rahmen des Fondsmanagements **im eigenen Namen u auf Rechnung der Anleger bzw des OGAW** die einzelnen Finanztitel (indirekte Stellvertretung), sie wird somit selbst Schuldnerin der Leistung. Die Gegenleistung steht dem OGAW zu u wird diesem gutgeschrieben. Für diese Funktion steht der Verwaltungsgesellschaft ein Aufwandsersatz in Form der Verwaltungsgebühr zu. Die Gläubigerrechte (Rechte aus den Vermögenswerten) des OGAW übt ebenfalls die Verwaltungsgesellschaft aus, wie zB die aus Aktienveranlagungen des OGAW resultierenden Stimmrechte (Teilnahme an HV). Gleiches gilt bei der Vertretungsfunktion im Falle einer Klage des oder gegen den OGAW (aktive/passive Klagslegitimation). Mangels Rechtspersönlichkeit ist der OGAW als Sondervermögen auch nicht konkursfähig. Ebenso wenig fällt dieser in die Konkursmasse der Verwaltungsgesellschaft. Für die gesetzl Sorgfaltspflicht (vgl §§ 30 u 52 InvFG) haftet die Verwaltungsgesellschaft dem OGAW bzw den Anlegern. Nicht aber kann sie dafür verantwortlich gemacht werden, dass der OGAW bestimmte Investment- oder Ertragsziele erreicht. Eine derartige Zusage wäre auch v der aufsichtsrechtlichen Konzession einer Verwaltungsgesellschaft nicht abgedeckt. **28**

4. Rechtsform

Die für OGAW relevante EU-RL (OGAW-RL) sieht **drei Rechtsformen** vor, welche gleichwertig nebeneinanderstehen. Bei der **Vertragsform** (auch *„contractual funds"*, *„fonds commun de placement"*, *„FCP"*) steht der OGAW im **Miteigentum aller Anleger**, diese kontrahieren mit der Verwaltungsgesellschaft als Vertreterin des OGAW. Genannte Rechtsform ist v Grundsatz der Fremdverwaltung (*„not self-managed"*) geprägt. **29**

Bei der **Gesellschafts- bzw Satzungsform** (auch *„corporate funds"*) ist der OGAW als **eigene Investmentgesellschaft** (wie zB die *„société d'investissement à capital variable"* bzw *„SICAV"*) errichtet, entweder als AG oder GmbH. Die Anleger sind Aktionäre bzw Gesellschafter des OGAW. Die Investmentgesellschaft kauft u verkauft die Finanztitel im eigenen Namen u auf eigene Rechnung, das Gesellschaftsvermögen ist v Fondsvermögen nicht getrennt. Diese Rechtsform wird auch *„self-managed"* genannt. **30**

31 Bei den va in Irland üblichen *Trusts* (*Unit Trusts*) steht der OGAW im Eigentum der Verwaltungsgesellschaft u diese verwaltet den OGAW treuhändig für die Anleger (Treuhandvermögen, Treuhänderschaft, Treuhandlösung).

32 Nach dem InvFG ist in Ö lediglich die Gründung eines OGAW in **Vertragsform** (Miteigentum) vorgesehen. Der OGAW wird v einer konzessionierten u in der Rechtsform einer AG oder GmbH errichteten **Verwaltungsgesellschaft administriert**, die Finanztitel des OGAW werden grds bei einer inländischen Verwahrstelle (Depotbank) verwahrt. Der nationale Gesetzgeber hat bis dato die eingeräumte, europarechtliche Gestaltungsmöglichkeit für die Gründung eines OGAW in mehreren Rechtsformen nicht genutzt, im Gegensatz zu den meisten anderen europäischen Fondsmärkten. Initiativen für die Einf v OGAW in Gesellschaftsform wurden in den letzten Jahren v der österr Fondsbranche mehrmals gestartet, wurden aber insb aus steuerrechtlichen Erwägungen (Befreiung der KöSt bei einem OGAW) bisher nicht weiterverfolgt.[11]

Aufgrund der Vertragsform wird die individuelle Rechtsbeziehung zw Anleger, Verwaltungsgesellschaft u Verwahrstelle nicht durch eine Satzung, sondern durch die **Fondsbestimmungen** (Vertragsbedingungen, Anlagebedingungen) definiert. Fondsbestimmungen sind rechtlich als AGB zu qualifizieren.[12] Das vertragliche Dreiecksverhältnis zw Anleger, Verwaltungsgesellschaft u Verwahrstelle wird auch als „**Investmentdreieck**"[13] bezeichnet. Aus dieser Beziehung resultieren auch die zw Verwaltungsgesellschaft u Verwahrstelle bestehenden u dem Anlegerschutz dienenden, diversen Kontrollpflichten (Grundsatz der *„checks and balances"*).

5. Anteile

33 Ein OGAW wird in gleiche **Anteile** aufgeteilt. § 46 InvFG regelt die Verbriefung dieser Anteilsrechte an den Vermögenswerten des OGAW. Diese Anteile bzw Anteilsscheine sind als Wertpapier/Finanzinstrument ausgestaltet, auch um den Anlegern eine (leichte) **Übertragbarkeit** – sei es entgeltlich oder unentgeltlich – zu ermöglichen. Auch nach dem WAG 2018 sind Anteilsscheine an OGAW als **Finanzinstrumente** kategorisiert (vgl § 1 Z 7 lit c WAG 2018); nach dem DepotG fallen diese als

---

11 Vgl *Leixner*, InvFG § 46.
12 Vgl *Macher/Buchberger/Kalss/Oppitz*, InvFG § 53 Rz 5.
13 Vgl *Baur*, Investmentgesetze³ § 92 KAGB, Rz 11.

sog Investmentzertifikate unter den Wertpapierbegriff. Bei Anteilen an sog ETF-Fonds (*„exchange-traded funds"*, ETFs) werden diese, wie zB Aktien, an der Börse gehandelt.

Die relevante EU-RL (OGAW-RL) regelt nicht die rechtliche Ausgestaltung eines Anteilsscheins, dies wird den jew Mitgliedsstaaten überlassen. 34

Die Anteile sind ein eigener Wertpapiertyp, bei welchem die Urkunde sowohl die schuld- als auch sachenrechtliche Rechtsposition verkörpert.[14] 35

Anteilsscheine können auf den Inhaber (Anleger) oder auf den Namen lauten, wobei die Fondsbestimmungen diesbzgl Auskunft geben müssen (vgl § 53 Abs 3 Z 1 InvFG). In der Praxis lauten Anteilsscheine eines Publikumsfonds auf den Inhaber u werden in einer Sammelurkunde dargestellt. Anteilsscheine können über einen oder mehrere Anteile bzw in Bruchstücken (maximal fünfstellig) ausgegeben werden. Anteilsscheine werden auch „Quotenpapiere" genannt, da diese nicht auf ein bestimmtes Nominale lauten.[15] 36

Auch wenn Anteilsscheine v der Verwaltungsgesellschaft als eine administrative Tätigkeit ausgegeben werden (vgl § 5 Abs 2 Z 2 lit b sublit gg InvFG) bzw die Verwahrstelle operativ diese Anteilsscheinausgabe durchführt bzw technisch abwickelt (vgl § 39 Abs 2 InvFG), so handelt es sich beim Anteilsschein **nicht um eine kapitalmarktrechtliche Emission** der Verwaltungsgesellschaft oder Verwahrstelle u dem damit verbundenen Emittentenrisiko. Ein Emittentenrisiko – in diversifizierter Form – ergibt sich vielmehr aus den einzelnen Finanztiteln im OGAW. 37

Zur Hereinbringung v Forderungen gegen einen Anleger kann auf den einzelnen Anteilsschein, nicht aber auch die Finanztitel des OGAW zugegriffen werden (vgl § 54 Abs 1 InvFG). Ein Gläubiger eines Anlegers hat auch keine Möglichkeit, die Auflösung der Miteigentumsgemeinschaft durch Teilungsklage zu erzwingen. 38

D. Umbrella (§ 2 Abs 3 InvFG)

Ein OGAW kann aus mehreren **Teilfonds** zusammengesetzt werden, in der Gesamtheit bilden diese eine *Umbrella*. Die einzelnen Teilfonds unterscheiden sich idR in Bezug auf die Anlagepolitik u Anlageziele u wer- 39

---

14 Vgl *Oppitz* in Macher/Buchberger/Kalss/Oppitz, InvFG § 5 Rz 6.
15 EB InvFG 2011 – Nov 2013 (BGBl I 2013/135) zu § 46 Abs 3 InvFG.

den **getrennt** verwaltet; der einzelne Anleger erwirbt den Teilfonds, nicht die *Umbrella*. Untereinander sind die Teilfonds vermögensrechtlich **getrennt**, eine Haftung ist ebenfalls untereinander nicht möglich.

Der wesentliche Vorteil einer *Umbrella*-Konstruktion ist der effizientere u auch kostengünstigere Marktauftritt (va beim grenzüberschreitenden Vertrieb) bei einer größeren Anzahl v Teilfonds, alle konzentriert in einer *Umbrella*. Auch ist für die *Umbrella*-Konstruktion lediglich ein einziger **Prospekt** (Sammelprospekt) notwendig, welcher allg Information zum *Umbrella*-Überbau u spezielle Informationen zu den jew Teilfonds enthält.

II. Bedingungen für die Aufnahme der Tätigkeit

§ 5. (1) [1]Die Erbringung der Tätigkeiten einer Verwaltungsgesellschaft mit Sitz im Inland bedarf der Konzession gemäß § 1 Abs 1 Z 13 BWG in Verbindung mit § 6 Abs 2 dieses Bundesgesetzes durch die FMA. [2]Eine Verwaltungsgesellschaft darf außer den in Abs 2 genannten Tätigkeiten und Geschäften, die zur Anlage des eigenen Vermögens erforderlich sind, sowie den Tätigkeiten, die in unmittelbarem Zusammenhang mit dem Konzessionserfordernis stehen, keine anderen Tätigkeiten ausüben.

(2) Eine Verwaltungsgesellschaft darf folgende Tätigkeiten ausüben:

1. Die Verwaltung von OGAW im Rahmen der kollektiven Portfolioverwaltung, die folgende Tätigkeiten einschließt:
    a) Anlageverwaltung;
    b) Administrative Tätigkeiten,
       aa) gesetzlich vorgeschriebene und im Rahmen der Fondsverwaltung vorgeschriebene Rechnungslegungsdienstleistungen,
       bb) Kundenanfragen,
       cc) Bewertung und Preisfestsetzung (einschließlich Steuererklärungen),
       dd) Überwachung der Einhaltung der Rechtsvorschriften,
       ee) Führung des Anteilinhaberregisters,
       ff) Gewinnausschüttung,
       gg) Ausgabe und Rücknahme von Anteilen,

hh) Kontraktabrechnungen (einschließlich Versand der Zertifikate),
ii) Führung von Aufzeichnungen;
c) Vertrieb;
2. zusätzlich zur Verwaltung von OGAW gemäß Z 1 die Verwaltung von AIF gemäß AIFMG sofern der Verwaltungsgesellschaft diesbezüglich eine Konzession nach AIFMG erteilt wurde;
3. zusätzlich zur Verwaltung von OGAW gemäß Z 1 die individuelle Verwaltung von Portfolios – einschließlich der Portfolios von Pensionsfonds – mit einem Ermessensspielraum im Rahmen des Mandats der Anleger, sofern die betreffenden Portfolios eines oder mehrere der im Anhang I Abschnitt C der Richtlinie 2014/65/EU genannten Instrumente enthalten (§ 3 Abs 2 Z 2 WAG 2018);
4. folgende Nebentätigkeiten:
a) Anlageberatung in Bezug auf eines oder mehrere der im Anhang I Abschnitt C der Richtlinie 2014/65/EU genannten Instrumente;
b) Verwahrung und technische Verwaltung in Bezug auf die Anteile von OGA.

(3) ¹Die ausschließliche Erbringung von Dienstleistungen gemäß Abs 2 Z 3 und 4 oder die Erbringung von Nebendienstleistungen gemäß Abs 2 Z 4, ohne Berechtigung zur Erbringung von Dienstleistungen gemäß Abs 2 Z 3 ist im Rahmen der Konzession als Verwaltungsgesellschaft nicht zulässig. ²§ 1 Abs 3 BWG gilt für Verwaltungsgesellschaften nicht.

(4) Die unter Abs 2 Z 3 und 4 angeführten Dienstleistungen beziehen sich nicht auf Dienstleistungen, die von einer Gegenpartei dem Staat, der Zentralbank eines Mitgliedstaates oder anderen nationalen Einrichtungen mit ähnlichen Aufgaben im Rahmen der Geld-, Wechselkurs-, Staatsschuld- oder Reservepolitik des betreffenden Mitgliedstaates erbracht werden.

idF BGBl I 2021/198

A. Konzessionspflicht

Das InvFG 2011 regelt ua die Aufnahme des Geschäftsbetriebs u die dafür nötigen **Konzessionspflichten** u -voraussetzungen einer Verwal- **40** tungsgesellschaft für **Kapitalanlagefonds**.[16] Gemäß § 6 Abs 2 Z 1 InvFG kann eine Verwaltungsgesellschaft entweder in der Rechtsform einer AG oder GmbH betrieben werden (s Rz 56 zu § 6 InvFG). Die Konzessionierung einer Verwaltungsgesellschaft erfolgt nach zwei gesetzl Grundlagen: (i) einerseits verfügt eine Verwaltungsgesellschaft über eine Konzession gem § 1 Abs 1 Z 13 BWG u gilt damit als **Spezialkreditinstitut**;[17] (ii) andererseits erfolgt die Konzessionierung in Kombination mit § 6 Abs 2 InvFG. Gemäß § 10 Abs 6 InvFG haben Verwaltungsgesellschaften neben den Bestimmungen des InvFG auch punktuelle Bestimmungen des BWG einzuhalten.[18]

B. Zulässige Tätigkeiten

41 Eine Verwaltungsgesellschaft ist berechtigt, die in § 5 Abs 2 InvFG genannten Geschäftstätigkeiten auszuüben. Darüberhinausgehende **Bankgeschäfte** darf eine Verwaltungsgesellschaft trotz ihres Status als Spezialkreditinstitut nicht erbringen.[19] Im Übrigen sind nur solche Geschäftstätigkeiten zulässig, die für die Anlage des eigenen Vermögens erforderlich sind sowie Hilfstätigkeiten, die in unmittelbarem Zusammenhang mit der Konzessionspflicht stehen. Auch eine Tätigkeit als Kapitalanlagegesellschaft für Immobilien nach dem ImmoInvFG ist ausgeschlossen, weil diese Tätigkeit einem Spezialkreditinstitut gem § 1 Abs 1 Z 13a BWG iVm § 2 ImmoInvFG vorbehalten ist.

1. Tätigkeiten nach § 5 Abs 2 InvFG

42 Das **Kerngeschäft** einer Verwaltungsgesellschaft besteht in der **Verwaltung u dem Vertrieb v Kapitalanlagefonds**. Ähnlich einer Wertpapierfirma erbringt die Verwaltungsgesellschaft die Dienstleistung der **Portfolioverwaltung** (= Verwaltung des Fondsvermögens). Gemeint ist mit

---

16 OGAW in der Form eines Sondervermögens gem § 2 Abs 2 InvFG u AIF gem § 3 Abs 2 Z 31 InvFG.
17 Vgl *Berger* in Bollenberger/Kellner, InvFG § 5 Rz 5.
18 §§ 2, 20 bis 21, 28 bis 28b, 29 bis 30, 35 bis 39, 41, 43 Abs 1, 2 u 3, 44 bis 68, 70a, 74 bis 76, 81 bis 91, 99g Abs 1 u 103q BWG sowie Teil 1 u 2 der CRR u 3. Teil des ESAEG, wobei die §§ 28a Abs 5a bis 5c, 39 Abs 3, Abs 4, Abs 5 letzter S u Abs 6, 57 Abs 5 u 74 Abs 1 iVm 74 Abs 6 Z 3 lit a sowie § 75 BWG keine Anwendung finden.
19 Vgl *Leixner* in Bollenberger/Kellner, InvFG § 5 Rz 6.

Portfolioverwaltung das Treffen der Anlageentscheidungen u die Festlegung der Veranlagungsstrategie der verwalteten Fonds.[20] Diese ist im Bereich des InvFG als **kollektive Portfolioverwaltung** zu qualifizieren (für die einzelnen v der Verwaltungsgesellschaft verwalteten Fonds bzw deren [Mit-]Eigentümer). Demgegenüber erbringt eine Wertpapierfirma die **individuelle Portfolioverwaltung** auf Einzelkundenbasis. Jedoch ist eine Verwaltungsgesellschaft berechtigt, als Zusatzdienstleistung die individuelle Portfolioverwaltung anzubieten. Hierfür ist bei der Stellung des Konzessionsantrags eine entspr Erweiterung der Konzession zu beantragen.

Der Vertrieb umfasst einerseits den Vertrieb v eigenen Fonds (dh Fonds, die die Verwaltungsgesellschaft selbst aufgelegt hat). Andererseits zählt nach hA auch der Vertrieb v fremden Fonds[21] dazu. Beim Vertrieb v Fremdfonds sind die Vorschriften des WAG 2018 einzuhalten. Zurecht verweist das Schrifttum darauf, dass diese **Erlaubnis zum Fremdvertrieb** als österr Spezifikum zu sehen ist, das in der OGAW-RL wohl keine Deckung findet.[22] Damit ist einer österr Verwaltungsgesellschaft – quasi als *„reverse gold plating"* – mehr erlaubt, als dies v der OGAW-RL eigentlich vorgesehen wäre. Der Nachteil dabei: Ob der vorgesehene *Single European Passport* für die Verwaltungsgesellschaft, die ein Tätigkeitwerden in anderen Mitgliedstaaten auf Basis der in Ö erteilten Konzession ermöglicht, auch diesen Fremdvertrieb abdeckt, ist wohl zweifelhaft.[23]

Die Verwaltung v Kapitalanlagefonds umfasst neben der erwähnten Portfolioverwaltung u dem Vertrieb noch zahlreiche **Hilfstätigkeiten** wie zB administrative Tätigkeiten (Rechnungslegung für die Fonds, Behandlung v Kundenanfragen, Bewertungen u Preisfestsetzungen, Verwaltung der Gewinnausschüttungen, Führung eines Anteilsregisters, Ausgabe u Rücknahme v Anteilen etc).

Zusätzlich kann die Konzession noch um weitere Tätigkeiten erweitert werden:

1. die Verwaltung v AIF gem AIFMG (jedoch muss die Verwaltungsgesellschaft zusätzlich um eine Konzession nach § 4 AIFMG ansuchen);

---

20 Vgl *Leixner* in Bollenberger/Kellner, InvFG § 5 Rz 17.
21 Vgl *Leixner* in Bollenberger/Kellner, InvFG § 5 Rz 20.
22 Vgl *Leixner* in Bollenberger/Kellner, InvFG § 5 Rz 20.
23 In diese Richtung: *Leixner* in Bollenberger/Kellner, InvFG § 6 Rz 20.

2. die bereits erwähnte individuelle Portfolioverwaltung (s Rz 42);
3. die **Anlageberatung** in Bezug auf ein oder mehrere Finanzinstrumente;
4. die **Verwahrung u technische Verwaltung** in Bezug auf Anteile an Kapitalanlagefonds.

Die zu Pkt 2. bis 4. erwähnten Dienstleistungen dürfen jedenfalls **nicht selbstständig** erbracht werden, weil dies sonst eine allfällige Konzessionspflicht nach anderen G wie dem WAG 2018 unterlaufen würde.

2. Anlage des eigenen Vermögens

45 Wie erwähnt (s Rz 41) darf die Verwaltungsgesellschaft auch **Tätigkeiten zur Veranlagung des eigenen Vermögens** tätigen. Zum eigenen Vermögen zählt das Eigenkapital. Zu beachten ist aber, dass gem § 6 Abs 2 Z 6 InvFG mind die **Hälfte des eingezahlten Grundkapitals** (das Teil des bilanziellen Eigenkapitals darstellt) **mündelsicher** zu veranlagen ist (s Rz 61 zu § 6 InvFG). Hier unterscheidet sich die in der Rechtsform der GmbH geführte Verwaltungsgesellschaft v der herkömmlichen GmbH, bei der es keine Vorschriften zur Veranlagung des Grundkapitals gibt. Zusätzlich zählen zum eigenen Vermögen auch die durch die Geschäftstätigkeit erzielten Erträge. Es wird sohin für den eigenen Wertpapierhandel keine Konzession nach § 1 BWG benötigt.

46 Dies hilft auch, die ewig geführte Diskussion über die Anwendbarkeit der Ausnahme des Handels für Privatvermögen bei Unternehmen zu vermeiden.[24] Gemäß § 1 Abs 1 Z 7 u 7a BWG ist der Handel mit bestimmten Wertpapieren u Finanzinstrumenten konzessionspflichtig u damit Kreditinstituten vorbehalten. Beide Bestimmungen enthalten eine Ausnahme für den Handel mit Privatvermögen. Gestützt auf eine Reihe Jud aus dem Bereich des Steuer- u Verwaltungsrechts wird zT vertreten, dass **Unternehmen über kein Privatvermögen** verfügen u somit die oben genannten Ausnahmen mglw nicht anwendbar sein sollen[25].

47 Diese A ginge freilich völlig an der Realität eines modernen Wirtschaftslebens vorbei u wurde insofern auch bereits aufgeweicht, als der Handel mit Vermögenswerten aus dem Anlagevermögen nunmehr als

---

24 S dazu eine gute Übersicht: *Oppitz* in Macher/Buchberger/Kalss/Oppitz, InvFG § 5 Rz 14; *Waldherr/Ressnik/Schneckenleitner* in Dellinger, BWG[11] § 1 Rz 65.
25 Vgl die Übersicht bei *Laurer/Kammel* in Laurer/M. Schütz/Kammel/Ratka, BWG[4] § 1 Rz 14.

eher unproblematisch gesehen wird.[26] Viele **Unternehmen** betreiben aktives *Treasury* u **bewirtschaften ihr freies Vermögen**. Es kann wohl sogar diskutiert werden, ob eine gewinnbringende Veranlagung nicht sogar aus Gründen des Schutzes der Interessen der Gesellschaft, ihrer Gläubiger u Eigentümer nicht letztlich aus der **Treuepflicht des GF einer GmbH sogar geboten** sein kann. Auch die Verwaltungspraxis der FMA zeigt, dass die Kontrolle allfälliger Verstöße durch Unternehmen gegen die etwaige Konzessionspflicht nach § 1 Abs 1 Z 7 u 7a BWG nicht im Fokus der FMA liegt. Zumindest im Bereich der in der Rechtsform der GmbH geführten Verwaltungsgesellschaften ist aber durch § 5 InvFG klargestellt, dass der Eigenhandel jedenfalls keiner Konzessionspflicht unterliegt.[27]

III. Konzessionsantrag und Konzessionserteilung

§ 6. (1) Der Antragsteller hat dem Antrag auf Erteilung einer Konzession die in § 4 Abs 3 Z 1, 2, 4, 5 und 6 BWG genannten Angaben und Unterlagen anzuschließen sowie einen Geschäftsplan, aus dem der organisatorische Aufbau der Verwaltungsgesellschaft, die geplanten Strategien und Verfahren zur Überwachung, Steuerung und Begrenzung der in § 86 Abs 3 beschriebenen Risiken und die Verfahren und Pläne gemäß §§ 86 bis 89 hervorgehen.

(2) Die Konzession ist zu erteilen, wenn:

1. Das Unternehmen als Verwaltungsgesellschaft in der Rechtsform einer Aktiengesellschaft oder Gesellschaft mit beschränkter Haftung betrieben wird;
2. die Aktien der Aktiengesellschaft auf Namen lauten und gemäß der Satzung oder des Gesellschaftsvertrages die Übertragung von Aktien oder Geschäftsanteilen der Zustimmung des Aufsichtsrates der Gesellschaft bedarf;
3. bei Verwaltungsgesellschaften in der Rechtsform der Gesellschaft mit beschränkter Haftung gemäß dem Gesellschaftsvertrag ein Aufsichtsrat zu bestellen ist;
4. bei Verwaltungsgesellschaften in der Rechtsform der Gesellschaft mit beschränkter Haftung das Aufgeld einer besonderen Rück-

---

26 Vgl *Waldherr/Ressnik/Schneckenleitner* in Dellinger, BWG[11] § 1 Rz 66 mwN.
27 *Oppitz* in Macher/Buchberger/Kalss/Oppitz, InvFG § 5 Rz 14.

lage zuzuweisen ist, die nur zum Ausgleich von Wertminderungen und zur Deckung von sonstigen Verlusten verwendet werden darf;

5. ¹das Anfangskapital 2,5 Mio Euro beträgt und den Geschäftsleitern unbeschränkt und ohne Belastung im Inland zur freien Verfügung steht; wenn der Wert des Fondsvermögens der Verwaltungsgesellschaft 250 Mio Euro überschreitet, muss diese über zusätzliches hartes Kernkapital (Teil 2 Titel I Kapitel 2 der Verordnung (EU) Nr. 575/2013) verfügen. ²Diese zusätzlichen Eigenmittel müssen wenigstens 0,02 vH des Betrags, um den der Wert der Portfolios der Verwaltungsgesellschaft 250 Mio Euro übersteigt, betragen. ³Soweit die auf diese Weise errechneten zusätzlichen Eigenmittel einen Betrag von 2.375.000 Euro nicht übersteigen, muss jedoch kein zusätzliches Kapital zugeführt werden. ⁴Maximal müssen 7,5 Mio Euro an zusätzlichen Eigenmitteln gehalten werden. ⁵Für die Zwecke dieser Bestimmung gelten als Portfolios von der Verwaltungsgesellschaft verwaltete OGAW und AIF im Sinne von § 5 Abs 2 Z 2 einschließlich Investmentfonds, mit deren Verwaltung sie Dritte beauftragt hat, nicht jedoch Investmentfonds, die sie selbst im Auftrag Dritter verwaltet; die §§ 57 Abs 5, 39a und 103 Z 9 lit. b BWG sowie Teil 3, 5 und 8 der Verordnung (EU) Nr. 575/2013 sind auf Kreditinstitute mit einer Konzession gemäß § 1 Abs 1 Z 13 BWG nicht anwendbar;
6. mindestens die Hälfte des eingezahlten Grundkapitals oder Stammkapitals mündelsicher angelegt ist;
7. die Verwaltungsgesellschaft auf unbestimmte Zeit errichtet ist;
8. die Anforderungen der Art. 21 und 24 der Delegierten Verordnung (EU) 2016/438 eingehalten werden;
(Anm.: Z 9 aufgehoben durch BGBl. I Nr. 73/2016)
10. sämtliche Geschäftsleiter aufgrund ihrer Vorbildung fachlich geeignet sind und Leitungserfahrung sowie die für den Betrieb einer Verwaltungsgesellschaft erforderliche Erfahrung haben, und mindestens zwei Geschäftsleiter auch in Bezug auf den Typ des von der Verwaltungsgesellschaft verwalteten OGAW über ausreichende praktische und theoretische Erfahrung verfügen;
11. angemessene und wirksame Risikomanagement-Grundsätze, Vorkehrungen, Prozesse und Verfahren gemäß § 86 Abs 3 vorgesehen sind;

12. im Falle der Erbringung von Tätigkeiten gemäß § 5 Abs 2 Z 3 oder Z 3 und 4 weiters
    a) das Anfangskapital in Höhe von mindestens 25 vH der fixen Gemeinkosten des letzten festgestellten Jahresabschlusses gemäß Art. 13 der Verordnung (EU) 2019/2033 über Aufsichtsanforderungen an Wertpapierfirmen und zur Änderung der Verordnungen (EU) Nr. 1093/2010, (EU) Nr. 575/2013, (EU) Nr. 600/2014 und (EU) Nr. 806/2014, ABl. Nr. L 314 vom 05.12.2019 S. 1, in der Fassung der Berichtigung ABl. Nr. L 261 vom 22.07.2021 S. 60, den Geschäftsleitern unbeschränkt und zur freien Verfügung im Inland zur Verfügung steht;
    b) die Geschäftsleiter zusätzlich zu den Voraussetzungen der Z 10 die Voraussetzungen gemäß § 3 Abs 5 Z 3 WAG 2018 erfüllen
    (*Anm.: lit. c aufgehoben durch Art. 7 Z 2, BGBl. I Nr. 237/2022*);
13. sowie die Voraussetzungen des § 5 Abs 1 Z 2 bis 4a, 6, 7 und 9 bis 14 BWG erfüllt sind.

(3) ¹Die FMA hat dem Antragsteller binnen sechs Monaten nach Eingang des Antrages oder, wenn dieser unvollständig ist, binnen sechs Monaten nach Übermittlung aller für den Bescheid erforderlichen Angaben entweder die Konzession zu erteilen oder die Ablehnung des Antrages mittels Bescheid schriftlich mitzuteilen. ²Die Konzession ist bei sonstiger Nichtigkeit schriftlich zu erteilen; sie kann mit entsprechenden Bedingungen und Auflagen versehen werden, wobei auch festzulegen ist, inwieweit die Verwaltungsgesellschaft zur Erbringung von Dienstleistungen gemäß § 5 Abs 2 Z 2 bis 4 berechtigt ist und gegebenenfalls auf welche Arten von OGAW sich ihre Bewilligung zur kollektiven Portfolioverwaltung erstreckt.

(4) Die §§ 5 Abs 2 Satz 1 und 3 BWG und § 160 Abs 1 dieses Bundesgesetzes sind auf das Verfahren zur Erteilung der Konzession anzuwenden.

idF BGBl I 2022/237

A. Konzessionsantrag

1. Antragsteller

48 Der formale Antragsteller ist der spätere Inhaber der **Bankkonzession** bzw Konzession nach § 1 Abs 1 Z 13 BWG iVm § 6 InvFG. In der Praxis[28] ist es oftmals so, dass Konzessionswerber die **Anfangskosten** einer Gründung scheuen, bevor sie nicht den (voraussichtlichen) Lauf des Konzessionsverfahrens u erste Rückmeldungen der Behörde einschätzen können. Daher wird ein Konzessionsantrag **oftmals durch die Vorgründungsgesellschaft eingebracht**. Im Laufe des Konzessionsverfahrens wird die Gesellschaft jedoch zu gründen sein, wobei spätestens mit Konzessionserteilung die Gesellschaft gegründet sein muss. Da auch das vorliegende Anfangskapital eine Konzessionsvoraussetzung darstellt, besteht die FMA idR in einem fortgeschrittenen Stadium des Verfahrens darauf, dass der Antragsteller auch rechtswirksam gegründet wurde.

2. Vorzulegende Unterlagen

49 Die Konzessionsvoraussetzungen u der Umfang der **vorzulegenden Unterlagen** im Bereich des InvFG ergeben sich aus § 4 Abs 3 BWG iVm § 6 Abs 1 InvFG (betr vorzulegende Unterlagen) u § 6 Abs 2 InvFG (betr Erfüllung der Konzessionsvoraussetzungen). Konkret sind im Antrag folgende Unterlagen vorzulegen bzw Angaben zu machen:

– Sitz u Rechtsform (§ 4 Abs 3 Z 1 BWG);
– GesV (§ 4 Abs 3 Z 2 BWG);
– Höhe des den Geschäftsleitern im Inland unbeschränkt u ohne Belastung zur freien Verfügung stehenden Anfangskapitals (§ 4 Abs 3 Z 4 BWG);
– Identität u Höhe des Beteiligungsbetrags der Eigentümer, die eine qualifizierte Beteiligung am Kreditinstitut halten, sowie die Angabe der Konzernstruktur, sofern diese Eigentümer einem Konzern angehören, sowie die für die Beurteilung der Zuverlässigkeit dieser Eigentümer, der gesetzl Vertreter u der allenfalls persönlich haftenden Gesellschafter dieser Eigentümer erforderlichen Angaben (§ 4 Abs 3 Z 5 BWG);

---

[28] Bezogen freilich auf andere Typen beaufsichtigter Unternehmen, weil Neukonzessionierungen als Verwaltungsgesellschaften sehr selten vorkommen.

- Namen der vorgesehenen Geschäftsleiter u deren Qualifikation zum Betrieb des Unternehmens (§ 4 Abs 3 Z 6 BWG);
- **Geschäftsplan**, aus dem der organisatorische Aufbau der Verwaltungsgesellschaft, die geplanten Strategien u Verfahren zur Überwachung, Steuerung u Begrenzung der in § 86 Abs 3 InvFG beschriebenen Risken u die Verfahren u Pläne gem §§ 86 bis 89 InvFG hervorgehen (§ 6 Abs 1 InvFG).

Aus den in § 6 Abs 2 InvFG genannten zu erfüllenden Konzessionsvoraussetzungen (s Rz 55) ergibt sich jedoch das praktische Erfordernis, über die oben genannten Angaben u Unterlagen **eine Vielzahl weiterer Nachw in den Konzessionsantrag** aufzunehmen. Im Rahmen des Konzessionsverfahrens ist überdies damit zu rechnen, dass die FMA noch zahlreiche weitere Unterlagen anfordern wird. Dazu können zB detaillierte interne RL, Compliance- u Anti-Geldwäsche-Handbücher u -RL etc zählen. Zur Erfüllung der Anforderungen des § 4 Abs 3 Z 5 BWG[29] wendet die FMA beispielsweise die **EKV 2016** analog an. Diese gilt an sich vorrangig im Bereich des Erwerbs einer qualifizierten Beteiligung an einem Kreditinstitut, einem Zahlungsinstitut oder einem E-Geld-Unternehmen u legt die formalen Anforderungen zur Prüfung der Zuverlässigkeit der Eigentümer fest. Im Rahmen der EKV 2016 sind betr die Eigentümer eines beaufsichtigten Unternehmens zahlreiche Unterlagen u Informationen vorzulegen.[30] Durch die analoge Anwendung im Konzessionsverfahren sind somit erheblich mehr Unterlagen im Konzessionsverfahren vorzulegen als die § 6 Abs 1 InvFG auf den ersten Blick vermuten lässt.

3. Verfahrensablauf

Gemäß § 6 Abs 3 InvFG hat die FMA grds **binnen sechs Monaten ab Eingang** des vollständigen Konzessionsantrags entweder die Konzession zu erteilen oder die Ablehnung des Konzessionsantrags durch Bescheid auszusprechen. Diese Bestimmung ist **freilich totes Recht**. Von der FMA ist in der Praxis eine Bestätigung über die Vollständigkeit der vorgelegten Unterlagen *de facto* nicht zu erlangen. Auch ist die FMA in

---

29 Betr jene Eigentümer, die zumindest 10 % der Stimmrechte oder des Grundkapitals der Verwaltungsgesellschaft (dh eine qualifizierte Beteiligung) halten werden.
30 Bis zu 47 Anlagen sind v EKV 2016 vorgesehen.

der Praxis dafür bekannt,[31] die **Vollständigkeit** v Konzessionsanträgen durch wiederkehrende Anforderungen weiterer Unterlagen **hinauszuzögern.**

52 Ein **realistischer Zeithorizont** zur Erlangung einer Konzession liegt daher zw **neun u 15 Monaten,** wobei dies voraussetzt, dass der Antragsteller professionell vorbereitet ist u idealerweise durch RA u *Financial Consultants* beraten wird.

53 Den erfahrungsgemäß größten Schwerpunkt legt die FMA aktuell auf die Prüfung des Geschäftsplans, die Prüfung der generellen Organisation u des internen Aufbaus der Strukturen u Prozesse, die Prüfung der in Aussicht genommenen AML/KYC Prozesse sowie der *fit & properness* der Eigentümer des Antragstellers.

4. Eintragung ins Firmenbuch und Bezeichnungsschutz

54 Auch vor Erteilung der Konzession kann die antragstellende Gesellschaft bereits gegründet u ins FB eingetragen werden. Dabei ist zu beachten, dass ein besonderer **Bezeichnungsschutz** gem § 94 BWG bzw § 130 InvFG für bestimmte Begriffe besteht. Dazu zählen ua die Begriffe Kapitalanlagegesellschaft, Investmentfondsgesellschaft, Kreditinstitut u Bank. Das FB darf Gesellschaften, die eine geschützte Bezeichnung im Firmennamen tragen, gem § 5 Abs 2 S 1 BWG nur dann ins FB eintragen, wenn die entspr rechtskräftigen Konzessionsbescheide in Urschrift oder beglaubigter Abschrift (Kopie) vorliegen. Es ist daher in der Phase der Gründung u erstmaligen Eintragung des Antragstellers ins FB vor Konzessionserteilung sicherzustellen, dass die antragstellende GmbH einen neutralen Namen trägt. Dieser darf keinen gem § 94 BWG bzw § 130 InvFG geschützten Bestandteil aufweisen.

B. Konzessionsvoraussetzungen

1. Allgemeines

55 Gemäß § 6 Abs 2 InvFG hat die FMA die Konzession als Verwaltungsgesellschaft zu erteilen, wenn die nachfolgend in den Pkt 2. bis 10. (s Rz 56 ff) beschriebenen Voraussetzungen erfüllt sind. Diese Voraus-

---

[31] Wobei dies generell auf Konzessionsanzeigen im beaufsichtigten Bereich bezogen ist u nicht spezifisch auf Anträge nach dem InvFG, v denen es so gut wie keinen neuen gibt.

setzungen sind ein Mix aus direkt im InvFG genannten Voraussetzungen sowie weiteren Voraussetzungen, die sich erst durch einen Querverweis auf das BWG ergeben.

2. Rechtsform und Bestandsdauer (§ 6 Abs 2 Z 1 und Z 7 InvFG)

Eine Verwaltungsgesellschaft kann entweder in der **Rechtsform einer AG oder einer GmbH** betrieben werden. Die Gesellschaft ist gem § 6 Abs 2 Z 7 InvFG **auf unbestimmte Zeit** anzulegen. Die Lit versteht darunter vielfach eine „besondere Bestandsgarantie"[32]. § 6 Abs 2 Z 7 InvFG scheint vor dem folgenden Hintergrund eine wenig sinnhafte Vorschrift zu sein: GmbH werden auf unbestimmte Zeit errichtet. Überdies trägt das InvFG selbst Vorsorge dafür, dass eine Verwaltungsgesellschaft nicht durch ihre Eigentümer – anders als eine herkömmliche GmbH – beliebig abgewickelt werden kann.

56

Die erwähnte **Bestandsgarantie ist dem InvFG bereits selbst inhärent**. Gemäß § 7 Abs 3 InvFG kann eine Verwaltungsgesellschaft (richtigerweise: ihre Gesellschafter) ihre Auflösung nicht beschließen, bevor nicht das Recht zur Verwaltung aller durch sie verwalteten OGAW gem § 60 InvFG geendet hat. Gemäß § 60 InvFG ist für eine Beendigung[33] sowieso die Bewilligung der **FMA** nötig. Diese ist also gleichsam die **Wächterin über Bestandsgarantie**. Es ist daher nicht erkennbar, welchen Mehrwert § 6 Abs 2 Z 7 InvFG bieten soll u wie der Antragsteller die Erfüllung anders nachweisen soll als durch Verweis auf die zit gesetzl Bestimmungen. Eine Vereinfachung der Konzessionsvoraussetzungen in § 6 InvFG wäre daher indiziert.

Von den 14 derzeit in Ö konzessionierten Verwaltungsgesellschaften haben zehn die Rechtsform der GmbH. Im Bereich der Verwaltungsgesellschaften ist die **GmbH** daher die **vorherrschende Rechtsform** (anders als bei den klassischen Kreditinstituten, bei denen die Mehrheit in der Rechtsform einer AG oder einer Gen betrieben wird). Es steht zu vermuten, dass die gesellschaftsrechtlich verankerte **Weisungsbefugnis des Eigentümers** gegenüber dem GF einer GmbH ein Grund für diese Bevorzugung der GmbH gegenüber der AG in der

57

---

32 Vgl *Berger* in Bollenberger/Kellner, InvFG § 6 Rz 15; *Oppitz* in Macher/Buchberger/Kalss/Oppitz, InvFG § 6 Rz 20.
33 Außer im Fall des § 60 Abs 2 InvFG, wenn das Fondsvermögen unter einen Wert v € 1,15 Mio fällt.

Praxis sein könnte.[34] Diese A ist (mag sie auch faktisch korrekt sein) freilich rechtlich nicht gänzlich präzise, weil im Bereich beaufsichtigter Unternehmen ein gesellschaftsrechtlich **theoretisch vorhandenes Weisungsrecht gegenüber den aufsichtsrechtlichen Anforderungen eines Geschäftsleiters in den Hintergrund tritt**.[35]

Zu den gem § 10 Abs 6 InvFG einzuhaltenden Bestimmungen des BWG zählt auch § 39 BWG, der die allg Sorgfaltspflichten eines Geschäftsleiters eines (Spezial-)Kreditinstitut festschreibt. Aus den umfassenden Anforderungen des § 39 BWG u § 14 InvFG ergibt sich, dass Geschäftsleiter eines (Spezial-)Kreditinstituts **vorrangig den aufsichtsrechtlichen Anforderungen entsprechen u die Interessen des Kreditinstituts u seiner Kunden wahren** müssen. Diese strengen Regeln dienen letztlich auch dem Schutz des Vertrauens des Publikums in den österr Finanz- u Bankenmarkt.[36] Weisungen der Eigentümer wird damit dort das Substrat entzogen, wo ihre Weisungen mit den Pflichten des Geschäftsleiters des (Spezial-)Kreditinstituts kollidieren. Diese werden sich daher stärker als dies nach den Regeln des GmbHG erforderlich ist, **Weisungen ihrer Eigentümer widersetzen** müssen, um dem an sie ua gem § 39 BWG angesetzten Maßstab entsprechen zu können.

Zu beachten ist hierbei für GF v in der Rechtsform der GmbH geführten Verwaltungsgesellschaften, dass ein Verstoß gegen die Pflichten des § 39 BWG gem § 98 Abs 5 Z 4 BWG mit einer Verwaltungsstrafe v bis zu € 5 Mio oder bis zu dem Zweifachen des aus dem Verstoß gezogenen Nutzens, soweit sich dieser beziffern lässt, bestraft werden kann. Überdies können sich Geschäftsleiter bei Missachtung gegenüber der Bank/Verwaltungsgesellschaft, nach hA wohl aber **nicht direkt gegenüber den Gläubigern**, schadenersatzpflichtig machen.[37]

---

34 So auch *Berger* in Bollenberger/Kellner, InvFG § 6 Rz 5; *Oppitz* in Macher/Buchberger/Kalss/Oppitz, InvFG § 6 Rz 13.
35 IdS auch: *Kammel* in Laurer/M. Schütz/Kammel/Ratka, BWG⁴ § 39 Rz 6.
36 Vgl *Kammel* in Laurer/M. Schütz/Kammel/Ratka, BWG⁴ § 39 Rz 8.
37 Vgl *Kammel* in Laurer/M. Schütz/Kammel/Ratka, BWG⁴ § 39 Rz 14; wonach § 39 BWG auch kein Schutzgesetz konstituiert. Dem zust: *Höllerer/Puhm/Stern* in Dellinger, BWG¹¹ § 39 Rz 24.

3. Bestellung eines Aufsichtsrats und Vinkulierung der Geschäftsanteile (§ 6 Abs 2 Z 2 und Z 3 InvFG)

Der GesV des Antragstellers muss die **Bestellung eines AR u dessen Zustimmungspflicht zur Übertragung der Geschäftsanteile der als GmbH** geführten Verwaltungsgesellschaft vorsehen. In der Praxis zeigt sich, dass der **Antragsteller typischerweise zwei Fassungen des GesV bei der FMA vorlegen** wird: 58

(i) die Fassung des GesV, die im Zeitpunkt der Antragstellung gilt (u die nicht notwendigerweise bereits die Voraussetzungen des § 6 Abs 2 Z 2 u Z 3 InvFG erfüllt); sowie

(ii) jene Fassung des GesVs, die spätestens ab dem Zeitpunkt der Konzessionserteilung gelten wird u die die Voraussetzungen des § 6 Abs 2 Z 2 u Z 3 InvFG vollständig erfüllt. Diese Fassung kann dann auch bereits den konkret ins Auge gefassten Firmennamen enthalten, der nicht mehr dem Bezeichnungsschutz (s Rz 54) unterliegt – weil diese Fassung ja erst mit Konzessionserteilung durch die Organe der Gesellschaft beschlossen werden wird u erst dann Geltung erlangt.

Auch der **AR** wird typischerweise erst in einem **fortgeschrittenen Stadium des Konzessionserlangungsprozesses bestellt** werden. Zum einen sind erst einmal geeignete Personen zu finden, die bereit sind, die Position eines AR in einer beaufsichtigen Gesellschaft zu übernehmen. Zum anderen treten die krit geschäftlichen Risiken, die ein AR auch kontrollieren soll, ja erst mit Aufnahme des operativen Betriebs ein. Die FMA muss jedoch den Vorsitzenden des AR einer *Fit & Proper*-Überprüfung unterziehen u betr den Vorsitzenden sowie die sonstigen Mitglieder die Erfüllung der spezifischen Voraussetzungen prüfen. Es empfiehlt sich daher, der FMA die geplante **Besetzung des AR rechtzeitig bekannt** zu geben, sodass diese Überprüfungen durch die FMA nicht den gesamten Zeitplan der Konzessionierung hinauszögern. Zu den Anforderungen an die als Personen vorgesehenen AR-Mitglieder s die Kommentierung zu § 14 InvFG (Rz 86 ff). 59

4. Aufgeld in besonderer Rücklage (§ 6 Abs 2 Z 4 InvFG)

Bei Verwaltungsgesellschaften in der Rechtsform der GmbH ist ein **allfälliges Aufgeld einer besonderen Rücklage** zuzuweisen, die nur zum Ausgleich v Wertminderungen u zur Deckung v sonstigen Verlusten verwendet werden darf. Unter Aufgeld (auch Agio) versteht man die Vereinbarung einer zusätzlichen Leistung durch die Gesellschafter an- 60 lässlich der Gründung einer Gesellschaft oder bei einer Kapitalerhöhung, die den Nominalwert der Stammeinlage übersteigt.[38] Die besondere Rücklage meint die gebundene Rücklage des § 130 AktG bzw § 229 UGB.[39] Diese Konzessionsvoraussetzung stellte eine Abweichung der allg für GmbH geltenden Regelungen zum Aufgeld dar. Nach der generellen Bestimmung in § 23 GmbHG u § 22 Abs 4 UGB haben nur große GmbH ein allfälliges Agio in der gebundenen Rücklage auszuweisen (§ 229 Abs 5 UGB).

5. Anfangskapital und mündelsichere Veranlagung (§ 6 Abs 2 Z 5 und Z 6 InvFG)

61 Das **Anfangskapital einer Verwaltungsgesellschaft** beträgt zumindest € 2,5 Mio.[40] Diese Anforderungen sind geringer als bei Kreditinstituten,[41] übersteigen aber natürlich die Kapitalanforderungen einer normalen GmbH erheblich. Die Gründungsprivilegierung hat im beaufsichtigen Bereich keinen Platz. Das Anfangskapital muss den Geschäftsleitern unbeschränkt u **ohne Belastung im Inland zur freien Verfügung** stehen. Das Anfangskapital ist sohin auf ein Konto bei einem österr Kreditinstitut oder einer Zweigniederlassung eines CRR-Kreditinstituts aus einem anderen Mitgliedstaat einzuzahlen. Ein im Ausland geführtes Konto, u sei es auch ein Konto in einem EU-Mitgliedstaat, scheidet aus. § 6 Abs 2 Z 5 InvFG enthält auch Anforderungen an die laufende Eigenmittelausstattung nach Konzessionserteilung. Diese Anforderungen behandeln wir bei der Kommentierung zu § 8 InvFG.

62 Mindestens die **Hälfte des eingezahlten Stammkapitals ist mündelsicher** anzulegen. Dies dient letztlich dem Schutz der Gläubiger der Verwaltungsgesellschaft.[42] Was eine **mündelsichere Veranlagungsform** ist, regeln die §§ 215 ff ABGB. Demnach kommen als Anlageformen

---

38 Vgl *Ch. Fritz*, Gesellschafts- und Unternehmensformen in Österreich[3] Rz 3085; *Nowotny* in Kalss/Nowotny/Schauer, GesR[2] Rz 4; *Reich-Rohrwig*, GmbHR I[2] Rz 1/178; *Emmerich* in Scholz, GmbHG[12] § 3 Rz 74; *Fastrich* in Baumbach/Hueck, GmbHG[20] § 5 Rz 11; *Veil* in Scholz, GmbHG[12] § 5 Rz 21,
39 Vgl *Berger* in Bollenberger/Kellner, InvFG § 6 Rz 10; *Oppitz* in Macher/Buchberger/Kalss/Oppitz, InvFG § 6 Rz 18.
40 S die Kommentierung zu § 8 InvFG für eine genaue Darstellung der laufenden Eigenmittelanforderungen.
41 Bei denen das Anfangskapital zumindest € 5 Mio beträgt.
42 Vgl *Oppitz* in Macher/Buchberger/Kalss/Oppitz, InvFG § 6 Rz 18.

insb bestimmte mündelsichere Formen v **Spareinlagen, bestimmte Wertpapiere, Kredite oder Liegenschaften** in Betracht.

Die Gesellschaft darf auch mehr als die Hälfte ihres Stammkapitals mündelsicher veranlagen; die gesetzl Vorschrift legt lediglich eine Minimumgrenze für diese Veranlagungsform fest.[43] Die Vorschrift des § 6 Abs 2 Z 6 InvFG bezieht sich *expressis verbis* nur auf das einbezahlte Stammkapital u nicht die sonstigen Eigenmittel, die allenfalls nach § 8 InvFG durch die Verwaltungsgesellschaft vorzuhalten sind.[44]

63

6. Unvereinbarkeiten (§ 6 Abs 2 Z 8 InvFG)

Die bis BGBl I 2017/107 direkt im InvFG enthaltenen **Unvereinbarkeitsbestimmungen** betr die **Geschäftsleiter u Mitglieder des AR der Verwaltungsgesellschaft** einerseits u **der Depotbank** andererseits werden nunmehr inhaltlich durch Art 21 u 24 der EU-VO 2016/438/EU abgedeckt. Im Zuge des Inkrafttretens der EU-VO 2016/438/EU wurde § 6 Abs 2 Z 8 InvFG entspr angepasst u § 6 Abs 2 Z 9 InvFG gänzlich gestrichen.

64

Art 21 u 24 der EU-VO 2016/438/EU lassen sich wie folgt zusammenfassen:

65

- eine **Personenidentität** in Form der gleichen natPers als Geschäftsleiter der Verwaltungsgesellschaft u ihrer Depotbank ist verboten;
- der **Geschäftsleiter** der Verwaltungsgesellschaft darf **nicht gleichzeitig Mitarbeiter in ihrer Depotbank** sein;
- der **Geschäftsleiter der Depotbank** darf **nicht** gleichzeitig Mitarbeiter in einer Verwaltungs- oder Investmentgesellschaft sein, für die Depotbank die Funktion der Verwahrstelle wahrnimmt;
- **höchstens ein Drittel des AR der Verwaltungsgesellschaft** besteht aus Personen, die **gleichzeitig Mitglieder der Geschäftsleitung oder des AR oder Mitarbeiter der Verwahrstelle** sind;
- **höchstens ein Drittel des AR der Depotbank** besteht aus Personen, die **gleichzeitig Mitglieder der Geschäftsleitung oder des AR der Verwaltungsgesellschaft oder Mitarbeiter der Verwaltungsgesellschaft** sind;

---

[43] Vgl *Berger* in Bollenberger/Kellner, InvFG § 6 Rz 14.
[44] IdS auch: Vgl *Berger* in Bollenberger/Kellner, InvFG § 6 Rz 14; vgl auch *Oppitz* in Macher/Buchberger/Kalss/Oppitz, InvFG § 6 Rz 19.

- sofern zw der Depotbank u der Verwaltungsgesellschaft eine **Gruppenbeziehung** besteht, müssen die Depotbank u die Verwaltungsgesellschaften **RL erlassen u Verfahren implementieren**, die sicherstellen, dass etwaige aufgrund der Gruppenverbindung be- oder entstehende **Interessenkonflikte** (zulasten der Anleger, Gläubiger oder der jew Gesellschaft) erkannt werden. Ebenso müssen sie **Maßnahmen** ergreifen, die angemessen sind, um solche **Interessenkonflikte zu vermeiden**. Wenn ein solcher Interessenkonflikt nicht vermieden werden kann, wird er durch die Verwaltungsgesellschaft u die Verwahrstelle geregelt, überwacht u offengelegt, um nachteilige Auswirkungen auf die Interessen des OGAW u seiner Anleger zu verhindern.

66 Die Erfüllung dieser Konzessionsvoraussetzung wird durch die FMA in der Praxis wohl durch die v Antragsteller vorgelegten Unterlagen im Rahmen des Verfahrens geprüft, aus denen sich die sonstigen Funktionen u beruflichen Tätigkeiten der betroffenen Personen ergeben. Soweit im Zeitpunkt der Konzessionserteilung noch nicht bekannt ist, welche Depotbanken der Antragsteller für konkrete OGAW bzw OGA heranziehen wird, ist die Konzessionsvoraussetzung wohl praktisch eher für die laufende Prüfung des kontinuierlichen Vorliegens aller Konzessionsvoraussetzungen v Relevanz. Im Fall des Verstoßes gegen die Verpflichtungen der EU-VO 2016/438/EU würde dies bei beharrlicher Nichtbeachtung wohl einen Grund für einen Entzug der Konzession gem § 7 Abs 1 Z 1 InvFG darstellen.

7. Fachliche Eignung der Geschäftsleiter (§ 6 Abs 2 Z 10 InvFG)

67 Besondere Anforderungen stellt das InvFG an die **fachliche Eignung der vorgesehenen Geschäftsleiter** der Verwaltungsgesellschaft. Andererseits müssen diese Personen auch über **Leitungserfahrung** sowie über die erforderliche **praktische Erfahrung für den Betrieb einer Verwaltungsgesellschaft** verfügen. Mindestens zwei der Geschäftsleiter müssen auch in Bezug auf die **Typen der v der Verwaltungsgesellschaft verwalteten OGAW** über ausreichende **praktische u theoretische Erfahrung** verfügen. Aus dem Geschäftsplan, der der FMA vorzulegen ist, ergibt sich, welche Arten v Kapitalanlagefonds die Verwaltungsgesellschaft „auflegen" wird.

68 Nähere Details zu den gestellten Anforderungen u den durch die FMA bei Prüfung angewandten Maßstäben finden sich im *Fit&Proper-*

Rundschreiben der FMA.[45] Das Rundschreiben deckt die **FMA-Anforderungen sowohl an die Geschäftsleitung als auch die Mitglieder des AR** ab. Die Geschäftsleiter sowie der Vorsitzende des AR werden gem dem *Fit&Proper*-Rundschreiben auch einem *Fit&Proper*-Test der FMA unterzogen. Prüfungsrelevant werden insb die folgenden G sein: InvFG, BWG (soweit auf Verwaltungsgesellschaften anwendbar), FM-GwG, WiEReG, BaSAG, relevante europarechtliche Bestimmungen wie relevante Delegierte Verordnungen etc.[46] Die Zusammenstellung der Fragen erfolgt jedoch nach dem **Proportionalitätsgrundsatz** u berücksichtigt die **individuellen Umstände**, die **Aufgaben** sowie die **Art, Umfang u Komplexität der betriebenen Geschäfte**.[47]

Neben den fachlichen Eignungen wird die FMA auch die persönliche Zuverlässigkeit prüfen.[48] Hier sind geeignete Unterlagen wie Auszüge aus dem Strafregister, Lebensläufe sowie eidesstaatliche Erklärungen vorzulegen. Ebenso **prüft die FMA** – vorrangig anhand der aus dem Lebenslauf ersichtlichen weiteren (Organ-)Funktionen –, ob eine **ausreichende zeitliche Verfügbarkeit** der Geschäftsleiter gegeben ist. Kumulieren Geschäftsleiter zu viele Funktionen, könnte zurecht in Zweifel gezogen werden, dass sie **noch genügend zeitliche Ressourcen** für die sorgfältige Erfüllung ihrer Tätigkeit als Geschäftsleiter aufwenden können.[49] **69**

8. Risikomanagement (§ 6 Abs 2 Z 11 InvFG)

Als weitere Konzessionsvoraussetzung muss die Verwaltungsgesellschaft über angemessene u wirksame Risikomanagement-Grundsätze, Vorkehrungen, Prozesse u Verfahren gem § 86 Abs 3 InvFG verfügen. Gemäß dieser Bestimmung wiederum hat die Verwaltungsgesellschaft der Art, dem Umfang u der Komplexität ihrer Geschäfte u der v ihr verwalteten OGAW angemessene u dokumentierte Risikomanagement-Grundsätze festzulegen, umzusetzen u aufrechtzuerhalten. **70**

---

45 FMA-Rundschreiben zur Eignungsprüfung v Geschäftsleitern, AR-Mitgliedern u Inhabern v Schlüsselfunktionen v 18.3.2023 (*Fit&Proper*-Rundschreiben).
46 Vgl *Fit&Proper*-Rundschreiben (FN 44) Rz 49.
47 Vgl *Fit&Proper*-Rundschreiben (FN 44) Rz 180.
48 Vgl *Fit&Proper*-Rundschreiben (FN 44) Rz 20.
49 Vgl *Fit&Proper*-Rundschreiben (FN 44) Rz 105.

Im Rahmen des Konzessionsverfahrens prüft die FMA die Risikomanagement-Handbücher u -RL. Es empfiehlt sich, bei Erstellung dieser Unterlagen auch stets den eigenen Geschäftsplan im Auge zu haben, um die Handbücher u RL auch konkret am beabsichtigten Geschäftsmodell ausrichten zu können.

9. Anforderungen nach WAG 2018 (§ 6 Abs 2 Z 12 InvFG)

71 Sofern die Antragsteller für die zukünftige Verwaltungsgesellschaft eine **Zusatzkonzession nach § 5 Abs 2 Z 3 u/oder Z 4 InvFG** beantragen (s Kommentierung zu § 5 InvFG, Rz 44 ff), müssen **erweiterte Konzessionsvorschriften** eingehalten werden.[50] Diese Voraussetzungen sind:

a) das **Anfangskapital** muss mind in der Höhe v **25 % der fixen Gemeinkosten** des letzten festgestellten JA gem Art 13 der VO 2019/2033/EU den Geschäftsleitern unbeschränkt u zur freien Verfügung im Inland zur Verfügung stehen (§ 6 Abs 2 Z 12 lit a InvFG) u

b) die Geschäftsleiter müssen zusätzlich zu den Voraussetzungen der fachlichen Eignungen die **spezifischen fachlichen Voraussetzungen gem § 3 Abs 5 Z 3 WAG 2018** (s den Exkurs zum WAG, Rz 23 ff zu § 3 WAG 2018) erfüllen (§ 6 Abs 2 Z 12 lit b InvFG).

72 Der durch den Gesetzgeber durch BGBl I 2022/237 aufgenommene Verweis auf die fixen **Gemeinkosten des letzten festgestellten JA** ist natürlich einigermaßen **sinnbefreit**. Dies deshalb, weil es bei dieser Bestimmung um das „Anfangskapital" einer Verwaltungsgesellschaft geht, nicht wie bei Art 13 der VO 2019/2033/EU um die laufenden Eigenmittelanforderungen einer Wertpapierfirma. Vielmehr hätte der Gesetzgeber auf die fixen Gemeinkosten des ersten Geschäftsjahres gem des sowieso vorzulegenden Geschäftsplans verweisen sollen.

Die **besondere Voraussetzung** des § 6 Abs 2 Z 12 lit a InvFG ist **an sich unnötig**, weil die Eigenmittel einer Verwaltungsgesellschaft gem **§ 8 Abs 2 InvFG sowieso nicht unter den gem Art 13 Abs 1 der VO 2019/2033/EU zu ermittelnden Betrag** absinken dürfen (s Rz 80 zu § 5 InvFG). Dies **unabhängig** davon, ob der Antragsteller eine **erweiterte Konzession** nach § 5 Abs 2 Z 3 u 4 InvFG beantragt hat.

Die Erfüllung der Vorgabe gem § 8 Abs 2 InvFG wird im Rahmen des Konzessionsverfahrens auf Grundlage der im Geschäftsplan ersicht-

---

50 Vgl *Berger* in Bollenberger/Kellner, InvFG § 6 Rz 23.

lichen Planzahlen geprüft. Weist der Geschäftsplan fixe Gemeinkosten in relevanter Höhe aus, wäre bereits aus dieser Logik heraus ein höheres Anfangskapital als die in § 6 Abs 2 Z 5 InvFG genannten € 2,5 Mio vorzuhalten. Einer speziellen Norm für den Fall der Konzessionserweiterung bedarf es daher nicht.

10. Anforderungen nach BWG (§ 6 Abs 2 Z 13 InvFG)

Neben den bereits genannten Konzessionsvoraussetzungen sind überdies die in § 5 Abs 1 Z 2 bis 4a, 6, 7 u 9 bis 14 BWG genannten **Konzessionsvoraussetzungen** zu erfüllen (vgl den Exkurs zum BWG, Rz 22 ff zu §§ 4, 5, 8 BWG).

– Der GesV darf keine Bestimmung enthalten, die die Sicherheit der der Verwaltungsgesellschaft anvertrauten Vermögenswerte u die ordnungsgemäße Durchführung ihrer Geschäfte nicht gewährleisten (§ 5 Abs 1 Z 2 BWG).
– Aus des Geschäftsplan gehen die geplanten Strategien u Verfahren zur Überwachung, Steuerung u Begrenzung der bankgeschäftlichen u bankbetrieblichen Risiken gem § 39 BWG u die Verfahren u Pläne gem § 39a BWG hervor, die der Art, dem Umfang u der Komplexität der geplanten Geschäfte angemessen sind (§ 5 Abs 1 Z 2a BWG).
– Die Personen, die eine **qualifizierte Beteiligung** an der Verwaltungsgesellschaft halten, genügen den im Interesse einer soliden u umsichtigen Führung der Verwaltungsgesellschaft zu stellenden Ansprüchen im Einklang mit den Kriterien des § 20b Abs 1 BWG. Außerdem liegen keine Tatsachen vor, aus denen sich Zweifel an der persönlichen Zuverlässigkeit dieser Personen ergeben; liegen derartige Zweifel dennoch vor, dann darf die Konzession nur erteilt werden, wenn die Unbegründetheit der Zweifel bescheinigt wurde (§ 5 Abs 1 Z 3 BWG).
– Durch **enge Verbindungen** des Kreditinstituts mit anderen natPers oder jurPers wird die **FMA an der Erfüllung ihrer Aufsichtspflicht nicht gehindert** (§ 5 Abs 1 Z 4 BWG): In der Praxis wird dies durch entspr Selbsterklärungen dargelegt, die v der FMA dann im Gesamtkontext zu würdigen sind.
– Bei keinem der Geschäftsleiter liegt ein **Ausschließungsgrund iSd § 13 Abs 1 bis 3, 5 u 6 GewO** vor u die Geschäftsleiter bzw die v ihnen kontrollierten Unternehmen waren nicht Gegenstand v in- oder ausländischen Insolvenzverfahren (§ 5 Abs 1 Z 6 BWG): In der Pra-

xis werden dem Konzessionsantrag die durch die Geschäftsleiter unterschriebenen sog „§ 13 Erklärungen" beigelegt.[51] Überdies werden typischerweise Auszüge aus der Ediktsdatei[52] dem Antrag angefügt.

74 – Die Geschäftsleiter verfügen über **geordnete wirtschaftliche Verhältnisse** u es liegen keine Tatsachen vor, aus denen sich Zweifel an ihrer **persönlichen** für den Betrieb der Geschäfte erforderlichen **Zuverlässigkeit, Aufrichtigkeit u Unvoreingenommenheit** ergeben. Bei der Überprüfung der Zuverlässigkeit hat die FMA auch auf die v der EBA gem Art 69 Abs 1 CRD IV eingerichtete Datenbank zurückzugreifen. Hat die FMA Zweifel, ob diese Voraussetzungen vorliegen, darf die Konzession nur erteilt werden, wenn die Unbegründetheit der Zweifel bescheinigt wurde (§ 5 Abs 1 Z 7 BWG): Zweifel können etwa auftreten, wenn die Geschäftsleiter zahlungsunfähig sind oder eine solche Zahlungsunfähigkeit droht oder wenn die betr Person wegen bestimmter Straftaten aus dem Wirtschaftsbereich verurteilt wurde.[53] Nach Kap 8 der *Fit&Proper*-Leitlinien[54] handelt es sich um Straftaten der Unehrlichkeit, des Betrugs oder andere Wirtschaftsstraftaten, Steuervergehen, Geldwäscherei, Terrorismusfinanzierung, aber auch Verstöße gegen Vorschriften zum Verbraucherschutz oder zum Schutz vor Insolvenzen. Die Verwaltungsgesellschaft hat auch laufend zu evaluieren, ob gegen die Geschäftsleiter während dem laufenden Geschäftsbetrieb solche Vorwürfe auftreten; insb bei Vorfällen im Unternehmen (zB Verstößen auch das Anti-Geldwäscherei-Regime) soll eine *ad hoc*-Re-Evaluierung der Eignung vorgenommen werden.[55]

– Bei **ausländischen Geschäftsleitern** ist die Erfüllung der Konzessionsvoraussetzungen gem § 5 Abs 1 Z 6, 7, 8 oder 13 BWG durch eine **Bestätigung der Bankenaufsicht des Heimatlands** nachzuweisen. Kann eine solche Bestätigung faktisch nicht erlangt werden, so hat der betr Geschäftsleiter dies glaubhaft zu machen, das Fehlen der genannten Ausschließungsgründe zu bescheinigen u

---

51 S ein Bsp unter: https://www.wien.gv.at/wirtschaft/gewerbe/ahs-info/pdf/13erklaerungnat.pdf.
52 https://edikte.justiz.gv.at/edikte/edikthome.nsf.
53 Vgl *Fit&Proper*-Rundschreiben (FN 44) Rz 30.
54 Leitlinien der EBA u ESMA zur Bewertung der Eignung v Mitgliedern des Leitungsorgans u Inhabern v Schlüsselfunktionen v 2.7.2021 (EBA/GL/2021/06 bzw ESMA35-36-2319) (*Fit&Proper*-Leitlinien).
55 Vgl *Fit&Proper*-Leitlinien (FN 53) Rz 26.

eine Erklärung abzugeben, ob die genannten Ausschließungsgründe vorliegen (§ 5 Abs 1 Z 9 BWG).
- Die Geschäftsleiter müssen **ausreichend Zeit für die Erfüllung ihrer Aufgaben** in der Verwaltungsgesellschaft aufwenden (§ 5 Abs 1 Z 9a BWG): Das G enthält ausf Bestimmungen zur Ausübung mehrerer Tätigkeiten in geschäftsführender Funktion oder als Mitglied eines AR in versch Unternehmen. Bei Instituten v erheblicher Bedeutung (mit einer Bilanzsumme v mind € 5 Mrd) gibt es überdies Beschränkungen, die im Bereich der Verwaltungsgesellschaften aber nicht relevant sind, weil keine der konzessionierten Verwaltungsgesellschaften diese Summe erreicht. Dies liegt daran, dass die verwalteten Sondervermögen (dh die Fondsvermögen) „unter dem Strich" der Bilanz der Verwaltungsgesellschaft stehen, weil diese kein Vermögen der Verwaltungsgesellschaft darstellen (Trennungsprinzip, s Rz 21 zu § 2 InvFG).

75

- Mind ein Geschäftsleiter muss den **Mittelpunkt seiner Lebensinteressen in Ö** haben (§ 5 Abs 1 Z 10 BWG).
- Mind ein Geschäftsleiter muss die **dt Sprache** beherrschen (§ 5 Abs 1 Z 11 BWG).
- Das Kreditinstitut verfügt über mind **zwei Geschäftsleiter** u die **Einzelvertretungsmacht**, eine Einzelprokura oder eine Einzelhandlungsvollmacht für den gesamten Geschäftsbetrieb ist ausgeschlossen (§ 5 Abs 1 Z 12 BWG): Dies ist die gesetzl Verankerung des im beaufsichtigten Bereich zumeist geltenden **Vier-Augen-Prinzips**.
- Kein Geschäftsleiter hat einen **anderen Hauptberuf außerhalb Finanzsektors** (§ 5 Abs 1 Z 13 BWG).
- Der **Sitz u die Hauptverwaltung** der Verwaltungsgesellschaft liegen im **Inland** (§ 5 Abs 1 Z 14 BWG).

IV. Eigenmittel

§ 8. (1) Die Eigenmittel der Verwaltungsgesellschaft dürfen zu keiner Zeit unter den in § 6 Abs 2 Z 5 genannten Betrag sinken; andernfalls hat die FMA gemäß § 70 Abs 4 BWG vorzugehen.

(2) Unabhängig vom Eigenmittelerfordernis gemäß Abs 1 dürfen die Eigenmittel der Verwaltungsgesellschaft zu keiner Zeit unter

den gemäß Art. 13 Abs. 1 der Verordnung (EU) 2019/2033 zu ermittelnden Betrag absinken.

idF BGBl I 2022/237

A. Allgemeines

76 Die Eigenmittelanforderungen für Verwaltungsgesellschaften sind denkbar kompliziert[56] u unübersichtlich geregelt: Zum einen bestimmt § 6 Abs 2 Z 5 InvFG (s Rz 61 ff zu § 6 InvFG), dass (i) das Anfangskapital zumindest € 2,5 Mio beträgt, anderseits (ii) die laufenden Eigenmittelanforderungen gem dem in § 6 Abs 2 Z 5 InvFG vorgesehenen Modus berechnet werden. Zum anderen legt nun § 8 InvFG in Abs 2 fest, dass „zusätzlich" die Eigenmittel nie unter den nach Art 13 Abs 1 der VO 2019/2033/EU berechneten Betrag absinken dürfen. Damit ist die Verwirrung jedoch noch nicht perfekt: § 6 Abs 2 Z 5 InvFG verweist zusätzlich noch auf die Definition des harten Kernkapitals in der CRR sowie §§ 57 Abs 5, 39a u 103 Z 9 lit b BWG sowie Teil 3, 5 u 8 der CRR, die auf Verwaltungsgesellschaften nicht anwendbar sein sollen. Der geneigte Rechtsunterworfene ist also gezwungen, sich die konkret geltenden Eigenmittelanforderungen aus vier Quellen zusammenzusuchen.

B. Eigenmittelanforderungen nach § 6 Abs 2 Z 5 InvFG

1. Anfangskapital als Minimum-Mindesteigenmittelanforderung

77 Das für die Konzessionserteilung notwendige Anfangskapital iHv € 2,5 Mio stellt gem § 8 Abs 1 InvFG zugleich auch die dauerhaft mind zu haltenden Eigenmittel dar. Zu beachten ist jedoch, dass diese Mindesteigenmittelanforderung durch § 8 Abs 2 InvFG dadurch eine Anpassung erhält, dass die Eigenmittel nicht unter die dort genannte Mindestgrenze sinken darf (s Rz 80 f unten). Insofern ist somit eher v einer Minimum-Mindesteigenmittelanforderung zu sprechen.

---

56 Vgl *Schredl* in Macher/Buchberger/Kalss/Oppitz, InvFG § 8 Rz 5.

2. Volumenabhängige Erhöhung

Zusätzlich zu diesen (Mindest-)Mindesteigenmitteln müssen **variable Eigenmittel** gehalten werden, **deren Höhe** v Wert des durch die Verwaltungsgesellschaft **verwalteten Fondsvermögens abhängt**. Überschreitet der Wert des Fondsvermögens € 250 Mio, muss die Verwaltungsgesellschaft über zusätzliches hartes Kernkapital[57] verfügen. Dessen Höhe muss mind 0,02 % jenes Betrags betragen, um den der Wert der Portfolios der Verwaltungsgesellschaft den erwähnten Betrag v € 250 Mio überschreitet. Beachtlich sind **alle durch die Verwaltungsgesellschaft selbst aufgelegten Fonds, selbst wenn das Portfoliomanagement an einen Dienstleister ausgelagert** wurde.[58] Nicht berücksichtigt werden jedoch jene Fonds, bei denen die Verwaltungsgesellschaft im Wege der Auslagerung das Portfoliomanagement für eine fremde Verwaltungsgesellschaft übernommen hat.

Soweit die auf diese Weise errechneten zusätzlichen Eigenmittel einen Betrag v € 2.375.000 nicht übersteigen (*De Minimus*-Grenze), müssen jedoch keine zusätzlichen Eigenmittel vorgehalten werden. Maximal müssen € 7,5 Mio an zusätzlichen Eigenmitteln gehalten werden.

Um dies **anschaulich zu machen, einige Bsp** für die Berechnung der Eigenmittelanforderungen gem § 8 Abs 1 InvFG (zu reinen **Illustrationszwecken**):

78

79

Fondsvolumen	Anfangskapital	Variable zusätzliche Eigenmittel	Gesamt-Eigenmittel-Anforderung gem § 8 Abs 1 InvFG
€ 200 Mio	€ 2,5 Mio	€ 0	€ 2.500.000
€ 400 Mio	€ 2,5 Mio	€ 30.000	€ 2.500.000 (*De Minimis*)
€ 900 Mio	€ 2,5 Mio	€ 130.000	€ 2.500.000 (*De Minimis*)
€ 1,5 Milliarden	€ 2,5 Mio	€ 250.000	€ 2.500.000 (*De Minimis*)
€ 4 Milliarden	€ 2,5 Mio	€ 750.000	€ 2.500.000 (*De Minimis*)

---

57 Gemäß Teil 2 Titel I Kap 2 der CRR.
58 Vgl *Schredl* in Macher/Buchberger/Kalss/Oppitz, InvFG § 8 Rz 13.

Fondsvolumen	Anfangskapital	Variable zusätzliche Eigenmittel	Gesamt-Eigenmittel-Anforderung gem § 8 Abs 1 InvFG
€ 10 Milliarden	€ 2,5 Mio	€ 1.950.000	€ 2.500.000 (*De Minimis*)
€ 20 Milliarden	€ 2,5 Mio	€ 3.950.000	€ 6.450.000
€ 35 Milliarden	€ 2,5 Mio	€ 6.950.000	€ 9.450.000
€ 55 Milliarden	€ 2,5 Mio	€ 10.950.000 gedeckelt auf € 7.500.00	€ 10.000.000

C. Weitere Mindestgrenze nach § 8 Abs 2 InvFG

80 Durch § 8 Abs 2 InvFG erfahren die soeben dargestellten Eigenmittelanforderung insofern eine Anpassung, als die Eigenmittel der Verwaltungsgesellschaft zu keiner Zeit unter den gem Art 13 Abs 1 der VO 2019/2033/EU zu ermittelnden[59] Betrag absinken dürfen. Dabei handelt es sich um 25 % der fixen Gemeinkosten der Verwaltungsgesellschaft. Die Wertpapierfirmen verwenden die Zahlen, die sich aus dem geltenden Rechnungslegungsrahmen ergeben.

81 § 8 Abs 2 InvFG zieht somit eine **weitere Mindestgrenze der Eigenmittel** ein. Diese Grenze gilt für alle Verwaltungsgesellschaft u nicht bloß für solche, die über eine Zusatzkonzession für die Erbringung v Wertpapierdienstleistungen (s Rz 46 zu § 5 InvFG) verfügen.

82 Um die Folgen für das Eigenmittelerfordernis anschaulich zu machen, haben wir die zu Rz 79 gemachten Bsp für die Berechnung der Eigenmittelanforderungen um **fiktive fixe Gemeinkosten ergänzt (zu reinen Illustrationszwecken):**

---

[59] Vgl *Schredl* in Macher/Buchberger/Kalss/Oppitz, InvFG § 8 Rz 15.

Fonds-volumen	An-fangs-kapital	Variable zusätzliche Eigen-mittel	Fixe Gemeinkosten/ 25% davon		Gesamt-Eigenmittel-Anforde-rung gem § 8 InvFG
€ 200 Mio	€ 2,5 Mio	€ 0	€ 500 k	€ 125 k	€ 2,5 Mio
€ 400 Mio	€ 2,5 Mio	€ 30 k	€ 800 k	€ 200 k	€ 2,5 Mio (De Minimis)
€ 900 Mio	€ 2,5 Mio	€ 130 k	€ 2 Mio	€ 500 k	€ 2,5 Mio (De Minimis)
€ 1,5 Mrd	€ 2,5 Mio	€ 250 k	€ 4 Mio	€ 1 Mio	€ 2,5 Mio (De Minimis)
€ 4 Mrd	€ 2,5 Mio	€ 750 k	€ 8 Mio	€ 2 Mio	€ 2,5 Mio (De Minimis)
€ 10 Mrd	€ 2,5 Mio	€ 1,95 Mio	€ 13 Mio	€ 3,25 Mio	€ 3,25 Mio
€ 20 Mrd	€ 2,5 Mio	€ 3,95 Mio	€ 30 Mio	€ 7,5 Mio	€ 7,5 Mio
€ 35 Mrd	€ 2,5 Mio	€ 6,95 Mio	€ 30 Mio	€ 7,5 Mio	€ 9,45 Mio
€ 55 Mrd	€ 2,5 Mio	€ 10,95 Mio gedeckelt auf € 7,5 Mio	€ 55 Mio	€ 13,75 Mio	€ 13,75 Mio

D. Rechtsfolgen bei Verstößen

In § 8 InvFG sind kurioserweise **Rechtsfolgen ausdrücklich nur bei Verstößen v Abs 1** genannt. Gemäß dieser Bestimmung hat die FMA nach § 70 Abs 4 BWG vorzugehen. Die Vorgehensweise nach § 70 Abs 4 BWG ist dabei iW dreistufig:

1. **Auftrag, den rechtmäßigen Zustand** herzustellen. Dieser Auftrag wird unter **Androhung einer Zwangsstrafe** erteilt u zur Erfüllung wird eine im Hinblick auf die Umstände des Falls **angemessene Frist** gesetzt. Die Eigentümer der Verwaltungsgesellschaft müssen also frische Eigenmittel bereitstellen. Alternativ kann sich die Verwaltungsgesellschaft auch auf dem Kapitalmarkt mit geeigneten Instrumenten des harten Kernkapitals refinanzieren, wobei dies bei Verwaltungsgesellschaft gänzlich unüblich ist.

2. Im **Wiederholungs- oder Fortsetzungsfall** ergeht die Untersagung an die Geschäftsleiter, die **Geschäftsführung ganz oder tw wei-**

ter auszuüben. Davon kann die FMA absehen, wenn dies nach Art u Schwere des Verstoßes unangemessen wäre u die Wiederherstellung des rechtmäßigen Zustands durch nochmaliges Vorgehen gem Z 1 erwartet werden kann. Sieht die FMA v der Untersagung der Geschäftsführung ab, ist die erstverhängte Zwangsstrafe zu vollziehen u der Auftrag unter Androhung einer höheren Zwangsstrafe zu wiederholen.

3. Als *ultima ratio* droht die **Rücknahme der Konzession**, wenn andere Maßnahmen nicht zum Erfolg führen.

84 Die Tatsache, dass **in § 8 Abs 2 InvFG keine Sanktionen** genannt sind, bedeutet freilich **nicht**, dass der **Verstoß sanktionslos bleibt**. Vielmehr sieht § 7 Abs 1 Z 2 InvFG vor, dass die FMA bei sämtlichen Verstößen gegen § 8 InvFG die **Konzession entziehen** kann. Da diese Sanktion aber bei erstmaligen Verstößen u ohne Durchführung anderer Maßnahmen völlig unangemessen u überzogen wäre, folgt, dass natürlich auch bei Verstößen nach § 8 Abs 2 InvFG vor Entzug der Konzession ein **stufenmäßiger Sanktionsmechanismus iSd § 70 Abs 4 BWG einzuhalten** sein wird.[60]

V. Kontrolle durch Geschäftsleitung und Aufsichtsrat

§ 14. (1) ¹Die Geschäftsleitung und der Aufsichtsrat sind dafür verantwortlich, dass die Verwaltungsgesellschaft ihren Pflichten aus diesem Bundesgesetz sowie anderen einschlägigen Bundesgesetzen und aufgrund dieser Bundesgesetze erlassenen Verordnungen und den aufgrund der Richtlinie 2009/65/EG erlassenen EU-Verordnungen nachkommt. ²Die interne Aufgabenverteilung der Verwaltungsgesellschaft ist daher entsprechend auszugestalten.

(2) Die Geschäftsleitung

1. ist insbesondere dafür verantwortlich, dass die allgemeine Anlagepolitik, wie sie im Prospekt und in den Fondsbestimmungen oder in der Satzung einer Investmentgesellschaft gemäß Art. 1 Abs 3 der Richtlinie 2009/65/EG festgelegt ist, bei jedem verwalteten OGAW umgesetzt wird;
2. hat für jeden verwalteten OGAW die Genehmigung der Anlagestrategien zu überwachen;

---

60 So auch Vgl *Grau* in Bollenberger/Kellner, InvFG § 8 Rz 9; *Schredl* in Macher/Buchberger/Kalss/Oppitz, InvFG § 8 Rz 17.

3. ist insbesondere dafür verantwortlich, dass die Verwaltungsgesellschaft über eine dauerhafte und wirksame Compliance-Funktion (§ 15) verfügt, selbst wenn diese Funktion einem Dritten gemäß § 28 übertragen wurde;
4. hat dafür zu sorgen und sich regelmäßig zu vergewissern, dass die allgemeine Anlagepolitik, die Anlagestrategien und die Risikolimits jedes verwalteten OGAW ordnungsgemäß und wirkungsvoll umgesetzt und eingehalten werden, auch wenn die Risikomanagement-Funktion (§ 17) einem Dritten gemäß § 28 übertragen wurde;
5. hat die Angemessenheit der internen Verfahren, nach denen für jeden verwalteten OGAW die Anlageentscheidungen getroffen werden, festzustellen und regelmäßig zu überprüfen, um zu gewährleisten, dass solche Entscheidungen mit den genehmigten Anlagestrategien in Einklang stehen;
6. hat die in § 86 Abs 1 und 2 genannten Grundsätze für das Risikomanagement sowie die zur Umsetzung dieser Grundsätze genutzten Vorkehrungen, Verfahren und Methoden zu billigen und regelmäßig zu überprüfen, was auch die Risikolimits für jeden verwalteten OGAW betrifft;
7. hat die Wirksamkeit der Grundsätze, Vorkehrungen und Verfahren, die zur Erfüllung der Pflichten eingeführt wurden, die in diesem Bundesgesetz sowie anderer einschlägiger Bundesgesetze und aufgrund dieser Bundesgesetze erlassenen Verordnungen und den aufgrund der Richtlinie 2009/65/EG erlassenen EU-Verordnungen festgelegt sind, zu bewerten und regelmäßig zu überprüfen;
8. hat angemessene Maßnahmen zu ergreifen, um etwaige Mängel zu beseitigen;
9. ist für die Berücksichtigung von Nachhaltigkeitsrisiken bei den Tätigkeiten gemäß Z 1 bis 8 verantwortlich.

(3) Die Pflichten gemäß Abs 2 Z 7 und 8 unterliegen der zusätzlichen nachprüfenden Kontrolle des Aufsichtsrates.

(4) Der Geschäftsleitung sind im Zusammenhang mit ihren Pflichten nach Abs 1 und 2 auch Berichte zu erstatten, und zwar:
1. Regelmäßige Berichte über die Umsetzung der in Abs 2 Z 2 bis 5 genannten Anlagestrategien und internen Verfahren für Anlageentscheidungen; und

2. regelmäßig, mindestens aber einmal jährlich, schriftliche Berichte zu Fragen der Rechtsbefolgung, der Innenrevision (§ 16) und des Risikomanagements (§ 17), in denen insbesondere angegeben wird, ob zur Beseitigung etwaiger Mängel geeignete Abhilfemaßnahmen getroffen wurden.

(5) ¹Die in Abs 4 Z 2 genannten Berichte sind auch dem Aufsichtsrat regelmäßig zu übermitteln. ²Die FMA kann mittels Verordnung festlegen, in welchem Umfang, in welchem Zeitrahmen und in welcher Form die Berichte gemäß Abs 4 an die Geschäftsleitung und den Aufsichtsrat zu übermitteln sind. ³Sie hat dabei auf die europäischen Gepflogenheiten in diesem Bereich Bedacht zu nehmen.

idF BGBl I 2022/112

A. Aufsichtsrat

1. Aufsichtsratspflicht

85 Aufgrund der Konzessionsvoraussetzung in § 6 Abs 2 Z 2 InvFG besteht im Gegensatz zur allg Regelung nach dem GmbHG im Bereich des InvFG eine **generelle AR-Pflicht** (s Rz 58 zu § 6 InvFG). Die allg Regelung des § 29 GmbHG findet daher im Bereich des InvFG keine Anwendung. Gemäß § 30 GmbHG besteht der AR aus mind drei Personen, wobei die meisten derzeit konzessionierten Verwaltungsgesellschaften über fünf u mehr Mitglieder des AR verfügen.

2. Nötige Qualifikationen

86 Direkt aus der Bestimmung des § 6 Abs 2 Z 2 sowie des § 14b InvFG ergeben sich **keine Anforderungen an die nötigen Qualifikationen** v **AR-Mitgliedern**.[61] Durch den **Querverweis auf § 28a BWG** in § 10 Abs 6 InvFG ergeben sich jedoch für den Vorsitzenden des AR u die sonstigen Mitglieder **iW die gleichen Qualifikationsvoraussetzungen wie im Bankenbereich**, wobei natürlich immer auf den untersch Umfang u die untersch Komplexität der Tätigkeiten Bedacht zu nehmen ist. Daneben gelten sowohl für den Vorsitzenden als auch die einfachen Mitglieder des AR die **allg Sorgfaltspflichten für Mitglieder eines GmbH-AR** nach dem GmbHG.

---

61 Vgl *Oppitz* in Macher/Buchberger/Kalss/Oppitz, InvFG § 6 Rz 16.

Die gem § 28a Abs 3 BWG gelten besonderen Anforderungen für **87**
den Vorsitzenden des AR lassen sich wie folgt zusammenfassen:

– Es liegt **kein Ausschließungsgrund iSd § 13 Abs 1 bis 3, 5 u 6 GewO 1994** vor u den Vorsitzenden des AR bzw die v ihm kontrollierten Unternehmen waren nicht Gegenstand v in- oder ausländischen Insolvenzverfahren (s dazu Rz 72 zu § 6 InvFG betr die gleich lautende Bestimmung für die Geschäftsleiter);
– Der Vorsitzende des AR verfügt über **geordnete wirtschaftliche Verhältnisse**: Auch diese Bestimmung entspricht iW der Regelung, die auch auf die Geschäftsleiter anwendbar ist (s Rz 73 zu § 6 InvFG);
– Der **Vorsitzende des AR ist fachlich geeignet** u hat die für die Ausübung seiner Funktion erforderlichen Erfahrungen; die fachliche Eignung setzt für das betr Kreditinstitut angemessene Kenntnisse im Bereich des bankbetrieblichen Finanz- u Rechnungswesens voraus: Wie auch betr die Geschäftsleiter enthält das *Fit & Proper*-Rundschreiben der FMA genaue Details zur *Fit & Proper*-Prüfung, die der Vorsitzende des AR bei seiner Bestellung durchlaufen muss (s dazu auch Rz 73 zu § 6 InvFG);
– Gegen den Vorsitzenden des AR, der nicht österr Staatsbürger ist, liegen in dem Staat, dessen Staatsbürgerschaft er hat, keine Ausschließungsgründe als Vorsitzenden des AR iSd vorstehenden Bestimmungen vor; dies ist durch eine Bestätigung der Bankenaufsicht des Heimatlands nachzuweisen. Kann eine solche Bestätigung faktisch nicht erlangt werden, so hat der betr Vorsitzende dies glaubhaft zu machen, das Fehlen der genannten Ausschließungsgründe zu bescheinigen u eine Erklärung abzugeben, ob die genannten Ausschließungsgründe vorliegen.

Zu beachten ist, dass neben den gesetzl Vorgaben betr den Vorsitzen- **88**
den des AR gem § 28a Abs 5 BWG allg Anforderungen auch an die sonstigen Mitglieder des AR gestellt werden. Die FMA legt dabei **einen einheitlichen Maßstab an die einfachen Mitglieder des AR, dessen Vorsitzenden sowie die Geschäftsleiter** an, der unabhängig v Art, Umfang u Komplexität der Geschäfte nach A der FMA für sämtliche Personen in Leitungs- u Kontrollfunktionen gilt.[62] Nach dem

---

[62] Vgl FMA-Rundschreiben zur Eignungsprüfung von Geschäftsleitern, Aufsichtsratsmitgliedern und Inhabern von Schlüsselfunktionen vom 18.3.2023 Rz 25 (*Fit & Proper*-Rundschreiben).

Fit&Proper-Rundschreiben der FMA müssen **alle Personen in Geschäftsleitung u AR jederzeit persönlich zuverlässig, aufrichtig u unvoreingenommen** sein. Für den Nachw sind für jedes Mitglied des AR die folgenden Voraussetzungen zu prüfen bzw Unterlagen vorzulegen:[63]

- die „§ 13 GewO Erklärung" (s auch Rz 72 zu § 6 InvFG);
- deren Insolvenzfreiheit;
- deren geordnete wirtschaftliche Verhältnisse;
- deren Unvoreingenommenheit u etwaige Zweifeln daran; u
- ein Nachw über die **ausreichende zeitliche Verfügbarkeit**. Insbesondere hat ein Mitglied des AR bei der Ausübung weiterer Tätigkeiten in geschäftsführender Funktion oder als Mitglied eines AR die Umstände im Einzelfall u die Art, den Umfang u die Komplexität der Geschäfte des Kreditinstituts zu berücksichtigen.

3. Aufgaben des Aufsichtsrats

89 Grundsätzlich bestimmen sich die Pflichten der AR-Mitglieder nach § 30j GmbHG. Somit hat auch der AR einer Verwaltungsgesellschaft die Geschäftsführung durch die **Geschäftsleiter zu überwachen**.

90 Nach den an vielen Stellen im InvFG verteilten Bestimmungen hat der AR folgende **spezifische Aufgaben im Rahmen des InvFG**:

- Grds besteht eine **gemeinsame Verantwortlichkeit mit der Geschäftsleitung für die Einhaltung aller Pflichten durch die Verwaltungsgesellschaft** (§ 14 Abs 1 InvFG; s Rz 99 unten).
- Gemäß § 14 Abs 2 Z 7 u Z 8 InvFG **prüft der AR die Compliance-Regelungen**[64] der Verwaltungsgesellschaft. Dies bedeutet, dass der AR in eigener Verantwortung die durch die Geschäftsleitung u deren Mitarbeiter aufgestellten Grundsätze, Vorkehrungen u Erfahrungen zur Erfüllung der gesetzl Vorgaben durch die Verwaltungsgesellschaft zu prüfen u zu bewerten hat. Ebenfalls hat der AR zu prüfen, ob die Geschäftsleitung ihrer Pflicht zur Ergreifung angemessener Maßnahmen zur Beseitigung etwaiger Mängel erfüllt hat. Richtigerweise prüft der AR natürlich nicht nur die Compliance-Regelungen, sondern hat die Geschäftsleitung u ihr Gebaren umfassend u über

---

63 Vgl *Fit&Proper*-Rundschreiben (FN 61) Rz 26.
64 Vgl *Grau* in Bollenberger/Kellner, InvFG § 14 Rz 38.

allenfalls im InvFG ausdrücklich genannte Spezialfälle hinaus zu überwachen.[65]
- In Verwaltungsgesellschaften, welche anhand ihrer Größe, der Größe der v ihnen verwalteten OGAW, ihrer internen Organisation u der Art, dem Umfang u der Komplexität ihrer Geschäfte v erheblicher Bedeutung sind, ist v AR gem § 17b Abs 1 InvFG ein **Vergütungsausschuss** einzurichten. Der Vergütungsausschuss muss so eingerichtet sein, dass er kompetent u unabhängig über die Vergütungspolitik u -praxis sowie über die für das Risikomanagement geschaffenen Anreize urteilen kann. Der Vergütungsausschuss besteht aus mind drei Mitgliedern des AR, wobei zumindest eine Person über Fachkenntnis u praktische Erfahrung im Bereich der Vergütungspolitik zu verfügen hat (Vergütungsexperte).
- Der AR beschließt – unabhängig davon, ob gem § 17b InvFG ein Vergütungsausschuss einzurichten ist oder nicht – die **Vergütungspolitik** (§ 17c Abs 1 Z 3 InvFG). Darin werden die allg Grundsätze der Vergütungspolitik festgelegt, die der AR zumindest jährlich zu überprüfen hat. Der AR ist für deren Umsetzung u Überwachung verantwortlich.
- Gemäß § 61 Abs 1 Z 2 InvFG ist die Zustimmung des AR nötig, wenn eine Verwaltungsgesellschaft **die Verwaltung eines OGAW** ohne Kündigung gem § 60 Abs 1 InvFG auf eine andere Verwaltungsgesellschaft **übertragen** möchte. Ebenso ist die Zustimmung des AR einzuholen, wenn die Verwaltungsgesellschaft die Verwaltung eines OGAW v einer anderen Verwaltungsgesellschaft übernehmen soll.
- Wenn Teile eines **Fondvermögens unvorhersehbar illiquide** werden sollten, kann eine Verwaltungsgesellschaft gem § 65 InvFG diesen illiquiden Teil auf einen neu zu bildenden OGAW abspalten, wenn der AR, die FMA u die Depotbank zugestimmt haben.
- Jede **Verschmelzung eines in Ö bewilligten OGAW** bedarf der vorherigen Zustimmung des AR der den OGAW verwaltenden Verwaltungsgesellschaft sowie der Zustimmung der Depotbank jedes OGAW (§ 114 Abs 3 InvFG).

Neben diesen ausdrücklich genannten Aufgaben hat der AR aber natürlich eine **umfassende Beaufsichtigungspflicht** über die Geschäftsleitung. Auch im Anwendungsbereich des InvFG stehen dem AR u seinen Mitgliedern die Rechte u Befugnisse im Rahmen des GmbHG zur Ver-

---

65 Vgl *Grau* in Bollenberger/Kellner, InvFG § 14 Rz 15 f.

fügung. Diese allg Bestimmungen werden durch die sondergesetzlichen Regelungen des InvFG nur ergänzt.

4. Änderung der Zusammensetzung

92 Gemäß § 151 InvFG ist **jede Änderung in der Person eines AR-Mitglieds** unter Angabe der Erfüllung der Voraussetzungen nach § 28a Abs 5 BWG sowie jede Änderung der Voraussetzungen gem § 28a Abs 3 u 5 BWG bei bestehenden Mitgliedern des AR **der FMA unverzüglich anzuzeigen**. Daraus ergibt sich Folgendes:

1. Die Anzeige kann erfolgen, nachdem die Änderung im AR bereits erfolgt ist. Zu beachten ist aber, dass bei einem zeitlichen Auseinanderfallen zw der Beschlussfassung der GV u des Amtsantritts die Anzeige bereits mit Beschlussfassung zu erfolgen hat.
2. Überdies sind der Anzeige die Nachw zur Erfüllung der Voraussetzungen nach § 28a Abs 5 BWG beizufügen. Die FMA wird diese Unterlagen prüfen.

93 Es empfiehlt sich jedoch, eine beabsichtigte Änderung in der Zusammensetzung des AR **vorzeitig mit der FMA u dem Staatskommissär** abzuklären. Dem Staatskommissär kommt nach § 76 Abs 3 BWG (der über § 10 Abs 6 InvFG auch für Verwaltungsgesellschaften anwendbar ist) das Recht zu, zu allen GV (sowie ua Sitzungen des AR) eingeladen zu werden u auf Antrag das Wort zu ergreifen. Sofern neue AR durch Beschlüsse im Umlaufweg bestellt werden (was in der Praxis durchaus häufig vorkommt), ist der Staatskommissär unverzüglich davon in Kenntnis zu setzen. Sofern die Bestellung nach A des Staatskommissärs gesetzl oder sonstige Vorschriften verletzten würde, hat er hat gem § 76 Abs 5 BWG das Recht, unverzüglich gegen den Beschluss Einspruch zu erheben. Es macht daher praktisch keinen Sinn, mit der Benachrichtigung der FMA u des Staatskommissärs bis zum gesetzl letztmöglichen Zeitpunkt nach § 151 InvFG zuzuwarten. Es lassen sich somit Komplikationen im Prozess vermeiden – u es fördert das Vertrauen zw der Verwaltungsgesellschaft u der Behörde u dem Staatskommissär – wenn Organänderungen frühzeitig offengelegt werden.

5. *Cooling-off*-Periode für Geschäftsleiter

94 **Geschäftsleiter einer Verwaltungsgesellschaft** dürfen gem § 28a Abs 1 BWG (anwendbar gem § 10 Abs 6 InvFG) frühestens **nach Ablauf einer Periode v zwei Jahren** nach Beendigung ihrer Funktion als Geschäftsleiter eine **Tätigkeit als Vorsitzender des AR** innerhalb derselben Ver-

waltungsgesellschaft aufnehmen, in der sie zuvor als Geschäftsleiter tätig waren. Nach hM ist bereits die Wahl eines entspr gegen die Bestimmung verstoßenden Mitglieds in den AR *ex lege* nichtig.[66]

B. Kontrolle durch Geschäftsführung und Aufsichtsrat

1. Gemeinsame Kontrolle der Verwaltungsgesellschaft

§ 14 InvFG legt die **gemeinsame Verantwortlichkeit** der Geschäftsleitung sowie des AR für die Pflichterfüllung der Verwaltungsgesellschaft fest. Die Pflichten umfassen einerseits die Pflichten nach dem InvFG, andererseits aber sämtliche weiteren gesetzl oder sonstigen (Rechts-)Vorschriften, die eine Verwaltungsgesellschaft einzuhalten hat. Intern ist eine Aufgabenverteilung auszugestalten, wobei diese Vorgabe natürlich insofern irreführend ist, als die **Aufgabenverteilung zw Geschäftsleitung u AR** gesetzl determiniert[67] u keiner internen Regelung zugänglich ist: Die Geschäftsleitung vertritt die GmbH (Verwaltungsgesellschaft) nach außen hin u verantwortet die tatsächliche Geschäftsführung (§ 3 Abs 2 Z 22 InvFG). Der AR überwacht die Geschäftsführung u ist für die Beaufsichtigung der Geschäftsleitung u für die Bewertung u regelmäßige Überprüfung der Angemessenheit u Wirksamkeit des Risikomanagement-Prozesses u der Grundsätze, Vorkehrungen u Verfahren, die zur Erfüllung der im InvFG festgelegten Pflichten eingeführt wurden, zuständig (§ 30j GmbHG; § 3 Abs 2 Z 23 InvFG). 95

2. Umfang der Verantwortlichkeit

Das InvFG **bestimmt nicht genau**, was unter der in § 14 InvFG angesprochenen Verantwortlichkeit **gemeint ist u gegenüber wem genau sie besteht**.[68] Nach hM ist damit wohl primär eine **zivilrechtliche Verantwortlichkeit** (= Haftung) gegenüber der Verwaltungsgesellschaft gemeint.[69] Die Verantwortlichkeit u Haftung tritt **neben die nach allg GesR bestehenden geltenden Haftungsregelungen für GF u AR**. Es wird unter Verweis auf die EB auch vertreten, dass die Sorgfaltspflichten 96

---

66 Vgl *Oppitz* in Macher/Buchberger/Kalss/Oppitz, InvFG § 6 Rz 17.
67 Vgl *Kalss* in Macher/Buchberger/Kalss/Oppitz, InvFG § 14 Rz 6 f; *Grau* in Bollenberger/Kellner, InvFG § 14 Rz 16.
68 Vgl *Grau* in Bollenberger/Kellner, InvFG § 14 Rz 4.
69 Vgl *Grau* in Bollenberger/Kellner, InvFG § 14 Rz 5.

nach § 39 BWG (s auch Rz 42 zu § 5 InvFG) neben § 14 InvFG nur subsidiär wirken sollen.[70] Materiell macht dies mE keinen wesentlichen Untersch, weil durch § 14 InvFG sowie die übrigen anwendbaren Bestimmungen des InvFG sowie des BWG sowieso eine umfassende (theoretische) Haftbarkeit der Mitglieder der Geschäftsleitung u des AR gegeben sind.

97 Unklar ist nach dem InvFG, ob § 14 Abs 1 InvFG eine **Haftung gegenüber Dritten**, wie den Anteilsinhabern, begründen soll. Dies wird v der hM auch damit **abgelehnt**, dass weder § 39 BWG noch § 84 AktG oder § 25 GmbHG ein Schutzgesetz begründen u dies im Bereich des § 14 InvFG wohl nicht anders sein könne.[71] Diesem Ergebnis ist zuzustimmen. Diese zivilrechtliche Haftung gegenüber der Verwaltungsgesellschaft richtet sich nach allg Schadenersatzrecht.[72]

98 Neben die zivilrechtliche Verantwortlichkeit tritt freilich auch die **verwaltungs(straf)rechtliche Verantwortlichkeit der Geschäftsleitung**. § 190 InvFG enthält einen umfassenden Strafkatalog. Eine verwaltungs(straf)rechtliche Verantwortlichkeit der Mitglieder des AR ist daher zu verneinen.[73]

3. Aufgaben der Geschäftsleitung

99 Der Geschäftsleitung obliegt die **tatsächliche Führung der Geschäfte** der Verwaltungsgesellschaft. § 14 Abs 2 InvFG nennt ausdrücklich einige iZm dem Geschäftsbetrieb einer Verwaltungsgesellschaft relevante Themenbereiche, soll aber **natürlich nicht als abschließender Katalog der Aufgaben der Geschäftsleitung** verstanden werden. Dies hat vielmehr das Unternehmen umfassend u im täglichen Geschäftsbetrieb zu führen.

100 Gemäß § 14 Abs 2 InvFG hat die Geschäftsleitung daher insb die folgenden Aufgaben:[74]

- **Umsetzung der allg Anlagepolitik** bei jedem verwalteten OGAW, wie sie im Prospekt u in den Fondsbestimmungen oder im GesV festgelegt ist;

---

70 Vgl *Grau* in Bollenberger/Kellner, InvFG § 14 Rz 6.
71 Vgl *Grau* in Bollenberger/Kellner, InvFG § 14 Rz 7.
72 Vgl *Grau* in Bollenberger/Kellner, InvFG § 14 Rz 9.
73 S sehr ausf dazu: *Grau* in Bollenberger/Kellner, InvFG § 14 Rz 10 ff.
74 S sehr ausf dazu: *Grau* in Bollenberger/Kellner, InvFG § 14 Rz 24 ff.

- Überwachung der Genehmigung der **Anlagestrategien** für jeden verwalteten OGAW;
- Einrichtung einer dauerhaften u wirksamen **Compliance-Funktion** (iSd § 15 InvFG), selbst wenn diese Funktion an einen Dritten gem § 28 InvFG ausgelagert wurde;
- **Regelmäßige Kontrolle**, dass die allg Anlagepolitik, die Anlagestrategien u die Risikolimits jedes verwalteten OGAW ordnungsgemäß u wirkungsvoll umgesetzt u eingehalten werden, auch wenn die Risikomanagement-Funktion (iSd § 17 InvFG) an einen Dritten gem § 28 InvFG ausgelagert wurde;
- Feststellung u **regelmäßige Überprüfung der Angemessenheit der internen Verfahren**, nach denen für jeden verwalteten OGAW die Anlageentscheidungen getroffen werden, um zu gewährleisten, dass solche E mit den genehmigten Anlagestrategien in Einklang stehen;
- Billigung u regelmäßige Überprüfung der in § 86 Abs 1 u 2 InvFG genannten Grundsätze für das Risikomanagement sowie die zur Umsetzung dieser Grundsätze genutzten Vorkehrungen, Verfahren u Methoden, was auch die Risikolimits für jeden verwalteten OGAW betrifft;
- Bewertung u regelmäßige Überprüfung der Wirksamkeit der Grundsätze, Vorkehrungen u Verfahren, die zur Erfüllung der Pflichten eingeführt wurden, die im InvFG sowie anderer einschlägiger G u aufgrund dieser G erlassenen VO u den aufgrund der OGAW-RL erlassenen EU-VO festgelegt sind;
- Ergreifung angemessener Maßnahmen, um etwaige Mängel zu beseitigen;
- **Nachhaltigkeitsrisiken** bei den vorgenannten Tätigkeiten zu berücksichtigen.

4. Berichtswesen

Nach § 14 Abs 4 InvFG sind der Geschäftsleitung iZm mit ihren Pflichten nach § 14 Abs 1 u 2 InvFG auch Berichte zu erstatten. Diese Bestimmung ist insofern irreführend, als sich diese Berichte natürlich nicht selbst an die Geschäftsleitung erstatten. Vielmehr hat die **Geschäftsleitung** dafür zu sorgen, dass ihr weisungsunterworfene Mitarbeiter in einem Rahmen tätig werden, der durch die Geschäftsleitung selbst vorgegeben wird. Innerhalb dieses Rahmens hat die Geschäftsleitung **sicherzustellen, dass sie entspr Berichte erhält**. § 14 Abs 4 InvFG richtet sich daher nicht an den einzelnen Mitarbeiter der Verwaltungsgesellschaft, der dadurch gleichsam zur Berichterstattung angehalten würde. Die Geschäftsleitung hat vielmehr selbst festzulegen, wer die Berichte erstattet: Mitarbeiter oder Dritte.[75]

102 Nach § 14 Abs 4 Z 1 InvFG sind Berichte über die Umsetzung der in § 14 Abs 2 Z 2 bis 5 InvFG genannten Anlagestrategien u internen Verfahren für Anlageentscheidungen an die Geschäftsleitung zu erstatten. Nach § 14 Abs 4 Z 2 iVm Abs 5 InvFG sind regelmäßig, mind aber einmal jährlich, **schriftliche Berichte zu Fragen der Rechtsbefolgung, der Innenrevision (§ 16 InvFG) u des Risikomanagements (§ 17 InvFG)** an die Geschäftsleitung u den AR zu erstatten.

VI. Pflicht, im besten Interesse der OGAW und ihrer Anteilinhaber zu handeln

§ 29. (1) Die Verwaltungsgesellschaft hat Anteilinhaber von verwalteten OGAW gleich zu behandeln und die Interessen einer bestimmten Gruppe von Anteilinhabern nicht über die Interessen einer anderen Gruppe von Anteilinhabern zu stellen.

(2) Die Verwaltungsgesellschaft hat angemessene Grundsätze und Verfahren zur Verhinderung von unzulässigen Praktiken sowie von Praktiken anzuwenden, von denen üblicherweise eine Beeinträchtigung der Finanzmarktstabilität oder -integrität zu erwarten wäre.

(3) ¹Im Rahmen ihrer Pflicht, im besten Interesse der Anteilinhaber zu handeln, hat die Verwaltungsgesellschaft sicherzustellen, dass für die von ihnen verwalteten OGAW faire, korrekte und transparente Kalkulationsmodelle und Bewertungssysteme verwendet werden und zu verhindern, dass den OGAW und ihren Anteilinhabern unverhältnismäßig hohe Kosten in Rechnung gestellt werden. ²Die Verwaltungsgesellschaft hat sicherzustellen, dass die OGAW-Portfolios präzise bewertet werden. ³Verwaltet die Verwaltungsgesellschaft in Österreich aufgelegte OGAW, so sind die §§ 57 bis 59 einzuhalten. ⁴Die Verwaltungsgesellschaft hat sich um die Vermeidung von Interessenkonflikten zu bemühen und dafür zu sorgen, dass bei unvermeidbaren Interessenkonflikten die von ihr verwalteten Fonds nach Recht und Billigkeit behandelt werden.

---

75 Vgl *Grau* in Bollenberger/Kellner, InvFG § 14 Rz 44.

(4) Die Verwaltungsgesellschaft ist für die Annahme und Umsetzung sämtlicher Vereinbarungen und organisatorischer Entscheidungen verantwortlich, die erforderlich sind, um den Bedingungen in Bezug auf die Gründung und die Arbeitsweise des OGAW und den in den Fondsbestimmungen oder in der Satzung enthaltenen Verpflichtungen sowie den im Prospekt enthaltenen Verpflichtungen nachzukommen.

(5) Die Verwaltungsgesellschaft hat bei der Wahrnehmung ihrer Aufgaben ehrlich, redlich, professionell, unabhängig und ausschließlich im Interesse des OGAW und seiner Anteilinhaber zu handeln.

A. Allgemeines

Als Folge des im InvFG vorgesehenen Grundsatzes der Fremdverwaltung, dass eben eine Verwaltungsgesellschaft den OGAW als fremdes Vermögen verwaltet, ist eine dabei einzuhaltende **Interessenwahrung** („bestes Interesse") zwingend vorgesehen. Genannte Interessenwahrung zugunsten des OGAW u der Anleger gilt umfassend u deckt sämtliche Handlungen bzw Unterlassungen einer Verwaltungsgesellschaft ab. Dabei agiert die Verwaltungsgesellschaft unter Einhaltung der gesetzl u vertraglichen Anforderungen im Hinblick auf sonstige Interessen weisungsfrei u unabhängig.[76]

103

Im Bereich der Spezialfonds (vgl §§ 163 ff InvFG) erscheinen Ausnahmefälle denkbar, bei denen die Verwaltungsgesellschaft den expliziten Anlegerwunsch in ihrer Beurteilung der Interessenwahrung einbeziehen kann. Zu nennen ist idZ beispielsweise die durch die Verwaltungsgesellschaft vorgenommene Bestellung einer bestimmten externen Fondsmanagement-Gesellschaft (Übertragung der Portfolioverwaltung, vgl § 18 AIFMG), welche v allen Anlegern des Spezialfonds gewünscht bzw vorgeschlagen wurde. Eine Berücksichtigung dieses Umstandes erscheint bei der – durch die Verwaltungsgesellschaft vorgenommene – Eignungsprüfung (*due diligence*) dieser externen Fondsmanagement-Gesellschaft vertretbar zu sein, insb kann in einem solchen Fall v der Vornahme eines Fremdvergleichs abgesehen werden.[77] Analo-

104

---

[76] Vgl Code of Conduct der österreichischen Investmentfondsindustrie 2012, Punkt II.1.
[77] Vgl FMA-Mindeststandards für Sonderkreditinstitute und AIFM für die Vornahme einer Due Diligence, Februar 2016, 7.

ges gilt bei der Bestellung der Depotbank/Verwahrstelle (vgl § 40 Abs 1 InvFG). Aber auch bei der grds Ausgestaltung der Anlagepolitik/Anlagestrategie des Spezialfonds können Anlegerwünsche bei der Beurteilung der Interessenwahrung durch die Verwaltungsgesellschaft miteinbezogen werden.

B. Gleichbehandlung (§ 29 Abs 1 InvFG)

105 Das kapitalmarktrechtliche **Gleichbehandlungsgebot** (wie im BörseG u AktG verankert) findet sich auch im Fondsbereich wieder. Die Verwaltungsgesellschaft hat alle Anleger eines OGAW gleich zu behandeln u die Interessen einer Anlegergruppe nicht über jene einer anderen Anlegergruppe zu stellen.

106 Das Gleichbehandlungsgebot bezieht sich auf alle Anleger, die in ein- u demselben OGAW investiert sind, nicht etwa auf Anleger anderer OGAW. Das Gebot der Gleichbehandlung gilt somit **fondsbezogen**.[78]

107 Genanntes Gebot wird zu einer **Schutzbestimmung** zugunsten der Anleger, um eine funktionierende u faire Marktinteraktion aller Teilnehmer am Kapitalmarkt sicherzustellen. Auch bildet das Gleichbehandlungsgebot einen wesentlichen, vertrauensbildenden Aspekt des Investmentfondsgeschäfts zur Sicherstellung der Anlegerinteressen.[79]

108 Davon abw sieht das InvFG eine Ausnahme vor, nämlich die Bildung v untersch **Gattungen** v Anteilscheinen (vgl § 46 Abs 4 InvFG), auch „Anteilsklassen" oder „Tranchen" genannt. Die einzelnen Gattungen unterscheiden sich zB in der Ertragsverwendung, in der Währung oder in der Höhe der Verwaltungsgebühr. Innerhalb einer einzelnen Gattung sind die Anleger des OGAW allerdings wiederum gleich zu behandeln. Genannte Unterscheidung ist – in Erfüllung des Transparenzgrundsatzes – im Prospekt des OGAW offenzulegen.

109 Es gibt aber sachlich gerechtfertigte Einzelfälle, die eine untersch Behandlung der Anleger innerhalb eines OGAW zulassen. Zu nennen ist beispielsweise die untersch Verrechnung des Ausgabeaufschlags bei Zeichnung eines OGAW.[80] Nicht gerechtfertigt erscheint idZ allerdings die Zurverfügungstellung v zusätzlichen – über die gesetzl Fondsdokumente hinausgehenden – Fondsinformationen (zB zur genauen Port-

---

78 Vgl *Spennlingwimmer*, ÖBA 2015, 197.
79 Vgl *Kammel*, ÖBA 2012, 746.
80 Vgl *Pálffy* in Macher/Buchberger/Kalss/Oppitz, InvFG § 57 Rz 22.

foliozusammensetzung) ausschließlich einem bestimmten Anleger innerhalb des OGAW; ebenso wenig die Vornahme der Aussetzung der Rücknahme des OGAW (vgl § 56 InvFG) nur für einen bestimmten Anleger.

C. Angemessene Grundsätze und Verfahren (§ 29 Abs 2 InvFG)

§ 29 Abs 2 InvFG greift in die operativen Ablaufprozesse u die Organisationsstruktur der Verwaltungsgesellschaft als Gesellschaft ein, verlangt die Implementierung v Grundsätzen u Verfahren zur Vermeidung v unzulässigen Praktiken sowie v Praktiken, v denen üblicherweise eine **Beeinträchtigung der Finanzmarktstabilität oder Finanzmarktintegrität** zu erwarten wäre. Berührt werden damit ua Bereiche des (auch operationellen) Risikomanagements, der Compliance, der Betrugsbekämpfung, der Hintanhaltung v Marktmissbrauch, der Verhinderung v Geldwäsche/Terrorismusfinanzierung u des IKS. Insgesamt geht es bei der Finanzmarktstabilität u Finanzmarktintegrität um die Aufrechterhaltung eines funktionierenden Marktes, in welchem unter fairen, transparenten u nicht manipulierten Bedingungen Angebot u Nachfrage aufeinandertreffen können. In diesem Zusammenhang hat beispielsweise die Verwaltungsgesellschaft den Abrechnungsstichtag u die Order-Annahmeschlusszeit bei Ausgabe oder Rücknahme v Anteilsscheinen des OGAW in der Art festzusetzen, dass eine Vorteilserlangung eines Anlegers durch „*late trading*" oder „*market timing*" verunmöglicht wird. In der Regel erhält der Anleger in einer Zeitspanne zw 10:00 Uhr vormittags u 16:00 Uhr nachmittags den Ausgabepreis bzw Rücknahmepreis des nächsten oder übernächten Bankarbeitstags. Mit dieser zeitlichen Verzögerung kann der (auch potentielle) Anleger über den Kenntnisstand der Marktentwicklung nicht mittels Kaufs/Verkaufs eines OGAW einen Vorteil erzielen. Genannte Regelung dient somit der **Stärkung der Finanzmarktintegrität**. Ähnliches gilt für die Umsetzung organisatorischer Maßnahmen zwecks Verhinderung v Marktmanipulation u den ordnungsgemäßen Umgang mit Insiderinformationen oder vertraulichen Informationen (zB Errichtung v „*chinese walls*" innerhalb der Organisation). Aber auch der sachgerechte Umgang mit Mitarbeitergeschäften (vgl § 18 InvFG) u Interessenkonflikten (vgl §§ 22 bis 25 InvFG) muss innerhalb der Verwaltungsgesellschaft prozessual u organisatorisch behandelt werden. Insgesamt wird die Verwaltungsgesellschaft entspr Regelwerke (Arbeitshandbücher) in diesem Bereich schriftlich erstellen müssen, auch Maßnahmen der Personalschulung u Weiterbildung sind notwendig, damit alle relevanten Mitarbeiter für diese Themen geschult sind u bleiben.

D. Kalkulationsmodelle, Bewertungssysteme, Kosten und Interessenkonflikte (§ 29 Abs 3 InvFG)

111 Die Verwaltungsgesellschaft hat bei der laufenden Bewertung u Preisfestsetzung (vgl § 5 Abs 2 Z 1 lit b sublit cc InvFG) des OGAW die **Interessen der Anleger** zu wahren u dabei ordnungsgemäße Verfahren (Kalkulationsmodelle) heranzuziehen. Ziel ist die richtige u genaue[81] Errechnung u Darstellung des Werts eines OGAW, an welchem die bestehenden Anleger – aber auch potentielle Anleger – ein hohes Interesse haben. Details zu den dabei heranzuziehenden Verfahren bzw Grundsätzen werden an anderer Stelle des InvFG (vgl §§ 57 bis 59 InvFG) beschrieben.

112 Auch müssen sämtliche dem OGAW verrechnete **Kosten/Gebühren angemessen** sein (nicht unverhältnismäßig hoch), was auf eine Übereinstimmung mit einer bestimmten Marktüblichkeit hinausläuft. Diesbezüglich verlangt die europäische Aufsichtsbehörde ESMA[82] (i) die Errichtung eines strukturierten Preisfestsetzungsprozesses, (ii) die Prüfung, ob die zu erwartenden u eingetretenen Kosten mit dem Anlageziel übereinstimmen u dieses nicht vereitelt wird, (iii) die Aufrechterhaltung einer Nachhaltigkeit der Kosten im Vergleich zur Performance, (iv) eine klare Kostenzuteilung (zB welche Kosten trägt der OGAW u welche Kosten trägt die Verwaltungsgesellschaft) u (v) eine Marktüblichkeit der Kostenbelastung. Dabei zu berücksichtigen sind das Volumen des OGAW u die Beibehaltung der Eigenständigkeit der Verwaltungsgesellschaft bei der Kostenbestimmung. Insgesamt geht es somit um die Verhinderung v „unangemessenen" Kostenbelastung des OGAW u die diesbzgl Interessenwahrungspflicht gegenüber den Anlegern. In der – für Verwaltungsgesellschaften relevanten – europäischen

---

81 Vgl *Pálffy* in Macher/Buchberger/Kalss/Oppitz, InvFG § 57 Rz 14.
82 Vgl ESMA, Supervisory briefing on the supervision of costs in UCITS and AIFs, 4 June 2020 | ESMA34-39-1042; vgl ESMA, Final Report on the 2021 CSA on costs and fees, 31 May 2022 | ESMA34-45; vgl EMSA, Opinion on undue costs of UCITS and AIFs, 17 May 2023 | ESMA34-45-1747.

Organisations-Durchführungs-RL ist in Bezug auf Kosten v einer Verhinderung v „überzogenen Kosten" die Rede.[83]

Im Zuge der Tätigkeit der Verwaltungsgesellschaft sind dabei auftretende **Interessenkonflikte** möglichst zu **vermeiden** u ist bei unvermeidbaren Interessenkonflikten nach Recht u Billigkeit vorzugehen. Typische Fälle v Interessenkonflikten der Verwaltungsgesellschaft sind beispielsweise: die Erzielung eines finanziellen oder sonstigen Vorteils nur für einen Anleger; die Übernahme v Aufsichtsrats- oder ähnlichen Funktionen bei einem bestimmten Anleger; die Entgegennahme v nicht lediglich geringfügigen Zuwendungen (Geschenken) v einem bestimmten Anleger; der Umgang mit Stimmrechten (bei einer HV) zugunsten nur eines bestimmten Anlegers; die Vornahme der Aussetzung der Rücknahme des OGAW (vgl § 56 InvFG) ohne Interessenausgleich zw rücklösenden u bestehenden Anlegern. Weitere Details zum Umgang mit Interessenkonflikten werden an anderer Stelle des InvFG geregelt (vgl §§ 23, 24, 25, 132 Abs 2, 18 Abs 1 InvFG).

E. Organisation und Treue (§ 29 Abs 4 InvFG)

Ähnlich der Bestimmung nach § 29 Abs 2 InvFG greift § 29 Abs 4 InvFG in die einzurichtende Organisation einer Verwaltungsgesellschaft ein, verlangt v dieser allerdings eine Selbstverständlichkeit: die Pflicht zur **Gesetzes- u Vertragstreue** bei Verwaltung des OGAW. Die Bestimmung nach § 29 Abs 4 InvFG ist beinahe wortgleich dem europäischen Richtlinientext entnommen (vgl Art 19 Abs 6 OGAW-RL).

Insgesamt muss eine Verwaltungsgesellschaft in der Art aufgestellt sein, dass eine **ordnungsgemäße Verwaltung des OGAW** sichergestellt ist u alle damit verbundenen Anforderungen u Aufgaben entspr erfüllt werden können. Dies umfasst ebenfalls eine entspr Ressourcenausstattung (auch personell u systemseitig), wobei sich dies nach Art u Komplexität der jew Geschäftstätigkeit der Verwaltungsgesellschaft richtet (Grundsatz der Proportionalität).

Weitere allg u spezifische organisatorische Anforderungen einer Verwaltungsgesellschaft finden sich an anderer Stelle des InvFG (zB §§ 10, 6 Abs 1, 17b Abs 1, 17c, 23, 25, 86 Abs 3, 87, 88 InvFG).

---

83 Vgl Art 22 Abs 4 EU-RL 2010/43/EU.

F. Integrität (§ 29 Abs 5 InvFG)

117 Wie auch die Depotbank (vgl § 44 Abs 2 InvFG) hat die Verwaltungsgesellschaft bei Ausübung ihrer Tätigkeit **integer** zu agieren, dh ehrlich, redlich, professionell, unabhängig u ausschließlich im Interesse des OGAW u der Anleger zu handeln. Diese Maximen schweben als Maßstab über allen Handlungen u Unterlassungen der Verwaltungsgesellschaft u werden an versch Stellen des InvFG präzisiert u in einen inhaltlichen Zusammenhang gebracht (zB §§ 17a Abs 1, 22 Abs 2 Z 2, 23, 25 Abs 2, 28 Abs 1 Z 2, 30, 32 Abs 1, 35 Abs 1 u 2, 84a, 87 Abs 2 InvFG).

118 Letztlich reflektiert die Bestimmung des § 29 Abs 5 InvFG die Sachverständigenstellung der Verwaltungsgesellschaft als professioneller Anbieter v Fondsdienstleistungen gegenüber Anlegern, die den OGAW als Anlageform ausgewählt haben u oft nicht über umfassende Kapitalmarktkenntnisse u Erfahrungen verfügen.

VII. Sorgfaltspflichten

§ 30. (1) ¹Die Verwaltungsgesellschaft hat im besten Interesse der OGAW und der Marktintegrität bei der Auswahl und laufenden Überwachung der Anlagen besondere Sorgfalt walten zu lassen. ²Dabei hat die Verwaltungsgesellschaft auch sicherzustellen, dass sie über ausreichendes Wissen und ausreichendes Verständnis über die Anlagen, in die die OGAW investiert werden, verfügt. ³Die Verwaltungsgesellschaft hat schriftliche Grundsätze und Verfahren zur Einhaltung der Sorgfaltspflichten festzulegen und wirksame Vorkehrungen zu treffen, um zu gewährleisten, dass Anlageentscheidungen, die für die OGAW getroffen werden, mit deren Zielen, Anlagestrategie und Risikolimits übereinstimmen.

(2) ¹Bei der Umsetzung ihrer Risikomanagement-Grundsätze (§ 86) und soweit dies unter Berücksichtigung der Art einer geplanten Anlage angemessen ist, in Bezug auf den Beitrag, den die Anlage zur Zusammensetzung des OGAW-Portfolios, zu dessen Liquidität und zu dessen Risiko- und Ertragsprofil leistet, hat die Verwaltungsgesellschaft vor Tätigung der Anlage Prognosen abzugeben und Analysen anzustellen. ²Diese Analysen dürfen sich quantitativ wie qualitativ nur auf verlässliche und aktuelle Daten stützen.

(3) ¹Wenn die Verwaltungsgesellschaft mit Dritten Vereinbarungen (§ 28) über die Ausführung von Tätigkeiten im Bereich des Risikomanagements schließt, solche Vereinbarungen verwaltet oder beendet, hat sie dabei die gebotene Sachkenntnis, Sorgfalt und Gewissenhaftigkeit anzuwenden. ²Vor dem Abschluss solcher Vereinbarungen hat sich die Verwaltungsgesellschaft zu vergewissern, dass der Dritte über die erforderlichen Fähigkeiten und Kapazitäten verfügt, um die betreffenden Tätigkeiten zuverlässig, professionell und wirksam auszuführen. ³Die Verwaltungsgesellschaft hat auch Methoden für die laufende Bewertung der Leistungen des Dritten festzulegen.

(4) ¹Die Verwaltungsgesellschaft hat alle für die Ausübung ihrer Tätigkeit geltenden Vorschriften im besten Interesse ihrer Anleger und der Integrität des Marktes einzuhalten. ²Sie hat dabei dem Anleger auch alle Informationen zur Verfügung zu stellen, damit dieser seinen steuerrechtlichen Offenlegungs- und Nachweispflichten nachkommen kann.

(5) Die Verwaltungsgesellschaft hat geeignete und dokumentierte Verfahren und Vorkehrungen vorzusehen, die für den Fall, dass die Depotbank die Erfüllung ihrer Aufgaben nicht mehr gewährleisten kann, einen raschen Wechsel der Depotbank ermöglichen.

(6) Verwaltungsgesellschaften haben bei der Erfüllung der in den Abs. 1 bis 3 genannten Vorgaben Nachhaltigkeitsrisiken zu berücksichtigen.

(7) Verwaltungsgesellschaften, die die wichtigsten nachteiligen Auswirkungen von Investitionsentscheidungen auf Nachhaltigkeitsfaktoren gemäß Art. 4 Abs. 1 Buchstabe a der Verordnung (EU) 2019/2088 oder nach Maßgabe von Art. 4 Abs. 3 und 4 dieser Verordnung berücksichtigen, haben diesen wichtigsten nachteiligen Auswirkungen bei der Erfüllung der in den Absätzen 1 bis 4 aufgeführten Anforderungen Rechnung zu tragen.

A. Allgemeines

§ 30 InvFG befasst sich mit den **Sorgfaltspflichten** einer Verwaltungsgesellschaft bei ihrer Tätigkeit (vgl § 30 Abs 1 InvFG) u greift weiters bestimmte Bereiche explizit heraus, namentlich die Risikomanagement-

Grundsätze (vgl § 30 Abs 2 InvFG), die Auslagerung des Risikomanagements an eine externe Gesellschaft (vgl § 30 Abs 3 InvFG), die allg Interessenwahrungspflicht (vgl § 30 Abs 4 InvFG), die Pflicht zur Bereitstellung steuerlicher Informationen (vgl § 30 Abs 4 InvFG) u das Vorsehen eines Depotbankwechsels (vgl § 30 Abs 5 InvFG).

B. Sorgfaltspflichten (§ 30 Abs 1 und 2 InvFG)

120 Neben der allg unternehmerischen (vgl § 347 UGB), der gesellschaftsrechtlichen (vgl § 84 AktG bzw § 25 GmbHG) u der bankrechtlichen Sorgfaltspflicht (vgl § 10 Abs 6 iVm § 39 BWG) unterliegt die Verwaltungsgesellschaft bei der Auswahl u laufenden Überwachung der Anlagen einer **besonderen kapitalmarktrechtlichen Sorgfaltspflicht**. Umfasst sind dabei die Nebentätigkeiten einer Verwaltungsgesellschaft (vgl § 5 Abs 2 Z 1 lit b u Z 1 lit c InvFG) u die Kerntätigkeit einer Verwaltungsgesellschaft in Form des **Fondsmanagements** nach § 5 Abs 2 Z 1a InvFG (Anlageverwaltung, kollektive Portfolioverwaltung). Letztgenannte Aktivität zeichnet sich aus durch den Kauf/Verkauf bzw das Halten v Finanzinstrumenten (vgl § 1 Z 7 WAG 2018) u die stetige Beobachtung der relevanten – v der jew Anlagestrategie u Anlagepolitik des OGAW abhängigen – Parameter, wie zB Marktrisiko, Zinsänderungsrisiko, Kreditrisiko bzw Emittentenrisiko, Liquiditätsrisiko, Währungsrisiko, etc. Bei diesen Tätigkeiten sind die **Interessen** des OGAW (s dazu auch § 52 InvFG) u die **Marktintegrität** aufrechtzuerhalten. Bei letztgenannter geht es – wie auch in § 29 Abs 2 InvFG – um die Wahrung eines fairen, transparenten u nicht manipulierten Rahmens für die Ausübung dieser Aktivitäten.

121 Die Verwaltungsgesellschaft hat bei ihrer Tätigkeit dem Erfordernis ausreichender u qualitativ hoher **Personalressourcen** nachzukommen, abhängig v der Art u Komplexität des verwalteten OGAW bzw des dahinterstehenden Investmentansatzes (unter Einhaltung des Proportionalitätsgrundsatzes). Diesbezüglich sind ua auch unternehmensintern laufend Schulungen zu organisieren, damit die relevanten Mitarbeiter kundig sind u bleiben.

122 Die im Zuge des Fondsmanagements getroffenen E müssen mit den jew Anlagezielen, Anlagestrategien u Risikolimits des einzelnen OGAW **übereinstimmen**, entspr Grundsätze u Verfahren dazu sind zu erstellen u (auch schriftlich) zu dokumentieren.

Die Verwaltungsgesellschaft hat entspr Prüfungen vor jeder 123
Anlageentscheidung (*ex ante*) u abhängig v jew OGAW u v jew Finanztitel (Grundsatz der Proportionalität) im Zuge der sog „*pre-investment due diligence*" bzw des „*pre-trade controlling*" durchzuführen. § 30 Abs 2 InvFG spricht idZ v Prognosen u Analysen, umfasst sind diesbzgl **Prüfungen marktseitiger Kriterien** (wie zB Übereinstimmung mit Anlageziel u Anlagepolitikstrategie, adäquates Risiko- u Ertragsprofil, Vorhandensein v Liquidität/Handelbarkeit, Vorliegen entspr Kursversorgung für die Bewertung, Vorhandensein einer zulässigen Börsennotierung, etc) u **Kontrollen formaler Natur** iSd Einhaltung der jew Anlagegrenzen nach dem G, nach den Fondsbestimmungen/Prospekten u nach etwaigen vertraglichen Einschränkungen bzw Vorgaben. In der Praxis können bei den Prüfungen marktseitiger Kriterien zB folgende Parameter herangezogen werden: strategische *Asset Allocation*, taktische *Asset Allocation*, Einzeltitelauswahl, *Rebalancing*, Grenzverletzung, Anteilscheingeschäft.

Bei genannten Prüfmaßnahmen sind die in der Verwaltungsgesellschaft implementierten **Risikomanagement-Grundsätze** (vgl § 86 124
InvFG) heranzuziehen, auch gilt dabei der Proportionalitätsgrundsatz („*soweit dies unter Berücksichtigung der Art einer geplanten Anlage angemessen ist*"). Ein Verstoß gegen formale Anlagegrenzen, basierend auf einer aktiven Handlung des Fondsmanagements (also nicht durch Kursschwankungen oder Anteilscheingeschäfte), hat eine aktive Grenzverletzung zur Folge, mit möglichen haftungsrechtlichen u aufsichtsrechtlichen Konsequenzen für die Verwaltungsgesellschaft.

Insgesamt hat die Verwaltungsgesellschaft sich bei diesen Prüfungen 125
ausschließlich auf verlässliche u aktuelle **Daten** zu stützen. Dies heißt auch, dass sie sichergehen muss, dass Daten geliefert werden bzw Informations- u Kursquellen v externen Dienstleistern (wie zB Bloomberg, Morningstar) vorhanden sind u idZ ua auch Schnittstellen (Anbindungen) u die notwendigen Lizenzen vorliegen.

C. Auslagerung Risikomanagement (§ 30 Abs 3 InvFG)

Grundsätzlich werden in § 28 InvFG die allg Voraussetzungen aufgezählt, unter welchen bestimmte Tätigkeiten v der Verwaltungsgesellschaft an externe Gesellschaften **übertragen** werden können (genannt 126
„Auslagerung", „Delegation", „Out-Sourcing"). Nicht wirklich nachvollziehbar ist daher die Bestimmung des § 30 Abs 3 InvFG in Bezug

auf die Übertragung der Funktion des Risikomanagements (vgl § 17 InvFG); genannte Voraussetzungen der „gebotenen Sachkenntnis, Sorgfalt u Gewissenhaftigkeit" u auch der Sicherstellung, dass der Dritte über die „erforderlichen Fähigkeiten u Kapazitäten verfügt, um die betr Tätigkeiten zuverlässig, professionell u wirksam auszuführen" ist bei jeder Aufgabenübertragung nach § 28 InvFG erforderlich. Ebenso sind die in § 30 Abs 3 InvFG genannten „Methoden für die laufende Bewertung der Leistungen des Dritten" dem § 28 InvFG nicht fremd.

D. Anlegerinteressen und Marktintegrität (§ 30 Abs 4 InvFG)

127 Die in § 30 Abs 4 InvFG festgeschriebene **Interessenwahrungspflicht** zugunsten der **Anleger** des OGAW u der **Integrität des Markts** (gleichbedeutend mit „Finanzmarktintegrität") wiederholt diesen – für das InvFG insgesamt so wesentlichen – Grundsatz, welcher im Detail in § 29 InvFG festgehalten ist. § 30 Abs 4 InvFG verstärkt somit diese **Handlungsmaxime** an die Verwaltungsgesellschaft.

128 Weiters statuiert § 30 Abs 4 InvFG die Verpflichtung der Verwaltungsgesellschaft, einem Anleger alle notwendigen Informationen u Dokumente zur Verfügung zu stellen, die dieser für seine **steuerrechtlichen Offenlegungs- u Nachweispflichten** aus der Veranlagung in diesen OGAW benötigt. Damit ist die steuerrechtliche Behandlung gem Rechenschaftsbericht (vgl § 186 InvFG) gemeint, die den Anleger in die Lage versetzt, seine individuelle Steuerveranlagung in Ö durchführen zu können. Nicht aus § 30 Abs 4 InvFG ableiten lässt sich, dass die Verwaltungsgesellschaft dem Anleger weiterführende steuerliche Serviceleistungen zur Verfügung stellen muss (wie zB die Durchführung ausländischer Quellensteuer-Rückerstattungsanträge), geschweige denn steuerliche Beratungen des Anlegers vornimmt.

E. Notfallkonzept Depotbank (§ 30 Abs 5 InvFG)

129 In Folge der durch die Verwaltungsgesellschaft durchgeführten Bestellung der Depotbank für den jew OGAW (vgl § 40 InvFG) hat die Verwaltungsgesellschaft als eine der zahlreichen Sorgfaltspflichten Verfahren u Vorkehrungen zu treffen für jenen Fall, bei welchem die Depotbank ihren gesetzl u vertraglichen Pflichten **nicht mehr ordnungsgemäß nachkommen kann** (sog „Notfallkonzept"). Dies könnten wirtschaftliche Schwierigkeiten sein, aber auch technische, prozessuale oder personelle Themen. Hintergrund dieser Anforderung ist der üblicherweise aufwändige, sowie zeitintensive **Prozess der Suche u Bestellung** einer geeigneten Depotbank (einschließlich der Bewilligungspflicht durch die FMA). Für ein derartiges extremes Szenario soll Vorsorge getroffen werden, damit ein (einigermaßen) reibungsloser u rascher **Wechsel** vollzogen werden kann.[84] Verhindert werden soll, dass bei einer derartigen Situation die Verwaltungsgesellschaft diesen Auswahl- u Bestellungsprozess erst initiiert. Immerhin verwahrt die Depotbank als eine der Hauptaufgaben die Vermögenswerte des OGAW.

Um genannte Anforderung zu erfüllen, empfiehlt sich auf Seiten der Verwaltungsgesellschaft idS eine grds **Abstimmung** (auch zB im Rahmen eines Vorvertrags) mit einer anderen Depotbank zu finden, va zu Themen wie IT-Anbindung/Schnittstellen, Fondsbuchhaltungssystem, Ordersystem, Verantwortlichkeiten/Zuständigkeiten, Kommunikationswege, Fristigkeiten, Ansprechpartner, Kosten/Gebühren.

Vor Bestellung der Depotbank u um das oben genannte Szenario in der Folgewirkung abzuschwächen, sollte die Verwaltungsgesellschaft sichergehen, dass die Depotbank ihrerseits über entspr Ausfallspläne iSe *„business continuity management"* verfügt. Diesbezügliche Themen sind zB Verwahrung, Lagerstellen, Brokeranbindung, Kursversorgung, Settlement v Transaktionen, Kontrollen des Nettoinventarwert (NAV), Anteilsscheingeschäfte, IT.

F. Nachhaltigkeitsrisiken (§ 30 Abs 6 InvFG)

In Umsetzung einer EU-RL[85] wurde der § 30 InvFG um das Thema der Nachhaltigkeit/ESG ergänzt. Konkret sind nach § 30 Abs 6 InvFG bei Erfüllung der Anforderungen gem § 30 Abs 1 bis 3 InvFG zusätzlich auch **Nachhaltigkeitsrisiken** miteinzubeziehen. Diese konkreten (ESG-)Risiken umfassen alle Begebenheiten rund um die Bereiche Umwelt, Soziales u Unternehmensführung, welche sich wesentlich auf den

---

84 S auch FMA-Mindeststandards für die Erstellung eines Notfallkonzeptes iSd InvFG 2011 sowie § 39 BWG, September 2011.
85 Vgl delegierte EU-RL 2021/1270/EU der Kommission v 21. April 2021 zur Änderung der RL 2010/43/EU in Bezug auf die v Organismen für gemeinsame Anlagen in Wertpapieren (OGAW) zu berücksichtigenden Nachhaltigkeitsrisiken u -faktoren, Abl L 277 v 2.8.2021, 141.

Wert der Veranlagung auswirken (können) u dabei geeignet sind, den Nettoinventarwert des OGAW negativ zu beeinträchtigen.

133 Denkbare Maßnahmen seitens der Verwaltungsgesellschaft sind zB regelmäßige Evaluierungen, ob – wenn noch nicht erfolgt – ihre jew OGAW auf einen nachhaltigen Investmentansatz bzw Anlageprozess[86] umgestellt werden sollen (Interessenwahrungspflicht). Es könnten idZ beispielsweise im Fondsmanagement – auch mit Hilfe externer Dienstleister – **negative ESG-Ausschlusskriterien** (zB Ausschlüsse bei kontroversen Produkten) u **positive ESG-Selektionskriterien** (zB Finanztitel nur mit bestimmten Minimum-ESG-Ratings/Scorings zulässig, „*best-in-class*"-Ansatz) definiert u herangezogen werden. Diesen Kriterien folgend könnte ein Anlageuniversum mit nachhaltigen Finanztiteln bestimmt werden, aus welchem diese OGAW einen Investmentschwerpunkt bilden. Weiters sind für diese Art der OGAW auch die Definition gewisser Nachhaltigkeitsziele (zB ein explizites Umweltziel oder soziales Ziel) möglich.

134 Die Berücksichtigung v Nachhaltigkeitsrisiken könnte v der Verwaltungsgesellschaft zB auch in der Art umgesetzt werden, dass die Portfolios der OGAW laufend auf Einhaltung bestimmter ESG-Kriterien **analysiert** u mittels eines internen ESG-Rating-Systems klassifiziert werden. Durch diesen Prozess kann die Verwaltungsgesellschaft sich einen Überblick verschaffen, wie sich Nachhaltigkeitsrisiken in ihren OGAW entwickeln u ob diesbzgl ein Handlungsbedarf besteht.

135 Weiters wird die Verwaltungsgesellschaft mit regelmäßigen **Personalschulungen** zu Nachhaltigkeit/ESG Nachhaltigkeitsrisiken insofern reduzieren können, als die (relevanten) Mitarbeiter mit diesem Thema vertraut werden, ein Verständnis in diesem Fachbereich erhalten u zur Initiative diesbzgl Umsetzungsmaßnahmen motiviert werden können.

136 Nachhaltigkeitsrisiken werden bei OGAW mit einem nachhaltigen Investmentansatz bzw Anlageprozess in den Bereichen des Fondsmanagements u des Risikomanagements ua auch dadurch berücksichtigt, dass die Verwaltungsgesellschaft **Mindestanlagegrenzen** für nachhaltige Finanztitel definiert. Das Fondsmanagement hat folglich bei der Titelselektion laufend diese Mindestgrenze einzuhalten, das Risikomanagement hat die Umsetzung zu kontrollieren.

---

[86] Vgl Art 8 oder 9 der EU-VO 2019/2088/EU des Europäischen Parlaments u des Rates v 27. November 2019 über nachhaltigkeitsbezogene Offenlegungspflichten im Finanzdienstleistungssektor, Abl L 317 v 9.12.2019, 1.

G. Nachhaltigkeitsfaktoren (§ 30 Abs 7 InvFG)

Eine Verwaltungsgesellschaft hat gem der europäischen Offenlegungs-VO[87] zu entscheiden, ob sie die wichtigsten nachteiligen Auswirkungen v Investmententscheidungen auf **Nachhaltigkeitsfaktoren** berücksichtigt oder ob sie dies – unter Angabe einer Begr – nicht macht. Im erstgenannten Fall sind als Folge dessen diese Auswirkungen gem § 30 Abs 7 InvFG bei Einhaltung u Umsetzung der Anforderungen nach § 30 Abs 1 bis 4 InvFG zusätzlich miteinzubeziehen („Rechnung zu tragen"). Im zweitgenannten Fall könnte der Grund für die Nicht-Einhaltung in der konkreten Anlagepolitik bzw im konkreten Anlageziel des jew OGAW liegen („*opt-out*"), wenn zB schwerpunktmäßig in bestimmte Branchen oder Regionen investiert wird u die Einhaltung v Nachhaltigkeitsfaktoren nicht möglich oder zielführend ist; oder aber der Anleger, im Bereich der Spezialfonds (vgl §§ 163 ff InvFG), wünscht explizit keinen derartigen Ansatz.

137

Investmententscheidungen idZ werden sich wohl lediglich auf die Haupttätigkeit einer Verwaltungsgesellschaft beziehen – also auf das **Fondsmanagement** (kollektive Portfolioverwaltung) – u nicht auf E in Bezug auf die Verwendung v Liquiditätsüberschüssen der Gesellschaft oder auf das Grund- bzw Stammkapital.[88]

138

Genannte Nachhaltigkeitsfaktoren umfassen Umweltbelange (zB Klimaschutz, Emissionen, fossile Brennstoffe, erneuerbare Energie, Biodiversität, Wasser, Abfall), soziale u mitarbeiterbezogene Themen (zB Einhaltung anerkannter arbeitsrechtlicher Standards, angemessene Entlohnung, faire Bedingungen am Arbeitsplatz, Diversität sowie Aus- u Weiterbildungschancen), die Achtung der Menschenrechte u die gute Unternehmensführung (zB Bekämpfung v Korruption, Steuerehrlichkeit).

139

Wie auch bei der Berücksichtigung v Nachhaltigkeitsrisiken (§ 30 Abs 6 InvFG) wird die Einbeziehung der wichtigsten nachteiligen Auswirkungen v Investmententscheidungen auf Nachhaltigkeitsfaktoren beim Fondsmanagement beispielsweise in der Art erfolgen können, dass die Verwaltungsgesellschaft **negative ESG-Ausschlusskriterien** (zB

140

---

87 Vgl Art 4 Abs 1 der EU-VO 2019/2088/EU des Europäischen Parlaments u des Rates v 27. November 2019 über nachhaltigkeitsbezogene Offenlegungspflichten im Finanzdienstleistungssektor, ABl L 317 v 9.12.2019, 1.
88 Vgl § 6 Abs 2 Z 6 InvFG.

Ausschlüsse bei kontroversen Produkten) u **positive ESG-Selektionskriterien** (zB Finanztitel nur mit bestimmten Minimum-ESG-Ratings/ Scorings zulässig) definiert u heranzieht. Auch die Benennung eines Nachhaltigkeitsziels (zB ein explizites Umweltziel oder soziales Ziel) ist dabei möglich.

Investiert der OGAW in andere Investmentfonds (Subfonds, Zielfonds) könnte die Berücksichtigung der wichtigsten nachteiligen Auswirkungen v Investmententscheidungen derart erfolgen, dass diese selbst wiederum diese Kriterien einhalten. Es erfolgt dabei kein Durchblick auf die in den anderen Investmentfonds enthaltenen Finanztitel.

141 Das Konzept der Berücksichtigung der wichtigsten nachteiligen Auswirkungen v Investmententscheidungen auf Nachhaltigkeitsfaktoren wird im – auch deutschsprachigen – Fachjargon mit „**PAI**" (*principle adverse impact*) abgekürzt.

Rechtsanwalts-GmbH

Literatur: *Aburumieh/Foglar-Deinhardstein*, Die verdeckte Kapitalgesellschaft – eine unendliche Geschichte, GES 2019, 3; *Benn-Ibler*, Kapitalbeteiligungen an Rechtsanwaltskanzleien, AnwBl 2008, 389; *Birnbaum/Pörner/Simek*, Der Weg zum Rechtsanwaltsberuf, in Scheuba (Hg), Standesrecht der Rechtsanwälte[3] (2018) 14; *Buresch*, Außenauftritt des ständigen Substituten einer Rechtsanwaltskanzlei, AnwBl 2022, 536; *Burtscher/Pinetz*, Die Rechtsanwalts-GmbH & Co KG in GS Arnold, GmbH & Co KG[2] (2016) 179; *Csoklich*, Berufsbefugnisse der Rechtsanwälte, in Csoklich/Scheuba (Hg), Standesrecht der Rechtsanwälte[3] (2018) 35; *Csoklich/Scheuba*, Materielles Standesrecht, in Csoklich/Scheuba (Hg), Standesrecht der Rechtsanwälte[3] (2018) 49; *Engelhart/Hoffmann/Lehner/Rohregger/Vitek* (Hg), RAO[10] (2018); *Feil/Wennig*, Anwaltsrecht[8] (2014); *Feil/Wennig*, Anwaltsrecht[8] (2014); *Fischerlehner*, Gesellschaftsrecht, in Bisset (Hg), Kanzlei-Start-up (2022) 65; *Gruber*, Die Rechtsanwalts-GmbH, RdW 2000, 65; *Harrer*, Haftungsprobleme bei der RA-GmbH, GesRZ 2001, 2; *Hofer/Seidl/Kreimer-Kletzenbauer*, Freie Berufe und Sozialversicherung – Opting Out Problematik, in Hofer/Seidl/Kreimer-Kletzenbauer (Hg), Sozialversicherung[22] (2021) Rz 3053; *Kalss/Natlacen*, Branchen- und rechtsformspezifische Beschränkungen, in Bergmann/Kalss (Hg), Rechtsformwahl (2020) 107; *Kalss*, Können sich österreichische Rechtsanwaltssozietäten ausländischer Rechtsformen, etwa der englischen LLP, bedienen, um in Österreich tätig zu sein? in Heidinger/Zöchling-Jud (Hg), Anwaltsrecht Jahrbuch 2012 (2012) 101; *Kalss*, Nachfolge im Kapitalgesellschaftsrecht, in Gruber/Kalss/Müller/Schauer (Hg), Erbrecht und Vermögensnachfolge (2018) 1264; *Kanduth-Kristen/Steiger/Wiedenbauer* (Hg), Rechtsanwalts-GmbH[2] (2021); *Karollus/Artmann*, Zur Anwendbarkeit der Abberufungsklage nach §16 Abs 2 GmbHG auf eine Rechtsanwalts-GmbH, JBl 2008, 613; *Likar/Griehser*, GmbH-Gründung: Muster[4] (2019); *Murko*, Die gesellschaftsrechtlichen Bestimmungen des Berufsrechts-Änderungsgesetz 2020 – ein Meilenstein in der Weiterentwicklung des anwaltlichen Berufsrechts, AnwBl 2020, 346; *Murko/Nunner-Krautgasser* (Hg), Anwaltliches und notarielles Berufsrecht (2022); *Neumann* (Hg), GSVG (2016); *Nowotny*, Richterliche Rechtsfortbildung im Gesellschaftsrecht, GES 2020, 13; *Oberkleiner/Brunner/Sulz*, Rechtsformgestaltung für Freiberufler, AnwBl (2021) 196; *Pinetz/Burtscher*, Die GmbH & Co KG als neue Rechtsform für Rechtsanwälte, GES 2014, 4; *Reiner/Deckenbrock*, Anwaltsgesellschaften in Österreich und Deutschland, juridikum 2016, 440; *Rohregger*, Berufshaftpflichtversicherung, in Bergmann/Kalss (Hg), Rechtsformwahl (2020) 1123; *Romstorfer/Stöcklinger*, Never ending story – Lohnnebenkosten für Bezüge nicht wesentlich beteiligter Geschäftsführer, GES 2022, 32; *Rüffler/Müller*, Interdisziplinäre Rechtsanwaltsgesellschaften? (2016); *Schauer*, Nachfolge im Recht der Personengesellschaften, in Gruber/Kalss/Müller/Schauer (Hg), Erbrecht und Vermögensnachfolge (2018) 1221; *Schopper/Walch*, Die vereinfachte Gründung nach §9a GmbHG, ÖBA 2018, 379; *Sedlacek*, Das Opting-out aus der Pflichtversicherung in der gesetzlichen Krankenversicherung für die Mitglieder der Kammern der freien Berufe, ASoK

2016, 322; *Sedlacek*, Rechtsanwälte: Ausnahme von der Teilpflichtversicherung in der Kranken- und Unfallversicherung nach dem ASVG, ASoK 2020, 2; *Sonntag* (Hg), GSVG[8] (2019); *Torggler*, Zur Haftungsverfassung der RA-GmbH, in FS Koppensteiner (2001) 247; *Torggler/Sedlacek*, Die Rechtsanwalts-GmbH, AnwBl 1999, 600; *Wiedenbauer*, Berufs- und gesellschaftsrechtliche Grundlagen der Rechtsanwalts-GmbH, in Kanduth-Kristen/Steiger/Wiedenbauer (Hg), Die Rechtsanwalts-GmbH[2] (2021) 1.

Inhaltsübersicht

I.	Erfordernisse zur Ausübung der Rechtsanwaltschaft	1–4
II.	Die Rechtsanwaltsgesellschaft	5–40
	A. Allgemeines	5–8
	B. Zulässige Gesellschaftsformen	9–30
	1. Gesellschaft bürgerlichen Rechts	10–15
	2. Offene Gesellschaft und Kommanditgesellschaft (Rechtsanwalts-Partnerschaft)	16–20
	3. Gesellschaft mit beschränkter Haftung	21–27
	4. Ausländische Rechtsformen	28–30
	C. Zulassungs- und Eintragungsverfahren	31–36
	D. Verweigerung der Eintragung und Streichung	37, 38
	E. Standesrecht für Rechtsanwaltsgesellschaften	39
	F. Nicht in das österreichische Firmenbuch eingetragene Rechtsanwaltsgesellschaften	40
III.	Firma einer Rechtsanwaltsgesellschaft	41–50
	A. Anforderungen an die Firma einer Rechtsanwaltsgesellschaft	41–48
	B. Fortführung eines Rechtsanwaltsunternehmens	49, 50
IV.	Befugnis zur Parteienvertretung	51–60
VI.	Verbot der Doppelvertretung	61–73
	A. Allgemeines	61–64
	B. Formen der Doppelvertretung	65–71
	C. Vermeidung von Doppelvertretungen in Kanzleigemeinschaften	72, 73
VII.	Haftpflichtversicherung	74–81
VIII.	Voraussetzungen für die Ausübung der Rechtsanwaltschaft in einer Gesellschaft	82–140
	A. Allgemeines	82–86
	B. Zulässige Gesellschafter (Z 1)	87–102
	1. Rechtsanwälte	88–90
	2. Angehörige	91–95
	3. Privatstiftungen	96
	4. Gesellschaften mit beschränkter Haftung	97, 98
	5. Rechtsfolgen eines Verstoßes gegen § 21c Z 1	99–102

C.	Gesellschafterstellung von Rechtsanwälten, Verbot der Umsatz- oder Gewinnbeteiligung für berufsfremde Gesellschafter (Z 2), Einstellung und Untersagung der Ausübung der Rechtsanwaltschaft (Z 3)	103–107
D.	Vinkulierung (Z 4)	108–110
E.	Verbot der Treuhandschaft (Z 5)	111–114
F.	Tätigkeit der Gesellschaft (Z 6)	115–117
G.	Sitz (Z 7)	118, 119
H.	Verbot der Sternsozietät und Verbot der Beteiligung an einem weiteren beruflichen Zusammenschluss (Z 8)	120–125
I.	Vertretungs- und Geschäftsführungsbefugnis (Z 9)	126–130
J.	Prokura und Handlungsvollmacht (Z 10)	131, 132
K.	Kapitalmehrheit und Willensbildung (Z 11)	133–135
L.	Rechtsanwalts GmbH & Co KG (Z 12)	136–140
IX.	Einhaltung des Berufsrechts	141–147
A.	Pflichten des Rechtsanwaltsgesellschafters	141–144
B.	Berufs- und Standespflichten, Haftung	145–147
X.	Bevollmächtigung	148–152
XI.	Liquidatoren	153–156
XII.	Anstellung eines Rechtsanwalts	157–160

I. Erfordernisse zur Ausübung der Rechtsanwaltschaft

§ 1. (1) Zur Ausübung der Rechtsanwaltschaft in (*Anm.: jetzt: Republik Österreich*) bedarf es keiner behördlichen Ernennung, sondern lediglich der Nachweisung der Erfüllung der nachfolgenden Erfordernisse und der Eintragung in die Liste der Rechtsanwälte. (§§ 5 und 5a)

(1a) ¹Soweit in diesem Bundesgesetz auf natürliche Personen bezogene Bezeichnungen nur in männlicher Form angeführt sind, beziehen sie sich auf Frauen und Männer in gleicher Weise. ²Bei der Anwendung der Bezeichnung auf bestimmte natürliche Personen ist die jeweils geschlechtsspezifische Form zu verwenden.

(2) Diese Erfordernisse sind:

a) (*Anm.: jetzt: die österreichische Staatsbürgerschaft*);
b) die Geschäftsfähigkeit in allen Belangen und das Nichtbestehen einer aufrechten gesetzlichen Vertretung im Sinn des § 1034 ABGB;
c) der Abschluss eines Studiums des österreichischen Rechts (§ 3);
d) die praktische Verwendung in der gesetzlichen Art und Dauer;

e) die mit Erfolg zurückgelegte Rechtsanwaltsprüfung;
f) die Teilnahme an den nach den Richtlinien für die Ausbildung von Rechtsanwaltsanwärtern erforderlichen Ausbildungsveranstaltungen im Ausmaß von mindestens 42 Halbtagen;
g) der Abschluß einer Haftpflichtversicherung nach § 21a.

(3) ¹Die Staatsangehörigkeit eines Mitgliedstaats der Europäischen Union oder eines anderen Vertragsstaats des Abkommens über den Europäischen Wirtschaftsraum oder der Schweizerischen Eidgenossenschaft ist der österreichischen Staatsbürgerschaft gleichzuhalten. ²Entsprechendes gilt bei aufrechter Staatsangehörigkeit des Bewerbers zum Vereinigten Königreich Großbritannien und Nordirland (Vereinigtes Königreich) und bei Erfüllung der Voraussetzungen des Art. 10 des Abkommens über den Austritt des Vereinigten Königreichs Großbritannien und Nordirland aus der Europäischen Union und Europäischen Atomgemeinschaft (Austrittsabkommen zwischen der Europäischen Union und dem Vereinigten Königreich), ABl. Nr. L 029 vom 31.01.2020 S. 7, durch diesen, wenn er

1. vor dem 1. Jänner 2021 in die Liste der Rechtsanwälte eingetragen worden ist,
2. vor dem 1. Jänner 2021 in die Liste der Rechtsanwaltsanwärter eingetragen worden ist und längstens fünf Jahre nach dieser Eintragung seine Eintragung in die Liste der Rechtsanwälte begehrt oder
3. die Voraussetzungen des § 1 Abs. 1a EIRAG erfüllt.

(4) Der Rechtsanwalt kann sich nur dann in das Firmenbuch eintragen lassen, wenn er die Rechtsanwaltschaft in Form einer Rechtsanwalts-Gesellschaft ausübt.

(5) Die Eintragung der Berufsbezeichnung „Rechtsanwalt" in das Firmenbuch darf nur unter Nachweis der Zustimmung der Rechtsanwaltskammer erfolgen.

idF BGBl I 2020/156

1 § 1 RAO regelt allg die **Erfordernisse** u Voraussetzungen zur Ausübung der Rechtsanwaltschaft.

2 Die Ausübung der Rechtsanwaltschaft in Form einer in das FB einzutragenden RA-Gesellschaft ist seit der RA-Nov 1990[1] möglich. Die

---

1 BGBl 1990/474.

Öffnung der zulässigen RA-Gesellschaften erfolgte schrittweise.[2] So ist die Ausübung der Rechtsanwaltschaft in der Rechtsform einer RA-GmbH erst seit dem RA-BRÄG 1999 zulässig.[3] Heute kann die Rechtsanwaltschaft in Ö in der Rechtsform einer GesbR, OG, KG, GmbH oder GmbH & Co KG erfolgen (vgl dazu Rz 9 ff zu § 1a RAO).

Der RA kann sich nur dann in das **FB** eintragen lassen, wenn die Rechtsanwaltschaft in Form einer in das FB eintragungsfähigen RA-Gesellschaft ausgeübt wird. Wird die Rechtsanwaltschaft in Form einer GesbR ausgeübt, der keine Rechtspersönlichkeit zukommt (§ 1175 Abs 2 ABGB), ist keine FB-Eintragung möglich (vgl dazu § 2 FBG). Alle anderen in Ö zur Ausübung der Rechtsanwaltschaft verfügbaren Rechtsformen werden in das FB eingetragen. 3

Die Eintragung der **Berufsbezeichnung „Rechtsanwalt"** in das FB ist an die vorherige **Zustimmung** der RAK gebunden. Nur bei Vorliegen dieser Zustimmungserklärung erfolgt die FB-Eintragung (vgl dazu Rz 34 zu § 1a RAO). 4

II. Die Rechtsanwaltsgesellschaft

§ 1a. (1) [1]Die Rechtsanwaltschaft kann auch in einer Rechtsanwalts-Gesellschaft in der Rechtsform der Gesellschaft bürgerlichen Rechts, einer eingetragenen Personengesellschaft (Rechtsanwalts-Partnerschaft) oder einer Kapitalgesellschaft ausgeübt werden, dies mit Ausnahme der Rechtsform der Aktiengesellschaft. [2]Bei Einhaltung der Erfordernisse der §§ 21a und 21c und einer wirksamen Gründung der betreffenden Gesellschaft nach dem jeweils maßgeblichen Recht kann die Rechtsanwaltschaft darüber hinaus auch in einer sonstigen, nach dem Recht eines anderen Mitgliedstaats der Europäischen Union oder eines anderen Vertragsstaats des Abkommens über den Europäischen Wirtschaftsraum oder der Schweizerischen Eidgenossenschaft für die Ausübung der Rechtsanwaltschaft offenstehenden Personen- oder Kapitalgesellschafts-Rechtsform ausgeübt werden, dies mit Ausnahme der Rechtsform der Aktiengesellschaft (oder

---

2 Zur Entwicklung der RA-Gesellschaften in Ö: OGH 7.3.2006, 5 Ob 242/05g; *Benn-Ibler*, AnwBl 2008, 389; *Rohregger* in Engelhart/Hoffmann/Lehner/Rohregger/Vitek, RAO[10] § 1a Rz 2 ff.
3 BGBl I 1999/71.

einer dieser gleichartigen Kapitalgesellschaft). ³Die Ausübung der Rechtsanwaltschaft darf nur im Einklang mit den berufsrechtlichen Vorschriften erfolgen. ⁴Sie bedarf der Eintragung in die Liste der Rechtsanwalts-Gesellschaften bei der Rechtsanwaltskammer, in deren Sprengel die Gesellschaft ihren Kanzleisitz hat. ⁵Für die Rechtsanwalts-Partnerschaft und die rechtsanwaltliche Kapitalgesellschaft im Sinn des ersten Satzes ist die Eintragung in das Firmenbuch Voraussetzung für die Eintragung in die Liste der Rechtsanwalts-Gesellschaften; im Fall einer sonst nach dem zweiten Satz zulässigen Rechtsanwalts-Gesellschaft, die nach dem auf sie anwendbaren Recht in ein öffentliches Register einzutragen ist, bedarf es zur Eintragung in die Liste der Rechtsanwalts-Gesellschaften des Nachweises der Eintragung in das öffentliche Register. ⁶Sie ist dem Ausschuss der zuständigen Rechtsanwaltskammer nachzuweisen.

(2) ¹Die beabsichtigte Errichtung der Gesellschaft ist unter Verwendung eines vom Österreichischen Rechtsanwaltskammertag aufzulegenden Formblatts beim Ausschuß der zuständigen Rechtsanwaltskammer anzumelden. ²Die Anmeldung hat zu enthalten:

1. die Art der Gesellschaft und die Firma oder Gesellschaftsbezeichnung (§ 1b);

2. Namen, Anschriften, Kanzleisitze und Berufsbezeichnungen der zur Vertretung und Geschäftsführung berechtigten Gesellschafter sowie Namen und Anschriften der übrigen Gesellschafter; § 12 Abs. 1 EIRAG, BGBl. I Nr. 27/2000, gilt sinngemäß;

3. den Kanzleisitz der Gesellschaft;

4. alle weiteren Angaben, aus denen hervorgeht, daß die Erfordernisse der §§ 21a und 21c erfüllt sind;

5. die Erklärung aller Rechtsanwalts-Gesellschafter, daß sie in Kenntnis ihrer disziplinären Verantwortung die Richtigkeit der Anmeldung bestätigen.

(3) Jede Änderung der nach Abs. 2 in der Anmeldung anzuführenden Umstände ist unverzüglich unter Verwendung des Formblatts nach Abs. 2 mit einer entsprechenden Erklärung nach Abs. 2 Z 5 beim Ausschuß der Rechtsanwaltskammer anzumelden.

(4) ¹Die Eintragung in die Liste ist vom Ausschuss zu verweigern oder zu streichen, wenn sich herausstellt, dass die Erfordernisse der §§ 21a oder 21c nicht oder nicht mehr vorliegen. ²§ 5 Abs. 2 zweiter

Satz und § 5a sind sinngemäß anzuwenden. Soweit nicht Gefahr im Verzug vorliegt, kann der Ausschuss der Gesellschaft vor ihrer Streichung eine sechs Monate nicht übersteigende Frist einräumen, um einen dem Gesetz entsprechenden Zustand herzustellen. ³Von der Streichung der Eintragung ist das Firmenbuchgericht (§ 13 FBG) oder gegebenenfalls die das öffentliche Register, in das die Rechtsanwalts-Gesellschaft eingetragen ist, führende Stelle zu verständigen.

(5) ¹Zur Eintragung einer Rechtsanwalts-Gesellschaft sowie für jede weitere auf eine derartige Gesellschaft bezügliche Eintragung in das Firmenbuch bedarf es der Vorlage einer Erklärung der zuständigen Rechtsanwaltskammer, dass gegen diese Eintragung kein Einwand besteht. ²Bei Sprengel überschreitender Sitzverlegung der Gesellschaft ist jene Rechtsanwaltskammer zur Abgabe der Erklärung zuständig, in deren Sprengel der Sitz verlegt wird. ³Ein Einwand ist nur dann zu erheben, wenn die beabsichtigte Eintragung dem Gesetz widerspricht; § 5 Abs. 2 zweiter Satz und § 5a sind sinngemäß anzuwenden.

(6) Die Rechtsanwälte betreffenden Vorschriften gelten sinngemäß auch für Rechtsanwalts-Gesellschaften.

(Anm.: Abs. 7 tritt mit dem Zeitpunkt des Wirksamwerdens des Austritts des Vereinigten Königreichs Großbritannien und Nordirland aus der Europäischen Union unter der Bedingung in Kraft, dass der Austritt ohne Austrittsabkommen gemäß Art. 50 Abs. 2 EUV erfolgt, vgl. § 60 Abs. 11)

(8) Eine nicht in das Firmenbuch eingetragene Rechtsanwalts-Gesellschaft hat die zuständige Rechtsanwaltskammer unverzüglich über jede Änderung im Stand ihrer Gesellschafter zu informieren und ihr darüber hinaus bis spätestens 31. Jänner eines jeden Kalenderjahres eine aktuelle Liste der Gesellschafter sowie gegebenenfalls einen aktuellen Auszug ihrer Eintragung in das für sie maßgebliche öffentliche Register zu übermitteln.

idF BGBl I 2020/19

A. Allgemeines

5 Lange Zeit galt der **Einzelanwalt** als das Idealbild der anwaltlichen Berufsausübung.[1] Dieses Bild hat sich zwischenzeitlich geändert. Schrittweise wurde der Kreis der gesetzl zulässigen RA-Gesellschaften erweitert.[2] § 1a RAO regelt nunmehr jene Rechtsformen, die für eine RA-Gesellschaft gesetzl zur Verfügung stehen. Das sind in Ö die GesbR, OG, KG (Rechtsanwaltschaft-Partnerschaft), GmbH & Co KG oder die GmbH. Seit dem BRÄG 2020 ist die Ausübung der Rechtsanwaltschaft in Ö auch unter bestimmten Voraussetzungen in einer sonstigen in einem anderen EU-/EWR-Mitgliedstaat oder der Schweiz für die Ausübung der Rechtsanwaltschaft offenstehenden PersGes- oder KapGes-Rechtsform zulässig. Derzeit sind österreichweit in Summe 1.104 RA-Gesellschaften in die jew Listen der RA-Gesellschaften eingetragen. Davon 230 OG, 92 KG (davon 38 GmbH & Co KG), 467 GmbH u 315 GesbR.[3]

6 Die Ausübung der Rechtsanwaltschaft in der Rechtsform einer **AG** ist in Ö[4] weiterhin nicht zulässig. Dies wird insb damit begründet, dass das der AG immanente Prinzip der Gesellschaftsleitung durch den Vorstand u der Kontrolle durch den AR (dualistisches System) den standesrechtlichen Grundsätzen der anwaltlichen Verschwiegenheit, des eingeschränkten Gesellschafterkreises u der Pflicht des RA zur Unabhängigkeit zuwiderlaufe[5] (s dazu auch § 21c RAO Rz 83).

7 Für RA-Gesellschaften gilt grds das **allg GesR**. Die RAO enthält gesellschaftsrechtliche Sonderregelungen, die das allg GesR für RA-Gesellschaften überlagern können.[6] So ist zB gem § 21c Z 1 RAO der Kreis der Gesellschafter einer RA-Gesellschaft eingeschränkt.

8 Die Gründe für die getroffene **Rechtsformwahl** können vielfältig sein. Neben der Möglichkeit der Haftungsbegrenzung bei Gründung einer GmbH oder GmbH & Co KG kann aber auch die untersch Steuer-

---

1 *Reiner/Deckenbrock*, juridikum 2016, 440.
2 Einen Überblick liefert *Torggler*, FS Koppensteiner 247 (248).
3 Stand 6.2.2023 laut Auskunft der ÖRAK.
4 In Dtl ist dies hingegen möglich. Vgl Rz 83 zu § 21c RAO.
5 ErlRV 19 BlgNR 27. GP 4 unter Hinweis auf *Benn-Ibler*, AnwBl 2008, 389. Kritisch *Murko*, AnwBl 2020, 346 (347), der aber das Bedürfnis nach Schaffung einer RA-AG verneint.
6 *Karollus/Artmann*, JBl 2008, 613.

belastung einer PerGes oder KapGEs vielfach entscheidungswesentlich sein.[7]

B. Zulässige Gesellschaftsformen

Die Rechtsanwaltschaft kann in der Rechtsform einer GesbR, einer OG, KG, GmbH oder GmbH & Co KG ausgeübt werden. 9

1. Gesellschaft bürgerlichen Rechts

Die Rechtsform einer GesbR steht zur Ausübung der Rechtsanwaltschaft seit jeher zur Verfügung.[8] Eine GesbR liegt vor, wenn sich zwei oder mehrere Personen durch einen Vertrag zusammenschließen, um durch eine bestimmte Tätigkeit einen **gemeinsamen Zweck**[9] zu verfolgen (§ 1175 Abs 1 ABGB). Ob durch das Zusammenwirken zweier oder mehrerer Personen schlüssig eine GesbR errichtet wurde, ist nach den Umständen des Einzelfalls zu beurteilen.[10] Die GesbR besitzt im Unterschied zu einer jP weder Rechtspersönlichkeit noch Rechtsfähigkeit. Das Gesellschaftsvermögen steht im Miteigentum der Gesellschafter. Die GesbR kann nicht in das FB eingetragen werden.[11] Der GesV einer GesbR unterliegt, sofern keine berufsfremde Gesellschafter aufgenommen werden (§ 29 RL-BA 2015), keinen besonderen Formvorschriften. Dennoch ist der Abschluss eines schriftlichen GesV zur Vermeidung v Gesellschafterstreitigkeiten dringend zu empfehlen. 10

Bei einer GesbR wird abhängig davon, ob ein Außenauftritt erfolgt oder nicht, zw einer **Außen- u Innengesellschaft** unterschieden. *„Die Gesellschafter können die Gesellschaft auf ihre Verhältnisse untereinander beschränken (Innengesellschaft) oder gemeinschaftlich im Rechtsver-* 11

---

7 Vgl dazu *Oberkleiner/Brunner/Sulz*, AnwBl 2021, 196 (196 ff); allg zur Rechtsformwahl: *Bergmann/Kalss*, Rechtsformwahl 1 ff. Einen Überblick zu den Rechtsformen liefert *Fischerlehner* in Bisset, Kanzlei-Start-up 65 ff.
8 *Rohregger* in Engelhart/Hoffmann/Lehner/Rohregger/Vitek, RAO[10] § 1a Rz 3.
9 Der gemeinsame Zweck entspricht dem früher verlangten „gemeinsamen Nutzen": RIS-Justiz RS0022127.
10 OGH 22.12.2021, 6 Ob 237/21b: Keine Fehlbeurteilung der Vorinstanzen, wenn Vorliegen einer GesbR bei strikter Trennung der RA-Kanzleien verneint wurde, auch wenn sich die Kanzleien im selben Bestandsobjekt befanden.
11 Allgemein zur GesbR *Kalss* in Kalss/Nowotny/Schauer, GesR[2] Rz 2/1 ff.

kehr auftreten (Außengesellschaft). Ist der Gegenstand der Gesellschaft der Betrieb eines Unternehmens oder führen die Gesellschafter einen gemeinsamen Gesellschafternamen, so wird vermutet, dass die Gesellschafter eine Außengesellschaft vereinbaren wollten".[12] Die Bestimmungen der GesbR ermöglichen daher zwei untersch Typen v RA-Gesellschaften. Gesellschaftsrechtlich knüpfen maßgebliche Fragen wie Haftungs-, Vertretungs- u Beendigungsmöglichkeiten an die Unterscheidung zw Innen- u Außengesellschaft.[13] Die standesrechtlichen Vorschriften der RAO sind nur auf Außengesellschaften anwendbar.[14] Es ist disziplinär, wenn zB durch den Außenauftritt auf der Homepage u dem Geschäftspapier der Eindruck erweckt wird, ein Dauersubstitut einer RA-Kanzlei sei Gesellschafter der RA-Kanzlei.[15] In der Praxis empfiehlt sich eine entspr Klarstellung im Außenauftritt.[16]

12 Bei einer Innengesellschaft (**Regie- oder Bürogemeinschaft**) benützen mehrere RA nur die Kanzleistruktur zusammen.[17] Bereits in der E 8 Ob 620/88 setzte sich der OGH mit der anwaltlichen Regiegemeinschaft auseinander: *„Die Absicht der Mitglieder, am Betriebserfolg zu partizipieren, ist aber nicht wesentlich. Die Vereinigung muß nur den Mitgliedern einen wirtschaftlichen Erfolg bringen; es genügt jeder Zweck, durch den die Erwerbswirtschaft oder das Unternehmen der Gesellschafter auch nur indirekt gefördert wird. Eine derartige Erwerbsgesellschaft ist auch die Regiegemeinschaft mehrerer Rechtsanwälte, weil sich hier mehrere Berufsgenossen zur gemeinsamen Förderung ihrer Betriebe durch Gemeinsamkeit des Lokals und Personals vereinigen [...]. Der Unterschied zwischen einer schlichten Rechtsgemeinschaft, etwa zwischen Mitmietern, und einer Gesellschaft besteht eben darin, daß die Gesellschaft auf ein gemeinsames Wirken, die Rechtsgemeinschaft hingegen auf ein gemeinsames Haben oder Verwalten ausgerichtet ist."*[18] Die Mitglieder einer reinen Innengesellschaft bleiben selbständig tätige

---

12 § 1176 Abs 1 ABGB.
13 *Kalss* in Kalss/Nowotny/Schauer, GesR² Rz 2/32.
14 *Feil/Wennig*, RAO⁸, 25; *Kalss/Natlacen* in Bergmann/Kalss, Rechtsformwahl 114; krit *Murko* in Murko/Nunner-Krautgasser, Berufsrecht § 1a RAO, Rz 8, weil diesfalls interdisziplinäre Regiegesellschaften möglich wären.
15 OGH 14.6.2022, 20 Ds 20/21b.
16 *Buresch*, AnwBl 2022, 536.
17 Vgl auch *Kalss/Natlacen* in Bergmann/Kalss, Rechtsformwahl 114.
18 OGH 26.1.1989, 8 Ob 620/88.

RA.[19] Eine Innengesellschaft tritt nach außen nicht auf. Jeder RA selbst unterliegt den standesrechtlichen Vorschriften.

Wird eine Kanzleigemeinschaft als **Außengesellschaft** geführt, begründet dies die persönliche Haftung der einzelnen Gesellschafter.[20]   13

Zur Führung der Geschäfte der Außen-GesbR sind grds alle Gesellschafter berechtigt u verpflichtet (§ 1189 Abs 1 ABGB). Wird im GesV nichts anderes geregelt, deckt sich die **Vertretungsbefugnis** mit der **Geschäftsführungsbefugnis** (§ 1197 Abs 1 ABGB). Für gesellschaftsbezogene Verbindlichkeiten gegenüber Dritten haften die Gesellschafter einer Außengesellschaft als **Gesamtschuldner**, wenn mit diesen nichts anderes vereinbart ist (§ 1199 Abs 1 ABGB).   14

Gesellschafter einer unternehmerisch tätigen GesbR müssen an sich bei Überschreiten der **Schwellenwerte** nach § 189 UGB die Gesellschaft als OG oder KG in das FB eintragen (§ 8 Abs 3 UGB). Diese Bestimmung gilt nicht für RA, weil § 8 Abs 3 UGB gem § 189 Abs 4 UGB auf freie Berufe nicht anwendbar ist.[21]   15

2. Offene Gesellschaft und Kommanditgesellschaft (Rechtsanwalts-Partnerschaft)

Die Rechtsanwaltschaft kann in der Rechtsform einer **RA-Partnerschaft** (OG u KG) ausgeübt werden.[22] Sowohl OG als auch KG sind als jP **rechtsfähig** u werden in das FB eingetragen. Der Eintragung kommt nur deklarative Wirkung zu. Der GesV einer OG oder KG unterliegt, sofern keine berufsfremde Gesellschafter aufgenommen werden (§ 29 RL-BA 2015), keinen besonderen Formvorschriften. Dennoch ist der Abschluss eines schriftlichen GesV zur Vermeidung v Gesellschafterstreitigkeiten dringend zu empfehlen.   16

Während bei einer OG alle Gesellschafter unbeschränkt haften (§ 128 UGB), kann die **Haftung** für den Kommanditisten beschränkt werden (§ 171 Abs 1 UGB). Der Kommanditist haftet bis zur Höhe der im FB eingetragenen Haftsumme den Gläubigern unmittelbar. Ist die Einlage geleistet, ist die Haftung ausgeschlossen. Anderes gilt, wenn die Einlage zurückgezahlt wurde (§ 172 Abs 3 UGB).   17

---

19 *Feil/Wennig*, RAO[8], 24.
20 *Kalss/Natlacen* in Bergmann/Kalss, Rechtsformwahl 115.
21 *Schausberger-Strobl* in Jabornegg/Artmann, UGB II[2] § 189 UGB, Rz 30.
22 Allgemein zur OG *Schauer* in Kalss/Nowotny/Schauer, GesR[2] Rz 2/248 ff. Zur KG *Schörghofer* in Kalss/Nowotny/Schauer, GesR[2] Rz 2/846 ff.

18 Die Einschränkung der Geschäftsführungs- u Vertretungsbefugnis eines **Komplementärs**, die gesellschaftsrechtlich an sich zulässig wäre, ist aufgrund der Sonderbestimmung des § 21c Z 9 RAO nicht zulässig. Der **Kommanditist** ist ohne gesv Vereinbarung bereits v G wegen v der Geschäftsführung ausgeschlossen (§ 164 UGB) u nicht vertretungsbefugt (§ 170 UGB).

19 Die Ausübung der Rechtsanwaltschaft in Form einer **GmbH & Co KG** ist seit dem Berufsrechts-ÄnderungsG 2013 im Rahmen des § 21c RAO möglich.[23] Die Reform bezweckte insb die Schaffung flexiblerer Gesellschaftsformen. Die GmbH & Co KG ermöglicht es, die gesellschafts- sowie steuer- u sozialversicherungsrechtliche Flexibilität einer PersGes mit der Haftungsbegrenzung zu kombinieren, indem eine KapGes die Rechtsstellung des unbeschränkt haftenden Gesellschafters übernimmt.[24] Durch die GmbH & Co KG sollte insb jüngeren RA zunächst die Stellung eines Kommanditisten eingeräumt werden können, bevor die Gesellschaftsbeteiligung weiter ausgebaut wird.[25] Für kapitalistische PersGes wie eine RA-GmbH & Co KG sind nach der Rsp des OGH die **Kapitalerhaltungsvorschriften analog** anzuwenden.[26] Damit ist ein Argument der Gesetzesmaterialien für die Schaffung der GmbH & Co KG, wonach im Vergleich zur GmbH flexiblere Entnahmemöglichkeiten bestehen, zwischenzeitlich überholt. § 21c RAO schränkt die Gestaltungsfreiheit für eine RA-GmbH & Co KG ein. So erfolgt beispielsweise die selbständige Ausübung der Rechtsanwaltschaft zwingend durch die KG. Die Komplementär-GmbH ist zur Ausübung der Rechtsanwaltschaft nicht befugt (§ 21c Z 12 RAO). Geschäftsführer der Komplementär-GmbH dürfen nur RA sein, die auch Kommanditisten der KG sind (§ 21c Z 12 letzter S RAO). Dadurch soll sichergestellt werden, dass die anwaltliche Beratungsleistung v einem RA erbracht wird.

20 Für die Gründung einer RA-Partnerschaft kommt ebenfalls das **mehrstufige berufsrechtliche Zulassungsverfahren** zur Anwendung (vgl Rz 31 ff).

---

23 *Birnbaum/Pörner/Simek* in Scheuba, Standesrecht³, 14 (22); allg zur RA-GmbH & Co KG: *Burtscher/Pinetz* in GS Arnold 179 ff; *Pinetz/Burtscher*, GES 2014, 4 (5).
24 Allgemein zur GmbH & Co KG: *Schörghofer* in Kalss/Nowotny/Schauer, GesR² Rz 2/1035 mwN.
25 ErlRV 2378 BlgNR 24. GP 1.
26 Einen Überblick liefern *Aburumieh/Foglar-Deinhardstein*, GES 2019, 3. Zuletzt OGH 23.6.2021, 6 Ob 61/21w.

3. Gesellschaft mit beschränkter Haftung

Die Ausübung der Rechtsanwaltschaft in Form einer RA-GmbH ist in Ö seit 1999 zulässig.[27] Die GmbH ist eine jP.[28] Für Gesellschaftsschulden haftet (bei Einhaltung der zwingenden Bestimmungen des GmbHG) nur das Gesellschaftsvermögen (§ 61 GmbHG; **Trennungsprinzip**). Durch den Abschluss des GesV in Notariatsaktsform wird die GmbH errichtet, die GmbH entsteht mit der Eintragung in das FB. Bei der Gründung der GmbH müssen die zwingenden Kapitalaufbringungsvorschriften (§§ 6 ff GmbHG) u während der gesamten Lebensdauer die zwingenden Kapitalerhaltungsvorschriften eingehalten werden (§§ 82 f GmbHG).

21

Die RAO sieht kein erhöhtes **Mindestkapital** für die Errichtung einer RA-GmbH vor. Eine vereinfachte Gründung nach § 9a GmbHG ist nicht möglich. Dies ergibt sich aus § 21d Abs 1 RAO.[29]

22

Ein „Sonderhaftungstatbestand" für Gesellschafter einer RA-GmbH besteht nicht. Es kommen die **allg Haftungsbestimmungen des GmbHG** zur Anwendung.[30] Im Ergebnis bedeutet dies, dass Gesellschafter einer RA-GmbH im Untersch zu unbeschränkt haftenden Gesellschaftern zB einer RA-OG für Gesellschaftsschulden nicht persönlich haften, wenn die Einlage vollständig geleistet u nicht zurück gewährt wurde.[31] Rechtsanwaltsgesellschafter einer RA-GmbH müssen selbständig **vertretungs- u geschäftsführungsbefugt** sein (§ 21c Z 9 RAO). Die Haftung der GF einer RA-GmbH bestimmt sich nach § 25 GmbHG.[32]

23

Die **Mindestversicherungssumme** der zwingend erforderlichen Berufshaftpflichtversicherung beträgt für eine RA-GmbH € 2,4 Mio für

24

---

27 Allgemein zur RA-GmbH in Ö u Dtl: *Reiner/Deckenbrock*, juridikum 2016, 440 (444); *Kanduth-Kristen/Steiger/Wiedenbauer*, Rechtsanwalts-GmbH², 1 ff.
28 Allgemein zur GmbH: *Nowotny* in Kalss/Nowotny/Schauer, GesR² Rz 4/1 mwN.
29 Zur Rechtslage vor dem BRÄG 2020 bejahend *Schopper/Walch*, ÖBA 2018, 379 (384).
30 *Kanduth-Kristen/Steiger/Wiedenbauer*, Rechtsanwalts-GmbH² Rz 1.127 ff; OGH 18.2.2021, 6 Ob 17/21z.
31 Allgemein zu Haftung bei einer RA-GmbH: *Harrer*, GesRZ 2001, 2; *Torggler* in FS Koppensteiner 247 ff.
32 *Harrer*, GesRZ 2001, 2 (2 ff).

jeden Versicherungsfall (§ 21a Abs 4 RAO). Wird die Berufshaftpflichtversicherung nicht oder nicht im vorgeschriebenen Umfang unterhalten, so haften neben der RA-GmbH auch die Gesellschafter verschuldensunabhängig persönlich in Höhe des fehlenden Versicherungsschutzes (§ 21a Abs 4 S 2 RAO).

25 Die RA-GmbH ist **Träger des RA-Berufs**.[33] Der RA-GmbH wird das Mandat zur anwaltlichen Beratung u Vertretung erteilt, sodass die RA-GmbH für die Ausübung des Mandats verantwortlich ist.[34]

26 Bei **Einbringung** eines bereits bestehenden RA-Kanzleibetriebs in eine neu errichtete RA-GmbH durch Einzelrechtsnachfolge ist zu beachten, dass die Rechtsanwaltschaft in der bisherigen Rechtsform bis zur Eintragung der Gesellschaft in die Liste der RA-Gesellschaften weitergeführt wird. Die an einen RA persönlich erteilten Vollmachten müssen neu ausgestellt werden. Bei einer Gesamtrechtsnachfolge erlischt die Vollmacht nicht.[35]

27 Auch für die Gründung einer RA-GmbH kommt das **mehrstufige berufsrechtliche Zulassungs- u Eintragungsverfahren** zur Anwendung (vgl Rz 31 ff).

4. Ausländische Rechtsformen

28 Aufgrund der Niederlassungsfreiheit u der dazu ergangenen Rsp des EuGH können **ausländische Gesellschaften**, die in ihren Herkunftsländern zur Ausübung der Rechtsanwaltschaft zugelassen sind, unabhängig v § 1a Abs 1 RAO in Ö tätig werden.[36] So sind LLP u LLP & Co KG in die Liste der RA-Gesellschaften bei einzelnen RAK eingetragen.[37]

29 Seit dem BRÄG 2020 ist die Ausübung der Rechtsanwaltschaft in Ö auch in jedweder sonstigen in einem anderen EU-/EWR-Mitgliedstaat

---

33 OGH 7.3.2006, 5 Ob 242/05g.
34 *Kanduth-Kristen/Steiger/Wiedenbauer*, Rechtsanwalts-GmbH² Rz 1.127; OGH 18.2.2021, 6 Ob 17/21z.
35 *Gruber*, RdW 2000, 65 (66). Die Vollmacht einer Gesellschaft an einen RA erlischt nicht gem § 1023 ABGB, wenn im Weg der Spaltung oder Verschmelzung eine andere Gesellschaft als Gesamtrechtsnachfolgerin an deren Stelle tritt: OGH 25.6.2014, 2 Ob 233/13y.
36 *Kalss/Natlacen* in Bergmann/Kalss, Rechtsformwahl Rz 5/26.
37 *Murko*, AnwBl 2020, 346 (347). Zur Zulässigkeit: *Kalss*, Anwaltsrecht Jahrbuch 2012, 101 (102 ff).

oder der Schweiz für die Ausübung der Rechtsanwaltschaft offenstehenden PersGes- oder KapGes-Rechtsform zulässig (ausgenommen einer AG oder einer gleichartigen KapGes), soweit die Erfordernisse der §§ 21a u 21c RAO eingehalten werden u die betr Gesellschaft nach dem jew maßgeblichen Recht wirksam gegründet ist (§ 1a Abs 1 S 2 RAO). Es bleibt abzuwarten, ob ausländische Rechtsformen wie zB die dt Partnergesellschaft mit beschränkter Berufshaftung in Zukunft nach Ö „importiert" werden.[38] Ausländische Rechtsformen müssen in die Liste der RA-Gesellschaften eingetragen werden u unterliegen den inländischen berufsrechtlichen Standesvorschriften.

Unverändert nicht zulässig (uzw auch nicht über den „Umweg" des Rechts eines anderen EU-/EWR-Mitgliedstaats oder der Schweiz) ist die Ausübung der Rechtsanwaltschaft in der Rechtsform der **AG** (oder einer dieser gleichartigen KapGes-Rechtsform), weil das vorherrschende dualistische Prinzip nicht geeignet sei, um eine den Anforderungen des rechtsanwaltlichen Berufsrechts hinreichend entspr eigenverantwortliche u unabhängige Berufsausübung zu gewährleisten u sicherzustellen.[39]

C. Zulassungs- und Eintragungsverfahren

Die RAO sieht für die Eintragung einer RA-Gesellschaft ein **dreistufiges Zulassungs- u Eintragungsverfahren** vor (1. Unbedenklichkeitserklärung der RAK, 2. Eintragung in das FB, 3. Eintragung in die Liste der RA-Gesellschaften).

Zunächst ist die beabsichtigte **Errichtung der Gesellschaft** unter Verwendung eines v ÖRAK aufgelegten Formblatts beim Ausschuss der zuständigen RAK zu melden.[40] Die zuständige RAK bestimmt sich nach dem Sitz der Gesellschaft. Die **Anmeldung** hat die in § 1a Abs 2 RAO genannten Informationen zu enthalten. Das sind die Art der Gesellschaft u die Fa oder Gesellschaftsbezeichnung (Z 1); Namen, An-

---

38 *Murko*, AnwBl 2020, 346 (347); *Kanduth-Kristen/Steiger/Wiedenbauer*, Rechtsanwalts-GmbH[2] Rz 1.5.
39 ErlRV 19 BglNR 27. GP 1.
40 Die Formblätter sind bei *Kanduth-Kristen/Steiger/Wiedenbauer*, Rechtsanwalts-GmbH[2], 106 ff abgedruckt u können im Mitgliederbereich der ÖRAK-Webseite (www.rechtsanwaelte.at) unter Services „Anmeldung und Änderung von Rechtsanwalts-Gesellschaften" aufgerufen werden.

schriften, Kanzleisitze u Berufsbezeichnungen der zur Vertretung u Geschäftsführung berechtigten Gesellschafter sowie Namen u Anschriften der übrigen Gesellschafter (Z 2). § 12 Abs 1 EIRAG gilt sinngemäß; den Kanzleisitz der Gesellschaft (Z 3); alle weiteren Angaben, aus denen hervorgeht, dass die Erfordernisse der §§ 21a u 21c RAO erfüllt sind (Z 4) u die Erklärung aller RA-Gesellschafter, dass sie in Kenntnis ihrer disziplinären Verantwortung die Richtigkeit der Anmeldung bestätigen (Z 5). Der Anmeldung sind auch eine **Versicherungsbestätigung** über das Bestehen der gesetzl Mindestberufshaftpflichtversicherung (für eine RA-GmbH oder RA-GmbH & Co KG € 2,4 Mio je Versicherungsfall gem § 21a Abs 4 RAO, für eine sonstige RA-Gesellschaft € 400.000 je Versicherungsfall gem § 21a Abs 3 RAO) sowie der GesV (§ 21c RAO) beizulegen.

33   Der zuständige Ausschuss prüft die **Zulässigkeit der Eintragung**. Somit, ob die Eintragungsvoraussetzungen nach § 21a RAO (Berufshaftpflichtversicherung) u die Einschränkungen des § 21c RAO (GesV) erfüllt sind. Gemäß § 5 Abs 2 RAO hat der Ausschuss die notwendigen Erhebungen zu pflegen u, wenn die Eintragung verweigert werden soll, den Bewerber vorher einzuvernehmen. Gegen die Verweigerung der Ausstellung einer Unbedenklichkeitserklärung steht das Recht der Berufung nach § 5a RAO zu. Liegen alle Voraussetzungen vor, stellt der Ausschuss dem Antragsteller eine **Unbedenklichkeitserklärung** aus, die dem Antrag auf Eintragung in das FB beizulegen ist.

34   Als nächstes erfolgt die **Anmeldung** zum FB u nach firmenbuchrechtlicher Prüfung die **Eintragung in das FB**. Da eine GesbR nicht in das FB eingetragen werden kann, entfällt dieser Schritt für eine GesbR.

35   Nach erfolgreicher FB-Eintragung wird das Eintragungsverfahren mit der Eintragung in die **Liste der RA-Gesellschaften** beendet. Die Rechtsanwaltschaft darf erst mit Eintragung in die Liste der RA-Gesellschaften ausgeübt werden. Jeder RA-Gesellschafter wird zudem in die Liste der RA eingetragen (§ 5 Abs 1 RAO).

36   Das Zulassungsverfahren ist für **jede Änderung** der nach § 1a Abs 2 RAO in der Anmeldung anzuführenden Umstände einzuhalten. Jede Änderung ist unverzüglich unter Verwendung des Formblatts mit einer entspr Erklärung nach § 1a Abs 2 Z 5 RAO beim zuständigen Ausschuss der RAK anzumelden.

D. Verweigerung der Eintragung und Streichung

Die Eintragung in die Liste ist v Ausschuss mit Bescheid zu verweigern 37
oder zu streichen, wenn die §§ 21a u 21c RAO nicht oder nicht mehr erfüllt werden. Gegen die Verweigerung der Ausstellung einer Unbedenklichkeitserklärung steht das Recht der Berufung nach § 5a RAO zu.

Jeder RA-Gesellschafter ist für die **Einhaltung der Anmeldepflicht** 38
nach § 1a Abs 2 u Abs 3 RAO u der Erfordernisse nach § 21c RAO verpflichtet (§ 21d RAO). Die RAK kann die RA-Gesellschafter mit den Mitteln des **Standesrechts** zwingen, die Bestimmungen der RAO einzuhalten. Als strengste Sanktion sieht § 1a Abs 4 RAO die Streichung der RA-Gesellschaft aus der Liste der RA-Gesellschaften vor. Um zu verhindern, dass eine sofortige Streichung aus der Liste erfolgt, kann der Ausschuss der RA-Gesellschaft eine sechs Monate nicht übersteigende Frist einräumen, um den gesetzeskonformen Zustand herzustellen. Von der Streichung ist das FB-Gericht oder ggf das öffentliche Register zu verständigen, in das die RA-Gesellschaft eingetragen ist.

E. Standesrecht für Rechtsanwaltsgesellschaften

Sämtliche standesrechtlichen Vorschriften gelten sinngemäß[41] auch für 39
RA-Gesellschaften, weil diese **Träger der Rechtsanwaltschaft** sind. Dies ergibt sich aus § 1a Abs 6 sowie aus § 1a Abs 1 S 3 RAO.[42] Die RA-Gesellschaft trifft demnach die Berufs- u Standespflichten, für deren Einhaltung sie ihrem Auftraggeber gegenüber haftet, während disziplinarrechtlich der für die Gesellschaft jew handelnde RA (§ 21d RAO) verantwortlich ist.[43]

---

41 Darunter werde verstanden, dass die Regelung dann nicht gelte, wenn eine Vorschrift ausdrücklich oder ihrem Sinn nach auf den Einzelanwalt abstelle: *Torggler* in FS Koppensteiner 247 (252 FN 21); OGH 7.3.2006, 5 Ob 242/05g.
42 *Engelhart/Hoffmann/Lehner/Rohregger/Vitek*, RAO[10] § 1a Rz 27.
43 *Torggler* in FS Koppensteiner 247 (252); hier bezogen auf die RA-GmbH.

F. Nicht in das österreichische Firmenbuch eingetragene Rechtsanwaltsgesellschaften

40 Für die nicht in das (ö) FB eingetragenen RA-Gesellschaften (GesbR) ist verpflichtend vorgesehen, dass die zuständige RAK unverzüglich über jede Änderung im Stand ihrer Gesellschafter zu informieren u ihr darüber hinaus bis spätestens 31.1. eines jeden Kalenderjahrs eine **aktuelle Liste der Gesellschafter** sowie ggf einen aktuellen Auszug ihrer Eintragung in das für sie maßgebliche öffentliche Register zu übermitteln ist.

III. Firma einer Rechtsanwaltsgesellschaft

§ 1b. (1) ¹Die Firma oder die Bezeichnung einer Rechtsanwalts-Gesellschaft darf nur die Namen eines oder mehrerer der folgenden Personen enthalten: eines Gesellschafters, der Rechtsanwalt im Sinn des § 21c Z 1 lit. a ist, oder eines ehemaligen Rechtsanwalts, der auf die Rechtsanwaltschaft verzichtet hat und im Zeitpunkt der Verzichtleistung Gesellschafter war oder dessen als Rechtsanwalts-Gesellschaft oder Einzelunternehmen geführte Kanzlei von der Gesellschaft fortgeführt wird. ²Die Namen anderer Personen dürfen in die Firma nicht aufgenommen werden. ³§ 12 Abs. 1 EIRAG, BGBl. I Nr. 27/2000, gilt sinngemäß. ⁴Als Sachbestandteil der Firma oder der Gesellschaftsbezeichnung ist ein Hinweis auf die Ausübung der Rechtsanwaltschaft aufzunehmen; weitere Zusätze sind zulässig, soweit diese nicht irreführend sind und auch nicht den Eindruck einer fachlichen oder örtlichen Alleinstellung bewirken. ⁵An die Stelle der Bezeichnung „offene Gesellschaft" kann die Bezeichnung „Partnerschaft" oder – sofern die Firma nicht die Namen aller Gesellschafter enthält – der Zusatz „und (&) Partner", an die Stelle der Bezeichnung „Kommanditgesellschaft" kann die Bezeichnung „Kommandit-Partnerschaft" treten.

(2) Die Bezeichnung des Rechtsanwaltsunternehmens, das in Form einer Rechtsanwalts-Gesellschaft fortgesetzt wird, darf – jedoch nur mit einem die neue Rechtsform andeutenden Zusatz – weitergeführt werden.

idF BGBl I 2020/19

A. Anforderungen an die Firma einer Rechtsanwaltsgesellschaft

Die **Fa** einer RA-Gesellschaft muss den zwingenden Bestimmungen des § 1b RAO folgen: Zulässig sind nur der Name oder die Namen v bestehenden RA-Gesellschaftern oder ehem RA, die auf die Rechtsanwaltschaft verzichtet haben u die im Zeitpunkt der Verzichtleistung Gesellschafter waren oder dessen/deren als RA-Gesellschaft oder Einzelunternehmen geführte Kanzlei v der Gesellschaft fortgeführt wird. Die Namen anderer Personen dürfen in die Fa nicht aufgenommen werden. Dies gilt, selbst wenn diese Personen zulässigerweise Gesellschafter nach § 21c RAO sein können.[44]

41

Der **Zweck** der in § 1b Abs 1 RAO enthaltenen firmenrechtlichen Vorgaben besteht darin, nur solche Firmen oder Bezeichnungen einer RA-Gesellschaft zuzulassen, die einen Bezug zu einer oder mehreren Personen mit entspr persönlichen Voraussetzungen für die Ausübung der Rechtsanwaltschaft aufweisen. Damit soll ein Ausgleich zw den Interessen der RA-Gesellschaft an der freien Firmenbildung u dem Interesse der Allgemeinheit, wahrheitsgemäß über die RA-Gesellschaft informiert zu werden, geschaffen werden.[45]

42

Neben dem zwingenden Hinweis auf die Ausübung der Rechtsanwaltschaft können seit dem BRÄG 2020 weitere **Zusätze** in die Fa einer RA-Gesellschaft aufgenommen werden. So kann in Zukunft als zulässiger Sachbestandteil auch eine fachliche Spezialisierung aufgenommen werden.[46] Unzulässig sind aber irreführende oder solche Angaben, die geeignet sind, den Eindruck einer fachlichen u/oder örtlichen Alleinstellung zu bewirken.[47]

43

Statt „offene Gesellschaft" kann die Bezeichnung „Partnerschaft" oder, wenn die Fa nicht alle Gesellschafternamen umfasst, der Zusatz „und (&) Partner" zulässigerweise verwendet werden. Die Bezeichnung „Kommanditgesellschaft" kann mit der Bezeichnung „Kommandit-Partnerschaft" ersetzt werden (§ 1b Abs 1 S 5 RAO).

44

Nach bisheriger stRsp (zur Rechtslage vor BRÄG 2020) enthält § 1b Abs 1 RAO eine taxative Aufzählung der **zulässigen Bestandteile** der

45

---

44 *Murko*, AnwBl 2020, 346.
45 VwGH 1.9.2017, Ro 2017/03/0018.
46 *Murko*, AnwBl 2020, 346.
47 EBRV 19 BlgNR 27. GP 4.

Fa oder der zulässigen Bezeichnung einer RA-Gesellschaft, nämlich die Namen der dort erwähnten Personen u einen Hinweis auf die Ausübung der Rechtsanwaltschaft. Eine reine Fantasie-Fa[48] oder Sach-Fa ist auch nach dem BRÄG 2020 nicht möglich.[49] Meines Erachtens ist ein Akronym bestimmter im Firmenwortlaut genannter Personennamen (regelmäßig die Anfangsbuchstaben v Gesellschaftern) als zusätzlicher Firmenbestandteil, wie dies v einzelnen RAK bereits genehmigt wurde, zulässig.[50] Auch **Fantasiebezeichnungen** als weitere Sachbestandteile werden (sofern diese nicht irreführend sind) zwischenzeitlich akzeptiert.[51]

46 **Für RA-Gesellschaften, die im FB eingetragen sind**, ist die Fa entspr der jew Eintragung im FB zu verwenden (§ 28 Abs 3 RL-BA 2015). Nach § 28 Abs 5 RL-BA 2015 ist die zusätzliche Führung einer **Kurzbezeichnung** zulässig. Die Kurzbezeichnung wird dadurch aber nicht Bestandteil des Firmenwortlautes. Die Kurzbezeichnung kann nach den derzeitigen RL-BA 2015 nur zusätzlich zum im FB eingetragenen Firmenwortlaut im Außenauftritt verwendet werden.

47 In der Praxis empfiehlt es sich, im GesV der RA-Gesellschaft Regelungen für den Fall des Ausscheidens eines **namensgebenden Gesellschafters** zu treffen. Wird keine Regelung getroffen, kann nach § 24 Abs 2 UGB bei Ausscheiden eines namensgebenden Gesellschafters die bisherige Fa nur fortgeführt werden, wenn der ausscheidende Gesellschafter oder seine Erben ausdrücklich zustimmen. Gemäß § 1b Abs 1 RAO darf der namensgebende RA nur dann im Firmenwortlaut weiter genannt werden, wenn der ausscheidende RA auf die Rechtsanwaltschaft verzichtet hat u im Zeitpunkt der Verzichtleistung Gesellschafter war oder dessen als RA-Gesellschaft oder Einzelunternehmen geführte Kanzlei v der Gesellschaft fortgeführt wird. Die Zustimmung zur Fortführung der Fa kann bereits im GesV erteilt werden.[52]

---

48 RIS-Justiz RS0124105.
49 *Murko*, AnwBl 2020, 346 (347).
50 Für die Zulässigkeit der Führung einer zusätzlichen Kurzbezeichnung: *Engelhart* in Engelhart/Hoffmann/Lehner/Rohregger/Vitek, RAO[10] § 28 RL-BA 2015 Rz 14; *Murko*, AnwBl 2020, 346 (347). In der E des OGH 7.12.2016, 19 Ob 1/16k wurde die v einzelnen RAK geübte Praxis, Abkürzungen v RA-Gesellschaften als zusätzlichen Firmenbestandteil zuzulassen, ausdrücklich offen gelassen.
51 *Murko* in Murko/Nunner-Krautgasser, Berufsrecht § 1b RAO, Rz 4.
52 *Herda* in Artmann, UGB[13] § 24 UGB, Rz 24.

Niedergelassene europäische RA haben die Berufsbezeichnung zu 48
verwenden, die sie im Herkunftsstaat nach dem dort geltenden Recht zu
führen berechtigt sind. Wer danach berechtigt ist, die Berufsbezeichnung „Rechtsanwalt" oder „Anwalt" zu führen,[53] hat zusätzlich die Berufsorganisation anzugeben, der er im Herkunftsstaat angehört (§ 12
Abs 1 EIRAG). Das EIRAG sieht weder für dienstleistende europäische
RA noch für niedergelassene europäische RA die Berechtigung vor, eine
Übersetzung der heimatlichen Berufsbezeichnung zu führen. Unter Berufsbezeichnung sind die in der Anlage zum EIRAG genannten Bezeichnungen gemeint.[54] Auf die RA-Gesellschaften niedergelassener
europäischer Rechtsanwälte sind die Firmenbildungsvorschriften nach
§ 1b RAO anwendbar.[55]

B. Fortführung eines Rechtsanwaltsunternehmens

Die Bezeichnung des RA-Unternehmens, das in Form einer **RA-Gesellschaft** fortgesetzt wird, darf – jedoch nur mit einem die neue Rechtsform andeutenden **Zusatz** – weitergeführt werden. Dabei handelt es 49
sich um eine Wahlbestimmung. Davon zu trennen ist die Frage, ob die
bisherige Bezeichnung gem § 24 UGB weiter geführt werden darf.

Nach A des VwG Wien liegt jedenfalls keine Gefahr der Irreführung 50
vor, wenn im Zuge einer Fortführung eines RA-Unternehmens trotz
Ausscheidens eines Gesellschafters die bisherige Fa fortgeführt wird,
weil § 1b Abs 1 RAO bei Verzicht eines Gesellschafters auf die Rechtsanwaltschaft die Fortführung der bisherigen Fa ausdrücklich gestattet.[56]
Wenn sich die **Rechtsform** ändert, ist ein die neue Rechtsform andeutender Zusatz erforderlich. Scheidet ein namensgebender Gesellschafter
aus der Gesellschaft aus, ist zudem nach § 24 Abs 2 UGB die Zustimmung des ausscheidenden Gesellschafters zur Firmenfortführung notwendig.

---

53 RIS-Justiz RS0120095.
54 *Engelhart/Lehner* in Engelhart/Hoffmann/Lehner/Rohregger/Vitek, RAO[10]
§ 13 EIRAG. Rz 23.
55 RIS-Justiz RS0131208.
56 VwGH 1.9.2017, Ro 2017/03/0018.

IV. Befugnis zur Parteienvertretung

§ 8. (1) ¹Das Vertretungsrecht eines Rechtsanwalts erstreckt sich auf alle Gerichte und Behörden der Republik Österreich und umfaßt die Befugnis zur berufsmäßigen Parteienvertretung in allen gerichtlichen und außergerichtlichen, in allen öffentlichen und privaten Angelegenheiten. ²Vor allen Gerichten und Behörden ersetzt die Berufung auf die Bevollmächtigung deren urkundlichen Nachweis.

(2) ¹Die Befugnis zur umfassenden berufsmäßigen Parteienvertretung im Sinn des Abs. 1 ist den Rechtsanwälten vorbehalten. ²Die Berufsbefugnisse, die sich aus den österreichischen Berufsordnungen für Notare, Patentanwälte, Wirtschaftstreuhänder und Ziviltechniker ergeben, werden hiedurch nicht berührt.

(3) Jedenfalls unberührt bleiben auch die in sonstigen gesetzlichen Bestimmungen des österreichischen Rechts eingeräumten Befugnisse von Personen oder Vereinigungen zur sachlich begrenzten Parteienvertretung, der Wirkungsbereich von gesetzlichen Interessenvertretungen und von freiwilligen kollektivvertragsfähigen Berufsvereinigungen der Arbeitgeber oder der Arbeitnehmer, die Auskunftserteilung oder Beistandsleistung durch Personen oder Vereinigungen, soweit sie nicht unmittelbar oder mittelbar dem Ziel wirtschaftlicher Vorteile dieser Personen oder Vereinigungen dienen, sowie in sonstigen gesetzlichen Bestimmungen des österreichischen Rechts eingeräumte Befugnisse, die in den Berechtigungsumfang von reglementierten oder konzessionierten Gewerben fallen.

(4) ¹Die Berufsbezeichnung „Rechtsanwalt" dürfen nur die in den Listen der Rechtsanwaltskammern eingetragenen Personen führen. ²Andere Personen, die auf Grund der Vorschriften des EIRAG die Berufsbezeichnung Rechtsanwalt zu führen berechtigt sind, dürfen diese Berufsbezeichnung nur mit dem Hinweis auf den Ort ihres Kanzleisitzes im Ausland führen. ³Die Bezeichnung „Rechtsanwalt" darf nur der Firma einer berufsbefugten Rechtsanwalts-Gesellschaft (§ 21c) beigefügt und nur bei einer solchen als Geschäftszweig (§ 3 Z 5 FBG) angegeben und in das Firmenbuch eingetragen werden. ⁴Gleiches gilt auch für alle auf die Ausübung der Rechtsanwaltschaft hindeutenden Begriffe und Wendungen.

(5) ¹Wird ein Rechtsanwalt als Mediator tätig oder führt er eine öffentliche Versteigerung nach § 87c NO durch, so hat er auch dabei

die ihn als Rechtsanwalt treffenden Berufspflichten einzuhalten. ²Besondere Regelungen für Mediatoren nach anderen Rechtsvorschriften werden dadurch nicht berührt.

idF BGBl I 2008/68

§ 8 RAO regelt die anwaltliche Befugnis zur umfassenden berufsmäßigen **Parteienvertretung**, die nur dem RA zukommt. Wird eine RA-Gesellschaft mit eigener Rechtspersönlichkeit bevollmächtigt (OG, KG, GmbH oder GmbH & Co KG), kommt das Recht zur Parteienvertretung der **RA-Gesellschaft** zu (§ 21e RAO). Die Befugnis zur Parteienvertretung ist weit zu verstehen u erstreckt sich auf alle Gerichte u Behörden in Ö. Umfasst ist die Befugnis zur Vertretung in allen gerichtl u außergerichtlichen sowie in allen öffentlichen u privaten Angelegenheiten u die der Vertretung vorangehende Beratung.[57]

Ergänzend dazu regelt § 21g RAO, dass RA ein **Dienstverhältnis**, dessen Gegenstand auch Tätigkeiten umfasst, die zu den befugten Aufgaben des RA gehören, nur mit einem RA oder einer RA-Gesellschaft eingehen dürfen. Die **GF-Tätigkeit eines RA** in einer Vermögensverwaltung oder Hausverwaltung hat nach Ansicht des OGH eine Parteienvertretung zum Inhalt u ist daher, weil mit der Ausübung des freien Mandats nicht vereinbar, disziplinär.[58] Die Tätigkeit als Alleingesellschafter u GF einer Unternehmens-Beteiligungs-GmbH wird für zulässig erachtet.[59]

Meines Erachtens geht die Rsp des OGH zur GF-Tätigkeit eines RA zu weit u sollte die Beteiligung eines RA als geschäftsführender Gesellschafter an einer besitzverwaltenden Gesellschaft jedenfalls zulässig sein, wenn der RA im Rahmen dieser Tätigkeit keiner anwaltlichen Interessenskollision unterliegt. Dies könnte dann der Fall sein, wenn der RA im Rahmen seiner anwaltlichen Tätigkeit Informationen erlangt, die er für eigene Interessen verwendet oder die einer unabhängigen Vertretung/Beratung entgegenstehen. Beispielsweise kann die Maklertätigkeit oder die Tätigkeit als Immobilienhändler u -entwickler eines RA problematisch sein, weil Eigeninteressen im Vordergrund ste-

---

57 Allg zum Umfang des anwaltlichen Vertretungsrechts: *Scheuba* in Murko/Nunner-Krautgasser, Berufsrecht § 8 RAO, Rz 1 ff.
58 RIS-Justiz RS0056803.
59 *Vitek* in Engelhart/Hoffmann/Lehner/Rohregger/Vitek, RAO[10] § 8 Rz 7; *Feil/Wennig*, RAO[8] § 8 Rz 2.

hen können.[60] Es ergibt sich bereits aus § 9 Abs 2 RAO, dass der RA zur Verschwiegenheit über die ihm anvertrauten Angelegenheiten u die ihm sonst in seiner beruflichen Eigenschaft bekanntgewordenen Tatsachen, deren Geheimhaltung im Interesse seiner Partei gelegen ist, verpflichtet ist. Daraus ist abzuleiten, dass diese Tatsachen nicht zum eigenen Vorteil des RA verwendet werden dürfen.[61] Vornehmste Berufspflicht des RA ist die Treue zu seinem Klienten. Interessen des RA, die Interessen Dritter u Rücksichten auf Kollegen haben im Widerstreit zurückzutreten (§ 6 RL-BA 2015). § 2 Abs 1 letzter HS RL-BA 2015 nimmt zudem die organschaftliche Tätigkeit aus.

54 Nach § 2 Abs 1 RL-BA 2015 erfolgt jedwede berufsmäßige Besorgung fremder Angelegenheiten durch den RA in Ausübung seines Berufs, ausgenommen hievon die Tätigkeit als organschaftlicher Vertreter. Nach § 2 Abs 1 letzter HS RL-BA 2015 ist die Tätigkeit als organschaftlicher Vertreter somit keine anwaltliche Tätigkeit. Als **Vorstand einer Privatstiftung, Vorstand/GF einer Gesellschaft oder AR-Mitglied** übt der RA somit **keine berufstypische Tätigkeit** aus. Es liege keine Berufsausübung iSd § 2 Abs 1 RL-BA 2015 vor.[62] Möglich bleibe in solchen Fällen allerdings die Verletzung v Ehre u Ansehen des Stands.[63] Wird der RA als organschaftlicher Vertreter in Ausübung seines Berufs tätig (indem er zB ein Mandat „seiner" Gesellschaft übernimmt), sind die Bestimmungen zur Interessenskollision nach § 10 Abs 2 RL-BA 2015 zu beachten. Eine klare Trennung in organschaftliche u anwaltliche Tätigkeit ist in diesem Fall nicht möglich.[64]

---

60 Der BGH hat aus diesem Grund Maklertätigkeiten mit der Tätigkeit als RA als unvereinbar eingestuft, BGH v 11.1.2016, AnwZ (Brfg) 35/15. In diesem Verfahren ging es um den Widerruf der Zulassung zur Rechtsanwaltschaft wegen unvereinbarer Tätigkeit. Dies ist nach § 14 Abs 2 Nr 8 BRAO möglich, wenn der RA eine Tätigkeit ausübt, die mit seinem Beruf, insb seiner Stellung als unabhängiges Organ der Rechtspflege nicht vereinbar ist oder die das Vertrauen in seine Unabhängigkeit gefährden kann.
61 RIS-Justiz RS0132071: Aus der Pflicht zur Parteientreue ergibt sich auch die Verpflichtung, im Rahmen des Mandatsverhältnisses erlangtes Wissen nicht zum Nachteil des Mandanten zu verwenden, um sich selbst einen unlauteren Vorteil zu verschaffen.
62 *Engelhart* in Engelhart/Hoffmann/Lehner/Rohregger/Vitek, RAO[10] § 2 RL-BA 2015 Rz 9.
63 OGH 23.2.2016, 20 Os 14/15g.
64 *Engelhart* in Engelhart/Hoffmann/Lehner/Rohregger/Vitek, RAO[10] § 10 RL-BA 2015 Rz 28.

In § 8 Abs 4 RAO wird klargestellt, dass die Bezeichnung „Rechtsanwalt" nur der Fa einer berufsbefugten RA-Gesellschaft (§ 21c RAO) beigefügt u nur bei einer solchen als **Geschäftszweig** (§ 3 Z 5 FBG) angegeben u in das FB eingetragen werden darf. Gleiches gilt auch für alle auf die Ausübung der Rechtsanwaltschaft hindeutenden Begriffe u Wendungen.

Übertretungen nach § 8 Abs 4 RAO sind **Ungehorsamsdelikte** iSd § 5 Abs 1 VStG, weil zum Tatbestand einer solchen Verwaltungsübertretung der Eintritt eines Schadens oder einer Gefahr nicht gehört.[65]

§ 9. (1) ¹Der Rechtsanwalt ist verpflichtet, die übernommenen Vertretungen dem Gesetz gemäß zu führen und die Rechte seiner Partei gegen jedermann mit Eifer, Treue und Gewissenhaftigkeit zu vertreten. ²Er ist befugt, alles, was er nach dem Gesetz zur Vertretung seiner Partei für dienlich erachtet, unumwunden vorzubringen, ihre Angriffs- und Verteidigungsmittel in jeder Weise zu gebrauchen, welche seinem Auftrag, seinem Gewissen und den Gesetzen nicht widerstreiten.

(1a) Der Rechtsanwalt ist entsprechend den technischen und organisatorischen Möglichkeiten und den Erfordernissen einer geordneten Rechtspflege nach Maßgabe von Richtlinien gemäß § 37 Z 6 verpflichtet, für die zur Wahrung, Verfolgung und Durchsetzung der ihm anvertrauten Interessen notwendigen Einrichtungen, insbesondere um sich im Verkehr mit Gerichten des elektronischen Rechtsverkehrs (§ 89a GOG) zu bedienen, Sorge zu tragen.

(2) ¹Der Rechtsanwalt ist zur Verschwiegenheit über die ihm anvertrauten Angelegenheiten und die ihm sonst in seiner beruflichen Eigenschaft bekanntgewordenen Tatsachen, deren Geheimhaltung im Interesse seiner Partei gelegen ist, verpflichtet. ²Er hat in gerichtlichen und sonstigen behördlichen Verfahren nach Maßgabe der verfahrensrechtlichen Vorschriften das Recht auf diese Verschwiegenheit. ³Gleiches gilt für die Gesellschafter sowie die Mitglieder der durch Gesetz oder Gesellschaftsvertrag vorgesehenen Aufsichtsorgane einer Rechtsanwalts-Gesellschaft. ⁴Handelt es sich bei diesen Gesellschaftern oder Aufsichtsorganen nicht um Rechtsanwälte, so hat sie der Rechtsanwalt zur Verschwiegenheit zu verpflichten und

---

[65] VwGH 13.9.2016, Ra 2016/03/0060.

für die verlässliche Einhaltung dieser Verpflichtung hinreichend vorzukehren; Entsprechendes gilt für die vom Rechtsanwalt herangezogenen Hilfskräfte.

(3) Das Recht des Rechtsanwaltes auf Verschwiegenheit nach Abs. 2 zweiter Satz darf durch gerichtliche oder sonstige behördliche Maßnahmen, insbesondere durch Vernehmung von Hilfskräften des Rechtsanwaltes oder dadurch, daß die Herausgabe von Schriftstücken, Bild-, Ton- oder Datenträgern aufgetragen wird oder diese beschlagnahmt werden, nicht umgangen werden; besondere Regelungen zur Abgrenzung dieses Verbotes bleiben unberührt.

(4) Soweit dies das Recht des Rechtsanwalts auf Verschwiegenheit zur Sicherstellung des Schutzes der Partei oder der Rechte und Freiheiten anderer Personen oder der Durchsetzung zivilrechtlicher Ansprüche erfordert, kann sich die betroffene Person nicht auf die Rechte der Art. 12 bis 22 und Art. 34 der Verordnung (EU) 2016/679 zum Schutz natürlicher Personen bei der Verarbeitung personenbezogener Daten, zum freien Datenverkehr und zur Aufhebung der Richtlinie 95/46/EG (Datenschutz-Grundverordnung), ABl. Nr. L 119 vom 4.5.2016 S. 1 (im Folgenden: DSGVO), sowie des § 1 DSG berufen.

(5) [1]Vor der Begründung einer Geschäftsbeziehung oder der Durchführung einer Transaktion hat der Rechtsanwalt einer neuen Partei die nach Art. 13 und 14 DSGVO vorgeschriebenen Informationen zur Verfügung zu stellen. [2]Diese Informationen haben bei den in § 8a Abs. 1 angeführten Geschäften insbesondere einen allgemeinen Hinweis zu den rechtlichen Pflichten des Rechtsanwalts gemäß diesem Bundesgesetz bei der Verarbeitung personenbezogener Daten zu Zwecken der Verhinderung von Geldwäscherei und Terrorismusfinanzierung zu enthalten. [3]Die Verarbeitung personenbezogener Daten auf der Grundlage dieses Bundesgesetzes zu Zwecken der Verhinderung von Geldwäscherei (§ 165 StGB) und Terrorismusfinanzierung (§ 278d StGB) ist als Angelegenheit von öffentlichem Interesse gemäß der DSGVO anzusehen.

(6) [1]Bei Vorliegen eines der im § 8a Abs. 1 angeführten Geschäfte hat der Rechtsanwalt dem Bundesminister für Inneres (Bundeskriminalamt, Geldwäschemeldestelle gemäß § 4 Abs. 2 Bundeskriminalamt-Gesetz) auf Anfrage über alle ihm bekannten Umstände unmittelbar Auskunft zu erteilen, soweit dies zur Klärung eines gegen die

Partei gerichteten Verdachts auf Geldwäscherei (§ 165 StGB) oder Terrorismusfinanzierung (§ 278d StGB) erforderlich ist. ²Diese Verpflichtung besteht unabhängig davon, ob der Rechtsanwalt zuvor eine Verdachtsmeldung (§ 8c Abs. 1) erstattet hat; sie entfällt unter den in § 8c Abs. 1 dritter Satz genannten Voraussetzungen. ³Zur Erfüllung dieser Verpflichtung hat der Rechtsanwalt über Systeme zu verfügen, die es ihm ermöglichen, über sichere Kommunikationskanäle und auf eine Art und Weise, die die vertrauliche Behandlung der Anfragen sicherstellt, auf entsprechende Anfragen des Bundesministers für Inneres (Bundeskriminalamt, Geldwäschemeldestelle gemäß § 4 Abs. 2 Bundeskriminalamt-Gesetz) vollständig und rasch Auskunft insbesondere darüber zu geben, ob er mit bestimmten Personen in einer Geschäftsbeziehung steht oder während eines Zeitraums von fünf Jahren vor der Anfrage gestanden ist, sowie über die Art dieser Geschäftsbeziehung.

(7) ¹Die gutgläubige Mitteilung an den Bundesminister für Inneres (Bundeskriminalamt, Geldwäschemeldestelle gemäß § 4 Abs. 2 Bundeskriminalamt-Gesetz) gemäß §§ 8b und 8c gilt nicht als Verletzung der Verschwiegenheitspflicht sowie anderer vertraglicher oder durch Rechts- und Verwaltungsvorschriften geregelter Bekanntmachungsbeschränkungen (Geheimhaltungspflichten) und zieht für den Rechtsanwalt keinerlei nachteilige Rechtsfolgen nach sich. ²Entsprechendes gilt für Rechtsanwaltsanwärter sowie die sonstigen beim Rechtsanwalt Beschäftigten, die intern oder dem Bundesminister für Inneres (Bundeskriminalamt, Geldwäschemeldestelle gemäß § 4 Abs. 2 Bundeskriminalamt-Gesetz) einen Verdacht auf Geldwäscherei (§ 165 StGB) oder Terrorismusfinanzierung (§ 278d StGB) melden. ³Diese Personen sind unter Beachtung der anzuwendenden arbeitsrechtlichen Bestimmungen vor Bedrohungen, Vergeltungsmaßnahmen oder Anfeindungen und insbesondere vor nachteiligen oder diskriminierenden Maßnahmen im Beschäftigungsverhältnis zu schützen. Kommt der Rechtsanwalt dieser Verpflichtung nicht oder nicht hinreichend nach, so kann der Betreffende damit die Rechtsanwaltskammer befassen, die dem Vorwurf im Rahmen der Aufsicht (§ 23 Abs. 2) nachzugehen hat; § 20a DSt ist insofern sinngemäß anzuwenden. ⁴Sonstige dem Betreffenden damit im Zusammenhang zur Verfügung stehenden Rechtsschutzmöglichkeiten bleiben davon unberührt.

(8) Der Rechtsanwalt hat über angemessene und in einem angemessenen Verhältnis zu Art und Größe seiner Kanzlei stehende

Verfahren zu verfügen, die es seinen Beschäftigten unter Wahrung der Vertraulichkeit ihrer Identität ermöglicht, einen Verstoß gegen die Bestimmungen dieses Bundesgesetzes, die der Verhinderung oder der Bekämpfung der Geldwäscherei (§ 165 StGB) oder der Terrorismusfinanzierung (§ 278d StGB) dienen, intern zu melden.

(9) ¹Der Bundesminister für Inneres (Bundeskriminalamt, Geldwäschemeldestelle gemäß § 4 Abs. 2 Bundeskriminalamt-Gesetz) hat den Rechtsanwälten Zugang zu aktuellen Informationen über Methoden der Geldwäscherei und der Terrorismusfinanzierung und über Anhaltspunkte zu verschaffen, an denen sich verdächtige Transaktionen erkennen lassen. ²Ebenso hat er dafür zu sorgen, dass eine zeitgerechte Rückmeldung in Bezug auf die Wirksamkeit von Verdachtsmeldungen bei Geldwäscherei oder Terrorismusfinanzierung und die daraufhin getroffenen Maßnahmen erfolgt.

idF BGBl I 2020/19

57 § 9 RAO verpflichtet den RA insb zur **Parteitreue** (Abs 1) u zur **Verschwiegenheit** (Abs 2). Gemäß § 9 RAO ist der RA verpflichtet, die Rechte seiner Partei mit Gewissenhaftigkeit zu vertreten; diese Bestimmung ergänzt § 1009 ABGB, der den Gewalthaber verpflichtet, das ihm durch den Bevollmächtigungsvertrag aufgetragene Geschäft umsichtig u redlich zu besorgen.[66]

58 Der RA hat im Rahmen der **Parteitreue** die Interessen seines Auftraggebers zu wahren. Daraus ergeben sich für den RA eine Reihe v Pflichten, wie ua Warn-, Aufklärungs-, Informations- u Verhütungspflichten, die alle Ausprägungen der Kardinalspflicht des RA sind, nämlich der Pflicht zur Interessenswahrung u zur Rechtsbetreuung.[67] Die Interessenswahrungspflicht nach § 9 Abs 1 RAO erfordert es auch, die v RA vertretene Partei v Abschluss mglw nichtiger Rechtsgeschäfte (zB Verstoß gegen das Verbot der Einlagenrückgewähr) abzuhalten. Dabei ist die Interessenswahrungspflicht nicht auf die Vertragserrichtung u -prüfung beschränkt, sondern gilt bei allen zw dem Mandanten u dem RA geschlossenen Auftragsverhältnissen.[68] Aus der Pflicht zur Parteien-

---

66 RIS-Justiz RS0112203.
67 RIS-Justiz RS0112203.
68 OGH 14.9.2021, 6 Ob 26/21y: Wenn zusätzlich zu *prima facie* gegen Kapitalerhaltungsvorschriften verstoßenden Zahlungsaufträgen ein Interessenkonflikt zw dem geschäftsführenden Alleingesellschafter u der v ihm vertretenen

treue ergibt sich auch die Verpflichtung, im Rahmen des Mandatsverhältnisses erlangtes Wissen nicht zum Nachteil des Mandanten zu verwenden, um sich selbst einen unlauteren Vorteil zu verschaffen.[69]

Der RA ist zur **Verschwiegenheit** über die ihm anvertrauten Angelegenheiten u die ihm sonst in seiner beruflichen Eigenschaft bekanntgewordenen Tatsachen, deren Geheimhaltung im Interesse seiner Partei gelegen ist, verpflichtet u auch berechtigt. Er hat in gerichtl u sonstigen behördlichen Verfahren nach Maßgabe der verfahrensrechtlichen Vorschriften das Recht auf diese Verschwiegenheit. Um sicherzustellen, dass **berufsfremde Gesellschafter** oder **berufsfremde Organmitglieder** über die ihnen aufgrund ihrer Gesellschafter- oder Organstellung bekannt gewordenen Angelegenheiten, die der anwaltlichen Verschwiegenheit unterliegen, RA gleichgestellt sind, wird in § 9 Abs 2 S 3 u S 4 RAO die Pflicht zur Verschwiegenheit auf die **Gesellschafter** u die **Mitglieder der Aufsichtsorgane** einer RA-Gesellschaft **ausgeweitet**, sofern diese nicht bereits RA sind. Entsprechendes gilt auch für **Hilfskräfte** v RA oder RA-Gesellschaften. Ausweislich der EB soll diese Verschwiegenheitspflicht durch vertragliche Vereinbarungen eingefordert werden. *„Zugleich muss für die verlässliche Einhaltung dieser Verpflichtung hinreichend (etwa durch die Vereinbarung von substanziellen Pönalezahlungen) vorgekehrt werden, soweit es sich bei den betreffenden Personen nicht um Rechtsanwälte handelt."*[70] Der Begriff der Hilfskraft ist weit zu verstehen u umfasst neben Sekretariatsmitarbeitern zB auch Praktikanten.[71] Sind berufsfremde Personen an einer RA-Gesellschaft beteiligt, erstreckt sich die Verschwiegenheitspflicht auch auf diese. Aufgrund des Spannungsverhältnisses der Beteiligung berufsfremder Personen (auch bei Überbindung der Verschwiegenheitspflicht) u den gesellschaftsrechtlichen Informationsrechten, wie zB Bucheinsichtsrechte nach § 22 GmbHG, ist eine Fremdbeteiligung, sei es in Form einer **interdisziplinären Partnerschaft** oder einer gemeinsamen Berufsausübung mit anderen beratenden freien Berufen, weiterhin **nicht zulässig**.[72]

Gesellschaft nahe liegt, darf sich der RA nicht mit gänzlich unkonkreten oder unplausiblen Erklärungen begnügen.
69 RIS-Justiz RS0132071.
70 ErlRV 19 BlgNR 27. GP 8.
71 Weitere Bsp bei *Scheuba* in Murko/Nunner-Krautgasser, Berufsrecht § 9 RAO, Rz 22.
72 *Murko*, AnwBl 345 (348) unter Hinweis auf *Rüffler/Müller*, Interdisziplinäre Rechtsanwalts-Gesellschaften 10.

60   Die Verschwiegenheitspflicht nach § 9 Abs 2 RAO dauert (wie die Treuepflicht nach § 9 Abs 1 RAO) **über das Vertretungsverhältnis hinaus** u besteht auch über den **Tod des RA hinaus**.[73]

VI. Verbot der Doppelvertretung

§ 10. (1) [1]Der Rechtsanwalt ist nicht verpflichtet, die Vertretung einer Partei zu übernehmen, und kann dieselbe ohne Angabe der Gründe ablehnen; allein er ist verpflichtet, die Vertretung oder auch nur die Ertheilung eines Rathes abzulehnen, wenn er die Gegenpartei in derselben oder in einer damit zusammenhängenden Sache vertreten hat oder in solchen Angelegenheiten früher als Richter oder als Staatsanwalt thätig war. [2]Ebenso darf er nicht beiden Theilen in dem nämlichen Rechtsstreite dienen oder Rath ertheilen.

(2) Der Rechtsanwalt ist überhaupt verpflichtet, durch Redlichkeit und Ehrenhaftigkeit in seinem Benehmen die Ehre und Würde des Standes zu wahren.

(3) Einer zahlungsfähigen Partei, deren Vertretung kein Rechtsanwalt freiwillig übernimmt, hat der Ausschuss der Rechtsanwaltskammer einen Rechtsanwalt als Vertreter zu bestellen, in welchem Falle dieser gegen Sicherstellung der Vertretungsgebühren die Vertretung übernehmen muß.

(4) [1]Sieht das Gesetz vor, dass eine Urkunde vor einem Rechtsanwalt zu errichten ist, so hat der Rechtsanwalt die Identität der Partei an Hand eines amtlichen Lichtbildausweises zu überprüfen, die Partei umfassend über die mögliche Gestaltung der Urkunde und deren Rechtswirkungen zu belehren und sich zu vergewissern, dass die Partei die Tragweite und die Auswirkungen ihrer rechtsgeschäftlichen Verfügung verstanden hat. [2]Zum Nachweis der Erfüllung dieser Pflicht ist die Urkunde auch vom Rechtsanwalt zu unterfertigen.

(5) Dem Rechtsanwalt ist Werbung insoweit gestattet, als sie über seine berufliche Tätigkeit wahr und sachlich informiert und mit seinen Berufspflichten im Einklang steht.

---

73 *Csoklich/Scheuba* in Scheuba, Standesrecht[3], 56.

(6) Der Rechtsanwalt ist verpflichtet, sich fortzubilden. Dies gilt insbesondere für jene Wissensgebiete, welche Gegenstand des Studiums (§ 3) und der Rechtsanwaltsprüfung (§ 20 RAPG) sind.
idF BGBl I 2020/19

A. Allgemeines

Der RA ist grds nicht verpflichtet, die Vertretung einer Partei zu übernehmen (**kein Kontrahierungszwang**). Als v § 1003 ABGB erfasste Person hat der RA ohne Zögerung ausdrücklich zu erklären, ob er einen Auftrag annimmt. Wird die Vertretung übernommen, finden die Bestimmungen der RAO u des ABGB (§ 1002 ff) auf das Vertragsverhältnis Anwendung.[74] 61

§ 10 Abs 1 RAO regelt das **Verbot der Doppelvertretung**. Der RA ist verpflichtet, die v ihm übernommene Vertretung gem dem Gesetz auszuüben u die Rechte seiner Partei mit Gewissenhaftigkeit zu vertreten. Diese Bestimmung ergänzt § 1009 ABGB, der den Gewalthaber verpflichtet, das ihm durch den Bevollmächtigungsvertrag aufgetragene Geschäft umsichtig u redlich zu besorgen. Daraus ergeben sich für den RA eine Reihe v Pflichten, wie ua Warn-, Aufklärungs-, Informations- u Verhütungspflichten, die alle Ausprägung der Kardinalspflicht des RA sind, nämlich der Pflicht zur Interessenswahrung u zur Rechtsbetreuung.[75] 62

Das in § 10 Abs 1 RAO u in § 10 RL-BA 2015 geregelte Verbot der Doppelvertretung ergibt sich aus der **Treuepflicht**.[76] Der RA ist verpflichtet, die Vertretung oder auch nur die Erteilung eines Rates abzulehnen, wenn er die Gegenpartei in ders oder in einer damit zusammenhängenden Sache vertreten hat oder in solchen Angelegenheiten früher als Richter oder als Staatsanwalt tätig war. Ebenso darf er nicht beiden Teilen in demselben Rechtsstreit dienen oder Rat erteilen. 63

---

74 *Rohregger* in Engelhart/Hoffmann/Lehner/Rohregger/Vitek, RAO[10] § 10 Rz 2.
75 RIS-Justiz RS0112203.
76 Allg zum Verbot der Doppelvertretung: *Rohregger* in Engelhart/Hoffmann/Lehner/Rohregger/Vitek, RAO[10] § 10 Rz 5 ff; *Scheuba* in Murko/Nunner-Krautgasser, Berufsrecht § 10 RAO, Rz 4 ff.

64 Das Verbot der Doppelvertretung bezweckt den **Schutz des Mandanten**[77] u dient dem **Schutz des Ansehens der RA**.[78] Ob eine Kollision vorliegt, ist **weit** zu interpretieren.[79] Das Verbot der Doppelvertretung verletzt dabei nicht das Recht auf Freiheit der Erwerbsbetätigung, weil es grds die Tätigkeit als RA nicht ausschließt.[80] Das Verbot der Doppelvertretung endet nicht durch Ablauf einer bestimmten Zeitspanne. Die (ausdrückliche) Zustimmung einer Partei kann den RA nicht entschuldigen. Es ist zudem nicht relevant, ob die Doppelvertretung tatsächlich zu einem unlauteren Vorteil führte. Unter eine Vertretungshandlung iSd § 10 RAO fällt nicht nur die Vertretung in einem Rechtsstreit, im Außerstreitverfahren, vor Gericht oder einer Behörde, sondern bereits die Erteilung eines Rats oder die rechtliche Beurteilung eines konkreten Sachverhalts.[81]

B. Formen der Doppelvertretung

65 Die Rsp u L unterscheidet zw der echten/materiellen Doppelvertretung nach § 10 RAO u der unechten/formellen Doppelvertretung nach § 10 RL-BA 2015.[82]

66 Bei der **echten/materiellen Doppelvertretung** wird noch zw der eigentlichen u der uneigentlichen Doppelvertretung unterschieden. Vertritt oder berät der RA beide Teile im selben Rechtsstreit oder in einer damit zusammenhängenden Sache, liegt ein Fall der **eigentlichen Doppelvertretung** vor (§ 10 Abs 1 S 2 RAO). Ein Verstoß gegen das Doppelvertretungsverbot nach § 10 Abs 1 RAO liegt regelmäßig dann vor, wenn ein RA einen Dritten gegen einen Klienten berät oder/u vertritt,

---

77 Wird ein RA v einer GmbH mandatiert, ist der (Minderheits-)Gesellschafter der GmbH v Schutzzweck des Mandatsvertrags nicht erfasst: OGH 29.3.2023, 5 Ob 194/22y.
78 *Rohregger* in Engelhart/Hoffmann/Lehner/Rohregger/Vitek, RAO[10] § 10 Rz 6.
79 RIS-Justiz RS0054995.
80 S dazu OGH 11.5.2022, 23 Ds 1/21f.
81 Die Abgrenzung zw Rat u „allg Warnung" kann im Einzelfall schwierig sein. Bsp bei *Scheuba* in Murko/Nunner-Krautgasser, Berufsrecht § 10 RAO, Rz 15.
82 Weiterführend *Rohregger* in Engelhart/Hoffmann/Lehner/Rohregger/Vitek, RAO[10] § 10 Rz 9 ff; *Csoklich/Scheuba* in Scheuba, Standesrecht[3], 66 ff; *Feil/Wennig*, Anwaltsrecht[8] § 10 RAO, Rz 4 ff; RIS-Justiz RS0054995.

sofern die Rechtssache eine „damit zusammenhängende Sache" iSd § 10 RAO ist.[83]

67 Vertritt oder berät der RA aber nicht gleichzeitig, sondern nacheinander in ders oder in einer damit zusammenhängenden Sache, liegt eine **uneigentliche Doppelvertretung** vor (§ 10 Abs 1 S 1 RAO).

68 Eine **zulässige Form der Doppelvertretung** liegt vor, wenn der RA im Zuge der Vertragserrichtung oder Vertragsberatung (zB Gesellschaftsgründung, Kaufvertrag, Treuhandvertrag[84] etc) die Interessen beider oder aller Vertragsparteien vertritt. Der RA hat die Vertragsteile unparteiisch mit gleicher Sorgfalt u Treue zu behandeln u vor Interessengefährdungen zu bewahren.[85] Der vertragserrichtende RA ist aber in weiterer Folge v der Vertretung ausgeschlossen, wenn es zu Streitigkeiten aus diesem Vertrag kommt.[86] Hat es der RA v nur einem Klienten übernommen, Vertragsverhandlungen zu führen oder einen Vertrag zu verfassen, so ist er berechtigt, diesen Klienten in einem Rechtsstreit aus diesem Vertrag zu vertreten, wenn auch die andere Partei v einem berufsmäßigen Parteienvertreter beraten war oder der RA zu Beginn seiner Tätigkeit ausdrücklich erklärt hatte, nur seinen Klienten zu vertreten (§ 11 RL-BA 2015).

69 Der Tatbestand der sog **unechten (formellen) Doppelvertretung**[87] ist nach der Rsp gegeben, wenn ders RA in Rechtssachen, die in keinem unmittelbaren oder mittelbaren Zusammenhang stehen, zeitgleich das eine Mal als Vertreter der einen Partei u das andere Mal als Vertreter der anderen Partei tätig wird. Dieses – va auch auf die Treuepflicht zum Mandanten gegründete – Verbot der formellen Doppelvertretung ergibt sich aus der Annahme, dass der RA bestimmte Verhaltensweisen, Einstellungen u va auch wirtschaftliche Gegebenheiten seines (früheren) Mandanten kennt u diese Kenntnis bei der Vertretung einer anderen Partei zum Nachteil seines Mandanten nutzen könnte.[88] Es hat eine inhalt-

---

83 *Csoklich/Scheuba* in Scheuba, Standesrecht[3], 68.
84 Weiterführend *Rohregger* in Engelhart/Hoffmann/Lehner/Rohregger/Vitek, RAO[10] § 10 Rz 24; *Feil/Wennig*, Anwaltsrecht[8] § 10 Rz 12.
85 OGH 23 Ds 6/19p = AnwBl 2021/76 (Buresch).
86 RIS-Justiz RS0054994.
87 Auch als „Interessenkollision" oder „Treuepflichtverletzung wegen Interessenkollision" bezeichnet. Vgl dazu *Scheuba* in Murko/Nunner-Krautgasser, Berufsrecht § 10 RAO, Rz 11, der aber an der bisherigen Unterscheidung festhält.
88 OGH 20.12.2016, 20 Os 9/16y.

liche Prüfung stattzufinden, die sich an der Beeinträchtigung der jew Mandanteninteressen orientiert.[89]

Das gleichzeitige Aufscheinen in der Öffentlichkeit einmal gegen u das andere Mal für ein u dieselbe Partei (der **Frontwechsel** bzw der Anschein eines solchen) erschüttert nach der Rsp des OGH überdies das Vertrauen der rechtsuchenden Bevölkerung in den RA-Stand u kann disziplinäre Haftung selbst dann begründen, wenn ein Vertrauensbruch konkret gar nicht vorliegt, für den Mandanten kein Schaden entstanden ist u auch die Gefahr einer Interessenkollision nicht besteht, zumal durch eine Doppelvertretung stets der Eindruck erweckt wird, es könnten materielle Interessen des (ehemaligen) Klienten preisgegeben werden.[90] Ob bzw wann bereits eine Kollision vorliegt, ist sowohl begrifflich als auch aus Sicht der rechtspolitisch dahinterstehenden Zielsetzung weit zu interpretieren.[91] Die Bestimmungen der unechten/formellen Doppelvertretung finden sich nunmehr in § 10 RL-BA 2015. Wenn dies die Wahrnehmung der Interessen der jew Klienten in den jew anvertrauten Mandaten beeinträchtigt, darf nach dieser Bestimmung der RA – in Wahrung seiner Treuepflicht – ein neues Mandat nicht übernehmen u muss ein bestehendes Mandat gegenüber allen betroffenen Klienten unverzüglich niederlegen, insb wenn u sobald (i) die Gefahr der Verletzung der Verschwiegenheitspflicht bzgl der v einem früheren Klienten anvertrauten oder im Zuge der Vertretung sonst erlangten Information besteht; oder (ii) die Kenntnisse der Belange eines früheren Klienten dem neuen Klienten zu einem unlauteren Vorteil gereichen würden; oder (iii) es zu einem Interessenkonflikt zw diesen Klienten kommt; oder (iv) die Unabhängigkeit des RA bei der Mandatsausübung auch nur gegenüber einem Klienten nicht gesichert erscheint. Es bedarf einer konkreten Gefahr der Verletzung v Verschwiegenheitspflichten. Diese ergibt sich nicht bereits aus der Übernahme des neuen Mandats. Ebenso ist die abstrakte Möglichkeit der Verwendung v Informationen noch nicht ausreichend.[92]

70 Eine **unzulässige Doppelvertretung** liegt zB vor, wenn ein RA ein Unternehmen u gleichzeitig einen Gesellschafter dieses Unternehmens gegen das Unternehmen vertritt.[93] Einem RA, der als Vertreter einer

---

89 OGH 22.11.2022, 2 Ob 177/22a.
90 RIS-Justiz RS0055369.
91 RIS-Justiz RS0117715.
92 OGH 22.11.2022, 2 Ob 177/22a.
93 OGH 29.09.2008, 16 Bkd 2/08.

OG tätig war, ist es verwehrt, Gesellschafter gegen andere Gesellschafter bei Auseinandersetzungen aus dem Gesellschaftsverhältnis zu vertreten. Ebenso darf ein RA, der eine Gesellschaft u einen Gesellschafter einmal vertreten hat, diesen Gesellschafter gegen einen anderen in einer Gesellschaftsangelegenheit später nicht mehr vertreten.[94] Die Begleitung der Gründung eines Konkurrenzunternehmens zu der v RA gleichzeitig u langjährig vertretenen GmbH, zu dem der Großteil der bisherigen Angestellten u ein Teil des Kundenstocks wechselt, ist disziplinär.[95] Eine disziplinäre Doppelvertretung liegt zudem vor, wenn der RA in eine Kanzleigemeinschaft eintritt, die in einer anhängigen Rechtssache die Gegenseite vertritt u an der Vertretung festgehalten wird.[96]

Zulässig hingegen: *"Unbedenklich ist es, wenn ein Rechtsanwalt mehrere Personen, die nicht ‚Gegenparteien' iSd § 10 Abs 1 RAO sind, vertritt und ausgleichend und zugunsten beider Teile handelt. Wenn der Rechtsstandpunkt der Parteien in der Folge in einen unvereinbaren Widerstreit gerät, darf der Rechtsanwalt keine der Parteien mehr vertreten, insbesondere dann nicht, wenn er durch seine Tätigkeit einer der beiden Parteien die Möglichkeit gibt, die jeweils andere zu schädigen."*[97]   **71**

C. Vermeidung von Doppelvertretungen in Kanzleigemeinschaften

Das Verbot der Doppelvertretung trifft die **Kanzleigemeinschaft** – unabhängig v der Rechtsform.[98] Es ist durch entspr **Vorkehrungen in der Kanzleiorganisation**, zB durch Führung einer Klientenkartei,[99] Sorge zu tragen, dass unzulässigen Doppelvertretungen vorgebeugt wird.[100] Dabei trifft die Pflicht zur Vermeidung v Kollisionen jedes Mitglied einer RA-Gesellschaft oder einer Regiegemeinschaft. Ist die Kanzlei-   **72**

---

94 OGH 17.10.2005, 13 Bkd 5/04.
95 OGH 21.9.2022, 24 Ds 2/22m.
96 OGH 11.5.2022, 23 Ds 1/21f.
97 *Csoklich/Scheuba* in Scheuba, Standesrecht³, 67 unter Hinweis auf OBDK, AnwBl 1964, 168; OGH 11.11.2014, 22 Os 8/14p.
98 RIS-Justiz RS0113207.
99 *Csoklich/Scheuba* in Scheuba, Standesrecht³, 71.
100 OGH 25.9.2006, 8 Bkd 1/06 (hier bezugnehmend auf die Angehörigen einer RA-Partnerschaft. Die gleichen Grundsätze gelten aber auch für Angehörige einer RA-Gesellschaft oder Regiegemeinschaft); *Rohregger* in Engelhart/Hoffmann/Lehner/Rohregger/Vitek, RAO¹⁰ § 10 Rz 14.

organisation ausreichend, hat der „zweite" RA (derjenige, der das Mandat zeitlich später übernommen hat) die Kollision standesrechtlich zu verantworten.[101] Jeder RA hat ganz allg für die Evidenzhaltung v – auch zu einem früheren Zeitpunkt – geführten Agenden im Rahmen der Kanzleiorganisation Vorsorge zu treffen u alles vorzukehren, damit auch eine Kollision mit länger zurückliegenden Mandaten unterbleibt.[102]

73   Die getroffenen Vorkehrungen zur Vermeidung v Doppelvertretungen sind **regelmäßig zu überprüfen u zu kontrollieren**.[103] Die geeignete Dokumentation der Überprüfung u der Kontrolle ist zu empfehlen.

VII. Haftpflichtversicherung

§ 21a. (1) ¹Jeder Rechtsanwalt ist verpflichtet, vor Eintragung in die Liste der Rechtsanwälte dem Ausschuß der Rechtsanwaltskammer nachzuweisen, daß zur Deckung der aus seiner Berufstätigkeit gegen ihn entstehenden Schadenersatzansprüche eine Haftpflichtversicherung bei einem zum Geschäftsbetrieb in Österreich berechtigten Versicherer besteht. ²Er hat die Versicherung während der Dauer seiner Berufstätigkeit aufrechtzuerhalten und dies der Rechtsanwaltskammer auf Verlangen nachzuweisen. ³Die Verpflichtung zur Aufrechterhaltung der Versicherung entfällt während des Ruhens der Berechtigung zur Ausübung der Rechtsanwaltschaft (§ 34 Abs 2).

(2) Kommt der Rechtsanwalt seiner Verpflichtung zur Aufrechterhaltung der Haftpflichtversicherung trotz Aufforderung durch den Ausschuß der Rechtsanwaltskammer nicht nach, so hat ihm der Ausschuß bis zur Erbringung des Nachweises über die Erfüllung dieser Verpflichtung die Ausübung der Rechtsanwaltschaft zu untersagen.

(3) ¹Die Mindestversicherungssumme hat insgesamt 400 000 Euro für jeden Versicherungsfall zu betragen. ²Bei einer Rechtsanwalts-Partnerschaft muß die Versicherung auch Schaden-

---

101 *Rohregger* in Engelhart/Hoffmann/Lehner/Rohregger/Vitek, RAO[10] § 10 Rz 15.
102 OBDK 10.5.2010, 9 Bkd 1/09, AnwBl 2010, 374.
103 OGH 9.2.2009 11 Bkd 2/08; RIS-Justiz RS0113207.

ersatzansprüche decken, die gegen einen Rechtsanwalt auf Grund seiner Gesellschafterstellung bestehen.

(4) ¹Bei einer Rechtsanwalts-Gesellschaft in Form einer Gesellschaft mit beschränkter Haftung oder einer Rechtsanwalts-Partnerschaft, deren einziger Komplementär eine Gesellschaft mit beschränkter Haftung ist, muß die Mindestversicherungssumme insgesamt 2 400 000 Euro für jeden Versicherungsfall betragen. ²Wird die Berufshaftpflichtversicherung nicht oder nicht im vorgeschriebenen Umfang unterhalten, so haften neben der Gesellschaft auch die Rechtsanwalts-Gesellschafter unabhängig davon, ob ihnen ein Verschulden vorzuwerfen ist, persönlich in Höhe des fehlenden Versicherungsschutzes.

(5) Der Ausschluß oder eine zeitliche Begrenzung der Nachhaftung des Versicherers ist unzulässig.

(6) Die Versicherer sind verpflichtet, der zuständigen Rechtsanwaltskammer unaufgefordert und umgehend jeden Umstand zu melden, der eine Beendigung oder Einschränkung des Versicherungsschutzes oder eine Abweichung von der ursprünglichen Versicherungsbestätigung bedeutet oder bedeuten kann, und auf Verlangen der zuständigen Rechtsanwaltskammer über solche Umstände Auskunft zu erteilen, und zwar bei sonstigem Fortbestand der Deckungspflicht des Versicherers bis zwei Wochen nach der Verständigung.

idF BGBl I 2022/71

74 Der Abschluss einer **Haftpflichtversicherung** ist **zwingende Eintragungsvoraussetzung** für eine RA-Gesellschaft (§ 1a Abs 2 Z 4 RAO). Zweck dieser Bestimmung ist der Mandantenschutz. Für RA-Gesellschaften ist das Bestehen des Versicherungsschutzes bereits bei Anmeldung der Errichtung der RA-Gesellschaft nachzuweisen (§ 1a Abs 2 Z 4 RAO). Der Versicherungsschutz ist für die Dauer der Berufstätigkeit aufrechtzuerhalten u der RAK nachzuweisen. Die Verpflichtung zur Aufrechterhaltung der Versicherung entfällt während des Ruhens der Berechtigung zur Ausübung der Rechtsanwaltschaft (§ 34 Abs 2 RAO).

75 Die **Mindestversicherungssumme** hat insgesamt € 400.000 für jeden Versicherungsfall zu betragen. „Insgesamt" bedeutet nicht, dass jeder RA eine individuelle Haftpflichtversicherung über eine Mindestsumme v € 400.000 abschließen muss. Es ist ausreichend, wenn für jeden RA ins-

gesamt unter Berücksichtigung seiner individuellen oder sonstigen Versicherung (zB Großschadenshaftpflichtversicherung seiner RAK) diese Deckung besteht.[104] Wird die Rechtsanwaltschaft in der Rechtsform einer RA-Partnerschaft ausgeübt, muss die Versicherung auch Schadenersatzansprüche decken, die gegen einen RA aufgrund seiner Gesellschafterstellung bestehen.

76 Die verpflichtende Mindestversicherungssumme für eine **RA-GmbH** oder eine **RA-Partnerschaft**, deren einziger Komplementär eine GmbH ist, ist um ein Vielfaches höher als für einen RA. Die Mindestversicherungssumme muss insgesamt **€ 2.400.000 für jeden Versicherungsfall** betragen. Gemäß den Materialien berücksichtigt dieser Betrag den Umstand, dass die Rechtsform der RA-GmbH hauptsächlich für größere Wirtschaftskanzleien Verwendung findet, deren Tätigkeitsbereich auch das Risiko deutlich höherer Schäden mit sich bringe.[105] Ob eine Einbindung in die Gruppenhaftpflichtversicherungsverträge der jew RAK besteht, ist zu prüfen.[106] Die Mindestversicherungssumme ist v der Anzahl der RA-Gesellschafter unabhängig.[107] Eine Höherversicherung ist möglich.

77 Wird die Berufshaftpflichtversicherung v der GmbH nicht oder nicht in dem vorgeschriebenen Umfang unterhalten u wird aus diesem Grund der Schaden eines Mandanten nicht v der Berufshaftpflichtversicherung abgedeckt, so **haften** neben der Gesellschaft auch die **RA-Gesellschafter persönlich** in Höhe des fehlenden Versicherungsschutzes uzw unabhängig davon, ob ihnen ein Verschulden vorzuwerfen ist oder nicht (§ 21a Abs 4 RAO).

78 Wenn der RA seinen Beruf im Rahmen einer RA-GmbH ausübt, reicht dessen **Aufnahme** in die **Versicherung der Gesellschaft** aus, um den Anforderungen des § 21a Abs 1 RAO zu entsprechen.[108]

79 Wird die Rechtsanwaltschaft in der Rechtsform einer **GmbH & Co KG** ausgeübt, besteht die Versicherungspflicht nur für die KG, weil die GmbH nicht zur Ausübung der Rechtsanwaltschaft befugt ist.[109] Bei

---

104 *Vitek* in Engelhart/Hoffmann/Lehner/Rohregger/Vitek, RAO¹⁰ § 21a Rz 4; zur Basis- u Großschadenhaftpflichtversicherung: *Schreiner* in Murko/Nunner-Krautgasser, § 21a RAO, Rz 3 ff.
105 *Rohregger* in Bergmann/Kalss, Rechtsformwahl, Rz 32/38.
106 *Birnbaum/Pörner/Simek* in Csoklich/Scheuba, Standesrecht³, 22.
107 *Wiedenbauer* in Kanduth/Steiger/Wiedenbauer, Rechtsanwalts-GmbH² Rz 1.141.
108 *Rohregger* in Bergmann/Kalss, Rechtsformwahl, Rz 32/37.
109 *Pinetz/Burtscher*, GES 2014, 4 (4 ff).

einer RA-Partnerschaft muss die Versicherung auch Schadenersatzansprüche decken, die gegen einen RA aufgrund seiner Gesellschafterstellung bestehen (§ 21a Abs 3 RAO). Aufgrund der unbeschränkten Haftung des Komplementärs ist dies konsequent. Eine Haftung des Kommanditisten ist ebenfalls möglich, wenn die Haftsumme nicht geleistet oder zurückgewährt wurde (§§ 171, 172 Abs 3 UGB).

Der Ausschluss oder eine zeitliche Begrenzung der **Nachhaftung** des Versicherers ist unzulässig. Dies gilt iSd Mandantenschutzes auch für einen tlw Ausschluss oder die betragsmäßige Begrenzung der Nachhaftung des Versicherers. Im Innenverhältnis kann zw dem RA/der RA-Gesellschaft u dem Versicherer ein Selbstbehalt vereinbart werden.[110]

Die **schriftliche Vereinbarung** einer **Haftungsbeschränkung** zw dem RA u dem Mandanten auf die Mindesthaftpflichtsumme ist standesrechtlich nach § 9 RL-BA 2015 unter Beachtung der allg Regeln des Zivilrechts **zulässig**.[111] § 9 RL-BA 2015 bestätigt, dass Haftungsbeschränkungen standesrechtlich zulässig sind. Der zulässige Umfang der Haftungsbeschränkung wird mE dadurch nicht eingeschränkt. In diesem Zusammenhang ist die einzelfallbezogene Jud des OGH zur Zulässigkeit v Haftungsbeschränkungen u Haftungsausschlüssen zu beachten: ZB wurde einem im Namen eines Minderjährigen abgeschlossenen Mandatsvertrag mit einem RA die nach § 167 Abs 3 ABGB notwendige pflegschaftsgerichtliche Genehmigung versagt, weil aufgrund der vereinbarten Haftungsbeschränkung die Interessen des Minderjährigen nicht ausreichend gewahrt erschienen,[112] Ebenso wurde ein Mandatsvertrag nach § 17 Abs 5 PSG nicht genehmigt, weil der zu genehmigende Mandatsvertrag eine Haftungsfreizeichnung für leichte Fahrlässigkeit enthielt.[113]

---

110 *Wiedenbauer* in Kanduth/Steiger/Wiedenbauer, Rechtsanwalts-GmbH² Rz 1.142.
111 Bsp für Haftungsbeschränkungen finden sich im Mitgliederbereich der ÖRAK-Webseite (www.rechtsanwaelte.at) unter Services → Muster → „Allgemeine Auftragsbedingungen für Rechtsanwälte".
112 OGH 6.8.2021, 6 Ob 134/21f.
113 OGH 25.11.2020, 6 Ob 151/20d.

VIII. Voraussetzungen für die Ausübung der Rechtsanwaltschaft in einer Gesellschaft

§ 21c. Bei Gesellschaften zur Ausübung der Rechtsanwaltschaft müssen jederzeit folgende Erfordernisse erfüllt sein:

1. ¹Gesellschafter dürfen nur sein:

a) inländische Rechtsanwälte, Rechtsanwälte im Sinn der Anlage zum EIRAG sowie international tätige Rechtsanwälte unter den Voraussetzungen und im Ausmaß des § 41 Abs. 2 EIRAG,

b) Ehegatten oder eingetragene Partner eines der Gesellschaft angehörenden Rechtsanwalts für die Dauer der Ehe oder eingetragenen Partnerschaft,

c) Kinder eines der Gesellschaft angehörenden Rechtsanwalts bis zur Vollendung des 35. Lebensjahres sowie darüber hinaus, solange sie sich auf die Erlangung der Rechtsanwaltschaft vorbereiten,

d) ehemalige Rechtsanwälte, die auf die Ausübung der Rechtsanwaltschaft verzichtet haben und die im Zeitpunkt der Verzichtleistung Gesellschafter waren oder deren Kanzlei von der Gesellschaft fortgeführt wird,

e) der hinterbliebene Ehegatte oder eingetragene Partner eines verstorbenen Rechtsanwalts, wenn dieser bei seinem Ableben Gesellschafter war oder der hinterbliebene Ehegatte oder eingetragene Partner die Gesellschaft mit einem Rechtsanwalt zur Fortführung der Kanzlei eingeht,

f) Kinder eines verstorbenen Rechtsanwalts, wenn dieser bei seinem Ableben Gesellschafter war oder die Kinder die Gesellschaft mit einem Rechtsanwalt zur Fortführung der Kanzlei eingehen, wobei die Kinder der Gesellschaft nur bis zur Vollendung des 35. Lebensjahres sowie darüber hinaus solange angehören dürfen, als sie sich auf die Erlangung der Rechtsanwaltschaft vorbereiten,

g) Gesellschaften mit beschränkter Haftung sowie diesen gleichartige Kapitalgesellschaften im Sinn des § 1a Abs. 1 zweiter Satz, wenn sie einziger Komplementär einer Rechtsanwalts-Partnerschaft in Form einer Kommanditgesellschaft oder einer dieser gleichartigen Personengesellschaft im Sinn des § 1a Abs. 1 zweiter Satz sind.

2. ¹Ausgenommen den Fall einer Rechtsanwalts-Partnerschaft, deren einziger Komplementär eine Gesellschaft mit beschränkter Haftung ist, dürfen Rechtsanwälte der Gesellschaft nur als persönlich haftende Gesellschafter oder bei Gesellschaften mit beschränkter Haftung oder eine dieser gleichartige Kapitalgesellschaft im Sinn des § 1a Abs. 1 zweiter Satz als zur Vertretung und Geschäftsführung befugte Gesellschafter angehören. ²Rechtsanwälte, die die Rechtsanwaltschaft gemäß § 20 lit. a vorübergehend nicht ausüben, sowie die in der Z 1 lit. b bis e genannten Gesellschafter dürfen der Gesellschaft nur als Kommanditisten (beschränkt haftende Gesellschafter), als Gesellschafter ohne Vertretungs- und Geschäftsführungsbefugnis oder nach Art eines stillen Gesellschafters angehören. ³Andere Personen als Gesellschafter dürfen am Umsatz oder Gewinn der Gesellschaft nicht beteiligt sein.

3. Die vorläufige Einstellung oder Untersagung der Ausübung der Rechtsanwaltschaft hindert ebenso wie das Ruhen der Berechtigung zur Berufsausübung nicht die Zugehörigkeit zur Gesellschaft, wohl aber die Vertretung und Geschäftsführung sowie die Ausübung einer erteilten Prokura (Z 10).

4. Der Gesellschaftsvertrag der Rechtsanwalts-Gesellschaft hat vorzusehen, dass für jede Übertragung oder Belastung der Gesellschaftsbeteiligung die Zustimmung der Gesellschafter (Gesellschafterversammlung) erforderlich ist.

5. Alle Gesellschafter müssen ihre Rechte im eigenen Namen und für eigene Rechnung innehaben; die treuhändige Übertragung und Ausübung von Gesellschaftsrechten ist unzulässig.

6. Die Tätigkeit der Gesellschaft muß auf die Ausübung der Rechtsanwaltschaft einschließlich der erforderlichen Hilfstätigkeiten und der Verwaltung des Gesellschaftsvermögens beschränkt sein.

7. ¹Am Sitz der Gesellschaft muß zumindest ein Rechtsanwalts-Gesellschafter seinen Kanzleisitz haben. ²Für die Errichtung von Zweigniederlassungen gilt § 7a sinngemäß.

8. ¹Rechtsanwälte dürfen keinem weiteren beruflichen Zusammenschluss in Österreich angehören; dem steht die Beteiligung eines Rechtsanwalts sowohl als Kommanditist (beschränkt haftender Gesellschafter) einer Rechtsanwalts-Partnerschaft, deren einziger Komplementär (persönlich haftender Gesellschafter) eine Gesellschaft mit

beschränkter Haftung oder eine dieser gleichartige Kapitalgesellschaft im Sinn des § 1a Abs. 1 zweiter Satz ist, als auch als Gesellschafter der betreffenden Komplementär-Gesellschaft nicht entgegen. ²Der Gesellschaftsvertrag kann jedoch vorsehen, dass ein Rechtsanwalt die Rechtsanwaltschaft auch außerhalb der Gesellschaft ausüben darf. ³Die Beteiligung von Rechtsanwalts-Gesellschaften an anderen Zusammenschlüssen zur gemeinschaftlichen Berufsausübung in Österreich ist unzulässig; dem steht die Beteiligung einer Rechtsanwalts-Gesellschaft mit beschränkter Haftung (oder einer dieser gleichartigen Kapitalgesellschaft im Sinn des § 1a Abs. 1 zweiter Satz) als einziger Komplementär (persönlich haftender Gesellschafter) einer Rechtsanwalts-Partnerschaft in Form einer Kommanditgesellschaft (oder einer dieser gleichartigen Personengesellschaft im Sinn des § 1a Abs. 1 zweiter Satz) nicht entgegen.

9. ¹Ausgenommen den Fall der Beteiligung eines Rechtsanwalts als Kommanditist einer Rechtsanwalts-Partnerschaft, deren einziger Komplementär eine Gesellschaft mit beschränkter Haftung ist, müssen alle der Gesellschaft angehörenden Rechtsanwälte allein zur Vertretung und zur Geschäftsführung befugt sein. ²Sie können die Vertretung und Geschäftsführung jedoch nur im Rahmen ihrer eigenen beruflichen Befugnisse ausüben. ³Alle anderen Gesellschafter müssen von der Vertretung und Geschäftsführung ausgeschlossen sein. ⁴Dies gilt sinngemäß auch im Fall der Liquidation. ⁵Als Liquidator kann nur ein Rechtsanwalt bestellt werden, solange die Ausübung der Rechtsanwaltschaft noch nicht abgeschlossen ist. ⁶Soweit §§ 117 und 140 UGB zur Anwendung gelangen, steht der Entscheidung eines Gerichts auch ein im Schiedsverfahren wirksam ergangener Schiedsspruch gleich.

10. ¹In einer Rechtsanwalts-Gesellschaft dürfen nur Rechtsanwalts-Gesellschafter zum Geschäftsführer bestellt werden. ²In einer Rechtsanwalts-Gesellschaft kann Prokura nur an Rechtsanwälte wirksam erteilt werden; die Erteilung von Handlungsvollmacht ist nur für die Vornahme solcher Geschäfte zulässig, die nicht die Ausübung der Rechtsanwaltschaft betreffen.

11. ¹Am Kapital der Gesellschaft muss Rechtsanwälten die Mehrheit und bei der Willensbildung ein bestimmender Einfluss zukommen. ²Die Ausübung des Mandats durch den der Gesellschaft angehörenden Rechtsanwalt darf nicht an eine Weisung oder eine

Zustimmung der Gesellschafter (Gesellschafterversammlung) gebunden werden.

12. ¹Ist eine Rechtsanwalts-Gesellschaft mit beschränkter Haftung (oder eine dieser gleichartige Kapitalgesellschaft im Sinn des § 1a Abs. 1 zweiter Satz) einziger Komplementär (persönlich haftender Gesellschafter) einer Rechtsanwalts-Partnerschaft in Form einer Kommanditgesellschaft (oder einer dieser gleichartigen Personengesellschaft im Sinn des § 1a Abs. 1 zweiter Satz), so gelten für diese die Bestimmungen für die Rechtsanwalts-Gesellschaft in Form einer Gesellschaft mit beschränkter Haftung sinngemäß mit der Maßgabe, dass der Geschäftsgegenstand der Komplementär-Gesellschaft auf die Wahrnehmung der Aufgaben als Gesellschafter der Personengesellschaft und die Verwaltung des Gesellschaftsvermögens einschließlich der dazu erforderlichen Hilfstätigkeiten beschränkt sein muss und die Komplementär-Gesellschaft nicht zur selbständigen Ausübung der Rechtsanwaltschaft befugt ist. ²Geschäftsführer der Komplementär-Gesellschaft dürfen nur Rechtsanwälte sein, die auch Kommanditisten (beschränkt haftende Gesellschafter) der Kommanditgesellschaft sind.

idF BGBl I 2022/71

A. Allgemeines

§ 21c RAO regelt die Voraussetzungen für die Ausübung der Rechtsanwaltschaft in der Rechtsform einer Gesellschaft (**RA-Gesellschaften**). In Ö kann die Rechtsanwaltschaft in der Rechtsform einer GesbR, einer OG, KG (RA-Partnerschaft), einer GmbH oder GmbH & Co KG ausgeübt werden (§ 1a Abs 1 RAO). Seit dem BRÄG 2020 ist die Ausübung der Rechtsanwaltschaft in Ö auch in jedweder sonstigen in einem anderen EU-/EWR-Mitgliedstaat oder der Schweiz für die Ausübung der Rechtsanwaltschaft offenstehenden PersGes- oder KapGes-Rechtsform (ausgenommen einer AG oder einer gleichartigen KapGes) zulässig, soweit die Erfordernisse der §§ 21a u 21c RAO eingehalten werden u die betr Gesellschaft nach dem jew maßgeblichen Recht wirksam gegründet ist (§ 1a Abs 1 S 2 RAO). 82

Im Untersch zu Dtl ist die Errichtung einer **RA-AG** in Ö nicht zulässig.[114] Dies wird damit begründet, dass das der AG immanente dualis- 83

---

114 Krit *Reiner/Deckenbrock*, juridikum 2016, 440 (442).

tische Prinzip den standesrechtlichen Grundsätzen der anwaltlichen Verschwiegenheit u der Pflicht des RA zur Unabhängigkeit zuwiderlaufe.[115] In Dtl wurde die RA-AG im Jahr 2005 durch die E des BGH v 10.1.2005[116] unter Hinweis auf das in Art 12 des Grundgesetzes verankerte Prinzip der Berufsfreiheit höchstgerichtlich anerkannt. Auch in der Schweiz ist die RA-AG zulässig.[117] In Ö wurde die Chance der gesetzl Regelung u der Einführung der RA-AG durch das BRÄG 2020 mit den oben genannten Argumenten leider nicht genutzt.[118]

84 Bei Gesellschaften zur Ausübung der Rechtsanwaltschaft müssen alle in § 21c RAO genannten Voraussetzungen erfüllt sein. Diese Erfordernisse müssen nach dem Einleitungssatz der Bestimmung *„jederzeit"* – also für die gesamte Dauer des Gesellschaftsverhältnisses – gegeben sein.[119] Bei Verletzung dieser Verpflichtung handelt es sich um ein Dauerdelikt, das erst dann beendet ist, wenn der rechtswidrige Zustand aufhört.[120]

85 Weder das UGB noch das ABGB sehen für den GesV v PersGes zwingende **Formvorschriften** vor, sodass der GesV einer PersGes an sich auch konkludent abgeschlossen werden kann. Der GesV einer GmbH muss zwingend als Notariatsakt errichtet werden. Abweichend davon sieht § 29 RL-BA 2015 vor, dass der GesV v RA-Gesellschaften u sämtliche das Gesellschaftsverhältnis regelnde Vereinbarungen, soweit sie mit berufsfremden Gesellschaftern abgeschlossen werden, zwingend schriftlich zu errichten sind. Aus praktischer Sicht sollten GesV, um späteren Streitigkeiten vorzubeugen, immer schriftlich abgeschlossen werden.

86 Nach § 30 RL-BA 2015 hat sich der RA aus Anlass des Eingehens einer Gesellschaft zur Ausübung der Rechtsanwaltschaft mit einer berufsfremden Person (§ 21c RAO) das Recht vorzubehalten, das **Gesellschaftsverhältnis mit der berufsfremden Person** jedenfalls dann zu **beenden**, wenn diese berufsfremde Person die Eigenschaft verliert, welche ihr das Eingehen der Gesellschaft ermöglicht hat. Der RA hat zudem bei

---

115 *Wiedenbauer* in Kanduth-Kristen/Steiger/Wiedenbauer, Rechtsanwalts-GmbH[2] Rz 1.7 unter Hinweis auf *Benn-Ibler*, AnwBl 2008, 389.
116 BGH v 10.1.2005, AnwZ (B) 27/03.
117 BGE 7.9.2012, 138 II 440 ff.
118 Krit in Bezug auf die Begründung, jedoch das Bedürfnis nach Schaffung einer RA-AG verneinend: *Murko*, AnwBl 2020, 346 (347).
119 OGH 10.6.2016, 20 Os 1/16x.
120 RIS-Justiz RS0130623.

Abschluss eines GesV jedenfalls vorzukehren, dass Streitigkeiten aus dem Gesellschaftsverhältnis ausschließlich durch ein **Schiedsgericht** entschieden werden, welches aus einem oder mehreren RA besteht (§ 31 RL-BA 2015).

B. Zulässige Gesellschafter (Z 1)

§ 21c Z 1 RAO legt abschließend fest, welche Personen Gesellschafter einer RA-Gesellschaft sein dürfen. **87**

1. Rechtsanwälte

Gesellschafter dürfen nach § 21c Z 1 lit a RAO nur inländische RA, RA iSd Anl zum EIRAG (europäische RA) sowie int tätige RA unter den Voraussetzungen u im Ausmaß des § 41 Abs 2 EIRAG sein. Die Anteile u Stimmrechte der int tätigen RA dürfen dabei das Ausmaß v insgesamt 25 % jedenfalls nicht übersteigen (§ 41 Abs 2 EIRAG). **88**

Inländische RA sind neben aktiven RA solche RA, welche die Rechtsanwaltschaft vorübergehend nicht ausüben oder denen die Ausübung der Rechtsanwaltschaft vorläufig eingestellt oder untersagt (§ 21c Z 3 RAO) wurde.[121] **89**

Ehemalige RA, die auf die Rechtsanwaltschaft verzichtet haben u die im Zeitpunkt der Verzichtleistung Gesellschafter waren oder deren Kanzlei v der Gesellschaft fortgeführt wird, können ebenso Gesellschafter einer RA-Gesellschaft bleiben oder werden (§ 21c Z 1 lit d RAO). Das G verlangt also für die Beteiligung eines emeritierten RA an einer Sozietät nicht unbedingt, dass der RA vorher schon mit einem der übrigen Gesellschafter in einem Gesellschaftsverhältnis zur Ausübung der Rechtsanwaltschaft gestanden ist.[122] Verzichtet ein RA auf die Rechtsanwaltschaft, kann er weiterhin Gesellschafter der RA-Gesellschaft sein, wenn er zum Zeitpunkt der Verzichtleistung bereits Gesellschafter war. Diese Bestimmung ist notwendig, weil andernfalls der RA bei Verzicht auf die Rechtsanwaltschaft aus dem Gesellschafterkreis der RA-Gesellschaft ausscheiden müssten. Auf gesellschaftsrechtlicher Ebene muss sichergestellt werden, dass auch bei Verzicht eines RA auf die **90**

---

[121] *Wiedenbauer* in Kanduth-Kristen/Steiger/Wiedenbauer, Rechtsanwalts-GmbH² Rz 1.58.
[122] OGH 17.6.1996, 10 Bkd 5/95.

Rechtsanwaltschaft die Bestimmungen des § 21c RAO (zB Mehrheitsrecht der RA am Kapital) eingehalten werden. In der Praxis finden sich dazu im GesV oder auch in Nebenvereinbarungen gesellschaftsrechtliche Regelungen (zB Aufgriffsrechte bei Erreichung eines bestimmten Lebensalters oder freiwilligem oder unfreiwilligem Ausscheiden, Mandantenschutzklauseln, Berechnung einer etwaigen Abfindung, etc), um einerseits den gesetzl Bestimmungen zu entsprechen u andererseits die Rechtsbeziehungen zw den Gesellschaftern zu regeln.

2. Angehörige

91 Die Möglichkeit, bestimmten nahen Angehörigen eine Gesellschafterstellung einräumen zu können, bezweckt die **Versorgung dieser Personen**. Dadurch sind weitere Regelungen notwendig, um den standesrechtlichen „Kernpflichten" (wie Pflicht zur Treue zum Mandanten nach § 9 Abs 1 RAO, Pflicht zur Verschwiegenheit nach § 9 Abs 2 RAO, Verbot der Doppelvertretung nach § 10 Abs 1 RAO) Genüge zu tun.[123]

92 **Ehegatten oder eingetragene Partner u Kinder eines der Gesellschaft angehörenden RA** können Gesellschafter einer RA-Gesellschaft sein. Für Ehegatten oder eingetragene Partner besteht diese Möglichkeit nur für die Dauer der aufrechten Ehe oder der eingetragenen Partnerschaft (§ 21c Z 1 lit b RAO).

93 **Kinder** eines der Gesellschaft angehörenden RA dürfen bis zur Vollendung des 35. Lebensjahrs sowie darüber hinaus, solange sie sich auf die Erlangung der Rechtsanwaltschaft vorbereiten, Gesellschafter sein (§ 21c Z 1 lit c RAO). Kinder eines RA-Gesellschafters müssen somit spätestens mit Vollendung des 35. Lebensjahrs in der praktischen Verwendung nach § 2 RAO stehen; andernfalls müssen sie als Gesellschafter ausscheiden. Eine weitere zeitliche Beschränkung sieht die RAO nicht vor. Kinder sind alle Verwandten eines RA-Gesellschafters in absteigender Linie.[124] Die RAO stellt nicht auf leibliche Kinder ab. Vor dem Hintergrund, dass diese Bestimmung der Versorgung naher Angehörige dienen soll, sind mE auch Adoptivkinder erfasst (§ 197 ABGB).

94 Der hinterbliebene **Ehegatte** oder **eingetragene Partner** eines **verstorbenen RA** kann ebenfalls Gesellschafter sein, wenn der verstorbene

---

[123] *Rüffler/Müller*, Interdisziplinäre Rechtsanwaltsgesellschaften? 20 mwN.
[124] *H. Torggler/Sedlacek*, AnwBl 1999, 600 (602); *Wiedenbauer* in Kanduth-Kristen/Steiger/Wiedenbauer, Rechtsanwalts-GmbH² Rz 1.62.

RA bei Ableben bereits Gesellschafter war oder der hinterbliebene Ehegatte oder eingetragene Partner die RA-Gesellschaft zur Fortführung der Kanzlei eingeht (§ 21c Abs 1 lit e RAO). Wird im GesV die Übertragung eines Geschäftsanteils v Todes wegen auf den Ehegatten oder den eingetragenen Partner ausgeschlossen, geht diese Regelung vor. Anstelle des Geschäftsanteils des Gesellschafters fällt der Abfindungsanspruch in die Verlassenschaft.[125]

Kinder eines verstorbenen RA können Gesellschafter werden, wenn der RA bei seinem Ableben bereits Gesellschafter war oder die Kinder die Gesellschaft mit einem RA zur Fortführung der Kanzlei eingehen. Kinder des verstorbenen RA dürfen auch in diesem Fall nur bis zur Vollendung des 35. Lebensjahrs sowie darüber hinaus der Gesellschaft nur solange angehören, als sie sich auf die Erlangung der Rechtsanwaltschaft vorbereiten. Im GesV kann zulässigerweise geregelt werden, dass der Geschäftsanteil auf Kinder nicht übertragen werden kann. Anstelle des Geschäftsanteils fällt der Abfindungsanspruch in die Verlassenschaft.[126]

3. Privatstiftungen

Eine Privatstiftung kann seit dem BRÄG 2020 nicht mehr Gesellschafterin einer RA-Gesellschaft sein. Ausweislich den EB sei die praktische Relevanz für die Beteiligung einer Privatstiftung auch aufgrund der geänderten steuerlichen Situation nicht mehr gegeben. Zudem soll durch die Streichung der Privatstiftung als mögliche Gesellschafterin die Transparenz der Gesellschafterstruktur v RA-Gesellschaften erhöht werden.[127] Durch die Übergangsregelung in § 60 Abs 14 RAO wird sichergestellt, dass eine Privatstiftung, die einer RA-Gesellschaft als Gesellschafterin angehört, unter den in § 60 Abs 14 RAO genannten Voraussetzungen nicht (sofort)[128] aus der Gesellschaft auszuscheiden hat.

---

125 Zur Nachfolge im Recht der PersGes: *Schauer* in Gruber/Kalss/Müller/Schauer § 33 Rz 26; Zur Nachfolge im Recht der KapGes: *Kalss* in Gruber/Kalss/Müller/Schauer § 34 Rz 8, 24.
126 S FN 11.
127 ErlRV 19 BlgNR 27. GP 10.
128 S zu den Details u den versch Fallkonstellationen: *Murko*, AnwBl 2020, 346 (349).

4. Gesellschaften mit beschränkter Haftung

97 Eine GmbH sowie dieser gleichgestellte KapGes iSd § 1a Abs 1 S 2 RAO können ebenfalls Gesellschafter einer RA-Gesellschaft sein, wenn sie einzige Komplementärin einer RA-Partnerschaft in Form einer KG oder einer dieser gleichgestellten PersGes ist. Somit ist die Ausübung der Rechtsanwaltschaft gemäß den in Ö zur Auswahl stehenden Rechtsformen nur in der Rechtsform einer **GmbH & Co KG** zulässig. Eine GmbH & Co OG ist hingegen nicht möglich. Eine GmbH (oder eine gleichartige KapGes) darf nur dann Gesellschafterin einer RA-Gesellschaft sein, wenn sie einzige Komplementärin der RA-KG (oder einer dieser gleichartigen PersGes) ist. Andere Formen der Beteiligung durch jP sind weiterhin unzulässig.[129]

98 Es ist derzeit nicht möglich, dass sich eine GmbH als Gesellschafterin an einer RA-Gesellschaft (ausgenommen GmbH & Co KG) beteiligt. Hier wäre eine Öffnung wünschenswert. Anderen Berufsgruppen, wie zB Wirtschaftstreuhändern, wird dies durch eine ausdrückliche gesetzl Regelung ermöglicht (vgl § 56 Abs 1 Z 3 WTBG).[130]

5. Rechtsfolgen eines Verstoßes gegen § 21c Z 1

99 Die Gesellschafter der RA-Gesellschaft haben durch entspr gesv Vereinbarungen, wie zB Vinkulierungsklauseln, Ausschluss-, Aufgriffs- oder Kündigungsrechte mit Fortsetzungsmöglichkeit, dafür Sorge zu tragen, dass der Kreis der Gesellschafter **jederzeit** den Vorgaben nach § 21c Z 1 RAO entspricht. § 30 RL-BA 2015 ordnet ausdrücklich an, dass sich der RA aus Anlass des Eingehens der RA-Gesellschaft das Recht vorzubehalten hat, das Gesellschaftsverhältnis mit der berufsfremden Person jedenfalls dann zu beenden, wenn diese die Eigenschaft verliert, welche ihr das Eingehen der Gesellschaft ermöglicht hat. Davon zu trennen ist die Frage, ob ein Geschäftsanteil gesellschaftsrechtlich an eine Person, die gem § 21c Z 1 RAO nicht Gesellschafter einer RA-Gesellschaft sein darf, wirksam übertragen werden kann,[131] wenn der GesV den Kreis der

---

[129] So auch *Murko*, AnwBl 2020, 346 (349).
[130] Gesellschafter einer Wirtschaftstreuhandgesellschaft können daher auch Gesellschaften sein, wenn diese berechtigt sind, einen Wirtschaftstreuhandberuf auszuüben. Für Wirtschaftstreuhänder besteht zudem im Untersch zu RA die Möglichkeit der interdisziplinären Zusammenarbeit (§ 59 WTBG).
[131] *Oberndorfer/Zobl*, Besprechung zu OGH 10.6.2016, 20 Os 1/16x, ZFS 2016, 112 (115).

zulässigen Gesellschafter nicht bestimmt. Dies ist mE vor dem Hintergrund von § 21d RAO, der die Einhaltung des Berufsrechts als Pflicht der RA-Gesellschafter statuiert, zu bejahen. Zur Durchsetzung der Bestimmungen der RAO stehen die Mittel des Standesrechts zur Verfügung, die bis zur Streichung aus der Liste der RA-Gesellschaften reichen.

Jeder RA-Gesellschafter hat für die Einhaltung der Bestimmungen des § 21c RAO u der Anmeldungspflicht nach § 1a Abs 2 u 3 RAO zu sorgen. Liegen die Voraussetzungen des § 21c RAO bereits bei der **Gründung** nicht vor, erteilt die RAK keine Unbedenklichkeitserklärung u verweigert die Eintragung in die Liste der RA-Gesellschaften nach § 1a Abs 4 RAO. **100**

Änderungen des Gesellschafterkreises sind unter Verwendung eines Formblatts zu melden (§ 1a Abs 3 RAO).[132] Widersprechen die eingetretenen Änderungen § 21c Z 1 RAO, wird die Eintragung der Gesellschaft unzulässig. Jeder RA hat auf die Änderung des GesV hinzuwirken. In der Praxis kann durch vertragliche Gestaltung im GesV durch zB Aufgriffsrechte (zu Gunsten v RA-Gesellschaftern) sichergestellt werden, dass die standesrechtlichen Vorschriften eingehalten werden.[133] Eine Vinkulierungspflicht ergibt sich bereits aus § 21c Z 4 RAO. Die Gesellschaftsanteile dürfen daher ohne Zustimmung der Gesellschafter (GV) weder übertragen noch belastet werden. **101**

Werden die Gesellschafter nicht tätig, hat der Ausschuss der zuständigen RAK mit den Mitteln des **Standesrechts** vorzugehen, damit der gesetzmäßige Zustand hergestellt wird. Soweit nicht Gefahr im Verzug vorliegt, kann der Ausschuss der Gesellschaft vor ihrer Streichung aus der Liste der RA-Gesellschaften eine sechs Monate nicht übersteigende Frist einräumen, um einen dem G entspr Zustand herzustellen. Als letzte Sanktion ist die Streichung aus der Liste der RA-Gesellschaften möglich (§ 1a Abs 4 RAO). Von der Streichung ist das FB-Gericht zu verständigen, welches die amtswegige Löschung einer unzulässigen Eintragung vorzunehmen hat (§ 10 Abs 1 FBG). **102**

---

[132] Das Formblatt kann im Mitgliederbereich der ÖRAK-Webseite (www.rechtsanwaelte.at) unter Services → „Anmeldung und Änderung von Rechtsanwalts-Gesellschaften" aufgerufen werden.

[133] Vgl zB den Mustervertrag in: *Kanduth-Kristen/Steiger/Wiedenbauer*, Rechtsanwalts-GmbH², 99 ff (GmbH-Vertrag); *Völkl/Kallab* in Nowotny/Winkler, WrVHB IV², 186 ff (Rechtsanwalts-Sozietät); *Likar/Griehser*, GmbH-Gründung⁴, 235 (GmbH-Vertrag).

C. Gesellschafterstellung von Rechtsanwälten, Verbot der Umsatz- oder Gewinnbeteiligung für berufsfremde Gesellschafter (Z 2), Einstellung und Untersagung der Ausübung der Rechtsanwaltschaft (Z 3)

103 Rechtsanwaltsgesellschafter dürfen der RA-Gesellschaft nach § 21c Z 2 RAO (ausgenommen RA einer RA-GmbH & Co KG, s dazu Rz 136 ff) nur als **persönlich haftende Gesellschafter** oder bei KapGes als zur **Vertretung u Geschäftsführung** befugte Gesellschafter angehören.

104 Rechtsanwälte, welche die Rechtsanwaltschaft gem § 20 lit a RAO **vorübergehend nicht ausüben** (Führung eines besoldeten Staatsamts mit Ausnahme des Lehramts), dürfen der Gesellschaft nur als Kommanditisten, als Gesellschafter ohne Vertretungs- u Geschäftsführungsbefugnis oder nach Art eines stillen Gesellschafters angehören.

105 Die Gesellschafterstellung v berufsfremden Gesellschaftern ist ausdrücklich geregelt. Gemäß § 21c Z 2 S 2 RAO dürfen die in § 21c Z 1 lit b bis e RAO genannten Gesellschafter der Gesellschaft nur als Kommanditisten (beschränkt haftende Gesellschafter), als Gesellschafter ohne Vertretungs- u Geschäftsführungsbefugnis oder nach Art eines stillen Gesellschafters angehören. Dass hier die in § 21c Z 1 lit f RAO genannten Personen (Kinder eines verstorbenen RA) nicht angeführt sind, beruht nach meinem Verständnis auf einem Redaktionsversehen, weil alle berufsfremden Gesellschafter v der Vertretung u Geschäftsführung der RA-Gesellschaft ausgeschlossen sein sollen.[134]

106 Die **vorläufige Einstellung** (§ 34 Abs 2 RAO, zB unvereinbare Tätigkeit wie Ausübung eines Notariats, mangelnde Aufrechterhaltung der Haftpflichtversicherung, Einleitung eines Verfahrens zur Bestellung eines Erwachsenenvertreters) oder die **Untersagung der Ausübung der Rechtsanwaltschaft** (§ 19 Abs 3 DSt) hat, wie das Ruhen der Berechtigung zur Berufsausübung, keine Auswirkungen auf die Gesellschafterstellung. Der betroffene RA-Gesellschafter bleibt weiterhin Gesellschafter. Für die Dauer der vorläufigen Einstellung u die Dauer der Untersagung sowie das Ruhen der Berechtigung zur Ausübung der Rechtsanwaltschaft ruht die Vertretungs- u Geschäftsführungsbefugnis.

---

134 *Wiedenbauer* in Kanduth-Kristen/Steiger/Wiedenbauer, Rechtsanwalts-GmbH[2] Rz 1.65 zählt die in lit f genannten Kinder des verstorbenen RA ohne weitere Begründung zu den berufsfremden Gesellschaftern.

Gleiches gilt für die Ausübung einer erteilten Prokura nach Z 10. Es ist eine Änderungsmeldung nach § 1a Abs 3 RAO erforderlich.

Andere Personen als Gesellschafter dürfen am **Umsatz oder Gewinn** der Gesellschaft nicht beteiligt sein. Ohne besondere gesv Regelung erfolgt die Gewinnverteilung nach dem Beteiligungsverhältnis am Gesellschaftsvermögen. In der Praxis werden häufig v dem Beteiligungsverhältnis abw erfolgsabhängige Gewinnverteilungsvereinbarungen (im GesV oder in Stimmbindungsvereinbarungen) getroffen.[135] Alineare Gewinnausschüttungen sind im GmbH-Recht nur zulässig, wenn diese im GesV ausdrücklich vorgesehen sind. Die steuerliche Zulässigkeit derselbigen ist gesondert zu prüfen. Nach dem Wortlaut v § 21c Z 2 letzter S RAO dürfen andere Personen als Gesellschafter am Umsatz der RA-Gesellschaft nicht beteiligt sein. Davon ist die Vereinbarung eines leistungsabhängigen variablen Entgelts in Form einer Prämie für angestellte RA, die nicht gleichzeitig Gesellschafter sind, nicht erfasst u ist dieses zulässig.[136]

D. Vinkulierung (Z 4)

Nach § 21c Z 4 RAO hat der GesV der RA-Gesellschaft vorzusehen, dass für **jede Übertragung oder Belastung** der Gesellschaftsbeteiligung die **Zustimmung der Gesellschafter (GV)** erforderlich ist. Während sich das Zustimmungserfordernis für die Übertragung u Belastung v Geschäftsanteilen im PersGesR bereits aus dem UGB ergibt (für die OG § 124 UGB, für die KG §§ 161 Abs 2 iVm 124 UGB), muss die Vinkulierung der Geschäftsanteile einer RA-GmbH im GesV ausdrücklich vereinbart werden. Andernfalls können GmbH-Geschäftsanteile frei übertragen werden (§ 77).

Nach § 77 kann die fehlende Zustimmung **gerichtl ersetzt** werden, wenn keine ausreichenden Gründe für die Verweigerung vorliegen u die Übertragung ohne Schädigung der Gesellschaft, der übrigen Gesellschafter u der Gläubiger erfolgen kann. Es ist möglich u ratsam, die Gründe für die Verweigerung im GesV weiter zu konkretisieren.[137] Da

---

[135] *H. Torggler/Sedlacek*, AnwBl 1999, 600 (603). Bsp v möglichen Gewinnverteilungsvarianten finden sich bei *Wiedenbauer* in Kanduth-Kristen/Steiger/Wiedenbauer, Rechtsanwalts-GmbH[2] Rz 1.78.
[136] *H. Torggler/Sedlacek*, AnwBl 1999, 600 (603).
[137] So auch *Murko*, AnwBl 2020, 346 (350).

der zulässige Gesellschafterkreis einer RA-Gesellschaft bereits durch § 21c Z 1 RAO definiert wird, ist an die Zulässigkeit der Verweigerung ein strenger Maßstab anzulegen. Wird die gerichtliche Zustimmung erteilt, kann die Gesellschaft die Übertragung dennoch verhindern, indem fristgerecht ein Erwerber namhaft gemacht wird (§ 77 S 3).

110 Mit der „Vinkulierung" der Gesellschaftsanteile soll ausweislich der EB die **unabhängige Ausübung** der Rechtsanwaltschaft durch die Gesellschaft sichergestellt werden.[138] Vinkulierungsklauseln können u sollten mit Aufgriffsrechten kombiniert werden. Nur so kann sichergestellt werden, dass der Kreis der Gesellschafter gem den Vorgaben des § 21c Z 1 RAO geschlossen bleibt. Dies ergibt sich bereits aus § 30 RL-BA 2015.

E. Verbot der Treuhandschaft (Z 5)

111 Alle Gesellschafter müssen ihre Rechte **im eigenen Namen u für eigene Rechnung** ausüben. Die treuhändige Übertragung u Ausübung v Gesellschafterrechten[139] ist unzulässig. Durch diese Bestimmung soll der **persönliche Charakter** einer RA-Gesellschaft gestärkt werden.[140]

112 Zu den zentralen **Gesellschafterrechten** eines GmbH-Gesellschafters zählen die Herrschaftsrechte wie Teilnahmerecht, Stimmrecht u Informationsrecht sowie die Vermögensrechte (insb das Recht auf den Gewinnanteil).[141] Die Ausübung des **Stimmrechts** in GV einer GmbH durch einen Bevollmächtigten ist nach § 39 Abs 3 auf Grundlage einer Spezialvollmacht zulässig. Im GesV kann die Vertretungsbefugnis zB auf Mitgesellschafter eingeschränkt werden. Diese allg Grundsätze gelten mE auch für die RA-GmbH, soweit durch die Ausübung des Stimmrechts die anwaltliche Verschwiegenheit nicht tangiert wird (zB Beschlussfassung über die Feststellung des JA, Beschlussfassung über die Gewinnverwendung, Beschlussfassung über eine Kapitalerhöhung etc).

---

138 ErlRV 19 BlgNR 27. GP 10.
139 § 21c Z 5 RAO spricht davon, dass die treuhändige Übertragung u Ausübung v Gesellschaftsrechten unzulässig ist. Damit ist aber mE die treuhändige Übertragung u Ausübung v Gesellschafterrechten gemeint.
140 *Rohregger* in Engelhart/Hoffmann/Lehner/Rohregger/Vitek, RAO[10] § 21c Rz 22.
141 S zu den Rechten eines GmbH-Gesellschafters: *Nowotny* in Kalss/Nowotny/Schauer, GesR² Rz 4/315.

Die Übertragung des Stimmrechts auf einen RA-Mitgesellschafter ist daher mE zulässig. Die Übertragung des Stimmrechts auf einen berufsfremden Gesellschafter ist mE hingegen nicht schrankenlos möglich u muss im Einzelfall geprüft werden.

Dem GmbH-Gesellschafter steht ein nicht näher zu begründender umfassender **Informationsanspruch** gegen die Gesellschaft zu.[142] Eine Einschränkung des Einsichtsrechts im GesV ist nach § 22 Abs 2 letzter S nur zulässig, wenn ein AR zu bestellen ist. Somit steht nach den Bestimmungen des GmbHG auch einem berufsfremden Gesellschafter gesellschaftsrechtlich an sich ein umfassendes Bucheinsichts- u Informationsrecht zu. Das Informationsrecht des GmbH-Gesellschafters besteht jedoch nicht unbeschränkt. Die Gesellschaft darf die geforderte Information verweigern, wenn die Informationserteilung einem gesetzl Verbot zuwiderliefe oder der Informationsanspruch rechtsmissbräuchlich ausgeübt wird.[143] Für Gesellschafter einer RA-Gesellschaft ergibt sich nun die Besonderheit, dass insb das **Einsichtsrecht des berufsfremden Gesellschafters** in einem Spannungsfeld zur Verschwiegenheitsverpflichtung des RA nach § 9 Abs 2 RAO stehen kann. Da die rechtsfähige Gesellschaft nach § 21e RAO bevollmächtigt wird, könne nach *Burtscher/Pinetz* die Zulässigkeit der Weitergabe v Informationen an andere RA-Gesellschafter aus dem allg Auftragsverhältnis abgeleitet werden. Dieses Ergebnis werde durch § 14 RAO gestützt, der einem RA im Falle der Verhinderung die Substitution ermögliche.[144] Komme es zur Kollision zw Auskunfts- u Verschwiegenheitspflicht, wenn einem berufsfremden Gesellschafter Einsicht gewährt werden soll, sei die Verschwiegenheitspflicht vorrangig zu beachten.[145] Nach *Rüffler/Müller* habe die mit Vorrangwirkung ausgestattete Verschwiegenheitspflicht nur dann zurückzutreten, wenn es sich um aus dem Normzweck v § 21c RAO (Versorgung der berufsfremden Gesellschafter) ableitbare Angelegenheiten handle, wie etwa die Expansion der Kanzlei. Es bedürfe stets der Prüfung im Einzelfall, ob eine derartige Information erteilt werden dürfe oder nicht.[146] Dem ist mE zuzustimmen. Im Ergebnis handelt es sich beim Einsichtsrechts des berufsfremden Gesellschafters um eine

---

142 RIS-Justiz RS0060098. Die E wird in der L heftig diskutiert. Vgl dazu *Nowotny*, GES 2020, 13 (13).
143 OGH 20.2.2020, 6 Ob 166/19h.
144 *Burtscher/Pinetz* in GS Arnold, GmbH & Co KG² 179 (187).
145 *Burtscher/Pinetz* in GS Arnold, GmbH & Co KG² 179 (187 mwN in FN 74).
146 *Rüffler/Müller*, Interdisziplinäre Rechtsanwaltsgesellschaften?, 24 mwN.

Einzelfallentscheidung. Zu berücksichtigen ist, dass seit dem BRÄG 2020 jeder berufsfremde Gesellschafter nach § 9 Abs 2 S 3 RAO zur Verschwiegenheit zu verpflichten ist.[147] Auch dies ist bei der Interessensabwägung zukünftig angemessen zu berücksichtigen.

114 Die Ausübung des **Bucheinsichtsrechts** eines GmbH-Gesellschafters durch einen Bevollmächtigten ist grds nur mit Zustimmung der anderen Gesellschafter zulässig. Der GmbH-Gesellschafter ist grds befugt, bei Ausübung seiner Informationsrechte zur Verschwiegenheit verpflichtete sachverständige Dritte (wie RA, Wirtschaftsprüfer, Steuerberater, Buchsachverständige) beizuziehen, es sei denn, deren Mitwirkung wäre völlig überflüssig.[148] Durch die Beiziehung eines zur Verschwiegenheit verpflichteten Dritten darf die anwaltliche Verschwiegenheit nicht umgangen werden, sodass auch diesfalls immer die Umstände des Einzelfalls zu berücksichtigen sind.

F. Tätigkeit der Gesellschaft (Z 6)

115 § 21c Z 6 RAO schränkt die **zulässige Tätigkeit** der Gesellschaft auf die Ausübung der Rechtsanwaltschaft einschließlich der erforderlichen Hilfstätigkeiten u der Verwaltung des Gesellschaftsvermögen ein.

116 Der RA-Gesellschaft ist es daher verwehrt, neben der Ausübung der Rechtsanwaltschaft u der Verwaltung des Gesellschaftsvermögens einer weiteren Tätigkeit nachzugehen. Konsequent weiter gedacht darf auch die Tätigkeit einer **Tochtergesellschaft** einer RA-Gesellschaft den in § 21c Z 6 RAO definierten Umfang nicht übersteigen.[149] Zulässig ist die Verwaltung des Gesellschaftsvermögens.

117 Davon zu trennen ist die Frage, welchen Tätigkeiten ein RA zulässigerweise nachgehen darf (vgl Rz 52 f zu § 8 RAO).

---

147 In § 28 RL-BA 1977 war ausdrücklich festgehalten, dass ein RA einem berufsfremden Gesellschafter nur solche Einsichts- u Kontrollrechte zugestehen darf, die ihn in der Erfüllung seiner Berufspflichten, va der Verschwiegenheitspflicht, nicht beeinträchtigen. S dazu auch *Engelhart* in Engelhart/Hoffmann/Lehner/Rohregger/Vitek, RAO[9] § 28 RL-BA 1977 Rz 4.
148 OGH 20.10.2021, 6 Ob 165/21i; RIS-Justiz RS0061757.
149 *Vitek* in Engelhart/Hoffmann/Lehner/Rohregger/Vitek, RAO[10] § 21c Rz 21 führt aus, dass eine RA-Gesellschaft an einer Gesellschaft, die einen „fachfremden" Beruf ausübt, nicht beteiligt sein kann.

G. Sitz (Z 7)

Mindestens ein RA-Gesellschafter muss gem § 21c Z 7 RAO am Sitz **118**
der Gesellschaft seinen **Kanzleisitz** haben.[150] *"Unter dem ‚Kanzleisitz der Gesellschaft' ist der anzumeldende ‚Standort', ähnlich wie in § 339 Abs 2 GewO jener Ort zu verstehen, von dem aus die ‚Geschäfte' der Rechtsanwaltsgesellschaft geführt werden, mithin die genaue Kanzleiadresse"*.[151] Das ist jener *"Ort, an dem sich die Kanzlei des Anwalts befindet, der für den Verkehr mit dem Publikum bestimmte Ort, das Zentrum für Kommunikation, sowie die Organisationsbasis, die als solches nach außen erkennbar organisiert sein muss und jedermann, der mit dem Anwalt in Kontakt zu treten wünscht, ob Behörden, Klienten, Kollegen oder sonstige Personen, einen eindeutig definierten Ort zur Herstellung eines solchen Kontakts bietet"*.[152]

Das **Filialverbot** ist gefallen. Die Leitung einer Zweigniederlassung **119**
kann auch einem RA überlassen werden, der nicht Gesellschafter der GmbH ist.[153]

H. Verbot der Sternsozietät und Verbot der Beteiligung an einem weiteren beruflichen Zusammenschluss (Z 8)

Rechtsanwälte dürfen keinem weiteren beruflichen Zusammenschluss in **120**
Ö angehören ("**Verbot der Sternsozietät**"). Davon ausgenommen ist – aufgrund ausdrücklicher gesetzl Anordnung – sowohl die Beteiligung als Kommanditist an einer RA-GmbH & Co KG (oder einer dieser gleichartigen KapGes iSd § 1a Abs 1 S 2 RAO) als auch die Beteiligung als Gesellschafter der betr Komplementärgesellschaft. Die Beteiligung eines RA an mehreren RA-GmbH oder die gleichzeitige Beteiligung eines RA an einer RA-GmbH u an einer RA-Partnerschaft oder eine RA-GesbR ist unzulässig.[154]

---

150 Krit zu diesem Erfordernis: *Rohregger* in Engelhart/Hoffmann/Lehner/Rohregger/Vitek, RAO[10] § 21c Rz 20.
151 RIS-Justiz RS0071700.
152 OGH 20.12.1999, Bkv 11/99.
153 *Gruber*, RdW 2000, 65 (67).
154 OGH 10.6.2016, 20 Os 1/16x (Beteiligung einer Privatstiftung an einer weiteren RA-GmbH).

121 Gemäß dem Erkenntnis des **VfGH** v 1.10.2004, G 1/04 verletzt das Verbot der Sternsozietät weder den Gleichheitssatz noch das Grundrecht auf Freiheitsausübung. § 21c Z 8 RAO ist in verfassungskonformer Interpretation so auszulegen, dass sich ein RA in Ö keinem beruflichem Zusammenschluss anschließen darf, wenn er bereits im In- oder Ausland einer RA-Sozietät angehört.[155]

122 Das Beteiligungsverbot umfasse nicht nur KapGes, sondern nach *Gruber* auch **Angestelltenverhältnisse**.[156] Im GesV einer RA-Gesellschaft kann einem RA gem § 21c Z 8 S 2 RAO die Ausübung der Rechtsanwaltschaft außerhalb der Gesellschaft ermöglicht werden. Das Wort „ein" in § 21c Z 8 S 2 RAO ist als unbestimmter Artikel zu verstehen. Alle der Gesellschaft angehörenden RA können somit die Rechtsanwaltschaft auch außerhalb der Gesellschaft ausüben.[157] Aufgrund des Beteiligungsverbots kann dieser RA nur als Einzelanwalt tätig werden.

123 Die Beteiligung v RA-Gesellschaften an anderen Zusammenschlüssen zur gemeinschaftlichen Berufsausübung ist in Ö nach § 21c Z 8 S 3 RAO ebenfalls unzulässig (**Verbot der mehrstöckigen RA-Gesellschaft**). Damit darf sich eine RA-Gesellschaft an einer anderen RA-Gesellschaft zur gemeinschaftlichen Berufsausübung[158] nicht beteiligen. Damit sollen mehrstöckige RA-Gesellschaften u die damit bestehende Gefahr v Abhängigkeiten vermieden werden.[159] Darüber hinaus darf sich eine RA-Gesellschaft auch an einer Wirtschaftstreuhändergesellschaft zur gemeinschaftlichen Berufsausübung nicht beteiligen. Das inländische Verbot anwaltlicher Berufsausübung im Rahmen multidisziplinärer Sozietäten[160] (insb) mit Wirtschaftsprüfern ist nach A des

---

155 Der Gesetzgeber wollte das Verbot der Sternsozietät ursprünglich auf das Inland beschränken (vgl RV 59 BlGNR 21. GP). Aufgrund des Gleichheitssatzes weitete der VfGH das Verbot auf das In- u Ausland aus. S auch RIS-Justiz RS0124529.
156 *Gruber*, RdW 2000, 65 (67).
157 OGH 21.11.1994, Bkv 3/94.
158 Nach *Torggler*, AnwBl 1999, 600 (602) ist eine reine Kapitalanlage, wenn diese nicht *„zur gemeinschaftlichen Berufsausübung"* eingegangen wird, nicht erfasst. Dies ergebe sich aus § 21c Z 6 RAO.
159 *Wiedenbauer* in Kanduth-Kristen/Steiger/Wiedenbauer, Rechtsanwalts-GmbH² Rz 1.97.
160 Eine informative u umfangreiche Untersuchung zur interdisziplinären RA-Gesellschaft u deren (Un)Vereinbarkeit mit den berufsrechtlichen Standesvorschriften findet sich bei *Rüffler/Müller*, Interdisziplinäre Rechtsanwaltsgesellschaft? 22 ff.

OGH gemeinschaftsrechtlich[161] gedeckt. Die Einbindung ö RA u RA-Partnerschaften bzw RA-Gesellschaften in nach dem Inlandsrecht unzulässige Sozietätsbeziehungen zu einer ausländischen multidisziplinären Gesellschaft ist ebenfalls unzulässig.[162]

Kein Verstoß gegen § 21c RAO liegt vor, wenn ein RA oder eine RA-Gesellschaft mit einem Steuerberater zusammenarbeitet, um die jew eigene berufliche Tätigkeit u die damit verfolgten wirtschaftlichen Zwecke zu fördern. Bei gemeinsamer Beratung muss eine gesonderte Fakturierung erfolgen. Die jew berufsspezifische Tätigkeit wird nach A des OGH in diesem Fall nicht gemeinsam ausgeübt.[163]

124

Ob eine RA-Gesellschaft **gewerblich tätige Tochtergesellschaften** gründen darf, ist gesetzl nicht geregelt. Selbst wenn keine gemeinsame Berufsausübung vorliegt, ist die Zweckbeschränkung nach § 21c Z 6 RAO zu beachten.[164] Das bedeutet aber nicht, dass jegliche Tochtergesellschaft einer RA-Gesellschaft verboten ist. Sofern eine Tochtergesellschaft zur Vermögensverwaltung des Vermögens der RA-GmbH dient, wie zB eine Immobilienverwaltungs-GmbH, ist die Gründung einer Tochtergesellschaft nach hM zulässig.[165]

125

I. Vertretungs- und Geschäftsführungsbefugnis (Z 9)

In einer RA-Gesellschaft (§ 1a Abs 1 RAO) müssen **alle RA-Gesellschafter allein** zur **Vertretung u Geschäftsführung** befugt sein. Davon ausgenommen ist die Beteiligung eines RA als Kommanditist an einer

126

---

161 Die Zulässigkeit mitgliedstaatlicher Restriktionen aufgrund berufsrechtlicher Vorgaben wurde v EuGH anerkannt: EuGH 19.2.2002, Rs C-309/99 – *Wouters*.
162 RIS-Justiz RS0116826.
163 RIS-Justiz RS0124680: „*Da es sich somit nicht um eine Gesellschaft zur Ausübung der Rechtsanwaltschaft handelt, kann sie nicht als standeswidrig qualifiziert werden. Eine (ebenfalls) standeswidrige Scheingesellschaft könnte nur dann vorliegen, wenn durch eine Handlung oder Aussage des Disziplinarbeschuldigten der Eindruck erweckt worden wäre, dass eine Gesellschaft zur Ausübung der Rechtsanwaltschaft vorliegt. Dabei sind strenge Anforderungen zu stellen, um einen vom Disziplinarbeschuldigten gesetzten Rechtsschein als standeswidriges Verhalten qualifizieren zu können.*"
164 *Gruber*, RdW 2000, 65 (67).
165 *Wiedenbauer* in Kanduth-Kristen/Steiger/Wiedenbauer, Rechtsanwalts-GmbH² Rz 1.98 unter Hinweis auf *Gruber*, RdW 2000, 65 (67).

RA-GmbH & Co KG. Berufsfremde Gesellschafter sind zwingend v der Vertretung u Geschäftsführung ausgeschlossen.

127 Für unbeschränkt haftende Gesellschafter einer RA-OG oder RA-KG ergibt sich die selbständige Geschäftsführungs- u Vertretungsbefugnis bereits aus dem G (§§ 114, 125 UGB bzw § 161 Abs 2 UGB). Den RA-Gesellschaftern einer **RA-GmbH** muss entweder bereits im GesV oder durch **Gesellschafterbeschluss** die selbständige Vertretungsbefugnis eingeräumt werden. Regeltypus für die GmbH ist die Gesamtvertretung (§ 18 Abs 2), sodass eine wirksame Vertretung, sofern keine andere Regelung erfolgt, die Mitwirkung aller GF erfordert. Gleiches gilt für die Sicherstellung der selbständigen Geschäftsführungsbefugnis. § 21 normiert an sich die Gesamtgeschäftsführung. Daher muss bereits im GesV oder durch Gesellschafterbeschluss die selbständige Geschäftsführungsbefugnis eingeräumt werden. Im FB wird nur die Vertretungsbefugnis eingetragen (§ 3 Abs 1 Z 8 FBG). In der L werden interne Beschränkungen der Geschäftsführungsbefugnis für zulässig erachtet, sofern die Mandatsausübung nicht beeinträchtigt wird.[166] Durch die Implementierung des Weisungsverbots bei Ausübung des Mandats nach § 21c Z 11 RAO wird diese A gestützt.

128 Der Ausschluss eines RA-Gesellschafters v der Vertretungsmacht im GesV oder durch Gesellschaftsbeschluss ist grds nicht möglich.[167] Ein RA-GF einer RA-GmbH kann aber aus wichtigem Grund gem § 16 Abs 2 abberufen werden. § 16 Abs 2 wird durch § 21c Z 9 RAO nicht derogiert, sodass eine Abberufungsklage gegen einen RA-Gesellschafter zulässig ist. Einem Komplementär kann nach § 114 UGB die Geschäftsführung u nach § 127 UGB die Vertretungsmacht aus wichtigem Grund entzogen werden (zur GesbR: §§ 1193, 1198 ABGB). Wird ein RA-GF abberufen oder wird einem RA-Gesellschafter die Geschäftsführungs- u Vertretungsbefugnis rechtskräftig entzogen, tritt ein gesetzwidriger Zustand ein, der v den Mitgesellschaftern umgehend zu beheben ist. Es empfiehlt sich daher, durch gesv Vereinbarung v Aufgriffsrechten sicherzustellen, dass im Falle der Abberufung oder dem rechtskräftigem Entzug der Geschäftsführungs- u Vertretungsbefugnis ein RA-Gesellschafter aus der Gesellschaft ausscheidet. Im GmbH-Recht muss die Ausschlussmöglichkeit eines Mitgesellschafters im GesV ausdrücklich vereinbart werden, weil das GmbHG den Ausschluss eines Gesellschaf-

---

166 S dazu *Burtscher/Pinetz* in GS Arnold, 179 (183 mwN).
167 *Torggler* in FS Koppensteiner, 247 (255).

ters im Untersch zum PersGesR gesetzl nicht regelt (vgl zur OG: § 140 UGB, zur GesbR: § 1213 ABGB).

Die Vertretungs- u Geschäftsführungsbestimmung gilt sinngemäß auch im Fall der Liquidation. Als **Liquidator** einer RA-Gesellschaft kann nur ein RA bestellt werden, solange die Ausübung der Rechtsanwaltschaft noch nicht abgeschlossen ist (§ 21f RAO). **129**

Streitigkeiten aus dem Gesellschaftsverhältnis sind nach § 31 RL-BA 2015 ausschließlich durch ein **Schiedsgericht** zu entscheiden. Wenn einem RA die Geschäftsführung entzogen oder dieser als Gesellschafter ausgeschlossen wird (§§ 117, 140 UGB), steht der E eines Gerichts auch ein im Schiedsverfahren wirksam ergangener Schiedsspruch gleich (§ 21c Z 9 S 6 RAO). **130**

J. Prokura und Handlungsvollmacht (Z 10)

Nur RA-Gesellschafter dürfen **zu GF** bestellt werden (§ 21c Z 10 S 1 RAO). Die Bestellung eines Fremd-GF oder eines berufsfremden Gesellschafters ist somit kraft gesetzl Anordnung unzulässig. Diese Bestimmung wird durch § 21c Z 2 S 1 RAO ergänzt, wonach RA-Gesellschafter einer RA-GmbH nur als zur Vertretung u Geschäftsführung befugte Gesellschafter angehören dürfen. Der OGH hat bereits klargestellt, dass § 16 Abs 2 durch § 21c RAO nicht derogiert wird. Eine Abberufungsklage gegen einen RA-Gesellschafter ist daher möglich.[168] Für PersGes ergibt sich dies bereits aus § 21c Z 9 S 6 RAO. Durch gerichtl Abberufung eines GF nach § 16 Abs 2, die ohne gesv Aufgriffsrecht keine Auswirkungen auf die Gesellschafterstellung hat, entsteht aber ein standesrechtswidriger Zustand, der v den Gesellschaftern behoben werden muss.[169] **131**

Seit dem BRÄG 2020 kann **Prokura** an RA wirksam erteilt werden. Es ist daher möglich, einem angestellten RA Prokura zu erteilen. Bislang musste ein angestellter RA als Substitut der RA-Gesellschaft einschreiten.[170] Die Erteilung v **Handlungsvollmacht** ist nur für die Vornahme solcher Geschäfte zulässig, die **nicht die Ausübung der Rechtsanwaltschaft** betreffen. Die Bestellung zB v Büromaterial muss nicht durch **132**

---

168 OGH 8.5.2008, 6 Ob 36/08z.
169 So auch *Wiedenbauer* in Kanduth-Kristen/Steiger/Wiedenbauer, Rechtsanwalts-GmbH² Rz 1.121.
170 *Murko*, AnwBl 2020, 346 (350).

K. Kapitalmehrheit und Willensbildung (Z 11)

133 Gemäß § 21c Z 11 RAO muss RA am Kapital der Gesellschaft die Mehrheit u bei der Willensbildung der Gesellschaft ein bestimmender Einfluss zukommen. Unter **Mehrheit am Kapital** der Gesellschaft wird wohl die einfache Mehrheit zu verstehen sein. Im GesV ist jedenfalls durch geeignete gesv Aufgriffs- u/oder Vorkaufsrechte Vorsorge zu treffen, dass die Mehrheit des Gesellschaftskapitals im Eigentum der RA-Gesellschafter steht. Die RAO stellt nicht allein auf die Kapitalbeteiligung ab, sondern verlangt auch einen bestimmenden Einfluss auf die Willensbildung.

134 Was unter einem „**bestimmenden Einfluss**" zu verstehen ist, wird in der RAO nicht definiert.[172] Durch diese Bestimmung soll sichergestellt werden, dass die Willensbildung in der Gesellschaft nicht durch berufsfremde Gesellschafter erfolgt. Es sollen potentielle Fremdinteressen oder berufsfremde Interessen hintangehalten werden.[173] Werden keine anderen Vereinbarungen im GesV getroffen, bestimmt sich das **Stimmrecht eines Gesellschafters** nach seiner Kapitalbeteiligung (§ 1192 ABGB, § 119 Abs 2 UGB, § 161 Abs 2 UGB, § 39 Abs 2). § 21c Z 11 RAO bezieht sich auf die laufende Willensbildung u nicht auf Grundlagenänderungen.[174] Bestimmender Einfluss liegt vor, wenn die RA-Gesellschafter bei der laufenden Willensbildung über die einfache oder die für Gesellschafterbeschlüsse im GesV vereinbarten höheren Beschlussmehrheiten verfügen.[175] Der bestimmende Einfluss ergibt sich somit aus den gesv getroffenen Vereinbarungen. Im GesV sollte mE, um den Anforderungen v § 21d RAO gerecht zu werden, durch entspr Beschluss-

---

171 *Murko*, AnwBl 2020, 346 (350).
172 § 115 Abs 2 GmbHG stellt hingegen in Bezug die Konzerndefinition auf den nach mM weiteren Begriff des „beherrschenden Einflusses" ab.
173 *Rüffler/Müller*, Interdisziplinäre Rechtsanwaltsgesellschaften?, 21.
174 *Gruber*, RdW 2000, 65 (67); *Feil/Wennig*, Anwaltsrecht[8] § 21c Rz 16.
175 *Gruber*, RdW 2000, 65 (67); *Wiedenbauer* in Kanduth-Kristen/Steiger/Wiedenbauer, Rechtsanwalt-GmbH[2] Rz 1.82.

mehrheiten oder durch zB Mehrstimmrechte sichergestellt werden, dass Änderungen des GesV ohne Zustimmung der berufsfremden Gesellschafter möglich sind. Wird dazu keine Vereinbarung getroffen, gelten die allg gesellschaftsrechtlich Grundsätze (Einstimmigkeit im PersGesR, § 50 für GmbH). Zusätzlich dürfen berufsfremde Gesellschafter mit RA-Gesellschaftern keine Stimmbindungsvereinbarungen eingehen, um einen bestimmenden Einfluss zu erlangen.[176]

Die **Ausübung des Mandats** durch den RA-Gesellschafter darf **nicht an eine Weisung** oder **Zustimmung der Gesellschafter (GV)** gebunden werden (§ 21c Z 11 S 2 RAO). Geschäftsführende Gesellschafter einer RA-Gesellschaft müssen daher in Bezug auf die Ausübung der Rechtsanwaltschaft im GesV **weisungsfrei** gestellt werden, um die unabhängige Mandatsausübung gewährleisten zu können.[177] Für gesellschaftsinterne Maßnahmen, die nicht die Ausübung eines Mandats betreffen, kann ein sogenannter Katalog v zustimmungspflichtigen Rechtsgeschäften im GesV vereinbart werden (vgl § 35). Somit ist es durchaus denkmöglich (u mE auch sachgerecht), dass berufsfremde Gesellschafter auf bestimmte abzuschließende Rechtsgeschäfte (zB bestimmte Investitionsentscheidungen) Einfluss nehmen können (nicht jedoch in Bezug auf die Annahme, Ablehnung oder Ausübung eines konkreten Mandats).[178]

135

L. Rechtsanwalts GmbH & Co KG (Z 12)

§ 21c Z 12 RAO regelt die RA-GmbH & Co KG.[179] Ist eine RA-GmbH (oder eine dieser gleichartige KapGes iSd § 1a Abs 1 S 2) einzige Komplementärin einer RA-Partnerschaft in Form einer KG (oder einer dieser gleichartigen PersGes iSd § 1a Abs 1 S 2), so gelten für diese die Bestimmungen für die **RA-GmbH sinngemäß**. In § 21c Z 12 RAO wird klargestellt, dass der Geschäftsgegenstand der Komplementärgesellschaft

136

---

176 *Wiedenbauer* in Kanduth-Kristen/Steiger/Wiedenbauer, Rechtsanwalt-GmbH² Rz 1.82 unter Hinweis auf *Torggler/Sedlacek*, AnwBl 1999, 600 (603).
177 *Wiedenbauer* in Kanduth-Kristen/Steiger/Wiedenbauer, Rechtsanwalt-GmbH² Rz 1.85 unter Hinweis auf *Gruber*, RdW 2000, 65 (68 f).
178 So auch *Rüffler/Müller*, Interdisziplinäre Rechtsanwaltsgesellschaften?, 21.
179 Allg zur RA-GmbH & Co KG *Burtscher/Pinetz* in GS Arnold 179 ff; *Pinetz/Burtscher*, GES 2014, 4.

auf die Wahrnehmung der Aufgaben als Gesellschafterin der PersGes u die Verwaltung des Gesellschaftsvermögens einschließlich der dazu erforderlichen Hilfstätigkeiten beschränkt sein muss. Die Komplementär-Gesellschaft ist ausdrücklich nicht zur selbständigen Ausübung der Rechtsanwaltschaft befugt. Geschäftsführer der Komplementärgesellschaft dürfen nur RA sein, die auch Kommanditisten der KG sind. Das Recht zur Ausübung der Rechtsanwaltschaft steht der KG zu.

137 Die Bestimmungen zur RA-GmbH & Co KG wurden durch das BRÄG 2013[180] eingefügt. Die Implementierung der RA-GmbH & Co KG wurde v der Rechtsanwaltschaft selbst gefordert, um jungen RA **Zwischenschritte zur Partnerwerdung** zu ermöglichen.[181] Ziel des BRÄG 2013 war es, flexiblere Gesellschaftsbeteiligungsmodelle zu schaffen.[182] Bei Ausübung der Rechtsanwaltschaft in der Rechtsform einer RA-GmbH & Co KG können steuerliche Vorteile einer PersGes mit der Haftungsbegrenzung einer KapGes kombiniert werden.[183]

138 § 21c Z 12 RAO schränkt die Gestaltungsfreiheit für eine RA-GmbH & Co KG ein.[184] Der **zulässige Gesellschafterkreis** einer RA-GmbH & Co KG ergibt sich weiterhin aus § 21c Z 1 RAO. Geschäftsführer der Komplementär-GmbH dürfen nur RA sein, die gleichzeitig auch Kommanditisten der KG sind. Im Untersch zu einer RA-GmbH müssen die RA-Kommanditisten einer RA-GmbH & Co KG nicht Gesellschafter der Komplementär-GmbH sein (§ 21c Z 9 S 1 RAO). Rechtsanwaltsgesellschafter der Komplementär-GmbH müssen aber selbständig vertretungs- u geschäftsführungsbefugt sein (§ 21c Z 9 RAO).

139 Die **erhöhte Mindestversicherungssumme** v € 2,4 Mio gilt neben der GmbH auch für die RA-GmbH & Co KG.

140 Für **kapitalistische PersGes** wie eine RA-GmbH & Co KG sind nach der Rsp des OGH die **Kapitalerhaltungsvorschriften analog** an-

---

180 Berufsrechts-Änderungsgesetz 2013 (BRÄG 2013) BGBl I 2013/159.
181 *Kanduth-Kristen/Wiedenbauer* in Kanduth-Kristen/Steiger/Wiedenbauer, Rechtsanwalts-GmbH² Rz 4.2.
182 *Burtscher/Pinetz* in GS Arnold 179 (181).
183 Zu den steuerlichen Vor- u Nachteilen *Kanduth-Kristen/Wiedenbauer* in Kanduth-Kristen/Steiger/Wiedenbauer, Die Rechtsanwalts-GmbH² Rz 4.15.
184 S dazu u zum Zustimmungsrecht des Kommanditisten, Einsichtsrechte, Tod/Ausschluss u Auseinandersetzung bei Auflösung *Burtscher/Pinetz* in GS Arnold 179 (185).

zuwenden.[185] Damit ist ein Argument der Gesetzesmaterialien für die Schaffung der RA-GmbH & Co KG, wonach im Vergleich zur GmbH flexiblere Entnahmemöglichkeiten bestehen sollen, zwischenzeitlich überholt.

IX. Einhaltung des Berufsrechts

§ 21d. (1) Jeder der Gesellschaft angehörende Rechtsanwalt hat für die Einhaltung der Bestimmungen des § 21 c und der Anmeldungspflicht nach § 1a Abs. 2 und 3 zu sorgen, insbesondere durch eine entsprechende Gestaltung des Gesellschaftsvertrags; er darf auch keine diesen Bestimmungen widersprechende tatsächliche Übung einhalten.

(2) Er ist für die Erfüllung seiner Berufs- und Standespflichten persönlich verantwortlich; diese Verantwortung kann weder durch den Gesellschaftsvertrag noch durch Beschlüsse der Gesellschafter oder Geschäftsführungsmaßnahmen eingeschränkt oder aufgehoben werden.

idF BGBl I 1999/71

A. Pflichten des Rechtsanwaltsgesellschafters

Die berufsrechtlichen Vorschriften sind auf die RA-Gesellschaft anwendbar (§ 1a Abs 6 RAO). Korrespondierend dazu hat jeder **RA-Gesellschafter** nach § 21d Abs 1 RAO für die **Einhaltung der Anmeldungspflicht** nach § 1a Abs 2 u 3 RAO u der **Bestimmungen des § 21c RAO** zu sorgen. Dies erfolgt insb durch eine entspr Gestaltung des GesV, indem zB durch Aufgriffs- oder Kündigungsrechte sicherzustellen ist, dass nur die in § 21c Z 1 RAO genannten Personen Gesellschafter werden. Aufgrund der gesetzl Vorgaben des § 21c Z 1 RAO ist die vereinfachte Gründung einer RA-GmbH nach § 9a GmbHG nicht möglich. Eine den §§ 21a u 21c RAO widersprechende tatsächliche Übung ist ebenfalls unzulässig u ist disziplinär.

141

---

185 Einen Überblick liefern *Aburumieh/Foglar-Deinhardstein*, GES 2019, 3. Zuletzt OGH 23.6.2021, 6 Ob 61/21w.

142 Im Untersch zum PersGesR ist der **Ausschluss eines Gesellschafters** im GmbHG nicht geregelt. Ein Gesellschafter einer RA-GmbH kann daher nur dann ausgeschlossen werden, wenn dies im GesV ausdrücklich verankert wurde oder die Voraussetzungen des GesAusG erfüllt sind. Dies gilt auch dann, wenn durch eine allfällige Weigerung des betr Gesellschafters freiwillig auszuscheiden der Bestand der Gesellschaft gefährdet sein kann.[186] Im GesV ist daher Vorsorge zu treffen, dass Gesellschafter, welche die Voraussetzungen nach § 21c Z 1 RAO nicht (mehr) erfüllen (zB Scheidung, Altersgrenze v Kindern), ausgeschlossen werden können. Dies kann zB durch Aufgriffs- oder Ausschlussrechte erfolgen.

143 Werden die Bestimmungen des § 21c RAO nicht eingehalten, ist die RAK befugt, die RA-Gesellschafter **standesrechtlich** zur Einhaltung zu zwingen. Gemäß § 1a Abs 4 RAO kann die RA-Gesellschaft, wenn die Voraussetzungen nach den §§ 21a u 21c RAO nicht oder nicht mehr erfüllt sind, aus der Liste gestrichen werden.

144 Gemäß § 30 RL-BA 2015 hat sich der RA aus Anlass des Eingehens einer Gesellschaft zur Ausübung der Rechtsanwaltschaft mit einer berufsfremden Person das Recht vorzubehalten, das Gesellschaftsverhältnis mit der berufsfremden Person jedenfalls dann zu beenden, wenn diese berufsfremde Person die Eigenschaft verliert, welche ihr das Eingehen der Gesellschaft ermöglicht hat. Diese Verpflichtung ist im GesV abzubilden.

B. Berufs- und Standespflichten, Haftung

145 Der RA bleibt, auch wenn die RA-Vollmacht nach § 21e RAO der RA-Gesellschaft erteilt wird, weiterhin für die Einhaltung der Standespflichten verantwortlich. Dabei handelt es sich um die standesrechtliche **persönliche Verantwortung** des RA.

146 § 21d Abs 2 RAO begründet **keine Außenhaftung** oder Handeldenhaftung des RA-Gesellschafters einer GmbH.[187] Dazu der OGH: *„Aus den einschlägigen Gesetzesmaterialien geht unzweifelhaft hervor, dass der Gesetzgeber mit der Ermöglichung der Ausübung der Rechtsanwaltschaft in der Rechtsform der GmbH (BGBl I 1999/71) die persön-*

---

186 OGH 10.6.2016, 20 Os 1/16x.
187 *Rohregger* in Engelhart/Hoffmann/Lehner/Rohregger/Vitek, RAO[10] § 21d Rz 3; *Torggler* in FS Koppensteiner 247 (254). **AA** *Gruber*, RdW 2000, 65 (69).

liche Haftung des für eine Rechtsanwalts-GmbH einschreitenden Rechtsanwalts gerade nicht implementieren wollte".[188] Davon zu trennen ist die Frage, ob den RA-Gesellschafter, der gleichzeitig GF ist, eine **Innenhaftung** nach § 25 trifft. Jeder GmbH-GF hat die Sorgfalt eines ordentlichen Geschäftsleiters aufzuwenden. Anzuwenden ist ein objektiver Sorgfaltsmaßstab, wobei auch für einen RA-GF die *Business Judgment Rule* zur Anwendung gelangt (§ 25 Abs 1a). Jeder GF haftet der Gesellschaft grds nur für eigenes Verschulden. Da jeder RA-GF das Mandat weisungsfrei zu führen hat, trifft die anderen RA-GF keine Überwachungspflicht.[189] Der Verzicht auf Ersatzansprüche gegen GF ist möglich, wenn dieser nicht zur Gläubigerbefriedigung notwendig ist (§ 25 Abs 7).[190]

Die Gesellschafter einer GesbR haften wie die Gesellschafter einer OG oder die Komplementäre einer KG für Verbindlichkeiten der Gesellschaft **unbeschränkt, solidarisch, unmittelbar u persönlich** (zur GesbR: § 1199 ABGB, zur OG: § 128 UGB, zur KG: § 161 Abs 2 UGB). Die Haftung der Kommanditisten ist beschränkt (§ 171 Abs 1 UGB).

X. Bevollmächtigung

§ 21e. ¹Rechtsanwalts-Gesellschaften mit eigener Rechtspersönlichkeit kann Vollmacht erteilt werden. ²Sie sind durch ihre vertretungsbefugten Gesellschafter im Rahmen der diesen zukommenden beruflichen Befugnisse vertretungsbefugt im Sinn des § 8.

idF BGBl I 2020/19

Nach § 29 Abs 1 ZPO können nur „eigenberechtigte", also voll geschäftsfähige u damit prozessfähige Personen Bevollmächtigte sein. Aus dem Erfordernis der **Prozessfähigkeit** wird abgeleitet, dass die Vertretung durch eine jurPers an sich ausgeschlossen sei. Eine ausdrückliche gesetzl Ausnahme regelt § 21e RAO, wonach RA-Gesellschaften mit eigener Rechtspersönlichkeit Vollmacht erteilt werden kann.[191]

---

188 OGH 18.2.2021, 6 Ob 17/21z.
189 *Murko* in Murko/Nunner-Krautgasser, Berufsrecht § 21d RAO, Rz 19.
190 Allg zur Haftung des RA-GF: *Harrer*, GesRZ 2001, 2 (2 ff).
191 OGH 7.3.2006, 5 Ob 242/05g.

149 Rechtsanwaltsgesellschaften mit eigener **Rechtspersönlichkeit** sind durch ihre vertretungsbefugten RA-Gesellschafter vertretungsbefugt iSd § 8 RAO. Aufgrund der Einschränkung auf die Rechtspersönlichkeit können v den zur Ausübung der Rechtsanwaltschaft verfügbaren Gesellschaftsformen nur die OG, KG, GmbH u GmbH & Co KG bevollmächtigt werden. Seit dem BRÄG 2020 kann in einer RA-Gesellschaft nunmehr Prokura an einen RA wirksam erteilt werden (§ 21c Z 10 RAO). Bislang war dies nicht zulässig u musste ein angestellter RA zB einer RA-GmbH als Substitut der GmbH einschreiten.[192] Die Prokura kann nur an RA erteilt werden.

150 Bei Ausübung der Rechtsanwaltschaft in der Rechtsform einer **GesbR**[193] oder einer Regiegemeinschaft muss dem handelnden RA die RA-Vollmacht erteilt werden.

151 Die **RA-GmbH** ist Träger des RA-Berufs.[194] Ein Richter, dessen Ehegatte Gesellschafter oder GF einer RA-GmbH ist, ist, wenn eine Partei des v Richter zu führenden Verfahrens dieser RA-GmbH Vollmacht erteilt hat, analog zu § 20 Z 2 JN v Richteramt ausgeschlossen, uzw auch dann, wenn der Ehegatte in diesem Verfahren tatsächlich nicht als Vertreter der RA-GmbH tätig wurde bzw wird.[195] Der OGH begründete dies wie folgt: *„Im Unterschied zur Kanzleigemeinschaft, also einer Erwerbsgesellschaft bürgerlichen Rechts, bei der nicht alle Mitglieder bevollmächtigt wurden (vgl 6 Ob 642/83), kommt bei der Rechtsanwalts-Gesellschaft in Form einer Gesellschaft mit beschränkter Haftung gemäß § 21e RAO jedem vertretungsbefugten Gesellschafter die Vertretungsbefugnis in jedem Mandatsverhältnis der Gesellschaft zu, ohne dass es einer weiteren Bevollmächtigung bedürfte."*[196]

152 Einer (liechtensteinischen) RA-AG kann keine prozessual wirksame Vollmacht erteilt werden. Eine Analogie zu § 16 EIRAG iVm § 21c RAO scheitert nach A des OGH daran, dass eine AG nach liechtensteinischem Recht (Art 261 ff des liechtensteinischen Personen- und Gesellschaftsrechts, PGR) die Voraussetzungen des § 21c RAO nicht erfüllt.[197]

---

192 *Murko*, AnwBl 2020, 346 (350).
193 LGZ Wien 18.2.2014, 40 R 234/13b: RA sind unter Phantasienamen oder unter der Bezeichnung v GesbR nicht vertretungsbefugt.
194 *Torggler*, AnwBl 1999, 600; OGH 7.3.2006, 5 Ob 242/05g.
195 RIS-Justiz RS0129010.
196 OGH 24.10.2013, 6 Ob 176/13w.
197 OGH 20.4.2010, 4 Ob 221/09t.

XI. Liquidatoren

§ 21f. Zum Liquidator einer aufgelösten Rechtsanwalts-Gesellschaft darf nur ein Rechtsanwalt bestellt werden.

idF BGBl I 1999/71

Nach § 21f RAO darf nur ein **RA** zum **Liquidator** einer aufgelösten RA-Gesellschaft bestellt werden. **153**

Die gesetzl Auflösungsgründe einer **OG oder KG** regelt § 131 UGB (bzw §§ 161 Abs 2 iVm 131 UGB). Im GesV können weitere Auflösungsgründe vereinbart werden.[198] Nach der Auflösung findet die Liquidation statt. Die Liquidation erfolgt an sich durch sämtliche Gesellschafter (§ 146 UGB). Ein ähnliches Prozedere sieht das ABGB für die Liquidation der GesbR vor (§§ 1208 ff ABGB). **154**

Die gesetzl Auflösungsgründe einer **RA-GmbH** ergeben sich aus § 84 Abs 1. Darüber hinaus können im GesV weitere Auflösungsgründe vereinbart werden (§ 84 Abs 2). Der Auflösung hat die Liquidation zu folgen. Als Liquidatoren treten die GF ein, wenn nicht durch den GesV oder einen Gesellschafterbeschluss eine oder mehrere andere Personen dazu bestellt werden (§ 89 Abs 2). **155**

Die Einschränkung des § 21f RAO, wonach nur ein RA zum Liquidator bestellt werden kann, gilt, solange die Ausübung der Rechtsanwaltschaft v der RA-Gesellschaft noch ausgeübt wird (§ 21c Z 9 RAO). Wird die Rechtsanwaltschaft v der RA-Gesellschaft nicht mehr ausgeübt, kann auch eine **berufsfremde Person** zum Liquidator bestellt werden.[199] **156**

XII. Anstellung eines Rechtsanwalts

§ 21g. Rechtsanwälte dürfen als Dienstnehmer ein Dienstverhältnis, dessen Gegenstand auch Tätigkeiten umfasst, die zu den befugten Aufgaben des Rechtsanwalts gehören, nur mit einem Rechtsanwalt oder einer Rechtsanwalts-Gesellschaft eingehen.

idF BGBl I 2000/27

---

198 *Jabornegg/Artmann* in Artmann, UGB³ Band 1.1 § 131 Rz 20.
199 Vgl zur RA-GmbH: *Rohregger* in Engelhart/Hoffmann/Lehner/Rohregger/Vitek, RAO¹⁰ § 21f Rz 3.

157 Rechtsanwälte dürfen als DN ein Dienstverhältnis, dessen Gegenstand auch Tätigkeiten umfasst, die zu den befugten Aufgaben des RA gehören, nur mit einem RA oder einer RA-Gesellschaft eingehen. Durch § 21g RAO wird die Ausübung der Rechtsanwaltschaft in Form eines **Anstellungsverhältnisses** zu einem RA oder einer RA-Gesellschaft ausdrücklich anerkannt. § 21g RAO ergänzt die in § 20 RAO enthaltenen Unvereinbarkeitsbestimmungen u dient der Sicherung der Unabhängigkeit der RA.[200]

158 Die Berufsausübung als unselbständiger Unternehmensanwalt („**Syndikusanwalt**") ist auch für niedergelassene europäische RA in Ö nicht zulässig, wenn kein Beschäftigungsverhältnis mit einer RA-Gesellschaft besteht. Diese Klarstellung durch § 21g RAO war notwendig, weil nach Art 8 der EU-RL 98/5/EG eine Beschäftigung zB als unselbständiger Unternehmensanwalt zulässig ist, wenn der Aufnahmestaat dies für die eigenen RA ermöglicht.[201]

159 **Rechtsanwälte** unterliegen hinsichtlich einer Beschäftigung, die die Teilnahme an der Versorgungseinrichtung einer RAK begründet, gem § 5 Abs 1 Z 14 ASVG nicht der Vollversicherungspflicht (Kranken-, Unfall- u Pensionsversicherung nach § 4 ASVG). Für **RA-Anwärter** u **angestellte RA**, ausgenommen RA-Gesellschafter (Gesellschafter-GF) einer RA-GmbH sowie RA, die einer Versorgungseinrichtung nach § 50 Abs 4 RAO angehören, erfolgt die Einbeziehung in die **Teilversicherung** der Kranken- u Unfallversicherung (§ 7 Z 1 lit e ASVG).[202] Nur wenn ein RA iSd Arbeitsrechts angestellt ist, ist dieser nach dem ASVG krankenpflichtversichert, andernfalls unterliegt der RA den Bestimmungen des § 5 GSVG u den damit verbundenen **Wahlmöglichkeiten**.[203] § 5 GSVG ermöglicht **selbständigen RA** die Ausnahme v der Pflichtversicherung nach GSVG (opting-out). Selbständige RA haben folgende Optionen für ihren Krankenversicherungsschutz: (a) Versicherung über den privaten Gruppen-Krankenversicherungsvertrag der jew RAK, (b) Selbstversicherung nach § 16 ASVG oder die (c) Selbstversicherung nach § 14a GSVG.[204] Die Wechselmöglichkeiten zw diesen

---

200 *Csoklich* in Csoklich/Scheuba, Standesrecht³, 35 (38).
201 *Rohregger* in Engelhart/Hoffmann/Lehner/Rohregger/Vitek, RAO¹⁰ § 21g Rz 2.
202 *Sedlacek*, ASoK 2020, 2 (2 ff).
203 *Sedlacek* in Neumann, GSVG § 5 GSVG, Anl 1 Rz 22.
204 *Sedlacek*, ASoK 2016, 322 (322 ff); *Hofer/Seidl/Kreimer-Kletzenbauer* in Hofer/Seidl/Kreimer-Kletzenbauer, Sozialversicherung²² Rz 3054; *Sedlacek* in Neumann, GSVG § 5 Rz 8.

Optionen wurden zur Vermeidung des „Rosinenpickens" v Gesetzgeber eingeschränkt.[205] Geht ein selbständiger RA mehreren Erwerbstätigkeiten nach, kann dies zu Mehrfachversicherungen führen (zB Krankenversicherung nach dem Gruppenkrankenversicherungsvertrag neben einer Pflichtversicherung nach dem ASVG aufgrund einer weiteren Erwerbstätigkeit). Scheidet ein Mitglied aus der Selbstversicherung nach § 16 Abs 6 ASVG aufgrund der gesetzl eintretenden Pflichtversicherung nach ASVG aus, weil eine weitere Beschäftigung aufgenommen wurde, wird das Mitglied v der SVA, sofern das betroffene Mitglied nicht der Gruppenkrankenversicherung beitritt, gem § 14 Abs 4 GSVG zwingend in die Selbst-/Pflichtversicherung gem §§ 14a, 14b GSVG einbezogen.[206] Aufgrund der Sperrfrist des § 16 Abs 3 Z 2 ASVG besteht keine Möglichkeit, auf direktem Weg in die Selbstversicherung nach § 16 ASVG zurückzukehren.[207] Wenn ein **nicht wesentlich beteiligter RA-Gesellschafter (Gesellschafter-GF)**, der sich freiwillig nach § 16 ASVG selbst versichert hat, eine weitere ASVG-pflichtige Beschäftigung aufnimmt (zB Vortragstätigkeit an einer Universität), kann es mE zu keiner Pflichtversicherung nach GSVG kommen, wenn keine selbständige Erwerbstätigkeit iSd GSVG vorliegt.

In der Praxis stellen sich relevante **Abgrenzungsfragen**, wie Beschäftigungsverhältnisse v (nicht wesentlich beteiligten) RA-Gesellschafter (Gesellschafter-GF) einer RA-GmbH **steuerlich** zu beurteilen sind, insb ob für diese Lohnsteuer inklusive Lohnnebenkosten (Dienstgeberbeitrag, Dienstgeberzuschlag u Kommunalsteuer) abzuführen sind.[208] Für welche DN der Dienstgeberbeitrag u der Dienstgeberzuschlag abzuführen ist, bestimmt sich nach § 41 FLAG. Erfasst sind ua DN iSd § 47 EStG sowie an KapGes beteiligte Personen iSd § 22 Z 2 EStG. Nicht wesentlich beteiligte GF (bis maximal 25 %) können Einkünfte aus nichtselbständiger Arbeit iSd § 25 Abs 1 Z 1 lit a oder lit b EStG erzielen. Unter lit a fallen Bezüge u Vorteile, die aus einem bestehenden oder früheren Dienstverhältnis bezogen werden. Nach lit b fallen darunter Bezüge u Vorteile v Personen, die an KapGes nicht we-

---

205 Übersichtliche Fallbeispiele finden sich bei *Sedlacek*, ASoK 2016, 322 (322 ff); *Sedlacek* in Neumann, GSVG § 5 Rz 56.
206 *Sedlacek* in Neumann, GSVG § 5 Rz 53, 57.
207 *Sedlacek* in Neumann, GSVG § 5 Rz 53.
208 S dazu allg: *Steiger* in Kanduth-Kristen/Steiger/Wiedenbauer, Rechtsanwalts-GmbH[2] Rz 3.76; zu Gesellschafter-GF einer ZT-GmbH: *Romstorfer/Stöcklinger*, GES 2022, 32.

sentlich iSd § 22 Z 2 EStG beteiligt sind auch dann, wenn bei einer sonst alle Merkmale eines Dienstverhältnisses (§ 47 Abs 2 EStG) aufweisenden Beschäftigung die Verpflichtung, den Weisungen eines anderen zu folgen, aufgrund gesv Sonderbestimmung fehlt. Die Gesellschafter-GF müssen aufgrund einer gesv Sonderbestimmung **weisungsfrei** gestellt werden. Der VwGH verneinte bspw in der E v 24.11.2016, 2013/13/0046 die Weisungsgebundenheit der nicht wesentlich beteiligten Gesellschafter-GF der beschwerdeführenden RA-GmbH, die auf Basis v Werkverträgen, in denen die Weisungsbefugnis ausdrücklich ausgeschlossen wurde, beschäftigt waren. Weisungsunterworfenheit bedeutet, dass der Arbeitgeber durch individuell-konkrete Anordnungen das Tätigwerden des DN beeinflussen kann. Eine Drittwirkung eines (zw den RA-Gesellschaftern abgeschlossenen) Syndikatsvertrags kann nicht zu einer persönlichen Weisungsgebundenheit der GF führen, wenn die Bestimmungen des Syndikatsvertrags nicht das arbeitsbezogene Verhalten betreffen.[209]

---

209 VwGH 24.11.2016, Ro 2014/13/0040.

Wertpapierfirmen (§ 3 WAG 2018)

Literatur: *Benke/Brandl*, Die „erforderlichen Erfahrungen" des Geschäftsleiters eines Wertpapierdienstleistungsunternehmens, ÖBA 2007, 303; *Bergmann/Kalss* (Hg), Rechtsformwahl (2020); *Brandl/Kalss*, Die „erforderlichen Eigenschaften" von Geschäftsleitern eines Wertpapierdienstleistungsunternehmens, ÖBA 2000, 943; *Brandl/Klausberger*, Gedanken zur Auslegung des § 1 BWG, insb zum Element der Gewerblichkeit, ZFR 2011, 206; *Brandl/Saria* (Hg), WAG 2018[2] (2018); *Dellinger* (Hg), Bankwesengesetz: BWG Kommentar[10] (2020); *Dämon* (Hg), WPFG / Wertpapierfirmengesetz (2023); *Diwok/Göth*, Bankwesengesetz (2005); *EBA*, Leitlinien zur internen Governance (EBA/GL/2017/11); *EBA/ESMA*, Leitlinien zur Bewertung der Eignung von Mitgliedern des Leitungsorgans und Inhabern von Schlüsselfunktionen (EBA/GL/2017/12); *FMA*, FMA-Rundschreiben betreffend die organisatorischen Anforderungen des Wertpapieraufsichtsgesetzes und der DelVO (EU) 2017/565, Stand 7.7.2021; *Gorzala*, Robo Advice – Aufsicht, Anlagen und Algorithmen, ÖBA 2020, 622; *Gruber/N. Raschauer* (Hg), WAG Wertpapieraufsichtsgesetz: Kommentar (2009); *Kalss*, Die Übernahme von verwaltungsrechtlichen Geldstrafen durch die Gesellschaft, GesRZ 2015, 78; *Köck*, Verwaltungsstrafen im Arbeitsverhältnis: Tragung und Übernahme durch die Gesellschaft. Theoretisches und Praktisches zu einem alten Problem, ZAS 2016/52, 306; *Laurer/M. Schütz/Kammel/Ratka* (Hg), Bankwesengesetz – BWG[4] (2020); *Lewisch/Fister/Weilguni* (Hg), VStG[2] (Stand 1.5.2017, rdb.at); *Raschauer/Wessely*, VStG[2] (2016); *Schrank*, Übernahme von Strafen durch die Gesellschaft – Ein Fall fürs Strafgericht? CFOaktuell 2013, 59; *Sesser*, Die arbeits- und verwaltungsrechtliche Stellung des verantwortlichen Beauftragten iSd § 9 VStG, ARD 6410/5/2014; *Winternitz/Beer/Steinmair*, WAG 2018: Kurzkommentar (2018); *Wolfbauer*, BVwG: Verwaltungsstrafe wegen Unterkapitalisierung einer Wertpapierfirma, ZFR 2016, 404.

Inhaltsübersicht

I.	Wertpapierfirmen (§ 3 WAG 2018)	1–34
	A. Begriff	1–3
	B. Konzessionspflicht und Konzessionsumfang	4–10
	C. Konzessionsvoraussetzungen	11–30
	1. Rechtsform (§ 3 Abs 5 Z 1 WAG 2018)	11
	2. Anfangskapital (§ 3 Abs 5 Z 2 iVm § 3 Abs 6 WAG 2018)	12–16
	a) Allgemeines zum Anfangskapital	12
	b) Höhe des Anfangskapitals	13–16
	3. Anforderungen an die Geschäftsleiter	17–20
	4. Anforderungen an Satzung bzw Gesellschaftsvertrag (§ 3 Abs 5 Z 6 WAG 2018 iVm § 5 Abs 1 Z 2 BWG)	21, 22
	5. Anforderungen an Eigentümer (§ 3 Abs 5 Z 6 WAG iVm § 5 Abs 1 Z 3 u Z 4 BWG)	23–25

	6. Sitz und Hauptverwaltung im Inland (§ 3 Abs 5 Z 6 WAG 2018 iVm § 5 Abs 1 Z 14 BWG bzw bereits § 3 Abs 1 WAG 2018)	26
	7. Keine der Aufsicht hinderlichen Rechts- und Verwaltungsvorschriften eines Drittlands (§ 3 Abs 5 Z 6 WAG 2018 iVm § 5 Abs 1 Z 4a BWG)	27
	8. Anforderungen an die Strategien und Verfahren zur Risikoüberwachung, -steuerung und -begrenzung (§ 3 Abs 5 Z 6 WAG 2018 iVm § 5 Abs 1 Z 2a BWG) . .	28
	9. Besondere Voraussetzungen bei Betrieb eines multi- lateralen oder organisierten Handelssystems (§ 3 Abs 5 Z 5 WAG 2018)	29
	10. Nachträglicher Wegfall von Konzessionsvoraus- setzungen	30
D.	Konzessionsverfahren	31–33
E.	Öffentliches Register	34
II. Wertpapierdienstleistungsunternehmen (§ 4 WAG 2018) . . .		35–42
A.	Allgemeines	35
B.	Voraussetzungen (§ 4 Abs 1 WAG 2018)	36–39
C.	Erleichterungen (§ 4 Abs 2 u 3 WAG 2018)	40, 41
D.	Einsatz von Wertpapiervermittlern (§ 4 Abs 4 WAG 2018)	42
III. Anwendung des BWG (§ 7 WAG 2018)		43–46
A.	Allgemeines	43
B.	Die einzelnen Verweise und ihr Anwendungsbereich im Überblick	44–46
IV. Firmenbuch (§ 9 WAG 2018)		47–51
A.	Allgemeines	47
B.	Bescheidvorlage als Eintragungsvoraussetzung	48–51
V. Geschäftsleitung und Aufsichtsrat (§ 12 WAG 2018)		52–73
A.	Allgemeines	52–54
B.	Begriffsbestimmungen	55, 56
	1. Geschäftsleitung	55
	2. Aufsichtsrat	56
C.	Die Anforderungen gemäß Art 88 und 91 CRD IV (§ 12 Abs 1 WAG 2018)	57, 58
D.	Die Erhöhung der Mandatszahl (§ 12 Abs 2 WAG 2018)	59
E.	Die Anforderungen an die Geschäftsleitung (§ 12 Abs 3 u 4 WAG 2018)	60–65
	1. Unternehmensführungsregeln	60–63
	2. Das Anforderungsprofil für Geschäftsleiter (§ 12 Abs 7 WAG 2018)	64, 65
F.	Rechte und Pflichten des Aufsichtsrats (§ 12 Abs 5 u 6 WAG 2018)	66–68
G.	Übermittlungspflicht an die FMA (§ 12 Abs 8 WAG 2018)	69–71
H.	Rechtsfolgen bei Verstößen gegen § 12 WAG 2018	72, 73

VI.	Rechtsträger (§ 26 WAG 2018)	74–77
	A. Allgemeines	74
	B. Organisatorische Erleichterungen für Wertpapierfirmen	75–77
VII.	Strafbestimmungen (§ 95 WAG 2018)	78–85
	A. Allgemeines	78–80
	B. Verantwortliche gemäß § 9 VStG	81–85

I. Wertpapierfirmen (§ 3 WAG 2018)

§ 3. (1) ¹Eine Wertpapierfirma ist eine juristische Person, die ihren Sitz und ihre Hauptverwaltung in Österreich hat und auf Grund dieses Bundesgesetzes berechtigt ist, Wertpapierdienstleistungen und Anlagetätigkeiten zu erbringen. ²Natürliche und juristische Personen, deren Berechtigung zur Erbringung von Wertpapierdienstleistungen und Anlagetätigkeiten sich auf § 4, das BWG oder das BörseG 2018 gründet, sind keine Wertpapierfirmen.

(2) ¹Die gewerbliche Erbringung folgender Wertpapierdienstleistungen und Wertpapiernebendienstleistungen bedarf einer Konzession der FMA:

1. Anlageberatung in Bezug auf Finanzinstrumente;
2. Portfolioverwaltung durch Verwaltung von Portfolios auf Einzelkundenbasis mit einem Ermessensspielraum im Rahmen einer Vollmacht des Kunden, sofern das Kundenportfolio ein oder mehrere Finanzinstrumente enthält;
3. Annahme und Übermittlung von Aufträgen, sofern diese Tätigkeiten ein oder mehrere Finanzinstrumente zum Gegenstand haben;
4. Betrieb eines multilateralen Handelssystems (MTF);
5. Betrieb eines organisierten Handelssystems (OTF);
6. Ausführung von Aufträgen für Rechnung von Kunden;
7. Handel für eigene Rechnung;
8. Übernahme der Emission von Finanzinstrumenten oder Platzierung von Finanzinstrumenten mit fester Übernahmeverpflichtung;
9. Platzierung von Finanzinstrumenten ohne feste Übernahmeverpflichtung;
10. Verwahrung und Verwaltung von Finanzinstrumenten für Rechnung von Kunden einschließlich der Depotverwahrung

und verbundener Dienstleistungen wie Cash-Management oder Sicherheitenverwaltung und mit Ausnahme der Führung von Wertpapierkonten auf oberster Ebene (Depotgeschäft);
11. Gewährung von Krediten oder Darlehen an Anleger für die Durchführung von Geschäften mit einem oder mehreren Finanzinstrumenten, sofern das kredit- oder darlehensgewährende Unternehmen an diesen Geschäften beteiligt ist;
12. Devisengeschäfte, wenn diese im Zusammenhang mit der Erbringung von Wertpapierdienstleistungen stehen;
13. Dienstleistungen im Zusammenhang mit der Übernahme von Emissionen für Dritte;
14. Wertpapierdienstleistungen und Anlagetätigkeiten gemäß § 1 Z 3 sowie Wertpapiernebendienstleistungen gemäß § 1 Z 4 lit. a bis f betreffend Waren, Klimavariable, Frachtsätze, Inflationsstatistiken und andere offizielle Wirtschaftsstatistiken, sofern diese als Basiswerte der in § 1 Z 7 lit. e bis g und j genannten Derivate verwendet werden und sie mit der Erbringung der Wertpapierdienstleistung, Anlagetätigkeit oder der Wertpapiernebendienstleistung in Zusammenhang stehen.

[2]Bei Konzessionserteilung sowie bei jeder Konzessionserweiterung hat die FMA auch über die Berechtigung zum Halten von Kundengeldern und Finanzinstrumenten abzusprechen. [3]Eine Konzession für Wertpapiernebendienstleistungen gemäß Z 10 bis 14 kann nur erteilt werden, wenn die Konzession zur Erbringung mindestens einer Dienstleistung gemäß Z 1 bis 9 vorliegt oder gleichzeitig erteilt wird; bei Erlöschen oder Entzug der Konzession für sämtliche Wertpapierdienstleistungen gemäß Z 1 bis 9 erlischt automatisch auch die Konzession für sämtliche Wertpapiernebendienstleistungen gemäß Z 10 bis 14. [4]Zusammen mit der Rücknahme oder Zurücklegung hinsichtlich der Wertpapierdienstleistungen gemäß Z 1 bis 9 hat die FMA über das Erlöschen der Konzession für sämtliche Wertpapiernebendienstleistungen gemäß Z 10 bis 14 abzusprechen; eine Zurücklegung ist nur zulässig, wenn zuvor auch sämtliche Wertpapiernebendienstleistungen abgewickelt worden sind.

(3) [1]Österreichische Kreditinstitute und Wertpapierfirmen sind auch zur Wertpapier- und Finanzanalyse und sonstigen allgemeinen Empfehlungen zu Geschäften mit Finanzinstrumenten berechtigt. [2]Wertpapierfirmen sind darüber hinaus zur Beratung von Unterneh-

men hinsichtlich der Kapitalstrukturierung, der branchenspezifischen Strategie und damit zusammenhängender Fragen sowie Beratung und Dienstleistungen bei Unternehmensfusionen und -übernahmen berechtigt.

(*Anm.: Abs. 4 aufgehoben durch Art. 9 Z 7, BGBl. I Nr. 237/2022*)

(5) ¹Die Konzession ist zu erteilen, wenn:
1. Das Unternehmen in der Rechtsform einer Kapitalgesellschaft oder einer Genossenschaft geführt werden soll;
2. das Anfangskapital mindestens die in Abs. 6 genannte Höhe beträgt und den Geschäftsleitern unbeschränkt und ohne Belastung in den Mitgliedstaaten zur freien Verfügung steht;
3. die Geschäftsleiter gemäß § 12 auf Grund ihrer Vorbildung fachlich geeignet sind und die für die Erbringung von Wertpapierdienstleistungen erforderlichen Eigenschaften und Erfahrungen haben;

(*Anm.: Z 4 aufgehoben durch Art. 9 Z 7, BGBl. I Nr. 237/2022*)

5. für den Betrieb eines MTF oder eines OTF die Allgemeinen Geschäftsbedingungen, Regeln und Verfahren den Anforderungen des § 76 BörseG 2018 entsprechen;
6. die Voraussetzungen gemäß § 5 Abs. 1 Z 2 bis 4a, 6, 7, 9 und 10 bis 14 BWG vorliegen.

²Die FMA hat dem Antragsteller binnen sechs Monaten nach der Einreichung eines vollständigen Antrags mitzuteilen, ob eine Zulassung erteilt wird oder nicht.

(6) Das Anfangskapital einer Wertpapierfirma ist gemäß § 13 des Wertpapierfirmengesetzes – WPFG, BGBl. I Nr. 237/2022, zu bestimmen.

(7) ¹Wertpapierfirmen, die Dienstleistungen auf die in § 1 Z 45 genannte Weise erbringen möchten, haben dies mit dem Antrag auf Erteilung oder Erweiterung der Konzession ausdrücklich zu beantragen. ²Im Bescheid, mit dem die Konzession erteilt wird, ist über die Zulässigkeit der Dienstleistungserbringung gemäß § 1 Z 45 gesondert abzusprechen.

(8) ¹Die Konzession ist bei sonstiger Nichtigkeit schriftlich zu erteilen; sie kann mit entsprechenden Bedingungen und Auflagen versehen werden, auch nur auf einzelne oder mehrere Geschäfte gemäß Abs. 2 lauten und Teile von einzelnen Dienstleistungen aus dem Kon-

zessionsumfang ausnehmen. ²Hinsichtlich des Antrags auf Erteilung einer Konzession ist § 4 Abs. 3 und 5 BWG anzuwenden.

(9) Vor Erteilung einer Konzession ist die Entschädigungseinrichtung anzuhören.

(10) Der Vertrieb von Anteilen an AIF im Rahmen einer Berechtigung gemäß Abs. 2 ist nur zulässig, wenn die Anteile gemäß AIFMG vertrieben werden dürfen.

(11) ¹Die FMA hat sämtliche Wertpapierfirmen in einem öffentlich zugänglichen Register zu registrieren und diese regelmäßig zu aktualisieren. ²Dieses Register enthält Informationen über die Wertpapierdienstleistungen und Anlagetätigkeiten, für die die Wertpapierfirma zugelassen ist.

(12) Die erteilte Konzession berechtigt die Wertpapierfirma, ihre Wertpapierdienstleistungen und Anlagetätigkeiten in der gesamten Europäischen Union zu erbringen.

idF BGBl I 2022/237

A. Begriff

1 Eine (inländische) **Wertpapierfirma** ist gem § 3 Abs 1 WAG 2018 eine jurPers, die ihren Sitz u ihre Hauptverwaltung in Ö hat u aufgrund des WAG 2018 berechtigt ist, Wertpapierdienstleistungen u Anlagetätigkeiten zu erbringen.[1] Nicht unter den Begriff der Wertpapierfirma fallen gem § 3 Abs 1 WAG 2018 natPers u jurPers, deren Berechtigung zur Erbringung v Wertpapierdienstleistungen u Anlagetätigkeiten sich auf § 4 WAG 2018, das BWG oder das BörseG 2018 gründet. Ausgenommen sind somit Wertpapierdienstleistungsunternehmen gem § 4 WAG 2018 sowie Rechtsträger, die Wertpapierdienstleistungen bzw Anlagetätigkeiten auf Basis der Dienstleistungs- u Niederlassungsfreiheit oder einer Bankkonzession gem § 4 BWG erbringen oder als Betreiber geregelter Märkte iSd BörseG 2018 auch ein MTF oder OTF betreiben.[2] Mit

---

1 Darüber hinaus sind nach der Begriffsbestimmung des § 1 Z 1 WAG 2018 – als zweite Fallgruppe – auch natPers u jurPers, die in ihrem Herkunftsmitgliedstaat zur Erbringung v Wertpapierdienstleistungen oder Anlagetätigkeiten als Wertpapierfirma iSd MiFID II zugelassen sind, Wertpapierfirmen iSd WAG 2018.

2 Vgl zur Vorgängerbestimmung im WAG 2007 ErlRV 143 BlgNR 23. GP 9.

BGBl I 2022/237 wurde der **Begriff** der Wertpapierfirma gem WAG 2018 durch die Ausweitung des Tätigkeitskatalogs für Wertpapierfirmen[3] **an jenen der MiFID II angeglichen.**

Hintergrund der mit BGBl I 2022/237 erfolgten Gesetzesänderungen ist das Legislativpaket bestehend aus EU-VO 2019/2033/EU u EU-RL 2019/2034/EU (sog „**Investment Firm Review**"), das seit 26.6.2021 einen eigenständigen u einheitlichen Aufsichtsrahmen für Wertpapierfirmen schafft u insb die Kapitalanforderungen des WAG 2018 reformiert. In Umsetzung der EU-RL 2019/2034/EU u zur Schaffung der erforderlichen flankierenden Regelungen zu EU-VO 2019/2033/EU wurde mit BGBl I 2022/237 das **WAG 2018 grundlegend geändert u darüber hinaus das WPFG erlassen**, das auf alle gem WAG 2018 konzessionierten Wertpapierfirmen anzuwenden ist.

Das neue Aufsichtsregime sieht eine **Klassifizierung der Wertpapierfirmen**) basierend auf ihrer Tätigkeit, Systemrelevanz, Größe u Verflechtung vor. Jede Klasse unterliegt dabei untersch Aufsichtsvorschriften:

– Einige systemrelevante u größere Wertpapierfirmen, die bankähnliche Tätigkeiten (dh Handel für eigene Rechnung bzw Übernahme der Emission v Finanzinstrumenten u/oder Platzierung v Finanzinstrumenten mit fester Übernahmeverpflichtung) ausüben u über Vermögenswerte iHv mind € 30 Mrd (**Klasse-1-Wertpapierfirmen**[4]) bzw € 15 Mrd (oder unter gewissen Umständen € 5 Mrd[5]; **Klasse-1-minus-Wertpapierfirmen**[6]) verfügen, unterliegen den Anforderungen der CRR u ganz oder tw[7] dem BWG. Dies ist insofern derzeit v geringer praktischer Bedeutung, als es in Ö aktuell keine Klasse-1- bzw Klasse-1-minus-Wertpapierfirmen gibt (da die genannten bankähnlichen Tätigkeiten zuvor eine Konzession als Kreditinstitut erforderten).

---

3 Vgl § 3 Abs 2 Rz 4 ff.
4 Vgl Art 4 Abs 1 Nr 1 lit b CRR iVm § 4 Abs 1 BWG.
5 Vgl § 4 Abs 1 WPFG.
6 Vgl Art 1 Abs 2 EU-VO 2019/2033/EU u § 4 Abs 3 WPFG.
7 Klasse-1-Wertpapierfirmen bedürfen einer Bankkonzession u unterliegen zur Gänze dem BWG sowie der Aufsicht der EZB, Klasse-1-minus-Wertpapierfirmen werden gem WAG 2018 konzessioniert, müssen aber gewisse Bestimmungen des BWG einhalten u werden v der FMA beaufsichtigt.

- Die überwiegende Mehrheit der österr Wertpapierfirmen sind kleine u nicht-verflochtene Wertpapierfirmen (**Klasse-3-Wertpapierfirmen**) gem Art 12 EU-VO 2019/2033/EU, die keine Kundengelder halten u die übrigen Anforderungen des Art 12 EU-VO 2019/2033/EU erfüllen u idF nur ausgewählten Bestimmungen des WPFG unterliegen.
- Die verbleibenden **Klasse-2-Wertpapierfirmen** unterliegen zur Gänze dem maßgeschneiderten Regime des WPFG.

B. Konzessionspflicht und Konzessionsumfang

4   Konzessionspflichtig ist gem § 3 Abs 2 WAG 2018 die gewerbliche Erbringung der folgenden Wertpapierdienstleistungen. Dabei handelt es sich **zum einen** um die bereits seit Inkrafttreten des WAG 2018 im „**traditionellen**" **Tätigkeitskatalog für Wertpapierfirmen** enthaltenen Wertpapierdienstleistungen:

- **Anlageberatung** in Bezug auf Finanzinstrumente, dh die Abgabe persönlicher Empfehlungen[8] gem Art 9 der EU-VO 2017/565/EU über Geschäfte mit Finanzinstrumenten an einen Kunden, sei es auf dessen Aufforderung oder auf Initiative des Erbringers der Dienstleistung (§ 1 Z 3 lit e WAG 2018),
- **Portfolioverwaltung**, dh die Verwaltung v Portfolios auf Einzelkundenbasis mit einem Ermessensspielraum (somit diskretionär) im Rahmen einer Vollmacht des Kunden, sofern das Kundenportfolio ein oder mehrere Finanzinstrumente enthält (§ 1 Z 3 lit d WAG 2018),
- **Annahme u Übermittlung v Aufträgen** betr Finanzinstrumente (Abschlussvermittlung)[9] (§ 1 Z 3 lit a WAG 2018); nicht erfasst sind etwa die reine Namhaftmachung eines Vermittlers (sog Tippgeber) sowie reine Marketingmaßnahmen,[10]
- **Betrieb eines MTF**, dh eines v einer Wertpapierfirma oder einem Marktbetreiber betriebenen multilateralen Systems, das die Interes-

---

[8] Diese können auch automatisiert erfolgen (sog „*Robo-Advice*"); vgl *Zahradnik* in Brandl/Saria, WAG 2018 § 3 Rz 8; detaillierter u mwN *Gorzala*, ÖBA 2020, 622 (624 f).

[9] Vgl zur Vorgängerbestimmung im WAG 2007 ErlRV 143 BlgNR 23. GP 9.

[10] Vgl *Zahradnik* in Brandl/Saria, WAG 2018 § 3 Rz 6; *Zahradnik* in Gruber/N. Raschauer, WAG § 3 Rz 8. Diese können jedoch der GewO unterliegen.

sen einer Vielzahl Dritter am Kauf u Verkauf v Finanzinstrumenten innerhalb des Systems nach nicht-diskretionären Regeln in einer Weise zusammenführt, die zu einem Vertrag gem den Bestimmungen des Titels II der MiFID II führt, das jedoch kein geregelter Markt ist (§ 1 Z 24 WAG 2018), sowie
- **Betrieb eines OTF**, dh eines multilateralen Systems, das die Interessen einer Vielzahl Dritter am Kauf u Verkauf v Schuldverschreibungen, strukturierten Finanzprodukten, Emissionszertifikaten oder Derivaten innerhalb des Systems in einer Weise zusammenführt, die zu einem Vertrag gem den Bestimmungen des Titels II der MiFID II führt, das jedoch weder ein geregelter Markt noch ein MTF ist (§ 1 Z 25 WAG 2018).

Zum anderen wurde der **Tätigkeitsbereich für Wertpapierfirmen** mit **BGBl I 2022/237 beträchtlich ausgeweitet u an den Rechtsrahmen der MiFID II angeglichen**. Demnach sind nunmehr sämtliche der in Anhang I Abschnitt A MiFID II genannten Wertpapierdienstleistungen in § 3 Abs 2 WAG 2018 abgebildet, sodass **auch** die gewerbliche Ausübung der **folgenden Wertpapierdienstleistungen** dem WAG 2018 unterliegt u grds keiner BWG-Konzession mehr bedarf, sondern „nur" einer WAG 2018-Konzession:[11] 5

- **Ausführung v Aufträgen** für Rechnung v Kunden, dh die Tätigkeit zum Abschluss v Vereinbarungen, Finanzinstrumente auf Rechnung v Kunden zu kaufen oder zu verkaufen einschließlich des Abschlusses v Vereinbarungen über den Verkauf v Finanzinstrumenten, die v einer Wertpapierfirma oder einem Kreditinstitut zum Zeitpunkt ihrer Emission ausgegeben werden (§ 1 Z 3 lit b WAG 2018);
- **Handel für eigene Rechnung**, dh Handel unter Einsatz des eigenen Kapitals zum Abschluss v Geschäften mit Finanzinstrumenten, sofern der Handel nicht für das Privatvermögen erfolgt (§ 1 Z 3 lit c WAG 2018);
- **Übernahme der Emission v Finanzinstrumenten oder Platzierung v Finanzinstrumenten mit fester Übernahmeverpflichtung** (§ 1 Z 3 lit f WAG 2018);

---

11 Dies gilt nicht für sog Klasse 1-Wertpapierfirmen, die auch künftig eine Konzession als Kreditinstitut vorweisen müssen u dem Aufsichtsregime der CRR u des BWG sowie der Aufsicht durch die EZB unterliegen (vgl Art 4 Abs 1 Nr 1 lit b CRR iVm § 4 Abs 1 BWG sowie Exkurs zum WAG, Rz 3).

- **Platzierung v Finanzinstrumenten ohne feste Übernahmeverpflichtung** (§ 1 Z 3 lit g WAG 2018).

6 Dasselbe gilt für die **folgenden Wertpapiernebendienstleistungen** (gem Anhang I Abschnitt B MiFID II bzw gem § 3 Abs 2 Z 10 bis 14 WAG 2018), wobei eine Konzession für diese gem § 3 Abs 2 S 3 WAG 2018 nur erteilt werden kann, wenn die Konzession zur Erbringung mind einer Wertpapierdienstleistung vorliegt oder gleichzeitig erteilt wird:

- **Verwahrung u Verwaltung v Finanzinstrumenten für Rechnung v Kunden** einschließlich der Depotverwahrung u verbundener Dienstleistungen wie Cash-Management oder Sicherheitenverwaltung u mit Ausnahme der Führung v Wertpapierkonten auf oberster Ebene (**Depotgeschäft**);
- **Gewährung v Krediten oder Darlehen an Anleger für die Durchführung v Geschäften mit einem oder mehreren Finanzinstrumenten**, sofern das kredit- oder darlehensgewährende Unternehmen an diesen Geschäften beteiligt ist;
- **Devisengeschäfte**, wenn diese iZm der Erbringung v Wertpapierdienstleistungen stehen;
- **Dienstleistungen iZm der Übernahme v Emissionen für Dritte**;
- **Wertpapierdienstleistungen u Wertpapiernebendienstleistungen betr Waren, Klimavariable, Frachtsätze, Inflationsstatistiken u andere offizielle Wirtschaftsstatistiken**, sofern diese als Basiswerte der in § 1 Z 7 lit e bis g u lit j WAG 2018 genannten Derivate verwendet werden u sie mit der Erbringung der Wertpapierdienstleistung oder der Wertpapiernebendienstleistung in Zusammenhang stehen.

7 Gemäß § 3 Abs 3 WAG 2018 sind Wertpapierfirmen wie auch Kreditinstitute *ex lege* auch zur **Wertpapier- u Finanzanalyse** u sonstigen **allg Empfehlungen zu Geschäften mit Finanzinstrumenten** sowie zur **Beratung v Unternehmen hinsichtlich** der **Kapitalstrukturierung**, der branchenspezifischen **Strategie** u damit zusammenhängender Fragen sowie Beratung u Dienstleistungen **bei Unternehmensfusionen u -übernahmen** berechtigt (**Legalkonzession**).[12]

---

[12] Weitere Legalkonzessionen für Wertpapierfirmen finden sich in § 5 Abs 1 AltFG (Vermittlung v Wertpapieren oder Veranlagungen über Internetplattformen iSd § 2 Z 5 AltFG), wobei mit EU-VO 2020/1503/EU über Europäische Schwarmfinanzierungsdienstleister für Unternehmen ein neues Regime geschaffen wurde, das in seinem Anwendungsbereich eine Zulassung als

Konzessionspflichtig ist die **"gewerbliche Erbringung"** der genannten Dienstleistungen; eine nicht gewerbliche Tätigkeit erfordert keine Konzession. Nach der Rsp[13] u großen Teilen der L[14] orientiert sich der – auch im BWG u anderen Aufsichtsgesetzen verwendete – Gewerblichkeitsbegriff am Umsatzsteuerrecht.[15] Auch die Aufsichtspraxis der FMA stützt sich regelmäßig auf dieses Gewerblichkeitsverständnis. Gemäß UStG 1994 ist jede nachhaltige Tätigkeit zur Erzielung v Einnahmen gewerblich, auch wenn die Absicht, Gewinn zu erzielen, fehlt. Nachhaltigkeit liegt bei wiederholter Tätigkeit vor, aber auch dann, wenn bei einmaliger Tätigkeit auf Wiederholungsabsicht geschlossen werden kann.[16] Der (rein) umsatzsteuerliche Ansatz wird jedoch mE zurecht in der Lit zT als unzureichend erachtet u iSe teleologischen Ansatzes eine gleichzeitige bzw stärkere Orientierung an der Aufsichtswürdigkeit des betr Geschäfts gefordert.[17] Eine Berücksichtigung solcher Überlegungen in der Entscheidungspraxis der FMA ist jedoch nicht ersichtlich.

8

Schwarmfinanzierungsdienstleister erfordert, sowie in § 4 Abs 8 AIFMG (Vertrieb v Anteilen an AIF), wobei § 3 Abs 10 WAG 2018 klarstellt, dass der Vertrieb v Anteilen an AIF nur zulässig ist, wenn die Anteile gem AIFMG vertrieben werden dürfen.

13 VwGH 21.5.2001, 2000/17/0134; VwGH 15.4.2010, 2007/17/0208.
14 S etwa *Waldherr/Ressnik/Schneckenleitner* in Dellinger, BWG § 1 Rz 6 ff; *Laurer/Kammel* in Laurer/M. Schütz/Kammel/Ratka, BWG § 1 Rz 2.
15 Für das BWG ergibt sich die Anknüpfung an den umsatzsteuerlichen Gewerblichkeitsbegriff durch den Gesetzgeber bereits aus den Mat (ErlRV 1130 BlgNR 18. GP 113). Diese stellen klar, dass durch den Gewerblichkeitsbegriff solche Tätigkeiten v gleichen Tätigkeiten des privaten oder geschäftlichen Verkehrs abgegrenzt werden. *"Das Wort gewerblich schließt somit aus, daß zB schon eine gelegentliche Kredit- oder Darlehensgewährung, wie sie im privaten bürgerlichen oder geschäftlichen Verkehr vorkommt, als ein Bankgeschäft angesehen werden könnte."* Derselbe Maßstab wird in der Folge auch für das WAG 2018 herangezogen.
16 Zur wiederholten Tätigkeit VwGH 12.12.1988, 87/15/0107 u VwGH 25.1.1995, 93/13/0084; zur Wiederholungsabsicht VwGH 10.9.1979, 0225/79; vgl auch USt-RL 2000 Rz 188, wonach auch einmalige Leistungen, die längere Zeit in Anspruch nehmen oder mit denen ein Dauerzustand geschaffen wird, als nachhaltig betrachtet werden.
17 Vgl für den Bereich des BWG *Diwok* in Diwok/Göth, BWG § 1 Rz 13 ff; *Brandl/Klausberger*, ZFR 2011, 206 u für den Bereich des WAG *Zahradnik* in Brandl/Saria, WAG 2018 § 3 Rz 17; *Zahradnik* in Gruber/N. Raschauer, WAG § 3 Rz 4.

9 Ausnahmen v der Konzessionspflicht ergeben sich aus § 2 WAG 2018, nach dem das WAG 2018 auf gewisse Personen bzw Unternehmen u die v ihnen ausgeübte Tätigkeit nicht anzuwenden ist. Hinzuweisen ist diesbzgl insb auf das – im BWG nicht normierte – **Konzernprivileg** gem § 2 Abs 1 Z 2 WAG 2018, das Personen, die Wertpapierdienstleistungen ausschließlich innerhalb des Konzerns (dh für ihr Mutterunternehmen, ihre Tochterunternehmen oder andere Tochterunternehmen ihres Mutterunternehmens)[18] erbringen, v Anwendungsbereich ausnimmt.

10 Die erteilte Konzession berechtigt die Wertpapierfirma gem § 3 Abs 12 WAG 2018, ihre Wertpapierdienstleistungen u Anlagetätigkeiten in der gesamten EU zu erbringen. Dies kann im Wege der **Niederlassungsfreiheit** (Errichtung einer Zweigstelle) u der **Dienstleistungsfreiheit** (Erbringung grenzüberschreitender Dienstleistungen) erfolgen u bedarf der entspr Anzeigen an die FMA, die diese an die Aufsichtsbehörde des Aufnahmemitgliedstaates notifiziert (sog Europäischer Pass).[19]

C. Konzessionsvoraussetzungen

1. Rechtsform (§ 3 Abs 5 Z 1 WAG 2018)

11 Das Unternehmen ist in der Rechtsform einer **KapGes** oder einer **Gen** zu führen. In der Praxis ist die GmbH die bei Weitem üblichste Rechtsform für Wertpapierfirmen, gefolgt v der AG.

---

18 Die Begriffe Mutterunternehmen u Tochterunternehmen sind in § 1 Z 48 u Z 49 WAG 2018 definiert u richten sich für Nicht-CRR-Wertpapierfirmen nach dem UGB (§§ 189a Z 6 bzw Z 7 iVm 244 UGB), wobei Sitz u Rechtsform nicht zu berücksichtigen sind. Der für CRR-Wertpapierfirmen (gem § 1 Z 2 WAG 2018) enthaltene Verweis auf die Begriffsbestimmungen der CRR wirft seit Inkrafttreten der EU-VO 2019/2033/EU Fragen auf, da es CRR-Wertpapierfirmen in der bisherigen Form seit dem Investment Firm Review nicht mehr gibt (vgl ErlRV 1757 BlgNR 27. GP 23) und die CRR in Art 4 Abs 1 Nr 2 CRR nunmehr auf die Begriffsdefinition der MiFID II (Art 4 Abs 1 Nr 1) verweist.
19 S dazu im Detail §§ 17 ff WAG 2018.

2. Anfangskapital (§ 3 Abs 5 Z 2 iVm § 3 Abs 6 WAG 2018)

a) Allgemeines zum Anfangskapital

Das WAG 2018 sieht ein über das gesellschaftsrechtlich geforderte Stammkapital hinausgehendes[20] Anfangskapital vor. Dieses muss den Geschäftsleitern **unbeschränkt u ohne Belastung** in den Mitgliedstaaten (dh nicht zwingend in Ö) **zur freien Verfügung stehen**. Dies erfordert die tatsächliche Einzahlung des Anfangskapitals in voller Höhe,[21] deren Nachw im Rahmen der Gründung idR durch Vorlage einer entspr Bankbestätigung erfolgt.

b) Höhe des Anfangskapitals

Hinsichtlich der Höhe des Anfangskapitals einer Wertpapierfirma verweist § 3 Abs 6 WAG 2018 auf **§ 13 WPFG**. Dieser setzt **die geänderten Anfangskapitalanforderungen gem Art 9 ff EU-RL 2019/2034/EU** um u sieht – je nach Konzessionsumfang u Tätigkeit – folgende Beträge vor:

- € 750.000 für die Zulassung (i) zum Handel auf eigene Rechnung oder (ii) zur Übernahme der Emission v Finanzinstrumenten u/oder Platzierung v Finanzinstrumenten mit fester Übernahmeverpflichtung;
- € 75.000 für die Zulassung (i) zur Annahme u Übermittlung v Aufträgen betr Finanzinstrumente, (ii) zur Ausführung v Aufträgen für Rechnung v Kunden, (iii) zur Portfolioverwaltung, (iv) zur Anlageberatung oder (v) zur Platzierung v Finanzinstrumenten ohne feste Übernahmeverpflichtung, sofern die Wertpapierfirma keine Kundengelder oder Finanzinstrumente v Kunden halten darf;
- € 750.000 für die Zulassung zum Betrieb eines OTF, wenn der Berechtigungsumfang der Wertpapierfirma den Handel auf eigene Rechnung einschließt;
- € 150.000 für alle anderen Wertpapierfirmen, somit insb für die Zulassung (i) zum Betrieb eines MTF oder (ii) zum Betrieb eines OTF, wenn die Wertpapierfirma keinen Handel auf eigene Rechnung durchführt oder durchführen darf.

---

20 Vgl § 6 Rz 3.
21 BVwG 2.2.2016, W158 2113218-1, ZFR 2016, 404 (*Wolfbauer*); vgl auch *Zahradnik* in Brandl/Saria, WAG 2018 § 3 Rz 24; *Zahradnik* in Gruber/N. Raschauer, WAG § 3 Rz 15.

14 Hinsichtlich der für das Anfangskapital **anrechenbaren Bestandteile** (u das Ausmaß v deren Anrechenbarkeit) verweist § 13 WPFG auf Art 9 EU-VO 2019/2033/EU.

15 Diese Anfangskapitalausstattung, die **dauerhaft**[22], **dh auch nach Konzessionserteilung, als Mindestkapital aufrecht zu erhalten** ist, besteht unabhängig v den Eigenmittelanforderungen der EU-VO 2019/2033/EU.[23]

16 Die **Möglichkeit, das Anfangskapital** oder Teile davon **durch eine Berufshaftpflichtversicherung zu ersetzen**, ist in EU-RL 2019/2034/EU nicht vorgesehen u somit mit deren Umsetzung **entfallen**. Dasselbe gilt für die zuvor in § 3 Abs 6 WAG 2018 enthaltenen abw Regelungen (mit herabgesetzten Mindestbeträgen) für Wertpapierfirmen, die zugleich nach den Bestimmungen der §§ 137 bis 138 GewO berechtigt sind, die Tätigkeit der Versicherungsvermittlung auszuüben.

3. Anforderungen an die Geschäftsleiter

17 Die Anforderungen an die Geschäftsleiter sind **einerseits in § 3 Abs 5 Z 3 WAG 2018** autonom geregelt u ergeben sich **andererseits aus Verweisen auf das BWG** (§ 3 Abs 5 Z 6 WAG 2018 iVm § 5 Abs 1 Z 6, 7, 9, 10, 11, 12, 13 BWG).

18 Gemäß § 3 Abs 5 Z 3 WAG 2018 müssen die Geschäftsleiter aufgrund ihrer Vorbildung **fachlich geeignet** sein u die für die Erbringung v Wertpapierdienstleistungen **erforderlichen Eigenschaften u Erfahrungen** haben. Verlangt werden somit einerseits professionelle Expertise (Know-How), die sich aus fachlicher Eignung durch Vorbildung (typischerweise nachzuweisen durch Zeugnisse, Zertifizierungen, etc) u berufspraktische Erfahrung (auf Basis des Lebenslaufs) zusammensetzt, u andererseits die erforderlichen Eigenschaften, die sich auf die charakterliche Zuverlässigkeit oder auch „persönlich-professionelle Lauterkeit"[24] beziehen. Auch wenn diese Bestimmung – mangels Verweis auf § 5 Abs 1 Z 8 BWG – nach hL autonom auszulegen ist,[25] resultieren aus der grds

---

[22] Vgl ErlRV 1757 BlgNR 27. GP 6.
[23] Vgl Art 14 iVm Art 11 EU-VO 2019/2033/EU.
[24] So *Brandl/Kalss*, ÖBA 2011, 943 (944), die sich detailliert mit dem Begriff der „erforderlichen Eigenschaften" auseinandersetzen.
[25] *Benke/Brandl*, ÖBA 2007, 303 (304 ff), zust *Zahradnik* in Brandl/Saria, WAG 2018 § 3 Rz 27; anders als § 5 Abs 1 Z 8 BWG verlangt das WAG 2018 so etwa *expressis verbis* keine Leitungserfahrung.

Anwendbarkeit der Gemeinsamen Leitlinien der EBA u ESMA zur Bewertung der Eignung v Mitgliedern des Leitungsorgans u Inhabern v Schlüsselfunktionen (EBA/GL/2021/06) auch auf Wertpapierfirmen[26] weitreichende Angleichungen der Anforderungen an Geschäftsleiter für Kreditinstitute u Wertpapierfirmen. Dies scheint sich auch in der neuen Verwaltungspraxis der FMA widerzuspiegeln, die zuletzt etwa Leitungserfahrung, uzw dezidiert aus der Tätigkeit in einer Wertpapierfirma, verlangte, obwohl diese Anforderung v Gesetzeswortlaut nicht gedeckt ist.[27]

19 Die **Beurteilung** der Qualifikation u Eignung der Geschäftsleiter, die mit dem Begriff *„fit & proper"* zusammengefasst werden, liegt in der **Verantwortung des die Geschäftsleiter bestellenden Organs** (bei einer GmbH somit die Gesellschafter). Zusätzlich erfolgt eine Bewertung der fachlichen Eignung durch die **FMA**, die – neben einer Beurteilung auf Basis der im Konzessionsantrag vorgelegten Unterlagen – neue Geschäftsleiter idR zu einem Hearing (***Fit & Proper*-Test**) einlädt.

20 Hinsichtlich der gem § 3 Abs 5 Z 6 WAG 2018 anwendbaren Bestimmungen des BWG, insb

- § 5 Abs 1 Z 6 BWG (keine gewerberechtlichen Ausschließungsgründe bei Geschäftsleitern),
- § 5 Abs 1 Z 7 BWG (geordnete wirtschaftliche Verhältnisse der Geschäftsleiter),
- § 5 Abs 1 Z 9 BWG (keine vergleichbaren nationalen Ausschließungsgründe bei Geschäftsleitern, die nicht österr Staatsbürger sind),
- § 5 Abs 1 Z 10 BWG (Mittelpunkt der Lebensinteressen mind eines Geschäftsleiters in Ö),
- § 5 Abs 1 Z 11 BWG (mind ein Geschäftsleiter beherrscht die dt Sprache),
- § 5 Abs 1 Z 12 BWG (Erfordernis v mind zwei Geschäftsleitern – sog Vier-Augen-Prinzip),
- § 5 Abs 1 Z 13 BWG (kein Geschäftsleiter mit anderem Hauptberuf außerhalb des Finanzwesens),

wird auf die diesbzgl Kommentierung des BWG[28] verwiesen.

---

26 ISd Art 4 Abs 1 Z 1 MiFID II, wobei die Anwendbarkeit je nach Klasse der Wertpapierfirma abgestuft ist u gewisse Abschnitte nur für Klasse-2-Wertpapierfirmen bzw Klasse-1-(minus-)Wertpapierfirmen anzuwenden sind.
27 Vgl bereits FN 24.
28 Exkurs zum BWG, Rz 23.

4. Anforderungen an Satzung bzw Gesellschaftsvertrag (§ 3 Abs 5 Z 6 WAG 2018 iVm § 5 Abs 1 Z 2 BWG)

21 Die Satzung bzw – im Fall der GmbH – der GesV darf gem § 3 Abs 5 Z 6 WAG 2018 iVm § 5 Abs 1 Z 2 BWG[29] keine Bestimmungen enthalten, die die Sicherheit der anvertrauten Vermögenswerte u die ordnungsgemäße Durchführung der Geschäfte nicht gewährleistet. Das vormals in § 3 Abs 5 Z 4 WAG 2018 enthaltene Verbot des Haltens v Geldern,[30] Wertpapieren oder sonstigen Instrumenten v Kunden durch Wertpapierfirmen ist mit BGBl I 2022/237 entfallen, sodass ein Ausschluss der Erbringung solcher Tätigkeiten im GesV nunmehr nicht mehr zwingend erforderlich ist.[31]

22 Generell ist im GesV die **Verankerung des Vier-Augen-Prinzips** (Ausschluss v Einzelvertretungsmacht, Einzelprokura u Einzelvollmacht)[32] erforderlich u empfiehlt sich eine **genaue Umschreibung des Unternehmensgegenstands** (deckungsgleich mit der beantragten bzw erteilten Konzession).[33]

5. Anforderungen an Eigentümer (§ 3 Abs 5 Z 6 WAG iVm § 5 Abs 1 Z 3 u Z 4 BWG)

23 Die **Personen, die eine qualifizierte Beteiligung**[34] **an der Wertpapierfirma halten**, müssen den im Interesse einer **soliden u umsichtigen Führung** der Wertpapierfirma zu stellenden Ansprüchen genügen u es dürfen **keine** Tatsachen vorliegen, aus denen sich **Zweifel an der persönlichen Zuverlässigkeit** dieser Personen ergeben; liegen derartige Tat-

---

29 Näher dazu im Exkurs zum BWG, Rz 8 und 15 ff.
30 Gemeint sind fremde Gelder, für die ein Rückzahlungsanspruch besteht; vgl ErlRV 1661 BlgNR 25. GP 26 f mit Hinweis auf die nach A des Gesetzgebers zu weite Rechtsauslegung der Vorgängerbestimmung durch den OGH.
31 Sofern die Wertpapierfirma zum Halten v Kundengeldern bzw Finanzinstrumenten v Kunden keine Berechtigung besitzt, empfiehlt sich uE weiterhin ein entspr Ausschluss im GesV.
32 § 3 Abs 5 Z 6 iVm § 5 Abs 1 Z 12 BWG.
33 Vgl auch *Zahradnik* in Brandl/Saria, WAG 2018 § 3 Rz 40.
34 Gemäß § 1 Z 47 WAG 2018 (bzw dem gleichlautenden Art 1 Abs 4 Z 36 CRR) liegt eine qualifizierte Beteiligung bei direktem oder indirektem Halten v wenigstens 10 % des Kapitals oder der Stimmrechte oder der Möglichkeit der Wahrnehmung eines maßgeblichen Einflusses auf die Geschäftsführung vor.

sachen vor, dann darf die Konzession nur erteilt werden, wenn die Unbegründetheit der Zweifel bescheinigt wurde.[35]

Darüber hinaus darf durch enge Verbindungen der Wertpapierfirma mit anderen natPers oder jurPers die **FMA an der Erfüllung ihrer Aufsichtspflicht nicht gehindert** werden.[36]

Die **Beurteilung** der Anforderungen an qualifizierte Beteiligte erfolgt **im Konzessionsverfahren** bzw – im Fall eines späteren Eigentümerwechsels – **im Rahmen des Anzeigeverfahrens gem § 14 WAG 2018** (Eigentümerkontrolle).

24

25

6. Sitz und Hauptverwaltung im Inland (§ 3 Abs 5 Z 6 WAG 2018 iVm § 5 Abs 1 Z 14 BWG bzw bereits § 3 Abs 1 WAG 2018)

Nicht nur der satzungsmäßige Sitz, sondern auch die (tatsächliche) Hauptverwaltung der Wertpapierfirma muss in Ö liegen.

26

7. Keine der Aufsicht hinderlichen Rechts- und Verwaltungsvorschriften eines Drittlands (§ 3 Abs 5 Z 6 WAG 2018 iVm § 5 Abs 1 Z 4a BWG)

Rechts- u Verwaltungsvorschriften eines Drittlands, denen eine mit der Wertpapierfirma in enger Verbindung stehende natPers oder jurPers unterliegt, oder Schwierigkeiten bei der Anwendung dieser Vorschriften dürfen die FMA nicht an der Erfüllung ihrer Überwachungspflicht hindern.

27

8. Anforderungen an die Strategien und Verfahren zur Risikoüberwachung, -steuerung und -begrenzung (§ 3 Abs 5 Z 6 WAG 2018 iVm § 5 Abs 1 Z 2a BWG)

Seit Einf des § 5 Abs 1 Z 2a BWG mit BGBl I 2021/98 erstreckt sich der Verweis in § 3 Abs 5 Z 6 WAG 2018 auch auf diesen. Dies bedeutet, dass die aus dem im WAG-Konzessionsverfahren vorzulegenden[37] Geschäftsplan hervorgehenden **Strategien u Verfahren zur Überwachung, Steuerung u Begrenzung der geschäftlichen u betriebl**

28

---

35 § 3 Abs 5 Z 6 WAG 2018 iVm § 5 Abs 1 Z 3 BWG.
36 § 3 Abs 5 Z 6 WAG 2018 iVm § 5 Abs 1 Z 4 BWG.
37 Die Pflicht zur Vorlage eines Geschäftsplans ergibt sich aus § 3 Abs 8 WAG 2018 iVm § 4 Abs 3 BWG; zum Konzessionsantrag s Rz 31.

Risiken wirksam u der Art, dem Umfang u der Komplexität der geplanten Wertpapierdienstleistungen u Anlagetätigkeiten **angemessen** sein müssen. In diesem Zusammenhang ist auch auf die im neuen **Anforderungen gem § 15 ff WPFG betr interne Unternehmensführung, Transparenz, Behandlung v Risiken u Vergütung** hinzuweisen, die zwar keine Anwendung auf kleine u nicht-verflochtene Wertpapierfirmen (u somit die Mehrzahl der österr Wertpapierfirmen)[38] finden,[39] v anderen Wertpapierfirmen aber ebenso zu berücksichtigen u umzusetzen sind.[40]

9. Besondere Voraussetzungen bei Betrieb eines multilateralen oder organisierten Handelssystems (§ 3 Abs 5 Z 5 WAG 2018)

29 Für den Betrieb eines MTF oder eines OTF verlangt das WAG 2018 weiters, dass die AGB, Regeln u Verfahren den Anforderungen des § 76 BörseG 2018 entsprechen. Da § 76 BörseG 2018 (nur) die Synchronisierung v im Geschäftsverkehr verwendeten Uhren regelt, erscheint naheliegend, dass der Verweis auf § 75 BörseG 2018 lauten sollte, der ua Anforderungen an die Regeln u Verfahren sowie die AGB v MTF u OTF enthält.[41]

10. Nachträglicher Wegfall von Konzessionsvoraussetzungen

30 Sind die Konzessionsvoraussetzungen des § 3 Abs 5 WAG 2018 nachträglich nicht mehr erfüllt, etwa im Fall einer Unterschreitung des erforderlichen Mindestkapitals oder einer unzureichenden Eignung der Geschäftsleiter, oder werden die Anforderungen der EU-VO 2019/2033/EU nicht eingehalten, hat die FMA die **Konzession** gem § 6 Abs 2 Z 2 WAG 2018 **als** *ultima ratio*, dh wenn andere Maßnahmen nach dem WAG 2018 keine Abhilfe schaffen können, **zurückzunehmen**.

D. Konzessionsverfahren

31 Das dem AVG unterliegende Konzessionsverfahren wird mit einem **Konzessionsantrag** eingeleitet. In diesem müssen die in § 4 Abs 3 BWG

---

38 Vgl auch *Dämon*, WPFG § 15 Rz 3.
39 Vgl Rz 3 oben.
40 S § 15 Abs 1 WPFG.
41 So mE korrekt *Winternitz/Beer/Steinmair*, WAG 2018 § 3 Rz 8.

aufgelisteten Angaben u Unterlagen enthalten sein[42] u das Vorliegen der Konzessionsvoraussetzungen bescheinigt werden (was die Vorlage zahlreicher weiterer Unterlagen erfordern kann). Sollen Wertpapiervermittler iSd § 1 Z 45 WAG 2018 eingesetzt werden, ist dies im Konzessionsantrag ausdrücklich zu beantragen u darüber im Konzessionsbescheid gesondert abzusprechen.[43]

Die **Konzession ist schriftlich zu erteilen**[44] **(Bescheid).** Sie kann gem § 3 Abs 8 WAG 2018 mit Bedingungen u Auflagen versehen werden, auch nur auf einzelne oder mehrere Wertpapierdienstleistungen lauten u Teile v einzelnen Dienstleistungen aus dem Konzessionsumfang ausnehmen. Die FMA hat dem Antragsteller gem § 3 Abs 5 WAG 2018 **binnen sechs Monaten** nach der Einreichung eines vollständigen Antrags **mitzuteilen, ob eine Zulassung erteilt wird oder nicht.** Die zeitliche Anknüpfung an die Einreichung des „vollständigen" Antrags hat einerseits zur Folge, dass die Dauer des Konzessionsverfahrens stark v der Qualität der Antragsunterlagen abhängt, u führt andererseits in der Praxis zu Unsicherheiten bei zeitlichen Prognosen u idR einer wesentlichen längeren Verfahrensdauer, zumal eine Bestätigung der Vollständigkeit der Antragsunterlagen durch die FMA oft nicht oder erst spät zu erlangen ist. Die FMA hat bei Konzessionserteilung sowie bei jeder Konzessionserweiterung dabei auch **über die Berechtigung zum Halten v Kundengeldern und Finanzinstrumenten v Kunden abzusprechen.**[45] **32**

Die FMA hat vor Erteilung der Konzession die Anlegerentschädigungseinrichtung zu hören[46] u in den in § 4 Abs 5 BWG genannten Fällen vor Erteilung der Konzession die Behörde des Herkunftsmitgliedstaats über den Antrag informieren.[47] **33**

---

42 § 3 Abs 8 WAG 2018.
43 § 3 Abs 7 WAG 2018.
44 § 3 Abs 8 WAG 2018 (abw v § 62 Abs 1 AVG).
45 § 3 Abs 2 2. S WAG 2018. Das vormals in § 3 Abs 5 Z 4 WAG 2018 enthaltene grds Verbot des Haltens v Geldern, Wertpapieren oder sonstigen Instrumenten v Kunden durch Wertpapierfirmen ist mit BGBl I 2022/237 entfallen.
46 § 3 Abs 9 WAG 2018; die FMA ist an deren Stellungnahme zwar nicht gebunden, wird aber wohl allfällige Einwendungen entspr zu würdigen haben, vgl *Zahradnik* in Brandl/Saria, WAG 2018 § 3 Rz 53.
47 § 3 Abs 8 WAG 2018 iVm § 4 Abs 5 BWG.

E. Öffentliches Register

34 Die FMA hat gem § 3 Abs 11 WAG 2018 sämtliche Wertpapierfirmen mit Informationen über die Wertpapierdienstleistungen u Anlagetätigkeiten, für die diese zugelassen sind, in einem öffentlich zugänglichen Register zu registrieren. Dies erfolgt über die auf der Webseite der FMA abrufbare **Unternehmensdatenbank**.[48]

II. Wertpapierdienstleistungsunternehmen (§ 4 WAG 2018)

§ 4. (1) ¹Für die gewerbliche Erbringung von Wertpapierdienstleistungen gemäß § 3 Abs. 2 Z 1 und 3 brauchen natürliche oder juristische Personen mit Sitz und Hauptverwaltung im Inland, sofern diese im Rahmen der in Art. 3 Abs. 1 der Richtlinie 2014/65/EU angeführten Schranken erfolgt, für die Erlangung der Konzession die in Abs. 2 genannten Voraussetzungen solange nicht erfüllen, als die Summe der jährlichen Umsatzerlöse des Unternehmens aus Wertpapierdienstleistungen 2 Millionen Euro nicht übersteigt. ²Solche Unternehmen dürfen sich nicht als Wertpapierfirmen bezeichnen. ³Sie sind ausschließlich zur Erbringung von Dienstleistungen im Inland berechtigt. ⁴Sie dürfen keine Dienstleistungen erbringen, die das Halten von fremden Geldern, Wertpapieren oder sonstigen Instrumenten von Kunden umfasst, sodass sie zu keiner Zeit Schuldner ihrer Kunden wegen der Erbringung solcher Dienstleistungen werden können.

(2) ¹Folgende Konzessionsvoraussetzungen und sonstige für Wertpapierfirmen geltende Anforderungen müssen von Wertpapierdienstleistungsunternehmen nicht erfüllt werden:

1. Die in § 5 Abs. 1 Z 12 und 13 BWG genannten Voraussetzungen für Geschäftsleiter;

2. die verpflichtende Mitgliedschaft an einer Entschädigungseinrichtung gemäß den §§ 73 bis 76;

---

[48] https://www.fma.gv.at/unternehmensdatenbank-suche/.

3. die Eigenkapitalvorschriften gemäß §3 Abs. 6; die gesellschaftsrechtlichen Bestimmungen zum Anfangskapital bleiben unberührt. ²Auf die fehlende Voraussetzung gemäß §5 Abs. 1 Z 12 BWG muss in den Geschäftspapieren in geeigneter Form hingewiesen werden. ³Die FMA hat in jeder Konzession an ein Wertpapierdienstleistungsunternehmen ausdrücklich anzuführen, dass diese Konzession in Einklang mit Art. 3 Abs. 1 der Richtlinie 2014/65/EU erteilt wurde.

(3) ¹Wertpapierdienstleistungsunternehmen müssen eine Berufshaftpflichtversicherung bei einem im Inland zum Betrieb des Versicherungsgeschäftes berechtigten Versicherungsunternehmen abschließen. ²Diese Berufshaftpflichtversicherung muss das aus der Geschäftstätigkeit resultierende Risiko abdecken. ³Das Wertpapierdienstleistungsunternehmen muss dem Kunden im Hinblick auf den Umfang, das Risikoprofil und die Rechtsform des Unternehmens einen mit der Anlegerentschädigung (§§ 73 bis 76) vergleichbaren Schutz bieten. ⁴Die Haftungssumme des Versicherungsvertrages hinsichtlich der Wertpapierdienstleistungen und Anlagetätigkeiten betreffenden Geschäftstätigkeit muss mindestens eine Million Euro für jeden einzelnen Schadensfall und eine Gesamtsumme von mindestens 1,5 Millionen Euro für sämtliche Schadensfälle eines Kalenderjahres betragen. ⁵Der Versicherer hat ein allfälliges späteres Erlöschen des Versicherungsschutzes, bei sonstiger Schadenersatzpflicht, der FMA unverzüglich schriftlich bekannt zu geben. ⁶Im Versicherungsvertrag ist vorzusehen, dass

1. dem Kunden ein von der Innehabung des Versicherungsscheines unabhängiger, unmittelbarer Anspruch gegen den Versicherer zusteht,

2. §158c Abs. 1 und 2 des Versicherungsvertragsgesetzes 1958 – VersVG, BGBl. Nr. 2/1959, sinngemäß anzuwenden ist.

(4) ¹Wertpapierdienstleistungsunternehmen, die Dienstleistungen auf die in §1 Z 45 genannte Weise erbringen möchten, haben dies mit dem Antrag auf Erteilung oder Erweiterung der Konzession ausdrücklich zu beantragen. ²Im Bescheid, mit dem die Konzession erteilt wird, ist über die Zulässigkeit der Dienstleistungserbringung gemäß §1 Z 45 gesondert abzusprechen.

(5) ¹Wertpapierdienstleistungsunternehmen haben jederzeit ausreichendes Eigenkapital zu halten. ²Wertpapierdienstleistungsunter-

nehmen haben das bei Konzessionserteilung geforderte Anfangskapital als Mindestkapital zu halten oder die gemäß § 4 Abs. 3 erforderliche Berufshaftpflichtversicherung aufrecht zu halten.

idF BGBl I 2022/237

A. Allgemeines

35 Das WAG 2018 unterscheidet zw Wertpapierfirmen gem § 3 WAG 2018 u Wertpapierdienstleistungsunternehmen gem § 4 WAG 2018. **Wertpapierdienstleistungsunternehmen** unterliegen mit ihrer Konzession hinsichtlich ihres Tätigkeitsumfangs gewissen **Einschränkungen**, genießen dafür aber auch einige **Erleichterungen**, weil die Konzessionsvoraussetzungen gem § 3 WAG 2018 auf sie tw nicht anwendbar sind. Dies erfolgt unter Ausnutzung der in Art 3 MiFID II gewährten fakultativen Ausnahme.[49] Zweck der Bestimmung ist es, auch Einzelunternehmen oder Unternehmen mit nur wenigen Mitarbeitern zu ermöglichen, einen eingeschränkten Tätigkeitsumfang auszuüben, ohne dem vollen Ausmaß an Organisationserfordernissen ausgesetzt zu sein, das v diesen nicht oder nur schwer erfüllt werden könnte.[50]

B. Voraussetzungen (§ 4 Abs 1 WAG 2018)

36 Die Tätigkeit v Wertpapierdienstleistungsunternehmen ist auf die **Anlageberatung** in Bezug auf Finanzinstrumente gem § 3 Abs 2 Z 1 WAG 2018 sowie die **Annahme u Übermittlung v Aufträgen** betr Finanzinstrumente gem § 3 Abs 2 Z 3 WAG 2018 beschränkt. Diese muss im Rahmen der in Art 3 Abs 1 MiFID II angeführten Schranken erfolgen. Das bedeutet insb, dass **keine Kundengelder oder Finanzinstrumente v Kunden** gehalten werden dürfen[51] (so nun auch ausdrücklich § 4 Abs 1 4. S WAG 2018), sich die Tätigkeit ausschließlich auf **übertragbare Wertpapiere** iSd § 1 Z 5 WAG 2018 u **Anteile v Organismen für gemeinsame Anlage** erstrecken darf[52] u **Aufträge nur an bestimmte Personen übermittelt** werden dürfen, nämlich gem MiFID II zugelas-

---

49 S auch ErlRV 1661 BlgNR 25. GP 29.
50 ErlRV 1661 BlgNR 25. GP 29.
51 Art 3 Abs 1 lit a MiFID II.
52 Art 3 Abs 1 lit b MiFID II.

sene Wertpapierfirmen, gem CRD IV zugelassene Kreditinstitute, unter gewissen Voraussetzungen in einem Drittland zugelassene Zweigniederlassungen v diesen, an OGAW sowie Investmentgesellschaften mit festem Kapital.[53]

Die **Summe der jährlichen Umsatzerlöse** des Unternehmens aus Wertpapierdienstleistungen darf € 2 Mio nicht übersteigen. 37

Wertpapierdienstleistungsunternehmen müssen nicht nur Sitz u Hauptverwaltung im Inland haben, sondern sind darüber hinaus ausschließlich zur **Erbringung v Dienstleistungen im Inland** berechtigt, dh sie können die Niederlassungs- u Dienstleistungsfreiheit nicht in Anspruch nehmen.[54] 38

Unternehmen, die die Erleichterungen gem § 4 WAG 2018 in Anspruch nehmen, dürfen sich darüber hinaus **nicht als Wertpapierfirmen bezeichnen.** 39

C. Erleichterungen (§ 4 Abs 2 u 3 WAG 2018)

Bei Vorliegen sämtlicher Voraussetzungen des § 4 Abs 1 WAG 2018 bestehen folgende organisatorische[55] Erleichterungen gegenüber Wertpapierfirmen: 40

- **Rechtsform (§ 4 Abs 1 WAG 2018):** Wertpapierdienstleistungsunternehmen können gem § 4 Abs 1 WAG 2018 natPers oder jurPers sein u somit – anders als Wertpapierfirmen, für die das Rechtsformerfordernis der KapGes oder Gen gilt[56] – auch als Einzelunternehmen oder PersGes geführt werden.
- **Geschäftsleiter (§ 4 Abs 2 Z 1 WAG 2018):** Das Erfordernis v mind zwei Geschäftsleitern (Vier-Augen-Prinzip) gem § 5 Abs 1 Z 12 BWG gilt für Wertpapierdienstleistungsunternehmen nicht. Das bedeutet in weiterer Folge, dass das Vier-Augen-Prinzip auch nicht durch Ausschluss v Einzelvertretungsmacht, Einzelprokura u Einzelvollmacht im GesV verankert werden muss. Allerdings ist gem § 4 Abs 2 2. S WAG 2018 auf das Fehlen der Voraussetzungen nach

---

53 S im Detail Art 3 Abs 1 lit c MiFID II.
54 Vgl auch Art 3 Abs 3 MiFID II u ErlRV 1661 BlgNR 25. GP 29.
55 Die kundenbezogenen Wohlverhaltensregeln gelten aus Gründen des Anlegerschutzes uneingeschränkt auch für Wertpapierdienstleistungsunternehmen; vgl ErlRV 1661 BlgNR 25. GP 29.
56 Vgl Rz 11.

§ 5 Abs 1 Z 12 BWG in den Geschäftspapieren in geeigneter Form hinzuweisen. Da auch § 5 Abs 1 Z 13 BWG auf Geschäftsleiter v Wertpapierdienstleistungsunternehmen nicht anzuwenden ist, dürfen diese einen anderen Hauptberuf außerhalb des Finanzwesens ausüben.

– **Entschädigungseinrichtung (§ 4 Abs 2 Z 2 WAG 2018):** Für Wertpapierdienstleistungsunternehmen ist die Mitgliedschaft an einer Entschädigungseinrichtung gem den §§ 73 bis 76 WAG 2018 **nicht verpflichtend. Stattdessen müssen**[57] sie eine **Berufshaftpflichtversicherung** bei einem im Inland zum Betrieb des Versicherungsgeschäfts berechtigten Versicherungsunternehmen[58] abschließen, die das aus der Geschäftstätigkeit resultierende Risiko abdeckt u den übrigen Anforderungen des § 4 Abs 3 WAG 2018 genügt. Dieser verlangt, dass das Wertpapierdienstleistungsunternehmen dem Kunden im Hinblick auf den Umfang, das Risikoprofil u die Rechtsform des Unternehmens einen mit der Anlegerentschädigung (§§ 73 bis 76 WAG 2018) vergleichbaren Schutz bietet. Insbesondere muss die Haftungssumme für jeden einzelnen Schadensfall mind € 1 Mio u die Gesamtsumme für sämtliche Schadensfälle eines Kalenderjahrs mind € 1,5 Mio betragen. Der Versicherer hat ein allfälliges späteres Erlöschen des Versicherungsschutzes, bei sonstiger Schadenersatzpflicht, der FMA unverzüglich schriftlich bekannt zu geben. Weiters ist im Versicherungsvertrag vorzusehen, dass dem Kunden ein v der Innehabung des Versicherungsscheins unabhängiger, unmittelbarer Anspruch gegen den Versicherer zusteht u § 158c Abs 1 u 2 VersVG sinngemäß anzuwenden ist.[59]

---

57 Die Berufshaftpflichtversicherung ist jedenfalls verpflichtend u nicht als Wahlmöglichkeit alternativ zur Mitgliedschaft in einer Entschädigungseinrichtung zu verstehen; vgl ErlRV 1661 BlgNR 25. GP 29.

58 Das sind gem VAG neben österr Versicherungsunternehmen auch Versicherungsunternehmen aus Mitgliedstaaten im Rahmen der Dienstleistungs- u Niederlassungsfreiheit sowie konzessionierte Zweigstellen v Versicherungsunternehmen mit Sitz in einem Drittland; vgl zur Vorgängerbestimmung im WAG 2007 ErlRV 143 BlgNR 23. GP 10.

59 In der Lit wird davon ausgegangen, dass es sich bei der Berufshaftpflichtversicherung für Wertpapierdienstleistungsunternehmen generell um eine Pflichtversicherung iSd §§ 158b ff VersVG handelt, sodass § 158c Abs 1 u 2 VersVG (ua) ohnedies direkt anwendbar sind; dazu detaillierter u mwN *Zahradnik* in Brandl/Saria, WAG 2018 § 4 Rz 14 f u 20; vgl auch *Rohregger* in Bergmann/Kalss, Rechtsformwahl 1146 f.

- **Eigenkapitalvorschriften (§ 4 Abs 2 Z 3 WAG 2018):** Die Eigenkapitalvorschriften gem § 3 Abs 6 WAG 2018 sind auf Wertpapierdienstleistungsunternehmen **nicht anzuwenden.** Davon unberührt bleiben die gesellschaftsrechtlichen Bestimmungen zum Anfangskapital.[60] § 4 Abs 5 WAG 2018 stellt diesbzgl klar, dass Wertpapierdienstleistungsunternehmen jederzeit ausreichendes Eigenkapital zu halten u das bei Konzessionserteilung geforderte Anfangskapital als Mindestkapital zu halten oder die gem § 4 Abs 3 WAG 2018 erforderliche Berufshaftpflichtversicherung aufrecht zu halten haben.[61]

Die FMA hat in jeder Konzession an ein Wertpapierdienstleistungsunternehmen ausdrücklich anzuführen, dass diese Konzession in Einklang mit Art 3 Abs 1 MiFID II erteilt wurde. **41**

D. Einsatz von Wertpapiervermittlern (§ 4 Abs 4 WAG 2018)

Sollen Wertpapiervermittler iSd § 1 Z 45 WAG 2018 eingesetzt werden, ist dies – genauso wie bei Wertpapierfirmen[62] – im Konzessionsantrag ausdrücklich zu beantragen u darüber im Konzessionsbescheid gesondert abzusprechen. **42**

---

60 Vgl § 6 Rz 3.
61 Diese vormals in § 10 Abs 2 u Abs 4 WAG 2018 enthaltenen u dort mit BGBl I 2022/237 aufgehobenen Vorgaben wurden für Wertpapierdienstleistungsunternehmen nun in § 4 WAG 2018 übernommen. Die mE nicht ganz geglückte Formulierung, die in der Praxis gewisse Fragen zum konkreten Bedeutungsinhalt aufwirft, blieb dabei unverändert. So macht etwa die Tatsache, dass der Abschluss einer Berufshaftpflichtversicherung für Wertpapierfirmen gem § 4 Abs 3 WAG 2018 ohnedies obligatorisch ist, die Pflicht zum Halten des Anfangskapitals als Mindestkapital im Ergebnis obsolet (*arg* „oder"; vgl zur Vorgängerbestimmung § 10 WAG 2018 *Saria* in Brandl/Saria, WAG 2018 § 10 Rz 30; *Winternitz/Beer/Steinmair*, WAG 2018 § 10 Rz 3).
62 Vgl Rz 31.

III. Anwendung des BWG (§ 7 WAG 2018)

§ 7. Folgende Bestimmungen des BWG finden auch auf Wertpapierfirmen und Wertpapierdienstleistungsunternehmen Anwendung: § 21 Abs. 1 Z 1, 3 und 5 bis 7 und Abs. 2 und 3, § 73 Abs. 1 Z 1 bis 7 und 11 erster Halbsatz und § 96.

idF BGBl I 2022/237

A. Allgemeines

43 § 7 WAG 2018 erklärt auch für Wertpapierfirmen u Wertpapierdienstleistungsunternehmen gewisse Bestimmungen des BWG für anwendbar. Gemäß § 114 Abs 1 WAG 2018 sind die **Verweise auf das BWG dynamisch** zu verstehen, dh sie beziehen sich auf die Bestimmungen in ihrer jew geltenden Fassung. Bei der Anwendung sind nach hM auch die **individuellen Eigenschaften v Wertpapierfirmen u Wertpapierdienstleistungsunternehmen zu berücksichtigen**.[63]

B. Die einzelnen Verweise und ihr Anwendungsbereich im Überblick

44 Im Einzelnen handelt es sich bei den **für Wertpapierfirmen u Wertpapierdienstleistungsunternehmen anwendbaren Bestimmungen des BWG** um

- § 21 Abs 1 Z 1, 3 u 5 bis 7 u Abs 2 u 3 BWG (**Bewilligungspflichten** für Verschmelzungen u Vereinigungen v Wertpapierfirmen oder Wertpapierdienstleistungsunternehmen, Rechtsformänderungen, Errichtung v Zweigstellen in Drittländern, Spaltungen sowie Verschmelzungen u Vereinigungen mit einer Nicht-Wertpapierfirma oder einem Nicht-Wertpapierdienstleistungsunternehmen),
- § 73 Abs 1 Z 1 bis 7 u 11 1. Halbsatz BWG (**Anzeigepflichten** insb für Satzungsänderungen u den Beschluss auf Auflösung; Änderungen der Voraussetzungen bei bestehenden Geschäftsleitern; Änderungen in der Person der Geschäftsleiter; die Eröffnung, Verlegung,

---

63 Vgl *Brandl/Klausberger* in Brandl/Saria, WAG 2018 § 7 Rz 2; *Zahradnik* in Gruber/N. Raschauer, WAG § 7 Rz 1.

Schließung oder vorübergehende Einstellung des Geschäftsbetriebs der Hauptniederlassung; Umstände, die für einen ordentlichen Geschäftsleiter erkennen lassen, dass die Erfüllbarkeit der Verpflichtungen gefährdet ist; der Eintritt der Zahlungsunfähigkeit oder Überschuldung; jede Erweiterung des Geschäftsgegenstandes, der/die Verantwortlichen für die interne Revision u diese Person betr Änderungen) sowie
- § 96 BWG (Zwangsstrafen auch gegen Körperschaften öffentlichen Rechts), der für Wertpapierfirmen bzw Wertpapierdienstleistungsunternehmen derzeit keinen praktischen Anwendungsbereich hat.[64]

Der bisher enthaltene Verweis auf § 39 Abs 1 BWG (Sorgfaltspflichten der Geschäftsleiter) ist mit BGBl I 2022/237 entfallen, da die Sorgfaltspflichten für Wertpapierfirmen nunmehr in § 16 WPFG geregelt sind.[65] **45**

Hervorzuheben ist, dass Wertpapierfirmen u Wertpapierdienstleistungsunternehmen darüber hinaus dem **FM-GwG** unterliegen, da sie als Finanzinstitute gem § 2 Z 2 lit c FM-GwG gelten. **46**

IV. Firmenbuch (§ 9 WAG 2018)

§ 9. Wertpapierfirmen und Wertpapierdienstleistungsunternehmen dürfen nur dann in das Firmenbuch eingetragen werden, wenn die entsprechenden rechtskräftigen Bescheide in Urschrift oder beglaubigter Abschrift (Kopie) vorliegen.

A. Allgemeines

Normzweck dieser nicht auf einer Umsetzung der MiFID basierenden, sondern rein österr Bestimmung ist die **Vermeidung eines falschen Eindrucks über das Vorliegen einer Konzession** durch das Vertrauen auf eine gerichtl vorgenommene FB-Eintragung.[66] **47**

---

64 So auch *Brandl/Klausberger* in Brandl/Saria, WAG 2018 § 7 FN 50.
65 ErlRV 1757 BlgNR 27. GP 23.
66 Vgl dazu *Saria* in Brandl/Saria, WAG 2018 § 9 Rz 5; *Zahradnik* in Gruber/N. Raschauer, WAG § 8 Rz 1.

B. Bescheidvorlage als Eintragungsvoraussetzung

48 § 9 WAG 2018 verpflichtet die FB-Gerichte, Wertpapierfirmen u Wertpapierdienstleistungsunternehmen nur bei Vorlage[67] des entspr rechtskräftigen Bescheids einzutragen. Diese als **Eintragungsvoraussetzung**[68] ausgestaltete Bestimmung greift immer dann, wenn der im GesV beschriebene Unternehmensgegenstand eine nach dem WAG konzessionspflichtige Tätigkeit (mit)umfasst bzw die Fa auf die Erbringung v Wertpapierdienstleistungen hindeutet. Dies betrifft nicht nur Neueintragungen v Wertpapierfirmen oder Wertpapierdienstleistungsunternehmen, sondern auch nachträgliche Änderungen des Unternehmensgegenstands, durch die eine Konzessionspflicht ausgelöst oder eine Erweiterung der Konzession erforderlich wird.[69]

49 Mit den vorzulegenden „entsprechenden" Bescheiden sind jene Bescheide gemeint, die den firmenbuchrechtlich einzutragenden Vorgang aufsichtsrechtlich gestatten, somit der jew **Konzessionsbescheid der FMA**.[70] § 9 WAG 2018 enthält keine Verpflichtung, andere Dokumente als Bescheide (wie insb etwa ein Negativattest der Aufsichtsbehörde über die Genehmigungsfreiheit des Unternehmensgegenstandes) vorzulegen.[71]

50 Die Bestimmung konkretisiert die **amtswegige Prüfungspflicht des FB-Gerichts**.[72] Enthält der Unternehmensgegenstand eine deutliche Be-

---

67 § 9 spricht zwar v „vorliegen", gemeint ist jedoch die Vorlage des Bescheids beim FB-Gericht. Diese Auslegung lässt sich nicht nur aus der Formulierung der Vorgängerbestimmung § 8 WAG 2007 herleiten, die neben „vorliegen" auch v der „Vorlage der Bescheide" sprach, sondern ist auch iSe funktionalen Bestimmung erforderlich; ausf dazu *Saria* in Brandl/Saria, WAG 2018 § 9 Rz 11.
68 VwGH 25.2.2002, 2002/17/0021 zur Vorgängerbestimmung § 20 Abs 3 WAG 1996.
69 Vgl *Saria* in Brandl/Saria, WAG 2018 § 9 Rz 8; *Zahradnik* in Gruber/N. Raschauer, WAG § 8 Rz 3 sowie zur Parallelbestimmung im BWG *Siegl* in Dellinger, BWG § 5 Rz 96; *Laurer/Kammel* in Laurer/M. Schütz/Kammel/Ratka, BWG § 5 Rz 12; vgl auch § 8 Abs 6 VAG.
70 Dieser muss nach der – soweit ersichtlich einhelligen – Lit den im GesV umschriebenen Unternehmensgegenstand abdecken, ohne dass der Wortlaut v Bescheid u Unternehmensgegenstand ident sein müssen; vgl *Saria* in Brandl/Saria, WAG 2018 § 9 Rz 14; *Zahradnik* in Gruber/N. Raschauer, WAG § 8 Rz 2.
71 Ausf dazu *Saria* in Brandl/Saria, WAG 2018 § 9 Rz 13.
72 *Saria* in Brandl/Saria, WAG 2018 § 9 Rz 10.

zunahme[73] auf ein – nach dem WAG 2018[74] – konzessionspflichtiges Geschäft (wie etwa „Wertpapierdienstleistungen", „Finanzdienstleistungen", „Finanzinstrumente", etc) oder deutet die Fa auf die Erbringung v Wertpapierdienstleistungen hin u fehlen weitere Angaben in der FB-Anmeldung (wie insb eine explizite Klarstellung, dass erlaubnispflichtige Tätigkeiten nicht ausgeübt werden) hat das FB-Gericht somit v Amts wegen zu klären, ob die Gesellschaft konzessionspflichtige Tätigkeiten betreiben soll u, wenn dies der Fall ist, die Eintragung nur bei Vorlage des entspr Bescheids vorzunehmen.

Der Bescheid muss **rechtskräftig** u in Urschrift (dh **im Original) oder in öffentlich beglaubigter Abschrift** vorgelegt werden.[75] Rechtskräftig iSd Bestimmung ist der Bescheid grds mit Zustellung an den Adressaten.[76]

Für die Eintragung einer neu gegründeten Wertpapierfirma bzw eines Wertpapierdienstleistungsunternehmens ergeben sich somit in der Praxis **zwei mögliche Vorgehensweisen**: Einerseits kann mit der FB-Anmeldung bis zum Vorliegen des Konzessionsbescheids (oder zumindest bis zu einem fortgeschrittenen Stadium des Konzessionsverfahrens) gewartet werden. In diesem Fall hat die Vorgesellschaft im Konzessionsverfahren Parteistellung.[77] Andererseits kann die Fa mit einem nicht konzessionspflichtigen Unternehmensgegenstand bereits eingetragen werden u nach Vorliegen der Konzession eine Änderung des Unternehmensgegenstandes u idR der Fa vorgenommen werden. Dies kann während der Dauer des Konzessionsverfahrens allenfalls bereits erforderliche Vorbereitungshandlungen (Anmietung v Büroräumlichkeiten, Personalsuche, etc) erleichtern u uU auch aus Sicht der FMA die präferierte Vorgehensweise sein.

---

73 In der Lit wird mE zurecht vertreten, dass ein bloß weiter u/oder unbestimmter Unternehmensgegenstand *per se* keine weiteren Prüfungsschritte erfordern soll, wenn nicht andere Anhaltspunkte wie insb die Fa auf konzessionspflichtige Dienstleistungen schließen lassen; vgl *Saria* in Brandl/Saria, WAG 2018 § 9 Rz 10.
74 Vergleichbare Verpflichtungen bestehen nach anderen Aufsichtsgesetzen wie ua § 5 Abs 2 BWG, § 21 Abs 3 BWG u § 8 Abs 6 VAG 2016.
75 *Saria* in Brandl/Saria, WAG 2018 § 9 Rz 14 bzw zur Parallelbestimmung im BWG *Siegl* in Dellinger, BWG § 5 Rz 100; *Diwok* in Diwok/Göth, BWG § 5 Rz 76.
76 Vgl *Saria* in Brandl/Saria, WAG 2018 § 9 Rz 14; *Zahradnik* in Gruber/N. Raschauer, WAG § 8 Rz 2; *Laurer/Kammel* in Laurer/M. Schütz/Kammel/Ratka, BWG § 5 Rz 12; *Diwok* in Diwok/Göth, BWG § 21 Rz 47.
77 VwGH 25.2.2002, 2002/17/0021.

V. Geschäftsleitung und Aufsichtsrat (§ 12 WAG 2018)

§ 12. (1) Die FMA hat sicherzustellen, dass Wertpapierfirmen, Wertpapierdienstleistungsunternehmen, ihre Geschäftsleiter und Mitglieder des Aufsichtsrats die Art. 88 und 91 der Richtlinie 2013/36/EU einhalten.

(2) ¹Bei der Erteilung der Konzession gemäß § 3 Abs. 2 kann die FMA den Geschäftsleitern genehmigen, eine Aufsichtsfunktion mehr, als gemäß Art. 91 Abs. 3 der Richtlinie 2013/36/EU zulässig ist, innezuhaben. ²Die FMA hat die EBA regelmäßig über derartige Genehmigungen zu unterrichten.

(3) ¹Die Geschäftsleitung einer Wertpapierfirma oder eines Wertpapierdienstleistungsunternehmens hat die Umsetzung der Unternehmensführungsregelungen, die die wirksame und umsichtige Führung der Wertpapierfirma oder des Wertpapierdienstleistungsunternehmens gewährleisten und unter anderem eine Aufgabentrennung in der Wertpapierfirma oder dem Wertpapierdienstleistungsunternehmen und die Vorbeugung von Interessenkonflikten vorsehen, festzulegen und zu überwachen. ²Die Geschäftsleitung ist für die Umsetzung der Unternehmensführungsregelungen verantwortlich.

(4) ¹Unbeschadet der Anforderungen gemäß Art. 88 Abs. 1 der Richtlinie 2013/36/EU haben Regelungen gemäß Abs. 3 zu gewährleisten, dass die Geschäftsleitung für die Festlegung, die Annahme und die Überwachung:

1. der Firmenorganisation zur Erbringung von Wertpapierdienstleistungen und zur Ausübung von Anlagetätigkeiten sowie zur Erbringung von Nebendienstleistungen, einschließlich der vom Personal geforderten Fähigkeiten, Kenntnisse und Erfahrungen sowie der Ressourcen, der Verfahren und der Regelung für die Erbringung von Dienstleistungen und die Ausübung von Anlagetätigkeiten durch die Wertpapierfirma oder das Wertpapierdienstleistungsunternehmen sorgt. ²Dabei sind die Art, der Umfang und die Komplexität ihrer Geschäfte sowie alle von der Wertpapierfirma oder des Wertpapierdienstleistungsunternehmens einzuhaltenden Anforderungen zu berücksichtigen;

2. einer Firmenpolitik hinsichtlich der angebotenen und erbrachten oder gelieferten Dienstleistungen, Anlagetätigkeiten, Produkte und Geschäfte in Einklang mit der Risikotoleranz der Wertpapierfirma oder des Wertpapierdienstleistungsunternehmens und den Besonderheiten und Bedürfnissen der Kunden der Wertpapierfirma oder des Wertpapierdienstleistungsunternehmens, denen diese angeboten und für die diese erbracht oder geliefert werden, sorgt, gegebenenfalls einschließlich der Durchführung geeigneter Stresstests;

3. einer Vergütungspolitik für Personen, die an der Erbringung von Dienstleistungen für Kunden beteiligt sind, sorgt, die auf eine verantwortungsvolle Unternehmensführung, auf eine faire Behandlung der Kunden und auf eine Vermeidung von Interessenkonflikten im Verhältnis zu den Kunden abzielt.

(5) [1]Der Aufsichtsrat hat die Eignung und die Umsetzung der strategischen Ziele der Wertpapierfirma oder des Wertpapierdienstleistungsunternehmens bei der Erbringung von Wertpapierdienstleistungen sowie bei der Ausübung von Anlagetätigkeiten und der Erbringung von Nebendienstleistungen, die Wirksamkeit der Unternehmensführungsregelungen der Wertpapierfirma oder des Wertpapierdienstleistungsunternehmens und die Angemessenheit der Firmenpolitik hinsichtlich der Erbringung von Dienstleistungen an die Kunden regelmäßig zu überwachen und zu überprüfen. [2]Der Aufsichtsrat hat die erforderlichen Schritte zu unternehmen, um etwaige Mängel zu beseitigen.

(6) Den Mitgliedern des Aufsichtsrates ist ein angemessener Zugang zu den Informationen und Dokumenten, die für die Beaufsichtigung und Überwachung der Entscheidungsfindung der Geschäftsleitung erforderlich sind, zu gewähren.

(7) Die FMA hat die Konzession gemäß § 6 zurückzunehmen, wenn sie der Ansicht ist, dass die Geschäftsleiter der Wertpapierfirma oder des Wertpapierdienstleistungsunternehmens nicht gut beleumdet sind, nicht über ausreichende Kenntnisse, Fähigkeiten und Erfahrungen verfügen und der Wahrnehmung ihrer Aufgaben nicht ausreichend Zeit widmen, oder wenn objektive und nachweisbare Gründe für die Vermutung vorliegen, dass die Geschäftsleitung der Wertpapierfirma oder des Wertpapierdienstleistungsunternehmens die wirksame, solide und umsichtige Führung der Wertpapierfirma oder des Wertpapierdienstleistungsunternehmens sowie die angemes-

sene Berücksichtigung der Interessen ihrer Kunden und der Marktintegrität gefährden könnte.

(8) Wertpapierfirmen und Wertpapierdienstleistungsunternehmen haben der FMA Angaben über alle Mitglieder ihrer Geschäftsleitung und ihres Aufsichtsrats sowie sämtliche Veränderungen in der Mitgliedschaft zusammen mit allen Informationen zu übermitteln, die erforderlich sind, um zu beurteilen, ob eine Wertpapierfirma oder ein Wertpapierdienstleistungsunternehmen die Abs. 1 bis 6 erfüllt.

idF BGBl I 2018/37

A. Allgemeines

52 § 12 WAG 2018, mit dem weite Teile des Art 9 MiFID II umgesetzt werden,[78] normiert versch **Anforderungen an** die **Geschäftsleitung** u einen allenfalls bestehenden **AR**, definiert **Mittel der laufenden Aufsicht** u stellt **Unternehmensführungsregeln** auf. Damit soll – im öffentlichen Interesse sowie im Kundeninteresse – eine **wirksame, solide, umsichtige u verantwortungsvolle Führung** der Wertpapierfirmen u Wertpapierdienstleistungsunternehmen sichergestellt werden.[79] Ein enger Zusammenhang besteht mit § 3 Abs 5 Z 3 u Z 6 WAG 2018, die Anforderungen an die Geschäftsleiter im Rahmen der Konzessionserteilung enthalten.[80]

53 Der **persönliche Anwendungsbereich** v § 12 WAG 2018 erstreckt sich sowohl auf Wertpapierfirmen als auch auf Wertpapierdienstleistungsunternehmen.[81]

54 Bei Wertpapierfirmen (mit Ausnahme v kleinen u nicht verflochtenen Wertpapierfirmen) sind idZ **auch die diesbzgl Regelungen des 4. Abschnitts des WPFG** zu berücksichtigen, die ua Unternehmensführungsregeln (§ 16 WPFG), Vorgaben betr die Rolle der Geschäftsleitung bzw des AR im Rahmen des Risikomanagements (§§ 18 f WPFG), Anforderungen an die Behandlung v Risiken (§ 20 WPFG) u Regelungen

---

78 ErlRV 1661 BlgNR 25. GP 30.
79 Vgl die diesbzgl Formulierungen zum Normzweck in § 12 Abs 3, § 12 Abs 4 Z 3 u § 12 Abs 7 WAG 2018.
80 S dazu Rz 17 ff.
81 Zur Anwendbarkeit des § 12 Abs 2 WAG 2018 auf Wertpapierdienstleistungsunternehmen, die sich nicht in allen Aspekten direkt aus dem Gesetzeswortlaut bzw -aufbau ergibt, vgl im Detail *Saria* in Brandl/Saria, WAG 2018 § 12 Rz 9 u 34.

zur Vergütungspolitik u -praxis (§§ 21 ff WPFG) umfassen. Weitere Konkretisierungen ergeben sich für diese Wertpapierfirmen idZ aus den EBA Leitlinien zur internen Governance gem der EU-RL 2019/2034/EU (EBA/GL/2021/14).

B. Begriffsbestimmungen

1. Geschäftsleitung

Die Geschäftsleitung ist in § 1 Z 54 u Z 55 WAG 2018 definiert. Es handelt sich dabei um jenes Organ,[82] das nach innerstaatlichem Recht bestellt wird, um die **Strategie, Ziele u Gesamtpolitik des Unternehmens festzulegen** (§ 1 Z 54 WAG 2018), bzw um jene natPers, die **Geschäftsführungsaufgaben wahrnehmen u für das Tagesgeschäft** des Unternehmens, einschließlich der Umsetzung der Firmenstrategie hinsichtlich des Vertriebs v Produkten u Dienstleistungen durch die Fa u ihr Personal an die Kunden, **verantwortlich** u gegenüber dem Aufsichtsorgan rechenschaftspflichtig sind (§ 1 Z 54 WAG 2018). Bei der GmbH sind dies somit der/die **GF**.

55

2. Aufsichtsrat

Der AR ist in § 1 Z 54 WAG 2018 als jenes Organ[83] definiert, das nach innerstaatlichem Recht bestellt wird, um die **Entscheidungen der Geschäftsleitung zu kontrollieren u zu überwachen**. Ob eine Pflicht zur Bestellung eines AR besteht, richtet sich nach dem anwendbaren GesR, im Falle einer GmbH somit § 29 GmbHG.[84] Aus § 12 WAG 2018 ist somit keine unmittelbare Verpflichtung zur Einrichtung eines AR abzuleiten.[85]

56

---

82 Für monistische Gesellschaftsformen verwendet § 1 Z 54 WAG 2018 den Terminus „Geschäftsleitungsfunktion des Leitungsorgans".
83 Für monistische Gesellschaftsformen verwendet § 1 Z 54 WAG 2018 den Terminus „Aufsichtsfunktion des Leitungsorgans".
84 Vgl § 29 Rz 4 ff.
85 So auch *Saria* in Brandl/Saria, WAG 2018 § 12 Rz 21. Dies wird auf Basis der Formulierung v § 19 WPFG auch im Anwendungsbereich des WPFG vertreten; vgl *Dämon* in Dämon, WPFG § 19 Rz 2.

C. Die Anforderungen gemäß Art 88 und 91 CRD IV (§ 12 Abs 1 WAG 2018)

57 Die v Wertpapierfirmen u Wertpapierdienstleistungsunternehmen einzuhaltenden Anforderungen werden in § 12 Abs 1 WAG 2018 durch einen Verweis auf **Art 88 u 91 CRD IV** beschrieben. Da diese RL-Bestimmungen grds nicht unmittelbar anwendbar sind, sollte sich der Verweis genau genommen auf die **österr Umsetzungsbestimmungen** beziehen.[86] Dabei handelt es sich nach den Mat zur Stammfassung[87] um

- § 5 Abs 1 Z 9a BWG (Art 91 Abs 2 CRD IV) zur ausreichenden **zeitlichen Verfügbarkeit der Geschäftsleiter**,
- § 28a Abs 1 u 2 BWG u § 17 Abs 10 Sparkassengesetz (Art 88 Abs 1 lit e CRD IV) zur **Trennung v Geschäftsleitung u Aufsichtsfunktion**,
- § 28a Abs 2a BWG (Art 88 Abs 1 erster u letzter Unterabsatz CRD IV) zur Pflicht des Leitungsorgans zur Festlegung, Überwachung u Bewertung v Regelungen für **die Unternehmensführung u -kontrolle** sowie zur Setzung angemessener Schritte zur Behebung v Defiziten,
- § 29 BWG (Art 88 Abs 2, Art 91 Abs 1 2. S u Abs 10 CRD IV) zum **Nominierungsausschuss**,
- § 28a Abs 2b BWG (Art 88 Abs 1 lit d CRD IV) zur **Überwachungspflicht der Geschäftsleiter** hinsichtlich des Wirkens des höheren Managements,
- § 28a Abs 3 Z 2 BWG sowie § 28a Abs 5 Z 2 BWG (Art 91 Abs 8 CRD IV) zu den **geordneten wirtschaftlichen Verhältnissen u der persönlichen Zuverlässigkeit des AR-Vorsitzenden sowie der übrigen Mitglieder des AR**,
- § 28a Abs 5 Z 3 BWG (Art 91 Abs 1 erster Unterabsatz iVm Art 91 Abs 1 Z 7 CRD IV) zur erforderlichen **fachlichen Qualifikation der AR-Mitglieder**,
- § 28a Abs 5 Z 5 BWG (Art 91 Abs 2 CRD IV) zur **zeitlichen Verfügbarkeit der AR-Mitglieder**,

---

86 Davon wurde nach den Mat „aufgrund der Komplexität der innerstaatlichen CRD IV-Umsetzung" zur Vermeidung einer „unübersichtlichen Verweisanhäufung" abgesehen; vgl ErlRV 1661 BlgNR 25. GP 30. Diese Regelungstechnik erleichtert jedoch die Rechtsanwendung nicht gerade.
87 ErlRV 1661 BlgNR 25. GP 30.

- § 28a Abs 6 BWG (Art 91 Abs 9 CRD IV) zur **Schulung v Geschäftsleitern u Mitgliedern des AR**,
- §§ 39, 43, 44 u 98 Abs 2 BWG (Art 88 Abs 1 lit b u c CRD IV) zur Sicherstellung der Zuverlässigkeit der **Rechnungslegungssysteme** u der Überwachung der **Offenlegung u Kommunikation** durch das Leitungsorgan.[88]

Die Mat[89] weisen auch auf den Erlass gemeinsamer Leitlinien zu den in Art 91 Abs 12 der CRD IV aufgeführten Elementen durch ESMA u EBA hin. Dabei handelt es sich um die Leitlinien zur Bewertung der Eignung v Mitgliedern des Leitungsorgans u Inhabern v Schlüsselfunktionen (EBA/GL/2021/06), die weitreichende Anforderungen zu Eignungsbewertung, Personal- u Finanzressourcen für Schulungen v Mitgliedern des Leitungsorgans u Diversität im Leitungsorgan festlegen.

58

D. Die Erhöhung der Mandatszahl (§ 12 Abs 2 WAG 2018)

§ 12 Abs 2 WAG 2018 erlaubt der FMA, bei der Erteilung der Konzession gem § 3 Abs 2 WAG 2018 den Geschäftsleitern v Wertpapierfirmen u Wertpapierdienstleistungsunternehmen[90] zu **genehmigen, eine Aufsichtsfunktion mehr innezuhaben, als gem Art 91 Abs 3 CRD IV zulässig ist**. Art 91 Abs 3 CRD IV beschränkt für Institute v erheblicher Bedeutung die Zahl der für einen Geschäftsleiter zulässigen Aufsichtsmandate auf zwei. Die Beschränkung kann daher mE nur für Wertpapierfirmen v erheblicher Bedeutung intendiert sein,[91] wobei dies im WAG 2018 nicht reflektiert ist u auch eine diesbzgl Definition

59

---

88 Der Verweis auf § 39 BWG in den Mat zu § 12 Abs 1 WAG scheint jedoch, insb seit der Änderung des WAG 2018 im Zuge des Investment Firm Review, nicht mit § 7 WAG 2018 harmonisiert zu sein, da in diesem der ohnehin nur auf § 39 Abs 1 BWG lautende Verweis – vor dem Hintergrund der für Wertpapierfirmen nunmehr in § 16 WPFG normierten Sorgfaltspflichten – gestrichen wurde; s auch Rz 45.
89 ErlRV 1661 BlgNR 25. GP 30.
90 Zur Anwendbarkeit der Privilegierung auch auf Geschäftsleiter v Wertpapierdienstleistungsunternehmen zutr u detaillierter *Saria* in Brandl/Saria, WAG 2018 § 12 Rz 34.
91 Zumal Art 9 Abs 1 u 2 MiFID II, die den Verweis auf Art 91 CRD IV (u insb Art 91 Abs 3 CRD IV) enthalten, diesbzgl nichts Abw vorsehen.

fehlt.[92] Bei der Bestimmung der Mandatszahl sind die **Zusammenrechnungsregeln** (insb Mandate innerhalb derselben Gruppe gelten als ein einziges Mandat) u **Privilegierungen** (Mandate in Organisationen, die nicht überwiegend gewerbliche Ziele verfolgen, werden nicht berücksichtigt) gem Art 91 Abs 4 u Abs 5 CRD IV zu beachten. Die FMA hat die EBA regelmäßig über derartige Genehmigungen zu unterrichten.

E. Die Anforderungen an die Geschäftsleitung (§ 12 Abs 3 u 4 WAG 2018)

1. Unternehmensführungsregeln

60 Die Geschäftsleitung einer Wertpapierfirma bzw eines Wertpapierdienstleistungsunternehmens hat die **Umsetzung der Unternehmensführungsregeln** festzulegen (dh diese im Unternehmen einzuführen) u zu überwachen (dh deren laufende Einhaltung sicherzustellen) u ist somit für deren Umsetzung verantwortlich, wie § 12 Abs 3 WAG 2018 im letzten S nochmals klarstellt. Die Unternehmensführungsregelungen müssen die **wirksame u umsichtige Führung** der Wertpapierfirma oder des Wertpapierdienstleistungsunternehmens gewährleisten. Ihre Kernaufgabe ist somit, die sich aus dem WAG 2018 ua einschlägigen Bestimmungen ergebenden **Sorgfaltsanforderungen zu konkretisieren u auf das jew Unternehmen umzulegen.** Was die **Zuständigkeit für den Erlass** der Unternehmensführungsregeln betrifft, schweigt das G, sodass die gesellschaftsrechtlichen Vorschriften über den Erlass einer GO für die Geschäftsführung greifen.[93]

61 Die erforderlichen Inhalte der Unternehmensführungsregeln ergeben sich primär aus den in § 12 Abs 3 WAG 2018 demonstrativ aufgezählten Anforderungen u den in § 12 Abs 4 WAG 2018 definierten Zielvorgaben sowie den in Art 88 Abs 1 CRD IV aufgestellten Vorgaben u Grundsätzen:

– **Vorsehung einer Aufgabentrennung (§ 12 Abs 3 WAG 2018):** Hierbei sind die Vorgaben der §§ 29 (Allg organisatorische Anfor-

---

92 Dasselbe gilt im Bereich des BWG, wo die Einschränkung auf Kreditinstitute v erheblicher Bedeutung in § 28a Abs 5 Z 5 BWG ausdrücklich festgehalten ist u diese in § 5 Abs 4 BWG definiert sind.
93 Vgl *Saria* in Brandl/Saria, WAG 2018 § 12 Rz 41. Somit GV oder AR; vgl § 39 Rz 13 bzw § 30l Rz 41 u § 30j Rz 15.

derungen) u 32 (Risikomanagement u interne Revision) WAG 2018 zu berücksichtigen.
- **Regeln zur Vermeidung v Interessenkonflikten (§ 12 Abs 3 WAG 2018)**: Diesbzgl bieten insb §§ 45 f WAG 2018 Anhaltspunkte.
- **Regelungen zur Firmenorganisation (§ 12 Abs 4 Z 1 WAG 2018)** iSe Aufbau- u Ablauforganisation, einschließlich der v Personal geforderten Fähigkeiten, Kenntnisse u Erfahrungen sowie der Ressourcen, Verfahren u Regelungen für die Erbringung v Wertpapierdienstleistungen u Nebendienstleistungen sowie die Ausübung v Anlagetätigkeiten, wobei ausdrücklich der Verhältnismäßigkeitsgrundsatz zur Anwendung kommt. Die Geschäftsleitung hat für die Festlegung, Annahme u Überwachung der Firmenorganisation zu sorgen – dasselbe gilt für die im Folgenden dargestellten Punkte Firmen- u die Vergütungspolitik.
- **Gestaltung der Firmenpolitik (§ 12 Abs 4 Z 2 WAG 2018)** hinsichtlich der Dienstleistungen, Anlagetätigkeiten, Produkte u Geschäfte in Einklang mit der Risikotoleranz der Wertpapierfirma oder des Wertpapierdienstleistungsunternehmens einerseits u den Besonderheiten u Bedürfnissen deren Kunden andererseits. Gegebenenfalls (dh insb vor dem Gesichtspunkt der Verhältnismäßigkeit) hat die Firmenpolitik auch die Durchführung geeigneter Stresstests zu umfassen.
- **Regelungen zur Vergütungspolitik (§ 12 Abs 4 Z 3 WAG 2018)** für alle an der Erbringung v Dienstleistungen für Kunden beteiligten Personen[94], die auf eine verantwortungsvolle Unternehmensführung, eine faire Behandlung der Kunden u eine Vermeidung v Interessenkonflikten im Verhältnis zu den Kunden abzielt.
- **Verantwortlichkeiten des Leitungsorgans (Art 88 Abs 1 lit a–d CRD IV)**: Diese umfassen die Gesamtverantwortung für das Unternehmen u die Genehmigung u Überwachung der Umsetzung der strategischen Ziele, der Risikostrategie u der internen Führung u Kontrolle, die Sicherstellung der Zuverlässigkeit der Systeme für Rechnungsführung u -legung, wozu auch die finanzielle u operative Kontrolle u die Einhaltung v Rechtsvorschriften u einschlägigen

---

[94] Wie v *Saria* in Brandl/Saria, WAG 2018 § 12 Rz 52 zutr bemerkt ist der Adressatenkreis teleologisch auf Personen mit möglichem unmittelbarem Einfluss auf Kundenentscheidungen zu reduzieren u erfasst nicht reines Hilfspersonal.

Normen gehören, die Überwachung der Offenlegung u Kommunikation sowie die Überwachung der Geschäftsleitung.
- **Trennung v Geschäftsführungsfunktion u Aufsichtsfunktion (Art 88 Abs 1 lit e CRD IV)**.

62 Seit Inkrafttreten des WPFG ergibt sich für Wertpapierfirmen (mit Ausnahme v kleinen u nicht verflochtenen Wertpapierfirmen) eine weitere inhaltliche Determinierung aus den in **§ 16 WPFG** enthaltenen **Bestimmungen zur internen Unternehmensführung**. Nach diesen haben Wertpapierfirmen über solide u angemessene Regelungen für die Unternehmensführung zu verfügen, wozu eine klare Organisationsstruktur mit genau definierten, transparenten u widerspruchsfreien Zuständigkeiten, wirksame Verfahren zur Ermittlung, Steuerung, Überwachung u Meldung v Risiken, angemessene interne Kontrollmechanismen, einschließlich solider Verwaltungs- u Rechnungslegungsverfahren, u eine geschlechtsneutrale Vergütungspolitik u -praxis, die mit einem soliden u wirksamen Risikomanagement vereinbar u diesem förderlich ist, zählen.

63 Nach den Gemeinsamen Leitlinien der EBA u ESMA zur Bewertung der Eignung v Mitgliedern des Leitungsorgans u Inhabern v Schlüsselfunktionen (EBA/GL/2021/06) beinhalten die für Wertpapierfirmen u grds auch Wertpapierdienstleistungsunternehmen[95] aufzustellenden Unternehmensführungsregeln auch eine **RL zur Eignungsbewertung** u eine **Politik zur Förderung der Diversität**.[96]

2. Das Anforderungsprofil für Geschäftsleiter (§ 12 Abs 7 WAG 2018)

64 Geschäftsleiter einer Wertpapierfirma oder eines Wertpapierdienstleistungsunternehmens müssen gut beleumundet sein (u somit über die erforderliche **Zuverlässigkeit** u charakterliche Eignung für diese Position verfügen), ausreichende Kenntnisse u Fähigkeiten haben (**fachliche Eignung**), ausreichende **Erfahrung** besitzen u der Wahrnehmung ihrer Aufgaben ausreichend Zeit widmen (**zeitliche Verfügbarkeit**). Es dürfen weiters keine objektiven u nachweisbaren Gründe für die Vermutung vorliegen, dass die Geschäftsleitung die wirksame, solide u umsichtige Führung des Unternehmens sowie die angemessene Berücksichtigung der Interessen ihrer Kunden u der Marktintegrität gefährden

---

95 Vgl *Saria* in Brandl/Saria, WAG 2018 § 12 Rz 32.
96 EBA/GL/2021/06 Rz 102 f u 109 f.

könnte. Andernfalls hat die FMA die Konzession zurückzunehmen.[97] § 12 Abs 7 WAG 2018 ist iZm den Konzessionsvoraussetzungen des § 3 Abs 5 Z 3 u Z 6 WAG 2018 zu lesen u gemeinsam mit diesen auszulegen.[98] Aus § 12 Abs 7 WAG 2018 ergibt sich, dass das Anforderungsprofil an die Geschäftsleiter nicht nur bei Konzessionserteilung, sondern **laufend** (dh etwa bei Änderung der Umstände oder insb auch einem Geschäftsleiterwechsel) zu erfüllen ist. Jeder Geschäftsleiter muss grds sämtliche Anforderungen erfüllen. Hinsichtlich der erforderlichen fachlichen Eignung u Erfahrungen wird zw der **individuellen Eignung** (Mindestanforderungen, die v jedem Mitglied der Geschäftsleitung zu erfüllen sind) u der **kollektiven Eignung** (Vorliegen aller notwendigen Kenntnisse u Erfahrungen innerhalb der Geschäftsleitung als Kollektiv) differenziert.

An Geschäftsleiter v Wertpapierdienstleistungsunternehmen sind zwar nach der Jud geringere Anforderungen als an jene v Banken zu stellen.[99] Erforderlich sind jedoch Erfahrungen im Wertpapierbereich,[100] sodass – insb nach jüngster Verwaltungspraxis der FMA (die zuletzt jedenfalls Erfahrungen in einer Wertpapierfirma oder einem Wertpapierdienstleistungsunternehmen forderte u nicht einmal Erfahrungen in einem Kreditinstitut ausreichen ließ) – die Anforderungen in der Praxis sogar noch spezifischer erscheinen als jene an Geschäftsleiter v Banken.

F. Rechte und Pflichten des Aufsichtsrats (§ 12 Abs 5 u 6 WAG 2018)

Besteht ein AR[101], ist dieser – schon nach dem GesR[102] – zur **Überwachung der Geschäftsleitung** berufen. In § 12 Abs 5 WAG 2018 wird diese Überwachungspflicht aufsichtsrechtlich determiniert. Demnach muss sich die Kontrolltätigkeit auf

---

97 S dazu Rz 72.
98 S dazu Rz 17 ff.
99 BVwG 11.7.2014, W107 2000436-1 u BVwG 14.8.2014, W107 2000432-1 – ZFR 2015, 147 (*Wolfbauer*).
100 BVwG 11.7.2014, W107 2000436-1 u BVwG 14.8.2014, W107 2000432-1 – ZFR 2015, 147 (*Wolfbauer*).
101 Zur Verpflichtung zur Einrichtung eines AR s Exkurs zum WAG, Rz 56.
102 Vgl § 30j Rz 1 ff.

- die **Eignung u Umsetzung der strategischen Ziele** der Wertpapierfirma oder des Wertpapierdienstleistungsunternehmens bei der Erbringung v Wertpapierdienstleistungen bzw Nebendienstleistungen sowie bei der Ausübung v Anlagetätigkeiten,
- die **Wirksamkeit der Unternehmensführungsregelungen** u
- die **Angemessenheit der Firmenpolitik**[103] hinsichtlich der Erbringung v Dienstleistungen an die Kunden

erstrecken. Der AR hat sämtliche dieser Aspekte **regelmäßig** zu überprüfen u die erforderlichen **Schritte zur Mängelbeseitigung** zu unternehmen. Da sich die Überwachungspflicht wie erwähnt bereits aus dem GesR ergibt, hat die Bestimmung mE primär klarstellenden Charakter.[104]

67 Um ihre Überwachungspflicht wahrnehmen zu können, ist den Mitgliedern des AR[105] v der Geschäftsleitung[106] gem § 12 Abs 6 WAG 2018 **angemessener Zugang zu den Informationen u Dokumenten**, die für die Beaufsichtigung u Überwachung der Entscheidungsfindung der Geschäftsleitung erforderlich sind, zu gewähren.

68 § 19 WPFG sieht idZ darüber hinaus **spezifische Pflichten** des AR v Wertpapierfirmen (mit Ausnahme v kleinen u nicht verflochtenen Wertpapierfirmen) **im Rahmen des Risikomanagements** vor. Diese umfassen insb die Erörterung der Risikostrategie u Risikogrundsätze mit den Geschäftsleitern u die Überwachung v deren Umsetzung u gehen mit gewissen Informationsrechten einher.

G. Übermittlungspflicht an die FMA (§ 12 Abs 8 WAG 2018)

69 Wertpapierfirmen u Wertpapierdienstleistungen haben **der FMA Angaben über alle Mitglieder ihrer Geschäftsleitung u ihres AR** (sofern ein solcher bestellt ist) zu machen sowie Veränderungen in der Mitgliedschaft dieser Organe anzuzeigen, wobei sämtliche Informationen über-

---

103 Zu diesem Begriff detaillierter Rz 61.
104 So iW auch *Saria* in Brandl/Saria, WAG 2018 § 12 Rz 77.
105 Informationsberechtigt ist aufsichtsrechtlich somit jedes AR-Mitglied, während das Informationsrecht gem § 30j Abs 2 (Anforderung v Berichten) bzw § 30j Abs 3 (Einsichtsrechte) grds dem AR als Organ zusteht; vgl zur Anforderung v Berichten § 30j Rz 18 ff u 22 f sowie zum Einsichtsrecht § 30j Rz 32.
106 Gem § 30j sind in der GmbH die Geschäftsleiter zur Auskunftserteilung berufen; vgl § 30j Rz 3, 16.

mittelt werden müssen, die zur Beurteilung, ob die Abs 1 bis 6 des § 12 WAG 2018 erfüllt sind, erforderlich sind.

Die Informationen über die ursprünglichen Geschäftsleiter u AR-Mitglieder der Wertpapierfirma bzw des Wertpapierdienstleistungsunternehmen werden **im Konzessionsantrag** übermittelt u die Beurteilung ihrer Eignung erfolgt im Rahmen des Konzessionsverfahrens. Die **Anzeigen v Veränderungen** erfolgen elektronisch über die Incoming-Plattform der FMA[107] u sind – mangels ausdrücklich normierter Frist – nach hL[108] **unverzüglich** (dh ohne schuldhaftes Zögern)[109] nach der gesellschaftsrechtlichen Bestellung[110] zu erstatten. Bei der Beurteilung der Eignung legt die FMA in der Praxis dieselben Maßstäbe an wie im Rahmen des Konzessionsverfahrens.[111] 70

Bei den **zu übermittelnden Informationen**, die zur Beurteilung, ob die Abs 1 bis 6 des § 12 WAG 2018 erfüllt sind, erforderlich sind, handelt es sich in der Praxis etwa um Lebensläufe u diesen zugrunde liegende Unterlagen wie (Dienst-)Zeugnisse u Ausbildungszertifikate, Strafregisterauszüge, Einkommensnachweise (zB Lohnzettel, Einkommensteuerbescheide, Kontoauszüge, KSV-Auskünfte), Gewerbescheine, etc. 71

H. Rechtsfolgen bei Verstößen gegen § 12 WAG 2018

§ 12 Abs 7 WAG 2018 ordnet für die dort normierten Tatbestände betr die Eignung der Geschäftsleiter bzw die Tätigkeit der Geschäftsleitung ausdrücklich die **Rücknahme der Konzession** gem § 6 WAG 2018[112] an, wobei nach dem Grundsatz der Verhältnismäßigkeit nach soweit ersichtlich einhelliger Lit u Rsp davon auszugehen ist, dass **zunächst die milderen Aufsichtsmittel** gem § 90 (Aufsicht) u § 92 (Weitere Auf- 72

---

107 Vgl § 91 WAG 2018 u § 1 Abs 1 Z 8 FMA-Incoming-Plattformverordnung.
108 Vgl *Saria* in Brandl/Saria, WAG 2018 § 12 Rz 82 u 90; darauf deutet auch die Tatsache hin, dass § 73 Abs 1 Z 3 BWG, der eine unverzügliche schriftliche Anzeige v Änderung in der Person der Geschäftsleiter v Kreditinstituten verlangt, gem § 7 Abs 1 WAG 2018 auch für Wertpapierfirmen u Wertpapierdienstleistungsunternehmen anwendbar ist.
109 IdR wenige Tage bis maximal zwei Wochen (je nach Einzelfall); vgl *Johler/Waldherr* in Dellinger, BWG § 73 Rz 4.
110 Detaillierter *Saria* in Brandl/Saria, WAG 2018 § 12 Rz 90.
111 So auch *Winternitz/Beer/Steinmair*, WAG 2018 § 12 Rz 7.
112 Gemeint wohl § 6 Abs 2; vgl auch *Saria* in Brandl/Saria, WAG 2018 § 12 Rz 95.

sichtsmaßnahmen) WAG 2018 anzuwenden sind u der Konzessionsentzug die *ultima ratio* darstellt, sollten diese nicht zum Erfolg führen.[113]

73   Die Nichterfüllung der Anzeigepflicht gem § 12 Abs 8 WAG 2018 sowie der Überwachungspflicht in Bezug auf die Unternehmensführungsregeln gem § 12 Abs 3 bis 6 WAG 2018 ist eine **Verwaltungsübertretung gem § 95 Abs 1 Z 1 WAG 2018** u mit Geldstrafe bis zu € 5 Mio oder bis zum Zweifachen des aus dem Verstoß gezogenen Nutzens, soweit sich dieser beziffern lässt, zu bestrafen.

VI. Rechtsträger (§ 26 WAG 2018)

§ 26. [...]

(2) Folgende Bestimmungen gelten nicht für Wertpapierdienstleistungsunternehmen:

1. Das Erfordernis einer unabhängigen Compliance-Funktion gemäß Art. 22 der delegierten Verordnung (EU) 2017/565;

2. das Erfordernis einer unabhängigen Risiko-Management-Funktion gemäß Art. 23 der delegierten Verordnung (EU) 2017/565 und

3. das Erfordernis einer getrennten unabhängigen internen Revision gemäß Art. 24 der delegierten Verordnung (EU) 2017/565.

[...]

A. Allgemeines

74   § 26 WAG 2018 enthält die **Definition des Begriffs „Rechtsträger"**,[114] der den Kreis der zur Einhaltung des 2. Hptst (Organisatorische Anforderungen) verpflichteten Finanzmarktakteure bestimmt (§ 26 Abs 1 WAG 2018), sieht **organisatorische Erleichterungen für Wertpapier-**

---

113 Im Detail *Saria* in Brandl/Saria, WAG 2018 § 12 Rz 93.

114 Neben Wertpapierfirmen u Wertpapierdienstleistungsunternehmen umfasst der Rechtsträgerbegriff des § 26 Abs 1 WAG 2018 Kreditinstitute, Versicherungsunternehmen, Verwaltungsgesellschaften u AIFM sowie Zweigstellen v Wertpapierfirmen, v Drittlandfirmen u v Kreditinstituten aus Mitgliedstaaten, wobei die Bestimmung gewisse Einschränkungen der Anwendbarkeit vorsieht („nach Maßgabe von").

dienstleistungsunternehmen vor (§ 26 Abs 2 WAG 2018) u erlaubt Kreditinstituten die Heranziehung der betr bestehenden, dh nach dem BWG eingerichteten, Organisationseinheiten zur Erfüllung der Aufgaben gem WAG 2018 (§ 26 Abs 3). Im Rahmen dieses Praxiskommentars soll auf § 26 Abs 2 WAG 2018 näher eingegangen werden.

B. Organisatorische Erleichterungen für Wertpapierfirmen

§ 26 Abs 2 WAG 2018 enthält iSe **Generalausnahme** organisatorische Erleichterungen für Wertpapierdienstleistungsunternehmen. Während Wertpapierfirmen[115] (ua Rechtsträger gem § 26 Abs 1 WAG 2018) eine **unabhängige Compliance-Funktion, eine unabhängige Risiko-Management-Funktion u eine unabhängige interne Revision** einzurichten haben,[116] sind Wertpapierdienstleistungsunternehmen[117] v dieser Verpflichtung gänzlich ausgenommen. Dies stellt in der Praxis eine wichtige Entlastung dar, da die Einrichtung dieser Funktionen gem den Anforderungen der EU-VO 2017/565/EU einen nicht unerheblichen Ressourcenaufwand bedeutet, auch wenn einzelne organisatorische Vorschriften dem Verhältnismäßigkeitsgrundsatz unterliegen u je nach Art, Umfang u Komplexität der Geschäftstätigkeit bzw Art u Umfang der erbrachten Wertpapierdienstleistungen u Anlagetätigkeiten Erleichterungen in Anspruch genommen werden können.[118]

75

Es ist jedoch darauf hinzuweisen, dass **auch Wertpapierdienstleistungsunternehmen den allg organisatorischen Anforderungen gem § 29 WAG 2018 unterliegen** u somit ua angemessene Strategien u Verfahren festlegen müssen, um sicherzustellen, dass sie die Verpflichtungen des WAG einhalten.[119] Auch die allg organisatorischen Anfor-

76

---

115 Zum Begriff der Wertpapierfirma s Rz 1.
116 Jew gem den Anforderungen der EU-VO 2017/565/EU, nach Maßgabe des Verältnismäßigkeitsgrundsatzes; s dazu auch das FMA-Rundschreiben betr die organisatorischen Anforderungen des WAG 2018 u der EU-VO 2017/565/EU, Stand 7.7.2021.
117 Zum Begriff des Wertpapierdienstleistungsunternehmens u der Begr für die diesen gewährten Erleichterungen s Rz 35.
118 So bspw Art 22 Abs 1 u 4, Art 23 Abs 2, Art 24 EU-VO 2017/565/EU, vgl auch FMA-Rundschreiben betr die organisatorischen Anforderungen des WAG 2018 u der EU-VO 2017/565/EU, Stand 7.7.2021 Rz 9 ff.
119 Vgl *Winternitz/Beer/Steinmair*, WAG 2018 § 26 Rz 5; *Bervoets/John* in Brandl/Saria, WAG 2018 § 29 Rz 19.

derungen sind nach Maßgabe des **Verhältnismäßigkeitsgrundsatzes** zu beurteilen.[120]

77 Die **Heranziehung vertraglich gebundener Vermittler** ist – in Umsetzung des Art 3 Abs 2 lit b MiFID II – seit Inkrafttreten des WAG 2018 auch Wertpapierdienstleistungsunternehmen gestattet.[121] In diesem Fall gelten die Anforderungen des § 36 WAG 2018 (Heranziehung v vertraglich gebundenen Vermittlern).

VII. Strafbestimmungen (§ 95 WAG 2018)

§ 95. (1) Wer als Verantwortlicher (§ 9 des Verwaltungsstrafgesetzes 1991 – VStG, BGBl. Nr. 52/1991) eines Rechtsträgers

1. gegen die Überwachungs- und Informationspflichten in Bezug auf die Unternehmensführungsregelungen gemäß § 12 Abs. 3 bis 6 und 8,
2. gegen die Anzeigepflicht in Bezug auf den beabsichtigten Erwerb oder die Erhöhung einer qualifizierten Beteiligung gemäß § 14 Abs. 1 bis 4,
3. gegen die Anzeigepflicht in Bezug auf die Erbringung von Wertpapierdienstleistungen und Ausübung von Anlagetätigkeiten im Hoheitsgebiet eines anderen EU-Mitgliedstaates gemäß § 18 Abs. 1, 3 und 4,
4. gegen die Anzeigepflicht in Bezug auf den Betrieb eines MTF oder OTF in einem anderen Mitgliedstaat gemäß § 18 Abs. 5 erster Satz,
5. gegen die Anforderungen in Bezug auf die Erbringung von Wertpapierdienstleistungen und die Ausübung von Anlagetätigkeiten in Österreich über eine Zweigstelle gemäß § 19 Abs. 5 erster Satz,
6. gegen die Mitteilungspflicht in Bezug auf die Errichtung einer Zweigstelle in einem anderen Mitgliedstaat gemäß § 20 Abs. 1, 2 und 7,

---

120 Art 21 EU-VO 2017/565/EU iVm § 29 Abs 1 u 2 WAG 2018; vgl auch FMA-Rundschreiben betr die organisatorischen Anforderungen des WAG 2018 u der EU-VO 2017/565/EU, Stand 7.7.2021 Rz 10.
121 Vgl ErlRV 1661 BlgNR 25. GP 32.

7. gegen die Mitteilungspflicht in Bezug auf die Heranziehung eines vertraglich gebundenen Vermittlers § 20 Abs. 6 erster Satz,
8. gegen die Anforderungen in Bezug auf die Systeme für den algorithmischen Handel gemäß § 27 Abs. 1,
9. gegen die Mitteilungspflichten in Bezug auf den algorithmischen Handel gemäß § 27 Abs. 2,
10. gegen die Aufzeichnungs- und Aufbewahrungspflichten in Bezug auf den Algorithmischen Handel gemäß § 27 Abs. 4 und 5,
11. gegen die Anforderungen bei Verfolgung einer Market-Making-Strategie in Bezug auf den Algorithmischen Handel gemäß § 27 Abs. 6,
12. gegen die Überwachungspflichten und die Anforderungen an die Systeme in Bezug auf den direkten elektronischen Zugang gemäß § 28 Abs. 1 und 6,
13. gegen die Melde- und Aufbewahrungspflichten in Bezug auf den direkten elektronischen Zugang gemäß § 28 Abs. 2 und 5,
14. gegen eine Verpflichtung in Bezug auf die organisatorischen Anforderungen und die Vorkehrungen für persönliche Geschäfte („Compliance") gemäß § 29 dieses Bundesgesetzes und Art. 29 der delegierten Verordnung (EU) 2017/565,
15. gegen Verpflichtungen in Bezug auf die Produktüberwachung gemäß den §§ 30 und 31,
16. gegen die Anforderungen an das Risikomanagement und die interne Revision gemäß § 32,
17. gegen die Verpflichtung zur Führung von Aufzeichnungen gemäß § 33,
18. gegen eine Verpflichtung in Bezug auf die Auslagerung wesentlicher betrieblicher Dienstleistungen an Dritte gemäß § 34,
19. gegen eine Verpflichtung in Bezug auf die Erbringung von Dienstleistungen über einen anderen Rechtsträger gemäß § 35 Abs. 1 zweiter Satz und § 35 Abs. 2 und 3,
20. gegen eine Verpflichtung in Bezug auf die Heranziehung von vertraglich gebundenen Vermittlern gemäß § 36 Abs. 3, 4, 6 und 7,
21. gegen eine Verpflichtung in Bezug auf den Schutz von Kundengeldern gemäß § 38 Abs. 1 und 2,
22. gegen die Informationspflichten in Zusammenhang mit der Einräumung von Sicherungsrechten, Pfandrechten oder Aufrechnungsrechten gemäß § 38 Abs. 6 bis 8,

23. gegen eine Verpflichtung in Bezug auf die Verwahrung von Kundenfinanzinstrumenten gemäß § 39,
24. gegen eine Verpflichtung in Bezug auf die Hinterlegung von Kundengeldern gemäß § 40,
25. gegen eine Verpflichtung in Bezug auf die Verwendung von Finanzinstrumenten von Kunden gemäß § 41,
26. gegen die angemessene Verwendung von Finanzsicherheiten in Form der Vollrechtsübertragung gemäß § 42,
27. gegen eine Verpflichtung in Bezug auf die Regelungen im Bereich der Unternehmensführung zum Schutz von Kundengeldern und Finanzinstrumenten von Kunden gemäß § 43,
28. gegen seine Verpflichtungen in Bezug auf die Berichte von Abschlussprüfern gemäß § 44,
29. gegen eine Verpflichtung in Bezug auf den Umgang mit Interessenkonflikten gemäß den §§ 45 und 46,
30. gegen eine Verpflichtung zum Handeln im besten Interesse des Kunden gemäß § 47 Abs. 1 bis 5,
31. gegen die Informationspflichten gegenüber den Kunden gemäß §§ 48 Abs. 1 und 49,
31a. gegen die Verpflichtung zur Transparenz bei der Berücksichtigung von Nachhaltigkeitsrisiken gemäß Art. 6 Abs. 1 oder 2 der Verordnung (EU) 2019/2088;
31b. gegen die Verpflichtung zur Transparenz bei nachteiligen Nachhaltigkeitsauswirkungen auf Ebene des Finanzprodukts gemäß Art. 7 Abs. 1 oder 2 der Verordnung (EU) 2019/2088;
31c. gegen die Verpflichtung zur Transparenz bei der Bewerbung ökologischer oder sozialer Merkmale in vorvertraglichen Informationen gemäß Art. 8 Abs. 1 oder 2 der Verordnung (EU) 2019/2088;
31d. gegen die Verpflichtung zur Transparenz in vorvertraglichen Informationen bei nachhaltigen Investitionen gemäß Art. 9 Abs. 1, 2, 3 oder 4 der Verordnung (EU) 2019/2088;
31e. gegen die Verpflichtung zur Transparenz in vorvertraglichen Informationen und regelmäßigen Berichten
   a) bei ökologisch nachhaltigen Investitionen gemäß Art. 5 der Verordnung (EU) 2020/852,
   b) bei Finanzprodukten, mit denen ökologische Merkmale gemäß Art. 6 der Verordnung (EU) 2020/852 beworben werden oder

c) bei anderen Finanzprodukten gemäß Art. 7 der Verordnung (EU) 2020/852;
32. gegen eine Verpflichtung in Bezug auf die unabhängige Anlageberatung gemäß § 50,
33. gegen eine Verpflichtung in Bezug auf die Gewährung oder Annahme von Vorteilen gemäß § 51,
34. gegen die Anforderungen in Bezug auf die Qualitätsverbesserung durch Annahme oder Gewährung von Vorteilen gemäß § 52,
35. gegen die Anforderungen in Bezug auf die Gewährung oder Annahme von Vorteilen bei unabhängiger Anlageberatung gemäß § 53 Abs. 1, 2 und 3,
36. gegen die Offenlegungspflichten in Bezug auf die Gewährung oder Annahme von geringfügigen nicht-monetären Vorteilen gemäß § 53 Abs. 4 bis 7,
37. gegen die Anforderungen in Bezug auf die Gewährung oder Annahme von Vorteilen in Zusammenhang mit Analysen gemäß § 54,
38. gegen die Anforderungen in Bezug auf die Kenntnisse und Kompetenzen von natürlichen Personen in Zusammenhang mit der Erbringung von Anlageberatung oder der Erteilung von Informationen an Kunden über Anlageprodukte sowie Wertpapier- und Nebendienstleistungen gemäß § 55,
39. gegen die Verpflichtung zur Prüfung der Eignung von Anlageberatungs- und Portfolioverwaltungsdienstleistungen für den Kunden gemäß § 56,
40. gegen eine Verpflichtung zur Prüfung der Angemessenheit von sonstigen Wertpapierdienstleistungen für den Kunden gemäß § 57,
41. gegen die Anforderungen in Bezug auf die Ausführung, Annahme oder Übermittlung von Kundenaufträgen gemäß § 58,
42. gegen die Dokumentationspflichten gemäß § 59,
43. gegen die Berichtspflichten an den Kunden gemäß § 60,
44. gegen die Anforderungen in Bezug auf die bestmögliche Durchführung von Aufträgen gemäß § 62,
45. gegen die Verpflichtungen in Bezug auf die Ausführungspolitik gemäß den §§ 63 und 64,
46. gegen die Anforderungen in Bezug auf die Bearbeitung von Kundenaufträgen gemäß § 65,

47. gegen die Informationspflicht und die Anforderungen in Bezug auf die Einstufung des Kunden gemäß § 66 Abs. 3 und § 67 Abs. 3 und 4,
48. gegen eine Verpflichtung in Bezug auf die Ausführung von Geschäften mit geeigneten Gegenparteien gemäß § 68 Abs. 2,
49. gegen eine Verpflichtung gemäß einer aufgrund von § 38 Abs. 4 erlassenen Verordnung der FMA in Bezug auf den Schutz des Kundenvermögens,
50. gegen eine Verpflichtung gemäß einer aufgrund von § 47 Abs. 5 erlassenen Verordnung der FMA in Bezug auf die Anforderungen zum Handeln im besten Interesse des Kunden,
51. gegen die Einhaltung der Handelspflichten für Wertpapierfirmen gemäß Art. 23 Abs. 1 und 2 der Verordnung (EU) Nr. 600/2014,
52. gegen die Pflichten zum Führen von Aufzeichnungen gemäß Art. 25 Abs. 1 der Verordnung (EU) Nr. 600/2014,
53. gegen die Pflichten zur Meldung von Geschäften gemäß Art. 26 Abs. 1 UAbs. 1, Abs. 2 bis 5, Abs. 6 UAbs. 1, Abs. 7 UAbs. 1 bis 5 und 8 der Verordnung (EU) Nr. 600/2014,
54. gegen die Pflichten zur Bereitstellung von Referenzdaten für die einzelnen Finanzinstrumente gemäß Art. 27 Abs. 1 der Verordnung (EU) Nr. 600/2014 oder
55. gegen Maßnahmen der ESMA gemäß Art. 40 oder der EBA gemäß Art. 41 oder der FMA gemäß Art. 42 der Verordnung (EU) Nr. 600/2014

oder gegen die daran anknüpfenden Verpflichtungen gemäß der aufgrund der Verordnung (EU) Nr. 600/2014 oder der Richtlinien 2014/65/EU erlassenen delegierten Rechtsakte und Durchführungsverordnungen verstößt, begeht eine Verwaltungsübertretung und ist von der FMA mit Geldstrafe bis zu 5 Millionen Euro oder bis zum Zweifachen des aus dem Verstoß gezogenen Nutzens, soweit sich dieser beziffern lässt, zu bestrafen.

(2) Wer als Verantwortlicher (§ 9 VStG) eines Rechtsträgers die Melde- oder Veröffentlichungspflichten gemäß des Titels II der Verordnung (EU) Nr. 600/2014 nicht rechtzeitig und vollständig erfüllt oder hierbei unwahre Angaben macht, begeht eine Verwaltungsübertretung und ist von der FMA mit Geldstrafe bis zu 5 Millionen

Euro oder bis zum Zweifachen des aus dem Verstoß gezogenen Nutzens, soweit sich dieser beziffern lässt, zu bestrafen.

(3) Wer als Verantwortlicher (§ 9 VStG) eines Rechtsträgers die Informationspflichten des § 73 Abs. 6 bis 9 verletzt, begeht eine Verwaltungsübertretung und ist mit Geldstrafe bis zu 60 000 Euro zu bestrafen.

(4) Wer als Verantwortlicher (§ 9 VStG) eines Rechtsträgers

1. es unterlässt, der FMA entgegen § 75 Abs. 1 Z 1 den Jahresabschluss rechtzeitig vorzulegen, oder
2. es unterlässt, der FMA entgegen § 75 Abs. 1 Z 2 das Ausscheiden eines Instituts aus der Sicherungseinrichtung unverzüglich anzuzeigen,
3. gegen eine Verpflichtung in Bezug auf die Rechnungslegung und Abschlussprüfung gemäß den §§ 71 oder 72 verstößt,
4. gegen eine Verpflichtung gemäß einer auf Grund von § 38 Abs. 4, § 65 Abs. 2 erlassenen Verordnung der FMA
5. gegen eine Verpflichtung gemäß Art. 59 Abs. 2 oder Abs. 3 der Verordnung (EU) Nr. 1031/2010 verstößt oder nicht die notwendigen Verfahren und Kontrollen gemäß Art. 59 Abs. 5 lit. b der Verordnung (EG) Nr. 1031/2010 eingeführt hat,

begeht eine Verwaltungsübertretung und ist hinsichtlich der Z 1 und 2 mit Geldstrafe bis zu 20 000 Euro und hinsichtlich der Z 3 bis 5 mit Geldstrafe bis zu 100 000 Euro zu bestrafen.

(5) Wer als Abschlussprüfer eines in § 90 Abs. 1 Z 1 und 2 genannten Rechtsträgers seine Meldepflichten gemäß § 93 Abs. 1 verletzt, begeht eine Verwaltungsübertretung und ist mit Geldstrafe bis zu 100 000 Euro zu bestrafen.

(6) Wer als Verantwortlicher (§ 9 VStG) eines Rechtsträgers gemäß § 90 Abs. 1 Z 1 und 2 die unverzügliche schriftliche Anzeige von in § 73 Abs. 1 Z 1 bis 8 und 11 BWG genannten Sachverhalten an die FMA unterlässt, begeht eine Verwaltungsübertretung und ist mit Geldstrafe bis zu 20 000 Euro zu bestrafen.

(7) Wer als Verantwortlicher (§ 9 VStG) eines Rechtsträgers gemäß § 90 Abs. 1 Z 5 die Pflichten der §§ 34 bis 36 BWG verletzt, begeht eine Verwaltungsübertretung und ist mit Geldstrafe bis zu 60 000 Euro zu bestrafen.

(8) Wer als Verantwortlicher (§ 9 VStG) einer Wertpapierfirma oder eines Wertpapierdienstleistungsunternehmens gegen § 37 Abs. 4 bis 8 verstößt, begeht eine Verwaltungsübertretung und ist mit Geldstrafe bis zu 50 000 Euro zu bestrafen.

(9) Bei Verletzung einer Verpflichtung gemäß § 14 Abs. 4, § 20 Abs. 6 und 7 sowie § 7 dieses Bundesgesetzes in Verbindung mit § 73 Abs. 1 Z 1 BWG hinsichtlich Satzungsänderungen sowie § 73 Abs. 1 Z 4, Z 7 und Z 11 BWG hat die FMA von der Einleitung und Durchführung eines Verwaltungsstrafverfahrens abzusehen, wenn die nicht ordnungsgemäß erstattete Anzeige nachgeholt wurde, bevor die FMA Kenntnis von dieser Übertretung erlangt hat.

(10) ¹Wer vertrauliche Tatsachen entgegen § 8 offenbart oder verwertet, um sich oder einem anderen einen Vermögensvorteil zu verschaffen oder um einem anderen einen Nachteil zuzufügen, ist vom Gericht mit Freiheitsstrafe bis zu sechs Monaten oder mit Geldstrafe bis zu 360 Tagessätzen zu bestrafen. ²Der Täter ist nur mit Ermächtigung des in seinem Interesse an der Geheimhaltung Verletzten zu verfolgen.

idF BGBl I 2022/237

A. Allgemeines

78 Neben der Strafbestimmung des § 94 WAG 2018, die die (gewerbliche) Erbringung v Wertpapierdienstleistungen ohne die erforderliche Berechtigung (unerlaubter Betrieb v Wertpapierdienstleistungen) als Verwaltungsübertretung unter Strafe stellt, ist der **Katalog an strafbaren Handlungen** des § 95 die wohl wichtigste Strafbestimmung des WAG 2018.

79 Hinsichtlich des – im Vergleich zum WAG 2007 erheblich verschärften – **Strafrahmens**, der Geldstrafen v bis zu € 5 Mio oder bis zum Zweifachen des aus dem Verstoß gezogenen Nutzens, soweit sich dieser beziffern lässt (wobei der jew höhere Betrag die Obergrenze bildet), vorsieht,[122] hat der VfGH entschieden, dass eine Betrauung der FMA

---

122 So der Fall für Verstöße gem § 95 Abs 1 u Abs 2 WAG 2018 bzw auch den unerlaubten Betrieb gem § 94 WAG 2018.

als Verwaltungsbehörde mit der Verhängung v Geldstrafen dieser Höhe **verfassungsrechtlich unproblematisch ist.**[123]

Der Vollständigkeit halber sei auch auf die **zusätzliche Strafbestimmung des § 49 WPFG** hingewiesen, die den Katalog an strafbaren Handlungen für Verantwortliche v Wertpapierfirmen noch erweitert. 80

B. Verantwortliche gemäß § 9 VStG

Zur Haftung herangezogen wird/werden – mit Ausnahme v § 95 Abs 5 (der sich an den Abschlussprüfer des Rechtsträgers richtet) u Abs 10 WAG 2018 (der an jene Person gerichtet ist, die gegen die Verschwiegenheitspflicht gem § 8 WAG 2018 verstößt) – jew der/die Verantwortliche(n) gem § 9 VStG.[124] Dies sind die gesetzl oder gesv[125] zur Vertretung nach außen berufenen Personen (bei GmbH somit der/die **GF**) bzw ein **verantwortlicher Beauftragter gem § 9 Abs 2 VStG**, sofern ein solcher bestellt ist. Der verantwortliche Beauftragte kann aus dem 81

---

123 VfGH 13.12.2017, G 408/2016 ua, VfSlg 20231/2017 betr § 99d BWG (in welchem die FMA mit der Verhängung v vergleichbar schweren Geldstrafen gegen Kreditinstitute betraut wird). Der VfGH ging damit ausdrücklich v seiner stRsp zur Abgrenzung des gerichtl Strafrechts v Verwaltungsstrafrecht ab u hielt fest, dass die Höhe der angedrohten Sanktion für sich genommen kein taugliches Zuordnungskriterium darstellt. Anknüpfend daran VfGH 25.2.2019, G 325/2018. Vgl dazu auch *Winternitz/Beer/Steinmair*, WAG 2018 § 94 Rz 2 u § 95 Rz 3. Zu weiteren verfassungsrechtlichen Bedenken u v VfGH nicht aufgegriffenen Kritikpunkten aus der Lit s *N. Raschauer* in Laurer/M. Schütz/Kammel/Ratka, BWG § 99d Rz 5.
124 Nach hL führt der (alleinige) Verweis auf den Verantwortlichen gem § 9 VStG dazu, dass der Strafkatalog des § 95 WAG 2018 nicht auf Einzelunternehmer anwendbar ist, da diese v § 9 Abs 1 VStG nicht erfasst sind u somit keine Verantwortlichen gem § 9 VStG sind; vgl *Wessely* in Raschauer/Wessely, VStG § 9 Rz 1 mwN; *N. Raschauer* in Gruber/N. Raschauer, WAG § 95 Rz 3; *Winternitz/Beer/Steinmair*, WAG 2018 § 95 Rz 2 (aA offensichtlich ErlRV 143 BlgNR 23. GP 30 zur Vorgängerbestimmung im WAG 2007). Obwohl diese Interpretation schlüssig u mE korrekt ist, bleibt zu bezweifeln, dass die FMA diese A teilt, weshalb das Risiko zumindest der Einl eines Verwaltungsstrafverfahrens gegen Einzelunternehmer gleichermaßen bestehen kann.
125 Personen mit auf Vollmacht basierender Vertretungsbefugnis wie etwa Prokuristen fallen nicht darunter; vgl VwGH 18.3.1986, 85/10/00089, VwSlg 12079 A/1986; s auch *N. Raschauer* in Gruber/N. Raschauer, WAG § 95 Rz 4.

Kreise der GF bestellt werden oder eine andere Person (idR ein leitender Angestellter oder Prokurist) sein.[126]

82 Aus Sicht der (übrigen) GF ist die Bestellung eines verantwortlichen Beauftragten somit vorteilhaft, da sie grds für den v diesem zu verantwortenden Bereich[127] einen Übergang der verwaltungsstrafrechtlichen Verantwortlichkeit auf diesen bewirkt,[128] sofern sämtliche Voraussetzungen des § 9 VStG erfüllt sind.[129] Sie schlägt sich jedoch in der Praxis im Gehalt des jew Angestellten nieder[130] u vermindert die Möglichkeit der Einflussnahme auf den jew Bereich, da ihm für diesen eine entspr Anordnungsbefugnis zugewiesen werden muss.[131] Insbesondere für haftungssensible Bereiche gestaltet sich die Suche nach einem verantwortlichen Beauftragten in der Praxis oft schwierig. Dies ist ua in der zunehmenden Höhe der Strafdrohungen sowie der verhängten Strafen (insb im Finanzbereich)[132] sowie der Tatsache begründet, dass eine Vorabzusage des Unternehmens, dem verantwortlichen Beauftragten Strafzahlungen zu ersetzen, v OGH als sittenwidrig u somit unwirksam beurteilt wird.[133] Eine solche Vereinbarung kann somit erst im Nachhinein (dh nach Tatbegehung) zulässig sein,[134] sofern im Einzelfall gesellschaftsrechtlich zu rechtfertigen (eindeutig überwiegendes Unternehmensinteresse).[135]

---

126 § 9 Abs 2 VStG.
127 Dieser ist räumlich u sachlich klar abzugrenzen. Nur bei einer Bestellung aus dem Kreis der vertretungsbefugten Organe ist eine Übertragung der Verantwortlichkeit für das gesamte Unternehmen zulässig.
128 VwGH 25.10.1994, 94/07/0027. Gemäß § 9 Abs 6 VStG bleiben die GF jedoch trotz Bestellung eines verantwortlichen Beauftragten strafrechtlich verantwortlich, wenn sie die Tat vorsätzlich nicht verhindert haben.
129 S insb die Voraussetzungen gem § 9 Abs 4 VStG.
130 IdR wird für die Übernahme des verwaltungsstrafrechtlichen Haftungsrisikos ein zusätzliches Entgelt vereinbart; vgl *Sesser*, ARD 6410/5/2014.
131 § 9 Abs 4 VStG.
132 Dazu kommen die möglichen aufsichtsrechtlichen – u somit beruflichen – Konsequenzen der mangelnden persönlichen Zuverlässigkeit.
133 OGH 16.12.1992, 9 ObA 284/92; RIS-Justiz RS0016830. Vgl detaillierter u mwN *Kalss*, GesRZ 2015, 78 (82 f).
134 OGH 23.2.1955, 3 Ob 96/55, SZ 28/56; OGH 11.9.2003, 6 Ob 281/02w, RdW 2004/170; RIS-Justiz RS0023814.
135 Zu Grenzen der Zulässigkeit, Voraussetzungen u Vorgehensweise im Detail s *Kalss*, GesRZ 2015, 78; *Köck*, ZAS 2016/52, 306 (312 ff); *Schrank*, CFOaktuell 2013, 59; jew mwN u Hinweis auf das Schreiben der FMA an die WKO v 8.3.2011, in dem die FMA festhält, dass die Übernahme einer Geld-

Ist – für den relevanten Bereich – kein verantwortlicher Beauftragter **83** bestellt, haften bei mehreren GF grds **sämtliche GF** (eigenes Fehlverhalten u Verschulden vorausgesetzt).[136] Lediglich **bei satzungsmäßiger bzw gesv Aufgabenteilung („Ressortverteilung")** zw den GF wird die Gesamtverantwortung der einzelnen GF **abgeschwächt**,[137] es bleibt jedoch eine allg Überwachungspflicht, auch für ressortfremde Bereiche.[138]

Die Bestellung des verantwortlichen Beauftragten wird gem § 22 **84** Abs 5 FMABG erst wirksam, nachdem die Bestellung samt einem Nachw der Zustimmung des Bestellten **schriftlich der FMA mitgeteilt** wurde.

Hinsichtlich der Möglichkeit der zusätzlichen Strafbarkeit der jurPers **85** sei auf – den hier nicht kommentierten – § 96 WAG 2018 verwiesen.

---

strafe durch die Gesellschaft eine Untreuehandlung iSv § 153 StGB indizieren kann, wenn die Übernahme der Strafe schon vor Begehung der Tat vereinbart wurde, das zuständige Organ sein Ermessen zur Übernahme der Strafe pflichtwidrig ausgeübt hat oder die Tat vorsätzlich begangen wurde.
136 Vgl VwGH 4.7.2001, 2001/17/0034; 16.10.2008, 2007/09/0369; *Wessely* in Raschauer/Wessely, VStG § 9 Rz 5; *N. Raschauer* in Gruber/N. Raschauer, WAG § 95 Rz 4.
137 Vgl *Wessely* in N. Raschauer/Wessely, VStG § 9 Rz 4; *Lewisch* in Lewisch/Fister/Weilguni, VStG § 9 Rz 16 ff. Eine bloß interne Geschäftsverteilung ist nach stRsp nicht ausreichend; vgl betr GmbH-GF VwGH 15.9.2005, 2003/07/0021.
138 Vgl § 21 Rz 15.

Ziviltechniker-GmbH

Literatur: *Krejci/Pany/Schwarzer*, Ziviltechnikerrecht² (1997); *Oppel/Swittalek*, Handbuch Ziviltechnikerrecht (2021); *Pflaum/Karlberger/Wiener/Opetnik/Rindler/Henseler*, Handbuch des Ziviltechnikerrechts² (2015).

Inhaltsübersicht

I.	Gesellschaftszweck	1–9
	A. Gründungsvoraussetzungen	1, 2
	B. Zulässige Rechtsformwahl	3, 4
	C. Exkurs: Ziviltechniker GmbH & Co KG	5–7
	D. Gesellschaftszweck – dauerhafte Berufsausübungsgesellschaft	8, 9
II.	Befugnis	10–18
III.	Erlöschen der Befugnis	19–28
	A. Erlöschenstatbestände allgemein	19
	B. Verlust der Rechtsfähigkeit	20
	C. Wegfall einer Kongruenzbefugnis	21–26
	D. Ziviltechnikergesetzwidrige Änderungen des Gesellschaftsvertrags	27
	E. Sonstige Verstöße	28
IV.	Firma	29–34
	A. Firmenwortlaut	29–32
	B. Offenlegung der Beteiligungen	33, 34
V.	Gesellschafter	35–40
	A. Beteiligungsmöglichkeit	35–38
	1. Wer darf Gesellschafter sein?	35, 36
	2. Gewerbeberechtigung versus Ziviltechnikerbefugnis	37, 38
	B. Verstöße gegen das Beteiligungsverbot	39, 40
VI.	Treuhandverbote	41–46
	A. Schutz vor Fremdeinfluss	41
	B. Vertretungsverbot	42
	C. Verbot einer Treuhandübernahme	43
	D. Verbot einer Treuhandübergabe	44
	E. Abhängigkeitsverhältnisse	45, 46
VII.	Organisationsgrundsätze	47–59
	A. Vormachtstellung der Ziviltechniker	47
	B. Geschäftsführung und organschaftliche Vertretung in einer Ziviltechniker-GmbH	48–52
	C. Gemeinsames Handeln der Geschäftsführer	53
	D. Entscheidungsmonopol von Ziviltechnikern	54–57
	E. Standesregeln	58
	F. Unzulässigkeit einer Prokura	59
VIII.	Anwendung der Bestimmungen des 1. Abschnittes	60

IX. Voraussetzungen für die Gründung einer interdisziplinären
   Gesellschaft mit Ziviltechnikern 61–65
X. Firma einer interdisziplinären Gesellschaft mit Ziviltech-
   nikern 66–68
XI. Gesellschafter einer interdisziplinären Gesellschaft mit
   Ziviltechnikern..................................... 69–71
XII. Befugnis einer interdisziplinären Gesellschaft mit Zivil-
   technikern 72–74
XIII. Sonstige Bestimmungen 75–77
XIV. Anwendung der Bestimmungen des 1. und 2. Abschnittes .. 78

I. Gesellschaftszweck

§ 23. (1) Nach Maßgabe der folgenden Bestimmungen dürfen Ziviltechniker zum ausschließlichen Zweck dauernder Ausübung des Ziviltechnikerberufes jegliche Art von Personen- und Kapitalgesellschaften des Unternehmensrechts, die in das Firmenbuch eingetragen werden können, bilden.

(2) Ziviltechnikergesellschaften üben selbst den Beruf des Ziviltechnikers aus.

(Anm.: Abs 3 aufgehoben durch Art, 4 Z 3, BGBl. I Nr. 240/2021)

idF BGBl I 2021/240

A. Gründungsvoraussetzungen

Bei nicht jeder Gesellschaft v ZT handelt es sich um eine **ZT-Gesellschaft**. Eine ZT-Gesellschaft liegt nur dann vor, wenn sie unter Einhaltung der Bestimmungen der §§ 23 bis 30 ZTG 2019 entstanden ist.[1]   **1**

Grob vereinfacht lässt sich eine ZT-Gesellschaft damit charakterisieren, dass sie aus einer Rechtsform besteht, die ins FB eintragungsfähig ist, deren ausschließlicher **Gründungszweck** die dauernde Ausübung des ZT-Berufs ist u ihr eine eigene Berufsbefugnis v BMAW verliehen wurde.[2]   **2**

---

1 *Krejci/Pany/Schwarzer*, Ziviltechnikerrecht[2] § 21 Rz 8; *Pflaum/Karlberger/Wiener/Opetnik/Rindler/Henseler*, Handbuch des Ziviltechnikerrechts[2], 221.
2 *Pflaum/Karlberger/Wiener/Opetnik/Rindler/Henseler*, Handbuch des Ziviltechnikerrechts[2], 221.

B. Zulässige Rechtsformwahl

3 Bei einer Gesellschaftsgründung können ZT auf sämtliche **Rechtsformen** zurückgreifen, **die ins FB eingetragen** werden können. Für kleinere u mittlere Unternehmen bieten insb die OG oder die KG Vorteile. Hingegen wird es bei mittleren u größeren Unternehmen zielführender sein, auf eine KapGes wie eine AG oder die am häufigsten gewählte Rechtsform unter ZT, die GmbH, zurückzugreifen.[3]

4 Rechtsformen, die **mangels Eintragungsfähigkeit** ins FB nicht den Anforderungen des § 23 Abs 1 ZTG entsprechen, darf keine ZT-Befugnis verliehen werden. Als Bsp für solche Rechtskonstrukte, denen keine ZT-Befugnis verliehen werden kann, dürfen die GesbR, eine stGes oder Vereine angeführt werden.[4]

C. Exkurs: Ziviltechniker GmbH & Co KG

5 Aus steuer- u haftungsrechtlicher Sicht hätte eine GmbH & Co KG durchaus einige Vorteile zu bieten. Ziviltechnikern jedoch machen die Bestimmungen des ZTG einen Strich durch die Rechnung, die Gründung einer **ZT GmbH & Co KG ist rechtlich unzulässig**. Bei einer GmbH & Co KG handelt es sich um eine Sonderform der KG, die ins FB eingetragen werden kann u somit grds den Rechtsformanforderungen des § 23 Abs 1 ZTG entsprechen würde.

6 Die Besonderheit dieser Rechtsform besteht allerdings darin, dass die Stellung des unbeschränkt haftenden Gesellschafters (Komplementärs) v einer GmbH übernommen wird u dadurch nur die GmbH mit ihrem Gesellschaftsvermögen haftet u nicht die hinter der GmbH stehenden Personen. Das vorrangige Ziel einer GmbH & Co KG besteht somit darin, die Haftungsrisiken für die hinter der Gesellschaft stehenden Personen auszuschließen bzw zu begrenzen. Die **Vertretung** in einer GmbH & Co KG erfolgt **durch die Komplementär-GmbH**, also durch eine jurPers.

7 Im Gegensatz dazu wird in den Organisationsgrundsätzen des § 29 Abs 1 ZTG festgelegt, dass die Geschäftsführung u die organschaftliche Vertretung in einer ZT-Gesellschaft natPers vorbehalten sind, die Ge-

---

[3] *Oppel/Swittalek*, Handbuch Ziviltechnikerrecht 118.
[4] *Pflaum/Karlberger/Wiener/Opetnik/Rindler/Henseler*, Handbuch des Ziviltechnikerrechts², 221.

sellschafter mit aufrechter Befugnis sind. Da die **Vertretung** in einer ZT-Gesellschaft somit nur durch natPers erfolgen darf, diese Funktion in der GmbH & Co KG jedoch eine **jurPers** bekleidet, verstößt die Gründung einer ZT GmbH & Co KG gegen die Bestimmung des § 29 Abs 1 ZTG. Eine ZT-Befugnis darf demnach nicht an eine solche Rechtsformkonstruktion verliehen werden.

D. Gesellschaftszweck – dauerhafte Berufsausübungsgesellschaft

Unternehmensgegenstand einer ZT-Gesellschaft darf ausschließlich die dauerhafte Entfaltung v ZT-Tätigkeiten sein. Die Verfolgung eines anderen oder weiteren Gesellschaftszwecks neben dem ZT-Beruf ist somit unzulässig. Daher ist es auch nicht möglich, dass eine Gewerbeberechtigung neben einer ZT-Befugnis in eine ZT-Gesellschaft eingebracht wird u somit beide Berufszweige entfaltet werden.[5]

Eine ZT-Gesellschaft muss nach der gesetzl Intention ein **auf Dauer angelegter Zusammenschluss zur Ausübung des ZT-Berufs** sein. In der Praxis streben viele ZT aus haftungsrechtlichen Gründen auch ZT-GmbH an, deren Unternehmensgegenstand lediglich die Abwicklung einzelner Projekte sein soll u die anschließend liquidiert werden sollen. Solche Gesellschaften „auf Zeit" entsprechen nicht der gesetzl Intention u sind demnach unzulässig. Auch der angestrebte Unternehmensgegenstand einer solchen Gesellschaft ist zu hinterfragen, zumal diese nur auf die Ausübung des ZT-Berufs ausgerichtet sein darf. Unklar idZ ist allerdings, ab welcher Zeitspanne man v einer dauerhaften Gesellschaft sprechen kann, zumal sich größere Bauvorhaben auch über mehrere Jahre hinziehen können.[6]

II. Befugnis

§ 24. (1) ¹**Die Befugnis zur Ausübung des Ziviltechnikerberufes wird vom Bundesminister für Digitalisierung und Wirtschaftsstandort auf Antrag der Gesellschaft für einen bestimmten Sitz verliehen.**

---

5 *Krejci/Pany/Schwarzer*, Ziviltechnikerrecht[2] § 21 Rz 9; *Pflaum/Karlberger/Wiener/Opetnik/Rindler/Henseler*, Handbuch des Ziviltechnikerrechts[2], 221.
6 *Krejci/Pany/Schwarzer*, Ziviltechnikerrecht[2] § 21 Rz 11.

²Gesellschaften, die ihre Rechtspersönlichkeit erst durch spätere Eintragung in das Firmenbuch erlangen, sind im Verfahren über die Verleihung der Befugnis parteifähig und von den vorgesehenen Organen zu vertreten.

(2) Die Befugnis ist zu verleihen, wenn:
1. sämtliche Inhalte der beantragten Gesellschaftsbefugnis durch ausgeübte Befugnisse von geschäftsführungs- und vertretungsbefugten Ziviltechnikern, die Gesellschafter oder Vorstandsmitglieder sind, gesetzmäßig nachgewiesen sind,
2. der Gesellschaftsvertrag den Bestimmungen dieses Bundesgesetzes entspricht.

(3) Ohne Nachweis der Befugnis dürfen Ziviltechnikergesellschaften nicht ins Firmenbuch eingetragen werden.

(4) ¹Ziviltechnikergesellschaften haben jede Änderung des Gesellschaftsvertrages dem Bundesminister für Digitalisierung und Wirtschaftsstandort unverzüglich bekanntzugeben. ²Ziviltechnikergesellschaften haben dazu eine Abschrift des geänderten Gesellschaftsvertrages zu übermitteln.

10 Die Besonderheit einer ZT-Gesellschaft besteht darin, dass deren Gründung immer mit einer „**Befugnisverdoppelung**" einhergeht. Dies bedeutet, dass die Gesellschaft selbst Trägerin einer ZT-Befugnis ist u somit das Erlöschen der Befugnis des ZT-GF nicht auch den sofortigen Verlust der ZT-Befugnis der Gesellschaft zur Folge hat. Die rechtlichen Schicksale der Gesellschaftsbefugnis einerseits u des ZT andererseits sind demnach immer getrennt voneinander zu betrachten.[7]

11 Da ZT-Gesellschaften selbst den Beruf des ZT ausüben, muss der zu gründenden Gesellschaft eine entspr **Berufserlaubnis bzw eigene Befugnis** iSd in § 3 ZTG genannten Fachgebiete verliehen werden.[8]

12 **Auf Antrag der Gesellschaft wird die Befugnis** durch einen Bescheid v BMAW verliehen.[9] Der Antrag ist unter Anschluss der erforderlichen Unterlagen bei der Länderkammer einzubringen, in deren Bereich der Sitz der Kanzlei begehrt wird. Neben dem Antrag auf

---

7 *Oppel/Swittalek*, Handbuch Ziviltechnikerrecht 115, 120.
8 *Pflaum/Karlberger/Wiener/Opetnik/Rindler/Henseler*, Handbuch des Ziviltechnikerrechts², 222; *Oppel/Swittalek*, Handbuch Ziviltechnikerrecht 115.
9 RV zu BGBl 1994/156; *Krejci/Pany/Schwarzer*, Ziviltechnikerrecht² § 22 Rz 9.

Verleihung einer ZT-Befugnis ist auch die notariell beglaubigte Errichtungserklärung bzw der GesV, eine Kopie des Befugnisverleihungsbescheids des geschäftsführenden ZT sowie Erklärungen sämtlicher Gesellschafter, dass diese kein facheinschlägiges Gewerbe aktiv betreiben, zu übermitteln. Die Dokumente können auch auf elektronischem Weg bei der zuständigen Länderkammer eingebracht werden.[10]

Die **Länderkammer muss den Antrag** unverzüglich, spätestens jedoch innerhalb v sechs Wochen, dem BMAW **vorlegen**. Weiters ist dem Antrag eine Stellungnahme der Länderkammer anzuschließen, aus der hervorzugehen hat, ob die eingereichten Unterlagen den gesetzl Anforderungen entsprechen.[11] **13**

Vor Erteilung der Befugnis hat der BMAW den GesV dahingehend zu prüfen, ob der Gesellschaftszweck sowie die sonstigen Bestimmungen des **Vertrags den Anforderungen der §§ 23 bis 30 ZTG entsprechen**.[12] **14**

Da die **Befugnis unter der aufschiebenden Bedingung** einer nachfolgenden Eintragung ins FB **zu verleihen ist**, muss den Gesellschaften in Gründung, die erst mit dem FB-Eintrag über eine Rechtspersönlichkeit verfügen, eine Parteienstellung im Verwaltungsverfahren eingeräumt u ihre Vertretung geregelt werden.[13] Die Vertretung in einer Gesellschaft erfolgt durch die gesetzl vorgesehenen Organe, bei einer GmbH demnach durch den bzw die GF. **15**

Für den Fall, dass eine bereits **bestehende Gesellschaft in eine ZT-Gesellschaft übergeführt** werden soll, sind neben dem Ansuchen um Verleihung einer Befugnis auch der GesV u insb der Gesellschaftszweck entspr zu ändern. Bei dieser Konstellation spielt jedoch die Parteifähigkeit keine Rolle, da diese bereits über eine ausreichende Rechts- u damit auch Parteifähigkeit verfügen.[14] **16**

Der konkrete **Befugnisumfang einer ZT-Gesellschaft** hängt in erster Linie v konkreten Antrag ab u richtet sich nach jenen in § 3 ZTG genannten Fachgebieten, für die den geschäftsführungs- u vertretungs- **17**

---

10 *Krejci/Pany/Schwarzer*, Ziviltechnikerrecht[2] § 22 Rz 12; *Pflaum/Karlberger/Wiener/Opetnik/Rindler/Henseler*, Handbuch des Ziviltechnikerrechts[2], 222.
11 RV zu BGBl 1994/156; *Krejci/Pany/Schwarzer*, Ziviltechnikerrecht[2], § 22 Rz 1.
12 *Krejci/Pany/Schwarzer*, Ziviltechnikerrecht[2] § 22 Rz 1.
13 RV zu BGBl 1994/156; *Krejci/Pany/Schwarzer*, Ziviltechnikerrecht[2] § 22 Rz 4.
14 RV zu BGBl 1994/156; *Krejci/Pany/Schwarzer*, Ziviltechnikerrecht[2] § 22 Rz 1, 2.

befugten ZT, die Gesellschafter sind, eine Befugnis verliehen wurde. Die beantragte Befugnis muss durch entspr **Nachw über eine ausgeübte Befugnis durch die geschäftsführungs- u vertretungsbefugten ZT, die Gesellschafter sind**, erbracht werden.[15]

18 Widrigenfalls darf eine ZT-Gesellschaft nicht ins FB eingetragen werden. Sollte dies dennoch geschehen, ist die Eintragung jedenfalls im Hinblick auf die Eigenschaft der Gesellschaft, ZT-Gesellschaft zu sein, rechtswidrig u auf Antrag oder v Amts wegen zu löschen.[16]

Nach der bisherigen Rechtslage wurden die GesV nur einmalig im Zuge der Befugniserteilung begutachtet. Mit der ZTG-Nov 2021[17] werden gem § 24 Abs 4 ZTG auch nachträgliche Änderungen des GesV auf Vereinbarkeit mit dem ZTG durch den BMAW überprüft.[18] Sollten die Änderungen dem ZTG widersprechen u den Tatbestand des § 25 Abs 3 ZTG verwirklichen, muss das **Erlöschen der Befugnis der ZT-Gesellschaft mittels Bescheids** festgestellt werden.

III. Erlöschen der Befugnis

§ 25. (1) Die Befugnis erlischt:
1. mit Verlust der Rechtsfähigkeit oder
2. sechs Monate nach dem Wegfall einer der für die Erteilung vorausgesetzten Befugnisse, sofern diese nicht innerhalb dieser Frist ersetzt wird, oder
3. durch Änderungen des Gesellschaftsvertrages, die den Bestimmungen dieses Bundesgesetzes widersprechen, oder
4. wenn sonstige Umstände eingetreten sind, die den Bestimmungen dieses Abschnittes widersprechen.

(2) Das Erlöschen der Befugnis der Ziviltechnikergesellschaft ist durch Bescheid des Bundesministers für Digitalisierung und Wirtschaftsstandort festzustellen.

---

15 *Pflaum/Karlberger/Wiener/Opetnik/Rindler/Henseler*, Handbuch des Ziviltechnikerrechts², 222.
16 *Pflaum/Karlberger/Wiener/Opetnik/Rindler/Henseler*, Handbuch des Ziviltechnikerrechts², 222.
17 BGBl I 2021/160.
18 ErlRV 686 BlgNR 27. GP.

A. Erlöschenstatbestände allgemein

Sofern einer der in den Z 1 bis 4 normierten Tatbestände vorliegt, ist das Erlöschen der Befugnis durch Bescheid des BMAW festzustellen. Da dieser Bescheid nicht auf Rechtsgestaltung ausgerichtet ist, sondern bloß die aktuelle Rechtslage feststellt, **erlischt die Gesellschaftsbefugnis nicht erst mit Rechtskraft des Feststellungsbescheides, sondern bereits bei Vorliegen einer der in Z 1 bis 4 genannten Tatbestände.**[19] Das Feststellungsverfahren wird entweder auf Antrag oder v Amts wegen eingeleitet.[20]

B. Verlust der Rechtsfähigkeit

Die **Rechtsfähigkeit einer GmbH** geht durch eine Umgründung bzw durch einen Rechtsformwechsel **unter**. Da die verliehene Gesellschaftsbefugnis eine höchstpersönliche ist, kann sie auch nicht im Zuge der Abwicklung einem anderen Rechtssubjekt übertragen werden.[21]

C. Wegfall einer Kongruenzbefugnis

Da bereits beim Gründungsvorgang einer ZT-Gesellschaft die beantragte Befugnis durch eine ausgeübte Befugnis des geschäftsführungs- u vertretungsbefugten ZT, der Gesellschafter oder Vorstandsmitglied ist, nachgewiesen werden muss, erfasst § 25 Abs 1 Z 2 ZTG jene Fälle, in denen nachträglich die oder eine der für die Gesellschaftsbefugnis maßgebliche **Kongruenzbefugnis** eines Gesellschafters u somit die berufsrechtliche Rechtfertigung **wegfällt**.[22] Unerheblich ist es, ob die ausgeübte Kongruenzbefugnis erlischt, aberkannt, ruhend gestellt oder durch den Tod eines ZT wegfällt.[23]

Verbleibt jedoch bei Wegfall einer Kongruenzbefugnis mind ein geschäftsführender ZT, der auch dieselbe ZT-Befugnis wie die Gesellschaft

---

19 *Krejci/Pany/Schwarzer*, Ziviltechnikerrecht[2] §§ 23, 24 Rz 2.
20 *Krejci/Pany/Schwarzer*, Ziviltechnikerrecht[2] §§ 23, 24 Rz 3.
21 *Krejci/Pany/Schwarzer*, Ziviltechnikerrecht[2] §§ 23, 24 Rz 4 ff; *Oppel/Swittalek*, Handbuch Ziviltechnikerrecht (2021) 138 f;
22 *Krejci/Pany/Schwarzer*, Ziviltechnikerrecht[2] §§ 23, 24 Rz 17.
23 *Krejci/Pany/Schwarzer*, Ziviltechnikerrecht[2] §§ 23, 24 Rz 18.

innehat, ist der **Fortbestand der Gesellschaft nicht gefährdet**.[24] Dies wäre beispielsweise der Fall, wenn eine ZT-GmbH aus zwei geschäftsführenden ZT besteht, die beide eine aufrechte ZT-Befugnis im Fachgebiet Architektur haben. Scheidet in weiterer Folge einer der beiden ZT aus der Gesellschaft aus, kann die Architekturbefugnis der ZT-GmbH weiterhin durch den zweiten geschäftsführenden ZT der Gesellschaft nachgewiesen werden. Konkret muss somit immer ein geschäftsführungs- u vertretungsbefugter ZT in der GmbH verbleiben, der die gleiche Befugnis aktiv ausübt, wie jene Befugnis, die die GmbH innehat. Natürlich ist auch stets im Auge zu behalten, dass auch durch den Wegfall eines ZT weiterhin mind 50 % der Geschäftsanteile u Stimmrechte v ZT gehalten werden müssen.

23   Entgegen dem bis vor kurzem noch geltenden „**Alles oder nichts**"-**Prinzip**, welches besagte, dass bei Wegfall der Kongruenzbefugnis eines Fachgebiets auch sämtliche weiteren Befugnisse erlöschen, wird nunmehr nur jene Befugnis für erloschen erklärt, für die keine Kongruenzbefugnis mehr nachweisbar ist.[25]

24   Scheidet jener GF-Gesellschafter aus, der maßgeblich für die Kongruenzbefugnis der GmbH ist, erlischt die Befugnis der GmbH jedoch nicht sofort. § 25 Abs 1 Z 2 ZTG räumt eine „Galgenfrist" v **sechs Monaten** für die verbliebenen Gesellschafter ein, **um einen anderen ZT zu finden, der mit der fachlich entspr selben Befugnis wie die Gesellschaft** als geschäftsführungs- u vertretungsbefugter Gesellschafter oder Vorstandsmitglied einsteigt.[26] Formal ist dafür notwendig, dass der GesV geändert u mittels Abschrift dem BMAW zur Kenntnis gebracht wird.

25   Gelingt eine solche Nachfolgesuche nicht oder ist der Fortbestand der GmbH in diesem Fachgebiet ohnehin nicht gewollt, wird **nach Ablauf der sechs Monate das Erlöschen der Befugnis durch Bescheid festgestellt**.[27]

26   Innerhalb jenes Zeitraums, in der die Kongruenzbefugnis weggefallen ist u noch kein Nachfolger gefunden wurde, ist die **ZT-Gesellschaft *de facto* handlungsunfähig** u nicht berechtigt, nach außen wirksame

---

24 *Krejci/Pany/Schwarzer*, Ziviltechnikerrecht[2] §§ 23, 24 Rz 22.
25 Vgl *Krejci/Pany/Schwarzer*, Ziviltechnikerrecht[2] §§ 23, 24 Rz 23.
26 *Krejci/Pany/Schwarzer*, Ziviltechnikerrecht[2] §§ 23, 24 Rz 25; *Pflaum/Karlberger/Wiener/Opetnik/Rindler/Henseler*, Handbuch des Ziviltechnikerrechts[2], 144.
27 *Krejci/Pany/Schwarzer*, Ziviltechnikerrecht[2] §§ 23, 24 Rz 26.

Rechtsgeschäfte abzuschließen. Zwar wurde der Gesellschaft die Befugnis noch nicht entzogen, jedoch existiert keine organschaftliche Vertretung mehr, die für die Gesellschaft Geschäfte abschließen kann.[28]

D. Ziviltechnikergesetzwidrige Änderungen des Gesellschaftsvertrags

Wie bereits zu § 24 Abs 4 ZTG erörtert, sind Änderungen des GesV dem BMAW per Abschrift zur Kenntnis zu bringen. Sofern bei der Prüfung des geänderten GesV eine Bestimmung gegen das ZTG verstößt, ist dies v Amts wegen aufzugreifen u das **Erlöschen der Befugnis mittels Bescheid festzustellen**.[29] Zur Veranschaulichung dürfen nachstehend beispielhaft einige SV dargelegt werden, die unter den § 25 Abs 3 ZTG zu subsumieren sind:

27

– Durch eine Vertragsänderung ist der Gesellschaftszweck nicht mehr nur auf die ausschließliche u dauernde Ausübung des ZT-Berufs ausgerichtet;
– In der GmbH werden Gewerbetreibende sowie geschäftsführungs- u vertretungsbefugte Gesellschafter oder leitende Angestellte solcher Gewerbetreibenden aufgenommen, deren Tätigkeit der Befugnis der ZT-GmbH fachlich entspricht;
– Übertragung der Geschäftsführung u Vertretungsfunktion an Gesellschafter, die nicht den Anforderungen des § 29 Abs 1 ZTG entsprechen;
– Übertragung v Gesellschaftsanteilen, die zur Folge hat, dass die Kapitalbeteiligung v ZT mit ausgeübter Befugnis unter 50 % fällt;
– Eine Gesellschaft, die in einem Mitgliedstaat der EU oder einem Vertragsstaat des EWR oder der Schweizer Eidgenossenschaft niedergelassen ist u an einer österr ZT-GmbH beteiligt ist, erwirbt nachträglich die Befugnis zu einer ausführenden Tätigkeit.[30]

Zu beachten bei diesem Erlöschenstatbestand ist, dass es hier keine sechsmonatige Schonfrist, ähnlich der bei Wegfall der Kongruenzbefug-

---

28 *Pflaum/Karlberger/Wiener/Opetnik/Rindler/Henseler*, Handbuch des Ziviltechnikerrechts[2], 144.
29 ErlRV 686 BlgNR 27. GP.
30 *Krejci/Pany/Schwarzer*, Ziviltechnikerrecht[2] §§ 23, 24 Rz 42.

nis, gibt. Liegt ein Verstoß des GesV vor, ist das Erlöschen der Befugnis festzustellen.

E. Sonstige Verstöße

28 Dieser generelle Auffangtatbestand soll alle Fälle erfassen, die den Bestimmungen der §§ 23 bis 31 ZTG widersprechen u **nicht ohnehin unter einen der drei Erlöschenstatbestände fallen**. Denkbar wären hier beispielsweise jene Fälle, in denen es aufgrund einer rechtskräftig verhängten Disziplinarstrafe zum Verlust der Befugnis eines geschäftsführungs- u vertretungsbefugten ZT kommt. Dies wäre beispielsweise bei Stimmbindungsverträgen denkbar, bei denen sich die Mehrheit der maßgeblichen ZT außerhalb des GesV verpflichten würde, ihr Stimmrecht so auszuüben, wie es der Wunsch v Gesellschaftern ohne ausgeübte Befugnis ist. Mit solchen Verträgen würden die Organisationsgrundsätze des § 29 ZTG ausgehöhlt werden u solche Verträge würden dem Gebot der Beteiligungsmehrheit v ZT mit ausgeübter Befugnis zuwiderlaufen. Zwar führen solche Syndikatsverträge nicht zum Erlöschen der Gesellschafterbefugnis *per se*, deren Vorliegen kann jedoch ein Disziplinarverfahren gegen die beteiligten ZT zur Folge haben. Kommt es durch das Disziplinarverfahren zu einem Wegfall der Berufsberechtigung, führt dies auch in weiterer Folge zum Erlöschen der Gesellschaftsbefugnis.[31]

IV. Firma

§ 26. (1) [1]Ziviltechnikergesellschaften müssen ihrer Firma den Zusatz „Ziviltechnikergesellschaft" unter Beachtung der allgemeinen firmenrechtlichen Bestimmungen beifügen. [2]Das Wort „Ziviltechniker" darf mit „ZT" abgekürzt werden.

(2) [1]In Geschäftspapieren sind die Namen und Befugnisse aller an der Gesellschaft beteiligten Gesellschafter anzuführen. [2]Ist eine interdisziplinäre Gesellschaft mit Ziviltechnikern an der Ziviltechnikergesellschaft beteiligt, so sind deren facheinschlägig befugte Gesellschafter gesondert anzuführen.

---

31 *Krejci/Pany/Schwarzer*, Ziviltechnikerrecht[2] §§ 23, 24 Rz 44, 45.

A. Firmenwortlaut

Den Gesellschaftern einer ZT-GmbH steht es frei zu entscheiden, ob die Gesellschaft eine Sach- oder Personen-Fa trägt. Bei einer Personen-Fa ist zu beachten, dass in der Fa nur Personen genannt werden dürfen, die auch Gesellschafter der Gesellschaft sind, außer, es liegt ein Fall der Firmenfortführung vor. Darüber hinaus muss auch der **Firmenwortlaut den Zusatz enthalten, welche Gesellschaftsform vorliegt.** Bei einer GmbH ist somit jedenfalls der Zusatz „Gesellschaft mit beschränkter Haftung" in ausgeschriebener oder abgekürzter Form (zB GesmbH oder GmbH) anzugeben.[32]   29

Um eine klare Unterscheidung zw einer ZT-Gesellschaft u anderen Gesellschaften zu schaffen, muss das Wort **„Ziviltechniker" oder die Abkürzung „ZT" vor dem Rechtsformzusatz** vorangestellt werden. Unter Bedachtnahme obiger Ausführungen wären beispielsweise im Falle einer ZT-GmbH ua folgende Firmenwortlautkombinationen denkbar: „Ziviltechnikergesellschaft mit beschränkter Haftung", „ZT-GmbH", „Ziviltechniker GmbH", „ZT Gesellschaft mit beschränkter Haftung".[33]   30

Weitere Formerfordernisse sieht das ZTG nicht vor. Es ist nicht notwendig, einen Hinweis auf eine gewisse Sektionszugehörigkeit oder auch den konkreten Befugnisumfang in die Fa aufzunehmen. Natürlich ist dies dennoch möglich; somit könnte die Fa einer ZT-Gesellschaft zB auch lauten: *„Max Mustermann, Ingenieurkonsulent für Vermessungswesen ZT-GmbH".*   31

Bei der Wahl der Fa muss auch auf die **Bestimmung des § 35 ZTG Acht genommen werden.** Daraus geht hervor, dass Bezeichnungen wie „Ziviltechniker", „Architekt", „Ingenieurkonsulent", „Zivilgeometer" u „Zivilingenieur" nur dann geführt werden dürfen, wenn auch eine entspr Befugnis verliehen wurde.   32

B. Offenlegung der Beteiligungen

§ 26 Abs 2 ZTG sieht vor, dass auf **Geschäftspapieren die Namen u Befugnisse aller an der Gesellschaft beteiligten Gesellschafter** anzuführen sind. Diese erweiterte Offenlegungspflicht der Beteiligungsverhält-   33

---

32 *Krejci/Pany/Schwarzer*, Ziviltechnikerrecht[2] § 25 Rz 28.
33 *Krejci/Pany/Schwarzer*, Ziviltechnikerrecht[2] § 25 Rz 29.

nisse begründete der Gesetzgeber mit der Beteiligungsmöglichkeit v interdisziplinären Gesellschaften mit ZT. Personen, die ZT-Leistungen in Anspruch nehmen, sollen sich damit ein Bild verschaffen können, wer an der Gesellschaft beteiligt ist.[34]

34 Die **Begrifflichkeit „Geschäftspapiere"** lässt sich am besten durch § 14 UGB definieren, in dem v *„Geschäftspapieren und Bestellscheinen"* die Rede ist. Im Endeffekt muss auf jeder schriftlichen geschäftlichen Mitteilung mit bestimmtem Empfänger ersichtlich sein, wer die Gesellschaft rechtswirksam nach außen vertreten kann.[35] Formerfordernisse v Geschäftspapieren sind auch in den Standesregeln für ZT enthalten, wonach gem § 18 Abs 1 ZTG auf Geschäftspapieren das Bundeswappen der Republik Ö, akademische Grade, die dem Studienabschluss entspr oder behördlich verliehenen Standesbezeichnungen, Vor- u Zunamen, die Berufsbezeichnung u die Angabe des Kanzleisitzes zu führen sind. Überdies können Siegel u Geschäftspapiere ehrenhalber verliehene akademische Grade u ebensolche technische Berufstitel enthalten.[36]

V. Gesellschafter

§ 27. (1) Gesellschafter einer Ziviltechnikergesellschaft dürfen sein:
1. natürliche Personen,
2. berufsbefugte Ziviltechnikergesellschaften
3. interdisziplinäre Gesellschaften mit Ziviltechnikern und
4. Gesellschaften, die in einem Mitgliedsstaat der EU oder einem Vertragsstaat des EWR oder der Schweizer Eidgenossenschaft niedergelassen sind, dort den Beruf eines freiberuflichen Architekten oder Ingenieurkonsulenten befugt ausüben und zu keiner ausführenden Tätigkeit berechtigt sind.

(2) Gewerbetreibende, deren Tätigkeit der Befugnis einer Ziviltechnikergesellschaft fachlich entspricht, sowie geschäftsführungs- und vertretungsbefugte Gesellschafter oder leitende Angestellte solcher Gewerbetreibenden dürfen nicht Gesellschafter dieser Ziviltechnikergesellschaft sein.

---

34 ErlRV 686 BlgNR 27. GP.
35 *Krejci/Pany/Schwarzer*, Ziviltechnikerrecht[2] § 25 Rz 33.
36 *Krejci/Pany/Schwarzer*, Ziviltechnikerrecht[2] § 25 Rz 37.

A. Beteiligungsmöglichkeit

1. Wer darf Gesellschafter sein?

Eines der wesentlichsten Merkmale einer ZT-Gesellschaft ist die **Beschränkung der Beteiligungsmöglichkeiten** im ZTG, also wer Gesellschafter an einer ZT-Gesellschaft sein darf. Zwar erfuhr das ZTG durch die Nov 2021[37] eine gewisse Aufweichung, dennoch ist der potentielle Gesellschafterkreis weiterhin stark begrenzt.[38] Gesellschafter einer ZT-Gesellschaft dürfen ausschließlich natPers, berufsbefugte ZT-Gesellschaften, Gesellschaften, die in der EU, im EWR oder in der Schweiz niedergelassen sind u dort den Beruf eines Architekten oder Ingenieurkonsulenten befugt ausüben oder interdisziplinäre Gesellschaften mit ZT sein.

Auffällig bei dieser Aufzählung ist, dass berufsfremde jurPers darin nicht enthalten sind. Somit ist es **nicht möglich, dass sich eine berufsfremde Gesellschaft**, die also nicht unter Einhaltung der Bestimmungen der §§ 23 bis 30 ZTG entstanden ist, **an einer ZT-Gesellschaft beteiligt**.

2. Gewerbeberechtigung versus Ziviltechnikerbefugnis

§ 27 Abs 2 ZTG legt fest, dass Gewerbetreibende sowie geschäftsführungs- u vertretungsbefugte Gesellschafter oder leitende Angestellte solcher **Gewerbetreibenden, deren Tätigkeit der Befugnis der ZT-Gesellschaft fachlich entspricht, nicht Gesellschafter dieser ZT-Gesellschaft sein dürfen**.[39] Somit werden nicht sämtliche Gewerbetreibende ausgeschlossen, sondern nur jene, die ein Gewerbe ausüben, das dem Fachgebiet bzw einem der Fachgebiete jener ZT-Gesellschaft entspricht, an welcher eine Beteiligung angestrebt wird.[40]

Zur Veranschaulichung dieser **Einschränkung für Gewerbetreibende** darf auf das Baumeistergewerbe zurückgegriffen werden. Das Gewerbe legitimiert ua zur Planung u Berechnung v Hochbauten, Tiefbauten u anderen verwandten Bauten. Diese Tätigkeiten sind zB auch im Befugnisumfang eines Architekten mitumfasst. Wenn nun also eine ZT-GmbH als Unternehmensgegenstand die dauerhafte Ausübung der Ar-

---

37 BGBl I 2021/160.
38 ErlRV 478 BlgNR 26. GP.
39 RV zu BGBl 1994/156.
40 *Oppel/Swittalek*, Handbuch Ziviltechnikerrecht (2021) 229; *Krejci/Pany/Schwarzer*, Ziviltechnikerrecht² § 26 Rz 9 ff.

chitekturbefugnis hat, ist es für einen Baumeister nicht möglich, sich an dieser zu beteiligen, da sein Gewerbeberechtigungsumfang zumindest tw dem Befugnisumfang der ZT-Gesellschaft fachlich entspricht.

B. Verstöße gegen das Beteiligungsverbot

39 Für den Fall, dass bereits zum Zeitpunkt der Antragsstellung auf Verleihung einer ZT-Befugnis für eine ZT-Gesellschaft die **Beteiligung eines Gesellschafters den Bestimmungen des ZTG widerspricht, darf die Gesellschaftsbefugnis nicht erteilt werden**. Ohne Befugnisverleihungsbescheid ist auch eine Eintragung ins FB nicht möglich, sodass die ZT-Gesellschaft rechtlich erst gar nicht wirksam zustande kommt.[41]

40 Wird jedoch ein Gesellschafter in eine bereits bestehende ZT-Gesellschaft aufgenommen, bedarf dies einer Änderung des GesV. Solche Änderungen sind nach § 24 Abs 4 ZTG unverzüglich dem BMAW zur Kenntnis zu bringen. **Widerspricht der Eintritt des neuen Gesellschafters den Bestimmungen des ZTG**, so erfüllt dies den Tatbestand des § 25 Abs 3 ZTG u wird v BMAW mittels Bescheids **das Erlöschen der Befugnis der ZT-Gesellschaft festgestellt**. Das kann bedeuten, dass im schlimmsten Fall der Eintritt eines neuen Gesellschafters das rückwirkende Erlöschen der Befugnis der Gesellschaft zur Folge haben kann. Statt mit einem weiteren Gesellschafter steht die Gesellschaft plötzlich ohne Berufsberechtigung da u ist *de facto* handlungsunfähig.[42]

VI. Treuhandverbote

§ 28. [1]**Gesellschafter müssen ihre Gesellschafterstellung im eigenen Namen und für eigene Rechnung innehaben und ausüben.** [2]**Die treuhändige Übertragung und Ausübung von Gesellschaftsrechten ist unzulässig.**

---

41 *Krejci/Pany/Schwarzer*, Ziviltechnikerrecht[2] § 27 Rz 14.
42 *Krejci/Pany/Schwarzer*, Ziviltechnikerrecht[2] § 27 Rz 15.

A. Schutz vor Fremdeinfluss

Das gesetzl Treuhandverbot soll als logische Konsequenz der Bestimmung des § 27 ZTG die ZT bei der Ausübung ihres Berufs vor jedwedem Fremdeinfluss schützen u eine „**Strohmannfunktion**" der ZT für andere in einer ZT-Gesellschaft verhindern.[43]

41

B. Vertretungsverbot

§ 28 S 1 ZTG normiert, dass sämtliche Gesellschafter einer ZT-Gesellschaft – somit nicht nur ZT mit ausübender Befugnis – ihre Gesellschafterstellung im eigenen Namen ausüben müssen. Diese Formulierung schließt jedoch nicht aus, dass sich ein Gesellschafter in speziellen Einzelfällen, zB in **Ausnahmesituationen, dennoch vertreten** lässt. Ungewollt ist hingegen eine **dauerhafte Vertretung**, bei der letztendlich die Gesellschafter bloß formal die Gesellschafterposition bekleiden, die damit verbundenen Obliegenheiten jedoch durch einen Dritten ausgeübt werden.[44]

42

C. Verbot einer Treuhandübernahme

§ 28 S 1 ZTG legt neben dem Vertretungsverbot fest, dass man die Gesellschafterstellung für eigene Rechnung innehaben u ausüben muss. Somit dürfen die Gesellschafterposition u alle damit zusammenhängenden **wirtschaftlichen Vor- u Nachteile nicht einem Dritten zugerechnet** werden. Die vertragliche Einräumung solcher Gesellschafterrechte ist verboten.[45]

43

D. Verbot einer Treuhandübergabe

Nicht nur das Verbot einer Treuhandschaft ist in § 28 ZTG normiert, vielmehr soll es ZT bereits dem Grunde nach verboten werden, überhaupt **Dritten eine solche Stellung vertraglich einzuräumen**.[46]

44

---

43 RV zu BGBl 1994/156; *Krejci/Pany/Schwarzer*, Ziviltechnikerrecht[2] § 27 Rz 1.
44 *Krejci/Pany/Schwarzer*, Ziviltechnikerrecht[2] § 27 Rz 3, 4.
45 *Krejci/Pany/Schwarzer*, Ziviltechnikerrecht[2] § 27 Rz 6.
46 *Krejci/Pany/Schwarzer*, Ziviltechnikerrecht[2] § 27 Rz 12.

E. Abhängigkeitsverhältnisse

45 Das ZTG spricht sich ausdrücklich nur gegen die Treuhandschaft einer Gesellschafterstellung in einer ZT-Gesellschaft aus, trifft jedoch keine Aussage zu anderen Konstellationen, in denen eine Fremdbestimmung in der ZT-Gesellschaft geschaffen bzw die Entscheidungshoheit des ZT über fachliche Fragen der Berufsausübung unterlaufen wird. Solche Situationen könnten beispielsweise durch **Syndikatsverträge** entstehen, in denen sich die Syndikatspartner vertraglich zu einem gewissen Abstimmungsverhalten verpflichten.[47]

46 Trotz fehlender gesetzl Regelung ist dennoch aus einer Zusammenschau der ZTG-Regelungen klar erkennbar, dass jegliche **mittelbare Beeinflussung in einer ZT-Gesellschaft seitens des Gesetzgebers nicht gewollt** u somit unzulässig ist. Das lässt sich aus den Beteiligungsbeschränkungen der ZT-Gesellschaft, dem Treuhandverbot, den nachstehenden Organisationsgrundsätzen – die vorrangig die Erhaltung u Sicherung der Vormachtstellung des ZT zum Ziel haben – sowie der Überantwortung aller Gesellschafter, sich an die Standesregeln zu halten, ableiten.[48]

VII. Organisationsgrundsätze

§ 29. (1) ¹Geschäftsführer und organschaftliche Vertreter einer Ziviltechnikergesellschaft dürfen nur natürliche Personen sein, die Gesellschafter mit aufrechter Befugnis sind. ²Die Gesellschaftsanteile und Stimmrechte der Ziviltechniker mit aufrechter Befugnis an der Ziviltechnikergesellschaft müssen unter Berücksichtigung von Gesellschaftsanteilen und Stimmrechten an allfällig beteiligten Ziviltechnikergesellschaften und interdisziplinären Gesellschaften mit Ziviltechnikern mindestens 50 Prozent betragen. ³In Geschäftsfällen, in denen fachverschiedene Befugnisse mehrerer Ziviltechniker erforderlich sind, hat der Gesellschaftsvertrag einschlägig befugte Geschäftsführer jedenfalls zu gemeinsamem Handeln zu verpflichten.

(2) ¹Über fachliche Fragen der Berufsausübung der Ziviltechnikergesellschaft entscheiden in den jeweils zuständigen Gesell-

---

47 *Krejci/Pany/Schwarzer*, Ziviltechnikerrecht² § 27 Rz 17.
48 *Krejci/Pany/Schwarzer*, Ziviltechnikerrecht² § 27 Rz 18.

schaftsorganen ausschließlich die Gesellschafter mit ausgeübter Befugnis. ²Gegen den Willen jener Gesellschafter, die über die für den Gegenstand der Entscheidung fachlich einschlägige Befugnis verfügen, darf keine Entscheidung getroffen werden. ³Fachspezifische Tätigkeiten, insbesondere die Ausstellung von Urkunden gemäß § 3 Abs 3, dürfen in Ziviltechnikergesellschaften nur von Ziviltechnikern ausgeübt werden.

(3) Berufsfremde Gesellschafter sind zur Einhaltung der Standesregeln vertraglich zu verpflichten.

(4) Sofern Ziviltechnikergesellschaften eingetragene Personengesellschaften sind, dürfen Gesellschafter, die keine ausgeübte Befugnis haben, nur Kommanditisten sein.

(5) ¹Sofern Ziviltechnikergesellschaften Aktiengesellschaften sind, hat die Satzung ausschließlich Namensaktien vorzusehen. ²Die Übertragung der Aktien ist an die Zustimmung der Hauptversammlung zu binden. ³Die Hauptversammlung ist zu verpflichten, der Übertragung nur unter Beachtung der Vorschriften dieses Bundesgesetzes und der Standesregeln zuzustimmen.

(6) In einer Ziviltechnikergesellschaft kann die Prokura nicht wirksam erteilt werden.

A. Vormachtstellung der Ziviltechniker

Durch die Organisationsgrundsätze des § 29 ZTG soll die **Vormachtstellung** v ZT in der ZT-Gesellschaft gesichert werden. Berufsfremde Gesellschafter sowie jurPers sollen durch Beteiligungsbeschränkungen sowie Verbote v gesellschaftlichen Organfunktionen daran gehindert werden, eine dominierende Mitbestimmung über fachliche Fragen der Berufsausübung auszuüben.[49] Die E in diesen Bereichen muss den Gesellschaftern mit entspr Sachverstand vorbehalten bleiben.[50]

47

---

49 RV zu BGBl 1994/156.
50 *Krejci/Pany/Schwarzer*, Ziviltechnikerrecht² § 28 Rz 1.

B. Geschäftsführung und organschaftliche Vertretung in einer Ziviltechniker-GmbH

48 Voraussetzung für die Übernahme einer **GF-Funktion oder** die Einräumung einer anderen **organschaftlichen Vertretung an einer ZT-Gesellschaft** ist, dass es sich um eine natPers handelt, welche Gesellschafter ist u somit Anteile an der Gesellschaft hält sowie über eine aufrechte ZT-Befugnis verfügt. Nicht mehr notwendig ist, dass die GF einer ZT-Gesellschaft die Mehrheit an den Gesellschaftsanteilen u damit Stimmrechten halten.[51]

49 Geschäftsführer bzw organschaftliche Vertreter dürfen keine jurPers oder berufsfremde natPers sein. Die Einschränkung, dass diese Funktion nur v Gesellschaftern ausgeübt werden darf, schließt eine Fremd- bzw Drittorganschaft in einer ZT-Gesellschaft aus.

50 Weiters wird verlangt, dass die **Gesellschaftsanteile u Stimmrechte zu mind 50% v ZT** gehalten werden müssen. Dabei sind auch sämtliche Gesellschaftsanteile u Stimmrechte an allfällig beteiligten ZT-Gesellschaften u interdisziplinären Gesellschaften mit ZT zu berücksichtigen. Maßgeblich für die Berechnung der 50% sind jegliche Gesellschafter, die den Beruf des ZT ausüben. Darunter fallen natPers mit ZT-Befugnis, berufsbefugte ZT-Gesellschaften sowie interdisziplinäre Gesellschaften mit ZT. Zwar ist eine Mindestbeteiligung v sämtlichen ZT an einer ZT-Gesellschaft vorgeschrieben, dies gilt jedoch nicht für die Geschäftsführung bzw organschaftliche Vertretung. Ein GF kann demnach auch ein Minderheitengesellschafter sein.

51 Zur Veranschaulichung der 50%-Hürde darf auf eine ZT-GmbH zurückgegriffen werden, an der eine weitere ZT-Gesellschaft zu 90% u eine natPers mit aufrechter ZT-Befugnis zu 10% beteiligt ist. Die Beurteilung der Frage, ob tatsächlich 50% der Gesellschaftsanteile u Stimmrechte v ZT gehalten werden, hängt immer entscheidend v der Gesellschafterstruktur der beteiligten Gesellschaften ab. In dem illustrierten Bsp ist an der Mutter-ZT-Gesellschaft eine natPers mit einer aufrechten Befugnis im gesetzl Mindestausmaß v 50% beteiligt, die restlichen 50% hält ein berufsfremder Dritter. Bei einer 90%-Beteiligung dieser Gesellschaft, der wiederum zu 50% ein ZT angehört, liegen somit 45% der Geschäftsanteile u Stimmrechte in der Tochtergesellschaft in den Händen einer natPers mit aufrechter Befugnis. Diese 45% gepaart

---

[51] ErlRV 686 BlgNR 27. GP.

mit den weiteren 10% des anderen ZT ergeben somit eine **Beteiligungshöhe v 55% natPers mit aufrechten Befugnissen u entsprechen dadurch auch den gesetzl Anforderungen.**

Halten an beteiligten ZT-Gesellschaften abermals ZT-Gesellschaften Gesellschaftsanteile u sind an diesen wiederum interdisziplinäre Gesellschaften mit ZT beteiligt, kann die Beurteilung der 50%-Hürde aufgrund der skizzierten Verschachtelung zu einer enormen Herausforderung werden. **Wichtig ist immer, die Beteiligungshöhe v natPers mit aufrechter Befugnis** herauszuarbeiten. 52

C. Gemeinsames Handeln der Geschäftsführer

In der Praxis kommt es immer wieder vor, dass ein Geschäftsfall die Expertise mehrerer ZT mit untersch Befugnissen erfordert. Um diesen Auftrag auch fachgerecht zu erfüllen, müssen die jew einschlägig befugten ZT in ihrer Berufsausübung auch eine entspr Mitbestimmung u Mitwirkungsmöglichkeit eingeräumt bekommen.[52] Dies wäre beispielsweise nicht gewährleistet, wenn eine Einzelgeschäftsführungsbefugnis eines fachlich nicht einschlägig befugten GF ausreichen würde, um die Gesellschaft zu vertreten u somit Geschäftsfälle anzunehmen u abzuwickeln. Um den Alleingang eines GF zu vermeiden, gebietet § 29 Abs 1 letzter S ZTG, dass gesv die **einschlägig befugten GF** jedenfalls zu **gemeinsamem Handeln** zu verpflichten sind.[53] 53

D. Entscheidungsmonopol von Ziviltechnikern

§ 29 Abs 2 ZTG verschafft den ZT mit ausgeübter Befugnis ein *de facto* **Entscheidungsmonopol** über fachliche Fragen der Berufsausübung in ihrem jew Fachgebiet. Zwar kommen ZT ohnehin durch das Ausschließlichkeitsrecht im Bereich der Geschäftsführung bzw organschaftlichen Vertretung eine vorrangige Entscheidungshoheit über fachliche Fragen zu, gesetzl soll die Vormachtstellung des ZT jedoch auch für Fragen sichergestellt sein, die beispielsweise im Zuge einer GV zu klären 54

---

52 *Krejci/Pany/Schwarzer*, Ziviltechnikerrecht² § 28 Rz 34.
53 *Oppel/Swittalek*, Handbuch Ziviltechnikerrecht (2021) 127; *Krejci/Pany/Schwarzer*, Ziviltechnikerrecht² § 28 Rz 34.

sind. Überlegung dazu ist, dass eben E nur v jenen Personen getroffen werden dürfen, die ein entspr Knowhow besitzen.[54]

55 Ausprägung dieser Entscheidungshoheit ist auch der Rückschluss des § 29 Abs 2 S 2 ZTG, wonach **keine E**, trotz des Stimmrechts u Sitzes **v berufsfremden Gesellschaftern** in einer ZT-Gesellschaft, getroffen werden darf, die gegen den Willen v ZT mit ausgeübter Befugnis sind u die in seine fachliche Kompetenz fallen. Gibt es nur einen ZT, kann er alleine die E blockieren, bei mehreren ZT desselben Fachgebiets entscheidet die Mehrheit.[55]

56 Doch welche Rechtsfolgen bestehen, sollte ein berufsrechtswidriger Gesellschafterbeschluss gefasst werden? Wird die ZT-Gesellschaft im Rahmen einer GmbH betrieben, kennt das GmbHG keine Anfechtungsmöglichkeit. Möglich ist jedoch, dass auf **Feststellung der Nichtigkeit eines GV-Beschlusses** geklagt wird, sofern der Beschluss nach dem GmbHG oder dem GesV als nicht zustande gekommen anzusehen ist, oder wenn es zu Verletzungen v zwingenden gesetzl Vorschriften oder v Vertragsinhalten kommt. Wird somit beispielsweise ein GV-Beschluss gefasst, der den Organisationsgrundsätzen des § 29 ZTG widerspricht – zB, weil gegen den Willen des einschlägig befugten ZT entschieden wird – wäre eine Feststellungsklage des ZT auf Nichtigkeit denkbar. Klageberechtigt ist jeder Gesellschafter, der in der GV erschienen ist u gegen den Beschluss Widerspruch zu Protokoll gegeben hat, sowie jeder nicht erschienene Gesellschafter, der zur GV unberechtigterweise nicht zugelassen oder durch Mängel in der Einberufung der GV am Erscheinen gehindert worden ist. Wurde ein Beschluss durch Abstimmung im schriftlichen Wege gefasst, so ist jeder Gesellschafter klageberechtigt, der seine Stimme gegen den Beschluss abgegeben hat oder bei dieser Abstimmung übergangen worden ist.[56]

57 Eine weitere Ausprägung, um die Vormachtstellung der ZT in einer ZT-Gesellschaft zu stärken, ist der Hinweis, dass fachspezifische Tätigkeiten, insb die **Ausstellung v Urkunden gem § 3 Abs 3 ZTG**, nur v ZT ausgeübt werden dürfen. Dies ist durchaus konsequent, zumal insb öffentliche Urkunden, die v ZT im Rahmen ihrer ZT-Befugnis ausgestellt werden, in ihrer rechtlichen Wirkung v Behörden ausgestellten Urkunden entsprechen. Der öffentlichen Urkunde kommt somit eine erhöhte

---

54 *Krejci/Pany/Schwarzer*, Ziviltechnikerrecht[2] § 28 Rz 40.
55 *Krejci/Pany/Schwarzer*, Ziviltechnikerrecht[2] § 28 Rz 42 ff.
56 *Krejci/Pany/Schwarzer*, Ziviltechnikerrecht[2] § 28 Rz 48.

Beweiskraft zu u verwirklicht die Herstellung falscher Urkunden oder die Verfälschung echter Urkunde den strafrechtlichen Tatbestand des § 223 StGB.

E. Standesregeln

Die Standesregeln, die eine VO der Bundeskammer der ZT gem § 68 ZTG darstellen, wenden sich in erster Linie an ZT. Konsequenterweise, auch wenn dies nicht ausdrücklich normiert wird, müssen die Verhaltensregeln über die Ausübung des ZT-Berufs auch für ZT-Gesellschaften gelten, nicht jedoch für Berufsfremde.[57] Um dennoch auch **außenstehende Dritte zur Einhaltung der Standesregeln im Rahmen ihrer Gesellschafterstellung zu verpflichten**, ist auf den privatrechtlichen Weg zurückzugreifen u diese Verpflichtung in den GesV aufzunehmen.[58] Widrigenfalls könnte diese Missachtung als berufswidrig geahndet werden u disziplinarrechtliche Folgen für die an der Gesellschaft beteiligten ZT nach sich ziehen.[59]

58

F. Unzulässigkeit einer Prokura

Unzulässig ist es seit der ZTG-Nov 2021,[60] eine **Prokura in einer ZT-Gesellschaft** zu erteilen. Dies mit dem Hintergrund, dass der Umfang der Prokura nicht beschränkt werden kann u es berufsfremden Dritten untersagt werden sollte, Geschäfte über ZT-Leistungen für die Gesellschaft im Rahmen der Prokura abzuschließen, ohne über eine ausreichende Fachkompetenz zu verfügen.[61] Diese Regelung brachte nun eine Klarstellung zu vielen untersch Auslegungen u Standpunkten, die im Zuge der alten Rechtslage, gem der eine Prokuraerteilung noch möglich war, nicht abschließend beantwortet werden konnten.

59

---

57 *Krejci/Pany/Schwarzer*, Ziviltechnikerrecht[2] § 28 Rz 55.
58 RV zu BGBl 1994/156; *Krejci/Pany/Schwarzer*, Ziviltechnikerrecht[2] § 28 Rz 56.
59 *Krejci/Pany/Schwarzer*, Ziviltechnikerrecht[2] § 28 Rz 57.
60 BGBl I 2021/160.
61 ErlRV 686 BlgNR 27. GP.

VIII. Anwendung der Bestimmungen des 1. Abschnittes

§ 30. Die Bestimmungen des § Abs 3 bis 5, § 10, § 13 Abs 2 hinsichtlich der Verlegung des Sitzes und der Genehmigung des neuen Siegels, § 14, § 16 Abs 1 Z 1, Z 4 und Z 5 und Abs 2, 3, 4 und 10 sind auf Ziviltechnikergesellschaften anzuwenden.

60 In § 30 ZTG werden taxativ jene Bestimmungen des 1. Abschnitts angeführt, die auch auf ZT-Gesellschaften anzuwenden sind. Damit wollte man sich eine Abschreibübung ersparen, zumal der 1. Abschnitt nur den ZT als natPers gewidmet ist, seine Bestimmungen jedoch inhaltlich auf für ZT-Gesellschaften gelten. Bei den Verweisen ist gesondert auf die Regelung des § 3 Abs 4 ZTG hinzuweisen, die selbstverständlich auch einer **ZT-Gesellschaft verbietet**, im Rahmen ihrer Fachgebiete ausführende Tätigkeiten zu erbringen. Interessant bei der Aufzählung ist allerdings, dass dort beispielsweise der Verweis auf §§ 16 Abs 6 u 7 ZTG fehlt, der Regelung über die Möglichkeit einer Ruhendlegung der Befugnis. Einer ZT-Gesellschaft ist es somit, entgegen dem ZT als natPers, untersagt, die verliehene Befugnis ruhen zu lassen.[62]

IX. Voraussetzungen für die Gründung einer interdisziplinären Gesellschaft mit Ziviltechnikern

§ 37a. (1) Interdisziplinäre Gesellschaften mit Ziviltechnikern dürfen ausschließlich zur Ausübung weiterer beruflicher Tätigkeiten neben dem Ziviltechnikerberuf gebildet werden, wenn und insoweit dies nach den einschlägigen inländischen berufsrechtlichen Vorschriften zulässig ist.

(2) Nach Maßgabe folgender Bestimmungen dürfen interdisziplinäre Gesellschaften mit Ziviltechnikern in jeglicher Art von Personen- und Kapitalgesellschaften des Unternehmensrechts, die in das Firmenbuch eingetragen werden können, gebildet werden.

(3) Mindestens 50 Prozent der Gesellschaftsanteile und Stimmrechte an einer interdisziplinären Gesellschaft mit Ziviltechnikern muss von Ziviltechnikern mit aufrechter Befugnis gehalten werden,

---

62 *Krejci/Pany/Schwarzer*, Ziviltechnikerrecht² §§ 30, 31 Rz 23.

unter Berücksichtigung von Gesellschaftsanteilen und Stimmrechten an allfällig beteiligten Ziviltechnikergesellschaften und interdisziplinären Gesellschaften mit Ziviltechnikern.

(4) Geschäftsführer und organschaftliche Vertreter für den Bereich der Ziviltechnikertätigkeiten der interdisziplinären Gesellschaft mit Ziviltechnikern dürfen nur natürliche Personen sein, die Gesellschafter mit aufrechter Befugnis sind.

idF BGBl I 2021/160

Im Jahr 2021 haben die gesellschaftsrechtlichen Bestimmungen des ZTG eine große Novellierung[63] erfahren, indem ein neuer 5. Abschnitt im 1. Hptst aufgenommen wurde. **Ziviltechniker haben damit die Möglichkeit, sich mit Berufsfremden zu einer Gesellschaft zusammenzuschließen.** Die Nov resultiert aus dem Urteil C-209/18 des EuGH, in dem ausgesprochen wurde, dass die bisherigen Bestimmungen iZm den Beteiligungsmöglichkeiten v Berufsfremden u die Restriktion beim Unternehmensgegenstand europarechtswidrig waren.[64]

In § 37a Abs 1 ZTG wird der essenziellste Untersch zu einer reinen ZT-Gesellschaft iSd 2. Abschnitts beschrieben. **Gründungsvoraussetzung einer interdisziplinären Gesellschaft mit ZT („IDG-Z") ist, dass als Unternehmensgegenstand neben dem ZT-Beruf zumindest eine weitere berufliche Tätigkeit ausgeübt wird.** Was als „weitere berufliche Tätigkeit" anzusehen ist, wird weder im ZTG noch in den dazugehörigen Erl näher definiert. Durch das bereits oben zitierte Urteil des EuGH, in dem aufgezeigt wurde, dass gesellschaftsrechtliche Einschränkungen bei den Beteiligungsmöglichkeiten u beim möglichen Unternehmensgegenstand europarechtswidrig sein können, ist davon auszugehen, dass darunter sämtliche Erwerbszweige zu verstehen sind, die eben nicht dem ZT-Beruf zuzuordnen sind. Darunter können beispielsweise neben gewerblichen u anderen freiberuflichen Tätigkeiten auch sämtliche sonstigen Berufe, wie zB Psychotherapie, Landwirtschaft, Vortrags-/Trainertätigkeit, Vermögensverwaltung etc fallen. Denkbar sind auch solche beruflichen Tätigkeiten, für die keine Berufsberechtigungen erforderlich sind.

---

63 BGBl I 2021/160.
64 ErlRV 686 BlgNR 27. GP.

63 Wie bei ZT-Gesellschaften iSd 2. Abschnittes ist es auch bei interdisziplinären Gesellschaften möglich, jegliche Arten v **KapGes u PersGes** zu wählen, die einerseits **FB-eintragungsfähig** sind u andererseits den **Bestimmungen des 5. Abschnitts entsprechen.**

64 Um weiterhin den ZT eine entspr Einflussmöglichkeit in der Gesellschaft einzuräumen, wurden mehrere **Hürden bzw Einschränkungen für Berufsfremde** verankert. Eine davon ist in § 37a Abs 3 ZTG festgelegt, in dem normiert wird, dass jedenfalls mind 50% der Gesellschaftsanteile u Stimmrechte an einer interdisziplinären Gesellschaft mit ZT v ZT mit aufrechter Befugnis gehalten werden müssen. Bei der 50%-Marke sind auch Gesellschaftsanteile u Stimmrechte an allfällig beteiligten ZT-Gesellschaften u interdisziplinären Gesellschaften mit ZT mitzuberücksichtigen. Der Merksatz könnte somit lauten, dass immer mind 50% der Gesellschaftsanteile u Stimmrechte dem ZT-Beruf in irgendeiner Form zurechenbar sein müssen.[65] Hinsichtlich der Problematik einer möglichen Verschachtelung der Beteiligungsverhältnisse u damit zusammenhängend der Erschwernis bei der Beurteilung, ob mind 50% bei natPers mit aufrechter Befugnis gehalten werden, darf auf die Ausführungen zu § 29 ZTG, Rz 51 f verwiesen werden.

65 In § 37a Abs 4 ZTG wird geregelt, dass die **Geschäftsführung** der interdisziplinären Gesellschaft mit ZT für den Bereich der **ZT-Tätigkeiten nur eine natPers, die Gesellschafter mit aufrechter Befugnis** ist, innehaben darf. Dadurch wird auch klargestellt, dass in einer interdisziplinären Gesellschaft klar zw dem Bereich der ZT-Tätigkeit u dem der weiteren beruflichen Tätigkeit zu unterscheiden ist. Auch hier wird eine selbstverständliche u logische Hürde zugunsten der ZT verankert, indem klargestellt wird, dass die Entscheidungshoheit über Fragen des ZT-Berufs bei ZT mit entspr Befugnis bzw Expertise zu liegen hat.[66]

X. Firma einer interdisziplinären Gesellschaft mit Ziviltechnikern

§ 37b. (1) ¹Die nach § 37a Abs 1 gebildeten Gesellschaften haben im Firmennamen die Bezeichnung „interdisziplinäre Gesellschaft mit Ziviltechnikern" und deren Berufsbefugnisse zu führen. ²Das Wort

---

65 ErlRV 686 BlgNR 27. GP.
66 ErlRV 686 BlgNR 27. GP.

„Ziviltechniker" kann in der Firmenbezeichnung mit „ZT" abgekürzt werden.

(2) In Geschäftspapieren sind die Namen und Befugnisse aller an der Gesellschaft beteiligten Gesellschafter anzuführen.

idF BGBl I 2021/160

§ 37b ZTG ist stark an die Regelung für ZT-Gesellschaften nach dem 2. Abschnitt des Hptst angelehnt. Gesellschaften, die ZT mit Berufsfremden bilden, haben die Wortfolge *„interdisziplinäre Gesellschaft mit Ziviltechnikern"* in der **Fa** beizufügen u in ihren **Geschäftspapieren** die Namen u Befugnisse aller beteiligten Gesellschafter anzuführen.[67]

Wie aus dem Wortlaut des § 37b ZTG erkennbar, hat die **Fa** auch sämtliche Berufsbefugnisse zu enthalten, die im Unternehmensgegenstand der Gesellschaft aufscheinen. Diese Bestimmungen sind für eine interdisziplinäre Gesellschaft mit nur einer ZT-Befugnis u einer weiteren beruflichen Tätigkeit noch bewältigbar. Jedoch kann eine exakte grammatikalische Auslegung der Bestimmung bei einer interdisziplinären Gesellschaft, in die mehrere ZT-Befugnisse u weitere berufliche Tätigkeiten eingebracht werden, Kuriositäten im Firmenwortlaut mit sich bringen. So hätte eine interdisziplinäre Gesellschaft mit einer ZT-Befugnis für die Fachgebiete Architektur u Vermessungswesen sowie mit Gewerbeberechtigungen Baumeister u Immobilientreuhänder als weitere berufliche Tätigkeiten beispielsweise folgenden Firmenwortlaut: *„Mustermann Interdisziplinäre Gesellschaft mit Ziviltechnikern für Architektur, Vermessungswesen, Baumeister und Immobilien- und Vermögenstreuhänder mbH"*. Auch im Falle v Gewerbebeschränkungen muss der exakte Gewerbeberechtigungswortlaut in die Fa aufgenommen werden. Im Geschäftsleben erscheint dieses Erfordernis, bei der Fa einer interdisziplinären Gesellschaft zusätzlich die Berufsbefugnisse einzeln anzuführen, im Hinblick auf die Außenwirkung u Praktikabilität somit mE problematisch.

Auch die Praxistauglichkeit des Abs 3 ist in manchen Fällen fraglich, zumal verlangt wird, dass auf **Geschäftspapieren die Namen u Befugnisse aller an der Gesellschaft beteiligten Gesellschafter** anzuführen sind. Nun mag diese Bestimmung für eine Gesellschaft mit lediglich zwei Gesellschaftern keine große Herausforderung darstellen, kann je-

---

[67] ErlRV 686 BlgNR 27. GP.

doch bei großen Gesellschaften durchaus einen enormen Verwaltungsaufwand generieren. Hintergrund dieser Bestimmung ist, ident mit der Bestimmung des § 26 ZTG, die Offenlegung der Beteiligungsverhältnisse, um potentiellen Vertragspartnern, die die Leistungen der Gesellschaft in Anspruch nehmen wollen, einen Überblick über die Gesellschafterzusammensetzung zu verschaffen.[68]

XI. Gesellschafter einer interdisziplinären Gesellschaft mit Ziviltechnikern

§ 37c. (1) Gesellschafter dürfen nur folgende Personen sein:
1. natürliche Personen,
2. Gesellschaften, die berechtigt sind, einen Ziviltechnikerberuf auszuüben,
3. interdisziplinäre Gesellschaften mit Ziviltechnikern und
4. Gesellschaften, die eine andere berufliche Tätigkeit befugt ausüben.

(2) Gesellschafter müssen einen in einem Mitgliedstaat der EU oder einem Vertragsstaat der EWR oder der Schweizer Eidgenossenschaft gelegenen Hauptwohnsitz oder Firmensitz besitzen.

(3) ¹Über fachliche Fragen der Berufsausübung der interdisziplinären Gesellschaft mit Ziviltechnikern entscheiden in den jeweils zuständigen Gesellschaftsorganen ausschließlich die Gesellschafter, die die entsprechende Befugnis innehaben. ²Gegen den Willen jener Gesellschafter, die über die für den Gegenstand der Entscheidung fachlich einschlägige Befugnis verfügen, darf keine Entscheidung getroffen werden. ³Fachspezifische Tätigkeiten, insbesondere die Ausstellung von Urkunden gemäß § 3 Abs 3, dürfen in interdisziplinären Gesellschaften mit Ziviltechnikern nur von Ziviltechnikern ausgeübt werden.

idF BGBl I 2021/160

69 Absatz 1 legt fest, wer grds Gesellschafter einer interdisziplinären Gesellschaft mit ZT sein darf. Darin findet sich die nahezu idente Auflis-

---

68 Vgl ErlRV 686 BlgNR 27. GP.

tung an möglichen Gesellschaftern wie in § 27 ZTG. Der entscheidende Unterschied zw beiden Bestimmungen ist jedoch die Möglichkeit, dass **Gesellschafter einer interdisziplinären Gesellschaft** auch Gesellschaften sein können, die eine andere berufliche Tätigkeit als die des ZT-Berufs befugt ausüben, somit **berufsfremde jurPers**. Damit wird der Zusammenschluss mit Angehörigen anderer Berufe ermöglicht. Voraussetzung ist, dass sämtliche Gesellschafter in Ö, einem Mitgliedstaat der EU, einem Vertragsstaat des EWR oder in der Schweizer Eidgenossenschaft ihren Hauptwohnsitz oder Firmensitz haben.[69]

Die Regelung des Abs 3 orientiert sich stark an der Bestimmung des § 29 Abs 2 ZTG u stellt klar, dass über **fachliche Fragen über die Berufsausübung** v jenen Gesellschaftern zu entscheiden ist, die die entspr Befugnis bzw Fachkompetenz innehaben. Darüber hinaus wird festgelegt, dass fachspezifische Tätigkeiten, die ZT vorbehalten sind, wie die Ausstellung v öffentlichen Urkunden, ausschließlich v ZT ausgeführt werden dürfen. Gegen den Willen der befugnistragenden Gesellschafter darf keine E getroffen werden.[70]

70

Um zu vermeiden, dass GF bzw organschaftliche Vertreter Geschäfte für die Gesellschaft abschließen, obwohl ihnen die notwendige Fachkompetenz fehlt, bedarf es im GesV einer **genauen Abgrenzung zw den Bereichen der ZT-Tätigkeiten u den der weiteren beruflichen Tätigkeit** u wer in diesen untersch Tätigkeitsbereichen handlungsberechtigt ist. Da für ZT auch in einer interdisziplinären Gesellschaft die allg Berufsausübungsbeschränkungen bzw Unvereinbarkeitsregelungen des ZTG gelten, darf den ZT auch keine Entscheidungskompetenz bei facheinschlägigen Fragen im Bereich der weiteren beruflichen Tätigkeit eingeräumt sein.

71

XII. Befugnis einer interdisziplinären Gesellschaft mit Ziviltechnikern

§ 37d. (1) Der Bundesminister für Digitalisierung und Wirtschaftsstandort hat einer interdisziplinären Gesellschaft mit Ziviltechnikern auf Antrag der Gesellschaft die Befugnis zur Ausübung des Zivil-

---

69 ErlRV 686 BlgNR 27. GP.
70 ErlRV 686 BlgNR 27. GP.

technikerberufs zu verleihen, wenn sie die Voraussetzungen gemäß diesem Abschnitt erfüllt.

(2) ¹Berufsbefugte interdisziplinäre Gesellschaften mit Ziviltechnikern sind im elektronischen Verzeichnis jener Länderkammer zu führen, in deren örtlichem Wirkungsbereich sich der Kanzleisitz der interdisziplinären Gesellschaft mit Ziviltechnikern befindet. ²Hat eine Gesellschaft keinen Sitz in Österreich, so hat sie für ihre Mitgliedschaft eine der in § 38 Abs 1 Z 1 genannten Länderkammern auszuwählen und ist im elektronischen Verzeichnis dieser Länderkammer zu führen.

idF BGBl I 2021/160

72 Mittels Bescheids hat der BMAW auf Antrag der Gesellschaft über die Verleihung der ZT-Befugnis zu entscheiden. Der Antrag ist v der jew zuständigen Länderkammer einzubringen. **Verleihungsvoraussetzung** ist, dass die Gesellschaft den Bestimmungen des 5. Abschnitts entspricht.[71] Daher ist es notwendig, einen Nachw darüber vorzulegen, wie u wann die weitere berufliche Tätigkeit in die Gesellschaft eingebracht wird. Das G legt nicht fest, ob bereits zum Zeitpunkt der Antragsstellung die Gesellschaft über eine allfällig erforderliche weitere Berufsberechtigung verfügen muss. Es ist somit auch zulässig, dass im ersten Schritt um Verleihung der ZT-Befugnis angesucht wird u erst im nächsten Schritt die weitere Berufsberechtigung für die Gesellschaft beantragt wird. In diesem Fall muss dem BMAW in geeigneter Form glaubhaft gemacht werden, dass tatsächlich zeitnahe der Unternehmensgegenstand um eine weitere berufliche Tätigkeit neben der ZT-Befugnis erweitert wird.

73 Dazu wird es notwendig sein, schon vor Antragsstellung oder nach Verleihung der ZT-Befugnis mit jener Behörde in Kontakt zu treten, die für die **Erteilung der weiteren Berufsberechtigung** sachlich zuständig ist. Wenn beispielsweise eine Gewerbeberechtigung in die interdisziplinäre Gesellschaft eingebracht werden soll, muss vor oder spätestens nach der Verleihung der ZT-Befugnis bei der jew Bezirksverwaltungsbehörde das jew Gewerbe für die Gesellschaft angemeldet werden bzw in Städten mit eigenem Statut (Statutarstädte) beim Magistrat, in Städten ohne eigenes Statut bzw in Gemeinden bei der Bezirkshauptmannschaft.

---

71 ErlRV 686 BlgNR 27. GP.

Erfasst werden die interdisziplinären Gesellschaften mit ZT, genau wie die ZT-Gesellschaften des 2. Abschnitts, im elektronischen Verzeichnis der Länderkammer, in deren örtlichem Wirkungsbereich die Gesellschaft ihren Sitz hat. Hat eine interdisziplinäre Gesellschaft keinen Sitz in Ö, kann frei gewählt werden, bei welcher Länderkammer eine Mitgliedschaft u damit eine Eintragung im elektronischen Verzeichnis angestrebt wird.[72]

XIII. Sonstige Bestimmungen

§ 37e. Gesellschaften im Sinne dieses Abschnittes

1. unterliegen den einschlägigen inländischen berufsrechtlichen Vorschriften entsprechend ihren berufsrechtlichen Anerkennungen,
2. haben Mitglied jener gesetzlichen beruflichen Vertretungen zu sein, der sie aufgrund ihrer berufsrechtlichen Anerkennungen anzugehören haben, sofern eine solche Vertretung existiert, und
3. dürfen keine Mandanten vertreten, deren Interessen durch Ausübung der Berufsbefugnis und anderer beruflicher Tätigkeiten der Gesellschaft und der Gesellschafter einander widerstreiten.

idF BGBl I 2021/160

In § 37e Z 1 u 2 ZTG wird klargestellt, dass interdisziplinäre Gesellschaften mit ZT, abhängig davon, welche weiteren beruflichen Tätigkeiten sie ausüben, den diesbzgl Berufsgesetzen unterliegen u **Mitglied in den jew zuständigen Interessensvertretungen**, sofern eine derartige existiert, sind.[73]

Schließen sich beispielsweise ein Baumeister u ein Architekt zu einer interdisziplinären Gesellschaft mit ZT zusammen, ist diese sowohl **Mitglied in der ZT-Kammer als auch Mitglied in der WKO**. Existiert keine Interessensvertretung für die weitere berufliche Tätigkeit, ist die Gesellschaft nur Mitglied der ZT-Kammer.

---

72 ErlRV 686 BlgNR 27. GP.
73 ErlRV 686 BlgNR 27. GP.

77 In Abs 3 wird zum Ausdruck gebracht, dass Gesellschaften keine Aufträge v Mandanten annehmen dürfen, wenn dies zu einer **Kollision der Interessen der Gesellschafter** untereinander führt.[74]

XIV. Anwendung der Bestimmungen des 1. und 2. Abschnittes

§ 37f. Die Bestimmungen des § 3 Abs 3 bis 5, § 10, § 13 Abs 2 hinsichtlich der Verlegung des Sitzes und der Genehmigung des neuen Siegels, § 14, § 16 Abs. 1 Z 1, Z 4 und Z 5 und Abs 2, 3, 4 und 10, § 24, § 25, § 28 hinsichtlich der Gesellschafter mit aufrechter Ziviltechnikerbefugnis sowie § 29 Abs 2, 3, 4 und 6 sind auf interdisziplinäre Gesellschaften mit Ziviltechnikern anzuwenden.

idF BGBl I 2021/160

78 § 37f ZTG legt jene Bestimmungen des 1. u 2. Abschnitts des ZTG fest, die auch auf interdisziplinäre Gesellschaften mit ZT anzuwenden sind. Problematisch erscheint im Hinblick auf die einschlägige EuGH-Rsp[75] der Verweis auf § 3 Abs 4 ZTG, der normiert, dass ZT im Rahmen ihrer Fachgebiete nicht zu ausführenden Tätigkeiten berechtigt sind. Legt man diese Bestimmung dahingehend aus, dass es weiterhin einer interdisziplinären Gesellschaft mit ZT, die als Unternehmensgegenstand eine Baumeistergewerbeberechtigung u eine Architekturbefugnis hat, untersagt ist, ausführend tätig zu werden, würde damit jeder Anreiz genommen werden, sich einer solche gesellschaftsrechtlichen Zusammenschlussmöglichkeit zu bedienen. Zudem wurde die interdisziplinäre Gesellschaft geschaffen, um eben nicht gegen die europarechtliche Dienstleistungsfreiheit zu verstoßen. Die Intention dieser Bestimmungen ist mE vielmehr, die **Vorteile mehrerer beruflicher Tätigkeiten** zu vereinen. Folglich ist es mE auch möglich, dass eine interdisziplinäre Gesellschaft mit ZT bei entspr Berechtigung ausführend tätig wird, sofern die diesbzgl Entscheidungshoheit im Innenverhältnis ausschließlich der Gesellschafter mit entspr Fachkompetenz innehat.

---

74 ErlRV 686 BlgNR 27. GP.
75 EuGH 29.7.2019, C-209/18.

Rechtsvergleich Deutschland (dGmbHG)

§ 2 dGmbHG Form des Gesellschaftsvertrags

(1) ¹Der Gesellschaftsvertrag bedarf notarieller Form. ²Er ist von sämtlichen Gesellschaftern zu unterzeichnen.

(1a) ¹Die Gesellschaft kann in einem vereinfachten Verfahren gegründet werden, wenn sie höchstens drei Gesellschafter und einen Geschäftsführer hat. ²Für die Gründung im vereinfachten Verfahren ist das in der Anlage 1 bestimmte Musterprotokoll zu verwenden. ³Darüber hinaus dürfen keine vom Gesetz abweichenden Bestimmungen getroffen werden. ⁴Das Musterprotokoll gilt zugleich als Gesellschafterliste. ⁵Im Übrigen finden auf das Musterprotokoll die Vorschriften dieses Gesetzes über den Gesellschaftsvertrag entsprechende Anwendung.

(2) ¹Die Unterzeichnung durch Bevollmächtigte ist nur auf Grund einer notariell errichteten oder beglaubigten Vollmacht zulässig. ²Die notarielle Errichtung der Vollmacht kann auch mittels Videokommunikation gemäß den §§ 16a bis 16e des Beurkundungsgesetzes erfolgen.

(3) ¹Die notarielle Beurkundung des Gesellschaftsvertrags kann auch mittels Videokommunikation gemäß den §§ 16a bis 16e des Beurkundungsgesetzes erfolgen, sofern andere Formvorschriften nicht entgegenstehen; dabei dürfen in den Gesellschaftsvertrag auch Verpflichtungen zur Abtretung von Geschäftsanteilen an der Gesellschaft aufgenommen werden. ²Im Fall der Beurkundung mittels Videokommunikation genügen abweichend von Absatz 1 Satz 2 für die Unterzeichnung die qualifizierten elektronischen Signaturen der mittels Videokommunikation an der Beurkundung teilnehmenden Gesellschafter. ³Sonstige Willenserklärungen, welche nicht der notariellen Form bedürfen, können mittels Videokommunikation gemäß den §§ 16a bis 16e des Beurkundungsgesetzes beurkundet werden; sie müssen in die nach Satz 1 errichtete elektronische Niederschrift aufgenommen werden. ⁴Satz 3 ist auf einstimmig gefasste Beschlüsse entsprechend anzuwenden ⁵Die Gründung mittels Videokommunikation kann auch im Wege des vereinfachten Verfahrens nach Absatz 1a oder unter Verwendung der in Anlage 2 bestimmten Musterprotokolle erfolgen. ⁶Bei Verwendung der in Anlage 2 bestimmten Musterprotokolle gilt Absatz 1a Satz 3 bis 5 entsprechend.

idF dBGBl 2022 I, S 1146

§ 4a dGmbHG Sitz der Gesellschaft

Sitz der Gesellschaft ist der Ort im Inland, den der Gesellschaftsvertrag bestimmt.

idF dBGBl 2008 I, S 2026

§ 5 dGmbHG Stammkapital; Geschäftsanteil

(1) Das Stammkapital der Gesellschaft muß mindestens fünfundzwanzigtausend Euro betragen.

(2) ¹Der Nennbetrag jedes Geschäftsanteils muss auf volle Euro lauten. ²Ein Gesellschafter kann bei Errichtung der Gesellschaft mehrere Geschäftsanteile übernehmen.

(3) ¹Die Höhe der Nennbeträge der einzelnen Geschäftsanteile kann verschieden bestimmt werden. ²Die Summe der Nennbeträge aller Geschäftsanteile muss mit dem Stammkapital übereinstimmen.

(4) ¹Sollen Sacheinlagen geleistet werden, so müssen der Gegenstand der Sacheinlage und der Nennbetrag des Geschäftsanteils, auf den sich die Sacheinlage bezieht, im Gesellschaftsvertrag festgesetzt werden. ²Die Gesellschafter haben in einem Sachgründungsbericht die für die Angemessenheit der Leistungen für Sacheinlagen wesentlichen Umstände darzulegen und beim Übergang eines Unternehmens auf die Gesellschaft die Jahresergebnisse der beiden letzten Geschäftsjahre anzugeben.

idF dBGBl 2008 I, S 2026

§ 5a dGmbHG Unternehmergesellschaft

(1) Eine Gesellschaft, die mit einem Stammkapital gegründet wird, das den Betrag des Mindeststammkapitals nach § 5 Abs. 1 unterschreitet, muss in der Firma abweichend von § 4 die Bezeichnung „Unternehmergesellschaft (haftungsbeschränkt)" oder „UG (haftungsbeschränkt)" führen.

(2) ¹Abweichend von § 7 Abs. 2 darf die Anmeldung erst erfolgen, wenn das Stammkapital in voller Höhe eingezahlt ist. ²Sacheinlagen sind ausgeschlossen.

(3) ¹In der Bilanz des nach den §§ 242, 264 des Handelsgesetzbuchs aufzustellenden Jahresabschlusses ist eine gesetzliche Rücklage zu bilden, in die ein Viertel des um einen Verlustvortrag aus dem Vorjahr geminderten Jahresüberschusses einzustellen ist. ²Die Rücklage darf nur verwandt werden

1. für Zwecke des § 57c;
2. zum Ausgleich eines Jahresfehlbetrags, soweit er nicht durch einen Gewinnvortrag aus dem Vorjahr gedeckt ist;
3. zum Ausgleich eines Verlustvortrags aus dem Vorjahr, soweit er nicht durch einen Jahresüberschuss gedeckt ist.

(4) Abweichend von § 49 Abs. 3 muss die Versammlung der Gesellschafter bei drohender Zahlungsunfähigkeit unverzüglich einberufen werden.

(5) Erhöht die Gesellschaft ihr Stammkapital so, dass es den Betrag des Mindeststammkapitals nach § 5 Abs. 1 erreicht oder übersteigt, finden die Absätze 1 bis 4 keine Anwendung mehr; die Firma nach Absatz 1 darf beibehalten werden.

idF dBGBl 2008 I, S 2026

Literatur: *Adensamer/Kerschbaum*, Was übrig bleibt vom GesRÄG 2013, NZG 2014, 773; *Becht/Stephan-Wimmer*, Die rechtliche Anerkennung Österreichischer notarieller Beurkundungen über die Gründung einer GmbH, GmbHR 2019, 45; *Eusani*, Das neue Deckungsgebot und Leistungen causa societatis nach § 30 Abs. 1 GmbHG, GmbHR 2009, 512; *Goette*, Auslandsbeurkundungen im Kapitalgesellschaftsrecht, DStR 1996, 709; *Haerendel*, Die Beurkundung gesellschaftsrechtlicher Akte im Ausland, DStR 2001, 1802; *Herrler*, Beurkundung von statusrelevanten Rechtsgeschäften im Ausland, NJW 2018, 1787; *Lieder*, Zur Auslandsbeurkundung im Grundstücks- und Gesellschaftsrecht, NZG 2020, 1081; *Lieder*, Substitution der Präsenz- und Online-Beurkundung durch einen österreichischen Notar, NZG 2022, 1043; *Peetz*, Gewinnthesaurierung wider Gewinnabsaugung – ein Praxisproblem der Unternehmergesellschaft, GmbHR 2012, 1160; *Römermann*, Die Unternehmergesellschaft – manchmal die bessere Variante der GmbH, NJW 2010, 905; *Waldenberger/Sieber*, Die Unternehmergesellschaft (haftungsbeschränkt) jenseits der „Existenzgründer", GmbHR 2009, 114.

Inhaltsübersicht

I. Einleitung	1
II. Aspekte der Gesellschaftsgründung und Rechtswahl	2–23
A. Erfordernis notarieller Form nach dGmbHG und Wahrung durch den Notar in Österreich	2–8
B. Gründung im vereinfachten Verfahren	9, 10
C. Sitz der Gesellschaft – deutsche GmbH mit Verwaltungssitz in Österreich	11–13
D. Stammkapital und Geschäftsanteile	14
E. Unternehmergesellschaft	15–23

I. Einleitung

1 Die für die Gründung relevanten Normen des österr u dt GmbHG sind sich im Großen u Ganzen recht ähnlich. Die maßgeblichen Pendants der vorgenannten ausgewählten Vorschriften bzgl der Gesellschaftsgründung sind § 4 Abs 3, § 5 Abs 2, § 6 Abs 1 bis Abs 3, § 9a u § 10b. Im Detail bestehen jedoch einige Untersch, welche gemeinsam mit dem weiteren materiellen GmbH-Recht in manchem Fall zur Überlegung führen können, ob nicht die **Gründung einer GmbH (oder UG) nach dt Recht** einer solchen nach österr Recht vorzuziehen sein kann. Die hiesige Darstellung soll sich auf solche Aspekte der Gesellschaftsgründung u der damit verbundenen Rechtswahl beschränken.

II. Aspekte der Gesellschaftsgründung und Rechtswahl

A. Erfordernis notarieller Form nach dGmbHG und Wahrung durch den Notar in Österreich

2 Nach § 2 Abs 1 S 1 dGmbHG bedarf der GesV bei der Errichtung der GmbH der notariellen Beurkundung.

3 Daneben bedürfen wie in Ö auch nach dGmbHG eine Vielzahl weiterer Akte der **Mitwirkung eines Notars**, wobei für die dGmbH zw dem Erfordernis

– notarieller Beurkundung (zB § 15 Abs 3 dGmbHG für Abtretung v Geschäftsanteilen u § 15 Abs 4 S 1 dGmbHG für dahingehende Verpflichtung; § 1274 Abs 1 BGB, § 15 Abs 3 dGmbHG für Verpfändung v Geschäftsanteilen; § 1069 Abs 1 BGB, § 15 Abs 3 dGmbHG für Nießbrauchbestellung an Geschäftsanteilen; § 53 Abs 2 S 1 dGmbHG für Satzungsänderungsbeschlüsse; § 6, §§ 13 Abs 3, 125 Abs 1 S 1, 176, 177, 193 Abs 3, 307 Abs 4, 322 Abs 4 u 335 Abs 3 dUmwG für Umwandlungsmaßnahmen; § 53 Abs 2 S 1 dGmbHG für Beschlüsse über Beherrschungs- bzw Ergebnisabführungsverträge seitens beherrschter Gesellschaften) u

– notarieller Beglaubigung (zB § 2 Abs 2 dGmbHG für Gründungsvollmachten, § 55 Abs 1 dGmbHG für Übernahmeerklärungen, § 12 Abs 1 S 3 dHGB für Handelsregisteranmeldungen u § 12 Abs 1 S 1 dHGB für Handelsregistervollmachten)

zu unterscheiden ist.

Die **dt notarielle Beurkundung** dient der Überlegungs-, Beweis- u 4
Belehrungssicherung u erfordert die Aufnahme einer Niederschrift, welche insb die Erklärungen der Beteiligten zu umfassen hat u in Gegenwart des Notars vorgelesen sowie v den Beteiligten genehmigt u eigenhändig unterschrieben werden muss (vgl § 8 ff dt BeurkundungsG).

Ob eine **Beurkundung durch einen österr Notar**[1] in Bezug auf Be- 5
urkundungserfordernisse **nach dGmbHG** ausreichend ist, bestimmt sich nach Art 3 ff, 11 Rom I-VO bzw Art 11 Abs 1 EGBGB, für die Errichtung der Gesellschaft infolge Art 1 Abs 2 lit f Rom I-VO nach Art 11 Abs 1 EGBGB. Danach ist ein Rechtsgeschäft an sich formgültig, wenn es die Formerfordernisse des Rechts, das auf das seinen Gegenstand bildende Rechtsverhältnis anzuwenden ist (sog Geschäftsstatut), oder des Rechts des Staates erfüllt, in dem es vorgenommen wird (sog Ortsstatut). Nach überwiegender A[2] ist das **Ortsstatut aus Art 11 Abs 1 Alt 2 EGBGB aber nicht anwendbar, wenn die Grundlagen der Gesellschaftsverfassung betroffen sind**, also va nicht auf die Gründung, Satzungsänderungsbeschlüsse, Umwandlungsbeschlüsse u -verträge sowie Beschlüsse über Beherrschungs- bzw Ergebnisabführungsverträge durch die beherrschte Gesellschaft.

Soweit **bei Betroffenheit der Gesellschaftsverfassung infolgedes-** 6
sen das Geschäftsstatut zur Anwendung kommt, ist eine **Beurkundung durch einen österr Notar ausreichend, wenn** sie als einer **Beurkundung durch einen dt Notar gleichwertig** angesehen werden kann.[3] Die solche Gleichwertigkeit erfordert, dass der österr Notar nach Vorbildung u Stellung im Rechtsleben eine der Tätigkeit des dt Notars entspr Funktion ausübt u für die Errichtung der Urkunde ein Verfahrensrecht zu beachten hat, das den tragenden Grundsätzen des dt Beurkundungsrechts entspricht; dann schadet es auch nicht, wenn der

---

1 Soweit hier der Ausdruck dt u österr Notar benutzt wird, ist der in Dtl bzw Ö zugelassene Notar gemeint, vgl EuGH 24.5.2011, C-54/08.
2 KG 26.7.2018, 22 W 2/18, NZG 2018, 1195 (1196); 24.1.2018, 22 W 25/16, NJW 2018, 1828; *Noack* in Noack/Servatius/Haas, GmbHG[23] § 53 Rz 75; *Priester/Tebben* in Scholz, GmbHG[12] § 53 Rz 72; *Goette*, DStR 1996, 709 (711); *Lieder*, NZG 2022, 1043.
3 KG 26.7.2018, 22 W 2/18, NZG 2018, 1195 (1196) bzgl Verschmelzung; gegen Substituierbarkeit der Beurkundung des dt Notars: *Cramer* in Scholz, GmbHG[12] § 2 Rz 19 bzgl Gründung; *Priester/Tebben* in Scholz, GmbHG[12] § 53 Rz 74 bzgl Satzungsänderung; *Herrler*, NJW 2018, 1787 (1788) bzgl Gründung u Umwandlungsmaßnahmen Substituierbarkeit generell abl *Lieder* NZG 2020, 1081 (1085 f); *Lieder* NZG 2022, 1043 (1045 ff).

österr Notar keine genaue Kenntnis des dt Gesellschaftsrechts hat.[4] Dies wird für österr Notar u die Präsenzbeurkundung in der Lit bejaht;[5] die vereinzelt gebliebenen instanzgerichtlichen E sind uneinheitlich.[6] Die Online-Beurkundung durch einen österr Notar soll dagegen weder mit der dt Präsenzbeurkundung[7] noch – mangels Gleichwertigkeit der Anforderungen bzgl der Identifizierung der Urkundsbeteiligten u des Betreibers des Videokommunikationssystems – mit der dt Online-Beurkundung gleichwertig sein.[8] Die Solennisierung durch einen österr Notar (vgl § 76 Rz 42) ist mit der Beurkundung durch einen dt Notar nicht gleichwertig. Auch die Form gem § 12 Abs 1 FlexKapGG wird nicht gleichwertig sein.

7 Zur Zulässigkeit einer Beurkundung nach GmbHG durch dt Notar oder gem dt KonsularG[9] vgl § 4 Rz 42, § 76 Rz 62, Exkurs zum IPRG, Rz 30.

8 Die **dt notarielle Beglaubigung** einer Unterschrift ist die öffentliche Beurkundung der Tatsache, dass die Unterschrift v dem Unterzeichnenden persönlich herrührt u dieser seine Unterschrift vor dem Notar vollzogen hat (vgl § 39, § 40 f dt BeurkundungsG). Für notarielle Beglaubigungen dt u österr Notare bestimmt der **deutsch-österreichische Beglaubigungsvertrag** v 21.6.1923,[10] wieder anwendbar seit 1.1.1952,[11] dass ua die v Notaren mit amtlichem Siegel versehenen Urkunden zum

---

4 BGH 17.12.2013, II ZB 6/13, NJW 2014, 2026. Für weitergehende Differenzierung bei der Gleichwertigkeitsprüfung danach, ob es sich um Tatsachenbeurkundung nach § 36 dBeurkundungsG (zB bei Satzungsänderungsbeschluss) oder um Beurkundung v Verträgen (zB Errichtung, Umwandlungsvertrag) handelt: *Heinze* in MüKo GmbHG[4] § 2 Rz 64 f.

5 *Becht/Stephan-Wimmer*, GmbHR 2019, 45 (51); *Servatius* in Noack/Servatius/Haas, GmbHG[23] § 2 Rz 9 (mit fehlgehendem Verweis auf das BayObLG); jew ohne nähere Auseinandersetzung mit österr Beurkundungsrecht: *Harbarth* in MüKo GmbHG[4] § 53 Rz 80 f; *Reichert/Weller* in MüKo GmbHG[4] § 15 Rz 151; aA *Haerendel*, DStR 2001, 1802 (1804); *Lieder* NZG 2022, 1043 (1047 f).

6 Gegen Gleichwertigkeit: LG München 5.5.1976, 11 HKT 3099/76, DNotZ 1976, 501 (v der Folgeinstanz offengelassen: BayObLG 18.10.1977, Breg 3 Z 68/76, NJW 1978, 500); für Gleichwertigkeit: LG Kiel 25.4.1997, 3 T 143/97.

7 *Lieder* NZG 2022, 1043 (1048 f).

8 *Lieder* NZG 2022, 1043 (1049 ff).

9 OGH 23.4.2020, 6 Ob 59/20z, GesRZ 2020, 423 (*Aburumieh/Hoppel*).

10 S dRGBl 1924 II, S 61.

11 S dBGBl 1952 II, S 436.

Gebrauch im Gebiet des jew anderen Staates keiner weiteren Beglaubigung bedürfen.[12]

B. Gründung im vereinfachten Verfahren

Während die **Gründung im vereinfachten Verfahren** in Ö nach § 9a bereits seit 1.1.2018 ohne Notar erfolgen kann u so neben einer Verringerung der Gründungskosten auch das Gründungsverfahren selbst vereinfacht, bedeutet die Gründung im vereinfachten Verfahren nach § 2 Abs 1a dGmbHG lediglich eine **Verringerung der Gründungskosten**, wobei eine notarielle Beurkundung erforderlich bleibt.[13] Die Gründung im vereinfachten Verfahren ist dabei mit höchstens drei Gesellschaftern u bei Bestellung nur eines GF sowie nur mit den Regelungen der Musterprotokolle aus der Anl zu § 2 Abs 1a dGmbHG möglich. In der Praxis wird das vereinfachte Verfahren daher va **für die Gründung v Ein-Mann-UG oder Vorratsgesellschaften** verwendet. **Mehrpersonengründungen** erfolgen idR nicht im vereinfachten Verfahren, weil das Musterprotokoll die Gestaltungsfreiheit sehr stark einschränkt u keine individualisierten Regelungen zulässt.[14] **9**

Von ungleich größerer praktischer Relevanz in D ist dagegen § 5a dGmbHG über die Gründung einer GmbH als UG (vgl Rz 15 ff). **10**

C. Sitz der Gesellschaft – deutsche GmbH mit Verwaltungssitz in Österreich

§ 5 Abs 2 gibt vor, dass der Sitz der Gesellschaft in aller Regel am Ort eines Betriebs, der Geschäftsleitung oder der Verwaltung zu wählen ist. **11**

---

12 Eine Substituierbarkeit der dt Präsenz- oder Online-Beglaubigung durch eine österr Online-Beglaubigung nach § 79 Abs 9 NO bejahend: OLG Celle 1.8.2022, 9 W 62/22, NZG 2023, 1087; abl: *Lieder* NZG 2022, 1043 (1053).
13 Auch der geänderte § 2 Abs 3 dGmbHG idF ab 1.8.2022 bzw 1.8.2023, welcher der Umsetzung der EU-RL 2019/1151 (sog Company Law Package) dient, ändert hieran in Dtl nichts. Zwar wird dadurch eine notarielle Beurkundung per Videokommunikation möglich, die inhaltlichen Beschränkungen durch die Musterprotokolle bleiben aber bestehen, sodass sich an der (geringen) Nutzung des vereinfachten Verfahrens in der Praxis wenig ändern dürfte.
14 Zu den vielfältigen Fragestellungen u Problemen aus den Musterprotokollen s nur *Wicke* in Scholz, GmbHG[12] § 2 Rz 121 ff.

Derlei Maßgabe macht § 4a dGmbHG seit dem MoMiG nicht mehr, sodass **bei dGmbH keine Abhängigkeit v tatsächlichen Verwaltungssitz** besteht u der statuarische Sitz innerhalb Dtl frei gewählt werden kann.[15] Weiter benötigt die dGmbH eine in Dtl belegene Geschäftsanschrift (vgl § 8 Abs 4 Nr 1, § 10 Abs 1 S 1, § 35 Abs 1 S 3 dGmbHG)[16].

12 Wenn den Beteiligten die Geltung des dGmbHG für ihre Ziele vorzugswürdig erscheint (zB bzgl Kapitalerhaltung), kann daher eine **in Dtl gegründete GmbH ohne tatsächlichen Verwaltungssitz in Dtl für eine Unternehmung (u mit tatsächlichem Verwaltungssitz) in Ö** verwendet werden[17]. Dies gilt aus dt Sicht vor dem Hintergrund der in Ö geltenden Sitztheorie (§ 10 IPRG, vgl Exkurs zum IPRG, Rz 2) unter Berücksichtigung der EU-Niederlassungsfreiheit jedenfalls dann, wenn man § 4a dGmbHG seit dem MoMiG mit der inzwischen weit überwiegenden dLit[18] als auch kollisionsrechtliche Norm betrachtet. Umgekehrt können sich auch Fragen nach der kollisionsrechtlichen Anwendbarkeit des österr Rechts auf die dGmbH mit Verwaltungssitz in Ö stellen (zB bzgl § 69 Abs 3a IO)[19].

13 Zur Rechtslage bei Verlegung des Verwaltungssitzes einer österr GmbH nach Dtl vgl Exkurs zum IPRG, Rz 8.

---

15 Bis zur Grenze des Rechtsmissbrauchs bzw vorsätzlich sittenwidriger Schädigung, welche außer in völlig atypischen Konstellationen nicht anzunehmen sein wird, insb nicht im Fall einer sog Briefkastenfirma, *Heinze* in MüKo GmbHG[4] § 4a Rz 11; *Servatius* in Noack/Servatius/Haas, GmbHG[23] § 4a Rz 4.
16 Österr Zweigniederlassung der dGmbH ist nach § 107 im FB einzutragen, vgl §§ 107, 112–114 Rz 1 ff.
17 Ggf sind steuerrechtliche Implikationen aus der Grenzüberschreitung zu berücksichtigen, insb etwaige Wegzugsbesteuerung bei Verlegung des Verwaltungssitzes nach Geschäftsaufnahme.
18 *Servatius* in Noack/Servatius/Haas, GmbHG[23] § 4a Rz 10 mwN; *Heinze* in MüKo GmbHG[4] § 4a Rz 104 ff mwN; *Cziupka* in Scholz, GmbHG[12] § 4a Rz 23 f, 28; wohl auch OLG Düsseldorf 16.4.2009, 3 Wx 85/09, NZG 2009, 678 (obiter); zur gleichen Frage bei § 5 dAktG: *Ego* in MüKo AktG[5] Int GesR im Europäischen Binnenmarkt, Rz 226 ff mwN; *Hüffer/Koch*, AktG[15] § 5 Rz 12; *Drescher* in Spindler/Stilz, AktG[4] § 5 Rz 11; aA mit der Folge Auflösung u Liquidation im Fall eines Wegzugs aus Dtl u Zuzugs nach Ö infolge Statutenwechsels: *Heider* in MüKo AktG[5] § 5 Rz 55 f.
19 *Adensamer/Kerschbaum*, NZG 2014, 773 (775). Die Insolvenzantragspflicht der Gesellschafter aus § 69 Abs 3a IO überschneidet sich tlw jedoch mit derjenigen aus § 15a Abs 3 dInsO.

D. Stammkapital und Geschäftsanteile

Während § 6 Abs 1 ein Mindeststammkapital v € 10.000 u einen Mindestbetrag für jeden Anteil v € 70 bestimmt (abw §§ 3, 13 FlexKapGG), fordert § 5 Abs 1 dGmbHG ein **Mindeststammkapital v € 25.000** u nach § 5 Abs 2 dGmbHG können **auf volle Euro lautende Anteile ab € 1** gebildet werden, wobei jeder Gesellschafter **mehrere Anteile untersch Stückelung** übernehmen kann. Die Mindesteinzahlungspflichten bei der Bargründung sind in § 10 Abs 1 (s auch § 5 FlexKapGG) u § 7 Abs 2 dGmbHG dem österr Recht grds vergleichbar strukturiert; der **Liquiditätsbedarf zur Bargründung ist in Dtl somit erheblich geringer.**

14

E. Unternehmergesellschaft

Der im Wettbewerb der nationalen Gesellschaftsformen mit dem MoMiG eingeführte § 5a dGmbHG über die **UG** hat erfolgreich das Ziel erreicht, die in Dtl zuvor aufgrund des Europarechts u der EuGH-Rsp stark zunehmende Verbreitung der englischen Ltd zurückzudrängen.

15

Die UG ist **keine eigene Gesellschaftsform**, sondern eine Variante der dGmbH. Soweit § 5a dGmbHG nichts anderes bestimmt, unterliegt die UG denselben Vorschriften wie die (Voll-)GmbH.[20] Ein vereinfachtes Gründungsverfahren gilt nur bei Erfüllung der Voraussetzungen der allg Vereinfachungsregelung aus § 2 Abs 1a dGmbHG (vgl Rz 9 f). Die UG kann Beteiligte einer Umwandlung nach dUmwG sein, es müssen lediglich die sich aus § 5a dGmbHG ergebenden Beschränkungen berücksichtigt werden, also insb das **Verbot der Sachgründung u v Sacheinlagen**.[21]

16

Die UG eröffnet die Möglichkeit auch mit einem Stammkapital v weniger als € 25.000 eine dGmbH zu gründen u die Haftungsbeschränkung der dGmbH zu erlangen. Das **Stammkapital der UG muss lediglich mind € 1** betragen u kann auf unbestimmte Zeit die geringere Höhe haben. Dagegen ist die Erlangung der Haftungsbeschränkung der österr

17

---

20 *Rieder* in MüKo GmbHG[4] § 5a Rz 1; *Servatius* in Noack/Servatius/Haas, GmbHG[23] § 5a Rz 7.
21 *Rieder* in MüKo GmbHG[4] § 5a Rz 57 ff; *H. P. Westermann* in Scholz, GmbHG[12] § 5a Rz 35 f.

GmbH an die Aufbringung v zunächst mind € 5.000 geknüpft. In jedem Fall beträgt die Einzahlungspflicht (insb im Insolvenzfall) mind € 10.000. Für die Gründung v Kleinunternehmen gibt das dt Recht somit mehr Freiheit bei vollwirksamer Haftungsbeschränkung, wenn auch um den „Preis" der Thesaurierungspflicht (vgl Rz 21).

18 Das **Stammkapital muss in bar u vor der HR-Anmeldung in voller Höhe erbracht werden** (§ 5a Abs 2 dGmbHG); eine Sachgründung ist nicht möglich.

19 Der **Rechtsformzusatz** in der Fa einer dGmbH in Form einer UG muss nach § 5a Abs 1 dGmbHG (abw v § 4 dGmbHG) „Unternehmergesellschaft (haftungsbeschränkt)" oder „UG (haftungsbeschränkt)" lauten. Andernfalls kann dem Handelnden eine persönliche Rechtsscheinhaftung drohen.[22]

20 Unabhängig v der Möglichkeit eines Stammkapitals v lediglich € 1 sollte auf eine hinreichende Kapital- u Liquiditätsausstattung der UG geachtet werden, um die Einberufungspflicht nach § 5a Abs 4 dGmbHG wegen drohender Zahlungsunfähigkeit sowie ungewollte insolvenzrechtliche Implikationen (bis hin zum faktischen Verlust der Haftungsbeschränkung infolge persönlicher Haftung nach § 823 Abs 2 BGB iVm § 15a Abs 1 dInsO oder einer Strafbarkeit nach § 15a Abs 4 dInsO wegen nicht ordnungsgemäßer Insolvenzantragstellung)[23] zu vermeiden.[24]

---

22 BGH 12.6.2012, II ZR 256/11, NZG 2012, 989 (990 f), wonach einem Gläubiger in Höhe des Differenzbetrags des Stammkapitals der UG zum Mindeststammkapital der GmbH gehaftet wird, aber offengelassen wurde, ob eine Haftung bis zu dieser Grenze ggü untersch Gläubigern mehrfach entstehen kann; BGH 13.1.2022, III ZR 210/20, NZG 2022, 513 (mit krit Anm *de Raet*); abl *H. P. Westermann* in Scholz, GmbHG[12] § 5a Rz 14 f.

23 Aber keine Strafbarkeit wegen Verletzung der Einberufungspflicht nach § 5a Abs 4 dGmbHG (anders als bei der Voll-GmbH wegen § 84 Abs 1 Nr 1 iVm § 49 Abs 3 dGmbHG).

24 Eine Haftung (allein) wegen einer Unterkapitalisierung wird überwiegend abgelehnt (*Servatius* in Noack/Servatius/Haas, GmbHG[23] § 5 Rz 5 f; *Veil* in Scholz, GmbHG[12] § 5 Rz 15 f; *Schwandtner* in MüKo GmbHG[4] § 5 Rz 40; *H. P. Westermann* in Scholz, GmbHG[12] § 5a Rz 8) bzw allenfalls als Anwendungsfall der ausnahmsweisen Haftung für einen existenzvernichtenden Eingriff nach § 826 BGB diskutiert (befürwortend *Bitter* in Scholz, GmbHG[12] § 13 Rz 106; *Schwandtner* in MüKo GmbHG[4] § 5 Rz 40; offen gelassen vor Einf der UG in BGH 28.4.2008, II ZR 264/06, NZG 2008, 547 [550]); zur Unterkapitalisierung bei der österr GmbH vgl § 61 Rz 58.

21 Die UG muss nach § 5a Abs 3 dGmbHG in ihrer Bilanz eine gesetzl Rücklage bilden, in die mind ein Viertel des um einen Verlustvortrag aus dem Vorjahr geminderten Jahresüberschuss einzustellen ist. Diese Rücklage darf nur verwendet werden (1) für Zwecke einer Kapitalerhöhung aus Gesellschaftsmitteln nach § 57c dGmbHG, (2) zum Ausgleich eines nicht durch einen Gewinnvortrag aus dem Vorjahr gedeckten Jahresfehlbetrags bzw (3) zum Ausgleich eines nicht durch einen Jahresüberschuss gedeckten Verlustvortrags aus dem Vorjahr. Die UG ist somit zur tlw Thesaurierung verpflichtet. Mit der Thesaurierungspflicht soll über die Zeit eine höhere Eigenkapitalausstattung der UG herbeigeführt werden, welche die Gesellschafter durch Kapitalerhöhung nach § 57c dGmbHG zum Erstarken der UG zur Voll-GmbH nutzen können.[25] In der Liquidation dürfte die Thesaurierungspflicht dementspr nicht fortbestehen, sondern es gilt § 73 dGmbHG. **Verstoß gegen Thesaurierungspflicht** (zB infolge verdeckter Gewinnausschüttung wegen nicht drittüblicher Leistung an Gesellschafter)[26] begründet Nichtigkeit der betr Beschlüsse über Feststellung des JA u Gewinnausschüttung; Gewinnausschüttung ist nach §§ 30 f dGmbHG analog zurückzuzahlen, ohne dass es auf Feststellung einer Unterbilanz ankäme;[27] der auszahlende GF ist schadensersatzpflichtig nach § 43 Abs 3 dGmbHG.[28] Im Zusammenhang mit der Thesaurierungspflicht ist umstr, ob eine gebildete bzw zu bildende gesetzl Rücklage dem Kapitalerhaltungsgebot aus § 30 dGmbHG unterliegt[29]

---

25 Str, ob Treuepflicht zur Durchführung einer Kapitalerhöhung aus gesetzl Rücklage nach § 57c dGmbHG bestehen kann; befürwortend *Rieder* in MüKo GmbHG[4] § 5a Rz 32; **abl** *Servatius* in Noack/Servatius/Haas, GmbHG[23] § 5a Rz 26; ggf sollte eine entspr Pflicht daher in Gründungssatzung aufgenommen werden.

26 *Rieder* in MüKo GmbHG[4] § 5a Rz 35 ff; *Servatius* in Noack/Servatius/Haas, GmbHG[23] § 5a Rz 23 f; *Verse* in Scholz, GmbHG[12] § 29 Rz 118; **aA** mangels Anknüpfungspunkt für Unzulässigkeit im G: *Römermann*, NJW 2010, 905 (908).

27 **AA** *H. P. Westermann*, dieser präferiert stattdessen bereicherungsrechtliche Rückzahlungsverpflichtung nach § 812 BGB: *H. P. Westermann* in Scholz, GmbHG[12] § 5a Rz 26.

28 *Rieder* in MüKo GmbHG[4] § 5a Rz 33; *Servatius* in Noack/Servatius/Haas, GmbHG[23] § 5a Rz 22; *H. P. Westermann* in Scholz, GmbHG[12] § 5a Rz 27.

29 Für analoge Anwendung v § 30 f dGmbHG: *Rieder* in MüKo GmbHG[4] § 5a Rz 33; *Servatius* in Noack/Servatius/Haas, GmbHG[23] § 30 Rz 16; *Verse* in Scholz, GmbHG[12] § 30 Rz 10; *Peetz*, GmbHR 2012, 1160 (1161 f); **dagegen**

bzw weitergehend jegliche Ausschüttungen außerhalb der jährlichen Gewinnverteilung in der UG unzulässig sind[30] u zu einer Rückzahlungspflicht nach § 31 dGmbHG führen.

22 Mit Erreichen eines Stammkapitals v mind €25.000 entfällt nach §5a Abs 5 dGmbHG die Anwendung der abw Regelungen aus § 5a Abs 1–4 dGmbHG. Erforderlich ist die Durchführung einer hinreichenden **Kapitalerhöhung**; es genügt nicht, dass die Summe aus Stammkapital u Rücklagen nach § 5a Abs 3 dGmbHG €25.000 oder mehr beträgt.[31] Es handelt sich weder um eine Umwandlung noch um einen Formwechsel.[32]

23 Das Verbot v Sacheinlagen gilt für Kapitalerhöhungen, durch welche ein Stammkapital v €25.000 nicht erreicht wird, nicht jedoch, wenn durch die Kapitalerhöhung ein Stammkapital v €25.000 oder mehr erreicht wird[33]. Wird durch die Kapitalerhöhung ein Stammkapital v €25.000 oder mehr erreicht, gilt auch das Volleinzahlungsgebot nicht (mehr), jedoch müssen nach § 7 Abs 2 S 2 dGmbHG analog in Summe seit der Gründung mind €12.500 eingezahlt worden sein,[34] um eine Besserstellung der UG gegenüber der Gründung einer regulären GmbH zu vermeiden.

---

unter Hinweis auf den Wortlaut v § 30 dGmbHG: *H.P. Westermann* in Scholz, GmbHG[12] § 5a Rz 28; *Waldenberger/Sieber*, GmbHR 2009, 114 (118).

30 So *Verse* in Scholz, GmbHG[12] § 30 Rz 11.
31 *Servatius* in Noack/Servatius/Haas, GmbHG[23] § 5a Rz 21; *Rieder* in MüKo GmbHG[4] § 5a Rz 31; *H. P. Westermann* in Scholz, GmbHG[12] § 5a Rz 29.
32 OLG Celle 12.12.2017, 9 W 134/17, NZG 2018, 261; *Servatius* in Noack/Servatius/Haas, GmbHG[23] § 5a Rz 32.
33 BGH 19.4.2011, II ZB 25/10, NZG 2011, 664 (665).
34 OLG Stuttgart 13.10.2011, 8 W 341/11, NZG 2012, 22 (23); OLG München 7.11.2011, 31 Wx 475/11, NZG 2012, 104; OLG Celle, 17.7.2017, 9 W 70/17, NZG 2017, 1222; OLG Düsseldorf 12.5.2022, 3 WX 3/22, GmbHR 2022, 1041 (1043); *Servatius* in Noack/Servatius/Haas, GmbHG[23] § 5a Rz 33; *Rieder* in MüKo GmbHG[4] § 5a Rz 44.

§ 15 dGmbHG Übertragung von Geschäftsanteilen

(1) Die Geschäftsanteile sind veräußerlich und vererblich.

(2) Erwirbt ein Gesellschafter zu seinem ursprünglichen Geschäftsanteil weitere Geschäftsanteile, so behalten dieselben ihre Selbständigkeit.

(3) Zur Abtretung von Geschäftsanteilen durch Gesellschafter bedarf es eines in notarieller Form geschlossenen Vertrages.

(4) ¹Der notariellen Form bedarf auch eine Vereinbarung, durch welche die Verpflichtung eines Gesellschafters zur Abtretung eines Geschäftsanteils begründet wird. ²Eine ohne diese Form getroffene Vereinbarung wird jedoch durch den nach Maßgabe des vorigen Absatzes geschlossenen Abtretungsvertrag gültig.

(5) Durch den Gesellschaftsvertrag kann die Abtretung der Geschäftsanteile an weitere Voraussetzungen geknüpft, insbesondere von der Genehmigung der Gesellschaft abhängig gemacht werden.

idF dBGBl 2008 I, S 2026

Literatur: *Albers*, Kauf und Übertragung von Anteilen an ausländischen „Quasi-GmbH", GmbHR 2011, 1266; *Armbrüster*, Zur Beurkundungsbedürftigkeit von Treuhandabreden über GmbH-Anteile – Zugleich ein Beitrag zu den Formzwecken des § 15 Abs. 4 Satz 1 GmbHG, DNotZ 1997, 762; *Fröhlich*, Formerfordernisse nach deutschem GmbH-Recht bei Gesellschaftervereinbarungen betreffend ausländischer Gesellschaften mit beschränkter Haftung, NZG 2021, 820; *Geyrhalter/Zirngibl/Strehle*, Haftungsrisiken aus dem Scheitern von Vertragsverhandlungen bei M&A-Transaktionen, DStR 2006, 1559; *Goette*, Auslandsbeurkundungen im Kapitalgesellschaftsrecht, DStR 1996, 709; *Hermanns*, Beurkundungspflichten, Beurkundungsverfahren und Beurkundungsmängel unter besonderer Berücksichtigung des Unternehmenskaufvertrages, DNotZ 2013, 9; *König/Götte/Bormann*, Das Formstatut für die dingliche Abtretung von GmbH-Geschäftsanteilen nach geltendem und künftigem Recht, NZG 2009, 881; *Leyendecker/Mackensen*, Beurkundung des Equity Commitment Letter beim Unternehmenskauf, NZG 2012, 129; *Lieder/Villegas*, Treuhandverträge über GmbH-Geschäftsanteile – eine Frage der Form? GmbHR 2018, 169; *Lieder*, Zur Auslandsbeurkundung im Grundstücks- und Gesellschaftsrecht, NZG 2020, 1081; *Schaub*, Treuhand an GmbH-Anteilen, DStR 1995, 1634; *Sommer/Menzel*, Sind unwirksame Treuhandverhältnisse an GmbH-Anteilen steuerlich anzuerkennen? GmbHR 2003, 917; *Werner*, Treuhandverhältnisse an GmbH-Anteilen, GmbHR 2006, 1248; *Wrede*, Nochmals: Zur Beurkundungspflicht bei der Übertragung von Anteilen an einer ausländischen Kapitalgesellschaft, GmbHR 1995, 365.

Inhaltsübersicht

I. Einleitung 1
II. Formbedürftigkeit des Verfügungsgeschäfts über Gesellschaftsanteile 2–4
III. Formbedürftigkeit des Verpflichtungsgeschäfts über Gesellschaftsanteile 5–8
IV. Formbedürftigkeit bei der Treuhand an Gesellschaftsanteilen 9–17
V. Formbedürftigkeit der Verpfändung von Gesellschaftsanteilen 18–20

I. Einleitung

1 Nach § 15 Abs 4 dGmbHG bedarf das Verpflichtungsgeschäft u nach § 15 Abs 3 dGmbHG bedarf das Verfügungsgeschäft in Bezug auf Geschäftsanteile an einer dGmbH einer notariell beurkundeten Vereinbarung. § 15 Abs 3 u Abs 4 dGmbHG haben daher einen § 76 Abs 2 vergleichbaren Inhalt. Die hiesige Darstellung soll sich auf die **Formerfordernisse aus § 15 Abs 3 u Abs 4 dGmbHG** u die gegenüber § 76 GmbHG insoweit bestehenden Untersch beschränken.

II. Formbedürftigkeit des Verfügungsgeschäfts über Gesellschaftsanteile

2 Die Vereinbarung zur Abtretung v Geschäftsanteilen durch Gesellschafter **bedarf nach § 15 Abs 3 dGmbHG eines notariell beurkundeten Vertrags**. Über den Wortlaut hinaus ist nach hM auch die Abtretung eines schuldrechtlichen Anspruchs auf Abtretung v Geschäftsanteilen formbedürftig.[1]

3 Da die Bestimmungen der Rom I-VO nur auf schuldrechtliche Verpflichtungsgeschäfte Anwendung finden, ist **für die dingliche Abtretung v Geschäftsanteilen an einer dGmbH Art 11 EGBGB maßgeblich**.[2] Da-

---

1 BGH 19.4.1999, II ZR 365/97, NJW 1999, 2594 (2595); *Servatius* in Noack/Servatius/Haas, GmbHG[23] § 15 Rz 26; *Reichert/Weller* in MüKo GmbHG[4] § 15 Rz 45; aA *Seibt* in Scholz, GmbHG[12] § 15 Rz 94.
2 *Servatius* in Noack/Servatius/Haas, GmbHG[23] § 15 Rz 22b; *Seibt* in Scholz, GmbHG[12] § 15 Rz 82.

nach ist ein Rechtsgeschäft formgültig, wenn es die Formerfordernisse des Rechts, das auf das seinen Gegenstand bildende Rechtsverhältnis anzuwenden ist (sog Geschäftsstatut), oder des Rechts des Staates erfüllt, in dem es vorgenommen wird (sog Ortsstatut). Soll unter **Wahrung des Geschäftsstatuts** nach Art 11 Abs 1 Alt 1 EGBGB die Anteilsabtretung durch einen österr Notar[3] beurkundet werden, erfordert dies nach hM (wie bei Betroffenheit der Gesellschaftsverfassung) die **Gleichwertigkeit der Beurkundung** eines österr Notars mit der eines dt Notars,[4] welche v der Lit für die Präsenzbeurkundung bejaht wird, wobei belastbare Rsp fehlt (s Nachweise bei § 2 dGmbHG Rz 5 f). Die Anteilsabtretung kann nach hLit[5] (u älterer Rsp)[6] aber auch unter **Wahrung des Ortsstatuts** nach Art 11 Abs 1 Alt 2 EGBGB formgerecht beurkundet werden. Hat ein aus dt Sicht ausländischer Notar an einer wirksamen Anteilsabtretung mitgewirkt, ist er gem § 40 Abs 2 S 1 dGmbHG zur Einreichung einer die Änderungen wiedergebenden Gesellschafterliste zum HR berechtigt (aber nicht verpflichtet); erfolgt die Einreichung nicht durch den Notar, bleibt es bei der Einreichungspflicht des GF aus § 40 Abs 1 S 1 dGmbHG.[7]

Sollen Anteile an einer österr GmbH durch Urkunde eines dt Notars abgetreten werden, ist aus Sicht des deutschen IPR ebenfalls Art 11 Abs 1 EGBGB anwendbar[8]. Die Wahrung des Geschäftsstatuts erfordert dann die Einhaltung v § 76 Abs 2 u die Gleichwertigkeit des dt mit einem

4

---

3 Soweit hier der Ausdruck dt u österr Notar benutzt wird, ist der in Dtl bzw Ö zugelassene Notar gemeint, vgl EuGH 24.5.2011, C-54/08.
4 BGH 17.12.2013, II ZB 6/13, NJW 2014, 2026 (2027 f); *Servatius* in Noack/Servatius/Haas, GmbHG[23] § 15 Rz 22b; *Seibt* in Scholz, GmbHG[12] § 15 Rz 84.
5 *Servatius* in Noack/Servatius/Haas, GmbHG[23] § 15 Rz 22b; *Seibt* in Scholz, GmbHG[12] § 15 Rz 82; *Reichert/Weller* in MüKo GmbHG[4] § 15 Rz 160 f (unter Hinweis auf verbleibende Rechtsunsicherheit mangels höchstrichterlicher E, weswegen bis auf Weiteres Einhaltung des Geschäftsstatuts zu empfehlen sei); *Goette*, DStR 1996, 709 (711); **aA** *Lieder*, NZG 2020, 1081 (1084); *König/Götte/Bormann*, NZG 2009, 881 (884).
6 BayObLG 18.10.1977, Breg 3 Z 68/76, NJW 1978, 500; OLG Frankfurt 10.4.1981, 20 W 460/80, DNotZ 1982, 186; in jüngerer Zeit offengelassen durch BGH 21.10.2014, II ZR 330/13, NJW 2015, 336 (337) bzgl Beurkundung der HV dt AG; 22.5.1989, II ZR 211/88, NJW-RR 1989, 1259 (1261); wohl für Anwendbarkeit der Ortsform: KG 24.1.2018, 22 W 25/16, NJW 2018, 1828 (1829).
7 BGH 17.12.2013, II ZB 6/13, NJW 2014, 2026.
8 *Reichert/Weller* in MüKo GmbHG[4] § 15 Rz 175 f; *Seibt* in Scholz, GmbHG[12] § 15 Rz 88; *Wrede*, GmbHR 1995, 365 (366).

österr Notar⁹ (vgl dazu §76 Rz 62, Exkurs zum IPRG, Rz 30; Gleichwertigkeit verneint bei Beurkundung nach dt KonsularG[10]). Alternativ ist auch die Wahrung des Ortsstatuts, also eine Beurkundung nach §15 Abs 3 dGmbHG, ausreichend,[11] wobei insoweit aus österr Sicht Zweifel bestehen, weswegen vorsichtshalber die Einhaltung des Geschäftsstatuts anzuraten ist[12] (vgl Exkurs zum IPRG, Rz 31).

III. Formbedürftigkeit des Verpflichtungsgeschäfts über Gesellschaftsanteile

5   Die **Vereinbarung einer Verpflichtung zur Abtretung v Geschäftsanteilen an einer dGmbH** bedarf nach §15 Abs 4 dGmbHG eines **notariell beurkundeten Vertrags**. Das Formerfordernis setzt voraus, dass die Verpflichtung zur Abtretung unmittelbar aus der Vereinbarung folgt oder die Vereinbarung zwangsläufig zur Entstehung einer entspr Verpflichtung führt,[13] was im Einzelfall zu schwierigen **Abgrenzungsfragen** führen kann (zB bei Vereinbarungen über sog Break-up Fees bzw Ersatz v *Due Diligence* Kosten im Vorfeld v Unternehmenstransaktionen)[14]. Das Formerfordernis besteht demnach zB auch bei bedingten bzw befristeten Abtretungsverpflichtungen, Vorverträgen, der Einräumung v Optionen, bei *Drag-Along*- bzw *Tag-Along*-Klauseln[15] sowie über den Wortlaut hinaus nach hM bei der Vereinbarung einer Verpflichtung zur Abtretung eines Anspruchs auf Abtretung v Geschäftsanteilen[16]. Bei einer formgerecht errichteten bedingten Übertragungspflicht (wie zB häufig bei *Call*- oder *Put*-Optionen in Gesellschaf-

---

9   Für Gleichwertigkeit: OGH 23.2.1989, 6 Ob 525/89.
10 OGH 23.4.2020, 6 Ob 59/20z, GesRZ 2020, 423 (*Aburumieh/Hoppel*).
11 *Reichert/Weller* in MüKo GmbHG⁴ §15 Rz 176; *Seibt* in Scholz, GmbHG¹² §15 Rz 88; *Wrede*, GmbHR 1995, 365 (366); offengelassen: OLG Stuttgart 17.5.2000, 20 U 68/99, NZG 2001, 40 (41).
12 *Albers*, GmbHR 2011, 1266 (1267).
13 *Servatius* in Noack/Servatius/Haas, GmbHG²³ §15 Rz 32.
14 OLG München 19.9.2012, 7 U 736/12, NZG 2013, 257; LG Paderborn 28.4.2000, 2 O 132/00, NZG 2000, 899; *Geyrhalter/Zirngibl/Strehle*, DStR 2006, 1559 (1560).
15 *Servatius* in Noack/Servatius/Haas, GmbHG²³ §15 Rz 31 ff.
16 *Servatius* in Noack/Servatius/Haas, GmbHG²³ §15 Rz 32; *Reichert/Weller* in MüKo GmbHG⁴ §15 Rz 91; **aA** *Seibt* in Scholz, GmbHG¹² §15 Rz 58.

tervereinbarungen oder in gesv Regelungen über die Einziehung als alternative Folge zu derselben) muss das Rechtsgeschäft (zB Ausübungserklärung, Gesellschafterbeschluss), durch welchen die Bedingung eintritt, nicht beurkundet sein;[17] Entspr gilt bei einer Verpflichtungsvereinbarung unter Genehmigungsvorbehalt für die Genehmigungserklärung.[18] Die Abtretung eines Anteils an einer dt GesbR, welche einen Anteil an einer dGmbH hält, ist dagegen nicht formbedürftig, außer die GesbR dient der Umgehung des Formerfordernisses aus § 15 Abs 4 GmbHG (aA zum österr Recht § 76 Rz 46a).[19]

Das **Formerfordernis besteht bzgl aller wesentlichen Teile der Willenserklärungen einschließlich Nebenabreden**, die nach dem Willen der Parteien Bestandteil der Vereinbarung über die Verpflichtung zur Abtretung sein sollen (sog Vollständigkeitsgrundsatz).[20] Sie umfasst daher – anders als § 76 Abs 2 (vgl § 76 Rz 48) – insb auch die Vereinbarung über die Gegenleistung.[21] Sogenannte *Equity* oder *Debt Commitment Letter* werden in Unternehmenstransaktionen daher regelmäßig mitbeurkundet.[22] 6

Werden Anteile an einer österr GmbH unter Vereinbarung oder Anwendbarkeit dt Rechts auf das Verpflichtungsgeschäft veräußert (vgl Geschäftsstatut nach Art 3 ff Rom I-VO), so ist in Bezug auf das Vertragsstatut nach Art 11 Abs 1 Alt 1 Rom I-VO das Verpflichtungsgeschäft nach § 15 Abs 4 dGmbHG beurkundungsbedürftig, wenn die österr GmbH in ihrer Ausgestaltung der dGmbH vergleichbar ist[23]. Dies ist anzunehmen (so ist Zweck der Beurkundungsbedürftigkeit jew die Verhinderung des spekulativen Anteilshandels;[24] vgl § 76 Rz 60; Exkurs zum IPRG, Rz 29). Das alternativ nach Art 11 Abs 1 Alt 2 Rom I- 7

---

17 BGH, 12.1.1998, II ZR 378/96, DStR 1998, 539 (540) (*Goette*); *Reichert/Weller* in MüKo GmbHG[4] § 15 Rz 95 f.
18 BGH 25.9.1996, VIII ZR 172/95, NJW 1996, 3338 (3339).
19 BGH 10.3.2008, II ZR 312/06, NZG 2008, 377.
20 BGH 27.6.2001, VIII ZR 329/99, NZG 2001, 940 (941); *Seibt* in Scholz, GmbHG[12] § 15 Rz 66; *Reichert/Weller* in MüKo GmbHG[4] § 15 Rz 108.
21 *Reichert/Weller* in MüKo GmbHG[4] § 15 Rz 109.
22 Für Beurkundungsbedürfigkeit: *Hermanns*, DNotZ 2013, 9 (15 f); jedenfalls Vermutung: *Seibt* in Scholz, GmbHG[12] § 15 Rz 66a; **aA** *Leyendecker/Mackensen*, NZG 2012, 129 (130 ff).
23 OLG Celle 20.11.1991, 20 U 26/91, NJW-RR 1992, 1126 (1127); *Reichert/Weller* in MüKo GmbHG[4] § 15 Rz 176; *Fröhlich*, NZG 2021, 820 (821 f); offengeblieben bei BGH 4.1.2004, III ZR 172/03, DStR 2004, 2205 (2207).
24 Krit dazu OLG München, 5.3.1993, 23 U 5958/92, NJW-RR 1993, 998 (999).

VO anwendbare Ortsstatut führt bei Beurkundung in Dtl ebenfalls zur Anwendung v § 15 Abs 4 dGmbHG, bei Beurkundung in Ö bestimmt § 76 Abs 2 die Ortsform. **Werden Anteile an einer dGmbH unter Vereinbarung oder Anwendbarkeit österr Rechts auf das Verpflichtungsgeschäft veräußert,** erfordert das Verpflichtungsgeschäft aufgrund des Vertragsstatuts eine Beurkundung durch österr Notar nach § 76 Abs 2, eine Erfüllung des Ortsstatuts kann entweder ebenfalls durch Beurkundung eines österr Notars nach § 76 Abs 2 oder durch Beurkundung eines dt Notars nach § 15 Abs 4 GmbHG erfolgen[25].

8 Ein **formunwirksam** geschlossenes Verpflichtungsgeschäft wird gem § 15 Abs 4 S 2 dGmbHG durch eine nach § 15 Abs 3 dGmbHG formwirksame Abtretung der Anteile *ex nunc* formwirksam u insoweit **geheilt**.

IV. Formbedürftigkeit bei der Treuhand an Gesellschaftsanteilen

9 Ausgangspunkt der Beurteilung, ob der Abschluss einer **Treuhandvereinbarung als schuldrechtliche Vereinbarung bzgl Geschäftsanteilen** an einer GmbH beurkundungsbedürftig ist, ist in Ö die Annahme, dass es der Form nach § 76 Abs 2 nicht bedarf, soweit der Geschäftsanteil wirtschaftlich ohnehin bereits dem Treugeber zuzurechnen ist. Dies führt in den Fällen der Erwerbstreuhand u Übertragungstreuhand zur Formfreiheit des Treuhandvertrags (vgl § 76 Rz 52 ff). Demgegenüber ist Ausgangspunkt der Beurteilung der Formbedürftigkeit in Dtl, ob mit dem Abschluss des Treuhandvertrags eine nach § 15 Abs 4 dGmbHG beurkundungsbedürftige Pflicht zur Übertragung eines Geschäftsanteils begründet wird, u wird insoweit der Gesetzeszweck, den freien Handel mit Geschäftsanteilen zu verhindern, besonders betont.[26] Dieser untersch gedankliche Einstieg führt zu einer **etwas weiterreichenden Formstrenge beim Abschluss v Treuhandvereinbarungen in Dtl**.

10 Die bereits mit dem Abschluss der Treuhandvereinbarung verbundene Begründung der Herausgabepflicht des Treuhänders, welche sich

---

25 *Reichert/Weller* in MüKo GmbHG[4] § 15 Rz 179.
26 BGH 19.4.1999, II ZR 365/97, NJW 1999, 2594 (2595); 12.12.2005, II ZR 330/04, NZG 2006, 590; 14.12.2016, IV ZR 7/15, NZG 2017, 476 (477).

in Dtl aus § 667 BGB ergibt, soll für sich jedoch keine Formbedürftigkeit begründen[27] (so auch in Ö, vgl § 76 Rz 52); andernfalls wären Treuhandvereinbarungen nach § 15 Abs 4 dGmbHG durchweg formbedürftig.

Weiter bestehen keine wesentlichen Differenzen in der rechtlichen Beurteilung der Formbedürftigkeit v infolge der Begründung oder Beendigung des Treuhandverhältnisses erfolgenden Abtretungen v Geschäftsanteilen, welche nach § 15 Abs 3 dGmbHG bzw § 76 Abs 2 stets der notariellen Beurkundung bedürfen[28] (vgl § 76 Rz 52), es sei denn, eine erforderliche (Rück-)Abtretung bei Beendigung der Treuhand ist durch vorangegangene auflösend oder aufschiebend bedingte Abtretung angelegt worden u die Beendigung führt zum Bedingungseintritt.[29] **11**

Bei der **Erwerbstreuhand** ist **zu differenzieren** (anders in Ö, vgl § 76 Rz 53). Soll der Treugeber einen bestehenden Geschäftsanteil oder einen in der Entstehung befindlichen Anteil an einer durch notarielle Errichtungsurkunde errichteten, noch nicht im HR eingetragenen GmbH als Treugut erwerben, so bedeutet die dahingehende Treuhandvereinbarung eine Verpflichtung des Treuhänders zum Erwerb eines Geschäftsanteils u ist nach § 15 Abs 4 dGmbHG formbedürftig; keine Formbedürftigkeit besteht lediglich, wenn sich die Erwerbsabrede zw Treuhänder u Treugeber auf einen künftigen Anteil bezieht, welchem mangels Beurkundung der Errichtung oder Kapitalerhöhung noch jede Grundlage fehlt.[30] **12**

Bei der **Übertragungstreuhand** erwirbt der Treuhänder zu Beginn des Treuhandverhältnisses v Treugeber den Geschäftsanteil als (neues) Treugut. Die damit verbundene Abtretungsverpflichtung des Treugebers macht den Abschluss der **Treuhandvereinbarung nach § 15** **13**

---

27 BGH 26.6.1997, IX ZR 233/96, NJW 1997, 2946 (2947); OLG Bamberg 30.11.2000, 1 U 72/00, NZG 2001, 509 (511); mit abw Begr, weil kein Fall freien Handels drohe: *Armbrüster*, DNotZ 1997, 762 (779); aA *Lieder/Villegas*, GmbHR 2018, 169 (170 f).
28 *Servatius* in Noack/Servatius/Haas, GmbHG[23] § 15 Rz 57; *Seibt* in Scholz, GmbHG[12] § 15 Rz 231.
29 Bzgl auflösender Bedingung: *Servatius* in Noack/Servatius/Haas, GmbHG[23] § 15 Rz 57; *Reichert/Weller* in MüKo GmbHG[4] § 15 Rz 214.
30 BGH 19.4.1999, II ZR 365/97, NJW 1999, 2594 (2595); 12.12.2005, II ZR 330/04, NZG 2006, 590; zur Kapitalerhöhung: OLG Köln 22.3.2001, 18 U 69/00, NZG 2001, 810; weitergehend für generelle Formbedürftigkeit bei Kapitalerhöhung: *Werner*, GmbHR 2006, 1248 (1251); weitergehend stets für Formbedürftigkeit: *Lieder/Villegas*, GmbHR 2018, 169 (173).

Abs 4 dGmbHG formbedürftig[31] (anders in Ö, vgl § 76 Rz 54). Erfolgt der Abschluss formunwirksam, wird jedoch der Geschäftsanteil formgerecht nach § 15 Abs 3 dGmbHG v Treugeber an den Treuhänder abgetreten, kommt eine Heilung der Treuhandvereinbarung nach § 15 Abs 4 S 2 dGmbHG in Betracht.[32]

14 Bei der **Vereinbarungstreuhand** bleibt der bisherige Inhaber des Geschäftsanteils weiter formaler Inhaber, hält diesen aber künftig als Treuhänder für den Treugeber, wodurch der Geschäftsanteil zum Treugut wird. In diesem Fall ist der Abschluss der **Treuhandvereinbarung nach § 15 Abs 4 dGmbHG formbedürftig** (so auch in Ö, vgl § 76 Rz 55) zur Verhinderung des freien Handels mit Geschäftsanteilen,[33] aufgrund der gleichzustellenden Änderung der wirtschaftlichen Zuordnung[34] u weil andernfalls durch eine kurzzeitige Vereinbarungstreuhand das Formerfordernis aus § 15 Abs 4 dGmbHG zu umgehen wäre, indem man bei einer beabsichtigten Anteilsübertragung anstelle einer sofortigen u unzweifelhaft nach § 15 Abs 4 dGmbHG formbedürftigen Abtretungsverpflichtung zunächst für kurze Zeit eine Treuhand vereinbaren könnte, mit deren Ablauf dann die Abtretung des Anteils aus § 667 BGB verlangt werden könnte.[35] Vor der Entstehung des als Treugut vorgesehenen Anteils ist bei der Vereinbarungstreuhand wie bei der Erwerbstreuhand zu differenzieren, sodass § 15 Abs 4 dGmbHG ab der den Anteil hervorbringenden Errichtung bzw Kapitalerhöhung anzuwenden ist (vgl Rz 12).[36]

15 Beim **Wechsel des Treugebers** erfolgt eine Übertragung bzw Abtretung des Anspruchs des bisherigen Treugebers gegen den Treuhänder auf Herausgabe des Geschäftsanteils an den neuen Treugeber, wozu sich

---

31 BayObLG 18.3.1991, BReg 3 Z 69/90, NJW-RR 1991, 1252 (1253 f); *Servatius* in Noack/Servatius/Haas, GmbHG[23] § 15 Rz 56; *Reichert/Weller* in MüKo GmbHG[4] § 15 Rz 213; *Seibt* in Scholz, GmbHG[12] § 15 Rz 230; aA für teleologische Reduktion, weil kein Fall freien Handels drohe u somit iSd österr A (vgl § 76 Rz 54) argumentierend: *Armbrüster*, DNotZ 1997, 762 (779); *Lieder/Villegas*, GmbHR 2018, 169 (172 f).

32 *Schaub*, DStR 1995, 1634 (1636); *Armbrüster*, DNotZ 1997, 762 (780).

33 BGH 19.4.1999, II ZR 365/97, NJW 1999, 2594 (2595); 14.12.2016, IV ZR 7/15, NZG 2017, 476 (477).

34 *Servatius* in Noack/Servatius/Haas, GmbHG[23] § 15 Rz 57; *Seibt* in Scholz, GmbHG[12] § 15 Rz 230.

35 *Reichert/Weller* in MüKo GmbHG[4] § 15 Rz 217; *Armbrüster*, DNotZ 1997, 762 (782).

36 BGH 19.4.1999, II ZR 365/97, NJW 1999, 2594 (2595).

der bisherige Treugeber in der entspr Vereinbarung verpflichtet, weswegen diese Vereinbarung nach § 15 Abs 4 dGmbHG **formbedürftig** ist[37] (so auch in Ö, vgl § 76 Rz 56).

Beim **Wechsel des Treuhänders** ist **zu differenzieren**. Erfolgt der Wechsel dadurch, dass der Treugeber seinen Anspruch gegen den bisherigen Treuhänder auf Herausgabe des Geschäftsanteils an den neuen Treugeber abtritt, soll eine damit einhergehende Verpflichtung des Treugebers formfrei sein, weil dabei kein gem dem Normzweck des § 15 Abs 4 dGmbHG zu verhindernder freier Handel mit Geschäftsanteilen droht.[38] Der Abschluss der (neuen) Treuhandvereinbarung zw Treugeber u neuem Treuhänder soll dagegen nach § 15 Abs 4 dGmbHG formbedürftig sein[39] (zur Lage in Ö vgl § 76 Rz 56). Bezüglich einer Heilung der formunwirksamen Vereinbarung des Treugebers mit dem neuen Treuhänder ist zu beachten, dass die formwirksame Abtretung gem § 15 Abs 3 dGmbHG nur zur Heilung der formunwirksamen Verpflichtungsvereinbarung führt, in deren Erfüllung sie erfolgt[40] u bei fortbestehender Einigung.[41] Erforderlich ist also entweder, dass die Parteien der Abtretung auch die Parteien der formwirksamen Verpflichtungsvereinbarung sind oder der Zedent an den Zessionar mit Leistungswirkung im Verhältnis zum Gläubiger der formunwirksamen Verpflichtungsvereinbarung leisten durfte u wollte.[42] **16**

Insgesamt sollte bei der Beurteilung v Risiken einer Formunwirksamkeit ggf mitbedacht werden, dass die Unwirksamkeit einer Treuhandvereinbarung – jedenfalls bei Beteiligung naher Angehöriger – zu unerwünschten steuerlichen Folgen führen kann[43]. **17**

---

37 BGH 5.11.1979, II ZR 83/79, NJW 1980, 1100 (1101); 14.12.2016, IV ZR 7/15, NZG 2017, 476 (477); *Seibt* in Scholz, GmbHG[12] § 15 Rz 230; *Lieder/Villegas*, GmbHR 2018, 169 (175).
38 BGH 17.11.1955, II ZR 222/54, NJW 1956, 58; 5.11.1979, II ZR 83/79, NJW 1980, 1100 (1101); 27.2.1997, III ZR 75/96, GmbHR 1997, 605 (606); *Servatius* in Noack/Servatius/Haas, GmbHG[23] § 15 Rz 57; *Reichert/Weller* in MüKo GmbHG[4] § 15 Rz 215; *Seibt* in Scholz, GmbHG[12] § 15 Rz 230; *Lieder/Villegas*, GmbHR 2018, 169 (175).
39 BGH 22.9.2016, III ZR 427/15, NJW 2016, 3525 (3526); **aA** *Lieder/Villegas*, GmbHR 2018, 169 (176).
40 BGH 27.6.2001, VIII ZR 329/99, NJW 2002, 142 (143).
41 BGH 21.9.1994, VIII ZR 257/93, NJW 1994, 3227 (3229).
42 *Seibt* in Scholz, GmbHG[12] § 15 Rz 70.
43 Vgl hierzu *Sommer/Menzel*, GmbHR 2003, 917; *Werner*, GmbHR 2006, 1248 (1251).

V. Formbedürftigkeit der Verpfändung von Gesellschaftsanteilen

18 Eine Formvorschrift bzgl der Verpfändung v Anteilen als akzessorisches Sicherungsrecht enthält das dGmbHG nicht, insb keine § 76 Abs 3 S 2 vergleichbare Norm, wonach die rechtsgeschäftliche Verpfändung v Anteilen einer österr GmbH keines Notariatsaktes bedarf (vgl § 76 Rz 72). Die **Formbedürftigkeit der Verpfändung v Anteilen an einer dGmbH** ergibt sich vielmehr aus den allg Regeln. Nach § 1274 Abs 1 S 1 BGB erfolgt die Bestellung des Pfandrechts an einem Recht nach den für die Übertragung des Rechts geltenden Vorschriften, bzgl Gesellschaftsanteilen mithin nach den Vorschriften für deren Abtretung u somit nach § 15 Abs 4 dGmbHG.[44]

19 Die Vereinbarung einer schuldrechtlichen **Verpflichtung zur Verpfändung ist dagegen formfrei**, da eine § 1274 Abs 1 S 1 BGB vergleichbare Norm insoweit nicht existiert u § 15 Abs 4 dGmbHG nicht analog anzuwenden ist.[45] Im Fall formunwirksamer Verpfändung ist daher regelmäßig zu prüfen, ob (zugleich) eine Pflicht zur Verpfändung begründet worden ist oder die unwirksame Verpfändung nach § 140 BGB in eine formfrei wirksame Verpflichtung zur Verpfändung umgedeutet werden kann,[46] um dann die entspr Verpflichtung zur notariellen Beurkundung der Verpfändung durchzusetzen, wobei es jedoch bzgl des Rangs nicht zu einer Rückwirkung kommt, sondern der Zeitpunkt der wirksamen Verpfändung maßgeblich ist.

20 Anders als nach § 452 ABGB für die österr GmbH bedarf die Verpfändung v Gesellschaftsanteilen einer dGmbH keines Publizitätsakts nach § 1280 BGB, weil die Anteilsverpfändung nicht zur Verpfändung einer Forderung, sondern des Mitgliedschaftsrechts führt.[47] Eine Anzeige ist jedoch zu empfehlen, damit der Pfandgläubiger sich ggü der

---

44 *Servatius* in Noack/Servatius/Haas, GmbHG[23] § 15 Rz 49; *Seibt* in Scholz, GmbHG[12] § 15 Rz 173.
45 *Servatius* in Noack/Servatius/Haas, GmbHG[23] § 15 Rz 49; *Reichert/Weller* in MüKo GmbHG[4] § 15 Rz 287; *Seibt* in Scholz, GmbHG[12] § 15 Rz 176; *Reymann*, DNotZ 2005, 425 (428).
46 *Reichert/Weller* in MüKo GmbHG[4] § 15 Rz 286; *Seibt* in Scholz, GmbHG[12] § 15 Rz 176; *Sieger/Hasselbach*, GmbHR 1999, 634 (635).
47 *Servatius* in Noack/Servatius/Haas, GmbHG[23] § 15 Rz 49; *Seibt* in Scholz, GmbHG[12] § 15 Rz 174.

Gesellschaft auf seine Stellung berufen u die Gesellschaft an richtigen Gläubiger leisten kann (vgl § 407 Abs 1 BGB entspr).[48]

§ 30 dGmbHG Kapitalerhaltung

(1) ¹Das zur Erhaltung des Stammkapitals erforderliche Vermögen der Gesellschaft darf an die Gesellschafter nicht ausgezahlt werden. ²Satz 1 gilt nicht bei Leistungen, die bei Bestehen eines Beherrschungs- oder Gewinnabführungsvertrags (§ 291 des Aktiengesetzes) erfolgen oder durch einen vollwertigen Gegenleistungs- oder Rückgewähranspruch gegen den Gesellschafter gedeckt sind. ³Satz 1 ist zudem nicht anzuwenden auf die Rückgewähr eines Gesellschafterdarlehens und Leistungen auf Forderungen aus Rechtshandlungen, die einem Gesellschafterdarlehen wirtschaftlich entsprechen.

(2) ¹Eingezahlte Nachschüsse können, soweit sie nicht zur Deckung eines Verlustes am Stammkapital erforderlich sind, an die Gesellschafter zurückgezahlt werden. ²Die Zurückzahlung darf nicht vor Ablauf von drei Monaten erfolgen, nachdem der Rückzahlungsbeschluß nach § 12 bekanntgemacht ist. ³Im Fall des § 28 Abs. 2 ist die Zurückzahlung von Nachschüssen vor der Volleinzahlung des Stammkapitals unzulässig. ⁴Zurückgezahlte Nachschüsse gelten als nicht eingezogen.

idF dBGBl 2008 I, S 2026

§ 31 dGmbHG Erstattung verbotener Rückzahlungen

(1) Zahlungen, welche den Vorschriften des § 30 zuwider geleistet sind, müssen der Gesellschaft erstattet werden.

(2) War der Empfänger in gutem Glauben, so kann die Erstattung nur insoweit verlangt werden, als sie zur Befriedigung der Gesellschaftsgläubiger erforderlich ist.

(3) ¹Ist die Erstattung von dem Empfänger nicht zu erlangen, so haften für den zu erstattenden Betrag, soweit er zur Befriedigung der Gesellschaftsgläubiger erforderlich ist, die übrigen Gesellschafter nach Verhältnis ihrer Geschäftsanteile. ²Beiträge, welche von einzel-

---

48 *Servatius* in Noack/Servatius/Haas, GmbHG[23] § 15 Rz 49; *Reichert/Weller* in MüKo GmbHG[4] § 15 Rz 289; *Seibt* in Scholz, GmbHG[12] § 15 Rz 175.

nen Gesellschaftern nicht zu erlangen sind, werden nach dem bezeichneten Verhältnis auf die übrigen verteilt.

(4) Zahlungen, welche auf Grund der vorstehenden Bestimmungen zu leisten sind, können den Verpflichteten nicht erlassen werden.

(5) ¹Die Ansprüche der Gesellschaft verjähren in den Fällen des Absatzes 1 in zehn Jahren sowie in den Fällen des Absatzes 3 in fünf Jahren. ²Die Verjährung beginnt mit dem Ablauf des Tages, an welchem die Zahlung, deren Erstattung beansprucht wird, geleistet ist. ³In den Fällen des Absatzes 1 findet § 19 Abs. 6 Satz 2 entsprechende Anwendung.

(6) ¹Für die in den Fällen des Absatzes 3 geleistete Erstattung einer Zahlung sind den Gesellschaftern die Geschäftsführer, welchen in betreff der geleisteten Zahlung ein Verschulden zur Last fällt, solidarisch zum Ersatz verpflichtet. ²Die Bestimmungen in § 43 Abs. 1 und 4 finden entsprechende Anwendung.

idF dBGBl 2004 I, S 3214

Literatur: *Aburumieh/Hoppel*, Beim Parkplatz hört die Freundschaft auf – aber § 82 GmbHG schützt sowieso bei Verkauf, GES 2021, 120; *Altmeppen*, Cash Pooling und Kapitalerhaltung bei bestehendem Beherrschungs- oder Gewinnabführungsvertrag, NZG 2010, 361; *Binz*, Darlehen an Gesellschafter als verbotene Auszahlung i. S. von § 30 GmbHG und Folgen für Bilanzierung und Berichterstattung, Der Betrieb 2004, 1273; *Heckschen/Enneking*, Gesellschafterhaftung beim down-stream-merger, DB 2006, 1099; *Röhricht*, Die GmbH im Spannungsfeld zwischen wirtschaftlicher Dispositionsfreiheit ihrer Gesellschafter und Gläubigerschutz, in FS 50 Jahre Bundesgerichtshof, Köln ua (Hg) 2000, 83.

Inhaltsübersicht

I. Grundlagen – Kapitalerhaltung und Gläubigerschutz in Deutschland	1, 2
II. Grundzüge der gesetzlichen Regelung der §§ 30, 31 dGmbHG	3–35
A. Gegenstand des Schutzes: Das zur Erhaltung des Stammkapitals erforderliche Vermögen	4–11
B. Auszahlung: Leistungen aller Art	12, 13
C. Auszahlungsempfänger: Gesellschafter und Gesellschaftern gleichgestellte Empfänger	14–17
D. Auszahlungsverbot bei Herbeiführen oder Vertiefen einer Unterbilanz	18–22
E. Gesetzliche Ausnahmen vom Auszahlungsverbot	23–27
1. Bestehen eines Beherrschungs- und Gewinnabführungsvertrags	23
2. Deckung durch einen vollwertigen Gegenleistungs- oder Rückgewähranspruch	24–26

3. Rückgewähr eines Gesellschafterdarlehens 27
F. Rechtsfolgen eines Verstoßes gegen das Auszahlungs-
   verbot 28–35
   1. Rückerstattung der verbotswidrigen Leistung
      gemäß § 31 dGmbHG 28–31
   2. Behandlung des gutgläubigen Empfängers gemäß
      § 31 Abs 2 dGmbHG 32
   3. Ausfallhaftung der übrigen Gesellschafter gemäß
      § 31 Abs 3 dGmbHG 33
   4. Haftung der Geschäftsführer für verbotswidrige
      Leistungen 34
   5. Abschlussprüfung: Bericht über schwerwiegende
      Verstöße 35
III. Fallgruppen 36–66
   A. Darlehen durch die dGmbH an Gesellschafter 36–44
      1. Allgemeine Grundsätze 36–42
      2. Sonderfall: Cash-Pooling 43
      3. Sonderfall: Darlehensfinanzierter Unternehmens-
         kauf 44
   B. Darlehen des Gesellschafters an die dGmbH – Rück-
      zahlung eines Gesellschafterdarlehens 45
   C. Dividenden und gewinnunabhängige Entnahmen 46–50
      1. Ordentliche Dividenden 46, 47
      2. Vorabausschüttungen und gewinnunabhängige
         Entnahmen 48–50
   D. Erwerb eigener Geschäftsanteile 51
   E. dGmbH & Co KG 52–56
   F. Sicherheitenbestellung durch die dGmbH für einen
      Gesellschafter 57–61
   G. Übertragung eines Geschäftsbereichs 62, 63
   H. Verschmelzung einer Muttergesellschaft auf ihre
      Tochtergesellschaft (Downstream-Merger) 64, 65
   I. Virtuelle Beteiligung von Mitarbeitern 66
IV. Exkurs: Existenzvernichtungshaftung 67–86
   A. Grundlagen der Existenzvernichtungshaftung 67–70
   B. Grundzüge der Existenzvernichtungshaftung 71–79
      1. Entzug von Vermögenswerten als Eingriff 72
      2. Sittenwidrigkeit des Eingriffs 73
      3. Verursachung oder Vertiefung einer Insolvenz . . . 74
      4. Bedingter Vorsatz 75, 76
      5. Ausfallhaftung – Schuldner des Anspruchs 77
      6. Strafrechtliche Sanktionen bei einem existenz-
         vernichtenden Eingriff 78, 79
   C. Fallgruppen 80–86
      1. Darlehen und Cash-Management 81
      2. Einstellung der Investitionen einer dGmbH 82

3. Kalte Liquidation und Verlagerung von Geschäftschancen	83
4. Nichtwahrnehmung einer Geschäftschance	84
5. Materielle Unterkapitalisierung – Aschenputtelgesellschaft	85
6. Verschmelzung einer insolvenzreifen GmbH	86

I. Grundlagen – Kapitalerhaltung und Gläubigerschutz in Deutschland

1   Die Regelungen der §§ 30, 31 dGmbHG bilden den **Kern des Gläubigerschutzes** der dGmbH. Vermittelt wird der Gläubigerschutz dadurch, dass das zur Erhaltung des Stammkapitals erforderliche Vermögen vor einer Übertragung an ihre Gesellschafter geschützt wird. Um Lücken der an eine bilanzielle Betrachtung des Vermögens der dGmbH anknüpfenden Ausschüttungssperre der §§ 30, 31 dGmbHG zu schließen, werden die §§ 30, 31 dGmbHG ergänzt durch das Haftungskonzept des **existenzvernichtenden Eingriffs**, mit dem „*missbräuchliche, zur Insolvenz der GmbH führende oder diese vertiefende kompensationslose Eingriffe*"[1] der Gesellschafter sanktioniert werden. Es handelt sich dabei um außergewöhnliche Fälle, die als Fallgruppe der vorsätzlichen sittenwidrigen Schädigung (§ 826 BGB) behandelt werden. Daneben können in bestimmten Fällen – innerhalb wie außerhalb der Insolvenz – Rechtshandlungen, die die Gläubiger benachteiligen, gem §§ 129 ff dInsO bzw gem §§ 3 ff dt AnfechtungsG durch **Anfechtung** angegriffen werden.[2] Strafrechtlich erfüllt ein vorsätzlicher Verstoß gegen § 30 dGmbHG – für die Erfüllung des zivilrechtlichen Tatbestandes des § 30 dGmbHG bedarf es nicht des Vorliegens subjektiver Voraussetzungen – den Tatbestand der **Untreue**.[3] Ein solcher vorsätzlicher Verstoß gegen den strafrechtlichen Tatbestand der Untreue begründet seinerseits eine zivilrechtliche Haftung.[4]

---

1 BGH 16.7.2007, II ZR 3/04 – *Trihotel*, NJW 2007, 2689; dazu auch Begr Regierungsentwurf MoMiG, Bundestags-Drucksache 16/6140, 41.
2 Dazu zB BGH 22.7.2021, IX ZR 195/20, NJW 2021, 3532.
3 BGH 6.5.2008, 5 StR 34/08, NStZ 2009, 153; *Servatius* in Noack/Servatius/Haas, GmbHG[23] § 30 Rz 11 mwN.
4 BGH 17.3.1987, VI ZR 282/85, NJW 1987, 2008; *Wagner* in MüKo, BGB[8] § 823 Rz 596 mwN.

2 Werden die dem Kapitalschutz[5] dienenden Regeln der §§ 30, 31 dGmbHG beachtet, ist es in Dtl im Grundsatz für die Gesellschafter zulässig, sich nicht nur Gewinne der dGmbH, sondern – soweit vorhanden – auch deren übriges freies Vermögen auszahlen zu lassen.[6] Das dt Regelungskonzept der Kapitalerhaltung beruht dabei auf dem Gebot der Einhaltung materieller Anforderungen[7] (*„Das zur Erhaltung des Stammkapitals erforderliche Vermögen der Gesellschaft darf an die Gesellschafter nicht ausgezahlt werden"*); es knüpft – anders als bei der **ö GmbH** oder der dt AG – nicht an die Beachtung prozeduraler Voraussetzungen an (wie der Fassung eines den Bilanzgewinn ausweisenden Gesellschafterbeschlusses) (s Rz 10).[8]

II. Grundzüge der gesetzlichen Regelung der §§ 30, 31 dGmbHG

3 Das dt Recht der Kapitalerhaltung schützt in § 30 dGmbHG das **zur Erhaltung des Stammkapitals erforderliche** Vermögen (s Rz 4 ff) vor einer Auszahlung (s Rz 12 ff) an die Gesellschafter oder ihnen gleichgestellte Dritte (s Rz 14 ff). Eine solche verbotene Auszahlung liegt vor, wenn u soweit sie eine Unterbilanz herbeiführt oder vertieft (s Rz 18 ff), es sei denn, einer der gesetzl Ausnahmetatbestände des § 30 Abs 1 S 2 u 3 dGmbHG liegt vor (s Rz 23 ff). Mit den §§ 30, 31 dGmbHG wird das Ziel verfolgt, dass das zur Erhaltung des Stammkapitals erforderliche Vermögen zur vorrangigen Befriedigung der Gesellschaftsgläubiger zur Verfügung steht.[9] Die Rechtsfolge eines Verstoßes gegen § 30 dGmbHG ist in § 31 dGmbHG geregelt, nämlich in erster Linie die Erstattung der

---

[5] Zum Begriff des Kapitalschutzes u zur Unterscheidung zw Kapitalschutz u Vermögensschutz: zB *Ekkenga* in MüKo GmbHG[4] § 30 Rz 12.
[6] BGH 16.9.1985, II ZR 275/84, NJW 1986, 188 (190); *Servatius* in Noack/Servatius/Haas, GmbHG[23] § 30 Rz 6. Es muss aber beachtet werden, dass sich die Unzulässigkeit aus anderen gesellschaftsrechtlichen Aspekten ergeben kann (zB Bindung v Gewinnrücklagen, Gleichbehandlung, gesellschaftsinterne Kompetenzverteilung).
[7] Zur Unterscheidung zw materiellen u prozeduralen Voraussetzungen: *Verse* in Scholz, GmbHG[12] § 30 Rz 7.
[8] Für das dt Recht: *Verse* in Scholz, GmbHG[12] § 30 Rz 7; für das ö Recht vgl § 82 Rz 14.
[9] BGH 6.11.2018, II ZR 199/17, NZG 2019, 187.

empfangenen Leistungen an die dGmbH gem § 31 Abs 1 dGmbHG (s Rz 28 ff).

A. Gegenstand des Schutzes: Das zur Erhaltung des Stammkapitals erforderliche Vermögen

4 Das zur Erhaltung des Stammkapitals erforderliche Vermögen der dGmbH ist dann vorhanden, wenn der **Wert des Reinvermögens der dGmbH** mind dem Betrag des im HR eingetragenen[10] **Stammkapitals entspricht**.[11] Der **Betrag des Stammkapitals** dient dabei als **bilanzielle Ausschüttungssperre**.[12] Unter dem Reinvermögen werden die Aktiva der dGmbH, vermindert um die sog echten Passiva, also die Passiva mit Ausnahme des Eigenkapitals, verstanden.[13] Eine **Unterbilanz** liegt vor, wenn der Wert des Reinvermögens den Betrag des Stammkapitals nicht erreicht[14] oder wenn – anders formuliert – das zur Erhaltung des Stammkapitals erforderliche Vermögen nicht vollständig vorhanden ist. Um den Vergleich zw Reinvermögen u Betrag des Stammkapitals vornehmen zu können, ist prozedural zwar keine förmliche Aufstellung einer (Zwischen-)Bilanz unter Beachtung des entspr Verfahrens notwendig, gleichsam ist eine Erstellung jedenfalls empfehlenswert.[15] Im Rahmen der §§ 30, 31 dGmbHG geht es allein um den **Schutz des Vermögens der dGmbH vor einem Herabsinken ihres Werts**, niemals um den Schutz vor Übertragung besonderer oder besonders wichtiger Teile des Vermögens der dGmbH an ihre Gesellschafter (wie zB um den Schutz eines für die dGmbH besonders wichtigen Patents).[16]

---

10 *Servatius* in Noack/Servatius/Haas, GmbHG[23] § 30 Rz 14; *Verse* in Scholz, GmbHG[12] § 30 Rz 55.
11 *Servatius* in Noack/Servatius/Haas, GmbHG[23] § 30 Rz 15.
12 Dazu auch Begr Regierungsentwurf MoMiG, Bundestags-Drucksache 16/6140, 41.
13 *Verse* in Scholz, GmbHG[12] § 30 Rz 58; *Servatius* in Noack/Servatius/Haas, GmbHG[23] § 30 Rz 15; BGH 14.12.1959, II ZR 187/57, NJW 1960, 285 (288) versteht – etwas missverständlich – unter den echten Passiva *„die Passiva unter Weglassung des Stammkapitals"*.
14 *Servatius* in Noack/Servatius/Haas, GmbHG[23] § 30 Rz 19.
15 *Servatius* in Noack/Servatius/Haas, GmbHG[23] § 30 Rz 15; *Verse* in Scholz, GmbHG[12] § 30 Rz 61 vertritt, dass die GF verpflichtet seien, eine Zwischenbilanz zu erstellen, wenn zweifelhaft ist, ob eine Unterbilanz besteht.
16 *Servatius* in Noack/Servatius/Haas, GmbHG[23] § 30 Rz 5.

Die **Bewertung** der Vermögensgegenstände der dGmbH für die Zwecke der Ermittlung des Werts des Reinvermögens folgt dabei zunächst den – genau diesem Zweck dienenden – allg **handelsrechtlichen Bilanzierungsgrundsätzen**, wird also insb **ohne Aufdeckung stiller Reserven** vorgenommen.[17]

Aktiva, für die eine gesetzl Ausschüttungssperre angeordnet ist, bleiben im Rahmen der Prüfung, ob eine Unterbilanz vorliegt, außer Betracht (dies gilt insb für selbst geschaffene immaterielle Vermögensgegenstände des Anlagevermögens, § 268 Abs 8 dHGB).[18]

Offene Einlageforderungen der dGmbH werden nach dhM unabhängig davon, ob diese eingefordert worden sind, für die Zwecke der Ermittlung des Vorliegens des zur Erhaltung des Stammkapitals erforderlichen Vermögens berücksichtigt. Dies ist insofern bemerkenswert, als damit v Grundsatz der Maßgeblichkeit der Handelsbilanz für die Zwecke der §§ 30, 31 dGmbHG abgewichen wird, da noch nicht eingeforderte Einlagen gem § 272 Abs 1 S 2 dHGB[19] auf der Passivseite v dem Posten „Gezeichnetes Kapital" offen abzusetzen sind, ohne aktiviert zu werden.[20]

Bestehende Ansprüche der dGmbH gegen einen Gesellschafter wegen Verstoßes gegen § 30 dGmbHG werden dagegen – trotz bilanzieller Aktivierung – nicht bei der Ermittlung des Reinvermögens berücksichtigt. Hintergrund ist, dass andernfalls bereits erfolgte Verstöße gegen § 30 dGmbHG für die Beantwortung der Frage der Zulässigkeit späterer weiterer Auszahlungen ohne Folgen blieben.[21]

---

17 *Servatius* in Noack/Servatius/Haas, GmbHG[23] § 30 Rz 15; *Verse* in Scholz, GmbHG[12] § 30 Rz 58 ff; Überblick über die einzelnen Bilanzpositionen u ihre Behandlung im Rahmen der §§ 30, 31 dGmbHG: *Verse* in Scholz, GmbHG[12] § 30 Rz 62 ff.
18 *Servatius* in Noack/Servatius/Haas, GmbHG[23] § 30 Rz 16; *Verse* in Scholz, GmbHG[12] § 30 Rz 66. Neben dem im § 268 Abs 8 dHGB beschriebenen Fall gilt dies iZm der Abzinsung v Pensionsverbindlichkeiten gem § 253 Abs 6 dHGB.
19 § 272 Abs 1 S 2 dHGB gilt für nach dem 31.12.2009 beginnende Geschäftsjahre (dazu zB *Servatius* in Noack/Servatius/Haas, GmbHG[23] § 30 Rz 16).
20 *Servatius* in Noack/Servatius/Haas, GmbHG[23] § 30 Rz 16; *Verse* in Scholz, GmbHG[12] § 30 Rz 63.
21 Begr Regierungsentwurf MoMiG, Bundestags-Drucksache 16/6140, 41; *Servatius* in Noack/Servatius/Haas, GmbHG[23] § 30 Rz 16; *Verse* in Scholz, GmbHG[12] § 30 Rz 64.

9 Keine Ausnahme v der Maßgeblichkeit der Handelsbilanz gilt für Verbindlichkeiten der dGmbH, für die – für die Zwecke der Vermeidung des Entstehens eines Insolvenzgrundes – ein **Rangrücktritt** erklärt worden ist; solche Verbindlichkeiten sind – so wie auch handelsbilanziell – zu passivieren.[22]

10 In Bezug auf den Gegenstand des Schutzes unterscheidet sich das Konzept der dGmbH dabei sowohl v dem bei der dt AG[23] als auch v dem bei der ö GmbH (vgl § 82 Rz 12 ff) verfolgten Regelungsansatz, bei denen jew nicht nur das zur Erhaltung des Grund- bzw Stammkapitals erforderliche Vermögen, sondern das gesamte Vermögen der Gesellschaft vor Abflüssen an Gesellschafter geschützt ist (u damit – unter Gläubigerschutzaspekten – zur vorrangigen Befriedigung der Gesellschaftsgläubiger zur Verfügung steht).[24] Dagegen wird bei der dGmbH erst **ab Vorliegen einer Unterbilanz** das gesamte Vermögen vor Abflüssen zugunsten der Gesellschafter geschützt.[25]

11 Wie im **ö Recht** aufgrund des § 82 Abs 5 öGmbHG führt auch das dt Gläubigerschutzkonzept des dGmbHG dazu, dass Konstellationen denkbar sind, in denen der Bilanzgewinn nicht ausgeschüttet werden darf. Dies ist dann der Fall, wenn zum Bilanzstichtag zwar (noch) ausschüttungsfähiges Vermögen vorhanden war, dieses ausschüttungsfähige Vermögen jedoch nach dem Bilanzstichtag durch Verluste aufgezehrt wurde (s eingehend Rz 46 f).[26]

B. Auszahlung: Leistungen aller Art

12 Der Begriff der Auszahlung iSd § 30 Abs 1 dGmbHG umfasst – anders als der Begriff zunächst suggeriert – nicht nur Geldleistungen an Gesellschafter, sondern **jede Verringerung des Gesellschaftsver-**

---

22 *Servatius* in Noack/Servatius/Haas, GmbHG[23] § 30 Rz 17; *Verse* in Scholz, GmbHG[12] § 30 Rz 69.
23 *Koch* in Koch, AktG[16] § 57 Rz 2; *Bayer* in Müko AktG[5] § 57 Rz 8.
24 Bei der dt AG u ö GmbH sind Leistungen an die Gesellschafter nur zulässig, wenn sie aus dem Bilanzgewinn erfolgen oder ausnahmsweise gesetzl zugelassen sind.
25 *Servatius* in Noack/Servatius/Haas, GmbHG[23] § 30 Rz 32; *Verse* in Scholz, GmbHG[12] § 30 Rz 78.
26 So zutr: *Verse* in Scholz, GmbHG[12] § 29 Rz 91; ähnlich *Kersting* in Noack/Servatius/Haas, GmbHG[23] § 29 Rz 56.

mögens.[27] Gemeint ist also zunächst die schlichte Auszahlung v Gesellschaftsvermögen durch Überweisung v Bankkonto der dGmbH auf das Bankkonto des Gesellschafters, darüber hinaus aber auch die Veräußerung eines Vermögensgegenstandes zum Buchwert statt zum höheren Verkehrswert[28] oder auch die Belastung des GmbH-Vermögens mit Ansprüchen Dritter[29] oder der Verzicht auf eine Forderung gegen einen Gesellschafter,[30] insgesamt also Leistungen aller Art,[31] denen **keine gleichwertige Gegenleistung** gegenübersteht.[32]

13 Ob der Leistung der dGmbH eine gleichwertige Gegenleistung des Gesellschafters gegenübersteht, richtet sich nach einem **Drittvergleich**, also danach, ob ein gewissenhaft nach kaufmännischen Grundsätzen handelnder GF unter sonst gleichen Umständen zu gleichen Bedingungen auch mit einem Nichtgesellschafter abgeschlossen hätte, ob die Leistung also aus **betriebl Gründen gerechtfertigt** ist.[33] Im Rahmen der Anwendung dieses Bewertungsmaßstabes wird auf der einen Seite ein gewisser **unternehmerischer Beurteilungsspielraum** anerkannt, auf der anderen Seite schließt dieser Beurteilungsmaßstab die Berücksichtigung subjektiver Erwägungen der GF, die Leistung u Gegenleistung unzutreffenderweise für ausgeglichen halten, aus.[34] Hält ein Austauschgeschäft mit einem Gesellschafter also dem Drittvergleich stand, so fehlt es an einer Auszahlung an den Gesellschafter in seiner Eigenschaft als

---

27 BGH 9.2.2009, II ZR 292/07 – *Sanitary*, Rz 42; *Verse* in Scholz, GmbHG[12] § 29 Rz 18.
28 BGH 21.3.2017, II ZR 93/16, NZG 2017, 658.
29 BGH 21.3.2017, II ZR 93/16; zur Behandlung v Ansprüchen des Gesellschafters: *Verse* in Scholz, GmbHG[12] § 30 Rz 21.
30 BGH 9.2.2009, II ZR 292/07 – *Sanitary*, Rz 42.
31 BGH 6.11.2018, II ZR 199/17, NZG 2019, 187; 21.3.2017, II ZR 93/16, NZG 2017, 658; 14.12.1959, II ZR 187/57, BGHZ 31, 258.
32 BGH 14.12.1959, II ZR 187/57, BGHZ 31, 258; 1.12.1986, II ZR 306/85, NJW 1987, 1194; 13.11.1995, II ZR 113/94, NJW 1996, 589; *Servatius* in Noack/Servatius/Haas, GmbHG[23] § 30 Rz 33; *Verse* in Scholz, GmbHG[12] § 29 Rz 18.
33 BGH 1.12.1986, II ZR 306/85, NJW 1987, 1194; 13.11.1995, II ZR 113/94, NJW 1996, 589; *Servatius* in Noack/Servatius/Haas, GmbHG[23] § 30 Rz 19.
34 BGH 13.11.1995, II ZR 113/94, NJW 1996, 589: „*Dieser Bewertungsmaßstab, der einen gewissen unternehmerischen Handlungsspielraum anerkennt, schließt die Berücksichtigung subjektiver Erwägungen der Geschäftsführer, die Leistung und Gegenleistung unzutreffenderweise für ausgeglichen halten, aus*"; dazu auch *Servatius* in Noack/Servatius/Haas, GmbHG[23] § 30 Rz 19; *Kersting* in Noack/Servatius/Haas, GmbHG[23] § 29 Rz 70.

solcher (*causa societatis*) (s auch Rz 17). **Maßgeblicher Zeitpunkt** für die Vornahme des im Rahmen der Prüfung eines Austauschgeschäfts vorzunehmenden Drittvergleichs ist der Abschluss des Verpflichtungsgeschäfts, das einem Drittvergleich standhalten muss; ändern sich also die Marktpreise im Zeitraum zw Verpflichtungsgeschäft u der Bewirkung der Leistung durch die Gesellschaft, so hat dies keine Auswirkungen auf die Frage über das Vorliegen der Auszahlung mehr.[35]

C. Auszahlungsempfänger: Gesellschafter und Gesellschaftern gleichgestellte Empfänger

14   Vom Auszahlungsverbot des § 30 dGmbHG werden – gem dem Wortlaut der Vorschrift – zunächst Leistungen der dGmbH an einen **Gesellschafter** erfasst; notwendig ist also ein Vermögenstransfer an den Gesellschafter.[36] Erforderlich ist dazu, dass der Leistungsempfänger **im Zeitpunkt der Begr seines Anspruchs** Gesellschafter der dGmbH war; nicht notwendig ist dagegen, dass er auch bei Erfüllung des Anspruchs noch Gesellschafter ist.[37] Dementsprechend ist die Abfindung für das Ausscheiden aus der dGmbH – im Grundsatz wie im Rahmen des § 82 in Ö (s § 82 Rz 67) – an § 30 dGmbHG zu messen.

15   **Künftige Gesellschafter** können ebenfalls Adressaten des Auszahlungsverbots gem §§ 30, 31 dGmbHG sein. So hat der XI. Zivilsenat des BGH in einer zur dt AG ergangenen E zur Kapitalbindung geurteilt, dass auch künftige Gesellschafter in Anspruch genommen werden können, wenn zw der verbotswidrigen Leistung u dem Erwerb der Aktien ein enger sachlicher u zeitlicher Zusammenhang besteht u die Leistung mit Rücksicht auf die künftige Aktionärseigenschaft erfolgt.[38]

16   Darüber hinaus werden solche Auszahlungen der dGmbH an Dritte erfasst, bei denen es sich – erfasste man diese nicht – um **Umgehungen**[39]

---

35 *Verse* in Scholz, GmbHG[12] § 29 Rz 19 mwN. Zum **ö Recht** s § 82 Rz 98 ff.
36 BGH 21.3.2017, II ZR 93/16, NZG 2017, 658.
37 BGH 28.1.2020, II ZR 10/19, NZG 2020, 384 Rz 43; 13.7.1981, II ZR 256/79, NJW 1981, 2570; *Servatius* in Noack/Servatius/Haas, GmbHG[23] § 30 Rz 23.
38 BGH 13.11.2007, XI ZR 294/07, NZG 2008, 106; dazu *Verse* in Scholz, GmbHG[12] § 30 Rz 33 f; *Servatius* in Noack/Servatius/Haas, GmbHG[23] § 30 Rz 23.
39 Dazu BGH 13.11.1995, II ZR 113/94, NJW 1996, 589; *Verse* in Scholz, GmbHG[12] § 30 Rz 38.

der §§ 30, 31 dGmbHG handelte. Solche Umgehungen[40] liegen dann vor, wenn entweder die Leistung an den Dritten wirtschaftlich eine Zuwendung an den Gesellschafter enthält (zB Zahlung der dGmbH auf oder Sicherheitenbestellung der dGmbH für eine Schuld des Gesellschafters)[41] oder die Leistung der dGmbH an den Dritten auf Veranlassung des Gesellschafters erfolgte u durch das Eigeninteresse des Gesellschafters motiviert war.[42] Erfolgt dabei die gegen § 30 dGmbHG verstoßende Leistung der dGmbH nicht unmittelbar an den Gesellschafter, sondern auf dessen Verlangen oder mit dessen Zustimmung an einen Dritten, dann ist nicht der Dritte, sondern der Gesellschafter Empfänger der Leistung iSd § 31 dGmbHG.[43]

Um solche naheliegenden Umgehungen der §§ 30, 31 dGmbHG zu verhindern, gilt das Auszahlungsverbot danach idR für Leistungen an **nahe Familienangehörige**.[44] Darüber hinaus gilt das Auszahlungsverbot auch dann für Auszahlungen an Dritte, wenn es sich um gesellschaftsrechtlich **verbundene Unternehmen** handelt. Dies gilt va in dem Fall, in dem an eine Gesellschaft ausgezahlt wird, an der ein Gesellschafter der ausschüttenden dGmbH maßgeblich beteiligt ist. In dieser Konstellation ist stets auch der Dritte Schuldner des Rückgewähranspruchs der ausschüttenden Gesellschaft.[45] Weiter ist anerkannt, dass das Verbot auch auf einen **Treugeber**, für den ein Geschäftsanteil treuhänderisch ge-

---

40 Übersichten zu den Fallgruppen der Einbeziehung Dritter bei *Verse* in Scholz, GmbHG[12] § 30 Rz 35 ff; *Servatius* in Noack/Servatius/Haas, GmbHG[23] § 30 Rz 24 ff; *Ekkenga* in Müko GmbHG[4] § 30 Rz 162 ff.
41 OLG Düsseldorf 21.10.2016, I-16 U 178/15 Rz 48; ähnlich differenzierend: *Servatius* in Noack/Servatius/Haas, GmbHG[23] § 30 Rz 25; *Verse* in Scholz, GmbHG[12] § 30 Rz 36.
42 OLG Düsseldorf 21.10.2016, I-16 U 178/15 Rz 49; dazu auch *Verse* in Scholz, GmbHG[12] § 30 Rz 37: Danach reicht auch das Einverständnis des Gesellschafters aus.
43 BGH 29.5.2000, II ZR 118/98, NZG 2000, 883; *Servatius* in Noack/Servatius/Haas, GmbHG[23] § 30 Rz 25.
44 ZB BGH 13.11.1995, II ZR 113/94, NJW 1996, 589; *Servatius* in Noack/Servatius/Haas, GmbHG[23] § 30 Rz 27; zum ö **Recht** s § 82 Rz 70.
45 BGH 13.11.1995, II ZR 113/94, NJW 1996, 589. Danach ist der maßgebliche Zeitpunkt für die Beurteilung, ob es sich beim Leistungsempfänger um ein verbundenes, den Ansprüchen der §§ 30, 31 dGmbHG ausgesetztes Unternehmen handelt, der Zeitpunkt, in dem die Auszahlung vorgenommen wird. Besteht zu diesem Zeitpunkt keine maßgebliche Beteiligung (mehr), so ist – wegen fehlender Gefahr der Umgehung – der Leistungsempfänger auch nicht den Ansprüchen nach §§ 30, 31 dGmbHG ausgesetzt; *Servatius* in Noack/

halten wird, zu erstrecken ist; dieser haftet wie ein Gesellschafter für die Rückzahlung v Geldern, die ihm entgegen dem Verbot des § 30 dGmbHG zugeflossen sind.[46] Umgekehrt sind auch Fälle denkbar, in denen der Leistungsempfänger zwar Gesellschafter der betr dGmbH ist, die §§ 30, 31 dGmbHG trotzdem nicht anwendbar sind, da der **Gesellschafter der dGmbH wie ein Dritter** u nicht in seiner Eigenschaft als Gesellschafter (*causa societatis*) gegenübersteht.[47] Es geht dabei bspw um den Fall, dass Ansprüche des Gesellschafters durch die dGmbH erfüllt werden, die der Gesellschafter nicht in seiner Eigenschaft als Gesellschafter erworben hat.[48]

D. Auszahlungsverbot bei Herbeiführen oder Vertiefen einer Unterbilanz

18 Auszahlungen der dGmbH an ihre Gesellschafter sind dann unzulässig, wenn sie entweder bei Bestehen einer Unterbilanz erfolgen oder eine Unterbilanz herbeiführen.[49] Maßgeblich für diese Beurteilung ist der **Zeitpunkt der Leistung (Auszahlung) der dGmbH an den Gesellschafter**, nicht der letzte Bilanzstichtag oder der Zeitpunkt der Begr der Pflicht zur Leistung.[50] Es ist also eine Bestandsaufnahme vorzunehmen unmittelbar vor einer Leistung zw dGmbH u Gesellschafter u eine danach.

Servatius/Haas, GmbHG[23] § 30 Rz 27a; *Verse* in Scholz, GmbHG[12] § 30 Rz 42 ff; zum ö **Recht** s § 82 Rz 71.

46 BGH 24.11.2003, II ZR 171/01, NJW 2004, 1111; 14.12.1959, II ZR 187/57; *Ekkenga* in Müko GmbHG[4] § 30 Rz 161; *Verse* in Scholz, GmbHG[12] § 30 Rz 39.

47 BGH 24.3.1954, II ZR 23/53, NJW 1954, 1157: *„Eine notwendige Voraussetzung für die Anwendung des § 30 GmbHG besteht darin, daß ein Gesellschafter in seiner Eigenschaft als solcher Vermögenswerte von der Gesellschaft auf Kosten des Stammkapitals empfangen hat."* Dazu auch *Servatius* in Noack/Servatius/Haas, GmbHG[23] § 30 Rz 29 f; *Verse* in Scholz, GmbHG[12] § 30 Rz 30 ff.

48 *Verse* in Scholz, GmbHG[12] § 30 Rz 31 mwN.

49 *Servatius* in Noack/Servatius/Haas, GmbHG[23] § 30 Rz 32; *Verse* in Scholz, GmbHG[12] § 30 Rz 18 ff, insb 18a u 19; BGH 21.3.2017, II ZR 93/16, NZG 2017, 658, amtlicher Leitsatz u Rz 20: *„Führt der Vermögensabfluss dagegen nicht zu einer Unterbilanz oder vertieft er nicht eine bestehende Unterbilanz, ist die Auszahlung an den Gesellschafter erlaubt und es entsteht kein Erstattungsanspruch."*

50 BGH 13.11.1995, II ZR 113/94, NJW 1996, 589.

Besteht sowohl zum Zeitpunkt unmittelbar vor der Auszahlung **19**
(zum Begriff s Rz 12 f) als auch unmittelbar danach jew keine Unterbilanz, so verstößt die Auszahlung nicht gegen § 30 dGmbHG. Liegt zwar vor der Auszahlung der dGmbH an den Gesellschafter keine Unterbilanz vor, wird diese aber durch die Auszahlung herbeigeführt, so ist diese Auszahlung insoweit unzulässig, als sie aus dem zur Deckung des Stammkapitals erforderlichen Vermögen erfolgt oder – anders ausgedrückt – als sie eine Unterbilanz herbeiführt.

Bei Vorliegen einer Unterbilanz unmittelbar vor der Auszahlung **20**
führt die Bindung durch § 30 dGmbHG zu einem intensiveren Schutz des Vermögens der GmbH; besteht nämlich eine Unterbilanz, ist jede Auszahlung (iSe Vermögensminderung, zum Begriff der Auszahlung s Rz 12 f) unzulässig.[51] Den Gesellschaftern dürfen während des Bestehens einer Unterbilanz daher keine nicht bilanzierten Vermögensgegenstände ohne angemessene Gegenleistung zugewandt werden,[52] auch wenn sich diese Auszahlung bilanziell nicht auswirkt. Erfolgt bei Vorliegen einer Unterbilanz eine Leistung der Gesellschaft an den Gesellschafter **im Rahmen eines Leistungsaustausches**, ist also danach zu fragen, ob dieser Leistungsaustausch eine Auszahlung iSd § 30 dGmbHG darstellt (s Rz 12 f), ob also dieser Leistungsaustausch unter Anwendung eines Drittvergleichs[53] zu einer Minderung des Vermögens der dGmbH führt.[54] Es besteht allerdings auch in der Unterbilanz kein auf konkrete Teile des Vermögens bezogener Schutz (s Rz 4).[55]

Besteht bereits vor der Auszahlung eine Unterbilanz, kann sich die **21**
Geschäftsführung als zuständiges Gesellschaftsorgan nicht mit einer Prüfung der bilanziellen Wirkung der Auszahlung begnügen, sondern muss darüber hinaus feststellen, ob eine Auszahlung iSe Vermögensminderung vorliegt.

Unter praktischen Aspekten ist es daher für die Geschäftsführung **22**
ratsam, im **ersten Schritt** zu prüfen, ob überhaupt unmittelbar nach der

---

51 ZB *Servatius* in Noack/Servatius/Haas, GmbHG[23] § 30 Rz 32; *Verse* in Scholz, GmbHG[12] § 30 Rz 17.
52 ZB *Servatius* in Noack/Servatius/Haas, GmbHG[23] § 30 Rz 32; *Verse* in Scholz, GmbHG[12] § 30 Rz 18a.
53 *Verse* in Scholz, GmbHG[12] § 30 Rz 19.
54 ZB *Servatius* in Noack/Servatius/Haas, GmbHG[23] § 30 Rz 33; *Verse* in Scholz, GmbHG[12] § 30 Rz 18.
55 Begr Regierungsentwurf MoMiG, Bundestags-Drucksache 16/6140, 41; BGH 24.11.2003, II ZR 171/01, NJW 2004, 1111.

Bewirkung der Leistung eine Unterbilanz vorliegt: Liegt danach keine Unterbilanz vor, so bedarf es – in Ermangelung eines Verstoßes gegen § 30 dGmbHG – keiner weiteren Prüfung. Es muss lediglich untersucht werden, ob ein Konflikt mit anderen Normen vorliegt (insb Existenzvernichtungshaftung, Anfechtung, s Rz 1). Liegt dagegen unmittelbar nach Bewirkung der Leistung der dGmbH eine Unterbilanz vor, muss im **zweiten Schritt** die vollständige Prüfung der §§ 30, 31 dGmbHG durchgeführt werden, dh es ist dann im Detail zu prüfen, ob das zur Erhaltung des Stammkapitals erforderliche Vermögen durch eine Leistung der Gesellschaft ausgezahlt wird (s Rz 3 ff u zu den einzelnen Fallgruppen Rz 36 ff).

E. Gesetzliche Ausnahmen vom Auszahlungsverbot

1. Bestehen eines Beherrschungs- und Gewinnabführungsvertrags

23 Auszahlungen bei Bestehen eines Beherrschungs- oder Gewinnabführungsvertrags (§ 291 dAktG) fallen aufgrund der gesetzl Anordnung des § 30 Abs 1 S 2 Alt 1 dGmbHG nicht unter das Verbot v §§ 30, 31 dGmbHG. Hintergrund dieser Ausnahmeregelung ist die **Kompensation durch die Verlustübernahmepflicht** gem § 302 Abs 1 dAktG analog.[56] Umstritten ist dabei allerdings, ob v dieser Ausnahmeregelung auch der Fall gedeckt ist, in dem der (nach Abschluss des Geschäftsjahres entstehende) Verlustausgleichsanspruch voraussichtlich nicht bedient werden kann.[57] Unseres Erachtens ist eine Leistung trotz Bestehens eines Beherrschungs- u Gewinnabführungsvertrags unzulässig, wenn ein Anspruch auf Verlustausgleich voraussichtlich nicht vollständig bedient werden kann u wenn u soweit diese Auszahlung nach allg Regeln der §§ 30, 31 dGmbHG im Grundsatz unzulässig wäre.

2. Deckung durch einen vollwertigen Gegenleistungs- oder Rückgewähranspruch

24 Keine verbotene Auszahlung liegt gem § 30 Abs 1 S 2 Alt 2 dGmbHG vor, wenn eine Leistung der dGmbH durch einen **vollwertigen Gegen-**

---

[56] *Servatius* in Noack/Servatius/Haas, GmbHG[23] § 30 Rz 44.
[57] **Dafür** *Ekkenga* in Müko GmbHG[4] § 30 Rz 278; **dagegen** *Servatius* in Noack/Servatius/Haas, GmbHG[23] § 30 Rz 45; *Verse* in Scholz, GmbHG[12] § 30 Rz 75.

leistungs- oder **Rückgewähranspruch** gedeckt ist. Die Aufnahme des § 30 Abs 1 S 2 dGmbHG in das G erfolgte „*vor dem Hintergrund der Unsicherheit über die Zulässigkeit von Darlehen u anderen Leistungen mit Kreditcharakter durch die GmbH an Gesellschafter (upstream-loans) im Allgemeinen u der im Konzern sehr weit verbreiteten Praxis des sog. Cash-Pooling im Besonderen.*"[58] Es ging dabei darum, „*es den Gesellschaften zu erleichtern, mit ihren Gesellschaftern alltägliche u wirtschaftlich sinnvolle Leistungsbeziehungen zu unterhalten u abzuwickeln.*"[59] Es handelt sich dabei um eine „*klärende Regelung*"[60].

Das Tatbestandsmerkmal der **Vollwertigkeit** setzt dabei voraus, dass der Gegenleistungs- oder Rückgewähranspruch bilanziell vollständig aktiviert werden kann.[61] Dies ist bei einem Darlehen dann der Fall, wenn der Ausfall des Darlehensrückzahlungsanspruchs unwahrscheinlich ist.[62] Maßgeblicher Zeitpunkt für die Prüfung des Tatbestandsmerkmals der Vollwertigkeit ist der Zeitpunkt der Leistung der GmbH,[63] nicht der Zeitpunkt des Abschlusses des Verpflichtungsgeschäfts. 25

Das Gebot der **Deckung** erfordert, dass bei einem Austauschvertrag der Zahlungsanspruch gegen den Gesellschafter „*auch wertmäßig nach Marktwerten u nicht nach Abschreibungswerten den geleisteten Gegenstand decken muss*".[64] Diese Prüfung entspricht uE der im Rahmen eines Austauschgeschäftes vorzunehmenden Prüfung, wonach dann keine Auszahlung vorliegt, wenn einer Leistung der Gesellschaft eine gleichwertige Gegenleistung gegenübersteht; hier wie dort richtet sich dies nach einem **Drittvergleich**, also danach, ob ein gewissenhaft nach kaufmännischen Grundsätzen handelnder GF unter sonst gleichen Umständen zu gleichen Bedingungen auch mit einem Nichtgesellschafter abgeschlossen hätte, ob die Leistung also aus betriebl Gründen gerechtfertigt ist (s Rz 13). Umstritten ist dabei, ob das **Deckungsgebot** die angemessene Verzinsung eines Darlehens verlangt.[65] Wir neigen – in Anknüpfung an den Wortlaut der Vorschrift u in Übereinstimmung zu unseren Überlegungen zur Anwendung des Drittvergleichs – zu der A, 26

---

58 Begr Regierungsentwurf MoMiG, Bundestags-Drucksache 16/6140, 41.
59 Begr Regierungsentwurf MoMiG, Bundestags-Drucksache 16/6140, 41.
60 Begr Regierungsentwurf MoMiG, Bundestags-Drucksache 16/6140, 41.
61 ZB *Servatius* in Noack/Servatius/Haas, GmbHG[23] § 30 Rz 42.
62 BGH 1.12.2008, II ZR 102/07 – *MPS*, NJW 2009, 850 Rz 13.
63 *Verse* in Scholz, GmbHG[12] § 30 Rz 88 mwN.
64 Begr Regierungsentwurf MoMiG, Bundestags-Drucksache 16/6140, 41.
65 Dazu *Verse* in Scholz, GmbHG[12] § 30 Rz 94.

dass das Deckungsgebot auch auf Darlehensbeziehungen anzuwenden ist u in der Unterbilanz auch Darlehen der Gesellschaft an den Gesellschafter nur mit einer dem **Drittvergleich standhaltenden Höhe der Verzinsung** ausgereicht werden dürfen, wobei ein gewisser Beurteilungsspielraum anzuerkennen ist.[66] In Bezug auf kurzfristige Darlehen zB im Rahmen eines *Cash-Pools* wird dazu ua v *Servatius* vertreten, dass eine Verzinsung nicht zwingend erforderlich sei, solange die dGmbH das Kapital nicht anderweitig mit Ertrag hätte anlegen können.[67]

3. Rückgewähr eines Gesellschafterdarlehens

27 In § 30 Abs 1 S 3 dGmbHG ist ausdrücklich geregelt, dass § 30 Abs 1 S 1 dGmbHG nicht auf die Rückgewähr eines Gesellschafterdarlehens u Leistungen auf Forderungen aus Rechtshandlungen, die einem Gesellschafterdarlehen wirtschaftlich entsprechen, anzuwenden ist. Hintergrund dieser Regelung ist, dass die §§ 30, 31 dGmbHG bis zur Aufnahme des § 30 Abs 1 S 3 dGmbHG in das dGmbHG analog auf unter dem Begriff des Eigenkapitalersatzes diskutierte Fragestellungen Anwendung fanden.[68]

F. Rechtsfolgen eines Verstoßes gegen das Auszahlungsverbot

1. Rückerstattung der verbotswidrigen Leistung gemäß § 31 dGmbHG

28 Derjenige Gesellschafter,[69] der eine Leistung entgegen § 30 dGmbHG empfangen hat, ist der Gesellschaft insoweit zur Rückerstattung des Empfangenen nach § 31 Abs 1 dGmbHG verpflichtet, als die Leistung auf einem Verstoß gegen § 30 dGmbHG beruht. Dementsprechend kann v der Gesellschaft aufgrund des § 31 dGmbHG dasjenige verlangt werden, was zur Beseitigung der Unterbilanz notwendig ist.[70] Die Haf-

---

66 *Verse* in Scholz, GmbHG[12] § 30 Rz 95 mwN.
67 *Servatius* in Noack/Servatius/Haas, GmbHG[23] § 30 Rz 57a; ähnlich *Ekkenga* in Müko GmbHG[4] § 30 Rz 258; krit *Verse* in Scholz, GmbHG[12] § 30 Rz 95.
68 *Servatius* in Noack/Servatius/Haas, GmbHG[23] § 30 Rz 47.
69 Soweit auch Dritte in den Anwendungsbereich der §§ 30, 31 dGmbHG einbezogen werden, ist dies unter Rz 16 f behandelt.
70 BGH 22.3.2010, II ZR 12/08, NJW 2010, 1948 Rz 62.

tung nach § 31 Abs 3 dGmbHG ist dabei nicht beschränkt auf den Betrag des Stammkapitals.[71] Eine spätere anderweitige (also nicht durch den betr Auszahlungsempfänger bewirkte) Wiederherstellung des Gesellschaftsvermögens bis zur Höhe der Stammkapitalziffer führt nicht zum Wegfall des Rückgewähranspruchs.[72] Aus einem Verstoß gegen § 30 dGmbHG folgt dagegen – anders als bei einem Verstoß gegen § 82 in Ö (s § 83 Rz 1)[73] – **nicht die Nichtigkeit** der gegen das Rückgewährverbot verstoßenden Rechtsgeschäfte, sodass neben dem Anspruch nach § 31 dGmbHG jedenfalls insofern keine bereicherungsrechtlichen Ansprüche begründet sind.[74]

Der Anspruch nach § 31 Abs 1 dGmbHG ist dabei auf **Rückgabe des verbotswidrig weggegebenen Gegenstands** gerichtet.[75] Ein Gesellschafter ist über die Rückgabe hinaus bei Sachleistungen verpflichtet, einen zwischenzeitlichen Wertverlust durch eine Geldzahlung auszugleichen,[76] es sei denn, der Wertverlust wäre auch dann eingetreten, wenn die Sachleistung nicht auf den Gesellschafter übertragen worden wäre.[77] 29

Für den Fall einer **zT aus dem zur Erhaltung des Stammkapitals erforderlichen, zT aus freiem Vermögen gespeisten Auszahlung** in Geld muss ein Gesellschafter dementspr lediglich den aus gebundenem Vermögen erfolgten Teil der Auszahlung zurückzuerstatten. Bei Austauschgeschäften, bei denen die dGmbH eine **Sachleistung** an den Gesellschafter übertragen hat, die nicht durch einen vollwertigen Gegenleistungsanspruch gedeckt ist u die tlw zulasten des gebundenen Vermögens erfolgt, soll der rückerstattungspflichtige Gesellschafter uE regelmäßig das Recht erhalten, die zulasten des gebundenen Vermögens bewirkte Minderung des Gesellschaftsvermögens in Geld auszugleichen.[78] 30

---

71 *Verse* in Scholz, GmbHG[12] § 31 Rz 15.
72 BGH 23.4.2012, II ZR 252/10, NZG 2012, 667 Rz 29; 29.5.2000, II ZR 118/98, BGHZ 144, 336.
73 *Aburumieh/Hoppel*, GES 2021, 120.
74 BGH 23.6.1997, II ZR 220/95, BGHZ 136, 125 (129 ff); *Servatius* in Noack/Servatius/Haas, GmbHG[23] § 31 Rz 3.
75 BGH 17.3.2008 II ZR 24/07, NJW 2008, 2118 Rz 9.
76 BGH 17.3.2008 II ZR 24/07, NJW 2008, 2118 Rz 10.
77 BGH 17.3.2008 II ZR 24/07, NJW 2008, 2118 Rz 11.
78 Str, dazu *Verse* in Scholz, GmbHG[12] § 31 Rz 18; ähnlich *Servatius* in Noack/Servatius/Haas, GmbHG[23] § 31 Rz 16.

31 Der **Anspruch** nach § 31 dGmbHG wird – vergleichbar dem Einlageanspruch – besonders geschützt, um das Vermögen der Gesellschaft in Höhe der Stammkapitalziffer zu erhalten. Dies geschieht zum einen aufgrund der ausdrücklichen Anordnungen des § 31 dGmbHG, zum anderen – aufgrund des *„engen funktionalen Zusammenhangs zwischen Kapitalaufbringung u Kapitalerhaltung"*[79] – durch die analoge Anwendung der Vorschriften zur Kapitalaufbringung.[80] Dementsprechend kann dem Gesellschafter gem § 31 Abs 4 dGmbHG die Pflicht zur Rückerstattung nicht erlassen werden. Darüber hinaus kann der Anspruch gem § 31 dGmbHG aufgrund analoger Anwendung der Regeln der Kapitalaufbringung **nicht durch Aufrechnung** des Gesellschafters zum Erlöschen gebracht werden.[81]

2. Behandlung des gutgläubigen Empfängers gemäß § 31 Abs 2 dGmbHG

32 Durch § 31 Abs 2 dGmbHG wird der gutgläubige Empfänger insoweit privilegiert, als der Rückerstattungsanspruch auf das zur Befriedigung der Gläubiger Erforderliche begrenzt wird.[82]

3. Ausfallhaftung der übrigen Gesellschafter gemäß § 31 Abs 3 dGmbHG

33 Die übrigen Gesellschafter haften gem § 31 Abs 3 dGmbHG im Rahmen einer Ausfallhaftung anteilig im Verhältnis der Geschäftsanteile in dem Fall, in dem die Erstattung gem § 31 Abs 1 dGmbHG v dem Auszahlungsempfänger nicht zu erlangen ist. Die Ausfallhaftung ist zum einen begrenzt auf das zur Befriedigung der Gläubiger Erforderliche[83] u zum anderen – anders als beim Auszahlungsempfänger gem § 31 Abs 1 dGmbHG (s Rz 28) – auf den Betrag des Stammkapitals, umfasst also nicht den gesamten nicht durch Eigenkapital gedeckten Fehlbetrag.[84]

---

79 BGH 27.11.2000 II ZR 83/00, NJW 2001, 830.
80 *Servatius* in Noack/Servatius/Haas, GmbHG[23] § 31 Rz 3.
81 *Servatius* in Noack/Servatius/Haas, GmbHG[23] § 31 Rz 26a; *Ekkenga* in MüKo GmbHG[4] § 31 Rz 77; dazu auch *Verse* in Scholz, GmbHG[12] § 31 Rz 74.
82 *Servatius* in Noack/Servatius/Haas, GmbHG[23] § 31 Rz 18 ff mwN.
83 Dazu *Servatius* in Noack/Servatius/Haas, GmbHG[23] § 31 Rz 21 ff mwN.
84 BGH 22.9.2003, II ZR 229/02, NZG 2003, 1116 (1118); 11.7.2005, II ZR 285/03, NZG 2005, 845; *Servatius* in Noack/Servatius/Haas, GmbHG[23] § 31 Rz 24; *Verse* in Scholz, GmbHG[12] § 31 Rz 61.

4. Haftung der Geschäftsführer für verbotswidrige Leistungen

Der GF, der entgegen § 30 dGmbHG Auszahlungen vorgenommen hat, **34**
haftet grds persönlich zum einen ggü der dGmbH nach § 43 Abs 2
dGmbHG u zum anderen ggü den im Rahmen der Ausfallhaftung gem
§ 31 Abs 3 dGmbHG in Anspruch genommenen Gesellschaftern nach
§ 31 Abs 6 dGmbHG. Regelmäßig können – über den selbst auszahlenden GF hinaus – auch die anderen GF mit der Begr in Anspruch genommen werden, dass sie nicht dafür gesorgt haben, dass keine gegen § 30 dGmbHG verstoßende Auszahlung vorgenommen wurde.[85] Die GF
können u müssen die gegen § 30 dGmbHG verstoßende Erfüllung einer
wirksam begründeten Verpflichtung verweigern u dürfen eine Weisung
zu einem in Widerspruch zu § 30 dGmbHG stehenden Verhalten nicht
beachten.[86]

5. Abschlussprüfung: Bericht über schwerwiegende Verstöße

Für den Fall, dass ein JA gem § 316 dHGB prüfungspflichtig ist, muss **35**
der Abschlussprüfer gem § 321 Abs 1 S 4 dHGB über die bei **Durchführung der Prüfung** festgestellten Tatsachen berichten, die schwerwiegende Verstöße der gesetzl Vertreter gegen das G erkennen lassen.
Nach wohl allg A ist dieses Erfordernis bei einem Verstoß gegen § 30
dGmbHG erfüllt.[87] Es kommt daher nicht darauf an, ob durch einen unzulässigen Vermögensabfluss der Bestand des Unternehmens oder des
Konzerns gefährdet oder seine Entwicklung beeinträchtigt werden
kann.[88]

---

[85] Zur Haftung nach § 43 dGmbHG: BGH 25.6.2001, II ZR 38/99, NZG 2001, 893; *Beurskens* in Noack/Servatius/Haas, GmbHG[23] § 43 Rz 86 ff.
[86] *Beurskens* in Noack/Servatius/Haas, GmbHG[23] § 43 Rz 20.
[87] *Merkt* in Hopt, HGB[41] § 321 Rz 5.
[88] Dazu *Binz*, DB 2004, 1273 (1275).

III. Fallgruppen

A. Darlehen durch die dGmbH an Gesellschafter

1. Allgemeine Grundsätze

36 Die Behandlung der **Darlehensgewährung an einen Gesellschafter durch die dGmbH** folgt im Grundsatz den allg Regeln (s Rz 3 ff). Wird durch die Darlehensgewährung – entscheidend für die Beurteilung ist der Zeitpunkt der Auszahlung, nicht der Zeitpunkt des Abschlusses des (schuldrechtlichen) Darlehensvertrages (s Rz 18) – keine Unterbilanz erzeugt u erfolgt die Darlehensgewährung nicht während einer Unterbilanz, ist diese unter dem Aspekt der §§ 30, 31 dGmbHG unproblematisch. Das zur Erhaltung des Stammkapitals erforderliche Vermögen ist v Vornherein nicht betroffen.

37 **Besteht bereits bei Darlehensgewährung eine Unterbilanz**, so können im Grundsatz trotzdem Darlehen an Gesellschafter vergeben werden, jedenfalls wenn die Voraussetzungen der Ausnahmevorschrift des § 30 Abs 1 S 2 dGmbHG vorliegen (s Rz 23 ff). Die Voraussetzungen des § 30 Abs 1 S 2 Alt 2 dGmbHG liegen dann vor, wenn der Rückzahlungsanspruch der dGmbH gegen ihren Gesellschafter nach handelsbilanziellen Wertansätzen vollwertig ist, wenn also der Ausfall des Darlehensrückzahlungsanspruchs unwahrscheinlich erscheint,[89] u das Deckungsgebot beachtet ist, dh die Darlehensgewährung zu angemessenen, einem Drittvergleich standhaltenden Bedingungen (s Rz 24 ff) erfolgt. Entsprechendes gilt für den Fall, dass Darlehen bei Bestehen eines Gewinnabführungs- u Beherrschungsvertrages ausgereicht werden, es sei denn, ein etwaiger Verlustausgleichsanspruch kann voraussichtlich nicht bedient werden (§ 30 Abs 1 S 2 Alt 1 dGmbHG, s Rz 23).

38 **Wird durch die Darlehensvergabe eine Unterbilanz herbeigeführt**,[90] so ist die Darlehensvergabe, insoweit als sie eine Unterbilanz erzeugt, wegen Verstoßes gegen §§ 30, 31 dGmbHG unzulässig; diese (ggf tw) Unzulässigkeit würde uE durch eine nicht dem Drittvergleich (s Rz 13) standhaltende angemessene Verzinsung verschärft.

39 Im Hinblick auf die fehlende Beachtung des Deckungsgebots durch **Vereinbarung angemessener, dem Drittvergleich standhaltender**

---

89 BGH 1.12.2008, II ZR 102/07 – *MPS*, NJW 2009, 850 Rz 13.
90 Die Herbeiführung einer Unterbilanz setzt gedanklich voraus, dass der Rückzahlungsanspruch nicht vollwertig ist.

Konditionen (s Rz 13) gilt zusammenfassend Folgendes: Erfolgt die Auszahlung nicht während des Bestehens einer Unterbilanz u wird durch die Auszahlung des Darlehens auch keine Unterbilanz herbeigeführt, so liegt in der Vereinbarung solcher, nicht dem Drittvergleich standhaltender Bedingungen kein Verstoß gegen § 30 dGmbHG (s Rz 36; denkbar bleibt aber ein Verstoß gegen andere Normen, zB den gesellschaftsrechtlichen Gleichbehandlungsgrundsatz). Wurde trotz Bestehens einer Unterbilanz – bei einem vollwertigen Rückzahlungsanspruch – keine angemessene Verzinsung vereinbart, so liegt uE eine unzulässige Auszahlung in Höhe der Differenz aus angemessener Verzinsung u tatsächlich vereinbarter Verzinsung vor.[91]

40 Unabhängig v der Prüfung nach §§ 30, 31 dGmbHG muss immer auch das Vorliegen der Voraussetzungen eines existenzvernichtenden Eingriffs untersucht werden. Dementsprechend muss sich aus der **Liquiditätsplanung** der dGmbH ergeben, dass die Vergabe des Darlehens weder die Voraussetzungen einer Insolvenzreife schafft noch diese vertieft (s Rz 74, 81).

41 In diesem Zusammenhang ist es wichtig, dass der GF der dGmbH verpflichtet ist, die Vermögensverhältnisse des Gesellschafters zu beobachten u auf eine sich nach der Ausreichung des Darlehens andeutende Bonitätsverschlechterung mit der Anforderung v Sicherheiten oder der Kündigung des Darlehens zu reagieren, was bei umfangreichen langfristigen Darlehen oder bei einem *Cash Management* die Einrichtung eines geeigneten **Informations- oder „Frühwarnsystems"** zw Darlehensgeber u Darlehensnehmer erforderlich machen kann.[92] Genügt der GF dieser Pflicht nicht, so kann dies zur Schadenersatzpflicht des GF nach § 43 Abs 2 dGmbHG führen.[93]

42 Im Rahmen der Überprüfung einer Darlehensgewährung anhand der §§ 30, 31 dGmbHG in Dtl ist also regelmäßig in einem **ersten Schritt** zu untersuchen, ob durch die Darlehensgewährung an einen Gesellschafter oder einer einem Gesellschafter gleichgestellten Person (s Rz 14 ff) eine Unterbilanz herbeigeführt wird oder ob die Darlehensgewährung während des Bestehens einer Unterbilanz erfolgt (s Rz 18 ff);

---

91 Wie hier: *Verse* in Scholz, GmbHG[12] § 30 Rz 94; *Servatius* in Noack/Servatius/Haas, GmbHG[23] § 30 Rz 57a.
92 BGH 1.12.2008, II ZR 102/07 – *MPS*, NJW 2009, 850 Rz 14.
93 Begr Regierungsentwurf MoMiG, Bundestags-Drucksache 16/6140, 41; daneben für die dt AG: BGH 1.12.2008, II ZR 102/07 – *MPS*, NJW 2009, 850 Rz 14.

erfolgt die Darlehensgewährung – auch tlw – aus dem zur Erhaltung des Stammkapitals erforderlichen Vermögen, muss bereits im Rahmen dieses ersten Schrittes der Rückzahlungsanspruch nach handelsbilanziellen Regeln bewertet werden (s Rz 5). Wird durch die Auszahlung des Darlehens keine Unterbilanz herbeigeführt u erfolgt die Darlehensvergabe auch nicht während des Bestehens einer Unterbilanz, liegt kein Verstoß gegen § 30 dGmbHG vor. Führt die Prüfung allerdings zu dem Ergebnis, dass durch die Darlehensgewährung eine Unterbilanz herbeigeführt wird oder während einer Unterbilanz erfolgt, so ist in einem **zweiten Schritt** zu prüfen, ob sie während des Bestehens eines Beherrschungs- u Gewinnabführungsvertrages erfolgt (§ 30 Abs 1 S 2 Alt 1 dGmbHG, s Rz 23) oder ob sie durch einen vollwertigen Gegenleistungsanspruch[94] gedeckt ist (§ 30 Abs 1 S 2 Alt 2 dGmbHG; s Rz 24 ff). Fehlt es in dieser Konstellation an der Erfüllung der Voraussetzungen der Ausnahmetatbestände des § 30 Abs 1 S 2 dGmbHG, liegt ein Verstoß gegen § 30 dGmbHG vor. Damit unterscheidet sich die Rechtslage in Dtl in Bezug auf die §§ 30, 31 dGmbHG u die Vergabe v Darlehen der dGmbH an den Gesellschafter substantiell v der **Rechtslage in Ö**: Während in Ö jede Darlehensgewährung an einen Gesellschafter – unabhängig v ihren bilanziellen Auswirkungen – zum einen betriebl veranlasst u zum anderen objektiv angemessen iSe einer wertmäßigen Ausgeglichenheit der Leistungsbeziehung sein muss, um mit § 82 vereinbar zu sein (vgl § 82 Rz 111 ff), kommt es auf solche Erwägungen in Dtl unter dem Aspekt der §§ 30, 31 dGmbHG nur u erst dann an, wenn durch die Darlehensvergabe das zur Erhaltung des Stammkapitals erforderliche Vermögen betroffen ist.

2. Sonderfall: Cash-Pooling

43 Beim *Cash-Pooling*[95] sind inhaltlich die für die Darlehensgewährung dargestellten Grundsätze (s Rz 36 ff) zu beachten. In praktischer Hinsicht wird man aufgrund der Vielzahl v Zahlungen regelmäßig die vertragliche Struktur so gestalten, dass die im Rahmen des *Cash-Poolings* vergebenen (Einzel-)Darlehen die Voraussetzungen des § 30 Abs 1 S 2

---

94 Wobei im Fall des Herbeiführens einer Unterbilanz durch Darlehensgewährung eine Prüfung des § 30 Abs 1 S 2 Alt 2 dGmbHG unterbleiben kann, da das Herbeiführen einer Unterbilanz die fehlende Vollwertigkeit des Rückzahlungsanspruchs voraussetzt.
95 Zu den Begrifflichkeiten: *Altmeppen*, NZG 2010, 361.

Alt 2 dGmbHG, der zur Ermöglichung des *Cash-Poolings* in das G aufgenommen wurde,[96] erfüllen. Weiter muss sich aus der Liquiditätsplanung der Gesellschaft ergeben, dass die Vergabe der Darlehen weder die Voraussetzungen einer Insolvenzreife schafft noch diese vertieft, andernfalls droht das Vorliegen der Existenzvernichtungshaftung (s Rz 74 u 81). Darüber hinaus kommt der Pflicht, die Fähigkeit der betr Darlehensnehmerin zur Rückzahlung der Darlehen zu beobachten u bei Auffälligkeiten entspr zu reagieren (s Rz 41), besondere Bedeutung zu.

3. Sonderfall: Darlehensfinanzierter Unternehmenskauf

Werden nach Realisierung eines Unternehmenskaufes Darlehen v der erworbenen Gesellschaft (dem sog *Target*) an den Erwerber, den neuen Inhaber, gewährt, damit der Erwerber Verbindlichkeiten aus der Finanzierung des Kaufpreises für den Unternehmenskauf bedienen kann, so folgt die Behandlung den im Rahmen der Behandlung der Darlehensgewährung dargestellten allg Regeln (s Rz 36 ff): Im **ersten Schritt** (s Rz 42) ist zu ermitteln, ob durch die Darlehensgewährung an einen Gesellschafter (s Rz 14 ff) eine Unterbilanz herbeigeführt wird oder ob die Darlehensgewährung während des Bestehens einer Unterbilanz erfolgt. Ist dies nicht der Fall, liegt kein Verstoß gegen § 30 dGmbHG vor. Im **zweiten Schritt** ist zu prüfen, ob die Voraussetzungen der das Vorliegen einer verbotenen Auszahlung ausschließenden Ausnahmevorschriften des § 30 Abs 1 S 2 dGmbHG (s Rz 23 ff) erfüllt sind. In Bezug auf das Vollwertigkeitserfordernis des § 30 Abs 1 S 2 Alt 2 dGmbHG wird die Vollwertigkeit des Rückzahlungsanspruchs regelmäßig zum einen v Grad der Fremdfinanzierung des Unternehmenskaufes u zum anderen davon abhängen, wie wahrscheinlich es ist, dass u zu welchen Konditionen der Erwerber die erworbenen Geschäftsanteile seinerseits wieder verkaufen kann. Der Abschluss eines Gewinnabführungs- u Beherrschungsvertrages (s Rz 23) hilft hier idR nur bedingt, da dieser die Anwendbarkeit der §§ 30, 31 dGmbHG dann nicht sicher ausschließt, wenn der Anspruch auf Verlustausgleich gem § 302 dAktG voraussichtlich nicht vollständig bedient werden kann (s Rz 23). Häufig wird dies der Fall sein, wenn der Darlehensrückzahlungsanspruch nicht vollwertig ist. Wie immer muss sich auch aus der **Liquiditätsplanung der Gesellschaft** ergeben, dass die Vergabe des Darlehens weder die Voraussetzungen einer Insolvenzreife schafft oder diese vertieft; andernfalls droht

44

---

96 Begr Regierungsentwurf MoMiG, Bundestags-Drucksache 16/6140, 41.

das Vorliegen eines existenzvernichtenden Eingriffs (s Rz 67 ff, insb Rz 74). Zu den Untersch zu Ö gilt zunächst das unter Rz 42 Ausgeführte. In Ermangelung eines Verbots des Erwerbs eigener Anteile spielen Erwägungen aus dem Erwerb eigener Anteile (s § 81 Rz 77 f u § 82 Rz 121) in Dtl nur eine untergeordnete Rolle.

B. Darlehen des Gesellschafters an die dGmbH – Rückzahlung eines Gesellschafterdarlehens

45 Aus § 30 dGmbHG folgen – jedenfalls wegen § 30 Abs 1 S 3 dGmbHG (s Rz 27) – im Grundsatz keine Einwendungen in Bezug auf die Rückzahlung eines v Gesellschafter an die dGmbH gewährten Darlehens. Etwas anderes kann – wie nach **ö Verständnis** (s § 82 Rz 106) – nach allg Regeln (s Rz 13) dann gelten, wenn u soweit die dGmbH ein Darlehen zu überhöhtem Zins in Anspruch nimmt.[97]

C. Dividenden und gewinnunabhängige Entnahmen

1. Ordentliche Dividenden

46 Die Ausschüttung des zutr festgestellten Gewinns aufgrund des Gewinnverwendungsbeschlusses steht unter dem Vorbehalt, dass diese nicht mit § 30 dGmbHG in Konflikt kommt. Entsteht also **nach dem Bilanzstichtag, aber vor Fassung des Gewinnverwendungsbeschlusses ein Verlust**, so bedeutet dies, dass zwar der Gewinnverwendungsbeschluss wirksam gefasst werden konnte, dass dieser aber nicht vollziehbar ist, wenn u soweit die Passivierung der entspr Ausschüttungsansprüche eine Unterbilanz entstehen ließe.[98] Dieses Konzept entspricht in Ö in etwa der in § 82 Abs 5 beschriebenen Regelung (s § 82 Rz 53 f), wobei die Ausschüttungssperre in Dtl (automatisch) endet, wenn u soweit durch eine Passivierung der Ausschüttungsansprüche eine Unterbilanz nicht mehr herbeigeführt würde,[99] während in Ö der zw Bilanzstichtag u dem Zeitpunkt der Fassung des Beschlusses über die Feststellung des JA u die Gewinnverwendung aufgezehrte Teil des

---

97 *Verse* in Scholz, GmbHG[12] § 30 Rz 109.
98 *Verse* in Scholz, GmbHG[12] § 29 Rz 91.
99 *Verse* in Scholz, GmbHG[12] § 29 Rz 91.

Bilanzgewinns auf neue Rechnung vorzutragen ist (s § 82 Rz 53), also nicht mehr ohne Weiteres ausgeschüttet werden kann.

Etwas Schwierigkeiten bereitet in Dtl allerdings der Fall, in dem der **Verlust erst nach Fassung** des Gewinnverwendungsbeschlusses u **vor Ausschüttung des Gewinns** entsteht: Verschlechtert sich die bilanzielle Situation aufgrund des Verlustes nach (Entstehen u) Passivierung des Ausschüttungsanspruchs, aber vor Befriedigung des Auszahlungsanspruchs in der Weise, dass die Ausschüttung – würde man sie erst mit Auszahlung passivieren – zulasten des zur Erhaltung des Stammkapitals erforderlichen Vermögens ginge, so spricht zwar gegen die Anwendbarkeit des § 30 dGmbHG, dass bilanziell die Durchführung der Zahlung zu keiner Minderung des zur Erhaltung des Stammkapitals erforderlichen Vermögens führte (die Minderung des Eigenkapitals wurde bereits durch Passivierung des Ausschüttungsanspruchs bewirkt). Trotzdem darf uE die Ausschüttung nicht erfolgen. Die darin liegende Ausnahme v der bilanziellen Betrachtung im Rahmen der Anwendung des § 30 dGmbHG ist mit Rücksicht auf den Wortlaut v § 30 Abs 1 S 1 dGmbHG (*„Das zur Erhaltung des Stammkapitals erforderliche Vermögen der Gesellschaft darf an die Gesellschafter nicht ausgezahlt werden"*) begründet, genauso wie sie bei Vorliegen einer Unterbilanz gerechtfertigt ist.[100] Auf ähnliche Schwierigkeiten stößt man im ö **Recht** im Fall eines nach Fassung des Beschlusses über die Feststellung des JA u die Gewinnverwendung auftretenden Verlustes (s § 82 Rz 54).

47

2. Vorabausschüttungen und gewinnunabhängige Entnahmen

Unterjährige **Vorabausschüttungen** auf den erwarteten Jahresgewinn – häufig als **Zwischendividenden**[101] bezeichnet – sind im Recht der dGmbH – anders als im ö **Recht** (s § 82 Rz 25, 30, 57, 80) – im Grundsatz zulässig.[102] Voraussetzung ist zunächst, dass das zur Erhaltung des Stammkapitals erforderliche Vermögen – wie oben beschrieben – nicht beeinträchtigt wird, sprich es darf durch die Vorabausschüttung keine

48

---

100 Dazu *Kersting* in Noack/Servatius/Haas, GmbHG[23] § 29 Rz 56; **aA** *Verse* in Scholz, GmbHG[12] § 29 Rz 92.
101 *Ekkenga* in Müko GmbHG[4] § 29 Rz 95.
102 BGH 16.9.2002, II ZR 1/00, NJW 2002, 3774, *Kersting* in Noack/Servatius/ Haas, GmbHG[23] § 29 Rz 60; *Verse* in Scholz, GmbHG[12] § 29 Rz 106.

Unterbilanz hervorgerufen werden u die Vorabausschüttung darf nicht während einer Unterbilanz erfolgen.[103]

49 Zum gesicherten Bestand zählt weiter, dass Vorabausschüttungen – konkludent oder ausdrücklich[104] – unter dem Vorbehalt eines die Vorabausschüttung deckenden ausschüttungsfähigen Vermögens im festgestellten JA stehen.[105] Soweit kein entspr ausschüttungsfähiges Vermögen vorhanden ist, besteht ein Anspruch auf Rückzahlung der Vorabausschüttung.[106] Verursacht oder vertieft die Vorabausschüttung eine Insolvenz, so ist das Vorliegen eines existenzvernichtenden Eingriffs zu prüfen (s Rz 67 ff, insb Rz 74).

50 Anders ist dies dann, wenn sich die Gesellschafter für eine **gewinnunabhängige Entnahme** anstatt für eine Vorabausschüttung entscheiden. Dann bedarf es nicht des Vorbehalts eines die Vorabausschüttung deckenden ausschüttungsfähigen Vermögens im festgestellten JA. Es müssen lediglich die allg Voraussetzungen des § 30 dGmbHG beachtet werden, sprich keine Herbeiführung oder Vertiefung einer Unterbilanz[107]; daneben dürfen die Voraussetzungen eines existenzvernichtenden Eingriffs nicht vorliegen. Eine einmalige Entnahme ist ohne entspr Regelung im GesV möglich.[108] Damit unterscheidet sich die dt Rechts-

---

103 Umstr ist, ob als weitere Voraussetzung die begründete Erwartung eines den Betrag der Vorabausschüttung erreichenden ausschüttungsfähigen Vermögens für das laufende Geschäftsjahr (auf der Grundlage des später festzustellenden JA) zu fordern ist; **dafür** *Kersting* in Noack/Servatius/Haas, GmbHG[23] § 29 Rz 61, wohl auch OLG Hamm 5.2.1992, 8 U 159/91; **aA** *Verse* in Scholz, GmbHG[12] § 29 Rz 108. UE reicht es aus, wenn die Voraussetzungen der §§ 30, 31 dGmbHG beachtet werden u kein existenzvernichtender Eingriff vorliegt.
104 *Verse* in Scholz, GmbHG[12] § 29 Rz 109: Danach ist es jedenfalls empfehlenswert, die Voraussetzungen, bei deren Vorliegen zurückgezahlt werden muss, ausdrücklich in den Beschluss aufzunehmen.
105 BGH 2.3.2009, II ZR 264/07, NZG 2009, 659; *Verse* in Scholz, GmbHG[12] § 29 Rz 108 f.
106 Umstr ist dabei lediglich, auf welche Rechtsgrundlage dieser Anspruch zu stützen ist: BGH 22.9.2003, II ZR 229/02, NJW 3629 leitet den Anspruch aus § 812 Abs 1 S 2 BGB ab, so auch *Kersting* in Noack/Servatius/Haas, GmbHG[23] § 29 Rz 61. *Verse* in Scholz, GmbHG[12] § 29 Rz 109 gründet diesen Anspruch auf eine vertragliche Abrede der Parteien; ähnlich BGH 2.3.2009, II ZR 264/07, NZG 2009, 659.
107 *Verse* in Scholz, GmbHG[12] § 29 Rz 112; BGH 12.12.1983, II ZR 14/83, NJW 1984, 1037.
108 *Verse* in Scholz, GmbHG[12] § 29 Rz 112.

lage substantiell v der **Rechtslage in Ö**, die durch das Verbot gewinnunabhängiger Entnahmen gekennzeichnet ist (§ 82 Rz 80).

D. Erwerb eigener Geschäftsanteile

Erwirbt die Gesellschaft v einem Gesellschafter Geschäftsanteile, gilt gem den – neben den Regelungen des § 33 dGmbHG anwendbaren – §§ 30, 31 dGmbHG Folgendes: In der Bezahlung für den Erwerb eigener Geschäftsanteile liegt eine Auszahlung iSd § 30 Abs 1 dGmbHG (s Rz 12), da eigene Geschäftsanteile der Gesellschaft nicht zu aktivieren sind.[109] Eine solche Auszahlung ist dann unzulässig, wenn sie entweder eine Unterbilanz herbeiführt oder während des Bestehens einer Unterbilanz erfolgt. Besteht bereits zum Zeitpunkt der Auszahlung eine Unterbilanz, so wird diese durch den Erwerb zwangsläufig – in Ermangelung der Aktivierbarkeit der zu erwerbenden Vermögensposition – vertieft. Anderes würde nur dann gelten, wenn keinerlei Erwerbskosten zulasten der Gesellschaft entstünden, da sich der Erwerb in diesem Fall bilanziell nicht auswirkte (zu den weiteren Anforderungen s § 33 dGmbHG, zum ö Recht s § 81). 51

E. dGmbH & Co KG

Im Grundsatz sind Ausschüttungen – anders als in Ö (§ 82 Rz 159 f) auch gewinnunabhängig – aus dem Vermögen einer dGmbH & Co KG zugunsten ihrer Gesellschafter weitreichend (uzw substanziell weitreichender als bei der dGmbH) möglich: Zivilrechtlich muss lediglich beachtet werden, dass eine gewinnunabhängige Ausschüttung unter dem Aspekt der Einlagenrückgewähr gem § 172 Abs 4 dHGB zu einem Wiederaufleben der Haftung[110] bis zur Höhe der im HR eingetragenen Haftsumme[111] führen kann. Darüber hinaus müssen die Grundsätze der Existenzvernichtungshaftung[112] beachtet werden, sprich die dGmbH & Co KG darf nicht denjenigen Teil ihrer liquiden Mittel ausschütten, der 52

---

[109] OLG Rostock 30.1.2013, 1 U 75/11, NZG 2013, 543; *Kersting* in Noack/Servatius/Haas, GmbHG[23] § 33 Rz 9.

[110] *Hopt* in Hopt, HGB[41] Anh nach § 177a Rz 42.

[111] *Roth* in Hopt, HGB[41] § 172 Rz 5. Dementspr lässt sich dieses Risiko durch die Wahl einer geringen Haftsumme begrenzen.

[112] *Hopt* in Hopt, HGB[41] Anh nach § 177a Rz 51c mwN.

für die Bedienung fälliger Verbindlichkeiten[113] notwendig ist (s Rz 67 ff, insb Rz 74), andernfalls droht eine deliktische Haftung gem § 826 BGB.

53 Weiterhin ist anerkannt, dass eine Leistung aus dem Vermögen der dGmbH & Co KG an einen ihrer Gesellschafter dann eine nach § 30 Abs 1 S 1 dGmbHG verbotene Auszahlung darstellt, **wenn dadurch bei der Komplementär-GmbH eine Unterbilanz herbeigeführt oder vertieft wird.**[114] Es handelt sich dabei zunächst einmal um die Anwendung der allg Regeln auf die besondere Konstellation der dGmbH & Co KG. Aufgrund der Verbindung der wirtschaftlichen u bilanziellen Situation der Komplementär-GmbH mit der wirtschaftlichen u bilanziellen Situation der dGmbH & Co KG sind folgende Konstellationen unter dem Aspekt der §§ 30, 31 dGmbHG genau zu betrachten:

54 **Ist die Komplementär-GmbH an der dGmbH & Co KG kapitalmäßig beteiligt,** führt jede Leistung aus dem Vermögen der dGmbH & Co KG ohne gleichwertige Gegenleistung zu einer Minderung des Wertes des Kapitalanteils der Komplementär-GmbH an der dGmbH & Co KG u ist daher eine Auszahlung iSd § 30 dGmbHG. Dementsprechend liegt dann eine nach § 30 dGmbHG unzulässige Leistung vor, wenn durch die Ausschüttung auf der Ebene der dGmbH & Co KG bei der Komplementär-GmbH eine Unterbilanz herbeigeführt wird oder wenn diese während des Bestehens einer Unterbilanz der Komplementär-GmbH erfolgt (ohne dass durch die Ausschüttung eine gleichwertige Kompensation erfolgt). Auch **ohne kapitalmäßige Beteiligung der Komplementär-GmbH an der dGmbH & Co KG** kann durch Ausschüttungen der dGmbH & Co KG eine Unterbilanz bei der Komplementär-GmbH herbeigeführt oder vertieft werden. Dies ist dann der Fall, wenn Ausschüttungen der dGmbH & Co KG dazu führen, dass die Komplementär-GmbH als persönlich haftende Gesellschafterin der dGmbH & Co KG mit der Inanspruchnahme gem § 161 Abs 2 iVm § 128 dHGB rechnen u entspr Passivposten bilden muss u gleichzeitig ihren gegen die dGmbH & Co KG gerichteten Anspruch gem § 161 Abs 2 iVm § 110 dHGB aufgrund fehlenden Vermögens der dGmbH & Co KG nicht in ihrer Bilanz aktivieren kann.[115]

55 Ist der Kommanditist (der dGmbH & Co KG) einer durch die dGmbH & Co KG an ihn bewirkten Auszahlung auch an der Komple-

---

113 *Hopt* in Hopt, HGB[41] Anh nach § 177a Rz 51d mwN.
114 Zuletzt BGH 28.1.2020, II ZR 10/19, NZG 2020, 384 Rz 38.
115 BGH 28.1.2020, II ZR 10/19, NZG 2020, 384 Rz 39.

mentär-GmbH beteiligt, ist er ohne Weiteres nach § 31 dGmbHG zur Rückzahlung verpflichtet.[116] Begründet wird dies damit, dass es keinen Untersch mache, ob er eine Leistung zulasten des Gesellschaftsvermögens v der Komplementär-GmbH direkt oder auf dem Umweg über die dGmbH & Co KG erhalte.[117] **Ist der Kommanditist dagegen nicht an der Komplementär-GmbH beteiligt** – der sog Nur-Kommanditist – so trifft ihn die Haftung für eine Auszahlung durch die dGmbH & Co KG unter der Voraussetzung, dass – wie regelmäßig der Fall – an der dGmbH & Co KG keine natPers unbeschränkt als Komplementärin der dGmbH & Co KG haftet. Der Nur-Kommanditist sei dann für die Kapitalausstattung auch der Komplementär-GmbH verantwortlich, wenn nicht auch eine natPers unbeschränkt haftet.[118] Strukturell handelt es sich dabei um einen Fall der Einbeziehung eines Dritten in den Anwendungsbereich der §§ 30, 31 dGmbHG (s Rz 16 f). In Bezug auf die Haftung für einen existenzvernichtenden Eingriff u die Haftung der GF gelten die allg Regeln.

Insgesamt unterscheidet sich danach die Rechtslage in Dtl substantiell v der Rechtslage in Ö, bei der die analoge Anwendung des § 82 GmbHG auf die GmbH & Co KG dazu führt, dass lediglich der Bilanzgewinn der GmbH & Co KG gem den in § 82 GmbHG niedergelegten Regeln ausgeschüttet werden darf (§ 82 Rz 159 f), während in Dtl – unabhängig v Vorliegen eines Gewinns, aber vorbehaltlich der Beachtung der durch § 30 dGmbHG gezogenen Grenzen (s Rz 52 ff) – jede nicht für die Bedienung der Verbindlichkeiten der dGmbH & Co KG benötigte Liquidität ausgeschüttet werden darf (allerdings mit dem Risiko des Wiederauflebens der Haftung gem § 172 Abs 4 dHGB, s oben Rz 52).

56

---

116 BGH 9.12.2014, II ZR 360/13, NZG 2015, 225 Rz 10; *Servatius* in Noack/Servatius/Haas, GmbHG[23] § 30 Rz 68; *Ekkenga* in Müko GmbHG[4] § 30 Rz 195; *Verse* in Scholz, GmbHG[12] § 30 Rz 131.
117 BGH 9.12.2014, II ZR 360/13, NZG 2015, 225 Rz 10.
118 BGH 9.12.2014, II ZR 360/13, NZG 2015, 225 Rz 10; *Verse* in Scholz, GmbHG[12] § 30 Rz 131 zweifelt diese Begr – Verantwortlichkeit des Nur-Kommanditisten für die Kapitalausstattung der Komplementär-GmbH – für den Fall v Publikumsgesellschaften an (ähnlich *Ekkenga* in Müko GmbHG[4] § 30 Rz 196 f). UE ist diese Kritik berechtigt.

F. Sicherheitenbestellung durch die dGmbH für einen Gesellschafter

57 Die Behandlung der Bestellung v Sicherheiten durch die dGmbH für einen Dritten folgt ohne Weiteres den allg Regeln: In der (dinglich wirksamen) Bestellung v Sicherheiten der dGmbH zugunsten eines Gesellschafters[119] (zB Bestellung einer Grundschuld durch dGmbH als Sicherheit für eine private Darlehensverbindlichkeit eines Gesellschafters oder Stellung einer Bürgschaft durch die dGmbH zugunsten einer privaten Darlehensverbindlichkeit eines Gesellschafters) liegt eine Leistung der Gesellschaft zugunsten des Gesellschafters,[120] die dann unzulässig ist, wenn dadurch eine Unterbilanz entsteht oder vertieft wird.[121]

58 Keine verbotene Auszahlung liegt dann vor, wenn die Voraussetzungen des § 30 Abs 1 S 2 Alt 2 dGmbHG vorliegen, sprich wenn der Anspruch der dGmbH gegen ihren Gesellschafter, die dGmbH v der Inanspruchnahme der Sicherheit bei Fälligkeit der gesicherten Verbindlichkeit freizustellen (bei dem Freistellungsanspruch handelt es sich um den Gegenleistungs- oder Rückgewähranspruch iSd § 30 Abs 1 S 2 Alt 2 dGmbHG), vollwertig ist. Dies ist nach der Rsp des II. Zivilsenats des BGH dann der Fall, wenn der Ausfall der gesicherten Forderung unwahrscheinlich ist.[122]

59 Ist dagegen der Freistellungsanspruch der dGmbH zum Zeitpunkt der Bestellung der Sicherheit nicht vollwertig, liegt in der Bestellung der Sicherheit eine Auszahlung iSd § 30 Abs 1 S 1 dGmbHG (die nicht unter die Ausnahmevorschrift des § 30 Abs 1 S 2 Alt 2 dGmbHG fällt). Ob diese Auszahlung gegen das Verbot gem § 30 dGmbHG verstößt, hängt dann – nach allg Regeln – davon ab, ob dieser Vermögensabfluss zu einer Unterbilanz führt oder während des Bestehens einer Unterbilanz erfolgt.[123] Zu beachten ist idZ, dass uE eine Vertiefung der Unterbilanz selbst bei Vollwertigkeit des Freistellungsanspruchs – ähnlich wie dies bei unangemessen niedriger Verzinsung eines Darlehens der Fall ist – auch bei fehlender oder unangemessen niedriger Avalprovision vorliegen kann (in Höhe der Differenz zw [mind] angemessener u vereinbarter Avalprovision[124]).

---

119 Dazu *Servatius* in Noack/Servatius/Haas, GmbHG[23] § 30 Rz 61 ff mwN.
120 BGH 21.3.2017, II ZR 93/16, NZG 2017, 658 Rz 14.
121 BGH 21.3.2017, II ZR 93/16, NZG 2017, 658 (Amtlicher Leitsatz).
122 BGH 21.3.2017, II ZR 93/16, NZG 2017, 658 Rz 19.
123 BGH 21.3.2017, II ZR 93/16, NZG 2017, 658 Rz 20.
124 *Verse* in Scholz, GmbHG[12] § 30 Rz 100 mwN, str.

Wird die Sicherheit verwertet, berührt dies nicht mehr das Entstehen eines Anspruchs nach den §§ 30, 31 dGmbHG.[125] Maßgeblicher Zeitpunkt für die Beurteilung der Vereinbarkeit der Bestellung einer Sicherheit ist ausschließlich der Zeitpunkt, in dem die Sicherheit bestellt wird. In diesem Zusammenhang ist – vergleichbar der Situation des GF im Rahmen einer Darlehensvergabe (s §§ 30, 31 dGmbHG unter Rz 41) – wichtig, dass der GF verpflichtet ist, die **Vermögensverhältnisse des Gesellschafters zu beobachten** u auf eine sich nach der Sicherheitenbestellung andeutende Bonitätsverschlechterung mit der **Anforderung v Sicherheiten oder der Durchsetzung des Freistellungsanspruchs** zu reagieren.[126] Genügt der GF dieser Pflicht nicht, so kann dies zur Schadenersatzpflicht nach § 43 Abs 2 dGmbHG führen.[127] 60

In Ö gelten für die Sicherheitenbestellung die gleichen Maßstäbe wie für die Darlehensvergabe, sodass diese am Maßstab des § 82 ausschließlich dann zulässig ist, wenn sie zum einen betriebl veranlasst u zum anderen objektiv angemessen iSe wertmäßigen Ausgeglichenheit der Leistungsbeziehung ist (s § 82 Rz 87, 111 ff). Damit unterscheidet sich die rechtliche Situation substantiell v der rechtlichen Situation in Dtl, da die Sicherheitenbestellung zugunsten eines Gesellschafters in Dtl nur dann mit den §§ 30, 31 dGmbHG in Konflikt kommen kann, wenn diese entweder eine Unterbilanz herbeiführt oder während des Bestehens einer Unterbilanz erfolgt (s Rz 18 ff). Ist das zur Erhaltung des Stammkapitals erforderliche Vermögen durch die Sicherheitenbestellung betroffen, kommt es also darauf an, ob der Sicherheitenbestellung ein vollwertiger Freistellungsanspruch gegenübersteht u ob die Sicherheitenbestellung gegen eine angemessene Gegenleistung erfolgt, sprich ob diese einem Drittvergleich standhält (s Rz 13). 61

G. Übertragung eines Geschäftsbereichs

In der Übertragung eines Geschäftsbereichs – gemeint ist damit die Übertragung eines Geschäftsbereichs, der über einen fassbaren Wert verfügt – auf einen Gesellschafter (oder eine einem Gesellschafter gleichgestellte 62

---

125 BGH 21.3.2017, II ZR 93/16, NZG 2017, 658 Rz 24.
126 BGH 1.12.2008, II ZR 102/07, BGHZ 179, 71 Rz 14.
127 BGH 21.3.2017, II ZR 93/16, NZG 2017, 658 Rz 22; 1.12.2008, II ZR 102/07, BGHZ 179, 71 Rz 14; Begr Regierungsentwurf MoMiG, Bundestags-Drucksache 16/6140, 41.

Person, s Rz 16 f) ohne angemessene Gegenleistung – liegt nach allg Regeln kein Verstoß gegen § 30 dGmbHG, wenn bei der übertragenden dGmbH auch nach der Übertragung keine Unterbilanz besteht (s Rz 18 ff). Wird eine solche Übertragung dagegen während des Bestehens einer Unterbilanz vorgenommen, so liegt darin regelmäßig ein Verstoß gegen § 30 dGmbHG (s Rz 19), auch dann, wenn sich diese Übertragung bilanziell nicht auswirken sollte. Das gleiche gilt, wenn sich die Übertragung des Geschäftsbereichs in der Weise bilanziell auswirkt, dass dadurch eine Unterbilanz entsteht. Etwas anderes gilt – mangels Auszahlung (s Rz 13) – immer dann, wenn für die Übertragung ein angemessenes Entgelt bezahlt wird. Verursacht oder vertieft die Entnahme eines Geschäftsbereichs eine Insolvenz, so ist das Vorliegen eines existenzvernichtenden Eingriffs zu prüfen (s Rz 67 ff, insb Rz 74 u Rz 82 ff).

63 Der Untersch zur Rechtslage in Ö besteht darin, dass ein Verstoß gegen § 30 dGmbHG im ersten Schritt der Prüfung immer voraussetzt, dass das zur Erhaltung des Stammkapitals erforderliche Vermögen v der Entnahme des Geschäftsbereichs der dGmbH betroffen ist, dh dass diese Leistung entweder eine Unterbilanz herbeiführt oder während des Bestehens einer Unterbilanz erfolgt (s Rz 22). Ist das zu Erhaltung des Stammkapitals erforderliche Vermögen in der angesprochenen Weise v der Übertragung eines Geschäftsbereichs betroffen, so kommt es im zweiten Schritt der Prüfung darauf an, ob der Übertragung unter Anwendung eines Drittvergleichs eine angemessene Gegenleistung gegenübersteht (s Rz 13). Steht der Übertragung des Geschäftsbereichs eine angemessene Gegenleistung gegenüber, fehlt es an einer Auszahlung iSd § 30 Abs 1 S 1 dGmbHG. In Ö ist jede einem Dritt- oder Fremdvergleich nicht standhaltende Übertragung eines Geschäftsbereichs an einen Gesellschafter – unabhängig v ihren bilanziellen Auswirkungen – im Grundsatz unzulässig (vgl § 82 Rz 86 ff).

H. Verschmelzung einer Muttergesellschaft auf ihre Tochtergesellschaft (Downstream-Merger)

64 Ob eine Verschmelzung einer Muttergesellschaft auf ihre Tochtergesellschaft einen Verstoß gegen § 30 dGmbHG darstellen kann, ist in der dLit umstr.[128] Relevant wird dieser umwandlungsrechtliche Vorgang un-

---

128 Zum Streitstand: *Ekkenga* in Müko GmbHG⁴ § 30 Rz 199.

ter dem Aspekt v §§ 30, 31 dGmbHG dann, wenn aufgrund der Verschmelzung eine Unterbilanz bei der aufnehmenden dGmbH erzeugt oder vertieft wird. Zum gesicherten Bestand zählt dabei, dass im Grundsatz die Belastung einer dGmbH mit Verbindlichkeiten eine Auszahlung darstellen kann[129] (s auch Rz 12). Bislang v II. Zivilsenat des BGH offengelassen wurde allerdings die Frage, ob bei der Verschmelzung einer Muttergesellschaft auf ihre Tochtergesellschaft eine Auszahlung an den Gesellschafter vorliegt.[130]

Es geht dabei zB um die Konstellation, in der es sich bei der Muttergesellschaft um eine Zweckgesellschaft handelt, die Darlehen für den Erwerb der Geschäftsanteile an der Tochtergesellschaft aufgenommen u mit diesen Mitteln die Geschäftsanteile an der Tochtergesellschaft erworben hat. Wird nun diese Muttergesellschaft auf ihre Tochtergesellschaft verschmolzen („*Debt-push-down-Merger*") u wird dadurch die Entstehung oder Vertiefung einer Unterbilanz bei der Tochtergesellschaft bewirkt, so ließe sich gegen diesen Vorgang einwenden, dass der Erwerb der Anteile an der Tochtergesellschaft letztlich mit Mitteln aus ihrem gebundenen Vermögen finanziert wird.[131] Dem wird entgegengehalten, dass es an einem für die Anwendbarkeit des § 30 dGmbHG erforderlichen Vermögenstransfer an die Gesellschafter der Muttergesellschaft fehle.[132] Unseres Erachtens liegt ein Verstoß gegen § 30 dGmbHG vor, wenn durch die Verschmelzung eine Unterbilanz bei der aufnehmenden Tochtergesellschaft hervorgerufen oder vertieft wird. Keine Einwände bestehen – anders als nach **ö Recht**, in dem sich Einwände aus dem Verbot des Erwerbs eigener Anteile ergeben können (s § 81 Rz 78) – unter dem Aspekt des § 30 dGmbHG in der Konstellation, in der durch die Verschmelzung bei der aufnehmenden Tochtergesellschaft keine Unterbilanz herbeigeführt oder vertieft wird. Wichtig ist an dieser Stelle, dass in der vorliegenden Situation immer auch das Vorliegen der Voraussetzungen der Existenzvernichtungshaftung (s Rz 67 ff, insb Rz 86) zu prüfen ist.[133]

---

129 BGH 6.11.2018, II ZR 199/17, NZG 2019, 187 Rz 33.
130 Weitere Nachw zum Streitstand: BGH 6.11.2018, II ZR 199/17, NZG 2019, 187 Rz 34.
131 *Ekkenga* in Müko GmbHG[4] § 30 Rz 199 mwN.
132 *Heckschen/Enneking*, DB 2006, 1099.
133 BGH 6.11.2018, II ZR 199/17, NZG 2019, 187.

I. Virtuelle Beteiligung von Mitarbeitern

66 Unter dem Aspekt der § 30 dGmbHG bereitet die Beurteilung v an die Entwicklung des Unternehmenswertes anknüpfenden, mit wichtigen Mitarbeitern vereinbarten Prämienzahlungen einer dGmbH dann Schwierigkeiten, wenn solche Prämienzahlungen ausschließlich im Fall des Unternehmensverkaufes zu zahlen sind. Es geht dabei um die Frage, ob solche Zahlungen wie Auszahlungen an einen Gesellschafter (s Rz 16 f) zu behandeln sind, sodass diese Auszahlungen – führen sie zu einer Unterbilanz oder erfolgen sie während des Bestehens einer Unterbilanz bei der dGmbH – zu Erstattungsansprüchen der Gesellschaft gegen den Gesellschafter führen. Ansatzpunkt für die Anwendbarkeit des § 30 dGmbHG ist, dass der Wertzuwachs im Rahmen eines Unternehmensverkaufs – jedenfalls bei einem Verkauf v Geschäftsanteilen – dem Gesellschafter, dessen Geschäftsanteile verkauft werden, zugutekommt. Unseres Erachtens fallen solche an die Entwicklung des Unternehmenswertes anknüpfende Leistungen einer dGmbH an Mitarbeiter der dGmbH regelmäßig nicht unter § 30 dGmbHG, auch wenn das auslösende Moment ein Unternehmensverkauf ist. Hintergrund ist, dass solche Anreizprogramme auch der dGmbH dienen, da das Engagement für die GmbH, welches sich in der Steigerung des Unternehmenswertes zeigen soll, gefördert wird. Dient dagegen die Incentivierung ausschließlich oder nahezu ausschließlich der Förderung der Leistung des Mitarbeiters im Verkaufsprozess (zB beim Projektleiter für die Durchführung der *Due Diligence* auf Seiten der zur veräußernden Gesellschaft, der ausschließlich wegen dieser Funktion incentiviert ist), so kann ausnahmsweise auch eine andere Beurteilung der Situation angemessen sein (s auch Darstellung zur Einbeziehung Dritter unter Rz 16 f). Der incentivierte Mitarbeiter ist grundsätzlich nicht zur Rückzahlung verpflichtet.

IV. Exkurs: Existenzvernichtungshaftung

§ 826 BGB Sittenwidrige vorsätzliche Schädigung. Wer in einer gegen die guten Sitten verstoßenden Weise einem anderen vorsätzlich Schaden zufügt, ist dem anderen zum Ersatz des Schadens verpflichtet.

idF durch dBGBl 2002 I, S 42

A. Grundlagen der Existenzvernichtungshaftung

Durch § 30 dGmbHG wird ausschließlich das zur Deckung des Stammkapitals erforderliche Vermögen vor dem Zugriff durch die Gesellschafter der dGmbH (u Gesellschaftern gleichgestellte Personen, s Rz 16 f) geschützt. Die gesetzl Regelungen der §§ 30, 31 dGmbHG vermitteln damit – zumal im Vergleich mit der Rechtslage bei der ö GmbH, aber auch im Vergleich zur Rechtslage bei der dt AG – lediglich ein *„Basisschutzkonzept"*.[134] Vor diesem Hintergrund setzte sich Anfang der 2000er Jahre in Dtl das Verständnis durch, dass die *„als Fähigkeit der Gesellschaft zur Befriedigung ihrer gegenwärtigen u künftigen Gläubiger"*[135] zu verstehenden **Eigeninteressen der dGmbH** auch dann ggü ihren Gesellschaftern der dGmbH u ihren Zugriffen zu schützen sind, wenn Eingriffe des Gesellschafters in die so verstandenen Eigeninteressen der Gesellschaft nicht in den Anwendungsbereich der §§ 30, 31 dGmbHG fallen. Als Bsp für solche Eingriffe wurden die Entnahme wichtiger Produktionsmittel, der Entzug des Betätigungsfeldes der Gesellschaft oder auch die unbeschränkte Entnahme flüssiger Mittel, welche bei der dGmbH unmittelbar zur Zahlungsunfähigkeit führen,[136] genannt; die Auswirkungen dieser Maßnahmen werden bilanziell nicht oder jedenfalls nicht vollständig erfasst, obwohl diese Maßnahmen das Unternehmen in die Insolvenz treiben können.[137]

67

Der II. Zivilsenat des BGH hat auf dieser Grundlage die Existenzvernichtungshaftung als Haftung des Gesellschafters für missbräuchliche, zur Insolvenz der Gesellschaft führende oder diese vertiefende, kompensationslose Eingriffe in deren der **vorrangigen Befriedigung der Gesellschaftsgläubiger dienendes Gesellschaftsvermögen**[138] begründet u damit die beschriebene Schutzlücke geschlossen.[139] Ein die Haftung auslösender existenzvernichtender Eingriff liegt also mit anderen Worten dann vor, wenn gegen die *„Pflicht zur Respektierung der Zweckbindung des Gesellschaftsvermögens zur vorrangigen Befriedi-*

68

---

134 BGH 16.7.2007, II ZR 3/04 – *Trihotel*, NJW 2007, 2689 Rz 28.
135 *Röhricht*, FS 50 Jahre BGH, 83 (92); ähnlich *Fastrich* in Noack/Servatius/Haas, GmbHG[23] § 13 Rz 57 f.
136 *Röhricht*, FS 50 Jahre BGH, 83 (94).
137 *Röhricht*, FS 50 Jahre BGH, 83 (93).
138 BGH 16.7.2007, II ZR 3/04 – *Trihotel*, NJW 2007, 2689 Rz 16.
139 Beginnend mit BGH 17.9.2001, II ZR 178/99 – *Bremer Vulkan*, NJW 2001, 3622.

gung der Gesellschaftsgläubiger."[140] verstoßen wird. Den Gesellschaftern steht innerhalb[141] wie außerhalb der Liquidation nur der Zugriff auf den zur Erfüllung der Gesellschaftsverbindlichkeiten nicht benötigten Überschuss zu.[142]

69 Nach der Vorstellung des II. Zivilsenats des BGH soll die Existenzvernichtungshaftung **wie eine das gesetzl Kapitalerhaltungssystem ergänzende Entnahmesperre** wirken, indem sie eine sittenwidrige, weil insolvenzverursachende oder -vertiefende „Selbstbedienung" des Gesellschafters vor den Gläubigern der Gesellschaft durch die Anordnung der Schadenersatzpflicht in Bezug auf das beeinträchtigte Gesellschaftsvermögen ausgleicht.[143] Dementsprechend muss die Prüfung der Rechtmäßigkeit v Vermögenstransfers v der Gesellschaft an einen Gesellschafter in der Praxis immer zweistufig erfolgen: Es darf weder ein Verstoß gegen die §§ 30, 31 dGmbHG vorliegen noch dürfen die Voraussetzungen eines existenzvernichtenden Eingriffs gegeben sein.

70 Die Existenzvernichtungshaftung stellt eine besondere **Fallgruppe der deliktischen sittenwidrigen vorsätzlichen Schädigung**[144] dar.[145] Solche deliktischen Schadensersatzansprüche aus Existenzvernichtungshaftung stehen in Anspruchskonkurrenz zu etwaigen Ansprüchen aus §§ 30, 31 dGmbHG.[146] **Gläubigerin ist jew die dGmbH**[147]. Daneben ist es denkbar, dass ein existenzvernichtender Eingriff auch den strafrechtlichen Tatbestand der Untreue erfüllt.[148] In Ö besteht aufgrund des umfassenderen Verbots der Einlagenrückgewähr u der Haftung nach § 159

---

140 BGH 16.7.2007, II ZR 3/04 – *Trihotel*, NJW 2007, 2689 Rz 25.
141 BGH 9.2.2009, II ZR 292/07 – *Sanitary*, NJW 2009, 2127, ähnlich *Fastrich* in Noack/Servatius/Haas, GmbHG[23] § 13 Rz 63.
142 BGH 24.6.2002, II ZR 300/00 – *KBV*, BGHZ 151, 181 (186).
143 BGH 16.7.2007, II ZR 3/04 – *Trihotel*, NJW 2007, 2689 Rz 28.
144 Geregelt in § 826 BGB.
145 BGH 16.7.2007, II ZR 3/04 – *Trihotel*, NJW 2007, 2689.
146 BGH 16.7.2007, II ZR 3/04 – *Trihotel*, NJW 2007, 2689.
147 BGH 16.7.2007, II ZR 3/04 – *Trihotel*, NJW 2007, 2689; 9.2.2009, II ZR 292/07 – *Sanitary*, NJW 2009, 2127.
148 BGH 31.7.2009, 2 StR 95/09, NZG 2009, 1152: Werden Vermögenswerte v beherrschten Gesellschaften in einem solchen Ausmaß transferiert, dass die Erfüllung der eigenen Verbindlichkeiten der beherrschten Gesellschaften im Falle eines Verlusts der Gelder gefährdet wird, so verletzt der Vorstand der herrschenden Gesellschaft hierdurch seine Vermögensbetreuungspflicht, sofern nicht die Rückzahlung, etwa durch ausreichende Besicherung, gewährleistet ist; dazu auch *Servatius* in Noack/Servatius/Haas, GmbHG[23] § 30 Rz 11.

StGB (grob fahrlässige Beeinträchtigung v Gläubigerinteressen) iVm § 1311 ABGB ein substanziell geringeres Bedürfnis für die Etablierung einer Existenzvernichtungshaftung (vgl § 61 Rz 59).

B. Grundzüge der Existenzvernichtungshaftung

Nach der Rsp des II. Zivilsenats des BGH liegt ein zum Schadensersatz nach § 826 BGB verpflichtender existenzvernichtender Eingriff dann vor, wenn der dGmbH v ihren Gesellschaftern in **sittenwidriger Weise** (s Rz 73) das zur Tilgung ihrer Schulden erforderliche **Vermögen entzogen** (s Rz 72) u damit eine **Insolvenz verursacht oder vertieft wird** (s Rz 74). Dabei müssen die Gesellschafter mit zumindest **bedingtem Vorsatz** handeln (s Rz 75). Die Darlegungs- u Beweislast für das Bestehen des Anspruchs der dGmbH gegen den Gesellschafter trägt die dGmbH bzw deren Insolvenzverwalter.[149]

71

1. Entzug von Vermögenswerten als Eingriff

Der Haftungstatbestand des existenzvernichtenden Eingriffs setzt den gezielten, betriebsfremden Zwecken dienenden Entzug v Vermögenswerten voraus, welche die Gesellschaft zur Begleichung ihrer Verbindlichkeiten benötigt.[150] Dieses Tatbestandsmerkmal setzt nicht zwingend einen Abfluss v Vermögenswerten aus dem Gesellschaftsvermögen voraus, der Vermögensentzug kann vielmehr auch durch die Erhöhung der Verbindlichkeiten bewirkt werden.[151] Voraussetzung ist aber stets, dass es sich um eine **zielgerichtete u betriebsfremden Zwecken dienende Verkürzung der den Gesellschaftsgläubigern zur Verfügung stehenden Haftungsmasse** handelt.[152] Kein die Haftung wegen existenzvernichtenden Eingriffs auslösender Vermögensentzug liegt vor, wenn der **Entzug hinreichend kompensiert wird**.[153] Unternehmerische Fehl-

72

---

149 BGH 16.7.2007, II ZR 3/04 – *Trihotel*, NJW 2007, 2689 Rz 41; 23.4.2012, II ZR 252/10, NZG 2012, 667 Rz 13; 6.11.2018, II ZR 199/17, NZG 2019, 187 Rz 26.
150 BGH 13.12.2004, II ZR 256/02, 2005, NZG 2005, 214; 6.11.2018, II ZR 199/17, NZG 2019, 187 Rz 27 ff.
151 BGH 6.11.2018, II ZR 199/17, NZG 2019, 187 Rz 27 ff.
152 BGH 6.11.2018, II ZR 199/17, NZG 2019, 187 Rz 27.
153 *Fastrich* in Noack/Servatius/Haas, GmbHG[23] § 13 Rz 64. Eine angemessene Kompensation iSd Existenzvernichtungshaftung dürfte den vollständigen

leistungen – wie strategische E der GV, die in die Insolvenz geführt haben – werden damit aufgrund der Merkmale der Finalität u der Betriebsfremdheit des Vermögensentzugs v Anwendungsbereich des Haftungstatbestandes ausgenommen.[154]

2. Sittenwidrigkeit des Eingriffs

73 Die **Sittenwidrigkeit** des Vermögensentzugs lässt sich im Rahmen der Haftungsfigur des existenzvernichtenden Eingriffs aus der Missachtung des – ebenfalls den §§ 30, 31 dGmbHG zugrunde liegenden – Prinzips der Trennung des Gesellschaftsvermögens v Gesellschaftervermögen u der **strikten Bindung des Gesellschaftsvermögens zur (vorrangigen) Befriedigung der Gesellschaftsgläubiger** ableiten.[155] Eine derartige Sittenwidrigkeit liegt nicht nur vor in Fällen, in denen die Vermögensentziehung geschieht, um den Zugriff der Gläubiger auf dieses Vermögen zu verhindern, sondern ist auch dann anzunehmen, wenn die Beeinträchtigung der Fähigkeit zur Erfüllung der Verbindlichkeiten die voraussehbare Folge des Eingriffs ist u der Gesellschafter diese Folge in Erkenntnis ihres möglichen Eintritts billigend in Kauf genommen hat.[156] Liegt eine bloße Schädigung des zweckgebundenen Vermögens vor (wie zB in aller Regel bei unternehmerischen E, die sich im Nachhinein als Fehler herausgestellt haben), so fehlt es an einer Missachtung des Prinzips der Trennung des Gesellschaftsvermögens v Gesellschaftervermögen. Es handelt es sich dann nicht um einen Fall des existenzvernichtenden Eingriffs.[157]

Ausgleich des zur Tilgung der Schulden der Gesellschaft erforderlichen Vermögens erfordern, wenn u soweit dieses zunächst sittenwidrig entzogen worden ist.
154 BGH 6.11.2018, II ZR 199/17, NZG 2019, 187 Rz 30.
155 BGH 6.11.2018, II ZR 199/17, NZG 2019, 187 Rz 39.
156 BGH 21.2.2013, IX ZR 52/10, NZG 2013, 827 Rz 21; 16.7.2007, II ZR 3/04 – *Trihotel*, NJW 2007, 2689 Rz 30; *Fastrich* in Noack/Servatius/Haas, GmbHG[23] § 13 Rz 70.
157 BGH 6.11.2018, II ZR 199/17, NZG 2019, 187 Rz 39. In solchen Fällen ist allenfalls der allg Tatbestand des § 826 BGB in Betracht zu ziehen, dessen Voraussetzungen unabhängig v Vorliegen eines existenzvernichtenden Eingriffs erfüllt sein können.

3. Verursachung oder Vertiefung einer Insolvenz

Es ist erforderlich, dass durch den Eingriff eine **Insolvenz verursacht** oder **vertieft** wird. Dies ist nur folgerichtig, da nur solches Vermögen gegen Entzug geschützt wird, welches zur Tilgung der Schulden der Gesellschaft notwendig ist. Anders ausgedrückt: Führt der Entzug nicht zur Insolvenz oder vertieft diese, hat der Vermögensentzug gerade nicht dazu geführt, dass die Gesellschaft ihre Verbindlichkeiten nicht bedienen kann; es liegt kein existenzvernichtender Eingriff vor.[158] Die Ablehnung der Insolvenzeröffnung mangels Masse steht der Insolvenz gleich; der **Eingriff** muss dabei für die Insolvenz oder ihre Vertiefung zumindest **mitursächlich** sein.[159]

74

4. Bedingter Vorsatz

In subjektiver Hinsicht genügt bedingter Vorsatz. Ein solcher liegt vor, wenn dem handelnden Gesellschafter bewusst ist, dass das Gesellschaftsvermögen durch v ihm selbst oder mit seiner Zustimmung veranlasste Maßnahmen sittenwidrig geschädigt wird; dafür reicht es aus, dass ihm die **Tatsachen bewusst sind**, die den Eingriff sittenwidrig machen, während **ein Bewusstsein der Sittenwidrigkeit nicht erforderlich** ist.[160]

75

Vor diesem Hintergrund dürfte es an der Erfüllung des subjektiven Kriteriums häufig bei unternehmerischen, in die Insolvenz führenden **Fehlentscheidungen** u bei üblichen Finanzierungsformen (wie beim Betreiben eines Cash-Poolings oder einem Leveraged Buy-out) fehlen, auch wenn das Tatbestandsmerkmal der Herbeiführung oder Vertiefung der Insolvenz vorliegt. Voraussetzung dürfte aber jew sein, dass die Gesellschafter bei solchen unternehmerischen E über eine **Liquiditätsplanung** verfügen, aus der sich ergibt, dass die betr E nicht in die Insolvenz führen oder eine Insolvenz vertiefen.

76

---

158 BGH 9.2.2009, II ZR 292/07 – *Sanitary*, NJW 2009, 2127: Im Liquidationsstadium kann der Liquidationsgesellschaft darüber hinaus ein Anspruch aus § 826 BGB gegen den Gesellschafter schon dann zustehen, wenn dieser unter Verstoß gegen § 73 Abs 1 dGmbHG in sittenwidriger Weise das Gesellschaftsvermögen schädigt, ohne dass zugleich die speziellen „Zusatzkriterien" einer Insolvenzverursachung oder -vertiefung erfüllt sind (bestätigt durch BGH 23.4.2012, II ZR 252/10, NZG 2012, 667).
159 *Fastrich* in Noack/Servatius/Haas, GmbHG[23] § 13 Rz 69.
160 BGH 21.2.2013, IX ZR 52/10, NZG 2013, 827 Rz 21; 16.7.2007, II ZR 3/04 – *Trihotel*, NJW 2007, 2689 Rz 30; *Fastrich* in Noack/Servatius/Haas, GmbHG[23] § 13 Rz 70.

5. Ausfallhaftung – Schuldner des Anspruchs

77 Die Ausfallhaftung unter dem Gesichtspunkt des existenzvernichtenden Eingriffs trifft auch diejenigen Mitgesellschafter, die, ohne selbst etwas empfangen zu haben, durch ihr Einverständnis mit dem Vermögensabzug an der Existenzvernichtung der Gesellschaft mitgewirkt haben.[161]

6. Strafrechtliche Sanktionen bei einem existenzvernichtenden Eingriff

78 Das zivilrechtliche Instrument des existenzvernichtenden Eingriffs wird flankiert durch bereits seit längerem anerkannte strafrechtliche Sanktionen, vermittelt durch die **Vermögensbetreuungspflicht** des Untreuetatbestandes.[162] Dementsprechend stützte der II. Zivilsenat des BGH seine E über die Haftung der Vorstandsmitglieder in der E „*Bremer Vulkan*" auch auf § 823 Abs 2 BGB iVm § 266 dStGB.[163] Diese Beurteilung wiederum wurde bestätigt durch die entspr E des zuständigen Strafsenats: „*In einem Konzern verletzen die Vorstandsmitglieder der beherrschenden Aktiengesellschaft jedenfalls dann ihre Vermögensbetreuungspflicht gegenüber einer abhängigen GmbH, wenn deren Vermögenswerte in einem solchen Umfang ungesichert im Konzern angelegt werden, dass im Fall ihres Verlustes die Erfüllung von Verbindlichkeiten der Tochtergesellschaft oder deren Existenz gefährdet wäre.*"[164]

79 Zu beachten ist allerdings, dass sich die **strafrechtlichen Regeln** insoweit v den gesellschaftsrechtlichen unterscheiden, als die Verwirklichung des Tatbestandes im Strafrecht lediglich eine **Existenzgefährdung** u keine Existenzvernichtung voraussetzt.[165] Die strafrechtliche Verantwortlichkeit geht also über die zivilrechtliche Haftung hinaus. Die strafrechtliche Rsp des BGH geht davon aus, dass den aktiven Alleingesellschafter (neben dem GF) eine eigene Vermögensbetreuungspflicht trifft u dieser daher Täter der Untreue sein kann.[166]

---

161 BGH 25.2.2002, II ZR 196/00, NJW 2002, 1803.
162 BGH 24.8.1988, 3 StR 232/88, BGHSt 35, 333.
163 BGH 19.9.2001, II ZR 178/99, BGHZ 149, 10 (17 ff).
164 BGH 31.7.2009, 2 StR 95/09, NZG 2009, 1152; 13.5.2004, 5 StR 73/03, NZG 2004, 717.
165 BGH 13.5.2004, 5 StR 73/03, NZG 2004, 717 (721).
166 BGH 13.5.2004, 5 StR 73/03, NZG 2004, 717 (721).

C. Fallgruppen

Naturgemäß bereitet die Anwendung der v II. Zivilsenat des BGH geprägten Formel Schwierigkeiten. Es gilt dabei zw der legitimen Wahrnehmung der Dispositionsfreiheit der Gesellschafter[167] oder auch den aus unternehmerischem Handeln resultierenden Risiken[168] (auch Managementfehlern[169]) auf der einen Seite u einem *„gezielten, betriebsfremden Zwecken dienenden Eingriff des Gesellschafters in das Gesellschaftsvermögen"*[170] auf der anderen Seite zu unterscheiden. Von der Rsp wurden bislang die folgenden Fallgruppen behandelt:[171]

80

1. Darlehen und Cash-Management

In der E *„Bremer Vulkan"*[172] führte – vereinfacht dargestellt – eine dGmbH (im Rahmen eines *Cash-Poolings*) nicht benötigte liquide Mittel an die Alleingesellschafterin ab; mangels eigener Liquidität der Alleingesellschafterin konnte jedoch keine Rückzahlung der liquiden Mittel erfolgen, als die dGmbH sie benötigte. Die dGmbH fiel in die Insolvenz. Dementsprechend lagen in dieser Konstellation die Tatbestandsvoraussetzungen des existenzvernichtenden Eingriffs vor. Im Rahmen der Darlehensvergabe muss also darauf geachtet werden, dass der ausgereichte Darlehensbetrag aufgrund einer nachvollziehbaren Prognose der dGmbH, regelmäßig durch eine **Liquiditätsplanung**, dann wieder zur Verfügung steht, wenn sie diese selbst benötigt (dazu auch Rz 36 ff).

81

2. Einstellung der Investitionen einer dGmbH

Kein existenzvernichtender Eingriff liegt vor, wenn eine dGmbH keine Investitionen – unabhängig davon, ob diese der Verbesserung oder der Wiederherstellung der Ertragskraft dienen – tätigt[173] u die dGmbH deshalb in die Insolvenz fällt.

82

---

167 *Fastrich* in Noack/Servatius/Haas, GmbHG[23] § 13 Rz 61 mwN.
168 *Fastrich* in Noack/Servatius/Haas, GmbHG[23] § 13 Rz 62 mwN.
169 *Fastrich* in Noack/Servatius/Haas, GmbHG[23] § 13 Rz 67 mwN.
170 BGH 13.12.2004, II ZR 256/02, BB 2005, 286.
171 Übersicht zB bei *Fastrich* in Noack/Servatius/Haas, GmbHG[23] § 13 Rz 72 mwN.
172 BGH 17.9.2001, II ZR 178/99 – *Bremer Vulkan*, NJW 2001, 3622.
173 BGH 13.12.2004, II ZR 206/02 – *BMW-Vertragshändler*, NZG 2005, 177 (178).

3. Kalte Liquidation und Verlagerung von Geschäftschancen

83 Im Fall *„BMW-Vertragshändler"* übertrug eine dGmbH an eine nahe stehende Gesellschaft zu wesentlichen Teilen ihren Warenbestand; die Mitarbeiter der den Warenbestand übertragenen dGmbH wurden für die erwerbende Gesellschaft tätig. Darüber hinaus stellte die übertragende dGmbH der verbundenen Gesellschaft ihre Kundendatei zur Verfügung. Ein Antrag auf Eröffnung des Insolvenzverfahrens der übertragenden dGmbH wurde mangels Masse zurückgewiesen. Entscheidend war in dieser Konstellation, ob eine **angemessene Kompensation** (s Rz 72) für die Übernahme des wesentlichen Warenbestandes, der Mitarbeiter u – vermittelt durch die Kundendatei – der Geschäftschancen vorlag (dazu auch Rz 62 f). Falls dies nicht der Fall ist, liegt das Vorliegen eines existenzvernichtenden Eingriffs nahe.

4. Nichtwahrnehmung einer Geschäftschance

84 Allein die Kündigung eines Vertragshändlervertrages durch einen BMW-Vertragshändler stellt für sich genommen keinen existenzvernichtenden Eingriff dar,[174] auch wenn dies zur Insolvenz der dGmbH führt. Nimmt die dGmbH nämlich eine Geschäftschance nicht wahr, wie zB wenn sie einen bestehenden, für die Geschäftstätigkeit der dGmbH zentralen Vertrag kündigt, so liegt darin – jedenfalls wenn u soweit keine weiteren Umstände dazukommen – kein Eingriff iSd Existenzvernichtungshaftung. Nach der Rsp des II. Zivilsenats des BGH steht es der dGmbH auch frei, *„den Geschäftsbetrieb einzustellen oder eine sich … bietende Geschäftschance nicht zu ergreifen."*[175] An dieser Stelle muss aber unterschieden werden zw der **Nichtwahrnehmung einer Geschäftschance** auf der einen Seite u einer nicht adäquat kompensierten Verlagerung einer Geschäftschance, zB im Rahmen einer sog kalten Liquidation, auf der anderen Seite (s unter Rz 83).

5. Materielle Unterkapitalisierung – Aschenputtelgesellschaft

85 Der II. Zivilsenat des BGH hat in einer Konstellation, in der eine sog Beschäftigungs- u Qualifizierungsgesellschaft, auf die v einer sanie-

---

174 BGH 13.12.2004, II ZR 206/02 – *BMW-Vertragshändler*, NZG 2005, 177 (178).
175 BGH 13.12.2004, II ZR 206/02 – *BMW-Vertragshändler*, NZG 2005, 177 (178).

rungsbedürftigen dGmbH im Rahmen dreiseitiger Verträge Arbeitsverträge übertragen worden waren, auf (später ausbleibende) Zahlungen der sanierungsbedürftigen dGmbH zur Bedienung der Forderungen der AN angewiesen war, keinen Fall der Haftung wegen Existenzvernichtung gesehen (auch als die Zahlungen des sanierungsbedürftigen Unternehmens ausblieben).[176] Der II. Zivilsenat des BGH begründet diese E ausdrücklich damit, dass die Begr einer Fallgruppe der **Unterkapitalisierung** *„zweifellos systemwidrig"*[177] wäre. Die Systemwidrigkeit sei darin begründet, dass es bei den unter dem Stichwort „materielle Unterkapitalisierung" oder „Aschenputtelgesellschaft" diskutierten Konstellationen regelmäßig nicht um einem Eingriff in den zweckgebundenen Haftungsfonds iSe Verstoßes gegen die Pflicht zur Respektierung der Zweckbindung dieses Vermögens zur vorrangigen Befriedigung der Gesellschaftsgläubiger während der Lebensdauer der GmbH[178] gehe.

6. Verschmelzung einer insolvenzreifen GmbH

Ein existenzvernichtender Eingriff kann vorliegen, wenn die Verschmelzung einer insolvenzreifen übertragenden dGmbH als Gestaltungsmittel für deren liquidationslose Abwicklung eingesetzt u hierdurch die Insolvenz des übernehmenden Rechtsträgers herbeigeführt oder vertieft wird.[179] Führt die verschmelzungsbedingte Vereinigung der Vermögensmassen zur Insolvenz des übernehmenden Rechtsträgers, ist die **Verschmelzung eine Umgehung des v G vorgesehen Liquidationsverfahrens**. Es wird das Prinzip der Vermögenstrennung beim übernehmenden Rechtsträger verletzt, wenn dessen Gesellschafter ihr Interesse an der liquidationslosen Abwicklung der übertragenden dGmbH zulasten des zweckgebundenen Vermögens des übernehmenden Rechtsträgers durchsetzen[180] (s auch Rz 64 f).

86

---

176 BGH 28.4.2008, II ZR 264/06 – *GAMMA*, NJW 2008, 2437.
177 BGH 28.4.2008, II ZR 264/06 – *GAMMA*, NJW 2008, 2437 Rz 13.
178 BGH 28.4.2008, II ZR 264/06 – *GAMMA*, NJW 2008, 2437 Rz 12 f.
179 BGH 6.11.2018, II ZR 199/17, NZG 2019, 187.
180 BGH 6.11.2018, II ZR 199/17, NZG 2019, 187 Rz 44.

§ 33 dGmbHG Erwerb eigener Geschäftsanteile

(1) Die Gesellschaft kann eigene Geschäftsanteile, auf welche die Einlagen noch nicht vollständig geleistet sind, nicht erwerben oder als Pfand nehmen.

(2) ¹Eigene Geschäftsanteile, auf welche die Einlage vollständig geleistet ist, darf sie nur erwerben, sofern sie im Zeitpunkt des Erwerbs eine Rücklage in Höhe der Aufwendungen für den Erwerb bilden könnte, ohne das Stammkapital oder eine nach dem Gesellschaftsvertrag zu bildende Rücklage zu mindern, die nicht zur Zahlung an die Gesellschafter verwandt werden darf. ²Als Pfand nehmen darf sie solche Geschäftsanteile nur, soweit der Gesamtbetrag der durch Inpfandnahme eigener Geschäftsanteile gesicherten Forderungen oder, wenn der Wert der als Pfand genommenen Geschäftsanteile niedriger ist, dieser Betrag nicht höher ist als das über das Stammkapital hinaus vorhandene Vermögen. ³Ein Verstoß gegen die Sätze 1 und 2 macht den Erwerb oder die Inpfandnahme der Geschäftsanteile nicht unwirksam; jedoch ist das schuldrechtliche Geschäft über einen verbotswidrigen Erwerb oder eine verbotswidrige Inpfandnahme nichtig.

(3) Der Erwerb eigener Geschäftsanteile ist ferner zulässig zur Abfindung von Gesellschaftern nach § 29 Abs. 1, nach § 125 Satz 1 in Verbindung mit § 29 Abs. 1, nach § 207 Abs. 1, nach § 313 Abs. 1, nach § 327 in Verbindung mit § 313 Abs. 1 und nach § 340 Abs. 1 des Umwandlungsgesetzes, sofern der Erwerb binnen sechs Monaten nach dem Wirksamwerden der Umwandlung oder nach der Rechtskraft der gerichtlichen Entscheidung erfolgt und die Gesellschaft im Zeitpunkt des Erwerbs eine Rücklage in Höhe der Aufwendungen für den Erwerb bilden könnte, ohne das Stammkapital oder eine nach dem Gesellschaftsvertrag zu bildende Rücklage zu mindern, die nicht zur Zahlung an die Gesellschafter verwandt werden darf.

idF dBGBl 2023 I Nr 51, S 29

Literatur: *Fleischer* in Henssler/Strohn (Hg), Gesellschaftsrecht⁵ (2021).

Inhaltsübersicht

I. Grundsätzliches – Erwerb und Inpfandnahme eigener Geschäftsanteile	1–3
II. § 33 Abs 1 dGmbHG: Vollständige Einzahlung als Grundvoraussetzung für die Zulässigkeit des Erwerbs und der Inpfandnahme eigener Geschäftsanteile	4–6

A. Maßgeblicher Zeitpunkt für die Beurteilung der vollständigen Einzahlung der Einlage 5
B. Rechtsfolgen eines Verstoßes 6
III. § 33 Abs 2 dGmbHG: Möglichkeit der Bildung einer Rücklage für den Erwerb eigener Geschäftsanteile 7–11
A. Maßgeblicher Zeitpunkt für die Beurteilung der Zulässigkeit 8, 9
B. Rechtsfolgen eines Verstoßes 10, 11
IV. Analoge Anwendung des § 33 dGmbHG 12–17
A. Analoge Anwendung des § 33 Abs 1 dGmbHG auf Unternehmensverbindungen 13, 14
B. Analoge Anwendung des § 33 Abs 2 dGmbHG auf Unternehmensverbindungen 15, 16
C. Analoge Anwendung des § 33 Abs 2 dGmbHG auf Treuhandkonstellationen 17
V. Sonderregelung für Umwandlungsfälle 18

I. Grundsätzliches – Erwerb und Inpfandnahme eigener Geschäftsanteile

Der Erwerb eigener Geschäftsanteile durch eine dGmbH ist in Dtl – anders als bei der GmbH in Ö (s § 81, s aber nun § 15 FlexKapGG) – im Grundsatz zulässig; es müssen allerdings bestimmte – sich im Kern an die dt Regelungen zur **Kapitalaufbringung** (Abs 1) u zur **Kapitalerhaltung** (Abs 2) anlehnende Anforderungen beachtet werden. Absatz 1 verbietet den Erwerb u die Inpfandnahme eigener Anteile, auf welche die **Einlage nicht vollständig erbracht** ist (dazu Rz 4 ff). Absatz 2 lässt den Erwerb u die Inpfandnahme eigener Anteile nur zu, soweit dafür ohne Beeinträchtigung des Stammkapitals (oder Minderung gesv zu bildender Rücklagen in Höhe der Aufwendungen) eine Rücklage gebildet werden könnte, dh wenn dadurch das zur Erhaltung des Stammkapitals erforderliche Vermögen nicht angetastet wird (dazu Rz 7 ff).[1] In Abs 3 werden Erleichterungen v dieser Vorschrift für bestimmte Konstellationen des Umwandlungsrechts vorgesehen. Die Vorschrift des § 33 dGmbHG ist zwingend, Erschwerungen des Erwerbs eigener Anteile sind zulässig.[2]

1

---

[1] *Kersting* in Noack/Servatius/Haas, GmbHG[23] § 33 Rz 1.
[2] OLG Rostock 30.1.2013, 1 U 75/11, NZG 2013, 543; *Kersting* in Noack/Servatius/Haas, GmbHG[23] § 33 Rz 1; *Fleischer* in Henssler/Strohn, GesR[5] § 33 GmbHG, Rz 1.

Neben den Anforderungen des § 33 dGmbHG ist im Rahmen des Erwerbs eigener Geschäftsanteile immer auch die Beachtung der §§ 30, 31 dGmbHG zu prüfen (s §§ 30, 31 dGmbHG, Rz 51).[3]

2 Das den Anwendungsbereich des § 33 dGmbHG eröffnende **Tatbestandsmerkmal des Erwerbs eigener Geschäftsanteile** umfasst jede Art des Erwerbs unabhängig v seinem Rechtsgrund, also zB den Erwerb aufgrund Kaufvertrages, den unentgeltlichen Erwerb, den Erwerb v Todes wegen, den Erwerb durch Zuschlag im Rahmen einer Zwangsvollstreckung, auch den Erwerb für fremde Rechnung als Treuhänder. Nicht umfasst sind lediglich die speziell in § 21 Abs 2 dGmbHG u § 27 Abs 3 dGmbHG iZm einer Kaduzierung geregelten Konstellationen.[4] Die Inpfandnahme eigener Anteile ist dem Erwerb gleichgestellt, um Umgehungen zu verhindern.[5]

3 Der rechtsgeschäftliche Erwerb eigener Geschäftsanteile wird für die dGmbH bewirkt durch den GF der GmbH.[6] Der GF ist zur Durchführung eines solchen Erwerbs berechtigt, wenn ein – mangels anderer gesv vorgesehener Mehrheit – mit einfacher Mehrheit zu fassender Gesellschafterbeschluss vorliegt.[7] Ist ein Geschäftsanteil wirksam durch die dGmbH erworben, so ruhen die Rechte u Pflichten aus dem erworbenen Geschäftsanteil.[8] Weder bei der Ermittlung der **Stimmenmehrheit**[9] noch bei der **Gewinnverteilung**[10] werden die eigenen Geschäftsanteile berücksichtigt. Erwirbt die dGmbH sämtliche Anteile an der dGmbH

---

3 *Kersting* in Noack/Servatius/Haas, GmbHG[23] § 33 Rz 14; *Roßkopf/Notz* in MüKo GmbHG[4] § 33 Rz 29; *Fleischer* in Henssler/Strohn, GesR[5] § 33 GmbHG, Rz 8.

4 *Kersting* in Noack/Servatius/Haas, GmbHG[23] § 33 Rz 3; *Roßkopf/Notz* in MüKo GmbHG[4] § 33 Rz 63; *Fleischer* in Henssler/Strohn, GesR[5] § 33 GmbHG, Rz 8.

5 *Kersting* in Noack/Servatius/Haas, GmbHG[23] § 33 Rz 5; *Fleischer* in Henssler/Strohn, GesR[5] § 33 GmbHG, Rz 8, jew auch zur Frage, ob Pfandrechtserwerb kraft G v der Regelung umfasst ist.

6 *Kersting* in Noack/Servatius/Haas, GmbHG[23] § 33 Rz 12a; *Fleischer* in Henssler/Strohn, GesR[5] § 33 GmbHG, Rz 21.

7 *Kersting* in Noack/Servatius/Haas, GmbHG[23] § 33 Rz 12a; *Fleischer* in Henssler/Strohn, GesR[5] § 33 GmbHG, Rz 21.

8 *Kersting* in Noack/Servatius/Haas, GmbHG[23] § 33 Rz 23 ff; *Fleischer* in Henssler/Strohn, GesR[5] § 33 GmbHG, Rz 12.

9 *Kersting* in Noack/Servatius/Haas, GmbHG[23] § 33 Rz 24; *Fleischer* in Henssler/Strohn, GesR[5] § 33 GmbHG, Rz 11.

10 *Kersting* in Noack/Servatius/Haas, GmbHG[23] § 33 Rz 25; *Fleischer* in Henssler/Strohn, GesR[5] § 33 GmbHG, Rz 11.

als eigene Geschäftsanteile, so führt dies nach dhM zur Auflösung der Gesellschaft (sog „**Keinmanngesellschaft**").[11]

II. § 33 Abs 1 dGmbHG: Vollständige Einzahlung als Grundvoraussetzung für die Zulässigkeit des Erwerbs und der Inpfandnahme eigener Geschäftsanteile

Voraussetzung für den Erwerb eigener Geschäftsanteile ist, dass die darauf zu entrichtenden Einlagen vollständig (dh ohne Nebenleistungen[12] iSd § 3 Abs 2 dGmbHG) geleistet sind.[13] Für die Beurteilung der vollständigen Erbringung der betr Einlageverpflichtung kommt es ausschließlich auf die **tatsächliche Sachlage** – ohne Berücksichtigung subjektiver Voraussetzungen – an.[14] Ohne die Regelung des Abs 1 drohte die Situation, dass die dGmbH hinsichtlich der Einlageleistung sowohl Gläubigerin als auch – aufgrund des § 16 Abs 2 dGmbHG (Haftung des Erwerbers für die Erbringung der Einlage) – Schuldnerin der nicht einbezahlten Einlage würde.[15] Damit wäre die **Kapitalaufbringung** gefährdet.[16] Mit Abs 1 nicht vereinbar ist daher auch die Verrechnung einer offenen (v Gesellschafter der dGmbH geschuldeten) Einlageschuld mit der v der dGmbH an den Gesellschafter im Rahmen des Erwerbs eigener Geschäftsanteile zu zahlenden Kaufpreisforderung.[17]

4

---

11 *Kersting* in Noack/Servatius/Haas, GmbHG[23] § 33 Rz 19; *Fleischer* in Henssler/Strohn, GesR[5] § 33 GmbHG, Rz 24.
12 *Kersting* in Noack/Servatius/Haas, GmbHG[23] § 33 Rz 2; *Fleischer* in Henssler/Strohn, GesR[5] § 33 GmbHG, Rz 12.
13 Zur Rechtslage bei der ö AG: § 65 AktG.
14 *Kersting* in Noack/Servatius/Haas, GmbHG[23] § 33 Rz 2.
15 BGH 9.12.1954, II ZB 15/54, NJW 1955, 222; *Kersting* in Noack/Servatius/ Haas, GmbHG[23] § 33 Rz 3.
16 BGH 9.12.1954, II ZB 15/54, NJW 1955, 222.
17 *Kersting* in Noack/Servatius/Haas, GmbHG[23] § 33 Rz 7; *Fleischer* in Henssler/Strohn, GesR[5] § 33 GmbHG, Rz 6.

A. Maßgeblicher Zeitpunkt für die Beurteilung der vollständigen Einzahlung der Einlage

5 Für die Beurteilung der Frage, ob die Einlage gem Abs 1 vollständig geleistet worden ist, liegt der maßgebliche Zeitpunkt bereits im **Zeitpunkt des Abschlusses des schuldrechtlichen, zum Erwerb eigener Anteile verpflichtenden Vertrages** (nicht erst bei dinglichem Übergang der Geschäftsanteile auf die dGmbH).[18] Um das Vorliegen dieser Voraussetzung sicherzustellen, ist es ausreichend, wenn der (schuldrechtliche) Vertrag über den Erwerb eigener Geschäftsanteile unter der aufschiebenden Bedingung der vollständigen Einzahlung der Einlage geschlossen u mit der Erfüllung der Einlagepflicht wirksam wird.[19] Genauso kann ein – wegen fehlender Volleinzahlung (Verstoß gegen Abs 1) – zunächst nichtiger schuldrechtlicher Vertrag über den Erwerb eigener Geschäftsanteile aufgrund der Bestätigung des nichtigen Geschäfts durch den Abschluss des dinglichen Übertragungsvertrages mit der Folge der wirksamen Neuvornahme wirksam werden, vorausgesetzt die Volleinzahlung ist zwischenzeitlich (also vor Übertragung des betr Geschäftsanteils) erfolgt.[20]

B. Rechtsfolgen eines Verstoßes

6 Wurde die Einlage noch nicht vollständig geleistet, so ist sowohl die dem Erwerb zugrundeliegende schuldrechtliche Vereinbarung als auch die dingliche Übertragung **nichtig**.[21] Dementsprechend macht sich – nach allg Regeln der GF-Haftung – der GF, der trotz Nichtigkeit des Kaufvertrages den Kaufpreis bezahlt u damit das nichtige Geschäft „erfüllt", schadenersatzpflichtig.[22]

---

18 *Kersting* in Noack/Servatius/Haas GmbHG[23] § 33 Rz 2; *Roßkopf/Notz* in MüKo GmbHG[4] § 33 Rz 57.
19 *Kersting* in Noack/Servatius/Haas, GmbHG[23] § 33 Rz 6; *Roßkopf/Notz* in MüKo GmbHG[4] § 33 Rz 58.
20 *Kersting* in Noack/Servatius/Haas, GmbHG[23] § 33 Rz 2; *Roßkopf/Notz* in MüKo GmbHG[4] § 33 Rz 57.
21 BGH 9.12.1954, II ZB 15/54, NJW 1955, 222; *Kersting* in Noack/Servatius/Haas, GmbHG[23] § 33 Rz 6.
22 *Kersting* in Noack/Servatius/Haas, GmbHG[23] § 33 Rz 6; *Fleischer* in Henssler/Strohn, GesR[5] § 33 GmbHG, Rz 12.

III. § 33 Abs 2 dGmbHG: Möglichkeit der Bildung einer Rücklage für den Erwerb eigener Geschäftsanteile

Zur Sicherung der Kapitalerhaltung ist es gem § 33 Abs 2 S 1 dGmbHG für die Wirksamkeit des auf den Erwerb des Geschäftsanteils durch die dGmbH gerichteten Vertrages erforderlich, dass die dGmbH im Zeitpunkt des Erwerbs der eigenen Geschäftsanteile eine Rücklage in Höhe der Aufwendungen für den Erwerb, die sog „fiktive Rücklage"[23], bilden könnte, ohne dass das zur Erhaltung des Stammkapitals erforderliche Vermögen oder eine nach dem GesV zu bildende Rücklage gemindert werden würde.[24] Diese Voraussetzung ist als Ergänzung der Regelungen der §§ 30, 31 dGmbHG zu verstehen.[25] Maßgeblich für die Beurteilung der Frage, ob eine solche fiktive Rücklage gebildet werden könnte, ist – wie bei §§ 30, 31 dGmbHG – die bilanzielle Betrachtung, also insb handelsbilanzielle Wertansätze.[26] Rechtsfolge eines Verstoßes gegen die Anforderungen des § 33 Abs 2 S 1 dGmbHG ist die Nichtigkeit des schuldrechtlichen Geschäfts über den verbotswidrigen Erwerb, nicht auch die Nichtigkeit des dinglichen Erfüllungsgeschäfts (s Rz 10 f).

7

A. Maßgeblicher Zeitpunkt für die Beurteilung der Zulässigkeit

Etwas Schwierigkeiten bereitet die Beantwortung der Frage, welcher Zeitpunkt für die Beurteilung, ob die fiktive Rücklage gem § 33 Abs 2 S 1 dGmbHG gebildet werden könnte, zugrunde zu legen ist. Der II. Zivilsenat des BGH hat unter Hinweis auf seine Rsp zum maßgeblichen Zeitpunkt im Rahmen der Beurteilung der Zulässigkeit einer Leistung am Maßstab des § 30 dGmbHG (s §§ 30, 31 dGmbHG, Rz 18) entschieden, dass die fiktive Rücklage jedenfalls im Zeitpunkt der Zahlung des Kaufpreises für den Erwerb eigener Geschäftsanteile gebildet werden

8

---

23 OLG Rostock 30.1.2013, 1 U 75/11, NZG 2013 543; *Kersting* in Noack/Servatius/Haas, GmbHG[23] § 33 Rz 9 f.
24 Zur Rechtslage in Ö u zur Diskussion über die Zulässigkeit des Erwerbs eigener Anteile aus freien Mitteln der GmbH s § 81 Rz 33.
25 BGH 29.6.1998, II ZR 353/97, NJW 1998, 3121. Zur Behandlung des Erwerbs eigener Anteile nach § 30 dGmbHG s §§ 30, 31 dGmbHG, Rz 51.
26 *Kersting* in Noack/Servatius/Haas, GmbHG[23] § 33 Rz 10; *Fleischer* in Henssler/Strohn, GesR[5] § 33 GmbHG, Rz 14.

können muss.[27] Der II. Zivilsenat hat in dieser E allerdings ausdrücklich offengelassen, ob es darüber hinaus auch auf den Zeitpunkt des Abschlusses des zur Übertragung der eigenen Geschäftsanteile verpflichtenden schuldrechtlichen Geschäftes ankomme.[28] Das OLG Rostock kommt dagegen in einer E aus dem Jahr 2013 zu dem Ergebnis, dass der Zeitpunkt des Abschlusses des schuldrechtlichen Geschäfts entscheidend sei[29] u begründet dies ua damit, dass die Anordnung der Nichtigkeit des schuldrechtlichen Geschäfts nur dann Sinn ergebe, wenn es auf die wirtschaftliche Situation der Gesellschaft im Zeitpunkt des Abschlusses des schuldrechtlichen Vertrags ankomme.[30] Die Gegenmeinung lässt die Möglichkeit der Bildung einer fiktiven Rücklage zum Zeitpunkt ihrer Zahlung ausreichen u begründet dies mit den für die Kapitalerhaltung im Rahmen des § 30 dGmbHG geltenden Grundsätzen.[31]

9   Unseres Erachtens ist es ausreichend, wenn die fiktive Rücklage zum Zeitpunkt der Zahlung der dGmbH gebildet werden kann. Der A des OLG Rostock ist zwar zuzugeben, dass es zunächst nicht einleuchtet, wenn die Wirksamkeit des regelmäßig zeitlich früheren Rechtsgeschäfts – des Verpflichtungsgeschäfts – v der Erfüllung bestimmter Voraussetzungen zum Zeitpunkt eines zeitlich späteren Rechtsgeschäfts (des Erfüllungsgeschäfts) abhängen soll. In der Praxis kann diese Problematik – ähnlich wie schon im Rahmen des Abs 1 dargestellt (s dazu Rz 5) – jedoch so gelöst werden, dass der schuldrechtliche Vertrag erst u nur dann wirksam wird, wenn die Voraussetzungen des Abs 1 (Volleinzahlung) u des Abs 2 (Möglichkeit der Bildung einer fiktiven Rücklage zum Zeitpunkt des Erfüllungsgeschäfts) vorliegen. Ist eine solche Vereinbarung nicht getroffen worden, so besteht die Möglichkeit, in der Vornahme der dinglichen Übertragung die Neuvornahme des (nichtigen) schuldrechtlichen Geschäfts zu sehen (s Rz 5). Im Hinblick auf die danach verbleibenden wenigen streitigen Fälle, in denen erst zum Zeitpunkt der Zahlung die fiktive Rücklage gebildet wer-

---

27 BGH 29.6.1998, II ZR 353/97, NJW 1998, 3121.
28 BGH 29.6.1998, II ZR 353/97, NJW 1998, 3121; daneben auch BGH 15.11.1993, II ZR 32/93: „*Da § 33 Abs 2 GmbHG eine Kapitalerhaltungsvorschrift ist, wird auf den Zeitpunkt abzustellen sein, zu dem die Gesellschaft die Gegenleistung erbringen muß.*"
29 OLG Rostock 30.1.2013, 1 U 75/11, NZG 2013 543, 545.
30 OLG Rostock 30.1.2013, 1 U 75/11, NZG 2013 543 (545); ähnlich *Kersting* in Noack/Servatius/Haas, GmbHG[23] § 33 Rz 11a mwN.
31 *Roßkopf/Notz* in MüKo GmbHG[4] § 33 Rz 95 ff mwN; *Fleischer* in Henssler/Strohn, GesR[5] § 33 GmbHG, Rz 15.

den könnte (zum Zeitpunkt der zugrunde liegenden schuldrechtlichen Vereinbarung jedoch noch nicht), sind uE so zu beurteilen, dass das Vorliegen der fiktiven Rücklage zum Zeitpunkt der Zahlung ausreicht. Hintergrund unserer Einschätzung ist, dass auf diese Weise das klare Kapitalschutzkonzept des § 30 dGmbHG – hinuntergebrochen auf die Situation des Erwerbs eigener Anteile – kohärent zur Geltung gebracht werden kann.

B. Rechtsfolgen eines Verstoßes

Ein gegen § 33 Abs 2 dGmbHG verstoßender schuldrechtlicher Vertrag ist gem § 33 Abs 2 S 3 dGmbHG unwirksam; die ohne Rechtsgrund erfolgten Verfügungen sind wirksam. Dementsprechend sind die aufgrund des schuldrechtlichen Vertrages gewährten Leistungen zurückzugewähren.[32] Regelmäßig dürfte neben dem Anspruch aus Bereicherungsrecht ein Anspruch gem §§ 30, 31 dGmbHG bestehen.[33] Damit geht die in § 33 Abs 2 S 3 dGmbHG angeordnete Rechtsfolge (Nichtigkeit des schuldrechtlichen Geschäfts) einerseits über die Rechtsfolge eines Verstoßes gegen § 30 dGmbHG (s §§ 30, 31 dGmbHG, Rz 28) hinaus, bleibt andererseits aber hinter der Rechtsfolge eines Verstoßes gegen Abs 1 (Nichtigkeit sowohl des schuldrechtlichen als auch des dinglichen Geschäfts) (s Rz 6) zurück. **10**

Aufgrund der Nichtigkeit des schuldrechtlichen Vertrags ist es dem GF der dGmbH verboten, auf den nichtigen Vertrag zu leisten.[34] Dementsprechend macht sich ein GF, der gegen das Verbot leistet, seinerseits schadenersatzpflichtig.[35] **11**

IV. Analoge Anwendung des § 33 dGmbHG

Wie bei §§ 30, 31 dGmbHG bereitet auch im Rahmen des § 33 dGmbHG die Beantwortung der Frage Schwierigkeiten, unter welchen Voraussetzungen der Erwerb v Geschäftsanteilen durch Dritte v der Regelung des § 33 dGmbHG – im Wege der analogen Anwendung – um- **12**

---

32 *Kersting* in Noack/Servatius/Haas, GmbHG[23] § 33 Rz 11a, 14.
33 Zur Anspruchskonkurrenz: *Kersting* in Noack/Servatius/Haas, GmbHG[23] § 33 Rz 14.
34 OLG Rostock 30.1.2013, 1 U 75/11, NZG 2013, 543.
35 *Kersting* in Noack/Servatius/Haas, GmbHG[23] § 33 Rz 14.

fasst ist.³⁶ Es ist dabei jew gesondert nach den Regelungen des Abs 1 u des Abs 2 zu fragen, ob eine analoge Anwendung vorzunehmen ist.³⁷

A. Analoge Anwendung des § 33 Abs 1 dGmbHG auf Unternehmensverbindungen

13 Eine Tochtergesellschaft in der Rechtsform einer dGmbH kann nach dhM keine nicht voll eingezahlten Geschäftsanteile an ihrer Muttergesellschaft in der Rechtsform einer dGmbH erwerben, wenn die Tochtergesellschaft im Mehrbesitz der Muttergesellschaft steht. Begründet wird dies damit, dass die Tochtergesellschaft durch diesen Vorgang mittelbar eigene Geschäftsanteile erwirbt.³⁸ Im Übrigen soll die Entstehung v Beteiligungen v in Mehrbesitz stehenden Tochtergesellschaften an Muttergesellschaften mittels nicht voll eingezahlter Anteile verhindert werden.³⁹ Gegen diese A wird zurecht eingewendet, dass in dieser Konstellation eine Konfusion in Bezug auf die offene Einlageleistung nicht droht⁴⁰ (dazu Rz 4), sodass kein Raum für eine analoge Anwendung des § 30 Abs 1 dGmbHG auf den Erwerb v Geschäftsanteilen an der Muttergesellschaft (in der Rechtsform der dGmbH) durch eine im Mehrbesitz stehende Tochtergesellschaft (in der Rechtsform der dGmbH) ist.

14 Anders ist es aber im Fall der **dGmbH & Co KG**, wenn die KG nicht voll einbezahlte Geschäftsanteile an ihrer Komplementär-GmbH erwirbt, da die Komplementär-GmbH in Bezug auf die offene Einlageleistung Gläubigerin u gem §§ 161 Abs 2, 128 dHGB auch Schuldnerin ist.⁴¹ Unseres Erachtens ist hier die Volleinzahlung zu verlangen.

---

36 Zur (analogen) Anwendung auf verbundene Unternehmen: *Roßkopf/Notz* in MüKo GmbHG⁴ § 33 Rz 197 ff; *Kersting* in Noack/Servatius/Haas, GmbHG²³ § 33 Rz 21. Zur (analogen) Anwendung auf dGmbH & Co KG: *Roßkopf/Notz* in MüKo GmbHG⁴ § 33 Rz 206 ff; daneben *Kersting* in Noack/Servatius/Haas, GmbHG² § 33 Rz 20.
37 *Roßkopf/Notz* in MüKo GmbHG⁴ § 33 Rz 198 f.
38 *Kersting* in Noack/Servatius/Haas, GmbHG²³ § 33 Rz 21; *H.P. Westermann* in Scholz, GmbHG¹² § 33 Rz 13; *Fleischer* in Henssler/Strohn, GesR⁵ § 33 GmbHG, Rz 11.
39 *H.P. Westermann* in Scholz, GmbHG¹² § 33 Rz 13.
40 *Roßkopf/Notz* in MüKo GmbHG⁴ § 33 Rz 202.
41 *Fleischer* in Henssler/Strohn, GesR⁵ § 33 GmbHG, Rz 11; *Kersting* in Noack/Servatius/Haas, GmbHG²³ § 33 Rz 3; *H. P. Westermann* in Scholz, GmbHG¹² § 33 Rz 14; aA *Roßkopf/Notz* in MüKo GmbHG⁴ § 33 Rz 207.

B. Analoge Anwendung des § 33 Abs 2 dGmbHG auf Unternehmensverbindungen

Die Regelung des § 33 Abs 2 dGmbHG ist beim Erwerb v Geschäftsanteilen an einer Muttergesellschaft in der Rechtsform einer dGmbH durch ihre in ihrem Mehrbesitz stehende Tochtergesellschaft (ebenfalls in der Rechtsform der dGmbH) aufgrund analoger Anwendung zu beachten. Der Grund der analogen Anwendung besteht darin, dass andernfalls dieses Vorgehen zur Umgehung der Regelung des § 33 Abs 2 dGmbHG genutzt werden könnte, wenn zB die Muttergesellschaft selbst die für den Erwerb eigener Geschäftsanteile notwendige fiktive Rücklage nicht bilden könnte.[42]

In Bezug auf die **dGmbH & Co KG** ist § 33 Abs 2 dGmbHG dann anzuwenden, wenn die Zahlung der dt KG für den Erwerb der Beteiligung an der Komplementär-GmbH dazu führt, dass der Haftung der Komplementär-GmbH aus § 128 dHGB aufgrund der Vermögenslage der dt KG kein vollwertiger Regressanspruch aus § 110 dHGB gegenübersteht. Resultiert dies in der Herbeiführung oder Vertiefung einer Unterbilanz, greift – neben §§ 30, 31 dGmbHG (s §§ 30, 31 dGmbHG, Rz 52 ff) – § 33 Abs 2 dGmbHG ein.[43]

C. Analoge Anwendung des § 33 Abs 2 dGmbHG auf Treuhandkonstellationen

Wird der Geschäftsanteil an der dGmbH – jenseits v Unternehmensverbindungen – treuhänderisch v einem Dritten für die dGmbH erworben, so findet § 33 dGmbHG keine Anwendung auf den Erwerb durch den Dritten, die Rechtsfolgen des § 33 dGmbHG betreffen lediglich das Rechtsverhältnis zw der dGmbH u dem Treuhänder.[44]

---

42 *Kersting* in Noack/Servatius/Haas, GmbHG[23] § 33 Rz 21; *Roßkopf/Notz* in MüKo GmbHG[4] § 33 Rz 199, 204; *Fleischer* in Henssler/Strohn, GesR[5] § 33 GmbHG, Rz 17; zur Frage, ab welchem Beteiligungsquorum die analoge Anwendung vorzunehmen ist: *Roßkopf/Notz* in MüKo GmbHG[4] § 33 Rz 199, 204 mwN.

43 *Kersting* in Noack/Servatius/Haas, GmbHG[23] § 33 Rz 20; *Roßkopf/Notz* in MüKo GmbHG[4] § 33 Rz 199, 208.

44 *Kersting* in Noack/Servatius/Haas, GmbHG[23] § 33 Rz 3; *Fleischer* in Henssler/Strohn, GesR[5] § 33 GmbHG, Rz 11.

V. Sonderregelung für Umwandlungsfälle

18 Absatz 3 regelt Erleichterungen für den Fall des im dt Umwandlungsrecht vorgesehenen Erwerbs v Geschäftsanteilen v einem **einer Umwandlungsmaßnahme widersprechenden Gesellschafter**.[45] In diesen Fällen ist der Erwerb eigener Geschäftsanteile möglich, auch wenn – entgegen Abs 1 – die Einlage auf die zu erwerbenden Geschäftsanteile noch nicht vollständig geleistet ist.[46] Zur Bildung der gem Abs 2 erforderlichen fiktiven Rücklage muss die Gesellschaft aber in der Lage sein.[47] Absatz 3 gestattet die tlw Durchbrechung des Kapitalschutzes nur innerhalb einer Ausschlussfrist v sechs Monaten.

§ 34 dGmbHG Einziehung von Geschäftsanteilen

(1) Die Einziehung (Amortisation) von Geschäftsanteilen darf nur erfolgen, soweit sie im Gesellschaftsvertrag zugelassen ist.

(2) Ohne die Zustimmung des Anteilsberechtigten findet die Einziehung nur statt, wenn die Voraussetzungen derselben vor dem Zeitpunkt, in welchem der Berechtigte den Geschäftsanteil erworben hat, im Gesellschaftsvertrag festgesetzt waren.

(3) Die Bestimmung in § 30 Absatz 1 bleibt unberührt.

idF dRGBl 1892, S 477

§ 46 dGmbHG Aufgabenkreis der Gesellschafter. Der Bestimmung der Gesellschafter unterliegen:

...

4. die Teilung, die Zusammenlegung sowie die Einziehung von Geschäftsanteilen;

...

idF dBGBl 2008 I, S 2026

---

45 Es geht hier um die Fälle der Verschmelzung durch Aufnahme (§ 29 Abs 1 dUmwG), der Verschmelzung durch Neugründung (§ 36 Abs 1 dUmwG), der grenzüberschreitenden Verschmelzung (§ 313 Abs 1 UmwG), der grenzüberschreitenden Spaltung (§ 327 UmwG iVm § 313 Abs 1 UmwG), des grenzüberschreitenden Formwechsels (§ 340 Abs 1 UmwG), der Spaltung (§ 125 S 1 iVm § 29 Abs 1 dUmwG) u des Formwechsels in die Rechtsform der dGmbH gem § 207 Abs 1 dUmwG.
46 *Kersting* in Noack/Servatius/Haas, GmbHG[23] § 33 Rz 16.
47 *Kersting* in Noack/Servatius/Haas, GmbHG[23] § 33 Rz 16.

Literatur: *Blunk/Rabe,* Geschäftsanteil: Keine Nichtigkeit einer Einziehung trotz Auseinanderfallens der Summe der Nennbeträge der verbleibenden Anteile und dem Stammkapital, GmbHR 2015, 416; *Brete/Trümper,* Einziehung nicht voll eingezahlter GmbH-Geschäftsanteile, GmbHR 2015, 1262; *Goette,* Ausschließung und Austritt aus der GmbH in der Rechtsprechung des Bundesgerichtshofs, DStR 2001, 533; *Heckschen/Weitbrecht,* Die Kontrolle des Gesellschafterkreises Kernstück der Vertragsfreiheit – Teil I, NZG 2021, 709; *Heckschen/Weitbrecht,* Die Kontrolle des Gesellschafterkreises Kernstück der Vertragsfreiheit – Teil II, NZG 2021, 757; *Kleindiek,* Die Einziehung von GmbH-Geschäftsanteilen und das Konvergenzgebot aus § 5 Absatz III 2 GmbHG, NZG 2015, 489; *Klöckner,* Aktuelle Praxisfragen zum Ausscheiden eines GmbH-Gesellschafters, GmbHR 2012, 1325; *Lieder,* 10 Jahre Kapitalschutz nach dem MoMiG, GmbHR 2018, 1116; *Lutter,* Fehler schaffen neue Fehler, GmbHR 2010, 1177; *Peetz,* Voraussetzungen und Folgen der Einziehung von GmbH-Geschäftsanteilen, GmbHR 2000, 749; *Priester,* Anteilsaufstockung nach Einziehung – Pflicht zur Einlageleistung? GmbHR 2016, 1065; *Schmidt,* Einziehung von GmbH-Geschäftsanteilen, GmbHR 2013, 953; *Schwab,* Kündigung, Ausschluss und Einziehung in der GmbH, DStR 2012, 707; *Volhard,* Kann die GmbH-Satzung die Einziehung des Geschäftsanteils eines Auflösungsklägers vorsehen? GmbHR 1995, 617; *Wachter,* Ausfallhaftung der Gesellschafter bei der Einziehung von GmbH-Geschäftsanteilen, NZG 2016, 961; *Wehrstedt/Füssenich,* Die Einziehung von GmbH-Geschäftsanteilen – Alternativen und Gestaltungsvorschlag, GmbHR 2006, 698; *Wittmann,* Patronat und Einziehung – Zur Vermeidung einer Unterbilanz bei der Amortisation von GmbH-Anteilen, GmbHR 2020, 191; *Zeilinger,* Die Einziehung von GmbH-Geschäftsanteilen als Instrument zum Ausschluß einzelner Gesellschafter aus der GmbH, GmbHR 2002, 772.

Inhaltsübersicht

I. Einleitung	1–3
II. Einziehung – Voraussetzungen, Gestaltungsmöglichkeiten und Rechtsfolgen	4–30
A. Erforderliche Satzungsgrundlage	4–10
B. Wahrung von Kapitalaufbringung und Kapitalerhaltung	11–14
C. Gesellschafterbeschluss und Mitteilung	15–18
D. Auswirkung auf Anteile, Beteiligungsverhältnisse, Stammkapital und bezüglich der Gesellschafterliste	19–22
E. Abfindung und Abfindungsbeschränkung	23–29
F. Gestaltungsmöglichkeit der Zwangsabtretung	30
III. Austritt und Ausschluss	31–36
IV. Rechtsvergleichende Betrachtung zum Austritt und Ausschluss aus wichtigem Grund	37–49

I. Einleitung

1 Die Regelung über die Einziehung v Geschäftsanteilen aus § 34 dGmbHG existiert unverändert seit 1892. Die **Einziehung** ermöglicht aufgrund entspr Satzungsregelung die **Vernichtung des Geschäftsanteils** u der damit verbundenen Mitgliedschaftsrechte durch die GmbH **im Wege eines Beschlusses der Gesellschafter** nach § 46 Z 4 dGmbHG. Anders als der (parallel regelbare bzw aus wichtigem Grund auch ohne Satzungsregelung mögliche) Austritt u Ausschluss eines Gesellschafters (vgl Rz 31 ff) richtet sich die Einziehung gegen einen konkreten Geschäftsanteil, jedoch nicht zwingend gegen die Stellung des betr Gesellschafters insgesamt, wenn dieser mehrere Anteile hält.[1] Die Vernichtung des Anteils durch die GmbH begründet auch ohne Satzungsregelung einen **Abfindungsanspruch gegen die GmbH**.[2] Die gesetzl Regelungen zur Einziehung in § 34 u § 46 Z 4 dGmbHG sind keinesfalls umfassend, sondern bzgl Voraussetzungen u Rechtsfolgen lückenhaft, was **zahlreiche Gestaltungsmöglichkeiten eröffnet**.

2 Dagegen kennt das **österr Recht** (mit Ausnahme v §§ 23 f FlexKapGG) kein der Einziehung vergleichbares Instrument u der **OGH** lehnt – entgegen der hL – in stRsp darüberhinaus auch den **Ausschluss aus wichtigem Grund ab** (vgl § 66 Rz 25 f).[3] Das Interesse an Regelungen, welche es zB ermöglichen, unliebsame bzw unliebsam gewordene Gesellschafter los werden zu können, besteht gleichwohl auch in Ö. Die **österr Praxis versucht sich idR durch in der Satzung geregelte Aufgriffsrechte zu behelfen**. Die solchen Aufgriffsrechte führen aber nicht zur Vernichtung des Anteils gegen Abfindung, sondern stellen lediglich eine an bestimmte Voraussetzungen geknüpfte Kaufoption dar. Nimmt jedoch keiner der übrigen Gesellschafter das Aufgriffsrecht wahr (zB weil keiner in der Lage ist, den Kaufpreis zu bezahlen), führt dies – mangels anderer Regelungsmöglichkeit – nach den üblichen Satzungsregelungen zur Auflösung der österr GmbH (vgl § 4 Rz 36 f, § 76 Rz 25). Der Ausscheidenswille eines Gesellschafters bzw die Ausscheidensnotwendigkeit bzgl eines Gesellschafters begründen somit ein (unerwünschtes) Risiko für den Fortbestand der GmbH.

---

1 *Strohn* in MüKo GmbHG[4] § 34 Rz 1 ff.
2 *Kersting* in Noack/Servatius/Haas, GmbHG[23] § 34 Rz 22; *Strohn* in MüKo GmbHG[4] § 34 Rz 218; *Westermann* in Scholz, GmbHG[12] § 34 Rz 25.
3 RIS-Justiz RS0059745; OGH 22.2.1996, 6 Ob 657/95.

In Dtl wird man kaum eine Mehrpersonen-GmbH ohne Einziehungsregelungen in der Satzung finden. Es gibt also unzweifelhaft ein hohes Interesse der Gesellschafter an der Einziehungsmöglichkeit u der damit verbundenen Flexibilität, auf künftige Entwicklungen u Ereignisse im Gesellschafterkreis angemessen reagieren zu können. Dieses Interesse vermag die österr GmbH bisher nicht zu befriedigen. Auslöser hierfür sind letztlich die strengeren Kapitalerhaltungsregelungen bei der österr GmbH, welche sich aus dt Sicht (vgl §§ 30, 31 dGmbHG) damit (erneut) als **struktureller Wettbewerbsnachteil der österr gegenüber der dGmbH** erweisen. 3

II. Einziehung – Voraussetzungen, Gestaltungsmöglichkeiten und Rechtsfolgen

A. Erforderliche Satzungsgrundlage

Die **Einziehung bedarf** nach § 34 Abs 1 dGmbHG einer **Satzungsgrundlage**[4]. Bei der Einziehung mit Zustimmung genügt, dass diese in der Satzung für zulässig erklärt ist. Bei der Einziehung gegen den Willen des betr Gesellschafters müssen sich zusätzlich die Einziehungsgründe hinreichend bestimmt aus der Satzung ergeben (vgl § 34 Abs 2 dGmbHG);[5] bei Auslegungsbedürftigkeit gilt wegen der einschneidenden Folgen der Zwangseinziehung ein strenger Maßstab.[6] 4

Zusätzliche Voraussetzung für eine Zwangseinziehung ist ein **satzungsmäßiger sachlicher Grund**, welcher begrifflich weiter gefasst ist als der wichtige Grund. Als sachliche Gründe können zB bestimmt werden: **personenbezogene u verhaltensbezogene Gründe** (zB **wichtiger Grund** iSv § 727 BGB, § 134 dHGB, grober Verstoß gegen bestehende Interessen der GmbH, grobe oder schwerwiegende Verletzung v Gesellschafterpflichten, vorsätzliche oder grob fahrlässige Verletzung wesentlicher Gesellschafterpflichten, Vermögensverfall oder Unzumutbarkeit 5

---

[4] Notwendigkeit einer Satzungsgrundlage str bzgl Einziehung eigener Anteile der Gesellschaft; **dafür**: *Kersting* in Noack/Servatius/Haas, GmbHG[23] § 34 Rz 13; **dagegen**: *Westermann* in Scholz, GmbHG[12] § 34 Rz 39; *Strohn* in MüKo GmbHG[4] § 34 Rz 9 (Mehrheitsbeschluss ausreichend).
[5] *Strohn* in MüKo GmbHG[4] § 34 Rz 10 f; *Zeilinger*, GmbHR 2002, 772.
[6] *Strohn* in MüKo GmbHG[4] § 34 Rz 10; *Westermann* in Scholz, GmbHG[12] § 34 Rz 7.

der weiteren Zusammenarbeit, Ende der GF-Stellung oder der Tätigkeit für die GmbH, Berufsunfähigkeit, Verlust beruflicher Zulassung, Erreichen einer Altersgrenze, Ausscheiden als Kommanditist bei einer GmbH & Co KG, deren Komplementär die GmbH ist, bei Erhebung der Auflösungsklage gem § 61 dGmbHG, wenn in diesem Fall als Abfindung mind Liquidationserlös zu zahlen ist[7]) oder **Gründe zum Schutz vor einem Eindringen Dritter in die GmbH** (zB bei Anteilsveräußerung bzw -pfändung, Insolvenz, infolge v Erbfällen)[8].

6   Ein **(Mehrheits-)Beschluss oder die E eines einzelnen Gesellschafters allein** kann nicht zur Einziehungsvoraussetzung erklärt werden, weil Abhängigkeit der Gesellschafterstellung v Wohlwollen anderer Gesellschafter zur Aushöhlung der Gesellschafterstellung führen würde.[9] Entsprechend unterliegen sog Hinauskündigungsklauseln deutlichen Restriktionen u sind nur unter bestimmten Umständen zulässig[10] (zB für beschränkte Dauer nach Neuaufnahme eines Gesellschafters in eine personalistische GmbH bzw mit Tätigkeitsverpflichtung, bei Management- bzw Mitarbeiterbeteiligungen,[11] als Ausdruck der Testierfreiheit bei vorweggenommener Erbfolge,[12] Russian-Roulette-Klausel[13]). Auch die Ausübung v Minderheitenrechten allein kann keinen sachlichen Grund darstellen.[14]

7   Teilweise wird angenommen, dass die Rsp bzgl der Einführung der Einziehungsregelung einen zunehmend größzügigeren Maßstab an diese anlegt u die Prüfung unter dem Gesichtspunkt der Treuepflicht(widrigkeit) auf die Ebene der Ausführung durch den Einziehungsbeschluss u

---

7   Str; *Strohn* in MüKo GmbHG[4] § 34 Rz 53; *Volhard*, GmbHR 1995, 617 (620); *Peetz*, GmbHR 2000, 749 (750); **abl** OLG München 1.7.2010, 31 Wx 102/10, DNotZ 2010, 937; *Haas* in Noack/Servatius/Haas, GmbHG[23] § 61 Rz 3; *Scheller* in Scholz, GmbHG[12] § 61 Rz 5 f.
8   *Kersting* in Noack/Servatius/Haas, GmbHG[23] § 34 Rz 10 mwN; *Strohn* in MüKo GmbHG[4] § 34 Rz 44 ff mwN; *Schwab*, DStR 2012, 707 (711 f mwN).
9   BGH 9.7.1990, II ZR 194/89, NJW 1990, 2622; 19.9.2005, II ZR 173/04, NJW 2005, 3641 (3642).
10 Krit dazu ua wegen Eingriff in Satzungsautonomie u Vertragsfreiheit, verfehltem Regel-Ausnahme-Verhältnis sowie möglichen Folgerungen gegen die Wirksamkeit v Call- u Put-Optionen, Drag-Along-Klauseln etc: *Heckschen/Weitbrecht*, NZG 2021, 709; *Heckschen/Weitbrecht*, NZG 2021, 757.
11 BGH 19.9.2005, II ZR 342/03, NJW 2005, 3644 (3645) mwN.
12 BGH 19.3.2007, II ZR 300/05, NZG 2007, 422 (zur KG).
13 OLG Nürnberg 20.12.2013, 12 U 49/13, NZG 2014, 222.
14 *Strohn* in MüKo GmbHG[4] § 34 Rz 45.

dessen Wirksamkeit verlagert.[15] So führt die Beurteilung der Zwangseinziehung unter dem Maßstab der ultima ratio im Fall eines Gesellschafter-GF, welcher in seiner Funktion als GF eine einen wichtigen Grund begründende Pflichtverletzung begangen hat, zwar idR zur Möglichkeit der GF-Abberufung aus wichtigem Grund, aber nicht zu einer gleichzeitigen Einziehung aus wichtigem Grund, wenn bereits die GF-Abberufung eine Fortsetzung der begangenen Pflichtverletzungen sicher verhindert bzw deren Verhinderung erwarten lässt.[16]

Ein sachlicher Grund bzgl der in der Gesellschafterliste eingetragenen Person reicht aus.[17] Sind mehrere Personen als **Mitberechtigte Anteilsinhaber**, liegt der sachliche Grund iZw bereits vor, wenn ein Mitberechtigter den betr Satzungstatbestand erfüllt[18]. Kann ein **Treugeber** das Verhalten des Treuhänders in der GmbH maßgeblich beeinflussen oder jederzeit selbst die Gesellschafterstellung übernehmen, kann bei der Feststellung v Einziehungsgründen neben dem Gesellschafter auch der Treugeber zu betrachten sein.[19]

Eine **Satzungsänderung zur Schaffung der Rechtsgrundlage für Zwangseinziehungen oder zur Erleichterung der Zwangseinziehung** (zB Herabsetzung der Abfindung bzw des Einziehungsentgelts) bedarf der **Zustimmung aller Gesellschafter**,[20] welche v den Wirkungen der Änderung betroffen sein sollen.[21] Wenn Zwangseinziehung nur für

8

9

---

15 *Kersting* in Noack/Servatius/Haas, GmbHG[23] §34 Rz 9a; vgl BGH 2.12.2014, II ZR 322/13, NJW 2015, 1385 (1388) u dortigen Hinweis auf Zwangseinziehung als ultima ratio.
16 BGH 2.12.2014, II ZR 322/13, NJW 2015, 1385 (1388); *Strohn* in MüKo GmbHG[4] §34 Rz 45.
17 Offenlassend, ob auch ein sachlicher Grund bzgl eines (noch) nicht in die Gesellschafterliste eingetragenen Gesellschafters genügt: BGH 20.11.2018, II ZR 12/17, NZG 2019, 269 (274).
18 *Kersting* in Noack/Servatius/Haas, GmbHG[23] §34 Rz 9; *Strohn* in MüKo GmbHG[4] §34 Rz 46.
19 OLG München 8.1.1997, 7 U 4025/96, GmbHR 1997, 451 (452); *Strohn* in MüKo GmbHG[4] §34 Rz 46.
20 BGH 1.4.1953, II ZR 235/52, NJW 1953, 780; 16.12.1991, II ZR 58/91, NJW 1992, 892; OLG Stuttgart 27.6.2018, 14 U 33/17, GmbHR 2019, 67 (73); an den betr Anteilen dinglich Berechtigte müssen der Satzungsänderung nicht zustimmen, der Anteilsinhaber muss aber ggf gegen die Satzungsänderung stimmen: *Kersting* in Noack/Servatius/Haas, GmbHG[23] §34 Rz 8; differenzierend: *Strohn* in MüKo GmbHG[4] §34 Rz 17.
21 Betroffen sind alle Gesellschafter auch, wenn die Satzungsänderung lediglich für künftige Anteilserwerber gelten soll, uzw wegen Einschränkung der Fun-

neue Geschäftsanteile aus einer Kapitalerhöhung gelten soll, reicht jedoch eine satzungsändernde Mehrheit (vgl § 53 Abs 2 dGmbHG).[22]

10 Ohne Satzungsgrundlage für die Einziehung ist der **Beschluss nichtig** u nicht lediglich anfechtbar.[23]

B. Wahrung von Kapitalaufbringung und Kapitalerhaltung

11 Der **einzuziehende Geschäftsanteil** muss wegen § 19 Abs 2 S 1 dGmbHG im Zeitpunkt des Einziehungsbeschlusses **voll eingezahlt sein** (Kapitalaufbringung).[24]

12 Nach § 34 Abs 3 dGmbHG bleibt § 30 Abs 1 dGmbHG unberührt, so dass eine Einziehung gegen Abfindung voraussetzt, dass die **Abfindung ohne Verstoß gegen die Kapitalerhaltungsregeln** nach §§ 30, 31 dGmbHG aus ungebundenem Vermögen der GmbH geleistet werden kann, wobei zu beachten ist, dass die Einziehung nicht zu einer Verringerung des Stammkapitals führt u auch das Auseinanderfallen v Stammkapitalbetrag u Summe der Nennbeträge aller Geschäftsanteile (vgl § 5 Abs 3 S 2 dGmbHG) ohne unmittelbare Folgen für die Einziehung ist.[25]

13 Gegebenenfalls lassen sich durch die Einziehung drohende Verstöße gegen die Kapitalerhaltung bzw Kapitalaufbringung durch eine vorherige Herabsetzung des Stammkapitals gem §§ 58 ff dGmbHG[26] oder ein gleichzeitig entstehendes, werthaltiges u regressloses Patronat[27] vermeiden.

---

gibilität der Anteile: *Kersting* in Noack/Servatius/Haas, GmbHG[23] § 34 Rz 8; unklar bei *Westermann* in Scholz, GmbHG[12] § 34 Rz 22.

22 *Kersting* in Noack/Servatius/Haas, GmbHG[23] § 34 Rz 8 (die Einziehungsmöglichkeit ist insoweit lediglich eine Modalität der Kapitalerhöhung); *Strohn* in MüKo GmbHG[4] § 34 Rz 16; *Westermann* in Scholz, GmbHG[12] § 34 Rz 22.

23 *Westermann* in Scholz, GmbHG[12] § 34 Rz 48; abw für Anfechtbarkeit bei freiwilliger Einziehung ohne Satzungsregelung: *Strohn* in MüKo GmbHG[4] § 34 Rz 12.

24 BGH 2.12.2014, II ZR 322/13, NJW 2015, 1385 (1387); *Kersting* in Noack/Servatius/Haas, GmbHG[23] § 34 Rz 11; eine Aufrechnung mit dem (erst entstehenden) Abfindungsanspruch uU zulassend: *Strohn* in MüKo GmbHG[4] § 34 Rz 30; *Westermann* in Scholz, GmbHG[12] § 34 Rz 53; *Brete/Trümper*, GmbHR 2015, 1262 (1266).

25 BGH 2.12.2014, II ZR 322/13, NJW 2015, 1385 (1387).

26 *Kersting* in Noack/Servatius/Haas, GmbHG[23] § 34 Rz 11; *Strohn* in MüKo GmbHG[4] § 34 Rz 30 f.

27 *Wittmann*, GmbHR 2020, 191 (193).

Sind die **Anforderungen der Kapitalaufbringung u Kapitalerhal-** **14**
tung nicht gewahrt, ist der Einziehungsbeschluss nichtig, wobei dies
bzgl der Kapitalerhaltung dann gilt, wenn bei der Fassung des Einziehungsbeschlusses bereits feststeht, dass die Zahlung der Abfindung zu
einem Verstoß gegen die Kapitalerhaltungsregeln führen würde.[28] Entsprechendes dürfte gem § 15b Abs 5 S 1 dInsO gelten, wenn der Abfindungsanspruch zur Zahlungsunfähigkeit führt. Ungeachtet der insoweit
erforderlichen Prognose[29] bleibt maßgeblicher Betrachtungszeitpunkt
für die Einhaltung der Kapitalerhaltungsregeln aus § 30 Abs 1 dGmbHG
aber auch der Zeitpunkt der Abfindungsleistung selbst (insb wenn bei
Fassung des Einziehungsbeschlusses keine Unterbilanz besteht bzw absehbar war, aber die anschließende Entwicklung dazu führt, dass die
Zahlung der Abfindung gegen § 30 Abs 1 dGmbHG verstößt).[30] Wenn
erst nach der Fassung des Einziehungsbeschlusses zutage tritt, dass die
Abfindungsleistung einen Verstoß gegen die Kapitalerhaltungsregeln
zeitigen würde, bleibt der Einziehungsbeschluss wirksam, weil der betr
Anteil bereits vernichtet ist (zu den weiteren Folgen vgl Rz 27 ff). Mit
Blick auf die Kapitalerhaltung sollte daher im Einziehungsbeschluss der
Vorbehalt gemacht werden, dass die Leistung der Abfindung nur aus ungebundenem Vermögen erfolgt.[31] Um Beschlussnichtigkeitsrisiken vermeiden zu können, empfehlen sich zudem bereits in der Satzungsgestaltung ergänzende Regelungen zur Zwangsabtretung an durch mit dem
Einziehungsbeschluss zu benennende Dritte anstelle der Vernichtung
des Anteils (vgl Rz 30).[32]

---

28 Zur Kapitalaufbringung: *Westermann* in Scholz, GmbHG[12] § 34 Rz 52; *Wehr-stedt/Füssenich*, GmbHR 2006, 698 (699); zur Kapitalerhaltung: stRsp s etwa BGH 26.1.2021, II ZR 391/18, NZG 2021, 831 (833); gegen Nichtigkeit, wenn sich die Gesellschafter im Einziehungsbeschluss persönlich verpflichten u in der Lage sind, die Abfindung aus eigenem Vermögen zu leisten: *Kersting* in Noack/Servatius/Haas, GmbHG[23] § 34 Rz 40a.
29 Dazu OLG Brandenburg 4.8.2020, 6 U 100/17, BeckRS 2020, 22444.
30 BGH 1.4.1953, II ZR 235/52, NJW 1953, 780 (782); *Strohn* in MüKo GmbHG[4] § 34 Rz 32; *Westermann* in Scholz, GmbHG[12] § 34 Rz 51; in der In-solvenz der GmbH erfolgt die Befriedigung dann erst in der Schlussverteilung nach § 199 dInsO: BGH 28.1.2020, II ZR 10/19, NZG 2020, 384 (387 f).
31 *Westermann* in Scholz, GmbHG[12] § 34 Rz 55.
32 Vgl *Wehrstedt/Füssenich*, GmbHR 2006, 698 (701 f).

C. Gesellschafterbeschluss und Mitteilung

15 Die Einziehung erfordert einen formfreien **Einziehungsbeschluss** der Gesellschafter[33] nach § 46 Z 4 dGmbHG u dessen formfreie **Mitteilung an den v der Einziehung betroffenen Gesellschafter**.[34] Bei der Zwangseinziehung müssen der Beschluss u die Mitteilung den sachlichen Grund hinreichend klar erkennen lassen. Bei der Einziehung mit Zustimmung des Anteilsinhabers müssen neben diesem auch etwaige Pfandgläubiger u Nießbrauchsberechtigte zustimmen,[35] nicht aber wenn zugleich die Voraussetzungen einer Zwangseinziehung vorliegen[36].

16 Der **Einziehungsbeschluss** bedarf der einfachen Mehrheit (vgl § 47 Abs 1 dGmbHG). Der betroffene Gesellschafter ist bei Beschlussfassung als korporativem Sozialakt stimmberechtigt, es sei denn, die Zwangseinziehung erfolgt aus wichtigem Grund in der Person desselben.[37] Abweichende Satzungsregelungen bzgl des Mehrheitserfordernisses u der Stimmberechtigung sind möglich. Das Teilnahme- u Rederecht bzgl der GV bleibt aber stets unberührt. Die Abfindung muss im Einziehungsbeschluss nicht festgesetzt oder behandelt werden, was sich aber bei einstimmiger u einvernehmlicher Einziehung mit Zustimmung des betr Gesellschafters zur Streitvermeidung empfiehlt. Fehlt es am für die Zwangseinziehung erforderlichen satzungsmäßigen sachlichen Grund, ist der Beschluss anfechtbar.[38]

17 Die **gesonderte Mitteilung** an den Gesellschafter ist eine Gestaltungserklärung u bedarf keiner bestimmten Form. Die Zuständigkeit

---

33 Satzungsmäßige Kompetenzübertragung auf ein anderes (fakultatives) Gesellschaftsorgan, mehrere oder einzelne Gesellschafter ist nach überwiegender M zulässig (rechtliches Gehör u Begr fordernd: LG Heilbronn 21.12.1993, 2 S 519/93 III, GmbHR 1994, 322 [323 f]), nicht aber Übertragung auf Dritte: *Kersting* in Noack/Servatius/Haas, GmbHG[23] § 34 Rz 14; *Strohn* in MüKo GmbHG[4] § 34 Rz 24 f; *Westermann* in Scholz, GmbHG[12] § 34 Rz 42.

34 Zum Ganzen mwN: *Kersting* in Noack/Servatius/Haas, GmbHG[23] § 34 Rz 14 f; *Westermann* in Scholz, GmbHG[12] § 34 Rz 41 ff; *Strohn* in MüKo GmbHG[4] § 34 Rz 18 ff.

35 *Strohn* in MüKo GmbHG[4] § 34 Rz 41 f; *Westermann* in Scholz, GmbHG[12] § 34 Rz 38.

36 OLG Düsseldorf 7.2.2007, 15 U 130/06, BeckRS 2007, 9356.

37 StRsp, BGH 2.12.2014, II ZR 322/13, NJW 2015, 1385 (1386); für Stimmverbot auch bei Einziehung wg Pfändung oder Insolvenz: OLG Thüringen 6.11.2001, 8 U 517/01, GmbHR 2002, 115 (116).

38 OLG München 10.1.1992, 23 U 4104/91, NJW-RR 1993, 684 (685).

liegt bei GV, welche die Mitteilungserklärung delegieren kann, was aus Klarheitsgründen im Einziehungsbeschluss passieren sollte. Erfolgt die Beschlussfassung im Beisein des betr Gesellschafters, bedarf es keiner gesonderten Mitteilung.[39]

Bei **Gesellschafterstreitigkeiten in Zweipersonengesellschaften** 18 kommt es häufig zu gegenseitigen Einziehungsbeschlüssen aus wichtigem Grund. Ist (dadurch) ein tiefgreifendes Zerwürfnis dokumentiert u eine gemeinsame Fortführung der GmbH unzumutbar, stellt sich die Frage, welcher Einziehungsbeschluss wirksam ist, wer wem weichen muss, insb wenn beide Gesellschafter Verfehlungen zur Last fallen. Die Einziehung setzt dann voraus, dass der v ihr betroffene Gesellschafter das Zerwürfnis überwiegend verursacht hat u der andere Gesellschafter keine Umstände gesetzt hat, welche auch die Einziehung seiner Anteile rechtfertigen würden.[40] Haben beide Gesellschafter einen wichtigen Grund gesetzt, bleibt nur die Auflösung der GmbH (ggf per Auflösungsklage nach § 61 dGmbHG).[41]

D. Auswirkung auf Anteile, Beteiligungsverhältnisse, Stammkapital und bezüglich der Gesellschafterliste

Mit dem Wirksamwerden der **Einziehung** durch deren Mitteilung an 19 den betr Gesellschafter wird (vorbehaltlich abw Zeitbestimmung in Beschluss u Mitteilung) der eingezogene **Geschäftsanteil vernichtet** u enden die Mitgliedschaftsrechte aus dem Anteil (vorbehaltlich des Rechts zur Geltendmachung v Beschlussmängeln bzgl des Einziehungsbeschlusses[42] u der Abfindung[43]). **Bereits fällig gewordene Ansprüche u Pflichten bestehen jedoch selbständig fort.**[44] Die Beteiligungsverhältnisse bestimmen sich ab der Einziehung nach den Geschäftsanteilen

---

39 OLG Dresden 28.10.2015, 13 U 788/15, GmbHR 2016, 56 (57); *Westermann* in Scholz, GmbHG[12] § 34 Rz 46; grds aA, jedoch idR konkludente Mitteilung annehmend: *Strohn* in MüKo GmbHG[4] § 34 Rz 38.
40 StRsp, s etwa BGH 24.9.2013, II ZR 216/11, NZG 2013, 1344 (1345 f).
41 BGH 25.1.1960, II ZR 22/59, NJW 1960, 866 (869); 20.9.1999, II ZR 345/97, NZG 2000, 35 (36); OLG Koblenz 29.9.2011, 6 U 1415/10, BeckRS 2013, 19448.
42 StRsp, s etwa BGH 26.1.2021, II ZR 391/18, DStR 2021, 1001 (1002).
43 BGH 10.5.2016, II ZR 342/14, NZG 2016, 742.
44 *Kersting* in Noack/Servatius/Haas, GmbHG[23] § 34 Rz 19; *Westermann* in Scholz, GmbHG[12] § 34 Rz 65.

20 Das **Stammkapital bleibt bei Einziehung grds unverändert u differiert ggf v der Summe der Nennbeträge aller Geschäftsanteile**, wobei § 5 Abs 3 S 2 dGmbHG nicht entgegensteht[46] u uE **keine Pflicht zur Herbeiführung der Konvergenz** besteht,[47] die Herbeiführung aber zu empfehlen ist. Die Differenz kann durch eine **Kapitalherabsetzung** nach §§ 58 ff dGmbHG, durch nominelle, das Beteiligungsverhältnis der verbleibenden Gesellschafter wahrende Aufstockung oder durch Neubildung eines oder mehrerer Geschäftsanteile beseitigt werden.[48] Eine Anwachsung bei den übrigen Gesellschaftern erfolgt, anders als im PersGesR, aufgrund der stärkeren Verselbständigung der GmbH v Vermögen der Gesellschafter nicht.[49] Aber die **nominelle Aufstockung** führt die Wirkungen der Anwachsung herbei, durch Anpassung der Nennbeträge an den Stammkapitalbetrag der GmbH ohne Änderung der Beteiligungsverhältnisse im Wege eines Gesellschafterbeschlusses mit einfacher Mehrheit, welcher idR mangels Satzungsänderung keinen besonderen Formanforderungen unterliegt.[50] Weiter können durch Gesellschafterbeschluss, welcher vorbehaltlich anderweitiger Satzungsregelung einer qualifizierten Mehrheit bedarf, anstelle des eingezogenen Geschäftsanteils ohne Erhöhung des Stammkapitals ein oder mehrere neue eigene Geschäftsanteile der GmbH gebildet werden (sog **Revalorisierung**).[51] Die Aufstockung u die Revalorisierung begründen **keine Einlagepflicht**, weil dadurch kein Eingriff in das haftende Kapital er-

---

45 *Kersting* in Noack/Servatius/Haas, GmbHG[23] § 34 Rz 21; *Westermann* in Scholz, GmbHG[12] § 34 Rz 67.
46 BGH 2.12.2014, II ZR 322/13, NJW 2015, 1385 (1387).
47 *Kersting* in Noack/Servatius/Haas, GmbHG[23] § 34 Rz 20; *Kleindiek*, NZG 2015, 489 (494); *Lieder*, GmbHR 2018, 1116 (1119 f); offengelassen BGH 2.12.2014, II ZR 322/13, GmbHR 2015, 416 (*Blunk/Rabe*); **aA** u für Konvergenzpflicht: *Strohn* in MüKo GmbHG[4] § 34 Rz 68; *Westermann* in Scholz, GmbHG[12] § 34 Rz 64.
48 *Kersting* in Noack/Servatius/Haas, GmbHG[23] § 34 Rz 20; *Strohn* in MüKo GmbHG[4] § 34 Rz 70.
49 BGH 2.12.2014, II ZR 322/13, NJW 2015, 1385 (1387).
50 *Kersting* in Noack/Servatius/Haas, GmbHG[23] § 34 Rz 20; *Strohn* in MüKo GmbHG[4] § 34 Rz 71.
51 *Kersting* in Noack/Servatius/Haas, GmbHG[23] § 34 Rz 20; *Strohn* in MüKo GmbHG[4] § 34 Rz 72; *Westermann* in Scholz, GmbHG[12] § 34 Rz 70.

folgt, sondern die Kapitalerhaltungsregeln sind bereits bzgl der Abfindungsleistung zu beachten.[52]

Ist ein Geschäftsanteil eingezogen worden, müssen die GF eine entspr **geänderte Gesellschafterliste** zum HR der GmbH einreichen (vgl § 40 Abs 1 dGmbHG);[53] gleiches gilt nach anschließenden Maßnahmen wie Aufstockung u Revalorisierung.[54] **21**

Der Gesellschafterliste kommt idZ wegen der **negativen Legitimationswirkung** aus § 16 Abs 1 S 1 dGmbHG sehr hohe Bedeutung zu. Ein infolge eines Einziehungsbeschlusses nicht mehr in der Liste genannter Gesellschafter ist **im Verhältnis zur GmbH** – unabhängig v der Wirksamkeit des Einziehungsbeschlusses u damit unabhängig v seiner materiell-rechtlich fortbestehenden Gesellschafterstellung im Fall der Unwirksamkeit des Beschlusses – grds nicht (mehr) als Gesellschafter anzusehen. Infolgedessen ist er im Regelfall zB nicht mehr zu nachfolgenden GV u -Beschlussfassungen zu laden u hat keine Anfechtungsbefugnis bzgl ohne seine Beteiligung gefasster Gesellschafterbeschlüsse.[55] Ausnahmen hiervon gelten lediglich für die Klage gegen den Einziehungsbeschluss selbst[56] oder wegen Treuwidrigkeit, wenn eine gerichtl Anordnung die Einreichung einer infolge der Einziehung geänderten Gesellschafterliste untersagt hat.[57] Die Nennung des Gesellschafters in der Gesellschafterliste ist aber nicht Voraussetzung für die Einziehung; so kann der Geschäftsanteil eines infolge eines Einziehungsbeschlusses aus der Gesellschafterliste entfernten, aufgrund Unwirksamkeit des Beschlusses materiell-rechtlich aber weiter beteiligten Gesellschafters während der gerichtl Klärung dieser Unwirksamkeit ausgeschlossen werden, obwohl er bei der Beschlussfassung in der Gesellschafterliste nicht als Gesellschafter geführt wird.[58] Wurde ein Zwangseinziehungsbeschluss gefasst u will der betr Gesellschafter diesen gerichtl angreifen, ist ihm daher regelmäßig zu empfehlen, neben einer Hauptsacheklage auch eine **einstweilige Verfügung auf Unter-** **22**

---

52 *Westermann* in Scholz, GmbHG[12] § 34 Rz 70; *Priester*, GmbHR 2016, 1065 (1067); aA *Lutter*, GmbHR 2010, 1177 (1179 f).
53 BGH 2.12.2014, II ZR 322/13, NJW 2015, 1385 (1387).
54 *Kersting* in Noack/Servatius/Haas, GmbHG[23] § 34 Rz 20; *Strohn* in MüKo GmbHG[4] § 34 Rz 71.
55 BGH 26.1.2021, II ZR 391/18, DStR 2021, 1001 (1002 ff).
56 StRsp, s etwa BGH 26.1.2021, II ZR 391/18, DStR 2021, 1001 (1002).
57 BGH 2.7.2019, II ZR 406/17, NJW 2019, 3155 (3157 ff).
58 BGH 10.11.2020, II ZR 211/19, NZG 2021, 117.

sagung der Einreichung einer den Einziehungsbeschluss abbildenden Gesellschafterliste zu beantragen.[59]

E. Abfindung und Abfindungsbeschränkung

23 Die Entstehung eines Abfindungsanspruchs infolge der Einziehung ist bei str dogmatischer Grundlage unumstritten. **Schuldner des Abfindungsanspruchs ist die GmbH** (zur möglichen Haftung der Gesellschafter Rz 27 ff). **Vorbehaltlich abw Satzungsregelung** bestimmt sich die Höhe der Abfindung nach dem **Verkehrswert**. Die vielfältigen Bewertungsfragen machen eine Satzungsregelung dazu empfehlenswert, führen gleichwohl idR zur Notwendigkeit eines Sachverständigengutachtens u machen Schiedsgutachterklauseln in der Abfindungsregelung der Satzung mind überlegenswert.[60]

24 Ohne abw Satzungsregelung ist die Abfindung **mit Wirksamkeit der Einziehung fällig** (vgl § 271 Abs 1 BGB),[61] wobei faktisch häufig eine gewisse Dauer für die Abfindungsermittlung benötigt wird, was ggf zu einer (sofort fälligen) Abschlagszahlungspflicht führen wird.

25 Die Höhe u die Zahlungsmodalitäten der Abfindung unterliegen, bis zur Grenze der Sittenwidrigkeit (vgl § 138 Abs 1 BGB) u unter Beachtung des Gleichbehandlungsgrundsatzes, der **Satzungsautonomie**[62] (zum Einstimmigkeitserfordernis bei nachträglicher Einführung vgl Rz 9). Zur Prävention bzw Sanktionierung wichtiger Gründe bzw zur Sicherung des Bestands der GmbH gegen wirtschaftlich untragbare Abfindungsbelastungen werden bzgl der Höhe häufig Buchwertklauseln, Nominalwertklauseln, prozentuale Abschläge v Verkehrswert, für den Todesfall ausnahmsweise auch ein Abfindungsausschluss u bzgl der Fälligkeit häufig eine Streckung in Raten mit für die GmbH günstiger Verzinsung vorgesehen. Dabei kann auch nach Einziehungsgrund differenziert werden. Solche **Abfindungsbeschränkungen sind jedoch unwirksam, wenn sie ein grobes Missverhältnis zum Verkehrswert begründen**, dessen Feststellung eine Einzelfallbetrachtung u -Abwägung

---

59 BGH 2.7.2019, II ZR 406/17, NJW 2019, 3155 (3159); *Kersting* in Noack/Servatius/Haas, GmbHG[23] § 34 Rz 15a.
60 Zum Ganzen mwN: *Kersting* in Noack/Servatius/Haas, GmbHG[23] § 34 Rz 22 f; *Strohn* in MüKo GmbHG[4] § 34 Rz 218 ff.
61 BGH 24.1.2012, II ZR 109/11, NZG 2012, 259 (260).
62 BGH 16.12.1991, II ZR 58/91, NJW 1992, 892 (894 f).

der Vermögensinteressen des v der Einziehung betroffenen Gesellschafters u des Bestandsinteresses der GmbH u der verbleibenden Gesellschafter erfordert, wobei in den Folgerungen ggf auch danach differenziert wird, ob das grobe Missverhältnis bereits bei Schaffung der Satzungsregelung über die Abfindungsbeschränkung bestand oder erst später eingetreten ist.[63]

Weiter unterliegen Abfindungsbeschränkungen **Grenzen aufgrund des Gläubigerschutzes**, weswegen vergleichbare Einziehungsgründe zu gleichmäßigen Abfindungsbeschränkungen führen müssen. So darf zB bei einer Einziehung aus wichtigem Grund wegen Insolvenz des Gesellschafters oder Pfändung in den Anteil die Abfindung nicht stärker beschränkt sein als im Fall aller anderer wichtigen Gründe.[64] 26

Würde die Abfindungsleistung durch die GmbH einen **Verstoß gegen die Kapitalerhaltungsregeln** aus § 34 Abs 3, § 30 Abs 1 dGmbHG begründen (ohne dass dieser Verstoß bereits bei der Fassung des Einziehungsbeschlusses mit Nichtigkeitsfolge feststand – vgl Rz 14), ist der Einziehungsbeschluss wirksam u hat den betr Geschäftsanteil vernichtet. Der Widerstreit zw Abfindungsanspruch u Kapitalerhaltung ist in diesem Fall nach der Rsp[65] durch eine **subsidiäre persönliche Haftung der Gesellschafter** aufzulösen (sog Haftungslösung), wobei anzunehmen ist, dass jeder Gesellschafter entspr den Beteiligungsverhältnissen unter den verbleibenden Gesellschaftern haftet u nicht nur diejenigen, welche der Einziehung zugestimmt haben.[66] 27

Die Haftung tritt ein, wenn die Gesellschafter **nicht durch geeignete Maßnahmen dafür sorgen, dass die Abfindung aus ungebundenem Vermögen der GmbH geleistet werden kann oder sie die GmbH nicht auflösen**, also dann, wenn die Gesellschafter die GmbH fortsetzen, ohne für die Leistung der Abfindung zu sorgen u infolge der Anteilsvernichtung somit den Mehrwert des betr Geschäftsanteils für sich behalten, was als treuwidriges Verhalten der für die Einziehung stimmenden Ge- 28

---

63 Zum Ganzen mwN: *Kersting* in Noack/Servatius/Haas, GmbHG[23] § 34 Rz 26 ff; *Strohn* in MüKo GmbHG[4] § 34 Rz 240 ff.
64 BGH 19.6.2000, II ZR 73/99, NJW 2000, 2819 (2820); *Kersting* in Noack/Servatius/Haas, GmbHG[23] § 34 Rz 30.
65 BGH 24.1.2012, II ZR 109/11, NZG 2012, 259 (261); 10.5.2016, II ZR 342/14, NZG 2016, 742 (743 f).
66 Str; dafür: *Strohn* in MüKo GmbHG[4] § 34 Rz 82; *Kersting* in Noack/Servatius/Haas, GmbHG[23] § 34 Rz 46; *Wachter*, NZG 2016, 961 (967); unklar insoweit BGH 24.1.2012, II ZR 109/11, NZG 2012, 259 (261).

sellschafter anzusehen ist. Dies gilt bei Einziehung mit u ohne Zustimmung des betr Gesellschafters gleichermaßen.[67] Allein eine Verschlechterung der wirtschaftlichen Lage der GmbH, die dazu führt, dass die Abfindung nicht mehr aus ungebundenem Vermögen geleistet werden kann, oder ein pflichtgemäß beantragtes Insolvenzverfahren lösen somit noch nicht die persönliche Haftung der Gesellschafter aus; auch eine auf § 30 Abs 1 dGmbHG gestützte Zahlungsverweigerung der GmbH allein führt noch nicht zur persönlichen Haftung. In diesen Fällen verwirklicht sich vielmehr das wirtschaftliche Risiko des betr Gesellschafters, welches er mit seiner Zustimmung zur Einziehungsregelung bzw zur Einziehung selbst eingegangen ist.

29 Auch mit der Haftungslösung stellen sich **zahlreiche Folgefragen**, so zB ob verbleibende Gesellschafter ein Austrittsrecht oder eine Treuepflicht zur Fassung eines Auflösungsbeschlusses haben können, ob der Abfindungsgläubiger im Fall der Auflösung vorrangig zu befriedigen ist, ob auch neu eintretende Gesellschafter haften, ob die Haftung wieder entfällt, wenn die GmbH wieder ausreichendes ungebundenes Vermögen hat, ob die Gesellschafter eine Ausfallhaftung nach § 31 Abs 3 dGmbHG trifft, ob die Gesellschafter einen Rückgriffsanspruch gegen die GmbH haben oder ob die Haftung per Satzungsregelung abdingbar ist.[68]

F. Gestaltungsmöglichkeit der Zwangsabtretung

30 Zur Flexibilisierung u zur Vermeidung der Unwirksamkeit oder Haftung aufgrund der Kapitalerhaltungsregeln empfiehlt sich eine **ergänzende Satzungsregelung** zu den Einziehungsregelungen, dass im Einziehungsbeschluss **anstelle der Vernichtung des Geschäftsanteils gegen Abfindung eine Zwangsabtretung an einen Mitgesellschafter oder Dritten** bestimmt werden kann. Durch den Einziehungsbeschluss entsteht dann ein Erwerbsrecht des satzungsgemäß benannten Erwerbsberechtigten, welches durch Annahmeerklärung gem § 15 Abs 3, Abs 4 dGmbHG gegenüber dem v der Einziehung betroffenen Gesellschafter ausgeübt werden kann; auch die übrigen Eckpunkte des entspr Anteilskaufvertrags sollten zur Streitvermeidung in der Satzung fixiert werden,

---

67 Krit insoweit *Wachter*, NZG 2016, 961 (968).
68 *Strohn* in MüKo GmbHG[4] § 34 Rz 83 f mwN; *Kersting* in Noack/Servatius/Haas, GmbHG[23] § 34 Rz 46 f; *Schmidt*, GmbHR 2013, 953.

andernfalls erfolgt die Veräußerung gem den gesetzl Regelungen. Dementsprechend schuldet im Fall der Zwangsabtretung der Erwerber des Geschäftsanteils den Betrag der Abfindung gegenüber dem v der Einziehung betroffenen Gesellschafter.[69]

III. Austritt und Ausschluss

Während die Einziehung mit oder gegen den Willen des betr Gesellschafters in § 34 dGmbHG geregelt ist u eine Rechtsgrundlage in der Satzung erfordert, besteht ohne ausdrückliche gesetzl Regelung u auch unabhängig v einer Satzungsregelung die **Möglichkeit zum Austritt**[70] **bzw zum Ausschluss eines Gesellschafters aus wichtigem Grund**, wobei der Ausschluss ohne eine das Ausscheiden begründende Satzungsregelung einer mit ¾-Mehrheit[71] zu beschließenden Ausschließungsklage bedarf.[72] Die Rechtsgrundlage für den solchen Austritt bzw Ausschluss folgt aus dem unabdingbaren **allg Grundsatz, dass bei Dauerschuldverhältnissen ein vorzeitiges Ausscheiden möglich sein muss, wenn eine weitere Zusammenarbeit nicht mehr zumutbar ist.**[73]

Mit dem **Austrittsrecht** ist der einzelne Gesellschafter für sein Ausscheiden – anders als bei der Einziehung – nicht auf die Mitwirkung einer Gesellschaftermehrheit angewiesen.

Mit dem **Ausschluss** kann – ähnlich wie durch die Einziehung – vermieden werden, dass das Vorliegen eines wichtigen Grundes bzgl eines Gesellschafters zur Auflösung der gesamten GmbH führt, zumal § 61 dGmbHG (ohne ¾-Mehrheit nach § 60 Abs 1 Z 2 dGmbHG) eine Auf-

31

32

33

---

69 Insoweit für zusätzliche subsidiäre pro-rata-Haftung der verbleibenden Gesellschafter: *Klöckner*, GmbHR 2012, 1325 (1327).
70 StRsp, s etwa BGH 18.2.2014, II ZR 174/11, NZG 2014, 541 (542).
71 Mit der Begr der Nähe zum Auflösungsbeschluss: BGH 13.1.2003, II ZR 227/00, NZG 2003, 286; **aA** u überzeugend für einfache Mehrheit: *Seibt* in Scholz, GmbHG[12] Anh § 34 Rz 39; die Anlehnung an die Auflösung würde bei der österr GmbH nur ein Erfordernis einer einfachen Mehrheit begründen können. Bei Vorliegen eines wichtigen Grundes wird allerdings häufig eine Treuepflicht zur Zustimmung bestehen.
72 StRsp, s etwa BGH 20.9.1999, II ZR 345/97, NZG 2000, 35.
73 BGH 1.4.1953, II ZR 235/52, NJW 1953, 780; 23.2.1981, II ZR 229/79, NJW 1981, 2302 (2303); *Strohn* in MüKo GmbHG[4] § 34 Rz 113 f; *Seibt* in Scholz, GmbHG[12] Anh § 34 Rz 6, 25; *Goette* DStR 2001, 533 (534, 540 f); *Schwab*, DStR 2012, 707 (709).

34 Mit entspr Rechtsgrundlage in der Satzung ist ein Austritt auch unabhängig v einem wichtigen Grund zulässig (zB ordentliches Austrittsrecht).[75] Ein Ausschluss bedarf dagegen eines wichtigen Grunds oder einer Satzungsregelung, welche das Vorliegen eines sachlichen Grunds voraussetzen muss, welcher den Ausschluss eines Gesellschafters gegen seinen Willen rechtfertigt, sodass die Rsp zB sog Hinauskündigungsklauseln deutlichen Restriktionen unterworfen hat[76] (vgl zur vergleichbaren Rechtslage bei der Einziehung Rz 6).

35 Ein wesentlicher Untersch des Austritts u Ausschlusses gegenüber der Einziehung besteht darin, dass Austritt u Ausschluss nicht zwingend zur Vernichtung, sondern zur **Verwertung des Anteils des Ausscheidenden** führen. Die Verwertungsentscheidung erfolgt durch Gesellschafterbeschluss gem § 46 Z 4 dGmbHG analog. Zur Verwertung kann die GmbH nach §§ 58 ff dGmbHG eine Kapitalherabsetzung mit der Folge der Vernichtung des Geschäftsanteils durchführen, wenn dadurch das Mindestkapital gem § 5 Abs 1 dGmbHG nicht unterschritten wird. Weiter kann der Geschäftsanteil v einem oder (unter Teilung u anteiliger Übertragung) mehreren Mitgesellschaftern oder gesellschaftsfremden Dritten übernommen werden. Ein voll eingezahlter Geschäftsanteil kann zudem v der GmbH nach § 33 Abs 1 dGmbHG übernommen oder auch ohne dahingehende Satzungsregelung nach § 34 dGmbHG eingezogen werden. Bei der Verwertung müssen aber die Kapitalaufbringungs- u Kapitalerhaltungsregeln beachtet werden.[77] Würde eine aufgrund der Verwertungsentscheidung v der GmbH zu zahlende Abfindung gegen § 30 Abs 1 dGmbHG verstoßen u wird keine andere § 30 Abs 1 dGmbHG wahrende Verwertungsentscheidung getroffen, ist aus Gründen des Gläubigerschutzes der Austritt bzw Ausschluss unzulässig

---

74 *Kersting* in Noack/Servatius/Haas, GmbHG[23] Anh § 34 Rz 1; *Strohn* in MüKo GmbHG[4] § 34 Rz 112.
75 BGH 30.6.2003, II ZR 326/01, NZG 2003, 871 (872); *Kersting* in Noack/Servatius/Haas, GmbHG[23] Anh § 34 Rz 27; *Strohn* in MüKo GmbHG[4] § 34 Rz 208; *Seibt* in Scholz, GmbHG[12] Anh § 34 Rz 24.
76 *Strohn* in MüKo GmbHG[4] § 34 Rz 149 ff; *Seibt* in Scholz, GmbHG[12] Anh § 34 Rz 55 f.
77 *Strohn* in MüKo GmbHG[4] § 34 Rz 128; *Kersting* in Noack/Servatius/Haas, GmbHG[23] Anh § 34 Rz 10, 24; *Schwab*, DStR 2012, 707 (708, 710 f).

u verbleibt nur die Auflösung der GmbH durch Beschluss oder Auflösungsklage.[78]

Die weitreichende Zulässigkeit u Gestaltungsfreiheit in Bezug auf den Austritt u Ausschluss bei der dGmbH erscheint vor dem Hintergrund v § 34 dGmbHG als konsequente gedankliche Fortführung der Rechtslage bei der Einziehung. Nicht minder konsequent erscheint die Rechtsanwendung zur österr GmbH: Nachdem die Einziehung mit Vernichtung des Geschäftsanteils als unzulässig abgelehnt wird u deshalb eine Kompensation durch Aufgriffsrechte versucht werden muss, um ggf die (einer Mehrheit unerwünschte) Auflösung der GmbH zu verhindern, gilt dies auch für Austritt u Ausschluss (vgl § 84 Rz 40 ff). 36

IV. Rechtsvergleichende Betrachtung zum Austritt und Ausschluss aus wichtigem Grund

Weder das GmbHG noch das dGmbHG enthalten gesetzl Regelungen zum Ausscheiden aus wichtigem Grund. Ein Ausscheiden aus wichtigem Grund kann sowohl in Ö wie in Dtl daher **nur im Wege einer über den Gesetzeswortlaut hinausgehenden Rechtsfortbildung** bejaht werden. Eine vergleichende Betrachtung muss daher va die Rsp des OGH u des BGH einbeziehen, welche insoweit entgegengesetzt entscheiden. 37

Nach **stRsp des BGH u ganz hM in Dtl** besteht, wenn ein wichtiger Grund vorliegt, ein Recht zum Austritt bzw zum Ausschluss durch Ausschlussklage aus der GmbH auch ohne entspr Satzungsregelung, weil auch für die dGmbH der unabdingbare allg Grundsatz gilt, dass bei Dauerschuldverhältnissen ein vorzeitiges Ausscheiden möglich sein muss, wenn eine weitere Zusammenarbeit nicht mehr zumutbar ist (vgl Rz 31). Das Austritts- bzw Ausschlussrecht gründet sich auf die Treuepflicht der Gesellschafter, auf die vorgehenden Interessen der Gesellschafter an der Fortführung der GmbH[79] u gehört als Grundprinzip des Verbandsrechts zu den zwingenden, unverzichtbaren Mitgliedschaftsrechten.[80] 38

---

78 *Strohn* in MüKo GmbHG[4] § 34 Rz 121; *Kersting* in Noack/Servatius/Haas, GmbHG[23] Anh § 34 Rz 24; *Goette* DStR 2001, 533 (539 ff).
79 BGH 23.2.1981, II ZR 229/79, NJW 1981, 2302.
80 BGH 16.12.1991, II ZR 58/91, NJW 1992, 892 (895).

39 Dagegen verneint der **OGH in stRsp** einen Ausschluss aus wichtigem Grund wegen des Fehlens einer gesetzl Regelung (abgesehen v § 66). Der Umstand, dass der Gesetzgeber in Kenntnis der OGH-Rsp u der jahrzehntelangen Diskussion in der L bisher keine Regelung über den Ausschluss getroffen habe, obwohl das GmbHG mehrfach novelliert wurde, spreche gegen die Annahme einer planwidrigen Gesetzeslücke, die im Wege einer Analogie geschlossen werden könnte. Aus dem Schweigen des Gesetzgebers sei zu schließen, dass er angesichts der §§ 140, 133 UGB nur für PersGes den Gesellschafterausschluss normieren wollte, einen Ausschluss für die GmbH aber für entbehrlich hält u es den Gesellschaftern überlassen will, eine entspr Satzungsregelung zu treffen.[81]

40 Die **Rsp des OGH erscheint jedenfalls aus dt Sicht fragwürdig.** Der OGH nimmt mit dem Umkehrschluss zu § 66 u dem Verweis auf die Untätigkeit des Gesetzgebers bzgl des Ausschlusses aus wichtigem Grund eine **sehr formale Position** ein u **entzieht sich letztlich einer inhaltlichen Auseinandersetzung**.[82] Der formalen Position des OGH wäre beizupflichten, wenn es im Rahmen einer Änderung des GmbHG tatsächlich eine konkrete Initiative für eine Regelung des Ausschlusses bzw Austritts aus wichtigem Grund gegeben hätte, diese im Gesetzgebungsverfahren verworfen worden wäre u sich daraus ein Anhaltspunkt für eine gesetzgeberische Ablehnung des Ausschlusses bzw Austritts aus wichtigem Grund, also ein Anhaltspunkt für eine bewusste Untätigkeit des Gesetzgebers, ergäbe.[83]

---

81 OGH 22.2.1996, 6 Ob 657/95; 25.9.2001, 4 Ob 216/01w; 17.10.2006, 1 Ob 135/06v.

82 Hingegen begründet der BGH seine Leitentscheidung zum Ausscheiden aus wichtigem Grund u die darin vorgenommene Rechtsfortbildung interessanterweise ua damit, dass ein pflichtbewusster Richter sich der Aufgabe, das Recht notfalls fortzuentwickeln, nicht entziehen darf, BGH 1.4.1953, II ZR 235/52, NJW 1953, 780 (781).

83 Vgl dazu, dass weder allein die Untätigkeit noch der Nichtabschluss eines Gesetzgebungsverfahrens eine Aussagekraft für die Feststellung einer planwidrigen Regelungslücke haben müssen: BGH 8.1.2019, II ZR 364/18, NJW 2019, 1512 (1515). In dieser E wird zur Frage der analogen Anwendung aktienrechtlicher Erfordernisse beim Gesamtvermögensgeschäft nach § 179a dAktG (Parallelnorm in Ö: § 237 AktG) ausgeführt, dass sich aus der Aufnahme einer entspr Regelung im Regierungsentwurf für das dGmbHG im Jahr 1973 u aus dem Umstand des Scheiterns des damaligen Reformvorhabens nichts für oder gegen eine analoge Anwendung des § 179a dAktG auf die dGmbH entnehmen

Das Argument, dass es Novellierungen des GmbHG u damit die **41** grds Möglichkeit zur gesetzl Regelung des Ausschlusses aus wichtigem Grund gab, überzeugt dagegen nicht. Würde man keinen konkreteren Anhaltspunkt für einen entspr gesetzgeberischen Willen zur Untätigkeit verlangen, wären viele – auch v der Rsp anerkannte – Analogieschlüsse abzulehnen, nämlich alldiejenigen Analogien zu Regelungen solcher Gesetze, welche bereits einer Novellierung unterlagen. Daran ändert es auch nichts, dass insoweit eine stRsp des OGH in Frage steht. Andernfalls würde dies bedeuten, dass allein eine mehrfache gleichlautende höchstgerichtliche E einer bestimmten Fragestellung – hier der Frage, ob es bei einer GmbH einen Ausschluss aus wichtigem Grund gibt – die Wirkung einer konkludenten E des Gesetzgebers für die Lösung der Rsp herbeiführen würde[84] u – weitergedacht – Änderungen höchstrichterlicher Rsp qua Selbstbindung aus früheren E nicht mehr möglich wären.

Die Argumentation des OGH überzeugt weiter nicht, weil der **42** **OGH selbst das Bedürfnis erkannt hat, dass das Ausscheiden eines Gesellschafters nicht zwingend zur Auflösung u Liquidation führt.**[85]

Die fehlende inhaltliche Auseinandersetzung, durch welche es der **43** Rsp des OGH letztlich an Überzeugungskraft fehlt, um die fortwährende Diskussion in der österr Lit (vgl § 66 Rz 26 mwN) zu beenden,[86] wird auch deutlich, wenn der Hinweis der Lit, dass auch in anderen Fällen eine richterliche Rechtsfortbildung trotz Unterlassens einer Regelung durch den Gesetzgeber erfolgt sei, v OGH zwar zitiert, aber nicht zum Einstieg in eine ernsthafte Auseinandersetzung genutzt, sondern mit der Leerformel, der Hinweis überzeuge nicht, abgetan wird.[87]

---

lässt. Entspr gilt – ohne dass der BGH dies bisher ausgeführt hätte – auch im Hinblick auf den Ausschluss u den Austritt aus wichtigem Grund, welche gem dem in Gänze fallengelassenen dt Regierungsentwurf v 1973 ebenfalls einer ausf gesetzl Regelung zugeführt werden sollten, vgl *Strohn* in MüKo GmbHG[4] § 34 Rz 118.

84 Der Maßstab des OGH zu konkludenten Äußerungen des Gesetzgebers scheint damit deutlich geringer zu sein als derjenige im allg Zivilrechtsverkehr, für welchen gilt, dass kein vernünftiger Grund, an einem bestimmten Erklärungsinhalt zu zweifeln, verbleiben darf: OGH 25.9.2001, 4 Ob 216/01w.

85 OGH 22.2.1996, 6 Ob 657/95.

86 Dagegen dem OGH zust *Foglar-Deinhardstein/Feldscher* in Adensamer/Mitterecker, HB GesStreit, Kap V.11 Rz 11/60, 11/220 f.

87 OGH 17.10.2006, 1 Ob 135/06v.

44 Stattdessen läge insb eine inhaltliche Auseinandersetzung mit der Frage nahe, wodurch sich das Gesellschaftsverhältnis in der GmbH so deutlich v einem (sonstigen) Dauerschuldverhältnis unterscheiden soll, dass die **anderweitige OGH-Rsp, wonach die Beendigungsmöglichkeit aus wichtigem Grund jedem Dauerschuldverhältnis immanent ist**,[88] nicht auch für das Gesellschaftsverhältnis in der GmbH gelten soll.

45 Verneint man den Ausschluss bzw Austritt aus wichtigem Grund, wird man verstärkt über eine **Treuepflicht der (übrigen) Gesellschafter zur Fassung eines Auflösungsbeschlusses** nachdenken müssen. Bei der dGmbH kommt eine solche Treuepflicht allerdings nur in Betracht, wenn die Voraussetzungen für eine Auflösungsklage nicht vorliegen.[89] Mangels Möglichkeit zur Auflösungsklage erscheint eine Treuepflicht bei der österr GmbH daher naheliegender als bei der dGmbH. Allerdings lässt die Ablehnung einer Auflösung aus wichtigem Grund durch den OGH (vgl § 84 Rz 39) vermuten, dass dieser einer Treuepflicht zur Fassung eines Auflösungsbeschlusses infolge des Vorliegens eines wichtigen Grunds ebenfalls skeptisch gegenüberstünde.

46 Während der OGH seine Ablehnung des Ausschlusses aus wichtigem Grund lediglich auf einen Umkehrschluss zu § 66 Abs 2 u die Ablehnung einer planwidrigen Regelungslücke u damit einer Analogie zu §§ 140, 142 UGB stützt, beruht die **Rsp des BGH** ausdrücklich nicht bzw nicht allein auf einer Analogie zu § 140 dHGB, sondern auf der **Treuepflicht** u damit stärker auf einem materiell-rechtlichen u breiteren Fundament. Den Gesellschaftern obliegt eine Treuepflicht, sich für die Belange ihrer Gesellschaft einzusetzen u alles zu unterlassen, was deren Interesse schädigen könnte (zur vergleichbaren Reichweite der Treuepflicht bei der österr GmbH vgl § 61 Rz 30 ff). Wird die solche gesellschaftliche Verbundenheit durch einen Gesellschafter missachtet oder zerstört, so ist für ihn in der Gesellschaft kein Raum mehr, wobei eine Pflichtverletzung bzw ein Verschulden insoweit nicht Voraussetzung sind, weil der wichtige Grund auch in Eigenschaften eines Gesellschafters oder in v ihm gesetzten äußeren Umständen liegen kann, wenn diese seinen Verbleib in der Gesellschaft u die Fortführung der gemeinsamen Zweckverfolgung unzumutbar machen.[90]

---

[88] OGH 14.9.2011, 6 Ob 80/11z; 22.3.2021, 5 Ob 87/15b.
[89] OLG München 15.1.2015, 23 U 2469/14, BeckRS 2016, 5420; *Scheller* in Scholz, GmbHG[12] § 60 Rz 24.
[90] BGH 1.4.1953, II ZR 235/52, NJW 1953, 780 (781); 23.2.1981, II ZR 229/79, NJW 1981, 2302.

Liegt in Bezug auf einen Gesellschafter ein wichtiger Grund vor, **47** also in einem Fall, welcher bei der dGmbH zu einem Ausschluss aus wichtigem Grund berechtigen würde, trifft den Gesellschafter eine **Treupflicht, bei entspr E der übrigen Gesellschafter ein Ende seiner Beteiligung an der GmbH hinzunehmen.** Denkbar wäre auf Basis einer solchen Treuepflicht bei der österr GmbH somit als ultima ratio die Annahme eines (ungeschriebenen) Aufgriffsrechts der übrigen Gesellschafter entspr der unter ihnen bestehenden Beteiligungsquoten zum Verkehrswert als Kaufpreis. Das solche Aufgriffsrecht würde sich in einer Pflicht des betr Gesellschafters zum Abschluss eines entspr Anteilsveräußerungsvertrags (Verkauf u Abtretung) mit den übrigen Gesellschaftern niederschlagen. Soweit ein erwerbsberechtigter Gesellschafter dabei keinen Anteil erwerben möchte, könnte das Erwerbsrecht für den betr Geschäftsanteil bzw Teil des Geschäftsanteils quotal den übrigen erwerbsberechtigten Gesellschaftern zugeschlagen werden. Auf diese Weise hätten es die übrigen Gesellschafter gemeinsam bzw zugleich jeder einzelne in der Hand, anstelle einer Auflösung der GmbH für ein Ausscheiden des Gesellschafters, bzgl welchem der wichtige Grund vorliegt, zu sorgen.

Im selteneren Fall, dass einem einzelnen Gesellschafter die Fort- 48 setzung der GmbH aus wichtigem Grund nicht weiter zumutbar ist, also in einem Fall, welcher bei der dGmbH zu einem Austritt aus wichtigem Grund berechtigen würde, könnte man über eine **Treuepflicht** nachdenken, **wonach auf Verlangen des betr Gesellschafters die übrigen Gesellschafter entweder einen Auflösungsbeschluss zu fassen haben oder** stattdessen – wenn sie sich gegen die Auflösung u damit für die Fortsetzung entscheiden – den **Anteil des betr Gesellschafters entspr ihrer Beteiligungsquoten untereinander zum Verkehrswert als Kaufpreis zu erwerben haben.** Der betr Gesellschafter, welcher die Abstimmung über die Auflösung verlangen könnte, dürfte bei der Beschlussfassung aus einer wiederum ihn treffenden Treuepflicht nur für die Auflösung stimmen. Käme es infolgedessen zur Auflösung, bliebe der betr Gesellschafter zwar bis zum Ende der Liquidation in der GmbH gebunden, die Bindung u ihre Unzumutbarkeit hätten jedoch zumindest ein absehbares Ende.

Folgt man der österr Lit zum Erwerb eigener Anteile aus ausschütt- **49** baren Mitteln (vgl § 81 Rz 33), käme bei Vorliegen der entspr Voraussetzungen anstelle des Erwerbs des Geschäftsanteils durch die übrigen Gesellschafter auch ein Erwerb als eigener Anteil durch die GmbH in Betracht.

§ 35 dGmbHG Vertretung der Gesellschaft

(1) ¹Die Gesellschaft wird durch die Geschäftsführer gerichtlich und außergerichtlich vertreten. ²Hat eine Gesellschaft keinen Geschäftsführer (Führungslosigkeit), wird die Gesellschaft für den Fall, dass ihr gegenüber Willenserklärungen abgegeben oder Schriftstücke zugestellt werden, durch die Gesellschafter vertreten.

(2) ¹Sind mehrere Geschäftsführer bestellt, sind sie alle nur gemeinschaftlich zur Vertretung der Gesellschaft befugt, es sei denn, dass der Gesellschaftsvertrag etwas anderes bestimmt. ²Ist der Gesellschaft gegenüber eine Willenserklärung abzugeben, genügt die Abgabe gegenüber einem Vertreter der Gesellschaft nach Absatz 1. ³An die Vertreter der Gesellschaft nach Absatz 1 können unter der im Handelsregister eingetragenen Geschäftsanschrift Willenserklärungen abgegeben und Schriftstücke für die Gesellschaft zugestellt werden. ⁴Unabhängig hiervon können die Abgabe und die Zustellung auch unter der eingetragenen Anschrift der empfangsberechtigten Person nach § 10 Abs. 2 Satz 2 erfolgen.

(3) ¹Befinden sich alle Geschäftsanteile der Gesellschaft in der Hand eines Gesellschafters oder daneben in der Hand der Gesellschaft und ist er zugleich deren alleiniger Geschäftsführer, so ist auf seine Rechtsgeschäfte mit der Gesellschaft § 181 des Bürgerlichen Gesetzbuchs anzuwenden. ²Rechtsgeschäfte zwischen ihm und der von ihm vertretenen Gesellschaft sind, auch wenn er nicht alleiniger Geschäftsführer ist, unverzüglich nach ihrer Vornahme in eine Niederschrift aufzunehmen.

idF dBGBl 2008 I, S 2026

§ 181 BGB Insichgeschäft. Ein Vertreter kann, soweit nicht ein anderes ihm gestattet ist, im Namen des Vertretenen mit sich im eigenen Namen oder als Vertreter eines Dritten ein Rechtsgeschäft nicht vornehmen, es sei denn, dass das Rechtsgeschäft ausschließlich in der Erfüllung einer Verbindlichkeit besteht.

idF dBGBl 2002 I, S 42

Literatur: *Altmeppen*, In-sich-Geschäfte der Geschäftsführer in der GmbH, NZG 2013, 401; *Auktor*, Praktische Probleme bei der Mehrfachvertretung von Gesellschaften, NZG 2006, 334; *Blasche/König*, Befreiung des GmbH-Geschäftsführers vom Selbstkontrahierungsverbot im Einzelfall und Genehmigung von Rechtsgeschäften nach Verbotsverstößen, NZG 2012, 812; *Gerling/Habermann*,

Die Befreiung von § 181 BGB im Kontext von Finanzierungsrunden, NZG 2020, 965; *Lohr*, Der Stimmrechtsausschluss des GmbH-Gesellschafters, NZG 2002, 551; *Wicke*, Selbstbestellung des Vorstands der Mutter-AG zum Geschäftsführer der Tochter-GmbH, GmbHR 2023, 477.

Inhaltsübersicht

I. Einleitung	1
II. Zur Vertretung bei der Vornahme von Insichgeschäften	2–22
A. Allgemeines bürgerliches Recht	2–4
B. Insichgeschäfte durch den (Gesellschafter-)Geschäftsführer	5–7
C. Möglichkeit allgemeiner und einzelfallbezogener Befreiung des Geschäftsführers	8–11
D. Grenzüberschreitende Insichgeschäfte	12–16
E. Insichgeschäfte durch den Gesellschafter im korporativen Bereich	17–22

I. Einleitung

Die für die **Vertretung der GmbH** nach außen relevanten Normen des 1
österr u dt GmbHG haben im Großen u Ganzen einen ähnlichen Regelungsgehalt. Ein ganz **wesentlicher Untersch** besteht jedoch hinsichtlich der Regelungstiefe u Behandlung der **Insichgeschäfte**. Anders als im österr Privatrecht[1] besteht im dt Recht mit § 181 BGB als Norm des Vertretungsrechts im AT des BGB eine gesetzl Regelung über die Beschränkung der Vertretungsbefugnis bei der Vornahme v Insichgeschäften. Darüberhinaus kann u muss[2] eine allg Befreiung eines GF v diesen Beschränkungen – anders als in Ö – als eintragungspflichtige Tatsache im HR eingetragen werden. Daraus folgt im Fall allg Befreiung ein erhöhtes Maß an Rechtssicherheit für die GF u den Rechtsverkehr in Dtl. Besondere Aufmerksamkeit kann die untersch Behandlung des Insichgeschäfts in Dtl u Ö zB auch in grenzüberschreitenden (Konzern-)Beteiligungskonstellationen erfordern. Die hiesige Darstellung der Vertretung in der GmbH soll sich iW auf die Vertretung bei Insichgeschäften beschränken.

---

1 OGH 12.4.2000, 4 Ob 71/00w.
2 BGH 28.2.1983, II ZB 8/82, NJW 1983, 1676; OLG Frankfurt 13.12.1996, 10 U 8/96, GmbHR 1997, 349; KG 21.3.2006, 1 W 252/05, NZG 2006, 718; *Stephan/Tieves* in MüKo GmbHG[4] § 35 Rz 199; *Beurskens* in Noack/Servatius/Haas, GmbHG[23] § 39 Rz 7.

II. Zur Vertretung bei der Vornahme von Insichgeschäften

A. Allgemeines bürgerliches Recht

2 § 181 BGB bestimmt zunächst den Grundsatz, dass ein Vertreter (egal, ob gesetzl oder rechtsgeschäftlicher Vertreter) empfangsbedürftige Rechtsgeschäfte[3] im Namen des Vertretenen nicht wirksam vornehmen kann, wenn er das Rechtsgeschäft mit sich im eigenen Namen (**Selbstkontrahieren**) oder mit sich als Vertreter eines Dritten (**Doppelvertretung**) vornimmt. Die dt Praxis spricht insoweit regelmäßig kurz v den „Beschränkungen aus § 181 BGB".

3 Nimmt der Vertreter das Insichgeschäft trotzdem vor, ist dieses **schwebend unwirksam** u kann nach § 177 BGB durch Genehmigung des Vertretenen mit *ex-tunc*-Wirkung endgültig wirksam oder durch Ablehnung der Genehmigung endgültig unwirksam werden.

4 Die Beschränkungen des § 181 BGB gelten nach der gesetzl Regelung nicht u der Vertreter kann das Rechtsgeschäft ohne Weiteres wirksam vornehmen, wenn das Rechtsgeschäft ausschließlich in der **Erfüllung einer Verbindlichkeit** besteht (zB Zahlung des vertraglich vereinbarten GF-Gehalts). Über den Wortlaut hinaus gelten die Beschränkungen des § 181 BGB weiter dann nicht, wenn das Rechtsgeschäft für den Vertretenen **lediglich rechtlich vorteilhaft oder neutral** ist;[4] diese im praktischen Leben in Form der Schenkung an Minderjährige wichtige Fallgruppe dürfte im GesR kaum relevant sein.

B. Insichgeschäfte durch den (Gesellschafter-)Geschäftsführer

5 Handelt eine andere Person anstelle des GF für diesen persönlich, sodass der GF nur auf Seiten der Gesellschaft u nicht auf beiden Seiten des Rechtsgeschäfts zugleich unmittelbar selbst auftritt, sind die Voraussetzungen eines Insichgeschäfts nach dem Wortlaut v § 181 BGB an sich nicht erfüllt. Ob u inwieweit § 181 BGB **in Fällen mittelbaren Handelns des GF** entspr angewendet werden muss, ist in den Einzelheiten

---

3 § 181 BGB gilt auch für geschäftsähnliche Handlungen, nicht jedoch für die Vornahme v Realakten u streng einseitigen Rechtsgeschäften.
4 BGH 7.9.2017, IX ZR 224/16, NJW 2017, 3516 (3517); 18.10.2017, I ZR 6/16, NZG 2018, 221 (223).

umstr. So soll § 181 BGB anzuwenden sein, wenn sich der GF bei der Vornahme des Rechtsgeschäfts durch einen Bevollmächtigten vertreten lässt oder die Gesellschaft v einem Bevollmächtigten vertreten wird, dessen Vollmacht der GF für die Gesellschaft erteilt hat.[5] Dagegen soll § 181 BGB nicht anzuwenden sein, wenn im Fall gesamtvertretungsberechtigter GF der v den Beschränkungen des § 181 BGB betroffene GF den anderen entspr § 125 Abs 2 S 2 dHGB **organschaftlich zur Alleinvertretung ermächtigt**[6] oder wenn es sich bei dem Bevollmächtigten um einen **Prokuristen** handelt, weil dieser selbst in der Verantwortung ggü der Gesellschaft stehe.[7]

Nach dem Wortlaut des § 35 Abs 3 S 1 dGmbHG ist § 181 BGB auf die Rechtsgeschäfte einer GmbH mit einem **Allein-Gesellschafter-Allein-GF** anzuwenden. Die Regelung ist die gesetzgeberische Reaktion auf eine Rsp-Änderung, wonach § 181 BGB mangels denkbarem Interessenkonflikt auf die Rechtsgeschäfte einer GmbH mit ihrem Allein-Gesellschafter-Allein-GF nicht anzuwenden sein sollte.[8] Ausdrücklich hatte der Gesetzgeber dabei zusätzlich zur Vermeidung v Interessenkonflikten zw GF u Gesellschaft auch die Vermeidung v Nachteilen für die Gläubiger im Sinn. Infolge dieser Intention muss nach der hL § 181 BGB auch für die Rechtsgeschäfte eines Allein-Gesellschafter-GF gelten, der **nicht zugleich Allein-GF** ist[9] oder der als **Doppelvertreter** handelt.[10] Weniger streng ist insoweit die österr Rechtslage, welche die 6

---

5 OLG Frankfurt 22.1.1974, 20 W 810/73; OLG Hamm 2.10.1980, 15 W 117/80, NJW 1982, 1105; *Beuerskens* in Noack/Servatius/Haas, GmbHG[23] § 37 Rz 61; *U. Schneider/S. Schneider* in Scholz, GmbHG[12] § 35 Rz 135.
6 BGH 6.3.1975, II ZR 80/73, NJW 1975, 1117 (1118 f); wohl offenlassend BGH 8.10.1991, XI ZR 64/90, NJW 1992, 618; krit *Stephan/Tieves* in MüKo GmbHG[4] § 35 Rz 208 f u FN 479; *Beuerskens* in Noack/Servatius/Haas, GmbHG[23] § 37 Rz 62; *U. Schneider/S. Schneider* in Scholz, GmbHG[12] § 35 Rz 139.
7 BGH 13.6.1984, VIII ZR 125/83, NJW 1984, 2085; grds zust, jedoch bei Alleingesellschafter-GF **abl**: *U. Schneider/S. Schneider* in Scholz, GmbHG[12] § 35 Rz 137 f; krit *Stephan/Tieves* in MüKo GmbHG[4] § 35 Rz 211; *Beuerskens* in Noack/Servatius/Haas, GmbHG[23] § 37 Rz 62.
8 BGH 19.4.1971, II ZR 98/68, NJW 1971, 1355 (1356 f).
9 *Beuerskens* in Noack/Servatius/Haas, GmbHG[23] § 35 Rz 56; *Stephan/Tieves* in MüKo GmbHG[4] § 35 Rz 186; *U. Schneider/S. Schneider* in Scholz, GmbHG[12] § 35 Rz 158.
10 *Beuerskens* in Noack/Servatius/Haas, GmbHG[23] § 35 Rz 55; *Blasche/König*, NZG 2012, 812 (813).

Wirksamkeit davon abhängig macht, ob ein Interessenkonflikt denkbar ist[11] (vgl § 18 Rz 25 ff) u den Gläubigerschutzgedanken über die Dokumentationspflicht in § 18 Abs 5 berücksichtigt sieht, dessen Einhaltung aber nicht als Wirksamkeitserfordernis betrachtet (vgl § 18 Rz 35).[12] Die **Dokumentationspflicht** besteht infolge ihres europarechtlichen Ursprungs[13] mit § 35 Abs 3 S 2 dGmbHG iVm § 126b BGB auch in Dtl u wird ebenfalls nicht als (zusätzliches) Wirksamkeitserfordernis angesehen.[14]

7   **Abschluss, Änderung u Beendigung eines Anstellungsvertrags mit einem GF** sind eine (Annex-)Kompetenz der Gesellschafter iZm § 46 Nr 5 dGmbHG. Wie grds auch in Ö (vgl § 15 Rz 57)[15] wird die dGmbH beim Abschluss des Anstellungsvertrags durch die Gesamtheit der Gesellschafter organschaftlich vertreten. Erfolgt der Abschluss des Anstellungsvertrags mit einem Gesellschafter-GF, ist dieser (anders als in Ö, vgl § 15 Rz 58) als Gesellschafter nach § 181 BGB v der Vertretung der Gesellschaft ausgeschlossen. Im Beschluss über den Abschluss des Anstellungsvertrags muss der betr Gesellschafter daher zugleich für den Vertragsschluss entweder v Verbot des Selbstkontrahierens aus § 181 Var 1 BGB befreit (vgl Rz 8 ff) oder einer der anderen Gesellschafter mit der (rechtsgeschäftlichen) Vertretung der Gesellschaft beim Vertragsschluss betraut werden, um eine Unwirksamkeit infolge Selbstkontrahierens des Gesellschafter-GF zu vermeiden (zu § 181 BGB bei der Stimmrechtsausübung s Rz 17 ff).

---

11 OGH 28.1.1997, 1 Ob 2044/96m.
12 OGH 17.12.2008, 2 Ob 246/08b.
13 Art 5 EU-RL 2009/102/EG.
14 OLG Köln 13.3.2008, 18 U 85/06, BeckRS 2008, 9160; *Beuerskens* in Noack/Servatius/Haas, GmbHG[23] § 35 Rz 59 ff; *Stephan/Tieves* in MüKo GmbHG[4] § 35 Rz 214 ff.
15 Die Annexkompetenz der Gesellschafter besteht in Dtl auch nach dem Ende der Organstellung des GF fort, bis das GF-Dienstverhältnis rechtsgeschäftlich in ein Arbeitsverhältnis umgewandelt worden ist: BGH 3.7.2018, II ZR 452/17, NZG 2018, 1073 (1074); 27.3.1995, II ZR 140/93, NJW 1995, 1750 (1751). Dagegen grenzt der OGH die Zuständigkeit zw GV u (neuem bzw weiterem) GF rein zeitlich anhand des Endes der Organstellung ab: OGH 29.3.2001, 8 ObA 44/01f; 15.7.2011, 8 ObA 49/11f.

C. Möglichkeit allgemeiner und einzelfallbezogener Befreiung des Geschäftsführers

Der GF kann allg bzw für den Einzelfall v den Beschränkungen des § 181 BGB befreit werden. Dabei ist zur Vermeidung einer Unbestimmtheit stets anzugeben, ob sich die Befreiung auf das Selbstkontrahieren u/oder die Doppelvertretung bezieht.[16] 8

Die Befreiung erfolgt durch das hierzu bzw zur Bestellung des GF berufene Organ, **im Regelfall durch die Gesellschafter per Beschluss**.[17] Für einen Gesellschafter-GF besteht bei der Beschlussfassung über seine eigene einzelfallbezogene oder allg Befreiung ein **Stimmverbot** nach § 47 Abs 4 dGmbHG,[18] es sei denn, es handelt sich um einen Alleingesellschafter-GF.[19] 9

Erfolgt die **allg Befreiung** nicht bereits im GesV, sondern durch einfachen Beschluss, so ist nach der Rsp für den Beschluss sowohl in der eingliedrigen[20] als auch in der mehrgliedrigen[21] Gesellschaft eine **gesv Grundlage erforderlich**. Andernfalls ist die Befreiung schwebend unwirksam. Eine **Einzelfallbefreiung** soll dagegen auch ohne gesv Grundlage möglich sein[22]. Angesichts der Streitfragen sollte in der Praxis bereits bei der Gründung der Gesellschaft – auch u gerade im Fall eines Alleingesellschafter-GF – auf ausreichende Regelungen im GesV geacht- 10

---

16 OLG Nürnberg 12.2.2015, 12 W 129/15, NZG 2015, 886 (887).
17 *Stephan/Tieves* in MüKo GmbHG⁴ § 35 Rz 187.
18 *Lohr*, NZG 2002, 551 (558).
19 BGH 12.7.2011, II ZR 58/10, NZG 2011, 950 (951); *U. Schneider/S. Schneider* in Scholz, GmbHG¹² § 35 Rz 167; *Drescher* in MüKo GmbHG⁴ § 47 Rz 184.
20 BGH 28.2.1983, II ZB 8/82, NJW 1983, 1676; 18.11.1999, IX ZR 402/97, NZG 2000, 256 (257); *U. Schneider/S. Schneider* in Scholz, GmbHG¹² § 35 Rz 166.
21 OLG Hamm 27.4.1998, 15 W 79/98, NZG 1998, 598 (599); OLG Celle 16.8.2000, 9 W 82/99, NZG 2000, 1034; OLG München 12.5.2010, 31 Wx 19/10, NZG 2010, 795 (796); OLG Nürnberg 12.2.2015, 12 W 129/15, NZG 2015, 886 (887); aA *Beuerskens* in Noack/Servatius/Haas, GmbHG²³ § 37 Rz 66; *Stephan/Tieves* in MüKo GmbHG⁴ § 35 Rz 189; *Blasche/König*, NZG 2012, 812 (815); *Altmeppen*, NZG 2013, 401 (408) mwN; *Gerling/Habermann*, NZG 2020, 965 (967).
22 KG 23.8.2001, 8 U 8644/99, BeckRS 2001, 30201128; 21.3.2006, 1 W 252/05, NZG 2006, 718; *Beuerskens* in Noack/Servatius/Haas, GmbHG²³ § 37 Rz 66; *Stephan/Tieves* in MüKo GmbHG⁴ § 35 Rz 189; **aA** *U. Schneider/S. Schneider* in Scholz, GmbHG¹² § 35 Rz 166.

tet werden, welche eine generelle u einzelfallbezogene Befreiung durch Gesellschafterbeschluss erlauben. Diese Regelungen sollten sich dabei ausdrücklich auch auf die **Liquidation** erstrecken, da die gesv Vertretungsregelungen für die Geschäftsführung in der Liquidation grds nicht fortgelten (vgl § 68 Abs 1 S 2 dGmbHG; in Ö str, vgl § 90 Rz 14).[23]

11 Eine allg Befreiung ist eintragungspflichtig im HR (vgl Rz 1), wobei in der Anmeldung ggf zw der Befreiung v der Beschränkung des Selbstkontrahierens bzw der Doppelvertretung zu differenzieren ist (vgl Rz 8). Für die **Publizitätswirkung** gelten die allg Regeln nach § 15 dHGB.

D. Grenzüberschreitende Insichgeschäfte

12 Nimmt eine österr Gesellschaft in Dtl ein Rechtsgeschäft vor, bestimmt sich das auf die Vertretung **anzuwendende Recht bei einer organschaftlichen Vertretung nach dem Gesellschaftsstatut**, mithin nach dem österr Recht, **bei einer rechtsgeschäftlichen Vertretung dagegen nach dem Vollmachtsstatut als Wirkungsstatut**, sodass dt Recht als Recht des Landes maßgeblich ist, in dem das Geschäft vorgenommen worden ist bzw Wirkung entfaltet[24] (entspr in Ö im Fall eines dortigen Rechtsgeschäfts einer dt Gesellschaft, vgl Exkurs zum IPRG, Rz 18).

13 § 181 BGB ist somit im Fall einer rechtsgeschäftlichen Vertretung einer österr Gesellschaft in Dtl u im Fall einer organschaftlichen Vertretung einer dt Gesellschaft in Ö zu beachten, wenn der Vertreter der Gesellschaft das Rechtsgeschäft mit sich im eigenen Namen (Selbstkontrahieren) oder mit sich als Vertreter eines Dritten (Doppelvertretung) vornimmt.

14 Der **rechtsgeschäftliche Vertreter einer österr Gesellschaft bedarf für den wirksamen Abschluss eines Insichgeschäfts in Dtl einer Befreiung v den Beschränkungen des § 181 BGB**. Kann der GF der österr Gesellschaft die Befreiung nicht kraft eigener Befugnis erteilen, richten sich die Zuständigkeit für u die Zulässigkeit der Befreiung gem dem Gesellschaftstatut nach österr Recht, zuständig sind dann die Organe der österr Gesellschaft. Ist es zu einem Verstoß gegen § 181 BGB gekommen, richten sich die Folgen des Vertretungsmangels u die Möglichkeit

---

23 BGH 27.10.2008, II ZR 255/07, NZG 2009, 72 (73).
24 BGH 3.2.2004, XI ZR 125/03, NJW 2004, 1315 (1316).

seiner Behebung durch Genehmigung sodann jedoch nach dem für das Vertretergeschäft maßgeblichen Geschäftsstatut.[25]

Dementsprechend **bedarf der organschaftliche Vertreter einer dt Gesellschaft für den wirksamen Abschluss eines Insichgeschäfts in Ö somit einer Befreiung v den Beschränkungen des § 181 BGB** unter Berücksichtigung des dt GmbH-Rechts. Für die Folgen eines Vertretungsmangels u seine Behebung ist das Geschäftsstatut u mithin ggf das österr Recht zu beachten.

Vor diesem Hintergrund bedarf va der Abschluss v Rechtsgeschäften in österr-dt (GmbH-)Konzernstrukturen mit (tlw) GF-Identität oder sonstiger (rechtsgeschäftlicher) Mehrfachvertretung einer besonders gewissenhaften Vorbereitung, um Wirksamkeitsrisiken zu vermeiden (vgl zum korporativen Bereich Rz 22).[26]

E. Insichgeschäfte durch den Gesellschafter im korporativen Bereich

Die **Anwendung v § 181 BGB im korporativen Bereich bei Beschlussfassungen ist in versch Hinsicht umstr**. Eine vergleichbare Regelung zu § 39 Abs 5 enthält das dGmbHG nicht, weswegen die rechtliche Beurteilung der entspr Fälle in Dtl v den Ergebnissen aus § 39 Abs 5 in Ö (vgl § 39 Rz 92 ff) abweicht (zum Stimmverbot vgl § 47 dGmbHG Rz 1 ff).

Umstritten ist, ob § 181 BGB überhaupt auf die Stimmabgabe anwendbar sein soll. Die frühere Rsp[27] hat die Anwendung grds verneint, weil die Stimmabgabe ggü der Gesellschaft erfolge u daher kein Insichgeschäft vorliegen könne. Diese Sichtweise wird inzwischen überwiegend als zu formal abgelehnt.[28] Stattdessen soll § 181 BGB wegen seines **Normzwecks der Vermeidung v Interessenkollisionen** anzuwenden sein, wenn ein Gesellschaftervertreter mit v ihm vertretenen Stimmen an seiner Bestellung zum GF[29] oder bei einem Beschluss mit vertrags-

---

25 BGH 8.10.1991, XI ZR 64/90, NJW 1992, 618 (619).
26 V einer Mehrfachvertretung in grenzüberschreitenden Konzernstrukturen daher tendenziell grds abratend: *Auktor*, NZG 2006, 334 (337).
27 BGH 9.12.1968, II ZR 57/67, NJW 1969, 841 (844); BayObLG 8.12.1988, BReg 3 Z 138/88, NJW-RR 1989, 807.
28 BGH 6.6.1988, II ZR 318/87, NJW 1989, 168 (169); *Noack* in Noack/Servatius/Haas, GmbHG[23] § 47 Rz 60; *Drescher* in MüKo GmbHG[4] § 47 Rz 226.
29 BGH 17.1.2023, II ZB 6/22, NZG 2023, 567 (568); BayObLG 17.11.2000, 3Z BR 271/00, NZG 2001, 128; zur dt GesbR: BGH 24.9.1990, II ZR 167/89,

änderndem Charakter mitwirkt, zB Satzungsänderungsbeschluss,[30] Beschluss über Unternehmensvertrag,[31] Auflösungsbeschluss,[32] jedoch nicht beim Abschluss der Vereinbarungen für eine Kapitalerhöhung[33] oder eine Umwandlung.[34] Umstritten ist die Anwendung v § 181 BGB auf die Mitwirkung an gewöhnlichen Beschlüssen (zB Zustimmung zu außergewöhnlichen Geschäftsführungsmaßnahmen);[35] bei eigener Betroffenheit des Gesellschafters bzw Vertreters durch den Beschluss ist insoweit aber an § 47 Abs 4 dGmbHG, dessen Inhalt § 39 Abs 4 vergleichbar ist, zu denken.[36]

19 Eine **Stimmrechtsausübung unter Verstoß gegen § 181 BGB** ist schwebend unwirksam u kann nach § 177 BGB v Vertretenen mit *ex-tunc*-Wirkung genehmigt werden (vgl Rz 3). Erfolgt bis zur Ergebnisfeststellung keine Genehmigung, dürfen die betr Stimmen wegen schwebender Unwirksamkeit (wenn Genehmigungsentscheidung ausstehend) oder endgültiger Unwirksamkeit (wenn Genehmigung abgelehnt) der Stimmrechtsausübung nicht gezählt werden.[37] Eine Unwirksamkeit des Beschlusses folgt daraus jedoch nur, wenn die betr Stimmen für das Beschlussergebnis maßgeblich sind.[38]

NJW 1991, 691 (692); *Noack* in Noack/Servatius/Haas, GmbHG²³ § 47 Rz 60.
30 BGH 6.6.1988, II ZR 318/87, NJW 1989, 168 (169).
31 *Drescher* in MüKo GmbHG⁴ § 47 Rz 227; *Schmidt* in Scholz, GmbHG¹² § 47 Rz 180.
32 *Noack* in Noack/Servatius/Haas, GmbHG²³ § 47 Rz 60; *Schmidt* in Scholz, GmbHG¹² § 47 Rz 180.
33 LG Berlin 23.8.1985, 98 T 13/85, GmbHR 1985, 396.
34 *Stephan/Tieves* in MüKo GmbHG⁴ § 35 Rz 184; **aA** *Noack* in Noack/Servatius/Haas, GmbHG²³ § 47 Rz 60; *Schmidt* in Scholz, GmbHG¹² § 47 Rz 180.
35 **Dagegen:** *Noack* in Noack/Servatius/Haas, GmbHG²³ § 47 Rz 60; **dafür:** *Drescher* in MüKo GmbHG⁴ § 47 Rz 228; *Schmidt* in Scholz, GmbHG¹² § 47 Rz 180a.
36 Str, ob § 181 BGB neben § 47 Abs 4 dGmbHG anzuwenden ist; für eine parallele Anwendung: *Drescher* in MüKo GmbHG⁴ § 47 Rz 226 f; differenzierend: *Schmidt* in Scholz, GmbHG¹² § 47 Rz 181; einschränkend: *Noack* in Noack/Servatius/Haas, GmbHG²³ § 47 Rz 60; offengelassen für Selbstbestellung zum GF: BGH 17.1.2023, II ZB 6/22, NZG 2023, 567 (572); OLG München 8.5.2012, 31 Wx 69/12, NZG 2012, 710; die praktische Relevanz dieses Streits dürfte trotz geltender Nichtigkeitsfolge überschaubar sein: *Wicke*, GmbHR 2023, 477 (481).
37 *Drescher* in MüKo GmbHG⁴ § 47 Rz 234.
38 *Noack* in Noack/Servatius/Haas, GmbHG²³ § 47 Rz 65.

Den Beteiligten ist daher auch im Bereich der Insichgeschäfte v Gesellschaftern einer dGmbH anzuraten, ggf in möglichst klarer u eindeutiger Weise v der Möglichkeit der Befreiung v den Beschränkungen des § 181 BGB Gebrauch zu machen, um Unwirksamkeitsrisiken v Vornherein zu vermeiden.[39]

20

Abweichend davon findet § 181 BGB bei der **Beschlussfassung in der Ein-Mann-GmbH, wenn der Alleingesellschafter selbst abstimmt,** keine Anwendung.[40] Es ist aber nach § 48 Abs 3 dGmbHG eine Niederschrift erforderlich, wobei deren Unterlassen die Wirksamkeit des Beschlusses nicht hindert.[41]

21

Die Anwendung v § 181 BGB im korporativen Bereich muss bei der GF-Bestellung in österr-dt (GmbH-)Konzernstrukturen bedacht werden. **Soll ein GF einer österr GmbH zum GF v deren dt Tochter-GmbH bestellt werden,** bedarf der GF hierfür einer Befreiung v den Beschränkungen des § 181 BGB, welche in den Bestellungsbeschluss aufgenommen werden sollte. Zwar bestimmt sich die Vertretung der österr GmbH durch deren GF in der Beschlussfassung der dt GmbH über die GF-Bestellung gem dem Gesellschaftsstatut nach österr Recht. Aber die Erklärung der Bestellung an den neuen GF der dt GmbH (Ausführung des Bestellungsbeschlusses) ist eine Erklärung ders, welche dabei gem dem Gesellschaftsstatut nach dt Recht durch ihre Gesellschafter[42] (hier die österr GmbH vertreten durch ihren GF) vertreten wird. Ebenso wird auch die Annahmeerklärung des neuen GF ggü der dt GmbH (wiederum vertreten durch ihre Gesellschafterin, nämlich die österr GmbH u deren GF) dem dt Recht unterliegen. Hier erfolgt also bei der Ausführung des Bestellungsbeschlusses ein Insichgeschäft iSv § 181 BGB, für

22

---

39 Eine unbeschränkte Vollmachtserteilung an einen Mitgesellschafter zur Stimmabgabe in einer bestimmten GV zu angekündigten Beschlussgegenständen soll idR eine stillschweigende Befreiung v den Beschränkungen des § 181 BGB enthalten, es sei denn, den Umständen ist ausnahmsweise etwas anderes zu entnehmen; so zur dt GesbR: BGH 24.9.1990, II ZR 167/89, NJW 1991, 691 (692).
40 *Noack* in Noack/Servatius/Haas, GmbHG[23] § 47 Rz 7, 60; *Schmidt* in Scholz, GmbHG[12] § 47 Rz 180; wohl auch *Drescher* in MüKo GmbHG[4] § 47 Rz 229.
41 OLG Hamm 1.2.2006, 8 U 46/05, NZG 2006, 430 (431); *Noack* in Noack/Servatius/Haas, GmbHG[23] § 48 Rz 48; *Liebscher* in MüKo GmbHG[3] § 48 Rz 192; *Seibt* in Scholz, GmbHG[12] § 48 Rz 73; partiell zust u im Übrigen offenlassend BGH 27.3.1995, II ZR 140/93, NJW 1995, 1750 (1752).
42 *Stephan/Tieves* in MüKo GmbHG[4] § 35 Rz 51; *Beurskens* in Noack/Servatius/Haas, GmbHG[23] § 6 Rz 48.

welches der GF der österr GmbH einer Befreiung bedarf. **Soll ein GF einer dGmbH zum GF v deren österr Tochter-GmbH bestellt werden**, dürfte keine Notwendigkeit einer Befreiung v den Beschränkungen des § 181 BGB bestehen. Zwar unterliegt die Vertretung der dGmbH in der Beschlussfassung der österr GmbH gem dem Gesellschaftsstatut dem dt Recht. Die E darüber, wer bestellt werden soll, ist jedoch ein innergesellschaftlicher Akt u die Erklärung der Bestellung an den neuen GF durch die österr GmbH (vgl § 15 Rz 19) unterliegt gem dem Gesellschaftsstatut dem österr Recht. Zu prüfen bleibt dann aber gem den österr Regelungen bzgl Insichgeschäften, ob sich für die Ausführung des Bestellungsbeschlusses, also die Erklärung der Bestellung u ihre Annahme durch den neuen GF (vgl § 15 Rz 19, 35) besondere Anforderungen des österr Recht ergeben.

§ 43 dGmbHG Haftung der Geschäftsführer

(1) Die Geschäftsführer haben in den Angelegenheiten der Gesellschaft die Sorgfalt eines ordentlichen Geschäftsmannes anzuwenden.

(2) Geschäftsführer, welche ihre Obliegenheiten verletzen, haften der Gesellschaft solidarisch für den entstandenen Schaden.

(3) [1]Insbesondere sind sie zum Ersatz verpflichtet, wenn den Bestimmungen des § 30 zuwider Zahlungen aus dem zur Erhaltung des Stammkapitals erforderlichen Vermögen der Gesellschaft gemacht oder den Bestimmungen des § 33 zuwider eigene Geschäftsanteile der Gesellschaft erworben worden sind. [2]Auf den Ersatzanspruch finden die Bestimmungen in § 9b Abs. 1 entsprechende Anwendung. [3]Soweit der Ersatz zur Befriedigung der Gläubiger der Gesellschaft erforderlich ist, wird die Verpflichtung der Geschäftsführer dadurch nicht aufgehoben, daß dieselben in Befolgung eines Beschlusses der Gesellschafter gehandelt haben.

(4) Die Ansprüche auf Grund der vorstehenden Bestimmungen verjähren in fünf Jahren.

idF dBGBl 1980 I, S 836

§ 15b dInsO Haftung der Geschäftsführer. (1) [1]Die nach § 15a Absatz 1 Satz 1 antragspflichtigen Mitglieder des Vertretungsorgans und Abwickler einer juristischen Person dürfen nach dem Eintritt der Zahlungsunfähigkeit oder der Überschuldung der juristischen Person keine Zahlungen mehr für diese vornehmen. [2]Dies gilt nicht für Zahlungen, die mit der Sorgfalt eines ordentlichen und gewissenhaften Geschäftsleiters vereinbar sind. ³Die Geschäftsführer haben in den Angelegenheiten der Gesellschaft die Sorgfalt eines ordentlichen Geschäftsmannes anzuwenden.

(2) ¹Zahlungen, die im ordnungsgemäßen Geschäftsgang erfolgen, insbesondere solche Zahlungen, die der Aufrechterhaltung des Geschäftsbetriebs dienen, gelten vorbehaltlich des Absatzes 3 als mit der Sorgfalt eines ordentlichen und gewissenhaften Geschäftsleiters vereinbar. ²Im Rahmen des für eine rechtzeitige Antragstellung maßgeblichen Zeitraums nach § 15a Absatz 1 Satz 1 und 2 gilt dies nur, solange die Antragspflichtigen Maßnahmen zur nachhaltigen Beseitigung der Insolvenzreife oder zur Vorbereitung eines Insolvenzantrags mit der Sorgfalt eines ordentlichen und gewissenhaften Geschäftsleiters betreiben. ³Zahlungen, die im Zeitraum zwischen der Stellung des Antrags und der Eröffnung des Verfahrens geleistet werden, gelten auch dann als mit der Sorgfalt eines ordentlichen und gewissenhaften Geschäftsleiters vereinbar, wenn diese mit Zustimmung eines vorläufigen Insolvenzverwalters vorgenommen wurden.

(3) Ist der nach § 15a Absatz 1 Satz 1 und 2 für eine rechtzeitige Antragstellung maßgebliche Zeitpunkt verstrichen und hat der Antragspflichtige keinen Antrag gestellt, sind Zahlungen in der Regel nicht mit der Sorgfalt eines ordentlichen und gewissenhaften Geschäftsleiters vereinbar.

(4) ¹Werden entgegen Absatz 1 Zahlungen geleistet, sind die Antragspflichtigen der juristischen Person zur Erstattung verpflichtet. ²Ist der Gläubigerschaft der juristischen Person ein geringerer Schaden entstanden, beschränkt sich die Ersatzpflicht auf den Ausgleich dieses Schadens. ³Soweit die Erstattung oder der Ersatz zur Befriedigung der Gläubiger der juristischen Person erforderlich ist, wird die Pflicht nicht dadurch ausgeschlossen, dass dieselben in Befolgung eines Beschlusses eines Organs der juristischen Person gehandelt haben. ⁴Ein Verzicht der juristischen Person auf Erstattungs- oder Ersatzansprüche oder ein Vergleich der juristischen Person über diese Ansprüche ist unwirksam. ⁵Dies gilt nicht, wenn der Erstattungs- oder Ersatzpflichtige zahlungsunfähig ist und sich zur Abwendung des Insolvenzverfahrens mit seinen Gläubigern vergleicht, wenn die Erstattungs- oder Ersatzpflicht in einem Insolvenzplan geregelt wird oder wenn ein Insolvenzverwalter für die juristische Person handelt.

(5) ¹Absatz 1 Satz 1 und Absatz 4 gelten auch für Zahlungen an Personen, die an der juristischen Person beteiligt sind, soweit diese zur Zahlungsunfähigkeit der juristischen Person führen mussten, es sei denn, dies war auch bei Beachtung der in Absatz 1 Satz 2 bezeichneten Sorgfalt nicht erkennbar. ²Satz 1 ist auf Genossenschaften nicht anwendbar.

(6) Die Absätze 1 bis 5 gelten auch für die nach § 15a Absatz 1 Satz 3 und Absatz 2 zur Stellung des Antrags verpflichteten organschaftlichen Vertreter der zur Vertretung der Gesellschaft ermächtigten Gesellschafter.

(7) ¹Die Ansprüche aufgrund der vorstehenden Bestimmungen verjähren in fünf Jahren. ²Besteht zum Zeitpunkt der Pflichtverletzung eine Börsennotierung, verjähren die Ansprüche in zehn Jahren.

(8) ¹Eine Verletzung steuerrechtlicher Zahlungspflichten liegt nicht vor, wenn zwischen dem Eintritt der Zahlungsunfähigkeit nach § 17 oder der Überschuldung nach § 19 und der Entscheidung des Insolvenzgerichts über den Insolvenzantrag Ansprüche aus dem Steuerschuldverhältnis nicht oder nicht rechtzeitig erfüllt werden, sofern die Antragspflichtigen ihren Verpflichtungen nach § 15a nachkommen. ²Wird entgegen der Verpflichtung nach § 15a ein Insolvenzantrag verspätet gestellt, gilt dies nur für die nach Bestellung eines vorläufigen Insolvenzverwalters oder Anordnung der vorläufigen Eigenverwaltung fällig werdenden Ansprüche aus dem Steuerschuldverhältnis. ³Wird das Insolvenzverfahren nicht eröffnet und ist dies auf eine Pflichtverletzung der Antragspflichtigen zurückzuführen, gelten die Sätze 1 und 2 nicht.

idF dBGBl 2020 I, S 3256

Literatur: *Baumert*, § 15b InsO – offene Praxisfragen beim korrigierenden Eingriff des Gesetzgebers in die Rechtsprechung des II. Senats, NZG 2021, 443; *Deilmann/Dornbusch*, Drittanstellungen im Konzern, NZG 2016, 201; *Göb/Nebel*, Aktuelle gesellschaftsrechtliche Fragen in Krise und Insolvenz, NZI 2021, 17; *Jaschinski/Wentz*, Deckung von Ansprüchen aus § 64 GmbHG durch eine D&O-Versicherung, NZG 2021, 288; *Lohr*, Die Beschränkung der Innenhaftung des GmbH-GF, NZG 2000, 1204; *Mankowski*, Insolvenzrecht gegen Gesellschaftsrecht 2:0 im europäischen Spiel um § 64 GmbHG, NZG 2016, 281.

Inhaltsübersicht

I.	Einleitung	1, 2
II.	Zulässigkeit der Beschränkung der Geschäftsführerhaftung	3–6
III.	Anwendung von § 15b dInsO auf Geschäftsführer einer österreichischen GmbH	7–9
IV.	D&O-Versicherung und Inanspruchnahme aus § 15b dInsO	10–12

I. Einleitung

Die den Regelungen des § 25 über die **Haftung des GF** entspr Regelungen finden sich in § 43 dGmbHG u in dem am 1.1.2021 in Kraft getretenen § 15b dInsO, welcher die Nachfolgevorschrift des bis dahin geltenden § 64 dGmbHG aF ist. § 43 dGmbHG ist die allg Regelung über die Sorgfaltspflicht u Haftung des GF im Verhältnis zur Gesellschaft. § 15b dInsO entspricht der spezielleren Regelung des § 25 Abs 3 Z 2 u regelt das Verbot v Zahlungen nach Eintritt der Zahlungsunfähigkeit oder Überschuldung, also nach Eintritt einer Insolvenzantragspflicht. Die Erstattungspflicht infolge verbotener Einlagerückgewähr regelt § 31 dGmbHG als ähnliche Vorschrift zu § 25 Abs 3 Z 1, wobei zu berücksichtigen ist, dass sich die zugrundeliegenden Kapitalerhaltungsregeln in Ö u Dtl stark unterscheiden, so dass sich insoweit auch die Ersatzpflichten – jedenfalls im Ergebnis – deutlich unterscheiden. 1

Die hiesige Darstellung soll sich auf einen Überblick zur Zulässigkeit der **Beschränkung der Haftung des GF** u einzelne spezifische Fragen iZm § 15b dInsO u der **Haftung für Zahlungen nach Eintritt der Zahlungsunfähigkeit** beschränken. 2

II. Zulässigkeit der Beschränkung der Geschäftsführerhaftung

Nach der Rsp des OGH ist **§ 25 zwingendes Recht** u insb eine Herabsetzung der Sorgfaltspflicht des GF nicht möglich (vgl § 25 Rz 5). 3

Demgegenüber sind **in Dtl Haftungsbeschränkungen im Voraus u im Nachhinein zulässig** (zB im GesV, mit Beschluss nach § 46 Z 8 dGmbHG[1] im Dienstvertrag oder sonstiger Vereinbarung), wenn auch 4

---

[1] Ein Gesellschafter-GF ist bei Entlastung, Verzicht bzw nachträglicher Vereinbarung nach § 47 Abs 4 dGmbHG v Stimmrecht ausgeschlossen; str ist, ob

der zulässige Umfang insb in der Lit im Einzelnen umstr ist. Unzweifelhaft ist aufgrund § 276 Abs 3, § 202 Abs 1 BGB, dass eine Beschränkung der Haftung wegen Vorsatzes im Voraus nicht vereinbart werden kann. **Höchstrichterlich entschieden** ist, dass aufgrund der Kompetenz der Gesellschafter aus § 46 Z 8 dGmbHG die gem § 43 Abs 4 dGmbHG fünfjährige kenntnisunabhängige (anders in Ö vgl § 25 Rz 21 f) Verjährungsfrist vertraglich verkürzt werden kann (anders in Ö vgl § 25 Rz 23), dass ein abw Verschuldensmaßstab vereinbart werden kann (str in Ö vgl § 25 Rz 19) u dass durch einen Weisungsbeschluss der Gesellschafter eine Haftungsbefreiung erteilt werden kann (so auch in Ö vgl § 25 Rz 17). Derartige Haftungsbeschränkungen sind jedoch nur soweit zulässig, solange die Pflichtverletzung des GF nicht darin besteht, dass er entgegen § 43 Abs 3 dGmbHG an der Auszahlung gebundenen Kapitals der GmbH an Gesellschafter mitgewirkt hat[2] u die Schadensersatzleistung zur Gläubigerbefriedigung nicht erforderlich ist.[3] Dies gilt auch für einen nachträglichen Verzicht durch Vereinbarung, einen Entlastungsbeschluss oder einen Generalbereinigungsbeschluss,[4] wobei ein solcher Beschluss durch Mehrheitsentscheidung wegen des weiten Ermessensspielraums der Gesellschafter bei der Entlastung zw den Gesellschaftern nur in sehr engen Grenzen wegen Treuwidrigkeit angreifbar ist.[5] Allein die Tatsache, dass die Schadensersatzleistung des GF zur Befriedigung v Gesellschaftsgläubigern erforderlich ist, kann – anders als nach § 25 Abs 7, § 10 Abs 6 für die österr GmbH (vgl § 25 Rz 18) – die Unzulässigkeit der Haftungsbeschränkung bzw des Verzichts zugunsten des GF jedoch nicht begründen, weil der Gläubigerschutz durch die Kapitalerhaltungsregeln verwirklicht wird u darüber hinaus die Inanspruchnahme des GF nach § 46 Z 8 dGmbHG der Disposition der

---

Stimmrechtsausschluss auch bei Haftungsbeschränkungsvereinbarung im Voraus gilt, was aber – anders als bei Beschluss allein über Bestellung oder Abberufung des Gesellschafters als GF, vgl § 47 dGmbHG Rz 2 ff – zu bejahen sein dürfte (so wohl auch *Verse* in Scholz, GmbHG[12] § 43 Rz 427).

2 BGH 16.9.2002, II ZR 107/01, NJW 2002, 3777.
3 So zutr *Verse* in Scholz, GmbHG[12] § 43 Rz 419, 425 in Betrachtung der E BGH 16.9.2002, II ZR 107/01, NJW 2002, 3777.
4 BGH 7.4.2003, II ZR 193/02, NZG 2003, 528.
5 Nur, wenn keine andere E als die Versagung denkbar u die Entlastung missbräuchlich ist, was der Fall sein soll, wenn dem GF schwere Pflichtverletzungen vorzuwerfen sind u der Gesellschaft ein erheblicher Schaden zugefügt wurde: BGH 22.9.2020, II ZR 141/19, NZG 2020, 1343 (1347).

Gesellschafter unterliegt.[6] Ein Verzicht auf bzw Vergleich über Ansprüche nach § 15b Abs 4 S 1 dInsO ist jedoch nur in den engen Grenzen v § 15b Abs 4 S 5 dInsO zulässig.

Allerdings wird in der Lit vielfach u anhaltend vertreten, dass die Haftungsbeschränkungsverbote aus § 43 Abs 3 S 2 u S 3 dGmbHG über § 43 Abs 3 dGmbHG hinaus entspr anzuwenden seien[7] auf eine Haftung des GF wegen der Verletzung v Regelungen, die das Stammkapital der Gesellschaft unmittelbar vor Abzug u Eingriff schützen sollen (zB Kreditgewährung entgegen § 43a dGmbHG)[8] oder als Verlängerung des Schutzsystems der Kapitalerhaltungsvorschriften (§§ 30, 31 dGmbHG) anzusehen sind. Insoweit werden die Mitwirkung des GF an einem existenzvernichtenden Eingriff[9] oder die Insolvenzverschleppung[10] genannt. Welche Regelungen im Einzelnen einen derartigen eine Haftungsbeschränkung zugunsten des GF ausschließenden Inhalt haben sollen, ist bereits innerhalb der Lit jedoch äußerst umstr,[11] sodass diese Abgrenzung der aus Sicht der GF wünschenswerten Rechtssicherheit entgegensteht.[12] Größere Rechtssicherheit ließe sich daher mit einer wortlautnahen ausschließlichen Anwendung v § 43 Abs 3 S 2 u S 3 dGmbHG allein auf § 43 Abs 3 dGmbHG erzielen.

Weiter halten einige Stimmen der Lit einen Ausschluss der Haftung des GF für grobe Fahrlässigkeit für unzulässig,[13] wofür die jüngere Rsp des BGH jedoch keinen belastbaren Anhaltspunkt bietet.[14]

---

6 BGH 16.9.2002, II ZR 107/01, NJW 2002, 3777 (3778).
7 Dagegen aber mglw BGH 18.2.2008, II ZR 62/07, NZG 2008, 314 (315).
8 *Beurskens* in Noack/Servatius/Haas, GmbHG[23] § 43 Rz 40 mwN; *Verse* in Scholz, GmbHG[12] § 43 Rz 377 mwN; *Kleindiek* in Lutter/Hommelhoff, GmbHG[21] § 43 Rz 64.
9 *Beurskens* in Noack/Servatius/Haas, GmbHG[23] § 43 Rz 40 mwN; *Verse* in Scholz, GmbHG[12] § 43 Rz 377 mwN.
10 *Beurskens* in Noack/Servatius/Haas, GmbHG[23] § 43 Rz 40; *Kleindiek* in Lutter/Hommelhoff, GmbHG[21] § 43 Rz 64.
11 Mind krit bzgl noch weiterreichender Ausdehnung der Anwendung v § 43 Abs 3 S 2 u S 3 dGmbHG: *Verse* in Scholz, GmbHG[12] § 43 Rz 378; *Fleischer* in MüKo GmbHG[4] § 43 Rz 379 f.
12 Schwierige Abgrenzungsfragen sieht auch *Fleischer* in MüKo GmbHG[4] § 43 Rz 378; aA *Kleindiek* in Lutter/Hommelhoff, GmbHG[21] § 43 Rz 65.
13 *Beurskens* in Noack/Servatius/Haas, GmbHG[23] § 43 Rz 41 mwN; krit gegenüber Beschränkung der Haftung für grobe Fahrlässigkeit im Voraus: *Fleischer* in MüKo GmbHG[4] § 43 Rz 381; *Lohr*, NZG 2000, 1204 (1209).
14 Für Zulässigkeit der Beschränkung der Haftung für grobe Fahrlässigkeit auch: *Verse* in Scholz, GmbHG[12] § 43 Rz 424; *Deilmann/Dornbusch*, NZG 2016, 201 (206).

6 Im Fall eines **Gesellschafter-GF** ist zusätzlich zu beachten, dass ein Verzicht gegenüber diesem wie eine (ggf verbotene) Auszahlung nach § 30 dGmbHG wirken kann.[15]

III. Anwendung von § 15b dInsO auf Geschäftsführer einer österreichischen GmbH

7 Im Verhältnis v Ö u Dtl bestimmt sich das Insolvenzstatut nach Art 7 EU-InsVO. Danach **findet auf das Insolvenzverfahren u seine Wirkungen das Insolvenzrecht des Mitgliedstaates Anwendung, in dem das Verfahren eröffnet wird.** Darauf, nach dem Recht welches Mitgliedsstaats eine Gesellschaft gegründet wurde, kommt es nicht an. § 15b dInsO ist demnach auf eine österr GmbH bzw deren GF anwendbar, wenn § 15b dInsO dem Insolvenzstatut unterliegt u das Insolvenzverfahren über das Vermögen der GmbH in Dtl eröffnet worden ist.[16] Zu § 64 Satz 1 dGmbHG aF ist entschieden, dass die Regelung dem Insolvenzstatut unterliegt.[17] Bei § 64 Satz 3 dGmbHG aF war dies hLit.[18] Durch die Verschiebung des Regelungsgehalts aus § 64 dGmbHGaF in § 15b dInsO hat sich an dieser Einordnung nichts geändert,[19] **sodass auch § 15b dInsO dem Insolvenzstatut unterliegt.**[20]

8 **Zur Eröffnung eines Insolvenzverfahrens über das Vermögen einer österr GmbH in Dtl dürfte es allerdings nur in Ausnahmefällen kommen.** Nach Art 3 Abs 1 Unterabs 1 EU-InsVO sind für die Verfahrenseröffnung die Gerichte des Mitgliedstaats zuständig, in dessen Hoheitsgebiet die Gesellschaft den Mittelpunkt ihrer hauptsächlichen Interessen hat (sog *centre of main interest* – COMI), dort wo die Gesellschaft für Dritte feststellbar der Verwaltung ihrer Interessen nachgeht. Mit

---

15 BGH 7.4.2003, II ZR 193/02, NZG 2003, 528.
16 *Haas* in Noack/Servatius/Haas, GmbHG[23] § 64 Rz 78.
17 EuGH 10.12.2015, C-594/14 – *Kornhaas*, NZG 2016, 115; BGH 15.3.2016, II ZR 119/14, NZG 2016, 550.
18 *Bitter* in Scholz, GmbHG[12] § 64 Rz 57; *Mankowski*, NZG 2016, 281 (285 f).
19 *Müller* in MüKo GmbHG[4] § 64 Rz 240; mit der Verschiebung v § 64 S 3 dGmbHG aF in § 15b Abs 5 dInsO dessen Einordnung als insolvenzrechtliche Regelung für geklärt haltend: *Haas* in Noack/Servatius/Haas, GmbHG[23] § 64 Rz 82.
20 Zur umstr zeitlichen Anwendbarkeit v § 64 dGmbHG aF bzw § 15b dInsO gem Art 103m dEGInsO: *Baumert*, NZG 2021, 443 (445) mwN.

Art 3 Unterabs 2 EU-InsVO gilt eine Vermutung für den Satzungssitz als COMI, es sei denn, der Satzungssitz ist erst in den letzten drei Monaten vor dem Eröffnungsantrag in einen anderen Mitgliedsstaat verlegt worden. Unter Berücksichtigung des COMI wird die Eröffnung eines Insolvenzverfahrens über das Vermögen einer österr GmbH in Dtl daher **regelmäßig nur** in Betracht kommen, **wenn die österr GmbH ihren tatsächlichen Verwaltungssitz in Dtl hat**. Geht die Gesellschaft (auch) im Staat ihres Satzungssitzes ihrer Geschäftstätigkeit nach, wird die Vermutung regelmäßig nicht entkräftet sein.[21]

Wird die **Eröffnung des Insolvenzverfahrens mangels Masse abgelehnt**, ist zu beachten, dass die Ansprüche aus § 15b Abs 4 dInsO dann dem Deliktsstatut unterliegen sollen.[22]

IV. D&O-Versicherung und Inanspruchnahme aus § 15b dInsO

Gemäß den üblichen Versicherungsbedingungen gewährt eine **D&O-Versicherung** Versicherungsschutz für den Fall, dass die versicherte Person wegen einer Pflichtverletzung aufgrund gesetzl Haftpflichtbestimmungen auf Schadensersatz in Anspruch genommen wird. Abweichend v den Obergerichten[23] bejaht der BGH, dass § 64 S 1 dGmbHG aF eine solche gesetzl Haftpflicht begründet.[24] Der Anspruch aus § 64 S 1 dGmbHG aF ist danach jedoch (weiterhin) als Anspruch eigener Art u nicht als deliktischer Anspruch anzusehen. Durch die Verschiebung des Regelungsgehalts aus § 64 dGmbHG aF in § **15b dInsO** wird sich an der Einordnung als **gesetzl Haftpflichtbestimmung** nichts ändern,[25] zumal

---

21 Vgl EuGH 2.5.2006, C-341/04 – *Eurofood IFSC Ltd*.
22 *Haas* in Noack/Servatius/Haas, GmbHG[23] § 64 Rz 81
23 OLG Düsseldorf 20.7.2018, I-4 U 93/16, NZG 2018, 1310 (1312); 26.6.2020, 4 U 134/18, NJW-RR 2020, 1429 (1432f); OLG Frankfurt 1.7.2019, 3 U 6/19, BeckRS 2019, 53145; abl *Bitter* in Scholz, GmbHG[12] § 64 Rz 218ff.
24 BGH 18.11.2020, IV ZR 217/19, NZG 2021, 291; aA bei Formulierung des Versicherungsschutzes für Inanspruchnahme auf Ersatz eines Vermögensschadens (statt auf Schadensersatz): LG Köln 9.12.2020, 20 O 1/20, BeckRS 2020, 48070; die Unterscheidung des LG Köln als spitzfindig abl *Haas* in Noack/Servatius/Haas, GmbHG[23] § 64 Rz 74.
25 *Haas* in Noack/Servatius/Haas, GmbHG[23] § 64 Rz 74.

die Gesetzesfassung durch § 15b Abs 4 S 2 dInsO auf eine entspr M auch des Gesetzgebers schließen lässt[26].

11 Während aus Sicht des GF einer dGmbH bisher **beim Abschluss der D&O-Versicherung** darauf geachtet werden musste, dass Ansprüche gegen den GF wegen Zahlungen nach Eintritt der Insolvenzreife ausdrücklich in den Versicherungsschutz aufgenommen wurden, wird nun umgekehrt **darauf zu achten sein, dass insoweit kein Ausschluss erfolgt.**[27] Zu erwarten ist zudem, dass sich die Streitigkeiten mit dem D&O-Versicherer künftig – neben den Tatbestandsvoraussetzungen des § 15b dInsO – va um die Frage der Wissentlichkeit der Pflichtverletzung des GF drehen werden.

12 Wenn die Versicherungsbedingungen für die D&O-Versicherung **im Fall einer österr GmbH** auch eine Pflichtverletzung wegen gesetzl Haftpflichtbestimmungen voraussetzen, wird für deren GF angesichts der Einordnung des § 25 Abs 3 Z 2 durch den OGH[28] gleichermaßen zu prüfen sein, dass Ansprüche wegen Zahlungen nach Eintritt der Insolvenzreife nicht v Versicherungsschutz ausgenommen sind.

§ 47 dGmbHG Abstimmung

(1) Die von den Gesellschaftern in den Angelegenheiten der Gesellschaft zu treffenden Bestimmungen erfolgen durch Beschlußfassung nach der Mehrheit der abgegebenen Stimmen.

(2) Jeder Euro eines Geschäftsanteils gewährt eine Stimme.

(3) Vollmachten bedürfen zu ihrer Gültigkeit der Textform.

(4) ¹Ein Gesellschafter, welcher durch die Beschlußfassung entlastet oder von einer Verbindlichkeit befreit werden soll, hat hierbei kein Stimmrecht und darf ein solches auch nicht für andere ausüben. ²Dasselbe gilt von einer Beschlußfassung, welche die Vornahme eines Rechtsgeschäfts oder die Einleitung oder Erledigung eines Rechtsstreites gegenüber einem Gesellschafter betrifft.

idF dBGBl 2008 I, S 2026

Literatur: *Altmeppen*, Machtverhältnisse bei Abberufung eines Gesellschafter-Geschäftsführers in der GmbH aus „wichtigem Grund", NJW 2016, 2833; *Altmeppen*, Beschlussfeststellung, Stimmrecht und Klageobliegenheit in der GmbH,

---

26 *Göb/Nebel*, NZI 2021, 17 (18).
27 *Jaschinski/Wentz*, NZG 2021, 288 (289).
28 OGH 26.9.2017, 6 Ob 164/16k.

GmbHR 2018, 225; *Bayer*, Zum Stimmverbot des Betroffenen bei Beschlussfassungen „aus wichtigem Grund", GmbHR 2017, 665; *Ensenbach*, Das Stimmrecht des Gesellschafters bei seiner Abberufung als Geschäftsführer aus wichtigem Grund, GmbHR 2016, 8; *Kaulbach/Reidt*, Interessen- und Gesellschafterkonflikte bei der Abberufung des Gesellschafter-Geschäftsführers – Mehrheit versus Minderheit und vice versa (Teil II), GmbHR 2021, 191; *Meyer*, Streit um den Suhrkamp-Verlag – Überlegungen zum Stimmverbot des Gesellschafter-Geschäftsführers, NJW 2013, 753; *Noack*, Der Versammlungsleiter im GmbH-Recht, GmbHR 2017, 792; *Pentz*, Die Abberufung des Gesellschafter-Geschäftsführers, GmbHR 2017, 801; *Werner*, Die Haftung des Versammlungsleiters bei der Beschlussfeststellung, GmbHR, 2020, 1168; *Wicke*, Dos and Dont's bei der Einberufung und Durchführung von Gesellschafterversammlungen, GmbHR 2017, 777.

Inhaltsübersicht

I. Einleitung 1
II. Stimmbefugnis und Stimmverbot bei eigener Organbestellung und -abberufung 2–10

I. Einleitung

Betrachtet man die grds vergleichbaren Regelungen über die Abstimmung bei Beschlussfassungen der Gesellschafter aus § 39 u aus § 47 dGmbHG, fällt als wesentlicher textlicher Untersch auf, dass § 39 Abs 5 in § 47 dGmbHG keine Entsprechung hat. Nach dem Wortlaut des § 39 Abs 5 ist ein Gesellschafter bei Beschlussfassungen über seine eigene Organstellung zur Abstimmung befugt. Dies soll auch bei Beschlussfassungen über eine Abberufung aus der Organstellung aus wichtigem Grund gelten (vgl § 39 Rz 93). Während in Dtl die grds **Abstimmungsbefugnis bei Beschlussfassungen über die eigene Organstellung** auch ohne geschriebene Regelung ebenfalls bejaht wird, gilt dies nicht im Fall der Abstimmung über die Abberufung aus wichtigem Grund. Die dabei angeführten Argumente fußen auf allg Grundsätzen u nicht auf spezifischen (dt) Gesetzesregelungen. Sie könnten demzufolge auch bei der Anwendung des § 39 Abs 5 Beachtung finden u sollen daher die hiesige Darstellung bilden.

1

II. Stimmbefugnis und Stimmverbot bei eigener Organbestellung und -abberufung

2 Ein Gesellschafter ist bei seiner eigenen Bestellung oder Abberufung in eine Organstellung bei einer dGmbH abstimmungsbefugt; zwar ist die Stimmrechtsausübung ein Rechtsgeschäft, jedoch ist das Stimmverbot aus § 47 Abs 4 S 2 Fall 1 dGmbHG teleologisch zu reduzieren u nur auf Rechtsgeschäfte der GmbH mit einem Gesellschafter als einem Dritten, nicht jedoch auf körperschaftliche Sozialakte, bei denen der Gesellschafter sein Mitgliedschaftsrecht ausübt, anzuwenden[1] (bei gleichzeitigem Insichgeschäft eines Gesellschaftervertreters vgl zusätzlich § 35 dGmbHG Rz 17 ff). Für die österr GmbH ist die entspr Einschränkung des § 39 Abs 4 S 2 Fall 1 in § 39 Abs 5 ausdrücklich geregelt worden.

3 Einigkeit besteht in Dtl auch darüber, dass ein Gesellschafter **jedoch nicht über seine eigene Abberufung aus wichtigem Grund** beschließen kann; zur Begründung wird angeführt, dies ergebe sich aus dem Grundsatz, dass niemand Richter in eigener Sache sein darf,[2] wie sich aus § 47 Abs 4 S 2 Fall 1 dGmbHG ergibt, weil in diesem Fall dessen teleologische Reduktion anhand des Zwecks der Vermeidung v Interessenkonflikten zw dem einzelnen Gesellschafter u der GmbH nicht gelten kann,[3] bzw dass – uE als Ausfluss der gesellschafterlichen Treuepflicht – niemand durch seine Stimme Maßnahmen verhindern darf, die sich aufgrund eines wichtigen Grunds gegen ihn richten.[4] Egal welcher dieser Begr man folgt, lässt sich festhalten, dass die betr Grundsätze für sich betrachtet auch im Recht der österr GmbH Geltung beanspruchen (vgl § 39 Rz 53 zum Richten in eigener Sache u § 61 Rz 43 zur Treuepflicht bei wichtigem Grund).

4 Das auf § 39 Abs 5 fußende **Problem, dass ein Gesellschafter, der über die notwendige Stimmenmehrheit verfügt, seine Abberufung als**

---

[1] StRsp; BGH 29.9.1955, II ZR 225/54, NJW 1955, 1716 (1717); 9.12.1968, II ZR 57/67, NJW 1969, 841 (844); 31.5.2011, II ZR 109/10, NZG 2011, 902 (903); 4.4.2017, II ZR 77/16, NZG 2017, 700; dies gilt auch bzgl fakultativer Gesellschaftsorgane u -gremien bzw Prokuraerteilung u -widerruf: *Drescher* in MüKo GmbHG⁴ § 47 Rz 164.

[2] BGH 27.4.2009, II ZR 167/07, NZG 2009, 707 (709); 4.4.2017, II ZR 77/16, NZG 2017, 700 (701); *Schmidt* in Scholz, GmbHG¹² § 47 Rz 141.

[3] *Drescher* in MüKo GmbHG⁴ § 47 Rz 165; *Meyer*, NJW 2013, 753 (754).

[4] BGH 21.4.1969, II ZR 200/67, NJW 1969, 1483; *Noack* in Noack/Servatius/Haas, GmbHG²³ § 47 Rz 85; *Meyer*, NJW 2013, 753 (755).

Organ auch dann verhindern kann, wenn schwerwiegende Gründe für seine Abberufung vorliegen u sein Weiterverbleib in der Organstellung für die GmbH u die übrigen Gesellschafter untragbar ist, wurde in Ö durch die Einfügung v § 16 Abs 2 S 1 u 2 adressiert.[5] Danach kann ein Gesellschafter-GF bei Vorliegen eines wichtigen Grundes per gerichtl E abberufen werden, wobei hierzu eine Klage aller Gesellschafter erforderlich ist. Die Rsp interpretiert diese Gesetzeslage dahingehend, dass der Gesetzgeber trotz Vorliegens wichtiger Gründe für die Abberufung während der Dauer des Rechtsstreites offenbar eher die Ausübung der GF-Tätigkeit durch den Mehrheitsgesellschafter in Kauf nimmt, als dass ihm eine Gesellschafterminderheit für die Prozessdauer die GF-Befugnis entziehen können soll.[6] Damit gewichtet das österr Recht das Interesse des (pflichtwidrig handelnden) Mehrheitsgesellschafters im Streitfall höher als die Interessen der Minderheitsgesellschafter u der Gesellschaft an einer pflichtgemäßen Geschäftsführung. Dies erscheint aus dt Sicht etwas befremdlich. Zwar mag es nachvollziehbar sein, die in einem solchen Streitfall bei unklarem Sachverhalt erforderliche Abwägung der Interessen unter Berücksichtigung auch der Mehrheitsverhältnisse vorzunehmen, allerdings bleibt bei dieser Vorgehensweise das stets auch bestehende Interesse der Gesellschaft selbst an einer pflichtgemäßen Geschäftsführung unberücksichtigt.

Weiter könnte es lohnen, das **Verhältnis v § 39 Abs 4 S 2 Fall 1 u § 39 Abs 5** näher zu beleuchten. Der OGH scheint anzunehmen, dass auf die Abberufung per Beschluss § 39 Abs 4 S 2 Fall 1 v vornherein (u unabhängig v Bestand des Interessenkonflikts des betr Gesellschafters) nicht anzuwenden sei, weil kein Rechtsgeschäft mit einem Gesellschafter vorliege.[7] Dies dürfte einer genauen Betrachtung kaum standhalten, da auch der OGH annimmt, dass die Abberufungserklärung dem GF gegenüber erklärt werden u diesem zugehen muss (vgl § 16 Rz 18),[8] weswegen sie ein Rechtsgeschäft darstellt.[9]

5

Eine Nichtanwendung v § 39 Abs 4 S 2 Fall 1 auf die Abberufung bedarf daher einer eingehenderen Begr. Ein Begründungsversuch könnte sein, § 39 Abs 5 als *lex specialis* zu § 39 Abs 4 S 2 Fall 1 anzusehen. Inhalt-

6

---

5 OGH 26.4.1988, 3 Ob 549/86 mit Verweis auf die Entstehungsgeschichte.
6 OGH 26.4.1988, 3 Ob 549/86; 12.12.1991, 8 Ob 633/91.
7 OGH 27.2.1986, 8 Ob 515/86.
8 RIS-Justiz RS0059717.
9 OLG Frankfurt 7.7.2015, 5 U 187/14, NZG 2015, 1112 (1114); *Stephan/Tieves* in MüKo GmbHG[4] § 38 Rz 47; *Pentz*, GmbHR 2017, 801 (803 f).

lich überzeugend erschiene eine solche rein technische Begr allein aber nicht, weil diese an der Nichtberücksichtigung des Gesellschaftsinteresses an einer pflichtgemäßen Geschäftsführung sowie an der Nichtberücksichtigung der Treuepflicht, der eigenen Abberufung im Fall des Vorliegens eines wichtigen Grundes zuzustimmen (vgl § 61 Rz 43), nichts ändern würde.

7 Der aus einer schrankenlosen Anwendung des § 39 Abs 5 folgende **Wertungswiderspruch, dass ein Mehrheitsgesellschafter seine eigene Abberufung aus wichtigem Grund entgegen seiner Treuepflichten (vorläufig) verhindern könnte**, zeigt sich auch im Vergleich mit einem v Mehrheitsgesellschafter gestützten Fremd-GF,[10] welcher einen wichtigen Grund gesetzt hat u bzgl welchem der Mehrheitsgesellschafter sich nicht auf § 39 Abs 5 berufen kann, sondern seiner Treuepflicht entspr v Anfang an dessen Abberufung zustimmen muss.

8 In klaren Fällen mögen die Untersch zw der österr u der dt Lösung gering sein, wenn § 16 Abs 2 S 5 einen einstweiligen Rechtsschutz für die GmbH u die Minderheitsgesellschafter ermöglicht. Weiter werden sich auch in unklaren oder für die Minderheitsgesellschafter mit Nachweisschwierigkeiten behafteten Fällen die Untersch in der Praxis häufig in Grenzen halten: zwar führt die dt Lösung über das Stimmverbot auf direkterem Weg zur materiell zutr Lage; **tatsächlich wird in vielen Fällen jedoch über den Versammlungsleiter die Beschlussfeststellung**[11] **durch den Mehrheitsgesellschafter bestimmt werden können**,[12] welcher so trotz Vorliegen eines wichtigen Grundes bis zu einer gerichtl E eine (vorläufige) Wirkung des die Abberufung abl Beschlusses herbei-

---

10 Insoweit differenzierend: *Schmidt* in Scholz, GmbHG[12] § 47 Rz 141.
11 Zur Feststellungskompetenz des Versammlungsleiters: BGH 21.6.2010, II ZR 230/08, NZG 2010, 1022 (1023); *Liebscher* in MüKo GmbHG[4] § 48 Rz 133 ff; *Wicke*, GmbHR 2017, 777 (785).
12 ZB durch Satzungsregelungen, dass der Mehrheitsgesellschafter die GV leitet oder kraft seiner Mehrheit (BGH 4.5.2009, II ZR 116/07, NZG 2009, 1309) einen ihm gewogenen Versammlungsleiter bestimmen kann (insoweit besteht kein Stimmverbot: BGH 21.6.2010, II ZR 230/08, NZG 2010, 1022 [1023] zum *actus contrarius* der Abberufung des Versammlungsleiters); *Wicke*, GmbHR 2017, 777 (784 f); die Bestimmung des Versammlungsleiters durch Mehrheitsbeschluss abl *Noack*, GmbHR 2017, 792 (796); im Ergebnis weitergehend *Altmeppen*, NJW 2016, 2833 (2837); *Altmeppen*, GmbHR 2018, 225 (229 ff), welcher die Beschlussfeststellungskompetenz grds bei der GV verortet, weil – entgegen der hM – erst dieser Organakt den Beschluss hervorbringe.

führen kann,[13] weswegen sich auch mit dem Stimmverbot eine vorläufige Wirkmöglichkeit der Mehrheit nicht verleugnen lässt. Es wird aber auch Fälle geben, in denen der Mehrheitsgesellschafter diese Möglichkeit über die Beschlussfeststellung nicht hat u es ohne die Lösung über das Stimmverbot mind faktisch dazu kommt, dass die GmbH (vorläufig) an einen GF gebunden bleibt, obwohl dieser grobe Pflichtverletzungen gegen die GmbH begangen hat.

Vieldiskutiert ist auch die **Frage, unter welchen Voraussetzungen ein Stimmverbot anzunehmen ist**: ob das Stimmverbot bereits besteht, wenn nach dem Inhalt des Beschlusses über eine Abberufung aus wichtigem Grund entschieden wird,[14] ob das Stimmverbot erst besteht, wenn der wichtige Grund mind substanziiert, schlüssig bzw nachvollziehbar behauptet ist,[15] oder das Stimmverbot nur besteht, wenn der wichtige Grund vorliegt,[16] was eine materielle Prüfung desselben bei der Beschlussfassung erfordern würde. Der **BGH hat die Frage offengelassen**,[17] weil im Zeitpunkt der gerichtl Beschlussprüfung unzweifelhaft das tatsächliche Vorliegen des wichtigen Grundes zu prüfen ist. Jedenfalls bei Bestehen (faktischer) Machtverhältnisse über die Beschlussfeststellung (vgl Rz 8) wird der Streit v dadurch über die Klagelast entscheidenden Versammlungsleiter[18] entschieden werden u v den Gerichten weiterhin offengelassen werden können.

9

---

13 BGH 21.6.2010, II ZR 230/08, NZG 2010, 1022 (1023); durch die daraus folgende Klageobliegenheit der Minderheit die Stimmverbote denaturiert sieht *Noack*, GmbHR 2017, 792 (797); zust *Kaulbach/Reidt*, GmbHR 2021, 191 (195).
14 OLG Naumburg 23.2.1999, 7 U (Hs) 25/98, NZG 2000, 44 (46); OLG Karlsruhe 4.5.1999, 8 U 153/97, NZG 2000, 264 (265); *Stephan/Tieves* in MüKo GmbHG⁴ § 38 Rz 86.
15 OLG Brandenburg 17.1.1996, 7 U 106/95, GmbHR 1996, 539 (542); *Drescher* in MüKo GmbHG⁴ § 47 Rz 167; *Schmidt* in Scholz, GmbHG¹² § 46 Rz 76.
16 OLG Hamm 18.9.2019, 8 U 35/19, BeckRS 2019, 25244; *Noack* in Noack/Servatius/Haas, GmbHG²³ § 47 Rz 85; *Ensenbach*, GmbHR 2016, 8 (11 ff); *Bayer*, GmbHR 2017, 665 (670).
17 BGH 4.4.2017, II ZR 77/16, NZG 2017, 700 (701).
18 *Stephan/Tieves* in MüKo GmbHG⁴ § 38 Rz 85; *Noack*, GmbHR 2017, 792 (793). Will der Versammlungsleiter sich neutral verhalten oder fürchtet er eine persönliche Haftung (vgl hierzu *Werner*, GmbHR 2020, 1168), so kann er auch lediglich das Zählergebnis der Abstimmung feststellen u auf die Feststellung des inhaltlichen Beschlussergebnisses verzichten: *Stephan/Tieves* in MüKo GmbHG⁴ § 38 Rz 86; *Noack*, GmbHR 2017, 792 (800).

10   Überzeugender – auch dogmatisch – ist uE insgesamt die Lösung über das Stimmverbot, welche durch entspr Auslegung des § 39 Abs 5 im Wege einer teleologischen Reduktion unter Berücksichtigung v § 39 Abs 4 S 2 Fall 1 u durch Auslegung des § 16 Abs 2 im Wege einer Fokussierung auf dessen prozessualen Gehalt (vgl § 16 Rz 40 ff) auch bei der österr GmbH zur Anwendung gebracht werden könnte. Zudem ließe sich diese Lösung unproblematisch u widerspruchsfrei auf Fälle des Prokurawiderrufs oder die Abberufung aus fakultativen Organen u Gremien der GmbH aus wichtigem Grund anwenden.

Anh § 47 dGmbHG Beschlussmängel

Literatur: *Altmeppen*, Machtverhältnisse bei Abberufung eines Gesellschafter-Geschäftsführers in der GmbH aus „wichtigem Grund", NJW 2016, 2833; *Altmeppen*, Beschlussfeststellung, Stimmrecht und Klageobliegenheit in der GmbH, GmbHR 2018, 225; *Bayer/Horner/Möller*, Bedeutung und Grenzen der Legitimationswirkung der Gesellschafterliste gem. § 16 Abs. 1 Satz 1 GmbHG, GmbHR 2022, 1; *Bayer/Möller*, Beschlussmängelklagen de lege lata und de lege ferenda, NZG 2018, 801; *Fischer*, Die Gesellschafterliste der GmbH im einstweiligen Rechtsschutz, GmbHR 2018, 1257; *Fleischer*, Das Beschlussmängelrecht in der GmbH, GmbHR 2013, 1289; *Gaub*, Fehlerhafte und faktische GmbH-Geschäftsführer im Zivilprozess, GmbHR 2022, 669; *Kaufmann*, Die Klagefrist bei Beschlussmängelstreitigkeiten im Recht der AG und GmbH, NZG 2015, 336; *Kleindiek*, Einziehung von GmbH-Geschäftsanteilen, Legitimationswirkung der Gesellschafterliste und einstweiliger Rechtsschutz, GmbHR 2017, 815; *Lieder/Becker*, Zwangseinziehung und einstweilige Verfügung, GmbHR 2019, 505; *Mediger*, Die Funktion des Registergerichts bei der Gewährung effektiven Rechtsschutzes in Fällen der Zwangseinziehung von GmbH-Geschäftsanteilen, GmbHR 2022, 123; *Neumayer/Zeyher*, MoPeG und gesellschaftsrechtliche Prozessführung, NZG 2022, 1707; *Noack*, Der Versammlungsleiter im GmbH-Recht, GmbHR 2017, 792; *Strothmann*, Satzungsautonomie und Anfechtungsklage, GmbHR 2021, 578; *Wälzholz*, Gesellschaftervereinbarungen (side-letters) neben der GmbH-Satzung, GmbHR 2009, 1020; *Wagner*, Einstweiliger Rechtsschutz gegen den Verlust der formellen Gesellschafterstellung nach der Zwangseinziehung von GmbH-Geschäftsanteilen, GmbHR 2016, 463; *Werner*, Der fehlerhafte Beiratsbeschluss, GmbHR 2015, 577; *Wicke*, Schuldrechtliche Nebenvereinbarungen bei der GmbH – Motive, rechtliche Behandlung, Verhältnis zum Gesellschaftsvertrag, DStR 2006, 1137; *Wicke*, Dos and dont's bei der Einberufung und Durchführung von Gesellschafterversammlungen, GmbHR 2017, 777; *Wörner/Ebel*, Wechselspiel der Beschlussmängelregime in den Personenhandelsgesellschaften und der GmbH, NZG 2021, 963.

Inhaltsübersicht

I. Einleitung 1, 2
II. Zur Rechtslage bei Beschlussmängeln bei der deutschen
    GmbH 3–46
    A. Kategorien und Folgen von Beschlussmängeln 5–34
       1. Nichtigkeit von Gesellschafterbeschlüssen 5–15
          a) Nichtigkeitsgründe 5–10
          b) Geltendmachung der Nichtigkeit 11–15
       2. Anfechtbarkeit von Gesellschafterbeschlüssen 16–27
          a) Anfechtungsgründe 16–18
          b) Geltendmachung der Anfechtbarkeit 19–27
       3. Unwirksamkeit von Gesellschafterbeschlüsssen ... 28, 29
          a) Unwirksamkeitsgründe 28
          b) Geltendmachung der Unwirksamkeit 29
       4. Schein- bzw Nichtbeschlüsse 30–34
    B. Klage auf Feststellung des Beschlussergebnisses 35–37
    C. Vertretung der GmbH im Beschlussmängelrechtsstreit 38–40
    D. Einstweiliger Rechtsschutz 41–46
III. Rechtsvergleichende Betrachtung zum Beschlussmängel-
     recht 47–61
     A. Zur analogen Anwendung des aktienrechtlichen
        Beschlussmängelrechts und zu den Arten der Beschluss-
        mängel 47–49
     B. Zum Widerspruchserfordernis 50
     C. Zur Anfechtungsfrist und ihrem Beginn 51
     D. Zur Anfechtungsbefugnis von Geschäftsführern und
        Aufsichtsräten 52
     E. Betrachtung vom OGH entschiedener Fälle 53–58
     F. Zu Mängeln bei Beschlüssen anderer Gremien 59–61

I. Einleitung

Während für die österr GmbH durch §§ 41 ff der Umgang mit mangel- **1**
haften Gesellschafterbeschlüssen zumindest tw kodifiziert ist (vgl § 41
Rz 1), sind im dGmbHG praktisch keine Regelungen zum Umgang mit
mangelhaften Gesellschafterbeschlüssen enthalten, so dass **Beschlussmängel bei der dGmbH seit jeher im Wege der Rechtsfortbildung zu
behandeln** sind. Die Rsp des OGH bleibt – angesichts des vorhandenen
geschriebenen Rechts – relativ eng am Wortlaut insb des § 41 u wendet
infolgedessen die Kategorie der Anfechtbarkeit eines Beschlusses u der
Anfechtungsklage aus Sicht der dt Rechtsanwendung breiter an. Dies
führt insb wegen der damit verbundenen Klagenotwendigkeit innerhalb

der Frist aus § 41 Abs 4 zu Kritik in der österr Lit (vgl Nachw bei § 41 Rz 10 ff, 16 ff). Angesichts des auch für die österr GmbH nur tw kodifizierten Beschlussmängelrechts kann eine vergleichende Betrachtung der österr u dt Rechtsanwendung v Interesse sein.

2 Ungeachtet dessen sind Fragen des Beschlussmängelrechts aus Sicht der Praxis regelmäßig Fragen mit zeitlicher Brisanz, entweder aufgrund v Klagefristen oder, weil im Wege des einstweiligen Rechtsschutzes der Beschlussvollzug u die Schaffung vollendeter Tatsachen nach Möglichkeit verhindert werden soll. Die hiesige Darstellung soll daher auch einen kurzen Überblick über die Geltendmachung v Beschlussmängeln bei der dGmbH u über wichtige Untersch zum österr Recht geben.

II. Zur Rechtslage bei Beschlussmängeln bei der deutschen GmbH

3 Die Lücke im dGmbHG bzgl der Beschlussmängel u ihren Folgen wird bisher iW durch eine entspr Anwendung der in den aktienrechtlichen Vorschriften aus §§ 241 ff dAktG zum Ausdruck gelangten verbandsrechtlichen Grundsätze unter Berücksichtigung der Besonderheiten der dGmbH geschlossen.[1] Hinsichtlich der Mängel sind **Nichtigkeit, Anfechtbarkeit u Unwirksamkeit zu unterscheiden.** Hinzu kommen in der Praxis die **Fälle des unklaren Beschlussergebnisses.** Die weiteren aufgeworfenen Kategorien Wirkungslosigkeit, Nichtbeschluss bzw Scheinbeschluss (vgl Rz 30 ff) sind allenfalls ein prozessuales Rechtsschutzproblem iZm der allg Feststellungsklage gem § 256 dZPO,[2] haben jedoch keinen eigenen materiell-rechtlichen Gehalt u sind aus Sicht des Beschluss- bzw Beschlussmängelrechts daher letztlich überflüssig u allenfalls Verwirrung stiftend.[3]

4 Die Unterscheidung v Nichtigkeit u Anfechtbarkeit ist durch das **G zur Modernisierung des PersGesR** mit Wirkung ab 1.1.2024 auch für die Beschlüsse v Personenhandelsgesellschaften kodifiziert worden (vgl §§ 110 ff dHGB idF ab 1.1.2024). Ausweislich der Gesetzesbegründung

---

1 StRsp: BGH 11.2.2008, II ZR 187/06, NZG 2008, 317 (318); 24.3.2016, IX ZB 32/15, NZG 2016, 552 (553); *Noack* in Noack/Servatius/Haas, GmbHG[23] Anh § 47 Rz 1; *Schmidt/Bochmann* in Scholz, GmbHG[12] § 45 Rz 35.
2 *Schmidt/Bochmann* in Scholz, GmbHG[12] § 45 Rz 50 f.
3 *Noack* in Noack/Servatius/Haas, GmbHG[23] Anh § 47 Rz 24 ff.

soll daraus aber nicht geschlossen werden, dass der Gesetzgeber mangels Kodifizierung im dGmbHG das System der Nichtigkeit u Anfechtbarkeit bei Beschlüssen für die dGmbH ablehnen würde. Vielmehr eröffnet die Gesetzesbegründung eine entspr Anwendung des Beschlussmängelrechts der Personenhandelsgesellschaften auf die dGmbH unter Berücksichtigung auch der bisherigen auf §§ 241 ff dAktG basierenden Rsp zu Beschlussmängeln bei der GmbH.[4]

A. Kategorien und Folgen von Beschlussmängeln

1. Nichtigkeit von Gesellschafterbeschlüssen

a) Nichtigkeitsgründe

Ein **nichtiger Gesellschafterbeschluss entfaltet v Anfang keine Wirkung**. Nichtigkeitsgründe liegen lediglich **bei besonders schweren Beschlussmängeln** vor. Kodifiziert sind Nichtigkeitsgründe in § 57j S 2, § 57n Abs 2 S 4, § 58a Abs 4 S 2, § 58e Abs 3 S 1 u § 58f Abs 3 S 1 dGmbHG, welche spezielle Fälle der Kapitalerhöhung u der Kapitalherabsetzung betreffen. Im Übrigen ist § 241 dAktG entspr anzuwenden. Danach führen bestimmte schwerwiegende Verfahrensmängel bei der Einberufung u bei der Beschlussbeurkundung, die Unvereinbarkeit des Beschlusses mit dem Wesen der GmbH, mit Gläubigerschutzvorschriften, mit Vorschriften zum Schutz öffentlicher Interessen oder mit den guten Sitten zu dessen Nichtigkeit. Außerdem ist bestimmt, dass die rechtskräftige Nichtigkeitsentscheidung infolge einer Anfechtungsklage u rechtskräftige Löschungsentscheidung des Registergerichts zur Beschlussnichtigkeit führen. Die **Nichtigkeitsgründe können gesv weder erweitert noch beschränkt** werden[5]. 5

---

4 Dt Bundestag Drucksache 19/27635 S 228: „*Ungeachtet der Beschränkung seines Anwendungsbereichs auf Personenhandelsgesellschaften ist davon auszugehen, dass das Anfechtungsmodell auf das von der Rechtsprechung entwickelte Beschlussmängelrecht der Gesellschaft mit beschränkter Haftung ausstrahlen wird [...] Der Normenkomplex der §§ 110 bis 115 HGB-E trägt damit [...] zu einer allgemeinen Institutionenbildung bei [...]*"; zur dogmatischen Umsetzung dieses gesetzgeberischen Ansatzes im Recht der dGmbH: *Wörner/Ebel*, NZG 2021, 963.

5 *Schmidt/Bochmann* in Scholz, GmbHG[12] § 45 Rz 63; *Wertenbruch* in MüKo GmbHG[4] Anh § 47 Rz 28 ff (unter Hinweis, dass gesv Übernahme v § 110 Abs 2 S 1 Z 1 dHGB idF ab 1.1.2024 keine Erweiterung sei, Rz 31a); für Zuläs-

6   Einberufungsmängel, welche zur Nichtigkeit führen (es sei denn, alle Gesellschafter sind gem § 51 Abs 3 dGmbHG erschienen oder vertreten) liegen vor bei Einberufung durch einen Unberechtigten (zB durch Gesellschafter ohne Einhaltung v § 50 Abs 3 dGmbHG oder abberufenen GF),[6] wenn nicht alle in der Gesellschafterliste (§ 16 dGmbHG) geführten Gesellschafter einberufen worden sind,[7] wenn in der Einberufung Angaben über Fa u Sitz der GmbH[8] bzw Zeit u Ort der GV fehlen[9] oder wenn entgegen § 48 Abs 2 dGmbHG oder einer abw Satzungsregelung die Abstimmung (tw) außerhalb der ordnungsgemäßen GV erfolgt.[10] Keine Nichtigkeit aber liegt vor bei einem Verstoß gegen die Form der Ladung (§ 51 Abs 1 S 1 dGmbHG), wenn diese zugegangen ist.[11]

---

sigkeit gesv Behandlung v Anfechtungsgründen als Nichtigkeitsgründe: *Noack* in Noack/Servatius/Haas, GmbHG[23] Anh § 47 Rz 31.
6   StRsp: BGH 13.5.2014, II ZR 250/12, NZG 2014, 945 (946); 8.11.2016, II ZR 304/15, NZG 2017, 182.
7   OLG Celle 24.9.2013, 9 U 69/13, BeckRS 2014, 5127; KG 18.3.2019, 22 W 5/19, BeckRS 2019, 43877; *Noack* in Noack/Servatius/Haas, GmbHG[23] Anh § 47 Rz 45.
8   *Noack* in Noack/Servatius/Haas, GmbHG[23] Anh § 47 Rz 45.
9   BGH 17.10.1988, II ZR 18/88, NJW-RR 1989, 347 (349); 24.3.2016, IX ZB 32/15, NZG 2016, 552 (553); *Schmidt/Bochmann* in Scholz, GmbHG[12] § 45 Rz 64.
10 BGH 16.1.2006, II ZR 135/04, NZG 2006, 428; zust *Wertenbruch* in MüKo GmbHG[4] Anh § 47 Rz 59 ff; aA u für Anfechtbarkeit: *Schmidt/Bochmann* in Scholz, GmbHG[12] § 45 Rz 65; *Noack* in Noack/Servatius/Haas, GmbHG[23] § 48 Rz 43; für Zulässigkeit v kombinierter Präsenz- u Videokonferenzversammlung: *Noack* in Noack/Servatius/Haas, GmbHG[23] § 48 Rz 42 (noch ohne Berücksichtigung v § 48 Abs 1 S 2 dGmbHG); *Wertenbruch* in MüKo GmbHG[4] Anh § 47 Rz 55 e f (nur bei zeitgleicher Teilnahme u Zustimmung nach § 48 Abs 1 S 2 dGmbHG).
11 OLG Stuttgart 27.6.2018, 14 U 33/17, BeckRS 2018, 21664; *Noack* in Noack/Servatius/Haas, GmbHG[23] § 51 Rz 28; *Schmidt/Bochmann* in Scholz, GmbHG[12] § 45 Rz 64; *Seibt* in Scholz, GmbHG[12] § 51 Rz 26; zust mit Differenzierung bei Ladung per E-Mail u bloß mündlicher Ladung: *Wertenbruch* in MüKo GmbHG[4] Anh § 47 Rz 45 ff; differenzierend für Nichtigkeit bei Schriftformverstoß u lediglich Anfechtbarkeit bei Verstoß gegen § 51 Abs 1 S 1 dGmbHG: BGH 17.10.1988, II ZR 18/88, NJW-RR 1989, 347 (349); die Nichtigkeit letztlich mit Nichtwahrung der Ladungsfrist u nicht mit Nichtwahrung der Form begründend: BGH 13.2.2006, II ZR 200/04, NZG 2006, 349; aA wohl *Liebscher* in MüKo GmbHG[4] § 51 Rz 56.

Beurkundungsmängel setzen einen Verstoß gegen ein gesetzl Beurkundungserfordernis bzgl des Beschlusses voraus (vgl § 53 Abs 2 dGmbHG, § 13 Abs 3 dUmwG). 7

Die Nichtigkeit wegen eines **Wesensverstoßes**, wegen **Verstoßes gegen Gläubigerschutzvorschriften** oder **sonstige Vorschriften zum Schutz öffentlicher Interessen** spielen in der Praxis der Rsp eine eher untergeordnete Rolle. Unzulässige Satzungsregelungen bzw -änderungen sollen einen Wesensverstoß darstellen,[12] kommen wegen der notariellen Kontrolle im Rahmen des § 53 Abs 2 S 1 dGmbHG aber kaum vor. Von gewisser Relevanz sind Verstöße gegen Gläubigerschutzvorschriften. Verstößt eine Ausschüttung gegen die Kapitalerhaltungsregeln (vgl §§ 30 f dGmbHG), ist der zugrundeliegende Ausschüttungsbeschluss zwar grds nicht nichtig, sondern § 31 dGmbHG bestimmt die Rechtsfolgen. Wenn bei der Fassung eines Beschlusses jedoch bereits feststeht, dass der Beschluss auf eine nach § 30 dGmbHG unzulässige Zahlung abzielt, ist doch bereits der Beschluss selbst nichtig.[13] Nichtig ist auch ein Einziehungsbeschluss nach § 34 dGmbHG ohne Satzungsgrundlage oder bzgl eines nicht vollständig eingezahlten Geschäftsanteils (vgl § 34 dGmbHG Rz 10, 14). Nichtig ist ein Satzungsänderungsbeschluss über eine rechtsmissbräuchliche Sitzverlegung in der Krise,[14] ein Beschluss über die Bestellung eines GF, welcher die Anforderungen aus § 6 Abs 2 dGmbHG nicht erfüllt[15] oder eines AR unter Verstoß gegen § 52 Abs 1 dGmbHG, § 105 Abs 1 dAktG,[16] sowie ein Beschluss mit einem Inhalt, der gegen ein Strafgesetz, Kartellrecht oder Beihilferecht verstößt.[17] 8

Ein **Beschluss mit perplexem Inhalt** ist bereits gem den Regeln der allg Rechtsgeschäftslehre nichtig.[18] 9

Sollte die Anwendung des Beschlussmängelrechts der PersGes der gesetzgeberischen Vorstellung entspr auf die dGmbH ausstrahlen (vgl Rz 4), könnte dies dazu führen, dass schwere Einberufungsmängel kei- 10

---

12 *Schmidt/Bochmann* in Scholz, GmbHG[12] § 45 Rz 73; *Wertenbruch* in MüKo GmbHG[4] Anh § 47 Rz 91 f.
13 So im Fall der Einziehung nach § 34 dGmbHG: BGH 26.1.2021, II ZR 391/18, NZG 2021, 831 (833).
14 KG 25.7.2011, 25 W 33/11, BeckRS 2011, 20093.
15 OLG Naumburg 10.11.1999, 7 Wx 7/99, BeckRS 2000, 2361.
16 *Noack* in Noack/Servatius/Haas, GmbHG[23] Anh § 47 Rz 53.
17 *Schmidt/Bochmann* in Scholz, GmbHG[12] § 45 Rz 75; *Wertenbruch* in MüKo GmbHG[4] Anh § 47 Rz 105 f.
18 *Noack* in Noack/Servatius/Haas, GmbHG[23] Anh § 47 Rz 54.

nen Nichtigkeitsgrund, sondern lediglich noch einen Anfechtungsgrund bilden, wobei dann auch die subjektive Anknüpfung der Klagefrist auf die GmbH zu übertragen sein dürfte.[19] Dagegen dürfte ein Beurkundungsmangel weiterhin unter Rückgriff auf § 241 Z 2 dAktG zur Nichtigkeit führen, weil das PersGesR die Beurkundungsbedürftigkeit v Gesellschafterbeschlüssen nicht kennt.[20]

b) Geltendmachung der Nichtigkeit

11 **Auf die fehlende Wirkung eines nichtigen Beschlusses kann sich grds jedermann gegenüber jedermann berufen** (ggf vorbehaltlich der Publizitätswirkung bei beschlussbezogenen Eintragungen in das HR, vgl § 15 dHGB), v den Gesellschaftsorganen ist sie zu beachten.[21]

12 Die Geltendmachung der Nichtigkeit eines Beschlusses **setzt keine formale Feststellung eines Beschlussergebnisses voraus**[22] u ist abgesehen v einer Verwirkung u den Ausnahmen der Dreijahresfrist aus § 242 Abs 2 S 1 dAktG analog[23] u der Monatsfrist aus §§ 14, 125, 195 dUmwG unabdingbar[24] u **grds unbefristet möglich** (vgl § 249 Abs 1 S 1 dAktG analog *e contrario*).

13 Die **Heilungsregeln aus § 242 dAktG sind analog anwendbar.**[25] Beurkundungsmängel heilen nach § 242 Abs 1 dAktG analog mit Eintragung im HR.[26] Ladungsfehler kann der betr Gesellschafter nach § 242

---

19 *Wörner/Ebel*, NZG 2021, 963 (965 f).
20 Im Ergebnis so auch *Wörner/Ebel*, NZG 2021, 963 (966), die aber unzutreffend bei der Anwendung des dGmbHG mit einer Regelungslücke im dHGB argumentieren; abl zur Beurkundungsbedürftigkeit v Beschlüssen in der Personenhandelsgesellschaft: OLG Düsseldorf 23.11.2017, 6 U 225/16, BeckRS 2017, 133913.
21 BGH 16.12.1953, II ZR 167/52, NJW 1954, 385 (386); *Noack* in Noack/Servatius/Haas, GmbHG[23] Anh § 47 Rz 68, 72; *Schmidt/Bochmann* in Scholz, GmbHG[12] § 45 Rz 81.
22 OLG Köln 30.3.1999, 22 U 143/98, BeckRS 2009, 23368; aA u ohne Beschlussfeststellung stets für allg Feststellungsklage: *Wertenbruch* in MüKo GmbHG[4] Anh § 47 Rz 262.
23 BGH 23.3.1981, II ZR 27/80, NJW 1981, 2125 (2126); *Wertenbruch* in MüKo GmbHG[4] Anh § 47 Rz 344.
24 BGH 26.1.2021, II ZR 391/18, NZG 2021, 831 (834).
25 Auch ein Ausstrahlen des Beschlussmängelrechts der PersGes auf die dGmbH (vgl Rz 4) dürfte insoweit nichts ändern.
26 BGH 6.11.1995, II ZR 181/94, NJW 1996, 257 (258); *Wertenbruch* in MüKo GmbHG[4] Anh § 47 Rz 164; *Schmidt/Bochmann* in Scholz, GmbHG[12] § 45

Abs 2 S 4 dAktG analog infolge Rügeverzichts (zB durch nachträgliche Zustimmung) nicht mehr geltend machen;[27] eine Bestätigung des nichtigen Beschlusses durch sämtliche Gesellschafter bedarf dagegen der Erfüllung aller Anforderungen an die Fassung eines (neuen) Beschlusses.[28]

Dem Personenkreis aus §§ 249, 248 dAktG analog (Gesellschafter iSv § 16 Abs 1 S 1 dGmbHG,[29] GF, AR[30]) sowie dem Insolvenzverwalter der GmbH bei Massebetroffenheit[31] steht prozessual lediglich die **Nichtigkeitsklage nach § 249 dAktG analog** als gegen die GmbH zu führende Gestaltungsklage offen.[32] Alle übrigen Personen können entspr der allg Wirkung der Nichtigkeit unter den weiteren Voraussetzungen des § 256 dZPO die Nichtigkeit im Wege einer **allg Feststellungsklage** gegenüber jedermann geltend machen.[33]

14

Die Nichtigkeitsklage hat gegenüber der allg Feststellungsklage zwei Vorzüge. Zum einen wirkt ein rechtskräftiges stattgebendes Urteil, welches die Nichtigkeit feststellt, nach § 248 dAktG analog für u gegen alle Gesellschafter, GF u AR, auch wenn sie nicht Partei des Rechtsstreits sind[34] u als Gestaltungsurteil darüber hinaus für u gegen jeden.[35] Zum anderen hat die Nichtigkeitsklage denselben Streitgegenstand wie die

15

Rz 88; im Fall v Umwandlungsbeschlüssen vgl § 20 Abs 1 Z 4, § 131 Abs 1 Z 4, § 202 Abs 1 Z 3 dUmwG.

27 OLG Naumburg 30.7.1998, 2 U (Hs) 305/97, BeckRS 1998, 31356196; *Wertenbruch* in MüKo GmbHG[4] Anh § 47 Rz 163; *Schmidt/Bochmann* in Scholz, GmbHG[12] § 45 Rz 87.

28 StRsp: BGH 26.1.2021, II ZR 391/18, NZG 2021, 831 (835).

29 Ein nicht (mehr) in die Gesellschafterliste eingetragener Gesellschafter bleibt aber klageberechtigt für den Prozess wegen Mängeln des Beschlusses über sein Ausscheiden: BGH 26.1.2021, II ZR 391/18, NZG 2021, 831 (832).

30 *Noack* in Noack/Servatius/Haas, GmbHG[23] Anh § 47 Rz 69; bzgl Gesellschaftern: BGH 13.10.2008, II ZR 112/07, NZG 2008, 912 (913); bzgl GF: OLG Koblenz 17.11.2005, 6 U 577/05, NZG 2006, 270 (271).

31 Zur AG: BGH 21.4.2020, II ZR 412/17, BeckRS 2020, 8598.

32 OLG Hamburg 31.5.1995, 11 U 183/94, NJW-RR 1996, 1065; OLG Koblenz 17.11.2005, 6 U 577/05, NZG 2006, 270 (271); *Noack* in Noack/Servatius/Haas, GmbHG[23] Anh § 47 Rz 71; zur Gen: BGH 23.2.1978, II ZR 37/77, NJW 1978, 1325.

33 BGH 13.10.2008, II ZR 112/07, NZG 2008, 912 (913).

34 BGH 29.3.1996, II ZR 124/95, NJW 1996, 1753 (1755).

35 BGH 17.2.1997, II ZR 41/96, NJW 1997, 1510 (1511); BGH 13.10.2008, II ZR 112/07, NZG 2008, 912 (913); *Bayer* in Lutter/Hommelhoff, GmbHG[21] Anh § 47 Rz 30a; *Schmidt/Bochmann* in Scholz, GmbHG[12] § 45 Rz 46, 82.

Anfechtungsklage,[36] sodass das Gericht bei Unklarheit darüber, ob ein Sachverhalt einen Nichtigkeits- oder (lediglich) einen Anfechtungsgrund darstellt, beide Kategorien umfassend prüfen wird.[37]

2. Anfechtbarkeit von Gesellschafterbeschlüssen

a) Anfechtungsgründe

16 Ein **Beschluss**, der nicht nichtig ist, jedoch **mit einem Mangel iSe Verstoßes gegen Satzung oder G**[38] (einschließlich Verstößen gegen Treuepflicht[39] oder Gleichbehandlung[40]) behaftet, **ist anfechtbar** (§ 243 Abs 1 dAktG analog).[41]

17 Ein **Verfahrensmangel** führt nicht zur Anfechtbarkeit, wenn er für die sachgerechte Meinungsbildung eines objektiv urteilenden Gesellschafters nicht relevant ist[42] oder sich nicht auf das Beschlussergebnis ausgewirkt hat bzw haben kann (zB Fehler bei Stimmenzählung bzw Feststellung des Beschlussergebnisses, ohne welchen es zum gleichen Ergebnis kommt).[43]

18 Ein **inhaltlicher Mangel** führt stets zur Anfechtbarkeit. Umstritten ist, ob bzw inwieweit ein Verstoß gegen eine Gesellschaftervereinbarung außerhalb der Satzung eine Anfechtbarkeit begründen kann.[44]

---

36 BGH 17.2.1997, II ZR 41/96, NJW 1997, 1510 (1511); 26.1.2021, II ZR 391/18, NZG 2021, 831 (833).
37 BGH 20.11.2018, II ZR 12/17, NZG 2019, 269 (274); 26.1.2021, II ZR 391/18, NZG 2021, 831 (833).
38 Für Zulässigkeit einer satzungsmäßigen Beschränkung der Anfechtbarkeit dahingehend, dass Verstöße gegen satzungsdispositives Gesetzesrecht keine Anfechtbarkeit begründen, mit der Folge, dass satzungsdispositives Recht zur bloßen Sollvorschrift würde: *Strothmann*, GmbHR 2021, 578 (583); *Schmidt/Bochmann* in Scholz, GmbHG[12] § 45 Rz 118.
39 StRsp: BGH 18.4.2005, II ZR 151/03, NZG 2005, 551 (553).
40 BGH 16.12.1991, II ZR 58/91, NJW 1992, 892 (895); 21.7.2008, II ZR 39/07, NZG 2008, 783 (784).
41 BGH 24.3.2016, IX ZB 32/15, NZG 2016, 552 (553); *Schmidt/Bochmann* in Scholz, GmbHG[12] § 45 Rz 93; *Bayer* in Lutter/Hommelhoff, GmbHG[21] Anh § 47 Rz 43; *Wertenbruch* in MüKo GmbHG[4] Anh § 47 Rz 175.
42 Keine Relevanz zB, wenn rechtswidriger Versammlungsleiter auf die Meinungsbildung keinen Einfluss nimmt: BGH 20.11.2018, II ZR 12/17, NZG 2019, 269 (273 f).
43 BGH 4.4.2017, II ZR 77/16; NZG 2017, 700 (701).
44 Dafür, wenn alle zur Zeit der Beschlussfassung vorhandenen Gesellschafter durch Vereinbarung gebunden: BGH 20.1.1983, II ZR 243/81, NJW 1983,

b) Geltendmachung der Anfechtbarkeit

Ein anfechtbarer Beschluss ist rechtswirksam, solange er nicht gerichtl für nichtig erklärt ist (vgl § 241 Z 5 dAktG analog).[45]

Die Anfechtbarkeit eines Beschlusses ist durch Anfechtungsklage nach § 246 dAktG analog geltend zu machen, wenn ein bestimmtes Beschlussergebnis festgestellt worden ist;[46] eine allg Feststellungsklage als Beschlussfeststellungsklage ist dann unzulässig.[47] Die Feststellung eines Beschlussergebnisses ist das förmliche Festhalten desselben, durch das die Unsicherheit darüber beseitigt werden soll, ob ein wirksamer Beschluss gefasst wurde. Eine Beschlussfeststellung liegt stets vor, wenn ein ordnungsgemäß bestimmter Versammlungsleiter[48] diese vornimmt, kann aber auch auf andere Weise erfolgen, soweit das Ziel, Unsicherheit über die Fassung eines Beschlusses zu beseitigen, erreicht wird.[49] Genügen soll insoweit auch, wenn die Gesellschafter ohne förmliche Feststel-

19

20

1910 (1911); OLG Oldenburg 17.7.2008, 1 U 15/08, BeckRS 2008, 17848; OLG Karlsruhe 17.11.2009, 8 U 26/08, BeckRS 2009, 88983; OLG München 9.8.2012, 23 U 4173/11, GmbHR 2012, 1075 (1078); *Schmidt/Bochmann* in Scholz, GmbHG[12] § 45 Rz 116; *Drescher* in MüKo GmbHG[4] § 47 Rz 254; uE zu weit, weil Bindung durch nicht beurkundetes bloßes gemeinsames Verständnis bejahend: BGH 27.10.1986, II ZR 240/85, NJW 1987, 1890 (1892); **dagegen:** OLG Stuttgart 7.2.2001, 20 U 52/97, BeckRS 2001, 30160267; *Bayer* in Lutter/Hommelhoff, GmbHG[21] Anh § 47 Rz 44; *Servatius* in Noack/Servatius/Haas, GmbHG[23] § 3 Rz 58; *Cziupka* in Scholz, GmbHG[12] § 3 Rz 116; *Wicke*, DStR 2006, 1137 (1143); *Wälzholz*, GmbHR 2009, 1020 (1026).

45 BGH 24.3.2016, IX ZB 32/15, NZG 2016, 552 (553).
46 BGH 24.3.2016, IX ZB 32/15, NZG 2016, 552 (553).
47 BGH 13.1.2003, II ZR 173/02, NZG 2003, 284 (285).
48 Zur Feststellungskompetenz des Versammlungsleiters: BGH 21.6.2010, II ZR 230/08, NZG 2010, 1022 (1023); *Liebscher* in MüKo GmbHG[4] § 48 Rz 133 ff; *Wicke*, GmbHR 2017, 777 (784 f); str ist insoweit zB inwieweit ein Mehrheitsgesellschafter faktische Feststellungsmacht hat durch Satzungsregelungen, dass er die GV leitet, oder kraft seiner Mehrheit (BGH 4.5.2009, II ZR 116/07, NZG 2009, 1309) einen ihm gewogenen Versammlungsleiter bestimmen kann (insoweit besteht kein Stimmverbot: BGH 21.6.2010, II ZR 230/08, NZG 2010, 1022 [1023] zum *actus contrarius* der Abberufung des Versammlungsleiters); die Bestimmung des Versammlungsleiters durch Mehrheitsbeschluss abl *Noack*, GmbHR 2017, 792 (796); im Ergebnis weitergehend *Altmeppen*, NJW 2016, 2833 (2837), *Altmeppen*, GmbHR 2018, 225 (229 ff), welcher die Beschlussfeststellungskompetenz grds bei der GV verortet, weil – entgegen der hM – erst dieser Organakt den Beschluss hervorbringe.
49 BGH 11.2.2008, II ZR 187/06, NZG 2008, 317 (318).

lung aE der Beschlussfassung übereinstimmend v einem bestimmten Beschlussergebnis ausgegangen sind,[50] wobei Protokollierung über das bloße Stimmenzählergebnis noch keine Beschlussfeststellung sein soll.[51]

21 Sofern kein Beschlussergebnis festgestellt ist, kann (bei Bestehen eines Feststellungsinteresses) eine **allg Feststellungsklage** als Beschlussfeststellungsklage erhoben werden (vgl Rz 35); eine Anfechtungsklage ist dann mangels Anfechtungsbefugnis unbegründet.[52]

22 Ist unklar, ob ein bzw welches Beschlussergebnis festgestellt ist, kann es daher erforderlich sein, eine Anfechtungsklage u hilfsweise eine Beschlussfeststellungsklage zu erheben. Weiters können eine Anfechtungsklage u Beschlussfeststellungsklage zu kombinieren sein (zB wenn v Stimmrecht ausgeschlossene abl Stimmen gezählt werden u deren Zählung zur Beschlussablehnung führen würde).[53]

23 Die **Anfechtungsklage muss fristgerecht erhoben werden**, andernfalls der Beschluss endgültig rechtswirksam ist (materiellrechtliche Ausschlussfrist).[54] Nach Ablauf der Klagefrist können daher auch keine weiteren Anfechtungsgründe nachgeschoben werden (allenfalls Nichtigkeitsgründe mangels Fristbindung, vgl Rz 12).[55] Klare Monatsfristen gelten für Beschlüsse iSd §§ 14, 125, 195 dUmwG. Im Übrigen findet die **Monatsfrist** aus § 246 Abs 1 dAktG zwar keine analoge Anwendung, ist aber **Regel- u Mindestfrist**[56] u muss die Anfechtungsklage mit aller dem klagenden Gesellschafter zumutbaren Beschleunigung erhoben werden. Wird die Monatsfrist überschritten, kommt es darauf an,

---

50 OLG München 14.8.2014, 23 U 4744/13, GmbHR 2015, 84 (85); *Bayer* in Lutter/Hommelhoff, GmbHG[21] Anh § 47 Rz 38; im Ergebnis auch BGH 11.2.2008, II ZR 187/06, NZG 2008, 317 (318).
51 OLG Stuttgart 10.2.2014, 14 U 40/13, GmbHR 2015, 431 (432); *Bayer* in Lutter/Hommelhoff, GmbHG[21] Anh § 47 Rz 38; aA u Feststellungswirkung bejahend, wenn kein Gesellschafter widerspricht: *Noack* in Noack/Servatius/Haas, GmbHG[23] Anh § 47 Rz 120a.
52 *Wertenbruch* in MüKo GmbHG[4] Anh § 47 Rz 261 f.
53 BGH 13.1.2003, II ZR 173/02, NZG 2003, 284 (285); OLG Köln 14.6.2018, 18 U 36/17, BeckRS 2018, 17085.
54 BGH 24.3.2016, IX ZB 32/15, NZG 2016, 552 (554); *Kaufmann*, NZG 2015, 336 (338).
55 BGH 13.7.2009, II ZR 272/08, NZG 2009, 1110; 26.1.2021, II ZR 391/18, NZG 2021, 831 (833 f).
56 Satzungsmäßige Fristverkürzung auf unter einen Monat daher unwirksam: BGH 21.3.1988, II ZR 308/87, NJW 1988, 1844 (1845); 6.4.2009, II ZR 255/08, NZG 2009, 620 (623).

ob zwingende Umstände den Gesellschafter an einer früheren klageweisen Geltendmachung des Anfechtungsgrundes gehindert haben.[57] Die **Frist beginnt** nicht gem § 246 Abs 1 dAktG mit der Beschlussfassung,[58] sondern mit der Kenntnis v der Beschlussfassung, wobei Kenntnis v der Tagesordnung bei Abwesenheit eine Erkundungspflicht auslöst[59].

Sollte die Anwendung des Beschlussmängelrechts der PersGes der gesetzgeberischen Vorstellung entspr auf die dGmbH ausstrahlen (vgl Rz 4), könnte dies dazu führen, dass die Regel- u Mindestfrist in Anlehnung an § 112 dHGB idF ab 1.1.2024 auf drei Monate ausgedehnt wird[60] u erst mit Bekanntgabe des Beschlusses beginnt; angesichts der bisherigen stRsp sollte bis auf Weiteres aber in jedem Fall auf die Einhaltung der Monatsfrist geachtet u sich bei Kenntnis v der GV ggf über gefasste Beschlüsse erkundigt werden. **24**

Die Anfechtung kann nach § 244 dAktG nicht mehr geltend gemacht werden, wenn der anfechtbare Beschluss durch einen neuen Beschluss bestätigt u dieser Beschluss innerhalb der Anfechtungsfrist nicht erfolgreich angefochten worden ist.[61] **25**

---

57 StRsp: BGH 18.4.2005, II ZR 151/03, NZG 2005, 551 (553); 13.7.2009, II ZR 272/08, NZG 2009, 1110; aA u für angemessene Frist im Einzelfall: *Noack* in Noack/Servatius/Haas, GmbHG[23] Anh § 47 Rz 146 ff; zur Frage einer Fristverlängerung durch Verhandlungen: *Wertenbruch* in MüKo GmbHG[4] Anh § 47 Rz 3.
58 So aber OLG Schleswig 29.1.1998, 5 U 125/96, GmbHR 1998, 892 (893); *Schmidt/Bochmann* in Scholz, GmbHG[12] § 45 Rz 145.
59 OLG Hamm 26.2.2003, 8 U 110/02, GmbHR 2003, 843 (844); *Noack* in Noack/Servatius/Haas, GmbHG[23] Anh § 47 Rz 153; *Fleischer*, GmbHR 2013, 1289 (1295); zu vergleichbaren Ergebnissen dürfte es führen, wenn man annimmt, dass die Frist zwar mit der Beschlussfassung beginnt, aber keine Beschleunigungspflicht vor Erkennbarkeit der Beschlussfassung besteht (in diese Richtung: BGH 18.4.2005, II ZR 151/03, NZG 2005, 551 [553]); aA u für Beginn erst mit Kenntnis v Beschlussinhalt: OLG Thüringen 6.11.2001, 8 U 517/01, GmbHR 2002, 115 (116); *Bayer* in Lutter/Hommelhoff, GmbHG[21] Anh § 47 Rz 62.
60 Für Orientierung an bzw Analogie zu § 112 dHGB idF ab 1.1.2024: *Schmidt/Bochmann* in Scholz, GmbHG[12] § 45 Rz 142b; *Wörner/Ebel*, NZG 2021, 963 (967); *Neumayer/Zeyher*, NZG 2022, 1707 (1712); wohl für Dreimonatsfrist aus § 112 Abs 1 S 1 dHGB idF ab 1.1.2024 als Höchstfrist: *Wertenbruch* in MüKo GmbHG[4] Anh § 47 Rz 350.
61 BGH 26.1.2021, II ZR 391/18, NZG 2021, 831 (838); zu möglichen Vorteilen der Bestätigung gegenüber Neuvornahme: *Wertenbruch* in MüKo GmbHG[4] Anh § 47 Rz 244 ff.

26   Anfechtungsberechtigt sind abw v § 245 dAktG alle Gesellschafter iSv § 16 Abs 1 dGmbHG,[62] es sei denn, der Gesellschafter hat iSd festgestellten Beschlussergebnisses abgestimmt, auf sein Anfechtungsrecht verzichtet oder sonst sein Einverständnis mit dem Beschlussergebnis erklärt.[63] Bei Massebetroffenheit soll zudem der Insolvenzverwalter der GmbH anfechtungsberechtigt sein.[64] Die **Anfechtungsberechtigung hängt im Übrigen aber nicht davon ab, ob der Gesellschafter an der Beschlussfassung teilgenommen oder ihr widersprochen hat,**[65] dass die GmbH vor Klageerhebung abgemahnt werden muss[66] oder Anfechtende ein bestimmtes Quorum erreichen müssen.[67] **Geschäftsführer, welche nicht zugleich Gesellschafter sind, sind nicht anfechtungsberechtigt,**[68] können aber allg Feststellungsklage erheben, wenn sie durch Ausführung eines ausführungsbedürftigen Beschlusses eine nicht durch Weisungsrecht der Gesellschafter gedeckte Rechtsverletzung begehen würden.[69]

---

62 Ein nicht (mehr) in die Gesellschafterliste eingetragener Gesellschafter bleibt aber klageberechtigt für den Prozess wegen Mängeln des Beschlusses über sein Ausscheiden: BGH 26.1.2021, II ZR 391/18, NZG 2021, 831 (832); ebenso § 111 dHGB idF ab 1.1.2024.

63 *Noack* in Noack/Servatius/Haas, GmbHG[23] Anh § 47 Rz 136 f; *Wertenbruch* in MüKo GmbHG[4] Anh § 47 Rz 317; *Fleischer*, GmbHR 2013, 1289 (1293).

64 *Noack* in Noack/Servatius/Haas, GmbHG[23] Anh § 47 Rz 143a.

65 Abhängigkeit v Widerspruch durch Satzungsregelung iSv § 245 Z 1 dAktG zulassend: *Strothmann*, GmbHR 2021, 578 (580); *Schmidt/Bochmann* in Scholz, GmbHG[12] § 45 Rz 140; *Noack* in Noack/Servatius/Haas, GmbHG[23] Anh § 47 Rz 30; solche Abhängigkeit unbeanstandet gelassen: BGH 11.2.2008, II ZR 187/06, NZG 2008, 317 (318).

66 Abhängigkeit v Abmahnung durch Satzungsregelung zulassend: *Strothmann*, GmbHR 2021, 578 (581).

67 *Strothmann*, GmbHR 2021, 578 (581); jedenfalls gegen analoge Anwendung v § 246a dGmbHG: KG 23.6.2011, 23 AktG 1/11, NZG 2011, 1068; *Wertenbruch* in MüKo GmbHG[4] Anh § 47 Rz 327; Abhängigkeit v Quorum zulassend: *Noack* in Noack/Servatius/Haas, GmbHG[23] Anh § 47 Rz 30.

68 BGH 11.2.2008, II ZR 187/06, NZG 2008, 317 (318 f); OLG Köln 14.6.2018, 18 U 36/17, GmbHR 2018, 921 (922).

69 *Wertenbruch* in MüKo GmbHG[4] Anh § 47 Rz 298 ff; in diese Richtung auch: BGH 28.1.1980, II ZR 84/79, NJW 1980, 1527 (1528); **aA** u für analoge Anwendung v § 245 Z 5 dAktG vermutlich jedoch ohne Abweichung im Ergebnis: *Noack* in Noack/Servatius/Haas, GmbHG[23] Anh § 47 Rz 140; *Bayer* in Lutter/Hommelhoff, GmbHG[21] Anh § 47 Rz 73; *Fleischer*, GmbHR 2013, 1289 (1294).

Die **Anfechtungsklage ist stets gegen die GmbH** zu richten.[70] Wird 27
der Beschluss auf die Anfechtungsklage durch gerichtl Urteil für nichtig
erklärt, hat dieses Gestaltungswirkung ex nunc für u gegen jedermann.[71]

3. Unwirksamkeit von Gesellschafterbeschlüsssen

a) Unwirksamkeitsgründe

Ein **unwirksamer Gesellschafterbeschluss** liegt vor, wenn zu dessen 28
Wirksamkeit iSd allg Rechtsgeschäftslehre (noch) etwas fehlt, der Beschlusstatbestand (noch) nicht vollständig verwirklicht ist,[72] zB die fehlende Zustimmung zur schriftlichen Stimmabgabe nach § 48 Abs 2 Var 2 dGmbHG, die fehlende Zustimmung eines Sonderrechtsinhabers oder die fehlende Zustimmung des Anteilsinhabers bei freiwilliger Einziehung. Der betr Beschluss kann auch zunächst schwebend unwirksam u sodann abhängig v weiteren Sachverhaltsverlauf wirksam oder endgültig unwirksam werden. Ist der Beschluss endgültig unwirksam, unterscheidet er sich auf der Rechtsfolgenseite nicht v einem nichtigen Beschluss.[73] Ob man den unwirksamen Beschluss als mangelhaften Beschluss ansieht,[74] spielt letztlich keine Rolle.[75]

---

70 BGH 13.5.2014, II ZR 250/12, NZG 2014, 945 (946); *Bayer* in Lutter/Hommelhoff, GmbHG[21] Anh § 47 Rz 77; *Noack* in Noack/Servatius/Haas, GmbHG[23] Anh § 47 Rz 163; *Wertenbruch* in MüKo GmbHG[4] Anh § 47 Rz 329.
71 BGH 17.2.1997, II ZR 41/96, NJW 1997, 1510 (1511); *Bayer* in Lutter/Hommelhoff, GmbHG[21] Anh § 47 Rz 87; *Schmidt/Bochmann* in Scholz, GmbHG[12] § 45 Rz 46, 172 f; *Noack* in Noack/Servatius/Haas, GmbHG[23] Anh § 47 Rz 177.
72 BGH 13.7.1967, II ZR 238/64, NJW 1967, 2159 (2160); OLG Hamm 21.12.2015, I-8 U 67/15, GmbHR 2016, 358 (359); OLG Düsseldorf 12.10.2016, VI-U (Kart) 2/16, BeckRS 2016, 19234; *Noack* in Noack/Servatius/Haas, GmbHG[23] Anh § 47 Rz 20; *Schmidt/Bochmann* in Scholz, GmbHG[12] § 45 Rz 53; *Bayer* in Lutter/Hommelhoff, GmbHG[21] Anh § 47 Rz 4.
73 OLG Hamm 21.12.2015, I-8 U 67/15, GmbHR 2016, 358 (359 f); *Noack* in Noack/Servatius/Haas, GmbHG[23] Anh § 47 Rz 21; *Schmidt/Bochmann* in Scholz, GmbHG[12] § 45 Rz 53.
74 Zur KG wird insoweit v einer dritten Kategorie v Mängeln gesprochen: BGH 5.3.2007, II ZR 282/05, NZG 2007, 381 (382).
75 *Schmidt/Bochmann* in Scholz, GmbHG[12] § 45 Rz 53.

b) Geltendmachung der Unwirksamkeit

29 Die Unwirksamkeit eines unvollständigen Gesellschafterbeschlusses muss nicht aktiv herbeigeführt werden, sondern kann einredeweise bzw bei Bestehen eines Feststellungsinteresses ohne Fristeinhaltung in den Grenzen der Verwirkung per **allg Feststellungsklage** gem § 256 dZPO[76] geltend gemacht werden. Steht die Unwirksamkeit endgültig fest, soll auch die Nichtigkeitsklage erhoben werden können.[77] Ein **neben der Unvollständigkeit bestehender Anfechtungsgrund muss jedoch per Anfechtungsklage geltend gemacht werden**,[78] wobei für den Beginn der Anfechtungsfrist vorsichtshalber nicht auf die Vollendung des Beschlusstatbestands, sondern auf die Kenntnis bzw Erkundigungsmöglichkeit hinsichtlich des Anfechtungsgrunds (vgl Rz 23) abgestellt werden sollte.

4. Schein- bzw Nichtbeschlüsse

30 Neben der Nichtigkeit, Anfechtbarkeit u Unwirksamkeit werden iZm der (fehlenden) Wirksamkeit v Gesellschafterbeschlüssen weitere Kategorien diskutiert, insb Scheinbeschlüsse bzw Nichtbeschlüsse.[79] Unter welchen Voraussetzungen ein Schein- bzw Nichtbeschluss anzunehmen sein soll, bleibt letztlich weithin unklar (Scheinbeschluss, wenn ein bestimmter Beschluss bzw Beschlussinhalt nur behauptet wird, ohne tatsächlich vorzuliegen;[80] Schein- bzw Nichtbeschluss, wenn Nichtgesellschafter beschließen[81]).

31 Betrachtet man die dt obergerichtliche u höchstrichterliche Rsp, stellt man fest, dass diese jedenfalls in diesem Jahrhundert für keinen Sachverhalt iZm einer GmbH einen Schein- oder Nichtbeschluss bejaht

---

76 OLG Hamm 21.12.2015, I-8 U 67/15, GmbHR 2016, 358 (360); *Noack* in Noack/Servatius/Haas, GmbHG[23] Anh § 47 Rz 22.

77 OLG Düsseldorf 12.10.2016, VI-U (Kart) 2/16, BeckRS 2016, 19234; *Schmidt/Bochmann* in Scholz, GmbHG[12] § 45 Rz 59; *Bayer* in Lutter/Hommelhoff, GmbHG[21] Anh § 47 Rz 5; enger u mglw nur für Nichtigkeitsklage: OLG München 23.1.2008, 7 U 3292/07, GmbHR 2008, 541.

78 *Noack* in Noack/Servatius/Haas, GmbHG[23] Anh § 47 Rz 22.

79 *Bayer* in Lutter/Hommelhoff, GmbHG[21] Anh § 47 Rz 7; *Schmidt/Bochmann* in Scholz, GmbHG[12] § 45 Rz 50 f; *Noack* in Noack/Servatius/Haas, GmbHG[23] Anh § 47 Rz 25 ff; *Wertenbruch* in MüKo GmbHG[4] Anh § 47 Rz 10 ff.

80 *Schmidt/Bochmann* in Scholz, GmbHG[12] § 45 Rz 50.

81 *Wertenbruch* in MüKo GmbHG[4] Anh § 47 Rz 10.

hat.[82] Im Wesentlichen führt die gesamte Diskussion um Schein- u Nichtbeschlüsse auf eine frühe E des BGH zurück, in welcher für den zu entscheidenden Sachverhalt die Annahme eines Scheinbeschlusses verneint, aber auch nicht ausgeschlossen worden ist, dass ein anderer Sachverhalt zu einer Einordnung als Scheinbeschluss führen könnte, wobei insoweit das überaus lebensnahe fiktive Bsp gebildet wurde, dass *„ein Mann von der Straße eine Versammlung von Leuten einberuft, die mit der Gesellschaft gar nichts zu tun haben".*[83]

Letztlich ergibt sich bei genauer Analyse, dass die **Diskussion über Schein- u Nichtbeschlüsse** jedenfalls **aus Sicht der Praxis eine Scheindiskussion** ist.[84] Unzweifelhaft dürfte sein, dass Schein- bzw Nichtbeschlüsse keine Rechtswirkung haben können.[85] Im Kern sind daher lediglich zwei Fragen zu beantworten: Zum einen, mit welcher Klageart bei entspr Sachverhalten Rechtsschutz erlangt werden kann. Zum anderen, ob bei entspr Sachverhalten gem § 242 Abs 2 S 1 dAktG eine Heilung anzunehmen ist. 32

Mangels Rechtswirkung kommt **Rechtsschutz im Wege der allg Feststellungsklage**[86] oder durch Nichtigkeitsklage in Betracht, wobei die Nichtigkeitsklage tw nur bejaht wird, wenn sich die GmbH auf den Beschluss beruft.[87] Eine solche Einschränkung ist uE jedoch nicht zwin- 33

---

82 In der E BGH 21.6.2010, II ZR 230/08, NZG 2010, 1022 wurde lediglich ausgeführt, dass eine GV aus zwei v drei Gesellschaftern mit einem rechtsverletzenden Versammlungsleiter eine Scheinversammlung u die dabei gefassten Beschlüsse nichtig seien; in der E BGH 24.4.2006, II ZR 30/05, NZG 2006, 505 (507) wurde zu einer AG ein Scheinbeschluss verneint, ohne auszuführen, unter welchen Voraussetzungen er anzunehmen sein könnte; in der E OLG Frankfurt 26.11.1996, 5 U 111/95, GmbHR 1997, 171 wurde ein Nichtbeschluss vertreten u ausgeführt, die Annahme eines solchen sei jedenfalls auf deutliche Ausnahmefälle zu beschränken; in der E OLG Stuttgart 17.5.2000, 20 U 68/99, NZG 2001, 40 (44) wurde die rechtliche Einordnung eines v einem Nichtgesellschafter gefassten Beschlusses offengelassen, weil die Frage durch Annahme einer Heilung nach § 242 Abs 2 S 1 dGmbHG analog unerheblich wurde.
83 BGH 16.12.1953, II ZR 167/52, NJW 1954, 385 (386).
84 Krit auch *Noack* in Noack/Servatius/Haas, GmbHG[23] Anh § 47 Rz 25 ff.
85 *Wertenbruch* in MüKo GmbHG[4] Anh § 47 Rz 10; *Schmidt/Bochmann* in Scholz, GmbHG[12] § 45 Rz 51.
86 *Wertenbruch* in MüKo GmbHG[4] Anh § 47 Rz 13; *Schmidt/Bochmann* in Scholz, GmbHG[12] § 45 Rz 51; aA u mglw nur für Anfechtungsklage: *Bayer* in Lutter/Hommelhoff, GmbHG[21] Anh § 47 Rz 7.
87 *Schmidt/Bochmann* in Scholz, GmbHG[12] § 45 Rz 51.

gend, weil auch eine normale Nichtigkeitsklage nicht davon abhängt, welche Haltung die GmbH zum Beschluss einnimmt. Die Frage dürfte vielmehr sein, ob die **Nichtigkeitsklage nach §§ 241 dAktG analog auch anwendbar** ist, wenn bei Licht betrachtet lediglich der Schein eines Beschlusses durch die GmbH besteht. Dies dürfte zu bejahen sein.[88] Es ist nicht ersichtlich, warum eine dann doppelt analoge Anwendung der aktienrechtlichen Vorschriften nicht in Betracht kommen sollte,[89] jedenfalls wenn eine Interesse der Beteiligten an der erweiterten Rechtskraftwirkung nach § 249 Abs 1, § 248 Abs 1 dAktG bejaht werden muss. Für die Abgrenzung zw Nichtigkeitsklage u allg Feststellungsklage kann somit durchaus auf die allg Maßstäbe (vgl Rz 15) zurückgegriffen werden.[90]

34 Bejaht man die (doppelt) analoge Anwendung der Nichtigkeitsklage auf die unter den Begriffen Schein- u Nichtbeschluss diskutierten Sachverhalte, erscheint es durchaus naheliegend, im Interesse der Rechtssicherheit auch die Heilung aus § 242 Abs 2 S 1 dAktG (doppelt analog) anzuwenden, wenn infolge des fraglichen Sachverhalts eine HR-Eintragung erfolgt ist.[91] Die Interessen der tatsächlichen Gesellschafter können dem zwar entgegenstehen. Dies gilt aber auch für die einfach analoge Anwendung bzw jeden durch eine Heilungsvorschrift negativ Betroffenen u die der Heilungswirkung entgegenstehenden Interessen sind – wenn auch schematisch – durch die Dreijahresfrist berücksichtigt.

B. Klage auf Feststellung des Beschlussergebnisses

35 Besteht eine Unklarheit über das Beschlussergebnis u fehlt es an einer Beschlussfeststellung (vgl Rz 20 ff), so kann per allg Feststellungsklage gem § 256 dZPO auf Feststellung des Beschlussergebnisses, dh auf Fest-

---

[88] So im Ergebnis jew auch: OLG Frankfurt 26.11.1996, 5 U 111/95, GmbHR 1997, 171; *Bayer* in Lutter/Hommelhoff, GmbHG[21] Anh § 47 Rz 7.
[89] Dagegen *Wertenbruch* in MüKo GmbHG[4] Anh § 47 Rz 13.
[90] OLG Rostock 28.5.2003, 6 U 173/02, NZG 2004, 191 (192).
[91] OLG Stuttgart 17.5.2000, 20 U 68/99, NZG 2001, 40 (44); *Noack* in Noack/Servatius/Haas, GmbHG[23] Anh § 47 Rz 25; **aA** jew ohne Begr: *Wertenbruch* in MüKo GmbHG[4] Anh § 47 Rz 13; *Bayer* in Lutter/Hommelhoff, GmbHG[21] Anh § 47 Rz 7; *Schmidt/Bochmann* in Scholz, GmbHG[12] § 45 Rz 51.

stellung des Zustandekommens oder Nichtzustandekommens des Beschlusses, geklagt werden.[92] Eine derartige Feststellungsklage ist nicht fristgebunden, unterliegt aber der Verwirkung.[93]

Weiter kann mit einer Anfechtungsklage zugleich eine Klage auf positive Feststellung des Beschlussergebnisses zu erheben sein, wenn eine unzutreffende Feststellung des Nichtzustandekommens des Beschlusses erfolgt ist u zugleich das zutr Beschlussergebnis des Zustandekommens des Beschlusses festgestellt werden soll[94] (zB wenn die den Beschluss abl Mehrheit auf trotz eines Stimmverbots oder Treuepflichtverstoßes gezählten Stimmen beruht u bei Nichtberücksichtigung dieser Stimmen eine zust Mehrheit festzustellen gewesen wäre)[95]. Die Klage auf positive Feststellung soll dann auch innerhalb der für die Anfechtung geltenden Klagefrist erfolgen müssen.[96] **36**

Die Klage auf Beschlussfeststellung durch einen Gesellschafter ist idR gegen die GmbH zu richten[97] u der GF hat die übrigen Gesellschafter gem § 246 Abs 4 dAktG analog zu informieren, um ihnen eine Teilnahme als Nebenintervenient zu ermöglichen.[98] Allerdings kann auch die GmbH oder ein Gesellschafter mit Feststellungsinteresse gegen (andere) Gesellschafter klagen.[99] Das Feststellungsurteil wirkt außer im Fall **37**

---

92 BGH 11.2.2008, II ZR 187/06, NZG 2008, 317 (318); 24.3.2016, IX ZB 32/15, NZG 2016, 552 (554).
93 BGH 24.3.2016, IX ZB 32/15, NZG 2016, 552 (554).
94 BGH 20.1.1986, II ZR 73/85, NJW 1986, 2051 (2052); 4.5.2009, II ZR 166/07, NZG 2009, 1309; OLG Köln 14.6.2018, 18 U 36/17, GmbHR 2018, 921.
95 Dagegen kann bei Anfechtung eines zust Beschlusses nicht zugleich eine Klage auf Feststellung des Nichtzustandekommens erhoben werden, weil das Rechtsschutzziel bereits durch die Anfechtungsklage erreicht wird u für die Feststellungsklage mithin das Rechtsschutzinteresse fehlt: BGH 13.1.2003, II ZR 173/02, NZG 2003, 284 (285).
96 *Noack* in Noack/Servatius/Haas, GmbHG[23] Anh § 47 Rz 188; *Schmidt/Bochmann* in Scholz, GmbHG[12] § 45 Rz 191; zur AG: BGH 13.3.1980, II ZR 54/78, NJW 1980, 1465.
97 BGH 20.1.1986, II ZR 73/85, NJW 1986, 2051 (2052); *Noack* in Noack/Servatius/Haas, GmbHG[23] Anh § 47 Rz 182.
98 BGH 20.1.1986, II ZR 73/85, NJW 1986, 2051 (2052).
99 Bzgl Klage der Gesellschaft: OLG Zweibrücken, 29.6.1998, 7 U 259/97, BeckRS 1998, 31343525; bzgl Klage eines Gesellschafters: *Noack* in Noack/Servatius/Haas, GmbHG[23] Anh § 47 Rz 185; *Wertenbruch* in MüKo GmbHG[4] Anh § 47 Rz 449.

einer Klage eines Gesellschafters gegen einen anderen Gesellschafter[100] gem § 248 dAktG analog gegen jedermann.[101]

C. Vertretung der GmbH im Beschlussmängelrechtsstreit

38 Die Vertretung der GmbH im Prozess über einen Gesellschafterbeschluss folgt allg Regeln mit **Vertretung durch GF bzw Liquidatoren**; § 246 Abs 2 S 2 dAktG findet keine Anwendung.[102] Entscheidet der Streit über den Beschluss (auch) über den Bestand der Vertretungsbefugnis (zB Anfechtung des Beschlusses über die GF-Bestellung oder über die Auflösung der GmbH), ist der durch den angegriffenen Beschluss befugte Vertreter für den gesamten Prozess zur Vertretung befugt bzw wird durch die Person gesetzl vertreten, die bei einem Obsiegen der Gesellschaft als gesetzl Vertreter anzusehen wäre.[103]

39 Betrifft im Fall eines Insolvenzverfahrens über das Vermögen der GmbH der Beschluss bzw seine Folgen die Insolvenzmasse, ist der **Insolvenzverwalter** vertretungsbefugt.[104]

40 Klagt der GF u hat die GmbH keine weiteren GF in vertretungsberechtigter Zahl (zB die GmbH hat lediglich einen GF oder zwei gesamtvertretungsberechtigte GF), muss durch Gesellschafterbeschluss ein **besonderer Vertreter nach § 46 Z 8 dGmbHG** für die GmbH bestimmt

---

100 OLG Saarbrücken 24.11.2004, 1 U 202/04, GmbHR 2005, 546 (547); *Noack* in Noack/Servatius/Haas, GmbHG[23] Anh § 47 Rz 185.
101 BGH 20.1.1986, II ZR 73/85, NJW 1986, 2051 (2052); OLG München 27.3.1996, 7 U 6037/95, NJW-RR 1997, 988; *Noack* in Noack/Servatius/Haas, GmbHG[23] Anh § 47 Rz 193.
102 *Noack* in Noack/Servatius/Haas, GmbHG[23] Anh § 47 Rz 165; *Wertenbruch* in MüKo GmbHG[4] Anh § 47 Rz 331.
103 Zur Vertretungsbefugnis des GF im Streit über seine Bestellung bzw Abberufung: BGH 10.11.1980, II ZR 51/80, NJW 1981, 1041; OLG München 12.12.2013, 23 U 3331/13, BeckRS 2013, 22538; KG 9.3.2023, 2 U 56/19, BeckRS 2023, 6380; zur Vertretungsbefugnis der Liquidatoren im Streit über den Auflösungsbeschluss: BGH 14.12.1961, II ZR 97/59, NJW 1962, 538; KG 4.3.1997, 14 U 6988/96, GmbHR 1997, 1001; **aA** im Fall eines unwirksamen Bestellungsbeschlusses: OLG Brandenburg, 23.7.2019, 3 U 31/18, BeckRS 2019, 17988; *Gaub*, GmbHR 2022, 669 (671 f).
104 OLG München 6.10.2010, 7 U 2193/10, BeckRS 2010, 26126; insoweit für weite Annahme der Betroffenheit der Insolvenzmasse: *Wertenbruch* in MüKo GmbHG[4] Anh § 47 Rz 332.

werden;[105] die Zustellung der Klage des GF erfolgt bei mehreren GF an übrige GF (§ 170 Abs 3 dZPO)[106] u ohne weiteren GF an die Geschäftsanschrift an die Gesellschafter (§ 35 Abs 2 S 3 iVm Abs 1 S 2 dGmbHG).[107]

D. Einstweiliger Rechtsschutz

Die Folgen v Gesellschafterbeschlüssen u insb ihres Vollzugs können schwerwiegend u – im Fall ihrer Unrechtmäßigkeit – nicht oder nur schwer ungeschehen zu machen sein. Die Notwendigkeit einstweiligen Rechtsschutzes durch eine **einstweilige Verfügung nach §§ 935 ff dZPO** muss daher stets mitbedacht werden, wenn bzgl Gesellschafterbeschlüssen klageweise vorgegangen werden soll. **41**

Wichtigster Anwendungsfall iZm Gesellschafterbeschlüssen ist die einstweilige Verfügung **zur Verhinderung des Beschlussvollzugs**, weil die **Beschlussmängelklage allein den Vollzug eines Beschlusses nicht hindert**. Solcher Anwendungsfall ist bei Einziehungsbeschluss auch die Untersagung, eine aufgrund der Einziehung geänderte Gesellschafterliste zum HR der GmbH einzureichen[108] (vgl zur Legitimationswirkung der Gesellschafterliste § 16 Abs 1 dGmbHG u Rz 26), wobei noch nach Einreichung der geänderten Gesellschafterliste deren inhaltliche Rücknahme durch erneute Einreichung einer Gesellschafterliste im Zustand vor der Einziehung verfügt werden kann.[109] **42**

---

105 OLG Köln 15.10.2015, 18 U 4/15, BeckRS 2015, 116423; *Noack* in Noack/Servatius/Haas, GmbHG[23] Anh § 47 Rz 165; *Wertenbruch* in MüKo GmbHG[4] Anh § 47 Rz 331.
106 OLG München 29.1.2004, 23 U 3875/03, NZG 2004, 422 (423).
107 Zur Notwendigkeit für den Kläger, ggf trotzdem auch noch für eine ordnungsgemäße Aktivvertretung der GmbH durch einen Prozesspfleger (§ 57 Abs 1 dZPO) bzw einen Not-GF (§ 29 BGB analog) zu sorgen: BGH 25.10.2010, II ZR 115/09, NZG 2011, 26 (27).
108 BGH 17.12.2013, II ZR 21/12, NZG 2014, 184 (188 f); 2.7.2019, II ZR 406/17, NZG 2019, 979 (982); aus der GF-Pflicht zur Einreichung der Gesellschafterliste nach einer str Zwangseinziehung können sich für den GF erhebliche Haftungsrisiken ergeben, weswegen der GF die Liste nur nach rechtlicher Prüfung der Wirksamkeit der Zwangseinziehung einreichen sollte, vgl dazu *Bayer/Horner/Möller*, GmbHR 2022, 1 (19 ff); *Wachter*, Anm zu BGH II ZR 211/19, GmbHR 2022, 84 (92 f); *Mediger*, GmbHR 2022, 123 (127).
109 OLG München 18.5.2021, 7 W 718/21, GmbHR 2021, 934 (940); *Noack* in Noack/Servatius/Haas, GmbHG[23] Anh § 47 Rz 199; *Bayer* in Lutter/Hom-

43 Erfordert der Vollzug eines Beschlusses eine HR-Eintragung, kann zusätzlich die Aussetzung des registerrechtlichen Verfahrens durch Ermessensentscheidung nach den §§ 381, 21 FamFG angeregt werden.[110]

44 Der Erlass der einstweiligen Verfügung erfordert, dass der Beschluss bei summarischer Prüfung als nichtig oder anfechtbar erscheint (**Verfügungsanspruch**) u die konkrete Gefahr des Vollzugs des Beschlusses besteht, welche die Rechte des Antragstellers vereiteln oder ihre Verwirklichung zumindest wesentlich erschweren würde (**Verfügungsgrund**); Verfügungsanspruch u Verfügungsgrund müssen schlüssig dargelegt u glaubhaft gemacht sein (§§ 935, 920 Abs 2 dZPO).[111]

45 Eine Leistungs- bzw Befriedigungsverfügung kommt wegen des **Verbots der Vorwegnahme der Hauptsache** nur in Betracht, wenn die Klage in der Hauptsache mit hoher Wahrscheinlichkeit erfolgreich ist u dem Antragsteller ohne Gewährung einstweiligen Rechtsschutzes konkrete wesentliche u nicht wiedergutzumachende Nachteile drohen u der Schutz einer Sicherungsverfügung nicht ausreicht.[112] Im Ergebnis hat das Gericht die Interessen der GmbH am Beschlussvollzug u des Antragstellers am Nichtvollzug folgenorientiert abzuwägen.[113] Ist die **Hauptsacheklage** eine Anfechtungsklage, muss der Antragsteller zudem glaubhaft gemacht haben, dass er die Anfechtbarkeit binnen der Anfechtungsfrist klageweise geltend gemacht hat u die Klage weiterverfolgt.[114]

46 Eine einstweilige Verfügung, bereits keine GV bzw Beschlussfassung durchzuführen, wird angesichts der Voraussetzungen für den Erlass einer einstweiligen Verfügung idR unbegründet sein.[115] Entsprechendes

---

melhoff, GmbHG[21] § 40 Rz 100 f; *Wagner*, GmbHR 2016, 463 (468); *Fischer*, GmbHR 2018, 1257 (1262 f); *Lieder/Becker* GmbHR 2019, 505 (512 f); **aA** KG 10.12.2015, 23 U 99/15, GmbHR 2016, 416 (417); wohl auch OLG München 17.7.2015, 14 W 1132/15, NZG 2015, 1272 (1274).

110 In Umwandlungsfällen kann einstweiliger Rechtsschutz gegen die HR-Eintragung wegen § 16 Abs 2 dUmwG nicht erforderlich sein.
111 *Noack* in Noack/Servatius/Haas, GmbHG[23] Anh § 47 Rz 195.
112 *Noack* in Noack/Servatius/Haas, GmbHG[23] Anh § 47 Rz 195; *Bayer* in Lutter/Hommelhoff, GmbHG[21] § 40 Rz 90.
113 *Noack* in Noack/Servatius/Haas, GmbHG[23] Anh § 47 Rz 195; am Bsp des Einziehungsbeschlusses: *Kleindiek*, GmbHR 2017, 815 (820 f).
114 *Noack* in Noack/Servatius/Haas, GmbHG[23] Anh § 47 Rz 201.
115 OLG Jena 4.12.2001, 8 U 751/01, NZG 2002, 89; *Noack* in Noack/Servatius/Haas, GmbHG[23] Anh § 47 Rz 202; *Wertenbruch* in MüKo GmbHG[4] Anh § 47 Rz 460.

gilt idR für eine einstweilige Verfügung auf eine bestimmte Stimmrechtsausübung.[116] Ebenfalls selten in Betracht kommen wird eine einstweilige Verfügung auf den Vollzug des Beschlusses (zB bei Klage auf positive Beschlussfeststellung).[117]

III. Rechtsvergleichende Betrachtung zum Beschlussmängelrecht

A. Zur analogen Anwendung des aktienrechtlichen Beschlussmängelrechts und zu den Arten der Beschlussmängel

In Dtl wird seit langem u schon durch das RG[118] die analoge Anwendung des aktienrechtlichen Beschlussmängelrechts auf die GmbH grds bejaht. Eine nähere Auseinandersetzung mit den Analogievoraussetzungen erfolgt dabei angesichts der jahrzehntelangen Anwendung u mangels irgendwelcher gesetzl Regelungen im dGmbHG nicht mehr. Der **OGH lehnt eine analoge Anwendung des aktienrechtlichen Beschlussmängelrechts auf die GmbH dagegen ab** u begründet dies iW damit, dass es angesichts der §§ 41 ff an einer planwidrigen Regelungslücke als Analogievoraussetzung fehle.[119] Aus dt Sicht erscheint es daher grds nachvollziehbar, dass der OGH die Voraussetzungen der Analogie eingehender prüft u letztlich verneint. Ausgehend davon kommt der OGH bei Beschlussmängeln im Regelfall zur Anwendung der Anfechtungsklage nach §§ 41 ff u bedarf es einer besonderen Begr, wenn die §§ 41 ff keine Anwendung finden sollen. 47

Die einzige wesentliche Fallgruppe, welche in Ö nicht zur Anwendung der §§ 41 ff führen soll, sind die Fälle der sog **Scheinbeschlüsse**. Dabei handelt es sich bei genauer Betrachtung der Rsp des OGH fast durchwegs um Fälle, in welchen nach dt Verständnis eine maßgebliche Abstimmungserklärung eines Gesellschafters fehlt, weshalb nach dt Ver- 48

---

116 OLG Düsseldorf 18.5.2005, 15 U 202/04, NZG 2005, 633 (634); OLG München 13.9.2006, 7 U 2912/06, NZG 2007, 152 (153); großzügiger: *Wertenbruch* in MüKo GmbHG⁴ Anh § 47 Rz 459.
117 *Noack* in Noack/Servatius/Haas, GmbHG²³ Anh § 47 Rz 194.
118 Kurze Entwicklungsdarstellung bei *Bayer/Möller*, NZG 2018, 801 (806 f).
119 OGH 28.1.1999, 6 Ob 290/98k; 16.12.2003, 4 Ob 241/03z.

ständnis überhaupt kein bzw allenfalls ein schwebend unwirksamer Beschluss zustande gekommen ist. In Dtl würde man v einem unwirksamen Beschluss sprechen, welcher keiner Anfechtungsklage bedarf, sondern dessen Wirksamkeit per allg Feststellungsklage nach § 256 dZPO zu klären ist (vgl Rz 28 f). Von der untersch Bezeichnung als Scheinbeschluss bzw unwirksamer Beschluss abgesehen, besteht in dieser Fallgruppe somit jedenfalls **grds u im Ergebnis kein wesentlicher Untersch zw der Bewertung durch die österr u die dt Rsp**.

49 Die **Nichtanwendung der Nichtigkeitsklage iSd AktG** durch den OGH u der durch den beschränkten Anwendungsbereich der Scheinbeschlüsse damit verbundene weitere Anwendungsbereich der Anfechtungsklage u der Anfechtungsfrist führen aus Sicht des Beschlussmängelklägers gegenüber der dt Rechtsanwendung zu einer **Beschränkung der Rechtsschutzmöglichkeiten**, wobei sich diese va **aus der zeitlichen Befristung** ergibt. Diesem Weniger an Durchsetzung der materiellen Gerechtigkeit steht jedoch zumindest in der Theorie ein Mehr an Rechtssicherheit[120] gegenüber, weil abgesehen v den Scheinbeschlüssen u den meist extremen Fällen mit einer Nichtigkeit nach § 879 ABGB nach Ablauf der Anfechtungsfrist v der endgültigen Wirksamkeit des Beschlusses ausgegangen werden kann u muss. Differenzen zw österr u dt Rechtsanwendung ergeben sich daraus zB bei der Einberufung durch einen Unbefugten[121] u bei unzureichender Angabe der Tagesordnung.[122]

---

120 Entspr mit der Rechtssicherheit argumentierend: RIS-Justiz RS0060086.
121 Anfechtbarkeit, die bei inhaltlich ordnungsmäßiger Einberufung aufgrund Relevanztheorie zudem unbeachtlich ist: OGH 23.10.2015, 6 Ob 65/15z; Nichtigkeit: BGH 7.2.1983, II ZR 14/82, NJW 1983, 1677; 8.11.2016, II ZR 304/15, NZG 2017, 182 (183).
122 Anfechtbarkeit: OGH 1.8.2003, 1 Ob 165/03a, wobei sich Anfechtbarkeit auch bei analoger Anwendung v § 196 Abs 1 Z 2 lit c AktG ergeben würde: vgl OGH 20.4.2010, 1 Ob 32/10b; Nichtigkeit: OLG München 9.1.2019, 7 U 1509/18, GmbHR 2019, 298 (300 f) mit krit Anm v *Bormann* (303 f); **aA** u für Anfechtbarkeit: *Noack* in Noack/Servatius/Haas, GmbHG[23] Anh § 47 Rz 45; *Bayer* in Lutter/Hommelhoff, GmbHG[21] § 51 Rz 30; *Seibt* in Scholz, GmbHG[12] § 51 Rz 28; *Goette*, Besprechung zu BGH II ZR 47/99, DStR 2000, 1152 (1153).

B. Zum Widerspruchserfordernis

Während durch § 41 Abs 2 S 1 der Anwesenheit des Gesellschafters der österr GmbH in der GV ein höherer Stellenwert zukommt u eine Klage nur bei **Anwesenheit u Widerspruch** gegen den Beschluss oder begründeter Abwesenheit erlaubt ist (vgl § 41 Rz 133 ff), muss der Gesellschafter einer dGmbH ähnl wie bei einer schriftlichen Beschlussfassung der österr GmbH nach § 41 Abs 2 S 2 keinen Widerspruch zu Protokoll erhoben haben bzw kann der Beschlussfassung grundlos fernbleiben u trotzdem eine Anfechtungsklage erheben; er darf lediglich nicht zugestimmt oder sonst seine Zustimmung dokumentiert haben (vgl Rz 26). 50

C. Zur Anfechtungsfrist und ihrem Beginn

Anders als in Ö mit § 41 Abs 4 ist in Dtl die **Anfechtungsfrist** bis auf wenige Ausnahmefälle nicht kodifiziert (vgl Rz 23). Im Ergebnis ist jedoch auch in Dtl idR eine Monatsfrist zu wahren. Während der **Fristbeginn** in Ö durch § 41 Abs 4, § 40 Abs 2 objektiv an die Absendung der Niederschrift über den Beschluss geknüpft ist (vgl § 41 Rz 153), führt die fehlende Kodifizierung in Dtl dazu, dass subjektiv an die Kenntnis verbunden mit einer Nachfrageobliegenheit des Anfechtungsklägers angeknüpft wird (vgl Rz 23 f). Eine **gesv Regelung** einer Monatsfrist entspr § 40 Abs 2 mit Anknüpfung an die Absendung des Protokolls soll als mittelbare Fristverkürzung bei der dGmbH unwirksam sein.[123] Dagegen ist eine gesv Verlängerung der Anfechtungsfrist bei der dGmbH nach der Rsp zulässig[124] (aA für die österr GmbH mglw § 41 Rz 14). Diese Maßgaben sind durch die Gesetzgebung zur Personenhandelsgesellschaft in § 112 dHGB idF ab 1.1.2024 bestätigt worden. 51

---

[123] OLG Düsseldorf 8.7.2005, I-16 U 104/04, NZG 2005, 980; *Bayer* in Lutter/Hommelhoff, GmbHG[21] Anh § 47 Rz 64; krit *Schmidt/Bochmann* in Scholz, GmbHG[12] § 45 Rz 144 f.

[124] OLG Karlsruhe 17.5.2013, 7 U 57/12, NZG 2013, 942 (943 f).

D. Zur Anfechtungsbefugnis von Geschäftsführern und Aufsichtsräten

52 § 41 Abs 3 gibt GF u AR der österr GmbH eine **Anfechtungsbefugnis**, wenn ihnen bei Ausführung des Beschlusses eine Ersatzpflicht oder Strafbarkeit drohte (vgl § 41 Rz 141 ff). Eine solche Anfechtungsbefugnis v Organmitgliedern, welche nicht zugleich kraft Gesellschafterstellung anfechten können, besteht bei dGmbH nicht. Solche Organmitglieder können aber wie alle Nichtgesellschafter mit allg Feststellungsklage gegen Beschluss vorgehen, wenn sie ein Feststellungsinteresse haben. Ein Feststellungsinteresse besteht zB, wenn der Beschluss nicht durch das Weisungsrecht der Gesellschafter gedeckt ist, insb durch die Beschlussausführung eine nicht durch das Weisungsrecht der Gesellschafter gedeckte Rechtsverletzung begangen würde (vgl Rz 26). Grundsätzlich bieten sich Organmitgliedern damit vergleichbare Rechtsschutzmöglichkeiten, wobei zu berücksichtigen ist, dass die allg Feststellungsklage nach dt Recht keiner Frist unterliegt, während § 41 Abs 4 auch für die Organmitglieder gelten soll (vgl § 41 Rz 158).

E. Betrachtung vom OGH entschiedener Fälle

53 Soweit der OGH bei einem **Verstoß gegen die Kapitalerhaltung** die Nichtigkeit bejaht, wird in der österr Lit vertreten, dass darin ein Widerspruch zur Ablehnung der analogen Anwendung der Beschlussnichtigkeit iSv § 199 Abs 1 Z 3 AktG liege (vgl § 41 Rz 22 ff). Allerdings lässt sich die Nichtigkeit in diesem Fall ohne Friktionen mit dem OGH über § 879 Abs 1 ABGB u den Verstoß gegen die gesetzl Kapitalerhaltungsvorschriften begründen (vgl § 83 Rz 38),[125] sodass sich die planwidrige Regelungslücke u die analoge Anwendung des § 199 Abs 1 Z 3 AktG verneinen lässt. In Dtl ist ein gegen die Kapitalerhaltung verstoßender Beschluss grds nicht nichtig iSv § 241 Z 3 Var 2 dAktG analog[126] u § 30 dGmbHG ist auch kein nichtigkeitsbegründendes Verbotsgesetz iSv

---

125 RIS-Justiz RS0117033; OGH 23.2.2016, 6 Ob171/15p; 30.8.2016, 6 Ob198/15h.

126 *Servatius* in Noack/Servatius/Haas, GmbHG[23] § 30 Rz 66; *Verse* in Scholz, GmbHG[12] § 30 Rz 119; wohl auch *Hommelhoff* in Lutter/Hommelhoff, GmbHG[21] § 30 Rz 51 ff; **aA** *Noack* in Noack/Servatius/Haas, GmbHG[23] Anh § 47 Rz 53; *Schmidt/Bochmann* in Scholz, GmbHG[12] § 45 Rz 74.

§ 134 BGB,[127] welcher insoweit als dt Parallelnorm zu § 879 ABGB angesehen werden kann. Vielmehr ist der Beschluss wirksam u lediglich sein durch § 30 dGmbHG verbotener Vollzug durch Auszahlung an die Gesellschafter begründet die Rückzahlungspflichten u weiteren Rechtsfolgen aus § 31 dGmbHG. Lediglich im Fall, dass Ziel des Beschlusses ein bewusster Verstoß gegen die Kapitalerhaltung ist, wird die Nichtigkeit diskutiert.[128] **Aus der dt Rechtsanwendung lässt sich für oder gegen die A des OGH daher kaum etwas ableiten.** Allenfalls könnte man mit der dt Rechtsanwendung überlegen, das Nichtigkeitsurteil v OGH u österr Lit insgesamt auf die Probe zu stellen, wenn man – anders als die hM in Ö (vgl § 83 Rz 37 ff) – annehmen würde, dass es neben der Rechtsfolgenregelung aus § 83 zur Verwirklichung des Kapitalschutzes keiner Rechtsfolgen aus einer Nichtigkeit mehr bedarf.

Allerdings erscheint die in der österr Lit erhobene Kritik an der Rsp des OGH als widersprüchlich (vgl § 41 Rz 10) nicht vollständig unberechtigt, wenn der OGH annimmt, dass ein **Beschluss einer zwischenzeitlich wieder abberaumten GV** ein Scheinbeschluss sei.[129] Stattdessen könnte man insoweit meinen, dass es sich um einen Einberufungsmangel handelt. Ein solcher wäre nach der stRsp des OGH per Anfechtungsklage geltend zu machen.[130] Scheinbar hält der OGH die abberaumte GV jedoch für eine überhaupt nicht einberufene, also für eine nicht stattgefundene GV u kommt so zur Einordnung des im Rahmen einer solchen Nichtversammlung gefassten Beschlusses als Scheinbeschluss. Die **Wertung im dt Recht kommt für einen solchen Fall zum gleichen Ergebnis**, weil ein solcher Einberufungsmangel idS, dass keine Einberufung erfolgt ist, im Erstrechtschluss dazu, dass die Nichtladung eines Gesellschafters zur Nichtigkeit führt (vgl Rz 5 f), ebenfalls ein Nichtigkeitsgrund sein dürfte.

54

---

127 BGH 23.6.1997, II ZR 220/95, NJW 1997, 2599 (2600).
128 *Ekkenga* in MüKo GmbHG[4] § 30 Rz 289; *Schmidt/Bochmann* in Scholz, GmbHG[12] § 45 Rz 74; *Verse* in Scholz, GmbHG[12] § 30 Rz 119; sehr zurückhaltend, wenn nicht abl: BGH 23.6.1997, II ZR 220/95, NJW 1997, 2599 (2600); anders u Nichtigkeit bei Einziehungsbeschluss bejahend, wenn Verstoß gegen die Kapitalerhaltung durch die Abfindungsleistung bereits bei Beschlussfassung feststeht (stRsp): BGH 26.1.2021, II ZR 391/18, NZG 2021, 831 (833); vgl § 34 dGmbHG Rz 14.
129 OGH 21.11.2018, 6 Ob 191/18h.
130 RIS-Justiz RS0111765.

55 Kritikwürdig (vgl § 41 Rz 37) u widersprüchlich zur Einordnung der abberaumten GV als Nichtversammlung (vgl Rz 50) erscheint es jedoch, wenn mit dem OGH die **Nichteinhaltung der Anforderungen aus § 34 bei einer schriftlichen Beschlussfassung** nicht zu einem Scheinbeschluss führen soll.[131] Im entschiedenen Fall hatte ein Teil der Gesellschafter, der die Hälfte des Stammkapitals auf sich vereinte, einen schriftlichen Beschluss unterzeichnet u dem Kläger übermittelt, welcher den Beschluss nicht unterzeichnete u unter Verweis auf die Nichteinhaltung der Anforderungen aus § 34 Abs 1 sowie fristwahrend gem § 41 Abs 4 gegen den Beschluss klagte. Der OGH räumt ein, dass infolge der fehlenden Zustimmung des Klägers elementare Grundsätze des formellen u materiellen Rechts verletzt sind, er insb nicht auf die Meinungsbildung der Gesellschafter Einfluss nehmen konnte. Jedoch seien ein Verstoß gegen die Beschlussfähigkeit (*in concreto* waren 2/3 des Stammkapitals gefordert) u die Schriftlichkeit nur Anfechtungsgründe gem § 41. Die E des OGH überzeugt nicht, weil sie die Prüfungsreihenfolge nicht einhält. Zunächst wäre zu prüfen gewesen, ob ein wirksamer Beschluss vorliegt, was nach § 34 Abs 1 vorausgesetzt hätte, dass alle Gesellschafter ihr Einverständnis mit der schriftlichen Beschlussfassung hätten erklären müssen (vgl § 34 Rz 56, 58), was nicht der Fall gewesen ist. Würde man mit dem OGH den Beschluss gleichwohl als wirksam zustandegekommen (u lediglich anfechtbar) ansehen, wären die besonderen Anforderungen an eine schriftliche Beschlussfassung nach § 34 Abs 1 letztlich überflüssig. Wenn es für einen wirksamen schriftlichen Beschluss ausreichen würde, jedem Gesellschafter den Beschlusstext zukommen zu lassen, hätten die Anforderungen aus § 34 Abs 1 über die Notwendigkeit einer Einladung aller Gesellschafter zur Abstimmung hinaus keinen weiteren Regelungsgehalt. Sinn u Zweck der besonderen Anforderungen aus § 34 Abs 1 ist aber, dass E außerhalb einer GV zwar möglich sein sollen, jedoch nur, wenn die dann fehlende Möglichkeit zur Diskussion durch eine Zustimmung aller Gesellschafter kompensiert ist. Über diese Zustimmung kann nur der jew Gesellschafter kraft eigener Willensäußerung disponieren. Dafür spricht bereits der Wortlaut des § 34 Abs 1 u dies macht die Zustimmung zur Wirksamkeitsvoraussetzung u grenzt den Fall ihres Fehlens v einem bloßen – lediglich zur Anfechtbarkeit – führenden Einberufungsmangel ab.[132] Würde man

---

131 OGH 28. 1. 1999, 6 Ob 290/98k.
132 Auf Basis des in der E mitgeteilten Sachverhalts wäre die Annahme eines wirksamen Beschlusses daher an sich nur denkbar, wenn das dortige Quo-

dem OGH u seiner Gleichstellung des Fehlens der Zustimmungserklärung mit einem Einberufungsmangel folgen, könnte ein Mehrheitsgesellschafter entgegen dem Wortlaut des § 34 durchregieren, ohne sich einer GV stellen zu müssen. Er müsste lediglich einen v ihm unterzeichneten schriftlichen Beschluss an die Minderheitsgesellschafter senden, welche sodann gezwungen wären, Anfechtungsklage zu erheben; dies entspräche kaum den Vorstellungen des G v einem effektiven Minderheitenschutz.[133] Auch in den Kategorien des OGH – Anfechtbarkeit oder Scheinbeschluss – wäre es in einem solchen Fall daher entgegen der E des OGH richtig, v einem Scheinbeschluss auszugehen. Dieses Ergebnis ließe sich zudem auch mit den v OGH vertretenen Beschlussmängelgrundsätzen erzielen, wenn der OGH den Wortlaut des § 41 Abs 1 Z 1 insoweit einschränkend dahingehend auslegen würde, dass Z 1 solche Fälle nicht erfasst, in welchen es mangels Vorliegen aller für den Beschluss als Rechtsgeschäft erforderlichen Erklärungen bereits an einem wirksamen Rechtsgeschäft fehlt; eine einschränkende Auslegung, welche der OGH implizit bei den Scheinbeschlüssen selbst vertritt. Auch die **dt Rechtsanwendung** führt nicht lediglich zur Anfechtbarkeit, sondern nimmt bei einem Verstoß gegen den mit § 34 Abs 1 insoweit nahezu wortgleichen § 48 Abs 2 dGmbHG **Unwirksamkeit bzw Nichtigkeit** an.[134]

---

rum für die Beschlussfähigkeit nach der Satzung in Abweichung v § 34 (gegen Disponibilität vgl § 34 Rz 55 mwN; in Dtl **dafür:** *Noack* in Noack/Servatius/Haas, GmbHG[23] § 48 Rz 44; *Bayer* in Lutter/Hommelhoff, GmbHG[21] § 48 Rz 29; *Seibt* in Scholz, GmbHG[12] § 48 Rz 64; wohl auch: BGH 20.11.1958, II ZR 17/57, NJW 1959, 194 [195]) ausdrücklich auch für schriftliche Beschlussfassungen maßgeblich gewesen wäre, was sich aus dem mitgeteilten Sachverhalt jedoch gerade nicht ergibt.

133 Zumal ein solches Vorgehen risikolos wäre, weswegen auch das weitere Argument des OGH fehlgeht, dass bei Annahme eines Scheinbeschlusses den Gesellschaftern die Möglichkeit genommen würde, den Beschluss in einem fehlerfreien Verfahren mit Wirkung ex tunc zu bestätigen. Wiederum würde so derjenige Gesellschafter bevorzugt, welcher § 34 Abs 1 ignoriert. Würde kein Gesellschafter den übermittelten schriftlichen Beschluss fristgerecht anfechten, wäre der Beschluss v Anfang an wirksam. Würde ein Gesellschafter ihn anfechten, würde der Mehrheitsgesellschafter (gezwungenermaßen) noch einen Beschluss in einer Präsenzversammlung mit Wirkung *ex tunc* auf den Zeitpunkt der Übermittlung des schriftlichen Beschlusses herbeiführen.

134 Für Unwirksamkeit iSd Rz 27 f: *Noack* in Noack/Servatius/Haas, GmbHG[23] § 48 Rz 36; *Seibt* in Scholz, GmbHG[12] § 48 Rz 62; wohl auch: BGH 20.11.1958, II ZR 17/57, NJW 1959, 194 (195); für Nichtigkeit nach § 241

56 Wenn der OGH auch bei einer **Vermehrung der Leistungspflicht oder der Verkürzung der Rechte eines Gesellschafters iSv § 50 Abs 4** einen Verstoß gegen das Erfordernis der Zustimmung des betr Gesellschafters lediglich als Anfechtungsgrund ansieht,[135] ist dies aus Sicht des OGH zwar konsequent, aber in gleicher Weise kritikwürdig, weil das Erfordernis der individuellen Zustimmung weitgehend entwertet wird. Wiederum erscheint es vorzugswürdig, dem Beschluss als Rechtsgeschäft – wie die **dt Rechtsanwendung** in solchen Fällen[136] – die **Wirksamkeit abzusprechen** u § 41 Abs 1 Z 1 insoweit einschränkend auszulegen (vgl Rz 51).

57 Inkonsequent bzw widersprüchlich zur sonstigen Rsp des OGH (vgl Rz 51 f) erscheint es, wenn er bei Beschlüssen über die **Einf einer Vinkulierung oder deren Verschärfung** u bei Beschlüssen über eine **rückwirkende Satzungsänderung** die Unwirksamkeit (!) des Beschlusses annimmt, wenn nicht alle Gesellschafter zugestimmt haben.[137] Warum das Zustimmungserfordernis dem OGH in diesen Fällen schützenswerter erscheint, erschließt sich nicht, auch wenn **dem Ergebnis mit der dt Rechtsanwendung**[138] zuzustimmen ist.

58 Weiter könnte man meinen, dass der OGH seine Systematik der Anfechtbarkeit u Scheinbeschlüsse verlassen muss u sich zu seiner Ablehnung der analogen Anwendung des § 199 Abs 1 AktG in Widerspruch setzt, wenn der OGH einen Gesellschafterbeschluss, welcher **Verstöße**

Abs 1 Z 1 dAktG analog: OLG Dresden 5.12.1996, 7 U 1338/96, NJW-RR 1997, 1535 (1536); *Liebscher* in MüKo GmbHG[4] § 48 Rz 194; *Bayer* in Lutter/Hommelhoff, GmbHG[21] § 48 Rz 31; Unwirksamkeit u Nichtigkeit offenlassend: OLG München 9.1.2019, 7 U 1509/18, GmbHR 2019, 298 (301); **aA** u für Anfechtbarkeit: OLG Thüringen 9.1.2006, 6 U 569/05, GmbHR 2006, 985 (986).
135 RIS-Justiz RS0060086.
136 BGH 13.7.1967, II ZR 238/64, NJW 1967, 2159 (2160); OLG Hamm 21.12.2015, I-8 U 67/15, GmbHR 2016, 358 (359); *Drescher* in MüKo GmbHG[4] § 47 Rz 65; *Bayer* in Lutter/Hommelhoff, GmbHG[21] Anh § 47 Rz 4; *Schmidt/Bochmann* in Scholz, GmbHG[12] § 45 Rz 54; so zur Leistungsmehrung in der KG: BGH 5.3.2007, II ZR 282/05, NZG 2007, 381.
137 OGH 27.4.2015, 6 Ob 4/15d (zur nachträglichen Vinkulierung bzw deren Verschärfung); OGH 10.11.1994, 6 Ob 31/94 (zur rückwirkenden Satzungsänderung, deren Zulässigkeit dabei offenblieb).
138 OLG Dresden 10.5.2004, 2 U 286/04, GmbHR 2004, 1080; OLG München 23.1.2008, 7 U 3292/07, GmbHR 2008, 541; *Harbarth* in MüKo GmbHG[4] § 53 Rz 204; *Priester/Tebben* in Scholz, GmbHG[12] § 53 Rz 161.

gegen **Strafgesetze** zum Gegenstand hat, für nichtig erachtet.[139] Allerdings wird man insoweit zunächst festhalten müssen, dass es sich lediglich um eine E in einer Strafsache ohne größere gesellschaftsrechtliche Betrachtung handelte. Auch ist anzunehmen, dass der OGH insoweit ggf ohne größere systematische Verwerfungen auf eine Nichtigkeitsbegründung aus § 879 ABGB zurückgreifen könnte. Die **Wertung im dt Recht kommt für einen solchen Fall zum gleichen Ergebnis** u nimmt Nichtigkeit an (vgl Rz 8).

F. Zu Mängeln bei Beschlüssen anderer Gremien

Die Anwendung der §§ 41 ff auf **Beschlüsse des AR** ist in Ö umstritten, wird v OGH[140] jedoch abgelehnt (vgl § 41 Rz 15). Auch in Dtl besteht insoweit Streit u wird differenziert. 59

Mängel v Beschlüssen des AR im Rahmen seiner originären Zuständigkeit unterliegen nicht den besonderen Regeln über die Geltendmachung v Beschlussmängeln in entspr Anwendung v §§ 241 ff dAktG, sondern können va v AR-Mitgliedern per allg Feststellungsklage geltend gemacht werden,[141] wobei Gesellschafter nicht stets ein Feststellungsinteresse bzw Rechtsschutzbedürfnis haben sollen.[142] 60

Mängel v Beschlüssen, welche v einem Gremium in abgeleiteter Zuständigkeit an Stelle der Gesellschafter gefasst werden, sind dagegen entspr den Regeln für die Geltendmachung v Mängeln bei Gesellschafterbeschlüssen zu verfolgen.[143] 61

---

139 OGH 17.10.1995, 11 Os 114/95.
140 OGH 29.8.1995, 5 Ob 554/94.
141 Zur AG: BGH 21.4.1997, II ZR 175/95, NJW 1997, 1926; 17.7.2012, II ZR 55/11, NZG 2012, 1027. Zur GmbH: *Noack* in Noack/Servatius/Haas, GmbHG[23] Anh § 47 Rz 206; *Noack* in Noack/Servatius/Haas, GmbHG[23] § 52 Rz 95; *Hommelhoff* in Lutter/Hommelhoff, GmbHG[21] § 52 Rz 104; *Spindler* in MüKo GmbHG[4] § 52 Rz 631.
142 *Noack* in Noack/Servatius/Haas, GmbHG[23] § 52 Rz 96; *Spindler* in MüKo GmbHG[4] § 52 Rz 632.
143 BGH 25.2.1965, II ZR 287/63, NJW 1965, 1378; OLG Schleswig 20.2.2003, 5 U 29/02, NZG 2003, 821 (823); OLG Düsseldorf 1.7.2011, I-17 U 122/10, GmbHR 2012, 1363; **aA** für allg Feststellungsklage: *Noack* in Noack/Servatius/Haas, GmbHG[23] Anh § 47 Rz 208; *Werner*, GmbHR 2015, 577 (579).

§ 73 dGmbHG Sperrjahr

(1) Die Verteilung darf nicht vor Tilgung oder Sicherstellung der Schulden der Gesellschaft und nicht vor Ablauf eines Jahres seit dem Tage vorgenommen werden, an welchem die Aufforderung an die Gläubiger (§ 65 Abs. 2) in den Gesellschaftsblättern erfolgt ist.

(2) ¹Meldet sich ein bekannter Gläubiger nicht, so ist der geschuldete Betrag, wenn die Berechtigung zur Hinterlegung vorhanden ist, für den Gläubiger zu hinterlegen. ²Ist die Berichtigung einer Verbindlichkeit zur Zeit nicht ausführbar oder ist eine Verbindlichkeit streitig, so darf die Verteilung des Vermögens nur erfolgen, wenn dem Gläubiger Sicherheit geleistet ist.

(3) ¹Liquidatoren, welche diesen Vorschriften zuwiderhandeln, sind zum Ersatz der verteilten Beträge solidarisch verpflichtet. ²Auf den Ersatzanspruch finden die Bestimmungen in § 43 Abs. 3 und 4 entsprechende Anwendung.

idF dBGBl 2009 I, S 2479

Literatur: *Benz/Zimmermann*, Die GmbH im Insolvenzkontext, NZG 2020, 1255; *Erle*, Die Funktion des Sperrjahres in der Liquidation der GmbH, GmbHR 1998, 216; *Roth*, Das Sperrjahr bei Liquidation der GmbH & Co. KG, GmbHR 2017, 901; *Wachter*, Haftung des Liquidators: Nichtberücksichtigung einer Verbindlichkeit der GmbH gegenüber Gläubiger bei Verteilung des Gesellschaftsvermögens, GmbHR 2018, 575.

Inhaltsübersicht

I.	Einleitung	1
II.	Vermögensverteilung und Sperrfristen in der Liquidation	2–4
III.	Haftung des Liquidators bei Verstoß gegen das Verteilungsverbot	5–7

I. Einleitung

1 Die Fassung des **Auflösungsbeschlusses** über die dGmbH bedarf einer **¾-Mehrheit** der abgegebenen Stimmen (§ 60 Abs 1 Z 2 dGmbHG), welche jedoch **satzungsdispositiv** ist.[1] Es besteht **kein Formerfordernis** für

---

1 *Haas* in Noack/Servatius/Haas, GmbHG[23] § 60 Rz 17; *Berner* in MüKo GmbHG[4] § 60 Rz 96; *Scheller* in Scholz, GmbHG[12] § 60 Rz 22; aber ¾-Mehr-

den Auflösungsbeschluss (bei österr GmbH erfordert § 84 Abs 1 Z 2 dagegen notarielle Beurkundung). Im Übrigen soll sich die hiesige Darstellung auf die untersch Rechtslage in Dtl u Ö hinsichtlich der Sperrfrist u der Haftung der Liquidatoren sowie die – angesichts der grds Untersch im Kapitalerhaltungsrecht überraschend – ähnlichen Regeln zur Vermögensverteilung an die Gesellschafter beschränken.

II. Vermögensverteilung und Sperrfristen in der Liquidation

Die Voraussetzungen für die **Verteilung des Gesellschaftsvermögens in der Liquidation** bzw des Liquidationsüberschusses aus § 91 Abs 2 bis 4 sowie aus § 73 Abs 1 u 2 dGmbHG ähneln sich stark: die **Verbindlichkeiten der GmbH sind zu tilgen bzw sicherzustellen** u es muss der Ablauf einer Sperrfrist abgewartet werden (zur österr GmbH vgl § 91 Rz 20). Während die **Sperrfrist nach § 91 Abs 3 drei Monate** ab dem Gläubigeraufruf beträgt, ist sie **nach § 73 Abs 1 dGmbHG ein Jahr** ab der Veröffentlichung des Gläubigeraufrufs im elektronischen Bundesanzeiger (§ 12 dGmbHG). 2

Das **Verteilungsverbot** aus der zwingenden Regelung des § 73 Abs 1 dGmbHG verbietet während der Sperrfrist grds jegliche Leistung an die Gesellschafter, die als Auszahlung v Gesellschaftsvermögen iSv § 30 Abs 1 S 1 dGmbHG anzusehen ist[2] u gilt daher auch für Abschlagszahlungen oder Darlehensgewährungen.[3] Das Verteilungsverbot in der Liquidation einer dGmbH ist mithin **strenger als die Kapitalerhaltungsregeln aus § 30 f dGmbHG** u ähnelt somit den österr Kapitalerhaltungsregeln (vgl § 82 Rz 24). Zahlungen auf Forderungen v Gesellschaftern aus Drittgeschäften bleiben dagegen zulässig,[4] soweit sie keine verdeckte Gewinnausschüttung sind u in den Grenzen des § 15b Abs 5 3

---

heit bleibt erforderlich, wenn Auflösungsbeschluss zugleich Satzungsänderung bedeutet: *Berner* in MüKo GmbHG[4] § 60 Rz 92.
2 BGH 19.11.2019, II ZR 233/18, NZG 2020, 260 (262).
3 BGH 2.3.2009, II ZR 264/07, NZG 2009, 659 (662); *Haas* in Noack/Servatius/Haas, GmbHG[23] § 73 Rz 2 f; *Schmidt/Scheller* in Scholz, GmbHG[12] § 73 Rz 5; aA bzgl Darlehensgewährung: *Erle*, GmbHR 1998, 216 (220 f).
4 BGH 19.11.2019, II ZR 233/18, NZG 2020, 260 (262); *Müller* in MüKo GmbHG[4] § 73 Rz 4.

S 1 dInsO⁵ erfolgen (zur österr GmbH vgl § 91 Rz 15). Dies soll auch für vor der Auflösung der GmbH beschlossene Ausschüttungen gelten, welche lediglich (weiterhin) § 30 dGmbHG unterliegen sollen⁶ (zur österr GmbH vgl § 91 Rz 3, 15), sodass durch geschickte Wahl der Beschlussreihenfolge ggf eine Verteilung trotz des Verteilungsverbots ermöglicht werden kann.⁷ Zulässig sein soll auch die Rückzahlung v Gesellschafterdarlehen, soweit kein Rangrücktritt besteht,⁸ u die Teilnahme an einem konzerninternen Cashpooling bei gesicherter Rückzahlung als Mittelverwaltung.⁹

4   Die Gesellschaftsgläubiger können auf das Verteilungsverbot einen **Unterlassungsanspruch** u Maßnahmen des einstweiligen Rechtsschutzes stützen.¹⁰

III. Haftung des Liquidators bei Verstoß gegen das Verteilungsverbot

5   Der **Liquidator haftet der GmbH** bei einer schuldhaften Verletzung seiner Liquidatorenpflichten gem § 71 Abs 4, § 43 Abs 1, 2 u 4 dGmbHG (zur österr GmbH vgl § 92 Rz 13), wobei § 73 Abs 3 dGmbHG eine ausdrückliche Regelung enthält, dass dies auch für Verstöße gegen das Verteilungsverbot gilt.

6   Für eine **Haftung des Liquidators gegenüber Dritten** fehlt es im Ausgangspunkt an einem Schuldverhältnis zw dem Liquidator u dem Dritten. Der OGH hat für die österr GmbH mit recht kurzer Begr angenommen, dass § 91 – weil er den Schutz der Gläubiger bezweckt –

---

5   Vgl zu § 64 S 3 dGmbHG aF: *Schmidt/Scheller* in Scholz, GmbHG¹² § 73 Rz 4; *Roth*, GmbHR 2017, 901 (904).
6   *Haas* in Noack/Servatius/Haas, GmbHG²³ § 69 Rz 6; *Müller* in MüKo GmbHG⁴ § 69 Rz 20.
7   Vgl dazu *Erle*, GmbHR 1998, 216 (219 f).
8   *Müller* in MüKo GmbHG⁴ § 73 Rz 4; *Schmidt/Scheller* in Scholz, GmbHG¹² § 73 Rz 4.
9   *Müller* in MüKo GmbHG⁴ § 73 Rz 5; *Schmidt/Scheller* in Scholz, GmbHG¹² § 73 Rz 5.
10 Arrest u Anspruch gegen Liquidatoren: *Haas* in Noack/Servatius/Haas, GmbHG²³ § 73 Rz 10 f; Arrest u Anspruch gegen GmbH: *Müller* in MüKo GmbHG⁴ § 73 Rz 30 f; nur Arrest: *Schmidt/Scheller* in Scholz, GmbHG¹² § 73 Rz 24.

Schutzgesetz ist u ein schuldhafter Verstoß gegen § 91 somit eine deliktische Haftung des Liquidators aus § 1311 ABGB gegenüber Dritten begründet (vgl § 91 Rz 1).[11] Der BGH hat dagegen angenommen, dass **§ 73 dGmbHG trotz seines Zwecks des Gläubigerschutzes kein Schutzgesetz** ist u somit ein Verstoß nicht zu einer deliktischen Haftung des Liquidators aus § 823 Abs 2 BGB führt.[12] Zwar begründet der BGH seine E ua mit dem Willen des dt Gesetzgebers. Allerdings rekurriert der BGH auch auf das haftungsrechtliche Gesamtsystem in der GmbH u konkret darauf, dass er auch für die Kapitalerhaltungsvorschriften aus §§ 30 f dGmbHG den Schutzgesetzcharakter verneint u eine reine Innenhaftung des GF angenommen hat. Mit anderen Worten wäre es nach dem Urteil des BGH ein Wertungswiderspruch, wenn die Schutzgesetzfrage bzgl § 73 dGmbHG u §§ 30 f dGmbHG untersch beantwortet würde. Zur österr GmbH wird in der Lit[13] ebenfalls angenommen, dass **§ 82 kein Schutzgesetz** ist (vgl § 83 Rz 34 mwN), obwohl die inhaltliche Übereinstimmung der Kapitalerhaltungsmaßgaben aus § 91 u § 82 sogar größer ist als bei § 73 u §§ 30 f dGmbHG. Will man den entspr Wertungswiderspruch für die österr GmbH vermeiden, wären somit die bisherigen Beurteilungen zu überdenken, um **entweder den Schutzgesetzcharakter des § 91 zu verneinen oder denselben für § 82 zu bejahen**. Will man insoweit den Schutzgesetzcharakter einheitlich verneinen, muss dies den Gesellschaftsgläubiger nicht schutzlos stellen u lohnt auch insoweit ein Blick auf das Urteil des BGH u dessen Übertragbarkeit auf die österr Rechtslage.

Auch nach A des BGH ist eine **Haftung des Liquidators gegenüber Dritten** nicht ausgeschlossen u wurde **für den Fall bejaht, dass der Dritte nach der Löschung der GmbH als einziger Gesellschaftsgläubiger seine in der Liquidation nicht berücksichtigten Ansprüche durchzusetzen versucht**. In dieser Situation müsste der Gesellschaftsgläubiger ohne direkten Anspruch gegen die Liquidator zunächst seinen Anspruch in einer Nachtragsliquidation gegen die Gesellschaft titulieren lassen, um dann in die Ansprüche der GmbH gegen den Liquidator vollstrecken u den Einziehungsprozess führen zu können (zur österr GmbH vgl § 93 Rz 20 ff). Die Umständlichkeit dieses Vorgehens würde für die Zeit nach Beendigung der Liquidation zu einem planwidrigen

7

---

11 OGH 9.10.1997, 2 Ob 184/97s.
12 BGH 13.3.2018, II ZR 158/16, NZG 2018, 625 (entgegen der damaligen hLit).
13 **AA** ohne nähere Begr mglw OGH 23.6.2021, 6 Ob 61/21w.

Defizit des Gläubigerschutzes führen. Dem Gesellschaftsgläubiger kommt daher nach § 268 Abs 2 iVm § 93 Abs 5 dAktG analog die Befugnis zu, den Anspruch aus § 73 Abs 3 dGmbHG direkt gegen den Liquidator geltend machen zu können. Der Liquidator hat ihn so zu stellen, wie er bei Berücksichtigung seines Anspruchs in der Liquidation gestanden hätte. Der BGH berücksichtigt insoweit insb, dass § 73 dGmbHG gleichermaßen eine Kapitalerhaltungsvorschrift ist wie § 93 Abs 3 Z 5 dAktG u die Stellung des Abwicklers in der dt AG u des Liquidators in der dt GmbH sich iW gleichen[14]. Die dem Urteil zugrundeliegenden dt Vorschriften sind nahezu wortgleich Inhalt auch des österr Rechts: § 268 Abs 2 dAktG entspricht § 209 AktG; § 93 Abs 5, Abs 3 Z 5 dAktG entspricht § 84 Abs 5, Abs 3 Z 5 AktG. Eine Einbeziehung der höchstrichterlichen Überlegungen zum dt Recht bei der Anwendung des österr Rechts erscheint somit naheliegend.

§ 179a dAktG Verpflichtung zur Übertragung des ganzen Gesellschaftsvermögens

(1) ¹Ein Vertrag, durch den sich eine Aktiengesellschaft zur Übertragung des ganzen Gesellschaftsvermögens verpflichtet, ohne daß die Übertragung unter die Vorschriften des Umwandlungsgesetzes fällt, bedarf auch dann eines Beschlusses der Hauptversammlung nach § 179, wenn damit nicht eine Änderung des Unternehmensgegenstandes verbunden ist. ²Die Satzung kann nur eine größere Kapitalmehrheit bestimmen.

(2) ¹Der Vertrag ist von der Einberufung der Hauptversammlung an, die über die Zustimmung beschließen soll, in dem Geschäftsraum der Gesellschaft zur Einsicht der Aktionäre auszulegen. ²Auf Verlangen ist jedem Aktionär unverzüglich eine Abschrift zu erteilen. ³Die Verpflichtungen nach den Sätzen 1 und 2 entfallen, wenn der Vertrag für denselben Zeitraum über die Internetseite der Gesellschaft zugänglich ist. ⁴In der Hauptversammlung ist der Vertrag zu-

---

14 BGH 13.3.2018, II ZR 158/16, NZG 2018, 625 (626 ff); 19.11.2019, II ZR 233/18, NZG 2020, 260 (261 f); zust u für Anwendung auch bei mehreren Gesellschaftsgläubigern: *Benz/Zimmermann*, NZG 2020, 1255 (1259); zust u für Ausdehnung auf werbende Gesellschaft: *Wachter*, GmbHR 2018, 575 (577); im Ergebnis zust, jedoch gegen Ausdehnung der Anwendung: *Schmidt/Scheller* in Scholz, GmbHG[12] § 73 Rz 40.

gänglich zu machen. ⁵Der Vorstand hat ihn zu Beginn der Verhandlung zu erläutern. ⁶Der Niederschrift ist er als Anlage beizufügen.

(3) Wird aus Anlaß der Übertragung des Gesellschaftsvermögens die Gesellschaft aufgelöst, so ist der Anmeldung der Auflösung der Vertrag in Ausfertigung oder öffentlich beglaubigter Abschrift beizufügen.

idF dBGBl 2009 I, S 2479

Literatur: *Artmann,* Gesellschafterzustimmung bei Übertragung des gesamten Gesellschaftsvermögens, GES 2023, 104; *Berkefeld,* Praktische Auswirkungen der Entscheidung des BGH v. 8.1.2019 – II ZR 364/18 zu § 179a AktG (analog), DNotZ 2020, 85; *Decker,* Beurkundungspflicht des Zustimmungsbeschlusses bei der Übertragung des gesamten Vermögens einer GmbH? NZG 2018, 447; *Drobnik/Torggler,* Veräußerung des GmbH-Vermögens, übertragende Auflösung und Holzmüller/Gelatine (Teil I), RdW 2020/312, 418; *Drobnik/Torggler,* Veräußerung des GmbH-Vermögens, übertragende Auflösung und Holzmüller/Gelatine (Teil II), RdW 2020/366, 513; *Götze,* Karriereknick eines Fremdkörpers – Zur Nichtanwendbarkeit des § 179a AktG in der GmbH, NZG 2019, 695; *Müller,* Reichweite der Vertretungsmacht des GmbH-Geschäftsführers bei der Veräußerung des gesamten Gesellschaftsvermögens, NZG 2019, 807; *von Prittwitz,* Licht und Schatten – Das „Januar-Urteil" des BGH zu Gesamtvermögensgeschäften bei der GmbH sowie dem Missbrauch der Vertretungsmacht, DStR 2019, 1265; *Weber,* Gesamtvermögensgeschäft und Gesellschafterbeschluss: Eine Studie des § 179a AktG am Beispiel von Grundstücksgeschäften, DNotZ 2018, 96.

Inhaltsübersicht

I. Einleitung 1
II. Zur Rechtslage bei Gesamtvermögensgeschäften 2–11
   A. In Deutschland: Keine analoge Anwendung des
     § 179a dAktG auf die GmbH 2, 3
   B. Rechtsvergleichende Betrachtung – Folgefragen aus
     der analogen Anwendung des § 237 AktG 4–11
III. Exkurs: Betriebsüberlassung 12, 13

I. Einleitung

§ 179a Abs 1 dAktG normiert sinngemäß dasselbe wie § 237 Abs 1 AktG[1] u bestimmt das **Erfordernis eines zust Gesellschafterbeschlusses bei sog Gesamtvermögensgeschäften** der AG; das Fehlen des Be- **1**

---

1 OGH 26.4.2018, 6 Ob 38/18h; *Winner* in MüKo AktG⁵ § 179a, Rz 90.

schlusses führt zur Unwirksamkeit des Verpflichtungsgeschäfts,² hat somit Außenwirkung. In Dtl wurde infolge einer E des BGH zu einer KG³ angenommen, dass § 179a dAktG ein verallgemeinerungsfähiges Prinzip des Verbandsrechts enthalte u auch auf die GmbH entspr anzuwenden sei.⁴ Der OGH hat sich dem 2018 unter Bezugnahme auf die österr Lit angeschlossen u die analoge Anwendung des § 237 Abs 1 AktG auf die GmbH bejaht.⁵ Dagegen hat der BGH Anfang 2019 die entspr Anwendung des § 179a dAktG auf die dGmbH verneint.⁶ Anschließend hat der BGH im Jahr 2022 unter ausdrücklicher Aufgabe seiner früheren Rsp auch die entspr Anwendung des § 179a dAktG auf die KG verneint u dabei seine E zur GmbH v 2019 bestätigt.⁷

II. Zur Rechtslage bei Gesamtvermögensgeschäften

A. In Deutschland: Keine analoge Anwendung des § 179a dAktG auf die GmbH

2   Die Ablehnung einer anlogen Anwendung des § 179a dAktG auf die GmbH wird v BGH überzeugend damit begründet, dass die Entwicklung der Norm (beginnend mit dem dHGB v 1897, dann dAktG v 1937 u 1961 sowie Reform des dGmbHG 1973) zeigt, dass es sich um eine

---

2   Für Ö: OGH 26.4.2018, 6 Ob 38/18h; allgM in Dtl s nur *Hüffer/Koch*, AktG¹⁶ § 179a, Rz 3 f, 13.
3   BGH 9.1.1995, II ZR 24/94, NJW 1995, 596.
4   Vgl Entwicklungshistorie bei *Hüffer/Koch*, AktG¹⁶ § 179a, Rz 1 mwN; *Stein* in MüKo AktG⁵ § 179a, Rz 14.
5   Abl *Artmann*, GES 2023, 104 (107 ff). Der OGH begründet seine E v 26.4.2018, 6 Ob 38/18h, va mit der Zustimmungsbedürftigkeit gravierender Eingriffe in die Gesellschaftsstruktur, während in Dtl der Zweck des § 179a dAktG stärker in einem Schutz der Vermögensinteressen der Aktionäre u der Möglichkeit zur Beurteilung der Angemessenheit der Gegenleistung durch die Aktionäre gesehen wird, vgl *Stein* in MüKo AktG⁵ § 179a, Rz 5 ff; *Holzborn* in BeckOGK Aktienrecht § 179a, Rz 2.
6   BGH 8.1.2019, II ZR 364/18, NJW 2019, 1512.
7   BGH 15.2.2022, II ZR 235/20, NZG 2022, 706, wobei in den Gründen offengelassen ist, ob im Fall einer Publikums-KG eine entspr Anwendung ausnahmsweise doch in Betracht kommen könnte, wenn die solche KG in ihrer Struktur einer dt AG angenähert ist u die Einwirkungsmöglichkeiten der Kommanditisten denjenigen des Aktionärs vergleichbar gering sind.

Schutzvorschrift für Aktionäre einer AG handelt, dass die rechtliche Stellung der Gesellschafter in der GmbH aufgrund ihres umfassenden Weisungs-[8] u Informationsrechts[9] nicht derjenigen der Aktionäre in der AG vergleichbar ist u sich daraus eine geringere Schutzbedürftigkeit der Gesellschafter gegenüber E des GF ergibt. Die Übertragung der **Beschränkung der organschaftlichen Vertretungsmacht** mit Außenwirkung auf die GmbH sowie die damit einhergehende Unsicherheit für den Rechtsverkehr samt Haftungsrisiken sei daher **nicht gerechtfertigt**.[10]

Der beim Gesamtvermögensgeschäft erforderliche Schutz der Gesellschafter ist bei der GmbH auch ohne § 179a dAktG verwirklicht, weil der GF bei besonders bedeutsamen Geschäften verpflichtet ist, einen zust **Gesellschafterbeschluss einzuholen** (vgl § 49 Abs 2 dGmbHG). Holt der GF den Beschluss nicht ein, kann das Gesamtvermögensgeschäft unabhängig v § 179a dAktG in Ausnahme v der unbeschränkten organschaftlichen Vertretungsmacht unwirksam sein, wenn der Geschäftspartner weiß oder es sich ihm geradezu aufdrängen muss, dass der GF seine Vertretungsmacht missbraucht. Ein Handeln zum Nachteil der Gesellschaft wird dabei nicht zwingend vorausgesetzt. Es kann bereits genügen, wenn dem Geschäftspartner bekannt ist, dass ein maßgebender Gesellschafter das Geschäft ablehnt. Im Fall eines erkennbaren Gesamtvermögensgeschäfts kann den Geschäftspartner dementspr eine Erkundigungsobliegenheit über das Vorliegen des zust Beschlusses treffen[11]. Der Geschäftspartner sollte daher mind vorsichtshalber stets auf den Nachw des zust Beschlusses bestehen, wenn ein Gesamtvermögensgeschäft naheliegend bzw nicht auszuschließen ist.

---

8 AllgM, s nur *Beurskens* in Noack/Servatius/Haas, GmbHG[23] § 37 Rz 34 ff.
9 Vgl § 51a dGmbHG.
10 BGH 8.1.2019, II ZR 364/18, NJW 2019, 1512. Die E hat in der dLit überwiegend Zustimmung gefunden: *Holzborn* in BeckOGK Aktienrecht § 179a, Rz 14; *Götze*, NZG 2019, 695 (696); *Müller*, NZG 2019, 807 (810); *von Prittwitz*, DStR 2019, 1265 (1267).
11 BGH 8.1.2019, II ZR 364/18, NJW 2019, 1512.

B. Rechtsvergleichende Betrachtung – Folgefragen aus der analogen Anwendung des § 237 AktG

4 Die maßgeblichen E v BGH u OGH zur GmbH sind kurz aufeinanderfolgend ergangen u fallen inhaltlich denkbar weit auseinander. Betrachtet man die Gesetzeslage u die jew Argumente v BGH u OGH, erscheint dies überraschend. Das **Gesamtvermögensgeschäft bedarf** nach beiden Rechtsordnungen unzweifelhaft eines **zust Gesellschafterbeschlusses**.[12] Nach beiden Rechtsordnungen haben die Gesellschafter einer GmbH, anders als die Aktionäre einer AG,[13] ein umfassendes Auskunfts- u Einsichtsrecht (vgl § 22 Rz 43 ff u § 51a dGmbHG), hat der GF eine nach außen unbeschränkte u unbeschränkbare organschaftliche Vertretungsmacht[14] (vgl § 18 Rz 15, § 20 Rz 24 ff u § 37 dGmbHG) u unterliegt deren Durchbrechung mit der Folge der Unwirksamkeit des Gesamtvermögensgeschäfts inhaltlich vergleichbaren Grundsätzen über den Missbrauch der Vertretungsmacht (vgl § 20 Rz 26[15]). Die v BGH gegen die analoge Anwendung v § 179a Abs 1 dAktG auf die dGmbH herangezogenen Argumente hätten also durchweg auch dem OGH zur Verfügung gestanden. Die Gesetzesgeschichte zeigt keine wesentlichen Divergenzen, zumal es sich zT um eine gemeinsame Gesetzesgeschichte handelt.[16]

5 Der österr status quo zum GmbHG ist die E des OGH,[17] sodass die österr Praxis mit den **Folgefragen bzgl der Reichweite der Analogie** zu

---

12 OGH 26.4.2018, 6 Ob 38/18h; BGH 8.1.2019, II ZR 364/18, NJW 2019, 1512.
13 Vgl zum demgegenüber eingeschränkten Fragerecht des Aktionärs in der HV § 118 AktG u § 131 dAktG.
14 Daher den OGH zu Recht unter Hinweis auf dessen eigene Rsp zu § 126 UGB in OGH 25.4.2019, 6 Ob 35/19v, kritisierend *Artmann*, GES 2023, 104 (112).
15 BGH 8.1.2019, II ZR 364/18, NJW 2019, 1512. Allerdings ist in Ö wie in Dtl die Grenzziehung im Detail umstr, in welchen Fällen sich dem Geschäftspartner das Beschlusserfordernis u eine fehlende Zustimmung aufdrängen mussten.
16 § 237 Abs 1 AktG u § 179a Abs 1 dAktG sind mit den jew AktG v 1965 in Kraft getreten (§ 179a Abs 1 dAktG damals noch § 361 Abs 1 dAktG) u seitdem unverändert geblieben. Beide Normen haben in § 255 Abs 1 AktG 1937 (dRGBl 1937 I S 159) einen gemeinsamen Vorgänger, wobei § 237 Abs 1 AktG mit § 255 Abs 1 AktG 1937 wortgleich ist.
17 OGH 26.4.2018, 6 Ob 38/18h; zust *Drobnik/Torggler*, RdW 2020/312, 418 (418 ff), welche va anhand § 303 HGB 1897 gegen die Berücksichtigung der

§ 237 AktG umgehen muss. Insoweit könnte ein Blick auf die dRsp u dLit hilfreich sein.

Offen ist, ob gesv ein geringeres **Mehrheitserfordernis** als eine 6 ¾-Mehrheit[18] geregelt werden kann,[19] wofür ein Umkehrschluss zu § 90 Abs 4 sprechen könnte. Bezüglich des Mehrheitserfordernisses muss weiter ggf geklärt werden, ob das Gesamtvermögensgeschäft zugleich (mglw unbemerkt) eine Änderung des Unternehmensgegenstands herbeiführt,[20] weil wegen § 50 Abs 3 dann sogar Einstimmigkeit der abgegebenen Stimmen erforderlich wäre[21]. Weiter könnte die Zustimmung zum Gesamtvermögensgeschäft zugleich als Liquidationsbeschluss angesehen werden,[22] was das Mehrheitserfordernis nach § 90 Abs 4 u gem § 84 Abs 1 Z 2 eine Beurkundungsbedürftigkeit des Beschlusses auslösen würde.[23]

Gesetzesgeschichte durch den BGH argumentieren, sich dabei jedoch nur knapp mit der für den Analogieschluss erforderlichen Wertung bzgl der Vergleichbarkeit der Interessenlage bei AG u GmbH auseinandersetzen.

18 Im v OGH entschiedenen Fall v 26.4.2018, 6 Ob 38/18h, gab es offensichtlich keine v G abw gesv Regelung des Mehrheitserfordernisses u konnte der OGH offenlassen, ob dann ¾-Mehrheit oder Einstimmigkeit erforderlich ist. Für die Anwendung v § 50 Abs 1: *Drobnik/Torggler*, RdW 2020/366, 513.
19 Vgl *von Prittwitz*, DStR 2019, 1265 (1267); *Berkefeld*, DNotZ 2020, 85 (93). Offen lassend OLG Düsseldorf 23.11.2017, I-6 U 225/16, NZG 2018, 297; jedenfalls im Ergebnis für Zulässigkeit einer Regelung eines geringeren Mehrheitserfordernisses: OLG Köln 4.9.2012, 15 U 27/12, BeckRS 2015, 10785 (jew zur dt KG).
20 Vgl *Noack* in Noack/Servatius/Haas, GmbHG[23] § 53 Rz 26. Denkbar zB bei sog Ein-Objekt-Gesellschaften bzw Akquisitionsvehikelgesellschaften, deren Unternehmensgegenstand eng auf einen einzigen Vermögensgegenstands bezogen formuliert ist.
21 *Artmann*, GES 2023, 104 (108). Im dGmbHG ist für die Änderung des Unternehmensgegenstands kein besonderes Mehrheitserfordernis, sondern eine satzungsändernde Mehrheit gem § 53 Abs 2 dGmbHG ausreichend. Anders aber bei gleichzeitiger Änderung des Gesellschaftszwecks: in Ö bleibt es bei § 50 Abs 3 GmbHG, vgl § 1 Rz 7, § 50 Rz 13; in Dtl dagegen Einstimmigkeit der vorhandenen Stimmen erforderlich, vgl *Noack* in Noack/Servatius/Haas, GmbHG[23] § 53 Rz 29.
22 Nach dt Verständnis führt die Gesamtvermögensveräußerung nicht automatisch zur Auflösung: OLG Düsseldorf 23.11.2017, I-6 U 225/16, NZG 2018, 297; OLG Köln 4.9.2012, 15 U 27/12, BeckRS 2015, 10785; *Holzborn* in BeckOGK Aktienrecht § 179a, Rz 32.
23 Ein Beurkundungsbedürfnis entspr § 84 Abs 1 Z 2 existiert in Dtl nicht.

7 Offen ist, ob der **Stimmrechtsausschluss nach § 39 Abs 4** anzuwenden ist, wenn das Gesamtvermögensgeschäft mit einem Gesellschafter abgeschlossen werden soll (vgl § 39 Rz 71 f). Versteht man § 237 AktG als Regelung bzgl Strukturänderungen der Gesellschaft, könnte dies gegen die Anwendung v § 39 Abs 4 sprechen.[24] Dagegen spricht aber, dass ein Beschluss nach § 237 AktG zugleich immer auch ein Beschluss über das Gesamtvermögensgeschäft als Rechtsgeschäft ist,[25] sodass sowohl der Wortlaut als auch der Sinn u Zweck v § 39 Abs 4 für dessen Anwendung sprechen.

8 Offen ist, ob der **Beschluss** über das Gesamtvermögensgeschäft, soweit er keine Änderung des GesV bedeutet u nicht zugleich ein Auflösungsbeschluss ist, der notariellen **Beurkundung** bedarf. Dafür könnte sprechen, dass Beschlüsse der HV notariell zu beurkunden sind (vgl § 120 Abs 1 AktG bzw § 130 Abs 1 S 1 dAktG).[26] Dagegen spricht jedoch, dass § 237 AktG keine Beurkundungsbedürftigkeit des Beschlusses regelt. Wollte man eine Beurkundungsbedürftigkeit bejahen, müsste man eine (weitere) Analogie zu § 120 Abs 1 AktG bejahen, wofür jedoch kein Grund besteht.[27]

9 Offen ist, ob der **Beschluss** über das Gesamtvermögensgeschäft außerhalb einer GV **im schriftlichen Verfahren** gefasst werden kann (vgl § 34 Rz 4, 52). Dagegen könnte sprechen, dass die HV stets Präsenzversammlung ist. Dafür spricht jedoch, dass § 237 AktG zwar das Beschlusserfordernis, nicht aber die Art der Beschlussfassung regelt u es keinen Grund gibt, zusätzlich zu § 237 AktG auch noch die §§ 102, 127 AktG analog anzuwenden, wenn § 34 eine Regelung über die Art der Beschlussfassung in der GmbH enthält.

10 Offen ist, ob sich die analoge Anwendung v **§ 237 AktG bei mehrstöckigen Gesellschaften** dahingehend auswirkt, dass auch in der Muttergesellschaft besondere Beschlusserfordernisse für die Zustimmung der Muttergesellschaft in der GV der Tochtergesellschaft bestehen, wenn die Tochtergesellschaft ein Gesamtvermögensgeschäft vornehmen will. Eine „mittelbare" entspr Anwendung des § 179a dAktG auf der

---

24 So *Drobnik/Torggler*, RdW 2020/366, 513 (514).
25 *Winner* in MüKo AktG[5] § 179a, Rz 101.
26 So *Drobnik/Torggler*, RdW 2020/366, 513 (514).
27 In Dtl gegen Beurkundungserfordernis: *Decker*, NZG 2018, 447 (452); ebenso in einer E zur dt KG: OLG Düsseldorf 23.11.2017, I-6 U 225/16, NZG 2018, 297.

Ebene der Muttergesellschaft dürfte mit der dt Rsp abzulehnen sein,[28] zumal die Rechtsfolge der Unwirksamkeit des Verpflichtungsgeschäfts nicht sinnvoll zu übertragen wäre. Es kann sich aber nach den allg Regeln ein Beschlusserfordernis ergeben, wenn die Zustimmungserklärung in der GV der Tochtergesellschaft für die Muttergesellschaft ein besonders bedeutsames Geschäft ist.[29]

Offen ist, ob für die **Information der Gesellschafter vor der Beschlussfassung** besondere Anforderungen gelten. § 237 AktG trifft insoweit keine besondere Regelung, sodass an sich die allg Anforderungen gelten. Dagegen muss nach § 179a Abs 2 dAktG der Text des Vertrags über das Gesamtvermögensgeschäft den Gesellschaftern verfügbar gemacht u der Vertrag im Rahmen der Beschlussfassung v Vorstand erläutert werden; es sind die rechtliche u wirtschaftliche Bedeutung des Vertrages sowie seine Auswirkungen auf die Gesellschaft ausführlich u in allg verständlicher Sprache darzulegen.[30] Grund für die Anwendung v § 237 AktG auf die GmbH durch den OGH ist zumindest auch, dass die Angemessenheit der Gegenleistung des Gesamtvermögensgeschäfts einer Beurteilung durch die Gesellschafter unterliegen soll.[31] Dann erscheint es jedoch naheliegend, wenn nicht zwingend, dass den Gesellschaftern die für diese Beurteilung erforderlichen Informationen auch tatsächlich mitgeteilt werden.[32] Dies wird wiederum regelmäßig eine nähere Erläuterung des Vertragsinhalts erfordern, jedenfalls wenn dieser Einfluss auf die Preisbildung haben kann. In der Praxis sollte daher auch ohne besondere Regelung in § 237 AktG vorsichtshalber v erhöhten Informationspflichten ausgegangen werden. 11

---

28 OLG Celle 7.3.2001, 9 U 137/00, NZG 2001, 409; *Weber*, DNotZ 2018, 96 (119 f); wohl auch BGH 15.1.2001, II ZR 124/99; **aA** *Stein* in MüKo AktG⁵ § 179a, Rz 21.
29 In Dtl sollen dann aber im Rahmen der Beschlussfassung evtl die erweiterten Informationspflichten aus § 179a Abs 2 dAktG, welcher im Wortlaut des § 237 AktG keine Entsprechung hat, anzuwenden sein, vgl BGH 15.1.2001, II ZR 124/99, NJW 2011, 1277.
30 *Stein* in MüKo AktG⁵ § 179a, Rz 63; *Holzborn* in BeckOGK Aktienrecht § 179a, Rz 28.
31 OGH 26.4.2018, 6 Ob 38/18h.
32 Dafür im Wege einer Analogie zu § 153 Abs 4 S 2 AktG: *Drobnik/Torggler*, RdW 2020/366, 513 (516).

III. Exkurs: Betriebsüberlassung

12 Unmittelbar nach § 237 AktG regelt § 238 Abs 2 AktG, dass ein Vertrag, durch den eine Gesellschaft einem anderen den Betrieb ihres Unternehmens verpachtet oder sonst überlässt, eines zust Gesellschafterbeschlusses bedarf. Deutsches Pendant zu § 238 Abs 2 AktG ist § 292 Abs 1 Nr 3 dAktG. Die (nach Ausschöpfung des GmbHG als Rechtsquelle) zu prüfende analoge Anwendung[33] des aktienrechtlichen **Zustimmungserfordernisses zu einer Betriebsüberlassung** auf die GmbH wirft strukturell ähnliche Fragen auf wie die Anwendung des § 237 AktG auf die GmbH, insb welcher Mehrheit u Form der erforderliche Zustimmungsbeschluss bedarf u ob dem GF ohne Zustimmungsbeschluss die Vertretungsmacht fehlt[34]. Die Fragen sind v BGH nicht entschieden.[35]

13 Der BGH hat jedoch zum Teilgewinnabführungsvertrag nach § 292 Abs 1 Nr 2 dAktG entschieden, dass dessen Wirksamkeit nur dann v einem den Anforderungen an einen Satzungsänderungsbeschluss genügenden Gesellschafterbeschluss abhängt, wenn der Teilgewinnabführungsvertrag nach Inhalt u Wirkung einer Satzungsänderung gleichkommt, was nicht notwendigerweise der Fall ist, weil der Teilgewinnabführungsvertrag in erster Linie schuldrechtliche Ansprüche des Berechtigten begründet.[36] Dabei stellt der BGH ähnlich wie in seiner kurz zuvor ergangenen E, in welcher er eine analoge Anwendung des § 179a dAktG auf die GmbH abgelehnt hat (vgl Rz 2 ff),[37] auch darauf ab, dass aufgrund der Einflussmöglichkeiten der Gesellschafter der Schutz, welchen das dAktG den Aktionären zubilligt, in der GmbH nicht erforderlich ist.[38] Es erscheint daher naheliegend, dass auf den Abschluss eines Vertrags, durch welchen eine dGmbH ihren Betrieb einem anderen verpachtet oder sonst überlässt, letztlich die **Rsp** des BGH **zum**

---

33 BGH 16.7.2019, II ZR 175/18, NZG 2019, 1149 (1151).
34 In Dtl für Anwendung der Anforderungen an satzungsändernde Beschlüsse u fehlende Vertretungsmacht: *Liebscher* in MüKo GmbHG[4] Anh § 13 Rz 725; *Emmerich* in Scholz GmbHG[12] Anh § 13 Rz 218 f.
35 Für ¾-Mehrheit u fehlende Vertretungsmacht im Fall einer KG: OLG Hamburg 29.10.1999, 11 U 45/99, NZG 2000, 421 (422); zurückhaltender in Bezug auf die Analogie zu § 292 AktG: OLG Zweibrücken 29.10.2013, 3 W 82/13, NZG 2015, 319 (320).
36 BGH 16.7.2019, II ZR 175/18, NZG 2019, 1149 (1150 f).
37 BGH 8.1.2019, II ZR 364/18, NJW 2019, 1512.
38 BGH 16.7.2019, II ZR 175/18, NZG 2019, 1149 (1152).

Gesamtvermögensgeschäft[39] **übertragen** werden kann, somit im Grundsatz ein Zustimmungsbeschluss mit einfacher Mehrheit ausreichend ist u sein Fehlen die Wirksamkeit des Vertrags vorbehaltlich der Grundsätze über den Missbrauch der Vertretungsmacht nicht berührt. Würde in Ö ebenfalls die Rsp zum Gesamtvermögensgeschäft[40] auf die Betriebsüberlassung übertragen, käme es auch insoweit trotz vergleichbarer gesetzl Regelungen zu einer erheblichen Divergenz zw der österr u dt Rechtsanwendung. Es bedürfte aber in beiden Rechtsordnungen eines satzungsändernden Beschlusses, sollte die Betriebsüberlassung im konkreten Fall nicht v Unternehmensgegenstand gedeckt sein, wobei das Fehlen eines solchen Beschlusses in Dtl (anders als in Ö) die Wirksamkeit der Betriebsüberlassung unberührt ließe (zu den Mehrheitserfordernissen vgl Rz 6).

---

39 BGH 8.1.2019, II ZR 364/18, NJW 2019, 1512.
40 OGH 26.4.2018, 6 Ob 38/18h.

Exkurs: FlexKapGG

Literatur: *Eckert/Sternig*, Unternehmenswertanteile, ecolex 2023, 917; *H. Foglar-Deinhardstein*, Die FlexCo als flexible Gesellschafterin ihrer selbst, ÖJZ 2023, 911; *Ludvik/Grabmayr*, Beteiligung von Mitarbeitern an der Flexiblen Kapitalgesellschaft, ASoK 2023, 274; *Ke. Rastegar*, Subsidiäres GmbH-Recht und Auslegung, ecolex 2023, 909; *Rizzi/Ringhofer*, Die neue Gesellschaftsform der FlexKapG, ÖJZ 2023, 891; *Steiner*, Zum Entwurf einer Flexiblen Kapitalgesellschaft – wirtschaftliche Parameter, Individual- und Minderheitenrechte, GES 2023, 216; *Told*, Die FlexCo im Spannungsfeld multipler Gesellschafterkategorien, ÖJZ 2023, 897; *Zollner*, Das Mitverkaufsrecht der Unternehmenswert-Beteiligten, ÖJZ 2023, 904.

Inhaltsübersicht

I.	Begriff, Systematik	1–5
II.	Gründung	6
III.	Stammkapital, Stammeinlagen	7
IV.	Geschäftsanteile	8, 9
	A. Stückanteile	8
	B. Teilbarkeit von Geschäftsanteilen	9
V.	Aufsichtsratspflicht	10
VI.	Stimmrechte	11–13
	A. Uneinheitliche Stimmabgabe	11
	B. Schriftliche Abstimmung	12, 13
VII.	Erleichterte Formvorschriften	14–16
VIII.	Unternehmenswert-Anteile	17–30
	A. Allgemeines, Begriff	17
	B. Maximalgrenze	18
	C. Stammeinlagen	19
	D. Ausschluss von Ausfallshaftungen u Nachschusspflicht	20
	E. Recht auch Gewinnbezug/Liquidationserlös	21
	F. Ausschluss vom Stimmrecht	22
	G. Weitere Eigenschaften	23–25
	H. Firmenbuch, Publizität	26
	I. Umwandlung in Geschäftsanteile	27, 28
	J. Mitverkaufsrecht	29
	K. Schutz von Mitarbeiterinnen	30
IX.	Eigene Geschäftsanteile	31–36
X.	Einziehung von Geschäftsanteilen	37
XI.	Formen der Kapitalerhöhung	38–41
	A. Bedingte Kapitalerhöhung	39, 40
	B. Genehmigtes Kapital	41
XII.	Sonstige Finanzierungsformen	42
XIII.	Umwandlungen in GmbH bzw AG und *vice versa*	43–45
XIV.	Umgründungen	46

I. Begriff, Systematik

1 Durch das Flexible-Kapitalgesellschafts-Gesetz – FlexKapGG (BGBl I 2023/179) wurde mit 1.1.2024 die Rechtsform der **„Flexiblen Kapitalgesellschaft"** („FlexKapG" bzw „FlexCo") eingeführt. Dabei handelt es sich um eine **neue** Form der **KapGes mit Rechtspersönlichkeit**, welche im Ergebnis einer GmbH mit punktuellen Abweichungen entspricht u somit eine **Sonderform der GmbH** darstellt.[1]

2 Das FlexKapGG sieht im Vergleich zum GmbHG zumeist **punktuelle Flexibilisierungen u Liberalisierungen** vor (zB erleichterte schriftliche Abstimmung, reduzierte Formvorschriften). Vereinzelt wurden aber auch **Regelungskonzepte aus dem AktG** (zB Stückanteile, Erwerb eigener Aktien, zusätzliche Formen der Kapitalerhöhung) übernommen u sogar gänzlich **neue Instrumente** geschaffen (Unternehmenswertanteile).

3 Auch wenn die FlexKapG va für die *„besonderen Bedürfnisse von Startups und andere innovativen Unternehmen"*[2] geschaffen wurde, kann sie – genau so wie eine GmbH – für **jeden gesetzl zulässigen Zweck** gegründet bzw verwendet werden.[3]

4 Gemäß § 1 Abs 2 FlexKapGG sind auf eine FlexKapG die für GmbH geltenden Bestimmungen anzuwenden, soweit im FlexKapGG keine abw Regelungen getroffen wurden. Das FlexKapGG baut daher auf dem **gesamten GmbH-Recht** auf u normiert nur **einzelne Abweichungen**, die eine FlexKapG v einer GmbH unterscheiden. Soweit im FlexKapGG keine spezifischen Regelungen getroffen wurden, unterliegt eine FlexKapG nicht nur dem GmbHG, sondern dem gesamten GmbH-Recht.[4]

5 Im Folgenden werden die **Besonderheiten** einer FlexKapG im Vergleich zu einer GmbH kurz dargestellt.

---

1 *Wünscher* in Wünscher, FlexKapGG § 1 Rz 7 f.
2 ErlRV 2320 BlgNR 27. GP 3.
3 § 1 Abs 1 FlexKapGG; *Wünscher* in Wünscher, FlexKapGG § 1 Rz 1, 19 ff.
4 *Ke. Rastegar*, ecolex 2023, 909 (909); weiterführend auch *Told*, ÖJZ 2023, 897.

II. Gründung

Die **Gründung** einer FlexKapG gleicht nahezu vollständig einer GmbH-Gründung.⁵ Als **Rechtsformzusatz** ist bei einer FlexKapG die Bezeichnung „Flexible Kapitalgesellschaft", „Flexible Company" bzw „FlexKapG" oder „FlexCo" zu verwenden.⁶ Genauso wie bei einer GmbH ist auch für eine FlexKapG eine **vereinfachte Gründung** gem § 9a GmbHG iVm § 4 FlexKapGG möglich. Abgesehen v einer solchen vereinfachten Gründung erfordert auch die Gründung einer FlexKapG die Errichtung eines **Notariatsakts** gem § 4 Abs 3 GmbHG.

6

III. Stammkapital, Stammeinlagen

Das **Mindeststammkapital** einer FlexKapG beträgt (so wie auch bei einer GmbH) € 10.000.⁷ Die Stammeinlagen der einzelnen Gesellschafterinnen⁸ einer FlexKapG müssen aber nicht mind € 70 betragen, sondern nur **mind € 1**.⁹ Auf jede bar zu leistende Stammeinlage muss jedenfalls ein Betrag v € 1 eingezahlt sein. Falls weniger als € 1 bar zu leisten ist, muss dieser Betrag voll eingezahlt sein.¹⁰

7

IV. Geschäftsanteile

A. Stückanteile

Der GesV einer FlexKapG kann vorsehen, dass die Geschäftsanteile der jew FlexKapG (ähnlich wie Stückaktien einer AG) in unteilbare **Stück-**

8

---

5 Weiterführend *Wünscher* in Wünscher, FlexKapGG § 1 Rz 40 ff.
6 § 2 FlexKapGG.
7 *Heimel* in Wünscher, FlexKapGG § 3 Rz 2.
8 Gemäß § 27 FlexKapGG werden in diesem G *„auf natürliche Personen bezogene Bezeichnungen nur in weiblicher Form angeführt"*, beziehen sich aber *„auf alle Geschlechter in gleicher Weise"*. In Hinblick auf die FlexKapG bzw das FlexKapGG folgt diese Kommentierung dem Gesetzeswortlaut.
9 § 3 FlexKapGG; *Heimel* in Wünscher, FlexKapGG § 3 Rz 4 ff.
10 § 5 FlexKapGG; *Hammerschmidt* in Wünscher, FlexKapGG § 5 Rz 4 f.

anteile mit einem Nennbetrag v mind € 1 gestückelt sind.[11] Jede Gesellschafterin kann auch mehrere solcher Stückanteile, ggf auch untersch Gattung, halten.[12]

B. Teilbarkeit von Geschäftsanteilen

9 Anders als bei einer GmbH[13] sind Geschäftsanteile einer FlexKapG (außer Stückanteile) immer **teilbar**, es sei denn die Teilbarkeit wurde im GesV der FlexKapG ausgeschlossen.[14]

V. Aufsichtsratspflicht

10 Die Pflicht zur **Einrichtung eines AR** ist bei der FlexKapG im Vergleich zur GmbH substantiell erweitert. Nicht nur in den Fällen des § 29 Abs 1 GmbHG,[15] sondern auch jede FlexKapG, die eine **mittelgroße Gesellschaft** iSd des § 221 Abs 2 iVm Abs 4 UGB[16] ist, muss einen AR einrichten, in den gem § 110 ArbVG auch AN-Vertreter entsandt werden können.[17] In den Mat[18] wird dieser Nachteil im Vergleich zu einer GmbH damit begründet, dass die erweiterten Gestaltungsmöglichkeiten bei der FlexKapG im Bereich der Kapitalmaßnahmen u die Möglichkeit zur Ausgabe v (stimmrechtslosen) Unternehmenswertanteilen, eine Stärkung der *corporate governance* durch Erweiterung der AR-Pflicht erforderten.

---

11 § 13 FlexKapGG; *Heimel* in Wünscher, FlexKapGG § 13 Rz 6, 10.
12 § 13 S 3 FlexKapGG; *Heimel* in Wünscher, FlexKapGG § 13 Rz 7.
13 § 79 Abs 1 GmbHG.
14 § 14 FlexKapGG; *Heimel* in Wünscher, FlexKapGG § 14 Rz 2 ff.
15 Vgl dazu § 29 Rz 4 ff; *Hammerschmidt* in Wünscher, FlexKapGG § 6 Rz 1, 20 ff.
16 Somit idR nach zweimaligem Überschreiten einer ausreichenden Anzahl v Größenmerkmalen gem § 221 Abs 1 UGB.
17 § 6 FlexKapGG; *Hammerschmidt* in Wünscher, FlexKapGG § 6 Rz 4, 13 f.
18 ErlRV 2320 BlgNR 27. GP 3; vgl *Hammerschmidt* in Wünscher, FlexKapGG § 6 Rz 3.

VI. Stimmrechte

A. Uneinheitliche Stimmabgabe

Bei einer FlexKapG können Gesellschafterinnen, die über mehr als eine Stimme verfügen, ihr **Stimmrecht** auch **uneinheitlich ausüben**. Dies ist in § 8 FlexKapGG explizit klargestellt u bedeutet somit zusätzliche Rechtssicherheit etwa bei Treuhandverhältnissen mit einem Treuhänder, der Geschäftsanteile an einer FlexKapG für untersch Treugeber oder nicht nur für Dritte, sondern auch für sich selbst hält.[19]

B. Schriftliche Abstimmung

Bei entspr Regelung im GesV können **schriftliche Beschlüsse** (Umlaufbeschlüsse) der Gesellschafterinnen einer FlexKapG auch ohne Zustimmung aller Gesellschafterinnen zur Form der schriftlichen Abstimmung gefasst werden, sofern allen stimmberechtigten Gesellschafterinnen die Teilnahme an einer solchen schriftlichen Abstimmung ermöglicht wird.[20] Wie auch bei schriftlichen Beschlüssen nach § 34 Abs 1 GmbHG wird die erforderliche **Mehrheit** bei einer solchen Abstimmung jedoch nach der Gesamtzahl der allen Gesellschafterinnen zustehenden Stimmen berechnet, nicht bloß nach der Zahl der abgegebenen Stimmen.[21]

Sofern dies der GesV einer FlexKapG so vorsieht, genügt für schriftliche Stimmabgaben auch bloß die Einhaltung der **Textform**.[22]

---

19 ErlRV 2320 BlgNR 27. GP 4; *H. Foglar-Deinhardstein* in Wünscher, FlexKapGG § 8 Rz 3.
20 § 7 Abs 1 FlexKapGG.
21 § 34 Abs 2 GmbHG; ErlRV 2320 BlgNR 27. GP 4; *Hammerschmidt* in Wünscher, FlexKapGG § 7 Rz 3.
22 § 7 Abs 2 FlexKapGG; weiterführend *Hammerschmidt* in Wünscher, FlexKapGG § 7 Rz 5 ff.

VII. Erleichterte Formvorschriften

14 Als Alternative zum obligatorischen Notariatsakt können bestimmte Rechtsakte bei einer FlexKapG auch in der Form einer **v einer Notarin oder einer RA errichteten Privaturkunde** errichtet werden.[23] Konkret können gem § 12 Abs 1 u 2 FlexKapGG folgende Rechtsakte anstelle eines Notariatsakts auch als v einer Notarin oder einer RA errichtete Privaturkunde abgeschlossen werden:

– Rechtsgeschäfte zur Übertragung v Geschäftsanteilen (insb Anteilsabtretungsverträge),
– Übernahmeerklärungen bei einer Kapitalerhöhung oder bei genehmigtem Kapital u
– Erklärungen zur Ausübung des Bezugsrechts bei einer bedingten Kapitalerhöhung.

15 Diese neue *„Formpflicht sui generis"*[24] der notariellen oder anwaltlichen Privaturkunde stellt bei den betroffenen Rechtsgeschäften zwar eine Lockerung im Vergleich zu der bei GmbH obligatorischen Notariatsaktspflicht dar, erfordert aber dennoch verpflichtend die Mitwirkung v berufsmäßigen Parteienvertreterinnen (Notarinnen, RA), welche jew auch Belehrungs-, Prüfungs- u Dokumentationspflichten treffen.[25]

16 Auch bei einer FlexKapG muss jedoch der GesV (die Errichtungserklärung) in Form eines **Notariatsakts** abgeschlossen werden (außer bei vereinfachter Gründung gem § 9a GmbHG iVm § 4 FlexKapGG)[26] u erfordern bestimmte GV-Beschlüsse eine notarielle Beurkundung (zB bei Änderung des GesV oder bei einer Verschmelzung).[27]

---

23 § 12 Abs 1 u 2 FlexKapGG.
24 ErlRV 2320 BlgNR 27. GP 10.
25 § 12 Abs 1, 2 u 4 FlexKapGG; *Heimel* in Wünscher, FlexKapGG § 12 Rz 34 ff, 50 ff.
26 S Rz 6.
27 Vgl § 49 Abs 1, § 98 GmbHG.

VIII. Unternehmenswert-Anteile

A. Allgemeines, Begriff

Bei einer FlexKapG können auch sogenannte **Unternehmenswert-Anteile** ausgegeben werden, wenn dies der GesV vorsieht. Dabei handelt es sich um eine neuartige Beteiligungsform, die es weder bei einer GmbH noch bei einer AG gibt.[28] Unternehmenswert-Beteiligte sind zwar **korporativ** an der FlexKapG **beteiligt**, sie sind jedoch nahezu vollständig v der Teilhabe **an der Willensbildung ausgeschlossen**. Unternehmenswert-Anteile stellen somit eine eigene Form v Geschäftsanteilen dar, die zwar eine Beteiligung am laufenden Gewinn (bzw Liquidationserlös) u an dem Wert einer FlexKapG vermitteln, aber sonst weitestgehend ohne Rechte (insb in Hinblick auf die Willensbildung der FlexKapG) ausgestaltet sind.[29] Im Einzelnen sind folgende Regelungen bedeutsam:

17

B. Maximalgrenze

Unternehmenswert-Anteile dürfen insgesamt nur im Ausmaß v **weniger als 25% des Stammkapitals** einer FlexKapG (zu dem auch die Unternehmenswert-Anteile selbst zählen) ausgegeben werden.[30]

18

C. Stammeinlagen

Die **Mindeststammeinlage** (bzw der Mindest-Nennbetrag bei Stückanteilen) für Unternehmenswert-Anteile beträgt **1 Cent** u die jew Stammeinlage muss stets bei Übernahme sofort zur Gänze geleistet werden.[31]

19

D. Ausschluss von Ausfallshaftungen u Nachschusspflicht

Unternehmenswert-Beteiligte trifft **keine Ausfallshaftung** nach § 70 Abs 1 u 2 GmbHG (für nicht aufgebrachte Stammeinlagen anderer Ge-

20

---

28 *Hartig* in Wünscher, FlexKapGG § 9 Rz 1.
29 ErlRV 2320 BlgNR 27. GP 4; *Hartig* in Wünscher, FlexKapGG § 9 Rz 2.
30 § 9 Abs 1 FlexKapGG; *Hartig* in Wünscher, FlexKapGG § 9 Rz 18 f.
31 Vgl § 9 Abs 2 FlexKapGG; *Hartig* in Wünscher, FlexKapGG § 9 Rz 22, 25 ff.

sellschafter) oder nach § 83 Abs 2 u 3 GmbHG (im Falle einer verbotenen Einlagenrückgewähr).[32] Sie sind auch v einer etwaigen **Nachschusspflicht** gem § 72 GmbHG **ausgenommen.**[33]

E. Recht auch Gewinnbezug/Liquidationserlös

21 Unternehmenswert-Beteiligte haben zwingend einen Anspruch auf ihren **Anteil am Bilanzgewinn u an dem Liquidationserlös** nach dem Verhältnis ihrer eingezahlten Stammeinlagen.[34] Eine abw Regelung (zulasten der Unternehmenswert-Beteiligten) ist nur bei Gleichbehandlung mit (oder Besserbehandlung gegenüber) den im GesV zu definierenden Gründungsgesellschafterinnen (vgl Rz 29) möglich.[35]

F. Ausschluss vom Stimmrecht

22 Unternehmenswert-Berechtigte haben **kein Stimmrecht** u **kein Recht auf Anfechtung bzw Nichtigerklärung** v Gesellschafterinnenbeschlüssen.[36] Eine **Ausnahme** v diesem Stimmrechtsausschluss besteht nur bei Änderung der Rechte der Unternehmenswert-Beteiligten auf anteiligen Gewinn bzw Liquidationserlös (sofern nicht eine Änderung dieser Rechte vorbehalten wurde u im GesV zumindest Gleichbehandlung mit den definierten Gründungsgesellschafterinnen vorgesehen ist), bei Umwandlung v Unternehmenswert-Anteilen in (reguläre) Geschäftsanteile u bei etwaigen weiteren im GesV definierten Angelegenheiten.[37]

---

32 Vgl § 9 Abs 2 FlexKapGG; *Hartig* in Wünscher, FlexKapGG § 9 Rz 29.
33 Vgl § 9 Abs 2 FlexKapGG; *Hartig* in Wünscher, FlexKapGG § 9 Rz 30.
34 Vgl § 9 Abs 3 FlexKapGG; *Hartig* in Wünscher, FlexKapGG § 9 Rz 35.
35 Vgl § 9 Abs 3 FlexKapGG; *Hartig* in Wünscher, FlexKapGG § 9 Rz 36 ff.
36 Vgl § 9 Abs 4 FlexKapGG; *Hartig* in Wünscher, FlexKapGG § 9 Rz 45 ff, 48; die an einen Anteil am Stammkapital geknüpften Minderheitenrechte im GmbH-Recht können Unternehmenswert-Beteiligten (abhängig v Ausmaß ihrer Beteiligung) jedoch zustehen, vgl *Hartig* in Wünscher, FlexKapGG § 9 Rz 53 f; differenzierend *Told*, ÖJZ 2023, 897 (901 f); gegen die Möglichkeit für Unternehmenswert-Beteiligte, eine Abberufungs-/Zustimmungsklage nach § 16 Abs 2 zu erheben, *Steiner*, GES 2023, 216 (218 f); vgl auch *Eckert/Sternig*, ecolex 2023, 917 (918).
37 § 9 Abs 5 FlexKapGG; weiterführend *Hartig* in Wünscher, FlexKapGG § 9 Rz 55 ff.

G. Weitere Eigenschaften

Bei Kapitalerhöhungen kommt Unternehmenswert-Beteiligten **kein Bezugsrecht** zu (sofern nicht im GesV anders geregelt).[38] Nach den Mat stehen Unternehmenswert-Beteiligten auch nur – im Vergleich zum umfassenden Informationsanspruch v (regulären) Gesellschafterinnen – **reduzierte Informations- u Einsichtsrechte** zu.[39]

Soweit das FlexKapGG nicht Abw regelt, unterliegen die Unternehmenswert-Anteile im Übrigen den **Regelungen für (reguläre) Geschäftsanteile**.[40]

Zur Übernahme u Übertragung v Unternehmenswert-Anteilen genügt die **Schriftform**.[41]

23

24

25

H. Firmenbuch, Publizität

Unternehmenswert-Anteile u deren Halter (Unternehmenswert-Beteiligte) werden nicht individuell in das **FB** eingetragen. Stattdessen gibt es im FB eine **kollektive Eintragung** über das Gesamtausmaß v ausgegebenen Unternehmenswert-Anteilen.[42] Zudem hat die Geschäftsführung der FlexKapG ein **Anteilsbuch** über die ausgegebenen Unternehmenswert-Anteile u deren Unternehmenswert-Beteiligen zu führen, ähnlich dem aktienrechtlichen Aktienbuch.[43] Außerdem hat die Geschäftsführung der FlexKapG bei ausgegebenen Unternehmenswert-Anteilen jährlich zwei Listen über die Unternehmenswert-Anteile u deren aktuelle Unternehmenswert-Beteiligen (**Namensliste u Anteilsliste**) zum FB einzureichen, wobei nur die Namensliste in der Urkundensammlung veröffentlicht wird.[44]

26

---

38 § 9 Abs 2 FlexKapGG; *Hartig* in Wünscher, FlexKapGG § 9 Rz 32 ff.
39 § 9 Abs 4 FlexKapGG; ErlRV 2320 BlgNR 27. GP 6; fraglich bleibt, ob die Rsp diesem Wunsch des Gesetzgebers folgen wird, insb auch betr jene Angelegenheiten, wo die Unternehmenswert-Beteiligten gem § 9 Abs 5 FlexKapGG nicht v Stimmrecht ausgeschlossen sind; vgl dazu Stellungnahme OGH 63/SN-276/ME 27. GP 3.
40 § 9 Abs 1 FlexKapGG; ErlRV 2320 BlgNR 27. GP 5; *Hartig* in Wünscher, FlexKapGG § 9 Rz 7 f; zu Schwierigkeiten bei der Gesetzesauslegung vgl auch *Told*, ÖJZ 2023, 897 (898).
41 § 9 Abs 6 FlexKapGG; *Hartig* in Wünscher, FlexKapGG § 9 Rz 67 ff.
42 § 9 Abs 6 FlexKapGG; *Hartig* in Wünscher, FlexKapGG § 9 Rz 71 ff.
43 § 9 Abs 7 FlexKapGG; *Hartig* in Wünscher, FlexKapGG § 9 Rz 75 ff.
44 § 9 Abs 8 FlexKapGG; *Hartig* in Wünscher, FlexKapGG § 9 Rz 91 ff.

I. Umwandlung in Geschäftsanteile

27 Die Umwandlung v Unternehmenswert-Anteilen, in (reguläre) Geschäftsanteile erfordert die Durchführung einer (disproportionalen) Kapitalherabsetzung, gefolgt v einer entspr Kapitalerhöhung.[45] Für diese Vorgänge gelten die Vorschriften des GmbH-Rechts zu ordentlichen Kapitalherabsetzungen u effektiven (Sach-)Kapitalerhöhungen. Vereinfachungen dieses komplizierten u langwierigen Verfahrens gibt es nur dann, wenn Kapitalherabsetzung u Kapitalerhöhung gleichzeitig u betragsgleich beschlossen werden u es dadurch weder zu einer Rückzahlung noch zu einer Leistung v Einlagen kommt.[46]

28 Zu Unternehmenswert-Anteilen bei **Umgründungen** vgl Rz 46.

J. Mitverkaufsrecht

29 Unternehmenswert-Beteiligten muss im GesV einer FlexKapG zwingend ein **Mitverkaufsrecht** eingeräumt sein für den Fall, dass die im GesV definierten Gründungsgesellschafterinnen beabsichtigen, ihre Geschäftsanteile mehrheitlich zu veräußern.[47] Die **Gründungsgesellschafterinnen** können dabei im GesV bei Einräumung v Unternehmenswert-Anteilen frei festgelegt werden, sofern die definierten Gründungsgesellschafterinnen im Zeitpunkt der Einräumung der Unternehmenswert-Anteile über die Mehrheit des Stammkapitals der jew FlexKapG verfügen.[48] Beabsichtigen Gründungsgesellschafterinnen, diese Geschäftsanteile mehrheitlich an Dritte zu verkaufen, müssen sie garantieren, dass auch die Unternehmenswert-Beteiligten ihre Anteile zum proportional gleichen Preis u zu gleichen Konditionen verkaufen können.[49] Wurden bei vergangenen Verkäufen durch Gründungsgesellschafterinnen höhere Verkaufspreise erzielt, muss den Unternehmenswert-Beteiligten ein nach Verkaufsvolumina gewichteter Durchschnittspreis angeboten werden.[50]

---

45 § 9 Abs 9 FlexKapGG; *Hartig* in Wünscher, FlexKapGG § 9 Rz 107 ff.
46 § 9 Abs 9 S 2 FlexKapGG; *Hartig* in Wünscher, FlexKapGG § 9 Rz 112 ff, 120.
47 § 10 Abs 1 FlexKapGG; *Hartig* in Wünscher, FlexKapGG § 10 Rz 1; *Zollner*, ÖJZ 2023, 904 (907 ff).
48 § 10 Abs 2 FlexKapGG; *Hartig* in Wünscher, FlexKapGG § 10 Rz 5 f; *Zollner*, ÖJZ 2023, 904 (908).
49 § 10 Abs 2 FlexKapGG; *Hartig* in Wünscher, FlexKapGG § 10 Rz 7 ff, 14 f.
50 § 10 Abs 2 FlexKapGG; *Hartig* in Wünscher, FlexKapGG § 10 Rz 15; vgl auch *Eckert/Sternig*, ecolex 2023, 917 (921); *Zollner*, ÖJZ 2023, 904 (910 f).

K. Schutz von Mitarbeiterinnen

Besondere Regelungen gibt es noch zum Schutz v **Mitarbeiterinnen** einer FlexKapG, wenn diese Unternehmenswert-Anteile halten sollen: Werden Unternehmenswert-Anteile v einer Mitarbeiterin übernommen oder erworben, ist diese Mitarbeiterin im Vorhinein v der jew FlexKapG gem § 11 Abs 1 FlexKapGG zu **belehren** u ist ihr mind zwei Wochen im Vorhinein eine entspr, nachvollziehbare u vollständige **Information auszuhändigen**.[51] Außerdem muss im GesV festgelegt werden, an wen u zu welchen Konditionen Mitarbeiterinnen bei Endigung ihres Beschäftigungsverhältnisses mit der Gesellschaft Unternehmenswert-Anteile veräußern können (verpflichtende **Veräußerungsoption**).[52] Meines Erachtens kann hier auch eine Option zur bloß unentgeltlichen Veräußerung oder zur Veräußerung zum Nominale vorgesehen werden.[53]

30

IX. Eigene Geschäftsanteile

Zum Untersch v einer GmbH kann eine FlexKapG unter den deutlich weniger einschränkenden Voraussetzungen des § 15 FlexKapGG – ähnlich wie eine AG – Geschäftsanteile an sich selbst erwerben. Im Vergleich zu einer GmbH besteht daher bei einer FlexKapG mehr Flexibilität für Erwerb, Veräußerung, Inpfandnahme u Einziehung **eigener Geschäftsanteile**.[54] Zulässig ist der Erwerb v eigenen Geschäftsanteilen gem § 15 Abs 1 FlexKapGG jedoch nur bei Unentgeltlichkeit, im Exekutionswege, durch Gesamtrechtsnachfolge, zur Entschädigung v Minderheitsgesellschafterinnen sowie aufgrund v Beschlüssen (bzw ggf Ermächtigungen) der GV (entweder zweckgebunden zur Einziehung v Geschäftsanteilen oder auch zweckfrei, sofern die eigenen Geschäftsanteile insgesamt nicht mehr als ein Drittel des Stammkapitals der jew

31

---

51 § 11 Abs 1 FlexKapGG; *Hartig* in Wünscher, FlexKapGG § 11 Rz 3 ff; vgl auch *Rizzi/Ringhofer*, ÖJZ 2023, 891 (894).
52 § 11 Abs 2 FlexKapGG, *Hartig* in Wünscher, FlexKapGG § 11 Rz 13 ff.
53 *Hartig* in Wünscher, FlexKapGG § 11 Rz 17; *Eckert/Sternig*, ecolex 2023, 917 (921); offenlassend *Rizzi/Ringhofer*, ÖJZ 2023, 891 (894); krit *Ludvik/Grabmayr*, ASoK 2023, 274 (279).
54 *Wünscher/Spitznagel/Gottardi* in Wünscher, FlexKapGG § 15 Rz 1; *H. Foglar-Deinhardstein*, ÖJZ 2023, 911 (912).

FlexKapG übersteigen).[55] Zudem können auch eigene Unternehmenswert-Anteile zweckfrei v der FlexKapG erworben werden.[56]

32 Abhängig v dem jew Erwerbstatbestand sind weitere, in § 15 FlexKapGG normierte Voraussetzungen einzuhalten. So erfordern etwa Beschlüsse der GV zum Erwerb eigener Geschäftsanteile im Regelfall eine Mehrheit v drei Vierteln der abgegebenen Stimmen.[57] Der Erwerb v eigenen Geschäftsanteilen zur Entschädigung v Minderheitsgesellschafterinnen oder aufgrund eines Beschlusses oder einer Ermächtigung zum zweckfreien Erwerb sowie der Erwerb v Unternehmenswert-Anteilen sind zudem nur zulässig, wenn der Erwerbspreis aus frei ausschüttbarem Vermögen der FlexKapG finanziert werden kann.[58]

33 Die **Veräußerung** eigener Geschäftsanteile wiederum erfordert einen Beschluss bzw eine Ermächtigung der GV der jew FlexKapG, für welche die Anforderungen des § 15 Abs 2 FlexKapGG gelten (dh etwa idR eine Mehrheit v drei Vierteln der abgegebenen Stimmen).[59]

34 Auch die **Inpfandnahme** v eigenen Geschäftsanteilen durch eine FlexKapG ist unter den Voraussetzungen des § 17 (iVm § 15) FlexKapGG zulässig.[60]

35 Für zulässig erworbene eigene Geschäftsanteile gibt es eine **Bestandsgrenze** in Höhe der Hälfte des Stammkapitals.[61] Der diese Grenze übersteigende Anteil an eigenen Geschäftsanteilen ist innerhalb v drei Jahren ab Erwerb zu veräußern u ansonsten einzuziehen.[62]

36 Spezielle Regelungen u Anforderungen gibt es zudem für den Erwerb u die Inpfandnahme v Geschäftsanteilen an einer FlexKapGG durch ein **Tochterunternehmen** oder durch **Treuhänder**.[63]

---

55 § 15 Abs 1 FlexKapGG; *H. Foglar-Deinhardstein*, ÖJZ 2023, 911 (912 f).
56 § 15 Abs 1 Z 6 FlexKapGG; *H. Foglar-Deinhardstein*, ÖJZ 2023, 911 (915).
57 § 15 Abs 2 FlexKapGG.
58 § 15 Abs 4 FlexKapGG; *Wünscher/Spitznagel/Gottardi* in Wünscher, FlexKapGG § 15 Rz 30; *H. Foglar-Deinhardstein*, ÖJZ 2023, 911 (913).
59 Weiterführend *Wünscher/Spitznagel/Gottardi* in Wünscher, FlexKapGG § 15 Rz 27, 43 ff.
60 *Wünscher/Spitznagel/Gottardi* in Wünscher, FlexKapGG §§ 17, 18 Rz 4 ff.
61 § 16 Abs 2 FlexKapGG; *Wünscher/Spitznagel/Gottardi* in Wünscher, FlexKapGG § 16 Rz 7.
62 § 16 Abs 2 u 3 FlexKapGG; *Wünscher/Spitznagel/Gottardi* in Wünscher, FlexKapGG § 16 Rz 8 ff, 11 f.
63 § 18 FlexKapGG; weiterführend *Wünscher* in Wünscher, FlexKapGG §§ 23, 24 Rz 6 ff.

X. Einziehung von Geschäftsanteilen

Anders als im GmbH-Recht gibt es bei einer FlexKapG auch ausdrückliche gesetzl Regelungen zur **Einziehung** v Geschäftsanteilen. Gemäß § 23 Abs 1 FlexKapGG ist entweder die Einziehung erworbener **eigener Geschäftsanteile** durch die FlexKapG oder aber auch (in engen Grenzen, insb nur bei gesv Verankerung)[64] die **zwangsweise Einziehung** v Geschäftsanteilen an einer FlexKapG möglich. Da durch die Einziehung jew eine Herabsetzung des Stammkapitals der betroffenen FlexKapG bewirkt wird, sind für eine Einziehung die Vorschriften zur ordentlichen Kapitalherabsetzung zu befolgen,[65] soweit nicht Vereinfachungen zur Anwendung kommen.[66]

37

XI. Formen der Kapitalerhöhung

Im Unterschied zu einer GmbH bieten sich bei einer FlexKapG neben der ordentlichen Kapitalerhöhung auch folgende, **zusätzliche Formen der Kapitalerhöhung** an, wie sie sonst nur im Aktienrecht bekannt sind.

38

A. Bedingte Kapitalerhöhung

Die Gesellschafterinnen einer FlexKapG können eine Erhöhung des Stammkapitals beschließen, die nur soweit durchzuführen ist, als v einem v der Gesellschaft eingeräumten unentziehbaren Umtausch- oder Bezugsrecht Gebrauch gemacht wird.[67] Eine solche „**bedingte Kapitalerhöhung**" bietet zusätzliche Flexibilität u Erleichterungen bei der Beschaffung v Eigenkapital[68] u steht einer FlexKapG ausschließlich für folgende Zwecke zur Verfügung:[69]

39

---

64 Weiterführend *Wünscher* in Wünscher, FlexKapGG §§ 23, 24 Rz 6 ff.
65 § 23 Abs 2 FlexKapGG.
66 § 23 Abs 3 bis 5 FlexKapGG; *Wünscher* in Wünscher, FlexKapGG §§ 23, 24 Rz 36 ff.
67 § 19 Abs 1 FlexKapGG.
68 *Moser* in Wünscher, FlexKapGG § 19, 20 Rz 1.
69 § 19 Abs 2 FlexKapGG; weiterführend *Moser* in Wünscher, FlexKapGG § 19, 20 Rz 14 ff.

- Gewährung v Umtausch- u Bezugsrechten an Gläubigerinnen v Finanzierungsinstrumenten mit derartigen Wandlungs- bzw Bezugsrechten,
- Vorbereitung des Zusammenschlusses mehrerer Unternehmungen sowie
- Einräumung v Anteilsoptionen an AN, leitende Angestellte u Mitglieder der Geschäftsführung u des AR der Gesellschaft oder eines verbundenen Unternehmens.

40 Für eine bedingte Kapitalerhöhung ist ein **Beschluss der GV** mit einer Mehrheit v drei Vierteln der abgegebenen Stimmen erforderlich.[70] Im Übrigen sieht das FlexKapGG detaillierte Bestimmungen u weitere Anforderungen für eine bedingte Kapitalerhöhung u die Ausübung des Bezugsrechts durch die jew Berechtigten vor, welche sich an den aktienrechtlichen Parallelbestimmungen orientieren.[71] Auch die Einräumung einer Ermächtigung an die Geschäftsführung zur bedingten Kapitalerhöhung (**genehmigtes bedingtes Kapital**) ist möglich.[72] Anders als bei einer AG gibt es bei einer FlexKapG jedoch insb **keine Maximalgrenze** für das zulässige Ausmaß einer bedingten Kapitalerhöhung, welches somit bei einer FlexKapG auch 50 % des bisherigen Stammkapitals überschreiten kann.[73]

B. Genehmigtes Kapital

41 Im GesV einer FlexKapG kann die Geschäftsführung auch für höchstens fünf Jahre ermächtigt werden, das Stammkapital bis zu einem bestimmten Nennbetrag durch Ausgabe neuer Geschäftsanteile zu erhöhen (**genehmigtes Kapital**).[74] Auch dies bietet einer FlexKapG zusätzliche Flexibilität bei der Beschaffung v Eigenkapital im Vergleich zur GmbH. Für die Einführung einer Ermächtigung zur Kapitalerhöhung in den GesV ist ein Beschluss der GV der FlexKapG mit einer Mehrheit v drei

---

70 ErlRV 2320 BlgNR 27. GP 13.
71 ErlRV 2320 BlgNR 27. GP 12 f.
72 Eingeschränkt auf den Zweck des § 19 Abs 2 Z 3 FlexKapGG (nicht aber betr AR-Mitglieder); vgl *Moser* in Wünscher, FlexKapGG § 19, 20 Rz 38 ff.
73 ErlRV 2320 BlgNR 27. GP 13; *Moser* in Wünscher, FlexKapGG § 19, 20 Rz 5.
74 § 21 Abs 1 FlexKapGG.

Vierteln der abgegebenen Stimmen erforderlich.[75] Der Nennbetrag das genehmigten Kapitals darf außerdem die Hälfte des Stammkapitals im Zeitpunkt der Ermächtigung nicht übersteigen.[76] Im Übrigen gelten für das genehmigte Kapital einer FlexKapG gesetzl Regelungen, die sich – mit einzelnen Ausnahmen – an den Parallelbestimmungen des Aktienrechts orientieren.[77]

XII. Sonstige Finanzierungsformen

Anders als im GmbH-Recht ist bei der FlexKapG die Zulässigkeit der Ausgabe v **Finanzierungsinstrumenten mit Umtausch- oder Bezugsrechten** (zB Wandelschuldverschreibungen, Wandeldarlehen usw)[78] oder mit **Gewinnanteilsrechten** u die Ausgabe v **Genussrechten** in § 22 FlexKapGG explizit gesetzl verankert.[79] Voraussetzung für Ausgabe solcher Finanzierungsinstrumente ist jew ein Beschluss der Gesellschafterinnen der emittierenden FlexKapG, welcher eine Mehrheit v drei Vierteln der abgegebenen Stimmen erfordert.[80] Zudem steht den Gesellschafterinnen grds ein Bezugsrecht auf derartige Finanzierungsinstrumente zu.[81] Gemäß § 22 Abs 2 FlexKapGG kann der Geschäftsführung auch für eine Dauer v höchstens fünf Jahren die Ermächtigung zur Ausgabe derartiger Finanzierungsinstrumente erteilt werden.[82]

42

---

75 ErlRV 2320 BlgNR 27. GP 14.
76 § 21 Abs 1 FlexKapGG.
77 § 21 FlexKapGG; ErlRV 2320 BlgNR 27. GP 13 f; *Moser* in Wünscher, FlexKapGG § 21 Rz 3.
78 *Gruber* in Wünscher, FlexKapGG § 22 Rz 4 ff.
79 ErlRV 2320 BlgNR 27. GP 14.
80 § 22 Abs 1 FlexKapGG.
81 § 22 Abs 3 FlexKapGG; *Gruber* in Wünscher, FlexKapGG § 22 Rz 29 ff; zum Bezugsrechtsausschluss s *Gruber* in Wünscher, FlexKapGG § 22 Rz 34 ff.
82 *Gruber* in Wünscher, FlexKapGG § 22 Rz 28.

XIII. Umwandlungen in GmbH bzw AG und *vice versa*

43 Eine **FlexKapG** kann durch Beschluss der GV **in eine GmbH umgewandelt** werden.[83] Für einen solchen Beschluss gelten die Anforderungen des GmbHG über Abänderungen des GesV (insb Dreiviertelmehrheit, notarielle Beurkundung, FB-Eintragung), wobei der GesV der betroffenen Gesellschaft entspr an die Anforderungen des GmbHG anzupassen ist.[84] Außerdem gilt § 99 GmbHG sinngemäß, woraus sich besondere Individualzustimmungserfordernisse einzelner Gesellschafterinnen bzw Unternehmenswert-Beteiligter ergeben können.[85] Das FlexKapGG enthält jedoch keine Regelung, wie mit bestehenden Unternehmenswertanteilen bei einer solchen Umwandlung in eine GmbH umzugehen ist. Meines Erachtens kommt allen Unternehmenswert-Beteiligten im Fall einer Umwandlung in eine GmbH ein individuelles Zustimmungsrecht gem § 9 Abs 5 FlexKapGG analog zu.[86]

44 Umgekehrt kann eine **GmbH** durch Beschluss der GV **in eine FlexKapG umgewandelt** werden, wobei auch für diesen Vorgang die Vorschriften des GmbHG über Abänderungen des GesV gelten u der GesV an die Anforderungen des FlexKapGG anzupassen ist.[87]

45 Eine **FlexKapG** kann auch direkt **in eine AG umgewandelt** werden. Für diesen Vorgang gelten die Bestimmungen über die Umwandlung einer GmbH in eine AG sinngemäß.[88] Umgekehrt kann auch eine **AG in eine FlexKapG umgewandelt** werden. Hierfür gelten die Vorschriften über die Umwandlung einer AG in eine GmbH sinngemäß.[89]

---

[83] § 25 Abs 1 FlexKapGG; weiterführend *Sauer/Hiermann* in Wünscher, FlexKapGG § 25 Rz 3 ff.
[84] § 25 Abs 2 bis 4 FlexKapGG.
[85] § 25 Abs 2 FlexKapGG.
[86] *Hartig* in Wünscher, FlexKapGG § 9 Rz 130.
[87] § 25 Abs 5 FlexKapGG; weiterführend *Sauer/Hiermann* in Wünscher, FlexKapGG § 25 Rz 27 ff.
[88] § 26 Abs 1 FlexKapGG; weiterführend *Sauer/Hiermann* in Wünscher, FlexKapGG § 26 Rz 4 ff; *Hartig* in Wünscher, FlexKapGG § 9 Rz 133 ff.
[89] § 26 Abs 2 FlexKapGG; weiterführend *Sauer/Hiermann* in Wünscher, FlexKapGG § 26 Rz 61 ff.

XIV. Umgründungen

Auch ohne spezifische Regelung im FlexKapGG kann eine FlexKapG an (nationalen u grenzüberschreitenden) **Umgründungen** beteiligt oder Gegenstand eines **Squeeze-outs** sein.[90] Generell kommt auf eine beteiligte FlexKapG bei solchen Vorgängen das für eine GmbH geltende Recht zur Anwendung.[91] Bei bestehenden Unternehmenswertanteilen sind jedoch uU besondere Zustimmungsrechte der Unternehmenswert-Beteiligten zu beachten.[92]

46

---

90 *Wünscher* in Wünscher, FlexKapGG § 1 Rz 11 ff; *Hartig* in Wünscher, FlexKapGG § 9 Rz 127, 155.
91 § 1 Abs 2 FlexKapGG; *Wünscher* in Wünscher, FlexKapGG § 1 Rz 11, §§ 23, 24 Rz 46; die §§ 234 ff AktG (rechtsformübergreifende Verschmelzung) u § 11 SpaltG (rechtsformübergreifende Spaltung) kommen jedoch bei Verschmelzungen bzw Spaltungen unter Beteiligung einer FlexKapG u einer GmbH meines Erachtens nicht zur Anwendung, vgl *Wünscher* in Wünscher, FlexKapGG § 1 Rz 12, 14, u in Hinblick auf Unternehmenswert-Anteile *Hartig* in Wünscher, FlexKapGG § 9 Rz 145, 149.
92 *Hartig* in Wünscher, FlexKapGG § 9 Rz 138, 140 ff, 146 ff, 152.

XIV. Umgründungen

Auch ohne gesetzliche Regelung ist eine Umgründung einer FlexKapG unter Beteiligung anderer Gesellschaftsformen grundsätzlich möglich. Besondere Zustimmungserfordernisse bei Umwandlungen sind zu beachten.

Stichwortverzeichnis

Kursive Zahlen = Paragraphen, stehende = Randzahlen.
Kursive Abkürzungen = Exkurse: dAktG, dGmbHG, FlexKapGG, IPRG, WiStR.

A
Abberufung *24* 22
- Aufsichtsrat *30b* 24; *30c* 14
- erster Aufsichtsrat *30b* 28

Abberufungserklärung *16* 18
abhängiges Unternehmen *115* 8
Abschlussprüfer *22* 6
- Bericht an den Prüfungsausschuss *30g* 151
- Wahl *35* 28

Abschlussprüfung *82* 29
- Kapitalerhaltung *dGmbHG 30* 35

Absprache
- wettbewerbsbeschränkende *WiStR* 100

Abwesenheitskurator *15a* 57
Abwickler
- Entlastung *35* 60

Abwicklungsstadium
- Verschmelzung *96* 5

actio pro socio *48* 4; *61* 40
Agio *6* 10; *10* 6; *63* 29; *72* 8; *82* 20
- Aufgeld *23* 11
- bei Kapitalerhöhung *52* 14, 34, 40, 49, 63
- bei Sacheinlage *10a* 3
- bei Verschmelzung *101* 5

Akquisitionsfinanzierung *81* 77
Aktivlegitimation
- Beschlussanfechtung *41* 124

Amtsblatt der Wiener Zeitung *16a* 22; *17* 36

Amtsgeschäft *WiStR* 133
Amtsträger *WiStR* 133
Amtsübergabe *24a* 14

amtswegige Eintragungen *102* 7
amtswegige Löschung *41* 54
amtswegige Verfahren *102* 6
Änderung des Gesellschaftsvertrags
- Beschlussanfechtung *44* 5

Anfechtbarkeit *41* 60;
 dGmbHG Anh 47 16
- Geltendmachung
 dGmbHG Anh 47 19

Anfechtung *FlexKapGG* 22
- AnfO, IO *82* 83
- Aufsichtsrat – Bestellung *30* 3
- Beginn Anfechtungsfrist *40* 13
- Entlastung *35* 63
- inzidente Kontrolle *48* 15
- Verschmelzung *98* 24
- Verschmelzungsbeschluss *97* 9

Anfechtungsfrist *41* 152;
 dGmbHG Anh 47 23, 51

Anfechtungsklage *16* 22; *41* 119;
 dGmbHG Anh 47 20, 49
- Anfechtungsbefugnis
 dGmbHG Anh 47 26, 52
- Aufsichtsratsbeschluss *30g* 97
- Frist *dGmbHG Anh 47* 23, 51

Anfechtungsrechte
- Gläubigerschutz *dGmbHG 30* 1

Anknüpfung
- Formstatut *IPRG 12* 29
- Gesellschaftsstatut *IPRG 12* 1
- Vertragsstatut *IPRG 12* 10

Anmelden
- betrügerisches *WiStR* 51

Anmeldung *9* 3; *16a* 18; *17* 31
- Beilagen bei Sacheinlage *6a* 21

Stichwortverzeichnis

Anmeldung der Eintragung *3* 5
Anscheinsvollmacht *18* 22
Anstellungsverhältnis
– Beendigung *16* 48
– des Geschäftsführers *15* 48, siehe *Geschäftsführer*
Anstellungsvertrag
– Abschluss durch Aufsichtsrat *30l* 42
– des Geschäftsführers *15* 55, siehe *Geschäftsführer*
Anteilsauskehr
– Verschmelzung *101* 18
Anteilsbuch *FlexKapGG* 26
Anteilsdividende *82* 59
Anteilsdurchschleusung
– Teilung Geschäftsanteil *101* 19
– Verschmelzung *101* 18
Antrag
– schriftliche Form *9* 8
Antragsteller *16a* 18; *17* 31
Anwachsung
– Einlagenrückgewähr *82* 153
Apotheker *1* 10
Arbeitnehmervertreter
– Vergütung *31* 12
Architekt *1* 10
arm's length transactions *82* 16
Arzt *1* 10
Aschenputtelgesellschaft
– Existenzvernichtungshaftung *dGmbHG 30* 85
Aschenputtel-Konstellation *61* 60
aufbauende Beschlüsse *41* 41
Aufbewahrungspflicht *22* 9
Aufgeld *6* 10; *10* 6; *63* 29
Aufgriffsrecht *4* 36; *76* 24; *dGmbHG 34* 2
– absolute Wirkung *4* 36
– Aufgriffsfälle *76* 25
– Aufgriffspreis *76* 26 f
– Insolvenz *84* 19
– Kündigung *84* 42
Auflösung
– Befristung *84* 2
– Beschluss *84* 4; *dGmbHG 73* 1
– Firma *84* 8

– Firmenbuchanmeldung *88* 2
– Firmenbucheintragung *88* 9
– Firmenbucheintragung Wirkung *88* 10
– Firmenbuchverfahren *86* 10; *88* 1
– Fortsetzung *84* 47
– gerichtlich strafbare Handlung *86* 3
– Gesamtvermögensgeschäft *dAktG 179a* 6
– Geschäftsführer *88* 5, 8
– Gesellschaftsvertrag *84* 40
– Insolvenz *84* 11
– Konzession *86* 4
– Kündigung *84* 41
– Liquidator *88* 5
– Nichteröffnung/Aufhebung eines Insolvenzverfahrens mangels Masse *84* 20
– Rechtsfolgen *84* 44
– Stichtag *84* 6
– Treuepflicht *84* 7; *dGmbHG 34* 45
– Umgründung *84* 9
– unzulässige Tätigkeiten *86* 2
– Verwaltungsbehörde *84* 22; *86* 1
– Verwaltungsbehörde Verfahren *86* 6
– Vollbeendigung *84* 45
– wichtiger Grund *84* 39; *dGmbHG 34* 45
– Zeitablauf *84* 2
– Zwangsstrafe *88* 8
Auflösung durch Verwaltungsbehörde *94* 2
Aufrechnung
– Altforderungen *63* 50
– Neuforderungen *63* 53
– Verbot *63* 40
– Voraussetzungen *63* 48
Aufrechnungsverbot *63* 40
Aufrechnungsvoraussetzung *63* 48
Aufsichtsrat
– Abberufung *30b* 24; *30c* 14, 16
– Abstimmungsmodus *30g* 50
– Aktiengesellschaft *29* 3
– Anforderung *30a* 5

Stichwortverzeichnis

- Anmeldung zum Firmenbuch *30g* 35
- Annahme Wahl *30b* 6
- Arbeitnehmervertreter *30* 1, 2, 4, 7; *30b* 26, 33; *30d* 2
- Aufgabe *28a* 1
- Aufgaben des Vorsitzenden *34* 40
- Aufsichtsratspflicht *FlexKapGG* 10
- Ausschüsse *30g* 101
- Berater *30e* 11
- Beschluss außerhalb einer Sitzung *30g* 74
- Beschlüsse *20* 16; *30g* 36
- Beschlussfähigkeit *30* 7; *30d* 1; *30g* 44
- Beschlussmehrheit *30g* 48
- Bestellung *30b* 1, 7
- Bestellungsverbot *30a* 12; *30e* 4
- Bestellungsverbot Dienstnehmer *30e* 9
- Dirimierungsrecht *30g* 29, 48
- Drittelparität *30b* 34
- Durchschnitt Arbeitnehmer *29* 40
- Einberufung Generalversammlung *36* 10
- Einsichtsrecht *30j* 31
- Entlastung *30b* 18
- Entsendung *30c* 1
- Ersatz von Aufwendungen *31* 34
- Ersatzmitglied *30* 9
- erster Aufsichtsrat *30b* 27
- fakultativer *29* 53
- fakultativer Ausschuss *30g* 101
- Fehlen *29* 50; *30d* 5
- fehlerhafte Beschlüsse *30g* 89
- Frauenquote *30* 12
- freiwilliger *29* 53
- Funktionsperiode *30b* 16; *30c* 14
- geheime Abstimmung *30g* 51
- gerichtliche Abberufung *30b* 29; *30d* 11
- gerichtliche Bestellung *29* 47; *30d* 1
- Geschäfte mit der Gesellschaft *31* 39
- geschäftsfähig *30a* 6
- Geschäftsordnung *30g* 1
- Geschlechterquote *30* 12
- GmbH & Co KG *29* 11, 25, 29
- Gründung *30b* 27
- Haftung *28a* 20; *30* 8; *98* 22
- Höchstpersönlichkeit *30j* 98
- Höchstzahl *30a* 14
- Informationsbeschaffung *30j* 41
- Informationspflicht *30b* 10
- Informationsrecht *28a* 20
- Interessenkonflikt *30a* 36; *30g* 59
- interimistische Bestellung zum Geschäftsführer *30e* 16
- Kann-Aufsichtsrat *29* 53; *30d* 5 f
- kombinierte Beschlussfassung *30g* 36
- konkurrierende Kompetenz Generalversammlung *35* 10 f
- konstituierende Sitzung *30g* 18
- Konstituierung *30b* 9
- Kontrollorgan *28a* 1
- Konzern *29* 7, 13, 15, 23
- Konzernobergesellschaft *29* 11
- Konzernuntergesellschaft *29* 13, 17
- Kooptierung *30b* 1
- Minderheitenvertreter *30b* 14, 25
- Minderheitsverlangen Einberufung Generalversammlung *37* 10
- Mitbestimmung *29* 1, 6, 15, 31, 54; *30* 2; *30b* 33
- Mitgliederzahl *30* 1; *30d* 1, 9
- Muss-Aufsichtsrat *29* 4, 53; *30d* 5 f
- natürliche Organisationsgefälle *30a* 19; *30e* 5
- natürliche Person *30a* 5
- nichtige Beschlüsse *30g* 91
- Nominierungsrecht *30b* 3
- obligatorisch und fakultativ *28a* 2
- obligatorischer *29* 4, 43
- Öffnungsklausel *30a* 30
- Prüfpflicht *30k* 1
- Prüfungsausschuss *30a* 9
- qualifizierte Videokonferenz *30g* 42
- Qualitätsanforderung *30a* 8
- Rücktritt *30b* 31
- Sitzungsprotokoll *30c* 6; *30g* 64

Stichwortverzeichnis

- stellvertretendes Mitglied 30 5
- Stimmverbot 30g 57
- Suspendierung von Geschäftsführern 30l 43
- Syndikatsvertrag 30b 3; 30c 6
- Telefonkonferenz 30g 82
- Territorialitätsprinzip 29 12, 33
- Überkreuzverflechtung 30a 25
- Überschreiten der Höchstzahl 30a 44
- Übertragung weiterer Kompetenzen 30l 39
- Überwachungsfunktion 28a 20
- Umlaufbeschluss 30g 77
- Unternehmen von öffentlichem Interesse 29 37
- Unvereinbarkeit 30a 12, 39
- Vergütung 31 1; 35 29
- Verhältnis zur Generalversammlung 35 14
- Verhandlungssprache 30g 54
- Verhinderung 30d 3
- Verschwiegenheitsverpflichtung 30c 6
- Versicherung 31 3
- Verstöße gegen Ordnungsvorschriften 30g 96
- Vertretung bei Rechtsgeschäften mit Geschäftsführern 30l 3
- Vertretung Gesellschaft 18 4
- Vertretung in Sitzungen 30j 99
- Verwaltungsratsmitglied 30a 35
- Videokonferenz 30g 82; 30i 37
- Vorsitz Generalversammlung 34 37
- Wahl 30b 1
- Weisung 20 17; 29 2; 30c 5
- Weisungsfreiheit 30g 55
- Weisungsrecht 29 2
- Wiederwahl 30b 19
- Zusammenrechnung Arbeitnehmer 29 20, 28
- zustimmungspflichtige Geschäfte 30j 51
- Zwangsstrafe 29 49
- zwingend 29 1

Aufsichtsratsbericht 30k 16; 100 15
- Fehlen oder Mängel 30k 26
- Form 30k 23
- Frist 30k 24

Aufsichtsratsbestellung 9 15

Aufsichtsratsmitglied
- Firmenbuch 30f 5
- Höchstzahl Mandate 30a 12
- Mandatszurücklegung 30a 37

Aufsichtsratspflicht
- Kreditinstitute 29 39
- Unternehmen von öffentlichem Interesse 29 11, 18

Aufsichtsratsprüfung
- Entfall 100 18

Aufsichtsratssitzung 30h 1
- Abschlussprüfer 30h 11
- Einberufung 30i 1
- Einberufungsmängel 30i 31
- Einberufungsverlangen 30i 4, 22
- einfache Videokonferenz 30g 41
- Ergänzung der Tagesordnung 30i 30
- Form der Einberufung 30i 10
- Frist für Einberufung 30i 20
- Mindestzahl 30i 34
- Niederschrift 30g 64
- Präsenzsitzung 30g 39
- Sachverständige und Auskunftspersonen 30h 8
- Selbsteinberufung 30i 21
- Sitzungsort 30i 13
- Sitzungstermin 30i 11
- Stimmbote 30h 28
- Teilnahme 30h 2
- Teilnahme von Geschäftsführern 30h 5
- Teilnahmerecht 30i 17
- Videokonferenz 30g 40

Aufsichtsratsvergütung 31 1
- Änderung 31 21
- Anfechtung, Nichtigkeit 31 27
- Anspruch 31 11
- D&O-Versicherung 31 3
- erster Aufsichtsrat 31 32
- Offenlegung 31 30

- Sitzungsgelder *31* 38
- steuerliche Behandlung *31* 45
Aufsichtsratsvorsitzender *30g* 12
- ad-hoc-Sitzungsleiter *30g* 34
- Anforderungen *30g* 22
- Aufgaben *30g* 27
- Bestellungsdauer *30g* 24
- Ehrenpräsident *30g* 21
- Höchstzahl Mandate *30a* 14
- Sitzungspolizei *30g* 28
- Stellvertreter *30g* 31
- Wahl *30g* 12
Aufwandersatz
- Aufsichtsrat *31* 34
Ausfallshaftung *70* 1; *FlexKapGG* 20
- Adressat *70* 7
- Gesellschafter *57* 9; *74* 16
- Haftungsinhalt *70* 8
- Rechtsfolge *70* 11
- Regress *70* 11
- Verschmelzung *99* 12; *101* 24, 38
- Verwertung *70* 6
- Voraussetzung *70* 3
ausgegliederte Rechtsträger von Gebietskörperschaften *95* 1
Ausgliederung
- Generalversammlung *35* 5a
Aushungerungsverbot *81* 33; *82* 48
Auskunftsanspruch *24* 26
ausländische juristische Person
- Rechtspersönlichkeit *9* 14
Auslandsbeurkundung
- internationales Gesellschaftsrecht *IPRG 12* 29
Ausschluss *dGmbHG 34* 31
- Anteilsverwertung *dGmbHG 34* 35
- wichtiger Grund *dGmbHG 34* 31
Ausschluss- oder Befangenheitsgrund *41* 31
Ausschuss
- Aufsichtsrat *30g* 101
- Ausschüsse nach BWG *30g* 156
- Einberufung *30i* 32
- Geschäftsordnung *30g* 133

- Personalausschuss *30g* 128
- Präsidialausschuss *30g* 127
- Prüfungsausschuss *30g* 134
Ausschüsse nach BWG *30g* 156
Ausschusssitzungen *30h* 19
Ausschüttungssperre *59* 1, 21; *81* 48; *82* 5, 37, 41, 53, 64
- Stammkapital *dGmbHG 30* 4
Außengesellschaft *61* 2, 14
Außenhaftung
- Geschäftsführer *56* 8
außergewöhnliches Geschäft
- Generalversammlung *35* 6, 105
außerstreitige Gerichtsbarkeit *102* 2
- amtswegige Verfahren und Eintragungen *102* 6
- Firmenbuchanmeldungen *102* 3
- Mitteilungen *102* 4
Außerstreitverfahren *102* 2, 9
- Beschluss *102* 16
- Diplomrechtspflegerzuständigkeit *102* 13
- Entscheidungsorgane *102* 11
- örtliche Zuständigkeit *102* 10
- Rechtsmittel *102* 17
- Richterzuständigkeit *102* 12
- Zuständigkeit *102* 9
Ausschusssitzungen
- Teilnahme *30h* 19
Austritt *dGmbHG 34* 31
- Anteilsverwertung *dGmbHG 34* 35
- ordentlicher *dGmbHG 34* 34
- wichtiger Grund *dGmbHG 34* 31
Austrittsrecht
- Umgründung *81* 25
Auszahlung
- Drittvergleich *dGmbHG 30* 13
- gleichwertige Gegenleistung *dGmbHG 30* 13
- Vermögensminderung *dGmbHG 30* 12
- Verringerung des Gesellschaftsvermögens *dGmbHG 30* 12
Auszahlungsempfänger
- Drittgeschäft *dGmbHG 30* 17

2881

Stichwortverzeichnis

- Einbeziehung Dritter dGmbHG 30 16
- Familienangehöriger dGmbHG 30 17
- künftiger Gesellschafter dGmbHG 30 15
- maßgeblicher Zeitpunkt dGmbHG 30 14
- Treugeber dGmbHG 30 17
- verbundene Unternehmen dGmbHG 30 17

B

Bank, finanzierende
- Checkliste Einlagenrückgewähr 82 154

Bankbestätigung 9 18
- Kapitalerhöhung 52 50; 53 7
- Zeitpunkt 10 21

bare Zuzahlung 96 33
Bareinlagerecht 63 49
Bausparkasse 1 10
Beeinträchtigung
- von Gläubigerinteressen WiStR 23

Beendigung der Gesellschaft 75 15
Befangenheit 30a 11, 38
- Aufsichtsratsmitglied 30a 36

Befugnismissbrauch 25 31
- Untreue WiStR 56

Beglaubigung 9 4
Beglaubigungsklausel 16a 9; 17 16
Beglaubigungsvertrag, österr-dt dGmbHG 2 8
Begünstigung
- eines Gläubigers WiStR 18

Begünstigungen, besondere 6 23
behebbarer Mangel
- Verbesserung 3 6; 11 41

beherrschender Einfluss 115 8
Beirat
- Arbeitnehmervertreter 29 65
- aufsichtsratsähnlicher 29 65
- Einberufung Generalversammlung 36 14
- Einrichtung 29 58
- Entlastung 35 59
- Geschäftsordnung 29 74
- gesellschaftsrechtlicher 29 61
- Haftung 29 63, 79
- Kooptierung 29 74
- Minderheitsverlangen Einberufung Generalversammlung 37 10
- Mitbestimmung 29 64, 80
- Organisation 29 74, 81
- schuldrechtlicher 29 76
- Überwachungsfunktion 28a 2
- Umqualifizierung Aufsichtsrat 29 67
- Weisungen 29 71
- Zustimmung Geschäftsführung 20 16
- Zustimmungsvorbehalte 29 65

Beitrittsmangel
- Gesellschaftsvertrag 3 17

Bekanntmachung
- Ediktsdatei 12 3

Bekanntmachungsmangel 41 36
Bericht der Geschäftsführer 100 2
Beschluss
- Aufsichtsrat 30g 36
- bedingter 35 53
- befristeter 35 53
- negativer Beschluss 34 25

Beschlussanfechtung
- Einberufungsmängel 38 29
- Geschäftsführer-Abberufungsbeschluss 16 22
- Geschäftsführer-Bestellung 15 31
- Vollversammlung 38 31

Beschlussantrag
- Generalversammlung 34 21

Beschlussfähigkeit
- Aufsichtsrat 30d 1

Beschlussfassung
- Abänderung Gesellschaftsvertrag 39 17, 19
- Auflösung 39 13
- Bestellung, Abberufung Geschäftsführer 39 13
- Bezugsrechtsausschluss 39 17
- Bilanzgewinn 39 13
- Dirimierungsrecht 39 15

2882

Stichwortverzeichnis

- Einforderung *39* 13
- Entlastung Geschäftsführer *39* 13
- Ersatzansprüche *39* 13
- Feststellung Jahresabschluss *39* 13
- Kapitalmaßnahmen *39* 17
- Weisungen an Geschäftsführer *39* 13

Beschlussfeststellung *41* 77; *dGmbHG Anh 47* 20

Beschlussfeststellungsklage *dGmbHG Anh 47* 35

Beschlussmangel
- Anfechtungsgrund *dGmbHG Anh 47* 16
- Aufsichtsrat *dGmbHG Anh 47* 59
- dt GmbH *dGmbHG Anh 47* 3
- einstweiliger Rechtsschutz *dGmbHG Anh 47* 41
- Kapitalerhaltungsverstoß *dGmbHG Anh 47* 53
- Leistungspflichtmehrung *dGmbHG Anh 47* 56
- Nichtigkeitsgrund *dGmbHG Anh 47* 5
- Rechtsverkürzung *dGmbHG Anh 47* 56
- schriftlicher Beschluss *dGmbHG Anh 47* 55
- Strafgesetzverstoß *dGmbHG Anh 47* 58

Beschlussquorum *41* 103

Beseitigungsanspruch *24* 26

Bestandsschutz
- verschmelzungsrechtlicher *98* 26 f, 30

Bestätigung der Geschäftsführer über Einzahlung der Stammeinlagen *10* 17

Bestätigungsbeschluss *41* 107

Bestechung *WiStR* 128
- Bediensteter, Beauftragter *WiStR* 148

Bestellung
- Aufsichtsrat *9* 16; *30b* 1

Betriebsüberlassung *dAktG 179a* 12

Betriebsverpachtung *dAktG 179a* 12

Betrug *25* 31

betrügerische Krida *WiStR* 7

Beurkundungsfehler *41* 38

Beweislast
- Nachweis *25* 15

Bewertungsgrundsätze
- Kapitalerhaltung *dGmbHG 30* 5

Bezugsrecht *52* 23; *60* 4; *FlexKapGG* 23, 42
- Anwachsung von Geschäftsanteilen *52* 24
- Ausschluss *54* 17
- Ausübung *52* 24
- Übertragung *52* 26
- Verzicht *52* 27

Bezugsrechtsausschluss *52* 5, 15, 22; *54* 17
- faktischer *52* 34
- Generalversammlungsbeschluss *39* 17; *52* 29

Bilanzdelikte *WiStR* 81

Bilanzgewinn *82* 14, 21, 28; *FlexKapGG* 21
- Anwartschaftsrecht *82* 32
- Aufzehrung durch Verlust nach Bilanzstichtag *82* 53

Bilanzierung
- wirtschaftliches Eigentum *96* 46

Bilanzkontinuität *41* 33

Bucheinsicht *FlexKapGG* 23

Bucheinsichtsrecht *22* 30, 33; *45* 5
- Durchsetzung *46* 2

Buchführung *61* 4, 57

Bürgschaft eines Gesellschafters *61* 49

Business Judgement Rule *25* 25; *WiStR* 65

C

Cash-Pooling *82* 129, 131
- Kapitalerhaltung *dGmbHG 30* 43

Cash-Management-System *82* 129

Clearing *82* 129

Compliance *WiStR* 175

Compliance-Management-System *22* 24

„Cooling off"-Periode *30j* 78

2883

Stichwortverzeichnis

Corporate opportunities *24* 13
COVID-19-Gesetzgebung *30g* 42a
culpa in contrahendo *19* 6; *25* 31

D

D&O-Versicherung *25* 39; *dGmbHG 43* 10
- Liquidation *92* 4

Darlehen
- Kapitalerhaltung *dGmbHG 30* 36

darlehensfinanzierter Unternehmenskauf
- Kapitalerhaltung *dGmbHG 30* 44

Dauer einer Generalversammlung *41* 80

Debt-equity-swap *52* 57; *63* 51; *72* 7; *81* 68

Deckungsgebot
- Drittvergleich *dGmbHG 30* 26
- Gegenleistungs- und Rückgewähranspruch *dGmbHG 30* 26
- Verzinsung *dGmbHG 30* 26

deliktische Haftung
- Existenzvernichtungshaftung *dGmbHG 30* 70

Deliktsfähigkeit *61* 12, 18

dGmbH & Co KG
- analoge Anwendung § 33 Abs 1 *dGmbHG 33* 14
- analoge Anwendung § 33 Abs 2 *dGmbHG 33* 16
- Kapitalerhaltung *dGmbHG 30* 52

Dienstnehmerbeiträge
- Vorenthalten *WiStR* 50

Differenzhaftung
- unterbewertete Sacheinlagen *52* 62

digitales Geschäftsmodell *82* 138
Diplomrechtspfleger *16a* 16; *17* 29
Dirimierungsrecht *30g* 29
Dividende *82* 6, 14, 32
- Aliquotierung, Teilung *82* 34
- Anfechtung nach AnfO, IO *82* 54
- Dividendenpolitik *82* 93
- Fälligkeit *82* 42
- Fremdfinanzierung *82* 35, 54
- Hemmung, Stundung *82* 54
- Kapitalerhaltung *dGmbHG 30* 46
- Nachrangigkeit in der Krise, Insolvenz *82* 81
- Sanktionenrecht *82* 42
- Scrip dividend (Anteilsdividende), Gratisanteile *81* 69
- Verjährung *82* 42
- Verzinsung *82* 61
- Vorzugsdividende *82* 43

Dividendengarantie *82* 30
Dividendenvorbehalt *82* 34
Dividendenzession *82* 32
Doppeltatbestand, Lehre vom *61* 15
Downstream-Merger
- Kapitalerhaltung *dGmbHG 30* 64

Drittelparität
- Aufsichtsrat *30b* 34
- Aufsichtsratsausschuss *30g* 104

Drittvergleich
- Beurteilungsspielraum *dGmbHG 30* 13
- Leistungsaustausch *dGmbHG 30* 20

Duldungsvollmacht *18* 22
Durchsetzung des Haftungsanspruchs *25* 13

E

echte Passiva
- Reinvermögen *dGmbHG 30* 4

Ediktsdatei *16a* 22
eheliche Ersparnisse *82* 35
eigener Geschäftsanteil *81* 1; *FlexKapGG* 31, 33
- Akquisitionswährung (Tauschwährung, Transaktionswährung) *81* 60
- Anteilsauskehr *81* 20
- Behalteverbot, Bestandsgrenze *81* 54
- Bericht an Generalversammlung *81* 50
- Bezugsrecht *52* 23
- Bilanzierung *81* 48
- Downstream-Verschmelzung, Downstream-Spaltung *81* 19
- erlaubter Erwerb *81* 11

- Erwerb *FlexKapGG* 31
- Erwerb aus ausschüttbaren Mitteln 81 33
- Erwerb durch Exekution 81 13
- Erwerb durch Gesamtrechtsnachfolge 81 16
- Erwerb durch Kreditinstitut 81 34
- Erwerb durch Tochterunternehmen oder Treuhänder 81 38
- Erwerb gegen Barabfindung ausscheidender Gesellschafter 81 24
- Erwerbsgrenze, Erwerbsverbot 81 54
- Finanzierung des Erwerbs 81 77
- Inpfandnahme *FlexKapGG* 34
- Kapitalerhaltung 81 8, 61
- Kapitalgrenze 81 30
- Option, Call- und Put- 81 7
- Pfandrecht, exekutive Pfändung 81 74
- Pfandrecht, Inpfandnahme 81 72
- Pfandrecht, Verpfändung 81 75
- Ruhen der Rechte und Pflichten 81 46
- Umgründung 81 18, 24, 70
- unentgeltlicher Erwerb 81 15
- Veräußerung 82 37; *FlexKapGG* 33
- Verbot des Erwerbs 81 4
- Verbot des Erwerbs, Sanktionen 81 44

Eigenhaftung 25 31
Eigenkapital
- gebundenes (gesperrtes) 82 3, 14

Eigenkapitalersatz (EKEG) 82 130, 135, 162
Einberufung
- Generalversammlung Verschmelzung 97 4 f, 10

Einberufung Generalversammlung
- Adressaten 38 4
- Form 38 1
- Frist 37 11; 38 7
- Inhalt 38 10
- konkurrierende 36 19
- Minderheitenrecht 98 17
- Reorganisationsbedarf 36 40
- Tagesordnung 37 24; 38 17
- Treuepflicht 38 15
- Verlust halbes Stammkapital 36 35
- Verpflichtung 38 40
- Verzicht 38 9
- Wohl der Gesellschaft 36 24

Einberufung von Aufsichtsratssitzungen
- einzuladende Personen 30i 17

Einberufungs- und Bekanntmachungsfehler 41 35
Einberufungsbefugnis 41 35
Einberufungsfrist
- Generalversammlung 37 11; 38 7

Einberufungskompetenz
- Generalversammlung 36 7

Einberufungsmangel 41 71
- Beschlussanfechtung 38 29

Einbringung
- Einlagenrückgewähr 82 146
- Unternehmen 6a 7; 52 56

Einbringungsvertrag 52 39
Einforderung der Stammeinlage
- Konventionalstrafe 65 9
- Schadenersatzpflicht 65 8
- Zuständigkeit 64 5

Einforderung von Einzahlungen auf Stammeinlagen
- Gesellschafterbeschluss 35 69

Einforderung von Verzugszinsen 65 2
Einforderungsbeschluss 63 30
- Anfechtung 63 32

einheitliche Leitung 115 4
Einlage
- Finanzierung durch Gesellschaft 63 36
- Leistung an Zahlungs statt 63 57

Einlage, gesplittete 82 67, 155
Einlageanspruch
- Abtretung 63 23
- Exekution 63 26
- Verpfändung 63 25

Einlageforderung
- Vergleich 63 35

Einlagenleistung
- Konto des Geschäftsführers 9a 6

Stichwortverzeichnis

Einlagenrückgewähr *41* 87; *48* 1, 22; *57* 4; *82* 5
- Alleingesellschafter *82* 67
- Angemessenheit, objektive *82* 89
- Ausfallshaftung des Gesellschafters *83* 26
- Ausgleichsmaßnahme, Nachteilsausgleich *82* 101
- Außenhaftung des Gesellschafters *83* 25
- betriebliche Rechtfertigung *82* 92, 94, 123
- betriebliche Veranlassung *82* 88
- Betriebs- und Geschäftsgeheimnis *82* 138
- Daten, Informationen, Know-how *82* 138
- doppelter Sorgfaltsmaßstab *82* 16
- Dritt- oder Fremdvergleich *82* 87, 90, 91
- Dritter, echter *82* 76
- Dritter, Nachforschungspflicht *82* 76
- Dritter, unechter *82* 15, 75
- Eigentumsklage (rei vindicatio) *83* 43
- erlaubter Vermögenstransfer *82* 65
- Erwerberhaftung *83* 9
- Familienangehöriger eines Gesellschafters *82* 70
- Finanzierung der GmbH durch den Gesellschafter *82* 106
- Finanzierung des Gesellschafters durch die GmbH *82* 107
- Finanzierung, Äquivalenz (wertmäßige Ausgeglichenheit) *82* 112
- Finanzierung, Ausgleichsmaßnahme *82* 122
- Finanzierung, betriebliche Rechtfertigung *82* 115
- Finanzierung, betriebliche Veranlassung *82* 111
- Finanzierung, existenzbedrohendes Risiko *82* 119
- Finanzierung, Praktikermethoden *82* 123
- Firmenbucheintragung, Bestandschutz *83* 41
- Fruchtnießer *82* 67
- Gegenmaßnahme *82* 99
- Genussrecht *82* 155
- Gerichtsstand *82* 26; *83* 15a
- Gesamtplan *82* 101
- Geschäftschance (Corporate opportunities) *82* 137
- Gesellschafter, indirekter (mittelbarer) *82* 67
- Gesellschafter, zukünftiger *82* 67
- Gruppenbesteuerung *82* 139
- Haftung *82* 17
- Haftung, Abschlussprüfer *83* 36
- Haftung, Aufsichtsrat *83* 33
- Haftung, Dritter *83* 40
- Haftung, Geschäftsführer *83* 32, 35
- Haftungsfreistellung, -freizeichnung *83* 21
- Heilung (Sanierung) *82* 89, 168; *83* 19
- Investitionsablöse *82* 105
- kollisionsrechtliche Einordnung *IPRG 12* 20
- Konzerngeschäft *82* 96, 125
- Managementfehler *82* 97
- Nichtigkeit *82* 17; *83* 1, 38
- Nichtigkeit, Bereicherungsanspruch *83* 23, 42
- Nichtigkeit, Gesamt- oder Teilnichtigkeit *83* 39
- Nichtigkeit, Gesellschafterbeschluss *83* 38
- offene *82* 78, 80
- Österreichbezug *82* 26
- Pfandgläubiger *82* 67
- Pflichtteilsergänzungsanspruch *82* 105
- Privatstiftung *82* 72
- Rechtswahl *82* 26
- Rückersatzanspruch *83* 6, 12, 15
- Rückersatzanspruch, Aufrechnung *83* 19, 20

- Rückersatzanspruch, Dritter, echter *83* 10
- Rückersatzanspruch, Dritter, unechter *83* 10
- Rückersatzanspruch, Gläubiger *83* 8
- Rückersatzanspruch, Gutglaubensschutz *83* 16
- Rückersatzanspruch, Naturalrestitution *83* 12
- Rückersatzanspruch, Regress *83* 35
- Rückersatzanspruch, Schuldner *83* 9
- Rückersatzanspruch, Stundung *83* 19
- Rückersatzanspruch, Vergleich *83* 19
- Rückersatzanspruch, Wertersatz *83* 12
- Sanktion *82* 167
- Schad- und Klagloshaltung *83* 21
- Schadenersatz *83* 44
- Schwestergesellschaft *82* 71
- Sorgfalt eines ordentlichen Geschäftsführers *82* 92
- stiller Gesellschafter *82* 67, 155, 160
- Strohmann *82* 68
- Tochtergesellschaft *82* 4
- Treuhänder *82* 4, 67
- Umgründung, Umstrukturierung *82* 140
- verdeckte *82* 16, 81
- verdeckte Gewinnausschüttung, Steuerrecht *82* 84
- verdeckte, Beispiele *82* 103
- Verlustvortrag, steuerlicher *82* 139
- Vermögenstransfer downstream *82* 126
- Verschmelzung *101* 36
- Zwerggesellschafter *82* 67, 93

Einlagenrückgewährung *WiStR* 63

Einlagenrückzahlung
- steuerlich begünstigte *54* 2; *57* 2; *82* 49

Einlagepflicht
- Erfüllung *63* 16
- Erlass *63* 33
- Stundungsverbot *63* 39

Einlageverpflichtung
- Änderung vor Eintragung *6* 14

Einschränkung der Haftung
- Begrenzung *25* 27

Einsichtsrecht *22* 30
- Aufsichtsrat *30j* 31

einstweilige Verfügung *41* 50
- Beschlussanfechtung *42* 23
- Geschäftsführer-Abberufung *16* 28

Eintragung
- Gesellschaft *9*
- Gesellschaft mit beschränkter Haftung *3*

Eintragung der Nichtigkeit *1* 12

eintragungspflichtige Tatsachen *11* 7

Eintragungstatbestände *11* 7

Eintrittsrecht *24* 24

Einwilligung *24* 17

Einzahlungserklärung *9* 18

Einzahlungsverpflichtung
- Schuldner *63* 4

Einzelgeschäftsführung *21* 1, 10
- Widerspruchsrecht *21* 1, 11

Einzelhandlungsvollmacht *28* 6

Einzelvertretung
- gesetzliche *18* 14

Einzelvertretungsbefugnis
- Vertrauen auf den äußeren Tatbestand *18* 22

Einziehung
- Abfindung *dGmbHG 34* 23
- Beschluss *dGmbHG 34* 15
- Kapitalaufbringung, Kapitalerhaltung *dGmbHG 34* 11
- Satzungsgrundlage *dGmbHG 34* 4
- Wirkung *dGmbHG 34* 19
- Zwangsabtretung *dGmbHG 34* 30

Einziehung Geschäftsanteil *FlexKapGG* 37

Einziehung, Anteil *dGmbHG 34* 1

Stichwortverzeichnis

EKEG
- kollisionsrechtliche Einordnung *IPRG* 12 22
- Liquidation 91 15; 35 3

Ende der Vertretungsbefugnis 16a 10

Enthebungsbeschluss
- des Notgeschäftsführers 15a 54, siehe *Notgeschäftsführer*

Entlastung
- Anspruch 25 4; 35 65
- Aufsichtsrat 30b 18
- betreffend Ansprüche der Gesellschaft 48 14
- Ermessensentscheidung 48 14
- in Zusammenhang mit Minderheitenklage 48 14
- Stimmverbot 45 3
- Stimmverbot bei Einzelabstimmung 48 14
- Stimmverbot bei Überkreuz-Entlastung 48 14
- Teilentlastung 35 66
- Verzichtswirkung 35 64
- Widerruf 35 67

Entlastungsbeschluss 41 79

Entnahmesperre
- Existenzvernichtungshaftung *dGmbHG* 30 69

Entscheidungsträger *WiStR* 163

Entsendung Aufsichtsrat 30c 1
- Berechtigte 30c 9
- Form 30c 11
- Gesamtrechtsnachfolge 30c 9 f
- Informationsweitergabe 30c 6
- kontrollierende Beteiligung 30c 8
- Pflichtenbindung 30c 4
- Sonderrecht 30c 1
- Treuepflicht 30c 3
- Verzicht 30c 13
- Vinkulierung 30c 9 f
- Voraussetzungen 30c 3

Entsendungsrecht 15 23

Entstehung der GmbH
- Gesellschaftsvertrag 49 22

Entzug von Vermögenswerten
- Existenzvernichtungshaftung *dGmbHG* 30 72

Erfolgshaftung 25 2

Erklärung
- Einzahlung des Stammkapitals 9 5

Erlassverbot 63 33

Ermessensentscheidung 25 24

ERP-System 22 11

Errichtungserklärung 1 17; 3 4; 11 7

Erstattung verbotener Rückzahlungen
- Kapitalerhaltung *dGmbHG* 30 8

Ersteintragung 12 1

Erwachsenenvertreter 15a 62

Erwerb eigener Geschäftsanteile
- analoge Anwendung *dGmbHG* 33 12
- analoge Anwendung des § 33 Abs 1 *dGmbHG* 33 13
- analoge Anwendung des § 33 Abs 2 *dGmbHG* 33 15
- fiktive Rücklage *dGmbHG* 33 7
- Gesellschafterbeschluss *dGmbHG* 33 3
- Gewinnbezugsrecht *dGmbHG* 33 3
- Kapitalaufbringung *dGmbHG* 33 1
- Kapitalerhaltung *dGmbHG* 30 51; 33 1
- Keinmanngesellschaft *dGmbHG* 33 3
- Stimmrecht *dGmbHG* 33 3
- Umwandlungsmaßnahmen *dGmbHG* 33 18
- vollständige Einlageleistung *dGmbHG* 33 1, 4
- Zuständigkeit *dGmbHG* 33 3

Erwerb von Anlagevermögen
- Gesellschafterbeschluss 35 99

Erwerb von Liegenschaften
- Gesellschafterversammlung 35 99

EU-InsVO *IPRG* 12 15

Euro-Umstellung der Stammeinlagen
- bei Kapitalerhöhung 52 53
- bei Kapitalherabsetzung 54 12

Stichwortverzeichnis

existenzvernichtender Eingriff
- Durchgriffshaftung *82* 137; *83* 15

Existenzvernichtungshaftung *61* 59; *dGmbHG 30* 68
- Aschenputtelgesellschaft *dGmbHG 30* 85
- Cash-pooling *dGmbHG 30* 81
- deliktische Haftung *dGmbHG 30* 70
- Entnahmesperre *dGmbHG 30* 69
- Entzug von Vermögenswerten *dGmbHG 30* 72
- Geschäftschance *dGmbHG 30* 84
- Gläubiger *dGmbHG 30* 70
- Gläubigerschutz *dGmbHG 30* 1
- kalte Liquidation *dGmbHG 30* 83
- Liquiditätsplanung *dGmbHG 30* 81
- Sittenwidrigkeit *dGmbHG 30* 73
- strafrechtliche Sanktion *dGmbHG 30* 78
- Unterkapitalisierung *dGmbHG 30* 85
- unternehmerische Fehlleistung *dGmbHG 30* 72
- Verschmelzung *dGmbHG 30* 86
- Verursachung oder Vertiefung der Insolvenz *dGmbHG 30* 74
- Vorsatz *dGmbHG 30* 75
- vorsätzlich sittenwidrige Schädigung *dGmbHG 30* 1
- Zweckbindung des Vermögens der dGmbH zur vorrangigen Befriedigung der Gläubiger *dGmbHG 30* 73

F

Fahrlässigkeit *25* 5
Fahrschule *1* 10
Fairness opinion *82* 123
faktischer Geschäftsführer *15* 70, siehe *Geschäftsführer*
- Gesellschafter *35* 78

falsus procurator *18* 21
Feststellung der Nichtigkeit *41* 50
Feststellung des Jahresabschlusses *41* 30
- Stimmverbot *45* 3

Feststellungsklage
- Aufsichtsratsbeschluss *30g* 97

fiktive Rücklage
- Erwerb eigener Geschäftsanteile *dGmbHG 33* 7

Finanzexperte
- Qualitätsanforderung *30a* 9

Finanzierung
- Prüfschema für Zulässigkeit nach Verbot der Einlagenrückgewähr *82* 110

Finanzstrafrecht *WiStR* 194
Firma
- Änderung *5* 2
- Auflösung *84* 8
- Ausscheiden namensgebender Gesellschafter *5* 36
- Ausschließlichkeit, Maßgeblichkeit, Firmenkern *5* 40
- Begriff *5* 1
- Branchen- und Gattungsbezeichnung *5* 11
- Entstehung *5* 2
- Firma als Vermögenswert *5* 30
- Firma ausländischer Gesellschaft *5* 52
- Firma der Zweigniederlassung *5* 51
- Firma im Konzern *5* 41
- Firmenausschließlichkeit *5* 37
- Firmeneinheit *5* 3
- Firmenfortführung bei Umgründung *5* 35
- Firmenfortführung bei Unternehmenserwerb *5* 32
- Firmengrundsatz *5* 1
- Firmenkontinuität *5* 30
- Firmenöffentlichkeit *5* 50
- fremdsprachige Firma *5* 4
- geografische Bezeichnung als Firmenbestandteil *5* 21
- GmbH & Co KG, Besonderheiten *5* 53
- Irreführungsverbot *5* 14

2889

Stichwortverzeichnis

- Kennzeichnungskraft *5* 4
- Personenfirma *5* 22
- Rechtsformzusatz als Unterscheidungsmerkmal *5* 43
- Schutz der Firma *5* 56
- sondergesetzliche Vorschriften, Finanz- und Kreditwirtschaft *5* 25
- Sondervorschriften zur Firmenbildung, Berufsrecht *5* 44
- Sonderzeichen *5* 7
- Unterscheidungskraft *5* 10
- Verbot der Leerübertragung *5* 32
- Verkehrsgeltung *5* 11
- Verwechslungsgefahr *5* 37

Firmenbuch *16a* 18; *17* 31; *FlexKapGG* 26
- Beschlussanfechtung *41* 177; *44* 1

Firmenbuchanmeldung
- Aufsichtsratsmitglied *30f* 3

Firmenbucheintragung
- konstitutive Wirkung *49* 57
- Veröffentlichung *16a* 22
- Zustellung und Benachrichtigung *16a* 20

Firmenbuchgericht
- Prüfung der Anmeldung *30f* 13

Firmenbuchnummer *11* 31

Firmenwahrheit *11* 14

Flexible Kapitalgesellschaft
- Einziehung von Anteilen *54* 14
- Kapitalerhöhung *52* 3
- Unternehmenswert-Anteile *52* 77

FlexKapG *FlexKapGG* 1
- Squeeze-out *FlexKapGG* 46
- Umgründung *FlexKapGG* 46
- Umwandlung *FlexKapGG* 43, 45
- Zweck *FlexKapGG* 3

Forderungseinlösung *82* 105

Förderungsmissbrauch *WiStR* 122

formelle Prüfung *11* 4

formelle Satzungsbestandteile
- Beispiele *4* 33

Formpflicht
- dt GmbH *dGmbHG* 2 4

Formpflicht bei Geschäftsanteilsübertragung *76* 42

- Anwendungsbereich *76* 44; *dGmbHG* 15 5
- Auslandsbezug *76* 60
- Ausnahmen *76* 57
- bei Anbot *76* 47
- dt GmbH *dGmbHG* 15 1
- Exekutionsverfahren *76* 59
- GesbR *76* 46a
- Heilung des Formmangels *76* 64
- kaduzierter Geschäftsanteil *76* 58
- Treuhand *76* 52; *dGmbHG* 15 9
- Verletzung der *76* 63
- Verpfändung *dGmbHG* 15 18
- Vollmacht *76* 51

Formvorschrift *41* 81

Fortsetzung *84* 47
- Beschluss *84* 49
- Firmenbuchverfahren *84* 55
- Kapitalausstattung *84* 54
- Kündigung *84* 51
- Löschung *84* 53

Frauenquote *30* 12, siehe *Geschlechterquote*

Funktionsperiode
- Ablauf *30b* 23
- Aufsichtsrat *30b* 16; *30c* 14
- erster Aufsichtsrat *30b* 28

G

Gebühr
- Gesellschafterbeschluss *34* 50

Gegenleistungs- und Rückgewähranspruch
- Deckungsgebot *dGmbHG* 30 26
- Kapitalerhaltung *dGmbHG* 30 24
- Vollwertigkeit *dGmbHG* 30 25

Geldstrafe
- Verbandsverantwortlichkeit *WiStR* 189

Geltendmachung von Ersatzansprüchen
- Gesellschafterbeschluss *35* 87

gemeinnützige Bauvereinigungen *23* 1, 22

Gemeinnützigkeit *1* 5

Stichwortverzeichnis

gemeinsame Haftung
- Rückforderung gegenüber der Gesellschaft 78 22

gemeinsame Haftung bei Gesellschafterwechsel
- Ausgleich im Innenverhältnis 78 21

gemeinsamer Vertreter
- Anforderungen 80 13
- Beschluss 80 14

genehmigtes bedingtes Kapital *FlexKapGG* 40

genehmigtes Kapital *FlexKapGG* 41

Generalbereinigungsvereinbarung 35 68

Generalhandlungsvollmacht 18 20; 28 2
- gewöhnliche Geschäfte 18 20

Generalversammlung
- Abberaumung 36 20; 37 14; 38 33
- Additionsverfahren 39 5
- Ausgliederung 35 5a
- Auskunftsrecht 34 13
- Auskunftsverweigerung 34 13
- Ausland 36 6
- außergewöhnliches Geschäft 35 6, 105
- Berechnung der Mehrheit 34 70
- Berechnung Stimmenmehrheit 39 2
- Beschlussantrag 34 21
- Beschlussfähigkeit 38 35, 38
- Beschlussfassung 34 30; 39 1
- besondere Mehrheit *dAktG 179a* 6
- besondere Mehrheiten 39 17
- Bevollmächtigung 39 40
- Dreiviertelmehrheit 35 5a, 15, 18, 107
- Einberufung 38 1
- Einberufung Aufsichtsrat 36 10
- Einberufung Beirat 36 14
- Einberufung durch Aufsichtsrat 30j 46
- Einberufung durch Dritte 36 16
- Einberufung durch Minderheit 98 17
- Einberufung Geschäftsführer 36 7
- Einberufung Gesellschafter 36 12
- Einberufung Minderheit 37 1
- Einberufungsfrist 37 11; 38 7
- Einberufungskompetenz 36 7
- einfache Mehrheit 39 13
- Einforderung von Einzahlungen auf Stammeinlagen 35 69
- Einmann-GmbH 34 48
- Einsichtsrecht Niederschrift 40 11
- Einstimmigkeit 39 19
- Entlastung 39 63
- Erwerb von Anlagevermögen 35 99
- Feststellung Beschlussergebnis 34 41
- Folgeversammlung 38 38
- Gebühr 34 50
- Geltendmachung von Ersatzansprüchen 35 87
- gemeinsamer Vertreter 34 11
- Generaldebatte 35 24
- gesetzlicher Vertreter 39 50
- gespaltene Stimmabgabe 39 32
- Großinvestition 35 101
- Grundlagenbeschluss 35 3
- Grundlagengeschäft 35 5, 8
- Handelsvollmacht 35 74
- Holzmüller 35 5
- hybride Versammlung 34 5e
- Insichgeschäft 35 6
- Kompetenz 35 3
- Kompetenz-Kompetenz 35 1
- konkurrierende Einberufung 36 19
- konkurrierende Kompetenz Aufsichtsrat 35 10 f
- Kontrollbefugnis 35 77
- Mitteilung an Firmenbuch 36 46
- mittelbare Interessenskonflikte 39 85
- moderierte virtuelle Generalversammlung 34 5f
- negativer Beschluss 34 25
- Niederschrift 40 1
- notarielle Beurkundung 34 69
- oberstes Organ 34 5; 35 1

Stichwortverzeichnis

- ordentliche *35* 23; *36* 23; *81* 50
- Ort *36* 4
- Präsenzquorum *38* 35, 38
- Präsenzversammlung *34* 5a, 5b
- Prokura *35* 74
- Protokoll *40* 3
- Protokollierung *34* 34
- Prozessvertretung *35* 92
- Reorganisationsbedarf *36* 40
- Rückzahlung von Nachschüssen *35* 73
- schriftliche Beschlussfassung *34* 52; *dAktG 179a* 9
- schriftliches Einverständnis *34* 56
- Selbsteinberufung *36* 18
- Selbsteinberufung Minderheit *98* 20
- Sonderprüfung *35* 77
- Stimmabgabe *34* 26
- Stimmbindungsverträge *39* 29
- Stimmenmehrheit *39* 2
- Stimmrecht *34* 14
- Stimmrechtsvollmacht *39* 40
- Stimmverbot *35* 81, 98, 110; *39* 6, 53
- Stimmverbot Rechtsfolgen *39* 89
- Stimmverteilung *39* 35
- Subtraktionsverfahren *39* 5
- Tagesordnung *37* 24; *38* 17
- Teilnahmerecht *34* 6
- Teilnahmerecht Dritter *34* 7
- Teilnahmerecht Mitberechtigte *34* 11
- Teilnahmerecht Pfandgläubiger *34* 12
- Teilnehmer *35* 26
- Treuepflicht *39* 25
- Umlaufbeschluss *34* 57; *35* 2; *36* 27
- Unternehmensvertrag *35* 5, 13
- URG *36* 40
- Veräußerung des wesentlichen Geschäftsbetriebs *35* 5, 13
- Verbandssouveränität *35* 19
- Verhältnis zum Aufsichtsrat *35* 14
- Verlust halbes Stammkapital *36* 35
- Verpflichtung zur Einberufung *38* 40
- Vertagung *38* 27, 34
- Vertretungsbefugnis *35* 13
- Vertretungsmacht *35* 108
- Verwehrung Teilnahme *34* 8
- Verzicht *36* 28, 43
- Verzicht auf Einberufung *36* 28, 43
- virtuelle Versammlung *34* 5c
- Vollversammlung *38* 31
- Weisung *35* 6, 16
- Wirksamkeit Beschluss *34* 44
- Wohl der Gesellschaft *36* 24
- Zusendung Niederschrift *40* 12
- Zustimmung aller Gesellschafter *39* 20
- Zustimmung von einzelnen Gesellschaftern *39* 22
- Zustimmungsvorbehalt *35* 15
- Zuwendung eines Vorteils *39* 67
- zwingende Abhaltung einer Generalversammlung *34* 66
- zwingende Kompetenz *35* 8

Generalversammlungsbeschluss
- Aufhebung *34* 32
- Mitteilung an Firmenbuch *36* 46
- notarielle Beurkundung *dAktG 179a* 8

Generalvollmacht
- Verkehrsschutzüberlegungen *18* 20

Genussrecht *FlexKapGG* 42
- Erwerb *81* 7

gerichtliche Abberufung
- Aufsichtsrat *30b* 29; *30d* 11

gerichtliche Bestellung
- Aufsichtsrat *29* 47; *30d* 1

gerichtliche Ersatzzustimmung
- Abweichung im Gesellschaftsvertrag *77* 2
- Anhörung der GF *77* 21
- Anwendungsbereich *77* 4
- Aufgriffsrecht *77* 29
- ausreichende Gründe für die Verweigerung *77* 15
- Außerstreitverfahren *77* 19
- GmbH & Co KG *77* 25

- gründungsprivilegierte Gesellschaft *77* 14
- historische Entwicklung und Zweck *77* 1
- keine Schädigung der Gesellschaft *77* 18
- Nominierung des Ersatzerwerbers *77* 26
- Parteistellung im Außerstreitverfahren *77* 22
- rekommandiertes Schreiben *77* 31
- Revisionsrekurs *77* 24
- Spaltung *77* 5
- syndikatsvertragliche Vinkulierung *77* 8, 30
- Verpfändung *77* 7
- Versagung der Zustimmung *77* 11
- Verschmelzung *77* 9
- vollständige Einzahlung der Stammeinlage *77* 13
- Voraussetzung *77* 10
- Vorkaufsrecht *77* 29
- zwingendes Recht *77* 1

gerichtliche Hinterlegung *15a* 63
Gerichtsstand *61* 25
Gerichtszuständigkeit
- Beschlussanfechtung *42* 15

Gesamtgeschäftsführung *21* 1
- Dirimierungsrecht *21* 7
- dispositiv *21* 1
- Gefahr in Verzug *21* 6
- Gestaltungsvarianten *21* 7
- gewöhnliche Geschäftsmaßnahmen *21* 3
- Kardinalpflichten *21* 7
- Ressortverteilung *21* 7
- Vetorecht *21* 3
- Zustimmung *21* 3
- Zustimmungserfordernis *21* 3

Gesamtrechtsnachfolge
- Arbeitsverhältnis *96* 69
- Begriff *96* 61
- Bestandvertrag *96* 70
- Beteiligung *96* 71
- dingliches Recht *96* 64
- Entsendung Aufsichtsrat *30c* 9 f
- höchstpersönliches Recht *96* 67
- öffentliches Recht *96* 72
- Organfunktion *96* 68
- Umfang *96* 62

Gesamtvermögensgeschäft *dAktG 179a* 1

Gesamtvertretung
- gemischte *28* 4, 9
- gesetzlicher Regelfall *18* 11

GesbR *61* 2

Geschäftsführer
- Berichtspflichtverletzung *28a* 17
- Vertretungsmacht Prokurist *18* 16

Geschäfte, unternehmensbezogene *61* 4

Geschäfts- und Betriebsgeheimnis *WiStR* 109

Geschäftsanschrift *47* 4; *dGmbHG* 2 11

Geschäftsanteil *75* 1, 4
- Aufgriffsrecht *76* 24
- Ausmaß der Beteiligung *75* 2, 8
- Beendigung der Gesellschaft *75* 15
- Begriff des Geschäftsanteils *75* 4
- Beteiligung *75* 4
- Bilanzwert *68* 6
- Dividendenscheine *75* 17
- einstweilige Sicherung *75* 9
- Entstehen und Erlöschen *75* 14
- Erlöschen *75* 15
- Exekutionsobjekt *75* 6
- FlexKapG *FlexKapGG* 8
- Formpflicht der Übertragung *76* 42
- Freihandverkauf *68* 5
- Fruchtgenussrecht *75* 11
- Gesellschafterrechte *75* 20
- Gesellschafterrechte und -pflichten *75* 19
- Gesellschaftsanteil *75* 4
- Grundsatz der Einheitlichkeit *75* 12
- Immobilisierung der Geschäftsanteile *75* 3
- Inhaber eines Geschäftsanteils *75* 9
- Insolvenz *75* 6
- Mitgliedschaft *75* 14

- Pfändung *76* 77
- Rechte der Gesellschafter *75* 8
- Teilung *4* 35; *FlexKapGG* 9
- Treuhänder *75* 10
- Übertragung unter Lebenden *76* 5
- Übertragung von Todes wegen *76* 36
- Umgründungsvorgang *75* 15
- Unterbeteiligung *75* 11
- Urkunden *75* 16
- Veräußerungsverbot *45* 32
- Verkauf durch die Gesellschaft *68* 2
- Verpfändung *76* 68
- Vinkulierung *76* 12
- Wert des Geschäftsanteils *75* 27

Geschäftsaufsicht
- Umtriebe *WiStR* 34

Geschäftsführer
- Abberufung *28a* 19; *dGmbHG 47* 3
- Änderung der Vertretungsbefugnis *17* 11
- Anmeldepflicht Auflösung *88* 5, 8
- Anstellungsverhältnis *15* 48
- Anstellungsvertrag *15* 55
- Anzahl *15* 7
- Arbeitnehmereigenschaft *15* 52
- Art der Vertretungsbefugnis *17* 9
- Aufgaben *15* 15
- Auflösung Geschäftsführervertrag *28a* 19
- Ausnahme vom Wettbewerbsverbot *30e* 25
- außergewöhnliches Geschäft *35* 6, 105
- Beendigung *15* 45
- Beginn der Vertretungsbefugnis *17* 8
- Beilage *17* 21
- Berichtspflicht *28a* 8, 10, 16
- Berichtspflicht gegenüber Gesellschafterversammlung *35* 82
- Berichtspflicht Schutzgesetzcharakter *28a* 18
- Beschränkung Vertretung *20* 1
- Bestellung *3* 21; *15* 19
- Bestellung Aufsichtsratsmitglied *30e* 15
- Beteiligung Eigeninteresse *19* 7
- Disqualifikation *15* 18a
- Eigengeschäft *19* 1
- Eigenschaft *15* 10
- Einberufung Generalversammlung *36* 7
- eingeschränkte Vertretungsbefugnis *35* 13
- Eintragungsbeschluss *17* 32
- Einzelvertretung *18* 12; *28* 3
- Ende der Vertretungsbefugnis *17* 8
- Entscheidungsorgan *17* 29
- faktischer *15* 70; *35* 78; *61* 52, 61
- falsus procurator *19* 7
- fehlende Vertretungsmacht *35* 93, 108
- Firmenbuch *15* 36, 39
- Firmenbuchanmeldung *17* 14
- gemischte Gesamtvertretung *18* 16
- gerichtliche Abberufung *16* 40
- Gesamtvertretung *28* 3
- Gesamtvertretung Form *18* 19
- Gesamtvertretung Übertragung *18* 20
- Geschäftsordnung *30j* 15
- Gesellschafter-Geschäftsführer *49* 16; *dGmbHG 47* 1
- gewerberechtlicher *15* 73
- Haftung *29* 50; *30d* 6; *30f* 16; *98* 22; *dGmbHG 43* 1
- Haftungsbeschränkung *dGmbHG 43* 4
- Informationspflichten *21* 12
- Insichgeschäft *35* 6
- Insolvenzeröffnungsantrag *20* 14
- Kollusion *20* 26
- Kontrollbefugnis Generalversammlung *35* 77
- Pflicht *30f* 16
- Pflichten *28a* 1
- Prokura *28* 11
- Prokuraerteilung *28* 8
- Prüfung und Entscheidung des Gerichtes *17* 30

Stichwortverzeichnis

- Prüfung und Überwachung *35* 77
- rechtserhebliche Willenserklärung *18* 13
- Sonderberichte *28a* 13
- Strafdrohung *28a* 17
- Überwachungspflicht *21* 15
- verhindert *30e* 15
- Vertretung Gestaltung *18* 16
- Vertretung Insolvenz *20* 29
- Vertretung Offenlegungsgrundsatz *19* 1
- Vertretungsmacht *18* 2, 6, 17; *20* 1, 24
- Vertretungsmacht ausländische Gesellschaft *18* 8
- Vertretungsmacht Beginn und Ende *18* 6
- Vertretungsmacht Gestaltung *18* 16
- Vertretungsmacht Insolvenz *18* 7
- Vertretungsmacht Missbrauch *20* 26
- Vertretungsmacht Satzungsänderung *20* 25
- Vertretungsmacht Umfang *18* 15
- Vollmacht für den Gesellschafterbeschluss *17* 20
- Vollmacht für die Firmenbuchanmeldung *17* 19
- vorvertragliche Pflichten *19* 6
- Weisung *35* 6, 16
- weisungsfreier Bereich *35* 16
- Weisungsfreistellung *20* 8
- Widerspruchsrecht *21* 11
- Widerspruchsrecht Wirkung *21* 11
- Zurechnung rechtsgeschäftlicher Vertretungshandlungen *19* 1, 4

Geschäftsführer, Pflichten nach Ausscheiden *24a* 14

Geschäftsführerberichte *30j* 16
- Anforderung durch Aufsichtsrat *30j* 17
- Form und Inhalt *30j* 24

Geschäftsführerhaftung
- Kapitalerhaltung *dGmbHG 30* 34

Geschäftsführerrücktritt *16a* 2
- Adressaten der Rücktrittserklärung *16a* 5
- Aufsichtsrat *16a* 6
- Beilage *16a* 13
- Bescheinigungsmittel *16a* 15
- Eintragungsbeschluss *16a* 19
- Entscheidungsorgan *16a* 16
- Firmenbuchanmeldung *16a* 7
- Prüfung und Entscheidung des Gerichtes *16a* 17
- Verbesserungsauftrag *16a* 8
- Verständigung *16a* 6
- wichtiger Grund *16a* 4
- Wirksamkeit *16a* 2

Geschäftsführung *6a* 19, 21
- Anstellungsvertrag *20* 23
- außergewöhnliche Geschäftsführungsmaßnahmen *20* 19; *21* 2
- Berichtspflichten *28a* 3
- Beschlussfassung Aufsichtsrat *20* 4
- Beschränkung Wirkung gegenüber Dritten *20* 1
- Delegation *27* 2b
- Einschränkung *21* 8
- erweiterte Geschäftsleitung *27* 2a
- Erwerb von Anlagevermögen *35* 99
- Erwerb von Liegenschaften *35* 99
- Gefahr in Verzug *21* 5f
- Geschäftspolitik *20* 22
- gesetzliche Zustimmungsvorbehalte *20* 8
- Gestaltung *21* 9
- gewöhnliche Geschäftsführungsmaßnahme *20* 4
- Grenzen *20* 3
- Großinvestition *35* 101
- Grundlagengeschäft *20* 19, 21
- Hilfsgeschäfte *20* 7
- Holzmüller *98* 14
- Informationspflicht *28a* 11
- Innenverhältnis *18* 1
- Regelungsbefugnis *21* 9
- Ressortverteilung *21* 13
- Überwachung *28a* 1; *30j* 1
- Umfang *20* 2

2895

Stichwortverzeichnis

- Unternehmensgegenstand *20* 6
- weisungsfreier Mindestbereich *20* 11
- Zustimmung Aufsichtsrat *20* 16
- Zustimmung Gesellschafter *20* 3 f, 19

Geschäftsführungs- und Vertretungsbefugnis *21* 2

Geschäftsführungsbefugnis
- Umfang *18* 15

Geschäftsgeheimnis *24* 1

Geschäftsordnung *30g* 1
- Ausschuss *30g* 11, 133
- Beirat *29* 74
- Erlassung *30g* 1
- für die Geschäftsführung *30j* 15

Geschäftsunterlagen, Herausgabe *24a* 15

Geschäftszweig *24* 7

Geschenkannahme
- durch Machthaber *WiStR* 74

Gesellschaft
- deliktische Haftung *19* 12
- Haftung unlautere Handlungen *19* 14
- kapitalmarktorientierte *29* 38
- Liquidität *28a* 10
- Organisationsverschulden *19* 13
- organschaftliche Vertretung *18* 3
- Verbandsverantwortlichkeit *19* 15
- Wissenszurechnung *19* 8
- Wissenszurechnung im Konzern *19* 11
- Wissenszurechnung rechtsgeschäftliche Bevollmächtigte *19* 9
- Zurechnung deliktisches Verhalten Geschäftsführer *19* 12
- Zurechnung deliktisches Verhalten Repräsentanten *19* 12
- Zurechnung Wissen *18* 24

Gesellschaft bürgerlichen Rechts *48* 4
- subsidiäre Anwendung *1* 4

Gesellschafter
- Erlass von Geschäftsordnung *20* 9
- faktischer Geschäftsführer *35* 78
- Haftung *29* 50
- im Prozess *61* 24
- oberstes Willensbildungsorgan *20* 9
- Stimmverbot *35* 81, 98, 110
- subsidiäre Kollektivhaftung aller *83* 3
- Vertretung Gesellschaft *18* 5
- Vertretungsbefugnis Nachweis *18* 9
- Weisung Anfechtungsfrist *20* 13
- Weisung Verstoß gegen Gesellschaftsvertrag *20* 13
- Weisungsbeschluss *20* 12
- Weisungsrecht *20* 9 f
- Weisungsrecht notwendige Mehrheit *20* 10

Gesellschafteranspruch
- Rückzahlung Nachschuss *74* 8

Gesellschafterausschluss *1* 4; *41* 110; *66* 18
- Ablauf des Verfahrens *66* 19
- Barabfindung *66* 22
- gemäß Gesellschaftsvertrag *81* 35
- Hauptgesellschafter *66* 21
- Quorum *66* 23
- Squeeze-out gem GesAusG *81* 36, 58; *82* 80
- wichtiger Grund *66* 25

Gesellschafter-Ausschlussgesetz *66* 18

Gesellschafterbeschluss *25* 4; *41* 5; *FlexKapGG* 22
- anfechtbarer *dGmbHG Anh 47* 16
- Anfechtung *30* 3; *61* 38
- Beschluss ohne Generalversammlung *34* 51
- Beschlussfeststellungsklage *dGmbHG Anh 47* 35
- Beschlussmangel *dGmbHG Anh 47* 1
- Eingriff Geschäftsführung *20* 9
- einstweiliger Rechtsschutz *dGmbHG Anh 47* 41
- Feststellung *dGmbHG Anh 47* 20
- Gesamtvermögensgeschäft *dAktG 179a* 1

Stichwortverzeichnis

- Nichtbeschluss *dGmbHG Anh 47* 30
- nichtiger *61* 16; *dGmbHG Anh 47* 5
- Scheinbeschluss *dGmbHG Anh 47* 30, 48
- treuwidriger *61* 38
- Umlaufbeschluss *FlexKapGG* 12
- unwirksamer *dGmbHG Anh 47* 28
- Weisung an Geschäftsführer *20* 9
- Widerspruchserfordernis *dGmbHG Anh 47* 50

Gesellschafterdarlehen *72* 10
- Kapitalerhaltung *dGmbHG 30* 27, 45

Gesellschafterpflichten *75* 25
- Sonderpflichten *75* 26
- Verhaltenspflichten *75* 25
- Vermögenspflichten *75* 25

Gesellschafterrechte
- absolut unentziehbar *75* 20
- relativ unentziehbar *75* 20
- Sonderrechte *75* 22

Gesellschafterschutzklausel *30g* 13

Gesellschafterstellung
- Anspruch auf Ausübung der Mitgliedschaftsrechte *78* 2
- Erwerb *78* 1
- Treuepflicht *78* 5

Gesellschafterversammlung
- Berichtpflicht Geschäftsführer *35* 82
- Erwerb von Liegenschaften *35* 99
- Nachgründung *35* 100 f
- Prüfung und Überwachung der Geschäftsführung *35* 77
- Verschmelzung *98* 1

Gesellschafterwechsel
- Eintragung ins Firmenbuch *78* 9
- gemeinsame Haftung *78* 15
- Innenverhältnis *78* 11
- Leistungen *78* 17
- Löschung im Firmenbuch *78* 12
- Parteistellung *78* 7a
- rückständige Leistungen *78* 18
- Stimmrechtsausübung *78* 6
- Teilnahme an der Generalversammlung *78* 8
- Treuepflicht *78* 8
- Verjährung der Ansprüche *78* 23
- Zweifel an der Gesellschaftereigenschaft *78* 5
- zweifelsfreie formgültige Übertragungsurkunde *78* 4

Gesellschafterzuschuss *72* 7, 9; *81* 15, 61; *82* 37, 61
- Rückzahlung *72* 8

gesellschaftsfremder Sondervorteil *41* 138

Gesellschaftsinteresse *20* 5

gesellschaftsinternes Geschäft *20* 28

Gesellschaftsstatut
- Abgrenzung Deliktsstatut *IPRG 12* 14
- Abgrenzung Insolvenzstatut *IPRG 12* 15
- Abgrenzung Vertragsstatut *IPRG 12* 10
- Anknüpfung *IPRG 12* 1
- einheitliche Anknüpfung *IPRG 12* 9
- Reichweite *IPRG 12* 9

Gesellschaftsvertrag *11* 7
- Abschluss *3*
- Aufsichtsrat *4* 26
- Aufsichtsratsmitglied *30a* 10
- Auslegung *4* 5
- berufsrechtliche Sondervorschriften *4* 41
- Errichtung *4* 2
- Errichtungsvollmacht Mangel *4* 44
- Firma *4* 7
- Form *4* 4
- formelle Bestandteile *49* 14
- Formmangel *4* 46
- indifferente Satzungsbestimmung *4* 31
- Inhaltsmangel *4* 47
- Katalog zustimmungspflichtiger Geschäfte *20* 16
- korporative Regelung *4* 5, 29
- Mindestinhalt *4* 6

2897

- Nebenvereinbarungen *4* 48
- nicht korporative Regelung *4* 5, 30
- Notariatsaktsform *4* 42
- Notariatsaktspflicht *9a* 15
- Prokuraerteilung *28* 8
- Regelung Stimmenmehrheit *39* 14
- relativ zwingende Satzungsbestimmung *4* 27
- Schiedsvereinbarungen *4* 38
- Sitz *4* 8
- Stammeinlage *4* 23
- Stammkapital *4* 20
- Unternehmensgegenstand *4* 9
- Unterscheidung materielle und formelle Satzungsbestandteile *4* 28
- Unwirksamkeit *4* 3
- unzulässiger Satzungsbestandteil *4* 39
- Vertragsfreiheit *4* 3
- Vinkulierung des Geschäftsanteils *4* 34
- Vollmacht zur Errichtung *4* 43

Gesellschaftsvertragsänderung
- Ankündigung *38* 19
- Einberufung Generalversammlung *38* 19
- Firmenbucheintragung *49* 57
- formelle Änderungen *49* 17
- Zuständigkeit *49* 31

gesellschaftsvertragswidrige Weisung *41* 103

Gesellschaftszweck *1* 5
- Abgrenzung zum Unternehmensgegenstand *4* 9
- sittenwidrig oder strafrechtswidrig *1* 8

gesetzliche Ausschüttungssperren
- Kapitalerhaltung *dGmbHG 30* 6
- Unterbilanz *dGmbHG 30* 6

Gewerbeberechtigung *3* 8

gewerberechtlicher Geschäftsführer *15* 73, siehe *Geschäftsführer*

Gewinn- und Verlustabführungsvertrag *35* 48

Gewinn, Herausgabe *24* 24

Gewinnabführungs- und Ergebnisabführungsvertrag *82* 128

Gewinnausschüttung *WiStR* 63
- Bedingung *82* 41, 42
- Gesellschafterbeschluss *82* 41
- Staffelung, zeitliche *82* 42

Gewinnbezugsgarantie *82* 30

Gewinnermittlung *82* 27
- Gesellschaftsvertrag *82* 43

gewinnunabhängige Entnahme
- Kapitalerhaltung *dGmbHG 30* 50

Gewinnverteilung *82* 27
- alineare, asymmetrische, disproportionale *82* 48
- Gesellschafterbeschluss *82* 43
- Gesellschaftsvertrag *82* 43
- gespaltene *82* 48
- Verteilungsschlüssel *82* 47

Gewinnverwendung *82* 1, 27
- alineare Ausschüttung *35* 43
- Gesellschafterbeschluss *82* 44 f
- Gleichbehandlungsgebot *82* 55
- Mehrheit *35* 39
- Treuepflicht *82* 51 f, 54

Gewinnverwendungsbeschluss *82* 29
- Änderung *82* 60
- Anfechtung, positive Beschlussfeststellung, Klage auf Mitwirkung *82* 56

Gewinnverwendungsvorschlag *82* 45, 60

Gewinnvortrag *82* 45, 53

Gläubigeraufruf *91* 12

Gläubigerbestechung *WiStR* 39

Gläubigerschädigung *WiStR* 30

Gläubigerschutz *63* 33; *82* 6 f, 9; *115* 21
- 30, 31 dGmbHG *dGmbHG 30* 1
- Anfechtungsrechte *dGmbHG 30* 1
- Existenzvernichtungshaftung *dGmbHG 30* 1
- Kapitalschutz *dGmbHG 30* 2
- Untreue *dGmbHG 30* 1

Gleichbehandlung *74* 10

Gleichbehandlung der Gesellschafter
  63 11
Gleichbehandlungsgebot *41* 90; *63* 28
Gleichbehandlungsgrundsatz *72* 16
- Nachschüsse *72* 12
GmbH
- als Gesellschafterin *61* 7
- als Liquidatorin *61* 10
- als Prokuristin *61* 17
- Ende *61* 15, 22, 31
- Entstehung *61* 14, 31
- Errichtung *61* 14, siehe *GmbH-Entstehung*
- gesellschafterlose *61* 7
- Handlungsvollmacht *61* 17
- Interessenssphäre *61* 16
- Löschung *61* 15
- personalistische *61* 3, 31
- rechtliche Eigenschaften *61* 1
GmbH & Co KG *25* 38
- AFRAC-Stellungnahme *82* 161
- Anwachsung *82* 153
- Aufsichtsrat *29* 25, 29
- Aufsichtsratspflicht *29* 28, 30
- doppelstöckige (mehrstufige) *82* 156
- Einheitsgesellschaft *81* 56; *82* 156
- Einlagenrückgewähr *82* 156, 160
- sternförmige *82* 156
- Unternehmen von öffentlichem Interesse *29* 11, 18, 28, 30
Gratisanteil *82* 59
Größenmerkmale *23* 3
Gründerlohn *7* 2
Grundlagenbeschluss
- Generalversammlung *35* 3
Grundlagengeschäft
- Generalversammlung *35* 5, 8
Grundrechtsfähigkeit *61* 11
Grundsatz der Einheitlichkeit
- Stimmrecht *75* 13
Grundsätze ordnungsgemäßer Buchführung
- GoB *22* 5
Gründung
- Aufsichtsrat *30b* 27

- Berichtigung Grundbuch nach Gründung *2* 17
- dt GmbH *dGmbHG* 2 1
- FlexKapG *FlexKapGG* 6
- Gesellschaft mit beschränkter Haftung *3* 4
- Nachgründung *35* 100 f
- Online-Gründung *9a* 14
- Parteiwechsel in Gerichtsverfahren *2* 17
- vereinfacht *FlexKapGG* 6
- zeitlicher Ablauf *2* 2
Gründungsbericht *6a* 17
Gründungsgesellschafter *FlexKapGG* 21 f, 29
Gründungskosten
- gesetzliche *7* 12
- Prüfung durch Firmenbuchgericht *7* 9
- weitere *7* 13
Gründungsprivilegierung
- Ausschluss von Sacheinlagen *10b* 12
- Kapitalherabsetzung *54* 8; *55* 6
- Verlust halbes Stammkapital *36* 36
Gründungsprüfer *6a* 14, 18 ff, 28
- Haftung bei Sacheinlage *6a* 28
Gründungstheorie
- Internationales Gesellschaftsrecht *IPRG* 12 7
gute Sitten *41* 32, 39, 44
Gutglaubenserwerb *61* 8

H
Haager Beglaubigungsübereinkommen *16a* 9; *17* 16, 20
Haftung
- Aufsichtsrat *30* 8; *98* 22
- Beirat *29* 63
- Beschlussanfechtung *42* 45
- deliktische *61* 50
- Ersatz *25* 1
- Geschäftsführer *29* 50; *30d* 6; *30f* 16; *98* 22; *dGmbHG* 43 1
- Gesellschafter *29* 50; *69* 2

2899

Stichwortverzeichnis

- Zahlung nach Insolvenzreife *dGmbHG 43* 7

Haftung der Gründer *2* 19
Haftung für Bestätigung
- Geschäftsführer *10* 23
- Verjährung *10* 26

Haftung, persönliche *61* 48
Haftungsbegründung *25* 3
haftungsbeschränkende Vereinbarung *25* 19
Haftungsbeschränkung *61* 48; *dGmbHG 43* 4
- Durchbrechung *61* 56
Haftungsdurchgriff *61* 29, 56
Haftungsfreistellung *25* 5
Haftungsminderung *25* 19
Haftungsrisiko
- Versicherung *25* 39
Hälfteklausel
- Verschmelzung *101* 7
Handelndenhaftung *2* 1, 20
- Ende *2* 23
Handelsvollmacht
- Gesellschafterbeschluss *35* 74
Handlungen, vorbereitende *24* 12
Handlungsfähigkeit *61* 17
Handlungsvollmacht *28* 1, 9
- Erteilung *28* 4
- Firmenbuch *28* 5
- Gesellschafterbeschluss *28* 4
- Umfang *28* 6
- Widerruf *28* 4
Heilung *41* 58
Hemmung
- Anfechtungsfrist *41* 157
Hin- und Herzahlung *63* 67
Höchstzahl
- Gesellschafter *3* 13
Holzmüller
- Generalversammlung *35* 5
- Verschmelzung *98* 14
Holzmüller-/Gelatine-Entscheidungen des deutschen Bundesgerichtshofes *45* 2
hybride Versammlung *34* 5e

I
IKS *22* 24
Immaterialgüterrecht *25* 31
Informationsdefizit *24a* 1
Informationsrecht *22* 30; *41* 74; *45* 5; *FlexKapGG* 23
- Gesellschafter *30c* 6
Informationsrecht der Gesellschafter, allgemeines *22* 42
Inhaltsfehler *41* 26, 39, 62
Inhaltssittenwidrigkeit *41* 45
Insichgeschäft *18* 25; *48* 14; *dGmbHG 35* 1
- Alleingesellschafter *18* 31; *dGmbHG 35* 6, 21
- Alleingesellschafter Dokumentationspflicht *18* 34
- Alleingesellschafter Doppelvertretung *18* 32
- Alleingesellschafter Drittüblichkeit *18* 31
- Alleingesellschafter gewöhnlicher Geschäftsbetrieb *18* 37
- Alleingesellschafter Kurator *18* 36
- Anstellungsvertrag *dGmbHG 35* 7
- Befreiung *dGmbHG 35* 8
- Beschlussfassung *dGmbHG 35* 17
- Dokumentationspflicht *18* 35; *dGmbHG 35* 6, 21
- Doppelvertretung *18* 25
- fremdübliche Konditionen *18* 28
- Genehmigung *dGmbHG 35* 3
- Generalversammlung *35* 6
- grenzüberschreitend *dGmbHG 35* 12, 22
- Haftung *18* 28
- Kollisionskurator *18* 28
- Liquidation *dGmbHG 35* 10
- Manifestationsakt *18* 30
- mittelbares *dGmbHG 35* 5
- organschaftliche Ermächtigung *dGmbHG 35* 5
- Prokurist *dGmbHG 35* 5
- schwebend unwirksam *18* 29; *dGmbHG 35* 3

- Nachschuss *90* 20; *91* 21; *92* 24
- Nachtragsliquidation *92* 2
- Prokurist *92* 7
- Rechnungslegung *91* 3
- Sachausschüttung *90* 7; *91* 21
- Sperrfrist *91* 12, 16, 20, 23; *93* 10; d*GmbHG 73* 2
- Stammeinlage *90* 19; *92* 23; *93* 5
- Stichtag der Auflösung *89* 6; *91* 4
- stille Liquidation *89* 3
- Umgründung *90* 7; *92* 25
- Unternehmensveräußerung als Ganzes *90* 21
- Verwahrung der Bücher und Schriften *93* 17, 19
- Weisung *90* 11, 12
- Weisung der Gesellschafter *92* 11
- Zivilprozess *89* 34, 35; *90* 5; *93* 5
- Zweigniederlassung *89* 32

Liquidations- und Veräußerungspräferenz *89* 4; *91* 21
Liquidationserlös *FlexKapGG* 21
Liquidationspräferenz *89* 4
Liquidator
- Abberufung *89* 17, 31; *93* 12
- allgemeines *89* 11
- Anmeldepflicht Auflösung *88* 5
- Bestellung *89* 14, 16, 30
- Bestellung durch Gericht *89* 19 f, 23, 25
- Dienstverhältnis *89* 12
- Entlastung *91* 8, 11; *93* 7 f, 23
- Geschäftsführer als geborene Liquidatoren *89* 14, 31
- Gesellschaft, juristische Person *89* 11
- Haftung *90* 9 f, 18; *91* 21; *92* 7, 13 f, 16 f, 19; d*GmbHG 73* 5
- Haftungsfreistellung, -freizeichnung *92* 15
- Nachtragsliquidator *89* 35; *93* 23
- Notliquidator *89* 24; *92* 8
- Prozesskurator *89* 35
- Rücktritt *89* 26
- Strafbestimmungen *92* 20
- Vertretungsbefugnis *90* 13 f, 21; d*GmbHG 35* 10

Liquiditätsplanung
- Existenzvernichtungshaftung d*GmbHG 30* 81

Lockstep-System *82* 49
Löschung
- amtswegige *1* 12
- Fortsetzung *84* 48, 53
- Gründungsmangel *84* 34
- Insolvenz *84* 25
- Nachtragsliquidation *84* 32
- Nichtigerklärung *84* 38
- Nichtigkeit *84* 34
- Vermögenslosigkeit *84* 24
- Vermutung der Vermögenslosigkeit *84* 25 f
- Zivilprozess *84* 31

Löschung der GmbH aus dem Firmenbuch *89* 1, 35; *93* 20
- amtswegige *89* 8; *93* 1, 10 f, 20; *94* 1
- Antrag *93* 10 f
- Nachtragsliquidation *93* 23
- Umgründung *89* 8
- Vermögenslosigkeit *93* 5, 12

M

Machthaber, Haftung für *61* 18
Management-Buy-out *81* 77; *82* 121
Mantel- oder Vorratsgesellschaften
- Unternehmensgegenstand *4* 18

Masseerheblichkeit *42* 9
maßgeblicher Zeitpunkt
- Drittvergleich d*GmbHG 30* 13
- Unterbilanz d*GmbHG 30* 18
- vollständige Einlageleistung d*GmbHG 33* 5
- Vollwertigkeit d*GmbHG 30* 25

materielle Beschlusskontrolle *41* 101
materielle Prüfung *11* 5
Matrix *35* 16, 20
Minderheit
- Ergänzung Tagesordnung *38* 23

Minderheitenklage
- Anspruchsgegner *48* 6

Stichwortverzeichnis

- nicht geldwerter Anspruch *48* 16
- Schiedsfähigkeit *48* 27
- Unterbrechung bei Insolvenz *48* 26
- Vergleich, Klagsrücknahme *48* 22
- Weisung, Entlastung, Vergleich, Verzicht *48* 14

Minderheitenrechte *41* 41; *45* 1
- Einberufung Generalversammlung *37* 1
- Übersicht *45* 2
- zwingend *37* 2

Minderheitenvertreter
- Aufsichtsrat *30b* 14, 25

Minderheitsgesellschafter *41* 94
Minderheitsklage *61* 39
Minderheitsverlangen Einberufung
- allgemeines *37* 1
- eigener Anteil *37* 3
- Form und Inhalt *37* 5
- kaduzierter Anteil *37* 3
- Kosten *37* 23
- Quorum *37* 3
- Rechtsfolgen *37* 10
- Selbsthilferecht *37* 15

Mindestbareinlage *63* 9
Mindesteinzahlung *10* 2; *dGmbHG* 2 14
Mindestkapital *61* 58
Mindest-KSt *10b* 3
Mindeststammkapital *10* 4; *dGmbHG* 2 14
Mitarbeiterbeteiligung *81* 81
Mitarbeiterbeteiligungsstiftung *81* 82
Mitarbeiterdarlehen *81* 86
Miteigentum an einem Geschäftsanteil
- Anwendungsbereich *80* 3
- eheliche Gütergemeinschaft *80* 3
- Erbengemeinschaft *80* 3
- Fruchtgenussrecht *80* 5
- gemeinsamer Vertreter *80* 12
- Gewinnanspruch *80* 10
- Haftung der Mitberechtigten *80* 15
- Innenverhältnis *80* 23
- Rechtsausübung durch die Mitberechtigten *80* 7

- Rechtshandlungen der Gesellschaft *80* 20
- Übertragbarkeit, Teilung und Verpfändung *80* 26
- uneinheitliche Stimmabgabe *80* 9
- Unterbeteiligung *80* 4

Mitgliedschaftsrechte
- Änderung *49* 49

Mittäter, Gesellschafter als *61* 50
Mitverkaufsrecht *FlexKapGG* 29
Musterzeichnung *15* 41
- beglaubigte Form *9* 19

Muttergesellschaft, ausländische *22* 12
mutwillige Prozessführung *48* 30

N

Nachfolgerhaftung *25* 35
Nachgründung
- Gesellschafterbeschluss *35* 100 f

Nachrangvereinbarung
- Liquidation *91* 15

Nachschuss *72* 1
- Abgrenzung von Stammkapital, Zuschuss, Darlehen *72* 6
- Änderung des Gesellschaftsvertrags *72* 17
- Beschränkung *72* 18; *74* 18
- Bilanzierung *74* 19
- durch Sachleistung *72* 3
- Einforderungsbeschluss *72* 20
- Gleichbehandlungsgrundsatz *72* 12, 16
- Kaduzierung *73* 1, 5
- Rückzahlung *72* 25; *74* 1
- Rückzahlungsbeschluss *74* 7
- Rückzahlungssperre *74* 3
- Treuepflicht *72* 4
- Verlustabdeckung *72* 14
- Veröffentlichung Rückzahlungsbeschluss *74* 11
- Verzug bei Einzahlung *73* 1

Nachschüsse
- Syndikatsvertrag *72* 11

Nachschussobliegenheit *1* 4
Nachschusspflicht *61* 34, 43; *72* 4; *FlexKapGG* 20

Stichwortverzeichnis

Nachtragsliquidation *84* 32; *91* 17; *93* 13, 20 f, 23; *94* 1
NaDiVeG *30k* 4
Namhaftmachungsrecht *15* 23
Nebenintervenient *42* 42
Nebenintervention
- Beschlussanfechtung *42* 35

Nebenleistungspflicht
- Beispiel *8* 5
- Prüfung durch Firmenbuch *8* 10
- schuldrechtlich *8* 2
- sozietär *8* 2
- unzulässige *8* 6 f

Negativerklärung
- Verschmelzung *98* 28

Netting *82* 129
nicht behebbare Mängel
- Abweisung *3* 6
- Verweigerung der Eintragung *11* 41

Nichtbeschluss *dGmbHG Anh 47* 30
nichtiger Beschluss *41* 20
Nichtigkeit *dGmbHG Anh 47* 5
- Geltendmachung *dGmbHG Anh 47* 11
- Rechtsfolgen *41* 49

Nichtigkeitsklage *dGmbHG Anh 47* 14, 49

Niederschrift
- Inhalt *40* 4
- Verantwortlichkeit *40* 8
- Zusendung *40* 12

Nießbraucher
- Einberufung Generalversammlung *37* 4

Nominierungsrecht
- Aufsichtsrat *30b* 3

Notar *1* 10
Notariatsakt
- Gesellschaftsvertrag *9a* 15

Notariatsaktspflicht *FlexKapGG* 6
- Auslandsbeurkundung *IPRG 12* 29
- FlexKapG *FlexKapGG* 14, 16

notarielle Beglaubigung *dGmbHG* 2 3
- österr-dt Beglaubigungsvertrag *dGmbHG* 2 8

notarielle Beurkundung *dGmbHG* 2 3 f; *15* 1
- Generalversammlungsbeschluss *dAktG 179a* 8
- Gesellschaftsvertragsänderung *49* 4

Notgeschäftsführer
- Beendigung *15a* 53
- Befugnis *15a* 43
- Enthebungsbeschluss *15a* 54
- Entlohnung *15a* 45
- Verfahren *15a* 26

O

offene Einlagenforderung
- Kapitalerhaltung *dGmbHG* 30 7

öffentliches Interesse *41* 32, 39, 43
Öffnungsklausel
- Aufsichtsrat *30a* 30

Online-Gründung *9a* 7, 14
ordentliche Generalversammlung *35* 23; *36* 23
Ordnungswidrigkeit *41* 62
Organe, Zugehörigkeit zu *61* 10
Organisation
- Beirat *29* 74, 81

Organisationsfreiheit, Missbrauch der *61* 60
Organisationsgefälle
- Aufsichtsrat *30a* 19; *30e* 5

örtliche Zuständigkeit *102* 10
Outsourcing des Rechnungswesens *22* 14

P

Parteienbezeichnung *61* 24
Parteifähigkeit *61* 20
Passivlegitimation
- Beschlussanfechtung *42* 2

Passivvertretung *18* 23
Patentanwalt *1* 10
Pensionskasse *1* 10
perplexe Beschlussfassung *41* 41
Personengleichheit, Grundsatz der *61* 5
Persönlichkeitsrechte *61* 9

2907

Stichwortverzeichnis

Pfändung des Geschäftsanteils 76 77
- Aufgriffsrecht 76 83a
- bei Treuhand 76 78
- Verfahren 76 79
- Verwertung 76 82
- Vinkulierung 76 83
- Wirkung 76 81

phasengleiche (phasenkongruente) Gewinnausschüttung 82 31

positive Beschlussfeststellungsklage 41 165

Präklusivfrist 41 156
Präsenzquorum 41 103
Private equity 89 4; 91 21
Prokura 28 9
- Außenverhältnis 28 2
- Einzelprokura 28 7
- Erlöschen 28 12
- Erteilung 28 2
- Gesellschafterbeschluss 35 74
- Innenverhältnis 28 2
- Widerruf 28 2, 11

Prokuraerteilung
- Firmenbuch 28 9
- Form 28 9
- Gesellschafterbeschluss 28 8

Prokurist 16a 11; 18 23; 28 7
- unechte Gesamtvertretung 18 23

Provisionen *WiStR* 58

Provisorialverfahren
- Beschlussanfechtung 42 27
- einstweilige Verfügung 42 27

Prozessfähigkeit 61 23
Prozessführung, mutwillige 48 30
Prozesskurator 15a 57
Prozessvertreter 25 14
- Beschlussanfechtung 42 6

Prozessvertretung
- Gesellschafterbeschluss 35 92

Prüfer
- Berichte *WiStR* 94

Prüfpflicht des Aufsichtsrats 30k 1
- Intensität 30k 7
- Konzernabschluss, -lagebericht 30k 29

- Mitwirkung der Geschäftsführer/ des Abschlussprüfers 30k 13
- Umfang 30k 1

Prüfung durch den Aufsichtsrat 100 15

Prüfungsausschuss 30g 134
- Aufgaben 30g 152
- Bericht des Abschlussprüfers 30g 151
- Finanzexperte 30g 146
- freiwilliger Prüfungsausschuss 30g 141
- Konzernprivileg 30g 140
- Qualitätsanforderung 30a 9
- Sitzungen 30g 150
- Unvereinbarkeiten 30g 149
- Zusammensetzung 30g 142

Prüfungsbeschluss
- Ablehnung 45 19

Prüfungsgegenstand
- Sonderprüfung 45 12

Prüfungsrecht
- Entfall 45 9

Prüfungsziel
- Sonderprüfung 45 8

Q

qualifizierter (faktischer) Konzern 115 12

Quartalsbericht
- Inhalt 28a 6

R

Rangrücktritt
- Kapitalerhaltung *dGmbHG* 30 9

Rangrücktrittsvereinbarung
- Liquidation 91 15

Rauchfangkehrer 1 10
Rechnung, eigene 24 10
Rechnung, fremde 24 10
Rechnungslegung
- Anspruch auf 24 26
- Konkursverfahren 84 18

Rechnungslegungspflicht 22 5
Rechnungswesen, betriebliches 22 4
Rechte, eigennützige 61 34

Rechte, fremdnützige *61* 33
Rechtsanwalt *1* 10
- Vollmacht *48* 3
Rechtsbruch *24* 27
Rechtsfähigkeit *61* 5
Rechtsfolge
- Zwangsstrafe *125* 12
Rechtsformzusatz *FlexKapGG* 6
Rechtsgeschäfte mit Geschäftsführern
- Vertretung der Gesellschaft *30l* 3
Rechtsgestaltungsklage *41* 159
Rechtskrafterstreckung *41* 55
Rechtsmissbrauch *41* 92
rechtsmissbräuchliche Klageerhebung *41* 112
Rechtsmittel *11* 43
Rechtspersönlichkeit *61* 2
- Beginn 2 1, 17
Reflexschaden *25* 32; *48* 10
Regelbericht *28a* 4
Register Wirtschaftlicher Eigentümer *1* 16
Regularien *35* 21
Reinvermögen
- echte Passiva *dGmbHG 30* 4
- Kapitalerhaltung *dGmbHG 30* 4
Rekurs *11* 43; *102* 17
Ressortverteilung *21* 4, 13; *28* 1; *28a* 8
- Gesellschafterbeschluss *21* 15
- grundlegende Geschäftsführungsmaßnahmen *21* 17
- Zustimmung Geschäftsführer *21* 14
Resteinlage *63* 3
- Fälligkeit *63* 10
Revisionsrekurs *102* 18
Revisor *45* 18
Ringbeteiligung *81* 51
- Kapitalerhöhung *81* 55
Risikomanagementsystem *22* 24
Rom I-VO *IPRG 12* 10
Rom II-VO *IPRG 12* 14
Rücklage *82* 29
- Auflösung, Dotierung *82* 38
- eigene Anteile *81* 48
- freiwillige *82* 43
- gebundene *82* 37

- Gesellschaftsvertrag *82* 63
- Gewinnrücklage *82* 45
- ungebundene *82* 37
Rücklagen *35* 34, 42
Rücklagen, Auflösung *23* 18
Rücklagen, gesetzliche *23* 17
Rücktritt
- Aufsichtsrat *30b* 31
Rückzahlung Gesellschafterdarlehen
- Kapitalerhaltung *dGmbHG 30* 45
Rückzahlungssperre
- EKEG *82* 163
Rumpfgeschäftsjahr *23* 5

S
Sachdividende *35* 49; *81* 33, 54, 69; *82* 58
Sacheinlage 6 13
- bei Kapitalerhöhung *52* 5, 15, 18, 31, 39, 54 f, 63; *53* 8
- Bewertung *6a* 4
- Bewertung des Unternehmens *6a* 12
- Bezeichnung 6 15
- Gründungsprüfung *6a* 14
- Kapitalerhöhung *101* 4
- unzulässige 6 20
- verdeckte 6 21; *52* 60; *63* 66
- Wert *10a* 2
- zulässige 6 18
Sacheinlage, verdeckte
- Heilung *63* 71
Sacheinlageprüfung
- bare Zuzahlung bei Verschmelzung *101* 30
- Kapitalerhöhung *52* 56 f
- Vereinfachung *101* 7
- Verschmelzung *101* 7, 12
Sacheinlagerecht *63* 49
- Umgehungsschutz *63* 55
Sacheinlagevertrag *52* 39
- Kapitalerhöhung *52* 18, 54, 63
Sachgründung
- durch Personengesellschaften *6a* 9
- Umgehung der privilegierten *6a* 10
Sachübernahme 6 13

Safe harbor *25* 28
Sanierungsbedürftigkeit *WiStR* 32
Sanktionenrecht
– Dividende *82* 42
Satzungsänderung *41* 41
satzungsdurchbrechender Gesellschafterbeschluss *41* 62
Satzungssitz *dGmbHG* 2 11
– Sitzverlegung *IPRG* 12 41
Schaden
– Sonderprüfung *47* 15
Schadenersatz *24* 23; *61* 38, 44, 55
– Geltendmachung *61* 39
Schadenersatzanspruch *25* 6
Schadenersatzanspruch der Gesellschaft
– Anmeldung unterlassene *30f* 16
Schadenersatzpflicht
– der Minderheit *48* 29
Schädigung
– fremder Gläubiger *WiStR* 14
Scheinbeschluss *41* 16; *dGmbHG* Anh *47* 30, 48
Scheinrevision *45* 19
Scheinunternehmen *102* 14
Schiedsfähigkeit
– Minderheitenklage *48* 27
Schiedsgericht *42* 16
– Beschlussanfechtung; einstweilige Verfügung *42* 30
schikanöse Rechtsausübung *41* 92
Schlussbilanz *96* 40, 47
– 9-Monats-Frist *96* 50
– Aufstellung *96* 51
– Feststellung *98* 6
– Feststellungspflicht *96* 51
– Prüfung *96* 51
Schmiergeld *82* 80
Schuldbeitritt eines Gesellschafters *61* 49
Schuldverschreibungen mit Wandlungs- und Optionsrechten *23* 12
Schütt-aus-hol-zurück-Verfahren *63* 69
Schutz der Gläubiger *41* 32, 39, 42

Schutz für den Minderheitsgesellschafter *115* 13
Schutzgesetzverletzung *25* 31
Schwarzarbeit
– organisierte *WiStR* 52
Schwarzgeschäft *82* 80
Schwellenwerte *23* 4
Scrip dividend *82* 59
Selbstfinanzierungsinteresse *82* 51
Selbsthilferecht
– Einberufung Generalversammlung *37* 15
Selbstkontrahieren *18* 25
Sicherheitenbestellung
– Kapitalerhaltung *dGmbHG* 30 57
Sicherheitserlag *48* 28
Sicherheitsleistung
– Anfechtungsklage *42* 18
Sicherungsübereignung *76* 74
Sittenwidrigkeit
– Existenzvernichtungshaftung *dGmbHG* 30 73
Sitz *5* 59
– Generalversammlung *36* 4
– Ort und politische Gemeinde *5* 60
– Sitz als Satzungsbestandteil *5* 59; *dGmbHG* 2 11
– Sitzverlegung *5* 64
– Sitzverlegung ins Ausland *5* 65
– Sitzwahl *dGmbHG* 2 11
– Sitzwahl, gesetzliche Anknüpfungspunkte *5* 60
– Sitzwahl, unzulässige *5* 63
– Verwaltungssitz *IPRG* 12 3, 4
Sitztheorie
– Internationales Gesellschaftsrecht *IPRG* 12 2
– teleologische Reduktion *IPRG* 12 3
Sitzverlegung
– grenzüberschreitende *IPRG* 12 35
– Satzungssitz *IPRG* 12 41
– Verwaltungssitz *IPRG* 12 37
– Wegzug *IPRG* 12 38
Societas Europaea
– Höchstzahl Aufsichtsratsmandate *30a* 35

Stichwortverzeichnis

Sonderprüfer
- Bestellung *45* 30
- Durchsetzung seiner Rechte *46* 3
- Entlohnung *46* 9
- Haftung *45* 31
- Rechte *45* 28

Sonderprüfung *45* 7
- Antragsgegner *45* 23
- Beiziehung des Aufsichtsrats *46* 7
- Bericht *47* 1
- Beschlussfassung *47* 9
- Entfall *45* 16
- Geschäftsführungsvorgang *45* 15
- Gesellschafter *35* 77
- Gesellschafterstellung *45* 21
- Kosten *47* 12
- Prüfungsgegenstand *45* 12
- Prüfungsziel *45* 8
- Schaden *47* 15
- Steuerberater *46* 1
- Umfang *45* 15
- Verweigerungsmöglichkeit *46* 6
- Zuziehung der Minderheit *46* 8

Sonderrecht *23* 14; *75* 22
- auf Geschäftsführung *16* 36
- Entsendung Aufsichtsrat *30c* 1
- Veräußerung des Geschäftsanteils *75* 23
- Vererbung *30c* 9
- Verschmelzung *99* 3

Sorgfaltsmaßstab
- Anforderung *25* 2

Sozialbetrug *25* 31; *WiStR* 49

Sozialversicherungsbeiträge
- ASVG *25* 36

Spaltung *41* 110
- Einlagenrückgewähr *82* 143
- Kapitalentsperrung *82* 145
- Summengrundsatz *82* 65

Sperrfrist
- Rückzahlung *74* 12

Sphärenvermischung *61* 57

Sponsoring *WiStR* 59

Squeeze-out
- FlexKapG *FlexKapGG* 46

Staatskommissär
- Bestellung *104* 1

Stammeinlage *6* 7; *75* 7; *FlexKapGG* 7
- einforderbar (gründungsprivilegiert) *10b* 9
- Einzahlungen vor Fälligkeit *63* 20
- Fälligkeit *63* 9
- Geschäftsanteil *4* 24
- Leistung *63* 3
- Leistung an einen Dritten *52* 52; *63* 18
- Leistung durch einen Dritten *52* 50; *63* 19
- Leistung zur freien Verfügung *52* 50
- Mindestbetrag *dGmbHG* *2* 14
- Rückzahlung *57* 2
- Umrechnung auf Euro *6* 11
- Umrechnung auf Euro, Pflicht *6* 11
- Unternehmenswert-Anteil *FlexKapGG* 19
- Verjährung *63* 8
- Zahlungen ohne Widmung *63* 17
- Zahlungsanweisung *63* 13
- Zahlungsmittel *10* 9

Stammkapital *6* 3
- Aufbringung *63* 1
- Ausschüttungssperre *dGmbHG* *30* 4
- Erlag bei Notar, Treuhandvereinbarung *10* 29
- Gläubigerschutzfunktion *4* 20
- Hälfteklausel *6a* 3
- Mindeststammkapital *FlexKapGG* 7
- Sonderregelung *6* 3
- Währung *6* 12

Standard-GmbH *9a* 2, 10

stellvertretender Geschäftsführer
- aufschiebend bedingte Bestellung *27* 2
- Ausgestaltung *27* 7
- Außenverhältnis *27* 7
- Bestellung *27* 1
- Bestellung und Abberufung *27* 3
- Firmenbuch *27* 4

2911

Stichwortverzeichnis

- Gestaltung *27* 5
- Innenverhältnis *27* 5
- Organpflichten *27* 6
- Pflichten *27* 6, 7
- Vertretungsfall *27* 5
- Widerspruchsrecht *27* 6

Stellvertretung *1* 16

stille Reserven
- Kapitalerhaltung *dGmbHG 30* 5

Stimme, treuwidrig abgegebene *61* 38

Stimmenkauf *WiStR* 38

Stimmenverkauf *WiStR* 38

Stimmrecht
- Ausschluss *FlexKapGG* 22
- FlexKapG *FlexKapGG* 11
- Mitberechtigte *34* 17
- pflegschaftsgerichtliche Genehmigung *34* 47
- Stimmgewichtung *39* 35
- Stimmverhältnis *39* 35
- Treuhänder *34* 18
- Verpfändung Geschäftsanteil *34* 19
- Willenserklärung *34* 14

Stimmrechtsausschluss *48* 2; *FlexKapGG* 22
- inzidente Kontrolle *48* 15
- Zurechnung *61* 29

Stimmrechtserschleichung *WiStR* 35

Stimmrechtsvollmacht
- Schriftform *39* 43
- verdrängende Stimmrechtsvollmacht *39* 49
- Verschmelzung *98* 9

Stimmverbot *41* 79
- Abschluss von Rechtsgeschäften *35* 110
- Feststellung des Jahresabschlusses *45* 3
- Geltendmachung von Ersatzansprüchen *35* 81
- Gesellschafter-Geschäftsführer *45* 3; *dGmbHG 47* 1
- Prozessvertretung *35* 98
- Prüfung und Maßregeln der Geschäftsführung *35* 81
- Verschmelzung *98* 4

Stimmverbote
- Ausnahmen *39* 92
- Befreiung Verpflichtung *39* 58
- Bevollmächtigung *39* 81
- Einleitung, Erledigung Rechtsstreit *39* 75
- Einmann-GmbH *39* 57
- Entlastung *39* 63
- Vorteilszuwendung *39* 67

Strafrecht *61* 12

streitige Gerichtsbarkeit *102* 8

streitiges Verfahren *102* 2

Streitwert
- Beschlussanfechtung *42* 11

Stückanteil *FlexKapGG* 8

Stundungsverbot *63* 39

Suspendierung *16* 11; *30l* 43

Syndikatsvertrag *4* 49; *41* 102; *72* 11; *82* 39, 49
- Aufsichtsrat *30b* 3
- syndikatswidrige Stimmabgabe *4* 50

T

Tagesordnung
- Ergänzung durch Einberufungsorgan *38* 17
- Ergänzung durch Minderheit *38* 23
- Generalversammlung *37* 24; *38* 17

Tagesordnungspunkt *41* 72

Teilgewinnabführungsvertrag *dAktG 179a* 13

Teilnahmerecht *41* 74
- Generalversammlung *34* 6

Teilung Geschäftsanteil *79* 4
- Anforderung an entstehende Geschäftsanteile *79* 26
- Gewinnbezugsrecht *79* 33
- Gründungsprivilegierung *79* 9, 31
- Gründungsstadium *79* 10
- Mindestbetrag *79* 28
- Nachschusspflichten *79* 32
- Nebenleistungspflicht *79* 34
- offene Einlagenverpflichtung *79* 30

Stichwortverzeichnis

- Regelung im Gesellschaftsvertrag *79* 4
- Satzungsdurchbrechungsbeschluss *79* 5
- Stimmrecht *79* 33
- Umgründung *79* 13
- Vererbung *79* 8
- Verpfändung, Pfändung, Insolvenz *79* 35
- Verschmelzung *101* 19, 27
- Zustimmungsvorbehalt *79* 14

teleologische Reduktion des Widerspruchserfordernisses *41* 138
Thesaurierungsgebot *82* 43
Thesaurierungsverbot *82* 43
Tierarzt *1* 10
Tochtergesellschaften, ausländische *22* 10
Trennungsprinzip *61* 27; *82* 6
- im Konkurs *61* 28
- Liquidation *89* 1; *91* 19

Treuepflicht *24* 1; *35* 63; *41* 33, 92; *82* 10, 51
- Auflösung *84* 7
- der Gesellschaft *61* 45
- Einberufung Generalversammlung *38* 15
- Entsendung Aufsichtsrat *30c* 3
- Generalversammlungsbeschluss *39* 25
- Hemmung, Stundung der Dividende *82* 54
- Kapitalerhöhung *52* 8
- Kapitalschnitt *54* 17
- Kostentragung Generalversammlung *37* 24
- Nachschuss *72* 4
- Sanieren oder Ausscheiden *72* 4
- Schrankenfunktion *61* 32
- Stimmrechtsausübung *61* 43
- Teilnahme Generalversammlung *37* 22
- vereinfachte Kapitalherabsetzung *59* 15
- zwischen Gesellschaftern *61* 41

Treueverhältnisse *61* 30

Treugeber
- Auszahlungsempfänger *dGmbHG 30* 17
- Einberufung Generalversammlung *37* 4
- Haftung für Stammeinlage *63* 6

Treuhand *76* 52
- Erwerbstreuhand *76* 53
- Formpflicht *76* 52
- Übertragungstreuhand *76* 54
- Vereinbarungstreuhand *76* 55
- Wechsel des Treugebers *76* 56
- Wechsel des Treuhänders *76* 56

Treuhänder *1* 16
treuwidrig abgegebene Stimme *41* 100
Typenvermischung
- grenzüberschreitende *IPRG 12* 46

U

Überkreuzverflechtung *30a* 12, 23, 29
- Aufsichtsrat *30a* 25

Übernahme durch Gebietskörperschaft *95* 1
Übernahmevertrag (Kapitalerhöhung) *52* 35
Übernahmserklärung (Kapitalerhöhung) *52* 37
- Bedingungen *52* 41
- bei Sacheinlagen *52* 39

Überprüfung des Umtauschverhältnisses *41* 110
Übertragung des Geschäftsanteils
- Anbot und Annahme *76* 6
- Ausschluss der Übertragbarkeit *76* 3
- Ausschluss der Vererblichkeit *76* 4
- bei gepfändetem Geschäftsanteil *76* 2
- bei Insolvenz der Gesellschaft *76* 2
- bei Verpfändung *76* 75
- Einbringung *76* 85
- Einkommen- und Körperschaftsteuer *76* 84
- Einschränkung der Übertragbarkeit *76* 2
- Gebührenpflicht *76* 88

2913

Stichwortverzeichnis

- Gewährleistung 76 32
- Gewinnansprüche 78 13
- Grunderwerbsteuer 76 86
- gründungsprivilegierte GmbH 76 11
- gutgläubiger Erwerb 76 7
- Haftung des Erwerbers 76 31
- Immobilienertragsteuer 76 87
- rückwirkender Erwerb 76 8
- Übertragung von Teilen des Geschäftsanteils 76 10
- unter Lebenden 76 5
- von Todes wegen 76 36
- vor Eintragung der Gesellschaft im Firmenbuch 76 9

Übertragung eines Geschäftsbereichs
- Kapitalerhaltung *dGmbHG* 30 62

Überwachung der Geschäftsführung 30j 1
- Intensität 30j 10
- Maßstab 30j 10
- Überwachung im Konzern 30j 7

ultra vires-Lehre 61 6

Umgründung 25 31
- Austrittsrecht der Minderheitsgesellschafter 81 25
- Barabfindungsangebot 81 26
- Einlagenrückgewähr 82 140
- FlexKapG *FlexKapGG* 46

Umgründungsbeschluss 41 57, 109
Umgründungsvorschriften 41 88
Umlaufbeschluss 36 27; 41 35, 82, 140
- Aufsichtsrat 30g 77
- Berechnung Stimmenmehrheit 39 10
- Generalversammlung 35 2
- Verschmelzung 98 7

Umstandssittenwidrigkeit 41 45
Umtauschrecht *FlexKapGG* 42
Umtauschverhältnis 96 29
- Vertragsmodell 96 31

Umwandlung 41 110
- errichtende, Einlagenrückgewähr 82 150
- FlexKapG *FlexKapGG* 43, 45
- GmbH in FlexKapG *FlexKapGG* 44
- identitätswahrende (formwechselnde), Einlagenrückgewähr 82 152
- Unternehmenswert-Anteil *FlexKapGG* 27
- verschmelzende, Einlagenrückgewähr 82 151

Umwandlungsmaßnahmen
- Erwerb eigener Geschäftsanteile *dGmbHG* 33 18

Unterbewertung Sacheinlage
- Sanierung 10a 5

Unterbilanz
- gesetzliche Ausschüttungssperren *dGmbHG* 30 6
- Kapitalerhaltung *dGmbHG* 30 4
- Leistungsaustausch *dGmbHG* 30 20
- maßgeblicher Zeitpunkt *dGmbHG* 30 18

Unterbrechung
- der Anfechtungsfrist 41 157

Unterkapitalisierung 61 58
Unterlassung 25 4

Unternehmen von öffentlichem Interesse
- Aufsichtsrat 29 37
- Aufsichtsratspflicht 29 11, 18, 28, 30
- GmbH & Co KG 29 28, 30

Unternehmensfortführung
- Gesellschafter 6a 5

Unternehmensgegenstand 1 6; 41 103
- Änderung 4 16; 50 12
- Beschreibung 4 14
- Bildung und Konkretisierung 4 11
- Gesamtvermögensgeschäft *dAktG* 179a 6
- gewerberechtliche Bewilligung 4 13
- Komplementär-GmbH 4 15
- Konzession 4 12

Unternehmensvertrag
- Generalversammlung 35 5, 13

Stichwortverzeichnis

Unternehmenswert-Anteil
 FlexKapGG 17, 24
- Firmenbuch *FlexKapGG* 26
- für Mitarbeiter *FlexKapGG* 30
- Mitverkaufsrecht *FlexKapGG* 27, 29

Unternehmenswert-Anteile
- Umwandlung in Geschäftsanteile 52 77

Unternehmer 15 14
Unternehmereigenschaft 61 4
Unternehmergesellschaft
 dGmbHG 2 15
- Kapitalerhöhung *dGmbHG* 2 22
- Rechtsformzusatz *dGmbHG* 2 19
- Stammkapital *dGmbHG* 2 17
- Thesaurierungspflicht *dGmbHG* 2 21
- Verbot von Sacheinlage *dGmbHG* 2 16, 23

Unternehmerin kraft Rechtsform 1 2; 61 4
unternehmerische Fehlleistung
- Existenzvernichtungshaftung *dGmbHG* 30 72

Unter-pari-Emission 6 9
Untreue 25 31; 82 17; 83 44; *WiStR* 54
- Gläubigerschutz *dGmbHG* 30 1

Unvereinbarkeit
- Aufsichtsrat *30a* 39
- Geschäftsführung und Aufsichtsratsmandat *30e* 1

Unvereinbarkeiten 15 13
unwiderlegliche Sorgfaltsvermutung 25 29

Unwirksamkeit 41 114
- Bestellung Aufsichtsrat *30a* 45
- Geltendmachung *dGmbHG Anh 47* 29
- Gesellschafterbeschluss *dGmbHG Anh 47* 28

URG
- Generalversammlung 36 40

Urheberrechte, originärer Erwerb von 61 7

Urteilswirkungen
- Anfechtungsklage 42 39

V

Venture capital 89 4; 91 21
Veräußerung des wesentlichen Geschäftsbetriebs
- Generalversammlung 35 5, 13

Veräußerungsverbot
- Geschäftsanteil 45 32

Verband *WiStR* 99, 157
Verbandsgeldbuße *WiStR* 169
Verbandsverantwortlichkeit *WiStR* 4, 154

Verbot der Unter-pari-Emission
- Kapitalerhöhung 52 14, 35
- Verschmelzung 101 12

Verbraucherkredit (VKrG) 82 109
verdeckte Gewinnausschüttungen 48 1

Verein
- als Gesellschafter 3 16

vereinfachte Gründung *dGmbHG* 2 9
- Standard-GmbH *9a* 2, 10

vereinfachte Kapitalherabsetzung 41 29

Verfahren
- außerstreitige Gerichtsbarkeit 102 2
- Zwangsstrafe 125 15

Verfahrensfehler 41 26, 34, 61
Verfahrensgrundsätze 102 15
Verfahrenshilfe 61 23
Verfahrensmangel 41 71
Verfassung der Gesellschaft 3 9

Vergleich
- über Ansprüche der Gesellschaft 48 14

Vergütung
- Arbeitnehmervertreter 31 12

Verjährung 25 20
Verknüpfungsklausel 16 48
Vermögenslosigkeit 61 15; 84 24
- Vermutung 84 25

Vermögenstrennung 61 27, siehe *Trennungsprinzip*

2915

Stichwortverzeichnis

Vermögensübergang
- Vorgesellschaft auf GmbH 2 17

Vermögensvermischung 61 57

Vermögensvorteil
- Geschenkannahme WiStR 79

Veröffentlichung
- Eintragung 12

Veröffentlichungspflicht 12 1

Verpfändung
- Stimmrecht 34 12

Verpfändung des Geschäftsanteils 76 68
- Form 76 72
- Mehrfachverpfändung 76 75
- Umfang des Pfandrechts 76 69
- Verwaltungsrechte 76 70
- Verwertung 76 76
- Vinkulierung 76 71

Verrechnungskonto 82 57, 80, 107

Verrechnungspreis WiStR 64

Versammlung
- Generalversammlung 34 2

Verschmelzung 41 110
- Ablauf 96 8
- Agio 101 5
- Änderung Unternehmensgegenstand 98 2
- Anfechtbarkeit 99 2
- Anfechtung 97 9; 98 24
- Anfechtung Kapitalerhöhungsbeschluss 98 26
- Anfechtungsausschluss 98 24; 101 11
- Anteilsauskehr 101 18
- Anteilsdurchschleusung 101 18
- Aufgriffsrecht 99 4 f, 10
- Auflösung 84 9
- Ausfallshaftung 99 12; 101 24, 38
- Ausgleichsmaßnahme 101 51, 53, 57
- Auskunftsrecht 97 10
- Ausschüttungsbegrenzung 96 54
- Bagatellverschmelzung 98 13
- Befreiung von Einlageverpflichtung 101 21, 37
- Beschlussmehrheit 99 8
- Beschlussquorum 98 2
- Bestandschutz 98 27, 30; 99 2; 101 11, 46
- Bilanz 96 47
- Bilanzierung 96 53
- Debt-push-down-Merger 81 78; 82 121; 101 54
- Downstream 101 18
- Einberufung Generalversammlung 97 4, 5, 10
- Einlagenrückgewähr 82 141; 101 36, 46, 48
- Enkel-Großmutter-Verschmelzung 101 33
- Entschmelzung 98 30
- Erlöschen übertragende Gesellschaft 96 73
- Firmenbuch-Anmeldung 96 55
- Genussrecht 101 44 f
- Gesamtrechtsnachfolge 96 61
- Gesellschafterversammlung 98 1
- Gläubigerinteresse 101 42
- Gläubigerschutz, individueller 101 59
- Gläubigerschutz, nachgelagerter 101 59
- Großmutter-Enkel-Verschmelzung 101 26
- Grundlagen 96 1
- Haftungsbefreiung 98 22
- Hälfteklausel 101 7
- Holzmüller 98 14
- Hybridkapital 101 44
- Informationserteilung 98 16
- Informationspflicht 98 11
- Insolvenzreife 101 58
- Kapitalentsperrung 101 55
- Kapitalerhaltung 101 18
- Kapitalerhöhung 101 4, 6, 20
- Kapitalerhöhungsbeschluss 101 8
- Mangel 98 30
- Minderheitenrecht Einberufung Generalversammlung 98 17
- Negativerklärung 96 56; 98 28
- nicht voll einbezahlte Stammeinlage 101 21, 37

- nicht-verhältniswahrende *101* 40
- offene Stammeinlage *101* 21, 37
- Offenlegung *98* 16
- positiver Verkehrswert *101* 41, 43, 48, 52
- Prüfung Firmenbuchgericht *96* 59
- Rechtswirkung *96* 60
- Rücklage, gebundene *101* 56 f
- Sacheinlageprüfung *101* 7, 12
- Schadenersatz *99* 2
- Schlussbilanz *96* 47; *98* 6
- Schuldverschreibungen *101* 44
- Sittenwidrigkeit *101* 42, 58
- Sonderrecht *96* 42; *99* 3
- Sondervorteil *96* 43
- stille Beteiligung *101* 44
- Stimmverbot *98* 4
- Teilung Geschäftsanteil *101* 19, 27
- UmgrStG *101* 47
- Umlaufbeschluss *98* 7
- Umtauschverhältnis *98* 11, 24 f
- Unterbleiben Beschlussfassung *97* 3, 6; *98* 13
- Unterbleiben der Anteilsgewähr *101* 32, 34
- Unwirksamkeit *99* 2
- Upstream *97* 8; *98* 16, 21; *101* 32
- Verbot der Anteilsgewähr *101* 32, 34
- Verbot der Unter-pari-Emission *101* 12
- Vertragsanpassung *96* 74
- Verzicht *97* 3, 8; *98* 8, 16, 18, 20, 28 f
- Verzicht Anteilsgewähr *101* 39
- Vinkulierung *99* 10, 11
- Vollmacht *98* 9
- Zustimmungserfordernis *99* 1

Verschmelzungsbericht
- Form *100* 6
- Gesamtverantwortung *100* 5
- Inhalt *100* 8
- Mängel *100* 12
- Stellvertretung *100* 5
- Übersendung *100* 7
- Verantwortlichkeit *100* 5
- Verzicht *100* 9
- Zweck *100* 8

Verschmelzungsprüfer *100* 23
- Bestellung *100* 23
- Verantwortlichkeit *100* 28

Verschmelzungsprüfung *100* 20
Verschmelzungsstichtag *96* 38
Verschmelzungsvertrag
- Abschlusskompetenz *96* 12
- allgemeines *96* 9
- Änderung, Aufhebung *96* 23
- Auslegung *96* 11
- Bedingung, Befristung *96* 21
- Bevollmächtigung *96* 13
- Entwurf *96* 17
- Form *96* 14
- Inhalt *96* 25
- Mangel *96* 22
- Mehrfachvertretung *96* 12
- Mindestinhalt *96* 27
- Partei *96* 10
- Rücktritt, Kündigung *96* 24
- sonstige Angabe *96* 44

Verschwiegenheitspflicht *24a* 16
Verschwiegenheitsverpflichtung
- Aufsichtsrat *30c* 6

Versicherung
- Aufsichtsrat *31* 3
- konzernweite *82* 136a

Verstaatlichung *95* 1
Verstoß gegen die Kapitalstruktur *41* 41

Vertragsstrafe *24* 23
Vertrauenstheorie *19* 1
Vertreter zur Prozessführung *48* 2
Vertretung *18* 1
- Außenverhältnis *18* 1
- der Geschäftsführer *9* 5
- Vertretung bei Rechtsgeschäften mit Geschäftsführern *30l* 3
- passive Vertretung *30l* 15
- widersprechende Vertretungshandlungen *30l* 6

Vertretung bei Rechtsstreitigkeiten mit Geschäftsführern *30l* 19
Vertretung im Prozess *61* 23

Vertretungsbefugnis
- Geschäftsführer *11* 39

Vertretungsmacht
- Beschränkung bei Betriebsüberlassung *dAktG 179a* 12
- Beschränkung bei Gesamtvermögensgeschäft *dAktG 179a* 1
- Missbrauch *dAktG 179a* 3
- organschaftlich und rechtsgeschäftlich *28* 1

Vertretungsmangel *15a* 8

Verwaltungsbehörde
- Auflösung *86* 1

Verwaltungsherrschaft *81* 9

Verwaltungssitz *dGmbHG* 2 11
- Sitzverlegung *IPRG* 12 37

Verwaltungsstrafe
- VStG *25* 33

Verwaltungsstrafrecht *61* 13

Verwaltungsverfahren *61* 26

Verzicht
- betreffend Ansprüche der Gesellschaft *48* 14
- Einberufung Generalversammlung *38* 9
- Entsendung Aufsichtsrat *30c* 13
- Generalversammlung *36* 28, 43

Verzichtswirkung
- Entlastung *35* 64

Verzinsung
- Drittvergleich *dGmbHG 30* 26

Verzugszins *65* 2
- Liquidation *65* 4
- Säumnis *65* 4

Videokonferenz
- Aufsichtsrat *30i* 37

Vinkulierung
- Entsendung Aufsichtsrat *30c* 9, 10

Vinkulierung des Geschäftsanteils *76* 12
- (absolute) Wirkung *76* 16
- Begriff *76* 12
- bei Insolvenz *76* 19
- bei Spaltung *76* 22
- bei Treuhand *76* 20
- bei Verschmelzung *76* 23

- für den Fall der Verpfändung *76* 71
- mittelbare Anteilsverschiebung *76* 21
- nachträgliche Einführung *76* 13
- Schenkung auf den Todesfall *76* 23a
- Vermächtnis *76* 23a
- Zustimmung zur Übertragung *76* 17f

VirtGesG *30g* 42b

virtuelle Generalversammlung
- Regelung im Gesellschaftsvertrag *4* 27

virtuelle Geschäftsanteile
- Kapitalerhaltung *dGmbHG 30* 66

virtuelle Versammlung *34* 5c; *36* 5; *38* 10

Vollausschüttungsgebot *82* 35, 41, 51

Vollbeendigung *84* 45; *89* 1, 34; *93* 1, 12 f; *94* 1
- Kapitalerhaltung *82* 8

Volleinzahlungspflicht *10* 3

Vollmacht
- Erteilung *28* 4
- Form *28* 4
- Rechtsanwalt *48* 3

vollständige Einlageleistung
- Bestätigung des nichtigen Rechtsgeschäfts *dGmbHG 33* 5
- Erwerb eigener Geschäftsanteile *dGmbHG 33* 4
- maßgeblicher Zeitpunkt *dGmbHG 33* 5

Vollstreckungsvereitelung *WiStR* 42

Vollversammlung *38* 31; *41* 35, 73, 82

Vollwertigkeit
- Gegenleistungs- und Rückgewähranspruch *dGmbHG 30* 25
- maßgeblicher Zeitpunkt *dGmbHG 30* 25

Vorabausschüttung
- Kapitalerhaltung *dGmbHG 30* 48

Vorgesellschaft *2* 2, 6; *61* 21
- Auflösung *2* 8
- Einpersonen-GmbH *2* 24
- Gewinnanspruch *2* 10

- Insolvenzantrag 2 16
- Kapitalerhaltung 82 22
- Mitglieder 2 9
- Mitgliederwechsel 2 12
- Pflichten Geschäftsführer 2 16
- Rechtsfähigkeit 2 13
- Rechtsnatur 2 6
- Satzungsänderung 2 11
- Verschmelzungsfähigkeit 96 5
- Vertretung 2 14

Vorgründungsgesellschaft 2 2
Vorgründungsvertrag 2 3
Vormänner 67 1
Vormännerhaftung
- Frist 67 6
- Rechtsfolge 67 12
- Regressanspruch 67 12
- Umfang der Haftung 67 7
- Voraussetzung 67 4
- Zahlungsaufforderung 67 4

vorsätzlich sittenwidrige Schädigung
- Gläubigerschutz dGmbHG 30 1

Vorteilszuwendung WiStR 128

W
Wahl
- Aufsichtsrat 30b 1

Wandeldarlehen 52 3, 57
Wandelschuldverschreibung
FlexKapGG 42
Wandelschuldverschreibungen 23 12
wechselseitige Beteiligung 52 15a, 23; 81 51
- Kapitalerhöhung 81 55

Weisungen
- Anordnung 25 17
- Aufsichtsrat 29 2; 30c 5
- Beirat 29 71
- betreffend Ansprüche der Gesellschaft 48 14
- Generalversammlung 35 6

Weisungsbeschluss
- Anfechtung 20 12

Weisungsfreiheit
- Aufsichtsrat 30g 55

Wesen der GmbH 41 40

Wettbewerbsverbot 24 1; 61 36
- interimistische Geschäftsführung 30e 25
- Zurechnung 61 29

Wettbewerbsverbot, nachvertragliches 24 4
Wettbewerbsverstoß 25 31
wichtiger Grund 24 22
- Auflösung 84 39; dGmbHG 34 45
- Kündigung 84 39; dGmbHG 34 37

Widerspruch zu Protokoll 41 134; *dGmbHG Anh 47* 50
Wiederwahl
- Aufsichtsrat 30b 19

Wirtschaftstreuhänder 1 10

Z
Zahlungsunfähigkeit 61 53; WiStR 28
Ziviltechniker 1 10
Zurechnungsdurchgriff 61 29
Zurückbehaltungsrecht
- Verbot des 63 54

Zuständigkeit 102 9
Zustellung 61 19
Zustimmungspflicht 61 33
zustimmungspflichtige Geschäfte 30j 51
- Aufnahme von Anleihen, Darlehen, Krediten 30j 66
- Beteiligungen, Unternehmen, Betriebe 30j 59
- Betragsgrenzen 30j 81
- „Cooling off"-Periode des Abschlussprüfers 30j 78
- Erweiterung des Katalogs 30j 90
- Gesamtvermögensgeschäft *dAktG 179a* 1
- Geschäftspolitik 30j 70
- Geschäftszweige und Produktionsarten 30j 68
- Gewährung von Darlehen und Krediten 30j 67
- Gewinn- und Umsatzbeteiligungen, Pensionszusagen 30j 71
- Gremialvorbehalt 30j 51
- Investitionen 30j 63

Stichwortverzeichnis

- Konzern-Sachverhalte *30j* 86
- Liegenschaften *30j* 60
- nachträgliche Zustimmung *30j* 53
- strafrechtliche Verantwortung *30j* 97a
- Verfahren *30j* 94
- Verträge mit Mitgliedern des Aufsichtsrats *30j* 74
- Verweigerung der Zustimmung *30j* 55
- Vorratsbeschluss *30j* 84, 97
- Zweigniederlassungen *30j* 62

Zustimmungsrecht *41* 84
Zustimmungsvorbehalt *15* 23
- Generalversammlung *35* 15

Zustimmungsvorbehalt bei Teilung
- Abgabe der Zustimmungserklärung *79* 20
- Anfechtung *79* 25
- Entscheidungskompetenz *79* 18
- Rechtswirkungen bei Versagen der Zustimmung *79* 24
- Schriftform *79* 21

Zwangsstrafe *125* 1
- Adressat *125* 5
- Auflösung *88* 8
- Aufsichtsrat – Bestellung *29* 49; *30d* 6

Zwangsstrafverfahren *17* 37
Zwangsstrafverfügung *125* 15
Zweigniederlassung *114* 1
- Begriff *114* 7
- Errichtung *114* 9
- Firma *114* 10
- Firmenbuchanmeldung *114* 17
- Firmenbucheintragung *114* 23
- Gewerberecht *114* 27
- Insolvenz *114* 32
- Normadressat *114* 4
- Rechnungslegung *114* 25
- Sanktionen *114* 33
- ständiger Vertreter *114* 14
- Vertretung *114* 12

zwingendes Recht *41* 13
Zwischen- bzw Überbeglaubigung *16a* 9
Zwischenbilanz *74* 5
Zwischendividende *35* 47; *82* 57
- Kapitalerhaltung *dGmbHG 30* 48

Stichwortverzeichnis
Branchenspezifische Vorschriften

Zahlen = Randzahlen. Kursive Abkürzungen der branchenspezifischen Vorschriften:
Arzt = Ärzte-GmbH; Bank = Bank-GmbH; InvF = Investmentfonds-GmbH;
RA = Rechtsanwalts-GmbH, WertP = Wertpapierfirmen; ZT = Zviltechniker-GmbH.

A
AG *Bank* 1
AIF *InvF* 44
AIFM *Bank* 5
AML/CFT-Compliance Funktion *Bank* 49
andere abwickelbare Unternehmen *Bank* 29
Änderung des Gesellschaftsvertrags *ZT* 27
Anfangskapital *InvF* 61, 71
Anfangskosten *InvF* 48
Anforderungen §§ 23–30 ZTG *ZT* 14
Angaben *Bank* 24
Anlageberatung *InvF* 44
Anstellung von Ärzten *Arzt* 112, 141
Anstellung von Gesellschaftern *Arzt* 42
Anstellung von Zahnärzten *Arzt* 141
Anteile *InvF* 33
Antragsbehandlung *ZT* 13
Apparategemeinschaft *Arzt* 11
Ärzteliste *Arzt* 73 f
ärztliche Vollzeitäquivalente *Arzt* 112
Aufrechterhaltung des Geschäftsbetriebs *Bank* 51
Aufsichtsgebühren *Bank* 28
aufsichtskonform *Bank* 8
Aufsichtsrat *Bank* 9, 36; *WertP* 56, 66
Aufsichtsrats- und Ausschussstruktur *Bank* 12
Aufsichtsratspflicht *InvF* 85
Ausführungsberechtigung *ZT* 60
Auslagerung *Bank* 53
Ausschließungsgrund *InvF* 73, 87
Ausschussstruktur *Bank* 54

B
bankaufsichtlicher Prüfungsbericht *Bank* 57
Bankgeschäft *Bank* 2
Bankprüfer *Bank* 57
BaSAG *Bank* 30
Beaufsichtigungspflicht *InvF* 90
Bedarfsprüfung *Arzt* 83, 162
bedeutende beaufsichtigte Unternehmen *Bank* 29
bedingte Kapitalerhöhungen *Bank* 61
Beeinflussung durch Dritte *ZT* 46
Befugnis *ZT* 11
– Antrag *ZT* 12
– aufschiebende Bedingung *ZT* 15
– Erlöschen *ZT* 18 f
– Fortbestand bei Wegfall *ZT* 22
– Handlungsunfähigkeit *ZT* 26
– Kongruenzbefugnis *ZT* 21
– Offenlegungspflicht *ZT* 68
– Umfang *ZT* 17
– Verleihungsvoraussetzungen *ZT* 72
– Verlust *ZT* 25
– Wegfall *ZT* 23
Befugnisverdoppelung *ZT* 10
Begrifflichkeit Geschäftspapiere *ZT* 34
Behandlung von Interessenkonflikten *Bank* 41

Behandlungsgesellschaft *Arzt* 1, 19
Behandlungsvertrag *Arzt* 2, 85
Beriebsunterbrechung *Bank* 51
Berufsfremde
– Beteiligung juristischer Personen *ZT* 69
– Beteiligungshöhe *ZT* 64
– Entscheidungskompetenz *ZT* 55
– Zusammenschluss mit Berufsfremden *ZT* 61
Berufshaftpflichtversicherung *Arzt* 74, 91, 158
Berufssitz *Arzt* 53
Beschwerderichtlinie *Bank* 42
Beteiligungsverhältnisse
– Berufsfremde *ZT* 64
– berufsfremde juristische Personen *ZT* 69
– Beteilungshöhe in der Praxis *ZT* 51
– Gesellschaftsanteile und Stimmrechte *ZT* 50
– Offenlegung *ZT* 33
– Ziviltechniker *ZT* 52
betriebliche Vorsorgekassen *Bank* 4
Bewertung der Eignung *Bank* 26
Bezeichnungsschutz *InvF* 54
Bundesgesetz über die Sanierung und Abwicklung von Banken *Bank* 64
Business-Continuity-Management *Bank* 52
BWG *Bank* 6

C

Compliance *InvF* 90, 100
Compliance-Funktion *Bank* 49
CRR *Bank* 6
CRR-Kreditinstitut *InvF* 61

D

Dentisten *Arzt* 133, 134
Depotbank *InvF* 129
Dienstleister in Bezug auf virtuelle Währungen *Bank* 5
DORA *Bank* 52

drei Verteidigungslinien (Lines of Defence) *Bank* 44
Dreijahres-Zeitraum *Bank* 11

E

EBA-Leitlinien *Bank* 9, 26, 31
– für das Management von IKT- und Sicherheitsrisiken *Bank* 34
– für Vergütungspolitik *Bank* 34
– zu den Risikofaktoren für Geldwäsche und Terorrismusfinanzierung *Bank* 34
– zu einer gemeinsamen Bewertungsmethode für die Erteilung der Zulassung *Bank* 27
– zur Auslagerung *Bank* 34
– zur internen Governance *Bank* 13
– zur internen Governance von Kreditinstituten *Bank* 34
Eigenmittelanforderung *InvF* 76, 80, 82
Eignung der Geschäftsleitung *Bank* 38
Einbringung *Arzt* 75, 159
eingetragene Gen *Bank* 1
Ein-Personen-Ärzte-GmbH *Arzt* 22, 68
Ein-Personen-GmbH *Arzt* 131
Einschränkung für Gewerbetreibende *ZT* 38
Eintragungsfähigkeit *ZT* 4
Einzelbankiers *Bank* 7
Einzelhandelsvollmacht *Bank* 8
Einzelhandlungsvollmacht *InvF* 73
Einzelprokura *Bank* 8; *InvF* 73
Einzelvertretungsmacht *Bank* 8; *InvF* 73
Entscheidungsgebühr *Bank* 28
Erlangung einer weiteren Berufsberechtigung *ZT* 73
Erlöschenstatbestand *ZT* 28
Errichtung von öffentlichen Urkunden *ZT* 57
Erwerb eigener Anteile *Bank* 61
Erwerbsmöglichkeiten eines Ziviltechnikers *ZT* 78
ESAEG *Bank* 30
EU-Mutterunternehmen *Bank* 23
Europäische Zentralbank *Bank* 21

F

Fachärzte für Zahn-, Mund- und Kieferheilkunde *Arzt* 134
Finanzierungsstruktur *Bank* 11
Finanzmarktaufsicht *Bank* 14, 21
Firma *Arzt* 26
Firmenbuch
– amtswegige Prüfungspflicht *WertP* 50
– Eintragungsvorraussetzungen *WertP* 48
Firmenwortlaut *ZT* 29, 66
– Berufsbefugnisse *ZT* 67
– Schutz der Berufsbezeichnung *ZT* 32
Fit & Proper *Bank* 23; *InvF* 59
Fit & Proper-Leitlinien *InvF* 73
Fit & Proper-Rundschreiben *Bank* 23; *InvF* 68
Fit & Proper-Test *Bank* 23; *InvF* 68
Fitness und Properness *Bank* 38
Flexible Kapitalgesellschaft *Bank* 61
Formerfordernisse Firmenwortlaut *ZT* 31
Fremdvertrieb *InvF* 42

G

Geldwäsche und Terrorismusfinanzierungspraktiken *Bank* 40
Gemeinnützigkeitsbegriff *Arzt* 116
gemeinsame Bewertungsmethode für die Erteilung der Zulassung von Kreditinstituten gem Art 8 Abs 5 CRD *Bank* 31
gemeinsame Verantwortlichkeit *InvF* 95
Gen *Bank* 7
genehmigtes bedingtes Kapital *Bank* 61
genehmigtes Kapital *Bank* 61
Gesamt-AR *Bank* 55
Gesamtkapitalquote *Bank* 18
Geschäftsführer *ZT* 49
Geschäftsführung *Bank* 35; *ZT* 48
– Entscheidungskompetenz *ZT* 70
– Fragen der Berufsausübung *ZT* 54
– gemeinschaftliches Handeln *ZT* 53
– interdisziplinäre Gesellschaft mit Ziviltechnikern *ZT* 65

Geschäftsleitung *WertP* 55
– fachliche Eignung *WertP* 64
– Unternehmensführungsregeln *WertP* 60
Geschäftsplan *InvF* 49, 73
Gesellschafter *Arzt* 27
Gesellschafterhaftung *Arzt* 88, 90
Gesellschafterstruktur *ZT* 35
– beherrschender Einfluss durch Ziviltechniker *ZT* 47
– berufsfremde Gesellschaft *ZT* 36
– facheinschlägige Gewerbetreibende *ZT* 37
– gesetzwidrige Gesellschafterstruktur *ZT* 39
– Strohmann *ZT* 41
Gesellschafts- bzw Satzungsform *InvF* 30
Gesellschaftsvertrag *InvF* 73
– Abgrenzung der Berufsberechtigungen *ZT* 71
gesetzliche Anforderungen *ZT* 14
Gleichbehandlungsgebot *InvF* 105
große Unternehmen und kapitalmarktorientierte Klein- und Mittelunternehmen *Bank* 29
Größenabgrenzung *Arzt* 47
Gruppenpraxengesamtvertrag *Arzt* 157
Gruppenpraxis *Arzt* 1, 5, 19, 27, 68
– monocolor *Arzt* 21
– multicolor *Arzt* 21, 137, 149

H

Haftung *InvF* 96
Haftungsdurchgriff *Arzt* 96
Haftungshöchstgrenze *Arzt* 91
Handlungsvollmacht *Arzt* 63
harte Kernkapitalquote *Bank* 18
Hartlauer-Urteil *Arzt* 160
Hauptberuflichkeitskriterium *Bank* 23
Hilfstätigkeiten *Arzt* 37; *InvF* 43
Höchst-Mandatsgrenzen *Bank* 23

I

IKT-Richtlinie *Bank* 52

Illiquidität *InvF* 90
Immobilien-Kapitalanlagegesellschaften *Bank* 3
Immo InvFG *Bank* 30; *InvF* 41
Institute *Bank* 13
Interdisziplinäre Gesellschaft mit Ziviltechnikern *ZT* 62
– Firma *ZT* 66
– Geschäftsführung *ZT* 65
– Gesellschafter *ZT* 69
– Mitgliederverzeichnis *ZT* 74
– Mitgliedschaft *ZT* 75
Interessenkollisionsverbot *ZT* 77
Interessenkonflikte *InvF* 65
Interessenwahrung *InvF* 103
interne Governance eines Kreditinstituts *Bank* 34
interne Revision *Bank* 50
internes Verfahren *InvF* 100
interner Kontrollrahmen *Bank* 43
Investment Firm Review *WertP* 2
Investmentfonds *InvF* 3
InvFG *Bank* 30

K
KapGes *Bank* 7
Kapitalanlagefonds *InvF* 40
Kapitalanlagegesellschaften *Bank* 2
Kapitalaufbringungsgrundsätze *Bank* 60
Kapitalpufferanforderungen *Bank* 18
Kassenverträge *Arzt* 5
Kernkapitalquote *Bank* 18
Kernteam *Arzt* 102, 117
Key-Audit-Matters *Bank* 57
Key-Function-Holder *Bank* 10
kombiniertes Kapitalpuffererfordernis *Bank* 19
Konzessionsantrag *InvF* 42
Konzessionspflicht *InvF* 40; *WertP* 4
– Ausnahmen *WertP* 9
– gewerbliche Tätigkeit *WertP* 8
– Konzessionsantrag *WertP* 31
Konzessionsverfahren *InvF* 48
Konzessionsvoraussetzungen *Bank* 22
Krankenanstalten *Arzt* 8

Kreditinstitute *Bank* 1
Kreditinstitute von erheblicher Bedeutung *Bank* 29

L
Landeshauptmann *Arzt* 70, 80
Leiter der internen Kontrollfunktionen *Bank* 46
Leitungsorgan *Bank* 35
Liquiditätsdeckungsanforderung (LCR) *Bank* 20

M
Marktmissbrauchsverstöße *Bank* 42
Mindestanfangskapitalerfordernis *Bank* 18
Mindestaufgabenkatalog *Bank* 36
Mindesteigenmittelerfordernisse *Bank* 18
Mindest-MREL-Quoten *Bank* 19
Mindest-Nachrangkapitalanforderungen *Bank* 64
Mindestorganisationsvorschriften *Bank* 12
Mindestversicherungssumme *Arzt* 91
Miteigentum *InvF* 24
Miteigentumsgemeinschaft *InvF* 14
MREL-Quote *Bank* 64
mündelsicher *InvF* 62

N
Nachfolgeregelung *ZT* 24
Nachhaltigkeitsfaktoren *InvF* 137
Nachhaltigkeitsrisiken *InvF* 100, 132
Nebenbeschäftigungsverbot *Arzt* 41
Netzwerk *Arzt* 103, 107
nicht rechtsformneutral *Bank* 59
Nichtigkeit eines Beschlusses *ZT* 56
Nominierungsausschuss *Bank* 9, 54

O
öffentlich-rechtliche Zulassung *Arzt* 70, 153
OGAW-RL *InvF* 42

Ordinations- und Apparategemeinschaften *Arzt* 2, 10, 126
Ordinationsgemeinschaft *Arzt* 11
Organisationsstruktur *Bank* 39
Organismus zur gemeinsamen Veranlagung in Wertpapieren *InvF* 1
organschaftliche Vertretung *ZT* 6
Österreichische Nationalbank *Bank* 14

P
Pensionskassen *Bank* 5
Personengesellschaft *Bank* 7
Personenidentität *InvF* 65
persönliche Berufsausübung *Arzt* 40
PfandBG *Bank* 30
Plan *Bank* 51
Portfolioverwaltung *InvF* 42, 44
Product-Governance-Richtlinie *Bank* 42
Prokura *Arzt* 63; *ZT* 59
Prüfungsausschuss *Bank* 9, 54

Q
qualifizierte Beteiligung *InvF* 73

R
Rechtsanwaltsgesellschaft
- AG *RA* 83
- ausländische Rechtsformen *RA* 28
- Berufshaftpflichtversicherung *RA* 76
- Doppelvertretungsverbot *RA* 62
- Firma *RA* 41
- Fortführung der Firma *RA* 49
- GesbR *RA* 10
- Geschäftsführungsbefugnis *RA* 126
- Gesellschafterstellung *RA* 103
- Gesellschaftsvertrag *RA* 85
- GmbH *RA* 21
- GmbH & Co KG *RA* 136
- Informationserteilung *RA* 113
- Kapitalmehrheit *RA* 133
- mehrstöckige Gesellschaft *RA* 123
- OG und KG *RA* 16
- Prokura *RA* 131
- Sitz *RA* 118
- Tätigkeit *RA* 115
- Verbot der Sternsozietät *RA* 120
- Vertretungsbefugnis *RA* 126
- Vinkulierung *RA* 108
- zulässige Gesellschafter *RA* 87
- zulässige Rechtsformen *RA* 9
Rechtsfolge bei Eintritt eines neuen Gesellschafters *ZT* 40
Rechtsform
- interdisziplinäre Gesellschaft mit Ziviltechnikern *ZT* 63
- Ziviltechnikergesellschaft *ZT* 3
Rechtsformzusatz *ZT* 30
Rechtsformzwang *Bank* 7
regionaler Strukturplan für Gesundheit *Arzt* 80, 120
Rekapitalisierungsbetrag *Bank* 19
Repräsentantenhaftung *Arzt* 86
Richtlinie *Bank* 51
Risikoausschuss *Bank* 9, 54
Risikomanagementfunktion *Bank* 47
Risikostreuung *InvF* 16
Rücklage *InvF* 60
Rücknahme *InvF* 18

S
Sanktionsmechanismus *InvF* 84
Satzung *Bank* 8, 17
SCE *Bank* 7
selbständiges Ambulatorium *Arzt* 106
Sitz und Hauptverwaltung *Bank* 16
Societas Europaea *Bank* 7
Sondervermögen *InvF* 20
Sorgfaltspflichten *InvF* 119
Sparkassen *Bank* 1, 7
SparkassenG *Bank* 30
Spezialbanken *Bank* 1
Spezialkreditinstitut *InvF* 40
SREP (Säule 2)-Aufschlag *Bank* 18
SREP-Guidance *Bank* 18
SRI *Bank* 9
Staatskommissär *InvF* 93
Stabilitätsabgabe *Bank* 28
Standesregeln *ZT* 58
Standesvertretungszugehörigkeit *ZT* 76
Stellenplan *Arzt* 71
Stimmrecht *Arzt* 33
Strategiedialog *Bank* 12

strukturelle Liquiditätsquote (NSFR) *Bank* 20
Syndikatsvertrag *ZT* 45
systemrelevante Institute *Bank* 29

T

Top-Tier-Kreditinstitute *Bank* 29
Treasury *InvF* 47
Treuhandübergabe *ZT* 44
Treuhandübernahme *ZT* 43
Treuhandverbot *Arzt* 32

U

Überführung in eine Ziviltechnikergesellschaft *ZT* 16
Übernahmegesetz *Bank* 63
Übertragung von Geschäftsanteilen *Arzt* 34
Umbrella *InvF* 39
Unabhängigkeit interner Kontrollfunktionen *Bank* 45
Universalbankkonzession *Bank* 1
Unternehmen von öffentlichem Interesse *Bank* 57
Unternehmensgegenstand *Arzt* 35; *Bank* 15; *ZT* 8
– dauerhafte Berufsausübung *ZT* 9
– interdisziplinäre Gesellschaft mit Ziviltechnikern *ZT* 62
Unvereinbarkeitsbestimmungen *InvF* 64

V

verantwortlicher Beauftragter *WertP* 81
Verbot der Beteiligung Dritter *Arzt* 31
Verbraucherschutzrichtlinien *Bank* 42
Vergütungsausschuss *Bank* 9, 54; *InvF* 90
Vergütungspolitik *Bank* 48; *InvF* 90
Verhältnismäßigkeitsprinzip *Bank* 32
Verlust der Rechtsfähigkeit *ZT* 20
Verlustabsorptionsbetrag *Bank* 19
Verschmelzung *InvF* 90
Verschuldungsquote (Leverage Ratio) *Bank* 20
Versicherungspflicht *Arzt* 89

Verstoß gegen § 29 Abs 1 ZTG *ZT* 7
Vertragsform *InvF* 29, 32
Vertretung *Arzt* 144; *ZT* 42, 48
– Prokura *ZT* 59
Verwaltung von Investmentfonds *Bank* 2
Verwaltungsgesellschaft *InvF* 27
Vier-Augen-Prinzip *Bank* 8; *InvF* 73
von erheblicher Bedeutung *Bank* 13
Vorgesellschaft *Arzt* 73, 80
Vorgründungsgesellschaft *InvF* 48
Vorlagepflicht *Bank* 14
– gegenüber dem Firmenbuchgericht *Bank* 14

W

Wahlgruppenpraxis *Arzt* 156
Weisungen *InvF* 57
Weisungsbefugnis *InvF* 57
Weisungsfreiheit *Arzt* 50, 149
weniger bedeutende beaufsichtigte Unternehmen *Bank* 29
Wertpapierdienstleistungsunternehmen *Bank* 5; *WertP* 36
Wertpapierfirma *Bank* 5; *WertP* 1
– Klassifizierung *WertP* 3
Wertpapiervermittler *WertP* 31, 42
Wettbewerbsverbot *Arzt* 65
Whistleblowing *Bank* 42

Z

Zahlungsinstitute *Bank* 5
Zahnärzte *Arzt* 126, 133, 153
Zahnärzteliste *Arzt* 158
zahnärztliche Gruppenpraxis *Arzt* 129
zentrale Gegenpartei *Bank* 5
Ziviltechnikergesellschaft *ZT* 1
– GmbH & Co KG *ZT* 5
– Gründungszweck *ZT* 2
– Rechtsformen *ZT* 3
Zulassung *Arzt* 156
Zulassungsantrag *Bank* 24
Zulassungsverfahren *Arzt* 77, 108
zusätzliche Eigenmittelanforderung (Capital-add-on) *Bank* 19
zwingend *Bank* 9

Vieles ist anders – der „KBB" bleibt einzigartig

Bydlinski/Perner/Spitzer (Hrsg)
ABGB
Allgemeines bürgerliches
Gesetzbuch, EheG, KSchG,
VGG, IPRG, Rom I-, Rom II- und
Rom III-VO

Kommentar
7. Auflage
2875 Seiten, gebunden
ISBN 978-3-7046-9081-4
Erscheinungsdatum: 15.6.2023
399,00 €
Auch als eBook erhältlich

www.verlagoesterreich.at
Verlag Österreich Kundenservice: T: +43-1-610 77-555
kundenservice@verlagoesterreich.at

Vieles ist anders –
der „KBB" bleibt einzigartig

VERLAG ÖSTERREICH

Brunner/Perner/Spitzer (Hrsg.)
AGGB
Allgemeinsanitäres
Gesetzbuch BGB, KSchG,
ABG, PBG, KaM, Rom I und
Rom III-VO

Kommentar
7. Auflage
2015, Carton, gebunden
ISBN 978-3-7046-9087-4
Erscheinungsdatum: 06.2025
398,00 €
Auch als eBook erhältlich.

Der richtungsweisende Kommentar im neuen Exekutionsrecht

Garber/Simotta (Hrsg)
EO – Exekutionsordnung

Kommentar
2380 Seiten, gebunden
ISBN 978-3-7046-9129-3
Erscheinungsdatum: 22.12.2023
519,00 €
Auch als eBook erhältlich

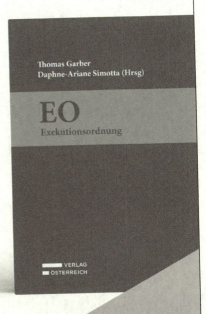

www.verlagoesterreich.at
Verlag Österreich Kundenservice: T: +43-1-610 77-555
kundenservice@verlagoesterreich.at

VERLAG ÖSTERREICH

Der richtungsweisende Kommentar im neuen Exekutionsrecht

Sander/Simotta (Hrsg)
EO – Exekutionsordnung

Kommentar
2560 Seiten, gebunden
ISBN 978-3-7046-8129-5
Erscheinungsdatum: 22.11.2023
€ 8,00

Auch als eBook erhältlich.